Klaus Volk (Hrsg.)
Münchener AnwaltsHandbuch
Verteidigung in
Wirtschafts- und Steuerstrafsachen

Münchener Anwalts Handbuch

Verteidigung in Wirtschafts- und Steuerstrafsachen

Herausgegeben von

Prof. Dr. Dr. h.c. Klaus Volk
Lehrstuhl für Strafrecht, Wirtschaftsstrafrecht und Strafprozessrecht
Ludwig-Maximilians-Universität München

Bearbeitet von:
Klaus-Dieter Benner, Wiesbaden; *Dr. Markus Berndt*, Düsseldorf; *Dr. Dieter Bohnert*, Düsseldorf; *Dr. Marcus Böttger*, Düsseldorf; *Dr. Guido Britz*, Bad Homburg an der Saar; *Dr. Felix G. Dörr*, Frankfurt am Main; *Dr. Volker Engel*, München; *Hanns W. Feigen*, Frankfurt am Main; *Dr. Walther Graf*, Köln; *Dr. Gina Greeve*, Frankfurt am Main; *Dr. Bettina Grunst* (†), München; *Dr. Simone Kämpfer*, Düsseldorf; *Eberhard Kempf*, Frankfurt am Main; *Dr. Christoph Knauer*, München; *Thomas C. Knierim*, Mainz; *Dr. Klaus Köpp*, M.C.L., Bonn; *Dr. Daniel M. Krause*, LL.M., Berlin; *Dr. Klaus Leipold*, München; *Prof. Dr. Heiko Lesch*, Bonn; *Dr. Jörg-Andreas Lohr*, Düsseldorf; *Prof. Dr. Ursula Nelles*, Münster; *Dr. Hans-Joachim Prieß*, Berlin; *Prof. Dr. Thomas Rönnau*, Hamburg; *Prof. Dr. Franz Salditt*, Neuwied; *Dr. Wolf Schiller*, Frankfurt am Main; *Dr. Sven Thomas*, Düsseldorf; *Renate Verjans*, Düsseldorf; *Prof. Dr. Joachim Vogel*, Tübingen; *Prof. Dr. Dr. h.c. Klaus Volk*, München; *Dr. Jürgen Wessing*, Düsseldorf; *Anke C. Wißmann*, Mainz; *Peter Witting*, München.

Verlag C.H. Beck München 2006

Zitiervorschlag: Volk/*Autor* MAH Wirtschafts- und Steuerstrafsachen § ... Rdnr. ...

Verlag C.H.Beck im Internet:
beck.de

ISBN 3 406 54532 7

© 2006 Verlag C.H.Beck oHG
Wilhelmstraße 9, 80801 München

Druck: Druckerei C.H.Beck, Nördlingen (Adresse wie Verlag)
Satz: Cicero Computer GmbH, Mirecourtstr. 14, 53225 Bonn

Gedruckt auf säurefreiem, alterungsbeständigem Papier
(hergestellt aus chlorfrei gebleichtem Zellstoff)

Vorwort

Der Titel des Werkes sagt schon fast alles darüber aus, was es enthalten soll, welche Bücher es nicht ersetzen kann und für wen es gemacht ist:
Es ist ein *Handbuch*, also weder Lehrbuch noch Kommentar. Dieses Handbuch wendet sich nicht (nur) an die Spezialisten, sondern vor allem auch an den Strafverteidiger, der sich auf einem Feld orientieren will, das er bisher nicht betreten hat. Die Kerngebiete darf man als bekannt voraussetzen, die Randgebiete nicht. So haben die Elemente Überblick, Vertiefung und Ratschlag von Kapitel zu Kapitel unterschiedliche Anteile, abhängig von der Materie und auch von der persönlichen Arbeitsweise des Verfassers.
Es ist ein Handbuch der *Verteidigung* und deshalb an deren legitimen Interessen ausgerichtet. „Rezepte", wie man einen Fall „aufkocht" oder seine Krankheiten kuriert, enthält es nicht. Aber es zeigt, weil Verteidigung immer Kampf ist (wie *Hans Dahs sen.* unwiderlegbar konstatiert hat), wie und wo man ansetzen kann, um sich gegen Vorwürfe und Eingriffe zu wehren, welche defensiven und präventiven Strategien sich empfehlen.
Es ist ein Handbuch der Verteidigung in *Wirtschafts- und Steuerstrafsachen*. Was sich über dem Generalnenner „Verteidigung" vereinen lässt, findet sich im „Münchener Anwaltshandbuch Strafverteidigung", herausgegeben von *Gunter Widmaier*. Es wäre, zum Beispiel, nicht sinnvoll gewesen, das Kapitel über die Verteidigung in der Hauptverhandlung in diesem Handbuch zu duplizieren mit einem Abschnitt über die Verteidigung in der Hauptverhandlung in Wirtschaftsstrafsachen, oder hier noch einmal darzustellen, welche Regeln über die Absprache gelten, wenn es um eine Wirtschaftsstrafsache geht. Wir haben versucht, Anschluss zu suchen und Wiederholungen zu vermeiden. Was dieses Handbuch der Verteidigung in Wirtschafts- und Steuerstrafsachen betrifft, habe ich mich bemüht, die wichtigen Sachgebiete abzudecken. Damit war ich, schon nach eigenen Maßstäben, nicht immer erfolgreich. Mancher wird die Internetkriminalität vermissen, das Markenstrafrecht oder anderes. Davon ganz abgesehen, dass die Grenzen des Wirtschaftsstrafrechts nicht genau gezogen sind, gibt es eben (ab einem gewissen Umfang an Druckseiten) den Unterschied von Handbuch und Enzyklopädie.
Manche Beiträge überschneiden sich ein wenig oder enthalten Ausführungen zu Punkten, die auch in anderen Kapiteln angesprochen werden. Das wäre nur zu vermeiden gewesen, wenn der Herausgeber in den Stil der Verfasser und den Duktus ihrer Abhandlungen rigoros eingegriffen hätte. Eine Anmaßung dieser Art verbietet sich von selbst.
Zu danken habe ich vielen. Danken möchte ich vor allem den Autoren. Die meisten von ihnen sind Strafverteidiger. Sie waren von allen Seiten unter Druck. Dem mahnenden Verlag (und dem Herausgeber) kann man nur begrenzt entgegenhalten, dass man Mandate habe, und bei den drängenden Mandanten kann man sich nicht damit entschuldigen, dass man ein Buch schreiben müsse. Anderen wird es aus vergleichbaren Gründen kaum anders gegangen sein. Danken möchte ich auch den Verantwortlichen des Verlages, den Herren Dr. Schäfer und Dr. Schröder, die in dieser Situation die „praktische Konkordanz" zwischen Verständnis und Verlagsinteresse gefunden, das Buch intensiv gefördert und betreut sowie viel mühevolle Arbeit im Detail geleistet haben.

München, im Juli 2006   Klaus Volk

Inhaltsübersicht

Vorwort V

Bearbeiterverzeichnis IX

Abkürzungsverzeichnis XI

Literaturverzeichnis XXIII

Teil A. Grundlagen des Wirtschafts- und Steuerstrafrechts 1

§ 1	Einleitung: Das Wirtschaftsstrafrecht im Rechtssystem (*Grunst/Volk*)	1
§ 2	Der Allgemeine Teil des Wirtschaftsstrafrechts (*Volk*)	35
§ 3	Täterschaft und Teilnahme (*Knauer/Kämpfer*)	51
§ 4	Strafrechtliche Produkthaftung (*Wessing II*)	77
§ 5	Die Rechtsfolgen gegen das Unternehmen (*Britz*)	151
§ 6	Verjährung (*Feigen/Graf*)	165
§ 7	Verteidigungspraxis – Mandatsführung und -organisation (*Knierim*)	195

Teil B. Besondere Bereiche der Beratung und Verteidigung 309

§ 8	Strafrechtliche Präventivberatung (*Verjans*)	309
§ 9	Strategie und Taktik (*Salditt*)	348
§ 10	Der Unternehmensanwalt (*Kempf*)	363
§ 11	Die Beratung des Unternehmens in der Krise (*Wessing II*)	389
§ 12	Vermögensabschöpfung und Zurückgewinnungshilfe (*Rönnau*)	450
§ 13	Beweisantragsrecht (*Schiller*)	568
§ 14	Internationales Wirtschafts- und Steuerstrafrecht (*Vogel*)	595
§ 15	Grenzüberschreitende Strafverteidigung (*Nelles*)	632

Teil C. Die Verteidung in spezifischen Deliktsfeldern 687

§ 16	Betrug (*Lesch*)	687
§ 17	Untreue (*Thomas*)	731
§ 18	Insolvenzdelikte (*Leipold/Böttger*)	769
§ 19	Korruption (*Greeve/Dörr*)	869
§ 20	Geldwäsche (*Berndt*)	949
§ 21	Banken und Kreditwesen (*Knierim*)	999
§ 22	Kapitalmarktrecht (*Benner*)	1074
§ 23	Wettbewerbsrecht (*Witting*)	1234
§ 24	Kartellrecht (*Witting*)	1306
§ 25	Publizität und Rechnungswesen (*Knierim*)	1414
§ 26	Außenwirtschaft (*Knierim/Wißmann*)	1488
§ 27	Arbeitsstrafrecht (*Greeve*)	1535
§ 28	Umweltstrafrecht (*Leipold/Engel*)	1575

Teil D. Steuern, Abgaben und Subventionen 1609

§ 29	Steuerstrafrecht und Steuerordnungswidrigkeiten (*Lohr*)	1609
§ 30	Das Verfahren in Steuerstrafsachen (*Bohnert*)	1826

Inhaltsübersicht

§ 31	Zollstrafrecht (*Krause/Prieß*)	1945
§ 32	Subventionsbetrug (*Verjans*)	1989
§ 33	Gemeinsamer Markt (*Köpp*)	2035

Sachverzeichnis (*Hagen*) 2081

Bearbeiterverzeichnis

Klaus-Dieter Benner, Ministerialrat
*Hessisches Ministerium für Wirtschafts-,
Verkehrs- und Landesentwicklung*
Wiesbaden

Dr. Markus Berndt, Rechtsanwalt
und Fachanwalt für Strafrecht
Wessing II Verjans
Düsseldorf

Dr. Dieter Bohnert, Rechtsanwalt
Heuking Kühn Lüer Wojtek
Düsseldorf

Dr. Marcus Böttger, Rechtsanwalt
und Fachanwalt für Strafrecht
Wessing II Verjans
Düsseldorf

Dr. Guido Britz, Rechtsanwalt
Homburg an der Saar

Dr. Felix G. Dörr, Rechtsanwalt
Dr. Günter Dörr & Partner GbR
Frankfurt am Main

Dr. Volker Engel, Rechtsanwalt
Dr. Engel & Kollegen
München

Hanns W. Feigen, Rechtsanwalt
Feigen & Graf Rechtsanwälte
Frankfurt am Main

Dr. Walther Graf, Rechtsanwalt
und Fachanwalt für Strafrecht
Feigen & Graf Rechtsanwälte
Köln

Dr. Gina Greeve, Rechtsanwältin
MGR Rechtsanwälte
Frankfurt am Main

Dr. Bettina Grunst (†)
*Privatdozentin für Strafrecht,
Wirtschaftsstrafrecht und Strafprozessrecht
Ludwig Maximilians-Universität*
München

Dr. Simone Kämpfer, Staatsanwältin
Düsseldorf

Eberhard Kempf, Rechtsanwalt
und Fachanwalt für Strafrecht
Kempf & Dannenfeldt
Frankfurt am Main

Dr. Christoph Knauer, Rechtsanwalt
*Lohberger & Leipold
Lehrbeauftragter an der
Ludwig Maximilians-Universität*
München

Thomas C. Knierim, Rechtsanwalt
Knierim & Wißmann
Mainz

Dr. Klaus Köpp M.C.L., Rechtsanwalt
Redeker Sellner Dahs & Widmaier
Bonn

Dr. Daniel M. Krause, LL.M., Rechtsanwalt
und Fachanwalt für Strafrecht
Krause Lammer Wattenberg
Berlin

Dr. Klaus Leipold, Rechtsanwalt
und Fachanwalt für Strafrecht
Lohberger & Leipold
München

Prof. Dr. Heiko Lesch, Rechtsanwalt
Redeker Sellner Dahs & Widmaier
Bonn

Dr. Jörg-Andreas Lohr,
Wirtschaftsprüfer und Steuerberater
*L+C Company GmbH
Wirtschaftsprüfungsgesellschaft*
Düsseldorf

Prof. Dr. Ursula Nelles
*Institut für Kriminalwissenschaften
Westfälische Wilhelms-Universität*
Münster

Dr. Hans-Joachim Prieß LL.M.,Rechtsanwalt
Freshfields Bruckhaus Deringer
Berlin

Bearbeiterverzeichnis

Prof. Dr. Thomas Rönnau
*Lehrstuhl für Strafrecht,
Wirtschaftsstrafrecht und Strafprozessrecht
Bucerius Law School*
Hamburg

Prof. Dr. Franz Salditt, Rechtsanwalt,
Fachanwalt für Strafrecht und
Fachanwalt für Steuerrecht
Neuwied

Dr. Wolf Schiller, Rechtsanwalt und Notar
Schiller & Kollegen
Frankfurt am Main

Dr. Sven Thomas, Rechtsanwalt
und Fachanwalt für Strafrecht
Thomas Deckers Wehnert Elsner
Düsseldorf

Renate Verjans, Rechtsanwältin
Wessing II Verjans
Düsseldorf

Prof. Dr. Joachim Vogel
*Lehrstuhl für Straf- und Strafprozessrecht
Eberhard Karls-Universität*
Tübingen

Professor Dr. Dr. h.c. Klaus Volk
*Lehrstuhl für Strafrecht,
Wirtschaftsstrafrecht und Strafprozessrecht
Ludwig Maximilians-Universität*
München

Dr. Jürgen Wessing, Rechtsanwalt
und Fachanwalt für Strafrecht
Wessing II Verjans
Düsseldorf

Anke C. Wißmann, Rechtsanwältin
Knierim & Wißmann
Mainz

Peter Witting, Rechtsanwalt und
Fachanwalt für Strafrecht
Witting Contzen Degenhard
München

* * * * *

Gunther R. Hagen, Rechtsanwalt
München
(Sachverzeichnis)

Abkürzungsverzeichnis

a.A.	anderer Ansicht
a.a.O.	am angegebenen Ort
abgedr.	abgedruckt
abl.	ablehnend
ABl. EG (Nr.)	Amtsblatt der Europäischen Gemeinschaft
Abs.	Absatz
Abschn.	Abschnitt
abw.	abweichend
a.E.	am Ende
a.F.	alte Fassung
AfP	Archiv für Presserecht (zitiert nach Jahr und Seite)
AG	Amtsgericht/Aktiengesellschaft
AgrarR	Agrarrecht (zitiert nach Jahr und Seite)
AIDS	Acquired Immune Deficiency Syndrom
AJIL	American Journal of International Law
AktG	Aktiengesetz
allg.	allgemein
allg. A.	allgemeine Ansicht
allg. M.	allgemeine Meinung
Alt.	Alternative
a.M.	anderer Meinung
AMG	Gesetz über den Verkehr mit Arzneimitteln (Arzneimittelgesetz 1961)
Amtl. Begr.	Amtliche Begründung
ÄndG	Änderungsgesetz
ÄndVO	Änderungsverordnung
Angekl.	Angeklagter
Anh.	Anhang
Anm.	Anmerkung
AnO	Anordnung
AnwBl.	Anwaltsblatt (zitiert nach Jahr und Seite)
AO	Abgabenordnung (AO 1977)
AöR	Archiv des öffentlichen Recht (zitiert nach Jahr und Seite)
ArbGG	Arbeitsgerichtsgesetz
ArbuR	Arbeit und Recht (zitiert nach Jahr und Seite)
Arch. Krim.	Archiv für Kriminologie (zitiert nach Band und Seite)
Art.	Artikel
Arzt und Krankenhaus	Arzt und Krankenhaus, Fachzeitschrift für das Krankenhauswesen (zitiert nach Jahr, Heft und Seite)
Arztrecht	Arztrecht, Zeitschrift für Rechts- und Vermögensfragen (zitiert nach Jahr und Seite)
AsylbLG	Asylbewerberleistungsgesetz
AsylVfG	Gesetz über das Asylverfahren (Asylverfahrensgesetz)
AT	Allgemeiner Teil
AufenthG	Gesetz über den Aufenthalt, die Erwerbstätigkeit und die Integration von Ausländern im Bundesgebiet (Aufenthaltsgesetz)
Aufl.	Auflage
AÜG	Gesetz zur Regelung der gewerbsmäßigen Arbeitnehmerüberlassung (Arbeitnehmerüberlassungsgesetz) und zur Änderung anderer Gesetze
ausf.	ausführlich
AuslG	Gesetz über die Einreise und den Aufenthalt von Ausländern im Bundesgebiet (Ausländergesetz – AuslG)

Abkürzungsverzeichnis

AuswSG	Gesetz zum Schutze der Auswanderer (Auswandererschutzgesetz)
AV	Allgemeine Verfügung
AVR	Archiv des Völkerrechts
AWG	Außenwirtschaftsgesetz
AZRG	Gesetz über das Ausländerzentralregister (AZR-Gesetz)
BA	Blutalkohol (auch: Blutalkohol, zitiert nach Jahr und Seite)
BAFA	Bundesamt für Wirtschaft und Ausfuhrkontrolle
BAK	Blutalkoholkonzentration
BAnz.	Bundesanzeiger (ab 1983 zitiert nach Jahr und Seite)
BÄO	Bundesärzteordnung
BauGB	Baugesetzbuch
BauR	Zeitschrift für das gesamte öffentliche und zivile Baurecht
Bay.	Bayern
BayObLG	Bayerisches Oberstes Landesgericht
BayObLGSt	Bayerisches Oberstes Landesgericht, Sammlung von Entscheidungen in Strafsachen (alte Folge zitiert nach Band und Seite, neue Folge nach Jahr und Seite)
BayVBl.	Bayerische Verwaltungsblätter
BB	Betriebs-Berater (zitiert nach Jahr und Seite)
BBankG	Gesetz über die Deutsche Bundesbank
BBG	Bundesbeamtengesetz
BBodSchG	Gesetz zum Schutz vor schädlichen Bodenveränderungen und zur Sanierung von Altlasten (Bundes-Bodenschutzgesetz)
Bd.	Band
BDH	Bundesdisziplinarhof
BDO	Bundesdisziplinarordnung
BDSG	Bundesdatenschutzgesetz
Begr.	Begründung
Beschl.	Beschluss
BeschSchG	Gesetz zum Schutz der Beschäftigten vor sexueller Belästigung am Arbeitsplatz (Beschäftigtenschutzgesetz)
Bespr.	Besprechung
bestr.	bestritten
betr.	betreffend
BetrVG	Betriebsverfassungsgesetz
BeurkG	Beurkundungsgesetz
BewHi	Bewährungshilfe (zitiert nach Jahr und Seite)
BezG	Bezirksgericht
BFH	Bundesfinanzhof
BfV	Bundesamt für Verfassungsschutz
BGA-Berichte	Schriftenreihe des Bundesgesundheitsamts (zitiert nach Jahr und Heft)
BGB	Bürgerliches Gesetzbuch
BGBl. I, II, III	Bundesgesetzblatt Teil I, Teil II; die Verweisung auf Teil III entspricht dem jährlich veröffentlichten Fundstellennachweis A (FNA) des BGBl.
BGH GrS	Großer Senat beim Bundesgerichtshof in Strafsachen
BGHR	BGH-Rechtsprechung – Strafsachen, herausgegeben von den Richtern des Bundesgerichtshofes (seit 1987), (zitiert nach Paragraph, abgekürztem Stichwort und laufender Nummer)
BGHSt	Entscheidungen des Bundesgerichtshofs in Strafsachen (zitiert nach Band und Seite)
BGHZ	Entscheidungen des Bundesgerichtshofs in Zivilsachen (zitiert nach Band und Seite)
BGSG	Gesetz über den Bundesgrenzschutz (Bundesgrenzschutzgesetz)
BImSchG	Gesetz zum Schutz vor schädlichen Umwelteinwirkungen durch Luftverunreinigungen, Geräusche, Erschütterungen und ähnliche Vorgänge (Bundes-Immissionsschutzgesetz)
BImSchV	Verordnung zur Durchführung des Bundesimmissionsschutzgesetzes

Abkürzungsverzeichnis

BJagdG	Bundesjagdgesetz
BKAG	Gesetz über das Bundeskriminalamt und die Zusammenarbeit des Bundes und der Länder in kriminalpolizeilichen Angelegenheiten (Bundeskriminalamtgesetz)
BKatV	Verordnung über Regelsätze für Geldbußen und über die Anordnung eines Fahrverbotes wegen Ordnungswidrigkeiten im Straßenverkehr (Bußgeldkatalog-Verordnung)
BKGG	Bundeskindergeldgesetz
BKartA	Bundeskartellamt
Blutalkohol	Blutalkohol, Wissenschaftliche Zeitschrift für die medizinische und juristische Praxis (zitiert nach Jahr und Seite)
BLV	Verordnung über die Laufbahnen der Bundesbeamten (Bundeslaufbahnverordnung – BLV)
BMI	Bundesministerium des Innern
BMinG	Gesetz über die Rechtsverhältnisse der Mitglieder der Bundesregierung (Bundesministergesetz)
BMJ	Bundesministerium der Justiz
BNatSchG	Gesetz über Naturschutz und Landschaftspflege (Bundesnaturschutzgesetz)
BNotO	Bundesnotarordnung
BörsG	Börsengesetz
BörsZulV	Verordnung über die Zulassung von Wertpapieren zur amtlichen Notierung an einer Wertpapierbörse (Börsenzulassungs-Verordnung)
Brandenbg.	Brandenburg
BranntwMonG	Gesetz über das Branntweinmonopol
BRAO	Bundesrechtsanwaltsordnung
BRat	Bundesrat, auch Plenarprotokoll (zitiert nach Sitzungsnummer)
BR-Drucks.	Drucksache des Bundesrats (zitiert nach Nummer und Jahr)
BReg.	Bundesregierung
BSHG	Bundessozialhilfegesetz
BSozG	Bundessozialgericht
Bsp.	Beispiel
bspw.	beispielsweise
BStBl.	Bundessteuerblatt (zitiert nach Jahr und Seite)
BT	Besonderer Teil, Deutscher Bundestag, auch Plenarprotokoll (zitiert nach Wahlperiode und Seite)
BT-Drucks.	Drucksache des Deutschen Bundestags (zitiert nach Wahlperiode und Nummer)
BtMG	Gesetz über den Verkehr mit Betäubungsmitteln (Betäubungsmittelgesetz – BtMG)
Buchst.	Buchstabe
BVerfG	Bundesverfassungsgericht
BVerfGE	Entscheidungen des Bundesverfassungsgerichts (zitiert nach Band und Seite)
BVerfGG	Gesetz über das Bundesverfassungsgericht (Bundesverfassungsgerichtsgesetz – BVerfGG)
BVerwG	Bundesverwaltungsgericht
BVerwGE	Entscheidungen des Bundesverwaltungsgerichts (zitiert nach Band und Seite)
bzgl.	bezüglich
BZRG	Gesetz über das Zentralregister und das Erziehungsregister (Bundeszentralregistergesetz – BZRG)
bzw.	beziehungsweise
ChemG	Gesetz zum Schutz vor gefährlichen Stoffen (Chemikaliengesetz)
CLF	Criminal Law Forum
CR	Computer und Recht (zitiert nach Jahr und Seite)
DÄBl.	Deutsches Ärzteblatt (zitiert nach Jahr und Seite)
DAR	Deutsches Autorecht (zitiert nach Jahr und Seite)
DB	Der Betrieb (zitiert nach Jahr und Seite)

Abkürzungsverzeichnis

DepotG	Gesetz über die Verwahrung und Anschaffung von Wertpapieren (Depotgesetz)
ders./dies.	derselbe/dieselbe(n)
DGMR	Deutsche Gesellschaft für Medizinrecht
DGVZ	Deutsche Gerichtsvollzieher-Zeitung (zitiert nach Jahr und Seite)
d.h.	das heißt
Die Justiz	Amtsblatt des Justizministeriums Baden-Württemberg (zitiert nach Jahr und Seite)
Diss.	Dissertation
DJ	Deutsche Justiz (zitiert nach Jahr und Seite)
DJT	Deutscher Juristentag
DJZ	Deutsche Juristenzeitung (zitiert nach Jahr und Seite)
DNotZ	Deutsche Notar-Zeitschrift
DPMA	Deutsches Patent- und Markenamt
DRiB	Deutscher Richterbund
DRiG	Deutsches Richtergesetz
DRiZ	Deutsche Richterzeitung (zitiert nach Jahr und Nummer)
DRW	Deutsches Recht, vereinigt mit Juristischer Wochenschrift (zitiert nach Jahr und Seite)
DRZ	Deutsche Rechtszeitschrift (zitiert nach Jahr und Seite)
DStR	Deutsches Steuerrecht (zitiert nach Band und Seite)
DStrZ	Deutsche Strafrechtszeitung
DtZ	Deutsch-Deutsche Rechtszeitschrift (zitiert nach Jahr und Seite)
DuD	Datenschutz und Datensicherheit (zitiert nach Jahr und Seite)
DVBl.	Deutsches Verwaltungsblatt
DVJJ-Journal	Zeitschrift für Jugendkriminalrecht und Jugendhilfe (zitiert nach Jahr und Seite)
DVO	Durchführungsverordnung
DWiR	Deutsche Zeitschrift für Wirtschaftsrecht (zitiert nach Jahr und Seite)
E	Entwurf
ebd.	ebenda
EG	Einführungsgesetz, Europäische Gemeinschaft
EGMR	Europäischer Gerichtshof für Menschenrechte
EGOWiG	Einführungsgesetz zum Gesetz über Ordnungswidrigkeiten
EGStGB	Einführungsgesetz zum Strafgesetzbuch
EGStPO	Einführungsgesetz zur Strafprozessordnung
EGV	Vertrag zur Gründung der Europäischen Gemeinschaft
Einl.	Einleitung
einschr.	einschränkend
EJIL	European Journal of International Law
EKMR	Europäische Kommission für Menschenrechte
EMRK	Konvention v. 4. 11. 1950 zum Schutze der Menschenrechte und Grundfreiheiten
entspr.	entspricht/entsprechend
ErbStG	Erbschaftsteuer- und Schenkungssteuergesetz
Erg.	Ergebnis
Erl.	Erlass
ESchG	Gesetz zum Schutz von Embryonen (Embryonenschutzgesetz –)
EStG	Einkommensteuergesetz
EU	Europäische Union
EuAlÜbk.	Europäisches Auslieferungsübereinkommen v. 13. 12. 1957
EuG	Europäisches Gericht 1. Instanz
EuH	Europäischer Gerichtshof
EuGRZ	Europäische Grundrechte Zeitschrift (zitiert nach Jahr und Seite)
EuR	Europarecht (zitiert nach Jahr und Seite)
Euratom	Europäische Atomgemeinschaft

Abkürzungsverzeichnis

EuRhÜbk.	Europäisches Übereinkommen vom 20. 4. 1959 über die Rechtshilfe in Strafsachen (Hauptteil II B)
EuropolG	Gesetz zu dem Übereinkommen vom 26. Juli 1995 auf Grund von Artikel K.3 des Vertrags über die Europäische Union über die Errichtung eines Europäischen Polizeiamts (Europol-Gesetz)
EuTerrÜbk.	Europäisches Übereinkommen v. 27. 1. 1977 zur Bekämpfung des Terrorismus
EUV	Vertrag vom 7. 2. 1992 über die Europäische Union
EuZW	Europäische Zeitschrift für Wirtschaft (zitiert nach Jahr und Seite)
EzSt.	Entscheidungssammlung zum Straf- und Ordnungswidrigkeitenrecht (zitiert nach Paragraph und laufender Nummer)
EWG	Europäische Wirtschaftsgemeinschaft
EWGV	Vertrag zur Gründung der Europäischen Wirtschaftsgemeinschaft
EWS	Europäisches Wirtschafts- und Steuerrecht
f./ff.	folgende
FamRZ	Zeitschrift für das gesamte Familienrecht Recht (zitiert nach Jahr und Seite)
FeV	Verordnung über die Zulassung von Personen zum Straßenverkehr (Fahrerlaubnis-Verordnung)
FGG	Gesetz über die Angelegenheiten der freiwilligen Gerichtsbarkeit
FGO	Finanzgerichtsordnung
FGPrax	Praxis der freiwilligen Gerichtsbarkeit
FKVO	Fusionskontrollverordnung
Fn.	Fußnote
For	Forensia, Interdisziplinäre Zeitschrift für Psychiatrie, Kriminologie und Recht (zitiert nach Band und Seite)
FPR	Familie, Partnerschaft, Recht (zitiert nach Jahr und Seite)
FrhEntzG	Gesetz über das gerichtliche Verfahren bei Freiheitsentziehungen
FS	Festschrift
G	Gesetz
G 10	Gesetz zur Beschränkung des Brief-, Post- und Fernmeldegeheimnisses
G 131	Gesetz zur Regelung der Rechtsverhältnisse der unter Art. 131 des Grundgesetzes fallenden Personen
GA	Goltdammer's Archiv für Strafrecht (bis 1952 zitiert nach Band und Seite, ab 1953 zitiert nach Jahr und Seite)
GBA	Generalbundesanwalt beim Bundesgerichtshof
GBl.	Gesetzblatt
GdS	Gedächtnisschrift
GebrMG	Gebrauchsmustergesetz
GedS	Gedächtnisschrift
GefStoffV	Verordnung zum Schutz vor gefährlichen Stoffen (Gefahrstoffverordnung – GefStoffV)
gem.	gemäß
GenG	Gesetz betreffend die Erwerbs- und Wirtschaftsgenossenschaften
GeschmMG	Gesetz betreffend das Urheberrecht an Mustern und Modellen (Geschmacksmustergesetz)
GesE	Gesetzentwurf
GewA	Gewerbearchiv für das Deutsche Reich (bis 1935)
GewO	Gewerbeordnung
GG	Grundgesetz für die Bundesrepublik Deutschland
ggf.	gegebenenfalls
GmbH	Gesellschaft mit beschränkter Haftung
GmbHG	Gesetz betreffend die Gesellschaften mit beschränkter Haftung
GmbHR	GmbH-Rundschau (zitiert nach Jahr und Seite)
GMBl.	Gemeinsames Ministerialblatt
GMV	Verordnung des Europäischen Rates über eine Geschmacksmarke
GnO	Anordnung über das Verfahren in Gnadensachen (Gnadenordnung)

Abkürzungsverzeichnis

grds.	grundsätzlich
GrStrK	Große Strafkammer
GRUR	Gewerblicher Rechtsschutz und Urheberrecht (zitiert nach Jahr und Seite)
GS	Gesetzessammlung, Großer Senat
GVBl.	Gesetz- und Verordnungsblatt
GVG	Gerichtsverfassungsgesetz (GVG)
GVO	Gruppenfreistellungsverordnung
GWB	Gesetz gegen Wettbewerbsbeschränkungen
GwG	Gesetz über das Aufspüren von Gewinnen aus schweren Straftaten (Geldwäschegesetz)
h.A.	herrschende Ansicht
Hbg.	Hamburg
Hdb.	Handbuch
Hess.	Hessen
HESt	Höchstrichterliche Entscheidungen in Strafsachen (zitiert nach Band und Seite)
HGB	Handelsgesetzbuch
HGrG	Gesetz über die Grundsätze des Haushaltsrechts des Bundes und der Länder (Haushaltsgrundsätzegesetz – HGrG)
HIV	Human Immunodeficiency Virus
h.L.	herrschende Lehre
h.M.	herrschende Meinung
Hrsg.	Herausgeber
HS	Halbsatz
ICJ	International Court of Justice
ICJ Reports	Amtliche Sammlung der Entscheidungen des Internationalen Gerichtshofs
ICLR	International Criminal Law Review
ICTR	International Criminal Tribunal for Rwanda
ICTY	International Criminal Tribunal for the Former Yugoslavia
i.d.F.	in der Fassung (Bekanntmachung der Neufassung auf Grund einer Ermächtigung)
i.d.R.	in der Regel
i.e.S.	im engeren Sinne
IGH	Internationaler Gerichtshof
IHKG	Gesetz zur vorläufigen Regelung des Rechts der Industrie- und Handelskammern
insb./insbes.	insbesondere
insg.	insgesamt
InsO	Insolvenzordnung
i.R.d.	im Rahmen des/der
IRG	Gesetz über die internationale Rechtshilfe in Strafsachen
i.S.d.	im Sinne des
i.S.v.	im Sinne von
IStGH	Internationaler Strafgerichtshof
i.V.m.	in Verbindung mit
i.w.S.	im weiteren Sinne
JA	Juristische Arbeitsblätter (zitiert nach Jahr und Seite)
JBl.	Juristische Blätter (zitiert nach Jahr und Seite)
JGG	Jugendgerichtsgesetz
JMBl.	Justizministerialblatt
JÖSchG	Gesetz zum Schutze der Jugend in der Öffentlichkeit (Jugendschutzgesetz – JÖSchG)
JR	Juristische Rundschau (zitiert nach Jahr und Seite)
JStGH	Internationaler Strafgerichtshof für das ehemalige Jugoslawien
Jura	Juristische Ausbildung (zitiert nach Jahr und Seite)

Abkürzungsverzeichnis

JurA	Juristische Analysen (zitiert nach Jahr und Seite)
JuS	Juristische Schulung (zitiert nach Jahr und Seite)
JuSchG	Jugendschutzgesetz
JVA	Justizvollzugsanstalt
JW	Juristische Wochenschrift (zitiert nach Jahr und Seite)
JZ	Juristenzeitung (zitiert nach Jahr und Seite)
JZ-GD	Juristenzeitung, Gesetzgebungsdienst (zitiert nach Jahr und Seite)
KG	Kammergericht, Kommanditgesellschaft
KGaA	Kommanditgesellschaft auf Aktien
KGJ	Jahrbuch für Entscheidungen des Kammergerichts
KorrBekG	Gesetz zur Bekämpfung der Korruption
KostO	Gesetz über die Kosten in Angelegenheiten der freiwilligen Gerichtsbarkeit (Kostenordnung)
KrG	Kreisgericht
KrimGgwFr.	Kriminologische Gegenwartsfragen (zitiert nach Band und Seite)
Kriminalist	Der Kriminalist (zitiert nach Jahr und Seite)
Kriminalistik	Kriminalistik (zitiert nach Jahr und Seite)
KrimJ	Kriminologisches Journal
KrimZ	Kriminologische Zentralstelle e. V. Wiesbaden
krit.	kritisch
KritJ	Kritische Justiz
KUP	Kriminologie und Praxis (herausgegeben von der Kriminologischen Zentralstelle Wiesbaden e. V.)
LG	Landgericht
Lit.	Literatur
Losebl.	Loseblattsammlung
MarkenG	Gesetz über den Schutz von Marken und sonstigen Kennzeichen (Markengesetz)
MBl.	Ministerialblatt
MDR	Monatsschrift für deutsches Recht (zitiert nach Jahr und Seite)
MeckVorp.	Mecklenburg-Vorpommern
MedR	Medizinrecht (zitiert nach Jahr und Seite)
MEDSACH	Der medizinische Sachverständige (zitiert nach Jahr und Seite)
MiStra	Anordnung über Mitteilungen in Strafsachen. AV BMJ
MMR	MultiMedia und Recht, Zeitschrift für Information, Telekommunikation und Medienrecht (zitiert nach Jahr und Seite)
MMW	Münchener Medizinische Wochenschrift (zitiert nach Jahr und Seite)
MschrKrim	Monatsschrift für Kriminalpsychologie und Strafrechtsreform (bis 1936; dann für Kriminalbiologie u. Strafrechtsreform), (zitiert nach Jahr und Seite)
MStGB	Militärstrafgesetzbuch
m.w.N.	mit weiteren Nachweisen
Nachw.	Nachweis
NatSchG	Naturschutzgesetze der Länder
Nds.	Niedersachsen
n.F.	neue Fassung
NJ	Neue Justiz (zitiert nach Jahr und Seite)
NJW	Neue Juristische Wochenschrift (zitiert nach Jahr und Seite)
NJW-RR	NJW-Rechtsprechungs-Report Zivilrecht
NPA	Neues Polizeiarchiv
Nr.	Nummer
NRW	Nordrhein-Westfalen
NStZ	Neue Zeitschrift für Strafrecht (zitiert nach Jahr und Seite)
NStZ-RR	NStZ-Rechtsprechungs-Report Strafrecht (zitiert nach Jahr und Seite)
NVersZ	Neue Zeitschrift für Versicherung und Recht

Abkürzungsverzeichnis

NVwZ	Neue Zeitschrift für Verwaltungsrecht (zitiert nach Jahr und Seite)
NVwZ-RR	NVwZ-Rechtsprechungs-Report Verwaltungsrecht (zitiert nach Jahr und Seite)
NZA	Neue Zeitschrift für Arbeitsrecht
NZA-RR	NZA-Rechtsprechungs-Report Arbeitsrecht
NZBau	Neue Zeitschrift für Baurecht und Vergaberecht
NZG	Neue Zeitschrift für Gesellschaftsrecht
NZI	Neue Zeitschrift für Insolvenz und Sanierung
NZM	Neue Zeitschrift für Miet- und Wohnungsrecht
NZS	Neue Zeitschrift für Sozialrecht (zitiert nach Jahr und Seite)
NZV	Neue Zeitschrift für Verkehrsrecht (zitiert nach Jahr und Seite)
o. g.	oben genannt
OEG	Gesetz über die Entschädigung für Opfer von Gewalttaten (Opferentschädigungsgesetz)
OHG	Offene Handelsgesellschaft
OLG	Oberlandesgericht
OLG-NL	OLG-Rechtsprechung – Neue Länder (zitiert nach Jahr und Seite)
OLGR	OLG-Report, Schnelldienst zur Zivilrechtsprechung der Oberlandesgerichte (zitiert mit dem Ort des jeweiligen Oberlandesgerichts)
OLGSt	Entscheidungen der Oberlandesgerichte zum Straf- und Strafverfahrensrecht (zitiert nach Paragraph und Seite; Neuaufl. [Entscheidungen seit 1982] innerhalb der Paragraphen nur mit laufender Nr. zitiert)
OpferSchG	Erstes Gesetz zur Verbesserung der Stellung des Verletzten im Strafverfahren (Opferschutzgesetz)
OrgK	Organisierte Kriminalität
OrgKG	Gesetz zur Verbesserung der Bekämpfung der Organisierten Kriminalität
ÖRiZ	Österreichische Richterzeitung (zitiert nach Jahr und Seite)
öStGB	Bundesgesetz über die mit gerichtlicher Strafe bedrohten Handlungen – (österreichisches) Strafgesetzbuch –
OVG	Oberverwaltungsgericht
OWiG	Gesetz über Ordnungswidrigkeiten
PartGG	Gesetz über Partnerschaftsgesellschaften Angehöriger Freier Berufe (Partnerschaftsgesellschaftsgesetz)
pass.	passim; im angegebenen Werk da und dort verstreut
PatG/PatentG	Patentgesetz
PAuswG	Gesetz über Personalausweise
PKS	Polizeiliche Kriminalstatistik des BKA
PolG	Polizeigesetz
PolVO	Polizeiverordnung
PostG	Postgesetz
Prot.	Protokolle über die Sitzung des Sonderausschusses für die Strafrechtsreform
PrP	Produktpiraterie
PVR	Praxis Verkehrsrecht (zitiert nach Jahr und Seite)
R & P	Recht und Psychiatrie (zitiert nach Jahr und Seite)
r. Sp.	rechte Spalte
RA	Rechtsausschuss bzw. Rechtsanwalt
RA-BTag	Rechtsausschuss des Deutschen Bundestages
RBerG	Rechtsberatungsgesetz
RdErl.	Runderlass
RdM	Recht der Medizin (zitiert nach Jahr und Seite)
Rdnr.	Randnummer/Randnummern
RdSchr.	Rundschreiben
RefE	Referentenentwurf
RegBl.	Regierungsblatt

Abkürzungsverzeichnis

RegE	Regierungsentwurf (des jeweiligen Änderungsgesetzes)
RGBl. I, II	Reichsgesetzblatt Teil I, Teil II
RGSt	Entscheidungen des Reichsgerichts in Strafsachen (zitiert nach Band und Seite); auch Reichsgericht
RGZ	Entscheidungen des Reichsgerichts in Zivilsachen (zitiert nach Band und Seite)
RhPf.	Rheinland-Pfalz
RiStBV	Richtlinien für das Strafverfahren und das Bußgeldverfahren in der ab 1. 2. 1997 (bundeseinheitlich) geltenden Fassung
RiVASt	Richtlinien für den Verkehr mit dem Ausland in strafrechtlichen Angelegenheiten
RiW	Recht der internationalen Wirtschaft
RiWG	Richterwahlgesetz
RPfleger	Der Deutsche Rechtspfleger (zitiert nach Jahr und Seite)
RPflG	Rechtspflegergesetz
Rspr.	Rechtsprechung
RuG	Recht und Gesellschaft, Zeitschrift für Rechtskunde (zitiert nach Jahr und Seite)
RuStAG	Reichs- und Staatsangehörigkeitsgesetz
s.	siehe
S.	Seite/Satz
s. o.	siehe oben
s. u.	siehe unten
Saarl.	Saarland
Sachs.	Sachsen
SachsA	Sachsen-Anhalt
SchlH	Schleswig-Holstein
SchlHA	Schleswig-Holsteinische Anzeigen (zitiert nach Jahr und Seite)
SeuffA	Seufferts Archiv für Entscheidungen der obersten Gerichte
SGB	Sozialgesetzbuch
SGG	Sozialgerichtsgesetz
sog.	so genannt
StA	Staatsanwalt bzw. Staatsanwaltschaft
StAG	Staatsangehörigkeitsgesetz (StAG)
StAngRegV	Verordnung zur Regelung von Staatsangehörigkeitsfragen v. 20. 1. 1942; Außerkrafttreten: 1. 1. 2000
StBA	Statistisches Bundesamt
StBerG	Steuerberatungsgesetz
StGB	Strafgesetzbuch
StGB-DDR	Strafgesetzbuch der Deutschen Demokratischen Republik
StPO	Strafprozessordnung
str.	streitig
StraFo	Strafverteidiger Forum
StrÄndG	Strafrechtsänderungsgesetz
StrEG	Gesetz über die Entschädigung für Strafverfolgungsmaßnahmen (StrEG)
StrFrhG	Gesetz über Straffreiheit (Straffreiheitsgesetz 1968)
StrlSchV	Verordnung über den Schutz vor Schäden durch ionisierende Strahlen (Strahlenschutzverordnung – StrlSchV)
StrRehaG	Gesetz über die Rehabilitierung und Entschädigung von Opfern rechtsstaatswidriger Strafverfolgungsmaßnahmen im Beitrittsgebiet (Strafrechtliches Rehabilitierungsgesetz – StrRehaG)
StrRG	Gesetz zur Reform des Strafrechts
StV	Strafverteidiger (zitiert nach Jahr und Seite)
StVG	Straßenverkehrsgesetz
StVK	Strafvollstreckungskammer
StVO	Straßenverkehrs-Ordnung (StVO)
StVollstrO	Strafvollstreckungsordnung (StVollstrO)

Abkürzungsverzeichnis

StVollzG	Gesetz über den Vollzug der Freiheitsstrafe und der freiheitsentziehenden Maßregeln der Besserung und Sicherung – Strafvollzugsgesetz (StVollzG)
StVRG	Gesetz zur Reform des Strafverfahrensrechts
StVZO	Straßenverkehrs-Zulassungs-Ordnung (StVZO)
SubvG	Gesetz gegen mißbräuchliche Inanspruchnahme von Subventionen (Subventionsgesetz – SubvG)
SÜG	Gesetz über die Voraussetzungen und das Verfahren von Sicherheitsüberprüfungen des Bundes (Sicherheitsüberprüfungsgesetz – SÜG)
TA-Lärm	Technische Anleitung zum Schutz gegen Lärm
TA-Luft	Technische Anleitung zur Reinhaltung der Luft
TDG	Gesetz über die Nutzung von Telediensten (Teledienstegesetz – TDG)
teilw.	teilweise
TerrorBG	Gesetz zur Bekämpfung des Terrorismus
Thür.	Thüringen
TierSchG	Tierschutzgesetz
TierSG	Tierseuchengesetz (TierSG)
TKG	Telekommunikationsgesetz (TKG)
TOA	Täter-Opfer-Ausgleich
TPG	Gesetz über die Spende, Entnahme und Übertragung von Organen (Transplantationsgesetz)
u. a.	unter anderem/und andere
Übers.	Übersicht
umstr.	umstritten
unstr.	unstreitig
unveröff.	unveröffentlicht
UrhG	Gesetz über Urheberrecht und verwandte Schutzrechte (Urheberrechtsgesetz)
urspr.	ursprünglich
u.s.w.	und so weiter
u.U.	unter Umständen
UVollzO	Untersuchungshaftvollzugsordnung
UWG	Gesetz gegen den unlauteren Wettbewerb
UZwG	Gesetz über den unmittelbaren Zwang bei Ausübung öffentlicher Gewalt durch Vollzugsbeamte des Bundes (UZwG)
v.	von/vom
VA	Vermittlungsausschuss/Verwaltungsakt
Vbl.	Verordnungsblatt
VE	Verdeckter Ermittler
VereinsG	Gesetz zur Regelung des öffentlichen Vereinsrechts (Vereinsgesetz)
VersammlG	Gesetz über Versammlungen und Aufzüge (Versammlungsgesetz)
VersR	Versicherungsrecht Juristische Rundschau für die Individualversicherung (zitiert nach Jahr und Seite)
VerwArch.	Verwaltungsarchiv (zitiert nach Jahr und Seite)
VG	Verwaltungsgericht
VGH	Verwaltungsgerichtshof
vgl.	vergleiche
VM	Verkehrsrechtliche Mitteilungen (zitiert nach Jahr und Seite)
VO (EG)	Verordnung (der Europäischen Gemeinschaft)
Voraufl.	Vorauflage
Vorbem.	Vorbemerkung (-en)
VRS	Verkehrsrechts-Sammlung
VStGB	Völkerstrafgesetzbuch
VStSen.	Vereinigte Strafsenate
VwGO	Verwaltungsgerichtsordnung – VwGO
VwKostG	Verwaltungskostengesetz (VwKostG)

Abkürzungsverzeichnis

VwV	Allgemeine Verwaltungsvorschriften
VwVfG	Verwaltungsverfahrensgesetz (VwVfG)
VwVG	Verwaltungs-Vollstreckungsgesetz (VwVG)
WaffG	Waffengesetz (WaffG)
WaffV	Verordnung zum Waffengesetz
WaffVwV	Allgemeine Verwaltungsvorschrift zum Waffengesetz (WaffVwV)
WIK	Zeitschrift für Wirtschaft, Kriminalität und Sicherheit
WiKG	Gesetz zur Bekämpfung der Wirtschaftskriminalität
WirtschPrüfO	Gesetz über eine Berufsordnung der Wirtschaftsprüfer (Wirtschaftsprüferordnung)
wistra	Zeitschrift für Wirtschafts- und Steuerstrafrecht (zitiert nach Jahr und Seite)
WM	Wertpapiermitteilungen (zitiert nach Jahr und Seite)
WPflG	Wehrpflichtgesetz (WPflG)
WpHG	Gesetz über den Wertpapierhandel (Wertpapierhandelsgesetz – WpHG)
WRP	Wettbewerb in Recht und Praxis (zitiert nach Jahr und Seite); Weltrechtsprinzip
WStG	Wehrstrafgesetz (WStG)
WuW	Wirtschaft und Wettbewerb
WuW/E	Entscheidungssammlung der Zeitschrift Wirtschaft und Wettbewerb
ZAP	Zeitschrift für Anwaltspraxis
ZAR	Zeitschrift für Ausländerrecht und Ausländerpolitik (zitiert nach Jahr und Seite)
z.B.	zum Beispiel
ZfJ	Zentralblatt für Jugendrecht (zitiert nach Jahr und Seite)
ZfPol.	Zeitschrift für Politik (zitiert nach Jahr und Seite)
ZfS	Zeitschrift für Schadensrecht (zitiert nach Jahr und Seite)
ZfStrVo.	Zeitschrift für Strafvollzug und Straffälligenhilfe (zitiert nach Jahr und Seite)
ZGR	Zeitschrift für Unternehmens- und Gesellschaftsrecht (zitiert nach Jahr und Seite)
ZIP	Zeitschrift für Wirtschaftsrecht und Insolvenzpraxis (zitiert nach Jahr und Seite)
ZJJ	Zeitschrift für Jugendkriminalrecht und Jugendhilfe
ZollV	Zollverordnung (ZollV)
ZollVG	Zollverwaltungsgesetz (ZollVG)
ZPO	Zivilprozessordnung
ZRP	Zeitschrift für Rechtspolitik (zitiert nach Jahr und Seite)
ZSchG	Zeugenschutzgesetz
ZStW	Zeitschrift für die gesamte Strafrechtswissenschaft (zitiert nach Jahr, Band und Seite)
z.T.	zum Teil
ZUM	Zeitschrift für Urheber- und Medienrecht (zitiert nach Jahr und Seite)
ZUR	Zeitschrift für Umweltrecht (zitiert nach Jahr und Seite)
zust.	zustimmend
zutr.	zutreffend
ZuwanderungsG	Gesetz zur Steuerung und Begrenzung der Zuwanderung und zur Regelung des Aufenthalts und der Integration von Unionsbürgern und Ausländern (Zuwanderungsgesetz)
ZVG	Gesetz über die Zwangsversteigerung und die Zwangsverwaltung
ZVR	Zeitschrift für Verkehrsrecht (zitiert nach Jahr und Seite)

Literaturverzeichnis

Hinweis: Literatur, die nur Bezug zu speziellen Kapiteln hat, wird dort aufgeführt (insbesondere Zeitschriftenaufsätze).

Achenbach/Ransiek/*Bearbeiter*	*Achenbach/Ransiek* (Hrsg.), Handbuch Wirtschaftsstrafrecht, 2004
AK/*Bearbeiter*	*Wassermann* (Hrsg.), Kommentar zum Strafgesetzbuch, Reihe Alternativkommentare, Band 1: §§ 1–21, 1990; Band 3: §§ 80–145 d, 1986
AK-StPO/Bearbeiter	*Achenbach* (Hrsg.), Kommentar zur Strafprozessordnung. Reihe Alternativkommentare, 1996
Arzt/*Weber*	*Arzt/Weber*, Strafrecht, Besonderer Teil, 2000
Baumann/Weber/Mitsch	*Baumann/Weber/Mitsch*, Strafrecht, Allgemeiner Teil, 11. Aufl. 2003
Baumbach/Lauterbach/Albers/Hartmann/*Bearbeiter*	*Baumbach/Lauterbach/Albers/Hartmann* (Hrsg.), Zivilprozessordnung, 64. Aufl. 2006
Bockelmann/Volk	*Bockelmann/Volk*, Strafrecht Allgemeiner Teil, 4. Aufl. 1987
Bockemühl/*Bearbeiter*	*Bockemühl* (Hrsg.), Handbuch des Fachanwalts Strafrecht, 3. Aufl. 2005
Bringewat StrVollstr.	*Bringewat*, Strafvollstreckung, Kommentar zu den §§ 449–463 d StPO, 1993
Brüssow/Krekeler/Mehle/*Bearbeiter*	*Brüssow/Krekeler/Mehle* (Hrsg.), Strafverteidigung in der Praxis, 3. Aufl. 2004
Brunner/Dölling	*Brunner/Dölling*, Jugendgerichtsgesetz, 11. Aufl. 2002
Burhoff Ermittlungsverfahren	*Burhoff*, Handbuch für das strafrechtliche Ermittlungsverfahren, 3. Aufl. 2003
Burhoff Hauptverhandlung	*Burhoff*, Handbuch für die strafrechtliche Hauptverhandlung, Ermittlungsverfahren, 4. Aufl. 2003
Cramer/Cramer/*Bearbeiter*	*Cramer*/Cramer (Hrsg.), Anwalts-Handbuch Strafrecht, 2002
Dahs	*Dahs* (Hrsg.), Handbuch des Strafverteidigers, 7. Aufl. 2005
Dahs/Dahs	*Dahs*/Dahs (Hrsg.), Die Revision im Strafprozess, 6. Aufl. 2001
Dallinger/Lackner	*Dallinger/Lackner*, Jugendgerichtsgesetz, 2. Aufl. 1965
Diemer/Schoreit/Sonnen/*Bearbeiter*	*Diemer/Schoreit/Sonnen*, Jugendgerichtsgesetz, 4. Aufl. 2002
Ebert	*Ebert*, Strafrecht, Allgemeiner Teil, 4. Aufl. 2003
Eisenberg Beweisrecht	*Eisenberg*, Beweisrecht der StPO, 4. Aufl. 2002, 5. Aufl. 2006
Eisenberg JGG	*Eisenberg*, Jugendgerichtsgesetz, 11. Aufl. 2006
Eisenberg Kriminologie	*Eisenberg*, Kriminologie, 6. Aufl. 2005
Endriß/Malek	*Endriß/Malek*, Betäubungsmittelstrafrecht, 2. Aufl. 2000
Eser/Burkhardt	*Eser/Burkhardt*, Strafrecht I, II, 4. Aufl. 1992; III 2. Aufl. 1981; IV 4. Aufl. 1983
Ferner/*Bearbeiter*	*Ferner*, Straßenverkehrsrecht, 2. Aufl. 2006
Franke/Wienroeder	*Franke/Wienroeder*, Betäubungsmittelgesetz, Kommentar, 2. Aufl. 2001
Franzen/Gast/Joecks/*Bearbeiter*	*Franzen/Gast-de Haan/Joecks*, Steuerstrafrecht, 6. Aufl. 2005
Freund	*Freund*, Strafrecht Allgemeiner Teil, 1998
GageSarstedt/Hamm	*Gage/Sarstedt/Hamm*, Die Revision in Strafsachen, 6. Aufl. 1998
Gerold/Schmidt/*Bearbeiter*	*Gerold/Schmidt/von Eicken/Madert/Müller-Raabe*, RVG, 16. Aufl. 2004, 17. Aufl. 2006

Literaturverzeichnis

GK-AsylVfG/*Bearbeiter*	*Fritz* u. a., Gemeinschaftskommentar zum Asylverfahrensgesetz, Stand 2005
GK-Ausländerrecht/ *Bearbeiter*	*Fritz* u. a., Gemeinschaftskommentar zum Ausländerrecht, Stand 2005
Göbel	*Göbel*, Strafprozess, 6. Aufl. 2005
Göhler OWiG	*Göhler*, Gesetz über Ordnungswidrigkeiten, 14. Aufl. 2006
Göhler/Buddendiek/Lenzen/ *Bearbeiter*	*Göhler/Buddendiek/Lenzen*, Lexikon des Nebenstrafrechts, zugleich Registerband zu *Erbs/Kohlhaas/Ambs*, Strafrechtliche Nebengesetze, Loseblattausgabe, Stand 2003
Göppinger/*Bearbeiter*	*Göppinger*, Kriminologie, bearb. von *Bock* und *Böhm*, 5. Aufl. 1997
Gössel/Dölling	*Gössel/Dölling*, Straftaten gegen Persönlichkeits- und Gemeinschaftswerte, 2. Aufl. 2004
Gössel	*Gössel*, Strafrecht Besonderer Teil, Band 2, 1996
Gropp	*Gropp*, Strafrecht Allgemeiner Teil, 3. Aufl. 2005
Grützner/Pötz/Wilkitzki	*Grützner/Pötz/Wilkitzki*, Internationaler Rechtshilfeverkehr in Strafsachen, Stand 2003
Haft AT, BT	*Haft*, Strafrecht Allgemeiner Teil, 9. Aufl. 2004; Besonderer Teil, 8. Aufl. 2004
Hamm/Lohberger/*Bearbeiter*	*Hamm/Lohberger*, Beck'sches Formularbuch für den Strafverteidiger, 4. Aufl. 2002
Handwörterbuch Krim./*Bearbeiter*	*Sieverts/Schneider* (Hrsg.), Handwörterbuch der Kriminologie, Band I bis IV,. 2. Aufl. 1966 bis 1998
Handwörterbuch WiStR/*Bearbeiter*	*Krekeler/Tiedemann/Ulsenheimer/Weimann* (Hrsg.), Handwörterbuch des Wirtschafts- und Steuerstrafrechts, 1985, bis 5. ErgLfg. 1990
Hartung/Römermann	*Hartung/Römermann* (Hrsg.), RVG, Kommentar, 2004
Hartung/Römermann/Schons	*Hartung/Römermann/Schons* (Hrsg.), RVG, Kommentar, 2. Aufl. 2006
Hefendehl, Kollektive Rechtsgüter	*Hefendehl*, Kollektive Rechtsgüter im Strafrecht, 2002
Hentschel	*Hentschel*, Straßenverkehrsrecht, 38. Aufl. 2005
Hentschel, Trunkenheit	*Hentschel*, Trunkenheit, Fahrerlaubnisentziehung, Fahrverbot, 10. Aufl. 2006
HK-InsO/*Bearbeiter*	Heidelberger Kommentar zur Insolvenzordnung, von *Eickmann/Flessner/Irschlinger*, 4. Aufl. 2006
HK-StPO/*Bearbeiter*	*Lemke/Julius/Krehl*, Heidelberger Kommentar zur Strafprozessordnung, 3. Aufl. 2001
HK-StVR/*Bearbeiter*	*Diehl/Griesbaum/Jäger/Kohlhaas* u. a., Heidelberger Kommentar zum Straßenverkehrsrecht, Stand 2002
Hohmann/Sander	*Hohmann/Sander*, Strafrecht Besonderer Teil I, 2. Aufl. 2000; Besonderer Teil II, 2000
HRSt	Entscheidungssammlung zum Strafrecht, Strafverfahrensrecht und zu den Nebengebieten (Höchstrichterliche Rechtsprechung), von *Lemke* (Hrsg.), 2002
Jakobs	*Jakobs*, Strafrecht. Allgemeiner Teil, 2. Aufl. 1993
Janiszewski	*Janiszewski*, Verkehrsstrafrecht, 5. Aufl. 2004
Janiszewski/Jagow/Burmann	*Janiszewski/Jagow/Burmann*, Straßenverkehrsrecht, 19. Aufl. 2005
Jescheck/Weigend	*Jescheck/Weigend*, Lehrbuch des Strafrechts, Allgemeiner Teil, 5. Aufl. 1996
Joecks	*Joecks*, StGB, Studienkommentar, 6. Aufl. 2005
Kaiser	*Kaiser*, Kriminologie, Lehrbuch, 3. Aufl. 1996
Kaiser Einf.	*Kaiser*, Kriminologie, Einführung an die Grundlagen, 10. Aufl. 1997
Kaiser/Schöch	*Kaiser/Schöch*, Kriminologie, Jugendstrafrecht, Strafvollzug, 6. Aufl. 2006
Kindhäuser AT	*Kindhäuser*, Strafrecht, AT, 3. Aufl. 2004
Kindhäuser BT/I/II	*Kindhäuser*, Strafrecht Besonderer Teil I, 2. Aufl. 2005, Teil II, 4. Aufl. 2004

Literaturverzeichnis

Kindhäuser StGB	*Kindhäuser,* Strafgesetzbuch, Lehr- und Praxiskommentar, 2. Aufl. 2005
KK-OWiG/*Bearbeiter*	*Senge* (Hrsg.), Karlsruher Kommentar Ordnungswidrigkeitengesetz, 3. Aufl. 2006
KK-StPO/*Bearbeiter*	*Pfeiffer* (Hrsg.), Karlsruher Kommentar zur Strafprozessordnung und zum Gerichtsverfassungs-gesetz mit Einführungsgesetz, 5. Aufl. 2003
Kleinknecht/Meyer-Goßner	*Kleinknecht/Meyer-Goßner,* Strafprozeßordnung, 45. Aufl. 2001; (ab 46. Aufl. 2003: *Meyer-Goßner,* siehe dort)
Kloepfer/Vierhaus	*Kloepfer/Vierhaus,* Umweltstrafrecht, 2. Aufl. 2002
KMR/*Bearbeiter*	*v. Heintschel-Heinegg/Stöckel* (Hrsg.), KMR – Kommentar zur Strafprozessordnung,.), Stand 2003
Köhler AT	*Köhler,* Strafrecht Allgemeiner Teil, 1997
Köhler/Piper	*Köhler/Piper,* Gesetz gegen den unlauteren Wettbewerb, 3. Aufl. 2002
Kohlhaas/Ambs/Erbs/*Bearbeiter*	*Kohlhaas/Ambs/Erbs,* Strafrechtliche Nebengesetze, Kommentar, Loseblattausgabe
Kohlrausch/Lange	*Kohlrausch/Lange,* Strafgesetzbuch, 43. Aufl. 1961
Körner	*Körner,* Betäubungsmittelgesetz, Arzneimittelgesetz, 5. Aufl. 2001
Kreuzer/*Bearbeiter*	*Kreuzer,* Handbuch des Betäubungsmittelstrafrechts, 1998
Krey AT	*Krey,* Deutsches Strafrecht, Allgemeiner Teil, Band 1 2002
Krey BT/1, BT/2	*Krey,* Strafrecht, Besonderer Teil Band 1, 13. Aufl. 2005; Band 2, 14. Aufl. 2005
Kühl	*Kühl,* Strafrecht Allgemeiner Teil, 5. Aufl. 2005
Kunz/Zellner	*Kunz/Zellner,* Opferentschädigungsgesetz, 4. Aufl. 1999
Küper	*Küper,* Strafrecht Besonderer Teil, 6. Aufl. 2005
Lackner/Kühl	*Lackner/Kühl,* Strafgesetzbuch, 25. Aufl. 2004
Laufs/Uhlenbruck	*Laufs/Uhlenbruck,* Handbuch des Arztrechts, 3. Aufl. 2002
LK/*Bearbeiter*	*Jähnke/Laufhütte/Odersky* (Hrsg.), Strafgesetzbuch, Leipziger Kommentar, 12. Aufl., 1992-2006
LK-Nachtrag/*Bearbeiter*	Nachtragsband zum Leipziger Kommentar, 2000
Löwe/Rosenberg/*Bearbeiter*	*Löwe/Rosenberg,* Die Strafprozeßordnung und das Gerichtsverfassungsgesetz mit Nebengesetzen, Großkommentar, 25. Aufl., *Rieß* (Hrsg.), bearbeitet von *Wendisch/Gollwitzer/Gössel,* 1997 ff.
LM	Entscheidungen des Bundesgerichtshofs im Nachschlagewerk des Bundesgerichtshofs von *Lindenmaier-Möhring* (zitiert nach Nr. und Paragraph)
Malek	*Malek,* Verteidigung in der Hauptverhandlung, 3. Aufl. 1999
Matt	*Matt,* Strafrecht Allgemeiner Teil I, 1996
Maunz/Dürig/*Bearbeiter*	*Badura/Di Fabio/Herdegen/Herzog/Klein/Korioth/Lerche/Papier/Randelzhofer/Schmidt-Assmann/Scholz* (Hrsg.), Grundgesetz. Loseblatt-Kommentar
Maurach/Zipf	*Maurach/Zipf,* Strafrecht Allgemeiner Teil, Teilband 1, 8. Aufl. 1992
Maurach/Gössel/Zipf	*Maurach/Gössel/Zipf,* Strafrecht Allgemeiner Teil, Teilband 2, 7. Aufl. 1989
Maurach/Schroeder/Maiwald BT/1, BT/2	*Maurach/Schroeder/Maiwald,* Strafrecht, Besonderer Teil, Teilband 1, 9. Aufl. 2003; Teilband 2, 8. Aufl. 1999
Meyer-Goßner	*Meyer-Goßner,* Strafprozessordnung, 48. Aufl. 2005 (bis 45. Aufl. 2001: *Kleinknecht/Meyer-Goßner,* siehe dort)
Mitsch BT II/1 und II/2	*Mitsch,* Strafrecht, Besonderer Teil 2, Teilband 1, 2. Aufl. 2003; Teilband 2, 2001
Müller-Gugenberger/Bieneck	*Müller-Gugenberger/Bieneck,* Handbuch des Wirtschaftsstraf- und Ordnungswidrigkeitenrechts, 4. Aufl. 2006
MünchKommBGB/*Bearbeiter*	Münchener Kommentar zum Bürgerlichen Gesetzbuch, 4. Aufl. 2003 ff.
MünchKommHGB/*Bearbeiter*	Münchener Kommentar zum Handelsgesetzbuch, 1. Aufl. 2000 ff., 2. Aufl. 2005 ff.
MünchKommInsO/*Bearbeiter*	Münchener Kommentar zur Insolvenzordnung, 2001 ff.

Literaturverzeichnis

MünchKommStGB/ *Bearbeiter*.................	Münchener Kommentar zum Strafgesetzbuch, 2003 ff.
MünchKommZPO/ *Bearbeiter*.................	Münchener Kommentar zur Zivilprozessordnung, 2. Aufl. 2000/2001 ff.
v. Münch/Kunig/*Bearbeiter*	*v. Münch/Kunig* (Hrsg.) Grundgesetzkommentar, Band 1, 5. Aufl. 2000/2001; Band 2, 5. Aufl. 2000/2001, Band 3, /5. Aufl. 2003
Naucke	*Naucke*, Strafrecht, 10. Aufl. 2002
NK/*Bearbeiter*	Nomos Kommentar zum Strafgesetzbuch, Gesamtredaktion *Neumann/Schild*, Loseblattausgabe
NStE	Neue Entscheidungssammlung für Strafrecht, *Rebmann/Dahs/Miebach* (Hrsg.), zitiert nach Paragraph und laufender Nummer, innerhalb des Paragraphen nur mit laufender Nummer
Oehler	*Oehler*, Internationales Strafrecht, 2. Aufl. 1983
Ostendorf..................	*Ostendorf*, Jugendgerichtsgesetz, 6. Aufl. 2003
Otto AT, BT	*Otto*, Grundkurs Strafrecht, AT Allgemeine Strafrechtslehre, 7. Aufl. 2004; BT: Die einzelnen Delikte, 7. Aufl. 2005
Paeffgen..................	*Paeffgen*, Der Verrat in irriger Annahme eines illegalen Geheimnisses (§ 97 b StGB) und die allgemeine Irrtumslehre, 1979
Palandt/*Bearbeiter*..................	*Palandt*, Bürgerliches Gesetzbuch, 65. Aufl. 2006
Pfeiffer	*Pfeiffer*, Strafprozessordnung und Gerichtsverfassungsgesetz, 5. Aufl. 2005
Piller/Hermann..................	*Piller/Hermann* (Hrsg.), Justizverwaltungsvorschriften, Loseblatt-Textsammlung, 1999
Pohlmann/Jabel/Wolf/ *Bearbeiter*..................	*Pohlmann/Jabel/Wolf*, Strafvollstreckungsordnung, 8. Aufl. 2001
PraxRMed..................	*Forster* (Hrsg.), Praxis der Rechtsmedizin für Mediziner und Juristen, 1986
Rebmann/Roth/Herrmann/ *Bearbeiter*..................	*Rebmann/Roth/Herrmann*, Gesetz über Ordnungswidrigkeiten, Stand 2003
Rengier BT/I, BT/2..................	*Rengier*, Strafrecht, Besonderer Teil I, 7. Aufl. 2006; Besonderer Teil II, 6. Aufl. 2006
RMed.	*Schwerd* (Hrsg.), Rechtsmedizin. Lehrbuch für Mediziner und Juristen, 5. Aufl. 1992
Roxin..................	*Roxin*, Täterschaft und Tatherrschaft, 8. Aufl. 2006
Roxin AT/I, AT/II	*Roxin*, Strafrecht, Allgemeiner Teil, Band I, 4. Aufl. 2005, Band II 2003
Sachs	*Sachs*, Grundgesetz, Kommentar, 3. Aufl. 2003
Schäfer..................	*Schäfer*, Die Praxis des Strafverfahrens, 6. Aufl. 2000
Schäfer Strafzumessung	*Schäfer*, Praxis der Strafzumessung, 3. Aufl. 2001
Schätzler..................	*Schätzler*, Handbuch des Gnadenrechts, 2. Aufl. 1992
Schaffstein/Beulke	*Schaffstein/Beulke*, Jugendstrafrecht, 14. Aufl. 2002
Schneider	*Schneider*, Kriminologie, Jugendstrafrecht, Wirtschaftsstrafrecht, Strafvollzug, 3. Aufl. 1992
Schönke/Schröder/*Bearbeiter*	*Schönke/Schröder*, Strafgesetzbuch, Kommentar, 27. Aufl. 2006
Schroeder..................	*Schroeder*, Die Straftaten gegen das Strafrecht, Schriftenreihe der Jur. Studiengesellschaft Berlin, Heft 96, 1985
Schroth	*Schroth*, Vorsatz und Irrtum, 1998
Schroth BT	*Schroth*, Strafrecht Besonderer Teil, 4. Aufl. 2006
Schwind/Böhm/Jehle/ *Bearbeiter*..................	*Schwind/Böhm/Jehle*, Strafvollzugsgesetz, 4. Aufl. 2005
Seidl-Hohenveldern/Stein/von Buttlar	*Seidl-Hohenveldern/Stein/von Buttlar*, Völkerrecht, 11. Aufl. 2005
SK/*Bearbeiter*	*Rudolphi/Horn/Samson*, Systematischer Kommentar zum Strafgesetzbuch, Stand 2005

Literaturverzeichnis

SK-StPO/*Bearbeiter*	*Rudolphi/Frisch/Rogall* u. a., Systematischer Kommentar zur Strafprozessordnung und zum Gerichtsverfassungsgesetz, Stand 2005
sLSK	*Horn,* Systematischer Leitsatz-Kommentar zum Sanktionenrecht, Stand 2003
Staudinger/*Bearbeiter*	*Staudinger,* BGB, 13. Bearbeitung 1993 ff.
Steindorf	*Steindorf,* Waffenrecht, 8. Aufl. 2003
Stenglein	*Stengleins,* Kommentar zu den strafrechtlichen Nebengesetzen, 5. Aufl., I 1928, II 1931, Ergänzungsband 1933
Stratenwerth	*Stratenwerth,* Strafrecht, Allgemeiner Teil, Band 1, 5. Aufl. 2004
Streng, Strafrechtliche Sanktionen	*Streng,* Strafrechtliche Sanktionen – Die Strafzumessung und ihre Grundlagen, 2. Aufl. 2002
StVE	Cramer/Berz/Gontard, Entscheidungssammlung zum Straßenverkehrsrecht, Stand 2003
Thomas/Putzo/*Bearbeiter*	*Thomas/Putzo,* ZPO, 27. Aufl. 2005
Tröndle/Fischer	*Tröndle/Fischer,* Strafgesetzbuch und Nebengesetze, 53. Aufl. 2006
Ulsamer	*Ulsamer,* Lexikon des Rechts – Strafrecht, 2. Aufl. 1996
Ulsenheimer	*Ulsenheimer,* Arztstrafrecht in der Praxis, 3. Aufl. 2003
Venzlaff/Foerster	*Venzlaff /Foerster* (Hrsg.), Psychiatrische Begutachtung. Ein praktisches Handbuch für Ärzte und Juristen, 4. Aufl. 2004
Verdross/Simma	*Verdross/Simma,* Universelles Völkerrecht, 4. Aufl. 1992
Vitzthum	*Vitzthum,* Völkerrecht, 3. Aufl. 2004
Volk	*Volk,* Grundkurs StPO, 5. Aufl. 2006
Volckart/Grünebaum	*Volckart/Grünebaum,* Maßregelvollzug, 6. Aufl. 2003
Wabnitz/Janovsky/*Bearbeiter*....	*Wabnitz/Janovsky* (Hrsg.), Handbuch des Wirtschafts- und Steuerstrafrechts, 2. Aufl. 2004
Weber	*Weber,* Betäubungsmittelgesetz. Verordnungen zum BtMG, 2. Aufl. 2003
Wessels/Beulke	*Wessels/Beulke,* Strafrecht Allgemeiner Teil, 35. Aufl. 2005
Wessels/Hettinger	*Wessels/Hettinger,* Strafrecht Besonderer Teil/1, 29. Aufl. 2005
Wessels/Hillenkamp	*Wessels/Hillenkamp,* Strafrecht Besonderer Teil/2, 28. Aufl. 2005
Zöller/*Bearbeiter*	*Zöller* (Hrsg.), Zivilprozessordnung, Kommentar, 25. Aufl. 2005

Teil A. Grundlagen des Wirtschafts- und Steuerstrafrechts

§ 1 Begriff und Entwicklung des Wirtschaftsstrafrechts*

Übersicht

	Rdnr.
I. Einleitung	1–3
II. Begriff des Wirtschaftsstrafrechts	4–26
1. Definition	6–17
a) Kriminologischer Begriff	8–10
b) Rechtsdogmatischer Begriff	11–16
c) Strafverfahrensrechtlicher Begriff des § 74 c GVG	17
2. Systematik	18–23
a) Kein geschlossenes System	18/19
b) Systematisierung der einzelnen Straftatbestände	20–23
3. Streitige Gegenstände	24–26
III. Kriminologie	27–37
1. Zum Stand der wirtschaftskriminologischen Forschung	27/28
2. Täter, Tat, Opfer	29–34
3. Soziale Kontrolle	35–37
IV. Die geschichtliche Entwicklung des Wirtschaftsstrafrechts	38–45
1. Historische Ursprünge	38
2. Wirtschaftsstrafrecht als Wirtschaftsverwaltungsstrafrecht	39–42
3. Das moderne Wirtschaftsstrafrecht	43–45
V. Neuere Gesetzgebung im Einzelnen	46–94
1. Materielles Strafrecht	46–88
a) Abgabenordnung	46
b) 1. WiKG	47–49
c) 2. WiKG	50–57
d) OrgKG und VerbrechensbekämpfungsG	58
e) 2. UKG	59
f) WpHG	60
g) KorrBG	61–65
h) 6. StrRG	66
i) EG-FinSchG	67
j) EGInsO	68
k) StVBG	69
l) Viertes Finanzmarktförderungsgesetz	70
m) Gesetz zur Erleichterung der Bekämpfung von illegaler Beschäftigung und Schwarzarbeit	71
n) Gesetz zur Ausführung ... vom 22.8.2002	72
o) 35. StrÄndG	73
p) SchwarzArbG	74
q) Anlegerschutzverbesserungsgesetz	75–77
r) Sonstiges	78
2. Sanktionen	79–82
3. Ordnungswidrigkeitenrecht	83–88
4. Strafverfahrensrecht	89–94
a) Organisatorische Neuerungen	89–91
b) Änderungen der StPO	92/93
c) Exkurs: Anzeigepflichten	94
VI. Tatbestandstechniken der Wirtschaftsstrafgesetzgebung	95–105

---

* Anm. des Herausgebers: Ich hatte Frau Priv. Doz. *Dr. Bettina Grunst* gebeten, einen Entwurf für dieses Kapitel zu verfassen. Frau *Dr. Grunst* ist im Jahre 2005 verstorben. Zu ihrem Gedenken erscheint ihre Vorarbeit unverändert unter ihrem Namen.

1. Sonderdelikte 96/97
2. Abstrakte Gefährdungsdelikte 98
3. Leichtfertigkeit 99–101
4. Normative Tatbestandsmerkmale, Generalklauseln, Blanketttatbestände 102–104
5. Schein- und Umgehungshandlungen 105
VII. Kriminalpolitische Probleme des Wirtschaftsstrafrechts 106–112
1. Der fragmentarische Charakter des Strafrechts 106/107
2. Das Subsidiaritätsprinzip 108–110
3. Generalprävention und sozialethisches Rechtsbewusstsein 111/112
VIII. Reformbedarf 113/114
1. Kartellordnungswidrigkeiten 113
2. Verbandsstrafbarkeit 114

Schrifttum zum Wirtschafts- und Steuerstrafrecht: *Achenbach,* Die Rolle des Strafgesetzes bei der sozialen Kontrolle der Wirtschaftsdevianz, Recht und Wirtschaft, 1985, 147; *ders.,* Das Zweite Gesetz zur Bekämpfung der Wirtschaftskriminalität, NJW 1986, 1835; *ders.,* Die Sanktionen gegen Unternehmensdelinquenz im Umbruch, JuS 1990, 601; *ders.,* Das neue Recht der Kartellordnungswidrigkeiten, wistra 1999, 241; *ders.,* Ausweitung des Zugriffs bei den ahndenden Sanktionen gegen Unternehmensdelinquenz, wistra 2002, 441; *ders./Wannenmacher* (Hrsg.), Beraterhandbuch zum Steuer- und Wirtschaftsstrafrecht, Teil 1 – Grundlagen, Stand Okt. 1997; *Albers et.al.* (Hrsg.), Handwörterbuch der Wirtschaftswissenschaft, 1981; *Altenhain,* Die Neuregelung der Marktpreismanipulation durch das Vierte Finanzmarktförderungsgesetz, BB 2002, 1874; *Alwart,* Strafrechtliche Haftung des Unternehmens vom Unternehmenstäter zum Täterunternehmen, ZStW 105 (1993), 752; *Appel,* Verfassung und Strafe, 1998; *Assmann,* Das neue deutsche Insiderrecht, ZGR 1994, 494; *Baumann,* Über die notwendigen Veränderungen im Bereich des Vermögensschutzes, JZ 1972, 1; *ders.,* Strafrecht und Wirtschaftskriminalität – Eine wegen des E eines 2. WiKG notwendige Erwiderung –, JZ 1983, 935; *Belke/Oehmichen (Hrsg.),* Wirtschaftskriminalität, 1983; *Berckhauer,* Wirtschaftskriminalität und Staatsanwaltschaft, Dissertation Freiburg i.Br. 1977; *ders.,* Die Erledigung von Wirtschaftsstraftaten durch Staatsanwaltschaften und Gerichte, ZStW 89 (1977), 1015; *ders.* (Hrsg.), Die Strafverfolgung bei schweren Wirtschaftsdelikten, 1981; *Berz,* Das Erste Gesetz zur Bekämpfung der Wirtschaftskriminalität, BB 1976, 1435; *Bieneck,* Strafrechtliche Relevanz der Insolvenzordnung und aktueller Änderungen des Eigenkapitalersatzrechts, StV 1999, 43; *Bittmann,* Die gewerbs- und bandenmäßige Steuerhinterziehung und die Erfindung des gegenständlichen Nichts als geldwäscherelevante Infektionsquelle, wistra 2003, 161; *Blankenburg/Sessar/Steffen,* Die Staatsanwaltschaft im Prozess strafrechtlicher Kontrolle, 1978; *Blei,* Das Erste Gesetz zur Bekämpfung der Wirtschaftskriminalität vom 20. Juli 1976 (BGBl. I 2034), JA 1976, 741 ff., 807 ff.; *Bockelmann,* Kriminelle Gefährdung und strafrechtlicher Schutz des Kreditgewerbes, ZStW 79 (1967), 28; *Boers,* Wirtschaftskriminologie, MschrKrim 84 (2001), 335; *Böttcher,* Internationale organisierte Wirtschaftskriminalität, ZRP 1996, 519; *Bottke,* Das Wirtschaftsstrafrecht in der Bundesrepublik Deutschland – Lösungen und Defizite, wistra 1991, 1; *ders.,* Zur Legitimität des Wirtschaftsstrafrechts im engen Sinn und seiner spezifischen Deliktsbeschreibungen, in: Schünemann/Suárez González (Hrsg.), Bausteine des europäischen Wirtschaftsstrafrechts Madrid-Symposium für Tiedemann, 1994, 109; *ders.,* Standortvorteil Wirtschaftskriminalrecht: Müssen Unternehmen „strafmündig" werden?, wistra 1997, 241; *Brauneck,* Allgemeine Kriminologie, 1974; *Bröker,* Neue Strafvorschriften im deutschen Börsenrecht, wistra 1995, 130; *Brüssow/Gatzweiler/Krekeler/Mehle* (Hrsg.), Strafverteidigung in der Praxis, 2. Aufl. 2000; *Bundeskriminalamt* (Hrsg.), Grundfragen der Wirtschaftskriminalität, 1963; *dass.* (Hrsg.), Wirtschaftskriminalität, 1984; *dass. (Hrsg.),* Polizeiliche Kriminalstatistik 2003, 2004; *Bundesminister der Justiz* (Hrsg.), Tagungsberichte der Sachverständigenkommission zur Bekämpfung der Wirtschaftskriminalität, 1972 bis 1978; *Bundesministerium des Innern/Bundesministerium der Justiz* (Hrsg.), Erster Periodischer Sicherheitsbericht (PSB), 2001; *Burger,* Die Einführung der geld- und bandenmäßigen Steuerhinterziehung sowie aktuelle Änderungen im Bereich der Geldwäsche – eine Darstellung und Bewertung der neuesten Entwicklung –, wistra 2002, 1; *Bürger,* § 299 StGB – eine Straftat gegen den Wettbewerb?, wistra 2003, 130; *Bussmann,* Der Mythos Strafrecht hat Konjunktur – Wirtschaftsstrafrecht und Abolitionismus, KriV 1989, 126; *Dähn,* Zum Wirtschaftsstrafgesetz und zum Preisstrafrecht, in: Baumann/Dähn (Hrsg.), Studien zum Wirtschaftsstrafrecht, 1972, 56; *Dahs,* Bewältigung großer Strafprozesse – um welchen Preis?, NJW 1974, 1538; *ders.,* Probleme des Wirtschaftsstrafrechts aus der Sicht des Praktikers, in: Müller, H./Isensee (Hrsg.), Wirtschaftsethik – Wirtschaftsstrafrecht, 1991, 67; *Dannecker,* Der Schutz von Geschäfts- und Betriebsgeheimnissen, BB 1987, 1614; *ders.,* Strafrechtlicher Schutz der Finanzinteressen der Europäischen Gemeinschaft gegen Täuschung, ZStW 108 (1996), 557; *ders.,* Zur Notwendigkeit der Einführung kriminalrechtlicher Sanktionen gegen Verbände – Überlegungen zu den Anforderungen und den Ausgestaltungen eines Verbandsstrafrechts, GA 2001, 103; *Diemer-Nicolaus,* Der Subventionsbetrug, Festschrift für Schmidt-Leichner, 1977, 33; *Dierlamm,* Das neue Insiderstrafrecht, NStZ 1996, 519; *Dincher/Wagner,* Organisierte Wirtschaftskriminalität, Kriminalistik 2002, 319; *Dölling,* Empfehlen sich Änderungen des Straf- und Strafprozessrechts, um der Gefahr von Korruption in Staat, Wirtschaft und Gesellschaft wirksam zu begegnen?, Gutachten C zum 61. Deutschen Juristentag, Bd. I, 1996, C 1 ff; *ders.,* Die Neuregelung der Strafvorschriften gegen Korruption, ZStW 112 (2000), 334; *Dreher,* Besprechung von Tiedemann, Die Verbrechen in der Wirtschaft, 1970, GA 1972, 61; *Eidam,* Straftäter Unternehmen, 197; *Eisenberg,* Kriminologie, 5. Aufl. 2000; *Fahl,* Der neue § 370 a AO – causa finita?, wistra 2003, 10; *Fleischer,* Das Vierte Finanzmarktförderungsgesetz, NJW 2002, 2977; *Frommel,* Das Zweite Gesetz zur Bekämpfung der Wirtschaftskriminalität, JuS 1987, 667; *Galen,*

§ 1 Begriff und Entwicklung des Wirtschaftsstrafrechts § 1

Bekämpfung der Geldwäsche – Ende der Freiheit der Advokatur, NJW 2003, 117; *Gast de Haan*, Formelle Verfassungswidrigkeit des § 370 a AO n. F., DStR 2003, 12; *dies./Joecks /Voss/Franzen (Hrsg.)*, Steuerstrafrecht mit Steuerordnungswidrigkeiten und Verfahrensrecht. Kommentar, 5. Aufl. 2001; *Geerds F.*, Probleme der Wirtschaftskriminalität und ihrer Bekämpfung, Kriminalistik 1968, 234 ff., 300 ff., 356 ff.; *Geerds D.*, Wirtschaftsstrafrecht und Vermögensschutz, 1990; *Goldschmidt*, Das Verwaltungsstrafrecht, 1902; *Göhler/Wilts*, Das Erste Gesetz zur Bekämpfung der Wirtschaftskriminalität, DB 1976, 1609 ff., 1657 ff.; *Göppinger*, Kriminologie, 5. Aufl. 1997; *Gössweiner-Saiko*, Wirtschaftskriminologie in Beiträgen, 1990; *Granderath*, Das Zweite Gesetz zur Bekämpfung der Wirtschaftskriminalität, DB 1986 Beil. 18, 1; *Greeve*, Ausgewählte Fragen zu § 298 StGB seit Einführung durch das Gesetz zur Bekämpfung der Korruption vom 13.8.1997, NStZ 2002, 505; *Gropp (Hrsg.)*, Wirtschaftskriminalität und Wirtschaftsstrafrecht in einem Europa auf dem Wege zu Demokratie und Privatisierung, 1998; *Günther*, Das Recht der Ordnungswidrigkeiten – Aufbruch zu neuen Ufern?, in: *Nörr (Hrsg.)*, 40 Jahre Bundesrepublik Deutschland, 381; *Haffke*, Symbolische Gesetzgebung? Das Wirtschaftsstrafrecht in der Bundesrepublik Deutschland, KritV 1991, 165; *Haft*, Das Zweite Gesetz zur Bekämpfung der Wirtschaftskriminalität (2. WiKG) Teil 2: Computerdelikte, NStZ 1987, 6; *Hassemer*, Theorie und Soziologie des Verbrechens, 1973; *ders.*, Symbolisches Strafrecht und Rechtsgüterschutz, NStZ 1989, 553; *Hefendehl*, Kollektive Rechtsgüter im Strafrecht, 2002; *ders.*, Kriminalitätstheorien und empirisch nachweisbare Funktionen der Strafe: Argumente für oder wider die Etablierung einer Unternehmensstrafbarkeit, MschrKrim 2003, 27; *ders.*, Enron, Worldcom und die Folgen: Das Wirtschaftsstrafrecht zwischen kriminalpolitischen Erwartungen und dogmatischen Erfordernissen, JZ 2004, 18; *Heghmanns*, Grundzüge einer Dogmatik der Straftatbestände zum Schutz von Verwaltungsrecht oder Verwaltungshandeln, 2000; *Heine G*, Die strafrechtliche Verantwortung von Unternehmen, 1995; *Heinz W.*, Die Bekämpfung der Wirtschaftskriminalität mit strafrechtlichen Mitteln – unter besonderer Berücksichtigung des 1. WiKG, GA 1977, 193 ff., 225 ff.; *ders.*, Wirtschaftskriminologische Forschungen in der Bundesrepublik Deutschland, wistra 1983, 128; *ders.*, System und Gliederung der Wirtschaftsstraftaten im deutschen Recht, in: *Eser/Kaiser (Hrsg.)*, Zweites deutsch-ungarisches Kolloquium über Strafrecht und Kriminologie, 1995, 155; *ders.*, Begriffliche und strukturelle Besonderheiten des Wirtschaftsstrafrechts – Eine Übersicht über die Entwicklung des Wirtschaftsstrafrechts in der Bundesrepublik Deutschland, in: *Gropp (Hrsg.)*, Wirtschaftskriminalität und Wirtschaftsstrafrecht in einem Europa auf dem Weg zu Demokratie und Privatisierung, 1998, 13; *Herren*, Psychogramm des Wirtschaftsverbrechers, Freiburger Universitätsblätter 77 (1982), 25; *Herzog*, Gesellschaftliche Unsicherheit und strafrechtliche Daseinsvorsorge, 1991; *Hetzer*, Der Geruch des Geldes – Ziel, Inhalt, und Wirkung der Gesetze gegen Geldwäsche, NJW 1993, 3298; *ders.*, Wirtschaftskriminalität, Kriminalistik 2001, 767; *Hillenkamp*, Beweisnot und materielles Recht, in: Festschrift für Rudolf Wassermann, 1985, 861; *Achenbach/ders.*, Beweisprobleme im Wirtschaftsstrafrecht, in: *Achenbach (Hrsg.)*, Recht und Wirtschaft, 1985, 221; *Hillmann-Stadtfeld*, Die strafrechtlichen Neuerungen nach dem Steuerverkürzungsbekämpfungsgesetz (StVBG), NStZ 2002, 204; *Hirsch*, Die Frage der Straffähigkeit von Personenverbänden, 1993; *ders.*, Strafrechtliche Verantwortlichkeit von Unternehmen, ZStW 107 (1995), 285; *ders.*, Strafrecht als Mittel zur Bekämpfung neuer Kriminalitätsformen, in: *Kühne/Miyazawa (Hrsg.)*, Neue Strafrechtsentwicklung im deutsch-japanischen Vergleich, 1995, 11; *ders.*, Straf- und Strafprozessrecht gegenüber neuen Formen und Techniken der Kriminalität, in: *Hirsch/Hofmanski/Plywaczewski/Roxin (Hrsg.)*, Neue Erscheinungsformen der Kriminalität in ihrer Auswirkung auf das Straf- und Strafprozessrecht, 1996, 33; *Husemann*, Die Verbesserung des strafrechtlichen Schutzes des bargeldlosen Zahlungsverkehrs durch das 35. Strafrechtsänderungsgesetz, NJW 2004, 104; *Jakobs*, Kriminalisierung im Vorfeld einer Rechtsgutsverletzung, ZStW 97 (1985), 751; *ders.*, Strafbarkeit juristischer Personen, in: Festschrift für Lüderssen, 2002, 565; *Jescheck*, Das deutsche Wirtschaftsstrafrecht, JZ 1959, 457; *Joecks*, Anleger- und Verbraucherschutz durch das 2. WiKG, wistra 1986, 142; *ders.*, Strafvorschriften im Steuerverkürzungsbekämpfungsgesetz, wistra 2002, 204; *Jung*, Die Bekämpfung der Wirtschaftskriminalität als Prüfstein des Strafrechtssystems, 1979; *Kaiser*, Wirtschaftskriminologische Forschung am Freiburger Max-Planck-Institut, Freiburger Universitätsblätter 77 (1982), 41; *ders.*, Kriminalisierung und Entkriminalisierung in Strafrecht und Kriminalpolitik, in: Festschrift für Klug Bd. II, 1983, 579; *ders.*, Kriminologie, 9. Aufl. 1993; *ders.*, Kriminologie. Ein Lehrbuch. 3. Aufl. 1996; *ders.*, Möglichkeiten zur Verbesserung des Instrumentariums zur Bekämpfung von Geldwäsche und zur Gewinnabschöpfung, wistra 2000, 121; *ders./Kerner/Sack/Schellhoss*, Kleines Kriminologisches Wörterbuch, 3. Aufl. 1993; *ders./Schöch*, Kriminologie, Jugendstrafrecht, Strafvollzug, 6. Aufl. 2006; *Kerner/Kury/Sessar*, Deutsche Forschungen zur Kriminalitätsentwicklung und Kriminalitätskontrolle, 1993; *Kindhäuser*, Zur Legitimität der abstrakten Gefährdungsdelikte, in: *Schünemann/Suárez González (Hrsg.)*, Bausteine des europäischen Wirtschaftsstrafrechts Madrid-Symposium für Tiedemann, 1994, 125; *Knauth*, Kapitalanlagebetrug und Börsendelikte im zweiten Gesetz zur Bekämpfung der Wirtschaftskriminalität, NJW 1987, 28; *Kohlmann*, Steuerstrafrecht mit Ordnungswidrigkeitenrecht und Verfahrensrecht, 7. Aufl. Stand November 2002; *König*, Neues Strafrecht gegen die Korruption, JR 1997, 397; *Korte*, Bekämpfung der Korruption und Schutz des freien Wettbewerbs mit den Mitteln des Strafrechts, NStZ 1997, 513; *ders.*, Der Einsatz des Strafrechts zur Bekämpfung der internationalen Korruption, wistra 1999, 81; *Kramer*, Ermittlungen bei Wirtschaftsdelikten, 1987; *Krekeler/Tiedemann/Ulsenheimer/Weinmann*, Handwörterbuch des Wirtschafts- und Steuerstrafrechts, 1985 ff.; *Kreß*, Das neue Recht der Geldwäschebekämpfung, wistra 1998, 121; *Krey/Dierlamm*, Gewinnabschöpfung und Geldwäsche. Kritische Stellungnahme zu den materiell-rechtlichen Vorschriften des Entwurfs eines Gesetzes zur Bekämpfung des illegalen Rauschgifthandels und anderer Erscheinungsformen der organisierten Kriminalität (RgKG), JR 1992, 353; *Kube*, Prävention von Wirtschaftskriminalität – Möglichkeiten und Grenzen –, 2. Aufl. 1985; *ders./Plate/Störzer*, Wirtschaftskriminalität, Kriminalistik 1983, 600; *Kube/Störzer/Timm/Kubica (Hrsg.)*, Kriminalistik. Handbuch für Praxis und Wissenschaft, Bd. 2, 1994, 447; *Kuthe*, Änderungen des Kapitalmarktrechts durch das Anlegerschutzverbesserungsgesetz, ZIP 2004, 883; *Laitenberger*, Beitragsvorenthaltung, Minijobs und Schwarzarbeitsbekämpfung, NJW 2004, 2703; *Lampe*, Der neue Tatbestand der Geldwäsche (§ 261 StGB), JZ 1994, 123; *ders.*, Aktuelle Probleme der Wirtschaftskriminalität, in: *Hirsch/Hofmanski/Plywaczewski/Roxin* (Hrsg.), Neue Erscheinungsformen der Kriminalität in ihrer Auswirkung auf das Straf- und Strafprozessrecht, 1996, 95; *Lenckner*, 40 Jahre Strafrechtsentwicklung in der Bundesrepublik Deutschland: Der Besondere Teil des StGB, seine Liberalisierung und ihre Grenzen, in: Nörr (Hrsg.), 40 Jahre Bundesrepublik Deutschland, 325; *Liebl*, Entwicklung und Schwerpunkt zu kriminologischen und rechtssoziologischen Forschungen auf dem Gebiet der Wirtschaftskriminalität in der Bundesrepublik Deutschland, in: *Kerner* (Hrsg.), Deutsche Forschungen zur Kriminalitätsentstehung und Kriminalitätskontrolle, 1983, Band 6. 1. Teilband, 408; *ders.*, Die Bundesweite Erfassung von Wirtschaftsstraftaten nach einheitlichen Gesichtspunkten, 1984; *ders.*, Schwerpunktstaatsanwaltschaften zur Bekämpfung der Wirtschaftskriminalität, wistra 1987, 13; *ders.*, Internationale Forschungsergebnisse auf dem Gebiet der Wirtschaftskriminalität, 1987; *ders.*, Statistik als Rechtstatsachenforschung – Ein Abschlußbericht zur Bundesweiten Erfassung von Wirtschaftsstraftaten nach einheitlichen Gesichtspunkten, wistra 1988, 83; *Lindemann*, Gibt es ein Wirtschaftsstrafrecht?, 1932; *Löwe-Krahl*, Die Strafbarkeit von Bankangestellten wegen Geldwäsche nach § 261 StGB, wistra 1993, 123; *ders.*, Das Geldwäschegesetz – ein taugliches Instrumentarium zur Verhinderung der Geldwäsche?, wistra 1994, 121; *Löwer*, Rechtspolitische und verfassungsrechtliche Bedenken gegenüber dem Ersten Wirtschaftskriminalitätsgesetz, JZ 1979, 621; *Lüderssen*, Das Merkmal „vorteilhaft" in § 264 Abs. 1 S. 1 StGB, wistra 1988, 43; *Martens*, Das neue Beitragsstrafrecht der Sozialversicherung (§ 266 a StGB), wistra 1986, 154; *Mattes*, Untersuchungen zur Lehre von den Ordnungswidrigkeiten, 1. Hbd., 1977; *Meinberg*, Geringfügigkeitseinstellung von Wirtschaftsstrafsachen, 1985; *Mergen*, Wirtschaftsverbrechen und Wirtschaftsverbrecher, in: *Schimmelpfennig GmbH* (Hrsg.), Aktuelle Beiträge zur Wirtschaftskriminalität, 1974, 13; *Meyer/Hetzer*, Neue Gesetze gegen die organisierte Kriminalität, NJW 1998, 1017; *Michaelsen*, Möglichkeiten der Beschleunigung und Kosteneinsparung im Wirtschaftsstrafverfahren, Kriminalistik 1982, 498; *Middendorff*, Historische und vergleichende Aspekte der Wirtschaftskriminalität, Freiburger Universitätsblätter 77 (1982), 55; *Möhrenschläger*, Der Regierungsentwurf eines Zweiten Gesetzes zur Bekämpfung der Wirtschaftskriminalität, wistra 1982, 201 ff.; 1983, 17 ff. und 49 ff.; *ders.*, Das Zweite Gesetz zur Bekämpfung der Wirtschaftskriminalität – Entstehungsgeschichte und Überblick, wistra 1986, 123; *ders.*, Das neue Computerstrafrecht, wistra 1986, 128; *ders.*, Das OrgKG – eine Übersicht nach amtlichen Materialien (I), wistra 1992, 286; *ders.*, Revision des Umweltstrafrechts – Das Zweite Gesetz zur Bekämpfung der Umweltkriminalität –, NStZ 1994, 513; *Möller*, Das Vierte Finanzmarktförderungsgesetz – Der Regierungsentwurf –, WM 2001, 2405; *ders.*, Die Neuregelung des Verbots der Kurs- und Marktpreismanipulation im Vierten Finanzmarktförderungsgesetz, WM 2002, 309; *Montenbruck/Kuhlmey/Enderlein*, Die Tätigkeit des Staatsanwalts in Wirtschaftsstrafverfahren – Einführung in die Probleme, JuS 1987, 713 ff., 803 ff., 967 ff.; *Moosmayer*, Straf- und bußgeldrechtliche Regelungen im Entwurf eines Vierten Finanzmarktförderungsgesetzes, wistra 2002, 161; *Müller/Wabnitz/Janovsky*, Wirtschaftskriminalität. Eine Darstellung der typischen Erscheinungsformen mit praktischen Hinweisen zur Bekämpfung, 4. Aufl. 1997; *Müller-Emmert/Maier*, Das Erste Gesetz zur Bekämpfung der Wirtschaftskriminalität, NJW 1976, 1657; *Müller-Gugenberger/Bieneck* (Hrsg.), Wirtschaftsstrafrecht, 3. Aufl. 2000; *Munoz Conde*, Begriff und Reform des Wirtschaftsstrafrechts in Spanien, in: *Schünemann/Suárez González* (Hrsg.), Bausteine des europäischen Wirtschaftsstrafrechts Madrid-Symposium für Tiedemann, 1994, 61; *Opp*, Soziologie der Wirtschaftskriminalität, 1975; *Otto*, Strafrecht als Instrument der Wirtschaftspolitik, MschrKrim 1980, 397; *ders.*, Konzeption und Grundsätze des Wirtschaftsstrafrechts (einschließlich Verbraucherschutz), Dogmatischer Teil I, ZStW 96 (1984), 339; *ders.*, Tagungsbericht: Der XIII. Internationale Strafrechtskongress der Association Internationale de Droit Pénal in Kairo vom 1. – 7. Oktober 1984. Konzeption und Grundsätze des Wirtschaftsstrafrechts (einschließlich Verbraucherschutz) – Bericht über die Verhandlungen der II. Sektion, ZStW 97 (1985), 714; *ders.*, Missbrauch von Scheck- und Kreditkarten sowie Fälschung von Vordrucken für Euroschecks und Euroscheckkarten, wistra 1986, 150; *ders.*, Verrat von Betriebs- und Geschäftsgeheimnissen, § 17 UWG, wistra 1988, 125; *ders.*, Die Tatbestände gegen Wirtschaftskriminalität im Strafgesetzbuch – Kriminalpolitische und damit verbundene rechtsdogmatische Probleme von Wirtschaftsdelikten, Jura 1989, 24; *ders.*, Außerstrafrechtliche Voraussetzungen des Wirtschaftsstrafrechts, in: Müller/Isensee (Hrsg.), Wirtschaftsethik – Wirtschaftsstrafrecht, 1991, 51; *ders.*, Strafrechtsdogmatische Aspekte der Wirtschaftskriminalität, in: Eser/Kaiser, Fünftes deutsch-sowjetisches Kolloquium über Strafrecht und Kriminologie, 1992, 183; *ders.*, Die Strafbarkeit von Unternehmen und Verbänden, 1993; *ders.*, Strafrechtliche Aspekte des „insider-dealing", in: Blaurock (Hrsg.), Recht der Unternehmen in Europa, 1993, 65; *ders.*, Der Missbrauch von Insider-Informationen als abstraktes Gefährdungsdelikt, in: Schünemann/Suárez González (Hrsg.), Bausteine des europäischen Wirtschaftsstrafrechts Madrid-Symposium für Tiedemann, 1994, 447; *ders.*, Das neue Umweltstrafrecht, Jura 1995, 134; *Park*, Die Vermögensstrafe – ein Nachruf, StV 2002, 395; *Poerting*, Polizeiliche Bekämpfung von Wirtschaftskriminalität, 1985; *ders. (Hrsg.),* Wirtschaftskriminalität, Teil 1 1983 und Teil 2 1985; *Poerting/Rada*, Organisierte und grenzüberschreitende Wirtschaftskriminalität, Der Kriminalist 1977, 44; *Ranft*, Täterschaft beim Subventionsbetrug i. S. des § 264 I Nr. 1 StGB – BGHSt 32, 203, JuS 1986, 445; *Randt*, Neues zur Korruptionsbekämpfung: Die Ausdehnung der Angestelltenbestechung des § 299 StGB auf den Weltmarkt, BB 2002, 2252; *Reulecke*, Wirtschaftskriminalistik als fachübergreifende Disziplin, wistra 1986, 21; *Rieß*, Das Strafverfahrensänderungsgesetz, NJW 1978, 2265; *Salditt*, Die Schlingen des neuen Steuerstrafrechts, StV 2002, 214; *Savelsberg*, Von der Genese zur Implementation von Wirtschaftsstrafrecht, KrimJ 1987, 193; *Schäfer*, Wirtschaftskriminalität, Weiße-Kragen Kriminalität, 1974; *Schlüchter*, Zweites Gesetz zur Bekämpfung der Wirtschaftskriminalität. Kommentar mit einer kriminologischen Einführung, 1987; *Schmidt E.*, Probleme des Wirtschaftsstrafrechts, SJZ 1948, 225; *ders.*, Das neue westdeutsche Wirtschaftsstrafrecht, 1950; *Schmidt K.*, Zur Verantwortung von Gesellschaften und Verbänden im Kartell-Ordnungswidrigkeitenrecht, wistra 1990, 131; *Schmitt,* Ordnungswidrigkeitenrecht dargestellt für den Bereich der Wirtschaft, 1970; *Schmitz,* Aktuelles zum Kursbetrug gemäß § 88 BörsG – Zugleich eine Besprechung des Urteils des LG Augsburg v. 24.9.2002 – 3 O 4995/00-, wistra 2002, 208; *Schneider,* Wirtschaftskriminalität in kriminologischer und strafrechtlicher Sicht, JZ 1972, 461; *ders.,* Kriminologie, 1987; *Schramm,* Untreue durch den Insolvenzverwalter, NStZ 2000, 398; *Schubarth,* Das Verhältnis von Strafrechtswissenschaft und Gesetzgebung im Wirtschaftsstrafrecht, ZStW 92 (1980), 80; *Schroth H.,* Der Regelungsgehalt des 2. Gesetzes zur Bekämpfung der Wirtschaftskriminalität im Bereich des Ordnungswidrigkeitenrechts, wistra 1986, 158; *ders.* Unternehmen als Normadressat und Sanktionssubjekt, 1993; *Schünemann,* Moderne Tendenzen in der Dogmatik der Fahrlässigkeits- und Gefährdungsdelikte, JA 1975, 787; *ders.,* Unternehmenskriminalität und Strafrecht, 1979; *ders.,* Alternative Kontrolle der Wirtschaftskriminalität, in: Gedächtnisschrift für Arm. Kaufmann, 1989, 629; *ders.,* Kritische Anmerkungen zur geistigen Situation der deutschen Strafrechtswissenschaft, GA 1995, 201; *Schwind,* Kriminologie, 12. Aufl. 2002; *ders./Gehrich/Berckhauer/Ahlhorn,* Bekämpfung der Wirtschaftskriminalität erläutert am Beispiel von Niedersachsen, JR 1980, 228; *Seelmann,* Atypische Zurechnungsstrukturen im Umweltstrafrecht, NJW 1990, 1257; *Seer,* Kriminalisierung des Steuerbürgers – Ringen um § 370 a AO, BB 2002, 1677; *Sessar,* Zu einer Kriminologie ohne Täter, MschrKrim 80 (1997), 1; *Sieber,* Tagungsbericht. Grundfragen der Wirtschaftskriminalität in rechtsvergleichender Sicht, ZStW 96 (1984), 258; *Sommer/Füllsack,* Gewerbs- oder bandenmäßige Steuerhinterziehung gem. § 370 a AO – Fremdkörper in der Abgabenordnung und im Steuerstrafrecht, DStB 2002, 355; *Sorgenfrei,* Zum Verbot der Kurs- oder Marktpreismanipulation nach dem 4. Finanzmarktförderungsgesetz, wistra 2002, 321; *Spatschek/Wulf,* „Gewerbsmäßige Steuerhinterziehung" als Vortat zur Geldwäsche, DB 2001, 2572; *dies.,* „Schwere Steuerhinterziehung" und Geldwäsche – Auslegung und Anwendung der neuen § 370 a AO und § 261 Abs. 1 Satz 3 StGB –, DB 2002, 392; *dies.,* „Schwere Steuerhinterziehung" gemäß § 370 a AO – Zwischenbilanz zur Diskussion über eine missglückte Vorschrift, NJW 2002, 2983; *Stahl,* Gesetzeskorrektur der gewerbs- und bandenmäßige Steuerhinterziehung gem. § 370 a AO und der Geldwäsche (§ 261 Abs. 1 Satz 3 StGB), KÖSDI 2002, 13390; *Stein,* Entwicklung und nationale Rechtsquellen des Wirtschaftsstrafrechts und -ordnungswidrigkeitenrechts, in: Gropp, Wirtschaftskriminalität und Wirtschaftsstrafrecht in einem Europa auf dem Weg zu Demokratie und Privatisierung, 1998, 63; *Steinke,* Wirtschaftskriminalität 1992, NStZ 1994, 168; *Stratenwerth,* Strafrechtliche Unternehmenshaftung, in: Festschrift für Schmitt, 1992, 168; *Sutherland,* White Collar Crime, 1949; *Tiedemann,* Tatbestandsfunktionen im Nebenstrafrecht, 1969; *ders.,* Entwicklung und Begriff des Wirtschaftsstrafrechts, GA 1969, 71; *ders.,* Die Verbrechen in der Wirtschaft, 1972; *ders.,* Wirtschaftsgesetzgebung und Wirtschaftskriminalität, NJW 1972, 657; *ders.,* Welche strafrechtlichen Mittel empfehlen sich für eine wirksamere Bekämpfung der Wirtschaftskriminalität?, Gutachten C für den 49. Juristentag, Bd. I, Gutachten C 1 ff., 1972; *ders.,* Die Bekämpfung der Wirtschaftskriminalität als Aufgabe der Gesetzgebung am Beispiel der Steuer- und Subventionsdelinquenz, GA 1974, 11; *ders.,* Der Subventionsbetrug, ZStW 86 (1974), 897; *ders.,* Subventionskriminalität in der Bundesrepublik, 1974; *ders.,* Der Entwurf eines ersten Gesetzes zur Bekämpfung der Wirtschaftskriminalität, ZStW 87 (1975), 253; *ders.,* Wirtschaftsstrafrecht und Wirtschaftskriminalität, Bd. 1 und 2, 1976; *ders.,* Erscheinungsformen der Wirtschaftskriminalität und Möglichkeiten ihrer strafrechtlichen Bekämpfung, ZStW 88 (1976), 231; *ders.,* Plädoyer für ein neues Wirtschaftsstrafrecht, ZRP 1976, 49; *ders.,* Wirtschaftskriminalität als Forschungsgegenstand, Freiburger Universitätsblätter 77 (1982), 13; *ders.,* Handhabung und Kritik des neuen Wirtschaftsstrafrechts – Versuch einer Zwischenbilanz, in: Festschrift für Dünnebier, 1982, 519; *ders.,* Artikel „Auslegung" in: *Krekeler/Tiedemann/Ulsenheimer/Weinmann,* Handwörterbuch der Wirtschafts- und Steuerstrafrechts, 1985 ff; *ders.,* Die Bekämpfung der Wirtschaftskriminalität durch den Gesetzgeber – Ein Überblick aus Anlass des Inkrafttretens des 2. WiKG am 1.8.1986, JZ 1986, 865; *ders.,* Die Bebußung von Unternehmen nach dem 2. Gesetz zur Bekämpfung der Wirtschaftskriminalität, NJW 1988, 1169; *ders.,* Wirtschaftsstrafrecht – Einführung und Übersicht, JuS 1989, 689; *ders.,* Verfassungsrecht und Strafrecht, 1991; *ders.,* Strafrecht in der Marktwirtschaft, Festschrift für Stree/Wessels, 1993, 527; *ders.,* Das deutsche Wirtschaftsstrafrecht, in: *Kühne/Miyazawa* (Hrsg.), Neue Strafrechtsentwicklung in deutsch-japanischem Vergleich, 1995, 67; *ders.,* Wirtschaftsbetrug, 1999; *ders.,* Wirtschaftsstrafrecht in der Europäischen Union. Freiburg Symposium, 2002; *ders.,* Wirtschaftsstrafrecht. Einführung und Allgemeiner Teil mit wichtigen Rechtstexten, 2004; *Tripmaker,* Der subjektive Tatbestand des Kursbetrugs – Zugleich ein Vergleich mit der Neuregelung des Verbots der Kurs- und Marktpreismanipulation im Vierten Finanzmarktförderungsgesetz, wistra 2002, 288; *Uhlenbruck,* Strafrechtliche Aspekte der Insolvenzrechtsreform 1994, wistra 1996, 1; *Vogel,* Schein- und Umgehungshandlungen im Strafrecht, insbesondere im europäischen Recht, in: *Schünemann/Suárez González* (Hrsg.), Bausteine des europäischen Wirtschaftsstrafrechts Madrid-Symposium für Tiedemann, 1994, 151; *ders.,* Verbraucherschutz durch strafrechtliche Produkthaftung, GA 1990, 241; *ders.,* Strafrechtlicher Schutz des Euro vor Geldfälschung – europäischer Rechtsrahmen und Anpassungsbedarf im deutschen Recht, ZR P 2002, 7; *Volk,* Kriminologische Probleme der Wirtschaftsdelinquenz, MschrKrim 60 (1977), 265; *ders.,* Strafrecht gegen Insider?, ZHR 142 (1978), 1; *ders.,* Kriminalpolitik und Bekämpfung der Wirtschaftskriminalität, BKA-Vortragsreihe 26 (1981), 57; *ders.,* Strafrecht und Wirtschaftskriminalität, JZ 1982, 85; *ders.,* Der Subventionsbetrug, in: Belke/Oehmichen (Hrsg.), Wirtschaftskriminalität, 1983, 76; *ders.,* Zur Bestrafung von Unternehmen, JZ 1993, 429; *ders.,* Referat zum 61. Deutschen Juristentag, 1996, Bd. II L 35; *Wabnitz/Janovsky* (Hrsg.), Handbuch des Wirtschafts- und Steuerstrafrechts, 2. Aufl. 2004; *Wagner,* Internationale Wirtschaftskriminalität, Kriminalistik 2000, 473; *Wassermann,* Kritische Überlegungen zur Bekämpfung der Wirtschaftskriminalität, Kriminalistik 1984, 20; *Weber,* Konzeption und Grundsätze des Wirtschaftsstrafrechts (einschließlich Verbraucherschutz), Dogmatischer Teil II: Das Wirtschaftsstrafrecht und die allgemeinen Lehren und Regeln des Strafrechts, ZStW 96 (1984), 376; *ders.,* Das Zweite Gesetz zur Bekämpfung der Wirtschaftskriminalität (2. WiKG), NStZ 1986, 481; *Wegner,* Reform der

„Progressiven Kundenwerbung" (§ 6 c UWG), wistra 2001, 171; *ders.*, Zum Anwendungsbereich des § 370 a AO, wistra 2002, 205; *ders.*, Die Reform der Geldwäsche-Richtlinie und die Auswirkungen für rechtsberatende Berufe; NJW 2002, 794; *ders.*, Das Geldwäschebekämpfungsgesetz – Neue Pflichten für rechtsberatende Berufe und verfahrensrechtliche Besonderheiten, NJW 2002, 2276; *Wehnert*, Die tatsächliche Ausgestaltung der Absprachepraxis in staatsanwaltlichen Wirtschaftsermittlungsverfahren aus anwaltlicher Sicht, StV 2002, 219; *Weigend*, Bewältigung von Beweisschwierigkeiten durch Ausdehnung des materiellen Strafrechts?, Festschrift für Triffterer, 1995, 695; *Weinmann*, Gesetzgeberische Maßnahmen zur Bekämpfung der Wirtschaftskriminalität: Besteht nach dem 1. und 2. WiKG ein weiterer Regelungsbedarf?, in: Festschrift für Pfeiffer, 1988, 87; *Werner*, Wirtschaftsordnung und Wirtschaftsstrafrecht im Nationalsozialismus, 1991; *Wittig*, Der Ökonomische Ansatz zur Erklärung kriminellen Verhaltens, MschrKrim 76 (1993), 328; *Wittkämper, Gerhard/Krevert/Kohl*, Europa und die innere Sicherheit, 1996; *Wolf*, Die Stellung der Verwaltungsdelikte im Strafrechtssystem, Festgabe für Frank Bd. II, 516; *Wolters*, Die Änderung des StGB durch das Gesetz zur Bekämpfung der Korruption, JuS 1998, 1100; *Zieschang*, Das Übereinkommen zum Schutz der finanziellen Interessen der EU (usw.). EuZW 1997, 78; *ders.*, Das EU-Bestechungsgesetz und das Gesetz zur Bekämpfung internationaler Bestechung, NJW 1999,105; *Ziouvas*, Vom Börsen- zum Kapitalmarktstrafrecht? – Schutzbedürftigkeit des außerbörslichen Kapitalmarktes auf der Grundlage der Neuregelung des Kursmanipulationsverbots –, wistra 2003, 13; *ders./Walter*, Das neue Börsenstrafrecht mit Blick auf das Europarecht – zur Reform des § 88 BörsG –, WM 2002, 1483; *Zirpins*, Wirtschaftskriminalität. Wesen und Gefährlichkeit der Wirtschaftsdelikte, Kriminalistik 1967, 576; Wirtschaftsdelinquenz, Kriminalistik 1972, 186; *Zirpins/Terstegen*, Wirtschaftskriminalität. Erscheinungsformen und ihre Bekämpfung, 1963; *Zybon*, Wirtschaftskriminalität als gesamtwirtschaftliches Problem, 1972.

I. Einleitung

1 Das Wirtschaftsstrafrecht stellt einen wichtigen, aktuellen Teil des modernen Strafrechts dar. Die Brisanz der Thematik beruht insbesondere auf der Komplexität der Materie, die vor allem in dem außerstrafrechtlichen Kontext der Fälle,[1] den Beweisschwierigkeiten bei arbeitsteiligem Handeln in der modernen Wirtschaft und der Abhängigkeit im subjektiven Bereich von Prognosen in Bezug auf die wirtschaftliche Entwicklung begründet ist.[2] Die Bekämpfung der Wirtschaftskriminalität wird so zum „Prüfstein des Strafrechtssystems" (*Jung*). Häufig haben daher Fortentwicklungen des Strafrechts ihren Ausgangspunkt auf dem Gebiet des Wirtschaftsstrafrechts genommen.[3]

2 Umfang und Gestalt des Wirtschaftsstrafrechts sind in erheblichem Ausmaß von der Ausgestaltung des jeweiligen Wirtschaftssystems und -verfassung abhängig.[4] Dies ist sowohl in historischer[5] Hinsicht als auch unter einem rechtsvergleichenden[6] Aspekt bedeutsam. Außerdem werden die Erscheinungsformen der Wirtschaftskriminalität durch Sozialstruktur, technischen Stand und Wirtschaftsentwicklung geprägt.[7]

3 Mit der Internationalisierung des Handels- und Wirtschaftsverkehrs stellt Wirtschaftskriminalität – gerade in schwerwiegenden Fällen – zunehmend auch ein **internationales** Phänomen dar, insbesondere als **Organisierte Kriminalität**.[8] Angestrebt wird daher zum einen eine Harmonisierung der Rechtsordnungen, zum anderen eine Verbesserung der grenzüberschreitenden Strafverfolgung und der Rechtshilfe zwischen den Staaten. Doch muss auch das Spannungsverhältnis zum Interesse an nationaler Souveränität berücksichtigt werden.[9]

Des Weiteren handelt es sich um eine **interdisziplinäre** Materie. Vielfach kommt es z. B. zur Beurteilung der Strafbarkeit auf betriebswirtschaftliche Vorfragen an. Im Folgenden soll die Thematik des Wirtschaftsstrafrechts unter begrifflich-dogmatischen (I), kriminologischen (II), historischen (III und IV) und kriminalpolitischen (V bis VII) Aspekten betrachtet werden.

---

[1] Dazu *Montenbruck et al.* JuS 1987, 715.
[2] *Jung*, S. 4 f.; *Eser/Kaiser/Heinz* S. 161 f.
[3] *Hassemer* S. 75 f. (zu Gesamtrechtsgütern und der dualistischen Rechtsgutslehre); *Gropp/Stein*, S. 63 (zum Recht der Ordnungswidrigkeiten); *Vogel* Madrid-Symposium S. 151.
[4] Näher – auch zu systemneutralen Wirtschaftsdelikten – *Tiedemann*, Freiburger Universitätsblätter 77 (1982), S. 14 ff.; *ders.*, FS Stree/Wessels, S. 527 ff.
[5] So bereits *Jescheck* JZ 1959, 457; s. auch *Tiedemann* JuS 1998, 692.
[6] Dazu *Tiedemann* ZStW 88 (1976), 231 ff.; *Otto* ZStW 97 (1985), 715; *Sieber* ZStW 96 (1984), 258.
[7] *Eisenberg* Kriminologie § 47 Rdnr. 11 ff.
[8] Näher zum Ganzen *Böttcher* ZRP 1995, 144; *Dincher/Wagner* Kriminalistik 2002, 319; *Müller/Wabnitz/Janovsky* Wirtschaftskriminalität 1 ff.; *Wagner* Kriminalistik 2000, 473; *Wittkämper/Krevert/Kohl* S. 27, 98 ff.; ferner die Beiträge in *Tiedemann*, Wirtschaftsstrafrecht in der Europäischen Union. Freiburg-Symposium, 2002.
[9] *Kaiser* Lehrbuch § 74 Rdnr. 63; *Kaiser/Schöch/Schöch* 9 Rdnr. 5 und 21; *Tiedemann* WiStrR Rdnr. 8 f.

II. Begriff des Wirtschaftsstrafrechts

Einen einheitlichen und allgemein anerkannten (materiellen) Begriff der Wirtschaftskriminalität bzw. des Wirtschaftsstrafrechts gibt es bislang – ebenso wenig wie den eines Wirtschaftsrechts[10] – weder im kriminologischen noch im strafrechtlichen Schrifttum. Die Schwierigkeiten resultieren unter anderem aus der Komplexität des Gegenstandes und aus dem Wandel der Erscheinungsformen,[11] aber auch aus dem Fehlen eines gefestigten allgemeinen Normenbewusstseins.[12] Daher wird bisweilen der Lösungsweg in einer typologischen Gliederung gesehen[13] oder vom „Sammelbegriff" der Wirtschaftskriminalität[14] bzw. von der relativen „Offenheit" des Begriffs der Wirtschaftskriminalität[15] gesprochen. Zweck einer Begriffsbestimmung ist zunächst die **Abgrenzungsfunktion**. Einerseits sollen neue Formen erfasst werden und andererseits kriminalpolitische Maßprinzipien geliefert werden.[16] Erforderlich ist auch eine Abgrenzung vom allgemeinen Strafrecht (Kernstrafrecht), insbesondere den Vermögensdelikten.[17] Hier kommt es zu Übergängen, bei denen klare Grenzen fehlen.[18] Daneben ist eine Begriffsbestimmung bzw. Systematisierung auch für die (teleologische bzw. systematische) **Auslegung** wichtig.[19]

In der Literatur wird häufig von einem den Wirtschaftsstraftaten zugrunde liegenden **gemeinsamen Rechtsgut** (Schutzgut) gesprochen, nämlich der staatlichen Wirtschaftsordnung in ihrer Gesamtheit.[20] In einem derart weiten Gebilde kann jedoch kein Rechtsgut gesehen werden.[21] Nach herrschender Meinung dienen die einzelnen Tatbestände des Wirtschaftsstrafrechts vielmehr dem Schutz verschiedener – häufig wirtschaftliche Subsysteme darstellender – (überindividueller) Rechtsgüter (z. B. Funktionsfähigkeit des Kreditwesens, Vertrauen der Allgemeinheit in ein freies Funktionieren des Kapitalmarkts, Schutz des bargeldlosen Zahlungsverkehrs usw.). *Tiedemann* hat hierfür den Begriff der sich zwischen die staatlichen Interessen und die Interessen des Einzelnen schiebenden „**mediatisierten Zwischenrechtsgüter**" entwickelt, die selbstständig schutzbedürftig seien.[22] Nach einer Mindermeinung sollen dagegen auch die Wirtschaftsdelikte (meistens) dem Individualrechtsschutz (insbes. Vermögensschutz) der zahllosen in der Wirtschaft lebenden und tätigen Rechtsgenossen dienen.[23] Diese Problematik hat durchaus praktische Bedeutung hinsichtlich der Legitimität abstrakter Gefährdungsdelikte.[24]

1. Definition

Gesetzliche Regelungen, die allerdings keine allgemeine Definition enthalten, finden sich in § 74 c GVG (s. u. unter c)), § 6 WiStG 1949[25] und § 30 Abs. 4 Nr. 5 b AO.

---

[10] Müller-Gugenberger/Bieneck/*Richter* § 3 Rdnr. 22; *Baumann* JZ 1983, 937.
[11] *Eisenberg* § 74 Rdnr. 1; Kaiser/Schöch/*Kaiser* 9 Rdnr. 5; *Wittkämper/Krevert/Kohl* S. 25.
[12] Vgl. *Bussmann* KritV 1989, 127 f.
[13] So *Kaiser* Kriminologie S. 486.
[14] Kaiser/Kerner/Sack/Schellhoss/*Heinz* S. 590.
[15] Eser/Kaiser/*Heinz* S. 160.
[16] Vgl. *Volk* JZ 1982, 86; *Wittkämper/Krevert/Kohl* S. 20.
[17] *Munoz Conde* Madrid-Symposium S. 63; Müller-Gugenberger/Bieneck/*Richter* § 3 Rdnr. 3.
[18] *Schlüchter* S. 4.
[19] *Otto* Jura 1989, 25; *Geerds* D. S. 15.
[20] *Lindemann*, Gibt es ein Wirtschaftsstrafrecht?, S. 19; *Tiedemann*, Gutachten 49. DJT, C 29; ders., I 54; Müller-Gugenberger/Bieneck/*Richter* § 3 Rdnr. 27; *Eisenberg* § 47 Rdnr. 2; *Munoz Conde*, S. 63; vgl. auch Eser/Kaiser/*Heinz* S. 158.
[21] Ebenso *Schlüchter* S. 5 und 9; *Hefendehl*, Kollektive Rechtsgüter im Strafrecht, S. 253; krit. auch *Baumann* JZ 1983, 937.
[22] *Tiedemann* JuS 1989, 691 ; und bereits ders. Tatbestandsfunktionen S. 119 f.; ders. I S. 84 f.; krit. *Bottke* Madrid-Symposium S. 112 f.; *Kindhäuser*, S. 128 f.; *Baumann* JZ 1983, 937.
[23] *Baumann* JZ 1983, 937; *Kindhäuser*, S. 128 ff.; vgl. auch *Albrecht* Kriminologie S. 328 f.; dazu ausführliche Untersuchungen bei *Hefendehl*, Kollektive Rechtsgüter, S. 260 ff.; krit. Eser/Kaiser/*Otto*, Fünftes deutsch-sowjetisches Kolloquium über Strafrecht und Kriminologie, S. 191 ff.; *Tiedemann* Wirtschaftsbetrug XIII.
[24] Eser/Kaiser/*Otto*, Fünftes deutsch-sowjetisches Kolloquium über Strafrecht und Kriminologie, S. 192 f.
[25] Als rechtsstaatswidrig allgemein abgelehnt, Müller-Gugenberger/Bieneck/*Richter* § 3 Rdnr. 25 und wieder aufgehoben.

7 Die verschiedenen in der Literatur vertretenen Begriffsbestimmungen lassen sich – auch dogmengeschichtlich – in einen **täterbezogenen** und einen **tatbezogenen,** bzw. in einen kriminologischen (empirischen) und einen normativen Ansatz einteilen.[26] Die dogmatischen Definitionen werden wiederum zum Teil auch in „systembezogene" und „schadensbezogene" unterteilt.[27] Andere unterscheiden in Anschluss an *Otto* nach den unterschiedlichen Erkenntniszielen drei verschiedene Begriffe der Wirtschaftskriminalität, nämlich eine kriminologische/kriminalsoziologische, eine strafverfahrensrechtliche/kriminaltaktische und eine rechtsdogmatische am Rechtsgut orientierte Betrachtungsweise.[28]

8 a) **Kriminologischer Begriff.** Ende des 19. Jahrhunderts wurde bereits – vorwiegend in der anglo-amerikanischen Literatur – das Phänomen der Wirtschaftskriminalität beschrieben. So sprach etwa *Edwin C. Hill* von „kriminellen Kapitalisten".[29] Besondere Aufmerksamkeit erregte jedoch 1949 *Edwin H. Sutherland*s Konzept der **white-collar-criminality** (Weiße-Kragen-Kriminalität), deren Gegensatz das blue-collar-crime bildet. Darunter verstand er Verbrechen, begangen von einer ehrbaren Person, mit hohem sozialen Ansehen, im Rahmen ihres Berufes und unter Verletzung des Vertrauens, das man ihr entgegenbringt.[30] Dieser **sozialkritische** Ansatz wollte das schichtadäquate Gleichgewicht (negative Chancengleichheit) in der straffälligen Bevölkerung herstellen.[31]

9 Die Weiße-Kragen-Kriminalität ist nur partiell deckungsgleich mit Wirtschaftskriminalität: enger ist sie insofern, als auch die Unter- oder Mittelschicht Wirtschaftsdelikte verübt, weiter insofern, als jede Form kriminellen Verhaltens in Ausübung des Berufes erfasst wird (z. B. auch politische Korruption).[32] Letzteres gilt entsprechend für den – später überwiegend verwendeten – Begriff der **Berufskriminalität**[33] bzw. das „**occupational crime**",[34] worunter man Delikte versteht, die von Personen im Staatsdienst, im Geschäftsleben oder in freien Berufen begangen werden. Der Begriff des „**corporate crime**" (Unternehmens- oder **Verbandskriminalität**) wiederum ist zu eng, auch wenn die schwere Wirtschaftskriminalität überwiegend aus Unternehmen heraus begangen wird.[35]

10 Eine – wie der Begriff der Weißen-Kragen-Kriminalität überwiegend – täterbezogene Begriffsbestimmung wird heute als kriminologisch überholt (vgl. *Lombrosos* „geborener Verbrecher")[36] und wegen des Widerspruchs zu einem modernen Tatstrafrecht allgemein abgelehnt.[37]

11 b) **Rechtsdogmatischer Begriff.** In der aktuellen Diskussion spielen folgende Kriterien einer dogmatischen Begriffsbestimmung vorwiegend eine Rolle:[38] wirtschaftlicher Bezug des mit Strafe bedrohten Verhaltens, Verhalten, das in Ausübung eines Berufs erfolgt bzw. Unternehmensbezug des Verhaltens, Wirtschaftsordnung in ihrer Gesamtheit als Schutzgut, Verletzung überindividueller (sozialer) Rechtsgüter des Wirtschaftslebens, Vertrauensmissbrauch. Einig-

---

[26] *Tiedemann* ZStW 88 (1976), 234.
[27] *Gropp/Heinz,* Wirtschaftskriminalität und Wirtschaftsstrafrecht, S. 20; Hirsch/Hofmanski/Plywaczewski/Roxin/*Lampe* S. 95.
[28] *Otto* ZStW 96 (1984), 341 f.; *ders.* Jura 1989, 25; Eser/Kaiser/*Otto* S. 184; zust. Eser/Kaiser/*Heinz* S. 155 ff.
[29] Zu frühen Arbeiten Ende des 19. Jh. näher *H.J. Schneider* JZ 1972, 657.
[30] *Sutherland,* S. 9: „a crime commited by a person of respectability and high social status in the course of his occupation".
[31] *Kaiser* Lehrbuch § 72 Rdnr. 5; in: Kaiser/Schöch/*Kaiser* 9 Rdnr. 2.
[32] Kaiser/Kerner/Sack/Schellhoss/*Heinz* S. 589.
[33] *Tiedemann,* Freiburger Universitätsblätter 77 (1982), S. 13 f., spricht bei Berufsverbrechern, welche die wirtschaftliche Aktivität nur zum Schein ausüben, um (Wirtschafts-)Straftaten zu begehen, von Berufsverbrechern im engeren Sinn.
[34] Entspricht nach *Tiedemann* weithin der strafrechtlichen Kategorie des Sonderdelikts, *Tiedemann* JuS 1989, 691; *ders.* ZStW 88 (1976), 234.
[35] Zum Ganzen Gropp/*Heinz* S. 18; Kaiser/Kerner/Sack/Schellhoss/*Heinz* S. 589; S. 156; Kaiser/Schöch/*Kaiser* 9 Rdnr. 14 ff.
[36] *Volk* JZ 1982, 85; *Kaiser* Lehrbuch § 72 Rdnr. 7; Kaiser/Schöch/*Kaiser* 9 Rdnr. 11.
[37] Albers et.al/*Lampe,* Handwörterbuch der Wirtschaftswissenschaft, Bd. 9, S. 311; Eser/Kaiser/*Heinz* S. 158; *Munoz Conde* Madrid-Symposium S. 61; *Weber* ZStW 96 (1984), 378 f.
[38] Zu zahlreichen weiteren Definitionen *Berckhauer,* Wirtschaftskriminalität und Staatsanwaltschaft, S. 22 ff. m. w. N.; *D. Geerds* S. 5 ff.

keit besteht insoweit, dass der **wirtschaftliche Bezug** des Verhaltens[39] ebenso wie die Umschreibung als **Berufs- bzw. Unternehmenskriminalität**[40] allein zur Begriffsbestimmung nicht ausreicht.[41] Die Gültigkeit der – oben genannten – drei weiteren, konkretisierenden Kriterien ist hingegen heftig umstritten.

aa) Störung der Wirtschaftsordnung in ihrer Gesamtheit. Wirtschaftsstraftaten sollen über **12** die Schädigung von Einzelinteressen hinaus die gesamte Wirtschaftsordnung stören,[42] die soziale Marktwirtschaft verletzen oder gefährden,[43] dem Schutz der Wirtschaftsordnung als Ganzes bzw. einzelner Instrumente zur Steuerung und Sicherung dieser Ordnung dienen.[44] Gegen dieses Begriffsmerkmal spricht seine Unbestimmtheit, denn wie lässt sich feststellen, ob sich ein Delikt gegen die Gesamtwirtschaft richtet oder wann ein funktionell wichtiger Zweig der Gesamtwirtschaft vorliegt.[45] Außerdem wird kritisch eingewendet, dass konstitutive Prinzipien oder Elemente der Wirtschaft durch eine einzelne Tat kaum je verletzt oder gefährdet werden; ihre Verletzung oder Gefährdung gehe von der Masse der Taten aus. Eine Gefährdung durch massenhafte Begehung sei aber weder notwendige noch hinreichende Bedingung für wirtschaftsstrafrechtlichen Schutz.[46]

bb) Verletzung überindividueller (sozialer) Rechtsgüter des Wirtschaftslebens. Wirtschaft- **13** straftaten sollen über die individuelle Schädigung hinaus Belange der Allgemeinheit berühren, d. h. **überindividuelle** oder **soziale Rechtsgüter** des Wirtschaftslebens verletzen.[47] Rechtsgut und Angriffsobjekt seien geistige Gebilde.[48] Hiergegen wird kritisch eingewendet, wann eine Verletzung oder Gefährdung eines individuellen Rechtsguts zusätzlich zur Gefährdung eines überindividuellen Rechtsguts führe, lasse sich nur vage bestimmen und hänge insbesondere nicht nur von der einzelnen Tat ab, deren Charakter als Wirtschaftsstraftat gerade in Frage stehe.[49] Nach *Lampe* hat diese Auffassung zudem zu einer umfassenden Suche nach überindividuellen Rechtsgütern geführt und dabei einen geradezu „inflationären" Erfolg verzeichnet. Hinter jeder Verletzung individueller Wirtschaftsinteressen werde eine (notfalls abstrakte) Gefährdung gesamtwirtschaftlicher Interessen gesehen.[50] Dabei werden diese Universalrechtsgüter auch noch „besonders vage und großflächig" formuliert.[51] Hiermit meint man, flächendeckende Tatbestände und eine Verlagerung weit in den strafrechtlichen Vorfeldschutz legitimieren zu können.[52] Dadurch wird nicht eigentlich die Verletzung eines Rechtsguts, sondern die Pflichtverletzung an sich pönalisiert.[53] Die Strafe als Erwartungssicherung tritt hier an Stelle eines Konzepts von Rechtsgüterschutz.[54] So aber eignet sich der Begriff des Rechtsguts kaum

---

[39] Nach Kaiser/Schöch/*Kaiser* 9 Rdnr. 6 soll dieser stets gegeben sein, wenn die Aburteilung eines Falles die Zuständigkeit der Wirtschaftsstrafkammer nach § 74 c GVG begründet.
[40] So aber *Tiedemann* JuS 1989, 693. Nach *Boers* MschrKrim 2001, 337 soll sogar nur ein enger Begriff der Wirtschaftskriminalität als Kriminalität „für ein Unternehmen" unter Ausschluss der „Managerkriminalität" („gegen das Unternehmen") sinnvoll sein.
[41] Hirsch/Hofmanski/Plywaczewski/Roxin/*Lampe* S. 96; *Otto* ZStW 96 (1984), 342.
[42] *H. J. Schneider* JZ 1972, 463; *Tiedemann* JuS 1989, 691; so bereits *Lindemann*, S. 19; *Zirpins/Terstegen* S. 18 f., 34.
[43] *Bottke* wistra 1991, 4 f.
[44] Müller-Gugenberger/Bieneck/*Richter* § 3 Rdnr. 27; vgl. auch *Otto* ZStW 96 (1984), 349.
[45] *Opp*, S. 48.
[46] Hirsch/Hofmanski/Plywaczewski/Roxin/*Lampe* S. 96; ähnlich *Kindhäuser* Madrid-Symposium S. 128; *Baumann* JZ 1983, 937.
[47] Vgl. Alternativ-Entwurf (AE) 1977, S. 19, vorgelegt von *Lampe, Lenckner, Stree, Tiedemann* und *Weber*; s. auch § 30 IV Nr. 5 b AO; *Tiedemann* I S. 50; *ders.* JuS 1989, 691; *ders.* WiStR Rdnr. 45; *Otto* ZStW 96 (1984), 342; *ders.* Jura 1989, 25; in Eser/Kaiser/*Otto* S. 186; *D. Geerds* S. 29 ff., 277 ff.
[48] *Otto* ZStW 96 (1984), 356.
[49] Hirsch/Hofmanski/Plywaczewski/Roxin/*Lampe* S. 96; krit. auch *Baumann* JZ 1983, 937.
[50] Albers et.al./*Lampe*, Handwörterbuch der Wirtschaftswissenschaft, Bd. 9, S. 311; ihm zust. *Kaiser* Kriminologie S. 485; *ders.* Lehrbuch § 74 Rdnr. 5; s. auch *ders.*, FS Klug, Bd. II, S. 589 f.; ähnl. *Schlüchter* S. 7 und 45; dagegen *Tiedemann* JuS 1989, 691.
[51] *Hassemer* NStZ 1989, 557; krit. auch *Weigend*, FS Triffterer, S. 699; a. A. Hirsch/Hofmanski/Plywaczewski/Roxin/*Hirsch* S. 37 f.; *Tiedemann* WiStR Rdnr. 45.
[52] Vgl. *Volk* JZ 1982, 87 f.
[53] *Schlüchter* S. 5; dagegen *Tiedemann* WiStR Rdnr. 59.
[54] *Seelmann* NJW 1990, 1259.

noch, als kritischer Maßstab zu dienen.⁵⁵ Auch nach *Otto* liegt das zentrale rechtsdogmatische Problem nicht in der Frage der zu schützenden Rechtsgüter, sondern in der Feststellung der Strafwürdigkeit und Strafbedürftigkeit der verschiedenen Angriffe auf diese Rechtsgüter.⁵⁶

14 Darüber hinaus werden aber auch Delikte gegen **individuelle Rechtsgüter**, insbesondere Betrug und Untreue, zum Wirtschaftsstrafrecht (im weiteren Sinn) gerechnet, falls die Wirtschaftsordnung (oder Teilbereiche) betroffen sind („soziale Schadensbetrachtung"). Den überindividuellen Schutzgütern stünden „überindividuelle Tatobjekte" gleich.⁵⁷ Dies gelte besonders für die Fälle „quantitativ massierter Deliktsbegehung und bei schweren Vermögensschädigungen gegenüber wirtschaftlichen Unternehmen";⁵⁸ des Weiteren bei neuartigen Erscheinungsformen oder wenn Instrumente des Wirtschaftslebens missbraucht werden⁵⁹ oder wenn wirtschaftsrechtliche gesetzliche Regelungen verletzt oder gefährdet sind.⁶⁰

15 Schließlich wird auch in der neueren Literatur der strafrechtsdogmatische Gesichtspunkt der Verletzung überindividueller Rechtsgüter ergänzt durch die Fallgruppe des „Schutzes von Instrumenten des Wirtschaftslebens", die durch die Begehung von Wirtschaftsdelikten missbraucht werden.⁶¹ Computerstraftaten und der Scheck- und Kreditkartenmissbrauch sollen deshalb nur wegen des **Missbrauchs von Instrumenten des Wirtschaftsverkehrs** als Wirtschaftsstraftaten angesehen werden können.⁶²

16 *cc) Vertrauensmissbrauch?* Wirtschaftsstraftaten sind nach *Otto* Verhaltensweisen, „die das Vertrauen in die geltende Wirtschaftsordnung insgesamt oder in Einzelne ihrer Institute verletzen und damit den Bestand und die Arbeitsweise dieser Wirtschaftsordnung gefährden".⁶³ Hiergegen lässt sich mit *Volk* einwenden, dass oft jedoch – etwa bei Delikten aus der Wirtschaft gegen die Wirtschaft oder z. B. im Rahmen des Subventionsverfahrens – eher Misstrauen überwunden als Vertrauen missbraucht wird.⁶⁴ Allerdings soll es sich nicht um das konkrete Vertrauen innerhalb einer Täter-Opfer-Beziehung, sondern – in Anknüpfung an *Luhmann* – um ein *abstraktes Systemvertrauen* handeln.⁶⁵ Man darf aber bezweifeln, dass dieses System durch Wirtschaftsdelikte (z. B. einzelne Fälle von Mietwucher) ernsthaft erschüttert und in seinem Bestand gefährdet wird.⁶⁶ Auch wird nicht so sehr in das Wirtschaftssystem selbst, sondern in seinen Schutz durch Staat und Recht Vertrauen investiert; das ist letztlich nichts anderes als das allgemeine Vertrauen in die Geltungskraft und Unverbrüchlichkeit des Rechts.⁶⁷ Ein Vertrauensmissbrauch beschränkt sich somit nicht auf Wirtschaftskriminalität.⁶⁸ Auch nach *Otto* liegt nicht in der Verletzung von Vertrauen die Besonderheit der Wirtschaftskriminalität, sondern im Gegenstand dieses Vertrauens.⁶⁹

---

⁵⁵ *Volk* JZ 1982, 87; s. auch *Hassemer* NStZ 1989, 557; *Kaiser*, FS Klug, Bd. II, S. 589; *Seelmann* NJW 1990, 1259.
⁵⁶ *Otto* ZStW 96 (1984), 346; *ders.* Jura 1989, 25; *Eser/Kaiser/Otto* S. 188.
⁵⁷ *Tiedemann* I S. 51; s. auch bereits *ders.*, Gutachten 49. DJT, C 30; a. A. *D. Geerds*, S. 29 (bloße Reflexwirkung).
⁵⁸ *Otto* MschrKrim 1980, 400; *ders.* ZStW 96 (1984), 349; *Eser/Kaiser/Otto* S. 189; krit. *Munoz Conde* Madrid-Symposium S. 64: Verwechslung eines strafschärfenden Merkmals mit einem Begriffselement.
⁵⁹ *Tiedemann* I S. 50 ff., 54 f; *ders.* JuS 1989, 691.
⁶⁰ *Munoz Conde* Madrid-Symposium S. 63 f.
⁶¹ *Tiedemann* WiStrR S. 23; vgl. auch *Heinz* wistra 1983, 129; *Kaiser/Kerner/Sack/Schellhoss/Heinz* S. 589; *Gropp/Heinz* S. 18.
⁶² *Gropp/Heinz* S. 18; *Tiedemann* JuS 1989, 691.
⁶³ *Otto* MschrKrim 1980, 399 f.; *ders.* ZStW 96 (1984), 342; *ders.* Jura 1989, 25; *Eser/Kaiser/Otto* S. 186; ferner *H.J. Schneide* JZ 1972, 463; s. auch bereits *Zirpins/Terstegen* S. 18 f., 34; krit. dagegen *Volk* MschrKrim 1977, 273; *ders.* JZ 1982, 86; *Baumann* JZ 1983, 937; *Eisenberg* § 47 Rdnr. 5; *Kaiser/Kerner/Sack/Schellhoss/Heinz* S. 589; *Eser/Kaiser/Heinz* S. 159; *Kaiser/Schöch/Kaiser* 9 Rdnr. 8 f.; *Tiedemann* Gutachten 49. DJT, C 29.
⁶⁴ *Volk* MschrKrim 1977, 273.
⁶⁵ *Otto* Jura 1989, 26; *Eser/Kaiser/Otto*, S. 187; krit. *Herzog* S. 119.
⁶⁶ *Volk* JZ 1982, 86; *Baumann* JZ 1983, 937.
⁶⁷ *Volk* JZ 1982, 86.
⁶⁸ *Eser/Kaiser/Heinz* S. 159.
⁶⁹ *Otto* ZStW 96 (1984), 345.

c) **Strafverfahrensrechtlicher Begriff des § 74 c GVG.** Der Straftatenkatalog des § 74 c Abs. 1 GVG[70] für die Zuständigkeit der Wirtschaftsstrafkammer (dazu RiStBV 113 II) stellt keine Legaldefinition der Wirtschaftsstraftaten dar. Für die Praxis kommt es darauf an, diejenigen Delikte zu erfassen, zu deren Beurteilung Spezialkenntnisse auf dem Gebiet des Wirtschaftslebens erforderlich sind.[71] Zu unterscheiden sind spezifische Wirtschaftsdelikte, bei denen das Erfordernis von Spezialkenntnissen unwiderleglich vermutet wird[72] und allgemeine Straftatbestände, „soweit zur Beurteilung des Falles besondere Kenntnisse des Wirtschaftslebens erforderlich sind" (§ 74 c Abs. 1 Nr. 6 a) und b) GVG) (normatives Zuständigkeitsmerkmal[73]). Der Deliktskatalog wird einerseits als zu weit (vgl. § 74 c Abs. 1 Nr. 6 GVG) und andererseits als zu eng empfunden, weil er eine Reihe von Straftatbeständen nicht enthält, die durch das 2. WiKG (oder wie die Geldwäsche durch das OrgKG 1992) eingefügt worden sind.[74] Vor allem aber ist der Begriff des § 74 c GVG für kriminalpolitische Planungen und gesetzgeberische Aktionen „denkbar ungeeignet".[75] Außerdem werde der spezifischen Sozialschädlichkeit und dem Rechtsgutgedanken nicht Rechnung getragen.[76]

2. Systematik

a) **Kein geschlossenes System.** Das Wirtschaftsstrafrecht der BRD stellt kein geschlossenes System dar, sondern ist über zahlreiche Gesetze verstreut und findet sich oft als Annex zu außerstrafrechtlichen Regelungen. Man kann zwischen *autonomen* und – überwiegend im Nebenstrafrecht anzutreffenden – *akzessorischen*, nämlich von einer außerstrafrechtlichen Regelung abhängigen Straftatbeständen unterscheiden.[77] Der Schwerpunkt des Wirtschaftsstrafrechts liegt – historisch bedingt – im **Nebenstrafrecht**.[78] Experten gehen davon aus, dass der gesamte Bereich des Wirtschaftsstrafrechts in mehr als 200 Bundesgesetzen enthalten ist.[79]

Immer wieder aufgeworfen wird die Frage, ob es sinnvoll wäre, alle wesentlichen Straftatbestände auf dem Gebiet der Wirtschaftskriminalität in einem eigenen Abschnitt „Wirtschaftsstraftaten" ins StGB oder in ein selbständiges Wirtschaftsstrafgesetz zusammenzufassen.[80] Überwiegend wird ein solches Vorhaben nicht für erforderlich oder sinnvoll gehalten, denn es sind differenzierte Regelungen auf den verschiedenen Gebieten notwendig.[81] Durch die Aufnahme eines (einzelnen) Straftatbestandes in das Strafgesetzbuch wird allerdings die Bedeutung des Wirtschaftsstrafrechts unterstrichen und der Gefahr eines Sonderstrafrechts begegnet.[82] Die Nichteinstellung in das Strafgesetzbuch führe zu einer Abschwächung der Generalprävention.[83] So wurden z. B. die Tatbestände der §§ 283 ff. StGB, das neue Umweltschutzstrafrecht und § 266 a StGB ins Strafgesetzbuch überführt, und zahlreiche neue Tatbestände geschaffen.

b) **Systematisierung der einzelnen Straftatbestände.** *Heinz* schlägt folgende Einteilung der Wirtschaftsstraftaten nach der Angriffs- bzw. Schutzrichtung der wirtschaftsstrafrechtlichen Normen in Weiterführung eines Vorschlags von *Lampe*[84] vor:
• supranationale Normen zum Schutz der Wirtschaft der europäischen Gemeinschaft

---

[70] Siehe auch die 1984 eingeführte an § 74 c Abs. 1 GVG anknüpfende Zuordnungsregel von Straftaten zur Wirtschaftskriminalität der Polizeilichen Kriminalstatistik, zuletzt *Bundeskriminalamt* (Hrsg.), Polizeiliche Kriminalstatistik 2003, S. 12.
[71] *Schwind/Gehrich/Berckhauer/Ahlborn* JR 1980, 230.
[72] *Schwind* § 21 Rdnr. 18; *Wabnitz/Janovsky Dannecker* 1 Rdnr. 8.
[73] *Meyer-Goßner* § 74 c GVG Rdnr. 5; *KK/Diemer* § 74 c Rdnr. 4; *Rieß* NJW 1978, 2267.
[74] *Kaiser/Schöch/Kaiser* 9 Rdnr. 5; *Gropp/Heinz* S. 19; *Eser/Kaiser/Heinz* S. 157; *Kaiser/Kerner/Sack/Schellhoss/Heinz* S. 589; *Steinke* NStZ 1994, 168.
[75] *Volk* JZ 1982, 87.
[76] *Wabnitz/Janovsky/Danecker* 1 Rdnr. 8; s. auch *Gropp/Heinz* S. 19 f.
[77] *Tiedemann* WiStrR Rdnr. 2 ff.; *ders.*, FS Stree/Wessels, S. 529 f.
[78] *Kaiser* Kriminologie S. 486; *Eser/Kaiser/Heinz* S. 164 f.; *Steinke* NStZ 1994, 169.
[79] *Schwind* § 21 Rdnr. 1.
[80] Vgl. auch Alternativ-Entwurf eines Strafgesetzbuches, Bes. Teil, Straftaten gegen die Wirtschaft (AE), 1977, 19 ff.
[81] *Otto* Jura 1989, 25; s. auch *Montenbruck et al.*, JuS 1987, 716.
[82] *Otto* ZStW 97 (1985), 718; *Gropp/Heinz* S. 39.
[83] *Tiedemann*, FS Stree/Wessels, S. 530; *ders.* Gutachten S. 49. DJT, C 44.
[84] *Albers et.al./Lampe* Handwörterbuch der Wirtschaftswissenschaft, Bd. 9, S. 311.

Strafnormen zum Schutz
- des nationalen Wirtschaftsverkehrs mit dem Ausland
- der Binnenwirtschaft, d. h. zum Schutz von konstitutiven Elementen und Instrumenten der Finanzwirtschaft (z. B. Steuer-, Zoll- und Subventionsdelikte)
- der Volkswirtschaft (z. B. Kartellverstöße, Delikte gegen das Bank- und Börsenwesen)
- der Betriebswirtschaft (z. B. Delikte gegen den lauteren Wettbewerb)
- der Allgemeinheit und des Verbrauchers (z. B. Umweltschutzdelikte und Verstöße gegen das Lebensmittelrecht).[85]

21 Unterschieden wird – historisch bedingt – zwischen dem Wirtschaftsstrafrecht **im engeren Sinn** und **im weiteren Sinn**.[86] Zum ersteren gehören die Tatbestände, die die Wirtschaftsordnung schützen sollen, also die Normen der Wirtschaftslenkung und -ordnung, aber auch Normen, die die Erzeugung, Herstellung und Verteilung von Wirtschaftsgütern regeln. Zu Wirtschaftsstraftaten im weiteren Sinn zählen Angriffe gegen individuelle Rechtsgüter, soweit diese wegen ihres überindividuellen Bezugs zu den Wirtschaftsstraftaten gerechnet werden (s. dazu bereits oben unter 14). Etwas anders ausgedrückt ist Wirtschaftsstrafrecht also teils ein Schutzrecht *für* die Wirtschaft, indem die für den ungestörten Ablauf der Wirtschaft unerlässlichen Rechtsgüter geschützt werden, teils aber auch ein Schutzrecht *gegen* die Wirtschaft, indem Rechtsgüter der Allgemeinheit, die von Wirtschaftssubjekten durch deren wirtschaftliches Handeln gefährdet oder verletzt werden können, geschützt werden.[87]

22 Manche unterscheiden auch nach der Abhängigkeit vom jeweiligen Wirtschaftssystem zwischen relativ *systemunabhängigen*, aber durch bestimmte Instrumente und Formen des Wirtschaftsverkehrs gekennzeichnete Taten (z. B. Scheck- und Kreditkartenmissbrauch) und *systemimmanenten* Delikten (z. B. Erschleichung von Subventionen bzw. Wettbewerbsdelikte).[88]

23 Wirtschaftsstrafrecht wird außerdem sinnvoller Weise unter Einschluss des **Ordnungswidrigkeitenrechts** verstanden. So gibt es in wichtigen Bereichen des Wirtschaftsrechts nur Ordnungswidrigkeiten (z. B. im GWB). Viele Bußgeldtatbestände können zudem beim Hinzutreten bestimmter Umstände in Straftaten umschlagen (sog. Mischtatbestände).[89]

3. Streitige Gegenstände

24 **Umweltdelikte** sollen nach zum Teil vertretener Ansicht nicht zum Wirtschaftsstrafrecht zu rechnen sein, da die Wirtschaftsordnung trotz der regelmäßigen Wirtschaftsbezogenheit der Delikte keinen Bezug zur Deliktsverwirklichung aufweise.[90] Die Gegenansicht weist darauf hin, dass Umweltstraftaten zwar nicht dem Katalog des § 74 c GVG unterfallen und einen stärkeren Bezug zum Verwaltungsrecht als zum Handels- und Wirtschaftsrecht aufweisen, doch könne das Umweltstrafrecht nach Täterkreis, Tatbestandskonstruktion und Art der Schutzgüter durchaus dem Wirtschaftsstrafrecht im weiteren Sinn zugerechnet werden.[91]

25 Auch die Normen des **Arbeitsschutzes und der Unfallverhütung** sollen nach einer Mindermeinung nicht zum Wirtschaftsstrafrecht zählen, da sie zwar i. d. R. aus wirtschaftlichen Motiven und in wirtschaftlichen Unternehmen verletzt werden, doch würden sie dem Schutz der Persönlichkeit des Arbeiters dienen, während dem Schutz der Arbeitskraft als Wirtschaftsfaktor nur untergeordnete Bedeutung zukomme.[92] Für die Einbeziehung spricht die Aufnahme des § 266 a StGB in den Katalog des § 74 c Abs. 1 Nr. 6 a GVG und der neue § 74 c Abs. 1 Nr. 6 b GVG.

---

[85] Gropp/*Heinz* S. 20 f. und ausführlich Eser/Kaiser/*Heinz* S. 167 ff.; vgl. auch Kaiser/Kerner/Sack/Schellhoss/*Heinz* S. 589; *Heinz* ZStW 96 (1984), 422; *ders.* wistra 1983, 129; zust. in: Wabnitz/Janovsky/*Danecker* 1 Rdnr. 10; *Otto* ZStW 96 (1984), 351 ff.; Eser/Kaiser/*Heinz* S. 190; *Tiedemann* JuS 1989, 691 ff.
[86] *Tiedemann* I S. 54 f.; *ders.*, Gutachten 49. DJT, C 30; *Otto* MschrKrim 1980, S. 400; *Bottke* Madrid-Symposium S. 109 ff.; *Eisenberg* § 47 Rdnr. 1; Eser/Kaiser/*Heinz* S. 160; *Munoz Conde* Madrid-Symposium S. 62 f.
[87] Gropp/*Heinz* S. 17; vgl. auch *Tiedemann* Wirtschaftsstrafrecht Rdnr. 45 f.; *Schlüchter* S. 6.
[88] *Tiedemann* ZStW 88 (1976), 231; *Heinz* ZStW 96 (1984), 437.
[89] Eser/Kaiser/*Heinz* S. 160, 165; vgl. auch *Schlüchter*, S. 6.
[90] *Otto* ZStW 96 (1984), 354; Eser/Kaiser/*Otto* S. 190.
[91] *Tiedemann*, FS Dünnebier (1982), S. 523; ähnlich *Weber* ZStW 96 (1984), 376.
[92] *Otto* ZStW 96 (1984), 353; Eser/Kaiser/*Otto* S. 191.

Die **Computerdelikte** gehören nach einer Mindermeinung nicht zu den Wirtschaftsdelikten, 26
da sie zwar für die moderne Wirtschaft eine erhebliche Bedrohung darstellen, doch vermöge
das die Tat nicht zu Delikten gegen die Wirtschaftsordnung oder einzelner ihrer Institute zu
charakterisieren.[93]

III. Kriminologie

1. Zum Stand der wirtschaftskriminologischen Forschung

Die wirtschaftskriminologische Forschung gilt als bisher nicht sehr weit fortgeschritten. Dies 27
wird zum einen auf eine Abschottung weiter Teile der Wirtschaft durch einen Geheimnisschutz,
zum anderen auf die schwere Durchführbarkeit von Dunkelfeldforschungen mit den derzeit
verfügbaren Methoden zurückgeführt.[94] In den amtlichen Kriminal- und Rechtspflegestatistiken ist die registrierte Wirtschaftskriminalität nur unvollständig (z. B. ohne Ordnungswidrigkeiten) und ungenau erfasst, da wirtschaftsdeliktische Erscheinungsformen bei den Auffangtatbeständen nur zum Teil gesondert ausgewiesen werden. Zudem fehlen in der Polizeilichen
Kriminalstatistik auch die Wirtschaftsstraftaten, die von den Schwerpunktstaatsanwaltschaften ohne Beteiligung der Polizei ermittelt werden. 1974 (bis 1985) wurde eine Sonderstatistik,
die „Bundesweite Erfassung von Wirtschaftsstraftaten nach einheitlichen Gesichtspunkten"
(BWE) geführt, die allerdings nur Wirtschaftsstrafverfahren von besonderer Bedeutung erfasste. Ergänzende Angaben lassen sich der Steuerstrafsachenstatistik und den Tätigkeitsberichten
des Bundeskartellamtes und des Bundesaufsichtsamts für den Wertpapierhandel (jetzt: Bundesanstalt für Finanzdienstleistungsaufsicht – BaFin) entnehmen.

Eine spezifische **Theorie** der Wirtschaftsdelinquenz gibt es bisher nicht. Die gängigen Kri- 28
minalitätstheorien (v.a. die Theorie der differentiellen Gelegenheiten, die Anomietheorie und
lernpsychologische Ansätze) können allenfalls Teilbereiche erklären.[95] Die an biologische, psychologische und soziologische Entstehungsbedingungen anknüpfenden Ursachenforschungen
seien für den sozial angepassten Weißen-Kragen-Täter nicht gedacht.[96] Insbesondere für die
Unternehmenskriminalität, die den überwiegenden Teil der Wirtschaftskriminalität ausmacht,
passen außerdem die am personalen Handeln ausgerichteten herkömmlichen Erklärungsansätze nicht so recht.[97] In neuerer Zeit gewinnen ökonomische Erklärungsansätze an Bedeutung.[98]

2. Täter, Tat, Opfer

Häufig wird zumindest ein **Sozialprofil** (Psychogramm) der Täter gezeichnet („männlich, 29
verheiratet, um die 40 ...").[99] Doch sind die Unterschiede zur klassischen Kriminalität durch die
bei Wirtschaftsstraftaten vorausgesetzten Deliktsfähigkeiten und -gelegenheiten (mit)bedingt,
so dass insofern nur die These der unterschiedlichen Zugangschancen belegt wird.[100] Zudem ist
wegen deliktspezifischer Unterschiede Vorsicht geboten.[101] Bedenken bestehen daher auch gegen den Begriff der „Intelligenzkriminalität".[102] Nach teilweise vertretener Ansicht soll es sich
bei der Wirtschaftskriminalität um *Profitkriminalität* der im Wirtschaftsleben Tätigen han-

---

[93] Eser/Kaiser/*Otto* S. 191; ferner Hirsch/Hofmanski/Plywaczewski/Roxin/*Lampe* S. 99; a. A. *Tiedemann* JuS 1989, 694; Wabnitz/Janovsky/*Danecker* 1 Rdnr. 10.
[94] *Schwind* § 21 Rdnr. 2 ff.; Kaiser/Kerner/Sack/Schellhoss/*Heinz* S. 591; *Kaiser* Kriminologie 481 f.
[95] *Schwind* Kriminologie § 21 Rdnr. 19; *Heinz* ZStW 96 (1984), 438; näher *Opp*, S. 67 ff.; *Schlüchter* S. 10 und 15 ff.; *Volk* MschrKrim 1977, 266 ff.
[96] *Sessar* MschrKrim 1997, 3, der daher für Berufskriminalität eine situativ verstandene Theorie der Rationalen Wahl vertritt, a. a. O. 7 ff., 17 ff.
[97] *Boers*, MschrKrim 2001, 341; s. dazu *Hefendehl*, MschrKrim 2003, 27 ff.
[98] *Boers*, MschrKrim 2001, 346 ff.; krit. *Wittig* MschrKrim 76 (1993), 328; s. auch *Tiedemann* WiStrR Rdnr. 31 f.
[99] Siehe *Schwind* § 21 Rdnr. 19 ff.; ausführlich *Herren*, Freiburger Universitätsblätter, 77 (1982), 25 ff.; *Mergen* S. 13.
[100] Gropp/*Heinz* S. 27; Kaiser/Kerner/Sack/Schellhoss/*Heinz* S. 593; *ders.* ZStW 96 (1984), 450; Kube/Störzer/Timm/*Kubica* S. 447.
[101] *Schwind* § 21 Rdnr. 19; krit. auch *Bussmann* KritV 1989, 130.
[102] So auch *Berckhauer*, Wirtschaftskriminalität und Staatsanwaltschaft, S. 54.

deln.[103] Jedoch ist auch an den in wirtschaftliche Schwierigkeiten geratenen Geschäftsmann zu denken, der zu illegalen Mitteln greift, um zu retten, was noch zu retten ist.[104]

30 Der Anteil der Wirtschaftsdelikte an der registrierten **Gesamtkriminalität** soll kaum mehr als 3 bis 5 % betragen.[105] Im Jahr 2003 betrug der Anteil der in der PKS als Wirtschaftskriminalität erfassten und registrierten Delikte an allen Taten 1,3 %.[106] Wirtschaftskriminalität besteht ganz überwiegend aus kleineren Fällen.[107] Bei rund zwei Dritteln der Fälle schwerer Wirtschaftsdelikte handelt sich laut BWE um eine Art **Verbandskriminalität**, d. h. um Delikte, die unter dem Mantel einer Einzelfirma oder einer handelsrechtlichen Gesellschaft begangen werden.[108] Wirtschaftskriminalität ist überwiegend **Berufskriminalität**.[109] Damit zusammenhängend ist für sie die **geringe Sichtbarkeit** der Straftat (bzw. des Rechtsbrechers) typisch, die in der äußerlich scheinbar legalen Handlungsweise ihren Grund hat.[110]

31 Kennzeichnend für die Wirtschaftskriminalität soll eine sog. Ansteckungs-, Nachahmungs-, **Sog- und Spiralwirkung** sein.[111] Andere Mitbewerber werden, um drohende Wettbewerbsnachteile zu vermeiden, oft gezwungen, Wirtschaftsdelikte gleicher oder ähnlicher Art zu begehen (Sogwirkung). Wirtschaftsstraftaten rufen außerdem häufig eine typische Begleit- und Folgekriminalität Dritter hervor, die durch Urkundenfälschung, Bestechlichkeit usw. wirtschaftskriminelles Verhalten unterstützen (Spiralwirkung). In der Literatur wird dem zum Teil entgegengehalten, dass es hierfür bislang – zumindest außerhalb des engeren Bereichs der Wettbewerbsdelikte – an einem empirischen Nachweis fehle.[112] Auch sei die behauptete Spiralwirkung oder Folgekriminalität keine Besonderheit des Wirtschaftsverbrechens, sondern komme auch im Bereich etwa der Drogenkriminalität vor.[113]

32 Wirtschaftskriminalität soll sich durch ihre hohe **Sozialschädlichkeit** auszeichnen, insbesondere wegen der Höhe der durch sie verursachten materiellen und immateriellen **Schäden**.[114] Bei schweren Wirtschaftsstraftaten verursache eine verhältnismäßig geringe Zahl von Beschuldigten eine hohe Anzahl von Einzelfällen, schädige dabei eine Vielzahl von Personen und führe insgesamt einen hohen Vermögensschaden herbei.[115] Verlässliche Angaben zum Schadensumfang fehlen allerdings. Nach der Polizeilichen Kriminalstatistik betrug der Schaden der als Wirtschaftskriminalität definierten und registrierten Delikte im Jahr 2003 ca. € 6,827 Mrd.[116] Schätzungen zum tatsächlichen Umfang (Hell- und Dunkelfeld) schwanken etwa zwischen jährlich € 10 Mrd. und 75 Mrd.[117] Dass die Schadensschätzungen so unterschiedlich ausfallen, hat vor allem auch damit zu tun, dass unterschiedliche Definitionen der Wirtschaftskriminalität zugrunde gelegt werden. Außerdem bestehen Schwierigkeiten, den Schaden einschließlich von Folgeschäden zu messen, da dieser oft diffus (sog. „Sozialisierung" des Schadens[118]) und teilweise nur ideeller Natur ist.[119] Zu den **immateriellen** Schäden, die noch gravierender als die materiellen Schäden sein sollen, werden die Sog- und Spiralwirkung gerechnet, bei bestimmten Delikten auch gesundheitliche Gefährdungen und Schädigungen (z. B. im Arznei- und Lebensmittelbereich und bei der Umweltkriminalität), und schließlich ein

---

[103] Kaiser/Kerner/Sack/Schellhoss/*Heinz* S. 589; zum Begriff *Göppinger* S. 543 f.
[104] *Schlüchter* S. 8.
[105] *Kaiser* Kriminologie S. 489.
[106] *Bundeskriminalamt (Hrsg.)*, Polizeiliche Kriminalstatistik 2003, Tab 01 Schlüsselzahl 8930.
[107] Kaiser/Kerner/Sack/Schellhoss/*Heinz* S. 591.
[108] *Liebl*, Die bundesweite Erfassung von Wirtschaftsstraftaten nach einheitlichen Gesichtspunkten, S. 141 ff., 469 ff.
[109] *Eisenberg* § 47 Rdnr. 6.
[110] *Eisenberg* § 47 Rdnr. 6; *Heinz* wistra 1983, 132; Kube/Störzer/Timm/*Kubica* S. 447; *Montenbruck et al.* JuS 1987, 716; Poerting/*Poerting* Wirtschaftskriminalität S. 24 ff.
[111] *Tiedemann* I S. 25 f.; Wabnitz/Janovsky/*Danecker* 1 Rdnr. 17; *Opp* S. 96 ff.
[112] *Kaiser* Kriminologie S. 475 f.; *ders.* Lehrbuch § 72 Rdnr. 10; Kaiser/Schöch/*Kaiser* 9 Rdnr. 26 f.; *Heinz* ZStW 96 (1984), 435 f.; *Bottke* wistra 1991, 3; krit. auch *Eisenberg* Kriminologie § 47 Rdnr. 17.
[113] Kaiser/Schöch/*Kaiser* 9 Rdnr. 27.
[114] Kaiser/Kerner/Sack/Schellhoss/*Heinz* S. 592; *Eisenberg* § 47 Rdnr. 2; Kaiser/Schöch/*Kaiser* 9 Rdnr. 22.
[115] *Kaiser* Kriminologie S. 489.
[116] Vgl. *Bundeskriminalamt (Hrsg.)*, Polizeiliche Kriminalstatistik 2003, Tab 07 Schlüsselzahl 8930.
[117] So *Schwind* Kriminologie § 21 Rdnr. 7 ff. m. w. N.
[118] Dazu *Eisenberg* § 47 Rdnr. 18.
[119] Gropp/*Heinz* S. 23; *Heinz* ZStW 96 (1984), 431.

Schwinden des Vertrauens in die Funktionsfähigkeit der geltenden Wirtschaftsordnung.[120] An empirischen Nachweisen für derartige Schäden fehlt es allerdings weitgehend.

Vermutet wird ein **hohes Dunkelfeldpotential**. Begründet wird diese Annahme damit, dass 33 nicht selten mangels Verletzung von Individualinteressen die Opferrolle eines unmittelbar Betroffenen als Initiator für die Anzeigenerstattung entfällt oder das Opfer anderen Zielsetzungen (außerhalb des Strafverfahrens) Vorrang einräumt.[121] Vielfach wird der durch Einleitung eines Strafverfahrens eintretende Rufschaden höher eingeschätzt als das Ergebnis eines Strafverfahrens.[122]

Kennzeichnend für die Wirtschaftskriminalität sind vor allem auch die **Verflüchtigung der** 34 **Opfereigenschaft** (Kollektivität und Anonymität des Opfers)[123] und anonyme Kommunikationsstrukturen bzw. eine personale Distanz zwischen Täter und Opfer (sog. „Distanzdelikte").[124]

3. Soziale Kontrolle

Bei der Wirtschaftskriminalität handelt es sich im Gegensatz zur klassischen Kriminalität 35 weitgehend um sog. **Überwachungs- und Kontrolldelikte;**[125] nur bei schweren Wirtschaftsstraftaten, bei denen Rechtsgüter Privater betroffen sind, hängt die Verfahrensinitiierung vom Anzeigeverhalten des Betroffenen ab.[126] Dieses Kontrolldefizit ist durch die Anonymität und Verflüchtigung der Opfereigenschaft, und damit auch zum Teil durch die Postulierung überindividueller Rechtsgüter durch den Gesetzgeber bedingt.

Das strafrechtliche **Sanktionensystem** greift im Bereich der Wirtschaftskriminalität nur be- 36 grenzt. Mit Geldstrafen wird man (potentielle) Wirtschaftsstraftäter nicht immer abschrecken können, da diese, wo immer möglich, als kalkulierbarer Kostenfaktor in die Preisgestaltung einfließen.[127] Im Wirtschaftsstrafrecht wird daher von einigen die kurze Freiheitsstrafe als Abschreckungsmittel empfohlen.[128] Dagegen wird eingewandt, dass es neben dem rational-planerischen Wirtschaftsstraftäter auch den Täter gebe, dessen Verhalten seinen Ausgang bei unkluger wirtschaftlicher Tätigkeit genommen habe und der seine Krise mit illegalen Mitteln zu bewältigen versucht.[129] Ein erheblicher Teil der erfassten Sanktionen, insbesondere im Bereich des Kartellunrechts, entfällt auf Bußgeldentscheidungen.[130]

Kennzeichnend für wirtschaftsstrafrechtliche Großverfahren ist die **überdurchschnittlich** 37 **lange Verfahrensdauer**.[131] Diese hat in dem umfangreichen Verfahrensstoff, komplexen Rechtsformen und beweisschwierigen Tatbeständen ihren Grund.[132] Die Kompliziertheit der Materie und die in den Tatbestandsfassungen mitbegründeten Beweisschwierigkeiten führen außerdem dazu, dass die **Verurteilungswahrscheinlichkeit** bei Wirtschaftsstraftaten **geringer** ist im Vergleich zur klassischen Eigentumskriminalität.[133] Auffallend ist außerdem im Vergleich zur klassischen Eigentums- und Vermögenskriminalität die Anwendung der

---

[120] *Tiedemann*, Gutachten 49. DJT, C 21 f.; Kaiser/Kerner/Sack/Schellhoss/*Heinz* S. 592; *Eisenberg* § 47 Rdnr. 16 f.; Kaiser/Schöch/*Kaiser*, 9 Rdnr. 25; *Otto* ZStW 96 (1984), 339.
[121] *Kube* S. 36; Gropp/*Heinz* S. 23; *Schwind* § 21 Rdnr. 41; s. auch *Schünemann*, GS Arm. Kaufmann (1989), S. 632; *Tiedemann*, Freiburger Universitätsblätter 77 (1982), 18 f.
[122] Gropp/*Heinz* S. 23; *Schwind* § 21 Rdnr. 41.
[123] *Schneider* Kriminologie S. 756 f.; vertiefend *Volk* MschrKrim 1977, 274.
[124] *Kaiser* Kriminologie S. 475; *Eisenberg* § 47 Rdnr. 4.
[125] *Kaiser* Kriminologie S. 485 f., 494, 509; Gropp/*Heinz* S. 28; Kaiser/Kerner/Sack/Schellhoss/*Heinz* S. 593; Empirische Daten bei *Blanckenburg/Sessar/Steffen*, S. 283.
[126] Gropp/*Heinz* S. 28; Kaiser/Kerner/Sack/Schellhoss/*Heinz* S. 593.
[127] *Schwind* § 21 Rdnr. 50; Gropp/*Heinz* S. 29; *Jung* S. 5.
[128] *Tiedemann* I S. 73, 284 ff.
[129] Kaiser/Kerner/Sack/Schellhoss/*Heinz* S. 594; näher zum Problem Kaiser/Schöch/*Kaiser* 9 Rdnr. 45 ff.
[130] *Eisenberg* § 47 Rdnr. 22 mit näheren Angaben.
[131] *Wittkämper/Krevert/Kohl* S. 30; *Wassermann* S. 21; näher *Berckhauer*, Wirtschaftskriminalität und Staatsanwaltschaft, S. 246 ff.; *ders.*, Die Strafverfolgung bei schweren Wirtschaftsdelikten, S. 250 ff.; *Liebl*, Die Bundesweite Erfassung von Wirtschaftsstraftaten nach einheitlichen Gesichtspunkten, S. 424.
[132] *Liebl*, Die Bundesweite Erfassung von Wirtschaftsstraftaten nach einheitlichen Gesichtspunkten, XXXIV und 170 ff.
[133] Kaiser/Kerner/Sack/Schellhoss/*Heinz* S. 593.

Opportunitätsvorschriften der StPO auch in Verfahren mit sehr hohen Schäden.[134] Auch werden bei Wirtschaftsstraftaten Freiheitsstrafen zwischen 1 und 2 Jahren häufiger zur **Bewährung** ausgesetzt.[135] Wirtschaftsstrafverfahren bieten zudem wegen ihrer Komplexität und ihres Umfangs einen häufigen Anwendungsfall für **Absprachen**.[136] Vermutet wird auch, dass das **U-Haftrisiko** bei dieser wirtschaftlich stärkeren Tätergruppe im Vergleich zu anderen erheblich herabgesetzt ist.[137]

IV. Die geschichtliche Entwicklung des Wirtschaftsstrafrechts

1. Historische Ursprünge

38 Delikte, die wir heute unter den Begriff der Wirtschaftskriminalität fassen, hat es zu allen Zeiten gegeben, d. h. die Inkriminierung des Missbrauchs wirtschaftlicher Macht und die Strafbewehrung von staatlichen Eingriffen in die Wirtschaftsordnung.[138] Im **(Hoch-) Liberalismus** des 19. Jahrhunderts stand allerdings naturrechtlichen Vorstellungen entsprechend der staatliche Schutz von Individualrechtsgütern im Vordergrund.[139] Dies führte zu einer Herabstufung des Schutzes von bloßen Verwaltungsgütern zu Verwaltungs- bzw. Polizeiunrecht. Im Übrigen vertraute man auf Selbstregulierungsmechanismen des Wirtschaftslebens. Die Liberalisierung des Wirtschaftsverkehrs hat – insbesondere sozialpsychologisch bedingt – die Entwicklung von Wirtschaftskriminalität begünstigt.[140]

2. Wirtschaftsstrafrecht als Wirtschaftsverwaltungsstrafrecht

39 Die Ablösung des liberalen Staatswesens durch den sozialen Verwaltungsstaat führte zu einer Zunahme von staatlichen Geboten und Verboten zur sozialen Daseinsvorsorge und deren Bewehrung ohne Unterscheidung nach ihrem Gewicht oder nach ihrem sittlichen Unrechtsgehalt mit Kriminalstrafen.[141] Mit Beginn des 20. Jahrhundert setzte durch die äußere **Not des 1. Weltkriegs** auch eine zunehmende Regulierung der Wirtschaft (**Wirtschaftsverwaltungsrecht**) mit immer häufigerer Bewehrung durch **Kriminalstrafen** ein. In dieser Phase wird die eigentliche Grundlegung des heutigen deutschen Wirtschaftsstrafrechts gesehen.[142] Das „Reichskaligesetz" vom 25.5.1910 (RGBl S. 775), das vor dem Verlust der Weltmonopolstellung schützen sollte, wird allgemein als erstes modernes Wirtschaftsstrafgesetz bezeichnet.[143] Grundlage für die Zwangswirtschaft war die „Ermächtigung des Bundesrates zu wirtschaftlichen Maßnahmen" vom 4.8.1914 (RGBl S. 327). Zweck war die Bedarfsdeckung durch Bewirtschaftung von Wirtschaftsgütern und die Preisregulierung (insbes. durch „Kriegswuchergesetze"). Im Zuge dessen wurden in missbräuchlicher Weise[144] zahlreiche, nicht auf schwerwiegende Fälle begrenzte Straftatbestände erlassen.

40 Das Kriegsende brachte eine ausufernde Inflation und einen fortbestehenden Mangel an Gütern. Zur Durchsetzung des „Preistreibereistrafrechts" wurden Sondergerichte (sog. Wuchergerichte) eingeführt. Trotz Abbau des staatlichen Interventionismus in der Folgezeit wurden die Rechtsformen der Kriegswirtschaft zur Grundlage des neuen Industrie- und Wirtschaftsrechts der Weimarer Republik.[145] Durch die Ausdehnung der Befugnis der **Verwaltungsbe-**

---

[134] Kaiser/Kerner/Sack/Schellhoss/*Heinz* S. 593; näher *Berckhauer*, Wirtschaftskriminalität und Staatsanwaltschaft, S. 147 f., 292 f.; Liebl/*Meinberg*, Internationale Forschungsergebnisse auf dem Gebiet der Wirtschaftskriminalität, S. 380 f.; zu den Gründen *Bussmann* KritV 1989, 143 und zur rechtsstaatlichen Problematik a. a. O., 138.
[135] *Bussmann* KritV 1989, 144 m. w. N.
[136] *Bussmann* KritV 1989, 145 f.; Müller, Heinz J./Isensee Josef/*Dahs* 1991, S. 83 f.; *Wehner* StV 2002, 219 ff.
[137] *Bussmann* KritV 1989, 144.
[138] Näher *Tiedemann* I S. 42; *Middendorff* Freiburger Universitätsblätter 77 (1982), 55 ff.
[139] Näher Müller-Gugenberger/Bieneck/*Richter* § 2 Rdnr. 9 ff.; Gropp/*Stein* S. 64 f., 75); *Jeschec* JZ 1959, 458; *F. Geerds* S. 235.
[140] *Tiedemann* NJW 1972, 658.
[141] *Göhler* OWiG Einl Rdnr. 3.
[142] *Jescheck* JZ 1959, 455; Müller-Gugenberger/Bieneck/*Richter* § 2 Rdnr. 16; *Tiedemann* JuS 1989, 689 f. So sprach *Lindemann*, Gibt es ein Wirtschaftsstrafrecht?, 1932 bereits von strafrechtlichen Schutzobjekt der „Gesamtwirtschaft oder funktionell wichtiger Zweige und Einrichtungen".
[143] *Tiedemann* S. 43 f.; Müller-Gugenberger/Bieneck/*Richter* § 2 Rdnr. 17.
[144] So *Tiedemann* GA 1969, 73.
[145] *Tiedemann* GA 1969, 74.

hörden zur Verhängung von **Ordnungsstrafen** über die Reichsabgabenordnung (RAO) von 1919 hinaus wurden diese zum typischen Sanktionsmittel der Wirtschaftsordnung, wobei die Nachprüfbarkeit zum Teil völlig ausgeschlossen wurde.[146] Von besonderer Bedeutung ist in diesem Zusammenhang die „Verordnung gegen den Missbrauch wirtschaftlicher Machtstellungen (Kartellverordnung)" vom 2.11.1923 (RGBl I, 1067). Der **Nationalsozialismus** führte zu einer totalitären Ausprägung insbesondere des Preisstrafrechts. Kennzeichnend waren die Unbestimmtheit und Weite der Straftatbestände, die rechtsstaatlich bedenkliche ermessensabhängige Doppelspurigkeit von Kriminalstrafen und Ordnungsstrafen und zum Teil ein Wegfall des Höchstmaßes der Ordnungsstrafen.[147]

Durch das **Grundgesetz der Bundesrepublik Deutschland** vom 23.5.1949 wurden wieder rechtsstaatliche Verhältnisse hergestellt. Die Zwangs- und Planwirtschaft wurde durch die „Soziale Marktwirtschaft" ersetzt. Eine gerechte Verteilung des Volksvermögens und -einkommens und der Einsatz wirtschaftslenkender staatlicher Maßnahmen zur Abwendung von Krisen waren jetzt die Ziele. Durch das **Gesetz zur Vereinfachung des Wirtschaftsstrafrechts (Wirtschaftsstrafgesetz) vom 26.7.1949** (WiGBl 1949, 193) wurden die zahlreichen weiten und unbestimmten Kriminal- und Ordnungsstrafvorschriften durch Enumeration der geltenden Tatbestände abgebaut. § 6 WiStG 1949 enthielt in Anschluss an *Eberhard Schmidt* eine materielle Bestimmung zur Scheidung von Wirtschaftsstraftaten und von der Verwaltung mit Geldbuße (§ 22 Abs. 2 WiStG 1949) zu ahndenden „Ordnungswidrigkeiten" (sog. Schmidtsche Formel).[148] Hierdurch sollten das Rechtsstaatsprinzip und der Gewaltenteilungsgrundsatz verwirklicht und gleichwohl zur Entlastung der Justiz Bagatelltatbestände geschaffen werden.[149] Außerdem umfasste das 1. WiStG eigene wirtschaftsstrafrechtliche Sanktionen und ein eigenes Verfahrensrecht. Das **Gesetz zur weiteren Vereinfachung des Wirtschaftsstrafrechts vom 9.7.1954** brachte den (weiteren) Wegfall zahlreicher Wirtschaftsstraftatbestände. Seit 1962 gilt das WiStG unbefristet, enthält jedoch nur noch einen Restbestand an Vorschriften zum sog. Sicherstellungsrecht und zum Preisrecht (praktische Bedeutung haben insbes. die Mietpreiserhöhung und die Mehrerlösabschöpfung). Zwischenzeitlich wurden noch einige neue Tatbestände eingeführt.

1950 wurde durch das Gesetz zur Herstellung der Rechtseinheit (BGBl S. 455) die Kompetenz der Verwaltungsbehörden zum Erlass von **Strafverfügungen** zur Verwirklichung der Gewaltenteilung **abgeschafft**. Um daher die Anwendung des Ordnungswidrigkeitenrechts über den Bereich der Wirtschaftsdelinquenz hinaus zu ermöglichen, wurden die Allgemeinen materiell-rechtlichen und verfahrensrechtlichen Vorschriften des WiStG in das **Gesetz über Ordnungswidrigkeiten (OWiG) von 1952** (BGBl I S. 177) übernommen. Auch die zunächst noch weiterbestehende Strafgewalt der Steuerverwaltung wurde vom *BVerfG* (E 22, 49) 1967 für verfassungswidrig erklärt. Durch das **Gesetz über Ordnungswidrigkeiten vom 24.5.1968** (BGBl I S. 481) wurde der Allgemeine Teil des OWiG auf den neuen Allgemeinen Teil des StGB abgestimmt, das Verfahrensrecht erheblich überarbeitet und die meisten Straßenverkehrstatbestände zu Ordnungswidrigkeiten herabgestuft.[150] Sodann wurden die **Übertretungen** durch das Einführungsgesetz zum Strafgesetzbuch vom 2.3.1974 (BGBl I S. 469) **abgeschafft**. Bedeutung für den Bereich des Wirtschaftsstrafrechts hatte der Erlass des **Gesetzes gegen Wettbewerbsbeschränkungen (Kartellgesetz) vom 27.7.1957**, das nur Ordnungswidrigkeiten enthält, inzwischen aber durch europäisches Recht überlagert wird.

Wirtschaftsstrafrecht war also ursprünglich Strafbewehrung des Wirtschaftsverwaltungsrechts, also des Rechts der staatlichen Lenkung und Überwachung der Wirtschaft.

---

[146] *Tiedemann* GA 1969, 73; *Gropp/Stein* S. 66.
[147] Näher *Tiedemann* GA 1969, 75 f.; *Werner* 1991.
[148] Grundlegend waren die (Vor-)Arbeiten von *Goldschmidt* S. 1902; *Erik Wolf* Frank-FG II, S. 516; zusammenfassend zur Entwicklung E. *Schmidt*, Das neue Westdeutsche Wirtschaftsstrafrecht, 1950. Nach heute h. M. ist der Unterschied zwischen Straftaten und Ordnungswidrigkeiten überwiegend *quantitativer*, nicht *qualitativer* Art, vgl. *Roxin* AT I, § 2 Rdnr. 51; krit. KK/*Bohnert* OWiG Einl. Rdnr. 50 ff.
[149] Zur Entstehung des Ordnungswidrigkeitenrechts näher *Gropp/Stein* S. 66 f.; *Nörr/Günther* S. 381 ff.; *Jescheck* JZ 1959, 458 ff.
[150] Durch Art. 3 EG OWiG 1968 (BGBl I S. 503).

3. Das moderne Wirtschaftsstrafrecht

43 Tiefgreifende Veränderungen der wirtschaftlichen und sozialen Verhältnisse führten schließlich zur Entwicklung des Wirtschaftsstrafrechts nach modernem Verständnis. Die zunehmende Bedeutung des Einsatzes wirtschaftspolitischer Subventionen, die Funktion des Kreditwesens in unserer Volkswirtschaft, die Aufbringung und Sicherung riesiger Kapitalmengen, die zunehmende Verbreitung der elektronischen Datenverarbeitung stellten sich als (**neue**) **schutzwürdige Erscheinungen** einer hochindustrialisierten Gesellschaft dar.[151] Die Erfassung der mit dieser Entwicklung verbundenen Wirtschafskriminalität erschien durch den **allgemeinen Betrugs- (und Untreue-)Tatbestand nicht** mehr gewährleistet.

44 1957 und 1963 fanden zunächst zwei Arbeitstagungen des Bundeskriminalamts über „Bekämpfung der Wirtschaftsdelikte" und über „Grundfragen der Wirtschaftskriminalität" statt. 1972 verhandelte der **49. Deutsche Juristentag** auf der Grundlage des Gutachtens von *Tiedemann* über das Thema „Welche strafrechtlichen Mittel empfehlen sich für eine wirksamere Bekämpfung der Wirtschaftskriminalität?". In seinen Beschlüssen forderte er eine Überprüfung und Fortentwicklung des Wirtschafts- und Steuerstrafrechts. Daraufhin setzte das Bundesjustizministerium zu Vorarbeiten für gesetzgeberische Maßnahmen eine unabhängige „**Sachverständigenkommission** zur Bekämpfung der Wirtschaftskriminalität – Reform des Wirtschaftsstrafrechts" ein, die 1972 bis 1976 tagte. Als Ergebnis legte sie umfangreiche Empfehlungen und Beschlüsse zur Reform des Strafrechts und Strafverfolgungsrechts sowie des Handels-, Wirtschafts- und Steuerrechts vor.[152] Diese führten 1976 bzw. 1986 zum Erlass des **Ersten und Zweiten Gesetzes zur Bekämpfung der Wirtschaftskriminalität**, mit denen eine Reihe von Straftatbeständen zum Schutz überindividueller Rechtsgüter im Vorfeld des Betruges geschaffen wurden. 1977 wurde außerdem der „Alternativ-Entwurf eines Strafgesetzbuchs (AE) Besonderer Teil – Straftaten gegen die Wirtschaft" vorgelegt. Bedeutung für die Herausbildung des modernen Wirtschaftsstrafrechts hatte schließlich die Einführung des Straftatenkatalogs für die Spezialzuständigkeit der Wirtschaftsstrafkammern in § 74 c GVG.

45 Nach der Entwicklung des Wirtschaftsrechts zu einer eigenen, vom Verwaltungsrecht weitgehend gelösten Disziplin wurde das Wirtschaftsstrafrecht in einem weiteren Sinn verstanden.[153] Dem entspricht, dass im heutigen Wirtschaftsleben Steuern und Subventionen als indirekte Mittel der Wirtschaftslenkung dienen.[154]

V. Neuere Gesetzgebung im Einzelnen

1. Materielles Strafrecht

46 a) **Abgabenordnung.** Bereits vor den beiden Gesetzen zur Bekämpfung der Wirtschaftskriminalität wurde das Steuerstrafrecht durch die **Abgabenordnung** vom 16.3.1976 (BGBl I S. 613) neugestaltet und tatbestandlich vereinfacht.

47 b) **1. WiKG.** Das **Erste Gesetz zur Bekämpfung der Wirtschaftskriminalität (1. WiKG)** vom 29.7.1976 (BGBl I S. 2034), in Kraft getreten am 1.9.1976,[155] enthielt neben strafrechtlichen Regelungen flankierende Maßnahmen durch Änderungen des Bürgerlichen Gesetzbuchs, des Handels- sowie des Konkursrechts.

48 Neu geschaffen wurden die Straftatbestände des **Subventions-** (§ 264 StGB) und des **Kreditbetrugs** (§ 265 b StGB). Geschützt werden sollten die „staatliche Planungs- und Dispositi-

---

[151] *Tiedemann*, FS Dünnebier (1982), S. 520 f.
[152] *Bundesministerium der Justiz* (Hrsg.), Tagungsberichte der Sachverständigenkommission zur Bekämpfung der Wirtschaftskriminalität.
[153] *Tiedemann* JuS 1998, 689 f. Zum Begriff des Wirtschaftsstrafrechts im weiteren Sinn schon oben I 2 b).
[154] *Tiedemann* JuS 1998, 692.
[155] Materialien: Regierungsentwurf BT-Drucks 7/3341; Bericht Sonderausschuss BT-Drucks 7/5291. Zum 1. WiKG *Berz* BB 1976, 1435; *Blei* JA 1976, 741, 807; *Göhler/Wilts* DB 1976, 1609, 1657; *Löwer* JZ 1979, 621; *Müller-Emmert/Maier* NJW 1976, 1657; *Tiedemann* ZStW 87 (1975), 253; *ders.* I 56 ff. Siehe auch *Bockelmann* ZStW 79 (1967), 28 (zum Kreditbetrug); *Tiedemann* ZStW 86 (1974), 897; *ders.*, Subventionskriminalität in der Bundesrepublik, 1974 (zum Subventionsbetrug). Statistisches Material bei Hirsch/Hofmanski/Plywaczewski/Roxin/*Lampe* S. 98 f.

onsfreiheit" im Wirtschaftsbereich[156] bzw. die „Funktionsfähigkeit des Kreditwesens"[157] als *überindividuelle Rechtsgüter*. Es handelt sich um Delikte im *Vorfeld* des Betruges, mit denen Nachweisprobleme vermieden werden sollten.[158] Bei ihnen sind also der Eintritt eines Irrtums, eines Vermögensschadens einschließlich diesbezüglicher Kausalität sowie ein darauf gerichteter Vorsatz und eine Bereicherungsabsicht nicht erforderlich; pönalisiert wird allein die bloße Täuschungshandlung.[159] Zudem sollten beim Subventionsbetrug Probleme mit der Anwendung der Zweckverfehlungslehre vermieden werden.[160] Der Subventions- und der Kreditbetrug sind Tätigkeitsdelikte,[161] nach h. M.[162] (auch) *abstrakte Gefährdungsdelikte*. Hintergrund für die Schaffung des § 264 StGB war die Sozialschädlichkeit von Subventionsbetrügereien verbunden mit der zunehmenden Bedeutung von Subventionen als staatliches Instrumentarium des Sozialstaats auf nahezu allen Gebieten des Wirtschaftslebens. Zur Gleichstellung von direkten mit indirekten Subventionen lehnte der Gesetzgeber sich an den Straftatbestand der Steuerhinterziehung an. Als „Kernstück" der Reform wurde – in Anschluss an *Tiedemann*[163] – die Inkriminierung der *Leichtfertigkeit* in § 264 Abs. 4 StGB betrachtet. Zugleich trat das **Gesetz gegen missbräuchliche Inanspruchnahme von Subventionen (SubvG)** (BGBl 1976 I S. 2037) in Kraft. Es enthält in § 3 SubvG eine Anzeigepflicht für den Subventionsnehmer bei nachträglichem Wegfall der Vergabevoraussetzungen oder bei zweckwidriger Verwendung von Subventionen und verbietet in § 4 SubvG Scheingeschäfte und den Missbrauch von Gestaltungsmöglichkeiten. Motiv für die Schaffung des Kreditbetruges war die Breiten- und Fernwirkung von Kreditbetrügereien größeren Ausmaßes. Die Wirksamkeit des § 265 b StGB wird allerdings überwiegend bezweifelt; zumindest dient die Strafvorschrift häufig als „Aufgreiftatbestand" für ein Strafverfahren nach § 263 StGB.[164]

Außerdem wurden durch das 1. WiKG die **Bankrottvorschriften** unter stärkerer Berücksichtigung des Schuldgrundsatzes neu geregelt und von der Konkursordnung in das StGB (§§ 283 ff.) rücküberführt. Schließlich erfolgte eine Vereinheitlichung und Neufassung des **Wuchertatbestands** (§ 302 a StGB – seit dem KorrBG § 291 StGB) zur Vermeidung von Abgrenzungsschwierigkeiten und für einen besseren Strafrechtsschutz.

c) **2. WiKG.** Das Zweite Gesetz zur Bekämpfung der Wirtschaftskriminalität (2. WiKG) vom 15.5.1986 (BGBl I S. 721), in Kraft getreten am 1.8.1986,[165] stellt eine Reaktion auf neue Techniken und Erscheinungsformen des Wirtschaftslebens dar.

Es enthielt neu geschaffene Straftatbestände der **Computerkriminalität**, vor allem den Computerbetrug (§ 263 a StGB), die Fälschung beweiserheblicher Daten (§ 269 StGB) sowie Angriffe auf Sicherheit, Zuverlässigkeit und Integrität von Daten wie die Datenveränderung (§ 303 a StGB), die Computersabotage (§ 303 b StGB) und das Ausspähen von Daten (§ 202 a StGB).

Zum Schutz des bargeldlosen Zahlungsverkehrs wurde der Tatbestand des **Missbrauchs von Scheck- und Kreditkarten (§ 266 b StGB)** als Sonderdelikt für den berechtigten Karteninhaber geschaffen. Der BGH hatte den Missbrauch von Kreditkarten weder als Betrug (mangels einer Irrtumserregung über die Zahlungsfähigkeit und -willigkeit) noch als Untreue

---

[156] Ber. Sonderausschuss BT-Drucks 7/5291, S. 5.
[157] Ber. Sonderausschuss BT-Drucks 7/5291, S. 14.
[158] RegE BT-Drucks 7/3341, S. 15 ff.
[159] Krit. dazu *Herzog*, S. 124 f.; *Ranft* JuS 1986, 447 f.; *Lüderssen* wistra 1988, 48.
[160] Dazu *Tiedemann* ZStW 86 (1974), 909.
[161] LK/*Tiedemann* § 264 Rdnr. 17.
[162] Zu § 264 StGB *Tröndle/Fischer* § 264 Rdnr. 4; Schönke/Schröder/*Lenckner/Perron* § 264 Rdnr. 5; a. A. LK/*Tiedemann* § 264 Rdnr. 17; krit. auch Ber. Sonderausschuss BT-Drucks 7/5291, S. 5; Meinungsüberblick bei *Lüderssen* wistra 1988, 44 ff.; zu § 265 b *Tröndle/Fischer* § 265 b Rdnr. 2.
[163] *Tiedemann*, Subventionskriminalität in der Bundesrepublik, S. 326 f.
[164] *Tröndle/Fischer* § 265 b Rdnr. 4 m. w. N.; a. A. *Weinmann*, FS Pfeiffer (1988), S. 92.
[165] Materialien: Regierungsentwurf BT-Drucks 10/318; Bericht Rechtsausschuss BT-Drucks 10/5058. Zum 2. WiKG *Achenbach* NJW 1986, 1835 ; *Frommel* JuS 1987, 667; *Granderath* DB 1986 Beil. 18, 1; *Haft* NStZ 1987, 6; *Joecks* wistra 1986, 142; *Knauth* NJW 1987, 28; *Martens* wistra 1986, 374; *Möhrenschläger* wistra 1986, 123, *ders.* wistra 1986, 128; *Otto* wistra 1986, 150; *Tiedemann* JZ 1986, 865; *Weber* NStZ 1986, 481 sowie *Schlüchter* 1987; *Weinmann*, FS Pfeiffer, (1988), S. 87; zum RegE *Möhrenschläger* wistra 1982, 201; 1983, 17 und 49. Statistisches Material bei Hirsch/Hofmanski/Plywaczewski/Roxin/*Lampe* S. 99 f.

angesehen,[166] während er zwar den Missbrauch von Scheckkarten als strafbaren Betrug wertete,[167] doch hier die überwiegende Literatur gegen sich hatte. Eingeführt wurde auch der Straftatbestand der **Fälschung von Vordrucken** für Euroschecks und Euroscheckkarten (**§ 152 a StGB**), der durch das 6. StrRG und das 35. StRÄndG inzwischen reformiert wurde. Erfasst wird durch den Tatbestand das Vorbereitungsstadium der Urkundenfälschung und des Betruges.

53 Wegen Missbrauchsmöglichkeiten durch immer neue Formen der Kapitalanlage wurde der Straftatbestand des **Kapitalanlagebetrugs (§ 264 a StGB)** geschaffen. Es handelt sich um ein *abstraktes Gefährdungsdelikt* im Vorfeld des Betruges, das also auf das Erfordernis eines Vermögensschadens verzichtet. Nach h. M. ist neben dem Vermögen auch das „Vertrauen in den Kapitalmarkt"[168] als überindividuelles Rechtsgut geschützt. Die kriminalpolitische Wirksamkeit und praktische Bedeutung des § 264 a StGB wird als gering eingeschätzt.[169]

54 Außerdem wurden durch das 2. WiKG die Strafvorschriften der **§§ 88, 89 BörsG** über den Kursbetrug bzw. die gewerbsmäßige Verleitung zu Spekulationsgeschäften neu gefasst. Insbesondere wurde das – schwer nachzuweisende - subjektive Erfordernis der Bereicherungsabsicht in § 88 BörsenG gestrichen. Inzwischen erfolgte eine umfassende Novellierung des Verbots der Kurs- und Marktpreismanipulation und die Überführung in das WpHG durch das 4. Finanzmarktförderungsgesetz sowie weitere Änderungen durch das Anlegerschutzverbesserungsgesetz (siehe unten l) und q)).

55 Neugeregelt wurde auch die bisher nur lückenhaft geregelte Wirtschaftsspionage im Straftatbestand des **Verrats von Betriebs- und Geschäftsgeheimnissen (§ 17 UWG)**.[170] Außerdem wurde als (abstraktes) Gefährdungsdelikt ein neuer Straftatbestand der **„progressiven Kundenwerbung"** in **§ 6 c UWG** eingeführt. Der Schutz gegen derartige „Schneeballsysteme" durch die §§ 263, 286 Abs. 2 StGB bzw. § 4 UWG hatte sich als unzureichend erwiesen. Durch das Gesetz zur vergleichenden Werbung und zur Änderung wettbewerbsrechtlicher Vorschriften vom 1.9.2000 (BGBl I S. 1374), in Kraft getreten am 14.9.2000, erfolgte eine Klarstellung in § 6 c UWG dahin gehend, dass der zu gewährende Vorteil auch von einem Dritten stammen kann.[171]

56 Außerdem wurden durch das 2. WiKG verschiedene bisher im Nebenstrafrecht enthaltene Vorschriften über das Vorenthalten von Beiträgen zur Sozialversicherung im Tatbestand des **Vorenthaltens und Veruntreuens von Arbeitsentgelt (§ 266 a StGB)** zusammengefasst und ergänzt, und wegen ihrer Bedeutung in das StGB übernommen. Wesentliche Änderungen erfuhr § 266 a StGB durch die beiden Gesetze zur Bekämpfung der Schwarzarbeit (unten 71).

57 Die vom 49. DJT und der Sachverständigenkommission diskutierte Einführung eines Tatbestands des **Submissionsbetrugs** und eines **Insiderstraftatbestandes** erfolgte durch das 2. WiKG dagegen nicht (vgl. aber unten 64, 60).

58 **d) OrgKG und VerbrechensbekämpfungsG.** Durch das **Gesetz zur Bekämpfung des illegalen Rauschgifthandels und anderer Erscheinungsformen der Organisierten Kriminalität (OrgKG)**[172] vom 15.7.1992 (BGBl I S. 1302), in Kraft getreten am 22.9.1992, wurde aufgrund internationaler Verpflichtungen der Straftatbestand der **Geldwäsche** gemäß **§ 261 StGB** eingeführt. Ziel war, der Organisierten Kriminalität die finanzielle Grundlage zu entziehen, indem Strafbarkeitslücken der §§ 259 ff. StGB bei Geldwäschevorgängen geschlossen wurden.[173] Geschütztes Rechtsgut ist die „Aufgabe der inländischen staatlichen Rechtspflege, die Wirkungen von Straftaten zu beseitigen".[174] Ergänzend wurde das Gesetz über das Aufspüren von Gewinnen aus schweren Straftaten (**Geldwäschegesetz – GwG**) vom 25.10.1993 erlassen, geändert

---

[166] BGHSt 33, 244.
[167] BGHSt 24, 26.
[168] RegE BT-Drucks 10/318, S. 22.
[169] *Tröndle/Fischer* § 264 a Rdnr. 2 a m. w. N.
[170] Dazu *Dannecker* BB 1987, 1616; *Otto* wistra 1988, 128.
[171] Dazu *Wegner* wistra 2001, 171.
[172] Zum OrgKG *Hetzer* NJW 1993, 3298; *Krey/Dierlamm* JR 1992, 353; *Lampe* JZ 1994, 123; *Möhrenschläger* wistra 1992, 286.
[173] Vgl. RegE BT-Drucks 12/989, S. 26.
[174] RegE BT-Drucks 12/989, S. 27.

durch das Geldwäschebekämpfungsgesetz 2002 (BGBl I S. 3105).[175] Es enthält zahlreiche bußgeldbewehrte (§ 17 GWG) Identifizierungs-, Aufzeichnungs-, Feststellungs- und Mitteilungspflichten. Durch das **Gesetz zur Änderung des Strafgesetzbuchs, der Strafprozessordnung und anderer Gesetze (Verbrechensbekämpfungsgesetz)** vom 28.10.1994 (BGBl I S. 3186) wurde die Überschrift des Tatbestandes um die „Verschleierung unrechtmäßiger Vermögenswerte" ergänzt und der Straftatenkatalog des § 261 StGB durch die Erstreckung auf gewerbs- und bandenmäßig begangene Vermögens-, Urkunden- und Bestechungsdelikte (§§ 246, 263, 264, 266, 267, 332, 334 StGB) erheblich erweitert. Durch das **Gesetz zur Verbesserung der Bekämpfung der Organisierten Kriminalität** vom 4.5.1998 (BGBl I S. 845)[176] erfolgte die Aufgabe der Tatbestandsvoraussetzung, dass die Vortat die Tat „eines anderen" sein muss. Außerdem wurden in § 261 Abs. 1 StGB als weitere Vortaten Bestechungsvergehen (Nr. 2 a), Zolldelikte der AO (Nr. 3) und Umweltstraftaten (Nr. 4) aufgenommen.

e) **2. UKG.** Durch das **18. StrÄndG – Gesetz zur Bekämpfung der Umweltkriminalität** vom 28.3.1980 (BGBl I S. 373) waren bereits die vorher in verwaltungsrechtlichen Spezialgesetzen enthaltenen Strafvorschriften in das StGB überführt worden. Durch das **Zweite Gesetz zur Bekämpfung der Umweltkriminalität (2. UKG)** vom 27.6.1994 (BGBl I S. 1440) wurde der strafrechtliche Schutz, insbesondere der §§ 324 a, 325, 325 a, 326 Abs. 2, 327, 328, 329, 330 a StGB verstärkt, eine neue Regelung über besonders schwere Fälle (§ 330 StGB) und eine Umgehungsklausel für rechtsmissbräuchliche Handlungen (§ 330 d Nr. 5 StGB) eingeführt sowie die bisher kaum praktisch gewordene Vorschrift der tätigen Reue in § 330 b StGB geändert.[177] Durch das **Abfallgesetz** vom 27.9.1994 (BGBl I S. 2705) erfolgte eine Anpassung an das neue Kreislaufwirtschaft- und Abfallgesetz. 59

f) **WpHG.** Mit Erlass des **Wertpapierhandelsgesetzes (WpHG)** durch das Zweite Finanzmarktförderungsgesetz vom 26.7.1994 (BGBl I S. 1759) wurde in **§ 38 Abs. 1 Nr. 1 bis 3, Abs. 2 i. V. m. § 14 WpHG** der Verstoß von **Insidern** gegen sie treffende Erwerbs-, Veräußerungs- sowie (nur für Primärinsider) Weitergabe- und Empfehlungsverbote unter Strafe gestellt.[178] Bislang bestand nur eine freiwillige Selbstkontrolle aufgrund der **Insiderhandelsrichtlinie** vom 13.11.1970. Die Notwendigkeit einer Strafdrohung gegen Insiderhandel war umstritten. Zum einen wurde die generalpräventive Wirksamkeit einer Strafdrohung bezweifelt. Zum anderen ist die Erforderlichkeit einer Strafvorschrift als ultima ratio (derzeit) in Frage gestellt worden.[179] Mit der gesetzlichen Regelung wurde die **EG-Insiderrichtlinie** 89/592/EWG vom 11.2.1989 (ABl. 1989, Nr. L 40, 1) in nationales Recht umgesetzt. Die Strafvorschrift soll das Vertrauen in die Funktionsfähigkeit des deutschen Finanzmarktes und damit die Attraktivität und Wettbewerbsfähigkeit des Finanzplatzes Deutschland fördern.[180] Außerdem wurde die **Ad-hoc-Publizitätspflicht** des § 15 WpHG (bisher § 44 a BörSG) bußgeldbewehrt (§ 39 Abs. 2 WpHG). Wesentliche Änderungen des Verbots von Insidergeschäften erfolgten durch das Anlegerschutzverbesserungsgesetz (dazu unten 75). 60

g) **KorrBG.** Durch das **Gesetz zur Bekämpfung der Korruption (KorrBG)** vom 13.8.1997 (BGBl I S. 2038), in Kraft getreten am 20.8.1997,[181] erfolgte eine Änderung des Amtsträgerbegriffs (§ 11 Abs. 1 Nr. 2 StGB), die Neugestaltung und Verschärfung der Bestechungsdelikte (§§ 331 ff. StGB); außerdem wurden ein neuer Abschnitt „Straftaten gegen den Wettbewerb" in den Besonderen Teil des StGB eingefügt sowie die Straftatbestände der „Wettbewerbsbeschränkenden Absprachen bei Ausschreibungen" (§ 298 StGB) und der Bestechlichkeit und Bestechung im geschäftlichen Verkehr (§ 299 StGB) eingeführt. 61

Der Begriff des Amtsträgers in **§ 11 Abs. 1 Nr. 2 c StGB** wurde zur Erfassung der Wahrnehmung von Aufgaben der öffentlichen Verwaltung in privatrechtlicher Form um den Pas- 62

---

[175] Zum GWG *Löwe-Krahl* wistra 1994, 121.
[176] Dazu *Kreß* wistra 1998, 121; *Meyer/Hetzer* NJW 1998, 1017.
[177] Zum 2. UKG *Möhrenschläger* NStZ 1994, 513 ff., 566 ff.; *Otto* Jura 1995,134.
[178] Dazu *Bröker* wistra 1995, 130; *Dierlamm* NStZ 1996, 519.
[179] Näher Blaurock/*Otto* S. 68 ff.; *Volk* ZHR 142 (1978), 12 ff.; s. auch *Tiedemann* II S. 141 f.; zur Gesetzgebungsgeschichte *Assmann* ZGR 1994, 495 ff.; *Otto* Madrid-Symposium S. 447 ff.
[180] RegE BT-Drucks 12/6679, S. 33.
[181] Zum KorrBG *Dölling* ZStW 112 (2000), 334; *König* JR 1997, 397; *Korte* NStZ 1997, 513; *Wolters* JuS 1998, 1100; außerdem *Dölling*, Gutachten C zum 61. DJT; *Volk*, Referat zum 61. DJT, L 35 ff.

sus „unbeschadet der zur Aufgabenerfüllung gewählten Organisationsform" ergänzt.[182] Bei der Vorteilsannahme (§ 331 StGB) und der Vorteilsgewährung (§ 333 StGB) wurde das Erfordernis der Unrechtsvereinbarung durch das neue, weiter gefasste Tatbestandsmerkmal „für die Dienstausübung" gelockert. § 333 StGB, der bisher nur im Ermessen stehende, künftige Diensthandlungen erfasst hatte, wurde spiegelbildlich zu § 331 StGB ausgestaltet. Außerdem erfolgte in den §§ 331 bis 334 StGB die Einbeziehung der Zuwendung an Dritte. Weiter wurde die obere Grenze der Freiheitsstrafdrohung (über die Aussetzbarkeitsgrenze des § 56 Abs. 2 StGB hinaus) auf drei Jahre angehoben, in § 335 StGB in Form von Regelbeispielen die Strafschärfung für besonders schwere Fälle eingeführt und in den Fällen des § 338 StGB die Anwendbarkeit des erweiterten Verfalls (§ 73 d StGB) geregelt.

63 Durch das **Gesetz zur Bekämpfung internationaler Bestechung (IntBestG)** vom 10.9.1998 (BGBl II S. 2327) und das **EU-Bestechungsgesetz (EUBestG)** vom 10.9.1998 (BGBl II S. 2340) wurde eine Gleichstellung von ausländischen mit inländischen Amtsträgern in bestimmten Fällen geregelt. Außerdem wurde der Vortatenkatalog des § 261 Abs. 1 S. 2 Nr. 1 und 2 StGB um die Bestechung und Bestechlichkeit von Gemeinschaftsbeamten sowie von Amtsträgern der Mitgliedstaaten der Europäischen Union ergänzt (BGBl 2002 I S. 3387).[183]

64 Durch Einführung des Straftatbestands der **Wettbewerbsbeschränkenden Absprachen bei Ausschreibungen (§ 298 StGB)** wurde die jahrzehntelange Diskussion über die Strafbarkeit des **Submissionsbetrugs** (vorläufig) beendet. Die Strafvorschrift zum Schutz des freien Wettbewerbs ist als *abstraktes Gefährdungsdelikt* ausgestaltet und verzichtet auf das Erfordernis eines Vermögensschadens und ein Täuschungsmoment. Mit ihr werden ein Teil der Ordnungswidrigkeiten des früheren § 38 Abs. 1 S. 1 und 8 des GWB a. F., das seit jeher nur Ordnungswidrigkeiten enthält, zu Vergehen hochgestuft. Obwohl nach der neueren Rspr. des BGH[184] bei Submissionsabsprachen durch Abstellen auf den hypothetischen Marktpreis eine Strafbarkeit wegen Betruges in weiterem Umfang in Betracht kommt, war in der Praxis eine Erfassung durch § 263 StGB wegen Beweisschwierigkeiten bei der Bestimmung des Vermögensschadens nur unzureichend möglich.[185]

65 § 299 StGB entspricht im Wesentlichen dem zugleich aufgehobenen § 12 UWG, ist jedoch um die Forderung und Gewährung von Drittvorteilen erweitert worden. Durch die Aufnahme ins StGB sollte das sozialethische Rechtsbewusstsein der Bevölkerung gestärkt werden.[186] Das bisher reine Antragsdelikt ist außerdem nunmehr bei Vorliegen eines besonderen öffentlichen Interesses von Amts wegen verfolgbar (§ 301 Abs. 1 StGB).[187]

66 h) **6. StrRG.** Das 6. StrRG vom 26.1.1998 (BGBl I S. 164), in Kraft getreten am 1.4.1998, brachte für den hier interessierenden Bereich des Wirtschaftsstrafrechts beim Betrug eine Ersetzung der bisher unbenannten besonders schweren Fälle durch Regelbeispiele in **§ 263 Abs. 3 StGB** und zur besseren Erfassung der Erscheinungsformen der Organisierten Kriminalität die Einführung eines neuen Qualifikationstatbestandes des gewerbsmäßigen Bandenbetruges in Form eines Verbrechenstatbestandes in **§ 263 Abs. 5 StGB**. Ebenso wurde durch Verweisung in **§ 264 Abs. 3 StGB** ein entsprechender qualifizierender Verbrechenstatbestand geschaffen und in **§ 266 Abs. 2 StGB**[188] Regelbeispiele für besonders schwere Fälle eingeführt. Der Versicherungsbetrug des § 265 StGB a. F. wurde in **§ 265 StGB** in einen Tatbestand des **Versicherungsmissbrauchs** im Vorfeld des Betruges in Bezug auf alle Sachversicherungen umgestaltet; außerdem wurde in Anlehnung an den alten Tatbestand ein neues Regelbeispiel in **§ 263 Abs. 3 S. 2 Nr. 5 StGB** geschaffen. Die Änderung des § 152 a StGB ist durch das 35. StrÄndG überholt (dazu unten 73).

---

[182] Enger noch BGHSt 38, 203; nach der Begründung des RegE dient die Änderung nur der gesetzlichen Klarstellung, BT-Drucks 13/5584, S. 12.
[183] Dazu *Korte* wistra 99, 81; *Zieschang* NJW 1999, 105.
[184] BGHSt 38, 186; NJW 1995, 737; wistra 1997, 340.
[185] Zu § 298 StGB *Greeve* NStZ 2002, 505; *König* JR 1997, 401 ff.
[186] Vgl. RegE BT-Drucks. 13/5584, S. 15; krit. *König* JR 1997, 401.
[187] Zu § 299 StGB vgl. *Bürger* wistra 2003, 130; *König* JR 1997, 401.
[188] Krit. dazu LK/*Schünemann* § 266 Rdnr. 177; Schönke/Schröder/*Lenckner/Perron* § 266 Rdnr. 53; Tröndle/*Fischer* § 266 Rdnr. 83 ff.

i) EG-FinSchG. Durch das Gesetz zu dem Übereinkommen vom 26. Juli 1995 über den 67
Schutz der finanziellen Interessen der Europäischen Gemeinschaften (EG-Finanzschutzgesetz
– EG-FinSchG) vom 10.9.1998 (BGBl II S. 2322)[189] wurde der Verpflichtung nachgekommen,
den umfassenden strafrechtlichen Schutz der Ausgabenseite der EG sicherzustellen, soweit aus
EG-Haushalten zu zahlende Subventionen und Beihilfen betroffen sind. Eingeführt wurde daher die Strafbarkeit der nachträglichen zweckwidrigen Verwendung von Subventionen nach
§ 264 Abs. 1 Nr. 2 StGB. Außerdem wurde § 264 Abs. 7 StGB neugefasst, so dass der Straftatbestand des Subventionsbetrugs auf alle EG-Subventionen, also nicht mehr nur Wirtschaftssubventionen anwendbar ist (§ 264 Abs. 7 S. 1 Nr. 2 StGB).

j) EGInsO. Durch das **Einführungsgesetz zur Insolvenzordnung** vom 5.10.1994 (BGBl 68
I S. 2911) in Verbindung mit dem **Gesetz zur Änderung des Einführungsgesetzes zur Insolvenzordnung und anderer Gesetze** vom 19.12.1998 (BGBl I S. 3836), in Kraft getreten am
1.1.1999, wurden die Konkursstraftaten an die Insolvenzordnung angepasst und entsprechend
umbenannt.[190] Dadurch, dass das frühere Vergleichsverfahren in dem einheitlichen Insolvenzverfahren aufgegangen ist, wurde die Grenze der Strafbarkeit vorverlagert.[191] Die Einführung
der Verbraucherinsolvenz hat zu einer zumindest faktischen Erweiterung des Täterkreises der
Sonderdelikte geführt.[192]

k) StVBG. Im Gesetz zur Bekämpfung von Steuerverkürzungen bei der Umsatzsteuer und 69
zur Änderung anderer Steuergesetze (Steuerverkürzungsbekämpfungsgesetz – StVBG) vom
19.12.2001 (BGBl I S. 3922)[193] erfolgte die Einführung des Verbrechenstatbestandes der
gewerbs- oder bandenmäßigen Steuerhinterziehung (§ 370 a AO), der Strafvorschrift des
§ 26 c UStG und des Ordnungswidrigkeitentatbestandes des § 26 b UStG. Außerdem wurde
§ 261 Abs. 1 S. 3 StGB neu gefasst und § 370 a AO als Vortat der **Geldwäsche** aufgenommen,
um die Organisierte Kriminalität besser bekämpfen zu können. Durch das **Fünfte Gesetz zur
Änderung des Steuerbeamten-Ausbildungsgesetzes und zur Änderung von Steuergesetzen**
vom 23.7.2002 (BGBl I S. 2715) erfolgte nochmals eine Neufassung des in seiner Fassung
umstrittenen § 261 Abs. 1 S. 3 StGB. Der BGH hat mit Urteil vom 22.7.2004 erklärt, dass
er § 370 a AO im Hinblick auf das Bestimmtheitsgebot für erheblich verfassungsrechtlich
bedenklich hält, doch war eine Vorlage an das BVerfG nicht erforderlich.[194]

l) Viertes Finanzmarktförderungsgesetz. Durch das **Gesetz zur weiteren Fortentwick- 70
lung des Finanzplatzes Deutschland (Viertes Finanzmarktförderungsgesetz)** vom 21.6.2002,
in Kraft getreten am 1.7.2002 (BGBl S. 2010)[195] wurden die Straftatbestände der §§ 88,
89 BörsG a. F. in das Wertpapierhandelsgesetz überführt und das **Verbot der Kurs- und
Marktpreismanipulation** umfassend novelliert. Neben der Wahrheit und Zuverlässigkeit
der Preisbildung an Börsen und Märkten ist nunmehr auch das Vermögen der Anleger
geschütztes Rechtsgut.[196] Der objektive Tatbestand der Kurs- und Marktpreismanipulation
erfordert nunmehr – enger als das (abstrakte) Gefährdungsdelikt des § 88 BörsG a. F. –, dass
durch die Tathandlung eine Einwirkung auf den Börsen- oder Marktpreis im Sinne eines
tatbestandlichen Erfolges eingetreten ist.[197] Für den subjektiven Tatbestand genügt bei § 38
Abs. 1 Nr. 4 i. V. m. § 20 a Abs. 1 Nr. 1 WpHG (anders als bei sonstigen Täuschungen nach

---

[189] Zum EGFinSchG LK/*Tiedemann* Nachtrag zu § 264 Rdnr. 1 ff.; s. auch *Dannecker* ZStW 108 (1996), 557; *Zieschang* EuZW 1997, 78.
[190] Zum Ganzen *Bieneck* StV 1999, 43; *Schramm* NStZ 2000, 398; *Uhlenbruck* wistra 1996, 1.
[191] *Tröndle/Fischer* Vor § 283 Rdnr. 1.
[192] BGH NStZ 2001, 486; *Tröndle/Fischer* Vor § 283 Rdnr. 18.
[193] Zum (strafrechtlichen Teil des) StVBG *Bittmann* wistra 2003, 161; *Burger* wistra 2002, 1; *Fahl* wistra 2003, 10; *Gast de Haan* DStR 2003, 12; *Hillmann- Stadtfeld* NStZ 2002, 242; *Salditt* StV 2002, 214; *Seer* BB 2002, 1677; *Sommer/Füllsack* DStB 2002, 355; *Spatscheck/Wulf* DB 2001, 2572, *dies.* DB 2002, 392; *dies.* NJW 2002, 2983; *Stahl* KÖSDI 2002, 13390; *Wegner* wistra 2002, 205.
[194] BGH NJW 2004, 2990; vgl. auch BGH NJW 2004, 1885.
[195] Zum 4. Finanzmarktförderungsgesetz *Altenhain* BB 2002,1874; *Fleischer* NJW 2002, 2977; *Möller* WM 2001, 2405; *ders.* WM 2002, 309; *Moosmayer* wistra 2002, 161; *Sorgenfrei* wistra 2002, 321; *Ziouvas* wistra 2003, 13; *Ziouvas/Walter* WM 2002,1483. Zum Vergleich des § 88 BörsG a. F. mit der Neuregelung *Tripmaker* wistra 2002, 288.
[196] *Tripmaker* wistra 2002, 291.
[197] BGH NStZ 2004, 286.

§ 38 Abs. 1 Nr. 4 i. V. m. § 20 a Abs. 1 Nr. 2 WpHG) hingegen nunmehr *dolus eventualis*; eine Kursbeeinflussungsabsicht bzw. direkter Vorsatz wie bei § 88 BörsG a. F. („zur Einwirkung auf den Börsen- oder Marktpreis") ist nicht erforderlich. Eine bloße Handlung nach § 20 a Abs. 1 S. 1 Nr. 1 bzw. 2 WpHG stellt eine **Ordnungswidrigkeit** nach § 39 Abs. 1 Nr. 1 bzw. 2 WpHG dar. Am 28.11.2003 ist die aufgrund des § 20 a Abs. 2 WpHG erlassene **Verordnung zur Konkretisierung des Verbots der Kurs- und Marktpreismanipulation (KuMaKV)** (BGBl I S. 2300) in Kraft getreten. § 89 BörsG a. F. wurde unverändert in § 23 WpHG übernommen. Wesentliche Änderungen des Verbots der Marktpreismanipulationen erfolgten durch das Anlegerschutzverbesserungsgesetz (siehe unten q).

71 m) Das **Gesetz zur Erleichterung der Bekämpfung von illegaler Beschäftigung und Schwarzarbeit** vom 23.7.2002 (BGBl I S. 2787), in Kraft getreten zum 1.8.2002, änderte **§ 266 a StGB**.[198] Klarstellend wurde die sog. Lohnpflichttheorie (im Gegensatz zur Lohnzahlungstheorie) der neueren Rspr. bestätigt. Außerdem erfolgte die Einfügung einer unselbständigen Strafzumessungsregelung in Form von Regelbeispielen für besonders schwere Fälle in § 266 a Abs. 4 StGB n. F.

72 n) Durch das **Gesetz zur Ausführung des zweiten Protokolls vom 19.6.1997 zum Übereinkommen über den Schutz finanzieller Interessen der Europäischen Gemeinschaft, der Gemeinsamen Maßnahme betreffend die Bestechung im privaten Sektor vom 22.12.1998 und des Rahmenbeschlusses vom 29.5.2000 über die Verstärkung des mit strafrechtlichen und mit anderen Sanktionen bewehrten Schutzes gegen Geldfälschung im Hinblick auf die Einführung des Euro** vom 22.8.2002 (BGBl I S. 3387), in Kraft getreten am 30.8.2002, wurden in **§ 149 StGB** der Schutz von fälschungsgeeigneten Computerprogrammen und fälschungsverhindernden Hologrammen aufgenommen.[199] Außerdem wurde § 299 StGB auf den ausländischen Wettbewerb ausgedehnt (**§ 299 Abs. 3 StGB**).[200]

73 o) **35. StrÄndG**. Durch das **Fünfunddreißigste Strafrechtsänderungsgesetz zur Umsetzung des Rahmenbeschlusses des Rates der Europäischen Union vom 28.5.2001 zur Bekämpfung von Betrug und Fälschung im Zusammenhang mit unbaren Zahlungsmitteln (35. StrÄndG)** vom 22.12.2003 (BGBl I S. 2838) wurde im Wesentlichen zum einen der Schutzgegenstand der Vorschriften über Geld- und Wertzeichenfälschung der §§ 146 ff. StGB auf Zahlungskarten ohne Garantiefunktion und auf (alle) Schecks und Wechsel ausgedehnt. Zum anderen wurde aufgrund der europarechtlichen Vorgaben der Straftatbestand des Computerbetrugs (§ 263 a StGB) um bestimmte Vorbereitungshandlungen erweitert, was einen Systembruch im Vergleich zu § 263 StGB darstellt.[201]

74 p) **SchwarzArbG**. Art. 1 des **Gesetzes zur Intensivierung der Bekämpfung der Schwarzarbeit und damit zusammenhängender Steuerhinterziehung (Schwarzarbeitsbekämpfungsgesetz – SchwarzarbG)** (BGBl I S. 1842), in Kraft getreten am 1.8.2004, brachte außer der Erweiterung der Prüfungs- und Ermittlungsrechte der Zollverwaltung Änderungen des § 266 a StGB. Ziel ist die Bekämpfung der gewerbsmäßigen und organisierten Schwarzarbeit. Dazu will das Gesetz ein neues Unrechtsbewusstsein gegenüber der Schwarzarbeit schaffen und rechtmäßiges Verhalten fördern.[202] In **§ 266 a Abs. 2 StGB** n. F. wird nunmehr – was bei der Änderung des § 266 a StGB im Jahr 2002 noch abgelehnt wurde – auch das Vorenthalten von **Beiträgen des Arbeitgebers** zur Sozialversicherung (in Anlehnung an § 370 Abs. 1 AO) unter Strafe gestellt. Hiermit sollten Strafbarkeitslücken insbesondere in den Fällen geringfügiger Beschäftigung geschlossen werden, da ein Betragsbetrug (§ 263 StGB) oft mangels Irrtumserregung ausscheidet. Bei geringfügiger Beschäftigung in Privathaushalten liegt jedoch nur eine Ordnungswidrigkeit vor (§§ 111 Abs. 1 S. 2 SGB IV, 209 Abs. 1 S. 2 SGB VII – ebenso bei § 370 a AO, vgl. § 50 e EStG n. F.). Außerdem wurde der kaum noch praktisch bedeutsame § 266 a Abs. 3 StGB aufgehoben.[203]

---

[198] Überblick bei *Ignor/Rixen* NStZ 2002, 512.
[199] Dazu *Vogel* ZRP 2002, 7 ff.
[200] Dazu *Randt* BB 2002, 2252.
[201] Zum 35. StrÄndG *Husemann* NJW 2004, 104 ff.
[202] RegE BR-Drucks 155/04, S. 1.
[203] Zum SchwarzArbG *Laitenberger* NJW 2004, 2703.

q) Anlegerschutzverbesserungsgesetz. Durch das **Gesetz zur Verbesserung des Schutzes von** 75
Anlegern (Anlegerschutzverbesserungsgesetz – AnSVG)[204] (BGBl I S. 2630), in Kraft getreten
am 12.10.2004, wurde die Richtlinie 2003/6/EG des Europäischen Parlamentes und des Rates
vom 28.1.2003 über Insidergeschäfte und Marktmanipulation (**Marktmissbrauchsrichtlinie**)
(ABl. EU Nr. L 96, 16)[205] umgesetzt und außerdem (zum 1.7.2005) eine Prospektpflicht für
nicht in Wertpapieren verbriefte Anlageformen des sog. „Grauen Kapitalmarkts" eingeführt.

Nunmehr setzt das Verbot von Insidergeschäften ein Handeln unter „Verwendung", nicht 76
mehr „Ausnutzung", einer Insiderinformation (bisher sog. Insidertatsache) voraus (§ 14 Abs. 1
Nr. 1 WpHG). Der Kreis der **Primärinsider** wurde um die Personen erweitert, die aufgrund
der Vorbereitung oder Begehung einer Straftat über eine Insiderinformation verfügen (§ 38
Abs. 1 Nr. 2 d) WpHG). Weiter trifft jetzt auch **Sekundärinsider** ein Verbot der **Weitergabe**
von Insiderinformationen und ein **Empfehlungsverbot** (§ 14 Abs. 1 Nr. 2 und 3 WpHG), doch
stellt für sie ein diesbezüglicher Verstoß lediglich eine **Ordnungswidrigkeit** nach § 39 Abs. 2
Nr. 3 und 4 WpHG dar. Außerdem ist fortan auch der **Versuch** (§ 38 Abs. 3 i. V. m. Abs. 1
WpHG) und der **leichtfertige Insiderhandel** (§ 38 Abs. 4 i. V. m. Abs. 1 Nr. 1 WpHG) strafbar;
der leichtfertige Verstoß gegen ein Weitergabe- oder Empfehlungsverbot stellt eine Ordnungswidrigkeit dar (§ 39 Abs. 2 Nr. 3 und 4 WpHG). Die **ad-hoc-Publizitätspflicht** wurde nach § 15
Abs. 1 WpHG auf alle Insiderinformationen – nicht nur in seinem Tätigkeitsbereich –, die den
Emittenten unmittelbar betreffen, ausgeweitet.

Beim Verbot der Marktpreismanipulation wurde bei den **sonstigen Täuschungshandlungen** 77
nach § 20 a Abs. 1 S. 1 Nr. 3 WpHG auf die – schwer nachweisbare – Kursbeeinflussungsabsicht („zur Einwirkung") verzichtet; es genügt nunmehr eine Preiseinwirkungseignung der
Manipulationshandlung. Außerdem ist für sog. „Safe-harbour"-Regelungen der BaFin nach
20 a Abs. 2 WpHG keine Rechtsverordnung mehr notwendig.

r) Sonstiges. Außerdem wurden die gesetzlichen Regelungen zur Verfolgung und Ahndung 78
von Schutzrechtsverletzungen im Bereich des geistigen Eigentums (**Immaterialgüterrechte**) seit
1985 wiederholt erweitert und verbessert.[206] Vgl. insbesondere die Urheberechtsnovelle vom
24.6.1985 (BGBl I S. 1137), das Zweite Gesetz zur Änderung des Urheberrechts vom 9.7.1993
(BGBl I S. 910), das Gesetz zur Regelung des Urheberrechts in der Informationsgesellschaft
vom 11.7.2003 (BGBl I S. 1774), das Halbleiterschutzgesetz vom 22.10.1987 (BGBl I S. 2294),
die Geschmacksmusternovelle vom 18.12.1986 (BGBl I S. 2501), die Neufassung des Sorten-
schutzgesetzes vom 11.12.1985 (BGBl I S. 2170), die Gebrauchsmusternovelle vom 15.8.1986
(BGBl I S. 1446), das Produktpirateriegesetz vom 7.3.1990 (BGBl I S. 422) und das Markenrechtsreformgesetz vom 25.10.1994 (BGBl I S. 3082).

2. Sanktionen

Zur effektiveren Bekämpfung der Organisierten Kriminalität wurden einige Neuerungen 79
bei der Gewinnabschöpfung eingeführt, um der Organisierten Kriminalität die wirtschaftliche
Grundlage zu entziehen. Durch das **Gesetz zur Änderung des Außenwirtschaftsgesetzes, des
Strafgesetzbuches und anderer Gesetze** vom 28.2.1992 (BGBl I S. 372) wurde das für den **Verfall** bislang geltende Nettoprinzip durch das **Bruttoprinzip** ersetzt. Danach ist nicht bloß der
Gewinn, sondern grundsätzlich alles, was der Täter für die Tat oder aus ihr *erlangt* hat, für verfallen zu erklären. Aufgrund der Kompliziertheit der Berechnung nach der alten Regelung war
der Verfall von der Praxis nur restriktiv angewendet worden. Vor allem aber verfolgt die Abschöpfung des über den Nettogewinn hinaus Erlangten einen *Präventionszweck*.[207] In der Literatur wird vielfach vertreten, dass der Verfall nach Einführung des Bruttoprinzips keine Ausgleichsmaßnahme mehr sei, sondern ein über die Gewinnabschöpfung hinausgehendes Übel,
das nach seinem Inhalt Strafcharakter habe.[208] Daher sei der Bruttoverfall nur bei schuldhaften Anknüpfungstaten zulässig, während bei schuldlosen Taten weiterhin das Nettoprinzip

---

[204] Zum AnSVG *Kuthe* ZIP 2004, 883.
[205] Die bisherige Insider-Richtlinie 89/592/EWG wurde aufgehoben.
[206] Überblick bei Wabnitz/Janovsky/*Dannecker* 1 Rdnr. 104; Gropp/*Heinz* S. 37 f.
[207] BGHSt 47, 373 f.
[208] *Lackner/Kühl* § 73 Anm. 4 b; *Jescheck/Weigend* § 76 I 5.

gelte.[209] Nach Ansicht des BGH verstößt das Bruttoprinzip hingegen nicht gegen das Schuldprinzip, da der Verfall keine Strafe oder strafähnliche Maßnahme, sondern eine Maßnahme eigener Art darstelle. Die Härteklausel des § 73 c StGB sehe eine hinreichend bestimmte Begrenzung vor.[210]

80 Durch das **Gesetz zur Bekämpfung des illegalen Rauschgifthandels und anderer Erscheinungsformen der Organisierten Kriminalität (OrgKG)** vom 15.7.1992 (BGBl I S. 1302) wurde der **Erweiterte Verfall (§ 73 d StGB)** eingeführt. Nach dieser beweisrechtlichen Vorschrift genügt es bei Vorliegen einer Katalogtat für die Anordnung des Verfalls, dass „Umstände die Annahme rechtfertigen, dass diese Gegenstände für rechtswidrige Taten oder aus ihnen erlangt worden sind." Danach ist ein Zugriff auf deliktisch erlangte Vermögensgegenstände auch dann möglich, wenn sie nicht aus der abgeurteilten Tat, sondern aus anderen, möglicherweise nicht mehr verfolgbaren rechtswidrigen Taten stammen. Nach Ansicht des BGH ist § 73 d Abs. 1 S. 1 StGB verfassungskonform dahin auszulegen, dass die Anordnung des erweiterten Verfalls die uneingeschränkte tatrichterliche Überzeugung von der deliktischen Herkunft der Gegenstände voraussetzt.[211] Das BVerfG hat mit Beschluss vom 14.1.2004 die verfassungskonforme Auslegung der Vorschrift durch den BGH nicht beanstandet und die **Verfassungsmäßigkeit** des erweiterten Verfalls bestätigt.[212]

81 Ebenfalls durch das **OrgKG** wurde 1992 die **Vermögensstrafe** gemäß § 43 a StGB eingeführt. Sie konnte neben einer lebenslangen oder einer zeitigen Freiheitsstrafe von mehr als zwei Jahren verhängt werden, wenn der angewandte Straftatbestand auf diese Vorschrift verwies. Die Vermögensstrafe hat kaum an Bedeutung erlangt. Durch Entscheidung des BVerfG vom 20.3.2002 (BGBl I S. 1340) ist § 43 a StGB wegen Verstoßes gegen das Bestimmtheitsgebot des Art. 103 Abs. 2 GG für verfassungswidrig und **nichtig** erklärt worden.[213]

82 Das **Ausführungsgesetz zum Zweiten Protokoll vom 19.6.1997** zum Übereinkommen über den Schutz der finanziellen Interessen der EG usw. vom 22.8.2002 (BGBl I S. 3387) brachte Änderungen der Vorschriften zur **Einziehung**. Nach § 75 S. 1 Nr. 3 StGB ist diese nunmehr gegen alle rechtsfähigen Personengesellschaften möglich. Außerdem wurde der Täterkreis der Bezugstat gemäß § 75 S. 1 Nr. 5 StGB auf alle verantwortlich handelnden Leitungspersonen ausgedehnt.

3. Ordnungswidrigkeitenrecht

83 Im **Gesetz über Ordnungswidrigkeiten** vom 24.5.1968 (BGBl I S. 481) wurden die zahlreichen unterschiedlichen Spezialvorschriften über Geldbußen gegen juristische Personen durch § 30 OWiG ersetzt.

84 Das **Zweite Gesetz zur Bekämpfung der Wirtschaftskriminalität (2. WiKG)** vom 15.5.1986 (BGBl I S. 721) brachte im Wesentlichen zum einen eine Erhöhung des **Bußgeldrahmens** des § 30 Abs. 2 Nr. 1 OWiG bei Straftaten. Zum anderen wurde der Charakter der Verbandsgeldbuße als „Nebenfolge" beseitigt und das **selbständige Verfahren** gemäß § 30 Abs. 4 OWiG eingeführt. Des Weiteren wurde eine eigene **Verfallsregelung** in § 29 a OWiG eingeführt, die eine Gewinnabschöpfung ermöglichen soll, falls keine Geldbuße festgesetzt wird.[214]

85 Durch das **31. Strafrechtsänderungsgesetz – 2. Gesetz zur Bekämpfung der Umweltkriminalität (31. StÄndG – 2. UKG)** vom 1.11.1994 (BGBl I S. 440) wurden Straftaten von Prokuristen und Handlungsbevollmächtigten in leitender Stellung nach **§ 30 Abs. 1 Nr. 4 OWiG** einbezogen. Außerdem wurde das *Kausalitätserfordernis* bei der Aufsichtspflichtverletzung gemäß **§ 130 OWiG** abgeschwächt. Nunmehr genügt es, dass die Zuwiderhandlung „durch gehörige Aufsicht verhindert oder wesentlich erschwert worden wäre".

86 Durch das **Gesetz zur Bekämpfung der Korruption** vom 13.8.1997 (BGBl I S. 2038) wurde § 30 Abs. 2 S. 2 OWiG eingefügt. Danach kann in Fällen, in denen ein Verhalten sowohl einen

---

[209] *Lackner/Kühl* § 73 Anm. 4 b; Schönke/Schröder/*Eser* Vor § 73 Rdnr. 19; ähnl. SK/*Horn* § 73 Rdnr. 5.
[210] BGHSt 47, 376 f.; ebenso das BVerfG NJW 2004, 2073 zum erweiterten Verfall nach § 73 d StGB.
[211] BGHSt 40, 371.
[212] BVerfG NJW 2004, 2073.
[213] BVerfG NJW 2002, 1779; dazu *Park* StV 2002, 395; Wabnitz/Janovsky/*Dannecker* 1 Rdnr. 137 – auch zur Möglichkeit einer Wiederaufnahme gem. § 79 Abs. 1 BVerfGG i. V. m. §§ 359 ff. StPO.
[214] Näher zu den Änderungen *Schroth* wistra 1986, 158 ff.; *Tiedemann* NJW 1988, 1169.

Straftatbestand als auch eine Ordnungswidrigkeit erfüllt, der gesetzliche Bußgeldrahmen von € 500 000 bzw. € 250.000 überschritten und das Höchstmaß dem Tatbestand der Ordnungswidrigkeit entnommen werden, auch wenn dieser durch die Straftat gemäß § 21 OWiG verdrängt wird. Eine entsprechende Regelung erfolgte bei der Aufsichtspflichtverletzung in § 130 Abs. 3 S. 3 OWiG.

Durch das **Ausführungsgesetz zum Zweiten Protokoll vom 19.6.1997 zum Übereinkommen über den Schutz der finanziellen Interessen der EG usw.** vom 22.8.2002 (BGBl I S. 3387) wurde der Anwendungsbereich des § 30 OWiG ausgedehnt.[215] Nach **§ 30 Abs. 1 Nr. 3 OWiG n. F.** kann eine Unternehmensgeldbuße nunmehr gegen alle rechtsfähigen Personengesellschaften (z. B. BGB-Außen-Gesellschaft oder Partnerschaftsgesellschaft nach dem PartGG) und nicht mehr nur Personenhandelsgesellschaften verhängt werden. Nach dem neu eingefügten **§ 30 Abs. 1 Nr. 5 OWiG** gilt die Vorschrift nunmehr auch für Personen, die für eine juristische Person oder eine Personenvereinigung „verantwortlich handeln", wozu auch die Überwachung der Geschäftsführung oder die sonstige Ausübung von Kontrollbefugnissen in leitender Stellung gehört. Ein externer Rechnungsprüfer fällt jedoch nicht unter § 30 Abs. 1 Nr. 5 OWiG.[216] Entsprechend wurde auch in der Zurechnungsnorm des **§ 9 Abs. 1 Nr. 2 OWiG** der Kreis der tauglichen Täter auf die vertretungsberechtigten Gesellschafter sämtlicher Personengesellschaften erweitert. 87

Durch das o.g. Ausführungsgesetz wurde außerdem der **Bußgeldrahmen** des § 30 Abs. 2 S. 1 Nr. 1 OWiG von € 500 000 auf € 1 Mio. erhöht und der Bußgeldrahmen des § 30 Abs. 2 S. Nr. 2 OWiG von € 250 000 auf € 500 000. 88

4. Strafverfahrensrecht

a) **Organisatorische Neuerungen.** Nach verbreiteter Ansicht soll den organisatorischen Maßnahmen der Strafrechtspflege vorrangige Bedeutung bei der Bekämpfung der Wirtschaftskriminalität zukommen.[217] Denn die eigentlichen Schwierigkeiten werden bei der Aufdeckung und dem Nachweis derartiger Delikte gesehen. 89

Ende der sechziger Jahre wurden zunächst organisatorische Maßnahmen unternommen, um durch *Spezialisierung* und *Konzentration* der Strafverfolgungsbehörden die wachsende Wirtschaftskriminalität effektiver aufzuklären. So wurden spezialisierte **Schwerpunktstaatsanwaltschaften** zur sachdienlichen Förderung oder schnelleren Erledigung der Verfahren eingerichtet (vgl. auch § 143 Abs. 4 GVG).[218] Häufig werden diesen weisungsfreie **Wirtschaftsreferenten** zugeordnet, die Betriebs- oder Volkswirte oder auch Bilanzbuchhalter sind bzw. einschlägige Erfahrungen aus einer entsprechenden praktischen Tätigkeit vorweisen können.[219] Sodann wurden **Wirtschaftsstrafkammern** bei den Landgerichten durch das Gesetz zur Änderung des GVG vom 8.9.1971 (BGBl I S. 1513) eingerichtet. Durch das Strafverfahrensänderungsgesetz 1979 (StVÄG 1979) vom 5.10.1978 (BGBl I S. 1645) wurde aus der bloßen Konzentrationsermächtigung eine Spezialzuständigkeit. Allerdings werden nicht alle von den Schwerpunktstaatsanwaltschaften betriebenen Verfahren vor die Wirtschaftsstrafkammern gebracht, da auch pragmatisch-taktische Gesichtspunkte der Verfahrensdauer, der Verjährungsgefahr und der Strafzumessung eine Rolle spielen.[220] Auch bei der **Polizei** gibt es **Spezialdienststellen** zur Bekämpfung der Wirtschaftskriminalität. Wichtig für eine effektive Verfolgung der Wirtschaftskriminalität ist weiter eine moderne technische Ausstattung und eine Verbesserung der Zusammenarbeit mit dem Ausland.[221] 90

---

[215] Dazu *Achenbach* wistra 2002, 442.
[216] Erläuternder Bericht ABl. 1999, Nr. C 91 v. 31.3.1999, 8 und 11 = BT-Drucks 14/9002, S. 17 und 19.
[217] *Tiedemann*, FS Dünnebier (1982), S. 519; a. A. *Berckhauer*, Wirtschaftskriminalität und Staatsanwaltschaft, 276; *ders.* ZStW 89 (1977), 1015 f.
[218] Siehe näher dazu *Berckhauer*, Wirtschaftskriminalität und Staatsanwaltschaft, S. 85 ff.; *Liebl* wistra 1987, 13 ff.
[219] *Schwind* § 21 Rdnr. 34; *Montenbruck et al.* JuS 1987, 804; *Kramer* Rdnr. 14 ff. Zur Frage der Verjährungsunterbrechung durch Beauftragung durch den Staatsanwalt bzw. zur Anwendbarkeit des ZSEG auf Wirtschaftsreferenten *Müller-Gugenberger/Bieneck/Richter* § 7 Rdnr. 17 m. w. N.
[220] *Kaiser* Kriminologie S. 488.
[221] *Dreher* GA 1972, 61 f.

91 Zur erwähnen in diesem Zusammenhang ist auch die Einrichtung eines **Zentralregisters für unlautere Gewerbetreibende** (vgl. § 149 GewO) durch das Gesetz zur Änderung der GewO vom 13.6.1974, in dem auch Ordnungswidrigkeiten erfasst werden.[222] Außerdem gibt es seit 1976 eine **Zentrale Steuerstraftäter-Kartei**. Die Einführung eines bundesweiten **Korruptionsregisters** zum Ausschluss von Unternehmen, die wegen illegaler Praktiken aufgefallen sind, bei der Vergabe öffentlicher Aufträge ist bislang wegen u. a. datenschutzrechtlicher Bedenken an den Gesetzesentwürfen[223] gescheitert.

92 b) **Änderungen der StPO.** Einer Reihe strafverfahrensrechtlicher Reformen kommt insbesondere für die Beschleunigung umfangreicher Wirtschaftsstrafverfahren Bedeutung zu.[224] So wurde die Möglichkeit der **Unterbrechung** der Hauptverhandlung in **Großverfahren** erleichtert (vgl. **§ 229 Abs. 2 StPO**) (Erstes Gesetz zur Reform des Strafverfahrensrechts vom 9.12.1974, BGBl I S. 3393, ber. BGBl I S. 3533; Strafverfahrensänderungsgesetz 1987 vom 27.1.1987, BGBl I S. 475). Außerdem wurde durch Art. 21 Nr. 39 EGStGB zum 1.1.1975 die Möglichkeit der Anordnung eines **vorläufigen Berufsverbot § 132 a StPO** eingeführt. Bedeutung für die Beschleunigung von Wirtschaftsstrafverfahren hat auch die Änderung durch das Erste Gesetz zur Reform des Strafverfahrensrechts vom 9.12.1974 (BGBl I S. 3393, ber. BGBl I S. 3533), dass die **Befugnis** zur **Durchsicht von Papieren** bei einer Durchsuchung nicht mehr dem Richter, sondern der Staatsanwaltschaft zusteht (**§ 110 Abs. 1 StPO**) und dass bei der **Postbeschlagnahme** die Befugnis zur Öffnung der Sendung durch den Richter auf die Staatsanwaltschaft übertragen werden kann (**§ 100 Abs. 3 StPO**). Durch das Strafverfahrensänderungsgesetz 1979 vom 5.10.1978 wurden die **Einstellungsmöglichkeiten nach §§ 154, 154 a StPO** erweitert. Weiter erfolgte eine Einschränkung des Unmittelbarkeitsprinzips, indem **Urkunden** in der Hauptverhandlung nicht mehr zwingend verlesen werden müssen – sog. **Selbstleseverfahren (§ 249 Abs. 2 StPO)** (Strafverfahrensänderungsgesetz 1979 vom 5.10.1978, BGBl I S. 1645; Strafverfahrensänderungsgesetz 1987 vom 27.1.1987, BGBl I S. 475).

93 In neuerer Zeit wurde die **simultane Videovernehmung** gemäß § 247 a StPO durch das Gesetz zur Änderung der Strafprozessordnung und der Bundesgebührenordnung für Rechtsanwälte (Gesetz zum Schutz von Zeugen bei der Vernehmung im Strafverfahren und zur Verbesserung des Opferschutzes; Zeugenschutzgesetz – ZSchG) (BGBl 1998 I S. 820) eingeführt. Seit dem Ersten Gesetz zur Modernisierung der Justiz (1. Justizmodernisierungsgesetz) vom 30.8.2004 (BGBl I S. 2198), in Kraft getreten am 1.9.2004, kann die Hauptverhandlung bis zu **drei Wochen unterbrochen** werden (**§ 229 Abs. 1 StPO**) und wurde die wiederholte Unterbrechung nach § 229 Abs. 2 StPO erleichtert. Außerdem steht die Befugnis zur **Durchsicht von Papieren** bei der Durchsuchung nach § 110 Abs. 1 StPO nunmehr auf Anordnung der Staatsanwaltschaft **auch** deren **Ermittlungspersonen** (§ 152 Abs. 1 GVG) (frühere Hilfsbeamten der Staatsanwaltschaft) zu.

94 c) **Exkurs: Anzeigepflichten.** Zunehmend werden im Bereich des Wirtschaftsstrafrechts Anzeige- und Mitteilungspflichten statuiert, um dem Kontrolldefizit zu begegnen und dadurch die Strafverfolgung zu effektivieren. Beispiele sind die Mitteilungspflicht von Gerichten und Behörden von Bund, Ländern und kommunalen Trägern der öffentlichen Verwaltung bei Verdacht einer Steuerstraftat (**§ 116 AO**) und bei Verdacht eines Subventionsbetrugs (**§ 6 SubvG**), die Strafbarkeit bei Nichtanzeige einer geplanten Geld- oder Wertpapierfälschung oder einer Fälschung von Zahlungskarten mit Garantiefunktion und Vordrucken für Euroschecks nach **§ 138 Abs. 1 Nr. 4 StGB**, die Verpflichtung für Konkurs- und Vergleichsrichter, der Staatsanwaltschaft die Eröffnung eines Insolvenz- oder Anschlusskonkursverfahrens mitzuteilen, die Anzeigepflicht der BaFin nach **§ 4 Abs. 5 WpHG** bei Verdacht einer Straftat nach § 38 WpHG, die Anzeigepflicht von Kreditinstituten und der Börsengeschäftsführung nach **§ 10 WpHG** bei Verdacht eines Verstoßes gegen § 14 oder § 20 a WpHG, die Mitteilungspflichten der Finanzbehörden zur Bekämpfung der illegalen Beschäftigung und des Leistungsmissbrauchs nach **§ 31 a AO** und zur Bekämpfung der Geldwäsche nach **§ 31 b AO**, die für Kredit-

---

[222] Dazu *Kaiser* Lehrbuch § 72 Rdnr. 17; Kaiser/Schöch/*Kaiser* 9 Rdnr. 18.
[223] „Entwurf eines Gesetzes zur Einrichtung eines Registers über unzuverlässige Unternehmen" BT-Drucks 14/9356 und geänderter Gesetzentwurf BT-Drucks 14/9939.
[224] S. auch Gropp/*Heinz* S. 31 f.; *Tiedemann* ZStW 88 (1978), 256 f.

und Finanzinstitute, neuerdings aber u. a. auch für Steuerberater und Wirtschaftsprüfer sowie rechtsberatende Berufe (mit gewissen Ausnahmen – § 11 Abs. 3 GwG) geltenden Anzeigepflichten nach §§ 11 GwG und für die zuständige Behörde nach 13 GwG.[225] Eine Anzeigepflicht außerhalb staatlicher Stellen kann jedoch in Konflikt insbesondere mit den Verfahrensrechten der Betroffenen (vgl. § 53 Abs. 1 StPO) geraten.[226]

VI. Tatbestandstechniken der Wirtschaftsstrafgesetzgebung

Neben der äußeren besonderen Gesetzestechnik des Wirtschaftsstrafrechts gibt es auch – hier nicht zu behandelnde – innere Besonderheiten, die sich auf die Lehren des Allgemeinen Teils auswirken.[227]

1. Sonderdelikte

Verbreitet im Wirtschaftsstrafrecht, insbesondere im Nebenstrafrecht, ist die Figur des Sonder- bzw. Pflichtdelikts, bei dem also nur ein spezifischer, vom Gesetzgeber ausdrücklich bestimmter oder durch Auslegung zu ermittelnder Täterkreis in Betracht kommt. Beispiele sind der „Arbeitgeber" in § 266 a StGB, Kaufleute in § 283 Abs. 1 Nr. 5 bis 7 StGB, aber auch der Treuepflichtige bei § 266 StGB oder der Schuldner bei §§ 283 ff. StGB. Oder es wird an typischerweise berufsbezogenes Handeln angeknüpft wie etwa das Ausführen von Waren, das Herstellen und In-Verkehr-Bringen von Arznei- und Lebensmitteln usw.[228]

§ 14 StGB bzw. § 9 OWiG enthalten Zurechnungstatbestände beim gerade im arbeitsteiligen Wirtschaftsleben bedeutungsvollen stellvertretenden Handeln einer Person.

2. Abstrakte Gefährdungsdelikte

Seit dem 1. WiKG bedient sich der Gesetzgeber im Wirtschaftsstrafrecht zunehmend der Rechtsfigur des abstrakten Gefährdungsdelikts (z. B. §§ 264, 264 a, 265 b, 298 StGB). Bislang bildeten die abstrakten Gefährdungsdelikte aus Bedenken wegen ihrer Vereinbarkeit mit dem Schuldprinzip die Ausnahme.[229] Bei den abstrakten Gefährdungsdelikten kommt es im Gegensatz zu den Erfolgsdelikten auf den Eintritt und damit auch auf den Nachweis eines Schadens oder einer konkreten Gefahr nicht an. Die (generelle) Gefährlichkeit der Tathandlung ist hier nicht Tatbestandsmerkmal, sondern nur gesetzgeberischer Grund für die Strafdrohung.[230] Gerechtfertigt wird die Verwendung abstrakter Gefährdungstatbestände mit der häufigen Rechtsgutsferne[231] bzw. mit „multiplen Kausalzusammenhängen" und „kollektiven Handlungszusammenhängen"[232] im Bereich des Wirtschaftsstrafrechts. Es werden sog. **Vorfeldtatbestände** geschaffen, um Nachweisprobleme (insbes. beim Schadenseintritt und beim subjektiven Tatbestand) zu umgehen.[233] Beweisschwierigkeiten – so die Kritiker – können allerdings auch für eine Entkriminalisierung sprechen.[234] Abstrakte Gefährdungsdelikte sollen Rechtsgüterschutz durch Präventivschutz leisten.[235] Nach der Systematik der abstrakten Gefährdungsdelikte handelt es sich im Wirtschaftsstrafrecht um die Untergruppe der Delikte mit „**vergeistigtem Zwischenrechtsgut**"; der Handlungsunwert (Aktunwert[236]) trägt allein die Strafbarkeit.[237] Nach *Tiedemann* liegt in Bezug auf das geschützte überindividuelle Rechtsgut eine – wenn auch nicht reale – Verletzung und nicht bloß Gefährdung vor; es handele sich um einen „Geltungsscha-

---

[225] Krit. *Burger* wistra 2002, 7 f.; *v. Galen* NJW 2003, 117 f.
[226] *Schlüchter* S. 54.
[227] *Tiedemann* JuS 1998, 694.
[228] Zum Ganzen *Tiedemann* WiStrR Rdnr. 44, 56 f.
[229] *Gropp/Heinz* S. 40.
[230] BGH 43, 8, 12; *Tröndle/Fischer* vor § 13 Rdnr. 13 a.
[231] *Kaiser* Kriminologie S. 486; *Tiedemann* I S. 81 f.; zum Ganzen auch *Kindhäuser* Madrid-Symposium S. 130 ff.).
[232] *Schünemann* GA 1995, 211 f.; s. auch bereits *Brauneck* S. 34 f.
[233] *Baumann* JZ 1983, 938.
[234] *Jung* S. 20; *Gropp/Heinz* S. 40.
[235] Krit. *Hassemer* NStZ 1989, 553, 557; *Herzog*, S. 70 ff. und passim.
[236] *Tiedemann* I S. 85.
[237] *Schünemann* JA 1975, 793; *Roxin* AT I § 11 Rdnr. 134.

den".[238] Auch nach *Schünemann* schlagen diese Delikte die „Brücke zu den Verletzungsdelikten i. e. S. (d. h. mit substantiell fassbarem Rechtsgut)".[239] Die Charakterisierung als Vorfeldtatbestand soll insoweit nicht ganz zutreffend sein.[240] Im Unterschied dazu besteht jedoch bei herkömmlichen abstrakten Gefährdungsdelikten zum Schutz von vorgelagerten überindividuellen Rechtsgütern (vor allem §§ 153 ff., 146 ff., 267 ff. StGB) ein zeitlich und sachlich unmittelbarer Zusammenhang zur Verletzung des Endrechtsguts; dadurch potenziert sich die Ausdünnung der traditionellen Zurechnungsstrukturen.[241] Auch die „Massenhaftigkeit der Gefährlichkeit des Einzelverstoßes"[242] kann bei Funktionen im Wirtschaftsverkehr, wo die Handlung nie zu einer Beeinträchtigung des überindividuellen Rechtsguts führen kann, den Strafbedarf gegenüber dem individuellen Täter nicht rechtfertigen. Begründet wird die Schaffung von abstrakten Gefährdungsdelikten im Wirtschaftsstrafrecht auch damit, dass es hier um den Schutz von Institutionen gehe.[243] Doch verlagert sich dadurch das Problem der Strafbarkeitsbegrenzung nur auf die Ebene des Rechtsguts und wird durch die „inflationäre" Anerkennung überindividueller Rechtsgüter im Wirtschaftsstrafrecht nicht gelöst.[244] Einschränkend ist zu verlangen, dass im Tatbestand ein typischerweise gefährliches Verhalten beschrieben werden muss.[245] Korrektiv gegenüber der Ausdehnung der Strafbarkeit durch Gefährdungsdelikte bilden die Bestimmungen über die tätige Reue (vgl. §§ 264 Abs. 5, 265 b Abs. 2 StGB) und die objektive Strafbarkeitsbedingung bei den Insolvenzdelikten.[246]

3. Leichtfertigkeit

99 Im Wirtschaftsstrafrecht findet sich mehrfach eine Erweiterung der Vorsatzhaftung auf Fahrlässigkeitshaftung bzw. zumindest Leichtfertigkeit, so vor allem im Nebenstrafrecht, aber auch im Insolvenzstrafrecht, beim Subventionsbetrug (§ 264 Abs. 4 StGB),[247] (bezüglich des Herrührens des Gegenstandes) bei der Geldwäsche (§ 261 Abs. 5 StGB) und neuerdings beim Insiderhandel (§ 38 Abs. 4 i. V. m. Abs. Nr. 1 WpHG). Begründet wird die Erforderlichkeit von Fahrlässigkeitstatbeständen mit Nachweisproblemen im subjektiven Bereich, da die Kreierung überindividueller Rechtsgüter und die Schaffung abstrakter Gefährdungsdelikte die Beweisprobleme allein nicht zu lösen vermögen. So soll ein *Auffangtatbestand* für nicht (voll) beweisbare Fälle vorsätzlicher Tatbegehung entstehen, wie sie vor allem bei der durch vertikale Arbeitsteilung gekennzeichneten Wirtschaft nicht selten sind.[248]

100 Gegen die Pönalisierung der Leichtfertigkeit wird zum einen eingewendet, sie widerspreche dem **Schuldprinzip**. Das StGB kenne kein fahrlässiges Vermögensdelikt, da die Kombination der geringeren Schuldschwere der Fahrlässigkeit mit der geringeren Unrechtsschwere des Vermögensdelikts nicht den Strafwürdigkeitsgrad einer Kriminaltat erreiche.[249] Es bestehe beim Subventionsbetrug daher auch ein Widerspruch darin, dass die leichtfertige Täuschung bei indirekten Subventionen im Steuerrecht nur eine Ordnungswidrigkeit nach § 378 AO sei.[250] Für bedenklich im Hinblick auf das Schuldprinzip und unlogisch wird es auch gehalten, dass beim Subventionsbetrug als Gefährdungsdelikt im Vorfeld des Betruges schon die Leichtfertigkeit strafbar sei, während bei der Verletzung nach § 263 StGB Vorsatz erforderlich sei.[251] Zudem wird ein Organisations- oder Aufsichtsverschulden bzw. ein Irrtum des

---

[238] *Tiedemann* JuS 1989, 697; *ders.* WiStrR Rdnr. 59; *ders.* Wirtschaftsbetrug XIV.
[239] *Schünemann* JA 1975, 793.
[240] *Heinz* GA 1977, 225 f. Bedeutung hat dies für Konkurrenzfragen, vgl. Gropp/*Heinz* S. 39.
[241] *Seelmann* NJW 1990, 1259; s. auch *Hassemer* NStZ 1989, 553, 558.
[242] So Schönke/Schröder/*Heine* Vorb. §§ 306 ff. Rdnr. 4 a.
[243] *Tiedemann* WiStrR Rdnr. 58; *ders.* Wirtschaftsbetrug XI und XIII f.
[244] Krit. auch *Hefendehl*, Kollektive Rechtsgüter, S. 175 ff.; umfassende Einzelanalyse S. 260 ff.
[245] *Roxin* AT I § 10 Rdnr. 123; *Schünemann* Unternehmenskriminalität S. 217; einschränkende Kriterien auch bei *Schünemann* GA 1995, 213.
[246] *Heinz* GA 1977, 227.
[247] Dazu Wabnitz/Janovsky/*Danecker* 1 Rdnr. 67; *Tiedemann* JuS 1998, 697.
[248] Vgl. BT-Drucks 7/3441, S. 27; BT-Drucks 7/5291, S. 8 zu § 264 StGB und *Tiedemann* I S. 87.
[249] SK/Samson/*Günther* § 264 Rdnr. 12; anders für den Bereich des Institutionenschutzes *Hefendehl* JZ 2004, 18, 21.
[250] SK/Samson/*Günther* § 264 Rdnr. 20; *Tröndle/Fischer* § 264 Rdnr. 3; *Diemer-Nicolaus*, FS Schmidt-Leichner, S. 54; *Hefendehl*, Kollektive Rechtsgüter, S. 377.
[251] *Diemer-Nicolaus*, FS Schmidt-Leichner, S. 53.; *Tröndle/Fischer* § 264 Rdnr. 3.

Antragstellers über die normativen Merkmale des § 264 StGB i. d. R. nicht als leichtfertig zu bezeichnen sein.[252] Bedenken werden auch bei der leichtfertigen Geldwäsche nach § 261 Abs. 2 Nr. 2 StGB geäußert.[253]

Des Weiteren stelle der leichtfertige Subventionsbetrug eine „**Verdachtsstrafe** im materiellen Gewande" dar und wird, da er in erster Linie nicht wirkliche Leichtfertigkeitsfälle, sondern nur nicht nachgewiesene, aber vermutete Vorsatzfälle inkriminiert, (im Hinblick auf das in-dubio-Prinzip) für zumindest rechtsstaatlich bedenklich gehalten.[254] Unstreitig ist jedenfalls, dass Beweisschwierigkeiten allein einen Fahrlässigkeitstatbestand nicht rechtfertigen; es bedarf vielmehr einer besonderen Begründung dafür, warum auch leichtfertiges Verhalten als strafwürdig erkannt wird.[255] Beim Subventionsbetrug soll diese in der erhöhten Pflichtenstellung bei der (ganz oder zum Teil) unentgeltlichen Inanspruchnahme öffentlicher Mittel liegen, die ein Mindestmaß an Sorgfalt verlange.[256] Geboten sei aber eine restriktive Auslegung, d. h. Annahme der Leichtfertigkeit nur in Fällen, die in der Nähe zum Vorsatz stehen.[257] Im Hinblick auf die Erweiterung in § 264 Abs. 7 Nr. 2 StGB durch das EGFinSchG auf die Gewährung von Subventionen nach EG-Recht an Privatpersonen werden selbst von den Befürwortern der Leichtfertigkeitsstrafbarkeit Bedenken eingeräumt,[258] weswegen in diesen Fällen an die Annahme der Leichtfertigkeit besonders strenge Anforderungen zu stellen seien.[259] Der Schaffung neuer fahrlässiger Vermögensdelikte steht die Literatur kritisch gegenüber.[260] Zum Teil wird allerdings eine verringerte kriminalpolitische Notwendigkeit von Fahrlässigkeitstatbeständen im Wirtschaftsstrafrecht gesehen, seit die Rechtsprechung für die Annahme bedingten Vorsatzes im Bereich der Vermögensschädigung genügen lasse, dass der Täter die konkrete Gefahr der Rechtsgutsverletzung erkennt und dennoch handelt.[261]

4. Normative Tatbestandsmerkmale, Generalklauseln, Blanketttatbestände

Typisch für das Wirtschaftsstrafrecht ist die Häufung der Verwendung von **normativen Tatbestandsmerkmalen** und Generalklauseln im Interesse der Erfassung aller relevanten Fälle.[262] Um den verfassungsrechtlichen Anforderungen des Bestimmtheitsgrundsatzes (Art. 103 Abs. 2 GG) zu genügen, wird überwiegend eine restriktive Auslegung im Sinne einer Beschränkung auf den Kernbereich der unbestimmten Begriffe verlangt.[263] Mit der Verwendung generalklauselartiger Begriffe nimmt allerdings auch die Wahrscheinlichkeit von Irrtümern zu.[264]

Ebenfalls kennzeichnend für das Wirtschaftsstrafrecht ist – historisch bedingt – die Verwendung von **Blankettstrafgesetzen** (z. B. §§ 3 WiStG, 34 AWG). Unter **unechten** oder Blankettstrafgesetzen **im weiteren Sinn** versteht man gesetzestechnische Binnenverweisungen, d. h. Wirtschaftsgesetze enthalten häufig am Ende Straf- und Bußgeldvorschriften, die auf die vorangestellten wirtschaftsrechtlichen Gebote und Verbote verweisen. Dogmatisch interessanter sind die **echten** oder Blankettstrafgesetze im **engeren Sinn**, die auf eine andere Instanz als den Strafgesetzgeber verweisen.[265]

---

[252] Belke/Oehmichen/Volk S. 82.
[253] LK/Ruß § 261 Rdnr. 18; Löwe-Krahl wistra 1993, 125.
[254] Hillenkamp, FS Wassermann (1985), S. 868 f.; Achenbach/Hillenkamp S. 237 ff., 247; Schubarth ZStW 92 (1980), 101; SK/Samson/Günther § 264 Rdnr. 18; Herzog, S. 130 ff.; krit. auch Weigend, FS Trifterer, S. 711.
[255] Gropp/Heinz S. 41; Otto ZStW 96 (1984), 367; zu § 261 StGB Lampe JZ 1994, 129; insoweit auch Tiedemann Gutachten 49. DJT, C 48 f.; ders. ZStW 87 (1975), 275 f. Ausdrücklich Beweisschwierigkeiten nennt allerdings der Gesetzgeber als Grund für den Leichtfertigkeitstatbestand bei der Geldwäsche, BT-Drucks 12/989, S. 27; zust. Hetzer NJW 1993, 3299; nach BGHSt 43, 166 liegt hingegen ein eigenständiges Strafbedürfnis vor.
[256] BT-Drucks 7/3441, S. 27; BT-Drucks 7/5291, S. 8; Tiedemann I S. 113; ders. ZStW 87 (1975), 276; zust. Wabnitz/Janovsky/Dannecker 1 Rdnr. 67; Ranft JuS 1986, 449; vgl. auch Otto ZStW 96 (1984), 368.
[257] Tiedemann, FS Dünnebier (1982), S. 534; BGHSt 43, 168 zu § 261 StGB.
[258] Schönke/Schröder/Lenckner/Perron § 264 Rdnr. 2; Tröndle/Fischer § 264 Rdnr. 3.
[259] BT-Drucks. 13/10425, S. 7 und 65; Schönke/Schröder/Lenckner/Perron § 264 Rdnr. 2.
[260] Dreher GA 1972, 61.
[261] Otto ZStW 96 (1984), 368 mit Hinweis auf BGH 1979, 1512; vgl. auch Belke/Oehmichen/Volk S. 82.
[262] Gropp/Heinz S. 40.
[263] Gropp/Heinz S. 40; Tiedemann, Verfassungsrecht und Strafe, S. 41 ff.
[264] Gropp/Heinz S. 40.
[265] LK/Gribbohm § 1 Rdnr. 34 f., § 2 Rdnr. 36; Tiedemann WiStrR Rdnr. 99 f.

104 Umstritten ist die Abgrenzung der Blankettstrafgesetze von den normativen Tatbestandsmerkmalen.[266] Bedeutung hat die Unterscheidung etwa für die Reichweite des Bestimmtheitsgrundsatzes (Art. 103 Abs. 2 GG),[267] die Problematik der Rückwirkung des milderen Gesetzes nach § 2 Abs. 3 StGB[268] und für Irrtumsfragen.[269] Aktuell stellt sich die Frage der Vereinbarkeit mit dem Bestimmtheitsgebot bei der Konkretisierung des Verbots der Marktpreismanipulation durch Rechtsverordnung gemäß § 20 a WpHG.[270]

5. Schein- und Umgehungshandlungen

105 Vor allem für den Bereich des Steuer- und Subventionsstrafrechts sind Schein- und Umgehungshandlungen typisch (vgl. §§ 41 Abs. 2, 42 AO, § 4 SubvG), insbesondere auch auf der Ebene des europäischen Rechts.[271] So werden etwa Luft- und Karussellgeschäfte getätigt bzw. Warenmanipulationen vorgenommen, um höhere Ausfuhrerstattungen oder eine geringere Einfuhrabschöpfung zu erlangen. Das Scheingeschäft unterscheidet sich vom Umgehungsgeschäft durch das Kriterium der Ernsthaftigkeit des Rechtsfolgewillens.[272] Von außerstrafrechtlichen Umgehungsklauseln sind strafrechtliche Umgehungstatbestände zu unterscheiden.[273] Für die Frage der Strafbarkeit stellt sich, soweit nicht bereits eine Lösung durch Auslegung möglich ist, insbesondere bei Umgehungshandlungen die Vereinbarkeit mit dem Bestimmtheitsgebot (Art. 103 Abs. 2 GG).[274]

VII. Kriminalpolitische Probleme des Wirtschaftsstrafrechts

1. Der fragmentarische Charakter des Strafrechts

106 Das Strafrecht schützt nur einen Teil der Rechtsgüter und auch diesen nicht immer generell, sondern oft (wie das Vermögen) nur gegen einzelne Angriffsarten. Insoweit spricht man von der fragmentarischen Natur des Strafrechts.[275] Nicht schon jeder Verstoß gegen wirtschaftsrechtliche (außerstrafrechtliche) Normen verdient daher Kriminalstrafe.[276] Maßgebend für die *Strafwürdigkeit* ist der Rang eines Rechtsguts in der Wertordnung des Grundgesetzes.[277] Gefordert wird daher, die strafrechtliche Normierung auf den Kernbereich des wirtschaftsdeliktischen Handelns zu beschränken. Nur bei einer Beschränkung der Kriminalisierung auf das im Gemeinschaftsinteresse unumgängliche Maß wird auch die Rechtstreue der Bevölkerung gestärkt und die Abschreckungswirkung aufrechterhalten.[278] Die Schaffung neuer (oft rechtsstaatlich bedenklicher) Straftatbestände wird dagegen kritisch gesehen.[279] Minder sozialschädliche oder sozialethisch irrelevante Handlungsweisen sollten daher zu Ordnungswidrigkeiten herabgestuft werden.[280] Das Prinzip der Strafwürdigkeit hat nicht nur Bedeutung für die Gesetzgebung, sondern auch für die Auslegung.

107 Bedenklich erscheint hingegen die Auffassung, im fragmentarischen Charakter des Strafrechts keine normative Vorgabe, sondern nur eine „empirisch-beschreibende Funktion" zu sehen,[281] und einen „Rundum-Schutz" insbesondere im Nebenstrafrecht (wenn auch teilweise

---

[266] Dazu näher *Tiedemann* WiStrR Rdnr. 100 ff.; *Heghmanns*, S. 82 ff.
[267] Näher *Tiedemann* WiStrR Rdnr. 101 ff.
[268] Näher Schönke/Schröder/*Eser* § 2 Rdnr. 26 f.; SK/*Rudolphi* § 2 Rdnr. 8 a ff.; LK/*Gribbohm* § 2 Rdnr. 29 ff.
[269] Näher *Tiedemann* WiStrR Rdnr. 220 ff.
[270] Zum Ganzen Wabnitz/Janovsky/*Danecker* 1 Rdnr. 80; *Moosmayer* wistra 2002, (161) 167 ff.; *Sorgenfrei* wistra 2002, 325 f.; *Möller* WM 2002, 314; *Schmitz* ZStW 115 (2003), 528.
[271] *Tiedemann* JuS 1989, 693; *Vogel* Madrid-Symposium S. 152.
[272] *Tiedemann*, FS Stree/Wessels, S. 536; zur Begriffsbestimmung und Abgrenzung ausführlich *Vogel* Madrid-Symposium S. 155 ff.
[273] *Heinz* GA 1977, 227; Gropp/*Heinz* S. 41 f.
[274] Näher *Tiedemann* WiStrR Rdnr. 137 ff.; *Vogel* Madrid-Symposium S. 166 ff.
[275] *Roxin* AT I § 2 Rdnr. 38.
[276] *Otto* ZStW 96 (1984), 356 ff.; s. auch Eser/Kaiser/*Otto* S. 198.
[277] Eser/Kaiser/*Otto* S. 197.
[278] *Schlüchter* S. 37; vgl. auch *H.J.Schneider* JZ 1972, 467.
[279] *Dreher* GA 1972, 61; *Dahs* NJW 1974, 1539; *Schünemann* JA 1975, 792.
[280] *H.J. Schneider* JZ 1972, 467.
[281] So *Appel* S. 411; zust. *Tiedemann* WiStrR Rdnr. 63.

nur durch Bußgeldtatbestände) – zum Teil bereits durch die „Gesetzestechnik" bedingt – zu legitimieren.[282] Dem Gesetzgeber steht allerdings eine Einschätzungsprärogative zu.

2. Das Subsidiaritätsprinzip

Das Strafrecht ist subsidiär gegenüber milderen Maßnahmen; es soll ultima ratio sein. Dies folgt aus dem Grundsatz der Verhältnismäßigkeit, der wiederum Ausfluss des Rechtsstaatsprinzips ist. Dem entspricht der Begriff der **Strafbedürftigkeit**. Zunächst muss Prävention[283] durch Selbstregulierung der am Wirtschaftsleben Beteiligten insbesondere durch Verbraucherschutzorganisationen, Wirtschaftsauskunfteien und Kreditschutzorganisationen erfolgen.[284] Sodann rangieren vor dem Strafrecht staatliche Normierungen außerstrafrechtlicher Maßnahmen, insbesondere wirtschaftsverwaltungsrechtliche bzw. zivilrechtliche Regelungen.[285] Gerade im Bereich der Wirtschaftskriminalität werden päventiv-außerstrafrechtliche Akte für wirksamer gehalten als jede nachträgliche strafrechtliche Ahndung.[286] Gravierende Beeinträchtigungen sozialer Interessen seien wegen der Wertrangfolge der strafrechtlichen Güterordnung dagegen auch unabhängig von außerstrafrechtlicher Prävention zu bestrafen.[287]

Nach einer verbreiteten Ansicht soll nun allerdings das Subsidiaritätsprinzip im Wirtschaftsstrafrecht nur mit Einschränkungen anwendbar sein. Außerstrafrechtliche Prävention stelle nämlich nicht generell das mildere Mittel dar. Eingriffe in marktwirtschaftliche Prozesse (z. B. umfassende Produktionskontrollen oder sogar Herstellungsverbote) könnten gravierender sein als gegen den einzelnen Täter gerichtete strafrechtliche Mittel sowie die generalpräventive Wirkung von Straftatbeständen; dem strafrechtlichen Eingriff dagegen könne der Einzelne durch normkonformes Verhalten ausweichen.[288] Das Subsidiaritätsprinzip sei daher in einer „makroökonomischen" Betrachtung in praktische Konkordanz mit anderen Prinzipien und insbesondere mit den Freiheitsrechten Dritter zu bringen.[289]

Auf solche faktischen Auswirkungen wirtschaftsrechtlicher Maßnahmen auf Dritte darf es jedoch für die Auslegung des normativen ultima-ratio–Prinzips nicht ankommen. Dieser individualistisch-liberale Grundsatz würde sonst „gewissermaßen sozialisiert".[290] Zudem erscheint eine derartige „Gesamtsaldierung" kaum durchführbar.[291] Außerdem können durch das Strafrecht nicht auf rasche und wirksame Art notwendige wirtschaftspolitische Maßnahmen ersetzt werden.[292] Ohnehin beschränkt der Gesetzgeber sich nicht auf strafrechtliche Sanktionen, wie die Entwicklung zeigt (vgl. etwa das SubvG), sondern setzt außerstrafrechtliche Regelungen neben strafrechtlichen ein.[293]

3. Generalprävention und sozialethisches Rechtsbewusstsein

Das sozialethische Rechtsbewusstsein wird bei Wirtschaftsdelikten als indifferent oder zumindest schwach eingestuft im Vergleich zu Straftaten gegen individuelle Rechtsgüter.[294] Als Gründe werden die Komplexität der Interaktionen, die weitgehende Anonymisierung des Op-

---

[282] So *Tiedemann* WiStrR Rdnr. 63.
[283] Zum Ganzen näher auch Achenbach/*Achenbach* S. 155 ff.; *Haffke* KritV 1991, 165 ff.; *Schüneman*, GS Arm. Kaufmann, S. 629.
[284] Näher *Schwind* § 21 Rdnr. 35 ff.
[285] Dazu *Tiedemann* NJW 1972, 657 ff.
[286] Gropp/*Heinz* S. 44.
[287] *Tiedemann* I S. 79; s. auch Gropp/*Heinz* S. 44.
[288] *Tiedemann* Tatbestandsfunktionen S. 144 ff.; *ders* NJW 1972, 659; *ders.* I S. 79 ff.; *ders.*, FS Stree/Wessels, S. 530 f.; *ders.*, Verfassungsrecht und Strafrecht, S. 52; *ders.* WiStrR Rdnr. 63; Otto ZStW 96 (1984), 361 f.; *ders.* MschrKrim 1980, 403; *Schünemann*, GS Arm. Kaufmann, S. 632; *Schlüchter* S. 11 und 53; krit. *Volk* JZ 1982, 88; *Hefendehl*, Kollektive Rechtsgüter im Strafrecht, S. 234 f.; *Herzog* S. 120 ff.
[289] *Tiedemann* FS Stree/Wessels, S. 531; *ders.* Wirtschaftsbetrug X; *ders.* WiStrR Rdnr. 63.
[290] *Volk* JZ 1982, 88; zust. *Herzog* S. 120 ff.
[291] *Hefendehl*, Kollektive Rechtsgüter im Strafrecht, S. 235.
[292] Vgl. *Volk* JZ 1982, 88.
[293] *Volk* JZ 1982, 88; *Hefendehl*, Kollektive Rechtsgüter im Strafrecht, S. 234 f.
[294] *Baumann* JZ 1972, 1; *Kube/Plate/Störzer*, S. 600; krit. *Dreher* GA 1972, 61; nach *Weinmann*, FS Pfeiffer (1988), S. 91 f. hat sich in den letzten 20 Jahren durch die offene Auseinandersetzung mit den Problemen der Wirtschaftskriminalität ein neues Bewusstsein entwickelt; vgl. auch Hirsch/Hofmanski/Plywaczewski/Roxin/*Lampe* S. 109.

fers und die Verflüchtigung eines sinnlich wahrnehmbaren Sozialschadens genannt.[295] Auch die Vielzahl von Ausnahmen und Sonderregelungen im Bereich des Wirtschaftsrechts birgt die Gefahr der Lückenausnutzung und Umgehung. Das hat die sozialpsychologische Wirkung, das Unrechtsbewusstsein der Täter und der Allgemeinheit gegenüber Zuwiderhandlungen zu schwächen oder erst gar nicht aufkommen zu lassen. Infolge der wirtschaftsverfassungsrechtlichen und praktisch-organisatorischen Unmöglichkeit umfassender Überwachung entsteht so ein besonderer Anreiz für Wirtschaftskriminalität.[296] Die Begehung von Wirtschaftsstraftaten führe dementsprechend auch nicht in gleichem Maße zur sozialen Stigmatisierung des Straftäters.[297] Doch soll selbst bei fehlender sozialer Missbilligung bzw. fehlendem Bedrohungserlebnis aus Gründen der Gerechtigkeit bestraft werden müssen.[298]

112 Im Bereich des Wirtschaftsstrafrechts fehlt es vielfach an einem Rechts- und Normensystem, das dem Strafrecht vorgelagert ist, so dass sich mehr als sonst die Grenzen zwischen Kriminalität und Geschäftstüchtigkeit verwischen. Nach zum Teil vertretener Ansicht soll hier dem Strafrecht daher die Aufgabe der „Grenzsetzungsfunktion" zukommen.[299]

VIII. Reformbedarf[300]

1. Kartellordnungswidrigkeiten

113 Unbefriedigend empfunden wird die Tatsache, dass Verstöße gegen Regeln des **Kartellrechts** im GWB – auch nach der **GWB-Novelle** von 1998 (BGBl I S. 2521) – nach wie vor nur Ordnungswidrigkeiten darstellen.[301] Im StGB hat der Gesetzgeber inzwischen allerdings, wie vielfach gefordert, mit dem Korruptionsbekämpfungsgesetz von 1997 einen Straftatbestand der wettbewerbsbeschränkenden Absprachen bei Ausschreibungen (§ 298 StGB) (Submissionsbetrug) erlassen.

2. Verbandsstrafbarkeit

114 (Schwere) Wirtschaftskriminalität stellt überwiegend Verbandskriminalität dar. Das deutsche Strafrecht ist aber auf einen Schuldvorwurf an individualisierbare Person angelegt, was angesichts arbeitsteiligen Handelns in der modernen Wirtschaft vielfach Schwierigkeiten bereitet.[302] Man spricht hier auch von „Organisierter Unverantwortlichkeit".[303] Diskutiert wird deshalb über die Einführung einer **Verbandsstrafbarkeit**. Die Anwendung des klassischen Strafrechtssystems auf juristische Personen bereitet insbesondere bei den Kategorien der Handlungsfähigkeit und des Schuldvorwurfs Schwierigkeiten.[304]

---

[295] *Schünemann*, GS Arm. Kaufmann (1989), S. 630; Hirsch/Hofmanski/Plywaczewski/Roxin/*Lampe* S. 95 und 109; *Kaiser* Kriminologie S. 482.
[296] *Tiedemann* NJW 1972, 662 ff.; vgl. auch Gropp/*Heinz* S. 29.
[297] *H.J. Schneider* JZ 1972, 463.
[298] *Baumann* JZ 1983, 937.
[299] Achenbach/*Achenbach* S. 167; Gropp/*Heinz* S. 29, 44; *Tiedemann*, FS Dünnebier, S. 540; krit. *Volk* JZ 87; Tiedemann/*Wassermann* Die Verbrechen in der Wirtschaft, S. 141.
[300] Dazu auch *Kaiser* Kriminologie S. 509 f.; *Weinmann*, FS Pfeiffer, S. 93 ff.
[301] *Achenbach* wistra 1999, 241; Nörr/*Günther* S. 393; Eser/Kaiser/*Otto* S. 198; Gropp/*Stein* S. 79.
[302] Gropp/*Heinz* S. 29; *H.J. Schneider* JZ 1972, 467.
[303] Eser/Kaiser/*Otto* S. 198 f.; vgl. auch Gropp/*Heinz* S. 42.
[304] Überblick zum Meinungsstand bei *Roxin* AT I § 8 Rdnr. 59 ff. m. w. N.; näher *Achenbach* JuS 1990, 601; *Alwart* ZStW 105 (1993), 752; *Dannecker* GA 2001, 103; *Heine*, Die strafrechtliche Verantwortlichkeit von Unternehmen; 1995; *Hirsch*, Die Frage der Straffähigkeit von Personenverbänden, 1993; *ders.* ZStW 107 (1995), 285; *Jakobs*, FS Lüderssen, S. 565; *Otto*, Die Strafbarkeit von Unternehmen und Verbänden, 1993; *H.J. Schroth*, Unternehmen als Normadressat und Sanktionssubjekt, 1993; *Schünemann*, Unternehmenskriminalität und Strafrecht, 1979; *Stratenwerth*, FS-R. Schmitt, S. 299; *Tiedemann* NJW 1988, 1169; *Volk* JZ 1993, 429.

§ 2 Der Allgemeine Teil des Wirtschaftsstrafrechts

Übersicht

	Rdnr.
I. Die Besonderheiten des Allgemeinen Teils	1–3
II. Unterlassungsdelikte	4–11
1. Die Unterscheidung von Tun und Unterlassen	4–9
a) Produkthaftung	5/6
b) Vermögensstrafrecht	7–9
2. Die gesetzliche Gleichstellung von Tun und Unterlassen	10/11
III. Täterschaft und Teilnahme	12–32
1. Das Rechtsgüterkonzept	13–15
2. Die gesetzliche Identifikation von Täterschaft und Beihilfe	16–24
3. Herrschafts- und Pflichtdelikte	25–29
4. Organisationsherrschaft	30–32
IV. Versuch	33–35
1. Vorbereitung und Versuch	33
2. Rücktritt und tätige Reue	34/35
V. Vorsatz und Irrtum	36–81
1. Die Vorsatzformen	36–44
a) Absicht	37
b) Direkter Vorsatz	38/39
c) Bedingter Vorsatz	40–44
2. Begriff und Beweis	45–50
a) Begriff und Indizien	47–49
b) Revisionsrechtliche Kontrolle	50
3. Gefährdungsvorsatz	51–57
a) Der Gegenstand des Gefährdungsvorsatzes	52
b) Der Inhalt des Gefährdungsvorsatzes	53
c) Bedingter Gefährdungsvorsatz?	54
d) Gefährdungsvorsatz und riskantes Handeln	55–57
4. Tatbestandsirrtum und Verbotsirrtum	58–77
a) Grundlagen der Irrtumslehre	58/59
b) Normative Merkmale	60–62
c) Gesamttatbewertende Merkmale	63–74
d) Blankettgesetze	75–77
5. Die Verteidigung gegen den Vorsatzvorwurf	78–81

Schrifttum: *Achenbach*, Diskrepanzen im Recht der ahndenden Sanktionen gegen Unternehmen, Festschrift für Stree/Wessels, 1993, S. 545 ff.; *ders.*, Schwerpunkte der BGH-Rechtsprechung zum Wirtschaftsstrafrecht, in: 50 Jahre Bundesgerichtshof, Bd. IV, 2000, S. 593 ff.; *ders.*, Ausweitung des Zugriffs bei den ahndenden Sanktionen gegen die Unternehmensdelinquenz, wistra 2002, 441 ff.; *ders./Wannemacher* (Hrsg.), Beraterhandbuch zum Steuer- und Wirtschaftsstrafrecht, 1997 (Grundwerk); *Amelung* (Hrsg.), Individuelle Verantwortung und Beteiligungsverhältnisse bei Straftaten in bürokratischen Organisationen des Staates, der Wirtschaft und der Gesellschaft, 2000; *ders.*, Die „Neutralisierung" geschäftsmäßiger Beiträge zu fremden Straftaten im Rahmen des Beihilfetatbestandes, Festschrift für Grünwald, 1999, S. 9 ff.; *Arzt*, Leichtfertigkeit und recklessness, Schröder-GS, 1978, S. 119; *ders.*, Zum Verbotsirrtum beim Fahrlässigkeitsdelikt, ZStW 91 (1979), 857; *ders.*, Dolus eventualis und Verzicht, Festschrift für Rudolphi, 2004, S. 3; *Bachmann*, Vorsatz und Rechtsirrtum im Allgemeinen Strafrecht und im Steuerstrafrecht, 1993; *Baumann*, Strafrecht und Wirtschaftskriminalität, 1983, S. 935 ff.; *Belke/Oehmichen*, Wirtschaftskriminalität, 1983; *Berckhauer*, Die Strafverfolgung bei schweren Wirtschaftsdelikten, 1981; *Bockelmann*, Bemerkungen über das Verhältnis des Strafrechts zur Moral und zur Psychologie, Radbruch-GS, 1968, S. 252; *ders.*, Kriminelle Gefährdung und strafrechtlicher Schutz des Kreditgewerbes, ZStW 91 (1979), 28; *Bode*, Zur strafrechtlichen Produkthaftung, in: Festschrift aus Anlass des fünfzigjährigen Bestehens von Bundesgerichtshof, Bundesanwaltschaft und Rechtsanwaltschaft beim Bundesgerichtshof, 2000, S. 515 ff.; *Bottke*, Das Wirtschaftsstrafrecht der Bundesrepublik Deutschland – Lösungen und Defizite, wistra 1991, 1 ff., 52 ff.; *ders.*, Haftung aus Nichtverhütung von Straftaten Untergebener in Wirtschaftsunternehmen de lege lata, 1994; *ders.*, Straftäterschaftliche Beteiligung Übergeordneter an von Untergeordneten begangenen Straftaten im Rahmen Organisierter Kriminalität, Festschrift für Gössel, 2002, S. 235 ff.; *ders.*, „Bestrafungen" von Unternehmen und Betrieben nach dem Recht der Europäischen Union in Deutschland?, Recht in Europa

2003, 63 ff.; *Bundeskriminalamt* (Hrsg.), Wirtschaftskriminalität und Korruption, BKA-Herbsttagung 2002; *Bundesministerium der Justiz* (Hrsg.), Tagungsberichte der Sachverständigenkommission zur Bekämpfung der Wirtschaftskriminalität, 1972-1978; *Busch,* Grundfragen der strafrechtlichen Verantwortlichkeit der Verbände, 1933; *Bussman,* Business Ethics und Wirtschaftsstrafrecht, MSchrKrim 2003, 89 ff.; *Cramer,* Rechtspflicht des Aufsichtsrates zur Verhinderung unternehmensbezogener strafbarer Handlungen und Ordnungswidrigkeiten, Festschrift für Stree/Wessels, 1993; *Dahs,* Wirtschaftsethik – Wirtschaftsstrafrecht, 1991; *Dannecker,* Zur Notwendigkeit der Einführung kriminalrechtlicher Sanktionen gegen Verbände – Überlegungen zu den Anforderungen und zu den Ausgestaltungen eines Verbandsstrafrechts, GA 2001, 103 ff.; *Eidam,* Unternehmen und Strafe, 2. Aufl., 2001; *Enderle,* Blankettgesetze – Verfassungs- und strafrechtliche Probleme von Wirtschaftsstraftatbeständen, 2000; *Engisch,* Die normativen Tatbestandsmerkmale im Strafrecht, Festschrift für Mezger, 1954, S. 127; *Freund,* Normative Probleme der Tatsachenfeststellung, 1987; *Geerds,* Wirtschaftsstrafrecht und Vermögensschutz, 1990; *Frisch,* Vorsatz und Risiko, 1983; *ders.,* Vorsatz und Mitbewusstsein – Strukturen des Vorsatzes, Arm. Kaufmann-GS, 1989, S. 311; *ders.,* Gegenwartsprobleme des Vorsatzbegriffs und der Vorsatzfeststellung, Meyer-GS, 1990, S. 533; *ders.,* Offene Fragen des dolus eventualis, NStZ 1991, 23; *Gimbernat,* Unechte Unterlassung und Risikoerhöhung im Unternehmensstrafrecht, Festschrift für Roxin, S. 651 ff.; *Gröblinghoff,* Die Verpflichtung des deutschen Strafrechtsgesetzgebers zum Schutz der Interessen der Europäischen Gemeinschaften, 1996; *Gropp* (Hrsg.), Wirtschaftskriminalität und Wirtschaftsstrafrecht in einem Europa auf dem Weg zu Demokratie und Privatisierung, 1998; *Haft,* Die Lehre vom bedingten Vorsatz unter besonderer Berücksichtigung des wirtschaftlichen Betrugs, ZStW 88 (1976), 365; *Hassemer,* Kennzeichen des Vorsatzes, Arm. Kaufmann-GS, 1989, S. 289; *ders.,* Symbolisches Strafrecht und Rechtsgüterschutz, NStZ 1989, 553 ff.; *ders.,* Produktverantwortung im modernen Strafrecht, 1994; *ders.,* Professionelle Adäquanz – Bankentypisches Verhalten und Beihilfe zur Steuerhinterziehung, wistra 1995, 41 ff.; *Heine,* Die strafrechtliche Verantwortung von Unternehmen, 1995; *Heinz,* Systemgliederung der Wirtschaftsstraftaten im deutschen Recht, in: Eser/Kaiser (Hrsg.), Zweites deutsch-ungarisches Kolloquium über Strafrecht und Kriminologie, 1995, S. 155 ff.; *ders.,* Konzeption und Grundsätze des Wirtschaftsstrafrechts, ZStW 108 (1996), 417 ff.; *ders.,* Die Bekämpfung der Wirtschaftskriminalität mit strafrechtlichen Mitteln, GA 1977, 193 ff., 209 ff., 225 ff.; *ders.,* Begriffliche und strukturelle Besonderheiten des Wirtschaftsstrafrechts – eine Übersicht über die Entwicklung des Wirtschaftsstrafrechts in der Bundesrepublik Deutschland, in: Wirtschaftskriminalität und Wirtschaftsstrafrecht in einem Europa, 1998, S. 13 ff.; *Herdegen,* Der Verbotsirrtum in der Rechtsprechung des Bundesgerichtshofs, Festschrift 25 Jahre BGH, 1975, S. 195; *Hilgendorf,* Gibt es ein „Strafrecht der Risikogesellschaft"? – Ein Überblick, NStZ 1993, 10 ff.; *Hillenkamp,* Dolus eventualis und Vermeidewille, Arm. Kaufmann-GS 1989, S. 351; *Horn,* Verbotsirrtum und Vorwerfbarkeit, 1969; *Hirsch,* Strafrechtliche Verantwortlichkeit von Unternehmen, ZStW 107 (1995), 285 ff.; *Hruschka,* Über Schwierigkeiten mit dem Beweis des Vorsatzes, Festschrift für Kleinknecht, 1985, S. 191; *Jakobs,* Über die Behandlung von Wollensfehlern und von Wissensfehlern, ZStW 101 (1989), 516; *ders.,* Strafbarkeit juristischer Personen?, Festschrift für Lüderssen, 2002, S. 565 ff.; *Jung,* Die Bekämpfung der Wirtschaftskriminalität als Prüfstein des Strafrechtssystems, 1979; *Kerscher,* Tatbestands- und Verbotsirrtum im Nebenstrafrecht usw., Diss. München, 1969; *Kindhäuser,* Zur Unterscheidung von Tat- und Rechtsirrtum, GA 1990, 407; *ders.,* Gleichgültigkeit als Vorsatz?, Festschrift für Eser, 2005, S. 345; *Krack,* Die tätige Reue im Wirtschaftsstrafrecht, NStZ 2001, 505; *Krahl,* Die Rechtsprechung des Bundesverfassungsgerichts und des Bundesgerichtshofs zum Bestimmtheitsgrundsatz im Strafrecht (Art. 103 Abs. 2 GG), 1986; *Krekeler/Tiedemann/Ulsenheimer/Weinmann,* Handwörterbuch des Wirtschafts- und Steuerstrafrechts, S. 1985 ff.; *Krümpelmann,* Vorsatz und Motivation, ZStW 87 (1975), 888; *Kube,* Prävention von Wirtschaftskriminalität – Möglichkeiten und Grenzen, 2. Aufl., 1985; *Kuhlen,* Die Unterscheidung von vorsatzausschließendem und nichtvorsatzausschließendem Irrtum, 1987; *ders.,* Strafrechtliche Produkthaftung, in: 50 Jahre Bundesgerichtshof, Bd. IV, 2000, S. 647 ff.; *Küpper,* Zum Verhältnis von dolus eventualis, Gefährdungsvorsatz und bewusster Fahrlässigkeit, ZStW 100 (1988), 758; *K. Liebl,* Die bundesweite Erfassung von Wirtschaftsstraftaten nach einheitlichen Gesichtspunkten, 1984; *Löw,* Die Erkundigungspflicht beim Verbotsirrtum nach § 17 StGB, 2002; *Lüderssen,* Entkriminalisierung des Wirtschaftsrechts, Baden-Baden, 1998; *ders.,* Irrtum und Prävention, Festschrift für Roxin, 2001, S. 1; *ders.,* Festschrift für Eser, 2005, S. 168; *Maiwald,* Unrechtskenntnis und Vorsatz im Steuerstrafrecht, 1984; *F. Meyer,* Der Verbotsirrtum im Steuerstrafrecht, NStZ 1986, 443; *Müller/Wabnitz/Janovsky,* Wirtschaftskriminalität – Eine Darstellung der typischen Erscheinungsformen mit praktischen Hinweisen zu ihrer Bekämpfung, 4. Aufl., 1997; *Müller-Gugenberger/Bieneck,* Wirtschaftsstrafrecht, 3. Aufl., 2000; *Mylonopoulos,* Das Verhältnis von Vorsatz und Fahrlässigkeit und der Grundsatz in dubio pro reo, ZStW 99 (1987), 685; *Neumann,* Normtheoretische Aspekte der Irrtumsproblematik im Bereich des „Internationalen Strafrechts", Festschrift für Müller-Dietz, 2001, S. 589; *Opp,* Soziologie der Wirtschaftskriminalität, 1975; *Otto,* Strafrechtsdogmatische Aspekte der Wirtschaftskriminalität, in: Eser, Albin/Kaiser, Günther (Hrsg.), Fünftes Deutsch-Sowjetisches Kolloquium über Strafrecht und Kriminologie, 1990, S. 190ff.; *ders.,* Die Strafbarkeit von Unternehmen und Verbänden, 1993; *ders.,* Konzeption und Grundsätze des Wirtschaftsstrafrechts (einschließlich Verbraucherschutz), ZStW 96 (1984), 339 ff.; *ders.,* Der vorsatzausschließende Irrtum in der höchstrichterlichen Rechtsprechung, Meyer-GS, 1990, S. 583; *Philipps,* Dolus eventualis als Problem der Entscheidung unter Risiko, ZStW 85 (1973), 27; *Platzgummer,* Die Bewusstseinsform des Vorsatzes. Eine strafrechtsdogmatische Untersuchung auf psychologischer Grundlage, 1964; *Poerting,* Wirtschaftskriminalität Teil 1 und 2, 1983 und 1985; *Prittwitz,* Strafrecht und Risiko, 1993; *Puppe,* Vorsatz und Zurechnung, 1992; *Radtke,* Anmerkung zu BGH, Urt. v. 22.7.1999 – 4 StR 185/99, NStZ 2000, 88; *Ransiek,* Unternehmensstrafrecht, 1996; *ders.,* Effektivierung des Wirtschaftsstrafrechts, Wirtschaftskriminalität und Wirtschaftsstrafrecht in einem Europa, 1998, 203 ff.; *Rengier,* Die Unterscheidung von Zwischenzielen und unvermeidlichen Ne-

§ 2 Der Allgemeine Teil des Wirtschaftsstrafrechts

benfolgen bei der Betrugsabsicht, JZ 1990, 321; *Rönnau* (Hrsg.), Wirtschaftsstrafrecht, 2003; *Rudolphi*, Unrechtsbewusstsein, Verbotsirrtum und Verbeidbarkeit des Verbotsirrtums, 1969; *Schall*, Strafloses Alltagsverhalten und strafbares Beihilfeunrecht, Meurer-GS, 2002, S. 103 ff.; *Schewe*, Reflexbewegung, Handlung, Vorsatz. Strafrechtsdogmatische Aspekte des Willensproblems aus medizinisch-psychologischer Sicht, 1972; *Schlüchter*, Irrtum über normative Tatbestandsmerkmale im Strafrecht, 1983; *dies.*, Zur Irrtumslehre im Steuerstrafrecht, wistra 1985, 43, 94; *U. Schroth*, Die Rechtsprechung des BGH zum Tötungsvorsatz in der Form des „dolus eventualis", NStZ 1990, 324; *Schubarth*, Das Verhältnis von Strafrechtswissenschaft und Gesetzgebung im Wirtschaftsstrafrecht, ZStW 104, (1992), 80 ff.; *Schünemann*, Strafrechtsdogmatische und kriminalpolitische Grundfragen der Unternehmenskriminalität, wistra 1982, 41 ff.; *ders.*, Alternative Kontrolle der Wirtschaftskriminalität, Arm. Kaufmann-GS, 1989, S. 629 ff.; *ders.*, Vom philologischen zum typologischen Vorsatzbegriff, Festschrift für Hirsch, 1999, S. 363; *ders.*, Unternehmenskriminalität, in: 50 Jahre BGH, Festgabe aus der Wissenschaft, IV, 2000, S. 621 ff.; *Schwegler*, Der Subsumtionsirrtum, 1995; *Sieber*, Entwicklungsstand und Perspektiven des europäischen Wirtschaftsstrafrechts, in: Schünemann/Suárez (Hrsg.), Bausteine des europäischen Wirtschaftsstrafrechts, 1994, S. 349 ff.; *ders.*, Grundfragen des Wirtschaftsstrafrechts in rechtsvergleichender Sicht, ZStW 96 (1984), 258 ff.; *Stein*, Entwicklung und nationale Rechtsquellen des Wirtschaftsstrafrechts und -ordnungswidrigkeitenrechts, in: Gropp (Hrsg.), Wirtschaftskriminalität und Wirtschaftsstrafrecht in einem Europa auf dem Weg zu Demokratie und Privatisierung, 1998, S. 63 ff.; *Stratenwerth*, Vermeidbarer Schuldausschluß, Arm. Kaufmann-GS 1989, S. 485; *ders.*, Strafrechtliche Unternehmenshaftung, Festschrift für R. Schmitt, 1992, S. 299 ff.; *Tiedemann*, Tatbestandsfunktion im Nebenstrafrecht, 1969; *ders.*, Zur legislatorischen Behandlung des Verbotsirrtums im Ordnungswidrigkeiten- und Steuerstrafrecht, ZStW 81 (1969), 869; *ders.*, Wirtschaftsstrafrecht und Wirtschaftskriminalität Bd. 1, 2, 1976; *ders.*, Wirtschaftskriminalität und Wirtschaftsstrafrecht in den USA und in der Bundesrepublik Deutschland, 1978; *ders.*, Multinationale Unternehmen und Strafrecht, 1980; *ders.*, Handhabung und Kritik des neuen Wirtschaftsstrafrechts – Versuch einer Zwischenbilanz, Festschrift für Dünnebier, 1982, S. 519 ff.; *ders.*, Europäisches Gemeinschaftsrecht und Strafrecht, NJW 1993, 23 ff.; *ders.*, Zum Stand der Irrtumslehre, insbesondere im Wirtschafts- und Nebenstrafrecht, Festschrift für Geerds, 1995, S. 95 ff.; *ders.*, Wirtschaftsbetrug, Berlin, 1999; *ders.*, Wirtschaftsstrafrecht 2004; *Tischler*, Verbotsirrtum über normative Tatbestandsmerkmale im Strafrecht, 1983; *Vest*, Vorsatznachweis und materielles Strafrecht, 1986; *ders.*, Zur Beweisfunktion des materiellen Strafrechts im Bereich des objektiven und subjektiven Tatbestandes, ZStW 103 (1991), 584; *Volk*, Kriminalpolitik und Bekämpfung der Wirtschaftskriminalität, in: Bundeskriminalamt (Hrsg.), Polizei und Kriminalpolitik, 1981, BKA-Vortragsreihe Bd. 26, 57-64; *ders.*, Strafrecht und Wirtschaftskriminalität, JZ 1982, 85 ff.; *ders.*, Dolus ex re, Festschrift für A. Kaufmann, 1993, S. 611; *ders.*, Kausalität im Strafrecht, Zur Holzschutzmittel-Entscheidung des BGH, NStZ 1996, 105; *Warda*, Die Abgrenzung von Tatbestands- und Verbotsirrtum bei Blankettstrafgesetzen, 1955; *Wabnitz/Janovsky*, Handbuch der Wirtschafts- und Steuerstrafrechts, 2. Aufl., 2004; *Weber*, Konzeption und Grundsätze des Wirtschaftsstrafrechts (einschließlich Verbraucherschutz), ZStW 96 (1984), 376 ff.; *ders.*, Konzeption und Grundsätze des Wirtschaftsstrafrechts, ZStW (108) 1996, 376 ff.; *Welzel*, Irrtumsfragen im Steuerstrafrecht, NJW 1953, 486; *Ziegert*, Vorsatz, Schuld und Vorverschulden, 1987.

I. Die Besonderheiten des Allgemeinen Teils

Das traditionelle Glanzstück der deutschen Strafrechtslehre, der Allgemeine Teil, enthält in seiner überkommenen Form „Schwurgerichtsdogmatik". Unterscheidungen wie die zwischen Vorsatz und Fahrlässigkeit, Täterschaft und Teilnahme, Tun und Unterlassen, etc. sind nicht für Sachverhalte des Wirtschaftsstrafrechts entwickelt worden und nicht ohne weiteres auf sie übertragbar. Der Transfer zwingt zu Modifikationen (wie z. B. beim bedingten Vorsatz). Viele Organisationsstrukturen des Wirtschaftslebens, wie etwa „Zuständigkeit", „Delegation" oder „Kollegialentscheidung" müssen erst in die strafrechtlichen Kategorien übersetzt werden. Das Gleiche gilt für Handlungsmuster. Die „Entscheidung unter Risiko" ist natürlich nicht per se eine bedingt vorsätzliche Entscheidung. Die „Business-Judgement-Rule" des Aktienrechts verknüpft in einer Weise objektive und subjektive Elemente, die für eine strafrechtliche Denkweise ungewohnt ist: objektiv nicht pflichtwidrig handelt, wer (objektiv) guten Grund hatte (subjektiv) anzunehmen, im Interesse des Unternehmens zu handeln.

Manche Rechtsfiguren des allgemeinen Strafrechts laufen leer. Das Wirtschaftsdelikt aus Notwehr gibt es nicht. Auch auf übergesetzlichen Notstand wird sich niemand berufen können. Bei der „existenziellen Entscheidung" in der Wirtschaft geht es zwar nicht selten auch um das Überleben und die Existenz – aber eben von Unternehmen (und erst in zweiter Linie um „kollateral" betroffene Personen). Die Schuldfähigkeit[1] ist kein Thema. Jeder, der in Wirtschaftstrafsachen verteidigt, hatte schon einmal einen psychisch auffälligen Mandanten mit traumatischen Kindheitserlebnissen, ohne es gewagt zu haben, seine psychiatrische Begutachtung

---

[1] Erwähnt in *Müller-Guggenberger/Bieneck* Wirtschaftsstrafrecht § 17 Rdnr. 25.

zu beantragen. Persönlichkeitsstörungen, die bei Kapitaldelikten selbstverständlich untersucht werden, bleiben ebenso selbstverständlich unerforscht, wenn es um Kapital geht.

3   Neben diesen mehr oder minder „per se" irrelevanten Stationen der strafrechtlichen Zurechnung gibt es eine deutliche Tendenz zur Nivellierung dogmatischer Unterscheidungen. Das hat zum Teil Gründe, die in der Sache liegen, und zum Teil ist es der Gesetzgeber, der dafür sorgt. Diese Entwicklung ist nun für einige Bereiche darzustellen. Prinzipiell schränkt sie den Handlungsspielraum der Verteidigung ein.

II. Unterlassungsdelikte

1. Die Unterscheidung von Tun und Unterlassen.

4   Das ist ein abstrakt-theoretisch tiefgründiges Problem. Konkret ist die Unterscheidung entweder evident oder für die Strafbarkeit ohne Bedeutung.[2]

5   a) **Produkthaftung**. Bei der **Produkthaftung** (als Beispiel) ist die Irrelevanz der Unterscheidung evident. Ob das fehlerhafte Produkt deshalb fehlerhaft und gefährlich ist, weil jemand im Ablauf der Produktion etwas falsch gemacht oder weil jemand es unterlassen hat, gegen Fehler anderer oder des Systems einzuschreiten, das ist für den, der unter dem Produkt zu leiden hatte, nicht interessant. Auch das Strafrecht sollte die Frage nach Tun oder Unterlassen nicht darüber entscheiden lassen, ob eine Straftat vorliegt. Andernfalls würde es sich von der jeweiligen Organisation des Produktionssystems abhängig machen und damit vom Zufall oder den beliebigen Entscheidungen der Unternehmensführung. Hier ist die Unterscheidung von Tun und Unterlassen im Inneren eines komplexen Systems oft kaum möglich. Sie ist aber auch nicht nötig. Die Unternehmensleitung bekommt eine Garantenstellung überbürdet, damit sie nicht in die „organisierte Unverantwortlichkeit" flüchten kann (ein Schlagwort aus der Diskussion um die Strafbarkeit von Unternehmen, das auch in diesem Zusammenhang passt).

6   Bei dem Vertrieb fehlerhafter Produkte kann man zwar deutlich unterscheiden zwischen Maßnahmen, die das Produkt auf den Markt bringen und Maßnahmen, die unterlassen wurden, um es vom Markt zu nehmen. Die Unterscheidung von Tun und Unterlassen ist also sehr einfach, für die Strafbarkeit des Verhaltens aber ohne jede Bedeutung. Im Falle eines Unterlassens muss man sich um die Garantenpflicht keine Sorgen machen. Sie liegt immer im vorangegangenen Tun (und daneben, wie soeben erwähnt, in der Herrschaft über Sachen und Abläufe).

7   b) **Vermögensstrafrecht**. Im **Vermögensstrafrecht** stehen Tun und Unterlassen ebenfalls gleich. Bei den **Pflichtdelikten** folgt das aus ihrer Struktur. Ob die Vermögensfürsorgepflicht durch treuwidrig vorgenommene oder treuwidrig unterlassene Maßnahmen verletzt wird, macht für die Strafbarkeit wegen Untreue keinen Unterschied.

8   Bei den **Herrschaftsdelikten** sieht es nur auf den ersten Blick anders aus. Der Betrüger beherrscht sein Opfer, weil er es falsch informiert. Geschieht das nicht durch positives Tun, sondern durch unterlassene Aufklärung, braucht man eine Garantenstellung. Dafür kommt es darauf an, ob er verpflichtet war, den anderen in Kenntnis zu setzen. Diese Informationspflicht ist in Wahrheit aber auch bei falschen Angaben (Täuschung durch Tun) das entscheidende Moment. Tatsachen, die darüber hinaus mitgeteilt werden, werden als irrelevant ausgeschieden, weil sie entweder nicht „kausal" waren für die Verfügung (im Grunde ein Problem der Lehre von der objektiven Zurechnung, die für den Besonderen Teil des Strafrechts noch nicht entwickelt ist)[3] oder weil man ihnen den Vermögensbezug abspricht.

9   Neben dieser dogmatischen Gleichstellung von Tun und Unterlassen steht diejenige, die der Gesetzgeber vornimmt.

2. Die gesetzliche Gleichstellung von Tun und Unterlassen

10   Wir finden sie vor allem bei den Gefährdungsdelikten. Strafbar macht sich, wer
   - „den Subventionsgeber ... über subventionserhebliche Tatsachen in Unkenntnis lässt" (§ 264 Abs. 1 S. 1 StGB)

---

[2] *Volk*, FS Tröndle, S. 220 ff.
[3] Vgl. auch *Schünemann* NStZ 2005.

- „unrichte vorteilhafte Angaben macht oder nachteilige verschweigt" (§ 264 a Abs. 1 Nr. 2 StGB)
- „Verschlechterungen ... der wirtschaftlichen Verhältnisse ... nicht mitteilt" (§ 265 b Abs. 1 Nr. 2 StGB)
- „die für den Einzug der Beiträge zuständige Stelle pflichtwidrig über sozialversicherungsrechtlich erhebliche Tatsachen in Unkenntnis lässt und dadurch dieser Stelle vom Arbeitgeber zu tragende Beiträge ... vorenthält" (§ 266 a Abs. 1 Nr. 2 StGB – zweistufig hintereinander geschaltetes Unterlassen)
- „es unterlässt, die Bilanz seines Vermögens oder das Inventar in der vorgeschriebenen Zeit aufzustellen" (§ 283 Abs. 1 Nr. 7 b StGB).

Die Aufzählung ließe sich erweitern, z. B. um Tatbestände aus dem WpHG. Der Grund für die Identifikation von Tun und Unterlassen liegt darin, dass diese Tatbestände Institutionen und Funktionen schützen, wie etwa die Institution der Subvention, die Funktionsfähigkeit der Kreditwirtschaft, die Gewährleistung des Aufkommens der Mittel für die Sozialversicherung, etc. Strafbar ist bereits die Gefährdung (die man von einer „Verletzung" ohnehin nicht unterscheiden könnte). Was nun die Anfälligkeit dieser überindividuellen, funktionalistischen Rechtsgüter für Störungen betrifft, so ist klar, dass Tun und Unterlassen gleich stehen. Jene Institutionen und Funktionseinheiten, die unter Strafschutz stehen, sind auf Informationen durch die potentiellen Täter angewiesen. Ob die Information ganz ausbleibt oder falsch ist, spielt keine Rolle – beides ist dysfunktional.

III. Täterschaft und Teilnahme

Im Wirtschaftsstrafrecht verstärkt sich die Tendenz zur Einheitstäterschaft.[4]

1. Das Rechtsgüterkonzept

Die prinzipielle dogmatische Erklärung liegt darin, dass die soeben erwähnten modernen Konzepte vom Rechtsgut, eingesetzt vor allem zur Bekämpfung der organisierten Kriminalität und der Wirtschaftkriminalität, prinzipiell differenzierungsfeindlich sind. Die bildkräftigen Beschreibungen von Randfiguren und Zentralgestalten machen unmittelbar und einleuchtend Sinn, wenn sie auf die Aktionen bezogen werden, die einem Individuum Schaden zugefügt haben. Es ist kein Zufall, dass die Lehre ihre Fälle zu Täterschaft und Teilnahme meist aus dem Bereich der Kapitaldelikte wählt.

Schützt man aber Institutionen und Funktionen per se, ist jeder Tatbeitrag ein Angriff auf den Bestand der Institution und das „ungestörte" Funktionieren eines Systems. Das Rechtsgut nivelliert die Tatbeiträge. So wird es, je weiter die Abstraktion der Rechtgüter vorangetrieben wird, je weiter man sich von individualistischen Konzepten entfernt, immer schwieriger – und für das Rechtsgut immer sinnloser –, vom „Normalfall" dieser dysfunktionalen Handlungen die minderschweren Fälle (Beihilfe) abzuschichten. Der Anwendungsbereich der Beihilfe schwindet. Die meisten Akteure sind „Veranlasser" der Störung des Systems oder der Funktion (also Täter, Mittäter, mittelbare Täter, Anstifter).

Die neuere Gesetzgebung schreibt in vielen Fällen vor, denjenigen, der „eigentlich" Gehilfe wäre, als Täter zu behandeln.

2. Die gesetzliche Identifikation von Täterschaft und Beihilfe

Im **Organisationsdelikt** des § 129 StGB, einem im Bereich der Wirtschaftskriminalität in der Regel nur zur Überwachung der Telekommunikation, aber nicht zur Bestrafung angewandten Tatbestand, ist die Unterstützung einer kriminellen Vereinigung der Mitgliedschaft gleichgestellt. Die h. M. konstatiert, dass es sich um eine „zur Täterschaft verselbständigte Beihilfe" handelt,[5] kritisiert das aber nicht weiter.[6] Man hat sich daran gewöhnt. Das Gleiche gilt für den Täter, der für eine kriminelle Vereinigung „wirbt". Im Grunde liegt dieser Fall sogar noch krasser. Hier wird Anstiftung zur Beihilfe als Täterschaft behandelt: Sympathiewerbung ist

---

[4] Näher *Volk*, FS Roxin, S. 563 ff.
[5] *Lackner/Kühl* § 129 Rdnr. 6.
[6] Vgl. aber *Sommer* JR 1981, 490.

häufig nichts anderes als die allgemeine Aufforderung oder gezielte Anstiftung zur Unterstützung. Auch daran, dass dies kraft Gesetzes Täterschaft ist, hat man sich gewöhnt, so dass nun wieder Beihilfe zum Werben möglich und strafbar ist,[7] strukturell also Beihilfe zur Anstiftung zur Beihilfe.

17   Die **Anschlussstraftaten** Begünstigung, Strafvereitelung und Hehlerei waren in alter Zeit „auxilium post delictum". Dem ersten, historisch längst vollzogenen Schritt, solche Beihilfehandlungen als Täterschaft zu etablieren, ist als zweiter gefolgt, die Absatzhilfe als täterschaftliche Begehung der Hehlerei zu qualifizieren. Das restriktive Prinzip der Akzessorietät – keine Teilnahme ohne Haupttat – provozierte die Erweiterung der Strafbarkeit. Die h. M. nimmt nicht nur hin, dass es nun von der mehr oder weniger zufälligen Positionierung des Helfers zwischen den „Lagern" (in der Praxis: Warenlagern) des Vortäters und des Hehlers abhängt, ob er als Täter oder als Gehilfe bestraft wird.[8] Sie akzeptiert auch, dass die Rechtsprechung Beihilferegeln auf eine Beihilfe anwendet, die kraft Gesetzes Täterschaft ist. Für vollendeten Absatz soll es bekanntlich ausreichen, dass eine vorbereitende, auf Förderung des Absatzes gerichtete Tätigkeit entfaltet wurde[9] – Fortschreibungen der Regeln, wonach Beihilfe im Vorbereitungsstadium geleistet werden kann und wonach für die Beihilfe „fördernde" Tätigkeit genügt.

18   Nicht anders ist die gesetzliche Regelung der **Geldwäsche** beschaffen. Wer einen Gegenstand „verbirgt, dessen Herkunft verschleiert" (etc.), kann das im Eigeninteresse oder als Randfigur in fremdem Auftrag tun – stets ist er Täter, mag seine Rolle nach allen Regeln der Kunst, Täterschaft und Teilnahme zu unterscheiden, auch noch so untergeordnet sein. Wer die „Ermittlung der Herkunft, des Auffindens" (etc.) gefährdet, also erschwert, tut schon rein sprachlich das, was Gehilfen zu tun pflegen, wenn auch in negativer Fassung (er fördert die Schwierigkeiten, den Gegenstand zu finden). Er ist dennoch Täter. Der BGH hat im Fall *Zlof* klargestellt, wie weit die Grenzen gezogen sind. Die Tathandlung muss nicht unmittelbar auf die bemakelte Sache bezogen sein; der Täter braucht den Gegenstand nicht selbst erlangt zu haben; Täter ist auch, wer „ganz oder überwiegend im Interesse eines anderen handelt"; bereits die Zusage der Hilfe ist tatbestandsmäßig.[10] „Der Gesetzgeber stuft damit... auch solche Handlungen als täterschaftliches Handeln ein, bei denen es sich nach den allgemeinen Regeln um Beihilfe handeln würde".[11]

19   Wer im **Kartell** „bei einer Ausschreibung über Waren oder gewerbliche Leistungen ein Angebot abgibt, das auf einer rechtswidrigen Absprache beruht" (§ 298 StGB), wird als Täter bestraft, mag er auch nur zu den „Kleinen" gehören, die ein flankierendes Schutzangebot abgeben. Die Fassung des Tatbestands schließt es aus, ihn als Gehilfen zu behandeln. Wenn er zum Kartell gehört, ist er Täter.[12]

20   Wer eine versicherte Sache in der Absicht beiseite schafft, dem Versicherungsnehmer bei dessen **Versicherungsbetrug** zu helfen, könnte Gehilfe sein, wenn ihn nicht die Fassung des § 265 StGB für seine Unterstützung im Vorbereitungsstadium zum Täter stempeln würde.

21   Das Essentiale der **Korruption** ist der Tausch von Vorteilen unter Regelverstoß.[13] Wer den „Anstoß" gibt, ist nicht nur Anstifter; wer sich bereit erklärt, handelt nicht im Vorbereitungs-

---

[7] BGHSt 29, 258, 263; BGHSt 36, 363.
[8] BGHSt 26, 358, 362; BGHSt 33, 44, 49 m. Anm. *Arzt* JR 1985, 212.
[9] BGHSt 29, 239.
[10] BGH NStZ 1999, 83, 84.
[11] A.a.O. 84.
[12] Für die Abgrenzung von Täterschaft und Teilnahme sollen zwar die allgemeinen Regeln gelten, weil es sich nicht um ein Sonderdelikt handele; *Lackner* § 298 Rdnr. 6; *Schroth* BT S. 155. Das hat aber nur Bedeutung für Nicht-Kartellmitglieder. Die Begründung des Gesetzentwurfs sieht das anders. Wer ein Angebot fördere, indem er ein Schutzangebot abgebe, könne auch Gehilfe sein (BT-Drucks. 13/5584 S. 14). Wie sich das mit dem Gesetzeswortlaut verträgt, wird nicht mitgeteilt. Die Begründung erwähnt ferner Beteiligte an der Absprache, die sich dann an der Ausschreibung nicht beteiligen. Sind sie durch die Beteiligung an der Absprache in eine Garantenstellung geraten? Und wenn ja, sind sie dann immer Täter oder stets nur Gehilfen oder hängt das z.B. von ihren Interessen ab? Muss dieses Interesse projektbezogen sein oder genügt es, wenn einer sich nicht beteiligt, weil man ihm den nächsten, größeren Auftrag versprochen hat? Krit. *Achenbach* WuW 1997, 958; *König* JR 1997, 397.
[13] Näher *Volk*, FS Zipf, S. 419 ff., 421 ff.

stadium der Beteiligung. Es soll ja darum gehen, das „Geflecht der Korruption" zu bekämpfen, und in einem „Geflecht" ist jeder Täter.

Wer beabsichtigt, **für sich oder einen Dritten** Beute zu machen, kann Täter oder Gehilfe sein. Die Begrenzung des Tatbestandes auf eigennütziges Handeln zwingt andere, die mittun, in die Rolle des Gehilfen; die Erweiterung der Intention auf Dritte eröffnet die Möglichkeit, altruistisches Handeln als Täterschaft zu behandeln. So wird sich bei den Zueignungsdelikten der Bereich der Mittäterschaft „in noch nicht absehbarem Umfang vergrößern".[14] An den Sachstrukturen, den Verhältnissen unter den Beteiligten, hat sich nichts geändert. 22

In zahlreichen, hier nicht aufzulistenden **Strafvorschriften außerhalb des StGB** werden Gehilfen den Tätern gleichgestellt (z.B. § 332 HGB: der Gehilfe des Abschussprüfers dem Abschlussprüfer). 23

Die **Konsequenzen für die Verteidigung** liegen auf der Hand: Man kann nur noch vorbringen, dass der Mandant als Randfigur „eigentlich" ein Gehilfe sei. Diese Strafmassargumentation hat nach der Änderung des Revisionsrechts allenfalls in der Tatsacheninstanz Aussicht auf Erfolg. 24

3. Herrschafts- und Pflichtdelikte

Bei den Pflichtdelikten kann Täter nur sein, wer sich in der Sonderstellung des Verpflichteten befindet (Beispiele: Untreue, Amtsdelikte, unechte Unterlassungsdelikte). Die Umkehrung dieses Satzes führt zu der Regel, dass der Sonderpflichtige immer Täter ist. Sie gilt bei der Untreue. Ansonsten ist ihre Reichweite sehr umstritten. Die Garantenstellung bei den unechten Unterlassungsdelikten begründet nach h. M. nicht automatisch Täterschaft. Im Wirtschaftsstrafrecht ist das aber stets der Fall. Das liegt an der Struktur der Pflichten. 25

Für ein prominentes Beispiel, das nicht lange vorgestellt zu werden braucht, greifen wir auf den Lederspray-Fall zurück.[15] Das damit verbundene Problem der **Kollegialentscheidungen** wird unten § 3 abgehandelt. Der BGH hat die Grenzen des Verantwortungsbereichs eines Geschäftsführers mit dem gesellschaftsrechtlichen Grundsatz der „Generalverantwortung und Allzuständigkeit der Geschäftsleitung"[16] überspielt (für Krisen- und Ausnahmesituationen – mit anderen jedoch hat das Strafrecht kaum je zu tun). Das gilt horizontal und vertikal. „Auch eine unternehmensinterne Organisationsstruktur, die auf der Ebene der Geschäftsleitung gesellschaftsübergreifende Vorgesetzten-Untergebenen-Verhältnisse schafft, ändert grundsätzlich nichts an der mit der Geschäftsführerrolle verbundenen Verantwortung".[17] Dass einer der Geschäftsführer eine „dominierende Stellung einnahm, so dass Entscheidungen gegen sein Votum praktisch ausgeschlossen erschienen",[18] könnte die anderen, von dieser Zentralgestalt an den Rand gedrängten, als Gehilfen erscheinen lassen, wenn es nicht jene normative Nivellierung gäbe. Ihre Argumente werden nicht mehr bei der Täterlehre, sondern „allenfalls" noch bei der Zumutbarkeit gehört.[19] Diese Tendenz zur Einheitstäterschaft hat ihren Grund also – ganz einfach – darin, dass es jenseits der Kriterien zur Abgrenzung von Täterschaft und Teilnahme nur noch darauf ankommt, wie man Pflichten definiert und wie weit man ihren Kreis zieht. 26

Bei den Herrschaftsdelikten kommt es primär nicht auf die Pflichtenstellung, sondern auf die Tatherrschaft über das Geschehen an. Nur derjenige, der sie bewusst in Händen hält, ist Täter. Andererseits wird häufig demjenigen, der generell die Herrschaft hat, eine Pflicht zugesprochen, so dass es auf die Steuerung der konkreten Vorgänge nicht mehr ankommt. Der Schwerpunkt verschiebt sich von der Herrschaft auf die Pflicht – mit der Konsequenz, dass die Unterscheidung von Täterschaft und Teilnahme nach Herrschaftsaspekten unerheblich wird und die Pflichtverletzung zur Täterschaft führt. Dieser Schluss wird immer dort gezogen, wo man auf die „faktische Betrachtungsweise" abstellt. Das ist ja auch ihr Sinn. Wer (im Allgemeinen) faktisch herrscht, soll auch im Einzelfall in die Pflicht genommen werden. Der „faktische Geschäftsführer" ist der Prototyp (und im faktischen bzw. qualifiziert faktischen 27

---

[14] *Lackner/Kühl*, § 242 Rdnr. 26 a; *Schroth* BT S. 97.
[15] BGHSt 37, 106.
[16] BGHSt 37, 106, 125.
[17] BGHSt 37, 106, 125.
[18] BGHSt 37, 106, 125.
[19] BGHSt 37, 106, 125.

Konzern gilt das Gleiche). Wer, nach den üblichen Kriterien, zunächst als Gehilfe in Frage käme, wird dadurch zum Täter, dass man seine faktische Macht zum rechtlichen Kriterium der Pflichtenstellung erhebt.

28 Auf diese Weise wird die Beobachtung der **Verteidigung**, dass die Strafverfolgungsbehörden dazu neigen, die aus dem Organigramm abgelesene Zuständigkeit mit Verantwortlichkeit gleichzusetzen, vom BGH dogmatisch fundiert.

29 Die Unterscheidung von Herrschaft und Pflicht geht letztlich auf in der Herrschaft über die Organisation.

4. Organisationsherrschaft

30 Die mittelbare Täterschaft kraft Organisationsherrschaft ist zu einer eigenen Zurechnungsform geworden. Der BGH hat bekanntlich im „Mauerschützen-Fall" das Unrechtsregime, die Mafia und die Unternehmenskriminalität in einem Satz gleichgestellt.[20] Im Unternehmen entsteht in der Hierarchie der Befehlsgewalt eine „ganze Kette mittelbarer Täterschaft", wie *Roxin* formuliert hat[21] (ich würde, um die vertikale Struktur hervorzuheben, von einer „Kaskade" mittelbarer Täterschaft sprechen). Die Unterscheidung von Tun und Unterlassen (also: Herrschaft und Pflicht) spielt keine Rolle mehr. Anders als sonst bei der mittelbaren Täterschaft kommt es auch nicht mehr darauf an, ob das „Werkzeug" selbst deliktisch handelte oder gutgläubig war. Die Alternative der Mittäterschaft, bei der ein fehlender oder nicht nachweisbarer gemeinsamer Tatentschluss ersetzt wird durch die „Zugehörigkeit zu demselben Unternehmen", läuft auf dasselbe hinaus.[22]

31 Nicht jede Wirtschaftskriminalität ist organisierte Kriminalität – und umgekehrt. Im Bereich von Täterschaft und Teilnahme allerdings ist die (kriminologisch, kriminalpolitisch oder sonst wie getroffene) Unterscheidung eingeebnet, weil es allein auf das Faktum und die rechtliche Bedeutung der „Organisation" ankommt.

32 *Roxins* Darstellung[23] aller „Probleme von Täterschaft und Teilnahme bei organisierter Kriminalität" bestätigt, dass es dogmatisch darum geht, dem „Veranlasser" seine exakte Rolle als Täter, Mittäter, mittelbarer Täter oder Anstifter beizumessen. Praktisch ist das kaum von Bedeutung. Die Rolle des Gehilfen jedoch – in der man als Verteidiger seinen Mandaten gerne sehen würde – kommt nur ganz beiläufig vor („bürokratische Handlangerdienste"[24]). Wer der Organisation in leitender Funktion angehört, ist prädestiniert, als Täter oder tätergleich bestraft zu werden.

IV. Versuch

1. Vorbereitung und Versuch

33 Dogmatische Besonderheiten des Wirtschaftsstrafrechts gibt es nicht. Dennoch muss man sich die Ambivalenzen klar machen, die sich hier auswirken. Einerseits ist die kritische Grenze zwischen Vorbereitung und Versuch in den Fällen schnell überschritten, in denen schon der Tatbestand eine Gefährdung erfasst und dennoch zusätzlich Versuchsstrafbarkeit vorsieht (wie z. B. bei Subventionsbetrug oder Geldwäsche). Andererseits ist die gängige Formel zur Grenzziehung nicht ohne weiteres kompatibel mit einer wirtschaftlichen Denkweise, die früher zum Versuch führen würde als die rechtliche Sicht. „Jetzt geht es los",[25] ebenfalls eine Regel aus dem Repertoire der Schwurgerichtsdogmatik, hat sich der langfristig denkende, komplexe Abläufe planende Unternehmer schneller gesagt als der „klassische" Täter, für den der Augenblick entscheidet. Zu einem Strategen würde eher die längst vergessene Formel passen, wonach der Vorsatz die „Feuerprobe der kritischen Situation"[26] überstanden haben muss. Beide Kurzformeln chiffrieren nur, dass die subjektive Sicht des Täters die Grundlage für die objektive Beurteilung

---

[20] BGHSt 40, 218, 236 ff.
[21] In FS Grünwald, S. 556.
[22] *Tiedemann* Wirtschaftsstafrecht Rdnr. 241.
[23] A.a.O.
[24] A.a.O.
[25] BGHSt 48, 34.
[26] *Bockelmann* JZ 1954, 473.

bildet, ob das Rechtsgut bereits unmittelbar gefährdet ist. Darauf, auf diese objektive Gefährdungslage, wird die **Verteidigung** besonders zu achten haben. Nähere Ausführungen wären deliktsspezifisch und an dieser Stelle nicht angebracht.

2. Rücktritt und tätige Reue

Der in der Praxis ohnehin kleine Anwendungsbereich des Rücktritts verengt sich dadurch, dass der Wirtschaftsstraftäter typischerweise erst „aufgibt", wenn es unvernünftig wäre, weiter zu handeln, also unfreiwillig aufhört bzw. gegensteuert.

Die tätige Reue, der „Rücktritt" vom vollendeten Delikt, geschaffen als Ausgleich für die Vorverlagerung der Strafbarkeit, läuft praktisch meist leer – die Anforderungen an die Rechtzeitigkeit als formalisierter Freiwilligkeit (z. B. in § 264 Abs. 5 oder § 266 a Abs. 6) sind selten erfüllt. So kann man sich nicht auf einen Strafaufhebungsgrund, sondern nur auf die Schadenswiedergutmachung als Strafzumessungsgrund berufen. Anders ist das vor allem bei der gesondert behandelten Selbstanzeige des Steuerstrafrechts.[27]

V. Vorsatz und Irrtum

1. Die Vorsatzformen

Die gängige Kurzformel, wonach Vorsatz das „Wissen und Wollen" der objektiven Merkmale des gesetzlichen Tatbestands ist, wird von h.L. und Rechtsprechung nicht zur Begriffsbestimmung gebraucht – dazu ist sie zu ungenau –, sondern als Bekenntnis zu einem zweigliedrigen Vorsatzbegriff verstanden, der neben einem „intellektuellen" auch ein „voluntatives" Element enthält. Das trifft auf den bedingten Vorsatz zu. Bei der Absicht und dem direkten Vorsatz handelt es sich um ein Lippenbekenntnis.

a) **Absicht.** Der Täter hat die tatbestandsmäßige Handlung und/oder den Erfolg angestrebt. Es kam ihm darauf an, die Tat zu verwirklichen. Seine Motivation ist unerheblich. Bei der Absicht, so heißt es, „dominiert" das Willenselement. In Wahrheit herrscht es allein. Das Wissenselement spielt keine Rolle. Der Täter muss es noch nicht einmal für möglich gehalten haben, das Angestrebte auch realisieren zu können.

b) **Direkter Vorsatz.** Hier liegt es umgekehrt. Der Täter hat Gewissheit. Er weiß sicher, dass er den Tatbestand verwirklichen wird. Wie er sich innerlich dazu stellt, ist irrelevant. Das voluntative Moment spielt keine Rolle. Das tatbestandliche Geschehen liegt ganz oder zum Teil noch in der Zukunft. Deshalb steht dem sicheren Wissen gleich, wenn der Handelnde es für „höchstwahrscheinlich" hält, ein Delikt zu begehen.[28]

Damit wird die Grenzziehung zum bedingten Vorsatz problematisch, bei dem es einerseits genügen kann, wenn der Täter eine „hohe" Wahrscheinlichkeit sieht, dass sich ein Risiko realisieren könnte, andererseits dazu aber innerlich Stellung nehmen muss. Beim direkten Vorsatz kann man auf (das Erfordernis und) den Nachweis dieser inneren Einstellung also nur verzichten, wenn man unter „höchstwahrscheinlich" die an Sicherheit grenzende Wahrscheinlichkeit versteht.

c) **Bedingter Vorsatz.** Eine „klassische" Formulierung der Anforderungen an Begriff und Beweis liest sich beispielhaft so:

„Bedingt vorsätzliches Handeln setzt voraus, dass der Täter den Eintritt des tatbestandlichen Erfolges als möglich und nicht ganz fern liegend erkennt, ferner, dass er ihn billigt oder sich um des erstrebten Zieles willen mit der Tatbestandsverwirklichung abfindet; bewusste Fahrlässigkeit liegt hingegen dann vor, wenn der Täter mit der als möglich erkannten Tatbestandsverwirklichung nicht einverstanden ist und ernsthaft – nicht nur vage – darauf vertraut, der tatbestandliche Erfolg werde nicht eintreten. Da diese beiden Schuldformen im Grenzbereich eng beieinander liegen, müssen bei der Annahme bedingten Vorsatzes beide Elemente der inneren Tatseite, also sowohl das Wissenselement als auch das Willenselement, in jedem Einzelfall besonders geprüft und durch tatsächliche Feststellungen belegt werden (BGHSt 36, 1, 9 f.; BGHR StGB § 212 Abs. 1 Vorsatz, bedingter 24, 33). Bei äußerst gefährlichen Gewalthandlungen liegt

---

[27] S. unten § 30.
[28] Vgl. *Jescheck/Weigend* AT § 29 III 2.

es zwar nahe, dass der Täter mit der Möglichkeit rechnet, das Opfer könne zu Tode kommen. Ob dies im Einzelfall zutrifft, bedarf jedoch im Hinblick auf die hohe Hemmschwelle bei Tötungsdelikten einer besonders sorgfältigen tatrichterlichen Prüfung. Insbesondere bei einer spontanen, unüberlegten, in affektiver Erregung ausgeführten Einzelhandlung kann aus dem Wissen von einem möglichen Erfolgseintritt nicht allein ohne Berücksichtigung der sich aus der Persönlichkeit des Täters und der Tat ergebenden Besonderheiten geschlossen werden, dass auch das – selbständig neben dem Wissenselement stehende – voluntative Vorsatzelement gegeben ist. Die Würdigung hierzu muss sich mit den Feststellungen des Urteils zur Persönlichkeit des Angeklagten auseinander setzen und auch die zum Tatgeschehen bedeutsamen Umstände mit in Betracht ziehen (BGHR StGB § 15 Vorsatz, bedingter 4)".[29]

42 Der bedingte Vorsatz, historisch entstanden als Auffangkonstruktion für den nicht beweisbaren direkten Vorsatz bei Kapitaldelikten, wurde von der Dogmatik in begriffsjuristischer Manier auf alle Delikte angewandt. Modifikationen für andere Deliktsfelder und insbesondere für die Wirtschaftskriminalität hat es nicht gegeben.

43 Nun hat der BGH konzediert, dass „derartige Umschreibungen, die weitgehend für den Bereich der Tötungsdelikte entwickelt worden sind, nicht formelhaft auf Fälle offener, mehrdeutiger Geschehen angewendet werden" können.[30]

44 Das Wissenselement ist vom Wollenselement getrennt zu prüfen und vor allem getrennt zu halten: Der Grad der Wahrscheinlichkeit des Erfolgseintritts darf „nicht allein das Kriterium für die Frage sein, ob die Angeklagten mit dem Erfolg in Gestalt der bloßen Gefährdung einverstanden waren … Gerade bei solchen komplexen und mehrdeutigen Strukturen, wie sie in Wirtschaftsstrafsachen häufig gegeben sind, kann das Wollenselement nicht ausschließlich aus der Perspektive der Schadenswahrscheinlichkeit betrachtet werden. Erforderlich ist vielmehr immer eine Gesamtwürdigung des Einzelfalls, bei der auch die Motive und die Interessenlage des Täters ebenso zu berücksichtigen sind wie der konkrete Zuschnitt der zu beurteilenden Geschäfte".[31] Allerdings gilt auch, dass eine „schwerwiegende Pflichtverletzung" (Untreue) ein ebenfalls schwerwiegendes Indiz für den Schluss auf den Schadensvorsatz bedeutet.[32]

2. Begriff und Beweis

45 Der BGH will damit offenbar nicht den Begriff, sondern den Beweis des Vorsatzes modifizieren. Beides müsse man nämlich auseinander halten: „Zu unterscheiden ist zwischen den begrifflichen Voraussetzungen des dolus eventualis und den Anforderungen, die an seinen Beweis zu stellen sind".[33]

46 Auch in anderen Bereichen, nämlich beim Betrugsschaden[34] und der Kausalität in Fällen der Produkthaftung, hat der BGH neue Anweisungen für den Beweis dieser Merkmale gegeben und hervorgehoben, dass er in der Sache, also bei der Definition dieser Merkmale, nichts ändern wolle. In Wahrheit laufen die neuen Anwendungsregeln allerdings auf eine Veränderung der Begriffe hinaus.[35]

47 a) Begriff und Indizien. „Wer möchte leugnen, dass der böse Vorsatz nur aus der bösen Tat, alle dazu gehörenden Umstände eingerechnet, erkannt werden könne …"?[36] Das gilt seit Jahrhunderten (vom „Bösen", dem Unrecht als Gegenstand des Vorsatzes, einmal abgesehen). Auch die historische Sonderform des „dolus ex re" wirkt subkutan weiter. Sie wurde aus Beweisnot entwickelt in Zeiten, die den Indizienbeweis nicht zuließen und den dolus mit dem äußeren Tatgeschehen als bewiesen ansahen.[37] Ein Paradebeispiel waren (und sind) die Bestechungsdelikte. Heute ist dieses Tatgeschehen das entscheidende, wenn nicht einzige Indiz.

48 Der Begriff des Vorsatzes ist, auf den ersten Blick, seither nahezu unverändert geblieben. Bedeutend vermehrt und verfeinert haben sich die Regeln seiner „Feststellung". Ob man das

---

[29] BGH NStZ 2003, 603.
[30] BGH NStZ 2000, 656 (Kreditvergabe).
[31] BGH NJW 2004, 375, 379 f. (Schadensvorsatz).
[32] BGH a.a.O. 380.
[33] BGH a.a.O.
[34] BGHSt 38, 186.
[35] Näher *Volk* NStZ 1996, 105 ff.
[36] *Borst*, Über den Beweis des bösen Vorsatzes, Neues Archiv des Criminalrechts 2 (1818), S. 434 ff., 435.
[37] Näher *Volk*, FS Kaufmann, S. 611 ff.

für eine verbesserte Definition des Begriffs oder eine Frage des Beweises hält, spielt letztlich keine Rolle. Es kommt nur auf die „Anwendungsregeln" an, nicht jedoch auf ihre Zuordnung zu Begriff und Beweis.

Ein Beispiel: „Der Angeklagte hat bei dem Geschädigten X weiter Waren bestellt, obwohl er seine spätere Zahlungsunfähigkeit für sehr wahrscheinlich hielt und damit rechnete, dass seine Firma auf den Konkurs zusteuerte. Er hat dem X auch keinerlei Sicherheiten eingeräumt, also auch nichts getan, um die Gefahr für X abzuschirmen. Er hat die Realisierung dieser Gefahr billigend in Kauf genommen und deshalb mit bedingtem Vorsatz gehandelt." Unter den zahlreichen „Theorien", die in der Literatur zum dolus eventualis entwickelt wurden, lehrt eine, dass sich der bedingte Vorsatz dadurch auszeichne, dass der Täter die Gefahr für sehr wahrscheinlich halte, und eine andere sieht das Kennzeichen des bedingten Vorsatzes darin, dass der Täter die Gefahr nicht abgeschirmt habe. Diese Ansichten werden also jene Argumente für Definitionen des Begriffs halten. Nach der herrschenden Ansicht hingegen handelt bedingt vorsätzlich, wer die Gefahr einkalkuliert, sich mit ihrer eventuellen Realisierung abfindet und sie billigend in Kauf nimmt. Auch sie verwendet jene Argumente, allerdings an anderer Stelle und auf andere Weise. Für sie sind es Indizien. Wer die Gefahr nicht abschirmt oder sie für wahrscheinlich hält, hat damit einen Anhaltspunkt dafür geliefert, dass er mit der Gefahr gerechnet, sie billigend in Kauf genommen hat. Für die Rechtspraxis macht es keinen Unterschied, ob man diese Argumente einer Definition zurechnet oder sie für Indizien bei der Beweisführung hält.

b) Revisionsrechtliche Kontrolle. Das könnte nämlich von Interesse sein nur im Bereich des Rechtsmittels der Revision. Dort kommt es darauf an, ob eine Sachrüge oder eine Verfahrensrüge zu erheben ist. Diese beiden Begriffe decken sich bekanntlich nicht mit dem Begriffspaar materielles Recht und Verfahrensrecht. Die Revisionsgerichte überprüfen im Rahmen der Sachrüge z.B. ja auch, ob die Beweiswürdigung vollständig, plausibel, in sich geschlossen und ohne Widerspruch ist. Für das Revisionsgericht spielt es keine Rolle, ob der Satz „der Angeklagte hat die Gefahr nicht abgeschirmt und sie deshalb billigend in Kauf genommen" zum Begriff des Vorsatzes gehört oder zu seinem Beweis. Die Intensität und die Dichte der Kontrolle sind in beiden Fällen gleich. Das Revisionsgericht könnte beanstanden, dass der Tatrichter den Begriff des Vorsatzes verkannt habe, weil „billigend in Kauf nehmen" zu eng verstanden und auf das Argument von der abgeschirmten Gefahr reduziert worden sei. Es könnte auch bemängeln, dass zum Beweis des Begriffs nur eines von mehreren Indizien (abgeschirmte Gefahr) herangezogen wurde, so dass die Beweiswürdigung nicht vollständig sei. Der Revisionsführer muss sich in dieser Situation nicht überlegen, ob er eine „Definition" oder einen „Indizienschluss" angreift – in beiden Fällen ist die Sachrüge anzubringen. Einen kleinen Unterschied gibt es allerdings doch: Die falsche Definition des Begriffs kann sich schon allein aus dem Satz selbst ergeben, in dem der Begriff verwendet wird, während man für den Vorwurf mangelhafter Beweiswürdigung den (fehlenden oder fehlerhaften) Zusammenhang mit anderen Ausführungen in den Gründen braucht.

3. Gefährdungsvorsatz

Der im allgemeinen Strafrecht wenig behandelte Gefährdungsvorsatz spielt im Wirtschaftsstrafrecht eine große Rolle. Bei den Vermögensdelikten wird dem Schaden die „schadensgleiche Vermögensgefährdung" gleichgestellt. Folglich genügt auf der subjektiven Tatseite der Vorsatz der Vermögensgefährdung.

a) Der Gegenstand des Gefährdungsvorsatzes. Für den **Gegenstand des Gefährdungsvorsatzes** kommt es darauf an, wie der Begriff der schadensgleich-konkreten Vermögensgefährdung näher bestimmt wird. Dazu sollte man nicht auf „naturalistische" Ansätze zurückgreifen und etwa fragen, ob die Gefahr „jederzeit" in einen Schaden umschlagen kann oder ob es nur noch vom „Zufall" abhängt, dass er eintritt oder ausbleibt, sondern normative Konzepte von Gefahr heranziehen. Danach ist entscheidend (ohne das hier näher auszuführen), ob die Gefahr noch beherrschbar war.[38]

b) Der Inhalt des Gefährdungsvorsatzes. Der **Inhalt des Gefährdungsvorsatzes** ist aus dem Verletzungsvorsatz abzuleiten und zugleich von ihm abzugrenzen. Der bedingte Verletzungs-

---

[38] Überblick bei *Roxin* AT/1 § 11 Rdnr. 147 ff., allerdings ohne Beispiele zum Wirtschaftsstrafrecht.

vorsatz schließt den Gefährdungsvorsatz ein: Wer die Verletzung des Rechtsguts für möglich hält, sieht die Gefahr, dass es verletzt werden könnte. Das Umgekehrte gilt nicht. Mit dem Bewusstsein um das Risiko kann die (berechtigte) Erwartung verbunden sein, den Eintritt des Erfolges vermeiden zu können. Risikobewusstsein ist sicheres Wissen um das Risiko. Der Gefährdungsvorsatz ist also direkter Vorsatz.

54 c) **Bedingter Gefährdungsvorsatz?** Die Behauptung, dass es auch **bedingten Gefährdungsvorsatz** geben könne,[39] trifft die Sache nicht. Dazu müsste man sich jemanden vorstellen, der es für möglich hält, dass ein Risiko entsteht, aus dem möglicherweise ein Schaden erwächst. Diese Möglichkeit von einer Möglichkeit multipliziert sich zu einer so geringen Wahrscheinlichkeit, dass die Minimalanforderungen an den bedingten Vorsatz unterschritten sind. Man darf bei der Definition des Gefährdungsvorsatzes den Bezug auf die Verletzung nicht verlieren.[40] Wer nur für möglich hält, dass die Gefahr eines Vermögensschadens entstehen könnte, sieht keine konkrete, schadensgleiche Vermögensgefährdung (davon ganz abgesehen, dass er sie auch nicht „ernst nehmen", sie einkalkulieren, sich mit ihr abfinden wird).

55 d) **Gefährdungsvorsatz und riskantes Handeln.** Die Vorverlagerung des Schadenseintritts auf die konkrete Gefährdung führt in einigen Fallkonstellationen, insbesondere bei der **Untreue**, dazu, dass aus einem Erfolgsdelikt ein Tätigkeitsdelikt wird, das bereits mit der Vornahme einer riskanten Handlung vollendet ist. Wenn die Verletzung der Vermögensfürsorgepflicht darin besteht, dass ein unvertretbares Risiko eingegangen wurde, steht damit praktisch auch die konkrete Vermögensgefährdung fest. Wer gesehen hat, dass er die Grenzen des tolerablen Risikos eindeutig überschreitet, hat damit zugleich Vorsatz, was die schadensgleiche Vermögensgefährdung betrifft.

56 Wie ist es, wenn er die Pflichtwidrigkeit nur für möglich gehalten hat? Es liegt anders als soeben (unter 3.) besprochen. Dort ging es um die Situation, dass die Verletzung des Rechtsguts die mögliche Folge einer möglicherweise gefährlichen Handlung ist. Hier jedoch wird der „deliktische Erfolg" in Gestalt einer Vermögensgefährdung aus den gleichen Umständen abgeleitet, die auch die Tathandlung der Pflichtwidrigkeit begründen. Schaden und Pflichtwidrigkeit fallen in eins. Aus diesem Grunde werden für die Begründung (und den Beweis) dieser Merkmale die gleichen Umstände herangezogen.

57 Besonders deutlich wird das in den Fällen der **Kreditvergabe** und des Sponsorings. Dafür hat der BGH „prozedurale" Kriterien aufgestellt, die den Weg der korrekten Entscheidungsfindung beschreiben und Anhaltspunkte dafür liefern, wann er verlassen wurde (wie z.B. umfassende Informationsgrundlage, sorgfältiges Abwägen der Risiken und Chancen, innerbetriebliche Transparenz, etc.). Diese Kriterien des „richtigen Weges" sind in gleicher Weise relevant für den Begriff und den Beweis des pflichtwidrigen Verhaltens. Zugleich liefern sie den (identischen) Stoff für Begriff und Beweis der konkreten Vermögensgefährdung. Und überdies erleichtern sie den Beweis des Vorsatzes: Wer sich nicht an jene Vorgaben gehalten hat, wird nicht erfolgreich vorbringen können, er habe auf einen guten Ausgang vertraut und mit einem schlechten nicht gerechnet.

4. Tatbestandsirrtum und Verbotsirrtum

58 a) **Grundlagen der Irrtumslehre.** Entscheidend ist nicht der Entstehungsgrund des Irrtums, sondern der Punkt, an dem er sich auswirkt, nicht seine Quelle also, sondern das „Delta", in das er mündet. Zielt er auf ein Tatbestandsmerkmal, handelt es sich um einen Tatbestandsirrtum; wirkt er sich bei der Unrechtskenntnis aus, ist es ein Verbotsirrtum. Falsche Vorstellungen über das Recht sind nicht notwendig ein Verbotsirrtum. Führen sie dazu, dass ein Tatumstand verkannt wird, so handelt es sich um einen Irrtum, der den Vorsatz ausschließt (§ 16 StGB).

59 Das Reichsgericht hatte das (unter der Prämisse, dass die Rechtswidrigkeit der Tat zum Gegenstand des Vorsatzes gehört) prinzipiell anders gesehen. Danach kam es auf den Ursprung des Irrtums an. Wurzelte er in falschen Rechtsansichten, war er unbeachtlich („error iuris nocet"). Das allerdings galt nur für den spezifisch „strafrechtlichen" Irrtum. Der „außerstrafrechtliche" Irrtum schloss den Vorsatz aus. Diese Irrtumslehre, die ganz einfach zwischen der

---

[39] *Lackner/Kühl* § 15 Rdnr. 28 m.w.N.
[40] Vgl. auch *Radtke* NStZ 2000, 88, 90 (zur Brandstiftung).

Fehlvorstellung über „Tatsachen" und „Recht" unterscheidet, wirkt noch immer in gewisser Weise fort, obwohl sie mit dem heute herrschenden Ansatz nicht vereinbar ist – wohl deshalb, weil sie einfach ist, sichere Ergebnisse verspricht und den nicht privilegiert, der fahrlässig über das Recht irrt. Diese Fortwirkung zeigt sich in der Tendenz, komplexe Tatbestandsmerkmale, in denen eine Tatsachenbasis und ihre rechtliche Bewertung zusammengefasst sind, entgegen der heute herrschenden Ansicht zu „zerlegen". Bei den normativen Tatbestandmerkmalen gilt das noch nicht als lege artis. Anders soll das bei den sog. gesamttatbewertenden Merkmalen sein.

b) Normative Merkmale. Kenntnis von diesen Merkmalen hat nur, wer über ihre Tatsachenbasis hinaus auch ihre rechtliche Bedeutung im Kern zutreffend erfasst hat. Andernfalls befindet er sich in einem Tatbestandsirrtum. Für den Nachvollzug der Wertung ist die einigermaßen richtige „Parallelbeurteilung in der Laiensphäre" entscheidend. Diese gängige Formel wird in der Praxis des Wirtschaftsstrafrechts relativiert. Wer in einem bestimmten Bereich wirtschaftlich tätig ist, kann sich nicht darauf berufen, „Laie" zu sein, sondern muss sich an den Minimum-Standards messen lassen, die für seine berufliche Rolle gelten („als" Steuerberater, Tankwart, Vorstand, etc.). Die Behauptung, diese Standards nicht gekannt zu haben, wird nicht, wie es nach allgemeinen Regeln richtig wäre, als fahrlässiges „Übernahmeverschulden" eingeordnet, sondern schlicht als Schutzbehauptung verworfen. 60

Im allgemeinen Strafrecht gilt: „Kennt der Täter also z.B. bei §§ 242, 246 StGB die Rechtsinstitute des Eigentumsvorbehalts und der Sicherungseigentums nicht und gelangt er so zu einer falschen Einschätzung der Eigentumslage, so handelt er unvorsätzlich".[41] Das ist zwar „weitgehend unstreitig",[42] andererseits aber im Wirtschaftsstrafrecht blanke Theorie. Einem Einzelhändler jedweder Branche nimmt das niemand ab. 61

Nach den gleichen Regeln wäre z. B. der Irrtum über das normative Merkmal der Pflichtwidrigkeit des Verhaltens bei der Untreue zu behandeln. Die Ergebnisse sind unerwünscht. Daher weicht man auf die dubiose Rechtsfigur der „gesamttatbewertenden Merkmale" aus. Dort soll nämlich das Splitting in die Unkenntnis der Fakten und den Irrtum über die Rechtslage erlaubt sein. 62

c) Gesamttatbewertende Merkmale. Das entscheidende Charakteristikum eines gesamttatbewertenden Merkmals liegt darin, dass es „nicht nur das typische Unrecht, sondern zugleich auch das konkrete ... Unrecht des Einzelfalles bezeichnet".[43] Es ist also bei Delikten, die ein solches Merkmal enthalten, nicht möglich, Tatbestandsmäßigkeit und Rechtswidrigkeit zu unterscheiden. „Für Rechtfertigungsgründe bleibt kein Raum mehr".[44] Tatbestände mit gesamttatbewertenden Merkmalen sind „Fremdkörper in unserem Strafrecht".[45] Solche Tatbestände „zeigen, welche Einbuße an Rechtsstaatlichkeit es bedeutet, wenn der Bereich des strafbaren Verhaltens nicht deutlich beschrieben, sondern unter Einebnung beider Kategorien (Tatbestandsmäßigkeit und Rechtswidrigkeit; *Volk*) durch eine Generalklausel bezeichnet wird, die sich nur als eine Paraphrase des Begriffs ‚materiell rechtswidrig' darstellt".[46] 63

Diese „Einbuße an Rechtsstaatlichkeit" wird man bei der Nötigung als unvermeidlich hinnehmen müssen. Hier muss man in der Tat auf der Irrtumsebene versuchen zu trennen, was im Objektiven nicht unterscheidbar ist, nämlich den Tatbestand und das Verbot. Anders könnte man dem gesetzlichen Auftrag, Tatbestandsirrtum und Verbotsirrtum verschieden zu behandeln, nicht gerecht werden. Dieses Problem taucht aber nur dort auf, wo in einem einzigen Merkmal die gesamte Rechtswidrigkeit sozusagen chiffriert, kondensiert, eingedampft ist. 64

Bei anderen Delikten ist das nicht der Fall, und es besteht deshalb kein Grund, ein Tatbestandsmerkmal als „gesamttatbewertend" zu bezeichnen. Die darauf abzielenden Vorschläge halten näherer Betrachtung nicht Stand. 65

---

[41] *Tiedemann* Wirtschaftsstrafrecht Rdnr. 227.
[42] *Tiedemann* a.a.O.
[43] *Roxin* AT I § 10 Rdnr. 45.
[44] *Roxin* a.a.O.
[45] *Roxin* a.a.O. Rdnr. 51.
[46] *Roxin* a.a.O.

66 *aa) Die Pflichtwidrigkeit bei der Untreue.* In diesem Merkmal ist nicht das Unrecht der Untreue komplett eingeschlossen. Nehmen wir als Beispiel die „Haushaltsuntreue". Die Verletzung der Vermögensfürsorgepflicht besteht in (spezifischen) Verstößen gegen Vorschriften über die Bewirtschaftung des Haushalts. Sie ist relativ leicht und sicher festzustellen. Für das Unrecht der Tat ist damit nicht viel gewonnen. Das eigentliche Problem besteht bekanntlich darin, den Schaden festzustellen. Die Schwierigkeiten liegen darin, dass es sich um einen hoch komplexen, überaus normativ geprägten Begriff handelt (Stichworte: die „Brauchbarkeit" der Anschaffung, die „Fehlleitung" der Mittel, die „wesentliche" Einschränkung der Dispositionsfreiheit). Wenn es einen Schwerpunkt der unrechtskonstitutiven Merkmale gibt, dann liegt er eher hier als bei der Pflichtwidrigkeit. Jedenfalls wird niemand sagen wollen, dass in der Pflichtwidrigkeit das gesamte Unrecht der Tat eingeschlossen sei, dass die Rechtswidrigkeit mit der Pflichtwidrigkeit bereits feststehe, wie das für gesamttatbewertende Merkmale essentiell ist.

67 *Schünemann* hat allerdings erwogen, die Irrtumsprobleme bei der Verletzung der Vermögensfürsorgepflicht mit Hilfe dieser Rechtsfigur anzugehen. „Aber das wirft eine Reihe schwierigster dogmatischer Fragen auf, die bis heute im Allgemeinen Teil von einer definitiven Klärung weit entfernt und in ihrer speziellen Ausprägung in § 266 noch nicht einmal vollständig formuliert worden sind".[47] Selbst wenn man sie über das Splitting von Tatsachenkenntnis und Rechtsbewertung zu lösen versucht, das bei gesamttatbewertenden Merkmalen angewandt wird, bleibt noch das Problem offen, „wie die pflichtwidrigkeitsbegründenden Tatsachen abzugrenzen sind und ob etwa in diesem Sinne die richtige Interpretation eines Dienstvertrages (also eine zivilrechtliche Rechtsfrage) in ihrer Relation zu dem auf einer Metaebene zu fällenden strafrechtlichen Pflichtwidrigkeitsurteil als eine Tatsache, der Irrtum des Täters darüber infolgedessen als eine Tatbestandsirrtum zu qualifizieren wäre".[48]

68 Wer diese Frage bejaht, kehrt im Ergebnis zur Irrtumslehre des Reichsgerichts zurück: Der Irrtum über „außerstrafrechtliches" Recht wird zum Irrtum über eine „Rechtstatsache", also zum Tatsachenirrtum.

69 Der **BGH** hat die Frage in seiner „Mannesmann"-Entscheidung offen gelassen: „Eine sachgerechte Einordnung etwaiger Fehlvorstellungen oder -bewertungen ... wird sich nicht durch schlichte Anwendung einfacher Formeln ohne Rückgriff auf wertende Kriterien und differenzierende Betrachtung erreichen lassen. Die Annahme etwa, dass jede (worin auch immer begründete) fehlerhafte Wertung, nicht pflichtwidrig zu handeln, stets zum Vorsatzausschluss führt, weil zum Vorsatz bei der Untreue auch das Bewusstsein gehöre, die ihm obliegende Vermögensfürsorgepflicht zu verletzen, kann nicht überzeugen. Umgekehrt könnte der Senat auch der Auffassung nicht folgen, dass es für die Bejahung vorsätzlichen Handelns ausreiche, wenn der Täter alle die objektive Pflichtwidrigkeit seines Handelns begründenden tatsächlichen Umstände kennt und dass seine in Kenntnis dieser Umstände aufgrund unzutreffender Bewertung gewonnene fehlerhafte Überzeugung, seine Vermögensfürsorgepflicht nicht zu verletzen, stets nur als Verbotsirrtum zu werten ist".[49]

Mehr als ein Fragezeichen ist damit nicht gesetzt.

70 *bb) Garantenpflicht bei unechten Unterlassungsdelikten.* Manche halten die **Garantenpflicht** bei den unechten Unterlassungsdelikten für ein gesamttatbewertendes Merkmal, für ein Merkmal also, das den gesamten Unrechtsgehalt der Tat in sich vereint. Diese Ansicht dürfte ihren Ursprung in der „Schwurgerichtsdogmatik" haben und für Kapitaldelikte entwickelt worden sein. Im Wirtschaftsstrafrecht ist sie nicht haltbar.

71 Beispiel: Angenommen, dass ein Amtsträger in der Umweltbehörde, der, garantenpflichtig wie er ist, nicht gegen eine Luftverschmutzung einschreitet, dagegen also, dass jemand beim Betrieb einer Anlage unter Verletzung verwaltungsrechtlicher Pflichten Veränderungen der Luft verursacht, die geeignet sind, die Gesundheit eines anderen zu schädigen (§ 325 StGB). Niemand wird behaupten können, dass die Rechtswidrigkeit dieser Tat komplett in der Stellung als Amtsträger eingeschlossen sei.

---

[47] LK/*Schünemann* § 266 Rdnr. 153.
[48] *Schünemann* a.a.O.
[49] BGH Urt. v. 21.12.2005 – 3 StR 470/04 – NStZ 2006, 214, 217.

Wenn nun ein Irrtumsproblem auftritt, geht es um die Unterscheidung von Garantenstellung und Garantenpflicht. Sie verhilft zur Unterscheidung von Tatbestands- und Verbotsirrtum. Wer alle Umstände der Situation überblickt, die seine Pflicht zum Eingreifen begründen, und dennoch irrig annimmt, er sei zu nichts verpflichtet, befindet sich im Verbotsirrtum.[50] Für diese Auftrennung braucht man die Figur der gesamttatbewertenden Merkmale nicht.

In der ersten Variante des Beispiels liegt es so: Der zuständige Amtsträger hat von einer möglichen Luftverunreinigung durch die Firma X erfahren; sie habe beim Ausstoß den Wert 2 erreicht. Er sieht sich den Genehmigungsvorgang, die Auflagen etc. an und stellt fest, dass 2 der Grenzwert ist, der noch toleriert wird. Daraufhin unternimmt er nichts. In Wahrheit – er war falsch informiert – erreichen die Emissionen den Wert 3. Das Tatbestandsmerkmal (und es ist eines!) der „Verletzung verwaltungsrechtlicher Pflichten" liegt objektiv vor. Die Vorstellungen unseres Amtsträgers waren irrig. Es handelt sich evident und eindeutig um einen Tatbestandsirrtum. Er hat sich natürlich nicht darüber geirrt, dass er als Amtsträger eine Garantenpflicht hat, das war ihm klar. Geirrt hat er sich über den Anlass tätig zu werden, über die Situation, die sein Einschreiten erforderlich macht, die also seine Garantenpflicht sozusagen aktiviert.

In der zweiten Variante des Beispiels liegt der Ausstoß objektiv bei 2. Der Amtsträger hat bei seiner Überprüfung der verwaltungsrechtlichen Erlaubnisse (etc.) einen Fehler gemacht und sie (warum auch immer) irrig für rechtmäßig und wirksam gehalten. Deshalb schreitet er nicht ein. Sollte er sich nun im Verbotsirrtum befinden, weil er falsche Vorstellungen „über das Recht" hatte? Man muss diese Frage nur stellen, um zu sehen, dass sie falsch gestellt ist. Er irrt sich wieder nicht über seine Position und die damit verbundenen Pflichten, und er irrt sich auch nicht über die Norm, die hinter dem Tatbestand der Luftverschmutzung steht. Wiederum irrt er sich (lediglich) über die Situation. Das Beispiel zeigt, worauf es ankommt und worauf nicht: entscheidend ist, dass er den Anlass zum Tätigwerden nicht sieht, und ob er ihn aus tatsächlichen oder rechtlichen („außerstrafrechtlichen") Gründen verkennt, macht keinen Unterschied. Er handelt nicht vorsätzlich. Er kommt gar nicht bis zu der Frage, ob sein Verhalten mit der Strafrechtsnorm vereinbar sei, weil ihn der entsprechende „Appell" des Vorsatzes nicht erreicht und nicht erreichen kann.

d) Blankettgesetze. Das Problem, welche Art und Intensität der „Kenntnis" von normativen Bezügen verlangt werden darf, verschärft sich umso mehr, je weiter dieser normative Bezugspunkt vom Kernbereich des Strafrechts entfernt ist. Die Skala beginnt bei den normativen Tatbestandsmerkmalen, die eine außerstrafrechtliche Wertung erfordern, führt über die Verweisungsbegriffe und endet bei den Blankettstrafgesetzen, die selbst keine Wertung mehr enthalten, sondern sie komplett in andere Rechtsgebiete und deren Regelungen verschoben haben.

Die Frage ist, ob die Kenntnis der ausfüllenden Norm erforderlich ist oder ob es genügt, dass die Voraussetzungen des ausfüllenden Tatbestands bekannt sind. Die Antworten differieren stark.[51] Die vorherrschende Ansicht fasst die Tatbestandsmerkmale des Straftatbestandes und diejenigen des ausfüllenden Gesetzes zu einem Tatbestand zusammen. Auf diese Weise werden die normativen Merkmale des Straftatbestands (wie z.B. „entgegen dem Handelsrecht", „unter Verstoß gegen") in deskriptive aufgelöst. Das Vorbringen, man habe die Bedeutung des normativen Merkmals nicht erfasst, hat kaum noch Aussicht auf Erfolg, sondern wird als Verbotsirrtum interpretiert. Damit verfehlt die h.M., wenn man sie streng durchführt, die Funktion des Vorsatzes: Appellfunktion kann er nicht mehr ausüben. Wer die außerstrafrechtliche Norm nicht kennt, hat keinen Anlass, sich zu vergewissern, dass sein Verhalten rechtskonform ist. Andererseits will man die (Existenz der) Norm nicht in jedem Fall zum Tatbestandsmerkmal machen und damit deren Unkenntnis zum Tatbestandsirrtum rechnen. Die fahrlässige Unkenntnis wäre zwar in vielen Fällen im Nebenstrafrecht als Fahrlässigkeitsdelikt strafbar (bzw. wenigstens eine Ordnungswidrigkeit). Diese „Privilegierung" der Rechtsfahrlässigkeit geht der h. M. aber zu weit. Die überwiegende Ansicht neigt daher zu einer differenzierenden Betrachtung (in wiederum vielgestaltigen Ausprägungen).

---

[50] Seit BGHSt 16, 155 ständige Rechtsprechung; ebenso die Lehre.
[51] Gute Übersicht und Diskussion des Streitstands bei *Tiedemann* Wirtschaftsstrafrecht S. 110.

77 Die Grenzlinie dürfte sein, ob die bloße Kenntnis der tatsächlichen Umstände der ausfüllenden Norm in die Lage versetzt, eine zutreffende Parallelbeurteilung vorzunehmen, oder ob dazu die Kenntnis des Verbots selbst erforderlich ist.[52] Wenn der Tatbestand, auf den das strafrechtliche Blankett verweist, „an sich unrechtsneutral oder sogar sozialadäquat ist", muss man die außerstrafrechtliche Norm zum Tatbestand rechnen.[53] In solchen Fällen begründet die Unkenntnis der Norm einen Tatbestandsirrtum.

5. Die Verteidigung gegen den Vorsatzvorwurf

78 In einem wirtschaftlichen Umfeld, in dem Erfolge „erzielt" und Risiken kalkuliert werden, ist es schwierig, im Falle des Misslingens eine reine Vorsatzverteidigung zu führen und plausibel zu machen, dass die Dinge „unglücklich gelaufen" und die negativen Ereignisse „Zufall" seien. Meist ist der Mandant auch eingebunden in Hierarchien und muss befürchten, dass andere ihn belasten, um sich zu entlasten.

79 Die Verteidigung gegen den Vorsatzvorwurf kann nur das Spiegelbild seines Beweises sein. Man muss „äußere Umstände" darlegen, die den Schluss auf den Vorsatz stören oder zerstören. Wer gegen den Schluss aus dem Tathergang und den anderen äußeren Umständen nur einwendet, dass sich in seinem Inneren etwas anderes abgespielt habe, ist in wenig aussichtsreicher Lage. Er bekommt vom Gericht zu hören, dass sein Vorbringen durch die Situation widerlegt werde und offenbar nur eine „Schutzbehauptung" sei. Die Subjektivierung eines Geschehens bedeutet nicht Individualisierung. In den Indizienschlüssen vom Äußeren auf das Innere spielt die Hauptrolle stets das Argument, was „man" in dieser Situation gedacht, gesehen, gefühlt, geglaubt hätte. Die subjektiven Merkmale werden auf diese Weise generalisiert. Im konkreten Fall dagegen anzugehen, bringt eine verschärfte Darlegungslast mit sich.

80 Zur Erinnerung, am Rande bemerkt: Der Beschuldigte trägt zwar keinerlei Beweislast. Aber dieser Schein trügt. Seine Aufklärungspflicht hat das Gericht bekanntlich nur verletzt, wenn es greifbaren, konkreten Anhaltspunkten nicht nachgegangen ist, und die kann meist nur der Beschuldigte liefern. Tut er das nicht, kann er sich nicht darüber beklagen, dass das Gericht keine Nachforschungen angestellt hat. Niemand ist verpflichtet, sich selbst zu belasten – aber jeder trägt die Obliegenheit, sich selbst zu entlasten.

81 Die Subjektivierung der äußeren Tatseite ist aber nicht nur mit einem generalisierenden Rückgriff auf den Normalfall verbunden. Es ist vor allem die Normativierung der subjektiven Merkmale, die der Verteidigung zu schaffen macht. Das wichtigste Instrument, um ein Merkmal „beweisbar" zu machen, ist seine Normativierung.[54] Je weniger Fakten empirisch bewiesen werden müssen, umso leichter lässt sich ein Merkmal durch Wertung und Zuschreibung als „gegeben" darstellen.[55] In Wirtschaftsstrafsachen wird im Regelfall die Kenntnis dem zugeschrieben, der die Kompetenz hat.

---

[52] So *Lackner/Kühl* § 17 Rdnr. 22.
[53] *Tiedemann* a.a.O. 112.
[54] Eingehend *Schünemann*, FS Hirsch, S. 363 ff.
[55] Zur Zuschreibung des Vorsatzes *Hruschka*, FS Kleinknecht, S. 191 ff.; *Freund*, Normative Probleme der „Tatsachenfeststellung", 1987, hält nicht die Begrenzung des Beweisgegenstands und die Normativierung des Merkmals für wichtig, sondern die normativen Beschränkungen der empirischen Nachweismöglichkeiten, a.a.O., S. 42 f., 55.

§ 3 Täterschaft und Teilnahme

Übersicht

	Rdnr.
I. Die strafrechtliche Verantwortlichkeit bei Gremienentscheidungen	1–60
1. Kriminologie	1–11
a) Bedeutung	2/3
b) Kriminogene Faktoren	4/5
c) Entwicklung der Rechtsprechung	6–9
d) Relevante tatsächliche Fragen	10/11
2. Zurechnung eines strafbaren Erfolges auf das einzelne Gremienmitglied	12–27
a) Organisationsstruktur versus Individualzurechnung	12–14
b) Vertikale Zurechnung	15–27
3. Horizontale Zurechnung	28–53
a) Der Beschluss als Barriere einer Individualzurechnung	28/29
b) Kausalität der Einzelstimme?	30–36
c) Mittäterschaft	37–41
d) Abstimmungsverhalten als direkter Anknüpfungspunkt – Pflichtwidriges Verhalten außerhalb des Beschlusses	42/43
e) Strafbarkeit der „Gegenstimme"?	44–49
f) Stimmenthaltung	50–52
g) Vertrauensgrundsatz	53
4. Strafbarkeit wegen Unterlassen bei Gremienentscheidungen	54–56
a) Abgrenzung von Tun und Unterlassen	54
b) Individueller Unterlassungsvorwurf	55
c) Der gemeinsame Beschluss als Erfolgsabwendungspflicht	56
5. Die fahrlässige Mittäterschaft	57–60
6. Fazit und Hinweis für die Verteidigung	60
II. Beihilfe durch berufsbedingtes Verhalten	61–99
1. Einführung	61–65
2. Meinungsstand in der Literatur	66–82
a) Ausschluss der Strafbarkeit auf der Ebene des objektiven Tatbestandes	67–72
b) Ausschluss der Strafbarkeit bei Vorliegen einer Kombination von objektiven und subjektiven Elementen	73–77
c) Ausschluss der Strafbarkeit maßgeblich nach subjektiven Elementen	78–80
d) Keine Einschränkung bei alltagstypischen Handlungen	81/82
3. Die neuere Rechtsprechung	83–97
a) Beschluss des Bundesverfassungsgerichts aus dem Jahr 1994	83
b) Die „Rechtsanwaltsentscheidung" des 5. Strafsenats des BGH	84–86
c) Die „Bankenentscheidung" des 5. Strafsenats des BGH	87
d) Die „Jahresbefehlsentscheidung" des 4. Strafsenats des BGH	88/89
e) Die „Mannesmann-Entscheidung" des 3. Strafsenats des BGH	90–93
f) Zusammenfassung und Kritik	94–97
4. Ausblick und Hinweise für die Verteidigung	98/99

Schrifttum: 1. Zu Gremienentscheidungen: *Achenbach,* Schwerpunkte der BGH-Rechtsprechung zum Wirtschaftsstrafrecht, in: Canaris, Claus-Wilhelm u. a. (Hrsg.), 50 Jahre Bundesgerichtshof, Festgabe aus der Wissenschaft, Band IV (hrsg. von *Claus Roxin* und *Gunter Widmaier*), S. 593 ff.; *Amelung,* Der Bundesgerichtshof als „Gesetzgeber" im Bereich des materiellen Strafrechts – Lederspray-, Geldstrafen- und Methadonentscheidung des BGH, in: Arbeitsgemeinschaft Strafrecht des DAV (Hrsg.), Rechtsgestaltende Wirkung des Revisionsrechts, 1993, S. 64 ff.; *Beulke/Bachmann,* Die „Lederspray-Entscheidung" – BGHSt 37, 106, JuS 1992, 737 ff.; *Dencker,* Kausalität und Gesamttat, 1995; *Deutscher/Körner,* Die strafrechtliche Produktverantwortung von Mitgliedern kollegialer Geschäftsleitungsorgane, wistra 1996, S. 292 ff. u. 327 ff.; *Franke,* Kriminologische und strafrechtsdogmatische Aspekte der Kollegialdelinquenz, Festschrift für Günter Blau, 1985, S. 227 ff.; *Herzberg,* Mittelbare Täterschaft und Anstiftung in formalen Organisationen, in: Amelung, Knut (Hrsg.), Individuelle Verantwortung und Beteiligungverhältnisse bei Straftaten in bürokratischen Organisationen des Staates, der Wirtschaft und der Gesellschaft, 2000, S. 33 ff.; *Höhfeld,* Strafrechtliche Produktverantwortung und Zivilrecht, Zur Strafbarkeit der Mitglieder mehrköpfiger Geschäftsleitungsgremien von Wirtschaftsunternehmen unter besonderer Berücksichtigung des Gesellschafts- und allgemeinen Zivilrechts, 1999; *Jakobs,* Strafrechtliche Haftung

durch Mitwirkung an Abstimmungen, Miyazawa-Festschrift, 1995, S. 419 ff.; *Kamm*, Die fahrlässige Mittäterschaft, 1999; *Knauer*, Die Kollegialentscheidung im Strafrecht, 2001; *ders.*, Die Strafbarkeit der Bankvorstände für mißbräuchliche Kreditgewährung, NStZ 2002, S. 399; *ders.*, Strafbare Untreue im Kulturbetrieb, Ein Beitrag insbesondere zur sogenannten „Haushaltsuntreue", in: Unverzagt/Röckrath (Hrsg.): Kultur & Recht, Handbuch, Berlin (Stand Juni 2001); *Krekeler/Werner*, Unternehmer und Strafrecht, 2006; *Neudecker*, Die Strafrechtliche Verantwortlichkeit der Mitglieder von Kollegialorganen, 1994; *Peter*, Die strafrechtliche Verantwortlichkeit von Kollegialorganmitgliedern der AG und der GmbH für das Nichteinschreiten bei Gründungsschwindelhandlungen anderer Kollegialorganmitglieder, 1990; *Poseck*, Die strafrechtliche Haftung der Mitglieder des Aufsichtsrates einer Aktiengesellschaft, 1997; *Rotsch*, Individuelle Haftung in Großunternehmen, 1998; *ders.*, Neues zur Organisationsherrschaft, NStZ 2005, S. 13 ff.; *Schaal*, Strafrechtliche Verantwortlichkeit bei Gremienentscheidungen in Unternehmen, 2001; *Schünemann*, Unternehmenskriminalität und Strafrecht, Köln u. a. 1979; *ders.*: Die strafrechtliche Verantwortlichkeit der Unternehmensleitung im Bereich von Umweltschutz und technischer Sicherheit, in: Breuer u. a. (Hrsg.), Umweltschutz und technische Sicherheit im Unternehmen, 9. Trierer Kolloquium zum Umwelt und Technikrecht, Stuttgart 1994, S. 137 ff.; *Weißer*, Kausalitäts- und Täterschaftsprobleme bei der strafrechtlichen Würdigung pflichtwidriger Kollegialentscheidungen, 1996.
2. Zur Beihilfe durch berufsbedingtes Verhalten: *v. Bar*, Gesetz und Schuld im Strafrecht, 1907; *Blumers/Göggerle*, Handbuch des Verteidigers und Beraters im Steuerstrafverfahren, 2. Aufl. 1989; *Clerc*, Grundzüge des Schweizerischen Strafrechts, 1943; *Derksen*, Handeln auf eigene Gefahr, 1992; *Dickopf*, Steuerberatung und steuerstrafrechtliche Risiken, 1991; *Flatten*, Zur Strafbarkeit von Bankangestellten bei der Geldwäsche, 1996; *Forthauser*, Geldwäscherei de lege lata und ferenda, 1992; *Frisch*, Tatbestandsmäßiges Verhalten und Zurechnung des Erfolges, 1988; *Häcker*, Müller-Guggenberger, Wirtschaftsstrafrecht, 3. Aufl. 2000; *Kitka*, Über das Zusammentreffen mehrerer Schuldigen bey einem Verbrechen und deren Strafbarkeit, 1840; *Köhler*, Deutsches Strafrecht, 1917; *Kudlich*, Die Unterstützung fremder Straftaten durch berufsbedingtes Verhalten, 2004; *Lesch*, Die sukzessive Beihilfe, 1992; *Löwe-Krahl*, Steuerstrafrechtliche Risiken typischer Bankgeschäfte, 1989; *ders.*, Die Verantwortung von Bankangestellten bei illegalen Kundengeschäften, 1990; *ders.*, Steuerstrafrechtliche Risiken typischer Bankgeschäfte, 1989; *ders.*, Steuerhinterziehung bei Bankgeschäften, 2. Aufl.; *Pilz*, Beihilfe zur Steuerhinterziehung durch neutrale Handlungen von Bankmitarbeitern, 2001; *Rainer*, Gräfe/Lenzen/Rainer, Steuerberaterhaftung, 2. Aufl. 1988; *Rudolphi*, Die Gleichstellungsproblematik der unechten Unterlassungsdelikte und der Gedanke der Ingerenz, 1966; *Schild/Trappe*, Harmlose Gehilfenschaft, 1995; *Schumann*, Strafrechtliches Handlungsunrecht und das Prinzip der Selbstverantwortung der Anderen, 1986; *Theile*, Tatkonkretisierung und Gehilfenvorsatz, 1998; *Wannemacher*, Steuerberater und Mandant im Steuerstrafverfahren, 3. Aufl. 1989; *Wohlleben*, Beihilfe durch neutrale Handlungen, 1996; Wolff-Reske, Berufsbedingtes Verhalten als Problem mittelbarer Erfolgsverursachung, 1995.

Von großer Bedeutung im Allgemeinen Teil des Wirtschaftsstrafrechts sind die § 25 ff. StGB (Täterschaft und Teilnahme). Die dogmatischen Grundfragen sind hierbei ebenso von Relevanz wie die in der Folge behandelten Sonderprobleme, die Verantwortlichkeit bei Entscheidungen von Gremien – hier werden insbesondere die Voraussetzungen der Mittäterschaft, die mittelbare Täterschaft sowie die fahrlässige Mittäterschaft problematisiert – (u. I, Rdnr. 1 ff.), sowie die Frage einer Beihilfestrafbarkeit bei berufsbedingtem Verhalten (u. II, Rdnr. 61 ff.).

I. Die strafrechtliche Verantwortlichkeit bei Gremienentscheidungen

1. Kriminologie

1   Die Frage der strafrechtlichen Beurteilung des Abstimmungsverhaltens der Mitglieder von Gremien hat sich von einem ausschließlich theoretischen Problem zu einem solchen der Praxis entwickelt. Denn Gremienentscheidungen[1] kommt zur Steuerung und Lenkung komplexer Organisationsformen eine zentrale Rolle zu. In Wirtschaftsunternehmen sind solche dem Mehrheitsprinzip folgenden Entscheidungen der Leitungsgremien – etwa Aufsichtsrat, Vorstand oder andere Geschäftsleitungsgremien – alltäglich. Es ist also anzunehmen, dass Wirtschaftsstraftaten ihren Ursprung häufig in den Entscheidungen der Kollegialorgane haben.

2   **a) Bedeutung.** Zwar gibt es über die tatsächliche Relevanz von Gremienentscheidungen als Anknüpfungspunkt von Strafverfolgung oder strafrechtlicher Verurteilung keine empirischen Erkenntnisse. Angesichts der geschilderten Bedeutung der Entscheidungen von Führungsgremien und der Tatsache, dass ein Großteil der Beschuldigten in Wirtschaftsstrafsachen Führungskräfte,[2] respektive Gesellschafter, Geschäftsführer und Vorstände von Personen- und Ka-

---

[1] Häufig ist in der strafrechtlichen Literatur auch von der Kollegial- oder Kollektiventscheidung die Rede. Letzteres ist ungenau: Denn ein Kollektiv ist jede Vereinigung mehrerer Personen, auch eine solche, die sich nicht wie ein Gremium bestimmten Regeln unterwirft; dazu *Knauer*, Die Kollegialentscheidung im Strafrecht, S. 8 ff.
[2] *Göppinger* Kriminologie S. 547.

pitalgesellschaften³ sind, bestätigt sich aber der Befund einer hohen Bedeutung für die wirtschaftsstrafrechtliche Praxis.⁴

Gremienentscheidungen spielen aber nicht nur in Unternehmen eine entscheidende Rolle, sie sind vielmehr in der modernen, demokratisch organisierten Industriegesellschaft das gängigste Mittel, um der Personenvereinigung einen gemeinsamen Willen zu geben.⁵ Man denke nur an die Bundes-, Länder- und Gemeindeparlamente, Parteigremien, Kollegialgerichte, kollegiale Leitungsorgane der Verwaltung, der Universitäten und Kliniken,⁶ aber auch an die Kollegialorgane der Sozialträger und Kirchen.⁷

b) Kriminogene Faktoren. Im Gremium wirken kriminogene Faktoren auf das einzelne Mitglied ein, welche geeignet sind, die Hemmschwelle zur Beteiligung an einem deliktischen Handeln zu reduzieren.⁸ Diese gruppendynamischen Wirkweisen können zu einer „Neutralisierung" in dem Sinne führen, dass der Abstimmende sich hinter dem Gremium „versteckt".⁹ Er lernt zu glauben, die eigene Verantwortung sei geringer einzuschätzen, wenn die Mehrheit für das deliktische Ziel votiert. Dies kann umso mehr in den Fällen gelten, in denen die eigen Stimme für die Mehrheit nicht erforderlich war, weil die „Ja-Stimmen" die ablehnenden bei weitem überwiegen (also etwa bei einem Ergebnis von 6:1). Das Gremienmitglied eines ohnehin mit einer „kriminellen Attitüde"¹⁰ agierenden Unternehmens kann durch diese kriminogenen Faktoren deliktisches Verhalten gar „erlernen". Die Anpassung an die Zwänge der Gruppe, die Orientierung am „entscheidenden" Vorsitzenden kann diesen Effekt verstärken.

Trotz dieser Potenzierung kriminogener Einflüsse kann dies nicht – wie teils vertreten¹¹ – zu einer Exkulpation des einzelnen Wirtschaftsstraftäters führen. Denn selbst wenn starke gruppendynamische Effekte im Einzelfall nachweisbar sein sollten, so ist eine Einschränkung der Steuerungsfähigkeit im Sinne der §§ 21, 22 StGB äußerstenfalls bei „gruppendynamischen Unfällen" anzuerkennen.¹² Denkbar sind diese i. d. R. nur bei sich in Einzelsituationen bis zum Steuerungsverlust wechselseitig aufheizenden Mitgliedern von Jugendbanden u.ä., nicht jedoch bei rational vorgehenden Gremienmitgliedern. Soweit aber Mitglieder von Kollegialorganen erheblichem direkten Druck der Kollegen ausgesetzt sind, also etwa aus Angst vor dem Verlust eines hohen Gehaltes und dem damit verbundenen sozialen Abstieg in den Sog wirtschaftskriminellen Verhaltens gerieten, kann dies **strafzumessungsrelevant** sein. Der Verteidiger muss also die Wirksamkeit solcher Faktoren durchaus in Betracht ziehen.

c) Entwicklung der Rechtsprechung. Vor dem Hintergrund der Bedeutung von Gremienentscheidungen ist es erstaunlich, dass die strafrechtliche Literatur auf das Problem sehr spät aufmerksam wurde. Denn das auf eine Individualzurechnung ausgerichtete Strafgesetzbuch schien einer Zurechnung der in modernen Organisationsstrukturen im Spannungsfeld zwi-

---

³ Laut Wabnitz/Janovsky/*Dannecker*, 1/19, beträgt der Anteil dieser Personengruppe 34 % aller Beschuldigten in Wirtschaftsstrafsachen.
⁴ Vgl. auch *Eisenberg* Kriminologie § 57 Rdnr. 82.
⁵ Vgl. zur Vielfalt der möglichen Kollegialentscheidungen auch *Weißer*, Strafrechtliche Würdigung pflichtwidriger Kollegialentscheidungen, 1996, S. 162; einige weitere Beispiele für Kollegialdelinquenz im Wirtschaftsleben finden sich bei *Poseck*, Die strafrechtliche Haftung der Mitglieder des Aufsichtsrates einer Aktiengesellschaft, 1997, passim, wo insbesondere (S. 146 ff.) auch auf das Urteil BGHSt 9, S. 203, Bezug genommen wird. Der BGH hatte dort für die strafrechtliche Verantwortlichkeit der Mitglieder eines Aufsichtsrates entschieden, daß eine solche nur entfiele, wenn das einzelne Mitglied jedes rechtlich zulässige Mittel zur Verhinderung des rechtswidrigschädigenden Beschlusses ergriffen habe.
⁶ Auch im Bereich der hochtechnisierten und komplex organisierten Medizin spielen Entscheidungsgremien eine große Rolle, so daß auch das Medizinrecht inzwischen mit Fragen der Strafbarkeit solcher Gremien konfrontiert ist: vgl. für kollegiale Leitungsorgane eines Krankenhauses *Grafe/Debong* ArztR 1997, 95 ff.; für Ethik-Kommissionen *Deutsch* Medizinrecht Rdnr. 646; zur immer stärkeren Ausweitung der Zuständigkeit von Ethik-Kommissionen durch Satzungsrecht *Walter-Sack*, MedR 1999, 375.
⁷ Zur Strafbarkeit der Mitglieder von Kirchenvorständen, *Radtke* ZevKR 44 (1999), S. 71 ff.
⁸ Näher *Knauer* Kollegialentscheidung S. 28 ff.
⁹ I. S. der Kriminalitätstheorie von *Sykes* und *Matza*, welche „Techniken der Neutralisierung" allgemein zur Erklärung von Kriminalität heranziehen; vgl. dazu *Schünemann*, Unternehmenskriminalität und Strafrecht, S. 20 ff.; *Knauer*, Kollegialentscheidung, S. 22 ff.
¹⁰ Dieser „geflügelte" Ausdruck stammt von *Schünemann*, Unternehmenskriminalität und Strafrecht, S. 28.
¹¹ *Rotsch*, Plädoyer für einen Rückzug des Umweltstrafrechts, S. 41 ff.
¹² *Schumacher* NJW 1980, 1880, 1982, *Knauer* Kollegialentscheidung S. 33 ff.

schen Arbeitsteilung und Hierarchie von Gremien ausgehenden deliktischen Erfolge zunächst entgegenzustehen. Die theoretische Diskussion begann schließlich verzagt Anfang der 1980ger Jahre.[13] Mit zunehmendem Verfolgungsdruck auf die Spitzen der Wirtschaftsunternehmen wurden zeitverzögert auch Entscheidungen zu dieser Thematik häufiger, die einen ersten Höhepunkt in der vielzitierten Ledersprayentscheidung fanden:

7   (1) „**Lederspray-Entscheidung**":[14] Die Firma W-GmbH stellte u. a. Ledersprays her, die von den Tochterfirmen E-GmbH und S-GmbH vertrieben wurden.[15] Seit 1980 hatten die Firmen immer wieder Schadensmeldungen erhalten, wonach Verbraucher bei der Benutzung der Sprays Symptome wie Atembeschwerden, Husten, Übelkeit, Schüttelfrost und Fieber gezeigt hatten, die manchmal sogar lebensbedrohliche Ausmaße erreichten, so dass eine Einweisung auf die Intensivstation erforderlich wurde. Der Befund bei den Geschädigten lautete in der Regel auf „Lungenödem". Die Firmen nahmen interne Untersuchungen und geringfügige Veränderungen der Rezeptur vor; eine Ursache für die Schädigungen wurde, wiewohl die Schadensmeldungen nicht abrissen, nicht ermittelt. Im Mai 1981 fand eine Sondersitzung der vier Geschäftsführer der W-GmbH statt, in welcher der Chefchemiker B vortrug, bisher seien keine Anhaltspunkte für eine toxische Eigenschaft der Sprays gefunden worden, also sei kein Anlass für einen Rückruf gegeben. Daraufhin einigten sich die Geschäftsführer darauf, Vertriebsstopp, Rückruf oder auch Warnaktionen nur in Betracht zu ziehen, wenn ein „echter Produktfehler" oder ein „nachweisbares Verbraucherrisiko" durch weitere Untersuchungen belegt würden. Die Geschäftsführer der beiden Tochterfirmen wurden über die Beschlüsse informiert und „machten sie sich zu eigen". Der Vertrieb der Produkte wurde erst nach Intervention des Bundesgesundheitsministeriums gestoppt. Das LG hatte die Geschäftsführer aller drei Firmen wegen fahrlässiger Körperverletzung (für die Fälle, die vor der Sitzung bekannt wurden) und wegen gefährlicher Körperverletzung (für die Fälle nach der Sitzung) verurteilt, teils wegen Unterlassung (des Rückrufs), teils aus Begehungsdelikt (Herstellung und Weitervertrieb der Sprays). Der BGH bestätigte die Verurteilung der Geschäftsführer im Wesentlichen. Er begründete dies v.a. damit, dass jeder am Beschluss Beteiligte Mittäter sei. Jeder Geschäftsführer habe die Pflicht gehabt, „alles ihm Mögliche und Zumutbare" zu tun, um den gebotenen Rückrufbeschluss herbeizuführen. Dies gelte auch dann, wenn er mit seinem Verlangen, die Rückrufentscheidung zu treffen, am Widerstand der anderen Geschäftsführer gescheitert wäre. Den Freispruch des Chefchemikers[16] begründete der BGH damit, dass dieser die Geschäftsführer über keinerlei Tatsachen im unklaren gelassen habe und im Übrigen keine Garantenstellung innegehabt habe.

In der Folge hat der Bundesgerichtshof das Thema mehrfach angesprochen:

8   (2) **Bankentscheidungen:** So äußert sich der 1. Strafsenat des BGH in zwei Entscheidungen zur strafrechtlichen Verantwortungsverteilung in Bankgremien.[17] Im früheren Urteil führt er aus, dass bei Entscheidung über eine Kreditvergabe durch ein mehrköpfiges Gremium auch für den Fall des Einstimmigkeitsprinzips unterschiedliche Verantwortlichkeiten der Beteiligten in Frage kämen. So dürfe sich der Vorstandsvorsitzende, es sei denn, es gehe um besonders hohe Risiken, auf den Bericht des Kreditsachbearbeiters und des Kreditvorstandes verlassen. Nur wenn sich daraus Zweifel oder Unstimmigkeiten ergäben, sei Rückfrage oder eigene Nachprü-

---

[13] Vgl. *Franke*, FS Blau S. 227 ff. Relativ unbeachtet ist geblieben, daß die Kausalitäts- und Mittäterschaftsprobleme der Kollegialentscheidung zuerst von *Rudolf Schmitt* Jura 1982, 549, 551 ff. in einer Klausurlösung aufgeworfen wurden.
[14] BGHSt 37, 106 ff. = NJW 1990, 2560 ff.; s.a. unten § 4 Rdnr. 9 ff.
[15] Vgl. das „Organigramm" der Hersteller- und Vertriebsfirmen bei *Schmidt-Salzer*, ES Produkthaftung, IV.3.22, S. 46.
[16] Insoweit nur abgedruckt in NJW 1990, S. 2560, 2568 f.
[17] BGHSt 46, 30 = NStZ 2000, 655 = NJW 2000, 2364 sowie NJW 2002, 1211 = NStZ 2002, 262, zu beiden Entscheidungen *Knauer* NStZ 2002, 399.

fung geboten. Das Gleiche gelte für weitere Beteiligte wie die Mitglieder eines Kreditausschusses. Und in der jüngeren Entscheidung wird unter Verweis auf die Lederspray-Entscheidung hinzugefügt, eine eigene Nachprüfung sei auch dann erforderlich, wenn die Kreditvergabe ein hohes Risiko – insbesondere für die Existenz der Bank – beinhalte, oder wenn bekannt sei, dass die Bonität eines Kunden ungewöhnlich problematisch sei.

Auch in der Mannesmannentscheidung streift der Bundesgerichtshof das Thema, klärt aber nicht die grundsätzlichen Fragen:

(3) **Mannesmann-Entscheidung:**[18] Der 3. Strafsenat des BGH hatte hier über die Genehmigung von „golden parachutes", also nachträglichen Abfindungen bzw. Boni für den ehemaligen Vorstandsvorsitzenden und weitere Vorstandsmitglieder durch den Aufsichtsratsausschuss zu entscheiden. Der Senat hat die Freisprüche gegen die Mitglieder des Aufsichtsratsausschusses der ehemaligen Mannesmann AG, deren früheren Vorstandsvorsitzenden und einen Abteilungsleiter aufgehoben und die Sache mit ausführlicher Begründung zur erneuten Verhandlung zurückverwiesen. Vertraglich zuvor nicht vereinbarte Sonderzahlungen, die der Aufsichtsrat einer AG dem Vorstand nachträglich bewillige, seien eine treupflichtwidrige Schädigung des Gesellschaftsvermögens, wenn sie dem Unternehmen keinen zukunftsbezogenen Nutzen bringen. Auf die Frage einer „besonderes gravierenden Pflichtverletzung" käme es im Rahmen von § 266 StGB nicht an. Im hier relevanten Zusammenhang hat der Senat ausdrücklich nicht zu der Frage der Kollegialentscheidungen Stellung genommen, jedoch entschieden, dass auch das sich der Stimme enthaltende Aufsichtsratsmitglied Mittäter sei,[19] weil seine Stimme als Zustimmung gewirkt habe und dieser deshalb vorsätzlich die Wirksamkeit des Beschlusses unterstützt habe. 9

d) **Relevante tatsächliche Fragen.** Erheben die Ermittlungsbehörden einen Vorwurf im Zusammenhang mit dem Verhalten des Mandanten in einem Gremium, sieht sich der Verteidiger einem dogmatisch hochumstrittenen Feld ausgesetzt, welches wie gezeigt durch die Rechtsprechung bisher keine klare Konturen gewonnen hat.[20] Weil aber bereits das gegen die Führungskräfte eines Unternehmens gerichtete Ermittlungsverfahren einen nicht zu unterschätzenden Imageschaden bedeutet, eröffnet sich hier eine breite Notwendigkeit der strafrechtlichen Präventivberatung mit dem Ziel der persönlichen Absicherung der Unternehmensführung (dazu *Verjahns* in § 8). Nur die für das erstgenannte Betätigungsfeld des Strafverteidigers erforderlichen materiellen Grundlagen sollen an dieser Stelle behandelt werden. 10

Bei Verfahren gegen Gremienmitglieder im Zusammenhang mit ihrer Tätigkeit sind folgende Fragen in tatsächlicher Hinsicht regelmäßig relevant: 11

Checkliste:

☐ Knüpft der strafrechtliche Vorwurf ausschließlich an das (Abstimmungs-) Verhalten des Mandanten im Gremium an, oder sind andere Handlungen (etwa Ausführung des Beschlusses, Unterzeichnung des Protokolls u. a.) Gegenstand des Verfahrens?
☐ Hat der Mandant sich gegen die Entscheidung des Gremiums ausgesprochen, hat er gegen die Beschlussvorlage gestimmt, sich enthalten?

---

[18] NJW 2006, 522 m. Anm *Ransieck* NJW 2006, 814 und *Kudlich* JA 2006, 171 ff.
[19] BGH NJW 2006, 522, 527, Rdnr. 45 f.
[20] Insbesondere die ständige Bezugnahme auf die Lederspray-Entscheidung (BGHSt 37, 106 ff. = NJW 1990, 2560 ff.) ist deshalb problematisch, weil die im Unterlassungsbereich angesiedelten Fallspezifika nicht zur Übertragung auf andere Fälle von Gremienentscheidungen geeignet sind (zuletzt findet sich dieser verfehlte Bezug in BGH NStZ 2002, 264; dazu *Knauer* NStZ 2002, 463).

☐ Ist sein Verhalten (durch Protokoll) dokumentiert?
☐ Welchen (ungeschriebenen, gesetzlichen, vertraglichen oder satzungsmäßigen) Regeln unterliegt das Gremium?
☐ Wie ist die Verantwortungsverteilung im Gremium organisiert?

2. Zurechnung eines strafbaren Erfolges auf das einzelne Gremienmitglied

12 a) **Organisationsstruktur versus Individualzurechnung.** Moderne Unternehmen zeichnen sich durch komplexe Organisationsstrukturen aus. Sie sind einerseits geprägt durch Hierarchie auf verschiedenen Ebenen, deren höchste z. B. bei Aktiengesellschaften das Vorstandsgremium und der kontrollierende Aufsichtsrat sind (mit oder ohne einen Vorsitzenden[21]). Andererseits fußt die Unternehmensorganisation üblicherweise auf einer weit verzweigten Verantwortungsabschichtung und Arbeitsteilung. Einer Feststellung der Individualverantwortung scheint hier das individualistisch geprägte deutsche Strafrecht diametral entgegenzustehen. Denn das Leitbild des auf 1871 zurückgehenden StGB ist immer noch der Einzeltäter,[22] der einen anderen verletzt (§ 223 StGB), betrügt (§ 263 StGB) etc. Die strafrechtliche Zurechnung bei mehreren erfolgt also immer von der unmittelbaren Ausführungshandlung her. Im Unternehmen ist dies aber im Regelfalle diejenige Handlung, die von den am Fuße der Hierarchiepyramide stehenden Personen aufgrund einer Anweisung „von oben" ausgeführt wird. So erfolgt etwa die vom Geschäftsführergremium beschlossene weitere Auslieferung gesundheitsschädigender Ledersprays[23] durch „normale" Arbeiter und Angestellte des Unternehmens und selbstredend nicht durch die Geschäftsführer. Dementsprechend ist es nahe liegend, der Geschäftsleitung sämtliche Herstellungs- und Vertriebshandlungen entsprechend der realen betrieblichen Verantwortung zuzurechnen[24]. Dieser intuitiv einleuchtende „top-down-Betrachtungsweise" ist aber nicht selbstverständlich. Vielmehr ist diese vertikale Zurechnung eine der schwierigsten Fragen der Gremienstrafbarkeit (vgl. u. 15 ff.).

13 Die „gremientypische" Problematik ist allerdings die der horizontalen Zurechnung. Wie ist einem Mitstimmenden die von allen getroffene Mehrheitsentscheidung zuzurechnen? Kann eine Gegenstimme strafrechtlich entlasten? Wirkt der Einwand, die eigene Stimme sei ohne Relevanz, weil die Mehrheit für den deliktischen Erfolg auch ohne diese bestanden hätte? (dazu u. 28 ff.).

14 Eine häufige Konstellation betrifft aber diejenige, dass dem betreffenden Gremienmitglied ein außerhalb des zu planenden Beschlusses liegendes Verhalten zum Vorwurf gemacht wird. Dann kommt es auf die hier genannten Zurechnungsproblematik gar nicht mehr an (u. 42 ff.).

15 b) **Vertikale Zurechnung.** Die vertikale Zurechnung ist immer dann zu problematisieren, wenn nicht bereits das Abstimmungsverhalten selbst die Tathandlung darstellt, sondern eine Ausführungshandlung unmittelbar den Erfolg herbeigeführt hat.

16
Beispiel:
Im Vorstandsgremium eines großen Chemiekonzerns wird – in der Konzernzentrale – einstimmig beschlossen, eine große Menge giftiger Abwässer durch Einleitung in einen Fluss zu beseitigen. Die Arbeiter A, B und C, welche die Giftigkeit kennen, begehen in einer weit entfernten Niederlassung schließlich die Tat eigenhändig, nachdem sie – der Beschluss wurde über eine Unzahl von Personen im Unternehmen weitergeleitet – von ihrem unmittelbaren Vorgesetzten dazu angewiesen worden waren.

17 Die unmittelbare Ausführungshandlung der umweltgefährdenden Abfallbeseitigung und der gemeingefährlichen Vergiftung liegt hier in der Einleitung in Fluss, nicht im Beschluss.

---

[21] Vgl. *Peltzer*, Deutsche Corporate Governance, Rdnr. 53 ff.
[22] *Schünemann*, in: *Breuer*, Trierer Kolloquium, S. 139 ff.
[23] BGHSt 37, 106.
[24] *Ransiek*, Unternehmensstrafrecht, 1996, S. 44.

aa) Mittäterschaft. Mittäterschaft zwischen tatfernem Gremium und Ausführendem ist nur **18** in den seltensten Fällen anzunehmen. Sie ist regelmäßig nur denkbar, wenn Mitglieder des Gremiums selbst die Tat ganz oder teilweise selbst ausführen. Denn richtigerweise liegt nur in solchen Fällen der „kommunikative Kontakt" vor, der Mindestvoraussetzung für einen gemeinsamen Tatentschluss ist, welcher die unumstrittenste Voraussetzung für Mittäterschaft gem. § 25 II StGB ist. Die Befehlskette vermag diesen nicht zu ersetzen, denn durch sie ist eine „gemeinschaftliche" Planung nicht denkbar.[25]

bb) Mittelbare Täterschaft kraft Organisationsherrschaft. Die Rechtsprechung wendet für **19** solche Fälle die Rechtsfigur der mittelbaren Täterschaft kraft Organisationsherrschaft ohne weiteres auch auf Wirtschaftsunternehmen an.

Diese Figur wurde 1963 von *Roxin* begründet, um die Täterschaft der „Schreibtischtäter" **20** im NS-Regime zu erklären.[26] In der so genannten Kessler-Strelez-Entscheidung hat der 5. Strafsenat des BGH dies grundsätzlich anerkannt.[27] Die Täterschaft durch Organisationsherrschaft des Hintermannes wird als Ausnahme des Verantwortungsprinzips damit begründet, dass dieser hier „einen Machtapparat zur Durchführung von Straftaten einsetzen kann".[28]

Er hat die Tatherrschaft, weil er „durch Organisationsstrukturen bestimmte Rahmenbedin- **21** gungen ausnutzt, innerhalb derer sein Tatbeitrag regelhafte Abläufe auslöst".[29] Ein vollverantwortliches Handeln Mehrerer ist hier also auch bei einer vertikalen Sachverhaltsstruktur ausnahmsweise möglich, weil der Vordermann ein gänzlich im System des Machtapparates ist; dies rückt gewissermaßen den Hintermann daneben ins Zentrum des Geschehens.

Der 5. Strafsenat des BGH hat aber in der Keßler-Streletz-Entscheidung auch die Übertrag- **22** barkeit der Rechtsfigur auf die „Verantwortlichkeit beim Betrieb wirtschaftlicher Unternehmen" für möglich gehalten.[30] Der Senat liefert hier die vom 2. Strafsenat in der Lederspray-Entscheidung versäumte Begründung für die Täterschaft der Geschäftsführer nach, wenn er in dem Zusammenhang darauf verweist, dass dort nicht geprüft worden sei, „ob die mit der späteren Verteilung des Produktes befassten Personen bis zum Einzelhändler die Gefährlichkeit kannten und deshalb selbst uneingeschränkt schuldhaft handelten".[31] Mit der Anerkennung der Organisationsherrschaft auch in Wirtschaftsunternehmen hält der 5. Senat dies aber für unschädlich. Dies ist zunächst einmal insofern nicht ganz konsequent, als man die „Einzelhändler" wohl schwerlich als Mitglieder des „organisatorischen Machtapparates Unternehmen" ansehen kann. Sie sind nicht in diesen Apparat integriert, sondern handeln selbständig. Allerdings dürfte es der Ausnahmefall sein, dass gerade der Händler die Gefährlichkeit des Produktes kennt und insofern schuldhaft handelt. Er weiß ja weder im einzelnen über die Produktion Bescheid, noch ist er über Qualität und Quantität der Schadensmeldungen informiert, die sich beim Unternehmen bündeln.

Damit ist aber noch nichts zur Frage der Anwendbarkeit der Rechtsfigur auf Wirtschaftsun- **23** ternehmen gesagt. Schon 1979 hatte *Schünemann* eine solche Möglichkeit angedacht.[32] Auch von Einzelnen anderen Autoren wurde eine „Organisationsherrschaft" in „unternehmerischen und geschäftsähnlichen Gebilden" erwogen;[33] letztlich stößt dies aber in der Literatur nach

---

[25] Vgl. i.E.: *Knauer* Kollegialentscheidung S. 74 ff.
[26] In GA 1963, 193ff., und in seiner berühmten Monographie Täterschaft und Tatherrschaft, 7. Aufl., S. 242-252, 677 ff.
[27] BGHSt 40, 218 ff., in einer weiteren Entscheidung zur Anordnung des Schießbefehls durch das Politbüro nahm der BGH die Anwendbarkeit der Figur auch bei Unterlassen an BGHSt 48, 77 = NJW 2003, 522 = NStZ 2003, 141 („Politbüro II" m. Anm *Dreher* JuS 2004, 17 ff.; *Arnold* StraFo 2003, 109; *Ranft* JZ 2003, 582; krit. zu dieser Entscheidung *Knauer* NJW 2003, 3101 ff.
[28] LK[11]/*Roxin*, § 25 Rdnr. 128.
[29] BGHSt 40, 218 ff.
[30] BGHSt 40, S. 237; unter expliziter Bezugnahme auf die Rechtsfigur der Organisationsherrschaft auch BGH NStZ 1998, S. 568; ohne Begründung rechnet der BGH Handlungen von Unternehmensangehörigen den Mitgliedern der Leitungsgremien zu in wistra 1998, 767; BGHSt 43, 219, 231 f.
[31] Vgl. auch BGHSt 40, 235.
[32] *Schünemann* Unternehmenskriminalität S. 102 f.
[33] *Ambos* GA 1998, 239; *Ransieck* Unternehmensstrafrecht S. 46 ff., 51 ff., stützt die Anerkennung einer mittelbaren Täterschaft von Vorständen und Geschäftsführern auf Kriterien wie die Abgrenzung der Täterschaft nach „Pflichtenkreisen", die „soziale Machtverteilung" und den „sozialen Handlungssinn" der „für die Organisation" erbrachten Tat. Diese Überlegungen bleiben aber letztlich diffus, zumal *ders.* ZGR 1999, 634 ff., 637,

wie vor auf Ablehnung.[34] Das ist auf den ersten Blick erstaunlich, weil man auch im modernen Großkonzern davon ausgehen kann, dass ähnliche Strukturmerkmale wie in einer „Unrechtsorganisation" vorliegen können: Wenn aus dem Leitungsgremium einer der großen Aktiengesellschaften per Beschluss die Weisung zu einem deliktischen Tun ergeht, also etwa Abwässer in einen Fluss zu leiten, Bilanzen zu schönen oder gesundheitsgefährdende Produkte auf den Markt zu bringen, so ist davon auszugehen, dass dies auch von den Arbeitnehmern umgesetzt wird. Eine solche Anweisung wird im Konzern ebenfalls „regelhafte Abläufe" insofern auslösen, als sie grundsätzlich die vertikal-hierarchische Unternehmensstruktur bis zum Ausführenden durchlaufen wird: Sollte sich einmal einer der Angestellten weigern, ist doch auch im Wirtschaftsunternehmen zumeist ein anderer zur Umsetzung bereit, liege seine Motivation nun in vorhandenen „Neutralisationsmechanismen" („die Anweisungen meines Chefs muss ich doch ausführen"), oder aber in einer – unterhalb der Schwelle eines Nötigungsdrucks befindlichen – Angst um den Arbeitsplatz.[35] Darin ist aber gerade die für die Organisationsherrschaft unerlässliche Fungibilität des Ausführenden zu erkennen: Egal wer den Befehl letztlich umsetzt, einer wird es tun. Man könnte also sagen, dass insofern die Organisationsstrukturen des Konzerns „nahezu automatisch den Erfolg herbeiführen".

24 Roxin hat die Übertragung der von ihm begründeten Figur auf Wirtschaftsunternehmen dennoch stets unter Hinweis auf die mangelnde „Rechtsgelöstheit" solcher Organisationen abgelehnt. Voraussetzung für die Organisationsherrschaft sei, dass sich der vom Hintermann betätigte Machtapparat als ganzer von den Normen des Rechts gelöst habe. Solange sich Leitung und Ausführungsorgane prinzipiell an eine von ihnen unabhängige Rechtsordnung gebunden hielten, wirke die Anordnung strafbarer Handlungen i. d. R. nicht herrschaftsbegründend. Denn die Gesetze hätten auch für den Einzelnen den höheren Rang, so dass im Normalfall die Durchführung rechtswidriger Befehle und damit die Willensmacht des Hintermannes ausgeschlossen sei:[36] Es sei „vom unmittelbar Handelnden zu erwarten, dass er die Ausführung einer rechtswidrigen Anordnung verweigert".

25 Es ist allerdings fraglich, ob tatsächlich diese „Erwartung" des Rechts an den Untergebenen die Tatherrschaft des Hintermannes ausschließen kann. Bei der Frage nach der Tatherrschaft des Hintermannes kommt es doch auf die faktische Beherrschung des Geschehens an. Es ist also relevant, ob der Apparat so ausgestaltet ist, dass der Hintermann sich auf die Ausführung seines Befehles verlassen kann. Der abstrakte Normappell, wonach strafrechtswidrige Anweisungen nicht ausgeführt werden dürfen, ändert daran nichts, weil er nur die Hypothese begründet, dass sich die Vordermänner daran halten und die Ausführung verweigern werden.[37] Diese normative Überlegung sagt aber nichts über die faktische Struktur der Organisation. Auch die Tatsache, dass „Gesetze den höheren Rangwert haben"[38] hat ja noch keinerlei Wirkung hinsichtlich deren tatsächlicher Beachtung. Ob man solche Organisationen, die trotz ihrer Integration in die rechtsstaatliche Gesellschaft eine Struktur haben, in denen faktisch die „oben" in der Hierarchie gegebene Anweisung „unten" „quasi automatisch" ausgeführt wird, dann „vom Recht losgelöst" nennt oder nicht, ist nur noch eine terminologische Frage.

---

offensichtlich letztlich an eine Unterlassungstäterschaft denkt: „ob zur Begründung auf § 25 Abs. 1 2. Alt. StGB oder auf § 13 StGB abgestellt wird, bleibt letztlich ohne Bedeutung". Auch Kriterien der subjektiven Täterlehren werden wiederbelebt, so etwa die Überlegung, ob jemand eine „Entscheidung als eigene" wolle. (ebd., S. 635, Fn. 116). Mittelbare Täterschaft des Leitungspersonals bürokratischer Organisationen hält ebenfalls für denkbar Kuhlen, in: Amelung, Verantwortung in bürokratischen Organisationen, 2000, S. 78 ff.

[34] Roxin JZ 1995, 51 f.; ders. TuT[7], 611, 682 f.; Achenbach, in: Achenbach/Ransieck, Hdb. Des Wirtschaftsstrafrechts, I, Rdnr. 30; Müko-Joecks., § 25, Rdnr. 131 ff; Rotsch, NStZ 1998, S. 493 ff. und NStZ 2005, S. 16 ff m. w. N. insbesondere zu den zahlreichen eigenen Äußerungen.

[35] Knauer Kollegialentscheidung S. 78; dagegen MünchKommStGB/Joecks. § 25 Rdnr. 131 ff.

[36] LK[11]/Roxin, § 25, Rdnr. 129; ders., FS Grünwald, S. 556 ff.; Roxin TuT[7], 611 (dort auch das nachfolgende Zitat), zust. MünchKommStGB/Joecks., § 25, Rdnr. 131 ff.

[37] Ähnlich Ambos GA 1998, 242 ff. mit dem überzeugenden Hinweis, dass staatlich organisierte Machtapparate wie die argentinische Militärregierung oder die ehemalige DDR ja nicht im eigentlichen Sinne „außerhalb des Rechts" stehen, sondern vielmehr „selbst die Rechtsordnung oder ein Teil von ihr" sind, was die Steuerungsmacht ja sogar noch erhöht.

[38] LK[11]/Roxin § 25 Rdnr. 129.

Es ist jedenfalls denkbar, dass es Unternehmen gibt, die hinsichtlich einiger Vorgehensweisen 26 eine „kriminelle Attitüde", eine Desavouierung bestimmter Normen entwickelt haben, aber trotzdem im privatrechtlichen Wirtschaftsverkehr weitgehend normgerecht agieren. Sollte man wegen dieser „nur teilweisen Rechtslosgelöstheit" tatsächlich beim anweisenden Gremium nur Anstiftung annehmen? Wo hierarchisch strukturierte Unternehmen sich gänzlich der „kriminellen Attitüde" verschrieben haben, ist eine „Organisationsherrschaft" denkbar, weil sowohl die Regelhaftigkeit der Abläufe, als auch die Fungibilität faktisch existieren. Es kann dann jedenfalls nicht darauf ankommen, ob der an sich kriminelle Verband als Unternehmen firmiert und sich so „tarnt".[39]

Allerdings geht es zu weit, wenn der BGH den faktischen Geschäftsführer einer GmbH wegen Betrugs zum Nachteil von Kunden trotz bereits eingehender Zahlungsunfähigkeit deshalb verurteilt, weil der Geschäftsführer die Organisation durch Fortführung des Betriebes ausgenützt habe, um die Warenbestellungen, die letztlich den Betrug begründeten, fortführen zu lassen.[40] Denn hier lag weder eine „Herrschaft" des faktischen Geschäftsführers vor, der die Warenbestellungen gegenüber den dolosen Mitarbeitern noch nicht einmal angewiesen hatte, noch war hier Fungibilität gegeben, welche die Durchführung des Befehls in jedem Fall sicherte.[41] Die Grenze zur Organisationsherrschaft liegt also in der geschilderten „kriminellen Attitüde" eines Unternehmens, die sich aber auch auf einen Unternehmensteil bzw. einen durchgängigen Prozess beziehen kann. 27

3. Horizontale Zurechnung

a) Der Beschluss als Barriere einer Individualzurechnung. Ein mehrköpfiger Vorstand fasst 28 seine Entscheidung regelmäßig durch Beschluss, der etwa im Aktienrecht gem. § 77 Abs. 1 S. 1 AktG sogar einstimmig erfolgen muss, wobei S. 2 zahlreiche Abweichungsmöglichkeiten erlaubt, welche i. d. R. genutzt werden, so dass etwa das Prinzip der einfachen Mehrheit zum tragen kommt.[42]

Die Zurechnung wird allein deshalb erschwert, weil die Mitglieder des Gremiums den Beschluss nicht individuell modifizieren können, er enthält damit die „Modalitäten" in deren Folge die Straftat begangen wird. Es existiert immer eine – wie auch immer geartete, entweder vorher ausdiskutierte, oder von einem oder mehreren erstellte – Vorlage, die als Abstimmungsfrage zur Entscheidung vorgelegt wird.[43] Die Mitglieder des Gremiums können sich durch ihre Stimmabgabe nur für oder gegen die Abstimmungsfrage äußern; nach Beendigung des Beschlussverfahrens ist die Vorlage aber entweder angenommen oder abgelehnt, denn selbst eine Stimmenthaltung entfaltet eine Wirkung insofern, als sie sich der Mehrheit beugt. Es kommt darauf an, welche Mehrheiten für den Beschluss erforderlich sind (einfache Mehrheit, qualifizierte Mehrheit oder Einstimmigkeit); dies ist z. B. im Hinblick auf die Frage relevant, inwieweit bei Überschreiten der erforderlichen Mehrheit die einzelnen Stimmen kausal sind. 29

b) Kausalität der Einzelstimme? Eine intensive Diskussion wird in der Literatur insbesondere 30 um die Frage geführt, ob die jeweilige Einzelstimme bei einer soliden Mehrheit kausal für den eingetretenen Erfolg ist oder nicht.[44] Denn bei einer Mehrheit etwa von vier zu einer Stimme könnte mit der Äquivalenztheorie bei Zugrundelegung der conitio-sone-qua-non-Formel jeder der Zustimmenden argumentieren, seine Stimme könne hinweggedacht werden, ohne dass der Erfolg entfiele. Die dogmatische Diskussion ist deshalb für die Praxis von untergeordneter Bedeutung, weil darüber Einigkeit besteht, dass eine solche Argumentation, nach der sich jeder an einem Beschluss Beteiligte straflos stellen könnten, nicht überzeugt.[45] Die Begründung einer Zurechnung erfolgt allerdings auf höchst unterschiedliche Art und Weise:

---

[39] So offenbar auch *Ambos* GA 1998, 239.
[40] BGH NStZ 1998, 569 f. m. krit Anm. *Dierlamm* NStZ 1998, 568.
[41] Zustimmend *Krekeler/Werner*, Unternehmer und Strafrecht, Rdnr. 13.
[42] Zum Ganzen *Fleischer* BB 2004, 2645 m. w. N.
[43] *Baltzer*, Der Beschluß als rechtstechnisches Mittel organschaftlicher Funktion im Privatrecht, S. 97 ff.
[44] Vgl. nur die Monographien von *Neudecker, Weißer, Schaal* und *Knauer*.
[45] Vgl. BGHSt 37, 106 132; aus der Lit. für alle *Hilgendorf* NStZ 1994, 561 ff.; lediglich *Nettesheim* BayVBl. 1989, 161 ff. will bei einem Gemeinderatsbeschluss bei allen Gemeinderatsmitgliedern Straflosigkeit annehmen, weil das Votum des Einzelnen „hinweggedacht werden kann, und der Beschluß dennoch zustande gekommen wäre." Dagegen ausführlich *Knauer* Kollegialentscheidung S. 85 ff.

31 • Der BGH misst in der Lederspray-Entscheidung[46] der Kausalitätsfrage keine Bedeutung zu, da die Abstimmenden „insoweit Mittäter" seien. Die Kritiker des Urteils halten diese Argumentation allerdings für einen Zirkelschluss und bekämpfen diese Begründung vehement:[47] Denn Mittäterschaft erfordere einen **mit**ursächlichen Tatbeitrag. Die Kausalitätsprüfung könne also nicht durch Mittäterschaft ersetzt werden, sondern setze diese voraus.

32 • Dass die condicio-sine-qua-non-Formel alleine zur Ausfüllung des Kausalitätsbegriffes nicht ausreicht, ist allgemein anerkannt. Bei Gremienentscheidungen kann aber auch nicht die Formel vom **Erfolg in seiner konkreten Gestalt** helfen. Zwar mag die Argumentation, dass die Handlung dann kausal sei, wenn ohne sie der Erfolg in seiner konkreten Gestalt nicht hinwegdenkbar sei, zunächst klärend wirken. Denkt man nämlich von dem 6:1-Ergebnis eine Stimme weg, so liegt ein 5:1 Ergebnis vor. Doch Letztlich überzeugt dies dennoch nicht. Denn das Abstimmungsergebnis ist eben nur ein „Zwischenerfolg". Der eigentliche tatbestandliche Erfolg liegt hierin eben nicht, sondern in der Verletzung der Kunden bei der Benutzung der Ledersprays, der umweltgefährdenden Abfallbeseitigung etc. Dieser ändert sich aber auch „in seiner konkreten Gestalt" nicht, ob nun fünf oder sechs Vorstände dafür gestimmt haben.[48]

33 • Eine andere Ansicht[49] will die Frage über die Begründung zur **kumulativen Kausalität** lösen. Denn die Gremienentscheidung sei vergleichbar mit den Fällen, in denen jeder Täter eine Dosis Gift in das Glas gibt, die alleine noch nicht tödlich wirkt, wohl aber in der Kombination mit den anderen. So liege es auch hier: Jede Stimme sei eine für sich allein nicht wirksame Ursache, die erst mit den anderen Stimmen zusammen ihre Wirksamkeit entfaltet. Wenn aber dann noch mehr Stimmen als zum Erfolg nötig vorliegen, so könne das an der Kausalität aller Stimmen nichts ändern.

34 Ein Unterschied zu den hergebrachten Fällen der kumulativen Kausalität liegt aber dennoch vor: Denn bei diesen hilft ja schon die condicio-sine-qua-non-Formel: Da jeder eine für sich nicht wirksame Ursache setzt (Gift) kann keine hinweggedacht werden, ohne dass der Erfolg entfiele. Das ist in den Abstimmungsfällen bei solider Mehrheit gerade anders. Außerdem handeln hier die Personen nicht – wie in den Fällen kumulativer Kausalität – unabhängig voneinander, sondern gerade im Zusammenhang mit den anderen Abstimmenden.[50]

35 • Deshalb wird ebenso vertreten, dass **alternative Kausalität** vorliege, deren Paradefall es gerade ist, dass jeder Beteiligte eine für sich allein schon wirksame Dosis Gift in das Glas des Opfers schüttet (hier kann die Handlung des Einzelnen nicht hinweggedacht werden, ohne dass der Erfolg entfiele). Für diese Fälle wurde die conditio-Formel modifiziert: „Von mehreren Bedingungen, die zwar alternativ, aber nicht kumulativ hinweggedacht werden können, ohne dass der Erfolg entfiele, ist jede für den Erfolg ursächlich". Die Kollegialentscheidungskonstellationen sind aber auch hiermit nicht vergleichbar,[51] wenn auch mit dieser Formel lösbar (alle Stimmen können nicht hinweggedacht werden, ohne dass der Erfolg entfiele). Denn anders als in dem Giftbeispiel genügt die isoliert betrachtete Einzelhandlung (eine Stimme) nicht zur Erfolgsherbeiführung. Ebenso wie bei der kumulativen Kausalität geht es zudem bei der alternativen Kausalität um Fälle, in denen die Täter unabhängig voneinander gehandelt haben.

36 • In der Literatur wird zudem vielfach darauf abgestellt, dass solche Fälle einer Mehrfachkausalität mit der so genannten „**Inus-Bedingung**" zu lösen seien. (**Inus**: Ursache ist ein nicht hinreichender (**i**nsufficient), aber notwendiger (**n**ecessary) Teil einer komplexen Bedingung M_i, die selbst als ganze nicht notwendig (**u**nnecessary), aber hinreichend (**s**ufficient) für das fragliche Resultat ist.) Andere sprechen vom so genannten **NESS-Test** (Necessary Element of a Sufficient Set). Danach kommt es lediglich darauf an, dass die Stimme jedes Einzelnen zusammen mit den weiteren für die (rechtswidrige) Mehrheit erforderlichen Stimmen eine hinreichende Bedingung für den Erfolg setzt. Mit anderen Worten: Man erhält die Kausali-

---

[46] BGHSt 37, 107 ff., 129.
[47] *Puppe* JR 1992, 32; NK Vorbem. § 13, Rdnr. 109.
[48] So auch *Weißer*, Kausalitäts- und Täterschaftsprobleme, S. 107.
[49] Roxin AT I³ § 11 Rdnr. 18, Weber BayVbl. 1989, 169.
[50] So auch *Weißer*, Kausalitäts- und Täterschaftsprobleme, S. 110.
[51] Entgegen *Meier* NJW 1992, 3198.

tät „indem man jede dieser Stimmen mit so vielen der anderen zusammenzählt, wie mit ihr zusammen für die Mehrheit erforderlich sind. Dabei kann offen bleiben, wie die anderen Beteiligten abgestimmt haben".[52] Stimmen also von fünf Geschäftsführern A, B, C, D und E alle außer E für die schädigende Maßnahme, so sind die Stimmen von A, B, C und A, C, D sowie A, B, D und B, C, D jeweils hinreichende Mindestbedingungen.[53] Zwar lässt sich mit dieser Formel die Kausalität jeder Stimme in dieser Konstellation ohne weiteres begründen, jedoch bleibt das Zusammenwirken der hinreichenden Bedingungen letztlich nicht weiter erklärbar.[54] Zudem bleibt unklar, warum E gerade nicht in die Kausalitätsgruppierung fallen soll. Dies kann man leicht verdeutlichen, wenn man eine Mehrheit von vier zu drei ansieht. Wieso sollen die Nein-Stimmen dann kein Kausalitätspaar bilden?

c) **Mittäterschaft.** *aa) § 25 II StGB als Zurechnungsnorm.* Die richtige Lösung der Frage nach der Kausalität der Einzelstimme erfolgt daher über die Mittäterschaft.[55] Denn die kollektivistische[56] Struktur des § 25 II StGB („begehen gemeinschaftlich") erfordert eine *Kausalbeziehung allein zwischen* der mittäterschaftlichen *Gesamttat und dem* Taterfolg. Der Tatbeitrag des einzelnen Mittäters muss nicht *ex post* kausal, sondern nur aus der *ex-ante*-Sicht des gemeinsamen Tatentschlusses wesentlich sein.[57] Klassisches Beispiel ist der „Schmierensteher". Dieser ist nicht nur dann Mittäter, wenn er objektiv gebraucht wurde (er also rechtzeitig vor Beobachtern warnen konnte; nur dann wäre sein Tatbeitrag ex post objektiv kausal), sondern dann, wenn sein Beitrag aus der Sicht des Tatplanes für das Gelingen der Tat wesentlich war, er also das Gelingen der Tat „wahrscheinlicher" machte.[58] Beihilfe ist dies nur, wenn der Aufpasser auf einem Posten steht, der schon von vornherein als nicht entscheidend angesehen wird.[59] § 25 II StGB ist damit eine kausalitätsersetzende Zurechnungsnorm. Die Gemeinschaftlichkeit der Tatbegehung trägt die Zurechnung des durch die Gesamttat bewirkten Erfolges an alle Mittäter.[60]

Das Argument, wonach diese Überlegung zirkelschlüssig sei, da Voraussetzung jeder Teilnahmeform, auch der Beihilfe, Kausalität sei,[61] geht fehl, weil Beihilfe eine individualistisch angelegte Rechtsfigur ist, zu der § 25 II StGB als kollektive Beteiligungsform ein *aliud* darstellt und nicht die Mittäterschaf etwa ein „Mehr" ist.

bb) Tatplan und Tatausführung. Für die Voraussetzungen der Mittäterschaft bezogen auf die Gremienentscheidung ist zu beachten, dass der gemeinsame Tatplan und die arbeitsteilige Tatausführung hier im Beschlussvorgang zusammenfallen.

Das Vorliegen eines gemeinsamen Tatplanes wird allerdings in Fällen einer geheimen Abstimmung, in denen sich die Votierenden vor Stellung der Abstimmungsfrage nicht gesondert absprechen, für fraglich gehalten.[62] Hier findet keine ausdrückliche, verbalisierte Planung, keine vorherige Diskussion statt. In dem aus der Abstimmung resultierenden Beschluss den gemeinsamen Tatentschluss zu sehen, bereitet in der Folge Probleme, wenn man denselben

---

[52] Ebenso *Hilgendorf* NStZ 1994, 556 sowie *Hoyer* AT 1 S. 37.
[53] Vgl. *Fleischer* BB 2004, S 2645, 2647; sowie *Röckrath* NStZ 2004, 641, 645 beide m. w. N.
[54] *Fleischer* BB 2004, S 2645, 2647; *Röckrath* NStZ 2004, 641, 645.
[55] Wie schon vom BGH im Lederspray-Fall (BGHSt 37, 105) allerdings für das Unterlassen angenommen; vgl. i.E. *Knauer* Kollegialentscheidung S. 133 ff., 174 ff.
[56] Bzw. „kollektivkausale"; vgl. *Knauer*, Kollegialentscheidung, S. 151 f.
[57] *Roxin* AT II § 25 Rdnr. 212 f.
[58] *Roxin* JA 1979, 524; *Knauer* Kollegialentscheidung S. 153.
[59] *Roxin* AT II § 25 Rdnr. 212; *Knauer* Kollegialentscheidung S. 149.
[60] Der hier vertretenen Konzeption zustimmend u. a. *Seher* in: *Ebert,* Fälle mit Lösungen StR AT S. 37 f., *Krekeler/Werner*, Unternehmer und Strafrecht, Rdnr. 63; im Ergebnis für Mittäterschaft als Ersatz für obj. Kausalität neben den bisher genannten auch *Beulke/Bachmann* JuS 1992, 143 f.; *Brammsen* Jura 1991, 537; *Hilgendorf* NStZ 1994, 563; *Otto*, Die Strafbarkeit von Unternehmen und Verbänden, S. 12; *ders.* WiB 1995, 929, 934: *Kuhlen* NStZ 1990, S. 570; *Kamm*, Die fahrlässige Mittäterschaft, S. 68 f.;. Die Möglichkeit, mit Mittäterschaft den Nachweis der Einzelkausalität ersetzen könne, anerkennt auch *Schumann* StV 1994, 110; im Ergebnis ähnlich das Konzept von *Dencker*, Kausalität und Gesamttat,1995; nicht eindeutig legen sich *Schönke/Schröder*[27]*/Lenckner/Eisele* Vorbem. § 13 Rdnr. 83 a fest.
[61] Vgl. etwa *Weißer* Kollegialentscheidungen S. 90 ff. und *Neudecker* Verantwortlichkeit S. 214 ff. Mit größter Vehemenz *Puppe*, Festschrift für Spinnelis S. 927 ff., dagegen ausführlich *Knauer* Kollegialentscheidung S. 167 ff. und *Roxin* AT II § 25 Rdnr. 213.
[62] Gegen das Vorliegen eines gemeinsamen Tatplanes *Nettesheim* BayVBl. 1989, 165.

auch als einzige Ausführungshandlung der Gremienmitglieder betrachtet: Würde man ein zeitliches Vorangehen des Tatplanes fordern, so müsste in diesen Fällen die Zurechnung über § 25 II StGB scheitern.[63] Erschwert ist die Beurteilung noch dadurch, dass die Stimmen auch bei Konstellationen nichtgeheimer Abstimmung gleichzeitig abgegeben werden. Es wird argumentiert, dass in diesem Abstimmungsverhalten kein gemeinsamer Tatplan, sondern nur ein bloßes Zusammenwirken ohne subjektive Übereinstimmung zu sehen sei, weil sich die Tätigkeit des einzelnen Gremienmitgliedes im Heben der Hand erschöpfe und für jeden erst **nach** der Abstimmung erkennbar sei, welche Mitglieder des Kollegiums mit ihm gestimmt hätten.[64]

41 Richtigerweise darf man das Erfordernis des gemeinsamen Tatplanes aber nicht so verstehen, dass die Mittäter die zu begehende Tat unbedingt **vorher**, also dem Ausführungsstadium zeitlich vorgelagert, ausführlich diskutieren müssen, um anschließend den Beschluss zu fassen, um danach erst zur Tat zu schreiten.[65] Vielmehr können Tatplan und Tatausführung auch zusammenfallen. Denn im subjektiven Element der Mittäterschaft liegt gerade keine derartige zeitliche Komponente, sondern nur das Erfordernis eines „Mitbewusstseins", eines „Gesamtvorsatzes" aller Mittäter:[66] Die Täter müssen sich ihrer gemeinschaftlichen Tatausführung bewusst sein und müssen Kenntnis von der praktizierten Arbeitsteilung haben. Ein „gemeinsamer Tatplan" liegt also auch dann vor, wenn die Täter sich „blind" verstehen; ausreichend ist das bei der Abstimmung herrschende gemeinschaftliche Bewusstsein der Beteiligten, für den Fall des Erreichens einer Mehrheit eine rechtswidrige Entscheidung zu fällen.[67] Jeder muss wissen, dass bei ausreichender Mehrheit der Beschluss gefasst und dieser umgesetzt wird. Unter dieser Bedingung und der einer hinreichenden Beteiligung anderer Votierender erfolgt die Zustimmung des Einzelnen;[68] durch die Stimmabgabe wird die stillschweigende Übereinkunft, das Mitbewusstsein aller unter dieser Bedingung abstimmenden Mittäter deutlich durch ein Verhalten externalisiert. Der Abstimmungsvorgang selbst ist es also, der den gemeinsamen Tatplan komplettiert.[69] Dieser fällt unmittelbar mit der Ausführungshandlung zusammen, wenn diese ebenfalls im Beschluss liegt.[70]

42 d) **Abstimmungsverhalten als direkter Anknüpfungspunkt – Pflichtwidriges Verhalten außerhalb des Beschlusses.** Die Ausführung eines Beschlusses und damit die Frage, wie dieser dem Gremium zurechenbar ist, steht bei der Beurteilung einer Strafbarkeit der Mitglieder von Geschäftsleitungsgremien nicht immer im Mittelpunkt. Das oben Gesagte gilt nämlich nur, wenn Anknüpfungspunkt der Strafbarkeit des Einzelnen ausschließlich der Beschluss ist. Die Ausführungshandlung kann jedoch auch außerhalb des Beschlusses liegen, und dies wird sogar häufiger der Fall sein als die bloße Zurechnung des Abstimmungsverhaltens.[71] Im Lederspray-Fall hat sich der BGH nur mit dem Kausalitätsproblem befasst, weil er über den Grundsatz der Allzuständigkeit und Gesamtverantwortung eine notwendige Gesamtgeschäftsführung angenommen hatte.[72] Richtigerweise hätte aber das im Gesellschaftsrecht geltende

---

[63] Solche Bedenken finden sich bei *Beulke/Bachmann* JuS 1992, 743 Fn. 81; dagegen insoweit überzeugend Schönke/Schröder[26]/*Cramer/Heine*, § 25, Rdnr. 76; *Neudecker* Verantwortlichkeit S. 214; *Weißer*, Pflichtwidrige Kollegialentscheidung, S. 90, 170.
[64] *Scholl*, Strafrechtliche Verantwortlichkeit von Gemeinderäten, 1996, S. 219 f.
[65] *Roxin* AT II § 25 Rdnr. 192.
[66] Nicht richtig ist es, wenn *Neudecker* Verantwortlichkeit S. 214, es offenbar als Argument für einen gemeinsamen Tatentschluss ansieht, dass jedes einzelne Gremiumsmitglied **vor** Abgabe seiner Stimme den Vorsatz fasst, so und nicht anders zu votieren. Für den gemeinsamen Tatentschluss reicht eben nicht das Fassen des Tatentschlusses des Einzelnen, sondern es bedarf eines übergreifenden Einverständnisses aller Beteiligten. Dies erkennt dann auch *Neudecker*, ebd., wenn sie ein zumindest konkludentes Verständigen der Gremiumsmitglieder über den Abstimmungsvorgang verlangt.
[67] Ausführlich *Knauer* Kollegialentscheidung S. 159 ff. zust offenbar auch *Fleischer* BB 2004, 2645 (S. 1647 m. Fn. 33).
[68] Vgl. auch SK/*Hoyer* § 25 Rdnr. 129.
[69] So auch SK/*Hoyer* § 25 Rdnr. 129.
[70] Ausführlich *Knauer* Kollegialentscheidung, 163 ff.
[71] I.E. vgl. *Knauer* Kollegialentscheidung, 56 ff. zust. *Fleischer* BB 2004, S. 2645 (2647 m. Fn. 51.).
[72] BGHSt 37, 106, 125 f.

Notgeschäftsführerrecht[73] den einzelnen Geschäftsführer bereits verpflichtet, den Rückruf zu veranlassen, so dass es auf das Abstimmungsverhalten gar nicht mehr ankommen konnte.[74]

Irrelevant ist das Abstimmungsverhalten auch in den Fällen des „gesellschaftsrechtlichen 43 Nebenstrafrechts", wenn z. B. das Mitglied des jeweiligen Organs die falschen Angaben gem. § 82 I GmbHG oder § 399 AktG oder die in den § 400 I AktG bzw. § 313 I Nr. 1 UmwG pönalisierten unrichtigen Darstellungen eigenhändig „macht".[75]

e) **Strafbarkeit der „Gegenstimme"?** *aa) Grundsätzliche Straflosigkeit der Gegenstimme.* Bis 44 auf wenige Ausnahmen besteht Einigkeit in der Lit. dahin gehend, dass derjenige Votierende, der gegen den rechtswidrigen Beschluss bzw. für die rechtmäßige Alternativvorlage stimmt, sich grundsätzlich wegen seines Beschlussverhaltens nicht strafbar macht.[76]

Denn die „Nein-Stimme" ist ihm nicht als Mittäter zurechenbar. Das mit der pflichtge- 45 mäß votierenden Minderheit stimmende Gremienmitglied hat weder einen wesentlichen Tatbeitrag geleistet, noch hat es am gemeinsamen Tatentschluss mitgewirkt.[77] Durch seine Stimmabgabe manifestiert es gerade, dass es sich am strafbaren Tun nicht beteiligen will. In der Nein-Stimme kann aber auch nicht einfach eine Art „konkludente" Zustimmung derart gesehen werden, dass die Mehrheitsentscheidung „akzeptiert" wird. Denn selbst wenn das Kollegiumsmitglied nicht aus „Überzeugung", sondern nur deshalb gegen die Mehrheit gestimmt haben sollte, weil diese ohnehin erreicht war, ist darin kein Zustimmen zum gemeinsamen Tatplan zu sehen.

Es fehlt zudem an einem wesentlichen Tatbeitrag desjenigen, der gegen den strafbaren Be- 46 schluss stimmt. Denn er trägt auf der Basis des Tatplanes der anderen Abstimmenden gerade nichts zum Gelingen der Tat bei.

Dass sich bei geheimer Abstimmung in tatsächlicher Hinsicht häufig nicht ermitteln lassen 47 wird, wer nun die pflichtgemäßen Stimmen und wer die pflichtwidrigen abgegeben hat, kann zu einer prozessualen Schwierigkeit werden. Selbst bei offener Abstimmung führt das Protokoll in der Regel nicht die Namen der jeweils für bzw. gegen die Vorlage Abstimmenden, sondern nur das Stimmverhältnis auf. Doch solche Beweisprobleme können das materiellrechtliche Ergebnis strafrechtsdogmatischer Überlegungen de lege lata nicht beeinflussen.[78] Es empfiehlt sich in jedem Fall, die Gegenstimme im Beschlussprotokoll vermerken zu lassen.[79]

bb) Einschätzung. Dieses eindeutige Ergebnis – keine Strafbarkeit der Gegenstimme – ist 48 in nicht unerheblichem Maße einzuschränken, und zwar in den Fällen in denen der Anknüpfungspunkt der Zurechnung außerhalb des Beschlusses liegt. Insbesondere wenn den Einzelnen eine aus einer Garantenstellung resultierende Erfolgsabwendungspflicht trifft, kommt es auf sein Stimmverhalten in einem etwaigen Beschlussverfahren nicht an. Ist beispielsweise jedes einzelne Vorstandsmitglied zur Erfolgsabwendung verpflichtet und liegt nicht ausnahmsweise eine nur vom ganzen Gremium gemeinsam zu erfüllende Pflicht vor, so hilft die pflichtge-

---

[73] Vgl. ausführlich *Höhfeld*, Strafrechtliche Produktverantwortung und Zivilrecht, S. 72 ff.
[74] *Fleischer* BB 2004, 2645, 2646; ausführl. *Knauer* Kollegialentscheidung S. 68 ff.
[75] Vgl. MünchKommStGB/*Joecks* § 25 Rdnr. 216.
[76] Dass die gegenteilige Ansicht des OLG Stuttgart (JZ 1980, 774 ff., 776; ähnlich OLG Düsseldorf, NJW 1980, 71), welches die Strafbarkeit in Fällen über „das Wesen der Kollektiventscheidung" begründen will, falsch ist, liegt auf der Hand. Eine solche Kollektivzurechnung ist dem deutschen Strafrecht fremd und verstieße zudem gegen das Schuldprinzip (vgl. *Knauer* Kollegialentscheidung S. 126 ff m. w. N.). I. S. d. OLG Stuttgart früher Schönke/Schröder[25]/*Cramer* § 15 Rdnr. 223: Stelle die Entscheidung des Kollegialorgans selbst eine Pflichtverletzung dar, so hafte grundsätzlich jeder, der „an der Entscheidung mitgewirkt habe". Anders jetzt *Cramer/Sternberg-Lieben* in der 27. Aufl., Rdnr. 223 a.
[77] Richtig insoweit *Weißer*, Strafrechtliche Würdigung pflichtwidriger Kollegialentscheidungen, S. 176; *Neudecker*, Verantwortlichkeit, S. 245; vgl. auch SK/*Hoyer* § 25 Rdnr. 129; *Schumann* StV 1994, 110; *Schmid* SchwZSt 1988, 159.
[78] *Knauer* Kollegialentscheidung S. 205. Ebenso *Krekeler/Werner*, Unternehmer und Strafrecht, Rdnr. 70; *Neudecker*, Verantwortlichkeit, S. 245; *Weißer*, Strafrechtliche Würdigung pflichtwidriger Kollegialentscheidungen, S. 184 f.; a. A. OLG Stuttgart JZ 1980, 775.
[79] *Fleischer* BB 2004, 2645, 2648.

mäße Stimme dem Einzelnen nichts: Er muss mehr tun als seine Gegenmeinung kundzutun, nämlich alles „ihm Mögliche und Zumutbare",[80] um den tatbestandsmäßigen Erfolg zu verhindern.[81]

49 *Fleischer*[82] hat ausführlich aufgezeigt, welche Pflichten Vorstände von Aktiengesellschaften insoweit treffen können, u. a. das der Gegenvorstellung und der Information des Aufsichtsrates. Die Frage gesellschaftsexterner Maßnahmen ist dabei eine des Einzelfalles, insbesondere ist die Pflicht zur Strafanzeige stets ultima ratio und nur bei erheblichen Folgen für Dritte, etwa bei schweren Gesundheitsschäden und drohenden Todesfolgen bei Auslieferung eines gesundheitsschädlichen Produktes – wie im Lederspray-Fall – gegeben.[83]

50 **f) Stimmenthaltung.** Wiewohl die Stimmenthaltung anders als die Gegenstimme jedenfalls bei „knapper" Mehrheit wie eine Ja-Stimme wirkt, ist die strafrechtliche Zurechnung für beide Fälle gleich zu beurteilen. Auch derjenige, der sich einer Meinung enthält, ordnet sich gerade nicht in den gemeinsamen Tatplan ein. Eine Hinderungsmöglichkeit oder psychische Unterstützung der anderen, die in der Enthaltung allenfalls gesehen werden könnte, kann nicht als ausreichend für Mittäterschaft angesehen werden.[84]

51 Aber auch für diese Fälle greift die bereits für die „Nein-Stimme" gemachte Einschränkung: Ist Anknüpfungspunkt der strafrechtlichen Zurechnung nicht das Beschlussverhalten alleine, sondern auch ein außerhalb dessen liegendes Handeln, so kann die Stimmenthaltung dem Betreffenden nicht aus der Verantwortung helfen.

52 Hier ist auch die oben erwähnte Mannesmann-Entscheidung einzuordnen, in welcher der BGH entschied, dass auch das sich der Stimme enthaltende Aufsichtsratsmitglied Mittäter sei, weil seine Stimme als Zustimmung gewirkt habe und dieser deshalb vorsätzlich die Wirksamkeit des Beschlusses unterstützt habe.[85] Offenbar sah man das Verhalten des betreffenden Aufsichtsratsmitglieds außerhalb des in Rede stehenden Beschlusses als Anknüpfungspunkt für die strafrechtliche Beurteilung an. Die Begründung der Entscheidung gibt das freilich nicht her; es wird vielmehr argumentiert, das Aufsichtsratmitglied habe sich der Stimme nur pro forma enthalten, um die eigentlich gemeinte Zustimmung zu verbergen. Zu Recht ist dagegen vorgebracht worden, dass die Gesinnung des Abstimmenden keinen Einfluss auf die Strafbarkeit haben kann.[86]

53 **g) Vertrauensgrundsatz.** In den oben (Rdnr. 8) dargestellten Bankenentscheidungen rekurriert der BGH wie geschildert auf den Vertrauensgrundsatz. Er führt dort aus, der Vorsitzende eines Kreditausschusses könne sich auf den Bericht des Zuständigen verlassen und auf die Richtigkeit des Berichtes vertrauen,[87] so dass die Zustimmung zur deliktischen Entscheidung für ihn keine strafrechtliche Wirkung entfalte, es sei denn, dass sich aus dem Bericht Zweifel ergäben. Doch das ist zu pauschal. Offenbar ist gemeint, dass auf Grund des Vertrauensgrundsatzes bestimmte Mitglieder eines Vorstandsgremiums, jedenfalls aber der Vorsitzende, bezüglich ihrer strafrechtlichen Verantwortung regelmäßig privilegiert sein sollen. Der Vertrauensgrundsatz bei arbeitsteiligem Verhalten lautet in seiner allgemeinen Formulierung, dass jeder grundsätzlich auf die fehlerfreie Mitwirkung der Kollegen vertrauen darf. Allerdings wird dieser Grundsatz bisher vor allem im Fahrlässigkeitsbereich herangezogen. Dies ist auch – unabhängig vom Streit über die Herleitung dieser Figur aus dem Prinzip der Selbstverantwortung oder als Un-

---

[80] BGHSt. 37, 106 ff. – Lederspray. Die dort im Leitsatz aufgestellte Forderung wendet der BGH selbst nicht konsequent an, wenn nicht erkannt wird, dass die Geschäftsführer auch alleine den Produktrückruf hättem herbeiführen müssen.
[81] *Knauer* Kollegialentscheidung S. 203 ff. u. 221 f., wörtlich zust. *Krekeler/Werner,* Unternehmer und Strafrecht, Rdnr. 70.
[82] *Fleischer* BB 2004, 2645, 2648 ff.
[83] *Ransieck* ZGR 1999, 613, 647.
[84] *Knauer* Kollegialentscheidung S. 206; *Weißer,* Strafrechtliche Würdigung pflichtwidriger Kollegialentscheidungen, S. 211; A. A. für das Aktienrecht *Fleischer* BB 2004, 2645, 2651: „Ein Vorstandsmitglied genügt seiner Verantwortung für die Rechtmäßigkeit von Vorstandsbeschlüssen nicht schon durch bloße Stimmenthaltung."
[85] BGH NJW 2006, 522, 527, Rdnr. 45 f.
[86] *Ransieck* NJW 2006, 814, 816.
[87] BGHSt 46, 30.

terfall der objektiven Zurechnung[88] – konsequent:[89] Handelt der Täter nämlich vorsätzlich, kann er nicht mehr auf das fehlerfreie Handeln der anderen vertrauen. Im Übrigen basiert das vorsätzliche Handeln ja gerade auf der Kenntnis der deliktsspezifischen Tatsachengrundlagen, so dass für den Vertrauensgrundsatz kein Raum bleibt.[90]

4. Strafbarkeit wegen Unterlassen bei Gremienentscheidungen[91]

a) Abgrenzung von Tun und Unterlassen. Bei der Abgrenzung von strafbarem Tun und Unterlassen kann es nicht darauf ankommen, ob der Abstimmende körperlich aktiv wird oder nicht. Denn es hängt nur von der jeweiligen Vorlage bzw. Abstimmungsfrage ab, ob das Gremienmitglied „die Hand hebt" oder gar nichts tut.[92] Hinsichtlich der strafrechtlichen Beurteilung des Verhaltens in der Abstimmung als aktives Tun oder Unterlassen kann es keinen Unterschied machen, ob die Abstimmungsfrage nun gestellt wird mit den Worten: „Soll das fehlerhafte Produkt zurückgenommen werden?" oder aber „Soll das Produkt auf dem Markt bleiben?". Anknüpfungspunkt für einen Unterlassungsvorwurf kann vielmehr zu einem der Beschluss des Gremiums sein, nichts zu tun, d. h. einen drohenden Erfolg nicht abzuwenden. Möglich ist aber andererseits auch, dass ein entsprechender Beschluss überhaupt nicht gefasst wird. 54

b) Individueller Unterlassungsvorwurf. Wenn im Gremium ein individueller Unterlassungsvorwurf gegen jedes einzelne Mitglied zu erheben ist, also jedes von ihnen eine Garantenstellung inne hat, so spielen die erörterten gremientypischen Zurechnungsfragen keine besondere Rolle. Dies wird häufig übersehen. So lag es etwa im Lederspray-Fall: Hier hätte richtigerweise jeder Geschäftsführer aufgrund der ihn treffenden Garantenstellung den Rückruf tätigen müssen.[93] Dieser Fehlschluss wird auch in der Entscheidung des BGH zur Nichthinderung der Schiessbefehle an der Berliner Mauer (Jahresbefehl) getroffen,[94] indem die Erfolgsabwendungspflicht als gemeinsamer des Politbüros, also des Gremiums, zur Rücknahme des Schießbefehls angesehen wird. Die aus einer Garantenstellung resultierende Pflicht wird bekanntermaßen so umschrieben, dass der Verpflichtete dasjenige tun muss, was ihm zur Erfolgsabwendung möglich und zumutbar ist, und dies ist im Regelfalle individuell zu sehen, also in der Hinderung des deliktischen Erfolges, und nicht lediglich in der Herbeiführung eines Beschlusses.[95] 55

c) Der gemeinsame Beschluss als Erfolgsabwendungspflicht. Auch in den Fällen, in denen tatsächlich nur durch einen gemeinsamen Beschluss die gebotene Maßnahme angeordnet werden kann, die Pflicht also eine gemeinsame ist, kann der Einzelne sich nicht mit dem Argument fehlender Quasi-Kausalität entlasten. Auch hier erfolgt die Zurechnung über die Mittäterschaft.[96] Wenn sich die Mehrheit (entweder in dem Beschluss, eine solche Anordnung nicht zu treffen oder aber schon außerhalb eines solchen Beschlusses) darauf einigt, nichts zur Abwendung des tatbestandsmäßigen Erfolges zu unternehmen, so liegt darin der dem objektiven gemeinschaftlichen Unterlassen korrespondierende gemeinsame Tatplan: Die Mitglieder des Gremiums haften als Mittäter und es kommt auf eine ex-post-Beurteilung des Einzelunterlassens nicht an.[97] Denn auch im Unterlassungsbereich ist § 25 II StGB anwendbar.[98] 56

---

[88] Dazu nur *Roxin* AT I 4. Aufl. § 24 Rdnr. 21 ff.
[89] Entgegen *Neudecker*, Strafrechtliche Verantwortlichkeit, S. 71, die den Grundsatz auch im Vorsatzbereich für „einleuchtend" hält.
[90] *Knauer* NStZ 2002, 399, 403.
[91] Hierzu besonders ausführl. *Schaal*, Strafrechtliche Verantwortlichkeit, S. 99 ff.
[92] So auch *Neudecker*, Strafrechtliche Verantwortlichkeit, S. 194 (bei und in Fn. 4).
[93] *Fleischer* BB 2004, 2645, 2646; ausführl. *Knauer* Kollegialentscheidung S. 68 ff.
[94] BGH NJW 2001, 2409 = NStZ 2001, 364.
[95] Dazu *Knauer* NJW 2003, 3101 f.
[96] MüKo-*Joecks* § 25 Rdnr. 219; *Knauer* Kollegialentscheidung S. 201.
[97] Anders *Neudecker* Verantwortlichkeit S. 263 ff., die wie beim Begehungsdelikt die Kausalität über die Formel von der gesetzmäßigen Bedingung begründet. So verfahren i. ü. die meisten Gegner der „Mittäterschaftslösung" des BGH.
[98] *Roxin* TuT[7], 468; LK[11]/*Roxin* § 25 Rdnr. 215; *Wessels/Beulke*/AT[5] Rdnr. 734; *Jescheck/Weigend*/AT5 S. 680; *Tröndle/Fischer* § 25 Rdnr. 7 a; vgl. auch BGHSt 37, 106 ff.

5. Die fahrlässige Mittäterschaft

57 Die fahrlässige Mittäterschaft steht mit der Thematik der Gremienentscheidung deshalb in engem Zusammenhang, weil sich – wie gezeigt – bei solider Mehrheit die Kausalität der Einzelstimme nicht begründen lässt. Die Zurechnung kann also bei fahrlässiger Erfolgsverursachung nur dann erfolgen, wenn man die Rechtsfigur der fahrlässigen Mittäterschaft anerkennt. Die frühere herrschende Meinung, die eine solche Konstruktion ablehnt,[99] ist wohl inzwischen durch die Zahl der Anhänger dieser Rechtsfigur überholt.[100]

58 Die dogmatischen Fragen, die im Zusammenhang mit der Begründung dieser Figur einhergehen, können an dieser Stelle nicht detailliert diskutiert werden.[101] Hingewiesen sei darauf, dass das „ständige Gegenargument", wonach diese Rechtsfigur nicht denkbar sei, weil ein gemeinsamer Tatplan im Fahrlässigkeitsbereich nicht existieren könne, nicht überzeugt. Der genannte Einwand ist zu stark auf das Vorsatzdelikt gemünzt und lässt die fehlende Ausrichtung des Fahrlässigkeitstäters auf den Erfolg unberücksichtigt. Die Rechtsfigur der fahrlässigen Mittäterschaft ist jedenfalls mit den Vorschriften des Allgemeinen Teils, insbesondere mit den §§ 25 ff. StGB durchaus vereinbar.[102]

59 Als entscheidend ist die Definition der Fahrlässigkeit als Surrogat der objektiven Zurechnung anzusehen.[103] Dementsprechend ist fahrlässige Mittäterschaft „gemeinsam objektiv zurechenbares Verhalten": Die Beteiligung mehrerer erzeugt eine Potenzierung der Einzelhandlungen; die Verursachung des Taterfolges wird auf mehrere Schultern verteilt, was eine gesteigerte Gefahr für das Rechtsgut bewirkt. Wendet man die Zurechnungsnorm des § 25 II StGB also folgerichtig an, so bedeutet Mittäterschaft beim Fahrlässigkeitsdelikt, dass sich die durch mehrere gemeinschaftlich geschaffene unerlaubte Gefahr im Erfolg realisiert hat.[104] Ein „gemeinsamer Tatplan" ist im Fahrlässigkeitsbereich nicht erforderlich. Selbst eine „Mischform" von vorsätzlicher und fahrlässiger Mittäterschaft ist denkbar, wenn etwa einige Mitglieder des Gremiums bei der Abstimmung des Erfolges „böswillig" handeln, andere aber nicht.

6. Fazit und Hinweis für die Verteidigung

60 Die Mitglieder von Gremien können sich bei einer Stimmabgabe für die Mehrheit nicht mit dem Hinweis entlasten, ihre individuelle Stimme habe nicht zum Erfolg beigetragen. Die Gegenstimme und die Stimmenthaltung bleiben straffrei, wenn das Gremienmitglied keine über das Abstimmungsverhalten hinausgehende Pflicht trifft. Ist aber nicht feststellbar (z. B. durch Festhalten im Protokoll der betreffenden Vorstands- oder Geschäftsleitungssitzung) wer die pflichtgemäße(n) Stimme(n) abgegeben hat, so ist in dubio pro reo davon auszugehen, dass jedes Mitglied pflichtgemäß gestimmt hat.[105] Die betreffenden tatsächlichen Fragen (vgl. o. Rdnr. 11) sind von der Verteidigung präzise herauszuarbeiten.

---

[99] Vehement *Puppe* GA 2004, 129 ff.; *Amelung*, in: Rechtsgestaltende Wirkung des Revisionsrechts, S. 64 ff.; *Deutscher/Körner*, wistra 1996, 327 ff.; *Donatsch* SJZ 1989, 109 ff.; *Günther* JuS 1988, 386; *Jescheck/Weigend* AT S. 676 ff.; *Tröndle/Fischer* § 25, Rdnr. 5 a.; diff. *Lackner/Kühl* § 25 Rdnr. 13; *Schönke/Schröder/Cramer/Heine* Vorbem §§ 25 ff. Rdnr. 115 f.; offen bei MünchKommStGB/*Joecks* § 25, Rdnr. 240.
[100] Vgl. allen voran die Monographie von *Kamm*, Fahrlässige Mittäterschaft, S. 175 ff.; sowie *Brammsen* Jura 1991, 537 f.; *Brammsen/Kaiser* Jura 1992, 38 f., 41; *Dencker*, Kausalität und Gesamttat, S. 177 ff.; *Eschenbach* Jura 1992, 643 f.; *Hilgendorf* NStZ 1994, 563; SK/*Hoyer* § 25, Rdnr. 154; *Knauer* Kollegialentscheidung, S. 181; *Küpper* GA 1998, S. 526 f.; *Lesch* GA 1994, S. 119 ff.; *Otto* JuS 1974, S. 702 ff.; *ders.*, FS Maurach, S. 104; *ders.*, Jura 1990, 47 ff.; *ders.*, FS Spendel, S. 271 ff.; *ders.* Die Strafbarkeit von Unternehmen und Verbänden, S. 9; *Ransiek* Unternehmensstrafrecht S. 73; *Weißer*, Pflichtwidrige Kollegialentscheidungen, S. 146 ff.; *dies.*, JZ 1998, 230 ff. Unter ausdrücklicher Bezugnahme auf das Problem der Kollegialentscheidung nunmehr auch *Roxin* AT II § 25 Rdnr. 239 ff.
[101] Dazu ausführlich *Kamm*, Fahrlässige Mittäterschaft, S. 175 ff. und *Knauer*, Kollegialentscheidung, S. 181 ff.
[102] *Kamm*, Fahrlässige Mittäterschaft, S. 177.
[103] *Roxin* AT II § 24 Rdnr. 10 ff.
[104] Offengelassen von *Roxin* AT II § 25 Rdnr. 242.
[105] *Krekeler/Werner*, Unternehmer und Strafe, Rdnr. 71.

II. Beihilfe durch berufsbedingtes Verhalten

1. Einführung

Spezialisierung und Arbeitsteilung im Wirtschaftsleben führen dazu, dass viele Aufgaben mittelbar oder unmittelbar an Dritte delegiert werden, die innerhalb ihres Arbeitsbereichs leicht austauschbar sind. Auch Straftäter sind häufig auf solche Unterstützungsleistungen durch andere angewiesen. Vor diesem Hintergrund ist die Frage, inwiefern durch so genannte neutrale Handlungen strafbare Beihilfe geleistet werden kann, von erheblicher praktischer Bedeutung.[106] Im Mittelpunkt des Interesses stehen hier die so genannten berufstypischen Verhaltensweisen, das heißt solche, die nicht auf den ersten Blick als strafrechtsrelevant identifizierbar sind, weil sie von außen betrachtet innerhalb des Rahmens und der Regeln des Berufs des Handelnden erfolgt sind und in der Regel gegenüber jedem Dritten, der sie in Anspruch nimmt, in gleicher Weise erfolgen.

Nach § 27 StGB stellt grundsätzlich jeder objektiv zurechenbare vorsätzliche – d. h. auch bedingt vorsätzliche – unterstützende Beitrag zu einer täterschaftlichen Rechtsgutsverletzung eine strafbare Beihilfe dar. Für viele, die im Wirtschaftsleben aktiv sind, begründet dieser Umstand ein erhebliches und schwer einschätzbares Risiko, sich bei der Ausübung ihrer beruflichen Tätigkeit strafbar zu machen – umso mehr, als ihre Möglichkeiten, die Verwendung ihrer Leistungen zu beeinflussen, begrenzt sind.[107] Die Frage ist, ob dies als gesetzgeberische Entscheidung uneingeschränkt zu akzeptieren ist, oder ob § 27 StGB für Fälle von alltagsneutralen, berufstypischen Handlungen nicht vielmehr nach bestimmten Kriterien – durch Anerkennung einer dogmatischen Sonderkategorie – eingeschränkt werden sollte. Hier widerstreiten vor allem ein am Rechtsgüterschutz orientiertes Strafrecht sowie der Anspruch, dass in einer modernen Gesellschaft ein funktionierender Leistungsaustausch ohne überzogenes Strafbarkeitsrisiko möglich sein muss.

Von den Gegnern einer Privilegierung von Berufstätigkeit wird bereits in Frage gestellt, ob es neutrale Handlungen als eingrenzbares Phänomen überhaupt gibt,[108] da „an sich" neutrale Verhaltensweisen ohne Berücksichtigung der subjektiven Einstellung des Unterstützenden, die den zwingend zu berücksichtigenden Kontext darstelle, grundsätzlich nicht vorstellbar seien.[109] Auch wird auf die Widersprüchlichkeit des Begriffs in sich hingewiesen.[110]

Zumindest aber, so die weitere Kritik, erfordere die Einrichtung einer eigenen dogmatischen Kategorie, dass die Verhaltensweisen, die darunter subsumiert werden sollen, eindeutig bestimmt sind. Genau eine solche Definition finde sich aber weder in der Rechtsprechung noch in der Literatur, deren Umschreibungen und Interpretationen von neutralen Handlungen als „alltäglich", „üblich", „sozialadäquat", „normal" oder „geschäftsmäßig" nicht unbedingt einheitlich, an Einzelfällen orientiert und vor allem ungenau seien.[111]

Ein Konsens ist hier bei weitem noch nicht gefunden worden. Fest steht jedoch, dass der überwiegende Teil der Literatur wie auch die Rechtsprechung gewissermaßen intuitiv darin übereinstimmen, dass die sehr weit gehende Pönalisierung vor allem von berufsbezogenen neu-

---

[106] Besonders praxisrelevant sind hier die Tätigkeiten von Bankenmitarbeitern, Steuerberatern und Rechtsanwälten, der Handel mit Sachen, die zur Tatbegehung genutzt werden, sowie der Personen- und Gütertransport; vgl. dazu *Kudlich*, Die Unterstützung fremder Straftaten durch berufsbedingtes Verhalten, S. 42 ff., mit zahlreichen Beispielen aus Rechtsprechung und Literatur.

[107] Auf diesen Aspekt verweist *Kudlich*, Die Unterstützung fremder Straftaten durch berufsbedingtes Verhalten, S. 42.

[108] So z. B. *Weigend* FS Nishihara, S. 204; siehe hierzu auch *Pilz*, Beihilfe zur Steuerhinterziehung durch neutrale Handlungen von Bankmitarbeitern, S. 15 ff.

[109] So auch der BGH z. B. in BGHSt 46, 107, 113, mit der Auffassung, eine allgemeine Straflosigkeit von neutralen Handlungen scheide schon deswegen aus, weil „fast jede Handlung (...) in einen strafbaren Kontext gestellt werden könne", allerdings ohne daraus den Schluss zu ziehen, dass eine Begrenzung der Strafbarkeit von solchen Verhaltensweisen unter keinen Umständen in Betracht komme.

[110] So *Schneider* NStZ 2004, 316, der den Begriff der neutralen Handlung als „Oxymoron" bezeichnet.

[111] So unter anderem *Hartmann* ZStW 116 (2004), 598, der nicht zu Unrecht kritisiert, dass bereits nicht feststehe, aus wessen Perspektive (des Gehilfen? des Täters? eines durchschnittlichen Bürgers?) die „Alltäglichkeit" der Handlung eigentlich zu beurteilen sei, sowie *Niedermair* ZStW 107 (1995), 544.

tralen[112] Verhaltensweisen nicht hingenommen werden kann und nach bestimmten Kriterien, über deren Ausgestaltung im Einzelnen heftig gestritten wird, zu begrenzen ist.

2. Meinungsstand in der Literatur

66   So einig sich die meisten Autoren in dem Bestreben sind, die Teilnehmerhaftung bei neutralen Handlungen einzuschränken, so unterschiedlich sind ihre Vorschläge, wie dies zu erreichen sei. Diese setzen auf fast allen Ebenen der strafrechtlichen Zurechnung – insbesondere bei der Teilnahme- und bei der Zurechnungslehre – an und gehen im Hinblick auf Voraussetzungen und Reichweite einer Sonderbehandlung weit auseinander. Die wichtigsten Ansätze, ihre Folgen sowie Einwände dagegen sollen im Folgenden genannt werden.

67   a) **Ausschluss der Strafbarkeit auf der Ebene des objektiven Tatbestandes.** Ein Teil der Lehre ist der Auffassung, dass Tatförderungen durch üblichen Waren- und Informationsaustausch des täglichen Lebens unter bestimmten Voraussetzungen ohne jede Berücksichtigung der subjektiven Tatseite bereits nicht unter den objektiven Beihilfetatbestand subsumiert werden können.

68   *aa) Die Lehre von der professionellen Adäquanz.* Nach der Lehre von der professionellen Adäquanz soll in Fortentwicklung und Präzisierung der Lehre von der Sozialadäquanz regelkonformes neutrales Verhalten aus dem Bereich der Beihilfestrafbarkeit herausgenommen werden können.[113] Als Maßstab für die Bewertung berufsbezogenen Handelns seien die – auch ungeschriebenen – Regelungen der jeweils ausgeübten Profession heranzuziehen; letztere müsse grundsätzlich sozial akzeptiert und diesbezügliche Vorschriften transparent sein. Erfolge das geschäftsmäßige Verhalten innerhalb solcher leges professiones, könne vermutet werden, dass es nicht tatbestandsmäßig sei. Diese Bestimmungen seien inhaltsreicher die des Strafrechts und hätten insoweit die Aufgabe, diese zu präzisieren und einzuschränken beziehungsweise zu ergänzen.[114] Das Strafrecht habe lediglich die Funktion, „im konkreten Einzelfall Indizien der Strafrechtsmäßigkeit zu prüfen".[115]

69   *bb) Die objektive Zurechnung als einschränkendes Kriterium.* Den Gesichtspunkt der objektiven Zurechnung, wonach sich als Grundbedingung für die Zurechnung eine rechtlich missbilligte Risikoschaffung im Erfolg realisiert haben muss, betrachten eine Reihe weiterer Autoren in unterschiedlicher Ausgestaltung als maßgebliches Kriterium für den Ausschluss der Beihilfestrafbarkeit bei neutralem Verhalten.[116]

70   So soll nach einer Auffassung ein für sich gesehen harmlos handelnder Berufsträger nur dann für den deliktischen Erfolg zuständig sein, wenn er entweder Garant sei oder aber sein Handeln nur deshalb Sinn ergebe, weil der Haupttäter es für seine Zwecke nutzen könne.[117] Wegen der fehlenden Orientierung bzw. Anpassung an den deliktischen Plan des Haupttäters

---

[112] Nach *Tröndle/Fischer* § 27 Rdnr. 2 a, kann eine Handlung jedenfalls dann als neutral bezeichnet werden, wenn sie äußerlich einen sozialen Sinn-Zusammenhang mit Straftaten nicht aufweist.

[113] *Hassemer* wistra 1995, 41, 81, 83; ähnlich *Kniffka* wistra 1987, 310; *Gallandi* wistra 1989, 127; *Kohlmann*, Steuerstrafrecht Kommentar, Loseblatt Stand 22.3.1995, § 379 Rdnr. 17.7 f.; *Stützle* ZIP 1990, 1316, 1318; *Tiedemann* NJW 1988, 1312; vgl. auch *Volk* BB 1987, 139, 141 ff.; ablehnend LG Wuppertal wistra 1999, 473; zur gegenteiligen Auffassung, wonach der Verstoß gegen normative Berufsregeln Beihilfestrafbarkeit zur Konsequenz haben soll, siehe *Wolff-Reske*, Berufsbedingtes Verhalten als Problem mittelbarer Erfolgsverursachung, S. 75, 143 ff.; zur Strafbarkeit wegen Geldwäsche i. S.v § 261 StGB vgl. *Barton* StV 193, 162 f.

[114] Vgl. *Hassemer* wistra 1995, 41, 81, 83.

[115] *Hassemer* wistra 1995, 81, 85 f.

[116] *Derksen* Handeln auf eigene Gefahr, S. 84 ff.; *Frisch*, Tatbestandsmäßiges Verhalten und Zurechnung des Erfolges, S. 280 ff., 301 f., 308 ff., 326; *ders.*, FS Lüdersen, S. 544 ff.; *Hefendehl* Jura 1992, 376 f.; *Jakobs* AT 24/15 ff. 19; *ders.* ZStW 89 (1977), S. 22 f., 26 ff.; *ders.* GA 1996, 206 ff.; *Lesch* Die sukzessive Beihilfe, S. 278 ff.; *ders.* ZStW 105 (1993), S. 285 f.; *ders.* JA 2001, 990 f.; *ders.* JR 2001, 383; *Löwe-Krahl*, Steuerstrafrechtliche Risiken typischer Bankgeschäfte, S. 127 f.; *ders.*, Die Verantwortung von Bankangestellten bei illegalen Kundengeschäften, S. 37 ff., 47 f.; *ders.* wistra 1993, 125; *ders.* wistra 1995, 205 f.; *Meyer-Arndt* wistra 1989, 281 ff.; *NK/Puppe* Vorbem. § 13 Rdnr. 155 ff.; *dies.* Jura 1998, 27; *Ransiek* wistra 1997, 43 ff.; *Schall*, Gedächtnisschrift für Meurer, S. 113 ff.; *Schumann* Strafrechtliches Handlungsunrecht und das Prinzip der Selbstverantwortung der anderen, S. 57 ff.; *Wohlers* NStZ 2000, 173 ff.; *ders.* ZStR 117 (1999), S. 425 ff., 436; *Wolff-Reske* Berufsbedingtes Verhalten als Problem mittelbarer Erfolgsverursachung, S. 123 ff., 143 ff., 157 ff.

[117] *Jakobs* AT 24/15, 24/17 f.; *ders.* GA 1996, 253 ff., 260 ff.; für eine Garantenstellung als Voraussetzung auch *Wohlers* ZStR 117 (1999), S. 425 ff., 436.

sei die Unterstützungshandlung andernfalls davon distanzierbar und somit straflos.[118] Dafür spreche auch, dass eine solche standartisierte Leistung leicht auch anderweitig erhältlich sei und damit ein effizienter Rechtsgüterschutz durch Pönalisierung ohnehin nicht erreicht werden könne.[119] Ein erstmals dort so bezeichneter „objektiver, deliktischer Sinnbezug" liegt nach einer weiteren Meinung ebenfalls dann vor, wenn es von außen betrachtet für das Handeln des Gehilfen keine andere nachvollziehbare Erklärung als die Unterstützung der Haupttat gebe[120]; ein solcher fehle daher beispielsweise bei der „Erbringung allgemein verfügbarer Dienstleistungen". Allerdings könne bei der Interpretation der Handlung als ungefährlich nach objektiven Gesichtspunkten eine Berücksichtigung der Vorstellungen und Motive des Unterstützenden erforderlich werden.[121] Wieder andere halten eine „Solidarisierung" mit der Rechtsgutsverletzung des Haupttäters für entscheidend,[122] fordern eine Monopolstellung des Gehilfen[123] oder stellen auf die fehlende Pflichtwidrigkeit des Verhaltens – insbesondere aufgrund der Einhaltung schutzgutbezogener Rechtsvorschriften[124] – ab. Schließlich werden auch noch die Wesentlichkeit der Unterstützungsleistung[125] sowie die Wahrnehmung eines Unrechtspaktes mit dem Haupttäter[126] als entscheidende Gesichtspunkte für die Lösung des Problems der neutralen Beihilfe genannt.

cc) Kritik. Die Kritik an diesen Theorien setzt an mehreren Punkten an. So geben ihre Gegner zu bedenken, dass die durch das Grundgesetz gewährleistete Handlungsfreiheit dann nicht mehr unbegrenzt sei, wenn die Rechte anderer bzw. die verfassungsmäßige Ordnung tangiert seien.[127] Der Lehre von der professionellen Adäquanz wird ferner vorgeworfen, es werde keine befriedigende Erklärung dafür gegeben, weshalb Berufsangehörige in Ausübung ihrer Tätigkeit selbst bei sicherem Wissen von deren deliktischer Verwendung gegenüber privat Handelnden besser gestellt sein sollen.[128] Berufliche Vorschriften jedenfalls seien nicht grundsätzlich akzessorisch zu Vorschriften strafrechtlicher Natur, und ihre Befolgung bzw. ein Verstoß dagegen gebe ohne Untersuchung des Schutzzwecks für die mittelbare Rechtsgutsverletzung keinen Hinweis für die Bewertung dieses Verhaltens als strafbare Beihilfe.[129] Schließlich sei auch hier zu bedenken, dass das „Normale" keineswegs immer das „Richtige" sei.[130]

Da die Konzeption der §§ 26, 27 StGB eben gerade beinhalte, dass man auch für die Rechtsgutsverletzungen eines anderen zur Verantwortung herangezogen werden könne, sei der Rückgriff auf ein Regressverbot an dieser Stelle nicht sachgerecht. Zur Lösung des Problems

---

[118] Vgl. *Jakobs* ZStW 89 (1977), S. 1, 23.
[119] Vgl. *Jakobs* ZStW 89 (1977), S. 20 f.
[120] *Frisch,* Tatbestandsmäßiges Verhalten und Zurechnung des Erfolgs, S. 284, 290, der ausdrücklich vor einer Misstrauensgesellschaft warnt, die entstünde, wenn jede noch so alltägliche Handlung im Rahmen der Berufsausübung ohne Einschränkung die Gefahr einer Strafbarkeit mit sich bringe; ähnlich auch *Meyer-Arndt* wistra 1989, 283, mit der Forderung nach einem tatspezifischen Förderungsakt.
[121] *Frisch,* FS Roxin, S. 213, 230 f.
[122] *Schumann,* Strafrechtliches Handlungsunrecht und das Prinzip der Selbstverantwortung der Anderen, S. 42 ff., 56 ff., 64, der – mit etwas anderer Prämisse – ähnliche Schlüsse zieht wie *Jakobs*. Als Indizien für eine solche Solidarisierung kommen nach *Schumann* die zeitliche und sachliche Tatnähe, die Abweichung vom „gewöhnlichen Gang des Lebens" sowie die Verbotenheit der Unterstützungshandlung nach anderen Rechtsnormen in Betracht.
[123] *Löwe-Krahl,* Steuerstrafrechtliche Risiken typischer Bankgeschäfte, S. 114 ff., 127 f.; *ders.,* Die Verantwortung von Bankangestellten bei illegalen Kundengeschäften, S. 48; *ders.* wistra 1993, 123, 125 f.; *ders.* wistra 1995, 201, 205 f.
[124] Vgl. *Otto,* FS Lenckner, S. 193, 224; sowie NK/*Puppe,* § 155 Rdnr. 155 f., nach deren Auffassung eine Unterstützungshandlung im weiten zeitlichen Vorfeld der Tat dann ohne strafrechtliche Konsequenzen bleiben soll, wenn nicht gegen entsprechende Verkehrsverbote verstoßen wurde; siehe auch *Ransiek* wistra 1997, S. 41, 43; *Rabe von Kühlwein* JZ 2002, 1139, 1145; *Schall,* Gedächtnisschrift für Meurer, S. 103, 121; *Wohlleben* NStZ 2000, 169, 173; *Wolff-Reske,* Berufsbedingtes Verhalten als Problem mittelbarer Erfolgsverursachung, S. 143 ff.
[125] Vgl. *Weigend,* FS Nishihara, S. 197 ff.
[126] *Heghmann*s GA 2000, 473, 480 f.
[127] *Niedermair* ZStW 107 (1995), S. 537.
[128] Vgl. *Löwe-Krahl,* Steuerhinterziehung bei Bankgeschäften, 2. Aufl., S. 34; *Otto,* FS Lenckner, S. 193, 202 f.; vgl. auch *Tag* JR 2001, 49, 52 ff.
[129] *Tag* JR 1997, 49, 52.
[130] *Amelung,* FS Grünwald, S. 9.

müsse man vielmehr bei den Bestimmungen zur Strafbarkeit von Teilnehmern ansetzen. Dem Kriterium des deliktischen Sinnbezugs als rein objektivem Element wird entgegengehalten, dass die Bewertung einer Handlung als unschädliche alltägliche Geschäftshandlung ohne Berücksichtigung der subjektiven Einstellung des Handelnden nicht sicher vorgenommen werden könne;[131] es sei insoweit ungeeignet. Schließlich stößt der Gedanke der unproblematischen anderweitigen Zugänglichkeit einer Leistung als Kriterium für deren Straflosigkeit auf Kritik, da eine solche Betrachtungsweise auf ein unzulässiges Hinzudenken von hypothetischen Kausalverläufen hinauslaufe.[132]

73 **b) Ausschluss der Strafbarkeit bei Vorliegen einer Kombination von objektiven und subjektiven Elementen.** Mit dem Argument, sowohl Handlungen des Täters als auch solche des Teilnehmers könnten nicht ohne Berücksichtigung auch der ihnen zugrunde liegenden Intention sachgerecht beurteilt werden, favorisieren weitere Autoren gemischt objektiv-subjektive Modelle.[133]

74 *aa) Deliktischer Sinnbezug und erkennbare Tatgeneigtheit.* Vorherrschend – und auch im Wesentlichen von der neueren Rechtsprechung übernommen – ist hier die Lehre vom deliktischen Sinnbezug.[134] Danach liegt strafbare Beihilfe dann vor, wenn der Beitragende den Tatentschluss des Täters sicher kennt, sein Beitrag einen eindeutigen Sinnbezug aufweist, d. h. für den Täter allein unter der Voraussetzung der geplanten Straftat von Wert ist, und der Beitragende dies auch weiß. In diesem Fall verliere das übliche Verhalten seinen alltäglichen Charakter. Sobald eine Handlung für den Täter jedoch auch neben der Straftat nützlich sei, habe sie einen legalen Sinnbezug. Dann werde die Straftat nur gelegentlich der durch den Beitrag ausgelösten Handlung begangen und liege daher allein im Verantwortungsbereich des Täters.[135]

75 Hält der Unterstützende dagegen eine Straftat des Täters lediglich für möglich, konkretisiere sich die unerlaubte Gefahrschaffung nur dann, wenn er nicht darauf vertrauen dürfe, dass der Täter keine Straftat begehen werde. Davon sei auszugehen, wenn der Täter „erkennbar tatgeneigt" sei.

76 *bb) Unbedingter Vorsatz bzw. Kenntnis der deliktischen Verwendung der berufsbezogenen Leistung bei dolus eventualis.* Ebenfalls eine Kombination von objektiven und subjektiven Elementen beinhaltet ein weiterer Lösungsansatz, wonach ein berufstypisch Handelnder dann als Gehilfe strafbar sein soll, wenn er im Hinblick auf die spätere Rechtsgutsverletzung mit unbedingtem Vorsatz handelt oder aber sein Eventualvorsatz gewichtige Anhaltspunkte nicht nur für die deliktischen Pläne des Täters, sondern explizit auch für die deliktische Verwendung gerade seiner beruflichen Leistung umfasst.[136] Vorab zu prüfen ist nach diesem Konzept, ob berufsbezogene „schutzbereichsrelevante Sondernormen" zur Anwendung kommen, die je nachdem verantwortungsbegründende oder privilegierende Wirkung entfalten können.

77 *cc) Einwände.* Trotz weit verbreiteter Zustimmung stößt auch die Theorie vom deliktischen Sinnbezug auf Widerspruch. So wird darauf hingewiesen, dass Handlungen in den wenigsten Fällen ausschließlich deliktsbezogen sind;[137] dies werde beispielsweise deutlich an dem Fall des Einbrechers, der einen Schraubenzieher kauft, um diesen für Einbrüche, aber auch für häus-

---

[131] So *Niedermair* ZStW 107 (1995), S. 507, 518; vgl. auch *Tag* JR 1997, 49, 54.
[132] Vgl. *Niedermair* ZStW 107 (1995), S. 509; *Hartmann* ZStW 116 (2004), S. 590; *Roxin*, FS Tröndle, S. 177 ff.; *ders.*, FS Miyazawa, S. 501, 514, 510; *Amelung*, FS Grünwald, S. 9, 14.
[133] *Roxin* AT II, § 26 Rdnr. 218 ff.; *ders.* FS Stree/Wessels, S. 378 ff.; *ders.*, FS Miyazawa; S. 512 ff.; *ders.*, FS Tröndle, S. 196 f.; *Wohlers* ZStR 117 (1999), S. 425 ff., 436; *ders.* NStZ 2000, 169 ff.; *Tag* JR 1997. S. 49 ff., *Kudlich* Die Unterstützung fremder Straftaten durch berufsbedingtes Verhalten, S. 424 ff.; *Ambos* JA 2000, 724; *Otto* StV 1994, 409 f.; *ders.*, Kreditwesen 1994, S. 63, 66 (zu § 261 StGB); *Samson* ZStW 99 (1987), S. 632 f.; *Theile* Tatkonkretisierung und Gehilfenvorsatz, S. 69; *Wohlleben*, Beihilfe durch neutrale Handlungen, S. 120 ff.; nahestehend *Amelung*, FS Grünwald, S. 22 ff.
[134] *Roxin* AT II § 26 Rdnr. 218 ff.; *ders.*, FS Stree/Wessels, S. 378 ff.; *ders.*, FS Miyazawa; S. 512 ff.; *ders.*, FS Tröndle, S. 196 f.
[135] *Roxin*, FS Miyazawa, S. 513.
[136] *Kudlich*, Die Unterstützung fremder Straftaten durch berufsbedingtes Verhalten, S. 532 ff.; zu den Fällen, bei denen Vorliegen nach *Kudlich* bereits der objektive Tatbestand ausgeschlossen sein soll, vgl. S. 532.
[137] So *Amelung*, FS Grünwald, S. 9, 18; *Beckemper* Jura 2001, 163, 167; *Niedermair* ZStW 107 (1995), S. 507, 531; *Otto*, FS Lenckner, S. 193, 207.

liche Reparaturarbeiten zu verwenden. Eine plausible Begründung dafür, warum der Hilfeleistende in den Fällen ihm bekannter, auch legaler Zwecksetzung des Haupttäters straffrei bleiben soll, fehle.[138] Außerdem sei das Konzept in Teilen in sich widersprüchlich[139] und das Element der erkennbaren Tatgeneigtheit wegen mangelnder Bestimmtheit als Abgrenzungskriterium wenig geeignet.[140]

c) **Ausschluss der Strafbarkeit maßgeblich nach subjektiven Elementen.** Ein Teil der Lehre stellt zur Lösung des Problems vor allem auf das voluntative Moment bei den Beteiligten ab. 78

aa) Varianten. So wird für die Beihilfestrafbarkeit im Hinblick auf berufsspezifische Tätigkeiten in jedem Fall direkter Vorsatz gefordert.[141] Andere gehen – angelehnt an die Rechtsprechung des Reichsgerichts – davon aus, dass der Gehilfe in Fällen neutraler Unterstützungshandlungen nur dann strafbar ist, wenn er „speziellen Tatförderungswillen" habe.[142] Ein weiterer Ansatz kommt zu dem Ergebnis, nur absichtliches Verhalten des Unterstützenden begründe ohne weiteres eine Strafbarkeit nach § 27 StGB; bei dolus directus II. Grades und dolus eventualis müsse zusätzlich eine „Sonderverhaltenspflicht" verletzt sein.[143] Ein Teil der – hauptsächlich älteren – Literatur schließlich fordert Straffreiheit in jedem Fall, wenn nur dolus eventualis vorliegt.[144] Andernfalls – so das Hauptargument – werde das Recht zur Erbringung der berufsbezogenen Leistungen in nicht hinnehmbarer Weise beeinträchtigt, da die bloße Vorstellung von der deliktischen Verwendung der Leistung das Risiko einer Strafbarkeit in sich berge.[145] 79

bb) Kritik. Die subjektiven Theorien sehen sich vor allem dem Vorwurf ausgesetzt, letztlich auf bloßes Gesinnungsstrafrecht hinauszulaufen, da für sich gesehen harmloses Verhalten, sofern es von möglicherweise rein zufällig zustande gekommener „böser Absicht" begleitet sei, zum strafbaren Verhalten mutiere.[146] Ganz praktisch gesehen sei es desweiteren häufig schwierig, innere Willensrichtungen zu ermitteln; dies könne zu zahlreichen Fehlverurteilungen führen.[147] Schließlich sei ein wirksamer Schutz von Rechtsgütern auf diese Weise nicht zu erreichen, da neutrale Handlungen in der Gestalt berufstypischer Verhaltensweisen jederzeit auch anderweitig, d. h. bei Personen ohne Vorstellungen hinsichtlich der Haupttat, erhältlich seien.[148] 80

d) **Keine Einschränkung bei alltagstypischen Handlungen.** Ein bislang eher kleiner Kreis in der Literatur ist der Auffassung, die herkömmlichen Regelungen der Beihilfestrafbarkeit führten bei genauerem Hinsehen zu durchweg ausgewogenen und plausiblen Ergebnissen bei 81

---

[138] *Niedermair* ZStW 107 (1995), S. 507, 529 f, 532; vgl. auch *Hartmann* ZStW 116 (2004), S. 597.
[139] *Niedermair* ZStW 107 (1995), S. 507; *Kudlich*, Die Unterstützung fremder Straftaten durch berufsbedingtes Verhalten, S. 123 f.
[140] Siehe dazu *Beckemper* Jura 2001, 163, 168; vgl. auch *Schall*, Gedächtnisschrift für Meurer, S. 103, 111; *Otto*, FS Lenckner, S. 193, 209.
[141] *Carl/Klos* wistra 1994, 211, 213 für die Beihilfe zur Steuerhinterziehung; *Schild/Trappe* Harmlose Gehilfenschaft, S. 96 f, 165; *Otto*, FS Lenckner, S. 215.
[142] RGSt 31, 321; 68, 411; 75, 112; auch BGHSt 29, 99; BGH DAR 1981, 226; StV 1985, 279; BGHR StGB § 27 Abs. 1 Hilfeleisten 6; § 27 Abs. 1 Vorsatz 3; OLG Stuttgart, NJW 1950, 118; LG Düsseldorf JR 1984, 257; OLG Koblenz MDR 1984, 780; OLG Stuttgart NJW 1987, 2883; LG Bochum NJW 2000, 1430; vgl. auch *Baumgarte* wistra 1992, 41, 43 ff.; *Bilsdorfer* DStp 1989, S. 115 f., *Blumers/Göggerle*, Handbuch des Verteidigers und Beraters im Steuerstrafverfahren, S. 21 f., *Dickopf* Steuerberatung und steuerstrafrechtliche Risiken, S. 72 ff.; *Dörn* DStZ 1993, S. 478, 486. Dem nahestehend mit der zusätzlichen Forderung nach einem objektiven „engen Zusammenhang" zwischen neutraler Handlung und Haupttat RGSt 39, 45, 48 ff.; BGHR StGB 27 Abs. 1 Hilfeleisten 3; BGH NStZ 1992, 498.
[143] *Hoyer* SK/StGB § 27 Rdnr. 29 ff.
[144] *v. Bar*, Gesetz und Schuld im Strafrecht, S. 693; *Kitka*, Über das Zusammentreffen mehrerer Schuldigen bey einem Verbrechen und deren Strafbarkeit, S. 61 ff.; *Köhler*, Deutsches Strafrecht, S. 530; vgl. auch *Amelung*, FS Grünwald, S. 9, 21 f.; *Forthauser*, Geldwäscherei de lege lata und ferenda, S. 71 ff. (zu § 261 StGB); ähnlich, von den Voraussetzungen aber enger *Otto*, FS Lenckner, S. 214 f.; *ders.* JZ 2001, 436, 443 f.
[145] Siehe *Otto*, FS Lenckner, S. 193, 212 f.
[146] So unter anderem *Hassemer* wistra 1995, 41, 43; *Tag* JR 1997, 49, 51.
[147] *Hassemer* wistra 1995, 41, 43.
[148] So referiert bei *Hillenkamp* AT S. 138 (5. Argument).

der Bewertung von alltäglichen berufstypischen Handlungen.[149] Über die oben erörterte Kritik an den einzelnen Lösungsvorschlägen hinaus wird hier vorgebracht, die Entscheidung des Gesetzgebers, § 27 StGB nicht auf bestimmte – d. h. nicht alltägliche – Beihilfehandlungen zu beschränken, sei zur Gewährleistung eines effektiven Rechtsgüterschutzes unumgänglich und basiere auf vernünftigen Erwägungen des Gemeinwohls. Die Rechtsgemeinschaft erwarte „von jedem ihrer Mitglieder jedenfalls dann ein „Nicht mit mir", wenn es erkennt, dass es sich andernfalls in den Dienst eines Verbrechens stellen würde".[150] Dies führe auch nicht zu einer unannehmbaren Einschränkung der allgemeinen Handlungsfreiheit, da die vorsätzliche Förderung von Straftaten von dieser eben gerade nicht umfasst sei.[151] Eine ungerechtfertigte Privilegierung von – in der Regel materielle Interessen verfolgenden – Berufsträgern kollidiere mit dem Gleichheitssatz und ermögliche Straflosigkeit in einem Bereich, „der wegen seiner Lukrativität besonders starke Anreize bietet".[152] Der Umstand, dass geschäftsmäßige Handlungen häufig von bagatellarischem Charakter seien bzw. den Handelnden nur geringe Schuld träfe, könne bei Erwägungen zur Frage einer Einstellung oder innerhalb der Strafzumessung berücksichtigt werden.[153] Letztlich, so ein weiteres Argument, trügen die von der Lehre entwickelten Konzepte lediglich dem – im Grunde legitimen – Bedürfnis Rechnung, „der freien Beweiswürdigung im Bereich der 'neutralen Handlungen' durch spezifische Beweisregeln enge Grenzen zu setzen".[154] Zwar treffe es zu, dass die innere Tatseite bei neutralen Handlungen wegen der grundsätzlichen Unzugänglichkeit fremder „Bewusstseinserlebnisse" nicht immer leicht festzustellen sei.[155] Gleichwohl sei dies aber wie bei „normalen" Beihilfehandlungen auch im Rahmen des Strafprozesses, u. U. durch eine besonders intensive Auseinandersetzung mit dem objektiven Sinn des Geschehens, zu berücksichtigen, ohne dass es einer Korrektur durch das materielle Recht bedürfe.[156]

82 Insgesamt überzeugt diese Argumentation durch ihre Klarheit und ihre dogmatische Präzision. In der Rechtsprechung hat sie sich jedoch bislang nicht durchsetzen können.

3. Die neuere Rechtsprechung

83 **a) Beschluss des Bundesverfassungsgerichts aus dem Jahr 1994.** Ab dem Jahr 1994 wurde die Problematik der neutralen Beihilfe – bis dahin vorwiegend anhand der Rechtsprechung des Reichsgerichts oder rein akademisch diskutiert – zunehmend auch wieder Gegenstand höchstrichterlicher Entscheidungen. In der sog. Dresdner-Bank-Entscheidung des *BVerfG*[157] ging es um den Vorwurf der Beihilfe zur Steuerhinterziehung durch Mitarbeiter der Dresdner Bank, die ihren Kunden durch CpD-Konten den anonymisierten Kapitaltransfer ins Ausland ermöglicht hatten. Das *BVerfG* kam damals zu dem Ergebnis, dass die Annahme des Verdachts der Beihilfe bei einer Fallkonstellation dieser Art ohne weiteres plausibel und keineswegs fern liegend ist.[158]

84 **b) Die „Rechtsanwaltsentscheidung" des 5. Strafsenats des BGH.** Ausdrücklich erwähnt wird der Begriff der neutralen Beihilfe sodann erstmalig in einem Beschluss des BGH aus dem

---

[149] *Beckemper* Jura 2001, 69; *Dörn* DStZ 1992, 331; *ders.* DStR 1993, 375; *Frank* StGB, § 49 Anm. II; *Häcker* Stwa 1953, 5 f.; *Hruschka* in Anm. zu OLG Düsseldorf JR 1984, 258 ff.; einschränkend *Kai Müller* FS Schreiber, S. 344 ff.; *Niedermair* ZStW 107 (1995), S. 597 ff.; *Pilz,* Beihilfe zur Steuerhinterziehung durch neutrale Handlungen von Bankmitarbeitern, S. 152 ff.; neuerdings auch *Hartmann* ZStW 116 (2004), S. 585 ff.; *Schneider* NStZ 2004, 312 ff.; zur ähnlichen Problematik in § 261 StGB: *BReg.,* BT-Drs. 11/7663 S. 47 ff.; *Flatten,* Zur Strafbarkeit von Bankangestellten bei der Geldwäsche, S. 118 ff., 150; *Bottke* wistra 1995, S. 122 f., *Körner-Dach,* Geldwäsche, Rdnr. 36.
[150] *Niedermair* ZStW 107 (1995), 539.
[151] *Niedermair* ZStW 107 (1995), 539.
[152] *Niedermair* ZStW 107 (1995), 540.
[153] So zu § 261 StGB *Körner/Dach* Geldwäsche Rdnr. 36.
[154] *Schneider* NStZ 2004, 317.
[155] Nach *Schneider* NStZ 2004, 315 ff., ergebe eine phänomenologisch-empirische Analyse, dass neutrale Handlungen durch ein Auseinanderfallen von objektivem und subjektivem Handlungssinn gekennzeichnet seien; dies sei der Grund für ihre spezielle Problematik.
[156] *Schneider* NStZ 2004, 317.
[157] BVerfG wistra 1994, 221 ff.
[158] BVerfG, wistra 1994, 221 ff.

Jahr 1999.[159] Hier ging es um einen Rechtsanwalt, der an der Erstellung von Werbeprospekten für Risikokapitalanlagen beteiligt war. Die auftraggebende GmbH verfolgte dabei im Ergebnis ausschließlich betrügerische Zwecke.

Der BGH stellte hier – allerdings ohne weitere Auseinandersetzung mit der Literatur – bei der Erörterung des Vorsatzes fest, dass für sog. berufstypische neutrale Handlungen die folgenden Grundsätze gelten sollen: „Zielt das Handeln des Haupttäters ausschließlich darauf ab, eine strafbare Handlung zu begehen, und weiß dies der Hilfeleistende, so ist sein Tatbeitrag als Beihilfe zu werten (...). In diesen Fällen verliert sein Tun stets den „Alltagscharakter"; es ist als ‚Solidarisierung' mit dem Täter zu deuten (...) und dann auch nicht mehr als ‚sozialadäquat' anzusehen (...). Weiß der Hilfeleistende dagegen nicht, wie der von ihm geleistete Beitrag vom Haupttäter verwendet wird, hält er es lediglich für möglich, dass sein Tun zur Begehung einer Straftat genutzt wird, so ist sein Handeln regelmäßig nicht als strafbare Beihilfehandlung zu beurteilen, es sei denn, das von ihm erkannte Risiko strafbaren Verhaltens des von ihm Unterstützten war derart hoch, dass er sich mit seiner Hilfeleistung ‚die Förderung eines erkennbar tatgeneigten Täters angelegen sein' ließ (...).[160]"

Für den zu entscheidenden Fall kam der BGH unter Anwendung dieser Grundsätze zu dem Ergebnis, dass eine Strafbarkeit des Rechtsanwalts davon abhänge, ob er von den ausschließlich illegalen Zwecken der GmbH wusste oder diese zumindest für sehr wahrscheinlich hielt. Kannte der Rechtsanwalt die Risiken des Geschäfts – dies war im vorliegenden Fall nach Ansicht des BGH nicht ausreichend festgestellt –, sei es wahrscheinlich, dass er auch um die allein deliktischen Ziele der GmbH wusste und sich somit strafbar gemacht habe.

c) Die „Bankenentscheidung" des 5. Strafsenats des BGH. Mit im wesentlichen übereinstimmenden Formulierungen werden diese Grundsätze dann in der sog. „Bankenentscheidung" des BGH[161] aus dem Jahr 2000 wiederholt. Gegenstand dieser Entscheidung war wiederum das oben bereits geschilderte Verhalten eines Mitarbeiters der Dresdner Bank, der anonymisierte Auslandstransfers ermöglichte, obwohl er vermutete oder sogar als gesichert ansah, dass seine Kunden nicht vorhatten, die im Ausland anfallenden Steuern zu entrichten. Auch in dieser Entscheidung erfolgte keine Auseinandersetzung mit dem Meinungsstand; es wird lediglich auf die in der sog. „Rechtsanwaltsentscheidung" allgemein für berufstypische Handlungen aufgestellten Grundsätze verwiesen und festgestellt, eine Beihilfestrafbarkeit des Angeklagten könne jedenfalls nicht an der Tatsache scheitern, dass er im Rahmen seiner Berufsausübung gehandelt habe. Sein Verhalten sei vielmehr unmittelbar im Zusammenhang mit dem Handeln seiner Kunden zu sehen, deren allein deliktische Absichten er entweder gekannt oder aufgrund seiner Sachkompetenz im steuerlichen Bereich erahnt haben musste.

d) Die „Jahresbefehlsentscheidung" des 4. Strafsenats des BGH. Der darauf folgenden sog. „Jahresbefehlsentscheidung"[162] aus dem Jahr 2001 lag folgender Sachverhalt zugrunde: Zwei Mitarbeiter des Grenzkommandos der ehemaligen DDR hatten Teilentwürfe der sog. Jahresbefehle für die Grenzsicherung angefertigt. Inhalt dieser Jahresbefehle waren auch Regelungen über die entlang der Grenze verlegten Minensperren, in denen Menschen zu Tode kamen. Die von den Angeklagten entworfenen Teile betrafen allerdings nicht die Minensperren, sondern wurden lediglich mit anderen, auch die Minensperren betreffenden Teilen zu einem Gesamtjahresbefehl zusammengefügt.

Unter erneuter Berufung auf die oben dargelegten Grundsätze zur neutralen Beihilfe – die Maßstab seien für eine im Einzelfall vorzunehmende wertende Betrachtung – verneinte der BGH in diesem Fall eine Strafbarkeit der Angeklagten. Deren – berufsbezogenes – Handeln sei im Hinblick auf die Rechtsgutsverletzungen der Haupttäter – Tod eines Menschen – „neutral" gewesen. Da die Jahresbefehle „nicht ausschließlich strafrechtlich relevantes Verhalten gegen-

---

[159] BGH NStZ 2000, 34 = StV 2000, 479 = wistra 1999, 459 = BGHR StGB § 27 I Hilfeleisten 20 = BGHR StGB § 263 I Täuschung 15.
[160] BGH NStZ 2000, 34.
[161] BGHSt 46, 107 = NJW 2000, 3010 = StV 2000, 492 = wistra 2000, 340 = JR 2001, 381 ff. mit Anm. *Behr* BB 2000, 2240 f.; *Jäger* wistra 2000, 344 ff.; *Kudlich* JZ 2000, 1178 ff.; *Lesch*, JR 2001, 383 ff.; *ders.* JA 2001, 187 ff.; *Samson/Schillhorn* wistra 2001, 1 ff.
[162] BGH NJW 2001, 2409 = NStZ 2001, 364 = wistra 2001, 251 mit Anm. *Knauer* NJW 2003, 3101; *Kudlich* JuS 2002, 751 ff.

über Grenzverletzern, sondern auch legitime Beiträge der Landesverteidigung der ehemaligen DDR sowie deren Grenzsicherung nach Außen"[163] beinhalteten, blieben die Beiträge der Angeklagten auch ohne die Taten der Haupttäter sinnvoll und seien damit nicht als strafbare Beihilfe einzuordnen.

90 e) Die „Mannesmann-Entscheidung" des 3. Strafsenats des BGH. In diesem Verfahren hatte sich der 3. Strafsenat im Jahr 2005 mit dem Vorwurf der Untreue zu befassen, die vier der Angeklagten als Mitglieder des Aufsichtsratsausschusses für Vorstandsangelegenheiten (des sog. Präsidiums) der früheren Mannesmann AG in engem zeitlichen Zusammenhang mit deren Übernahme durch das britische Telekommunikationsunternehmen Vodafone Airtouch pic durch Zuerkennung freiwilliger Sonderzahlungen und Abgeltung von Pensionsansprüchen zum Nachteil der Mannesmann AG begangen haben sollten.[164] Der damalige Vorstandsvorsitzende sowie der damalige Leiter der für die Betreuung der aktiven Vorstandsmitglieder zuständigen Abteilung waren angeklagt, mehrere der Taten durch die Vorbereitung von Beschlüssen und deren Umsetzung gefördert zu haben.

91 Im Hinblick auf die Strafbarkeit der Haupttäter kam der Senat zu dem Ergebnis, dass die Mitglieder des Präsidiums den objektiven Tatbestand der Untreue durch die Zuerkennung der freiwilligen Sonderzahlungen verwirklicht hatten, Feststellungen zur subjektiven Tatseite jedoch entweder fehlten[165] oder aber auf einer lückenhaften Beweiswürdigung beruhten.[166]

92 Zu der Frage einer Beihilfe durch die zwei weiteren Angeklagten unter dem Gesichtspunkt einer „straflosen Hilfeleistung durch berufstypische neutrale Handlungen"[167] referiert der Senat zunächst die von der Rechtsprechung hierzu entwickelten, oben aufgezeigten Grundsätze.[168] Diese können seiner Ansicht nach jedoch im vorliegenden Fall keine Anwendung finden, da es sich bei den Unterstützungshandlungen der Angeklagten – Vorbereitung und Umsetzung der Präsidiumsbeschlüsse[169] – schon deshalb nicht um „berufstypische Handlungen mit Alltagscharakter" handele, „weil sie damit gezielt die Zuwendung der Sonderzahlungen förderten".[170] Wie den Haupttätern seien ihnen während ihrer Hilfeleistungen alle Umstände, welche die objektive Pflichtverletzung begründeten, bekannt gewesen. Eine Straflosigkeit wegen der Tatsache, dass die Unterstützungshandlungen innerhalb des Berufes der Angeklagten erfolgt seien, käme damit nicht in Betracht. Dies könne – „soweit der Gehilfe einer Straftat seine unterstützende Tätigkeit innerhalb eines weisungsgebundenen Dienstverhältnisses erbracht hat"[171] –, lediglich im Rahmen der Strafzumessung strafmildernd berücksichtigt werden.

93 Als bemerkenswert bleibt noch festzuhalten, dass der Senat es ausdrücklich offen lässt, ob die von ihm referierten Kriterien der bisherigen Rechtsprechung zur Beschränkung der Beihilfestrafbarkeit bei „berufstypischen neutralen Handlungen" überhaupt erforderlich sind, „oder ob nicht vielmehr die Strafbarkeitsbeschränkung bei sachgerechter Auslegung ausreichend nach den herkömmlichen und allgemein anerkannten Regeln etwa über die objektive Zurechnung oder den Gehilfenvorsatz erfolgen kann".[172]

---

[163] Siehe BGH NStZ 2001, 364 f.
[164] BGH NJW 2006, 522 ff. m. Anm. *Ransieck* NJW 2006, 814 ff. und *Kudlich* JA 2006, 171 ff.
[165] BGH NJW 2006, 527 (da das Landgericht Düsseldorf hier bereits den objektiven Tatbestand verneint hatte).
[166] So im Fall der Zahlung einer Prämie an einen ehemaligen Vorstandsvorsitzenden der früheren Mannesmann AG, BGH NJW 2006, 527.
[167] BGH NJW 2006, 528.
[168] Siehe Rdnr. 83–89.
[169] BGH NJW 2006, 528, hier im Hinblick auf die Prämien für den damaligen Vorstandsvorsitzenden und vier weitere Vorstandsmitglieder; nach BGH NJW 2006, 529, gilt dies auch für die Prämie für einen ehemaligen Vorstandsvorsitzenden.
[170] BGH NJW 2006, 528; im Hinblick auf Unterstützungshandlungen bei der Zuerkennung von Pensionsabfindungen waren nach Auffassung des Senats bereits die Feststellungen zur Haupttat lückenhaft, so dass eine Auseinandersetzung mit der Frage einer Strafbarkeit etwaiger Beihilfehandlungen nicht erfolgt ist; siehe dazu BGH NJW 2006, S. 530. Da jedoch auch das gesamte Geschehen um die Abfindung der Alternativpensionsansprüche eher ungewöhnlich war, ist wohl davon auszugehen, dass auch hier den Unterstützungshandlungen der sog. „Alltagscharakter" fehlte und damit die Grundsätze zur neutralen Beihilfe nicht zum Tragen kommen.
[171] BGH NJW 2006, 528.
[172] BGH NJW 2006, 528.

f) Zusammenfassung und Kritik. Die vom BGH aufgestellten Kriterien zur Einordnung von neutralen, berufstypischen Verhaltensweisen sind sowohl subjektiver als auch objektiver Natur. Im Ergebnis entsprechen sie sowohl in der Terminologie als auch der Sache nach dem oben dargelegten Modell Roxins, das im Kern auf den deliktischen Sinnbezug der Beihilfehandlung zur Haupttat bzw. die erkennbare Tatgeneigtheit des Haupttäters abstellt und zwischen direktem und bedingtem Vorsatz unterscheidet. Weiß der Hilfeleistende danach sicher, dass der Haupttäter allein deliktische Zwecke verfolgt, und ergibt seine Tätigkeit bei objektiver Beurteilung für den Haupttäter ohne die Tat keinen Sinn, so ist sein Verhalten als strafbare Beihilfehandlung zu werten. Die positive Kenntnis von der alleinigen deliktischen Verwendung der Haupttat bewirkt, dass die Unterstützungshandlung ihren alltäglichen Charakter bzw. ihre Sozialadäquanz verliert. Handelt er hinsichtlich der Haupttat dagegen lediglich mit dolus eventualis, so ist er nur dann als Gehilfe zu bestrafen, wenn das von ihm erkannte Risiko einer Straftat durch den Unterstützten derart hoch ist, dass er sich mit seiner Unterstützungshandlung die Förderung eines erkennbar tatgeneigten Täters angelegen sein ließ.[173]

Da die vom BGH aufgestellten Grundsätze im Wesentlichen mit dem Roxinschen Modell übereinstimmen, gilt die oben erörterte Kritik[174] an den Schwächen dieses Konzepts auch hier. Auch die Rechtsprechung muss sich damit entgegenhalten lassen, dass die Straffreiheit des Gehilfen für den Fall, dass der Haupttäter auch legale Zwecke verfolgt und der Gehilfe dies weiß, nicht nachvollziehbar ist. Die Widersprüchlichkeit in Teilen des Konzepts sowie die Unbestimmtheit des Elements der erkennbaren Tatgeneigtheit sind auch hier zu beanstanden.

Anzumerken ist noch, dass der BGH zwar Grundsätze aufstellt und einzelne Begriffe aus der wissenschaftlichen Diskussion – die „Solidarisierung" mit dem Täter sowie die „Sozialadäquanz" – übernimmt, eine ernsthafte Auseinandersetzung mit den zugrunde liegenden Theorien sowie insgesamt mit dem umfangreichen Streit in der Literatur jedoch ebenso wie eine eingehende Begründung des eigenen Lösungsvorschlags fehlt.[175] Auch kann von einer einheitlichen Linie bei der Einordnung bestimmter Verhaltensweisen als „alltäglich" bzw. „berufstypisch" oder „neutral" nicht die Rede sein. So hat der BGH in einer weniger bekannten Entscheidung das Handeln von Anwaltsnotaren, die einen auf ihr Notaranderkonto eingezahlten Kreditbetrag an einen Mandanten überwiesen, obwohl sie wussten oder ahnten, dass das Darlehen nicht ausreichend gesichert war, ohne weitere Begründung als „nicht berufstypische, neutrale Handlung" angesehen.[176] Dies ist nicht ohne weiteres einleuchtend, da gerade Handlungen dieser Art durchaus zu den Alltagsgeschäften von Notaren gehören. In den oben geschilderten Entscheidungen – zuletzt in der jüngst ergangenen „Mannesmann-Entscheidung" – wird schließlich nicht immer deutlich, ob eine Einschränkung der Strafbarkeit bereits daran scheitert, dass keine neutrale Handlung vorliegt, oder ob dies zwar der Fall ist, diese aber wegen des Vorliegens bzw. Fehlens der hierzu entwickelten Kriterien dennoch strafbar bzw. straflos ist.[177]

Ob und welche Auswirkungen schließlich die oben dargelegte Bemerkung des 3. Senats, die Grundsätze zur Einschränkung der Beihilfestrafbarkeit bei berufstypischen Handlungen seien möglicherweise entbehrlich,[178] für die weitere Auseinandersetzung hat, bleibt abzuwarten.

---

[173] Soweit die Entscheidung des 4. Strafsenats (BGH 4 StR 453/00) im Hinblick auf die Voraussetzungen einer Strafbarkeit bei dolus eventualis nicht eindeutig ist, weist *Kudlich* Die Unterstützung fremder Straftaten durch berufsbedingtes Verhalten, S. 132, zutreffend darauf hin, dass vieles dafür spricht, dass keine inzidenten Aussagen über diese Problematik beabsichtigt waren.

[174] Zur Kritik an der Rechtsprechung des BGH vgl. auch noch *Rabe von Kühlwein* JZ 2002, 1139, 1140 f., sowie *Wessing* NJW 2003, 2265 ff.

[175] Dies kritisieren vor allem *Hartmann* ZStW 116 (2004), 97, 598, sowie *Kudlich*, Die Unterstützung fremder Straftaten durch berufsbedingtes Verhalten, S. 135, 136 m. w. N.

[176] BGH wistra 2000, 459; vgl. dazu auch *Achenbach* NStZ 2001, 525.

[177] Dies hat zur Folge, dass „sowohl eine Überprüfung der Kriterien des BGH als auch eine Prognose von Entscheidungen in Grenzfällen" erschwert wird, so *Kudlich*, Die Unterstützung fremder Straftaten durch berufsbedingtes Verhalten, S. 13.

[178] Die konkrete Formulierung lässt hier zumindest vermuten, der 3. Strafsenat neige zu dieser Schlussfolgerung.

4. Ausblick und Hinweise für die Verteidigung

98   Das viel beachtete und breit diskutierte Problem der neutralen Beihilfe ist keineswegs abschließend geklärt. Auch die Rechtsprechung hat bislang eine einheitliche Linie nicht gefunden. Die vorherrschende Lehre vom deliktischen Sinnbezug sowie die ihr nahe stehende jüngste Rechtsprechung des BGH stößt in wesentlichen Punkten auf berechtigte Bedenken. Es verbleibt ein nicht unerhebliches Maß an Rechtsunsicherheit; die Unschärfe mancher Kriterien sowie die Verlegung des Schwerpunktes in den subjektiven Bereich lassen den Gerichten Raum, am Einzelfall orientiert zu entscheiden. Die Konsequenz daraus ist, dass die Frage einer Verurteilung maßgeblich davon abhängen kann, wie sich der Gehilfe zu seinen die Tat begleitenden Vorstellungen einlässt.

99   Hier muss sowohl eine effektive Präventivberatung als auch die Verteidigung ansetzen. Solange die Auffassung sich nicht durchsetzt, dass die allgemein anerkannten Regelungen der Beihilfestrafbarkeit für einen sachgerechten Umgang mit dem Phänomen durchaus ausreichen, kann die Unentschlossenheit der Rechtsprechung beziehungsweise der Umstand, dass berufstypisch Handelnden gegebenenfalls ein Sonderstatus eingeräumt wird, durchaus für die Verteidigung genutzt werden. Es ist darauf zu achten, dass

- gegebenenfalls der berufliche Bezug des in Rede stehenden Verhaltens klar herausgearbeitet wird;
- bei den Einlassungen des Angeklagten (bzw. dessen Schweigen) über die subjektive Tatseite von Beginn an das Problem der alltagsneutralen Handlung bedacht wird;
- im Rahmen präventiver Beratung Unternehmensabläufe so strukturiert werden, dass ein „deliktischer Sinnbezug" nicht entstehen kann.

§ 4 Strafrechtliche Produkthaftung

Übersicht

	Rdnr.
I. Strafrechtliche Produkthaftung als Unternehmensrisiko – Die Entwicklung anhand der Kernfälle	1–30
1. Ziegenhaar	4
2. Contergan	5/6
3. Monza-Steel	7
4. Bienenstich	8
5. Lederspray	9–12
6. Holzschutzmittel	13–16
7. Amalgam	17–19
8. Weinverschnitt	20
9. Eschede	21–25
10. Lipobay	26/27
11. Typisierung / Typische Sachverhaltskonstellationen	28–30
II. Tatbestandliche Fragen	31–97
1. Begehungsformen	36–49
a) Vorsatz und Fahrlässigkeit	36
b) Positives Tun/Unterlassen	37
c) Garantenstellungen im Bereich der Produkthaftung	38–49
2. Tat „-handlungen" – Ebenen produkthaftungsrechtlicher Sorgfalt	50–59
a) Konstruktion	51/52
b) Fabrikation	53
c) Instruktion	54–56
d) Produktbeobachtung und Rückruf	57–59
3. Kausalität und objektive Zurechnung	60–82
a) Schadensursächlichkeit des Produkts	64–76
b) Kausalität unterlassener Warnhinweise und Rückrufe	77–79
c) Objektive Zurechnung als Korrektiv zur Kausalität	80/81
d) Kausalitätsprobleme bei Kollegialentscheidungen	82
4. Vorsatzfragen	83–94
a) Dolus eventualis	85–88
b) Abgrenzung: Dolus eventualis / Bewusste Fahrlässigkeit	89–91
c) Fahrlässigkeit	92–94
5. Abgrenzung zur zivilrechtlichen Produktverantwortung	95–97
III. Sonderprobleme strafrechtlicher Produktverantwortung	98–142
1. Haftung für Kollegialentscheidungen	99–116
a) Lösung des BGH im Ledersprayfall	102–106
b) Praktische Auswirkungen auf die strafrechtlichen Risiken bei Abstimmungen	107–116
2. Verschärfung strafrechtlicher Verantwortung durch das KonTraG	117–122
3. Sorgfaltsmaßstab bei Einhaltung öffentlich-rechtlicher Vorgaben und technischer Regelwerke	123–129
4. Parallele Verantwortungen	130
5. Zumutbarkeit	131–134
a) Intensität der Gefährdung	132
b) Zeitpunkt von Handlungspflichten	133
c) Kollidierende Interessen	134
6. Eigenverantwortliche Selbstgefährdung des Produktbenutzers	135–142
IV. Strafrechtliche Verantwortlichkeit im Unternehmen („Top-down"-Betrachtung)	143–170
1. Vertretungsberechtigte Organe (Unternehmensführung; Top-Management)	144–157
a) Die Generalverantwortung der Geschäftsleitung	144
b) Primäre Verantwortlichkeit der Organe im Rahmen ihrer Ressortzuständigkeit	145
c) Ausnahme zur Ressortverantwortlichkeit: in Krisen und Sondersituationen	146–150

   d) Mittelbare Täterschaft durch Herrschaft über betriebliche
    Organisationsstrukturen 151–157
  2. Führungskräfte (Middle-Management) 158–162
   a) Verantwortlichkeit im Rahmen der übertragenen Aufgaben und Befugnisse . 160/161
   b) Grenze der Verantwortlichkeit: eigene Entscheidungsbefugnisse 162
  3. Mitarbeiter: Strafrechtliche Verantwortlichkeit als unmittelbarer Täter 163/164
  4. Die Verantwortlichkeit Externer im Produktstrafrecht 165–169
   a) Berater 165–168
   b) Gutachter und Sachverständige 169
  5. Öffentlich-rechtlich besonders verpflichtete Mitarbeiter 170
 V. Strafrechtliche Verantwortung dritter Personen neben dem Hersteller 171–185
  1. Zulieferer 172–175
  2. Verlängerte Werkbank 176
  3. Händler 177–185
   a) Sorgfaltspflichten des Händlers 178–183
   b) Sorgfaltspflichten des Importeurs 184
   c) Sorgfaltspflichten des Quasi-Herstellers 185
 VI. Rechtsfolgen und prozessuale Besonderheiten 186–243
  1. Personenbezogene Rechtsfolgen 188–214
   a) Geld- und Freiheitsstrafe 188–195
   b) Geldbuße nach dem OWiG – § 130 OWiG 196–199
   c) Übernahme von Geldstrafen, Zahlungsauflagen und Geldbußen durch das
    Unternehmen 200–210
   d) Versicherbarkeit der strafrechtlichen Risiken 211–214
  2. Unternehmensbezogene Rechtsfolgen 215–231
   a) Verfall, Einziehung, Vermögensstrafe 216–221
   b) Unternehmensgeldbuße – § 30 OWiG 222–231
  3. Prozessuale Besonderheiten 232–243
   a) Tatsächliche und rechtliche Schwierigkeiten 233–237
   b) Zeitliche Dimension 238
   c) Absprachepraxis 239/240
   d) Auslandsdimension 241–243
 VII. Lösungsansätze zur Begrenzung der Verantwortlichkeit 244–253
  1. Vertretungsberechtigte Organe (Unternehmensführung; Top-Management) 244–250
   a) Problem arbeitsteiligen Handelns 245–249
   b) Fazit 250
  2. Führungskräfte (Middle-Management) 251
  3. Mitarbeiter 252
  4. Risikobegrenzung durch Qualitätsmanagementsysteme 253
 VIII. Besonders betroffene Wirtschaftszweige 254–265
  1. Automobilindustrie 255
  2. Lebensmittelbranche 256–258
  3. Chemische Industrie 259
  4. Pharma- und Medizinindustrie 260–262
  5. Baubranche 263–265

Schrifttum: *Bode*, Zur strafrechtlichen Produkthaftung, FS für BGH, 2000, S. 515 ff.; *Böse*, Die Garantenstellung des Betriebsbeauftragten, NStZ 2003, 63; *Deutscher/Körner*, Die strafrechtliche Produktverantwortung von Mitgliedern kollegialer Geschäftsleitungsorgane, wistra 1996, 292 ff., 327 ff.; *Eichinger*, Die strafrechtliche Produkthaftung im deutschen im Vergleich zum anglo-amerikanischen Recht, 1997; *Eidam*, Unternehmen und Strafe., 2. Aufl. 2001; *ders.*, Die Straf- und Bußgeldbestimmungen des neuen Geräte- und Produktsicherheitsgesetzes, NJW 2005, 1021; *Große Vorholt*, Behördliche Stellungnahmen in der strafrechtlichen Produkthaftung, 1997; *ders.*, Management und Wirtschaftsstrafrecht, 2001; *Hassemer*, Produktverantwortung im modernen Strafrecht, 2. Aufl. 1996; *Hilgendorf*, Strafrechtliche Produzentenhaftung in der „Risikogesellschaft", 1993; *Kassebohm/Malorny*, Die strafrechtliche Verantwortung des Managements, BB 1994, 1361 ff.; *Kuhlen*, Fragen einer strafrechtlichen Produkthaftung, 1989; *ders.*, Strafhaftung bei unterlassenem Rückruf gesundheitsgefährdender Produkte, NStZ 1990, 566 ff.; *ders.* in: Achenbach/Ransiek (Hrsg.), Handbuch Wirtschaftsstrafrecht, 2004; *Kühne*, Strafrechtliche Produkthaftung in Deutschland, NJW 1997, 1951 ff.; *Meier*, Verbraucherschutz durch Strafrecht, NJW 1992, 3193 ff.; *Samson*, Probleme strafrechtlicher Produkthaftung, StV 1991, 182 ff.; *Schmidt-Salzer*, Produkthaftung, Band I Strafrecht, 2. Auflage 1988; *ders.*, Strafrechtliche Produktverantwortung, NJW 1990, 2966 ff.; *ders.*, Konkretisierungen der strafrechtlichen Produkt- und Umweltverantwortung, NJW 1996, 1 ff.; *ders.*, Verbraucherschutz, Produkthaftung, Umwelthaftung, Unternehmensverantwortung, NJW 1994, 1305 ff.; *Schünemann*, Die strafrechtliche Verantwortlichkeit der Unternehmensleitung im Bereich von Umweltschutz und technischer Sicherheit, UTR 26, 137 ff.; *ders.*, Strafrechtsdogmatische und kriminalpolitische Grundfragen der Unternehmenskriminalität, wistra 1982, 41 ff.; *Schwartz*, Strafrechtliche Produkthaftung, 1998; *Seher*, Herstellung oder Vertrieb gesundheitsgefährdender Produkte: Ein Fall des § 314 StGB?, NJW 2004, 113; Graf *von Westphalen* (Hrsg.) Produkthaftungshandbuch Band I, 2. Aufl. 1997.

I. Strafrechtliche Produkthaftung als Unternehmensrisiko – Die Entwicklung anhand der Kernfälle

Strafrechtliche Produkthaftung ist relativ neues Recht. Zwar existierten die Grundlagen und Möglichkeiten für dieses Rechtsgebiet seit je her, das darin liegende Risiko hatte sich aber über einen langen Zeitraum hinweg nicht realisiert. Zivilrechtliche Produkthaftungsfälle hingegen fanden schon seit langem in der Rechtspraxis und in der Öffentlichkeit große Beachtung.[1] Bekannt sind sowohl spektakuläre Produkthaftungsfälle in den USA (als Beispiele: Tabakkonsum,[2] Automobilrückrufe, Instruktionspflichten bei Gebrauch von Mikrowellen) als auch wichtige Leitentscheidungen in der deutschen Judikatur (Kindertee,[3] Limonadenflaschen,[4] Papierreißwolf[5]). Erst Ende der **70er-Jahre** begannen sich **strafrechtliche Verfahren** zu häufen, die eine Produkthaftung zum Hintergrund hatten. Ausdruck dieses Stadiums der Rechtsentwicklung war die Monza-Steel-Entscheidung[6] des Landgerichts München II. Spätestens aber seit der Lederspray-Entscheidung[7] des Bundesgerichtshofs dürfte klar sein, dass mit dem In-Verkehr-Bringen von fehlerhaften Produkten auch **erhebliche strafrechtliche Risiken** für alle Mitarbeiter eines Unternehmens, angefangen von der operativen Ebene bis hin zum Top-Management, verbunden sind. Einem wirksamen Risikomanagement kommt insbesondere für die Unternehmensspitze hohe Bedeutung zu, denn sie ist es, die die Unternehmensziele formuliert, die Aktivitäten in Betrieb und Unternehmen steuert und organisiert und deshalb bei Versagen in diesen Bereichen heute erhebliche Strafrisiken trägt. 1

Auch das Unternehmen als eigene Rechtspersönlichkeit[8] steht im Bereich strafrechtlicher Produkthaftung voll im Risiko und kann sich nicht ohne weiteres hinter die individuelle Schuld einzelner Organe oder Mitarbeiter zurückziehen.[9] Schon die rein faktischen Auswirkungen einer negativen Presse und der Belastung des Arbeitsklimas sind erhebliche Auswirkungen, die ihren Weg bis hin in Unternehmensbilanzen und Börsenkurse finden. Darüber hinaus sind einschneidende wirtschaftliche Konsequenzen als Ausfluss von rechtlichen Möglichkeiten der Strafverfolgung zu gewärtigen: Gefährdungspotential bieten dabei insbesondere die Nebenfolgen des Verfalls und der Einziehung, §§ 73 ff StGB. Danach kann – nach Bruttowerten, also ohne Berücksichtigung der Produktionskosten – einem Unternehmen dasjenige entzogen werden, was es aus einer Straftat erlangt hat (Verfall) oder was zur Begehung einer Straftat benutzt wurde. In concreto kann das heißen, dass einer Firma der Gesamtumsatz aus einem bestimmten Geschäft oder die benutzten Produktionsmittel entzogen werden. Zusätzlich und daneben können so genannte Unternehmensgeldbußen (§ 30 OWiG) mit bis zu einer Million Euro verhängt werden. 2

---

[1] Entsprechend dieser Entwicklung wurde an Kodifikationen speziell zur Produkthaftung zuerst das zivilrechtlich ausgerichtete Gesetz über die Haftung für fehlerhafte Produkte (BGBl. I 1989 S. 2198) erlassen; erst 1997 folgte dann mit dem Produktsicherheitsgesetz (BGBl. I 1997 S. 934) eine durch Bußgeldvorschriften flankierte Regelung.
[2] In Deutschland wurde vor kurzem entschieden, dass bei Produktion mit zugelassenen Inhaltsstoffen eine zivilrechtliche Haftung nicht besteht, LG Bielefeld NJW 2000, S. 2514.
[3] BGHZ 116, 60 = NJW 1992, 560 „Kindertee I"; vgl. auch: BGH NJW 1994, 932 „Kindertee II".
[4] BGHZ 104, 323 = NJW 1988, 2611.
[5] BGH NJW 1999, 2815 ff.
[6] LG München II v. 21.4.1978 – IV Kls 58 Js 5534/76, im Einzelnen s. u. Rdnr. 7.
[7] BGHSt 37, 105.
[8] Eine sich erkennbar anbahnende Entwicklung zum Strafrechtsobjekt wird geschildert von *Alwart*, ZStW 105 (1993), 752; siehe auch *Amelung*, Individuelle Verantwortung und Beteiligungsverhältnisse bei Straftaten in bürokratischen Organisationen des Staates, der Wirtschaft und der Gesellschaft; *Eidam*, Unternehmen und Strafe, *Heine*, Die strafrechtliche Verantwortung von Unternehmen; *Krekeler*, FS Hanack, S. 639; *Volk*, JZ 1993, 429.
[9] Vgl. *Heine*, Die strafrechtliche Verantwortung von Unternehmen; *Otto*, Die Strafbarkeit von Unternehmen und Verbänden.

3 Insgesamt hat sich mit dem Produktstrafrecht eine individuell wie unternehmenswirtschaftlich problematische Situation aufgetan. Der historische Überblick über einige zentrale Entscheidungen zur strafrechtlichen Produkthaftung soll den Einstieg in die Problematik und für die Folgenden rechtstheoretischen Teile einen Unterbau bieten:[10]

1. Ziegenhaar

4 Den wohl **ersten deutschen Produkthaftungsfall** hatte 1929 das Reichsgericht zu entscheiden.[11] Geschädigt worden waren allerdings nicht Verbraucher, sondern die Mitarbeiter eines Herstellerunternehmens. Ein Unternehmer hatte für seine Pinselfabrik von einer Händlerfirma chinesische Ziegenhaare bezogen und diese trotz der Mitteilung der Händlerfirma, dass diese zu desinfizieren seien, ohne vorherige Desinfektion durch seine Arbeiter zu Pinseln verarbeiten lassen. Ein Arbeiter und drei Arbeiterinnen, die mit der Herstellung der Pinsel beschäftigt waren, sowie eine Arbeiterin, die mit den Pinseln in Berührung kam, wurden durch Milzbrandbazillen, mit denen die Haare behaftet waren, angesteckt. Vier der Mitarbeiter starben an Milzbrand. Die Verurteilung des Unternehmers wegen **fahrlässiger Tötung und fahrlässiger Körperverletzung** in der Instanz wurde durch das Reichsgericht bestätigt. Die **Grundlage der Verurteilung** bildete der Umstand, dass der Unternehmer durch ein **sorgfaltspflichtwidriges Verhalten** – die Ausgabe der verseuchten Ziegenhaare zur Verarbeitung – fahrlässig die Ursache für die Verletzung bzw. den Tod der Mitarbeiter gesetzt hatte. In diesem sorgfaltswidrigen positiven Tun und nicht in dem Unterlassen eines sorgfaltsgemäßen Handelns – der Desinfektion der Haare – sah das Gericht den Schwerpunkt des strafrechtlich relevanten und vorwerfbaren Verhaltens.[12] Bereits in dieser Entscheidung hat das Gericht für die Begründung der **Kausalität** zwischen Schaden und Unterlassen ausgesprochen, dass **naturgesetzliche Wahrscheinlichkeiten** ausreichen und eine rein theoretische, nicht durch Indizien gestützte Alternativursache unbeachtlich bleiben muss.

2. Contergan

5 In das breite öffentliche Interesse trat die strafrechtliche Produkthaftung erstmalig durch das Arzneimittel Contergan:[13] Ende der fünfziger Jahre traten bei Neugeborenen, deren Mütter während der Schwangerschaft Thalidomidpräparate genommen hatten, schwere Missbildungen auf. Bereits bei Prozessbeginn belief sich die Zahl der bekannten „Contergan-Kinder" auf 2 625. Die Staatsanwaltschaft klagte neun Mitarbeiter der Herstellerfirma wegen Körperverletzung und fahrlässiger Tötung an. Es handelte sich um die drei Mitglieder der Geschäftsführung, drei Ressortleiter der Bereiche „Forschung und Produktion", „medizinisch-wissenschaftliche Abteilung" sowie „Vertrieb", zwei Abteilungsleiter und einen Sachbearbeiter. Dem Ressortleiter „Forschung und Produktion" wurde zur Last gelegt, durch einen **Instruktionsfehler**, nämlich die Bezeichnung des Mittels als „atoxisch und uneingeschränkt harmlos", schwangere Frauen zur arglosen Einnahme des Schlafmittels veranlasst und hierdurch Missbildungen bei ungeborenen Kindern verursacht zu haben. Den übrigen Angeklagten wurden Verletzungen von **Produktbeobachtungspflichten** vorgeworfen. Bis zum Eingang alarmierender Berichte über die Nebenwirkungen hätten die Verantwortlichen sich zwar auf die Beurteilung des Forschungsleiters verlassen dürfen, spätestens ab diesem Zeitpunkt wären sie jedoch zu Gegenmaßnahmen (z. B. **Rückruf, vorläufiger Vertriebsstopp**) verpflichtet gewesen.

6 Das Landgericht Aachen gelangte zwar zu der Überzeugung, dass zwischen der Einnahme des Medikaments und den Missbildungen ein Kausalzusammenhang bestand, stellte das Verfahren aber wegen geringer Schuld und fehlenden öffentlichen Interesses gemäß § 153 Abs. 2, 3 StPO ein, nachdem sich die Herstellerfirma zur Zahlung von Entschädigungen in Millionenhöhe verpflichtet hatte. Bemerkenswert an dem Verfahren war nicht nur die überlange Dauer

---

[10] Achenbach/Ransiek/*Kuhlen*, II Rdnr. 9 ff.
[11] RGSt 63, 211 ff.
[12] Diese Begründung machte den Ziegenhaarfall nicht nur zum ersten bekannten Produkthaftungsfall, sondern darüber hinaus zum Schulfall zur Abgrenzung von positivem Tun und Unterlassen im Bereich der Fahrlässigkeitsdelikte.
[13] LG Aachen JZ 1971, 507 ff.; siehe auch die zeitnahe Aufarbeitung von *Bruns*, FS Maurach, S. 317.

§ 4 Strafrechtliche Produkthaftung

– allein das Ermittlungsverfahren erstreckte sich über 6 Jahre, das gesamte Verfahren bis zur Einstellung vor dem LG insgesamt über neun Jahre –, sondern dass in diesem Verfahren erstmals Grundfragen auftauchten, die Judikatur und Strafrechtswissenschaft in den kommenden Jahrzehnten beschäftigen sollten. Hierzu zählen unter anderem die Frage nach der strafrechtlichen Verantwortlichkeit von Unternehmen, die Frage, wie die sog. **„organisierte Unverantwortlichkeit"** bei Kollektiventscheidungen im Betrieb zu lösen ist und schließlich, welche Anforderungen an den Nachweis des Schädigungszusammenhangs zu stellen sind.[14]

3. Monza-Steel

Ein Reifenhersteller hatte Stahlgürtelreifen in den Verkehr gebracht, bei denen sich aufgrund eines Konstruktionsfehlers nach längerer Fahrt mit hoher Geschwindigkeit die Laufflächen ablösten, wodurch es zu zahlreichen schweren Unfällen kam.[15] Sieben Menschen starben, 22 wurden zum Teil schwer verletzt. In diesem Verfahren waren neben dem Abteilungsleiter der Vorstandsvorsitzende und zwei weitere Vorstandsmitglieder (zuständig für Vertrieb bzw. Technik) wegen fahrlässiger Tötung angeklagt. Dem Vorstandsmitglied Technik und dem für die technische Entwicklung zuständigen Abteilungsleiter wurde die Verursachung eines **Konstruktionsfehlers** vorgeworfen: Sie hatten die Serienfertigung des Höchstgeschwindigkeitsreifens, d. h. die Freigabe für Produktion und Verkauf, ohne die für die Sicherheit erforderlichen Dauerhochgeschwindigkeitstests veranlasst. Den übrigen Angeklagten wurden **Produktbeobachtungsfehler** und der **verspätete Rückruf** zur Last gelegt. Der strafrechtliche Vorwurf bezog sich bei dem Vorstandsvorsitzenden und den nicht für die Technik zuständigen Vorstandsmitgliedern – ebenso wie im Contergan- Verfahren – auf ihr **Verhalten nach der Kenntnis** von den Unfällen. Das Landgericht München II verurteilte den Abteilungsleiter der reifentechnischen Entwicklung wegen fahrlässiger Tötung zu einem Jahr Freiheitsstrafe mit Bewährung. Einer der Angeklagten verstarb während des Prozesses, zwei weitere wurden prozessunfähig.

4. Bienenstich

Verdorbener Bienenstich wurde an ein Krankenhaus geliefert.[16] Nach dessen Verzehr erkrankten zahlreiche Personen – zum Teil lebensbedrohlich. Der für den Einkauf zuständige Produktmanager traf daraufhin Sicherheitsvorkehrungen: Überprüfung der in Betracht kommenden Lagerbestände auf ein bestimmtes Lieferdatum, Aussonderung der betroffenen Ware, ihre Verbringung an einen abgesonderten Platz und die deutliche Kenntlichmachung ihrer Sperrung für den weiteren Vertrieb. Zusätzlich informierten er und der Vertriebsleiter die Geschäftsführer über die Gefährdung und sprachen sich in der daraufhin anberaumten Besprechung für eine umfassende Rückrufaktion aus. Die Geschäftsführer entschieden sich wegen des zeitlichen, sachlichen und finanziellen Aufwands und einer befürchteten Schädigung ihres Rufs **gegen** einen **Rückruf**. Der Produktmanager und der Vertriebsleiter wurden mit der Begründung freigesprochen, sie hätten alles ihnen mögliche und Zumutbare zur Abwendung der Gefahr getan. Die beiden Geschäftsführer wurden wegen **vorsätzlichem In-Verkehr-Bringen verdorbener Lebensmittel** als Mittäter zu Geldstrafen verurteilt, weil sie es trotz rechtzeitig erlangter Kenntnis von der Gefahr pflichtwidrig unterlassen hatten, die Leitung der Klinik vor dem Verbrauch des Kuchens zu warnen.[17]

5. Lederspray

Große Beachtung fand die so genannte Lederspray-Entscheidung des BGH vom 6. Juli 1990.[18] In ihr wurden **Wesentliche, bis dahin ungeklärte Fragen strafrechtlicher Produkthaftung grundlegend aufgearbeitet** und die Anforderungen an die Verhaltenspflichten der

---

[14] Vgl. *Kuhlen*, FS BGH, S. 647, 649; *Bruns*, FS Heinitz, S. 317 ff.; *ders.*, FS Maurach, S. 469 ff.; *Kaufmann* JZ 1971, 569 ff.; *Krauß*, HU Berlin Heft 97, S. 7, 8.
[15] Vgl. dazu: LG München II v. 21.4.1978 – IV Kls 58 Js 5534/76; *Schmidt-Salzer* ES, IV.28 „Monza-Steel II", und die Anklageschrift dazu vom 5.8.1976, 58 Js 5534/76 in: *Schmidt-Salzer* ES IV.4.4.
[16] BGH v. 4.5.1988 – 2 StR 89/88 – NStE Nr. 5 zu § 223 StGB.
[17] Vgl. auch die Besprechungen von *Gorn* und *Peters* ZLR 1988, 512 ff.
[18] BGHSt 37, 106 ff.

Unternehmensleitung in Verdachtsfällen verschärft. Die Entscheidung stieß nicht nur im rechtswissenschaftlichen Schrifttum,[19] sondern auch in der Öffentlichkeit auf große Resonanz.

10 Die Angeklagten waren Geschäftsführer verschiedener GmbHs, die sich unter anderem mit der Herstellung und dem Vertrieb von Ledersprays befassten. Als Meldungen über erhebliche gesundheitliche Schädigungen nach dem Gebrauch des Ledersprays eingingen (u. a. Atembeschwerden bis hin zu Lungenödemen mit lebensbedrohlichen Zuständen), wurden firmeninterne Untersuchungen durchgeführt, ohne dass eine Klärung über die Ursache der Schadensfälle erzielt werden konnte. Auch nachdem vorherige Rezepturänderungen rückgängig gemacht worden waren, setzten sich die Schadensmeldungen fort. Bei einer Sondersitzung der Geschäftsführer der Hersteller-GmbH wurden weitere Untersuchungen und veränderte Warnhinweise auf dem Produkt beschlossen, **nicht** aber eine **Rückruf- oder Warnaktion.** Diese Beschlüsse machten sich auch die Geschäftsführer der Vertriebsgesellschaft zu Eigen.

11 Der BGH bestätigte die erstinstanzliche Verurteilung aller Geschäftsführer durch das LG Mainz[20] und fixierte mit seinem Urteil grundlegende Positionen, die die strafrechtliche Verantwortung für fehlerhafte Produkte durch eine Ausweitung der Pflichtenbegründung und der individuellen Verantwortungszuweisung erheblich erweitert haben. Hinsichtlich der vor der Sondersitzung der Geschäftsführer eingetretenen Schadensfälle wertete der Senat das Versäumen gebotener Maßnahmen als fahrlässige Körperverletzung durch Unterlassen. Die strafrechtliche Schadensabwendungspflicht leite sich aus der zivilrechtlichen Verkehrssicherungspflicht, namentlich der **Pflicht zur Produktbeobachtung,** ab und stütze sich auf die von der Rechtsprechung für die zivilrechtliche Produkthaftung entwickelten Grundsätze.[21] Wer dadurch, dass er fehlerhafte Produkte in den Verkehr bringe, pflichtwidrig eine Gefahr für deren Verbraucher herbeiführe, müsse prinzipiell dafür einstehen, dass sich diese Gefahr nicht in einem entsprechenden Schaden verwirkliche.[22] Hinsichtlich der nach der Sondersitzung der Geschäftsführer aufgetretenen Schadensfälle sah der BGH in dem **In-Verkehr-Bringen** der produzierten und vertriebenen **Sprays** und dem **Unterlassen eines Rückrufs** der bereits im Handel befindlichen Produkte eine **vorsätzliche** gefährliche Körperverletzung durch positives Tun bzw. Unterlassen.

12 Der besonderen Problematik der strafrechtlichen Produktverantwortung, dass durch Produktfehler verursachte Schäden fast immer Sachverhalte betreffen, die arbeitsteilig strukturiert sind, begegnete der BGH mit der Anerkennung einer **Generalverantwortung und Allzuständigkeit der Geschäftsleitung in ressortübergreifenden Krisensituationen.** Hierzu gehöre regelmäßig der Verdacht von Produktschadensfällen, der die Geschäftsleitung zum Rückruf gesundheitsgefährdender Produkte verpflichte. In diesem Zusammenhang konstituierte der BGH **umfangreiche Pflichten eines jeden Geschäftsführers, auf einen Produktrückruf hinzuwirken.**[23] Diese aus der Geschäftsführerstellung abgeleiteten Pflichten machte der BGH zur Grundlage seines Spruches, wonach allein durch den einstimmigen Beschluss der Geschäftsführer, den gebotenen Rückruf zu unterlassen, eine mittäterschaftliche Unterlassungshaftung eines jeden Geschäftsführers begründet ist.

6. Holzschutzmittel

13 In einer weiteren grundlegenden Entscheidung des Bundesgerichtshofs vom 2. August 1995 ging es um die behaupteten gesundheitsschädlichen Wirkungen eines mit PCP und Lindan versetzten Holschutzmittels.[24] Nach Anwendung dieses Produkts erlitten zahlreiche, zuvor gesunde, Menschen erhebliche Gesundheitsschäden verschiedener Art (erste Phase: Bindehautentzündungen, Störungen im Hals-Nasen-Ohren-Bereich, Hautveränderungen, chronische Kopfschmerzen, ständiges Unwohlsein; zweite Phase: systemische Schäden wie Schwächung des Immunsystems und Störung endokrinologischer und neurovegetativer Funktionen). Nach

---

[19] *Beulke/Bachmann* JuS 1992, 737 ff.; *Hassemer* JuS 1991, 253 ff.; *Brammsen* Jura 1991, 533 ff.; *Hirte* JZ 1992, 153 ff. („landmark case"); *Puppe* JR 1992, 27 ff.; *Hilgendorf* NStZ 1994, 561 ff.; *Jacobs*, FS Miyazawa, S. 419 ff.; *Meier* NJW 1992, 3193 ff.; *Schmidt-Salzer* NJW 1990, 2966 ff, der die Entscheidung als konzeptionellen Quantensprung klassifizierte.
[20] LG Mainz v. 16.1.1989 – 8 Js 3708/84 W 5 KLs, *Schmidt-Salzer*, ES IV.3.22.
[21] BGHSt 37, 106, 115.
[22] BGHSt 37, 106, 116.
[23] BGHSt 37, 106, 123 ff.
[24] BGHSt 41, 206 ff.

einem Auszug der Erkrankten aus ihrer Wohnung oder einer vollständigen Beseitigung der Anstriche ließen die Beschwerden regelmäßig nach.

Das eingeleitete Ermittlungsverfahren richtete sich auch hier gegen Mitglieder des Top- und Middle-Management des Produktionsunternehmens. Ihnen wurde **vorgeworfen**, trotz der eingehenden Schadensmeldungen, **keinen Produktrückruf** oder eine **Produktwarnung** veranlasst zu haben, sondern vielmehr die Produkte weiter vertrieben zu haben. Die von der Staatsanwaltschaft Frankfurt beantragte Eröffnung des Hauptverfahrens wurde zunächst vom Landgericht Frankfurt[25] abgelehnt. Diese Entscheidung wurde vom OLG Frankfurt – unter Bezugnahme auf die Lederspray-Entscheidung des BGH – aufgehoben und das Hauptverfahren vor dem Landgericht Frankfurt eröffnet.[26]

Das Landgericht Frankfurt[27] verurteilte den kaufmännischen und den technischen Geschäftsführer der Herstellerfirma wegen fahrlässiger Körperverletzung und fahrlässiger Giftfreisetzung zu Freiheitsstrafen mit Bewährung und Geldstrafen. Auf die hiergegen gerichtete Revision der Angeklagten hob der Bundesgerichtshof die Verurteilung wegen Verfahrensfehlern auf.[28] Der BGH nutzte seine Entscheidung jedoch, die Anforderungen für den Nachweis der Kausalität und die Erfordernisse der Überzeugungsbildung im Bereich der Produkthaftung zu konkretisieren und **Ausführungen zur generellen Kausalität** zu treffen. Er verließ die Anforderung eines wissenschaftlich exakt nachweisbaren Ursachenzusammenhanges; nach seinem Spruch kann ein **Kausalzusammenhang** im strafrechtlichen Sinne schon dadurch nachgewiesen werden, dass alle anderen möglichen Ursachen einer Gesundheitsschädigung ausgeschlossen werden oder zumindest die Mitverursachung eines Produkts **empirisch zweifelsfrei festgestellt** wird.[29]

Das Landgericht Frankfurt am Main, an das die Sache zurückverwiesen worden war, stellte das Verfahren im Sommer 1996 gegen Zahlung einer Geldbuße nach § 153 a Abs. 2 StPO ein, nachdem das Unternehmen 4 Mio. DM für Forschungszwecke zur Verfügung gestellt hatte.[30] Der Einstellungsentscheidung lag im Wesentlichen die überlange Verfahrensdauer zugrunde. Das Ermittlungsverfahren, das u. a. Gesundheitsschädigungen aus den Jahren 1975/76 umfasste, war bereits 1984 eingeleitet worden und erstreckte sich bereits über einen Zeitraum von mehr als 12 Jahren.

7. Amalgam

Nachdem die Rechtsprechung im Holzschutzmittelverfahren eine tendenzielle Lockerung des Kausalitätsnachweises vorgenommen hatte, war im Jahr 1996 der Weg für ein weiteres Produkthaftungsverfahren geebnet. Die Staatsanwaltschaft Frankfurt, die bereits im Holzschutzmittelverfahren die Ermittlungen führte,[31] ermittelte gegen den gesamten Vorstand eines Herstellerunternehmens von Amalgam-Zahnfüllungen.[32] Dabei wurden im Wesentlichen folgende Vorwürfe erhoben:

Amalgam, eine Legierung aus 50 % Quecksilber sowie unterschiedlichen Anteilen an Silber, Kupfer, Zink und Zinn, wurde und wird von der Zahnmedizin als Mittel für Zahnfüllungen verwandt – circa 90 % der Bundesbürger tragen Amalgam im Mund. Die Anzeigenerstatter behaupteten, durch **Amalgamfüllungen** würden Schwermetalle im Körper freigesetzt, die zu unterschiedlichen Krankheitsbildern wie zentralnervösen und psychischen Leiden wie Konzentrationsschwäche, Schlaflosigkeit oder Nierenschwäche, Unfruchtbarkeit oder gar Parkinsonscher Krankheit führen. Der Hersteller habe im Rahmen seiner Produktbeobachtungspflicht

---

[25] LG Frankfurt/Main v. 25.5.1993 – 5/26 KLs 65 Js 8793/84; *Schmidt-Salzer*, ES IV.3.31 „Holzschutzmittel"; zur Prozessgeschichte vgl. *Schulz* ZUR 1994, 29.
[26] OLG Frankfurt v. 19.12.1991 – 1 Ws 206/90.
[27] LG Frankfurt v. 27.7.1990 – 5/26 Kls 65 Js 8793/84; NStZ 1990, 592 ff.
[28] BGHSt 41, 206 ff. Kommentiert wurde das Urteil von: *Otto* WiB 1995, 929 ff.; *Schmidt-Salzer* NJW 1996 1 ff.; *Puppe* JZ 1996, 318 ff.
[29] BGH a. a. O.
[30] LG Frankfurt/Main NJW 1997, 1994.
[31] Der StA Frankfurt wurde neben besonderer Expertise auch ein besonderes Interesse an der Verfolgung von Umweltstraftaten nachgesagt.
[32] Vgl. StA Frankfurt 65 Js 17084 4/91.

seine diesbezüglichen Warn- und Aufklärungspflichten pflichtwidrig verletzt und sich damit wegen fahrlässiger Körperverletzung strafbar gemacht.

19   Einen gerichtlichen Abschluss hat das Amalgamverfahren nie gefunden, die umstrittene Frage der Kausalität zwischen der Verwendung von Amalgam als Zahnfüllung und körperlichen Beschwerden der Patienten wurde keiner abschließenden Klärung zugeführt. Noch vor Abschluss der Ermittlungen wurde das Verfahren gegen Zahlung eines Geldbetrages von 1, 5 Mio. DM für Forschungszwecke zur naturwissenschaftlichen und zahnmedizinischen Untersuchung der Gesundheitsschädlichkeit von Amalgamfüllungen gemäß § 153 a StGB eingestellt. Gleichzeitig verpflichtete sich das Herstellerunternehmen, der einzige deutsche Produzent von Amalgam, in einem strafprozessualen „Vergleich", die Produktion aufzugeben.[33]

8. Weinverschnitt

20   Einem Randbereich der strafrechtlichen Produkthaftung zuzuordnen ist der Weinverschnitt- oder Glykolweinfall, den der **BGH** jedoch zum Anlass nahm, seine Rechtsprechung zur **produktstrafrechtlichen Haftung der Unternehmungsleitung** zu **präzisieren**.[34] Mitarbeiter einer Firmengruppe, der zahlreiche Weingüter und Vertriebsfirmen angehörten, waren an dem **Verkauf** von Weinpartien beteiligt, die nach weinrechtlichen Bestimmungen verkehrsunfähig waren. Da sich die Fehlerhaftigkeit des Weins nicht gesundheitsschädigend, sondern lediglich wertmindernd auswirkte, waren sechs Mitarbeiter des Top- und des Middle-Management (insgesamt 5 Hierarchiestufen) wegen Betruges angeklagt. Das Landgericht hatte die Angeklagten mangels zurechenbarer Handlungen freigesprochen. Der BGH hob den Freispruch des Landgerichts auf und führte aus, dass bei innerbetrieblichen Vorgängen „die Zurechnung zur Täterschaft nicht die eigene Verwirklichung des Straftatbestandes erfordert: Mitglieder der Leitungsebene eines Unternehmens können für den Vertrieb eines schadenstiftenden Produkts vielmehr auch dann strafrechtlich einzustehen haben, wenn sie das Produkt in **Kenntnis** des **Mangels weitervertreiben**." Ferner sei zwar für jeden einzelnen Angeklagten zu ermitteln, welches Verhalten zurechenbar die Schadensfolge ausgelöst habe, jedoch sei zu berücksichtigen, dass auch gemeinschaftliches Handeln in Betracht komme und Mittäterschaft sowie Beihilfe durch die Beteiligung an Vorbereitungshandlungen begründet werden könne.

9. Eschede

21   Der aktuellste Fall der strafrechtlichen Produkthaftung mit dem die Strafjustiz befasst war, hatte einen tragischen Unfall zum Gegenstand: Am 3. Juni 1998 brach am Intercity-Express ICE 844 „Conrad Wilhelm Röntgen" in Eschede bei Celle ein Radreifen. Statt der sonst üblichen Räder „aus einem Guss" waren bei den Zügen der ersten ICE-Generation die inneren Radscheiben von einem gummigelagerten äußeren Reifen umgeben. Durch diese Radkonstruktion sollte der Fahrkomfort verbessert werden. Der Zug entgleiste bei einer Geschwindigkeit von 200 Stundenkilometern und prallte gegen eine Brücke. 101 Menschen kamen ums Leben, außerdem wurden 105 Fahrgäste zum Teil schwer verletzt.

22   Die zuständige Staatsanwaltschaft Lüneburg hatte vor dem Landgericht Lüneburg Anklage gegen einen Abteilungspräsident der Deutschen Bundesbahn AG, einen Technischen Bundesbahnoberamtsrat und einen Betriebsingenieur des Herstellerwerks der im ICE verwendeten Radreifen wegen fahrlässiger Tötung und fahrlässiger Körperverletzung erhoben.[35] Die Anklage stützte ihren Vorwurf auf **Fehler bei der Fabrikation und Einführung dieses Typs von Radreifen**. Dabei ging die Staatsanwaltschaft davon aus, dass der Unfall letztlich auf den Bruch des gummigefederten Radreifens zurückzuführen sei, der bei einem Ausgangsmaß von 920 mm auf 862 mm Raddurchmesser abgefahren war. Die Angeklagten hätten die Bruchgefahr eines erheblich abgenutzten Rades erkennen müssen. Untersuchungen zur Frage der Dauerfestigkeit nach den damaligen Regelwerken hätten – so die Behauptung der Ermittlungsbehörde – den Beschuldigten aufgezeigt, dass ein abgefahrener Radreifen bruchgefährdet ist, wenn sein

---

[33] Vgl. *Tiedemann*, FS Hirsch, S. 765, 766; *Hamm* StV 1997, 159, 163 f.; *Schöndorf* ZUM 1998, 14; *ders.*, Von Ratten und Menschen, S. 202 ff.
[34] BGH NJW 1995, 2933.
[35] Zum Verlauf des Verfahrens finden sich die Pressemitteilungen des OLG Celle unter http://www.olg-celle.de.

§ 4 Strafrechtliche Produkthaftung

äußerer Durchmesser weniger als 880 mm beträgt. Die Angeklagten hätten jedoch bei Betriebszulassung ein Grenzmaß von 854 mm vorgegeben.

Die Anklage ging davon aus, dass bei Einführung des Radreifens **aussagekräftige Untersuchungen und Berechnungen zur Haltbarkeit von abgefahrenen Reifen unter Einsatzbedingungen** hätten durchgeführt werden müssen und dies **pflichtwidrig** von den Angeklagten **unterlassen** worden sei. Durch die seinerzeit durchgeführten Schwingfestigkeitsuntersuchungen hätten keine hinreichenden Erkenntnisse gewonnen werden können. Spätestens als sich nach kurzer Zeit im Einsatz unerwartete Schäden an den Strombrücken gezeigt hätten, hätten die nach dem damaligen Stand der Technik erforderlichen und möglichen Untersuchungen vorgenommen werden müssen. Neben diesem Sorgfaltspflichtverstoß sei es zudem – entgegen anfänglicher Planungen – versäumt worden, **regelmäßige Kontrollen** der durch Zug- und Druckspannungen belasteten Radinnenseiten zu veranlassen. Tatsächlich seien geeignete Prüfmethoden zum Einsatz im Rahmen der regelmäßigen Instandhaltung nicht entwickelt worden. 23

Diesem Vorwurf hielten die Angeklagten in einer mehr als 1000-seitigen Erklärung entgegen, dass gummigefederte Räder – wie das Unfallrad – für den Hochgeschwindigkeitsverkehr im ICE generell tauglich gewesen seien, die Radreifen auch bis zu dem Durchmesser von 862 mm hätten herunter gefahren werden können und auch keine speziellen Untersuchungen hätten vorgenommen werden müssen. 24

Das Eschede-Verfahren wurde am 13. Mai 2003 nach Zahlung einer Geldbuße in Höhe von je 10 000,– Euro am 13. Mai 2003 gem. § 153 a StPO eingestellt. 25

10. Lipobay

Angesichts der immer engeren Verflechtung der weltweiten Märkte und der internationalen Ausrichtung großer Unternehmen erlangen Produkthaftungsfälle schließlich auch eine internationale Dimension. Dies ist anschaulich belegt durch den Fall des cholesterinsenkenden Medikaments Lipobay/Baycol. Dieses wurde von der deutschen Bayer AG weltweit – vor allem in den USA – vertrieben, insgesamt wurden ca. 6 Millionen Patienten mit diesem Medikament behandelt. Nachdem sich im Jahr 2001 Meldungen über gravierende Nebenwirkungen im Zusammenhang mit dem Medikament (u. a. Thrombosen, Muskelschwund, spastische Zuckungen, Hautausschläge, Muskelkrämpfe, Schädigungen des Muskel- und Skelettsystems) bis hin zu Todesfällen häuften, veranlasste das Herstellerunternehmen nach einer internen Untersuchung schließlich einen Produktrückruf und Vermarktungsstopp des Medikaments. Insgesamt stehen tausende Erkrankungsfälle im Verdacht, auf Grund einer Einnahme von Lipobay/Baycol verursacht worden zu sein, ca. 100 Todesfälle weltweit – davon 5 in Deutschland – sollen Zusammenhänge mit der Einnahme des Arzneimittels aufweisen. Zu Erkrankungen kam es vor allem, wenn das Medikament in hohen Dosen bzw. gleichzeitig mit anderen cholesterinsenkenden Mitteln verabreicht wurde. Diese Neben- und Wechselwirkungen sollen vom Herstellerunternehmen nicht bzw. zu spät erkannt und an Ärzte und Patienten weiter gegeben worden, so dass der produkthaftungsrechtliche Vorwurf in Richtung von Produktbeobachtungs- bzw. Instruktionsfehlern zielt. 26

Die Folgen des „Lipobay-Skandals" für das Herstellerunternehmen sind gravierend und in ihrem ganzen Ausmaß zum jetzigen Zeitpunkt noch nicht abzusehen, sollen aber – da sie die internationale Dimension des Falles deutlich machen – kurz angedeutet werden: Unmittelbar nach dem Produktrückruf kam es zu einem Kurzsturz – das Arzneimittel war eines der umsatzstärksten von Bayer – der Herstelleraktie. Anfang des Jahres 2002 reichten Geschädigte, darunter auch Deutsche, eine zivilrechtliche (Milliarden)-Sammelklage in den USA ein; deutsche Zivilklagen werden folgen. In strafrechtlicher Hinsicht wurde in Deutschland gegen 80 (in Worten: achtzig) Verantwortliche des Konzerns ein Ermittlungsverfahren wegen Verdachts des fahrlässigen Verstoßes gegen das Arzneimittelgesetz eingeleitet. Ihnen wird primär vorgeworfen, das Bundesamt für Arzneimittel und Medikamente – nachdem der Konzern aufgrund der internen Untersuchungen bereits um die Risiken wusste – zu spät über die Gefahren des Arzneimittels informiert zu haben. 27

11. Typisierung / Typische Sachverhaltskonstellationen

28 Der Überblick über die Leitentscheidungen macht die Brisanz der strafrechtlichen Produktverantwortung deutlich und zeigt Sachverhaltsmerkmale auf, die sich typisieren lassen:[36]

29
- Die Anzahl der geschädigten Personen ist meist groß und das Schädigungspotential nach Anzahl der Betroffenen und Intensität der Schädigung von der Unternehmensleitung nicht genau überschaubar.
- Die Verletzungen, die durch die schadenstiftenden Produkte verursacht werden, bestehen in erheblichen körperlichen Beeinträchtigungen bis hin zu Todesfällen.
- Das originär schadensursächliche Agens ist schwer zu ermitteln. Der Nachweis der Schadensursächlichkeit ist nur schwer zu führen und häufig strittig. Oft steht bereits die generelle Schadenseignung eines Produkts im Streit, wenn es sich um relativ neu entwickelte Erzeugnisse handelt, für die es an umfangreichen wissenschaftlichen Untersuchungen beziehungsweise an tradiertem Erfahrungswissen fehlt.
- In der Ermittlungspraxis der Strafverfolgungsbehörden richtet sich der Vorwurf, falsch entschieden zu haben, zunächst formal gegen „die Verantwortlichen" einer Firma, faktisch also gegen eine juristische Person. Erst in einem zweiten Schritt erfolgt eine Zurechnung des Fehlverhaltens gegenüber dem einzelnen Mitarbeiter. Dabei steht bei den Organen und Leitungsbefugten der Firma zunächst nicht ein individuelles Verhalten, sondern vielmehr dessen Rolle in der Unternehmensorganisation im Vordergrund.
- Ein strafrechtliches Produkthaftungsrisiko besteht auch für Unternehmensmitarbeiter, die mit allenfalls schwach ausgeprägtem Unrechtsbewusstsein und ohne persönliches Interesse an der Begehung einer Straftat handeln.

30 Insbesondere das in Produkthaftungsfällen häufig zu beobachtende Zusammentreffen von stark ausgeprägtem Erfolgsunwert – große Anzahl geschädigter Personen, gravierende körperliche Schäden – mit nur schwer greifbarem Handlungsunwert eines Verhaltens Einzelner infolge starker vertikaler und horizontaler und Arbeitsteilung bildet ein grundlegendes strafrechtliches Wertungsproblem.[37] Dieses strahlt in dogmatischer wie praktischer Hinsicht aus auf die zentralen Fragen der Kausalität und ihres Nachweises, die Kriterien für eine strafrechtlich relevante Fehlentscheidung des Unternehmens und die Maßstäbe der Zurechnung solcher Fehlentscheidungen an einzelne Unternehmensmitarbeiter.

II. Tatbestandliche Fragen

31 Angesichts der, durch die Leitentscheidungen deutlich gewordenen, typischen Sachverhaltsgestaltungen, lässt sich Folgende allgemein anerkannte Definition strafrechtlicher Produkthaftung formulieren: „Strafrechtliche Produktverantwortung bezeichnet die strafrechtliche Verantwortlichkeit für Schäden an und Gefahren für Leib, Leben und gegebenenfalls Eigentum, die durch die Herstellung und den Vertrieb von Produkten, die zum wirtschaftlichen Austausch bestimmt sind, – nicht aber durch Dienstleistungen – verursacht werden."[38] Mangels eines eigenständigen Straftatbestandes für fehlerhafte Produkte ist die strafrechtliche Produkthaftung durch eine Vielzahl von Straf- und Spezialgesetzen bestimmt. Dabei ist die strafrechtliche Relevanz des In-Verkehr-Bringen von Produkten primär konzentriert auf Gefahren für Leib und Leben, so dass im Zentrum des strafrechtlichen Interesses die allgemeinen Straftatbestände der (fahrlässigen) **Körperverletzung** bzw. **Tötung** (§§ 212, 211, 223, 229 StGB) stehen.[39]

---

[36] Vgl. hierzu auch *Kuhlen*, FS BGH, S. 647, 649.
[37] *Schmidt-Salzer* sieht die Problematik darin, dass die auf individuelles Handeln historisch angelegten Normen der Körperverletzungs- und Tötungsdelikte sich der Anwendung auf arbeitsteilig verursachte Schäden sperren; *Schmidt-Salzer* ES Strafrecht, Einleitung.
[38] *Vogel*, GA 1990, 241, 246 m. w. N.; *Eichinger*, Die strafrechtliche Produkthaftung, S. 6; *Kuhlen*, Fragen einer strafrechtlichen Produkthaftung, S. 23; Schönke/Schröder/*Cramer/Sternberg-Lieben* § 15 Rdnr. 223.
[39] Zum Teil werden auch Umweltdelikte (§§ 324-326, 330 a StGB) und Delikte des Betriebsstättenrisikos (wie die fehlerhafte Herstellung einer kerntechnischen Anlage) dem strafrechtlichen Produktrisiko zugeordnet; so jedenfalls Graf v. Westphalen/*Goll/Winkelbauer* § 46 Rdnr. 21; Müller-Gugenberger/Bieneck/*Schmid* § 56 Rdnr. 23; zu Recht verneinend, da systemwidrig: *Eidam*, Unternehmen und Strafe, S. 439 Fn. 17.

§ 4 Strafrechtliche Produkthaftung

Im **Nebenstrafrecht** ist ein pflichtwidriges In-Verkehr-Bringen fehlerhafter Produkte häufig 32 schon dann strafrechtlich erfasst, wenn es lediglich mit **abstrakten Gefahren** für diese Rechtsgüter verbunden ist – so zum Beispiel in den Regelungen der §§ 95 Abs. 1, 96 Nr. 2 Arzneimittelgesetz (AMG), § 51 Abs. 1 Lebensmittel- und Bedarfsgegenständegesetz (LMBG) und § 44 Medizinproduktegesetz (MPG).[40]

Durch das 6. Strafrechtsreformgesetz vom 26.1.1998[41] ist der Straftatbestand der **gemein-** 33 **gefährlichen Vergiftung** (§ 314) in das StGB eingefügt worden, womit nun auch das StGB einen abstrakten Gefährdungstatbestand mit einem spezifischen Bezug zur Produkthaftung enthält.[42] Nach dieser Vorschrift wird bestraft, wer Gegenstände, die zum öffentlichen Verkauf oder Verbrauch bestimmt sind, vergiftet oder ihnen gesundheitsschädliche Stoffe beimischt oder vergiftete oder mit gesundheitsschädlichen Stoffen vermischte Gegenstände verkauft, feilhält oder sonst in den Verkehr bringt. Die zeitlich vor der Einführung dieser Norm liegenden Verfahren „Holzschutzmittel" und „Lederspray" wären bei heutiger strafrechtlicher Bewertung auch unter dem Gesichtspunkt der gemeingefährlichen Vergiftung zu überprüfen gewesen.[43]

In tatsächlicher Hinsicht spielen Fälle der strafrechtlichen Produkthaftung eine nicht uner- 34 hebliche Rolle. Schätzungen nennen die Zahl von **20 000 Strafverfahren aus dem Bereich der Produkthaftung** pro Jahr.[44] Diese Verfahren beziehen sich keineswegs allein auf den Bereich des Nebenstrafrechts, d. h. Verstöße gegen das LMBG oder AMG etc., sondern auch auf die Normen aus dem Kernbereich des Strafrechts.

Hierbei ergeben sich für die Strafgerichte in tatbestandlicher Hinsicht typischerweise zwei 35 Problembereiche: Einerseits geht es um die **Frage der Tathandlungen** und dabei insbesondere um die Frage der **Reichweite der strafrechtlich relevanten Sorgfaltspflichten**. Andererseits stehen die Maßstäbe der Zurechnung von Handlungen im Rahmen der arbeitsteiligen Produktion im Unternehmen in Frage. Gerade letztere Thematik ist von besonderer Bedeutung für Führungskräfte und die vertretungsberechtigten Organe, denn sie sind es, die – vermittelt durch gesellschaftsrechtliche und arbeitsrechtliche Leitungsmacht – die Abläufe im Unternehmen steuern und zu verantworten haben. Ein näherer Blick auf die tatbestandlichen Voraussetzungen der strafrechtlichen Produkthaftung wird die zentrale Bedeutung dieser Fragen verdeutlichen.

1. Begehungsformen

a) Vorsatz und Fahrlässigkeit. Vorsätzliche Begehung eines Produkthaftungsdeliktes im 36 Sinne direkten Vorsatzes ist nicht das zu lösende Problem. Im Normalfall will ein Produzent auf jeder Stufe seines Handelns zivil- und besonders strafrechtliche Gefahren vermeiden. Schon aus dieser Zielrichtung erklärt sich, dass in der Regel **Fahrlässigkeitsdelikte** die Grundlage von Produkthaftungsfällen bilden.[45] Damit reduziert sich das grundsätzliche Risiko auf die Fälle, in denen das Gesetz ausdrücklich eine fahrlässige Begehungsweise mit Strafe bedroht (§ 15 StGB).[46] Im Einzelnen soll diese Frage in 4. untersucht werden.[47]

b) Positives Tun/Unterlassen. Anknüpfungspunkt einer strafrechtlichen Verantwortlichkeit 37 für Produktschäden kann sowohl in einem positiven Tun – z. B. Montage eines falschen Teiles, verfrühte Serienfreigabe eines Produktes, Verkauf verdorbener Lebensmittel – als auch in einem Unterlassen – Nichtdurchführung von Stichprobenkontrollen, Nichtanbringen von Warn- oder Benutzungshinweisen beim In-Verkehr-Bringen eines Produkts, Nichtvornahme eines Produktrückrufs im Falle von Schadensmeldungen – liegen. Als maßgebliches Abgren-

---

[40] Dazu näher unten (Rdnr. 172 ff.).
[41] BGBl. I S. 164.
[42] Vgl. dazu *Achenbach/Wannenmacher/Kuhlen* § 4 Rdnr. 15 m. w. N.
[43] Schönke/Schröder/*Heine* § 314 Rdnr. 12; ausführlicher zu § 314 StGB: *Seher* NJW 2004, 113 ff.
[44] *Eidam* PHI 1991, 232, 239; Graf v. Westphalen/*Goll/Winkelbauer* § 46 Rdnr. 1.
[45] Jedoch: Insbesondere im Bereich von Rückrufpflichten geht die Rechtsprechung je nach Kenntnisstand vom Gefährdungspotential eines Produktes von einem Umschlag in vorsätzliches Handeln aus, deutlich besonders im Ledersprayverfahren.
[46] Im Kern zählen dazu: §§ 230, 222 StGB. Außerdem kommen aber auch in Betracht: 309, 310 a Abs. 2, 310 b Abs. 4; 311 Abs. S. 5, 311 c Abs. s. 4, 5, 323 Abs. s. 3, 4 StGB. Im Nebenstrafrecht werden Fahrlässigkeiten meistens als Ordnungswidrigkeiten gewertet: Z. B. §§ 52,53, 51 Abs. 4 LMBG.
[47] Rdnr. 83 ff.

zungskriterium für die zum Teil fließenden Übergänge wird überwiegend auf den **Schwerpunkt des Verhaltens**[48] bzw. der **Vorwerfbarkeit**[49] abgestellt. Im Rahmen der Produkthaftung haben regelmäßig diejenigen Fälle eine wesentlich größere Bedeutung, in denen der Schwerpunkt im Unterlassen der ordnungsgemäßen Handlung zu suchen ist, nämlich der Nichtbeachtung produkthaftungsrechtlich relevanter Pflichten.[50] Die Abgrenzung zwischen positivem Handeln und Unterlassen ist insofern praktisch bedeutsam, als dass gemäß § 13 StGB der Unterlassende nur dann strafbar ist, „wenn er rechtlich dafür einzustehen hat, dass der Erfolg nicht eintritt"; der Täter muss also Garant für den Nichteintritt des Erfolges sein.

38 c) **Garantenstellungen im Bereich der Produkthaftung.** Garantenpflichten können sich aus verschiedenen Aspekten ergeben. Während die Rechtsprechung allgemein die Entstehung einer Garantenpflicht aus Gesetz, Vertrag, vorangegangenem gefährdendem Tun (Ingerenz) und enger Lebensgemeinschaft herleitet,[51] stellt die Rechtswissenschaft auf materielle Kriterien ab und unterscheidet klar zwischen **Beschützer-** und **Überwachungsgaranten**.[52] Danach geht in einem Fall die Garantenpflicht dahin, ein aufgrund eines Obhutsverhältnisses anvertrautes Rechtsgut gegen Gefahren aus allen Richtungen zu verteidigen, so genannte **Beschützergaranten**.[53] Im anderen Fall hat der Garant grundsätzlich alle Rechtsgüter gegenüber Gefährdungen zu schützen, die aus einer Gefahrenquelle stammen, für die er verantwortlich ist. Diese Personen bezeichnet man auch als **Überwachergaranten**.[54] Im Ergebnis kommen beide Ansätze, zumal die Literatur zur Herleitung der Pflichtenstellung auf die Kriterien der Rechtsprechung zurückgreift, zu denselben Ergebnissen.

39 Für den **Bereich der Produkthaftung** kommt, da die Stellung als Beschützergarant jeweils auf besonderen persönlichen Näheverhältnissen basiert, vornehmlich die zweite Fallgruppe der Garantenstellung aus der Verantwortung für bestimmte, im eigenen Herrschaftsbereich liegende Gefahrenquellen in Betracht. Sinn und Zweck dieser Pflichten ist es, eine konkrete Gefahrenquelle einzudämmen und alle Güter, denen Verletzungen aus der zu überwachenden Gefahrenquelle drohen, vor diesen Gefahren zu schützen. Ihre Bejahung setzt daher voraus, dass 1. die Gefährdeten selbst gegenüber den ihnen aus der Gefahrenquelle drohenden Schäden hilflos sind und 2. auf Seiten des Unterlassenden die Herrschaft und Verantwortung über die konkrete Gefahrenquelle liegt.[55]

40 Dabei lassen sich für den Bereich der Produkthaftung drei relevante Typen unterscheiden:
41 • **Garantenstellung kraft Herrschaftsgewalt über eine Gefahrenquelle**, d. h. die Gefahrenquelle rührt aus beweglichen oder/und unbeweglichen Sachen her, die im sozialen Herrschafts- und Verantwortungsbereich des Unterlassenden liegen.
42 • **Garantenstellung kraft Organisations-, Aufsichts- und Befehlsgewalt.** Hier handelt es sich um die Fälle, in denen den Unterlassenden die Verantwortung über bestimmte, seiner Aufsicht unterstehende Personen trifft.
43 • **Garantenstellung aus Ingerenz.** Schließlich ist der Unterlassende für Einzelne zu einer Rechtsgutsverletzung führende Kausalprozesse, die er aufgrund seines Vorverhaltens initiiert hat, verantwortlich.[56]

44 *aa) Herrschaftsgewalt über eine Gefahrenquelle.* Drohen jemandem Gefahren von fremden Anlagen oder Einrichtungen, so ist er, da er grundsätzlich auf die in einer fremden Herrschaftssphäre liegenden Gefahrenquellen nicht einwirken darf, in aller Regel nicht in der Lage, sich vor den sich aus ihnen entwickelnden Gefahren wirksam zu schützen. Zur Erhaltung seiner Unversehrtheit ist er darauf angewiesen, dass der Herrschaftsinhaber die aus seiner Sphäre nach außen dringenden Gefahren eindämmt. Als Ausgleich für die dieser von der Rechtsord-

---

[48] BGHSt 6, 46, 59.
[49] Schönke/Schröder/*Stree* § 13 Rdnr. 158.; Instruktiv hierzu auch die Entscheidung des Reichsgerichts im Ziegenhaarfall RGSt 62, 211 (siehe auch Rdnr. 4).
[50] Graf v. Westphalen/*Goll/Winkelbauer* § 47 Rdnr. 4.
[51] Vgl. BGHSt 2, 153; 19, 168.
[52] Jescheck/*Weigend* § 59 IV, Schönke/Schröder/*Stree* § 13 Rdnr. 7 ff. m. w. N.
[53] Schönke/Schröder/*Stree* § 13 Rdnr. 8; SK/*Rudolphi* § 13 Rdnr. 24; LK/*Jescheck* § 13 Rdnr. 19.
[54] Schönke/Schröder/*Stree* § 13 Rdnr. 8; SK/*Rudolphi* § 13 Rdnr. 24.
[55] SK/*Rudolphi* § 13 Rdnr. 26.
[56] LK/*Jescheck* § 13 Rdnr. 30; SK/*Rudolphi* § 13 Rdnr. 26; Schönke/Schröder/*Stree* § 13 Rdnr. 11.

nung eingeräumten Herrschaft und im Interesse eines gefahrlosen Gemeinschaftslebens obliegt ihm daher die Garantenpflicht, seinen eigenen Herrschaftsbereich so abzusichern, dass sich aus ihm für Dritte keine rechtswidrigen Gefahren ergeben. Voraussetzung für die Bejahung einer Garantenpflicht ist daher allein die tatsächliche Herrschaft des Unterlassenden über die Gefahrenquelle.[57] Dies hat zur Folge, dass die Inhaber industrieller Betriebe die Garantenpflicht haben, die von ihrem Betrieb ausgehenden Gefahren einzudämmen. Konkret resultiert daraus die **Pflicht des Betriebsinhabers** und der von ihm damit verantwortlich betrauten Bediensteten, die Auslieferung erkennbar mangelhafter (=gefährlicher) Produkte zu **verhindern** oder, wenn sie bereits ausgeliefert sind, sie **zurückzurufen**.[58] Dies Garantenpflicht korrespondiert eng – wie die im Bienenstich- und Ledersprayfall dargelegten Rückrufverpflichtungen belegen – mit der Garantenstellung aus Ingerenz wegen pflichtwidrigem vorangegangenen Tun, also der Produktion fehlerhafter Produkte, und ist zumeist nicht eindeutig von dieser abzugrenzen. Letztlich ist die Garantenstellung aus Ingerenz des Produzenten umfassender als die Garantenstellung aus der Sachherrschaft und erfasst problemlos auch die Fälle, in denen das gefahrbringende Produkt über nicht vom eigentlichen Hersteller kontrollierte Lieferketten in den Handel kommt.[59]

bb) Organisations-, Aufsichts- und Befehlsgewalt/kraft Übernahme. Nach dem das Strafrecht beherrschenden **Grundsatz der Eigenverantwortlichkeit** eines jeden, ist es grundsätzlich ausgeschlossen, für das rechtswidrige Verhalten einer Person eine andere zur Verantwortung zu ziehen. Etwas anderes kann nur dort gelten, wo die Verantwortung für das rechtswidrige Verhalten eines Menschen durch die Rechtsordnung neben diesem oder an dessen Stelle auch einem Dritten auferlegt ist. Bei industriellen Fertigungsprozessen nehmen weder der Unternehmensinhaber noch die vertretungsberechtigten Organe des Unternehmens alle Arbeitsschritte zur Herstellung eines Produkts selbst vor. Dadurch, dass Aufgaben auf Mitarbeiter übertragen werden, haben diese – kraft Übernahme – auch strafrechtlich für die Erfüllung der dem ursprünglichen Garanten (kraft seiner Sachherrschaft über die Gefahrenquelle) obliegenden Pflicht einzustehen.[60] Der jeweilige Mitarbeiter übernimmt für den ihm übertragenen Verantwortungsbereich die der Allgemeinheit und insbesondere dem Produktanwender gegenüber bestehende Gefahrabwendungspflicht für Produktgefahren, die aus diesem Bereich resultieren.[61] Gleichzeitig **bleiben die ursprünglichen Garanten** für die **Auswahl, Instruktion** und **Überwachung der Verrichtungsgehilfen**, auf die sie ihre Pflichtenstellung delegiert haben, **verantwortlich**.[62] Der Geschäftsherr bleibt demnach grundsätzlich dazu verpflichtet, die Auslieferung mangelhafter Produkte zu verhindern, im Falle der Delegation durch Kontrolle der Folgeebenen.[63] Je nach Unternehmensgröße bzw. Spezialisierung der unterschiedlichen Bereiche müssen weitere Zwischenhierarchien geschaffen werden, wobei es bei der Verantwortlichkeit der jeweils vorgesetzten Ebene für die richtige Auswahl, Instruktion und Überwachung des jeweils nachrangigen Mitarbeiters bleibt. Die Unternehmensleitung hat ihre Pflichten durch den Aufbau und die Überwachung der hierfür erforderlichen Organisationsstruktur wahrzunehmen.[64] Diese **umfassende rechtliche Organisations- und Überwachungsverantwortung der Geschäftsleitung** hat der BGH in der **Lederspray-Entscheidung** deutlich manifestiert.[65] Sie ist letztlich nicht in die unteren Unternehmenshierarchien delegierbar und begründet in Krisensituationen eine Allzuständigkeit und Generalverantwortung der Geschäftsleitung.

cc) Ingerenz. Die Garantenpflicht aus vorangegangenem gefahrschaffendem Tun beruht auf dem allgemeinen Verbot, andere zu verletzen. Aus diesem Verbot wird positiv das Gebot abge-

---

[57] SK/*Rudolphi* § 13 Rdnr. 26; Schönke/Schröder/*Stree* § 13 Rdnr. 11.
[58] BGHSt 37, 106; BGH, 4.5.1988 – 2 StR 89/88, NStE Nr. 5 zu § 223 (Pflicht eines Lebensmittelgroßhändlers zum Rückruf verdorbenen Kuchens).
[59] Vgl. hierzu instruktiv die Ledersprayentscheidung BGHSt 37, 106, 120 und unten Rdnr. 46.
[60] LK/*Jescheck* § 13 Rdnr. 28; Graf v. Westphalen/*Goll/Winkelbauer* § 47 Rdnr. 17.
[61] Graf v. Westphalen/*Goll/Winkelbauer* § 47 Rdnr. 17; vgl. auch speziell zum Betriebsbeauftragten: *Böse* NStZ 2003, 636.
[62] BGHSt 19, 286, 288; LK/*Jescheck* § 13 Rdnr. 28; Graf v. Westphalen/*Goll/Winkelbauer* § 47 Rdnr. 18.
[63] SK/*Rudolphi* § 13 Rdnr. 35 a.
[64] Vgl. zu Fragen der Delegation im Unternehmen ausführlich *Eidam*, Unternehmen und Strafe, S. 244 ff.; *Schmidt-Salzer* NJW 1988, 1937, 1939.
[65] Vgl. BGHSt 37, 106, 124 f.

leitet, dass Schäden für fremde Rechtsgüter abzuwenden sind, die aus einer von dem Unterlassenden geschaffenen Gefahr erwachsen können.[66] Zur Einschränkung dieses recht weitgehenden Strafbarkeitsrisikos wird zusätzlich gefordert, dass das Vorverhalten (objektiv) pflichtwidrig[67] war, die Gefahr des Schadenseintritts als nahe liegend erscheinen musste (Adäquanz) und die Pflichtwidrigkeit gerade in der Verletzung eines solchen Gebotes bestand, das dem Schutz des gefährdeten Rechtsguts zu dienen bestimmt ist, der so genannte **Pflichtwidrigkeitszusammenhang**.[68] Nach Ansicht des BGH besteht „zumindest in diesem Rahmen auch eine strafrechtliche Verantwortlichkeit für die Herstellung und den Vertrieb fehlerhafter Produkte. Wer dadurch, dass er solche Produkte in den Verkehr bringt, pflichtwidrig eine Gefahr für deren Verbraucher herbeiführt, muss prinzipiell dafür einstehen, dass sich diese Gefahr nicht in einem entsprechenden Schaden verwirklicht. Das gilt namentlich für die Herstellung und den Vertrieb von Konsumgütern, die derart beschaffen sind, dass deren bestimmungsgemäße Verwendung für die Verbraucher entgegen ihren berechtigten Erwartungen die Gefahr des Eintritts gesundheitlicher Schäden begründet; insoweit haftet nicht nur, wer den Schaden durch positives Tun verursacht, sondern auch derjenige, der die Abwendung des drohenden Schadens unterlässt".[69]

47 *(1) Pflichtwidriges Vorverhalten.* Einer eindeutigen Lösung können die Fälle zugeführt werden, in denen bereits das In-Verkehr-Bringen pflichtwidrig war, weil schon dabei ein fehlerhaftes Verhalten vorlag. So verhielt es sich im Monza-Steel-Verfahren, bei dem die Verantwortlichen die erforderlichen und nach dem Stand der Technik durchführbaren Dauerhochgeschwindigkeitstests vor der Freigabe der Reifen zur serienmäßigen Anfertigung unterlassen hatten.[70] In die gleiche Richtung zielte der Anklagevorwurf im Eschedeverfahren, hier wurde den Angeklagten zur Last gelegt, die erforderlichen und möglichen Untersuchungen zur Haltbarkeit des Rades bei dessen Einführung unterlassen zu haben.

48 *(2) Pflichtgemäßes Vorverhalten.* Komplizierter wird die Abgrenzung, wenn dem Hersteller beim In-Verkehr-Bringen eines Produkts kein Pflichtverstoß vorzuwerfen ist, sich die Gefährlichkeit des Produktes – wie in den meisten Fällen – erst später herausstellt, entweder durch neue Material- oder Prüftechniken oder – und dies ist der Hauptfall – durch Schäden, die während der gesamten ordnungsgemäß durchgeführten Erprobungsphase nicht sichtbar waren. Im Lederspray-Urteil führte der BGH aus, dass die objektive Pflichtwidrigkeit des Vorverhaltens nicht voraussetzt, „dass der Handelnde bereits damit seine Sorgfaltspflichten verletzt, sich also fahrlässig verhalten hat. Insoweit genügt die **rechtliche Missbilligung** des **Gefährdungserfolges**. Darauf, ob das Verhalten dessen, der ihn herbeiführt, im Sinne persönlicher Schuld vorwerfbar ist, kommt es nicht an. Demgemäß begründet die **Schaffung einer Gefahrenlage** die zur Schadensabwendung verpflichtende Garantenstellung auch dann, wenn darin noch keine Sorgfaltswidrigkeit liegt".[71] Mit anderen Worten: Der Unternehmer, der ein Produkt zunächst ordnungsgemäß, unter Ausschließung aller erkennbaren Produktgefahren auf den Markt bringt, **bleibt zur Überwachung des Produkts** hinsichtlich dessen Gefährlichkeit und damit auch zur Abwendung aller mit dem Produkt in Beziehung stehenden, späteren Schäden **verpflichtet**. Die Begründung des BGH hat zwar zahlreiche Kritik erfahren, da hierdurch das Erfordernis der Pflichtwidrigkeit des Vorverhaltens preisgegeben und durch das Erfordernis des bloßen (ex post feststellbaren) Gefährdungserfolges ersetzt werde.[72] Wegen des besonders großen Risikos der Produktion und des In-Verkehr-Bringens von Gütern wird dem Ergebnis – eine Garantenstellung des Herstellers und Vertreibers unabhängig davon anzunehmen, ob eine unangemes-

---

[66] LK/*Jescheck* § 13 Rdnr. 31.
[67] Im Einzelnen streitig, zum Teil wird auch rechtmäßiges Vorverhalten zur Begründung einer Garantenpflicht herangezogen; vgl. *Grünewald*, Zivilrechtlich begründete Garantenpflichten im Strafrecht?, 2001.
[68] BGHSt 37, 106, 115; LK/*Jescheck* § 13 Rdnr. 32, 33; SK/*Rudolphi* § 13 Rdnr. 39, 39 a; Schönke/Schröder/*Stree* § 13 Rdnr. 32 ff.
[69] BGHSt 37, 106, 116 m. w. N.
[70] Siehe oben I.2.; *Schmidt-Salzer* ES IV.4, wobei in der Entscheidung die Abgrenzung von Tun und Unterlassen nicht ausführlich thematisiert wird; Graf v. Westphalen/*Goll/Winkelbauer* § 47 Rdnr. 10.
[71] BGHSt 37, 106, 118 f; Hervorhebungen durch den Verfasser.
[72] SK/*Rudolphi* § 13 Rdnr. 39 b; *Kuhlen*, NStZ 1990, 566, 568 (der Sache nach rückt der BGH von der Voraussetzung der Pflichtwidrigkeit des Vorverhaltens ab); *Samson* StV 1991, 182, 184.

sene Gefährlichkeit bestimmter Produkte schon bei deren Vertrieb erkennbar war oder nicht – indes fast ausnahmslos zugestimmt.[73]

Grundgedanke dieser Garantenstellung ist die Überlegung, dass allein der Hersteller die **Typizität auftretender Schäden** aufgrund der an ihn gerichteten Meldungen zur Kenntnis nehmen, richtig bewerten und wegen seiner besonderen Produktkenntnisse angemessen reagieren kann. Ihm kommt schon aufgrund seines Überblicks, seiner Sachkenntnis und seiner Organisation eine wesentlich größere Wirkungschance zur Bekämpfung der Gefahren zu als unbeteiligten Dritten, so dass seine Inpflichtnahme bereits aus diesen Überlegungen geboten erscheint.[74] Es bleibt daher zu klären, ob ein Produzent, dessen Verhalten beim In-Verkehr-Bringen des Produkts nicht pflichtwidrig war, im Anschluss daran als Garant dafür einzustehen hat, wenn er von verletzenden bzw. tödlichen Folgen beim Gebrauch seiner Produkte Kenntnis erlangt und daraufhin untätig bleibt. Im Hinblick auf das Schutzbedürfnis der gefährdeten Rechtsgüter kann die strafrechtlich sanktionierte Produktbeobachtungspflicht, um die es in der Sache geht, nicht davon abhängen, ob der Fehler bereits beim In-Verkehr-Bringen des Produktes bekannt oder erkennbar war oder ob die Verantwortlichen erst durch nachträgliche Schadensmeldungen auf die Risiken aufmerksam gemacht wurden.[75] Die Garantenstellung des Produzenten setzt daher nicht voraus, dass das In-Verkehr-Bringen der Güter auch subjektiv pflichtwidrig war.[76] Vielmehr ist die Produktbeobachtungspflicht die Ausprägung einer Garantenpflicht, nämlich für die mit dem In-Verkehr-Bringen eines Produkts sich eröffnenden Gefahrenquellen auch dann einzustehen, wenn die Gefährlichkeit des Produkts bei der Herstellung/Auslieferung noch nicht bekannt war. Dieser Rechtsgedanke hat inzwischen auch aufgrund europarechtlicher Vorgaben in § 4 Abs. 2 Nr. 2 des Produktsicherheitsgesetzes Form gefunden.[77]

2. Tat „-handlungen" – Ebenen produkthaftungsrechtlicher Sorgfalt

Die für das Strafrecht relevanten Sorgfaltspflichten im Bereich der Produkthaftung sind bislang – im Gegensatz zum Zivilrecht – nur ansatzweise konkretisiert. Als Ausgangspunkt für einen Maßstab nimmt die Rechtsprechung allerdings regelmäßig eine Gefährdungsanalyse vor. Sie prüft die abstrakte Gefährlichkeit eines Produktes oder eines produktbezogenen Handelns, um daraus das Maß der zu beachtenden Pflichten abzuleiten, letzten Endes mit der schlichten Formel: Je gefährlicher, desto höher die Sorgfaltsanforderungen.[78] Das Verhältnis zu den zivilrechtlichen, für den Bereich der Produkthaftung entwickelten Verkehrssicherungspflichten blieb auch im Lederspray-Urteil letztlich ungeklärt.[79] Nach Auffassung des 2. Senats spricht zwar „manches dafür, dass dieselben Pflichten, die für die zivilrechtliche Produkthaftung maßgebend sind, auch die Grundlage strafrechtlicher Verantwortlichkeit bilden, zumal die Verpflichtung zum Ersatz produktfehlerbedingter Schäden als ein Fall deliktischer Haftung (§ 823 ff. BGB) begriffen wird. Andererseits dürfen die schadensersatzorientierten Handlungspflichten des Zivilrechts nicht unbesehen zur Bestimmung strafrechtlicher Verantwortlichkeit

---

[73] LK/*Jescheck* § 13 Rdnr. 33; SK/*Rudolphi* § 13 Rdnr. 40 c; *Deutscher/Körner* wistra 1996, 292, 300; *Kuhlen* NStZ 1990, 566, 569; *Meier* NJW 1992, 3193, 3196; *Hilgendorf*, Strafrechtliche Produzentenhaftung in der „Risikogesellschaft", S. 141.

[74] Graf v. Westphalen/*Goll/Winkelbauer* § 47 Rdnr. 13, SK/*Rudolphi* § 13 Rdnr. 40 c; *Hilgendorf*, Strafrechtliche Produzentenhaftung in der „Risikogesellschaft", S. 141; *Kuhlen* NStZ 1990, 566, 568; *Deutscher/Körner* wistra 1996, 292, 300.

[75] *Bode* FS BGH, S. 515, 524; *Kuhlen* NStZ 1990, 566, 568; *Vogel* GA 1990, 241, 261 ff.; *Deutscher/Körner* wistra 1996, 292, 301.

[76] BGHSt 37, 106, 119; Graf v. Westphalen/*Goll/Winkelbauer* § 47 Rdnr. 16; LK/*Jescheck* § 13 Rdnr. 33; SK/*Rudolphi* § 13 Rdnr. 40 c; *Deutscher/Körner* wistra 1996, 292, 300, die zu Recht darauf hinweisen, dass die Garantenstellung aus Ingerenz nicht allein am Merkmal der Pflichtwidrigkeit auszumachen sei, sondern vielmehr Erwägungen der Einzelfallgerechtigkeit angestellt werden; *Brammsen* GA 1993,114 ff.; *Hilgendorf*, Strafrechtliche Produzentenhaftung in der „Risikogesellschaft", S. 141; *Kuhlen* NStZ 1990, 566, 569; *Meier* NJW 1992, 3193; *Hoyer* GA 1996, 160, 177 schlägt vor, die Garantenstellung vom „riskanten Vorverhalten mit Bereicherungswirkung" abhängig zu machen.

[77] *Bode* FS BGH, S. 515, 524.

[78] BGH v. 25.9.1990 – 5 StR 187/90 „Silobegasung IV", *Schmidt-Salzer*, ES IV.1.18: „Ausgangspunkt für die Bestimmung der Sorgfaltspflicht musste die außerordentlich hohe Gefährlichkeit des angewandten Giftes sein".

[79] BGHSt 37, 106, 115.

benutzt werden."[80] Nahezu übereinstimmend werden die für § 823 Abs. 1 BGB erarbeiteten, produkthaftungsrechtlichen Verkehrssicherungspflichten als Sorgfaltsmaßstab für den Bereich der strafrechtlichen Produktverantwortung herangezogen, ihre vollständige Übertragung in das auf persönliche Schuld des Einzelnen angelegte Strafrecht jedoch abgelehnt.[81] An für die Praxis brauchbaren eindeutigen Abgrenzungskriterien der unterschiedlichen Sorgfaltsanforderungen fehlt es bislang. Einhelligkeit besteht allein insoweit, dass die strafrechtlichen Sorgfaltspflichten auf keinen Fall weiter reichen als die zivilrechtlichen; verneinen die Zivilgerichte eine Pflichtverletzung des Herstellers, so bildet dies ein auch strafrechtlich beachtliches Präjudiz.[82] Auf Grund der beschriebenen Unklarheiten in Rechtsprechung und Literatur über die Reichweite der zu beachtenden Sorgfaltspflichten empfiehlt es sich, im Bereich präventiv strafrechtlicher Überlegung und Planung auf die strikte Einhaltung der für das Zivilrecht konkretisierten Pflichten zur Schadensverhütung hinzuwirken, da sich durch deren **Limitierungsfunktion** jegliches Strafbarkeitsrisiko ausschließen lässt.[83] Anerkannt ist beispielsweise, dass die im Zivilrecht entwickelte Unterscheidung zwischen Konstruktions-, Fabrikations- (=Produktions), Instruktions- und Produktbeobachtungspflichten auch strafrechtlich bedeutsam ist.[84] Die folglich unabdingbare Orientierung an den zivilrechtlich relevanten Verkehrssicherungspflichten für die Vermeidung von Strafbarkeitsrisiken erfordert einen kurzen Überblick über die Kategorien zivilrechtlich zu beachtender Anforderungen.

51 a) **Konstruktion.** Ein Produkt muss so konstruiert sein, dass es für den ihm zugedachten oder zugeschriebenen Verwendungszweck – unter Sicherheitsgesichtspunkten – geeignet ist; es muss zudem betriebssicher sein und darf nach dem „Stand der Technik" maßgeblichen Sicherheitserfordernisse nicht unterschreiten.[85] Dazu sind nach neuerem Verständnis auch die Pflichten infolge abfallrechtlicher Produktverantwortung zu rechnen.[86] Von einem **Konstruktionsfehler** spricht man, wenn das Produkt schon seiner **Konzeption** nach unter dem gebotenen Sicherheitsstandard liegt.[87] Ursache hierfür kann die Entscheidung zur Verwendung unnötig gefährlicher Materialien sein, die unzulängliche Dimensionierung an sich ungefährlicher Materialien (z. B. falsche Berechnung von Belastbarkeit, Isolation, Hitzeentwicklung) oder eine andere gefährliche Bauweise (z. B. instabile Klappstuhlmechanik). Konstruktionsfehler haften der ganzen Serie an und können daher zu Massenschäden und außerordentlich hohen Ersatzansprüchen führen.[88] Von dem Produkt ausgehende Gefahren sind im Rahmen des Möglichen und Zumutbaren einzuschränken, Neuentwicklungen deswegen eingehend zu erproben.

52 **Maßstab für die Sicherheitsanforderungen** sind der Erwartungshorizont der gefährdeten Benutzerkreise, d. h. in erster Linie die Möglichkeit gefahrloser Verwendung bei bestimmungsgemäßem Gebrauch durch den durchschnittlichen Benutzer; doch müssen bei der Konstruktion auch die tatsächlichen Einsatzbedingungen und eine **vorauszusehende sachwidrige Benutzung** berücksichtigt werden.[89] Je **gefährlicher** das Produkt in seiner konkreten Anwendungsweise ist, **desto höhere Anforderungen** sind an die Sorgfaltspflichten des Produzenten zu stellen.[90] Können von einem Produkt erhebliche Gefahren für Leben und Gesundheit ausgehen, so haben

---

[80] BGHSt 37, 106, 115.
[81] Schönke/Schröder/*Cramer/Sternberg-Lieben* § 15 Rdnr. 223; *Große Vorholt*, Behördliche Stellungnahmen in der strafrechtlichen Produkthaftung, S. 167; *Schünemann* UTR 26, 152 ff.; *Kuhlen*, Fragen einer strafrechtlichen Produkthaftung, S. 148 ff.; anderer Ansicht (die weitgehende Übereinstimmung zivilrechtlicher und strafrechtlicher Anforderungen befürwortend): *Hilgendorf*, Strafrechtliche Produzentenhaftung in der „Risikogesellschaft", S. 146 ff.; *Ransiek* ZGR 1992, 203.
[82] *Kuhlen*, Fragen einer strafrechtlichen Produkthaftung, S. 90; *Hilgendorf*, Strafrechtliche Produzentenhaftung in der „Risikogesellschaft", S. 161.
[83] Die limitierende Funktion der zivilrechtlichen Sorgfaltsanforderungen heben hervor: Achenbach/Wannemacher/*Kuhlen* § 4 Rdnr. 28; *Hilgendorf* Produzentenhaftung, S. 161; *Große Vorholt*, Behördliche Stellungnahmen in der strafrechtlichen Produkthaftung, S. 166; *Dannecker* S. 221.
[84] Schönke/Schröder/*Cramer/Sternberg-Lieben* § 15 Rdnr. 223.
[85] MünchKommBGB/*Mertens* § 823 Rdnr. 283.
[86] Vgl. *Gesmann-Nuissl/Wenzel* NJW 2004, 117 ff.
[87] Graf v. Westphalen/*Foerste* § 24 Rdnr. 59.
[88] Graf v. Westphalen/*Foerste* § 24 Rdnr. 59.
[89] MünchKommBGB/*Mertens* § 823 Rdnr. 283.
[90] BGHZ 104, 323, 329 = NJW 1988, 2611, 2612 „Limonadenflasche".

wirtschaftliche Gesichtspunkte weitgehend zurückzutreten.[91] So vage diese Anforderungen auf den ersten Blick erscheinen, ist auf die speziellen Regelungen zu verweisen, die sich aus den entsprechenden sicherheitsrechtlichen Vorschriften ergeben (z. B. § 2 Maschinenverordnung i. V. m. Anhang I der Richtlinie 89/392/EWG; Geräte- und Produktsicherheitsgesetz; §§ 4 ff. Chemikaliengesetz; §§ 11 ff. Pflanzenschutzgesetz). In der Praxis der strafgerichtlichen Rechtsprechung standen Konstruktionsfehler sowohl im **Monza-Steel** – Verfahren (Serienfertigung nicht hinreichend erprobter Reifen) als auch im Fall des Zugunglücks von **Eschede** in Rede.

b) Fabrikation. Der Produzent muss die Herstellung grundsätzlich so gestalten, dass für jedes einzelne Produkt Fehlerfreiheit gewährleistet ist. Ihn treffen insoweit Organisations- und Kontrollpflichten. Hierzu zählt insbesondere die **sorgfältige Auswahl, Einweisung, Überwachung** und gegebenenfalls **Qualifizierung des Personals**. Der Fertigungsablauf ist so lückenlos anzulegen und zu überwachen, dass Fehlerquellen nach Möglichkeit ausgeschaltet sind. Ergänzend sind **Qualitätskontrollen des fertigen Produkts** vorzunehmen.[92] Als Ursachen für **Fabrikationsfehler** kommen in Betracht: bei Einzelfertigung in Handarbeit eine manuelle Ungeschicklichkeit, bei Serienfertigung der Verschleiß einer Maschine, deren technische Unzulänglichkeit oder fehlerhafte Bedienung und überhaupt **jedes menschliche Fehlverhalten** bis hin zur Sabotage.[93] Fabrikationsfehler haften demnach fast nie der ganzen Serie, sondern allein denjenigen Produkten an, die während des maschinellen oder menschlichen Versagens produziert wurden.[94] Für die betriebliche Praxis wichtige Instrumente des Risikomanagements sind **Qualitätsmanagementsysteme**, z. B. nach ISO 9000. Strafrechtlich irrelevant sind zumeist so genannte „Ausreißer" im Rahmen der Produktion. Solche Einzelnen schadhafte Produkte, die selbst bei der Fabrikation generell einwandfreier Massenerzeugnisse nicht ausnahmslos zu vermeiden sind, begründen im Einzelfall dann keinen dem Hersteller anzulastenden Sorgfaltspflichtverstoß, wenn dieser den Anforderungen, die zum Beispiel an ein Stichprobenkontrollverfahren inhaltlich zu stellen sind, genügt. Diese Ausreißer sind unter dem **Rechtsgedanken des „erlaubten Risikos"**,[95] d. h. des von jedermann im Rahmen der sozialen Adäquanz hinzunehmenden Risikos, toleriert. Eine strafrechtliche,, wie auch eine zivilrechtliche Haftung des Herstellers – für Schäden, die mögliche Ausreißer verursachen, kommt daher grundsätzlich nicht in Betracht.[96]

c) Instruktion. Hersteller industrieller Erzeugnisse sind darüber hinaus verpflichtet, die Verbraucher vor denjenigen **Gefahren** zu warnen, die aus der **Verwendung** des **Produkts** entstehen können.[97] Der Warenbenutzer muss vor etwaigen Gefahren zum **frühestmöglichen Zeitpunkt** gewarnt werden, in der Regel also bei Inverkehrgabe des Produkts. Sowohl Erforderlichkeit als auch Umfang einer Warnpflicht hängen davon ab, bei welcher Verwendungsweise die Produktgefahr droht.[98] Soweit eine gefahrlose Verwendung trotz einwandfreier Konstruktion nicht gewährleistet ist, sind Instruktionen erforderlich: Den Hersteller trifft eine Belehrungspflicht über die Handhabung des Produkts, wenn dieses Wissen bei einem Durchschnittsbenutzer nicht vorausgesetzt werden kann.[99] Eine solche Warnpflicht besteht nicht nur in Bezug auf den bestimmungsgemäßen Gebrauch des Produkts; sie erstreckt sich innerhalb des allgemeinen Verwendungszwecks auch auf einen **nahe liegenden Fehlgebrauch** .[100] Diese Pflicht entfällt nur dann, wenn das Produkt nach den berechtigten Erwartungen des Herstellers ausschließlich in die Hand von Personen gelangen kann, die mit den Gefahren vertraut sind oder

---

[91] BGHZ 51, 91, 108 = NJW 1969, 269, 275; BGHZ 114, 282, 291 f. = NJW 1991, 1948, 1950; MünchKommBGB/*Mertens* § 823 Rdnr. 283 m. w. N.
[92] MünchKomm BGB/*Mertens* § 823 Rdnr. 287.
[93] Graf v. Westphalen/*Foerste* § 24 Rdnr. 131, 318: s. a. *Palm-Risse* PHI 1990, 18; *Klingmüller* VersR 1989, 1226.
[94] Graf v. Westphalen/*Foerste* § 24 Rdnr. 131; vgl. ausführlich zur Ausreißer-Problematik, den unterschiedlichen Pflichtenbereichen des Produzenten, möglichen Fehlerquellen und Mitteln der Qualitätskontrolle: Graf v. Westphalen/*Foerste* § 24 Rdnr. 132-170.
[95] Vgl. dazu: *Roxin* AT/I § 11 Rdnr. 59; § 24 Rdnr. 5 f.
[96] BGHSt 37, 106, 118; Graf v. Westphalen/*Goll/Winkelbauer* § 47 Rdnr. 43.
[97] BGH NJW 1992, 560 „Kindertee".
[98] Graf v. Westphalen/*Foerste* Produkthaftungshandbuch § 24 Rdnr. 176.
[99] MünchKommBGB/*Mertens* § 823 Rdnr. 284.
[100] BGH NJW 1999, 2815 „Papierreißwolf"; MünchKommBGB/*Mertens* § 823 Rdnr. 285.

wenn es um die Verwirklichung von Gefahren geht, die sich aus einem vorsätzlichen oder äußerst leichtfertigen Fehlgebrauch ergeben.[101] Es muss aber nicht vor den Gefahren eines **offensichtlichen Missbrauchs** oder eines völlig ungewöhnlichen Gebrauchs gewarnt werden, der gänzlich außerhalb der Zweckbestimmung eines Produkts liegt und mit dem der Hersteller nach Lage der Dinge nicht rechnen kann.[102] Nach deutschem Rechtsverständnis ist die Warnung, lebende Tiere nicht in der Mikrowelle zu trocknen, zumindest aus strafrechtlicher Sicht überflüssig. Die Gebrauchsanleitungen, Verwendungshinweise und Warnungen müssen nach **Form** und **Inhalt** so klar, ausführlich und verständlich sein, dass sie einem Durchschnittsbenutzer den gefahrlosen Umgang mit dem Produkt ermöglichen. Vor besonderen gesundheitlichen Gefahren muss aber so auffallend und eindringlich gewarnt werden, dass sie auch dem gedankenlosen und unterdurchschnittlich intelligenten Benutzer ins Auge springen. Dies erfordert neben einer äußerlich entsprechenden Gestaltung des Hinweises die verständliche Darstellung der Art der drohenden Gefahr und der ihr zugrunde liegenden Funktionszusammenhänge.[103]

55 Umfang, Intensität und Art der Instruktionen werden in vielen Fällen durch spezielle Rechtsvorschriften konkretisiert. Beispiele sind das **Sicherheitsdatenblatt nach § 14 Gefahrstoffverordnung**, die Informationspflichten nach der **Lärminformationsverordnung** oder die Anforderungen an Bedienungsanleitungen nach Anhang I der EU- Maschinenrichtlinie 89/392/EWG.

56 Die für das Zivilrecht entwickelten, sehr weit reichenden Instruktionspflichten sind nicht ohne weiteres in das Strafrecht zu übertragen.[104] Die **strafrechtliche Produktverantwortlichkeit** des Herstellers findet jedenfalls in der **Selbstverantwortung** des mündigen Verbrauchers ihre Grenze. **Aufklärungspflichtig** und andernfalls **strafrechtlich verantwortlich** ist der Hersteller nur bei Gefahren des Fehlgebrauchs, die dem Produkt innewohnen und deren **Erkennbarkeit** ein **überlegenes Produktwissen** des Herstellers verlangt, dass von dem durchschnittlichen Verbraucher des Produkts nicht erwartet werden kann. Anderweitiger Produktmissbrauch ist dagegen der Verbrauchersphäre zuzurechnen, in der Rahmen eine Produktaufklärung durch den Hersteller nicht gefordert wird.[105] Zur Begründung dieser strafbewehrten Instruktionspflicht wird auf die steigende technische Komplexität und technisch anspruchsvollere Ausgestaltung der Produkte hingewiesen.[106] Die mit dem Produkt in Berührung kommenden Personen müssen durch den Hersteller aufgrund seiner besonderen Produktkenntnis über den gefahrlosen Einsatz der jeweiligen Produkte aufgeklärt werden.[107] Maßstab für die **Reichweite** der **Aufklärungspflicht** sind die Verbrauchererwartungen des Verkehrskreises, mit dem das Produkt **erfahrungsgemäß in Berührung** kommt.[108] Der Verbraucher muss beispielsweise bei einer Holzschutzfarbe über deren – gefahrlose – Verwendbarkeit in Innenräumen oder erforderliche Eintrocknungszeiten aufgeklärt werden. Je größer der Kreis der Produktbenutzer ist, desto differenziertere Aufklärungspflichten treffen den Hersteller.[109] Ein **Instruktionsfehler** wurde zum Beispiel dem Ressortleiter „Forschung und Produktion" im **Contergan**-Verfahren zur Last gelegt: Er hatte das Schlafmittel als „atoxisch und uneingeschränkt harmlos"

---

[101] BGH NJW 1999, 2815, 2816.
[102] BGH NJW 1981, 2514; Anm. *Schmidt-Salzer* (BB 1981, 1966): Keine Pflicht zur Warnung vor der Benutzung eines Reinigungsmittels für gewerbliche Kälteanlagen zum „sniffing".
[103] MünchKommBGB/*Mertens* § 823 Rdnr. 286.
[104] Jedoch gehen Graf v. Westphalen/*Goll*/*Winkelbauer*, § 46 Rdnr. 8 von einer Angleichung der Standards aus.
[105] Als extremes Beispiel sei in diesem Zusammenhang die Klage eines zuckerkranken Juristen genannt, der nach dem Konsum von Produkten der Firmen Mars und Coca Cola diese Firmen wegen seiner angeblich auf den Konsum dieser Produkte zurückzuführenden Zuckerkrankheit verklagte; siehe dazu FAZ vom 3.3.2002, S. 66. Die Verletzung einer Instruktionspflicht wurde von den Landgerichten Aachen und Mönchengladbach (Urt. v. 25.4.02 – 3 O 217/01) im Ergebnis verneint. Vgl. auch OLG Hamm NJW 2001, 1654: Keine Aufklärungspflicht der Brauerei über die Suchtgefahren von Bier/Alkohol; LG Bielefeld NJW 2000, 2514 zur Aufklärungspflicht eines Zigarettenherstellers.
[106] Graf v. Westphalen/*Goll*/*Winkelbauer* § 48 Rdnr. 34; vgl. auch Palandt/*Thomas* § 3 ProdHG Rdnr. 5 b.
[107] Vgl. die umfangreiche Rechtsprechung zur Frage, wann Instruktionsfehler vorliegen, die ein fehlerhaftes Produkt zur Folge haben: Palandt/*Thomas* § 3 ProdHG Rdnr. 15 m. w. N.; Graf v. Westphalen/*Goll*/*Winkelbauer* § 48 Rdnr. 34.
[108] BGH v. 4.2.1986, NJW 1986, 1863 „Überrollbügel".
[109] Vgl. für das Zivilrecht: BGH v. 19.9.1958 – VI ZR 164/57 –; BB 1958, 1035; Graf v. Westphalen/*Goll*/*Winkelbauer* § 48 Rdnr. 35; Graf v. Westphalen/*Foerste* § 24 Rdnr. 177 ff.

§ 4 Strafrechtliche Produkthaftung

bezeichnet. Auch im Amalgam-Verfahren standen Instruktionspflichtverletzungen in Rede. Inwieweit eine Herstellerverpflichtung zur Aufklärung der **Amalgam** verwendenden Zahnärzte sowie der Patienten hinsichtlich etwaiger gesundheitlicher Risiken von Amalgam bestand, blieb im Ermittlungsverfahren offen. Angesichts des bis heute nicht abschließend geklärten Gesundheitsrisikos von Amalgam war schon umstritten, ob und mit welchem Inhalt eine Instruktionspflicht in Bezug auf etwaige Nebenwirkungen überhaupt bestand, und wer – Zahnärzte oder Patienten, letztere konnten Amalgam weder kaufen noch selbst anwenden – als Adressat dieser Hinweispflicht in Frage kam.[110]

d) **Produktbeobachtung und Rückruf.** Beobachtungspflicht des ausgelieferten Produktes und Reaktionspflicht auf daraus gewonnene Erkenntnisse zu Gefahrenlagen sind das eigentlich revolutionäre an der Entwicklung des Produktstrafrechtes. Man muss sich deutlich machen, dass die von der Rechtsprechung zuerst entwickelten Regeln darauf aufsetzten, dass ein Produkt ohne Pflichtverletzung in Verkehr gebracht wurde. Mit anderen Worten: Bis zu dem Zeitpunkt, in dem ein Produkt die originäre Sphäre des Herstellers verlassen hat, grundsätzlich also aus dessen Verantwortungsbereich ausgeschieden ist, hatte es ein zurechenbares Fehlverhalten nicht gegeben. Das Zivilrecht hat keine Probleme, aus den Gedanken einer Fortwirkung vertraglicher Pflichten heraus eine Schadensabwendungspflicht zu konstruieren.[111] Strafrechtlich ist die Begründung nicht so einfach, da die beschriebene Situation keinerlei Anklänge an Handlungsunrecht oder auch nur gleichwertige Unterlassensverantwortung zeigt. Letztlich ist nur der dem Schuldstrafrecht eigentlich fremde Gedanke einer notwendigen Prävention, ein eher ordnungspolitischer Ansatz, Begründung für die Annahme einer Garantenpflicht. Der Bundesgerichtshof hat in der Ledersprayentscheidung auf die **objektive Pflichtwidrigkeit des In-Verkehr-Bringens** eines gefährlichen Produktes abgestellt. Für Zwecke der Vermeidung von Strafbarkeiten gilt heute jedenfalls: Auch nach Inverkehrgabe des Produkts hat der Hersteller die Pflicht, sich permanent über die Verwendungsgefahren seines Produkts zu informieren und dafür zu sorgen, dass die Sicherheit seiner Waren dem neuesten Stand von Wissenschaft und Technik entspricht.[112] Zu diesem Zweck hat er unter Einsatz aller verfügbaren Mittel – z. B. Fachzeitschriften, Laboruntersuchungen, Belastungstests – nach möglichen Fehlerquellen zu suchen.[113] Die **Produktbeobachtungspflicht** betrifft uneingeschränkt neu entwickelte Erzeugnisse, deren Gefahren sich trotz ausreichender Erprobung durch den Hersteller häufig erst in der täglichen Anwendung oder Benutzung zeigen. Aber auch eingeführte Produkte, die sich bisher als nicht gefahrträchtig erwiesen haben, unterliegen der Beobachtungspflicht: denn auch bei ihnen können sich spezifische Risiken erst nach Dauerbenutzung zeigen, wie zum Beispiel Verschleißerscheinungen bei technischen Geräten oder gesundheitsschädliche Nebenwirkungen bei der Langzeiteinnahme von Medikamenten.[114] Ein wirksames Mittel zur Fehlerentdeckung ist die Beobachtung von Konkurrenzprodukten und der eigenen Produkte nach ihrer Inverkehrgabe (z. B. ältere Stücke derselben Serie oder ähnliche Produkte einer früheren Serie). Erweisen sich solche Produkte als fehlerhaft, indem sie gehäuft zu Unfällen oder doch zu Gefahrensituationen führen, so kann der Produzent dadurch wertvollen Aufschluss über Risiken der noch nicht abgesetzten Waren erhalten. Entsprechendes gilt natürlich für die übrigen bereits umlaufenden Waren; vor deren im Nachhinein erkannten Gefahren muss der Hersteller ebenfalls, durch **Warnung** oder sogar durch **Rückruf** schützen.[115]

Werden unverhältnismäßige Produktrisiken erkennbar oder treten Schädigungen auf, so muss der Hersteller, auch wenn diese unvorhersehbar waren, durch Änderung der Konstruktion, Umstellung der Fertigung, verbesserte Instruktionen oder Veränderung des Kontrollverfahrens für künftige Gefahrlosigkeit sorgen oder die Produktion einstellen. Gehen von dem Produkt erhebliche Gefahren aus, – bei drohenden Gesundheitsschäden reicht bereits **ein ernstzunehmender Verdacht** – trifft den Hersteller eine **Warnpflicht** sowie unter Umständen

---

[110] *Tiedemann*, FS Hirsch, S. 765, 772 f.
[111] So auch Graf v. Westphalen/*Goll/Winkelbauer* § 47 Rdnr. 14.
[112] MünchKommBGB/*Mertens* § 823 Rdnr. 289 m. w. N.; zum Ganzen ausführlich Graf v. Westphalen/*Foerste* § 24 Rdnr. 290-298.
[113] Graf v. Westphalen/*Foerste* § 24 Rdnr. 290.
[114] MünchKommBGB/*Mertens* § 823 Rdnr. 289.
[115] Ausführlich dazu: Graf v. Westphalen/*Foerste* § 24 Rdnr. 171- 289.

eine **Rückrufpflicht**[116]. Verdeutlichungen und besondere Betonung der Produktbeobachtungs- und Rückrufpflichten finden sich seit geraumer Zeit im **Produktsicherheitsgesetz**. Der Hersteller ist danach verpflichtet, die organisatorischen Voraussetzungen für Produktüberwachung und Rückruf zu schaffen. Die **Relevanz einer sorgfältigen Produktbeobachtung** und gegebenenfalls eines rechtzeitigen Rückrufs wird deutlich, wenn man sich die zahlreichen Entscheidungen – fast alle leading cases – ansieht, in denen Produktbeobachtungsfehler bzw. das Unterlassen des Rückrufs Grundlage einer strafrechtlichen Verfolgung waren: Im Contergan-, Monza-Steel-, Bienenstich-, Lederspray- und Holzschutzmittelverfahren waren den Angeklagten jeweils nach dem Eingang von Schadensmeldungen Nachlässigkeiten bei der Produktbeobachtung sowie das Unterlassen von wirksamen Gegenmaßnahmen, insbesondere Rückrufaktionen, zur Vermeidung von Schäden vorgeworfen worden. Dabei erstreckt sich die Pflicht des Herstellers zur Produktbeobachtung nicht nur auf die isolierte Beobachtung des eigenen Produkts, sondern auch auf die Beobachtung etwaiger Gefahren, die aus der Kombination des eigenen Produkts mit Produkten anderer Hersteller entstehen könnten. So war nach Auffassung des BGH im „**Hondalenker-Fall**" der Hersteller eines Motorrades zur Beobachtung und Intervention verpflichtet, als die von ihm hergestellten, aber nachträglich durch die Besitzer mit einer Lenkerverkleidung eines anderen Herstellers versehenen Motorräder sich bei hohen Geschwindigkeiten als instabil und damit unfallgefährdet erwiesen.[117] De facto ist der Hersteller – will er dieser weit reichenden **Produktbeobachtungspflicht** genügen, die Möglichkeit zur Reaktion haben und Haftungsrisiken entgehen – daher zur Installation eines umfangreichen, mit Vertriebshändlern, Zulieferern und Zubehörherstellern vernetzten Informationserfassungs-, Beschwerde- und Reklamationsmanagements verpflichtet.

59 In diesem Zusammenhang stellt sich für die Unternehmenspraxis abschließend die Frage, wann ein zu Warnung und Produktrückruf verpflichtender „ernstzunehmender Verdacht" vorliegt. Nicht jede Behauptung, ein Produkt sei schadensträchtig, kann hierzu genügen, sonst stünde eine Vielzahl von Produkten vom Geflügel bis zum Mobiltelefon unter „strafrechtlichem" Verdacht.[118] Allgemeingültige Regeln lassen sich in diesem Bereich nicht aufstellen, die Rechtsprechung hat vielmehr versucht, fallgruppenbezogene Kriterien zur Verdachtsfeststellung aufzustellen. Hierbei spielen die Schwere und Häufigkeit der aufgetretenen Schäden, die Bedeutung des Produkts (Artikel des täglichen Bedarfs, Massenbenutzung) sowie ein enger zeitlicher Zusammenhang zwischen Produktbenutzung und Auftreten der Schädigungen eine indizielle Rolle.[119] Allein auf diese Kriterien lässt sich jedoch nicht notwendig ein ernstzunehmender Gefahrenverdacht stützen. Ein Vergleich zwischen dem Lederspray- und dem Holzschutzmittelverfahren belegt, wie isoliert diese Kriterien zu bewerten sind. Während im Ledersprayverfahren ein Gefahrenverdacht allein durch die zeitlich unmittelbar nach Benutzung des Sprays auftretenden Beschwerden zu begründen war, scheidet der enge zeitliche Zusammenhang zwischen Produktanwendung und Gesundheitsschäden im Holzschutzmittelfall – hier traten Beschwerden erst bei längerer Exposition auf – als indizielles Kriterium aus.[120]

3. Kausalität und objektive Zurechnung

60 Besondere Schwierigkeiten bereitet in Produkthaftungsfällen die Feststellung der Kausalität zwischen Handlung und Erfolg.[121] Angesichts komplexer, oftmals ungeklärter naturwissenschaftlicher Zusammenhänge, dem Zusammenspiel von unterschiedlichsten Kausalfaktoren, sowie einer Verantwortungszersplitterung im Rahmen der innerbetrieblichen Arbeitsteilung sind klare Kausalbeziehungen zwischen einem eingetretenem Erfolg (Gesundheitsschäden etc.) und dem Verhalten eines Herstellerunternehmens bzw. einzelner Unternehmensangehöriger nur schwer zu identifizieren und nachzuvollziehen.

---

[116] MünchKommBGB/*Mertens* § 823 Rdnr. 289; Graf v. Westphalen/*Foerste* § 24 Rdnr. 258.
[117] BGH v. 9.12.1986 – VI ZR 65/86 –; NJW 1987, 1009 „Hondalenker".
[118] Zu beachten ist aber der zum Ende 2002 hin aufgekommene – im Nachhinein aber ungerechtfertigte – Verdacht einer Salmonellenkontamination bei „Coppenrath & Wiese", der eine vielbeachtete bundesweite Warn- und Rückrufaktion zur Folge hatte.
[119] LG Aachen JZ 1971, 507, 515 „Contergan"; BGHSt 37, 106, 121 „Lederspray".
[120] Vgl. Achenbach/Wannenmacher/*Kuhlen* § 4 Rdnr. 33.
[121] Bereits das allererste höchstrichterliche Urteil, der Ziegenhaarfall, RGSt 63,211 beschäftigte sich mit diesem Problem.

§ 4 Strafrechtliche Produkthaftung

61 Dies gilt für die zivilrechtliche wie für die strafrechtliche Produkthaftung. Doch während im Rahmen der zivilrechtlichen Produkthaftung zu Gunsten des Verbrauchers die beweiserleichternden Umstände des Anscheinsbeweis und der Beweislastumkehr zu Lasten des Herstellers greifen, ist der strafrechtliche Kausalitätsbeweis wegen der Geltung des Grundsatzes „in dubio pro reo" ungleich schwerer zu führen.[122]

62 An dieser Stelle soll zunächst die zentrale Frage des Nachweises der Schadensursächlichkeit eines Produkts erörtert werden. Hieran anschließend ist zu klären, inwieweit ein Unterlassen – zum Beispiel ein unterbliebener Produktrückruf – kausal für den Eintritt von Schäden wird und wie die Anforderungen hinsichtlich der Feststellung zu bemessen sind.

63 Die ebenfalls im Rahmen der Kausalität und objektiven Zurechnung angesiedelten Fragen des kausalen Verhaltens mehrerer Personen und ihrer individuellen Strafverantwortung (Gremienentscheidungen zum Produktrückruf) und des, die Herstellerverantwortung begrenzenden, eigenverantwortlichen Verhaltens der Produktbenutzer – zum Beispiel die Weiternutzung eines gefährlichen Produkts trotz ordnungsgemäßer Herstellerwarnung – werden angesichts Ihrer hohen Praxisrelevanz als Sonderprobleme eingehend unter III. erörtert werden.[123]

64 a) **Schadensursächlichkeit des Produkts.** Die strafrechtliche Relevanz der Produkthaftungsfälle liegt vor allem im Bereich der fahrlässigen Körperverletzungs- und Tötungsdelikte (§§ 230, 222 StGB). Eine Bestrafung setzt aber zunächst voraus, dass die Kausalität zwischen Tathandlung und Tatererfolg nachgewiesen wird.[124] Die Produkte denen die Verursachung von solchen Körperschäden – die Verfahren Contergan, Lederspray und Holzschutzmittel sind Beleg hierfür – angelastet wird, sind jedoch zuvor oft über Jahre hin unbeanstandet verkauft worden. Dementsprechend gab es zunächst keinerlei gesicherte Erkenntnisse, ob die jeweiligen Mittel die festgestellten Erkrankungen überhaupt verursachen.

65 Gemeinhin ist nach der in der Praxis überwiegend angewandten Äquivalenztheorie und der darauf bezogenen Äquivalenzformel jede Handlung kausal für einen Erfolg, die nicht hinweggedacht werden kann, ohne dass der konkrete Erfolg entfiele.[125] Bei Unterlassungsdelikten, wird die Kausalität – in umgekehrter Anwendung der Formel – in der Regel dann bejaht, wenn die unterlassene Handlung nicht hinzugedacht werden kann, ohne dass der Erfolg mit an Sicherheit grenzender Wahrscheinlichkeit entfiele.[126]

66 So einfach die Faustformeln zur Ermittlung der erfolgsverursachenden Handlung scheinen, so schwierig erweist sich ihre praktische Handhabung in den Produkthaftungsfällen.

67 Rechtlich relativ problemlos zu lösen sind die Fälle, bei denen naturwissenschaftlich eindeutig festgestellt werden kann, welche Produktmängel auf welche Weise den Schadensfall verursacht haben, der Kausalzusammenhang zwischen Handlung und Erfolg also gesichert ist. So war im Monza-Steel-Verfahren der Nachweis des für die tödlichen Unfälle kausalen Konstruktionsfehlers – unzureichende Verbindung zwischen Lauffläche und Karkasse eines Kfz-Reifens, welche bei Höchstgeschwindigkeiten zur Ablösung der Lauffläche führt – technisch problemlos möglich.[127]

68 Schwierigkeiten bei der Kausalitätsfeststellung ergeben sich jedoch, wenn die Erfolgsursächlichkeit irgendeines Produkts für Gesundheitsschäden beim Produktanwender naturwissenschaftlich nicht möglich ist und es an einem konkreten Kausalgesetz fehlt. Mit der Frage dieser Kausalitätsfeststellung hatte sich die Rechtsprechung vor allen Dingen im Contergan-, Lederspray- und Holzschutzmittelverfahren auseinander zu setzen. In all diesen Verfahren war nämlich zwischen den naturwissenschaftlichen Sachverständigen umstritten, ob überhaupt ein generelles Kausalgesetz[128] anzunehmen war, nach dem sich die Körperverletzungen auf

---

[122] Achenbach/Wannenmacher/*Kuhlen* § 4 Rdnr. 40; *Bode*, FS 50 Jahre BGH, S. 515, 518.
[123] Vgl. Rdnr. 98 ff.
[124] Vgl. *Schwartz*, Strafrechtliche Produkthaftung, S. 52.
[125] Vgl. Schönke/Schröder/*Lenckner* Vorbem. § 13 ff.; Rdnr. 74 ff.; RGSt 44, 244; BGHSt 1, 322; 2, 24; 7, 114.
[126] BGHSt 6, 2; BGH, 2.2.1979 – 2 StR 237/78, NJW 1979, 1258; BGHSt 37, 106, 126.
[127] Vgl. LG München II v. 21.4.1978 – IV Kls 58 Js 5534/76, *Schmidt-Salzer* ES, IV 28, „Monza-Steel II"; Graf v. Westphalen/*Goll*/*Winkelbauer* § 47 Rdnr. 48.
[128] Vgl. zum Begriff der generellen Kausalität: *Otto* WiB 1995, 929, 930; Beulke/Bachmann JuS 1992, 737, 738; *Hilgendorf* Jura 1995, 514, 515; *Eichinger*, Die strafrechtliche Produkthaftung im deutschen im Vergleich zum anglo-amerikanischen Recht, S. 189 f.

den Kontakt mit dem jeweiligen Produkt zurückführen ließen oder ob es sich lediglich um eine zufällige zeitliche Überschneidung von Produktbenutzung und Schaden handelte. Ein kurzer Blick auf das Ledersprayverfahren mag die Gründe für diese Zweifel verdeutlichen: Die Unternehmensgruppe hatte über 20 Jahre viele Millionen Sprays verkauft, ohne dass es zu Beanstandungen gekommen war. Von über 4-5 Millionen Spraybenutzern jährlich erkrankte nur ein Bruchteil von 100-200 Anwendern. Trotz identischer Rezeptur kam es in Österreich zu keinerlei Schadensmeldungen. Letztlich konnte die schadensauslösende Substanz nicht naturwissenschaftlich ermittelt werden.[129]

69 Die Gerichte hatten daher die Frage zu beantworten, ob in einer solchen Situation, der Strafrichter die Überzeugung bilden und seiner Entscheidung zugrunde legen darf, dass die Verletzungen durch den Produktkontakt verursacht wurden und welches Maß an Wissen um empirische Zusammenhänge notwendig ist, um im strafrechtlichen Sinne von der Verursachung eines Schadens durch menschliches Verhalten sprechen zu können.[130]

70 Im Contergan-Verfahren war das Landgericht Aachen in seinem Einstellungsbeschluss – trotz des Fehlens eines naturwissenschaftlichen Beweises – zu der Überzeugung gelangt, dass die Einnahme des Thalidomidpräparats für die aufgetretenen Nervenschäden und Missbildungen an ungeborenen Kindern ursächlich war.[131] Dies hat die Kammer mit zahlreichen Beweisanzeichen belegt.[132] Gesichtspunkte, die gegen diesen Ursachenzusammenhang angeführt wurden, bewertete das Gericht als nicht ausreichend, um seine Überzeugung zu widerlegen. Dabei stellte die Kammer darauf ab, dass es für die richterliche Beweiswürdigung nicht auf die für den naturwissenschaftlichen Nachweis gebotene objektive, sondern die subjektive Gewissheit des Gerichts ankomme.[133] Bereits in diesem frühen Richterspruch wurde damit auf eine „rechtliche" und nicht eine naturwissenschaftliche Kausalität abgestellt.

71 Auch das Landgericht Mainz hat in seinem Urteil zum Lederspray nicht den schadensursächlichen Stoff exakt definieren können. Dies war nach Auffassung des BGH auch entbehrlich, da rechtsfehlerfrei festgestellt worden war, dass die Beschaffenheit des Produkts schadensursächlich war und es auf den Nachweis, was letztlich Ursache hierfür war, nicht ankam. Ein exakter naturwissenschaftlicher Nachweis des „Wie" der Schadensursache ist danach entbehrlich, wenn alle anderen hinsichtlich des „Ob" in Betracht kommenden Schadensursachen aufgrund einer fehlerfreien Beweiswürdigung – wie vom LG Mainz vorgenommen – ausgeschlossen werden können.[134]

72 Dieses Eliminierungsverfahren anderer möglicher Schadensursachen hat der BGH im Holzschutzmittelfall fortgeführt und das Verfahren zum Anlass genommen, die Anforderungen an die Beweiswürdigung zum Kausalitätsnachweis in Produkthaftungsverfahren zusammenzufassen. Schlagwortartig hat der BGH folgende Anforderungen gestellt:[135]

73 • Der Nachweis eines Kausalzusammenhangs verlangt keine absolute Gewissheit. Ausreichend ist ein Maß an Sicherheit, das keinen vernünftigen Zweifel bestehen lässt.
• Kann eine Feststellung allein mit naturwissenschaftlichen Methoden getroffen werden, so darf sich der Richter nicht von diesen wissenschaftlichen Standards lösen.
• Der Richter kann sich bei seiner Überzeugungsbildung auf Ergebnisse stützen, die wissenschaftlich umstritten sind. Erforderlich ist dann aber eine Auseinandersetzung/Abwägung mit der wissenschaftlichen Diskussion im Rahmen der Beweiswürdigung.
• Naturwissenschaftliche Erkenntnisse und Indiztatsachen sind in einer Gesamtwürdigung zu beurteilen.

---

[129] Vgl. LG Mainz v. 16.1.1989 – 8 Js 3708/84 W 5 KLs; *Schmidt-Salzer*, ES IV.3.22; s. a. *Schwartz*, Strafrechtliche Produkthaftung S. 56.
[130] Vgl. *Eichinger*, Die strafrechtliche Produkthaftung im deutschen im Vergleich zum anglo-amerikanischen Recht, S. 190; *Hassemer*, Produktverantwortung im modernen Strafrecht, S. 28 f.
[131] LG Aachen v. 18.12.1970 – 4 KMs 1/68 – JZ 1971, 507 ff.
[132] LG Aachen v. 18.12.1970 – 4 KMs 1/68 – JZ 1971, 507, 511 ff.
[133] LG Aachen v. 18.12.1970 – 4 KMs 1/68 – JZ 1971, 507, 511.
[134] BGHSt 37, 106, 112.
[135] BGHSt 41, 206, 214-217; Vgl. auch *Bode*, FS 50 Jahre BGH S. 515, 519 f.

- Selbst bei fehlendem naturwissenschaftlichen Nachweis kann der Richter bei Bewertung aller relevanten Indizien und wissenschaftlichen Meinungen zu der Feststellung der Schadensursächlichkeit des Produkts gelangen.
- Dieser Nachweis kann negativ, d. h. unter Ausschluss aller anderen möglichen Ursachen, geführt werden.
- Wird der Kausalitätsnachweis auf noch nicht allgemein anerkannte Methoden und Erkenntnisse gestützt, muss der Richter dies transparent machen und den wissenschaftlichen Streitstand darstellen, damit eine Überprüfung möglich ist.

Die Rechtsprechung lässt somit den Grundsatz der freien richterlichen Beweiswürdigung 74 auch für die Feststellung der Kausalität in Produkthaftungsfällen gelten. Für die Annahme der Schadensursächlichkeit eines Produkts genügt daher die subjektive Überzeugung des Tatrichters. Dieser kann – unter **Ausschluss aller anderen möglichen Schadensursachen** – aufgrund einer Gesamtwürdigung aller relevanten Indizien und Meinungen in eigener Verantwortung zu der Überzeugung gelangen, dass das verdächtigte Produkt schadensursächlich ist. Ein naturwissenschaftlicher Nachweis der konkreten Schadensverursachung ist dann nicht mehr erforderlich.[136]

Die Lösung der Rechtsprechung hat in der strafrechtlichen Literatur teils Zustimmung,[137] 75 aber auch gravierende Kritik[138] erfahren. Zentraler Vorwurf gegen die Beweiskonzeption der Rechtsprechung ist, dass sie eine Aushöhlung des „in dubio pro reo" – Grundsatzes beinhalte.[139] Das Ausschlussverfahren des BGH berge Probleme in sich, da es angesichts des derzeitigen Wissenstandes und der Komplexität der Probleme nur schwer praktikabel sei. Insoweit sei die Argumentation des BGH mit einer „black box" – Konstruktion vergleichbar.[140] Im Sinne einer generalisierenden, auf Ursache und Wirkung zentrierten Betrachtungsweise würden andere unbekannte – d. h. in der „black box" – wirkende – Faktoren außer Acht gelassen. Eine solche Vorgehensweise im Strafrecht widerspreche jedoch dem Prinzip, dass verbleibende Zweifel sich zu Gunsten des Angeklagten auswirken müssen, und nähere die strafrechtliche Produktverantwortung per faktischem Anscheinsbeweis der zivilrechtlichen Produktverantwortung an.[141] Schließlich bildet die überhöhte Rolle des Strafrichters, der sich in naturwissenschaftlichen Fragen kein überlegenes Wissen gegenüber den Fachleuten anmaßen dürfe, einen Kernpunkt der Kritik; dies fördere lediglich den Vorwurf der „juristischen Besserwisserei" und diene letztlich nicht dem Rechtsfrieden.[142]

Bereits dieser kurze Aufriss der strafrechtlichen Diskussion – eine umfassende Diskussion 76 soll im Interesse des Praxisbezugs nicht vorgenommen werden[143] – verdeutlicht die Brisanz der Kausalitätsfeststellung in der Produkthaftung. Selbst wenn sich die Gerichte in der Praxis berechtigten Sicherheitserwartungen der Verbraucher gegenübersehen und untragbare Strafbarkeitslücken vermeiden wollen, bleibt die Frage, ob der vom BGH beschrittene Weg der Beweiskonzeption auch insgesamt den Königsweg darstellt. Eine generalisierende Betrachtungsweise zur Feststellung des Kausalzusammenhangs im Rahmen der freien richterlichen Überzeugungsbildung i. S. des § 261 StPO birgt jedenfalls die Gefahr, willkürlicher oder zumindest wissenschaftlich nicht haltbarer Feststellungen. Gerade in den naturwissenschaftlich hoch komple-

---

[136] Ähnliche Wege gehen auch die obersten Gerichte anderer europäischer Länder in Produkthaftungsfällen. So hat der Span. Oberste Gerichtshof im „Speiseölfall" ebenfalls auf einen exakten naturwissenschaftlichen Nachweis des genauen Schadensmechanismus verzichtet, solange alle anderen möglichen Schadensursachen sicher ausgeschlossen werden können, vgl. NStZ 1994, 37, 38.
[137] *Braum* KritV 1994, S. 179; *Kuhlen* NStZ 1990, 566 f.; *Beulke/Bachmann* JuS 1992, 737; *Hirte* JZ 1992, 253, 257.
[138] Vgl. *Kaufmann* JZ 1971, 569 ff.; *Samson* StV 1991, 182, 183; *Volk* NStZ 1996, 105 ff; Schönke/Schröder/Lenckner vor § 13 Rdnr. 75; *Puppe* JR 1992, 304; JZ 1994, 1147 ff.; *Wohlers* JuS 1995, 1019 ff; *Hassemer*, Produktverantwortung im modernen Strafrecht, S. 33, 47 ff.
[139] *Hassemer*, Produktverantwortung im modernen Strafrecht, S. 44 ff.; *Hoyer* ZStW 105, 123, 124.
[140] Zu dieser „Black-box"-Konstruktion sowie der daraus folgenden „blinden Zurechnung" speziell *Hassemer*, Produktverantwortung im modernen Strafrecht, S. 33, 42 ff.
[141] *Hassemer*, Produktverantwortung im modernen Strafrecht, S. 47.
[142] Vgl. *Maiwald*, Kausalität und Strafrecht, S. 105.
[143] Vgl. zum Streitstand umfassend: *Eichinger*, Die strafrechtliche Produkthaftung im deutschen im Vergleich zum anglo-amerikanischen Recht, S. 189-198.

xen Produkthaftungsverfahren verbleibt, insofern der Beweis nicht positiv geführt wurde, der bittere Beigeschmack, dass verbleibende Zweifel sich – entgegen dem unserem Strafprozess dominierenden „in dubio" – Grundsatz – nicht zugunsten des Beschuldigten auswirken.

77 **b) Kausalität unterlassener Warnhinweise und Rückrufe.** Im Bereich der strafrechtlichen Produkthaftung liegt der Schwerpunkt der Vorwerfbarkeit oft in dem pflichtwidrigen Unterlassen einer gebotenen Handlung. Diese unechten Unterlassungsdelikte werfen im Bereich der Kausalität spezielle Probleme auf, so zum Beispiel, wenn dem Angeklagten das Unterlassen einer gebotenen Warn– oder Rückrufaktion vorgeworfen wird. Im Sinne der oben aufgezeigten Kausalitätsformel[144] wird nur in seltenen Fällen die Annahme gerechtfertigt sein, dass eine Rückrufaktion mit an Sicherheit grenzender Wahrscheinlichkeit dazu geführt hätte, dass später keine Schadensfälle mehr eingetreten wären.[145]

78 Die Rechtsprechung hat sich mit der Frage der Kausalität eines unterbliebenen Produktrückrufs bislang nur im Rahmen der Lederspray-Entscheidung auseinander gesetzt.[146] Dort hat der BGH die Kausalität zwischen unterlassenem Rückruf und individuellen Gesundheitsschäden, davon abhängig gemacht, ob die gebotene Rückrufaktion überhaupt zustande gekommen wäre (1.), ob diese die zwischengeschalteten Händler rechtzeitig erreicht hätte (2.) und ob diese Händler den Rückruf beachtet und umgesetzt hätten (3.).[147] Diesen hypothetischen Ursachenzusammenhang hat der BGH im Lederspray-Urteil relativ leicht festgestellt, weil sich der Rückruf an eine begrenzte Zahl von dem Hersteller bekannte Händler richtete. Welche Schäden dadurch konkret vermieden worden wären, bleibt trotzdem unsicher, da sich eine unbekannte Menge von Ledersprays schon in den Händen unbekannter Verbraucher befand.

79 Die Praxis von Produktrückrufen hat gezeigt, dass diese das Risiko eines Schadenseintritts nicht ausschließen, sondern nur verringern können. Die Rücklaufquoten, selbst von lebensgefährlichen Produkten, sind relativ gering – Schätzungen gehen von 50-70 % der Waren aus – und werden nur im Verlauf von Monaten erreicht.[148] Daneben ist es unsicher, wie sich zwischengeschaltete Händler verhalten, ob der einzelne Verbraucher rechtzeitig erreicht wird – im Hondalenker-Fall kam der Brief am Tag nach dem Tode des Fahrers an[149] – und schließlich, ob der Verbraucher die Warnung bzw. den Produktrückruf auch befolgt. Angesichts dieser spekulativen Wirkung von Warnhinweisen und Rückrufen, welche aber für den Produzenten das einzige zumutbare und faktisch mögliche Instrument zur Schadensvermeidung bilden, dürfte der Nachweis eines Kausalzusammenhangs zwischen unterlassener Warnung/Rückruf und einer Gesundheitsschädigung beim Verbraucher nur in sehr seltenen Fällen möglich sein. Voraussetzung einer Strafbarkeit ist daher, die Feststellung durch das Gericht, dass eine gebotene Warn- oder Rückrufaktion alle Kunden erreicht hätte, sowie die Feststellung, dass die Produktbenutzer die Warnhinweise bzw. den Rückruf auch befolgt hätten.[150]

80 **c) Objektive Zurechnung als Korrektiv zur Kausalität.** Das Verhalten der Endverbraucher wird im Bereich der Kausalität zudem immer dann relevant, wenn es durch eine eigenverantwortliche Selbstgefährdung des Produktbenutzers – so im Fall der Weiternutzung eines Produkts in Kenntnis des Rückrufs – zu Schäden kommt.

81 Um in diesen Fällen – das ursprüngliche Herstellerverhalten, das In-Verkehr-Bringen des Produkts, bleibt kausal für den Erfolgseintritt – zu einer **sinnvollen Begrenzung des Kausalitätskriteriums** zu kommen, wird zunehmend die Lehre von der objektiven Zurechnung als Korrektiv herangezogen.[151] Hiernach ist ein durch menschliches Verhalten verursachter Erfolg nur dann objektiv zurechenbar, wenn dieses Verhalten eine rechtlich missbilligte Gefahr geschaffen

---

[144] Vgl. Rdnr. 60 ff. Anders die Risikoerhöhungslehre, die es für die Kausalität des Unterlassens bereits ausreichen lässt, dass die Vornahme der gebotenen Handlung das Risiko des Erfolgseintritts erheblich vermindert hätte. Vgl. *Rudolphi* in SK vor § 13 Rdnr. 15 ff., *Roxin* ZStW 74, 411 ff.
[145] Zur Problemlage *Brammsen* MDR 1989, 123.
[146] BGHSt 37, 106 ff.
[147] BGHSt 37, 106, 127.
[148] Vgl. *Otto* WiB 1995, 929, 933; *Schwartz*, Strafrechtliche Produkthaftung S. 68, *Eichinger*, Die strafrechtliche Produkthaftung im deutschen im Vergleich zum anglo-amerikanischen Recht, S. 201; jeweils m. w. N.
[149] BGH NJW 1987, 1009.
[150] Graf v. Westphalen/*Goll*/*Winkelbauer* § 47 Rdnr. 58.
[151] Vgl. *Hilgendorf*, Strafrechtliche Produzentenhaftung in der „Risikogesellschaft", S. 128 ff.

und gerade diese Gefahr sich im tatbestandsmäßigen Erfolg realisiert hat.[152] In Fällen der eigenverantwortlichen Selbstgefährdung, des Dazwischentretens dritter Personen oder gänzlich ungewöhnlicher, außerhalb jeder Lebenserfahrung liegender Kausalverläufe können mittels dieses Korrektivs verlässliche Aussagen hinsichtlich der strafrechtlich relevanten Erfolgsverursachung getroffen werden. Im Bereich der Produkthaftung erfährt die objektive Zurechnung im Bereich der eigenverantwortlichen Selbst-Gefährdung des Produktbenutzers eine besondere praktische Bedeutung und ist daher Gegenstand einer gesonderten Besprechung (vgl. hierzu III. 5.).

d) **Kausalitätsprobleme bei Kollegialentscheidungen.** Probleme der Kausalität ergeben sich 82
schließlich, wenn im Unternehmen das Verhalten mehrerer Personen potentiell ursächlich für einen Erfolgseintritt wird. Dies bezieht sich nicht nur auf den Bereich der arbeitsteiligen Produktion, sondern vor allem auf den Bereich der Gremienentscheidungen. Wegen der besonderen strafrechtlichen Praxisrelevanz (Warnhinweise, Produktrückruf) für die Gremienmitglieder im Bereich der Geschäftsführung, des Vorstandes und des Aufsichtsrates wird diese Kausalitätsproblematik bei Kollegialentscheidungen und die jeweiligen Folgen für die Strafbarkeit der einzelnen Gremiumsmitglieder ebenfalls einer gesonderten Untersuchung unterzogen (vgl. hierzu III. 1. Haftung für Kollegialentscheidungen).[153]

4. Vorsatzfragen

Eine strafrechtliche Produktverantwortung kann sich sowohl unter dem Gesichtspunkt der 83
vorsätzlichen als auch fahrlässigen Begehungs- und Unterlassungsdelikte ergeben.

Dabei spielt ein vorsätzliches Handeln im Bereich der Produkthaftung eine eindeutig unter- 84
geordnete Rolle. Eine absichtliche Deliktsbegehung i. S. von Dolus directus 1. Grades ist hier wohl nur theoretisch denkbar.[154] Auch eine Tatbegehung i. S. von Dolus directus 2. Grades, d. h. der Täter weiß um den sicheren Eintritt des tatbestandlichen Erfolges,[155] ist in den Fällen strafrechtlicher Produkthaftung schon wegen der komplexen, naturwissenschaftlich umstrittenen Kausalzusammenhänge selten anzunehmen. Andererseits dürfte eine Berufung auf einen Verbotsirrtum,[156] wie noch vom BGH in der Entscheidung Flaschenverschluss II akzeptiert, heute nicht mehr durchgreifen.

a) **Dolus eventualis.** Praktische Relevanz dürfte daher allein die strafrechtliche Verantwor- 85
tung unter dem Gesichtspunkt des bedingten Vorsatzes – Dolus eventualis – erfahren. Ein solcher bedingter Vorsatz ist nach h. M. in der Regel dann anzunehmen, wenn der Täter es für ernstlich möglich hält und sich damit abfindet, dass sein Handeln zum Eintritt des Tatbestandserfolges führt.[157]

Im Bereich der Produkthaftung hat der BGH bislang nur im Bienenstich- sowie im Leder- 86
sprayfall ein bedingt vorsätzliches Handeln der Unternehmensverantwortlichen für gegeben erachtet.

Im Bienenstichfall stützte der BGH die Verurteilung der beiden Geschäftsführer im Wesent- 87
lichen auf den Umstand, dass sie von den bereits eingetretenen Gesundheitsschäden bereits positiv wussten, sich der „sehr nahe liegenden Wahrscheinlichkeit" weiterer Schäden bewusst waren und trotz dieses Wissens die gebotenen schadensabwendenden Maßnahmen – Produktrückruf – unterließen. Als wesentliches Indiz der inneren Billigung von weiteren Schäden durch die Angeklagten werteten sie den Umstand, dass sie von einem Produktruf absahen, da sie annahmen, die bereits Erkrankten und potentiell weiteren Geschädigten durch Präsente in Form von Pralinen zu besänftigen.[158]

Im Ledersprayfall nahm der BGH für die nach Mai 1981 eingetretenen Schadensfälle ein 88
bedingt vorsätzliches Handeln der Angeklagten an. Zu diesem Zeitpunkt sei die Gesundheits-

---

[152] Vgl. Jescheck/Weigend § 28 IV; SK/Rudolphi vor § 1 Rdnr. 57 jeweils m. w. N.
[153] Vgl. Rdnr. 99 ff.
[154] Vgl. Graf v. Westphalen/Goll/Winkelbauer § 46 Rdnr. 22; Eichinger, Die strafrechtliche Produkthaftung im deutschen im Vergleich zum anglo-amerikanischen Recht, S. 269.
[155] Tröndle/Fischer § 15 StGB Rdnr. 10.
[156] BGH Schmidt-Salzer, ES IV.1.6 „Flaschenverschluss II".
[157] Vgl. RGSt 217, 115, BGHSt 21, 283; BGH NStZ 1989, 144.
[158] BGH 4.5.1988 – 2 StR 89/88 – NStE Nr. 5 zu § 223; BGH ZLR 1988, 512, 515.

schädlichkeit des Sprays positiv bekannt gewesen mit der Folge, dass die Angeklagten durch das Unterlassen des notwendigen Produktrückrufs nicht auf das Ausbleiben weiterer Körperverletzungen vertrauen durften. Dies lässt sich verallgemeinernd auf die Formel zurückführen, dass der Hersteller eines als gesundheitsschädlich anerkannten Produkts, der den Weiterverkauf dieses Produkts nicht stoppt, zusätzliche Schadensfälle in Kauf nimmt und damit bedingt vorsätzlich handelt.[159] Er kann sich – im Umkehrschluss – wegen seines Wissens um die Gefährlichkeit nicht darauf berufen, auf ein Ausbleiben der Schäden vertraut zu haben.[160]

89 **b) Abgrenzung: Dolus eventualis / Bewusste Fahrlässigkeit.** Den strafrechtlichen Regelfall im Bereich der Produkthaftung bildet jedoch die Haftung wegen fahrlässigen Handelns. Dabei ist die Abgrenzung zwischen bedingtem Vorsatz und bewusster Fahrlässigkeit fließend und weitestgehend durch den vom Tatgericht in Produkthaftungsfällen beherrschten Sachverhalt bestimmt. Dogmatisch ist nach Auffassung der Rechtsprechung dann bedingt vorsätzliches Handeln zu bejahen, wenn der Täter den Eintritt des Erfolgs für ernstlich möglich hält und ihn billigend in Kauf nimmt, bewusste Fahrlässigkeit hingegen dann, wenn der Täter auf das Ausbleiben des Erfolgs vertraut.[161] Die Definition der herrschenden Lehre ist weitgehend übereinstimmend. Sie stellt für den bedingten Vorsatz darauf ab, ob der Täter die Verwirklichung des gesetzlichen Tatbestandes ernstlich für möglich hält und sich mit ihr abfindet. Dagegen ist nur bewusste Fahrlässigkeit anzunehmen, wenn der Täter darauf vertraut, dass alles „gut geht".[162]

90 Gerade dieses Moment des **Vertrauens auf das Ausbleiben des Erfolgs** ist in der Praxis der strafrechtlichen Produktverantwortung nur schwer zu widerlegen, so dass in der Mehrzahl der Fälle eine Strafbarkeit nur wegen bewusst fahrlässigem Handeln in Betracht kommt.[163] Gerade im Grenzbereich der bewussten Fahrlässigkeit und des bedingten Vorsatzes wird es dem angeklagten Unternehmensverantwortlichen nur schwer zu widerlegen sein, dass er auf das Ausbleiben des Erfolgs vertraut bzw. diesen innerlich missbilligt hat. Ein instruktives Beispiel hierfür bietet der Holzschutzmittelfall. Das Tatgericht kam hier zu der Feststellung, dass die Angeklagten bis zur Hauptverhandlung von der Ungefährlichkeit des Holzschutzmittels überzeugt waren, so dass ihnen nur unbewusste Fahrlässigkeit zur Last gelegt wurde. Bei dieser Gelegenheit führte der BGH aber aus, dass selbst wenn die Angeklagten ernsthaft in Erwägung gezogen hätten, dass die Verwendung ihrer Produkte zu Gesundheitsschäden führen könnte, das Interesse am guten Ruf der Waren und an der Vermeidung von Schadenersatzforderungen gegen das Unternehmen ein taugliches Indiz dafür gewesen wäre, dass sie dennoch auf die Unschädlichkeit des Holzschutzmittels vertrauten.[164] In eine ähnliche Richtung gehen die Entscheidungen im Monza-Steel-Verfahren[165] und im Zwischensteckerfall.[166] In beiden Fällen hatte das Gericht – trotz gravierender Sicherheitsmängel – den Angeklagten unterstellt, sie hätten auf das Ausbleiben des Schadenseintritts vertraut.

91 Die Abgrenzung des BGH zwischen Vorsatz und bewusster Fahrlässigkeit kann wie folgt zusammengefasst werden: Im Regelfall wird nur Fahrlässigkeit gegeben sein, hierfür spricht bereits der Umstand bzw. die Vermutung, dass Unternehmensverantwortliche kein Interesse daran haben, ihr Unternehmen Schadenersatzforderungen auszusetzen. Nur wenn besondere Indizien – zum Beispiel sicheres Wissen um die Schädlichkeit der Produkte oder Verhaltensweisen, die auf eine Billigung von Schäden schließen – vorliegen, kann im Ausnahmefall der Tatvorwurf auf bedingten Vorsatz lauten. Diese Abgrenzung wird aber durch die Tatgerichte vorgenommen, bei denen eher eine Neigung zur Begründung von Strafbarkeiten festzustellen

---

[159] BGHSt 37, 106, 132.
[160] Noch in der Vorzugsmilch-Entscheidung BGH, 26.11.1963 – 1 StR 367/63, MDR 1963, 341 hat der BGH eine solche klare Konsequenz trotz Feststellung der Pflicht zur Einstellung des Vertriebes nicht gezogen.
[161] Vgl. RGSt 217, 115, BGHSt 21, 283.
[162] Vgl. nur: Jescheck/*Weigend* § 15 Rdnr. 24 m. w. N.
[163] *Kühne* NJW 1997, 1951; *Schmucker*, Die Dogmatik einer strafrechtlichen Produktverantwortung, S. 104.
[164] BGH NJW 1995, 2933; BGHSt 41, 206, 219.
[165] LG München II v. 21.4.1978 – IV Kls 58 Js 5534/76, *Schmidt-Salzer* ES, IV 28.
[166] BGH v. 17.2.1959 – 1 StR 618/58, *Schmidt-Salzer* ES IV.4. Hier kam es zu tödlichen Stromschlägen, weil abweichend von den VDE-Richtlinien zweipolige Steckerkonstruktionen gewählt wurden, die die Schutzkontakte außer Kraft setzten.

ist; die theoretisch feine Differenzierung des BGH kann daher in der Unternehmenspraxis nur bedingt trösten.

c) Fahrlässigkeit. Neben dem Vorwurf des **bewusst fahrlässigen Handelns** kommt auch der der Vorwurf der **unbewusst fahrlässigen Handelns** in Betracht. Während der bewusst fahrlässig handelnde Täter zwar die Möglichkeit des Erfolgseintritts erkennt, aber in vorwerfbarer Weise davon ausgeht, dass es nicht zu einer Verletzung kommt, rechnet der unbewusst fahrlässig handelnde Täter überhaupt nicht mit der Gefahr, dass sein Verhalten zu einer Tatbestandsverwirklichung führen kann, obwohl er diese Gefahr hätte erkennen müssen. Er lässt vielmehr die Sorgfalt, zu der er nach den Umständen und nach seinen persönlichen Kenntnissen und Fähigkeiten verpflichtet und imstande ist, außer Acht.[167]

Kennzeichnend für die Fahrlässigkeitsvorwurf ist daher einerseits ein objektiver Pflichtverstoß – die diesbezüglichen Pflichten des Herstellers eines Produktes im Bereich der Produktion, Fabrikation, Instruktion und Produktion wurden bereits oben erörtert – und die Frage der individuellen Sorgfaltspflichtverletzung, d. h. die subjektive Vorhersehbarkeit und Vermeidbarkeit des Eintritts des tatbestandlichen Erfolges. Dabei genügt es bereits, wenn der angeklagte Unternehmer den Erfolg im Endergebnis sowie den Kausalverlauf in seinen wesentlichen Grundzügen voraussehen konnte.[168] Es muss allerdings ein besonderer Grund bestehen, auf Grund dessen der Angeklagte vom Vorliegen einer entsprechenden Gefahr ausgehen musste.[169] Beispiel für eine solche besondere Situation ist der „ernst zunehmende Verdacht" der Fehlerhaftigkeit eines Produkts, welche eine Verpflichtung zum Produktrückruf begründen kann. Die diesbezüglichen verdachtsbegründenden Indizien (Häufigkeit und Intensität der Schadensmeldungen, Bedeutung des Produkts und Benutzerkreis, Zeitkomponente etc.) und ihre begrenzte Aussagekraft sind bereits herausgearbeitet worden. Dennoch ist der Hersteller subjektiv verpflichtet, diesen Indizien – gerade in Anbetracht der nicht durchgängigen Rechtsprechung hierzu – größte Beachtung zu widmen, will er sich nicht einem **subjektiven Sorgfaltspflichtverstoß** ausgesetzt sehen.

Allerdings entfällt die subjektive Vorhersehbarkeit für Ereignisse oder Ergebnisse, die so sehr außerhalb jeder gewöhnlichen Erfahrung liegen, dass sie der Angeklagte auch bei den ihm zumutbaren, sorgfältigen Überlegungen nicht zu berücksichtigen braucht.[170] Im Bereich der subjektiven Vermeidbarkeit kommt es darauf an, ob es dem Hersteller zuzumuten war, den Eintritt des Erfolgs zu vermeiden. Hier ist ein subjektiver Sorgfaltsmaßstab anzulegen.[171] Vor dem Hintergrund der Einbindung des einzelnen Mitarbeiters in die Unternehmensstruktur darf von ihm nichts Unmögliches verlangt werden, sondern nur, dass er im Rahmen der vorgegebenen Organisationsstruktur alles ihm Mögliche und Zumutbare unternimmt, um die drohenden Gefahren zu beseitigen.[172]

5. Abgrenzung zur zivilrechtlichen Produktverantwortung

Strafrechtliche Haftung und zivilrechtliche Inanspruchnahme im Rahmen der Produkthaftung liegen nicht parallel. Die systemisch unterschiedlichen Beweisregeln des parteiorientierten Zivilrechtes gegenüber dem von der Nachweispflicht des Staates geprägten Strafrecht erzwingen dies. Im Zivilrecht tritt noch hinzu, dass wegen der angenommenen wirtschaftlichen und prozessualen Übermacht der Hersteller – dogmatisch an der angeblichen Nähe zum schadensstiftenden Produkt angesiedelt – die Rechtsprechung und Gesetzgebung zu einer Beweislastverlagerung bis hin zur Beweislastumkehr gelangt sind. Die Entwicklung begann 1987 mit der Einführung der §§ 84 ff in das Arzneimittelgesetz als erster Fall einer verschuldensunabhängi-

---

[167] BGHSt 10, 369; 41, 206, 218.
[168] *Schmidt-Salzer*, Produkthaftung Bd. I Strafrecht, Rdnr. 1523, 1527.
[169] *Eichinger*, Die strafrechtliche Produkthaftung im deutschen im Vergleich zum anglo-amerikanischen Recht, S. 272.
[170] LG München II v. 21.4.1978 – IV Kls 58 Js 5534/76, *Schmidt-Salzer* ES, IV 28, S. 296 (333) (Monza-Steel).
[171] So ließ der BGH im „Wurstwarenfall", 14.4.1959 – 1 StR 103/59, *Schmidt-Salzer*, ES IV.1.4 den Kauf von Lebensmittelzusätzen ohne Prüfung durch den Produzenten ohne Sanktion, weil es sich um eine renommierte Firma handelte und der Vertreter ein ehemaliger Mitarbeiter des Bestellers war.
[172] Vgl. BGHSt 37, 106, 126 (Lederspray).

gen Haftung für Hersteller. Seitdem sind eine Vielzahl von speziellen Gesetzen[173] gefolgt, die sämtlich die zivilrechtliche Haftung des Produzenten ausgeweitet haben.

96 Ohne Auswirkungen auf das Strafrecht blieb diese Entwicklung nicht. Wenn auch niemand im Rahmen des von individueller Schuld geprägten Strafrechtes öffentlich eine verschuldensunabhängige Haftung propagiert hat, so wurden doch über die Adaptierung der in den Spezialgesetzen differenzierten Handlungs- und Überwachungspflichten **Grundlagen für die strafrechtlichen Sorgfaltsanforderungen und damit Pflichtenstellungen geschaffen**. Konsequent ist daher auch, dass alle Verbraucherschutzgesetze mindestens Ordnungswidrigkeitentatbestände, meist aber auch Strafnormen umfassen.

97 In der Ledersprayentscheidung hat der BGH explizit zu dem Verhältnis von zivilrechtlichen Grundsätzen zu strafrechtlich sanktionierten Handlungspflichten Stellung genommen und die von ihm angenommenen Schadensabwendungspflicht aus der zivilrechtlichen Verkehrssicherungspflicht abgeleitet. Dabei wurden die Grundsätze der Verkehrssicherungspflicht explizit aus der zivilrechtlichen Rechtsprechung abgeleitet.[174] Dieser, in der Literatur nicht unwidersprochene[175] Ansatz, muss im jetzigen Zeitpunkt zur Grundlage von sicherheitsorientierten Überlegungen zur Abwehr strafrechtlicher Produktgefahren gemacht werden.[176] Als allgemeine Regel lässt sich aufstellen, dass die Beachtung aller zivilrechtlich gebotener Handlungspflichten, die Vermeidung jeder zivilrechtlichen Inhaftnahme gleichzeitig das Strafbarkeitsrisiko eliminiert.

III. Sonderprobleme strafrechtlicher Produktverantwortung

98 Die tatsächliche und rechtliche Bandbreite unternehmerischen Handelns fordert auch für den Bereich der Produkthaftung Beachtung. Fragen der strafrechtlichen Verantwortung für die durch ein fehlerhaftes Produkt aufgetretenen Schäden können mit den Mitteln des Strafrechts allein nicht beantwortet werden. Die **Schnittstelle zu anderen Rechtsbereichen** ist hier: Strafrechtlich relevante Sorgfaltsanforderungen im Produktbereich lassen sich nicht isoliert, sondern nur im Zusammenhang mit **zivilrechtlich anerkannten Verkehrssicherungspflichten und öffentlich-rechtlichen Vorgaben** formulieren. Im produktstrafrechtlichen Ernstfall ist die Strafverantwortung der Geschäftsleitung bzw. der Mitglieder geschäftsleitender Gremien von **gesellschaftsrechtlichen Vorgaben** abhängig, der Bereich der persönlichen strafrechtlichen Haftung ist von zahlreichen außerhalb des Strafrechts liegenden Faktoren geprägt. Letztlich kann unternehmerische Verantwortung für in den Umlauf gebrachte Produkte nicht grenzenlos sein, sondern wird durch Grundsätze der **Eigenverantwortung der Verbraucher** begrenzt. All diese Fragen stellen sich als besonders bedeutend für die unternehmerische (Produkt-)Praxis dar und sollen als Sonderprobleme einer näheren Betrachtung unterzogen werden.

1. Haftung für Kollegialentscheidungen

99 Die Entscheidung, ob ein Produkt, für dass ein „ernstzunehmender Schadensverdacht"[177] besteht, zurückgerufen werden oder eine Produktwarnung ausgesprochen werden soll, stellt für das betroffene Unternehmen zumeist eine existenzielle, ressortübergreifende Frage dar und liegt damit bei der Geschäftsleitung. **Beschlüsse der Geschäftsleitung beruhen in der Regel auf Kollegialentscheidungen mehrerer Personen.** Je nach Gesellschaftsform des Unternehmens kommen als relevante Entscheidungsgremien der **Vorstand**, der **Aufsichtsrat** oder die **Geschäftsführung einer GmbH** in Betracht.

100 So hatten im vom BGH entschiedenen Lederspray-Fall,[178] die vier Geschäftsführer der Muttergesellschaft einstimmig gegen den Rückruf des Ledersprays votiert. Hierüber wurden die Geschäftsführer zweier Tochtergesellschaften nachträglich in Kenntnis gesetzt. Alle sechs Geschäftsführer wurden wegen der nach dem unterbliebenen Produktrückruf durch neu in den

---

[173] Vgl. die in § 2 ProdSG genannten Gesetze.
[174] Speziell: BGHZ 51, S 91 (Hühnerpest) und BGHZ 104, S. 323 (Sprudelflasche).
[175] *Kuhlen*, Fragen einer strafrechtlichen Produkthaftung S. 148 ff; *Schmidt-Salzer*, Produkthaftung, Bd. I, Strafrecht, Rdnr. 1023 ff.
[176] Vgl. auch BGH v. 7.10.86 – VI ZR 187/95 – NJW 1987, 372.
[177] Vgl. oben unter Rdnr. 57 ff. „Produktbeobachtung und Rückruf".
[178] BGHSt 37, 106 ff.

Verkehr gebrachten Sprays und die dadurch verursachten Schädigungen wegen vorsätzlicher gefährlicher Körperverletzung und in Bezug auf die durch bereits im Umlauf befindlichen Sprays verursachten Schäden wegen fahrlässiger Körperverletzung durch Unterlassen verurteilt.

Die Situation, die der BGH zu beurteilen hatte – Verantwortung einzelner Gremiumsmitglieder für einen aufgrund eines Gemeinschaftsbeschluss unterbliebenen Produktrückrufs infolgedessen es zu weiteren Schädigungen von Verbrauchern kam – wirft zahlreiche Fragen auf: Inwiefern ist das **Einzelvotum** eines einzelnen Gremiumsmitglieds, das gegen einen – eigentlich angezeigten – Produktrückruf stimmt, **kausal** für später eingetretene **Schäden**? Kann sich das einzelne Gremiumsmitglied auf das Argument zurückziehen, angesichts der Mehrheit der anderen, sei es auf seine Stimme ohnehin nicht angekommen? Wie steht es um die nachträgliche Billigung eines Beschlusses durch bei der Abstimmung nicht anwesende Mitglieder? Wird das Gremiumsmitglied, welches pflichtgemäß für einen Produktrückruf stimmt, aber überstimmt wird, **allein durch** seine **Gegenstimme straflos**? Oder treffen den Einzelnen **weiter gehende Pflichten** – Information in der Hierarchie höherrangiger Gremien (Aufsichtsrat), Warnung der Öffentlichkeit, Niederlegung des eigenen Mandats – um strafrechtlich nicht verantwortlich zu sein? 101

a) **Lösung des BGH im Ledersprayfall.** Einen Großteil dieser Fragen hat der BGH im Lederspray-Urteil in grundlegender und rechtsfortbildender Weise zu beantworten versucht. 102

Entsprechend des von ihm vorgenommen dreistufigen Prüfungsaufbaus[179] zur Frage der Kausalität eines unterlassenen Produktrückrufs für Gesundheitsschäden stellte sich dem BGH zunächst die Frage, ob bei pflichtgemäßem Handeln der Geschäftsführer in der Gremiumssitzung die Rückrufaktion überhaupt zustande gekommen wäre. Der BGH konstatierte in diesem Zusammenhang zunächst die **Pflicht eines jeden einzelnen Geschäftsführers**, auf einen Beschluss der Gesamtgeschäftsführung über Anordnung und Vollzug des **Rückrufs hinzuwirken**.[180] Hiernach wäre das Einzelne, pflichtwidrige Votum nur dann für den Produktrückruf kausal gewesen, wenn die Erfüllung der jeweiligen Handlungspflicht des einzelnen Geschäftsführers – Votum für einen Rückruf, Versuch, die anderen Geschäftsführer in diese Richtung zu beeinflussen – einen Beschluss über den Rückruf der gefährlichen Sprays herbeigeführt hätte. In dieser Konstellation hätte sich jeder Geschäftsführer, angesichts des einstimmigen Abstimmungsergebnisses, auf das Argument zurückziehen können, er wäre mit dem Versuch einen Rückruf herbeizuführen, am Widerstand der übrigen, den Rückruf ablehnenden Geschäftsführern gescheitert mit der Folge, dass mittels der herkömmlichen „conditio sine qua non" – Formel keine Feststellung der Kausalität des Verhaltens einzelner Gremiumsmitglieder für den unterbliebenen Rückruf hätte getroffen werden können.[181] 103

Um den einzelnen Geschäftsführern diese, dem Rechtsgefühl spürbar widersprechende, Rückzugsmöglichkeit abzuschneiden, hat der **BGH** im Lederspray-Fall folgenden **Lösungsweg** eingeschlagen: Hinsichtlich der gefährlichen Körperverletzung – weiterer Vertrieb des Sprays aufgrund des unterbliebenen Rückrufs – nimmt er eine Mittäterschaft sämtlicher Geschäftsführer an. Zur Begründung stellt er im Wesentlichen darauf ab, dass die angeklagten Geschäftsführer allesamt eine **Garantenstellung** in Bezug auf die gefährlichen Sprays inne hatten und zur Gefahrabwendung verpflichtet waren.[182] Dieser Pflicht konnten sie nur gemeinschaftlich durch Mehrheitsbeschluss vom Produktrückruf entsprechen. Der gemeinschaftliche, einstimmige Entschluss dieser Gefahrabwendungspflicht nicht nachzukommen und das Produkt nicht zurückzurufen, begründet ihre **mittäterschaftliche Stellung**. Folge dieser Stellung aller Angeklagten ist, dass sich jeder die Tatbeiträge seiner Mittäter – also gegen den Produktrückruf zu stimmen – wie seinen eigenen Tatbeitrag – seine eigene „Nein"-Stimme – zurechnen lassen muss. Die Kausalität wird so über die mittäterschaftliche Stellung fingiert. 104

Für die in der **Sondersitzung nicht anwesenden Geschäftsführer** der Tochtergesellschaften, die sich den Beschluss nachträglich zu Eigen machten und mittrugen, erachtete der BGH die 105

---

[179] Vgl. oben unter Rdnr. 77 ff. „Kausalität unterlassener Warnhinweise und Rückrufe".
[180] BGHSt 37, 106, 126, 128.
[181] BGHSt 37, 106, 129; *Hilgendorf* NStZ 1994, 561 f.
[182] BGHSt 37, 106, 129.

mittäterschaftliche Stellung im Rahmen der **sukzessiven Mittäterschaft** für gegeben.[183] Wegen der fahrlässig begangenen Körperverletzungen – d. h. den Schädigungen durch die bereits im Umlauf befindlichen, nicht zurückgerufenen Sprays – bejahte der BGH eine Kausalität der jeweiligen Einzelstimmen – unter dem Gesichtspunkt der alternativen Kausalität – im Zusammenwirken mit den Teilbeiträgen bzw. Stimmen der anderen Geschäftsführer. Wörtlich heißt es:[184] „Nur dieses Ergebnis wird der gemeinsamen und gleichstufigen Verantwortung der Geschäftsführer gerecht." Eine **strafrechtliche Freizeichnung** des einzelnen Geschäftsführers **durch Verweis auf das gleichartige Fehlverhalten der anderen Geschäftsführer** erachtet der BGH für **nicht „rechtens".**[185]

106   Die Entscheidung des BGH hat ein großes Echo in der strafrechtlichen Literatur hervorgerufen.[186] Allerdings haben die Ausführungen des Senats nur teilweise Zustimmung[187] gefunden. Kritische Stimmen in der Literatur haben vor allen Dingen eine unzulässige Vermischung von Fragen der Kausalität mit denen der Mittäterschaft ausgemacht und die **Argumentation des Gerichts als „zirkelschlüssig"**[188] **und „ergebnisorientiert"**[189] bezeichnet. Weitere Kritikpunkte bilden die Argumentation des BGH zur Kausalität des Unterlassens, die trotz expliziter Absage an die Risikoverminderungslehre in derselben Entscheidung, dieser praktisch gleichkomme, sowie die Begründung der Kausalität im Rahmen der Fahrlässigkeitsdelikte. Unabhängig von den unterschiedlichen Kritikpunkten lässt sich ein grundlegender Vorwurf der Literatur ausmachen:[190] In dem Bemühen, ein Grundsatzurteil im Bereich der gesetzlich nicht geregelten, strafrechtlichen Produktverantwortung zu treffen, habe der BGH dogmatische und methodische Grundsätze vermissen lassen und weitestgehend einer **ergebnisorientierten Argumentation** den Vorzug gegeben.

107   b) **Praktische Auswirkungen auf die strafrechtlichen Risiken bei Abstimmungen.** Losgelöst von diesen grundsätzlichen, rechtstheoretischen Erwägungen sind die praktischen Auswirkungen des Urteils für den einzelnen Unternehmensverantwortlichen von besonderem Interesse. Welchen Strafbarkeitsrisiken sieht sich der einzelne Geschäftsführer, das Vorstands- oder Aufsichtsratsmitglied ausgesetzt, wenn es in der entscheidenden Gremiumssitzung nicht zu einem Beschluss des eigentlich angezeigten Rückrufs eines schadensverdächtigen Produkts kommt?

108   Zur Beantwortung dieser Frage ist zwischen verschiedenen Situationen zu differenzieren: Zum einen der Fall, dass ein Rückruf tatsächlich angezeigt ist, in der Gremiumssitzung aber ein gegenteiliger Beschluss gefasst wird und das einzelne Gremiumsmitglied diese Entscheidung mitträgt. Zum anderen die Konstellation, dass das Gremium insgesamt gegen einen, eigentlich angezeigten Produktrückruf votiert, ein einzelnes Gremiumsmitglied aber pflichtgemäß für einen Produktrückruf votiert. Schließlich ist die Strafbarkeit eines bei Beschlussfassung nicht anwesenden Gremiumsmitglieds zu untersuchen.

109   *aa) Mehrheitsvotum gegen einen Produktrückruf.* Die erste Fallkonstellation kann verlässlich mit Hilfe des Lederspray-Urteils beantwortet werden. **Unterbleibt ein erforderlicher Produktrückruf** aufgrund einer Mehrheitsentscheidung des Gremiums, so ist das **einzelne Gremiumsmitglied**, das gegen einen Produktrückruf (mit)gestimmt hat, **strafrechtlich** voll für diesen Gremiumsbeschluss **verantwortlich**. Dies ergibt sich für Gremiumsentscheidungen, die mit nur einer Stimme Mehrheit einen Produktrückruf ablehnen, unmittelbar aus der „condicio sine qua non" - Methode. Im Fall der Mehrheitsentscheidung mit mehr als einer Stimme Mehrheit oder im Fall der Einstimmigkeit, ergibt sich die Strafbarkeit des Einzelnen pflichtwidrig stimmenden

---

[183] BGHSt 37, 106, 130.
[184] BGHSt 37, 106, 132.
[185] BGHSt 37, 106, 132.
[186] Vgl. *Beulke/Bachmann* JuS 1992, 737; *Brammsen* Jura 1991, 533; *Deutscher/Körner* wistra 1996; 327 ff.; *Hilgendorf* NStZ 1994, 561; *Hoyer* GA 1996, 160; *Kassebohm/Malorny* BB 1994, 1361; *Kuhlen* NStZ 1990, 566; *Samson* StV 1991, 182; *Schmidt-Salzer* NJW 1990, 2966; *Hassemer*, Produktverantwortung im modernen Strafrecht, S. 59 ff.; Achenbach/Wannenmacher/*Kuhlen* Rdnr. 47; *Bode*, FS BGH S. 515, 525; *Kuhlen*, FS BGH, S. 647 ff; *Jacobs*, FS Miyazawa S. 419 ff.
[187] *Kuhlen* NStZ 1990, 561; *Schmidt-Salzer* NJW 1990, 2966 ff.
[188] *Puppe* JR 1992, 30, 32; *Samson* StV 1991, 182, 183.
[189] *Samson* StV 1991, 182, 183.
[190] *Puppe* JR 1992, 30 ff.; *Beulke/Bachmann* JuS 1992, 737, 738; *Brammsen* Jura 1991, 533, 534; *Hilgendorf* NStZ 1994, 561, 562.

Gremiumsmitglied, wie oben dargelegt, aus seiner mittäterschaftlichen Rolle im Verbund mit den anderen Gremiumsangehörigen.[191] Hierbei kann sich der Einzelne nicht darauf zurückziehen, auch ohne seine Stimme sei der Beschluss, wie gefällt zustande gekommen. Seine Verpflichtung in Richtung eines Produktrückrufs aktiv zu werden und das Kollegialorgan zu einem solchen zu veranlassen, entfällt auch nicht dadurch, dass das Gremium respektive Unternehmen durch einen Geschäftsführer (Patriarch) beherrscht wird und damit schon faktisch kein anderes Ergebnis zu erwarten ist.[192] Vielmehr besteht eine Strafbarkeit des Einzelnen wegen vorsätzlichen bzw. fahrlässigen Unterlassen (zu den in dieser Fallkonstellation evtl. bestehenden weiter gehenden Handlungspflichten.[193]).

bb) Einzelvotum für einen Produktrückruf. Ungleich mehr Brisanz erhält die Fragestellung **110** in der Konstellation, dass ein für einen Produktrückruf votierendes Gremiumsmitglied tatsächlich überstimmt wird. Die strafrechtliche Verantwortlichkeit des Einzelnen liegt hier im Spannungsfeld zwischen individueller Verantwortung des Einzelnen und seiner Stellung im Kollektivorgan, dessen Mehrheitsentscheidungen er grundsätzlich mitzutragen bereit ist. Betrachtet man die Abstimmung isoliert, so wird das Verhalten des Einzelnen, pflichtgemäß votierenden Gremiumsmitglieds nicht kausal für das Unterbleiben des Produktrückrufs. Er leistet gerade keinen eigenen Tatbeitrag im Rahmen der Abstimmung und muss sich daher auch das Verhalten der anderen Gremiumsmitglieder nicht zurechnen lassen, da er gerade nicht mittäterschaftlich handelt.[194] Ergibt sich bei dieser **isolierten Betrachtung** noch **kein strafrechtlich relevantes Verhalten**, so wird auch deutlich, dass die bloße Eingliederung in die Gemeinschaftsverantwortung nicht strafbarkeitsbegründend sein kann. Daher ist die Entscheidung des OLG Stuttgart[195] sehr zweifelhaft, in der alleine die Mitarbeit – trotz geschehener Gegenstimme – in einem Gremium schon ausreichen sollte, strafrechtlich relevantes Verhalten zu erzeugen. Eine solche Sichtweise würde im Ergebnis auf eine dem Strafrecht bislang noch unbekannte Kollektivverantwortung hinauslaufen.

Allerdings ist es **keinesfalls** so, dass das **Gremiumsmitglied** sich allein schon **durch die bloße** **111** **Gegenstimme aller strafrechtlichen Produktverantwortung entledigt hat**. Dies würde einer der zentralen Aussagen des Lederspray-Urteils – „Jeder der Angeklagten war (...) verpflichtet, unter vollem Einsatz seiner Mitwirkungsrechte, dass ihm Mögliche und Zumutbare zu tun, um einen Beschluss der Gesamtgeschäftsführung über Anordnung und Vollzug des gebotenen Rückrufs zustande zubringen."[196] – widersprechen. So wird die **Strafbarkeit des opponierenden Mitglieds** – nach den Grundsätzen der individuellen Schuldfeststellung – wohl bereits dann in Betracht kommen, wenn er seine Position und die Gefahrensituation dem Gremium nicht darlegt und diese durch entsprechende Anträge umzustimmen sucht oder er in der entscheidenden Sitzung lediglich kostenbewusst und gerade nicht gefahrenorientiert argumentiert hat.[197] Hier **empfiehlt es sich** für den Einzelnen, seine **Bemühungen**, dass Gremium im Sinne eines Produktrückrufs zu motivieren, in das **Protokoll der Sitzung aufnehmen zu lassen**, um in einem etwaigen Strafverfahren von der **Indizkraft** des Protokolls profitieren zu können.

Darüber hinaus und weitaus häufiger dürfte sich aber ein **strafrechtliches Risiko** daraus ergeben, **112** dass das einzelne **Gremiumsmitglied verpflichtet** ist, **gegen eine fehlerhafte Entscheidung** des Kollegialorgans über die bloße Gegenstimme hinaus zu **opponieren**. Anderenfalls ist ihm ein strafrechtlich relevanter Unterlassungsvorwurf zu machen. Denn letztlich übernimmt jedes Mitglied mit seiner Zugehörigkeit zu einem geschäftsleitendem Gremium die Pflicht, sich für die Abwehr von Gefahren aus fehlerhaften Produkten einzusetzen.[198] Dies gilt nicht nur in

---

[191] BGHSt 37, 106, 129.
[192] Allerdings erkennt der BGH mittlerweile auch bei einstimmigen Entscheidungen von Kollegialorganen unter dem Vertrauensgesichtspunkt eine Differenzierung der Verantwortungsbereiche an. So soll sich der Vorstandsvorsitzende – Ausnahme sind besonders hohe Risiken – auf den Bericht des Kreditsachbearbeiters oder Kreditvorstands verlassen dürfen. Vgl. BGH v. 6.4.00 – 1 StR 280/99 – wistra 2000, 305, 307.
[193] Vgl. Rdnr. 37.
[194] Vgl. *Goll/Winkelbauer* § 48 Rdnr. 30.
[195] OLG Stuttgart v. 1.9.1980 – 3 Ss 440/80 – NStZ 1981, 27, 28; Vgl. hierzu *Goll/Winkelbauer* § 48 Rdnr. 29.
[196] BGHSt 37, 106, 126.
[197] Vgl. *Eidam*, Unternehmen und Strafe, S. 261.
[198] *Goll/Winkelbauer* § 48 Rdnr. 30; *Eidam*, Unternehmen und Strafe, S. 261.

den Fällen eindeutig falscher Kollegialentscheidungen bei denen ein **Mitglied gegen die rechtswidrige Entscheidung gestimmt** hat, sondern auch dann, wenn eine solche **Fehlentscheidung stillschweigend mitgetragen** wird. Aus dieser Pflichtenstellung können sich folgende Konsequenzen ergeben:

113 Das einzelne Mitglied kann verpflichtet sein, die Geschäftsleitung bzw. das **nächsthöhere Gremium** über die Produktgefahr und Fehlentscheidung des Gremiums zu informieren und zu versuchen, auf dieser Ebene die erforderliche Entscheidung herbeizuführen.[199] So kann ein Vorstandsmitglied in der konkreten Gefahrensituation dazu verpflichtet sein, den Aufsichtsrat des Unternehmens zu informieren.[200] Aus § 90 Abs. 3 AktG ergibt sich das Recht des Aufsichtsrates bzw. eines einzelnen Aufsichtsratsmitglieds, einen Bericht über Vorgänge, die für das Unternehmen von erheblichem Einfluss sind – hierzu gehört regelmäßig der Verdacht von Produktschadensfällen – zu verlangen. Korrespondierend hierzu lässt sich eine Pflicht des einzelnen Vorstandsmitglieds zur Information des Aufsichtsrates über Produktschadensfälle konstatieren. Wenn bei richtiger Güterabwägung die allgemeinen Interessen die Unternehmensinteressen überwiegen, ist die außerordentliche Unterrichtung des Aufsichtsrates über die umstrittene Mehrheitsentscheidung und die davon ausgehenden Gefahren angemessen.[201] Die gleichen Maßstäbe sind im Bereich der GmbH anzulegen, hier kann der einzelne Geschäftsführer dazu verpflichtet sein, die Gesellschafterversammlung zu informieren bzw. einzuberufen.[202]

114 Bleibt auch das höherrangige Gremium bzw. die Geschäftsleitung untätig, so stellt sich die Frage, ob das einzelne Gremiumsmitglied verpflichtet ist, **selbst die das Unternehmen treffenden Pflichten wahrzunehmen** und die Öffentlichkeit über die Presse oder Verbraucherschutzorganisationen vor der Produktgefahr zu warnen. Da ein solcher, eigenmächtiger Schritt dem Unternehmensinteresse widerspricht und daher mit erheblichen Haftungsrisiken (vgl. nur § 93 Abs. 2 AktG), der Verletzung von Geheimhaltungspflichten (vgl. nur § 93 Abs. 1 AktG) sowie letztlich dem Verlust des Arbeitsplatzes verbunden sein kann, ist die Handlungspflicht des Einzelnen durch Kriterien der persönlichen Zumutbarkeit eines solchen Schrittes begrenzt.[203] Seine Furcht vor persönlichen Nachteilen wird der Unternehmensverantwortliche – will er sich nicht strafbar machen – regelmäßig dann zurückstellen müssen, wenn durch seine Untätigkeit unmittelbar die Gefahr von weiteren erheblichen Körperverletzungen oder gar Todesfällen droht.[204] Seine persönliche Zwangslage kann die strafrechtliche Handlungspflicht in diesen Fällen nicht begrenzen, sondern nur im Rahmen der Strafzumessung Berücksichtigung finden. In diesem Sinne hat der BGH auch im „Monza-Steel" – Fall entschieden. Die Zwangssituation des zuständigen Abteilungsleiters, der vom Vorstand massiv unter Druck gesetzt worden war, den Reifen wegen finanzieller Engpässe des Unternehmens schnellstmöglich auf den Markt zu bringen, wurde lediglich bei der Strafzumessung mildernd berücksichtigt.[205] Mit einer Warnung der Öffentlichkeit durch einen Unternehmensverantwortlichen wird meist auch – als persönliche Maßnahme – ein Rücktritt oder die Niederlegung des Mandats im Kollegialorgan verbunden sein. Dies dokumentiert zwar die Ernsthaftigkeit der Bemühungen um einen Produktrückruf und Schadensvermeidung und kann daher im Rahmen der Strafzumessung zugunsten des Einzelnen berücksichtigt werden; unmittelbar strafbefreiende Wirkung hat ein solcher Schritt aber nur für die in der Zukunft liegenden strafrechtsrelevanten Vorgänge.[206] Der Gesichtspunkt der Zumutbarkeit verlangt aber wohl auch, dass einem Organ oder Verantwortlichem ein **zureichender Zeitraum** zwischen der **Erkenntnis der Gefahrenlage** bis zum letzten Schritt des **Gangs an die Öffentlichkeit** oder Niederlegung des Amtes zugebilligt werden muss, innerhalb dessen eine Strafbarkeit nicht begründet ist.

---

[199] *Goll/Winkelbauer* § 48 Rd. 30; *Eidam*, Unternehmen und Strafe, S. 261; *Eichinger*, Die strafrechtliche Produkthaftung im deutschen im Vergleich zum anglo-amerikanischen Recht, S. 207.
[200] *Eidam*, Unternehmen und Strafe, S. 262; *Kassebohm/Malorny* BB 1994 1361, 1364.
[201] Vgl. *Eidam*, Unternehmen und Strafe, S. 262.
[202] Vgl. §§ 49-51 a GmbHG.
[203] *Eidam*, Unternehmen und Strafe, S. 261; *Schmidt-Salzer* ES Einl. Rdnr. 82.
[204] *Eidam*, Unternehmen und Strafe, S. 262; *Goll/Winkelbauer* § 48 Rdnr. 30.
[205] „Monza-Steel" bei *Schmidt-Salzer* ES IV 4.4.
[206] *Eidam*, Unternehmen und Strafe, S. 262.

cc) Abwesenheit und Enthaltung von der Stimme. Schließlich unterliegt auch das Gremiumsmitglied, welches an der Abstimmung bzw. der entscheidenden Gremiumssitzung nicht teilgenommen oder sich enthalten hat, strafrechtlichen Risiken. Unmittelbar ist dies dann der Fall, wenn die Entscheidung gegen den Rückruf **nachträglich gebilligt** und mitgetragen wird.[207] Aber auch bei lediglich passivem, neutralem Verhalten ist das fehlende Mitglied zu einem nachträglichen Widerspruch gegen die getroffene Entscheidung verpflichtet. Dies gilt insbesondere dann, wenn die Entscheidung seinen Verantwortungsbereich betraf.[208] Des Weiteren bestehen für die nicht anwesenden Gremiumsmitglieder die bereits erörterten Handlungsverpflichtungen (Information des nächsthöheren Gremiums, Warnung der Öffentlichkeit, Niederlegung des Mandats) zur Abwehr möglicher Produktgefahren.[209] Dies allerdings nur unter der Prämisse, dass der Einzelne – ohne an der entscheidenden Sitzung teilgenommen zu haben – die möglichen Gefahren auch tatsächlich einschätzen kann. Ist dies nicht der Fall, so besteht keine Garanten- und Handlungspflicht.

Zusammenfassend lässt sich festhalten, dass das einzelne Gremiumsmitglied bei Kollegialentscheidungen zum Produktrückruf **umfangreichen strafrechtlichen Risiken** unterliegt. Bei rechtswidriger Entscheidung gegen einen Produktrückruf kann sich bereits aus dem Stimmverhalten eine Strafbarkeit ergeben oder – unabhängig von dem Stimmverhalten – aus der Verletzung der umfangreichen, über die Kollegialentscheidung hinausgehenden Handlungsverpflichtungen zur Gefahrenabwehr. Darüber hinaus stellt sich die strafrechtliche Verpflichtung des einzelnen Verantwortlichen, alles Mögliche und Zumutbare in Richtung eines Produktrückrufs bzw. zur Schadensabwendung zu leisten, aus der **unternehmerischen**, an wirtschaftlichen Grundsätzen orientierten „**ex ante**" – **Perspektive** ungleich diffuser dar, als aus der **nachträglichen Perspektive der Strafjustiz**. Keine Lösung bietet hier der teilweise vorgeschlagene Weg, **den Beschluss über den Produktrückruf** in geheimer Abstimmung per Mehrheitsentscheid zu treffen mit der Konsequenz, dass wegen der Geltung des „in dubio pro reo"- Satzes alle beteiligten Mitglieder wegen der Beschlussfassung nicht strafrechtlich zur Verantwortung gezogen werden können.[210] Denn angesichts der – abstimmungsunabhängigen – Handlungsverpflichtungen zur Abwendung einer Produktgefahr unterliegen alle Gremiumsmitglieder unabhängig vom Stimmverhalten und den Modalitäten der Abstimmung einem Strafbarkeitsrisiko.

2. Verschärfung strafrechtlicher Verantwortung durch das KonTraG

Spektakuläre Fälle von Aufsichts- und Kontrollversagen in deutschen Unternehmen – es sei nur an die schadensträchtigen Beispiele Metallgesellschaft, Balsam/Procedo und ARAG/Garmenbeck erinnert – lösten Mitte der neunziger Jahre eine intensive Debatte über Corporate Governance, also die Kunst der Unternehmensleitung und – überwachung, sowie die richtige Ausgestaltung der Organhaftung aus. Der Gesetzgeber hat sich dieser Diskussion nicht verschlossen und zum 1. Mai 1998 mit einem ganzen Bündel gesetzlicher Maßnahmen, zusammengefasst in dem „Gesetz zur Kontrolle und Transparenz im Unternehmensbereich", kurz KonTraG, reagiert.[211] Neben der Modernisierung des deutschen Aktienrechts war es primäres Ziel, die unternehmensinternen Kontrollmechanismen sowie die Überwachung von Vorstand und Aufsichtsrat zu verbessern, um Fehlentscheidungen rechtzeitig vorzubeugen.[212] Dabei hat sich der Gesetzgeber für eine Lösung entschieden, die wirtschaftliche Verantwortlichkeit und Dispositionsfreiheit der Unternehmensleitung prinzipiell unangetastet lässt, bei Vorliegen von existenziellen Gefahren für das Unternehmen aber deutliche Pflichten normiert.[213]

Besondere Bedeutung für den produktstrafrechtlichen Bereich erlangen diese Änderungen durch das KonTraG auf der Ebene des Vorstandes. Die in § 76 AktG geregelte Leitungsfunk-

---

[207] Vgl. BGHSt 37, 106, 132.
[208] Vgl. *Goll/Winkelbauer* § 48 Rdnr. 30; *Eichinger*, Die strafrechtliche Produkthaftung im deutschen im Vergleich zum anglo-amerikanischen Recht, S. 205; *Eidam*, Unternehmen und Strafe, S. 261, 262.
[209] Vgl. oben unter Rdnr. 98 ff.
[210] *Eichinger*, Die strafrechtliche Produkthaftung im deutschen im Vergleich zum anglo-amerikanischen Recht, S. 262; *Beulke/Bachmann* JuS 1992, 737, 742.
[211] BGBl. 1998 I, S. 786 ff.
[212] Vgl. *Zimmer* NJW 1998, 3521 ff., *Windolph* NStZ 1998, 522 ff.; *Eidam*, Unternehmen und Strafe, S. 148 ff.; *Henze* BB 1994, 209 ff.
[213] Vgl. *Windolph* NStZ 2000, 522.

tion des Vorstandes wurde in § 91 AktG herausgehoben und konkretisiert. Der Vorstand ist nunmehr verpflichtet, für ein **Risikomanagement** und eine angemessene interne Revision zu sorgen. Insbesondere wird in § 91 Abs. 2 AktG die **Verpflichtung zur Errichtung eines Überwachungssystems** normiert, um den Fortbestand der Gesellschaft gefährdende Entwicklungen frühzeitig zu erkennen.[214] Solche Entwicklungen sind risikobehaftete Geschäfte, Unrichtigkeiten in der Rechnungslegung sowie allgemeine Verstöße gegen gesetzliche Vorschriften, die sich auf die Ertragslage der Gesellschaft oder des Konzerns auswirken. Zu den letzteren gehören auch aus dem Unternehmen heraus begangene oder gegen das Unternehmen gerichtete Straftaten im Produktbereich. Der Vorstand ist gerade bei hohen, existenziell gefährdenden unternehmerischen Risiken gehalten, besondere Sorgfalt an den Tag zu legen. Führen diese Erwägungen mit der Sorgfalt eines ordentlichen und gewissenhaften Kaufmanns zu dem Ergebnis, dass erhebliche unternehmensgefährdende Risiken vorhersehbar sind, so sind im Zweifel solche Entscheidungen nicht zu treffen. Zur Sicherung diese Sorgfaltsmaßstabes ist es zwingende Leitungsaufgabe des Vorstandes, ein Risikomanagementsystem einzurichten, dass sich aus einem Überwachungssystem, einem Controlling und einem Frühwarnsystem zusammensetzt.[215]

119 Angesichts dieser hohen Organisationspflichten hat das KonTraG auch gleichzeitig eine Gegenprüfung implementiert. Damit etwaige Verstöße erkannt und publik werden, besteht gemäß § 317 HGB die Verpflichtung des Abschlussprüfers, bei der Prüfung einer Aktiengesellschaft zu beurteilen, ob der Vorstand seiner Verpflichtung aus § 91 Abs. 2 AktG nachgekommen ist. Darüber hinaus ist gemäß § 321 HGB vom Abschlussprüfer festzustellen, ob Unrichtigkeiten oder Verstöße gegen gesetzliche Vorschriften sowie Tatsachen festgestellt worden sind, die den Bestand des geprüften Unternehmens oder des Konzern gefährden oder seine Entwicklung wesentlich beeinträchtigen können.[216]

120 Für den produktstrafrechtlichen Bereich haben die Neuregelungen bzw. Klarstellungen weit reichende Folgen. Sie konkretisieren die strafrechtlichen Handlungspflichten, wenn es bei der strafrechtlichen Überprüfung von Produktschadensfällen um die Frage der Verletzung von Organisations- und Überwachungspflichten geht. Der Maßstab, den § 91 Abs. 2 AktG setzt, bildet auch einen strafrechtlichen Fixpunkt. Fehlen Maßnahmen gemäß dieser Vorschrift bzw. nach dem KonTraG gänzlich, was gerade im mittelständischen Bereich häufig anzutreffen ist, so hat die Unternehmensleitung zumindest gegen eine gesetzliche Handlungs- und Organisationspflicht verstoßen, so dass eine strafrechtliche Verantwortlichkeit in der Form des Unterlassens in Betracht kommt.[217]

121 Werden solche **Organisationspflichten** von der Unternehmensleitung vorsätzlich – bedingter Vorsatz ist hier ausreichend – **vernachlässigt** und ergeben sich daraus kausal Nachteile für das Unternehmen, z. B. umfangreiche Schadenersatzforderungen geschädigter Verbraucher, so kommt im Einzelfall auch eine Strafbarkeit der Leitungsverantwortlichen wegen **Untreue gemäß § 266 StGB** in Betracht.[218] Die Verletzung der Verpflichtung aus § 91 Abs. 2 AktG kann insofern eine Verletzung der treuhänderischen Sorge aus § 266 StGB darstellen.[219]

122 Neben diesen Gefahren eröffnen die Regelungen des KonTraG aber auch die Chance, ein hohes Maß an strafrechtlicher Sicherheit im Bereich der Produkthaftung zu erlangen. Unternehmen sollten bemüht sein, ihre Organisations- und Überwachungsstruktur entsprechend den Vorgaben des KonTraG zu gestalten, bietet dies doch die **Möglichkeit**, sich im produktstrafrechtlichen Ernstfall **exkulpieren** zu können.

---

[214] Vgl. den Wortlaut des § 91 Abs. 2 AktG: „Der Vorstand hat geeignete Maßnahmen zu treffen, insbesondere ein Überwachungssystem einzuführen, damit den Fortbestand der Gesellschaft gefährdende Entwicklungen früh erkannt werden."
[215] Vgl. *Eidam*, Unternehmen und Strafe, S. 149.
[216] Vgl. zur Abschlussprüfung: *Zimmer* NJW 1998, 3521, 3552 ff.
[217] *Eidam*, Unternehmen und Strafe, S. 148 f.
[218] *Windolph* NStZ 2000, 522, 524; *Eidam*, Unternehmen und Strafe, S. 149.
[219] *Windolph* NStZ 2000, 522, 524.

3. Sorgfaltsmaßstab bei Einhaltung öffentlich-rechtlicher Vorgaben und technischer Regelwerke

Die **Sorgfaltspflichten des Herstellers,** insbesondere die Produktbeobachtungspflicht und die Frage eines Produktrückrufs, sind inzwischen von einer **starken öffentlich-rechtlichen Komponente geprägt.** Welche Sicherheitsanforderungen ein Produkt erfüllen muss, welche strafrechtlichen Sorgfaltsanforderungen der Hersteller mithin zu erfüllen hat, wird mehr und mehr durch öffentlich-rechtliche Vorschriften und technische Normen bestimmt.[220] 123

Im Bereich der Produktschutzgesetze sind vor allem das Gesetz über die elektromagnetische Verträglichkeit von Geräten (EMVG), das Bauproduktegesetz (BauPG), das Medizinproduktegesetz (MPG) sowie das seit dem 1.5.2004 in Kraft getretene Geräte- und Produktsicherheitsgesetz (GPSG) als öffentlich-rechtliche Sondervorschriften für den Produkthaftungsbereich zu nennen.[221] Diese Gesetze sind nicht nur für die Durchsetzung von zivilrechtlichen Schadensersatzansprüchen bedeutsam, sondern definieren für den jeweiligen Produktbereich besondere Sorgfaltsanforderungen sowie Bußgeldregelungen und zum Teil spezielle Strafvorschriften. Darüber hinaus verweisen diese Regelungen zumeist auf den „anerkannten Stand der Technik"[222] sowie technische Normen und Standards; diese sind zur sinnvollen Anwendung der Norm erforderlich. 124

Bei diesen „**technischen Standards**" handelt es sich zumeist um die Regelwerke der Sachverständigenausschüsse privatrechtlicher Interessenverbände. Die wichtigsten Regelwerke auf dem Gebiet des Qualitätsmanagement sind: Die nationalen wie internationalen Regelwerke des Deutschen Instituts für Normung (DIN, DIN EN I. S.O 9000 ff.), auf elektrotechnischem Gebiet die vom Verband deutscher Elektrotechniker in den VDE-Vorschriften zusammengefassten Bestimmungen, das Regelwerk des Vereins von deutschen Gas- und Wasserfachmänner (DVGW) sowie die VDI-Richtlinien des Vereins deutscher Ingenieure.[223] Andere Regelwerke stammen von öffentlich-rechtlichen technischen Ausschüssen, die durch Rechtsverordnung eingesetzt worden sind. Die Unfallverhütungsvorschriften schließlich regeln unter anderem „die Einrichtungen, Anordnungen, und Maßnahmen, welche die Unternehmer zur Verhütung von Arbeitsunfällen zu treffen haben".[224] 125

Wenn auch nicht schlechterdings jeder (formale) Verstoß gegen solche öffentlich-rechtlichen Bestimmungen und technische Normen zu einer Sorgfaltspflichtverpflichtung bzw. zu einer Gefahrabwendungspflicht des Herstellers führt, so erlangen doch diese **Konkretisierungen der Sicherheitsanforderungen** eine immer größerer Bedeutung für die Frage, wann ein Produkt den berechtigten Sicherheitserwartungen nicht mehr entspricht. 126

So werden Verstöße gegen diese von Privaten formulierten Regelungen von der – zivilrechtlichen wie strafrechtlichen Praxis – gerne zur **Begründung einer Sorgfaltswidrigkeit** herangezogen.[225] Dabei stört man sich wenig an der den Richtlinien (VDE, DIN) fehlenden allgemeinen Gesetzeskraft, geben die Richtlinien doch die grundlegenden **Erfahrungssätze der maßgeblich betroffenen Verkehrskreise** aufgrund langjähriger Erfahrungswerte wieder. Hieraus lässt sich zunächst einmal ableiten, dass bei Unterschreitung der Sicherheitsstandards, die in überbetrieblichen Normen (DIN, VDE, DVGW usw.) oder öffentlich-rechtlichen Katalogen festgeschrieben sind, in der Regel eine Verkehrspflichtverletzung vorliegt.[226] Zeugnis hierfür gibt die „Flachmeißel-Entscheidung". Dort hatte der BGH es als Sorgfaltspflichtverletzung des Her- 127

---

[220] Vgl. zu diesem Komplex: *Eidam* PHI 2000, 33, 39; *Vogel* GA 1990 S. 241, 260; *Sack* BB 1985, 813, 816; *Eichinger,* Die strafrechtliche Produkthaftung im deutschen im Vergleich zum anglo-amerikanischen Recht, S. 226; *Schünemann,* FS Lackner, S. 367; *Möllers* DB 1996, 1455 ff.; *Dannecker* ZLR 1993, 251 ff.; *Lenckner,* FS Engisch, S. 490 ff.; Graf v. Westphalen/*Foerste* § 24 Rdnr. 35 ff.

[221] Vgl. hierzu umfassend Müller/Gugenberger/Bieneck/*Schmid* § 56 Rdnr. 11 ff; zum neuen Geräte- und Produktsicherheitsgesetz vgl.: *Eidam* NJW 2005, 1021.

[222] Vgl. zum Beispiel § 6 Abs. 1 ProdSG.

[223] Vgl. Graf v. Westphalen/*Foerste* § 24 Rdnr. 35 ff.; *Lenckner,* FS Engisch, S. 490.

[224] Vgl. § 708 Abs. 1, Satz 1 Nr. 1 RVO.

[225] Vgl. AG Berlin-Tiergarten Urt. v.5.6.1959 – 2 Ms 2/58, *Schmidt-Salzer,* ES IV.34 S. 357, 359 f. „Zwischenstecker".

[226] Vgl. Graf v. Westphalen/*Foerste* § 24 Rdnr. 39; *Eichinger,* Die strafrechtliche Produkthaftung im deutschen im Vergleich zum anglo-amerikanischen Recht, S. 226.

stellers gewertet, bruchgefährdete Flachmeißel zu fertigen, die den nach DIN vorgeschriebenen Härtegrad wesentlich unterschritten.[227]

128 Darüber hinaus kommt den Sicherheitsstandards – sind sie doch von interessengebundenen Institutionen verfasst – jedoch keine Allgemeingültigkeit ähnlich den abstrakten Gefährdungsgeboten des Gesetzgebers zu. Die Verletzung einer Sicherheitsnorm kann zwar – in einem ersten Schritt – in der Regel die **Sorgfaltswidrigkeit indizieren**, dies entbindet das Gericht jedoch nicht von der Verpflichtung einer **selbständigen gerichtlichen Überprüfung** des geschaffenen Risikos. Andererseits: Selbst wenn eine Verkehrsnorm eingehalten wurde, das Produkt beispielsweise der DIN entspricht, kann eine strafrechtlich relevante Sorgfaltspflicht verletzt sein.[228] Dieses **Regel-Ausnahme-Verhältnis** von Verletzung einer Sicherheitsvorschrift und zivil- oder strafrechtlich relevanter Sorgfaltspflichtverletzung hat der BGH im „Spraydosenfall"[229] bestätigt und dazu ausgeführt, dass technische Regeln die Sorgfaltspflichten des Herstellers zwar **konkretisieren**, sie aber im allgemeinen **kein abschließendes Verhaltensprogramm** gegenüber den Schutzgütern enthalten, sondern im **Einzelfall noch ergänzungsbedürftig** sein können. Im konkreten Fall konnte sich der Hersteller daher nicht darauf zurückziehen, er habe alle relevanten Sicherheitsvorschriften bezüglich der Explosionsgefahr einer Spraydose beachtet und entsprechende Warnhinweise erteilt. Seine (zivilrechtliche) Sorgfaltspflicht ging vielmehr auch dahin, vor allen Gefahren, die aus einer gerade noch bestimmungsgemäßen Verwendung des Sprays entstehen können, zu warnen. Eine solche alle Produktgefahren umfassende Instruktionspflicht ergab sich wegen ihrer sektoralen Ausgestaltung zwar nicht aus den einzelnen Sicherheitsverordnungen selbst, war jedoch nach Ansicht des BGH über die Verordnungen und Sicherheitsregeln hinaus indiziert.[230]

129 Gleiches gilt für den Bereich der Produktabnahme durch Behörden, technische Überwachungsvereine, oder Klassifizierungsgesellschaften.[231] Hersteller können die **behördliche Produktabnahme** keinesfalls mit einer staatlichen Zertifizierung dergestalt, dass alle Sorgfaltspflichten erfüllt seien, gleichsetzen. Die Hersteller verfügen zumeist über **größere Produkt- und Verwendungskenntnisse als die Behörden** und dürfen sich angesichts ihrer größeren Nähe zum Geschehen nicht blind auf eine behördliche Abnahme verlassen. Die Instruktions- und Herstellerpflichten gehen – nicht zuletzt wegen der speziellen Kenntnisse des Produzenten – vielmehr über die behördlichen Prüfvorschriften und das Zulassungs- und Genehmigungsverfahren hinaus. Der Hersteller kann sich mithin **nicht durch behördliche Genehmigung** von seiner originären Produktverantwortung **freizeichnen**.[232] Dementsprechend hat das LG Frankfurt im Holzschutzmittelfall auch ausgeführt, dass eine Pflicht des Herstellers zum Rückruf des Holzschutzmittels nicht allein deshalb entfiel, weil seitens des Bundesgesundheitsministeriums keine entsprechende Aufforderung bzw. Warnung ergangen war.[233] Der BGH konstatierte, dass die Pflicht zur Produktbeobachtung primär dem Hersteller obliegt. Angesichts seiner Nähe zum Marktgeschehen, dem größeren Produkt Know-how, dem Zugang zu eigenen Forschungseinrichtungen sowie der einschlägigen Praxiserfahrungen mit dem Produkt konnte sich der Herstellerkonzern hinsichtlich seiner Rückrufverpflichtung **nicht auf die Zurückhaltung der Behörden berufen**.[234] Die Verpflichtung zur Abwehr von Produktgefahren trifft daher letztlich die für Herstellung und Vertrieb Verantwortlichen unabhängig davon, was die zuständigen Behörden eventuell für geboten halten.

---

[227] BGH v. 17.1.1984 – VI ZR 35/83 – VersR 1984, 270 „Flachmeißel".
[228] *Eichinger*, Die strafrechtliche Produkthaftung im deutschen im Vergleich zum anglo-amerikanischen Recht, S. 226, *Roxin* Strafrecht AT § 24 A. III. 2.
[229] BGH v. 7.10.1986 – VI ZR 187/85 – NJW 1987, 372 ff.; Graf v. Westphalen/*Goll*/Winkelbauer § 48 Rdnr. 37, 41; Schönke/Schröder/*Lenckner* § 15 Rdnr. 223.
[230] Vgl. BGH v. 7.10.1986 – VI ZR 187/85 – NJW 1987, 372, 373.
[231] Vgl. hierzu umfassend *Große Vorholt* S. 181, 191 ff.; *Eichinger*, Die strafrechtliche Produkthaftung im deutschen im Vergleich zum anglo-amerikanischen Recht, S. 227; *Schmidt-Salzer* Produkthaftung Bd. 1 Strafrecht, Rdnr. 1335 f. m. w. N.
[232] *Eichinger*, Die strafrechtliche Produkthaftung im deutschen im Vergleich zum anglo-amerikanischen Recht, S. 227.
[233] Vgl. LG Frankfurt bei *Schmidt-Salzer* – ES IV.3.31(11, 12), vgl. auch BGHSt 37, 106, 122 im Ledersprayfall.
[234] Vgl. LG Frankfurt bei *Schmidt-Salzer* – ES IV.3.31(11, 12), vgl. auch BGHSt 37, 106, 122 im Ledersprayfall.

4. Parallele Verantwortungen

Nicht immer stellt sich Verantwortung als ein von oben nach unten gegliedertes System dar. Oft genug bereits in der Leitungsebene, zumeist jedoch in der Ausführungsebene liegt Verantwortung auf mehreren Schultern. Grundsätzlich ist in den Fällen paralleler Verantwortung jeder Einzelne nur für seinen eigenen Bereich zuständig. Aus der eigenen Verantwortung erwächst grundsätzlich keine Pflicht zur Überwachung der Mitverantwortlichen. Im umgekehrten Fall kann sich aber niemand darauf berufen, dass bei einer Verletzung eigener Verantwortungen und Pflicht er darauf vertrauen konnte, dass ein anderer seine Pflicht sorgsam erfüllen würde und damit die Gefährlichkeit des eigenen Fehlverhaltens kompensieren.[235] Der Vertrauensgrundsatz ist nur anwendbar, wenn man sich selbst pflichtgemäß verhalten hat.

130

5. Zumutbarkeit

Speziell im Bereich von Rückrufaktionen stellt sich in der betrieblichen Praxis die Frage nach deren zwingenden Notwendigkeit. Der **Imageschaden**, der mit der notwendigerweise totalen Öffentlichkeit solchen Vorgehens verbunden ist, kann immens bis für das Unternehmen final sein. Auch das immerhin grundgesetzlich über den eingerichteten und ausgeübten Gewerbebetrieb geschützte **wirtschaftliche Interesse** verdient grundsätzlich Beachtung. Die erforderliche Abwägung ist mittlerweile durch differenzierte Rechtsprechung ausgestaltet und spätestens seit den Entscheidungen zu Lederspray festgelegt.

131

a) **Intensität der Gefährdung.** Wenn die durch ein Produkt gefährdeten Rechtsgüter **Leben und Gesundheit** heißen, so ist eine Abwägung schon fast überflüssig, speziell dann, wenn die Gefahren für diese Rechtsgüter intensiv sein können. Die Schwere der drohenden Rechtsgutverletzung ist die wichtigste Messlatte. **Ernstliche Gefahren für Leib und Leben zwingen immer zu Gegenmaßnahmen.**[236] Auf eine einfache Formel gebracht: immer dann, wenn Todesfälle oder ernsthafte Gesundheitsbeeinträchtigungen als Folge eines Produktfehlers vorstellbar sind, ist Zögern vor der Information und dem Rückruf strafrechtlich gefahrgeneigt. Der Produzent, der in dieser Situation auf der sicheren Seite sein will, muss aktiv werden. Wie sich in der Ledersprayentscheidung zeigt, haben Gerichte keinerlei Probleme damit, wenn es um **wesentliche Rechtsgüter** geht, von einem Fahrlässigkeitsvorwurf in den Vorwurf vorsätzlichen Handelns zu wechseln. Die Entscheidung verlangt eindeutig, dass zu Lasten des Unternehmens gehandelt wird, auch wenn eine Schadensursächlichkeit des Produktes nicht wissenschaftlich erwiesen ist. Solche Verhaltensanforderungen sind auch gesetzlich geregelt. Das Arzneimittelgesetz (33 5, 95 Abs. 1 Nr. 1 A. M.G) stellt bereits das In-Verkehr-Bringen „bedenklicher Arzneimittel" unter Strafe. Unter dem Gesichtspunkt einer im eigenen Interesse geschaffenen Risikosphäre sind mithin an die Intensität der Gefährdung geringste Anforderungen zu stellen.

132

b) **Zeitpunkt von Handlungspflichten.** Jedes Produkt kann irgendwann für irgendjemand gefährlich sein. Beispiel: Nahezu alles, was einem Kleinkind unter drei Jahre in die Finger fällt, kann von diesem in den Mund genommen und bei passender Größe verschluckt werden. Damit geht theoretisch von allen Produkten mit verschluckbaren Teilen eine Gefahr für Kleinkinder aus. Warnhinweise finden sich aber üblicherweise nur auf Spielzeugen, Überraschungseiern oder sonstigen in den unmittelbaren (Greif-)Bereich eines Kindes gelangende Gegenstände. Gestellt ist mithin die Frage, ob auch bei **abstrakten Gefahren** eine Handlungspflicht des Produzenten entsteht. Abstrakt ist eine Gefahr nicht nur dann, wenn sie an sich unmöglich ist, sondern auch, wenn ihr Eintritt unter typischen Umständen nicht zu erwarten ist,[237] zu ihrer Realisierung also noch ein atypischer Handlungsablauf hinzutreten muss.[238] Wenn der Hersteller allerdings erkennt, dass von ihm nicht erwartete oder selbst erwartbare Außeneinflüsse seine Ware für den Endverbraucher zur Gefährdung werden lassen, schlägt die Gefährdung von abstrakt in konkret um mit der Folge unmittelbarer Handlungspflicht.

133

---

[235] BGH VRS (1969) Nr. 170, S. 355 „Gleisbauarbeitenfall".
[236] Allgemein zum Abwägungskriterium Gefahrgrad: Schönke/Schröder/*Lenckner* § 34 Rdnr 27 f.
[237] Das Produkthaftungsgesetz (§ 3 Abs. 1 b) bezeichnet in diesem Zusammenhang ein Produkt als fehlerhaft, wenn der Gebrauch, mit dem „billigerweise gerechnet werden kann", nicht berücksichtigt wird.
[238] Vgl. Graf v. Westphalen/*Goll*/*Winkelbauer* § 47 Rdnr. 22.

134 c) **Kollidierende Interessen.** Das allgemeine wirtschaftliche Interesse eines Unternehmens steht potentiell nicht nur im Gegensatz zu Informations- und Rückrufpflichten, sondern ganz allgemein zu produktbezogenen Handlungspflichten. Auch sehr persönliche Motive von Karriere und Image mögen Organe und Mitarbeiter einer Firma bestimmen, zögerlich zu handeln. Auch eigene wirtschaftliche Nachteile sind gegenüber der Produktgefahr grundsätzlich nicht in Ansatz zu bringen, sie beseitigen nicht die Zumutbarkeit von schadensminderndem Handeln. Dies gilt selbst dann, wenn potentielle Nachteile über den wirtschaftlichen Bereich hinausgehen. Denkbar ist ohne weiteres, dass durch eine Rückruf- oder eine Produktinformation bereits verwirktes strafrechtliches Handeln offen gelegt werden muss. Eine solche Situation berührt jedenfalls dann nicht den Grundsatz des nemo tenetur, wenn das selbstbelastend anzuzeigende Verhalten eben dasjenige ist, aus dem sich Handlungspflichten begründen.[239]

6. Eigenverantwortliche Selbstgefährdung des Produktbenutzers

135 Im Bereich der strafrechtlichen Produkthaftung sind vor allem Tötungs- und Körperverletzungsdelikte von großer praktischer Relevanz. Bei diesen Erfolgsdelikten darf **einem mitursächlichen Dritten – z. B. dem Hersteller, der die Ware in den Verkehr gebracht hat – ein tatbestandlicher Erfolg in der Regel dann nicht zugerechnet werden**, wenn er sich als **Resultat einer bewussten, eigenverantwortlichen Selbstgefährdung darstellt** und sich die Mitwirkung des Dritten in einer bloßen Veranlassung, Ermöglichung oder Förderung des Geschehens erschöpft.[240] Dies wird signifikant, wenn man bedenkt, dass ansonsten eine automatische strafrechtliche Verantwortung der Autohersteller für jährlich zigtausende Verkehrstote und -verletzte bestehen würde.

136 Hintergrund dieses Prinzips ist der Gedanke, dass **derjenige, der seine eigenen Rechtsgüter in frei verantwortlicher Weise selbst verletzt oder gefährdet**, grundsätzlich dafür die **alleinige Verantwortung** trägt, soweit sich aus dem Schutzzweck des Gesetzes nichts anderes ergibt.[241] Dabei steht die Reichweite des Selbstverantwortlichkeits-Grundsatzes immer unter der Prämisse der sorgfältigen Einzelfallprüfung; Schematisierungen und Verallgemeinerungen verbieten sich in diesem Zusammenhang. Besteht hinsichtlich dieses Ansatzes und des Ergebnisses, nämlich Begrenzung der Verantwortung Dritter in Fällen der eigenverantwortlicher Selbstgefährdung, noch Einigkeit, so wird die dogmatische Herleitung und Einordnung unterschiedlich vorgenommen. Während ein Großteil der Literatur eine tatbestandliche Begrenzung über das bereits dargelegte Institut der objektiven Zurechnung vornimmt,[242] hat sich die Rechtsprechung erst vereinzelt auf solche objektiven Zurechnungskriterien berufen, hält aber in Fällen der eigenantwortlichen Selbstgefährdung keinen rechtlichen Ursachenzusammenhang für gegeben und verneint damit im Ergebnis ebenfalls die Tatbestandsmäßigkeit.[243]

137 Losgelöst von diesen dogmatischen Erwägungen kommt dem **Selbstgefährdungsgedanken** im Bereich der strafrechtlichen Produkthaftung entscheidende Bedeutung zu, wenn es sich um **Fälle des bestimmungswidrigen Gebrauch** durch den Verbraucher handelt. Zwar trifft den Hersteller grundsätzlich die Verpflichtung, Sorge dafür zu tragen, dass seine Produkte auch bei **bestimmungswidrigem, aber vorhersehbarem Gebrauch keine Schäden** verursachen; dies allerdings nur insoweit, als dass der Produktmissbrauch nicht die Grenzen der **eigenverantwortlichen Selbstgefährdung** überschreitet.[244] Dies wird in Produkthaftungsfällen regelmäßig aber dann der Fall sein, wenn:

138 • **ein Produktbenutzer** die **Warnhinweise** des Herstellers ignoriert oder ein Produkt **in Kenntnis des Rückrufs** durch den Hersteller weiterhin nutzt. Kommt es in diesem Zusammen-

---

[239] In diesem Sinne allgemein: Schönke/Schröder/*Cramer* § 15 Rdnr 72 ff.
[240] Vgl. *Eichinger*, Die strafrechtliche Produkthaftung im deutschen im Vergleich zum anglo-amerikanischen Recht, S. 267.
[241] Vgl. *Eichinger*, Die strafrechtliche Produkthaftung im deutschen im Vergleich zum anglo-amerikanischen Recht, S. 267; Zur eigenverantwortlichen Selbstgefährdung s. a.: Hilgendorf, Strafrechtliche Produzentenhaftung in der „Risikogesellschaft", S. 128 ff.; *Frisch* NStZ 1992, S. 1 ff. und 62 ff.; *Kuhlen* GA S. 349 ff.
[242] Vgl. Schönke/Schröder/*Lenckner* vor §§ 13 ff. Rdnr. 91 ff. mit umfangreichen weiteren Nachweisen; Graf v. Westphalen/*Goll*/*Winkelbauer* § 47 Rdnr. 60 ff.; Vgl. auch oben unter Rdnr. 77 ff.
[243] Vgl. stellvertretend für die neuere Rechtsprechung: BGHSt 32, 262; 37, 182.
[244] *Eichinger*, Die strafrechtliche Produkthaftung im deutschen im Vergleich zum anglo-amerikanischen Recht, S. 230.

hang zu Schädigungen des Verbrauchers, so besteht keine strafrechtliche Verantwortung des Herstellers. Dieser ist seinen Sorgfaltsverpflichtungen hinsichtlich Rückruf und Produktwarnung ordnungsgemäß nachgekommen. Zwar bleibt sein Verhalten letztlich kausal – im Sinne der condicio sine qua non – für den Eintritt des tatbestandlichen Erfolges, dieser ist ihm aufgrund des eigenverantwortlichen Verhaltens des Verbrauchers aber nicht zuzurechnen. Hier gilt, dass derjenige, der sich in Kenntnis eines Risikos eigenverantwortlich in Gefahr begibt, auch die daraus resultierenden Schäden hinzunehmen hat.[245]

- Gleiches gilt in den Fällen, in denen ein Produkt, für das eine Warnung ausgesprochen wurde bzw. ein Rückruf erfolgt ist, **Schäden nicht beim Produktbenutzer, der diese Umstände kennt, sondern bei ahnungslosen Dritten verursacht**.[246] Wandelt man den Bienenstichfall zum Beispiel dahin gehend ab, dass das Klinikpersonal über die Gefährlichkeit des Kuchens informiert war und eine Rückrufaktion von Seiten des Herstellers eingeleitet worden war, dass Personal aber in Kenntnis dieser Umstände den Kuchen trotzdem an die Patienten ausgegeben hat, so würde die strafrechtliche Verantwortung für die hiermit verbundenen Schädigungen der Patienten alleine beim Klinikpersonal und nicht beim Hersteller liegen. Die eingetretenen Körperverletzungen stellen insofern **keine Realisierung des ursprünglichen, pflichtwidrigen Herstellerverhaltens** dar, sondern bilden aus Herstellersicht das Resultat eines von ihm nicht mehr beeinflussbaren Geschehens. Die strafrechtliche Produktgefahr ist in dieser Konstellation ausschließlich im Verantwortungsbereich des Produktbenutzers angesiedelt.

- Bei Produktmissbrauch und Produktfehlgebrauch durch den Benutzer ist eine strafrechtliche Verantwortung des Herstellers zudem dann ausgeschlossen, wenn sich die Verwendung als ein **nicht mehr mit dem Produktzweck in Zusammenhang stehender Missbrauch** des Produkts darstellt. Dieser vom BGH im sog. „Sniffing-Urteil"[247] für den Bereich des Zivilrechts aufgestellte Grundsatz entfaltet auch im Strafrecht Bedeutung. Trotz der umfassenden Instruktions-, Warn- und Hinweispflichten des Herstellers gegenüber dem Produktnutzer, die diesen letztlich auch dazu befähigen sollen, das Risiko einer Selbstgefährdung einzuschätzen, besteht keine Hinweis- und Warnpflicht hinsichtlich solcher, dem Produktzweck widersprechenden Verwendungsgefahren. Die Selbstverantwortung des mündigen Verbrauchers **limitiert** insoweit die **Aufklärungspflichten des Herstellers**.[248] Dies gilt dann nicht, wenn sich für den Hersteller die Möglichkeit und Gefährlichkeit eines solchen zweckfremden Produktmissbrauchs bereits manifestiert hatte (Schadensmeldungen, Presse etc.) und keinerlei Warnungen seinerseits erfolgt sind.[249] Hier überwiegt die Sorgfaltsverpflichtung des Herstellers aufgrund seines Wissensvorsprungs um die Produktgefahren die Selbstverantwortung der Verbraucher. Sind die **Gefahren**, die sich aus dem Missbrauch eines Produkts ergeben, jedoch allseits bekannt, so greift der Grundsatz der Selbstverantwortung des Verbrauchers wieder, mit der Folge, dass eine **Erfolgszurechnung gegenüber dem Hersteller nicht in Betracht kommt**. Dementsprechend verneinte das OLG Hamm in einem zivilgerichtlichen Verfahren die Instruktionspflicht einer Brauerei, auf Bierflaschen vor den Gefahren übermäßigen Alkoholgenusses zu warnen.[250] Als Begründung verwies das Gericht auf die **allgemein bekannten**

---

[245] Graf v. Westphalen/*Goll*/*Winkelbauer* § 47 Rdnr. 61; *Eichinger*, Die strafrechtliche Produkthaftung im deutschen im Vergleich zum anglo-amerikanischen Recht, S. 268.
[246] BGH v. 4.5.1988 – 2 StR 89/88 – NStE Nr. 5 zu § 223 StGB.
[247] Ein Jugendlicher hatte ein – nur gewerblich erhältliches – Lösungsmittel „gesnifft", um sich zu berauschen und war daraufhin gestorben. Die Schadensersatzklage der Eltern wurde abgewiesen. Der BGH verneinte eine Pflicht des Herstellerunternehmens vor den Gefahren des vorsätzlichen Inhalierens des Mittels zu warnen, da es sich hierbei um einen nicht vorhersehbaren, vollkommen zweckfremden Missbrauch des Produkts handelte. Der BGH hat in demselben Urteil angedeutet, dass eine Pflicht des Herstellers, vor den Gefahren des Inhalierens eines Lösungsmittels zu warnen, bei einem frei verkäuflichen Lösungsmittel, welches sich bereits zuvor als besonders geeignet für den Missbrauch durch „sniffing" erwiesen hat, zu bejahen gewesen wäre. Vgl. BGH NJW 1981, 2514 ff.
[248] Für den Bereich des Strafrechts kann dies allerdings nur insoweit Geltung erlangen, als eine Selbstverantwortlichkeit tatsächlich gegeben ist, d. h. etwas anderes muss z. B. bei Kindern und Suchtabhängigen gelten, vgl. Graf v. Westphalen/*Goll*/*Winkelbauer* § 47 Rdnr. 63.
[249] *Eichinger*, Die strafrechtliche Produkthaftung im deutschen im Vergleich zum anglo-amerikanischen Recht, S. 268; Graf v. Westphalen/*Goll*/*Winkelbauer* § 47 Rdnr. 63.
[250] OLG Hamm NJW 2001, 1654 f.

Risiken übermäßigen Alkoholkonsums und die Selbstverantwortung des Einzelnen für die eigene Lebensführung.[251]

141 • Abzugrenzen von diesen Fällen des Produktmissbrauchs sind solche, bei denen das **Produkt so gravierend fehlerhaft** ist, dass sich die **Gefahr bei bestimmungsgemäßer wie missbräuchlicher Nutzung realisiert**. So war es im Zwischenstecker-Fall[252] wegen schadhafter, nicht mit Schutzkontakten versehener Zwischenstecker, zu tödlichen Stromschlägen gekommen. Diese traten sowohl bei vorgesehener Nutzung – Anschluss einer Waschmaschine – als auch bei im Bereich des Produktmissbrauchs anzusiedelnden Situationen – Anschluss zweier Tauchsieder an den Stecker, um das Badewasser zu erwärmen – auf. Hier realisierte sich in beiden Fällen das vom Hersteller mit dem In-Verkehr-Bringen der mangelhaften Stecker gesetzte Risiko. Nicht die gefährliche Verwendung durch den Verbraucher war letztlich die relevante Erfolgsursache, sondern das Risiko tödlicher Stromschläge wegen des fehlenden Schutzkontaktes.[253] Dementsprechend gelangte der BGH in beiden Fällen zu einer Verurteilung von Verantwortlichen des Herstellerunternehmens.[254]

142   Im Ergebnis wird deutlich, dass im Bereich der eigenverantwortlichen Selbstgefährdung zwar allgemein gültige Grundsätze vorhanden sind, diese aber nur einen Orientierungsrahmen geben können. Wie die Verantwortungsbereiche zwischen Hersteller und Verbraucher im Bereich der strafrechtlichen Produkthaftung konkret abzustecken sind, ist immer **Frage des Einzelfalls**. Auf der einen Seite ist gesichert, dass eine „idiotensichere" Konstruktion nicht gefordert werden kann,[255] andererseits kann sich ein Produzent nicht darauf verlassen, dass nur in vernünftiger Weise mit seinem Erzeugnis umgegangen wird. Das Spannungsfeld zwischen der Aufklärungsverpflichtung des Herstellers und der Selbstverantwortung des Verbrauchers unterliegt letztlich der einzelfallabhängigen Abwägung und Bewertung durch das Tatgericht.[256]

IV. Strafrechtliche Verantwortlichkeit im Unternehmen („Top-down"- Betrachtung)

143   Eine weitere zentrale Fragestellung im Bereich strafrechtlicher Produkthaftung betrifft die Verantwortungsverteilung im Unternehmen. Weil juristische Personen im deutschen Recht[257] nicht straffähig sind, ist strafrechtliche Verantwortlichkeit immer in Verhaltensweisen natürlicher Personen anzusiedeln. Während bis zur „Lederspray-Entscheidung" des Bundesgerichtshofs vorrangig ein „Bottom-up"- Prinzip verfolgt wurde, wonach strafrechtliche Verfolgung vor allem die unmittelbar handelnden Personen betraf, wird seitdem verstärkt eine **„Top-down"- Betrachtung** im Sinne einer Verantwortlichmachung vor allem von Entscheidungsträgern an Stelle unmittelbar Handelnder praktiziert.[258] Im Lederspray-Strafurteil vom 6.7.1990 hat der BGH – erstmalig – mit dem Prinzip der Generalverantwortung und Allzuständigkeit der Geschäftsleitung für die Ordnungsmäßigkeit des betrieblichen Geschehens eine strafrechtlich originäre Verantwortung der Geschäftsleitung für die innerbetrieblichen Vorgänge anerkannt. Gegenüber dem vorherigen Stand der strafrechtlichen Behandlung arbeitsteiliger Tätigkeiten wird die „Lederspray-Doktrin" als geradezu revolutionärer Konstruktionswechsel bezeichnet.[259] Infolgedessen setzt strafrechtliche Ermittlungsaktivität in erster Linie bei der Geschäftsleitung oder dem mittleren Management an, wobei häufig alleine die **„Organstellung" als Kriterium für den strafrechtlichen Schuldvorwurf** herangezogen

---

[251] OLG Hamm NJW 2001, 1654, 1655.
[252] BGH v. 17.2.1959 – 1 StR 618/58, *Schmidt-Salzer* ES IV.4.
[253] Vgl. Graf v. Westphalen/*Goll/Winkelbauer* § 47 Rdnr. 63, 64.
[254] BGH v. 17.2.1959 – 1 StR 618/58, *Schmidt-Salzer* ES IV.4.
[255] *Schmidt-Salzer*, Produkthaftung Bd. I Strafrecht, Rdnr 1378.
[256] Vgl. *Eichinger*, Die strafrechtliche Produkthaftung im deutschen im Vergleich zum anglo-amerikanischen Recht, S. 268; Instruktiv hierzu auch das „Sniffing-Urteil": BGH NJW 1981, 2514 ff.
[257] Zu Reformbestrebungen in dieser Hinsicht vgl. *Wegener* ZRP 1999, 186 ff.; *Krekeler*, FS Hanack, S. 639 ff.
[258] *Große Vorholt*, Management und Wirtschaftsstrafrecht, S. 12; *Bode*, FS BGH, S. 515, 527; *Kassebohm/Malorny* BB 1994, 1361, 1363.
[259] *Schmidt-Salzer* NJW 1994, 1309, 1310.

wird.²⁶⁰ In die Pflichten dieser Organstellung kann jeder auch ohne gesellschaftsrechtlichen Akt gelangen, wenn er faktisch ein Unternehmen leitet.

1. Vertretungsberechtigte Organe (Unternehmensführung; Top-Management)
a) Die Generalverantwortung der Geschäftsleitung. Betriebs- bzw. Unternehmensinhaber sowie die vertretungsberechtigten Organe²⁶¹ juristischer Personen und darüber hinaus jede Führungskraft, die beauftragt ist, einen Betrieb ganz oder zum Teil zu leiten, sehen sich einer **Generalverantwortung** und **Allzuständigkeit** ausgesetzt.²⁶² Aufgrund ihrer **tatsächlichen Leitungsfunktion** kommt ihnen eine Garantenstellung und damit eine Erfolgsabwendungspflicht zu, was zur Folge hat, dass sie das Personal und die Organisation der Arbeitsabläufe ständig regel- und planmäßig überwachen müssen; sie sind mithin persönlich für eine Organisation verantwortlich, die das Entstehen von Produktrisiken als Folge von Produktfehlern minimiert.²⁶³ Soweit sie im Unternehmen weisungsbefugt sind, üben sie die „Herrschaft" über eine tatsächliche Gefahrenquelle aus.²⁶⁴ Eine solche Gefahrenquelle stellt auch die Produktion fehlerhafter Waren dar. Strafrechtlich resultiert daraus die Pflicht des Garanten, also vor allem der Führungskraft, Gefahrenquellen zu beseitigen. Darüber hinaus müssen Betriebsinhaber und Führungskräfte Aufsichtspflichtverletzungen²⁶⁵ verantworten (§ 130 OWiG).²⁶⁶

b) Primäre Verantwortlichkeit der Organe im Rahmen ihrer Ressortzuständigkeit. Die Pflichtenstellung der vertretungsberechtigten Organe kann – zumindest bedingt – auf die von ihnen betreuten Geschäfts- und Verantwortungsbereiche beschränkt werden²⁶⁷ sowie in bestimmten Umfang delegiert.²⁶⁸ Unternehmen, die in einer technischen Branche tätig sind, unterscheiden regelmäßig zwischen dem technisch-produzierenden und dem kaufmännisch-verwaltenden Bereich; bei größeren Unternehmen erfolgen zumeist vielfache Ressortaufteilungen, wie etwa Vorstandsvorsitz, Finanzen, Rechnungswesen und Controlling, Forschung und Entwicklung, Fabrikation und Vertrieb. Gegen eine solche Aufgabenteilung ist im normalen Geschäftsbetrieb rechtlich nichts einzuwenden.²⁶⁹ Eine solche Kompetenzverteilung verpflichtet die Amtsinhaber zur gegenseitigen Information, die dazu dient, ressortübergreifende, das Unternehmen allgemein angehende Probleme zu besprechen und zu lösen. Diese Informationsverpflichtung ist Ausfluss der Grundidee der Generalverantwortung aller Mitglieder eines Geschäftsleitungskollegiums. Die zumindest immer latent vorhandene Gesamtverantwortlichkeit des Einzelnen gesetzlichen Vertreters führt dazu, dass jeder die ressortbezogene Tätigkeit der anderen Organmitglieder beobachtend kontrollieren muss.²⁷⁰ Eine Kontrolle **aller** Handlungen der geschäftsführenden Kollegen ist dagegen nicht erforderlich. „Die primäre – strafrechtliche – Verantwortung des jeweiligen Ressortchefs für seinen Bereich wird durch den Grundsatz „Generalverantwortung und Allzuständigkeit der Geschäftsleitung für die ordnungsgemäße Organisation der betrieblichen Abläufe", der sich aus dem dem deutschen Gesellschaftsrecht immanenten **Prinzip der originären Gesamtverantwortung** aller Mitglieder eines Geschäftslei-

---

²⁶⁰ Graf v. Westphalen/*Goll/Winkelbauer* § 48 Rdnr. 2; *Kassebohm/Malorny* BB 1994, 1361.
²⁶¹ Im Bienenstichfall BGH v. 4.5.1988 – 2 StR 89/88 – NStE Nr. 5 zu § 223 StGB hat der BGH die Garantenstellung allein auf die gesellschaftsrechtliche Stellung der Geschäftsführer abgestellt.
²⁶² Dies setzt voraus: BGH NJW 1995, 2933 „Glykolskandal"; gleiches gilt für Insolvenzverwalter, die mit der Übernahme ihres Amtes kraft Gesetz in die Pflichtenstellungen des Schuldners wachsen.
²⁶³ *Eidam*, Unternehmen und Strafe, S. 247; *Große Vorholt*, Management und Wirtschaftsstrafrecht, S. 12; *Eichinger*, Die strafrechtliche Produkthaftung, S. 123; Graf v. Westphalen/*Goll/Winkelbauer* § 48 Rdnr. 4; *Deutscher/Körner* wistra 1996, 327, 329; *Schmidt-Salzer* Produkthaftung Rdnr. 1.146, 1.151 m. w. N.
²⁶⁴ *Eidam*, Unternehmen und Strafe, S. 247; siehe oben Rdnr. 37.
²⁶⁵ Bei denen die Anforderungen an die Fahrlässigkeitsfeststellung nicht schematisch, sondern nach dem Einzelfall zu beurteilen sind, so BGHSt 27, S. 196 (Preisempfehlung).
²⁶⁶ *Eidam*, Unternehmen und Strafe, S. 248; *Kassebohm/Malorny* BB 1994, 1361, 1365.
²⁶⁷ BGHSt 37, 106, 123; *Schmidt-Salzer* NJW 1988, 1937 ff.; *Schünemann*, Unternehmenskriminalität und Strafrecht, S. 107 f.; *Goll/Winkelbauer* § 46 Rdnr. 5 ff.
²⁶⁸ Vgl. OLG Düsseldorf wistra 1999, S. 115.
²⁶⁹ BGHSt 8, S. 139, BayObLG v. 11.5.1993 – 3 Ob OWi 16/93 – wistra 1993, 236, 238.
²⁷⁰ *Eidam*, Unternehmen und Strafe, S. 249. Zum Grundsatz der Arbeitsteiligkeit vgl.: BGHSt 37, 106, 126; *Deutscher/Körner* wistra 1996, 327, 328; *Dahnz*, Manager und ihr Berufsrisiko, S. 184; *Goll/Winkelbauer* § 48 Rdnr. 24; kritisch *Schlüchter*, FS Salger, S. 139, 163.

tungskollegiums herleitet, aber nicht aufgehoben".²⁷¹ Anders ausgedrückt: Es kann sich kein Mitglied der Geschäftsführung vollständig von der Generalverantwortung und Allzuständigkeit der Unternehmensleitung befreien; ihm verbleiben wegen seiner umfassenden Verantwortung trotz einer Ressortaufteilung gewisse Informations- und Kontrollpflichten gegenüber den anderen Ressorts; durch die Ressortverteilung wird also die Verantwortung der anderen nicht aufgehoben, sondern nur inhaltlich verändert.²⁷² Im Lederspray-Verfahren hat der BGH noch offen gelassen, ob der gesellschaftsrechtliche Grundsatz der Gesamtverantwortlichkeit auch über den Umfang der strafrechtlichen Pflichtenstellung entscheide.²⁷³

146   c) **Ausnahme zur Ressortverantwortlichkeit: in Krisen und Sondersituationen.** Der Grundsatz der Generalverantwortung und Allzuständigkeit der Geschäftsleitung greift jedoch uneingeschränkt in den Fällen, in denen – wie etwa in Krisen- oder Ausnahmesituationen – aus besonderem Anlass das Unternehmen als Ganzes betroffen ist; dann ist die **Geschäftsführung insgesamt zum Handeln berufen.**²⁷⁴ Die Annahme einer gesteigerten Verantwortlichkeit in solchen Fällen erscheint auch berechtigt. Denn jedes Organmitglied wird zu prüfen haben, wie sich bestimmte Vorgaben aus anderen Bereichen der Unternehmung im eigenen Verantwortungsbereich auswirken.²⁷⁵ Eine die strafrechtliche Verantwortung erweiternde Krisen- und Ausnahmesituation bejahte der BGH in der Lederspray-Entscheidung, als bei einer Häufung von Verbraucherbeschwerden über Schadensfälle durch Benutzung eines vom Unternehmen massenweise hergestellten und vertriebenen Serienprodukts zu entscheiden war, welche Maßnahmen zu ergreifen waren und ob insbesondere ein Vertriebsstopp bzw. eine Warn- oder Rückrufaktion stattfinden musste.²⁷⁶ Die Bewältigung dieses „ressortübergreifenden" Problems ging – so die Ausführungen des BGH – alle vier Geschäftsbereiche der Muttergesellschaft und auch die Vertriebsgesellschaften an,²⁷⁷ wobei sich die strafrechtliche Verantwortlichkeit der Geschäftsführer der beiden Tochtergesellschaften jeweils auf die von diesen vertriebenen Produkte beschränkte.²⁷⁸ Für die betriebliche Praxis zu beachten ist in diesem Zusammenhang die Ausdehnung der strafrechtlichen Verantwortlichkeit einerseits auf sämtliche Ressorts der Geschäftsführungsebene der Hersteller-GmbH und andererseits auf die unterschiedlichen GmbHs innerhalb des Konzerns (sowohl der Mutter-Hersteller-GmbH als auch der Vertriebstochtergesellschaften):

147   *aa) Aufhebung der Verantwortungsbegrenzung auf die einzelnen Ressorts (unternehmensinterne Verantwortungserweiterung).* Die Pflicht zum Rückruf oblag nach Ansicht des BGH, bedingt durch die Krisensituation, **allen Geschäftsführern** der Muttergesellschaft: dem Geschäftsführer des Ressorts I (Chemie), dem sich die Frage stellte, ob die chemische Zusammensetzung des Produkts geändert werden sollte, dem Geschäftsführer des Ressorts II (Technik, Einkauf, Lager- und Speditionswesen), der prüfen musste, ob der Einkauf bestimmter, zur Herstellung verwendeter Stoffe fortgesetzt werden könnte. Der geschäftsführende Leiter des Geschäftsbereichs III (Verwaltung) hatte sich über Art und Weise der Behandlung weiterer Verbraucherbeschwerden schlüssig zu werden und im Ressort IV (Absatzwesen) wäre vom Geschäftsführer zu klären gewesen, wie es mit dem Absatz der Ledersprays (über die davon ebenfalls betroffenen Vertriebsgesellschaften) in Zukunft zu halten sei.²⁷⁹

148   *bb) Verantwortungsverteilung im Konzern.* Bezogen auf die Verantwortungsverteilung im Konzern stellte sich die Lage im Lederspray-Fall folgendermaßen dar: Die vier an der Entschei-

---

²⁷¹ *Eidam*, Unternehmen und Strafe, S. 249.
²⁷² *Deutscher/Körner* wistra 1996, 327, 329; *Kassebohm/Malorny* BB 1994, 1361, 1364; Schönke/Schröder/Cramer § 15 Rdnr. 223; *Kuhlen*, Fragen einer strafrechtlichen Produktverantwortung, S. 130 ff.; *Schmidt-Salzer* NJW 1990, 2966, 2970.
²⁷³ BGHSt 37, 106, 123.
²⁷⁴ BGHSt 37, 106, 124; Graf v. Westphalen/*Goll/Winkelbauer* § 46 Rdnr. 14.
²⁷⁵ In BGH v. 19.7.1995 – 2 StR 758/94 – NJW 1995, 2933 wurde die strafrechtliche Gesamtverantwortlichkeit von Mitgliedern der Leitungsebene bei Kenntnis der Mangelhaftigkeit eines vertriebenen Produktes aus dem Gesichtspunkt der Mittäterschaft abgeleitet.
²⁷⁶ BGHSt 37, 106, 124.
²⁷⁷ BGHSt 37, 106, 124.
²⁷⁸ BGHSt 37, 106, 123.
²⁷⁹ BGHSt 37, 106, 124.

dung über einen Rückruf Beteiligten waren den Urteilsgründen zufolge nicht nur in der Muttergesellschaft, sondern sämtlich zugleich auch in den beiden Vertriebsunternehmen Geschäftsführer.[280] Die beiden Tochterfirmen wurden also wie „eigene Betriebsabteilungen" der Muttergesellschaft geleitet. Ist dies der Fall, ergeben sich daraus **für das herrschende Unternehmen** und seine Organmitglieder auch **entsprechende rechtliche Pflichten**. Wer die Leitung übernommen hat, muss ordnungsgemäß organisieren und überwachen und darf sich nicht an rechtswidrigen Handlungen beteiligen. So kommt es auch nicht darauf an, ob der konkrete Vorgang durch eine Einzelweisung beeinflusst wurde. Es ist sogar unerheblich, ob die Organmitglieder des herrschenden Unternehmens von dem speziellen Vorgang Kenntnis hatten. Für die Frage der Haftung ist allein entscheidend, ob die einschlägigen Pflichten erfüllt wurden.[281] Allein aus dem Umstand der Leitung der Tochterfirmen wie „eigene Betriebsabteilungen" ergab sich die Verantwortung des Mutterunternehmens für das rechtmäßige Verhalten der Vertriebsgesellschaften. Die Dominanz der Muttergesellschaft wurde so zum Anknüpfungspunkt für die strafrechtliche Haftung der Konzern-Geschäftsführer.[282]

Trotz dieser dominanten Stellung des Mutterhauses hat der BGH auch die beiden Geschäftsführer der Tochterfirmen in vollem Umfang strafrechtlich zur Verantwortung gezogen. Zur Begründung führt der 2. Senat aus, ihre Pflichtenstellung sei nicht dadurch beseitigt worden, dass sie dem Geschäftsführer der Muttergesellschaft (Geschäftsbereich Absatzwesen) untergeordnet waren.[283] Denn auch eine unternehmensinterne Organisationsstruktur, die auf der Ebene der Geschäftsleitung gesellschaftsübergreifende Vorgesetzten- Untergebenenverhältnisse schaffe, ändere grundsätzlich nichts an der mit der Geschäftsführerrolle verbundenen Verantwortung.[284] Unbeachtlich sei daher auch, dass der geschäftsführende Gesellschafter innerhalb des Kreises der Geschäftsführer eine dominierende Stellung einnahm, so dass Entscheidungen gegen sein Votum praktisch ausgeschlossen waren. Umstände dieser Art schränken die rechtliche Verantwortlichkeit des einzelnen Geschäftsführers nicht ein.[285] Diese differenzierte Beurteilung und Gewichtung des Handelns von Führungskräften, die Abteilungsleiter und Geschäftsführer einer Tochtergesellschaft zugleich sind, folgt aus dem Gesellschaftsrecht. Die Wertung entspricht aber nicht der üblichen praktischen Handhabung in den Konzernen. Dort werden die gesetzlichen Vertreter der Tochtergesellschaften faktisch zumeist mit den Abteilungsleitern der Obergesellschaft gleichgestellt.[286]

Die Tatsache, dass der BGH die beiden Geschäftsführer der Tochtervertriebsgesellschaften in gleicher Weise für strafrechtlich verantwortlich erklärt hat wie die Geschäftsführer des Mutterhauses, wird unter Hinweis darauf kritisiert, dass er sich damit einseitig an gesellschaftsrechtlichen, also zivilrechtlichen, Kriterien orientiert und dabei die strafrechtlich relevanten Besonderheiten des Falles übersieht.[287] Der Senat setze hinsichtlich der Verantwortlichkeit der Beteiligten – entgegen der traditionellen Strafrechtsdogmatik – nicht beim Tatnächsten bzw. beim Primärverstoß, sondern später an. Er lasse sich methodisch nicht vom Schaden, sondern von der Verteilung der Pflichten und Zuständigkeiten im Unternehmen leiten und verändere dadurch die herkömmliche Strafrechtsdogmatik wesentlich.[288] Es mag dahinstehen, ob dieser Methodenwechsel der modernen Tatherrschaftslehre und deren Wertungsansatz entgegenkommt, da auch diese danach fragt, wer die Fäden zieht, wer faktisch über die Steuerungsmacht verfügt und der es nicht primär auf den unmittelbar Handelnden ankommt.[289] Die Konzentration auf Zuständigkeiten ist auf jeden Fall dort problematisch, wo sich Zuständigkeiten aus einem anderen Rechtsgebiet, etwa dem Gesellschaftsrecht, ergeben. Entsprechend seinen völlig anderen Aufgaben verteilt das Gesellschaftsrecht Handlungs- und Unterlassungspflichten nach

---

[280] BGHSt 37, 106, 130.
[281] *Eidam*, Straftäter Unternehmen, S. 19; *Schneider*, FS 100 Jahre GmbHG, 494, 496; *Kassebohm/Malorny* BB 1994, 1361, 1362.
[282] *Eidam*, Straftäter Unternehmen, S. 19.
[283] BGHSt 37, 106, 125.
[284] BGHSt 37, 106, 125.
[285] BGHSt 37, 106, 125 unter Verweis auf BGH v. 4.5.1988 – 2 StR 89/88 – NStE Nr. 5 zu § 223 Bienenstich.
[286] *Eidam*, Straftäter Unternehmen, S. 20; *ders.*, Unternehmen und Strafe, S. 252.
[287] *Eidam*, Straftäter Unternehmen, S. 20
[288] *Hassemer* Produktverantwortung S. 64.
[289] So die Auffassung von *Eidam*, Straftäter Unternehmen, S. 20

Zielen, die mit denen des modernen Strafrechts nicht in Deckung zu bringen sind. Im Gesellschaftsrecht seien abstrakte, tatunabhängige Zuständigkeiten sinnvoll. Der Tatrichter hingegen müsse mit tatbezogenen, auf die Einzelheiten der Handlungssituation achtenden Kriterien operieren.[290] Diesem Anliegen habe der BGH in seinem Bestreben, eine geeignete Entscheidung im Ledersprayfall zu finden, nicht entsprochen.[291]

151 **d) Mittelbare Täterschaft durch Herrschaft über betriebliche Organisationsstrukturen.** Bereits in der Lederspray-Entscheidung hat der BGH festgeschrieben, dass Schadensfolgen, die aus Produktion und Vertrieb von Erzeugnissen des Unternehmens entstehen, als eigenes täterschaftliches Handeln der Geschäftsleitung nach dem Grundsatz der Generalverantwortlichkeit und Allzuständigkeit strafrechtlich zuzurechnen sind. Diese Anerkennung einer strafrechtlich originären Verantwortung der Geschäftsleitung für innerbetriebliche Vorgänge durch die Rechtsprechung fand ihre Fortsetzung in einer Entscheidung, in der dies eigentlich nicht zu erwarten war – der sog. „Mauerschützen"-Entscheidung.[292]

152 *aa) Die „Mauerschützen"-Entscheidung.* Dort hatte der BGH die Frage der **strafrechtlichen Verantwortlichkeit von Entscheidungsträgern** zu beurteilen. Die Täter, die Mitglieder des Nationalen Sicherheitsrates der DDR, hatten von den einzelnen Straftaten an der Grenze keine genaue Detailkenntnis. Sie hatten aber durch die Beschlüsse des nationalen Verteidigungsrates die entsprechenden Befehle erlassen und dadurch die Voraussetzungen für die von den einzelnen Grenztruppen der DDR begangenen Tötungshandlungen geschaffen. Wegen ihrer Organisationsherrschaft über die Befehlsstrukturen waren die Mitglieder des Verteidigungsrates dabei nicht als Anstifter, sondern als mittelbare Täter zu qualifizieren. Begründet wurde dies damit, dass die Hintermänner innerhalb einer Organisationsstruktur bestimmte Rahmenbedingungen gesetzt hatten, welche einen regelhaften Ablauf auslösten, der zu einem bestimmten voraussehbaren Erfolg führte.[293] Ohne besonderen Anlass hat der BGH im gleichen Urteil dieses **Modell hierarchischer Haftung** auch auf unternehmerische und geschäftsähnliche Organisationsstrukturen mit regelhaften Abläufen anwendbar erklärt. Wörtlich führt der BGH aus: „Auch das Problem der Verantwortlichkeit beim Betrieb wirtschaftlicher Unternehmen lässt sich so lösen."[294]

153 Der BGH hat hiermit eine **Ausweitung der Organhaftung in Unternehmen** bewusst vorgenommen. Bei entsprechend vergleichbarer – strafferer – Organisationsstruktur kommt nun über die Konstellation des „Täters hinter dem Täter" auch eine Organhaftung der Unternehmensleitung im Wege der mittelbaren Täterschaft in Betracht.

154 Wertet man diese Entscheidung des BGH im direkten Zusammenhang mit der Lederspray-Entscheidung so wird deutlich, dass die neuere Rechtsprechung darum bemüht ist, strafbare Handlungen von Unternehmenszugehörigen nicht (oder nicht nur) diesen, sondern den Mitgliedern der Unternehmensspitze, primär deren Organen als täterschaftliche Begehung zuzurechnen. Schlagwortartig zusammengefasst hat sich die Rechtsprechung von dem alten Slogan „Die Kleinen hängt man, die Großen lässt man laufen" dahin gehend gewandelt, dass „jetzt primär die Großen gehängt werden".[295] Dies entspricht der Praxis der Staatsanwaltschaften, die zunehmend den Versuch des „Durchbruchs zur Spitze" mit Intensität betreiben.[296]

155 *bb) Tatherrschaft durch Organisationsmacht.* Das Bestreben der Rechtsprechung, die Angehörigen von gesellschaftsrechtlichen Organen (Geschäftsführer, Vorstand, Aufsichtsrat) strafrechtlich umfassend für aus dem Unternehmen heraus begangene Straftaten zur Verantwortung zu ziehen, hat sich im Anschluss an die „Mauerschützen"-Entscheidung auch in weiteren Entscheidungen manifestiert. Trotz der erheblichen Bedenken, welche die Literatur gegen die

---

[290] *Hassemer* Produktverantwortung S. 65 ff.; *Eidam*, Unternehmen und Strafe, S. 254.
[291] *Eidam*, Straftäter Unternehmen, S. 20; *Hassemer* Produktverantwortung S. 65 f.
[292] BGHSt 40, 218 ff.
[293] BGHSt 40, 218, 236.
[294] BGHSt 40, 218, 237.
[295] Vgl. *Rotsch* wistra 1999, 321, 326; *Wehnert*, FS Rieß, S. 811, 818.
[296] Vgl. *Eichinger*, Die strafrechtliche Produkthaftung, S. 123; Graf v. Westphalen/*Goll*/Winkelbauer § 48 Rdnr. 2.

§ 4 Strafrechtliche Produkthaftung

Anwendung der Rechtsfigur des „Täters hinter dem Täter" auf die strafrechtliche Verantwortung der Unternehmensleitung geäußert hat,[297] hält die Rechtsprechung an ihrer Linie fest.

So hat der BGH in zwei Entscheidungen aus dem Jahr 1997 diese Rechtsprechung auf die strafrechtliche Verantwortung auf den Unternehmensbereich übertragen. Sofern der mittelbare Täter **Herrschaft über Organisationsstrukturen** hat, die über Rahmenbedingungen regelhafte Abläufe schaffen, finden die in der Mauerschützenentscheidung aufgestellten Grundsätze auch für die Verantwortlichkeit in Unternehmenshierarchien Anwendung. Da diese Voraussetzungen an sich bei jedem Wirtschaftsbetrieb gegeben sind, hat der BGH eine entsprechende strafrechtliche Verantwortlichkeit selbst bei kleineren Firmen angenommen und Verurteilungen für den faktischen Geschäftsführer einer GmbH sowie den Geschäftsführer einer GmbH & Co. KG ausgesprochen.[298] Allein die Mitwirkung an Aufbau und Betrieb der von Ihnen geführten Firma sowie die allgemeine Weisung an das gutgläubige Personal ließ der BGH in diesen Fällen zur Begründung der Strafbarkeit als mittelbarer Täter ausreichen. 156

Unterzieht man die Rechtsprechung des BGH einer abschließenden Betrachtung, so wird deutlich, dass es, trotz des Fehlens eines expliziten Unternehmensstrafrechts, bereits jetzt möglich ist, bei einem deliktischen Handeln von Mitgliedern der unteren Unternehmenshierarchie Personen der Leitungsebene dieses Unternehmens strafrechtlich zur Verantwortung zu ziehen.[299] Strafbare Handlungen, die unter Ausnutzung von Unternehmensstrukturen vorgenommen werden, können formellen und faktischen Organmitgliedern als täterschaftliche Tatbeteiligung zugerechnet werden, wenn diese die Organisationsstrukturen vorgehalten haben in dem Bewusstsein, dass regelmäßig Abläufe ausgelöst werden, die zu Tatbestandsverwirklichungen führen können. Auf diese Rechtsprechung mit ihren für den einzelnen Betroffenen auf der Führungsebene sehr weit reichenden möglichen Folgen muss sich die Unternehmensleitung einstellen. Die Faustformel, dass ein hohes Maß an Delegation der Aufgaben in die unteren Unternehmenshierarchien mit einer Einschränkung der strafrechtlichen Verantwortung der Unternehmensleitung einhergeht, ist angesichts der neueren Rechtsprechung nicht mehr uneingeschränkt haltbar. 157

2. Führungskräfte (Middle-Management)

Ähnliche strafrechtliche Haftungsleitlinien erlegt die Rechtsprechung dem mittleren Management auf. Die Mitglieder dieser Unternehmensebene treffen für die ihnen nachgeordneten Bereiche Organisations-, Delegations-, und Instruktionspflichten sowie Überwachungs- und Kontrollpflichten. Hierzu zählen wesentlich, korrespondierend mit den entsprechenden Organisations- und Aufsichtspflichten der Geschäftsleitung, die Kenntnis und Umsetzung von gesetzlichen Vorgaben (Arbeitsschutz, Betriebssicherheit) und Zertifizierungsstandards (DIN). Denn bereits aus einer Verletzung dieser Regelungen kann eine strafrechtlich relevante Pflichtverletzung abgeleitet werden. 158

Durch den Grundsatz der Generalverantwortung und Allzuständigkeit der Geschäftsleitung werden die mittleren Führungskräfte daher keineswegs von ihrem eigenen Strafverfolgungsrisiko befreit. Im Gegenteil sind bei den in der BRD bekannt gewordenen Strafverfahren sogar vielfach Mitglieder des Middle-Management angeklagt und verurteilt worden: Entwicklungs- und Forschungsleiter im Contergan- Verfahren,[300] Produktions- und Teilbetriebsleiter,[301] Laborleiter,[302] der Bereichsleiter Technik im Monza-Steel-Verfahren.[303] Ein Grund hierfür könnte darin liegen, dass im klar definierten Verantwortungsbereich des Middle-Management ein strafrechtlich relevantes Fehlverhalten leichter nachgewiesen werden kann als einerseits 159

---

[297] Kritisch zur Übertragbarkeit des Modells auf unternehmerische Strukturen: *Roxin* JZ 1995, 49, 51; *Rotsch* wistra 1999, 491, 493 ff.; *ders.* ZStW 2000, 518 ff. Zur Mauerschützenentscheidung insgesamt: *Jakobs* NStZ 1995, 26; *Schroeder* JR 1995, 177; *Gropp* JuS 1996, 13; *Murmann* GA 1996, 269; *Krekeler*, FS Hanack, S. 639 ff.
[298] BGH StV 1998, 416, 417 f. (hier ging es um einen Familienbetrieb); BGH NStZ 1997, 544 f.
[299] Vgl. *Krekeler* FS Hanack, S. 639, 651 f.; *Wehnert*, FS Rieß, S. 811, 818 f.
[300] „Contergan"- Verfahren, vgl. hierzu *Bruns*, FS Heinitz, S. 317, 325 Fn. 25.
[301] BGH v. 6.4.1973 – 1 StR 85/72 – MDR 1973, 596 f. – „Skiabfahrt" = *Schmidt-Salzer*, ES, S. 195 ff.; *Schmidt-Salzer* a. a. O. S. 259 ff. – „Schokitrunk".
[302] *Schmidt-Salzer*, ES, S. 222 ff. – „Trinkmilch".
[303] So im oben erwähnten „Monza-Steel-Fall".

im diffusen Bereich der Generalverantwortung des Top-Management und andererseits im eingeschränkten Verantwortungsbereich der Arbeiter und einfachen Angestellten.

160 **a) Verantwortlichkeit im Rahmen der übertragenen Aufgaben und Befugnisse.** Die strafrechtliche Haftung des Middle-Managements kann ebenso wie die der einfachen Angestellten auf Übernahmeverantwortung beruhen. Durch die Übertragung von Aufgaben durch den primär zur Gewährleistung der strafrechtlichen Sorgfalt Verpflichteten auf einen anderen wird letzterer für die ordnungsgemäße Ausführung verantwortlich,[304] er erhält **kraft Auftrag eine eigene Garantenstellung.**[305] Andererseits kann sich eine strafrechtliche Verantwortlichkeit des Beauftragten auch unter dem Gesichtspunkt des **Übernahmeverschuldens** ergeben, wenn dieser seine eigenen Fähigkeiten falsch einschätzt und die Ausführung einer Aufgabe übernimmt, für die er nicht ausreichend qualifiziert ist.[306] Die Übernahmeverantwortung kann einerseits durch rechtliche Ausführungsbeauftragung, z. B. durch Inhalte von Stellenbeschreibungen, arbeitsrechtlichen Einzelweisungen, andererseits durch Übertragung oder Übernahme der Pflichten auf rein tatsächlicher Basis entstehen.[307]

161 Derjenige, der mit der Übernahme von Verantwortung betraut wurde, hat gewisse **Verhaltenspflichten** zu erfüllen. Zum einen kann ihm eigenes Eingreifen und Handeln mittels Sachentscheidung obliegen, falls dies nach Lage der Dinge erforderlich ist. Zum anderen treffen ihn auch **Informationspflichten** hinsichtlich sich ergebender Probleme. Gegenüber den von ihm zu informierenden Nichtfachleuten (Vorgesetzten) ist der Fachmann ferner zu einer fachlich richtigen und vollständigen Sachverhaltsdarstellung sowie zur richtigen Gewichtung der Tatsachen aus fachmännischer Sicht verpflichtet.[308] Ein bloßes Vorlegen bzw. Referieren einiger Daten genügt hierzu nicht. Es muss eine eindeutige und zutreffende Darstellung eines Sachverhalts mit seinen positiven und negativen Aspekten vermittelt werden, damit sich der Informierte ein möglichst genaues Bild der Situation machen kann. So muss ein kaufmännisch Verantwortlicher im Rahmen seines Horizonts als Nichttechniker vom Techniker verlangen, dass dieser **verständliche Berichte** und **transparente Entscheidungsgrundlagen** vorlegt.[309] Diese Informationspflicht ist auch aus psychologischer Sicht bedeutend: wer für einen bestimmten Aufgabenbereich verantwortlich und zugleich für die Weiterleitung diesbezüglicher Informationen zuständig ist, neigt nämlich dazu, negative (für seine Position im Betrieb und seinen Sozialstatus gefährliche) Informationen soweit und so lange wie möglich zurückzuhalten.[310]

162 **b) Grenze der Verantwortlichkeit: eigene Entscheidungsbefugnisse.** Die Verhaltenspflichten der Mitglieder des Middle-Managements werden durch deren eigene Entscheidungskompetenzen begrenzt. Maßnahmen wie der Rückruf von fehlerhaften Produkten oder ein Vertriebsstopp können im Normalfall nur von der Unternehmensleitung beschlossen werden. Soweit einer Führungskraft der mittleren Hierarchieebene keine weiter gehenden Entscheidungsbefugnisse eingeräumt sind, kann ihr naturgemäß keine Verhaltenspflichtverletzung vorgeworfen werden. Im oben beschriebenen Bienenstich-Urteil begründete der BGH den Freispruch des Vertriebsleiters und des für den Einkauf zuständigen Produktmanagers damit, dass diese alles ihnen Mögliche und Zumutbare zur Verhinderung eines Gesundheitsschadens bei den Kunden getan hatten. Da sie nicht der Geschäftsführung angehörten und deren Weisungsbefugnis unterstanden, waren sie nicht verpflichtet, die von ihnen befürwortete Maßnahme (Rückruf der verdorbenen Ware) gegen den erklärten Willen der Geschäftsführung selbst durchzuführen, ganz abgesehen davon, dass ihnen dazu schon tatsächlich die Möglichkeiten wie die Adressen der belieferten Kunden fehlten.[311] Ebenso wurde der Chemiker im Lederspray-Verfahren freigesprochen. Er war zwar der Leiter des Zentrallabors der Firmengruppe und nahm damit als Chefchemiker eine herausgehobene Position ein, gehörte aber nicht der Geschäftsleitung an, sondern unterstand als Angestellter der Geschäftsführung insbesondere dem für den Sach-

---

[304] *Schmidt-Salzer*, Produkthaftung Band I Strafrecht, Rdnr. 1230.
[305] Graf v. Westphalen/*Goll*/*Winkelbauer* § 47 Rdnr. 17
[306] *Schmidt-Salzer*, Produkthaftung Band I Strafrecht, Rdnr. 1232.
[307] *Schmidt-Salzer*, Produkthaftung Band I Strafrecht, Rdnr. 1234.
[308] *Eidam*, Unternehmen und Strafe, S. 257; BGH v. 4.5.1988 – 2 StR 89/88 – NStE Nr. 5 zu § 223.
[309] *Eidam*, Unternehmen und Strafe, S. 257.
[310] *Schünemann*, Unternehmenskriminalität und Strafrecht, S. 37.
[311] BGH v. 4.5.1988 – 2 StR 89/88 – NStE Nr. 5 zu § 223.

bereich A (Chemie) zuständigen Geschäftsführer. Dadurch, dass er in den Geschäftsführerbesprechungen, in denen es um die durch das Produkt entstandenen Schadensfälle ging, den Sachstand und die vorgenommenen Untersuchungen auf toxische Bestandteile des Produkts gegenüber den Geschäftsführern zutreffend und vollständig referiert hatte, und diese auf das Ergebnis vertrauen konnten, sei er seinen ihm als Fachmann obliegenden Informations- und Aufklärungspflichten nachgekommen. Allerdings wird auch von Mitarbeitern unterhalb der Organebene verlangt, dass Sie intern alles unternehmen, um eine von ihnen mitverursachte oder erkannte Gefahr zur Kenntnis der Entscheider zu bringen. Die im Unternehmen für Rückrufe zuständige Stelle muss umfassend informiert werden, so dass dort eine vollumfängliche Entscheidungslage geschaffen ist. Falls dem Mitarbeiter erkennbar wird, dass keine Reaktion in den zuständigen Hierarchien erfolgt, ist er aus Zumutbarkeitsgründen zwar nicht verpflichtet, sich an die Öffentlichkeit zu wenden, muss aber zumindest den firmeninternen Weg bis zur Spitze – Aufsichtsrat, Konzernleitung – bei konkreter Gefahrenlage gehen.[312]

3. Mitarbeiter: Strafrechtliche Verantwortlichkeit als unmittelbarer Täter

Im Hinblick auf die für die Produkthaftung relevanten Allgemeindelikte sind Mitglieder unterer betrieblicher Hierarchieebenen eines Unternehmens nach allgemeinen Regeln strafrechtlich verantwortlich. Der den Produktionsvorgang (mit-)ausführende Mitarbeiter kann deswegen in Ermittlungsmaßnahmen miteinbezogen werden, weil er „näher an der Tat" ist, und er es ist, der als **unmittelbarer Täter** in Frage kommt, da er die durch Dritte veranlassten Taten in eigener Person begeht. Im Fokus der strafrechtlichen Verfolgung standen bislang jedoch vorrangig Mitglieder des Middle- und – neuerdings in verstärktem Maße – des Top-Managements.[313] Kriminologische Untersuchungen haben ergeben, dass Fälle, in denen Arbeiter strafrechtlich zur Verantwortung gezogen wurden, nicht aufgetreten seien.[314] Voraussetzung für eine strafrechtliche Produktverantwortlichkeit ist stets eine vorwerfbare Verletzung von Verbotsnormen oder Sorgfaltspflichten des einzelnen Mitarbeiters, wobei ein- und derselbe Schadensfall eine Verantwortlichkeit mehrerer begründen und Personen in den verschiedensten Hierarchieebenen des Unternehmens treffen kann.[315]

Eine **Garantenstellung** von Mitarbeitern kann sich insbesondere aus der ihnen übergebenen Sachherrschaft über einen bestimmten Aufgabenbereich ergeben. Die Mitarbeiter sind für einen solchen, ihnen zugewiesenen Bereich verantwortlich und haben die Möglichkeit, die zur sachgerechten Aufgabenwahrnehmung erforderlichen Schritte in die Wege zu leiten, so dass sie Unrechtserfolge verhindern können.[316] Wenn die Mitarbeiter die für die Verhinderung von deliktischen Unrechtserfolgen erforderlichen Befugnisse nicht haben, obliegt ihnen die Verpflichtung, ihre jeweiligen Vorgesetzten über die von ihnen festgestellten Missstände zu informieren.[317] Diese Unterrichtsverpflichtung besteht als arbeitsvertragliche Nebenpflicht auch dann, wenn sie weder in der konkreten arbeitsvertraglichen Ausgestaltung noch in internen Weisungen explizit niedergelegt ist.[318] Im Übrigen kann ein untergeordneter Angestellter einen **Vertrauensgrundsatz** in Anspruch nehmen, und zwar dergestalt, dass er darauf vertrauen kann, dass seine verantwortlichen Vorgesetzten rechtmäßige Anweisungen erteilen. Aufgrund dessen ist er im Regelfall nicht zur Überprüfung der Sach- oder Rechtmäßigkeit der ihm von seinen Vorgesetzten erteilten Weisungen verpflichtet.[319] Kommen die Mitarbeiter auf dieser Hierarchieebene ihren Arbeitsanweisungen nach, so handeln sie sorgfaltsgemäß, so dass ein Fahrlässigkeitsvorwurf ihnen gegenüber nicht greift. Eine Berufung auf diesen Vertrauensgrundsatz ist allerdings in zwei Extremsituationen nicht möglich: Erstens bei **Evidenz der Rechtswidrigkeit** der erteilten **Weisung**, d. h. wenn sich dem Mitarbeiter aufgrund seiner innerbetrieblichen

---

312 So auch Graf v. Westphalen/*Goll*/*Winkelbauer* § 47 Rdnr. 29.
313 *Eichinger*, Die strafrechtliche Produkthaftung, S. 123; Graf v. Westphalen/*Goll*/*Winkelbauer* § 48 Rdnr. 2.
314 *Vogel* GA 1990, 241, 248.
315 Graf v. Westphalen/*Goll*/*Winkelbauer* § 48 Rdnr. 1.
316 *Große Vorholt*, Management und Wirtschaftsstrafrecht, S. 46.
317 Im Lagerhallenfall BGH MDR 1965, 589 hat das Gericht sogar postuliert, dass ein Mitarbeiter mit Verantwortungsfunktion – Bauleiter – bei Erkennen von Missständen die Ordnungsbehörden einschalten muss.
318 *Große Vorholt*, Management und Wirtschaftsstrafrecht, S. 47.
319 *Schmidt-Salzer*, Produkthaftung Band I Strafrecht, Rdnr. 1.262 ff.; Schönke/Schröder/*Cramer*/*Sternberg-Lieben*, § 15 Rdnr. 153.

Stellung und seiner Fachkenntnisse die Rechtswidrigkeit der Anweisung geradezu aufdrängen musste, wobei dafür jedoch zumindest grobe Fahrlässigkeit hinsichtlich des Nichterkennens der Rechtswidrigkeit verlangt wird.[320] Zum zweiten kann sich der Untergebene nicht auf das Vertrauensprinzip berufen, wenn er gegenüber dem ihn **anweisenden Vorgesetzten fachlich überlegen** ist.[321] Der Pflichtenkreis der einzelnen Mitarbeiter ist insofern ihrem Qualifikationsniveau (einfache Angestellte und Arbeiter, Chemiefacharbeiter, Beschäftigte mit besonderen Zusatzqualifikationen etc.) entsprechend einzugrenzen.

4. Die Verantwortlichkeit Externer im Produktstrafrecht

165   a) **Berater.** Schließlich ergeben sich auch für die Berater des Unternehmens, beispielsweise Unternehmensberater oder auch Rechtsanwälte, strafrechtliche Risiken im Bereich der Produkthaftung. Dies mag – handelt es sich doch um Unternehmensexterne – zunächst überraschen, erhellt sich aber bei näherer Betrachtung.

166   Grundsätzlich können sich für den Berater strafrechtliche Risiken daraus ergeben, dass er mit dem Mandanten bewusst zur Begehung einer Straftat zusammenwirkt oder er sich in strafbare Handlungen des Mandanten verstricken lässt.[322] Dementsprechend ist sowohl eine Strafbarkeit als Täter (§ 25 StGB) wie auch als Teilnehmer (§§ 26, 27 StGB) denkbar.

167   Im Bereich der Teilnahme kommt eine Strafbarkeit der Unternehmensberater unter dem Gesichtspunkt der Anstiftung, § 26 StGB, und Beihilfe, § 27 StGB, in Betracht, wobei nur die Teilnahme am vorsätzlichen Delikt strafbewehrt ist.[323] Konsequenz für den von Fahrlässigkeitsdelikten bestimmten Bereich der Produkthaftung ist, dass eine Teilnahmestrafbarkeit des Unternehmensberaters nur in seltenen Fällen in Betracht kommen wird. Allerdings: Immer dann, wenn Fahrlässigkeit in Vorsatz bei dem Beratenen umschlägt, ist auch in der Beratersphäre strafrechtliche Gefahr vorhanden. Strafrechtlichen Risiken unterliegt beispielsweise der Berater, welcher bei der Frage eines der Sache nach angezeigten Produktrückrufs zur Abwägung der Vorteile und Risiken und Stellungnahme vom Unternehmen beratend hinzugezogen wird. Erteilt der Berater in dieser Situation in Kenntnis der Gesamtumstände den pflichtwidrigen Rat, das Produkt nicht zurückzurufen, und weiß er, dass seine Stellungnahme für die Entscheidung der Geschäftsleitung maßgeblich ist, so macht er sich – für den Fall, dass der Rückruf tatsächlich unterbleibt – der Beihilfe zur vorsätzlichen Unterlassungstat strafbar.[324] Auf den der Lederspray-Entscheidung zugrunde liegenden Sachverhalt bezogen, hätte sich ein so handelnder Berater nach der Sondersitzung weiterhin vertriebenen Sprays der Beihilfe zur gefährlichen Körperverletzung strafbar gemacht.

168   Von höherer Praxisrelevanz im Bereich der strafrechtlichen Produkthaftung ist die täterschaftliche Haftung des Beraters, wenn dieser aus seiner Funktion heraus in Pflichtenstellungen gerät, die ihn im Sinne des Strafrechts zum originär Verpflichteten in Hinblick auf Organisation, Delegation, Instruktion sowie Überwachung und Kontrolle im Betrieb machen. Die Gefahr für den Berater in diesem Bereich besteht vor allem darin, dass aus der Dynamik der Beratung heraus oftmals eine ursprünglich abstrakte Beratung sich in der Durchsetzung des Rates im Einzelnen fortsetzen kann. Der Rat zur bestimmten Gestaltung der Geschäftsführung kann durchaus dazu führen, dass der Berater mit Willen der Geschäftsleitung für eine Zeit tatsächlich die Leitung eines Betriebsteils oder eine produktbezogene Ressortverantwortlichkeit übernimmt. Da dies mündlich oder gar konkludent erfolgen kann, kann sich der Berater manchmal unversehens in strafrechtlich relevanten Pflichtenstellungen wiederfinden, die bei Beginn des Mandats weder gesehen wurden noch gewollt waren. Als Beispiel kann der Unternehmensberater dienen, der zunächst nur zur Erstellung eines Vertriebskonzepts für ein neues Produkt mandatiert war, im Laufe des Mandats aber faktisch und mit Einverständnis der Geschäftsleitung die komplette Leitung und Organisation von Vertriebswegen einschließlich der Händler- und Verbraucherinstruktion übernommen hat. Im Bereich der strafrechtlichen

---

[320] *Schmidt-Salzer*, Produkthaftung Band I Strafrecht, Rdnr. 1.262 ff.
[321] *Schmidt-Salzer* NJW 1990, 2966, 2971.
[322] Vgl. Müller-Gugenberger/Bieneck/*Häcker* § 94 Rdnr. 1.
[323] Vgl. den Wortlaut der §§ 26, 27 StGB.
[324] Vgl. zu den subjektiven Voraussetzungen der Beihilfe durch den Berater: RGSt 37, 321; BGH v. 20.9.99 – 5 StR 729/98 – wistra 1999, 459 ff.

Produkthaftung haftet der Berater – nimmt er eine solche tatsächliche Stellung ein – dann nach den bereits dargelegten Grundsätzen wie jeder andere Ressortverantwortliche, d. h. es trifft ihn zum Beispiel die Pflicht zur Produktbeobachtung und gegebenenfalls zur Herbeiführung eines Produktrückrufs. Da im Bereich der Produkthaftung vorrangig Körperverletzungs- und Tötungsdelikte in Betracht kommen,[325] bedarf es hierbei keines Rückgriffs auf die, diesen Rechtsgedanken für den Bereich der Sonderdelikte normierenden Regelung des § 14 Abs. 2 StGB.

b) Gutachter und Sachverständige. Auch Gutachtern und Sachverständigen begegnen im Rahmen der Herstellung von Produkten möglichen strafrechtlichen Gefahren. Immer dann, wenn solchen Personen Teile der Entscheidungskompetenz des Unternehmens bzw. der Unternehmensführung übertragen werden, erfolgt damit auch eine Verantwortungsübernahme. Die Prüfung von potentiellen Gefahrensituationen hat auch Gutachtern und Sachverständigen mit der berufsüblichen Sorgfalt zu erfolgen, für die sie bei Nichtbeachtung strafrechtlich einstehen müssen.[326]

5. Öffentlich-rechtlich besonders verpflichtete Mitarbeiter

Der moderne Gesetzgeber hat durch die Schaffung besonderer Pflichtenstellung im Bereich des Unternehmens versucht, Produktgefahren entgegenzuwirken. Die gesetzliche Konstruktion ist dabei zumeist, dass das Unternehmen verpflichtet ist, konkrete Personen zur Überwachung bestimmter Vorgänge oder Gefahrensituationen zu benennen.[327] diesen Verantwortlichen erwächst jedoch aus ihrer Pflichtenstellung keine Verantwortung, die über den gesetzlich definierten Pflichtenumfang hinausgeht. Es entsteht keine originäre, über die gesetzliche Handlungspflichtendefinition hinausgehende Verantwortung im Sinne einer Art „politischer Verantwortung".[328]

V. Strafrechtliche Verantwortung dritter Personen neben dem Hersteller

Unsere Marktwirtschaft ist gekennzeichnet durch eine zunehmende Arbeitsteilung und Verflechtung der einzelnen Unternehmen. Immer seltener wird ein gesamtes Produkt von einem einzigen Unternehmen hergestellt und produziert. Vielmehr schaltet der Endhersteller weitere Unternehmen und Personen in Konstruktion, Produktion und Vertrieb seiner Produkte ein. Im Prozess der Warenherstellung und Warenverteilung übernehmen Endhersteller, Zulieferer, Importeur und Großhändler jeweils spezifische Aufgaben mit jeweiligen Verantwortungszuschreibungen. Einhergehend mit ihrer Rolle im Herstellungs- und Vertriebsprozess unterliegen diese Dritten auch strafrechtlichen Risiken im Bereich der Produktverantwortung. Dabei ist die Frage der strafrechtlichen Verantwortung von Händler, Zulieferer etc. für den aus einem fehlerhaften Produkt entstehenden Schaden immer im Wechselspiel mit der strafrechtlichen Pflichtenstellung und Verantwortung des Endherstellers zu bestimmen.[329] Im Folgenden sollen die Einzelnen strafrechtlichen Verantwortungsbereiche näher abgegrenzt werden.

1. Zulieferer

Der Zulieferer liefert in der Regel Einzelne, bereits fertige Produktbestandteile an den Endhersteller, die dieser dann zu einem Endprodukt verarbeitet. Handelt es sich bei diesen Teilen um Kleinteile, wie Schrauben, Muttern, Klemmen etc. so wird die Verantwortung für Produktentwicklung, Konstruktion und Produktion in der Regel beim Zulieferer selbst liegen. Entsprechend dieser Produktverantwortung unterliegt der Zulieferer für diese Teile auch der vollen

---

[325] Vgl. oben unter II.
[326] Vgl. OLG Karlsruhe VersR 1993, S. 252.
[327] Beispiele hierfür sind der Gewässerschutzbeauftragte (§ 21 a-e WHG); der Gefahrgutverantwortliche („Gefahrgutbeauftragtenverordnung" (§ 6 GbV)) der Herstellungsleiter in einem pharmazeutischen Unternehmens (§ 14 Abs. 1 Nr. 1 A. M.G); der Betriebsbeauftragte für Abfall (§ 54 KrW-/AbfG).
[328] Vgl. zum Gewässerschutzbeauftragten: OLG Frankfurt v. 22.5.1987 – 1 Ss 401/86, *Schmidt-Salzer*, ES IV.2.40; zum Herstellungsleiter nach dem § 13 ff. A. M.G: LG Hamburg v. 5.12.1986 – (47) 53/84, *Schmidt-Salzer*, ES IV.3.16; s. a. die Anmerkungen ebd. von *Schmidt-Salzer*.
[329] Vgl. *Schmidt-Salzer*, Strafrechtliche Produktverantwortung, NJW 1988, 1937, 1938; Graf v. Westphalen/*Goll/Winkelbauer* § 48 Rdnr. 49.

strafrechtlichen Haftung wenn es zu Schadensfällen zum Beispiel aufgrund des Bruchs einer fehlerhaft konstruierten Schraube kommt.[330]

173 Oft wird es jedoch so sein, dass der Zulieferer für Entwicklung und Konstruktion des Teilproduktes keine Verantwortung zeichnet, da er den Vorgaben des Herstellers zu folgen hat, der das Produktteil für bestimmte Zwecke benötigt. Ist der Zulieferer insoweit weisungsgebunden und von den Vorgaben des Endherstellers abhängig, so unterliegt er auch keiner strafrechtlichen Pflichtenstellung im Hinblick auf Konstruktion und Entwicklung des Produkts. Die strafrechtliche Produktverantwortung kommt dann alleinig dem Endhersteller zu.[331]

174 Etwas anderes gilt dann, wenn der Zulieferer stillschweigend von einem mit dem Endhersteller vereinbarten Fertigungsverfahren abweicht oder die vereinbarte Qualitätssicherung nicht einhält, z. B. indem er die Kontrollintensität der Waren verringert und dies zu einem größeren Gefahrenpotential des Produktes führt. Kommt es in diesen Fällen zu Schädigungen der Verbraucher, so haftet nicht allein der Hersteller, obwohl dieser im Vertrauen auf die vereinbarten Standards gefahrenausschließende Qualitätskontrollen unterlassen haben wird, sondern auch der Zulieferer. Dessen eigenes pflichtwidriges Verhalten ist zumindest mitursächlich für Schäden.[332]

175 Insbesondere diese Schnittstelle – Einhaltung von Qualitätsstandards durch den Zulieferer einerseits, Vertrauen des Endherstellers hierauf und Kontrolle andererseits – veranschaulicht die Schwierigkeit der Abgrenzung der strafrechtlichen Verantwortungsbereiche in diesem Bereich. Der wirtschaftlich zumeist potentere Endhersteller wird meist darauf drängen, dass der Zulieferer eine relativ breite Verantwortung hinsichtlich seines Produktteils übernimmt, so zum Beispiel Qualitätsmanagementsysteme (DIN I. S.O 9000 ff.) erfüllt, dies dokumentiert und sich zertifizieren lässt und zudem die Eingangskontrolle des Endherstellers mit übernimmt.[333] Eine strafrechtliche Haftungsfreizeichnung des Herstellers ist hiermit jedoch nicht verbunden. Restpflichten der Auswahl und Überwachung verbleiben bei ihm, so dass eine parallele strafrechtliche Haftung von Zulieferer und Endhersteller den Regelfall bildet.[334]

2. Verlängerte Werkbank

176 Unter dem Begriff „verlängerte Werkbank" ist dagegen die Einschaltung von Dritten durch den Endhersteller im Fertigungsprozess zu verstehen. Im Gegensatz zum Zulieferer liefert der externe Betrieb meist kein fertiges Teilprodukt,[335] sondern ist nur für einen oder mehrere ausgelagerte Arbeitsvorgänge wie z. B. Entgratung, Bohrung, Oberflächenbehandlung oder Verpackung in den Produktionsprozess eingebunden. Da die Bearbeitung regelmäßig unter Regie des Endherstellers erfolgt, kommt eine eigene strafrechtliche Sorgfaltspflichtverletzung des Dritten nur dann in Betracht, wenn er den Bearbeitungsprozess – z. B. Verwendung gesundheitsschädlicher Verpackungen, die zu Schädigungen des Endverbrauchers führen – sorgfaltswidrig und ohne Freigabe durch den Endhersteller umstellt.[336] Daneben kommt eine strafrechtliche Verantwortung der für die Auftragsvergabe im Herstellerunternehmen Verantwortlichen unter dem Gesichtspunkt einer Auswahl- und Überwachungspflichtverletzung in Betracht.[337]

3. Händler

177 Schließlich treffen im Bereich des Warenvertriebs auch den Händler strafrechtlich relevante Sorgfaltspflichten. Die strafrechtliche Produktverantwortung des Händlers ist dabei zunächst im Licht des **Vertrauensgrundsatzes** zwischen Händler und Hersteller bzw. innerhalb von Vertriebsketten zwischen Hersteller und Groß-, Zwischen- sowie Einzelhandel zu sehen. Danach kann sich der Hersteller einerseits darauf verlassen, dass der Handel ordnungsgemäß mit seinen

---

[330] Graf v. Westphalen/Goll/Winkelbauer § 48 Rdnr. 50.
[331] Graf v. Westphalen/Goll/Winkelbauer § 48 Rdnr. 50.
[332] Eichinger, Die strafrechtliche Produkthaftung im deutschen im Vergleich zum anglo-amerikanischen Recht, S. 235; Graf v. Westphalen/Goll/Winkelbauer § 48 Rdnr. 50.
[333] Kassebohm/Malorny BB 1994, 1361, 1370.
[334] Kassebohm/Malorny BB 1994, 1361, 1370; Graf v. Westphalen/Goll/Winkelbauer § 48 Rdnr. 51.
[335] Anders beispielsweise Karosseriebauer von Kleinserien für Automobilkonzerne.
[336] Graf v. Westphalen/Goll/Winkelbauer § 48 Rdnr. 52.
[337] Vgl. oben unter IV. 1. und 2.

§ 4 Strafrechtliche Produkthaftung

Waren umgeht. Andererseits kann der Händler darauf vertrauen, dass er vom Hersteller bzw. über die Vertriebskette einwandfreie, ordentlich produzierte Waren erhält.[338]

a) Sorgfaltspflichten des Händlers. Eine eigene strafrechtliche Produktverantwortung des Händlers in Ausnahme von diesem Vertrauensgrundsatz kommt nur dann in Betracht wenn der Händler **eigene, betriebsbezogene Pflichten** verletzt. Typischerweise obliegen dem Handel insoweit Vertriebs-, Informations- und Untersuchungspflichten.

aa) Vertriebspflichten. Im Bereich des Vertriebs, also dem typischen Betätigungsfeld des Handels, obliegt es dem Händler zunächst, keine **offensichtlich fehlerhaften** oder sogar **gefährlichen Waren** zu vertreiben und abzugeben.[339] Weiß der Händler positiv – zum Beispiel aufgrund einer Produktwarnung oder eines Rückrufs – um die Gefährlichkeit eines Produkts oder muss sich dies ihm aufdrängen, so darf er diese Produkte nicht weiter vertreiben. Ebenfalls in diesem Bereich anzusiedeln ist die Verpflichtung des Händlers, gesetzliche oder behördliche Abgabebeschränkungen einzuhalten. Signifikantes und oft angeführtes Beispiel hierfür ist das gesetzliche Verbot der Abgabe von Feuerwerkskörpern an Personen unter 18 Jahren.[340] Gibt der Händler trotz dieses Verbots, Feuerwerkskörper an Jugendliche ab und kommt es infolge unsachgemäßen Umgangs zu körperlichen Schäden, so kann der Händler im Einzelfall wegen fahrlässiger Körperverletzung haften.[341] Dabei kann er sich zu seiner Entlastung nicht auf den Grundsatz der eigenverantwortlichen Selbstgefährdung berufen, da aufgrund des gesetzlichen Abgabeverbotes die Vermutung gilt, dass es den Jugendlichen noch an der Fähigkeit zur Selbstverantwortung mangelt. Die gleichen Grundsätze gelten bei der verbotswidrigen Abgabe von latent gefährlichen Produkten an Nichtberechtigte, z. B. die Abgabe von verschreibungspflichtigen Medikamenten ohne ärztliches Rezept.

bb) Informationspflichten. Darüber hinaus treffen den Handel weitgehende Informationspflichten. So ist der Händler verpflichtet, den Verbraucher über das Produkt zu informieren sowie zu beraten und ihm die Herstellerinformationen zum Produkt zugänglich zu machen.[342] Insbesondere müssen Herstellerhinweise zu etwaigen Produktgefahren an den Verbraucher richtig weitergegeben werden. Bei missbräuchlichen oder den Herstellerangaben zuwiderlaufenden Produktinformationen setzt sich der Händler strafrechtlichen Risiken aus, so – um ein Extrembeispiel anzuführen – wenn er ein nur äußerlich auf der Haut anzuwendendes Mittel ausdrücklich und entgegen den Herstellerangaben zur inneren Anwendung empfiehlt.

In der Vertriebskette treffen den Händler aber auch **Informationspflichten** in die entgegengesetzte Richtung, d. h. **gegenüber dem Hersteller** bzw. dem ihm nächsten Glied in der Vertriebskette (Groß- und Zwischenhändler). Liegen dem Händler Reklamationen oder ähnlich deutliche Anzeichen für Produktfehler vor, so ist er verpflichtet, den Hersteller hierüber zu informieren und gegebenenfalls vorläufig den **weiteren Verkauf einzustellen.** Verkauft er die Produkte dennoch weiter und kommt es zu Schadensfällen, so kommt neben der Haftung des Herstellers auch eine strafrechtliche Haftung des Händlers in Betracht.[343]

In diesem Kontext hat die Rechtsprechung versucht, die Händlerpflichten dahin gehend auszuweiten, dass der einzelne Händler verpflichtet sei, jederzeit sicherzustellen, dass ihn nach-

---

[338] Vgl. zur wechselseitigen Wirkung des Vertrauensgrundsatzes zwischen Hersteller und Händler: *Eichinger*. S. 235, 236 m. w. N.
[339] Vgl. *Eichinger*, Die strafrechtliche Produkthaftung im deutschen im Vergleich zum anglo-amerikanischen Recht, S. 236; Graf v. Westphalen/*Goll*/*Winkelbauer* § 48 Rdnr. 54; *Möllers* JZ 1999, 24, 26.
[340] § 3 Abs. 1 Ziffer 3 ChemVerbotsV; Vgl. hierzu Graf v. Westphalen/*Goll*/*Winkelbauer* § 48 Rdnr. 58; *Eichinger*, Die strafrechtliche Produkthaftung im deutschen im Vergleich zum anglo-amerikanischen Recht, S. 236; *Möllers* JZ 1999, 24, 27 mit umfangreichen Nachweisen zur zivilrechtlichen Rechtsprechung.
[341] Vgl. Fußnote (Nr. 340) und *Möllers* JZ 1999, 24, 29. Anders aber der BGH in zwei zivilrechtlichen Entscheidungen: BGH JZ 1999, 48 f.; BGH JZ 1999, 50 f.
[342] Graf v. Westphalen/*Goll*/*Winkelbauer* § 48 Rdnr. 55; *Eichinger*, Die strafrechtliche Produkthaftung im deutschen im Vergleich zum anglo-amerikanischen Recht, S. 237 m. w. N.
[343] Vgl. *Eichinger*, Die strafrechtliche Produkthaftung im deutschen im Vergleich zum anglo-amerikanischen Recht, S. 237, 238; Graf v. Westphalen/*Goll*/*Winkelbauer* § 48 Rdnr. 54 differenziert zwischen dem einfachen Händler und einem Vertragshändler. Letzterer soll zur Information des Herstellers verpflichtet sein, während der einfache Händler seinen Sorgfaltspflichten bereits dann genügt, wenn er den weiteren Vertrieb des Produkts einstellt.

trägliche Händlerinformationen (Produktwarnung, Rückruf) auch erreichen.[344] Im konkreten Fall war es zu Unfällen aufgrund von konstruktionsbedingten Reifenschäden gekommen. Diese Reifen waren von einem Autozubehörhändler noch verkauft worden, als sie von der Herstellerfirma bereits zurückgerufen worden waren. Dieser Rückruf hatte allerdings nur den zwischengeschalteten Großhändler erreicht. Trotzdem gelangte das schließlich mit dem Fall befasste OLG zu einer Verurteilung des Reifenhändlers wegen fahrlässiger Körperverletzung.[345] Angesichts der Tatsache, dass es sich bei der Rückrufverpflichtung, insbesondere bei Konstruktions- und Fabrikationsfehlern, um eine primäre Verpflichtung des Herstellers handelt, ist es entgegen dem Urteil gerade nicht die Verpflichtung des Endhändlers sicherzustellen, dass ihn ein Produktrückruf des Herstellers erreicht. Die Verantwortlichkeiten in der Vertriebskette sind vielmehr in umgekehrter Richtung auszulegen. Es ist angesichts der nunmehr in der Lederspray-Entscheidung konstatierten umfangreichen Rückrufverpflichtungen wohl vielmehr so, dass der **Hersteller** – gerade bei Konstruktions- und Fabrikationsfehlern – **über sein** Vertriebssystem sicherzustellen hat, dass der **Rückruf** alle Händler und wohl auch Verbraucher **erreicht**.[346] Angesichts der Manifestierung weitgehender Herstellerpflichten hinsichtlich des Produktrückrufs durch den BGH würde das OLG den damaligen Fall heute wohl zugunsten des Reifenhändlers entscheiden und eine entsprechende Pflicht des Händlers zur Sicherstellung seiner Einbeziehung in Rückrufaktionen ablehnen.

183 cc) *Untersuchungspflichten.* Schließlich treffen den Händler strafrechtlich relevante Pflichten in Bezug auf den **Umgang mit den Waren**. Zunächst hat er die Produkte so zu lagern und zu transportieren, dass hieraus keine Produktgefahren resultieren.[347] Unterlässt es der Händler beispielsweise, Eierspeisen entsprechend zu kühlen und kommt es daraufhin zu Gesundheitsschäden bei Verbrauchern, so ist er strafrechtlich für die eingetretenen Schäden zur Verantwortung zu ziehen. Darüber hinaus obliegt es dem Händler, die Produkte auf etwaige Fehler zu untersuchen. Dies ganz allgemein dann, wenn – in Abweichung vom Vertrauensgrundsatz – ein konkreter Anlass besteht, an der Qualität der Waren oder der Qualifikation bzw. Zuverlässigkeit des Herstellers zu zweifeln.[348] Umfangreiche und intensive Tests muss der Händler in dieser Situation zwar nicht vornehmen, **Stichprobenkontrollen** und **Sichtprüfungen** sind aber dennoch angezeigt. Besondere Kontroll- und Prüfungspflichten hinsichtlich der erhaltenen Waren obliegen den Händlern im Lebensmittelbereich. In § 51 Abs. 3 LMBG ist das In-Verkehr-Bringen von gesundheitsschädlichen Lebensmitteln unter Strafe gestellt. Daher trifft jeden, der in der Kette von der Herstellung bis zur Weitergabe des Lebensmittels an den Verbraucher beteiligt ist, eine strikte Verpflichtung, dafür zu sorgen, dass Bezeichnung und Beschaffenheit eines Lebensmittels im Einklang mit den gesetzlichen Bestimmungen stehen.[349]

184 b) **Sorgfaltspflichten des Importeurs**. Dies gilt in besonderem Maße für den Importeur von Waren bzw. Lebensmitteln. Der Importeur übernimmt im Vertriebsprozess eine besondere Rolle, nämlich die Einfuhr von im Ausland hergestellten Waren ins Inland. Dementsprechend hat er sicherzustellen, dass die von ihm eingeführten Produkte den inländischen Sicherheitsstandards bzw. Lebensmittelvorschriften entsprechen.[350] Über die bereits aufgezeigten Händlerpflichten hinaus treffen den Importeur zudem weiter gehende Instruktionspflichten.

---

[344] OLG Karlsruhe NJW 1981, 1054.
[345] Vgl. OLG Karlsruhe NJW 1981, 1054.
[346] Vgl. BGHSt 37, 106, 127. In diese Richtung auch *Scholl* NJW 1981, 2737 f; *Schmidt-Salzer* in ES IV.2.17 (3-6).
[347] Vgl. Graf v. Westphalen/*Goll*/*Winkelbauer* § 48 Rdnr. 57.
[348] *Eichinger*, Die strafrechtliche Produkthaftung im deutschen im Vergleich zum anglo-amerikanischen Recht, S. 236 m. w. N.
[349] Vgl. OLG Koblenz v. 14.12.1983 – 1 Ss 506/83, *Schmidt-Salzer* ES IV.2.26 „Aprikosen", 16.2.1984 – 1 Ss 45/84, *Schmidt-Salzer*, ES IV.2.31 „Orangen"; OLG Koblenz v. 9.7.1984 – 1 Ss 254/84 – NStZ 1985, 34 „Feigen"; *Eichinger*, Die strafrechtliche Produkthaftung im deutschen im Vergleich zum anglo-amerikanischen Recht, S. 236; Graf v. Westphalen/*Goll*/*Winkelbauer* § 48 Rdnr. 57.
[350] Vgl. OLG Koblenz v. 14.12.1983 – 1 Ss 506/83, *Schmidt-Salzer* ES IV.2.26 „Aprikosen", 16.2.1984 – 1 Ss 45/84, *Schmidt-Salzer*, ES IV.2.31 „Orangen"; OLG Koblenz v. 9.7.1984 – 1 Ss 254/84 – NStZ 1985, 34 „Feigen"; *Eichinger*, Die strafrechtliche Produkthaftung im deutschen im Vergleich zum anglo-amerikanischen Recht, S. 236; Graf v. Westphalen/*Goll*/*Winkelbauer* § 48 Rdnr. 57.

§ 4 Strafrechtliche Produkthaftung

So hat er Gebrauchsanweisungen, Hinweise und Warnungen im Hinblick auf inländische Standards zu überprüfen und gegebenenfalls anzupassen.[351]

c) Sorgfaltspflichten des Quasi-Herstellers. Vergleichbare besondere Sorgfaltspflichten im Vertriebsbereich treffen schließlich die sog. Quasi-Hersteller, d. h. Unternehmen, die unter eigenem Namen Produkte vertreiben, die komplett von Dritten hergestellt worden sind. Beispiel hierfür sind große Kaufhausketten, die eigene Vertriebsmarken unterhalten. Diese Quasi-Hersteller treffen vor allen Dingen umfangreiche Instruktions- sowie Qualitätsprüfungspflichten. Schließlich obliegt dem Quasihersteller die Produktbeobachtungspflicht und somit auch die Verantwortung für Produktrückruf und Warnung.[352] Der eigentliche Hersteller bleibt strafrechtlich nur im Bereich Konstruktion und Fabrikation verantwortlich.

VI. Rechtsfolgen und prozessuale Besonderheiten

Während in Produkthaftungsfällen die zivilrechtliche Haftung allein das Unternehmen trifft, liegt das strafrechtliche Risiko primär bei den führenden Unternehmensmitgliedern. Diese haben höchstpersönlich die strafrechtlichen Rechtsfolgen zu tragen. Wegen seiner Orientierung am Schuldprinzip kennt das deutsche Strafrecht bislang noch **kein Unternehmens- und Verbandsstrafrecht**.[353] Das Unternehmen kann in Produkthaftungsfällen zwar von Einzelnen strafrechtlichen Sanktionen (z. B. Verfall und Einziehung §§ 73 ff StGB) oder Geldbußen (Unternehmensgeldbuße – § 30 OWiG) betroffen sein, die Hauptlast der strafrechtlichen Folgen eines Produkthaftungsfalles tragen jedoch die einzelnen Unternehmensmitarbeiter.

Neben diesen unmittelbaren rechtlichen Folgen werden Ermittlungs- und Strafverfahren im Produkthaftungsbereich, wie jedes andere strafrechtliche Großverfahren auch, von weit reichenden negativen Auswirkungen und Begleiterscheinungen – negative Presse, Umsatzeinbrüche, vermehrt auch unberechtigte Anspruchstellung von Kunden – begleitet.[354] Deren wirtschaftliches und gesellschaftliches Schadenspotential kann ungleich größer sein, als das des Ermittlungs- oder Strafverfahrens selbst und trifft verantwortliche Mitarbeiter wie das Unternehmen gleichermaßen.

1. Personenbezogene Rechtsfolgen

a) Geld- und Freiheitsstrafe. In persönlicher Hinsicht drohen dem Einzelnen, verantwortlichen Mitarbeiter Geld – oder Freiheitsstrafen. Die Haftstrafe ist die schwerste Strafe, die dem einzelnen Mitarbeiter treffen kann und stellt, da sie von ihm persönlich abgeleistet werden muss, ein höchstpersönliches Risiko dar. Geht man von den typischen Produkthaftungskonstellationen aus, so kommen vor allen Dingen Straftaten aus dem Bereich der Körperverletzungsdelikte und Tötungsdelikte in Betracht. Da zumeist ein Fahrlässigkeitsvorwurf im Raum steht, drohen hier Freiheitsstrafen von bis zu drei Jahren für den Fall der fahrlässigen Körperverletzung, und – für den Fall der fahrlässigen Tötung – bis zu fünf Jahren. Im Falle einer vorsätzlichen Körperverletzung besteht eine Strafandrohung von mindestens drei Monaten bis zu fünf Jahren Freiheitsstrafe. Aufgrund der steigenden Tendenz der Verurteilungen auch im Vorsatzbereich – der Ledersprayfall hat dies mit Nachdruck belegt – stellt sich dieses Risiko für Mitarbeiter aller Hierarchiestufen als ein nicht mehr nur theoretisches, sondern durchaus als ein konkretes Risiko dar.[355] Ohne allgemein gültige Aussagen zu treffen, wird es zumeist so sein, dass es oft nicht zur tatsächlichen Verbüßung einer Haftstrafe kommt, wie dies auch die erfolgten Verurteilungen in Produkthaftungsfällen belegen. Selbst wenn, wie im Lederspray-verfahren, eine Freiheitsstrafe ausgesprochen wird, ist angesichts des Umstands, dass der typische deutsche Wirtschaftsstraftäter in der Regel nicht vorbestraft und sozial integriert ist,[356] in

---

[351] Vgl. *Eichinger*, Die strafrechtliche Produkthaftung im deutschen im Vergleich zum anglo-amerikanischen Recht, S. 239 m. w. N.
[352] Vgl. *Eichinger*, Die strafrechtliche Produkthaftung im deutschen im Vergleich zum anglo-amerikanischen Recht, S. 238 m. w. N.
[353] Vgl. zur aktuellen Diskussion um das Unternehmensstrafrecht: *Wehnert*, FS Rieß, S. 811 ff.; *Krekeler*, FS Hanack, S. 639 ff.; *Hirsch* ZStW 107 (1995), 285 ff.
[354] Vgl. *Wehnert*, FS Rieß, S. 811, 821. Umfassend auch *Eidam*, Unternehmen und Strafe, S. 569 ff.
[355] Vgl. *Schwartz*, Strafrechtliche Produkthaftung S. 119 m. w. N.
[356] Vgl. hierzu: *Eidam*, Unternehmen und Strafe, S. 586.

der weit überwiegenden Zahl der Fälle damit zu rechnen, dass die Strafe zur Bewährung ausgesetzt wird. Das persönliche Risiko der Verbüßung einer Freiheitsstrafe durch Unternehmensverantwortliche – Fälle aus der Praxis sind, soweit ersichtlich, nicht bekannt – ist in Produkthaftungsfällen daher als gering einzustufen.[357]

189 aa) *Strafverfolgungsrisiko als höchstpersönliches Risiko.* Mag der strafrechtliche Super-GAU – tatsächliche Verbüßung einer Haftstrafe – in der Mehrzahl der Produkthaftungsfälle nicht eintreten, so stellt doch die bloße Existenz eines Ermittlungsverfahrens für die einzelnen Personen der Führungsebene eines Unternehmens eine persönliche Katastrophe dar. Nicht nur das Unternehmen rückt in den medialen Fokus, auch der einzelne Unternehmensverantwortliche als Repräsentant des Unternehmens ist einer überschießenden Medienberichterstattung ausgesetzt, der er sich hilflos gegenübersieht. Soziale Stigmatisierung, öffentliche Prangerwirkung und mediale Vorverurteilung – unabhängig vom Ausgang des Strafverfahrens – treffen den Einzelnen oft schwerer und nachhaltiger in seiner Existenz als das Strafverfahren selbst.[358] Können die drohenden strafrechtlichen Sanktionen – mit Ausnahme der Freiheitsstrafe – noch durch das Unternehmen durch Abschluss einer Straf-Rechtsschutzversicherung und der Übernahme von Geldstrafen, Geldbußen und Zahlungsauflagen abgefedert werden,[359] so treffen diese Auswirkungen den Einzelnen ungebremst.

190 Diese negativen Begleiterscheinungen eines Ermittlungsverfahrens sowie das Strafverfahren selbst führen dazu, dass die Arbeit von Unternehmensverantwortlichen immer mehr gefahrgeneigte Arbeit ist. Noch bevor es zum produktstrafrechtlichen Ernstfall kommt, wirken sich die höchstpersönlichen strafrechtlichen und sonstigen Risiken der Unternehmensverantwortlichen negativ für das Unternehmen aus. Arbeitsmotivation und Risikobereitschaft der Führungskräfte sind aus Angst vor folgenreichen Fehlentscheidungen nur gering ausgeprägt. Viele Unternehmensverantwortliche sind zudem nur noch dann bereit, in Risikobereichen verantwortlich tätig zu werden, wenn eine umfassende organisatorische sowie persönliche Absicherung durch das Unternehmen gewährleistet ist.[360]

191 bb) *Verfolgungswahrscheinlichkeit.* Dies gilt, obwohl das faktische Risiko der Entdeckung, Verfolgung und Verurteilung von Mitarbeitern in Produkthaftungsfällen nicht allzu hoch ist. Subjektives Gefahrenbewusstsein der Unternehmensmitarbeiter und tatsächliches Verfolgungsrisiko klaffen weit auseinander.

192 Bei näherer Betrachtung des Verhältnisses von zivilrechtlichen und strafrechtlichen Produkthaftungsverfahren fällt auf, dass die Zahl der Verurteilungen und Anklagen nur einen Bruchteil der zivilrechtlichen Verfahren einnimmt. Während Schätzungen von ca. 20 000 Produkthaftungsfällen im Jahr ausgehen,[361] sind in strafrechtlicher Hinsicht seit dem Ziegenhaarfall aus dem Jahr 1929 lediglich 121 weitere strafrechtliche Produkthaftungsentscheidungen von Gerichten aller Instanzen sowie sechs staatsanwaltliche Anklagen und Einstellungsverfügungen veröffentlicht worden.[362] Die Gründe hierfür sind vielfältig und sollen an späterer Stelle vertieft werden.[363] Allerdings sollte die – kleine – Zahl der indizierten Fälle nicht darüber täuschen, dass eine erhebliche Zahl von Ermittlungsverfahren eingeleitet wird.

193 cc) *Möglichkeiten der Verfahrenseinstellung.* Kommt es zu einer Einleitung eines Strafverfahrens, so wird es regelmäßig im Interesse des Unternehmens wie der betroffenen Unternehmensverantwortlichen liegen, dass Verfahren in einem frühen Stadium möglichst geräuscharm und ohne die Öffentlichkeitswirkung einer Hauptverhandlung zu beenden. Neben den Einstellungsmöglichkeiten des § 170 Abs. 2 StPO und § 153 StPO hat die Einstellung gegen Auflagen gemäß § 153 a StPO in Produkthaftungsfällen besondere Relevanz erfahren. So ist sowohl im Contergan- als auch im Holzschutzmittelverfahren eine Einstellung nach § 153 a StPO erfolgt, nachdem sich die betroffenen Firmen zur Zahlung von hohen Summen zu Forschungszwecken

---

[357] Vgl. *Schwartz*, Strafrechtliche Produkthaftung S. 119 m. w. N.
[358] Vgl. *Lehr* NStZ 2001, 1325; *Dahs*, Handbuch des Strafverteidigers, Rdnr. 198, *Wehnert*, FS Rieß, S. 812, 821; *Eidam*, Unternehmen und Strafe, S. 569 ff.
[359] Vgl. dazu im Folgenden unter c) und d) Rdnr. 200 ff.; 211 ff.
[360] Vgl. *Kapp* NJW 2002, 2796.
[361] *Eidam* PHI 1991, 232, 239; Graf v. Westphalen/Goll/Winkelbauer § 46 Rdnr. 1.
[362] Vgl. *Schmidt-Salzer* ES Strafrecht; *Schwartz*, Strafrechtliche Produkthaftung, S. 120.
[363] Vgl. dazu im Folgenden unter Rdnr. 233 ff.; 238.

bereit erklärt hatten.[364] Angesichts des hohen Ermittlungsaufwands und zahlreicher tatsächlicher wie rechtlicher Schwierigkeiten, vor allem hinsichtlich der Feststellung der Schadensursächlichkeit eines Produkts, bietet sich den betroffenen Mitarbeitern und Unternehmen – auch vor dem Hintergrund der Überlastung der Justiz – ein erhebliches Maß an Verhandlungsmasse.[365] Die weit reichende **Einstellungspraxis** der Gerichte und Staatsanwaltschaften belegt die Praktikabilität dieses Instruments. Angesichts des hohen Gefährdungspotentials von mangelhaften Produkten und dem Umstand, dass die zu erfüllenden Zahlungsauflagen meist von den Verantwortlichen auf die Unternehmen übergewälzt werden können, hat die weit reichende Einstellungspraxis unter generalpräventiven Gesichtspunkten Kritik erfahren. Dem ist zuzugeben, dass die Einstellungspraxis dem Präventionsgedanken und dem Versuch der Risikominimierung im Bereich der Produkthaftung widerspricht. Allerdings sind diese Gedanken nicht originärer Zweck der Strafverfahrensnorm des § 153 a StPO. Dem Opportunitätsgedanken entsprechend kann die Norm gerade in umfangreichen und langwierigen Produkthaftungsfällen ein sinnvolles Instrument sein, um einen gerechten Schadensausgleich herbeizuführen, das Verfahren erheblich abzukürzen und Unternehmensverantwortlichen und Unternehmen die über die kriminalrechtliche Sanktion hinausgehenden Nachteile zu ersparen.

dd) *Das Strafbefehlsverfahren.* Kommt eine Einstellung nach den §§ 153 ff. StPO nicht in Betracht, bietet sich für den beschuldigten Unternehmensverantwortlichen die Möglichkeit, anstelle einer Aufsehen erregenden öffentlichen Hauptverhandlung den unauffälligeren und persönlich meist schonenderen Weg des Strafbefehlverfahrens zu verfolgen. In diesem summarischen Verfahren können gemäß § 407 Abs. 2 StPO neben Geldstrafen nun auch zur Bewährung ausgesetzte Freiheitsstrafen bis zu einem Jahr festgesetzt werden, vorausgesetzt der Beschuldigte hat einen Verteidiger.[366] Das Strafbefehlsverfahren kann dabei bis zur Eröffnung des Hauptverfahrens den Abschluss des Verfahrens darstellen.[367]

ee) *Die Hauptverhandlung.* In Wirtschaftsstrafverfahren gilt der Gang in die Hauptverhandlung oft bereits als der „Verlust" des Verfahrens. Sicher ist richtig, dass es häufig im individuellen wie im Interesse der Firma liegt, eine öffentliche Hauptverhandlung mit der damit verbundenen Prangerwirkung zu vermeiden. Auch die Auswirkungen auf die Bilanz, die Kreditwürdigkeit und den Börsenkurs eines Unternehmens lassen es vielfach angezeigt erscheinen, ein kontrolliertes Ende des Verfahrens mit allen Mitteln zu suchen. Trotzdem bietet auch eine Hauptverhandlung große Chancen, die negativen Auswirkungen eines Strafverfahrens zu begrenzen. In vielen – auch der hier vorgestellten zentralen Fälle[368] – war die ursprüngliche, vor der Hauptverhandlung geäußerte Vorstellung der Staatsanwaltschaft weit entfernt von dem schlussendlichen Ergebnis. Besonders komplexe Fälle, bei denen technische Fragen schwierigster Art eine Rolle spielen, werden manchmal erst vor Gericht transparent und lösbar. Allerdings muss sich in diesen Fällen der Betroffene auf ein langes, Monate bis Jahre dauerndes Verfahren einstellen.

b) **Geldbuße nach dem OWiG – § 130 OWiG.** Neben strafrechtlichen Konsequenzen drohen den Führungskräften eines Unternehmens in Produkthaftungsfällen auch erhebliche Geldbußen. So kennt das Ordnungswidrigkeitengesetz den Tatbestand der betrieblichen Aufsichtsverletzung in § 130 OWiG.[369] Diese unternehmensbezogene Sanktion ist als reiner Bußgeldtatbestand ausgestaltet und droht den Leitungspersonen eines Unternehmens persönlich Geldbußen an in Fällen der Verletzung ihrer Aufsichtspflicht. Sinn der Vorschrift ist es, in Betrieben und Unternehmen zu verhindern, dass mangels Kontrolle Zustände entstehen, die für

---

[364] Vgl. LG Aachen JZ 1971, 507 ff.; LG Aachen NJW 1997, 1994 f.
[365] Vgl. *Schwartz*, Strafrechtliche Produkthaftung, S. 120 f.
[366] Vgl. *Schwartz*, Strafrechtliche Produkthaftung, S. 122 f.
[367] Vgl. *Schwartz*, Strafrechtliche Produkthaftung, S. 122; *Siegismund/Wickern* wistra 1993, 81, 90.
[368] So hatte die Staatsanwaltschaft im Holzschutzmittelverfahren noch während der Hauptverhandlung – vorher war die Möglichkeit einer Einstellung kategorisch abgelehnt worden – die Vorstellung, dass eine Geldauflage in Höhe von 120 Millionen DM (!) angemessen sei. Am Ende, nach aufgehobenem landgerichtlichen Urteil, belief sich die Auflage auf 4 Millionen DM.
[369] Vgl. zu § 130 OWiG: Grundlegend: *van Jeger*, Geldbuße gegen juristische Personen und Personenvereinigungen; siehe auch *Többens* NStZ 1999, 1 ff.; *Otto* Jura 1998, 409, 413 ff. *Göhler* OWiG § 130 Rdnr. 1 ff. m. w. N.

die Begehung betriebsbezogener Zuwiderhandlungen, insbesondere durch nachgeordnete Mitarbeiter ursächlich sind. Dabei erfolgt die Haftungszuordnung zunächst von unten nach oben, d. h. dem Betriebsinhaber wird das Handeln oder Unterlassen nachgeordneter Mitarbeiter zugerechnet.[370] Der Täterkreis ist hierbei allerdings nicht auf den Betriebs- oder Unternehmensinhaber beschränkt, sondern wird durch die tatbestandsergänzende Norm des § 9 OWiG auf gesetzliche oder gewillkürte Vertreter erweitert, d. h. dem Inhaber gleich gestellte Personen wie gesetzliche Vertreter, Organvertreter einer juristischen Person, vertretungsberechtigte Gesellschafter einer Personenhandelsgesellschaft und beauftragte Personen sind in die bußgeldrechtliche Haftung miteinbezogen.[371] Die Zurechnung und Haftungsausdehnung erfolgt also auch in umgekehrter Richtung – von der Unternehmensebene hin zur Organ- und Leitungsebene.[372]

197 Ähnlich wie bei der bereits geschilderten deliktischen Haftung durch Unterlassung, setzt der objektive Tatbestand ein Unterlassen von solchen Aufsichtsmaßnahmen voraus, die einerseits zumutbar und andererseits erforderlich sind, um Zuwiderhandlungen gegen betriebs- und unternehmensbezogene Pflichten zu verhindern. Der Unrechtsgehalt der Tat erschöpft sich darin, dass die zur Verhinderung einer Zuwiderhandlung erforderlichen Maßnahmen – z. B. entsprechende Qualitätskontrollen – durch den Betriebsinhaber nicht installiert wurden. Zu den notwendigen Aufsichtsmaßnahmen gehören neben den in § 130 OWiG genannten Elementen sorgfältiger Auswahl und Überwachung die **fortlaufende Unterrichtung der Betriebsangehörigen** über die einzuhaltenden gesetzlichen Bestimmungen, die präzise **Aufklärung über den jeweiligen Aufgabenbereich** sowie die regelmäßige – nicht nur gelegentliche – **Kontrolle der Mitarbeiter** und der Betriebsvorgänge.[373] In diesen Dreiklang der Organisations-, Aufklärungs- und Kontrollpflichten können die zivilrechtlichen Grundsätze zur Produktüberwachung zwanglos eingelesen werden.

198 Die Verletzung dieser Aufsichtspflichten ist sowohl vorsätzlich als auch fahrlässig möglich. In beiden Fällen ist jedoch ein Kausalzusammenhang zwischen der Aufsichtspflichtverletzung und der zu sanktionierenden Zuwiderhandlung erforderlich.[374] Für die Höhe der Geldbuße kommt es nach § 130 OWiG darauf an, ob die Zuwiderhandlung gleichzeitig mit Strafe oder Geldbuße bedroht ist. Im ersten Fall ist der Höchstbetrag der Geldbuße bei vorsätzlicher Begehungsweise 500 000 Euro, bei fahrlässiger Begehungsweise gemäß § 17 Abs. 2 OWiG 250 000 Euro. Im zweiten Fall bestimmt sich die für die Aufsichtspflichtverletzung zu verhängende Geldbuße nach dem für die begangene Ordnungswidrigkeit vorgesehenen Bußgeldrahmen.[375] Die Geldbuße wird dabei gegen die verantwortliche Führungskraft des Unternehmens persönlich verhängt, eine Übernahme durch das Unternehmen ist jedoch zulässig.

199 Die Verhängung einer Geldbuße nach § 130 OWiG kommt nicht in Betracht, wenn der Unternehmensverantwortliche wegen der Pflichtverletzung selber als Täter, als Teilnehmer oder als Beteiligter gemäß § 14 OWiG oder in fahrlässiger Nebentäterschaft haftet. Die Regelung des § 130 OWiG ist insofern als ein Auffangtatbestand für unerwünschte Lücken von betriebsbezogenen Pflichtverletzungen durch den Inhaber konzipiert.[376] Schließlich ist § 130 OWiG immer im Kontext mit der – noch zu erörternden – rein unternehmensbezogenen Verbandsstrafe gemäß § 30 OWiG zu sehen, bildet die in § 130 OWiG sanktionierte Aufsichtspflichtverletzung doch zugleich die Anknüpfungs- und Bezugstat i. S. des § 30 OWiG. Das Netz von personen- und unternehmensbezogenen Maßnahmen zur Sanktionierung von Aufsichtspflichtverletzungen im Unternehmen ist im Ordnungswidrigkeitenrecht daher dicht geknüpft.[377]

---

[370] Vgl. *Többens* NStZ 1999, 1, 8; *Rogall* ZStW 1986, 573, 575 ff.
[371] Vgl. *Eidam* PHI 1991, 232, 235; *Krekeler*, FS Hanack, 639, 646; *Göhler* OWiG § 130 Rdnr. 4.
[372] Vgl. *Többens* NStZ 1999, 1, 7.
[373] Vgl. *Eidam* PHI 1991, 232, 235; *Többens* NStZ 1999, 1, 4; *Göhler* OWiG § 130 Rdnr. 10 ff.
[374] Vgl. BGH wistra 1982, S. 34.
[375] Vgl. *Göhler* OWiG § 130 Rdnr. 28; *Többens* NStZ 1999, 1, 5.
[376] So die herrschende Meinung – vgl. nur *Göhler* OWiG § 130 Rdnr. 25 mit umfassenden weiteren Nachweisen.
[377] Vgl. zum Zusammenspiel der §§ 9, 30, 130 OWiG: *Többens* NStZ 1999, 1 ff. und *Wehnert*, FS Rieß, 811, 823, die meint das Unternehmensstrafrecht habe in Deutschland schon über den Umweg des OWiG in Deutschland Einzug gehalten.

c) Übernahme von Geldstrafen, Zahlungsauflagen und Geldbußen durch das Unternehmen. Nicht nur im Produkthaftungsbereich, sondern auch in der Unternehmenspraxis ganz allgemein, hat sich angesichts der zunehmenden strafrechtlichen Risiken ein praktisches Bedürfnis gebildet, Mitarbeiter in den unterschiedlichen Stufen der Unternehmenshierarchie für bestimmte Situationen – zumindest wirtschaftlich – von drohenden Sanktionen auch im strafrechtlichen Bereich freizustellen. Qualifizierte Kräfte in sensiblen Bereichen sind nicht mehr bereit, ohne entsprechende Rückendeckung für ein Unternehmen in der Grauzone unklarer Straftatbestände tätig zu werden.[378] Während der wirtschaftliche Erfolg einer gelungenen, aber riskanten Maßnahme primär dem Unternehmen zugute kommt, ist der Misserfolg strafrechtlich nur allzu oft von den Mitarbeitern zu tragen.[379] Daneben stellen Gerichte – unzulässigerweise – bei der Bemessung von Geldstrafen, Geldauflagen und Geldbußen nicht allein auf die betreffende Person, sondern auf die finanzielle Leistungsfähigkeit des dahinter stehenden Unternehmens ab. Angesichts dieser Entwicklungen und praktischen Bedürfnisse ist die Frage näher zu beleuchten, ob die Erstattung solcher Strafen, Bußen und Auflagen durch das Unternehmen nicht wiederum eine Strafbarkeit von Unternehmensangehörigen nach sich ziehen kann.

aa) Strafvereitelung. Bis zur Grundsatzentscheidung des BGH vom 7.11.1990[380] wurde die **Übernahme einer Geldstrafe durch Dritte** von der Rechtsprechung als strafbare Vollstreckungsvereitelung i. S. des § 258 Abs. StGB bewertet.[381] Zur Begründung führten die Gerichte an, eine Zahlung der Geldstrafe durch Dritte vereitele den der Geldstrafe innewohnenden Sanktionszweck. Dieser bestehe darin, die Geldstrafe als **persönliche Vermögenseinbuße** zu empfinden. Einen solchen Sanktionszweck hat der BGH eindeutig abgelehnt, so dass die **unternehmerische Übernahme von Geldstrafen** – sei es nachträglich oder in der Form einer vorherigen Erstattungszusage – **keine Strafvollstreckungsvereitelung** mehr darstellt.[382] Gleiches gilt für Geldbußen nach dem OWiG – bei Ordnungswidrigkeiten gibt es keine Strafvereitelung[383] – und Geldauflagen bei einer Verfahrenseinstellung nach § 153 a StPO. Letzteren kommt wegen ihres Charakters als besonderer nichtstrafrechtlicher Sanktion bereits kein Strafcharakter zu, so dass die Übernahme von Geldauflagen schon nicht tatbestandsmäßig i. S. des § 258 StGB sein kann.[384]

bb) Beihilfe. Ergeben sich für die Unternehmensorgane keine strafrechtlichen Risiken durch die vorherige Erstattungszusage oder die nachträgliche Erstattung von Geldstrafen etc. unter dem Gesichtspunkt der Strafvereitelung, so verbleiben doch Restrisiken im Bereich der Untreue und Beihilfe. So kann die vorherige Erstattungszusage durch Unternehmensverantwortliche im Einzelfall eine – psychische – Beihilfe zu einer Haupttat sein.[385] Denkbar ist in Produkthaftungsfällen z. B. die Konstellation, dass die Unternehmensleitung im Vorfeld einer konkreten Entscheidung über einen an sich angezeigten Produktrückruf eine Erstattungszusage für die Entscheidungsträger abgibt und diese – bestärkt durch diese Zusage – pflichtwidrig gegen den Rückruf stimmen. Üblicherweise wird es in der Unternehmenspraxis aber so sein, dass das Unternehmen im Vorfeld eine Allgemeine, nicht an einen konkreten Einzelfall anknüpfende Freistellungsvereinbarung trifft. Diese werden im Regelfall nicht in der Erwartung abgegeben, dass bestimmte, rechtswidrige Handlungen eines Mitarbeiters bevorstehen. Der im Rahmen der Beihilfe erforderliche Kausalzusammenhang zwischen Erstattungszusage und Haupttat, die zudem immer eine vorsätzliche sein muss, fehlt in diesen Fällen regelmäßig.[386] Strafrechtliche Risiken bestehen bei vorherigen Erstattungszusagen im Bereich der Teilnahme daher nur

---

[378] Vgl. *Kapp* NJW 1992, 2796 ff.; *Rehbinder* ZHR 148 (1984), 555, 564.
[379] Vgl. *Kapp* NJW 1992, 2786 ff.
[380] BGHSt 37, 226 = NJW 1991, 990; kritisch hierzu *Scholl* NStZ 1999, 599 ff.; *Wodicka* NStZ 1991, 478 ff.; zustimmend *Lackner/Kühl* § 258 Rdnr. 13; SK/*Samson* § 258 Rdnr. 34 jeweils mit weiteren Nachweisen.
[381] Vgl. RGSt 30, 235; Vgl. zum damaligen Meinungsstand BGH JR 1992, 72, 73 mit Anmerkung *Hillenkamp*.
[382] Vgl. BGHSt 37, 226; Vgl. auch *Engels* Jura 1981, 581, 584; dagegen *Scholl* NStZ 1999, 599, 603 f.
[383] Vgl. *Kapp* NJW 1992, 2796, 2797.
[384] Vgl. *Hoffmann/Wißmann* StV 2001, 249; *Meyer-Goßner* § 153 a StPO Rdnr. 12; *Ignor/Rixen* wistra 2000, 448.
[385] Vgl. *Kapp* NJW 1992, 2796, 2797 m. w. N.
[386] *Rehbinder* ZHR 148 (1984), 555, 564; *Kapp* NJW 1992, 2796, 2797.

dann, wenn sie auf eine bestimmte oder strukturell sicher erwartete Gesetzesverletzung hin abgegeben werden.

203 Die Freistellungszusage in Bezug auf Zahlungsauflagen gemäß § 153 a StPO ist strafrechtlich ebenfalls irrelevant. Da die Unschuldsvermutung nach Art. 6 Abs. 2 MRK bei einer Einstellung nach § 153 a StPO nicht widerlegt ist,[387] fehlt es an einer teilnahmefähigen Haupttat i. S. des § 27 StGB, so dass die vorherige Zusage ebenso wie die nachträgliche Erstattung der Zahlungsauflage unter diesem Gesichtspunkt straflos ist.

204 *cc) Untreue.* Neben den vordergründigen Strafbarkeitsrisiken im Bereich der Strafvereitelung und Beihilfe ist darüber hinaus zu bedenken, dass der die Zahlung der Geldstrafe etc. durch das Unternehmen Veranlassende als Angehöriger eines Wirtschaftsunternehmens zuvorderst dessen Interessen zu fördern hat. Nach einhelliger Meinung besteht keine vertragliche oder gesetzliche Verpflichtung des Unternehmens zur Übernahme einer Geldstrafe oder Zahlungsauflage,[388] so dass sich angesichts des fehlenden primären Rechtsgrunds die Frage stellt, ob eine solche Zahlung pflichtwidrig sein kann und eine Strafbarkeit wegen Untreue durch Zahlung einer das Unternehmen nicht unmittelbar treffenden Schuld auslöst.

205 Einschlägige Entscheidungen hinsichtlich der für die Privatwirtschaft geltenden Grundsätze sind zumindest bislang nicht publiziert worden. Zwar hat der BGH in einer Entscheidung für den Vorsteher eines öffentlich-rechtlichen Abwasserverbandes entschieden, dass dieser sich wegen Untreue strafbar macht, wenn er aus Mitteln des Verbandes Geldstrafen bezahlt, die gegen seine Mitarbeiter im Zusammenhang mit deren beruflicher Tätigkeit verhängt worden sind.[389] Diese Entscheidung ist jedoch nicht auf den Bereich der Privatwirtschaft zu übertragen, da diese nicht den strengen Regeln bzgl. der Verwendung öffentlicher Mittel unterworfen ist und darüber hinaus betriebswirtschaftliche Überlegungen zu berücksichtigen sind, denen die öffentliche Hand nicht unterworfen ist.[390]

206 Im Bereich der Privatwirtschaft ist die Mittelverwendung allein den Grundsätzen ordnungsgemäßer Geschäftsführung unterworfen. Hiernach fehlt es an der Pflichtwidrigkeit eines Verhaltens dann, wenn die mit dem Geschäftsvermögen getätigten Ausgaben ökonomisch sinnvoll sind und den Grundsätzen ordnungsgemäßer Wirtschaft entsprechen. Hierbei haben beispielsweise die Vorstände gemäß § 93 Abs. 1 AktG die Sorgfalt eines ordentlichen Geschäftsmannes anzuwenden, d. h. sie haben sich so zu verhalten, wie ein ordentlicher Geschäftsmann in verantwortlich leitender Position bei selbständiger treuhänderischer Wahrnehmung fremder Vermögensinteressen handeln würde.[391] Innerhalb dieses Sorgfaltsmaßstabes muss für unternehmerische Entscheidungen ein gewisser Spielraum verbleiben.[392] Aus diesem Grunde werden auch Risikogeschäfte von der Rechtsprechung nicht als von vornherein pflichtwidrig angesehen. Die Norm § 266 StGB steht vernünftigen wirtschaftlichen Ausgaben oder dem kaufmännischen Unternehmergeist also nicht im Wege.[393]

207 Überträgt man diese Grundsätze auf die Frage, ob die Erstattung einer Geldstrafe oder einer Zahlungsauflage durch das Unternehmen eine wirtschaftlich sinnvolle Ausgabe für das Unternehmen darstellt, so hat man die negativen Folgen, die im Falle der Nichtübernahme der Geldstrafe bzw. Zahlungsauflage eintreten würden mit dem wirtschaftlichen Nachteil, der durch die unmittelbare Erstattung eintritt, abzuwägen. Übernimmt das Unternehmen die Geldstrafe oder Zahlungsauflage nicht für den Mitarbeiter, so wird dieser als persönlich Betroffener geneigt sein, seine Unschuld zu beweisen oder eine möglichst milde Strafe zu erzielen. Dementsprechend wird der betroffene Mitarbeiter von Rechtsmitteln Gebrauch machen bzw. sich nicht mit einer Einstellung nach § 153 a StPO einverstanden erklären. Dabei kann es durchaus im vernünftigen wirtschaftlichen Interesse des Unternehmens liegen, die Geldstrafe oder Zahlungsauflage zu erstatten: Die negative Publizitätswirkung von Strafverfahren für das Unternehmen, der Verlust von Akzeptanz und „Good Will" im Kundenkreis und bei Vertragspartnern, der

---

[387] Vgl. BVerfG MDR 1991, 891; *Fezer* ZStW 106, 33.
[388] Auch nicht aufgrund einer analogen Anwendung des § 670 BGB: Vgl. BGHSt 37, 226.
[389] BGHSt 37, 226, 228.
[390] *Hoffmann/Wißmann* StV 2001, 250; *Langkeit* WiB 1994, 66.
[391] BGHZ 64, 257.
[392] Vgl. BGH v. 27.2.75 – 4 StR 571/74 – NJW 1975, 1234 „Bundesligaskandal".
[393] Vgl. BGH v. 12.6.90 – 5 StR 268/89 – NJW 1990, 3219, 3220.

Verlust von Arbeitszeit und Arbeitskraft des betroffenen Mitarbeiters und nicht zuletzt die mögliche Signalwirkung auf andere verantwortliche Mitarbeiter legen eine Erstattung wirtschaftlich gesehen sehr nahe;[394] hierdurch lassen sich möglichst frühzeitig die gravierenden Nachteile eines umfassenden Ermittlungs- und Strafverfahrens vermeiden.

Besonders augenfällig wird dies für den Fall, dass sich ein Ermittlungsverfahren bei Zahlung einer hohen Zahlungsauflage relativ frühzeitig nach § 153 a StPO einstellen lässt. Der kurzfristige Nachteil der Zahlung durch das Unternehmen wird durch den Vorteil, ein langwieriges Verfahrens mit all seinen Belastungen – hohe Verteidigungskosten, negative Presse etc. – vermieden zu haben, vielfach mehr als aufgewogen.

Im Regelfall wird die Erstattung einer Geldstrafe oder Zahlungsauflage daher kein pflichtwidriges Verhalten darstellen, sondern dem Unternehmensinteresse dienen und sich im Bereich sinnvollen ökonomischen Verhaltens bewegen. Nur in Ausnahmefällen wird den Organmitgliedern eine Untreue vorgeworfen werden können, nämlich dann, wenn die Erstattungszusage als „Geschenk" und nicht als unternehmerisch gerechtfertigte Gehaltszulage anzusehen ist.[395] Mit strafrechtlichen Risiken behaftet ist die Erstattungszusage daher dann, wenn die Liquidität des Unternehmens hierdurch gefährdet ist,[396] das Stammkapital angegriffen wird[397] oder der Arbeitnehmer zum Nachteil des Unternehmens gehandelt hat.[398]

Insgesamt: Angestoßen durch die Entscheidung des BGH, dass eine Erstattung einer Geldbuße nicht mehr per se eine Strafvereitelung darstellt, ist der Weg zu einer vorherigen als auch nachträglichen Erstattungszusage von Geldstrafe, Geldbußen und Geldauflagen grundsätzlich frei geworden. Die Grenze ist im Wirtschaftsbereich das wohlverstandene Interesse des Unternehmens in den Bemessungsgrenzen der Anforderungen an einen ordentlichen Kaufmann. Unternehmen sollten angesichts der insoweit kalkulierbaren strafrechtlichen Risiken ihren Mitarbeitern eine allgemeine Freistellungszusage geben und deren persönliches Risiko durch unternehmensveranlasste Tätigkeit weitestgehend abfedern.

d) **Versicherbarkeit der strafrechtlichen Risiken.** Daneben sollten Unternehmen ihren Mitarbeiter auch Versicherungsschutz durch Abschluss einer Straf-Rechtsschutzversicherung anbieten. Solche Versicherungen können – da echtes kriminelles, d. h. vorsätzliches, Verhalten naturgemäß nicht versicherbar ist – zumindest eine recht weitgehende Absicherung im Bereich der Fahrlässigkeitsdelikte für den einzelnen Mitarbeiter bieten, da Verfahrens- und Verteidigungskosten sowie ggf. Kautionszahlungen von der Versicherung abgedeckt sind.[399]

Darüber hinaus bieten die seit Anfang der 80er-Jahre angebotenen Straf-Rechtsschutzversicherungen Versicherungsschutz in folgenden Bereichen: Sowohl die Kosten für anwaltliche Firmenstellungnahmen, d. h. Stellungnahmen im Stadium der „Ermittlungen gegen Verantwortliche der Firma XY", als auch für die anwaltliche Zeugenbetreuung und den Zeugenbeistand werden übernommen. Dem Grundsatz nach besteht auch Versicherungsschutz bei Ermittlungsverfahren in denen der Vorwurf bzw. die Anklage auf Vorsatz lautet. Erfolgt jedoch eine Verurteilung wegen eines vorsätzlichen Delikts, so entfällt der Versicherungsschutz nachträglich und die erbrachten Leistungen sind zurückzuerstatten. Von diesem Grundsatz gibt es jedoch zwei für den Produkthaftungsbereich bedeutsame Ausnahmen: Bei einer Vorsatzverurteilung im Ordnungswidrigkeitenbereich oder aufgrund eines Strafbefehls besteht weiterhin Versicherungsschutz. Gleiches gilt für Verfahren, in denen der Tatvorwurf auf Vorsatz lautet, diese aber gemäß §§ 153, 153 a StPO eingestellt werden. Darüber hinaus erstatten die Straf-Rechtsschutzversicherungen – den Gepflogenheiten gesonderter Gebührenvereinbarungen im Bereich der Strafverteidigung entsprechend – auch über die BRAGO-Gebühren hinausgehende Anwaltshonorare. Von besonderer Bedeutung für den Produkthaftungsbereich – besonders bei Konstruktionsfehlern – ist der Umstand, dass mit Abschluss des Versicherungsvertrages Versi-

---

[394] Vgl. *Scholl* NStZ 1999, 599; *Kapp* NJW 1992, 2796, 2797.
[395] Vgl. *Kapp* NJW 1992, 2796, 2797; *Wessing*, Der Syndikus, 11-12/2002, S. 11.
[396] Vgl. BGHSt 34, 379, 387 f; BGH NJW 2000, 154.
[397] Vgl. BGHSt 34, 379, 387 f; BGH NJW 2000, 154.
[398] Vgl. *Hoffmann/Wißmann* StV 2001, 250, 251.
[399] Vgl. umfassend zur Strafrechtsschutzversicherung: *Dahnz*, Manager und ihr Berufsrisiko, S. 285 ff.; S. auch Graf v. Westphalen/*Goll*/*Winkelbauer* § 46 Rdnr. 17 ff.

cherungsschutz für alle zeitlich späteren Ermittlungsverfahren besteht, unabhängig davon, ob deren Ursache zeitlich vorher liegt.[400]

213 Über diese versicherungsrechtlichen Aspekte hinaus hat der Abschluss einer Straf-Rechtsschutzversicherung auch psychologische Bedeutung für die einzelnen Mitarbeiter, wird doch deutlich, dass das Unternehmen Rückendeckung und Absicherung bietet.[401] Vor diesem Hintergrund einer weitest möglichen Absicherung der persönlichen strafrechtlichen Risiken durch das Unternehmen wird die Arbeitsmotivation und wirtschaftlich notwendige Risikobereitschaft gerade der verantwortlichen Mitarbeiter regelmäßig größer sein, als für den Fall, dass das Unternehmen seine Mitarbeiter sprichwörtlich „im Regen stehen lässt". Daher sollte der Straf-Rechtsschutz durch das Unternehmen nicht nur auf die im Produkthaftungsbereich besonders sensiblen Ebenen des Top und Middle-Management beschränkt sein, sondern sämtliche Mitarbeiter des Unternehmens umfassen, entsteht doch regelmäßig Erklärungsbedarf, wenn die Unternehmensleitung bestimmten Mitarbeitern oder Abteilungen den Versicherungsschutz vorenthält.[402] Überdies gilt im Arbeitsrecht das Prinzip der Gleichbehandlung aller Mitarbeiter, so dass für den Fall eines Ermittlungsverfahrens welches versicherte wie nichtversicherte Mitarbeiter betrifft, letztere unter Berufung auf diesen Grundsatz ebenfalls Anspruch auf Erstattung der üblichen Verteidigungskosten haben dürften.[403]

214 Zieht man an dieser Stelle Zwischenbilanz, so lässt sich feststellen, dass die dem einzelnen Mitarbeiter im Rahmen eines Produktstrafverfahrens drohenden rechtlichen Folgen – mit Ausnahme der Untersuchungshaft bzw. einer Haftstrafe – zu einem gewichtigen Teil bereits im Vorfeld auf das Unternehmen übergeleitet werden können. Die entsprechende Rückendeckung und Solidarität des Unternehmens vorausgesetzt, kann man die persönlichen, rein strafrechtlichen Risiken für den einzelnen Unternehmensverantwortlichen als kalkulierbar bezeichnen. Nicht durch das Unternehmen aufzufangen sind dagegen die weit reichenden, mit dem Ermittlungsverfahren einhergehenden Kollateralschäden durch mediale und öffentliche Vorverurteilung.

2. Unternehmensbezogene Rechtsfolgen

215 Nach dem in Deutschland herrschenden Schuldstrafrecht betreffen die Konsequenzen aus einer Straftat grundsätzlich die handelnde Person.[404] Dennoch existieren im Straf- und Ordnungswidrigkeitenrecht Vorschriften, die neben einer Person auch Unternehmen betreffen können. Der Gesetzgeber hat erkannt, dass eine reine Kriminalstrafe als Sanktionsinstrument in einer primär wirtschaftlich ausgerichteten Gesellschaft nicht ausreicht. Er hat deshalb – u. a. durch die mit dem Gesetz zur Bekämpfung der Organisierten Kriminalität im Jahr 1992 eingeführten Regelungen der Vermögensstrafe (§ 43 a StGB) und des erweiterten Verfalls (§ 73 d StGB)[405] – Instrumente geformt, um neben der reinen Kriminalstrafe auch vermögensmäßige Konsequenzen zu schaffen, die Strafcharakter haben. Angesichts der Unterschiedlichkeit zwischen individuell handelnden Personen und Unternehmen hat der Gesetzgeber im Rahmen dieser Regelungen auch Unternehmen mit erfasst, um etwaige strafrechtliche Schlupflöcher zu schließen.

216 a) Verfall, Einziehung, Vermögensstrafe. Unter dem Stichwort der Gewinnabschöpfung sind die Instrumente des Verfalls, der Einziehung und der Vermögensstrafe einzuordnen. Nachdem die Strafverfolgungsbehörden zunächst zögerlich mit diesen Instrumenten umgingen, haben sie diese in den letzten Jahren verstärkt als optimalen Weg entdeckt, um sich Zugriff auf die Tatgewinne von Straftätern zu verschaffen.[406]

217 Von den strafrechtlichen Nebenfolgen des Verfalls und der Einziehung sind Unternehmen in der Regel dann betroffen, wenn das Unternehmen durch Straftaten leitender Mitarbeiter

---

[400] Vgl. zum Versicherungsinhalt: *Dahnz,* Manager und ihr Berufsrisiko, S. 286 ff.
[401] Vgl. auch Graf v. Westphalen/*Goll*/Winkelbauer § 46 Rdnr. 20.
[402] Vgl. *Dahnz,* Manager und ihr Berufsrisiko, S. 285.
[403] Vgl. *Dahnz,* Manager und ihr Berufsrisiko, S. 285.
[404] Vgl. zur Diskussion um die Notwendigkeit eines Unternehmens- oder Verbandstrafrechts: *Wehnert,* FS Rieß, 811 ff.; *Krekeler,* FS Hanack, 639 ff.; *Hirsch* ZStW 107 (1995), S. 285 ff.; *Otto* Jura 1998, 409 ff. jeweils m. w. N.
[405] Vgl. BGBl. 1992 I S. 372; hierzu auch: *Eidam,* Unternehmen und Strafe, S. 213 ff.
[406] Vgl. beispielsweise: *Windolph,* StraFo 2003, 115.

Gegenstände oder Vorteile erlangt hat (Verfall) oder die Mitarbeiter bei der Begehung der Straftat Gegenstände des Unternehmens genutzt haben (Einziehung).[407]

Durch die Vorschriften des Verfall gemäß den §§ 73 ff. StGB soll das für oder aus der Tat Erlangte nicht dem durch die Tat Begünstigten erhalten bleiben, sondern wird für verfallen erklärt, mit der Folge, dass mit der Rechtskraft der Entscheidung das Eigentum hieran oder das verfallene Recht auf den Staat übergeht (§ 73 e StGB). Nach § 73 Abs. 3 StGB richtet sich diese Sanktion nicht nur gegen den einzelnen Täter. Sie kann auch gegenüber demjenigen angeordnet werden, für den gehandelt worden ist und welcher hierdurch etwas erlangt hat. Unternehmen, juristische Personen und Verbände sind daher dem direkten Zugriff der Strafverfolgungsbehörden ausgesetzt. Verstoßen etwa leitende Mitarbeiter eines Pharmaunternehmens gegen die Straftatbestände des Medizinproduktegesetzes, unterliegen die Umsatzeinnahmen des Unternehmens aus solchen Geschäften dem Verfall mit der Folge, dass die Einnahmen – nach einem entsprechenden gerichtlichen Verfahren – an die Staatskasse abzuführen sind.[408] Dabei ist zu beachten, dass hierbei nach der neueren Gesetzgebung das Bruttoprinzip anzuwenden ist.[409] Somit besteht die Möglichkeit, nicht nur den Vermögensvorteil, sondern das Erlangte selbst ohne jeglichen Abzug von Kosten oder Aufwendungen, etwa für die Produktionskosten der verbotswidrig in den Verkehr gebrachten Arzneien, für verfallen zu erklären.

Die Einziehung nach § 73 StGB erstreckt sich über die Vorschrift des § 75 StGB auch auf Unternehmenswerte. Aus dieser Vorschrift kann, wenn jemand in einer Funktion für ein Unternehmen gehandelt hat, die Einziehung eines Gegenstandes oder Wertersatzes auch gegenüber einer juristischen Person oder Personenvereinigung erfolgen. Limitiert ist die Einziehung durch die Ansprüche eventuell Geschädigter, wenn durch die Geltendmachung der Ansprüche der Wert des Erlangten aufgezehrt oder gemindert wird.[410] Als erlangt anzusehen sind auch mittelbare Vorteile, also z. B. der gesamte Gewinn aus einer fehlerhaften Produktgruppe.

Über diese empfindlichen, unternehmensbezogenen Sanktionen hinaus erfährt die relativ neue Vorschrift des „**erweiterten Verfalls**" (§ 73 d StGB) in Produkthaftungsfällen kaum praktische Relevanz. Im Wege des erweiterten Verfalls können auch Gegenstände des Täters oder Teilnehmers einbezogen werden, wenn der Nachweis der Herkunft aus einer konkreten Tat nicht geführt werden kann, sondern nur vermutet wird. Da der Katalog derjenigen Taten, die auf die Möglichkeiten des erweiterten Verfalls verweisen, sich nicht in der Nähe der in Produkthaftungsfällen einschlägigen Vorschriften bewegt, erfährt der erweiterte Verfall in Produkthaftungsfällen regelmäßig **keine Bedeutung**.

Gleiches gilt für die mittlerweile vom BVerfG[411] für verfassungswidrig, weil nicht mit Art. 103 Abs. 2 GG vereinbar, erklärte spezielle Regelung der Vermögensstrafe (§ 43 a StGB). Angesichts der tatbestandlichen Hürde – Verhängung einer Freiheitsstrafe von mehr als zwei Jahren – ist hier jedenfalls kein Fall bekannt, in dem im Rahmen eines Produkthaftungsfalles das Vermögen des Verurteilten nach der Vorschrift des § 43 a StGB in Anspruch genommen wurde.

b) Unternehmensgeldbuße – § 30 OWiG. Wesentlich breitere Anwendung findet demgegenüber eine im OWiG als Sanktion gegen Unternehmen und Verbände vorgesehene Maßnahme – die sog. Unternehmens- oder Verbandsgeldbuße gemäß § 30 OWiG. Nach dieser Norm können gegen juristische Personen und gleichgestellte Personenvereinigungen **Geldbußen bis zu 500 000 Euro** verhängt werden, wenn deren vertretungsberechtigtes Organ oder Vorstand usw. eine Straftat oder Ordnungswidrigkeit begangen hat, durch die entweder eine den Verband treffende Pflicht verletzt worden ist oder für den Verband eine Bereiche-

---

[407] Vgl. *Güntert*, Die Gewinnabschöpfung als strafrechtliche Sanktion, S. 84 ff; Graf v. Westphalen/*Goll*/*Winkelbauer* § 46 Rdnr. 15.
[408] Vgl. Graf v. Westphalen/*Goll*/*Winkelbauer* § 46 Rdnr. 15 mit weiterem Beispiel.
[409] BGH NStZ 1994, 123; Müller-Gugenberger/Bieneck/*Niemeyer* § 21 Rdnr. 74 m. w. N.
[410] Vgl. zur Einziehung: Müller-Gugenberger/Bieneck/*Niemeyer* § 21 Rdnr. 77 m. w. N.
[411] Vgl. BVerfG v. 20.3.2002 – 2 BvR 794/95 – BGBl. I 2002, 1340; Vgl. zur Frage der Verfassungsmäßigkeit des § 43 a StGB auch BGHSt 41, 278 ff. = StV 1995, 245 ff.; *Eidam*, Unternehmen und Strafe, S. 215 m. w. N.

rung eingetreten oder erstrebt worden ist.[412] Hintergrund ist das repressive rechtspolitische Bedürfnis, Unternehmen mit ihrem juristisch verselbständigten Vermögen diejenigen Gewinne wieder abzunehmen, die ihnen durch Delikte ihrer Organe zugeflossen sind und andererseits – präventiv – die gesetzlichen Vertreter dazu anzuhalten, Sorge dafür zu tragen, dass in Zukunft Rechtsverstöße im Unternehmen unterbleiben.[413] Dementsprechend richtet sich die Geldbuße gegen das Unternehmen als solches und nicht gegen den individuellen Täter.

223 Die durch § 30 OWiG eröffnete Möglichkeit, in Abweichung vom deutschen Schuldstrafrecht, Sanktionen gegen juristische Personen und Personenvereinigungen zu verhängen, hat Kritik erfahren.[414] So lässt sich die Vorschrift nur schwerlich in das dogmatische Gebäude des Straf- und Ordnungswidrigkeitenrecht einfügen und wird denn auch teilweise als „Etikettenschwindel" abgelehnt[415] bzw. als Einführung des – eigentlich nicht existenten – Unternehmensstrafrechts über den Umweg des Ordnungswidrigkeitenrecht bewertet.[416] Losgelöst von diesen grundsätzlichen Erwägungen erachtet die herrschende Meinung eine Verhängung einer Unternehmensgeldbuße aber als zulässig, da das Unternehmen der potentielle Nutznießer der Anknüpfungstat ist.[417]

224 Sanktionsfähig im Sinne des § 30 OWiG sind juristische Personen, nicht rechtsfähige Vereine und die Personenhandelsgesellschaften. Zu den juristischen Personen zählen z. B. die Aktiengesellschaft (AG), die Kommanditgesellschaft auf Aktien (KGaA), die Gesellschaft mit beschränkter Haftung (GmbH). Daneben soll die Vorschrift in diesem Bereich nach herrschender Meinung auch auf juristische Personen des öffentlichen Rechts wie Körperschaften, Anstalten und Stiftungen anwendbar sein.[418] Bei den Personengesellschaften sind die Offene Handelsgesellschaft (OHG), die Kommanditgesellschaft (KG) sowie die GmbH & Co. KG als primäre Sanktionsadressaten zu nennen.

225 **Voraussetzung für die Festsetzung einer Geldbuße** gegen diese Verbände/Unternehmen ist, dass eine Organ- bzw. Anknüpfungstat von einem vertretungsberechtigten Organ einer juristischen Person oder einem Mitglied eines solchen Organs, dem Vorstand oder einem Vorstandsmitglied eines nicht rechtsfähigen Vereins oder einem vertretungsberechtigten Gesellschafter einer Personenhandelsgesellschaft begangen wird.[419] Der **potentielle Täterkreis** reicht also von den Vorstandsmitgliedern einer AG über die Geschäftsführer einer GmbH bis zu den Gesellschaftern einer OHG. Damit nicht genug wurde der Täterkreis im Rahmen des zweiten Gesetzes zur Bekämpfung der Umweltkriminalität[420] auch auf Generalbevollmächtigte, Prokuristen und Handlungsbevollmächtigte ausgedehnt. Durch diese Erweiterung wollte der Gesetzgeber die **übliche Arbeitsteilung,** die Delegation von Aufgaben sowie die Trennung der Funktionen Verantwortung, Entscheidung und Handeln besser berücksichtigen und gleichzeitig Schlupflöcher, die dadurch entstanden waren, dass § 30 OWiG an die formelle und nicht die tatsächliche Stellung des Täters anknüpft, schließen.[421] Dementsprechend kommt es im Rahmen des § 30 OWiG auch nicht auf die zivilrechtliche Wirksamkeit der Bestellung z. B. des Prokuristen an, sondern die tatsächliche Innehabung und Ausübung der Funktion.[422]

226 Als Anknüpfungstaten i. S. des § 30 OWiG kommen neben allgemeinen Delikten, die grundsätzlich von jedermann zu beachten sind – z. B. Körperverletzungs- und Tötungsdelikte – auch

---

[412] Vgl. zu § 30 OWiG allgemein: *Többens* NStZ 1999, 1 ff.; *Göhler* OWiG § 30 Rdnr. 1 ff.; KK-OWiG/*Cramer* § 30 Rdnr. 1 ff.; *Göhler* wistra 1991, 207 ff.; *Wegner* wistra 2000, 361 ff.; *Krekeler*, FS Hanack, 640, 645; *Eidam*, Unternehmen und Strafe, S. 202; Müller-Gugenberger/Bieneck/*Niemeyer* § 21 Rdnr. 80 ff.
[413] Vgl. *Eidam*, Unternehmen und Strafe, S. 204, *Többens* NStZ 1999, 1, 5; KK-OWiG/*Cramer* § 30 Rdnr. 1 jeweils m. w. N.
[414] Vgl. zum Überblick nur *Többens* NStZ 1999, 1, 6 m. w. N.
[415] Jescheck/*Weigend* Strafrecht AT S. 228 m. w. N.
[416] Vgl. *Wehnert*, FS Rieß, S. 811, 823.
[417] KK-OWiG/*Cramer* § 30 Rdnr. 11 ff. m. w. N.; *Többens* NStZ 1999, 1, 6.
[418] *Többens* NStZ 1999, 1, 6. *Cramer* in KK-OWiG § 30 Rdnr. 44 m w. N.; OLG Frankfurt v. 30.1.1976 – 2 Ws (B) 356/75 – NJW 1976, 1276 (Bußgeld gegen einen Landkreis); OLG Hamm v. 27.2.1979 – 1 Ss OWi 1/79 – NJW 1979, 1312 (Bußgeld gegen eine Gemeinde).
[419] Vgl. § 30 Abs. 1 OWiG und *Többens* NStZ 1999, 1, 6; *Eidam*, Unternehmen und Strafe, S. 206.
[420] Vgl. BGBl. 1994 I S. 1440 ff.
[421] Vgl. *Eidam*, Unternehmen und Strafe, S. 203, 206; *Többens* NStZ 1999, 1, 6.
[422] BGHSt 3, 32 ff. und 21, 101 ff. *Többens* NStZ 1999, 1, 6.

spezielle betriebsbezogene Pflichten aus dem jeweiligen Tätigkeitskreis des Unternehmens in Betracht. So werden für das produzierende Gewerbe die bereits erörterten Konstruktions-, Produktions-, Instruktions- und Produktbeobachtungspflichten auch im Bereich der Unternehmensgeldbuße relevant. In diesem Zusammenhang bildet die Aufsichtspflichtverletzung der Organe gemäß § 130 OWiG die typische, zur **Verbandssanktion** führende Individualtat.[423]

Steht fest, dass ein Organ bzw. Organmitglied eine Pflichtverletzung begangen hat, bedarf es im Rahmen des § 30 OWiG **keiner genauen Individualisierung** des Täters. Ausreichend ist allein die Feststellung, dass ein im Sinne des § 30 OWiG Verantwortliche die Zuwiderhandlung vorwerfbar begangen hat. Hier wird deutlich, dass die vom BGH in der Lederspray-Entscheidung getroffenen Feststellungen hinsichtlich der Allzuständigkeit der Geschäftsführung in Krisensituationen über das Strafrecht hinaus bis auf die Auslegung des § 30 OWiG durchschlagen.[424]

Die Höhe der Geldbuße gegen die juristische Person bzw. das Unternehmen richtet sich gemäß § 30 Abs. 2 OWiG danach, ob die Bezugstat eine Straftat oder eine Ordnungswidrigkeit darstellt. Im Falle einer vorsätzlichen Straftat kann die Geldbuße bis zu € 1.000.000 betragen, im Falle der Fahrlässigkeit bis € 500.000 Euro. Bei Ordnungswidrigkeiten ist das **Höchstmaß der Geldbuße limitiert durch das Höchstmaß der in der begangenen Ordnungswidrigkeit ausgesprochenen Grenze der Geldbuße**.[425] Bei mehreren Taten können mehrere Geldbußen ausgesprochen werden, die Höchstsumme kann sich also mit der Zahl der Taten vervielfachen.

Erlangt das Unternehmen durch die Zuwiderhandlung einen wirtschaftlichen Vorteil, der über der Geldbuße liegt, so soll die Unternehmensgeldbuße den aus der Tat gezogenen Vorteil gemäß den §§ 30 Abs. 3, 17 Abs. 4 OWiG überschreiten. Dies wird anschaulich, wenn man bedenkt, dass Unternehmen bei riskanten Operationen – z. B. der Entscheidung gegen einen eigentlich notwendigen Produktrückruf – nur allzu oft eine kühle Gegenüberstellung der Kosten vornehmen und bereits evtl. Geldbußen bei Aufdeckung der Zuwiderhandlung in diese Kalkulation einbeziehen. Um solchen Verhaltensweisen vorzubeugen, hat der Gesetzgeber diese Form der **Gewinnabschöpfung** normiert, mit der Folge, dass der erwirtschaftete Vorteil das Mindestmaß der Geldbuße darstellt.[426] Dabei werden bei der Berechnung **nicht nur der unmittelbar erzielte Gewinn**, sondern auch Faktoren wie die Verbesserung der Marktposition, die Einsparung sonst angefallener Kosten sowie weitere nicht genau bewertbare Vorteile berücksichtigt.[427]

Die Unternehmensstrafe nach § 30 OWiG ist im Übrigen nicht die einzige Möglichkeit nach dem OWiG, gegen das Unternehmen vorzugehen. Neben den strafrechtlichen, unternehmensbezogenen Sanktionen der Einziehung und des Verfalls kommt eine Einziehung und die Anordnung des Verfalls auch gemäß den §§ 22 ff., 29 a OWiG in Betracht. Zu beachten ist insoweit aber, dass die Anordnung des Verfalls gemäß **§ 29 a OWiG** und die Unternehmensgeldbuße in einem **Ausschlussverhältnis** stehen. Da beide Instrumente eine Abschöpfung der erlangten Vermögensvorteile bezwecken, ist für die Anordnung des Verfalls neben der Geldbuße kein Raum.[428]

Unter **Verteidigungsgesichtspunkten** bietet die Konstruktion des § 30 OWiG schließlich in einigen Fällen einen Ansatz, die Belastung mit einem persönlichen Schuldausspruch gegen ein bestimmtes Mitglied des Unternehmens zu vermeiden. Staatsanwaltschaften sind häufig nicht bereit, auch in minderen Fällen mit erheblichen positiven Strafzumessungsaspekten eine Einstellung gegen die persönlich Betroffenen vorzunehmen, wenn überhaupt keine Sanktion erfolgt. Da eine Verbandsgeldbuße auch bei Einstellung des Verfahrens verhängt werden kann,[429] besteht die Möglichkeit, der Staatsanwaltschaft in diesen Fällen das Unternehmen

---

[423] BGH NStZ 1986, 79; *Többens* NStZ 1999, 1, 6 m. w. N.
[424] Vgl. *Göhler* wistra 1991, 207, 209; *Eidam*, Unternehmen und Strafe, S. 206 f.; BGH NStZ 1994, 346.
[425] Vgl. *Többens* NStZ 1999, 1, 7; *Göhler* OWiG § 30 Rdnr. 36 a; KK-OWiG/*Cramer* § 30 Rdnr. 232. Ausführlich zur Höhe und Bemessung der Geldbuße vgl.: *Wegner* wistra 2000, 361 ff.
[426] Vgl. *Eidam*, Unternehmen und Strafe, S. 209; Müller-Gugenberger/Bieneck/*Niemeyer* § 21 Rdnr. 81.
[427] Vgl. Müller-Gugenberger/Bieneck/*Niemeyer* § 21 Rdnr. 81; *Eidam*, Unternehmen und Strafe, S. 209; *Többens* NStZ 1999, 1, 7.
[428] Vgl. *Göhler* OWiG § 29 a Rdnr. 15.
[429] Vgl. den Wortlaut des § 30 IV OWiG; auch *Göhler* OWiG § 30 Rdnr. 39 ff.

als Träger der Sanktion anzubieten und die persönlich Betroffenen von Konsequenzen frei zu halten.

3. Prozessuale Besonderheiten

232 Die personen- oder unternehmensbezogene Sanktion steht in Produkthaftungsfällen jedoch erst am Ende eines meist umfangreichen Strafverfahrens. Dieses weist – in Abweichung zu anderen Wirtschaftsstrafverfahren – einige Besonderheiten auf. Diese sind zum Teil prozessualer, zum Teil auch rein tatsächlicher bzw. wirtschaftlicher Natur.

233 **a) Tatsächliche und rechtliche Schwierigkeiten.** Bereits angesprochen wurde, dass in Produktstrafverfahren die originär schadensursächliche Komponente nur schwer zu ermitteln ist. Dies gilt in tatsächlicher, naturwissenschaftlicher sowie in rechtlicher Hinsicht. Der Nachweis der Schadensursächlichkeit ist nur schwer zu führen und häufig strittig. Nur allzu oft steht bereits die generelle Schadenseignung eines Produkts im Streit, da es sich um relativ neu entwickelte Erzeugnisse handelt, für die es an umfangreichen wissenschaftlichen Untersuchungen bzw. tradiertem Erfahrungswissen fehlt.[430] Auch für die Strafverfolgungsbehörden bilden die tatsächlichen wie rechtlichen Schwierigkeiten, die Produkthaftungsfällen anhaften, hohe Hürden.

234 In tatsächlicher Hinsicht erfordert es weit reichende Ermittlungen sowie umfangreiches Fachwissen und naturwissenschaftliche Untersuchungen um die Schadensursächlichkeit des Produkts auch nur annähernd gesichert festzustellen. Diese **Schwierigkeiten im tatsächlichen Bereich** potenzieren sich, wenn es darum geht, die Behauptungen hinsichtlich des „Tat"hergangs im Strafverfahren rechtlich in Form zu gießen und gerichtsfest zu beweisen. Da es meist zweifelhaft ist, ob die Vornahme einer gebotenen Instruktions-, Warn- oder Rückrufpflicht mit an Sicherheit grenzenden Wahrscheinlichkeit den Eintritt der Schäden verhindert hätte, sind die Gerichte oft nur durch die offene oder unterschwellige Anwendung der Risikoerhöhungstheorie zu einer Verurteilung in Produkthaftungsfällen gelangt. Für ein gewisses Maß an rechtlicher Klarheit haben in dem Bereich des Kausalitätsnachweises erst die Entscheidungen des BGH im Lederspray- und Holzschutzmittelverfahren gesorgt.

235 Dies geschah jedoch, ohne nachhaltigen Einfluss auf die **Ermittlungsaktivitäten** im Produkthaftungsbereich zu haben. Es überrascht insoweit, dass angesichts der Vielzahl von zivilrechtlichen Produkthaftungsfällen nur ein Bruchteil dieser Verfahren Gegenstand strafrechtlicher Ermittlungsverfahren wird.[431] Die Gründe hierfür sind vielfältig. Hauptgrund für die Zurückhaltung der Ermittlungsbehörden ist der tatsächliche und rechtliche Umfang von Produkthaftungsverfahren.[432] Dieser birgt sowohl personelle als auch sachliche sowie zeitliche Ermittlungsschwierigkeiten, denen vor allem die Staatsanwaltschaften nur schwer gewachsen sind. Besonders augenfällig wird die Zurückhaltung der Ermittler in Produkthaftungsfällen im Pharmabereich, hier erfolgt oftmals nicht einmal eine Verfahrenseinleitung.[433]

236 Für den Pharmabereich – hier ist das Missverhältnis von zivil- und strafrechtlichen Produkthaftungsverfahren besonders signifikant – wird seit langem die Vermutung geäußert, dass sachunkundige Ermittler erst gar keine Verfahren wegen Schädigungen einleiten, bzw. diese – angesichts heftiger Gegenwehr der Betroffenen und der Verteidigung – nur allzu gerne und bald einstellen.[434]

237 Schließlich, dies dürfte für den Pharmabereich unter dem Eindruck der Contergan-Entscheidung besonders gelten, ist strafrechtliche Ermittlungsarbeit immer auch erfolgsorientierte Arbeit. Steht am Ende umfangreicher Ermittlungsverfahren aber mit großer Wahrscheinlichkeit die Einstellung eines Verfahren nach Opportunitätsgesichtspunkten,[435] und ist somit der strafprozessuale „Output" also in keinem Verhältnis zum betriebenen Ermittlungsaufwand, dürfte

---

[430] Vgl. oben unter: I. 11.
[431] Vgl. die Entscheidungen bei: *Schmidt-Salzer* ES Strafrecht; *Schwartz*, Strafrechtliche Produkthaftung, S. 120; Graf v. *Westphalen/Goll/Winkelbauer* § 46 Rdnr 3.
[432] Eben diese Ursache nehmen auch Graf v. *Westphalen/Goll/Winkelbauer* § 46 Rdnr 3 an.
[433] Vgl. *Eichinger*, Die strafrechtliche Produkthaftung im deutschen im Vergleich zum anglo-amerikanischen Recht, S. 324 f.; *Setsevitis* StV 1982, 280 jeweils mit weiteren Nachweisen.
[434] Vgl. *Setsevitis* StV 1982, 280; *Eichinger*, Die strafrechtliche Produkthaftung im deutschen im Vergleich zum anglo-amerikanischen Recht, S. 324, 325; *Schwartz*, Strafrechtliche Produkthaftung, S. 120 f.
[435] Vgl. LG Aachen JZ 1971, 507 ff.; LG Aachen NJW 1997, 1994 f.

dies für eine gewisse Demotivation der Ermittler sorgen.[436] Strafrechtliche Ermittlungsverfahren im Bereich des Produktstrafrechts sind daher, was die Ermittlungsbereitschaft und Nachhaltigkeit der Ermittlungen angeht, mehr als andere Strafverfahren unter der Prämisse einer Kosten-Nutzen-Rechnung zu betrachten. Diese teils resignative, teils **ökonomische Haltung der Strafverfolgungsbehörden** wird besonders deutlich, wenn man einen Vergleich zwischen dem Holzschutzmittel und Amalgamverfahren zieht. Beide Fälle wurden maßgeblich vom gleichen Dezernat der Frankfurter Staatsanwaltschaft, sogar maßgeblich vom gleichen Staatsanwalt, bearbeitet.[437] Während in Sachen Holzschutzmittel am Ende eines mehr als 12-jährigen Verfahrens eine gerichtliche Einstellung nach § 153 a StPO gegen Zahlung von 4 Mio. DM durch das Herstellerunternehmen zu Forschungszwecken stand, erfolgte im ähnlich komplexen Amalgamverfahren die Einstellung zu im Wesentlichen gleichen Konditionen bereits vor Abschluss des Ermittlungsverfahrens.[438]

b) **Zeitliche Dimension.** Die Komplexität von Produktschadensfällen findet auch in zeitlicher Hinsicht ihren Niederschlag. Produktstrafverfahren sind – lässt sich eine Einstellung nicht relativ frühzeitig erzielen – typischerweise **außerordentlich lang**. Prominente Beispiele hierfür sind das Contergan-, das Lederspray- und das Holzschutzmittelverfahren. Bereits das Ermittlungsverfahren des Conterganverfahrens dauerte über sechs Jahre, die zweieinhalb Jahre dauernde Hauptverhandlung stellte zum damaligen Zeitpunkt die längste der deutschen Rechtsgeschichte dar.[439] Im Holzschutzmittelprozess begannen die verfahrensgegenständlichen Gesundheitsschädigungen 1975/1976, das staatsanwaltliche Ermittlungsverfahren wurde 1984 eingeleitet, im Jahr 1996 – also 20 Jahre nachdem die ersten Schädigungen behauptet waren – wurde das Verfahren wegen seiner überlangen Verfahrensdauer schließlich eingestellt.[440] Die negativen Folgen dieser zeitlich überdehnten Verfahren für alle Betroffenen liegen auf der Hand. Das Unternehmen wie die angeklagten Mitarbeiter stehen über einen langen Zeitraum im Fokus der öffentlichen Aufmerksamkeit und Kritik.[441] Der **Imageschaden und die negative Publicity** durch den Tatvorwurf bleiben nicht allein eine mediale Momentaufnahme, sondern verfestigen sich im öffentlichen Bewusstsein nahezu zur erwiesenen Schuld. Das Strafverfahren bindet finanzielle Mittel und reißt die angeklagten Mitarbeiter aus dem Berufsleben. Das Unternehmen muss auf lange Sicht auf ihre Arbeitskraft verzichten und umfangreiche Mittel zur Prozessführung bereitstellen. Schließlich sind die Hauptbetroffenen die angeklagten Mitarbeiter selbst. Sie sind jahrelang einer negativen öffentlichen Bewertung als Angeklagter und erheblichen psychischem Stress ausgesetzt. Dies ist nicht nur äußerst deprimierend,[442] sondern hat offenkundig auch körperliche, negative Auswirkungen für die Betroffenen. So verstarb einer der Angeklagten des Ledersprayverfahrens kurz nach der Entscheidung des BGH an einem Herzleiden,[443] von vier Angeklagten des Monza-Steel-Verfahren[444] wurde lediglich einer verurteilt, einer verstarb während des Verfahrens, zwei andere wurden prozessunfähig und im Holzschutzmittelverfahren waren die mittlerweile über 70 Jahre alten Angeklagten zum Einstellungszeitpunkt nahezu nicht mehr verhandlungsfähig.[445] Es ist insoweit augenfällig, ohne die strafrechtliche Verantwortung des Einzelnen relativieren zu wollen, dass die Dauer der Ermittlungen und Strafverfahren oft wesentlich einschneidender auf die Verantwortlichen wirken, als es die maximal drohende Strafe für fahrlässige Körperverletzung bzw. Tötung zu tun vermag.[446] In Anbetracht der aufgezeigten Schwierigkeiten bei der Kausalitätsfeststellung im Produkthaftungsbereich ist diesbezüglich bereits die – berechtigte – Frage des

---

[436] Vgl. *Eichinger*, Die strafrechtliche Produkthaftung im deutschen im Vergleich zum anglo-amerikanischen Recht, S. 326, *Schöndorf*, Von Ratten und Menschen, S. 200 ff.; 243 ff.
[437] Vgl. *Schöndorf*, Von Ratten und Menschen, S. 200 ff.
[438] Vgl. *Tiedemann*, FS Hirsch, S. 765, 766; Schöndorf ZUM 1998, 14.
[439] Vgl. LG Aachen JZ 1971, 507, 520.
[440] Vgl. LG Aachen NJW 1997, 1994.
[441] So schon das LG Aachen in seinem Einstellungsbeschluss vom 18.12.1970– vgl. JZ 1971, 507, 520.
[442] Vgl. LG Aachen JZ 1971, 507, 520; aktuell *Wehnert*, FS Rieß, S. 811, 821 m. w. N.
[443] Vgl. Hamm StV 1997, 159.
[444] Vgl. LG München II v. 21.4.1978 – IV Kls 58 Js 5534/76, Schmidt-Salzer ES, IV 28, (Monza-Steel) II bei *Schmidt-Salzer* ES IV.28 und die Anklageschrift dazu vom 5.8.1976, 58 Js 5534/76 in: *Schmidt-Salzer* ES IV.4.4.
[445] Vgl. LG Aachen NJW 1997, 1994.
[446] Vgl. LG Aachen JZ 1971, 507, 520; Hamm StV 1997, 159.

Kausalitätsnachweises zwischen Verfahrensdauer und Gesundheitszustand der Angeklagten gestellt worden.[447] Nicht übersehen werden soll dabei auch, dass Verfahren von Überlänge das Vertrauen der Öffentlichkeit in die Effizienz der Justiz schwer beschädigen.

239   c) **Absprachepraxis.** Diese erfahrungsgemäß lange Dauer von Produktstrafverfahren, die zahlreichen tatsächlichen und rechtlichen Schwierigkeiten der Verfahren sowie die chronische Überlastung der Justiz lassen eine Gemengelage entstehen, in der eine einvernehmliche Verfahrenserledigung im Wege der Prozessabsprache, vulgo des „**Deals**", erhebliche Bedeutung erlangt.[448] Dies ist beispielhaft belegt durch die Verfahren Contergan,[449] Holzschutzmittel und Amalgam. In allen drei Verfahren kam es angesichts hoher Ausgleichszahlungen durch die Herstellerunternehmen zu allseits abgestimmten Verfahrenseinstellungen nach § 153 a StPO.[450] Während im Contergan- und Holzschutzmittel-Verfahren lange und komplizierte Verfahren vorangegangen waren, bis sich Gericht und Staatsanwaltschaft – um eine, in den Augen der Öffentlichkeit mit einem Beigeschmack versehene Verfahrenseinstellung wegen dauerhafter Verhandlungsunfähigkeit der Angeklagten bzw. einen evtl. Freispruch der Angeklagten zu vermeiden – zur Einstellung bereit erklärten,[451] kam es im Amalgamverfahren angesichts der sich abzeichnenden Länge und Komplexität des Verfahrens bereits im Ermittlungsverfahren zu einer Einstellung gegen Auflagen nach § 153 a StPO.[452] Auch der gemäß Anklage auf die verbotene Verwendung feuergefährdeter Isolation zurückgehende Brand des Düsseldorfer Flughafens wurde juristisch nicht mit einem Urteil, sondern einem Einstellungsbeschluss wegen geringer Schuld bei Verhängung moderater Auflagen beendet. Dies nachdem immerhin nahezu 100 Tage die Hauptverhandlung durchgeführt wurde, ohne im Verfahrensgang weiter als bis zur Klärung der äußeren Brandabläufe zu gelangen. In jüngster Zeit ist das **Eschede-Verfahren** – die Anklage gegen Mitarbeiter der deutschen Bahn und Konstrukteure eines gummigelagerten Radreifens – nach einigen Monaten Hauptverhandlung gegen den erbitterten Widerstand der Nebenbeteiligten eingestellt worden. Auch dies eines der typischen Verfahren, in denen das massiv beeinträchtigende Ergebnis nicht im Sinne einer konkreten Schuld bemessen werden konnte, weil zu viele Ebenen der Verantwortlichkeit in einem hochkomplexen technischen Umfeld betroffen waren.

240   Neben der **einvernehmlichen Verfahrensbeendigung** durch alle Prozessbeteiligten im Wege des § 153 a StPO wird – als geräuscharme, weil ohne Hauptverhandlung machbare – Beendigungsmöglichkeit das Strafbefehlsverfahren nach §§ 407 ff. StPO relevant. Beide Erledigungsformen werden in der Regel nur dann im Wege der Prozessabsprache zustande kommen, wenn der Betroffene seine Entschlossenheit zu umfangreicher, zeitintensiver Verteidigung deutlich macht, andererseits aber seine Bereitschaft erkennen lässt, dass er primär Verteidigung für den Fall der Verurteilung für notwendig hält. Da gerade Wirtschaftsstraftätern die Möglichkeit zu einer zeitaufwändigen Verteidigung sehr viel eher offen steht als anderen Verfolgungsbetroffenen, hat diese, durchaus übliche, Absprachepraxis Kritik erfahren.[453] Im Fokus steht vor allem eine angebliche Privilegierung des Wirtschaftsstraftäters durch Staatsanwaltschaft und Gerichte, um sich langwierige und komplizierte Verfahren zu ersparen. Dies widerspreche dem Opferschutzgedanken und mache jede Präventivwirkung, die auch gerade von der Öffentlichkeit des Verfahrens ausgehe, im Bereich der Produkthaftung zunichte. Demgegenüber sei daran erinnert, dass wesensimmanentes Merkmal des „**Deal**" – nicht nur im Strafprozess – der beiderseitige **Kompromiss** ist. So sehen sich viele Beschuldigte einer langen, öffentlichen Verhandlung mit all ihren negativen wirtschaftlichen und gesellschaftlichen Nachteilen ausgesetzt und akzeptieren angesichts dieser Aussichten eine Einstellung oder einen Strafbefehl, um das Verfahren schnell zu Ende zu bringen, statt in aller Öffentlichkeit um einen – selbst

---

[447] So *Hamm* StV 1971, 159.
[448] Ausführlich zur Verteidigungstaktik in Wirtschaftsstrafverfahren §§ 7 und 9.
[449] *Detlev Krauß* bezeichnete in seiner Abschiedsvorlesung (HU Berlin, Heft 97) den Contergangfall als den Grundfall des Handelns mit Gerechtigkeit
[450] Vgl. LG Aachen NJW 1997, 1994; LG Aachen JZ 1971, 507, 520; StA Frankfurt 65 Js 17084.4/91.
[451] Vgl. LG Aachen NJW 1997, 1994; LG Aachen JZ 1971, 507, 520.
[452] Vgl. *Tiedemann*, FS Hirsch, S. 765, 766; *Schöndorf* ZUM 1998, 14.
[453] Vgl. *Schwartz*, Strafrechtliche Produkthaftung, S. 121, 122; *Eichinger*, Die strafrechtliche Produkthaftung im deutschen im Vergleich zum anglo-amerikanischen Recht, S. 337.

einen sicheren – Freispruch zu kämpfen.[454] Die Strafverfolgungsbehörden beherrschen ihrerseits das Instrument der Absprache und versuchen nicht selten dem Beschuldigten, für den die Unschuldsvermutung gelten sollte, diese Erledigungsformen, in Anbetracht der Negativpublicity einer Hauptverhandlung, schmackhaft zu machen.[455]

d) **Auslandsdimension.** Weitere Komplexität in tatsächlicher Hinsicht erlangen Produktschadensfälle durch die **zunehmende Verflechtung der weltweiten Märkte und internationale Ausrichtung** der Unternehmen. Waren und Produkte werden heute nicht nur national, sondern europa- und weltweit vertrieben. Die Risiken strafrechtlicher Produkthaftung können daher nicht nur isoliert bezogen auf einen nationalen Markt und damit ein Rechtssystem betrachtet werden,[456] sondern sind in einen breiteren Kontext zu stellen. Unternehmen unterliegen weltweit zivil- und strafrechtlichen Risiken, wenn es in einem Land zu Produktschadensfällen kommt. Im Hinblick auf die strafrechtliche Risikosituation gibt es international insoweit erstaunlich wenige Unterschiede, mit Ausnahme der Frage, ob strafrechtliche Sanktionen gegen Unternehmen, wie im gesamten anglo-amerikanischen Rechtskreis, oder nur gegen natürliche Personen verhängt werden können.[457] Brisanter als die Frage der jeweiligen nationalen strafrechtlichen Verantwortung ist jedoch die Frage nach der **internationalen Ausstrahlungswirkung** von zunächst national begrenzten Produktschadensfällen. Ist der Hersteller eines Produkts, welches im Zusammenhang mit seiner Benutzung durch die Verbraucher in Italien zu zahlreichen Schadensfällen geführt hat, verpflichtet, dieses auch vom deutschen Markt zurückzuziehen, wo es bislang noch keinerlei Schadensmeldungen gab, oder kann er dieses ohne jegliches Risiko international weiter vermarkten? In diese Richtung ging auch die Verteidigungskonzeption eines der Angeklagten im Ledersprayverfahren, der die Ansicht vertrat, es habe unter anderem deshalb keine Verpflichtung zum Rückruf aller Sprays bestanden, weil es in Österreich trotz gleicher Rezeptur zu keinerlei Schadensfällen gekommen sei.[458] Bei der Argumentation sowohl des LG Mainz als auch des BGH fand dieser Punkt allerdings keine Berücksichtigung.[459]

Bei der Beantwortung der aufgeworfenen Frage gibt es noch keine allgemein gültige Antwort, es ist vielmehr auf die bereits im Bereich der Produktbeobachtung und des Produktrückrufs aufgestellten Grundsätze zu rekurrieren.[460] Im Rahmen seiner umfangreichen Produktbeobachtungspflichten ist der Hersteller bzw. – falls der Hersteller nicht in Deutschland oder der EU ansässig ist – der Importeur oder Quasihersteller verpflichtet, seine Produkte umfassend, d. h. auf allen Absatzmärkten hinsichtlich etwaiger Schäden zu beobachten. Ergibt sich ein „ernstzunehmender Verdacht"[461] eines Produktschadensfalles in einem Land, so kann der Hersteller zu einer umfassenden, unter Umständen weltweiten, Produktwarnung oder einem Produktrückruf verpflichtet sein. Dies auch dann, wenn nicht sicher ausgeschlossen werden kann, dass der Mangel durch spezielle Faktoren (Klima etc.) bedingt, lediglich in einem Land auftritt oder auf Partien des Produkts beschränkt war, die lediglich in bestimmte Länder geliefert wurden. Aktuelles Beispiel ist die Rückrufaktion eines US-amerikanischen Druckerherstellers, der sämtliche Drucker einer in China gefertigten Produktionsreihe in Japan und den USA wegen einer Brandgefahr des Druckers zurückrief. Da sich herausgestellt hatte, dass die Überhitzungsgefahr nur bei Geräten mit einem 110-Volt-Netzteil auftrat, welche in Deutschland nicht verkauft worden waren, erfolgte hierzulande keine Rückrufaktion, sondern lediglich eine umfassende Aufklärung der Kunden über den Handel und freiwillige Inspektion der Geräte.[462] An-

---

[454] *Wehnert*, FS Rieß, S. 811, 822.
[455] *Müller* BRAK-Mitteilungen 2000, 57, 59.
[456] Dazu: *Eichinger*, Die strafrechtliche Produkthaftung im deutschen im Vergleich zum anglo-amerikanischen Recht.
[457] Vgl. zur Haftungssituation im Ausland: *Dahnz*, Manager und ihr Berufsrisiko, S. 255 ff.; *Eidam*, Unternehmen und Strafe, S. 223 ff.
[458] Vgl. LG Mainz v. 16.1.1989 – 8 Js 3708/84 W 5 KLs – *Schmidt-Salzer* ES IV.3.22 „Lederspray I".
[459] Vgl. LG Mainz v. 16.1.1989 – 8 Js 3708/84 W 5 KLs – *Schmidt-Salzer*, ES IV.3.22 „Lederspray I"; BGHSt 37, 106 „Lederspray II".
[460] Vgl. oben unter Rdnr. 57 ff.
[461] Zu den Kriterien zur Feststellung des Verdachts eines Produktschadensfalles: Rdnr. 57 ff.
[462] Vgl. Artikel vom 23.10.2002 unter http://www.golem.de/0210/22290.html zur Rückrufaktion des Druckerherstellers Brother".

ders war die Lage im Lipobayfall zu beurteilen.[463] Angesichts der weltweiten Behauptung von Erkrankungs- und Todesfällen im Zusammenhang mit der Einnahme des Medikaments, ist ein umfassender, weltweiter Vertriebsstopp und Rückruf des Medikaments erfolgt. Bleibt sowohl die Schadensursache als auch die – möglicherweise internationale – Dimension des Produktschadens unklar, so sollte der Hersteller, will er sich auf der zivil- wie strafrechtlich sicheren Seite befinden, eine vorläufige Produktwarnung aussprechen und – bis zur endgültigen Klärung des Produktschadensfalles – einen Vertriebsstopp bzw. Rückruf vornehmen.

243 Als Reaktion hierauf hat der europäische Gesetzgeber für den Bereich der Union versucht, der internationalen Dimension von Produktschadensfällen Rechnung zu tragen. Beginnend mit der Produkthaftungsrichtlinie,[464] welche national durch das Produkthaftungsgesetz umgesetzt wurde, wurden auf europäischer Ebene verschiedene Produktsicherheitsrichtlinien sowie qualitätssichernde Richtlinien wie die Umwelt-AuditVO[465] zur Sicherstellung der Fehlerfreiheit der Produkte wie dem europaweiten Schutz der Verbraucher geschaffen.

VII. Lösungsansätze zur Begrenzung der Verantwortlichkeit

1. Vertretungsberechtigte Organe (Unternehmensführung; Top-Management)

244 Um die aufgezeigte umfassende strafrechtliche Verantwortlichkeit der Unternehmensleitung auf ein Mindestmaß zu begrenzen, muss es vorrangiges Ziel sein, eine Unternehmensorganisation zu schaffen und ständig zu optimieren, welche alle den Mitarbeitern zugeordneten Pflichten und Aufgaben fixiert und herausstellt. Nur durch eine **klare Abgrenzung der Zuständigkeits- und Verantwortungsbereiche** sowie eine genaue Dokumentation der Abläufe lässt sich die Gefahr von Schadensfällen reduzieren und gleichzeitig ein – faktisch nie vermeidbarer – Schadensfall als nicht zu vertretender „Ausreißer" aufklären oder aber dem konkret Verantwortlichen „zuordnen".[466]

245 **a) Problem arbeitsteiligen Handelns.** Das Zentralproblem strafrechtlicher Produktverantwortung liegt in der rechtlichen Erfassung vertikaler und horizontaler Arbeitsteilung.[467] Die strafrechtliche Verantwortlichkeit infolge nachteiliger Auswirkungen eines Produkts setzt stets die Verletzung individueller Sorgfaltspflichten voraus.[468] Strafe knüpft an die Verletzung einer individuellen, gerade dem Betreffenden obliegenden strafrechtlichen Verhaltensverpflichtung an. Wegen der heute üblichen inner- und zwischenbetrieblichen Arbeitsteilung ergeben sich aus diesem Erfordernis eine Reihe von strafrechtlichen Problemen: Es muss ermittelt werden, wer innerhalb des Unternehmens für den betreffenden Vorgang verantwortlich war. Dabei bedeutet Arbeitsteilung allerdings nicht, dass der Einzelne seine Aufgaben isoliert wahrnimmt. Da eine Tätigkeit grundsätzlich auf der anderen aufbaut, ist jeder in den Gesamtorganismus Unternehmen mit seiner konkreten Arbeitsaufgabe eingebunden. Hieraus ergeben sich **Bereiche gegenseitigen Vertrauens**, innerhalb derer die Vorgesetzten, Kollegen oder Mitarbeiter die von den Zuständigen getroffenen Maßnahmen nicht mehr bzw. erneut überprüfen müssen.[469] Von einem strafrechtlichen Ansatz aus betrachtet stellt sich die Kernfrage, wo das berechtigte Vertrauen endet und die strafrechtlich relevante Pflichtverletzung beginnt. Neben der Verantwortung desjenigen, der im Betrieb die unmittelbare Ursache gesetzt hat, kann bei nicht (mehr) berechtigtem Vertrauen anderer Unternehmensmitarbeiter eine **Mit-Verantwortung** unter Gesichtspunkten wie **Organisations-, Auswahl-, Kontroll- oder Ausführungsverschulden** bestehen. Je nach Sach- und Gefahrenlage ist zu prüfen und zu entscheiden, ob eine Organisationsverantwortung Einzelner, eventuell aber auch aller Vorstandsmitglieder und/oder eine Auswahl-, Weisungs- oder Kontrollverantwortung des Ressort-Vorstands besteht. Andererseits kann unterhalb der Leitungsebene eine Ausführungsverantwortung vor

---

[463] Vgl. oben unter Rdnr. 26 f.
[464] Vgl. Richtlinie 85/374/EWG.
[465] Vgl. hierzu und den einzelnen Produktsicherheitsrichtlinien: *Möllers* DB 1996, 1455 ff. Zum Qualitätsmanagement unter dem Gesichtspunkt europäischer Vorgaben vgl. unten unter: Rdnr. 253.
[466] Graf v. Westphalen/*Goll/Winkelbauer* § 48 Rdnr. 3.
[467] *Schmidt-Salzer* NJW 1996, 1.
[468] *Deutscher/Körner* wistra 1996, 327, 328.
[469] *Schmidt-Salzer* NJW 1988, 1937, 1938 – 1939.

allem in Betracht kommen, wenn die Fehlerhaftigkeit und Strafrechtswidrigkeit einer Weisung erkennbar war.[470] Wenn innerhalb eines Unternehmens **betriebsbezogene strafrechtliche Sorgfaltspflichten** verletzt werden, ist dafür also nicht nur der Mitarbeiter verantwortlich, der die konkrete Fehlentscheidung getroffen oder die fehlerhafte Maßnahme durchgeführt hat. Aufgrund von Organisations-, Aufsichts-, Kontroll-, Eingriffs- oder Widerspruchs- bzw. Meldepflichten können auch Vorgesetzte, Kollegen bzw. Mitarbeiter strafrechtlich belangt werden, wenn und soweit sie für den betreffenden Pflichtenkreis (mit-)verantwortlich sind.[471] Die Notwendigkeit der Arbeitsteilung führt mithin zur recht komplizierten Recherche nach den für den Produktfehler Verantwortlichen.

aa) Realisierung der Arbeitsteilung durch Aufgaben- und Pflichtendelegation. Für die oberste Leitungsinstanz eines Unternehmens ist es in der Praxis weder durchführbar, alle anfallenden Aufgaben selbst wahrzunehmen, noch ist es ihr möglich, selbst alle nachgeordneten Entscheidungsträger und Ausführende ausschließlich an genau bestimmte, explizite Verhaltensnormen zu binden. Auch nachgeordnete Entscheidungsträger müssen mit Entscheidungskompetenzen ausgestattet werden. In einem solchen Fall erfolgt eine Delegation von Entscheidungen, d. h. der Entscheidungsträger erhält keine dezidierten Handlungsanweisungen für alle möglichen Eventualitäten, sondern hat einen Ermessensspielraum für die Erreichung des vorgegebenen Ziels. Die Delegation von Entscheidungskompetenzen zieht sich durch alle Hierarchiestufen, die unterste ausgenommen.[472] Je nach ihrer eigenen Fachkompetenz und dem betroffenen Pflichtenbereich sind die Entscheidungsträger nicht nur berechtigt, sondern sogar verpflichtet, Dritte zur Pflichtenwahrnehmung einzusetzen. Denn bei immer komplexer werdenden betrieblichen Vorgängen wird zumeist in größeren Unternehmen nur durch eine Aufteilung von Pflichtenbereichen auf mehrere Personen eine Überlastung Einzelner verhindert. Mit einer **zulässigen Pflichtendelegation** wird die deliktische Verantwortlichkeit der delegierenden Entscheidungsträger in der Weise beschränkt, dass bei ihnen nur noch Überwachungspflichten verbleiben.[473]

246

bb) Anforderungen an die Delegation. Delegation als solche stellt kein „Allheilmittel" gegen strafrechtliche Risiken dar. Zuerst muss die Aufgabe oder Verantwortung überhaupt **delegationsfähig** sein. Nicht delegationsfähig sind beispielsweise die Kernbereiche der Organverantwortung. Dazu gehören insbesondere die Verantwortung für den Aufbau und die Überwachung einer sachgerechten Organisationsstruktur.[474] In anderen Bereichen erfordert Delegation, damit sie auch strafrechtlich schützt, gewisse Grundvoraussetzungen. Sie seien in der Folge in ihrem Kern kurz aufgeführt:
(1) Klare **Abgrenzung** der Verantwortungsbereiche und der Befugnisse.
(2) **Sorgfalt bei der Auswahl** der Mitarbeiter hinsichtlich Qualifikation[475] und Zuverlässigkeit.
(3) Ordnungsgemäße **Instruktion** (ggf. schriftlich durch Arbeitshandbücher).
(4) Sorgfaltsgemäße **Überwachung** und Kontrolle,[476] die Ihre Grenze in der Zumutbarkeit auch gegenüber dem Mitarbeiter findet.[477]

247

Dies alles gilt jedoch nur solange, wie sich die Geschäfte und Abläufe in normalen Bahnen bewegen. Immer dann, wenn der Delegierende erkennt, dass in dem von ihm zu überwachenden Bereich Probleme auftauchen, Abläufe irregulär werden, hat er einzugreifen. Die relevanten Entscheidungen sind dann von ihm zu treffen.[478]

248

---

[470] *Schmidt-Salzer* NJW 1988, 1937, 1939; die gleiche Problematik ergibt sich „von unten nach oben"
[471] *Schmidt-Salzer* NJW 1988, 1937, 1939.
[472] *Eidam*, Unternehmen und Strafe, S. 244.
[473] BGH wistra 2000, 136, 141; *Dannecker* in Amelung, Individuelle Verantwortung, S. 216; Schönke/Schröder/*Cramer/Sternberg-Lieben* § 15 Rdnr. 158.
[474] *Schmidt-Salzer* NJW 1994, 1305, 1310.
[475] Vgl. BGHSt 27, S. 196 „Preisempfehlung".
[476] Vgl. BGHSt 25, S. 158 „Weinbezeichnung"; BGH wistra 1982, 34 „Revisionsabteilung"; BGH 25.6.1985 – KRB 2/85 in *Schmidt-Salzer* IV.1.23 „Submissionsabsprache".
[477] BGH v. 11.3.1985 – KRB 7/85 v. *Schmidt-Salzer* IV.1.24 „Kartellabsprache".
[478] So z. B. BGH 5 StR 187/90 „Silobegasung".

249 Zu all diesen Anforderungen bleibt festzuhalten, dass eine trennscharfe Bestimmung der Pflichten und Möglichkeiten nicht existiert. Vokabeln wie „klar" oder „ordnungsgemäß" und „sorgfaltsgemäß" zeigen in ihrer Weite und Unschärfe deutlich, dass das gesamte Rechtsgebiet von **Einzelfallrechtsprechung** geprägt ist. Korrespondierend hierzu ist die Neigung der Rechtsprechung, sich – wie bereits beschrieben – an nichtgesetzlichen Normen wie Unfallverhütungsvorschriften und DIN-Normen auszurichten. In diesem Lichte empfiehlt sich, Delegation an vorhandenen allgemeinen Regelwerken auszurichten und Sie nach Inhalt und Durchführung zu dokumentieren.

250 b) **Fazit.** Die Konzentration bestimmter Pflichten auf einzelne Personen (Ressortverantwortung) oder deren Übertragung auf die nächste Ebene der Hierarchie ist nur bedingt möglich. Im Rahmen von Krisen verlangt die organschaftliche Gesamtverantwortung ein Überspringen von Ressortgrenzen. Eitelkeiten in Unternehmen nach dem Motto „ das ist mein Beritt" können und dürfen in derartigen Situationen keine Rücksicht finden. Die Aufgaben der Organisation und Überwachung sind für Unternehmensführer **in ihrem Kern nicht delegierbar**.

2. Führungskräfte (Middle-Management)

251 Mitarbeiter der mittleren Führungsebene tragen keine Organverantwortung. Jedoch sind auch sie selbstverständlich nicht zur Weiterdelegation sämtlicher ihnen übergebener Verantwortung berechtigt. Die Möglichkeit zur Subdelegation von Pflichten richtet sich bei ihnen nach der konkreten Ausgestaltung des Arbeitsverhältnisses. Nur soweit ihnen von ihren Vorgesetzten eine Berechtigung zur Weiterdelegation von Aufgaben überhaupt übertragen wurde, können Sie Pflichten „weitergeben". Im Übrigen unterscheidet sich der Kanon von Anforderungen in seiner Struktur nicht von den Allgemeinen, oben bereits dargestellten Pflichten der Leitungsebene. Auch hier sind eindeutig eine Aufgabenstellung, sorgfältige Auswahlkriterien, genaue Instruktionen und deren Überwachung erforderlich.

3. Mitarbeiter

252 Am Ende der Hierarchie steht der einfache Mitarbeiter, dessen Verantwortung sich im Allgemeinen auf seine eigene Tätigkeit beschränkt. Seine Sorgfaltsanforderungen werden begrenzt durch die ihm gegebenen Arbeitsanweisungen und die ihm mit seiner Ausbildung vermittelten grundsätzlichen Sorgfaltsanforderungen seiner spezifischen Tätigkeit. Der einfache Mitarbeiter ist immer dann vor strafrechtlichen Konsequenzen sicher, wenn er sich im Rahmen seiner Berufsmöglichkeiten an die ihm gegebenen Anweisungen hält. Eine Ausnahme stellen offensichtlich unrichtige Anweisungen dar, denen auch der einfache Mitarbeiter widersprechen muss. Wenn solche unrichtigen Anweisungen für den Mitarbeiter erkennbar zu einem Schadensrisiko des Anwenders führen, ist er zur Vermeidung von Strafbarkeiten gehalten, eine solche Anweisung zu ignorieren und sie nicht auszuführen.

4. Risikobegrenzung durch Qualitätsmanagementsysteme

253 Die Verlagerung von Überwachungsverantwortung nach außen, auf dritte Personen und Institutionen, die nicht firmenangehörig sind, stellt eine – in der Entwicklung befindliche – Möglichkeit der Risikoreduzierung besonders im Bereich von Organisationsvorwürfen dar. Auch hartnäckigen Ermittlungsbehörden dürfte es schwer fallen, einen soeben zertifizierten Bereich des Unternehmens als falsch organisiert darzustellen. Es hat sich ein Markt aus einer Vielzahl von Unternehmen gebildet, die derartige Auslagerungen von Überwachungsverantwortung zu ihrem Geschäft gemacht haben; ihre Einschaltung bewirkt eine deutliche Chance strafrechtlicher Risikominimierung.

VIII. Besonders betroffene Wirtschaftszweige

254 Produkthaftung in ihrer strafrechtlichen Ausformung findet sich verstärkt immer dort, wo Produkte besonders intensiv auf Menschen einwirken. Deshalb sind einige Bereiche unseres Wirtschaftslebens besonders stark betroffen. Auch die Historie des Produkthaftungsrechtes hat sicherlich Einfluss darauf, in welchem Maße sich die Rechtsprechung mit bestimmten Produkt-Abläufen beschäftigt. Dabei haben auch Einzelpersonen – nicht zuletzt besonders engagierte Staatsanwälte – und Einzelne, prägende Ereignisse zentrale Bedeutung. Erinnert

§ 4 Strafrechtliche Produkthaftung

sei beispielsweise an die Kampagne des Amerikanischen Produktschützers Ralph Nader. Dessen plakativer Spruch „**Unsafe at any speed**" bezogen auf ein bestimmtes deutsches Traditionsautomobil hat in den Vereinigten Staaten mehr für die Weiterentwicklung des Produkthaftrechtes bewirkt, als manches höchstrichterliche Urteil. Andererseits zeigt sich immer wieder, dass bemerkenswerte und prägende Urteile gerade eben in den Sachbereichen ihren Ursprung haben, wo ein besonders intensiver Kontakt zwischen Mensch und Produkt zu finden ist. Dabei kann es nicht verwundern, dass heute, folgend einer allgemein festzustellenden Entwicklung, das Produktstrafrecht zum Vorreiter von Schadensersatzansprüchen gemacht wird. Missbrauchsnahe Tendenzen wie im amerikanischen Rechtskreis lassen sich in Deutschland allerdings nicht ausmachen.

1. Automobilindustrie

Die Automobilindustrie[479] ist sicherlich einer der Industriezweige, in denen Produkthaftung und deren Gefahren bis in das Strafrecht hinein zuerst ernst genommen und Konsequenzen (Stichwort: „**Elchtest**") umgesetzt wurden. Dazu mag das Vorbild der Entwicklung in den Vereinigten Staaten beigetragen haben, der berühmte Satz von Ralph Nader wurde soeben zitiert. Auch der Umstand, dass Produktgefahren im Automobilbau eine besondere Gefährdung der Kunden bewirken, mag dazu beigetragen haben, dass mit dem Monza-Steel Urteil[480] ein sehr frühes, das Rechtsgebiet gestaltendes Urteil vorliegt. In Kombination dazu wurde im Rahmen eines einen Motorradhersteller betreffenden Verfahrens[481] die Grenze der Produktbeobachtungspflicht extrem ausgeweitet: Der Hersteller wurde dafür verantwortlich gehalten, dass von ihm nicht vertriebene Zusatzprodukte – hier: Verkleidungen eines Motorrades – die Sicherheit des Produktes beeinträchtigen können. Die Branche hat offensichtlich aus diesen Urteilen intensiv die Konsequenzen gezogen. Dafür ist die Vielzahl von Rückrufen der letzten Jahre ebenso Beleg wie der Umstand, dass seit langem kein wesentlicher strafrechtlicher Produkthaftungsfall in dieser Branche bekannt geworden ist.

2. Lebensmittelbranche

Nahrungs- und besonders Genussmittel standen im Zentrum von gesellschaftlich motivierten Streitigkeiten zur Gefährlichkeit der Produkte, weniger der Produktion.[482] Die Auseinandersetzung betraf primär die Frage, ob bestimmter, über unvordenkliche Zeit als üblich angesehener Konsum, in seiner mit der Zeit entdeckten gesundheitlichen Gefährdung auch als Produktrisiko rechtlich zu fassen sei. Den Beginn dieser Entwicklung markieren die Anti-Tabak-Kampagnen in den Vereinigten Staaten, den vorläufigen nationalen Höhepunkt bildet die Klage eines übergewichtigen deutschen Richters gegen die Hersteller von zuckerhaltigen Getränken und Schokoriegeln.[483] Insgesamt hat sich herauskristallisiert, dass sowohl internationale als auch nationale Rechtsprechung in diesem Feld auf die Art des Vertriebes und der Information abstellen.[484]

Daneben hat die Lebensmittelbranche eine Vielzahl von Entscheidungen hervorgebracht, die das Rechtsgebiet geprägt haben.[485] Wegen der zumeist unmittelbaren und evidenten Kausalität zwischen Produktfehler und Schaden – neben Pharmaka schließlich das einzige in sich, nicht

---

[479] Vgl. zu Fällen in diesem Industriezweig: OLG Zweibrücken BB 1972, 516 „Reifenprofil"; OLG Karlsruhe NJW 1981, 1054 „Reifenhandel"; BayObLG VRS 1966, 287 „Kfz-Inbetriebnahme"; OLG Düsseldorf DAR 1987, 127 „Achslast"; OLG Düsseldorf v. 19.11.1987 – 5 Ss (OWi) 343/87 „Güterfernverkehr"; LG München II v. 21.4.1978 – IV KLs 58 Js 5534/76 – *Schmidt-Salzer*, ES IV.28 „Monza-Steel".
[480] Siehe oben Rdnr. 7.
[481] BGH NJW 1987, 1009.
[482] Vgl. BGH: St 2, 384 „Kundenmehl"; 14.4.1959 – 1 StR 103/59 BGH, *Schmidt-Salzer*, ES IV.1.4 „Wurstwaren"; BGH MDR 1963, 341 „Vorzugsmilch"; 5.4.1988 – 2 StR 89/88, NStE, Nr. 5 zu § 223 StGB „Bienenstich II", BGH NJW 1995, 2933 „Weinverschnitt"; weitere Nachweise untergerichtlicher Rechtsprechung in: *Schmidt-Salzer*, ER IV und Graf v. Westphalen/*Foerste* § 25 Rdnr. 27.
[483] Brinkmann/Masterfoods und Coca Cola http://www.zuckersucht-berlin.de; instruktiv dazu das Urteil des OLG Hamm NJW 2001, S. 1654 zur – nicht existenten – Hinweispflicht einer Brauerei auf die Gefahren des Alkoholismus.
[484] Vgl. BGH NJW 1994, S. 932 „Kindertee II".
[485] Vgl. BGH ZLR 1988, 512 ff „Bienenstich", mit zwei Urteilsanmerkungen; *Dannecker* ZLR 93, 251 ff; vgl. auch die Nachweise in Fußnote 483.

an sich zu nehmende Produkt – war dies zu erwarten. Man geht sogar davon aus, dass die Mehrzahl der auf 20 000 Ermittlungsverfahren angesetzten[486] Produkthaftungsverfahren sich im Bereich des Lebensmittelrechtes abspielen. Die Rechtsprechung hat sehr früh die **Sorgfaltspflichten im Lebensmittelbereich** besonders hoch angesetzt. Das immer wiederkehrende Abwägungsmodell: Intensität der Gefahr einerseits, Gewichtung der Schutzpflichten andererseits gelangt im Lebensmittelbereich fast immer zu frühen und erheblichen Handlungspflichten. Wegen der Interessen der Volksgesundheit hat der BGH[487] schon 1952 wirtschaftliche Interessen zurückstehen lassen.

258   Auch bei den Lebensmittelherstellern hat sich – offenbar zumindest bei einem Großteil – die Erkenntnis durchgesetzt, dass Rückrufaktionen mit ihren rufschädigenden Wirkungen letztlich gegenüber den zivilrechtlich und nicht zuletzt strafrechtlich denkbaren Konsequenzen die geringere Gefahr darstellen. Beleg dafür sind die in der letzten Zeit häufig gewordenen Rückrufaktionen von Lebensmitteln, bei denen sich dann später herausstellt, dass tatsächlich eine Gefahr von ihnen nicht ausgegangen ist. Trotzdem: Andere Autoren[488] bemängeln immer noch massive Kenntnislücken bei – wohl insbesondere mittelständischen – Produzenten.

3. Chemische Industrie

259   Schadensauslösend bei der Herstellung von Chemikalien ist neben dem Produkt oft auch die Produktion. Während sich bezüglich der Produkte über die gerichtlichen Entscheidungen zu Lederspray[489] und Holzschutzmitteln[490] eine sehr sichere und ausdifferenzierte Rechtsprechung geschaffen hat,[491] sind die großen Katastrophen, die mit Chemieunfällen einhergehen können – wie dies in Seveso[492] und Bophal der Fall war – in Deutschland glücklicherweise bisher nicht zu entscheiden gewesen. Die auch national immer wieder vorkommenden Produktionsunfälle – auslaufende Tanks, Explosionen, asynchrone Produktionsabläufe mit Bildung gefährlicher Stoffe – haben bislang in der Rechtsprechung zum Produktstrafrecht keinen prominenten Platz gefunden. Sie waren mit dem üblichen strafrechtlichen Instrumentarium zu erfassen bzw. zu regeln und waren zumeist mehr dem Umweltstrafrecht als dem Produktstrafrecht zuzuordnen.[493]

4. Pharma- und Medizinindustrie

260   Mit einem pharmarelevanten Fall – Contergan – begann die bewusste Entwicklung des strafrechtlichen Produkthaftrechtes,[494] das zur Zeit aktuellste Verfahren – Lipobay – stammt, sicher nicht zufällig, ebenfalls aus diesem Bereich.[495] Rechtstatsächlich ist der Bereich der Herstellung von Medikamenten ein Zentrum des Produktstrafrechtes, die Gesetzgebung spiegelte dies in §§ 84 ff des Arzneimittelgesetzes, eingeführt 1978, wider. Die Einführung des Produkthaftungsgesetzes flankierte dies 1989. Ausfluss der Entwicklung sind jedoch nicht nur intensivere Prüfungen vor der Freigabe von Medikamenten, sondern auch Beipackzettel, deren Gewicht inzwischen die Transportkosten einer Abgabeverpackung beeinflussen kann und die mit einer

---

[486] So Graf v. Westphalen/*Goll/Winkelbauer* § 46 Rdnr. 1.
[487] BGH, 14.2.1952 – 5 StR 3/52, BGHSt 2, 384.
[488] Z. B.: *Klaus Richardt* Fleischwirtschaft 2001, 44, http://www.lebensmittelsicherheit.de/FLW2001.pdf.
[489] BGHSt 37, 106 ff.
[490] BGHSt 41, 206 ff.
[491] Vgl. außerdem: BGHSt 3, 91; BGH NJW 1995, 2930; OLG Frankfurt v. 4.1.1961 – 2 Ss 998/60, *Schmidt-Salzer*, ES IV.2.2; OLG Stuttgart NJW 1977, 1406; BGH NJW 1977, 1408; LG Kleve v. 17.4.1980 – 1 I 36/78, *Schmidt-Salzer*, ES IV.31; LG Mainz v. 16.9.1987 – 8 Js 13062/85 W – 5 KLs, *Schmidt-Salzer*, ES IV.3.22; LG Braunschweig v. 20.2.1990 – 38 KLs Js 10387/85; LG Frankfurt v. 25.5.1993 – 5/26 KLS 65 Js 8793/84, *Schmidt-Salzer*, ES IV.3.31.
[492] Vgl. Corte Suprema di Cassatione (ital. Kassationshof) v. 23.5.1986, Nr. 1112 „Seveso III", bei *Schmidt-Salzer*, ES IV.5.6.
[493] Vgl. Einstellungsverfügung der StA Frankfurt/M. vom 9.2.1981 – 92 Js 23113/80 –, Natur + Recht 1982, 115 zur Ableitung wässriger Abfälle aus einer Chemieproduktion.
[494] Wobei immer wieder auch spektakuläre und weit publizierte Fälle wie das Estil-Verfahren – intraarterielle Infektionen aufgrund von Narkosemitteln, BGH NJW 1972, 2217 – ohne strafrechtliche Konsequenz blieben.
[495] Andere Strafrechtliche Urteile mit Pharmabezug: AG Stadthagen v. 5.3.1985 – 6 Ls 4 Js 1471/84, *Schmidt-Salzer*, ES IV.3.13 „Baby-Zäpfchen"; LG Hamburg, 5, 12, 1986 – (47) 53/84 KLs, *Schmidt-Salzer*, ES IV.3.16 „Serum".

§ 4 Strafrechtliche Produkthaftung

derartigen Ausführlichkeit alle theoretischen Risiken schildern, dass Patienten sie entweder gar nicht mehr zur Kenntnis nehmen wollen oder im umgekehrten Falle sich dem Medikament verweigern.

Der sowohl zivilrechtlich als auch strafrechtlich bedeutsame Pflichtenkreis als Beschreibung von Handlungs- und Schutzpflichten ist im Pharmabereich besonders intensiv durch Gesetze und Verordnungen unterlegt. Zu nennen sind insbesondere:

- §§ 5, 11, 19, 29, 63 a, 84 AMG;
- §§ 2, 5 Pharmabetriebsverordnung;
- §§ 6,7 Gesetz über Medizinprodukte;
- Europäische Arzneimittel Verordnungen, beispielsweise 2309/93, Artikel 19ff;
- Europäische Arzneimittel Richtlinien, beispielsweise 75/319, Artikel 10ff;
- Europäische Arzneimittel Leitlinien, beispielsweise Pharmacovigilance Guidelines.

Auffällig ist, dass die europäische Komponente im Bereich der Pflichtendefinitionen besonders ausgeprägt ist. So ist das Medizinproduktegesetz schon nach seiner Formulierung in Bezugnahmen auf das engste mit dem Richtliniensystem der EU verbunden. Es darf angenommen werden, dass die europaweite Verbreitung von Arzneimitteln einer der Motoren für die Entwicklung eines europäischen Produktstrafrechtes sein wird.[496]

5. Baubranche

Eine Art produktstrafrechtlichen Spezialtatbestand kennt das Baurecht seit unvordenklichen Zeiten: § 319 StGB,[497] die **Baugefährdung**. Unter Strafe gestellt ist die Missachtung der allgemein anerkannten Regeln der Technik im Rahmen einer Bauausführung, wenn dadurch eine Gefährdung von Leib und Leben Dritter ausgelöst wird. Die Vorschrift weist die Grundstruktur produktstrafrechtlicher Sachverhalte auf: Pflichtenbegründung (Bautätigkeit), Pflichtenstellung (Planung, Leitung, Ausführung) und Pflichtenumfang (Beachtung der anerkannten Regeln der Technik), In der Rechtswirklichkeit ist sie durchaus häufig,[498] führt aber im Bereich der Produkthaftungsrechtsprechung und Literatur[499] eher ein Schattendasein.

Die intensive Verzahnung von Produkteinsatz und menschlicher Kontrolle im Baubereich war Grundlage einiger Entscheidungen mit produkthaftungsrechtlichem Einschlag. So wurde die Frage der Garantenstellung Dritter, die in ein komplexes Produktionsmodell eingebunden sind, schon 1964 anlässlich eines Baufalles – des Errichtens einer Baugrube – durch den BGH geprüft.[500] Wie in den meisten publizierten Fälle im Baubereich ging es um die Pflichten eines Bauleiters. Der Bundesgerichtshof begrenzte in diesem Fall dessen Pflichtenstellung auf denjenigen Inhalt, der auch den Bauherren als die Person traf, welche die Gefahrenquelle Baustelle eröffnet hatte. Die vom Bauherrn für sich selbst vorgenommene, strafrechtlich entlastende, **vertragliche Pflichtenübertragungen** auf den Bauunternehmer sah der BGH auch für den Bauleiter als **wirksam**.[501] In einer 21 Jahre später ergangenen Entscheidung („Krebstalbrücke"[502]) wird dies grundsätzlich bestätigt und abgeglichen mit einer Pflicht, fehlerhaftes Verhalten Dritter, an die delegiert wurde, vorherzusehen und deren Verhalten daraufhin zu überprüfen. Im Rahmen der Delegation ist sicherzustellen, dass Sicherheitsmaßnahmen dem Übertragenen auch bekannt sind.

Insgesamt ist wegen der vielfältigen, parallelen wie gestuften Verantwortlichkeiten im Baubereich die Abgrenzung der Pflichtenstellungen das Feld, auf dem die Rechtsprechung aufgerufen war, Differenzierungen darzustellen. Wegen der Unterschiedlichkeit und tiefen Staffelung

---

[496] Siehe auch Urteil des EuGH v. 10.5.2001 – Rs. C-203/99 (Henning Veedfeld/Århus Amtskommune), NJW 2001, 2781 „Perfusionslösung".
[497] Früher: § 323 StGB.
[498] So wurde im Düsseldorfer Flughafenbrandprozess der die Schweißarbeiten durchführende Unternehmer wegen Baugefährdung angeklagt.
[499] Vgl. *Bottke/Mayer* ZfBR 1991, 233; vgl. auch OLG Hamm NJW 1969, S. 2211.
[500] BGHSt 19, S. 289, Garantenstellung des mit Oberbauleitung und Bauaufsicht beauftragten Statikers.
[501] In der kurz darauf gefällten Lagerhallen-Entscheidung, BGH MDR 1965, 589, begründet der BGH aus der vertraglichen Pflichtenübernahme durch einen Architekten dessen Schutzpflichten gegenüber Arbeitern der Bauunternehmers.
[502] BGH StR 180/83, *Schmidt-Salzer*, ES IV.1.12.

der Sachverhalte ist aber mehr eine Sammlung von Einzelfallentscheidungen[503] festzustellen, als eine eigene Linie des Produkthaftungsrechtes im Baubereich.

[503] Vgl. BGH wistra 1982, 34; BGH StR 180/83, *Schmidt-Salzer*, ES IV.2.14 „Krebstalbachbrücke"; OLG Hamm NJW 1969, 2211; OLG Karlsruhe NJW 1977, 1930; OLG Hamm v. 25.1.1984 – 4 Ss (OWi) 1929/83, *Schmidt-Salzer*, ES IV.2.27; OLG Stuttgart NJW 1984, 2897; OLG Düsseldorf v. 9.7.1986 – 5 Ss (OWi) 246/86, *Schmidt-Salzer*, ES IV.2.36.

§ 5 Rechtsfolgen gegen das Unternehmen

Übersicht

	Rdnr.
I. Unternehmensdelinquenz und Strafrecht	1–4
II. Die Verbandsgeldbuße nach § 30 OWiG	5–38
1. Die Voraussetzungen von § 30 OWiG im Überblick	5–7
2. Die Voraussetzungen von § 30 OWiG im Einzelnen	8–20
a) Adressaten	8–11
b) Täter	12–14
c) Straftat oder Ordnungswidrigkeit als Gegenstand der haftungsbegründenden Zurechnung innerhalb des § 30 OWiG	15–19
d) Handeln in Wahrnehmung von Angelegenheiten des Unternehmens	20
3. Die Bemessung der Geldbuße nach § 30 OWiG	21–27
a) Bußgeldrahmen	22/23
b) Bemessung der Geldbuße	24–27
4. Das Verfahren zur Festsetzung der Geldbuße	28–35
a) Einheitliches Verfahren	29/30
b) Selbstständiges Verfahren	31/32
c) Pflichtgemäßes Ermessen	33–35
5. Zur Frage der Verjährung	36–38
III. Die Unternehmensgeldbuße nach § 81 GWB	39–43
IV. Verfall und Einziehung	44–54
1. Der Verfall	45–49
2. Die Einziehung	50–52
3. Exkurs: Abführung des Mehrerlöses	53/54

Schrifttum: *Achenbach*, Ausweitung des Zugriffs bei ahndenden Sanktionen gegen die Unternehmensdelinquenz, wistra 2002, 441 ff.; *ders.*, Diskrepanzen im Recht der ahndenden Sanktionen gegen Unternehmen, in: Küper/Welp (Hrsg.), Beiträge zur Rechtswissenschaft, Festschrift für Stree/Wessels, 1993, S. 545 ff.; *ders.*, Die Verselbständigung der Unternehmensgeldbuße bei strafbaren Submissionsabsprachen – ein Papiertiger?, wistra 1998, 168 ff.; *Alwart*, Strafrechtliche Haftung des Unternehmens – vom Unternehmenstäter zum Täterunternehmen, ZStW 105 (1993), S. 752 ff.; *Boujong* (Hrsg.), Karlsruher Kommentar zum Gesetz über Ordnungswidrigkeiten, 2. Auflage 2000; *Brenner*, Das Bruttoprinzip gilt für Unternehmen, nicht nur für den unschuldigen Täter und Dritten, NStZ 2004, 256 ff.; *ders.*, Geldbuße und Abschöpfung des wirtschaftlichen Vorteils nach dem Bruttoprinzip jetzt auch gegen die Gesellschaft bürgerlichen Rechts (GbR) – Änderung des § 30 OWiG, ZfZ 2003, 185 ff.; *Britz/Jung*, Anmerkungen zur „Flexibilisierung" des Katalogs von § 153 a Abs. 1 StPO, in: Eser/Goydke/Maatz/Meurer (Hrsg.), Festschrift für Meyer-Goßner, 2001, S. 307 ff.; *Dannecker*, Zur geschichtlichen Entwicklung des Wirtschaftsstrafrechts, in: Wabnitz/Janovsky, Handbuch des Wirtschafts- und Steuerstrafrechts, 2. Auflage 2004, Rdnr. 103 ff.; *Delmas-Marty*, Die Strafbarkeit juristischer Personen nach dem neuen französischen Code Penal, in: Bernd Schünemann/Carlos Suáres Gonzáles (Hrsg.), Bausteine des europäischen Wirtschaftsstrafrechts. Madrid-Symposium für Klaus Tiedemann, 1994, S. 305 ff.; *Dessecker*, Gewinnabschöpfung im Strafrecht und in der Strafrechtspraxis, Diss. Freiburg 1992; *Eidam*, Die Verbandsgeldbuße des § 30 Abs. 4 OWiG – eine Bestandsaufnahme, wistra 2003, 447 ff.; *ders.*, Der faktische Geschäftsführer und § 30 OWiG, StraFo 2003, 299 ff.; *ders.*, Unternehmen und Strafe, 2. Auflage 2001; *Göhler*, OWiG, 14. Auflage 2006; *Hafter*, Die Delikts- und Straffähigkeit der Personenverbände, 1903; *Häusermann*, Der Verband als Straftäter und Strafprozesssubjekt, Diss. Freiburg i. Br. 2003; *Hak-Tai Kim*, Grenzen des funktionalen Schuldbegriffs, Diss. (Saarbrücken) Seoul 1995; *Kempf*, Sanktionen gegen juristische Personen und Gesellschaften, KritJ 2003, 462 ff.; *Kilchling*, Die Praxis der Gewinnabschöpfung in Europa, 2002; *Kremnitzer/Ghanayim*, Strafbarkeit von Unternehmen, ZStW 113 (2001), S. 538 ff.; *Möhrenschläger*, Developments on the International Level, in: Eser/Heine/Huber (Hrsg.), Criminal Resonsibility of egal and Collective Entities, 1999, S. 89 ff.; *Müller-Gugenberger/Bieneck* (Hrsg.), Wirtschaftsstrafrecht, 3. Auflage 2000; *Otto*, Die Strafbarkeit von Unternehmen und Verbänden, 1993; *Rönnau*, Vermögensabschöpfung in der Praxis, 2003; *Schmidt*, Zur Verantwortung von Gesellschaften und Verbänden im Kartell-Ordnungswidrigkeitenrecht, wistra 1990, 131 ff.; *Schönke/Schröder*, StGB, 27. Auflage 2006; *Schroth*, Unternehmen als Normadressat und Sanktionssubjekt, 1993; *Schünemann*, Unternehmensstrafrecht und Kriminalität, 1979; *Tiedemann*, Die „Bebußung" von Unternehmen nach dem 2. Gesetz zur Bekämpfung der Wirtschaftskriminalität, NJW 1988, 1169 ff.; *ders.*, Strafbarkeit juristischer Personen? Eine rechtsvergleichende Bestandsaufnahme mit Ausblicken für das deutsche Recht, in: Schoch/Stoll/Tiedemann (Hrsg.), Freiburger Begegnungen. Dialog mit Richtern des Bundesgerichtshofs, 1996,

S. 30 ff.; *ders.*, Wirtschaftsstrafrecht. Einführung und Allgemeiner Teil; *Többens*, Die Bekämpfung der Wirtschaftskriminalität durch die Troika der §§ 9, 130 und 30 des Gesetzes über Ordnungswidrigkeiten, NStZ 1999, 1 ff.; *Tröndle/Fischer*, StGB, 53. Aufl. 2006; *Volk*, Zur Bestrafung von Unternehmen, JZ 1993, 429 ff.; *v. Liszt*, Lehrbuch des Deutschen Strafrechts, 21. und 22. Auflage 1919; *Wiesner*, Der Kronzeuge im Kartellrecht, 2000; *Zieschang*, Der Allgemeine Teil des neuen französischen Strafgesetzbuches, ZStW 106 (1994), S. 647 ff.

I. Unternehmensdelinquenz und Strafrecht

1   Trotz der durch die Strafrechtsvergleichung vermittelnden und verstärkten Impulse, die vom europäischen Recht und ausländischen Rechtsordnungen – namentlich des (benachbarten) französischen Strafrechts[1] – ausgehen,[2] hat die Diskussion um die „Bestrafung von Unternehmen"[3] oder die „Unternehmenstäterschaft"[4] bislang in Deutschland keine greifbaren Früchte getragen. Die weit zurückreichende[5] Debatte, welche in den fünfziger Jahren des vergangenen Jahrhunderts zunächst ihren Abschluss gefunden zu haben schien, hat zwar seit etwa Mitte der achtziger Jahre des 20. Jahrhunderts neue Nahrung bekommen, dauert indessen aber noch an. Freilich ist zu konstatieren, dass nicht zuletzt die ablehnenden Empfehlungen der „Kommission zur Reform des strafrechtlichen Sanktionensystems" zur Aufnahme einer Unternehmensstrafbarkeit im Strafrecht zu einer gewissen Beruhigung beigetragen haben; zumal sie sich auf einen breiten Konsens stützen können. Jenseits von Fragen rechtspolitischen oder –pragmatischen Gehalts müssen nämlich die vielfältigen strafrechtsdogmatischen Implikationen, die sich mit der Einführung von Möglichkeiten der Sanktionierung von juristischen Personen bzw. der Verhängung gerade von (Kriminal-) Strafen gegen so genannte Verbandspersonen stellen,[6] nach wie vor als ungelöst, zumindest aber als offen betrachtet werden.[7] Die Verwerfungen vor Allem im Bereich der strafrechtlichen Handlungslehre und der herrschenden Schuldkonzeption[8] sind zu deutlich und münden in nur schwer auflösbare Inkompatibilitäten.

2   Vor diesem Hintergrund gilt für den Bereich des Kernstrafrechts deshalb nach wie vor der tradierte Rechtssatz „societas delinquere non potest" (eine Gesellschaft/ein Verband kann kein Unrecht/keine Straftat begehen). Denn ein ausschließlich individueller Ansatz prägt und charakterisiert das (Kern-) Strafrecht und die Fassung derjenigen Kriterien bzw. Verbrechensmerkmale, mit denen eine spezifische Zuschreibung strafrechtlicher Verantwortlichkeit erfolgen soll. Dem entspricht es, wenn bei der Verwirklichung von Straftaten im Zusammenhang mit der Tätigkeit von Unternehmen zur Schließung von Strafbarkeitslücken über die komplexe Vorschrift des § 14 StGB sowie der korrespondierenden Norm des § 9 OWiG auf die Verantwortlichkeit der natürlichen Person rekurriert, nach anderer Lesart durchgegriffen wird. Juristische Personen oder Personenvereinigungen sind daher nach ganz herrschender Auffassung – jedenfalls bislang – im strafrechtlichen Sinne nicht delikts- bzw. schuldfähig[9] und können demzufolge nicht mit Strafen belegt werden.[10] Indessen darf nicht verkannt werden, dass das BVerfG in seiner – soweit ersichtlich – einzigen, zunächst allerdings kaum beachteten Entscheidung („Bertelsmann-Lesering-Beschluss") zur Frage der Strafbarkeit von Verbänden nicht definitiv ablehnend Stellung bezogen hat,[11] sodass unter verfassungsrechtlichen Gesichtspunkten Gestaltungsspielräume bestehen würden.

---

[1] Hierzu: *Delmas-Marty* S. 305 ff.; *Zieschang* ZStW, 106 (1994), S. 647 ff.
[2] Instruktiv: *Häusermann* S. 34 ff.; *Kremnitzer/Ghanayim*, ZStW 113 (2001), S. 538 ff.; *Tiedemann* S. 30 ff.; *Möhrenschläger* S. 89 ff.; *Eidam* S. 223 ff.
[3] *Volk* JZ 1993, 429 ff.
[4] *Alwart* ZStW 105 (1993), S. 768 ff.
[5] *V. Liszt* S. 117 („Körperschaftsverbrechen"); *Hafter* S. 93 ff.
[6] *Otto* S. 16 ff.
[7] Zusammenfassend: *Dannecker* 1. Kap. Rdnr. 152 f. m.w.N.; *Eidam* wistra 2003, 448 m.w.N.
[8] Zu strafrechtlichen Schuldbegriff zusammenfassend: *Hak-Tai Kim* S. 5 ff., 69 ff.
[9] BGHSt 5, 28 ff. – Berliner Stahlprozess; BGH DDevR 1954, 10 – Altzink-Urteil; hierzu: *Tiedemann* NJW 1988, 1170, der beide Urteile als Grundsatzentscheidungen bezeichnet; zustimmend: *Häusermann* S. 28.
[10] Hiervon ist mit Blick auf einzelne Strafvorschriften die Thematik abzuschichten, dass das Unternehmen oder der Gewerbebetrieb ein Schutzobjekt darstellen oder in die Tatbestandsvoraussetzungen in anderer Form eingefügt sein können.
[11] BVerfGE 20, 323 ,331, 335. Kritisch hierzu: *Schünemann* S. 234 f.

Geht es nach der geltenden Rechtslage um die Sanktionierung von Unternehmen, bildet alleine und ausschließlich das Nebenstrafrecht die sedes materiae. Zentral ist die vom Gesetzgeber mehrfach überarbeitete und damit aufgewertete[12] Vorschrift des § 30 OWiG, die mittlerweile[13] eine eigenständige Sanktion enthält; abgesehen davon, dass auch das Europarecht sowie einzelne völkerrechtliche Verträge spezielle Bestimmungen enthalten, welche die Verhängung von Geldbußen gegen Unternehmen erlauben. Will man die Möglichkeiten der Verhängung von Sanktionen gegen Unternehmen unter dem nicht unproblematischen Oberbegriff „Unternehmensstrafrecht" verorten, ist gleichfalls zu berücksichtigen, dass sowohl mit der Norm des § 73 Abs. 1, Abs. 3 StGB als auch der Vorschrift des § 29 a OWiG in praxi durchaus wirksame Möglichkeiten bestehen, gegen juristische Personen oder Personenvereinigungen Verfallsanordnungen auszusprechen; gleiches gilt für die Einziehung, die jedoch in der Praxis von geringerer Bedeutung ist. Bei den Instrumentarien der Einziehung und des Verfalls handelt es sich zwar nicht um Sanktionen im formellen Sinn. Unabhängig von dem Aspekt, dass mitunter strafrechtlich motivierte Reaktionen auf Fehlverhalten, die sich zwar aus dogmatischer Sicht nicht als Sanktionen darstellen, wegen ihrer praktischen Auswirkungen oder aber wegen ihrer sozialen wie persönlichen Wahrnehmung als solche empfunden bzw. bewertet werden,[14] wird man indessen nicht umhin kommen, diese Rechtsfolgen wegen ihres Charakters als staatliche Zwangsmaßnahmen mit strafrechtlichem Hintergrund bei der Darstellung des Repertoires von Reaktions- und Interventionsmöglichkeiten gegen Unternehmen einzubeziehen. Ob die Gesamtschau aller möglichen repressiven Reaktionsformen gegen Unternehmensdelinquenz wiederum dazu führen muss, von einer Unternehmensstrafbarkeit oder – noch weiter gehend – von einem spezifischen Unternehmensstrafrecht zu sprechen, kann dahinstehen. Neutral umschrieben geht es um Rechtsfolgen gegen das Unternehmen. 3

Bei den Rechtsfolgen gegen Unternehmen ist nach dem zuvor Gesagten zwischen einer formellen Sanktionierung mit der Vorschrift des § 30 OWiG im Vordergrund[15] einerseits und den nicht formellen Sanktionen in Form von Verfall (§ 29 a OWiG/§§ 73 ff. StGB) und Einziehung (§§ 29, 22 ff. OWiG/ §§ 75 ff. StGB) andererseits zu unterscheiden.[16] 4

II. Die Verbandsgeldbuße nach § 30 OWiG

1. Die Voraussetzungen von § 30 OWiG im Überblick

Unter den Voraussetzungen des § 30 OWiG können Geldbußen unmittelbar gegen juristische Personen oder Personenvereinigungen verhängt werden. Grob skizziert, setzt die Festsetzung der Verbandsgeldbuße voraus, dass eine sog. Leitungsperson im Wirkungskreis des Unternehmens eine Anknüpfungstat in Form einer Straftat oder Ordnungswidrigkeit begangen und hierbei entweder eine die Verbandsperson treffende Pflicht verletzt hat oder das Unternehmen bereichert wurde bzw. bereichert werden sollte. 5

Im Überblick stellen sich die **tatbestandlichen Voraussetzungen des § 30 OWiG wie folgt dar:** 6

---

[12] Die maßgeblichen Aufwertungen bzw. Verschärfungen wurden eingeführt durch das 31. StÄG vom 27.6.1994 (BGBl. I, S. 1440 ff.) sowie durch das Gesetz zur Korruptionsbekämpfung vom 29.8.2002 (BGBl. I, S. 3387), dessen offizieller, bereits als monströs bezeichneter Titel hier nur verkürzt wiedergegeben wird; vgl. hierzu: *Achenbach* wistra 2002, 441.
[13] Die Regelungen des § 30 OWiG (a.F.) sowie des § 26 Abs. 1 OWiG (1968) beinhalteten konzeptionell zunächst eine verfallsartig ausgestaltete Geldbuße als Nebenfolge zu der Anknüpfungstat. Im Laufe der Entwicklung wurde die Geldbuße vom Gesetzgeber zu einer eigenständigen Sanktion aufgewertet.
[14] Als gewissermaßen klassisches Beispiel kann die Vorschrift des § 153 a StPO gelten, soweit darin die Möglichkeit der Bestimmung einer Geldauflage als Einstellungsvoraussetzung enthalten ist. Zu deren Sanktionscharakter: *Britz/Jung*, FS Meyer-Goßner, S. 312 m.w.N. Zur Beschreibung weiterer Maßnahmen gegen Unternehmen mit „faktischem Sanktionscharakter": *Kempf* KritJ 2003, 463 f.
[15] Spezialregelungen finden sich in § 81 f. GWB sowie in Art. 81, 82, 83 EGV, Art. 23 VO (EG) Nr. 1/2003.
[16] Zu sonstigen zivil- und verwaltungsrechtlichen Rechtsfolgen im Überblick: *Eidam*, Unternehmen und Strafe, S. 211; Müller-Gugenberger/Bieneck/*Niemeyer* § 21 Rdnr. 84.

> **Checkliste:**
>
> ☐ Täter
> - vertretungsberechtigtes Organ einer juristischen Person oder Mitglied eines solchen Organs
> - Vorstand eines nicht rechtsfähigen Vereins oder Mitglied eines solchen Vorstandes
> - vertretungsberechtigter Gesellschafter einer rechtsfähigen Personenhandelsgesellschaft
> - Generalbevollmächtigter oder Prokurist in leitender Stellung oder Handlungsbevollmächtigter einer juristischen Person oder eines nicht rechtsfähigen Vereins oder einer Personengesellschaft
>
> ☐ Straftat oder Ordnungswidrigkeit
> ☐ Verletzung einer Pflicht, welche die juristische Person oder Personenvereinigung trifft, **oder** Bereicherung der juristischen Person oder der Personenvereinigung bzw. Bereicherungsabsicht

7   Liegen diese Voraussetzungen vor, kann gegen die juristische Personen und gegen die diesen gleichgestellte Personen eine Geldbuße unter Berücksichtigung der Differenzierung in vorsätzliche oder fahrlässige Straftaten einerseits und Ordnungswidrigkeiten andererseits, die näher von § 30 Abs. 2 OWiG vorgegeben ist, eine Geldbuße festgesetzt werden. Die Verhängung der Geldbuße steht zudem im pflichtgemäßen Ermessen der zuständigen Verfolgungsbehörde.

2. Die Voraussetzungen von § 30 OWiG im Einzelnen

8   a) **Adressaten.** Adressaten[17] der im Rahmen pflichtgemäßer Ermessensausübung festzusetzenden Geldbuße können zunächst **juristische Personen**[18] sein. Zu diesen zählen die AG, die GmbH, die Genossenschaft, der eingetragene Verein und die selbständige Stiftung. Weiterhin kann die Verbandsgeldbuße gegen **nicht rechtsfähige Vereine** sowie gegen **rechtsfähige Personengesellschaften** verhängt werden. Zu den rechtsfähigen Personenhandelsgesellschaften sind die oHG, die KG und – seit der Gesetzesänderung im Jahre 2002 und unter Beachtung der Rspr. der Zivilsenate des BGH[19] – die Gesellschaft bürgerlichen Rechts sowie die Partnerschaftsgesellschaft zu rechnen. Mit der Einbeziehung der rechtsfähigen Personenhandelsgesellschaften in § 30 OWiG haben sich zwei frühere Streitpunkte erledigt. Zum einen ist dies die Diskussion, ob gegen eine GdbR eine Geldbuße festgesetzt werden kann.[20] Zum anderen ist durch die nunmehr normierte Sanktionsfähigkeit der GdbR auch weitgehend die Frage gelöst, inwiefern Vor(gründungs-)gesellschaften und faktische Gesellschaften mit einer Geldbuße belegt werden können.[21]

9   Wegen der Gesetzesänderung im Jahre 2002 muss allerdings die mit dem strafrechtlichen Rückwirkungsverbot verknüpfte Zäsur beachtet werden: Für Taten vor dem 30.8.2002 kann – unabhängig von etwaigen Verjährungsfolgen – nach der früher herrschenden Meinung[22] eine Geldbuße gegen eine GdbR nicht festgesetzt werden.

10   Wenngleich von Rspr. und Lit. weitgehend durchdrungen und größtenteils beantwortet, sind nach wie vor die Fragen virulent, ob und inwiefern gegen eine juristische Person des öffent-

---

[17] Nicht zu den Adressaten zählen Unternehmen und Betriebe als solche, sodass es zu Missverständnissen führen kann, bei § 30 OWiG von einer Unternehmensbuße zu sprechen. Nur unter bestimmten, gesetzlich definierten Voraussetzungen ist es möglich, Geldbußen gegen Unternehmen zu verhängen (vgl. § 59 KWG).
[18] Zur Definition statt vieler: *Göhler* § 30 Rdnr. 2.
[19] BGH NJW 2001, 1056; BGH NJW 2002, 1207.
[20] Zum damaligen Streitstand: *Göhler* (13. Aufl. 2002) § 30 Rdnr. 6 m.w.N.
[21] Bis zur Gesetzesänderung konnten Vorgesellschaften und sog. faktische Gesellschaften nur dann mit einer Geldbuße sanktioniert werden, wenn sie aufgrund ihrer faktischen Beschaffenheit einer der in § 30 OWiG erwähnten juristischen Personen oder Personenhandelsgesellschaften entsprachen; vgl.: *Schmidt* wistra 1990, 134; *Eidam* wistra 2003, 449.
[22] BayObLG NJW-RR 1997, 94.

lichen Rechts eine Geldbuße festgesetzt werden kann,[23] und unter welchen Voraussetzungen eine Änderung der Firmenbezeichnung,[24] ein Wechsel der Rechtsform[25] oder die Übernahme eines Unternehmens[26] Einfluss auf die Möglichkeit der Sanktionierung haben.

Infolge der Globalisierung und der damit verbundenen internationalen Arbeitsteilung stellt sich in zunehmendem Maße die Frage, unter welchen Voraussetzungen Verbandsgeldbußen gegen **ausländische Unternehmen** festgesetzt werden können. Denn in den verschiedensten Branchen partizipieren Firmen, die im europäischen oder außereuropäischen Ausland ihren (Haupt-) Sitz haben am inländischen Wirtschaftsleben.[27] Voraussetzung für eine Ahndung ist zunächst, dass die Zuwiderhandlung im räumlichen Geltungsbereich des OWiG nach begangen wurde.[28] Ferner ist Voraussetzung, dass das ausländische Unternehmen den in § 30 Abs. 1 OWiG genannten Verbandspersonen qualitativ entspricht.[29]

b) Täter. Als **Täter** und damit natürliche Personen, deren Fehlverhalten dem Verband im Rahmen des § 30 OWiG zugerechnet werden kann, kommen zunächst nur die in der Vorschrift enumerativ aufgezählten Vertreter in Betracht. Es handelt sich um die satzungsmäßigen Organe[30] und bestimmte Formen von rechtsgeschäftlich bestellten Vertretern in leitender Funktion.[31] Mit Blick auf die durch die Gesetzesänderung im Jahre 2002 eingeführte Vorschrift des § 30 Abs. 1 Nr. 5 OWiG, die zuweilen als Generalklausel bezeichnet wird,[32] sind nunmehr – in nicht weiter präzisierender Beschreibung – auch sonstige (Leitungs-) Personen oder Führungskräfte erfasst, die sich neben den ansonsten erwähnten Personen ebenfalls in verantwortlicher Position befinden, allerdings von § 30 Abs. 1 OWiG a. F. nicht erfasst werden konnten, da keine organschaftlichen oder rechtsgeschäftlichen Vertretungs- oder Geschäftsführungsbefugnisse bestanden haben.[33] Erfasst sind unter Anderem Leitungspersonen, die Kontrollbefugnisse wahrzunehmen haben, wie z.B. Aufsichtsratsmitglieder einer AG oder Mitglieder des Verwaltungsrates einer GmbH.[34]

Da der sog. **faktische Geschäftsführer** nicht ausdrücklich in der Vorschrift des § 30 OWiG aufgeführt wird, ist streitig, ob diese Person zum Täterkreis zu rechnen sind. Mit beachtlichen Argumenten – unter Anderem unter Hinweis auf das Analogieverbot und den Bestimmtheitsgrundsatz – wird die Einbeziehung des faktischen Geschäftsführers abgelehnt.[35] Demgegenüber lässt die Gegenansicht die faktische Betrachtungsweise mit dem Argument ausreichen, dass der Wortwahl in § 30 Abs. 1 Nr. 1, Nr. 3 OWiG „vertretungsberechtigt" keine weitere eigenständige Bedeutung zukomme.[36]

Praxistipp:
Die strafrechtlichen Voraussetzungen für die Annahme einer faktischen Geschäftsführung können unter Berücksichtigung der umfangreichen Rspr. zu dieser Thematik sowie mit Blick auf den Merkmalekatalog als ausgemacht gelten.[37] Gleichwohl ist gerade bei der Festsetzung der

---

[23] Hierzu: *Achenbach*, FS Stree/Wessels, S. 553 f. m.w.N.
[24] Da lediglich die Firmenbezeichnung wechselt, ansonsten aber keine Veränderung eintritt, kann eine Geldbuße festgesetzt werden; vgl. BGH wistra 1996, 221.
[25] *Göhler* § 30 Rdnr. 38 b m.w.N. Entscheidend soll sein, ob bei einer wirtschaftlichen Betrachtung eine Identität zwischen den beiden Unternehmen besteht.
[26] *Göhler* § 30 Rdnr. 38 c m.w.N.
[27] Zu nennen sind die Baubranche (z.B. sog. Kontingentfirmen), die Transportbranche sowie der gesamte weitere Dienstleistungssektor.
[28] Vgl.: § 5 OWiG.
[29] OLG Celle wistra 2002, 230. Zu klären bliebe freilich, ob und inwiefern das Analogieverbot Grenzen setzen könnte.
[30] Vgl. § 30 Abs. 1 Nr. 1, Nr. 2 OWiG.
[31] Vgl. § 30 Abs. 1 Nr. 3, Nr. 4 OWiG.
[32] *Achenbach* wistra 2002, 443.
[33] *Eidam* wistra 2003, 451; *Achenbach* wistra 2002, 443.
[34] *Eidam* wistra 2003, 451 f.
[35] Ablehnend vor allem: *Achenbach*, FS Stree/Wessels, S. 561 f.; *Eidam* wistra 2003, 452; *ders.* StraFo 2003, 299 ff.
[36] *Göhler* § 30 Rdnr. 12 b.
[37] BGH NJW 1996, 66 f.; BayObLG NJW 1997, 1936 f.

> Verbandsgeldbuße darauf zu achten, dass diese sich aus der Sicht des § 30 OWiG als Vorfragen darstellenden Voraussetzungen präzise geklärt sein müssen. Erst danach stellt sich die Problematik der tauglichen Täterschaft. Da die tatsächlichen und rechtlichen Fragen um § 30 OWiG im Einzelfall oft komplex sein können, liegen hier die Möglichkeiten der Verteidigung zur Initiierung eines sog. deals.

15 **c) Straftat oder Ordnungswidrigkeit als Gegenstand der haftungsbegründenden Zurechnung innerhalb des § 30 OWiG.** Gegenstand der haftungsbegründenden Zurechnung innerhalb des § 30 OWiG ist eine von einer oder mehrerer der benannten Leitungsperson begangene **Straftat** oder **Ordnungswidrigkeit**; wobei es nicht erforderlich ist, dass die Identität des oder der Täter festgestellt wird.[38] Im Sinne einer strengen Akzessorietät ist jedoch Voraussetzung, dass entweder ein tatbestandsmäßiges, rechtswidriges und schuldhaftes Verhalten (Straftat)[39] oder eine rechtswidrige und vorwerfbare Handlung (Ordnungswidrigkeit)[40] als Bezugs- bzw. Organtat vorliegen.[41] Weiterhin ist Voraussetzung, dass die Bezugstat dahin gehend qualifiziert ist, dass ein spezifischer Pflichtenverstoß oder eine Bereicherung bzw. beabsichtigte Bereicherung der Verbandsperson gegeben sein müssen. Diese Attributierung der Organtat reduziert die Möglichkeiten der Zurechnung und stellt damit eine Haftungsbegrenzung dar.

16 Wenn auch inhaltlich weit gefasst, sind die Tatbestandsmerkmale der **Bereicherung** oder **Bereicherungsabsicht**[42] grundsätzlich unproblematisch; denn die Vorschrift des § 30 OWiG dient der Gewinnabschöpfung, sodass jegliche Vermögensvorteile – angestrebte oder zugeflossene – im Zusammenhang mit dem poenalisierten Handeln des Organs dessen Fehlverhalten zurechenbar machen.

17 Des Weiteren wird über den nach § 30 Abs. 1 OWiG (alternativ) erforderlichen Pflichtenverstoß die Zurechnung bei der Begehung von Straftaten oder Ordnungswidrigkeiten durch Leitungspersonen mit Blick auf den Wirkungsbereich der juristischen Person oder der Personenvereinigung limitiert.[43] Erforderlich ist demnach die Verletzung einer **betriebs- bzw. unternehmensbezogenen Pflicht**. Diese Pflichten können sich zum einen aus speziellen, den Wirkungs- oder Geschäftsbereich der Verbandsperson betreffenden formellen und materiellen Vorschriften ergeben, die zudem oftmals ihrerseits durch spezifische Bußgeld- oder Strafvorschriften flankiert sind.[44] Zum anderen kommen aber auch allgemeine Pflichten in Frage, die jedoch in unmittelbarem sachlichem Zusammenhang mit der Tätigkeit der Unternehmung stehen müssen.[45]

> **Praxistipp:**
> 18 Für eine erste Bestimmung der betriebs- bzw. unternehmensbezogenen Pflichten kann auf die aus dem Allgemeinen Teil des Strafrechts bekannten Ansätze zur Herleitung einer Garantenstellung und die Begründung entsprechender Garantenpflichten zurückgegriffen werden. Neben der Unterscheidung in Beschützer- und Überwachergaranten[46] lässt sich insbesondere auf die ältere Rspr. und Lehre rekurrieren: Gesetz, Vertrag, Vertrauen und Ingerenz.[47]

---

[38] BGH NStZ 1994, 346: „Notwendig ist allein die Feststellung, dass ein i.S. von § 30 OWiG Verantwortlicher die Zuwiderhandlung begangen hat."
[39] Zur Definition der Straftat: *Tröndle/Fischer* Vorbem. § 13 Rdnr. 2.
[40] Zur Definition der Ordnungswidrigkeit: § 1 Abs. 1 OWiG; vgl. auch *Göhler* Vorbem. § 1 Rdnr. 10.
[41] *Eidam* wistra 2003, 453 f.
[42] Obwohl die gewählte Terminologie dies unter Umständen nahe legt, ist es nicht erforderlich, dass die Bereicherung das Handlungsziel ist. Vielmehr genügt es, dass die Bereicherung ein (greifbares) Motiv darstellt.
[43] *Schroth* S. 43 ff.
[44] *Göhler* § 30 Rdnr. 19.
[45] *Göhler* § 30 Rdnr. 20.
[46] BGHSt 48, 77, 82 ff.; BGH NJW 2003, 3212.
[47] Vgl. *Tröndle/Fischer* § 13 Rdnr. 5 a, 6 a ff.

Zum Kreis der unternehmensbezogenen Pflichten gehört insbesondere die Vorschrift des 19
§ 130 OWiG,[48] die Aufsichtspflichten generiert. Während der Verband für das Fehlverhalten sonstiger Personen, die ihm zwar angehören, jedoch nicht zu dem in § 30 Abs. 1 OWiG definierten Personenkreis zählen, grundsätzlich nicht verantwortlich gemacht werden kann, ergibt sich für die Fälle eine Ausnahme, dass Leitungspersonen[49] in Betrieben oder Unternehmen ihre Aufsichtspflichten vernachlässigen.[50]

d) Handeln in Wahrnehmung von Angelegenheiten des Unternehmens. Im Zusammenhang 20 mit den zuvor skizzierten Voraussetzungen für eine Zurechnung individuellen strafbaren Fehlverhaltens an eine Verbandsperson steht die weitere Bedingung, dass der Täter[51] zum Zeitpunkt der Vornahme der Bezugstat gerade in seiner Eigenschaft als verantwortliche Leitungsperson nach § 30 Abs. 1 Nr. 1 – Nr. 5 OWiG in **Wahrnehmung von Angelegenheiten des Unternehmens** gehandelt haben muss. Diese notwendige Konnexität[52] schließt solche Handlungen aus, die gewissermaßen nur bei Gelegenheit begangen werden.[53]

Beispiele: Der erforderliche funktionale Zusammenhang würde fehlen, wenn der Geschäftsführer einer GmbH bei Vertragsverhandlungen einen Geschäftspartner bestiehlt.[54] Dagegen wäre der Zusammenhang gegeben, wenn der Vorstand einer AG Bestechungsgelder zahlt, um eine Baugenehmigung für die AG zu erhalten, ohne dass er nach der internen Geschäftsverteilung für dieses Ressort zuständig wäre.

3. Die Bemessung der Geldbuße nach § 30 OWiG

Liegt ein zurechenbares Fehlverhalten vor, können juristische Personen, nicht rechtsfähige 21 Vereine und rechtsfähige Personengesellschaften mit einer Geldbuße belegt werden.[55] Die Verbandsgeldbuße dient – neben sonstigen repressiven und präventiven Zwecken[56] – der Gewinnabschöpfung.[57] Dies lässt sich unmittelbar aus § 17 Abs. 4 OWiG sowie im Übrigen auch aus § 33 Abs. 5 OWiG ableiten, da die Norm nach der Festsetzung einer Geldbuße die Anordnung des Verfalls ausschließt.

a) Bußgeldrahmen. Der **Bußgeldrahmen** für die Verbandsgeldbuße ergibt sich aus der Sys- 22 tematik der Vorschrift des § 30 Abs. 2 OWiG. Danach kann die Geldbuße bei vorsätzlichen Straftaten bis zu einer Million Euro und bei fahrlässigen Straftaten bis fünfhunderttausend Euro betragen. Bei Ordnungswidrigkeiten ist auf den spezifischen Strafrahmen der jeweiligen Ordnungswidrigkeit abzustellen.

Strafrahmenverschiebungen können sich zum einen unmittelbar nach § 30 Abs. 2 S. 3 OWiG 23 ergeben, wenn eine Straftat und eine Ordnungswidrigkeit zusammentreffen und die Ordnungswidrigkeit ein anderes Höchstmaß vorsieht als das für Straftaten nach § 30 Abs. 2 S. 1 OWiG. Zum anderen kann das Höchstmaß der Geldbuße nach §§ 30 Abs. 3, 17 Abs. 4 OWiG überschritten werden, wenn es erforderlich ist, den wirtschaftlichen Vorteil abzuschöpfen. Im Übrigen ist zu beachten, dass die Änderung der Bußgeldrahmen zum 30.8.2002 in Kraft getreten ist, sodass für Taten vor diesem Datum wegen Art. 103 Abs. 2 GG das alte Recht mit den niedrigeren Bußgeldrahmen gilt.[58]

---

[48] BGH NStZ 1994, 346; BGH wistra 1986, 111; vgl. auch *Többens* NStZ 1999, 7.
[49] Gemeint ist hier der in § 30 Abs. 1 Nr. 1 – Nr. 5 OWiG festgelegte Personenkreis.
[50] Zum Sanktionsbedürfnis in solchen Fällen: *Tiedemann* NJW 1988, 1173; ders. Wirtschaftsstrafrecht Rdnr. 247 ff.
[51] Auch hier braucht die Leitungsperson nicht individualisiert zu sein.
[52] Zur sog. Funktions- und sog. Interessentheorie: BGH NStZ 1997, 30; KK-OWiG/*Rogall* § 30 Rdnr. 90 ff.; *Göhler* § 30 Rdnr. 25.
[53] *Eidam* wistra 2003, 454.
[54] Beispiel nach *Göhler* § 30 Rdnr. 25.
[55] Umstritten ist die hier nicht weiter zu vertiefende Frage, ob es sich um eine Zurechnung fremden schuldhaften Verhaltens oder aber um die Zurechnung eigenen Verschuldens handelt; vgl. hierzu: *Häusermann* S. 24 m.w.N.
[56] Zusammenfassend: *Eidam* wistra 2003, 448; *Göhler* Vorbem. § 29 a Rdnr. 8 ff. jeweils m.w.N.
[57] *Dessecker*, Gewinnabschöpfung im Strafrecht und in der Strafrechtspraxis, S. 52; *Eidam* wistra 2003, 448; *Rönnau* Rdnr. 27; *Göhler* § 30 Rdnr. 37.
[58] Im Rahmen der Änderungen zum 30.8.2002 sind die ursprünglichen Bußgeldrahmen schlicht verdoppelt worden.

24 b) **Bemessung der Geldbuße.** Bei der **Bemessung der Geldbuße** gilt unter Berücksichtigung der verschiedenen Funktionen der Verbandsgeldbuße sowie unter Berücksichtigung der Vorschriften der §§ 30 Abs. 3, 17 Abs. 4 OWiG im Ausgangspunkt, dass die Höhe des durch die Zuwiderhandlung erzielten und deshalb abzuschöpfenden Gewinns[59] lediglich die unterste Grenze der Geldbuße darstellt, die überschritten werden darf.[60] Da (zumindest) der **wirtschaftliche Vorteil** zu kaduzieren ist, sind indessen nicht nur unmittelbare pekuniäre Vorteile, sondern alle geldwerten illegalen Vorteile abzuschöpfen.[61] Die Geldbuße ist also konkret in der Weise zu bilden, dass auf den abzuschöpfenden Gewinn – im Sinne des wirtschaftlichen Vorteils – ein „Strafaufschlag" gesetzt wird.[62]

25 Nicht befriedigend geklärt ist hingegen, ob bei der Ermittlung des wirtschaftlichen Vorteils das **Brutto- oder Nettoprinzip** zugrunde zu legen sind. Während (noch) vereinzelt, indes mit beachtlichen Argumenten in Richtung einer Harmonisierung von Geldbuße und Verfall das Bruttoprinzip favorisiert wird,[63] geht die h.A. vom Nettoprinzip aus.[64] So sind im Rahmen der vorzunehmenden Saldierung beispielsweise eigene Aufwendungen des Täters sowie zivilrechtliche Ersatzansprüche mindernd zu berücksichtigen;[65] gleiches gilt für die Zahlung von Folgesteuern.[66]

> **Praxistipp:**
> **26** Da es im Ausgangspunkt möglich ist, dass gegen eine Verbandsperson wegen einer Zuwiderhandlung ein Verfall angeordnet oder eine Geldbuße festgesetzt wird (vgl. hierzu auch § 30 Abs. 5 OWiG), sollte in jedem Fall geprüft werden, ob unter dem Gesichtspunkt der finanziellen Belastung des Unternehmens eine Geldbuße anzustreben ist. Denn (solange noch) bei der Bemessung des wirtschaftlichen Vorteil im Rahmen der Geldbuße unter Berücksichtigung der Abschöpfungsfunktion das Netto- beim Verfall hingegen das Bruttoprinzip Anwendung finden, besteht ein deutliches Gefälle.

27 Soweit es um die Bemessung des „Strafaufschlags" – und damit um die Ahndung im engeren Sinne – geht, gelten unter Beachtung der Funktionen der Geldbuße gewissermaßen diejenigen Grundsätze, die auch aus der allgemeinen Strafzumessungslehre bekannt sind.[67] Maßgeblich ist demzufolge der Unrechtsgehalt der Organtat und deren Auswirkungen auf den geschützten Ordnungsbereich.[68] Zu berücksichtigen sind ferner alle relevanten Einzelumstände der Zuwiderhandlung wie das Fehlen von Vorsorgemaßnahmen und Kontrollmechanismen oder etwa der Aspekt, dass solche oder ähnliche Zuwiderhandlungen bereits wiederholt[69] vorgekommen sind.[70]

---

[59] Es gilt der Grundsatz, dass „Verbrechen" (Straftaten oder Ordnungswidrigkeiten) sich nicht lohnen dürfe; vgl. *Brenner* NStZ 2004, 256.
[60] BGH NJW 1975, 270; *Brenner* NStZ 2004, 256.
[61] *Brenner* ZfZ 2003, 185; *ders.* NStZ 2004, 257; *Eidam* wistra 2003, 456.
[62] *Brenner* spricht von einer Addition des Gewinns und der (Straf-)Geldbuße ... zu einer einzigen Geldbuße.", vgl. NStZ 2004, 256 f. *Göhler* (§ 17 Rdnr. 37 a) bezeichnet dies als Doppelcharakter.
[63] *Brenner* ZfZ 2003, 185 f.; *ders.* NStZ 1994, 257 f.; nunmehr auch: *Göhler* § 17 Rdnr. 38 f.
[64] Hintergrund ist, dass dem ordnungskeitenrechtlichen Verfall das Bruttoprinzip zugrund liegt, allerdings im Rahmen des § 17 Abs. 4 OWiG weiterhin das Nettoprinzip gilt; vgl. *Rönnau* Rdnr. 30.
[65] *Göhler* § 17 Rdnr. 38, 40 ff. m.w.N.
[66] BVerfGE 81, 228 ff.
[67] Vgl. hierzu: *Tröndle/Fischer* § 46 Rdnr. 2 ff. Unter Berücksichtigung der Besonderheiten der ordnungswidrigkeitenrechtlichen Geldbuße – präventive und repressive Funktionen der Geldbuße sowie kollektiver Ansatz – können die Grundsätze der Strafzumessung durchaus herangezogen werden.
[68] BGH wistra 1991, 268 f.
[69] Sofern hierbei auf Registereintragungen rekurriert wird, muss berücksichtigt werden, dass getilgte und tilgungsreife Eintragungen nicht verwertet werden dürfen; vgl.: BGH NJW 1993, 3081; BVerwGE 51, 359; OLG Düsseldorf NZV 1998, 384.
[70] *Göhler* § 30 Rdnr. 36 a m.w.N.

4. Das Verfahren zur Festsetzung der Geldbuße

Die Geldbuße gegen die Verbandsperson kann entweder in einem sog. einheitlichen Verfahren, wenn wegen der poenalisierten Zuwiderhandlungen ein Bußgeldverfahren gegen die Leitungsperson initiiert ist, oder im selbstständigen Verfahren nach § 33 Abs. 4 OWiG festgesetzt werden. 28

a) **Einheitliches Verfahren.** Aus dem durch § 30 Abs. 4 S. 1, 2 OWiG statuierten Ausnahmecharakter des selbstständigen Verfahrens[71] sowie aus prozessualen und teilweise verfassungsrechtlichen Gründen ergibt sich, dass über die Verhängung einer Geldbuße grundsätzlich in einem **einheitlichen Verfahren** – d.h. in einem Bußgeldverfahren, das sich gegen die Leitungs- und gegen die Verbandsperson richtet – zu entscheiden ist.[72] Probleme entstehen demzufolge, wenn bei identischer Bezugtat[73] getrennte Verfahren, unter Umständen noch durch unterschiedliche Verfolgungsbehörden, gegen die Leitungsperson einerseits und die Verbandsperson andererseits geführt werden. Da die sog. Klammerwirkung auch in diesen Fällen zu berücksichtigen ist, muss dem auf verfahrensrechtlicher Ebene Rechnung getragen werden mit der Folge, dass das Verfahren gegen die Verbandsperson aus Rechtsgründen im Ermittlungsstadium nicht weitergeführt und ansonsten grundsätzlich einzustellen ist.[74] 29

> **Praxistipp:**
> Bei Mandatierung durch eine Verbandsperson sollte wegen der Klammerwirkung und der sich hieraus unter Umständen ergebenden (positiven) prozessualen Konsequenzen in jedem Fall abgeklärt werden, ob nicht auch ein Bußgeld- oder Strafverfahren gegen eine Leitungsperson initiiert wurde. Dies gestaltet sich mitunter schwierig, wenn unterschiedliche örtliche und/oder sachlich Zuständigkeiten (StA/Verwaltungsbehörde) gegeben sein können. Diese möglichen Zuständigkeiten sollten ausgehend von dem erhobenen Vorwurf eruiert werden, um entsprechende Anfragen oder Auskunftsersuchen anbringen zu können. 30

b) **Selbstständiges Verfahren.** Unter den – alternativen – Voraussetzungen, dass gegen Leitungspersonen ein Bußgeld- oder Strafverfahren nicht eingeleitet, ein solches Verfahren eingestellt oder von Strafe abgesehen wird, ist ein **selbstständiges Verfahren** zur Festsetzung einer Geldbuße gegen die Verbandsperson nach § 30 Abs. 4 S. 1 OWiG zulässig. Gleiches gilt, wenn nach der Vorschrift § 30 Abs. 4 S. 2 OWiG durch Gesetz das selbstständige Festsetzungsverfahren erlaubt wurde.[75] 31

Das selbstständige Verfahren nach § 30 Abs. 4 S. 1 OWiG setzt jedoch im Sinne der bereits beschriebenen Akzessorietät[76] stets voraus, dass eine Straftat oder Ordnungswidrigkeit seitens einer Leitungsperson begangen wurde;[77] auch wenn diese nicht weiter individualisiert werden muss.[78] Worauf sodann deren Nichtverfolgung – Nichteinleitung, Einstellung, Absehen von Strafe – beruht, ist ohne Belang. Relevant sind nach § 30 Abs. 4 S. 3 OWiG allerdings rechtliche Verfolgungshindernisse wie z. B. die (Verfolgungs-) Verjährung. Deren Vorliegen schließt es aus, eine Geldbuße gegen juristische Personen oder Personenvereinigungen festzusetzen. 32

c) **Pflichtgemäßes Ermessen.** Die Festsetzung der Verbandsgeldbuße steht sowohl im einheitlichen als auch im selbstständigen Verfahren im **pflichtgemäßen Ermessen** der zuständigen 33

---

[71] Dieses Argument verliert indessen an Durchschlagskraft, wenn berücksichtigt wird, dass die Verbandsgeldbuße mittlerweile als selbstständige Sanktion und nicht mehr bloße Nebenfolge ausgebildet ist.
[72] Zusammenfassend: *Göhler* § 30 Rdnr. 28 ff.
[73] Zur Tatidentität: BGH wistra 1990, 97; OLG Hamm NJW 1973, 1853.
[74] OLG Hamm NJW 1973, 1853; AG Eggenfelden wistra 2002, 274. Vgl. im Übrigen zu den verschiedenen Konstellationen: *Göhler* § 30 Rdnr. 31 ff. m.w.N.
[75] Kritisch mit Blick auf §§ 81, 82 GWB: *Göhler* § 30 Rdnr. 34 f.
[76] Vgl. oben 2 c.
[77] BGH NStZ 1994, 346; *OLG* Düsseldorf NStZ 1984, 366.
[78] BGH NStZ 1994, 346; OLG Hamm wistra 2000, 393; OLG Hamm wistra 2000, 433.

Verfolgungsbehörde.[79] Das durch § 30 Abs. 1 OWiG eingeräumte Ermessen ist Ausfluss des im Ordnungswidrigkeitenrecht geltenden Opportunitätsprinzips. Das Ermessen bezieht sich vorrangig auf das „Ob" und – wegen der grundsätzlich nochmals gesondert vorzunehmenden Strafzumessung im ahndenden Teil der Geldbuße – weniger auf das „Wie" der Festsetzung der Geldbuße.

34 Gleichwohl eröffnen sich in diesem Rahmen unter Berücksichtigung einer älteren, jedoch thematisch nach wie vor interessanten Entscheidung des OLG Hamm[80] Gestaltungsspielräume. Denn bei einer Ahndung der Zuwiderhandlung gegenüber der Leitungs- als auch gegenüber der Verbandsperson sind die Auswirkungen wechselseitig zu berücksichtigen.

Praxistipp:
35 Wegen der geschilderten Interdependenz können unter Berücksichtigung des Opportunitätsprinzips im Ermittlungsverfahren Möglichkeiten und Varianten ausgelotet werden, festzusetzende Geldbußen entweder zwischen der Verbands- und der Leitungsperson gewissermaßen quotal aufzuteilen oder aber die zu sanktionierende Person unmittelbar zu bestimmen.

5. Zur Frage der Verjährung

36 Obwohl die Verbandsgeldbuße eigenständigen Charakter trägt, ist es ausgemachte Rspr., dass wegen der bereits beschriebenen Akzessorietät im Verfahren gegen die juristische Person die für die Organtat maßgeblichen Vorschriften über die Verjährung gelten.[81] Im Verfahren gegen die Verbandsperson kommt es somit maßgeblich darauf an, ob eine[82] Leitungsperson wegen ihres Fehlverhaltens verfolgt werden kann, oder ob nicht inzwischen (Verfolgungs-)Verjährung eingetreten ist. Konsequenz der akzessorischen Verjährung[83] ist des Weiteren, dass sich verjährungsunterbrechende Handlungen im Rahmen der Ahndung der Bezugstat unmittelbar im Verfahren gegen die Verbandsperson auswirken.[84]

37 Zu einer Modifikation dieser Rechtslage kommt es auch nicht unter Berücksichtigung der Vorschrift des § 33 Abs. 1, S. 2 OWiG und der darin geregelten separaten Verfolgungsverjährung. Denn lediglich zur Durchführung des selbstständigen Verfahrens wird die Verjährung unterbrochen, sodass nach wie vor Voraussetzung ist, dass bei Einleitung des selbstständigen Verfahrens die Anknüpfungstat nicht verjährt ist, also die Verfolgung nicht aus rechtlichen Gründen ausgeschlossen ist.

38 Nicht abschließend geklärt ist hingegen die Frage, ob eine Verjährungsunterbrechung bei der Festsetzung der Verbandsgeldbuße auch dann in Betracht kommt, wenn gegen die falsche Leitungsperson wegen einer ansonsten gegebenen Organtat ermittelt worden ist.[85] Da die in § 30 OWiG konzipierte Akzessorietät lediglich das Vorliegen einer Organtat, nicht jedoch eine Individualisierung des Täters voraussetzt, dürfte die falsche Richtung der Ermittlungen nicht von Bedeutung sein.

---

[79] Stellt sich das Fehlverhalten der Leitungsperson als Ordnungswidrigkeit dar, ist zur Festsetzung der Verbandsgeldbuße grundsätzlich die Verwaltungsbehörde zuständig. Liegt hingegen eine Straftat vor, ist grundsätzlich die Zuständigkeit der StA bzw. des Gerichts gegeben. Aus §§ 30 Abs. 4 S. 2, 40 OWiG können sich jedoch Ausnahmen ergeben.
[80] OLG Hamm NJW 1973, 1851, 1853 f.
[81] BGHSt 46, 207, 208: „Löst eine Straftat oder Ordnungswidrigkeit einer natürlichen Person die Haftung einer juristischen Person nach § 30 OWiG aus, so gelten im Verfahren gegen die juristische Person die für die Tat der natürlichen Person maßgeblichen Vorschriften über die Verjährung." Vgl. auch: BGH NStZ 2006, 228 f.
[82] Nach der Rspr. des BGH genügt es, wenn die Ordnungswidrigkeit gegen eines von mehreren Organ einer juristischen Person nicht verjährt ist; vgl. BGH NStZ 2006, 228, 229.
[83] BGHSt 46, 207, 211.
[84] BGHSt 46, 207, 208.
[85] Göhler § 30 Rdnr. 43 b.

III. Die Unternehmensgeldbuße nach § 81 GWB

Unabhängig von der für die „Unternehmensstrafbarkeit" zentralen Vorschrift des § 30 OWiG, auf welche in anderen Rechtsgebieten durch Gesetzesverweise Bezug genommen wird,[86] existieren daneben auf internationaler sowie nationaler Ebene eigenständige **Spezialvorschriften**, die ihrerseits nach spezifischen Voraussetzungen die zuständigen Verfolgungsbehörden zur Festsetzung von Geldbußen gegen Verbandspersonen ermächtigen. 39

Von erheblicher praktischer Bedeutung ist das **Kartellordnungswidrigkeitenrecht**. Liegt ein wettbewerbsrechtlich relevanter (Kartell-) Verstoß vor, der durch die als Blankettnorm ausgestaltete Bußgeldvorschrift des § 81 GWB erfasst ist, kann die zuständige Verwaltungsbehörde[87] nach pflichtgemäßem Ermessen eine Geldbuße gegen eine Verbandsperson verhängen. Adressaten der nach § 81 Abs. 5 GWB i.V.m. § 17 Abs. 4 OWiG zu bemessenden Geldbuße sind – mitunter ausschließlich[88] – Unternehmen und Unternehmensvereinigungen, worunter jede selbstständige, nicht rein private Tätigkeit einer Person in der Erzeugung oder Verteilung von Waren oder gewerblichen Leistungen zu fassen ist, unabhängig von der Rechtsform und der Gewinnerzielungsabsicht.[89] Natürliche Personen können über die Vorschriften der §§ 9, 130 OWiG wegen individuellen Fehlverhaltens belangt werden. 40

Unter den in den Vorschriften der §§ 82 ff. GWB i. V. m. § 81 GWG geregelten Spezifika des Kartellordnungswidrigkeitenrechts sind vor Allem die „Bonus-Regelung" des BKartA sowie die Zuständigkeitszuweisung nach § 82 GWB als Besonderheiten zu berücksichtigen. 41

Die nicht unumstrittene „**Bonus-Regelung**" des BKartA,[90] die ihre gesetzliche Grundlage (nunmehr[91]) in § 81 Abs. 7 GWB hat und die sich als „Kronzeugenregelung" interpretieren lässt,[92] sieht – grob skizziert – vor, dass bei einer entscheidenden Aufklärungshilfe zur Aufdeckung eines Kartells entweder auf die Festsetzung einer Geldbuße verzichtet oder diese jedenfalls herabgesetzt werden kann. 42

Nicht unerhebliche Schwierigkeiten kann die **Zuständigkeitsnorm des § 82 GWB** bereiten. Denn die Vorschrift statuiert bei bestimmten Straftaten und Ordnungswidrigkeiten[93] eine ausschließliche Kompetenz der Kartellbehörde als Vollstreckungsbehörde für die Festsetzung der Verbandsgeldbuße. Wegen der Abgabepflicht nach § 41 Abs. 1 OWiG sind in diesem Zusammenhang jedoch diejenigen Verfahren, welche ad personam geführt werden, von der Kartellbehörde an die zuständige Staatsanwaltschaft abzugeben.[94] Es besteht sodann die Gefahr der Doppelverfolgung durch die Kartellbehörde gegen die Verbandsperson im selbstständigen Verfahren nach § 30 Abs. 4 S. 2 OWiG einerseits und durch die zuständige Staatsanwaltschaft im (Straf-) Verfahren gegen die Leitungsperson andererseits. Abgesehen von der Problematik, dass unterschiedliche Verfahrensordnungen mit unterschiedlichen Grundsätzen gelten, kommt es zu Parallelermittlungen sowie unter Umständen sogar zu einer Verletzung der Grundsatzes „ne bis in idem".[95] 43

---

[86] Vgl. § 377 Abs. 2 AO.
[87] Vgl. § 82 GWB. Zur Problematik der sich hieraus ergeben Aufspaltung von Zuständigkeiten: *Göhler* § 30 Rdnr. 34 a.
[88] Vgl.: § 1 GWB.
[89] BGHZ 19, 79 f.; BGHZ 36, 102 ff.; BGHZ 137, 311 ff. Zum Unternehmensbegriff im Wirtschaftsstrafrecht: *Müller-Gugenberger* § 23 Rdnr. 2 ff.
[90] Bekanntmachung Nr. 68/2000 über die Richtlinien des Bundeskartellamtes für die Festsetzung von Geldbußen vom 17.4.2000.
[91] Bis zur Einführung des § 81 Abs. 7 GWB war keine unmittelbare Rechtsgrundlage vorhanden, sodass auf das Opportunitätsprinzip in § 47 Abs. 1 S. 1 OWiG zurückzugreifen war.
[92] *Wiesner* S. 77 ff.
[93] Vgl. § 82 Nr 1, Nr. 2 OWiG.
[94] Erfolgt die Abgabe nicht, bestehen unter dem Gesichtspunkt der Strafvereitelung sogar strafrechtliche Risiken.
[95] *Achenbach* wistra 1998, 171 ff.; zustimmend: *Göhler* § 30 Rdnr. 34 a.

IV. Verfall und Einziehung

44 Neben den formellen Sanktionen der Verbands- und Unternehmensgeldbuße bestehen sowohl im Ordnungswidrigkeiten- als auch im Strafrecht Möglichkeiten der Anordnung des Verfalls oder der Einziehung.[96] Beide Maßnahmen zählen zum Repertoire der strafrechtlichen Instrumentarien der zuständigen Verfolgungsbehörden, um auf Unternehmensdelinquenz reagieren zu können. Besonderes Gewicht erlangt in diesem Zusammenhang insbesondere der Verfall, wenn von den zuständigen Behörden bzw. Gerichten bereits in strafrechtlichen Ermittlungs- oder in Bußgeldverfahren die prozessualen Möglichkeiten ausgeschöpft und dingliche Arreste angeordnet werden.[97] Dies kann in einem relativ frühen Verfahrensstadium, in welchem zudem noch die Unschuldsvermutung gilt, bei den Betroffenen zur Kreditgefährdung bis hin zur (drohenden) Insolvenz führen.

1. Der Verfall

45 Dem Verfall vor Allem in Form des sog. Wertersatzverfalls[98] kommt enorme praktische Bedeutung zu,[99] deren weitere Zunahme unschwer prognostiziert werden kann. Die in § 29 a OWiG und §§ 73 ff. StGB kodifizierte Eigentumssanktion[100] stellt der Rspr. zufolge eine präventiv-ordnende, konditionsähnliche Maßnahme ohne poenalen Charakter dar.[101] In Abgrenzung zur allgemeinen Vermögenssanktion ist es Zweck des Verfalls, durch Straftaten erlangte Gewinne abzuschöpfen oder sonstige, durch Straftaten generierte Vermögenswerte zu entziehen.[102] Sowohl im Ordnungswidrigkeiten- als auch im Strafrecht gilt bei der Berechnung[103] der verfallbaren Vermögenswerte grundsätzlich das Bruttoprinzip,[104] so dass das aus der mit der Geldbuße bedrohten Handlung bzw. das aus der Straftat erlangte „etwas" in vollem Umfang eingezogen werden kann.[105]

46 Während der Verfall im Ausgangspunkt zunächst eine täterbezogene Maßnahme darstellt, ist es im Rahmen des sog. Drittempfängerverfalls unter den Voraussetzungen sowohl des § 73 Abs. 3 StGB[106] als auch des § 29 a Abs. 2 OWiG[107] möglich, den Verfall gegenüber Verbandspersonen bzw. „Unternehmen" anzuordnen.

47 Soweit es um die Verortung des Verfalls nach § 29 a OWiG innerhalb des Repertoires der formellen und nicht formellen Sanktionen geht, ist dessen umfassender subsidiärer Charakter zu berücksichtigen. Dies gilt zunächst gegenüber dem strafrechtlichen Verfall,[108] sodann aber auch im Verhältnis zur Verbandsgeldbuße nach § 30 OWiG. Denn der Geldbuße kommt – wie bereits dargelegt – die doppelte Funktion der Gewinnabschöpfung sowie der Ahndung

---

[96] Vgl. ausführlich hierzu: *Rönnau* § 13; *ders.* Rdnr. 10 ff.
[97] Vgl.: AG Stuttgart NStZ 2006, 246 ff. Zum normativen Gerüst nach §§ 111 b ff. StPO vgl.: *Rönnau* Rdnr. 319 ff.
[98] Zu den weiteren Erscheinungsformen: *Rönnau* Rdnr. 11 ff.
[99] *Kilchling* S. 46, 50 ff. Zu den Gründen für die steigende praktische Bedeutung: Schönke/Schröder/*Eser* StGB, Vorbem. § 73 Rdnr. 2 a.
[100] Der BGH ist der Auffassung, dass der Verfall nicht in das Grundrecht der Eigentumsfreiheit nach Art. 14 GG eingreift; vgl. BGHSt 47, 369, 376.
[101] BVerfG NJW 2004, 2073; BGHSt 47, 369, 373: „Maßnahme eigener Art"; Zur Kritik: Schönke/Schröder/*Eser* Vorbem. § 73 Rdnr. 12 ff. m.w.N.
[102] Schönke/Schröder/*Eser* Vorbem § 73, Rdnr. 3 m.w.N.; *Rönnau* Rdnr. 10.
[103] Der Berechnung vorgelagert ist die deshalb vorrangig zu klärende Frage, was aus der Tat oder für die Tat erlangt wurde. Erst wenn feststeht, worin der erlangte Vorteil besteht, kommt das Bruttoprinzip zur Anwendung; vgl.: BGH NStZ 2006, 210, 212 – Kölner Müllskandal.
[104] BGHSt 47, 369, 370; BGH NStZ 2000, 480 f.; BGH NStZ 1995, 495; BGH NStZ 1994, 123 f.;Müller-Gugenberger/Bieneck/*Niemeyer* § 21 Rdnr. 74; *Göhler* § 29 a Rdnr. 6; *Rönnau* Rdnr. 16, 30, 182 ff.
[105] Zur unterschiedlichen Berücksichtigung sog. mittelbarer Vorteile nach § 29 a OWiG und § 73 StGB: *Göhler* § 29 a Rdnr. 8.
[106] Näher zu den Voraussetzungen des § 73 Abs. 3 StGB: Schönke/Schröder/*Eser* § 73 Rdnr. 34 f.; *Rönnau* Rdnr. 262 ff.
[107] Näher zu den Voraussetzungen des § 29 a Abs. 2 OWiG: *Göhler* § 29 a Rdnr. 19 ff.; neuerdings: AG Stuttgart NStZ 2006, 246 (vor allem zur „Unmittelbarkeit").
[108] *Rönnau* Rdnr. 27.

zu, sodass nicht zuletzt über die Vorschrift des § 30 Abs. 5 OWiG die Subsidiarität des Verfalls grundsätzlich festgelegt ist. Unbedingt zwingend im Sinne einer absoluten Subsidiarität erscheint dies freilich nicht. Zum einen ist nämlich zu berücksichtigen, dass bei der Bemessung der Geldbuße im sog. abschöpfenden Teil nach wie vor (noch) das Nettoprinzip gilt. Zum anderen könnte der Wortlaut des § 30 Abs. 5 OWiG den Schluss nahe legen, die Festsetzung einer Geldbuße stehe lediglich dann der Anordnung eines Verfalls entgegen, wenn die Verfallsanordnung nachträglich – d.h. im Anschluss an die Festsetzung der Geldbuße – erfolgen soll.[109]

Die wesentlichen Unterschiede[110] zwischen dem ordnungswidrigkeitlichen Verfall und dem Verfall nach § 73 StGB liegen im Übrigen darin, dass die Anordnung des Verfalls nach § 29 a OWiG im pflichtgemäßen Ermessen der zuständigen Verfolgungsbehörden steht, Ausgleichsansprüche von Tatopfern keine Sperrwirkung entfalten[111] und der strafrechtliche Verfall nach § 73 StGB zunächst konkret gegenständlich ausgerichtet ist. 48

Das Verfahren zur Anordnung des Verfalls entspricht nach § 442 Abs. 1 StPO dem Einziehungsverfahren.[112] Nicht selten ist in Wirtschaftsstrafsachen im Bereich des Verfalles die Konstellation, dass der Verfall in dem Verfahren gegen den Tatbeteiligten angeordnet werden soll, er sich jedoch gegen einen anderen – zumeist gegen das Unternehmen – richtet. In diesen Fällen ist der Verfallsadressat nach § 442 Abs. 2 StPO durch seine Organe bzw. Vertreter zu beteiligen; ist das betroffene Unternehmen – unter Umständen wegen der Straftaten – in Insolvenz, steht das Beteiligungsrecht der Insolvenzverwaltung zu.[113] 49

2. Die Einziehung

Im Vergleich zum Verfall ist die Einziehung in der Praxis von deutlich untergeordneter Bedeutung. Auch bei der Einziehung handelt es sich um eine gegen das Eigentum gerichtete Sanktion bzw. strafrechtliche Reaktion im weitesten Sinne. Der Einziehung liegen Sicherungsaufgaben, aber auch Straf- bzw. Ahndungsfunktionen zugrunde.[114] Zweck der Einziehung ist es, Gegenstände, die durch die Tat hervorgebracht wurden (producta sceleris),[115] Tatmittel oder Werkzeuge (instrumenta sceleris)[116] sowie sog. Beziehungsgegenstände aus dem Eigentum des Täters auszugliedern. Die Entscheidung über die Einziehung ergeht grundsätzlich in dem subjektiven Verfahren gegen den Tatbeteiligten oder unter den Voraussetzungen des § 76 a StGB i.V.m. §§ 440, 441 StPO im sog. objektiven Verfahren. 50

Der Vorschrift des § 75 StGB, die ausdrücklich die Möglichkeit eröffnet, unter den dort aufgeführten Voraussetzungen[117] die Einziehung auch gegenüber Verbandspersonen anzuordnen, korrespondiert die sachgleiche Norm des § 29 OWiG.[118] 51

Der wesentliche Unterschied zwischen der ordnungswidrigkeitsrechtlichen und der strafrechtlichen Einziehung ergibt sich aus der Vorschrift des § 22 OWiG selbst, wonach die Möglichkeit der Einziehung als Nebenfolge zu einer Ordnungswidrigkeit nur eröffnet ist, wenn dies durch Gesetz ausdrücklich zugelassen ist; gleiches gilt im Übrigen für die Vorschrift des § 23 OWiG. Gemeinsam ist beiden Formen der Einziehung, dass sie im Ermessen der zuständigen Verfolgungsbehörden stehen. 52

---

[109] In diese Richtung: *Göhler* § 30 Rdnr. 37, der es für nicht unzulässig ansieht, nach Anordnung des Verfalls gegen eine juristische Person oder gegen eine Personenvereinigung eine Geldbuße – freilich unter Berücksichtigung des Verfalls – festzusetzen.
[110] Hierzu: *Rönnau* Rdnr. 30.
[111] Vgl.: § 73 Abs. 1 S. 2 StGB. Im Ordnungswidrigkeitenrecht können Korrekturen im Vollstreckungsverfahren nach § 99 Abs. 2 OWiG vorgenommen werden.
[112] Vgl. sogleich unter Pkt. 2.
[113] Der Anordnung des Verfalls steht die Eröffnung des Insolvenzverfahrens über das Vermögen des Verfahrensbeteiligten nicht entgegen; vgl. BGH NStZ 2006, 210, 213.
[114] Schönke/Schröder/*Eser* § 73 Rdnr. 4, 18; *Tröndle/Fischer* § 74 Rdnr. 2, 11 ff.; *Göhler* Vorbem. § 22 Rdnr. 2 ff.
[115] *Tröndle/Fischer* § 74 Rdnr. 5.
[116] *Tröndle/Fischer* § 74 Rdnr. 6; *Göhler* Vorbem. § 22 Rdnr. 12 a.
[117] Hierzu: *Tröndle/Fischer* § 75 Rdnr. 2 ff.
[118] *Göhler* § 29 Rdnr. 1 ff.

3. Exkurs: Abführung des Mehrerlöses

53 Im Falle einer Zuwiderhandlung im Sinne von §§ 1 bis 6 WiStG sowie unter der Voraussetzung, dass der Täter einen höheren als den zulässigen Preis erzielt hat, ist anzuordnen, dass der Mehrerlös – es handelt sich um die Differenz zwischen zulässigem und erzieltem Preis – abgeführt wird. Nach § 8 Abs. 4 WiStG tritt im Wege einer gesetzlich angeordneten Substitution die Abführung des Mehrerlöses an die Stelle des Verfalls. Die Mehrerlösabführung stellt sich gleichwohl nicht als Instrumentarium zur Entziehung von Vermögensvorteilen, sondern als „Abschreckungsmittel" zur Sicherung eines adäquaten Preisgefüges dar.[119]

54 Nach § 10 Abs. 1 WiStG kann die Abführung des Mehrerlöses selbstständig angeordnet werden. Weiterhin kann unter den Voraussetzungen von § 10 Abs. 2 WiStG die Mehrerlösabführung gegen eine juristische Person oder Personengesellschaft des Handelsrechts angeordnet werden, sodass eine „Unternehmenssanktion" vorliegt.

---

[119] BGHSt 15, 399, 400.

§ 6 Verjährung

Übersicht

	Rdnr.
I. Einleitung	1/2
II. Rechtsnatur der Verjährung	3–14
1. Materielles Recht oder Prozessrecht?	3–8
2. Folgerungen aus der Rechtsnatur	9–14
a) Verfahrenseinstellung von Amts wegen	9
b) Freibeweisverfahren	10
c) Geltung der lex fori	11
d) Keine Geltung des Rückwirkungsverbots gemäß Art. 103 Abs. 2 GG	12/13
e) Grundsatz „in dubio pro reo"	14
III. Beginn und Ende der Verjährungsfrist	15–101
1. Verjährungsfristen	15–19
a) Ermittlung der anwendbaren Frist	16–18
b) Verjährungsfristen in Wirtschaftsstrafsachen	19
2. Beginn der Verjährung	20–43
a) Allgemeines	20–26
b) Mehrfache Tatbestandsverwirklichung; Exkurs: Konkurrenzfragen	26/27
c) Beteiligung mehrerer	27/28
d) Beginn der Verjährungsfrist bei typischen Wirtschaftsdelikten	28–42
3. Ende der Verjährungsfrist	44/45
4. Ruhen der Verjährung	46–58
a) Wesen und Wirkung	46
b) Ruhen wegen gesetzlicher Verfolgungshindernisse	47–50
c) Verjährung und Strafantrag	51
d) Ruhen nach Erlass eines erstinstanzlichen Urteils	52
e) Ruhen wegen Eröffnung der Hauptverhandlung	53/54
f) Ruhen bei Auslieferungsersuchen	55
g) Weitere gesetzliche Anordnungen des Ruhens der Verjährung	56–58
5. Verjährungsunterbrechung	59–96
a) Wesen und Wirkung	60
b) Katalog der Unterbrechungshandlungen gemäß § 78 c Abs. 1 S. 1 StGB	61–81
c) Persönliche und sachliche Reichweite; Anforderungen an die Unterbrechungshandlung	82–94
d) Zeitpunkt der Unterbrechung, § 78 c Abs. 2 StGB	95
e) Absolute Verjährung, § 78 c Abs. 3 S. 2 StGB	96
6. Rechtsfolgen bei Beseitigung der Rechtskraft	97–101
IV. Wirkungen der Verjährung	102–114
1. Rechtsfolgen bei eingetretener Verjährung	102/103
2. Exkurs: überlange Verfahrensdauer	104–106
3. Keine Verjährung der Nachtat bei Verjährung der Vortat?	107
4. Verjährung, Einziehung und Verfall	108–111
5. Bedeutung der Verjährung für das Auslieferungsrecht	112–114
V. Die Verjährung im Rechtsmittelverfahren	115–117
VI. Vollstreckungsverjährung	118–125
1. Verjährungsfrist, § 79 StGB	119–121
2. Ruhen, § 79 a StGB	122/123
3. Verlängerung, § 79 b StGB	124/125
VII. Bedeutung der Verjährung für die Praxis des Verteidigers in Wirtschaftsstrafsachen	126–132
1. Allgemeines	126
2. Verjährung und strafprozessuale Maßnahmen im Ermittlungsverfahren	127–129
3. Bedeutung der Verjährung im Zwischenverfahren	130
4. Bedeutung der Verjährung in der Hauptverhandlung	131/132

Schrifttum: *Beulke,* Verjährungsunterbrechung trotz vorangegangener Verfahrenseinstellung gemäß § 154 Abs. 2 StPO?, JR 1986, 50; *Breymann,* Zur Auslegung der Verjährungsregelung in Art. 315 a EGStGB – Verfolgbarkeit von Straftaten staatlicher Instanzen in der ehemaligen DDR, soweit sie nach DDR-Strafrecht verjährt sind, NStZ 1991, 463; *Cramer,* Anmerkung zum Verjährungsgesetz, NStZ 1995, 114; *Dannecker,* Die Verfolgungsverjährung bei Submissionsabsprachen und Aufsichtspflichtverletzungen in Betrieben und Unternehmen, NStZ 1989, 49; *Feigen,* Untreue durch Kreditvergabe, FS Rudolphi, 445; *Gatzweiler,* Entwicklungstendenzen in der höchstrichterlichen Rechtsprechung zur Verjährung in Wirtschaftsstrafsachen, FS Rieß, S. 677; *Gössel,* Bindung der Wiederaufnahme zuungunsten des Verurteilten an die Verjährungsfrist?, NStZ 1988, 537; *Grünwald,* Zur verfassungsrechtlichen Problematik der rückwirkenden Änderung von Verjährungsvorschriften, MDR 1965, 521; *ders.,* Zur Frage des Ruhens der Verjährung von DDR- Straftaten, StV 1992, 333; *Habel,* Mordverjährung: Glaubwürdigkeit der Justiz, NJW 1995, 2830; *Hees,* Zur persönlichen Reichweite der Verjährungsunterbrechung nach § 78 c Abs. 1 Nr. 4 StGB, wistra 1994, 81; *Hentschel,* Verjährt der Subventionsbetrug nach § 264 I Nr. 3 StGB nie, wenn er sich auf eine Subvention bezieht, für welche die AO entsprechend gilt?, wistra 2000, 81; *Heuer,* Unterbricht ein Durchsuchungsbeschluss gegen die Verantwortlichen eines Unternehmens die Verjährung?, wistra 1987, 170; *Kohlmann,* Schließt die Verjährung der Vortat auch die Bestrafung wegen der Nachtat aus?, JZ 1964, 492; *König,* Zur Verfolgungsverjährung von SED-Unrechtstaten, NStZ 1991, 566; *Kühl,* Zum Verjährungsbeginn bei Anstellungs- und Rentenbetrug, JZ 1978, 549; *van Laak,* Ruhen der Vollstreckungsverjährung bei Strafvollzug in derselben Sache (§ 79 a Nr. 3 StGB), StV 2005, 296; *Lemke/Hettinger,* Zur Verjährung von in der ehemaligen DDR begangenen Straftaten und den Möglichkeiten des Gesetzgebers, NStZ 1992, 21; *Letzgus,* Unterbrechung, Ruhen und Verlängerung strafrechtlicher Verjährungsfristen im Beitrittsgebiet begangener Straftaten, NStZ 1994, 57; *Marx,* Einleitung des Steuerstrafverfahrens durch hektographierte Schreiben, wistra 1987, 207; *Mitsch,* Neuregelung beim Ruhen der Verjährung während des Auslieferungsverfahrens, NJW 2005, 3036; *Mosenheuer,* Über die Zulässigkeit einer öffentlichen Zustellung der Mitteilung des Inhalts der Anklageschrift nach § 201 Abs. 1 StPO, wistra 2002, 409; *Otto,* Schadenseintritt und Verjährungsbeginn, FS Lackner, S. 715; *Park,* Handbuch Durchsuchung und Beschlagnahme, 2002; *Pelz,* Wann verjährt die Beihilfe zur Steuerhinterziehung?, wistra 2001, 11; *Reiche,* Verjährungsunterbrechende Wirkung finanzbehördlicher oder fahndungsdienstlicher Ermittlungsmaßnahmen hinsichtlich allgemeiner Strafdelikte, insbesondere bei tateinheitlichem Zusammentreffen mit Steuerstraftaten, wistra 1988, 329; *Sander,* Verteidigung gegen die Berücksichtigung verjährter und ausgeschiedener Taten oder Tatteile bei der Strafzumessung, StraFo 2004, 47; *Schäfer,* Einige Fragen zur Verjährung in Wirtschaftsstrafsachen, FS Dünnebier, S. 541; *Schröder,* Probleme strafrechtlicher Verjährung, FS Gallas, S. 329; *Siegismund/Wickern,* Das Gesetz zur Entlastung der Rechtspflege – ein Überblick über die Änderungen der Strafprozessordnung, des Gerichtsverfassungsgesetzes, des Jugendgerichtsgesetzes und des Strafgesetzbuches (Teil 2), wistra 1993, 136; *Stoffers/Landowski,* Verjährung der Beihilfe zur Steuerhinterziehung, StraFo 2005, 228; *Volk,* Prozessvoraussetzungen im Strafrecht, 1978; *Wickern,* Die Berechnung der strafrechtlichen Verjährungsfrist in der Rechtsprechung des BGH, NStZ 1994, 572; *Wohlers,* Rechtsfolgen prozessordnungswidriger Untätigkeit von Strafverfolgungsorganen, JR 1994, 38; *Wulf,* Beginn der Verjährung der Steuerhinterziehung bei ausgebliebener Steuerfestsetzung, wistra 2003, 89.

I. Einleitung

1 Die (über-)lange Verfahrensdauer von Wirtschafts- und Steuerstrafsachen wird seit Jahren von nahezu allen Praktikern beklagt. Sie dürfte ihre Ursache zum einen in der – in der Tat – erheblichen Komplexität der verfahrensrelevanten Lebenssachverhalte haben. Zum anderen wird aber auch zu Recht darauf hingewiesen, dass in Wirtschafts- und Steuerstrafsachen nicht selten aufgrund schlecht koordinierter Ermittlungen Berge von Akten mit nicht gesicherten Beweismitteln eine den Verfahrensprinzipien der StPO, aber auch den Schutzrechten der Betroffenen entsprechende konzentrierte und zügige Bearbeitung des Ermittlungsverfahrens behindern.[1] Vor dem Hintergrund der für den Beschuldigten häufig unzumutbaren Dauer der Wirtschafts- und Steuerstrafverfahren kommt der Verjährungsproblematik in der praktischen Arbeit des strafrechtlichen Beraters erhebliche Bedeutung zu.

2 Der Umstand, dass der BGH relativ häufig Wirtschafts- und Steuerstrafsachen wegen Eintritts der Strafverfolgungsverjährung in der Revisionsinstanz einstellt, gibt nicht nur Anlass zu der Klage, dass Staatsanwälte und erstinstanzliche Gerichte Verjährungsfragen nicht erkennen bzw. problematisieren.[2] Er zeigt auch, dass Verteidiger sich viel zu häufig darauf verlassen, dass Staatsanwälte und Richter die Verjährungsfrage von Amts wegen prüfen. Hierdurch werden erhebliche Verteidigungschancen vertan. Zu Recht wird darauf hingewiesen, dass gerade bei „betagten" Strafsachen die eingehende Überprüfung der Verjährungsfrage „oft zu überraschend

---

[1] *Gatzweiler,* FS Rieß, S. 689.
[2] Vgl. *Gatzweiler,* FS Rieß, S. 677.

günstigen Ergebnissen führen" kann.³ Deshalb sollte die Verteidigung der Verjährungsfrage bis ins Revisionsverfahren große Aufmerksamkeit schenken.

II. Rechtsnatur der Verjährung

1. Materielles Recht oder Prozessrecht?

Es ist seit jeher umstritten, ob die Verjährung dem materiellen Recht oder dem Prozessrecht zuzuordnen ist. Dies gilt sowohl für die Verfolgungs- als auch für die Vollstreckungsverjährung.⁴ Der Gesetzgeber, welcher im Jahre 1975 die Vorschriften über die Verjährung umfassend neu regelte, hat diese Frage bewusst offen gelassen.⁵

Da der Streit über die Rechtsnatur der Verjährung wegen sich hieraus ergebenden Rechtsfolgen durchaus praktische Relevanz hat, soll auf den Meinungsstand kurz eingegangen werden. Teilweise wird die Verjährung als materiell-rechtliches Institut angesehen. Es handele sich um einen Strafaufhebungs- bzw. Unrechtsaufhebungsgrund.⁶ Gegen die Einordnung als Unrechtsaufhebungsgrund spricht jedoch schon § 263 Abs. 3 StPO, wonach die Schuldfrage nicht die Voraussetzungen der Verjährung umfasst. Für ein materiell-rechtliches Verständnis der Verjährung soll sprechen, dass die Dauer der Verjährungsfristen nach der Deliktsschwere abgestuft ist.⁷

Nach der Gegenansicht handelt es sich bei der Verjährung um ein rein prozessuales Institut.⁸ Für diese Ansicht spricht zum einen die starke Verknüpfung der Vorschriften über Verjährungsunterbrechung und -hemmung mit dem Fortgang des Strafverfahrens, zum anderen die rechtspolitische Begründung des verjährungsbedingten Strafverfolgungsverzichts mit dem Verlust von Beweismitteln und ihrer nachlassenden Zuverlässigkeit.⁹

Nach wohl h. M. in der Literatur hat die Verjährung allerdings eine Doppelnatur, wobei der prozessuale Aspekt als stärker ausgeprägt angesehen wird.¹⁰ Gegen einen rein prozessualen Charakter wird der Wortlaut von § 78 Abs. 1 StGB angeführt, wonach die Verjährung nur die „Ahndung der Tat" und die „Anordnung von Maßnahmen" ausschließt, nicht jedoch jegliche Strafverfolgung.¹¹ Einigkeit besteht allerdings darin, dass der Verzicht auf eine Ahndung der Tat jedenfalls auch darin gründet, dass nach einem gewissen Zeitablauf eine Bestrafung nicht mehr kriminalpolitisch notwendig ist bzw. sogar „ungerecht" erscheint.¹² Die Verjährung soll also dem **Rechtsfrieden** dienen.¹³ Außerdem wird auch von den Verfechtern eines materiell-rechtlichen Verständnisses der Verjährung betont, dass der ordnungsgemäßen Durchführung des Strafprozesses der zwischenzeitliche Verlust oder die Entwertung von Beweismitteln entgegenstehen können.¹⁴ Deshalb soll das Institut der Verjährung auch der Untätigkeit der Strafverfolgungsbehörden vorbeugen.¹⁵

Der BGH¹⁶ und das BVerfG¹⁷ sehen in ständiger Rechtsprechung in der Verjährung ein **Verfahrenshindernis**. Danach beeinträchtigt die Verfolgungsverjährung das sachliche Bestrafungs-

---

³ *Dahs*, Taschenbuch des Strafverteidigers Rdnr. 299.
⁴ Vgl. *Lackner/Kühl* § 79 Rdnr. 1.
⁵ LK/*Jähnke* Vor § 78 Rdnr. 7.
⁶ Nachw. bei LK/*Jähnke* Vor § 78 Rdnr. 8 Fn. 5.
⁷ LK/*Jähnke* Vor § 78 Rdnr. 7.
⁸ MünchKommStGB/*Mitsch* § 78 Rdnr. 1; NK/*Lemke* Vor § 78 Rdnr. 2 ff.; Schönke/Schröder/*Stree/Sternberg-Lieben* Vor §§ 78 ff. Rdnr. 3.
⁹ LK/*Jähnke* Vor § 78 Rdnr. 7.
¹⁰ Nachw. bei LK/*Jähnke* Vor § 78 Rdnr. 8 Fn. 8. Schönke/Schröder/*Stree/Sternberg-Lieben* Vor §§ 78 ff. Rdnr. 3.
¹¹ *Lackner/Kühl* § 78 Rdnr. 1.
¹² Schönke/Schröder/*Stree/Sternberg-Lieben* Vor §§ 78 ff. Rdnr. 3.
¹³ LK/*Jähnke* Vor § 78 Rdnr. 9.
¹⁴ Schönke/Schröder/*Stree/Sternberg-Lieben* Vor §§ 78 ff. Rdnr. 3; gegen dieses Argument MünchKommStGB/*Mitsch* § 78 Rdnr. 2.
¹⁵ MünchKommStGB/*Mitsch* § 78 Rdnr. 4; LK/*Jähnke* Vor § 78 Rdnr. 9; NK/*Lemke* Vor § 78 Rdnr. 5.
¹⁶ Vgl. nur BGHSt 2, 300, 305 ff.; 4, 135, 137; 4, 379, 385.
¹⁷ BVerfG NStZ 2000, 251 m. w. N.

recht des Staates nicht.[18] Über die Zulässigkeit der Strafverfolgung entscheide lediglich der Zeitablauf; dabei werde nur prozessualen Vorgängen hemmende oder unterbrechende Wirkung beigelegt.[19] Obwohl die Beweislage, die Tatschwere, die Tatfolgen und das sachliche Sühnebedürfnis – sachlichrechtlich betrachtet – jeweils das verschiedenste Gewicht haben könnten, berücksichtige das StGB sie nur durch eine Abstufung der Verjährungsfristen.[20]

8   Berücksichtigt man beim prozessualen Verständnis der Verjährung nicht nur die Beweisaufnahme, sondern den Prozesszweck insgesamt, lässt sich die Verjährung als Prozesshindernis verstehen, dessen Existenz sowohl auf „materiellen" als auch oft „prozessualen" Erwägungen beruht.[21] Es handelt sich also um ein prozessuales Institut.

2. Folgerungen aus der Rechtsnatur

9   a) **Verfahrenseinstellung von Amts wegen.** Aus der Qualifizierung als Verfahrenshindernis folgt zunächst, dass das entsprechende Strafverfahren nach Feststellung des Eintritts der Verjährung – und zwar in jeder Lage des Verfahrens – einzustellen ist.[22] Die Berücksichtigung hat durch Staatsanwaltschaft und Gericht von Amts wegen zu erfolgen.[23] Eine Ausnahme vom Einstellungserfordernis gilt nach der Rechtsprechung für den Fall, dass in der Hauptverhandlung die Schuldlosigkeit des Angeklagten bereits erwiesen ist oder ein schwerer Vorwurf nicht nachweisbar, die Verfolgung wegen des verbleibenden leichteren Vorwurfs aber durch Verjährung ausgeschlossen ist; in diesen Fällen ist auf Freispruch zu erkennen.[24]

10 b) **Freibeweisverfahren.** Da die Verjährung nicht zu Schuldfrage gehört (§ 263 Abs. 3 StPO), gelten in der Hauptverhandlung nicht die strengen Beweisregeln der §§ 244 ff. StPO; die Voraussetzungen der Verjährung sind vielmehr dem Freibeweisverfahren zugänglich. Es ist also beispielsweise ausreichend, verjährungsunterbrechende Maßnahmen aus den Akten festzustellen.[25]

11 c) **Geltung der lex fori.** Der Tatrichter hat auch im Hinblick auf die Verjährung stets nur das eigene Verfahrensrecht anzuwenden, niemals das eines anderen Tatorts.[26] Auslandstaten können also von deutschen Gerichten auch dann geahndet werden, wenn sie nach ausländischem Tatortrecht bereits verjährt wären.[27] Hiervon ist die vorgelagerte Frage zu unterscheiden, inwieweit verjährte Taten nach den Vorschriften des internationalen Strafrechts, insbesondere § 7 StGB, überhaupt verfolgbar sind.[28]

12 d) **Keine Geltung des Rückwirkungsverbots gemäß Art. 103 Abs. 2 GG.** Aus der prozessualen Natur folgt nach h. M. weiterhin, dass eine **nachträgliche Verlängerung** von Verjährungsfristen nicht gegen das Rückwirkungsverbot verstößt;[29] gleiches gilt für die nachträgliche Einführung oder Erweiterung eines Ruhenstatbestandes.[30] Eine Ahndung einmal verjährter Taten ist aber ausgeschlossen.[31] Diese auch von den meisten Vertretern der gemischten Theorie

---

[18] BGHSt 2, 300, 306.
[19] BGHSt 2, 300, 307.
[20] BGHSt 2, 300, 307.
[21] *Volk* S. 225 f.; LK/*Jähnke* Vor § 78 Rdnr. 9; MünchKommStGB/*Mitsch* § 78 Rdnr. 3; SK/*Rudolphi/Wolter* Vor § 78 Rdnr. 10.
[22] BGHSt 8, 269, 271; 11, 393, 395; problematisch insoweit die Zurückverweisung in BGH NStZ 2004, 275 f.
[23] BGHSt 8, 269, 271; 11, 393, 395.
[24] BGHSt 13, 75, 80; 36, 340, 341 m. w. N.; BGH StraFo 2004, 211; NStZ 2004, 148; s. auch MünchKommStGB/*Mitsch* § 78 Rdnr. 6 f.; vgl. weiterhin KG NStZ-RR 2004, 285 f.
[25] BGHSt 4, 135, 136 f.; s. im einzelnen unten Rdnr. 59 ff.
[26] BGHSt 2, 300, 308.
[27] LK/*Jähnke* § 78 Rdnr. 10.
[28] Vgl. etwa BGH NStZ-RR 2000, 208 f.
[29] BGHSt 2, 300, 307; 4, 379, 385; Schönke/Schröder/Stree/Sternberg-Lieben § 78 Rdnr. 11 m. w. N.; vgl. auch BGH NJW 2005, 3363, 3365; a. A. *Grünwald* MDR 1965, 521, 523 f.
[30] BVerfG NJW 2000, 1554 f. m. krit. Anm. *Wollweber* NStZ 2001, 81 f.
[31] Vgl. nur BGH NStZ 2005, 89, 90.

vertretene Ansicht³² wird vom Bundesverfassungsgericht in ständiger Rechtsprechung gebilligt.³³

Von einer Verlängerung der Verjährungsfristen zu unterscheiden ist die nachträgliche **Änderung der Strafdrohung.** In diesem Fall ist bei der Bestimmung des „mildesten Gesetzes" i. S. v. § 2 Abs. 3 StGB die Verjährungsfrage zu berücksichtigen,³⁴ wobei die Bestimmung des Beurteilungsmaßstabs im Einzelfall problematisch sein kann.³⁵ Besondere Praxisrelevanz hat dies etwa bei Überführung der Angestelltenbestechung aus dem UWG (§ 12 a. F.) in das StGB (§ 299) und der damit einhergehenden Erhöhung der Strafdrohung von bis zu einem auf bis zu drei Jahre Freiheitsstrafe. Für vor dem 20.8.1997 begangene Taten bleibt es gemäß § 2 Abs. 3 StGB auch bei späterer Ahndung bei der dreijährigen Verjährungsfrist,³⁶ sodass diese Taten heute in der Regel verjährt sind. 13

e) **Grundsatz „in dubio pro reo".** Obwohl der BGH die Verjährung als Verfahrenshindernis ansieht, soll für ihre Anwendung – anders als sonst im Prozessrecht – uneingeschränkt der Grundsatz „in dubio pro reo" gelten.³⁷ Begründet wird dies mit Allgemeinen rechtsstaatlichen Erwägungen.³⁸ Ein Verdacht ungesetzlichen Strafens schade dem Vertrauen in die Rechtsstaatlichkeit der Strafrechtspflege mehr als es die Gerechtigkeit befriedige, wenn der Täter nach langer Zeit doch noch zur Rechenschaft gezogen werde.³⁹ Diese Rechtsprechung ist in der strafrechtlichen Literatur auf nahezu allgemeine Zustimmung gestoßen.⁴⁰ 14

III. Beginn und Ende der Verjährungsfrist

1. Verjährungsfristen

Außer Mord und Völkermord (§ 78 a Abs. 2 StGB) verjähren alle Straftaten; je nach Schwere des Delikts bestehen unterschiedliche Fristen. 15

a) **Ermittlung der anwendbaren Frist.** Nach § 78 Abs. 3 StGB richtet sich die Verjährungsfrist – maximal dreißig und mindestens drei Jahre⁴¹ – nach der abstrakten Strafdrohung für die Tat, und zwar nach der angedrohten Höchststrafe. Dabei sind nach § 78 Abs. 4 StGB Strafschärfungen und -milderungen nach dem Allgemeinen Teil oder für besonders schwere oder minder schwere Fälle grundsätzlich unbeachtlich. Dies gilt nach der angesichts des eindeutigen Wortlauts von § 78 Abs. 4 StGB zutreffendenden ganz herrschenden Meinung auch für die Beihilfe.⁴² 16

---

³² *Lackner/Kühl* § 78 Rdnr. 5 m. w. N.
³³ Seit BVerfGE 25, 269, 286; s. BVerfG NStZ 2000, 251 m. w. N.; bes. praktische Bedeutung erhielt diese Frage zuletzt durch das 2. Verjährungsgesetz v. 27.9.1993 und das 3. Verjährungsgesetz v. 22.12.1997, mit welchen die strafrechtlichen Verjährungsfristen für im Beitrittsgebiet begangene Taten durch eine Ergänzung von Art. 315 a EGStGB jeweils nachträglich verlängert wurden (*Tröndle/Fischer* Vor § 78 Rdnr. 9 f.). Rechtspolitisch besonders umstritten war – insbesondere wegen der andauernden Ungleichbehandlung von in Ost- und Westdeutschland begangenen Delikten – das 3. Verjährungsgesetz, welches die Verfolgung von vereinigungsbedingter Wirtschaftskriminalität sicherstellen sollte (*Tröndle/Fischer* Vor § 78 Rdnr. 10; NK/*Lemke* Vor § 78 Rdnr. 28 ff.). Im Zusammenhang mit der Wiedervereinigung ergeben sich zahlreiche Rechtsprobleme hinsichtlich der strafrechtlichen Verjährung, auf deren Darstellung an dieser Stelle aber verzichtet wird, weil sie für den Verteidiger in Wirtschaftsstrafsachen heute keine besondere Bedeutung mehr haben (vgl. hierzu zusammenfassend LK/*Jähnke* § 78 c Rdnr. 38 ff.; NK/*Lemke* Vor § 78 Rdnr. 14 ff.; *Tröndle/Fischer* Vor § 78 Rdnr. 7 ff.; außerdem *Breymann* NStZ 1991, 463 ff.; *Cramer* NStZ 1995, 114 f.; *Grünwald* StV 1992, 333 ff.; *Jakobs* NStZ 1994, 332 ff.; *König* NStZ 1991, 566 ff.; *Lemke/Hettinger* NStZ 1992, 21 ff.; *Letzgus* NStZ 1994, 57 ff.).
³⁴ BGH GA 1954, 22; NStZ 2004, 693, 696; Schönke/Schröder/*Stree*/Sternberg-Lieben § 78 Rdnr. 11.
³⁵ Instruktiv BGH NStZ 2006, 32 f. mit krit. Anm. *Mitsch*.
³⁶ BGHSt 46, 310, 317 = NJW 2001, 2102, 2106.
³⁷ BGHSt 18, 274 ff.; NJW 1995, 1297 f.
³⁸ BGHSt 18, 274, 277 ff.
³⁹ BGHSt 18, 274, 278.
⁴⁰ *Lackner/Kühl* § 78 Rdnr. 12 a; Schönke/Schröder/*Stree*/Sternberg-Lieben § 78 a Rdnr. 13; SK/*Rudolphi*/ *Wolter* Vor § 78 Rdnr. 11; krit. *Habel* NJW 1995, 2830 ff.
⁴¹ Zu landesrechtlichen Sonderregelungen vgl. Schönke/Schröder/*Stree*/Sternberg-Lieben § 78 Rdnr. 9.
⁴² A. A. nur *Triffterer* NJW 1980, 2049 ff.

Beispiel 1:
Für Beihilfe zur Untreue im besonders schweren Fall, etwa eines Amtsträgers, eröffnet § 266 Abs. 2 i. V. m. § 263 Abs. 3 StGB einen Strafrahmen von sechs Monaten bis zu zehn Jahren; gemäß § 78 Abs. 4 bleibt der erhöhte Strafrahmen jedoch unberücksichtigt. Ebenso unberücksichtigt bleibt die obligatorische Strafmilderung nach § 27 Abs. 2 S. 2 StGB. Für die Fristberechnung ist daher der Strafrahmen des § 266 Abs. 1 StGB (Höchststrafe fünf Jahre Freiheitsstrafe) zugrunde zu legen, so dass die Verjährungsfrist gemäß § 78 Abs. 3 Nr. 4 StGB fünf Jahre beträgt.

17 Besteht zwischen mehreren verwirklichten Delikten Tateinheit, so läuft die Frist für jeden Tatbestand gesondert.[43] Für die Verjährung der Teilnahme ist die Frist der Haupttat maßgeblich, wobei sich aber nach den §§ 16, 28 StGB Verschiebungen ergeben können.[44]

18 In einigen strafrechtlichen Nebengesetzen finden sich besondere Verjährungsregeln, die § 78 StGB als leges speciales vorgehen (z. B. § 48 Abs. 1 KunstUrhG). Eine besondere Problematik besteht im Hinblick auf die Reichweite der kurzen Verjährungsfristen für die landesrechtlichen Presseinhaltsdelikte.[45]

19 **b) Verjährungsfristen in Wirtschaftsstrafsachen.** Die meisten zum Wirtschaftsstrafrecht zählenden Delikte verjähren gemäß § 78 Abs. 3 Nr. 4 StGB in fünf Jahren.[46] Eine Ausnahme stellt etwa der Embargoverstoß gemäß § 34 Abs. 4 AWG dar, welcher angesichts der Höchststrafe von fünfzehn Jahren Freiheitsentzug (vgl. § 38 Abs. 2 StGB) gemäß § 78 Abs. 3 Nr. 2 StGB erst in zwanzig Jahren verjährt. Die dreijährige Verjährungsfrist gemäß § 78 Abs. 3 Nr. 5 gilt etwa für Fahrlässigkeitstaten nach den §§ 84 Abs. 2, Abs. 1 Nr. 2, 64 Abs. 1 GmbHG, sowie für Verstöße gegen Geheimhaltungspflichten nach den §§ 404 Abs. 1 AktG, 85 Abs. 1 GmbHG, 333 HGB, 151 GenG und 315 UmwandlG.

2. Beginn der Verjährung

20 **a) Allgemeines.** Gemäß § 78 a S. 1 StGB beginnt die Verjährung, sobald die Tat beendet ist. Wenn ein zum Tatbestand gehörender Erfolg erst später eintritt, beginnt gemäß § 78 a S. 2 StGB die Verjährung mit diesem Zeitpunkt. Da eine Tat nach dem sonstigen Sprachgebrauch des StGB nicht vor Eintritt des tatbestandlichen Erfolges vollendet, geschweige denn beendet sein kann (§ 11 Abs. 1 Nr. 5 StGB), bereitet die Auslegung von § 78 a StGB erhebliche Probleme. Insofern ist die Vorschrift gesetzestechnisch missglückt.[47]

21 Teilweise wird unter „Tat" im Sinne von § 78 a S. 1 StGB in Anlehnung an die Rechtsprechung zur alten Fassung der Vorschrift das Täterverhalten verstanden. Für den Verjährungsbeginn ist danach grundsätzlich der „Abschluss der unrechtserheblichen Gesamttätigkeit" maßgeblich, es sei denn, der Erfolg tritt später ein.[48] Andere verstehen unter Hinweis auf § 11 Abs. 1 Nr. 5 StGB unter „Tat" die gesamte Tatbestandsverwirklichung unter Einschluss des Erfolges. Hieraus wird zumeist gefolgert, § 78 a S. 2 StGB habe keine eigenständige Bedeutung.[49]

22 Nach anderer Ansicht soll sich Satz 2 demgegenüber nur auf erfolgsqualifizierte Delikte beziehen.[50] Gegen die zweite Ansicht spricht entscheidend, dass ihr zufolge § 78 a S. 2 StGB einen undenkbaren Fall regelte.[51] Für die erstgenannte Ansicht sprechen demgegenüber die Entstehungsgeschichte der Vorschrift[52] sowie § 31 Abs. 3 S. 1 OWiG. Soweit dort nämlich statt von

---

[43] BGH wistra 1982, 188; NStZ 1990, 80 f.; StV 1990, 404 f.
[44] Schönke/Schröder/*Stree*/*Sternberg-Lieben* § 78 Rdnr. 10.
[45] Siehe hierzu MünchKommStGB/*Mitsch* § 78 Rdnr. 17 f.; Schönke/Schröder/*Stree*/*Sternberg-Lieben* § 78 Rdnr. 9; für Websites sollen nach BayObLG NStZ 2004, 702 die presserechtlichen Privilegierungen nicht gelten. Die kurze Verjährungsfrist setzt voraus, dass die Strafbarkeit vollständig im Inhalt des Prospekts begründet ist, sodass Betrug als Presseinhaltsdelikt ausscheidet, BGH wistra 2004, 339 f. Siehe hierzu auch unten Rdnr. 33.
[46] U. a. Straftaten nach den §§ 263, 263 a, 264, 264 a, 265 b, 266, 266 a Abs. 1, 283, 283 c, 283 d, 302 a, 331, 332, 333, 334, 299 StGB, 399 ff. AktG, 83, 84 Abs. 1 GmbHG, 147 ff. GenG, 313 ff. UmwG, 331 f. HGB, 143 ff. MarkenG, 4 UWG, 106 ff. UrhG sowie Straftaten i. S. v. § 74 c Abs. 1 Nr. 2 GVG.
[47] *Lackner/Kühl* § 78 a Rdnr. 1.
[48] *Lackner/Kühl* § 78 a Rdnr. 1; NK/*Lemke* § 78 a Rdnr. 1; Schönke/Schröder/*Stree*/*Sternberg-Lieben* § 78 a Rdnr. 1; vgl. auch MünchKommStGB/*Mitsch* § 78 a Rdnr. 5.
[49] LK/*Jähnke* § 78 a Rdnr. 1 f.
[50] SK/*Rudolphi*/*Wolter* § 78 a Rdnr. 4.
[51] *Kühl* JZ 1978, 549, 551; *Otto*, FS Lackner, S. 715.
[52] Vgl. *Lackner/Kühl* § 78 a Rdnr. 1.

„Tat" von „Handlung" die Rede ist, sollte hierdurch lediglich die unterschiedliche Bewertung zwischen Straftat und Ordnungswidrigkeit hervorgehoben werden; ansonsten wollte der Gesetzgeber eine Anpassung an § 78 a StGB erreichen und auch im Ordnungswidrigkeitenrecht die bisherige Rechtsprechung zur Tatbeendigung gesetzlich festschreiben.[53]

Der **BGH** brauchte bisher zu dieser Frage noch nicht abschließend Stellung zu nehmen, tendiert aber eher der hier vertretenen Auffassung zu.[54] Seine Rechtsprechung zum Zeitpunkt der Tatbeendigung i. S. v. § 78 a StGB ist dennoch **uneinheitlich**. Teilweise wird nämlich entscheidend auf die „tatsächliche Beendigung" des strafbaren Verhaltens abgestellt, worunter der Gesamtabschluss des unrechtmäßigen Verhaltens im Sinne der Rechtsprechung zur sukzessiven Beteiligung,[55] der Verwirklichung eines Qualifikationstatbestandes nach Vollendung der Tat[56] oder der zeitlichen Grenzen der Notwehr[57] verstanden wird.[58] Die Tat ist danach noch nicht beendet, wenn der Täter die strafbare Handlung fortsetzt, um ihre Früchte zu sichern oder sonst ihren Erfolg zu befestigen.[59] Andererseits wird immer wieder betont, dass die Tatbeendigung „in der Regel" mit der Vollendung einhergehe.[60]

Bei vollendeten Erfolgsdelikten beginnt die Verjährung mit der vollständigen Verwirklichung des tatbestandlichen Erfolges, wobei im Einzelnen problematisch ist, wann der Erfolg in diesem Sinne vollständig eingetreten ist.[61] Bei vollendeten Tätigkeitsdelikten beginnt sie erst mit vollständigem Abschluss der tatbestandsmäßigen Ausführungshandlung.[62] Bei konkreten Gefährdungsdelikten ist nach zutreffender h. M. der Zeitpunkt das Eintritts der Gefährdungslage maßgeblich; die aus dieser Gefährdung erwachende Verletzung ist kein Erfolg im Sinne von § 78 a S. 2 StGB.[63] Problematisch ist der Verjährungsbeginn bei abstrakten Gefährdungsdelikten. Teilweise wird dazu die Ansicht vertreten, dass die Verjährung erst mit Eintritt der endgültigen Rechtsgutsverletzung zu laufen beginne.[64] Richtiger Ansicht nach ist jedoch auch hier auf den Eintritt des Gefährdungserfolges abzustellen.[65] Während bei Dauerdelikten die Verjährung erst mit Beendigung des rechtswidrigen Zustandes zu laufen beginnt,[66] kommt es bei Zustandsdelikten auf dessen Eintritt an.[67] Bei echten Unterlassungsdelikten ist der Wegfall der Handlungspflicht maßgeblich;[68] bei unechten Unterlassungsdelikten entscheidet der Eintritt des Erfolges, da das vorherige Verhalten noch keinen Straftatcharakter hatte.[69] Beim Versuch kommt es nicht auf die Beendigung i. S. v. § 24 StGB, sondern auf das Ende der der Vollendung dienenden Tätigkeit an.[70] Hängt die Ahndung der Tat von einer objektiven Bedingung der Strafbarkeit ab, so beginnt die Verjährung erst mit dem Eintritt dieser Bedingung.[71]

Bei tateinheitlich begangenen Delikten, die zu unterschiedlichen Zeitpunkten beendet werden, laufen auch die Verjährungsfristen gesondert. Der Tag, an welchem die Tat beendet ist, zählt bei der Fristberechnung mit.[72]

---

[53] *Dannecker* NStZ 1985, 49, 50 f.
[54] *Otto*, FS Lackner, S. 716 m. entspr. N.
[55] Etwa BGHSt 8, 390. 391.
[56] Etwa BGHSt 20, 194.
[57] Nachw. bei *Otto*, FS Lackner, S. 717 ff.
[58] Etwa BGHSt 11, 345, 347.
[59] BGHSt 11, 345, 347.
[60] Etwa BGHSt 16, 207, 208; 24, 218, 220; vgl. auch BGHSt 22, 38, 41.
[61] *Lackner/Kühl* § 78 a Rdnr. 4; vgl. im Einzelnen u.
[62] *Lackner/Kühl* § 78 a Rdnr. 3.
[63] BGHSt 32, 293, 294; OLG Düsseldorf NJW 1989, 537; *Tröndle/Fischer* § 78 a Rdnr. 13.
[64] *Dannecker* NStZ 1985, S. 49, 51 m. w. N.
[65] BGHSt 36, 255 ff.; *Lackner/Kühl* § 78 a Rdnr. 3; MünchKommStGB/*Mitsch* § 78 a Rdnr. 6.
[66] BGHSt 20, 227, 228; NStZ 1990, 80, 81.
[67] *Lackner/Kühl* § 78 a Rdnr. 7.
[68] BGHSt 28, 371, 380; wistra 1992, 23; OLG Düsseldorf JZ 1985, 48; *Lackner/Kühl* § 78 a Rdnr. 8.
[69] *Tröndle/Fischer* § 78 a Rdnr. 16. Eine Sonderkonstellation besteht hier bei der ausgebliebenen Steuerfestsetzung; vgl. dazu etwa *Wulf* wistra 2003, 89 ff.; Einzelheiten in § 36.
[70] BGHSt 36, 105, 117 m. w. N.
[71] Schönke/Schröder/Stree/Sternberg-Lieben § 78 a Rdnr. 13; SK/*Rudolphi/Wolter* § 78 a Rdnr. 2.
[72] Siehe etwa BGHSt 23, 137, 138.

26 **b) Mehrfache Tatbestandsverwirklichung; Exkurs: Konkurrenzfragen.** Im Falle mehrfacher Tatbestandsverwirklichung folgt die Verjährung grundsätzlich der konkurrenzrechtlichen Beurteilung des Geschehens. Im Falle natürlicher oder tatbestandlicher Handlungseinheit ist demnach der letzte Einzelakt maßgeblich.[73] Hierbei ist zu beachten, dass nach neuerer Rechtsprechung das Institut der Handlungseinheit eher extensiv ausgelegt wird mit der Folge eines entsprechend späten Verjährungsbeginns.[74] Gleiches gilt nach bisher h. M. konsequenterweise für Organisationsdelikte,[75] wobei im Bereich des Wirtschaftsstrafrechts § 129 StGB (Bildung krimineller Vereinigungen) eine gewisse Rolle spielt. Der 3. Strafsenat des BGH hat jedoch eine Änderung seiner Rechtsprechung dahin gehend in Aussicht gestellt, bei Organisationsdelikten mehrere prozessuale Taten anzunehmen,[76] womit entsprechende Auswirkungen auf die Verjährung verbunden sein könnten.

27 **c) Beteiligung mehrerer.** Im Falle von Mittäterschaft oder Teilnahme (§ 28 Abs. 1 StGB) richtet sich die Verjährung nach h. M. nach der Beendigung der gemeinschaftlichen Tat bzw. der Haupttat.[77] Wenn sich der Vorsatz des Gehilfen und dessen Tatbeitrag jedoch nur auf einen Teilakt einer Handlungseinheit beziehen, wirkt sich dies auch auf den Verjährungsbeginn aus.[78] Die Verjährung der Beihilfe zu einem echten Unterlassungsdelikt ist noch nicht abschließend geklärt.[79]

28 **d) Beginn der Verjährungsfrist bei typischen Wirtschaftsdelikten** *aa) Betrug allgemein.* Beim Betrug ist zunächst zweifelhaft, ob die Tat bereits mit Eintritt des **Vermögensschadens**[80] oder erst mit Eintritt der **Bereicherung**[81] beendet ist. Da die Bereicherung die Kehrseite des Schadenseintritts darstellt, ist in der Regel ein einheitlicher Lebenssachverhalt im Sinne der Rechtsprechung zur Tatbeendigung außerhalb der Verjährungsproblematik[82] gegeben. Dass die Bereicherung allerdings nicht zum Tatbestand des Betruges gehört, vielmehr nur eine entsprechende Absicht erforderlich ist, spricht gegen ein Abstellen auf diesen Zeitpunkt.[83] Außerdem ist die Rechtsgutsverletzung mit Eintritt des Vermögensschadens abgeschlossen; sie wird durch die Bereicherung nicht weiter vertieft. Da § 78 a S. 2 StGB richtiger Ansicht nach auch besagt, dass die Verjährung spätestens mit dem Eintritt des Tatererfolges beginnt,[84] ist auf den Eintritt des Vermögensschadens abzustellen. Insoweit ist auch die Rechtsprechung nahezu einheitlich und zutreffend.[85]

29 Weiterhin ist zweifelhaft, ob beim **Eingehungsbetrug** die Verjährung bereits mit Abschluss des Vertrages zu laufen beginnt[86] oder erst der vollständige Schadenseintritt im Rahmen seiner Abwicklung maßgeblich ist.[87] Die Rechsprechung des BGH ist in dieser Frage uneinheitlich. Er hat beim Rentenbetrug auf den Zeitpunkt der letzten Rentenzahlung abgestellt,[88] beim Anstellungsbetrug jedoch auf den Zeitpunkt des Vertragsschlusses.[89] Eine unterschiedliche Behandlung dieser beiden Fälle ist jedenfalls nicht gerechtfertigt.[90] Ob eine allgemeine Tendenz der

---

[73] BGHSt 36, 105, 109; *Lackner/Kühl* § 78 a Rdnr. 6 m. w. N.
[74] Vgl. *Tröndle/Fischer* Vor § 52 Rdnr. 3 ff. m. w. N.
[75] *Lackner/Kühl* § 78 a Rdnr. 6; vgl. dazu BGHSt 29, 288 ff.
[76] BGH NStZ 2002, 328, 331.
[77] BGHSt 20, 227, 228; 36, 105, 117; wistra 1984, 21; wistra 1990, 146, 148; *Lackner/Kühl* § 78 a Rdnr. 10. Die h. M. wird in der steuerstrafrechtlichen Lit. allerdings insbesondere im Hinblick auf die sog. „Bankenfälle" in Zweifel gezogen; siehe dazu etwa *Pelz* wistra 2001, 11 ff.; *Stoffers/Landowski* StraFo 2005, 228 ff.; s. im Einzelnen § 36.
[78] BGHSt 20, 227, 228 f.; StV 1990, 404, 405; vgl. aber BGH wistra 1984, 21.
[79] BGHSt 20, 227, 229.
[80] *Lackner/Kühl* § 78 a Rdnr. 4.
[81] LK/*Jähnke* § 78 a Rdnr. 5 m. w. N.
[82] Siehe o. Rdnr. 21.
[83] Zutr. MünchKommStGB/*Mitsch* § 78 a Rdnr. 5.
[84] *Lackner/Kühl* § 78 a Rdnr. 4.
[85] BGH wistra 1992, 253, 254 m. w. N.; OLG Karlsruhe wistra 1995, 154.; a. A. aber BGH NJW 2001, 2102, 2105.
[86] *Gatzweiler*, FS Rieß, S. 677 ff.
[87] *Lackner/Kühl* § 78 a Rdnr. 4; *Tröndle/Fischer* § 78 a Rdnr. 8.
[88] BGHSt 27, 342, 343.
[89] BGHSt 22, 38 ff.
[90] *Kühl* JZ 1978, 549, 552; *Schröder*, FS Gallas, S. 333; Schönke/Schröder/*Stree/Sternberg-Lieben* § 78 a Rdnr. 4; a. A. *Otto*, FS Lackner, S. 731 f.

Rechtsprechung besteht, auf den Zeitpunkt des Vertragsschlusses abzustellen,[91] erscheint eher zweifelhaft. Die Rechtsprechung zum Anstellungsbetrug, in welcher hinsichtlich des Schadens zwischen der Anstellung selbst und den späteren Gehaltszahlungen differenziert wird,[92] ist nicht ohne weiteres übertragbar auf Fälle, in denen zum Zeitpunkt des Vertragsabschlusses der spätere Schadensumfang bereits weitgehend feststeht. In derartigen Fällen stellt der BGH auf den vollständigen Schadenseintritt ab.[93]

Richtiger Ansicht nach ist jedoch in allen Fällen des Eingehungsbetrugs auf den Vertragsabschluss als Verjährungsbeginn abzustellen: Nimmt man eine Vollendung des Betruges bereits mit Eingehung der Verbindlichkeit mit der Begründung an, der Schaden sei hiermit bereits eingetreten, ist es inkonsequent, für die Verjährung auf den späteren im Zuge der Vertragsabwicklung entstehenden „Schaden" abzustellen.[94] Der Vorverlagerung der Strafbarkeit muss also quasi „im Gegenzug" ein früher Verjährungsbeginn korrespondieren.[95] Auch die vom BGH durchaus gesehene Gefahr, dass das Erfolgsdelikt Betrug zu Unrecht als Dauerdelikt behandelt wird,[96] spricht für diese Ansicht.[97] 30

Im Übrigen entspricht diese Auffassung besser der sonstigen Rechtsprechung zum Verjährungsbeginn, insbesondere bei den Bestechungsdelikten[98] und dem Grundanliegen der Verjährung, nach gewissem Zeitablauf Rechtsfrieden zu schaffen.[99] 31

> **Praxistipp:**
> Eine einheitliche Linie zum Beginn der Verjährung beim Eingehungsbetrug hat sich bislang noch nicht herausgebildet. Der Verteidiger sollte unter Ausschöpfung der positiven Ansätze in der Rechtsprechung des BGH nachdrücklich dafür eintreten, dass der Zeitpunkt des Vertragsabschlusses für den Beginn der Verjährung maßgeblich ist.

bb) Abrechnungsbetrug durch Ärzte. Beim Abrechnungsbetrug hinsichtlich der Kassenpatienten stellt die Quartalsabrechnung gegenüber der Kassenärztlichen Vereinigung die Tathandlung dar. Aufgrund der falschen Abrechnung wird der Rechnungsbetrag an den Arzt ausgezahlt. Vermögensschaden und Bereicherung fallen hier zusammen, sodass es nach allen Ansichten auf den Zeitpunkt der Auszahlung an den Arzt ankommt. Beim Abrechnungsbetrug gegenüber Privatpatienten gilt das gleiche, außer dass hier jede einzelne Rechnung eine selbständige Tat darstellt mit der Folge, dass bei Begleichung mehrerer Rechnungen jeweils gesonderte Verjährungsfristen laufen. 32

cc) Kapitalanlagebetrug. Auch dem § 263 StGB „vorgelagerten" Kapitalanlagebetrug gem. § 264 a StGB kommt in Wirtschaftsstrafsachen eine erhebliche Relevanz zu. Da die im Zusammenhang mit dem Vorwurf des Kapitalanlagebetruges zu führenden Ermittlungen komplex sind, stellt sich nicht selten bereits im Ermittlungsverfahren die Verjährungsfrage. Beim Kapitalanlagebetrug handelt es sich um ein abstraktes Gefährdungsdelikt, welches mit Beendigung der Ausführungshandlung beendet ist; dies gilt sowohl für das Machen unrichtiger Angaben als auch für das Verschweigen erheblicher Umstände.[100] Die Tat ist demnach beendet, sobald die die unrichtigen Angaben enthaltenden Prospekte einem größeren Kreis von potenziellen 33

---

[91] *Gatzweiler*, FS Rieß, S. 677 ff., 685; s. aber BGH NStZ 2001, 650, 651; NJW 2001, 2102, 2105.
[92] BGHSt 22, 38, 39, 41.
[93] Etwa BGH NJW 1984, 376 – vgl. aber BGH wistra 2004, 228, 229.
[94] So auch BGHSt 22, 38, 39.
[95] *Gatzweiler*, FS Rieß, S. 683 unter Hinweis auf ein unveröffentlichtes Gutachten von *Bernsmann*.
[96] BGHSt 22, 38, 39 f.; zu weitgehend daher OLG Frankfurt a. M. NJW 2004, 2028, 2031 – CDU Hessen (zu § 266 StGB).
[97] Ebenso *Gatzweiler*, FS Rieß, S. 682.
[98] Siehe u. Rdnr. 38 f.
[99] Der BGH hat jüngst ein Abstellen auf den Vertragsschluss für die Fälle erwogen, in welchen der spätere Schaden der Höhe nach von Beginn an feststeht und vom Vorsatz des Täters zu diesem Zeitpunkt bereits umfasst ist (BGH wistra 2004, 228 f.).
[100] OLG Köln wistra 1999, 348, 349 f.

Anlegern auf Grund eines Handelns des Täters zugänglich sind.[101] Die von den Strafverfolgungsbehörden häufig vertretene Auffassung, die Tat sei erst beendet, wenn der erste Anleger Zahlungen erbringt,[102] verkennt, dass der Tatbestand einen Schadenseintritt gerade nicht voraussetzt.[103] Die Regelung über die tätige Reue (§ 264 a Abs. 3 StGB) lässt als Ausnahmevorschrift insoweit keinen Rückschluss auf die Frage der Beendigung im Sinne des § 78 a StGB zu.[104] Die kurze Verjährungsfrist nach den Landespressegesetzen greift in der Regel nicht ein, da ihnen Druckwerke nicht unterliegen, die nur Zwecken des Gewerbes dienen.[105]

34   dd) *Subventionsbetrug.* Auch beim Subventionsbetrug treten Verjährungsfragen häufig auf. Dies hängt damit zusammen, dass die Subventionsbehörden Strafanzeigen nicht selten erst zu einem späten Zeitpunkt stellen, weil sie diese als letztes Druckmittel in Verfahren betrachten, in denen die Rechtmäßigkeit eines Rückforderungsbescheides im Streit steht. Zum Subventionsbetrug wird teilweise die Ansicht vertreten, die Tat sei mit Gewährung der letzten Subventionsleistung oder mit endgültiger Versagung der Subvention beendet.[106] Diese Ansicht ist jedoch für die Tatbestandsvarianten 1, 2 und 4 unzutreffend, da es sich hierbei um abstrakte Gefährdungsdelikte handelt, für welche die Ausführungen zum Kapitalanlagebetrug entsprechend gelten. Im Falle von § 264 Abs. 1 Nr. 3 StGB handelt es sich allerdings um ein Unterlassungsdelikt, bei dem die Tat erst mit endgültiger Belassung der Subvention oder Wegfall der Offenbarungspflicht beendet ist.[107]

35   ee) *Untreue.* Bei der für die Praxis des Verteidigers in Wirtschaftsstrafsachen wohl bedeutendsten Strafbestimmung der Untreue kommt es wie beim Betrug auf den vollständigen Eintritt des Vermögensschadens an. Nach Ansicht des BGH ist im Falle einer schadensgleichen Vermögensgefährdung für die Beendigung die Realisierung dieser Gefährdung maßgeblich.[108] Entsteht der Nachteil erst durch verschiedene Ereignisse oder vergrößert er sich durch sie nach und nach, so ist nach der Rechtsprechung der Zeitpunkt des letzten Ereignisses entscheidend.[109] Besteht etwa die Untreuehandlung in der pflichtwidrigen Aufnahme eines Darlehens, ist die Tat bereits mit Abschluss des Darlehensvertrages beendet; die in Erfüllung des Vertrages geleisteten Zahlungen der Zins- und Tilgungsraten sind weder tatbestandsmäßig Untreuehandlungen, noch begründen sie einen weiter gehenden Nachteil i. S. v. § 266 StGB.[110] Im Übrigen gelten die Ausführungen zum Betrug entsprechend.[111]

36   ff) *Beitragsvorenthaltung.* Im Fall des § 266 a StGB beginnt die Verjährung nicht bereits zu dem Zeitpunkt zu laufen, an dem die Beiträge zu entrichten wären, sondern erst mit dem Erlöschen der Zahlungspflicht, sei es auch durch Beitragsentrichtung.[112]

37   gg) *Bankrottdelikte.* Beim Bankrott beginnt die Verjährung erst mit Eröffnung des Insolvenzverfahrens oder mit Zahlungseinstellung, da die Strafbarkeit erst mit Eintritt dieser Bedingungen beginnt.[113]

38   hh) *Bestechungsdelikte.* Die Bestechlichkeit ist beendet, wenn die Unrechtsvereinbarung getroffen wurde und der Beamte den Vorteil, den er dafür forderte oder sich versprechen ließ, in seinem letzten Stück erhalten und angenommen hat.[114] Ob die Umsetzung der Unrechtsvereinbarung durch den Beamten noch zum Tatbestand gehört und deshalb den Zeitpunkt

---

[101] OLG Köln wistra 1999, 348, 349.
[102] So aber *Gatzweiler*, FS Rieß, S. 684.
[103] *Tröndle/Fischer* § 264 a Rdnr. 18 m. w. N.; überzeugend OLG Naumburg OLGR 2005, 235 ff.
[104] OLG Köln wistra 1999, 348, 349 f.
[105] BGHSt 40, 385, 388; OLG Köln wistra 1999, 348, 349; ob dies auch in den Fällen gilt, in denen die Landespressegesetze entsprechende Ausnahmetatbestände nicht enthalten, erscheint fraglich, vgl. LG Augsburg wistra 2004, 75 f. m. krit. Anm. *Pananis/Frings* wistra 2004, 238 f.; vgl. auch LK/*Tiedemann* § 264 a Rdnr. 97.
[106] *Tröndle/Fischer* § 264 Rdnr. 38; ähnlich Schönke/Schröder/*Lenckner/Perron* § 264 Rdnr. 66.
[107] Insoweit zutreffend *Tröndle/Fischer* § 264 Rdnr. 38; *Hentschel* wistra 2000, 81, 82.
[108] BGH NStZ 2001, 650, 651; NStZ 2003, 540, 541.
[109] BGH wistra 1989, 97, 98; NStZ 2003, 540, 541.
[110] BGH wistra 1989, 97, 98.
[111] Vgl. zur Problematik der „schadensgleichen Vermögensgefährdung" bei der Untreue *Feigen*, FS Rudolphi, S. 456 f. m. w. N.
[112] BGH wistra 1992, 23; OLG Düsseldorf JZ 1985, 48.
[113] *Tröndle/Fischer* § 78 a Rdnr. 8.
[114] BGHSt 11, 345, 347; NJW 1998, 2373.

der Beendigung hinausschieben kann, hat der BGH zuletzt allerdings offen gelassen.[115] Eine Auftragsvergabe aufgrund der vom Bestochenen gegebenen Informationen oder deren anderweitige Nutzung sind für die Beendigung im Sinne von § 78 a StGB jedenfalls unmaßgeblich, sie sind nämlich kein „Erfolg" im Sinne von S. 2.[116] Werden laufende Zuwendungen gewährt, beginnt die Verjährung spätestens mit dem Ausscheiden des Zuwendungsempfängers aus dem Beamtenverhältnis.[117] Im Falle der Hingabe eines unbefristeten Darlehens beginnt nach Auffassung des BGH die Verjährung bereits ab dem Zeitpunkt der Gewährung zu laufen, da der Zuwendende dem Zuwendungsempfänger damit bereits den Vorteil verschafft habe, den er ihm habe zufließen lassen wollen; in der unterlassenen Rückforderung sei kein zusätzlicher Vorteil zu sehen.[118] In diesem Zusammenhang weist der BGH zutreffend darauf hin, dass im Falle einer Schenkung, um welche es sich in Bestechungsfällen bei Darlehensvergaben oftmals tatsächlich handele, bei welcher der Unrechtsgehalt aber gegenüber einer Darlehensgewährung größer sei, die Verjährung ebenfalls mit Hingabe des Geldbetrages zu laufen beginne.[119]

Kommt es trotz des Versprechens oder Forderns eines Vorteils nicht zu dessen Gewährung, ist die Tat beendet, wenn sich die Forderung oder das Versprechen endgültig als „fehlgeschlagen" erwiesen haben.[120] Die zur Amtsträger-Korruption genannten Grundsätze gelten entsprechend für die Angestelltenbestechung nach § 299 StGB.[121]

jj) GmbH-Strafrecht. Im Falle verspäteter Insolvenzantragstellung gemäß den §§ 84, 64 GmbHG beginnt die Verjährung nicht bereits mit Ablauf der Dreiwochenfrist, sondern erst, wenn die Antragspflicht des Geschäftsführers erlischt. Die Pflicht bleibt bestehen, solange nicht die Insolvenztatbestände überwunden oder das Insolvenzverfahren auf Antrag eines Gläubigers eröffnet wird.[122] Der Gründungsschwindel gemäß § 82 Abs. 1 Nr. 1 GmbHG ist spätestens mit der Eintragung der GmbH in das Handelsregister beendet, sodass ab diesem Zeitpunkt die Verfolgungsverjährung läuft.[123]

kk) Umweltstrafrecht. Bei der umweltgefährdenden Abfallbeseitigung nach § 326 Abs. 1 StGB handelt es sich nach der Rechtsprechung jedenfalls bei der Tatbestandsvariante des Ablagerns um ein abstraktes Gefährdungsdelikt, welches mit Eintritt des Gefährdungserfolges beendet ist.[124] Von einem Dauerdelikt könne nicht gesprochen werden, da der Täter lediglich den Schaden nicht beseitige, wozu er aber auch nicht verpflichtet sei.[125]

ll) Produkthaftung. Im Produktstrafrecht beginnt die Verjährung jeweils erst mit Eintritt des letzten Körperverletzungs- bzw. Tötungserfolges, was im Einzelfall zu extrem langen Verjährungsfristen führen kann.[126] Dies führt mitunter zu offensichtlichen Wertungswidersprüchen, wenn etwa fahrlässige Erfolgsdelikte mehr als 25 Jahre nach der vorgeworfenen Handlung noch verfolgt werden können, während erheblich schwerwiegendere Delikte wie etwa ein schwerer Raub nach 20 Jahren wegen der dann eingetretenen Verfolgungsverjährung nicht mehr strafrechtlich geahndet werden können.[127]

mm) Steuerstrafrecht. Im Steuerstrafrecht hängt die Verjährung von den steuerlichen Besonderheiten ab und folgt insbesondere für die verschiedenen Steuerarten unterschiedlichen Regeln, sodass die hier oft schwierige Verjährungsfrage stets genau zu prüfen ist. Wegen der Einzelheiten wird auf § 36 verwiesen.

---

[115] BGH NJW 1998, 2373.
[116] BGH NJW 1998, 2373.
[117] BGHSt 11, 345, 347.
[118] BGHSt 16, 207, 209.
[119] BGHSt 16, 207, 210.
[120] BGH NJW 2003, 2996, 2997.
[121] Vgl. BayObLG NJW 1996, 268 ff.; BGH NJW 2003, 2996, 2997; zuletzt BGH NJW 2006, 925 ff. – Kölner Müllverfahren.
[122] BGHSt 28, 371, 380.
[123] BGH wistra 1987, 212.
[124] BGHSt 36, 255 ff.; OLG Düsseldorf NJW 1989, 537 f.
[125] BGHSt 36, 255, 257 f.
[126] Vgl. o. Rdnr. 24; s. im Einzelnen § 4.
[127] LG Düsseldorf StV 2002, 53.

3. Ende der Verjährungsfrist

44   Die Verjährungsfrist läuft mit dem Tag ab, welcher dem Tag des Fristbeginns im Kalenderjahr vorangeht.[128]

Beispiel: Der Bestochene hat den letzten Vorteil am 17. Oktober 1998 angenommen. Die Verjährungsfrist läuft am 16. Oktober 2003 um 24 Uhr ab.

Ob das Fristende auf einen Sonn- oder Feiertag fällt, ist für den Fristablauf bei der Verjährung ohne Bedeutung.[129]

45   Die Verfolgungsverjährung endet ansonsten mit Rechtskraft der freisprechenden oder verurteilenden Entscheidung,[130] wobei im Falle einer Verurteilung nicht schon der Schuldspruch, sondern erst der Strafausspruch, gegebenenfalls sogar erst die Entscheidung über die Strafaussetzung maßgeblich ist.[131] Ansonsten würde ein der gesetzgeberischen Konzeption widersprechender verjährungsfreier Raum entstehen.[132] Anschließend beginnt die Vollstreckungsverjährung gemäß §§ 79 ff. StGB zu laufen, § 79 Abs. 6 StGB. Verfolgungs- und Vollstreckungsverjährung können in Einzelfällen auch parallel laufen, etwa wenn bei einem rechtskräftigen Schuld- und Strafausspruch die Entscheidung über eine Maßregel oder über die Kosten noch aussteht.[133]

4. Ruhen der Verjährung

§ 78 b StGB ordnet für bestimmte Fälle ein Ruhen der Verjährung an.

46   a) **Wesen und Wirkung.** Das Ruhen der Verjährung nach § 78 b Abs. 1 StGB hemmt den Beginn und den Weiterlauf aller für den Verjährungseintritt maßgeblichen Fristen. Dies betrifft auch die absolute Verjährung nach § 78 c Abs. 3 S. 2 StGB (§ 78 c Abs. 3 S. 3), und zwar nach zutreffender h. M. auch in den Fällen, in denen das Gesetz ein Ruhen der Verjährung über § 78 b StGB hinaus anordnet.[134]

47   b) **Ruhen wegen gesetzlicher Verfolgungshindernisse.** Nach § 78 b Abs. 1 Nr. 2 StGB[135] ruht die Verjährung, solange nach dem Gesetz die Verfolgung nicht begonnen oder nicht fortgesetzt werden kann. Ausgeschlossen sein müssen alle, nicht nur einzelne Verfolgungshandlungen.[136] Dies betrifft insbesondere die Immunität von Bundestags- und Landtagsabgeordneten sowie des Bundespräsidenten (Art. 46 Abs. 2 GG, § 152 a StPO i. V. m. den Landesverfassungen, Art. 60 Abs. 4 GG),[137] wobei die Immunität von Bundestagsabgeordneten durch die Grundsätze in Immunitätsangelegenheiten[138] allerdings erheblich gelockert ist, sowie für die Fälle, in denen die Durchführung des Strafverfahrens zwingend von einer in einem anderen Verfahren zu entscheidenden Vorfrage abhängt wie im Falle des Normenkontrollverfahrens nach Art. 100 GG.[139]

48   Solange wegen des auslieferungsrechtlichen Grundsatzes der Spezialität das Verfahren nicht fortgeführt werden kann, ruht die Verjährung ebenfalls.[140] Erfasst sind von der Ruhensvorschrift weiterhin Exterritoriale i. S. d. §§ 18 bis 20 GVG.[141] Ferner ruht die Verjährung von der Rechtskraft einer Verwarnung mit Strafvorbehalt bis zur Entscheidung nach § 59 b StGB.[142]

---

[128] Siehe dazu *Wickern* NStZ 1994, 572 f.
[129] *Tröndle/Fischer* § 78 a Rdnr. 12.
[130] BGHSt 20, 198, 200.
[131] BGHSt 11, 393, 395 f.
[132] BGHSt 11, 393, 396.
[133] *Lackner/Kühl* § 78 Rdnr. 7 m. w. N.; teilw. a. A. LK/*Jähnke* Vor § 78 Rdnr. 12.
[134] BayObLG NStZ 1990, 280; LK/*Jähnke* § 78 c Rdnr. 13, jeweils m. w. N.
[135] § 78 b Abs. 1 Nr. 1 StGB betrifft ausschließlich Straftaten gegen die sexuelle Selbstbestimmung und ist daher für Wirtschaftsstrafverfahren nicht relevant.
[136] *Tröndle/Fischer* § 78 b Rdnr. 3 b.
[137] Zu den Besonderheiten in Brandenburg s. NK/*Lemke* § 78 b Rdnr. 7.
[138] Anlage 6 zur GeschOBT i. V. m. der jeweiligen Bekanntgabe zur Übernahme.
[139] H. M., vgl. *Tröndle/Fischer* § 78 b Rdnr. 4 m. w. N.
[140] BGHSt 29, 94, 96 f.
[141] MünchKommStGB/*Mitsch* § 78 Rdnr. 12; *Tröndle/Fischer* § 78 b Rdnr. 3 b.
[142] *Tröndle/Fischer* § 78 b Rdnr. 5.

Nicht unter § 78 b Abs. 1 Nr. 2 StGB fallen Vorschriften, nach denen eine Aussetzung des 49
Verfahrens in das Ermessen des Gerichts gestellt ist (z. B. § 262 Abs. 2 StPO) sowie bloß tatsächliche Hinderungsgründe. Einen bloß tatsächlichen Hinderungsgrund stellt auch die Nichtverfolgbarkeit von Straftaten nach bundesrepublikanischem Recht auf dem Gebiet der ehemaligen DDR dar.[143]

Gemäß § 78 b Abs. 2 StGB, welcher auf den Bundespräsidenten entsprechend anwendbar 50
ist,[144] beginnt die Verjährung im Falle der Immunität erst mit Ablauf des Tages zu ruhen, an dem die Staatsanwaltschaft oder eine Behörde oder ein Beamter des Polizeidienstes von der Tat und der Person des Täters Kenntnis erlangt oder eine Strafanzeige oder ein Strafantrag gegen den Täter angebracht wird. Die Vorschrift soll eine wesentliche Schlechterstellung der Immunitätsberechtigten gegenüber anderen Beschuldigten verhindern.[145]

c) Verjährung und Strafantrag. Gemäß § 78 b Abs. 1 Nr. 2 Halbs. 2 StGB gilt das Fehlen 51
von Strafantrag, Ermächtigung oder Strafverlangen nicht als gesetzliches Verfolgungshindernis im Sinne der Vorschrift. Auch sonst sind Verjährung und Strafantrag völlig unabhängig voneinander, sodass die Verjährung bereits eintreten kann, bevor die Antragsfrist überhaupt in Lauf gesetzt ist.[146] Es ist jedoch zu beachten, dass verjährungsunterbrechende Maßnahmen der Strafverfolgungsbehörden die Verjährung auch hinsichtlich solcher Taten unterbrechen, hinsichtlich derer noch kein Strafantrag gestellt wurde, wobei umstritten ist, inwieweit es eine Rolle spielt, ob diese Handlungen – was allein zulässig ist – der Vorbereitung und Sicherung des Verfahrens dienen oder nicht.[147]

d) Ruhen nach Erlass eines erstinstanzlichen Urteils. Nach dem Erlass eines erstinstanzlichen 52
Urteils vor Ablauf der Verjährungsfrist läuft die Frist gemäß § 78 b Abs. 3 StGB nicht vor dem Zeitpunkt ab, in dem das Verfahren rechtskräftig abgeschlossen ist.[148] Die Vorschrift wurde eingeführt, um den Eintritt der Verfolgungsverjährung während eines laufenden Verfahrens zu verhindern und damit den Anreiz zu Verfahrensverzögerungen zu nehmen; gleichwohl gilt sie auch dann, wenn sich das Rechtsmittelverfahren aus Gründen verzögert, die der Angeklagte nicht zu vertreten hat. Auf den Inhalt des Urteils kommt es nicht an; es muss lediglich wirksam sein.[149] Im Unterschied zu Abs. 1 und Abs. 4 handelt es sich hier nicht im eigentlichen Sinne um ein Ruhen der Verjährung, sondern um eine Ablaufhemmung.

e) Ruhen wegen Eröffnung der Hauptverhandlung. § 78 b Abs. 4 StGB bestimmt, dass wenn 53
das Gesetz strafschärfend für besonders schwere Fälle Freiheitsstrafe von mehr als fünf Jahren androht und das Hauptverfahren vor dem Landgericht eröffnet worden ist, die Verjährung in den Fällen des § 78 Abs. 3 Nr. 4 StGB ab Eröffnung des Hauptverfahrens ruht, höchstens jedoch für einen Zeitraum von fünf Jahren. Die Vorschrift wurde Anfang der 90er Jahre eingeführt, um zu verhindern, dass Großverfahren, insbesondere umfangreiche Wirtschaftsstrafsachen, im Laufe der Hauptverhandlung wegen des Eintritts der absoluten Verjährung gemäß § 78 c Abs. 3 S. 2 StGB eingestellt werden müssen.[150] Sie ist kriminalpolitisch umstritten,[151] jedoch – auch hinsichtlich der Rückwirkung auf laufende Verfahren – verfassungsgemäß.[152] Ihre praktische Bedeutung ist eher gering.

Nicht erforderlich ist, dass die verschärfte Strafdrohung im konkreten Fall bei Anklageerhebung 54
oder Verfahrenseröffnung zur Anwendung kommt.[153] Dass Bagatellfälle nicht von der Regelung erfasst werden, wird bereits in durch die Beschränkung auf Sachen, die vor dem

---

[143] A. A. *Cramer* NStZ 1995, 114, 115.
[144] *Lackner/Kühl* § 78 b Rdnr. 3; NK/*Lemke* § 78 b Rdnr. 7.
[145] *Tröndle/Fischer* § 78 b Rdnr. 7.
[146] LK/*Jähnke* Vor § 78 Rdnr. 2.
[147] Schönke/Schröder/*Stree/Sternberg-Lieben* § 78 c Rdnr. 3 m. w. N.
[148] *Tröndle/Fischer* § 78 b Rdnr. 11.
[149] Vgl. *Lackner/Kühl* § 78 b Rdnr. 7.
[150] *Lackner/Kühl* § 78 b Rdnr. 7 a.
[151] Krit. etwa *Lackner/Kühl* § 78 b Rdnr. 7 a; NK/*Lemke* § 78 b Rdnr. 19; Schönke/Schröder/*Stree/Sternberg-Lieben* § 78 b Rdnr. 14.
[152] BVerfG NJW 1995, 1145.
[153] BGH StV 1995, 585, 586 = wistra 1995, 309.

Landgericht eröffnet sind, sichergestellt.[154] Ist die sachliche Zuständigkeit des Landgerichts aufgrund der Straferwartung oder nach § 24 Abs. 1 Nr. 3 GVG nicht gegeben und wird die Anklage nur zur Vermeidung einer drohenden Verjährung von dem Landgericht erhoben, ist § 78 b Abs. 4 StGB nicht anwendbar.[155]

55 f) **Ruhen bei Auslieferungsersuchen.** Durch das 38. StrÄndG vom 4.8.2005[156] wurde – inspiriert durch den Fall *Schreiber*[157] – § 78 b Abs. 5 StGB eingefügt, wonach die Verjährung außerdem ruht, wenn sich der Täter in einem ausländischen Staat aufhält und die zuständige Behörde ein förmliches Auslieferungsersuchen an diesen Staat stellt, und zwar ab dem Zeitpunkt des Zugangs des Ersuchens bei diesem Staat und bis zur Übergabe des Täters an die deutschen Behörden, bis der Täter das Hoheitsgebiet des ersuchten Staates auf andere Weise verlassen hat, bis zum Eingang der Ablehnung dieses Ersuchens durch den ausländischen Staat bei den deutschen Behörden oder bis zur Rücknahme des Ersuchens. Die Ruhenswirkung soll auch dann eintreten, wenn die Überstellung an die deutschen Behörden nicht aufgrund des Ersuchens erfolgt.[158] § 78 b Abs. 5 S. 3 StGB nimmt Auslieferungsersuchen an bestimmte Staaten – darunter der gesamte Geltungsbereich der Regelungen über den Europäischen Haftbefehl – von vornherein von der Ruhenswirkung aus, da der Gesetzgeber im Hinblick auf die in diesem Bereich regelmäßig zügige Abwicklung von Auslieferungsverfahren insoweit kein Bedürfnis sah.[159]

56 g) **Weitere gesetzliche Anordnungen des Ruhens der Verjährung.** Im Falle einer Verfahrenseinstellung gegen Auflagen oder Weisungen gemäß **§ 153 a StPO** ruht gemäß dessen Abs. 3 während des Laufes der für die Erfüllung der Auflagen und Weisungen gesetzten Frist die Verjährung. Das Ruhen der Verjährung beginnt mit dem aktenmäßigen Erlass der Einstellungsverfügung nach § 153 a Abs. 1 oder dem Beschluss nach § 153 a Abs. 2 StPO, nicht jedoch bei fehlender Zustimmung des Beschuldigten.[160] Es endet, wenn das Verfahren wiederaufgenommen oder endgültig eingestellt wird.

57 Gemäß **§ 154 e Abs. 1 StPO** soll von der Anklageerhebung wegen einer falschen Verdächtigung nach § 164 StGB oder eines Beleidigungsdelikts nach den §§ 185 bis 188 StGB abgesehen werden, solange wegen der angezeigten oder behaupteten Handlung ein Straf- oder Disziplinarverfahren anhängig ist. Bis zum Abschluss dieses Verfahrens ruht gem. § 154 e Abs. 3 StPO die Verjährung.

58 Gemäß **§ 396 Abs. 3 AO** ruht die Verjährung schließlich, wenn die Staatsanwaltschaft oder das Strafgericht von ihrer Befugnis Gebrauch machen, ein Strafverfahren wegen Steuerhinterziehung nach § 396 Abs. 1 AO bis zum rechtskräftigen Abschluss des Besteuerungsverfahrens auszusetzen. Dabei ist u. a. streitig, ob sich die Wirkung des § 396 Abs. 2 AO auch auf eine mit der Steuerstraftat in Tateinheit stehende allgemeine Straftat erstreckt und ob die Verjährung auch bei ermessensfehlerhafter Aussetzung ruht.[161]

5. Verjährungsunterbrechung

59 Gemäß § 78 c Abs. 1 StGB wird die Verjährung durch bestimmte Maßnahmen der Strafverfolgungsbehörden und Gerichte unterbrochen. Wirksamkeit und Reichweite dieser Maßnahmen bedürfen stets sorgfältiger Prüfung.

60 a) **Wesen und Wirkung.** Die Verjährungsunterbrechung bewirkt, dass die volle Verjährungsfrist von neuem zu laufen beginnt (§ 78 c Abs. 3 S. 1 StGB). Der Lauf der neuen Frist beginnt bereits mit dem Tage der Unterbrechungshandlung.[162] Die Verjährung kann grundsätzlich

---

[154] BGH StV 1995, 585, 586.
[155] *Siegismund/Wickern* wistra 1993, 136, 141; a. A. LK/*Jähnke* § 78 b Rdnr. 18.
[156] BGBl. I 2005, S. 2272; krit. zur Regelung *Mitsch* NJW 2005, 3036 ff.
[157] Vgl. *Tröndle/Fischer* § 78 b Rdnr. 13.
[158] *Tröndle/Fischer* § 78 b Rdnr. 16.
[159] *Tröndle/Fischer*, § 78 b Rdnr. 14.
[160] Meyer-Goßner § 153 a Rdnr. 56.
[161] Vgl. Franzen/Gast/Joecks/*Wisser* § 396 Rdnr. 10; AG Münster wistra 2003, 398 f. m. abl. Anm. *Weidemann* wistra 2004, 195 ff.; s. im Einzelnen § 30.
[162] *Tröndle/Fischer* § 78 c Rdnr. 2.

§ 6 Verjährung

mehrfach unterbrochen werden; eine Begrenzung besteht dann nur im Hinblick auf die absolute Verjährung nach Abs. 3 S. 2. Zu beachten ist, dass sich gerade in langandauernden Wirtschaftsstrafverfahren die Feststellung einer Unterbrechungshandlung auch zu Gunsten des Beschuldigten auswirken kann, nämlich dann, wenn zwischen einer früh im Verfahren vorgenommenen Unterbrechungshandlung und der nächsten verjährungsunterbrechende Handlung, z. B. der Anklageerhebung, die Verjährungsfrist von zumeist fünf Jahren abgelaufen ist.[163]

b) Katalog der Unterbrechungshandlungen gemäß § 78 c Abs. 1 S. 1 StGB. Angesichts der für unbefriedigend gehaltenen Kasuistik zur alten Rechtslage hat der Gesetzgeber zur Schaffung größerer Rechtsklarheit im Jahr 1975 in § 78 c Abs. 1 S. 1 StGB einen Katalog von Unterbrechungsmaßnahmen eingeführt.[164] Dieser Katalog ist abschließend.[165] Die Vorschriften über die Unterbrechung der Verjährung sind als Ausnahmevorschriften eng auszulegen.[166] Nach § 78 c Abs. 1 S. 2 unterbrechen die aufgeführten Maßnahmen die Verjährung entsprechend im Sicherungsverfahren sowie im selbstständigen Verfahren.

aa) Nr. 1 u. 2. Gemäß § 78 c Abs. 1 S. 1 Nr. 1 StGB wird die Verjährung unterbrochen durch die **erste Vernehmung des Beschuldigten**, die Bekanntgabe, dass gegen ihn das Ermittlungsverfahren eingeleitet ist, oder die Anordnung dieser Vernehmung oder Bekanntgabe. In der Praxis wird häufig verkannt, dass die in Nr. 1 genannten Unterbrechungshandlungen nur alternativ zur Verfügung stehen; es unterbricht nur die jeweils erste vorgenommene Maßnahme.[167] Zur ersten Vernehmung siehe § 163 Abs. 4 StPO. Eine bloß informatorische Befragung durch die Polizei stellt keine erste Vernehmung in diesem Sinne dar,[168] ebenso wenig eine formlose Anhörung durch die Staatsanwaltschaft, auch wenn hierüber ein Aktenvermerk niedergelegt wird.[169] Die Vernehmung muss ansonsten nicht zwingend protokolliert, aber aktenkundig gemacht werden.[170] Bei Verfahren mit Auslandsbezug ist zu beachten, dass die Vernehmung für durchführbar gehalten werden muss; steht fest, dass der Beschuldigte nicht vernommen werden kann, weil er nicht erreichbar ist, so hat die Anordnung der Vernehmung keine Unterbrechungswirkung.[171]

Die **Bekanntgabe der Einleitung eines Ermittlungsverfahrens** bedarf keiner Form;[172] auf ihren Zugang kommt es nicht an.[173] Erforderlich ist in jedem Fall, dass dem Beschuldigten der Vorwurf konkret dargelegt wird und nicht lediglich eine formelhafte Information erfolgt.[174] Der Beschuldigte muss darüber ins Bild gesetzt werden, dass und warum gegen ihn ermittelt wird.[175] Die Übersendung eines Formblatts mit pauschalen Vorwürfen reicht daher nicht aus.[176] Zusammenfassende Kennzeichnungen genügen allerdings; die Aufführung der Namen der Geschädigten ist zum Beispiel nicht erforderlich.[177] Der ausdrücklichen Bekanntgabe stehen Maßnahmen gleich, aus denen sich zweifelsfrei die Einleitung eines Ermittlungsverfahrens ergibt, wie die Übersendung eines Anhörungsbogens oder die Übergabe der Ausfertigung eines Durchsuchungsbeschlusses, sofern dieser inhaltlich den Anforderungen der Nr. 1 genügt.[178]

---

[163] *Schäfer*, FS Dünnebier, S. 552; s. z. B. BGH wistra 2004, 384; NStZ 2005, 33.
[164] Vgl. BGHSt 27, 110, 114.
[165] *Lackner/Kühl* § 78 c Rdnr. 2; BGH wistra 2005, 27.
[166] BGHSt 26, 80, 83 f.; 28, 381, 382.
[167] LK/*Jähnke* § 78 c Rdnr. 19; BGH wistra 2004, 384; NStZ 2005, 33.
[168] LK/*Jähnke* § 78 c Rdnr. 20.
[169] BGH StV 1990, 405, 406.
[170] LK/*Jähnke* § 78 c Rdnr. 20.
[171] NK/*Lemke* § 78 c Rdnr. 11 m. w. N.; Schönke/Schröder/*Stree*/*Sternberg-Lieben* § 78 c Rdnr. 6.
[172] BGHSt 30, 215, 217; StV 1990, 405, 406.
[173] BGHSt 25, 6, 8; wistra 1992, 253, 255; a. A. SK/*Rudolphi*/*Wolter* § 78 c Rdnr. 15.
[174] *Marx* wistra 1987, 207 f.
[175] BGHSt 30, 215, 217; wistra 1992, 253, 255; bedenklich weit daher BGHR StGB § 78 c Abs. 1 Nr. 1 Bekanntgabe 4.
[176] BayObLG wistra 1988, 81 f.; OLG Hamburg wistra 1987, 189, 190; LG Hildesheim StV 1993, 368 f.
[177] *Schäfer*, FS Dünnebier, S. 548.
[178] Vgl. im Einzelnen LK/*Jähnke* § 78 c Rdnr. 21.

64 Die Bekanntgabe der Einleitung eines Ermittlungsverfahrens kann nach der Rechtsprechung auch gegenüber dem bevollmächtigten **Verteidiger** erfolgen.[179] Ob es sich hierbei um eine „allgemeine Vollmacht" oder um eine Verteidigerbestellung handelt, ist nach Ansicht des BGH jedenfalls dann unerheblich, wenn aus den Umständen klar ersichtlich wird, dass der Bevollmächtigte den Beschuldigten über Existenz, Inhalt und Umfang des Ermittlungsverfahrens unterrichten wird.[180] Es ist allerdings generell zweifelhaft, ob eine Bekanntgabe an den Verteidiger ausreichen kann, da er Beistand und nicht Vertreter des Beschuldigten ist, sodass Prozesshandlungen ihm gegenüber grundsätzlich nicht mit Wirkung gegen den Beschuldigten vorgenommen werden können.[181]

65 Zu weit geht der BGH jedenfalls, wenn er die Mitteilung an den Verteidiger des Beschuldigten ausreichen lässt, dass sich das Verfahren auch gegen dessen Ehefrau richte, selbst wenn damit die Anfrage verbunden ist, ob die Ehefrau ebenfalls von einem Rechtsanwalt der Sozietät verteidigt werden solle und der Verteidiger später selbst die Vertretung der Ehefrau übernimmt.[182] Hier ist die Kenntnisnahme der Ehefrau nämlich letztlich das Ergebnis von mehr oder weniger zufälligen, vom Einfluss der Ermittlungsorgane unabhängigen Ereignissen, sodass von einer „Bekanntgabe" nicht mehr gesprochen werden kann. Aus der tatsächlichen Kenntniserlangung wird unzulässigerweise auf eine Bekanntgabe rückgeschlossen.

66 Die **Anordnung der Vernehmung** ist ein interner Vorgang der Ermittlungsbehörden und braucht daher dem Beschuldigten nicht bekannt werden. Ein bloß allgemeiner Ermittlungsauftrag der Staatsanwaltschaft an die Polizei reicht für die Unterbrechung allerdings nicht aus, und zwar selbst dann nicht, wenn bereits eine konkrete Person als Täter bezeichnet wird.[183] Eine Ladungsverfügung wird zugleich als Anordnung der Vernehmung ausgelegt.[184]

> **Praxistipp:**
> Im Hinblick auf die Alternativität der Unterbrechungshandlungen i. S. v. § 78 c Abs. 1 Nr. 1 StGB ist die Akte sorgfältig auf „versteckte" Unterbrechungstatbestände durchzusehen. Die Unterbrechung gemäß § 78 c Abs. 1 Nr. 1 StGB ist bei erstmaliger Anordnung „verbraucht".

67 Eine eigenständige Unterbrechungswirkung kommt der **richterlichen Vernehmung** oder der Anordnung einer solchen nach **Nr. 2** nur zu, wenn sie – was häufig der Fall sein wird – nicht schon unter Nr. 1 fällt oder wenn mit der Anordnung nicht bereits andere verjährungsunterbrechende Maßnahmen einhergehen, etwa die Anberaumung einer Hauptverhandlung.[185] Letzterenfalls kommt der Vernehmung trotz der vorangegangenen Ladung eigenständige verjährungsunterbrechende Wirkung zu.[186] Während die Anordnung der Vernehmung und ihre Durchführung sonst im Alternativverhältnis stehen, soll nach der zweifelhaften Ansicht des BGH bei mehrfacher Anordnung – zum Beispiel durch den ersuchten Richter nach dessen Beauftragung – einer Vernehmung die Unterbrechungswirkung mehrfach eintreten.[187] Von besonderer Bedeutung ist die Vernehmung des Angeklagten in der Hauptverhandlung gemäß § 243 Abs. 4 StPO, da die Hauptverhandlung als solche auf den Lauf der Verjährung keinen Einfluss hat.

68 Umstritten ist, ob eine Erklärung des Verteidigers, die dieser statt der Einlassung des Angeklagten abgibt, einer Vernehmung des Angeklagten gleichsteht.[188] Richtiger Ansicht nach kann hier nicht mehr von einer „Vernehmung" gesprochen werden.[189] Eine sonstige Anhörung des

---

[179] BGH wistra 1992, 253, 255.
[180] BGH NStZ 1990, 437, 438.
[181] *Schäfer*, FS Dünnebier, S. 555.
[182] BGH wistra 1992, 253, 255.
[183] BGH NStZ 1985, 545, 546; LK/*Jähnke* § 78 c Rdnr. 22.
[184] BGHSt 27, 110, 113.
[185] BGHSt 27, 144, 147 f.; LK/*Jähnke* § 78 c Rdnr. 23.
[186] BGHSt 27, 144, 147 f.
[187] BGHSt 27, 110, 113 f.; a. A. BayObLG NJW 1976, 1760; OLG Frankfurt NJW 1976, 1759 f.
[188] Nachw. bei LK/*Jähnke* § 78 c Rdnr. 23.
[189] SK/*Rudolphi*/*Wolter* § 78 c Rdnr. 14.

Verteidigers genügt in keinem Fall.[190] Ob der Beschuldigte sich äußert, nur zur Person aussagt oder schweigt, ist für die Unterbrechungswirkung wie auch im Fall der Nr. 1 irrelevant.[191]

bb) Nr. 3. Die Beauftragung eines **Sachverständigen** gemäß **Nr. 3** unterbricht nur dann die Verjährung, wenn dem Beschuldigten zuvor die Einleitung des Ermittlungsverfahrens bekannt gegeben oder er zuvor vernommen worden ist. Damit soll verhindert werden, dass die Verjährung unterbrochen wird, ohne dass dem Beschuldigten von dem Vorwurf überhaupt Kenntnis gegeben worden ist. Die Unterbrechungswirkung des Gutachtenauftrags ist auf den bis dahin bekannt gegebenen Umfang des Ermittlungsverfahrens begrenzt.[192]

Sachverständiger im Sinne von Nr. 3 ist nur, wer eigenverantwortlich und weisungsfrei ein Gutachten über ein bestimmtes Beweisthema erstellen soll.[193] Diese Voraussetzungen erfüllt weder ein sachkundiger Ermittlungsgehilfe der Polizei oder der Staatsanwaltschaft[194] noch der **Wirtschaftsreferent** der Staatsanwaltschaft oder der Kriminalpolizei, wenn er wie ein Staatsanwalt den Tatverdacht umfassend aufzuklären hat.[195] Wird jedoch der Wirtschaftsreferent gebeten, zu einer umgrenzten Fragestellung eigenverantwortlich eine Stellungnahme abzugeben, ist auch er Gutachter im Sinne der Vorschrift.[196] Wenn er allerdings beispielsweise prüfen soll, „ob Anhaltspunkte für Konkursdelikte oder Lieferantenbetrug" vorliegen, liegt kein hinreichend bestimmtes Beweisthema vor.[197] Auch reicht der Auftrag an einen höheren Beamten der Deutschen Bundesbank nicht aus zu prüfen, „ob sich aus den Belegen ergibt, dass der Betroffene bewusst oder fahrlässig an den ordnungswidrigen Handlungen von R und F mitgewirkt hat", und die Belege dann Hinblick auf den subjektiven Tatbestand zu bewerten.[198] Es kommt darauf an, dass den Verfahrensbeteiligten die Beauftragung zur Erstattung eines eigenständigen Gutachtens zum Zeitpunkt ihres Ergehens erkennbar ist,[199] weshalb gerade bei der Beauftragung eines Behördenangehörigen als Sachverständigen aus Klarstellungsgründen dem Verteidiger gemäß Nr. 70 Abs. 1 RiStBV vor der Auswahl Gelegenheit zur Stellungnahme gegeben werden sollte.[200]

Die **Anordnung** des Gerichts, ein Gutachten einzuholen, ist zwar grundsätzlich formlos möglich, kann also auch mündlich oder durch schlüssige Handlungen erfolgen.[201] Sie muss jedoch hinreichend verlautbart werden, was nicht der Fall ist, wenn sie lediglich nachträglich in der Akte vermerkt wird oder wenn bloß ein informatorisches Gespräch mit dem Sachverständigen erfolgt.[202] Die Anordnung muss den Verfahrensbeteiligten nach ihrem Inhalt und dem Zeitpunkt ihres Ergehens erkennbar sein und von diesen in ihrer Wirkung auf das Verfahren abgeschätzt werden können.[203] Maßgeblich ist die Anordnung, ein bestimmtes Gutachten eines bestimmten Sachverständigen einzuholen, nicht die Aufforderungen an den Sachverständigen, das Gutachten zu erstatten.[204] Der Auftrag an den Sachverständigen, sein Gutachten zu ergänzen, bewirkt keine erneute Unterbrechung.[205]

cc) Nr. 4 u. 5. Von hoher Praxisrelevanz ist auch die Verjährungsunterbrechung nach § 78 c Abs. 1 S. 1 **Nr. 4** StGB. Danach unterbricht die Verjährung jede **richterliche Beschlagnahme- oder Durchsuchungsanordnung** und jede richterliche Entscheidung, welche diese aufrechterhält. Nach allgemeiner Ansicht fallen hierunter auch Entscheidungen, welche polizeiliche oder staatsanwaltschaftliche Durchsuchungs- oder Beschlagnahmeentscheidungen bestätigen oder

---

[190] *Lackner/Kühl* § 78 c Rdnr. 3.
[191] LK/*Jähnke* § 78 c Rdnr. 24.
[192] LK/*Jähnke* § 78 c Rdnr. 25.
[193] BGHSt 28, 381, 384.
[194] OLG Zweibrücken StV 2004, 658 f.
[195] BGH NStZ 1984, 215; StV 1986, 465; LK/*Jähnke* § 78 c Rdnr. 26.
[196] BGHSt 28, 381, 384; StV 1986, 465; LK/*Jähnke* § 78 c Rdnr. 26.
[197] *Schäfer*, FS Dünnebier, S. 557.
[198] OLG Stuttgart Beschl. v. 18.8.1980 – 1 Ss (25) 143/80, zit. nach *Schäfer*, FS Dünnebier, S. 557.
[199] BGHSt 28, 381, 382; StV 1986, 465.
[200] BGH StV 1986, 465.
[201] BGHSt 28, 381, 382.
[202] LK/*Jähnke* § 78 c Rdnr. 26.
[203] BGHSt 28, 381, 382.
[204] BGHSt 27, 76 ff.
[205] Schönke/Schröder/*Stree*/Sternberg-Lieben § 78 c Rdnr. 11.

welche im Rechtsmittelverfahren ergehen. Wichtig ist, dass eine Durchsuchungsanordnung, die den verfassungsrechtlichen Mindestvoraussetzungen im Hinblick auf die Bestimmtheit nicht genügt, keine verjährungsunterbrechende Wirkung entfaltet.[206]

73 Die Herausgabe von Unterlagen bzw. die Gestattung der Einsichtnahme nach § 95 StPO ist auch dann nicht von Nr. 4 erfasst, wenn sie erfolgt, um eine Beschlagnahme zu verhindern.[207] Etwas anderes gilt wiederum dann, wenn die Staatsanwaltschaft lediglich von der zwangsweisen Durchführung der Beschlagnahme absieht, weil ihr auf Grund eines vorliegenden Durchsuchungs- und Beschlagnahmebeschlusses Unterlagen herausgegeben werden, da hier eine Anordnung im Sinne von Nr. 4 vorliegt. Die richterliche Anordnung der Überwachung des Fernmeldeverkehrs gem. §§ 100 a, 100 b StPO steht einer Anordnung nach Nr. 4 nicht gleich und kann mangels Analogiefähigkeit der Vorschrift die Verjährung daher die Verjährung nicht unterbrechen.[208]

74 Nach **Nr. 5** wird die Verjährung weiterhin durch den **Haftbefehl**, den Unterbringungsbefehl, den Vorführungsbefehl und richterliche Entscheidungen, welche diese aufrechterhalten, unterbrochen. Hierbei ist zu beachten, dass nach der h. M. eine Bestätigung des Haftbefehls in jeder Entscheidung über die Haftverhältnisse zu sehen ist, also auch in der Außervollzugsetzung, deren Widerruf oder der Änderung von Auflagen, da wegen § 120 StPO jeweils inzident über das Weiterbestehen des Haftbefehls entschieden werde, auch wenn dies im Beschluss nicht ausdrücklich ausgesprochen werde.[209]

75 dd) Nr. 6 bis 9. Unterbrechungswirkung entfaltet gemäß **Nr. 6** weiterhin die Erhebung der **öffentlichen Klage**. Hierunter fallen auch der Antrag auf Erlass eines Strafbefehls und die Nachtragsanklage. Der Antrag auf Aburteilung im beschleunigten Verfahren nach § 417 StPO unterbricht die Verjährung nicht, weil ihm die eigentliche Anklageerhebung noch nachfolgt (§ 418 Abs. 3 StPO).[210] Leidet die Anklage im Hinblick auf die Konkretisierung der Tatvorwürfe unter derart schweren Mängeln, dass sie als Verfahrensgrundlage untauglich ist, kommt ihr auch keine verjährungsunterbrechende Wirkung zu.[211] Entscheidend ist hier nicht der Zeitpunkt ihrer Datierung bzw. Unterzeichnung, sondern des Eingangs bei Gericht (vgl. § 170 Abs. 1 StPO),[212] wobei die Übermittlung per Fax genügt.[213]

76 Die Verjährungsunterbrechung durch **Eröffnung des Hauptverfahrens** (**Nr. 7**) setzt einen wirksamen Eröffnungsbeschluss voraus. Unwirksam ist der Eröffnungsbeschluss nur dann, wenn er unter schwerwiegenden und offenkundigen Mängeln leidet, etwa wenn nicht alle zur Mitwirkung berufenen Richter an der Beschlussfassung teilgenommen haben[214] oder wenn der Beschluss gegen den auslieferungsrechtlichen Grundsatz der Spezialität verstößt,[215] nicht jedoch dann, wenn an der Eröffnungsentscheidung ein ausgeschlossener Richter mitgewirkt hat.[216] Maßgeblich ist hier nach allgemeinen Grundsätzen (§ 78 c Abs. 2 StGB) der Zeitpunkt der Unterzeichnung des Beschlusses, nicht der seiner Zustellung.[217] In engen Grenzen kann – wie der Fall Pfahls gezeigt hat – eine vorherige öffentliche Zustellung der Anklage als Voraussetzung der Eröffnungsentscheidung in Betracht kommen.[218] Zu beachten ist, dass der Eröffnungsbeschluss des Landgerichts in den Fällen des § 78 b Abs. 4 StGB zugleich das Ruhen der Verjährung bewirkt.

---

[206] BGH NStZ 2000, 427, 428 m. Anm. *Jäger*; BGH NStZ 2004, 275 f.
[207] LG Kaiserslautern NStZ 1981, 438 ff. mit Anm. *Lilie*; *Schäfer*, FS Dünnebier, S. 544.
[208] BGH wistra 2005, 27.
[209] BGHSt 39, 233, 236; wistra 1993, 223, 224; *Lackner/Kühl* § 78 c Rdnr. 6; LK/*Jähnke* § 78 c Rdnr. 29; *Tröndle/Fischer* § 78 c Rdnr. 15; NK/*Lemke* § 78 c Rdnr. 21; a. A. MünchKommStGB/*Mitsch* § 78 c Rdnr. 12; Schönke/Schröder/Stree/Sternberg-Lieben § 78 c Rdnr. 13; SK/*Rudolphi/Wolter* § 78 c Rdnr. 20.
[210] *Lackner/Kühl* § 78 c Rdnr. 8.
[211] OLG Bremen StV 1990, 25 f.
[212] BGH StV 1993, 71 f.
[213] BayObLG NJW 1998, 3213 f.
[214] BGHSt 10, 278, 279; LG Darmstadt StV 2005, 123 f.
[215] BGHSt 29, 94, 96.
[216] BGHSt 29, 351 ff.; LK/*Jähnke* § 78 c Rdnr. 31; a. A. *Beulke* JR 1986, 50, 54.
[217] *Lackner/Kühl* § 78 c Rdnr. 9.
[218] Dazu ausführlich *Mosenheuer* wistra 2002, 409 ff.

Unter § 78 c Abs. 1 S. 1 **Nr. 8** StGB – Anberaumung einer Hauptverhandlung – fallen un- 77
streitig auch die kurzfristige Anberaumung im beschleunigten Verfahren sowie die erneute Anberaumung nach ausgesetzter Hauptverhandlung.[219] Umstritten ist, ob eine Anberaumung einer Hauptverhandlung auch in der Verkündung eines bloßen **Fortsetzungstermins** i. S. v. § 229 StPO zu sehen ist.[220] Dies ist nach zutreffender Ansicht nicht der Fall, da die StPO von einem einheitlichen Verständnis der Hauptverhandlung ausgeht, sodass andernfalls im Gesetz von „Hauptverhandlungstermin" die Rede sein müsste.[221]

Weiterhin ist streitig, ob die Anberaumung einer Hauptverhandlung auch dann die Verjäh- 78
rung unterbricht, wenn das Verfahren insoweit zuvor gemäß **§ 154 Abs. 2 StPO** gerichtlich eingestellt worden war und das Gericht das eingestellte Verfahren nicht einmal konkludent wiederaufnimmt.[222] Richtiger Ansicht nach liegt in solchen Fällen ein derart schwerwiegender Verfahrensverstoß vor, dass eine verjährungsunterbrechende Wirkung ausscheidet. Zum einen steht hier nämlich Gerichtsentscheidung gegen Gerichtsentscheidung, sodass das notwendige Mindestmaß an prozessualer Rechtssicherheit – insbesondere aus Sicht des Angeklagten – nicht mehr gewährleistet ist; zum anderen stellt eine Terminsanberaumung, deren Durchführbarkeit wegen der entgegenstehenden Einstellungsentscheidung zweifelhaft ist, allenfalls eine interne Terminsvormerkung dar.[223]

Andere dem Urteil entsprechende Entscheidungen, die neben dem Strafbefehl die Verjährung 79
nach **Nr. 9** unterbrechen, sind solche, die auch nach einer Hauptverhandlung durch Urteil ergehen könnten wie Beschlüsse nach § 206 a StPO oder Beschlüsse, durch die der Einspruch gegen einen Strafbefehl als unzulässig verworfen wird,[224] ebenso Entscheidungen im selbständigen Einziehungsverfahren nach § 441 StPO und die Verurteilung zu einer vorbehaltenen Strafe nach § 59 b Abs. 1 StGB (durch Beschluss).[225]

ee) Nr. 10 bis 12. Gemäß § 78 c Abs. 1 S. 1 **Nr. 10** StGB wird die Verjährung ferner un- 80
terbrochen durch die vorläufige gerichtliche Einstellung des Verfahrens wegen **Abwesenheit** des Angeschuldigten (§§ 157, 205 StPO) sowie jede Anordnung des Richters oder Staatsanwalts, die nach einer solchen Einstellung des Verfahrens oder im Verfahren gegen Abwesende zur Ermittlung des Aufenthalts des Angeschuldigten oder zur Sicherung von Beweisen ergeht. Die Unterbrechungswirkung betrifft nur den Abwesenden, nicht jedoch etwaige Mitangeschuldigte.[226] Eine Anordnung zur Ermittlung des Aufenthalts des Angeschuldigten liegt nach Ansicht des BGH auch dann vor, wenn der ausländische Aufenthaltsort des Angeklagten bekannt, seine Auslieferung jedoch nicht erreichbar ist und die Erneuerung von Fahndungsmaßnahmen im Inland angeordnet wird.[227] Die Durchführung der Maßnahmen selbst hat keine verjährungsunterbrechende Wirkung.

Ebenfalls verjährungsunterbrechende Wirkung kommt der vorläufigen gerichtlichen Einstel- 81
lung des Verfahrens wegen **Verhandlungsunfähigkeit** des Angeschuldigten sowie jede Anordnung des Richters oder Staatsanwalts, die nach einer solchen Einstellung des Verfahrens zur Überprüfung der Verhandlungsfähigkeit des Angeschuldigten ergeht, zu (§ 78 c Abs. 1 S. 1 **Nr. 11** StGB). Schließlich unterbricht nach **Nr. 12** auch jedes richterliche Ersuchen, eine Untersuchungshandlung im Ausland vorzunehmen, nicht jedoch das Ersuchen an einen anderen Staat um Übernahme der Strafverfolgung,[228] die Verjährung.

c) Persönliche und sachliche Reichweite; Anforderungen an die Unterbrechungshand- 82
lung. Genauer Prüfung bedarf jeweils die Frage, ob gerade der in Rede stehende Vorwurf und gerade der fragliche Beschuldigte von einer verjährungsunterbrechenden Maßnahme der

---

[219] *Lackner/Kühl* § 78 c Rdnr. 10.
[220] Zum Meinungsstand vgl. LK/*Jähnke* § 78 c Rdnr. 32.
[221] Vgl. auch MünchKommStGB/*Mitsch* § 78 c Rdnr. 15.
[222] So OLG Celle NStZ 1985, 218 f. m. abl. Anm. *Schoreit*; Schönke/Schröder/Stree/Sternberg-Lieben § 78 c Rdnr. 16.
[223] *Schoreit* NStZ 1985, 219, 220; *Beulke* JR 1986, 50, 54 f.
[224] LK/*Jähnke* § 78 c Rdnr. 33 m. w. N.
[225] *Lackner/Kühl* § 78 c Rdnr. 11.
[226] BGH NStZ 2004, 148.
[227] BGHSt 37, 145, 146 = NStZ 1990, 584 m. Anm. *Temming*.
[228] NK/*Lemke* § 78 c Rdnr. 29; *Tröndle/Fischer* § 78 c Rdnr. 22 m. w. N.

Strafverfolgungsbehörden erfasst ist. Dies ist in der Praxis oft nicht einfach zu beantworten. Außerdem bestehen gewisse Mindestanforderungen an verjährungsunterbrechende Handlungen, bei deren Unterschreiten die entsprechende Maßnahme überhaupt keine verjährungsunterbrechende Wirkung entfaltet.

83 *aa) Persönliche Reichweite nach § 78 c Abs. 4 StGB.* Gemäß § 78 c Abs. 4 StGB wirkt die Verjährungsunterbrechung nur gegenüber demjenigen, auf den sich die Handlung bezieht. Diese natürliche Person muss nicht schon notwendig namentlich bekannt, aber auf Grund aus den Akten ersichtlicher Individualisierungsmerkmale eindeutig identifizierbar sein.[229] Handelt der Täter unter fremdem Namen, unterbrechen gegen den wirklichen Namensinhaber gerichtete Verfolgungsmaßnahmen die Verjährung nicht, solange die Strafverfolgungsbehörden keine Zweifel hinsichtlich der Personenidentität haben.[230]

84 Keine hinreichende Individualisierung liegt ferner vor, wenn sich die Verfolgungsmaßnahme – was häufig der Fall ist – gegen **„die Verantwortlichen"** eines Unternehmens richtet.[231] Ermittlungsmaßnahmen gegen ein Unternehmen unterbrechen ebenfalls grundsätzlich nicht die Verjährung bezüglich bestimmter Einzelpersonen.[232] Etwas anderes gilt nur bei einem Einzelkaufmann,[233] wobei allerdings die Unterbrechungswirkung auf den Inhaber beschränkt ist und nicht weitere in seinem Betrieb tätige Personen erfasst.[234] Ebenso wenig unterbricht umgekehrt eine gegen den Geschäftsführer einer GmbH als Beschuldigten gerichtete Durchsuchung die Verjährung gegenüber der GmbH, wenn später deren Verfahrensbeteiligung angeordnet wird, um gegen sie eine Geldbuße nach § 30 OWiG festzusetzen.[235]

85 Es ist nach dem Gesetzeswortlaut ausreichend, wenn sich die Unterbrechungshandlung auf den Beschuldigten „bezieht", er muss hiervon nicht unmittelbar betroffen sein. Bei Dritten vorgenommene Beschlagnahme- und Durchsuchungsmaßnahmen können daher die Verjährung unterbrechen,[236] ebenso Beschwerden Dritter gegen solche Maßnahmen.[237]

86 Bei **mehreren Tatbeteiligten** ist durch Auslegung, gegebenenfalls unter Hinzuziehung des weiteren Akteninhalts, zu prüfen, ob sich eine Unterbrechungshandlung auf alle oder nur auf Einzelne von ihnen bezieht.[238] Wird das Verfahren mit einem eigenständigen Verfahren gegen einen weiteren Angeklagten wegen desselben Tatvorwurfs verbunden, erstreckt sich die Unterbrechungswirkung früherer Verfolgungsmaßnahmen nicht auf diesen.[239] Eine Beschuldigtenvernehmung unterbricht die Verjährung angesichts des eindeutigen Wortlauts von § 78 c Abs. 1 S. 1 Nr. 1 StGB nur für den vernommenen Beschuldigten, nicht jedoch auch für seine Mittäter.[240]

87 *bb) Sachliche Reichweite.* Da der Verfahrensgegenstand gerade in Wirtschaftsstrafsachen im Laufe des Verfahrens häufig starke Änderungen erfährt, spielt die Frage der sachliche Reichweite von Unterbrechungshandlungen hier eine besonders wichtige Rolle.[241] Grundsätzlich werden von einer verjährungsunterbrechenden Maßnahme auch alle in einem Strafverfahren verfolgten **prozessualen Taten** erfasst, so weit sie bereits hinreichend konkretisiert sind.[242] Dies

---

[229] BGHSt 24, 321, 323; wistra 1991, 217; *Lackner/Kühl* § 78 c Rdnr. 12; krit. *Hees* wistra 1994, 81, 82; *Heuer* wistra 1987, 170, 172 f.; MünchKommStGB/*Mitsch* § 78 c Rdnr. 5: Unterbrechungswirkung nur hinsichtlich formell beschuldigter Personen.
[230] BGH wistra 1991, 217.
[231] LG Dortmund wistra 1991, 186, 187; *Gatzweiler*, FS Rieß, S. 688; *Heuer* wistra 1987, 170, 172 f.; *Schäfer*, FS Dünnebier, S. 549; Schönke/Schröder/Stree/Sternberg-Lieben § 78 c Rdnr. 24; SK/*Rudolphi/Wolter* § 78 c Rdnr. 6.
[232] OLG Hamm JR 1971, 383, 384 m. insoweit zust. Anm. *Göhler*.
[233] NK/*Lemke* § 78 c Rdnr. 36; a. A. *Heuer* wistra 1987, 170, 172.
[234] OLG Stuttgart MDR 1968, 518.
[235] OLG Karlsruhe JR 1987, 434, 436 m. zust. Anm. *Franzheim*; SK/*Rudolphi/Wolter* § 78 c Rdnr. 6.
[236] BGH wistra 1995, 309.
[237] BGH StV 1995, 585.
[238] Vgl. im Einzelnen SK/*Rudolphi/Wolter* § 78 c Rdnr. 6.
[239] BGH StV 1993, 71 f.
[240] BGH StV 1993, 71 f.; BayObLG MDR 1979, 605.
[241] Siehe auch *Schäfer*, FS Dünnebier, S. 545.
[242] BGH wistra 1990, 146, 148; wistra 1996, 260; NStZ 2000, 427; wistra 2002, 57; *Lackner/Kühl* § 78 c Rdnr. 21.

gilt nach h. M. auch, wenn die Unterbrechungshandlung nur einen Teil davon, z. B. einen Einzelakt einer Handlungseinheit, betrifft.[243]

Etwas anderes ergibt sich, wenn sich der **Verfolgungswille** der Strafverfolgungsbehörden ausnahmsweise erkennbar auf einzelne Taten beschränkt.[244] Unerheblich ist, ob ein weiterer Verfahrenskomplex zum Zeitpunkt der verjährungsunterbrechenden Handlungen noch nicht als mögliche Tathandlung erkannt war.[245] Für die Bestimmung des Verfolgungswillens ist maßgeblich, was mit der jeweiligen Maßnahme bezweckt wird, wobei es neben dem Wortlaut der Verfügung oder des Beschlusses auch auf den Sach- und Verfahrenszusammenhang, zu dessen Ermittlung gegebenenfalls der weitere Akteninhalt heranzuziehen ist, ankommt.[246] Eine derartige ausnahmsweise Beschränkung liegt zum Beispiel dann vor, wenn das Finanzamt dem Beschuldigten die Einleitung eines Steuerstrafverfahrens bekannt gibt und in der Einleitungsverfügung auf den Verdacht auf weitere allgemeine Straftaten hinweist, jedoch zugleich zu erkennen gibt, dass es selbst die allgemeinen Straftaten nicht verfolgen wolle.[247] Zu weitgehend dürfte allerdings die Ansicht sein, dass Ermittlungen der Finanzbehörden bei Tatmehrheit grundsätzlich nicht die Verjährung einer allgemeinen Straftat unterbrechen.[248] Gutachten können für die Beurteilung aller oder nur einzelner Taten von Bedeutung sein; bei Gerichtsentscheidungen zu Durchsuchungen und Beschlagnahmen sowie bei Haftentscheidungen kommt es entscheidend auf die zur Begründung herangezogenen Sachverhalte an.[249] Bei der Beweismittelbeschlagnahme beschränkt sich die Unterbrechungswirkung auf Straftaten, deren Verfolgung hierdurch gefördert werden kann.[250] Auch im Hinblick auf die sachliche Reichweite gilt der Grundsatz in dubio pro reo.[251]

Die Unterbrechungswirkung erfasst im Falle einer Beschränkung der Strafverfolgung nach § 154 a StPO nach der Rechtsprechung des BGH auch die vorläufig ausgeschiedenen Gesetzesverletzungen.[252] Hierfür sprechen die Vorläufigkeit der Verfahrenseinstellung, die Gesetzgebungsgeschichte des § 154 a StPO sowie prozessökonomische Gründe.[253] Im Einzelfall kann es geboten sein, nach § 154 a StPO ausgeschiedene Tatteile wieder in das Verfahren einzubeziehen, wenn es ansonsten wegen Verjährung einzustellen wäre;[254] die diesbezügliche Rechtsprechung hat allerdings nach Aufgabe des Fortsetzungszusammenhanges durch den BGH an Bedeutung verloren.

cc) Wirksamkeit der Maßnahmen. Die bloße Fehlerhaftigkeit verjährungsunterbrechende Maßnahmen führt grundsätzlich nicht zu deren Unwirksamkeit.[255] Die Unterbrechungshandlungen müssen dafür vielmehr an **besonders schwerwiegenden offenkundigen Mängeln** leiden, wobei die Grenzziehung im Einzelnen schwierig ist.[256] Keine verjährungsunterbrechende Wirkung haben etwa Durchsuchungsanordnungen, die den verfassungsrechtlichen Mindestanforderungen an die Bestimmtheit nicht genügen,[257] unwirksame Anklagen und Eröffnungsbeschlüsse[258] sowie gegen § 136 a StPO verstoßende Vernehmungen.[259]

Im Übrigen müssen sich angesichts ihrer einschneidenden Bedeutung für das Verfahren alle Unterbrechungshandlungen aus dem **Akteninhalt** ergeben; die Geltung des Freibeweisverfahrens ist insoweit eingeschränkt.[260] Schriftliche Maßnahmen müssen vom Verfolgungsorgan

---

[243] *Lackner/Kühl* § 78 c Rdnr. 20.
[244] BGH NStZ 1996, 274; NStZ 2000, 427.
[245] BGH NStZ 2000, 85 f.
[246] BGH NStZ 1996, 274; NStZ 2000, 427; wistra 2002, 57.
[247] BGHSt 16, 354 ff.; hierzu eingehend *Reiche* wistra 1988, 329 ff.
[248] OLG Frankfurt wistra 1987, 32 f.
[249] *Schäfer*, FS Dünnebier, S. 547.
[250] MünchKommStGB/*Mitsch* § 78 c Rdnr. 5.
[251] BGH NStZ 1996, 274.
[252] BGHSt 22, 105 ff.; 29, 315, 316.
[253] BGHSt 22, 105, 107 f.
[254] BGHSt 29, 315 ff.
[255] SK/*Rudolphi/Wolter* § 78 c Rdnr. 9.
[256] BGHSt 29, 351 ff.; vgl. *Lackner/Kühl* § 78 c Rdnr. 19.
[257] Siehe o. Rdnr. 72.
[258] Siehe o. Rdnr. 76.
[259] SK/*Rudolphi/Wolter* § 78 c Rdnr. 9; a. A. Schönke/Schröder/Stree/Sternberg-Lieben § 78 c Rdnr. 3.
[260] BGHSt 4, 135, 137; *Lackner/Kühl* § 78 c Rdnr. 17.

unterzeichnet sein, wobei bei behördeninternen Anweisungen die Zeichnung durch Paraphe genügt.²⁶¹ Im Fall der Nr. 3 kann sich der Unterbrechungszeitpunkt auch aus dem Gutachten selbst ergeben; andererseits ist hier eine ergänzende Beweisaufnahme, etwa durch Befragung des Gutachters, ausgeschlossen.²⁶² Ohne konkrete Anhaltspunkte in der Akte, sodass sich ein Beweis ausschließlich auf das Erinnerungsvermögen der Ermittlungsorgane stützen müsste, ist angeblichen Unterbrechungshandlungen nach § 78 c StGB die Anerkennung in jedem Fall zu versagen.²⁶³

92 Ob Maßnahmen später wieder aufgehoben werden, spielt für die Unterbrechungswirkung keine Rolle.²⁶⁴ Etwas anderes gilt jedoch, wenn der Fehler unmittelbar nach der Handlung bemerkt und diese noch ohne jegliche Außenwirkung sofort rückgängig gemacht wird²⁶⁵ oder wenn die spätere Aufhebung von Anfang an bezweckt ist.²⁶⁶

§ 78 c Abs. 5 StGB bestimmt, dass bei einer nachträglichen Verkürzung der Verjährungsfrist ursprünglich rechtzeitige Unterbrechungshandlungen wirksam bleiben. Dies gilt auch, wenn die Verkürzung der Verjährungsfrist auf einer Herabsetzung der Strafdrohung beruht.

93 *dd) Maßnahmen ohne sachlichen Anlass.* In der Rechtsprechung zu § 68 StGB a. F. war anerkannt, dass eine verjährungsunterbrechende Handlung nur dann vorlag, wenn sie bestimmt und geeignet war, die Erledigung der Strafsache zu fördern und damit der Verfolgung der zur Untersuchung stehenden Straftat diente.²⁶⁷ Sofern nunmehr teilweise unter Hinweis auf den Maßnahmenkatalog des § 78 c Abs. 1 S. 1 StGB die Ansicht vertreten wird, eine derartige Beschränkung sei nicht mehr nötig,²⁶⁸ kann dem nicht gefolgt werden. Es ist vielmehr nach wie vor rechtsstaatlich geboten, bloßen „Scheinmaßnahmen" keine verjährungsunterbrechende Wirkung beizumessen, damit der Grundgedanke der Verjährung erhalten bleibt.²⁶⁹

94 Dem entspricht auch Nr. 22 RiStBV, wonach der Staatsanwalt zwar während des ganzen Verfahrens darauf zu achten hat, dass die Verjährung rechtzeitig unterbrochen wird, dabei jedoch den Grundgedanken der Verjährung berücksichtigen muss und deren Eintritt nicht „wahllos" verhindern darf. Der BGH hat ebenfalls zutreffend festgestellt, dass sich gegenüber der alten Regelung sachlich nichts ändern sollte und in diesem Zusammenhang das Erfordernis betont, dass die verjährungsunterbrechende Handlung bestimmt und geeignet sein muss, die Erledigung der Strafsache zu fördern und damit der Verfolgung der zur Untersuchung stehenden Straftat zu dienen.²⁷⁰

95 **d) Zeitpunkt der Unterbrechung, § 78 c Abs. 2 StGB.** Gemäß § 78 c Abs. 2 S. 1 StGB ist bei einer schriftlichen Anordnung oder Entscheidung die Verjährung in dem Zeitpunkt unterbrochen, in dem die Anordnung oder Entscheidung unterzeichnet wird. Wenn das Schriftstück allerdings nicht alsbald nach Unterzeichnung in den Geschäftsgang gelangt, ist nach S. 2 der Zeitpunkt maßgeblich, in dem es tatsächlich in den Geschäftsgang gegeben worden ist. Unter „alsbald" ist nach richtiger Ansicht „umgehend" zu verstehen, also spätestens am nächsten Arbeitstag.²⁷¹ Es besteht kein Anlass, die Anwendung des Grundsatzes in dubio pro reo diesbezüglich einzuschränken.²⁷² Bei mündlichen Entscheidungen kommt es auf den Zeitpunkt der Verkündung an.²⁷³

96 **e) Absolute Verjährung, § 78 c Abs. 3 S. 2 StGB.** Nach § 78 c Abs. 3 S. 2 StGB ist die Strafverfolgung spätestens verjährt, wenn seit dem in § 78 a StGB bezeichneten Zeitpunkt das

---

²⁶¹ *Lackner/Kühl* § 78 c Rdnr. 17.
²⁶² *Schäfer*, FS Dünnebier, S. 558.
²⁶³ BGHSt 30, 215, 219; OLG Brandenburg NStZ 1997, 139.
²⁶⁴ *Tröndle/Fischer* § 78 c Rdnr. 7.
²⁶⁵ NK/*Lemke* § 78 c Rdnr. 5; Schönke/Schröder/*Stree/Sternberg-Lieben* § 78 c Rdnr. 3.
²⁶⁶ LK/*Jähnke* § 78 c Rdnr. 11.
²⁶⁷ BGHSt 9, 198, 199; 12, 335, 337 ff.
²⁶⁸ NK/*Lemke* § 78 c Rdnr. 5; Schönke/Schröder/*Stree/Sternberg-Lieben* § 78 c Rdnr. 3.
²⁶⁹ *Lackner/Kühl* § 78 c Rdnr. 16; NK/*Lemke* § 78 c Rdnr. 34; SK/*Rudolphi/Wolter* § 78 c Rdnr. 7.
²⁷⁰ BGHSt 25, 6, 8.
²⁷¹ LK/*Jähnke* § 78 c Rdnr. 17.
²⁷² Schönke/Schröder/*Stree/Sternberg-Lieben* § 78 c Rdnr. 21 a; SK/*Rudolphi/Wolter* § 78 c Rdnr. 10; a. A. LK/*Jähnke* § 78 c Rdnr. 17.
²⁷³ *Lackner/Kühl* § 78 c Rdnr. 18.

doppelte der gesetzlichen Verjährungsfrist und, wenn die Verjährungsfrist nach besonderen Gesetzen kürzer ist als drei Jahre, mindestens drei Jahre verstrichen sind (absolute Verjährung). § 78 c Abs. 3 S. 3 StGB, wonach § 78 b unberührt bleibt, kommt lediglich deklaratorischer Charakter zu, da das Ruhen der Verjährung per definitionem den An-, Ab- bzw. Weiterlauf jeglicher Frist hemmt.

6. Rechtsfolgen bei Beseitigung der Rechtskraft

Hoch umstrittenen sind die Folgen der Beseitigung der Rechtskraft im Wege der Wiederaufnahme, der Wiedereinsetzung oder der Urteilsaufhebung im Verfassungsbeschwerdeverfahren für den Lauf der Verfolgungsverjährung. In der Rechtsprechung der meisten Oberlandesgerichte[274] wird die vom BGH[275] allerdings noch zum alten Recht vertretene Linie fortgeführt, wonach die Durchbrechung der Rechtskraft die Verjährungsfrist von neuem anlaufen lässt, und zwar gleichermaßen bei freisprechenden wie verurteilenden Entscheidungen.[276] Nach der zumindest in der neueren Literatur vorherrschenden Meinung[277] soll demgegenüber der Lauf der alten Verjährungsfrist wieder eröffnet werden. Die Zeit der Rechtskraft wirkt sich demnach wie das Ruhen der Verjährung nach § 78 b StGB aus.[278]

Hierfür wird angeführt, dass der Fristbeginn in § 78 a StGB ohne die Möglichkeit eines Neubeginns abschließend geregelt sei; insofern fehle es für einen solchen an einer Rechtsgrundlage.[279] Außerdem entspreche es nicht der Billigkeit, beispielsweise einen zunächst Freigesprochenen schlechter zu stellen als einen überhaupt nicht Verfolgten bzw. jemanden, bei dem die Ermittlungen nicht zur Eröffnung des Hauptverfahrens geführt hätten. Mit diesem Argument wird auch vom OLG Nürnberg die Ansicht vertreten, im Falle eines freisprechenden Urteils laufe die Verjährungsfrist weiter ab.[280] § 78 b Abs. 1 StGB sei nicht anwendbar, da zur Vorbereitung eines Wiederaufnahmeverfahrens zuungunsten eines freigesprochenen Angeklagten eine Reihe von Unterbrechungshandlungen i. S. v. § 78 c Abs. 1 StGB in Betracht kämen und insoweit die Strafverfolgung fortgesetzt werden könne.[281]

Dem wird von der überwiegenden Rechtsprechung entgegengehalten, dass der Eingriff in die Rechtskraft lediglich zur Folge habe, dass deren Wirkung für die Zukunft entfalle; die zunächst einmal eingetretene Rechtskraft und die Zeit, in der deshalb eine Strafverfolgung nicht habe stattfinden können, werde dadurch nicht ungeschehen gemacht.[282] Dem Billigkeitsargument wird die mangelnde Schutzbedürftigkeit desjenigen entgegengehalten, der seinen Freispruch z. B. durch Vorlage gefälschte Urkunden oder Stellung falsch aussagender Zeugen erwirkt habe.[283]

Zutreffend ist die heute herrschende Literaturmeinung, da die Prüfung der Wiederaufnahme keine Strafverfolgung i. S. v. §§ 78 ff. StGB darstellt; die Parallele zum Ruhen der Verjährung ist also zutreffend.[284] Auch die Zwecke der Verjährung, Rechtsfrieden herzustellen und einer falschen Entscheidung durch unzuverlässige Beweismittel entgegenzuwirken, sprechen dagegen, die Frist ganz neu laufen zu lassen.[285] Das Argument, die erneute Strafverfolgung könne kein Gegenstand der Verjährung der bereits durch die rechtskräftige Entscheidung beendeten früheren Strafverfolgung mehr sein,[286] erscheint formalistisch und wird der Tatsache nicht ge-

---

[274] OLG Düsseldorf NJW 1988, 2251 f.
[275] BGH GA 1974, 149 f.
[276] So auch LK/*Jähnke* § 78 Rdnr. 10; NK/*Lemke* § 78 Rdnr. 8; anders § 78 a Rdnr. 10.
[277] *Lackner/Kühl* § 78 Rdnr. 7; Schönke/Schröder/*Stree/Sternberg-Lieben* § 78 a Rdnr. 15; SK/*Rudolphi/Wolter* Vor § 78 Rdnr. 7.
[278] *Lackner/Kühl* § 78 Rdnr. 7; MünchKommStGB/*Mitsch* § 78 b Rdnr. 19; SK/*Rudolphi/Wolter* Vor § 78 Rdnr. 7.
[279] *Lackner/Kühl* § 78 Rdnr. 7.
[280] OLG Nürnberg NStZ 1988, 555, 556.
[281] OLG Nürnberg NStZ 1988, 555, 556.
[282] OLG Düsseldorf NJW 1988, 2251, 2252.
[283] OLG Düsseldorf NJW 1988, 2251, 2252.
[284] So i.Ü. auch BGH GA 1974, 149 f.
[285] Schönke/Schröder/*Stree/Sternberg-Lieben* § 78 a Rdnr. 15; vgl. insoweit auch OLG Nürnberg NStZ 1988, 555, 556; a. A. *Gössel* NStZ 1988, 537, 538.
[286] *Gössel* NStZ 1988, 537, 538.

recht, dass die Strafverfolgungsorgane auf im bisherigen Verfahren gewonnene Erkenntnisse zurückgreifen können. Dabei macht es keinen Unterschied, ob die Verfahrenswiederaufnahme zugunsten oder zuungunsten des Abgeurteilten erfolgt.[287]

101   Eine vergleichbare Problematik besteht, wenn im Falle der Ablaufhemmung nach § 78 b Abs. 3 StGB das das Verfahren abschließende Urteil keinen Strafklageverbrauch bewirkt. Hier wird richtiger Ansicht nach der Lauf der Verjährung wieder eröffnet und die Frist so berechnet, als ob keine Hemmung eingetreten wäre.[288]

IV. Wirkungen der Verjährung

1. Rechtsfolgen bei eingetretener Verjährung

102   Die Verjährung führt zum Ausschluss jeglicher strafrechtlichen Reaktion, auch wenn sie nicht belastend im Sinne einer „Ahndung" ist, wie im Falle des Absehens von Strafe nach § 60 StGB.[289] Zu beachten ist aber, dass verjährte Taten bei einer Bestrafung wegen weiterer Taten nach der Rechtsprechung grundsätzlich im Rahmen der Strafzumessung berücksichtigt werden können.[290] Dies betrifft insbesondere auch die Frage der gewerbs- und gewohnheitsmäßigen Tatbegehung.[291] Sie dürfen jedoch nicht ihrer vollen Schwere nach zu Lasten des Angeklagten gewertet werden, da andernfalls das Rechtsinstitut der Verjährung praktisch unterlaufen würde.[292]

103   Weiterhin bleibt die verjährte Tat tauglicher Anknüpfungspunkt für Hehlerei und Begünstigung.[293] Sie genügt aber nicht als Vortat bei der Anordnung der Sicherungsverwahrung.[294]

2. Exkurs: überlange Verfahrensdauer

104   Für langwierige Wirtschaftsstrafverfahren von erheblicher Relevanz ist die Frage, inwieweit die Nichtbeachtung des in Art. 6 EMRK ausdrücklich festgeschriebenen, sich aber auch aus verschiedenen Vorschriften der StPO ergebenden und als Aspekt des Rechts auf ein faires Verfahren auch verfassungsrechtlich abgesicherten strafprozessualen Beschleunigungsgebotes über die Frage der Verjährung hinaus zu Konsequenzen für das Strafverfahren führen kann.[295] Der EGMR kann regelmäßig nur eine Verletzung des Art. 6 EMRK durch den Konventionsstaat feststellen, ohne dass sich hieraus unmittelbare Wirkungen auf das nationalstaatliche Strafverfahren ergäben.[296] Während der BGH in dieser Frage in jahrzehntelanger ständiger Rechtsprechung[297] die Ansicht vertreten hatte, eine überlange Dauer des Strafverfahrens sei nur bei der Strafzumessung zu beachten, hat er mit Urteil vom 25.10.2000[298] anerkannt, dass auch eine Einstellung des Verfahrens in Betracht kommt und sich damit der Rechtsprechung des BVerfG[299] angeschlossen.

105   Danach kommt in extrem gelagerten Fällen ein unmittelbar aus dem Rechtsstaatsgebot des Grundgesetzes abzuleitendes Verfahrenshindernis in Betracht, wenn das Ausmaß der Verfahrensverzögerung besonders schwerwiegend und die Dauer des Verfahrens zudem mit besonderen Belastungen für den Beschuldigten einhergegangen ist und keine andere Möglichkeit zur

---

[287] Zutreffend Schönke/Schröder/*Stree/Sternberg-Lieben* § 78 a Rdnr. 15.
[288] OLG Düsseldorf wistra 1992, 108 ff. m. zust. Anm. *Ulsenheimer*; *Lackner/Kühl* § 78 b Rdnr. 7 m. w. N.; a. A. LK/*Jähnke* § 78 b Rdnr. 16.
[289] *Lackner/Kühl* § 78 Rdnr. 2.
[290] BGH NStZ/D 1989, 468; wistra 1990, 146; StV 1994, 423.
[291] Schönke/Schröder/*Stree/Sternberg-Lieben* Vor §§ 78 ff. Rdnr. 7.
[292] BGH StV 1994, 423; instruktiv zum Ganzen – insbesondere auch im Hinblick auf Verteidigungsansätze – *Sander* StraFo 2004, 47 ff.
[293] NK/*Lemke* Vor § 78 Rdnr. 4.
[294] NK/*Lemke* Vor § 78 Rdnr. 13.
[295] Zum Meinungsstand vgl. LK/*Jähnke* Vor § 78 Rdnr. 18 ff.; *Wohlers* JR 1994, 138 ff.
[296] Vgl. zuletzt etwa EGMR NJW 2002, 2856 ff.
[297] Nachw. bei BGH StraFo 2001, 47, 48.; vgl. aber bereits BGHSt 35, 137 ff.
[298] BGH StraFo 2001, 47 ff. m. Anm. *I. Roxin*.
[299] BVerfG NJW 1984, 967 f.; NJW 1992, 2472; StV 1993, 352, 353.

Verfahrensbeendigung besteht, zum Beispiel durch Anwendung der §§ 153, 153 a StPO sowie § 59 StGB.[300]

Grundsätzlich dürfte es aber dabei bleiben, dass sich die übermäßige Verfahrensdauer lediglich auf die Strafzumessung auswirkt. Dabei ist nicht nur die Gesamtfreiheitsstrafe, sondern sind auch die Einzelstrafen zu ermäßigen;[301] auch kann die Verfahrensverzögerung bereits bei der Strafrahmenwahl von Bedeutung sein.[302] Zusätzlich kann strafmildernd Berücksichtigung finden, dass der Angeklagte durch das lange Strafverfahren in seiner Berufsausübung existenziell berührt war.[303] Für die Beurteilung, wann ein Strafverfahren übermäßig lang andauern, kann das Doppelte der gesetzlichen Verjährungsfrist einen Anhaltspunkt bieten.[304] In jedem Fall sind im Urteil Art und Ausmaß der Verfahrensverzögerung sowie der hierfür vorgenommene Strafabschlag besonders zu kennzeichnen.[305]

3. Keine Verjährung der Nachtat bei Verjährung der Vortat?

Nach ständiger Rechtsprechung des BGH lebt bei Verjährung der Vortat die ansonsten mitbestrafte Nachtat wieder auf, sodass diese weiter verfolgt werden kann.[306] Die im Übrigen tatbestandsmäßige, rechtswidrige und schuldhafte Nachtat werde nämlich wegen des fehlenden Strafbedürfnisses nur straflos gelassen, wenn und weil sie durch die Strafe für die Haupttat schon hinreichend gesühnt sei; diese Grundlage entfalle bei Verjährung der Haupttat.[307] In der Literatur wird demgegenüber teilweise die Ansicht vertreten, dass straflose Nachtaten mit der Vortat eine Bewertungseinheit bildeten; Grundlage für strafrechtliche Sanktionen könne daher allein die Vortat sein, weshalb bei Verjährung der Vortat auch die Ahndung der Nachtat ausgeschlossen sei.[308] Der Ansicht der Rechtsprechung ist zuzustimmen. Gesetzeskonkurrenz kommt überhaupt nur dann in Betracht, wenn auf eine Handlung grundsätzlich mehrere gesetzliche Tatbestände Anwendung finden können, bei denen eine wertende Betrachtung ergibt, dass der Unrechtsgehalt des einen Delikts bei Bestrafung des anderen mit abgegolten erscheint. Dies ist jedoch bei Verjährung der Vortat von vornherein ausgeschlossen.[309]

4. Verjährung, Einziehung und Verfall

Nach § 78 Abs. 1 S. 1 StGB schließt die Verjährung neben der Ahndung der Tat auch die Anordnung von Maßnahmen aus. Maßnahmen nach § 11 Abs. 1 Nr. 8 StGB sind auch der Verfall und die Einziehung. Deshalb führt die Verfolgungsverjährung grundsätzlich dazu, dass Verfall und Einziehung nicht mehr in Betracht kommen.

Eine Ausnahme statuiert jedoch § 78 Abs. 1 S. 2 StGB, wonach § 76 a Abs. 2 S. 1 Nr. 1 StGB unberührt bleibt. Nach § 76 a StGB kommt eine **selbstständige Anordnung** der Einziehung auch dann in Betracht, wenn Verjährung eingetreten ist und die Voraussetzungen der §§ 74 Abs. 2 Nr. 2, Abs. 3 StGB (Einziehung von gefährlichen Gegenständen) sowie 74 d StGB (Einziehung von Schriften) vorliegen. Das Verfahren richtet sich nach den §§ 440 ff. StPO. Der Katalog der verjährungsunterbrechenden Maßnahmen gilt nach § 78 c Abs. 1 S. 2 StGB für dieses Verfahren entsprechend.

Umstritten ist, ob bezüglich verjährter Taten auch der erweiterte Verfall nach § 73 d StGB angeordnet werden kann. Auch wenn der Wortlaut der Vorschrift lediglich rechtswidrige Taten voraussetzt und der Gesetzgeber offenbar die Möglichkeit der Gewinnabschöpfung auf verjährte Taten erstrecken wollte,[310] schließt die Verfolgungsverjährung den erweiterten Ver-

---

[300] BGH StraFo 2001, 47, 48 ff.; eingehend BVerfG NJW 2003, 2225 ff., bei schweren durch das Verfahren mitverursachten Gesundheitsschäden kommt sogar ein Absehen von Strafe nach § 60 StGB in Betracht, BGH StV 2004, 120 ff.
[301] BGH NStZ 2002, 589 f.; NJW 2003, 2759 ff.
[302] BGH StV 1992, 154 f.
[303] BGH StV 2002, 599.
[304] So etwa BVerfG NJW 1992, 3254, 3255.
[305] BGH wistra 2005, 421 f.; BVerfG NJW 2003, 2228 f.; NJW 2003, 2897; vgl. auch BGH wistra 2006, 25 ff., wo eine rechtsstaatswidrige Verfahrensverzögerung mit ausführlicher Begr. verneint wurde.
[306] BGHSt 38, 366, 368 f. m. w. N.; wistra 1993, 223, 224.
[307] BGHSt 38, 366, 368 f.
[308] SK/*Rudolphi/Wolter* § 78 a Rdnr. 9; ebenso OLG Braunschweig MDR 1964, 167 f. m. abl. Anm. *Dreher*.
[309] Zutr. *Kohlmann* JZ 1964, 492, 493.
[310] BT-Drucks. 11/6623, S. 7.

fall nach richtiger Ansicht aus. Hierzu hätte es nämlich einer ausdrücklichen Regelung bedurft,[311] was sich auch daran zeigt, dass bei der selbstständigen Einziehungsanordnung deren Zulässigkeit gleich doppelt, nämlich in § 76 a Abs. 2 S. 1 Nr. 1 und § 78 Abs. 1 S. 2 StGB, normiert ist. Dabei ist zu beachten, dass es hier nicht um prozessuale Verjährungsfragen geht, sondern um die Anordnungsvoraussetzungen des § 73 d StGB, wegen dessen strafähnlichen Charakters[312] Art. 103 Abs. 2 GG Anwendung findet.[313]

111 Beim Verfall nach § 73 Abs. 3 StGB ist zu beachten, dass für den Begünstigten, weil er nicht Tatbeteiligter ist, keine selbstständige Verjährungsfrist läuft.[314]

5. Bedeutung der Verjährung für das Auslieferungsrecht

112 Im Auslieferungsrecht richtet sich die Frage, ob die Verjährung einer Auslieferung entgegensteht, ausschließlich nach dem entsprechenden Auslieferungsübereinkommen.[315] Die Rechtsprechung betont, dass das Auslieferungsverfahren kein Strafverfahren, sondern lediglich ein Verfahren zur Unterstützung einer ausländischen Strafverfolgung ist.[316] Hieraus folgt auch, dass für die Verjährung die zum Entscheidungszeitpunkt geltende Strafdrohung maßgeblich ist und § 2 StGB keine Anwendung findet.[317]

113 Der das Auslieferungsrecht beherrschende Grundsatz der Spezialität bewirkt einerseits, dass diesem Prinzip widersprechende Prozesshandlungen keine verjährungsunterbrechende Wirkung haben können. Andererseits ruht die Verjährung nach § 78 b StGB, solange der Spezialitätsgrundsatz einem inländischen Verfahrensfortgang entgegensteht.[318]

114 Gemäß Art. 10 des Europäischen Auslieferungsübereinkommens kann die Verjährung nach Ansicht des BGH auch durch dem Katalog des § 78 c Abs. 1 S. 1 StGB entsprechende Handlungen der Strafverfolgungsbehörden des Partnerstaates unterbrochen werden.[319] Nach Art. 62 des Schengen-Durchführungsübereinkommens sind für die Unterbrechung der Verjährung allerdings allein die Vorschriften der ersuchenden Vertragspartei maßgeblich; angesichts des eindeutigen Wortlauts dieser Vorschrift lässt sich die genannte Rechtsprechung des BGH hierauf also nicht übertragen.[320]

V. Die Verjährung im Rechtsmittelverfahren

115 Die Verjährung ist in jeder Lage des Verfahrens von Amts wegen zu berücksichtigen.[321] Dies gilt auch, wenn das Rechtsmittel auf den Strafausspruch oder einen Teil davon beschränkt ist.[322] Die Verfolgungsverjährung wegen einer Straftat führt auch dann zur Einstellung des Verfahrens wegen dieser Tat, wenn der Beschwerdeführer die Beschränkung des Rechtsmittels auf die Anfechtung der Verurteilung wegen anderer Straftaten erklärt hat, die Strafe für die verjährte Tat aber mit den Strafen für die anderen Taten in eine Gesamtstrafe einbezogen worden ist.[323]

116 Das Rechtsmittel muss allerdings zumindest zulässig – also insbesondere form- und fristgerecht eingelegt sowie ordnungsgemäß begründet – sein, da nur ein zulässiges Rechtsmittel dem übergeordneten Gericht überhaupt die Befugnis verleiht, ein angefochtenes Urteil zu überprüfen und erforderlichenfalls in seinen Bestand einzugreifen.[324] Eine erst nach dem Erlass des zur Überprüfung gestellten Urteils eingetretene Verjährung führte nach der früheren Rechtspre-

---

[311] LK/Jähnke § 78 Rdnr. 2.
[312] Schönke/Schröder/Eser § 73 d Rdnr. 2.
[313] Vgl. BVerfG NJW 2002, 1779 ff.
[314] BGH wistra 1991, 102 f.
[315] BGHSt 33, 26, 28.
[316] BGHSt 33, 26, 33; OLG Stuttgart NJW 2002, 3343.
[317] OLG Stuttgart NJW 2002, 3343.
[318] BGHSt 29, 94, 96 f.
[319] BGHSt 33, 26 ff.
[320] OLG Stuttgart NJW 2002, 3343, 3344.
[321] Siehe o. Rdnr. 9.
[322] BGHSt 11, 393, 395.
[323] BGHSt 8, 269 ff.
[324] BGHSt 16, 115 ff.; richtiger Ansicht nach kann daher nach Rechtsmittelrücknahme das Verfahrenshindernis nicht mehr festgestellt werden, vgl. LK/Jähnke Vor § 78 Rdnr. 12 m. w. N.

chung jedoch auch dann zur Verfahrenseinstellung, wenn die Revision nicht oder nicht ordnungsgemäß begründet worden war.³²⁵ Durch Einführung der Ablaufhemmung nach § 78 b Abs. 3 StGB ist dieses Problem gegenstandlos geworden.

Das Revisionsgericht kann bei Zweifeln die tatsächlichen Voraussetzungen der Verjährung 117 im Freibeweisverfahren selbst klären oder aber die Sache an das Tatgericht zur weiteren Aufklärung zurückverweisen. Die tatrichterlichen Feststellungen über die Tatzeit sind für das Revisionsgericht bindend,³²⁶ nicht jedoch die Feststellungen und die Beweiswürdigung hinsichtlich verjährungsunterbrechender Maßnahmen.³²⁷

Stellt der BGH Verjährung fest, sieht er regelmäßig davon ab, das angefochtene Urteil und die darin getroffenen Feststellungen aufzuheben.³²⁸ Bei einer Teileinstellung wegen Verjährung und Zurückverweisung der Sache im Übrigen ist daher der neue Tatrichter an die Feststellungen zu den verjährten Taten – die gegebenenfalls bei der Strafzumessung zu berücksichtigen sind – gebunden.³²⁹ Ansonsten besteht allerdings keine Bindung; bei Zweifeln kann das Revisionsgericht daher den Sachverhalt selbst weiter aufklären, die Sache aber auch an den Tatrichter zurückverweisen.³³⁰

VI. Vollstreckungsverjährung

Mit der Rechtskraft einer Strafe oder Maßnahme (§ 11 Abs. 1 Nr. 8 StGB) beginnt ge- 118 mäß § 79 Abs. 6 StGB deren Vollstreckungsverjährung zu laufen.

1. Verjährungsfrist, § 79 StGB

Gemäß § 79 Abs. 2 und 3 StGB richtet sich die Verjährungsfrist grundsätzlich nach der kon- 119 kreten im Einzelfall verhängten Strafe, wobei Fristen von drei bis 25 Jahren bestehen. Im Falle von Tatmehrheit kommt es auf die Gesamtstrafe an, deren nachträgliche Bildung eine neue Frist in Lauf setzt.³³¹ Lediglich beim Völkermord besteht eine abstrakte Betrachtungsweise; wegen dieses Delikts verhängte Strafen verjähren nie (§ 79 Abs. 2 StGB). Lebenslange Freiheitsstrafen sowie die Vollstreckung der Sicherungsverwahrung verjähren ebenfalls nicht (§ 79 Abs. 2, 4 StGB). Mit Ausnahme von Führungsaufsicht und der ersten Unterbringung in einer Entziehungsanstalt, welche nach fünf Jahren verjähren, beträgt die Verjährungsfrist für die sonstigen Maßnahmen zehn Jahre (§ 79 Abs. 4 StGB).

Besteht eine Verurteilung zu Freiheitsstrafe und Geldstrafe zugleich oder ist neben einer 120 Strafe auf eine freiheitsentziehende Maßregel, auf Verfall, Einziehung oder Unbrauchbarmachung erkannt, so verjährt die Vollstreckung der einen Strafe oder Maßnahme nicht früher als die der anderen; eine zugleich angeordnete Sicherungsverwahrung hindert die Verjährung von Strafen oder anderen Maßnahmen allerdings nicht (§ 79 Abs. 5 StGB). Verschiedene Zweifelsfragen bestehen im Hinblick auf die Verjährung der Führungsaufsicht.³³²

Die Vollstreckungsverjährung bewirkt, dass jegliche hoheitliche Tätigkeit zur Vollziehung 121 der verhängten Strafe oder Maßnahme unzulässig wird.³³³ In Ausnahmefällen kann die Vollziehung sogar schon vor Ablauf der Verjährungsfrist wegen Verletzung des Vertrauensgrundsatzes unzulässig sein.³³⁴

---

³²⁵ BGHSt 22, 213, 217.
³²⁶ *Lackner/Kühl* § 78 Rdnr. 12.
³²⁷ BGHSt 30, 215, 217 f.
³²⁸ BGHSt 41, 305, 308 f. m. w. N.
³²⁹ BGHSt 41, 305 ff.
³³⁰ LK/*Jähnke* Vor § 78 Rdnr. 14.
³³¹ BGHSt 30, 232 ff.; 34, 304, 306 ff.
³³² Dazu *Lackner/Kühl* § 79 Rdnr. 4.
³³³ *Lackner/Kühl* § 79 Rdnr. 2.
³³⁴ *Lackner/Kühl* § 79 Rdnr. 2; Schönke/Schröder/Stree/Sternberg-Lieben § 79 Rdnr. 1.

2. Ruhen, § 79 a StGB

122 Gemäß § 79 a StGB ruht die Verjährung, solange nach dem Gesetz die Vollstreckung nicht begonnen oder nicht fortgesetzt werden kann (Nr. 1), solange dem Verurteilten Aufschub oder Unterbrechung der Vollstreckung, Aussetzung zur Bewährung durch richterliche Entscheidung oder im Gnadenwege oder Zahlungserleichterung bei Geldstrafe, Verfall und Einziehung bewilligt ist (Nr. 2) und solange der Verurteilte im In- oder Ausland auf behördliche Anordnung in einer Anstalt verwahrt wird (Nr. 3).

123 Für § 79 a Nr. 1 StGB spielt neben der Immunität die Haftunfähigkeit gemäß § 455 StPO eine wichtige Rolle.[335] Die vorläufige Unterbrechung durch den Anstaltsleiter nach § 455 a Abs. 2 StPO genügt.[336] Vollzugslockerungen, welche keinen Einfluss auf die Strafzeitberechnung haben, bewirken auch kein Ruhen der Vollstreckungsverjährung.[337] Umstritten ist, ob auch die Vollstreckung der anstehenden Strafe unter Nr. 3 fällt.[338]

3. Verlängerung, § 79 b StGB

124 Das Gericht kann die Verjährungsfrist gemäß § 79 b StGB vor ihrem Ablauf auf Antrag der Vollstreckungsbehörde einmal um die Hälfte der gesetzlichen Verjährungsfrist verlängern, wenn der Verurteilte sich in einem Gebiet aufhält, aus dem seine Auslieferung oder Überstellung nicht erreicht werden kann.

125 Aus welchen Gründen die Auslieferung oder Überstellung nicht erreicht werden kann, ob also etwa kein Rechtshilfeverkehr stattfindet oder nur die Voraussetzungen der Rechtshilfe nicht vorliegen, ist unerheblich.[339] Der Aufenthalt im Ausland muss jedoch positiv feststehen,[340] im Falle eines bestehenden Rechtshilfeverkehrs muss die Auslieferung außerdem erfolglos versucht worden sein.[341] Die Fristverlängerung steht im pflichtgemäßen Ermessen des Gerichts, für dessen Ausübung maßgeblich ist, ob das Bedürfnis nach Strafvollstreckung noch fortdauert, wobei die Bedeutung der Tat, die Höhe der zu vollstreckenden Strafe, die verstrichene Zeit seit Rechtskraft, aber auch das Verhalten des Verurteilten nach Tat und Erkenntnisverfahren sowie seine derzeitigen Lebens- und Verhaltensumstände Berücksichtigung finden können.[342]

VII. Bedeutung der Verjährung für die Praxis des Verteidigers in Wirtschaftsstrafsachen

1. Allgemeines

126 Es zeigt sich, dass der Verjährungsproblematik gerade in Wirtschaftsstrafsachen eine nicht zu unterschätzende Bedeutung beizumessen ist. Dennoch werden in diesem Bereich erhebliche Verteidigungschancen vertan, weil sich die Verteidigung viel zu häufig darauf verlässt, dass die Verjährung von Amts wegen zu berücksichtigen ist. Eine professionelle Verteidigung erfordert indessen, dass der Verjährungsproblematik in jeder Phase des Verfahrens besondere Beachtung geschenkt wird. Hierbei mag sich der Verteidiger an folgender **Checkliste** orientieren:

Checkliste

Welche Frist ist anwendbar?
☐ Fünf Jahre bei den meisten zum Wirtschaftsstrafrecht zählenden Delikten
☐ Kurze Frist von drei Jahren insbesondere bei Fahrlässigkeitstaten gemäß §§ 84 Abs. 2, Abs. 1 Nr. 2, 64 Abs. 1 GmbHG sowie Verstößen gegen Geheimhaltungspflichten gemäß §§ 404 Abs. 1 AktG, 85 Abs. 1 GmbHG, 333 HGB, 151 GenG, 315 UmwandlG

---

[335] *Lackner/Kühl* § 79 a Rdnr. 2.
[336] NK/*Lemke* § 79 a Rdnr. 2.
[337] *Lackner/Kühl* § 79 a Rdnr. 2.
[338] LK/*Jähnke* § 79 a Rdnr. 7.; überzeugend *van Laak* StV 2005, 296 ff.
[339] OLG Hamm NStZ 1991, 186.
[340] Schönke/Schröder/*Stree/Sternberg-Lieben* § 79 b Rdnr. 2.
[341] *Tröndle/Fischer* § 79 b Rdnr. 2.
[342] OLG Hamm NStZ 1991, 186.

☐ 20-jährige Verjährungsfrist insbesondere bei Embargoverstößen gemäß § 34 Abs. 4 AWG
☐ Beachte: § 78 Abs. 2 StGB
☐ Beachte: Bei Tateinheit bestimmt sich die Frist für jeden Tatbestand gesondert.
Wann beginnt die Verjährung?
☐ Rechtsprechung uneinheitlich, Tendenz zum „Abschluss der unrechtmäßigen Gesamttätigkeit"
☐ Bei mehrfacher Tatbestandsverwirklichung folgt die Verjährung grundsätzlich der konkurrenzrechtlichen Beurteilung des Geschehens
☐ Bei Beteiligung mehrerer richtet sich die Verjährung nach der Beendigung der Haupttat
☐ Beginn der Verjährung zahlreicher Wirtschaftsdelikte nicht abschließend geklärt; umfangreiche Kasuistik beachten
Wann endet die Verjährung?
☐ Mit dem Tag, welcher dem Tag des Fristbeginns im Kalenderjahr vorangeht
Handelt es sich um einen Fall des Ruhens der Verjährung?
☐ Beachte insbesondere § 78 b Abs. 1 Nr. 2, Abs. 3 StGB
Wurde die Verjährung wirksam unterbrochen?
☐ Liegt ein Unterbrechungstatbestand i. S. v. § 78 c Abs. 1 S. 1 StGB vor?
– Beachte insbesondere:
☐ Alternativität der Unterbrechungshandlungen i. S. v. § 78 c Abs. 1 Nr. 1 StGB
☐ Die Beauftragung eines Sachverständigen unterbricht die Verjährung nur, wenn dem Beschuldigten zuvor die Einleitung des Ermittlungsverfahrens bekannt gegeben oder er zuvor vernommen worden ist
☐ Eine nicht den verfassungsrechtlichen Mindestanforderungen entsprechende Durchsuchungsanordnung unterbricht die Verjährung nicht; entsprechendes gilt für die Herausgabe von Unterlagen gemäß § 95 StPO.
– Ist der Beschuldigte von der verjährungsunterbrechenden Maßnahme betroffen?
☐ Beachte insbesondere: Ein gegen „Verantwortliche eines Unternehmens" ergangener Durchsuchungsbeschluss unterbricht die Verjährung gegen den Vorstand bzw. Geschäftsführer nicht.
– Wird der in Rede stehende Vorwurf von der verjährungsunterbrechenden Maßnahme erfasst?
☐ Bezieht sich die Maßnahme auf dieselbe prozessuale Tat?
☐ Ist der Verfolgungswille erkennbar auf bestimmte Taten beschränkt?
– Ist die Maßnahme wirksam?
☐ Leidet die Maßnahme unter besonders schwerwiegenden offenkundigen Mängeln?
☐ Ergibt sich die Unterbrechungshandlung aus der Akte?
– Handelt es sich um eine bloße „Scheinmaßnahme"?

2. Verjährung und strafprozessuale Maßnahmen im Ermittlungsverfahren

Im Ermittlungsverfahren hat der Verteidiger mit allen Mitteln auf die Einstellung des Verfahrens hinzuwirken.[343] Die Einstellung des Verfahrens gemäß § 170 Abs. 2 StPO ist das Optimum dessen, was der Verteidiger für seinen Mandanten erreichen kann. Es versteht sich daher von selbst, dass er Verfahrenshindernisse wie die Verjährung bereits im Ermittlungsverfahren geltend machen wird. Zu weit dürfte es allerdings gehen, eine möglicherweise schadensersatzbewehrte Verpflichtung, Verfahrenshindernisse wie Verfolgungsverjährung geltend zu machen, zu statuieren.[344] Immerhin bleibt es ja dabei, dass die Verjährung von Amts wegen zu berücksichtigen ist.[345]

Für strafprozessuale Zwangsmaßnahmen gilt, dass nicht behebbare Verfahrenshindernisse den Beschuldigten von der Verdächtigeneigenschaft befreien.[346] Hieraus folgt, dass strafprozessuale Zwangsmaßnahmen, die an eine Verdächtigeneigenschaft anknüpfen, grundsätzlich

---

[343] *Dahs*, Handbuch des Strafverteidigers Rdnr. 203.
[344] Vgl. aber BGH NJW 1964, 2402, 2403.
[345] *Dahs* Rdnr. 393.
[346] *Park* Rdnr. 149.

unzulässig sind. Zu berücksichtigen ist allerdings, dass verjährte Straftaten bei der Aburteilung einer neuen Straftat im Rahmen der Strafzumessung berücksichtigt werden dürfen.[347] Deshalb kann nicht völlig ausgeschlossen werden, dass zum Zwecke der Ermittlung strafzumessungsrelevanter Umstände etwa Durchsuchungen durchgeführt werden, doch werden derartige strafprozessuale Zwangsmaßnahmen bei der gebotenen Beachtung des Verhältnismäßigkeitsgrundsatzes in nur sehr eingeschränktem Maße zulässig sein.[348]

129 Im Übrigen sollte die Verjährungsproblematik auch bei den strategischen Überlegungen Berücksichtigung finden, ob gegen strafprozessuale Zwangsmaßnahmen Rechtsmittel eingelegt werden. So wurde gezeigt, dass Durchsuchungsbeschlüsse, die den verfassungsrechtlichen Mindestanforderungen nicht genügen, die Verfolgungsverjährung nicht unterbrechen können.[349] Wird die Rechtswidrigkeit eines derartigen Durchsuchungsbeschlusses im Beschwerdeverfahren mit Erfolg geltend gemacht, steht zu befürchten, dass an die Stelle des fehlerhaften und aufgehobenen Beschlusses eine neue, nun rechtmäßige Anordnung gesetzt wird, die dann verjährungsunterbrechende Wirkung entfaltet.[350]

3. Bedeutung der Verjährung im Zwischenverfahren

130 Im Zwischenverfahren hat der Verteidiger auf die Nichtzulassung der Anklage und die Nichteröffnung der Verhandlung hinzuwirken. Nach allen praktischen Erfahrungen ist allerdings die Ablehnung der Verfahrenseröffnung nur in einer verschwindend geringen Zahl von Fällen zu erreichen. Vor diesem Hintergrund wird zu Recht ein zurückhaltender Umgang mit der Einreichung so genannter Schutzschriften im Zwischenverfahren angeraten, um nicht den Fehler vorheriger Preisgabe des Verteidigungsvorbringens oder der Prozessdummheit vollständiger Materialauslieferung zu begehen.[351] Es gibt allerdings Fälle, in denen die sich gebotene Zurückhaltung nicht angezeigt ist. Das sind diejenigen Fälle, in denen den Einwendungen gegen die Eröffnung entscheidendes prozessuales Gewicht zukommt. Unzweifelhaft ist deshalb ein Verteidigungsvorbringen insbesondere dann geboten, wenn das Verfahrenshindernis der Verjährung besteht. Die Aufarbeitung der Verjährungsproblematik bedarf daher im Zwischenverfahren besonderer Aufmerksamkeit.

4. Bedeutung der Verjährung in der Hauptverhandlung

131 Die beste Vorbereitung der Hauptverhandlung ist deren Vermeidung durch erfolgreiche Verteidigung im Ermittlungs- und Zwischenverfahren. Ist die Geltendmachung des Verfahrenshindernisses der Verjährung deshalb in diesen Verfahrensstadien unterblieben – z. B., weil das Verfahrenshindernis erst später eingetreten ist – ist es zu Beginn der Hauptverhandlung geltend zu machen.

132 Aber auch dann, wenn das Gericht bereits im Zwischenverfahren über das geltend gemachte Verfahrenshindernis entschieden und seine gegenteilige Rechtsauffassung zum Vorliegen des Verfahrenshindernisses durch den Eröffnungsbeschluss zum Ausdruck gebracht hat, kann es zweckdienlich sein, zu Beginn der Hauptverhandlung erneut die Verfahrenseinstellung zu beantragen. Die erneute Antragstellung zu Beginn der Hauptverhandlung eröffnet nämlich die Möglichkeit, in der Begründung des Antrags auf Verfahrenseinstellung auf die Argumentation des Gerichts im Zwischenverfahren einzugehen und die Gegenargumente vorzutragen. Selbst wenn das Gericht sodann auf seiner Rechtsauffassung beharrt, wird ihm das Risiko eines über dem Verfahren schwebenden Verfahrenshindernisses, das eine Sachentscheidung nicht zulässt und zumindest in der Rechtsmittelinstanz zur Einstellung führen kann, deutlich gemacht, was naturgemäß die Position der Verteidigung verstärken kann.

---

[347] Siehe o. Rdnr. 102.
[348] *Park* Rdnr. 149.
[349] Siehe o. Rdnr. 72, 90.
[350] *Park* Rdnr. 358.
[351] *Dahs* Rdnr. 403.

§ 7 Verteidigungspraxis – Mandatsführung und -organisation

Übersicht

	Rdnr.
I. Verteidigungsaufgaben	1–25
1. Verteidigung: Beistand oder Produkt?	1–7
2. Zum Schutz des Mandanten	8–19
a) Grundlegendes	8–13
b) Detailfragen	14
c) Vermeidung der Strafbarkeit	15/16
d) Vermeidung eines möglichen Straf- oder OWi-Verfahrens	17
e) Wahrnehmung der Mandanteninteressen in einem Straf- oder OWi-Verfahren	18
f) Wahrnehmung der Mandanteninteressen in einem außerstrafrechtlichen Verfahren mit gleichem Sachverhaltsbezug	19
3. Weitere Verteidigungsaufgaben	20–25
a) Unabhängige Interessenwahrnehmung	20
b) Mandatsführung, Mandatsorganisation	21
c) Beratung	22
d) Verteidigungshandeln	23
e) Wiederherstellung des Rechts	24/25
f) Die rechtlichen Grenzen des Verteidigungshandelns	25
II. Klärung der Interessen	26–65
1. Notwendigkeit	26–32
a) Die Notwendigkeit einer Interessenklärung	26
b) Vorentscheidung einer Mandatsannahme oder -fortführung	27/28
c) Interessenklärung als Bestandteil der Verteidigungsarbeit	29
d) Interessenklärung als Information über die Motivation des Ermittlungsführers	30
e) Motive	31
f) Gemengelagen	32
2. Zeitpunkt und Prüfung	33–35
a) Zeitpunkt	33
b) Prüfungsumfang	34
c) Staatliche Eingriffsmechanismen	35
3. Interessenkollision	36–45
a) Verschiedenheit der rechtlichen Interessen	36
b) Prüfungsschema	37/38
c) Personenidentität	39
d) Sachverhaltsidentität	40
e) Aufgabenüberschneidung	41–45
4. Parteiverrat, § 356 StGB	46–51
5. Doppelvertretung, § 146 StPO	52–59
6. Ausschluss des Verteidigers, §§ 138 a-d StPO	60–65
III. Mandat	66–124
1. Mandatsanbahnung	66–73
a) Anbahnungsgespräch	66–70
b) Prüfung der Mandatsannahme	71
c) Ablehnung des Mandates	72
2. Wahlverteidigung	74–82
a) Einzelverteidigung	74
b) Vollmacht	75–78
c) Mehrere Verteidiger	79–81
d) Handakten	82
3. Pflichtverteidigung	83–92
a) Bedeutung	83/84
b) Fallgestaltungen	85/86
c) Verfahren	87–90
d) Wirkungen der Bestellung	91

e) Entpflichtung	92
4. Anwaltswechsel	93–99
a) Bedeutung	93
b) Fortbestand des bisherigen Mandates	94
c) Anwaltstausch	95
d) Informationsweitergabe	96
e) Honorarfragen und Handakten beim Anwaltswechsel	97–99
5. Honorare	100–120
a) Gesetzliche (Pauschal-)Vergütung	101–106
b) Vergütungsvereinbarungen	107–113
c) Erstattung notwendiger Auslagen	114–118
d) Rechtsschutz- und Schadenversicherung	119/120
6. Beendigung des Mandats	121–124
a) Beendigungsgründe	121/122
b) Mandatskündigung	123
c) Mitteilungen an Ermittlungsbehörden/Justiz	124
IV. Beratung des Mandanten	125–214
1. Beratungsfreiheit	125–129
a) Beratungspflicht	125
b) Beschränkungen	126
c) Eigene Auffassung zum Umfang der Beratung	127/128
d) Grenzen anwaltlicher Beratung	129
2. Situationsanalyse, Arbeitsthesen, Strategien	130–151
a) Situationsanalyse	130–132
b) Annahmen und Arbeitsthesen	133/134
c) Verteidigungsstrategien	135/136
d) Taktik	137–150
e) Abhängigkeit vom Verfahrensabschnitt	151
3. Beratung über strafprozessuale Maßnahmen, Ermittlungstaktik und das richtige Verhalten	152–158
a) Wahrscheinlichkeit einer Strafverfolgungsmaßnahme	153
b) Voraussetzungen und Grenzen staatlicher Eingriffe	154
c) Möglicher Ablauf	155
d) Reaktion des Mandanten	156
e) Antragsrechte und Rechtsmittel	157/158
4. Beratung über die Rechtslage	159–164
a) Beratung über die Verfahrensgrundrechte	159
b) Beratung über die Straftatbestände	160/161
c) Beratung über Rechtsfolgen und Verfahrensbeendigung	162–164
5. Rechtsschutz, Antragsrechte, Anregungen im Verfahren	165–179
a) Rechtsschutz	165–171
b) Antragsrechte	172–177
c) Anregungen	178
d) Anonyme Schreiben	179
6. Beratung über Straffreiheit, Strafmilderung, Nichtfeststellbarkeit	180–186
a) Bedeutung	180
b) Straffreiheit	181/182
c) Strafmilderungsgründe	183
d) Nichtfeststellbarkeit	184/185
e) Unternehmensverantwortung statt Individualverantwortung	186
7. Beratung über Strafzumessung, Nebenfolgen und Vollzug	187–196
a) Strafzumessung und Nebenfolgen	187–192
b) Sonstige Wirkungen der Verurteilung	193/194
c) Vollstreckung und Vollzug	195
d) Verständigungslösungen	196
8. Außerstrafrechtliche Wirkungen	197–214
a) Bedeutung	197/198
b) Unternehmensinterne Folgen	199–203
c) Unternehmensexterne Folgen	204–207
d) Umgehung des Schweigerechts	208–211
e) Aushöhlung des Geheimnisschutzes	212
f) Ausländerrechtliche Folgen	213
g) Gewerberechtliche Folgen	214
V. Verteidigungshandeln	215–310
1. Allgemeine Grundsätze	215–225

a) Abhängigkeit vom Auftrag und Einvernehmen mit Mandanten	217
b) Informationslage	218
c) Erforderlichkeit und Risiko	219/220
d) Angemessenheit	221–223
e) Verfügbarkeit der Mittel	224
f) Grundkonzeption	225
2. Informationsbeschaffung und -aufbereitung	226–261
a) Hinsicht in Informationssammlungen der Strafverfolgungsorgane	230–241
b) Einsicht in Informationssammlungen von Behörden und Gerichten	242–244
c) Informationen des Mandanten oder des Unternehmens	245–248
d) Registerinformationen	249
e) Informationssammlungen der Banken und Versicherungen	250
f) Eigene Erhebungen des Verteidigers	251–260
3. Zusammenarbeit zwischen Verteidigern	262–269
a) Notwendigkeit	263/264
b) Fallgestaltungen	265/266
c) Zulässigkeit	267–269
4. Einwirken auf den Tatsachenstoff	270–279
a) Prüfung des Tatsachenstoffs	270/271
b) Strukturierung des Tatsachenstoffs	272/273
c) Einwirken auf den Tatsachenstoff	274/275
d) Zeitpunkt	276
e) Qualitätsveränderung durch Vorbereitung?	277–279
5. Einwirken auf die Rechtsauslegung	280–285
a) Prüfung der Rechtsauslegung	280/281
b) Strukturierung des Rechtsstoffs	282
c) Einwirken auf die Rechtsauslegung	283/284
d) Zeitpunkt	285
6. Einwirken auf die Verfahrenslage	286–292
a) Prüfung der Verfahrenslage	286/287
b) Strukturierung der Verfahrensfragen	288/289
c) Einwirken auf den Verfahrensrechtsgebrauch	290
d) Zeitpunkt	291
e) Qualität	292
7. Öffentlichkeits- und Medienarbeit	293–296
a) Diskussionsstand	293/294
b) Umsetzung	295
c) Wirkungen prognostizieren	296
8. Politische und gewerkschaftliche Arbeit	297–300
a) Allgemeines	297/298
b) Umsetzung	299
c) Wirkungen prognostizieren	300
9. Ist Angriff die beste Verteidigung?	301–310
a) Allgemeines	301
b) Mittelauswahl	301–309
c) Abwägung der Interessen	310
VI. Büroorganisation	311–334
1. Allgemeines	311
2. Aufbau- und Ablauforganisation	312–319
a) Aufgaben analysieren und zuweisen	312–314
b) Abläufe organisieren	315/316
c) Vertretungsregelungen	317/318
d) Qualität entwickeln	319
3. Optimal wirtschaften	320–322
a) Rahmenbedingungen	320/321
b) Geschäftspartner	322
4. Mitarbeiterführung	323–325
a) Kanzleiausrichtung vermitteln	323
b) Aufbauorganisation und Abläufe	324
c) Wichtige Gesprächspartner mitteilen	325
5. Informations- und Wissensmanagement	326–334
a) Aktenplan im Umfangsverfahren	326
b) Sachverhalte mit technischer Hilfe aufbereiten	327–330
c) Juristisches Fallwissen nutzbar machen	331
d) Delegieren	332–334

VII. Schranken der Verteidigung 335–367
 1. Schranken durch Verfahrensstellung und richterliche Anordnungen 335–337
    a) Grenzen des staatlichen Strafprozesses 335
    b) Begrenzungen durch richterliche Handlungen von A-Z 336/337
 2. Strafvereitelung, § 258 StGB 338–349
    a) Grundsätzliches 338–340
    b) Verfahrensrechtlich Erlaubtes 341/342
    c) Verbot der Sachverhaltsverfälschung 343–346
    d) Trübung der Beweisquellen 347
    e) Sachwidrige Erschwerung 348/349
 3. Geldwäsche, § 261 StGB 350–356
    a) Pflichten nach dem GwG 350–352
    b) Straftatbestand des § 261 StGB 353
    c) Verteidigerhonorar 354–356
 4. Bruch der Verschwiegenheitspflicht, §§ 43 a Abs. 3 BRAO, 203 StGB 357–359
    a) Grundsätzliches 357
    b) Wissen über Belastendes 358
    c) Kollision mit der Wahrheitspflicht? 359
 5. Berufsrechtliche Sanktionen 360
 6. Zivilrechtliche Haftung des Verteidigers 361–367
    a) Grundsatz 361/362
    b) Haftungsausschluss aus der Natur des Strafverfahrens? 363/364
    c) Vertraglicher Haftungsausschluss 365–367

Schrifttum: *Bockemühl*, Handbuch Fachanwalt Strafrecht 3. Aufl. 2005 (zitiert: HdbFAStR); *Brüssow/Gatzweiler/Krekeler*, Strafverteidigung in der Praxis, 3. Aufl. 2003 Teil 1 u. 2 (zitiert: StVidP); *Burhoff*, Handbuch für das strafrechtliche Ermittlungsverfahren, 3. Aufl. 2003 (zitiert: HdbEV); *Buschbell*, Münchener Anwaltshandbuch Verkehrsrecht 2. Aufl. 2006, Teil A § 1 und 2; *Cramer/Cramer*, Anwaltshandbuch Strafrecht, 2002; *Dahs*, Handbuch des Strafverteidigers, 7. Aufl. 2005 (zitiert: HdbStV); *Hamm/Lohberger* Beck'sches Formularbuch für den Strafverteidiger, 4. Aufl. 2001; *Hartung/Römermann*, Marketing- und Management-Handbuch für Rechtsanwälte, 1999; *Leitner/Leipold/Weimann*, Organisation einer Strafverteidigerkanzlei, StraFo 2001, 223; *Malek*, Verteidigung in der Hauptverhandlung, 3. Aufl. 1999; *Minoggio*, Firmenverteidigung, 2005; Beck'sches Rechtsanwalt-Handbuch 8. Aufl. 2004 A2, A4, H, Q; *Schlothauer*, Vorbereitung der Hauptverhandlung, 2. Aufl. 1998; *Weihrauch*, Verteidigung im Ermittlungsverfahren, 6. Aufl. 2002.

I. Verteidigungsaufgaben

1. Verteidigung: Beistand oder Produkt?

1   Verteidigung[1] ist – wie jede andere Anwaltstätigkeit auch – **Dienstleistung**. Wenn neuerdings ein „Marketing und Management von Anwaltsprodukten" verordnet wird,[2] steht das dem historisch gewachsenen Verständnis für die Beistandsleistung im Strafverfahren entgegen. Die Sorge um den Mandanten, die auf persönliches Vertrauen und Verständnis angelegte Mandatsbeziehung oder die Auseinandersetzung mit Strafverfolgungsorganen um die Unschuldsvermutung ist kein „Produktvertriebsgeschäft". Daher widerspricht der strafrechtliche Praktiker den Befürwortern eines als Produktwerbung verfremdeten anwaltlichen Marketing. Der „Kampf um das Recht"[3] ist kein Produktmarketing. Wohl deshalb scheint das Berufsbild „Strafverteidiger" auch aus den Betrachtungen der Marketingexperten ausgeklammert zu sein: *Hartung/Römermann* erwähnen es nicht,[4] *Gleiss*[5] ebenfalls nicht. Es verwundert nicht, dass der Begriff „Produktmanagement" wohl eher für die Werbung der an der Beratung von Unternehmen interessierten Großkanzleien zu passen scheint, als auf die typische Verteidigerkanzlei, die überwiegend aus ein bis vier Anwälten besteht.

---

[1] In diesem Beitrag wird von der Sachaufgabe Verteidigung gesprochen, mit deren Ausführung Rechtsanwältinnen und Rechtsanwälte gleichermaßen beauftragt sind. Die Bezeichnung „Verteidiger" versteht sich geschlechtsneutral.

[2] Vgl. nur *Rachelle Römermann* in: Hartung/Römermann, Marketing und Management, § 5: „Das Produkt der anwaltlichen Dienstleistung"; ganz anders bspw. *Gatzweiler* AnwBl. 2005, 663.

[3] *Dahs* Rdnr. 1.

[4] *R. Römermann*, a.a.O. S. 80, beurteilt die verschiedenen Tätigkeitsfelder der strafrechtlichen Beratung nicht, scheint sie aber auch nicht einzubeziehen.

[5] *Gleiss*, Facetten des Anwaltsberufes, 1990.

§ 7 Verteidigungspraxis – Mandatsführung und -organisation

Das effektive Organisieren und maßvolle Verwalten der Ressourcen einer Anwaltskanzlei 2 für Verteidigungsfälle, ist auch für den Strafverteidiger ein Muss. Denn Verteidigung besteht im Wesentlichen aus Dienst am Mandanten und dessen existenziellen Sorgen: sie ist **Beistandschaft** zur Erhaltung oder Erlangung von Freiheit, Familie, Freunden und Firma. Ein Beistand ist Fürsprecher, Unterstützer, Helfer und Berater in allen Angelegenheiten, die sein Handeln anlässlich eines strafrechtlichen Verfahrens erfordert. In Wirtschafts- und Steuerstrafsachen können unterschiedliche Vorwürfe auf mehreren Organisationsstufen Reaktionen komplexer Art hervorrufen, so dass der Verteidiger regelmäßig auch mit Fragen der prozesshaften Steuerung der Verteidigungsarbeit, mit der Effizienz von Unternehmenskontrollen und der Darstellung des Unternehmens nach Außen konfrontiert ist. Verteidigungsdienstleistungen müssen gezielt geplant und kontrolliert ausgeführt werden. Deshalb befasst sich dieses Kapitel mit den Grundelementen – nicht mit der Reihenfolge, der Gewichtung oder mit Stilfragen – der Verteidigung.

Der Begriff „**Verteidigungspraxis**" beschreibt, wie die Verteidigungsaufgaben in Wirtschafts- 3 und Steuerstrafsachen **durch den Verteidiger erfasst, gesteuert und kontrolliert** werden können. Allerdings gilt immer: Verteidigungsarbeit ist eine grundsätzlich freie, kreative, (von Dritten) unkontrollierte Tätigkeit des (auch vom Mandanten) unabhängigen Rechtsberaters. Eine Reglementierung, eine Anpassung an Schemata oder Kollektive ist grundsätzlich abzulehnen. Der Begriff „Steuerung" meint deshalb nur den Einsatz eigener Arbeits- und Organisationshilfen. Diese hier beschriebenen Arbeitshilfen sollen den Einstieg in einen konkreten Verteidigungsfall erleichtern, nicht festlegen. Sie bieten auch keine Lösung im Sinne einer zwangsläufigen Abfolge von Regeln. Als Bausteine einer Verteidigungsstruktur sollen diese Arbeitshilfen in jeder Phase des Strafverfahrens dem Verteidiger vielmehr eine Selbstkontrolle ermöglichen. Die interne Verteidigungsarbeit, d. h. die Vorbereitung von Besprechungen, die Terminswahrnehmung bei Polizei und Justiz sowie die schriftlichen Arbeiten des Verteidigers in Wirtschafts- und Steuerstrafsachen sollen angesichts komplexer Sachverhalte und Zusammenhänge durch Übersichten und Checklisten erleichtert werden. Im konkreten Fall ist Kreativität und Einfühlungsvermögen gefragt, nicht das Festhalten am Schema.

Die **Bausteine einer strukturierten Verteidigungspraxis** sind: 4

Ziele:	Schutzaufgabe	I. Abschnitt
	Interessenwahrnehmung	
	Wiederherstellung des Rechts	
Planung:	Interessenklärung	II. Abschnitt
	Zieldefinition im konkreten Fall	IV.1. Abschnitt
	Strategie	§ 9 – Salditt
Umsetzung:	Mandatsannahme	III. Abschnitt
	Beratungsinhalte	IV. Abschnitt
	Verteidigungshandeln im und mit Wirkung auf das Verfahren	V. Abschnitt
	Büroorganisation	VI. Abschnitt
Kontrolle:	Grenzziehung	VII. Abschnitt
	Ergebniskontrolle	VIII. Abschnitt

Das Schaubild soll nicht die Verteidigung als Baukasten vorgegebener Routineprozesse darstellen. Manchmal ist zwischen dem ersten Alarmanruf aus einer Durchsuchungs- oder Verhaftungssituation heraus bis zum Eintreffen des Verteidigers am Ort des Geschehens kaum Zeit für eine solche Strukturierung. Manchmal kommt es gar nicht zu einer ausführlichen Planung, sondern nur zu einer Vorberatung und Abwendung eines möglichen strafbaren Verhaltens. Das Schaubild zeigt zugleich die Gliederung des Kapitels.

Der Begriff „**Verteidigungspraxis**" bedarf einer Abgrenzung. Er steht für die originäre man- 5 dantenbezogene, fachliche Arbeit des Verteidigers. Das Kapitel erläutert nicht die in den Anwaltsberuf allgemein gesetzten Erwartungen.[6] Ein Ehrenkodex standesrechtlicher Verhaltensnormen wird nicht kommentiert.[7] Auch die Selbstorganisation des „Unternehmens Anwaltskanzlei" oder dessen Außendarstellung ist nicht einbezogen.[8] Schließlich geht es auch nicht um Fragen der Rhetorik, der Persönlichkeit[9] oder der individuellen Fähigkeiten und Qualifikationen des Verteidigers, sondern um die Anforderungen an seine fachliche Kompetenz.

6   Die anwaltliche Tätigkeit auf dem Gebiet des Strafrechts ist facettenreich:

Ein Auftrag als …	bedeutet für den Anwalt …
Verteidiger	Die konkret-individuelle Beratung und Vertretung einer von einem Straf- oder Bußgeldverfahren, im Rechtsmittel- oder Vollstreckungsverfahren als Beschuldigter, Angeschuldigter, Angeklagter oder Verurteilter betroffenen Person.
Vernehmungsbeistand	Die konkret-individuelle Beratung und Vertretung einer in einem strafprozessualen Verfahren als Zeuge betroffenen Person.[10]
Firmenanwalt	Die konkret-generelle Beratung und Vertretung eines Unternehmens (unabhängig von der Rechtsform), das von einem strafprozessualen Verfahren betroffen ist; Kernbestandteil des Auftrages ist allein die Wahrung der Unternehmensinteressen in dem Verfahren, eine Individualvertretung ist damit nicht verbunden, könnte damit u. U. sogar konkurrieren.[11]
Koordinator	Die konkret-generelle Beratung und Betreuung mehrerer Individualverteidiger durch einen (weiteren) Anwalt mit dem Ziel, in Sach- und Rechtsfragen, auf die die Verteidiger sich geeinigt haben müssen, ein koordiniertes Auftreten im strafprozessualen Verfahren oder in den Verhandlungen mit dem Unternehmen oder in dem Auftreten gegenüber Aufsichtsbehörden sicherzustellen.[12]
Gutachter	Die konkrete oder generelle, auf Einzelpersonen (individuelle) oder auf eine Vielzahl von Personen (abstrakte) Beurteilung von Fragen oder Sachverhalten mit strafrechtlicher Relevanz.
Verbandsvertreter	Die abstrakt-generelle oder konkret-generelle Interessenwahrnehmung des Verbandes in einem Konfliktumfeld mit strafrechtlicher Affinität.
Verletztenbeistand Nebenklagevertreter	Die konkret-individuelle Tätigkeit in einem Ermittlungsverfahren als Interessenvertreter und Beistand des Verletzten (zunächst als Geschädigtenvertreter, dann auch als Nebenkläger- oder Privatklägervertreter).

7   Strafverfahren werden von Menschen beeinflusst und gestaltet, daher kann keine anwaltliche Tätigkeit auf dem Reißbrett konzipiert werden. Zu unterschiedlich sind die Fallkonstellationen, die Anlass für eine strafrechtliche Beurteilung geben können. Auch schwört erfahrungsgemäß jeder Anwalt auf ein eigenes Erfolgsrezept, weiß am Besten, wie man den Fall (und den Mandanten) „in den Griff" bekommt oder kennt einen Spezialisten, der noch gefragt werden kann. Erst eine von den Anforderungen des Einzelfalls ausgehende Gewichtung der zu ergreifenden Maßnahmen, eine Zweckmäßigkeits- und Erfolgsprognose und die Mitwirkung des Mandanten führen die Arbeit zum Ziel. Die folgenden Themen erheben keinen Anspruch auf Vollständigkeit. Sie beschränken sich notwendigerweise auf einen ersten Überblick.

---

[6] Vgl. dazu *Hartung* in: Beck'sches Rechtsanwaltshandbuch, N.2.
[7] Zur notwendigen Ethik des Strafverteidigers *Dahs* JR 2004, 96; *Salditt* BRAK-Mitt. 2001, 150; *Fischer* NStZ 2004, 473; *Prütting* AnwBl. 1994, 315; *Busse* AnwBl. 1998, 231; *Weihrauch*, FS Dahs, 2005, S. 19 ff.
[8] Vgl. dazu *Mähler*, Effektive Organisation und moderne Kommunikation in der Anwaltskanzlei, 1989; *Seiwert/Buschbell*, Zeitmanagement für Rechtsanwälte, 2. Aufl. 1996.
[9] Vgl. dazu *Seiwert/Gay*, Das 1x1 der Persönlichkeit, 8. Aufl. 2001.
[10] Dazu *Rode* in: Bockemühl, HdbFAStR, Teil H.4; BVerfG Beschl. v. 17.4.2000 -1 BVR 1331/99.
[11] Ausführlich: *Minoggio* Firmenverteidigung 2005.
[12] Dazu *Locklair* StraFo 2000, 37 mit Verweis auch auf *Chr. Richter II* NJW 1993, 2152.

2. Zum Schutz des Mandanten

a) Grundlegendes. Verteidigung dient dem Schutz des Auftraggebers vor staatlichen Übergriffen in dessen Grundrechte, vor der exzessiven Ausübung und vor dem Missbrauch staatlicher Macht gegen Einzelne. Verteidigung ist Teil der Gewährleistung eines justizförmigen, rechtsstaatlichen Verfahrens für den Einzelnen. Schutz meint in diesem Sinne den **rechtlichen Beistand**. Die Beistandsfunktion verlangt dem Verteidiger viele Aufgaben ab, zu deren Erfüllung er sowohl psychologisches Einfühlungsvermögen wie auch soziales Verständnis und Geschick benötigt. Mitunter muss er auch „erzieherisch" auf seinen Mandanten einwirken. Da der Schutz des Verdächtigen – bis hin zur Verweigerung jedweder Mitwirkung an der Aufklärung und dem Verfahren – dem Interesse des Ermittlers an der unmittelbaren Klärung eines Verdachts auf der Tatsachen- wie auch auf der Rechtsebene natürlicherweise entgegensteht, lässt die Rechtsordnung den zwangsweisen Eingriff unter bestimmten Voraussetzungen zu.

Die **rechtliche Stellung des Verteidigers** ist seit jeher umstritten und nach wie vor Gegenstand eines umfangreichen Theorienstreits sowie zahlreicher Darstellungen in wissenschaftlichen Publikationen und Handbüchern.[13] Die StPO enthält keine abstrakte Definition der Rechtsstellung des Verteidigers. Praktisch relevant wird der Theorienstreit insbesondere bei der Entscheidung von Abgrenzungsfragen zwischen zulässigem und unzulässigem Verteidigerhandeln gegenüber der Justiz und bei der Konkretisierung der Pflichten des Verteidigers im Mandatsverhältnis und im Strafverfahren. Die Debatte um die Verteidigerstellung wird traditionell dominiert von der sog. „Organtheorie", die sich auf § 138 Alt. 1 StPO, § 1 BRAO beruft.[14] Während die Organtheorie dem Verteidiger eine Doppelfunktion als mit besonderen Rechten ausgestattetes „Organ der Rechtspflege" zu billigt und ihm sowohl individuelle als auch öffentliche Aufgaben zuweist, betont die sog. Interessentheorie[15] im Gegensatz dazu die alleinige Ausrichtung des Verteidigers am Willen des Mandanten. Beide Ansätze erlauben es indessen, die Rechte und Pflichten des Verteidigers in einer konkreten Verfahrenssituation je nach Vorverständnis (mehr oder weniger beliebig) auszudehnen oder zu beschränken. Vermittelnd will die sog. „Vertragstheorie"[16] zwar die Verfahrensstellung des Verteidigers belassen, aber das Wahlrecht des Beschuldigten als eigenständigen Ausgangspunkt betonen. Vorzugswürdig ist eine an der Gesamtheit der die Verteidigung betreffenden Rechtsnormen orientierte Definition der Verteidigerrechte und Verteidigerpflichten.[17] Danach gründet sich die Mandats- und Vertrauensbeziehung des Anwaltes zwar auf den Vertrag mit seinem Mandanten, die Rechtsstellung im Verfahren bleibt aber ausgerichtet an dem Rollenverständnis der Verfahrensordnung und der Berufsordnung (BRAO, BORA und CCBE). Die strafrechtlichen Grenzen treffen danach auch den Verteidiger, der allerdings insofern privilegiert ist, als durchgehend Strafbarkeit erst eintritt, wenn ein sicheres Wissen um die Rechtswidrigkeit seines Handelns nachgewiesen werden kann.[18]

Von der bisherigen Rechtsprechung wird das Tätigkeitsprofil des Verteidigers in den **wichtigsten Entscheidungen** so beschrieben:

---

[13] Eine ausführliche Darstellung gibt *Lüderssen* in: Löwe-Rosenberg Rdnr. 1-109 vor § 137 StPO; KK/*Laufhütte* Vor § 137 Rdnr. 4; aus der Literatur: *Beulke*, Der Verteidiger im Strafverfahren, 1980; *Dahs* Rdnr. 30 ff., 123 ff.; Hamm/Lohberger/*Danckert/Ignor* Vorbem. zu III S. 59 ff.; *Jahn*, „Konfliktverteidigung" und Inquisitionsmaxime 1998, S. 169 ff.; *Kempf* in: Brüssow/Gatzweiler/Krekeler § 1 Teil 1; *Köllner* in: Bockemühl HdbFA-StR Teil A.1 Rdnr. 12 ff.; *Eckart Müller*, FS Dahs, 2005, S. 3 ff.
[14] *Welp*, Der Verteidiger als Anwalt des Vertrauens, ZStW 90 (1978), 101; *ders.*, Die Rechtsstellung des Strafverteidigers, ZStW 90 (1978), 804; *Kempf* in: Brüssow/Gatzweiler/Krekeler § 1 Rdnr. 3; *Senge* NStZ 2002, 227; *Beulke*, Der Verteidiger im Strafverfahren, S. 83 ff., 146 ff.
[15] *Ostendorf* NJW 1978, 1345; *Wolf*, Das System des Rechts der Strafverteidigung, 2000, S. 426.
[16] LR- *Lüderssen* Vor § 137 StPO. Rdnr. 33 ff.; *Jahn*, Anm. zu OLG Düsseldorf StV 2000, 431.
[17] Dazu *Paulus* NStZ 1992, 305; Hamm/Lohberger/*Danckert/Ignor* Vorbem. zu III., S. 59; *Eckart Müller*, FS Dahs, 2005, S. 3, 11.
[18] BVerfG Urt. v. 30.3.2004 – NJW 2004, 305 =NStZ 2004, 259.

Gericht	Kernaussage
BVerfG, 8.3.1983, BVerfGE 63, 266 =NJW 1983, 1535	Das Recht der freien Advokatur darf nur unter den strengen Maßstäben des Art. 12 GG begrenzt werden. ...(mit eindrucksvoller Darstellung der Rechtsentwicklung): ... Es entspricht dem Rechtsstaatgedanken und dient der Rechtspflege, dass dem Bürger schon aus Gründen der Chancen- und Waffengleichheit Rechtskundige zur Verfügung stehen, zu denen er Vertrauen hat und die seine Interessen möglichst frei und unabhängig von staatlicher Einflussnahme wahrnehmen können. ...
BVerfG, 14.7.1987, BVerfGE 76, 171 = NJW 1988, 191	... Anwaltliche Berufsausübung unterliegt grundsätzlich der freien und unreglementierten Selbstbestimmung des Einzelnen. Als unabhängiges Organ der Rechtspflege und als der berufene Berater und Vertreter der Rechtsuchenden hat er die Aufgabe, zum Finden einer sachgerechten Entscheidung beizutragen, das Gericht – und ebenso die Staatsanwaltschaft oder Behörden – vor Fehlentscheidungen zu Lasten seines Mandanten zu bewahren und diesen vor verfassungswidriger Beeinträchtigung oder staatlicher Machtüberschreitung zu sichern; insbesondere soll er die rechtsunkundige Partei vor der Gefahr des Rechtsverlustes schützen...[19]
BVerfG, 10.7.1996 –1 BvR 873/94 – =NJW 1996, 3268	Lunnebach-Beschluss: ... Als unabhängiges Organ der Rechtspflege und als der berufene Berater und Vertreter des Rechtsuchenden ....soll er die rechtsunkundige Partei vor Rechtsverlusten schützen. Die Wahrnehmung dieser Aufgabe erlaubt es dem Anwalt – ebenso wie dem Richter – nicht immer so schonend mit den Verfahrensbeteiligten umzugehen, dass diese sich nicht in ihrer Persönlichkeit beeinträchtigt fühlen. Nach allgemeiner Auffassung darf er im „Kampf um das Recht" auch starke, eindringliche Ausdrücke und sinnfällige Schlagworte benutzen. ....[20]
BVerfG NJW 2003, 2520	(Zur Unabhängigkeit des Anwaltes bei Kanzleiwechsel) Der Gesetzgeber bezeichnet die Rechtsanwälte als unabhängige Organe der Rechtspflege (§ 1 BRAO). Auf deren Integrität, Professionalität und Zuverlässigkeit ist die Rechtspflege angewiesen. ... Das Gesetz geht nicht davon aus, dass ein berufswürdiges und gesetzeskonformes Handeln der Rechtsanwälte nur im Wege der Einzelkontrolle oder mit Mitteln des Strafrechts gewährleistet werden kann. Das anwaltliche Berufsrecht beruht auch nicht auf der Annahme, dass eine situationsgebundene Gelegenheit zur Pflichtverletzung im Regelfall pflichtwidriges Handeln zur Folge hat....
BVerfG, 30.3.2004 2 BvR 1520/01 2 BvR 1521/01 = NJW 04, 305 = NStZ 04, 259 BVerfGE 111, 226	(Zur Auslegung des Geldwäschetatbestandes): „...Zum Mandantenkreis eines forensisch tätigen Strafverteidigers zählen typischerweise Personen, die in den Verdacht einer Katalogtat der Geldwäsche geraten sind und gegen die deshalb ein Ermittlungsverfahren geführt wird. Gegen diesen Tatverdacht hat der Strafverteidiger den Mandanten in Schutz zu nehmen ... Die Wahrnehmung dieser beruflichen Aufgabe und der Umstand, dass der Strafverteidiger aus dem Verteidigungsverhältnis Informationen sowohl über den Lebenssachverhalt, der dem Tatvorwurf zugrunde liegt, als auch über die Vermögensverhältnisse seines Mandanten erlangt, können das Risiko des Strafverteidigers, selbst in den Anfangsverdacht einer Geldwäsche zu geraten, signifikant erhöhen[21]

---

[19] Diese subjektive Beistandsfunktion betonen auch BVerfGE 87, 287 = NJW 1993, 317; BVerfGE 93, 213 = NJW 1996, 709; BVerfG NJW 2003, 2520; NJW 2003, 3263.
[20] Ebenso BVerfG Urt. v. 27.6.1996 – 1 BvR 1398/94 = NJW 1996, 3267.
[21] Bespr. von *Dahs/Krause/Widmaier* NStZ 2004, 261; *Fischer* NStZ 2004, 473; *v.Galen* NJW 2004, 3304; *Matt* JR 2004, 321; *W. Schmidt* StraFo 2003, 2; vorherige Revisionsinstanz BGHSt. 47, 68.

§ 7 Verteidigungspraxis – Mandatsführung und -organisation 8–10 § 7

Gericht	Kernaussage
BGH v. 15.2.1956 6. Strafsenat BGHSt. 9, 20	(1. Kaul-Entscheidung[22]): ...Der Verteidiger ist nicht nur Vertreter des Angeklagten. Er ist vielmehr auch ein mit besonderen Befugnissen ausgestattetes Organ der Rechtspflege, dessen Mitwirkung im Strafverfahren zwingend vorgeschrieben ist. Entsprechend dieser ihm vom Gesetz eingeräumten Stellung hat er sein Verhalten einzurichten. Er hat zwar die vordringliche Aufgabe, die den Angeklagten entlastenden Umstände hervorzuheben, ihm sind aber insofern Grenzen gesetzt, als er sich in keinem Fall der Wahrheitserforschung hindernd in den Weg stellen darf.... Anm: Aufgehoben durch BVerfGE 15, 226
BGH v. 3.10.1979 3. Strafsenat BGHSt 29, 99	(Zur Beistandsfunktion): ... Der Wahl- und Pflichtverteidiger hat einen gesetzlichen Auftrag zu erfüllen, dessen Ausführung nicht nur in dem Interesse des Beschuldigten liege, sondern auch in dem einer am Rechtsstaatsgedanken orientierten Strafrechtspflege. ...
BGH v. 7.11.1991 4. Strafsenat BGHSt 38, 111	... Der Auftrag der Verteidigung liegt nicht ausschließlich im Interesse des Beschuldigten, sondern auch in einer am Rechtsstaatsgedanken ausgerichteten Strafrechtspflege. Der Verteidiger, von dem das Gesetz besondere Sachkunde verlangt (§§ 138, 139, 142 II StPO, 392 AO) ist der Beistand, nicht der Vertreter des Beschuldigten, an dessen Weisungen er nicht gebunden ist. Die Strafprozessordnung geht deshalb folgerichtig davon aus, dass es in gewissen Fällen sachdienlich sein kann, Rechte des Beschuldigten nur über den Verteidiger ausüben zu lassen. ... Aus alledem folgt, dass ein Verteidiger den Angeklagten in der Hauptverhandlung keineswegs nach Belieben „schalten und walten" lassen darf, sondern dass ihn eine Pflicht trifft, mit dafür Sorge zu tragen, dass das Verfahren sachdienlich und in prozessual geordneten Bahnen durchgeführt wird. ...
BGH v. 1.9.1992 1. Strafsenat BGHSt 38, 345	... In Rechtsprechung und Literatur ist anerkannt, dass die Stellung als Verteidiger in einem Strafprozess und das damit verbundene Spannungsverhältnis zwischen Organstellung und Beistandsfunktion eine besondere Abgrenzung zwischen erlaubtem und unerlaubtem Verhalten, insbesondere in Bezug auf den Straftatbestand der Strafvereitelung erforderlich macht. ...
BGH v. 26.11.1998 4. Strafsenat StV 1999, 153	... Der Verteidiger ist als Rechtsanwalt ein selbständiges Organ der Rechtspflege. In seiner Beistandsfunktion darf er sich nur der prozessual- und standesrechtlich erlaubten Mittel bedienen, ein Recht zur Lüge hat er ebenso wenig (...) wie ein Recht zur Beratung bei der Lüge (...) Insbesondere ist es ihm untersagt, durch aktive Verdunklung und Verzerrung des Sachverhaltes die Wahrheitserforschung zu erschweren (...) oder Beweisquellen zu verfälschen (...).
BGH v. 4.7.2001 BGHSt. 47, 69	(Zur Rechtsstellung des Anwaltes bei Annahme von Bargeld): ... Das durch Art. 12 I GG geschützte Recht des Rechtsanwaltes, sich anwaltlich auf dem Gebiet der Strafverteidigung zu bewegen, ist nicht berührt ... Zudem liegt hier ein Eingriff schon deshalb nicht vor, weil es dem Berufsbild des Strafverteidigers nicht entspricht, Honorar entgegenzunehmen, von dem er weiß, dass es aus schwerwiegenden Straftaten herrührt. Dies folgt aus der Stellung des Verteidigers als Organ der Rechtspflege. Anm. BVerfG NJW 2004, 1305 wies zwar die Verfassungsbeschwerde gegen das Urteil zurück, legte aber den Maßstab an eine Tatbestandsverwirklichung bei dem § 261 StGB deutlich enger an.

[22] *Friedrich Karl Kaul* (1906-1981), einst bekanntester Rechtsanwalt in der DDR mit Zulassung beim KG Berlin. Als Strafverteidiger der westdeutschen kommunistischen Opposition und als Nebenklagevertreter in Prozessen gegen NS-Täter in der Bundesrepublik trug er entscheidend dazu bei, dass westdeutsche Gerichtssäle in den 50er und 60er Jahren zu einem bedeutenden Austragungsort des Kalten Krieges wurden. Über sein Leben und Wirken – auch als Unterhändler und Literat – berichtet die beeindruckende Dissertation von *Rosskopf*, Friedrich Karl Kaul, Berlin 2002.

Gericht	Kernaussage
OLG Hamburg v. 17.11.1997, NJW 1998, 621	(Nach lesenswerter ausführlicher Darstellung des Meinungsstandes) Pflicht aller Verfahrensbeteiligten ist die effektive Förderung des Verfahrens, wie sich schon aus der Verfassung ergibt. Das Rechtsstaatsprinzip (Art. 20 III GG) gebietet u. a. die Aufrechterhaltung einer funktionstüchtigen Rechtspflege, ohne die Gerechtigkeit nicht verwirklicht werden kann. In diese Pflichtbindung ist auch der Verteidiger einbezogen. Er ist als mit eigenen Rechten und Pflichten versehenes selbständiges Organ der Rechtspflege nicht Gegner sondern Teilhaber einer funktionstüchtigen Strafrechtspflege. Als solcher kommt ihm nicht die Vertretung des Beschuldigten sondern dessen Beistand zu. Folglich liegt der Auftrag der Verteidigung nicht ausschließlich im Interesse des Beschuldigten, sondern auch in der am Prinzip des Rechtsstaates ausgerichteten Strafrechtspflege. Für die hier maßgebliche Frage nach dem Verfahren des Verteidigers in der Hauptverhandlung ist aus allem herzuleiten, er habe mit dafür Sorge zu tragen, dass das Verfahren sachdienlich und in prozessual geordneten Bahnen durchgeführt wird ....[23]

11   Allen unterschiedlichen Denkansätzen über die Rechtstellung des Verteidigers ist gemeinsam, dass der zunächst rein zivilrechtliche Anwaltsvertrag (Geschäftsbesorgungsvertrag, §§ 611, 675 BGB) durch die Regelungen des Berufsrechtes, des Strafverfahrensrechtes und des materiellen Strafrechtes überlagert und begrenzt wird; wobei diese Regelungen sich jeweils an Art. 12 I GG messen lassen müssen. Nach allen Theorien ist die Verteidigung ein notwendiger Bestandteil eines rechtsstaatlichen Strafverfahrens. Sie muss **unabhängig von den Justiz- und Polizeiorganen** gewährleistet werden. Dem Schutz dieses rechtsstaatlichen Status dienen z. B. die §§ 148, 97, 53 StPO.[24] Der Verteidiger verwirklicht die Schutzaufgabe durch die Wahrnehmung der ihm selbst zustehenden Verfahrensrechte wie auch durch die Wahrnehmung der dem Mandanten zustehenden Rechte (oder die Beratung zu deren Ausübung). Verteidigung ist – anders als die einfache zivilprozessuale Vertretung – **nicht weisungsabhängig** vom Mandanten, auch wenn sie dessen (typisierte) Ziele verfolgen soll.[25]

12   Die europäische Integration prägt die Auffassungen von der rechtlichen Stellung zunehmend neu. So haben beispielsweise englische und französische Anwälte ganz andere Auffassungen von den Funktionen und Aufgaben eines Strafverteidigers. Die Normauslegung wandelt sich im Lichte eines europäischen Rechtsverständnisses.[26] Auch die Verteidigung vor internationalen Gerichtshöfen stellt ganz neue Anforderungen an den traditionell mit deutschem Rechtsverständnis antretenden Verteidiger.[27]

---

[23] Bespr. bei *Kühne* NJW 1998, 3027; BGH StV 2000, 235.
[24] Vgl. dazu BVerfG NJW 2005, 1917 = wistra 2005, 295 = StraFo 2005, 286 unter Hinweis auf die allg. Handlungsfreiheit nach Art. 2 I und das Rechtsstaatsprinzip nach Art. 20 III; ebenso BVerfGE 38, 105 = NJW 1975, 103; BVerfGE 39, 238 = NJW 1975, 1015; BVerfGE 45, 272 = NJW 1977, 1629; BVerfGE 57, 220 = NJW 1981, 1829; BVerfGE 63, 45 = NJW 1983, 1045; BVerfGE 69, 381 = NJW 1986, 244; BVerfGE 78, 123 = NJW 1988, 2787; zur Durchsuchung und Beschlagnahme bei Berufsgeheimnisträgern: *Kutzner* NJW 2005, 2652.
[25] Einschränkend und differenzierend insoweit *Lüderssen*, der auf der Grundlage seiner vertragsrechtlichen Konzeption von der Verteidigerstellung eine sehr weitgehende Weisungsgebundenheit des Verteidigers von seinem Mandanten postuliert. *Lüderssen* interpretiert das Verhältnis zwischen Verteidiger und Mandant ausschließlich als Geschäftsbesorgungsvertrag gemäß § 675 BGB und leitet aus § 665 BGB einen grundsätzlichen Vorrang der Weisung des Auftraggebers, des Mandanten, ab. Eine Begrenzung der Weisungsgebundenheit des Verteidigers kann nach dieser Auffassung nur durch §§ 134, 138 BGB begründet werden (in: LR, 25. Aufl., Rdnr. 50 ff. vor § 137).
[26] Dazu *Wehnert*, Rahmenbeschlußkonforme Auslegung deutschen Strafrechts, NJW 2005, 3760.
[27] *Kirsch*, Verteidigung in Verfahren vor dem int. StGH für Jugoslawien, StV 2003, 636; *Rohde/Toufar* in: *Kirsch* (Hrsg.) Internationale Strafgerichtshöfe, 2005, S. 89 ff.

§ 7 Verteidigungspraxis – Mandatsführung und -organisation 13, 14 § 7

Folgende **Bewegungsspielräume und Beratungsfelder** des Verteidigers gibt es: 13

Ermittlungs- und Justizbehörden befassen sich mit:	**Verteidiger** prüft jeweils:
Tatsachenfeststellungen über – Hergang einer Tat – Folgen einer Tat – Täterverhalten nach der Tat – Opferverhalten – persönliche und wirtschaftliche Verhältnisse des Täters – Verantwortung sonstiger Beteiligter am Geschehen	→	a) **Vollständigkeit** b) **Vorgehensweise** (Beweiserhebungs-, Beweisverwertungsverbote) c) **Qualität** (Beweiserhaltung, Beweisbeeinträchtigung) d) **Verständnisfragen**

+ +

| **Rechtsanwendung**
– Strafnorm
– Verdachtsgrad
– Rechtfertigungsgründe
– Schuldumfang
– Strafmaßfindung
– Vollstreckungsbedingungen | → | a) Anwendbarkeit
b) Tatbestandsmerkmale
c) Beweiswürdigung, Indizienwürdigung
d) Subsumtion
e) Entlastungsgründe
f) außerstrafrechtl. Wirkungen |

+ +

| **Verfahrensrechtsgebrauch**
– Zuständigkeit
– Ermittlungsmaßnahmen zur Tatsachenfindung
– Sicherungsmaßnahmen gegen Personen und Vermögen
– Verfahrensleitende Entscheidungen | → | a) Anwendbarkeit,
b) Verhältnismäßigkeit,
c) rechtliches Gehör,
d) Rechtsmittel;
e) Beschleunigung, Abkürzung des Verfahrens; |

b) **Detailfragen.** Die Schutzaufgabe des Verteidigers umfasst je nach dem Status des Verfahrens, in dem ein Rechtsanwalt mit Verteidigungsaufgaben konfrontiert wird, verschiedene Aspekte. Folgende Teilaufgaben lassen sich identifizieren: 14

die Teilaufgabe...	bedeutet für den Verteidiger ...
Vermeidung der Strafbarkeit	Risikoberatung; Abhalten von einer evtl. Tatausführung, Beratung über Schuld-, Strafausschließungs-, -aufhebungsgründe
Vermeidung eines etwaigen Straf- oder OWi-Verfahrens	Vermittlung und Schlichtung; Beratung über rechtliche Folgen und Verfahren
Wahrnehmung der Verteidigungs- und Beschuldigtenrechte in einem Straf- oder OWi-Verfahren	Umfassende Beratung und Handeln im objektiven Interesse des Mandanten, Informationssammlung, -auswertung und -verwertung im laufenden Verfahren
Wahrnehmung der Mandantenrechte gegenüber außerstrafrechtlichen Sanktionen	Beratung und anwaltliche Vertretung, soweit dies im subjektiven Interesse des Mandanten liegt

Welche Teilaufgabe wann erledigt werden muss, hängt von dem Zeitpunkt der Auftragserteilung an den Verteidiger ab. Vor Beginn eines Ermittlungsverfahrens lässt sich durch die Beratung des Verteidigers manchmal schon die Strafbarkeit vermeiden, ein Rücktritt vom Versuch oder eine tätige Reue bewirken oder zumindest die Einleitung eines Ermittlungsverfahrens als solches vermeiden. Im Verlauf des Verfahrens kommt es neben der Rechtswahrnehmung häufig auf die Fähigkeit des Verteidigers an, mit seinem „Gegner" auf der Seite der Ermittlungs-, Anklage- oder Justizbehörde sinnvolle Ergebnisse zu erzielen.

15 c) **Vermeidung der Strafbarkeit.** Verteidigung kann bereits im Vorfeld einer Deliktsverwirklichung beginnen, z. B. wenn ein Mandant vor Ausführung der Handlung um Rechtsberatung bittet. Der Verteidiger darf (und ist auftragsgemäß dazu verpflichtet) in seiner Beratung auf folgende Möglichkeiten der Strafvermeidung hinzuweisen:

Grundtypus...	... und Beispiel:
Schuldausschließungsgründe	Schuldunfähigkeit, §§ 19, 20 StGB
	Unvermeidbarer Verbotsirrtum, § 17 StGB
	Weisungsverhältnisse, §§ 11 II SoldG, 5 I WStG
	Unzumutbarkeit, §§ 13, 32 StGB
Strafaufhebungsgründe	Rücktritt vom Versuch oder tätige Reue (§§ 24, 31, 158, 306 e StGB)
	Selbstanzeige, §§ 371 AO, 261 IX StGB
Strafausschließungsgründe	Parlamentarische Äußerungen, § 36 StGB
	Beteiligung an der Vortat, §§ 258 V, 261 IX 2 StGB
Objektive Bedingungen der Strafbarkeit	Zahlungseinstellung oder Insolvenzverfahren § 283 VI StGB

16 Die Aufgabe des Rechtsbeistandes (§ 1 BRAO) besteht in der abstrakten Information über die Rechtslage, sowohl des materiellen Rechts wie auch des Verfahrensrechts. Es schließt sich eine Risikoeinschätzung für die Folgen eines vom Mandanten angekündigten Verhaltens an. Schildert der Mandant, dass er oder Dritte mit der Tatvorbereitung oder der Tatausführung bereits begonnen haben, dann ist es die Aufgabe des Anwaltes, dem Mandanten zu einem rechtmäßigen Verhalten zu raten, also z. B. die weitere Ausführung der Tat aufzugeben und etwaige eingetretene Folgen rückgängig zu machen. Außer in den Fällen der §§ 138, 257, 258, 261 StGB folgt aus der anwaltlichen Beratung keine eigene Handlungs- oder Schadensabwendungspflicht. Der Anwalt muss aber immer die ihm durch Straftatbestände und Berufsrecht gezogenen Grenzen beachten.[28] Der Mandant darf gerade im Vorfeld oder während einer Tatbegehung (z. B. Steuerhinterziehung!) darauf vertrauen, dass der Anwalt zur Verschwiegenheit (§ 203 Abs. 1 Nr. 3 StGB) verpflichtet ist. In reinen Wirtschafts- und Steuerstrafsachen ist das Nichtanzeigedelikt des § 138 StGB nur für die Geld- und Wertpapier-, Zahlungskarten- und Euroscheckfälschung relevant. Hier bleibt der Anwalt, der keine Anzeige erstattet, nur unter den Voraussetzungen des § 139 Abs. 3 StGB straffrei. Umfangreiche Besprechungen pro und contra hat das Steueramnestiegesetz 2004/2005 erfahren, durch das ein Straferlass auf alle freiwillig gemeldeten unversteuerten Einnahmen der Jahre 1993 bis 2002 gewährt worden ist.[29]

17 d) **Vermeidung eines möglichen Straf- oder OWi-Verfahrens.** Auch im Vorfeld eines möglichen Straf- oder OWi-Verfahrens werden Verteidiger mandatiert.[30] Der strafrechtlich tätige Anwalt sollte erkennen, dass unter Umständen in einem streitigen Arbeitsverhältnis, Urheber- oder Patentrechtsstreit, in Fällen der Industriespionage oder der betrieblichen Untreue kein Interesse an der Durchführung eines Strafverfahrens besteht, wenn eine gütliche Einigung erzielt werden kann. Bei rechtzeitigem Einschreiten als Schlichter, Mediator oder auch als Par-

---

[28] *Wohlers*, Strafverteidigung vor den Schranken der Strafgerichtsbarkeit, StV 2001, 425; *Dahs* Rdnr. 71 f. mit Hinweis auf BGHSt. 46, 53 f.; NStZ 1993, 79; *Egon Müller* NStZ 1997, 222; *Scheffler* MDR 1993, 1168; *Beulke* JR 1994, 114.
[29] *Joecks/Randt* Steueramnestie 2004/2005, 2004; *Joecks*, Steuerstrafrechtliche Risiken in der Praxis, DStR 2001, 2184; *Kübler*, Zur Steuerstrafamnestie 1988, DStZ 1988, 400; *Klengel/Mückenberger* BB 2003, 2094; *Steuer/Flore*, Pro und Contra Steueramnestie, ZRP2002, 420.
[30] *Quedenfeld/Richter* in: Bockemühl, Hdb FAStrR, E.9 Rdnr. 13.

teivertreter kann sich auch eine Einschaltung der Ermittlungsbehörden vermeiden lassen. Im Bereich der Antrags- und Privatklagedelikte (vgl. § 374 StPO) lassen sich ein mögliches oder auch bereits begonnenes Verfahren beenden, indem ein (notwendiger) Strafantrag nicht gestellt oder zurückgenommen wird.

e) **Wahrnehmung der Mandanteninteressen in einem Straf- oder OWi-Verfahren.** Hauptaufgabe des Verteidigers (sowohl des Wahl- wie auch des Pflichtverteidigers) ist der Beistand in einem laufenden Straf- oder OWi-Verfahren. Die Verteidigung hat sich am Mandanteninteresse zu orientieren und ihre Rechte zum Schutz des Mandanten einzusetzen. Dabei kann es das Ziel sein, eine Bestrafung zu vermeiden oder eine Sanktion niedrig zu halten. Auch eine Begrenzung des Vorwurfes oder der Nichtausweitung der Ermittlungen können im Interesse des Mandanten liegen, ebenso die schnelle Beendigung gegenüber eine langwierigen Vollermittlung. Aber auch eine Ausweitung des Verfahrens auf möglichst viele Verantwortliche und möglichst viele Tatkomplexe kann zielführend sein, wenn dies die Verantwortung des eigenen Mandanten geringer erscheinen lässt und die strafrechtlichen Grenzen nicht überschritten werden – erscheint ein legitimes Verteidigungsziel zu sein. Ein solches Ziel ist häufig mit der Erwartung verbunden, dass sich angesichts der personellen und fachlichen Kapazitätsdefizite in der gegenwärtigen Polizei- und Justizorganisation eine Verlangsamung des Verfahrens und damit eine Reduzierung des Verfolgungseifers einstellen wird. Einer solchen Strategie muss allerdings eine deutliche Warnung an den Mandanten vorausgehen, dass das auch dazu führen kann, dass man mit einer Vielzahl von Vorwürfen unterschiedlichen Inhaltes und Häufigkeit konfrontiert sein kann und sich die Ausweitung des Verfahrens auch gegen den Mandanten richten kann. Schließlich kann sich das Mandatsinteresse bei geständiger, leicht nachzuweisender oder festgestellter Straftat auch auf Vollzugsfragen (Strafrestaussetzung, Dauer, offene, heimatnahe Vollstreckung) oder bei Ausländern auf eine Auslieferung in den Heimatstaat beziehen.

f) **Wahrnehmung der Mandanteninteressen in einem außerstrafrechtlichen Verfahren mit gleichem Sachverhaltsbezug.** Oft wird bei Wirtschafts- und Steuerstrafverfahren ein ähnlicher oder gleicher Sachverhalt in einem gerichtlichen Verfahren, einem Verfahren von Aufsichts- oder Genehmigungsbehörden, einem Besteuerungsverfahren[31] oder einem Insolvenzverfahren[32] untersucht. Auch an Anschlussverfahren bspw. bei ausländerrechtlichem Status,[33] an familienrechtliche Auseinandersetzungen u.ä. ist zu denken. Es gehört dann zu den Verteidigungsaufgaben, die eigene Beratung und Tätigkeit so auszurichten, dass der Mandant umfassend geschützt und (soweit möglich) auch vor außerstrafrechtlichen Konsequenzen bewahrt wird. Schwierig sind dabei vor allem die Wirkungen auf das Schweigerecht und die Freiheit vor Selbstbelastung zu beurteilen.[34] Dabei ist eine Abstimmung mit dem vom Mandanten beauftragten Steuerberater, Fachanwalt oder Allgemeinanwalt sicher zu stellen. Die Entwicklung und die Ergebnisse des Parallelverfahrens sollten dem Verteidiger gegenwärtig sein.

3. Weitere Verteidigungsaufgaben

a) **Unabhängige Interessenwahrnehmung.** Die Aufgabe und die Bereitschaft, die Interessen des Mandanten wahrzunehmen, verlangt von der Verteidigung oft die Überwindung eigener Grenzen und Anschauungen. Einige Konfliktfelder seien hier genannt:[35]

Konfliktfeld...	... und Erwartung an den Verteidiger
Deliktstypus:	Verteidigung umfasst die Bereitschaft zur Befassung mit dem Deliktstypus; sie setzt organisatorische Vorkehrungen und die Bereitschaft für die Bearbeitung komplexer Sach- und Rechtsfragen voraus;

---

[31] Aus der unübersehbaren Literatur zu § 393 AO vgl. bspw. *Spiegel* wistra 1997, 321; *Streck/Spatschek* wistra 1998, 334; *Vogelberg* PStR 1999, 59.
[32] Dazu bspw. *Richter*, Auskunfts- und Mitteilungspflichten nach §§ 20, 97 ff. InsO, wistra 2001, 1.
[33] Dazu bspw. *Schmid*, Verteidigung von Ausländern, 2. Aufl. 2005; *Jung* StV 2004, 567; *ders.* StV 2005, 53;
[34] *Bärlein/Pananis/Rehmsmeier* NJW 2002, 1825; zum Verwendungsverbot nach § 97 InsO: *Bittmann/Rudolph* wistra 2001, 81; zum Problem des Datenzugriffs der Finanzverwaltung auf Unternehmensdaten und Konten: *Höreth/Schiegl* BB 2001, 2509; *Kromer* DStR 2001, 1017; *Schaumburg* DStR 2002, 829.
[35] Vgl. *Weihrauch* EV Rdnr. 5 ff.

Konfliktfeld...	... und Erwartung an den Verteidiger
Persönlichkeit des Mandanten:	Erfolgreiche Verteidigung beruht auf dem Verständnis und Einfühlungsvermögen für den Mandanten, nicht auf abgehobener, intellektueller oder moralisierender Haltung aber auch nicht auf distanzlosem Anbiedern;
Schuldfrage	Verteidigung gebietet die Wahrnehmung der Mandantenrechte auch angesichts eines Geständnisses oder der Überführung des Mandanten in den Grenzen der Wahrheit und des Prozessrechtes;
Soziales Umfeld:	Verteidigung soll es dem Mandanten ermöglichen, die Selbstachtung zu wahren, ihm zu der Möglichkeit zu verhelfen, ein annehmbares soziales Umfeld zu finden oder zu erhalten;

21 b) **Mandatsführung, Mandatsorganisation.** Die Geradlinigkeit der Mandatsführung gehört in Wirtschafts- und Steuerstrafsachen zu den Selbstverständlichkeiten der Verteidigung. Die Gesamtverteidigung kann beispielsweise gefährdet sein, wenn das Verhältnis zu anderen Verteidigern (innerhalb eines Verteidigungsteams oder einer Sockelverteidigung) nicht geklärt ist. Auch kann eine effektive und durchsetzungsfähige Verteidigung an ungeklärten Honorarfragen scheitern.

22 c) **Beratung.** Kernbestandteil der Verteidigungsaufgabe ist die anwaltliche Beratung über strafrechtliche Fragen. Diese Selbstverständlichkeit erfährt in Wirtschafts- und Steuerstrafsachen deshalb eine besondere Bedeutung, weil hier strafrechtliche und strafverfahrensrechtliche Fragen mit wirtschaftlichen Fragen, Fragen der Unternehmenspolitik, der Öffentlichkeitsarbeit, der spezifischen wirtschaftsverwaltungsrechtlichen Auswirkungen eng verzahnt sind. Von dem Verteidiger werden daher fundierte Rechtskenntnisse, Verständnis der Zusammenhänge des Wirtschaftslebens und intuitive Reaktionsfähigkeit erwartet. Für taktische und strategische Überlegungen der Verteidigung im Umgang mit dem prozessualen Gegner wird auf das Kapitel „Verteidigungsstrategie" verwiesen.

23 d) **Verteidigungshandeln.** Wie die Beratung ist auch die Vertretung Kernbestandteil der Verteidigungsaufgabe. Vertretung meint alle Handlungen, die zur Verwirklichung der Schutzaufgabe beizutragen. Aus der Natur des Anwaltsvertrages und der Stellung des Verteidigers im Strafverfahren folgen dabei notwendigerweise, dass dem Mandanten keine Erfolgsgarantie gegeben werden kann. Allerdings sollen die Folgen dieses Handelns auf den hypothetischen weiteren Gang der Untersuchung beurteilt und beschrieben werden können. Zur Verteidigungsaktivität zählen auch die eigenen Recherchen des Anwaltes und die Organisation der erhaltenen Information. Schließlich kann eine wissenschaftliche Diskussion angestoßen werden.

24 e) **Wiederherstellung des Rechts.** Das ist eine Aufgabe, die regelmäßig nach dem Urteil der ersten Tatsacheninstanz beginnt, also meist dann, wenn fast nichts mehr zu retten ist. Die Urteilsanfechtung in Berufungs-, Revisions- und Wiederaufnahmeverfahren lebt mit der nur noch eingeschränkten Möglichkeit zur Änderung der ersten tatrichterlichen Entscheidung. Die tatsächliche Aussicht, ein Verfahren auf der Seite des Revisionsklägers erfolgreich begleiten zu können, ist gering. Meist ist das strafrechtliche Ergebnis Teil von Verständigungen zwischen den Verfahrensbeteiligten, einer Abstimmung oder einer Abwägung des öffentlichen Interesses an der Strafverfolgung gegen die Schwierigkeiten des weiteren Verfahrens (z. B. bei Verfahren wegen überlanger Dauer, wegen der Schwierigkeit der Tatsachenfeststellung oder wegen nicht zu beseitigender Zweifel an der Schadensberechnung) und das voraussichtliche Ergebnis. Sollte ein so kaum in die Tiefe gegangenes Verfahren in ein Rechtsmittelverfahren münden, muss der Rechtsmittelführer nicht nur um rechtliche Bewertung ringen, sondern auch um falsche oder ungenügende Tatsachenfeststellungen. Wegen der Beschränkung der Revision auf Rechtsfehler und wegen des engen Kataloges an Wiederaufnahmegründen in § 359 StPO erfordert diese Wiederherstellungsaufgabe allen persönlichen und fachlichen Einsatz des Verteidigers.

25 f) **Die rechtlichen Grenzen des Verteidigungshandelns** sind durch des Berufsrecht, das Verfahrensrecht und das Strafrecht schnell gezogen. Ihr konkreter Umfang mag im Einzelfall schwer zu bestimmen sein. Über die Grenzen muss sowohl bei der Mandatsannahme als auch

bei der beratenden und vertretenden Tätigkeit gesprochen werden. Hinweise finden sich daher im II.-VI. Abschnitt.

II. Klärung der Interessen

1. Notwendigkeit

a) **Die Notwendigkeit einer Interessenklärung** ergibt sich aus mindestens drei Gründen: 26
- Sie ist Bestandteil der Entscheidung über eine Mandatsannahme oder -fortführung;
- Sie ist eine unverzichtbare Grundlage für die Zielsetzung der Verteidigung, den Inhalt und Umfang der Verteidigungsberatung und das Verteidigungshandeln;
- Sie ist eine bedeutsame Information über die Motivation des Ermittlungsführers, des Anzeigeerstatters und/oder einer dahinter stehenden Interessengruppe oder Institution;

Interessen können rechtlicher, wirtschaftlicher, politischer, sozialer, manchmal religiöser Natur sein. Es handelt sich um Ziele und Wertvorstellungen, Absichten und Planungsanlässe, die auf mittel- oder langfristige Sicht in ein konkretes Verhalten umgesetzt werden können oder sollen. Die berufsrechtlichen Normen stellen allein auf die rechtlichen Interessen des (potenziellen) Mandanten in der jeweiligen Beziehung zu einem konkreten historischen Sachverhalt ab. Interessen der Justizorgane sind dagegen durchaus rechtlicher, politischer und wirtschaftlicher Natur.

b) **Vorentscheidung einer Mandatsannahme oder -fortführung.** Die §§ 43 a Abs. 4 BRAO, 27 3 BORA und 356 StGB, ebenso auch Ziff. 3.2 der CCBE, verlangen, dass der Anwalt nicht pflichtwidrig in der gleichen Rechtssache zwei Parteien dient, die gegensätzliche **rechtliche** Interessen an einem konkreten historischen Sachverhalt haben.[36] Die gesetzlichen Vorschriften und die diese konkretisierenden Regelungen der Berufsordnung bezwecken die Wahrung eines Berufsethos und der Integrität der Anwaltschaft. Die Rechtspflege ist auf eine unabhängige und vertrauenswürdige Anwaltschaft angewiesen.[37]

Die Vorschriften stellen ein Pendant zu den Befangenheitsvorschriften und gesetzlichen Aus- 28 schlussgründen dar, unterscheiden sich aber von diesen insoweit, als „Befangenheit" im Sinne von § 24 Abs. 2 StPO nicht die juristische Aufgabenbewältigung meint, sondern die Wahrnehmung der Verfahrensrolle (Unabhängigkeit, Unparteilichkeit, richterliche Souveränität) in einem konkreten Verfahren. Die „Befangenheit" des Verteidigers, fälschlich ebenfalls als „Interessenkollision" bezeichnet,[38] ist dagegen nicht von den §§ 43 a Abs. 4 BRAO, 3 BORA, 356 StGB und 146 StPO erfasst. Ihr wird lediglich durch die §§ 138 a ff StPO in engen Grenzen Rechnung getragen.

c) **Interessenklärung als Bestandteil der Verteidigungsarbeit.** Wenn der Verteidiger seinen 29 Mandanten effektiv verteidigen will, muss eine Klärung der Interessen des Mandanten sowie der Interessen der anderer Verfahrens- oder Sachverhaltsbeteiligten erfolgen. Wichtige Informationen für die Verteidigungsarbeit erhält der Verteidiger durch den Kontakt zu Mitbeschuldigten, Zeugnis- und Auskunftsverweigerungsberechtigten, ja sogar zum Geschädigten.

d) **Interessenklärung als Information über die Motivation des Ermittlungsführers.** Die Inte- 30 ressen des Ermittlungsführers oder desjenigen, der an der Strafverfolgung das größte Interesse hat (außer den Strafverfolgungsorganen i. d. R. der Anzeigeerstatter, eine bestimmte Personengruppe, politische Antragsteller, Medien etc.) sind für den Verteidiger zur Prognose der Folgeaktivitäten wichtig. Der Verteidiger kann abschätzen, wie sich ein Gegeninteresse verändert, wenn er Entgegenkommen oder Widerstand signalisiert, wenn er über eine Wiedergutmachung verhandelt.

e) **Motive.** Sie sind von Interessen zu unterscheiden. Motive nennt man in der Kriminalistik 31 die Beweggründe für ein konkretes Verhalten. Sie können eigensüchtiger oder altruistischer, finanzieller oder emotionaler Art sein. Mitunter liegen ihnen auch Motivbündel zugrunde, die durchaus auch disharmonische Züge tragen können. Die Klärung der Motivation erhellt zwar

---

[36] *Hartung/Holl*, Anwaltliche Berufsordnung, § 3 BORA Rdnr. 9; *ders.*, Zur Entwicklung des Berufsrechts Rdnr. 1 ff. zu § 3 BORA; *Borgmann* BRAK-Mitt. 2/2000, S. 77; *Birkenstock* wistra 2002, 48.
[37] BGHSt 15, 336; 12, 96.
[38] Bspw. *Birkenstock* wistra 2002, 48 ff.

eine (innere) Ursache eines konkreten Verhaltens – was sowohl bei einer polizeilichen oder strafprozessualen Sachverhaltsrekonstruktion als auch für die Prüfung und Entscheidung über die zu ergreifende Sanktion der Justiz wichtig ist – gibt aber keine oder nur geringe Auskunft über die Steuerung dieses Verhaltens durch Personen und Unternehmen.

32 f) **Gemengelagen.** Bei **Gemengelagen** treffen mehrere Interessen und Motive zusammen. Sie sollten von dem Verteidiger gemieden werden, da seine Aufgabe, die Beistandsleistung für eine konkrete Einzelperson, bei sich überschneidenden Motiven kaum erfüllt werden kann.

2. Zeitpunkt und Prüfung

33 a) **Zeitpunkt.** Die Klärung der Interessenlage steht **am Anfang** des Mandatsverhältnisses. Bereits vor Beginn des Mandates hat der Anwalt die Interessenlage des Mandanten und evtl. gegenläufige Interessen eines bereits bestehenden Mandates in eigener Verantwortung zu prüfen. Die Prüfung muss aber **auch laufend** erfolgen, um sicherzustellen, dass nicht etwa durch den Wechsel der Ermittlungssituation, die Veränderung in Personen- oder Firmenkonstellationen das Interesse des Mandanten an dem Schutz vor einer unangemessen hohen oder überhaupt einer Bestrafung nicht mehr wahrgenommen werden kann.

34 b) **Prüfungsumfang.** Der Abgleich einer eventuellen Personenidentität zwischen neuem Mandant und früherem Gegner (die sog. Kollisionsprüfung) erfolgt in der Regel dann, wenn die Entscheidung zur Übernahme des Mandates ansteht. Der Vergleich der Sachverhaltsgestaltung und schließlich der Vergleich der Anwaltsaufgaben in der früheren Fallgestaltung mit der neuen Aufgabe sind bei Bejahung der ersten Stufe durchzuführen. Aber auch im Verlauf eines Verfahrens oder der begleitenden Beratung kann sich ein Konfliktfall ergeben. Z. B. kann eine ursprünglich verabredete Kooperation unter Verteidigern und/oder Rechtsbeiständen eingeschränkt oder beendet werden, wenn der Schutz der Mandanteninteressen nicht mehr gewährleistet werden kann. Ein Interessenkonflikt kann sich auch durch einen Wechsel der Unternehmensbesitz- oder -leitungsverhältnisse ergeben, d. h. die Zusammensetzung und Zielrichtung der Unternehmensorgane ändern, die wirtschaftliche Lage des bisherigen Kostenträgers kann sich verschlechtern. In jedem Fall hat der Verteidiger zu prüfen, ob er die Interessen des Mandanten noch unbefangen vertreten kann. Er darf diese Prüfung nicht von wirtschaftlichen oder persönlichen Vorteilen abhängig machen. Die Stufen der Interessenklärung zeigt das folgende Schaubild:

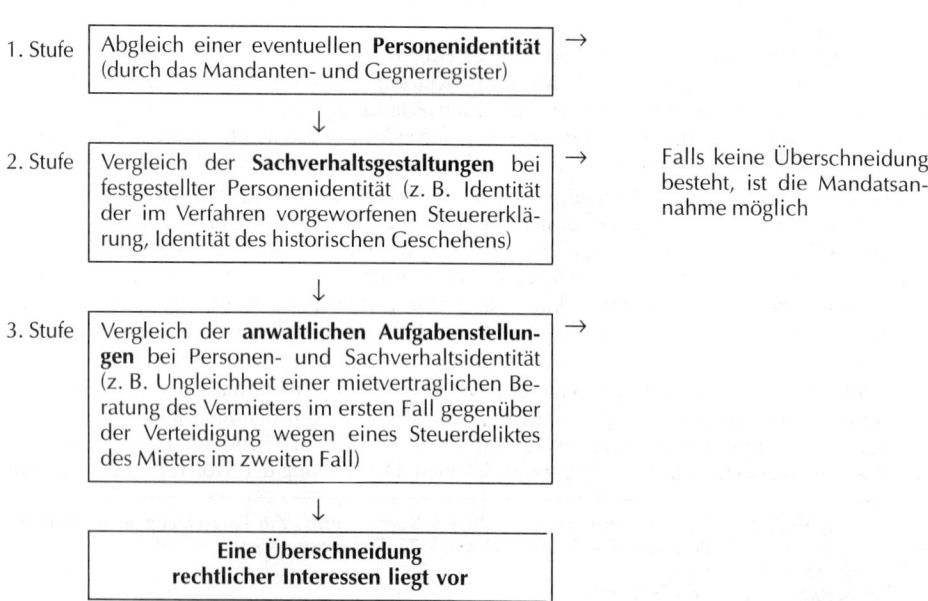

c) **Staatliche Eingriffsmechanismen.** Der Staat bleibt bei der **Beendigung von rechtlichen** 35
Interessenüberschneidungen nicht inaktiv. Das folgende Schaubild verdeutlicht die Situation:

Beendigung des Verteidigungsmandates bei Interessendivergenzen		
Vertragliche Ebene	**Berufsrechtliche Ebene**	**Strafprozessuale Ebene**
Mandatsniederlegung und / oder Kündigung; Unterlassungs- und Schadenersatzansprüche	Prüfung durch die Anwaltskammer, Ehrengerichtliche Aufarbeitung	1) Ausschließung des Verteidigers gem. den §§ 138 a-d StPO 2) Zurückweisung des Verteidigers gem. § 146 a StPO
Folge für den Verteidiger: Ab dem Zugang der Erklärung Verlust des Mandates, Ende der Verfahrensstellung, Herausgabepflichten	Folge für den Verteidiger: Erst mit der bestandskräftigen Entscheidung Ende der Verteidigungstätigkeit	Zu 1) Verteidigerstellung endet mit Bestandskraft des Ausschließungsbeschlusses, vorläufige Anordnung ist möglich (§ 138 e Abs. 3 StPO) Zu 2) Verteidigerstellung endet mit Bestandskraft des Zurückweisungsbeschlusses
Honoraranspruch gegen den ersten Mandanten bleibt bestehen, kein Vergütungsanspruch gegen den neuen Mandanten	Honoraranspruch gegen den Mandanten bleibt grds. bestehen, kein Vergütungsanspruch gegen den Mandanten	Zu 1) Ausschließung führt zum Verlust des Honoraranspruches in der Zukunft, die Honorierung für erbrachte Leistungen hängt von der endgültigen ehren- und strafgerichtlichen Entscheidung ab. Zu 2) Zurückweisung führt insgesamt zum Ausschluss des Honoraranspruches.

Auf diesen drei Ebenen bestehen Mechanismen, um einen für den Rechtsstaat nicht akzeptablen Zustand der Interessendivergenz nicht nur der Klärung der Parteien zu überlassen, sondern durch Justiz- (strafprozessuale Maßregelung) oder Verwaltungsmaßnahmen (Berufsaufsicht der Kammer) aktiv eingreifen zu können. Hinzuweisen ist auf die deutlich maßregelnde Haltung der Justiz, wenn vor ihren Schranken ein Anwalt als Beklagter erscheint, auch wenn Interessenkonflikte auf beiden Seiten vorhanden sind.

3. Interessenkollision

a) **Verschiedenheit der rechtlichen Interessen.** Die Interessenkollision im Sinne der §§ 43 a 36
Abs. 4 BRAO, 3 BORA, Nr. 3.2. CCBE setzt zunächst die **Feststellung verschiedener Interessen** voraus. Der Anwalt muss die Rechtsposition einer Person oder eines Unternehmens in einem konkreten Sachverhalt (für sich) klären. Die Kenntnis dieser Rechtsposition kann die Beratung und Vertretung durch den Verteidiger entscheidend beeinflussen.

b) **Prüfungsschema.** Rechtliche Interessen müssen sowohl nach Art des dem Anwalt vor- 37
gelegten **Sachverhaltes** wie auch nach den an dem Sachverhalt beteiligten **Personen** unterschieden werden. Dabei ist ein Anwalt bei weitem nicht allein nur mit konkret-individuellen Fällen befasst. Eine vorbeugende Beratung, die Risikoberatung und die Beratung zur Vermeidung von Organisationsmängeln stellen abstrahierte, generalisierende Beratungssituationen dar. Deshalb stellt sich die Verschiedenheit von Interessen anhand des Konkreten Aufgaben-

gebietes (dem sog. Interessenkreis[39]) unter Berücksichtigung der Entwicklung von einer konkreten zur abstrakten Rechtsfrage und von der Berücksichtigung individueller Interessen hin zur generellen Betrachtung einer unbestimmten Vielzahl von Personen dar. **Konkrete Fallgestaltungen**, d. h. auf ein zeitlich, örtlich und inhaltlich eingrenzbares Geschehen beschränkte Aufgaben lassen sich von einem **abstrakten** Fall, wenn eine Vielzahl möglicher Fallgestaltungen untersucht und bewertet werden soll, unterscheiden. Wenn sich das Geschehen auf eine Person (natürliche Person oder Gesellschaft) bezieht, dann ist der Auftrag an den Anwalt **individuell** ausgestaltet. Soll der Anwalt hingegen nicht für eine einzelne Person, sondern für eine Vielzahl unbestimmter Personen beraten, spricht man von einer **generellen** Fragestellung. Notare sind beispielsweise stets mit abstrakt-individuellen (Kaufverträge, Testamente) oder konkret-generellen (Satzungen, Gesellschafterversammlungen) Fallgestaltungen befasst.

38 Bei jeder der genannten vier Fallkonstellationen können widerstreitende Interessen bestehen, bezogen auf die Aufgabenstellung aber nicht notwendig auch **gegensätzliche**. Bei abstrakt-generellen Aufgaben (wie z. B. einer Organisations- oder Präventionsberatung[40]) ergeben sich keine gegenläufigen Interessen von Personen. Ebenso treten bei einer abstrakt-individuellen Vertragsberatung (bspw. einer notariellen Beratung) keine konkreten widerstreitenden Interessen auf. Auch eine konkret-generelle Tätigkeit (z. B. die Tätigkeit als anwaltlicher Prozessbeobachter) stellt keine Tätigkeit dar, die widerstreitende Interessen auslöst. Dagegen sind **gleichgerichtete Interessen** kein Gegensatz.[41] Insoweit besteht kein Tätigkeitsverbot. Die Vertretung gleichgerichteter Interessen kann daher nur in den Anwendungsbereichen des § 137 Abs. 1 S. 2 StPO (höchstens drei Wahlverteidiger) oder des § 146 StPO (keine gleichzeitige Verteidigung bei Tat- oder Verfahrensidentität) unzulässig sein.

39 c) **Personenidentität.** Die erste und praktisch wichtigste Prüfung der Interessenkollision findet anhand des Mandanten- oder Gegnerregisters der Anwaltskanzlei statt. Stand die Person oder das Unternehmen, das eine rechtliche Beratung des Verteidigers wünscht, schon einmal auf der Gegenseite in einem Mandatsverhältnis? Dabei ist geklärt, dass eine reine Personenübereinstimmung nicht für die Anwendbarkeit des Verbotes ausreicht.[42]

40 d) **Sachverhaltsidentität.** Der Anwalt darf ein Verteidigungsmandat nicht übernehmen oder fortführen, wenn sich aus demselben Sachverhalt des Verfahrens gegenläufige rechtliche Interessen zu einem früheren oder gleichzeitigen Mandatsverhältnis ergeben. Ansonsten würde er sich dem Verdacht des Parteiverrates aussetzen. Parteiverrat i. S. d. § 356 StGB erfordert, dass der Anwalt „in derselben Rechtssache" beiden Parteien pflichtwidrig dient.[43] Um dieselbe Rechtssache handelt es sich, wenn der sachlich-rechtliche Inhalt der anvertrauten Interessen, also das anvertraute materielle Rechtsverhältnis auf ein inhaltlich zusammengehöriges, einheitliches Lebensverhältnis zurückzuführen ist.[44] Ob und wie dieses Lebensverhältnis im Verlauf späterer Verfahren umgestaltet wurde, ist nicht zu berücksichtigen.

41 e) **Aufgabenüberschneidung.** Es ist umstritten, aus welchem Blickwinkel heraus die Interessenlage zu sehen ist, aus einem objektiven, d. h. der Sicht eines sachkundigen Dritten[45] oder aus einem subjektivem, d. h. von dem Mandanten[46] oder dem Verfahren bestimmten. Dem Strafverteidiger ist zu einem objektiven Maßstab zu raten, was bei Vermögensdelikten relativ einfach ist, schwieriger aber bei Wettbewerbs-, Korruptions- und Bestechungs- sowie bei Organisationsdelikten zu beurteilen ist.

Beispiel:
42 Als Schulbeispiele für Interessenkonflikte wird die gleichzeitige Beratung scheidungswilliger Eheleute benannt, oder die gleichzeitige oder nachfolgende Beratung unterschiedlicher Vertragspartner in Mietsa-

---

[39] BGHSt. 5, 301.
[40] Dazu *Salvenmoser/Kruse* die bank 2006, 78.
[41] BGH NStZ 1982, 331 f.
[42] *Hartung/Holl* § 3 BORA Rdnr. 18.
[43] *Henssler/Prütting* § 43 a BRAO Rdnr. 126.
[44] *Hartung/Holl* § 3 BORA Rdnr. 16; BGH NJW 1991, 1176; NJW 1953, 430; BGHSt 18, 192; 12, 96; 9, 341; 7, 261; RGSt 62, 155/157; 60, 298/301.
[45] So der 5. Strafsenat des BGH, BGHSt. 5, 283/289 und *Hartung/Holl* § 3 BORA Rdnr. 26.
[46] So der 4. Strafsenat des BGH, BGHSt. 5, 301/307.

chen, Arbeitssachen und anderen Dauerschuldverhältnissen.[47] In Strafsachen wird seit RGSt 49, 342 die Rechtssache als eine vom konkreten Verfahren entkleidete historische Situation angesehen, an die sich unterschiedliche und damit gegensätzliche Interessen knüpfen können. Der Fall betraf die Beratung des Täters im Strafverfahren und nachfolgend des Verletzten im Schadenersatzprozeß gegen den Täter. Das Reichsgericht stellte fest, dass unabhängig von der Art des Verfahrens die Sachverhaltsidentität für den (damals angeklagten) Parteiverrat maßgeblich ist.

Streitig ist in der Literatur, ob die abstrakte Stellung des jeweiligen Mandanten zum Lebenssachverhalt ausreicht[48] oder ob eine konkrete Tätigkeit des Verletzten im Strafverfahren (Anzeige, Antrag, Nebenklage) hinzutreten muss.[49] Im Zweifel sollte der Verteidiger hier Vorsicht walten lassen. **Klassische Interessenkollisionsfälle** ergeben sich – bei historisch identischem Sachverhalt – zwischen einem Beschuldigten eines Vermögensdeliktes und dem zivilrechtlich durch die Handlung Geschädigten. Das kann das Unternehmen sein, dem der Beschuldigte angehört, das kann aber auch ein fremder Dritter sein.[50]

Sehr unterschiedlich diskutiert wird ein Vertretungsverbot aus § 3 Abs. 2 BORA für die **Vertretung mehrerer Beschuldigter** im gleichen Verfahren **durch mehrere Anwälte** der gleichen Sozietät.[51] Gerade in Wirtschafts- und Steuerstrafsachen bestehen Deliktsgruppen, bei denen regelmäßig auf der Verursacherseite mehrere Personen beteiligt sind, sei es als Angestellter, Abteilungsleiter oder Organ innerhalb des eigenen oder für ein fremdes Ressort. Zwischen Personen, die unterschiedlichen Hierarchieebenen angehören, bestehen häufig wirtschaftliche und soziale Abhängigkeiten. Diese wirken sich auch auf die Mandatsberatung aus. Während ein Teil der Literatur der Auffassung ist, dass hier ein Vertretungsverbot für mehr als einen Partner einer (Außen-)Sozietät anzunehmen sei,[52] ist die Rechtsprechung der Strafgerichte und des BVerfG kein Tätigkeitsverbot, sondern einen Verstoße gegen Art. 12 GG.[53]

Unzweifelhaft **kein Interessengegensatz** besteht zwischen dem Beschuldigten eines Steuerhinterziehungsdeliktes und dem von ihm angezeigten weiteren Beschuldigten einer anderen Steuerhinterziehung.[54]

4. Parteiverrat, § 356 StGB

Der Parteiverrat gem. § 356 StGB stellt die engste Fassung des rechtlichen Interessenkonfliktes dar. Die Norm schützt die Interessen des Auftraggebers an der (Mandats-)treue des Anwaltes und daneben auch das öffentliche Vertrauen in die Integrität der Rechtspflege.[55] Die Vorschrift hat nur in den Fällen der (nach erstmaliger anwaltlicher Tätigkeit erfolgenden) konkret-individuellen Beratung und Vertretung ihre Berechtigung. Dort gewährleistet sie neben den an sich rein zivilrechtlichen Folgen einer Vertragsverletzung durch den Anwalt auch die strafrechtlichen Grenzen, weil das Funktionieren und die Integrität der Anwaltschaft ein überragendes Interesse des demokratischen Rechtsstaates darstellt. Die Fälle der (erstmaligen) abstrakt-individuellen Anwaltstätigkeit werden zwar von dem Wortlaut des § 356 StGB nicht umfasst, sind aber durch die Rechtsprechung zum Begriff „Handeln in derselben Rechtssache" als Vorbefassung ausgelegt worden.

Beispiel:
Der als Verfasser eines Mietvertrages (= abstrakt-individuelle Tätigkeit) für die Vermieter-GmbH handelnde Anwalt übernimmt später in einem Folgemandat die Interessenvertretung des Mieters gegen die GmbH (= konkret-individuelle Tätigkeit). Hier liegt nach Auffassung des BGH (BGHSt. 45, 148) ein Handeln in „derselben Rechtssache" vor. Daraus folgt z. B., dass der strafrechtliche Firmenberater, der

---

[47] *Hartung/Holl* Rdnr. 19-25; *Prinz*, Der Parteiverrat des Strafverteidigers, S. 47 f.
[48] LK/*Hübner* § 356 StGB Rdnr. 55.
[49] *Prinz* a.a.O. S. 57 m.w.N.
[50] *Ignor/Rixen* StraFo 2000, 157; *Hoffmann/Wißmann*, Erstattung von Geldstrafen durch Unternehmen, StV 2001, 249 f.; *Mack* StraFo 1999, 260; *Poller* StraFo 2005, 274; *Spatscheck/Ehnert*, Übernahme von Geldsanktionen und Verteidigerhonorar, StraFo 2005, 265.
[51] *Hartung/Holl* Rdnr. 50.
[52] *Hartung/Holl* Rdnr. 51.
[53] BVerfGE 43, 79; OLG Karlsruhe NStZ 1999, 212.
[54] OLG Koblenz NJW 1985, 1177.
[55] *Lackner/Kühl* § 356 StGB Rdnr. 1; *Tröndle/Fischer* § 356 StGB Rdnr. 1; BGHSt 12, 96; 45, 148, 153; *Kretschmer*, Der strafrechtliche Parteiverrat (§ 356 StGB), 2005, S. 21.

abstrakt-individuelle Fragen im Auftrag des Unternehmens klärt, gehindert sein kann, eine Individualverteidigung zu übernehmen, wenn ausgerechnet aus dem historisch übereinstimmenden Sachverhalt Vorwürfe gegen den Unternehmer entstehen, die einen Nachteil für das Unternehmen miterfassen.

47   Die wichtigsten Entscheidungen sind in der nachstehenden Übersicht aufgelistet. Wegen der Einzelheiten muss auf die ausführlichen Kommentierungen zu § 356 StGB und die Dissertation von *Prinz*[56] wie auch die Habilitationsschrift von *Kretschmer* verwiesen werden.

48
Fundstelle	Entscheidung behandelt folgende Fallgestaltung:
BGHSt. 5, 301	Parteiverrat liegt vor, wenn der Anwalt früher den Angeklagten und jetzt einen Zeugen im Wiederaufnahmeverfahren gegen den verteidigten Angeklagten vertritt;
BGHSt. 18, 192	Parteiverrat liegt vor, wenn der Anwalt zunächst einen Ehemann und dessen Unternehmen vertreten hat, dann im Scheidungsverfahren die Vertretung der Ehefrau übernimmt;
OLG Düsseldorf NJW 1959, 1050	Parteiverrat liegt vor, wenn der Anwalt den Ehemann in einem Verfahren wegen einer Sexualstraftat verteidigt und später die Ehefrau im Scheidungsverfahren aufgrund dieser Tat vertritt;
OLG Koblenz NJW 1985, 1177	Kein Parteiverrat liegt vor, wenn der Verteidiger die Strafanzeige, die zum Verfahren (wegen Steuerhinterziehung) führte, im Auftrag eines anderen Mandanten erstattet hat, solange dem Tatvorwurf des zweiten Verfahrens ein anderer Sachverhalt zugrunde liegt (eigene Steuerhinterziehung);
OLG Oldenburg NStZ 1989, 533	Bei einem einheitlichen Ermittlungsvorgang gegen mehrere Nebentäter, wenn die strafrechtliche Relevanz ihres Verhaltens in wechselseitiger Abhängigkeit steht, liegt Parteiverrat vor;
OLG Stuttgart NStZ 1990, 542	(nachfolgende) Verteidigung sich gegenseitig beschuldigender Angeklagter kann Parteiverrat darstellen; zur gegenteiligen Auffassung gelangte OLG Stuttgart NStZ 1982, 465;
BayObLG NJW 1995, 606	Verteidigung im Ermittlungsverfahren, nachfolgende Vertretung des Geschädigten im Schadenersatzprozess gegen den Beschuldigten und früheren Mandanten ist Parteiverrat;
OLG Zweibrücken NStZ 1995, 35	Bei einem Freispruch erstrebenden Angeklagten und einem als Alternativtäter in Betracht kommenden Zeugen kann Parteiverrat vorliegen; Vgl. dazu Dahs NStZ 1995, 16;
BAG AnwBl. 2005, 362	Eine Mehrfachvertretung liegt nicht vor, wenn in einem Beschlussverfahren der Betriebsrat und in einem weiteren Verfahren der Arbeitnehmer vertreten wird, gegen dessen Kündigung der Betriebsrat entschieden hat.

49   Wann ein pflichtwidriges Dienen vorliegt, d. h. ab welchen **Zeitpunkt** tatsächlich entgegengesetzte Interessen wahrgenommen werden, ist wenig geklärt. Es genügt nicht, dass der Anwalt eigene Interessen gegen den früheren Mandanten durchsetzt, oder dass der Anwalt **als Gesellschafter** einer GmbH (nicht aber als deren Geschäftsführer[57]) wirtschaftlich Interessen dieser GmbH wahrgenommen hat, später aber einen Prozessgegner der GmbH vertritt.[58]

50   **Bedingt vorsätzliches** Verhalten genügt für die Tatbestandserfüllung. Die Rechtsprechung legt strenge Maßstäbe an das Anwaltsverhalten an, weil es den Anwalt als besonders rechtserfahren ansieht. Ein Subsumtionsirrtum kann nur dann angenommen werden, wenn der Anwalt die Rechtslage besonders sorgfältig geprüft hat und/oder sich von dem Kammervorstand oder einem besonders erfahrenen Kollegen oder einem Richter hat beraten lassen.[59] Auch die **Einwilligung** des Mandanten in die weitere Tätigkeit lässt die Pflichtwidrigkeit in der Regel nicht entfallen.[60]

---

[56] *Prinz*, Der Parteiverrat des Strafverteidigers, Diss.1999.
[57] BGH NJW 1999, 3586.
[58] *Lackner/Kühl* § 356 StGB Rdnr. 6 f.
[59] *Lackner/Kühl* § 356 StGB Rdnr. 8 m.w.N.
[60] *Lackner/Kühl* § 356 StGB Rdnr. 9; Ausnahme: BGHSt. 15, 332; *Dahs* NStZ 1991, 561/564; BAG Urt. v. 25.8.2004 – AnwBl. 2005, 362 m. Anm. *Kleine-Cossack* S. 338.

Wirkung für die Verteidigerstellung: Ein Verstoß gegen § 356 StGB führt nicht zum Ausschluss von der konkreten Anwaltstätigkeit oder zur Unwirksamkeit prozessualer Handlungen. Daher kann sich ein Beschuldigter nicht (strafmildernd) darauf berufen, der frühere Mandant – aber auch die Justiz – hätten seine frühere Tätigkeit gekannt und nichts dagegen unternommen.

5. Doppelvertretung, § 146 StPO

§ 146 StPO verbietet die **gleichzeitige Verteidigung** mehrerer der gleichen Tat Beschuldigter durch einen Verteidiger sowohl bei Tatidentität (S. 1) als auch bei Verfahrensidentität (S. 2). Der Mandant soll vor Interessenkollisionen seines Verteidigers geschützt werden. Die Vorschrift gilt in allen Verfahrensarten der StPO wie auch in Bußgeldverfahren.[61]

Zulässig ist jedoch die **sukzessive Mehrfachverteidigung**, wenn ein früheres Verteidigerverhältnis wegen der gleichen prozessualen Tat oder im gleichen Verfahren beendet ist, etwa durch Kündigung seitens des Mandanten oder durch Niederlegung des Mandates seitens des Verteidigers. Dabei darf der Verteidiger nicht gegen die Verschwiegenheitspflicht verstoßen. Besteht die konkrete Gefahr einer Interessenkollision, ist eine Ablehnung einer beantragten Pflichtverteidigerbestellung geboten.[62]

Ebenso zulässig ist die **Besprechung mit anderen Verteidigern** und die Abstimmung eines gemeinsamen Prozessverhaltens.[63] Folglich betrifft das Verbot des § 146 StPO nur denjenigen, der tatsächlich einen Mandatsvertrag mit zwei Mandanten zur (gleichzeitigen) Beratung und Vertretung im gleichen Verfahren oder wegen der gleichen Tat abschließt. Bei einer etwaigen Mehrfachvertretung kann der Verteidiger durch Beschluss nach § 146 a StPO zurückgewiesen werden. Bis dahin vorgenommene Verfahrenshandlungen bleiben wirksam (§ 146 a Abs. 2 StPO).

> **Praxistipp:**
>
> Wichtig für den Verteidiger ist es, von vornherein das Risiko eines Doppelmandates auszuschließen, da für den Fall der Annahme eines Doppelmandates beide Mandate nicht fortgeführt werden können. Zum Ausschluss von Doppelmandaten empfiehlt sich in komplexen Wirtschafts- und Steuerstrafsachen wie z. B. Bilanzdelikten, Untreue- und Betrugsvorwürfen die Führung einer Beteiligtenliste, die neben den konkret von der Ermittlungsbehörde als Beschuldigte benannten Personen auch Listen von Vorständen und Aufsichtsratsmitgliedern sowie den maßgeblichen Bereichsleitern des Unternehmens enthalten sollte. Anknüpfungspunkt ist also die Gremienzugehörigkeit und die Hierarchieebene.[64]

Das Verbot der Mehrfachverteidigung trifft **jeden Verteidiger**, sei er als Wahl- oder Pflichtverteidiger bestellt. Auch Unterbevollmächtigte oder Mitarbeiter des Verteidigers sind betroffen. Das gilt auch für Mitglieder einer Sozietät.[65] Zulässig ist es aber, dass von den in der Sozietät zusammengeschlossenen Rechtsanwälten jeder einen anderen Mitbeschuldigten verteidigt.[66] Streitig ist, ob § 3 BORA Mitglieder einer Sozietät von der Verteidigung mehrerer Beschuldigter des gleichen Verfahrens ausschließt. Dafür sprechen sich *Eylmann, Westerwelle, Weihrauch* unter Berufung auf das LG Frankfurt aus.[67] Gegen die Anwendbarkeit votieren mit zutreffendem Hinweis auf die Berufsfreiheit *Kleine-Cossack, Burhoff*, das BVerfG und das OLG Karlsruhe.[68]

---

[61] BVerfGE 45, 272.
[62] BGH Beschl. v. 15.1.2003, NStZ 2003, 378 m. Anm. *Berz/Saal* S. 379.
[63] OLG Frankfurt NStZ 1981, 144; OLG Düsseldorf StV 2002, 310.
[64] Vgl. ähnlich *Gebhardt* § 1 Rdnr. 3 für die Verteidigung in Verkehrssachen, der ein Unfalltagebuch vorschlägt; so auch *Buschbell* AnwHdb. Straßenverkehrsrecht § 1 Rdnr. 7.
[65] *Meyer-Goßner* § 146 Rdnr. 8 m.w.N.
[66] BVerfG NJW 1977, 99 = BVerfG EV 43, 79; OLG Karlsruhe NStZ 1999, 212.
[67] *Eylmann* StraFo 1998, 145; *Westerwelle* NJW 1997, 2781; *Weihrauch* EV Rdnr. 11 (in 6. Aufl. allerdings ergebnisoffen); LG Frankfurt StV 1998, 358, BVerfG NJW 1998, 444 m.abl. Anm. *Lüderssen*.
[68] *Kleine-Cossack* StraFo 1998, 149; *ders.* AnwBl. 2005, 338 und Nachweise in Fn. 65.

57 Das Verbot besteht bis zum Mandatsende. Es gilt in allen Verfahrensabschnitten, d. h. sowohl im Ermittlungsverfahren wie auch im Haupt- und Rechtsmittelverfahren. Es gilt auch für Nebenbeteiligte, z. B. bei Verfalls- oder Einziehungsbeteiligten. Das Verbot endet nicht durch die Rechtskraft einer Entscheidung, auch nicht durch deren Erfüllung, sondern erst, wenn das frühere Mandat beendet ist,[69] sei es durch Kündigung, Aufhebung oder Tod.[70]

58 **Wirkungen:** Der Verstoß gegen § 146 StPO bei gleichzeitiger Mandatsbegründung für mehrere Beschuldigte führt zur Unzulässigkeit der Verteidigung in allen Mandaten.[71] Bei nachträglicher Beauftragung wird nur die **weitere** Verteidigung unzulässig.[72] Die Wirkungen treten erst mit der Unanfechtbarkeit des Zurückweisungsbeschlusses nach § 146 a StPO ein. Dennoch liegt von Anfang an ein zumindest standeswidriges Verhalten vor.

59 Einen **Vergütungsanspruch** hat der Verteidiger bis dahin allerdings nicht. Die überwiegende Rechtsprechung nimmt hier pflichtwidriges Verhalten des Anwaltes als Ausschlussgrund an.[73]

6. Ausschluss des Verteidigers, §§ 138 a-d StPO

60 Das nach Auffassung des BVerfG[74] mit dem Grundgesetz vereinbare Ausschlussverfahren nach §§ 138 a-d StPO greift am weitesten in das Recht der freien Verteidigung ein.[75] Die Verteidigung vor allem des nicht auf freien Fuß befindlichen Beschuldigten kann durch einen Ausschluss empfindlich gestört, ja unmöglich gemacht werden. In Korruptionssachverhalten oder bei Insolvenzberatungen gibt es die häufigste praktische Anwendung. Die Möglichkeit eines Ausschlusses bestehen während des gesamten Verfahrens, auch in Vollstreckungsverfahren, Gnadensachen und im Ehrengerichtlichen Verfahren.[76] Jeder als Verteidiger tätige Anwalt, Referendar, Hochschullehrer oder Steuerberater kann ausgeschlossen werden. Somit können auch Pflichtverteidiger betroffen sein.[77]

61 Als **Voraussetzungen** für einen Ausschluss normieren § 138 a Abs. 1 Nrn. 1 bis 3 und in § 138 b StPO Eingriffstatbestände in die anwaltliche Berufsausübungsfreiheit. Die Beteiligung an der Tat im Sinne der §§ 25-27 StGB (enger als § 60 Nr. 2 StPO), der Missbrauch des Verkehrs mit dem inhaftierten Beschuldigten zur Begehung von Straftaten oder zur Gefährdung der Sicherheit der Vollzugsanstalt, die Begünstigung, Strafvereitelung oder Hehlerei zugunsten des Täters oder die Beteiligung an Tathandlungen in Staatsschutzsachen sind gravierende Vorwürfe gegen einen Verteidiger.

---

[69] BGHSt. 28, 67.
[70] *Burhoff* Rdnr. 533 a.
[71] St. Rspr., OLG Celle StV 1986, 108; OLG Hamm NJW 1980, 1059.
[72] St. Rspr., BGHSt 26, 291/297; a. A. OLG Hamm NJW 1985, 1850: beide Verteidigungen sind unzulässig.
[73] *Meyer-Goßner* § 464 a StPO Rdnr. 9; LG Koblenz StraFo 1998, 71.
[74] BVerfG NJW 1973, 696; BVerfG NJW 1975, 2341; BGHSt. 37, 396 = NJW 1991, 2780.
[75] *Dahs* Rdnr. 34, 79; *Dahs* NJW 1975, 1385; *ders.* NJW 1976, 2145.
[76] *Pfeiffer* § 138 a StPO Rdnr. 1.
[77] Früher streitig, seit BGHSt 42, 94 in diesem Sinne geklärt; *Burhoff* Ermittlungsverfahren Rdnr. 904.

Folgende Übersicht veranschaulicht Voraussetzungen und Wirkung:

Ausschlussgründe gegen den Verteidiger			
Tatbeteiligung (iSv §§ 25-27 StGB) § 138 a I Nr. 1	Missbrauch des unüberwachten Verkehrs mit inhaftierten Mandanten zu Straftaten oder zur erheblichen Sicherheitsgefährdung der Haftanstalt § 138 a I Nr. 2	Begünstigung, Strafvereitelung, Hehlerei § 138 a I Nr. 3	In Staatsschutzsachen (§§ 74 a Nr. 3, 120 I Nr. 3 GVG; 138, 94-96, 97 a, 100 StGB) besteht eine Gefährdung der Sicherheit der BRD durch die Mitwirkung des Verteidigers; § 138 b
Wenn		Wenn	Wenn
• Dringender Verdacht oder • für Anklageerhebung hinreichender Verdacht oder • bei § 129 a StGB auch ein Verdacht aufgrund bestimmter Tatsachen vorliegt;		dringender oder für die Anklageerhebung hinreichender Verdacht vorliegt	begründete Annahme aufgrund bestimmter Tatsachen besteht
↓	↓	↓	↓
Wirkung: Verteidiger verliert alle Verteidigungsrechte, d.h Akteneinsicht, Verkehr mit dem Beschuldigten (auch in anderen Angelegenheiten bei inhaftierten Beschuldigten), Vertretung in allen gesetzlich geordneten Verfahren, keine Vertretung von Mitbeschuldigten (§ 138 a Abs. 4, 5 StPO); Die Wirkung tritt erst mit der Rechtskraft des Ausschließungsbeschlusses ein; ein vorläufiger Entzug der Rechte nach §§ 147, 148 StPO kann im einstweiligen Anordnungsverfahren erfolgen, § 138 c Abs. 3 StPO; Kostenentscheidung ergeht mit Abschluss des Zwischenverfahrens entspr. §§ 465 ABs. 1, 467 Abs. 1 StPO; Falscher Ausschluss führt zu einem absoluten Revisionsgrund (§ 338 Nr. 8 StPO)			
↓	↓	↓	↓
Aufhebungsgründe (§ 138 a Abs. 3 StPO) Nr. 1: Wegfall der Voraussetzungen, nicht aber Entlassung des Mandanten aus der Haft; Nr. 2: Freispruch des Verteidigers nach eröffneter HV oder keine Schuldfeststellung durch Ehrengericht Nr. 3: Ablauf von 1 Jahr ohne Eröffnungsentscheidung oder Erlass eines Strafbefehls eines Straf- oder Ehrengerichtes; (S. 2:) Die Frist ist bei Nr. 3 verlängerbar um max. 1 Jahr bei bes. Schwierigkeit, bes. Umfang oder anderem wichtigem Grund des Verfahrens		**Aufhebungsgrund:** §§ 138 b S. 2, 138 a Abs. 3 Nr. 1: Wegfall der Voraussetzungen, nicht aber Entlassung des Mandanten aus der Haft;	

Der Ausschluss ist nicht erst nach rechtskräftiger richterlicher Entscheidung über ein solches Handeln zulässig, sondern bereits bei Vorliegen eines dringenden oder nur hinreichenden Tatverdachtes, in Staatsschutzsachen und bei § 129 a StGB bereits bei Vorliegen konkreter Tatsachen. Da die Irrtumsanfälligkeit der kriminalistischen Hypothesenbildung im Verlauf eines Ermittlungsverfahrens deutlich ab- aber auch zunehmen kann, darf mit dem hier geschaffenen Instrumentarium nur zurückhaltend umgegangen werden. Keinesfalls darf damit die Möglichkeit des Beschuldigten, sich effektiv zu verteidigen und durch einen Rechtskundigen verteidigt zu werden, auf Dauer beschnitten werden.

64 Das **Verfahren**[78] beginnt durch Vorlagebeschluss der Staatsanwaltschaft im Ermittlungs- und im Vollstreckungsverfahren, ansonsten durch das mit der Hauptsache befasste Gericht an das OLG, in Ausnahmefällen auch den BGH. Der Vorlagebeschluss muss ähnlich einer Anklageschrift gefasst sein, einen bestimmten Antrag enthalten und alle relevanten Tatsachen benennen. Es findet eine mündliche Verhandlung über den Antrag statt, zu der der Verteidiger zu laden und die Staatsanwaltschaft und die Anwaltskammer zu benachrichtigen sind und in der alle Erschienenen anzuhören sind. Die Entscheidung ergeht am Schluss der Sitzung oder spätestens nach einer Woche.

65 Gegen den ablehnenden Beschluss ist keine **Beschwerde** möglich, gegen den stattgebenden Beschluss des OLG ist sofortige Beschwerde zum BGH möglich. Alle anderen Beschlüsse sind unanfechtbar, auch der einstweilige Entzug von Akteneinsichts- und Verkehrsrechten nach § 138 c Abs. 3 StPO. Eine Aufhebung des Beschlusses durch das OLG ist möglich. Der Beschluss ergeht auf Antrag des Anwaltes und muss begründet sein.

III. Mandat

1. Mandatsanbahnung

66 a) **Anbahnungsgespräch.** Der Mandatsübernahme geht regelmäßig ein Vorgespräch voraus. Der Verteidiger soll nach allgemeiner Meinung nicht von sich aus auf den zukünftigen Mandanten zugehen.[79]

67 Von diesem Grundsatz gibt es Ausnahmen:
(1) Die Information, ein strafrechtliches Verfahren stehe bevor oder sei bereits unbekannterweise anhängig, darf der bereits als Berater tätige Anwalt an seinen Mandanten (Einzelperson oder Unternehmen) auch mit dem Ziel weiter geben, das Mandat zu erhalten. Es gibt z. B. Staatsanwälte, die durch die Weitergabe einer solchen Information an einen ihnen bekannten Anwalt so Einfluss darauf nehmen wollen, dass ein bestimmter Anwalt als Ansprechpartner (Wahlverteidiger) im Verfahren zur Verfügung steht.
(2) Bei der Pflichtverteidigerbestellung hat der Verteidiger ohnehin die Aufgabe, sich selbst initiativ mit dem Mandanten in Verbindung zu setzen.
(3) Im Rahmen zulässiger anwaltlicher Werbung (§ 43 b BRAO) darf auch die Tätigkeit auf strafrechtlichem Gebiet angeboten werden. Kommt dadurch ein Mandat zustande, ist dies keinesfalls berufsrechtswidrig.
(4) Die sog. Stapelvollmachten von Verteidigern in Haftanstalten sind bedenklich, aber nicht (mehr) berufsrechtlich unzulässig. Würde der Anwalt ohnehin durch Mund-zu-Mund Propaganda in der Haftanstalt das Mandat erhalten, erleichtert ein pragmatischer und kooperativer Umgang mit der Haftanstalt die Mandatserteilung und damit auch den Verkehr mit dem inhaftierten Mandanten.

Je nach der Verfahrenssituation und nach der Funktion, die der Anwalt auf strafrechtlichem Gebiet ausfüllen soll, wird ein Anbahnungsgespräch in der Praxis unmittelbar zwischen dem Anwalt und dem Auftraggeber oder zwischen Anwalt und einem oder mehreren Beauftragten (z. B. Leiter der Rechtsabteilung, zivilrechtlich tätiger Kollege etc.) geführt.

68 Anbahnungsgespräche sollten angemessen vorbereitet sein. Für das Vorgespräch sollte man sich auf den Mandanten einstellen, die Vorabinformationen bedenken oder etwaige solche Informationen einholen.

Praxistipps für das Vorgespräch in selbst gewählter Umgebung:	
Verabredung und Organisation	Die Terminsverabredung, der Ort und die Gestaltung des äußeren Ablaufes sollte gerade in Wirtschafts- und Steuerstrafsachen dem Anspruch eines anwaltlichen Dienstleisters entsprechen: eine ruhige Umgebung, eine sachliche Atmosphäre, freundliche, hilfsbereite Einstellung des Anwaltes und seiner Mitarbeiter, ein gutes Erscheinungsbild erleichtern das Gespräch ungemein.[80]

---

[78] Zu allem: *Pfeiffer* § 138 c StPO 1 ff.; *Burhoff* Rdnr. 914-921.
[79] *Weihrauch* EV Rdnr. 15.
[80] Hinweise findet man dazu bei *Leitner/Leipold/Weimann*, Organisation einer Strafverteidigerkanzlei, StraFo 2001, 223.

	Praxistipps für das Vorgespräch in selbst gewählter Umgebung:
Thematische Vorbereitung	Der Anwalt sollte das Gespräch wenn möglich vorbereiten durch Recherche von Presseinformationen über den Fall (falls vorhanden), durch Unternehmensinformationen (meist aus dem Internet) und von Fachliteratur zu nebenstrafrechtlichen Gebieten (z. B. Ausfuhrrecht, Kriegswaffenkontrollrecht, Embargorecht etc.)
Formulare	Je nach dem Verlauf des Gespräches sollte der Anwalt auf die Mandatierung vorbereitet sein. Zu den benötigten Formularen zählen eine Vollmacht, Hinweisblätter zur Kanzleiorganisation, Merkblätter für Durchsuchungen und Vernehmungen, eine schriftliche Kanzleiinformation.
Honorierung	Das Vorgespräch dient grundsätzlich der Einführung des Verteidigers in den Fall. Ein Honoraranspruch entsteht noch nicht, es sei denn, in dem Gespräch wird das Mandat bereits angenommen;
Schutz der Information	Das Anbahnungsgespräch unterliegt bereits der Verschwiegenheitspflicht nach § 2 Abs. 2 BORA, § 203 StGB. Auch wird das Vorgespräch bereits von § 148 StPO erfasst, so dass es grundsätzlich unüberwacht bleiben muss.[81]

Befindet sich der Mandant in Haft oder wird der Anwalt – ohne bereits Verteidiger zu sein – zu einer Durchsuchung oder einer Vernehmung gerufen, dann lässt sich das Gespräch kaum vorbereiten.

	Praxistipps für das Vorgespräch in aufgezwungener Umgebung:
Organisation	Der Anwalt muss selbst Zeit und Ort in Erfahrung bringen. Im Zweifel sollte er selbst aktiv werden und dies nicht einem nichtjuristischen Mitarbeiter überlassen. Zum einen ergeben sich nützliche Informationen über Art und Umfang der Zwangsmaßnahme, zum anderen ist die unmittelbare Kontaktaufnahme für den weiteren Gang des Vorgespräches wichtig.
Erlaubnisse	Für den **Besuch des inhaftierten Beschuldigten** wird eine Besuchserlaubnis benötigt. Ohne Bevollmächtigung darf ein Besuch überwacht werden. Gleichwohl sollte der Anwalt darum bitten, mit dem Beschuldigten unbeaufsichtigt die Situation besprechen zu können. Die **Teilnahme des Anwaltes an einer Durchsuchung** bedarf der Erlaubnis des Durchsuchungsleiters und des Hausrechtsberechtigten. Der Anwalt sollte sich schon im Vorfeld seines Erscheinens angekündigt haben und um die Erlaubnis der Teilnahme bitten.
Formulare	Unabdingbar ist ein Vollmachtsformular. Zwar genügt für das Zustandekommen des Auftrages eine mündliche Bevollmächtigung.[82] Als Nachweis des Mandates sollte aber eine schriftliche Vollmacht unterschrieben werden.
Honorierung	Anders als im Mandatsanbahnungsgespräch führt das Erscheinen des Verteidigers in einer Zwangssituation praktisch immer zu einer ausdrücklichen oder konkludenten Beauftragung. Ein Honoraranspruch entsteht deshalb mit der mündlichen Beauftragung, spätestens mit der Unterzeichnung der Vollmacht.
Schutz der Information	Auch in Zwangssituationen unterliegt die dem Anwalt gegebene Information der Verschwiegenheitspflicht nach § 2 Abs. 2 BORA, § 203 StGB. Auch § 148 StPO gilt.[83]

Nicht ungewöhnlich ist gerade in einem Stadium, in dem das „Verfahren" einer Ermittlungsbehörde noch nicht begonnen hat, eine **schriftliche Kontaktaufnahme** eines Unterneh-

---

[81] *Bockemühl* HdbFAStrR S. 68; KMR/*Hiebl* vor § 137 StPO Rdnr. 64 f.
[82] BGH NStZ 1990, 44.
[83] *Bockemühl* HdbFAStrR S. 68; KMR/*Hiebl* vor § 137 StPO Rdnr. 64, 65.

mens oder eines Rechtsuchenden mit der Bitte um Beratung und ggfls. Gestaltungsvorschlägen.

	Praxistipps für die Beantwortung schriftlicher Anfragen:
Treffen oder schriftliche Antwort	Zuerst ist zu prüfen, ob die von dem Fragesteller geschilderte Situation nachvollziehbar und plausibel ist. Werden weitere Informationen benötigt oder erscheint die Schilderung inkonsequent, dann sollte man zuerst zurückfragen oder ein Gespräch vorschlagen. Das empfiehlt sich außerdem, wenn über eine Selbstanzeige nachzudenken ist oder eine gesteigerte Vertraulichkeit gewahrt werden muss.
Thematische Bearbeitung	Der als Strafverteidiger angesprochene Anwalt wird ohne zuverlässige Detailkenntnis eines Sachverhaltes nur allgemeine Auskünfte geben oder gutachterliche Hinweise zur rechtmäßigen Gestaltung des angefragten Sachverhaltes abgeben. Eine Festlegung auf ein bestimmtes Unwerturteil kommt nur dann in Betracht, wenn die Schilderung vollständig und schlüssig erscheint und eindeutig unter eine Strafnorm subsumiert werden kann.
Formulare	Die Verwendung von Formularen ist nur dann zu empfehlen, wenn der Fragesteller hinlänglich bekannt ist und die im Formular abstrakt beschriebene Situation von diesem verstanden werden kann. Bei unbekannten Fragestellern darf und kann eine Kenntnis des Strafrechts und des Strafverfahrens nicht vorausgesetzt werden.
Honorierung	Das Antwortschreiben lässt anders als das Vorgespräch grundsätzlich einen Honoraranspruch nach § 20 BRAGO entstehen. Allerdings sollte der Anwalt dann, wenn er sich die Mandatsübernahme vorbehält, dies in seiner Antwort deutlich machen.
Schutz der Information	Das Antwortschreiben unterliegt **nicht** der Vertraulichkeit, wenn der Verteidiger mit einem Unternehmen, dessen Justitiar etc. korrespondiert. Daher raten viele Praktiker grundsätzlich von schriftlichen Antworten ab. Andererseits haben das Unternehmen und der Mandant einen Anspruch auf eine schriftliche Bewertung der Vorgänge durch den Verteidiger. Eine schriftliche Stellungnahme sollte den Stand des Verfahrens beachten und eine Beurteilung möglichst abstrakt abgeben.

71 b) **Prüfung der Mandatsannahme.** Ein Anwalt ist grundsätzlich frei, das ihm angebotene Mandat anzunehmen oder es abzulehnen.[84] Als Wahlverteidiger stellen sich mit jedem Angebot einer Mandatsübernahme weit mehr als nur die vom Publikum erwarteten Fragen nach Arbeitsaufwand, Reputation und Gewinn. Der Verteidiger sollte sich folgende Fragen beantworten:[85]

Fragestellung....	... und denkbare Konflikte:
Bereitschaft zur Verteidigung dieses Mandanten	Entstehen Konflikte aufgrund der **Persönlichkeit** des Mandanten, dem **Wissen über die Schuld**, der **Abneigung** gegen die **Berufsgruppe** des Mandanten oder seine **Milieuzugehörigkeit**?
Bereitschaft zur Verteidigung in dem konkreten Deliktsfeld	Kann und will der Verteidiger aufgrund seiner **persönlichen Überzeugung** und seiner Erfahrung (**Spezialkenntnisse**) in dem konkreten Deliktsumfeld (z. B. Kriegswaffenkontrollgesetz, Steuerhinterziehung, Industriespionage, Bestechungsdelikte) tätig werden?
Kapazitäts- und Terminprobleme	Sind **Arbeitsablauf** der Kanzlei, die vorhandenen **Räume** und die Zahl und Qualifikation von **Mitarbeitern** in der Lage, ein umfangreiches und lange dauerndes Verfahren mit zu tragen? Bestehen **Terminkollisionen**? Ist der Verteidiger in **Haftsachen** auf eine länger dauernde Besuchssituation eingerichtet? Sind die sozialen Probleme aus einer Haftsituation verkraftbar?

---

[84] *Burhoff* Ermittlungsverfahren Rdnr. 793, 794.
[85] *Dahs* Rdnr. 121 ff.; *Weihrauch* EV Rdnr. 4 ff.; *Burhoff* Ermittlungsverfahren Rdnr. 793 ff.

Fragestellung....	... und denkbare Konflikte:
Auslandsbezug	Ist der Mandant **Ausländer**, ist nur eine Korrespondenz über **Dolmetscher** möglich? Ist der Verteidiger in der Lage, **ausländerrechtliche Fragen** zu beantworten? Kann er den kulturellen Hintergrund beurteilen? Sind **Auslandsreisen** durchzuführen, hält sich der Mandant im Ausland auf oder versteckt?
Gesetzliche Hindernisse	Mandatsübernahme darf nicht gegen **Strafrecht** verstoßen. Die Mandatsübernahme darf auch nicht im **widerstreitenden Interesse** eines anderen, an der Tat Beteiligten liegen (§ 43 a Abs. 4 BRAO). Die Fortführung des Mandates kann auch daran scheitern, dass das Honorar den **Geldwäschebestimmungen** unterliegen kann (§ 261 StGB).
Unzureichende Information	Kann der Mandant über die Vorwürfe nicht informieren, dann kann der Anwalt nicht vollständig beraten. Er kann sich dann eine **Vollmacht unter Vorbehalt** erteilen lassen mit der Abrede, diese nur für die Akteneinsicht zu verwenden, und nach Prüfung des Akteninhaltes über die Mandatsannahme zu entscheiden.
Mehrere Verteidiger	Haben bereits **andere Verteidiger** einen Auftrag in derselben Sache erhalten, dann ist auf die Höchstzahl nach § 137 StPO zu achten. Andere Verteidiger sind vor der Mandatsübernahme zu unterrichten. Soll die Verteidigung ausgewechselt werden, sollte zuerst die frühere Verteidigung enden, § 15 Abs. 1, 2 BORA.
Zusammenarbeit mit Dritten	Der persönliche Kontakt ist für das Vertrauensverhältnis zum Mandanten entscheidend. Wenn das Mandat durch Dritte vermittelt und geführt werden soll, können sich Konflikte aus Informationsdefiziten, aus Wissensbedürfnissen des Dritten und aus anderen Interessen ergeben.

c) **Ablehnung des Mandates.** Die Ablehnung des Mandates wie auch die Annahme[86] haben unverzüglich zu erfolgen (§ 44 S. 1 BRAO für die Ablehnung). Das schließt eine spätere Mandatsniederlegung wegen neuer Erkenntnisse der oben geschilderten Art oder auch wegen anderer wichtiger Gründe nicht aus. Es stellt nur das Interesse des Mandanten an der unverzüglichen Übernahme der Verteidigung sicher.

d) **Form der Mandatsübernahme.** Das Mandat kann mündlich (z. B. während des Erstgespräches) oder schriftlich (z. B. nach Akteneinsicht) übernommen werden. Erst durch diese Annahme des Mandates entsteht das anwaltliche Beratungsverhältnis, ein Dienstvertrag mit Geschäftsbesorgungscharakter nach §§ 675, 611 BGB.[87] Auch löst erst das Zustandekommen des Mandatsvertrages den gesetzlichen Gebührenanspruch aus.[88] Es ist sinnvoll – wenn auch nicht unumstößlich – die Mandatsübernahme zu **bestätigen** und dabei einige erste Hinweise für das weitere Verhalten schriftlich zu dokumentieren. Teilweise werden individuelle Hinweisschreiben formuliert. Mit Blick auf die europäische Integration empfehlen sich die auch bei ausländischen Kanzleien üblichen Merkblätter.

2. Wahlverteidigung

a) **Einzelverteidigung.** Mit der Mandatsannahme entsteht das Mandatsverhältnis. Es entsteht nicht schon mit der Mitteilung des Mandanten, er werde von den Rechtsanwälten X, Y vertreten, wenn der Anwalt hiervon noch keine Kenntnis hat. In einem Rechtsberatungs-Dauermandat kann die Mitteilung aber bereits deshalb zutreffend sein, weil sich die Anwaltskanzlei aufgrund des Beratungsvertrages zur ständigen Beratung des Unternehmens verpflichtet hat. Es ist dann Sache des Anwaltes, die Übernahme der Verteidigung im speziellen Fall abzulehnen oder – was geschickter ist – das Mandat auf einen erfahrenen Strafverteidiger überzuleiten.

---

[86] Strafrechtsausschuß der Bundesrechtsanwaltskammer, Thesen zur Strafverteidigung, 1992 These 4.
[87] BGH NJW 1964, 2402; Palandt/*Putzo* Vor § 611 BGB Rdnr. 21; *Dahs* Rdnr. 121.
[88] Hamm/Lohberger/*Danckert*/*Ignor* Teil II 2.

75 **b) Vollmacht.** Das schriftliche Vollmachtsdokument dient zum einen als Nachweis für das Zustandekommen des Mandatsverhältnisses. Zum anderen ist die schriftliche Vollmacht erforderlich zur Legitimation bei der Behörde, bei der die Bestellung als Verteidiger gemäß § 137 StPO erfolgt. In der Praxis hat sich eingebürgert, dass die Ermittlungsbehörde auf der Vorlage der Vollmacht besteht, bevor spezifische Verfahrensrechte gewährt werden.

76 Erforderlich ist, dass der Mandant die Vollmacht persönlich unterschreibt. Eine Unterzeichnung durch Dritte, etwa Ehefrau, Bruder oder sonstige Personen ist nicht ausreichend. Zwar ist eine Vertretung zulässig, um das besondere Vertrauensverhältnis zwischen Verteidiger und Mandant aber glaubwürdig gegenüber Ermittlungsbehörden vertreten zu können, ist dies unverzichtbar. Bei einem minderjährigen Mandanten (denkbar bei einem Urheberrechtsverstoß oder einem Internet-Delikt) muss die Vollmacht vom gesetzlichen Vertreter unterzeichnet werden. Hierbei ist die Vorschrift des § 67 JGG zu beachten, der auch in Wirtschafts- und Steuerstrafsachen gilt.[89]

77 Im OWi-Verfahren kann auch ohne Vorlage einer schriftlichen Vollmacht Einspruch eingelegt werden. Die Einlegung eines Einspruches durch den Anwalt hat die Vermutung für sich, dass dieser auch bevollmächtigt ist. Dies gilt jedenfalls dann, wenn der Anwalt sich als „Verteidiger" bezeichnet oder erklärt, dass er für den „Betroffenen" tätig wird.[90]

78 Richtet ein Verfahren sich zunächst gegen Unternehmen, so ist die Vollmacht von dem Organ der Gesellschaft nach den satzungsrechtlichen Vertretungsregelungen zu erteilen. Die Vollmacht sollte sich ausdrücklich auf die Vertretung im strafrechtlichen Verfahren einschließlich der Rechte als Nebenbeteiligter (bspw. § 444 StPO (selbständiges Verfahren gegen juristische Personen), § 430 StPO (Einziehungsverfahren)) beziehen. Wenn das Unternehmen durch die verfolgte Tat geschädigt ist, kommen zusätzlich die Beteiligungsrechte nach § 406 d ff StPO in Betracht, in den Neben- und Privatklagedelikten auch die Rechte nach §§ 374ff, 395ff StPO).

79 **c) Mehrere Verteidiger.** Gemäß § 137 Abs. 1 S. 2 StPO ist die Zahl der Verteidiger für einen Beschuldigten auf drei beschränkt. Dies gilt auch im Bußgeldverfahren. Hierbei ist ein Unterbevollmächtigter, der anstelle des Vollmachtgebers auftritt, **nicht** mitzuzählen. Übt der Unterbevollmächtigte aber gemeinsam mit dem gewählten Verteidiger Verfahrensrechte aus, so ist er mitzuzählen.[91]

80 Bei einer Anwaltssozietät ist bei der Mandatsannahme zu klären, wer der Verteidiger sein soll. Ohne besondere Bestimmung sind grundsätzlich alle Anwälte der Sozietät beauftragt. Eine Beschränkung auf einzelne Mitglieder ist aber zulässig und zur Vermeidung einer Zurückweisung auch notwendig. Eine Streichung oder Nichtstreichung auf einer Vollmacht reicht nicht aus, um einen Verteidiger zurückzuweisen.[92] Allerdings ist von Anfang an eine Klarstellung zu empfehlen.

81 Die Bestellung eines oder mehrerer Pflichtverteidiger führt nicht zum Ausschluss eines oder mehrerer Wahlverteidiger, da § 137 StPO den Pflichtverteidiger nicht nennt. Allerdings werden Verteidiger, die nach § 138 Abs. 1 StPO nur mit Genehmigung des Gerichts tätig werden dürfen, mitgezählt, ebenso ausländische Verteidiger.

82 **d) Handakten.** Der Verteidiger ist wie jeder Anwalt nach § 50 Abs. 1 BRAO verpflichtet, Handakten anzulegen und so zu führen, dass seine Tätigkeit ein geordnetes Bild ergibt. Die hier verlangte Ordnung dient dem Schutz des Anwaltes und des Mandanten. Bei Beschwerden soll sich der Anwalt eines verlässlichen Beweismittels bedienen können und durch die Standesaufsicht kontrollierbar sein.[93] Die Ordnungskriterien für die Handakte und der inhaltliche Umfang sind nicht im Detail vorgegeben.[94] Unter keinen Umständen ist der Anwalt aus Standes-, Qualitätsgrundsätzen oder gar aus strafrechtlichen Gründen heraus verpflichtet, jede Überlegung und Handlung zu dokumentieren. Vielmehr entscheidet der Anwalt autonom, was in den Handakten aufzunehmen ist.

---

[89] *Müller/Freyschmidt* 1 Rdnr. 8.
[90] *Müller/Freyschmidt* 1 Rdnr. 8.
[91] BGH MDR 1978, 111.
[92] BGHSt. 27, 127; BGHSt. 40, 188; BGH NJW 1994, 2302.
[93] *Hartung/Holl* § 50 BRAO Rdnr. 19 f.
[94] Ausführlich zu verschiedenen Kriterien: *Hartung/Holl* § 50 BRAO Rdnr. 94 ff.

3. Pflichtverteidigung

a) Bedeutung. Die **Bedeutung** der Pflichtverteidigung (PV) in Wirtschafts- und Steuerstrafsachen ist im Ermittlungsverfahren gering (z. B. bei langer Untersuchungshaft[95]), häufiger aber relevant – aus finanziellen Gründen – im Zwischen- oder Hauptverfahren. Die Pflichtverteidigung ist ein wesentlicher Bestandteil eines rechtsstaatlichen Verfahrens,[96] weil dem Beschuldigten so der Beistand zur Verfügung stehen soll, der die im I. Abschnitt beschriebenen Funktionen wahrnehmen soll. 83

Der Einzelanwalt wird sich fragen, ob die Übernahme einer Pflichtverteidigung ratsam ist. Es bestehen folgende **Vor- und Nachteile**: 84

Positive Aspekte der PV	Negative Aspekte der PV
• Pflichtverteidigung ist die Vorsorge des Gesetzgebers angesichts einer denkbaren hohen Strafdrohung und damit eines empfindlichen Eingriffs in Grundrechte des Einzelnen; die Beauftragung als PV ist nicht nur Pflicht, sondern kann auch Ehre sein, sie ist (trotz Vergütung) einer sog. „pro-bono" Tätigkeit von Rechtsanwälten angenähert. • Pflichtverteidigung soll die notwendige Kontrolle staatlichen Handelns sicherstellen. • Pflichtverteidigung stellt oft die einzige Möglichkeit einer Beratung und Vertretung durch einen Anwalt im Strafverfahren angesichts eigener fehlender Finanzen dar. • Genießt der Pflichtverteidiger das Vertrauen des Mandanten, dann kann er wie ein Wahlverteidiger alle notwendigen Schritte ergreifen.	• Die geringe, vom Staat nachträglich zu bewilligende Tages- und Pauschvergütung für Pflichtverteidiger stellt ein Hindernis für eine sich dem Mandanteninteresse in vollem Umfang widmende Verteidigertätigkeit dar. Die Vergütung reicht oft nicht aus, um einen Kanzleibetrieb aufrecht zu erhalten, so dass der Anwalt sein Interesse an der Führung des einen Mandates mit anderen Berufsaufgaben teilen muss. • Die Auswahl des Pflichtverteidigers durch das Gericht – vor allem wenn sie gegen den Wunsch des Mandanten durchgesetzt wird – führt zu einer Hürde des Misstrauens und zur dauernden Belastung des Verhältnisses zwischen Pflichtverteidiger und Mandant. • Die Bestellung des Pflichtverteidigers durch das Gericht führt zu einer psychologisch schwierigen Interessensituation des Anwaltes, die vom Gesetzgeber nicht beabsichtigt sein mag. Der Anwalt – und auch der Richter – entwickeln durch die Auswahl und Bestellung eine bestimmte Erwartungshaltung über die Art der kooperativen Zusammenarbeit, die sich entwickeln soll. Der Verteidiger darf dieser Erwartungshaltung nicht nachgeben, wenn die Interessen des Mandanten eine Konfrontation gebieten.

b) Fallgestaltungen. Die **Fälle** notwendiger Pflichtverteidigung werden im Wesentlichen in § 140 StPO geregelt. Ein Strafverteidiger wird üblicherweise erst zu Beginn der Hauptverhandlung bestellt, damit die Justiz Kosten sparen kann. Dem Interesse des regelmäßig Inhaftierten entspricht das nicht. Aber auch der auf freiem Fuß befindliche Beschuldigte wäre besser vertreten, wenn ein Pflichtverteidiger sich bereits frühzeitig mit dem Akteninhalt und etwaigen Beweismitteln befasst hat. Verfügt daher der Mandant nicht über ausreichende Mittel, sollte man schon im Ermittlungsverfahren die Beiordnung als Pflichtverteidiger beantragen. In **Wirtschafts- und Steuerstrafsachen** liegt in der Regel ein Beiordnungsgrund wegen der Schwierigkeit der Sach- und Rechtslage (§ 140 Abs. 2 S. 1 StPO) vor.[97] Die nachstehende Übersicht 85

---

[95] Zur Verteidigung in Untersuchungshaftfällen vgl. *Schlothauer/Weider* Untersuchungshaft 3. Aufl. 2001; Rechtsprechungsübersichten bei *Burhoff* StraFo 2006, 51; StraFo 2002, 379; zu den Haftgründen: ders: EV Rdnr. 1700; *Gercke* StraFo 2004, 675; *Lemme* wistra 2004, 288.

[96] BVerfG NJW 1986, 767, 771; NStZ 1998, 363 f.; zu allen Fragen: *Burhoff* Rdnr. 568 ff.

[97] OLG Celle StV 1986, 142; OLG Köln wistra 1991, 194.

fasst die gesetzlichen Fallgestaltungen zusammen, wobei die Gerichte über die Strafprozessordnung hinaus Gründe anerkannt haben, die ebenfalls eine Pflichtverteidigerbestellung nahe legen.

Regelfälle der PV gem. § 140 StPO	Sonderfälle der PV
Abs. 1 Nr. 1: Erstinstanzliche Hauptverhandlung vor einem LG oder OLG; aus § 141 folgt, dass ein Verteidiger spätestens nach Zustellung der Anklageschrift zu bestellen ist **Nr. 2**: Vorwurf eines Verbrechens (Mindestmaß 1 Jahr Freiheitsstrafe, auch bei Versuch oder Beteiligung) **Nr. 3**: Mögliche Nebenfolge eines Urteils wäre ein Berufsverbot (§ 70 StGB) **Nr. 4**: aufgehoben, stattdessen § 140 Abs. 2 S. 2: Beiordnung auf Antrag bei einem tauben oder stummen Angeklagten **Nr. 5**: Anstaltsunterbringung von mindestens drei Monaten (unabhängig von der Art des Verfahrens, in dem die Unterbringung oder der Vollzug angeordnet worden ist) **Nr. 6**: Wenn zur Vorbereitung eines Gutachtens die Unterbringung angeordnet werden soll (bereits bei der Antragstellung) **Nr. 7**: Bei Sicherungsverfahren gem. § 413ff StPO; **Nr. 8**: Nach Rechtskraft eines Beschlusses über den Ausschluss des (einzigen) Wahlverteidigers; **Abs. 2 S. 1**: Wegen der **Schwere der Tat**[98] oder wegen der **Schwierigkeit der Sach- und Rechtslage**[99] oder wegen ersichtlicher **Unfähigkeit**[100] zur Verteidigung	**§ 117 Abs. 4**: Beiordnung eines Pflichtverteidigers auf Antrag im U-Haftverfahren nach dreimonatigem Vollzug, wenn der Beschuldigte bis dahin noch keinen Verteidiger gewählt hat; **§ 118 Abs. 2 S. 2-4**: Bestellung eines PV, wenn ein Haftprüfungstermin in Abwesenheit des Beschuldigten durchgeführt wird; **§ 138 c Abs. 3 S. 4**: Im Verfahren über den Ausschluss eines Verteidigers kommt eine PV in Betracht, wenn der Verteidiger bestimmte Verfahrensrechte vorläufig nicht mehr wahrnehmen darf; **§ 231 a Abs. 4**: Fortsetzung der Hauptverhandlung nachdem der Angeklagte vorsätzlich seine Verhandlungsunfähigkeit herbeigeführt hat. **§ 408 b**: Bestellung eines PV bei Festsetzung einer Freiheitsstrafe von bis zu einem Jahr, falls der Angeschuldigte noch keinen Verteidiger hat; **§ 418 Abs. 4**: Beiordnung eines PV im beschleunigten Verfahren, wenn mit einer Freiheitsstrafe von mehr als 6 Monaten zu rechnen ist; **§ 60 Abs. 1 OWiG**: Beiordnung eines PV in Fällen der Generalklausel des § 140 Abs. 2 Nr. 1 StPO; **§ 34 Abs. 3 Nr. 1 EGGVG**: Falls **Kontaktsperre** nach § 31 richterlich angeordnet wird, muss bis zu deren Aufhebung einem unverteidigten Beschuldigten ein PV bestellt werden;

86 Die **Erweiterung der Pflichtverteidigungsfälle** durch zukünftige Reformgesetze wird insbesondere von dem Strafrechtsausschuss der Bundesrechtsanwaltskammer[101] bei den folgenden Fallgestaltungen gefordert:
- Vernehmung eines Belastungszeugen, ohne dass die Person des Beschuldigten feststeht, oder bei absehbarer Abwesenheit des Zeugen in einer strafrechtlichen Hauptverhandlung (Art. 6 Abs. 3 EMRK)
- Erhebung von Sachbeweisen, die in einer zukünftigen Hauptverhandlung nicht mehr reproduzierbar sind;
- Vernehmung eines Mitbeschuldigten durch Polizei und Justiz, wenn der Beschuldigte an der Befragung (z. B. durch Untersuchungshaft) gehindert ist und keinen Wahlverteidiger hat;

87 **c) Verfahren.** Das **Verfahren** der Beiordnung gestaltet sich in der Praxis der einzelnen Landgerichte unterschiedlich. Idealerweise kommt es vor einer Bestellung zum PV zu einer Befragung des Betroffenen, welchen Verteidiger er vorschlägt. Das folgende Schema stellt die Vorgehensweise bei der Bestellung des Pflichtverteidigers grafisch dar:

---

[98] Fallgestaltungen bei *Burhoff* Rdnr. 601 ff. m.w.N.
[99] Fallgestaltungen bei *Burhoff* Rdnr. 605 ff. m.w.N.
[100] Fallgestaltungen bei *Burhoff* Rdnr. 612 ff. m.w.N.
[101] *Strafrechtsausschuß*, Reform der Verteidigung im Ermittlungsverfahren, 2004, Thesen 10 ff.

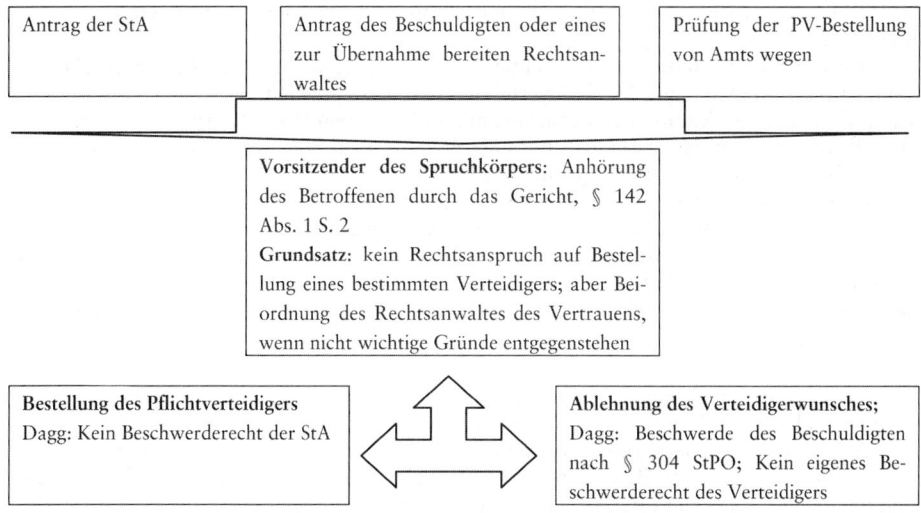

Es ist möglich, einen Pflichtverteidiger neben einem Wahlverteidiger zu bestellen oder 88
mehrere Pflichtverteidiger zu bestellen. Die Entscheidung dafür liegt bei dem Vorsitzenden des Spruchkörpers. Die Rechtsprechung bejaht die Notwendigkeit einer solchen Verfahrensweise zur Sicherung eines ansonsten zu unterbrechenden Verfahrens, wegen des besonderen Umfangs und der Dauer, wenn die Gefahr besteht, dass der Wahlverteidiger in der Hauptverhandlung das Mandat niederlegt und der Angeklagte unverteidigt ist. Das Recht des Betroffenen, den Pflichtverteidiger seines Vertrauens zu erhalten, kann nur aus wichtigen Gründen eingeschränkt werden.

Wichtige Gründe,[102] die das Recht des Beschuldigten, den Verteidiger seines Vertrauens auch 89
vor Gericht durchsetzen zu können, können in der Person des Verteidigers, in dem konkreten Gerichtsstand oder in der Sache begründet sein.
(1) In der **Person des Verteidigers** liegende Gründe können sein: Überlastung, längere Verhinderung, Gefahr der Mehrfachverteidigung oder Interessenkollision bei Sukzessivverteidigung,[103] Verdacht von Ausschlussgründen, fehlende Zulassung bei einem deutschen Gericht.
(2) Gründe, die **im Verfahren** bzw. im **Gerichtsstand** angelegt sind, können sein: große Entfernung zwischen Gerichtssitz und Wohnort des Beschuldigten einerseits, Kanzleisitz des Anwaltes andererseits; nicht dagg. wenn der Anwalt in der Nähe des Mandanten arbeitet, der Gerichtssitz aber entfernt ist, Kostenbelastung ist für die Staatskasse angesichts der Materie und des Umfangs des Verfahrens nicht gerechtfertigt.
(3) In der **Sache** liegende Gründe können sein: eine Spezialmaterie, in die der Verteidiger sich nicht einarbeiten konnte; eine nachhaltige Verfahrensverzögerung, wenn der ordnungsgemäße Ablauf eines Verfahrens gefährdet ist.

Die Ablehnung einer Pflichtverteidigerbestellung für einen auf freiem Fuß befindlichen Be- 90
schuldigten im Ermittlungsverfahren nach § 141 StPO ist nach überwiegender Auffassung in Rechtsprechung und Literatur mit der Beschwerde nach § 304 StPO angreifbar,[104] allerdings dann nicht, wenn nur der Vorsitzende des zust. Gerichts entschieden hat.[105]

---

[102] Im Einzelnen dazu m.w.N.: *Burhoff* Rdnr. 571 ff.
[103] BGHSt. 48, 170; BGH Beschl. v. 15.11.2005 -3 StR 327/05.
[104] *Meyer-Goßner* § 141 StPO Rdnr. 9.
[105] *Meyer-Goßner* § 141 StPO Rdnr. 10 m.w.N.; a.A. bspw. *Beckemper*, Anm. zu OLG Karlsruhe, NStZ 1999, 221 (Beschwerde nach §§ 23ff EGGVG).

91 **d) Wirkungen der Bestellung.** Mit der Bestellung zum Pflichtverteidiger treten folgende **Wirkungen** ein:
- ein etwaiges zuvor erteiltes Wahlverteidigermandat endet automatisch (in der Antragstellung wird die Niederlegung des Wahlverteidigermandates gesehen),[106]
- einer Vollmacht des Mandanten bedarf es zur Ausübung von Verteidigerrechten nicht;
- der Pflichtverteidiger ist Verteidiger mit allen Rechten und Pflichten, jedoch ohne ein zivilrechtliches Mandatsverhältnis begründet zu haben;
- der Verteidiger erhält einen Honoraranspruch gegen den Justizfiskus nach § 45 Abs. 3 RVG.
- die Pflichtverteidigung endet entweder mit der jeweiligen Aufgabenerfüllung (z. B. Pflichtverteidigung im Unterbringungsverfahren endet mit der erstinstanzlichen Entscheidung), durch Aufhebung des Bestellungsanlasses (z. B. durch Aufhebung einer Kontaktsperre), durch Rücknahme nach § 143, falls sich ein Wahlverteidiger bestellt, oder durch Entpflichtung durch das Gericht;

92 **e) Entpflichtung.** Die Entpflichtung eines Pflichtverteidigers erfolgt – neben dem gesetzlichen geregelten Fall des § 143 – nur aus wichtigem Grund, wenn der Zweck der PV, dem Beschuldigten einen Beistand zu sichern und ein ordnungsgemäßes Verfahren zu gewährleisten, ernsthaft gefährdet ist.[107] Das ist zum Beispiel bei einer Verweigerung des Mandanten zur Zusammenarbeit mit dem PV, bei einer Interessenkollision des PV, bei unüberbrückbaren Terminsproblemen, bei längerfristiger Verhinderung etc. der Fall.[108] Das Entpflichtungsverfahren entspricht spiegelbildlich der Vorgehensweise bei der Bestellung. Zuständig für die zu treffende Entscheidung ist der Vorsitzende des Spruchkörpers. Die Entpflichtung ist mit der Beschwerde nach § 304 StPO angreifbar.

4. Anwaltswechsel

93 **a) Bedeutung.** Anwaltswechsel sind in Wirtschafts- und Steuerstrafsachen nicht selten. Manchmal sind dafür finanzielle Gründe ausschlaggebend – z. B. wenn der Anwalt das Mandat mangels Honorarzahlung beendet – manchmal stimmt die „Chemie" zwischen Anwalt und Mandant nicht, manchmal – aus der Sicht des Mandanten – mangelt es dem Anwalt an Kompetenz oder Einfühlungsvermögen für eine angemessene Verteidigungsstrategie. Für den Anwalt ergeben sich, sobald er von der Tätigkeit eines weiteren Kollegen / einer Kollegin erfährt, Fragen nach der Bedeutung für den bisherigen Anwaltsvertrag, der Weitergabe von Informationen und der Vergütung der bisherigen Tätigkeit. Einige dieser Fragestellungen sind:

Themen	Fragestellungen
Fortbestand des weiteren Mandates	Soll nach dem Willen des Mandanten eine gemeinsame, arbeitsteilige oder eine parallele (von dem anderen unabhängige) Verteidigung durchgeführt werden? Wer unterrichtet den jeweils anderen Verteidiger über die Maßnahmen und Fortschritte der Verteidigungsarbeit?
Beendigung des eigenen oder des anderen Mandates	– Stellt die Tätigkeit eines anderen Verteidigers ein Hindernis für den Beginn oder die Fortsetzung der eigenen Arbeit dar? – Nimmt der neue Verteidiger dem bisherigen Verteidiger das Mandat weg? – Bestehen Konflikte zwischen Mandant und bisherigem Verteidiger?
Unterrichtung des Kollegen/ der Kollegin	Wer unterrichtet den bisherigen Verteidiger über – die Mandatserteilung – eigene Kenntnisse über Inhalt und Stand des Verfahrens – die Ansichten, Meinungen oder Verhaltensweisen des Mandanten – die eigenen Erfolgsprognosen der eingeschlagenen Verteidigungsstrategie

---

[106] BGH StV 1981, 12.
[107] BVerfG NJW 1975, 1015; *Meyer-Goßner* § 143 StPO Rdnr. 3 m.w.N.
[108] Dazu mit Fallbeispielen: *Burhoff* Rdnr. 614-619 a.

Themen	Fragestellungen
Abrechnung der bisherigen Tätigkeit	Grundsatz: Endet das Mandat ohne Verschulden des Anwaltes, steht ihm die gesetzliche Vergütung zu. Auch eine vorher wirksam vertraglich vereinbarte oder auf eine solche Vereinbarung gezahlte Vergütung steht dem Anwalt zu.[109] Ausnahme: Bei Pauschalhonoraren besteht eine Rückvergütungspflicht, wenn der Umfang der Verteidigertätigkeit in einem groben Missverhältnis zur erhaltenen Vergütung steht.[110]

b) Fortbestand des bisherigen Mandates. Der Fortbestand des bisherigen Mandates ist vertragsrechtlich gesehen der Normalfall. Der bisherige Anwaltsvertrag bleibt auch dann bestehen, wenn ein weiterer Verteidiger beauftragt wird. Gleichwohl wird für beide Verteidiger die Mandatsführung schwieriger. Ob und wie eine Koordination, ein intensiver und zeitnaher Informationsaustausch durchgeführt werden soll, muss geklärt werden. Da eine gemeinsame Verteidigung nur dann effektiv sein kann, wenn dem Mandanten nicht unterschiedliche Ratschläge erteilt werden, müssen sich mehrere Verteidiger miteinander abstimmen. Im Idealfall schlägt der bisherige Verteidiger einen Kollegen vor, von dem er Kooperation erwarten kann. Mit diesem können dann die bisherigen Informationen ausgetauscht werden. Für eine erfolgreiche Verteidigung ist auch ein gemeinsames Auftreten gegenüber der Strafverfolgungsbehörde wichtig.

Die Übersicht zeigt die bei einem Mandatswechsel anstehenden Fragen:

Bisheriger Verteidiger	Hinzutretender Verteidiger
– Grundsätzlich ist die Hinzunahme eines weiteren Verteidigers kein Vertrauensbruch oder Misstrauen des Mandanten, außer, ein solches wird erklärt. – Beauftragt der Mandant in Absprache oder Initiative des bisherigen Verteidigers einen weiteren Verteidiger, empfiehlt sich die Kontaktaufnahme durch den bisherigen Verteidiger. – Im Interesse des Mandanten liegt die vollständige und nutzbringende Zusammenarbeit. Daher sollte der bisherige Verteidiger den hinzutretenden über alle wesentlichen Tätigkeiten informieren.	– Der Hinzutretende hat den bisherigen Verteidiger zu verständigen (§ 15 Abs. 2 BORA). – Eine Verständigungspflicht entfällt, wenn der Anwalt nur beratend tätig wird (§ 15 Abs. 3 BORA). – Der Hinzutretende sollte sich vor einer Kontaktaufnahme mit Behörden zunächst von dem bisherigen Verteidiger die Lage des Verfahrens und den Umfang der Verteidigungstätigkeit erläutern lassen, ebenso auch die bisherige Verteidigungsstrategie und taktische Maßnahmen. – Eine Arbeitsteilung ist empfehlenswert aber nicht unbedingt erforderlich.

c) Anwaltstausch. Die Auswechslung des Verteidigers kann durch eine Mandatsniederlegung oder durch die Kündigung des Anwaltsvertrages ausgelöst worden sein. Vor einer Mandatsannahme hat sich der neu beauftragte Anwalt zu vergewissern, dass der bisherige Anwalt von der Mandatsübernahme erfährt (§ 15 Abs. 1 BORA). Zudem ist es eine Frage des guten Stils, wenn bei einem Mandatswechsel der potenzielle Mandant auf die Regeln des Standesrechtes hingewiesen wird und ebenso mit dem Kollegen/der Kollegin bei gewünschter Beendigung des Mandates mündlich, fernmündlich oder schriftlich Kontakt aufgenommen wird. Für den bisherigen und den neuen Verteidiger ergeben sich folgende Aufgaben:

Bisheriger Verteidiger	Neuer Verteidiger
– Die Mandatsbeendigung muss durch den Mandanten erklärt werden, wenn der Verteidiger nicht von sich aus kündigt.	– Der neue Verteidiger muss den Mandanten über die Verpflichtung zur vollständigen Information beraten, ebenso über die begrenzte „Kooperationspflicht" des bisherigen Verteidigers.

---

[109] *Kilian* NJW 2005, 3104.
[110] BGH Urt. v. 27.1.2005 – IX ZR 273/02, NJW 2005, 2142: Generell zu Vergütungsvereinbarungen nach § 3 BRAGO, § 4 RVG: *Henssler*, Aktuelle Praxisfragen anwaltlicher Vergütungsvereinbarungen, NJW 2005, 1537; *Tsambikakis*, Die Vergütungsvereinbarung in Strafsachen, StraFo 2005, 446.

Bisheriger Verteidiger	Neuer Verteidiger
– Der bisherige Verteidiger ist in dem Umfang zur Information verpflichtet, wie er Geschäfte des Mandanten wahrgenommen hat (§ 666 BGB). – Die Herausgabe der Handakten darf außer zur Unzeit von der Bezahlung des Honorars abhängig gemacht werden. Allerdings muss der Anwalt evtl. Kopien anfertigen (§ 17 BORA). – Über Begrenzungen des Akteneinsichtsrechts muss der Anwalt den Mandatsübernehmer unterrichten (arg. aus § 19 Abs. 2 S. 2 BORA).	– Das Mandat darf auch dann angenommen werden, wenn der Mandant den bisherigen Anwaltsvertrag noch nicht erfüllt hat. – Der neue Verteidiger ist an die Strategien und Erklärungen des bisherigen Verteidigers nicht gebunden – muss aber um Schaden vom Mandanten abzuwenden eine Änderung des bisherigen Verteidigungsverhaltens nachvollziehbar machen und begründen. – Der neue Verteidiger muss den Umfang bisheriger Vollmachten prüfen, um nicht in die Gefahr des § 137 Abs. 1 S. 2 StPO zu geraten.

Auf den potenziellen Mandanten wirkt es positiv, wenn der neu zu beauftragende Anwalt sich nicht in das Mandat „drängt", sondern pflichtgemäß sachlich die Gründe für den gewünschten Anwaltswechsel erörtert.

96 **d) Informationsweitergabe.** Das Kardinalproblem eines neuen Verteidigers (sei es als hinzutretender oder als übernehmender Anwalt) liegt in der vollständigen Unterrichtung über Inhalt und Umfang der bisherigen Verteidigungstätigkeit. Die Informationen des Mandanten gehen nur soweit, wie dieser vom bisherigen Verteidiger informiert worden ist. Selten kennt der Mandant die genauen Inhalte von Verteidigergesprächen mit Polizei und Justiz. Ebenso selten kann ein Mandant die fachlichen Schlussfolgerungen aus derartigen Gesprächen und aus der Auswertung von Akten und Beweismitteln nachvollziehen. Daher ist es notwendig, dass sich der neue Verteidiger bei dem bisherigen Verteidiger – soweit das irgend möglich ist – über die bisherige Verteidigungstätigkeit informiert. Falls die Mandatsübernahme von einem Streit mit dem bisherigen Anwalt begleitet wird, sollte der neue Anwalt den Mandanten bei der Mandatsübernahme sogleich auch eine Erklärung über die Entbindung des alten Anwaltes von der Verschwiegenheitspflicht ihm gegenüber unterschreiben lassen. Sodann sollte der neue Verteidiger den bisherigen telefonisch oder schriftlich unter Hinweis auf diese Entbindungserklärung zur vollständigen Auskunft auffordern.

97 **e) Honorarfragen und Handakten beim Anwaltswechsel.** Der bisher tätige Verteidiger kann der neuen Verteidigerbestellung nicht „widersprechen". § 15 BORA verlangt nur die Unterrichtung über die Mandatsübernahme.[111] Es dürfte nicht nur der Seriosität eines Verteidigers entsprechen, bei der Übernahme eines Mandates, in dem bereits ein anderer Kollege oder Verteidiger tätig war, den Mandanten darauf hinzuweisen, dass er das Honorar seines bisherigen Verteidigers auszugleichen hat,[112] sondern auch der Beratungspflicht des neuen Verteidigers. Schließlich wird der Mandant durch die Beauftragung eines weiteren Verteidigers doppelt mit Kosten belastet, weil er einen weiteren Beratungsvertrag abschließt.

98 Die **Herausgabe von Handakten** schuldet der bisherige Verteidiger bei einem Anwaltswechsel im Umfang des § 50 Abs. 2, 4, 5 BRAO in Verbindung mit § 667 BGB gegenüber dem Mandanten. Der neue Verteidiger hat als Vertreter des Mandanten keinen weiter gehenden Anspruch, auch nicht aus dem Standesrecht. Allerdings kann der neue Anwalt auf die Einhaltung des § 17 BORA hinwirken.

99 Der bisherige Verteidiger kann zwar nach § 50 Abs. 3 BRAO die **Handakten zurückbehalten,** wenn noch Honorarforderungen offen stehen, auch wenn diese noch nicht fällig sind.[113] Das Zurückbehaltungsrecht besteht nur an den Handakten, nicht an anderen Gegenständen, die der Verteidiger vom Mandanten oder von Dritten für den Mandanten erhalten hat.[114] Es darf auch nur wegen etwaiger Honorarforderungen für das konkrete Mandat aus-

---

[111] *Hartung/Holl,* Anwaltliche BerufsO, § 15 BORA Rdnr. 17.
[112] Vgl. hierzu auch *Weihrauch* EV Rdnr. 14.
[113] *Hartung/Holl* § 50 BRAO Rdnr. 62.
[114] *Hartung/Holl* § 50 BRAO Rdnr. 67.

geübt werden.[115] Es kann nicht durch Sicherheitsleistung (vgl. § 273 Abs. 3 BGB) abgewendet werden. Das Zurückbehaltungsrecht darf nicht ausgeübt werden, wenn das unangemessen ist, z. B. wenn der Anwalt mit Fremdgeld aufrechnen kann, eine Honorarrechnung nicht gestellt hat oder seine Forderungen verjährt sind.

5. Honorare

Mandant und Anwalt sollten von vornherein Klarheit darüber schaffen, welche Kosten im Mandatsverhältnis entstehen und welche finanziellen Mittel vom Mandanten (oder von Dritten) bereitgestellt werden. In Wirtschaftsstrafsachen wird üblicherweise ein von den gesetzlichen Regelungen abweichendes Honorar schriftlich vereinbart.[116] Trotz der Umstellung der gesetzlichen Regelvergütung für die Vertretung in Strafsachen durch das RVG ab dem 1.7.2004, durch das sich das durchschnittliche Honorar des Anwaltes um 30% steigern sollte, genügen die neu abgegrenzten Tatbestände und Honorarsätze nicht, um die durchschnittlichen Kosten einer rein auf Strafrecht ausgerichteten Anwaltstätigkeit zu decken. Empfehlenswert ist es, von vornherein mit dem Mandanten über die Honorarvorstellungen des Anwaltes, über Versicherungsfragen und die etwaige Erstattung des Honorars durch ein Unternehmen oder einen interessierten Dritten zu sprechen.

a) Gesetzliche (Pauschal-)Vergütung. Die gesetzliche Vergütung des Anwaltes im **Strafverfahren**[117] bestimmt sich zunächst nach dem Inhalt seines Auftrages, sodann nach den ausgeübten Tätigkeiten und schließlich auch nach den Allgemeinen wirtschaftlichen Verhältnissen des Auftraggebers. Die Vergütungstatbestände in Teil 4 des VV RVG sind für Wahlverteidiger und Pflichtverteidiger sind einheitlich. Lediglich die Vergütungssätze sind unterschiedlich (Rahmensätze für den Wahlverteidiger, Festsätze für den Pflichtverteidiger). Folgende Übersicht soll einen Eindruck von den Vergütungssätzen geben:

Nrn. VV	Vergütungstatbestand	Wahlverteidiger § 13 RVG (in €)	Pflichtverteidiger § 49 RVG (in €)
4100	**Grundgebühr**	30-300	132
4101	... mit Haftzuschlag	30-375	162
4106	**Verfahrensgebühr** (VG) ... vor Amtsgerichten	30-250	112
4112	... vor kl Strafkammer, JugendK	40-270	124
4118	... gr. StrafK, OLG-Senat	80-580	264
4124	... Berufungsverfahren	70-470	216
4130	... Revisionsverfahren	100-930	412
4108	**Terminsgebühr** (TG) ... vor Amtsgerichten	60-400	184
4114	... vor kl Strafkammer, JugendK	70-470	216
4120	... gr. StrafK, OLG-Senat	110-780	356
4126	... Berufungsverfahren	70-470	216
4132	... Revisionsverfahren	100-470	412

Zuschläge für Haftsachen in erster Instanz (Nrn. 4107, 4113, 4119 für VG, 4109, 4115, 4121 für TG), für lange Hauptverhandlungen in erster Instanz (Nrn. 4111, 4117, 4123) und

---

[115] BGH NJW 1997, 2944 = MDR 1997, 1073; *Feurich/Braun* § 50 BRAO Rdnr. 21; a. A. *Hartung/Holl* § 50 BRAO Rdnr. 65.
[116] *Madert*, Rechtsanwaltsvergütung in Straf- und Bußgeldsachen, 5. Aufl. 2004, S. 3 f.
[117] Überblick bei *Widmaier* (Hrsg.), Münchener Anwaltshandbuch Strafverteidigung, §§ 39, 40; *Burhoff*, RVG Straf- und Bußgeldsachen, 2004; *Dahs* Rdnr. 1170 ff.; *Leipold*, Rechtsanwaltsvergütung in Strafsachen, 2005; *Madert*, Rechtsanwaltsvergütung in Straf- und Bußgeldsachen, 5. Aufl. 2004.

die Erhöhung der Vergütung in Rechtsmittelverfahren stellen deutliche Verbesserungen der früheren Sätze dar. Nicht vergessen werden darf auch die Erledigungsgebühr in Nr. 4141. Es ist jedoch unwahrscheinlich, dass ein Revisionsanwalt für eine solche Vergütung die besonderen Erschwernisse und Anforderungen einer form- und fristgerechten Revisionsbegründung auf sich nehmen würde. Im Wiederaufnahmeverfahren orientieren sich die Gebühren grundsätzlich am den allgemeinen Rahmensätzen (Nr. 4136-4140). Die Tätigkeit als Privatkläger wird durch Nr. 4143-4147 erfasst. Für Einzeltätigkeiten bestimmt sich die Gebühr nach Nr. 4300-4304.

103 Anders als die pauschalen Rahmensätze wird das Honorar nach dem Gegenstandswert in Verfahren über die Einziehung und verwandte Maßnahmen berechnet (Nr. 4142, 5116, d. h. eine 1,0 Gebühr nach Anlage 2 zu § 13 RVG).

104 Für die Verteidigung in **Bußgeldverfahren**[118] sieht das RVG in Teil 5 des VV Vergütungstatbestände als Grundgebühr (Nr. 5100), Verfahrensgebühr (Nr. 5101 u. a.) und Terminsgebühr (Nr. 5102 u. a.) vor, abgestuft jeweils nach Tätigkeiten im Verwaltungsverfahren, Einspruchsverfahren und Rechtsbeschwerdeverfahren je nach Umfang des Bußgeldbescheides. Die Gebühr für Einzeltätigkeiten bestimmt sich nach Nr. 5200 VV. Erledigungsgebühren (Nr. 5115 in Höhe der jew. Verfahrensgebühr) und die Verfahrensgebühr für Einzeltätigkeiten (Nr. 5200) fallen ggfls. ergänzend an.

105 Für sonstige Verfahren, die nicht zur klassischen Strafverteidigung gehören, sich aber durchaus als Annex eines Strafverfahrens ergeben können, regelt das RVG die Vergütung des Anwaltes wie folgt:
- Verfahren nach dem **Gesetz über die internationale Rechtshilfe in Strafsachen** (IRG) in Nr. 6100, 6101 VV RVG;
- Vertretung im Disziplinarverfahren in Nr. 6200-6216 VV RVG;
- Vertretung in Wehrbeschwerdeverfahren vor den Wehrdienstgerichten, Nr. 6400-6410 VV RVG;
- Vertretung in ehren- oder berufsgerichtlichen Verfahren in Nr. 6200-6216;
- Vertretung in gerichtlichen Verfahren bei Freiheitsentziehungen in Nr. 6300-6303;
- Vertretung in Verfahren nach §§ 25, 29 EGGVG, dem Antrag auf gerichtliche Entscheidung nach § 109 StVollzG in § 66 a RVG;
- Vertretung in strafprozessualen Verfahren vor den Verfassungsgerichten in § 37 RVG.

106 Für den nach gesetzlichen Honoraren abrechnenden Anwalt gelten besonders auch die allgemeinen Regelungen über die Fälligkeit der Vergütung durch Abrechnung (§ 8 RVG), die Berechtigung, abweichend von §§ 614, 669 BGB einen Vorschuss zu verlangen (§ 9 RVG für Wahlverteidiger, §§ 47 I, 52 I 1 Hs. 2 RVG für Pflichtverteidiger), die Festsetzung der Vergütung im vereinfachten Festsetzungsverfahren (§ 11 VII RVG) und die dreijährige Verjährung des Anspruches (§ 199 I Nr. 1, 195 BGB, §§ 10, 11 RVG).

107 b) **Vergütungsvereinbarungen.** Gerade in wirtschafts- und steuerstrafrechtlichen Angelegenheiten werden anstelle der gesetzlichen Vergütung häufig vertragliche Honorare vereinbart. Dafür gibt es auch ein wachsendes praktisches Bedürfnis. Neben der Tatsache, dass das gesetzliche Honorar gerade für eine Inanspruchnahme in komplexen Ermittlungsverfahren nicht ausreicht, sind die Beratungsfelder und Aufgabengebiete so vielgestaltig, dass nur über die Vergütungsvereinbarung eine Kontrolle der anwaltlichen Tätigkeit stattfinden kann. Seit dem 1.7.2006 richtet sich die Tätigkeit als Gutachter oder Berater ohnehin nach Vergütungsvereinbarungen (Art. 5 KostRModG, § 34 RVG n. F. und § 612 II BGB).

108 *aa) Zulässigkeit.* Grundsätzlich ist gemäß § 4 RVG (früher § 3 BRAGO) die Vereinbarung eines die gesetzlichen Gebühren übersteigenden Honorars zulässig.[119] Eine sachgerechte Vereidigung gerade im Ermittlungsverfahren aber auch in der Hauptverhandlung erfordert nicht selten ein Engagement und einen Zeitaufwand, der durch die gesetzlichen Gebühren nicht abgedeckt wird. Die Vergütungsvereinbarung kann auch mit einem Dritten geschlossen

---

[118] Überblick s. vorherige Fn., außerdem *Madert* AGS 2004, 375.
[119] *Dahs* Rdnr. 1180; *Henssler*, Aktuelle Praxisfragen anwaltlicher Vergütungsvereinbarungen, NJW 2005, 1537; *Weihrauch* EV Rdnr. 236.

werden,[120] beispielsweise mit einem Unternehmen, das aus arbeitsrechtlicher Fürsorge- und Treuepflicht Kosten des Arbeitnehmers oder der leitenden Angestellten erstatten kann. Daran zu denken ist auch, dass ein Dritter es übernimmt, für die Vergütung nur als Ausfallschuldner einzustehen. Schließlich können Verteidigerkosten einem Mitarbeiter darlehensweise vorgelegt werden.

Nach wie vor unwirksam ist die Vereinbarung eines **Erfolgshonorars** (§ 49 b II BRAO, § 134 BGB). Daran sind angesichts der in der europäischen Rechtsentwicklung üblichen Vereinbarung von Erfolgsbeteiligungen, z. B. bei Prozessfinanzierern oder ausländischen Anwälten mit Mandanten, erhebliche Zweifel geäußert worden.[121]   109

bb) Belehrungen. Der Mandant ist darauf hinzuweisen, dass von den vereinbarten und gezahlten Honoraren ein Erstattungsanspruch nur nach §§ 464ff StPO besteht, wenn eine Kostenentscheidung die notwendigen Auslagen des Mandanten der Staatskasse auferlegt. Erstattet werden kann damit höchstens die der Tätigkeit entsprechende gesetzliche Vergütung. Erstattungsansprüche gegen Rechtsschutz- oder Schadens-Versicherungen bestehen häufig ebenfalls in dieser Höhe, selten auch bis zu einer Obergrenze in Höhe einer vereinbarten Vergütung. Dieser schriftliche Hinweis sollte in der allgemeinen Korrespondenz erteilt werden, um Missverständnissen vorzubeugen.   110

cc) Form. An eine wirksame Honorarvereinbarung sind mehrere Anforderungen zu stellen. Zunächst bedarf die Honorarvereinbarung der Schriftform. Ein Telefax genügt, ebenso auch Telex oder Telegramm.[122] Die Honorarvereinbarung darf nicht in der Vollmacht oder in einer Urkunde mit noch anderem Text enthalten sein. In der Praxis ist die Verwendung eines Vordruckes, der im Fachhandel oder im Formularbuch für den Strafverteidiger abgedruckt ist, üblich. Eine Honorarvereinbarung kann im gewöhnlichen Schriftverkehr geschlossen werden.[123] Die Belehrung über Erstattungsmöglichkeiten ist nicht Wirksamkeitserfordernis, stört aber auch nicht.   111

dd) Vergütungsumfang. Die Honorarvereinbarung sollte zum Ausdruck bringen, ob die gesetzliche Vergütung ersetzt oder ergänzt werden soll durch die vertragliche Vergütung. Die Höhe der Honorare ist nicht an gesetzliche Höchstgebühren gebunden. Es sind verschiedene Varianten von Honorarsätzen gebräuchlich, z. B. Stundenhonorare, Pauschalhonorare, Tagespauschalen etc. Bei der Ausgestaltung soll aus Gründen der Klarheit und zur Vermeidung von Auseinandersetzungen einer konkreten anwaltlichen Tätigkeit ein bestimmtes Honorar zugeordnet werden. Auch die Abrechnung auf Zeithonorarbasis sollte durch Tätigkeitsnachweise unterlegt sein. Weiter sollte klargestellt werden, ob und in welchem Umfang neben dem vereinbarten Betrag bestimmte Positionen, wie Umsatzsteuer, Reisekosten, Tagegelder, Abwesenheitsgelder, Schreibauslagen und dergleichen sowie Fotokopien gesondert zu erstatten sind. Für die Fälligkeit der Honorare gelten anstelle einer vertraglichen Vereinbarung die gesetzlichen Fälligkeitsregelungen in §§ 10 RVG, 271 Abs. 1 BGB.   112

ee) Angemessenheit. Nach § 4 IV RVG ist die Höhe der Vergütung einer Angemessenheitskontrolle unterworfen. Eine unangemessen hohe Vergütungsvereinbarung ist unwirksam, ohne dass es eine Rückgriffs auf § 138 BGB bedürfte.[124] Der BGH hat im Urteil vom 27.1.2005 eine Beweisregel aufgestellt, nach der das Fünffache der gesetzlichen Gebühren noch angemessen erscheine, für eine darüber hinausgehende Vergütung aber ganz besondere Gründe vorliegen müssten. Die dazu veröffentlichten Anmerkungen weisen indessen nach, dass die ganz allgemeine Praxis der Strafverteidiger einen Stundensatz von ca. 220-250 EUR gerade noch als kostendeckend ansieht und die gesetzlichen Regelungen keinesfalls als kostendeckender   113

---

[120] *Weihrauch* EV Rdnr. 241; *Hoffmann/Wißmann* StV 2001, 249.
[121] *Kilian,* der Erfolg und die Vergütung des Rechtsanwaltes, 2003, S. 262 ff.; *ders.* ZRP 2003, 90; *Kleine-Cosack* AGS 2003, 141/144; *Madert,* Zulässiges und unzulässiges Erfolgshonorar, AGS 2005, 536; *Nerlich* in: Hartung/Holl § 49 b BRAO Rdnr. 5.
[122] And. Auff. *Madert* Rdnr. 7 mit Fußnote 18 f.
[123] *Weihrauch* EV Rdnr. 237.
[124] Vgl. dazu das umstrittene Urteil des BGH v. 27.1.2005, IX ZR 273/02 NJW 2005, 2142 =AnwBl. 2005, 582 mit abl. Anm. *Henke* AnwBl. 2005, 585; *Lutje* NJW 2005, 2490; *Tsambikakis* StraFo 2005, 446.

Maßstab herangezogen werden können. Die weitere Entwicklung der Rechtsprechung muss abgewartet werden.

114 c) **Erstattung notwendiger Auslagen.** Der Anspruch des Mandanten auf Erstattung der ihm erwachsenen notwendigen Auslagen gegen die Staatskasse ist in die anwaltliche Beratung einzubeziehen. Deshalb sind Kenntnisse der gesetzlichen Regelungen des RVG notwendig.[125] Auch über anfallende **Verfahrenskosten** (einschließlich allgemeiner Ermittlungskosten) muss unterrichtet werden. Der Verteidiger soll darüber belehren, dass i. d. R. hohe Kosten bei gerichtlicher Einschaltung von Sachverständigen anfallen können. Auch wenn der Sachverständige von Amts wegen beauftragt wurde, z. B. bei der Einholung von Stellungnahmen zur Zahlungsunfähigkeit oder Überschuldung einer Gesellschaft, zur Bilanzrichtigkeit, zu Bewertungsfragen des Anlage- und Umlaufvermögens, in Wettbewerbs-, Marken-, Patent- und Urheberstrafsachen zu (meist) technischen Gutachten.

115 Gem. § 464 StPO hat jedes Urteil, jeder Strafbefehl und jede eine Untersuchung einstellende Entscheidung eine Bestimmung darüber zu treffen, wer die Kosten des Verfahrens zu tragen hat. Die Entscheidung darüber, wer die notwendigen Auslagen trägt, trifft das Gericht in dem Urteil oder in dem Beschluss, welches/welcher das Verfahren abschließt (§ 464 Abs. 2 StPO). § 467 StPO bestimmt, dass, soweit der Angeklagte freigesprochen, die Eröffnung des Hauptverfahrens gegen ihn abgelehnt oder das Verfahren gegen ihn eingestellt wird, die Auslagen der Staatskasse zur Last fallen und ebenso die notwendigen Auslagen des Angeschuldigten. Selbständige Kosten- und Auslagenentscheidungen sehen die §§ 467 a, 469 StPO vor.

116 • § 467 a StPO regelt nur den Fall der Einstellung des Ermittlungsverfahrens nach Klagerücknahme durch die Staatsanwaltschaft abschließend. Auf Antrag kann danach die Kostenlast der Staatskasse für notwendige Auslagen festgestellt werden. Der Antrag ist form- und fristlos. Rechtliches Gehör muss der Staatsanwaltschaft, dem Angeschuldigten oder sonstigen Beteiligten gewährt werden. Die Kann-Bestimmung in § 476 a Abs. 2 StPO gestattet die Belastung der Staatskasse oder eines anderen Beteiligten, d. h. Beschuldigten, Nebenklägers oder eines Nebenbeteiligten.[126]

117 • Nach § 469 StPO kann ein Anzeigender mit den Kosten des Verfahrens belastet werden, wenn sich herausstellt, dass er das Verfahren mutwillig oder leichtfertig in Gang gesetzt hat. Vergleichbares gilt für die Auferlegung der notwendigen Auslagen bei Zurücknahme eines Strafantrages gemäß § 470 StPO.

118 • Ob es sich für den Beschuldigten empfiehlt, nur im Hinblick auf die lediglich fakultative Auslagenerstattung im Ermittlungsverfahren von dem Schweigerecht Gebrauch zu machen und erst in dem Zwischenverfahren oder der Hauptverhandlung die den Mandanten entlastende Einlassung abzugeben,[127] muss im konkreten Einzelfall entschieden werden. Die Entscheidung dafür hängt von rationalen Erwägungen genauso ab wie von der Befindlichkeit (Nervenstärke) des Mandanten.

119 d) **Rechtsschutz- und Schadenversicherung.** In Wirtschafts- und Steuerstrafsachen besteht nur selten eine Rechtsschutzversicherung, die für die Verteidigungskosten aufkommt. Manche Versicherungen zahlen Vorschüsse, andere wollen sich auf Erstattungen erst am Ende des Verfahrens bei einer Einstellungsentscheidung einlassen. Eine Rechtsschutz- oder Schadensversicherung kann einzelvertraglich vereinbart sein, was in den letzten Jahren zunehmend bei Selbständigen, Unternehmen und Beratungsunternehmen der Fall ist. Solche individuellen Vereinbarungen können auch Rechtsschutz bei Vorsatzdelikten bis zur rechtskräftigen Entscheidung gewähren. Die sog. D&O-Versicherungen für Unternehmen und Mitglieder von Vertretungsorganen sind außerdem weit verbreitet.[128] Sie gewähren in der Regel Deckungsschutz für eine Verteidigungstätigkeit bis zum Abschluss des Verfahrens auch über die gesetzliche Vergütung hinaus. Bei lediglich fahrlässigem Verstoß trägt die Versicherung i. d. R. den Schaden end-

---

[125] Sehr zu empfehlen sind dazu die Übersichten über die Entwicklung des Vergütungs- und Kostenrechts in Strafsachen von *Kotz* NStZ-RR 2004, 289 ff., 324 ff.; ders. NStZ-RR 2002, 321 ff.; ders. NStZ-RR 2001, 193 ff., 289 ff. und früher.
[126] *Meyer-Goßner* § 467 a Rdnr. 8.
[127] So *Weihrauch* EV Rdnr. 228.
[128] *Kiethe* BB 2003, 537; *Thümmel/Sparberg* DB 1995, 1013.

gültig, bei einem ausgeurteilten Vorsatzdelikt fordert die Versicherung den geleisteten Betrag regelmäßig zurück.

Auf die Informations- und Ausschlussklauseln bei Obliegenheitsverletzungen aus den Versicherungsverträgen sollte man sein besonderes Augenmerk richten. Ist die Versicherung über bei Abschluss des Vertrages bestehende Risiken nicht vollständig informiert worden oder sind andere Obliegenheiten **vor Eintritt des Versicherungsfalls** nicht beachtet worden, wird eine Kostendeckung bedingungsgemäß nicht gewährt. Der Versicherungsvertrag kann schlimmstenfalls auch angefochten werden. Nach Eintritt eines Versicherungsfalls kann die Versicherung auch gekündigt werden.

6. Beendigung des Mandats

a) **Beendigungsgründe.** Der Anwaltsvertrag endet durch Erledigung des Auftrages, durch Kündigung oder Aufhebung, durch den Verlust der Anwaltsbefähigung und durch den Tod. Der Verteidigungsauftrag ist immer erledigt, wenn das Verfahren rechtskräftig abgeschlossen ist. Ohne besonderen Rechtsmittelauftrag endet der Verteidigungsauftrag aber bereits mit dem Zugang der abschließenden Entscheidung erster Instanz (oder der Staatsanwaltschaft bei Einstellung statt Anklageerhebung). Zu den von der gesetzlichen Vergütung umfassten Abwicklungstätigkeiten gehören aber noch etwaige Vermittlung von Zahlungsnachweisen einer Geldauflage i. S. d. § 153 a StPO oder die Vermittlung von Kostennachweisen bei Zahlung einer Geldstrafe oder der Verfahrenskosten. Den Justizbehörden gegenüber schuldet die Überbringung solcher Nachweise allerdings der Auftraggeber.

Da das Verteidigungsmandat ein persönliches Auftragsverhältnis zwischen einem Anwalt und dem Mandanten darstellt, geht der Mandatsauftrag bei Verlust der Anwaltsbefähigung oder bei Tod des Anwaltes nicht automatisch auf ein anderes Mitglied der gleichen Sozietät über. Ebenso endet das Verteidigungsmandat durch den Tod des Mandanten schon deshalb, weil das gegen den Mandanten gerichtete Verfahren nach § 206 a StPO einzustellen ist.

b) **Mandatskündigung.** Der Verteidiger ist an der Kündigung des Mandates in aller Regel nicht gehindert. Lediglich die Übernahme der Pflichtverteidigung ist nur aus wichtigem Grund durch gerichtlichen Beschluss revidierbar (Entpflichtung). Die Kündigung darf nicht zur Unzeit erfolgen. Sie kann auf sachlichen Gründen beruhen (z. B. falsche Information des Verteidigers durch den Mandanten, Nichtbezahlung von Rechnungen, Streit über die Erfüllung der Anwaltsaufgaben etc.), kann ihre Ursache aber auch in der Störung des Vertrauensverhältnisses haben. Eine Begründung muss nicht gegeben werden.

c) **Mitteilungen an Ermittlungsbehörden/Justiz.** Da mit der Mandatsbeendigung auch bei den Strafverfolgungsbehörden Überlegungen angestellt werden müssen, welche Verfahrensregeln anzuwenden sind (z. B. Mehrfachverteidigung, notwendige Verteidigung, Zustellungen), hat der Verteidiger die Mandatsbeendigung mitzuteilen. Ziff. 3.1.4 der europäischen Standesregeln CCBE[129] verpflichtet den Anwalt dazu, das Recht zur Mandatsniederlegung nur so auszuüben, dass der Mandant in der Lage ist, ohne Schaden den Beistand eines anderen Kollegen in Anspruch zu nehmen. Dazu kann es beispielsweise gehören, die Niederlegung des Mandates Außenstehenden erst dann mitzuteilen, wenn der Mandant oder ein Berufskollege die Übernahme des Mandates mitgeteilt haben. Im konkreten Einzelfall sollte versucht werden, mit dem Mandanten darüber Einvernehmen zu erzielen. Zweckmäßigerweise wird der Mandant vor der Mandatsniederlegung mit angemessener Frist aufgefordert, schriftlich einen neuen Anwalt zu benennen.

IV. Beratung des Mandanten

1. Beratungsfreiheit

a) **Beratungspflicht.** Nahezu alle potenziellen Mandanten in Wirtschafts- und Steuerstrafsachen kennen Strafrecht oder die Handlungsweise einer Ermittlungsbehörde nur aus dem Fernsehen, der Zeitung oder vom Hörensagen. Eine wichtige Aufgabe des Rechtsanwaltes besteht daher in einer Unterrichtung des Mandanten über die möglichen Berührungspunkte mit Er-

---

[129] Anwendbar durch die Verweisung in § 29 BO-RA.

mittlungsbehörden, die Eingriffsvoraussetzungen, deren Grenzen sowie das richtige Verhalten bei unmittelbaren Konfrontationen. Außerdem hat er über die Folgen, etwaige Rechtsmittel und Auswirkungen auf das soziale Umfeld zu informieren. Natürlich handelt es sich bei einer Vielzahl von Gesprächs- und Beratungsinhalten um Prognosen auf unsicherer Grundlage. Die Beratungspflicht des Anwaltes erstreckt sich daher nur zunächst auf die Rechtslage, soweit sie auf den Sachverhalt angewendet werden kann. Bei Verletzung der Beratungspflicht kann sich der Anwalt schadenersatzpflichtig machen.[130] Eine wirksame Verteidigung ist nur dann gewährleistet, wenn der Mandant sich umfassend über die Rechtslage – zu der auch das Verfahrensrecht und die Polizei- und Justizorganisation gehören – informieren kann.

126 b) **Beschränkungen.** Immer wieder gibt es Ermittler und Gerichte, die eine solche weitgehende Beratung eines Mandanten über die möglichen Eingriffsbefugnisse der Polizei und Justiz sowie das geeignete Verhalten dabei für bedenklich oder gar unzulässig halten.[131] Sie weisen darauf hin, dass eine angesichts einer konkreten Fallgestaltung gegebene Beratung den Mandanten zu Verschleierungs- oder Verdunklungshandlungen oder gar zur Flucht veranlassen kann. Teilweise wird in einer Beratung des „erkennbar strafgeneigten Mandanten" eine Beihilfehandlung gesehen.[132] In ähnlicher Weise werden Vorwürfe der Begünstigung und Strafvereitelung abgeleitet. Als „Organ der Rechtspflege" habe sich der Verteidiger an den Verfahrenszielen der Justiz zu orientieren und alles zu unterlassen, was diese Ziele in Frage stelle.[133]

127 c) **Eigene Auffassung zum Umfang der Beratung.** Die Auseinandersetzung mit den veröffentlichten Entscheidungen des BGH und der OLG hat einen entscheidenden Nachteil: die dort entschiedenen Extremfälle geben keinen repräsentativen Einblick in die Beratungspraxis der Anwaltschaft. Zutreffend betonen daher die Gerichte, dass dem professionellen Berater kein strafbares Verhalten unterstellt werden darf, sondern von einer pflichtgemäßen Aufgabenerledigung ausgegangen werden muss. Gesetzliche Aufgabe des Rechtsanwaltes (§ 1 BRAO, § 1 Abs. 2 BORA) ist die umfassende Beratung in allen Rechtsangelegenheiten. Nach §§ 160, 163 StPO steht diese Beratungsaufgabe **nicht** den Strafverfolgungsorganen zu, sie wird von diesen auch nicht ausgefüllt, wie sich im Fehlen von Beratungspflichten in den §§ 136, 163 a Abs. 2 StPO erweist. Die Beratungsaufgabe ist daher Teil der Verwirklichung des Rechtsstaates und der grundgesetzlich garantierten Freiheitsrechte des Bürgers, wie § 1 Abs. 2 BORA treffend formuliert. Eine Beschränkung der Beratungstätigkeit von Verteidigern oder gar eine strafrechtliche Verfolgung einer solchen Tätigkeit kollidiert im Ansatz mit dem Rechtsstaatsprinzip und dem Recht auf rechtliches Gehör, das nur sachgerecht nach rechtlicher Beratung ausgeübt werden kann. Ein Rat oder eine Auskunft eines professionell handelnden Rechtsberaters kann daher nicht als Verfahrensnachteil der Strafverfolgungsorgane angesehen werden. Sonst müsste man auch die kontradiktorische Form des deutschen Strafverfahrens negieren und den gesetzlichen Aufgabenkreis des Anwaltes beschneiden.

128 Diese Auffassung steht nicht im Konflikt zum geltenden Strafrecht. Nachdem die staatlichen Eingriffsbefugnisse bedenklich ausgeweitet,[134] besonders bei Organisations- und gewerblichen Delikten die Vorbereitungs- und Gefährdungsphasen auf einfache Vorbereitungshandlungen erweitert wurden[135] und strafrechtlich sanktionierte Dokumentations- und Anzeigepflichten wesentlich ausgebaut worden sind, muss eine solche umfassende Beratung zum Schutz des Einzelnen und des Rechtsanwaltes selbst gefordert werden. Nur wenn er unbehelligt vor Beihilfe-, Verdunklungs- und Strafvereitelungsverdächtigungen mit seinem Mandanten über die strafrechtliche Bewertung eines Geschehens und die strafprozessualen Möglichkeiten der Strafverfolgungsorgane sprechen und dabei vor strafbarem Verhalten warnen darf, ist eine Akzeptanz

---

[130] Bockemühl/Köllner Teil A Rdnr. 52; Borgmann/Jungh/Grams Anwaltshaftung §§ 8, 20; vgl. dazu auch den 7. Abschnitt dieses Kapitels.
[131] Ausgehend von BGHSt 29, 99 zur Weitergabe von Akteninformationen: Burhoff Rdnr. 94 ff.; Meyer-Goßner § 147 Rdnr. 23; zum Widerruf eines Geständnisses nach anwaltlicher Beratung: BGHSt 2, 375/378, dagg. Otto Jura 1987, 329, 330; zur Flucht oder sonstigen Entziehung vom Verfahren: Beulke, Strafbarkeit des Verteidigers, Rdnr. 197.
[132] BGH wistra 1999, 459; einschränkend RGSt 37, 321; a. A. Volk BB 1987, 139.
[133] Häcker in: Müller-Gugenberger/Bieneck WiStrR § 93 Rdnr. 12.
[134] Bspw. durch den Großen Lauschangriff (vgl. BVerfG Urt. v. 3.3.2004 – 1 BvR 2378/98- NStZ 2004, 270) und Eingriffsbefugnisse im Außenwirtschaftsverkehr (vgl. BVerfG Urt. v. 3.3.2004 – 1 BvR 3/92).
[135] Vgl. die Regelungen in §§ 127, 128 OWiG, §§ 149, 263 a, 265 b StGB.

solcher Gesetze zu erwarten. Es ist abwegig, der Anwaltschaft generell ein tendenziell rechtswidriges Verhalten unterstellen zu wollen.

d) **Grenzen anwaltlicher Beratung.** Vereinzelt werden gesetzliche Lösungen für eine Einschränkung des § 258 StGB gefordert,[136] teilweise wird eine strenge Vorsatzprüfung[137] oder eine Beschränkung auf den direkten Vorsatz vorgeschlagen. Angesichts klarer Tatbestände und weiter Kausalitätserwägungen akzeptiert die Gerichtspraxis wohl diesen dritten Weg nach der Entscheidung des 1. Strafsenates des BGH vom 1.9.1992.[138] Dann, wenn der Rechtsberater nachweislich mit direktem Vorsatz auf die Verwirklichung eines Straftatbestandes abzielt, kann ihm ein strafrechtlicher Vorwurf der Beihilfe oder Strafvereitelung gemacht werden.[139] Die Entscheidung ist unbefriedigend, weil man zwar bei Justizangehörigen, besonders Richtern, eine tatbestandseinschränkende Lösung favorisiert,[140] diese den Rechtsanwälten aber verweigert. Da Rechtsanwälte in Deutschland die gleiche Ausbildung wie Richter und Staatsanwälte absolviert haben, einen gerichtlichen abgenommenen Berufseid abgelegt haben und einer staatlich geordneten Berufsgerichtsbarkeit unterliegen, ist es richtig, für die anwaltliche Tätigkeit eine tatbestandseinschränkende Lösung zu finden, wonach jede innerhalb eines vertretbaren Meinungsspektrums liegende Beratung und Vertretung kein tatbestandsmäßiges Verhalten im Sinne einer Strafnorm ist. Der Rechtsanwalt ist kraft seines gesetzlichen Auftrages befugt und verpflichtet, seinen Mandanten von der Rechtslage, ihrer Auslegung durch die Rechtsprechung und von der Anwendung dieser Grundsätze durch die Strafverfolgungsbehörden zu unterrichten.

2. Situationsanalyse, Arbeitsthesen, Strategien

a) **Situationsanalyse.** Am Anfang eines Mandates und unabhängig von dem Auftragsumfang steht eine möglichst konkrete Situationsanalyse des Verteidigers. Dazu benötigt er Informationen über das historische Geschehen, die handelnden Personen und deren Motive, den Status eines etwaigen bereits vor der Mandatserteilung begonnenen Verfahrens und die Vorwürfe. Eine solche Information ist selten aufbereitet oder aus juristischer Sicht bearbeitet. Etwaige Informationslücken können der Mandant oder etwaige sonst verfügbare Quellen schließen.

In den vier Hauptfeldern dieser Analyse können folgende **Detailfragen** zu klären sein:

	Checkliste:
Analysegebiet...	... und die zu beantwortenden Fragen:
Historisches Geschehen	☐ Welcher Geschehensablauf soll der Verteidigung zugrunde gelegt werden?
	☐ An welchem Ort haben welche Personen wie gehandelt?
	☐ Ist ein bestimmtes Fachwissen (z. B. Bilanzierungswissen, steuerrechtliche Kenntnisse, ökologische Fachfragen etc.) angewandt worden?
	☐ Welche Firmenstrukturen (Verantwortlichkeiten, Zuständigkeiten, Handlungsanweisungen und -befugnisse) bestehen?
Handelnde Personen und deren Motive	☐ Haben die handelnden Personen besondere Fachkenntnisse?
	☐ Welche Verantwortungen der handelnden Personen bestehen?
	☐ Welche Vorstellungen über die Handlungsziele bestanden?
	☐ Waren Aufträge von übergeordneten Stellen, Vorgesetzten oder Kontrollgremien (Hauptversammlung, Aufsichtsrat) zu erfüllen?
	☐ Gibt es externe Prüfungen (z. B. Betriebsprüfung, Verbandsprüfung, Aufsichtsbehörden, Sonderprüfungen) und wie sind diese verlaufen?

---

[136] *Otto*, FS Lenckner, S. 193, 212 hält eine Lösung über § 34 StGB für richtig; *Scheffler* StV 1993, 470, 472; *v. Stetten* StV 1995, 606, 610 f.
[137] BGHSt. 38, 345, 250 f bei Vorlage falscher Urkunden im Prozeß.
[138] BGHSt. 38, 345.
[139] Brüssow/*Kempf* StVidP S. 35 Rdnr. 50 Bockemühl/*Köllner* a.a.O.
[140] *Lackner* § 339 StGB Rdnr. 3.

Verfahrensstatus	☐ Haben Ermittlungen bereits begonnen? ☐ In welche Verfahrensrolle befindet sich der Mandant (Verdächtiger (§ 163 b StPO), Beschuldigter, Zeuge, Sachverständiger)? ☐ Liegen bspw. ein Strafbefehl, eine Anklage, ein Eröffnungsbeschluss, oder ein Urteil vor? ☐ Wer führt das Verfahren (Polizei, Steuerfahndung, Zollfahndung, Verwaltungsbehörde (OWi-Verfahren), Staatsanwaltschaft, Gericht)? ☐ Haben Durchsuchungen, Sicherstellungen oder Beschlagnahmungen stattgefunden? ☐ Bestehen Haftbefehle, sind diese vollzogen oder ausgesetzt? ☐ Welche sonstigen Zwangseingriffe haben stattgefunden oder dauern an? ☐ Welche Ermittlungen haben stattgefunden? ☐ Wie hat sich der Mandant zu dem Verfahren bisher gestellt?
Vorwürfe	☐ Welche Vorwürfe in tatsächlicher und rechtlicher Hinsicht werden erhoben? ☐ Wie werden diese begründet? ☐ Bedarf es zur Feststellung tatsächlicher Sachverhalte des Fachwissens Dritter? ☐ Bestehen rechtliche Einwände, z. B. Verjährung, Strafklageverbrauch?

132 Falls diese Informationen zunächst nicht oder nur bruchstückhaft vorliegen (was häufig der Fall sein dürfte), stellen sich Fragen nach der Informationsbeschaffung durch den Verteidiger oder dessen Hilfspersonen und der (wenn auch beschränkten) Beratung zu nicht spezifisch strafrechtlichen Fragen, z. B. über die arbeitsrechtliche Situation, den Umgang mit Kontrollinstanzen innerhalb und außerhalb der Gesellschaft, den Umgang mit Aufsichtsbehörden, Finanzbehörden etc. Auch wird der Verteidiger Überlegungen anstellen, wie man Richtung und Inhalt des strafrechtlichen Verfahrens frühzeitig im Sinne des Mandanten beeinflussen kann. Da die dem Verteidiger zu Beginn und im Verlauf des Mandates bekannt werdenden Informationen einen völlig unterschiedlichen Detailgrad haben und sich mehr oder minder stark widersprechen können, muss die Situationsanalyse immer erneuert und an den Stand der Information angepasst werden. Der Rat an einen Mandanten, zunächst von seinem Schweigerecht Gebrauch zu machen, resultiert auf der Unkenntnis von Details, den Akten der Staatsanwaltschaft und den den Vorwurf stützenden Beweisen. Daher bedarf es erst einer Einarbeitung in die Akten und Beweismittel der Staatsanwaltschaft, bevor der Verteidiger Arbeitsthesen aufstellen und langfristige Strategien empfehlen kann. Von dieser Regel gibt es praktisch nur eine Ausnahme: wenn der Mandant bei einem überschaubaren Sachverhalt den Verdacht aufklären kann.

133 b) *Annahmen und Arbeitsthesen.* An die Situationsanalyse schließen sich Annahmen und Arbeitsthesen an. Sie stellen sicher, dass das Verteidigungshandeln den Interessen des Mandanten entspricht und kontrollierbar bleibt. Die folgende Gegenüberstellung zeigt, dass keineswegs nur von einem ergebnisbezogenen „Verfahrensziel" der Verteidigung gesprochen werden kann.[141]

Annahme...	... denkbare Strategie des Verteidigers:
1. Geschehen stellt keine Straftat dar Das vorgeworfene Verhalten hat gar nicht stattgefunden. Etwaige Indizien haben andere Ursachen und Zusammenhänge. Das historische Geschehen hat zwar stattgefunden, es ist aber sachlich begründet und bedarf der Erläuterung durch einen Sachverständigen.	Erreichen, dass sich die Ermittlungen und eine etwaige gerichtliche Tatsachenfeststellung auf alle denkbaren Erklärungen für das Geschehen erstrecken. Stellt die Tatsache eines Ermittlungsverfahrens bereits eine untragbare Belastung für ein Unternehmen dar, muss über eine Freistellung der beschuldigten Personen von der Unternehmensverantwortung nachgedacht werden.

---

[141] So aber *Weihrauch* EV Rdnr. 114 ff.

Annahme…	… denkbare Strategie des Verteidigers:
2. Geschehen ist nicht aufgeklärt oder lässt sich nicht aufklären Das Geschehen lässt sich objektiv nicht aufklären oder ist (noch nicht) aufgeklärt (z. B. wegen Verjährung, wegen Tod des Verantwortlichen, wegen Mangels an Beweisen). Eine Beteiligung des Mandanten ist nicht offenbar.	Ermittlungen allenfalls beobachten, entweder keine Aktivitäten entfalten oder aber die Fragen beantworten, die zur Nichterweislichkeit führen. Der Verteidiger darf nicht aktiv zur Nichterweislichkeit beitragen, z. B. durch Beiseiteschaffen von Beweismitteln oder der Tatbeute. Über Verjährungsfragen darf er aber beraten, ebenso über Fragen der Rechtshilfe und der Auslieferung.[142]
3. Mandant ist nicht verantwortlich Das Geschehen ist objektiv feststellbar und unter einen oder mehrere Straftatbestände zu subsumieren. Allerdings kann eine bestimmte Handlungs- oder Zustandsverantwortung (aus Mangel an Beweisen, aus Schuldfähigkeitsgründen, aus Verhandlungsfähigkeitsgründen etc.) nicht nachgewiesen werden.	Erreichen, dass sich Feststellungen auf die fehlende Verantwortung erstrecken und das Verfahren frühzeitig eingestellt wird.
4. Minderschwere Verantwortung Der Vorwurf ist an sich berechtigt, allerdings ist die Verantwortung minder schwer (z. B. wegen der Mitverantwortung anderer, wegen unzureichender Kontrollen, wegen der Leichtfertigkeit des Geschädigten etc.).	Erreichen, dass sich die Feststellungen auf die Verantwortung bzw. Mitschuld anderer erstrecken. Frühzeitige Kooperation mit Ermittlungs- und Justizorganen ist angezeigt. Überlegungen zu Straffolgen anstoßen.
5. Vollständige Verantwortung Das Geschehen ist leicht aufklärbar oder schon aufgeklärt. Die verantwortlichen Personen lassen sich leicht feststellen oder stehen fest.	Frühzeitige Geständnisverteidigung oder Selbstanzeige, Kooperation mit den Ermittlungsbehörden, Überlegungen zu Strafmaß, § 46 a StGB, zur Schadenswiedergutmachung etc. frühzeitig anstoßen.

Natürlich erscheint das strafprozessuale Ergebnis wie beispielsweise eine Einstellung, ein Strafbefehlsverfahren oder ein mildes Urteil als Konsequenz aus der zielgerichteten und erfolgreichen Umsetzung von Arbeitsthesen. Der Erfolg einer Verteidigung hängt aber nicht von der angestrebten prozessualen Folge ab, sondern von der richtigen Situationsanalyse, der konsequenten Verfolgung der mit dem Mandanten vereinbarten Arbeitsthesen und -strategien und dem daraus für den Mandanten resultierenden kurz- oder langfristigen Ergebnis.

c) **Verteidigungsstrategien.** Arbeitsthesen werden mit strategischen (längerfristige Absichten) und taktischen Überlegungen (kurzfristiges Vorgehen) umgesetzt. Es bedarf dazu der aus der Situationsanalyse resultierenden Kenntnisse. Da Wirtschafts- und Steuerstrafsachen eng mit Verwaltungsrecht, arbeitsrechtlichen und gesellschaftsrechtlichen Fragen sowie mit einer bestimmten Unternehmensöffentlichkeit verbunden sind, empfiehlt sich frühzeitig die Kooperation mit anderen Verteidigern im gleichen Verfahren (z. B. zum Informationsaustausch, zur Abstimmung von Strategien etc.), mit Rechtsberatern des Unternehmens und/oder des Mandanten. Auch ist bei Verfahren, die bilanzielle Verhältnisse berühren, der Gedanken- und Erfahrungsaustausch mit dem Steuerberater / Wirtschaftsprüfer des Unternehmens erforderlich. Der strategische Umgang mit den Polizei- und Justizbehörden wird ausführlich in § 12 behandelt.

Beispiel:
Im Ermittlungsverfahren wird dem Bilanzvorstand einer Kapitalgesellschaft vorgeworfen, Betriebsausgaben im Jahresabschluß fingiert zu haben. Der Vorwurf führt strafrechtlich nicht nur zu § 331 HGB, sondern bei einer Fremdfinanzierung durch gewerbliche Kreditgeber auch zu § 265 b StGB, bei einer Bilanzverwendung für die Prospektwerbung von Anlegern auch zu § 264 a StGB, zu §§ 88, 89 BörsG

---

[142] Dazu *Schomburg* NJW 2003, 3392; NJW 2005, 3262.

und schließlich zu § 370 AO, wenn die Bilanz Grundlage der Steuererklärung der Gesellschaft war. In Fragen der Börsenpublizität besteht eine Zuständigkeit des Bundesamtes für Finanzdienstleistungen, in steuerlichen Verhältnissen befasst sich das Betriebsstättenfinanzamt mit den Angaben. Bei Kreditinstituten schaltet sich die Verbandsprüfung und die Bankenaufsicht mit ein. Außerdem sind Aufsichtsrat und Hauptversammlung des Unternehmens zu unterrichten. Dass all dies unter dem Informationsinteresse von sog. investigativen Journalisten geschieht, muss ebenfalls berücksichtigt werden. Schließlich sind Schadenersatzprozesse enttäuschter Anleger und die dort bestehende Beweislastverteilung in die Verteidigungsüberlegungen einzubeziehen.

136   An dem Beispiel zeigen sich die **grundlegenden Unterschiede** von Wirtschafts- und Steuerstrafsachen zu allgemeinen Strafsachen. In Wirtschafts- und Steuerstrafsachen muss die Verteidigung mit einer vom Mandanten unbeeinflussten Offenlegung von Informationen aus dem Verfügungsbereich des Mandanten rechnen. Informationen lassen sich nur schwer zurückhalten, wenn eine anderweitige Erklärungspflicht besteht. Die mit dem Mandanten zu vereinbarende Strategie gibt die Antwort auf die Frage „Was will der Verteidiger und wie will er es?".[143]

137   d) **Taktik**. Gemeint ist die Beratung des Mandanten über das kurzfristige Vorgehen (die „nächsten Schritte") angesichts einer ersten oder weiteren Situationsanalyse. Die Taktik muss sich in die Gesamtstrategie der Verteidigung einfügen. Kein Verteidiger entwickelt immer die gleiche Taktik für jede Strategie. Die Folgenden sechs Taktiken werden als abstrakte Beispiele geschildert. Ob und inwieweit eine solche Taktik zum Schutz und Wohl des Mandanten angewendet werden kann, hängt von der konkreten Fallgestaltung ab.

138   *aa) Schweigen*. Schweigen ist das Grundrecht des Beschuldigten und folglich die ursprünglichste Taktik in der Verteidigungspraxis. Es gibt Richter, die Anwälte darauf hinweisen, dass Schweigen die goldene Verhaltensregel sei.[144]

Das Schweigen über den gesamten historischen Vorgang oder auch das teilweise Schweigen über die eigene und fremde Verantwortung ist zunächst einmal eine Entscheidung des Mandanten. Die Rechtsausübung steht ihm allein zu und darf von Strafverfolgungsorganen nicht erzwungen werden. Dem Anwalt müssen aber auch die Folgen des Schweigens gegenwärtig sein. Belastbare Angaben des Mandanten zum Tathergang, zur Motivation oder zur Einsichtsfähigkeit fehlen. In der Verteidigungspraxis sind deshalb abzuwägen:

Vorteile	Nachteile
– Das Wissen des Mandanten bleibt verborgen, Zusammenhänge werden nicht offenbar; das Schweigen darf nicht gegen den Mandanten verwertet werden (§§ 136 I 2, 163 a III 2 StPO.). – Schweigen unterstützt andere Abwehrstrategien.[145] – Bei schwierigen Ermittlungen aufgrund von Indizien stellt das vollständige Schweigen die stärkste Verteidigungswaffe dar, weil Schweigen auf der Ermittlerseite die Unsicherheit nach der Täterschaft und dem Maß der Schuld nicht beseitigt. – Der Verteidiger ist im Wissen über die dem Mandanten allein verfügbaren Informationen den Ermittlern gegenüber im Vorteil. – Schweigen ist auch dann von Vorteil, wenn Reden die Dinge nur noch schlimmer machen würde, als sie ohnehin durch klare Ermittlungsfeststellungen bereits sind oder werden können.	– Schweigen führt zum Ausschluss von gesetzlichen Vergünstigungen, z. B. Straffreiheit bei § 371 AO, 261 Abs. 6 StGB; auch Strafmilderungen durch „Tätige-Reue-Tatbestände" werden nicht erreicht. – Schweigen schützt nicht vor einer Verurteilung. Weil durch Schweigen die Ermittlungen und Feststellungen erschwert werden, wirkt es als psychologischer Faktor bei der Urteils- und Strafmaßfindung meistens gegen den Angeklagten. Schon die Ankündigung einer Einlassung kann eine Basis für ein vorzeitiges Verhandlungsergebnis sein. – Schweigen kann zur Verhärtung in einem Verfahren führen. Oft sind Ermittler und Justiz nicht zu einem Entgegenkommen bereit, wenn der Beschuldigte/Angeklagte ihnen nicht durch Angaben zur Sache entgegen kommt.

---

[143] *Weihrauch* EV Rdnr. 114.
[144] *Burhoff*, Richter am OLG Hamm; Aus christlicher Tradition sei erinnert an einen Vers aus dem Alten Testament: *Wer seinen Mund behütet, bewahrt sein Leben. Wer seine Lippen aufreißt, dem droht Verderben. (Sprüche Kap. 13 V. 3).*
[145] *Dierlamm* in: Wabnitz/Janovsky, Handbuch des Wirtschafts- und Steuerstrafrechtes, S. 1374, Rdnr. 98.

Vorteile	Nachteile
	– Schweigen ist auch dann von Nachteil, wenn der Mandant an öffentlich oder amtlich zugänglicher Stelle über den gleichen Sachverhalt Angaben machen muss (z. B. gegenüber der Presse oder der Börsenaufsicht).

Von dem Schweigerecht unberührt sind die **Erklärungsrechte** des Angeklagten und der Verteidigung zu Verfahrensfragen (einschließlich förmlicher und nicht-förmlicher Rechtsmittel) und zu Vorgängen in der Hauptverhandlung (Beweisanträge, Erklärungen nach § 257 StPO). Der Beschuldigte ist aber nicht verpflichtet, an der Sachaufklärung mitzuwirken. Sein (vollständiges) Schweigen darf nicht nachteilig zu seinen Lasten verwertet werden.[146] Problematisch ist deshalb das sog. Teilschweigen, also die teilweise (über das bloße Bestreiten hinausgehende) Äußerung zu einem historischen Sachverhalt mit gleichzeitiger Auslassung bestimmter relevanter Sachverhaltsteile.[147] Ein solches Verhalten darf auch negativ gewürdigt werden. 139

bb) Verzögern. Verzögern bedeutet nur, das Verfahren in die Länge zu ziehen. Schon angesichts der Verfahrensherrschaft der Justiz ist das schwierig, aber nicht unmöglich. Durch Fristverlängerungen, Vorbereitungszeiten, Recherchen und Ähnliches kann durchaus ein Verfahren zu verzögern sein. In der Praxis dürfte allerdings die lange Verfahrensdauer überwiegend auf der Mittelknappheit von Polizei und Justiz beruhen.[148] 140

Vorteile	Nachteile
– Durch ein verzögertes Verfahren könnte Verfolgungsverjährung eintreten. – Eine Verfahrensverzögerung führt zu einer deutlich unsichereren Erinnerung von Auskunftspersonen gegen Verfahrensende. – Eine lange Verfahrensdauer führt zu deutlichen Strafmaßreduzierungen. – Eine Verfahrensverzögerung gibt Gelegenheit, mit dem Geschädigten Wiedergutmachung zu vereinbaren, die privaten Verhältnisse in Ordnung zu bringen und überhaupt psychologisch den „Schock" des Verfahrens zu verkraften.	– Die psychische Belastung eines Strafverfahrens bedrückt den Mandanten, eine baldige Lösung erscheint ihm besser als eine ungewisse Zukunft (was gerade bei inhaftierten Mandanten besonders schwer wiegt). – Aktive Verfahrensarbeit wirkt sich manchmal gegenläufig aus: neue Vorwürfe kommen auf, die Beweislage kann sich durch neue Ermittlungen gegen den Mandanten richten. – Prozessverschleppung als solche kann zu unzulässigen Beweisanträgen führen (§ 244 Abs. 3 S. 3 StPO); – Eine Einstellungspflicht der Justizorgane wegen überlanger Verfahrensdauer besteht nur in ganz begrenzten Ausnahmefällen.

Der Verteidiger, der selbst wenig oder keinen Einfluss auf ein Ermittlungsverfahren nimmt, wird in Wirtschaftsstrafsachen erleben, dass aus einem nur vorläufigem Ergebnis der Ermittlungsbehörde eine fast unumstößliche, die gesamte Beweisführung in der Hauptverhandlung prägende Tatsachenfeststellung wird. Die initiierte Verzögerung des Verfahrens macht nur dann Sinn, wenn sie für den Mandanten bestimmte Vorteile bereit hält, z. B. die Bereitschaft der Justiz, wegen der Schwierigkeit der Sach- und Rechtslage das Verfahren einvernehmlich zu beenden, oder die bei dem Mandanten bestehende eingeschränkte Verhandlungsfähigkeit o.ä. Manche sehen in der Verzögerung die schwächste Taktik der Verteidigung. Das ist keineswegs der Regelfall, da sich Vor- und Nachteile oftmals in der Waage halten. 141

---

[146] Nemo-tenetur-Prinzip, BVerfGE 56, 37 ff. = NJW 1981, 1431; BGHSt. 38, 214 = NJW 1992, 1464; BGH NJW 2000, 1962 in Abgrenzung zu BGHSt. 20, 298.
[147] BGHSt. 20, 298/300.
[148] Zur überlangen Verfahrensdauer vgl. BVerfG Beschl. v. 5.12.2005 – 2 BvR 1964/05 – StraFo 2005, 502; BVerfG Beschl. v. 29.12.2005 – 2 BvR 2057/05 StraFo 2006, 68; dazu *Trunit* StraFo 2005, 358; *Meyer-Mews* StraFo 2005, 353.; zur Rechtsprechung des EGMR: *Kühne* StV 2001, 529.

142 *cc) Aktive Abwehr.* Abwehrtaktiken stellen ein über das passive Schweigen hinausgehendes aktives Beeinflussen von Ermittlungshandlungen oder Tatsachenfeststellungen dar. Hierzu kann man die Ausübung prozessualer Rechte – manchmal bis ins Extrem – rechnen. Abwehrtaktiken gehören zu dem Handwerkszeug der Verteidiger und entgegen allen Diskussionen um die rechtsmissbräuchliche Ausübung von Verfahrensrechten zu den wichtigen Grundmechanismen, die der Verteidiger zum Schutz des Mandanten in einer bestimmten Verfahrenssituation anwenden können muss. Hierzu zählen z. B.

- die Beanstandung der Aktenführung und Aktenvollständigkeit,
- die Anmahnung von Dokumentationspflichten,
- die Geltendmachung von Beweiserhebungs- und -verwertungsverboten,
- die Beanstandung der Gerichtsbesetzung,
- die Ausübung von Befangenheitsanträgen,
- das Stellen von Beweisanträgen, insbes. Ermittlungen im Ausland;
- die Verweigerung der Zustimmung im Rechtshilfeverfahren;

143 Mit dieser Aufzählung soll nicht für eine extensive Anwendung dieser Möglichkeiten geworben werden. Oft ist eine solche Ausnutzung unsinnig, weckt Unverständnis oder schadet dem Mandanten. Manchmal ist es aber auch hilfreich, einem Strafverfolgungsorgan die Grenzen eines allzu „forschen" Verhaltens aufzuzeigen. Es geht darum, mutig und maßvoll die mit dem Mandanten vereinbarten Arbeitsthesen in Verfahrensrechte umzusetzen.

Vorteile	Nachteile
– Blockadetaktiken ergänzen und verstärken das Schweigerecht. Während die Ermittlungsbehörden keinen Zugang zu den spezifischen Mandanteninformationen erhalten, werden sie – in rechtlich zulässiger Weise – mit Aufgaben befasst, die (fast ausschließlich) im Interesse der Verteidigung liegen, die sich wiederum auf die Grundsätze der Rechtsstaatlichkeit und eines fairen Verfahrens stützen kann. – Die Verteidigung erhält durch die aktive Arbeit mehr Informationen aus der Arbeit der Strafverfolger.	– Gesprächsatmosphäre kann vergiftet werden. – Angriffe gegen die handelnden Ermittler oder Justizangehörigen können zu einem „Verbrüderungseffekt" führen. – Die Ausübung von Blockadetaktiken kann faktisch Grund für die nicht vorhandene Bereitschaft der Justiz sein, über den Verfahrensausgang zu verhandeln oder ein dem Mandanten gegenüber der Gesetzeslage günstigeres Ergebnis vorzuschlagen.

144 Gerade angesichts sich ständig ausweitender Eingriffsbefugnisse des Staates bedarf es der Wahrnehmung dieser wenigen verbleibenden Verfahrensrechte, um das Handeln der Strafverfolger kontrollieren zu können. Zugleich muss aus anwaltlicher Sicht mehr Augenmaß angemahnt werden, da die beschriebenen Abwehrmaßnahmen die Gesprächsatmosphäre eines Verfahrens vergiften können, was nicht im Interesse des Mandanten liegen dürfte. Konfliktstrategien haben nämlich durch Beschränkungen des Beweisantragsrechtes in der Hauptverhandlung sowohl in der Form als auch im Inhalt der Anwaltschaft insgesamt geschadet.

145 *dd) Ablenken.* Ablenken ist das Vorhaben, den Verdacht von der Person des Mandanten auf andere Personen oder den Ermittlungsgegenstand von einem Vorwurf auf einen anderen, weiter vom Mandanten entfernt liegenden zu lenken. Auch fallen darunter die Hinweise auf eine andere Verantwortungsstruktur innerhalb des Organs oder Unternehmens sowie die Verantwortung interner und externe Kontrollorgane.

Beispiel:
Gerade bei Organisationsdelikten, d. h. in mehrstufigen Unternehmenshierarchien erlebt es der Verteidiger wie auch der Ermittler, dass der Sachbearbeiter Handelnder ist, der Vorstand oder Geschäftsführer auf drei, vier oder gar mehr Hierarchien darüber aber derjenige ist, der als spiritus rector die Handlung veranlasst, gebilligt oder gar selbst gesteuert hat. Nichts liegt näher für einen Vorstand, sich auf ein Nichtwissen zurückzuziehen. Schweigen des Sachbearbeiters und eine solche Strategie des Vorstandes kann dazu führen, dass allein der Sachbearbeiter als Handelnder zur Verantwortung gezogen wird. Zulässig ist es, eine solche Ausübung von Verfahrensrechten zu vereinbaren.

Die Rechtsprechung zur Organisationsverantwortung ist nicht gefestigt. Während bei Gefahren gegen Leben und Gesundheit der BGH die Gesamtverantwortung aller Vorstände einer Gesellschaft für Gefahren bei Körperverletzungs- und Tötungsgefährdungen ausgesprochen hat,[149] in Verfahren wegen Sozialabgabeneinbehalte (§ 266 a StGB) von dem 5. Strafsenat ebenfalls eine Gesamtverantwortung betont wird,[150] bekräftigt der 1. Strafsenat für klassische Wirtschaftsstrafsachen (insbesondere Krediteuntreue) im Urteil vom 6.4.2000[151] die Ressortverantwortung. Allerdings nähert sich die strafrechtliche Rechtsprechung damit der Rechtsprechung des 2. Zivilsenates zur Verantwortung von Gesellschaftsorganen für sog. unternehmerische Entscheidungen an.[152] Die strafrechtliche Rechtsprechung ringt daher um die einerseits arbeitsteilige Welt der Wirtschaftskonzerne und die andererseits stets postulierte Gesamtverantwortung der Gesellschaftsorgane.[153]

Vorteile	Nachteile
– Ablenkungstaktiken entlasten den Mandanten und können zur Einstellung/zum Freispruch oder zu einer milderen Strafe führen. – Die psychologische Wirkung einer Verbreiterung der Zahl der Beschuldigten ist ebenfalls entlastend. – Die Handlungsverantwortung anderer kann auch insgesamt dazu führen, dass der Tatverdacht entfällt.	– Das Schweigerecht muss aufgegeben werden; – Aus der Ausweitung des Verfahrens gegen andere Personen folgen unter Umständen neue Vorwürfe gegen den Mandanten. – Die „Ablenkung" mittels erdachter Vorwürfe gegen andere kann sich als negatives Nachtatverhalten darstellen.

ee) *Verschleiern.* Die Verschleierung eines Geschehens oder einer tatsächlichen Verantwortung für einen strafrechtlichen Taterfolg bedeutet eine Grenzwanderung. Nur wenige taktische Maßnahmen sind denkbar, bei denen nicht unmittelbar der Vorwurf der Beihilfe, der Begünstigung oder der Strafvereitelung erhoben werden kann. Daher sollte man möglichst ohne dieses Instrumentarium auskommen – selbst wenn diese im Einzelfall zulässig sein sollte. Folgende Verhaltensweisen sind gerichtlich unbeanstandet geblieben:
- der Rat oder die Bitte an einen Auskunftsverweigerungsberechtigten, von seinem Auskunftsverweigerungsrecht Gebrauch zu machen;[154]
- der Rat oder die Bitte an einen Strafantragsberechtigten, keinen Strafantrag zu stellen oder einen bereits gestellten Strafantrag zurück zu nehmen;
- die Absprache mit Zeugen über falsche Angaben oder eine beschönigende Aussage ist unzulässig;[155]
- die vertragliche Vereinbarung mit einem Zeugen, Schmerzensgeld zu zahlen, falls dieser eine bestimmte Aussage in einer Hauptverhandlung macht (dem Zeugen also Erfolgshonorar verspricht), ist dann keine Strafvereitelung, wenn der Anwalt die Unwahrheit der versprochen Aussage nicht kennt und eine Vereitelungsabsicht nicht festgestellt werden kann;[156]

---

[149] BGHSt. 36, 1/9 (Holzschutzmittel-Fall); BGH NStZ 1984, 19; 1986, 550; BGHSt. 37, 106 (Lederspray-Fall); BGHSt. 40, 218/236 f (Mauerschützen-Fall); BGH NJW 1998, 767/769; NJW 2000, 443; BGHSt. 43, 219/231 f.; *Knauer*, Die Kollegialentscheidung im Strafrecht, München 2001; *Große-Vorholt*, Management und Wirtschaftsstrafrecht, 2000.
[150] *Raum*, unveröffentlichtes Manuskript anl. der NStZ-Jahrestagung 2002 in Leipzig.
[151] BGH Urt. vom 6.4.2000 – 1 StR 280/99 – (LG Augsburg) BGHSt. 46, 30 = wistra 2000, 305 = NStZ 2001, 527; fortgeführt durch BGHSt. 47, 148 = wistra 2002, 101 = NJW 2002, 1211.
[152] BGH Urt. v. 6.12.2001 (Unternehmensspenden, Sponsoring) BGHSt. 47, 187 = wistra 2002, 143/145 = StV 2002, 137 = NJW 2002, 1585; dazu auch *Gehrlein* NStZ 2002, 463; *Krekeler/Werner*, Unternehmer und Strafe, Rdnr. 1167 ff.
[153] Vgl. dazu exemplarisch der Fall der Aufsichtsratsentscheidungen bei der Mannesmann AG (vgl. BGH Urt. v. 21.12.2005 – 3 StR 470/04; Vorinstanz LG Düsseldorf Urt. v. 27.7.2004 –XIV 5/03 –, NJW 2004, 3275; 28 Js 159/00 StA Düsseldorf; dazu auch *Achenbach* NStZ 2005, 623).
[154] *Dahs* Rdnr. 58, 216, 1153; BGHSt. 10, 393; OLG Düsseldorf NJW 1991, 996.
[155] BGH NJW 2000, 1277; BGH NJW 2000, 2433/2435; vgl. auch *Dahs* Rdnr. 58, 216, 1153.
[156] BGH Beschl. v. 9.5.2000 – 1 StR 106/00 – (LG Augsburg) NJW 2000, 2433.

- Die Weitergabe von Hinweisen aus rechtmäßig eingesehenen Akten auf bevorstehende Zwangsmaßnahmen an den Mandanten ist erlaubt. Ebenso darf der Anwalt darüber beraten, mit welchen Ländern die Bundesrepublik keine Auslieferungsabkommen getroffen hat oder in welchen Ländern eine Auslieferung praktisch nicht möglich ist;[157]
- Die Bildung einer Basisverteidigung, bei der mehrere Verteidiger gemeinsam Sachfragen bearbeiten, die für alle Betroffen gleichartig zu entscheiden sind, ist zulässig.[158] Sie darf allerdings nicht zu einer verfahrenswidrigen Kollusion werden.

148 An einer Verfahrenssabotage darf sich der Verteidiger nicht beteiligen. So darf er dem Mandanten keine Mittel verabreichen, die ihn vernehmungsunfähig machen. Er darf keine Tatbeute oder Tatmittel verstecken. Auch darf er sich nicht an finanziellen Vorteilen der Tat oder der Tatwirkungen beteiligen. Die Vor- und Nachteile einer solchen Taktik müssen sorgfältig abgewogen werden:

Vorteile	Nachteile
– Verschleierung lenkt den Verdacht nicht auf andere, sondern soll die Aufklärungsarbeit der Ermittler oder eines Gerichts erschweren. Erreicht werden kann dies teilweise durch Ausübung von Verfahrensrechten, teilweise durch Beratung und eigenverantwortliches Verhalten des Mandanten.	– Der Berater und Verteidiger handelt im Grenzbereich des Zulässigen; Probleme der Beihilfe, Begünstigung, Strafvereitelung oder der Geldwäsche entstehen indiziell in diesem Bereich. – Ein objektiv rechtmäßiges Geschehen kann als Verdunklungshandlung gewertet werden. – Die Aufdeckung der zulässigen Erschwerungshandlung kann zu psychologischen Nachteilen gegenüber Ermittlungs- und Justizbehörde führen.

149 *ff) Aufklären.* Diese Taktik soll dazu führen, den strafrechtlich relevanten Sachverhalt zu erhellen und das Verfahren zu vereinfachen. Sie kann bei einer Geständnisabsicht aber auch bei einem den Verdacht leugnenden Beschuldigten angewendet werden. Ist ein Mandant **geständig**, so endet die Beistandsaufgabe damit nicht. Denkbare Arbeit des Verteidigers kann es sein, ein solches Geständnis vorzubereiten, den Mandanten über die Vor- und Nachteile zu beraten oder die Reaktion der Ermittlungsbehörden zu erfragen (sog. „Was-wäre-wenn-Gespräch?"). Wenn die Ermittler z. B. einen „sicheren" Fall haben, sollte man das mit einem zunächst schweigenden Beschuldigten frühzeitig beraten. Auch die Abgabe eines „taktischen" Geständnisses ist Teil der Beratung. Schließlich kann es Aufgabe des Anwaltes sein, ein abgegebenes Geständnis zu klären, zu glätten, etwaige Ungenauigkeiten zu konkretisieren und auf ein sachgerechtes, baldiges Verfahrensende hinzuarbeiten. Der Verteidiger soll auch hier entlastende Umstände in der Person des Täters oder in der Tat herausarbeiten, auf Verfahrensfehler hinweisen und unter Umständen zu den Voraussetzungen der §§ 46, 46 a StGB eigene Ermittlungen anstellen oder bei einem Täter-Opfer-Ausgleich vermitteln. Falls sein Mandant in Untersuchungshaft sitzt, ist der Anwalt außerdem oft das wichtigste Bindeglied zwischen Mandant, Firma und Familie.

150 Ist ein Mandant hingegen von seiner **Unschuld** überzeugt, dann kann eine geeignete Verteidigung nicht nur im Schweigen, sondern auch in einer frühzeitigen aktiven Aufklärungsarbeit liegen. Da ein Mandant in der Regel nicht weiß, welche Informationen Polizei und Justiz benötigen, um sich von der Unschuld zu überzeugen, wird von dem Verteidiger eigene Ermittlungsarbeit und Sensibilität für den richtigen Zeitpunkt und die richtige Art und Weise (bspw. Vernehmung, schriftliche Stellungnahme, Gespräch) erwartet. U. U. hat der Verteidiger Unterlagen anzufordern, Zeugenaussagen zu recherchieren oder Gutachten einzuholen. In Haftsachen ist der Verteidiger sogar zu solchen Arbeiten gezwungen, weil der Mandant mit seinen begrenzten Möglichkeiten keine Hilfestellung geben kann.

---

[157] *Dahs* Rdnr. 61, 62.
[158] *Dahs* Rdnr. 68, 237, 464.

Vorteile	Nachteile
– Aufklärung bei einem geständigen Mandanten bedeutet Beratung zum Geständnis, Beistand bei der Formulierung, Klärung und Glättung der Angaben. – Dieses Verhalten ist das von Ermittlern am meisten erwartete und gewünschte Verhalten, daher besteht hier auch die Bereitschaft zu großem Entgegenkommen in Verfahrensfragen (z. B. Haftverschonung) und im Verfahrensabschluss (Strafmaß und Vollstreckung). – Aufklärungshandeln bei einem unschuldigen Mandanten führt zur Widerlegung des Vorwurfs und Entlastung des Mandanten.	– Geständnisse können gerade dann, wenn andere Personen dadurch belastet werden, Widerstand bei Mitbeschuldigten auslösen und zu einer weiteren Verteidigungsfront führen. – Geständnisse können zu einer höheren Strafe führen, wenn ohne ein Geständnis ein wesentlich geringeres Ausmaß des strafbaren Verhaltens oder des entstandenen Schadens festgestellt worden wäre. – Aktive Aufklärung für einen Unschuldigen begegnet häufig einem besonderen Misstrauen der Strafverfolgungsbehörden. Ein solches Handeln wird gerne mit Verschleierungs- und Ablenkungstaktiken verwechselt.

e) **Abhängigkeit vom Verfahrensabschnitt.** Strategie und Taktik sind natürlich auch **von dem Verfahrensabschnitt abhängig**, in dem das Mandat angenommen wird. Der Handlungsspielraum des Verteidigers wird in Wirtschafts- und Steuerstrafsachen mit zunehmender Konzentration auf eine Anklage oder einen Eröffnungsbeschluss stets kleiner. Da mit der abschließenden Entscheidung der Staatsanwaltschaft im Sinne einer Anklage oder eines Strafbefehlsantrages bereits die aus Sicht der Anklagebehörde maßgeblichen Feststellungen zusammen gestellt worden sind, werden die Chancen der Verteidigung, dass andere Feststellungen in der Hauptverhandlung getroffen werden, geringer (vgl. §§ 245, 246 StPO). Die Umstände, die von dem Verteidiger noch beeinflusst werden können, werden geringer. In der Verfahrenswirklichkeit kehrt sich der Grundsatz, dass Feststellungen zur Tat, zur Schuld und zum Strafmaß allein in der Hauptverhandlung getroffen werden, um. Wird das Mandat während laufender Hauptverhandlung oder erst gar nach Abschluss der Hauptverhandlung (die zu einer Verurteilung führte) erteilt, sind die nur eingeschränkten Chancen, die für eine erfolgreiche Verteidigung noch bestehen, mit dem Mandanten sehr eingehend zu erörtern.

3. Beratung über strafprozessuale Maßnahmen, Ermittlungstaktik und das richtige Verhalten

Polizeiliche und strafprozessuale Maßnahmen sind Eingriffe in Grundrechte. Auf keinem anderen Rechtsgebiet muss man sich dies so bewusst machen wie im Strafrecht, weil es hier um die verwundbarste Stelle des Rechtsstaates geht, die angesichts des Missbrauches der Weimarer Verfassung durch die Nationalsozialisten mit besonderem Geschichtsbewusstsein verteidigt werden muss. Rechtsberatende Aufgabe eines Strafverteidigers ist es, die Wahrscheinlichkeit solcher Eingriffe, deren Grundlagen, den möglichen Verlauf und die angemessene Reaktion hierauf sowie die rechtlichen Abwehrmöglichkeiten zu beschreiben und auch in zeitlicher Hinsicht einzuschätzen. Diese zunächst deskriptive Aufgabe wird sodann ergänzt um die Beratung über das angemessene Verhalten, den geeigneten Schutz vor Machtmissbrauch. Es kommen sowohl passive wie aktive Verhaltensweisen in Betracht. Nicht selten hilft auch die Nutzung von Medien oder von politischen Kontakten. Auch eine mit einem partiellen Rechtsverzicht beschlossene Aufklärungsbereitschaft kann ggfls. Nachteile im späteren Verlauf des Verfahrens vermeiden. Die folgende Übersicht stellt Grundrechtseingriffe und Ermittlungshandeln gegenüber. Jeder Eingriff führt zu einem neuen Beratungsfeld für den Rechtsanwalt:

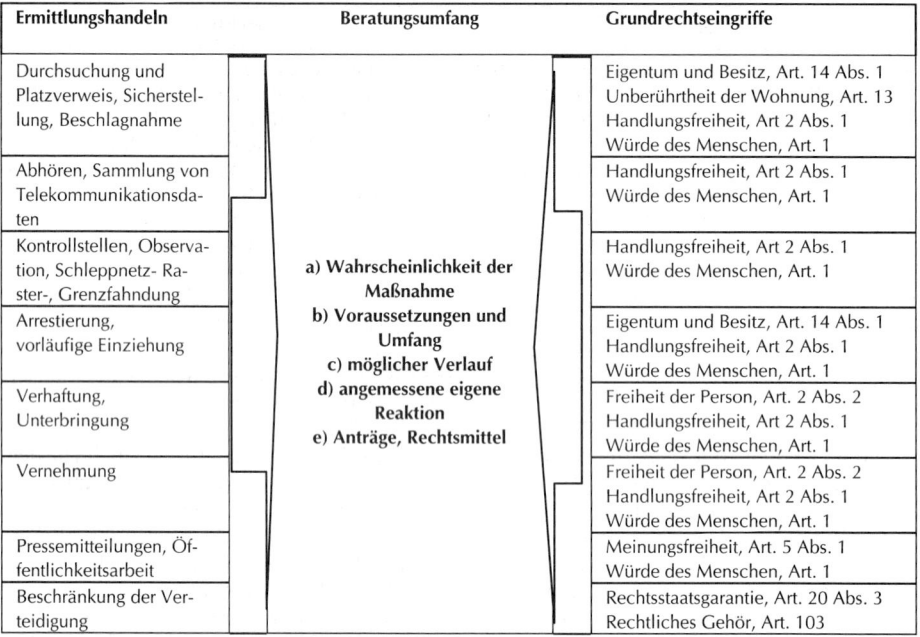

153 a) **Wahrscheinlichkeit einer Strafverfolgungsmaßnahme.** Die Wahrscheinlichkeit von Eingriffen ist abhängig von dem jeweiligen Vorwurf, dem Stand des Verfahrens, der Verfahrensdauer und dem Erkenntnisstand der Ermittlungsbehörden. Auch ist das persönliche Verhalten des Mandanten gegenüber Strafverfolgungsbehörden mit ausschlaggebend für die Wahrscheinlichkeit der Maßnahme. Die Beratung ist notwendigerweise zukunftsbezogen, wenn der Mandant (oder der Anwalt) von einem laufenden Verfahren erfahren hat, es aber bislang zu einer Kontaktaufnahme mit den Ermittlungsbehörden noch nicht gekommen ist. Der Beratungsbedarf zu diesem Aspekt nimmt ab, je weiter das Verfahren fortgeschritten ist. Aber auch während der Hauptverhandlung oder in einem Vollzugsverfahren muss der Mandant über die staatlichen Eingriffsmöglichkeiten informiert sein. Steht bei einem eingeleiteten oder drohenden Ermittlungsverfahren die Identität des Beschuldigten oder Betroffenen nicht fest, so ist es notwendig, dass bereits bei Mandatsannahme auf die zu erwartende Ermittlungstätigkeit hingewiesen wird. Dazu gehört auch die Wahrscheinlichkeit, dass mit Ermittlungstätigkeiten im häuslichen Bereich, also bei der Familie, im Wohnumfeld oder im Betrieb zu rechnen ist. Über die Möglichkeit einer vorbeugenden Kontaktaufnahme ist der Mandant zu belehren. Außerdem sollte auf das Zeugnisverweigerungsrecht von Angehörigen hingewiesen werden.[159]

154 b) **Voraussetzungen und Grenzen staatlicher Eingriffe.** Über die Voraussetzungen und Grenzen der staatlichen Eingriffe informieren die ausgezeichneten Bücher von *Malek/Wohlers*[160] und *Benfer*[161], in denen alle wesentlichen Fragen umfassend behandelt und Rechtsschutzmöglichkeiten aufgezeigt werden. Durch Newsletter und elektronische Medien sollte man sich außerdem mit aktuellen Gerichtsentscheidungen versorgen. Angesichts der ohnehin stark verdichteten staatlichen Kontrolle des privaten Lebens ist es angezeigt, die Überschreitung gesetzlicher Eingriffsermächtigungen nicht nur als Kavaliersdelikt anzusehen, sondern aus der

---

[159] *Buschbell* AnwHdb. Straßenverkehrsrecht § 1 Rdnr. 37.
[160] *Malek/Wohlers*, Zwangsmaßnahmen und Grundrechtseingriffe im Ermittlungsverfahren, 2. Aufl. 2001.
[161] *Benfer*, Rechtseingriffe von Polizei und Staatsanwaltschaft, 3. Aufl. 2005.

Überschreitung auch Folgerungen für die (Un-)Verwertbarkeit der so erlangten Beweismittel zu ziehen.

c) Möglicher Ablauf. Der mögliche Ablauf einer der unter a) angesprochenen Maßnahmen oder auch der gesamte Gang des Verfahrens kann abstrakt dargestellt oder in Form eines Merkblattes dem Mandanten ausgehändigt werden. Da staatliche Eingriffe in den Privat- oder Firmenbereich nicht unbedingt beliebt sind, wird der Verteidiger abwägen, ob er dem Mandanten alle Informationen kompakt anbieten kann, oder den Mandanten immer wieder in einem kontinuierlichen Prozess nach und nach die eine oder andere Handlungsalternative erläutert. Erfahrungsgemäß ist eine sukzessive Befassung des Mandanten hilfreicher. Der strafrechtlich unerfahrene Mandant kann von der Vielzahl denkbarer Fallgestaltungen und Verzweigungen überfordert sein.

d) Reaktion des Mandanten. Die angemessene eigene Reaktion auf staatliche Eingriffe sollte mit dem Mandanten sorgfältig besprochen und vorbereitet werden. Für die systematische Vorbereitung auf Eingriffsmaßnahmen oder für einen Kontakt mit Strafverfolgungsorganen kann man sich die in der folgenden Aufstellung aufgezeigten Konstellationen merken.

Stichwort	Hinweis
Abwenden einer Durchsuchung	Durchsuchungen können durch freiwillige Herausgabe von Unterlagen abgewendet werden. Wenn das beabsichtigt ist und das Unternehmen erfährt oder vermutet, dass eine Durchsuchung ansteht, dann macht es unter Einschaltung eines Firmenanwaltes Sinn, Kontakt mit der Strafverfolgungsbehörde aufzunehmen, um die Herausgabe von Unterlagen und die Kooperation bei der Beschaffung sonstiger Informationen anzubieten. Die Strafverfolger sind zwar nicht verpflichtet, das Angebot anzunehmen, sie werden es aber in der Regel tun, um sich weitere Förmlichkeiten zu sparen.
Aufträge von Strafverfolgungsbehörden	Nicht selten erteilt die Strafverfolgungsbehörde Mitarbeitern eines Unternehmens im Rahmen von Durchsuchungen oder anlässlich einer Vernehmung „Aufträge", z. B. das Heraussuchen bestimmter Unterlagen. Selten werden Mitarbeiter darüber belehrt, dass die freiwillige Herausgabe von Unterlagen mit ihrer Verschwiegenheitspflicht kollidieren könnte. Kein Mitarbeiter eines Unternehmens ist verpflichtet, solche „Aufträge" auszuführen. Zur eigenen Kontrolle des Unternehmens sollte jeder Mitarbeiter angewiesen sein, Kontaktaufnahmen der Strafverfolgungsbehörden an eine zentrale Stelle (z. B. Rechtsabteilung und/oder Revision) zu melden und dort den Wunsch nach Dokumenten abzuliefern. Hat das Unternehmen mit der Strafverfolgungsbehörde eine Vereinbarung über die Herausgabe solcher Unterlagen, dann sollten die Unterlagen dann durch diese zentrale Stelle gesammelt, kopiert und dann an die Strafverfolgungsbehörde weitergeleitet werden. Dies kann auch durch einen eigens für den Kontakt mit den Strafverfolgern installierten Firmenanwalt geschehen.
Behördenanfragen	Behördenanfragen sind parallel zum Ermittlungsverfahren die Regel, manchmal werden sie gesteuert von den Ermittlungsbehörden. Die Beantwortung von Fragen kann in den meisten Fällen (außer im Steuerrecht) erzwungen werden. Das Recht, bei Selbstbelastung die Angaben zu verweigern, besteht in aller Regel nicht. Auch hier sollte daher der Verteidiger unmittelbar eingeschaltet werden, um über Verzögerungsmaßnahmen oder eine geeignete sachliche Antwort mit zu beraten.
Berichte an Gesellschaftsorgane	Berichte an Gesellschaftsorgane zu einem laufenden Strafverfahren sollten die Besonderheiten des Strafrechts, die Unschuldsvermutung und die Vorläufigkeit der Verdachtsgrade betonen. Der Verteidiger sollte mit dem Mandanten besprechen, wie dies bei der Berichterstattung auch anderer Stellen des Unternehmens gewährleistet werden kann.
Durchsuchung und Beschlagnahme	Der Verteidiger kann mit einem Merkblatt arbeiten, das den Mandanten auf den Ablauf, das geeignete Verhalten und mögliche Fragen vor-

Stichwort	Hinweis
	bereiten. Angesichts der zunehmenden Pressebegleitung von Durchsuchungsmaßnahmen besteht ein praktisches Bedürfnis nach einer Kontrolle aller Dienstausweise der eingetroffenen Personen.
Einkommens- und Vermögensverhältnisse	Eine Verpflichtung zu Angaben zu Einkommens- und Vermögensverhältnisse besteht nicht. Diese Angaben fallen unter das Schweigerecht. Die Bedeutung der Einkommens- und Vermögensverhältnisse als Bemessungsgröße für Geldauflagen nach § 153 a StPO wie auch als Strafzumessungsgrund ist groß. Die Strafverfolgungsbehörden sind grds. befugt, zur Ermittlung der Einkommens- und Vermögensverhältnisse Bankauskünfte einzuholen und im Rahmen von Durchsuchungen Beweise sicherzustellen.
Gegenüberstellung	Selten kommt es in Wirtschaftsstrafverfahren zu Gegenüberstellungen. Meist handelt es sich um Fälle mit Auslandsberührung. Einer Gegenüberstellung kann sich der Mandant in einem Termin, zu dessen Erscheinen er verpflichtet ist, nicht entziehen.[162]
Gerichtstermin und Anwesenheitspflicht	Der Mandant ist verpflichtet, einen Gerichtstermin in einer Strafsache persönlich wahrzunehmen (§§ 230ff StPO, 73 Abs. 1 OWiG). Ausnahmen sind nur in Strafbefehlsverfahren (§ 411 Abs. 2) und im Berufungsverfahren (§ 329 Abs. 1, 2 StPO) sowie im gerichtlichen Bußgeldverfahren auf Antrag (§ 73 Abs. 2 OWiG) zulässig.
Herausgabeanspruch	Meist im Rahmen von Durchsuchungen, manchmal auch bei Sicherungsmaßnahmen für Verfall und Einziehung (§§ 111bff StPO) werden Gegenstände sichergestellt oder beschlagnahmt, die mit dem Strafverfahren als solchem nichts zu tun haben. Handelt es sich um Gegenstände, an denen Rechte Dritter bestehen, sind diese auf Antrag an die für den jeweiligen Verfahrensabschnitt zuständige Strafverfolgungsbehörde geltend zu machen. Nach Abschluss des Verfahrens besteht ein Herausgabeanspruch, der aber nicht zu einer Bringschuld führt.[163]
Identitätsfeststellung	Die Identitätsfeststellung im Sinne der §§ 81 b, 163 b, 163 c StPO umfasst erkennungsdienstliche Maßnahmen und Angaben über Vorname, Familienname, Geburtsname, Wohnort und Wohnung sowie Geburtsdatum und -ort. Beruf und Familienstand gehören nicht dazu.[164] Der Mandant sollte wissen, dass nach dem Vorzeigen von Ausweispapieren unverzüglich eine etwaige „Mitnahme auf das Revier" zu beenden ist.[165]
Informatorische Befragungen	Der Mandant sollte darüber aufgeklärt werden, dass informatorische Befragungen Amtshandlungen sind, die bereits zu verwertbaren Erkenntnissen der Strafverfolgungsbehörden führen können. Jedes freundliche, hilfsbereite Gespräch nach Unterlagen, am Kopierer, bei einer Tasse Kaffee oder auf dem Flur zwischen Ermittler und Mitarbeiter/in kann die Sachverhaltsaufklärung lenken. Für informatorische Befragungen nach dem „ob" (z. B. ob ein Unternehmen Kontoauszüge sammelt, ob ein Archiv geführt wird etc.) und „wo" (z. B. wo sich die gesuchten Unterlagen befinden, bei welcher Bank das Schließfach eingerichtet ist etc.) werden von der Rechtsprechung keine Belehrungspflichten gefordert, so dass dem Befragten in aller Regel nicht bewusst ist, dass er dem Ermittler Informationen verschafft, die amtlich verwertet werden. Steht dem Befragten ein Schweigerecht zu, sollte er auch bei solchen Befragungen von seinem Recht Gebrauch machen können.

---

[162] *Gebhardt* § 7 Rdnr. 2.
[163] BGH Urt. v. 3.2.2005 -III ZR 271/04- NJW 2005, 988; dazu *Kemper* NJW 2005, 3679; *Flore/Schwedtmann* PStR 2000, 28; *Damrau* NStZ 2003, 408; *Vogelberg* PStR 2004, 273; a. A. (Bringschuld als öffentl.-rechtl. Beseitigungsanspruch) *Hoffmann/Knierim* NStZ 2000, 461.
[164] *Malek/Wohlers* Zwangsmaßnahmen Rdnr. 360.
[165] *Benfer* Rechtseingriffe Rdnr. 247 f.

Stichwort	Hinweis
Kopieren von Unterlagen	Durchsuchungen und Sicherstellungen führen oft dazu, dass Firmenunterlagen oder Firmendaten während der Dauer der Sicherstellung nicht mehr zur Verfügung stehen. Da die strafrechtliche Untersuchung grundsätzlich nicht darauf zielt, eine erlaubte wirtschaftliche Betätigung zu verhindern (Eingriff in den eingerichteten und ausgeübten Gewerbebetrieb) muss die Möglichkeit eines sofortigen oder sukzessiven Kopierens aller für den Geschäftsbetrieb benötigten Unterlagen und Daten eingeräumt werden. Der Verteidiger sollte hierüber mit den Ermittlungsbehörden verhandeln. In Insolvenzfällen besteht ein Bedarf zur Anfertigung von Kopien für den Insolvenzverwalter. Von Fall zu Fall werden sogar Originalunterlagen dem Insolvenzverwalter ausgehändigt, Kopien werden zu den Beweismitteln genommen. Für die Verteidigung kann es von besonderer Wichtigkeit sein, Kopien der sichergestellten Beweismittel anfertigen zu können. Möglichst sollte kooperativ angeboten werden, dass solche Kopien auf Kosten der Verteidigung bzw. des Unternehmens angefertigt werden. Rechtlich verpflichtet ist dazu allerdings die Strafverfolgungsbehörde, in deren Gewahrsam die Unterlagen sind.
Ladung zur Vernehmung	Der Mandant sollte wissen, dass eine Ladung meist an ihn persönlich versandt wird und der Verteidiger unverzüglich unterrichtet werden muss. Dann kann besprochen werden, ob der Ladung Folge geleistet werden soll (und muss), ob der Termin verlegt werden soll, oder eine schriftliche Darlegung nach Akteneinsicht erfolgen soll. (§ 163 a Abs. 3 StPO verpflichtet zum Erscheinen bei der Staatsanwaltschaft, nicht bei der Polizei. Das Gleiche gilt für die Vorladung zur Bußgeldbehörde gemäß § 163 a Abs. 3 S. 1 StPO i. V. m. § 46 Abs. 1 OWiG)
Personalien	Nach § 111 OWiG sind auf Aufforderung eines zuständigen Amtsträgers anzugeben: Vorname, Familienname, Geburtsname, Familienstand, Beruf, Wohnort, Wohnung (d. h. Straße und Hausnr.), Staatsangehörigkeit. Etwaige zusätzlich erfragte Daten wie Name, Wohnort und Beruf der Eltern, Kinder, Telefonverbindung, Gehalt, Lebenslauf und berufliche Betätigung gehören also nicht zu den Pflichtangaben. Ebenso gehören dazu nicht die Angaben über die Beteiligung an dem historischen Geschehen, das Gegenstand einer amtlichen Untersuchung ist.[166] Ein Anhörungsbogen, der solche Fragen enthält, muss nicht vollständig ausgefüllt werden.[167]
Presseauskünfte	Presseauskünfte des Mandanten sollten mit dem Verteidiger abgestimmt sein. Der Mandant muss auf § 353 d Nr. 3 StGB hingewiesen werden.
Störung von Ermittlungshandlungen	Nach § 164 StPO darf die Strafverfolgungsbehörde Personen, die Ermittlungshandlungen vorsätzlich stören, bis zum Ende der Amtshandlungen festnehmen. Spätestens bis zum Ende des nächstfolgenden Tages muss die Freilassung angeordnet werden. Der Mandant ist daher darüber zu unterrichten, dass den Ermittlungsmaßnahmen von Polizei und Staatsanwaltschaft nicht durch Störung der Amtshandlung begegnet werden darf. Allerdings schließt das Rückfragen nach dem rechtlichen Dürfen während einer Amtshandlung nicht aus, auch müssen die Amtsträger sich ausweisen und die von ihnen ausgeführten Maßnahmen legitimieren (Durchsuchungsbeschluss, Haftbefehl, Unterbringungsanordnung etc.).
Telefonate mit Polizei und Justiz	Telefonische Ladungen sind zulässig und ebenso verpflichtend wie schriftliche Ladungen (d. h. das Ausbleiben im Termin bei polizeilicher Ladung ist folgenlos, beim Ausbleiben nach staatsanwaltschaftlicher oder richterlicher Ladung kann das Kostenfolgen und eine polizeiliche

---

[166] BGHSt 34, 39.
[167] OLG Stuttgart DAR 1990, 273; vgl. im Einzelnen auch *Gebhardt* § 8 Rdnr. 2, 3.

Stichwort	Hinweis
	Vorführung zur Folge haben.). Ansonsten gelten auch für Telefonate – und dort in besonderem Maße – die allgemeinen Verhaltensregeln gegenüber Polizei und Justiz. Die erteilten Auskünfte sind verwertbar. In aller Regel macht sich der Anrufer eine Notiz, die im Verfahren verwertet werden kann.
Untersuchungsausschuss	Nicht selten wird ein strafrechtliches Verfahren von einem Untersuchungsausschuss eines Landesparlamentes oder des Bundestages begleitet. Nach dem neugefassten Untersuchungsausschussgesetz werden falsche Zeugenangaben nunmehr strafrechtlich sanktioniert (§ 153 Abs. 2 StGB). Ein Auskunftsverweigerungsrecht nach § 55 StPO besteht auch vor dem Untersuchungsausschuss.[168]
Vernehmung eines Beschuldigten	Vernehmungen des Mandanten durch Polizei und Justiz sollten nur im Beisein eines Verteidigers stattfinden, damit der Inhalt des Vorwurfes aber auch bestimmte polizeiliche, staatsanwaltschaftliche Begriffsbildungen bei der Übertragung der Aussage in das Diktat vermieden werden. Ein Beschuldigter darf nicht zu wahrheitsgemäßen Angaben gezwungen werden. Folglich besteht keine strafrechtliche Sanktion für falsche Angaben.
Vernehmung als Zeuge	Ermittlungstaktisch beliebt ist die Vernehmung einer Person (zunächst) als Zeugen mit der Belehrung über Auskunftsverweigerungsrechte nach § 55 StPO. Ein vollständiges Auskunftsverweigerungsrecht besteht, wenn jede denkbare Antwort auf eine gestellte Frage zu einem Beteiligungsverdacht führen kann. Der Mandant sollte stets mit einem Anwalt einen solchen Termin wahrnehmen. Strafrechtliche Folgen einer falschen Aussage vor dem Staatsanwalt bestehen nicht (§§ 153 ff. StGB).
Vernichtung von Beweisunterlagen	Die Frage nach der Vernichtung von Beweismitteln wird ab und zu von Mandanten gestellt. Generell gilt: Wer ohne Kenntnis eines Straf- oder Bußgeldverfahrens einen nicht aufbewahrungspflichtigen Gegenstand wegwirft oder vernichtet, verstößt nicht gegen das Gesetz. Wer indessen in Kenntnis eines Verfahrens Unterlagen oder Daten vernichtet, die im Zusammenhang mit dem Vorwurf stehen, kann wegen Strafvereitelung (§ 258 StGB) bestraft werden. Zudem führen Vernichtungsaktionen zur Begründung von Verdunklungsvermutungen, also zu einem denkbaren Haftgrund.

157 e) **Antragsrechte und Rechtsmittel.** Die Vielzahl möglicher Fallgestaltungen erlaubt es nicht, dem Mandanten von Beginn der Beratung an einen vollständigen Überblick über alle denkbaren Reaktionen zu geben, die in einem Strafverfahren ergriffen werden können. Folglich erfolgt eine Rechtsberatung hierüber induktiv, d. h. aufgrund konkreter Situationsabläufe. Greift die Strafverfolgung in Grundrechte ein, berät der Anwalt über das hiergegen nach der Strafprozessordnung gegebene Rechtsmittel. Auch umfasst die Beratung Hinweise auf die (niedrigen) Eingriffsschwellen für staatliche Maßnahmen und Hinweise auf die Möglichkeit, nichtförmliche Anträge wie z. B. Dienstaufsichtsbeschwerden, Befangenheitsanträge oder Strafanträge (z. B. wegen der §§ 339-345 StGB) zu stellen.

158 Gem. § 839 BGB i. V. m. Art. 34 GG und dem StrEG haften darüber hinaus Strafverfolgungsorgane für Schäden, die durch eine unberechtigte oder unverhältnismäßige Eingriffsmaßnahme entstehen in den Grenzen dieser Vorschriften. Geht man in diesem Sinne gegen Strafverfolgungsorgane vor, führt das erfahrungsgemäß nicht zu einer Begrenzung des Verfahrens, sondern eher zu erhöhten Aktivitäten. Daher muss die Stellung solcher Anträge und deren Wirkung auf das laufende Verfahren sorgfältig bedacht und abgewogen werden. Im Übrigen kann als Faustregel gelten, dass der Mandant umso konkreter beraten werden soll, je wahrscheinlicher ein Eingriff der Strafverfolgungsbehörden ist.

---

[168] Zur alten Rechtslage: BVerfG NStZ 1988, 138 (zur Reichweite des Art. 44 GG); *Güther*, Vereidigung von Zeugen und Sachverständigen, NStZ 1993, 305; *Derksen*, Beschränkungen durch § 353 d StGB, NStZ 1993, 311.

§ 7 Verteidigungspraxis – Mandatsführung und -organisation

4. Beratung über die Rechtslage

a) Beratung über die Verfahrensgrundrechte. In der Mandantenberatung sollte der Verteidiger nicht voraussetzen, dass dem Mandanten die Strukturen und Grundprinzipien der Strafprozessordnung bekannt sind. Es schadet daher nicht, wenn man auf die Verfahrensgrundrechte hinweist und den Mandanten bittet, sich auf diese zu berufen.[169]

Verfahrensgrundrecht	Norm	Stichworte, Prüfungskriterien
Schweigerecht	§ 136 StPO	**Grundlage:** Nach dem Nemo-tenetur-Prinzip ist niemand verpflichtet, sich selbst zu belasten. Ausprägung z. B. in § 393 AO. (Der BFH will allerdings eine Unverwertbarkeit nur für das Strafverfahren, nicht für das Besteuerungsverfahren annehmen). **Belehrung:** Ermittler sind verpflichtet, zu Beginn **jeder** Vernehmung (also auch bei Folgevernehmungen durch StA und Gericht, über das Schweigerecht zu belehren. **Folge einer Verletzung:** Ohne Belehrung werden die Angaben des Beschuldigten unverwertbar. Der Verteidiger muss dies durch Widerspruch (spätestens in der Hauptverhandlung) geltend machen.
Verteidigungs-/ Beistandsrecht	§ 137 StPO	**Grundlage:** Rechtsstaatsprinzip, wonach der Staat gewährleisten muss, dass der Bürger, der in Konflikt mit staatlichen Normen kommt, den Rat und Beistand Rechtskundiger einholen kann. Dies gilt in jeder Lage des Verfahrens. Ein Pflichtverteidiger ist nur unter bestimmten Voraussetzungen zu bestellen (§ 140 StPO). Auch während einer Durchsuchung besteht dieses Recht.[170] **Belehrung:** Nach § 136 Abs. 1 S. 2 StPO muss über das Recht der Verteidigerkonsultation vor Beginn der Vernehmung belehrt werden und abgewartet werden, bis ein Verteidiger tatsächlich konsultiert werden konnte.[171] **Folge einer Verletzung:** Unverwertbarkeit der dennoch erfolgten Aussage, absoluter Revisionsgrund (§ 338 Nr. 8 StPO).
Informationsrecht	§ 147 StPO	**Grundlage:** Menschenrecht, EMRK Art. 6 Abs. 1, Abs. 3 Buchst. a) (Recht auf Unterrichtung), Buchst. d) (Recht auf Befragung), Buchst. e) (Recht auf Dolmetscher): Das Akteneinsichtsrecht steht dem Verteidiger zu, muss aber auch auf Verlangen dem unverteidigten Bürger gewährt werden.[172] Der seit 1998 durch Änderung des § 68 b StPO anerkannte Vernehmungsbeistand kann ebenfalls beschränkte Akteneinsicht erhalten.[173]

---

[169] *Burhoff* PStR 2002, 101.
[170] *Burhoff* Rdnr. 307.
[171] BGHSt. 38, 372 = NJW 1993, 338.
[172] § 147 Abs. 7 StPO, eingefügt durch StVÄG 1999 (BGBl.I.1253) ab 1.11.1999.
[173] *Burhoff* Rdnr. 880 k; *Burhoff* ZAP Fach 22R S. 203 u.H.a. GBA v. 6.6.2001, 2 StE 11/00.

Verfahrensgrundrecht	Norm	Stichworte, Prüfungskriterien
		Belehrung: Keine Belehrung vorgesehen **Folge der Verletzung**: Nichtgewährung durch StA kann richterlich überprüft werden, § 147 Abs. 5 StPO. Werden Informationen vorenthalten, kann dies einen Aussetzungsantrag nach § 265 Abs. 3, Abs. 4 StPO rechtfertigen.[174]
Recht auf rechtliches Gehör	Art. 103 GG §§ 33, 33 a StPO u. a.	**Grundlage**: Menschenrecht, Art. 5 Abs. 3, 4, Art. 6 Abs. 1, Art. 13 EMRK; Das Recht umfasst sowohl das Recht auf gerichtliche Überprüfung als auch das Äußerungsrecht, den Anspruch auf Berücksichtigung der Äußerungen und auf Rechtsmittel gegen staatliche Eingriffe in Grundrechte. **Belehrung**: Rechtsmittelbelehrung bei Durchsuchungen (§ 98 Abs. 2 S. 7) und bei gerichtlichen Endentscheidungen; **Folge der Verletzung**: Beruht der staatliche Eingriff auf einer Verletzung des Rechts, ist er aufzuheben. Aussetzungsanträge nach § 265 StPO sind umstr.
Anwesenheitsrecht	§§ 163 a Abs. 3 S. 2, 168 c Abs. 1 StPO u. a.	**Grundlage**: Rechtsstaatsprinzip, Bei Vernehmungen des Mandanten steht dem Verteidiger ein Anwesenheitsrecht zu, ebenfalls bei richterlichen Diensthandlungen. Anwesenheitspflicht besteht während einer Hauptverhandlung in Strafsachen für den Angeklagten, den Staatsanwalt und das Gericht (§ 226, 231 StPO). **Belehrung**: Nur Belehrung bei Anwesenheitspflicht vorgesehen; **Folge der Verletzung**: Unterbrechung oder Aussetzung des Verfahrens (§§ 205, 230, 231 StPO), absoluter Revisionsgrund (§ 338 Nr. 5)
Beschleunigungsgebot	z. B. § 121 StPO	**Grundlage**: Gebot des fairen Verfahrens, EMRK Art 6 Abs. 1 S. 1 (innerhalb angemessener Frist); der von einem Strafverfahren Betroffene soll die Möglichkeit erhalten, sich innerhalb möglichst kurzer Zeit in öffentlicher Hauptverhandlung verteidigen zu können; daher werden zunehmend Fristen eingeführt, die die Ermittlungsbehörden anhalten sollen, das Verfahren zu beschleunigen.[175] **Belehrung**: Keine **Folge der Verletzung**: In Haftsachen Aufhebung des Haftbefehls,[176] Strafmilderungen[177] bis zur Einstellung des Verfahrens;[178]

---

[174] *Pfeiffer* StPO § 265 Rdnr. 8, 14.
[175] *Burhoff* PStR 2004, 271; 275; *Gaede* wistra 2004, 166; *Krekeler* in: Brüssow u. a. StVidP II S. 1293; *Krehl/Eidam* NStZ 2006, 1.
[176] *Pfeiffer* StPO § 121 Rdnr. 6 m.w.N.
[177] BGHSt. 24, 239; BGHSt. 46, 160; BGH NStZ 1999, 181; StraFo 2002, 266; wistra 2000, 283; StraFo 2003, 247; NStZ 1996, 506; wistra 2004, 337; EGMR wistra 2004, 177; StV 2001, 489; BVerfG NJW 2003, 2897; StraFo 2003, 232.
[178] BGH NJW 1996, 2739; BGHSt. 35, 137.

Verfahrensgrundrecht	Norm	Stichworte, Prüfungskriterien
Öffentlichkeit	§§ 169ff GVG	**Grundlage:** Menschenrecht, EMRK Art. 6 Abs. 1; Die Öffentlichkeit ist ein wichtiges Element einer rechtsstaatlichen, willkürfreien Strafjustiz. Gerade die Beobachtung durch Unbeteiligte soll staatliche Manipulation aufdecken können. **Belehrung:** Keine **Folge der Verletzung:** absoluter Revisionsgrund, § 338 Nr. 6
Gesetzlicher Richter	Art. 101 GG	**Grundlage:** Menschenrecht; Jede von einem Verfahren betroffene Person hat Anspruch darauf, dass keine Sonder- oder Ausnahmegerichte entscheiden, sondern die Zuständigkeit und die Zusammensetzung eines Spruchkörpers gesetzlich für eine unbestimmte Fallzahl bestimmt ist. **Belehrung:** Mitteilungspflichten nach §§ 222 a ff StPO; **Folge der Verletzung:** Prozesshindernis, § 222 b; absoluter Revisionsgrund, § 338 Nrn. 1-4;

b) Beratung über die Straftatbestände. In Wirtschafts- und Steuerstrafsachen ist nur eine Auswahl des Besonderen Teils des StGB relevant (alle in § 74 c GVG erwähnten Tatbestände), das Nebenstrafrecht, die Bußgeldtatbestände, soweit sie in Betracht kommen, und der Allgemeine Teil des StGB mit dem OWiG. Natürlich sollte man sich bei der Beratung an die klassischen Prüfungsschemata halten. Ein solches Schema würde die klassische Aufteilung der Tatbestände in objektive und subjektive Elemente berücksichtigen. Die Überlegungen des Mandanten setzen oft bei Rechtswidrigkeits- und Schulderwägungen an. Diese Erwägungen dürfen keinesfalls außer Acht gelassen werden, auch wenn in der Verteidigung zunächst nach Gründen gefragt wird, die die Anwendung einer Norm bereits auf der Tatbestandsebene scheitern lassen. An folgende Elemente der Strafbarkeit ist zu denken:

Objektive Prüfungselemente
Objektive Tatbestandsmerkmale
Handeln/Unterlassen
Täterschaft/Teilnahme
Versuch/Vollendung/Tatertolg
Rechtfertigungsgründe
Objektive Bedingung der Strafbarkeit
Strafverfolgungshindernisse

Subjektive Prüfungselemente
Subjektive Tatbestandselemente
Gesinnung/Absicht
Vorsatz/Fahrlässigkeit
Schuld
Strafmilderungsgründe
Strafausschließungsgründe

Für den Praktiker in Wirtschafts- und Steuerstrafsachen sind in der Regel nicht alle Problemstellungen des Allgemeinen Teils zu untersuchen. Er hat sich schwerpunktmäßig mit der engen Verzahnung von Wirtschaftsverwaltungs- und Steuerrecht mit dem Strafrecht zu befassen, da zahlreiche Blankettnormen durch zivil- oder verwaltungsrechtliche Rechtsnormen ausgefüllt werden. Hier eine beispielhafte Auswahl:

Materielles Strafrecht
Blankettnormen z. B.
§ 370 AO: Steuerverkürzung
§ 331 HGB: Falschbilanzierung
§ 264 StGB: Subventionsbetrug
§ 266 StGB: Untreue

Schwerpunkte des Wirtschaftsstrafrechts
Begriffsauslegung durch verwaltungs-, steuer- oder handelsrechtliche Einzelnorm
Wesentlichkeitserfordernisse
Zwecksetzung der Einzelnorm
Bedeutung von Fachdiskussionen, Schulenstreite und differierenden Auffassungen

Materielles Strafrecht	Schwerpunkte des Wirtschaftsstrafrechts
Tatbestandsausschließende Einwilligung	Zuständigkeit eines Kontrollorgans oder einer Behörde, die ihrerseits eine Zustimmung/Genehmigung erteilt hat oder zumindest trotz Kenntnis keine Rüge ausgesprochen hat
	Genehmigung durch Gesellschafter/Treugeber
Tatbestandsausschließender Ermessensspielraum	Weiter rechtlicher oder wirtschaftlicher Handlungsspielraum
	Sachliche Vertretbarkeit des Verhaltens
	Notwendigkeit eines ungewöhnlichen aber willkürfreien und nachvollziehbaren (sachlich begründeten) Verhaltens
Tatbestandsausschließende Pflichtendelegation	Pflichtendelegation zulässig
	Pflichtendelegation nachvollziehbar erfolgt
	Plichterfüllung in ausreichendem Umfang kontrolliert
	Mit etwaigen Auffälligkeiten sachgerecht umgegangen
Vorsatzeinschränkendes Risikobewusstsein	Umfassende Berücksichtigung von Chancen und Risiken
	Ausreichende Informationsgrundlage
	Genügende Abwägung von Alternativen
	Willensrichtung spricht für Einhaltung der gesetzlichen Normen
Pflichtwidrigkeitsausschließendes Unvermögen	Unfähigkeit zur Handlung aufgrund wirtschaftlicher Notlage
	Kaufmännisches Wirtschaften erlaubt keine Alternative
	Pflichtenkollision
	z. B. Unvermögen zur fachgerechten kaufm. Buchführung[179]
	echte Unterlassungsdelikte[180]

162 c) **Beratung über Rechtsfolgen und Verfahrensbeendigung.** Die Rechtsfolgenberatung[181] und – damit einhergehend – auch die unterschiedlichen Möglichkeiten einer Verfahrensbeendigung sind eine weitere wichtige Aufgabe der Verteidigung. Der gesetzliche Strafrahmen ist dabei nur der Ausgangspunkt einer solchen Beratung. Der Umfang und die Höhe eines Strafmasses oder von Nebenfolgen, Maßregeln etc. können von vielen Kriterien abhängig sein (vgl. §§ 46ff, 59ff, 61ff StGB). In Steuerstrafsachen kann man sich zwar im ersten Schritt an veröffentlichten Strafmaßtabellen orientieren, darf aber dabei die individuelle Verfahrenssituation nicht aus den Augen lassen. Zwar ist der Beschuldigte nicht beweisbelastet, aber zum Beratungsumfang gehören gerade auch die Abwägung der Rechts- und Verfahrensfolgen mit den Interessen des Mandanten (und ein von ihm repräsentiertes Unternehmen)
- in der konkreten persönlichen physischen und psychischen Situation,
- in den Folgen der Verfahrensdauer und der Verfahrensöffentlichkeit,
- mit der gesetzlich angedrohten oder denkbaren Straf- oder Bußgeldfolge.

163 Für Verfahren mit Unternehmensverantwortung gibt es keineswegs stets nur „die eine einzige sachgerechte" Lösung. Das Unternehmen muss auch über die Möglichkeit einer Unternehmenssanktion gem. den §§ 30, 130 OWiG aufgeklärt werden. Die in Kartellordnungswidrigkeiten oder in Bilanzordnungswidrigkeiten möglichen Bußen können empfindliche Höhen erreichen und auch Signalwirkung für Marktteilnehmer haben.

164 Es gibt in keinem Fall Patentrezepte, da angesichts der konkreten Situation eine Abwägung nötig ist. Als außerstrafrechtliche Folgen eines Wirtschafts- oder Steuerstrafverfahrens sollte bedacht werden, ob der Verfahrensausgang zu einer negativen Öffentlichkeit führen kann, ob etwaige verwaltungsrechtliche/steuerrechtliche Untersuchungen beendet werden und/oder ob ein ebenfalls anhängiges zivilrechtliches oder verwaltungsrechtliches Gerichtsverfahren beendet werden kann. Wenn die Verfahrensbeendigung Auswirkungen darauf hat, sollte der Rat des jeweiligen Verfahrensbevollmächtigten oder von spezialisierten Kollegen und Beratern sorgfältig in die Abwägung einbezogen werden.

---

[179] *Knierim* PStR 2002, 18 Anm. zu BGH 1 StR 328/01 B.v. 22.8.2001.
[180] BGHSt. 28, 232; BGH NStZ 1992, 182; BGH NStZ 1998, 193 u. 247.
[181] Ausführlich zum Strafmaß, den Kosten, der Vollstreckung und dem Vollzug vgl. den 7. Abschnitt.

5. Rechtsschutz, Antragsrechte, Anregungen im Verfahren

a) Rechtsschutz. Grundsätzlich sollte es gegen jede Art des staatlichen Eingriffes einen Rechtsschutz geben. Art. 19 Abs. 4 GG und Art. 13 EMRK gewähren jedermann ein Recht auf wirksame Beschwerde gegen staatliche Handlungen. Folgende Rechtsschutzmöglichkeiten im Ermittlungsverfahren können mit dem Mandanten besprochen werden:

Polizeilich angeordnete Zwangsmaßnahmen

Status	Rechtsmittel	Ziel
Nicht erledigte Maßnahmen	– Richterliche Bestätigung, § 98 Abs. 2 S. 1 StPO – bei heimlichen Maßnahmen: richterliche Bestätigung entspr. § 163 e Abs. 4 S. 4; – Gewährung von Akteneinsicht an Dritte: kein gesetzl. Rechtsbehelf, m.E. §§ 478 Abs. 3, 161 a Abs. 3 entspr.	Aufhebung der Maßnahme
Vollzogene und damit erledigte Maßnahme	– bei Durchsuchung und Beschlagnahme: § 98 Abs. 2 S. 2; – bei körperlicher Untersuchung § 98 Abs. 2 S. 2 StPO entspr.;[182]– bei vorläufiger Festnahme: § 98 Abs. 2 S. 2 entspr.;[183]– bei erkennungsdienstlicher Behandlung: § 23 EGGVG entspr.[184]	Feststellung der Rechtswidrigkeit
Art und Weise des Vollzugs	– Anrufung des Gerichts, § 98 Abs. 2 S. 2 StPO[185]	Feststellung der Rechtswidrigkeit
Originäre Ermittlungshandlung	z. B. Fahndungsmaßnahme; Rechtsschutz nach §§ 23ff EGGVG	Feststellung der Rechtswidrigkeit

Von der Staatsanwaltschaft angeordnete Zwangsmaßnahmen:

Status	Rechtsmittel	Ziel
Nicht erledigte Maßnahmen	– Anrufung des Gerichts entspr. § 98 Abs. 2 S. 2 – bei Zwangsmaßnahmen gegen Zeugen und Sachverständige: § 161 a Abs. 3 StPO – Gewährung von Akteneinsicht an Dritte: §§ 478 Abs. 3, 161 a Abs. 3 StPO	Aufhebung der Maßnahme
Vollzogene und damit erledigte Maßnahme	– bei Durchsuchung und Beschlagnahme: § 98 Abs. 2 S. 2; – bei körperlicher Untersuchung § 98 Abs. 2 S. 2 StPO entspr.;[186]– bei vorläufige Festnahme: § 98 Abs. 2 S. 2 StPO entspr.;[187]– bei erkennungsdienstlicher Behandlung: § 98 Abs. 2 S. 2 StPO entspr. – Gewährung von Akteneinsicht an Dritte: §§ 478 Abs. 3, 161 a Abs. 3 stopp.	Feststellung der Rechtswidrigkeit

---

[182] Str., früher a. A. § 23 EGGVG *Meyer-Goßner;* § 23 EGGVG Rdnr. 2 ff.
[183] BGHSt. 44, 171.
[184] *Pfeiffer* § 163 b Rdnr. 11.
[185] BGH NStZ 1999, 200.
[186] Str., früher a. A. § 23 EGGVG *Meyer-Goßner;* § 23 EGGVG Rdnr. 2 ff.
[187] BGHSt. 44, 171.

Status	Rechtsmittel	Ziel
Art und Weise des Vollzugs	– Anrufung des Gerichts, § 98 Abs. 2 S. 2 StPO[188]	Feststellung der Rechtswidrigkeit
Originäre Ermittlungshandlung	z. B. Fahndungsmaßnahme; Rechtsschutz nach den §§ 23ff EGGVG	Feststellung der Rechtswidrigkeit

168 Richterlich angeordnete Zwangsmaßnahmen:

Status	Rechtsmittel	Ziel
Nicht erledigte Maßnahmen	Beschwerde, § 304 mit Einschränkungen des § 305 StPO	Aufhebung der Maßnahme
Vollzogene und damit erledigte Maßnahme	Beschwerde, § 304 mit Einschränkungen des § 305 StPO	Feststellung der Rechtswidrigkeit
Haft und Unterbringung	Haftprüfung, § 118 StPO OLG-Prüfung, § 121 StPO	Aufhebung oder Außervollzugsetzung des Haftbefehls

169 **Fehlender Rechtsschutz:** Trotz einer Vielzahl von (teilweise verwirrenden) Rechtsschutzmöglichkeiten in der StPO[189] gibt es immer noch keine gesetzliche Möglichkeit, die strafrechtlich-repressive Tätigkeit von Polizei und Staatsanwaltschaft vollständig gerichtlich überprüfen zu lassen.[190] So kann beispielsweise nicht gerichtlich beanstandet werden, dass ein Verfahren über Monate oder Jahre hinaus von Ermittlungsorganen verzögert wird. Auch ein Rechtsanspruch auf Einstellung des Verfahrens nach § 170 Abs. 2 StPO oder auf Gebrauchmachen von dem gesetzlich eingeräumten Ermessen nach §§ 153, 153 a, 154ff StPO besteht nicht.[191]

170 Die Möglichkeit einer **Amtshaftungsklage** ist oft nur theoretischer Natur, da es für die Feststellung eines pflichtwidrigen Verhaltens auf die Unvertretbarkeit einer Ermessensausübung und für den Schadensnachweis auf einen konkret durch die unvertretbare Handlung verursachten Schaden ankommt.[192] Lediglich bei öffentlichen Äußerungen der StA oder Polizei ergeben sich regelmäßig Erfolgschancen.

171 **Gewichtung, Zweck-Mittel-Relation und Erfolgsaussichten:** Die Beratung des Verteidigers mit dem Mandanten zielt nicht auf eine Unterrichtung über Verfahrensvoraussetzungen und Begründetheit von Rechtmitteln aller Art in jeder Situation, sondern auf die angemessene Nutzung einer Rechtsschutzmöglichkeit als Kontrollinstrumentarium für das polizeiliche und justizielle Verhalten. Die Nutzung des Rechtsmittels als Kontrollinstrumentarium bedeutet, dass die Chance eines Rechtsmittels mit den Erfolgsaussichten und der (langfristigen) Durchsetzbarkeit einer Mäßigung der Strafverfolgungsbehörden im Interesse des Mandanten prognostiziert werden muss. Rechtsmittel einzulegen, nur weil es sie gibt, führt in aller Regel zu einer Verhärtung der Fronten und einer frühzeitigen Festlegung eines Tatverdachtes. Darüber berät

---

[188] BGH NStZ 1999, 200.
[189] Z. B. *Amelung* ZRP 1991, 143; *Bernsmann/Jansen* StV 1998, 217; *Bote* StV 1986, 120; *Schroth* StV 1999, 117.
[190] *Wehnert* in: Brüssow u. a. StVidP § 6 Rdnr. 69; *Burhoff* Rdnr. 693 b.
[191] Zu möglichen Amtshaftungsfragen vgl. *Meyer-Mews* MDR 2004, 1218.
[192] BGHZ 56, 40/45 ff.; BGHZ 78, 274/280; BGH NJW 1975, 491 / 492; BGH NJW 1977, 713; NJW 1989, 1996; NJW 1993, 1209 / 1210; NJW 1994, 1950; LG Düsseldorf NJW 2003, 2536 (Presseauskunft); LG Dortmund StV 2005, 451 (unvertretbarer Haftbefehlsantrag).

der Verteidiger zweckmäßigerweise, bevor das Rechtsmittel eingelegt wird. Seit der Entscheidung des BVerfG vom 30.4.1997 zu der Überprüfbarkeit auch prozessual überholter Rechtseingriffe[193] ist klar, dass auch angesichts der (häufigen) Überholung eines Eingriffs in grundgesetzlich geschützte Bereiche (namentlich Art. 2, Art. 13 Abs. 2 und Art. 104 Abs. 2 und 3 GG) ein Rechtsschutzinteresse an der gerichtlichen Überprüfung der Maßnahme anzunehmen ist.[194]

b) Antragsrechte. Die Antragsrechte des Beschuldigten und seines Verteidigers im Ermittlungs-, Zwischen und Hauptverfahren können nach ihrem Ziel in Informations-, Ermittlungs- und Gestaltungsanträge unterschieden werden. Diese Einteilung weicht von den im Verwaltungsverfahren üblichen Kategorien ab, soll aber auch verdeutlichen, dass das strafrechtliche Verfahren als solches bereits ein staatlicher Eingriff in die bürgerlichen Grundfreiheiten ist. Durch Legalitäts- und Akkusationsprinzip sind die strafrechtlichen Maßnahmen eng an die gesetzlichen Eingriffsbeschränkungen gebunden. Ebenso wie jeder Eingriff ist auch die Ablehnung von Anträgen an Grundrechten zu messen. 172

Informationsanträge	Ermittlungsanträge	Gestaltungsanträge
Auskunfts- und Einsichtsanträge	Beweiserhebungsanträge	Besetzungsanträge
Anwesenheits- und Beteiligungsanträge (förmliche und informelle Beteiligung)	Beweisanträge	Befangenheitsanträge (gegen Richter, Staatsanwälte und Sachverständige)
Mitwirkungsrechte (einschließlich Fragerechten)	Anträge auf Überlassung von Beweismitteln für eigene Erhebungen des Verteidigers	Aussetzungs- und Unterbrechungsanträge
Anträge auf Tatsachen- und Rechtsauskünfte	Feststellung der Unverwertbarkeit eines Beweismittels	Einstellungsanträge

aa) Informationsanträge. Hierzu zählt z. B. die Geltendmachung des Akteneinsichtsrechts in Akten und Beweismittel (§ 147 StPO), auch in Akten abgetrennter Verfahren und in die für die Beweisführung der StA bereit gehaltenen sonstigen Verzeichnisse und Beweiszusammenstellungen gleich welcher Form. Zu den Informationsrechten gehört auch die Beteiligung an richterlichen und staatsanwaltschaftlichen Untersuchungshandlungen (§§ 168 c Abs. 1, 163 a Abs. 3 S. 2 StPO, Art. 6 Abs. 3 lit. a, b, d) einschließlich des Befragungsrechts. Hierzu zählt auch die Pflicht der Strafverfolgungsorgane, die Teilnahme zu ermöglichen. Schließlich hat der Beschuldigte / Angeklagte das Recht, auf die tatsächlichen und rechtlichen Umstände einer möglichen strafrechtlichen Verurteilung hingewiesen zu werden, um seine Verteidigung darauf einstellen zu können (§ 200 StPO (Informationsfunktion der Anklageschrift), §§ 203, 207 StPO (Informationsfunktion des Eröffnungsbeschlusses), § 265 StPO (Hinweispflichten des Gerichts), Art. 103 GG (Anspruch auf rechtliches Gehör)). 173

bb) Ermittlungsanträge. Sie zielen auf den von der Strafverfolgungsbehörde festzustellenden Sachverhalt. Die (unverbindliche) Beweisanregung (§§ 136 Abs. 1 S. 3, Abs. 2, 163 a Abs. 4, 244 Abs. 2 StPO) sowie der förmliche Beweisantrag (§§ 202, 244 Abs. 3-5, 245 Abs. 2 StPO) sollen das Gericht auf andere, bislang nicht berücksichtigte Tatsachen aufmerksam machen und dadurch die Entscheidungsgrundlage verändern. Das Gleiche gilt von dem Antrag auf Feststellung der Unverwertbarkeit (bzw. dem Widerspruch gegen die Einführung eines Beweismittels in das Verfahren). Um einen Beweisantrag vorbereiten zu können, ist nicht selten der Verteidiger auf eine Überlassung oder Besichtigung eines sachlichen Beweismittels oder auf eine z. B. ärztliche oder therapeutische Untersuchung des Beschuldigten angewiesen. Ein solches 174

---

[193] BVerfG NJW 1997, 2163.
[194] *Roxin* StV 1997, 656; *Schroth* StV 1999, 120.

Antragsrecht kann auf Art. 6 Abs. 3 lit. b EMRK gestützt werden, gründet sich aber auch auf Art. 20 Abs. 1 GG (Rechtsstaatsprinzip).

175 cc) *Gestaltungsanträge.* Sie sollen dem Beschuldigten und seinem Verteidiger die Möglichkeit geben, Einfluss auf die an sich staatlich vorgegebene förmliche Verfahrensgestaltung zu nehmen. Hier sind Besetzungsrügen und Befangenheitsanträge als auf bestimmte mitwirkende Personen bezogene Rechte zu nennen. Auf das Verfahren bezogen können Aussetzungs-, Unterbrechungs- (z. B. §§ 262 Abs. 2, 265 Abs. 3, 4, 266 Abs. 3 StPO) und Einstellungsanträge (§§ 205, 206 a, 206 b, 260 Abs. 3 StPO) gestellt werden, wenn die jeweiligen Voraussetzungen vorliegen.

176 dd) *Verpflichtung zur Antragserledigung.* Leider stehen den Antragsrechten nur eingeschränkte Verpflichtungen der Strafverfolgungsorgane gegenüber, den Anträgen nachzugehen. Zwar folgt aus Art. 103 GG ein Anspruch auf Bescheidung. Akteneinsichtsanträgen müssen Ermittlungsbehörden (theoretisch) nur nach Gerichtsentscheidung (§ 147 Abs. 5, 6 StPO) oder nach Abschluss der Ermittlungen stattgeben, die Nichtbeantwortung der übrigen Informationsrechte im Ermittlungsverfahren ist praktisch sanktionslos. Selten kann die Unverwertbarkeit eines Beweismittels geltend gemacht werden. Für Ermittlungsanträge folgt aus §§ 136, 163 a Abs. 4, 166, 167 und 161 StPO lediglich die Verpflichtung zur angemessenen Berücksichtigung der Anträge bei der Sachverhaltsaufklärung. Die Beweisaufnahme im Gerichtsverfahren obliegt dem Gericht, das seine Beweiserhebung und -verwertung nach dem Inhalt der Anklageschrift ausrichtet (§ 245 Abs. 1, 2 StPO). Der Kanon zur Ablehnung von Beweisanträgen ist so umfangreich, dass sich ein Gericht durchaus ohne Rechtsfehler einer an sich notwendigen Beweiserhebung entziehen könnte.

177 ee) *Antragsrechte außerhalb des Verfahrens.* Neben den unter (aa) bis (dd) dargestellten Verfahrensrechten kann auch an Antragsrechte im weiteren Sinne außerhalb des konkreten Verfahrens gedacht werden. Ein aktiver Beschuldigter kann parallel zu dem Ermittlungsverfahren ein Überprüfungsverfahren einer Fachbehörde anstrengen, um sich „reinzuwaschen", durch eigene Initiativen, Selbstanzeigen oder „Gegenanzeigen" eine Erweiterung des Tatsachenstoffs versuchen. Auch zivil- oder verwaltungsgerichtliche Verfahren sind durch das strafrechtliche Ermittlungsverfahren nicht unzulässig oder präjudiziert. Im Abschnitt IV.8 sind weitere außerstrafrechtliche Wirkungen beschrieben.

178 c) **Anregungen.** Anregungen sind Appelle an die amtliche Ermittlungs- und Aufklärungspflicht der Strafverfolgungsorgane wie auch an die Pflicht zur sachgerechten Ermessensausübung (§§ 160, 244 Abs. 2 StPO). Hierzu zählen z. B. die Hinweise auf entlastende Umstände, die Darlegung einer Unverwertbarkeit von Beweismitteln ohne förmliche Antragstellung, die Anregung zur Beiziehung von Akten oder Beweismitteln im Besitz Dritter und die Erklärungen zu möglichen verfahrenseinschränkenden oder -beendigenden Maßnahmen. Auf Anregungen muss nicht reagiert werden, ihre Nichtbefolgung ist im Unterschied zum Beweisantrag revisionsrechtlich nicht überprüfbar. Dennoch sind Anregungen eines der wirksamsten und kooperativsten Mittel des Strafverfahrens überhaupt. Eine rechtmäßige Amtsermittlung kommt an substantiierten Hinweisen zu Entlastungstatsachen oder zu Unverwertbarkeitstatsachen nicht vorbei.

179 d) **Anonyme Schreiben.** In der Kriminalpraxis stellen nicht selten anonyme Schreiben von „Staatsdienern" oder „Gruppen zur Bekämpfung von Abrechnungsbetrug" Mittel dar, die ein Ermittlungsorgan veranlassen, seine Ermittlungen aufzunehmen. Erstaunlicherweise wird selten Art und Qualität solcher Schreiben hinterfragt. Als Verteidigungsmittel sollte ein solches Schreiben nicht erwogen werden.

6. Beratung über Straffreiheit, Strafmilderung, Nichtfeststellbarkeit

180 a) **Bedeutung.** Da sich in einem Verfahren mit einer sich verfestigenden Beweislage auch stets Möglichkeiten ergeben können, auf die Beurteilung des Täterverhaltens durch die Strafverfolgungsbehörde einzuwirken, gehört zur anwaltlichen Beratung auch die Information über Gründe für eine Straffreiheit, eine Strafmilderung und die Nichtfeststellbarkeit von

Tatsachen.[195] Auch hier handelt es sich um eine Beratung über die Rechts- und Verfahrenslage einschließlich der prozessualen Abläufe bis zu einer Feststellung einer rechtswidrigen und schuldhaften Verletzung einer Strafnorm.

b) Straffreiheit. Straffreiheit kann – neben dem Unschuldsbeweis oder zumindest der Nichterweislichkeit – eintreten, wenn im weitesten Sinne Straf- oder Verfahrenshindernisse (bspw. die Verfolgungsverjährung) festgestellt werden. Der Verteidiger berät den Mandanten über diese Gründe und erörtert das „Ob" und „Wie" einer Einführung in das Verfahren. Die Rechtsprechung verlangt vereinzelt, dass der Verteidiger ein etwaiges Verfahrenshindernis von sich aus geltend macht.[196] Im Einzelfall mag ein solches Verfolgungshindernis erst spät offenbart werden. Wird beispielsweise die Schuldunfähigkeit bei der Tatbegehung geltend gemacht, wird der Mandant einer möglichen Unterbringung und weiteren Konsequenzen, z. B. bei Führerscheindelikten dem Entzug des Führerscheins ausgesetzt. Wird die (bislang unentdeckte) Beteiligung an der Vortat geltend gemacht, setzt man den Mandanten einem neuen Ermittlungsverfahren aus. Es kann gerechtfertigt sein, zu warten bis eine Vortat verjährt ist.[197] Nachfolgend kann nur ein thematischer Überblick gegeben werden.

Straffreiheitsgrund	Beispiele
Schuldausschließungsgründe	Notwehr, § 32 StGB, rechtfertigender Notstand, § 34 StGB
	Einwilligung
	Schuldunfähigkeit, §§ 19, 20 StGB
	Unvermeidbarer Verbotsirrtum, § 17 StGB
	Weisungsverhältnisse, §§ 11 II SoldG, 5 I WStG
	Unzumutbarkeit, §§ 13, 32 StGB
Strafaufhebungsgründe	Rücktritt vom Versuch oder der tätigen Reue (§§ 24, 31, 158, 306 e StGB)
	Selbstanzeige, §§ 371 AO, § 261 Abs. 9, 266 a Abs. 5 StGB
Strafausschließungsgründe	Parlamentarische Äußerungen, § 36 StGB
	Beteiligung an der Vortat, §§ 258 V, 261 IX 2 StGB
Objektive Bedingungen der Strafbarkeit	Zahlungseinstellung oder Insolvenzverfahren § 283 VI StGB
Verfahrenshindernisse[198]	Verjährung, § 78ff StGB
	Fehlen eines wirksamen Strafantrages, § 77 StGB
	Fehlen des besonderen öffentlichen Interesses bei Antragsdelikten, z. B. §§ 17 UWG, 108 UrhG
	Fehlen eines wirksamen Eröffnungsbeschlusses
	Abwesenheit, § 205 StPO
	Verhandlungsunfähigkeit, § 205 StPO
	Immunität, Art. 46 GG, §§ 18-20 GVG
	Tod des Beschuldigten, Strafunmündigkeit (§ 19 StGB), Privatklagedelikt eines nicht Volljährigen (§ 80 JGG)
	Spezialitätsgrundsatz bei vorausgegangener Auslieferung (§ 72 IRG)
	Verbot der Doppelbestrafung und Strafklageverbrauch

Auch bei Selbstanzeigen muss bedacht werden, dass diese so rechtzeitig angebracht werden, dass ihre Voraussetzungen erfüllt sind, aber auch solange nichts veranlasst werden muss, solange eine Entdeckung nicht zu befürchten ist.

c) Strafmilderungsgründe. Sie bedeuten die Herabstufung eines schwereren Tatvorwurfes auf eine leichtere Stufe. Sie sind zugleich mit weniger einschneidenden Folgen und Verfahrensentscheidungen verbunden.[199] Gehen Verteidiger und Mandant von der Unschuld oder der

---

[195] *Füllsack*, Transparentes Verteidigungskonzept als Grundlage der erfolgreichen Verteidigung, PStR 2005, 219.
[196] BGH NJW 1964, 2402/2403.
[197] So auch *Weihrauch* EV Rdnr. 134.
[198] Vgl. z. B. die Auflistung bei *Pfeiffer* StPO Einl. Rdnr. 15; *Weihrauch* EV Rdnr. 116, 134.
[199] Vgl. z. B. *Schiffer* PStR 2002, 106 ff.

Nichtfeststellbarkeit eines strafbaren Geschehens aus, wird eine Verteidigungsstrategie kaum auf eine Argumentation mit Strafmilderungsgründen zurückgreifen. In allen anderen Fällen, besonders dann, wenn die Beweislage der Strafverfolgungsbehörden schlüssig für den objektiven Vorwurf spricht und Gegenbeweise nicht vorgebracht werden können, ist die bestmögliche Ausgestaltung eines oder mehrerer der genannten Strafmilderungsgründe erforderlich. An folgende Möglichkeiten kann gedacht werden:

Strafmilderungsgrund	Beispiele
Ordnungswidrigkeit statt Straftat	Steuerrecht: § 378 statt § 370 AO
	Bilanzrecht: § 334 statt § 331 HGB
	Gewerberecht: § 144ff GewO statt § 148 GewO
	Bankrecht: § 56 KWG statt § 266 StGB
Gehilfenschaft statt Täterschaft	Zwingende Strafmilderung nach §§ 27 Abs. 2, 49 Abs. 1 StGB
Vermeidbarer Verbotsirrtum statt Schulderkenntnis	Fakultative Strafmilderung, § 17 S. 2 StGB
	Erfüllung der Pflicht zur Einholung einer Auskunft[200]
Verminderte oder fehlende Schuldfähigkeit	Verminderte Schuldfähigkeit, § 21 StGB
	Schuldunfähigkeit, § 20 StGB
Gefährdung statt Schadenseintritt	Kreditbetrug statt Betrug;
	Kapitalanlagebetrug statt Betrug;
	Versuch (ohne Schadenseintritt) statt Vollendung
Schadenseintritt auf Zeit statt auf Dauer	Steuerrecht: mildere Bestrafung wenn lediglich ein „Zinsschaden" eingetreten ist;
	§ 266 a Abs. 5 S. 1 StGB: Fakultatives Absehen von Strafe
Wiedergutmachung	Tätige Reue
	Nachtatverhalten im Sinne von § 46 Abs. 2 letzter Hs. StGB
	Täter-Opfer-Ausgleich, § 46 a StGB
	Berichtigung, § 158 StGB
Notstand	Allgemeiner Notstand, §§ 34, 35 StGB
	Aussagenotstand, § 157 StGB
Straffolgenreduzierung	Minder schwerer Fall
	Einfache Begehung statt Regelbeispiel oder schwerer Fall

184 d) Nichtfeststellbarkeit. Die Frage eines „Alles oder Nichts", d. h. einer erweislichen Unschuld oder eines unmittelbaren Schuldnachweises, stellt sich in Wirtschaftsstrafsachen – außer in Geständnisfällen – selten. Vielmehr kreisen die Verteidigungsbemühungen um die Nichterweislichkeit eines Vorwurfes. Das hat seine Ursache darin, dass in derartigen Verfahren häufig unternehmensinterne Sachverhalte umfangreich dokumentiert und durch Prüfungs- und Revisionsberichte die Beziehungen der Beteiligten untereinander belegt sind. Die Mehrzahl solcher Verfahren beruht auf Sachbeweisen, die geringe Deutungsspielräume lassen. Bei Verfahren, in denen der Personalbeweis dominiert, gibt häufig das Votum eines Sachverständigen den Ausschlag. Allerdings liegt die Chance der Verteidigung in den Beurteilungs-, Ermessens- und Prognosespielräumen des Beschuldigten.

185 In Verfahren mit zunehmend technisierten Aufklärungsmöglichkeiten (einschließlich der heimlichen Ermittlungsmethoden) kann die Verteidigung mit der Nichterweislichkeit Schiffbruch erleiden. Der Verteidiger kann außerdem nicht beurteilen, ob beispielsweise ein Gericht die Beweiskette nicht anders beurteilen wird, als er selbst. Daher bedarf es weiter gehender Aktivitäten der Verteidigung, wenn absehbar ist, dass die Ermittlungsbehörden sich der Verteidigungsauffassung über die Nichterweislichkeit nicht anschließen. Auch hier können einzelne Fallgruppen unterschieden werden:

Nichtfeststellbarkeit	Beispiele
Tatbestandsmerkmale mit Wertungsspielraum	Geheimnisbegriff in §§ 17 UWG, 404 AktG, 333 HGB
	Verhältnisse der Gesellschaft in §§ 400 AktG, 331 HGB, 264 a StGB

---

[200] BGHSt. 21, 18.

Nichtfeststellbarkeit Blankettnormen	**Beispiele** Ausfüllung durch auslegungsbedürftige und sich wechselseitig einschränkende Normengefüge, z. B. im Steuerrecht, Außenwirtschaftsrecht, Bilanzrecht
Einwilligung	Gesellschaftereinwilligung bei Verfügungen über das Gesellschaftsvermögen ohne betriebsbezogenen Zweck
Schadensbegriff	Gegenüberstellung der Vermögensbilanzen, Einbeziehung wirtschaftlicher Erwartungen
Pflichtenkollision	Schadensabwendungspflicht kollidiert mit Verfügungsverbot Faktische Tätigkeit kollidiert mit Rechtsstellung Mitteilungspflicht kollidiert mit Geheimhaltungspflicht
Unvollständige Beweiskette	Fehlender Nachweis einer Überschuldung mangels Buchhaltung (§ 84 GmbHG, aber § 283 b StGB); Fehlender Nachweis von Kapitaleinkünften mangels Bankunterlagen oder Erträgnisaufstellungen (§ 370 AO)
Ermittlungsfehler	Fehlgeschlagener Zugriffsversuch auf Handelsbücher, Vermerke, Telefonbänder etc. nach Ablauf der Aufbewahrungsfristen; Belastungszeuge ist nicht auffindbar.

e) **Unternehmensverantwortung statt Individualverantwortung.** Es kann eine zulässige Verteidigungsstrategie sein, die Überzeugung der Ermittlungs- oder Justizbehörden von der Nichtfeststellbarkeit einer Individualschuld dadurch zu fördern, dass er eine „Verfahrenslösung" der Unternehmensverantwortung anbietet (§§ 30, 130 OWiG). Da ohnehin im Gewerbe- und Kartellrecht die Unternehmenssanktionen zunehmen (Geldbuße, Gewinnabschöpfung, Einziehung und Verfall) bietet sich eine solche Verfahrensbeendigung unter Umständen an.

7. Beratung über Strafzumessung, Nebenfolgen und Vollzug

a) **Strafzumessung und Nebenfolgen.** *aa) Allgemeines.* Zu den schwierigsten Gebieten der Beratung und Vertretung in strafrechtlichen Verfahren gehört die Beratung über das „richtige" Strafmaß, die Annäherung an eine Sanktion, die der Persönlichkeit des Mandanten, der festgestellten oder eingestandenen Tat, den Tatfolgen und der Person des Tatopfers gerecht werden kann. Zwischen den grundverschiedenen Ansichten des Mandanten und der Strafverfolgungsbehörde muss vermittelt werden und ggfls. entlastende Zumessungskriterien neu ins Blickfeld geschoben werden. Da die Strafzumessung wie auch die Findung von Nebenfolgen nicht in der gleichen Weise wie die Deliktstatbestände „verrechtlicht" sind, kann die aktuelle Rechtsprechung, gerade auch in Vergleichsfällen, signifikante Anhaltspunkte für die schonendste Sanktion liefern. Ausgangspunkt ist natürlich die schon im vorigen Abschnitte beschriebene Suche nach dem mildesten Tatbestand, dem gesetzlichen Milderungsgrund oder einem Verfahrenshindernis, das zur Beendigung des Verfahrens führt.[201]

Wenn alle Herabstufungsmöglichkeiten – auch auf der Sachverhaltsebene – ausgelotet sind, beginnt die Einstufung des (sich im Ermittlungsverfahren meist abzeichnenden, regelmäßig in der Anklage beschriebenen) Sachverhalts zu einem gesetzlichen Tatbestand und einem Strafrahmen. Der Verteidiger muss sich mit der Entwicklung des Strafzumessungsrechts auseinander setzen, insbesondere **Checklisten** geeigneter strafschärfender und strafmildernder Kriterien verwenden,[202] um die bestmögliche Position für seinen Mandanten zu erarbeiten.[203] Die Entwicklung der Rechtsprechung zur Strafzumessung kann zwar nicht in allen Einzelheiten präsent sein, die wichtigsten Fragen werden aber regelmäßig in **Rechtsprechungsübersichten** veröffentlicht.[204]

---

[201] *Schlothauer*, Vorbereitung der Hauptverhandlung, Rdnr. 107 ff.; *Detter* in: Bockemühl HdbFAStR H.6.
[202] *Schlothauer* a.a.O. Rdnr. 107 a.
[203] Beispiele bei *Schäfer*, Praxis der Strafzumessung, 2. Aufl. S. 303 ff.; *Schreiber* NStZ 1981, 338; *Streng* NStZ 1989, 393; aus revisionsrechtlicher Perspektive vgl. auch *Theune* StV 1985, 162 ff., 205 ff.; BGH StV 1993, 638, StV 1995, 199, StV 1996, 427 m. Anm. *Köberer*.
[204] Bspw. die Übersichten von *Detter* NStZ 2005, 343; 2004, 134, 486; 2003, 133, 471; 2002, 132, 415; 2001, 130, 467; 2000, 184, 578.

189 Grundlage der Strafzumessung ist die Schwere der Tat in ihrer Bedeutung für die verletzte Rechtsordnung und der Grad der persönlichen Schuld des Täters (§ 46 I 2 StGB). Eine **schuldangemessene Strafe** zu finden,[205] ist selbst für Richter schwierig. Die Rechtsprechung hilft sich mit der Spielraumtheorie.[206] Danach gibt es einen Spielraum, der nach unten durch die *schon* schuldangemessene und nach oben durch die *noch* schuldangemessene Strafe begrenzt wird. Innerhalb dieses Spielraums können general- oder spezialpräventive Aspekte zu einer Strafbestimmung führen. Aber unbeabsichtigte Nebenwirkungen sollten dabei vermieden, der Vollzug der Strafe sollte die sozialen Folgen in Betracht ziehen.[207]

190 *bb) Strafrahmen.* Ausgangspunkt der Strafzumessung ist der maßgebliche **Strafrahmen**. Zunächst orientiert er sich am verwirklichten Delikt, sodann sind Strafrahmenänderungen in den Grenzen des § 50 StGB zu beachten:[208]

Strafrahmenänderung	Beispiele
Zwingende	§§ 27 II 2, 28 I, 30 I 2, 35 II 2 StGB, jeweils i. V. m. § 49 I StGB
Fakultative	§§ 13 II, 17 S. 2, 21, 23 II, 46 a StGB, § 31 BtMG
Unbenannte	Minder- und besonders schwere Fälle, bspw. § 263 III StGB
Regelbeispiele	Bspw. § 243 StGB

191 *cc) Schuld.* Der so ermittelte Strafrahmen ist weiterhin auf die **typisierte Schuld** zu begrenzen, um eine zu milde aber auch eine zu harte Strafe möglichst auszuschließen. Im normalen Strafrahmen liegt die typischerweise verwirkte Strafe unterhalb der Mitte des gesetzlichen Strafrahmens.[209]

192 *dd) Strafzumessung.* Schließlich sind die in § 46 I StGB benannten **Strafzumessungskriterien** zu beachten. Auch die von der Rechtsprechung entwickelten sonstigen unbenannten Zumessungskriterien stellen eine Orientierung dar.[210]

Benannte Strafzumessungskriterien, § 46 I	Sonstige Strafzumessungskriterien
Handlungsunrecht und Unrecht des Tatbeitrages (bes. bei mehreren Tatbeteiligten)	Doppelverwertungsverbot, § 46 III StGB
Beweggründe und Ziele der Tat; aus der Tat sprechende Gesinnung (insbes. Handeln aus Eigen- oder Fremdnützigkeit; Handeln aus finanzieller Not)	
Maß an Pflichtwidrigkeit	
Verschuldete Auswirkungen der Tat	
Vorleben des Täters, besonders frühere strafbare Handlungen	Rückfallprognose
Ausländereigenschaft, Vorverständnis, Religion	Verjährte Taten, nicht zur Verurteilung anstehende, aber bekannte Taten
Tatprovokation	
Nachtatverhalten	
Wirkung des Verfahrens auf den Täter, insbes. Verfahrenskosten, öffentliche Vorverurteilung und Verfahrensdauer	Schadenswiedergutmachung, § 46 a StGB
	Überlange Verfahrensdauer, Art. 6 I EMRK[211]

193 **b) Sonstige Wirkungen der Verurteilung.** Zwar sind in Wirtschafts- und Steuerstrafsachen selten Fahrverbote, Führerscheinentzug oder die Unterbringung in eine psychiatrische Anstalt

---

[205] BGHSt. 2, 194 ff.; BGHSt. 1, 67/70; 24, 132/134.
[206] BGHSt. 7, 32; 20, 264; 24, 133; *Köberer*, judex non calculat, 1996; *Michael* MDR 1994, 341; *Theune* StV 1985, 162 ff.; 205 ff.; *Jung*, Was ist eine gerechte Strafe, JZ 2004, 1155.
[207] BGHSt. 24, 40, 42.
[208] Einzelheiten dazu bei *Detter* in Bockemühl HdbFAStR, Teil H.6 Rdnr. 10 ff.
[209] BGHSt. 27, 2/4; BGH StV 1984, 114; 1987, 330; nicht aber für den schon gemilderten Strafrahmen, BGHSt. 34, 355 = NJW 1987, 2593.
[210] Vgl. dazu die zahlreichen Beispiele aus der Rechtsprechung bei *Tröndle/Fischer* § 46 StGB Rdnr. 20 ff.; *Schlothauer* a.a.O. Rdnr. 108c ff.; *Detter* a.a.O. Rdnr. 16 ff.
[211] *Krehl/Eidam* NStZ 2006, 1; *Limbach* NJW 2001, 2915; *Ambos* NStZ 2002, 628; BVerfG NJW 2004, 3407, 3410.

zu erwarten. Dennoch sollte sich der Verteidiger zumindest der abstrakten Möglichkeiten bewusst sein, insbesondere dann, wenn die Verteidigung bereits im Verfahren bspw. einen Alkoholmissbrauch und damit eine verminderte Schuldfähigkeit i. S. v. § 21 StGB thematisiert hat.

Dagegen stellen **Einziehung und Verfall** immer wiederkehrende, in der Variante der vorläufigen Arrestierung und der Rückgewinnungshilfe nach §§ 111 b ff StPO bis an die Existenzvernichtung heranreichende Maßnahmen dar, mit denen sich der Verteidiger schon im Ermittlungsverfahren auseinander setzen muss.[212] **194**

c) **Vollstreckung und Vollzug.** Die verhängte Geldstrafe und die Kosten des Verfahrens können vollstreckt werden, die nicht auf Bewährung ausgesetzte Freiheitsstrafe wird vollzogen. Allzu oft endet eine Verteidigungsstrategie in der Hauptverhandlung, obwohl bspw. bei Geldstrafen die wirtschaftlichen Verhältnisse und das laufende Einkommen, etwaige Unterhaltspflichten oder die Schadenswiedergutmachung auch ein Faktor für die Strafzumessung ist. Bei Freiheitsstrafen stellt die Frage einer heimatnahen Vollstreckung, der offene oder geschlossene Vollzug oder bei Ausländern auch einer Vollstreckungsübernahme durch den Heimatstaat ein bedeutsamer Faktor für einen geeigneten Verfahrensabschluss dar. **195**

d) **Verständigungslösungen.** Nach der grundsätzlichen Anerkennung des „Deals", also der **Verständigungslösung** zwischen Gericht, Staatsanwaltschaft und Verteidigung durch den BGH[213] ist in den letzten Jahren vermehrt Kritik über die Praxis im Allgemeinen, aber auch gravierende Einzelfälle geäußert worden.[214] Gerichte sind dazu übergegangen, die sog. „Sanktionsschere" zum Ausgangspunkt einer angebotenen Verständigung zu machen, was der BGH mit deutlichen Worten anprangerte.[215] Die Absprache eines Rechtsmittelverzichts soll nach einer Entscheidung des Großen Strafsenates des BGH vom 3.3.2005 generell unwirksam sein.[216] Nachdem ein Diskussionspapier des BMJ in 2001[217] eine gesetzliche Regelung vorgesehen, der DJT 2004 in seinen Beratungen aber eine solche Regelung abgelehnt hat, hat der Strafrechtsausschuss der Bundesrechtsanwaltskammer einen Vorschlag für eine gesetzliche Lösung unterbreitet.[218] Die weitere Rechtsentwicklung darf nicht abgewartet werden. Der Verteidiger ist aufgerufen, auch ohne ausdrückliche gesetzliche Grundlagen die bereits jetzt bestehenden Möglichkeiten eines Rechtsgesprächs mit Staatsanwaltschaft und Gericht zu nutzen. Jedenfalls in den Grenzen der BGH-Rechtsprechung lässt sich eine Verständigung vertreten, ohne eine Haftungsfalle zu eröffnen. **196**

---

[212] So bspw. zur Sequestration infolge eines Arrests: *Bach* ZRP 2005, 211.
[213] BGHSt. 43, 195ff =NStZ 1998, 31; seit 1981 sind zu diesem Thema zahlreiche Zeitschriftenaufsätze erschienen, von denen nur eine Auswahl zitiert werden kann: zustimmend: *Altenhain/Haimerl* DRiZ 2005, 56; *Böttcher/Widmaier*, JR 1991, 353; *Cramer*, FS Rebmann, 1989, S. 145; *Landau/Eschelbach* NJW 1999, 121; *Weigend* NStZ 1999, 57; *Wehnert* StV 2002, 219; ablehnend: *Amelung* StraFo 2001, 185; *Gatzweiler* StraFo 2001, 187; *Küpper/Bode* Jura 1999, 351393; eigene Vorschläge unterbreiten *Braun* StraFo 2001, 77; *ders.* AnwBl. 2000, 222; *Meyer-Goßner* StraFo 2001, 73; eine kritische Standortbestimmung unternimmt *Volk*, Konfliktverteidigung, Konsensualverteidigung und Strafrechtsdogmatik, FS Dahs, 2005, S. 495 ff.; vgl. auch die Beiträge der Tagung der AG Strafrecht des DAV in AnwBl. 2002, 35.
[214] Wissenschaftliche Arbeiten – auch rechtsvergleichend – wurden vorgelegt von *Bogner*, Absprachen im deutschen und italienischen Strafprozessrecht, 2000; *Bömeke*, Rechtsfolgen fehlgeschlagener Absprachen im deutschen und englischen Strafverfahren, 2001; *Dencker/Hamm*, Der Vergleich im Strafprozeß, 1988; *Ioakimidis*, Die Rechtsnatur der Absprache im Strafverfahren, 2001; *Janke*, Verständigung und Absprachen im Strafverfahren, Aachen 1997; *Kuckein/Pfister* Verständigung im Strafverfahren in: FS 50 Jahre BGH II, 2000 S. 641 ff.; *Frank Meyer*, Willensmängel beim Rechtsmittelverzicht des Angeklagten im Strafverfahren, 2003; *Moldenhauer*, Eine Verfahrensordnung für Absprachen im Strafverfahren durch den Bundesgerichtshof?, 2004. *Schmidt-Hieber*, Verständigung im Strafverfahren, 1986; *Siolek*, Verständigung in der Hauptverhandlung, 1993; vgl. ferner *Rieß* in: Löwe-Rosenberg, Einl. Abschn. G, Rdnr. 58 ff.
[215] BGH NStZ 2005, 279 = StV 2004, 636; BGH StV 2004, 470; dazu *Beulke/Swoboda* JZ 2005, 67; zum Missbrauch des Beweisantragsrechts durch Verteidiger, um eine Absprache zu erzwingen vgl. BGHSt. 40, 287 = NJW 1995, 603.
[216] BGH Beschl. v. 3.3.2005 – GSt. 1/04 – NJW 2005, 144 m. Anm. *Widmaier* NJW 2005, 1985.
[217] *Däubler-Gmelin* StV 2001, 359; dazu *Ignor/Matt* StV 2002, 102.
[218] Strafrechtsausschuß der Bundesrechtsanwaltskammer, ZRP 2005, 235; dazu *Landau/Börger* ZRP 2005, 268.

8. Außerstrafrechtliche Wirkungen

197 a) **Bedeutung.** Wird ein strafrechtlicher Vorwurf (z. B. durch eine Durchsuchung oder eine Mitteilung der Staatsanwaltschaft) bekannt, löst das unternehmensinterne wie auch unternehmensexterne Folgen aus:

Unternehmensinterne Folgen	Externe Folgen
Compliance, Revisions-, Rechts- und/oder Fachabteilung müssen den Vorgang untersuchen und an Geschäftsleitung berichten	Untersuchung der strafrechtlichen Verantwortlichkeit durch Ermittlungsbehörden
Geschäftsleitung muss an Abschlussprüfer bzw. an Prüfverband und/oder Rechnungshof berichten	Anfragen von Abschlussprüfer, Prüfverband Rechnungshof
Geschäftsleitung muss an Aufsichtsorgan und Gesellschafterversammlung berichten	
Aufsichtsorgan muss über Prüfung entscheiden (vgl. § 111 II 2 AktG)	
Gesellschafterversammlung muss über Entlastung und Prüfung, ggfls. Sonderuntersuchung entscheiden (vgl. § 142ff AktG)	Aktionärsfragen und Aktionärsklagen in Insolvenzfällen Untersuchung des Insolvenzgerichts bzw. des Insolvenzverwalters
Besondere Unternehmensbeauftragte, insbesondere für Geldwäsche, müssen prüfen	Verdachtsanzeigen von Banken, Untersuchungsverfahren bei LKA oder StA
Berichtspflicht an Aufsichtsbehörden entsteht	Anfragen und Untersuchungen von Berufskammern, Aufsichtsbehörden,
Ad-hoc-Pflicht und andere Veröffentlichungspflichten entstehen	Anfragen des BAW und der Börsenaufsicht;
Unternehmenspublizität entsteht, freiwillige Berichterstattung als erwartete „Informationspolitik"	Medienanfragen, Pressekonferenzen, Analystengespräche

198 Ermittlungsverfahren zur Aufklärung eines bestimmten Unternehmensverhaltens führen oft zu einer hektischen Aktivität der Medien, der Leitungsgremien des Unternehmens und der Aufsichtsbehörden bzw. der internen Kontrollinstanzen. In diesen Unternehmen sind üblicherweise Aufgabendefinition, Aufbau- und Ablauforganisation, Aufgabenerfüllung und -kontrolle auf Sparten, Abteilungen oder Fachbereiche delegiert. Aufgaben werden durch Arbeitsstäbe erledigt, Kontrollen durch Abteilungs-, Bereichs- oder Spartenleiter, Innenrevision und Abschlussprüfung durchgeführt. Die jeweilige Aufgabenerfüllung wird durch ein internes Berichtswesen an die Geschäftsleitung und den Aufsichtsrat nachgewiesen. Die sog. Stabsabteilungen untersuchen und berichten über die Arbeit der Organisationseinheiten unternehmensübergreifend.

199 b) **Unternehmensinterne Folgen.** Bereits das möglicherweise strafrechtlich relevante Handeln von Unternehmensorganen aber auch von leitenden Angestellten oder von Angestellten der sog. „Arbeitsebene" hat außerstrafrechtliche Folgen. Selten werden diese Folgen sichtbar, bevor ein strafrechtliches Verfahren eingeleitet ist. Teilweise entstehen aber auch solche Folgen bereits im Vorfeld eines Strafverfahrens, z. B. durch Auseinandersetzungen mit Arbeitnehmern in Kündigungsprozessen, durch Wettbewerbs-, Urheber- und Patentstreitigkeiten, durch problematische Betriebsprüfungen oder auch durch anonyme Mitteilungen. Teil der vom Mandanten erwarteten Beratung durch den Firmenanwalt (aber auch durch einen Verteidiger) ist es, zwischen Unternehmensinteressen und persönlichen Interessen zu unterscheiden und aus Sicht des jeweiligen Mandanten zu klären, was zu tun ist.

200 • **Pflichtuntersuchungen** sind solche, die Teil der Unternehmensorganisation, Grundlage von Äußerungen gegenüber Kontrollorganen bzw. Aufsichtsbehörden sowie für die Aufrechterhaltung einer effektiven Unternehmenskontrolle notwendig sind. Sie ergeben sich aus dem Gesetz, der Satzung oder aus Organisationsverfügungen. In der unternehmensinternen Aufbau- und Ablauforganisation ist je nach der betrieblichen Zuordnung der Bereich Compliance, die Revision oder die Rechtsabteilung für eine solche Untersuchung bzw. Stellungnahme zuständig.

- **Kontrollen, die auf einer Ermessensentscheidung beruhen**, sind insbesondere die (informellen oder förmlichen) Untersuchungsaufträge von Aufsichtsrat (§ 111 Abs. 2 AktG) oder Sonderprüfungen der Hauptversammlung (§ 142ff AktG). Ihre Durchführung ist zwar für die Geschäftsleitung verpflichtend, ihre Anordnung unterliegt aber einer Ermessensentscheidung des zuständigen Organs. Die Geschäftsleitung kann – nicht zuletzt im Kosteninteresse der Gesellschaft – die Durchführung einer Sonderprüfung „vorwegnehmen", wenn abzusehen ist, dass diese ohnehin durch ein Gesellschaftsorgan verlangt würde. Da damit aber zugleich die Rechte der anderen Gesellschaftsorgane berührt werden könnten, empfiehlt sich eine enge Abstimmung der Untersuchungsthemen und -inhalte. 201
- **Freiwillige Kontrollen** sind Maßnahmen, die aus Anlass einer als problematisch erkannten Situation durch die Geschäftsleitung beschlossen werden, ohne dass dazu eine gesetzliche oder satzungsgemäße Verpflichtung besteht. In der Regel werden sie von der Geschäftsleitung initiiert, um eine bestimmte Informationspolitik gegenüber Medien zu unterstützen und die Effektivität eines Krisenmanagements zu demonstrieren. Solche Maßnahmen können zu Korrekturen oder aber auch zu einer Bestätigung der bisherigen Auffassung führen. Sie können nahezu beliebig gesteuert und gestaltet werden, so dass ihr Beweiswert mit Vorsicht beurteilt werden sollte. 202
- **Sonstige Berichte** verbleiben in den übrigen Fällen, in denen ein Gesellschaftsorgan über Anlass, Art und Umfang strafrechtlich relevanter Sachverhalte Auskunft gibt. Hierzu zählt z. B. die regelmäßige Berichterstattung des Vorstandes an den Aufsichtsrat nach § 90 AktG. 203

c) **Unternehmensexterne Folgen.** Die Einleitung eines Ermittlungsverfahrens bzw. dessen Bekanntwerden löst eine Reihe von Folgen aus, die zur Prüfung ein und des gleichen historischen Geschehens durch verschiedene Stellen führt. Als Berater des Unternehmens wird man die **Interessenlenkung** derartiger Untersuchungen bei der Beratung zu berücksichtigen haben. Auch bei den externen Maßnahmen können Pflicht- und Ermessensprüfungen von freiwilligen Prüfungen unterschieden werden. 204

- **Pflichtprüfungen:** Zu den externen Pflichtprüfungen gehört auch die **Abschlussprüfung** bzw. bei öffentlich-rechtlichen Unternehmen die Prüfung durch den Rechnungshof. Durch diese Kontrollmechanismen werden in aller Regel weit vor dem evtl. Beginn eines Strafverfahrens ca. 80% etwaiger strafrechtlich relevanter Konstellationen aufgedeckt, erörtert und auch im Sinne einer Konfliktvermeidung mit den Strafverfolgungsbehörden erledigt. Der staatsanwaltschaftlichen Verfahrenseinleitung geht ebenfalls eine Pflichtprüfung voraus, ob ein strafrechtlich relevanter Sachverhalt vorliegt. Die Prüfungsschwelle ist sehr gering, da ein einfacher kriminalistischer Anfangsverdacht genügt. Zu den Pflichtprüfungen gehört auch die Prüfung von Meldungen und/oder Erklärungen nach dem KWG, dem WpHG, dem AWG bzw. der AWO, dem PatG, MarkenG und dem Abgabenrecht. Die steuerliche Betriebsprüfung ist ebenfalls eine solche Pflichtprüfung. Wird ein strafrechtlich relevanter Sachverhalt bekannt, haben die genannten Prüfungsorgane von Amts wegen über Grund und Inhalt der Vorwürfe Untersuchungen anzustellen. 205
- **Ermessensprüfungen** ergänzen in der Regel Pflichtprüfungen, weil sie Spezialsachverhalte in eigens dafür angesetzten Prüfungen untersuchen. Ihre Durchführung hängt oft davon ab, wie sehr auf dem Prüfungsorgan ein öffentlicher Druck lastet, sich zu bestimmten Sachverhalten eigenständig zu äußern. Fachbehörden, wie z. B. der Bundesrechnungshof oder die Aufsichtsämter können solche Untersuchungen auch ablehnen unter Hinweis auf die ihnen vorliegende regelmäßige Berichterstattung des jeweiligen Unternehmens. 206
- **Freiwillige Untersuchungen** sind selten. In aller Regel bestehen allgemeine Prüfungs- oder Aufsichtspflichten, die Grundlage der Ermessensprüfungen sind. Die freiwilligen externen Untersuchungen finden daher nahezu ausschließlich durch Journalisten oder Privatdetekteien statt, sind einseitig motiviert und entfalten oft ein skurriles, partiell gefärbtes Bild der Wirklichkeit. Sie können für das betroffene Unternehmen oder seine Organe höchst gefährlich aber auch harmlos sein, 207

d) **Umgehung des Schweigerechts.** Die Beispiele unter a) bis c) sind nicht abschließend. Keineswegs stellen sich in jedem Fall alle internen und externen Folgen ein. Dennoch ist gerade bei börsennotierten Aktiengesellschaften mit einer Vielzahl der genannten Folgen zu rechnen. Außerdem gilt: Je größer das von einem Ermittlungsverfahren betroffene Unternehmen, umso 208 größer der Medienaufwand, die Schar selbsternannter „Sachverständiger", die die Vorgänge öffentlich kommentiert und die Anfragen von Aufsichtsgremien und -behörden, die im Detail informiert werden möchten. Ein besonderes Problem ist dabei die nahezu immer fehlende Möglichkeit, von dem strafrechtlich gewährleisteten **Schweigerecht** Gebrauch zu machen.

209 • Die Trennung von Auskunftsverweigerungsrecht im Strafverfahren[219] und **Auskunftserzwingung im Verwaltungs- und Insolvenzverfahren** wird anhand der zahlreichen gewerberechtlichen Regelungen des Wirtschaftsverwaltungsrechtes deutlich: §§ 17 ArbZG, 64 A. M.G, 44 AWG, 23 BNatSchG, 4 FPersG, 70 FFG, 22 GastG, 44 KWG, 40 AbfG, 41 LMBG, 19 MarkenG, 16 WpHG u. a. statuieren umfassende Prüfungsrechte und Auskunftpflichten branchenangehöriger Unternehmen. Solche Pflichten sind zudem häufig noch bußgeldbewehrt. Im Insolvenzverfahren und seit der Entscheidung des BVerfG zum Erzwingungsrecht des Konkursgerichtes[220] hat der Gesetzgeber die Notwendigkeit der Informationsgewinnung für Zwecke der Verwaltung und des Gläubigerschutzes von der strafrechtlichen Verwertbarkeit solcher Angaben losgelöst und ein gesetzliches Verwertungsverbot erlassen (§ 97 InsO). Indessen liegt die Problematik solcher Regelungen in den uneingeschränkten Mitteilungspflichten der Zivilgerichte gegenüber Strafbehörden und im unbeschränkten Akteneinsichtsrecht der Gläubiger. Die Herkunft einer Information kann sich durch indirekte Wege derart verändern, dass sich die Voraussetzungen der Unverwertbarkeit nicht mehr darlegen lassen. In den o.g. gewerberechtlichen Vorschriften fehlen Bestimmungen über die Unverwertbarkeit gänzlich. Die Informationsbeschaffung nach dem ab 1.1.2006 in Kraft getretenen Informationsfreiheitsgesetz (IFG) sollte dabei nicht unterschätzt werden.[221]

210 • Verschärft wird die Problematik durch die zunehmenden Anforderungen an **Dokumentationspflichten**. Das Verlangen, auch außerhalb einer kaufmännischen und steuerlichen Buchführung (§§ 238 HGB, 140 AO) für die Prüfung der Verwaltungsbehörde praktisch jeden Arbeitsschritt innerhalb eines Unternehmens schriftlich festzuhalten und selbst Arbeitsbesprechungen mit höchst vorläufigem Informationsgehalt zu dokumentieren, erleichtert das Aufspüren und „Aburteilen" von Fahrlässigkeiten und Mängeln durch externe Prüfungen. Obwohl stets betont wird, dass es sich hierbei um rein verwaltungsbezogene Pflichten handelt, wird damit auch der strafrechtlichen Prüfung einschließlich der Bedrohung mit strafrechtlichen Konsequenzen der Weg geebnet. Verwertungsverbote sind nicht anerkannt, die verwaltungsrechtliche Pflichterfüllung wird im Strafverfahren nicht gewürdigt.

211 • Richtigerweise wird hier die Einführung eines **umfassenden Schweige- und Auskunftsverweigerungsrechtes** mit dem Beginn einer strafrechtlichen Untersuchung nach dem Vorbild des § 393 Abs. 1 AO gefordert.[222] Hinzukommen muss die Verpflichtung der auskunftsuchenden Behörde, über das Schweigerecht zu belehren. Angaben, die ohne Belehrung gemacht werden, müssen als unverwertbar im Strafverfahren angesehen werden. Nur so wird man dem Rechtsstaatsprinzip und dem auf unterschiedlichen Ansätzen beruhenden Konflikt zwischen Auskunftsanspruch und Bestrafungsanspruch gerecht.

212 e) **Aushöhlung des Geheimnisschutzes.** Gerade durch ein umfassendes Strafverfahren, durch Akteneinsichts- und Beteiligungsrechte wie auch durch die Öffentlichkeit einer Hauptverhandlung ist der Geheimnisschutz empfindlich beeinträchtigt. Der Verteidiger sollte daher die Ermittlungsbehörden und auch das Gericht auf Privat-, Betriebs- und Geschäftsgeheimnisse aufmerksam machen und verlangen, dass diese im Verfahren beachtet werden.[223] Auch durch oft veröffentlichte Ergebnisse externer Untersuchungen werden Unternehmensinterna in die Öffentlichkeit transportiert und diskutiert. Das kann zu ganz erheblichen Nachteilen für die Darstellung des Unternehmens in der Öffentlichkeit führen. Der Verteidiger kann gegensteuern, indem er Schadenersatz geltend macht und Vertraulichkeit verlangt. Denkbar ist auch, dass die Verteidigung einen Bericht oder eine Unterlage zum Gegenstand der Ermittlungsakte

---

[219] Verfassungsrechtlich abgesichert durch Art. 20 III GG, BGHSt. 31, 308; vgl. dazu umfassend und mit weiteren Nachweisen *Bärlein/Pananis/Rehmsmeier* NJW 2002, 1825 ff.
[220] BVerfGE 56, 37; NJW 1981, 1431.
[221] *Mensching* VR 2006, 1 ff.
[222] *Bärlein/Pananis/Rehmsmeier* NJW 2002, 1825, 1828.
[223] *Dahs* Rdnr. 566.

macht, um einen Dritten auf die Veröffentlichungsschranke des § 353 d StGB hinweisen zu können.

f) Ausländerrechtliche Folgen. Ausländische Arbeitnehmer und Unternehmer sind bei einem Ermittlungsverfahren doppelt betroffen. Die Ausländerbehörde erfährt meist schnell von der zuständigen Polizeibehörde von den laufenden Ermittlungen. Die Folgen einer Verurteilung, aber auch einer Einstellung nach §§ 154, 153 a, 153 StPO können gravierend sein.[224]

g) Gewerberechtliche Folgen. Die Bandbreite von Ermittlungen führt nicht selten zu einer Untersuchung des Gewerbeaufsichtsamtes oder (wegen eines Zufallfundes) einem Verfahren über die Zuverlässigkeit des Waffenbesitzers. Die Verteidigung sollte hier sehr behutsam vorgehen, damit die Existenzgrundlagen des Mandanten erhalten bleiben.

V. Verteidigungshandeln

1. Allgemeine Grundsätze

Ein konkretes Verteidigungshandeln stellt sich als Ergebnis der Beratung mit dem Mandanten und der Auswertung verfügbarer Informationen dar. Art und Umfang der Verteidigungsaktivitäten hängen stark von den Faktoren **Auftragsinhalt, Informationslage, Erforderlichkeit, Angemessenheit und Verfügbarkeit von Mitteln und Zeit** ab.[225]

Einfluß auf Sachverhaltserarbeitung	abhängig von	Einfluß auf Rechtsanwendung und Verfahren
Gespräche mit Strafverfolgungsorganen, Anregungen		Rechtsgespräch
Beweisanträge auf Zeugenvernehmungen, Sistieren von Zeugen		Stellungnahme zum sachlichen Recht und zum Verfahrensrecht ohne Sachdarstellung; Rechtsgutachten
Beweisanträge und Anregungen zum Sachverständigenbeweis,	a) Auftragsinhalt, Beratung des Mandanten über Gründe und Ziel	Anträge auf staatsanwaltschaftliche oder richterliche Hinweise, Überlassung von Entscheidungsentwürfen
Beiziehungsanträge von Urkunden, Akten und Berichten, eigene Vorlage	b) Informationslage aus dem Mandatsgespräch, sukzessiven Einblicken in Ermittlungsakten, Rechtsgesprächen und eigenen Recherchen	Rechtsmittel
Einlassung des Mandanten, Beschuldigtenvernehmung	c) Erforderlichkeit und Risiko d) Angemessenheit des Handels e) Verfügbarkeit von Mitteln und Zeit	Protokollanträge, Anträge an das Gericht nach § 238 Abs. 2 StPO
Eigene Ermittlungen		Dienstaufsicht, Befangenheitsanträge
Schriftliche Stellungnahmen zum Beweisergebnis		Presse- und Öffentlichkeitsarbeit
Affirmative Beweisanträge zur Kontrolle und Absicherung eines bestimmten Tatsachenzwischenstandes		Strafanzeigen, Schadenersatzklagen

---

[224] *Jung*, Ausländerrechtliche Folgen bei der Verurteilung von ausl. Staatsbürgern, StV 2004, 567; *ders.* StV 2005, 53.
[225] Die Entwicklungen der Rechtsprechung zum Recht der Strafverteidigung werden sehr informativ nachvollzogen in den Rechtsprechungsübersichten von *Müller/Schmidt* NStZ-RR 2005, 129 ff.; *dies.* NStZ-RR 2004, 97 ff.; *Müller* NStZ-RR 200, 129 ff.

216 Ein risikobewusstes Verteidigungshandeln orientiert sich an der Notwendigkeit und Angemessenheit der zur Verfügung stehenden Mittel. Es gilt das strikte Prinzip, dass das Handeln dem Mandanten nützen soll und ihm zumindest nicht schaden darf. Darf (und muss) der Anwalt in der Beratung auf kritische, dem Mandanten ungünstige Aspekte des Verfahrens und des Vorwurfes hinweisen, so gehört es zu seiner Aufgabe im Auftreten gegenüber Außenstehenden, gegen eine solche Kritik im Interesse des Mandanten Stellung zu beziehen. Zwar darf der Verteidiger als unabhängiger Rechtsberater seinen Abstand zum untersuchten Geschehen und den handelnden Personen zu erkennen geben, er darf aber nicht durch Äußerungen oder Handlungen seinen Mandanten verraten oder ihn einer staatlichen Untersuchung erst ausliefern. Vielmehr hat er die zugunsten des Mandanten sprechenden Umstände und Rechtsstandpunkte vorzutragen und über negative Tatsachen zu schweigen.

217 **a) Abhängigkeit vom Auftrag und Einvernehmen mit Mandanten.** Auf der Grundlage einer umfassenden, rechtlich begründeten und zielbewussten Beratung kann der Verteidiger mit seinem Mandanten über Art, Umfang und Wirkung der Verteidigungsaktivität Einvernehmen erzielen. In Fällen, in denen der Mandant nicht über einzelne Verteidigungsschritte informiert ist oder nicht informiert sein will, handelt der Verteidiger auf eigenes Risiko und ohne, dass dem Mandanten diese Aktivität zugerechnet werden könnte. Das gilt für die Informationsbeschaffung, die Verhandlungsführung, für „Was wäre wenn…"-Gespräche, Vorlage von Unterlagen und andere Ideen, sich einer Verfahrenslösung zu nähern. Das mutmaßliche Einverständnis des Mandanten genügt für eine Rechtfertigung im Zweifel nicht. Ergibt sich über längere Zeit kein sicherer Kontakt zum Mandanten, wird die Verteidigungsaufgabe erschwert oder unmöglich gemacht.

218 **b) Informationslage.** Die Informationslage ergibt sich aus dem Mandatsgespräch, der sukzessiven Einsicht in Ermittlungsakten, dem Informationsgespräch mit der Strafverfolgungsbehörde und eigenen Recherchen. Taktik und Vorgehen sind wesentlich von einer vollständigen Informationslage bestimmt. Ist z. B. abzusehen, dass sich die Strafverfolgungsbehörde durch zahlreiche Durchsuchungen mit Unterlagen und/oder Daten „versorgt" hat, dass eine Auswertung über Monate oder Jahre in Anspruch nehmen wird, wird ein Abwarten auf Auswertungsergebnisse Vorrang vor einer eigenen Interpretation der Beweismaterialien haben. Hier macht lediglich die Nachfrage nach einem Sach- oder Rechtsgespräch Sinn. In völlig überschaubaren Sachverhalten mag dagegen eine schnelle Reaktion und Stellungnahme angezeigt sein. Wird das Unternehmen existenziell durch die Wegnahme der Unterlagen und Daten bedroht, sind Rechtsmittel unvermeidlich, auch wenn eine vollständige Information noch gar nicht erfolgen kann.

219 **c) Erforderlichkeit und Risiko.** Die Beurteilung von Erforderlichkeit und Risiko der konkret beabsichtigten Verteidigungsaktivität ist die vom Mandanten erwartete wichtigste prognostische Leistung des Anwaltes. Der Verteidiger muss als Fachmann aufgrund der ihm zur Verfügung stehenden Informationen einschätzen, welches Handeln mindestens nötig ist, um das laufende Verfahren in den drei Kategorien Sachverhalt, Rechtsanwendung und Verfahren zu beeinflussen. Gleichzeitig wird von ihm eine Einschätzung der Auswirkungen solcher Aktivitäten in positiver (z. B. entlastende Wirkung, unmittelbare Verfahrenseinstellung) wie auch in negativer Hinsicht (z. B. Verfestigung des Vorstellungs- und Beurteilungsbildes der Strafverfolgungsorgane) erwartet.

Beispiel:
Es nützt dem Mandanten bspw. im Verfahren keineswegs, wenn der Verteidiger eine umfassende Stellungnahme zum Akteninhalt abgibt, wenn das Gericht gleichzeitig das Verfahren wegen Verjährung einstellen will. Auch mag es im Einzelfall im subjektiven Interesse eines Mandanten sein, die Umstände einer Durchsuchung im Einzelnen darzulegen und die persönliche Situation zu beschreiben, in die er sich durch das Verfahren gedrängt sieht. Dies alles ist nicht erforderlich, wenn der Staatsanwalt schon aufgrund der neuen Beweislage einen (weiteren) Tatverdacht verneint.

220 Zur Erforderlichkeit zählt auch die **zeitliche Komponente**. In Ermittlungsverfahren mit dokumentierten Sachverhalten zahlt sich eine frühzeitige Sacharbeit der Verteidigung in der Regel aus. Liegt z. B. ein Informationsverstoß offen zutage (z. B. bei Berichts-, Publizitäts- und Erklärungsdelikten) und bleiben auch bei Fragen des Vorsatzes und des Irrtums keine begründeten

Zweifel, dann sollte frühzeitig eine geständige, einvernehmliche Lösung gesucht werden. Die Abkürzung der Ermittlungsarbeit wirkt sich ganz erheblich zugunsten des Beschuldigten aus. Umgekehrt gilt in einer Vielzahl von Verfahren auch die Binsenweisheit, dass sich die Dauer des Verfahrens nur zugunsten des Beschuldigten auswirkt – weil die Erinnerung von Personen verblasst oder weil der Strafanspruch des Staates mit zunehmender Verfahrensdauer weniger wiegt. Wenn die Verteidigungsarbeit nicht lange vor Beginn der Hauptverhandlung eingesetzt hat und für Ermittlungsorgane bemerkbar geworden ist, wird auch das geschickteste und überzeugendste Plädoyer nach einer strafrechtlichen Hauptverhandlung an einer auf Verurteilung ausgerichteten Beweisaufnahme nichts mehr ändern. Daher muss auch die Vorbereitung und Durchführung der Hauptverhandlung von Verteidigerseite durchgehend und frühzeitig geplant werden. Vorgespräche mit allen Verfahrensbeteiligten sind nötig, um sich Klarheit zu verschaffen, ob und wie Gericht und Staatsanwaltschaft auf umfangreiche Einlassungen und Beweisanträge reagieren werden.

d) Angemessenheit. Die Angemessenheit eines bestimmten Vorgehens kann nur prognostiziert und erst später an etwaigen Reaktionen der Adressaten eingeschätzt werden. Daher spricht vieles dafür, in bestimmten Situationen nicht allzu ängstlich mit den Verteidigungsmöglichkeiten umzugehen, sondern auch etwas zu wagen, selbst wenn es im ersten Anlauf vielleicht vergeblich zu sein scheint oder sich umgekehrt als zu weitgehend herausstellt. Dem Verteidiger wird in aller Regel nicht übel genommen, wenn er sich nach einem unangemessenen Ausfall zu entschuldigen weiß und in angemessene Bahnen zurückkehrt. Diesen Berufsbonus darf er aber nicht allzu oft in Anspruch nehmen.

Beispiel:
Bspw. kann eine berechtigte und belegbare scharfe Reaktion auf ungerechtfertigte polizeiliche oder staatsanwaltschaftliche Zwangsmaßnahmen erforderlich sein, um sich schützend vor den Mandanten zu stellen. Sie kann sich aber als überzogen herausstellen, wenn der Verteidiger im weiteren Verlauf des Verfahrens erkennt, dass der Vorwurf berechtigt ist und die Zwangsmaßnahmen noch in einem vertretbaren Verhältnis dazu stehen.

Ein Verteidigungshandeln, das sich in einer **Verhärtung** der Ermittlungsrichtung oder der Haltung des Gerichts niederschlagen kann, muss mit dem Mandanten in allen Facetten vorher besprochen werden. Nur wenn der Mandant zugestimmt hat, mag ein solches Handeln in Betracht kommen. Handlungen, die den Mandanten in die Gefahr eines Verdunklungs- oder Strafvereitelungsverdachts bringen könnten, sind zu vermeiden. Für Provozierendes Verhalten gilt das Gleiche. Der Verteidiger kann indessen nicht für Über- oder Fehlreaktionen der Strafverfolgungsorgane verantwortlich gemacht werden.

Von der konkreten Situation und Beweislage muss es abhängen, ob von **Rechtsmitteln** Gebrauch gemacht wird oder nicht. In Verfahren mit umfangreichen Vorwürfen und einer mehrheitlich auf Urkunden gestützten Beweisführung ist dies meist nicht ratsam. Die Justiz neigt in solchen Verfahren dazu, unausgesprochen die knappen personellen und fachlichen Ressourcen als „Ersatzgrund" für die Aufrechterhaltung eines einfachen, hinreichenden oder dringenden Tatverdachts zu benutzen. Wird das Ermittlungsverfahren schon mit richterlichen Entscheidungen zum Nachteil des Beschuldigten „zementiert", dann fühlen sich Ermittlungsorgane umso sicherer auf dem möglicherweise falschen Weg eines Vorwurfes. Daher hilft der Appell an die Verantwortung der Ermittlungsorgane oft mehr als der Gang zum Beschwerdegericht.

e) Verfügbarkeit der Mittel. Unter der Mittelverfügbarkeit sind sowohl finanzielle wie auch personelle und zeitliche Ressourcen zu verstehen. Ist der Anwalt ein gefragter Berater, kann eine Verteidigungstätigkeit in einem konkreten Fall durch die anderweitige Inanspruchnahme limitiert sein. Abhilfe schaffen Entlastungsvertreter und eine klare Priorität. Dem Mandanten nützt oft die Verteidigung durch einen/eine engagierte und zeitlich unbelastete Kollegen oder Kollegin mehr, als ein bekannter Name. Die Begrenzung der Verteidigung durch finanzielle Mittel kann sich in Wirtschaftsstrafsachen besonders im Ermittlungsverfahren gravierend auswirken. Hier werden die Grundlagen für eine spätere Abschlussentscheidung gelegt. Kann der Verteidiger nicht notwendige Akten einsehen oder Gespräche mit dem Staatsanwalt oder der Bußgeld- und Strafsachenstelle führen, sollte er seinen Mandanten auf die dadurch entstehenden Risiken hinweisen und bei Uneinsichtigkeit des Mandanten das Mandat niederlegen. Sollten die eigenen finanziellen Mittel des Mandanten nicht ausreichen, ist gegebenenfalls an eine Finanzierung durch den Arbeitgeber auf Darlehensbasis zu denken.

225   f) **Grundkonzeption.** Eine Grundkonzeption für eine Wirtschaftsstrafverteidigung könnte so aussehen:

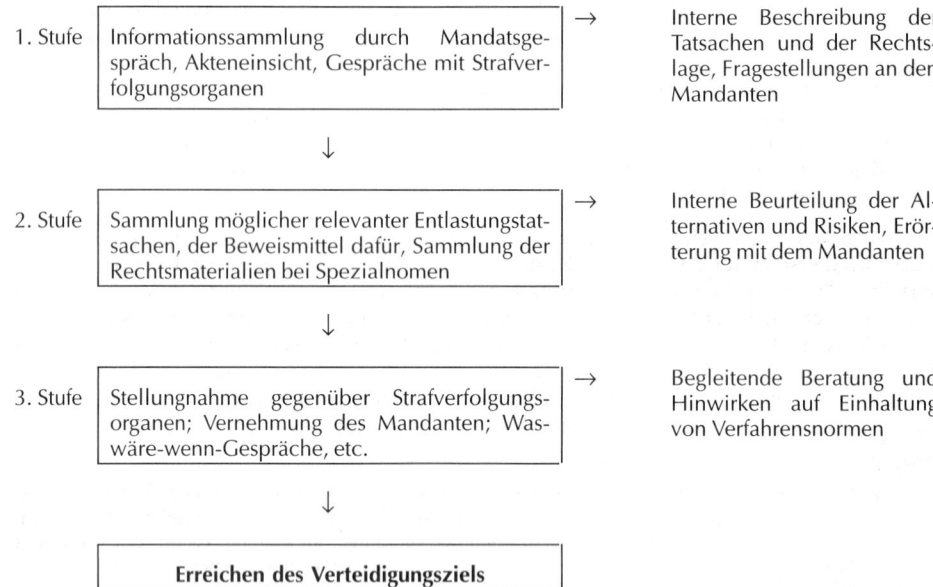

Das Schema dient nur als Anhaltspunkt für die Verteidigungsarbeit. So kann es zum Beispiel sein, dass man das Vertrauen der Strafverfolgungsorgane eher dadurch gewinnt, dass man bei einem überschaubaren Sachverhalt dem Mandanten dazu rät, sich einer Vernehmungssituation zu stellen. Besonders eine Vernehmung ohne Akteneinsicht im Vorermittlungsverfahren (sog. AR-Verfahren) hat zwar den Nachteil, dass die Verteidigung nicht alle Informationen der Strafverfolger kennt, die unmittelbare Aufarbeitung in einer Vernehmung kann aber zu einer schnellen Entscheidung der Staatsanwaltschaft über eine Ablehnung der Einleitung (§ 152 StPO) oder aber einer Einstellung des Verfahrens nach § 170 StPO führen. In Verfahren mit Publizitätsverstößen wirkt sich die in der Grundkonzeption beschriebene klassische Verteidigerhaltung ebenfalls nicht immer nur positiv aus. Die Strafverfolgungsbehörden können durchaus aus Äußerungen, die aus dem Zusammenhang gerissen oder mit einem anderen Verständnis interpretiert werden, Ermittlungsansätze begründen, denen man zeitig entgegentreten muss. Eine fehlende Einlassung kann im Einzelfall sogar zu einer vermeidbaren Anklage führen. Es ist Aufgabe des Verteidigers, solche Situationen zu erfassen und rechtzeitig gegenzusteuern.

2. Informationsbeschaffung und -aufbereitung

226   Unter Verteidigern besteht seltene Einmütigkeit, wenn es darum geht, die **Wichtigkeit der Informationsbeschaffung** bis zur (evtl.) Hauptverhandlung zu betonen.[226] Verteidigen ohne oder nur mit unvollständigen Informationen ist riskant und kann dem Mandanten schaden.[227] Deshalb gibt es nur wenige Ausnahmen vom Grundsatz, dass ohne Akteneinsicht keine Stellungnahme abgegeben werden soll: die steuerliche Selbstanzeige (§ 371 AO), die Berichtigungserklärung (§ 153 AO), die Geldwäscheanzeige (§ 261 Abs. 9 StGB), Rücktritts- oder Reuegründe, die reine Geständnisverteidigung und die eindeutig beweisbare Unschuld.[228]

---

[226] *Bockemühl* B.1. Rdnr. 59 ff.; *Weihrauch* EV Rdnr. 55.
[227] Vgl. BGH Urt. v. 22.9.2005 AnwBl. 2006, 68 zur Informationsbeschaffungspflicht des Anwaltes.
[228] *Bockemühl* B.1. Rdnr. 62.

Die folgende Tabelle soll eine **erste Einschätzung** ermöglichen, wann welche Verteidigungs- 227
aktivität bei der Informationsverschaffung gefragt ist.

	Ermittlungsverfahren	Zwischenverfahren	Hauptverfahren
Vorrangig	Befragung des Mandanten zum Vorwurf, Einsicht in die Akten, Beiakten, Datensammlungen etc.;	Einsicht in Akten, Beweismittel, Datensammlungen etc.; Rechtsrecherche	Recherchierte Informationen; Personenrecherche (Besetzung, Befangenheit)
Wichtig	Abgleich der bisherigen Mandatsinformation mit Akteninhalt; Rechtsrecherche	Abgleich der bisherigen Mandatsinformation mit Akteninhalt;	Informationen von Dritten (insbes. Zeugen und Sachverständige), eigene Erhebungen;
Nachrangig	Befragung von Personen, Informationssammlung von Dritten, eigene Erhebungen;	Befragung von Personen, Informationssammlung von Dritten, eigene Erhebungen; Personenrecherche	Einsicht in die Akten, Beiakten, Datensammlungen etc.;

Nach dem **Inhalt** der zu erlangenden Information kann grob unterschieden werden nach 228
- Informationen, die Aufschluss über die Schuld- und Rechtsfolgenfrage geben,
- Informationen über rechtliche Deutungsmöglichkeiten und
- Informationen über die Verfahrensgestaltung, den Verfahrensverlauf und die damit befassten Personen.

Nach der **Herkunft** der Information kann unterschieden werden in 229
- Informationssammlungen der Justiz und der Polizei (a.),
- Informationssammlungen von Behörden und Gerichten (b.),
- Informationssammlungen des Mandanten oder des Unternehmens (c.),
- Informationen in öffentlichen Registern und Datenbanken (d.),
- Informationen von Banken und Versicherungen (e.),
- Erhebungen/Recherchen der Verteidigung (f.).

a) Hinsicht in Informationssammlungen der Strafverfolgungsorgane. *aa) Verteidigerbestel-* 230
lung. Die Mitteilung an die Strafverfolgungsorgane, dass dem Rechtsanwalt oder dem sonst zur Verteidigung berechtigten Beistand eine Vollmacht erteilt worden ist (Bestellung), ist immer dann nötig, wenn dem Mandanten die Einleitung oder Führung eines Verfahrens bekannt gegeben worden ist. Die Folge der Bestellung ist die Pflicht der Strafverfolgungsbehörden, das Verteidigungsmandat zu beachten und den Verteidiger mindestens gleichzeitig von Maßnahmen zu unterrichten, bestimmte Zustellungen zu bewirken und Termine mitzuteilen. Die Bestellung des Wahlverteidigers erlischt für die Strafverfolgungsbehörden erst, wenn der Verteidiger anzeigt, dass das Mandat beendet ist oder der Mandant die Vollmacht widerruft. Die Bestellung des Pflichtverteidigers hingegen bedarf keiner ausdrücklichen Mitteilung durch den Anwalt, da das bestellende Gericht die Bestellung von Amts wegen der Ermittlungsbehörde mit den Akten zur Kenntnis gibt.

Eine Bestellung als Verteidiger, **bevor** die Einleitung eines Verfahrens bekannt gegeben wor- 231
den ist, muss sorgfältig bedacht werden. Sie hat Vor- und Nachteile:

Vorteile	Nachteile
– Die Vertretung des Beschuldigten wird bekannt. Die Bestellung schafft eine Kommunikationsplattform	– Die Bestellung kann auch Sorge und Angst signalisieren. Sie kann einen noch schwankenden Strafverfolger davon überzeugen, dass

Vorteile	Nachteile
– Die Bestellung ist notwendig, wenn das Unternehmen sich gegen öffentliche Meldungen über ein Vorprüfungsverfahren oder die Einleitung eines Ermittlungsverfahren wehren will – Mit der Bestellung kann Kooperation angeboten werden und eine Durchsuchung oder mögliche Verhaftung abgewendet werden.	auch ein Tatverdächtiger ein bestimmtes historisches Geschehen für strafrechtlich problematisch hält. – Kooperation und Herausgabebereitschaft können die bis zur Bestellung unbekannte Verfahrenssituation zum Nachteil des Betroffenen verschlechtern. Möglicherweise hat die Strafverfolgungsbehörde nur einen hypothetischen Anfangsverdacht und wollte (bzw. auch durfte) nicht durchsuchen.

232 Das Bestellungsschreiben **richtet sich an** die Strafverfolgungsbehörden, die sich mit dem Fall befassen, d. h. sowohl an eine konkret an den Mandanten herangetretene Polizei-, Verwaltungs- oder Steuerbehörde, als auch die prozessuale „Herrin des Verfahrens", d. h. je nach Verfahrensstand an die Staatsanwaltschaft, Finanzamt für Bußgeld- und Strafsachen oder das Gericht.

233 Das Bestellungsschreiben enthält die formlose Mitteilung der Verteidigungsübernahme durch einen bestimmten Verteidiger. Beachtet werden müssen die §§ 137 Abs. 1 S. 2, 146 StPO, d. h. für einen Beschuldigten dürfen nicht mehr als drei Wahlverteidiger tätig sein und keiner der bestellten Verteidiger darf mehrere Personen im gleichen Verfahren oder wegen des identischen Tatvorwurfs vertreten. Die Staatsanwaltschaft prüft das Vorliegen der Voraussetzungen von Amts wegen und kann den oder die Verteidiger durch das zuständige Gericht zurückweisen lassen (§ 146 a StPO). Zweckmäßigerweise sollte mit dem Schreiben eine Vollmacht vorgelegt werden, notwendig ist das hingegen nicht.

234 *bb) Anträge.* Im Bestellungsschreiben können bereits **Anträge** gestellt werden. In der Praxis wird die Bestellung zweckmäßigerweise mit einem Akteneinsichtsantrag verknüpft. Der Antrag ist zeitlich unbefristet und kann (muss) mehrfach und auch dann noch gestellt werden, wenn das Verfahren vorläufig eingestellt oder endgültig abgeschlossen ist. Sollen Rechtsmittel gegen Zwangsmaßnahmen ergriffen werden, wird die Bestellung in die Rechtsmittelschrift aufgenommen. In Verfahren, in denen die Strafverfolgungsbehörde eine enge Kooperation mit Geschädigtenvertretern pflegt, sollte zweckmäßigerweise auf die besonderen Belange des Beschuldigten im Sinne der §§ 406 e Abs. 2, 475 Abs. 1 S. 2, 477 Abs. 3 StPO hingewiesen und einer Akteneinsicht an Geschädigte oder sonstige Antragsteller widersprochen werden.[229] Zweckmäßig kann es je nach Verfahrenslage sein, die Beachtung des rechtlichen Gehörs einzufordern (§§ 33, 33 a StPO), allerdings erlaubt das Gesetz eine weitgehend unüberprüfbare Ausnutzung des Ermessensspielraums zum Nachteil des Betroffenen, so dass diesem nach Bekanntwerden einer Entscheidung oft nur ein Rechtsmittel bleibt. Ein zwar möglicher isolierter Antrag nach § 33 Abs. 3 StPO hat in der Praxis kaum eigenständige Bedeutung, zumal er häufig – regelwidrig – in ein Rechtsmittel gegen die ergangene Entscheidung umgedeutet wird.

235 *cc) Einsicht.* Die Ausübung des Akteneinsichtsrechtes gehört zu den Grundrechten und Grundpflichten des Verteidigers. Aus den Akten soll und muss er im Normalfall erfahren, was dem Beschuldigten vorgeworfen wird, auf welche Tatsachengrundlagen, Beweismittel und Rechtsauslegungen sich die Strafverfolgungsbehörde stützt und wie sie bei ihren Ermittlungen vorgegangen ist. Der Verteidigung soll *„eine lückenlose Information über die im Verfahren angefallenen schriftlichen (und technischen) Unterlagen ermöglicht werden"*.[230] Nur aus der Kenntnis der Akten lassen sich die Ermittlungsrichtung, der Umfang der Ermittlungen und die Rechtsansicht der Strafverfolgungsbehörde erkennen. Natürlich setzt das voraus, dass sich die Ermittlungsbehörden an das Gebot der Aktenvollständigkeit und der Dokumentation von Ermittlungshandlungen in den Akten (§ 168 b StPO) auch halten.

---

[229] *Pfeiffer* § 406 e StPO Rdnr. 4; *Meyer-Goßner* § 406 e StPO Rdnr. 9; *Steffens* StraFo 2006, 60; *Riedel/Wallau* NStZ 2003, 393; zur Ausferung des Opferschutzes vgl. *Thielmann* StV 2006, 41.
[230] BGHSt. 37, 205.

Zwar soll die Akten- und Beweismitteleinsicht grundsätzlich **in den Diensträumen der** 236
Staatsanwaltschaft oder des Gerichtes gewährt werden (Nr. 189 RiStBV), der Verteidiger sollte aber beantragen, dass ihm die Akten so weit als möglich **in seine Geschäftsräume** mitgegeben werden. Der Verteidiger hat die besondere Vertraulichkeit der Akten zu wahren (§ 353 d StGB). Auch die besondere Vertraulichkeit bestimmter Verwaltungsakten muss der Verteidiger beachten: für Akten der Finanzbehörden gelten §§ 30 AO, 355 StGB; für Akten der Sozialversicherungsträger gelten §§ 67, 68, 73, 85 SGB X, 203 I Nr. 6 StGB (für private Versicherungen). Die Einsicht muss in jedem Verfahrensstadium wiederholt und ergänzt werden. So manche richterlichen Recherchen (z. B. die Kontaktaufnahme mit ausländischen Konsulaten zur Auffindung von Zeugen) geben dem Verteidiger Einblick in die Prozessvorbereitung des Gerichts.[231]

Zu den **Akten im Sinne des § 147 StPO** zählen alle Informationssammlungen der Strafverfolgungsorgane, die von ihnen im Wege der Amtshilfe erlangten Informationen und Akten sowie die polizeilichen Akten, die im Rahmen der Ermittlungstätigkeit angefallen sind: 237

Aktenführende Stelle	Umfang der Akteneinsicht
Staatsanwaltschaft	Zu den Akten und Beweismitteln, die von der Staatsanwaltschaft dem Gericht vorzulegen sind, gehören alle Schriftstücke, Ton- und Bildaufnahmen, Videobänder, elektronische Dateien und Datenbanken. Die Einsicht kann nur unter den Voraussetzungen des § 147 Abs. 2-4 StPO beschränkt werden. Entfernte Dokumente aus Akten, z. B. aus Haftakten müssen spätestens bei Vorlage der Akten an das Gericht wieder zu den Akten hinzugenommen werden. In Haftsachen darf die Akteneinsicht nicht beschränkt werden, wenn dadurch die der Haftentscheidung zugrunde liegenden Tatsachen der Verteidigung nicht bekannt werden.[232] Kein Einsichtsrecht besteht in Handakten der StA oder in Notizen der StA über Verfahrenshandlungen des Gerichts nach Anklageerhebung.
Gericht	Die Akten des Gerichts können jederzeit ohne Beschränkung eingesehen werden.
Akten anderer Behörden und öffentlicher Stellen	Das Akteneinsichtsrecht erstreckt sich auch auf diese Akten, wenn sie zum Verfahren beigezogen worden sind. Solange keine Sperre nach § 96 StPO geäußert wurde, ist die Vertraulichkeitsbitte für die Strafverfolgungsbehörde irrelevant.[233]
Polizeiakten	Da Lichtbild- und Spurenakten Grundlage der Ermittlungshandlungen sind, ist Akteneinsicht zu gestatten. Insbesondere bei der Verwahrung von sachlichen Beweismitteln durch die Polizei (z. B. Computerdaten, technische Übermittlungssysteme etc.) muss Einsicht gewährt werden, wenn sie für die Schuld- oder Rechtsfolgenseite relevant sind. Auf eine (förmliche) Integration in StA-Akten kommt es nicht an, da diese infolge einer arbeitsteiligen Bearbeitung des Falles gar nicht erfolgt (z. B. in gemeinsamen Arbeitsgruppen von Polizei und StA).[234] Im Weigerungsfall kann der Verteidiger nach § 23ff EGGVG die Einsicht erzwingen.
Einzelinformationen	Es kommt vor, dass keine „Akte" angelegt ist oder die Strafverfolgungsbehörde erklärt, es würde nur ein „Gerichtsband" geführt, in dem die Gerichtsbeschlüsse und die Schreiben der Verteidigung abgelegt seien. Im Übrigen arbeite man mit Einzeldokumenten

---

[231] *Bockemühl/Hohmann* HdbFAStrR B.3. Rdnr. 8.
[232] BVerfG NJW 1994, 3219; *Müller* NStZ-RR 2000, 103.
[233] BGHSt. 42, 71.
[234] A. A. *Pfeiffer* § 147 StPO Rdnr. 3 unter Hinweis auf BGH NStZ 1983, 228.

Aktenführende Stelle	Umfang der Akteneinsicht
	oder Einzelinformationen (z. B. Telefonüberwachungsprotokolle, Computerausdrucke). Das Einsichtsrecht erstreckt sich auf alle Arbeitsgrundlagen der Ermittlungsbehörden, auch auf solche, die zu anderen kriminalistischen Hypothesen „passen".

238 *dd) Sonstige Informationen, insbes. aus Gesprächen.* Die Verteidigung darf sich im Ermittlungs- wie im Zwischen- oder Hauptverfahren nicht auf schriftliche Stellungnahmen oder Anträge beschränken. Lebendige, aktive Verteidigung besteht u. a. darin, das Gespräch mit Strafverfolgungsorganen zu suchen, deren Denkweise und Meinungen zu erfahren und sachlich darauf zu reagieren. Der Verteidiger sollte es zur Gewohnheit machen, sich telefonisch zu erkundigen oder sich persönlich zum jeweiligen Verfahrenssachbearbeiter zu begeben, sich vorzustellen und sich einen persönlichen Eindruck von der Art der Sachbearbeitung zu verschaffen.

239 Diese Art der Informationsbeschaffung hat Vor- und Nachteile:

Vorteile	Nachteile
Verteidigung erhält **Hinweise** für seine weitere Arbeit: – Hinweise auf das Engagement oder das persönliche Desinteresse eines Sachbearbeiters an dem konkreten Fall; – Hinweise auf die Schwerpunkte der Ermittlungsarbeit (damit auch Hinweise auf die Wichtigkeit oder Unwichtigkeit von einzelnen Themen, auf das Interesse des Sachbearbeiters an der Erklärung des Mandanten oder an dem Abschluss der Ermittlungen oder eines Teils davon); – Hinweise auf die Denkweise und die Ansichten der Strafverfolgungsorgane über das Unternehmen oder den Mandanten; Hinweise auf die persönliche Erfahrung, die die Polizei- und Justizangehörigen, die den Fall bearbeiten, in vergleichbaren Fällen gesammelt haben. – Hinweise auf Vergleichsfälle, Entscheidungen von Gerichten, Handlungsanleitungen für die Aufarbeitung des Falles; – Hinweise auf Querverbindungen zu anderen Verfahren, z. B. zu einem gegen einen konkreten Anzeigeerstatter gerichteten Verfahren;	Verteidigung setzt **Signale**: – Signal eines Verfahrensinteresses des Beschuldigten, eventuell sogar einer geständigen Einlassung; – Signal einer Furcht des Beschuldigten, es könne an dem Vorwurf „etwas dran" sein; – Signal einer Bereitschaft zum Gespräch über Inhalt, Umfang und Sanktion des Vorwurfes, was den Ermittlungseifer der Behörden unterstützen kann oder zumindest die Erwartung einer Bestätigung des Vorwurfes weckt;

240 **Die Aktenversendungspauschale** ist gemäß Nr. 9003 des Kostenverzeichnisses zum GKG zu zahlen, wenn dem Verteidiger die Akten zugeschickt werden. Das BVerfG hat dies für verfassungskonform erklärt.[235] Der Anwalt ist gemäß § 56 Abs. 2 GKG persönlich Kostenschuldner.

241 **Rechtsmittel gegen Verweigerung der Akteneinsicht** bestanden früher nicht.[236] Das BVerfG hat den Rechtsweg nach §§ 23 ff. EGGVG als nicht gegeben bezeichnet.[237] Seit dem 1.11.2000 ist durch § 147 Abs. 5 StPO eine Beschwerdemöglichkeit zur zuständigen Kammer des Landgerichts gegeben.

---

[235] BVerfG NStZ 1997, 42.
[236] OLG Karlsruhe NJW 1997, 267 (entschieden im Verfahren auf Gewährung von Prozesskostenhilfe zum Antrag auf Akteneinsicht mit der Begründung, dass die beabsichtigte Rechtsverfolgung keine Aussicht auf Erfolg bietet).
[237] OLG Karlsruhe a.a.O. mit ausführlichen Nachweisen der Rspr. zu dieser Thematik.

b) Einsicht in Informationssammlungen von Behörden und Gerichten. In wirtschafts- und steuerstrafrechtlichen Verfahren verfügen eine Vielzahl weiterer Behörden über Akten oder aktenähnliche Vorgänge, die den Gegenstand des Ermittlungsverfahrens berühren, abdecken oder aus Anlass des Ermittlungsverfahrens neu angelegt wurden. Auch sollten die Möglichkeiten des Informationsfreiheitsgesetzes genutzt werden, wenn sich ein Konnex zum konkreten Mandat anbietet.[238]

Zu unterscheiden sind folgende **Arten:**

Aktenführende Stelle	Umfang der Akteneinsicht
Fachbehörde (z. B. Gewerbeaufsicht, BAFin)	Akteneinsichtsrecht im Verwaltungsverfahren, z. B. § 29 VwVfG in alle Behördenakten; Hierzu gehört auch die Aufsicht des BAFin über Kreditinstitute, Finanzdienstleistungsunternehmen, Finanzinstitute, Versicherungsunternehmen und den Wertpapierhandel.
Rechtsaufsichtsbehörde (z. B. Dienstaufsicht der Fachbehörde, Berufskammer)	Kein unmittelbares Akteneinsichtsrecht des Betroffenen, es sei denn, das Verfahren der Dienstaufsichtsbehörde ist durch eine Beschwerde des Verteidigers oder seines Mandanten entstanden, § 29 VwVfG entspr.
Rechnungsprüfungsstelle (z. B. Bundes- oder Landesrechnungshof)	Kein Akteneinsichtsrecht, aber Anhörungsrecht der betroffenen Verwaltung bzw. des betroffenen Unternehmens (im Bundes- oder Landesbesitz);
Abschlussprüfung	Kein förmliches Akteneinsichtsrecht, Zeugnisverweigerungsrecht und Beschlagnahmefreiheit, nach Entbindung von der Verschwiegenheit besteht Auskunftspflicht gem. §§ 666, 667 BGB;
Börsenaufsicht	Börsenaufsicht ist bei börsennotierten Unternehmen ebenfalls berechtigt, Auskünfte anzufordern und Untersuchungen anzustellen. Akteneinsicht ist möglich nach § 29 VwVfG für Verfahrensbeteiligte.
Regierungsstelle (z. B. Ministerbüro bei Vorgängen von politischer Bedeutung)	Kein förmliches Akteneinsichtsrecht.
Steuerakten, steuerliche Außenprüfungen	Die finanziellen Verhältnisse eines Mandanten oder eines Unternehmens werden in steuerlichen Verfahren intensiv durchleuchtet. Diese Informationen sind durch §§ 30 AO, 355 StGB geschützt. Ein Akteneinsichtsrecht besteht für den Betroffenen nicht nach § 29 VwVfG, es besteht ein Anspruch auf Ermessensentscheidung nach § 91 AO (beschwerdefähig nach § 349 AO) und nach § 78 FGO in die vom Gericht geführten und beigezogenen Akten im Finanzgerichtsprozess.
Gerichtsakten	Im Prozessverfahren haben die Parteien und Streithelfer Anspruch auf Akteneinsicht gem. § 299 ZPO; dies gilt auch im Insolvenzverfahren für Gläubiger;

Auch hier umfasst die Akteneinsicht alle von der Behörde ihrer Entscheidung zugrunde gelegten Informationen einschließlich der Einzelinformationen, auch wenn diese nicht körperlich mit der Akte verbunden sind. Die Verweigerung der Akteneinsicht kann in der Regel mit den für das jeweilige Verfahren geltenden Rechtsmitteln angefochten werden.

c) Informationen des Mandanten oder des Unternehmens. Die Informationen schriftlicher und mündlicher Art, die dem Mandanten oder dem von dem Verfahren betroffenen Unternehmen zur Verfügung stehen, können dem Verteidiger in aller Regel wichtige Detailinformationen über die von den Strafverfolgungsbehörden untersuchten Sachverhalte und deren rechtliche Beurteilung geben. Ausführlich ist auf die Bedeutung und den Inhalt der möglichen Informationen bereits im Abschnitt IV.2. eingegangen worden.

aa) Informationsauswahl. Damit der Mandant weiß, welche Informationen er zur Verfügung stellen soll, ist es wichtig, dass ihm der Verteidiger Fragen stellt und seinen Informati-

---

[238] Dazu *Kugelmann* NJW 2005, 3609.

onsbedarf und -umfang beschreibt. Umgekehrt ist der Verteidiger erst in der Lage, seinen Informationsbedarf zu beschreiben, wenn er die sachlichen Regeln, die Gesetzmäßigkeiten und Usancen versteht, die für das Tätigkeitsgebiet des Mandanten gelten bzw. üblich sind. Daher sollte man einen fachlichen Diskurs anstoßen, in dessen Verlauf der Mandant die besonderen Gegebenheiten eines Strafverfahrens und der Verteidiger die beruflichen Grundlagen des Mandanten kennen lernt. Verteidiger fragen üblicherweise nach Satzungen, Geschäftsordnungen, Organisationsschemata, Organisationsanweisungen, üblichen Geschehensabläufen, handelnde Personen, Gründe für Sonderbehandlungen, Besprechungs- und Abwägungsvorgänge, Kontrolle, Prüfungen durch Revision und Abschlussprüfer, Beratungsinhalte externe Berater und interne Sachdarstellungen, Stellungnahmen gegenüber Aufsichtsorganen.

247   bb) *Informationsbeschaffung*. In aller Regel soll der Mandant die Informationen beschaffen. Stehen ihm diese Informationen nicht zur Verfügung oder besteht aus persönlichen oder zeitlichen Gründen keine Möglichkeit, sollte der Verteidiger anbieten, die ihm von dem Mandanten zur Verfügung zu stellenden Unterlagen zu sichten bzw. die als Auskunftspersonen in Betracht kommenden Mitarbeiter des Mandanten anzuhören. Zu diesem Zweck bedarf es einer entsprechenden Vollmacht und am Besten der regelmäßigen Begleitung durch die Rechtsabteilung. In geeigneten Fällen empfiehlt es sich, ein Verteidigerzimmer im Unternehmen einzurichten, in dem auch die für die Verteidigung bereit gestellten Unterlagen beschlagnahmefrei aufbewahrt werden können.

Auch die interne Revision kann zur Aufklärung eingeschaltet werden. Hilfreich ist das jedoch nur, wenn Prüfungssachverhalt, Prüfungsrichtung und Prüfungsintensität mit denen der Ermittlungsbehörden übereinstimmen und das Ergebnis nachvollziehbar ist. Manche Revisionsuntersuchung führt jedoch auch auf Abwege und stellt Überlegungen an, die dem Mandanten schaden könnten. Hier kann es Aufgabe des Verteidigers sein, auf Qualitätsrichtlinien für die interne Revision hinzuweisen.[239]

248   cc) *Aktenüberlassung*. Verfügt der Verteidiger über Kopien der Ermittlungsakten, dann sollte der Mandant ebenfalls eine vollständige Kopie der Akten erhalten.[240] Aus Kapazitätsgründen gibt es natürliche Grenzen. Der Verteidiger vergleicht den Akteninhalt mit den bisherigen Mandatsinformationen und kann dann Abweichungen und / oder Widersprüche in seinen bisherigen Informationen mit dem Mandanten erörtern. Aus dem Gespräch über den Akteninhalt entwickeln sich die Grundlagen für das weitere Verteidigungsverhalten. Die Minimierung von Informationsdefiziten sollte bis zur Hauptverhandlung hin das wichtigste Ziel der Strafverteidigung sein.

249   d) **Registerinformationen.** In öffentlichen Registern (Handelsregister, Vereinsregister, Genossenschaftsregister, Gewerberegister, Melderegister, Grundbuch, Kataster, Schuldnerverzeichnis, Korruptionsregister) werden eine Vielzahl von Einzelinformationen gespeichert oder hinterlegt, die für die Verteidigung größtenteils zugänglich sind und nützlich sein können.

250   e) **Informationssammlungen der Banken und Versicherungen.** Banken und Versicherungen haben regelmäßig schon bei größeren Kreditengagements einen Einblick in die finanzielle und wirtschaftliche Situation eines Kunden. Diese Informationssammlungen können sehr nützliche Informationen enthalten. Ein erzwingbares Recht, in diese Akten Einblick nehmen zu können, besteht allerdings nicht. Sollte der Mandant als Kunde damit einverstanden sein, kann die Bank um Kooperation und Auskunft gebeten werden. Ist der Mandant nicht Kunde, kann der Einblick in die Bankakten praktisch nur durch Anträge oder Anregungen auf Beschlagnahme dieser Akten durch die Strafverfolgungsbehörden erreicht werden. Den Strafverfolgungsbehörden steht allerdings ein weites Ermessen zu, solchen Anregungen nachzukommen.

251   f) **Eigene Erhebungen des Verteidigers.** Das Recht auf eigene Erhebungen des Verteidigers in allen Phasen des Verfahrens bis hin zur Wiederaufnahme ist im Gesetz an verschiedenen Stellen verankert (§§ 246 Abs. 2, 364 b StPO, 97 Abs. 2 BRAGO, Art. 6 Abs. 3 d) EMRK). Der Verteidiger hat nicht nur das Recht, sondern manchmal auch die Pflicht zur Durchführung eigener

---

[239] Vgl. *Krey* BB 2001, 2460.
[240] Bockemühl/*Hohmann* B. 3. Rdnr. 16.

Erhebungen.²⁴¹ Diese eigene Recherchetätigkeit des Verteidigers hat Vorprüfungscharakter, sie objektiviert so manche subjektiv vom Mandanten gelobte Erkenntnisquelle, relativiert aber auch manche Befürchtung, die ein Mandant an die eine oder andere Quelle hegt. Man unterscheidet folgende Arten der eigenen Erhebungen:
- Einholung von Auskünften durch Auskunfteien und Detekteien (1),
- Anhörung von Auskunftspersonen (2),
- Tatortbesichtigung und Spurensuche (3),
- Beauftragung von Sachverständigen (4),
- Rechtsrecherche (5).

aa) Auskunfteien und Detekteien. Auskunfteien beschaffen kommerziell die öffentlich verfügbaren Informationen, gehen aber auch durch Befragung von Kunden oder Nachfrageadressaten eigenständige Wege der Informationsbeschaffung. Die Möglichkeiten der Verteidigung, solche Informationen der Verteidigungsarbeit zugrunde zu legen, sind durch das BDSG begrenzt. Abgefragte Informationen dürfen danach nur zu dem Zweck verwendet werden, der bei der Abfrage angegeben wurde. Allerdings ist eine Kontrolle kaum möglich.

Der Einsatz von Detekteien ist keineswegs anrüchig. Zahlreiche Unternehmen bedienen sich erlaubtermaßen ihrer Dienste, um Informationen über Personalverhalten innerhalb und außerhalb des Unternehmens zu erhalten, um ihre Betriebs- und Geschäftsgeheimnisse zu schützen und um für Unternehmensverantwortliche einen Personenschutz zu organisieren. Auch der Verteidiger darf sich der persönlichen Recherche durch Detekteien bedienen, etwa um einen bestimmten Geschehensablauf aufzuklären und bislang nicht bekannte Zeugen zu ermitteln. Bei der Auswahl der geeigneten Detektei kann eine Nachfrage bei einem der drei Detekteiverbände (BID, BDD, DDV) helfen. Qualitativ gute Recherchen leisten Detekteien, die im Zentralverband für Ausbildung im Detektivgewerbe (ZAD) organisiert sind und die „Berufsordnung der Detektive in Deutschland" anerkennen.

Wird eine Detektei in die Verteidigungsarbeit eingebunden und besonders auf Verschwiegenheit verpflichtet,²⁴² wird der Detektiv anwaltlicher Berufshelfer und unterliegt dem Zeugnisverweigerungsrecht des § 52, 53 a StPO.²⁴³ Die Unterrichtung des Detektivs über Akteninhalte stellt in diesem Fall eine zulässige Information im Sinne von § 19 Abs. 1 BORA dar.

bb) Anhörung von Auskunftspersonen. Die Anhörung von Auskunftspersonen ist erforderlich, damit dem Verteidiger die Peinlichkeit und dem Mandanten die Negativwirkung eines gescheiterten oder gar gegen den Mandanten gerichteten Beweisantrages erspart bleibt. Zwischen nichtförmlichen Informationskontakten und formalisierten Anhörungen sollte man unterscheiden. Die **erste Kontaktaufnahme** zu Auskunftspersonen ist in aller Regel nicht förmlich. Oft begleiten solche Personen den Mandanten in Besprechungen, teilweise werden solche Besprechungen auch zu dem Zweck einer weiteren Sachaufklärung verabredet. Die beste informatorische Recherche ergibt sich aus einem Sachgespräch „am runden Tisch" mit mehreren Beteiligten aus den unterschiedlichsten Blickwinkeln (Fachabteilung, Revision, Abschlussprüfung).

Erst die vertiefte Recherche nach einzelnen Details kann eine **formalisierte Vorgehensweise** mit Einladungsschreiben, Themenbekanntgabe, Belehrung über die Freiwilligkeit, Zusicherung von Auslagenersatz und Dokumentation erfordern.²⁴⁴ Mit Zeugen sollte man ohne Pathos in freundlicher Atmosphäre sprechen. Der Empfehlung, das Gespräch in der Kanzlei des Verteidigers abzuhalten, folge ich nicht. Die Atmosphäre einer Anwaltskanzlei stellt für

---

²⁴¹ *Baumann*, Eigene Ermittlungen, S. 61; *Bockemühl*. Private Ermittlungen, S. 38 ff.; *ders.* in: HdbFAStR B.1. Rdnr. 80 ff.; *Burhoff* Rdnr. 309 a; *Gillmeister* in: Brüssow u. a., StViP § 4 Rdnr. 180 ff.; *Jungfer* StV 1989, 498; *ders.* StV 1981, 100; *König* StraFo 1996, 98 ff.; *Krekeler* AnwBl. 1989, 471; *Leipold* NJW-Spezial 2005, 375; *Quedenfeld* FG f. Peters (1984). 219; Strafrechtsausschuß der BRAK Thesen zur Strafverteidigung 1992, These 25; *ders.* Reform der Verteidigung im Ermittlungsverfahren, 2004, Thesen 59-66; *Stern* StraFo 1992, 58; *Weihrauch* EV Rdnr. 98; BGH Urt. v. 7.2.2002 – XI ZR 209/00.
²⁴² Zwingend nach § 2 Abs. 4 BORA.
²⁴³ *Krekeler/Schonard* wistra 1998, 137; *Krause* StraFo 1996, 1; *Bockemühl*, Private Ermittlungen, S. 47; *Krey*, Zur Problematik privater Ermittlungen, 1994, S. 72; *Jungfer* StV 1989, 495/504; a. A. *Meyer-Goßner* § 53 a StPO Rdnr. 2; *KK-Senge* § 53 a Rdnr. 3.
²⁴⁴ *Hamm/Lohberger/Danckert/Ignor*, Abschn. III. 10 Anm. 7; *Burhoff* Rdnr. 313.

den Zeugen oft eine psychologische Barriere dar und dient einzig der Arbeitserleichterung des Anwalts. Die Auskunftsperson sollte viel eher an ihrem regelmäßigen Aufenthaltsort in der Firma oder in einer ihr sonst auch vertrauten Gesprächsumgebung befragt werden, die Erklärung auf Band oder auf in Gegenwart des Zeugen diktiert oder aufgeschrieben und mit der befragten Person unmittelbar abgestimmt werden. Unlautere Maßnahmen sind zu unterlassen, besonders finanzielle Zusagen für den Fall einer günstigen Aussage. Eine Verfälschung oder Verhinderung der Aussage muss soweit möglich vermieden werden. Die derart erstellte Aussagendokumentation darf von dem Verteidiger im Verfahren als Anknüpfung für Beweisanträge verwendet oder auch als solche unmittelbar in das Verfahren eingeführt werden,[245] auch dann, wenn ein Zeuge sich in der Hauptverhandlung auf ein Schweigerecht beruft.[246]

257   cc) *Tatortbesichtigung und Spurensuche.* Der Verteidiger darf den Tatort besichtigen, sich einen Eindruck von den Geschehensabläufen verschaffen, die Spurenlage sofern vorhanden aufnehmen bzw. nachstellen. Er darf auch – sofern der Tatort bereits polizeilich gesichert worden ist – eigenständig unter Hinzuziehung von Experten nach Spuren suchen oder eine Untersuchung bestimmter Vorrichtungen veranlassen. Nur dann, wenn die Spurenlage gänzlich und nicht rekonstruierbar beseitigt würden, darf der Verteidiger die Erhebung nicht fortführen, um sich nicht dem Vorwurf der Strafvereitelung auszusetzen.

258   dd) *Beauftragung von Sachverständigen.* Die Hinzuziehung eines Sachverständigen der Verteidigung ist sowohl ein Aspekt der Waffengleichheit (Zweitgutachter[247]) – wenn die Strafverfolgungsbehörde bereits einen Sachverständigen bestellt hat – als auch ein Aspekt der Überlegenheit, wenn der Sachverhalt nur mit dessen Hilfe richtig beschrieben und aufgearbeitet werden kann. Der Sachverständige muss von der Verteidigung beauftragt werden, damit er das Zeugnisverweigerungsrecht des § 53 a StPO in Anspruch nehmen kann. Damit das Gutachten des Sachverständigen im Verfahren verwertbar ist, sollte der Verteidiger dem Sachverständigen möglichst umfassend Anknüpfungstatsachen aus den Akten und Beweismitteln benennen. Gegebenenfalls kann der Sachverständige in Begleitung des Verteidigers bei der Verwahrungsstelle Beweismittel einsehen.[248] Auch ein ausführliches Gespräch mit dem inhaftierten Beschuldigten muss dem Sachverständigen gestattet werden.

259   Wie in anderen Wirtschaftsstrafverfahren auch ist eine Hinzuziehung von Spezialisten auf einem bestimmten Fach- oder Rechtsgebiet in folgenden Fällen üblich:
• Wenn branchenübliches Verhalten („Handelsbrauch") von den Ermittlungsbehörden in Frage gestellt wird, ist die Einholung einer Verbandsstellungnahme, ein Gutachten einer Industrie- und Handelskammer oder der Handwerkskammer, bei internationalen Regeln der ICC ratsam.
• Wenn Buchführungs-, Bilanzierungs- und Prüfungsregeln in Frage gestellt werden, ist die Einholung eines Gutachtens eines Buch- oder Wirtschaftssachverständigen (meist eines Wirtschaftsprüfers) geeignet.
• Bei Bewertungsfragen von Immobilien und Mobilien kommen Gutachten der jeweiligen Fachrichtung in Betracht.
• In Fragen der linguistischen Praxis oder des Wortverständnisses kann es eine Hilfe sein, eine Stellungnahme eines Experten für Publizitätsfragen oder eines Sprachwissenschaftlers einzuholen.

260   Die Verzahnung von Bilanz-, Steuer- und Strafrecht stellt beispielsweise vielfache Anforderungen an eine strukturierte und systematische Untersuchung eines Vorwurfes durch einen Fachmann. Dazu sollte der Verteidiger die wichtigsten Grundbegriffe des sachlichen (Bilanz-) Rechts beherrschen (oder sich umgehend aneignen). Nötigenfalls sollte er sich der Unterstützung durch einen erfahrenen Fachkollegen, den Steuerberater oder Wirtschaftsprüfer versichern. Es ist längst üblich, dass Wirtschaftsanwälte mit Strafverteidigern Hand in Hand arbeiten, um zivilrechtliche Haftungsverfahren und Strafverfahren gleichermaßen abwehren zu können.

---

[245] *Brüssow-Gillmeister* Strafverteidigung § 4 Rdnr. 187; *Weihrauch* EV Rdnr. 113.
[246] Strafrechtsausschuß der BRAK, Reform der Vert. im EV, These 62; a. A. BGHSt. 46, 1.
[247] Hamm/Lohberger/*Danckert/Ignor*, Abschn. III.13 Anm. 1.
[248] *Pfeiffer* § 147 StPO Rdnr. 2; OLG Brandenburg NJW 1996, 67.

ee) Rechtsrecherche. In Wirtschafts- und Steuerstrafsachen sind eine Vielzahl rechtlicher Sonderfragen zu klären, die mit der strafrechtlichen oder strafprozessualen Frage nur den Anknüpfungspunkt einer Blankettnorm oder einer Verfahrensnorm gemeinsam haben. Der Verteidiger ist selten gleichzeitig Experte in dem jeweiligen Sonderrechtsgebiet. Es kommt daher vor, dass ein Rechtsgutachten oder zumindest eine fundierte Rechtsrecherche notwendig wird. Sehr sorgfältig sollte man bei der Auswahl des geeigneten Sachverständigen vorgehen, da eine Kapazität auf einem bestimmten Gebiet auch die Achtung eines für die Gegenseite arbeitenden Sachverständigen einfordern kann. Beauftragt man hingegen einen unbekannten Experten, riskiert man die Ablehnung als „Gefälligkeitsgutachter". Auch bei einem von der Verteidigung beauftragten Sachverständigen sollte die Verteidigung eine Art „Vorprüfung" durchführen, damit vor einer Einführung des Gutachtens in das Verfahren soweit als vorhersehbar sichergestellt werden kann, dass das Beweismittel nicht fehlschlägt.

3. Zusammenarbeit zwischen Verteidigern

Es ist nicht immer opportun, mit einem Verteidiger eines anderen Mandanten im gleichen Verfahren Kontakt aufzunehmen. Das Mandatsinteresse hat stets Vorrang vor einem Austausch des Wissens. Sinnvoll kann sein:

	Ermittlungsverfahren	Zwischenverfahren	Hauptverfahren
Vorrangig	In Umfangsverfahren und Haftsachen zur Informationsverschaffung über die Ermittlungen	Falls Gespräche mit Gericht und StA über die Verfahrensgestaltung stattfinden	Abstimmung eines gemeinsamen Verhaltens gegenüber dem Gericht und der StA
Wichtig	Bei parallel laufenden Verfahren, insbes. Massenverfahren und Zivil- und Strafverfahren mit mehreren Beschuldigten.		Anschluss an bestimmte Beweisanträge, gemeinsame Anträge
Nachrangig	In einfach gelagerten Fällen, bei geständigem Mandanten oder eindeutiger Beweislage		Austausch von Mitschriften

a) **Notwendigkeit.** Die StPO wird – soweit überhaupt Regelungen vorhanden sind – seit Anfang der siebziger Jahre von der Vorstellung der Einzelverteidigung beherrscht. Zwar ist bei Polizei und Justiz ebenfalls eine Tendenz zur Arbeitsbewältigung durch den Einzelnen festzustellen. Dennoch steht der Einzelne oft der engen Kooperation zwischen Polizei, Staatsanwaltschaft und Gericht macht- und hilflos gegenüber. Als Ausweg bietet sich nur die Kooperation mit im Verfahren ebenfalls tätigen Kollegen an, um die Materie des Verfahrens, wie auch die unterschiedlichen Personenkonstellationen analysieren zu können.[249] Das kann auch für den Mandanten von großem Nutzen sein, weil auf diesem Wege sachliche Erkenntnisse ausgetauscht oder frühzeitig Warnhinweise gegeben werden.

Es gibt noch einen weiteren Grund für die Notwendigkeit einer Kooperation in Wirtschafts- und Steuerstrafsachen. Je mehr moderne Arbeitsabläufe in Unternehmen auf Arbeitsteilung und Spezialisierung ausgerichtet sind, umso mehr stellt die Vorstellung eines Einzelkämpfers für die Unternehmenswirklichkeit ein Fremdkörper dar. Wirtschaftsunternehmen setzen auf Teammodelle als Erfolgskonzepte. Außerhalb der reinen Strafverteidigung sind längst in Anwalts- und Steuerberatungs-/Wirtschaftsprüferkanzleien Teammodelle eingekehrt. Sie

---

[249] Grundlegend: OLG Frankfurt NStZ 1981, 144; KG StraFo 2003, 147; *Beulke* Strafbarkeit S. 72 ff.; *Dahs* Rdnr. 68, 237, 464; *Richter II* NJW 1993, 2152; *Müller* StraFo 2001, 350; Bockemühl/*Groß-Bölting/Kaps* B.4 Rdnr. 23a ff.

stellen die notwendige Antwort auf die Verkomplizierung des Rechts- und Wirtschaftssystems dar und haben daher auch in der Verteidigung ihre Berechtigung.

265 b) **Fallgestaltungen.** In wirtschaftsstrafrechtlichen Verfahren besteht für den Einzelverteidiger die Notwendigkeit zu einer Teamarbeit mit anderen Anwälten und Beratern, wenn beispielsweise folgende Fragen zu bearbeiten und zu beantworten sind:

- Wer vermittelt zuverlässige Informationen über Stand, Grundlagen und Entwicklung eines Ermittlungs- und/oder Strafverfahrens gegen andere Beschuldigte/Angeklagte?
- Dient es dem Mandanteninteresse, wenn mit anderen Verteidigern oder strafrechtlich Beteiligten (z. B. Geschädigtenvertreter, Firmeninteressenvertreter, bei Korruptionsvorgängen zwischen Vorteilsnehmer- und Vorteilsgebervertreter) ein koordiniertes Verhalten gegenüber den Ermittlungsbehörden besprochen wird?
- Entspricht es der Spezialisierung und der Arbeits- und Kostenersparnis, wenn durch ein Verteidigerteam eine Sachverhaltsbeschreibung und/oder eine gemeinsame Rechtsauffassung erarbeitet wird?
- Besteht Parallelität oder Gegensätzlichkeit der Interessen innerhalb verschiedener Gremien einer Gesellschaft (z. B. Vorstand und Aufsichtsrat) oder der Gesellschaft mit verschiedenen Kontroll- und Prüfungsinstanzen (z. B. Gesellschaft und Abschlussprüfer, Gesellschaft und Aufsichtsbehörde), die ein gemeinsames oder abgestimmtes Auftreten gegenüber der Justiz nahe legt?
- Wie ist mit Schadensversicherern umzugehen, damit die Interessen des Mandanten in ausreichendem Umfang gewahrt werden?
- Führen Erklärungen gegenüber Verwaltungsbehörden oder gegenüber den Medien zu Konsequenzen im Ermittlungs- und/oder Strafverfahren?
- Sind arbeits- und gesellschaftsrechtliche Konsequenzen des Unternehmens (z. B. Vertrauensentzug, Kündigung, Einbehalt von Vergütungen und evtl. Pensionen?) gegen den von den Vorwürfen betroffenen Vorstand, Bereichsleiter oder leitenden Angestellten zu erwarten bzw. bereits vorgenommen?

266 Die Aufzählung mag im konkreten Fall weitergeführt werden.[250] Die Beispiele zeigen, dass es sich um Angelegenheiten handelt, die die Entscheidungsgrundlage für das Verteidigungsverhalten im konkreten Verfahren beeinflussen, ja bestimmen können. Die Behandlung solcher Fragestellungen ist deshalb eine originäre Verteidigungs- und Beistandsaufgabe.

267 c) **Zulässigkeit.** Der Verteidiger ist grundsätzlich allein seinem Mandanten verpflichtet. Er kann in Absprache mit dem Mandanten strategische und inhaltliche Fragen mit anderen im gleichen Fall tätigen Anwälten besprechen, ohne zugleich deren Interessen oder gar die Interessen anderer Beschuldigter wahrzunehmen. Die Vereinbarung einer gemeinsamen Verteidigungskonzeption mit anderen Verteidigern ist daher zulässig.[251]

268 Die **Grenzen** einer solchen Kooperation liegen in der anwaltlichen Verschwiegenheitspflicht (§ 203 StGB), dem Verbot der Mehrfachverteidigung (§ 146 StPO, bei Verfahrens- oder Tatidentität) und dem Verbot der Strafvereitelung (§ 258 StGB).

269 Auch der faktische, nicht nur vorübergehende Nachteil für den eigenen Mandanten soll nach Meinung von *Weihrauch*[252] eine Grenze für den Austausch mit anderen Verteidigern darstellen. Begründungen und Beispielsfälle fehlen aber. Tatsächlich kommt es auf den Inhalt der Absprachen an, die die Sockelverteidigung tragen: Stellt z. B. die Sockelverteidigung ein bestimmtes, abgesprochenes Verhalten im Verfahren in den Mittelpunkt, dann kann es im Mandanteninteresse liegen, sich von einer solchen Vereinbarung loszusagen (was dann auch gegenüber den Kollegen geschehen muss!)[253]. Steht die Erarbeitung eines Sachverhalts oder eines Rechtsstandpunktes im Vordergrund, so kann die Verfahrensaktivität durchaus im Interesse aller liegen.

---

[250] Weitere Beispiele für Absprachen bei *Groß-Bölting/Kaps* a.a.O. Rdnr. 23 c.
[251] *Richter II* NJW 1993, 2151; *Weihrauch* EV Rdnr. 11 a; *Dahs* Rdnr. 68; *Paulus* NJW 1992, 303; OLG Frankfurt 6.11.1980, NStZ 1981, 144 = StV 1981, 28.
[252] *Weihrauch* EV Rdnr. 11 a.
[253] *Bockemühl/Köllner* Teil A Rdnr. 76 (S. 42).

4. Einwirken auf den Tatsachenstoff

a) Prüfung des Tatsachenstoffs. Anhand einer zunehmenden Anzahl und Qualität an Informationen über Art, Inhalt und Reichweite des Vorwurfes wird der Verteidiger zunächst den Tatsachenstoff analysieren.

Ermittlungs- und Justizbehörden befassen sich mit:	Verteidiger prüft jeweils:
Tatsachenfeststellungen über – Hergang einer Tat – Folgen einer Tat – Täterverhalten nach der Tat – Opferverhalten – Verantwortung sonstiger Beteiligter am Geschehen – persönliche und wirtschaftliche Verhältnisse des Täters	a) **Vollständigkeit** b) **Vorgehensweise** (Beweiserhebungs-, Beweisverwertungsverbote) c) **Qualität** (Beweiserhaltung, Beweisbeeinträchtigung) d) **Verständnis**

Die Tatsachenfeststellungen der Strafverfolgungsorgane müssen sich mindestens erstrecken auf den Hergang der verfolgten Tat, die Tatfolgen, das Täterverhalten vor und nach der Tat, das Opferverhalten, die Verantwortung sonstiger Beteiligter am Geschehen und die persönlichen und wirtschaftlichen Verhältnisse des Täters. Eine Analyse dieser Feststellungen fragt nach deren Vollständigkeit (z. B. Sind andere Erklärungen (Hypothesen) denkbar und wahrscheinlich?), die rechtmäßige Vorgehensweise bei der Sammlung, Aufbewahrung und der Einführung des Tatsachenstoffs in das Verfahren, die Qualität des jeweiligen Beweismittels und dessen Verständlichkeit für die Verfahrensbeteiligten.[254]

b) Strukturierung des Tatsachenstoffs. Wenn man bedenkt, dass der Tatsachenstoff in aller Regel von der Ermittlungsbehörde oder von dem zuständigen Gericht vorgegeben wird, dann ist die Strukturierung des Tatsachenstoffs lediglich eine interne Ordnungs- und Arbeitsaufgabe. Der Verteidiger wird hier ähnlich wie ein Strafverfolgungsorgan die für eine gerichtliche Entscheidung potentiell maßgeblichen Tatsachen mit den ihm bisher bekannten Feststellungen vergleichen und prüfen, ob die Beweiskette (bzw. die Indizienkette) für eine abschließende – dem Mandanten positive – Entscheidung ausreicht. Diese Arbeit bringt es aber mit sich, dass die bisherige Subsumtionskette durchbrochen und eine eigene schlüssige, das Verteidigungsziel bestätigende Beweiskette aufgestellt werden kann. Dazu ist die Lückenhaftigkeit einer Beweiskette zu erarbeiten.

Die Verteidigung meistert ihre Aufgabe dadurch, dass sie

- positive Elemente, d. h. das Verteidigungsziel bestätigende oder bestärkende Bestandteile des Tatsachenstoffes aus den Informationssammlungen der Justiz filtert und hervorhebt oder erst diesen Sammlungen hinzufügt;
- neutrale Elemente des Tatsachenstoffes in ihrer Bedeutung versteht und dafür sorgt, dass sie die positiven Elemente nicht überlagern, durchaus aber die negativen in den Hintergrund rücken;
- negative Elemente, d. h. solche, die das Verteidigungsziel beeinträchtigen oder gar widerlegen könnten, herausfiltert, deren Unrichtigkeit oder Nichtmaßgeblichkeit belegt oder deren Wirkung begrenzt.

c) Einwirken auf den Tatsachenstoff. Bei der Prüfung und Strukturierung des Tatsachenstoffs bleibt es nicht. Das jeweilige Verteidigungsziel lässt sich maßgeblich dann umsetzen, wenn der Tatsachenstoff tatsächlich in **Auswahl** und **Qualität** von der Verteidigung beeinflusst werden kann. Vier Grundtypen lassen sich unterscheiden:

---

[254] Vgl. zu den kriminaltechnischen Prüfungen: *Neuhaus* StV 2001, 8 ff.; *Tondorf* StV 1993, 39 ff.; *Prüfer* StV 1993, 602; zur Kommunikation in der Hauptverhandlung: *W. Schumacher* StV 1995, 442.

Typus	Grundlagen, Umsetzung
Tatsachenbehauptung	§ 136 Abs. 2 StPO; Verteidigungsschriftsatz, mündlicher Vortrag des Verteidigers, Einlassung des Mandanten, Erklärungen gem. § 257 StPO, Schlussvortrag und letztes Wort;
Beweisanregung	§§ 244 Abs. 2, 58 Abs. 2, 81 a, 61 c StPO; Anträge auf die Art und Weise der Beweiserhebung, Wiederholung einer Beweisaufnahme, Beweiserbieten;
Beweisantrag	§§ 244 Abs. 3-6, 166, 163 a Abs. 2 StPO; Konkrete Tatsachenbehauptung, Beweismittelnennung, Konnexität.
Beweisführung	§§ 243 Abs. 4, 136 Abs. 2 StPO; Vorlage von Beweismitteln im Rahmen der Einlassung, Augenschein und andere Beweismittel als Folge der Einlassung;

275   Der Verteidiger ist nicht einfach nur ein Kontrollorgan der Rechtspflege, sondern zur aktiven Mitwirkung an der Tatsachenstellung berufen. Jede andere Interpretation der Verfahrensstellung eines Verteidigers würde dazu führen, dass die Antrags-, Anwesenheits-, Frage- und Erklärungsrechte des Beschuldigten ausgehöhlt und er zum Objekt des Verfahrens statt zu dessen Subjekt gemacht würde. Daher stellen sowohl die Anreicherung des Tatsachenstoffs wie auch die Selektion von anderweitig einbezogenen Tatsachenelementen eine wichtige Verteidigungsaufgabe dar. Alle genannten Maßnahmen setzen eine eingehende Befassung mit dem für die Verteidigung erreichbaren Tatsachenstoff und eine Abschätzung der Folgen dieser Maßnahmen für den Mandanten voraus. Die Problematik einer Zurechnung des Verteidigerhandels zu dem Mandanten kann hier nur angedeutet werden.[255]

276   d) **Zeitpunkt.** Es gibt keine allgemein gültige Regel darüber, wann man einen der Grundtypen oder mehrere benutzt. Die nachfolgende Arbeitshilfe ist daher unverbindlich:

	Ermittlungsverfahren	Zwischenverfahren	Hauptverfahren
Vorrangig	Ausübung des Schweigerechts		Ausübung des Schweigerechts Beweisführung, Beweisantrag, Beweisanregungen
Wichtig	Tatsachenbehauptungen Beweisanregungen Beweisführung		Tatsachenbehauptungen
Nachrangig		Beweisführung	

277   e) **Qualitätsveränderung durch Vorbereitung?** Wer die Erfahrung des (wegen der Häufigkeit) höchst bedeutsamen aber in gleichem Maße unzuverlässigen Personalbeweises[256] und die Schwierigkeiten des zwar zuverlässigeren, aber in Erhebung und Bewertung fehleranfälligen Sachbeweises gemacht hat, fragt nach den Möglichkeiten des Verteidigers, die Qualität des von ihm (durch die unter c) geschilderten Vorgehensweisen) aktiv ins Gespräch gebrachten Beweismittels vor der Beweiserhebung durch die Strafverfolgungsorgane zu verbessern. Es ist durchaus nahe liegend, z. B. einem Zeugen bei der Erinnerung zu helfen, einem Sachverständigen eine bestimmte Erklärung „in den Mund zu legen" oder einem sachlichen Beweismittel zu Lasten des Mandanten die Schärfe zu nehmen. Mandanten fragen nach einer solchen Hilfestellung, besonders im Unternehmensbereich, in dem das „Coachen", d. h. das Betreuen auf ein bestimmtes Ziel hin, eine gängige Personalführungsmethode ist.

---

[255] Ausführlich: *Dahs/Dahs* Revision Rdnr. 427; *Dahs/Langkeit* NStZ 1993, 213; *Park* StV 2001, 589.
[256] *Bender/Nack*, Tatsachenfeststellung vor Gericht Bd. 1, 2. Aufl., Rdnr. 453.

Welche Überlegungen auch immer einen Verteidiger (oder vielleicht einen Firmenanwalt oder Zeugenbeistand) bewegen könnten, auf die Qualität des Beweismittels Einfluss zu nehmen, er muss wissen, dass eine etwaige Vorbereitung kritisch von der Strafverfolgungsseite erfragt und beurteilt werden kann. Jede Verwischung, Verwässerung oder gar Abänderung der ursprünglichen Wahrnehmung könnte als Versuch der Strafvereitelung ausgelegt werden.

Daher versucht die folgende Auflistung, abstrakte Beispiele für zulässiges und unzulässiges Verhalten zu geben:

Zulässiges Verhalten	Unzulässiges Verhalten
Information über – die verfahrensrechtliche Stellung einer Beweisperson, – deren Rechte und Pflichten (insbes. Aussage-, Zeugnis- und Auskunftsverweigerungsrechte), – das Beanstandungsrecht, – Person des Beschuldigten und die gegen ihn erhobenen Vorwürfe, – Vorgehensweise der Strafverfolgungsbehörde allgemein, Rechte und Pflichten der jeweiligen Strafverfolgungsorgane.	Beratung und Aufforderung an Zeugen und Sachverständige zur – Lüge, – Verschweigen eines konkreten, für die Untersuchung Sachverhaltes, – Verstecken oder Vernichten eines sachlichen Beweismittels, das sich (noch) im Zugriff des Zeugen oder Sachverständigen befindet.
Training der Persönlichkeit, Nachstellen einer fiktiven Vernehmungssituation	Einüben („In den Mund legen") einer konkreten Aussage
Gedächtnisauffrischung durch Vorhalte	Erinnerungsverfälschung
Erstattung der Kosten für Dienstreisen, den Zeitverlust oder Recherchen	Unverhältnismäßig hohe Vergütung Erfolgsprämie
Formulierung eines Sachverhaltes oder eines Aussageinhaltes, der dem Anwalt vom Zeugen oder von Dritten berichtet wurde, mit der Bitte an den Zeugen, dies schriftlich zu bestätigen	Falsche Sachdarstellung, schriftliche Lüge Nötigung zur Unterschrift

5. Einwirken auf die Rechtsauslegung

a) Prüfung der Rechtsauslegung. Tatsachenfeststellung und Rechtsanwendung greifen ineinander. Es gelingt jedoch regelmäßig, unterschiedliche rechtliche Auffassungen über das, was das Gesetz in dem sog. materiellen Strafrecht, insbesondere auch im Nebenstrafrecht vorsieht, darzulegen und dem Ermittlungsorgan Zugeständnisse abzuringen. Die Rechtsanwendung und Rechtsauslegung der Strafnorm, d. h. von Tatbestand, Rechtswidrigkeit und Schuld wird vielfältigen Argumenten und Gegenargumenten zugänglich sein, je ungewöhnlicher die Tatsachenlage ist, wenn eine vergleichbare Fallgestaltung nicht bereits höchstrichterlich entschieden ist oder wenn die individuelle Fallgestaltung zu viele Abweichungen zu veröffentlichten Entscheidungen enthält. Folgendes Schema verdeutlicht das:

Ermittlungs- und Justizbehörden befassen sich mit:	Verteidiger prüft jeweils:
Rechtsanwendung – Strafnorm – Verdachtsgrad – Rechtfertigungsgründe – Schuldumfang – Strafmaßfindung →	a) Anwendbarkeit b) Anforderungen an Tatbestand, Rechtswidrigkeit, Schuldmerkmale c) Beweiswürdigung d) Subsumtion e) Entlastungsgründe

281 Der Rechtsstoff wird in einem ersten Arbeitsgang schulmäßig geprüft, so wie auch ein Strafverfolgungsorgan die Rechtsanwendung und -auslegung zu prüfen hat. In einem zweiten Arbeitsgang arbeitet die Verteidigung daran, eine für das Verteidigungsziel optimale Rechtsauslegung zu erreichen, sei es dadurch, dass die Anwendbarkeit, die Normvoraussetzungen oder -folgen, die allgemeinen Merkmale der Tat oder die Beweiswürdigung und Subsumtion aufgegriffen werden.

282 b) *Strukturierung des Rechtsstoffs.* Der dritte Arbeitsschritt des Verteidigers besteht in der Strukturierung der Ergebnisse der Prüfung und der am Verteidigungsziel orientierten Auslegung. Er bewältigt diese wesentliche Aufgabe, indem er
- die wichtigen von unwichtigen Fragen trennt;
- das Verständnis über die Anwendbarkeit und Auslegung von strafrechtlichen Normen und deren praktische Handhabung für den Mandanten verständlich macht;
- die Notwendigkeit fachspezifischer Unterstützung aufzeigt und Tatsachenstoff, Beweiswürdigung und Subsumtion in eine nachvollziehbare Übereinstimmung bringt;
- die Unmöglichkeit, Lebensferne oder Irrationalität bestimmter Auslegungsversuche nicht nur aufzeigt, sondern auch Maßnahmen zur Gegensteuerung ergreift.

283 c) *Einwirken auf die Rechtsauslegung.* In die Rechtsauslegung muss man sich als Verteidiger „einmischen", wenn trotz mehrerer vertretbarer Auffassungen erkennbar zu Ungunsten des Mandanten das Recht angewendet werden soll. Angesichts der in der StPO allein dem Gericht und der Staatsanwaltschaft zugewiesenen Aufklärungskompetenz sind Strafverfolgungsorgane versucht, dem Verteidiger (auch) die Kompetenz für die Anwendung von Strafnormen abzusprechen. Der Verteidiger hat zwar keinerlei gesetzlich geregelte Möglichkeiten, über die Anwendung und Auslegung von Rechtsnormen im konkreten Verfahren (mit) zu entscheiden. Auch wenn die Rechtsfindung der Justiz obliegt, ist der Verteidiger gut beraten, durch systematische wie auch kenntnisreiche Darlegungen (z. B. anhand von Vergleichsfällen, nicht veröffentlichten Entscheidungen, Datenbanken etc.) auf die Rechtsanwendung Einfluss zu nehmen. Vier Wege eröffnen Chancen:

Maßnahmen	**Grundlagen, Umsetzung**
Eigene Interpretation	§§ 136 Abs. 2, 265 StPO; Fachgespräch und Stellungnahme zu Rechtsfragen; Antrag auf rechtliche Hinweise.
Verweis auf Entscheidungen oder Ausnutzung von Rechtsmitteln	§§ 136 Abs. 2, 304, 317, 344, 359 StPO; Vorlage von Entscheidungen von Straf- oder Fachgerichten; Durchführung von Rechtsmitteln oder Wiederaufnahme; Verfassungs- und Menschenrechtsbeschwerden.[257]
Rechtsgutachten	Sowohl straf- wie auch fachrechtliche Gutachten kommen in Betracht; es kann sich auch um Gutachten von Sachverständigen handeln, die eine bestimmte Handhabung in der Praxis erläutern.
Wissenschaftliche Diskussion	Die Fallgestaltung oder vergleichbare Konstellationen können eine wissenschaftliche Diskussion auslösen.

---

[257] *Lübbe-Wolff*, Die erfolgreiche Verfassungsbeschwerde, AnwBl. 2005, 509; *dies.* EuGRZ 2004, 669.

Tatsachen, Geschehensabläufe oder berufliche Usancen müssen oft von Rechts-, Wirtschafts- 284
beratern oder Experten eines speziellen Fachgebietes erläutert werden. Im Wirtschafts- und
Steuerstrafrecht sollten angesichts zahlreicher Blankettnormen die Möglichkeiten der Hinzuziehung versierter Experten genutzt werden. Die Strafverfolgungsorgane neigen ansonsten zu einer mitunter eigenwilligen, untechnischen Interpretation von Ausfüllungsbestimmungen. Da zwischen Tatsachen und Rechtsfragen oft nicht genau unterschieden werden kann (z. B. bei der Frage, ob die Grundsätze ordnungsmäßiger Buchführung und Bilanzierung angewendet worden sind), sollte der Verteidiger möglichst dann, wenn es dem Verteidigungsziel entspricht, auf eine Klärung im Wege des Tatsachenbeweises hin arbeiten.

d) **Zeitpunkt.** Die Anwendbarkeit und Auslegung einer dem Verteidigungsziel nachteiligen 285
Norm sollte vom Verteidiger frühzeitig im Verfahren thematisiert werden. Wenn er auf eine einigermaßen sortierte Handbibliothek zurückgreifen kann, ist er dem Strafverfolgungsorgan häufig überlegen. Dennoch soll die nachfolgende Tabelle wiederum nur eine einfache unverbindliche Hilfe sein:

	Ermittlungsverfahren	**Zwischenverfahren**	**Hauptverfahren**
Vorrangig	Eigene Interpretation Rechtsmittel	Rechtsgutachten Wissenschaftliche Diskussion	Verweis auf Entscheidungen und Rechtsgutachten
Wichtig	Rechtsgutachten und wissenschaftliche Diskussion	Fachgerichtliche Entscheidungen	Rechtsmittel vorbereiten
Nachrangig	Behördenpraxis		

6. Einwirken auf die Verfahrenslage

a) **Prüfung der Verfahrenslage.** Typischerweise gehört es zu den Aufgaben des Verteidigers, 286
die Ursachen und Folgen des Verfahrensrechtsgebrauchs auf die persönliche Situation seines Mandanten zu analysieren:

Ermittlungs- und Justizbehörden befassen sich mit:	Verteidiger prüft jeweils:
Verfahrensrechtsgebrauch – Zuständigkeit – Ermittlungsmaßnahmen zur Tatsachenfindung – Sicherungsmaßnahmen gegen Personen und Vermögen – Verfahrensleitende Entscheidungen →	a) **Anwendbarkeit** b) **Verhältnismäßigkeit** c) **rechtliches Gehör** d) **Befangenheit** e) **Beschleunigung, Abkürzung des Verfahrens**

Man wundert sich als Verteidiger zuweilen, wie unterschiedlich die Auffassungen von Staats- 287
anwaltschaften und Gerichten über die Summe der anzuwendenden Maßnahmen zur Tatsachenklärung, zur Beweissicherung und zur Verfahrenskoordination sind. Die Determinanten eines Verfahrensrechtsgebrauchs sind neben der Tatschwere durchaus auch persönlicher Art (nicht ganz unähnlich einer Verteidigungsübernahme): z. B. die persönliche Einstellung eines Strafverfolgers zum Vorwurf und zur Person des Beschuldigten prägt oft die Intensität und Dauer von Eingriffen, die Arbeitsbelastung des Ermittlers mag ein Faktor sein, etwaige Nei-

gungen zur Anwendung bestimmter Strafnormen und zur Außerachtlassung anderer ist auch bei Strafverfolgern auszumachen.

288 **b) Strukturierung der Verfahrensfragen.** Verfahrensrecht wird angewendet oder verletzt durch Personen. Daher gehören zu der Strukturierung des Verfahrensstoffs sowohl die sachlich-rechtlichen Überlegungen wie auch die Prüfung der Unbefangenheit oder Voreingenommenheit der Strafverfolgungsorgane gegenüber dem Mandanten. Auch eine Einordnung der häufig im Ermittlungsverfahren im Vordergrund stehenden Verfahrensfragen gegenüber dem Tatsachenstoff und der Anwendung materiellen Strafrechts nach Prioritäten und Wirkungen sollte erarbeitet werden. Hilfreich dazu ist eine „ToDo-Liste" anhand der ersten Aktenauswertung, die die dabei auftretenden Fragen in eine Struktur bringt.

289 Die Verteidigung meistert ihre Aufgabe dadurch, dass sie
- positive Elemente, d. h. das Verteidigungsziel bestätigende oder bestärkende Bestandteile der Verfahrensentwicklung hervorhebt, das kann auch durch Geltendmachen von Verwertungsverboten[258] oder durch Befangenheitsanträge geschehen;
- neutrale Elemente der Verfahrensentwicklung in ihrer Bedeutung einordnet und dafür sorgt, dass sie die positiven Elemente nicht überlagern, durchaus aber die negativen in den Hintergrund rücken;
- negative Elemente, d. h. solche, die das Verteidigungsziel beeinträchtigen oder gar widerlegen könnten, herausfiltert, ihre Rechtswidrigkeit oder ihre Bedenklichkeit / Unverhältnismäßigkeit belegt oder ihre Wirkung erschüttert.

290 **c) Einwirken auf den Verfahrensrechtsgebrauch.** Der Verteidiger führt das Verfahren nicht. Folglich kann er in der Regel nur nach Bekanntwerden von Rechtseingriffen oder anderen Verfahrensmaßnahmen aktiv werden. Seine Reaktionsmöglichkeiten reichen von einer (vorsichtigen, abwägenden) Kooperation über eine moderate Hinnahme des Unvermeidlichen, die prozessualen Rechtsmittel bis hin zu harschen dienstrechtlichen und persönlichen Aktionen:

Maßnahmen	Grundlagen, Umsetzung
Kooperationsbereitschaft	Freiwillige Herausgabe von Unterlagen oder Angaben von Daten und Ereignissen; Vorherige Ankündigung der Unterstützung (auch von Vernehmungen) um richterliche Maßnahmen zu vermeiden;
Hinnahme des Unvermeidlichen	Hier steht eher eine Passivität im Vordergrund, die auf Verfahrensrechte (wie z. B. den Widerspruch gegen Sicherstellungen) nicht verzichtet, daran aber keine weiteren Aktivitäten knüpft;
Rechtsmittel, Anträge auf rechtliches Gehör	§§ 34, 98, 304 StPO; Aktive Versuche, die Rechtseingriffe durch Rechtsmittel und Anträge zu begrenzen; Anträge zu dienstlichen Pflichten, z. B. auf sorgfältige Aktenführung und Dokumentation; Akteneinsichtsanträge;
Befangenheitsanträge, Anträge auf Ablösung eines Ermittlungsbeamten	§§ 24ff StPO; 145, 147 GVG personaler Kampf gegen Strafverfolgungsorgane, die erkennbar den Eindruck der Voreingenommenheit vermitteln.

291 **d) Zeitpunkt.** Wann es angezeigt ist, die eine oder andere Beeinflussung des Verfahrensverlaufs oder die mit dem Verfahren befassten Personen anzugreifen, kann nicht allgemein beantwortet werden. Aus Sicht des Verteidigers ist es wichtig, dem Mandanten die Einsicht zu vermitteln, dass ein Strafverfahren grundsätzlich auf einer rechtsstaatlichen, funktionierenden Aufgaben- und Befugnisordnung beruht. Überschreitungen können mit Rechtsmitteln bekämpft, Gang und Inhalt des Verfahrens können durch Anträge beeinflusst werden. Der personale Kampf mittels Ablösungs- und Befangenheitsanträgen ist ein scharfes Werkzeug, das nur bei Aussichtslosigkeit anderer Mittel eingesetzt werden sollte. Ein Zeichen von Souveränität ist es, wenn der Verteidiger von einer „scharfen" Gangart zurück auf einen moderaten Umgang „schalten" kann. Er erarbeitet sich damit auch den Respekt seiner Verfahrensgegner.

292 **e) Qualität.** Welche konkrete Maßnahme der Verteidiger auch immer ergreift, er sollte berücksichtigen, dass in der justiziellen Arbeit Qualität anerkannt wird und eine unpräzise – vor

---

[258] Bspw. *Güntge* StV 2005, 403; *Vogelberg* PStR 2002, 155 ff.; *ders.* PStR 2003, 43 ff.

allem an dem Akteninhalt vorbei – verfasste Stellungnahme nur den Mandanten beeindrucken kann, sonst aber in der Regel nichts erreicht. Zwar kann es wichtig sein, berechtigte Kritik auch zu überzeichnen, aber dies muss dann die Ausnahme sein. Dem Mandanten nutzt nur eine auf Dauer qualitativ ansprechende, d. h. die einschlägigen Rechtsnormen zutreffend anwendende Verteidigungserklärung. Da die Ansprechpartner des Verteidigers in der Justiz den gleichen Ausbildungsstand haben, sollte man einen Umgangsstil „unter Fachleuten" anstreben. So hilft man, Klischees abzubauen und Sachgespräche zu fördern. Bei dem meist unterschiedlichen Verfahrenszielen nützt ein solcher Umgang dem Mandanten.

7. Öffentlichkeits- und Medienarbeit

a) **Diskussionsstand.** Ein „heißes Eisen" packt man an, wenn die Öffentlichkeits- und Medienarbeit der Verteidigung thematisiert wird. Die meisten Praktiker lehnen eine öffentliche Diskussion darüber ab, die überwiegende Meinung rät generell von einer Öffentlichkeits- und Medienarbeit ab.[259] Die Ursache dieser generellen Ablehnung liegt in der einseitigen Betrachtung etwaiger Nachteile, die durch Vorverurteilungen in der Öffentlichkeit entstehen können.

Indessen ist das Spektrum der öffentlichen Wahrnehmung weit. In Wirtschafts- und Steuerstrafsachen muss m.E. nach Fallgestaltungen differenziert werden:

(1) **Öffentlichkeitskontrolle:** Der Mandant kann ein Interesse an der öffentlichen Wahrnehmung des Verfahrens und des Vorwurfes haben, sei es zur Kontrolle des Verfahrens, der dort angewandten Methoden und der damit befassten Personen, oder sei es zur Darstellung seiner eigenen Auffassung.

(2) **Finanzierungsinteresse:** Der Mandant kann ein Interesse an einer dokumentarischen Begleitung durch Medienorgane haben, z. B. weil dadurch (auch) die Kosten der Verteidigung mitfinanziert werden.[260]

(3) **Angriffsinteresse:** Der Mandant möchte die Strafverfolgung antreiben und unterstützen (Variante a) oder aber eine nicht-justizielle Person oder Institution, die maßgeblich die Strafverfolgung unterstützt (z. B. geschädigtes Unternehmen), angreifen und desavouieren (Variante b).

(4) **Informationsinteresse:** Der Verteidiger möchte (im Einverständnis mit dem Mandanten) an die einem Presseorgan verfügbaren Informationen kommen. In aller Regel bedingt dies nicht nur eine Kontaktaufnahme, sondern auch ein Gespräch, durch das wiederum Informationen weitergegeben werden.

(5) **Schutzinteresse:** In dieser Fallgestaltung wird der Anwalt das legitime Interesse an dem Schutz der Privatsphäre und an der Vermeidung von Vorverurteilungen in der Öffentlichkeit schützen.[261] In komplizierten Wirtschafts- und Steuerstrafsachen mit angeblichen Schäden in Millionenhöhe – bei Korruptionsdelikten bereits ab einem potenziellen Vorteil von ca. 50.000 EURO – nimmt die Justiz kaum noch auf diese Rechte Rücksicht. Dort überwiegt das Interesse an der eigenen Darstellung der Justizarbeit, das wiederum durch die in den Landespressegesetzen normierten Auskunftspflichten gestützt wird.

b) **Umsetzung.** Die Umsetzung ist von der jeweiligen Fallgestaltung abhängig. Der Verteidiger muss mit dem Mandanten – und ggfls. mit einem die Verteidigung unterstützenden Unternehmen – etwaige Pressekontakte abstimmen. Nicht nur der Kontakt als solcher, auch die Auswahl und die Inhalte solcher Gespräche und/oder Informationen sollten vorbesprochen werden. Etwaige schriftliche Stellungnahmen sind vorher abzustimmen. Die Weitergabe von Aktenmaterial muss sorgfältig geprüft werden, da § 353 d StGB der Veröffentlichung entgegenstehen kann.

c) **Wirkungen prognostizieren.** Die Wirkungen einer Öffentlichkeitsarbeit müssen prognostiziert werden. Eine Medienöffentlichkeit eines im Verfahren schweigenden Mandanten kann z. B. dazu führen, dass eine auf Deeskalation angelegte Verteidigungsstrategie auf eine Bewährungsprobe gestellt wird, weil die Verteidigung gefragt wird, warum der Beschuldigte mit den Medien, nicht aber mit den Strafverfolgungsorganen spricht. Die öffentliche Kritik an der

---

[259] *Dahs* Rdnr. 88 ff.; Bockemühl/*Werner* E.1. Rdnr. 22.
[260] Zur besonderen Problematik: *Dahs* Rdnr. 1206.
[261] Bspw. KG Urt. v. 14.4.2005 NJW 2320.

Vorgehensweise einer Behörde kann auch zu einem Schulterschluss der Justiz führen, der der Verteidigung die weitere Arbeit faktisch erschwert. Auch die für den Mandanten persönlich entstehende Öffentlichkeit ist nicht immer einfach. Verwandte und Freunde können befremdet reagieren, fremde Menschen sich plötzlich für den Mandanten interessieren. Auch andere Presseorgane als die ausgewählten zeigen Interesse und möchten mit Informationen bedient werden. All dies muss mit dem Mandanten besprochen werden und seine Zustimmung hierzu eingeholt werden.

8. Politische und gewerkschaftliche Arbeit

297 a) **Allgemeines.** Ähnlich wie bei der Öffentlichkeits- und Medienarbeit auch raten Praktiker von der Arbeit mit politischen oder gewerkschaftlichen Kontakten als Elemente des Verteidigungsmanagements ab. Die unterschiedlichsten Erfahrungen – auch in unterschiedlichen Bundesländern – belegen je nach dem Justizaufbau die Effizienz oder die Aussichtslosigkeit solcher Kontakte. Für ein abwägendes, risikobewusstes und am Mandantenwohl orientiertes Verteidigungsmanagement gehören solche Kontakte gleichwohl zu den Arbeitshilfen, die nicht ungenutzt bleiben sollten. Wenn nämlich die Frage nach der Nutzung solcher Kontakte auftritt, bestehen in aller Regel bereits aus dem Lebenslauf des Mandanten oder der Firmenhistorie heraus Verbindungen zu Politik und Gewerkschaft.

298 M.E. kann man folgende Fallgestaltungen berechtigter Interessen unterscheiden:
(1) **Fach- und Rechtsaufsicht:** Die Fach- und Rechtsaufsichtsbehörden sowohl der Justiz wie auch der Wirtschafts- und Steuerverwaltung können auf die personalen wie auch auf die sachlichen Elemente durch Prüfungen und Berichtsanforderungen Einfluss nehmen (z. B. § 147 GVG).
(2) **Fiskalische Interessen:** Regionale und landesweite fiskalische Interessen (d. h. des Steuer- und Abgabengläubigers) sind immer dann gefragt, wenn im Rahmen von Ermittlungen ein besonders hoher Schaden zum Nachteil des Fiskus (z. B. Steuerhinterziehung) offenbar wird oder wenn sich erhebliche Auswirkungen auf die bisherige Steuerlast des Unternehmens bzw. Rückforderungsansprüche gegen dem Fiskus (z. B. aus der Korrektur von Bilanzmanipulation, die zu einem Verlust in der Gewinn- und Verlustrechnung und damit zur Rückforderung etwaiger bezahlter Steuern führen können) ergeben.
(3) **Sozialpolitische Interessen:** Sollte ein Unternehmen derart von einem Ermittlungsverfahren betroffen sein, dass es durch Maßnahmen der Strafverfolgungsorgane in Liquiditätsschwierigkeiten gerät, steht in erster Linie der Erhalt von Arbeitsplätzen auf dem Spiel. Die sich innerbetrieblich ergebenden Gespräche mit dem Personal- oder Betriebsrat lassen sich ohne weiteres auf eine gewerkschaftliche und politische Ebene heben.
(4) **Wirtschaftspolitische Interessen:** Ob ein Unternehmen den Standort seiner Produktion und Verwaltung in dem einen oder anderen europäischen Land wählt, ist nicht nur einer Frage der Steuer- und Abgabenbelastung, sondern auch eine Frage der Akzeptanz durch andere staatliche Behörden. Dazu gehört auch die Justiz. Sollten sich also gravierend unterschiedliche Sachbehandlungen und -verständnisse in gleich gelagerten Fällen von Land zu Land ergeben, ist es legitim, die Standortfrage zu stellen und den politischen Gesprächspartnern die Ungleichbehandlung zu verdeutlichen.

299 b) **Umsetzung.** Die Verteidigung ist bei der Umsetzung häufig nur im Hintergrund als Informationsgeber gefragt. Auch kann eine Einschätzung des Verfahrens, seiner Dauer und seiner Wirkungen gefragt sein. Häufig ist auch die Mithilfe an Konzeptunterlagen, die Formulierungsarbeit und die Aufstellung von Verhaltensmaßregeln gefragt.

300 c) **Wirkungen prognostizieren.** Mandanten sind in aller Regel zuversichtlich, wenn sie Erklärungen hören, die ihnen eine Einflussnahme auf den Gang des Verfahrens zusagen. Die Wirkungen politischer und gewerkschaftlicher Kontakte dürfen aber nicht überschätzt werden. Erfahrungsgemäß sind Politiker eher zurückhaltend, wenn es um die Führung und Ausübung der Rechtsaufsicht über Staatsanwaltschaften geht. Auch die Berichtspflicht ist nur ein wenig effektives Mittel, weil die Aktenbestände der StA auf diesem Wege nicht vom Berichtsempfänger geprüft werden können. Dennoch darf die Verteidigung nicht unterschätzen, dass eine Einflussnahme „von außen" in der Regel als Eingriff in die gesetzlich zugewiesene Funktion der

Strafverfolgung verstanden werden kann, was Abwehrreaktionen der Strafverfolgungsorgane auslösen kann.

9. Ist Angriff die beste Verteidigung?

a) **Allgemeines.** Dass Angriff die beste Verteidigung sein soll, wird in Verteidiger-Handbüchern nicht empfohlen. Davon macht auch der vorliegende Beitrag keine Ausnahme. Allerdings nimmt die Nichtberücksichtigung von entlastenden Tatsachen in komplexen Verfahren zu. Auch stellen viele Spezialmaterien höhere Anforderungen an die Strafverfolgung. Die Neigung, zu einer schnellen aber fehleranfälligen Beweiswürdigung zu kommen, ein „Exempel zu statuieren" nimmt bedenklich zu. So manches Mal wird die subjektive Beurteilung eines Staatsanwaltes oder Richters an die Stelle der erforderlichen Würdigung eines Verhaltens „aus der Sicht eines verständigen Dritten" gesetzt, mit der Folge, dass dem Mandanten nur die Wahl zwischen einer die berufliche Existenz schwer beeinträchtigenden Anklage oder einer Zustimmung zu einer „teuren" Einstellung des Verfahrens gegen Geldauflage bleibt.

b) **Mittelauswahl.** Die Verteidigung hat wenige Mittel zur Auswahl, um sich außerhalb des konkreten Verfahrens gegen den Vorwurf oder das Vorgehen der Strafverfolgungsbehörden zu wehren.

aa) Dienstaufsicht. Mit der Dienstaufsichtsbeschwerde wird das persönliche Verhalten eines Strafverfolgungsorgans bzw. die Art und Weise der Durchführung einer Maßnahme beanstandet. Die Mittel der Dienstaufsicht reichen von der Rüge bis hin zur Entfernung aus dem Dienst und stellen daher für den betroffenen Beamten eine empfindliche Prüfung durch den Vorgesetzten dar.

bb) Befangenheits- und Ablöseanträge: Diese Anträge zielen allein auf die Heraus-trennung eines bestimmten Justizangehörigen (Richter, Staatsanwalt, Protokollführer) aus dem Verfahren. Sie können nur dann Erfolg haben, wenn sich die betroffene Person eine deutliche Blöße der Voreingenommenheit gegeben hat. Diese liegt nicht in einer verfahrensgerechten Entscheidung zum Nachteil des Mandanten.

cc) Strafanzeigen. Rechtseingriffe der Strafverfolgungsorgane stellen in aller Regel die Verletzung eines objektiven Straftatbestandes dar, allerdings gerechtfertigt durch die Normen des Strafverfahrensrechtes, insbes. §§ 161, 163 StPO. Ergibt sich im Verfahren allerdings die Situation, dass bestimmte Maßnahmen unter Missachtung von Befugnisnormen oder unter Missachtung richterlicher Begrenzungen getroffen wurden, kann die Strafanzeige eines solchen Verhaltens durchaus zu einer deutlichen Maßregelung des jeweiligen Verfolgungsorgans führen.

dd) Selbstanzeigen, selbstinitiierte Prüfungsverfahren. Auch dieses Mittel steht zur Verfügung, wenn derselbe Sachverhalt von mehreren Behörden zu überprüfen ist oder kontrolliert werden kann. Gerade wenn zwischen Ermittlungsbehörden und Fachbehörden Meinungsverschiedenheiten bestehen, kann die Diskussion mit der Fachbehörde sinnvoll sein. Aber auch dann, wenn erst durch eine Selbstanzeige einer Erpressungssituation ausgewichen oder in einer strittigen Prozesslage neue Erkenntnismöglichkeiten eröffnet werden können, ist eine Selbstanzeige erwägenswert.

ee) Amtshaftung. Nach § 839 BGB i. V. m. Art. 34 GG haftet die Anstellungskörperschaft für das Fehlverhalten der von ihr eingesetzten Beamten und Richter bei Ausübung einer hoheitlichen Tätigkeit, die zumindest auch den Schutz eines Dritten bezweckt. Das gilt nicht nur für das allgemeine Verwaltungshandeln, sondern auch für das Verhalten von Strafverfolgungsorganen.[262] Das sog. „Richterprivileg" des § 839 Abs. 2 BGB gilt für Staatsanwälte, Polizeibeamte und auch für Haftrichter nicht.[263]

Amtspflichten sind die persönlichen Verhaltenspflichten des Beamten in Bezug auf seine Amtsführung. Diese können sich aus allen Rechtsquellen ergeben. Die Entscheidung über eine Einleitung eines Ermittlungsverfahrens richtet sich nach § 152 Abs. 2 StPO, mithin einem Gesetz. Die Wahrnehmung dieser, sich aus dem Gesetz ergebenden Amtspflicht ist

---

[262] Palandt/*Thomas* § 839 BGB Rdnr. 153; BGHZ 27, 338; BGHZ 20, 178; BGHZ 122, 268; BGH NJW 1998, 751, 2051.
[263] Palandt/*Thomas* § 839 BGB Rdnr. 67 ff., 145; BGHZ 122, 268/271.

dementsprechend tauglicher Prüfungsgegenstand eines Amtshaftungsprozesses.[264] Beurteilungsmaßstab für die Einleitung eines strafrechtlichen Ermittlungsverfahrens als Prüfungsgegenstand des Amtshaftungsprozesses gemäß § 153 Abs. 2 StPO ist nicht die „Richtigkeit" der Einleitung des Ermittlungsverfahrens bzw. dessen Anordnung, sondern die Überprüfung der „Vertretbarkeit".[265] Die Vertretbarkeit der staatsanwaltlichen Entscheidung zur Einleitung des Ermittlungsverfahrens bzw. dessen Anordnung ist immer dann abzulehnen, wenn bei umfänglicher Würdigung der Belange einer funktionstüchtigen Strafrechtspflege die Einleitung bzw. deren Anordnung gegen den Beschuldigten nicht mehr nachvollziehbar ist.[266] Darüber hinaus gehört es zu der Amtspflicht eines jeden Amtsträgers vor einer hoheitlichen Maßnahmen, die geeignet ist, einen anderen in seinen Rechten zu beeinträchtigen, den Sachverhalt im Rahmen des zumutbaren so umfassend zu erforschen, dass die Entscheidungsgrundlage nicht in wesentlichen Punkten zum Nachteil des Betroffenen unvollständig bleibt.[267] Daneben besteht die allgemeine Pflicht des tätig werdenden Beamten, die Aufgaben und Befugnisse der juristischen Person des öffentlichen Rechts, in deren Namen und Rechtskreis er tätig wird, im Einklang mit dem objektiven Recht wahrzunehmen.[268]

308 Art. 20 Abs. 3 GG zeigt gleichermaßen die rechtlichen Grenzen einer solchen Handlung auf. So darf die Handlung des Beamten nicht gegen Recht und Gesetz verstoßen. Daher ist jedwede Verfahrenseinleitung unzulässig, die das Legalitätsprinzip des § 152 Abs. 2 StPO missachtet.[269] Anders: Die Behörde ist erst dann berechtigt, aber auch verpflichtet ein Ermittlungsverfahren einzuleiten, wenn zureichende Anhaltspunkte vorhanden sind. Folglich ist die Einleitung und Durchführung eines strafrechtlichen Ermittlungsverfahrens ohne einen entsprechenden Anfangsverdacht nicht vertretbar und stellt damit eine Amtspflichtverletzung dar.[270] Das wird auch durch die Strafbarkeit der Verfolgung Unschuldiger gem. § 344 Abs. 1 StGB belegt. Die Staatsanwaltschaft ist daher verpflichtet, vor der Entscheidung ein Ermittlungsverfahren einzuleiten, fortdauern zu lassen oder einzustellen, die sich aus den Akten ergebenden Tatsachen umfassend zur Kenntnis zu nehmen um diese im Rahmen der erforderlichen Abwägung zu berücksichtigen.[271]

309 Diese Verpflichtung besteht in erhöhtem Maße, wenn die hoheitliche Maßnahme geeignet ist, einen anderen in seinen Rechten im Übermaß zu beeinträchtigen. Grob fehlerhaftes Verhalten kann daher ein Anlass für eine solche Maßnahme sein. Ebenso ist an Ansprüche aus öffentlich-rechtlicher Geschäftsführung ohne Auftrag, öffentlich-rechtlicher Verwahrung, Folgenbeseitigung und Aufopferung zu denken. Ob darauf bestanden werden kann, dass die in Anspruch genommene Körperschaft Regress bei dem die Haftung verursachenden Beamten nimmt (Art. 34 S. 2 GG bei vorsätzlichem oder grob fahrlässigem Verhalten), ist umstritten. Die Inanspruchnahme ist wiederum ein dienstliches Verhalten, bei dem nur ein enger Beurteilungsspielraum besteht.

310 c) **Abwägung der Interessen.** Ob eines der genannten Angriffsmittel eingesetzt werden soll, in welchem Umfang und mit welcher Intensität es gegen Einzelne oder eine bestimmte Gruppe gerichtet werden soll, bedarf sorgfältiger Abwägung. Jedes Angriffsmittel führt zu Gegenreaktionen, die die eigentliche, von der Verteidigung zu betreuende Verfahrenssituation und die Aussichten auf ein von allen Seiten unvoreingenommen geführtes Verfahren mittelbar verschlechtern können. Natürlich sind auch die etwaigen Interessen eines am Verfahren beteiligten Unternehmens zu berücksichtigen. Hat das Verfahren große Öffentlichkeitswirkung, dann ist

---

[264] BGH NJW 1990, 505; OLG Hamm NJW 1993, 1209(1210); MünchKommBGB/*Papier* § 839 Rdnr. 191 ff.; *Kunschert* in: Geigel, Der Haftpflichtprozess, 24. Aufl. 2004 § 20 Rdnr. 5.
[265] MünchKommBGB/*Papier* § 839 BGB Rdnr. 193 unter Verweis auf: BGH NJW 1989, 96(97); BGH NJW 1994, 3162; BGH NJW 2000, 2672(2673).
[266] BGH NJW 1989, 96.
[267] BGH NJW 1989, 99; BGH NJW 1994, 3162(3164).
[268] Statt vieler: MünchKommBGB/*Papier* § 839 Rdnr. 193 m.w.N.; BGH NJW 1977, 713; BGH NJW 1975, 491.
[269] BGH NJW 1960, 2346(2348); OLG Celle NJW 1971, 1374.
[270] Meyer-Goßner § 152 Rdnr. 3.
[271] BGH NJW 1994, 3162(3164); BGH NJW 1989, 99.

das Risiko eines Fehlschlagens der Angriffsstrategie einzukalkulieren und mit dem Mandanten abzustimmen.

VI. Büroorganisation

1. Allgemeines

Wie ein effizient arbeitender Kanzleibetrieb geführt werden kann, beschreiben grundlegend die Beiträge in den Handbüchern von *Hartung/Römmermann, Marketing- und Management-Handbuch 1999* sowie in dem *Beck'schen Rechtsanwaltshandbuch, Teil Q*. In Anlehnung an die fünf maßgeblichen Faktoren einer funktionierenden internen Kanzleiorganisation, nämlich:
- Klarheit im Aufbau und den Abläufen der Kanzlei,
- Erfassung und Umsetzung von Personal- und Kapazitätsfragen,
- Effizienz der Mandatsbearbeitung, Honorare und Kosten,
- Informations- und Wissensmanagement (einschl. Datenverarbeitung),
- Zeiteinteilung und Fristenbehandlung,

können nachfolgend nur einige Hinweise zu den Besonderheiten einer auf die Führung strafrechtlicher Mandate ausgerichteten Kanzlei gegeben werden.[272] Folgende Aspekte sollen herausgegriffen werden:
- die **Aufbau- und Ablauforganisation** erfordert durch eine Ausrichtung auf die typische Kanzleigröße der Strafverteidigerkanzlei mit ein bis vier Berufsträgern eine individuelle Anpassung;
- ein **optimales Wirtschaften** ist schon angesichts eines wenig planbaren Auftragsbestandes (insbesondere selten anzutreffende Dauermandate) das Mindestgebot;
- die gut **geführten Mitarbeiter** werden mit der sehr unterschiedlichen Mandantensoziologie und den daraus entstehenden besonderen Anforderungen an die vertrauliche Behandlung des Mandates konfrontiert;
- ein **Informations- und Wissensmanagement** mit vorwiegend technischer Ausrichtung ist gerade in Wirtschafts- und Steuerstrafsachen unverzichtbar.

2. Aufbau- und Ablauforganisation

a) Aufgaben analysieren und zuweisen. Unabhängig von der Größe der Anwaltskanzlei muss sich der Anwalt als Unternehmer und Betriebsinhaber ein Bild von der Art der anfallenden Arbeiten und Aufgaben machen. Außerdem muss er die Arbeitsdurchführung einzelnen Personen zuordnen. Dabei sind Haftungsfallen zu vermeiden, die Organisation der Abläufe nachvollziehbar zu machen und die Qualität der Mandatsbearbeitung zu verbessern.

Schritte	Beispiele
Schritt 1: Die in der Kanzlei zu erledigenden Aufgaben werden erfasst	Büroräume einrichten, Material einkaufen, Geräte auswählen und installieren, Akten anlegen, Fristen notieren und verwalten, Telefonate und Besucher empfangen, Korrespondenz führen, Literatur beschaffen und verwalten, Termine wahrnehmen etc.
Schritt 2: Die Aufgaben werden einem Anwalt oder einem nicht-anwaltlichen Mitarbeiter zugewiesen	Anwalt soll Fristen festlegen und überwachen, Sekretärin soll Fristen notieren und Akten vorlegen
Schritt 3: Der Aufgabenzuweisung folgt auch eine Verantwortungszuweisung	Der Mitarbeiter, der für den Materialeinkauf zuständig ist, hat die Vollmacht zum eigenverantwortlichen Materialeinkauf; derjenige, der Kosten und Honorare abrechnet, hat auch den Geldeingang zu überwachen und u. U. Mahnungen zu veranlassen
Schritt 4: Die sorgfältige und zeitnahe Erfüllung der übertragenen Aufgaben muss vom Anwalt regelmäßig kontrolliert werden	Der Anwalt lässt sich die Liste der Wiedervorlagen zeigen, er kontrolliert wöchentlich die Liste offener Posten. Der Anwalt überwacht die Führung der Handakten, die Arbeit der Auszubildenden wird vom Bürovorsteher kontrolliert.

---

[272] Vgl. dazu *Leitner/Leipold/Weimann*, Organisation der Strafverteidigerkanzlei, StraFo 2001, 223.

313 Bitte denken Sie nicht nur an die unmittelbar mandatsbezogenen Arbeiten, sondern auch an die in jedem Unternehmen auftretenden **typischen Betriebsaufgaben** wie: Personalverwaltung, Finanzwesen, Sachmittelbeschaffung und -verwaltung (dazu gehört auch die Literatur), Werbung sowie die allgemeine Betriebsorganisation und Betriebssicherheit.

314 Über die vereinbarten Aufgaben- und Verantwortungsbereiche sollte es nicht nur Arbeitsplatzbeschreibungen, sondern auch ein **Organisationsschema** geben. So können unnötige Reibungsverluste durch Diskussionen über die Verantwortlichkeiten vermieden werden, indem für jedermann durchschaubare Strukturen geschaffen werden. Dabei spielt es keine Rolle, ob letztlich die nicht-rechtsberatenden Geschäftsführungsmaßnahmen von einem „Seniorpartner" allein entschieden werden, oder ob ein Partner- bzw. Gesellschafterrat die wichtigsten Entscheidungen trifft. Zwar wird die Erledigung von Einzelaufgaben durch derartige Schemata nicht erfasst, dennoch geben sie eine Orientierungshilfe, wer im konkreten Fall sachlich zuständig ist und wer gegebenenfalls gefragt werden muss, wenn man das gesamte Können der Kanzlei zusammenführen will.

315 b) **Abläufe organisieren.** In einer strafrechtlich ausgerichteten Kanzlei mit wenigen Anwälten lassen sich Abläufe häufig „auf Zuruf" regeln.[273] In größeren Kanzleien werden Abläufe auch durch schriftliche Anweisungen geregelt. Indem sich Abläufe organisiert werden, verkürzt man Wege, spart Zeit und Kraft, wird effizienter und gewinnt damit auch in der ureigensten Verteidigungsaufgabe an Qualität. Je kürzer die Wege, die beispielsweise eine Akte zurücklegen muss, damit die erforderliche Sacharbeit erledigt wird, und je weniger Handgriffe bei der Bearbeitung der eingehenden Post erforderlich sind, umso effektiver ist die Arbeit des Anwaltes und seines Personals. In Kanzleien mit mehr als vier Anwälten muss darauf geachtet werden, dass die verteilten Zuständigkeiten für Sachbearbeitung, Aktenverwaltung und Fristen sowie Kosten- und Mahnwesen nicht zu unangemessen langen Aktenlaufzeiten führen. Lange Aktenläufe und nicht auffindbare Akten können – auch bei bester EDV-Organisation – beim Mandanten (und anderen Gesprächspartnern) den verheerenden Eindruck der Desorganisation und des fehlenden Überblicks wecken.

316 Beispielhaft einige typische Abläufe:

Posteingang: Die eingehende Post muss zuverlässig erfasst und schnellstmöglich einer Mandatsakte zugeordnet werden, damit der jeweilige Sachbearbeiter umgehend informiert ist. Der Sachbearbeiter ist für die Postbearbeitung und letztlich auch für die Berechnung und Einhaltung von Fristen und Terminen, die sich daraus ergeben, verantwortlich. Er hat deren Eintrag in der Akte und im allgemeinen Fristenkalender sicherzustellen. Diese Arbeit kann in begrenztem Umfang delegiert werden. Erfahrene Kanzleimitarbeiter, die den Posteingang bearbeiten, können zwar aus Ladungen erkennbare Termine notieren, die Übereinstimmung von Akte, Kalender und etwaigem persönlichem Kalender stellt der Sachbearbeiter sicher. Ein EDV-Kalender ersetzt die parallele Führung von Büro- und Bearbeiterkalender nicht vollständig, da für den Ausfall der EDV vorgesorgt werden muss.

Aktenanlage: Die Aktenführung dient der Strukturierung, der Nachvollziehbarkeit und der Vermeidung von Haftungsfallen. Für jeden einzelnen Mandatsauftrag (in der Regel je Ermittlungsverfahren) sollte eine Akte angelegt werden. Die Mindestbestandteile einer solchen Akte sind:
- ein Handaktenbogen mit Einträgen über die Anschrift des Mandanten, des Korrespondenzpartners, einer etwaigen Versicherung mit Schadennummer, der Anschrift des Gegners und dessen Aktenzeichen (also auch der zuständigen StA oder Polizei sowie des Gerichts), die anstehenden Gerichts- oder Behördentermine und die wichtigsten Fristen. In Haftsachen empfiehlt es sich sogar, ein separates Blatt mit den aufgrund der Haft zu beachtenden

---

[273] *Mauer*, Kanzleiorganisation, in Beck'sches Rechtsanwaltshandbuch K.1 Rdnr. 3.

Fristen anzulegen: Daten zur Festnahme, zum Haftbeginn, zur Haftprüfung nach §§ 117 V, 121 StPO, zu Unterbrechungszeiten, zu Haftverschonungsauflagen etc.[274]
- ein Fach für die Besprechungsnotizen und Vermerke des Anwaltes zu Besprechungen und Aktenauswertungen;
- ein Fach für die Aufbewahrung von Honorarvereinbarungen, Zeit-, Auslagen- und Tätigkeitsnachweisen, Honorarabrechnungen;
- ein Fach für die Korrespondenz mit den Strafverfolgungsbehörden, wobei die Korrespondenz in jedem Verfahren gesondert geführt werden muss;
- ein Fach für Unterlagen des Mandanten, die dem Anwalt zur Bearbeitung oder als Bestandteil der Verteidigungsarbeit übergeben worden sind;
- falls Korrespondenz mit einem oder mehreren Mitverteidigern und/oder einem Fachkollegen (Zivilanwalt oder Verwaltungsjurist) zu führen ist, sollte auch diese Korrespondenz separat geführt und nicht mit den Mandatsunterlagen vermischt werden. Die Herkunft der einen oder anderen Information kann für den Anwalt eine wichtige Verteidigungsinformation sein, die er sich durch die Aktenorganisation sichern kann.

Die Akte wird im Sekretariat angelegt und dann dem Anwalt zur Sachbearbeitung und zur Fristenverfügung vorgelegt. Fristen werden dann nach Diktat oder schriftlicher Verfügung im Sekretariat notiert. Dort wird auch die Akte aufbewahrt.

Korrespondenz: Um seiner Verteidigungsaufgabe nicht nur in der Beratung, sondern auch in der Vertretung nachzukommen und ggfls. auch die Erteilung von Risikohinweisen nachweisen zu können, ist die Korrespondenz mit dem Mandanten unverzichtbar. Außerdem ist die Korrespondenz mit Strafverfolgungsorganen zu bewältigen. Der Brief ist die Visitenkarte des Anwaltes, so dass eine dem Selbstverständnis der Kanzlei und der Mandatsstruktur angemessene Gestaltung des Briefkopfes und des Schriftbildes erforderlich ist. Ob man als Verteidiger eher Textbausteine eines EDV-Systems oder aus dem Formularbuch verwendet oder eine individuelle Diktion pflegt, hängt wohl von den Umständen des Falles und von den Vorzügen (oder Nachteilen) der persönlichen Note ab. Namen und Anschriften von Mandanten, Behörden und Korrespondenzanwälten sollen richtig geschrieben werden. Die Korrespondenz muss zuordenbar sein, so dass ein Betreff zweckmäßig ist. Freundlich gehalten kann ein solcher Betreff Symphatie nicht unmittelbar auf einen den Mandanten treffenden Vorwurf hinweisen, zumal häufig in Wirtschafts- und Steuerstrafsachen die Korrespondenz mit dem Verteidiger auch durch die Hände von Sekretariatsangestellten oder Assistenten gehen. In der Korrespondenz mit dem inhaftierten Mandanten muss deutlich der Hinweis auf „Verteidigerpost" angebracht sein, da nur diese keiner Briefkontrolle unterliegt.

Besprechungen: Sie dienen nicht nur der Information des Anwaltes und der Beratung des Mandanten, sondern auch der Mandatspflege, der Krisenbewältigung und dem psychologischem Beistand. Die Besprechung soll möglichst ungestört stattfinden können. Achten sollte man darauf, dass Besprechungsteilnehmer nicht anderen Kanzleibesuchern begegnen. Nicht jeder Mandant ist stolz darauf, sich in einer Strafverteidigerkanzlei beraten zu lassen und dabei vielleicht Personen aus seinem geschäftlichen Umfeld zu begegnen. Wenn der Verteidiger für die Aktenbearbeitung Assistenten einsetzt, sollten diese an Besprechungen teilnehmen, um die Besprechungsergebnisse unmittelbar in die weitere Arbeit einfließen lassen zu können. Der Verteidiger in Wirtschaftsstrafsachen sollte wissen, dass die unternehmensinterne „Hackordnung" im Umgang mit Besuchern ebenfalls eine Rolle spielt. Die jeweilige Arbeitsebene eines Unternehmens (Vorstand, Bereichsleiter, Abteilungsleiter, Sachbearbeiter) spiegelt auch das Selbstverständnis des jeweiligen Mandanten wieder. Daher kann der Verteidiger seine Beratung beispielsweise darauf

---

[274] Instruktiv: *Leitner/Leipold/Weimann* a.a.O. S. 223 f.

Kommunikation: Die alltägliche Benutzung der Telekommunikationseinrichtungen (Telefon, Telefax, E-Mail) wird traditionell an Sekretariatsangestellte delegiert. Erfrischend ist es aber für den Mandanten wie auch für einen Staatsanwalt oder Richter, wenn er den Verteidiger selbst unmittelbar am Telefon erlebt. Ein dreifach verbundenes Telefonat ermüdet unter Umständen. Natürlich kann gerade hier kostbare Anwaltszeit eingespart werden, daher ist eine Delegation in Maßen sinnvoll. Soll ein Rechtsrat am Telefon gegeben werden, wird dazu meist nur eine erfahrene Kanzleikraft in der Lage sein. Hier findet die Delegation auch ihre Grenzen.

317 c) **Vertretungsregelungen.** Ein Sonderproblem der Verteidigung sind Vertretungsregelungen der Anwälte. Während man im üblichen Organisationsaufbau eine Vertretungsregelung durchaus zwischen allen Anwälten einer Sozietät herstellen kann, ergeben sich aus der Begrenzung der Verteidigung auf drei Wahlverteidiger Schranken für die Vertretung in Abwesenheitsfällen. Hat eine Sozietät nur zwei Anwälte und sind beide von unterschiedlichen Mandanten im gleichen Verfahren beauftragt, dann kann der eine Anwalt in dieser Sache nicht als Abwesenheitsvertreter des anderen Anwaltes agieren. Schließlich ist die Abwesenheitsvertretung von Pflichtverteidigern unter Beachtung der rechtlichen Grenzen zu organisieren.

318 Der Verteidiger selbst stellt die angemessene Vertretung des Mandanten während seiner Abwesenheit sicher. Dies kann durch den sog. amtlichen Vertreter geschehen, dies kann auch durch eine Untervollmacht an einen anderen, nicht im gleichen Verfahren tätigen Anwalt geschehen. Die Mitarbeiter müssen über diese Vertretungsregelungen informiert sein und sie beachten.

319 d) **Qualität entwickeln.** Der hier gemeinte Qualitätsbegriff bezieht sich sowohl auf die juristische wie auch die nichtjuristische Arbeit. Er bezieht sich sowohl auf die typische Rechtsberatungsaufgabe, wie auf Organisation der Kanzlei und die Regelung der Abläufe. Durch Zeitmanagement lässt sich ebenfalls Qualität erzielen, wenn man die entsprechend notwendigen Analysen durchführt und die richtigen Schlussfolgerungen daraus umsetzt.[275]

3. Optimal wirtschaften

320 a) **Rahmenbedingungen.** Wer in Wirtschafts- und Steuerstrafsachen verteidigt, wird die Versuchung kennen, seine Gewinne durch Kostenreduktion auf Null zu optimieren, die bestmögliche Finanzierung von schillernden Mandanten („Verkäuferseelen") vermitteln zu lassen, die trickreichste Steuerlücke für eine steuersparende Geldanlage auszunutzen (auf Vorschlag eines Mandanten der leider einen „kleinen Pferdefuß" nicht beachtet hat) oder auf der Selbständigkeitswelle (jeder Mitarbeiter eine eigene „Kanzlei") zu reiten. Der beste Rat ist hier, jedes unkontrollierbare Wagnis zu meiden, statt dessen die eigenen Ansprüche herunter zu schrauben, als dem vermeintlich legalen Irrweg eines Mandanten zu folgen, und möglichst klassisch zu arbeiten, d. h. mit einem Kontoguthaben bei der Bank, mit der Ausnutzung gesetzlich erlaubter Steuererleichterungen und mit normalen Arbeitsverträgen für Mitarbeiter.

321 Ein optimales Wirtschaften bedenkt folgende Rahmenbedingungen:
- **Raumbedarf und Raumgestaltung** sollen Mandanten ansprechen, funktional den Platzbedürfnissen entsprechen (z. B. erwartet ein Unternehmensmanager eine eher gehobene Raumgröße, ein Sachbearbeiter eher nicht).
- **Personalanzahl und Ausbildung** sollen Korrespondenz, Besprechungen, Aktenführung und Telekommunikation sicherstellen (d. h. nicht jeder Anwalt muss eine ihm zugeordnete Sekretärin haben, aber der Arbeitsanfall eines „Normaltages" muss von den Mitarbeitern auch an einem Tag zu bewältigen sein).
- **Technik und Geräteausstattung** soll der Mandantenbetreuung adäquat sein (z. B. muss man nicht das neueste Diktiergerät haben, wohl aber zunehmend eine E-Mail-Adresse).

---

[275] Dazu *Mauer* a.a.O. Rdnr. 33; *Seiwert/Buschbell*, Zeitmanagement für Rechtsanwälte, 1996.

- **Fachliteratur** muss aktuell und auf die besondere Verzahnung von Strafrecht mit Wirtschaftsverwaltungs- und Steuerrecht ausgerichtet sein (z. B. empfehlen sich nicht nur strafrechtliche Zeitschriften, sondern auch betriebswirtschaftliche).
- **Außendarstellung** der Kanzlei auf Briefen, Visitenkarten, Anzeigen und Homepage soll ein realistisches Bild, Fachkunde und Erreichbarkeit vermitteln (z. B. ist nicht unbedingt ein gedruckter Briefkopf nötig, wohl aber eine über übliche Bürozeiten hinausgehende Erreichbarkeit des Verteidigers, da ein wesentlicher Teil des Kundenkreises in Wirtschafts- und Steuerstrafsachen ebenfalls tagsüber der normalen Arbeit nachgeht).
- **Honorareinnahmen** sollten am „Ertrag pro Fallart" ausgerichtet sein und mindestens den Branchendurchschnitt erreichen (Anm: die übliche Kostenanalyse geht von einer auf mehrere Rechtsgebiete ausgerichteten Kanzlei aus, so dass sich Ausgleiche ergeben, die strafrechtliche Kanzlei muss den Ertrag (d. h. Honorar abzgl. fallbezogener Aufwand abzgl. Allgemeinkostenanteil) pro Deliktsart ermitteln.

b) **Geschäftspartner.** Was ein Verteidiger nicht selbst erledigen kann oder will, sollte von einem Geschäftspartner erledigt werden können. Treten arbeitsrechtliche Fragen auf und will der Verteidiger hier nicht selbst tätig werden, sollte er einen Kollegen empfehlen, mit dem er eng zusammenarbeitet und mit dem ein Informationsaustausch möglich ist. Wird ein Unternehmen beraten, das in eine Öffentlichkeitskrise durch Verdächtigungen gekommen ist, könnte man einen Kommunikationsberater vorschlagen, der dem strafrechtlich tätigen Anwalt wiederum Entwicklungen und Entscheidungen außerhalb des Rechtskreises mitteilen kann. Letztlich stellt sich das gleiche Bedürfnis bei der Fertigung von Steuererklärungen oder der Entscheidung über steuerliche Gestaltungen. Ein Netz an vertrauenswürdigen und erfahrenen Geschäftspartnern stellt auch eine (Teil-) Lösung der für Verteidiger immer schwierigen Frage nach dem auskömmlichen „Anschlussfall" dar.

4. Mitarbeiterführung

a) **Kanzleiausrichtung vermitteln.** Viele Verteidiger vermitteln ihren Mitarbeitern lediglich die Tatsache, dass eine Rechtsanwaltskanzlei nach in der Berufsschule erlernten Regeln funktionieren soll. Bei genauerer Betrachtung der Inhalte von ReNo-Ausbildungsplänen erkennt man aber, dass dort Straf- und Strafprozessrecht nur in Grundzügen vermittelt wird. Der Verteidiger ist daher aufgerufen, seine Mitarbeiter regelmäßig und wiederholt auf strafrechtliche Besonderheiten hinzuweisen, zum Beispiel:
- die besondere Behandlung der Korrespondenz mit inhaftierten Mandanten („Verteidigerpost"),
- die besondere Vertraulichkeit eines (dem Mandanten „peinlichen") strafrechtlichen Falles (einschließlich der verschlossenen Aktenaufbewahrung),
- die Zurückhaltung bei der Angabe eines Betreffs im Schriftverkehr (nicht „Ihr Strafverfahren", sondern z. B. „Steuerliche Beratung" oder „Jahresabschluss XY" oder „EV der StA XY"),
- die besondere Verschwiegenheit gegenüber anderen Mandanten, Rechtssuchenden und sonstigen Personen,
- das Verhalten bei etwaigen Durchsuchungen der Kanzlei und bei Mitteilungen über Durchsuchungen und Verhaftungen bei Mandanten,
- die wenigen aber besonders kurzen Fristen des förmlichen Strafverfahrens.

b) **Aufbauorganisation und Abläufe.** Mitarbeiter werden sicherer und zuverlässiger, wenn sie ihren Aufgabenkreis kennen und ausfüllen können, ohne sich Gedanken über weitere Aufgaben und Verantwortungen machen zu müssen. Vermittelt man dem Mitarbeiter seine Allzuständigkeit, ist er überfordert und ängstigt sich über die nicht vorhersehbaren Folgen von Fehlern. Deshalb müssen regelmäßig Abläufe geprüft und Verantwortungen klar umrissen werden. Der Vertretungsplan sollte besprochen sein, ebenso sollten Terminkalender regelmäßig gemeinsam abgestimmt werden.

c) **Wichtige Gesprächspartner mitteilen.** Wer dem Verteidiger der wichtigste Gesprächspartner ist, ist nicht leicht herauszufinden. Der Verteidiger sollte es dem Mitarbeiter erleichtern, indem er je Einzelfall die Gesprächspartner auflistet, der Stellung im Unternehmen und möglichst deren Durchwahl. Im Sekretariat kann darüber eine Liste geführt werden, die auch Angaben über das oder die konkreten Mandate enthält.

5. Informations- und Wissensmanagement

326 a) **Aktenplan im Umfangsverfahren.** In Umfangsverfahren empfiehlt es sich, die Akte in mehreren Ordnern bzw. Aktenbänden zu führen, einem Honorarordner, einen Ordner mit Mandantenkorrespondenz, einem weiteren mit Anwaltskorrespondenz und einem vierten Ordner mit der Korrespondenz mit Strafverfolgungsbehörden. Die Ablage dort sollte chronologisch geschehen, der Sachbearbeiter kann auch hier wiederum nach Sachkomplexen trennen. Für jedes einzelne Verfahren, in dem dem Verteidiger ein Mandat erteilt wird, sollte eine eigene Akte angelegt werden. Anders als in Zivilsachen gehört es für den Strafverteidiger zur wesentlichen Informationsbeschaffungsaufgabe, die Akte der Strafverfolgungsbehörde einzusehen und komplett zu kopieren. Das Personal muss angewiesen sein, die Akte vollständig zu kopieren und auch auf Vermerk auf der Rückseite einzelner Blätter zu achten. Die Kopien sollten wiederum in einem separaten Aktenfach oder – da sie gewöhnlich umfangreicher sind – in Ordnern bandweise abgelegt werden. Ein Aktenplan für die anwaltliche Mandatsakte könnte beispielsweise so aussehen:

Dauerakte	Korrespondenzordner Mandant
	Korrespondenzordner Strafverfolgungsorgane
	Korrespondenzordner Mitverteidiger
	Honorarordner
	etc.
Arbeitsakte	Kopien der Verfahrensakte
	Kopien der Beiakten / Haftakten
	Kopien der Beweismittelakten
	Eigene Recherchen und Auswertungen
	Fallbezogene Materialsammlung
	Antragssammlung
	etc.

327 b) **Sachverhalte mit technischer Hilfe aufbereiten.** Nach der Aktenanlage muss die in den Verfahrensakten in der Regel historisch aufbereitete, in den Mandats- und Korrespondenzakten regelmäßig sachverhaltsbezogene Information strukturiert und dauerhaft festgehalten werden. Computerprogramme eignen sich dafür bestens. Wer mehr datenbankenorientiert arbeitet, wird ebenso von den gängigen Programmen profitieren, wie der textorientierte Computeranwender.

328 (1) Für die **Erfassung des Sachverhaltes** benötigt man mindestens ein Inhaltsverzeichnis der Verfahrens- und Beiakten sowie eine aktenunabhängige Chronologie der Dokumente und Beweismittel, die den historischen Sachverhalt belegen können. Auch die Anlage von chronologisch sortierten Beweismittelkopien bzw. themenorientiert sortierten Beweismittelordnern kann hilfreich sein.

329 (2) Die Analyse zur **Vorbereitung von Befragungen** (Zeugen, Mitbeschuldigte, Sachverständige) erfordert u. U. das Einscannen von Aktenteilen und deren technische Zusammenführung. Es empfiehlt sich, die Urkunden und Vorhalte für jeden Zeugen einzeln vorzubereiten und auch nach der Befragung nicht mehr aufzulösen (Zeugen-Materialband).

330 (3) Sind eine **Vielzahl von Einzelfällen** zu bearbeiten (z. B. stellt jede Steuererklärung eine denkbare Einzeltat dar, ebenso jeder Jahresabschluss oder Zwischenabschluss), dann lohnt sich die Behandlung eines solchen Falles als Teilprojekt im Rahmen einer Gesamtprojektbearbeitung. Für das Mandatsgespräch ist hier eine Übersicht sinnvoll, die Gegenstand, Status und voraussichtliche Abwicklung des „Projektes" mitteilen kann.

331 c) **Juristisches Fallwissen nutzbar machen.** Neben der unmittelbar am Fall orientierten Aufbereitung der Informationen kann das Wissen aus der Behandlung früherer vergleichbarer Fälle nur dann genutzt werden, wenn die Kanzlei ein Archiv wichtiger Entscheidungen führt, das zweckmäßigerweise nach Strafrecht, Nebenstrafrecht, Strafprozessrecht und Wirtschaftsverwaltungsrecht trennt. Dort sollten auch die aus der Analyse der wichtigsten Fachzeitschriften stammenden Kopien von Entscheidungen und Aufsätzen abgelegt sein. Das Archiv kann, muss

aber nicht elektronisch erfasst werden und bietet dann – ähnlich einer Leitsatzkartei – mit der Zeit wertvolles Anschauungsmaterial. Auch spricht nichts dagegen, Antragsmuster zu archivieren, um so die zukünftige Arbeit zu erleichtern.

d) Delegieren. Die Anfertigung eines Inhaltsverzeichnisses kann z. B. an eine erfahrene Kanzleikraft delegiert werden, allerdings muss der Verteidiger überwachen, dass das Inhaltsverzeichnis ausreichende Informationen über den Akteninhalt gibt. Die Anlage einer Datenbank kann bei immer wiederkehrenden gleichen Informationen von Kanzleikräften ebenfalls ausgeführt werden. Auch ein Verzeichnis der in der Akte aufzufindenden Beweismittel kann der Verteidiger durch Markierungen vorbereiten und es dann durch Mitarbeiter anfertigen lassen. Die Erledigung dieser Aufgabe kann neben den regulären Kanzleikräften auch besonders für solche Aufgaben eingestellten und verpflichteten Mitarbeitern übertragen werden. 332

Beispiel:
Wenn der Zeitschriftenumlauf in der Kanzlei stockt oder wenn die Kanzlei nur bestimmte Zeitschriften abonniert hat, muss nach Möglichkeiten gesucht werden, entweder bestimmte Zeitschriften zweifach zu erhalten oder eine davon unabhängige Literaturrecherche anzustellen. Mit studentischen oder wissenschaftlichen Hilfskräften sind solche Recherchen auch außerhalb der Anwaltskanzlei möglich. Verfügt die Kanzlei über keine Bibliothek, bleibt nur die Beschaffung unterschiedlicher Medien und eine (meist elektronisch) eingerichtete zentrale Zugriffsmöglichkeit auf Datenbanken und Entscheidungsregister. An jedem Arbeitsplatz sollten Newsletter empfangen werden können. 333

Nicht an Nichtverteidiger delegierbar ist die Durcharbeit der Anklageschrift oder eines erstinstanzlichen Urteils, die Formulierung von Anträgen und die Unterschrift. Natürlich kann im Rahmen der studentischen oder der Referendarsausbildung ein gut angeleiteter Mitarbeiter die juristischen Aufgaben bewältigen. Eine Stellungnahme mit Einlassungen des Mandanten sollte aber nur derjenige abgeben, der auch das Mandantengespräch geführt hat. 334

VII. Schranken der Verteidigung

1. Schranken durch Verfahrensstellung und richterliche Anordnungen

a) Grenzen des staatlichen Strafprozesses. Die staatsanwaltschaftliche oder richterliche rechtskräftige Entscheidung im Erkenntnis-, Rechtsmittel- oder im Wiederaufnahmeverfahren oder die vollstreckte Strafzeit bzw. die erfüllte Bewährungszeit stellen eine natürliche Grenze für die Verteidigungstätigkeit dar. Die Begrenzungen der Verteidigung aus der **Verfahrensstellung** lassen sich grob wie folgt skizzieren: 335
- Der Verteidiger ist Beistand des Beschuldigten und (aus dem Anwaltsvertrag heraus) zunächst allein seinem Mandanten verpflichtet. Dessen Interessen stehen meistens gegen die Interessen einer aufklärenden und sanktionierenden Strafrechtspflege.
- Überlagert werden die rein dienstvertraglichen Pflichten des Anwaltes aber durch die Strafprozessordnung und das Strafrecht, insbesondere durch die Rechtspflegedelikte. Als Teilhaber der Verfahrensrechtspflege unterliegt der Verteidiger dem Aufklärungs- und Rechtsprechungsziel der Strafrechtspflege.[276] Dabei liegt seine Funktion in der Mitwirkung an der dialektischen Aufbereitung des Tatsachen- und Rechtsstoffes im Verfahren, ohne die eine rechtsstaatliche Strafverfolgung nicht möglich wäre. Seine Tätigkeit stellt nicht die „Behinderung" dieses Erkenntnisprozesses, sondern die Gewährleistung der Rechtsstaatlichkeit dar. In welchem Umfang er diese Funktion ausfüllt, bleibt ihm weitgehend überlassen, allerdings darf er die ihm eingeräumten Rechte nicht dazu missbrauchen, den Erkenntnisprozess zu manipulieren oder gar zu vereiteln.
- Mitwirkung an der staatsanwaltlichen oder gerichtlichen Tatsachenfeststellung bedeutet hier lediglich ein Anwesenheits- und Fragerecht bzw. ein Einsichtsrecht (oder modern: Teilhaberecht) in bestimmten Verfahrensabschnitten oder Einzelfällen, nicht aber die für andere Verfahrensbeteiligte verbindliche Feststellung des Tatsacheninhaltes. Auch den Umfang der Feststellungen kann der Verteidiger durch Nachfragen, Erklärungen, Beweisanträge

---

[276] Im Ergebnis ebenso Cramer/Cramer/*Krekeler* Teil A. Rdnr. 5, 6.

angreifen oder erweiternd beeinflussen, wobei er in keinem Fall das Entscheidungsrecht über die Durchführung und den Umfang hat.
- Zu rechtlichen Fragen kann er sich äußern, verbindlich sind diese Erklärungen aber nicht. Das Gleiche gilt für Verfahrensfragen.
- Im Verfahren werden dem Verteidiger Teilhaberechte eingeräumt, die er weitgehend unreglementiert ausüben kann. Er darf im Plädoyer seine Auffassung über die Würdigung der Beweisaufnahme und der Person seines Mandanten äußern, aber das Gericht ist nicht gezwungen, darauf in seiner Entscheidung einzugehen (auch wenn dies oft in der mündlichen Entscheidungsbegründung geschieht).
- In besonderen Verfahrenssituationen (Haft, telefonische Überwachung, Einsatz von V-Leuten etc.) muss der Verteidiger ebenso wie der Mandant eine staatliche Überwachung hinnehmen, auch kann der Kontakt zum Mandanten begrenzt werden.
- Der Verteidiger ist zur sog. prozessualen Wahrheit verpflichtet.[277] Er muss also im Verfahren die ihm bekannten Tatsachen einräumen, ist durch seine Verschwiegenheitspflicht aber im Mandatsverhältnis zu keiner Auskunft verpflichtet.[278]

336   b) **Begrenzungen durch richterliche Handlungen**[279] **von A-Z.** Der Verteidiger unterliegt in seinem Handeln den Begrenzungen richterlicher Anordnungen. Im Folgenden werden derartige Anordnungen, Verfügungen und Beschlüsse. Die Aufzählung beansprucht keine Vollständigkeit:

Abtrennung des Verfahrens	Will der Richter eine bestimmte Verteidigung nicht im Verfahren haben, oder eine Aussage eines Mitangeklagten erzwingen, so kann er das Verfahren abtrennen. Zulässig ist das allerdings nur, wenn der Mitangeklagte wegen einer Tat vernommen werden soll, die dem verbleibenden Angeklagten nicht vorgeworfen wird.[280]
Akteneinsicht	Die Akteneinsicht kann nach § 147 Abs. 2 StPO beschränkt werden – allerdings nicht nach Belieben und spätestens entfällt die Beschränkung nach dem Vermerk nach § 169 a StPO.[281] Dennoch gibt es kein Rechtsmittel gegen eine willkürliche Versagung, da auch ein angerufenes Gericht die Entscheidung der Staatsanwaltschaft selten hinterfragt. Auch hier kann durch nicht überprüfbare Führung der unterschiedlichsten Akten das Wissen der Verteidigung über den Inhalt und Umfang von Ermittlungen begrenzt und gesteuert werden.
Anrufung des Gerichts	Grundsätzlich kann die Anrufung des Gerichts nach § 238 Abs. 2 StPO nicht ausgeschlossen werden. Die Bundesanwaltschaft hat vorgeschlagen, dies auf Rechtmäßigkeitsfragen zu begrenzen.[282]
Antragsrecht: Anordnung der Schriftlichkeit	Die Schriftlichkeit der Antragstellung nach § 257 a StPO dient der Disziplinierung der Verteidigung. Man wollte dadurch Protokollierungsanträgen nach § 273 Abs. 3 StPO und § 183 GVG, die mündlich gestellt werden können, entgegenwirken. Ohnehin werden solche Anträge meist abgelehnt.[283]
Anwesenheitsrecht: Ausschluss des Verteidigers	Verteidiger sollen von der Sitzung ausgeschlossen werden können (§ 176 GVG), wenn sie in der Sitzung ohne Robe erscheinen.[284]

---

[277] *Beulke*, Der Verteidiger im Strafverfahren, S. 144 f.; *Krekeler* a.a.O. Rdnr. 9.
[278] *Krekeler* a.a.O. Rdnr. 12.
[279] *Schlicht* StraFo 2001, 83 ff.
[280] BGH NJW 1964, 1034.
[281] *Pfeifer* § 147 StPO Rdnr. 8.
[282] *Nehm/Senge* NStZ 1998, 377.
[283] *Schlicht* StV 2001, 86.
[284] BVerfGE 28, 21; umstritten.

Anwesenheitsrecht: Entfernung des Angeklagten	Die Verteidigung wird begrenzt, wenn der Angeklagte nach § 247 StPO aus dem Gerichtssaal entfernt wird. Der Verteidiger ist oft nur zu sachgerechten Fragen in der Lage, wenn er sich mit seinem Mandanten unterhalten kann. Verweigert der Vorsitzende die Verhandlungsunterbrechung, damit der Verteidiger seinen Mandanten von den Inhalten unterrichten kann, wird die Verteidigung behindert.
Ablehnung von Befangenheitsanträgen	Ablehnung als unzulässig wegen einer Umgehung des Rechtsmittelweges (§§ 26 a, 305 StPO).[285]
Beschlagnahme beim Verteidiger	Beim Verteidiger kann Beweismaterial beschlagnahmt werden, wenn gegen diesen ein Teilnahmeverdacht besteht (§ 97 Abs. 2 S. 3 StPO). Dies gilt z. B. für Tatmittel, die sich beim Verteidiger befinden. Allerdings sind gewichtige Anhaltspunkte für einen Verdacht erforderlich.[286]
Beweisanträge: Ablehnung wegen Prozessverschleppung	Das Gericht muss sich nach § 244 Abs. 3 StPO mit dem Beweisantrag sachlich auseinander setzen und ihn würdigen. Die Unerreichbarkeit von Auslandszeugen ist kein Prozessverschleppungsgrund.
Beweisanträge: Ablehnung wegen eigener Sachkunde	Ein Beweisantrag des Angeklagten oder der Verteidigung kann wegen eigener Sachkunde des Gerichts abgelehnt werden, wenn das Gericht sich durch einen Sachverständigen oder durch Fachliteratur in das Fachgebiet eingelesen hat und nunmehr selbst das Fachgebiet soweit beherrscht, um die Beweisfrage selbst beantworten zu können.
Beweisanträge: Klärung behaupteter verbotener Vernehmungsmethoden	Vorgänge können im Freibeweisverfahren geklärt werden, z. B. durch eine außerhalb der Hauptverhandlung eingeholte dienstliche Stellungnahme. Dadurch entzieht man den betroffenen Beamten einer (peinlichen) Befragung durch Verteidiger.[287]
Entlassung von Zeugen und Sachverständigen	Die Verteidigung kann gegen die Entlassung von Zeugen und Sachverständigen das Gericht anrufen (§§ 248, 238 Abs. 2 StPO). Der Verteidiger muss dabei vorbringen, was er weiter hätte fragen wollen. Das Gericht kann das Fragerecht wegen Missbrauchs begrenzen.
Beschränkungen des Erklärungsrechts des Verteidigers	Der Vorsitzende kann das Erklärungsrecht nach § 257 StPO beschränken, wenn er der Meinung ist, dass damit der Schlussvortrag vorweg genommen wird. Allerdings kann gegen einen Wortentzug das Gericht nach § 238 Abs. 2 StPO angerufen werden.
Fristen: Beschränkung der Stellungnahmemöglichkeit	Richterliche Fristen, z. B. nach § 201 StPO sind nicht überprüfbar und auch nicht erzwingbar. Also kann die Verteidigung durch sehr knappe Fristsetzungen auch begrenzt werden. Anders als der Justizangehörige wird der Verteidiger nicht unabhängig von seiner konkreten Tätigkeit bezahlt, so dass der Verteidiger auf die Tätigkeit in mehreren Mandaten angewiesen ist. Eine Fristbeschränkung kann daher ganz empfindlich die Verteidigung limitieren.
Kostenauferlegung	Nach § 145 Abs. 4 StPO kann der Vorsitzende dem die Pflichtverteidigung verweigernden Verteidiger die Kosten der Aussetzung auferlegen, wenn durch seine Schuld eine Aussetzung des Verfahrens notwendig wird.

---

[285] *Schlicht* StraFo 2001, 84; *Nehm/Senge* NStZ 1998, 377.
[286] BGH NJW 1973, 2035; OLG Frankfurt NStZ-RR 2005, 270; OLG Frankfurt StV 1982, 64; LG Stuttgart DStR 1997, 1449; LG Berlin NJW 1990, 1058; a. A. LG Braunschweig NJW 1978, 2108; LG Mainz NStZ 1986, 473; LG Darmstadt NStZ 1988, 286; aus verf. Sicht BVerfG 12.4.2005 NJW 2005, 1917.
[287] BGHSt 16, 164.

Missbrauch: Allgemeines	Sehr umstritten ist, ob es ein allgemeines Missbrauchsverbot für Verteidiger gibt. Die einen bejahen dies mit Blick auf einige wenige Verfahren, in denen sich Verteidiger ungewöhnlich häufig auf Verfahrensrechte berufen haben, die anderen verneinen dies mit Blick auf die ohnehin bestehende Machtfülle der Justiz gegenüber dem Einzelnen. Der BGH[288] hat es nicht beanstandet, dass ein Angeklagter von dem Gericht gezwungen wurde, seine Anträge über den Verteidiger zu stellen. Das OLG Hamburg[289] entpflichtete einen Pflichtverteidiger, weil er die Hauptverhandlung als politisches Forum missbrauche. Prominente Verteidiger sprachen sich gegen die Anerkennung eines solchen ungeschriebenen Verbotes aus, weil das geltende Recht völlig ausreiche.[290] Eine Maßregelung des Verteidigers nach § 178 GVG kommt nicht in Betracht. Das Gericht muss sich an das Anwaltsgericht wenden. Eine Maßregelung der Verteidigung ist aber wegen Art. 12 GG nur in Ausnahmefällen zulässig.[291]
Missbrauch: Fragerecht	Das Fragerecht kann unterbunden werden durch zu protokollierende Anordnung der schriftlichen Mitteilung;[292] durch Zurückweisung einzelner Fragen;[293] durch völligen Ausschluss.[294]
Ausschluss des rechtlichen Gehörs	Überraschende Maßnahmen müssen nach § 33 Abs. 4 StPO nicht vorher angekündigt werden. Allerdings ist nachträglich rechtliches Gehör zu gewähren.
Sachverständige: Veränderung der Verfahrensstellung von Sachverständigen zu Zeugen	Je nachdem, wo der Schwerpunkt der Vernehmung liegt, kann der Richter einen Sachverständigen (der abgelehnt werden kann) zu einem sachverständigen Zeugen (§ 85 StPO) machen (der nicht abgelehnt werden kann) und sich dadurch die Sachkunde verschaffen, die es für die Beurteilung der Beweisfrage benötigt. So kann beispielsweise ein amtlich für das Ermittlungsverfahren Beauftragter sein Wissen im Verfahren bekunden, ohne dass die Verteidigung dies verhindern kann.
Selbstleseverfahren	Das Selbstleseverfahren (§ 249 Abs. 2 StPO) ist wegen der in Wirtschafts- und Steuerstrafsachen zu beobachtenden Flut von Urkundenbeweisen eingeführt worden. Es wird neuerdings auch für Verteidigungsanträge (in Kombination mit § 257 a StPO) und Sachverständigenbeweise benutzt.
Teilnahmerechte: Unterbleiben der Benachrichtigung	Beschließt das Gericht, die Benachrichtigung wegen denkbarer Verzögerung des Verfahrens (die praktisch nie tatsächlich besteht) oder wegen Gefährdung des Zeugen (Verleitung zur Falschaussage) zu unterlassen, so ist das praktisch nicht überprüfbar.[295]
Telefonüberwachung beim Verteidiger	Grundsätzlich gilt die Kommunikationsfreiheit des Verteidigers mit dem Mandanten gem. § 148 StPO. Allerdings kann der Telefonverkehr des Beschuldigten oder des Verteidigers nach § 100 a ff StPO

---

[288] BGHSt. 38, 111/113.
[289] OLG Hamburg NJW 1998, 621.
[290] *Dahs* NJW 1975, 1385/1390; *Krekeler* NStZ 1989, 151; *Hamm* NJW 1993, 296; *Kempf* StV 1996, 507; *Kühne* StV 1996, 684, *ders.* NJW 1998, 3027.
[291] BVerfG NStZ 1999, 35.
[292] BGH NStZ 1982, 158; 1983, 209.
[293] OLG Karlsruhe NJW 1978, 436.
[294] BGH MDR 1973, 371.
[295] Das Erschleichen einer Zeugenaussage durch das Gericht deutet *Schlicht* in StraFo 2001, 85 an, wenn er die Benachrichtigung des Verteidigers wegen möglicher Veranlassung des Zeugen zur Wahrnehmung eines Zeugnisverweigerungsrechtes unterlassen will.

	überwacht werden, wenn eine Katalogtat vorliegt.[296] Das kann z. B. bei Organisationsdelikten, Geld- oder Wertzeichenfälschungen, einer Außenwirtschaftstat oder einem Geldwäschedelikt der Fall sein.
Verhandlungsführung	Vorsitzender kann missbräuchliches Verhalten unterbinden:
Verteidigerausschluss	Nach §§ 138 a-d StPO kann ein Verteidiger durch das OLG von der Verteidigung und dem Verkehr mit dem Mandanten ausgeschlossen werden.[297] Für einen Antrag genügt schon der Beweisantrag in fortgeschrittener Hauptverhandlung oder der unrichtige Rechtsrat an den Beschuldigten nach bislang vertretbarer Beratung.[298]
Verteidigerzahl	Überzählige Verteidiger können zurückgewiesen werden, wenn § 137 Abs. 1 S. 2 StPO nicht beachtet wird.
Zeugenschutz	Verteidiger können von der Befragung von Zeugen unter 16 Jahren ausgeschlossen werden. Allerdings hat der Vorsitzende die Fragen der Verteidigung dem Zeugen persönlich zu stellen und die Antwort zu übermitteln, sofern dies nicht durch eigene Wahrnehmung des Verteidigers geschieht.
Zurückweisung des Verteidigers	Nach §§ 146, 146 a StPO kann der Verteidiger zurückgewiesen werden, wenn er mehr als einen Beschuldigten gleichzeitig verteidigt, obwohl Tat- oder Verfahrensidentität vorliegt. Die förmliche Zurückweisung ist auch das zutreffende Mittel, um die Tätigkeit eines trotz bestandkräftigen Ausschluss weiter agierenden Verteidigers zu unterbinden.
Zurückweisung von Fragen	Fragen sind ungeeignet, wenn sie in tatsächlicher Hinsicht nichts zur Wahrheitsfindung beitragen können.[299] Die Bedeutungslosigkeit von Fragen rechtfertigt nicht die Zurückweisung nach § 241 StPO;[300] Fragen zur Glaubwürdigkeit eines Zeugen können ebenfalls nicht zurückgewiesen werden;[301]

Eine Vielzahl der genannten richterlichen Anordnungen kann verbal, mit Rechtsmitteln, oder „schwereren Geschützen" bekämpft werden. Allerdings muss der Verteidiger sein persönliches „Ego" zurückstellen, wenn die richterliche Beanstandung zu Recht erfolgt ist. Es wäre schädlich für den Mandanten, wenn der Verteidiger nicht erkennt, dass er grundsätzlich auf das Gebot der Sachlichkeit festgelegt ist und dahin in jedem Fall zurückkehren muss. Der Zielkonflikt mit der Staatsanwaltschaft und dem Gericht darf zwar Schaukampf sein, muss aber mit fairen und sachlichen Mitteln gekämpft werden.

2. Strafvereitelung, § 258 StGB

a) **Grundsätzliches.** Die Aufgaben des Verteidigers liegen im Spannungsverhältnis der Rechtsverwirklichung in dem staatlich geregelten und geführten Strafprozess. Der Strafprozess kennt keine Festlegung auf ein bestimmtes Ergebnis, sondern soll – von der Konzeption her – das Ergebnis in einem dialektischen, rechtsstaatlich geordneten Erkenntnisverfahren erarbeiten. Sowohl der Freispruch, die Verfahrenseinstellung, die milde Strafe wie auch die Haft und die Verhängung schwerer, drakonischer Strafen sind Arbeitsergebnisse des Strafprozesses. Da das Machtmonopol für die Durchführung des Verfahrens ausschließlich bei Polizei und Justiz liegt, bleibt dem Verteidiger nur ein schmaler Raum, um das bestmögliche Ergebnis in der

---

[296] Zur Telefonüberwachung, auch des E-Mail-Verkehrs vgl. *Spatscheck/Schmidt* PStR 2005, 288; *Kemper* NStZ 2005, 539; *Weyand* StV 2005, 520; vgl. auch BVerfGE 105, 365 = wistra 2002, 378; BVerfG Beschl. v. 12.4.2005 NJW 2005, 1917; die Überwachung von Auslandsrufnummern behandelt *Tiedemann* CR 2005, 858.
[297] Zu den Voraussetzungen s. Rdnr. 59 ff.
[298] Cramer/Cramer/*Krekeler* Teil A. Rdnr. 2.
[299] BGHSt. 21, 344/360.
[300] BGH NStZ 1984, 133.
[301] BGH NStZ 1990, 400.

339 Der 1. Strafsenat des BGH urteilte darüber am 9.5.2000[302] so:

konkreten Verfahrenssituation für seinen Mandanten zu erreichen. Dazu darf der Verteidiger grundsätzlich alles einsetzen, was die Verfahrens- und die Rechtsordnung an Mitteln erlauben.

> Der Verteidiger darf grundsätzlich alles tun, was in gesetzlich nicht zu beanstandender Weise seinem Mandanten nützt (BGHSt. 38, 345/347 = NJW 1993, 273). Er hat die Aufgabe, zum Finden einer sachgerechten Entscheidung beizutragen und dabei das Gericht vor Fehlentscheidungen zu Lasten seines Mandanten zu bewahren (BVerfG NStZ 1997, 35). Zu seinen besonderen Aufgaben gehört es auch, auf die Einhaltung der Verfahrensgarantien zu achten (BGHSt. 2, 375/378 = NJW 1952, 894). Allerdings muss er sich in seinem Vorgehen auf verfahrensrechtlich erlaubte Mittel beschränken, und er muss sich jeder bewussten Verdunkelung des Sachverhaltes und jeder sachwidrigen Erschwerung der Strafverfolgung enthalten (BGHSt 2, 375/377). Ihm ist insbesondere untersagt, durch aktive Verdunkelung und Verzerrung des Sachverhaltes die Wahrheitserforschung zu erschweren, insbesondere Beweisquellen zu verfälschen (BGHSt 9, 20/22; BGHSt 38, 345/348; BGH NStZ 1999, 188).

340 Prozessual zulässiges Handeln des Strafverteidigers ist schon nicht tatbestandsmäßig.[303] Den zielgerichtet durch außerprozessuale Mittel herbeigeführten Ausfall des „Ergebnisfindungsprozesses", d. h. die irreparable Beschädigung einzelner Abschnitte dieses Prozesses (nicht nur die Erschwerung einzelner Funktionen![304]) wie auch die Sabotage der gesamten rechtsstaatlichen Verfahrens durch die (aktive) Verdeckung einer Tat oder von Teilen davon durch eine Handlung oder eine pflichtwidrige Unterlassung werden dagegen durch § 258 StGB erfasst.[305] Die Beweismittelfälschung, wie sie als Straftatbestand im Reformentwurf 1960 in § 451 als „Gefährdung der Rechtspflege" noch vorgesehen war,[306] ist nicht Gesetz geworden. § 258 StGB soll verhindern, dass Personen, die außerhalb des Tatgeschehens stehen, auf die Verfahrens- und Beweisgrundlage im negativen Sinne Einfluss nehmen (z. B. eine Urkunde oder ein Sachbeweis gefälscht, verfälscht, für Verfahrenszwecke „geschaffen" werden soll). Ein prozessual erlaubtes Verteidigerverhalten ist allerdings schon nicht tatbestandsmäßig im Sinne von § 258 StGB.[307]

341 b) **Verfahrensrechtlich Erlaubtes.** Was „verfahrensrechtlich" erlaubt ist, ergibt sich aus der Verfahrensordnung, z. B. die Befragung von Beschuldigten, Zeugen und Sachverständigen,[308] die Einholung von Erkundigungen zur Vorbereitung von Fragen und Anträgen. Einzelfälle, in denen Rechtsprechung ein Einwirken auf Beweismittel durch den Verteidiger akzeptiert hat, sind z. B. das Gespräch des Anwaltes mit einem Zeugen zur Informationserlangung, nicht aber zur Einflussnahme oder Bestärkung auf **falsche** Aussageinhalte[309] sowie die Einwirkung auf den Zeugen, Verfahrensrechte wahrzunehmen.[310] Diese Rechtsprechung gilt auch für Personen, die Sachbeweise vermitteln, d. h. Zeugen und Sachverständige. Der Verteidiger darf dazu raten, bestehende Verfahrensrechte auszuüben. Akzeptiert wurde schließlich der Rat des Verteidigers an seinen Mandanten, sein Äußeres zu verändern.[311]

342 Verfahrensrechtlich **nicht erlaubte Mittel** sind z. B. die Beseitigung von Ermittlungsakten[312] oder Teilen von ihnen, das Schmuggeln von Briefen aus der Untersuchungshaft,[313]

---

[302] BGH 1. StR 106/00, NJW 2000, 2433.
[303] BGH NJW 2000, 2433/2434 = StraFo 2000, 315; KG NStZ 1988, 178; OLG Düsseldorf StV 1994, 472; StV 1998, 552; *Tröndle/Fischer* § 258 Rdnr. 7.
[304] Die Rechtsprechung verwendet Konstruktionen wie z. B. „Vereitelungserfolg ist nicht nur die endgültige Undurchführbarkeit, sondern auch der Umstand, dass der staatliche Zugriff für geraume Zeit nicht verwirklicht worden ist...(BGHSt. 45, 97, 100)".
[305] *Krekeler* a.a.O. Rdnr. 5; OLG Düsseldorf AnwBl. 1997, 566; BGH wistra 1982, 231; OLG Düsseldorf StV 1998, 552; *Wohlers* StV 2001, 420/421.
[306] Vgl. dazu *Schilling*, Der strafrechtliche Schutz des Augenscheinsbeweises, 1965.
[307] BGH 1. StR 106/00 Urt. v. 9.5.2000 (LG Augsburg), NJW 2000, 2433 = StraFo 2000, 315; BGHSt 38, 345/347; BGH NStZ 1999, 188; *Müller* NStZ 1989, 111.
[308] BGH NJW 2000, 1277.
[309] OLG Düsseldorf NStZ-RR 1998, 336.
[310] *Prüfer* a.a.O. S. 605 zur verfahrensimmanenten Befragung; *Leipold* StraFo 1998, 79; BGHSt 10, 393/394; Thesen der BRAK 1992, Nr. 55, 56.
[311] OLG Karlsruhe StV 91, 519.
[312] OLG Koblenz JR 1980, 478.
[313] *Tröndle/Fischer* § 258 Rdnr. 7; *Krekeler* NStZ 1989, 151.

Fluchthilfe[314] oder das Verbergen des Beschuldigten, damit ihm keine Blutprobe genommen werden kann.[315] Für Sachbeweise wird in der Literatur am meisten der Fall des Versteckens oder der Aufbewahrung von Tatbeute (dann aber § 257 StGB,[316] evtl. auch § 261 Abs. 1 StGB) oder von Beweismitteln genannt.[317]

c) Verbot der Sachverhaltsverfälschung. Mit dem Verbot der Sachverhaltsverfälschung, -verdunklung und -verzerrung ist die nachteilige Beeinflussung der Erkenntnismittel über das im Strafverfahren zu rekonstruierende, historische Tatgeschehen gemeint. § 258 StGB erfährt hier eine weite Auslegung, die weder von dem Verfahrensrecht noch dem Normzweck gefordert wird. Eine **Verdunklung** der Beweisgrundlage zieht prozessual gesehen nur im Fall des § 112 Abs. 2 Nr. 3 StPO für den **Beschuldigten** Konsequenzen nach sich. Die Beeinträchtigung der prozessualen Beweisgrundlage soll die Durchsetzung des staatlichen Strafverfolgungsanspruches durch den **Erhalt der Beweisgrundlagen** gegenüber dem Beschuldigten absichern. Eine Anordnung von Haft wegen Verdunklungsgefahr scheidet aber aus bei ausreichender anderweitiger Beweislage (keine Gefahr), bei Bagatellfällen (§ 113 Abs. 1 StPO) und bei Unverhältnismäßigkeit. Eine Entsprechung im materiellen Strafrecht, z. B. den Tatbestand der „Behinderung der Justiz" oder der „Verdunklung und Verzerrung der Beweisgrundlagen[318]", oder den „Betrug" der Justiz[319] gibt es nicht. Drei Fallgruppen sind zu unterscheiden.

(1) In der **ersten Fallgruppe** sind Ereignisse und Geschehensabläufe zu nennen, bei denen wegen ihrer objektiven Gefährlichkeit und/oder wegen Gefahr im Verzug auf die Spuren- und Beweislage eingewirkt werden muss, ohne dass auf eine vorherige Spuren- und Beweissicherung für Zwecke der Strafverfolgung Rücksicht genommen werden kann.

(2) In der **zweiten Fallgruppe** sind diejenigen Geschehensabläufe zu erfassen, in denen der Verteidiger oder von ihm eingeschaltete Hilfspersonen bereits aus der Verteidigungsaufgabe heraus mit der Tatsachenklärung befasst sind, bevor ein Ermittlungsverfahren bekannt wird oder nachdem die Strafverfolger den Tat- und Fundort bereits verlassen haben. Sachbeweise, die in ihrer Beweisrichtung unklar sind oder eindeutig entlastend sind, können erhoben werden.[320] Strafvereitelung kann nur begangen werden,[321] wenn einmalige, nicht reproduzierbare Sachbeweise beseitigt oder verändert werden. An der Vereitelungsabsicht fehlt es aber, wenn zwar erkennbar ist, dass ein Sachbeweis möglicherweise auch Beweismittel eines Ermittlungsverfahrens sein kann, aber der Verteidiger mit der fachgerechten Sicherung einer Spur lediglich einer verteidigungstypischen Aufgabe, beispielsweise der Klärung der Beweisrichtung, nachkommt.[322] Ebenso gehört in die zweite Fallgruppe die Erhebung von Proben oder anderes Untersuchungsmaterial, bei der nach einer Probentrennung die Untersuchbarkeit des restlichen Materials nicht beeinträchtigt wird. Liegen ausreichende Mengen an Untersuchungsmaterial vor, kann nach Probentrennung keine Verdunklung oder Verzerrung vorliegen.[323] Lässt sich die Spur nicht aufteilen, soll der Verteidiger sie **nicht** erheben.

(3) Zur **dritten Fallgruppe** gehört das Verhalten, das weder durch Handlungspflichten zur Gefahrenabwehr noch durch die Wahrnehmung der Verteidigungsaufgabe gerechtfertigt ist. Hat z. B. die Polizei am Tatort keine Spurensicherung durchgeführt, so darf der Verteidiger nur den Augenschein dokumentieren.[324] Verwischt der Verteidiger Spuren, verändert er die Anordnung der Gegenstände oder versteckt er Tatmittel und andere Sachbeweise, vereitelt er die Wahrheitsermittlung.

d) Trübung der Beweisquellen. Die sog. „Trübung von Beweisquellen" ist ein Unterfall des Einwirkens auf die Beweisgrundlage. Beweisquellen sind der Ort, die Personen, die sachlichen

---

[314] *Krekeler* a.a.O. S. 148.
[315] *Krekeler* a.a.O. S. 151.
[316] RGSt 1, 110.
[317] *Tröndle/Fischer* § 258 Rdnr. 7.
[318] Zu entsprechenden gesetzlichen Entwürfen vgl. *Schilling* a.a.O.
[319] BGHSt 38, 345/351.
[320] *Krekeler* a.a.O. S. 151; *Dahs* Rdnr. 604.
[321] BGHSt 45, 97/103 (Fall Schneider).
[322] *Krekeler* a.a.O. S. 151.
[323] Vgl. *Pfeiffer* § 112 StPO Rdnr. 7; OLG Karlsruhe NJW 1993, 1148.
[324] Zu kriminalistischen Dokumentationsanforderungen *Ackermann/Clages/Roll*, a.a.O., S. 47 ff.

Gegenstände, die eine Beziehung zum strafrechtlich verfolgten Geschehen aufweisen und Auskunft über äußere und innere Tatsachen geben können. Die Veränderung der Beweisquelle kann in einer Täuschung gegenüber Personen liegen,[325] im Austausch oder der Verwässerung einer Probe, im Löschen eines Tonbandes, in der Vernichtung einer Maschine vor ihrer Sicherstellung.[326] Auch der absichtliche Austausch eines Schriftstückes durch ein anderes aus einem Beweismittelordner der Staatsanwaltschaft ist als Verfälschung der Beweisquelle anzusehen. Alle geschilderten Einzelfälle haben mit der Beistands- und Schutzfunktion des Verteidigers nichts zu tun.

348 e) **Sachwidrige Erschwerung** Die Strafverfolgung wird sachwidrig erschwert, wenn auf die **Verfahrenslage** oder die mit der **Strafverfolgung** befassten Personen unzulässig eingewirkt wird. Beispielsweise darf der Verteidiger keinen Zeugen ins Ausland schicken, damit dieser nicht für die Strafverfolgung nicht mehr erreichbar ist. Eine systemimmanente Erschwerung der Strafverfolgung durch die Ausnutzung von Schweige- und Weigerungsrechten ist nicht untersagt.[327] Im Übrigen verlangt das Rechtsstaatsprinzip nicht die Wahrheitserforschung um jeden Preis. Der Begriff „Erschwerung" ist deshalb sehr weitgehend und konturenlos.[328]

349 Nach Aufhebung des § 68 der früheren Standesrichtlinien, der den Verteidiger zur **Wahrheit** verpflichtete und ihm untersagte, Beweismittel zu verwenden, die die Wahrheit verfälschen,[329] bleibt durch § 43 a Abs. 3 BRAO nur das Verbot der bewussten Verbreitung von Unwahrheiten. Die sog. Beweismitteltäuschung, also das Einführen falscher Sachbeweise in das Verfahren, kann dem Verteidiger nur dann vorgeworfen werden, wenn er dies in Vereitelungsabsicht tut. Die Vorlage unerkannt falscher Urkunden durch den Verteidiger rechtfertigt die Annahme einer Strafvereitelung nicht.[330]

3. Geldwäsche, § 261 StGB

350 a) **Pflichten nach dem GwG.** Durch das § 3 Abs. 1 Nr. 1 GwG[331] wird seit dem 15.8.2002 jeder in Deutschland zugelassene Rechtsanwalt, Rechtsbeistand (als Mitglied einer Rechtsanwaltskammer), Patentanwalt und Notar, gem. Ziff. 2 der gleichen Vorschrift auch jeder Wirtschaftsprüfer und Steuerberater verpflichtet,

- denjenigen, der ihm Geld zur Verwaltung, Weiterleitung oder zur Honorierung in Höhe von 15.000 € und mehr übergibt, zu **identifizieren** (§ 1 Nr. 5 GwG), es sei denn ein Fall des § 7 GwG (persönlich bekannte Person oder frühere Identifizierung) läge vor;
- falls Anhaltspunkte für eine Geldwäsche oder eine Unterstützung einer terroristischen Vereinigung bestehen, umfassend zu **identifizieren** und an die zuständige Bundesberufskammer zu **melden** (§ 6 Abs. 1, § 11 Abs. 4 GwG), es sei denn, wenn dem Verdacht Informationen von dem oder über den Mandanten stammen, die der Berater im Rahmen der Rechtsberatung oder Prozessvertretung erhalten hat (§ 11 Abs. 3 GwG);
- die Feststellungen im Rahmen der Identifizierung **aufzuzeichnen** (§ 9 Abs. 1 GwG) und diese Unterlagen 6 Jahre lang aufzubewahren;
- denjenigen, der aus der Absprache **wirtschaftlich Berechtigter** sein soll, zu identifizieren (§ 8 Abs. 1 GwG).

351 Damit werden auch Verteidiger in die Anzeigepflicht nach § 11 Abs. 4 GwG einbezogen,[332] so dass sich Konflikte im Mandatsverhältnis automatisch ergeben: durch die Gesetzesregelung ist die Verschwiegenheitspflicht nach § 43 a BRAO eingeschränkt,[333] der Mandant darf über die Anzeige nicht unterrichtet werden(§ 11 Abs. 6 GwG). Der Verteidiger muss über diese gesetzlichen Regelungen den Mandanten beraten.

352 Wer als Verteidiger die in § 3 Abs. 1 Nr. 1 genannten Geschäfte (u. a. Mitwirkung an der Planung und/oder Durchführung der Verwaltung von Geld, Wertpapieren oder sonstigen Ver-

---

[325] *Jungfer*, Eigene Ermittlungstätigkeit, StV 1981, 100/101; *König*, Wege und Grenzen, StraFO 1996, 98/102.
[326] Beispiele nach *Benfer* Rechtseingriffe Rdnr. 773 ff.
[327] BGHSt. 10, 354.
[328] *Stern*, Beschaffung von Beweismaterial, AnwBl. 1997, 58/60.
[329] Zitiert bei *Jungfer* StV 1981, 100/102.
[330] BGHSt 38, 345/351.
[331] In der Fassung des Gesetzes vom 8.8.2002, BGBl. I S. 3105.
[332] *Wegner* NJW 2002, 2276.
[333] BGH Urt. v. 7.4.2005 – 1 StR 326/04 NJW 2005, 2406.

mögenswerten, Eröffnung oder Führung von Bank-, Spar- oder Wertpapierkonten) regelmäßig ausführt, hat nach § 14 GwG interne Vorkehrungen gegen den Missbrauch zur Geldwäsche zu treffen. Es muss ein Geldwäschebeauftragter bestellt, interne Abwehrgrundsätze müssen entwickelt werden. Für Finanztransaktionen dürfen nur zuverlässige Mitarbeiter, die regelmäßig über die Geldwäsche und die Pflichten nach dem GwG unterrichtet sind, beauftragt werden.

b) Straftatbestand des § 261 StGB. Die Verpflichtungen nach dem GwG werden flankiert durch § 261 StGB.[334] Der Rechtsstand seit der Fassung vom 26.7.2002 kann kurz wie folgt wiedergegeben werden:

- **Tathandlung** ist das Verbergen, die Herkunftsverschleierung, die Vereitlung oder Gefährdung der Herkunftsermittlung, des Auffindens, der Einziehung, des Verfalls, der Sicherstellung eines Gegenstandes nach Abs. 1 S. 1 bzw. das sich oder einem Dritten Verschaffen, das Verwahren oder für einen Dritten Verwenden nach Abs. 2;
- **Vortaten** sind Verbrechen, Vergehen u. a. aus dem Korruptionsbereich, der OK-Delikte, Betrugstatbestände, Untreue und die schwere Steuerhinterziehung nach § 370 a AO für die dadurch ersparten Aufwendungen, unrechtmäßig erlangten Steuererstattungen und -vergütungen, sowie der Bannbruch nach §§ 373, 374 AO;
- **Tatobjekt** ist ein aus einer Vortat resultierender Gegenstand (d. h. eine Sache oder ein Recht, worunter Geld, Wertpapiere und sonstige Vermögensgegenstände gezählt werden können);

c) Verteidigerhonorar. Seit Einführung des Straftatbestandes ist seine Anwendung auf **Verteidigerhonorare** umstritten. Stammt das Honorar aus einer Katalogtat und weiß der Verteidiger positiv von dessen Herkunft, greift der objektive Straftatbestand ein, wenn er das Honorar annimmt oder auch nur unmittelbar dazu ansetzt. Grundsätzlich geht die Rechtsprechung aber davon aus, dass ein Verteidiger die Tat seines Mandanten nicht billigt,[335] also auch nicht willig ist, an den Ergebnissen oder Vorteilen der Tat in irgendeiner Weise zu partizipieren. Auf der Grundlage dieser Annahme haben sich in der Literatur drei Lösungsmodelle entwickelt:
(1) die Tatbestandsausschlusslösung, wonach schon der Tatbestand ausgeschlossen ist, wenn ein Strafverteidigerhonorar entgegen genommen wird;[336]
(2) die Vorsatzlösung, wonach eine Geldwäsche nur bei direktem Vorsatz des Verteidigers angenommen werden kann;[337]
(3) die Rechtfertigungslösung, wonach sich aus der Funktion des Verteidigers, der auf das Honorar angewiesen ist, um tätig sein zu können, ein Rechtfertigungsgrund ergibt;[338]

Nach den sich widersprechenden Entscheidungen des OLG Hamburg (Tatbestandslösung) der Entscheidung des BGH vom 4.7.2001[339] (volle Anwendung der Norm auf das Verteidigerhonorar) dürfte allerdings erhebliche Unklarheit bestehen. Das Urteil hat eine breite Fachdiskussion ausgelöst.[340] Den Bedenken gegen die strikte, einschränkungslose Anwendung hat sich das BVerfG[341] auch angenommen, indem es § 261 StGB im Licht von Art. 12 I GG einschränkend auslegt. Danach kann gegen einen Verteidiger die Norm nur dann greifen, wenn er die Herkunft des Honorars sicher gewusst hat. Damit hat sich das BVerfG für eine tatbestandseinschränkende Lösung – wie in den Fällen des § 258 StGB, des § 339 StGB und auch des § 332 HGB – entschieden, die den Bedürfnissen der Praxis auch entgegen kommt.[342]

---

[334] Zur Kritik vgl. z. B. *Burger* wistra 2002, 1; *Joecks* wistra 2002, 201, 203 ff.; *Wegner* wistra 2002, 5, 8 m.N. in Fußnote 4; *Salditt* Strafverteidiger 2002, 214.
[335] BGHSt. 38, 345/350; BGHSt. 46, 53/59; BGHSt. 29, 99/106.
[336] *Barton* StV 1993, 156/162; *Hartung* AnwBl. 1994, 400/442; *Salditt* StraFo 1992, 121 ff.; so wohl auch das HansOLG NJW 2000, 673.
[337] *Matt* GA 149 (2002), 137/140 Fn.17; *Grüner/Wasserburg* GA 2000, 430/438.
[338] *Bernsmann* StV 2000, 40/43; *Hamm* NJW 2000, 636/637; *Lüderssen* StV 2000, 205/206.
[339] BGH Urt. v. 4.7.2001 BGHSt. 47, 68 =NJW 2001, 2891 = StV 2001, 506 =NStZ 2001, 535 = wistra 2001, 379.
[340] Anmerkungen und Kommentare bei *Ambos* JZ 2002, 70; *Amelung* AnwBl. 2002, 347; *Bernsmann* StraFo 2001, 344; *Fad* JA 2002, 14; *Gotzens* PStR 2001, 265; *ders.* wistra 2002, 121; *Katholnigg* JR 2002, 30; *Leitner* StraFo 2001, 388; *Matt* GA 149 (2002),137/140 ff.; *Neuheuser* NStZ 2001, 647; *Sauer* wistra 2004, 89; *Scherp* NJW 2001, 3242.
[341] BVerfG Urt. v. 30.3.2004 -2 BvR 1520/01 und 2 BvR 1521/01- NJW 2004, 1305; BVerfG Beschl. v. 14.1.2005, AnwBl. 2005, 285 (aus Anlaß der Durchsuchung einer Anwaltskanzlei).
[342] *Dahs/Krause/Widmaier* NStZ 2004, 261; *Wohlers* JZ 2004, 678; *Fischer* NStZ 2004, 473; *Leitner* StraFo 2004, 149; *Sommer* StraFo 2004, 257; *Matt* JR 2004, 321; *Ranft* Jura 2004, 759; *Müssig* wistra 2005, 201.

356 Ein Selbstanzeigerecht nach § 261 Abs. 9 StGB dürfte – entgegen anderer Auffassungen[343] – für den Verteidiger selbst dann bestehen, wenn sein Mandant mit der Selbstanzeige nicht einverstanden wäre und damit die Verschwiegenheitspflicht verletzt sein könnte. Der Verteidiger handelt in einem gesetzlichen Interessenkonflikt, weil das Strafrecht die Anzeige an sich gebietet, während § 203 StGB sie scheinbar zu verbieten scheint. Der Konflikt ist mit der Fallkonstellation vergleichbar, in der der Verteidiger einer Beteiligung an der Tat seines Mandanten verdächtigt wird und sich ohne Verletzung der Verschwiegenheitspflicht nicht sinnvoll verteidigen kann. In einem solchen Fall ist er nicht an die Verschwiegenheitspflicht gebunden.[344]

4. Bruch der Verschwiegenheitspflicht, §§ 43 a Abs. 3 BRAO, 203 StGB

357 **a) Grundsätzliches.** Was sich aus der Beistands- und Schutzfunktion heraus als Notwendigkeit darstellt, erfährt eine Grenze durch die anwaltliche Verschwiegenheitspflicht. Die Suche, Erhebung und Verwertung von Beweismitteln erfordert u. U. die Abgabe von Erklärungen gegenüber Zeugen und Sachverständigen, gegenüber Mitverteidigern oder Ermittlungsbeamten. Dabei darf der Anwalt ohne Einwilligung seines Mandanten kein Wissen aus dem Verteidigungsverhältnis preisgeben, seine Arbeitshypothese nicht schildern und auch sonst keinen äußeren Anschein einer Richtung angeben, in die seine Aktivität zeigt. Die Verschwiegenheitspflicht erstreckt sich auf alles, was der Verteidiger durch und anlässlich seiner Berufsausübung erfährt.

358 **b) Wissen über Belastendes.** Nur aus der Verschwiegenheitspflicht heraus kann die Frage beantwortet werden, wie der Verteidiger mit dem Wissen über das Vorhandensein belastender Beweismittel umgehen soll. Der Verteidiger kann von dem Vorhandensein von belastenden Beweismitteln außerhalb der Anwaltskanzlei von seinem Mandanten, durch eigene Wahrnehmung, von Zeugen oder anonym erfahren. Dieses Wissen kann er vor einer Wahrnehmung der Tat durch Ermittlungsbehörden, während des Tatgeschehens oder während eines laufenden Verfahrens erlangen. Aus der Pflicht zur Verschwiegenheit folgt zunächst, dass der Anwalt dieses Wissen für sich behalten muss, soweit ihm sein Mandant nicht gestattet, dieses Wissen zu offenbaren. Der Verteidiger muss nicht dazu beitragen, dass sein Mandant überführt wird.[345] Er ist nicht verpflichtet, seinem Mandanten zum Geständnis zu raten.[346] Nur in Fällen des §§ 138, 139 Abs. 3 StGB gibt es eine Offenbarungspflicht. Auch das Wissen über (noch Unbekanntes), das Ergebnis einer Erhebung eines bisher unklaren Beweismittels, besonders dann, wenn das Ergebnis belastend ist, unterliegt der Verschwiegenheitspflicht. Der Verteidiger darf dieses Wissen nicht an die Ermittlungsbehörde weitergeben. Er kann dazu auch ohne Einwilligung seines Mandanten nicht gezwungen werden. Die Umgehung der anwaltlichen Verschwiegenheitspflicht durch Anhörung des von der Verteidigung beauftragten Sachverständigen, ist zu Recht einhellig auf Ablehnung gestoßen.[347] Diese Anhörung ist aber möglich, wenn der Sachverständige oder eine Hilfsperson von dem Mandanten oder einem Dritten (beispielsweise dem Unternehmen) beauftragt worden sind.

359 **c) Kollision mit der Wahrheitspflicht?** Aus der für den Verteidiger geltenden Wahrheitspflicht[348] kann eine Durchbrechung der Verschwiegenheitspflicht nicht gefolgert werden. Welche Pflichten im Einzelnen der Verteidiger bei der **Verwertung** seines Wissens in der Abfassung von Anträgen, Stellungnahmen und Erklärungen hat, wird kontrovers diskutiert.[349] Einig sind sich alle Autoren darin, dass ein Verteidiger ein Wissen, das seinen Mandanten belasten könnte, keinesfalls (außer bei §§ 138, 139 Abs. 3 StGB) ohne dessen Zustimmung preisgeben muss[350] und auch den äußeren Anschein eines solchen Wissens vermeiden soll.

---

[343] So *Matt* GA 149 (2002), 137/146.
[344] BGHSt. 2, 375/378.
[345] BGHSt 38, 345/347; LK/*Ruß* § 258 StGB Rdnr. 20.
[346] BGHSt 2, 375/378.
[347] *Krause* StraFo 1996, 1 ff.
[348] *Dahs* StraFo 2000, 181.
[349] *Dahs* StraFo 2000, 182; *Bernsmann*, Stellung des Strafverteidigers, StraFo 1999, 226/227; *Hammerstein* NStZ 1997, 12 f.; *Dornach* NStZ 1995, 57; *Vehling* StV 1992, 86/89.
[350] So z. B. *Dahs* StraFo 2000, 181, 183.

5. Berufsrechtliche Sanktionen

Dem Strafverteidiger ist das Berufsrecht angesichts der in den bisher behandelten Abschnitten drohenden Gefahren ständig gegenwärtig. In keinem anderen Spezialisierungsbereich der Anwaltschaft werden so häufig berufsrechtliche Verfahren geführt. Der Grund liegt darin, dass die Staatsanwaltschaften von Amts wegen verpflichtet sind, mindestens die strafrechtliche Verurteilung eines Rechtsanwaltes der zuständigen Berufskammer zu melden (Verordnung über die Mitteilung in Strafsachen, Mistra v. 29.4.1998).[351] Zum Teil werden bereits Anzeigen von den Staatsanwaltschaften an die zuständige Berufskammer eingeleitet, die dann ihrerseits ein Verfahren einleitet. Jeder strafrechtliche Verstoß eines Rechtsanwaltes, Steuerberaters oder Wirtschaftsprüfers führt nach §§ 118 Abs. 3 BRAO, 109 Abs. 3 StBerG, 83 Abs. 3 WPO zu einem berufsrechtlichen Verfahren.

6. Zivilrechtliche Haftung des Verteidigers

a) Grundsatz. Aus dem Anwaltsvertrag schuldet jeder Rechtsanwalt die ordnungsgemäße Dienstleistung, die er vertraglich übernommen hat. Bei Strafverteidigern ist dies die – je nach Verfahrensstadium u. U. begrenzte – Beratung und Vertretung in einem Straf- oder Bußgeldverfahren. Daneben enthält § 44 BRAO eine gesetzliche Haftung wegen nicht unverzüglich erklärter Mandatsablehnung. Die weitaus häufigste Haftungsgrundlage war bislang das gewohnheitsrechtlich anerkannte Institut der Schlechterfüllung, das seit dem 1.1.2002 durch die Schuldrechtsreform in § 311 Abs. 2 und 3 BGB gesetzlich normiert ist. Der Begriff der Pflichtverletzung ist nunmehr durch §§ 241 Abs. 2, 280 Abs. 1 BGB deutlich weiter und umfasst auch die sog. Beratungs- und Obhutspflichten.

Indessen indiziert eine Verurteilung eines Mandanten nicht etwa ein pflichtwidriges Verhalten. Der Strafprozess wird gerade nicht von dem Verteidiger gestaltet und geführt, anders als bspw. ein Zivilprozess. Vielmehr soll der Anwalt möglichst gute Dienste leisten. Die Rechtsprechung hat allgemein zu den Pflichten des Anwaltes formelhafte Sätze entwickelt, z. B.
- der Anwalt sei verpflichtet, den Mandanten umfassend und erschöpfend zu beraten;
- der Mandant sei über die sachliche Durchführung des Rates und die Gefahren, die das beabsichtigte Geschäft in sich berge, zu belehren;[352]
- der Anwalt habe immer den sichersten Weg zu wählen.[353]

Wer aus einer anwaltlichen Pflichtverletzung Ansprüche herleiten will, muss zunächst substantiiert behaupten (und bei Bestreiten des Anwaltes auch beweisen), welcher Auftrag dem Anwalt erteilt worden ist, welche vertraglichen Pflichten der Anwalt verletzt hat und dass kausal durch diese Pflichtverletzung ein bestimmter Schaden entstanden ist.[354]

b) Haftungsausschluss aus der Natur des Strafverfahrens? Eine Haftung des Strafverteidigers für fehlerhafte Beratung wird häufig mit der Begründung verneint, auch dann, wenn der Verteidiger fehlerhaft berate, trete ein Schaden nicht ein.[355] Zum einen sei es nicht als „Schaden" anzusehen, wenn der Mandant eine gesetzliche Folge seines strafbaren Tuns, nämlich eine konkret gesetzlich angedrohte Strafe erhalte. Zum anderen sei die in einem Strafverfahren festgesetzte Strafe die Folge eines gerichtlich ausgerichteten amtlichen Erkenntnisprozesses, den der Verteidiger wenig oder nicht beeinflussen könne. Folgende Entscheidungen liegen vor:

Gericht	Kernaussage
RGZ 169, 279	Ein Steuerberater musste seinem Mandanten die gegen diesen verhängte Geldstrafe wegen Steuerhinterziehung ersetzen, weil der Berater nicht zu einer (möglichen) rechtzeitigen strafbefreienden Selbstanzeige geraten hatte.

---

[351] Erlassen aufgrund von § 12 Abs. 5 EGGVG.
[352] RG JW 1932, 2854.
[353] BGH NJW 1988, 486; BGH NJW 1996, 2648; BGH NJW 1998, 900.
[354] *Borgmann* in: Beck'sches Rechtsanwaltshandbuch Teil E.2. Rdnr. 21.
[355] *Vollkommer* Anwaltshaftungsrecht Rdnr. 601; *Krause* NStZ 2000, 225; *Schäfer* in: Wahle (Hrsg): Symposium für Egon Müller, Mandant und Verteidiger, 2000, S. 63, 68 ff.

Gericht	Kernaussage
BGH NJW 1964, 2402	Der BGH verneinte die Voraussetzungen eines Amtshaftungsanspruches wegen dessen Subsidiarität gegenüber einem Schadensersatzanspruch gegen den Verteidiger, der über die Verjährung falsch beraten hatte.[356]
OLG Düsseldorf StV 1986, 211	Der Mandant hatte einen Strafbefehl erhalten, der Verteidiger riet dazu, Einspruch einzulegen und die Hauptverhandlung durchführen zu lassen. Als Ergebnis der Hauptverhandlung wurde der Mandant zu einer höheren Strafe verurteilt. Das OLG sprach dem Mandanten die Differenz zwischen Strafbefehl und Urteil als Schadensersatzanspruch gegen den Verteidiger zu, weil der Einspruch nach Lage der Dinge überhaupt keinen Erfolg versprochen habe.
LG Berlin StV 1991, 310	Die Revisionsbegründungsschrift des Verteidigers war nicht hinreichend substantiiert. Wäre sie es gewesen, hätte die Verurteilung aufgehoben werden müssen. Dennoch wies das LG die Schadensersatzklage ab mit der Begründung, es stehe nicht fest, dass eine wiederholte Hauptverhandlung zu einem anderen Ergebnis geführt hätte. Dazu Anm. Barton, StV 1991, 322.
BGH NJW 1997, 518	Steuerberater hatte seinen Mandanten falsch beraten. Der wurde dadurch wegen leichtfertiger Steuerverkürzung verurteilt. Die Strafe musste der StB dem Mandanten nach Ansicht des BGH ersetzen, auch wenn ein solcher Ersatzanspruch bei vorsätzlicher Begehung der Straftat nicht bestanden hätte.
OLG Nürnberg 21.9.1995 StV 1997, 481 =StraFo 1997, 186	Eine Absprache im Strafprozess über eine Verurteilung zu einer zweijährigen Freiheitsstrafe hatte zur Folge, dass der Ruhestandsbeamte seinen Ruhegeldanspruch nach § 57 BeamtenVersG verlor. Die für den Mandanten nachteiligen Folgen waren von dem Verteidiger zu vertreten, weil er schuldhaft falsch beraten hat.
LG Bonn NJW 1997, 1449	Die gegen einen Mandanten wegen vorsätzlicher Tatbegehung festgesetzte Geldstrafe ist kein Schaden des Mandanten, der aufgrund fehlerhafter Beratung zu erstatten wäre.
OLG Braunschweig StraFo 2002, 94	Der Verteidiger beriet einen ins Ausland geflohenen Mandanten über die ablaufende Verjährungsfrist falsch. Der Mandant kehrte vorzeitig nach Deutschland zurück, wurde verhaftet und verurteilt. Die Strafe musste der Anwalt dem Mandanten als Schaden ersetzen. Das OLG war der Auffassung, dass keine Verurteilung eingetreten wäre, hätte der Verteidiger die Frist richtig berechnet.
BGH 22.7.2004 NJW 2004, 3630	Strafverteidiger hatte eine Barkaution von Schwiegereltern entgegengenommen, auf das Konto der Gerichtskasse überwiesen, konnte das Geld aber nach Wegfall des Haftzwecks (Mandant verstarb) nicht mehr zurückzahlen, weil eine Bank pfändete. Der BGH wies die Klage ab, da der Verteidiger kein Garant für die Rückzahlung sei. Dazu Anm. Chab BRAK-Mitt. 2004, 261.
KG StV 2005, 449 =NJW 2005, 1284	Die Verteidigerin hat die Inhaftierung des Mandanten verschuldet, weil sie nicht rechtzeitig eine Terminsverlegung beantragte. Der Mandant wollte heiraten und wurde an der Grenze verhaftet. Bei 79 Tagen Freiheitsentzug wurde die Verteidigerin zu 7.000 € Schadensersatz verurteilt.[357]

---

[356] Eine Haftung des Anwaltes in einem solchen Fall verneinte BGH Urt. v. 21.2.2005, bei *Chab* BRAK-Mitt. 2005, 72; *ders.* AnwBl. 2005, 497.
[357] Dazu auch *Chab* AnwBl. 2005, 497; davor *Jungk* AnwBl. 1998, 152.

Angesichts der Rechtsprechung sollte man sich vor vorschnellen Einschätzungen hüten.[358] Die zivilrechtliche Judikatur zu falschen Fristberechnungen, Fristversäumnissen, Nichtentdeckung eines fehlenden Strafantrages,[359] falschem Rat zur Einlegung von Rechtsbehelfen und Rechtsmitteln sowie negative Folgen von Verständigungen im Strafverfahren kann sehr wohl auf die Tätigkeit des Strafverteidigers angewandt werden.[360] Damit sollte sich der Verteidiger bewusst sein, dass er von dem allgemeinen Haftungsrisiko für die richtige anwaltliche Beratung und Vertretung durch die Übernahme strafrechtlicher Mandate nicht befreit ist.

c) **Vertraglicher Haftungsausschluss.** Wenn eine Verteidigung eines der unter b) aufgezeigten Problemfelder berührt, aber auch als strafrechtlicher Gutachter oder strafrechtlich beratender Anwalt (z. B. für Unternehmen, Aufsichtsrat, Drittbetroffene) können sich aus dem Rat in strafrechtlichen Angelegenheiten durchaus zivil-, gesellschafts- und arbeitsrechtliche Folgen ergeben, die der Berater nicht überblickt. Stellt sich erst nach der Beratung heraus, dass der Rat unrichtig war – sei es weil Sondernormen unberücksichtigt geblieben sind, sei es, weil eine bestimmte Verfahrenskonstellation übersehen wurde oder sei es, dass der Rat auf einer falschen Sachverhaltsgrundlage erteilt wurde – dann kann das zur Inanspruchnahme des Anwaltes führen. Hier gilt es, durch vertragliche Vereinbarungen eine Haftung zu begrenzen oder gar auszuschließen.[361]

(1) Der **vollständige Ausschluss einer Haftung** kann nur innerhalb der Grenzen der §§ 134, 138, 275 BGB erfolgen, d. h. Vorsatz und grobe Fahrlässigkeit können nicht abbedungen werden. Durch § 51 a BRAO ist die Möglichkeit geschaffen worden, die Haftung für (einfaches) fahrlässiges Verhalten durch schriftliche Einzelfall-Vereinbarung auf die Höhe der Mindestversicherungssumme der Berufshaftpflichtversicherung (§ 51 a Abs. 1 Nr. 1 BRAO, d. h. 250.000 EUR je Versicherungsfall (§ 51 Abs. 4 BRAO)), oder durch AGB-Vereinbarungen auf das vierfache der Mindestversicherungssumme, wenn insoweit Versicherungsschutz besteht (§ 51 a Abs. 1 Nr. 2 BRAO) zu begrenzen. Die Haftungsbegrenzung durch Wahl der Gesellschaftsform GmbH greift als dritte Möglichkeit nur, wenn die Gesellschaft ausreichende Haftpflichtversicherungen unterhält (§§ 59 c-m BRAO, mindestens 5 Mio. DM/Jahr je Geschäftsführer und Gesellschafter, zusammen mind. 4x5 Mio. DM). Eine weitere Möglichkeit, die Haftung für die Art des anwaltlichen Verhaltens oder die Höhe des denkbaren Schadens auszuschließen oder zu begrenzen, besteht nicht. Das Denkmodell *Bartons*,[362] zwischen der normalen zivilrechtlichen und einer durch Qualitätsmerkmale bestimmten (und vertraglich zugrunde gelegten) „gekonnten" oder „Mindest-" Verteidigung zu unterscheiden, hat sich zu Recht nicht durchgesetzt.

(2) Die **inhaltliche Begrenzung** der beauftragten Tätigkeit auf einzelne Aufgabenbereiche, z. B.
- die Anfertigung eines Gutachtens, wenn der Auftraggeber den dem Gutachter mitgeteilten Sachverhalt als vollständig und richtig bezeichnet (Vollständigkeitserklärung);
- die Begrenzung auf bestimmte Wissensgebiete (z. B. nur die strafrechtliche Beurteilung, nicht aber die gesellschafts-, arbeitsvertragliche oder verwaltungsrechtliche Beurteilung);
- die Vereinbarung, eine rein beobachtende Tätigkeit auszuüben, ohne in ein Prozessgeschehen einzugreifen;

stellt demgegenüber einer zulässige und auch Erfolg versprechende Begrenzung auch der Haftung dar. Der Sache nach handelt es sich nämlich um eine Begrenzung des Vertragsinhaltes, nicht um eine Begrenzung der Haftung für fehlerhaftes Verhalten.

---

[358] Brüssow/Krekeler/Mehle/*Bandisch* § 9 Rdnr. 152; *Burhoff* Rdnr. 957 f.; *Zwiehoff* StV 1999, 555.
[359] *Schlee* AnwBl. 1986, 31 f.
[360] Eingehend zur möglichen Begründung: *Zwiehoff* StV 1999, 555/558.
[361] Dazu *Borgmann* in: Beck'sches Rechtsanwaltshandbuch A.3. Rdnr. 23 ff., 58 ff.
[362] *Barton* StV 1991, 322/324.

Teil B. Besondere Bereiche der Beratung und Verteidigung

§ 8 Strafrechtliche Präventivberatung

Übersicht

	Rdnr.
I. Strafrechtliche Präventivberatung und ihre Aufgabe	1–44
1. Entwicklung des Wirtschaftsstrafrechts und die Auswirkungen auf das strafrechtliche Risikomanagement	1–7
2. Notwendigkeit präventiver Beratung im Rahmen des allgemeinen Risikomanagements	8–10
3. Schwierigkeiten in der Beratung und Vermittlung	11–13
4. Risiken der Zielgruppen	14–44
a) Entwicklung der Rechtsprechung zum Organisationsverschulden	15–28
b) Die Pflichtenstellung als Voraussetzung strafrechtlicher Inanspruchnahme	29/30
c) Evaluierung spezieller gesetzlicher Vorschriften	31–43
d) Zusammenfassung	44
II. Bestandsaufnahme im Unternehmen	45–49
1. Risikoanalyse und -inventur	46–48
2. Unternehmensinterne Ermittlungen	49
III. Vergangenheitsbezogene Beratung	50/51
IV. Zukunftsbezogene Beratung	52–104
1. Corporate Policy und Unternehmensethik	53–71
a) Schaffung einer „Unternehmensethik"	54/55
b) Formulierung eines Unternehmensleitbildes	56–66
c) Die innerbetriebliche Umsetzung	67–71
2. Schaffung klarer Organisationsstrukturen	72–77
a) Zuständigkeitsverteilung	73
b) Allgemeine Verhaltensempfehlungen	74
c) Kommunikation von Organisationsstruktur und Verhaltensanweisungen	75
d) Beteiligung mehrerer an Entscheidungsvorgängen	76
e) Jobrotation und Teambildung	77
3. Mitarbeiterschulung	78–81
a) Stetige Thematisierung	79
b) Inhalt und Aufbau	80/81
4. Besondere Instrumente der Prävention	82–87
a) Einsetzung eines Betriebsbeauftragten	82
b) Einführung eines anonymisierten Meldewesens	83/84
c) Beauftragter für wirtschaftskriminelle Handlungen	85–87
5. Kontrolle	88–101
a) Kontrolle und Vertrauen	89/90
b) Personalauswahl und -überwachung	91–95
c) Probleme bei Einführung und Umsetzung der Kontrolle	96
d) Rolle und Funktion der Unternehmensrevision	97–99
e) Dokumentation regulärer Betriebsabläufe und Zertifizierungen	100/101
6. Sanktionen	102–104
V. Präventivberatung für den Ernstfall der Durchsuchung	105–116
1. Handlungsplan für den Fall der Durchsuchung	105–114
a) Einsetzen eines Koordinators	106/107
b) Erstellen von Handlungsanweisungen	108–110
c) Vorbereitung der Mitarbeiter auf den Ernstfall	111–114
2. Instruktion leitender Mitarbeiter des Unternehmens / Konzerns	115
3. Maßnahmen im Nachgang der Durchsuchung	116
VI. Checklisten	117–119

Schrifttum: *Bannenberg*, Korruption in Deutschland und ihre strafrechtliche Kontrolle, 2002; *Barton*, Rechtsgestaltung und Strafrecht, JuS 2004, 553 ff.; *Bussmann*, Kriminalprävention durch Business Ethics – Ursachen von Wirtschaftskriminalität und die besondere Bedeutung von Werten, zfwu 2004, 35 ff.; *ders.*, Business Ethics und Wirtschaftsstrafrecht – Zu einer Kriminologie des Managements, Quelle: http://bussmann.jura.uni-halle.de/publikationen; *Dahnz*, Manager und ihr Berufsrisiko, 2002, S. 160 ff.; *Dannecker*, Die Entwicklung des Wirtschaftsstrafrechts in der Bundesrepublik, in: Wabnitz/Janovsky, Handbuch des Wirtschafts- und Steuerstrafrechts, 1. Kapitel, 2. Auflage, 2004, S. 3 ff.; *Eggemann*, Risikomanagement nach KonTraG aus dem Blickwinkel des Wirtschaftsprüfers, BB 2000, 503 ff.; *Eidam*, Unternehmen und Strafe, 2001; *Kersting*, Auswirkungen des Sarbanes-Oxley-Gesetzes in Deutschland ..., ZIP 2003, 233 ff.; *KPMG*, Reformen im Zeichen von Internationalität, Transparenz und Kontrolle, 1998; *KPMG*, Untersuchung zur Wirtschaftskriminalität, 1998; *KPMG*, Unternehmensleitbilder in deutschen Unternehmen, 1999; *Küng*, Hat das Ethos in der Wirtschaft eine Chance?, in: Pieth/Eigen, Korruption im internationalen Geschäftsverkehr, 1999, S. 120 ff.; *Park*, Handbuch Durchsuchung und Beschlagnahme, 2002; *PricewaterhouseCoopers*, Wirtschaftskriminalität 2003 – Internationale und deutsche Ergebnisse, 2003; *Regelin/Fisher*, Zum Stand der Umsetzung des Sarbanes Oxley Act aus deutscher Sicht, I. S.tR 2003, 276 ff.; *Urban*, Mittelbare Täterschaft kraft Organisationsherrschaft, 2004, S. 201 ff.; *Wessing*, Strafbarkeitsgefährdungen für Berater, NJW 2003, 2265 ff.

I. Strafrechtliche Präventivberatung und ihre Aufgabe

1. Entwicklung des Wirtschaftsstrafrechts und die Auswirkungen auf das strafrechtliche Risikomanagement

1   Strafrechtliche Präventivberatung ist ein Tätigkeitsfeld, dem momentan kaum Bedeutung beigemessen wird. Tatsächlich herrscht in vielen Unternehmen noch heute die Einstellung, es bestehe keine Notwendigkeit, sich mit dem Strafrecht zu befassen,[1] obwohl die Mehrheit der Unternehmen von einer Zunahme der Wirtschaftskriminalität auszugehen scheint.[2] Selbst in die jüngere betriebswirtschaftliche Studienliteratur hat das Thema noch keinen Eingang gefunden: Über kriminogene Risikofelder und Präventionsoptionen in Wirtschaftsunternehmen erhalten Deutschlands Nachwuchsmanager in der universitären Ausbildung eine „weiße Landkarte".[3] Immerhin beschäftigen sich einige Untersuchungen und Umfragen mit dem Thema, meist unter Beschränkung auf den Aspekt der unternehmens**schädigenden** Kriminalität durch Unternehmensangehörige.[4] Auch das strafrechtliche Schrifttum enthält sich überwiegend konkreter Ausführungen zur Tätigkeit des Rechtsanwalts auf diesem Gebiet. Man beschäftigt sich beinahe ausschließlich mit Aufgabe und Funktion des Strafverteidigers **ab Beginn** des strafrechtlichen Ermittlungsverfahrens.

2   Prävention im Unternehmen und strafrechtliche Präventivberatung sind in der Praxis aber unumgänglich. Das Unternehmen ist in der heutigen Gesellschaft nicht mehr nur verselbständigtes Sondervermögen in Form einer juristischen Person. Angesichts der straf- und wirtschaftsverwaltungsrechtlichen Entwicklung sind Zusammenhänge mit der rechtstatsächlich immer wichtiger werdenden innerbetrieblichen Aktivierung der personellen Teilverantwortung von Mitarbeitern aller Hierarchiestufen innerhalb des Unternehmens unübersehbar.[5] Strafverfolgungsbehörden geben sich heutzutage denn auch bei Ermittlungen in großen Wirtschaftsstrafverfahren nicht mehr mit Bauernopfern aus den unteren Ebenen des betroffenen Unternehmens zufrieden. Sie sind in der Lage, über die Rechtsfigur des **Organisationsverschuldens** organisatorische Mängel, die strafbare Handlungen ermöglichen, fördern oder nicht verhindern, bis in die Spitze der Unternehmen strafrechtlich zu verfolgen. Insbesondere in Fällen der strafrechtlichen Umwelt-, Produkt- und Betriebsstättenverantwortung ist seit Jahren ein kontinuierlicher Anstieg der Ermittlungsverfahren zu verzeichnen.[6] Das hat nicht nur mit einer erhöhten Sensibilisierung der Öffentlichkeit und einem gewachsenen

---

[1] *Eidam*, Unternehmen und Strafe, S. 499.
[2] *Euler Hermes*, „Wirtschaftskriminalität – Das diskrete Risiko" (Quelle: http://www.eulerhermes.com/imperia/md/content/ger/dt/pdf_wiko/300_wiko.pdf), S. 8.
[3] Vgl. *Bussmann*, Business Ethics und Wirtschaftsstrafrecht, S. 5.
[4] Siehe allein *Euler Hermes* Wirtschaftskriminalität (Fn. 2); *KPMG*, Untersuchung zur Wirtschaftskriminalität, Wien 1998; *PricewaterhouseCoopers*, Wirtschaftskriminalität 2003 – Internationale und deutsche Ergebnisse, 2003.
[5] *Schmidt-Salzer* NJW 1994, 1305, 1306.
[6] *Dahnz*, Manager und ihr Berufsrisiko, S. 160.

Selbstbewusstsein der Strafverfolgungsbehörden[7] gegenüber strafrechtsrelevantem Verhalten innerhalb Unternehmen zu tun, sondern auch mit der stetigem Wandel unterzogenen Funktion des Strafrechts. Strafrecht ist inzwischen nicht allein bloßes Sanktionsmittel für schwerwiegende Rechtsgutverletzungen, sondern wird immer mehr als gesellschafts- und wirtschaftspolitisches Steuerungsinstrument eingesetzt.[8] Beinahe schon inflationär wird jegliches missbilligenswert erscheinendes Verhalten mit einer Strafandrohung versehen, und zwar überwiegend in Form des **abstrakten Gefährdungsdelikts**, das einen tatbestandsmäßigen Erfolg nicht verlangt (und deshalb auch nicht definieren muss), sondern lediglich ein **möglicherweise gefährdendes Verhalten** sanktioniert. Die Straf- und Bußgeldbestimmungen des neuen Geräte- und Produktsicherheitsgesetzes[9] sind nur das jüngste Beispiel für diese Entwicklung.

Auch die individuelle Zurechnung, die das Schuldstrafrecht erfordert, wird zunehmend erleichtert. Strafbewehrte insolvenzrechtliche Antragspflichten[10] stellen an Organe eine erhöhte Pflichtenanforderung, und es ist nur eine Frage der Zeit, bis Verletzungen des verschärften Pflichtenkatalogs des Gesetzes zur Kontrolle und Transparenz im Unternehmensbereich (**KonTraG**) für Vorstände und Aufsichtsräte börsennotierter Aktiengesellschaften und die dort bereits normierten Schadensersatzansprüche bei Verletzung dieser Pflichten um unmittelbare strafrechtliche Konsequenzen ergänzt werden. Selbst **neutrale berufsspezifische Handlungen** werden als Beihilfestrafbarkeit verfolgt,[11] und § 130 OWiG ermöglicht die Sanktionierung von **Aufsichtspflichtverletzungen** des Leitungspersonals. Zudem ermöglicht § 30 OWiG die Verhängung einer **Geldbuße gegen das Unternehmen** unabhängig davon, ob Sanktionen auch gegen Einzelpersonen ausgesprochen wurden. Schließlich bietet das Instrumentarium des **Verfalls** (§§ 73 ff. StGB) und des **dinglichen Arrests** (§ 111 d StPO) den Strafverfolgungsbehörden Möglichkeiten, die wirtschaftliche Bewegungsfreiheit eines Unternehmens im Falle des Verdachts einer Straftat wesentlich zu beschneiden.

Wer ein strafrechtliches Ermittlungsverfahren gegen Angehörige des Unternehmens vermeiden will, das auch immer faktische und rechtliche Auswirkungen auf das Unternehmen selbst hat, „hat nur mit Prävention eine Chance".[12] Eine an Risikovermeidung und -minimierung orientierte Unternehmenspolitik hat sich deshalb auch mit dem Strafrecht, mit strafrechtlichen Sanktionen und entsprechenden Vermeidungsstrategien auseinander zu setzen.[13] In deren Zentrum dürften freilich nicht nur die geschäftsführenden Organe als unter das deutsche (Schuld-)Strafrecht fallende natürliche Personen stehen. Auch für das Unternehmen als solches, das ja Adressat einer verwaltungsrechtlichen Sanktion[14] sein kann, ist heutzutage eine kompetente strafrechtliche Präventivberatung unverzichtbar. Ziel der präventiven Maßnahmen muss es zunächst sein, die Beweggründe für strafrechtlich relevantes Verhalten zu erkennen[15] und auf dieser Grundlage günstige Tatgelegenheiten zu beseitigen.[16] Das kann insbesondere durch Er-

---

[7] Vgl. *Barton* JuS 2004, 553.
[8] Vgl. *Bussmann*, Business Ethics und Wirtschaftsstrafrecht, S. 2; *Hassemer*, Produktverantwortung im modernen Strafrecht, 2. Auflage 1996, S. 6 ff.
[9] Gesetz vom 6.1.2004, BGBl. I 2004, S. 2 mit Berichtigung v. 11.2.2004, BGBl. I 2004 S. 219 a; näher dazu *Klindt* NJW 2004, 465; speziell zu den Sanktionsvorschriften *Eidam* NJW 2005, 1021.
[10] Näher Wabnitz/Janovsky/*Beck*, 6. Kapitel, Rdnr. 103 ff.
[11] BGH NStZ 2000, 34.
[12] *Eidam*, Unternehmen und Strafe, S. 505.
[13] *Dahnz*, Manager und ihr Berufsrisiko, S. 160.
[14] Dass diese durchaus schmerzhaft sein kann, zeigt die Sanktionierung von Kartellrechtsverstößen. Gegen ein Starkstromkabelkartell wurden Bußgelder in Höhe von knapp 284 Millionen DM verhängt (Tätigkeitsbericht 1995/1996 des Bundeskartellamts, BT-Drucks. 13/7900, S. 31), Im Jahr 2005 wurden gegen sieben öffentlich-rechtliche Versicherungsunternehmen Bußgelder in Höhe von insgesamt ca. 150 Millionen Euro verhängt (Quelle: Pressemitteilung des Bundeskartellamts vom 15.9.2005; www.bundeskartellamt.de). Die verwaltungsrechtliche Sanktionierung des Unternehmens ist demnach nicht zu unterschätzen.
[15] Die im Rahmen einer von *Euler Hermes* durchgeführten Untersuchung befragten Unternehmen gaben als Beweggründe an schwindendes Unrechtsbewusstsein und sinkende Moral von Mitarbeitern (88%), anhaltende Konjunkturschwäche (85%), zunehmende Internationalisierung (86%) und finanzielle Schwierigkeiten des einzelnen Mitarbeiters (67%) an. Zudem wird angenommen, dass die Bedrohung durch wirtschaftskriminelle Handlungen mit zunehmender Größe des Unternehmens wachse (89%) (*Euler Hermes*, Wirtschaftskriminalität (Fn. 2, S. 12 f.).
[16] *Bartsch/Paltzow/Trautner*, Der Antikorruptionsbeauftragte, 2001, Kap. 6 S. 1.

höhung des Entdeckungsrisikos im Sinne einer umfassenden Überwachung geschehen – etwa durch eine Anpassung der innerunternehmerischen Organisation. Hierbei genügt nicht, einmalig eine Dienstanweisung zu erlassen oder einen Beauftragten zu benennen. Es gilt, die Vorschriften und Handlungsanweisungen immer wieder in Erinnerung zu bringen.[17] Allein auf dem Reißbrett durchgeführte Präventionsmaßnahmen können eine Wirkung kaum entfalten: Strafrechtsprävention muss das Unternehmen, will es sich selbst schützen, auch tatsächlich wollen. Denn: „Unvorbereitet sein, heißt hilflos sein!"[18]

5 Gehört das Unternehmen bereits zu einem gefährdeten Bereich der Wirtschaft, mit dem sich die Staatsanwaltschaften bereits intensiv befassen (wie z. B. Banken, medizintechnische und pharmazeutische Unternehmen, Entsorgungsunternehmen), so dass mit einem Ermittlungsverfahren gerechnet werden muss, sollte – soweit möglich – der Versuch unternommen werden, Firmendurchsuchungen und andere Zwangsmaßnahmen zu verhindern. Das gilt auch für andere Unternehmen. Eine Befragung aus dem Jahr 2003 hat ergeben, dass 39% der deutschen Unternehmen innerhalb der vorangegangenen zwei Jahre sich als Opfer wirtschaftskrimineller Handlungen erkennen.[19] Insbesondere größere Unternehmen sind hier gefährdet, was am mit der Größe des Geschäfts steigenden Kontrollverlust der Geschäftsführung zusammenhängen dürfte sowie damit, dass größere Unternehmen Wachstumschancen in neuen Märkten mit typischerweise höheren Risiken suchen. Zum anderen ist der Identifikationsgrad von Mitarbeitern geringer, je größer das Unternehmen ist, und die Gefahr des kollusiven Zusammenwirkens unter Mitarbeitern oder zwischen Mitarbeitern und Externen ist größer als bei Kleinbetrieben.[20] Mit *Eidam* lassen sich im Wesentlichen vier pönalisierte Hauptrisikogruppen eines Unternehmens bilden:[21] Produktrisiko, Umweltrisiko, Betriebsstättenrisiko sowie Verkehrs- und Verkehrswirtschaftsrisiko. Durch eine kompetente Beratung können Risiken abgeschätzt und ein ggf. anstehendes Verfahren so vorbereitet werden, dass seine Auswirkungen nach innen wie nach außen so gering wie möglich gehalten werden. Im Rahmen einer solchen Beratung werden Firmenstrukturen auf strafrechtliche Risiken untersucht, Vorschläge für eine Absicherung gegeben und Unterstützung bei der Umsetzung geleistet.

6 Ein wesentlicher Aspekt der Präventivberatung liegt in der Vermeidung von Straftaten im spezifischen Wirkungskreis des Beratenen. Zahlreiche Situationen bergen strafrechtliche Risiken, die es zu erkennen und zu umgehen gilt. Eine erschöpfende Aufzählung ist nicht möglich. Einige Beispiele mögen jedoch die häufig nur versteckte strafrechtliche Relevanz einzelner, auf den ersten Blick harmlos erscheinender Verhaltensweisen verdeutlichen: Wer allgemeine Geschäftsbedingungen für eine Firma entwirft, die Warenterminoptionen verkauft und Vermittlungskosten i.H. von 40% des Anlagebetrages verlangen möchte, wird sich nicht nur über Gewährleistungsbeschränkungen oder zivilrechtliche Aufklärungspflichten Gedanken machen müssen, sondern auch über die Möglichkeit einer Strafbarkeit nach § 263 StGB und §§ 61, 23 Abs. 1 BörsG.[22] Wer sich wegen des Krankheitsausfalls eigener Bauarbeiter von anderen Firmen Ersatzpersonal beschaffen will, muss die Regeln des Arbeitnehmerüberlassungsgesetzes im Auge behalten, die auch die fahrlässige illegale Arbeitnehmerüberlassung sanktionieren, und den Überlassungsvertrag auch entsprechend formulieren.

7 Daneben sind die mittelbaren Folgewirkungen wirtschaftskriminellen Handelns nicht zu unterschätzen. Wirtschaftsstraftaten innerhalb des Unternehmens können sich negativ auf die Mitarbeitermoral, auf die Stabilität der Geschäftsbeziehungen, auf die Reputation des Unternehmens im Allgemeinen wie auch auf das Image der jeweils betroffenen Marke auswirken. Die daraus resultierenden Folgeschäden können bedeutender sein als der unmittelbare finanzielle Schaden, sie sind aber nur schwer quantifizierbar.[23] Jedes Unternehmen ist langfristig

---

[17] Vgl. *Bartsch/Paltzow/Trautner*, Der Antikorruptionsbeauftragte, 2001, Kap. 6 S. 1.
[18] *Eidam* S. 589.
[19] *PricewaterhouseCoopers* S. 6.
[20] *PricewaterhouseCoopers* S. 7.
[21] *Eidam* S. 265 ff.
[22] Vgl. *Barton* JuS 2004, 553, 554; BGH NStZ 2000, 34. §§ 61, 23 Abs. 1 BörsG stellen den Verstoß gegen das Verbot zur Verleitung zu Börsenspekulationsgeschäften unter Strafe.
[23] *PricewaterhouseCoopers* S. 13.

§ 8 Strafrechtliche Präventivberatung

auf eine gute Reputation angewiesen, es benötigt Kredit für die Betriebsangehörigen und die Auszubildenden, die in einer angesehenen Firma arbeiten möchten, für die Anwohner und die Ortsgemeinde, auf deren Wohlwollen jede Firma angewiesen ist, für Financiers, Zulieferer und Kunden und schließlich für die große Öffentlichkeit.[24] Nicht zu unterschätzen sind auch die Einflüsse auf den Marktpreis und – insbesondere bei börsennotierten Unternehmen – auf den Kurs ausgegebener Wertpapiere.

2. Notwendigkeit präventiver Beratung im Rahmen des allgemeinen Risikomanagements

Strafrechtliche Präventivberatung ist Bestandteil des allgemeinen **Risikomanagements** innerhalb des Betriebs. Das Thema Risikomanagement wird in deutschen Unternehmen bislang eher stiefmütterlich behandelt, geschweige denn werden Maßnahmen zur Errichtung eines **effektiven** Risikomanagementsystems ergriffen.[25] Es verwundert daher nicht, dass auch strafrechtliches Risikomanagement noch nicht Einzug gehalten hat in die Planungen deutscher Unternehmen. Der Begriff des strafrechtlichen Risikomanagements ist von dem allgemeinen – betriebswirtschaftlich geprägten – Begriff des Risikomanagements[26] abzugrenzen.[27] Denn der betriebswirtschaftliche Begriff des Risikomanagements umfasst unter Umständen auch die Inkaufnahme straf- oder ordnungswidrigkeitenrechtlicher Sanktionen gegen einzelne Mitarbeiter oder gegen das Unternehmen selbst, sofern die bußgeld- oder strafbedrohte Handlung unter ökonomischen Aspekten sinnvoll erscheint. Seitdem der Bundesgerichtshof im Jahr 1990 klargestellt hat, dass die Bezahlung einer Geldstrafe durch Dritte nicht den Straftatbestand der Strafvereitelung erfüllt,[28] ist die Übernahme von Geldstrafen, die gegen Mitarbeiter wegen einer im Rahmen ihrer betrieblichen Tätigkeit begangenen rechtswidrigen Handlung verhängt wurden, durch das Unternehmen gleichsam legalisiert. Dort, wo der Mitarbeiter dabei unternehmensnützig handelt, fällt die Übernahme der Geldstrafe durch das Unternehmen leicht, insbesondere dann, wenn der wirtschaftliche Nutzen der rechtswidrigen Handlung die Geldstrafe betragsmäßig ausgleicht oder gar übersteigt. Angesichts des in der ökonomischen Theorie verwendeten Risikobegriffs, der Risiko als die Abweichung des tatsächlichen vom prognostizierten Ergebnis einer wirtschaftlichen Aktivität definiert,[29] wird deutlich: Strafrechtliche Aspekte bleiben ausgeblendet. Dabei wird übersehen, dass die Gefahr der Verhängung einer Freiheitsstrafe im Wirtschaftsstrafverfahren mit der zunehmenden Ermittlungstätigkeit und spezifischen Kenntnis der Staatsanwaltschaften und Gerichte auf diesem Gebiet nicht kleiner wird. Strafrechtliches Risikomanagement will denn auch schon die Verhängung von Strafen und Geldbußen verhindern. Fälle wie *Jürgen Schneider*, EM-TV, Mannesmann/Vodafone, jüngst auch die Volkswagen-Betriebsrats-Affäre und die Missstände im „Öl für Lebensmittel"-Programm der Vereinten Nationen usw. sind Belege für die gestiegene Sensibilisierung der Bevölkerung, aber auch der Ermittlungsbehörden für wirtschaftsstrafrechtlich relevante Sachverhalte. Ein wirtschaftsstrafrechtliches Ermittlungsverfahren unter Kontrolle zu halten, erweist sich als Sisyphos-Aufgabe. Es hält für die Beteiligten Unvorhersehbares ***en masse*** bereit und ist deshalb nur schwer kalkulierbar. Kommt es zum „GAU" der Freiheitsstrafe gegen einzelne Mitarbeiter, ist der Ausweg der Strafübernahme versperrt: Der Vollzug der Freiheitsstrafe trifft den Verurteilten selbst und ist nicht übernahmefähig. Diese extreme, aber mögliche Konsequenz eines Strafverfahrens schärft den Blick für die Notwendigkeit der Einbeziehung strafrechtlicher Aspekte in das betriebliche Risikomanagement.

In wirtschaftlicher Hinsicht zeigen Präventionsmaßnahmen auf dem Gebiet des Strafrechts das Bemühen der Unternehmensleitung um **Transparenz** und **Gesetzmäßigkeit**, was im Verhältnis zu Handelspartnern, insbesondere aber auch zum Kunden zu einem Wettbewerbsvorteil gegenüber Konkurrenten führen kann. Das Bemühen um gesetzmäßiges Handeln und eigeninitiativ betriebene Prävention ist – ähnlich wie das Engagement im sozialen, kulturellen,

---

[24] *Küng* S. 121.
[25] Die Wirtschaftswoche titelte demgemäß: „Risikomanagement ist in Deutschland Pflicht. Die Unternehmen kümmert das wenig.", Wirtschaftswoche vom 13.9.2001, S. 93.
[26] Vgl. hierzu allgemein *Hahn/Weber/Friedrich* BB 2000, 2620 ff.
[27] *Hahn/Weber/Friedrich* BB 2000, 2620, 2621.
[28] BGHSt 37, 226; krit. Schönke/Schröder/*Stree* § 258 Rdnr. 28 m. w. N.
[29] *Hahn/Weber/Friedrich* BB 2000, 2620, 2621 m. w. N.

umweltschützenden oder sportlichen Bereich – gar positive Werbung für das Unternehmen. Ein weiterer ökonomischer Gesichtspunkt strafrechtlicher Prävention ist, dass die Vermeidung strafrechtlicher Verhaltensweisen – insbesondere von Korruption und Unterschlagung – unnötige Kosten minimiert. Vielen Unternehmen ist mittlerweile bewusst, dass die materiellen Schäden etwa durch ausufernde Absprachekartelle und andere vielfältige Handlungen der Wirtschaftskriminalität auch das eigene Unternehmen treffen und Mitarbeiter auch zu Lasten des Unternehmens in erheblicher Art und Weise schädigend gehandelt haben.[30] Schließlich dienen bestimmte Präventionsmaßnahmen zur persönlichen Absicherung der Unternehmensführung: Wer sein Unternehmen derart organisiert, dass ihm ein Verschulden etwa bei der Auswahl von Überwachungspersonal etc. nicht vorwerfbar ist, begibt sich in weitaus geringere Gefahr der Strafverfolgung als derjenige, der dem innerbetrieblichen Treiben gleichsam unaufhaltsam seinen – bisweilen unkontrollierten – Lauf lässt.

10   Einer bereits im Jahr 1997 durchgeführten Umfrage[31] zufolge wurden 61% der Unternehmen in den vorangegangen fünf Jahren Opfer wirtschaftskrimineller Handlungen.[32] Für mehr als zwei Drittel der antwortenden Unternehmen stellt Wirtschaftskriminalität ein ernsthaftes Problem dar, und 90% der befragten Manager erwarteten eine Zunahme wirtschaftskrimineller Handlungen.[33] Das belegt eine erhöhte Sensibilisierung der Wirtschaft für wirtschaftskriminelles Vorgehen innerhalb des Unternehmens und aus dem Unternehmen heraus. Wenn zudem 76% der Manager, deren Unternehmen Opfer von Wirtschaftskriminalität wurden, angeben, dass sie im Vorfeld keine Anzeichen für wirtschaftskriminelle Handlungen erkennen konnten,[34] unterstreicht dies nur die Notwendigkeit präventiver Kontrolle. Dementsprechend streben die Unternehmen im Wesentlichen eine Verbesserung ihres internen Kontroll- und Steuerungssystems, eine Sensibilisierung der Führungskräfte und die Erarbeitung von entsprechenden Unternehmensleitlinien an.[35]

3. Schwierigkeiten in der Beratung und Vermittlung

11   Da Strafverfahren dem Ansehen und der Reputation eines Unternehmens abträglich sind und diese negative Publizität das Vertrauen von (potentiellen) Endverbrauchern und Handelspartnern beeinträchtigt, tendieren Unternehmensleiter oftmals zur Tabuisierung. Der Gedanke, dass strafrechtlich relevante Vorfälle innerhalb des eigenen Unternehmens stattfinden könnten, wird schlicht verdrängt: Ganz nach dem Motto „Bei uns doch nicht" werden Problemfelder verleugnet – zu den „schwarzen Schafen" der Branche gehöre man nicht.[36] Warum Vorgesetze ihre Kontrollfunktion nicht wahrnehmen, ist wenig erhellt worden.[37] Hintergrund dürfte häufig noch immer der vermeintliche Makel sein, der dasjenige Unternehmen trifft, das sich strafrechtlich beraten lässt. Dieser Fehlannahme muss jedoch deutlich entgegengetreten werden, denn unter Publizitätsaspekten ist die negative Wirkung rein **präventiv** ausgerichteter Beratung weitaus geringer als die der notwendigen **Verteidigungs**beratung.[38] Und nur die Präventivberatung hält die Gefahr der Notwendigkeit einer Inanspruchnahme strafrechtlicher Verteidiger so fern wie irgend möglich.

12   Wer als Vorgesetzter als Teil eines kriminellen Systems selbst betroffen ist, wird freilich wenig motiviert sein, das eigene Fehlverhalten offen zu legen. Kümmert sich der Betroffene gleichwohl tatsächlich nicht um Kontrollen – sei es aus Bequemlichkeit, Führungsdefizit oder mangelnder Sensibilität –, ist er für diese Lücke ebenso verantwortlich wie derjenige, der sich scheut, eventuelle negative Konsequenzen für die Betroffenen durchzusetzen und deshalb zur bewussten Verheimlichung tendiert. Ist Kontrolle im betroffenen Unternehmen bisher

---

[30] *Bannenberg* S. 477.
[31] KPMG, Untersuchung zur Wirtschaftskriminalität – Unternehmen –, 1997.
[32] *KPMG* S. 5.
[33] *KPMG* S. 5.
[34] *KPMG* S. 6.
[35] *KPMG* S. 6.
[36] Vgl. *Bartsch/Paltzow/Trautner*, Der Antikorruptionsbeauftragte, 2001, Kap. 6 S. 3: „Wagenburgmentalität"; ebenso Wirtschaftswoche vom 23.3.2000, S. 103: „Die Unternehmen verschließen die Augen davor".
[37] Zum Ganzen *Bannenberg* S. 453 f.
[38] Zur Abgrenzung zwischen der präventiven „Rechtsgestaltung und Strafrecht" und strafprozessualer Verteidigung vgl. *Barton* JuS 2004, 553, 555 f.

unüblich, kann die Durchsetzung von Kontrolle auch der eigenen Karriere hinderlich sein: Hierdurch könnten eigene Versäumnisse offenbart werden; umgekehrt scheint Kontrolle kein wichtiger Faktor zu sein, um Anerkennung zu gewinnen.[39]

Erst, wenn der Unternehmensleitung klar ist, wie gefährdet der eigene Betrieb unter Umständen ist, wird ihr die Notwendigkeit bzw. der Sinn eingehender Präventivberatung deutlich. Deshalb gilt es, Unternehmen die Auswirkung des Strafrechts im materiellen Sinne wie auch in tatsächlicher Hinsicht vor Augen zu führen. Insbesondere die zunehmende Bereitschaft der Staatsanwaltschaften, Aktivitäten auf einem Terrain zu entfalten, das man bis zu einschneidenden Erfahrungen insbesondere im Umwelt- und Finanzbereich[40] eher zu meiden schien, ist Beleg dafür, dass Unternehmen ins Blickfeld der Ermittler gerückt sind. In Bezug auf das Korruptionsstrafrecht formuliert das Bundeskriminalamt dementsprechend die Ziele vorbeugender Maßnahmen, die für Wirtschaftsstraftaten aber im Allgemeinen Geltung beanspruchen können, wie folgt:[41] Wecken des Problembewusstseins, Erhöhung der Akzeptanz und Bereitschaft zum wirtschaftsinternen Gegensteuern und Stärkung der ethischen Grundwerte in der Wirtschaft (Besinnung auf Vertrauen, Integrität und Seriosität im Geschäftsleben); Differenzierung bei den Usancen innerhalb der Wirtschaft und im Umgang mit kommunalen bzw. staatlichen Stellen; Abkehr von der „Schwarzen-Schafe-Theorie"; Erhöhung der Abschreckungswirkung.

4. Risiken der Zielgruppen

Zielgruppen präventiver Beratung sind mit Geschäftsführungs- und Aufsichtsorganen, Rechts- und Revisionsabteilungen diejenigen, die Risikomanagement in strafrechtlicher Hinsicht schaffen und optimieren können und – mit Blick auf das strafrechtliche Risiko der Mitarbeiter dieser „Schaltstellen" – auch müssen. Verzahnungen, Verstärkungs- und Wechselwirkungen zwischen Haftungs- und Strafrecht sowie Strafrecht und Wirtschaftsverwaltungsrecht[42] erhöhen die individuelle Gefahr der Strafbarkeit. Für die Umsetzung strafbewehrter Pflichten der Geschäftsleitung in Wirtschaftsunternehmen und die Vermeidung strafrechtlicher Risiken ist es erforderlich, die Grundsätze der mittlerweile gefestigten **Rechtsprechung** zur strafrechtlichen Verantwortlichkeit von Geschäftsführern und Vorständen zu kennen. Um die notwendige Sensibilität der Verantwortlichen in Wirtschaftsunternehmen zu schaffen und die oben genannten Maßnahmen nicht lediglich als Selbstzweck erscheinen zu lassen, bedarf es zudem einer Evaluierung der für das Unternehmen relevanten **strafrechtlichen Normen**. Da Wirtschaftsstrafrecht sich durch blankettartige Verweisungen auf öffentlich-rechtliche und wirtschaftsrechtliche Vorschriften auszeichnet und diese Regelungen breit gestreut sind, ist auf diese Aufgabe ein besonderes Augenmerk zu legen.

a) **Entwicklung der Rechtsprechung zum Organisationsverschulden.** Ein spezifisches Unternehmensstrafrecht im Sinne einer Strafbarkeit des Unternehmens kennt die deutsche Rechtsordnung nicht. Zwar gibt es eindeutige in diese Richtung zeigende Tendenzen: So kann gemäß § 30 OWiG gegen das Unternehmen eine Geldbuße festgesetzt werden, wenn eine Leitungsperson des Unternehmens eine Straftat oder eine Ordnungswidrigkeit begangen hat, durch die Pflichten verletzt wurden, die das Unternehmen selbst treffen (z. B. Pflicht zur Entrichtung von Sozialbeiträgen für Arbeitnehmer, Steuerpflichten, Insolvenzantragspflicht usf.). Dabei reicht es aus, dass die Ordnungswidrigkeit in einer **Aufsichtspflichtverletzung** besteht (§ 130 Abs. 1 OWiG), weil etwa der Geschäftsführer der GmbH nicht in ausreichendem und zumutbarem Maße dafür gesorgt hat, dass Angestellte aus dem Unternehmen heraus Straftaten begehen. Für die Festsetzung einer Geldbuße ist nicht notwendige Voraussetzung, dass gegen die Leitungsperson eine Strafe oder ein Bußgeld verhängt wird: § 30 Abs. 4 OWiG ermöglicht eine selbständige Festsetzung. Auch die staatliche Abschöpfung des durch die Tat Erlangten ist beim Unternehmen selbst möglich: Nach §§ 73 Abs. 3 StGB, 29 a Abs. 2

---

[39] *Bannenberg* S. 454.
[40] Nur beispielhaft seien aufgeführt der Austritt gefährlicher Gase aus einer Chemiefabrik in Frankfurt Ende der achtziger und Anfang der neunziger Jahre, Rheinverunreinigungen durch Abwässereinleitungen, die Bank- und Bilanzskandale im Zuge des Aufschwungs der New Economy in den USA und Deutschland sowie Holzmann, Balsam und Schneider.
[41] *Vahlenkamp/Knauss*, Korruption hinnehmen oder handeln?, BKA-Forschungsreihe Band 33 (1995), S. 356.
[42] Vgl. hierzu *Schmidt-Salzer* NJW 1994, 1305 ff.

OWiG kann der **Verfall** des durch die Tat des Einzelnen Erlangten nicht nur gegen den Täter, sondern auch gegen den profitierenden Dritten angeordnet werden. Bereits im Ermittlungsverfahren ist die vorläufige **Arrestierung** möglicher Verfallsgegenstände gemäß § 111 d StPO möglich.

16 Im Vordergrund bleibt jedoch die strafrechtliche Verantwortlichkeit der einzelnen Unternehmensangehörigen. Deutsches Strafrecht ist **Schuldstrafrecht** (vgl. §§ 19-21 StGB), und Schuld kann nur die natürliche Person auf sich laden. Das moderne Strafrecht hat es allerdings zunehmend mit aus einem Kollektiv heraus begangenen Taten zu tun. Hier stellt sich die Problematik, dass der auf die Ausübung einer Funktion beschränkte Mitarbeiter Verantwortung nur für den ihm zugewiesenen Bereich trägt. Dagegen sehen sich Führungskräfte (Betriebsleiter, Geschäftsführer, Vorstände, Mitglieder der Kollegialorgane der Gesellschaft) aus ihrem erhöhten Verantwortungsbereich heraus auch einem erhöhten strafrechtlichen Risiko ausgesetzt. Sachverhalte, deren Komplexität durch den technischen Fortschritt und den sozialen Wandel gesteigert wird, stellen traditionelle strafrechtliche Haftungsprinzipien auf eine harte Probe, die diese nicht immer bestehen. Insbesondere die Frage nach einer dogmatisch „sauberen" Begründung der Täterschaft von Führungskräften in Wirtschaftsunternehmen ist dabei problematisch. Die Rechtsprechung hat hier in der Vergangenheit maßgebende Lösungsansätze entwickelt:

17 Die täterschaftliche Haftung der Führungsorgane für den tatsächlich handelnden strafbaren Mitarbeiter ist zum einen möglich über die **mittelbare Täterschaft**[43] und dort über die Rechtsfigur des so genannten „**Täters hinter dem Täter**". Daneben existiert ein funktionsbedingtes Strafbarkeitsrisiko im Zusammenhang mit der Erfüllung der den Führungskräften eigenen Pflichten, etwa Auswahl, Kontroll- oder Organisationspflichten (etwa im Umweltschutz, Produktverantwortung, Betriebsstättenrisiko und allgemeine Verkehrssicherungspflichten). Die strafrechtliche Verantwortung der Mitglieder von **Kollegialorganen** eines Unternehmens für unternehmensnützige Straftaten entspricht zwischenzeitlich gefestigter Rechtsprechung des Bundesgerichtshofs. So ist nicht nur durch die „**Lederspray**-Entscheidung"[44] des BGH aus dem Jahre 1990 der Maßstab für die strafrechtliche Verantwortung der Unternehmensleitung gesetzt worden. Im „**Mauerschützenurteil**"[45] aus dem Jahre 1994 hat der BGH die Rechtsfigur des „Täters hinter dem Täter" generiert und will sie seitdem auch auf Wirtschaftsunternehmen angewendet wissen.

18 *aa) Die „Lederspray"-Entscheidung des BGH.* Der Lederspray-Fall ist die zentrale Entscheidung zur Strafbarkeit von Mitgliedern von Kollegialorganen im Rahmen wirtschaftlicher Betätigung. Entschieden wurden neben den im Einzelfall entscheidenden Voraussetzungen einer produktbezogenen Rückrufpflicht auch Grundsätze der strafrechtlichen Haftung insbesondere bei mehreren Geschäftsführern und Produktverantwortlichen. Im Einzelnen:

19 Das in Rede stehende Unternehmen stellte Ledersprays, abgefüllt in Treibgasdosen her. Seit 1980 gingen bei ihm Meldungen über gesundheitliche Beeinträchtigungen im Zusammenhang mit der Anwendung des Sprays ein. Sich ständig wiederholende Symptome waren Atemnot, Husten, Erbrechen und Fieber. Aufgrund teilweise lebensbedrohlicher Zustände mussten sich Patienten in stationäre Krankenhausbehandlung begeben. In zahlreichen Fällen lautete der Befund auf Flüssigkeitsansammlung in der Lunge. Nach den ersten Schadenmeldungen fanden firmeninterne Untersuchungen statt, die ergebnislos blieben. Auch nach einer Änderung der Rezeptur setzten sich die Schadenmeldungen fort. Ein kurzfristiger Produktions- und Vertriebsstopp wurde wieder aufgehoben, nachdem unternehmenseigene chemische Untersuchungen wiederum kein Ergebnis erbrachten. Anfang 1981 fand dann eine Sondersitzung der Geschäftsführung, bestehend aus mehreren Geschäftsführern und dem Chefchemiker statt. Dieser trug vor, dass die bisherigen Untersuchungen keinen Anhaltspunkt für die toxische Eigenschaft des Produktes gegeben hätten und schlug vor, eine externe Institution mit der chemischen Analyse zu beauftragen und außerdem Warnhinweise auf den Dosen aufzubringen. Diesem Vorschlag schloss sich die Geschäftsleitung an. Ein Produktions- und Vertriebsstopp sowie eine Rückrufaktion sollte jedoch erst durchgeführt werden, wenn die noch ausstehenden Untersuchungen

---

[43] § 25 Abs. 1 2. Alt. StGB.
[44] BGHSt 37, 106 ff.; s. auch oben § 4 Rdnr. 9 ff.
[45] BGHSt 40, 218 ff.

§ 8 Strafrechtliche Präventivberatung

einen echten Produktfehler oder ein nachweisbares Verbraucherrisiko ergeben sollten. In der Folgezeit kam es zu weiteren Gesundheitsschäden im Zusammenhang mit der Verwendung des Ledersprays. Auch bei neueren Untersuchungen gelang es jedoch nicht, eine bestimmte Substanz als Schadensauslöser zu identifizieren. Das Landgericht Mainz hatte sämtliche Geschäftsführer wegen fahrlässiger Körperverletzung und wegen gefährlicher Körperverletzung und den Chefchemiker wegen Beihilfe hierzu verurteilt. Die Begründung bedeutete, dass zahlreichen Benutzern des Sprays teils durch Unterlassen des rechtzeitigen Rückrufs, teils durch Fortsetzung der Produktion und der Auslieferung körperliche Schäden zugefügt worden sei. Der BGH bestätigte dies auf die Revision der Angeklagten:

„Wer als Hersteller oder Vertriebshändler Produkte in den Verkehr bringt, die derart beschaffen sind, dass deren bestimmungsgemäße Verwendung für die Verbraucher – entgegen ihren berechtigten Erwartungen – die Gefahr des Eintritts gesundheitlicher Schäden begründet, ist zur Schadensabwendung verpflichtet (Garantenstellung aus vorangegangenem Gefährdungsverhalten). Kommt er dieser Pflicht schuldhaft nicht nach, so haftet er für dadurch verursachte Schäden strafrechtlich unter dem Gesichtspunkt der durch Unterlassen begangenen Körperverletzung."[46]

20

Diese Pflicht zum Handeln, in vorliegendem Fall zur Durchführung einer umgehenden Rückrufaktion ohne Berücksichtigung eines etwaigen Imageverlustes oder Umsatzeinbußen, obliegt grundsätzlich allen Geschäftsführern gemeinsam, unabhängig von der Zuweisung bestimmter Ressorts. Die Generalverantwortung und Allzuständigkeit der Geschäftsleitung greift immer dann ein, wenn in **Krisen oder Ausnahmesituationen** das Unternehmen als Ganzes betroffen ist:

21

„Beschließen die Geschäftsführer einer GmbH einstimmig, den gebotenen Rückruf zu unterlassen, so haften sie für die Schadensfolgen der Unterlassung als Mittäter."[47]

Die strafrechtliche Haftung wurde vom BGH darüber hinaus auf sämtliche Mitglieder des Kollegialorganes ausgeweitet, die den Schadenseintritt mit ihrem Tätigwerden hätten vermeiden können:

22

„Jeder Geschäftsführer, der es trotz seiner Mitwirkungskompetenz unterlässt, seinen Beitrag zum Zustandekommen der gebotenen Rückrufentscheidung zu leisten, setzt damit eine Ursache für das Unterbleiben der Maßnahme. Dies begründet seine strafrechtliche Haftung auch dann, wenn er mit seinem Verlangen, die Rückrufentscheidung zu treffen, am Widerstand der anderen Geschäftsführer gescheitert wäre."[48]

In allen Fragen ressortübergreifender Probleme ist das Kollegialorgan also verpflichtet, tätig zu werden, so dass auch bei der Unterlassung einer an sich gebotenen Handlung jeder Einzelne zur Rechenschaft gezogen werden kann. Hieraus folgt nun, dass auch bei Kollegialorganen jeder Geschäftsführer oder Vorstand zunächst in seinem Bereich alles Mögliche und Zumutbare tun muss, um eine rechtmäßige Entscheidung des Kollegialorgans herbeizuführen, auch wenn er mit seinen Einwänden im Ergebnis ungehört bleibt. Unterlässt er dies, begründet das Unterlassen seine strafrechtliche Haftung.

23

Diese Grundsätze gewinnen heutzutage umso mehr an Bedeutung, als sich die Prinzipien des so genannten *lean management* im Unternehmensbereich weiter durchsetzen. Einzelne Mitarbeiter sind nun nicht mehr allein nach den Grundsätzen der Arbeitsteilung lediglich für ein eng umrissenes Aufgabengebiet zuständig. Sie haben vielmehr zur Erreichung höherer Qualität und auch Motivation Mitspracherecht in Bezug auf größere Systemabläufe. Dies bleibt nicht ohne Auswirkung auf die strafrechtliche Verantwortlichkeit. Die betroffene Führungskraft trifft auch strafrechtlich eine allumfassende Zuständigkeit für die das Unternehmen als Ganzes betreffenden Fragen sowie hieraus folgende umfassende Handlungs- oder Unterlassungspflichten. Hierzu gehören der Aufbau und die ständige Überwachung einer transparenten Organisationsstruktur, die sachgerechte Auswahl und Fortbildung von Mitarbeitern sowie die Verpflichtung ständiger Kontrolle der delegierten Aufgaben und der entsprechend eingesetzten Mitarbeiter.

24

---

[46] BGHSt 37, 106, 106 (2. Leitsatz) und 114; s.a. § 3 (*Knauer/Kämpfer*) und § 4 (*Wessing II*).
[47] BGHSt 37, 106, 107 (5. Leitsatz).
[48] BGHSt 37, 106, 107 (6. Leitsatz) und 131 f.

25 *bb) Das „Mauerschützenurteil" des BGH.* Noch einen Schritt weiter ging der Bundesgerichtshof in seiner **Mauerschützenentscheidung.**[49] Entschieden wurde in erster Linie, dass die Mitglieder des nationalen Verteidigungsrates der DDR als **„Täter hinter dem Täter"** neben den Mauerschützen wegen täterschaftlicher Begehung eines Deliktes, hier des Totschlages, und nicht etwa als Anstifter verantwortlich sind. Begründet wurde dies damit, dass der Hintermann innerhalb einer Organisationsstruktur bestimmte Rahmenbedingungen gesetzt habe, welche einen regelhaften Ablauf ausgelöst haben, der wiederum zu einem bestimmten Erfolg führte.

26 Besonderer Hervorhebung bedarf, dass der Bundesgerichtshof explizit und ohne gegebenen Anlass in dieser Entscheidung ausgeführt hat, dass derartige Rahmenbedingungen mit regelhaften Abläufen nicht nur bei staatlichen oder militärischen, sondern insbesondere bei unternehmerischen und geschäftsähnlichen Organisationsstrukturen in Betracht kommen:

„Auch das Problem der Verantwortlichkeit beim Betrieb wirtschaftlicher Unternehmen lässt sich so lösen."[50]

Eine Ausweitung und Konkretisierung der Strafbarkeit von Organen von Wirtschaftsunternehmen unter dem Aspekt der Ausnutzung regelhafter Abläufe einer unternehmerischen Organisationsstruktur ist also konkret gewollt. Die Gleichsetzung des militärischen „Täters hinter dem Täter" (Mitglieder des nationalen Verteidigungsrates) mit Mitgliedern der Kollegialorgane von Wirtschaftsunternehmen erscheint jedoch zumindest gewöhnungsbedürftig.[51] Aber auch ohnedies dürfte in derartigen Fällen eine Strafbarkeit auch mit den anderen Beteiligungsformen, insbesondere der mittelbaren Täterschaft im klassischen Sinne und der Alleintäterschaft, zu begründen sein.

27 *cc) Weitere Entwicklung.* Bereits im Jahre 1997 hat der **4. Strafsenat** des Bundesgerichtshofs diese Rechtsprechung verfestigt und erneut auf die Geschäftsführung einer GmbH (konkret auch durch den faktischen Geschäftsführer) angewandt.[52] Auch die zivilrechtlichen Senate des Bundesgerichtshofs haben sich in Fragen der deliktischen Haftung aus Straftatbeständen des StGB umfassend mit dem Organisationsverschulden und insbesondere der strafrechtlichen Haftung von Mitgliedern der Geschäftsführung befasst. Erneut wurde die Allzuständigkeit des Geschäftsführers und die damit verbundene umfassende Verantwortung für die Belange der Gesellschaft, die auch gelten, wenn mehrere Geschäftsführer vorhanden sind, klargestellt:

„Dieser Pflichten können sich die Geschäftsführer weder durch Zuständigkeitsverteilungen innerhalb der Geschäftsleitung noch durch Delegation besonderer Aufgaben auf Personen außerhalb der Geschäftsleitung entledigen."[53]

28 Dies gilt vollends für eine Delegation auf Personen unterhalb der Geschäftsführerebene wie Prokuristen.[54] Allerdings kann der Geschäftsführer im Rahmen interner Zuständigkeitsregelungen, wie sie in größeren Unternehmen üblich sind, seine straf- und haftungsrechtliche Verantwortlichkeit zumindest beschränken.[55] Die Grenze der Kontrolle findet sich im **Vertrauensprinzip**, das eine „Exkulpation" von der strafrechtlichen Haftung im Falle des berechtigten Vertrauens auf die Sorgfalt und Zuverlässigkeit der anderen betrieblichen Entscheidungsträger gewährt.[56] Geschäftsführer können daher den ihnen zukommenden Handlungspflichten auf unterschiedliche Weise nachkommen. Sie haben die Möglichkeit, durch organisatorische Maßnahmen sicherzustellen, dass die der Gesellschaft obliegenden Pflichten erfüllt werden. Im Falle derartiger organisatorischer Regelungen kann die Geschäftsführung sich im Allgemeinen darauf verlassen, dass die einem anderen Geschäftsführer zugewiesenen Aufgaben erledigt werden. Der Vertrauensgrundsatz gilt nicht nur für das Straßenverkehrsrecht, für das er ursprünglich entwickelt wurde, sondern auch dort, wo gefahrträchtige Handlungen arbeitsteilig vorgenommen werden.[57] Das Vertrauen kann sich auch auf die besondere Sachkunde eines

---

[49] BGHSt 40, 218 ff.; s.a. § 3 (*Knauer/Kämpfer*).
[50] BGHSt 40, 218, 237.
[51] Näher dazu *Urban* S. 217 ff.
[52] BGH StV 1998, 416, 417; vgl. BGHSt 47, 318.
[53] BGH NJW 1997, 130, 132; BGHZ 133, 370, 378.
[54] Vgl. auch *Achenbach* NStZ 1997, 536, 538.
[55] BGH, a.a.O.
[56] Vgl. *Deutscher/Körner* wistra 1996, 327, 329.
[57] Schönke/Schröder/*Cramer* § 15 Rdnr. 151.

Mitarbeiters gründen.[58] Der Vorgesetzte darf sich – jedenfalls nach einer angemessenen und beanstandungsfreien Einarbeitungszeit – grundsätzlich auf die Erledigung dieser Aufgaben verlassen, solange zu Zweifeln kein Anlass besteht.[59] Dort wo sich der Vorgesetzte auf den Nachgeordneten verlässt, trifft ihn allerdings eine **Überwachungspflicht**, die nach den Umständen des Einzelfalls auszugestalten ist[60] und die jeden Geschäftsführer zum Eingreifen veranlassen müssen, wenn Anhaltspunkte dafür bestehen, dass die Erfüllung der der Gesellschaft obliegenden Aufgaben durch den zuständigen Geschäftsführer nicht mehr gewährleistet ist.[61] Umgekehrt darf auch der Mitarbeiter unterer Leitungsebenen auf die Richtigkeit der ihm erteilten Weisungen vertrauen, ohne diese einer weiteren Prüfung zu unterziehen.[62] In Bezug auf den Vorsatz ist das **Bewusstsein** der Mitglieder der Geschäftsleitung, selbst zum Handeln verpflichtet zu sein, nicht erforderlich.[63] Es genügt, dass der Täter diejenigen Umstände kennt, die seine Handlungspflicht begründen. Der Vorsatz entfällt insbesondere nicht deshalb, weil die Geschäftsleitung sich möglicherweise nicht bewusst war, trotz Delegation der Personalangelegenheiten auf Prokuristen oder andere, auch selbst als Mitglied der Geschäftsleitung zum Handeln verpflichtet zu sein.[64]

b) **Die Pflichtenstellung als Voraussetzung strafrechtlicher Inanspruchnahme.** Die aus der aufgezeigten Rechtsprechung resultierenden Pflichten der Geschäftsleitung sind grundsätzlich **Garantenpflichten** der Mitglieder der Kollegialorgane, so dass das Unterlassen der gebotenen Handlung bereits zu einer Strafbarkeit führt. Aus dieser Garantenstellung der Geschäftsleitung für das Unternehmen als Ganzes ergeben sich umfassende Handlungs- und auch Unterlassungspflichten, die nur beschränkt delegierbar sind. Als **originäre Organpflichten** ergibt sich insbesondere die Pflicht zur Entrichtung von Steuern[65] und Sozialabgaben.[66] Kommt der Geschäftsführer einer GmbH diesen Pflichten nicht nach, so ist er, was die Sozialversicherungsbeiträge angeht, selbst dafür gemäß §§ 266 a, 14 Abs. 1 Nr. 1 StGB strafrechtlich und auch haftungsrechtlich verantwortlich.[67] Im Rahmen größerer Konzernstrukturen muss hier insbesondere der Umsatzsteuerkreis des Konzerns Berücksichtigung finden, da insofern originäre Organpflichten bei der Geschäftsführung der Holding zusammenlaufen. Diese zentrale Verantwortung darf nicht aus den Augen verloren werden.

Einen ebenso wichtigen Komplex stellt die erhöhte **Fürsorgepflicht** der Geschäftsleitung im Umgang mit staatlichen **Subventionen** dar. Die Erfüllung dieser Pflichten kann zwar grundsätzlich delegiert werden, jedoch verbleibt jedenfalls eine **Organisationspflicht** sowie eine entsprechende Kontrollpflicht bei der Geschäftsführung. Gerade in derart sensiblen Bereichen, die unmittelbar an die Verantwortung des Vorstandes oder der Geschäftsleitung gebunden sind, muss die Geschäftsleitung kraft ihrer Organisationsgewalt sicherstellen, dass die beauftragten Arbeitnehmer auch tatsächlich in der Lage sind, diese Aufgaben zu erfüllen. Entsprechende Ansprüche sind nicht nur an Organisation, sondern auch an Qualifikation, Überwachung und Berichterstattung zu stellen. Hier kann sich das Mitglied der Geschäftsleitung seiner auch strafrechtlichen Verantwortlichkeit nicht entledigen, wenn in einem untergeordneten Bereich Unzulänglichkeiten offenbar werden. Mit der entsprechenden Organisationspflicht im Falle der **Delegation** geht auch eine erhöhte **Kontrollpflicht** der Geschäftsleitung einher. Aber auch hier verbleibt die strafrechtliche Garantenstellung beim Vorstand, die Delegation entsprechender Kontrollpflichten auf die unternehmensinterne Revision reicht hier nicht aus. Die Geschäftsleitung ist gehalten, auch die Ermittlungstätigkeit der **Revision** überwachend zu begleiten. Eine sachgerechte und effiziente Kontrolle ist allerdings nur möglich bei **klarer Organisation** und **Zuständigkeitsverteilung**.

---

[58] *Deutscher/Körner* wistra 1996, 327, 330.
[59] BGHSt 47, 318.
[60] BGHSt 47, 318.
[61] BGH NJW 1997, 130, 132.
[62] Schönke/Schröder/*Cramer* § 15 Rdnr. 153.
[63] BGH NJW 1997, 130, 133.
[64] BGH NJW 1997, 130, 133.
[65] BFH NJW 1985, 400; BGH NJW 1997, 130, 131.
[66] BGH NJW 1997, 130, 131.
[67] BGH NJW 1997, 130, 131.

31 c) **Evaluierung spezieller gesetzlicher Vorschriften.** Der Inhalt notwendiger Präventionsmaßnahmen wird maßgeblich durch das Ergebnis einer Evaluierung der für das Unternehmen relevanten Vorschriften bestimmt.[68] Das dort enthaltene Pflichtenprogramm spiegelt den Inhalt des zu erstellenden Unternehmensleitbildes wider. Wie wichtig ein auf dieser Grundlage abgefasstes Unternehmensleitbild als Instrument der Selbstkontrolle und Selbstregulierung ist, zeigt das US-amerikanische Strafrecht, in dem durch **sentencing guidelines** Strafnachlässe für solche Unternehmen gewährt werden, die zur Verhinderung von Wirtschaftskriminalität Unternehmensrichtlinien aufstellen.[69] Auch im deutschen Recht erscheint es nicht abwegig, dass eine nach § 30 OWiG verhängte Unternehmensgeldbuße niedriger ausfallen kann, wenn deutlich wird, dass sich die Organe mit den einschlägigen gesetzlichen Regelungen auseinander gesetzt und auf dieser Grundlage ein Leitbild erstellt haben. Denn gem. § 17 Abs. 3 OWiG ist der Vorwurf, der den Täter trifft, für die Bußgeldzumessung ein maßgebliches Kriterium. Das gilt auch für den Adressaten der Unternehmensgeldbuße.

32 *aa) Straftatbestände.* Beispiele für spezifische **Straftatbestände**, die im Rahmen eines Unternehmensleitbildes zu berücksichtigen sind, bilden etwa die Straftatbestände des Geräte- und Produktsicherheitsgesetzes, die Kartell- und Wettbewerbsstraftatbestände, das Insiderrecht mit seinen Sanktionsmöglichkeiten, im Bereich der chemischen Industrie das Wasserhaushalts- und Kreislaufwirtschaftsrecht, der Bereich des Arbeitsstrafrechts insbesondere im Baugewerbe, Steuerstraftaten sowie internationale Bezüge (z.B. IntBestG) usw. Dazu kommen nicht zuletzt die Vorgaben des Kernstrafrechts, insbesondere der Vermögens-, Körperverletzungs- und Umweltdelikte.

33 *bb) Das Frühwarnsystem des KonTraG.* Darüber hinaus existieren weitere Regelungen, die die Einführung und Aufrechterhaltung von Kontrollmechanismen innerhalb von Personenmehrheiten verlangen. Mit dem am 1.5.1998 in Kraft getretenen „Gesetz zur Kontrolle und Transparenz im Unternehmensbereich" (**KonTraG**) hat der Gesetzgeber auf das Auftreten spektakulärer Fälle in der Großindustrie reagiert, in denen sämtliche Kontrollmechanismen versagten und erhebliche Schäden eingetreten sind.[70] Beispielhaft sind zu nennen die Fälle Metallgesellschaft, Balsam und Bremer Vulkan. Ziel der Änderungen waren in erster Linie die Optimierung unternehmensinterner Organisations- und Informationsstrukturen durch Neuregelungen im Aktien- und GmbH-Gesetz. Letztlich hat der Gesetzgeber sich freilich auf Änderungen des AktG beschränkt, in der Gesetzesbegründung aber ausdrücklich auf die Ausstrahlungswirkung insbesondere des § 91 Abs. 2 AktG auf Unternehmen anderer Rechtsformen hingewiesen.[71]

34 § 90 Abs. 1 AktG auferlegt dem Vorstand der Aktiengesellschaft, dem Aufsichtsrat regelmäßig einen **Bericht** über die beabsichtigte Geschäftspolitik und andere grundsätzliche Fragen der Unternehmensplanung insbesondere im Bereich der Finanz-, Investitions- und Personalplanung (Nr. 1), über die Rentabilität der Gesellschaft (Nr. 2), über den Gang der Geschäfte und die Lage der Gesellschaft (Nr. 3) sowie über Geschäfte, die für die Rentabilität oder Liquidität der Gesellschaft von erheblicher Bedeutung sein können (Nr. 4 Satz 1)[72] vorzulegen. Daneben unterliegen „sonstige wichtige Anlässe" der Berichtspflicht, gegebenenfalls auch bei mit der Gesellschaft verbundenen Unternehmen (Nr. 4 Satz 2).[73] Die Regelung bezweckt vor allem eine effiziente **vorbeugende Überwachung der Geschäftsführung**.[74] Insbesondere der Bericht über die beabsichtigte Geschäftspolitik der durch das KonTraG neu gefassten Nr. 1 ist

---

[68] *Bussmann*, Business Ethics und Wirtschaftsstrafrecht, S. 17, spricht von „Normgenese ... aus der Perspektive der jeweiligen Firma", obwohl es letztlich lediglich um ein Transferieren strafrechtlicher Normen in eigene Richtlinien zur Unternehmensethik handele.
[69] *Bussmann*, Business Ethics und Wirtschaftsstrafrecht, S. 17 f.
[70] Zum Ganzen *KPMG*, Reformen im Zeichen von Internationalität, Transparenz und Kontrolle, 1998.
[71] BT-Drucks. 13/9712, S. 15; vgl. näher zur Ausstrahlungswirkung insbesondere im Konzern *KPMG*, Reformen im Zeichen von Internationalität, Transparenz und Kontrolle, 1998, S. 10.
[72] Näher *Hüffer* AktG 5. Auflage 2002, § 90 Rdnr. 7.
[73] Näher *Hüffer* AktG § 90 Rdnr. 8.
[74] *Hüffer* AktG § 90 Rdnr. 1; *KPMG*, Reformen im Zeichen von Internationalität, Transparenz und Kontrolle, 1998, S. 16.

§ 8 Strafrechtliche Präventivberatung 35–38 § 8

auf die Klarstellung der präventiven und zukunftsorientierten Überwachung gerichtet.[75] Die Berichtspflicht der Norm umreißt zugleich die Aufgabe des Vorstandes der Unternehmensplanung.[76] Ihre weitere Konkretisierung innerhalb des Unternehmens und spezifisch auf den Betrieb angepasst ist wünschenwert, wenn nicht gar notwendig, um ein effektives Zusammenwirken von Vorstand und Aufsichtsrat sicherzustellen.[77]

Die bislang in § 76 AktG geregelte allgemeine **Leitungsaufgabe** der Organisation durch den Vorstand ist durch das KonTraG in § 91 AktG herausgehoben und konkretisiert worden. Der Vorstand ist jetzt verpflichtet, für ein Risikomanagement und eine angemessene interne Revision zu sorgen. Gemäß § 91 Abs. 2 AktG hat der Vorstand geeignete Maßnahmen zu treffen, insbesondere ein **Überwachungssystem** einzurichten, damit den Fortbestand der Gesellschaft gefährdende Entwicklungen früh erkannt werden. Mit der Verwendung des Begriffs „erkennen" wird deutlich, dass das Risikofrüherkennungssystem des § 91 Abs. 2 AktG nicht auf die Vermeidung oder den Transfer von Risiken ausgerichtet ist, sondern auf deren Erfassung im Sinne einer Identifikation und Analyse.[78] Den Fortbestand der Gesellschaft gefährdende Entwicklungen sind insbesondere risikobehaftete Geschäfte, Unrichtigkeiten in der Rechnungslegung sowie allgemeine Verstöße gegen gesetzliche Vorschriften, die sich auf die Ertragslage der Gesellschaft oder des Konzerns auswirken. Ebenso dazu gehören aus dem Unternehmen heraus begangene oder gegen das Unternehmen gerichtete Straftaten. Bei Konzernunternehmen im Sinne des § 290 HGB ist die Überwachungs- und Organisationspflicht konzernweit zu verstehen, sofern von konzernangehörigen Tochtergesellschaften entsprechende gefährdende Entwicklungen ausgehen können. Das folgt einerseits aus dem Sinn und Zweck der Vorschrift und steht andererseits in Übereinstimmung mit den Berichtspflichten des Vorstandes, die sich ausweislich § 90 Abs. 1 Nr. 4 Satz 2 2. Hs. AktG auch auf verbundene Unternehmen beziehen. 35

Es empfiehlt sich, die von § 91 Abs. 2 AktG verlangten Maßnahmen spezifisch auf die risikoträchtigen und damit kontrollbedürftigen Bereiche des Unternehmens auszurichten, was eine Evaluierung der spezifischen, also für das jeweilige Unternehmen relevanten Rechtslage voraussetzt. Durch die Konzentration auf relevante Bereiche wird die Gefahr eines „organisatorischen Leerlaufs" vermieden, der entstünde, dass Maßnahmen ergriffen werden, derer es nach der unternehmensspezifischen Risikolage gar nicht bedarf.[79] 36

Das KonTraG hat gleichzeitig für eine **Gegenprüfung** gesorgt. Gemäß § 317 HGB hat der Abschlussprüfer bei der Prüfung einer Aktiengesellschaft zu beurteilen, ob der Vorstand seiner Verpflichtung aus § 91 Abs. 2 AktG nachgekommen ist, für ein angemessenes Risikomanagement und eine angemessene interne Revision Sorge zu tragen. Darüber hinaus muss er gemäß § 321 HGB im Abschlussbericht darstellen, ob Unrichtigkeiten oder Verstöße gegen gesetzliche Vorschriften sowie Tatsachen festgestellt worden sind, die den Bestand des geprüften Unternehmens oder des Konzerns gefährden oder seine Entwicklung wesentlich beeinträchtigen können. Zusätzlich müssen in den Abschlussbericht schwerwiegende Verstöße der gesetzlichen Vertreter oder von Arbeitnehmern gegen Gesellschaftsvertrag oder die Satzung aufgenommen werden. Schließlich wurden durch das KonTraG auch die **Aufsichtspflichten des Aufsichtsrates** konkretisiert.[80] Zur Durchsetzung des notwendigen Informationsflusses zwischen Vorstand und Aufsichtsrat kann es deshalb sinnvoll sein, eine **Informationsordnung** zu erlassen, die die Berichtspflicht im Einzelnen regelt. 37

Diese umfassenden Neuregelungen und die Klarstellung der Organisationspflichten werden insbesondere im Strafrecht im Rahmen der Prüfung des **Organisationsverschuldens** maßgebliche Wirkung entfalten. Es bleibt abzuwarten, ob und inwieweit die Ermittlungsbehörden § 91 AktG als Einfallstor zur Begründung strafbaren Verhaltens von Unternehmensorganen benutzen werden. Fehlen solche Maßnahmen gänzlich, hat die Unternehmensleitung gegen eine gesetzliche Handlungs- bzw. Organisationspflicht verstoßen, so dass zumindest eine Beteiligung 38

---

[75] BT-Drucks. 13/9712, S. 15; *Hüffer* AktG § 90 Rdnr. 4.
[76] Vgl. BT-Drucks. 13/9712.
[77] Vgl. Deutscher Corporate Governance Kodex i.d.F. v. 2.6.2005, S. 4 f. (abrufbar unter www.corporate-governance-code.de).
[78] *KPMG*, Reformen im Zeichen von Internationalität, Transparenz und Kontrolle, 1998, S. 9.
[79] Vgl. *Hüffer* AktG § 91 Rdnr. 5 und 9.
[80] Vgl. zum Ganzen *Eggemann/Konradt* BB 2000, 503, 506 ff.

in Form des Unterlassens in Betracht kommt. Neben den Gefahren bieten die dargestellten Regelungen bei ihrer Einhaltung allerdings auch ein hohes Maß an Sicherheit, sich im Ernstfall exkulpieren zu können. Die Bestrebungen vieler großer Aktiengesellschaften, den neuen Anforderungen gerecht zu werden, sind durchaus nachahmenswert.

39 cc) *§ 93 Abs. 1 Satz 1 AktG i.d. Fassung des UMAG.* Hinzuweisen ist in diesem Zusammenhang auf die durch das **Gesetz zur Unternehmensintegrität und zur Modernisierung der Anfechtungsklage (UMAG)**[81] eingefügte Regelung des § 93 Abs. 1 Satz 1 AktG. Danach liegt eine Pflichtverletzung nicht vor, wenn das Vorstandsmitglied bei einer unternehmerischen Entscheidung ohne grobe Fahrlässigkeit annehmen durfte, auf der Grundlage angemessener Informationen zum Wohle der Gesellschaft zu handeln. Mit dieser neuen Norm soll zwar ein lediglich zivilrechtlicher Haftungsfreiraum im Bereich qualifizierter unternehmerischer Entscheidungen geschaffen werden. Aber auch auf das Strafrecht, insbesondere auf eine Untreuestrafbarkeit i. S. von § 266 StGB, dürfte die Implementierung der Regelung zumindest eine mittelbare Wirkung entfalten.

40 *dd) Interne Sicherungsmaßnahmen nach dem Geldwäschegesetz.* Das **Geldwäschegesetz (GwG)**[82] verpflichtet Kreditinstitute, Finanzdienstleister und andere in § 14 GwG genannten Unternehmen dazu, interne Vorkehrungen dagegen zu treffen, dass sie zur Geldwäsche missbraucht werden. Die Änderung des Geldwäschegesetzes im Jahr 2002 beruht auf der **Geldwäscherichtlinie der EG,**[83] die die Mitgliedstaaten unter anderem dazu verpflichtet, Sorge dafür zu tragen, dass die genannten Institute geeignete interne Kontroll- und Mitteilungsverfahren einführen, um der Abwicklung von Geschäften vorzubeugen, die mit der Geldwäsche zusammenhängen, beziehungsweise um solche Geschäfte zu verhindern, sowie durch geeignete Maßnahmen ihr Personal mit den Bestimmungen der Richtlinie vertraut zu machen.[84] Erklärtes Ziel des Gesetzgebers ist dementsprechend, „zielgenau den sich stetig wandelnden Methoden illegaler Finanztransaktionen durch verbesserte bankinterne Sicherungssysteme zu begegnen".[85] Die präventive Vorschrift des § 14 GwG soll Geldwäsche in allen Geschäftssparten, bei den Instituten, Unternehmen und freien Berufen durch technische Vorkehrungen verhindern, die auf den einzelnen Geschäftsbetrieb und die Geschäftsabläufe zugeschnitten sind.[86]

41 *ee) Der Sarbanes Oxley-Act:* Als Reaktion auf die US-amerikanischen Finanzskandale (u.a. Enron und Worldcom) hat der US-Gesetzgeber den **Sarbanes Oxley Act (SOA)** verabschiedet, ein Gesetz, das das unternehmensinterne Berichtswesen sowie die Finanzberichterstattung börsennotierter Unternehmen erheblich erweitert.[87] Der SOA differenziert nicht zwischen in- und ausländischen Gesellschaften. Er erfasst vielmehr alle Gesellschaften, die verpflichtet sind, bei der US Securities Exchange Commission (**SEC**) Berichte einzureichen. Hierzu gehören auch solche ausländischen Unternehmen, die an einer US-Börse notiert sind, sowie solche, die – ohne in den USA börsennotiert zu sein – eine bestimmte Anzahl US-amerikanischer Aktionäre haben. Auch Wirtschaftsprüfer und Wirtschaftsprüfungsgesellschaften, die solche Unternehmen beraten, stehen unter der US-amerikanischen Aufsicht in Form des sog. Public Company Accounting Oversight Board (PCAOB), das wiederum der unmittelbaren Aufsicht durch die SEC unterliegt. Damit können auch deutsche Unternehmen und deren rechtliche Berater den Anforderungen des SOA unterworfen sein.

42 Die wichtigsten Pflichten ergeben sich für Vorstandsvorsitzende und Finanzvorstände (**Chief Executive Officers, Chief Financial Officers**). Diese müssen der SEC gegenüber Erklärungen abgeben, dass die von ihnen unterzeichneten Berichte keine unwahren Tatsachen beinhalten und die in den Berichten enthaltenen Jahresabschlüsse und andere Finanzinformationen eine in allen wesentlichen Belangen zutreffende Darstellung der wirtschaftlichen Lage des Unter-

---

[81] BGBl. I 2005 S. 2802. Näher zum Ganzen *Paefgen* AG 2004, 245 ff.; *Jahn* BB 2005, 5 ff.
[82] Gesetz über das Aufspüren von Gewinnen aus schweren Straftaten v. 25.10.1993 in der Fassung vom 8.8.2002 (BGBl. I 2002, 3105).
[83] Richtlinie 2001/97/EG vom 4.12.2001, ABl. EG L 334/76 ff. v. 28.12.2001.
[84] ABl. EG L 344/81.
[85] RegE BT-Drucks. 14/8739, S. 1 f.
[86] Vgl. RegE BT-Drucks. 14/8739, S. 17.
[87] Näher zum Ganzen *Regelin/Fisher* I. S.tR 2003, 276 ff.; *Kersting* ZIP 2003, 233.

nehmens enthalten. Die Verletzung dieser Pflicht ist mit Strafe bedroht (sec. 906 SOA), im Höchstfall mit 20 Jahren Freiheitsentzug. Sec. 406 SOA will sicherstellen, dass börsennotierte Unternehmen einen bestimmten Erfordernissen erfüllenden **Ethikcode** errichten, und Sec. 302 auferlegt den verantwortlichen Organmitgliedern, die Einrichtung eines **internen Kontrollsystems**. Börsenspezifische Mitteilungspflichten etwa von sog. **director's dealings** sind ebenso statuiert. Bemerkenswert ist schließlich, dass die SEC gem. Sec. 1105 SOA ein **Tätigkeitsverbot** für Organmitglieder aussprechen darf, wenn sie diese als nicht kompetent erachtet.

Soweit sich im deutschen Recht vergleichbare Straftatbestände (§§ 331 HGB, 400 AktG) **43** und Pflichten (etwa § 15 a WpHG) finden, geht der SOA in seiner Strafandrohung beträchtlich über die deutschen Regelungen hinaus. Doch die gesetzgeberischen Aktivitäten der letzten Jahre zeigen, dass auch in Deutschland finanzmarktspezifische Verhaltensweisen in den Fokus auch des Strafrechts und eines engmaschigen Aufsichtsrechts geraten sind. Diese Entwicklung dürfte nicht abgeschlossen sein. Zuletzt haben das **Vierte Finanzmarktförderungsgesetz**[88] und das **Anlegerschutzverbesserungsgesetz**[89] zu einer Verschärfung der Verfolgung von Kapitalmarktstraftaten und -ordnungswidrigkeiten geführt und die Ermittlungsmöglichkeiten der **Bundesanstalt für Finanzdienstleistungsaufsicht**, dem deutschen Pendant zur SEC, erweitert. Und auch Präventionsmaßnahmen behält der Gesetzgeber im Blick: Durch das **Transparenz- und Publizitätsgesetz**[90] hat er eine dem Sec. 406 SOA ähnliche Regelung verabschiedet: Nach § 116 AktG erklären Vorstand und Aufsichtsrat jährlich, dass den Empfehlungen der „Regierungskommission Deutscher Corporate Governance Kodex" entsprochen wurde oder welche Empfehlungen nicht angewendet wurden und werden.

d) **Zusammenfassung.** Unternehmen sind also einem vielfältigen Pflichtenprogramm unter- **44** worfen, das sich – für den Anwender höchst unübersichtlich – aus nationalen wie internationalen Rechtsquellen und spezifischer Rechtsprechung zusammenfügt. Es gibt abstrakt die erforderlichen Maßnahmen vor, die zu einer Vermeidung oder Beseitigung von Missständen innerhalb des Unternehmens notwendig sind. Auf dieser Grundlage hat eine spezifisch nach den Besonderheiten des betroffenen Unternehmens ausgerichtete Projektierung stattzufinden, die mit einer Bestandsaufnahme im Unternehmen (der Feststellung des Status Quo) beginnt, gegenwärtige und vergangene Missstände effektiv, aber auch unter unternehmerischen Gesichtspunkten angemessen verarbeitet und beseitigt sowie in eine zukunftsbezogene Planung (Vermeidungstaktik) mündet.

II. Bestandsaufnahme im Unternehmen

Der strafrechtlich beratende Rechtsanwalt hat die Aufgabe, die Interessen seines Mandan- **45** ten zu vertreten, sei es prophylaktisch als Berater oder in Straf- oder Bußgeldverfahren.[91] Die prophylaktische Beratung im Sinne eines Risikomanagements empfiehlt sich durch einen spezialisierten Rechtsanwalt: Der versierte Strafrechtler kann dazu beitragen, das strafrechtliche Unternehmensrisiko so gering wie möglich zu halten.[92] Präventivberatung ist allerdings häufig erst Annex vorhergehender Krisen. Die Binsenweisheit „Aus Erfahrung wird man klug" kann auch hier Geltung beanspruchen: Negative wie auch positive Erfahrungen auf strafrechtlichem Gebiet bieten eine Basis für die Beratung hinsichtlich zukünftiger Verhaltensweisen. Erfreulicherweise ist zu beobachten, dass in vielen Großfirmen aus den Strafverfahren und den erhöhten Anforderungen, die beispielsweise das KonTraG im Zusammenhang mit dem Aktiengesetz an Vorstände und Aufsichtsräte von Aktiengesellschaften stellt, Konsequenzen dahingehend gezogen werden, dass man selbst aktiv wird, um strafrechtliches Verhalten innerhalb des eigenen Unternehmens zurückzudrängen. Die Bandbreite der Maßnahmen reicht von **Ermittlungsdiensten**, die eingesetzt werden, um kriminellen Beschäftigten auf die Spur zu kommen, über Fahndungen der zentralen Werksicherheit, elektronische Hauskontrollen bis zu der Einrichtung einer **Ethik-Hotline**, auf der sich Mitarbeiter telefonisch im Zweifel Rat holen

---

[88] BGBl. I 2002 S. 2316.
[89] BGBl. I 2004 S. 3376.
[90] BGBl. I 2002 S. 2681.
[91] *Eidam* S. 500.
[92] *Eidam* S. 504.

können. Ob diese Maßnahmen notwendig und angemessen sind, ist sicherlich im Einzelfall zu entscheiden. Auffallend ist jedoch, dass der Einrichtung solcher Institutionen in der Regel die Durchführung eines Strafverfahrens vorangegangen ist. Der vorausschauende Krisenmanager sollte diese Sensibilitäten **vor** dem Ernstfall besitzen und Maßnahmen ergreifen.

1. Risikoanalyse und -inventur

46 Zunächst bedarf es einer eingehenden **Analyse** der Unternehmensstruktur und daraus erzielter Schlüsse auf Problempunkte. Es geht im Ergebnis darum, die **Gelegenheit** zur Vornahme wirtschaftskrimineller Handlungen zu minimieren. Die Arbeitsabläufe im Unternehmen sind sodann entsprechend den Ergebnissen der Risikoanalyse zu ändern. Ziel dieses ersten Schrittes des Risikomanagementprozesses ist es, unternehmensfunktionsbezogene Informationen zu generieren, die wiederum als Basis für eine **Risikoinventur** dienen, also für die Identifizierung und Definition potentieller unternehmensrelevanter Risiken.[93] Zunächst sollte hierbei auf die dem Unternehmen zur Verfügung stehenden Informationen zurückgegriffen werden, bevor externe Informationsquellen aktiviert werden. Laufende oder abgeschlossene **Straf- und Ordnungswidrigkeitenverfahren** gilt es zu analysieren, deren Ansatzpunkt und den Kern des Vorwurfs zu identifizieren. Ist Kern des Vorwurfs die mangelnde Kenntnis des Vorstands von den – bewusst oder unbewusst begangenen – rechtswidrigen Aktivitäten der Mitarbeiter unterer Ebenen, lässt dies auf **Organisationsmängel** schließen. Möglicherweise treten auch **Informationsmängel** der Unternehmensleitung bezüglicher rechtlicher Grundlagen zutage, mit anderen Worten: Die Führung weiß um ihre Pflichten nicht und kann dementsprechend strafrechtlich relevanten Vorgängen gar nicht beggnen. Oder der Unternehmensleitung mangelt es am gründlichen Verständnis für das Geschäft und die Unternehmensprozesse, was das interne und externe Rechnungswesen, das Personalwesen, die IT-Umgebung, entfernte Standorte sowie neu erworbene Geschäftsbereiche und Tätigkeiten, die nicht zum „Kerngeschäft" gehören, mit einschließt. Je weniger das Geschäftsverständnis der Unternehmensleitung ausgeprägt ist, desto größer ist das Risiko, Opfer von wirtschaftskriminellen Handlungen zu werden.[94]

47 Hilfreich ist daneben die Analyse straf- und bußgeldrechtlicher Verfahren gegen Unternehmen derselben Branche. Diese unterliegen denselben potentiellen Risiken wie das eigene Unternehmen und bieten daher möglicher Erfahrungsmaterial, das es für das eigene Haus zu nutzen gilt. Auf einer nächsten Stufe folgt die **Dokumentanalyse**, die Befragung von Mitarbeitern mittels **Workshops, Erhebungsbögen** oder **Interviews**. Damit werden bei der Bestandsaufnahme im Unternehmen dieselben Mittel angewandt wie sie im Zuge der stetigen Kontrolle der innerbetrieblichen Aktivitäten Gang und Gäbe sein werden. Hierauf wird noch näher einzugehen sein.[95] Die Risikoanalyse fällt leichter, wenn sie regelmäßig in **Risikobesprechungen** thematisiert wird, an denen neben dem Vorstand die Innenrevision wie auch der Betriebsrat teilnehmen sollten.

48 Schließlich gilt es, **Tätergruppen** zu identifizieren. Regelmäßig wird das Unternehmen nicht Opfer wirtschaftskrimineller Handlungen außenstehender Dritter. Vielmehr sind es oftmals die eigenen Mitarbeiter, die aus dem Unternehmen heraus und unter Ausnutzung dessen innerorganisatorischer Strukturen Straftaten begehen. Die **Motive** hierfür sind höchst unterschiedlich. Genannt werden Spiel- und Drogensucht, fehlgeschlagene private Investitionen, übersteigertes Geltungsbedürfnis und Gier,[96] jedenfalls wenn es um unternehmensschädigende Taten geht. Bei unternehmensnützigen Taten könnte überbordener Erfolgseifer, schlichte Unkenntnis der Rechtswidrigkeit Ursache des strafrechtlich relevanten Verhaltens oder Erfolgs- und Umsatzdruck sein. Täter finden sich dabei nicht lediglich auf den unteren Mitarbeiterebenen, sondern in allen Hierarchiebereichen. Auch und insbesondere die Führungsetage darf bei der Identifizierung von Tätergruppen nicht ausgenommen werden.

---

[93] *Hahn/Weber/Friedrich* BB 2000, 2620, 2623.
[94] Vgl. F.A.Z.-Institut / Bundesverband der Deutschen Industrie e.V./Ernst & Young, Wirtschaftskriminalität – Risiko und Vorbeugung, 2003, S. 16 ff.
[95] Siehe Rdnr. 87 ff.
[96] F.A.Z.-Institut / Bundesverband der Deutschen Industrie e.V./Ernst & Young, Wirtschaftskriminalität – Risiko und Vorbeugung, 2003, S. 17.

2. Unternehmensinterne Ermittlungen

Ergeben sich infolge der Risikoanalyse konkrete Verdachtsmomente dahin gehend, dass wirtschaftsstrafrechtliches Verhalten innerhalb des Unternehmens oder aus dem Unternehmen heraus begangen wird, bedarf es weiter gehender **unternehmensinterner Ermittlungen**. Diese sollten von einem im möglicherweise folgenden Ermittlungsverfahren Zeugnisverweigerungsberechtigten nach § 53 StPO vorgenommen werden. Schriftliche Aufzeichnungen haben bei ihm bei den **beschlagnahmefreien Unterlagen** (§ 97 StPO) zu verbleiben. Ansonsten könnten sich die im Ernstfall tätigen Ermittlungsbehörden Erkenntnisse durch Vernehmung der Wissensperson verschaffen.[97] Zu denken wäre hier etwa an eine Wirtschaftsprüfungsgesellschaft oder einen externen Rechtsanwalt. Diese können freilich einzelne Mitarbeiter des Unternehmens zu ihren Berufshelfern machen, die dann nach § 53 a StPO zeugnisverweigerungsberechtigt sind. Vorteil unternehmensinterner Ermittlungsmaßnahmen durch Private, derer sich auch hierzulande immer mehr Unternehmen bedienen, ist zum einen die nicht bestehende Gefahr der Selbstbelastung gegenüber Strafverfolgungsbehörden. Zum anderen bringt die Einschaltung eines Privatermittlers nicht die öffentliche Aufmerksamkeit mit sich, die Ermittlungen staatlicher Verfolgungsbehörden nach sich zöge. Unter Umständen kommt aber auch ohnehin die Einschaltung von Polizei und Staatsanwaltschaft schon deshalb nicht in Frage, weil die innerhalb der Unternehmensführung bestehenden losen Verdachtsmomente nicht die Intensität eines Anfangsverdachts im Sinne des § 152 Abs. 2 StPO erreichen.

III. Vergangenheitsbezogene Beratung

Wenn nicht schon von vornherein bekannt ist, dass innerhalb des Unternehmens Straftaten begangen wurden, kann sich dies erst im Zuge der Bestandsaufnahme im Unternehmen zeigen. Hier stellt sich die Frage nach dem weiteren Vorgehen. Eine Vertuschung von Straftaten ist von vornherein abzulehnen, denn hierdurch begibt sich die Unternehmensleitung in tiefere strafrechtlich relevante Gefilde und damit in eine Situation, die gerade vermieden beziehungsweise gelöst werden soll. Zu einer erfolgreichen und zukunftsorientierten Präventivberatung gehört auch die **Bewältigung von Altlasten** der Vergangenheit. Wer strafrechtliches Risikomanagement ernst nimmt und ihm einen relevanten Stellenwert in der Unternehmenspolitik einräumt, muss als Unternehmer der Öffentlichkeit auch *bad news* vermitteln können.[98] Andernfalls leidet bereits die Glaubwürdigkeit der Unternehmensführung bei Mitarbeitern, in der Öffentlichkeit und bei den gegebenenfalls Kenntnis erlangenden Verfolgungsbehörden. Allgemeingültige Ratschläge können an dieser Stelle angesichts der Mannigfaltigkeit möglicher Fallkonstellationen nicht erteilt werden. Es sei aber darauf hingewiesen, dass in spezifischen Bereichen Auswege existieren, die das Unternehmen vor weitgehenden Ermittlungstätigkeiten der Strafverfolgungsbehörden bewahrt.[99] Zu nennen ist hier die **strafbefreiende Selbstanzeige** im Steuerstrafrecht (§ 371 AO).[100] Daneben kommen **Verständigungen** mit Strafverfolgungsbehörden über Einstellungsverfügungen gegen das Angebot der Zusammenarbeit und Wiedergutmachung nach den §§ 153 ff. StPO in Betracht.[101]

Achillesferse der vergangenheitsbezogenen Mandantenberatung ist die Grenze zur **Strafvereitelung** nach § 258 StGB.[102] Der beratende Rechtsanwalt darf die Unternehmensführung allgemein über erfahrungsgemäß zu erwartende Ermittlungshandlungen unterrichten.[103] Auch

---

[97] Graf v. *Westphalen/Goll/Winkelbauer* Produkthaftungshandbuch Bd. 1, 2. Aufl., § 49 Rdnr. 8.
[98] Vgl. *Eggemann/Konradt* BB 2000, 503, 505.
[99] Vgl. näher zum Ganzen *Wessing*, Das Unternehmen in der Krise, in diesem Band, § 14.
[100] Danach wird derjenige, der unrichtige oder unvollständige Angaben bei der Finanzbehörde berichtet oder ergänzt oder unterlassene Angaben nachholt, insoweit straffrei. Die Selbstanzeige ist allerdings nur möglich, wenn weder eine Steuerprüfung stattgefunden noch ein strafrechtliches Ermittlungsverfahren bereits eingeleitet ist. Gegebenenfalls hinterzogene Steuerbeträge müssen sofort nachgezahlt werden. Die Vor- und Nachteile einer Selbstanzeige sind freilich sorgsam abzuwägen.
[101] Für Verständigungen im Strafprozess hat der BGH freilich besondere Anforderungen aufgestellt: BGHSt 43, 195, 206 ff.; BGHSt 45, 227; insbesondere zuletzt BGH NJW 2005, 1440.
[102] Näher zu den Strafbarkeitsrisiken von Beratern *Wessing* NJW 2003, 2265 ff.
[103] AG Köln StV 1988, 256.

von der Selbstanzeige oder einem Geständnis darf der Verteidiger abraten, ohne sich hierdurch strafbar zu machen.[104] Die Empfehlung, sich nicht zur Sache einzulassen, erfüllt den Tatbestand des § 258 StGB ebenso nicht.[105] Keiner besonderen Hervorhebung bedarf, dass auch straffrei bleibt, wer dem aussageverweigerungsberechtigtem Zeugen nahe legt zu schweigen.[106] Dagegen erfüllen falsche Angaben gegenüber Strafverfolgungsbehörden die Voraussetzungen des § 258 StGB. Der Verteidiger muss sich auch jeder Verdunkelung oder Verzerrung der wahren Sachlage und der sachwidrigen Erschwerung der Strafverfolgung enthalten.[107] Er darf weder falsche Aussagen herbeiführen[108] noch Zeugen im Willen zur Falschaussage bestärken.[109] Ganz allgemein fällt das „Trüben von Beweisquellen" etwa durch Beseitigung von Beweismitteln unter den Straftatbestand der Strafvereitelung.[110] Im Strafverfahren kann sich der Strafverteidiger zwar auch dann für eine Freisprechung seines Mandanten einsetzen, wenn er von dessen Schuld überzeugt ist. Er darf sich dabei allerdings nicht verfahrensrechtlich unzulässiger Mittel bedienen.[111]

IV. Zukunftsbezogene Beratung

52 Die Notwendigkeit, die zuvor dargestellten Pflichten umzusetzen, ergibt sich nicht nur aus dem Bestreben, ein strafrechtliches Risiko zu vermeiden. Sie gründet sich auch auf Grundsätze verantwortlichen ökonomischen Handels. Die Justiz hat in den letzten Jahren durch die Sanktionierung mangelhafter Organisation und Kontrolle im Geschäftsführungsbereich offen gelegt, dass Schäden vom Unternehmen abgewendet werden können, wenn die Geschäftsleitung diese Pflichten ernster nimmt. Die Unternehmen beurteilen das offenbar genauso: Die Mehrzahl einer im Rahmen einer 2003 weltweit durchgeführten Studie zur Wirtschaftskriminalität befragten Unternehmen hält es für wahrscheinlich oder sehr wahrscheinlich, innerhalb der nächsten fünf Jahre von Wirtschaftskriminalität betroffen zu sein.[112] Als Bedrohung werden vor allem Betrug und Untreue, aber auch Computerkriminalität erachtet.

1. Corporate Policy und Unternehmensethik

53 Die Wirksamkeit eines Risikomanagementsystems hängt entscheidend von der Verankerung in der **Unternehmenskultur** ab.[113] Auf der Grundlage einer allgemeinen Unternehmensethik kann ein an betriebswirtschaftlichen und produktions- bzw. leistungsspezifischen Aspekten ausgerichtetes Unternehmensleitbild formuliert werden, das wiederum die Basis schafft für konkrete Verhaltensempfehlungen und Anweisungen, die die Mitarbeiter des Unternehmens im Rahmen ihrer konkreten Tätigkeit zu beachten haben.

54 a) **Schaffung einer „Unternehmensethik"**. Nicht nur ein wesentliches Instrument insbesondere für Großunternehmen, bestimmte Handlungsvorgaben bekannt zu machen und durchzusetzen, sondern auch Ausgangspunkt einer effektiven Strafbarkeitsprävention ist die Durchführung einer Unternehmenspolitik, die rechtlichen und ethischen Grundsätzen entspricht. Innerbetriebliche Präventionspolitik und daraus resultierende Maßnahmen basieren auf der Einstellung der Unternehmensleitung zu strafbarem Handeln. Die Schaffung unternehmensinterner Leitlinien, die u. a. in konkreten Verhaltensempfehlungen münden können, bedarf zunächst einer Definition der **Unternehmensethik**. „Ethik" darf dabei nicht

---

[104] BGHSt 2, 375.
[105] BGH bei *Holtz* MDR 1982, 969, 970.
[106] BGHSt 10, 393; OLG Düsseldorf NJW 1991, 996.
[107] Vgl. BGHSt 2, 375, 377; BGH NJW 2000, 2433, 2434; OLG Düsseldorf StV 1994, 472; OLG Düsseldorf StV 1998, 65, 66.
[108] BGH NStZ 1999, 188.
[109] OLG Düsseldorf StV 1994, 472; OLG Düsseldorf StV 1998, 552.
[110] Vgl. RGSt 66, 316, 325.
[111] BGHSt 2, 375, 377; BGH bei *Dallinger* MDR 1957, 266, 267; näher Schönke/Schröder/*Cramer* § 258 Rdnr. 20.
[112] *PricewaterhouseCoopers*, Wirtschaftskriminalität, 2003, S. 19.
[113] Vgl. auch *Eggemann/Konradt* BB 2000, 503, 504.

missverstanden werden als Maßstab nur für spektakuläre Fälle, die ihren Weg in die öffentliche Diskussion gefunden haben.[114] Ethik ist vielmehr
„seit jeher unspektakulär. Sie fragt ganz einfach und unauffällig: Wie soll ich ein gutes Leben führen? Wie sollen wir fair miteinander umgehen? Das betrifft nicht nur die Aufsehen erregenden Fälle ... ".[115]

Eine Unternehmensethik formuliert mit dem Ausdruck von **Werten und Visionen** ganz abstrakt den Weg, auf den sich das Unternehmen zur Erreichung seines betriebswirtschaftlichen Ziels begibt. Ihr wird eine entscheidende Bedeutung in der Kriminalprävention beigemessen.[116] In dieser Hinsicht ist in deutschen Unternehmen teilweise ein Umdenken festzustellen: Wo früher ethische Konzepte – insbesondere amerikanischer Unternehmen – in Deutschland Unglauben und Unverständnis hervorgerufen haben, stoßen sie jetzt auf Resonanz.[117]

b) Formulierung eines Unternehmensleitbildes. Auf die Unternehmensethik gründet sich die Fassung eines allgemeinen Unternehmensleitbildes, das wiederum in die Abfassung konkreter Richtlinien und Handlungsanweisungen münden kann. In strafrechtsrelevanter Hinsicht hat sich die Schaffung und Umsetzung derartiger Leitlinien an dem **Ziel** zu orientieren, dass das Unternehmen bzw. einzelne Unternehmensmitarbeiter nicht Objekt eines strafrechtlichen Ermittlungsverfahren werden bzw. dieses zu einem raschen und befriedigenden Abschluss gebracht werden kann. Solche Maßnahmen des Unternehmers, ehrliches Handeln durchzusetzen, haben angesichts des autonomen Signals, ehrlich und fair gegenüber Mitbewerbern und Kunden zu handeln, eine besondere Qualität, die ihre Wirkung auf Abnehmer, Geschäftspartner und auch Ermittlungsbehörden nicht verfehlen wird. Im Unternehmensleitbild findet eine unternehmerische Eigenverantwortung Ausdruck. Es wird ein „realistisches Idealbild" entworfen, das für die Strategie und die Politik eines Unternehmens Orientierung schafft. Seine Erstellung und Veröffentlichung dokumentiert die Verantwortung (jedenfalls in sozialer, ggf. auch in ökologischer Hinsicht) eines Unternehmens und erhöht den Widerstand gegen wirtschaftskriminelle Handlungen.[118] Unternehmensleitbilder sollen die **Wertebasis** eines Unternehmens reflektieren, grundlegende Überzeugungen und Ziele formulieren, die für das Unternehmen gültig sein sollen, und die Verantwortung gegenüber den verschiedenen Stakeholdern (Anspruchsgruppen, also Lieferanten, Abnehmer, Mitarbeiter, Shareholder, Ökologie etc.) eines Unternehmens definieren.[119] Bei der Entwicklung eines Unternehmensleitbildes sollten mit Blick auf die motivierende Wirkung auch **Mitarbeiter einbezogen** werden. Daneben ist allerdings die Mitwirkung und Unterstützung des Top-Managements bei der Entwicklung eines Unternehmensleitbildes unabdingbar, da ein Unternehmensleitbild nur so die notwendige Glaubwürdigkeit im gesamten Unternehmen,[120] aber auch im Verhältnis zu den Stakeholdern, d.h. zu Kunden, Handelspartnern usf. erlangt.

Einfluss in das Unternehmensleitbild können von externen Initiativen formulierte **Ethikkodizes** finden, die die Unternehmensphilosophie auch zu bestimmten Bereichen darstellt. Während in den USA Ethikkodizes dieser Form seit langer Zeit eine Selbstverständlichkeit sind,[121] haben nur zwei Prozent deutscher Unternehmen, die über ein Unternehmensleitbild verfügen, angegeben, dieses in Anlehnung an einen Verbandskodex entwickelt zu haben.[122] Entscheidend ist aber, dass das Unternehmensleitbild einem innerbetrieblichen Selbstverständigungsprozess

---

[114] Vgl. *Egger*, Spektakuläre Ethik, veröffentlicht im Internet unter http://www.richardegger.ch/pdf/08_06_02.pdf.
[115] *Egger* a.a.O.
[116] *Bussmann* zfwu 2004, 35, 45.
[117] *Bannenberg* S. 452 f.
[118] Vgl. *KPMG*, Unternehmensleitbilder in deutschen Unternehmen, 1999, S. 10.
[119] *KPMG*, Unternehmensleitbilder in deutschen Unternehmen, 1999, S. 10.
[120] Insoweit *KPMG*, Unternehmensleitbilder in deutschen Unternehmen, 1999, S. 14. Diesem Aspekt werde durch 84% der Unternehmen Rechnung getragen.
[121] Dies mag auch daher rühren, dass die Einhaltung ethischer Grundsätze im geschäftlichen Bereich in den USA durch Organisationen wie die SEC intensiver beobachtet und Verstöße verfolgt werden, als das in Europa der Fall ist.
[122] Genannt wurden: Deutscher Franchise Verband; Genossenschaftsverband Hessen, Rheinland-Pfalz und Thüringen; Verband der chemischen Industrie; CMS Chemieverband USA, vgl. *KPMG*, Unternehmensleitbilder in deutschen Unternehmen, 1999, S. 15.

folgt und nicht lediglich unbesehene Kopie eine Vorlage ist. Ansonsten läuft es Gefahr, zu einem bloßen Lippenbekenntnis zu verkommen.

58 Im Bereich der **Korruptionsbekämpfung** gibt es bereits eine Reihe von Bekämpfungsansätzen durch Selbstorganisationsmaßnahmen und -empfehlungen der Wirtschaft. Die Bildung eines Unternehmensleitbildes kann unterstützt werden durch die Teilnahme an überbetrieblichen Aktionen wie Management-Systemen oder Audits. Auf privater Ebene ist in dieser Hinsicht etwa das „**Ethikmanagement der Bauwirtschaft** e.V. (EMB)" zu nennen. Bei dem EMB handelt es sich um einen freiwilligen Zusammenschluss von Firmen der Bauwirtschaft, dessen Ziel ein aktives Eintreten für Integrität und faire Geschäftspraktiken seiner Mitglieder und der gesamten Baubranche sowie die Bewahrung und Förderung der Reputation der Bauwirtschaft (§ 2 Nr. 1 der Vereinssatzung) ist. Die Mitglieder des EMB verpflichten sich und ihre Mitarbeiter, im Sinne des Ethikmanagements zu handeln und werden mindestens alle drei Jahre durch externe Fachleute auditiert.

59 Zudem existieren öffentliche Maßnahmen, die Unternehmen zu rechtlich einwandfreiem Handeln animieren möchten. Insbesondere die Europäische Union bietet **Auditings** an, bei denen erfolgreiche Teilnehmer in einem Verzeichnis geführt werden, das die Auszeichnung bestätigt. So will etwa das **Umweltauditsystem** die teilnehmenden Betriebe durch Zertifizierungen anreizen, sich ökologisch verantwortungsbewusst zu verhalten: Auf der Grundlage der **EG-Öko-Audit-Verordnung**[123] soll ein Anreiz zur Einführung von betrieblichen Umweltmanagementsystemen geschaffen werden. Die Intention dieses Systems geht weit über die bloße Einhaltung rechtlicher Vorgaben hinaus: Diejenigen Unternehmen, die sich freiwillig den Regeln der EG-Öko-Audit-Verordnung unterwerfen, verpflichten sich über das geltende Recht hinaus zu einer kontinuierlichen Verbesserung des betrieblichen Umweltschutzes und dürfen anschließend mit einem EG-einheitlichen Symbol auf das fortschrittliche Niveau ihres Unternehmensstandortes aufmerksam machen. Zentrales Anliegen ist die Festlegung und Umsetzung eines Umweltprogramms und Umweltmanagementsystems durch das Unternehmen, die systematische, objektive und regelmäßige Bewertung der Leistungen dieser Instrumente anhand einer Umweltbetriebsprüfung (Öko-Audit) und die Bereitstellung von Informationen über den betrieblichen Umweltschutz für die Öffentlichkeit. Zugelassene unabhängige Umweltgutachter prüfen die Umsetzung der Verordnung in den Unternehmen und können dann eine Gültigkeitserklärung erteilen. Das Unternehmen darf dann für den überprüften Standort ein „Umweltmanagementzeichen" benutzen.

60 Die erfolgreiche Teilnahme an Auditings kann auch Vorteile verwaltungsrechtlicher Art nach sich ziehen: Zum Beispiel bestimmt § 21 h WHG, dass Bundesländer für Unternehmen, die erfolgreich an Umweltauditingmaßnahmen der EU teilgenommen haben, Erleichterungen zum Inhalt der Antragsunterlagen im Genehmigungsverfahren sowie überwachungsrechtliche Erleichterungen für Unternehmen regeln. Eine ähnliche Erleichterung sieht § 55 a KrW-/AbfG für auditierte Unternehmen vor.

61 Zu nennen ist auch die von der International Chamber of Commerce (ICC = Internationale Handelskammer mit Sitz in den USA) herausgegebene **Charta für eine langfristig tragfähige Entwicklung**.[124] Die Charta richtet an ihre Mitglieder 16 – freilich unverbindliche – Grundsätze zu einem bewussten Umweltmanagement. Intention der Charta ist, die betriebliche Umweltorientiertung als eines der vorrangigen Ziele der Unternehmenspolitik zu etablieren und weiterzuentwickeln. Die Grundsätze enthalten abstrakt gehaltene Selbstverpflichtungen, an die sich Unternehmen halten können, die die Formulierung umweltorientierter Leitlinien und darauf beruhender Verhaltensanweisungen anstreben. Ohnedies hat die ICC eine Reihe freiwilliger Verhaltensregeln eingeführt, die staatlichen Interventionen vorbeugen sollen. Denkbar ist schließlich die Aufnahme einer zunächst noch abstrakten **Selbstverpflichtung** von Unternehmen, die sich im Rahmen vertraglicher Beziehung mit der öffentlichen Hand (z. B. in Sub-

---

[123] Verordnung (EWG) Nr. 1836/93 des Rates vom 29.6.1993 über die freiwillige Beteiligung gewerblicher Unternehmen an einem Gemeinschaftssystem für das Umweltmanagement und die Umweltbetriebsprüfung. Das Umweltauditgesetz ist am 15.12.1995 in Kraft getreten. Zusammen mit der am 13.12.1995 vom Bundeskabinett beschlossenen Zulassungsverfahrensverordnung sowie der Beleihungs- und Gebührenverordnung sind bundeseinheitliche Rechtsgrundlagen für den Vollzug der EG-Umweltaudit-Verordnung geschaffen worden.

[124] Siehe www.icc-deutschland.de.

missionsverfahren) oder Geschäftspartnern in der konkreten Vereinbarung niederschlägt, sich rechtmäßig und redlich zu verhalten und für den Fall der Zuwiderhandlung Vertragsstrafen zu zahlen.[125]

Weitere Beispiele für die inhaltliche Ausgestaltung eines Unternehmensleitbildes finden sich bei Verbänden und öffentlichen Institutionen in großer Zahl: So hat der Bundesverband der Deutschen Industrie e. V. (BDI) „Empfehlungen an Geschäftsführungen und Vorstände der gewerblichen Wirtschaft zur Bekämpfung der Korruption in Deutschland" herausgegeben. Auch die Organisation für wirtschaftliche Zusammenarbeit und Entwicklung (OECD) richtet Leitsätze an multinationale Unternehmen, auf die der Deutsche Industrie- und Handelskammertag (DIHK) ausdrücklich verweist.[126] Darin heißt es unter anderem: 62

„Die Unternehmen sollten ...
– die Transparenz ihrer Aktivitäten zur Bekämpfung der Korruption verbessern. Die diesbezüglichen Maßnahmen könnten öffentliche Erklärungen umfassen, mit denen sich das Unternehmen zur Bekämpfung von Korruption und Erpressung verpflichtet, sowie die Offenlegung der zur Erfüllung dieser Verpflichtung eingeführten Managementsysteme. Die Unternehmen sollten auch die Offenheit und den Dialog mit der Öffentlichkeit fördern, um zu deren Bewusstseinsbildung und Mitarbeit bei der Korruptionsbekämpfung beizutragen;
– die Arbeitnehmer für die vom Unternehmen verfolgte Politik der Korruptionsbekämpfung sensibilisieren und sie zu deren Beachtung anhalten, indem sie die diesbezüglichen Maßnahmen hinreichend bekannt machen und Schulungsprogramme sowie Disziplinarverfahren vorsehen;
– Managementkontrollsysteme einführen, die der Bestechung und Korruption entgegenwirken, und Praktiken der Finanz-, Steuer- und Rechnungsprüfung anwenden, die verhindern, dass eine parallele Buchhaltung oder geheime Konten eingerichtet bzw. Dokumente erstellt werden, die die geschäftlichen Transaktionen, auf die sie sich beziehen, nicht den tatsächlichen Verhältnissen entsprechend wiedergeben;
..."

Enthält die Unternehmensethik (auch) das Ziel der Ablehnung strafrechtlichen Verhaltens, muss dies den Mitarbeitern zur Kenntnis gebracht und auch der Öffentlichkeit – behutsam – vermittelt werden. Innerhalb des Unternehmens ist eine wirksame Kommunikation des Leitbildes unbedingt wünschenswert. Sonst entfaltet sich die für den Erfolg des Unternehmensleitbildes und die **Mitarbeitermotivation** notwendige **Orientierungsfunktion** nicht. Durch die Sensibilisierung der Mitarbeiter erhöht sich die Stabilität gegen wirtschaftskriminelle Handlungen[127] und die **Loyalität** des Mitarbeiters mit seinem Unternehmen. Unternehmensleitbilder fördern und schaffen zudem eine spezifische **corporate identity**, mit der sich zu identifizieren es den Mitarbeitern leicht fällt[128] und die die Hemmschwelle vor Schädigungen des eigenen Unternehmens erhöht.[129] Kommunikationsmittel können unter anderem Broschüren, die Mitarbeiterzeitschrift, Schulungen, Einzelgespräche, aber auch – gegebenenfalls zusätzlich – der Abdruck auf Mousepads oder die Veröffentlichung als Bildschirmschoner sein.[130] 63

Die **Öffentlichkeit** wird durch eine entsprechende Gestaltung von Internetauftritt, Broschüren und Werbekampagnen erreicht. Jeder Unternehmer muss sich zudem bewusst sein, dass er die von Mitarbeitern und Öffentlichkeit erwartete Integrität **vorzuleben** hat:[131] Die Haltung der Unternehmensleitung zu jeder Form strafrechtlichen Verhaltens muss stets vorbildlich und glaubwürdig sein und unmissverständlich zum Ausdruck gebracht werden.[132] Sie darf nicht nur 64

---

[125] Dies ist – wiederum – gängig bei öffentlichen Ausschreibungen und wurde erfolgreich beim Bau des Flughafens Hongkong durchgeführt; vgl. *Bannenberg* S. 466 mit dortiger Fn. 929.
[126] http://www.dihk.de sowie http://www1.oecd.org/deutschland/dokumente/leitsaetze.pdf.
[127] Unternehmensleitbilder in deutschen Unternehmen, 1999, S. 11.
[128] Zum begrenzten Präventionseffekt der *corporate identity* vgl. *Bussmann*, Business Ethics und Wirtschaftskriminalität, S. 11 ff.
[129] *Bussmann* zfwu 2004, 35, 42.
[130] Vgl. Unternehmensleitbilder in deutschen Unternehmen, 1999, S. 16.
[131] Vgl. *Eggemann/Konradt* BB 2000, 503, 505.
[132] Vgl. *Bartsch/Paltzow/Trautner*, Der Antikorruptionsbeauftragte, 2001, Kap. 6 S. 20.2 in Bezug auf Korruption; vgl. im Allgemeinen Unternehmensleitbilder in deutschen Unternehmen, 1999, S. 14: „entscheidend für den erfolgreichen Einsatz des Unternehmensleitbildes".

in einzelnen Situationen gelebt werden, sondern eine permanente Grundhaltung sein.[133] Die vermittelte Transparenz, Vertrauen und Verlässlichkeit können daneben zu einem positiven Image und einer guten **Reputation** führen.[134]

65 Auch im Verhältnis zu Vertrags- und Handelspartnern sollte die Unternehmensethik hervorgehoben werden und ihren Niederschlag etwa in **Vertragstexten** finden. Hierfür werden sich nicht immer geeignete Fälle finden. So empfiehlt sich im korruptionsanfälligen Bereich die freiwillige Aufnahme von Klauseln, die bei wettbewerbswidrigem Verhalten eine Vertragsstrafe o. Ä. vorsehen.[135]

66 Das Unternehmensleitbild muss unternehmensintern stets **angepasst, verbessert** und **überprüft** werden. Es geht nicht darum, in der Öffentlichkeit den bloßen Eindruck zu erwecken, man sei auf dem Gebiet des Umweltschutzes oder der Korruptionsbekämpfung etc. tätig. Dies ist zwar ein nicht zu unterschätzender Marketingaspekt, der aber keine innerbetriebliche Wirkung entfaltet und die propagierte **corporate policy** zu einem Feigenblatt verkümmern ließe. Als Auslöser für die Aktualisierung beziehungsweise Veränderung ihres Unternehmensleitbildes nannten Unternehmen die Veränderung externer Rahmenbedingungen, Strategieänderungen, Strukturänderungen, Fusionen, Verkäufe von Unternehmensteilbereichen, Änderung der Unternehmensphilosophie sowie die Reaktion auf Mitarbeiterbefragungen.[136]

67 c) **Die innerbetriebliche Umsetzung.** Mittel der Umsetzung einer im Unternehmensleitbild niedergelegten Unternehmensethik ist die Erstellung konkreter **Unternehmensrichtlinien**. Durch eine Richtlinie hat der Unternehmer die Möglichkeit, in jedem Bereich seines Unternehmens **klare Verhaltensvorgaben** zu machen. Abstrakte Leitbilder nutzen das Potenzial nicht, weil durch sie nur allgemeine Werte angesprochen werden wie Beachtung von Menschenrechten, Fairness, Gleichbehandlung, Respekt, Integrität usw. Es darf bei der Vermittlung der Unternehmensethik und des Unternehmensleitbildes bei den Mitarbeitern nicht der Eindruck entstehen, an sie würden lediglich unverbindliche Appelle gerichtet. Deshalb sollte ein zentrales Dokument in Broschürenform an jeden Mitarbeiter ausgehändigt werden. Jeder Mitarbeiter sollte schriftlich bestätigen, dass er die darin enthaltenen Verhaltensanweisungen zur Kenntnis genommen hat und diese einhalten wird. Die kriminalpräventive Wirkung einer Unternehmensethik wird entscheidend erhöht, wenn strafrechtliche Normen in die Richtlinien ausdrücklich eingebettet werden.[137] Richtlinien sind aber kein Selbstzweck. Ständige Fortschreibung und Überprüfung in Bezug auf das betriebswirtschaftlich Notwendige und juristisch vertretbare Maß sind erforderlich. Besonders schädlich ist es, wenn sich die Geschäftsleitung selbst nicht an die von ihr gegebene Richtlinie hält. Unternehmensrichtlinien sollten zudem bewusstseinsbildend wirken: Die Belegschaft ist deshalb auch zu sensibilisieren für kriminelle Handlungen, Unterlassungen und Anweisungen von Vorgesetzten.

68 Der Inhalt der Richtlinien orientiert sich am spezifischen Tätigkeitsfeld des Unternehmens. Allgemeingültige konkrete Inhaltsvorgaben können daher an dieser Stelle nicht an die Hand gegeben werden. Zur Veranschaulichung mögen aber folgende **Beispiele** dienen: Eine Richtlinie zur Annahme von Vorteilen in jeder Form der hessischen Landesverwaltung[138] bestimmt ein generelles Annahmeverbot für Bargeld, die Überlassung von Gegenständen (z. B. Kraftfahrzeuge, Unterkunft) ohne oder zu einem geringeren als dem üblichen Entgelt, die Gewährung von Leistungen (z. B. durch Überlassung von Fahrkarten, Flugtickets, Mitnahme auf Urlaubsreisen) ohne oder zu einem geringeren als dem üblichen Entgelt, die Gewährung besonderer Vergünstigungen bei Privatgeschäften (z. B. zinslose oder zinsgünstiger Darlehen, verbilligter

---

[133] Vgl. *Stocker*, Das bayerische EthikManagementSystem, Vortrag vom 7.11.2002, Quelle: http://www.bau industrie-bayern.de/ethik; *Bussmann*, Business Ethics und Wirtschaftsstrafrecht, S. 19.
[134] Vgl. Unternehmensleitbilder in deutschen Unternehmen, 1999, S. 11.
[135] Dies wird Vergabebehörden bereits durch die Bundesregierung anempfohlen und ist im Bereich der Submissionsvergabe üblich geworden; vgl. Nr. 15 der Richtlinie der Bundesregierung zur Korruptionsprävention in der Bundesverwaltung (BAnz. Nr. 127/98, S. 9665), abgedruckt in *Bartsch/Paltzow/Trautner*, Der Antikorruptionsbeauftragte, 2001, Kap. 10 S. 1 ff., 5.
[136] Unternehmensleitbilder in deutschen Unternehmen, 1999, S. 19.
[137] *Bussmann* zfwu 2004, 35, 45 f. m.w.N.
[138] Merkblatt für Beschäftigte des Landes Hessen über die Annahme von Belohnungen und Geschenken vom 3.1.1996 und 30.1.1998, zit. aus *Bartsch/Paltzow/Trautner*, Der Antikorruptionsbeauftragte, 2001, Kap. 6 S. 6.

Einkauf). Für den Bereich der Privatwirtschaft gilt entsprechend, dass Mitarbeitern privater Firmen die Gewährung solcher Leistungen an Amtsträger ebenfalls untersagt werden muss. Denkbar ist zudem die Aufstellung von Einkaufsrichtlinien, von Richtlinien zur Abrechnung von Reisekosten sowie zu Verkehrssicherungspflichten und Arbeitsschutz. Je nach Branche können Richtlinien zu der Handhabung von Subventionen, Steuermeldungen, Durchführung von Arbeitnehmerüberlassung, Durchführung von Meldepflichten etc. unbedingt notwendig sein.

Der Bundesverband der pharmazeutischen Industrie e.V. hat im Jahr 1997 einen **Pharma-** 69 **Kodex**[139] herausgegeben, der ein umfassendes Richtlinienwerk für die pharmazeutische Industrie enthält. Im Teilkodex der Mitglieder des Bundesverbandes[140] werden zum Beispiel Werbemaßnahmen für unzulässig erklärt, die fälschlich den Eindruck erwecken, das in Rede stehende Medikament garantiere einen Erfolg (§ 3 Nr. 2 lit. a). Vorgaben für die Anzeigengestaltung werden aufgestellt (§ 7). Besonderer Hervorhebung verdient unter Präventionsaspekten die Regelung der „roten Hand": Danach sind die Mitgliedsfirmen verpflichtet, für Mitteilungen von neu erkannten schwerwiegenden Nebenwirkungen, Zurückziehungen fehlerhafter Chargen oder andere Informationen, die den Arzt und/oder Apotheker erreichen sollen, um eine Gefährdung des Patienten nach Möglichkeit auszuschließen, sowohl auf Briefumschlägen als auch auf den Briefen das Symbol einer roten Hand zu benutzen (§ 26). Zudem wird u. a. die regelmäßige Durchführung von Informations- und Weiterbildungsveranstaltungen für Ärzte und Apotheker geregelt.

Die Bayer AG hat in einem „Programm für gesetzmäßiges und verantwortungsbewusstes 70 Handeln"[141] diffizile Zielsetzungen zur Erreichung und Erhaltung von Rechtstreue und ethischem Verhalten niedergelegt und dabei das wirtschaftliche Interesse durchaus in den Vordergrund gestellt: „Neben den wirtschaftlichen Schaden kann die Gefahr eines Rufschadens und damit der Schädigung unserer Marktposition treten. Der Wert des Unternehmens wird schon durch seinen Ruf beeinflusst. Schon der Anschein einer Rechtsverletzung kann die öffentliche Meinung prägen und damit beispielsweise eine nachteilige Veränderung des Verhaltens unserer Kunden und Anteilseigner nach sich ziehen."[142] Es wird auf spezifische Strafbarkeitsrisiken (Kartellrechts- und sonstige Wettbewerbsverstöße, Schutz von Betriebsgeheimnissen, Produkt-, Arbeits- und Anlagensicherheit, Umweltschutz, Korruption, Insiderstrafrecht, Datenschutz, Schutz des Betriebsvermögens, auch Völkerrecht und internationales Handelsrecht) eingegangen. Dem folgt eine kurze Verhaltensanweisung. Das Bestreben des Unternehmens, mit allen zuständigen Behörden kooperativ zusammenzuarbeiten, wird ausdrücklich erwähnt. Gefordert wird schließlich ein verantwortlicher Umgang und die Achtung ethischer Grenzen etwa bei der Gentechnik sowie ein faires und respektvolles Verhalten innerhalb der Belegschaft.

Alle Richtlinien und Kontrollmaßnahmen sind jedoch nur dann sinnvoll und exkulpieren 71 im Ernstfall, wenn aus sich ändernden Umständen (Gesetzeslagen, aktuellen Situationen oder geänderten Rahmenbedingungen) **ständig Konsequenzen** gezogen werden. Richtlinien und Handlungsvorgaben, die sich an der Situation des Unternehmens von vor fünf oder zehn Jahren anlehnen, können ihrer eigentlichen Funktion nicht mehr gerecht werden.

2. Schaffung klarer Organisationsstrukturen

Die Formulierung von Unternehmensrichtlinien ist aber nur Ausgangspunkt weiterer kon- 72 kreter Maßnahmen der Vermeidung strafrechtlichen Handelns innerhalb des Unternehmens. Ein unbedingtes Muss für jedes Unternehmen ist die **Schaffung klarer Organisationsstrukturen**.

a) **Zuständigkeitsverteilung**. Über eine eindeutige innerbetriebliche **Zuständigkeitsvertei-** 73 **lung** ist gewährleistet, dass insbesondere unbeliebte Tätigkeiten nicht in den Verantwortungsbereich des anderen geschoben werden. Sind die Zuständigkeiten nicht eindeutig verteilt, stellt sich nicht selten erst im Rahmen eines Strafverfahrens heraus, dass jeder der Mitarbeiter annimmt, der andere werde bestimmte Funktionen ausüben oder Handlungen vornehmen.

---

[139] Pharmakodex Stand: 2005.
[140] Pharmakodex S. 1465 ff.
[141] http://www.bayer.de/medien/pages/140/Corporate_Compliance_de.pdf.
[142] Bayer Programm für gesetzmäßiges und verantwortungsbewusstes Handeln, Fn. 145 S. 6.

Dabei sind sowohl die funktionalen Zuständigkeiten zu verteilen als auch die konkrete Person zu bezeichnen, die diese Funktionen ausüben muss. Dies gilt für alle Bereiche des Unternehmens, für die Gewährleistung der Sicherheit in Produktionsabläufen ebenso wie für Fragen des Umweltschutzes oder im verwaltungstechnischen Bereich bei der Wahrung von Fristen oder der Kontrolle des Einkaufs. Neben klarer Zuständigkeitsverteilung und Verantwortlichkeit ist es notwendig, klare Stränge für **Weisungsbefugnisse** und **Kontrolle** einzurichten. Aufbau und Fortschreibung derartiger Strukturen sind sicherlich je nach Unternehmensgegenstand und Größe unterschiedlich. Entscheidend ist jedoch, dass sich ohne großen Aufwand im Einzelfall die Verantwortlichkeit für bestimmte Aufgabengebiete und die hieraus resultierenden Handlungspflichten ermitteln lassen.

74   b) **Allgemeine Verhaltensempfehlungen.** Den Mitarbeitern können neben konkreten Handlungsanweisungen[143] auch allgemeine Verhaltensempfehlungen an die Hand gegeben werden, die je nach Tätigkeitsbereich einen anderen Schwerpunkt entfalten können.[144] Sinnvoll ist auch die Formulierung einer **Meldepflicht** für Mitarbeiter: Jede Verletzung der im Unternehmensleitbild konkretisierten Handlungsvorgaben ist einem extra hierfür einzusetzendem Gremium („Corporate Compliance Committee"), das die Schnittstelle zwischen Vorstand und Mitarbeiterschaft bildet, mitzuteilen.[145] Wichtig für die Kontrollmöglichkeiten ist es auch, **klare Vorgaben** für den jeweiligen Entscheidungsträger zu formulieren, die es ermöglichen, alle Entscheidungsstufen nachvollziehbar und damit überprüfbar zu machen.

75   c) **Kommunikation von Organisationsstruktur und Verhaltensanweisungen.** Ist die Organisation bis dahin installiert und dokumentiert, ist sie im Unternehmen bekannt zu geben, damit keine Zweifel und Missverständnisse über Zuständigkeiten aufkommen können. Stetige interne **Kommunikation** ist einer der Grundpfeiler für den Erfolg der Umsetzung eines Unternehmensleitbildes und darauf beruhender Richtlinien. **Audits** und **Mitarbeiterbefragungen** können geeignete Instrumente zur Erreichung dieses Ziels sein. Ins Blickfeld der Mitarbeiter wird die Unternehmensethik auch durch die Integrierung des Unternehmensleitbildes in den **Arbeitsvertrag** gerückt. Diese Praxis ist in Deutschland allerdings bisher kaum verbreitet.[146] In welcher Form und mit welchem Schwerpunkt auch immer ein allgemeiner Verhaltenskodex etabliert ist – er muss das Ziel erreichen, die Beschäftigten auf Gefahrensituationen **hinzuweisen**, in denen sie (gewollt oder ungewollt) Gegenstand oder Subjekt strafrechtlicher Handlungen werden. Sie müssen zur ordnungsgemäßen und gesetzestreuen Durchführung ihrer Aufgaben angehalten werden, und die Folgen gegenteiligen Verhaltens – ob nun straf- oder zivilrechtlicher Art – sind ihnen vor Augen zu führen. Im Zuge der steigenden Komplexität in Unternehmen ist es für den Mitarbeiter nicht einfacher geworden, Kurs und Ziel des Unternehmens zu erkennen und die eigene Funktion im Betrieb wahrzunehmen. Das kann dazu führen, dass das Gefühl der Mitarbeiter sinkt, einen sinnvollen und nützlichen Beitrag zum Unternehmenserfolg zu leisten, was sich wiederum negativ auf die Motivation der Mitarbeiter auswirkt.[147]

76   d) **Beteiligung mehrerer an Entscheidungsvorgängen.** Die Einführung von **Mitzeichnungsvorbehalten** für wichtige Entscheidungen insbesondere zur Vermeidung korruptiven Verhaltens dient der Umsetzung des Prinzips „Vier Augen sehen mehr als zwei". Das ist zwar kein neues Instrument; gleichwohl liegt sein Vorteil auf der Hand: Werden an einem Entscheidungsprozess mehrere Mitarbeiter bzw. Einheiten beteiligt, steigert dies die Kontrolle über die Inhalte der Entscheidung, vorausgesetzt, die Mehrfachbeteiligung verkümmert nicht zu einer bloßen Formalie.[148] Den Beteiligten muss deshalb ausreichend Zeit für ihre Aufgaben eingeräumt werden, was wiederum eine organisatorisch effektive Planung der Handlungsabläufe voraussetzt. Mit Blick auf den der „Lederspray"-Entscheidung zugrunde liegenden Sachverhalt erscheint es auch nicht sinnvoll, Entscheidungen stets Kollegialorganen zu überlassen. Ohnehin

---

[143] Siehe dazu oben Rdnr. 67 ff.
[144] So hat etwa das Bundeskriminalamt einen „Leitfaden zur Korruptionsvorbeugung und -bekämpfung in Polizeibehörden" herausgegeben (1997).
[145] Siehe dazu Rdnr. 82.
[146] *KPMG*, Unternehmensleitbilder in deutschen Unternehmen, 1999, S. 18.
[147] *KPMG*, Unternehmensleitbilder in deutschen Unternehmen, 1999, S. 10.
[148] Vgl. *Bartsch/Paltzow/Trautner*, Der Antikorruptionsbeauftragte, 2001, Kap. 6 S. 22.

werden solche Entscheidungen durch Vorlagen vorbereitet, so dass bereits hier – und nicht erst im „entscheidenden" Kollektiv – Gelegenheit zur Einflussnahme besteht.

e) Jobrotation und Teambildung. In einigen Bereichen des öffentlichen Dienstes ist es bereits usus, zur Korruptionsprävention eine **Jobrotation** einzuführen. Da zum Beispiel Korruption kein spontanes Geschehen ist, sondern ein längerfristiger Prozess und Ergebnis jahrelanger unveränderter dienstlicher Verwendung auf einem Arbeitsplatz,[149] kann sie durch die zwangsweise Unterbindung solcher Kontakte angegriffen werden. Dieses Mittel ist freilich nur bedingt einsetzbar, denn in zahlreichen Unternehmensbereichen ist die Erfahrung und Kontinuität auch einzelner Mitarbeiter eine Voraussetzung für effektives Arbeiten. Als Alternative oder Ergänzung der Jobrotation kommt die Bildung von **Teams** in Frage, im Rahmen derer neben die Vorteile einer Zusammenarbeit auf Fachebene die – unbewusste – Kontrolle untereinander tritt. Werden innerhalb des Teams klare Verantwortungsbereiche geschaffen, kann sich der Einzelne gleichwohl nicht „hinter dem Kollektiv" verstecken.[150]

3. Mitarbeiterschulung

Bei den Mitarbeitern müssen Sensibilitäten dafür geweckt werden, dass sie bei Verstößen gegen Richtlinien, Ethik-Kodizes oder Organisationsvorgaben nicht nur die Unternehmensleitung, sondern sich selbst in ein strafrechtliches Risiko begeben. Insbesondere dann, wenn es sich um die Änderung eingefahrener Verhaltensweisen geht, die sich seit Generationen branchenweit eingebürgert haben, verschwinden schriftliche Richtlinien als nicht ernst gemeint in den Schreibtischschubladen, ohne dass für das eigene Verhalten Konsequenzen gezogen werden. Es bleibt daher nur die Möglichkeit, durch themenbezogene Mitarbeiterschulungen auf die Notwendigkeit hinzuweisen, sich an die von der Unternehmensleitung vorgegebenen Regeln zu halten. Das scheint keineswegs selbstverständlich: Einer von KPMG Austria herausgegebenen Studie zufolge hat nur ein Drittel der Unternehmen, die überhaupt ein Unternehmensleitbild formuliert haben, dieses Leitbild auch zum Thema in Workshops gemacht.[151]

a) Stetige Thematisierung. Zunächst sollten die für das betroffene Unternehmen relevanten Erscheinungsformen strafbaren Verhaltens auf **Führungsbesprechungen** stetig thematisiert werden, um allgemeine Gefahren zu vermitteln und um über vorbeugende Maßnahmen zu informieren.[152] Die Leitung dieser Gespräche sollte ein hierzu beauftragter Mitarbeiter – der Betriebsbeauftragte[153] – übernehmen. Organisatorisch ist darauf zu achten, dass der Ordnungspunkt der Strafrechtsprävention nicht unter „ferner liefen" auf dem umfangreichen Tagesprogramm der Unternehmensleitung steht, sondern isoliert und gegebenenfalls im Rahmen einer gesonderten Veranstaltung abgehandelt wird. Insbesondere in der Anfangsphase der beabsichtigten Präventionspolitik wäre ein bloßes Abhaken dieses Punktes kein guter Start für eine Vertrauen erweckende und effektive Bekämpfungsstrategie. Eine unternehmensinterne Veranstaltung sollte zum regelmäßigen Kanon der Weiterbildungsmaßnahmen gehören, geleitet von externen Experten oder dem betrieblich Beauftragten. Derartige Schulungen müssen nicht zwingend abteilungsübergreifend stattfinden, sondern sollten sich vielmehr mit der spezifischen Thematik an den kleineren Kreis nur einer oder einiger weniger Bereichen des Unternehmens wenden, um hinreichend und bereichsspezifisch informieren zu können und auf notwendige Maßnahmen hinweisen zu können. Daneben bietet sich an, Mitglieder des Führungspersonals (z.B. Abteilungsleiter besonders gefährdeter Bereiche) an **externen Seminaren** teilnehmen zu lassen, wie sie – in der Baubranche etwa vom bayerischen EthikManagementSystem – angeboten werden.

b) Inhalt und Aufbau. Die Angestellten des Unternehmens müssen sich einen Überblick über die **Erscheinungsformen** der (Wirtschafts-) Kriminalität verschaffen können, um sensibilisiert zu sein und ggf. die unternehmensinternen Präventionseinrichtungen wie den

---

[149] *Bartsch/Paltzow/Trautner*, Der Antikorruptionsbeauftragte, 2001, Kap. 6 S. 23.
[150] Vgl. *Bartsch/Paltzow/Trautner*, Der Antikorruptionsbeauftragte, 2001, Kap. 6 S. 24.
[151] *KPMG*, Untersuchung zur Wirtschaftskriminalität, 1998, S. 21.
[152] So auch *Bartsch/Paltzow/Trautner*, Der Antikorruptionsbeauftragte, 2001, Kap. 6 S. 20.4 in Bezug auf Korruptionsbekämpfung.
[153] Siehe unten Rdnr. 82.

Betriebsbeauftragten oder ein Meldesystem nutzen zu können.[154] Die Phänomenologie des Wirtschaftsstrafrechts ist vielfältig. Von umweltschädigenden Ereignissen über Korruption, zweckwidrige Verwendung öffentlicher Gelder, Straftaten aus dem Bereich des Arbeitsrechts bis zu Bilanzmanipulation oder Kapitalbeschaffung (z.B. Börsengang) birgt beinahe jeder Unternehmensteil Strafbarkeitsrisiken (ob nun vorsätzlicher oder fahrlässiger Art). Die Mitarbeiter sind auch über die **Grundsätze der Zurechnung** strafrechtlich relevanter Verhaltensweisen im Rahmen von Personenmehrheiten zu informieren. Dasselbe gilt für die strafrechtlichen **Konsequenzen**, neben denen mögliche dienst- und arbeitsrechtliche Folgen im Rahmen einer Mitarbeiterschulung nicht verschwiegen werden sollten. In bestimmten Bereichen wird sich eine Bewusstseinsänderung allerdings nur langsam vollziehen, da die Bereitschaft, sich von eingefahrenen Handlungsweisen zu trennen, in der Regel gering ist. Nicht fehlen darf der Hinweis auf ein zu installierendes **Meldewesen** nebst der ausdrücklichen Aufforderung, dies auch – gegebenenfalls anonym – zu nutzen, und zwar auch dann, wenn über einen konkreten Verdachtsfall hinaus Zweifel an bestimmten Betriebsabläufen und deren strafrechtlicher Relevanz bestehen: Hier kann insbesondere eine **Ethik-Hotline** genutzt werden.

81   Ist das Unternehmen gewillt, auch eine Art Vergangenheitsbewältigung durchzuführen, um eventuell angreifbare Praktiken auszuräumen, kann es dies ebenfalls nur mit Hilfe der Mitarbeiter. Zu denken ist in diesem Zusammenhang an **Amnestieangebote** im Rahmen von (oder nach) Schulungen. Diese sind deutlicher Ausdruck der beabsichtigten Vergangenheitsbewältigung seitens der Unternehmensführung und stärken das Bewusstsein der Mitarbeiter wie auch ihr Vertrauen in die Richtigkeit des eingeschlagenen Wegs. Ein Amnestieangebot kann selbstverständlich nur in Bezug auf unternehmensinterne Abläufe Geltung beanspruchen.[155] Eine entsprechende Zusage umfasst bei Aufdeckung eventuell strafrechtlich relevanter Praktiken im Unternehmen von zivil- und arbeitsrechtlichen Maßnahmen sowie von der Erstattung einer Strafanzeige Abstand zu nehmen. Sofern bereits strafrechtliche Ermittlungen aufgenommen worden sind, entfällt freilich die Möglichkeit des Absehens von einer Anzeige.

4. Besondere Instrumente der Prävention

82   a) **Einsetzung eines Betriebsbeauftragten.** Von den innerbetrieblich Verantwortlichen, die aufgrund von Weisungen oder des Arbeitsvertrags bestimmte Aufgabenbereiche übernommen haben und im Störfall gegebenenfalls auch strafrechtlich verantwortlich sind, ist der **Betriebsbeauftragte** zu unterscheiden. Der Betriebsbeauftragte nimmt die ihm durch das jeweilige Gesetz zugewiesenen Aufgaben wahr und gilt gemeinhin als Mittler zwischen Betrieb und Verwaltungsbehörden. Dies gilt beispielsweise für den **Immissionsschutzbeauftragten** (§ 52 a BImSchG), den **Gewässerschutzbeauftragten** (21 a WHG), den Betriebsbeauftragten für den Abfallbereich (§ 54 KrW-/AbfG), den **Datenschutzbeauftragten** (§ 4 g BDSG) oder den **Feuerschutzbeauftragten**. Durch diese Personen soll die Kontrolle der Verwaltungsbehörde ergänzt werden. In dieser Funktion hat er keine Weisungs- und Entscheidungsbefugnis. Er hat seine Vorschläge lediglich zu melden und daher keine strafrechtlich relevante Garantenstellung. Eine Pflichtverletzung führt nicht zu einer Straftat oder Ordnungswidrigkeit. Um diese Position des Betriebsbeauftragten, der mit öffentlich-rechtlichen Aufgaben ausgestattet ist, nicht zu gefährden, sollte der Verantwortliche im innerbetrieblichen Bereich nicht identisch sein mit dem Betriebsbeauftragten, auch wenn dies im Hinblick auf die Bündelung von Kompetenz zunächst ökonomisch erscheint.

83   b) **Einführung eines anonymisierten Meldewesens.** Die vorgenannten Präventionsinstrumente (Durchführung von Mitarbeiterschulungen zur Sensibilisierung der Belegschaft und die Installation eines Betriebsbeauftragten) sollten flankiert werden durch die Einrichtung eines Meldewesens:[156] Von vermeintlich und tatsächlich strafrechtsrelevanten Sachverhalten muss die Unternehmensleitung frühzeitig Kenntnis erlangen können, die sie ihrerseits zur

---

[154] Zu besonderen Präventionsinstrumenten siehe Rdnr. 82 ff.
[155] Vgl. *Schaupensteiner/Bannenberg*, Korruption in Deutschland, 2002, S. 212 f., die auch für das Strafverfahren eine Strafmilderung für den geständigen Täter oder Teilnehmer fordern, der über die Strukturen der Korruptionskriminalität Auskunft gibt.
[156] Ein solches Meldesystem kann die genannten anderen Maßnahmen nur ergänzen, keinesfalls ersetzen (vgl. *PricewaterhouseCoopers*, Wirtschaftsstrafrecht, 2003, S. 17).

Weiterentwicklung des Präventionssystems nutzen kann, ohne sie an Strafverfolgungsbehörden weitergeben zu müssen. Ein **anonymisiertes Meldesystem** kann hier helfen, wobei eine Hemmschwelle auch verantwortungsbewusster Mitarbeiter darin liegen dürfte, nicht als Denunziant gelten zu wollen. Diese Hemmschwelle zu senken bedarf zweierlei: Zum einen muss die Unternehmensleitung sicherstellen, dass eine Meldung – unabhängig von ihrem Wahrheitsgehalt – nicht zu einer ehrverletzenden Verleumdungskampagne gegen den betroffenen Mitarbeiter führt. Insbesondere wenn sich ein geäußerter Verdacht als unbegründet herausstellt, kann dies fatale Folgen für die soziale Eingebundenheit des Meldenden sein. Ohnedies muss deutlich gemacht werden, dass auf eine Meldung keine überzogenen Maßnahmen folgen, sondern die Unternehmensleitung zunächst bereit ist, im Gespräch mit dem Betroffenen den Wahrheitsgehalt der Meldung zu überprüfen, um im anschließenden Dialog eine gemeinsame Lösung des Problems zu suchen. Zweitens spielt für die Meldebereitschaft wiederum die von einem bestimmten Verantwortungsbewusstsein geprägte **corporate policy** und Unternehmensethik eine große Rolle: Hat diese in das Bewusstsein der Mitarbeiter Einzug gehalten und ist sie zu einem „Begleiter" bei der täglichen Arbeit geworden, dürfte es für den Mitarbeiter selbstverständlich sein, der Unternehmenseinstellung widersprechende Handlungsweisen oder Gefahrquellen zu melden. Gelingt eine befriedigende Lösung nicht, wird die personelle Umbesetzung – je nach Aufgabenbereich – unumgänglich sein. Möglicherweise findet sich innerhalb des Unternehmens aber ein weniger verantwortungsvoller Bereich für den betroffenen Mitarbeiter, bevor zur **Ultima Ratio** der Freistellung gegriffen wird.

Die Einrichtung einer **Ethik-Hotline** verfolgt nicht den Zweck, Kenntnis von konkreten Verhaltensweisen zu erlangen, die möglicherweise strafrechtlich relevant sein können. Sie soll vielmehr ermöglichen, prinzipiellen Bedenken der Belegschaft hinsichtlich bestimmter Betriebsabläufe und Verhaltensweisen Gehör zu schenken. Auch hier gilt: Die bloße Einrichtung eines Meldewesens reicht nicht aus; regelmäßige Selbstkontrollen und Anpassungen an aktuelle Umstände müssen sicherstellen, dass sowohl das Meldewesen als auch die Hotline funktioniert und – vor allem – in relevanten Fällen auch zu sichtbaren Veränderungen des betroffenen Bereichs führt. Haben sich Beschäftigte erfolglos an ihren Vorgesetzten gewandt oder die Ethik-Hotline benutzt und kein „Feedback" bekommen, ist die Gefahr groß, dass der ignorierte oder sich unbeachtet fühlende Mitarbeiter zu anonymen Hinweisen oder Strafanzeigen an die Staatsanwaltschaft greift.

c) **Beauftragter für wirtschaftskriminelle Handlungen: Der Ombudsmann.** Idealerweise spielt im Rahmen eines anonymisierten Meldewesens ein **Beauftragter für wirtschaftskriminelle Handlungen** eine zentrale Rolle, an den sich Mitarbeiter anonymisiert wenden können. Findet sich für diese Funktion kein Unternehmensinterner (etwa bei kleineren Unternehmen), kann eine externe Person als **Ombudsmann** eingesetzt werden. Insbesondere in größeren Unternehmen empfiehlt es sich, sowohl einen internen Beauftragten (etwa **Korruptionsbeauftragten**) als auch einen externen Ombudsmann einzusetzen. Der Ombudsmann fungiert als Ansprechpartner für Wissensträger bei Sachverhalten, die möglicherweise eine strafrechtliche Relevanz bergen. Unabhängig davon, ob die Strafbarkeit zugunsten oder zum Nachteil des Unternehmens begangen wird, kann der Ombudsmann zur Aufklärung des Sachverhalts beitragen, indem er die ihm gegenüber abgegebene Anzeige in „objektivierter" Form an die Unternehmensleitung weitergibt. Als neutrale Instanz zwischen dem Unternehmen und dem meldenden Mitarbeiter kann er sicherstellen, dass die Meldung ihm personalisiert und damit seriös abgegeben wird. Ein absolut anonymisiertes Meldewesen birgt die Gefahr des Missbrauchs, während die persönliche Kontaktaufnahme dem Ombudsmann eine Einschätzung erleichtert, wie seriös der Hinweis ist.[157] Grundsätzlich gilt: Wer dem Ombudsmann persönlich gegenüber treten muss, wird in der Regel eher gehemmt sein, unwahre Sachverhalte „anzuzeigen". Andererseits ist durch den Einsatz des Ombudsmanns aber gegenüber dem Unternehmen die Anonymität des Hinweisgebers gesichert.

Der Ombudsmann kann Angestellter des Unternehmens sein. Dann muss aber seine **Schweigepflicht** gegenüber dem Arbeitgeber in Bezug auf persönliche Daten des Hinweisgebers im Arbeitsvertrag festgeschrieben sein. Das den Ombudsmann beauftragende Unternehmen muss

---

[157] Korruptionsbericht der Deutschen Bahn, Fn. 191, S. 11.

ihm gegenüber unwiderruflich auf alle Auskunfts- und Informationsansprüche verzichten. Es empfiehlt sich, einen außen stehenden **Berufsgeheimnisträger** i.S. von § 53 StPO einzusetzen, idealerweise einen Rechtsanwalt oder einen anderen in § 53 Abs. 1 Nr. 3 StPO Genannten. Diesem muss im Innenverhältnis zum Unternehmen ausdrücklich die Weitergabe persönlicher Daten des Hinweisgebers untersagt sein, es sei denn, dieser ist damit einverstanden. Auch in einem möglicherweise folgenden strafrechtlichen Ermittlungsverfahren muss der Ombudsmann nicht aussagen. Keine Rolle spielt dabei, dass der Berufsgeheimnisträger vom Unternehmen beauftragt wurde. Denn auch der Hinweisgeber vertraut dem Ombudsmann den Sachverhalt in dessen Eigenschaft als Berufsgeheimnisträger an, nicht als Privatmann oder -frau. In diesem Fall darf die Mitteilung im Strafverfahren verschwiegen werden.[158] Darüber hinaus unterliegt der als Ombudsmann eingesetzte Berufsgeheimnisträger unabhängig davon, wer ihn beauftragt und bezahlt, der von § 203 Abs. 1 StGB strafbewehrten Geheimnispflicht. Selbst wenn der Ombudsmann eine Gebührenrechnung etwa nach dem RVG stellt, ist dies lediglich Indiz für das Vorliegen eines von § 203 StGB geschützten Vertrauensverhältnisses, nicht aber dessen Voraussetzung.[159]

87 Der Ombudsmann sollte für die Mitarbeiter des Unternehmens, aber auch für Vertragspartner erster Ansprechpartner für die Meldung eines möglicherweise folgenden strafrechtlich relevanten Sachverhalts sein. Der Kontakt sollte dabei außerhalb der Räumlichkeiten des Unternehmens, etwa in den Kanzleiräumen des Ombudsmanns stattfinden. Wird durch die Ombudsleute aufgrund der ihnen zugetragenen Informationen der Verdacht einer Straftat begründet, sind Ermittlungen vorzunehmen – entweder durch die interne Revisionsabteilung oder durch externe zu beauftragende Ermittler.

5. Kontrolle

88 Die Schaffung einer einheitlichen Unternehmensleitlinie und die Formulierung ethischer Grundsätze der **corporate policy** allein kann nicht verhindern, dass mit hoher Energie stattfindende „Kontaktpflege" durch hohe finanzielle Zuwendungen[160] oder von Gewinnstreben geprägte Umgehung rechtlicher Vorgaben und ethischer Prinzipien Platz greift. Neben einer sorgfältigen Auswahl der Mitarbeiter und der Implementierung einer kriminalpräventiv wirkenden internen Organisation hat deshalb eine regelmäßige **Kontrolle** stattzufinden. Ist dies nicht durch die Geschäftsleitung selbst möglich, so muss sich Vorstand oder Geschäftsführung regelmäßig über den ordnungsgemäßen Ablauf und die Art und Weise der Kontrolle informieren lassen. Denn das Risiko der Strafbarkeit ist mit der Schaffung klarer Organisationsstrukturen noch lange nicht relevant vermindert, geschweige denn beseitigt. Jüngere Umfrageergebnisse lassen darauf schließen, dass die Leitbildumsetzung in den Unternehmen kaum mit geeigneten Maßnahmen unterstützt wird.[161]

89 **a) Kontrolle und Vertrauen.** Aufgabe des Vorgesetzten ist es, die Mitarbeiter zu kontrollieren, und zwar in inhaltlicher wie auch in rechtlicher Hinsicht. In der Praxis führt Kontrolle ab einem gewissen Punkt zwar zu einem Klima des (gegenseitigen) **Misstrauens**.[162] Führungspersonal muss aber den Mitarbeitern vertrauen (können) und dies auch zum Ausdruck bringen. Wem Vertrauen entgegengebracht wird, der verrichtet seine Arbeit korrekt und gründlich. Umgekehrt muss überempfindliches Verhalten des Weisungsadressaten vermieden werden durch die Klarstellung, dass Kontrollsysteme nicht dazu dienen, sind, jedwede Tätigkeit des Mitarbeiters nachzuprüfen, sondern vielmehr ein Netz spannen sollen, um rechtswidrige Handlungen zu vermeiden. Vertrauen ist gut, blindes Vertrauen birgt aber Gefahren.

90 Zur Vertrauensbildung und -erhaltung gehört auch, dass demjenigen Mitarbeiter, der gutgläubig eine Verletzung des Handlungskodex' meldet, **keine Nachteile** hieraus erwachsen. Die Forderung erhöhter Sensibilität gegenüber wirtschaftskriminellem Verhalten innerhalb des ei-

---

[158] Vgl. *Meyer-Goßner* StPO, 48. Aufl. 2005, § 53 Rdnr. 38.
[159] Vgl. *Tröndle/Fischer* StGB, 52. Aufl. 2004, § 203 Rdnr. 7.
[160] *Bannenberg*, Korruption in Deutschland, 2002, S. 453.
[161] *KPMG*, Unternehmensleitbilder in deutschen Unternehmen, 1999, S. 17: Nur gut die Hälfte der antwortenden Unternehmen gab an, die Einhaltung des Leitbildes zu kontrollieren; ein Großteil beantwortete die diesbezügliche Frage allerdings gar nicht.
[162] Vgl. *Bussmann*, Business Ethics und Wirtschaftsstrafrecht, S. 8; *ders.* zfwu 2004, 35, 41.

genen Arbeitsbereiches bringt die Gefahr von Irrtümern mit sich. Aus diesem Grund ist Vertraulichkeit und das den Mitarbeitern eingeräumte Recht auf einen diesbezüglichen Irrtum auch zu kommunizieren.

b) Personalauswahl und -überwachung. Bei der Prüfung der Strafbarkeit von Führungspersonen spielt die Frage nach einem Verschulden sowohl bei der Einweisung, aber auch bereits bei der Auswahl nachgeordneter Personen eine zentrale Rolle. Bei der Personalauswahl sollte stets besondere Sorgfalt aufgewendet werden. Die Personalauswahl und -überwachung ist kein Selbstzweck und hat zwar auch, aber nicht allein einen betriebswirtschaftlichen Grund. Vielmehr vermindert eine gewissenhafte und gewissenhaft dokumentierte Personalauswahl und -überwachung die Gefahr der eigenen Strafbarkeit aufgrund **Auswahl- und Überwachungsverschuldens**. 91

aa) Auswahl. Kriterien für die Personaleinstellung existieren zuhauf. Neben den allgemein geforderten Schul- und Berufsqualitäten weisen auch Hintergrundinformationen auf die Strafbarkeitsanfälligkeit einzelner Bewerber hin. Einen Überblick über derartige „weiche" **Einstellungskriterien** bietet etwa die Bundesregierung in ihren an die Bundesverwaltung gerichteten Bewertungsmaßstäben für die Einstellung von Personen.[163] Auch in der Literatur werden Bewertungsmaßstäbe insbesondere im Hinblick auf korruptionsanfällige Bereiche formuliert.[164] Kritische Punkte sind danach straf- oder disziplinarrechtliche Ermittlungen gegen die in Rede stehende Person, Verschuldung oder nicht geordnete wirtschaftliche Verhältnisse, soziale Probleme (z.B. Alkohol-, Drogen- oder Spielsucht). Soweit auf höherer Ebene so genannte **integrity tests** zur Anwendung gelangen, sind auch derartige Auswahlsysteme freilich nicht stets zuverlässig, zumal sich aus der Sozialisation des Kandidaten in der Regel keine Indikatoren für eine späteren (Wirtschafts-) Straffälligkeit ergeben.[165] Jedenfalls hinsichtlich der Gruppe von Managern ist eine verlässliche Prognose über eine Kriminalitätsgefahr nur schwierig abzugeben. 92

bb) Überwachung. In der Regel sind Alarmsignale nicht auf den ersten Blick erkennbar. Deshalb empfehlen sich neben den genannten Kontrollmaßnahmen regelmäßige **Analysen** der Mitarbeitertätigkeit. Dies kann einerseits durch interne **Mitarbeiterbeurteilungen** geschehen; auf der anderen Seite kommen beiderseitige Analysekonzepte, an denen sowohl der Mitarbeiter als auch sein Vorgesetzter beteiligt sind, in Betracht. Kriterien der Mitarbeiterbeurteilung sollten auf der Grundlage des Unternehmensleitbildes aufgestellt werden. An diesem hat sich dann letztlich auch die Kritik und die damit verbundene Botschaft an den beurteilten Mitarbeiter zu orientieren. Mitarbeiter und Vorgesetzte sollten gemeinsam festlegen, was und wie kontrolliert wird,[166] damit eine Motivation entsteht, sich mit dem Unternehmensleitbild vertraut zu machen und dementsprechend zu handeln. Nur wer die Leitgedanken des Unternehmens verinnerlicht, kann sie erfüllen. Hervorzuheben ist an dieser Stelle, dass es bei der Personalüberwachung durchaus nicht um das „Ertappen" und damit um einen repressiven Gedanken, sondern vielmehr um die Prävention strafrechtlichen Verhaltens geht. 93

Neben den oben im Rahmen der Auswahl genannten **red flags** der Personaleinstellungen kommen im Bereich der Personalüberwachung weitere Alarmzeichen hinzu. Zu nennen sind[167] auffällige Verhaltensweisen, die die Zuverlässigkeit in Frage stellen (privater Umgang mit Straftätern oder ähnliches), abnehmende Identifizierung mit Unternehmen beziehungsweise Arbeitgeber und Aufgaben, das Umgehen oder Übersehen von Vorschriften, die Häufung „kleiner Unregelmäßigkeiten", Abweichungen zwischen tatsächlichem Ablauf und Dokumentation des Vorgangs, die Verheimlichung von Vorgängen, Verharmlosung von 94

---

[163] Umsetzungshilfe zu der Richtlinie der Bundesregierung zur Korruptionsprävention in der Bundesverwaltung, abgedruckt bei *Bartsch/Paltzow/Trautner*, Der Antikorruptionsbeauftragte, 2001, Kap. 10 S. 1 ff.
[164] Sehr ausführlich bei *Bannenberg*, Korruption in Deutschland, 2002, S. 456 ff. Die Darstellung beschränkt sich auf allgemeine Indizien für wirtschaftsstrafrechtliches Verhalten. Auf die korruptionsspezifischen Signale soll an dieser Stelle nicht weiter eingegangen werden.
[165] *Bussmann*, Business Ethics und Wirtschaftsstrafrecht, S. 9 f. m.w.N.
[166] Vgl. *KPMG*, Unternehmensleitbilder in deutschen Unternehmen, 1999, S. 18.
[167] *Bannenberg* S. 457 f. sowie Umsetzungshilfe zu der Richtlinie der Bundesregierung zur Korruptionsprävention in der Bundesverwaltung, abgedruckt bei *Bartsch/Paltzow/Trautner*, Der Antikorruptionsbeauftragte, 2001, Kap. 10 S. 1 ff.

Kontrollvorschriften, Versuche der Beeinflussung von Entscheidungen fremder Zuständigkeitsbereiche, stillschweigende Duldung von Fehlverhalten und rechtswidrigem Verhalten, fehlende Kontrolle, wo sie vorgeschrieben oder notwendig wäre, sowie keine Reaktion auf Verdachtsanzeigen.

95   Zentraler Punkt der Personalüberwachung ist eine **korrekte und umfassende Dokumentation** der Tätigkeiten, flankiert von einer regelmäßigen **Wiedervorlage** u. a. für regelmäßige Kontrollen und zur Durchführung von Stichproben. Auf dieser Grundlage empfiehlt sich ein aussagekräftiges **Berichtswesen**, das regelmäßig die wirtschaftliche Tätigkeit des Unternehmens bzw. einzelner Abteilungen zusammenfasst und offen legt. Hierbei geht es um die Zusammenstellung der maßgeblichen Informationen über Entscheidungsvorgänge innerhalb des Unternehmens, die einen Bezug zur Außenwelt, sprich zu Handelspartnern, Konkurrenten, Behörden etc. aufweisen.

96   c) **Probleme bei Einführung und Umsetzung der Kontrolle.** Neben den beschriebenen Vorbehalten der Unternehmensleitung gegen die Vornahme präventiver Maßnahmen bestehen zahlreiche Hindernisse bei der Umsetzung insbesondere von Kontrollsystemen. Das insbesondere zur Korruptionsprävention empfohlene „**Vier-Augen-Prinzip**" führt kombiniert mit einer regelmäßigen Jobrotation zu Komplikationen im menschlichen Bereich: Positionen werden von Menschen ausgefüllt, die ihre Bedürfnisse nach Anerkennung ihrer Arbeit und Leistung, nach Anerkennung im Kollegenkreis und nach bestimmten Neigungen und Vorlieben ausrichten.[168] Wer seinen Arbeitsplatz aber räumen muss, nachdem eine gewisse Routine, ggf. gar eine Spezialisierung eingetreten ist, ist schwer zu motivieren, sich an anderer Stelle einarbeiten zu lassen und sich stets „überwacht" zu fühlen. Auch eine gewisse entwickelte Vorliebe für die eigene Tätigkeit beeinträchtigt die Bereitschaft zu einem **ad hoc**-Wechsel an einen anderen Arbeitsplatz: Dem Arbeitnehmer ist es nicht gleichgültig, welche Aufgabe er auszufüllen hat.[169] Schlimmstenfalls wird die Versetzung als Schikane empfunden. Dass wäre der Arbeitsmotivation ungemein abträglich. Schließlich steht es dem unternehmerischen Interesse entgegen, den aufgrund jahrelanger spezifischer Erfahrung Fachkundigen zu versetzen und sich damit seiner besonderen Qualitäten gleichsam zu entledigen. Zudem gehen zunehmende Kontrollen oftmals zulasten der Flexibilität des Unternehmens, das seine Wettbewerbsfähigkeit ja auch aus einer gewissen Dynamik und Reaktionsschnelligkeit auf dem Markt zieht. Kontrollmaßnahmen steigern notwendigerweise die Unternehmenskomplexität.[170] Betriebliche Kontrollen steigern zwar die Sichtbarkeit von unternehmensinterner Kriminalität, gehen immer aber auch auf Kosten von Flexibilität und Transparenz.[171]

Schlimmstenfalls kommt es infolge einer Versetzung oder Freistellung gar zum Arbeitsrechtsstreit. Das dürfte insbesondere dann zu erwarten sein, wenn der Angestellte sich zu Unrecht sanktioniert fühlt, etwa weil er zugunsten des Unternehmens gehandelt hat. (Beispiel: Ein mit der Auftragsakquise betrauter Mitarbeiter zahlt aus dem ihm zur Verfügung stehenden Budget Geldbeträge an Dritte, um deren Auftragsentscheidung zugunsten des Unternehmens positiv zu beeinflussen.) Im Zuge des folgenden gerichtlichen Verfahrens gelangt der strafrechtlich relevante Sachverhalt dann zwangsläufig an die Öffentlichkeit und damit auch zur Kenntnis von Strafverfolgungsorganen. Hat die Unternehmensleitung durch die besprochenen Maßnahmen eine Vermittlung der Unternehmensethik sichergestellt und durch Kontrollen deren Effektivität stetig überprüft, wird ihr eine Aufsichtspflichtverletzung nicht vorzuwerfen sein. Freilich droht im Fall der strafgerichtlichen Verurteilung des Mitarbeiters der Drittverfall gem. § 73 d Abs. 1 S. 2 StGB.

Es ist daher eine **Abwägung** vorzunehmen zwischen dem Präventionsinteresse auf der einen Seite und dem Interesse des einzelnen Arbeitnehmers beziehungsweise betriebswirtschaftlichen Überlegungen auf der anderen Seite. Wo Arbeitsbereiche besonders anfällig sind für wirtschaftsstrafrechtliches Verhalten, muss besonderes Augenmerk auf die Prävention gelegt werden. Dort, wo strafrechtlich eher ungefährdete Verhaltensweisen überwiegen, muten in

---

[168] *Bannenberg* S. 461.
[169] Vgl. *Bannenberg* S. 461.
[170] Vgl. *Bussmann*, Business Ethics und Wirtschaftsstrafrecht, S. 8; *ders.* zfwu 2004, 35, 41.
[171] *Bussmann* zfwu 2004, 35, 41, spricht von „doppelter Kontroll-Paradoxie".

anderen, risikobehafteten Abteilungen angemessen erscheinende Präventionsmaßnahmen übertrieben an und schaden dem betrieblichen Ablauf mehr als sie Nutzen bringen. *Bannenberg* schlägt für korruptionsanfällige Bereiche der Verwaltung daher eine **Kombination** vor zwischen **Jobrotation, Mehr-Augen-Prinzip** und Einführung eines **Kontrollsystems** vor, die von qualifiziertem Personal (etwa einer Anti-Korruptionsstelle) weisungsungebunden durchzuführen ist.[172] Dies ist auch für private Unternehmen durchführbar, sofern – und hierin zeigt sich dann der wirkliche Wille zur Prävention – die Unternehmensführung entsprechende Strukturen schafft.

d) **Rolle und Funktion der Unternehmensrevision.** Im Rahmen der Gewährleistung der Aufsichts- und Kontrollpflichten der Geschäftsführung kommt gerade der **Innenrevision** als Aufsichts- und Kontrollorgan wird im Unternehmen eine erhebliche Bedeutung zu. Die Revision ist die Schnittstelle der Geschäftsbereiche. Ihre Bedeutung wird nunmehr durch das von § 91 Abs. 2 AktG geforderte Risikomanagementsystem noch erheblich verstärkt. Die Revisionsabteilungen sind gefordert, mit Unterstützung der externen Wirtschafts-, Unternehmens- und Steuerberater sowie der Rechtsanwälte zu prüfen, ob auf dem Hintergrund der neuesten Gesetzeslage und der oben dargestellten Rechtsprechung, die im Unternehmen installierten Organisationsstrukturen, Kontrollmechanismen und Richtlinienwerke ausreichen, den neuen Anforderungen die an die Unternehmensleitung gestellt werden gerecht zu werden. Ist dies nicht der Fall, ist es Aufgabe der Revision, bei Geschäftsführern und Vorständen, auf Reaktionen hinzuwirken und praktikable Maßnahmen vorzuschlagen und schließlich umzusetzen.

Die Revision als Schnittstelle aller Geschäftsbereiche muss eine unmittelbare Anbindung an die Geschäftsleitung erfahren. Nur hier laufen sämtliche Informationen aus dem Unternehmen zusammen. Von der Revision können Impulse ausgehen, bestimmten Geschehnissen im Unternehmen besonderes Augenmerk zu widmen und andere in der Prioritätenliste zurückzustufen. Wichtigste Aufgabe im Sinne der strafrechtlichen Risikoprävention ist jedoch die Unterrichtung und Beratung der Unternehmensleitung bezüglich der verbleibenden Aufsichtspflicht. **Auswahl und Bestellung der Mitglieder** der Revisionsabteilung sind daher originäre Aufgaben der Unternehmensleitung. Diese können nicht allein der Personalabteilung überlassen werden, fachliche Qualifikation und weitestgehende Unabhängigkeit bei der Ausübung der Tätigkeit sind Voraussetzung für eine funktionstüchtige Revision.

Wegen der strafrechtlichen Bedeutung der Revisionsabteilung ist es nicht verwunderlich, dass eben diese Revisionsabteilung häufig Ziel des ersten Angriffs staatsanwaltschaftlicher Ermittlungen ist. Durchsuchungen richten sich häufig zunächst gegen die Revisionsabteilung. Leiter der Revision sowie Mitarbeiter kommen als im Regelfall gut informierte Zeugen in Betracht, ohne dass ihnen ein Zeugnisverweigerungsrecht zur Seite stünde. Die Revisionsabteilung wird daher in der Regel die notwendigen Vorarbeiten zur Installation eines Frühwarnsystems leisten und Beiträge aus anderen Unternehmensbereichen koordinieren. Die in der Unternehmensrevision beschäftigten Mitarbeiter sind für ihre Aufgaben **aus- und fortzubilden**.[173]

e) **Dokumentation regulärer Betriebsabläufe und Zertifizierungen.** Schließlich ist auf die Notwendigkeit der **Dokumentation** regulärer Betriebsabläufe und innerbetrieblicher Zuständigkeiten hinzuweisen. Sie erleichtert im Krisenfall die Feststellung individueller Verantwortlichkeit und hilft, die Annahme etwaiger Aufsichtspflichtverletzungen oder gar eines Organisationsverschuldens der Geschäftsführung zu vermeiden. Hier gilt für Produktions- und andere regelmäßig wiederkehrende Abläufe, dass eine Planung und Dokumentation sowie deren regelmäßige Kontrolle strafrechtliche Haftungen der geschäftsführenden Organe ebenso minimiert wie die zivilrechtliche Haftung des Unternehmens. Wo sich aufgrund enger Handlungsspielräume und festgelegter Abläufe der Eintritt des Ernstfalles auf ein Restrisiko beschränkt, das schon im Hinblick auf menschliches Versagen im Einzelfall nicht auszuschließen ist, wird auch eine Versicherung schwerlich aufgrund grober Fahrlässigkeit die Versicherungsleistung verweigern können. Auffallend ist nämlich, dass mit der Rechtsprechung zum Organisationsver-

---

[172] Vgl. *Bannenberg* S. 462.
[173] Vgl. Nr. 6 der Richtlinie der Bundesregierung zur Korruptionsprävention in der Bundesverwaltung (BAnz. Nr. 127/98, S. 9665), abgedruckt in *Bartsch/Paltzow/Trautner*, Der Antikorruptionsbeauftragte, 2001, Kap. 10 S. 1 ff., 3.

schulden im strafrechtlichen Bereich die Versicherungen gehäuft dazu übergegangen sind, die Versicherungsleistung mit der Begründung zu verweigern, dass dem Unternehmen notwendige Sicherungs-, Regelungs- und Kontrollmaßnahmen grob vernachlässigt wurden.

101 Hilfreich sind dabei die **Zertifizierungen** nach DIN EN ISO 9000 ff. oder anderen Zertifizierungsmaßstäben.[174] Die Industrial Organization for Standardization mit Sitz in Genf (ISO) hat Modelle zum Management von Qualitätssicherungssystemen zusammengestellt. Die Normen wurden entwickelt, um sicherzustellen, dass Erzeuger von Produkten und Dienstleistungen umfassende Basismaßnahmen unternehmen, die die Einhaltung der Forderungen und Erwartungen des Auftraggebers gewährleisten. Die Zertifizierung wirtschaftlicher Abläufe ist nicht nur ein Zauberwort aus dem Bereich des Unternehmensmarketing. Was von Unternehmensberatern unter dem Stichwort ISO 9000 oder **Total Quality Management** angeboten wird, ist sowohl im Lichte des KonTraG als auch aus den bereits mehrfach angesprochenen strafrechtlichen Risiken durchaus sinnvoll. Dass es auch in diesem Bereich Freibeuter gibt, bei denen die Ergebnisse in keinem Verhältnis zu den geforderten Honoraren stehen, braucht an sich nicht betont zu werden. Soll eine Zertifizierung der Unternehmensleitung die Sicherheit geben, ihren Organisations- und Kontrollpflichten nachgekommen zu sein, und soll sie darüber hinaus im Ernstfall auch Dritten gegenüber Stand halten, ist es notwendig, ein autorisiertes und mit Zertifizierungen erfahrenes Unternehmen zu beauftragen. Ist dies gewährleistet, kann der Zertifizierung auch im Rahmen strafrechtlicher Risikovermeidung eine unterstützende Funktion zukommen, wenn strafrechtliche Parameter bereits bei der Zertifizierung Eingang und Beachtung finden. Vor übertriebenen Erwartungen muss jedoch auch hier gewarnt werden. Fehlt es an der notwendigen Sensibilität oder Wissen in diesem Bereich, können auch nicht entdeckte Fehler und damit latente strafrechtliche Risiken unerkannt mitzertifiziert werden.

6. Sanktionen

102 Damit ein Unternehmensleitbild tatsächlich „gelebt" wird, muss seine Einhaltung nicht nur durch entsprechende Kontrollen, sondern auch durch **Sanktionen** abgesichert werden: Wenn selbst grobe Verstöße gegen das Leitbild ohne Konsequenzen bleiben, verliert es schnell seine Glaubwürdigkeit. Das **Mitarbeitergespräch**, die **Abmahnung**, die **Gehaltskürzung**, die **Kündigung** und die **Versetzung**[175] eignen sich als unternehmensinterne Konsequenzen, die zur Bewusstseinsbildung und einer Art Generalprävention führen können. Bei der Wahl der Sanktionsform ist freilich Art und Umfang der Übertretung zu berücksichtigen wie auch die möglichen Folgen der Sanktionierung. Eine Gehaltskürzung kann sich negativ auf die Identifikation mit dem Unternehmen auswirken und damit auch die Motivation sinken lassen. Ein positiver Reiz, sich fortan an das Unternehmensleitbild zu halten, kann so kaum erzeugt werden; was bleibt, ist die Angst vor einer weiteren Gehaltskürzung oder gar der Kündigung. Insgesamt aber wirken interne Sanktionen regelmäßig effektiver als eine strafgerichtliche Verfolgung. Sie treffen den Täter härter, da sie aus seinem sozialen Umfeld stammen.[176] Zum anderen sind **Strafanzeigen** mit unkalkulierbaren Risiken behaftet: Nach außen wirkt die Unternehmensführung zwar entschlossen. Eine Strafverfolgung führt in der Regel allerdings zu erheblicher Unruhe innerhalb des Unternehmens (Zeugenvernehmung, Beweismittelsammlung, Durchsuchung beim Nichtbeschuldigten etc.) und kann eventuell neue Probleme verursachen.[177] Eine weltweit geführte Umfrage ergab gleichwohl, dass immerhin 56% der Unternehmen einen Fall wirtschaftskriminellen Handelns stets zur Anzeige bringen würden, weitere 35%, sofern eine selbstbestimmte finanzielle Grenze überschritten ist.[178] Ist der Täter noch unbekannt, kann das Unternehmen anstelle die Straftat anzuzeigen zunächst externe Rechtsanwälte oder Wirtschaftsprüfer beauftragen, interne Ermittlungen anzustellen.[179]

103 Die Möglichkeit der Sanktionierung muss den Mitarbeitern des Unternehmens vor Augen geführt werden. Deshalb sollten die Verhaltensanweisungen an Mitarbeiter auch **Richtlinien**

---

[174] Siehe dazu auch oben Rdnr. 59 ff.
[175] *KPMG*, Unternehmensleitbilder in deutschen Unternehmen, 1999, S. 18.
[176] *Bussmann*, Business Ethics und Wirtschaftsstrafrecht, S. 20; *ders.* zfwu 2004, 35, 39.
[177] Vgl. *Bussmann* zfwu 2004, 35, 37.
[178] *PricewaterhouseCoopers*, Wirtschaftskriminalität, 2003, S. 11.
[179] *Bussmann* zfwu 2004, 35, 40.

über das Vorgehen bei Verdacht auf Wirtschaftsstraftaten und dessen mögliche Bestätigung enthalten[180] – inklusive der drohenden (innerbetrieblichen) Folgen. Eine solche Standardisierung des Umgangs mit Wirtschaftsstraftaten, gleich ob diese zugunsten oder zulasten des Unternehmens begangen werden, schärft das Bewusstsein der Mitarbeiter für die Ernsthaftigkeit der Maßnahmen der Unternehmensleitung.

Eine Sanktion kann sich auch an Außenstehende richten, die zum internen compliance-Verstoß maßgeblich beigetragen haben. Insbesondere im Bereich der **Bauwirtschaft** ist an eine **Vergabesperre** für Unternehmen zu denken. Diese bewirkt, dass mit der gesperrten Gesellschaft oder dem gesperrten Unternehmer keine Verträge abgeschlossen werden dürfen. Konsequenterweise müssen diese Unternehmer auch als Subunternehmer ausgeschlossen sein.[181] Die Implementierung dieser Sanktion in das Korruptionsbekämpfungssystem der Deutschen Bahn hat großen Widerstand bei den betroffenen Unternehmen hervorgerufen, was für eine wirkungsvolle Abschreckungsfunktion der Androhung einer Vergabesperre spricht. Freilich ist bei der Schaffung dieser Sanktion sorgfältig darauf zu achten, dass tatbestandsmäßige Voraussetzungen sorgsam formuliert werden, so dass sie im konkreten Einzelfall auch zuverlässig festgestellt werden können und die Sperre nicht als unverhältnismäßiges Sanktionsmittel erscheint. Das Landgericht Frankfurt hat im Jahr 2003 die Zulässigkeit einer von der Deutschen Bahn ausgesprochenen Vergabesperre ausdrücklich mit der Begründung anerkannt, dass ausreichende Anhaltspunkte vorliegen, die den Vorwurf der Bestechung oder Vorteilsgewährung rechtfertigen. Die Leitsätze lauten:

„[...]
2. Das Begehen einer berufsbezogenen Straftat rechtfertigt einen generellen zeitlich befristeten Ausschluss für die Teilnahme am Wettbewerb. Zum Nachweis einer solchen Straftat bedarf es keiner gerichtlichen Verurteilung, wenn bei objektiver Beurteilung der ermittelten oder zur Verfügung stehenden Tatsachengrundlage keine begründeten Zweifel an der Verfehlung bestehen. Insoweit genügen auch ausreichende Anhaltspunkte, die den Vorwurf z.b. der Bestechung oder der Vorteilsgewährung rechtfertigen.
3. Eine Vergabesperre der Deutsche Bahn AG ist kein strafrechtliches Institut. Stattdessen ist sie vor dem Hintergrund zu sehen, dass eine Auftragssperre für die betroffenen Unternehmen oftmals die einzige wirksame und ernstgenommene Sanktionsmöglichkeit in Korruptionsfällen darstellt.[182]"

V. Präventivberatung für den Ernstfall der Durchsuchung

1. Handlungsplan für den Fall der Durchsuchung

Unternehmen sollten auf den Fall der Fälle vorbereitet sein, und zwar ganz unabhängig davon, ob in strafrechtlicher Hinsicht bereits das „Kind in den Brunnen gefallen" ist. Bereits im Vorfeld potentiell strafrechtlichen Verhaltens, insbesondere im Rahmen der oben genannten Risikofelder, empfiehlt es sich, Vorkehrungen für den Fall einer Durchsuchungsaktion zu treffen.[183] Eine Durchsuchung muss nicht nur den einer Straftat Verdächtigen treffen. Auch beim Unverdächtigen sind Durchsuchungen unter bestimmten Umständen zulässig (vgl. § 103 Abs. 1 StPO). So werden regelmäßig Unternehmen, gegen deren Mitarbeiter ein strafrechtliches Ermittlungsverfahren geführt wird, als solche Unverdächtige durchsucht, obwohl das Unternehmen bzw. seine Organe selbst nicht Adressat des strafrechtlichen Vorwurfs sind.

a) **Einsetzen eines Koordinators.** Zunächst sollte unternehmensintern ein **Koordinator** gefunden werden, der den Ermittlungsbehörden als ständiger Ansprechpartner zur Verfügung steht. Dieser muss die Befugnis haben, mit Staatsanwaltschaft und Polizei den Gang der Durch-

---

[180] Vgl. *Bussmann* zfwu 2004, 35, 39.
[181] Vgl. Korruptionsbericht der Deutschen Bahn, S. 8 (abrufbar unter http://www.db.de/site/shared/de/dateianhaenge/berichte/korruptionsbericht__2004.pdf).
[182] Landgericht Frankfurt Urt. v. 26.11.2003, Az. 2-06 O 345/03.
[183] Vgl. *Park* Rdnr. 858.

suchung abzusprechen und in geordnete Bahnen zu lenken, ohne sich stets von übergeordneten Stellen jede Handlung absegnen lassen zu müssen. Denn gerade letzteres führt zur Ungeduld seitens der Ermittlungsbeamten und erweckt allzu leicht den Eindruck der Verfolgung einer Verschleppungs- und Verschleierungstaktik. Verfügt das Unternehmen über eine eigene Rechtsabteilung, empfiehlt sich die Auswahl des Koordinators aus dem Kreise eben jener Mitarbeiter. Nicht empfehlenswert ist dagegen, ein Mitglied der Geschäftsführung als Koordinator einzusetzen, die als Führungspersonal gerade Ziel der Ermittlungsmaßnahmen ist. Deshalb sollten Teile der Unternehmensleitung den direkten Kontakt mit den Ermittlungsbeamten zunächst vermeiden. Diese verfügen nämlich – tatsächlich oder zumindest nach Auffassung der Beamten – häufig über internes Detailwissen, dessen Offenbarung auch bei reinstem Gewissen verheerende Folgen nach sich ziehen kann.[184] Sinnvollerweise könnte der interne Betriebsbeauftragte für wirtschaftskriminelle Handlungen die Funktion des Koordinators im Durchsuchungsfall übernehmen.

107 Wer einen verantwortlichen Koordinator einsetzt (und einen **Vertreter** für den Fall der Abwesenheit), verhindert zum einen eine Art kollektiver Flucht der Unternehmensmitarbeiter vor den Beamten und stellt sicher, dass der Geschäftsbetrieb zumindest teilweise fortgeführt werden kann.[185] Sind die Ermittlungsbehörden mangels Ansprechpartner gezwungen, sich den richtigen Verantwortlichen im Unternehmen selbst zu suchen, ist die Gefahr groß, dass durch voneinander abweichende Aussagen verschiedener Stellen Widersprüche entstehen, die fast zwangsläufig zu Weiterungen des Verfahrens führen.[186]

108 **b) Erstellen von Handlungsanweisungen.** Die Kompetenzzuweisung und Einsetzung des Koordinators reicht allerdings allein nicht aus, um unternehmensintern Handlungsabläufe zu gewährleisten, die einerseits den Geschäftsbetrieb nicht wesentlich beeinträchtigen und andererseits die Durchsuchungsaktivitäten der Ermittlungsbeamten zu kanalisieren. Mitentscheidend für erfolgreiche Präventionsmaßnahmen ist der Grad der Akzeptanz der Unternehmensangehörigen. Im Mittelpunkt aller Bemühungen um das Verhindern von Straftaten stehen mithin die Menschen mit ihren Überzeugungen und Wertvorstellungen, von denen ihr Handeln bestimmt wird.[187] Notwendig ist deshalb eine umfassende Information der Mitarbeiter und die Ausarbeitung konkreter **schriftlicher Verhaltensempfehlungen**, die dem Personal zur Kenntnis zu bringen sind.

109 Je nach dem, wie durchsuchungsgefährdet der einzelne Unternehmensbereich ist, können Handlungsanweisungen innerhalb des Unternehmens unterschiedlich ausfallen. Insbesondere Vorstandsmitglieder und deren Angehörige (für den Fall der gleichzeitigen Durchsuchung in Privaträumen), Vorstandssekretariate, die Rechtsabteilung, der Pförtner, die Buchhaltungs- bzw. Steuerabteilung sind Bereiche, die von Ermittlungsmaßnahmen tangiert werden.[188] Die Handlungsanweisungen für die Mitarbeiterschaft sollte sich auf eine prägnante und übersichtliche Zusammenstellung beschränken, die sich einerseits gut merken lässt und anhand derer andererseits das Eigenverhalten im Ernstfall gegengeprüft werden kann. Der Umfang einer DIN A4-Seite sollte nicht überschritten werden.[189] Darum gilt es, das Relevante von unwichtigem Ballast zu trennen. Unbedingt in die Anweisungen gehört der Hinweis, keine Unterlagen freiwillig herauszugeben sowie Informationen darüber, wer der eingesetzte Koordinator ist und wie dieser zu erreichen ist.[190] Allgemeine Floskeln wie „Ruhe bewahren" o.Ä. sind überflüssig, wenn dem Adressaten der Handlungsanweisung konkrete Verhaltensempfehlungen an die Hand gegeben werden. Dann stellt sich die Ruhe gleichsam von selbst ein. Dagegen können Hinweispapiere für die Rechtsabteilung mit Blick auf die Fachkenntnis der dort tätigen Angestellten umfangreicher, weil juristisch detaillierter, ausfallen.

---

[184] *Park* Rdnr. 859.
[185] Vgl. *Park* Rdnr. 859.
[186] Graf v. Westphalen/*Goll*/*Winkelbauer* Produkthaftungshandbuch Bd. 1, 2. Aufl., § 49 Rdnr. 5.
[187] Formulierung angelehnt an den 2. Bericht zur Umsetzung des „Präventions- und Bekämpfungskonzept Korruption", zit. aus *Bartsch/Paltzow/Trautner*, Der Antikorruptionsbeauftragte, 2001, Kap. 6 S. 2.
[188] Vgl. *Park* Rdnr. 861.
[189] *Park* Rdnr. 863.
[190] *Park* Rdnr. 863.

Der Inhalt der Verhaltensanweisungen ist geprägt von zwei Fragestellungen: „Wozu ist das Unternehmen im Rahmen von konkreten Ermittlungsmaßnahmen letztlich verpflichtet?" und „Welches Verhalten erscheint innerhalb des verbleibenden Handlungsspielraums als opportun?"[191] Unumstößlich sind die strafprozessualen Pflichten, sofern eine entsprechende richterliche Anordnung, etwa ein Durchsuchungsbeschluss, besteht. Der verbreitete Irrtum, das Hausrecht der Unternehmensleitung berechtige dazu, Ermittlungsbeamten wieder „vor die Tür zu setzen", führt zu Misstönen und damit zu einer wenig hilfreichen Verschlechterung der Durchsuchungsatmosphäre. Mit der Durchsuchung als solcher hat man sich also abzufinden; es fragt sich allerdings, inwiefern das „Wie" der Ermittlungsmaßnahme seitens des Unternehmens gestaltet werden kann. 110

c) **Vorbereitung der Mitarbeiter auf den Ernstfall.** Schließlich empfiehlt sich, die Mitarbeiter solcher Unternehmensbereiche, die von strafprozessualen Ermittlungsmaßnahmen besonders betroffen würden, auch mündlich in Form einer **Unterweisung** auf den Ernstfall vorzubereiten. Zweck eines solchen Instruktionsgesprächs ist es, die Mitarbeiter in die Lage zu versetzen, sich gegenüber Ermittlern sowohl angemessen, also weder unterwürfig noch überheblich,[192] als auch rechtlich einwandfrei zu verhalten. Dies ist nur dann Erfolg versprechend, wenn die Unternehmensangehörigen entsprechend sensibilisiert werden. Die bloße Austeilung der schriftlich verfassten Handlungsanweisungen dürfte hierfür kaum genügen. Je nach Adressatenkreis der Instruktionen kann die Unterweisung gesplittet werden: Naturgemäß wird eine Instruktion der Rechtsabteilung differenzierter ausfallen als die des Empfangspersonals, für das juristische Details weder interessant sind noch im Ernstfall – nämlich im Gespräch mit dem Durchsuchungsbeamten – relevant werden. 111

Das Instruktionsgespräch sollte durch einen juristischen Experten – etwa einen externen Rechtsanwalt – durchgeführt werden, der im Falle der Durchsuchung auch vor Ort ist.[193] Einleitend ist zu erwähnen, dass die Unterweisung nicht zu bedeuten haben, dass das Unternehmen alsbald Durchsuchungen befürchtet oder Anlass zu strafprozessualen Ermittlungen liefert, sondern dass man für den Ernstfall gerüstet sein wolle. In diesem Zusammenhang kann kurz auf die allgemeine Stellung von Großunternehmen in Strafverfahren – etwa unter Hinweis auf die Bankenfälle – und den allgemeinen Trend der letzten Jahre, Unternehmen in großer Zahl und je nach Branche in teilweise flächendeckendem Umfang zu durchsuchen, eingegangen werden.[194] Mangels einschlägiger Erfahrungen der Mitarbeiter mit Durchsuchungen und im Umgang mit Ermittlungsbeamten erscheint ein kurzer Überblick über den äußeren Ablauf einer Durchsuchung unter Inbezugnahme der unternehmensinternen Besonderheiten als durchaus sinnvoll. 112

Die konkreten unternehmensbezogenen Ausführungen sollten sich sodann an den schriftlich gefassten und nunmehr ausgeteilten **Verhaltensempfehlungen** orientieren, die dort genannten Punkte sollten konkretisiert und entsprechende Fragen der Mitarbeiter beantwortet werden. Hierbei sollte sich die Art der Erläuterung am Adressatenkreis orientieren. Ebenso wie bei der Abfassung der Anweisungen gilt es, die mündliche Darstellung inklusive der Beantwortung etwaiger Fragen auf die Bedürfnisse und Notwendigkeiten des jeweilig angesprochenen Mitarbeiters anzupassen. Über die in den schriftlichen Verhaltensempfehlungen skizzierten Anweisungen hinaus ist darauf hinzuweisen, dass jeder Mitarbeiter das ihn betreffende Papier jederzeit **griffbereit** haben sollte und – auch im Beisein der Ermittlungsbeamten – sich nicht davor scheuen sollte, im Bedarfsfall einen Blick darauf zu werfen. Die in den Handlungsanweisungen enthaltenen Informationen sind nämlich weder rechtlich bedenklich noch unterliegen sie der Geheimhaltung.[195] Erwähnung finden sollte nicht zuletzt, dass die **Atmosphäre** der Unternehmensdurchsuchung von entscheidender Bedeutung sein kann: Die Mitarbeiter sollten darauf hingewiesen werden, dass den Untersuchungsbeamten in freundlichem und höflichem 113

---

[191] Graf v. Westphalen/*Goll/Winkelbauer* Produkthaftungshandbuch, Bd. 1, 2. Aufl., § 49 Rdnr. 2.
[192] Vgl. *Park* Rdnr. 876.
[193] Zu der hieraus resultierenden beruhigenden Wirkung aufgrund der Wiedererkennung siehe *Park* Rdnr. 867.
[194] Vgl. *Park* Rdnr. 868.
[195] Vgl. *Park* Rdnr. 871.

Ton zu begegnen ist.[196] Allerdings sind vermeintlich unverfängliche **small talks** zu vermeiden, um sich nicht in die Gefahr der unüberlegten Informationspreisgabe zu begeben oder Widersprüche zu Aussagen anderer Unternehmensmitarbeiter entstehen zu lassen. Es gilt: „Eilfertigkeit und Redseligkeit schaden nur."[197] Angesichts des nicht bekannten Kenntnisstandes der Ermittlungsbeamten sollte den Mitarbeitern klar sein, dass sie die Tragweite ihrer Aussage nur schwer abschätzen können.[198] Durchaus sinnvoll kann es sein, im Rahmen des Instruktionsgesprächs mit den Mitarbeitern in verantwortlichen Positionen und der Unternehmensleitung darauf hinzuweisen, dass die eigene strafrechtliche Verantwortlichkeit nicht dadurch beseitigt wird, dass weitere Personen in den Verdacht geraten, ebenfalls fehlerhaft gehandelt zu haben.[199] Vielmehr schaffen gegenseitige Schuldzuweisungen gegenüber Ermittlungsbeamten die Gefahr einer Eskalation des Ermittlungsverfahrens. Aber auch aus prozessrechtlicher Sicht sind informelle Gespräche mit den Ermittlungsbehörden problematisch: Sie stellen nämlich keine förmliche Vernehmung dar, so dass eine Belehrung über etwaige Aussage- bzw. Zeugnisverweigerungsrechte nicht erfolgen muss.[200] Damit ist auch ohne Belehrung die Verwertung einer solchen Aussage möglich.[201]

114 Auch sollte darauf hingewiesen werden, dass nach Eintreffen der Durchsuchungsbeamten **Unterlagen** bzw. Dateien **nicht vernichtet** oder gelöscht werden dürfen. Dies kann unter Umständen den Haftgrund der **Verdunkelungsgefahr** (§ 112 Abs. 2 Nr. 3 StPO) begründen, ggf. auch den Verdacht der **Strafvereitelung** (§ 258 StGB). Kurz gefasst ist jegliches Verhalten zu vermeiden, dass auch nur den Anschein erwecken könnte, Beweismittel würden vernichtet oder beiseite geschafft.[202] Besonderer Hervorhebung verdient schließlich die Tatsache, dass die mit der Durchsuchung konfrontierten Mitarbeiter – ob als Beschuldigte oder als Zeugen – jederzeit das Recht auf **Zuziehung eines Verteidigers**[203] bzw. eines **Zeugenbeistands**[204] haben.

2. Instruktion leitender Mitarbeiter des Unternehmens / Konzerns

115 Auch die Unternehmensführung muss über Methoden und Folgen möglicher wirtschaftsstrafrechtlich relevanter Verhaltensweisen innerhalb des Unternehmens aufgeklärt werden. Aus- und Fortbildungsmaßnahmen sollten sich deshalb nicht allein an Mitarbeiter mittlerer und unterer Hierarchieebenen richten, sondern auch – wenn auch mit anderer Schwerpunktsetzung – an das Leitungspersonal. Hier ist besonders auf die oben bereits erwähnte Schaffung eines **Einsatzzentrums zur Verfahrenskoordination** im Ernstfall und auf die Notwendigkeit der Bestimmung eines lokalen Ansprechpartners hinzuweisen. Die Unternehmensführung hat zudem den Kreis der im Ernstfall zu verständigenden Mitarbeiter zu bestimmen und der Belegschaft zur Kenntnis zu bringen. Eine Liste verfügungsbereiter externe Rechtsanwälte muss stets zur Hand sein und schließlich ist auch das Leitungspersonal ausdrücklich darauf hinzuweisen, dass die stete Durchführung von Mitarbeiterschulungen und die Überprüfung der Kontrollmechanismen zum Alltagsgeschäft des Unternehmensbetriebs gehören.

3. Maßnahmen im Nachgang der Durchsuchung

116 Der Durchsuchung werden regelmäßig Zeugenvernehmungen folgen, die es zu koordinieren gilt. Günstiges Mittel der Koordination ist die Anregung schriftlicher Informationspreisgabe, etwa durch **schriftliche Beantwortung** der Fragen. Hierauf hat der Betroffene zwar keinen Anspruch, aber immerhin sieht die Strafprozessordnung diese Möglichkeit vor (§ 163 a Abs. 1 Satz 2 StPO). Wenn sachbezogene Kooperationsbereitschaft signalisiert wurde, werden die Ermittlungsbeamten einer entsprechenden Anfrage des Rechtsanwalts nachkommen,[205] vor allem deshalb, weil eine Beschuldigtenaussage ohnehin nicht erzwungen werden kann.

---

[196] *Eidam* Unternehmen S. 591 f.
[197] Vgl. *Park* Rdnr. 873.
[198] Graf v. Westphalen/*Goll/Winkelbauer*, Produkthaftungshandbuch, Bd. 1, 2. Aufl., § 49 Rdnr. 6.
[199] Graf v. Westphalen/*Goll/Winkelbauer*, Produkthaftungshandbuch, Bd. 1, 2. Aufl., § 49 Rdnr. 9.
[200] *Meyer-Goßner* Einl. Rdnr. 79 m.w.N.
[201] OLG Düsseldorf NJW 1968, 1840.
[202] Vgl. *Park* Rdnr. 874; Hamm/Lohberger/*Danckert/Ignor* S. 135.
[203] §§ 137, 148 StPO.
[204] BVerfG NJW 1975, 103.
[205] Graf v. Westphalen/*Goll/Winkelbauer*, Produkthaftungshandbuch, Bd. 1, 2. Aufl., § 49 Rdnr. 11.

Beschuldigten- und Zeugenvernehmungen sollten nur in Gegenwart eines Rechtsanwalts durchgeführt werden. Hierauf hat der Vernommene ein Recht.

VI. Checklisten

1. Von der Unternehmensethik zum Unternehmensleitbild[206]

☐ Definition von Werten und Visionen: unternehmerische, wirtschaftliche Zielsetzung unter Beachtung rechtlicher, ökologischer und sozialer Verantwortlichkeit
☐ Kommunizierung der Unternehmensethik intern und extern
☐ Evaluierung der spezifischen gesetzlichen Vorschriften
☐ Konkretisierung auf das spezifische Unternehmen unter Berücksichtigung der Branche, der Kultur und Historie des Unternehmens, seiner Rechtsform und seiner Größe; Bereitschaft, Unternehmensleitbilder stetig den aktuellen Gegebenheiten anzupassen
☐ Anwenderfreundliche Gestaltung des Leitbildes durch Formulierung von Richtlinien und Verhaltensempfehlungen
☐ Auseinandersetzung mit interner und externer Kritik: Zuhören, ernst nehmen, berücksichtigen
☐ Konkretisierung des Unternehmensleitbildes in Richtlinien, die – je nach Einsatzgebiet und Abteilung – mit unterschiedlichen Schwerpunkten aufgesetzt werden können.
☐ Anwenderfreundliche Gestaltung des Leitbildes und der darauf beruhenden Richtlinien / Verhaltensempfehlungen im Umgang mit Kunden, Geschäftspartnern, Konkurrenten und sonstigen Dritten
☐ Aufklärung über branchen- und verhaltensspezifische Risiken, in- und ggf. ausländische Rechtsordnungen
☐ Sensibilisierung der Mitarbeiterschaft für kriminelles Verhalten sowie unmittelbare (Individualstrafen und -bußgelder für die Täter, Unternehmensgeldbuße, Verfall, dinglicher Arrest) und mittelbare Folgen der Tat (Imageverlust, Umsatzeinbuße, Ansehen bei Konkurrenten)
☐ Sorgfältige Personalauswahl auch nach Integritätskriterien
☐ Überwachung von Personal und Geschäftsführung durch höhere Ebenen

2. Präventionsstrategien, Kontrolle zur Durchsetzung der Präventionsmaßnahmen[207]

☐ Identifizierung der Strafbarkeitsgefahr
☐ Analyse der Unternehmensstruktur und Schaffung einer klaren Zuständigkeitsverteilung, interne Kommunikation derselben
☐ Bestimmen eines hausinternen Koordinators (Beauftragter für wirtschaftskriminelle Handlungen)
☐ Hinzuziehung eines externen Rechtsanwalts (Berufsgeheimnisträger)[208]
☐ Einrichtung eines anonymisierten Meldesystems
  • Einsetzen einer unabhängigen und nicht weisungsgebundenen Person (Ombudsmann), idealerweise eines Berufsgeheimnisträgers
  • Verdachtsmomente ernst nehmen
  • Verdeckte Aufklärungsstrategien durch geschultes Personal
  • Gewährleistung der Regeleinhaltung
  • Möglichkeiten zum Ausstieg für Beteiligte schaffen (interne „Kronzeugenregelung")

---

[206] Vgl. auch KPMG, Unternehmensleitbilder in deutschen Unternehmen, 1999, S. 20.
[207] Vgl. auch *Bannenberg* S. 472 ff.
[208] Dies geschieht in dieser Phase noch ohne konkreten Anlass; siehe aber unten Punkt 3.

- ☐ Information und Sensibilisierung der Mitarbeiter durch hierarchie- und aufgabenspezifische Schulungen
- ☐ Ausgabe klarer und anwenderfreundlicher Verhaltensrichtlinien nebst ausdrücklicher Aufforderung zur Nutzung des Meldesystems
- ☐ Vorbildfunktion des Vorgesetzten / der Unternehmensleitung
- ☐ Schaffung und Verbesserung einer Innenrevision, Controlling, Mehr-Augen-Prinzip
- ☐ Kontrolle
  - Auswahl und Überwachung von Personal
  - Dokumentation individueller Tätigkeiten, Wiedervorlagesystem
  - Effektivierung eines internen Revisionssystems
  - Dokumentation regulärer Betriebsabläufe und Zertifizierungen
- ☐ Sanktionierung von Verstößen, konsequente Reaktion bei – erwiesenen – Zuwiderhandlungen

3. Verhalten im Durchsuchungsfall[209]

- ☐ Verständigung des hausinternen Koordinators durch den Pförtner / Empfang
- ☐ Externen Rechtsanwalt herbeirufen
- ☐ Beamten höflich bitten, mit der Durchsuchung bis zum Eintreffen des Koordinators und des Rechtsanwalts zu warten; notfalls Versiegelung der zu durchsuchenden Räume anbieten
- ☐ Den Beamten ein Besprechungszimmer anbieten
- ☐ Namen, Dienstbezeichnungen und Dienststellen der Beamten schriftlich festhalten;[210] Personen, die nicht zu den Durchsuchungsbeamten gehören, den Zutritt zum Gebäude verweigern.
- ☐ Durchsuchungs- und Beschlagnahmebeschluss aushändigen lassen; nach Ziel und Zweck der Durchsuchung fragen[211]
- ☐ Ablauf und Organisation der Durchsuchung abstimmen (Ziel: geringe Beeinträchtigung des Geschäftsbetriebes)
- ☐ Grundsätzliche Kooperationsbereitschaft signalisieren; „freiwilliges" Heraussuchen von Unterlagen ankündigen (auch bei Widerspruch gegen die Beschlagnahmeverfügung), (nur) sofern diese ausdrücklich angefordert werden. Im Übrigen keine freiwillige Herausgabe
- ☐ Jede Ermittlungsmaßnahme durch einen geeigneten Mitarbeiter oder den Rechtsanwalt begleiten lassen[212]
- ☐ Der auf richterlichen Beschluss oder eines solchen aufgrund „Gefahr in Verzugs" erfolgten Beschlagnahme widersprechen[213]
- ☐ Keine Aussagen zur Sache, und zwar weder als Beschuldigter noch als Zeuge; auch darüber hinaus Gespräche auf ein Minimum beschränken.
- ☐ Keine Unterlagen vernichten, keine Daten löschen, keine Widerstandshandlung!

---

[209] Vgl. auch *Park* Rdnr. 888.
[210] Hierdurch können später etwaige Verfahrensverstöße personell zugeordnet werden.
[211] Vgl. § 106 Abs. 2 StPO.
[212] Insbesondere hat der Mitarbeiter darauf zu achten, dass keine informellen Aussagen durch andere Unternehmensangehörige gemacht werden. Bei Gesprächen, die über technischen Inhalt hinausgehen (was befindet sich wo?) ggf. auf eine förmliche Vernehmung bestehen.
[213] Der Widerspruch hat zwar keine aufschiebende Wirkung; allerdings muss die Staatsanwaltschaft nunmehr binnen drei Tagen eine richterliche Bestätigung einholen. Sinn dieser Maßnahme ist die Dokumentation gegenüber Betroffenen, dass das Unternehmen nur tut, wozu es gesetzlich verpflichtet ist; vgl. Graf v. Westphalen/*Goll*/*Winkelbauer*, Produkthaftungshandbuch, Bd. 1, 2. Aufl. § 49 Rdnr. 18.

§ 8 Strafrechtliche Präventivberatung   119   § 8

☐ Sichergestellte Unterlagen schriftlich festhalten[214]
☐ Darauf beharren, Kopien von sichergestellten Unterlagen fertigen zu können
☐ Kopie einer Niederschrift des Durchsuchungsprotokolls aushändigen lassen; ggf. Vereinbarung eines Termins mit dem Durchsuchungsleiter für ein Abschlussgespräch[215]
☐ Abschlussgespräch mit der Geschäftsleitung: Erörterung des weiteren Vorgehens im Hinblick auf das Ermittlungsverfahren und dessen „Nebenwirkungen" (Rechtsmitteleinlegung, Kundeninformation, Umgang mit der Presse usw.)

---

[214] Hierauf besteht nach § 107 StPO ein Rechtsanspruch.
[215] Ziel dieses Gesprächs ist es, die weitere Vorgehensweise der Ermittler in Erfahrung zu bringen und eventuell eine Verständigung herbeizuführen; vgl. Graf v. Westphalen/*Goll*/*Winkelbauer*, Produkthaftungshandbuch, Bd. 1, 2. Aufl., § 49 Rdnr. 20.

§ 9 Strategie und Taktik

– Kleine Clausewitz-Fibel für den kritischen Mandanten –

Übersicht

	Rdnr.
I. Organisation („äußerer Sockel")	1–33
1. Fortsetzung des Managements mit anderen Mitteln	1/2
2. Partikulare Interessen versus Unternehmensinteresse	3–6
3. Die verlorene Hierarchie	7
4. Keine Chinesischen Mauern	8/9
5. Outsourcing und Schattenstruktur	10–13
6. Der Moderator	14
7. Die Bestandsaufnahme	15–18
8. Das Informationsnetzwerk	19–21
9. Die Sockelaktivitäten	22–24
10. Schutz der Vertraulichkeit	25
11. Aufwendungen und Lasten, Trennung und Schadensausgleich	26–29
12. Transparenz	30/31
13. Öffentlichkeitsarbeit	32/33
II. Strategie und Taktik (frei nach *Clausewitz*)	34–60
1. Über die unverzichtbare Perspektive	35
2. Über die Verteilung der Kräfte	36–39
3. Über die Aufdeckung der Karten	40–42
4. Vom Abwarten statt Handeln oder über die Vermeidung von Wechselwirkungen	43–47
5. Über die Festung des Schweigens	48
6. Über die Annahme von Schlachten und über die Wahl des Schlachtfeldes	49–52
7. Über feste Linien, Stellungen, verschanzte Lager und den Kordon	53/54
8. Über den geordneten Rückzug	55
9. Über Friedensverhandlungen	56–60
III. Einzelner und Gruppe („innerer Sockel")	61–76
1. Die Abwägung	62
2. Die ausgedehnte Abwägung	63
3. Die Ausnahme	64
4. Der gemeinsame Umgang mit der Ausnahme	65
5. Die Intervalle	66
6. Das Ziel	67
7. Über Hürden und Klippen	68–72
8. Die drohende Hauptverhandlung	73/74
9. Die Rolle des Unternehmens	75/76
IV. Die Hauptverhandlung: strategische Grenzsituation	77–91
1. Der Umgang mit dem Schicksal	78/79
2. Das Ende der Abschirmung	80
3. Die Vielzahl der Optionen	81/82
4. Die Weichenstellungen	83/84
5. Konzertierte Aktionen ohne konzertierte Interessen	85–87
6. Über paradoxe Wechselwirkungen	88–91
V. Fazit	92/93

Strafverteidigung kann ihre Aufgabe nur erfüllen, wenn der Mandant sie versteht. Strategisch und taktisch handelt es sich um ein gemeinsames Werk. Wo Unternehmen betroffen sind, gilt dies in einem doppelten Sinne. Was also sollten der Mandant und diejenigen, auf die es noch ankommt, wissen?

I. Organisation („äußerer Sockel")

Wirtschaftsstrafrechtliche Verfahren ziehen sich in der Regel lange hin und erstrecken sich oft auf eine Vielzahl von Personen. Die erste der Verteidigung gestellte Aufgabe besteht darin, ihre eigenen Strukturen zu ordnen.

1. Fortsetzung des Managements mit anderen Mitteln

Verteidigung im Rechtsstaat ist kein Krieg, aber Kampf. Da Strafen in unserer transparenten Gesellschaft eine existenzielle Bedrohung sein können, geht es um die Abwehr zerstörerischer Konsequenzen. Das muss auch ein Unternehmen bedenken, wenn dessen Leitung und Mitarbeiter auf verschiedenen Ebenen in ein Strafverfahren verstrickt werden. Unternehmen sind immer Gegenstand öffentlichen Interesses.

In diesem Fall wird die kollektive Abwehr und Bewältigung des strafrechtlichen Risikos unversehens zur Fortsetzung des Managements mit anderen Mitteln. Dies setzt Strategie und Taktik voraus, die freilich mit den verbindlichen und zu akzeptierenden gesetzlichen Regeln des Rechts übereinstimmen müssen. Zwischen den Grundsätzen der Unternehmensführung und solchen Regeln bestehen gravierende und dem Laien nicht selten unbekannte Konflikte.

2. Partikulare Interessen versus Unternehmensinteresse

Strategie und Taktik im Wirtschaftsstrafverfahren – gleicht das nicht dem Umgang mit einer Roulettekugel? Es gibt strafrechtliche Vorwürfe, die begründet sind und bewiesen werden können (1). Es gibt solche, die man nicht beweisen kann (2). Es gibt Vorwürfe, die unbegründet sind und folglich nicht bewiesen werden (3). Es gibt aber auch unbegründete Vorwürfe, die aus Sicht eines irrenden Strafverfolgers, zum Beispiel durch falsche Zeugenaussagen oder gefälschte Dokumente, bewiesen sind (4). Die Beurteilung dieser Konstellationen kann je nach Verfahrensstand wechseln und sich je nach der Person des Betrachters unterscheiden, was die beschriebenen Alternativen vervielfacht. Vor allem aber – in einem Unternehmen kann es zugleich beschuldigte, verdächtige oder noch nicht bekannt gewordene Personen geben, auf die unsere erste Variante zutrifft (begründet und bewiesen) oder die zweite (begründet und unbewiesen), Beschuldigte der dritten Kategorie (unbegründet und unbewiesen) oder auch der vierten (unbegründet, aber scheinbar bewiesen).

Strategie und Taktik erfordern Entscheidungs- und Handlungsfähigkeit. Diese zu bewahren, ist in dem vom Strafverfahren betroffenen Unternehmen die wichtigste Herausforderung. Partikulare Interessen treten an die Stelle des gemeinsamen Unternehmensinteresses. Wer sich in der ersten eingangs definierten Lage (begründeter und bewiesener Vorwurf) befindet, mag das Verfahren verzögern wollen, zum Beispiel um die Hauptverhandlung erst im Ruhestand zu absolvieren. Ein anderer wird Wert auf Beschleunigung legen, um den Prozess noch mit der aktiven Unterstützung seines Unternehmens durchzustehen. Mitarbeiter, die mit unbegründeten Vorwürfen konfrontiert sind, werden sie so schnell wie möglich zu widerlegen wünschen. Doch dann könnte eben damit die Aufdeckung des wirklich Verantwortlichen verbunden sein, was dem einen (etwa einem Buchhalter) willkommen, dem anderen (etwa dem schuldigen Vorstandskollegen) inopportun erscheinen mag.

Wie derartige Beispiele zeigen, unterscheiden sich die Interessenlagen auf den verschiedenen Ebenen der Unternehmenshierarchie. Von oben wird man die Schuld unten suchen, von unten eher oben. Die einen werden den Vorwurf für absurd halten, die anderen werden Feuer vermuten, wo Rauch ist, und es immer schon geahnt haben wollen. Daher droht nicht nur ein chaotischer Kampf aller gegen alle mit ungewissem Ausgang und langer Dauer, vielleicht sogar mit wechselndem Erfolg. Als nahezu sicher lässt sich voraussagen, dass die Hierarchie im Unternehmen durch das Strafverfahren zerstört oder zumindest beschädigt wird.

Wenn sich der beschuldigte Vorstandssprecher und der beschuldigte Chefbuchhalter in einem Boot befinden, wenn der Erstere von der Aussageentscheidung des Zweiten abhängig wird, wenn der Chefbuchhalter nur so lange zu schweigen bereit sein könnte, wie ihm eine Beförderung in Aussicht steht, und wenn sich Ähnliches zwischen einer Vielzahl von Mitarbeitern des Unternehmens wiederholt, dann droht das Chaos. Dazu muss man sich vorstellen, dass der Chefbuchhalter durch Akteneinsicht seines Verteidigers über geheimste Vorgänge des Vorstandsbereichs oder sogar der Privatsphäre der Vorstände unterrichtet wird. So können auf den umkämpften Märkten die notwendige schnelle Reaktionsbereitschaft und Handlungsfähigkeit verloren gehen. Dies gefährdet das Unternehmen.

3. Die verlorene Hierarchie

7   Angemessene Möglichkeiten, die Spannungen durch interne Beratungen zu verarbeiten und aufzulösen, stehen dem Unternehmen nicht zur Verfügung. Das hängt nur zum Teil mit dem im Strafverfahren eingetretenen Verlust der Hierarchie zusammen. Fast noch gefährlicher wirkt es sich aus, dass alle solche Beratungen im Blick auf das Strafverfahren schnell als Verdunklungsversuch verstanden werden können. Schon das Bemühen eines Beschuldigten, einen anderen zum Schweigen zu überreden, die Einwirkung auf einen Mitarbeiter, der Zeuge sein wird, oder die Erörterung eines bestimmten Umgangs mit sensiblen Dokumenten (sollen sie zur ausländischen Tochtergesellschaft verbracht werden?) geraten in den Dunstkreis einer solchen Manipulation und sind geeignet, Untersuchungshaft auszulösen. Im Strafverfahren gibt es, anders als im Management, kein Weisungsrecht von oben nach unten. Wer dies verkennt, muss sich auf eine bittere Lektion gefasst machen.

4. Keine Chinesischen Mauern

8   Wenn die Ermittlungsbehörden von internen Beratungen oder Weisungen erfahren, werden sie deren Inhalt durch Vernehmungen der Beteiligten zu klären versuchen. So zum Beispiel lassen sich gesprächsweise abgegebene Geständnisse einzelner Personen in Erfahrung bringen und als indirektes Beweismittel festhalten. Außerdem werden die Strafverfolger widersprüchliche Angaben unterschiedlicher Beteiligter oder Instruktionen, die das Verteidigungsverhalten zu beeinflussen versuchen, als Indizien behandeln. Sollten aber alle Gesprächsteilnehmer, weil alle Beschuldigte sind, über die Beratungen schweigen, bleiben immer noch die Durchsuchung und die Beschlagnahme von Notizen, vor allem die Sicherstellung der E-mail-Kommunikation.

9   Falls der unverdächtige Leiter der Rechtsabteilung die Beratungsrunde in seiner Eigenschaft als Unternehmensangestellter moderiert hat, wird er möglicherweise über den präzisen Verlauf und Inhalt der gemeinsam angestellten Überlegungen und über die Ergebnisse seiner eigenen Recherchen als zuverlässiger Zeuge wahrheitsgemäß Auskunft geben müssen. Nicht anders verhält es sich mit den Personen, die zuständig für die interne Revision des Unternehmens sind. Sie haben als Zeugen keinerlei Verweigerungsrechte; alle ihre Erkenntnisse sind für die Staatsanwaltschaft ohne weiteres und auch ohne Zustimmung der Unternehmensorgane verfügbar.

Manchmal kann auf diesem Wege das strafrechtliche Schicksal des zuständigen Vorstandsmitglieds, des Aufsichtsratsvorsitzenden, des Mehrheitsaktionärs oder eines wichtigen Unternehmenskunden besiegelt werden.

5. Outsourcing und Schattenstruktur

10 Eine naheliegende und oft zwangsläufige organisatorische Lösung besteht darin, dass die Spannungen zwischen den Beschuldigten auf den verschiedenen Ebenen des Unternehmens untereinander, die Spannungen im Verhältnis zu Organmitgliedern oder Arbeitnehmern, die (vielleicht noch) Zeugen sind, und die Spannungen aller so Betroffenen in der Beziehung zu dem Unternehmen selbst durch neue Strukturen aufgefangen und nach außen verlagert werden. Diese Verlagerung kann sich auf die gesamte Untersuchung und die aufgetretenen Verdachts beziehen. In letzter Konsequenz kann dies auf einen Rückzug der Rechtsabteilung und der Revision aus dem Krisenfall hinauslaufen.

11 Wenn eine solche Lösung konsequent verwirklicht werden soll, wird für jede der betroffenen natürlichen und juristischen Personen ein anwaltlicher Vertreter oder Beistand des eigenen Vertrauens beauftragt, der im Rahmen des rechtlich Zulässigen Verbindung zu den Anwälten der anderen Beteiligten aufnimmt. Dabei unterhält jeder der hinzugezogenen Rechtsanwälte eine Mandatsbeziehung ausschließlich zu seinem individuellen Auftraggeber.

12 Der Aufbau einer solchen Struktur beginnt damit, dass das Unternehmen selbst einen anwaltlichen Vertreter beruft, der allein dessen Interessen, in der Regel einer Kapital- oder Personengesellschaft, zu wahren hat. Dieser kann bei den Beschuldigten die Beauftragung von Verteidigern anregen und durch Empfehlung vermitteln, wobei jeder Beschuldigte einen geson-

§ 9 Strategie und Taktik

derten Verteidiger bestellen muss. Die Personen, die nicht oder noch nicht beschuldigt sind, aber als Zeugen in Betracht kommen, können wiederum weitere Anwälte, gegebenenfalls als spätere Zeugenbeistände, schon vorsorglich hinzuziehen. Auch deren Auswahl kann von dem anwaltlichen Vertreter des Unternehmens, möglicherweise in Absprache mit den Verteidigern, vermittelt werden. Ein Zeugenbeistand kann seine Rolle grundsätzlich auch für mehrere Auftraggeber wahrnehmen.

Wenn der Aufbau einer solchen Struktur gelingt, steht darin jeder der Rechtsanwälte ausschließlich für das Interesse des jeweiligen Mandanten (nur der Zeugenbeistand ist nicht auf eine singuläre Begrenzung festgelegt). Damit werden die Beziehungen der Betroffenen im Unternehmen abgebildet, jedoch als Schattenorganigramm außerhalb der Firma. Auf diesem Weg werden die Spannungsverhältnisse externalisiert. Die eingeschalteten Rechtsanwälte übernehmen es, die einzelnen Konflikte für den jeweiligen Mandanten festzustellen und zu bearbeiten. Den Beratern sind die rechtlichen Möglichkeiten und Grenzen einer solchen Kommunikation vertraut. Wenn das „Outsourcing" der Krise ein Erfolg wird und funktioniert, bleibt die Unternehmenshierarchie selbst intakt. Das ist eines der wichtigsten Ziele des Schattenorganigramms. 13

6. Der Moderator

Um das Ziel zu erreichen, kommt es sehr auf die Auswahl der jeweiligen Rechtsanwälte an. Der Unternehmensanwalt hat beim Aufbau und bei der Moderation der Schattenstruktur eine Schlüsselfunktion. Wenn er über die nötige natürliche Autorität verfügt und mit etwas Glück die Besetzung der anderen Stellen so koordiniert, dass sich eine Gruppierung von zusammenwirkenden Beratern bildet, deren einzelne Mitglieder auch mit den ihnen anvertrauten Mandanten harmonieren, lassen sich überflüssige und zerstörerische Spannungen vermeiden. Auch kann dann die überhaupt schwierigste Problematik bewältigt werden, die darin besteht, dass die Anwälte der einzelnen Angehörigen des Unternehmens einen angemessenen Modus der Zusammenarbeit finden, ohne die betriebliche Hierarchie selbst aufzulösen. Im Übrigen hängt der Erfolg der Strafverteidigung (auch) davon ab, ob der Mandant und sein Anwalt zusammenpassen. Der Moderator als Insider kann hier wichtige Hilfestellung leisten. 14

7. Die Bestandsaufnahme

Die erste der so entstehenden Gruppe gestellte Aufgabe ist eine Bestandsaufnahme. Zu dieser gehören Informationen. Da die verschiedenen Mandanten, auch abhängig von der jeweiligen Rolle im Unternehmen sowie im Verfahren, sehr unterschiedliche Kenntnisse haben werden, stellt sich die Frage, welche davon mit wem geteilt und zu einem gemeinsamen „Datenpool" zusammengetragen werden dürfen. 15

Das hängt im Innenverhältnis des Mandanten und Anwalts von der persönlichen Ermächtigung ab und im Außenverhältnis der Berater zueinander von der Rechtslage. Es hat zugleich mit individuellen taktischen Erwägungen zu tun, denn Mitteilungen an den als Firmenanwalt handelnden Moderator kann dieser dem Unternehmen nicht ohne weiteres und auf Dauer vorenthalten. 16

In dieser Phase lässt sich ein geschickter und starker Moderator aber möglicherweise darauf ein, Informationen in eigener Person sozusagen treuhänderisch zu sammeln, ohne sie schon allesamt an das Unternehmen weiterzugeben. Dazu bedarf er selbstverständlich einer entsprechenden Generalermächtigung seiner Mandantschaft. Auch im Übrigen kann er absprechen und entscheiden, wer in die Informationen einbezogen wird und wer nicht. 17

Dabei geht es freilich nicht um einen willkürlichen Maßstab, sondern zum Beispiel um die Rücksicht auf rechtliche Bindungen. Zeugen etwa dürfen befragt, aber nicht unterrichtet werden, um deren Wissensstand nicht zu verändern und um sie nicht zu beeinflussen. Und Informationen, die einzelne Verteidiger nur mit Verwendungsbeschränkung mitgeteilt haben und die mit solcher Zusage entgegengenommen worden sind, stehen vorerst lediglich dem verabredeten Empfänger zur Verfügung. 18

8. Das Informationsnetzwerk

Auf dieser Grundlage muss der Moderator die Aufgabe meistern, den Verteidigern und vielleicht auch den übrigen Beiständen so viel an Unterrichtung zu vermitteln, dass das Ergebnis der Bestandsaufnahme anwaltlich erörtert werden kann. Diese Erörterung dient vordergründig 19 dem Zweck, Feststellungen darüber zu treffen, inwieweit das Unternehmen und alle Beschuldigten ein kollektives Teilinteresse haben, das den „Sockel" für gemeinsame Aktivitäten bildet. Dies können, um einige Beispiele zu nennen, weitere Aufklärungen ungewisser Sachverhalte, das Aufspüren bestimmter Geldströme, die Veranlassung steuerlicher Selbstanzeigen von Unternehmenskunden, die Erstellung rechtlicher Gutachten oder auch die Heranziehung sonstiger Experten sein.

20 Hintergründig trägt der „Sockel" dazu bei, dass sich eine tragende Schicht gegenseitigen Vertrauens zwischen den verschiedenen Beratern herausbildet, die das Handeln eines jeden Beteiligten für die übrigen Interessierten berechenbar macht. Damit ist Berechenbarkeit zwischen den Anwälten gemeint, die sensible Informationen, wenn das mit dem Mandanten so abgesprochen ist, nicht immer in vollem Umfang an diesen weitergeben, aber den jeweiligen Auftraggeber über die notwendigen einzelnen Schritte aus breiterer Fakten- und Problemkenntnis sorgfältig beraten.

21 Im besten Fall wird damit sichergestellt, dass die Verantwortlichen des Unternehmens ihren beruflichen Aufgaben weiterhin nachgehen können, ohne die notwendige Autorität und den hierarchischen Rückhalt durch unvermutete interne Grabenkämpfe zu verlieren. Zugleich werden überstürzte und überraschende Schritte einzelner Betroffener vermieden, die darin bestehen können, sich aus Angst um die eigene Existenz zu isolierten Kooperationen mit den Verfolgungsbehörden zu entschließen. Aus diesem Grund ist es auch wünschenswert, darüber unterrichtet zu bleiben, wer sein Schweigerecht als Beschuldigter ausübt und welche Zeugen in welchem Umfang mit welcher Begründung Auskunftsverweigerungsrechte nach § 55 StPO geltend machen. Die Beratung solcher Zeugen wiederum setzt bei deren Beiständen Basisinformationen über den Gegenstand des Verfahrens voraus.

9. Die Sockelaktivitäten

22 Der externe anwaltliche Arbeitskreis wird, soweit die prozessuale und materielle Rechtslage dies zulässt, in kleinen Schritten Gemeinsamkeiten prüfen und umsetzen. Werden alle Beschuldigten schweigen, solange es noch keine Akteneinsicht gibt? Wer wird sich als Erster zur Sache äußern? Wann? Sollen unterschiedliche Standpunkte zunächst verschwiegen oder schon vorgetragen werden? Welche Informations- und Aufklärungsanregungen werden an die Ermittlungsbehörden herangetragen? Sollen mögliche Schäden, die Gegenstand des strafrechtlichen Vorwurfs sind, ausgeglichen oder soll dafür zumindest Sicherheit geleistet werden? Von wem?

23 Letztlich hängt es von den strafrechtlichen Vorwürfen ab, ob die Sockelaktivitäten irgendwann in ein übereinstimmendes Konzept münden. Sind die Vorwürfe zumindest teilweise begründet, kann ein solches Konzept darin bestehen, gegenüber den Verfolgungsbehörden auf eine bestimmte Erledigung für bestimmte Personen abzuzielen. Dabei handelt es sich um den kompliziertesten Teil der Aufgabe überhaupt, weil keiner der Betroffenen gegen sein persönliches Interesse beraten werden darf. Es liegt auf der Hand, dass die involvierten Rechtsanwälte lange miteinander in Kontakt stehen und das Verfahren mit allen Verästelungen überprüft haben müssen, bevor solche Entscheidungen reifen können.

24 Nicht alle Verfahren enden mit Einstellung oder Freispruch. Nur auf einer soliden, während der Zusammenarbeit gewachsenen Vertrauensgrundlage darf damit gerechnet werden, dass einzelne Beschuldigte, soweit nötig, strafrechtliche Konsequenzen akzeptieren, ohne andere Personen grundlos oder über prozessuale Notwendigkeiten hinaus zu belasten. Ein derartiger Schritt könnte für die übrigen Beschuldigten das Ende des Verfahrens bedeuten. Wenn entsprechende Konsequenzen im zulässigen Rahmen einvernehmlich und ohne übergreifende Schäden gezogen werden, hat die ausgelagerte Struktur ihre Herausforderung bestanden.

10. Schutz der Vertraulichkeit

25 Die entscheidende Grundlage dafür, dass die Probleme von Anfang an angemessen und schonungsvoll Schritt für Schritt gelöst werden können, besteht in der Vertraulichkeit der zu führenden Einzel- und Sammelgespräche. Diese hängt von mehreren Voraussetzungen ab: Erstens von dem materiell und prozessual abgesicherten Berufsgeheimnis aller Gesprächsbeteiligten, mit dem Recht (und der Pflicht) zur Zeugnisverweigerung, woraus auch eine Absicherung gegen Durchsuchungen folgt. Zweitens von der strikten Bindung, Gesprächsteile nur insoweit an Dritte weiterzugeben, als der Mandant zustimmt und als der Empfänger seinerseits gegen

Vernehmungen sowie Durchsuchungen auf der Grundlage eines eigenen gesetzlichen Berufsgeheimnisses geschützt ist. Drittens von der Vereinbarung mit dem jeweiligen Mandanten, dass diesem überlassene Informationen nicht ohne anwaltliche Überprüfung und Billigung einem anderen zugänglich gemacht werden.

11. Aufwendungen und Lasten, Trennung und Schadensausgleich

Bei der beschriebenen Praxis ist immer auch zu prüfen, inwieweit das Unternehmen, ohne Auftraggeber zu sein, die den einzelnen Mandanten entstehenden Verteidigungs- und Beratungsaufwendungen tragen darf und will. Die hier aufgeworfenen Fragen haben gesellschaftsrechtliche, arbeitsrechtliche, strafrechtliche, berufsrechtliche, steuerrechtliche und prozessuale Seiten. Ähnliches gilt für die Stellung einer Kaution zur Abwendung von Untersuchungshaft. Wo entsprechende Lösungen gefunden werden, liegen deren Abwicklung und Kontrolle bei dem Unternehmensanwalt als Moderator. Damit wird vermieden, dass die im Unternehmen verbuchten Rechnungen die einzelnen Verteidigungsaktivitäten detailliert widerspiegeln müssen. Nicht zuletzt kann es auch um die Möglichkeit und Grenzen einer Entscheidung darüber gehen, ob Lasten aus dem Abschluss des Verfahrens (Geldstrafen, Bewährungsauflagen, Geldauflagen) auf das Unternehmen überwälzt werden. Auch hier erstreckt sich die Prüfung auf die oben beschriebenen verschiedenen rechtlichen Aspekte.

Spätestens in einem solchen Zusammenhang, oft aber schon früher, wird bedacht werden müssen, in welchem Umfang der Interessenkonflikt zwischen dem Unternehmen und einem Beschuldigten so schwer wiegt, dass die Trennung und die Inanspruchnahme auf Schadensersatz unabweisbar sind. Dies kann bedeuten, weil insoweit jeder Rest eines gemeinsamen Verteidigungssockels entfällt, dass der anwaltliche Vertreter des Betroffenen aus internen Gesprächsrunden ausgesperrt werden muss. Zwangsläufig ist das nicht – der einvernehmliche Schadensausgleich wird für die damit Belasteten unter Umständen ein wichtiges Verteidigungsargument. Eine Erklärung des Geschädigten, dass kein Interesse mehr an der Strafverfolgung bestehe, kann dabei nützen.

Selbst wenn derart gravierende Konsequenzen nicht geboten sind, stehen andere schwierige Entscheidungen an, die mit zivilrechtlichen und strafrechtlichen Fragen verbunden sind. Dürfen oder müssen Gehälter während einer Untersuchungshaft weiter gezahlt werden? Was gilt für die Zeit der Hauptverhandlung und eines etwa notwendigen Strafvollzuges? Kommt eine Beurlaubung in Betracht? Bleibt die Altersversorgung erhalten?

Es ist leichter, angemessene Antworten hierauf ohne ein öffentliches zivil- oder arbeitsgerichtliches Verfahren zu finden, wenn die oben dargestellten anwaltlichen Gesprächskontakte genutzt werden können. Auch dabei kommt dem Moderator als Vertreter des Unternehmens die maßgebende Rolle zu.

12. Transparenz

Die beschriebene Organisation anwaltlicher Beistandschaft und Vertretung braucht gegenüber den Ermittlungsbehörden nicht geheim gehalten zu werden. Zu solcher Geheimhaltung mag es in Ausnahmefällen zumindest vorübergehend Anlass geben. Oft aber erscheint es zweckmäßig, die ohnehin zulässige Zusammenarbeit zwischen den eingeschalteten Rechtsanwälten nicht zu verbergen.

Die Staatsanwaltschaft wird aus der Unterrichtung – was erwünscht sein kann – folgern, dass mit „Kronzeugenarrangements" und ähnlichen Sonderabsprachen für Einzelne aus dem Verfahren abzutrennende Beschuldigte nicht zu rechnen ist. Wie die Erfahrung zeigt, gelingt es dem Moderator als Unternehmensanwalt häufig sogar, wenn seine Rolle den Behörden bekannt ist und durch Vollmacht nachgewiesen wird, seinerseits Gesprächskontakte mit der Staatsanwaltschaft herzustellen, die in Krisenfällen des Verfahrens oder bei dem Bemühen um eine nichtöffentliche Gesamtregelung besonders hilfreich sind.

13. Öffentlichkeitsarbeit

Schließlich ist ein weiterer Vorteil der hier beschriebenen Struktur von Verteidigung und Beratung zu erwähnen. Viele unternehmensbezogene Strafverfahren sind Gegenstand öffentlicher Berichterstattung. Die mit Öffentlichkeitsarbeit befassten Stellen der Unternehmen können diese Aufgabe wegen der unterschiedlichen Interessen der betroffenen Mitarbeiter aus Anlass des Strafverfahrens nicht ohne weiteres erfüllen.

33 Erst die „Sockelverteidigung" lässt Absprachen zwischen den verschiedenen Beratern darüber zu, ob und welche öffentliche Erklärungen abzugeben sind. Jede öffentliche Erklärung erreicht zugleich die interessierten Vertreter der Strafjustiz als Beobachter. Auf solche Adressaten sind die PR-Abteilungen des Unternehmens nicht eingestellt.

II. Strategie und Taktik (frei nach *Clausewitz*)

34 Der Mandant sollte einige der bei der Strafverteidigung in Betracht zu ziehenden Maximen zu verstehen lernen.

1. Über die unverzichtbare Perspektive

35 *Clausewitz* hat ein Leben lang (1780 – 1831) über die Kunst der Kriegsführung nachgedacht („Vom Kriege" 1827). Als Kampf bezeichnet er die Summe der einzelnen Gefechte. Die Orientierung der Gefechte an einem übergreifenden Zweck nennt er die Strategie, die Anordnung und Führung der jeweiligen Gefechte selbst die Taktik. Deshalb geht es bei dem Einsatz der Kräfte im Gefecht um Taktik, beim Gebrauch der Gefechte auf dem Weg zu einem übergeordneten Ziel um Strategie. Taktik ohne Strategie ist sinnlos, Strategie ohne Taktik erfolglos. Das gilt in gleicher Weise für die Verteidigung, die einen strafprozessual auszutragenden Konflikt bewältigen soll. Die Verteidiger müssen deshalb bei jeder einzelnen Maßnahme ihre Schritte in den erwarteten weiteren Ablauf, vor allem auch in die längerfristige Perspektive, einordnen und planen.

2. Über die Verteilung der Kräfte

36 Die Stärke der Staatsanwaltschaft besteht darin, dass diese über den Zugang zu einem Arsenal staatlicher Zwangsmaßnahmen verfügt (Beispiele: Durchsuchung, Beschlagnahme, Telefonüberwachung, Untersuchungshaft) und aus eigener Beurteilung Anklage erheben kann. Sie hat daher bei dem Konflikt die Initiative und die Rolle des Angreifers.

37 Eine der besonderen Stärken der Staatsanwaltschaft liegt übrigens in der Möglichkeit, einzelne Beschuldigte durch abgesprochene (schonungsvolle) Erledigungen vorzeitig „auszugliedern" und nach Abtrennung des Verfahrens als „Kronzeugen" gegen die anderen Beschuldigten zu nutzen. Die hier beschriebene Struktur auf der Seite der Verteidigung erschwert es der Staatsanwaltschaft, davon Gebrauch zu machen.

38 Die Stärke der Verteidigung besteht in dem Schweigerecht des Beschuldigten, oft in einer besseren Kenntnis des Sachverhalts, in der Freiheit des nicht von gesetzlichen Voraussetzungen abhängigen Handelns und im Zweifelssatz, wonach bis zum Nachweis der objektiven und subjektiven Merkmale des Straftatbestands Unschuld vermutet wird.

39 Die besondere Stärke der Verteidigung geht verloren, wenn früh auf das Schweigerecht verzichtet wird. Im Rahmen von Wirtschaftsstrafverfahren sind in der Regel viele Personen Beschuldigte oder können viele dies werden. Die erste Aufgabe der abzustimmenden Verteidigung liegt oft darin, durch gemeinsame Entscheidungen die grundsätzliche Stärke so lange zu erhalten, bis bessere Gründe für einen Wechsel der Taktik sprechen.

3. Über die Aufdeckung der Karten

40 Anders als im Kriege leitet sich im Strafprozess eine zusätzliche Stärke der Verteidigung daraus ab, dass die Gegenseite zu einem frühen Zeitpunkt, dessen Beginn freilich schwer zu bestimmen ist, ihre Karten durch Gewährung von Akteneinsicht aufdecken muss. Die Verteidigung dagegen ist nicht zur Transparenz gegenüber den Ermittlungsbehörden verpflichtet. Sie stellt aber unbeabsichtigt Transparenz her, wenn sie die Teilnahme von Personen an internen Beratungen zulässt, die bei einer Zeugenvernehmung kein Verweigerungsrecht haben.

41 Die Verteidigung muss große Anstrengungen darauf verwenden, den Zeitpunkt der erstmaligen Gewährung von Akteneinsicht zu erreichen, ohne vorher Terrain preiszugeben. Die Bedeutung dieses Zeitpunkts wird erkennbar, wenn man sich vorstellt, die im Kriege angegriffene und sich verteidigende Partei erhielte Zugang zu den Papieren des Generalstabs der angreifenden Macht.

Die Staatsanwaltschaft weiß um die Tragweite einseitiger Transparenz und ist versucht, 42
den Zeitpunkt hinauszuschieben oder den Gegner zum Beispiel durch das Druckmittel von
Untersuchungshaft zum vorzeitigen Verzicht auf das Schweigerecht zu veranlassen. Dieses
Kalkül wird durch eine neue Rechtslage erschwert, die ab dem Ergehen und dem Vollzug von
Haftbefehlen Akteneinsicht erzwingbar macht.

4. Vom Abwarten statt Handeln oder über die Vermeidung von Wechselwirkungen

Ermittlungsbehörden haben sich im Zuge der letzten Jahre mehr und mehr daran gewöhnt, 43
ihre Ressourcen durch Absprachen über strafrechtliche Erledigungen zu schonen, die ein Stück
„freiwilliger" Unterwerfung der Beschuldigten sind. Wenn die Verteidiger den Kampfwillen
trotz dieser Entwicklung aufrechterhalten, können sie mit der Neigung der Behörden, auf
Absprachen zu setzen, kalkulieren und Verzögerungen als Mittel der Abwehr nutzen.

Schon *Clausewitz* hat es als typisch für kriegerische Konflikte bezeichnet, dass das Handeln 44
„den geringsten Teil der angewendeten Zeit einnimmt und der Stillstand den ganzen übrigen."
Er hat das Ermüden des Gegners als nützliche Taktik und Abwarten als eine gewinnbringende
Verteidigung beschrieben. Zumindest vermeidet es eine scheinbare Untätigkeit der Rechtsanwälte, den Angreifer zu gefährlichen Anstrengungen seiner Kräfte zu provozieren, wie sie sonst
als Wechselwirkung ausgelöst werden kann.

Clausewitz sagt: „Der Begriff der Verteidigung ist das Abwehren; in diesem Abwehren liegt 45
das Abwarten, und dieses Abwarten ist uns das Hauptmerkmal der Verteidigung und zugleich
ihr Hauptvorteil gewesen." Eine abwartende Taktik muss freilich scheitern, wenn darüber
zwischen den Beschuldigten – deren Vertretung als solche nicht hierarchisch organisiert ist –
keine Einigkeit hergestellt werden kann. Erfahrene Verteidiger verwenden große Mühe darauf,
dies den Mandanten aus den an Aktivität, Effizienz und schnelle Problemlösung gewöhnten
Unternehmen zu erklären.

Jedenfalls ist der Wechsel von Abwarten und Handeln eine große Kunst nicht nur der Kriegs- 46
führung. Auf beiden Feldern entfaltet sich diese Kunst dann am besten, wenn die Verteidigung
sich (etwa zum Schein) zurückzieht und die Kräfte des Gegners erlahmen lässt. Auch im Strafprozess gibt es Rückzugsmöglichkeiten ohne Verlust, zum Beispiel die Hinnahme von Durchsuchungen und Beschlagnahmen ohne Rechtsmittel, die Übergabe umfangreicher Dokumentationen, was sich bis zum Überfluten steigern kann, und die Führung von Erledigungsgesprächen
ohne Geständnis sowie ohne Ergebnis.

Damit wird der Widerstand nicht geschwächt, sondern verzögert. Dazu erneut *Clausewitz*: 47
„... die Zeit, welche verstreicht, verliert der Angreifende, und jeder Zeitverlust ist ein Nachteil
und muss auf irgendeine Art den, welcher ihn leidet, schwächen." Den scheinbaren Stillstand
muss die Verteidigung nutzen, um intern spätere Gefechte vorzubereiten.

Wenn es sonst kein Argument für Abwarten gäbe – im Strafprozess wird der Zeitablauf auch
durch abnehmendes öffentliches Interesse an der Bestrafung (konkret: durch sich absenkende
Straferwartungen) belohnt. Aus gutem Grund hat der Bundesgerichtshof in seinem Urteil vom
2.12.2005 (5 StR 119/05) betont, in Wirtschaftsstrafsachen sei die Verfahrensdauer zu einem
bestimmenden Strafzumessungsfaktor geworden.

5. Über die Festung des Schweigens

Schweigende Beschuldigte sind mit Kriegsparteien zu vergleichen, die sich in Festungen – 48
hier hinter die Wälle des verfassungsrechtlich fundierten Verweigerungsrechts – zurückziehen.
Festungen, so *Clausewitz*, „brechen wie Eisblöcke den Strom des feindlichen Angriffs." Währenddessen bleiben die anwaltlichen Beistände dennoch in der Lage, eigene Stellungnahmen
zum Beispiel zur fehlenden Plausibilität des Tatverdachts abzugeben. So wird die passive Verteidigung in der Festung durch aktive Angriffe ergänzt, die aus der Festung heraus stattfinden.

6. Über die Annahme von Schlachten und über die Wahl des Schlachtfeldes

Die Verteidigung muss, wie bei dem von *Clausewitz* untersuchten Gegenstand, immer wieder 49
prüfen, ob sie eine ihr angebotene Schlacht anzunehmen bereit ist. Als Schlacht im übertragenen Sinne kann man zunächst die Vernehmung des Beschuldigten ansehen. Freilich lässt der
Strafprozess auch durch Ersatzkräfte geschlagene Schlachten zu, weil Beschuldigte zu wählen

befugt sind, ob sie, anstatt auszusagen, von dem Verteidiger abgefasste Schriftsätze überreichen.

50   Die Beschuldigten können wählen, auf welchem Feld eine Schlacht angenommen werden soll. Wird dem objektiven Tatbestand voll entgegengetreten? Oder wird nur ein einziges objektives Tatbestandsmerkmal, zum Beispiel der Irrtum beim Betrug oder die Schädigung bei der Untreue, in Frage gestellt? Beschränkt die Verteidigung sich darauf, den subjektiven Tatbestand, etwa den Vorsatz als Wissen und Wollen der Tatbestandsverwirklichung, zu bestreiten? Die Auswahl des Schlachtfeldes kann offen erfolgen oder verdeckt, indem zunächst an vorgezogenen Stellen Scheingefechte stattfinden, um die Abwehr erst später an entscheidendem Ort zu konzentrieren.

51   Die beauftragten Rechtsanwälte müssen ihre Mandanten aber immer rechtzeitig darüber unterrichten, ob eine Entscheidungschlacht überhaupt gewonnen werden kann. Wenn das zu verneinen ist, muss ein anderes Ziel gesetzt und muss dessen Erreichung sorgfältig vorbereitet werden. Eine solche Taktik kann im Ermittlungsverfahren darin bestehen, der Entscheidungsschlacht (Vernehmung) bis zuletzt auszuweichen und es auf eine antizipierte Anklageerhebung ankommen zu lassen, mit der die angreifende Staatsanwaltschaft ihre letzten Stellungen bezieht.

52   Das macht Sinn, wenn es darum geht, die Staatsanwaltschaft durch anhaltende Abwehr erwarten zu lassen, dass ihre Ressourcen lange gebunden sein werden, und zugleich die Öffentlichkeit daran zu gewöhnen, dass der Verdacht höchst zweifelhaft sei. Hinter den Kulissen kann gleichzeitig, wenn die Aufmerksamkeit der Medien nachlässt, „im Interesse des Rechtsfriedens" eine weiche Sanktionierung vorbereitet werden. Solche Abläufe darf man nicht dem Zufall überlassen. Die Kunst besteht darin, jede Äußerung von vornherein so zu entwerfen, dass sie mit dem antizipierten späteren Abschluss vereinbar bleibt.

7. Über feste Linien, Stellungen, verschanzte Lager und den Kordon

53   Der Weg zum Ziel kann hinter errichteten festen Linien und Stellungen, hinter verschanzten Lagern und hinter lange gehaltenen Festungen verborgen sein. Es muss dann aber sorgfältig geplant werden, wann welche Verteidigungsposition ohne Schaden – und öffentlich unauffällig oder zumindest verständlich – geräumt wird.

54   Wer stattdessen eine umfassende Verteidigungslinie, die allem und jedem bis zuletzt entgegentritt, errichten will, sollte lesen, was *Clausewitz* zum so genannten Kordon bemerkt: „Dass eine so lange Verteidigungslinie ... nur einen sehr geringen Grad der Widerstandsfähigkeit haben kann, springt in die Augen." Und: „... weil durch das Dasein solcher Linien leicht ein zu großer Kraftaufwand abgezwungen werden kann, sind sie in unseren Tagen als eine schädliche Maßnahme angesehen worden. Je stärker die Kraft ist, mit welcher der Krieg tobt, umso unnützer und gefährlicher ist dieses Mittel."

8. Über den geordneten Rückzug

55   In diesem Zusammenhang hilft auch die Erinnerung daran, dass Schlachten, die verloren gehen müssen, nicht angenommen und allenfalls mit dem Plan eines geordneten Rückzugs begonnen werden sollen. Besser als sich demütigend besiegen zu lassen, kann die große Geste eines eigenen Beitrags zur wiederhergestellten Ordnung und eines dem Rechtsfrieden gebrachten Opfers sein.

9. Über Friedensverhandlungen

56   Krieg verfolgt nach *Clausewitz* den Plan, die Streitkraft des Gegners zu vernichten, nämlich in einen solchen Zustand zu versetzen, dass sie den Kampf nicht mehr fortführen kann. Doch darf dies, so *Clausewitz* weiter, kein Akt blinder Leidenschaft sein. Sobald der Kraftaufwand, der notwendig wäre, um den Plan durchzuführen, mehr an Opfer und Risiko verlangt, als mit dem Krieg gewonnen werden könnte, muss Frieden sein. Diese schlichte Regel erklärt den banalen historischen Befund, dass ein Gleichgewicht der Kräfte normalerweise Verhandlungen zur Folge hat.

57   Im Strafprozess gibt es aber kein Gleichgewicht der Kräfte. Der Angeklagte kann niemandem Opfer und Risiko auferlegen. Allenfalls hat er es in der Hand, dem Gericht und der Staatsanwaltschaft Mühe zu bereiten; die Staatsanwaltschaft mag außerdem eine öffentliche Blamage

scheuen. Deshalb sind Verhandlungen als Gespräche über einvernehmliche Verfahrenserledigungen für die Partei des Beschuldigten und nur für diese immer ein gefährliches Abenteuer. Trotzdem werden heute in vielen auch der großen Strafprozesse solche Verhandlungen geführt.

Nach *Clausewitz* kann, wer das stärkere Motiv hat, die Mittel des Kampfs einzusetzen, auch bei geringeren Kräften so stark wie der Gegner sein. Das Gleichgewicht ergibt sich dann aus dem Produkt von Motiv und Kräften. Oder anders ausgedrückt – während es für den Beschuldigten um die Existenz geht, fällt für Gericht und Staatsanwaltschaft nur die Unbequemlichkeit eines umständlichen oder lästigen Verfahrens ins Gewicht. Es kommt vor, dass dies den Erfolgswillen bei den Verhandlungen beeinflusst. Hier kann es helfen, wenn der Einzelfall in eine Gesamterledigung eingebettet wird, die alle Betroffenen umfasst („cross-bargaining").

Trotzdem ist das Verhandeln von Absprachen eine Kunst, die dem Klettern in steilen Wänden gleicht. Jeder falsche Schritt kann die Unschuldsvermutung verspielen und zum Absturz führen. Die synallagmatischen Zusammenhänge von Leistung, etwa einem Geständnis, und Gegenleistung, zum Beispiel einer Geldstrafe, beruhen auf höchst ungünstigen Regeln. Nur wer eine gute Aussicht auf Freispruch hat und daher mit Fug und Recht auf die Unschuldsvermutung vertrauen darf, erzielt einen hohen Preis, wenn er seine Option aufgibt. Wer dagegen nahezu überführt ist, für den sind allenfalls geringe Vorteile erreichbar.

Im Wirtschaftsstrafrecht weichen diese widrigen Rahmenbedingungen aber anderen Einflüssen. Zum ersten besteht oft auch bei Gericht und Staatsanwaltschaft ein Interesse daran, die Unternehmen und deren Arbeitsplätze nicht durch exzessiv eingreifende Strafverfahren zu gefährden. Zum zweiten gewinnen fiskalische Aspekte an Bedeutung. Zahlungen an den Staatshaushalt, die sich aus finanziellen Belastungen sei es des Unternehmens oder des Beschuldigten ergeben, wie sie bei entsprechender Leistungskraft des Betroffenen möglich sind, werden zu einem überzeugungsstarken Argument. Dieses Argument kann das ungleiche Kräfteverhältnis überwinden. Doch nur Verhandlungen im vorsichtigen Wechselspiel von Kampffähigkeit und Kompromissbereitschaft sind geeignet, die den Unerfahrenen durch Selbstaufgabe drohende Niederlage zu vermeiden.

III. Einzelner und Gruppe („innerer Sockel")

Die dargestellten Maximen bereiten keine Schwierigkeiten, wenn die Taktik und Strategie (nur) zwischen dem Verteidiger und dessen Mandanten festgelegt werden soll. Im Wirtschaftsstrafverfahren geht es aber, wie eingangs beschrieben worden ist, zumeist um eine Vielzahl von Personen, um das Unternehmen und um entsprechend viele Berater. Deren Interaktion richtet sich nach professionell erprobten Regeln der praktischen Vernunft, wie im Folgenden beispielhaft verdeutlicht werden soll, und kann deshalb berechenbar bleiben.

1. Die Abwägung

Solange isoliertes Verteidigungshandeln keinen sicheren Vorteil für einen einzelnen Beschuldigten bietet, der größer wäre als die Wirkung einer gemeinsam abgestimmten Verteidigung, ist es zweckmäßig, an dieser teilzunehmen.

2. Die ausgedehnte Abwägung

Bei der Abwägung sind auch die Wirkungen zu berücksichtigen, die sich aus der jeweiligen Verteidigung für das Unternehmen ergeben können. Dies gilt jedenfalls dann, wenn die einzelnen Beschuldigten ein eigenes Interesse an dem Schicksal des Unternehmens haben, sei es weil sie zu dessen Organen oder leitenden Angestellten gehören, sei es weil die Sicherheit des Arbeitsplatzes oder die Altersversorgung relevante Faktoren sind.

3. Die Ausnahme

Wenn zwischen dem Beschuldigten und dem Unternehmen aus dem Sachverhalt, der den Gegenstand des Strafverfahrens ausmacht, ein irreparabler Interessengegensatz erwächst, wird der Leitsatz zu 2. gegenstandslos. Ob in diesem Fall eine gemeinsam abgestimmte Verteidigung zweckmäßig erscheint, liegt dann vorrangig in der Entscheidung anderer Beteiligter.

Salditt

4. Der gemeinsame Umgang mit der Ausnahme

65 Bei irreparablem Interessengegensatz im Sinne des Leitsatzes 3. kann eine einstweilen gemeinsame Verteidigung mit anderen Beschuldigten dennoch nahe liegen. Zum Beispiel mag es für alle Beteiligten sinnvoll sein, dass der im Konflikt mit dem Unternehmen stehende Beschuldigte keine Erklärungen abgibt, welche die strafrechtliche Lage anderer und weiterhin schutzwürdiger Angehöriger des Unternehmens erheblich verschlechtern. Oder es kann als vorteilhaft angesehen werden, den betroffenen Beschuldigten durch Maßnahmen der Schadensermittlung, des Schadensausgleichs und der einvernehmlichen Trennung eine schonungsvolle strafrechtliche Erledigung zu ermöglichen, die allen nutzt.

5. Die Intervalle

66 Die mit der Sockelverteidigung befassten Berater treffen ihre Entscheidungen in regelmäßigen Abständen neu. Die Intervalle bestimmen sich nach dem Maß der eingehenden Informationen. Dabei ist jeweils wiederum zu klären, ob und mit welchem Inhalt den Ermittlungsbehörden tatsächliche oder rechtliche Stellungnahmen vorzutragen sind. Soweit ein interner Interessengegensatz erkennbar wird, muss entschieden werden, ob der Kreis der Teilnehmer an den anwaltlichen Erörterungen entsprechend verändert oder ob nur über bestimmte Fragen in voller Besetzung gemeinsam beraten werden soll.

6. Das Ziel

67 In regelmäßigen Abständen ist jeweils erneut zu klären, was das realistische Ziel der Verteidigung sein kann, ob ein solches Ziel für alle akzeptabel wäre und welche Verteidigungsschritte auf dem Weg dahin geboten sind. Auch wenn sich die Ziele einzelner Beteiligter unterscheiden, kann es zweckmäßig sein, die gemeinsamen Beratungen solange fortzuführen, wie diese noch allen Nutzen bringen und den Absichten aller dienlich sind.

7. Über Hürden und Klippen

68 Im Wirtschaftsstrafrecht geht es nie um einen abgeschlossenen historischen Sachverhalt, der nur noch festzustellen und rechtlich zu würdigen ist. Fast immer wird die Vergangenheit zur Gegenwart.

69 Im übertragenen und oft im wörtlichen Sinne sind die wirtschaftlichen Auswirkungen des Streitfalls (Gibt es einen Schaden? Bestehen Regressansprüche? Gegen wen? Müssen im Jahresabschluss Rückstellungen gebildet werden?) zu bilanzieren. Gegebenenfalls müssen frühere falsche Ansätze im aktuellen Jahresabschluss korrigiert werden. All dies schafft Transparenz, die unerwünscht sein kann. Zugleich muss der Abschlussprüfer wahrheitsgemäß informiert werden und muss dieser über das Prüfungsergebnis berichten. Das Börsenrecht kann schnelle öffentliche Mitteilungen gebieten. Schweigerechte gibt es in diesem Zusammenhang nicht, auch nicht für die beschuldigten Vorstände oder Geschäftsführer.

70 Ähnlich gegenwärtig sind die Zwänge des Steuerrechts. Früher gemachte falsche Angaben müssen von den gesetzlichen Vertretern des Unternehmens berichtigt werden, die selbst nicht beschuldigt sind. Neu abzugebende Steuererklärungen müssen wahr und vollständig sein. Das betrifft auch Angaben gegenüber Betriebsprüfern. Schmiergelder zum Beispiel dürfen ungeachtet der Strafbarkeit der daran Beteiligten nicht (mehr) als Betriebsausgaben behandelt werden. Möglichkeiten, solchen Konsequenzen auszuweichen, bestehen kaum. Allenfalls kommt für die Personen, die weiter schweigen wollen, die sofortige Niederlegung ihrer Ämter in Betracht.

71 Ein Schweigerecht beschuldigter Vorstände gegenüber dem Aufsichtsrat oder verdächtiger Mitarbeiter gegenüber ihren Vorgesetzten besteht nicht. In Zivilprozessen gibt es zudem kein Schweigerecht des Unternehmens, das aus einem Strafverfahren gegen seine gesetzlichen Vertreter abgeleitet werden könnte. Prozessual muss wahr und vollständig vorgetragen werden. Was bleibt, wäre die Hinnahme von Säumnisfolgen (Geständniswirkung des Schweigens oder, falls Anträge nicht gestellt werden, eines Versäumnisurteils). Die gesetzlichen Pflichten eines Vorstands können dieser Taktik entgegenstehen.

72 Mit derartigen Schwierigkeiten umzugehen, ohne die notwendige Verteidigung zu zerstören, wird zum Drahtseilakt. Es gehört zu den Aufgaben der auf den verschiedenen Ebenen und für die unterschiedlichen Personen und Gesellschaften eingeschalteten Berater, sich dem zu stellen. Das Ziel kann nicht immer eine gemeinsame Lösung sein. Dafür sind die Konflikte oft

zu groß. Wohl aber darf es darum gehen, dass die jeweils zu treffenden Einzelentscheidungen für alle Beteiligten berechenbar und verständlich bleiben. Vor allem sind die (häufig geringen) Spielräume zu erkennen, die sich im Rahmen der Verteidigung dennoch eröffnen. Wenn es an solchen Spielräumen fehlt, ist es zumindest von Vorteil, dass dies intern schon früh vermittelt und verstanden wird. Das belässt den davon Betroffenen dann wenigstens die Möglichkeit zur kooperativen strafprozessualen Strategie, die sich nicht darauf beschränkt, die einschneidenden Entscheidungen Dritter passiv zu erleiden.

8. Die drohende Hauptverhandlung

Eine von den Beratern jeweils neu zu klärende Entscheidung besteht auch darin, ob alle Beteiligten die öffentliche Hauptverhandlung vermeiden können. Wenn keine klassische Einstellung des Verfahrens möglich erscheint, weil die Staatsanwaltschaft den hinreichenden Tatverdacht bejahen wird, ist intern zu prüfen, ob der Verzicht auf öffentliche Hauptverhandlung durch besondere Absprache zunächst mit der Staatsanwaltschaft in sämtlichen oder in einzelnen Fällen angestrebt werden soll. Solche Absprachen haben ihren Preis, der je nach der anzuwendenden gesetzlichen Vorschrift in einer Stufenleiter von Rechtsfolgen bestehen kann (in ansteigender Reihe: Geldauflage ohne Schuldfeststellung; Verwarnung unter Strafvorbehalt, Geldstrafe oder zur Bewährung ausgesetzte Freiheitsstrafe bis zu einem Jahr durch schriftlichen Strafbefehl; gegebenenfalls höhere Strafen nach kurzer abgesprochener öffentlicher Hauptverhandlung). Die Bestimmung eines solchen Preises bereitet erhebliche Schwierigkeiten, wenn interpersonal im Verhältnis der mehreren Beschuldigten zueinander differenziert wird, was bis zu Lösungen führt, in deren Folge nur einer bestraft wird. 73

In solchen Fällen kann mit Hilfe der Kontakte des Moderators zu den verschiedenen Verteidigern festgestellt werden, ob einigungsfähige Ergebnisse überhaupt denkbar sind. Je nach der Komplexität des Falles bei einer Vielzahl von Beschuldigten kennt die Praxis Erledigungskaskaden, durch die das gesamte Verfahren abgeschlossen wird. Die Ermittlungsbehörden und die Gerichte wirken daran nicht selten nur unter der Voraussetzung mit, dass auf diesem Wege kein offener Fall verbleibt. 74

9. Die Rolle des Unternehmens

Bei allen Abklärungen muss das Unternehmen zumindest hinter der Bühne des Verfahrens selbst vertreten sein. Oft gilt dies auch für das Außenverhältnis zu den Ermittlungsbehörden, weil eine Verbandsgeldbuße nach dem Ordnungswidrigkeitengesetz oder eine Verfallsentscheidung gegen die Juristische Person oder die Gesellschaft zur Verfahrenserledigung gehören kann. Die Zuständigkeit für die damit verbundenen Fragen liegt nicht bei den Verteidigern, denn zwischen dem Unternehmen und den individuellen Beschuldigten besteht fast immer ein zumindest abstrakter Interessenkonflikt. 75

Mit besonderer Sorgfalt müssen deshalb auch bei der Entscheidung des Unternehmens darüber, ob eine Sanktion zu seinen Lasten akzeptiert wird, die gesellschaftsrechtlichen Kompetenzen bedacht werden. Beschuldigte Mitglieder des Organs, denen die gesetzliche Vertretung der betroffenen Kapital- oder Personengesellschaft obliegt, sind befangen. Der Versuchung, eine überhöhte Unternehmensbuße oder Verfallsentscheidung zu akzeptieren, um unerwünschte strafrechtliche Belastungen einzelner Beschuldigter zu vermeiden, ist entgegenzutreten. 76

IV. Die Hauptverhandlung: strategische Grenzsituation

Mandanten müssen wissen, dass sich in der Hauptverhandlung alles ganz anders verhält. *Clausewitz* würde sie als das letzte Gefecht bezeichnen, in dem sich eine langfristige Strategie bewährt oder in dem sie scheitert. Die prozessualen Eigenarten der Hauptverhandlung lassen es nur selten zu, ihren Ablauf strategisch isoliert zu planen. Vielmehr geht es nunmehr um die Vollendung der bisherigen strategischen Überlegungen. Haben solche gefehlt oder sind sie gescheitert, reduzieren sich die Spielräume auf taktische Aspekte. 77

1. Der Umgang mit dem Schicksal

78 In der Hauptverhandlung nimmt das Gericht die Rolle des Schicksals ein. Im Ermittlungsverfahren dagegen haben die „Parteien" miteinander gerungen. Fortan stehen diese sich nicht mehr gegenüber, sondern müssen sie sich auf das Gericht als Dritten konzentrieren. Dabei hängt es (auch) von den Verteidigern ab, ob dieses Dreieck funktioniert. Findet ein prozesspsychologischer Schulterschluss von Gericht und Staatsanwaltschaft statt, übernehmen die Richter (unbewusst) die Rolle der Strafverfolgung mit. Das aber zwingt zu tief greifenden Änderungen bei der Auswahl und im Einsatz von Verteidigungsmitteln. Nur wenn es bei dem verfassungsrechtlich notwendigen Dreieck bleibt, lässt sich die Maxime mit dem folgenden Dreisatz definieren: Gegen Entscheidungen der erstinstanzlich zuständigen Wirtschaftsstrafkammer des Landgerichts gibt es allein das artifizielle Rechtsmittel der Revision an den Bundesgerichtshof. Dessen Erfolgsquote fällt statistisch äußerst gering aus. Oft hängt deshalb fast alles davon ab, eine angemessene Entscheidung der Tatrichter selbst zu erwirken.

79 Taktisch kann man das heute kaum noch gegen diese, sondern nur im kommunikativen Einvernehmen mit ihnen schaffen. Damit ist nicht Konsens gemeint, sondern ein Verständnis der Hauptverhandlung als sich entwickelnder Überzeugungsprozess. Angeklagten aus der Wirtschaft fällt es von Haus aus schwer, mit einer Lage der gefühlten Unterworfenheit umzugehen. Anspannung und Erregung in der ungewohnten forensischen Umgebung können schädliche verbale oder non-verbale Reaktionen auslösen. Die Justizgeschichte der vergangenen Jahrzehnte weist aber eindrucksvolle Beispiele dafür auf, dass gerade auch Mandanten mit diesem Hintergrund bei entsprechender Beratung durch geschickte Teilnahme an der Hauptverhandlung sehr wirksam zu vorteilhaften Verfahrenserledigungen beitragen können. Wenn eine solche Verteidigung in der Hauptverhandlung gelingt, werden die Würfel längst gefallen sein, bevor mit den Plädoyers begonnen wird.

2. Das Ende der Abschirmung

80 Ab dem Beginn der Hauptverhandlung gehört auch die enge und abgeschirmte Beziehung des Mandanten zum Anwalt der Vergangenheit an. Jetzt ist der Beschuldigte als Angeklagter in der Hauptverhandlung mit allen Verfahrensbeteiligten zugleich konfrontiert, darunter im Wirtschaftsstrafrecht häufig mit Leidensgenossen, die seltener Freunde und häufiger Gegner sind. Insbesondere die Richter können den Angeklagten fast jederzeit unmittelbar ansprechen. Im Prozess entfällt daher der kommunikative Umweg über den Verteidiger. Interaktionen, wie sie sich hieraus ergeben, sind unberechenbar und erschweren die Abstimmung.

3. Die Vielzahl der Optionen

81 Angeklagte haben die Wahl zwischen sehr unterschiedlichen Formen der Teilnahme an der Hauptverhandlung. Der Anwalt wird mit seinem Mandanten die möglichen Spielarten diskutieren, die vom völligen Schweigen über vorformulierte Erklärungen bis hin zur Bereitschaft reichen, Fragen des Gerichts zu beantworten, gegebenenfalls auch solche der Staatsanwaltschaft und der Verteidiger anderer Angeklagter. Dabei gibt es keine schematische Lösung. Die Entscheidung muss vielmehr am Verteidigungsziel, an den Personen der Richter, aber auch an dem Verhalten der Mitangeklagten gemessen und gegebenenfalls wieder geändert werden.

82 Kurz vor Toresschluss drängen die oft unterschiedlichen Interessen nach vorn. Nur noch Eröffnungszüge und deren kurzfristige Wirkungen sind vorhersehbar berechenbar. Bei der Hauptverhandlung handelt es sich daher, sobald sie über die kritische Anfangsphase hinaus in Gang gekommen ist, zumindest grundsätzlich um einen Raum ohne langfristige Prognosen. Allerdings sollte eine besondere Regel bedacht werden. Hat sich der Beschuldigte schon im Ermittlungsverfahren (verwertbar) gegenüber der Polizei oder der Staatsanwaltschaft zur Sache geäußert, bedarf es sehr zwingender Gründe, wenn ausgerechnet gegenüber den Richtern geschwiegen werden soll.

4. Die Weichenstellungen

83 Trotz der prinzipiellen Schwierigkeit, sichere Prognosen anzustellen, muss jeder Verteidiger zur Vorbereitung der Hauptverhandlung ohne Rücksichtnahme auf den bislang gemeinsamen Sockel zusammen mit seinem Mandanten abwägen, wie wahrscheinlich bestimmte Abläufe sein werden. Gibt es realistische Chancen, dass eine Entscheidung der Tatrichter im erwünsch-

§ 9 Strategie und Taktik

ten Sinne ergehen wird? Oder sind die Aussichten schlecht, weshalb von vornherein jeder Ansatz konsequent genutzt werden muss, der eine spätere Korrektur durch das Rechtsmittelgericht ermöglicht? Können die besseren Ergebnisse voraussichtlich eher durch ein streitiges (kontradiktorisches) Verfahren oder durch Absprache (konsensual) im Einvernehmen auch mit der Staatsanwaltschaft erzielt werden? Verspricht ein zumindest anfänglich harter prozessualer Widerstand Erfolg? Oder trägt ein von Beginn an kommunikativer Verteidigungsstil eher dazu bei?

Von den Schlussfolgerungen hängen die Prioritäten ab und von diesen die Entscheidungen des jeweiligen Angeklagten über sein Prozessverhalten. Die Praxis der Verteidigung vor den Tatrichtern lässt sich grob und unter Vernachlässigung der fließenden Grenzen danach unterscheiden, ob in erster Linie kommunikativ, konfrontativ oder kooperativ verfahren wird. Die kommunikative Verteidigung kann sich primär auf die Einbeziehung des Angeklagten oder auf den an dessen Stelle argumentierenden Rechtsanwalt stützen. Je nach Lage des Verfahrens können die Prioritäten wechseln. Daneben, also nicht nur statt solcher Verteidigungsformen, kann es kooperative, auf Konsens abzielende Initiativen geben, die manchmal dem Blick in der Öffentlichkeit entzogen sind und zuweilen den ursprünglichen Ansätzen erst nachfolgen. Nur wenn alle Angeklagten die Hauptverhandlung mit der gleichen Einschätzung beginnen, dauert die Gemeinsamkeit des Sockels aus dem Ermittlungsverfahren an. Sonst gehen die Wege auseinander.

5. Konzertierte Aktionen ohne konzertierte Interessen

Rechtsanwälte beherrschen die Kunst, über die Auflösung der Gemeinsamkeiten durch konzertierte prozessuale Aktionen, durch die abgestimmte Reihenfolge von Anträgen, von Erklärungen oder von Fragen zum Beispiel an Zeugen und durch kollegiale Höflichkeit hinwegzutäuschen. Auch das deckt aber unterschiedliche Verfahrensziele, gegenseitige Schuldzuweisungen zwischen den Angeklagten, unvereinbare Prioritäten und die Vielfalt der aufeinander stoßenden menschlichen Temperamente nicht zu. Nur wenn alle Beteiligten schon im Ermittlungsverfahren gelernt haben, mit solchen Differenzen umzugehen und das zu erwartende Chaos der Hauptverhandlung auf der Suche nach Ergebnissen zu ertragen, die jedem gerecht werden sollen, bleibt die Stärke erhalten, die aus Kooperation folgt.

Staatsanwaltschaft und Gerichte verstehen es aber immer besser, die Gegner, oft im taktischen Zusammenspiel, zu vereinzeln. Dabei setzen sie als Instrumente Verhandlungen über differenzierte Verfahrensabsprachen ein, auch wenn diese nicht hinter dem Rücken anderer Beteiligter stattfinden dürfen. Hier spielt die einzelnen Angeklagten eröffnete Option, ihr Verfahren aus der großen Hauptverhandlung abzutrennen, eine wesentliche Rolle. Wenn es gelingt, die Angeklagten und deren Verteidiger dadurch in Grabenkämpfe zu verstricken, ist die oft Jahre zurückreichende gemeinsame Anstrengung gescheitert.

Nimmt der Unternehmensanwalt nicht an der Hauptverhandlung teil, bleiben seine Möglichkeiten auf eine Fühlungnahme hinter den Kulissen beschränkt. Das erhöht die Gefahr. Ein probates Gegenmittel kann der alle Beteiligten einbeziehende Versuch sein, aus dem kontradiktorischen Verfahren zu einvernehmlichen Verständigungen überzugehen. Dies erfordert interne anwaltliche Abstimmungen. Außerdem muss der Mandant wissen: Auf Vieles kann man sich aus Anlass der Hauptverhandlung einigen, kaum aber je auf einen Freispruch.

6. Über paradoxe Wechselwirkungen

Wenn jeder Angeklagte die Hauptverhandlung nur nach seiner sehr persönlichen (und mit anderen nicht abgestimmten) Interessenlage beginnt, kann man die Sockelverteidigung im besten Falle als suspendiert betrachten. Dann entfalten erfahrungsgemäß Maßnahmen Einzelner, die sich von Anfang an zur offenen prozessualen Konfrontation entscheiden, eine gewisse Sogwirkung. Aus gutem Grund neigen Verteidiger nämlich dazu, sich den plausiblen prozessualen Beanstandungen und fundierten Anträgen anderer Beteiligter anzuschließen, um dafür Sorge zu tragen, dass deren revisionsrechtliche Folgen später auch dem eigenen Mandanten zugutekommen. Das kann Schritt für Schritt dazu beitragen, die früheren Gemeinsamkeiten wiederherzustellen. Zugleich besteht die Gefahr der Wechselwirkung – nämlich eines so provozierten Schulterschlusses von Gericht und Staatsanwaltschaft. Die damit ausgelöste Eskalation stabilisiert den Sockel, verringert manchmal aber auch die Wahrscheinlichkeit eines angemessenen Verfahrensabschlusses.

89 Eine von vornherein abgestimmte Verteidigung, mit der die Zusammenarbeit aus der Zeit des Ermittlungsverfahrens fortgeführt wird, macht es möglich, solchen riskanten Entwicklungen entgegenzuwirken. Doch besteht, gerade wenn die Mitangeklagten sich ihrerseits im Schulterschluss verteidigen, die Gefahr, dass andere (paradoxe) Effekte ausgelöst werden. Ein Angeklagter kann die Gemeinsamkeit nämlich spontan oder vorbedacht beenden. Je nach Temperament kann er dazu einen forensischen Eklat provozieren, im Gerichtssaal den offenen Konflikt mit anderen Beteiligten anzetteln und so (jedenfalls indirekt) an die Fürsorge der Strafjustiz ihm gegenüber appellieren. Derartige Wendungen lassen sich als (späte, aber erkämpfte) Einsicht darstellen, die dem Gericht Milde nahe legt. Je authentischer die persönliche Umkehr wirkt und je stärker die aufgekündigte Gemeinsamkeit vorher in Erscheinung getreten war, desto schädlicher sind die Folgen für die Mitangeklagten.

90 Dabei handelt es sich um das Gesetz der kommunizierenden Röhren – der Bonus für den Ausbrecher, nämlich die Trennungsprämie, errechnet sich umgekehrt proportional zum Malus für die anderen. Das Risiko eines solchen Alleingangs kann nicht ausgeschlossen werden, weil Sockelverteidigung keinen Angeklagten bindet, auch ethisch nicht. Wer seine Chance nutzt, handelt legitim im eigenen Interesse. Sein Verteidiger wird ihn daran nicht hindern dürfen und (vielleicht) sogar auf einschlägige Möglichkeiten hinweisen müssen. Unter derartigen Umständen kann die anwaltliche Berufsverschwiegenheit daran hindern, dass der Bruch den Mitangeklagten vorangekündigt wird.

91 Alleingänge, mit denen eine konzertierte Verteidigung aus den Angeln gehoben wird, lassen sich in der Regel nur unter der bereits beschriebenen allgemeinen Voraussetzung verhindern: Alle Angeklagten müssen erwarten können, dass die fortbestehende Gemeinsamkeit ihnen, ohne Ausnahme, bessere Ergebnisse verspricht als deren Aufkündigung. Diese Aussicht darf aber nicht auf prozessfremden Versprechungen beruhen, etwa auf der Zusage einer Gehaltserhöhung oder Beförderung. Sie muss sich aus einer individuellen Wertung der Vor- und Nachteile des beratenen gemeinsamen Prozessverhaltens ableiten. Ob die individuelle Wertung zutrifft, hat jeder Verteidiger für seinen Mandanten laufend zu überprüfen. Das wird durch effiziente, vertrauensvolle und sachliche Zusammenarbeit erleichtert. Die Chancen dafür sind größer, wenn die verschiedenen Verteidiger schon im Ermittlungsverfahren kooperiert haben. Auch in diesem besonderen Sinne muss die Hauptverhandlung, wenn es um Wirtschaftsstrafverfahren gegen mehrere Unternehmensangehörige geht, als strategisches Ziel des Ermittlungsverfahrens antizipiert werden. Anders ausgedrückt – es wäre leichtfertig, sie nicht vorauszusehen und als isolierte strategische Aufgabe der Zukunft zu überlassen.

V. Fazit

92 *Clausewitz* hat für Staaten und Heere geschrieben, die durch den Krieg untergehen können. Im Wirtschaftsstrafrecht gibt es aber immer auch ein Leben nach dem Prozess. Das gilt für die betroffenen Individuen und (zumindest meistens) für das Unternehmen. Die strategische Aufgabe ist gelöst, wenn die Wirkungen des Strafverfahrens in beiden Bereichen für die Zeit danach auf das geringstmögliche Maß beschränkt werden. Dabei kommt den Sanktionen des Strafrechts, sofern es solche gegeben hat, nicht selten nur zweitrangige Bedeutung zu.

93 Staaten können durch Kriege, wenn die Heerführer ihren *Clausewitz* studiert haben, wachsen. Unternehmen im Strafverfahren haben keine solche Option. Der Verteidiger trifft hier aber hin und wieder auf Mandanten, die ihre verborgenen Kräfte erst in der Auseinandersetzung mit einem Strafverfahren kennen lernen und dabei stärker werden. Auch so kann man die Auseinandersetzung mit der Staatsanwaltschaft gewinnen, selbst wenn am Ende des Prozesses kein Freispruch steht.

§ 10 Der Unternehmensanwalt

Übersicht

	Rdnr.
I. Vorbemerkung	1/2
II. Typologie	3
III. Problemfelder	4–148
1. Beginn von Ermittlungen	4–64
a) Einleitung eines Ermittlungsverfahrens	4–17
b) Durchsuchung	18–42
c) Beschlagnahme	43–61
d) Verhaftung	62–64
2. Unternehmensinterne Aufklärung	65–84
a) Prävention	66–71
b) Ermittlung	72–76
c) Verfolgung	77–84
3. Akteneinsicht	85–108
a) Verletztes Unternehmen	86–89
b) Nebenbeteiligtes Unternehmen	90–95
c) Unternehmen als Dritter	96–98
d) Abwehr Akteneinsicht Dritter	99–108
4. Sockelverteidigung	109–126
a) Organisation der Verteidigung	110–118
b) Zeugenbeistand	119–122
c) Unternehmensschriftsatz	123–125
d) Vorbereitung der Hauptverhandlung	126
5. Wirtschaftliche Interessen des Unternehmens	127–148
a) Verständigung	129–133
b) Verfall und Rückgewinnungshilfe für Dritte	134–136
c) Rückgewinnungshilfe für das Unternehmen und Adhäsionsverfahren	137–142
d) Verteidigerkosten	143–145
e) Geldbußen und -strafen	146/147
f) Sonstige Sanktionen	148
IV. Schlussbemerkung	149–155

Schrifttum: *Achenbach*, Ausweitung des Zugriffs bei den ahndenden Sanktionen gegen die Unternehmensdelinquenz, wistra 2002, 441 ff.; *Adam*, Die Begrenzung der Aufsichtspflichten in der Vorschrift des § 130 OWiG, wistra 2003, 285 ff.; *Axelrod*, Die Evolution der Kooperation, 5. Aufl., 2000; *Bayreuther*, Videoüberwachung am Arbeitsplatz, NZA 2005, 1038; *Bittmann*, Das staatsanwaltliche Auskunftsverlangen gemäß § 95 StPO, NStZ 2001, 231; *Bussmann*, Kriminalprävention durch Business Ethics. Ursachen von Wirtschaftskriminalität und die besondere Bedeutung von Werten, Zeitschrift für Wirtschafts- und Unternehmensethik 2004, S. 35 ff.; *Dankert/Ignor*, Der Verteidiger im Ermittlungsverfahren, in: *Hamm/Lohberger*: Beck'sches Formularbuch für den Strafverteidiger, 4. Aufl., S. 59 ff., 2002; *Dierlamm*, Verteidigung im Wirtschaftsstrafsachen, in: *Wabnitz/Janovsky*, Handbuch des Wirtschafts- und Steuerstrafrechts, 2004, S. 1801 ff.; *Durth/Kempf*, Anmerkung zu LG Kassel, Beschl. v. 15.10.2004 – 5 AR 18/04, Akteneinsicht durch Privatpersonen, StraFo 2005, 429 ff.; *Eidam*, Unternehmen und Strafe, 2. Aufl. 2000; *Eidam*, Die Verbandsgeldbuße des § 30 Abs. 4 OWiG – Eine Bestandsaufnahme, wistra 2003, 447 ff.; *Eichler/Peukert*, Vertraulichkeit der Rechtsberatung durch Syndikusanwälte und EMRK, AnwBl. 2002, 189 ff.; *Eylmann*, Die Interessenkollision im Strafverfahren, StraFo 1998, 145 ff.; *Hassemer*, Das Zeugnisverweigerungsrecht des Syndikusanwalts, wistra 1986, 1 ff.; ders., Produktverantwortung im modernen Strafrecht, 2. Aufl. 1999; *Hellerbrand*, Der dingliche Arrest zur Sicherung des Verfalls von Wertersatz im Ermittlungsverfahren, wistra 2003, 201 ff.; *Henssler/Prütting*, Kommentar zur BRAO, 2. Aufl. 2004; *Huff*, Videoüberwachung in öffentlichen und privaten Bereich, JuS 2005, 896 ff.; *Kempf*, Das Dilemma mit dem Konflikt, in: Festschrift für Busse, Rechtspolitik und Berufspolitik, 2005, S. 191 ff.; ders., Wahr-Nehmungen des Rechts. Einflussnahme auf Zeugen, StraFo 2003, 79 ff.; *Krekeler*, Beweisverwertungsverbot bei fehlerhaften Durchsuchungen, NStZ 1993, 263 ff.; *Kissel/Mayer*, Kommentar zum GVG, 4. Aufl. 2005; *Kleine-Cosack*, Sozietätserstreckung des Verbots der Interessenkollision, AnwBl. 2006, 13 ff.; *Knauer/Wolf*, Zivilprozessuale Änderungen durch das Erste Justizmodernisierungsgesetz – Teil 2: Änderungen der StPO, NJW 2004, 2932 ff.; *Lucke* (Hrsg.), Beck'sche Mandatshandbuch Vorstand der AGs, 2004; *Malitz*, Die Berücksichtigung privater Interessen bei vorläufigen strafprozessualen Maßnahmen gemäß § 111 b ff. StPO, NStZ 2002,

337 ff.; *Michalke*, Die Verwertbarkeit von Erkenntnissen der Eigenüberwachung zu Beweiszwecken im Straf- und Ordnungswidrigkeitsverfahren, NJW 1990, 417 ff.; *Minoggio*, Firmenverteidigung, 2005; *Prütting*, Das Anstellungsverhältnis des Syndikusanwaltes, AnwBl. 2001, 313 ff.; *Park*, Handbuch der Durchsuchung und Beschlagnahme, 2002; *Poller*, Untreue durch Übernahme von Geldsanktionen, Verfahrenskosten und Verteidigerhonorar?, StraFo 2005, 274 ff.; *Price Waterhouse Coopers*, Wirtschaftskriminalität 2005; *Ransiek*, Unternehmensstrafrecht, 1996; *Rapoport/Chamma*, Prisoner's dilemma: a study in conflict and cooperation, University of Michigan Press 1965; *Rautenberg*, Immune Abgeordnete, NJW 2002, 1090 ff.; *Richter II*, Sockelverteidigung, NJW 1993, 2152; *Rönnau*, Vermögensabschöpfung in der Praxis, 2003; *Roxin*, Das Zeugnisverweigerungsrecht des Syndikusanwaltes, NJW 1992, 1129; *ders.*, Das Beschlagnahmeprivileg des Syndikusanwaltes im Lichte der neuesten Rechtsprechung, NJW 1995, 17; *Schlewing*, Prozessuales Verwertungsverbot für mitbestimmungswidrig erlangte Erkenntnisse aus einer heimlichen Videoüberwachung, NZA 2004, 1071 ff.; *Schmidt-Salzer*, Strafrechtliche Produktverantwortung, NJW 1990, 2966 ff.; *Schriever*, KAZO Nobel u.a. – Anwaltsprivilegien für Syndikusanwälte, AnwBl. 2004, 105; *Spatschek/Ehnert*, Übernahme von Geldsanktionen und Verteidigerhonorar, StraFo 2005, 265 ff.; Strafrechtsausschuss der Bundesrechtsanwaltskammer, Thesen zur Strafverteidigung (Band 8, vergriffen).

I. Vorbemerkung

1   Der Unternehmensanwalt kommt in keinem einschlägigen Formularbuch vor, weil er durch formelhafte Beschreibungen nicht hinreichend bestimmt werden kann. Die Strafprozessordnung kennt ihn nicht, obwohl bei Unternehmen ein zunehmend hoher Bedarf an strafrechtlicher Begleitung erwächst: Der Unternehmensanwalt berät, vertritt und verteidigt einen Mandanten, der nicht Beschuldigter ist, aber später zumeist die Folgen eines Verfahrens und eines Urteils zu tragen hat. Er ist Unternehmens**anwalt** und **nicht** Unternehmens**verteidiger**, obwohl die Literatur von Firmen**verteidigung**[1] spricht. Diese Differenz zwischen fehlenden Formvorschriften und rechtlich-wirtschaftlichem Bedarf an rechtlicher Begleitung wird durch das Berufsrecht nicht überbrückt – im Gegenteil: in manchen Punkten sogar verschärft, wie das Beispiel Syndikusanwalt zeigt.[2]

2   Der Unternehmensanwalt ist nicht selbst als Typus beschreibbar, vielmehr wird er durch die typischen Problemfelder inhaltlich bestimmt, mit denen ein Unternehmen konfrontiert ist, wenn es in Berührung mit dem Strafrecht kommt und für die es rechtliche Beratung und Beistand sucht. Diese Problembereiche sind in der Praxis nicht immer identisch mit dem Bild, das die Literatur hierzu zeichnet. Viele feinsinnige und mit großer Beteiligung der scientific community geführte Meinungsstreitigkeiten in der Literatur führen in der Praxis vielmehr dazu, solche Risikokonstellationen durch grobe und klare Entscheidungen zu vermeiden. Die Literatur befriedigt hier nicht immer die unmittelbaren Bedürfnisse der Praxis.

Wessing II behandelt im folgenden § 11 die Besonderheiten der Beratung und Verteidigung des Unternehmens in der Krise; eine parallele bzw. ergänzende Lektüre beider Kapitel bietet sich daher gegebenenfalls an.

II. Typologie

3   Die Probleme lassen sich typologisch in mehrere Gruppen fassen:
- Das Unternehmen – und damit auch sein Anwalt – hat ein Interesse daran, dass schnell reagiert wird: Der Unternehmensanwalt soll Ermittlungsverfahren und Ermittlungsmaßnahmen schon im Ansatz verhindern; er berät bei Ermittlungsmaßnahmen und ist bei Durchsuchungen am Besten vor Ort.
- Der Unternehmensanwalt schützt ein Unternehmen davor, sich selbst zu belasten: Er klärt einen Vorgang intern auf, ohne dass das Ergebnis dieser Aufklärung beschlagnahmt werden kann; er kanalisiert damit den Fluss von Informationen indem er sich mit Wissen versorgt und selbst über die Weitergabe an Dritte entscheidet.
- Der Unternehmensanwalt koordiniert das Einzelinteresse von Mitarbeitern, die in strafrechtliche Ermittlungen einbezogen sind, mit dem Interesse des Unternehmens, dem er allein verpflichtet ist: Er erkennt Konflikte im Unternehmen, schlichtet sie oder trägt sie im Interesse des Unternehmens aus.

---
[1] *Minoggio* Firmenverteidigung.
[2] Siehe hierzu Rdnr. 55 ff.

- Der Unternehmensanwalt wahrt die wirtschaftlichen Interessen des Unternehmens: Er verteidigt es gegen Verfallsanordnungen und Rückgewinnungshilfe und setzt Schadenersatzansprüche durch; er klärt das Unternehmen über die Kosten des Verfahrens und die möglichen Sanktionen auf.
- Der Unternehmensanwalt setzt all dies vor allem möglichst lautlos um. Er koordiniert die Kontakte zur Presse.

Diese Problemtypen können einzeln auftreten oder sich in bestimmten Situationen bündeln. Diese Situationen sollen daher in ihrer historischen Abfolge im Strafverfahren dargestellt werden.

III. Problemfelder

1. Beginn von Ermittlungen

a) **Einleitung eines Ermittlungsverfahrens.** Ein Unternehmen, das in ein Strafverfahren involviert ist, bedarf schneller Hilfe. Unternehmen verkaufen mehr und mehr ein Image und haben daher ein großes Interesse daran, in der Öffentlichkeit nicht mit einem Strafverfahren in Verbindung gebracht zu werden. Das bedeutet, dass der Anwalt des Unternehmens versucht, schon die **Einleitung eines Ermittlungsverfahrens** zu vermeiden, jedenfalls das Strafverfahren möglichst ohne öffentliche Aufmerksamkeit zu begleiten. 4

Da zwischen dem Aufkommen erster Verdachtsmomente und der Einleitung eines Ermittlungsverfahrens nur regelmäßig eine kurze Zeitspanne liegt, muss der Unternehmensanwalt schnell reagieren, wenn er von Umständen Kenntnis erlangt, die einen Verdacht begründen könnten. 5

Häufig geben Presseberichte oder Betriebsprüfungen tatsächliche **Anhaltspunkte** für strafrechtliche Ermittlungen im Unternehmen. Auslöser können aber auch Ermittlungen bei einem Geschäftspartner, die Denunziation durch einen Marktkonkurrenten oder einen unzufriedenen (ausgeschiedenen) Mitarbeiter sein. In all diesen Fällen prüft der Anwalt, ob die Gefahr der Einleitung eines Ermittlungsverfahrens besteht. Sollten Verdachtsmomente weder der Staatsanwaltschaft noch einer breiteren Öffentlichkeit oder Presse bekannt sein, wird der Unternehmensanwalt versuchen, den Sachverhalt eigenständig zu ermitteln. 6

Da aufgrund des Legalitätsprinzips (§ 160 Abs. 1 StPO) nur bei ganz offensichtlich rechtmäßigem Verhalten die Einleitung eines Ermittlungsverfahrens ausgeschlossen werden kann, wird der Unternehmensanwalt selbst aktiv werden, um ein Ermittlungsverfahren und entsprechende Ermittlungsmaßnahmen zu vermeiden. 7

Er wird hierzu den direkten Weg zum zuständigen Staatsanwalt suchen. Eine von der Unternehmensführung unterschriebene **Vollmacht** ist zur Vermeidung von weiteren Auseinandersetzungen hilfreich, wenn auch nicht zwingend notwendig.[3] 8

Manche Bundesländer führen eine Vorprüfung durch und tragen sie in das Allgemeine Register (AR-Sachen) ein, bevor es zur Einleitung eines Ermittlungsverfahrens und der Vergabe eines Js-Aktenzeichens kommt.[4] Gelingt es dem Unternehmensanwalt, schon hier einen Tatverdacht zu entkräften, so ist dies sicherlich der Idealfall. 9

Meist wird es aber mit Zuweisung an den zuständigen Staatsanwalt zur Vergabe eines Js-Aktenzeichens und damit zur Aufnahme von Ermittlungen kommen, doch auch dann lässt sich möglicherweise durch einen vollständigen und belegten Sachverhaltsvortrag eine umfangreiche Untersuchung verhindern und eine schnelle Einstellung erreichen. Der Unternehmensanwalt stellt hierfür alle erforderlichen Unterlagen zusammen, stellt sie der Staatsanwaltschaft zur Verfügung, sucht das Gespräch und bietet für den Fall, dass es erforderlich oder gewünscht sein sollte, weitere Zusammenarbeit an. 10

Können die Verdachtsmomente hingegen kurzfristig nicht ausgeräumt werden, so wird die Tätigkeit des Unternehmensanwalts darauf gerichtet sein, **Ermittlungsmaßnahmen** im Unternehmen zu **vermeiden**. Zwangsmaßnahmen in Ermittlungsverfahren sind in der Regel und 11

---

[3] BGH NStZ 1996, 97; *Meyer-Goßner* Vorbem. § 137 Rdnr. 9; KK-StPO/*Laufhütte* Vorbem. § 137 Rdnr. 3.
[4] *Rautenberg* NJW 2002, 1090.

12 nach dem Verhältnismäßigkeitsgrundsatz nur dann erforderlich, wenn ein Betroffener nicht kooperiert:
So wie eine Durchsuchung nur erfolgt, wenn der Wohnungsinhaber das Betreten verweigert, und eine Beschlagnahme nur dann erfolgen kann, wenn der Gewahrsamsinhaber einer Sicherstellung widerspricht (§ 94 Abs. 2 StPO), so ist eine Durchsuchung nach § 103 StPO als staatliche Maßnahme nur erforderlich, wenn der Gewahrsamsinhaber seiner Herausgabepflicht nach § 95 StPO nicht nachkommt.[5] Wird das Beweismittel hingegen herausgegeben, muss es weder „gesucht" noch „aufgefunden" werden. Daher wird der Unternehmensanwalt in aller Regel der Staatsanwaltschaft uneingeschränkte **Kooperation** zusichern, sobald diese in der Lage ist, bestimmte Gegenstände und Dokumente zu benennen, die sie als Beweismittel sichern will. Kommt das Unternehmen der Herausgabepflicht nach, so ist nach einem Teil der Literatur zugleich ausgeschlossen, dass ein Betriebs- oder Geschäftsgeheimnis verraten wird (§ 203 StGB), da nach § 95 StPO eine gesetzliche Pflicht zur Offenbarung besteht.[6]

13 Gewinnt der Unternehmensanwalt den Eindruck, mit seinem Kooperationsangebot bei der Staatsanwaltschaft kein Gehör zu finden, so kann er beim zuständigen Ermittlungsrichter beim Amtsgericht eine **Schutzschrift** hinterlegen. Ein solches Vorgehen bietet sich insbesondere an, wenn die Staatsanwaltschaft Unterlagen im Gewahrsam des Unternehmens vermutet, die es nicht besitzt.

14 Unabhängig davon, ob die Schutzschrift eine Auseinandersetzung mit dem Tatvorwurf beinhaltet, kündigt sie die **freiwillige Herausgabe** angeforderter Unterlagen an, da nur dies die Voraussetzung für einen Durchsuchungsbeschluss entfallen lässt und eine spätere Prüfung des Beschlusses auf seine Rechtswidrigkeit hin erlaubt.[7] Allerdings ist die Rechtsprechung hier eher zurückhaltend.[8]

15 Parallel hierzu sollte sich der Unternehmensanwalt darum kümmern, ob und ggf. welche **Risiken** einem Unternehmen drohen, wenn es dennoch zu einer Durchsuchung kommt. Dabei kann es nicht nur um den im Raum stehenden Tatvorwurf gehen; denn häufig führen Ermittlungen in eine – im Durchsuchungsbeschluss benannte – Richtung zu Zufallsfunden in einer ganz anderen Richtung. Vor deren Entdeckung sind solche Risiken leichter beherrschbar, als wenn sie Gegenstand staatsanwaltschaftlicher Ermittlungen geworden sind.

16 Je nach dem, wie der Unternehmensanwalt das Entdeckungsrisiko einschätzt, wird er dazu raten, den Sachverhalt selbst zu offenbaren. Insbesondere wenn (andere) steuerstrafrechtliche Delikte aufgedeckt zu werden drohen, kann ein steuerstrafrechtliches Ermittlungsverfahren durch eine **Selbstanzeige** des Unternehmens nach § 371 AO (noch) vermieden werden.

17 Entschließt sich das Unternehmen zu einer Selbstanzeige, wird der Unternehmensanwalt den Sachverhalt so weit wie möglich aufklären und in einem **Schriftsatz** darstellen. Im Idealfall beinhaltet die Selbstanzeige einen Sachverhalt, wie er als „Wesentliches Ergebnis der Ermittlungen" in eine Anklageschrift übernommen werden könnte.[9]

18 b) **Durchsuchung.** Steht trotz aller Abwendungsbemühungen eine **Durchsuchung** bevor, wird der Unternehmensanwalt die Mitarbeiter darauf vorbereiten:

19 Innerhalb des Unternehmens sollte von der Geschäftsführung ein **Ansprechpartner** bestimmt werden, der der Geschäftsführung selbst möglichst nicht unbedingt angehören muss. Die Organe eines Unternehmens geraten aufgrund Zurechnung gemäß § 14 StGB leicht in den Status eines Beschuldigten.

20 Der für eine Durchsuchung im Unternehmen vorgesehene Ansprechpartner hat mehrere Aufgaben: Er hält Kontakt zum Unternehmensanwalt, er ist für die Ermittlungsbeamten erreichbar und steht für Rückfragen der Mitarbeiter zur Verfügung. Im Falle einer Durchsuchung koordiniert er zudem die internen Abläufe.[10]

---

[5] LG Kaiserslautern NStZ 1981, 438; LG Köln NJW 1981, 1746; Löwe/Rosenberg/*Schäfer* § 103 Rdnr. 8; Meyer-Goßner § 95 Rdnr. 2 und § 103 Rdnr. 1; *Bittmann* NStZ 2001, 231.
[6] Löwe/Rosenberg/*Schäfer* § 103 Rdnr. 8; a.A. BGHSt 9, 59, 61 f.; *Tröndle/Fischer* § 203 Rdnr. 39.
[7] Löwe/Rosenberg/*Schäfer* § 103 Rdnr. 8.
[8] BVerfG NJW 1995, 385; a.A: LG Kaiserslautern NStZ 1981, 439.
[9] Siehe hierzu Kapitel 32.
[10] Wabnitz/Janovsky/*Dierlamm* Verteidigung Rdnr. 65; Hamm/Lohberger/*Danckert/Ignor* S. 135; *Park* Durchsuchung Rdnr. 859.

Der Unternehmensanwalt instruiert von einer Durchsuchung absehbar besonders betrof- 21
fene Mitarbeiter. Dazu gehören: Vorstand, Vorstandssekretariat, Rechtsabteilung, Empfang,
Buchhaltung, Steuerabteilung.[11] Solche **Verhaltensmaßregeln** sind soweit möglich für den jeweiligen Bereich und die jeweiligen Sachprobleme gesondert aufzustellen. Zumindest sollten
sie folgende Punkte enthalten:

Checkliste: Verhaltensmaßregeln

☐ Sofortige Unterrichtung des Ansprechpartners/der Rechtsabteilung/der Geschäftsführung/des Unternehmensanwaltes.
☐ Die Durchsuchungsbeamten werden gebeten, mit der Durchsuchung bis zum Eintreffen einer der oben genannten Personen abzuwarten.
☐ Eine Hilfestellung zur Kontaktaufnahme von Ermittlungsbeamten zu anderen Mitarbeitern des Unternehmens wird verweigert.
☐ Ohne Beistand sollten keine Sachangaben gemacht werden, auch nicht allgemeiner Natur, wie etwa zu Verantwortlichkeiten.
☐ Es dürfen keine Unterlagen ohne Zustimmung der Geschäftsleitung bzw. des Unternehmensanwalts freiwillig herausgegeben werden. Sie müssen ggf. beschlagnahmt werden.
☐ In keinem Fall dürfen Unterlagen vernichtet oder Datenträger gelöscht werden. Dies kann neben späteren Beweisproblemen akut die Gefahr einer Verhaftung wegen Verdunkelungsgefahr nach sich ziehen.
☐ Die Mitarbeiter der Staatsanwaltschaft und der Ermittlungsbehörden sind namentlich zu erfassen und ggf. anwesende Pressemitarbeiter des Firmengeländes zu verweisen.

Neben konkreten Handlungsanweisungen für bestimmte Bereiche und Sachprobleme führt 22
der Unternehmensanwalt mit den zentralen Mitarbeitern und potenziell beschuldigten Mitarbeitern **Informationsgespräche**, um sie auf die für sie ungewohnte Situation einer Durchsuchung vorzubereiten.

Eine Durchsuchung ist unzulässig, wenn sie auf Beweismittel gerichtet ist, die **beschlagnah-** 23
mefrei sind.[12] Sobald daher eine Rechtsanwalts- oder Steuerberaterkanzlei, eine Wirtschaftsprüfungsgesellschaft, eine Klinik, ein Medienunternehmen oder eine sonst nach § 53 Abs. 1 StPO in Verbindung mit § 97 StPO geschützte Person oder Institution betroffen ist, prüft der Unternehmensanwalt, ob gemäß § 102 StPO gegen Mitarbeiter des Unternehmens selbst ein Strafvorwurf erhoben wird oder nicht. Nur dann können sonst geschützte Beweismittel sichergestellt werden. Eine Durchsuchung nach § 103 StPO ist aufgrund § 97 Abs. 2 StPO in der Regel ausgeschlossen. Eine Ausnahme kann nur gelten, soweit Berufsgeheimnisse von der Durchsuchung nicht betroffen sind oder der Berufsgeheimnisträger – soweit er verfügungsbefugt ist – der Maßnahme zustimmt.

§ 111 b Abs. 4 StPO erweitert den Anwendungsbereich der §§ 102 ff. StPO über die Siche- 24
rung von Beweismitteln hinaus auf die Sicherstellung von Gegenständen, die der **Einziehung** und dem **Verfall** beziehungsweise der **Rückgewinnungshilfe** unterliegen.[13]

aa) **§ 102 StPO.** Eine Durchsuchung nach § 102 StPO erfolgt, wenn der **Beschuldigte** im 25
Rahmen des Geschäftsbetriebes als deren Organ oder als deren befugter Vertreter gehandelt hat.[14] Ebenfalls nach § 102 StPO erfolgt die Durchsuchung des Arbeitsbereiches eines beschuldigten Mitarbeiters.[15] So kann es innerhalb eines Unternehmens sowohl zu einer

---

[11] *Park* Durchsuchung Rdnr. 861.
[12] BGH NJW 1973, 1053; KG NJW 1984, 1133; LG Köln NJW 1981, 1746; Löwe/Rosenberg/*Schäfer* § 103 Rdnr. 12; KK-StPO/*Nack* § 103 Rdnr. 7; *Meyer-Goßner* § 103 Rdnr. 7.
[13] Hierzu ausführlich *Rönnen* § 13.
[14] BGH NStZ 1997, 147; Löwe/Rosenberg/*Schäfer* § 103 Rdnr. 5.
[15] KK-StPO/*Nack* § 102 Rdnr. 8 m.w.N.

Durchsuchung nach § 102 StPO (Arbeitsbereich des beschuldigten Mitarbeiters) und nach § 103 StPO (restliches Unternehmen) kommen.[16] Der Unternehmensanwalt hat darauf zu achten, dass diese Grenzziehung eingehalten wird.

26 Ein Durchsuchungsbeschluss nach § 102 StPO richtet sich oft gegen noch **nicht näher konkretisierte Beschuldigte** („Verantwortliche des Unternehmens"). In solchen Fällen dient die Durchsuchung dazu, einen noch unbekannten Täter zu ermitteln.[17] Der Unternehmensanwalt tritt einer reinen Verdachtsdurchsuchung ohne entsprechende Tatsachengrundlage entgegen.[18] Es muss ein individueller Tatverdacht bestehen, wenn auch die Person, gegen den er sich richtet, namentlich (noch) nicht bestimmt werden kann.[19] So müssen etwa bei äußerlich neutralen Handlungen Tatsachen hinzutreten, die diese Neutralität in Frage stellen, zum Beispiel ein Abweichen von branchen- oder unternehmensüblichen Usancen.[20] Strafwürdige Einzelfälle können dabei wiederum den Verdacht einer allgemein geübten Praxis begründen.

27 *bb) § 103 StPO.* Existiert hingegen kein individualisierbarer Beschuldigter im Sinne des § 102 StPO, so ist in Ermangelung eines Beschuldigten eine Durchsuchung beim Dritten nach § 103 StPO rechtswidrig.[21] Unter dem Blickwinkel von § 136 a StPO kann es relevant sein, wenn nach § 103 StPO durchsucht wird, obwohl die Voraussetzungen einer Durchsuchung nach § 102 StPO vorliegen und der Betroffene im Vertrauen darauf, nicht beschuldigt zu sein, im Rahmen der Durchsuchung freiwillig Beweismaterial herausgibt.[22]

28 Durchsuchungen nach § 103 StPO bedürfen einer präzisen Definition des **Durchsuchungszweckes**.[23] Die Beweiskraft der gesuchten Gegenstände muss feststehen.[24] Die Beweismittel müssen daher wenigstens der Gattung nach bezeichnet werden können. Entweder sind die Dokumente so klar beschrieben, dass sie eindeutig zu identifizieren sind, oder der Durchsuchungsbeschluss ist so vage formuliert, dass er nicht umzusetzen und daher rechtswidrig ist. Nur in einem schmalen Bereich kann es daher Streit darüber geben, was zu den noch herauszugebenden Unterlagen gehört.

29 Die Durchsuchung ist ferner nur dann rechtmäßig, wenn bestimmte bewiesene **Tatsachen** die Annahme rechtfertigen, dass die Durchsuchung erfolgreich sein wird.[25] Eine bloße Vermutung wie in § 102 StPO reicht hierfür nicht.

30 Zieht man hierfür den Maßstab des § 95 Abs. 2 StPO heran, so sind dort Zwangsmittel nur dann anwendbar, wenn bewiesen ist, dass die betreffende Person Gewahrsam an dem Beweismittel hat.[26] Ein ähnlich hoher Maßstab ist an die Befugnis zur Durchsuchung nach § 103 StPO zu stellen. Eine Durchsuchung greift immerhin tief in die Rechte und Grundrechte des Betroffenen ein: Eigentum, Hausrecht, Freiheit, Post, Recht auf informationelle Selbstbestimmung. So sieht folgerichtig *Schäfer* im Zwangsmittel nach § 95 StPO gegenüber einer Durchsuchung ein milderes Mittel.[27] Daher muss bewiesen sein, dass das gesuchte Beweismittel sich im **Gewahrsam** von Mitarbeitern des Unternehmens befindet, weswegen Durchsuchungen auf Verdacht hin nicht von § 103 StPO gedeckt sind. Eine allgemeine Suche nach Beweismitteln ist im Gegensatz zu § 102 StPO nicht zulässig.[28]

---

[16] Zu den unterschiedlichen Zuständigkeiten bei der Annahme von „Gefahr in Verzug" im Sinne von § 105 Abs. 1 StPO und deren Voraussetzungen sei auf die allgemeine Literatur verwiesen; *Park* Handbuch Rdnr. 87 ff., m.w.N.
[17] BGHSt 18, 274, 277; BGHSt 24, 321, 323; BayObLG JR 1969, 64; LG Dortmund wistra 1991, 186 f.; LG Köln StV 1990, 553.
[18] BVerfGE 59, 95, 98; BVerfG NJW 1997, 2163; LG Frankenthal NStZ-RR 1998, 146.
[19] BVerfG NJW 1995, 385; BVerfG StV 1994, 162, 169; BGHSt 46, 107; Löwe/Rosenberg/*Schäfer* § 102 Rdnr. 14; KK-StPO/*Nack* § 102 Rdnr. 1 und 4.
[20] BGHSt 46, 107, 114.
[21] Löwe/Rosenberg/*Schäfer* § 102 Rdnr. 5.
[22] Löwe/Rosenberg/*Schäfer* § 103 Rdnr. 1; *Krekeler* NStZ 1993, 263, 266.
[23] Im Folgendem wird nur auf die Besonderheiten einer Durchsuchung in einem Unternehmen nach § 103 StPO eingegangen.
[24] Löwe/Rosenberg/*Schäfer* § 103 Rdnr. 10.
[25] *Meyer-Goßner* § 103 Rdnr. 6.
[26] KK-StPO/*Nack* § 95 Rdnr. 4.
[27] Löwe/Rosenberg/*Schäfer* § 95 Rdnr. 3.
[28] BGH NStZ 2000, 154; BGH NStZ 2002, 215, BGHR StPO § 103 Tatsachen 1; OLG Celle StV 1982, 561, 562; Löwe/Rosenberg/*Schäfer* § 103 Rdnr. 10.

cc) Ablauf einer Durchsuchung. Eine Durchsuchung ist für jedes Unternehmen eine Ausnahmesituation. Bei einer Durchsuchung sind die allgemeinen Grundsätze zu beachten, jedoch treten bei einer Durchsuchung in einem Unternehmen Besonderheiten hinzu: 31

Der Unternehmensanwalt hat zwar kein ausdrückliches Recht auf **Anwesenheit** bei der Durchsuchung, es besteht jedoch auch kein Verbot. Eine Störung der Durchsuchung nach § 164 StPO wird jedenfalls nicht begründet werden können.[29] Der Unternehmensführung kann eine telefonische Kontaktaufnahme zum Unternehmensanwalt nicht versagt werden. Notfalls hat der Beamte den Kontakt herzustellen. Er hat hingegen kein Anrecht darauf, das Gespräch – etwa über Lautsprecher – mitzuverfolgen.[30] 32

Unternehmen sind meist größere Organisationseinheiten, gegebenenfalls sogar mit Dependancen. Wird an **mehreren Orten** und zusätzlich in den Privatwohnungen von Mitarbeitern **durchsucht**, muss der Unternehmensanwalt trotz allem die Übersicht über die einzelnen Durchsuchungsorte und Durchsuchungshandlungen behalten. 33

Auch aus diesem Grund wird der Unternehmensanwalt die gesuchten **Dokumente** durch das Unternehmen **zusammenstellen** lassen. Hierdurch kann häufig die Durchsuchung entweder ganz beendet oder jedenfalls auf wenige Räume konzentriert werden. 34

Grundsätzlich sollte in jedem durchsuchten Raum zumindest ein instruierter Mitarbeiter des Unternehmens als **Ansprechpartner** und Beobachter anwesend sein, der ggf. auch Panikreaktionen der Mitarbeiter verhindern kann. Panikreaktionen können vielfältig sein: Schreddern von Unterlagen, Löschen von Computerdaten, Fluchtreaktionen, Aussagen (auch zu vollkommen anderen Sachverhalten), selbst Widerstandsleistungen.[31] Das Risiko solcher Reaktionen lässt sich durch Vorbereitung der Mitarbeiter auf eine Durchsuchung verringern, aber nicht ausschalten. Der Unternehmensanwalt selbst sollte weitgehend die Möglichkeit haben, zwischen den einzelnen Räumen zu wechseln und Rückfragen der Mitarbeiter und Ermittlungsbeamten beantworten zu können. Bei beschuldigten Mitarbeitern, sollte dies auf Rechtsauskünfte beschränkt bleiben. 35

Der Unternehmensanwalt und die ihm zur Seite gestellten Mitarbeiter des Unternehmens werden ein Interesse haben, den direkten Kontakt zwischen Ermittlungspersonen und Mitarbeitern zu unterbinden, die häufig als **Informationsquelle** gesucht werden. Die Staatsanwaltschaft kann zwar nach § 161 a Abs. 1 S. 1 StPO verlangen, anwesende **Mitarbeiter** unmittelbar anlässlich der Durchsuchung als Zeugen zu vernehmen. Diese haben aber das Recht, sich zuvor mit einem Anwalt ihres Vertrauens zu beraten.[32] Aufforderungen von anderen Ermittlungspersonen, als Zeuge auszusagen, muss hingegen nicht Folge geleistet werden.[33] Der Unternehmensanwalt wird den Mitarbeitern verdeutlichen, dass eine Aussage, die jemand als Zeuge beginnt, häufig als Beschuldigtenvernehmung endet. 36

In der Regel hat ein Unternehmen einen Großteil wenn nicht sogar alle **Unterlagen elektronisch** erfasst. Die Arbeitsplätze sind meist über Intranet mit einander vernetzt und Zugriffsrechte in der Praxis möglicherweise kaum beschränkt. Daher besteht die Gefahr, dass über einen einzelnen EDV-Zugang eine weitgehend unbeschränkte (elektronische) Durchsuchung des Unternehmens erfolgt. Dieselbe Gefahr besteht, wenn das letzte Sicherungsband der Unternehmens-EDV sichergestellt werden soll. Der Unternehmensanwalt nimmt daher Rücksprache mit dem Durchsuchungsleiter und bittet darum, eine solche Sichtung nur in seiner Gegenwart und mit seiner Abstimmung vorzunehmen.[34] 37

Nur Staatsanwälte und Ermittlungspersonen nach § 152 GVG dürfen gemäß § 110 Abs. 1 StPO Papiere vor Ort durchsehen. Der Begriff der **Ermittlungsperson** ist weitgreifend zu verstehen. Der Begriff wird neben bundesgesetzlichen Vorgaben[35] von Bundesland zu Bundesland 38

---

[29] *Park* Handbuch Rdnr. 187.
[30] *Park* Handbuch Rdnr. 1191.
[31] *Park* Handbuch Rdnr. 853.
[32] BVerfGE 38, 105.
[33] Umkehrschluss aus § 161 a Abs. 1 S. StPO.
[34] Zum konkreten Vorgehen des Unternehmensanwaltes siehe sogleich unter Beschlagnahme.
[35] Z.B. § 19 BKAG, § 12 Abs. 5 BGSG, § 404 AO, § 37 Abs. 3 AußenwirtschaftsG, § 25 BJagdG.

unterschiedlich bestimmt und gehandhabt.³⁶ Um zu überprüfen, ob es sich bei den anwesenden Personen um Ermittlungspersonen im Sinne des § 152 GVG handelt, ist ihre namentliche Erfassung mit ihren Dienstgraden notwendig. § 110 Abs. 1 StPO gilt aber auch für sonstige Datenträger, etwa elektronische Speichermedien wie CDs oder DVDs.³⁷ Die Ermittlungspersonen haben kein Recht, visuelle Aufzeichnung zu machen, außer es handelt sich um Beweisspuren.³⁸ Möglicherweise kann über visuelle Aufzeichnungen aber der Verlauf einer Durchsuchung festgehalten werden.

39 Anhand der **Durchsicht** nach § 110 Abs. 1 StPO soll entschieden werden, ob es sich um Beweisgegenstände handelt. Der Anwendungsbereich ist bei einer Durchsuchung nach § 102 StPO nahe liegender Weise größer als bei einer Durchsuchung gemäß § 103 StPO. Trotzdem ist die Durchsicht immer an den Durchsuchungszweck zurück zu binden: Sollen die Steuerunterlagen der Jahre 2004 und 2005 sicher gestellt werden, so verbietet sich allein auf Grund des Durchsuchungsbeschlusses grundsätzlich eine Durchsicht der Unterlagen aus den Jahren 2002 und 2003, wenn der fragliche Geschäftsvorfall nicht auch in diesen Geschäftsjahren angefallen ist; soll ein fehlerhaftes Produkt sicher gestellt werden, verbietet sich die Durchsicht der Buchhaltungsunterlagen, möglicherweise aber nicht der Kalkulationsunterlagen.

40 Ist das Dokument aus der Sicht des Unternehmensanwalts vom Beschlagnahmebeschluss nicht gedeckt, so ist es dem zuständigen **Richter vorzulegen**, der über die Beschlagnahme entscheidet.³⁹ Eine Beschlagnahme durch den Staatsanwalt scheidet auf Grund der Sicherstellung nach § 110 StPO und der daher entfallenden Gefahr eines Verlustes des Beweismittels aus.⁴⁰ Diejenigen Papiere, die als Beweismittel nicht in Betracht kommen oder einem Beschlagnahmeverbot unterliegen, hat der Staatsanwalt sofort wieder freizugeben. „Vorsorgliche Beschlagnahme" **zur Durchsicht** ist unzulässig.⁴¹ Sind alle im Durchsuchungsbeschluss nach § 103 StPO aufgeführten Dokumente gefunden worden, ist die Durchsicht – wie die Durchsuchung insgesamt – zu beenden.⁴²

41 Diejenigen Papiere, die als Beweismittel in Betracht kommen, können hingegen zur Durchsicht sichergestellt und von den Einsatzkräften mitgenommen werden. In diesem Fall sind die Dokumente in entsprechenden Behältnissen zu **versiegeln**, um das Anwesenheitsrecht des Betroffenen zu wahren.⁴³

42 Da bei einer Durchsicht mehr als die tatrelevanten Unterlagen durchgesehen werden, besteht die Gefahr von **Zufallsfunden** nach § 108 StPO, die Hinweise auf eine andere Straftat geben. Es müssen hierfür tatsächliche Anhaltspunkte vorliegen, eine reine Vermutung oder ein ungewisser Verdacht reicht nicht. Unzulässig ist es daher, eine rechtmäßige Durchsuchung umzufunktionieren und planmäßig – im Gegensatz zu zufällig – nach anderen belastenden Unterlagen zu suchen.⁴⁴ Einziger Prüfmaßstab hierfür ist der Inhalt des Durchsuchungsbeschlusses.

43 c) **Beschlagnahme.** Eine Durchsuchung zieht in der Regel eine **Beschlagnahme** nach sich, wenn sichergestellte Gegenstände nicht freiwillig herausgegeben werden.

44 Häufig werden beschlagnahmte **Unterlagen** im Unternehmen **zur weiteren Bearbeitung** benötigt. Aus dem bei einer Durchsuchung und Beschlagnahme zu beachtenden Grundsatz der Verhältnismäßigkeit ergibt sich, dass dem Betroffenen in aller Regel das Recht eingeräumt werden muss, die Beschlagnahme von Originalunterlagen durch die Überlassung von Kopien abzuwenden. Kommt es hingegen den Ermittlungsbehörden auf die Originaldokumente an, so sind von den sichergestellten Unterlagen **Kopien** zu fertigen.⁴⁵ Bei großem Umfang von Sicher-

---

³⁶ *Kissel/Mayer* GVG 4. Aufl. § 152 Rdnr. 2 ff.; generell fallen hierunter durch Landesrecht bestimmte Beamtengruppen, daneben aber auch Angestellte im öffentlichen Dienst in diesen Gruppierungen, die das 21. Lebensjahr vollendet haben und mehr als zwei Jahre tätig sind.
³⁷ *Meyer-Goßner* § 110 Rdnr. 2.
³⁸ *Park* Handbuch Rdnr. 194 ff.
³⁹ KK-StPO/*Nack* § 110 Rdnr. 4; HK-/*Lemke* § 110 Rdnr. 6.
⁴⁰ KK-StPO/*Nack* § 110 Rdnr. 4; Löwe/Rosenberg/*Schäfer* § 110 Rdnr. 6; *Park* Handbuch Rdnr. 239.
⁴¹ *Park* Handbuch Rdnr. 239; Franzen/Gast/Joecks/*Joecks* Steuerstrafrecht § 404 Rdnr. 66 m.w.N.
⁴² *Park* Handbuch Rdnr. 248.
⁴³ *Knauer/Wolf* NJW 2004 2937; a.A. *Meyer-Goßner* § 110 Rdnr. 5.
⁴⁴ LG Freiburg NStZ 1999, 582; LG Bonn 1981, 292, 293; LG Bremen StV 1984, 505; LG Berlin StV 1987, 97.
⁴⁵ BGH MDR 1984, 186; LG Bochum Beschl. v. 2.6.1993 – 12 Qs 8/93 – n.v.; *Park* Handbuch Rdnr. 610.

cc) Ablauf einer Durchsuchung. Eine Durchsuchung ist für jedes Unternehmen eine Ausnahmesituation. Bei einer Durchsuchung sind die allgemeinen Grundsätze zu beachten, jedoch treten bei einer Durchsuchung in einem Unternehmen Besonderheiten hinzu:

Der Unternehmensanwalt hat zwar kein ausdrückliches Recht auf **Anwesenheit** bei der Durchsuchung, es besteht jedoch auch kein Verbot. Eine Störung der Durchsuchung nach § 164 StPO wird jedenfalls nicht begründet werden können.[29] Der Unternehmensführung kann eine telefonische Kontaktaufnahme zum Unternehmensanwalt nicht versagt werden. Notfalls hat der Beamte den Kontakt herzustellen. Er hat hingegen kein Anrecht darauf, das Gespräch – etwa über Lautsprecher – mitzuverfolgen.[30]

Unternehmen sind meist größere Organisationseinheiten, gegebenenfalls sogar mit Dependancen. Wird an **mehreren Orten** und zusätzlich in den Privatwohnungen von Mitarbeitern **durchsucht**, muss der Unternehmensanwalt trotz allem die Übersicht über die einzelnen Durchsuchungsorte und Durchsuchungshandlungen behalten.

Auch aus diesem Grund wird der Unternehmensanwalt die gesuchten **Dokumente** durch das Unternehmen **zusammenstellen** lassen. Hierdurch kann häufig die Durchsuchung entweder ganz beendet oder jedenfalls auf wenige Räume konzentriert werden.

Grundsätzlich sollte in jedem durchsuchten Raum zumindest ein instruierter Mitarbeiter des Unternehmens als **Ansprechpartner** und Beobachter anwesend sein, der ggf. auch Panikreaktionen der Mitarbeiter verhindern kann. Panikreaktionen können vielfältig sein: Schreddern von Unterlagen, Löschen von Computerdaten, Fluchtreaktionen, Aussagen (auch zu vollkommen anderen Sachverhalten), selbst Widerstandsleistungen.[31] Das Risiko solcher Reaktionen lässt sich durch Vorbereitung der Mitarbeiter auf eine Durchsuchung verringern, aber nicht ausschalten. Der Unternehmensanwalt selbst sollte weitgehend die Möglichkeit haben, zwischen den einzelnen Räumen zu wechseln und Rückfragen der Mitarbeiter und Ermittlungsbeamten beantworten zu können. Bei beschuldigten Mitarbeitern, sollte dies auf Rechtsauskünfte beschränkt bleiben.

Der Unternehmensanwalt und die ihm zur Seite gestellten Mitarbeiter des Unternehmens werden ein Interesse haben, den direkten Kontakt zwischen Ermittlungspersonen und Mitarbeitern zu unterbinden, die häufig als **Informationsquelle** gesucht werden. Die Staatsanwaltschaft kann zwar nach § 161 a Abs. 1 S. 1 StPO verlangen, anwesende **Mitarbeiter** unmittelbar anlässlich der Durchsuchung als Zeugen zu vernehmen. Diese haben aber das Recht, sich zuvor mit einem Anwalt ihres Vertrauens zu beraten.[32] Aufforderungen von anderen Ermittlungspersonen, als Zeuge auszusagen, muss hingegen nicht Folge geleistet werden.[33] Der Unternehmensanwalt wird den Mitarbeitern verdeutlichen, dass eine Aussage, die jemand als Zeuge beginnt, häufig als Beschuldigtenvernehmung endet.

In der Regel hat ein Unternehmen einen Großteil wenn nicht sogar alle **Unterlagen elektronisch** erfasst. Die Arbeitsplätze sind meist über Intranet mit einander vernetzt und Zugriffsrechte in der Praxis möglicherweise kaum beschränkt. Daher besteht die Gefahr, dass über einen einzelnen EDV-Zugang eine weitgehend unbeschränkte (elektronische) Durchsuchung des Unternehmens erfolgt. Dieselbe Gefahr besteht, wenn das letzte Sicherungsband der Unternehmens-EDV sichergestellt werden soll. Der Unternehmensanwalt nimmt daher Rücksprache mit dem Durchsuchungsleiter und bittet darum, eine solche Sichtung nur in seiner Gegenwart und mit seiner Abstimmung vorzunehmen.[34]

Nur Staatsanwälte und Ermittlungspersonen nach § 152 GVG dürfen gemäß § 110 Abs. 1 StPO Papiere vor Ort durchsehen. Der Begriff der **Ermittlungsperson** ist weitgreifend zu verstehen. Der Begriff wird neben bundesgesetzlichen Vorgaben[35] von Bundesland zu Bundesland

---

[29] *Park* Handbuch Rdnr. 187.
[30] *Park* Handbuch Rdnr. 1191.
[31] *Park* Handbuch Rdnr. 853.
[32] BVerfGE 38, 105.
[33] Umkehrschluss aus § 161 a Abs. 1 S. StPO.
[34] Zum konkreten Vorgehen des Unternehmensanwaltes siehe sogleich unter Beschlagnahme.
[35] Z.B. § 19 BKAG, § 12 Abs. 5 BGSG, § 404 AO, § 37 Abs. 3 Außenwirtschaftsg, § 25 BJagdG.

unterschiedlich bestimmt und gehandhabt.³⁶ Um zu überprüfen, ob es sich bei den anwesenden Personen um Ermittlungspersonen im Sinne des § 152 GVG handelt, ist ihre namentliche Erfassung mit ihren Dienstgraden notwendig. § 110 Abs. 1 StPO gilt aber auch für sonstige Datenträger, etwa elektronische Speichermedien wie CDs oder DVDs.³⁷ Die Ermittlungspersonen haben kein Recht, visuelle Aufzeichnung zu machen, außer es handelt sich um Beweisspuren.³⁸ Möglicherweise kann über visuelle Aufzeichnungen aber der Verlauf einer Durchsuchung festgehalten werden.

39 Anhand der **Durchsicht** nach § 110 Abs. 1 StPO soll entschieden werden, ob es sich um Beweisgegenstände handelt. Der Anwendungsbereich ist bei einer Durchsuchung nach § 102 StPO nahe liegender Weise größer als bei einer Durchsuchung gemäß § 103 StPO. Trotzdem ist die Durchsicht immer an den Durchsuchungszweck zurück zu binden: Sollen die Steuerunterlagen der Jahre 2004 und 2005 sicher gestellt werden, so verbietet sich allein auf Grund des Durchsuchungsbeschlusses grundsätzlich eine Durchsicht der Unterlagen aus den Jahren 2002 und 2003, wenn der fragliche Geschäftsvorfall nicht auch in diesen Geschäftsjahren angefallen ist; soll ein fehlerhaftes Produkt sicher gestellt werden, verbietet sich die Durchsicht der Buchhaltungsunterlagen, möglicherweise aber nicht der Kalkulationsunterlagen.

40 Ist das Dokument aus der Sicht des Unternehmensanwalts vom Beschlagnahmebeschluss nicht gedeckt, so ist es dem zuständigen **Richter vorzulegen**, der über die Beschlagnahme entscheidet.³⁹ Eine Beschlagnahme durch den Staatsanwalt scheidet auf Grund der Sicherstellung nach § 110 StPO und der daher entfallenden Gefahr eines Verlustes des Beweismittels aus.⁴⁰ Diejenigen Papiere, die als Beweismittel nicht in Betracht kommen oder einem Beschlagnahmeverbot unterliegen, hat der Staatsanwalt sofort wieder freizugeben. „Vorsorgliche Beschlagnahme" **zur Durchsicht** ist unzulässig.⁴¹ Sind alle im Durchsuchungsbeschluss nach § 103 StPO aufgeführten Dokumente gefunden worden, ist die Durchsicht – wie die Durchsuchung insgesamt – zu beenden.⁴²

41 Diejenigen Papiere, die als Beweismittel in Betracht kommen, können hingegen zur Durchsicht sichergestellt und von den Einsatzkräften mitgenommen werden. In diesem Fall sind die Dokumente in entsprechenden Behältnissen zu **versiegeln**, um das Anwesenheitsrecht des Betroffenen zu wahren.⁴³

42 Da bei einer Durchsicht mehr als die tatrelevanten Unterlagen durchgesehen werden, besteht die Gefahr von **Zufallsfunden** nach § 108 StPO, die Hinweise auf eine andere Straftat geben. Es müssen hierfür tatsächliche Anhaltspunkte vorliegen, eine reine Vermutung oder ein ungewisser Verdacht reicht nicht. Unzulässig ist es daher, eine rechtmäßige Durchsuchung umzufunktionieren und planmäßig – im Gegensatz zu zufällig – nach anderen belastenden Unterlagen zu suchen.⁴⁴ Einziger Prüfmaßstab hierfür ist der Inhalt des Durchsuchungsbeschlusses.

43 c) **Beschlagnahme.** Eine Durchsuchung zieht in der Regel eine **Beschlagnahme** nach sich, wenn sichergestellte Gegenstände nicht freiwillig herausgegeben werden.

44 Häufig werden beschlagnahmte **Unterlagen** im Unternehmen **zur weiteren Bearbeitung** benötigt. Aus dem bei einer Durchsuchung und Beschlagnahme zu beachtenden Grundsatz der Verhältnismäßigkeit ergibt sich, dass dem Betroffenen in aller Regel das Recht eingeräumt werden muss, die Beschlagnahme von Originalunterlagen durch die Überlassung von Kopien abzuwenden. Kommt es hingegen den Ermittlungsbehörden auf die Originaldokumente an, so sind von den sichergestellten Unterlagen **Kopien** zu fertigen.⁴⁵ Bei großem Umfang von Sicher-

---

³⁶ *Kissel/Mayer* GVG 4. Aufl. § 152 Rdnr. 2 ff.; generell fallen hierunter durch Landesrecht bestimmte Beamtengruppen, daneben aber auch Angestellte im öffentlichen Dienst in diesen Gruppierungen, die das 21. Lebensjahr vollendet haben und mehr als zwei Jahre tätig sind.
³⁷ *Meyer-Goßner* § 110 Rdnr. 2.
³⁸ *Park* Handbuch Rdnr. 194 ff.
³⁹ KK-StPO/*Nack* § 110 Rdnr. 4; HK-/*Lemke* § 110 Rdnr. 6.
⁴⁰ KK-StPO/*Nack* § 110 Rdnr. 4; Löwe/Rosenberg/*Schäfer* § 110 Rdnr. 6; *Park* Handbuch Rdnr. 239.
⁴¹ *Park* Handbuch Rdnr. 239; Franzen/Gast/*Joecks* Steuerstrafrecht § 404 Rdnr. 66 m.w.N.
⁴² *Park* Handbuch Rdnr. 248.
⁴³ *Knauer/Wolf* NJW 2004 2937; a.A. *Meyer-Goßner* § 110 Rdnr. 5.
⁴⁴ LG Freiburg NStZ 1999, 582; LG Bonn 1981, 292, 293; LG Bremen StV 1984, 505; LG Berlin StV 1987, 97.
⁴⁵ BGH MDR 1984, 186; LG Bochum Beschl. v. 2.6.1993 – 12 Qs 8/93 – n.v.; *Park* Handbuch Rdnr. 610.

stellung und Beschlagnahme bietet es sich an, im Unternehmen einen Raum zur Verfügung zu stellen, zu dem nur die Ermittler Zugang haben, und in dem ein Kopierer aufgestellt wird. Die Ermittler können die Dokumente sichten und kopieren und zugleich den Unternehmensmitarbeitern unter Aufsicht Zugang zu den Unterlagen gewähren. Die Kosten werden gemäß ZSEG analog dem Unternehmen ersetzt.[46] Ein solches Vorgehen ist insbesondere angeraten, wenn sensible Daten betroffen sind, die nicht an Dritte – etwa einem Wettbewerber – gelangen sollen.

Werden hingegen **Server oder Sicherungsbänder** eines Unternehmens sichergestellt, muss der Unternehmensanwalt eine unkontrollierte Durchsicht und damit ein Unterlaufen der Voraussetzungen des § 103 StPO verhindern. Er wird beantragen, dass die sichergestellten Gegenstände beim Amtsgericht hinterlegt werden, um eine Durchsuchung der Dateien nach Stichworten zu ermöglichen.[47] Das BVerfG hat hierzu folgende Grundsätze aufgestellt:

Auch beim Zugriff auf Daten ist der in den § 94 ff. StPO vom Gesetzgeber niedergelegte **Durchsuchungszweck** zu beachten, nachdem nur zur Beweissicherung in das Recht auf informationelle Selbstbestimmung eingegriffen werden kann. Strafprozessuale Ermittlungsmaßnahmen sind nur zulässig, soweit dies zur Vorbereitung der anstehenden Entscheidungen im Hinblick auf die in Frage stehende Straftat nötig ist. Auf die Ermittlung anderer Lebenssachverhalte und Verhältnisse erstreckt sich die Eingriffsermächtigung nicht. Die Datenerfassung muss vielmehr zur Aufklärung der Straftat geboten, erforderlich und im engeren Sinne verhältnismäßig sein.[48] Der erhebliche Eingriff in das Recht auf informationelle Selbstbestimmung muss dabei im Verhältnis insbesondere zum Tatvorwurf stehen.[49]

Sind bei einer Durchsuchung nach § 103 StPO alle vom Richter im Durchsuchungsbeschluss genannten Beweismittel in Papierform aufgefunden worden, sind die Sicherungsbänder unkontrolliert **herauszugeben**, es sei denn, dass es für die weitere Untersuchung auf Einzelheiten ihrer elektronischen Erstellung ankommt. In diesem Fall sind die dafür in Betracht kommenden Dateien – und nur sie – zu kopieren und das Sicherungsband insgesamt wieder frei zu geben. Konnten hingegen bestimmte Dokumente in Papierform nicht aufgefunden werden, ist die Durchsicht von Dateien zunächst auf den Tatzeitraum zu beschränken. Ferner kommen die Dateien nicht in Betracht, für die der jeweilige Beschuldigte oder Betroffene keine Zugriffsrechte hat. Dabei muss die Struktur des Datenbestandes beachtet werden. Innerhalb der so abgesonderten Dateien sind diese – und nur diese – durch entsprechende Stichwortkombinationen mittels eines Suchprogramms auf einem besonderem Speichermedium zu separieren und erst dann durchzusehen.[50] Die Ermittlungsbehörden haben zum Grundrechtsschutz von Amts wegen ein entsprechendes Verfahren bereit zu stellen, dessen Ablauf zu dokumentieren ist. Alle nicht benötigten Daten sind zu löschen. Verstöße können ein Verwertungsverbot nach sich ziehen.[51]

Ähnliches muss für Dokumente gelten, die die Selbstdefinition eines Unternehmens ausmachen: vor allem die **Protokolle der Vorstands- und Aufsichtsratssitzungen**. Das BVerfG hat in seiner Entscheidung vom 1. Oktober 1987 zur Beschlagnahme von zentralen Unternehmensunterlagen ausgeführt, dass diese Dokumente eines besonderes Schutzes und einer gewissenhaften Prüfung der Beschlagnahme bedürfen, die grundsätzlich nur durch einen Richter erfolgen kann.[52] So verneinte das Gericht die Beschlagnahmekompetenz eines parlamentarischen Untersuchungsausschusses, weil es die Wahrung des Geheimnisschutzes nicht gewährleistet sah. Zwar nahm das Gericht im Jahre 1987 noch an, dass eine Staatsanwaltschaft einen solchen Schutz bietet,[53] jedoch lässt sich diese Feststellung nicht mehr auf die heutige Situation übertragen: Mit der Einführung des § 406 e StPO und der Ausweitung des § 110 StPO auf Ermittlungspersonen haben eine nicht mehr überschaubare Anzahl von unterschiedlichen Per-

---

[46] HansOLG Hamburg NStZ 1981, 107; LG Frankfurt und LG Hildesheim NStZ 1982, 336; Löwe/Rosenberg/*Schäfer* § 94 Rdnr. 48; *Park* Handbuch Rdnr. 612.
[47] BVerfG wistra 2002, 378.
[48] BVerfG NJW 2005, 1917, 1920.
[49] BVerfG NJW 2005, 1917, 1922.
[50] BVerfG NJW 2005, 1917, 1921.
[51] BVerfG NJW 2005, 1917, 1922 f.
[52] BVerfGE 77, 1, 51 ff.
[53] BVerfGE 77, 1, 53 f.

sonen Zugang zu den vertraulichsten Informationen des Unternehmens. Es kann nicht mehr – wie noch 1987 – unterstellt werden, dass bis zur Verlesung der Anklageschrift in öffentlicher Hauptverhandlung lediglich der Staatsanwalt die Informationshoheit besitzt.

49 Deshalb wird der Unternehmensanwalt nach § 98 Abs. 2 S. 2 StPO darauf hinwirken, dass diese **Unterlagen** nur **versiegelt** sichergestellt werden und ein Richter über die Beschlagnahme entscheidet. Der Richter hat organisatorische und verfahrensrechtliche Vorkehrungen zu treffen, die einer Verletzung des Geheimnisschutzes entgegen wirken. So hat er die für das Ermittlungsverfahren relevanten Dokumente zweckgebunden auszusondern und Schwärzungen und Anonymisierungen anzuordnen. Erst danach können sie als Beweismittel Gegenstand des Verfahrens oder zur Akte genommen werden.

50 Die beschlagnahmten Unterlagen stehen einem Unternehmen oft über einem längeren Zeitraum nicht zur Verfügung. Der **Verhältnismäßigkeitsgrundsatz** gebietet es allerdings, dass sie nicht länger als erforderlich verwahrt werden.

51 Es ist umstritten, ob das **Mandatsverhältnis** zwischen Unternehmensanwalt und dem Unternehmen, das selbst kein Beschuldigter sein kann, von **Beschlagnahmeverbot** des § 97 StPO erfasst wird.[54] Nach § 97 Abs. 2 S. 1 StPO sind nämlich in einem nicht strafrechtlichen Mandatsverhältnis nur die Gegenstände geschützt, die sich im Gewahrsam des Anwaltes befinden, nicht hingegen Unterlagen, die im Unternehmen verblieben sind.[55] In diesem Fall sollte daher das Risiko ausgeschaltet werden, dass Unterlagen in den Firmenräumen zur Beschlagnahme zur Verfügung stehen.

52 Der Unternehmensanwalt wird besonders auf den Schutz von **Berufsgeheimnisträgern** im Sinne des § 53 Abs. 1 Nr. 3 StPO im Unternehmen achten, für deren Unterlagen ein Beschlagnahmeverbot nach § 97 Abs. 1 StPO besteht. Dies führt nicht nur zur Unzulässigkeit der Beschlagnahme, sondern steht schon der Durchführung der Durchsuchung entgegen.[56] Daher kann auch eine einstweilige Beschlagnahme nach § 108 StPO hierdurch nicht gerechtfertigt werden.[57] Medienunternehmen sind nach § 53 Abs. 2 i. V. m. § 97 Abs. 5 StPO geschützt, soweit die Unterlagen der redaktionellen Bearbeitung unterliegen oder es sich um selbst recherchiertes Material handelt und keine Katalogtat nach § 97 Abs. 5 StPO vorliegt.[58] Ein Verstoß gegen das Beschlagnahmeverbot zieht ein Verwertungsverbot nach sich.[59]

53 Der Unternehmensanwalt wird den Berufsgeheimnisträger darüber **aufklären**, dass eine freiwillige Herausgabe der gesuchten Gegenstände, den Vorwurf der Verletzung von Privat-, Betriebs- oder Geschäftsgeheimnissen nach § 203 StGB zur Folge haben kann,[60] weshalb einer Sicherstellung immer zu widersprechen und ein Beschlagnahme zu veranlassen ist.

54 In keinem Fall besteht das Beschlagnahmeverbot für einen angestellten **Unternehmensjuristen**, der nicht als Rechtsanwalt zugelassen ist.[61] Wird von ihm firmenintern Aufklärung betrieben oder eine Verteidigungsstrategie entwickelt, so sind die entsprechenden Unterlagen bei einer Durchsuchung beschlagnahmefähig. Er kann darüber hinaus als Zeuge von der Staatsanwaltschaft geladen werden und muss seiner Zeugenpflicht nachkommen.

55 Immer wieder Gegenstand der Diskussion um die Reichweite anwaltlicher Aussage- und Beschlagnahmeprivilegien ist der **Syndikusanwalt:** Er kann das Privileg des § 97 Abs. 1 StPO nur in Anspruch nehmen, wenn er bei der Rechtsberatung des Unternehmens als Anwalt mit allen Rechten und Pflichten eines solchen tätig ist und insbesondere weisungs-

---

[54] Siehe KK-StPO/*Nack*, § 97 Rdnr. 1 und *Meyer-Goßner* § 97 Rdnr. 10 jeweils m.w.N.; BVerfG Urt. v. 27.10.2003 – 2 BvR 2211/00 – n.v.; BGH StV 1998, 57; BGH NStZ 1997, 562; LG Bielefeld StV 2000, 12.
[55] Das weitergehende Beschlagnahmeverbot des § 97 Abs. 1. S. 1 StPO für Verteidigungsunterlagen, das auch Unterlagen im Gewahrsam des Beschuldigten schützt, gründet in der besonderen Beziehung: hier geht es nicht um Zeugnisverweigerungsrechte, sondern darum, dass ein Beschuldigter sich nicht selbst belasten braucht und zugleich das Recht hat, sich durch einen Anwalt verteidigen zu lassen, weswegen das gesamte Mandatsverhältnis geschützt ist.
[56] HK-StPO/*Lemke* § 97 Rdnr. 2; *Park* Handbuch Rdnr. 512.
[57] *Meyer-Goßner* § 97 Rdnr. 2; *Park* Handbuch Rdnr. 512.
[58] *Park* Handbuch Rdnr. 533 f.
[59] Löwe/Rosenberg/*Schäfer* § 97 Rdnr. 141 ff.
[60] BGHSt 9, 59, 61 f.; *Tröndle/Fischer* § 203 Rdnr. 29; a.A. Löwe/Rosenberg/*Schäfer* § 103 Rdnr. 8.
[61] *Hassemer* wistra 1986, 1, 6; *Roxin* NJW 1992, 1129.

frei arbeiten kann.[62] Ihm muss es frei stehen, – auch fremde – Mandate anzunehmen oder abzulehnen.

Ferner darf er aufgrund § 46 BRAO weder mit derselben Sache im Unternehmen vorher befasst gewesen sein, noch darf er sie im Anschluss im Unternehmen – etwa zivilrechtlich – weiter bearbeiten. Gerade am Anfang eines Ermittlungsverfahrens ist jedoch gar nicht absehbar, wie weit der Vorwurf reicht, ob neue Vorwürfe oder Beschuldigte hinzutreten und inwieweit der Syndikusanwalt zuvor mit diesen Sachverhalten beschäftigt war. Schon gar nicht darf der Syndikusanwalt dem Verdacht einer Tatbeteiligung – z.B. in der Vorbereitung strafrechtsrelevante Entscheidungen des Unternehmens – ausgesetzt sein, da ansonsten das Beschlagnahmeprivileg nach § 97 Abs. 2 S. 3 StPO entfällt. 56

Der Vorteil der Einbeziehung eines Syndikusanwaltes liegt in der Kenntnis innerbetrieblicher Abläufe. Er wird als Verfahrensmanager, Zeugenbeistand und als besonderer Vertreter des Unternehmens tätig. Der Syndikusanwalt kann für das Unternehmen jedoch nur bis zum Ende des Ermittlungsverfahren tätig werden, und auch dort nur, insoweit keine richterliche Entscheidung notwendig wird (etwa nach § 98 Abs. 2 S. 2 oder § 162 StPO).[63] In dem Moment also, in dem es zu einem Konflikt mit der Staatsanwaltschaft kommt, stößt er an die Grenzen seiner Handlungsmöglichkeiten. 57

Beschlagnahmefrei sind nur Unterlagen, die im **Alleingewahrsam** des Syndikusanwaltes stehen. Hat hingegen einer der beschuldigten Mitarbeiter – etwa ein Vorstandsmitglied – Zugang zu den Unterlagen, stehen sie einer Beschlagnahme zur Verfügung.[64] Es kommt daher entscheidend darauf an, dass die Gewahrsamssphären von Geschäftsleitung und Syndikusanwalt nicht miteinander vermengt werden.[65] Alleingewahrsam liegt vor, wenn die Unterlagen in einem eigenen, abschließbaren Zimmer, zu dem nur der Syndikusanwalt oder seine Mitarbeiter (z.B. Sekretärin) Zutritt haben, oder in verschlossen Aktenschränken aufbewahrt werden,[66] die am Besten – zur Verdeutlichung – noch als solche gekennzeichnet sind (z.B., „Verteidigungsunterlagen"). 58

Entbrennt ein Streit darüber, ob so bezeichnete Verteidigungsunterlagen tatsächlich nur Verteidigungsunterlagen oder auch Beweismittel enthalten, so wird der Unternehmensanwalt – in Anlehnung an den bereits oben aufgezeigten Weg – die Unterlagen versiegeln lassen und versuchen, diese dem zuständigen Gericht zur Durchsicht und zur Entscheidung über die Beschlagnahme vorlegen zu lassen.[67] Nach der Systematik der StPO hat der Staatsanwaltschaft ein nur vom Richter abgeleitetes **Recht zur Beschlagnahme** (§ 98 StPO), so dass in Zweifelsfällen dieser von seiner originären Kompetenz Gebrauch machen muss. Hat die Staatsanwaltschaft mittels Durchsicht der Verteidigungsunterlagen bereits Kenntnis von der Verteidigungsstrategie erhalten, so zieht die Rechtsprechung außer dem Verbot der direkten Verwertung keine weiteren rechtlichen Konsequenzen. Insbesondere begründet dies kein Verfahrenshindernis.[68] 59

Beweismittel – insbesondere producta und instrumenta sceleris nach § 97 Abs. 2 S. 3 StPO – sind grundsätzlich keine Verteidigungsunterlagen. Sie können auch nicht dazu gemacht werden, indem Originaldokumente in Schriftsätze eingebunden werden.[69] Etwas anderes gilt, wenn sie für das Beratungsverhältnis selbst als Grundlage dienen, etwa Buchhaltungs- und Geschäftsunterlagen, die dem Steuerberater zur Herstellung einer Bilanz übergeben 60

---

[62] Nur auf europäischer Ebene deutet sich bei Kartellverfahren eine Trendwende an: vgl. Beschluss des Europäischen Gerichtes I. Instanz – T-125/03; /-253/03, AKZO-Nobel; *Schriever* AnwBl. 2004, 105; *Prütting* AnwBl. 2001, 313, 315; *Eichler/Peukert* AnwBl. 2002, 195, 197.

[63] Siehe § 46 Abs. 1 BRAO; Henssler/Prütting/*Eylmann/Henssler* BRAO 2. Aufl. § 46 Rdnr. 30. Dies soll die anwaltliche Unabhängigkeit der Beratung sichern.

[64] BGHSt 19, 374 ff.; KG JR 1967, 192 ff.; KMR/*Müller* StPO § 97 Rn 4; KK-StPO/*Nack* § 97 Rdnr. 8; *Meyer-Goßner* § 97 Rdnr. 12; Löwe/Rosenberg/*Schäfer* § 97 Rdnr. 30.

[65] *Roxin* NJW 1995, 1995, 17, 22: *Park* Handbuch Rdnr. 523.

[66] *Park* Handbuch Rdnr. 523.

[67] BGH NJW 2001, 3793; AG Hanau NJW 1989, 1493 f.; Löwe/Rosenberg/*Schäfer* § 97 Rdnr. 143; *Park* Handbuch Rdnr. 559; a. A: LG Frankfurt NStZ-RR 1997, 74 ff.; *Meyer-Goßner* § 110 Rdnr. 2, 3, die dem Staatsanwalt das Recht zur Durchsicht zusprechen.

[68] BGH NStZ 1984, 419; Löwe/Rosenberg/*Schäfer* § 97 Rdnr. 144.

[69] OLG Frankfurt StV 1982, 64; KG NJW 1975, 354 ff.; LG Mainz NStZ 1986, 473 ff.; LG Köln BB 1974, 1548, 1549.

werden.⁷⁰ Maßgeblich ist, dass sich der Gegenstand auf ein durch § 53 Abs. 1 Nr. 1 bis 3 b StPO geschütztes Vertrauensverhältnis bezieht.

61 Die Beschlagnahmefreiheit endet für den Berufsgeheimnisträger, wenn und soweit er von seiner **Verschwiegenheitspflicht** entbunden wird. Bei juristischen Personen stellt sich die Frage, wer von der Pflicht entbinden kann. Obwohl juristischen Personen im Strafverfahren generell keine eigenständige Bedeutung zukommt, und sie etwa kein Recht auf einen Verteidiger haben, geht die herrschende Meinung bei der Möglichkeit der Entbindung von der Verschwiegenheitspflicht gerade von einer solchen (zivilrechtlichen) Eigenständigkeit aus. Dies hat zur Folge, dass nicht die Beziehung zum Beschuldigten ausschlaggebend ist, sondern zum Unternehmen. Geschützt ist nicht das persönliche, sondern das institutionelle Vertrauensverhältnis.⁷¹ Dies hat zur Folge, dass im Falle der Insolvenz der Insolvenzverwalter über die Entbindung von der Schweigepflicht entscheidet (siehe auch § 80 Abs. 1 InsO).⁷²

62 d) **Verhaftung.** Nicht nur auf eine Durchsuchung sind die Mitarbeiter eines Unternehmens vorzubereiten, sondern auch auf den Ernstfall einer **Verhaftung**. Der Unternehmensanwalt kann hier – jenseits eines Verteidigungsverhältnisses – im Vorfeld nur allgemeine Ratschläge geben.

63 Ist das Unternehmen **Nebenbeteiligte**, so gilt über § 434 Abs. 1 StPO auch § 148 Abs. 1 StPO, so dass der Firmenanwalt während der üblichen Zeiten unüberwachten Kontakt mit führenden Firmenmitarbeitern (§ 75 StGB) aufnehmen kann. Bei anderen Mitarbeitern ist unter Hinweis auf die Nebenbeteiligung gegebenenfalls eine Einzelbesuchserlaubnis zu beantragen. Der Besuch darf nicht überwacht und Unterlagen können unkontrolliert ausgetauscht werden.⁷³

64 Ansonsten bestehen für einen Unternehmensanwalt nur begrenzte Möglichkeiten, sich mit dem inhaftierten Geschäftsführer auszutauschen. Gegebenenfalls lassen sich **Sonderbesuche** zur Klärung dringender Geschäfte vereinbaren.

2. Unternehmensinterne Aufklärung

65 Die interne Aufklärung beginnt nicht erst mit der Straftat und endet auch nicht mit ihr. Die interne Aufklärung beginnt mit der Prävention:

66 a) **Prävention.** Nach einer Studie von Price Waterhouse Coopers⁷⁴ betrug der geschätzte Durchschnittsschaden der dort untersuchten Unternehmen im Jahre 2003 etwa € 3,4 Millionen. Weniger als die Hälfte der Unternehmen waren in der Lage, ihren ökonomischen Schaden wenigstens teilweise zu ersetzen. Statistisch wird binnen 24 Monaten jedes zweite Unternehmen in Deutschland Opfer einer Straftat.

67 Die **Täter** sind dem Unternehmen in der statistischen Regel oft schon lange verbunden und bekannt (Kunden, Lieferanten, etc.). Nur in den seltensten Fällen handelt es sich um Fremde. Die Hälfte der Straftaten gegen Unternehmen werden von den eigenen Mitarbeitern begangen. Fast ein Drittel hiervon sind Mitarbeiter aus dem Topmanagement. Soweit sich überhaupt ein typischer Straftäter definieren lässt, ist er zwischen 31 und 50 Jahre alt, männlich und bis dahin unauffällig. Er hat zumeist schon zehn Jahre für das Unternehmen gearbeitet, davon circa sieben Jahre auf der Position, aus der heraus die Straftat begangen wird. Dies bedeutet, dass die Gefahr für das Unternehmen gerade durch Mitarbeiter und Geschäftspartner droht, die sich bewährt haben und denen man Vertrauen entgegen bringt.

68 **Prävention** hat zwei Seiten: Vertrauen und Kontrolle. Der relativ weiche Faktor Vertrauen ist nicht zu unterschätzen.⁷⁵ Mitarbeiter begehen weniger Straftaten, wenn sie auf eine Geschäfts-

---

⁷⁰ OLG Köln NStZ 1991, 452; LG Bonn DB 1983, 2193; LG Koblenz StV 1985, 9; LG Köln NJW 1960, 1874; LG München NJW 1984, 1191, LG Stade wistra 1986, 41, 42; *Park* Handbuch Rdnr. 546, m.w.N.
⁷¹ OLG Düsseldorf StV 1993, 346; OLG Celle wistra 1986, 83; OLG Koblenz NStZ 1985, 426; OLG Schleswig NJW 1981, 294; OLG Nürnberg OLGZ 1977, 370, 373; LG Kaiserslautern AnwBl. 1979, 119; LG Lübeck NJW 1978, 1014; Löwe/Rosenberg/*Schäfer* § 97 Rdnr. 52.
⁷² BGHZ 109, 260, 271; Löwe/Rosenberg/*Schäfer* § 97 Rdnr. 53; a.A. OLG Düsseldorf StV 1993, 346; OLG Celle wistra 1986, 83; OLG Koblenz NStZ 1985, 426; OLG Schleswig NJW 1981, 294; *Meyer-Goßner* § 53, 46.
⁷³ *Minoggio* Firmenverteidigung S. 223.
⁷⁴ Folgende Angaben sind entnommen dem Bericht „Wirtschaftskriminalität 2005" von *PWC*.
⁷⁵ *Bussmann*, Kriminalprävention, Zeitschrift für Wirtschafts- und Unternehmensethik 2004, S. 35 ff.

führung stoßen, die sich selbst an die von ihr aufgestellten Spielregeln gebunden fühlt, die klare Ankündigungen umsetzt und die Mitarbeiter gerecht behandelt. Mitarbeiter, die sich mit dem Unternehmen identifizieren, schädigen es seltener.

Der Unternehmensanwalt kann in die Maßnahmen eingebunden werden, die das Unternehmen zur Straftatenprävention ergreift: Er analysiert das Unternehmen daraufhin, welche Geschäftsverbindungen und Mitarbeiterstellen geeignet sind, Straftaten gegen das Unternehmen zu begehen. Arbeitet das Unternehmen in engem Kontakt mit Behörden, achtet der Unternehmensanwalt auf Indizien für Korruption; liegt der Schwerpunkt in der Umweltwirtschaft, sind spezielle Kontroll- und Nachweispflichten einzuhalten; etc. Arbeitsplatzübergreifend wird, soweit möglich, eine Trennung von Planung, Vergabe und Abrechnung vollzogen. 69

Die durch die **Risikoanalyse** gefilterten Arbeitsplätze werden näher betrachtet: Wie lange arbeitet ein Mitarbeiter bereits auf dieser Stelle? Muss diese Stelle in eine Personalrotation einbezogen werden? Benötigt der Mitarbeiter eine Beratung zur Betrugsprävention? Braucht er ein Training, um gefahrgeneigte Situationen zu erkennen und zu bewältigen? Kann man ihm ethische Richtlinien für seine Arbeit zur Hand geben? 70

Mangelndes **Werte- und Unrechtsbewusstsein** ist bei der Begehung von Straftaten ein herausragender persönlicher Faktor. Treten große Machtfülle (Gelegenheit, fehlende Kontrolle) und äußere Anreize (aufwändiger Lebensstil) hinzu, entsteht eine Gefährdungslage. Der Unternehmensanwalt stellt im Rahmen seiner Beratung ethische Handlungsrichtlinien für den Arbeitsbereich auf. Dazu analysiert er Arbeitsabläufe und die Unternehmenskultur. Verweise auf abstrakte Grundsätze vermeidet er; vielmehr verdeutlicht er dem Mitarbeiter, warum er wichtig für das Unternehmen ist, warum man ihm Vertrauen entgegen bringt und was für Folgen ein Missbrauch dieses Vertrauens nach sich zöge. 71

b) Ermittlung. Kontrollinstrumente geben oft erste Hinweise auf ein Fehlverhalten. Zum Teil sind die Unternehmen zur Errichtung von Kontrollsystemen gesetzlich verpflichtet.[76] Die meisten Unternehmen haben ein relativ kostenneutrales Hinweisgebersystem eingerichtet, etwa eine Hotline oder einen speziellen Ansprechpartner, der unter Wahrung von Anonymität des Anzeigenden Informationen über verdächtige Vorgänge sammelt, der Geschäftsführung meldet und ihnen nachgeht. Der Ansprechpartner beobachtet auch öffentliche Quellen auf strafrechtsrelevante Hinweise. 72

Aufwändiger ist die **interne Revision** im Unternehmen. Der Begriff ist dem Rechnungswesen entlehnt: Die externe Revision kann meist noch relativ leicht anhand des ohnehin zu erstellenden Zahlenwerkes eines Unternehmens durchgeführt werden. Anhand der Buchführung, der Erfassung des Inventars, des Jahresabschlusses sowie von Zwischen- und Sonderbilanzen zeigen sich oft schon Auffälligkeiten. Sind die einzelnen Buchungen und Informationen elektronisch als Rohdaten erfasst, lässt sich durch relationelle Datenbanken relativ einfach und unauffällig eine interne Revision durchführen, die zu vertieften Hinweisen führen kann. 73

Mittels aus der Kosten- und Leistungsrechnung entwickelter **Analyseinstrumente** werden einzelne Geschäftsvorgänge stichprobenartig oder gezielt recherchiert. Zusätzlich können Adressen, Telefonnummern, Bankverbindungen von Mitarbeitern einerseits und Lieferanten andererseits verglichen werden, um Identitäten oder familiäre Verflechtungen aufzudecken. Suchläufe können Doppelzahlungen oder verdächtige Texte wie „Test" und „Storno" oder Warenauslieferungen an Sonn- und Feiertagen aufdecken. Die Nachforschungen dürfen dabei datenschutzrechtliche Vorgaben – insbesondere solche, die das Arbeitsverhältnis betreffen – nicht verletzen.[77] 74

Mittlerweile existiert **Spezialsoftware**[78], die weitere Analyseinstrumente zur Verfügung stellt.[79] Über eine Benford-Analyse können etwa auffällige Buchungen herausgefiltert werden. Mengenkennzeichnungsziffern (Geld, Waren, Rechnungsbeträge) fangen häufiger mit einer 1 (ca. 30%) als mit einer 8 (ca. 5,1%) an. Signifikante Abweichungen, die sich bei einem 75

---

[76] § 91 Abs. 2 AktG, § 14 GeldwäscheG, § 33 WPHG, etc.
[77] BAG BB 2005, 102 ff.; *Bayreuther* NZA 2005, 1038 ff.; *Schlewing* NZA 2004, 1071 ff.; *Huff* JuS 2005, 896 ff.
[78] Etwa das weit verbreitete und von der Finanzverwaltung benutzte Programm WinIDEA (Interactive Data Extraction and Analysis).
[79] Siehe hierzu *Minoggio* Firmenverteidigung S. 329 f.

Arbeitsplatz bündeln, sind dann Auslöser für Einzelfallprüfungen. Der χ^2-Test, der auch von der Finanzverwaltung verwendet wird[80], geht hingegen von der letzten Ziffer einer Zahl aus und unterstellt – im Gegensatz zum Benford-Test – eine gleichmäßige Verteilung. Dies erlaubt, Manipulationen aufzudecken, da bei einer größeren Anzahl von Buchungsmanipulationen sich persönliche Vorlieben für bestimmte Ziffern durchsetzen (z.b. auf Lieferscheinnummern, Rechnungsbeträgen und -nummern, etc.).

76 Bei größeren Unternehmen werden **Compliance-Abteilungen** eingerichtet, die sicherstellen, dass ein Unternehmen innerhalb der Gesetze und Richtlinien arbeitet. Bei Aktiengesellschaften empfiehlt der Deutsche Corporate Governance Kodex unter Ziffer 5.3.2. zudem, dass ein Audit Committee, das dem Aufsichtsrat angegliedert ist, dieser Aufgabe nachkommt. Es ist zuständig für die Überwachung der Finanzberichterstattung, des Risikomanagements und des internen Kontroll- sowie des Compliance-Systems.

77 c) **Verfolgung.** Für den potentiellen Täter sind vor allem zum einen die Wahrscheinlichkeit seiner Entdeckung und zum anderen die Wahrscheinlichkeit der **Sanktionierung** beeinflussende Faktoren für sein Verhalten. Neben der Erhöhung der Entdeckungswahrscheinlichkeit wird der Unternehmensanwalt der Geschäftsführung in der Regel daher eine konsequente Sanktionierung empfehlen.

78 Ist ein Tatverdacht entstanden, wird der Unternehmensanwalt ihn untersuchen und aufklären, ohne dass einer der Betroffenen einbezogen wird. Er wird Beweise sichern und weiteren Schaden abwenden. Je nach Ermittlungsstand sind Dokumente zu kopieren, unter Verschluss zu nehmen, Schlösser auszutauchen, Zugriffsrechte zu entziehen. Zur Informationserlangung wird der Unternehmensanwalt vertrauenswürdige Mitarbeiter des Unternehmens, aber auch Externe hinzuziehen (Kreditauskunft, Detekteien, EDV-Spezialisten, Wirtschaftsprüfer, Gutachter, etc.). Diese werden jedoch, wenn sie selbst Gewerbetreibende sind, von der Rechtsprechung nicht als Berufshelfer im Sinne von § 53 a StPO anerkannt;[81] ein Vernehmungs- und Beschlagnahmerisiko verbleibt also.

79 Immer wieder sehen Behörden in **eigenen Ermittlungen** des Unternehmens die Gefahr der Trübung von Beweisquellen.[82] Der Unternehmensanwalt wird, soweit seine Ermittlungen bekannt werden, an die Ermittlungsbehörden herantreten und sein Konzept offensiv vertreten. Besonders ungern wird die Kontaktaufnahme zu potentiellen Zeugen gesehen. Hier schafft der Unternehmensanwalt die notwendige Transparenz. Er bittet den Zeugen schriftlich um ein Gespräch und verdeutlicht ihm zugleich, dass keine Pflicht zur Auskunft besteht (außer es handelt sich um Pflichten aus dem Arbeitsverhältnis). Zugleich weist er darauf hin, dass ein solches Gespräch gegenüber den Ermittlungsbehörden offenbart werden kann. Gegebenenfalls wird er einen neutralen Ort und die Übernahme aller Reise- und Ausfallkosten anbieten.

80 Bestätigt sich der Tatverdacht, hat der Unternehmensanwalt präzise das **primäre** Unternehmensinteresse zu bestimmen:
- So kann das durch eine Straftat nicht unmittelbar geschädigte Unternehmen ein Interesse haben, einen bewährten Mitarbeiter zu halten, der etwa im (vermeintlichen) Interesse des Unternehmens eine Straftat begangen hat. Der Unternehmensanwalt wird dann einen Strafverteidiger empfehlen, der den **Mitarbeiter** durch das Strafverfahren **begleitet** (s.u. Rdnr. 109 ff.). Soweit darüber hinaus ein Bedarf an Sanktionierung besteht, kann dies eine Abmahnung oder eine Versetzung, ggf. auch eine Kündigung sein.
- Ist das Unternehmen hingegen selbst Opfer einer Straftat durch einen Mitarbeiter oder Geschäftspartner, kann das Interesse darin liegen, möglichst geräuschlos und ohne öffentliche Wahrnehmung den Sachverhalt aufzuklären, sich von dem Mitarbeiter beziehungsweise Geschäftspartner zu trennen und ihn zugleich zur **Wiedergutmachung** des entstandenen Schadens zu verpflichten.
- Das Interesse des Unternehmens kann aber auch darin liegen, die Ermittlungsbehörden in die Untersuchung, Aufklärung und Sanktionierung von Straftaten einzubeziehen und ein für alle sichtbares **Exempel** zu statuieren. Maßnahmen zur Schadenskompensation können

---

[80] FG Münster EFG 2004, 9.
[81] *Meyer-Goßner* § 53 a Rdnr. 2 m.w.N.; *Minoggio* Firmenverteidigung S. 184 f.
[82] *Kempf* Wahr-Nehmungen StraFo 2003, 79 ff.

Bestandteil einer solchen Vorgehensweise sein und zwischen dem Unternehmen und den Strafverfolgungsbehörden (Rückgewinnungshilfe) abgesprochen werden.

Ist das Ziel des Unternehmens eine weitgehende **Schadenskompensation** und ließ sich der Sachverhalt ohne die Ermittlungsbehörden hinreichend aufklären, wird der Unternehmensanwalt die Konfrontation mit dem Mitarbeiter beziehungsweise Geschäftspartner vor einer Einbeziehung der staatlichen Strafverfolgungsbehörden suchen, um die Möglichkeiten eines weitgehenden Schadensersatzes gegen Verzicht auf Erstattung einer Strafanzeige auszuloten und ggf. zu realisieren. Er wird die Schadenssumme feststellen und die Möglichkeiten des Betroffenen erforschen, den Schaden auszugleichen. 81

Nach Darlegung des Sachverhalts wird der Unternehmensanwalt versuchen, den Betroffenen zu einem schriftlichen **Schuldanerkenntnis** zu bewegen und einen Notar hinzuziehen, der die sofortige Unterwerfung unter die Zwangsvollstreckung beurkundet. Im Gegenzug wird der Betroffene ein Interesse daran haben, dass die Ermittlungsbehörden nicht informiert werden. Hierzu prüft der Unternehmensanwalt, ob der Versicherer solcher Schäden durch Mitarbeiter in seinen Vertragsbedingungen eine Pflicht zur Anzeige vorschreibt. Möglicherweise ist die Kündigung des Mitarbeiters und/oder die Beendigung einer Geschäftsbeziehung unausweichlich. 82

Sollte hingegen entweder der Sachverhalt nicht eigenständig und ohne Verdacht zu erregen aufzuklären sein oder aber der Betroffene sich zu einer Wiedergutmachung des Schadens nicht bereit finden, wird der Unternehmensanwalt der Geschäftsführung empfehlen, **Strafanzeige** zu erstatten und gegebenenfalls Strafantrag zu stellen. Der Unternehmensanwalt stellt in diesem Fall – soweit möglich – den Sachverhalt aus Sicht des Unternehmens umfassend dar, belegt ihn und überlässt die rechtliche Bewertung weitgehend der Staatsanwaltschaft. 83

Mit einem solchen Vorgehen gibt das Unternehmen die **Verfahrenshoheit** aus der Hand, ohne auf seine Mitwirkung und Begleitung des staatsanwaltschaftlichen Ermittlungsverfahrens zu verzichten. Durch eine Strafanzeige können Gegenreaktionen provoziert werden. Mitarbeiter, Geschäftspartner und Konkurrenten können sich veranlasst sehen, das anzeigende Unternehmen mit dem Hinweis auf eigene Verfehlungen als unglaubwürdig darzustellen. Der Unternehmensanwalt hat daher Anlass, vor einer Strafanzeige zu prüfen, welches Gefahrenpotential etwaige Anschuldigungen haben könnten. 84

3. Akteneinsicht

Da juristischen Personen grundsätzlich nicht strafrechtsfähig sind – Ausnahme: § 30 OWiG –, zielen die Ermittlungen auf natürliche Personen im Unternehmen: die Mitarbeiter. Gemäß § 14 StGB beziehungsweise § 9 OWiG werden Verfehlungen im Unternehmen den Mitarbeitern auf der Leitungsebene zugerechnet, so dass diese Beschuldigte und damit Ziel von Ermittlungsmaßnahmen werden. Das Unternehmen an sich taucht als Verdächtiger im Verfahren nicht auf und kann grundsätzlich die Rechte eines Beschuldigten im Ermittlungsverfahren nicht geltend machen. Dennoch bietet die Strafprozessordnung dem Unternehmen Möglichkeiten, durch Akteneinsicht sich über ein den Stand des Ermittlungsverfahrens zu informieren. 85

a) **Verletztes Unternehmen.** Ist das Unternehmen selbst **Opfer** einer Straftat – unabhängig davon, ob durch einen Mitarbeiter oder einen Dritten –, so richten sich die Beteiligungsmöglichkeiten nach den §§ 406 d ff StPO, insbesondere das Akteneinsichtsrecht nach § 406 e StPO. Ein nebenklagefähiges Delikt (§ 395 StPO) ist nicht vorausgesetzt. 86

§ 406 e StPO geht von einem „berechtigten Interesse" des **unmittelbar Verletzten** einer Straftat aus. Eine mittelbare Verletzung reicht nicht aus.[83] Das Rechtsgutskonzept des Strafrechts legt damit selbst fest, wann von einem berechtigten Interesse im Sinne des § 406 e StPO die Rede sein kann. Der Insolvenzverwalter kann sich daher in der Regel nicht auf § 406 e StPO berufen.[84] Das Akteneinsichtsrecht des Verletzten ist dabei nicht von der „gleichen zentralen Bedeutung wie für den Beschuldigten" und daher „stärkeren Einschränkungen unterworfen, 87

---

[83] OLG Karlsruhe StV 1995, 576.
[84] OLG Koblenz NStZ 1988, 89; OLG Hamm NStZ-RR 1996, 10; OLG Hamm NStZ-RR 1996, 11; OLG Frankfurt StV 1996, 308; LG Frankfurt Beschl. v. 15.4.2003 – 5/2 AR 2/03 – n.v.

... als das des Beschuldigten nach § 147" StPO.[85] Die Akteinsicht wird vor allem deswegen gewährt, weil der Verletzte zur Aufklärung entscheidungserheblicher Vorgänge des Streitgegenstandes beitragen kann und soll. Dementsprechend ist es auch begrenzt:

88 So kann etwa neben den – meist entgegenstehenden – Interessen des Beschuldigten auch das Interesse an der Wahrheitsfindung und der Verfahrensökonomie einer Akteneinsicht entgegenstehen. Die Wahrheitsfindung ist etwa betroffen, wenn der Verletzte als Zeuge in Betracht kommt und die Kenntnis des Akteninhalts die zu erwartende Zeugenaussage beeinträchtigen könnte.[86]

89 Gegen die Entscheidung der Staatsanwaltschaft kann **gerichtliche Entscheidung** nach § 161 a Abs. 3 S. 2 bis 4 StPO beantragt werden. Dies gilt – für den Fall einer Akteneinsicht gewährenden Entscheidung – auch für den Beschuldigten (er ist insbesondere nicht auf den Rechtsweg nach § 23 EGGVG verwiesen).[87]

90 b) **Nebenbeteiligtes Unternehmen.** Besteht oder verwirklicht sich das Risiko einer Einziehung von Eigentum oder Vermögen oder der Vermögensabschöpfung beim Unternehmen – §§ 73 ff. StGB –, so hat das Unternehmen die Stellung eines **Nebenbeteiligten** nach §§ 431 ff., 442 StPO (siehe hierzu II.5.a). Das Unternehmen wird dann zum Einziehungs- und Verfallsbeteiligten. Auch wenn das Unternehmen Sicherheiten für den Beschuldigten geleistet hat, kann es bei anstehendem Verfall der Sicherheit nach § 124 StPO zum Nebenbeteiligten werden.

91 Gemäß § 434 Abs. 1 S. 1 hat der Drittbeteiligte das Recht, sich „in jeder Lage des Verfahrens" durch einen **Rechtsanwalt** vertreten zu lassen. Satz 2 verweist insbesondere auf §§ 137 bis 138 d (freie Wahl des Verteidigers, aber auch Möglichkeit seines Ausschlusses gemäß den §§ 183 a ff. StPO)), § 147 (Akteneinsichtsrecht des Verteidigers), 148 (freier Verkehr mit dem Beschuldigten) und §§ 168 c, 163 a Abs. 3 (Recht auf Anwesenheit bei Vernehmungen). Auch eigene Ermittlungen sind dem Nebenbeteiligten möglich.

92 Der Nebenbeteiligte hat gemäß § 433 Abs. 1 StPO ab Beginn des **Hauptverfahrens** die gleichen Rechte wie der Beschuldigte.

93 Im **Ermittlungsverfahren** gilt dies nur partiell, wie § 433 Abs. 1 S. 1 StPO feststellt. Aber auch hier kann sich das Unternehmen von einem Rechtsanwalt vertreten lassen und insbesondere entsprechend § 147 StPO Akteneinsicht beantragen. Ein Beschlagnahmeverbot für Verteidigerunterlagen ergibt sich in diesem Fall nicht aus § 97 Abs. 1 StPO, sondern aus § 148 StPO in Verbindung mit Art. 6 Abs. 3 EMRK und Art. 20 Abs. 3 GG.[88]

94 Sind Vermögenssicherungsmaßnahmen erfolgt, so ist dem Anwalt unabhängig von ansonsten noch bestehenden Möglichkeiten der Versagung von **Akteneinsicht** gemäß § 147 Abs. 2 StPO Einsicht in die entsprechenden Aktenbestandteile zu gewähren, weil er nur dann erfolgreich den Rechtsweg beschreiten kann.[89]

95 Für das Unternehmen kann es interessant sein, nicht einfach den Beweis seiner „Unschuld" darzulegen, sondern auszuführen, dass das Unternehmen von Einziehungs- und Verfallsmaßnahmen bedroht ist und daher als Nebenbeteiligter gemäß § 434 Abs. 1 in Verbindung mit § 147 StPO Akteneinsichtsrecht hat:[90] Das Aktenmaterial kann dann dazu dienen, die internen Ermittlungen voranzutreiben und Schadenersatzansprüche gegen Mitarbeiter durchzusetzen. Im Gegenzug kann ein Unternehmen sich aber auch als geschädigt darstellen und offiziell Akteneinsicht zwecks Geltendmachung von Schadenersatzansprüchen gegenüber Mitarbeitern beantragen, um sich so über Weite und Tiefe des Ermittlungsstandes der Staatsanwaltschaft zu informieren. Verteidigungsziel und Strategie haben daher einen großen Einfluss auf die **Rollendefinition**, die – einmal gewählt – nicht ohne weiteres geändert werden kann.

96 c) **Unternehmen als Dritter.** Andernfalls hat das Unternehmen nur wenige Möglichkeiten, sich über das Verfahren zu informieren, etwa wenn es selbst Betroffener einer Durchsuchung war oder aber zivil- und arbeitsrechtliche Ansprüche gegen den Mitarbeiter bestehen oder

---

[85] KK-StPO/*Engelhardt* § 406 e Rdnr. 1.
[86] KK-StPO/*Engelhardt* § 406 e Rdnr. 3.
[87] BGHSt 39, 113 ff.
[88] BGH NJW 1998, 1963, 1964; BVerfG Urt. v. 27.10.2003 – 2 BvR 2211/00 – n.v.
[89] BVerfG StV 2004, 409.
[90] Siehe hierzu unter Rdnr. 134 ff.

bestehen könnten.⁹¹ Der beeinträchtigte Interessenkreis gibt damit die Reichweite der Rechte vor. Dann kann gegebenenfalls in einem – sehr engen – Rahmen ein Anspruch auf Auskunft oder Einsicht in die Strafakte nach § 475 StPO gegeben sein:

Das **Unternehmen** muss **als Dritter** gemäß § 475 Abs. 1 StPO ein berechtigtes Interesse darlegen. Breite und Tiefe des Informationsbegehrens müssen dargestellt werden. Es muss ausgeführt werden, welches Recht durch die strafbare Handlung des Beschuldigten verletzt worden ist. Im Gegensatz zu § 406 e StPO kann hierbei eine indirekte Rechtsgutsverletzung ausreichend sein – etwa eine Wettbewerbsverletzung. Auch der Insolvenzverwalter ist auf den Weg über § 475 StPO verwiesen, da die Verletzteneigenschaft nicht an das Vermögen des Gesamtschuldners, sondern an die Person des Verletzten gebunden ist.⁹² 97

Letztendlich besteht auch die Möglichkeit, von außen – und ohne weitere Beteiligung – mit Beweisanregungen und Stellungnahmen das Verfahren zu beeinflussen. 98

d) **Abwehr Akteneinsicht Dritter.** Akteneinsichtnahmen **durch Dritte** können für das Unternehmen eine größere Gefahr darstellen als das Ermittlungsverfahren selbst, vor allem dann, wenn Strafanzeige und das dadurch eröffnete Ermittlungsverfahren für den anzeigenden Dritten eher fremdes Mittel zum eigenen Zweck der Vorbereitung einer Schadenersatzklage gegen das Unternehmen oder seine Eigner darstellen. Der Akteninhalt kann dann dazu dienen, dem Dritten Wissen zu verschaffen, über das er sonst nicht verfügt. Das Unternehmen kann dadurch wiederum in eine existenzielle Krise geraten.⁹³ Durch Akteneinsicht können Geschäfts- und Betriebsgeheimnisse offenbart werden und damit Wettbewerbsvorteile verloren gehen. 99

Daher ist die **Staatsanwaltschaft** gleich zu Beginn darauf **hinzuweisen**, dass das Unternehmen als Betroffener vor jeder Akteneinsichts- und Informationsgewährung nach §§ 147, 406 e Abs. 2, 475 I S. 2 StPO, 8 IFG gehört werden muss. Es kann nicht selbstverständlich davon ausgegangen werden, dass die Staatsanwaltschaft Gesuche Dritter restriktiv handhabt, wie es das Gesetz verlangt. Vielmehr muss der Unternehmensanwalt praktisch durchsetzen, dass die Interessen des Unternehmens vor einer Entscheidung des Staatsanwaltes gehört werden und gegen die Entscheidung des Staatsanwaltes vor deren Vollzug eine richterliche Entscheidung nach § 161 a Abs. 3 S. 1 und 2 StPO verlangt werden kann.⁹⁴ 100

Es bietet sich daher an, zeitgleich mit der Meldung zur Akte die Staatsanwaltschaft auf die gesetzlichen Voraussetzungen für eine Aktenauskunft beziehungsweise -einsicht hinzuweisen.

Formulierungsvorschlag: 101

Sehr geehrter Herr Staatsanwalt ...,

unter Vorlage der beigefügten Vollmacht zeige ich an, dass ich die bITs AG anwaltlich vertrete. Im Rahmen des Ermittlungsverfahrens gegen einen der Geschäftsführer der bITs AG, Herrn Schneider, kam es am 3. Mai 2006 zu einer Durchsuchung der Geschäftsräume der bITs AG und es wurden zahlreiche Unterlagen mit Unternehmensbezug beschlagnahmt.

Soweit Akteneinsichtsgesuche Dritter gestellt werden, bitte ich um Beachtung der gesetzlichen Voraussetzungen und darum, mir vor Ihrer Entscheidung Gelegenheit zur Stellungnahme zu geben. Soweit Sie beabsichtigen, einem etwaigen Gesuch statt zu geben, bitte ich darüber hinaus, mir vor Vollzug Gelegenheit zu geben, eine gerichtliche Entscheidung zu beantragen.

Mit freundlichen Grüßen

Rechtsanwalt

Die Staatsanwaltschaft wird Akteneinsicht **verweigern**, wenn der Antragsteller als Zeuge in Betracht kommt.⁹⁵ Eine gewährte Akteneinsicht kann ein Verwertungsverbot nach sich ziehen.⁹⁶ Weitere Begrenzungen des Auskunftsrechts ergeben sich aus dem Charakter der Infor- 102

---

⁹¹ Siehe hierzu unter Rdnr. 137 ff.
⁹² OLG Koblenz NStZ 1988, 89; OLG Hamm NStZ-RR 1996, 10; OLG Hamm NStZ-RR 1996, 11; OLG Frankfurt StV 1996, 308.
⁹³ Z.B. im Falle opponierender Aktionäre.
⁹⁴ *Durth/Kempf* StraFo 2005, 429 ff.
⁹⁵ LG Frankfurt StV 2003, 495, 496.
⁹⁶ Zu alledem schon SK-StPO/*Velten* § 406 e Rdnr. 13.

mation selbst. Hier ist zu unterscheiden ihre Vertraulichkeit (Z.B. § 30 AO), ihre wirtschaftliche Nutzbarkeit (§ 17 UWG; § 203 StGB), ihre Quelle (§ 477 Abs. 2 StPO) und die Nähe anderer Personen zu ihr. All dies führt dazu, dass Akteneinsicht nur in Ausnahmefällen zu gewähren ist.[97] Ein Interessenkonflikt – für dessen Vorliegen ein Beurteilungsspielraum besteht – zwischen den Interessen des Antragstellers und des Betroffenen führt zwingend zur Versagung.[98]

103   Für **beigezogene Akten**, die aufgrund eines anderen Anlasses erstellt wurden und daher einer anderen Zweckbindung unterliegen, muss sich der Antragsteller um die Zustimmung der Stelle bemühen, um deren Akten es sich handelt, wie § 478 Abs. 2 StPO festschreibt.

104   Die Erteilung einer Auskunft muss sich als unverhältnismäßig aufwändig oder eine Akteneinsicht für den Antragsteller als unbedingt erforderlich erweisen.[99] Dem Antragsteller obliegen daher die im Zivilrecht geltenden **Darlegungslasten**.[100] Eine Teilakteneinsicht geht vor (vgl. Nr. 187 Abs. 1 RiStBV). Bei mehreren Antragstellern kann die Konzentration auf einen Rechtsanwalt geboten sein.[101]

105   Über § 475 Abs. 2 Alt. 2 StPO soll nicht der im Zivilrecht verbotenen „**Ausforschungsbeweis**" eingeführt und damit einer bisher nicht schlüssigen Klage zur Schlüssigkeit verholfen, sondern nur einer schlüssigen Klage das zur Beweisführung erforderliche Maß an Gewissheit verschafft werden.[102] Es ist grundsätzlich davon auszugehen, dass vom Kläger erst der Zivilrechtsweg oder der Weg des Adhäsionsverfahrens beschritten werden muss, um an das Ziel zu kommen.

106   Vor dem Hintergrund der Unschuldsvermutung[103] ist bis zu einem erstinstanzlichen Strafrechtsurteil Akteneinsicht zu verweigern, es sei denn, der Kläger kann eine drohende Verjährung seiner zivilrechtlichen Ansprüche darlegen.[104]

107   Gibt die Staatsanwaltschaft den Antrag statt, hat sie ihn zu begründen. Die Überprüfungsmöglichkeit nach § 161 a Abs. 3 StPO setzt das **Begründungserfordernis** voraus, wenn auch deren Offenlegung gemäß § 478 Abs. 3 S. 3 StPO bei Gefährdung des Untersuchungszweckes unterbleiben kann.[105]

108   Verletzungen von gesetzlich geschützten **Geheimnissen** sind zum Teil strafrechtlich sanktioniert (Z.B. §§, 203, 355, 353 b StGB). Verstöße gegen § 355 StGB wie auch § 353 b StGB können – neben den strafrechtlichen Folgen – Amtspflichtverletzungen darstellen, die wiederum eine Haftung nach § 839 BGB in Verbindung mit Art. 34 GG auslösen können.

Der Unternehmensanwalt achtet ferner darauf, dass keine Geschäftsgeheimnisse in öffentlicher **Hauptverhandlung** erörtert werden und beantragt gegebenenfalls einen Ausschluss der Öffentlichkeit zu beantragen (§ 172 GVG).

4. Sockelverteidigung

109   Ist das Unternehmen Gegenstand umfangreicher Ermittlungen und werden mehrere Mitarbeiter beschuldigt, so kann dem Unternehmensanwalt die Aufgabe zukommen, neben der Wahrnehmung der unmittelbaren Interessen des Unternehmens deren Verteidigung zu organisieren.

110   a) **Organisation der Verteidigung.** Meist ist zu Beginn eines Ermittlungsverfahrens aus Sicht der Ermittlungsbehörden völlig offen, welche/r Mitarbeiter auf welcher Hierarchieebene betroffen ist/sind: Vernachlässigung von Informations-, Rückruf- und Kontrollpflichten, Organisationsverschulden als Auswahlverschulden und Kollektiventscheidungen bieten ein großes Spektrum an potentiellen Beschuldigten.[106] Insbesondere zu Beginn eines Ermittlungsverfahrens ist es weitgehend unklar, wer zunächst in das Fadenkreuz der Staatsanwaltschaft gerät.

---

[97] OLG Stuttgart NStZ-RR 2000, 349 m.w.N.
[98] LG Frankfurt StV 2003, 495.
[99] OLG Stuttgart NStZ-RR 2000, 349.
[100] LG Frankfurt StV 2003, 495; BGH NJW 1986, 247; 1993, 1650; LG Bielefeld wistra 1995, 118, 120.
[101] KK-StPO/*Engelhardt* § 406 e Rdnr. 5.
[102] BVerfG NJW 1988, 405.
[103] LG Frankfurt StV 2003, 495, 496.
[104] BVerfG NJW 1988, 405: „Für die effektive Durchsetzung zivilrechtlicher Ansprüche stellt das Zivilprozessrecht hinreichende Möglichkeiten zur Verfügung."
[105] BVerfGE 87, 273, 279; BVerfG (3. Kammer) Beschl. v. 24.9.2002 – 2 BvR 742-02 – n.v.
[106] BGHSt 46, 107 ff.; BGHSt 41, 206 ff.; BGHSt 37, 107 ff.; LG Aachen JZ 1971, 507.

§ 10 Der Unternehmensanwalt

Verantwortungsdiffusion führt dabei nicht zur Verflüchtigung des Vorwurfs, sondern allzu oft zu seiner Bestätigung.[107]

Der Unternehmensanwalt wird daher analysieren, wer tatsächlich und rechtlich Beschuldigter sein kann, und ob zwischen den beschuldigten Mitarbeitern eher ein Interessenkonflikt oder eher Übereinstimmung besteht. Auf einer zweiten Ebene wird er prüfen, ob diese Individualinteressen ihrerseits in Konflikt mit den Interessen des Unternehmens stehen. Mit denjenigen Beteiligten, mit denen das Unternehmen in Interessengleichklang feststellen kann, kann ein Team zur effektiveren Verteidigung der gemeinsamen Interessen gebildet werden. Diese gemeinsamen Interessen dienen als „Sockel" für die weitere Strategie: der Sockelverteidigung.[108] Ziel ist es, die **Gesamtverteidigung** zu **optimieren**, ohne den Verteidigern in ihrem jeweiligen Mandatsverhältnis inhaltliche Vorgaben zu machen. Die Sockelverteidigung geht daher nur soweit, wie der gemeinsame Nutzen mit den individuellen Zielen nicht in Konflikt gerät. Sie kann bestehende Widersprüche ausräumen, unnötige Schuldzuweisungen vermeiden helfen und die Verteidigungsleistung durch Koordination insgesamt steigern. Das Institut der Sockelverteidigung war lange umstritten, ist aber zwischenzeitlich anerkannt.[109] Dennoch birgt sie auch heute noch Gefahren für die Beteiligten: 111

Die Sockelverteidigung ist kein statischer, sondern ein **dynamischer Prozess**; durchaus können sich später Konflikte als nur scheinbar und vermeintliche Gemeinsamkeiten als nur oberflächlich gegeben erweisen. So kann etwa dem in einer Sockelverteidigung eingebundenen Individualverteidiger durch die Staatsanwaltschaft ein Angebot gemacht werden, das dieser im Interesse seines Mandanten nicht ablehnen kann, etwa die Zusicherung, nur eine Bewährungsstrafe zu beantragen, wenn der Beschuldigte umfassend aussagt. In diesem Fall kann der Strafverteidiger an etwaige Absprachen innerhalb einer Sockelverteidigung nicht gebunden sein; man wird aber zu Recht von ihm erwarten, dass er die Sockelverteidigung vorher ausdrücklich aufkündigt. Für die anderen Verteidiger und den Unternehmensanwalt hat dies möglicherweise zur Folge, die gesamte Verteidigungsstrategie zu ändern. Auf die präzise Ermittlung von Tatbeiträgen und Beschuldigteninteressen muss daher hohe Sorgfalt verwendet werden. Die Sockelverteidigung ist oftmals durch das „Gefangenendilemma" geprägt:[110] Das für alle beste Ergebnis ist nicht mit dem besten Ergebnis für den Einzelnen identisch. Das beste gemeinsame Ergebnis kann durch Kooperation unter den Beschuldigten erreicht werden, die aber für einen Vertrauensbruch hoch anfällig ist. Der Unternehmensanwalt wird daher prüfen, wie hoch die Wahrscheinlichkeit für einen solchen Vertrauensbruch ist und welche Argumente zur Verfügung stehen, einen solchen zu verhindern. 112

Besondere Schwierigkeiten in der Verteidigung können auftreten, wenn Mitarbeiter unterschiedlicher **Hierarchiestufen** beschuldigt werden. Spiegelt sich dieses Hierarchie auch noch in der – wie auch immer angenommenen – „Wertigkeit" der Verteidiger wider, so entsteht leicht der Eindruck, dass strafrechtliche Verantwortung nach unten durchgereicht werden soll. 113

Der Unternehmensanwalt wird ggf. vermeiden, den beschuldigten Mitarbeitern mehrere Strafverteidiger aus ein und derselben Kanzlei zu empfehlen. Zwar hat das BVerfG ein so genanntes **generelles Mehrfachverteidigungsverbot** für verfassungswidrig erklärt,[111] jedoch bestehen trotz alledem Risiken: 114

Einer **sukzessiven** Mehrfachverteidigung durch einen Einzelanwalt sind die Grenzen des § 356 StGB und der §§ 43 a Abs. 2 S. 1 und Abs. 4 BRAO gesetzt. Die **gleichzeitige** Mehrfachverteidigung bei einem aktuellen **Interessenkonflikt** ist einem Rechtsanwalt auf Grund § 146 115

---

[107] *Schmidt-Salzer* NJW 1990, 2966, 2970.
[108] *Richter II* NJW 1993, 2152; Wabnitz/Janovsky/*Dierlamm* Verteidigung S. 1805; Thesen zur Strafverteidigung, These 13, Strafrechtsausschuss der Bundesrechtsanwaltskammer.
[109] OLG Frankfurt/Main NStZ 1981, 144.
[110] Zwei Gefangene werden verdächtigt, gemeinsam eine Straftat begangen zu haben. Die Höchststrafe für das Verbrechen beträgt fünf Jahre. Beiden Gefangenen wird ein Handel angeboten, der beiden bekannt ist. Wenn einer gesteht, und somit seinen Partner belastet, kommt er ohne Strafe davon – der andere muss die vollen fünf Jahre ins Gefängnis. Entscheiden sich beide zu schweigen, bleiben nur Indizienbeweise, die aber ausreichen, um beide für zwei Jahre einzusperren. Gestehen aber beide die Tat, erwartet jeden eine Gefängnisstrafe von vier Jahren (http://de.wikipedia.org/wiki/Gefangenendilemma). Siehe hierzu auch: *Rapoport/Chammah*, Prisoner's dilemma; *Axelrod* Evolution.
[111] BVerfG NJW 2003, 2520.

StPO beziehungsweise § 43 a Abs. 4 BRAO untersagt. §§ 45 Abs. 3 und 46 Abs. 3 BRAO weiten das Verbot auf die ganze Sozietät beziehungsweise die sonst mit dem Rechtsanwalt verbundenen Rechtsanwälte aus.[112] In diesem Falle haben der Rechtsanwalt und der mit ihm verbundene Kollege alle einschlägigen Mandate niederzulegen.[113] Bisher geht die Rechtsprechung davon aus, dass ein Konflikt nicht potentiell angelegt, sondern akut ausgebrochen sein muss.[114] Ausschlaggebend für das Vorliegen eines Konfliktes ist zunächst die Sichtweise der (jeweiligen) Mandanten.[115] Diese müssen daher bei einheitlicher Darstellung des Sachverhalts und dessen rechtlicher Bewertung einen Konflikt ausschließen können.[116]

116 Konflikte können auch drohen, wenn Kanzleien hinzugezogen werden, mit denen das Unternehmen schon zuvor zivilrechtlich verbunden war. Hier können Verteidigungsmöglichkeiten verstellt werden: Wenn ein strafrechtlich relevantes Verhalten eines Unternehmensmitarbeiters auf der Beratung der Kanzlei beruht, die nunmehr auch in die Verteidigung eingebunden ist, könnte die Verteidigung beeinträchtigt sein. Solche Schieflagen vermeidet der Unternehmensanwalt daher schon im Vorfeld, indem er „unverbrauchte" Kollegen hinzuzieht. Gleiches gilt für den Steuerberater: Zu Verteidigungszwecken wird der Unternehmensanwalt einen neutralen und bisher nicht involvierten Berater beauftragen.[117]

117 Bei größeren Verfahren kann die Betreuung der Beschuldigten und ihrer Verteidiger zu einem **hohen Koordinationsaufwand** führen, für das das Büro des Unternehmensanwaltes entsprechend ausgerüstet sein muss: Besprechungen in größerer Runde müssen geplant und koordiniert werden; Unterlagen müssen versendet und die jeweiligen Ansprechpartner über den jeweiligen Verfahrensstand unterrichtet werden. Ersatzweise kann dies (soweit vorhanden) von der Stabs- oder Rechtsabteilung des Unternehmens oder dem Büro der Geschäftsführung übernommen werden. In jedem Fall muss garantiert sein, dass Informationen schnell und vollständig in beide Richtungen ausgetauscht werden können. Allerdings ist die Gefahr der Beschlagnahme von Verteidigungsunterlagen zu berücksichtigen (siehe oben).

118 Ausgesprochen problematisch ist die **gleichzeitige Beratung und Begleitung des Unternehmens und die Verteidigung eines Mitarbeiters** durch ein und denselben Rechtsanwalt. Weil das Unternehmen nicht Beschuldigter sein kann, widerspricht eine solche Verteidigung nicht dem prozessualen Verbot der Mehrfachverteidigung nach § 146 StPO.[118] Dennoch können die Interessen des Unternehmens denen des Beschuldigten widersprechen und einen berufsrechtlichen Konflikt auslösen, der den Anwalt auf Grund § 43 a Abs. 4 BRAO verpflichtet, beide Mandate niederzulegen. Dieser Konflikt muss nicht im Strafrecht selbst, sondern kann auch mit anderen Rechtsgebieten bestehen: Entziehung der Gewerbeerlaubnis, weil der Geschäftsführer sich auf Grund eines Geständnisses als „unzuverlässig" erwiesen hat; die Pflicht des Aufsichtsgremiums, im Falle von erwiesenen Straftaten der Geschäftsführung Schadenersatzansprüche geltend zu machen.[119]

119 **b) Zeugenbeistand.** Die Mitarbeiter, die nicht Beschuldigte sind, kommen als Zeugen in Betracht. Bei einer Ladung durch die Staatsanwaltschaft besteht Wahrheits- und Erscheinungspflicht, die durch Zwang durchgesetzt werden kann (§ 70 StPO). Der Zeuge kann sich von einem Anwalt seines Vertrauens beraten lassen,[120] der ihn über seine Auskunfts- und Zeugnisverweigerungsrechte aufzuklären hat (§§ 52 ff., 55 StPO). Der Mitarbeiter sollte – wie jeder Zeuge – ferner dazu angehalten werden, sich auf sein eigenes Wissen zu beschränken und nicht Mutmaßungen anzustellen. Im Einzelfall kann es sinnvoll sein, wenn er – nach Absprache mit der Geschäftsleitung – Beweismittel aus seinem Arbeitsbereich zusammenstellt und zur Vernehmung mitbringt. Eine Vernehmung durch die Polizei sollte ebenfalls nur mit einem

---

[112] Zur Neuregelung des § 3 BORA und zu deren Kritik siehe *Kleine-Cosack* AnwBl. 2006, 13 ff.
[113] § 46 BRAO, Nr. 3.2.2. CCBE-Berufsregeln.
[114] BVerfG StV 1998, 356; BGH NJW 2002, 1331; OLG Frankfurt/Main StV 1999, 199; OLG Stuttgart StV 2000, 656; OLG Rostock StV 2003, 374; OLG Hamm 2004, 641.
[115] BVerfGE 108, 150, 162.
[116] Zu alledem *Kempf*, FS Busse S. 191 ff.
[117] *Kohlmann* AO § 392 Rdnr. 10 ff.
[118] Wabnitz/Janovsky/*Dierlamm* Verteidigung S. 1807.
[119] BGH NJW 1997, 1926.
[120] BVerfGE 38, 105; BVerfG Urt. v. 17.4.2000 – 1 BvR 1331/99 – n.v.

Zeugenbeistand erfolgen; eine polizeiliche Vernehmung kann abgelehnt werden, da hier keine Erscheinungspflicht besteht.

Grundsätzlich findet sich der Mitarbeiter – egal ob als Beschuldigter oder als Zeuge – in einer ungewohnten Situation wieder und ist möglicherweise divergierenden Handlungsanweisungen ausgesetzt. Dabei kann ihn ein Zeugenbeistand beraten: arbeitsrechtliche Verschwiegenheitspflicht versus strafprozessuale Wahrheitspflicht; Weisungsrecht des Arbeitgebers versus Mitwirkungspflichten. So kann es durchaus unterschiedliche (strafrechtliche) Konsequenzen haben, wenn ein Mitarbeiter als Zeuge ein Geschäftsgeheimnis auf Nachfrage des Ermittlungsbeamten oder von sich aus offenbart; oder wenn über eine Krankheit des Geschäftsführers sich seine Sekretärin oder aber der Betriebsarzt äußert und damit ein Patientengeheimnis im Sinne des § 203 StGB[121] offen legt.

Der **Zeuge** sollte in keinem Fall durch Vorgespräche oder Unterlagen, an deren Erstellung er nicht beteiligt war, beeinflusst werden. Aufgrund der Wahrheitspflicht hat der Zeuge bei entsprechenden Nachfragen hierüber Auskunft zu erteilen. Nur das Verhältnis Zeuge und Beistand ist geschützt (und damit auch die Frage, wer den Beistand bezahlt).

Da der Nebenbeteiligte einem Angeklagten gleichgestellt wird, stellt sich die Frage, ob sich führende Mitarbeiter auf ein Zeugnisverweigerungsrecht berufen können, auch wenn sie nicht Beschuldigte sind. Ob ein **Schweigerecht für Organe** von juristischen Personen besteht, ist umstritten. Das BVerfG[122] verneint und der EuGH,[123] das EuG 1. Instanz[124] und der EGMR[125] bejahen die Frage – zumindest partiell – mit Verweis auf Art. 6 EMRK. Um die eigene Verfahrensposition in dieser Auseinandersetzung zu stärken, rät *Minoggio* für den Fall, dass der Zeuge schweigen will, die Mitglieder des Vertretungsorgans durch einen Gremienbeschluss zu verpflichten, von ihrem Schweigerecht Gebrauch zu machen.[126] Die Entwicklung ist hier weitgehend offen und zu beobachten.

c) **Unternehmensschriftsatz.** Ein unmittelbares Recht zu einer eigenen Stellungnahme des Unternehmens ergibt sich, wenn seine Nebenbeteiligung oder eine Verbandsbuße im Raum steht. Ansonsten ist ein solches Recht indirekt zu begründen. Anknüpfungspunkt können § 14 StGB, § 9 OWiG sein und die Gründe, die für eine Akteneinsicht nach § 406 e und § 475 StPO sprechen.

In der Praxis ist eine **eigenständige Stellungnahme des Unternehmens im Ermittlungsverfahren** gleichwohl möglich und in bestimmten Konstellationen sogar zu empfehlen, vor allem dann, wenn der einheitlich sich gegen mehrere Mitarbeiter richtende Vorwurf absehbar sie weniger individuell als das Unternehmen als solches trifft. Mit einem Schriftsatz des Unternehmens kann die Behandlung solcher Vorwürfe „vor die Klammer" gezogen werden. Die generelle Organisation des Unternehmens, seiner Arbeitsabläufe und die Verteilung der Verantwortung können in einer Weise dargestellt werden, die – von einem Individualverteidiger vorgetragen – als Verschiebung von Verantwortlichkeiten verstanden werden könnte.

Ein solcher Unternehmensschriftsatz kann nur in enger **Kooperation** mit den **Individualverteidigern** erstellt werden. Nur dadurch lässt sich die Qualität herstellen, die Staatsanwalt und Richter in der richtigen Sprache anspricht und ihnen zugleich die notwendigen Fakten für ihre Entscheidungen liefert.

d) **Vorbereitung der Hauptverhandlung.** Ob der Nebenbeteiligte über eine richterliche Vernehmung zu informieren ist, ist fraglich, da für ihn kein direkter Verweis auf die § 168 a StPO existiert. Jedoch wird man aufgrund Art. 6 Abs. 3 lit. d) EMRK ein **Anwesenheitsrecht** annehmen müssen, da das Vernehmungsprotokoll in die Hauptverhandlung eingeführt werden kann

---

[121] MünchKommStPO/*Cierniak* § 203 Rdnr. 11; LK/*Schünemann* § 203 Rdnr. 19; *Tröndle/Fischer* § 203 Rdnr. 3.
[122] BVerfGE 95, 220 ff.; siehe aber auch BVerfG NJW 1981, 1431 und BVerfG DB 1975, 1936.
[123] EuGH Slg. 1989, 2860 – Hoechst versus Kommission; EuGH Slg. 1989, 3343 – Orkem.
[124] EuG Urt. v. 14.5.1998 – T-347/94 – Mayr-Melnhof; EuG Urt. v. 20.4.1999 – T-305/94 u.a. – Linburgse Vinyl; EuG Urt. v. 20.2.2001 – T-112/98 – Mannesmannröhrenwerke.
[125] Bendenoun versus France, Judgement of 24.2.1994, Publication of the ECHR, Series A – Bendenoun, Vol. 284; Funke versus France, Judgement of 23.2.1993, Publication of the ECHR, Series A – Funke, Vol. 256; EGMR NJW 2002, 499 – J.B./Schweiz.
[126] *Minoggio* Firmenverteidigung S. 158 f.

und damit das Recht des Nebenbeteiligten, den Belastungszeugen selbst und unmittelbar befragen zu können, eingeschränkt wäre. Gleiches wird man für eine kommissarische Vernehmung nach § 223 StPO und eine Inaugenscheinnahme nach § 225 StPO annehmen müssen.

5. Wirtschaftliche Interessen des Unternehmens

127 Der Unternehmensanwalt muss sich noch mehr als im Individualmandat vergegenwärtigen, dass für das Unternehmen die Strafsanktion gegen einen Mitarbeiter nur eine unter vielen rechtlichen, wirtschaftlichen und sozialen Folgen einer Verurteilung ist. Eine Verurteilung von Unternehmensmitarbeitern hat für das Unternehmen meist **weitere Konsequenzen** in anderen Rechtsgebieten: zivilrechtlicher Schadenersatz, Nachzahlungen im Steuer-, Sozialversicherungs- und Arbeitsrecht, Entzug der Gewerbeerlaubnis und Verbot der Geschäftsführung. Letztendlich kommt dem „good will" des Unternehmens eine bedeutende Rolle zu: Meist sollen Ermittlungsverfahren nicht an die Öffentlichkeit dringen, sondern im Stillen erledigt werden, um das Image des Unternehmens nicht zu beschädigen.

128 Die Geschäftsführung ist über die Möglichkeit und oft auch die Notwendigkeit von Directors & Officers-(D & O-)**Versicherungen** aufzuklären, die insbesondere das persönliche Risiko senken können. Schuldhafte Pflichtverletzungen von Geschäftsführern, Vorstandsmitgliedern, Beiräten und Aufsichtsratsmitgliedern können zu einer unbeschränkten persönlichen Haftung mit dem Privatvermögen führen, sei es gegenüber dem Unternehmen oder geschädigten Dritten. Daneben kann eine Strafrechtsschutzversicherung Schäden beim Unternehmen auffangen. Sie betreffen alle Kosten, die beim Beschuldigten durch das Verfahren selbst bedingt sind. Sie ist insbesondere attraktiv, weil oftmals die schwer abschätzbaren Verteidigungskosten hiervon gedeckt sind.[127] Viele Versicherungen schließen Vorsatztaten vom Versicherungsschutz oder verfahrensmittelbare Schäden (Steuerrisiko, Konkursrisiko) aus.

129 a) **Verständigung.** Wirtschaftsstrafverfahren sind oftmals so komplex, dass sie nicht ausermittelt werden. Einstellung nach § 170 Abs. 2, §§ 153 ff. StPO, § 47 OWiG und Strafbefehle nach §§ 407 ff. StPO sind häufig anzutreffende **Erledigungsformen.** Der Unternehmensanwalt wird in der Regel hierauf zuarbeiten, was nicht einfach ist:

130 Verfahren im Bereich des Wirtschaftsstrafrechts beginnen häufig als Verwaltungs- oder Zivilverfahren; Auffälligkeiten bei der Steuerklärung, Nichterfüllung von Auflagen, fast automatische Einleitung nach Insolvenzantragstellung, Anzeigen von Gläubigern setzen es in Gang. Dies hat zur Folge, dass oft mehrere staatliche Institutionen zugleich agieren und der Unternehmensanwalt die interne und externe **Kommunikation koordinieren** muss, damit zum einen mit einer einheitlichen Stimme über einen einheitlichen Sachverhalt gesprochen wird und zum anderen bei einer Verständigung alle Betroffenen eingebunden werden. In diesen Verhandlungen spielt die Wiedergutmachung von etwaigen Schäden eine herausragende Rolle (Rechtsgedanke des § 155 a StPO – Täter-Opfer-Ausgleich; siehe auch § 153 a Abs. 1 Nr. 1 und 5 StPO).

131 Ist das Unternehmen als Nebenbeteiligter in der Hauptverhandlung durch den Unternehmensanwalt vertreten, so kann er alle die Rechte wahrnehmen, die auch dem Angeklagten zur Verfügung stehen (§ 433 Abs. 1 S. 1 StPO). Das Unternehmen ist daher als Prozessbeteiligter in eine eventuelle **Verständigung** einzubeziehen. Hierdurch werden die Sanktionsmöglichkeiten verbreitert. Gleiches gilt für § 30 OWiG:

132 § 30 OWiG sieht die **Verbandsbuße** für ein Unternehmen vor, so dass auch juristische Personen mit einer Geldbuße sanktioniert werden können. Ferner ermöglicht § 29 a OWiG, Verfallsanordnungen gegenüber dem Unternehmen auszusprechen. Da § 9 OWiG erlaubt, Führungskräfte des Unternehmens in die Verantwortung zu nehmen, steht gleichzeitig immer die Möglichkeit eine Verbandsbuße nach § 30 OWiG im Raum. Da das Unternehmen selbst Betroffener des OWi-Verfahrens ist, kann der Unternehmensanwalt als Strafverteidiger für das Unternehmen agieren.

133 Die **Höhe der Verbandsbuße** wird im Nebenstrafrecht bestimmt und kann über § 17 OWiG hinausgehend die Millionenhöhe erreichen.[128] Ziel des § 17 Abs. 4 OWiG ist es, den erlangten – direkten oder indirekten – wirtschaftlichen Vorteil beim Unternehmen abzuschöpfen. Dabei

---

[127] Siehe hierzu die Entscheidung des IX. Zivilsenats BGH StV 2005, 621.
[128] Siehe etwa § 33 Abs. 6 AWG (€ 500.000), § 29 Abs. 4 WpHG (€ 1.000.000), § 81 Abs. 4 GWB (€ 1.000.000).

gilt das Bruttoprinzip, wenn auch der erlangte Vorteil selbst präzise zu bestimmen ist.[129] Ist der Vorteil versteuert worden, so ist die steuerliche Belastung abzuziehen.[130] Der abgeschöpfte Vorteil wiederum – im Gegensatz zur Geldbuße – kann Steuern mindernd geltend gemacht werden (§ 4 Abs. 5 S. 1 Nr. 8 EStG), weshalb bei einer Verständigung Handlungsmöglichkeiten eröffnet werden, im Rahmen eines Gesamtpaketes am Ende die Geldbuße gering und die Gewinnabschöpfung hoch zu bemessen. Eine Geldbuße des Unternehmens von mehr als 200 € wird in das Gewerberegister eingetragen (§§ 149 ff. GewO).[131]

b) Verfall und Rückgewinnungshilfe für Dritte. Die Verteidigung gegen Maßnahmen zur Vermögensabschöpfung gehört zunehmend zum Standard einer Unternehmensverteidigung. Auf Grundlage eines jedenfalls einfachen Tatverdachtes[132] kann dem Unternehmen für die Dauer der ersten sechs Monate der Zugriff auf große Teile seines liquiden, aber auch illiquiden Vermögens vorläufig versperrt werden.

Verfall und **Rückgewinnungshilfe** sind prozessual darauf gerichtet, eine spätere tatsächliche Vollstreckungsgrundlage schon während des Ermittlungsverfahrens zu schaffen und zu erhalten. Sie richten sich generell gegen Täter oder Teilnehmer, aber auch gegen denjenigen, der die tatsächliche Verfügungsgewalt inne hat. § 73 Abs. 3 und 4 StGB erlaubt die Anordnung des Verfalls beim Drittempfänger beziehungsweise Dritteigentümer. Anstelle des ursprünglich „Erlangten" kann der Vorteil auch durch Wertersatzverfall nach § 73 a Abs. 1 StGB gesichert werden.[133] Wenn ein Mitarbeiter als Täter oder Teilnehmer verdächtigt ist, so wird in der Regel eine Vertretung für das Unternehmen im Sinne von § 73 Abs. 3 StGB („... für einen anderen gehandelt") zu prüfen sein. Bei einem beschuldigten Geschäftspartner hingegen lässt die Erfüllung einer rechtmäßigen Verbindlichkeit den Vorwurf eines ungerechtfertigten Vorteils entfallen.[134]

Es kommt darauf an, möglichst schnell wieder **Herrschaft über das Unternehmensvermögen** zu erringen und durch pünktliche Zahlungen Normalität zu signalisieren.[135] Zugleich ist der Staatsanwaltschaft zu verdeutlichen, dass sie für vermeidbare Verschlechterungen der Vermögenslage haftbar ist.[136] Gegebenenfalls muss Insolvenz angemeldet werden. Damit werden gemäß §§ 88 und § 80 Abs. 1 S. 2 InsO Vollstreckungsmaßnahmen unwirksam. Der Insolvenzverwalter erhält die Kontrolle über die Konten.[137]

c) Rückgewinnungshilfe für das Unternehmen und Adhäsionsverfahren. Zunehmend rückt die Geltendmachung von **Rückgewinnungshilfe** und **Schadensersatzforderungen** in den Fokus der Beratung von Unternehmen im Zusammenhang mit staatsanwaltschaftlichen Ermittlungs- und Strafverfahren. Mittlerweile hat sich hierfür der Begriff „forensic services" etabliert. Dem Unternehmensanwalt fällt die Aufgabe zu, wenigstens für einen Teil des durch Straftaten entstandenen Schadens Wiedergutmachung zu erlangen. Die hier beschriebenen Wege bestehen nicht alternativ, sondern können – je nach Sachlage – kumulativ beschritten werden:

Zum einen kann eine Einstellung nach § 153 a Abs. 1 S. 2 Nr. 1 StPO von der Schadenswiedergutmachung als **Auflage** abhängig gemacht werden (siehe auch § 153 a Abs. 1 S. 2 Nr. 5 StPO). Jedoch hat hier der Geschädigte nur ein Anhörungsrecht.

---

[129] Siehe hierzu jüngst BGH Urt. v. 2.12.2005 – V StR 119/05 – NStZ 2006, 210.
[130] BVerfG BStBl. II 1990, 483.
[131] Oft fordern potenzielle – insbesondere öffentliche – Auftraggeber vor der Vergabe eines Auftrages den Gewerbetreibenden auf, ihnen einen aktuellen Auszug aus dem Gewerbezentralregister vorzulegen. Zum Teil können sie dort auch ohne dessen Wissen selbst nachfragen. Eine Eintragung führt dann zu einem Wettbewerbsnachteil gegenüber alternativen Anbietern, über die keine Eintragungen existieren, wenn der Gewerbetreibende nicht sogar ganz unberücksichtigt bleibt.
[132] Vgl. § 111 b Abs. 3 StPO, der eine Verlängerung von drei Monaten für schwierige oder umfängliche Verfahren vorsieht.
[133] *Rönnau* Vermögensabschöpfung S. 98 ff.
[134] BGHSt 45, 235 ff., dessen zweiter Leitsatz lautet: Hat der Dritte die Tatbeute oder deren Wertersatz aufgrund eines mit dem Täter oder Teilnehmer geschlossenen entgeltlichen Rechtsgeschäfts erlangt, das weder für sich noch im Zusammenhang mit der rechtswidrigen Tat bemakelt ist, so hat der Dritte den Vorteil nicht durch die Tat erlangt.
[135] Siehe zu den Einzelheiten Kapitel § 12.
[136] OLG Köln StV 2004, 121; OLG München StV 2003, 141.
[137] *Minoggio* Firmenverteidigung S. 236, *Malitz* NStZ 2002, 337, 344; *Hellerbrand* wistra 2003 S. 201, 208.

139 Die eigentliche **Rückgewinnungshilfe** für das Unternehmen besteht in dem Eintritt des Unternehmens in die durch Verfallssicherungsmaßnahmen der Staatsanwaltschaft und Gerichte gemäß §§ 111 b ff. StPO, 73 ff. StGB gesicherten Rechtspositionen. Sie steht überall dort zur Verfügung, wo Verfall wegen § 73 Abs. 1 2 StGB im Ergebnis ausscheidet, weil „dem Verletzten aus der Tat ein Anspruch erwachsen ist, dessen Erfüllung dem Täter oder Teilnehmer den Wert des aus der Tat Erlangten entziehen würde". Sie ist jedoch in der Praxis nur schwer zu handhaben. Sie ermöglicht dem geschädigten Unternehmen im Zwangsvollstreckungsverfahren auf Grund § 111 g Abs. 1 und 3 StPO in der Rangliste an die Stelle der Staatsanwaltschaft nach vorne zu rücken und damit vorbei an allen privaten Gläubigern, die nicht Verletzte sind. Das Unternehmen bedarf hierzu eines Titels, der ggf. auch in einem nur vorläufig sichernden zivilprozessualen Arrest und einer Pfändungsanordnung, aber auch in einem Vergleich mit Zwangsvollstreckungsunterwerfung[138] bestehen kann.[139] Das Unternehmen befindet sich hier häufig in einem Wettlauf mit anderen Geschädigten.

140 Darüber hinaus sieht die Strafprozessordnung in den §§ 403 ff. StPO das **Adhäsionsverfahren** vor. Hiervon wurde in der Praxis bis zum Jahre 2003 kaum Gebrauch gemacht. Konnte bis dahin ein Antrag auf Zulassung des Adhäsionsverfahrens mit dem Hinweis auf eine Verzögerung abgelehnt werden, so ist dies heute nur noch in Ausnahmefällen möglich. Darüber hinaus hat der Gesetzgeber die Attraktivität zu steigern versucht, in dem er im Gesetz eine Hinweispflicht, die Möglichkeit eines Vergleichs und eines Anerkenntnisurteils sowie der vorläufigen Vollstreckbarkeitserklärung festgeschrieben hat. Das Adhäsionsverfahren ist aber immer noch dadurch beschränkt, dass das Gericht nach § 406 S. 4 StPO von einer Entscheidung absehen kann, wenn es der Auffassung ist, dass eine Entscheidung über einen Schadensausgleich für das Strafverfahren nicht geeignet ist.[140]

141 Antragsteller können der **Verletzte** oder sein Erbe sein. Das Strafgericht kann ein Grundurteil erlassen und die Berechnung der (endgültigen) Schadenshöhe einem Zivilgericht überlassen (§ 406 Abs. 1 S. 2 StPO). Ein Antrag steht einer gleichzeitigen Zivilklage im Wege, unterbricht aber die Verjährung. Wird der Antrag zurückgewiesen, steht der Zivilrechtsweg wieder offen.

142 Im Strafprozess hat der Adhäsionsantragsteller im Umfang seiner Adhäsionsklage ein **Anwesenheits-, Anhörungs- und Fragerecht**. Er kann im Rahmen seines Antrags Beweisanträge stellen und hat als Verletzter im Rahmen des § 406 e StPO **Akteneinsichtsrecht**. Es gilt der Amtsermittlungsgrundsatz (§ 244 Abs. 2 StPO). Für ein Unternehmen ist daher ein Adhäsionsantrag attraktiv, soweit nicht auf andere Weise eine Beteiligung an der Hauptverhandlung möglich ist, etwa weil eine Nebenklage nicht zugelassen ist.[141] Ist der Antrag unzulässig wird von einer Entscheidung abgesehen: Es ergeht also kein Prozessurteil oder eine Sachentscheidung. Vielmehr ist der bestehende Schadensersatzanspruch zivilrechtlich durchzusetzen. Gegebenenfalls hat der Unternehmensanwalt zivilrechtliche Kollegen zu Rate zu ziehen.

143 d) **Verteidigerkosten**. Das Unternehmen hat häufig ein eigenes Interesse daran, dass sich Mitarbeiter in dem gegen sie gerichteten Ermittlungs- und späteren Strafverfahren effektiv verteidigen. Das kann sich auch bereits aus der Fürsorgepflicht des Arbeitgebers ergeben.[142] Das Unternehmen kann daher unter bestimmten Bedingungen **die Kosten der Verteidigung** übernehmen. Die Unschuldsvermutung lässt hierfür ausreichende Spielräume, wobei das Unternehmen die Grundsätze ordnungsgemäßer Wirtschaftsführung zu berücksichtigen hat. Gegen sie würde verstoßen, wenn bewusst gegen die Regeln kaufmännischer Sorgfalt eine gesteigerte Verlustgefahr in Kauf genommen wird, um eine äußerst unsichere Gewinnaussicht zu erhalten.[143] In jedem Fall sollte zur Übernahme von Verteidigerkosten ein Gesellschafterbeschluss herbeigeführt werden. Eine zur Sicherung der Verteidigungskosten abgeschlossene Darlehensvereinbarung ist zu bevorzugen, die auf Basis des bisher bekannten Sachverhaltes nur im Falle einer vorsätzlichen Handlung eine Rückzahlungspflicht auslöst. Dies erlaubt zwar einerseits, den

---

[138] § 795 Nr. 5 ZPO.
[139] *Rönnau* Vermögensabschöpfung S. 161 ff. sowie unten in § 12.
[140] Siehe etwa LG Hamburg Beschl. v. 6.6.2005 – 620 Kls 5/04 – n.v.
[141] Allerdings besteht kein Recht zur ununterbrochenen Anwesenheit; Löwe/Rosenberg/*Hilger* § 404 Rdnr. 14.
[142] BAG NJW 1995, 2372.
[143] BGH NJW 1990, 3220; BGH StV 2004, 424.

Mitarbeiter von aktuellen finanziellen Belastungen seiner Verteidigungskosten freizustellen, die endgültige Regelung aber erst zu treffen, wenn das Verfahren abgeschlossen ist.

Das Rundschreiben des Bundesministeriums des Inneren zum „Rechtsschutz in Strafsachen für Bundesbedienstete"[144] sieht einen Darlehensvertrag zur Finanzierung der Verteidigung vor, der als Muster verwendet werden kann:

Muster:

Darlehensvereinbarung zwischen
der Firma Solutions GmbH, Frankfurt am Main
(vertreten durch deren Geschäftsführer, Herrn Werner Schmidt)
und
Rudolf Amradt

Herrn Amradt wird für die Verteidigung in dem gegen ihn gerichteten Ermittlungsverfahren der Staatsanwaltschaft beim Landgericht Darmstadt im Zusammenhang mit dem Vorwurf der Umweltverschmutzung (Az: 7732 Js 1234/06) ein zinsloses Darlehen zur Deckung seiner Verteidigungskosten gewährt, über dessen Rückzahlung nach Beendigung des Verfahrens eine Einigung zwischen den Parteien zu erzielen ist. Das Stundenhonorar ist auf € 200 begrenzt und durch schriftliche Erfassung der Bearbeitungszeiten zu belegen.

Die Verteidigungskosten erstrecken sich auf die bisher der Firma Solutions GmbH bekannten Vorwürfe gegen Herrn Amradt, die im Zusammenhang mit seiner Tätigkeit für die Solutions GmbH erhoben werden (Stand 25. April 2006).

... , den

e) **Geldbußen und -strafen.** Seit BGHSt 37, 226 ist geklärt, dass die Übernahme von **Geldstrafen** keine Strafvereitelung darstellt.[145] Für die Übernahme von Verteidigungskosten, **Geldbußen** und **Auflagen** steht dies ohnehin außer Frage.[146] Diskutiert wird aber immer wieder, ob sie eine Untreue zum Nachteil des Unternehmens sein kann. Letztendlich wird man im jeweiligen Einzelfall zu entscheiden haben, ob die Übernahme im Unternehmensinteresse liegt.[147] Dies kann gegeben sein, wenn durch Übernahme der Geldbuße oder Geldauflage eine öffentliche Hauptverhandlung mit nicht zu vermeidender Erörterung des Unternehmens und seiner einzelnen Handlungsweisen verhindert werden kann oder aber das weitere Verfahren zur Offenlegung von Betriebsinterna oder gar von Betriebsgeheimnissen führen würde. Das Einverständnis beziehungsweise die Einwilligung der Vermögensinhaber klärt die Frage jedenfalls in der Regel bei einer GmbH, wenn es auch nicht letzte Zweifel beseitigen kann.[148]

Die Übernahme von Verteidigungskosten und Geldbußen hat unterschiedliche (lohn-) **steuerrechtliche Konsequenzen**, die zu beachten sind, soll nicht ein neues (Steuerstraf-)Verfahren ausgelöst werden.[149]

f) **Sonstige Sanktionen.** Strafverfahren können als weiterer Sanktionsmöglichkeit zu einer **Auftragssperre** für das Unternehmen führen, die es von öffentlichen Ausschreibungen ausschließt (siehe etwa § 6 AEntG, § 21 SchwarzArbG, § 8 VOB B). Die Oberfinanzdirektion Köln führt gemäß § 16 SchwarzArbG eine Datenbank, in der alle Unternehmen eingetragen werden, bei denen bereits der Verdacht illegaler Beschäftigung oder Schwarzarbeit vorliegt. Einige Bundesländer verfügen über Korruptions- und Vergaberegister, die Unternehmen bei Vorliegen eines umfangreichen Katalogs von Verstößen[150] von der Vergabe öffentlicher Aufträge ausschließen, und dies auch dann, wenn das Verfahren nach § 153 ff. StPO eingestellt wurde.[151]

---

[144] GmBl. 1999 S. 814; abgedruckt in *Hamm/Lohberger* S. 1151 f.
[145] Im Ergebnis ebenso OLGR Schleswig 2004, 474.
[146] *Spatscheck/Ehnert* StraFo 2005, 265, 266.
[147] BGHSt 30, 247 ff.; BGHSt 37, 226 ff.; BAG NJW 2001, 1962; *Poller* StraFo 2005, 274, 277 ff.
[148] *Poller* StraFo 2005, 274, 280.
[149] Siehe Hinweise bei *Spatscheck/Ehnert* StraFo 2005, 266, 269 ff.
[150] Siehe § 5 Abs. 1 KorruptionsbekämpfungsG NRW, etwa: §§ 263, 266 a StGB, § 16 AÜG, § 21 SchwarzArbG § 6 AEntG.
[151] Im Wortlaut § 5 Abs. 2 KorruptionsbekämpfungsG: „Ein Eintrag erfolgt ... 1. bei Zulassung der Anklage ... 4. bei Einstellung des Strafverfahrens nach § 153 a Strafprozessordnung ... 6. für die Dauer eines Straf- oder Bußgeldverfahrens ... ."

IV. Schlussbemerkung

149 Der Unternehmensanwalt muss zunehmend berücksichtigen, dass sich die schützenden Grenzen, die das prozessuale und materielle Strafrecht sonst bieten, sich im Wirtschaftsstrafrecht mehr und mehr auflösen. Im materiellen Strafrecht betrifft das zum einen die Strukturen des Allgemeinen Teils des StGB und zum anderen die Bestimmung der verletzten Rechtsgüter:

150 Das Wirtschaftsstrafrecht ist oft Mittel, um Koordinations- und Kommunikationsprobleme des Wirtschaftsverwaltungsrechts weit vor dem Eintritt konkreter Schäden zu lösen. **Abstrakte Gefährdungsdelikte** bürden dem Unternehmen Rechtspflichten auf, ohne zu bestimmen, wie diese im Einzelnen zu erfüllen sind. Nicht mehr die Bestrafung vergangenen Unrechts, sondern die Bewältigung der gefährdeten Zukunft rückt in den Fokus.

151 Über großzügige Verantwortungs- und Zurechnungsspielräume verschwimmen Täter und Teilnehmerzuschreibungen; am Ende kann sich niemand wirklich sicher sein, nicht doch im Zentrum der Ermittlungen zu stehen. Auf Grund der abstrakten Gefährdung erübrigen sich wiederum häufig Ausführungen zur Kausalität und zu einem konkreten Schaden. Statt eindeutiger Zeugenaussagen muss man sich mit mehrdeutigen Gutachten von Sachverständigen auseinander setzen. All dies produziert beim Beschuldigten soviel Unsicherheit, dass die Staatsanwaltschaft genügend Verhandlungsmasse besitzt, ihn von der Sicherheit einer **Verständigung** zu überzeugen, die weitgehend unter Ausschluss der Öffentlichkeit vollzogen wird.

152 Ein Unternehmen muss sich auf diese **neue Welt des Strafrechts** einstellen. Relevant ist für das Unternehmen nicht nur, was man weiß, sondern was man hätte wissen müssen. Hat man unterlassen, zum richtigen Zeitpunkt Insolvenz anzumelden oder ein Produkt vom Markt zurückzunehmen? Wie viel Nichtwissen über die Eigenschaften eines Medikaments kann sich ein pharmazeutisches Unternehmen leisten? Wie wirkt sich ein passives Verhalten in unklaren Gefahrensituationen aus? Wann wird aus einem fahrlässigen Nichtwissen über die Zeit ein vorsätzliches? Wann begründet eine Risikoverdichtung eine Garantenpflicht aus vorangegangenem gefährlichem Tun?

153 Im Sinne der **conditio sine qua non**-Formel kann jeder Täter sein, der eine einzige konkrete Gelegenheit verpasst hat, ein abstrakt bestehendes Risiko zu minimieren. Jeder, der bei der Wahrnehmung seiner Organisations-, Auswahl, Informations-, Kontroll- und Überwachungspflichten nachlässig war, kann Ermittlungen auf sich ziehen. Nicht die Rechtsgutsverletzung, sondern die Pflichtenverteilung entscheidet dann über den Status. Kollektiventscheidungen werden jedem am Abstimmungsprozess Beteiligten zugerechnet. Nur derjenige, der bei keiner anderen Abwendungschance seine Teilnahme verweigert hat, kann sicher sein, dass am Ende ein Strafvorwurf gegen ihn nicht erhoben wird.

154 Im Wirtschaftsstrafrecht geht es zum großen Teil um **universelle Rechtsgüter**. Sollten dennoch individuelle Rechtsgüter wie das Vermögen betroffen sein, so werden sie nach und nach universalisiert und mit Überlegungen etwa zu einem abstrakten Gläubigerschutz[152] oder dem Schutz von ebenso abstrakten Minderheitsaktionären[153] zu einem universellen Rechtsgut umdefiniert.

155 Die Interessen, aber auch die Verfahrensrolle einzelner Mitarbeiter wie auch des Unternehmens im Ganzen können während des Strafverfahrens wechseln. Der Unternehmensanwalt hat sich darauf einzustellen, dass er es mit einem **dynamischen Prozess** zu tun hat, den er immer wieder neu zu analysieren und auszurichten hat. Seine Funktion ist es, das Unternehmen möglichst schadlos wie ein Lotse durch ein Strafverfahren hindurchzuführen. Dies bedeutet nicht, dass der Unternehmensanwalt alle erforderlichen Maßnahmen selbst umsetzen, vielmehr dass er Untiefen erkennen und Anweisungen zu ihrer Umschiffung geben muss. Ähnlich wie ein Projektmanager muss er Ziele festlegen, Maßnahmen zu ihrer Erreichung einleiten und permanent den „status quo" kontrollieren und gegebenenfalls gegensteuern.

---

[152] BGH NStZ 2005, 269 ff.
[153] BGH Urt. v. 21.12.2005 – 3 StR 470/4 – n.v.; OLG Düsseldorf NJW 2004, 3275 ff.

§ 11 Die Beratung des Unternehmens in der Krise

Übersicht

	Rdnr.
I. Unternehmen und Strafrecht	1–28
1. Die (prozess-)rechtlichen Besonderheiten des Wirtschaftsstrafrechts	3–13
2. Die praktische Entwicklung des Wirtschaftsstrafrechts	14–28
a) Die Wahrnehmung der Beteiligten	14–20
b) Eine neue Generation Strafverfolger	21–28
II. Arten der Krise	29–86
1. Das Unternehmen als Subjekt wie Objekt strafrechtlicher Angriffe	30–74
a) Arten des Angriffs	32–50
b) Angreifer	51–63
c) Verteidigungsmittel	64–74
2. Das Unternehmen als Objekt des Ermittlungsinteresses	75–86
a) Presse	76
b) Prozesse	77–80
c) Interne Hinweise	81
d) Strukturelle Problemlagen ganzer Branchen	82–86
III. Der Zeitpunkt des ersten Handelns	87–131
1. Die vermutete Krise	88–103
a) Beratung zur Problembehandlung	89–91
b) Die Gretchenfrage: Initiatives Vorgehen?	92–94
c) Vorbereitung einer Durchsuchung	94–102
2. In der Durchsuchung	104–128
a) Sofortmaßnahmen	105–110
b) Durchsuchungsbegleitung	111–128
3. Abschlussmaßnahmen	129–131
IV. Strategieberatung	132–189
1. Analyse der Sach- und Rechtssituation	132–137
2. Strategische Vorfrage: Wer leitet das Verfahren?	138–145
a) Rechtsabteilungen	139/140
b) Revisionsabteilung	141
c) Der Individualverteidiger	142–145
3. Der Unternehmensvertreter	146–171
a) Stellung des Unternehmensvertreters gegenüber den sonstigen vom Verfahren Betroffenen	160/161
b) Leitungsebene	162–164
c) Kontrollebene	165/166
d) Rechtsabteilung	167
e) Mitarbeiter	168–170
f) Externe Rechtsberatung	171
4. Spezialisten und Gutachter	172–175
5. Verhalten des Unternehmensverteidigers gegenüber Individualverteidigern	176
6. Sachfragen	177–185
7. Rechtsfragen	186–189
V. Analyse – Stellung, Handlungsmöglichkeiten und Interesse des Unternehmens	190–230
1. Probleme der Abstraktion von Individualinteressen	191
2. Außeneinflüsse	192
3. Interne Effekte	193/194
4. Finanzielle Auswirkungen	195–204
a) Kosten der Vertretung	196–198
b) Konsequenz aus Kostenübernahme	199–201
c) Verfall und Einziehung	202–204
5. Umsetzung der gefundenen Strategie nach innen	205–212
a) Umsetzung auf der Leitungsebene	206/207
b) Mitarbeiter	208/209
c) Sonderfall: Beendigung einer Dauerstraftat	210–212
6. Umsetzung der Strategie nach außen	213–230

a) Individualverteidiger 214–220
b) Zeugenbeistand 221–227
c) Berater des Unternehmens 228–230
VI. Auftreten gegenüber Ermittlungsbehörden und Gerichten 231–248
1. Abstimmung mit dem Unternehmen 232
2. Abstimmung mit Individualverteidigern 233
3. Die Unternehmensstellungnahme 234
4. Die Ausübung der Verfahrensrechte durch den Unternehmensvertreter 235–237
5. Die Unternehmensstellungnahme als strategisches Moment 238
6. Einschaltung in abgestimmte Verfahrensbeendigungen 239–246
7. Der Auftritt des Unternehmensanwaltes in der Hauptverhandlung 247/248

Schrifttum: *Adler*, Für die Zurückweisung eines anwaltlichen Zeugenbeistands wegen angeblicher Interessenkollision gibt es keine Rechtsgrundlage, StraFo 2002, 146; *Alwart*, Strafrechtliche Haftung des Unternehmens – vom Unternehmenstäter zum Täterunternehmen, ZStW 1993, 752; *Bär*, Der Zugriff auf Computerdaten im Strafverfahren, 1992; *Barton*, E-Mail-Kontrolle durch Arbeitgeber – Drohen unliebsame strafrechtliche Überraschungen?, CuR 2003, 839; *Bieneck*, Handbuch des Außenwirtschaftsrecht mit Kriegswaffenkontrollrecht, 2. Aufl. 2005; *Burhoff*, Handbuch für das strafrechtliche Ermittlungsverfahren, 3. Aufl. 2003; *Dahs*, Handbuch des Strafverteidigers 7. Aufl. 2005; *Eidam*, Unternehmen und Strafe, 2. Aufl. 2001; *Eisenberg* Kriminologie 7. Aufl. 2004; *Hassemer*, Kennzeichen und Krisen des modernen Strafrechts, ZRP 1992, 378; *ders*., „Das Zeugnisverweigerungsrecht des Syndikusanwalts, wistra, 1986, 1; *Hetzer*, Schuldlose Sanktionssubjekte? Unternehmenskriminalität und Verbandsstrafe, wistra 1999, 361; *Hoyzer*, Die traditionelle Strafrechtsdogmatik vor neuen Herausforderungen: Probleme der strafrechtlichen Produkthaftung, GA 1996, 160 ff.; *Ignor/Rixen*, Grundprobleme und gegenwärtige Tendenzen des Arbeitsstrafrechts, NStZ 2002, 510; *Jungfer*, Strafverteidiger und Detektiv, StV 1989, 495; *Krause*, Der „Gehilfe" der Verteidigung und sein Schweigerecht, StraFo 1998, 1; *Krekeler/Werner*, Unternehmer und Strafrecht, 2006; *Lüderssen*, Ein Prokrustes Bett für ungleiche Zwillinge – Angestelltenbestechung und Submissionsabsprachen, vereinigt in einem neuen Abschnitt des Strafgesetzbuches: „Straftaten gegen den Wettbewerb", BB 1996, 2525; *Minoggio*, Firmenverteidigung, 2005; *Müller/Eckart*, Die Sockelverteidigung, StV 2001, 649; *Müller-Gugenberger/Bieneck*, Wirtschaftsstrafrecht, 3. Aufl. 2000; *Niehaus*, Blankettnormen und Bestimmtheitsgebot vor dem Hintergrund zunehmender europäischer Rechtsetzung, wistra 2004, 206; *Pellkofer*, Sockelverteidigung und Strafvereitelung, 1998; *Peters*, Fehlerquellen im Strafprozeß, 1970; *Puppe*, Anmerkungen zu: BGH 2.8.1995 – 2 StR 221/94; *Ransiek*, Unternehmensstrafrecht, 1996; *Reinhardt*, Der Ausschluß und die Ablehnung des befangen erscheinenden Staatsanwaltes, 1997; *Richter II*, Sockelverteidigung, NJW 1993, 2152 ff.; *Schlothauer/Weider*, Erweiterte Handlungsspielräume – gesteigerte Verantwortung der Verteidigung im künftigen Ermittlungsverfahren, StV 2004, 504; *Schmidt-Salzer*, Konkretisierung der strafrechtlichen Produkt- und Umweltverantwortung, NJW 1996, 1; *Sommer*, Das Bundesverfassungsgericht als Retter der Strafverteidigung?, StraFo, 2004, 257; *Thomas*, Der Zeugenbeistand im Strafprozeß, NStZ 1982, 489; *Thum*, Sachlichkeitsgebot und Wahrheitspflicht – Zu den berufsrechtlichen Grenzen des Anwaltsberufs, BRAK-Mitteilungen 2/2005, S. 60; *Tiedemann*, Welche strafrechtlichen Mittel empfehlen sich für eine wirksame Bekämpfung der Wirtschaftskriminalität?, Gutachten für den 49. DJT; *Tiedemann/ Kindhäuser*, Umweltstrafrecht – Bewährung oder Reform?, NStZ 1998, 337; *Tolksdorf*, Mitwirkungsverbot für den befangenen Staatsanwalt, 1989; *Wabnitz/Janovsky*, Handbuch des Wirtschafts- und Steuerstrafrechts, 2. Aufl. 2004; *Wehnert*, Die tatsächliche Ausgestaltung der Absprachepraxis in staatsanwaltlichen Wirtschaftermittlungsverfahren aus anwaltlicher Sicht, StV 2002, 219 ff.; *Wessing*, Steuerverkürzungsbekämpfungsgesetz – Entwarnung?, Steueranwaltsmagazin 2002, 56; *ders*., Der Syndikus im Strafverfahren, Syndikus, Nov./Dez. 2003, 41 ff.; *ders*., Persönliche Verantwortung und Haftungsrisiken von IT-Verantwortlichen – Strafrechtliche Aspekte, in: Knop/Haverkamp/Jessen „Heute schon das Morgen sehen" 19. DFN-Arbeitstagung über Kommunikationsnetze, Düsseldorf 2005.

I. Unternehmen und Strafrecht

1 Nach traditionellem Verständnis der Wirtschaft und vor allem der Firmen- und Konzernleiter haben die Themen Unternehmen und Strafrecht kaum unmittelbare Berührungspunkte – deshalb ist das Thema strafrechtliche Krisenberatung zu Unrecht wenig bekannt. Bis vor wenigen Jahren wurde von den eigentlich Betroffenen die Vorstellung, Gegenstand oder gar Handelnde eines besonderen Zweiges des Strafrechtes, des Wirtschaftsstrafrechtes, zu sein, gar nicht erst angestellt, zumindest jedoch abgelehnt. Dies hat sich rapide geändert. **Wirtschaftsstrafrecht** ist seit den eher rechtstheoretischen Überlegungen anfangs des 20. Jahrhunderts[1] in den letzten Jahren zu einer **bedrängenden Realität des Geschäftslebens** geworden. Das Schlag-

---

[1] Vgl. Wabnitz/Janovsky/*Dannecker* Kapitel 1, Rdnr. 6.

§ 11 Die Beratung des Unternehmens in der Krise

wort von der Wirtschaftskriminalität steht zudem im Zentrum der rechtspolitischen und – zum Teil – auch rechtswissenschaftlichen Frage, wohin sich das Strafrecht entwickelt. Im Bereich der Wirtschaft wird besonders deutlich, dass zumindest die Politik das kulturell und rechtshistorisch gewachsene Institut der individuell zumessbaren Schuld aus Opportunitätsgründen politischer Lenkung verlassen will. Die bisherige Entwicklung aufzuzeigen, ist aus mehreren Gesichtspunkten erforderlich:

Zum einen muss, um auch in der Beratung in der Krise die richtigen Akzente zu setzen, die Dynamik sowohl der rechtlichen wie der tatsächlichen Entwicklung beachtet werden. Zum anderen hat sich die Entwicklung dermaßen rapide vollzogen, dass unter dem Gesichtspunkt der Verjährung noch aktuell viele Gesetzesänderungen für die Frage der materiell rechtlichen Beurteilung eines Sachverhaltes von Bedeutung sind. Ohne sich zumindest kurz das historische und gesetzesdynamische Umfeld zu vergegenwärtigen, ist das Verständnis der Beratung eines Unternehmens in der Krise nicht möglich. Eine ausführliche, grundlegende Darstellung zum (materiellen) Wirtschaftsstrafrecht findet sich oben bei *Grunst/Volk* in § 1; im Folgenden werden die dortigen Ausführungen um die prozessualen und praktischen Aspekte ergänzt.

1. Die (prozess-)rechtlichen Besonderheiten des Wirtschaftsstrafrechts

Prozessual sind Wirtschaftsstrafsachen davon geprägt, dass bei ihrer Abwicklung oft neben den allgemeinen Ermittlungsbehörden wie Kriminalpolizei und Staatsanwaltschaft, **spezialisierte Behörden** tätig sind.

Genannt seien:
- Arbeitsamt (z. B. § 3 SchwArbG)
- Bundesanstalt für Finanzdienstleistungsaufsicht (§§ 6 ff., 44 c, 60 a KWG)
- Gewerbeaufsichtsamt (§ 139 b GewO)
- Lebensmittelüberwachungsbehörden (§ 48 LMBG)
- Finanzämter für Steuerfahndung (§ 208 AO)
- Wirtschaftskontrolldienst (§§ 40 ff. LMBG i. V. m. mit den jeweiligen Landesgesetzen)
- Zollbehörden (§ 404 AO),[2] insbesondere mit hoher Machtbefugnis das Zollkriminalamt[3]

Durch diesen Behörden zugeordnete Spezialkompetenzen und deren ständige Erweiterungen entstehen strafrechtliche Kontroll- und Überwachungsbereiche vorher nicht gekannten Ausmaßes. Beispiel dafür ist die Bildung der neuen **BAFin**,[4] deren Kompetenzen über diejenigen ihrer Vorgängerbehörden weit hinaus gehen und die auch personell von einem deutlicheren Verfolgungswillen geprägt ist.[5]

Wirtschaftsstraftaten spielen sich immer weniger im Kernstrafrecht des StGB ab, sondern in den vielen verstreuten Normen des Nebenstrafrechtes. Damit sind nicht nur die oben tabellarisch aufgeführten Gesetzesänderungen angesprochen, sondern zusätzlich die Vielzahl der strafrechtlichen Annexe zu Zivilgesetzen und Vorschriften des öffentlichen Rechtes. Es scheint, dass heute kein Gesetz mehr ohne spezifisch strafrechtliche Flankierung auskommen kann.[6] Die bekannteste Kommentierung der Nebengesetze[7] hat sich in den letzten 10 Jahren vom Umfang her verdoppelt.

Ein neuer, zusätzlicher Faktor ist die **Kompetenz europäischer Behörden** zu prozessualen Handlungen wie Durchsuchungen. Dabei gibt es zwar – noch – keine originäre Anordnungs-

---

[2] Vergleiche hierzu *Eisenberg* Kriminologie § 26 Rdnr. 44 ff.
[3] http://www.zollkriminalamt.de/
[4] Die Bundesanstalt für Finanzdienstleistungsaufsicht – kurz BaFin genannt – ist zum 1.5.2002 gegründet worden. Grundlage ihrer Entstehung ist das „Gesetz über die Bundesanstalt für Finanzdienstleistungsaufsicht (Finanzdienstleistungsaufsichtsgesetz – FinDAG)" vom 22.4.2002. Die BaFin vereinigt unter ihrem Dach die drei ehemaligen Bundesaufsichtsämter für das Kreditwesen (BAKred), für das Versicherungswesen (BAV) und für den Wertpapierhandel (BAWe).
[5] Seit Anfang 2003 werden in der Gruppe Geldwäscheprävention (GW) sämtliche unmittelbar oder mittelbar geldwäscherelevanten Geschäfte im Finanzbereich bereichsübergreifend beaufsichtigt. Hinzu kommt die Aufsicht über das Finanztransfer-, Sorten- und Kreditkartengeschäft. Die Unternehmen, die derartige Geschäfte betreiben, sind wegen ihres erhöhten Geldwäscherisikos einer laufenden Aufsicht unterstellt worden. Darüber hinaus geht die Gruppe GW proaktiv gegen die Unternehmen vor, die die erlaubnispflichtigen Geschäfte unerlaubt betreiben. Siehe auch: www.bafin.de.
[6] Vgl. *Niehaus* wistra 2004, 206 ff.
[7] *Erbs/Kohlhaas/Ambs*, Strafrechtliche Nebengesetze, Loseblattwerk.

kompetenz von EG-Fahndern. Sie müssen sich zur Durchführung ihrer Ermittlungen der nationalen Behörden bedienen. Da jedoch die nationalen Gerichte nicht dazu berechtigt sind, Anlass und Inhalt der von der Kommission angeordneten Nachprüfungen zu modifizieren oder zu negieren, sind die nationalen Behörden primär Durchgangsstationen.[8] Vielfach werden die europäischen Behörden gar nicht die Notwendigkeit haben, sich auf nationale Durchsetzungsmechanismen zurückzuziehen:

8   So haben europäische Behörden in **Kartellfällen** beispielsweise die Möglichkeit, Beweismaterial selbst zu sammeln (siehe Artikel 14 Abs. 1 Satz 2 A – d. VO 17/62). Es besteht danach ein originäres Betretungsrecht und die Kompetenz, selbst Stellungnahmen einzuholen – im allgemeinen Strafrecht Durchsuchung und Zeugen- oder Beschuldigtenvernehmungen genannt. Da auch heute noch in vielen Unternehmen eine Tendenz vorherrscht, Behörden, erst recht europäische, nicht durch die Ausübung eigener Rechte zu verärgern, wird der Rückgriff auf die Eingriffskompetenzen nationaler Behörden wohl nur in den seltensten Fällen notwendig.

9   Europäischer Einfluss verwischt auch immer mehr die von Artikel 103 Abs. 2 GG geforderte Bestimmtheit von Strafnormen. Die Gesetzgebung kennt seit jeher **Blanketttatbestände** mit Normen, deren Inhalt durch andere Gesetze ausgefüllt wird. Bekanntestes Beispiel ist die **Steuerhinterziehung** nach § 370 AO, die ohne eine spezifisch verletzte Steuernorm ohne Inhalt und Wirkung bleibt oder die **verwaltungsakzessorischen Normen des Umwelt- und Abfallstrafrechtes**. Auf dieses schon nach seiner Konstruktion eher diffuse Regelwerk stülpt sich als weitere Ebene diejenige des Europäischen Gemeinschaftsrechts. Deren Kenntnis ist den meisten Juristen nicht präsent, geschweige denn dem Normaladressaten des Strafrechtes, dem Bürger. Trotzdem haben Gerichte keine Schwierigkeiten, im subjektiven Bereich die Kenntnis des europäischen Regelwerkes vorauszusetzen.[9]

10 Erhebliche prozessuale Auswirkungen hat auch die Einführung des **Europäischen Haftbefehls**, in Kraft seit dem 1.1.2004.[10] Mit der Schaffung dieses neuen Rechtsinstrumentes wurde ein völkerrechtlich allgemein anerkannter Grundsatz durchbrochen: Die Auslieferung eigener Staatsangehöriger an die Verfolgungsbehörden anderer Länder erfolgte im europäischen Recht nur im Wege der Rechtshilfe unter Berücksichtigung der nationalen Souveränitäten. Relativ unbemerkt von der Öffentlichkeit hat sich dies durch den internationalen Haftbefehl geändert: Zielobjekt ist nicht nur der eigene Staatsangehörige, der sich im Ausland vor Strafvollstreckung verborgen hat, nunmehr soll auch der deutsche Staatsbürger in ein anderes Land, in dem ein „europäischer" Haftbefehl ergangen ist, ausgeliefert werden.[11]

11 In die Praxis umgesetzt hätte dies bedeutet: Der Haftbefehl wegen eines Organisationsdeliktes, fußend auf einem süditalienischen Bestechungsverfahren, bringt den Vorstand eines deutschen Unternehmens in das Untersuchungshaftgefängnis von Palermo. Verteidigung und Beratung hat sich mithin in Zukunft – angepasste Gesetzesvorhaben, die unter Beachtung des Spruchs des Verfassungsgerichtes den gewollten Zustand wiederherstellen sollen, sind bereits auf dem Weg – nicht nur mit den Haftgefahren in Deutschland auseinander zu setzen. Bei **grenzüberschreitenden Konstellationen** sind auch Haftrecht und Haftpraxis der mitbetroffenen europäischen Staaten in die Beratung einzubeziehen. Hier entstehen neue Anforderungen an Rechtsvergleichung und grenzüberschreitender Strafrechtsberatung.

12 Der Spruch des Bundesverfassungsgerichtes, der das neue Gesetz erst einmal außer Funktion setzte,[12] hat nur einen zeitlichen Aufschub bewirkt. Der inzwischen vorliegende und im Zeitpunkt der Drucklegung mit großer Sicherheit verabschiedete neue Entwurf[13] des EuHbG stellt nur eine unwesentliche Abmilderung gegenüber der ursprünglichen Fassung dar.

---

[8] Vergleiche *Eidam* S. 538.
[9] So z. B. das LG Kassel (Urt. v. 13.5.2003 Js 7630 Js 29352/02 – GNs), zitiert nach *Niehaus* wistra 04, 207.
[10] „Rahmenbeschluss des Rates über den europäischen Haftbefehl und die Übergabeverfahren zwischen den Mitgliedstaaten" vom 13.6.2002, ABl. 2002 L 190 vom 18.7.2002, S. 1 ff.
[11] Vorerst gestoppt durch die Entscheidung des BVerfG NJW 2005, 2289.
[12] BVerfG Urt. vom 18.7.2005 – 2 BvR 2236/04.
[13] Vgl. Entwurf eines Gesetzes zur Umsetzung des Rahmenbeschlusses über den Europäischen Haftbefehl und die Übergabeverfahren zwischen den Mitgliedstaaten der Europäischen Union. (Europäisches Haftbefehlsgesetz – EuHbG) verabschiedet vom Kabinett am 25.1.2006 – vgl. die entsprechende Pressemitteilung des BMJ vom gleichen Tage.

Neben den Entwicklungen nationaler und europäischer Art im Bereich der Rechtsetzung ist 13
die **deutsche Rechtsprechung nicht unbeteiligt**, dass Wirtschaftsverfahren ihrer Zahl nach
steigen. Die in der kriminologischen Literatur vertretene These, Wirtschaftsdelikte seien
– verglichen mit Allgemeinstraftaten – beweisresistent und privilegiert,[14] erhielt ihren dogmatischen Kontrapunkt in der Entwicklung der Rechtsprechung zur Kausalität. Die seit dem
Contergan-Verfahren[15] erfolgte Ausweitung des Kausalbegriffes, insbesondere im Umweltstrafrecht[16] und in Medizinstrafverfahren, erhielt durch die so genannte „**Mauerschützenrechtsprechung**"[17] eine besondere Note. Dort hat der Bundesgerichtshof im Rahmen der zu prüfenden Verantwortlichkeit der politischen Führungsgremien der ehemaligen DDR festgestellt,
dass diese Personen Kraft ihrer Leitungsmacht für die Todesschüsse an der innerdeutschen
Grenze verantwortlich waren. Ohne jeden verfahrensmäßigen Anlass hielt es der BGH für
nötig, diese Verantwortlichkeit aus Organisationsgewalt eines Unrechtsregimes ausdrücklich
auch zu den Anordnungen von Unternehmensmanagern zu parallelisieren. Faktisch ist damit
die mittelbare Täterschaft im Rahmen von Unternehmensorganisationen mit hierarchischen
Strukturen zum Normalfall des Anfangsverdachtes gemacht worden.

2. Die praktische Entwicklung des Wirtschaftsstrafrechts

a) **Die Wahrnehmung der Beteiligten.** Die gesetzliche Entwicklung, deren Wahrnehmung in 14
der Öffentlichkeit und Lehre, sowie die Rezeption der von der gesetzgeberischen Dynamik Betroffenen sind alles andere als kongruent. Sie erleben unterschiedliche zeitliche Entwicklungen
ebenso wie unterschiedliche Grade von Intensität. Insbesondere die Wahrnehmung legislativer
Entwicklungen durch die Öffentlichkeit ist stets mitgeprägt vom sozialen Klima und den vorherrschenden Themen der gesellschaftlichen Diskussion.

aa) Die Öffentlichkeit. Es mag daher Ausdruck einer an wirtschafts(straf)rechtlichen Fragen 15
uninteressierten Öffentlichkeit gewesen sein, dass der Begriff des Wirtschaftsstrafrechtes bis
in die Mitte der 80er-Jahre kaum wahrgenommen worden ist. Das erste als Wirtschaftsstrafverfahren in das Bewusstsein der Bevölkerung gedrungene Verfahren war das **Herstatt-Bank-Verfahren**, welches sich in der Folge des Zusammenbruchs der populären Herstatt-Bank in
Köln abspielte. Die Dauer aller aus diesem Crash entstandenen Verfahren an Jahren – einige
erreichten nahezu 15 Jahre – und auch die Länge der Hauptverhandlung des Zentralverfahrens
von 5 Jahren mit 365 Hauptverhandlungstagen waren ungewöhnlich, die Anzahl der Betroffenen hoch.[18] Das zeitlich vorher gehende **Contergan-Verfahren**[19] hingegen, ein Meilenstein des
Produktstrafrechtes und auch des Wirtschaftsstrafrechtes, wurde weniger unter dem Gesichtspunkt eines Wirtschaftsstrafverfahrens als vielmehr in seiner menschlichen und kapitalstrafrechtlichen Dimension wahrgenommen.

In der Folge machte der **Zusammenbruch des COOP-Verbundes** Schlagzeilen, gefolgt von 16
Verfahren des Baulöwen **Schneider**[20] und der Firma **Balsam**.[21] Diese Verfahren wurden von der
Öffentlichkeit bereits als Wirtschaftsstrafverfahren begriffen, primär aber immer noch als das
persönliche Versagen individueller Personen.

Bei den sodann folgenden Verfahren mit Öffentlichkeitswirksamkeit drehte sich dieser 17
Blickwinkel: In diesen Strafverfahren wurde die strafrechtliche, ja ethische, Problematik nicht
mehr ausschließlich bei dem betroffenen Individuum gesehen, sondern als Ausdruck struktureller Probleme einer Gesellschaftsform und bestimmter Gesellschaftsschichten begriffen.
Exponenten für diese Verfahren sind die so genannten **Dresdner Bank-Verfahren**[22] und das –

---

[14] *Eisenberg* Kriminologie § 24 Rdnr. 19.
[15] LG Aachen, JZ 1971, 507 ff.; siehe dazu *Hoyer* GA 1996, 160 ff.
[16] BGHSt 41, 206 ff.; dazu *Puppe* JZ 1996, 318; *Schmidt-Salzer* NJW 1996, 1 ff.
[17] BGHSt 40, 218, 236 f.; 45, 270, 296 ff.
[18] Exemplarisch für die Verfahren ist der auch rechtlich interessante Einstellungsbeschluss nach § 153 Absatz 2 StPO wegen überlanger Verfahrensdauer, nachdem 16 Jahre seit der Tat und mehr als 12 Jahre seit Anklageerhebung vergangen waren (BGH NJW 1990, 1000).
[19] LG Aachen JZ 1971, 507 ff; vgl. dazu auch § 4 „Strafrechtliche Produkthaftung".
[20] Vgl. hierzu: FAZ v. 20.5.1995, S. 12; 14.2.2004, S. 43.
[21] Das Urteil des LG Bielefeld wurde vom BGH mit dem (unveröffentlichten) Beschl. vom 21.12.2000 (Az: 4 StR 431/00) bestätigt.
[22] Vgl. LG Bochum NJW 2000, 1430 ff. Bestätigt durch BGH wistra 1999, 418.

nach Opportunitätsgesichtspunkten eingestellte[23] – Verfahren gegen den Ex-Bundeskanzler Helmut Kohl. An letztgenanntem Verfahren macht sich in der Öffentlichkeit vor allen Dingen der Eindruck fest, dass in unserem Wirtschafts-Strafrechtssystem ab einer gewissen Bedeutung der Betroffenen eine Quasi-Immunität herrsche. Endgültig als Ausfluss eines in sich fehlerhaften Systems wurden dann zumeist der viel publizierte Prozess gegen einige Verantwortliche des **Mannesmannkonzerns** im Rahmen der Übernahme durch Vodafone gesehen. Die dort verteilten Summen waren weiten Teilen der Gesellschaft nicht vermittelbar, sie wurden als unanständig und strafrechtlich relevant empfunden.[24] Unabhängig von dem Ausgang des Verfahrens wurde durch diese Verknüpfung von angeblichem Moralempfinden, Wirtschaft und Strafrecht die Vorstellung zementiert, dass es eine besondere Kriminalität der Wirtschaftsbosse gebe.

18   *bb) Die Strafrechtslehre*. Anfang der neunziger Jahre formulierte Alwart[25] zur strafrechtlichen Haftung des Unternehmens einen Wandel „**vom Unternehmenstäter zum Täterunternehmen**". Unter Berufung auf andere Autoren[26] postuliert er, das Unternehmen solle, unabhängig von den handelnden Personen, dafür einzustehen haben, dass die Grenzen eines erlaubten Risikos nicht überschritten werden. Die sich darin zeigende Abkehr von der individuellen Schuld zur organisatorischen Schuld entlastet das Individuum allerdings nach dieser Meinung nicht, das Unternehmen tritt nur neben eine Person und dient als Auffangbecken für strafrechtliche Schuld, wenn diese nicht zu individualisieren ist. Andere Stimmen wollen das Unternehmensstrafrecht stärker von der persönlich zurechenbaren Schuld abkoppeln und statt Strafen rechtliche Anreize zu normkonformem Verhalten setzen.[27] Einiger Konsens in der Lehre besteht nur in Hinblick darauf, dass es sich um ein neues, mit neuen oder zumindest modifizierten alten Instrumenten zu behandelndes Gebiet handelt. Eine Konsequenz für die Krisenberatung ist daraus nicht zu ziehen.

19   *cc) Die Betroffenen*. Die Betroffenen selbst stehen oft genug fassungslos vor der Erkenntnis, dass dasjenige, was sie in täglicher Arbeit seit Jahrzehnten gestaltet und unternommen haben, strafrechtliche Relevanz aufweisen soll. Es gibt kaum eine Gruppe von Beschuldigten, bei denen die Suche nach dem **Unrechtsbewusstsein** derart erfolglos ist. Dies hängt aber nicht von einer besonders unmoralischen genetischen oder soziologischen Ausstattung dieser Gruppe ab, sondern ist Folge der oben geschilderte Distanz der Tatbestände von dem normalen Instrumentarium der Moral und der Wahrnehmung von Gut und Böse. Festzustellen ist auch, dass trotz des diffusen Gefühls der potentiellen Zielgruppe eine Umsetzung in konkrete Handlungen, beispielsweise präventives Verhalten und Implementierung von Vermeidungsstrategien auch gegenüber dem Risiko der Strafbarkeit, noch nicht annähernd hinreichend erfolgt.

20   Eine große Gruppe von Betroffenen stellt mittlerweile fest, dass bereits die Konfrontation mit dem Strafrecht als solche Strafcharakter hat und zu wirtschaftlichen Risiken bis hin zur Vernichtung führen kann. Dies gilt in besonders hohem Maße bei Mitgliedern so genannter **verkammerter Berufe** wie beispielsweise Wirtschaftsprüfer, Rechtsanwälte, Ärzte und Steuerberater.[28] Bei diesen Berufsgruppen stellt sich oft genug nicht die Frage nach Schuld oder Unschuld, Freispruch oder Schuldspruch, sondern danach, wie ein Verfahren möglichst unauffällig und reibungslos durchgeführt wird. Da für diese Personen ein öffentlicher Freispruch fast ebenso negative Wirkungen auslöst wie ein Schuldspruch, wird alles versucht, in den strafrechtlichen Deal zu gelangen.[29]

21   **b) Eine neue Generation Strafverfolger.** Bis in die letzten Jahre des vergangenen Jahrtausends hinein hielt sich nicht zuletzt unter Zivilijuristen der Satz von der Staatsanwaltschaft als Kavallerie des Rechtes, die schnell, schneidig und dumm zu sein hatte. Das letztere Attribut ist – wenn es jemals zutraf – nicht mehr zu rechtfertigen, den ersteren beiden haben sich einige

---

[23] Siehe den Zustimmungsbeschluss des LG Bonn NStZ 2001, 375 ff.
[24] Das Verfahren geht nunmehr nach der Entscheidung des BGH NJW 2006, 522 ff. wieder an das LG Düsseldorf. Zur vertieften Darstellung der Problematik vgl. § 17 „Untreue".
[25] *Alwart* ZStW 105, S. 752 ff.
[26] Beispielsweise *Stratenwerth*, FS Schmitt, 1992, S. 295 ff.
[27] *Ransiek* Unternehmensstrafrecht S. 415.
[28] Vergleiche *Wehnert* StV 2002, S. 220.
[29] Vgl. dazu die Ausführungen von Müller-Gugenberger/Bieneck/*Niemeyer* § 10 Rdnr. 33 ff.

Staatsanwaltschaften sehr wohl verschrieben. Die Staatsanwaltschaft als Strafverfolgungsbehörde ist sowohl Herrin als auch Leiterin des Ermittlungsverfahrens. Sie erhebt und vertritt die Anklage und muss sich im Erfolgsfalle auch im Wege der Strafvollstreckung um das Ergebnis ihrer Tätigkeit kümmern. Technisch gesehen handelt es sich um eine hierarchische Behörde, die letztlich Weisungen aus den Justizministerien untersteht. Das Gesetz verlangt in § 152 Abs. 2 StPO, dem so genannten Legalitätsprinzip, die Verfolgung jeglicher der Staatsanwaltschaft bekannt gewordener Straftaten. Ein Auswahlermessen und das Vorgehen nach Opportunität ist bei der Frage, ob ein Strafverfahren einzuleiten ist, nicht gegeben. Das Gesetz verlangt weiter von der Staatsanwaltschaft eine **berufsbedingte Sonderform der Schizophrenie** in § 160 Abs. 2 StPO. Nach dieser Vorschrift hat der Staatsanwalt sowohl das Für als auch das Wider, die für und die gegen den Beschuldigten sprechenden Umstände zu ermitteln. Dass dies mit gleicher Intensität nicht möglich sein kann, ist evident. In der Verfahrenswirklichkeit sind Staatsanwälte Strafverfolger, sie begreifen sich auch als solche.

Anders als der Richter, der in bestimmten Fällen ablehnbar ist, kann ein Staatsanwalt nicht über ein in der Strafprozessordnung speziell geregeltes Instrumentarium aus einem Verfahren entfernt werden. Sollte sich ein Staatsanwalt all zu weit jenseits der Regeln der Strafprozessordnung aufhalten, bleibt nur der Weg der Dienstaufsicht über die Hierarchie.[30] In der Verfahrenswirklichkeit hatten **Angriffe auf einen Staatsanwalt** selten Erfolg, sie rufen den zu dem Anfangszitat immer noch gehörenden Korpsgeist hervor.

Das ursprüngliche Leitbild des Staatsanwalts als selbstermittelnder, aktiver Teil auch in den Außenbereichen von Strafsachen existiert nicht mehr. Die Überordnung des Staatsanwaltes zur Polizei und anderen Ermittlungsbehörden ist mehr eine rechtliche als eine praktisch gelebte. Selbst in Wirtschaftsstrafsachen mittlerer Art, diejenigen welche in der so genannten „kleinen Wirtschaft", einer besonderen Abteilung der Staatsanwaltschaft, abgehandelt werden, gibt es ein **faktisches Ermittlungsprimat der Kriminalbeamten**.

Eine Ausnahme machen allerdings die Großverfahren, besonders wenn sie öffentlichkeitsträchtig sind. In diesen Verfahren geht die Staatsanwaltschaft – namentlich die in der Folge beschriebene **Schwerpunktstaatsanwaltschaft** – an die Spitze der Ermittlungen und organisiert diese. Dies kann durchaus durch mehrere Staatsanwälte gleichzeitig erfolgen. Die durch frühere Verfahren erlangte Spezialkenntnis in bestimmten wirtschaftlichen oder technischen Fragen ist durchaus ein Auswahlkriterium für die Mitglieder solcher Teams aus Staatsanwältinnen und Staatsanwälten. Oft trifft man hier **Konstellationen mit Ausbildungscharakter** an, in denen ein erfahrener, altgedienter Staatsanwalt anhand älteren Verfahrens den Nachwuchs einweist. In diesen Fällen wird die Erfahrung des alten Hasen mit den neuen Erkenntnissen, die heute Staatsanwälten vermittelt werden, zusammengeführt.

Die Ausbildung von Staatsanwälten geschieht nämlich heute nicht mehr ausschließlich in den Dezernaten und Abteilungen einer lokalen Staatsanwaltschaft; viel mehr werden zu besonderen Themen regelrechte Ausbildungscamps veranstaltet. Die von der Staatsanwaltschaft neu entdeckten und zum Leben erweckten Vorschriften des Verfalls[31] und der Einziehung beispielsweise werden durch **Lehrgänge** bundesweit vermittelt. Spezialisten geben ihre in den Spezialdezernaten gewonnenen Kenntnisse im Bereich der so genannten organisierten Kriminalität, die nach Ansicht vieler Ermittler Parallelen zum Wirtschaftsstrafrecht aufweist, wenn nicht gar mit dieser als verflochten angesehen wird, dort weiter. Es wäre also heute fahrlässig, zu glauben, man könne in komplexen Rechtsmaterien und bei technisch schwierigen Fragen die Staatsanwälte ohne weiteres mit Nebelbomben ablenken.

Die Staatsanwaltschaften haben sich mithin in den letzten Jahren gerade für die Erledigung von Umfangsverfahren und Wirtschaftsstrafsachen in beiden Bereichen neu aufgestellt. Durch Spezialisierung, Konzentration und vertiefte Ausbildung soll höhere Effizienz erreicht werden, was durchaus gelungen ist. Dass nicht jede Staatsanwaltschaft in der Lage ist, für die Vielzahl von Spezialthemen auch die nötige Zahl von Spezialisten zu schaffen, liegt auf der Hand. Konzentration tut not.

---

[30] Siehe dazu etwa *Reinhardt*, Der Ausschluß und die Ablehnung des befangen erscheinenden Staatsanwaltes, 1997; *Tolksdorf*, Mitwirkungsverbot für den befangenen Staatsanwalt, 1989.
[31] Vgl. z. B.: Vordermayer/v. Heintschel-Heinegg/*Mayer*, Handbuch für den Staatsanwalt, Kap. 9 Rdnr. 1 ff.

27 Die gesetzliche Grundlage für die Schaffung überregionaler, spezialisierter, schlagkräftiger Sonderzuständigkeiten ist § 143 Abs. 4 GVG. Die Vorschrift bewirkt eine **faktische Konzentration** bestimmter Aufgaben der ausgesuchten Staatsanwaltschaften mit der Kompetenz, bei jedem Gericht des zugewiesenen Bereiches tätig zu werden. Schwerpunktstaatsanwaltschaften, spezifisch für Wirtschaftsdelikte, existieren seit langem und sind zum Teil über ihren Wirkungskreis hinaus bekannt. Diese Staatsanwaltschaften sind durchaus innovativ, wenn es um neue Ermittlungsmöglichkeiten geht. Die Ausschöpfung gesetzlicher Möglichkeiten zur Ermittlung zeige sich beispielsweise im „**Bochumer Kreisel**". Wer häufiger mit dieser Behörde zu tun hat, weiß, dass es dort besonders beliebt ist, bei Großdurchsuchungen mit mehreren Beschuldigten und mehreren Durchsuchungsorten einen zentralen Beschuldigten sofort zur Staatsanwaltschaft zu holen, diesen dort parallel zur Durchsuchung zu vernehmen und die Erkenntnisse aus der Vernehmung per Funktelefon in die laufenden Durchsuchungen hinein zurück zu spielen.

28 Weiterer Ausdruck der Kompetenzansammlung innerhalb der Schwerpunktstaatsanwaltschaften ist die Existenz von so genannten **Wirtschaftsreferenten**. Es handelt sich dabei um betriebswirtschaftlich ausgebildete Personen, die den Weg in den Staatsdienst statt in die freie Wirtschaft gefunden haben. Für diese ist das Lesen einer Bilanz, die Bewertung einer Rückstellung in derselben oder die Analyse eines Emissionsprospektes kein Problem mehr. In der Praxis zeigt sich erstaunlicherweise immer wieder, dass der höhere Ermittlungseifer bei diesen Personen zu finden ist, nicht bei den eigentlich zur Strafverfolgung berufenen Staatsanwälten.

II. Arten der Krise

29 Im Folgenden werden dem Leser rechtliche und taktische Hinweise zur Beratung und Verteidigung des Unternehmens in der Krise, insbesondere also zur Vorgehensweise bei (drohenden) Ermittlungs- und Verfolgungsmaßnahmen, an die Hand gegeben. Teilaspekte der folgenden Ausführungen werden zwangsläufig auch bereits in dem vorangehenden Kapitel zur Stellung des Unternehmensanwalts (§ 10, *Kempf*) behandelt; eine parallele bzw. ergänzende Lektüre beider Kapitel (z. B. zum Verhalten bei – drohender – Durchsuchung und Beschlagnahme, s. Rdnr. 94 ff. bzw. § 10 Rdnr. 18 ff.), bietet sich daher gegebenenfalls an.

1. Das Unternehmen als Subjekt wie Objekt strafrechtlicher Angriffe

30 Die Umsetzung jeglicher Beratung, sei sie **präventiv** oder in **Akutsituationen**, verlangt zuvorderst einen schnellen Überblick über die Situation, eine erste Bestandsaufnahme. Der Strafrechtler hat zu prüfen, ob deren Gründlichkeit oder deren Schnelligkeit an vorderster Front zu stehen hat. Die zu spät einsetzende wohlabgewogene Reaktion kann genauso destruktiv wirken wie übersichtsloser Aktionismus als Reaktion auf erlebte oder empfundenen Druck durch Unternehmensangehörige, Kontrollorgane oder Ermittlungsbehörden. Zur Beherrschung einer Krisensituation gehört die Kenntnis der grundsätzlichen Problemlagen strafrechtlicher Art. Ein in der Krise hinzugerufener Berater muss schnell erkennen können, wo der Schwerpunkt der Krise liegt und wo ihre Wurzeln zu finden sind. Diese Erkenntnis hilft, die Dringlichkeit der jeweiligen Situation zu bewerten und einzuordnen und damit angemessen zu reagieren.

31 Auch der für den Unternehmensbereich regelmäßig tätige strafrechtliche Praktiker ist immer wieder erstaunt, welch unterschiedliche Facetten strafrechtlicher Betroffenheit ein Unternehmen oder ein Unternehmer aufweisen kann. Die Komplexität heutiger Unternehmensstrukturen führt ebenso wie die Undurchsichtigkeit rechtlicher Rahmenbedingungen oft genug zu ausgeklügelten Konstruktionen, deren strafrechtlicher Kern nicht auf Anhieb durchschaubar ist. Die verschiedenen Arten des strafrechtlichen Angriffes, wie auch die unterschiedliche Position der Angreifer in Bezug auf das Unternehmen, führen zu einem weiten Spektrum von strafrechtlich relevanten Situationen im Wirtschaftsstrafrecht. Einer gewissen Kategorisierung sind sie aber zugänglich.

32 **a) Arten des Angriffs.** Strafrechtliche Schädigungen des Unternehmens können von außen an dieses herangetragen und andererseits von innen heraus, durch Mitarbeiter oder gar Organe, durchgeführt werden. Vielen Deliktsarten ist eigentümlich, dass diese sowohl im Inneren des Unternehmens als auch bei Dritten Grundlagen haben, also ein Zusammenwirken von innen und außen notwendig ist. Eine weitere Kategorie, die Schnittmengen mit der ersten hat, sind

Delikte im – vermeintlichen – Interesse des Unternehmens (Korruption, Industriespionage, Produkt- und Umweltdelikte, Kursmanipulationen, Insolvenzdelikte). Eine Kategorisierung wie sie in der Folge unternommen werden soll, kann mithin nicht trennscharf sein. Angesprochen sind nur die durch Häufigkeit auffallenden und damit in der Krisenberatung hauptsächlich ins Gewicht fallenden Delikte.

aa) Diebstähle und Unterschlagungen. Die archaischste Form des Angriffs ist der direkte Diebstahl oder auch die Unterschlagung. Diese Attacke erfolgt oft nicht von außen, durch Betriebsfremde, vielmehr sind in der Mehrzahl **Unternehmensangehörige** die eigentlichen Täter. Dabei sind in aller Regel keine großen Werte betroffen – selten wird der Bagger von der Baustelle gestohlen. Die professionelle Bohrmaschine allerdings sehr wohl. Die Höhe des Verlustes realisiert sich also zumeist nicht im Einzelfall, sondern im dauernden Abfluss kleinerer Werte. Dabei ist der Nachweis äußerst schwierig: Wenn ein Massenprodukt wie ein Schaltrelais das Werksgelände verlassen hat, ist seine Herkunft meist nicht mehr eindeutig und mit vertretbarem Aufwand zuzuordnen. So kommt es, dass ganze Vereinsheime und Clubhäuser aus Materialien bestehen, welche die Arbeitgeber der Vereinsmitglieder in ihren Inventuren als Schwund aufführen müssen. 33

Derartige Diebstähle haben sehr viel mit der **Unternehmenskultur** und **Unternehmensführung** zu tun: In demjenigen Unternehmen, in dem das Vertrauen in die Mitarbeiter nicht von Kontrolle flankiert ist, reißt schnell eine Selbstbedienungsmentalität[32] ein. „Checks and balances" sind mithin auch im Unternehmen die Voraussetzung für die Gewährung von Freiheit und Freiräumen der Arbeitnehmer. 34

Angriffe dieser Art sind selten existenzbedrohend, sie sollten daher eher präventiv als repressiv behandelt werden. Andererseits: Sollten derartige Zustände im Unternehmen die Schwelle der gelegentlichen Mitnahme eines Bleistiftes überschreiten, sollte den Mitarbeitern klar sein, dass das Unternehmen vor strafrechtlichen Sanktionen nicht zurückschreckt. Das Wissen um eine klare, konsequente und eindeutige Reaktion des Unternehmens in Diebstahlsfällen wirkt über den unmittelbaren Bereich hinaus allgemein präventiv gegen unkorrektes und strafbares Verhalten. Bei der Frage, ob Anzeige zu erstatten ist oder nicht, spielt sicher eine Rolle, dass eine erfolgte Verurteilung wegen Straftaten gegen das Unternehmen eines der wenigen einigermaßen sicheren Mittel ist, ein Arbeitsverhältnis schnell und ohne finanzielle Konsequenzen für den Arbeitgeber zu beenden. 35

Praxistipp:
Die Aufdeckung derartiger Vorgänge geschieht heute oft unternehmensintern, weil eine Einschaltung der Ermittlungsbehörden in die Aufdeckung viel zu schwerfällig und im präventiven Bereich unmöglich ist. Aus diesem Grunde bewerben sich mittlerweile viele Detektivunternehmen um derartige Aufklärungsarbeit.[33] Die zivilrechtliche Aufarbeitung derartiger Angriffe, wenn sie denn ein gewisses Volumen überschreiten, wird heute unter dem Stichwort „asset tracing" von spezialisierten Kanzleien professionell übernommen. Der Staatsanwalt erhält dann ein fertig geschnürtes Paket – was ihn nicht immer begeistert. 36

bb) Untreue. Das, was auf der Mitarbeiterebene Unterschlagung oder Diebstahl ist, stellt bei entscheidungsbefugten Mitarbeitern auf der Leitungsebene zumeist Untreue gemäß § 266 StGB dar. Die Palette hierbei ist erstaunlich weit: Sie reicht von dem klassischem Spesenbetrug bis hinein in die noch später als Spezialfall zu besprechende Korruption. 37

Die wegen ihrer tatbestandlichen Weite, ihrer **Konturlosigkeit**, oftmals angegriffene aber immer wieder von der Rechtsprechung gehaltene Vorschrift[34] hat sich zu einer Art Auffang- 38

---

[32] So z. B. in: BGH StV 1988, 253 f.; BGH NStZ-RR 2003, 297 f.
[33] Unter dem Stichwort „Mitarbeiterüberwachung" finden sich z. B. über 100.000 Nachweise, darunter eine sehr stattliche Zahl von Detekteien.
[34] Das Bundesverfassungsgericht hat sich zu dieser Vorschrift nie geäußert. Die Urteile: BVerfGE 26, 41, 43; 28, 175, 183, 185; und 37, 201, 208 werden von der Literatur aber als ein grundsätzliches Festhalten auch an § 266 StGB gedeutet (vgl. LK/*Schünemann* § 266 Rdnr. 31).

tatbestand insbesondere im Wirtschaftsstrafrecht entwickelt. Unter diese Vorschrift werden in zunehmendem Maße **unternehmerische Fehlentscheidungen** subsumiert. Während in der Vergangenheit die Eingriffsschwelle der Staatsanwaltschaft in privatwirtschaftliche Vorgänge recht hoch lag und Ermittlungsbehörden zumeist erst dann tätig wurden, wenn durch eine wirtschaftliche Entscheidung der Zusammenbruch eines Unternehmens oder massive Schädigungen größerer Bevölkerungsteile herbeigeführt wurden, erlebt man heute, dass das finanzielle Gebaren eines Unternehmens[35] auf den Zuruf der Presse hin strafrechtlich auf den Prüfstand gestellt wird. Die Rechtsprechung hat herausgearbeitet, dass die Schwelle zur Untreue im Rahmen unternehmerischer Entscheidungen grundsätzlich erst bei evident falschen Entscheidungen überschritten werden kann.[36] Es mag auf den ersten Blick tröstlich sein, dass man als Unternehmer oder Manager nur für groben Unsinn bestraft werden kann. Was bleibt, ist die unangenehme Erkenntnis, dass Fehlentscheidungen des täglichen Wirtschaftslebens auch ohne die direkte Absicht einer Schädigung dem Strafrecht unterfallen können. Fehler zu machen kann strafbar sein. Die Thematisierung solcher Fehler in der Öffentlichkeit, insbesondere in den seriösen Wochenmagazinen und der Wirtschaftspresse, zwingt heute zur Prüfung, ob in der Folge einer Veröffentlichung, die strafbares Handeln behauptet, Ermittlungsbehörden aktiv geworden sind.

39 Der Anwendungsbereich der Untreuevorschrift umfasst auch wenig spektakuläre Bereiche. Jeder Arbeitsrechtler, der um Mithilfe bei der Entfernung eines unliebsamen Mitarbeiters gebeten wird, wird auf die Überprüfung der **Spesenabrechnung** hinweisen: In einer erschreckend hohen Zahl der Fälle erweist sich, dass die Abrechnungen – bewusst – falsch sind. Beginnend von den Rechnungen für Dieselkraftstoff, obwohl das firmenseitig gestellte Fahrzeug ein Benziner ist, über die überhöht ausgestellte Hotelrechnung bis hin zur Abrechnung von Bewirtungen, die nicht oder nicht so stattgefunden haben, findet sich in den Spesenabrechnungen oft genug strafrechtlich Relevantes. Problematischer werden die Fälle, in denen der Firma unmittelbar Geld durch fingierte Beratungsleistung der Firma der Ehefrau oder eines Bekannten entzogen wird. Immer dann, wenn ein Unternehmensmitarbeiter unmittelbare Kontrolle über Geldflüsse hat, besteht die Versuchung zum Missbrauch dieses Vertrauens. Es gilt auch hier: „checks and balances" sind die Voraussetzungen der Freiheit – auch der des Vorstandes.

40 *cc) Korruption.* Die Korruption als eine der ältesten Formen der Kriminalität kann sich sowohl als Angriff auf das Unternehmen als auch als Angriff des Unternehmens im vermeintlichen Unternehmensinteresse darstellen. Insbesondere im Bereich der Beschaffung (Dienstleistungen, Waren, etc.) sind Angestellte, nicht zuletzt auch leitende Angestellte, Geschäftsführer und Vorstände, gefährdet, der Versuchung persönlicher Bereicherung zu unterliegen. Die korruptive Einflussnahme auf die Vergabe von Aufträgen und im weitesten Sinne auf den Einkauf des Unternehmens führt nicht nur zu einer erheblichen Schädigung, sondern auch zu einer Strafbarkeit der involvierten Mitarbeiter des Unternehmens. Eine Auftragsvergabe nicht zum günstigsten Preis kann, auch wenn ein persönlicher Vorteil nicht festzustellen ist, einen Fall des so genannten **Submissionsbetruges** gemäß § 298 Abs. 1 StGB in Form der Beteiligung an einer rechtswidrigen Absprache darstellen, dies regelmäßig tateinheitlich mit einer Untreue zum Nachteil des eigenen Unternehmens. Hier wird das Unternehmen im Regelfall aktiv die Aufklärung derartiger Vorkommnisse begleiten, wenn auch hier die entsprechende Sensibilität im Hinblick auf ein drohendes Ermittlungsverfahren gegen Mitarbeiter des Unternehmens aufzubringen ist.

41 Der für das Unternehmen häufig gefährlichere Fall ist der einer **vermeintlich unternehmensnützlichen Straftat** aus dem Unternehmen heraus. Dies kann zunächst im Bereich des geschäftlichen Verkehrs die aktive Angestelltenbestechung gem. § 299 Abs. 2 StGB sein, ein relativ neues,[37] aber sehr „aktives" Delikt, bei dem nicht zuletzt die Strafbarkeit auch im Ausland gegebener, dort oft üblicher, Zuwendungen international tätige Unternehmen vor Probleme stellt.

---

[35] So beispielsweise die Kreditvergabe der WestLB an englische Firmen im Rahmen des „Boxclever-Verfahrens" (vgl. FAZ v. 18.1.2005, S. 15).
[36] BGHSt 47, 148, 150; 47, 187; 49, 147, 155; *Saliditt* NStZ 2005, 270; *Tröndle/Fischer* § 266 Rdnr. 40.
[37] BGBl. I 1997, 2038.

Der klassische Anwendungsfall ist hingegen die Motivation eines zur Auftragsvergabe oder 42
Genehmigungserteilung berufenen Amtsträgers durch „**nützliche Aufwendungen**" oder durch
sonstige Mittel der „**Klimapflege**". Handelt der Amtsträger im Rahmen seiner Kompetenzen
rechtmäßig, ist die Gewährung von über das Maß der Sozialadäquanz[38] hinausgehenden Vorteilen als Vorteilsgewährung gemäß § 333 StGB strafbar, wird der Amtsträger gar zu einer
pflichtwidrigen Diensthandlung motiviert, so handelt es sich bereits um eine Bestechung gemäß § 334 StGB mit einer Mindest(freiheits-)strafe von 3 Monaten und bei Vorliegen eines
besonders schweren Falles einer Höchststrafe von Freiheitsstrafe bis zu 10 Jahren. Die denkbaren Anwendungsfälle der Bestechungsvorschriften sind hierbei mannigfaltig, sie reichen von
der häufig leichtfertigerweise als unbedenklich eingestuften „Klimapflege" über die Zahlung
von „**Beschleunigungsgeldern**" bis hin zum teilweise durchaus abgepressten Abschluss so genannter „**Beraterverträge**", die sich bei der Verschleierung zu zahlender „**Provisionen**", sprich
Bestechungsgelder, großer Beliebtheit erfreuen. Problematisch ist hierbei, dass der Begriff des
„Amtsträgers" von der Rechtsprechung systematisch ausgeweitet wird und keineswegs mehr
auf die klassischen Beamten der Hoheitsverwaltung zu beschränken ist. Amtsträger ist beispielsweise jeder, der mit Aufgaben der öffentlichen Daseinsvorsorge betraut ist, so beispielsweise Geschäftsführer kommunaler Entsorgungsgesellschaften oder Krankenhausärzte. Selbst
die Gewährung eines Vorteils an kommunale Mandatsträger in der Hoffnung, ein Genehmigungsverfahren wohl wollend zu beeinflussen, stellt sich regelmäßig als Bestechung dar. Nicht
zu vergessen ist in diesem Zusammenhang die **Erweiterung des Amtsträgerbegriffes** auf Mitglieder von europäischen oder internationalen Organisationen sowie sonstige Amtsträger europäischer und ausländischer Staaten durch das EuBestG und das IntBestG im Jahre 1998.[39]

Die Gefahr eines derartigen Verhaltens für das Unternehmen liegt darin, dass es durch ihm 43
völlig unbekannte Handlungen seiner Mitarbeiter im falsch verstandenen Unternehmensinteresse in den Fokus der Ermittlungsbehörden gerät und regelmäßig durch nicht nur erheblichen
Ermittlungsdruck, sondern auch **verstärkte Publizität** in Mitleidenschaft gezogen wird. Die
Gefährdung des Unternehmens in derartigen Fällen resultiert nicht nur daraus, dass das Unternehmen Gegenstand eines Verfahrens und der damit einhergehenden Ermittlungsmaßnahmen
(Durchsuchung, Beschlagnahme etc.) wird, eine wirtschaftliche Gefährdung ergibt sich insbesondere aus der zunehmenden Anwendung der Vorschriften über den Verfall sowie die Vermögensbeschlagnahme bezüglich der aus einer Straftat gezogenen Vermögenswerte. Die hieraus
für das Unternehmen entstehenden, zum Teil existenziellen Gefahren, sind offensichtlich.

dd) Intellektuelle Untreue. In den letzten Jahren hat sich verstärkt herausgestellt, dass noch 44
wichtiger als die sächlichen Arbeitsmittel, das körperliche Eigentum einer Unternehmung, die
virtuellen, die geistigen Werte und Grundlagen sind. Der Wert einer Marke beispielsweise wird
von Fachleuten bis zu achtstellig angesetzt (z. B. „Coca-Cola"), das in Patenten, Kenntnis von
Produktionsabläufen, Kundenverhalten und Marktmechanismen verdichtete Wissen macht oft
genug den eigentlichen Wert einer Firma aus. Diese Werte sind vielfachen strafrechtlichen
Angriffen ausgesetzt, die rechtlichen Abwehrmöglichkeiten des Zivilrechtes nicht hinreichend
bekannt.

ee) Steuerunehrlichkeit. Strafrechtlich relevante Steuerprobleme sind Legion. Von der mu- 45
tigen steuerlichen Gestaltung bis hin zur Steuerhinterziehung ist es manchmal nur ein kurzer
Schritt. Auch verleiten finanzielle Krisen zu „Einsparungen" im Steuerbereich. Den sich in diesem Bereich, dem Steuerstrafrecht, auftuenden Problemen ist ein ganzen Kapitel gewidmet.[40]

Steuerverfahren können, wenn sie die Grenze des Strafverfahrens erreicht haben, sehr wohl 46
Unternehmenskrisen darstellen. Eine über lange Jahre durchgeführte „**steuerliche Fehlkonstruktion**" kann bereits erhebliche finanzielle Belastungen mit sich bringen, wenn sie vom
Fiskus korrigiert wird. Handelt es sich um Steuerhinterziehung, werden zusätzlich sämtliche

---

[38] Ausführlich zum Begriff der Sozialadäquanz: *Cramer,* FS Roxin, S. 945 ff.; *Eser,* FS Roxin, S. 199 ff., m. w. N.
[39] Im Detail dazu *Lüderssen* BB 1996, 2525; allgemein zur Korruptionsbekämpfung im Rahmen des EU-Rechts: *Korte* NJW 1997, 2556.
[40] Siehe § 29.

Sperrwirkungen aufgehoben, so dass eine **rückwirkende Korrektur** über 10 Jahre möglich wird.[41] Es liegt also sehr im Interesse des Unternehmens, nachzuweisen, dass Mitarbeiter nicht zu Gunsten des Unternehmens steuerunehrlich gehandelt haben. Hervorzuheben ist an dieser Stelle das Phänomen der **Umsatzsteuerkarusselle**. Nach der Auffassung des Bundesrechnungshofes[42] werden durch illegale Inanspruchnahme von Vorsteuern Milliardenbeträge hinterzogen. Es hat sich gezeigt, dass zum Funktionieren eines solchen Modells ein seriöses Unternehmen eingespannt sein muss, um den Fiskus nicht zu schnell misstrauisch werden zu lassen. Deshalb werden immer häufiger Mitarbeiter – oft die Einkäufer – von Unternehmen dazu gebracht, sich auf Kosten ihrer Prinzipale an solchen Hinterziehungen zu beteiligen. Der Fiskus hält sich nach dem Verschwinden der Scheinfirmen an das real existierende Unternehmen und verweigert die Absetzung von Vorsteuer oder fordert sie zurück.

47 *ff) Der missbrauchte Staatsanwalt.* Ein erstaunliches neues Phänomen hat sich seit kurzem entwickelt: Ist es noch normal und legitim, wenn auch nicht immer klug, den Staatsanwalt als Speerspitze gegen illegale Angriffe auf das Unternehmen zu nutzen, so verwundert der Mut, mit dem zunehmend versucht wird, auch ohne einen strafrechtlichen Hintergrund den Konkurrenten mit den Mitteln des Strafrechts anzugreifen. Gefördert wird dies durch die Besonderheiten der Rechtsordnung, welche den Staatsanwalt zwingt, bei gegebenem Anfangsverdacht immer zu ermitteln (**Verfolgungszwang**, § 160 Abs. 1 StPO) und die allgemeine Konsequenzlosigkeit einer falschen Anzeige.

48 Viele Firmen sind auf das Vertrauen ihrer Kunden und Banken angewiesen. Alleine die **Existenz strafrechtlicher Ermittlungen** ist oft genug bereits geeignet, die weitere Entwicklung eines Unternehmens nachhaltig zu beeinträchtigen. Handelt es sich um Unternehmen des Finanzsektors oder anderer Bereiche, die öffentlicher Kontrolle unterworfen sind, ist die Existenzgefährdung durch Ermittlungsverfahren akut. Noch problematischer wird die Sachlage, wenn die formulierte Strafanzeige geschickt genug war – oder die Ermittlungsbehörden übereifrig genug –, das Verfahren mit dem Paukenschlag einer Durchsuchung und Beschlagnahme beginnen zu lassen. Dies führt fast immer dazu, dass betriebliche Abläufe wegen Fehlens von Dokumenten, Verunsicherung von Mitarbeitern, Kunden und Lieferanten und Bindung von Kräften durch das Ermittlungsverfahren gestört oder gar verhindert werden. Eine letzte Steigerung erfährt dies, wenn die Staatsanwaltschaft den ihr vorgestellten Sachverhalt für so gravierend hält, dass sie zu den Mitteln des § 111 b StGB greift und zur Sicherstellung von – potentiellem! – Verfall, Einziehung oder Gewinnabschöpfung die finanziellen Mittel eines Unternehmens auf unabsehbare Zeit blockiert.

49 In Anbetracht der Tatsache, dass bei der heutigen Komplexität von betrieblichen Abläufen, Finanzierungen und Abrechnungen schon eine geringe Verzerrung der Realität genügen kann, einen legalen Ablauf als hoch kriminell zu beschreiben, stellt das obige Szenario mittlerweile eine realistische Gefahrenlage dar. Für den Angreifer ist sein Vorgehen vergleichsweise risikolos, der Nachweis, dass bewusst Verzerrungen und haltlose Vermutungen vorgetragen wurden, kann kaum gelingen. Deshalb läuft auch § 469 StPO, der dem Anzeigenden die Kosten des Verfahrens im Falle der unwahren Anzeige auferlegt, in der Praxis der Gerichte und Staatsanwaltschaften fast immer leer.

50 Drohungen eines Konkurrenten mit einer Strafanzeige, sollten sie auch in den Augen der Betroffenen noch so haltlos sein, müssen deshalb ernst genommen und möglichst proaktiv gegenüber den Ermittlungsbehörden abgehandelt werden.

51 **b) Angreifer.** Vom meist eher tumben Dieb über den raffinierten Betrüger, den größenwahnsinnigen Manager, den Industriespion bis hin zum brandgefährlichen Insider reicht die Skala möglicher Schädiger. Dabei ist das Potenzial der Angriffe von innen nicht kleiner, als dasjenige der Außenattacken. Gemeinsam ist allerdings den meisten Angreifern, dass sie eine tiefer gehende Kenntnis des Unternehmens und dessen Strukturen sowie dessen Personen haben. Im Zeitalter der Außendarstellung durch das Internet mit weit reichenden Informationen zu

---

[41] § 169 Abs. 2 S. 2 AO.
[42] BT-Drs. 15/1495 v. 3.9.2003 („geschätzter innergemeinschaftlicher Schaden: 12 Milliarden Euro pro Jahr").

Strukturen und Personen innerhalb des Unternehmens, wird manche Attacke, insbesondere im Betrugsbereich, sehr erleichtert.

Auch im Bereich der das Unternehmen schädigenden Täter sind klare Unterscheidungen zwischen Intern und Extern selten möglich, die Übergänge oft fließend. Es lässt sich jedoch kategorisieren, dass bestimmte Personen, je nach Stellung im oder zum Unternehmen, auch bestimmte Delikte primär verwirklichen. 52

aa) Der einfache Mitarbeiter. Typisch für diesen Bereich sind eher die „kleinkriminellen" Straftaten der Deliktstypen **Diebstahl** oder **Unterschlagung**. Dies kann sich dann ändern, wenn in irgendeiner Form, direkt oder indirekt, Einfluss auf Geldströme genommen werden kann. Speziell wenn – und sei es nur faktisch – Verfügungsmacht über Konten, Kassen oder Überweisungen besteht, können erstaunlich hohe Geldbeträge „verschwinden". Einfluss auf Geldströme bringt auch die faktische Entscheidungsmacht darüber, wer einen Auftrag des Unternehmens erhält. In diesem Bereich verbindet sich dann die Macht der Gewohnheit, mit einer Fremdfirma seit langem erfolgreich zusammengearbeitet zu haben, mit der Machtposition, über deren Auftragsbuch mittelbar bestimmen zu können. Das Ergebnis ist dann oft genug **Korruption** in ihren verschiedensten Ausformungen, von der Einladung in das Ferienhaus des Subunternehmers bis hin zur blanken Geldzahlung. 53

bb) Einkäufer, Finanzbereich. In erheblich größerer Versuchung, Eigeninteresse und Unternehmensinteresse zu verwechseln, sind alle die Personen, die in weitem Umfang über Einkauf, Materialeinsatz und Kalkulation des Unternehmens entscheiden. Gesteigert wird dies noch, wenn Einkaufs- oder auch Verkaufstätigkeiten im **Ausland** stattfinden, insbesondere in denjenigen Ländern, in denen Korruption im privaten oder gar staatlichen Bereich Bestandteil üblicher Geschäftsabwicklung ist. Speziell dann, wenn ein bestimmter Entscheider in dieser Position seit langem verharrt und sich um ihn herum ein Beziehungsnetz mit den Vertragspartnern des Unternehmens gebildet hat, ist die Gefährdung korruptiven Handelns in beiden Richtungen groß. Das Unternehmen steht dann in dem Dilemma, zwischen den Vorteilen einer intensiven, nahen Orts- und Personenkenntnis und der Gefahr der Vereinnahmung ihres Mitarbeiters gerade aufgrund dieser Nähe zu entscheiden. Es ist sicher kein Zufall, dass in Fällen dieser Art häufig langjährig bekannte, in vollem Vertrauen stehende Personen die Hauptrolle spielen. Als Erklärung dient oftmals, dass die Diskrepanz zwischen der Notwendigkeit, im eigenen Bereich jede Münze dreimal umzudrehen und der Freizügigkeit, mit der im Unternehmen Gelder nahezu ohne Kontrolle verteilt werden, nicht mehr auszuhalten war. Auch hier gilt präventiv, dass Vertrauen ohne Kontrolle Verführung ist. 54

cc) Leitungsebene. Auch in den oberen Etagen eines Unternehmens finden sich hinreichend Ansätze und Felder für strafbare Handlungen. Auffällig ist dabei, dass die schlicht eigennützigen Taten seltener vertreten sind. Die unmittelbare Plünderung des eigenen Unternehmens kommt, zahlenmäßig gesehen, selten vor. Im Leitungsbereich sind es vermehrt unternehmerische Fehlentscheidungen, die in das Strafrecht hineinragen. Hauptbereiche sind dabei: 55
- Organisationsfehler im Produktionsbereich
- Umweltdelikte
- Fehleinschätzung der finanziellen Lage des Unternehmens.

Für den ersten Hauptbereich hat das Strafrecht den Begriff der strafrechtlichen Produkthaftung geprägt und dafür eine ausgefeilte Kasuistik geschaffen.[43] Auch der Bereich der Umweltdelikte hat in der Folge der Schaffung neuer Gesetze[44] feste Konturen angenommen, die sowohl präventive Beratung erleichtern, als auch in der strafrechtlichen Krise einigermaßen verlässliche Grundrahmen bieten. Auf viel unsichererem Grund stehen alle Probleme, die in dem finanziellen Gebaren des Unternehmens ihren Ursprung haben. Die in vielen Presseorganen thematisierte Befürchtung, das **Strafrecht bemächtige sich des Wirtschaftsrechtes**,[45] ist Ausfluss 56

---

[43] Siehe dazu oben § 4.
[44] Siehe unten § 28.
[45] Z. B. NZZ v. 28.2.2006, S. 25 „erzieherisches Verhältnis des Strafrechts zum Aktienrecht" oder Die Welt v. 23.12.2005, S. 8 („Schleichender Verstaatlichung der Wirtschaft wird Vorschub geleistet") ; s. dazu auch: *Minoggio* Firmenverteidigung B Rdnr. 8 ff.

der in der letzten Zeit sich häufenden Verfahren mit Hintergründen, die sehr wohl auch vom Zivilrecht befriedigend aufgearbeitet hätten werden können. Die gewachsene Kenntnis von Staatsanwälten von wirtschaftlichen Zusammenhängen zusammen mit deren Neigung, lieber den Kopf des Drachen zu nehmen als sich mit dem Körper herum zu schlagen, sind vor dem Hintergrund der Flut strafrechtlicher Normen Grundlage für eine Verschiebung der Gewichte innerhalb der Rechtsbereiche. Strafrecht wird nicht mehr als die allerletzte Reaktionsmöglichkeit gegenüber gesellschaftlichen Problemen gesehen,[46] es erhebt insbesondere in Person der Ermittler den Anspruch, präventiv und lenkend zu wirken, der Gesellschaft Gestalt zu geben.

57 Auch de lege ferenda setzt sich dies um: Die gesetzlichen Bemühungen,[47] die im Rahmen eines Strafverfahrens „erarbeiteten" Erkenntnisse auch für das Zivilverfahren mit Bindungswirkung auszustatten, die in der letzten Legislaturperiode intensiv betrieben wurden, können bewirken, dass sich das Strafrecht auf Dauer noch mehr und intensiver mit dem Zivilrecht verklammert. Die im Strafrecht unter anderen Gesichtspunkten erarbeiteten Pflichtenstellungen werden dann mehr und mehr zivilrechtliche Wirkung erlangen.

58 Nicht zu vernachlässigen ist die Zahl der Unternehmenslenker, für welche die **Grenze zwischen ihrem und dem Interesse der Firma** verschwimmt bis verschwindet. Wenn der Satz: „Was mir frommt, ist gut für das Unternehmen" zur Maxime unternehmerischen Handels wird, erfolgt der Überschlag in das Strafrecht meist gleichzeitig. Ein Phänomen, was in der Deutschland AG immer noch selten zu Ermittlungen führt, mindestens ebenso oft führt es in den Aufsichtsrat. Eine gegenläufige Tendenz kündigt sich erst zaghaft an.[48]

59 *dd) Insider.* In Zeiten, in denen der Wert eines Unternehmens oft primär aus Kenntnissen über Produktionsabläufe, Kundenkreise oder anderen, eher **virtuellen Gütern** besteht, ist die Gefährdung durch Wegnahme dieser Kenntnisse, deren Nutzung durch Fremde, sehr präsent geworden. Zum Schutz auch dieser Güter hat das Strafrecht einen ganzen Strauß von Vorschriften, die aber zumeist nicht im Kernstrafrecht normiert sind. Die strafrechtlichen Vorschriften des Markenstrafrechts, des Gesetzes gegen den unlauteren Wettbewerb, des Patentrechts sowie eine Vielzahl anderer Normen, die die intellektuellen Werte eines Unternehmens schützen, sind Stiefkinder der Ermittlungsbehörden. Da dies nicht unbekannt ist, wird in diesem Bereich von Tätern oft recht unbekümmert und direkt vorgegangen. Die Neigung der Ermittlungsbehörden, sich in diesen Bereichen zu engagieren, wird nicht dadurch gefördert, dass Strafanzeigen zu diesen Themen oft genug aus den Federn der primär tätigen Wettbewerbs-, Patent- oder Warenzeichenrechtlern stammen. Die Spezifika, die einen Ermittler dazu bringen, sich für ein Verfahren zu interessieren und es mit Nachdruck zu betreiben, sind selten parallel zu den Interessen des zivilrechtlich tätigen Anwaltes und dessen Mandanten. Sie herauszuarbeiten und interessengerecht vorzutragen kann der strafrechtlich geschulte Anwalt kraft der Spezialkenntnisse nicht nur des Rechtes sondern auch der Abläufe im Rahmen von Ermittlungen mit größerer Zielgenauigkeit.

60 Besonders problematisch sind **Angriffe durch Insider**, wenn diese ihre unrechtmäßig erworbenen oder verwendeten Kenntnisse dadurch schützen, dass sie auch strafrechtlich relevante Unregelmäßigkeiten der Ursprungsfirma kennen, mit denen sie ihr eigenes Tun verteidigen wollen. Allgemein gilt, dass eigene Verwicklungen von Unternehmen oder deren Mitarbeitern in strafrechtliche Sachverhalte gegenüber strafrechtlichen Außenangriffen erheblich schwächen.

61 *ee) Der gekündigte Mitarbeiter.* Im Zorn ausgeschiedene Mitarbeiter sind – sollte es im Unternehmen Unregelmäßigkeiten gegeben haben – schon deshalb gefährlich, weil sie zusätzlich zu ihrer Frustration auch immer Insider sind. Die oft gegebene Tatsache, dass die anzeigenden Exmitarbeiter selbst an Unrecht beteiligt waren, tritt hinter der Rachelust zurück; zudem geht die Staatsanwaltschaft mit „Pentiti" nicht nur in Italien eher milde um. Strafanzeigen aus die-

---

[46] Siehe dazu die – berechtigte – Philippika von *Sommer*, Das Bundesverfassungsgericht als Retter der Strafverteidigung?, StraFo 2004, 257 f.
[47] Vgl. hier den Gesetzesentwurf der Bundesregierung BT-Drs. 15/1508. Der Entwurf wurde am 1.7.2004 abgelehnt.
[48] So verweist der 1. Absatz der Präambel des Corporate Governance Kodex auf eine verantwortungsvolle Unternehmensführung. Auch in der Wissenschaft ist hier die Diskussion bei weitem nicht abgeschlossen: S. dazu exemplarisch die Diskussion zur 1-Mann-GmbH (z. B. in Baumbach/Hueck/*Hueck*/ *Fastrich* GmbHG § 13 Rdnr. 12 m. w. N).

sem Personenkreis sind oft so intensiv von Detailwissen zu Abläufen und Personen geprägt, dass ihnen **hohe Plausibilität** zu Eigen ist, selbst wenn sie anonym erfolgen. Umgesetzt auf das Strafrecht bedeutet dies, dass sich ein Staatsanwalt im Rahmen seiner Ermittlungspflicht (§ 160 Abs. 1 StPO) gehalten sieht, tätig zu werden. Insbesondere im Steuerrecht geht eine Vielzahl von Verfahren auf Anzeigen ehemaliger Mitarbeiter zurück. Es erstaunt immer wieder, dass Unternehmer sich mit denjenigen Mitarbeitern, die über Jahre die Mechanik einer Steuerhinterziehung oder anderer institutionalisierter Straftaten bedient haben, am Arbeitsgericht auseinander setzen.

ff) Neider. Neid auf Erfolg stellt sich nicht nur bei Konkurrenten ein. Auch aus dem persönlichen Umfeld von Mitarbeitern und nicht zuletzt der Leitungsebene kommen Anwürfe strafrechtlicher Art, die ähnlich wie diejenigen ehemaliger Mitarbeiter für den Staatsanwalt hohe Plausibilität aufweisen können. Machtkämpfe innerhalb der Führungsebene werden manchmal mit dem Vorwurf strafrechtlich relevanten Handelns verbunden, ohne Rücksicht darauf, was dieses für die Wirkung nach außen bedeutet.[49] Das primäre Ziel, den Konkurrenten zu beseitigen, überdeckt jeden Gedanken an die langfristigen Auswirkungen für das Gesamtunternehmen. **62**

gg) Raider. Strafrecht als Angriffsmittel wurde bereits oben im Kapitel zum missbrauchten Staatsanwalt angesprochen. Da in der Wirtschaft jedes vorhandene Instrument auch irgendwann eingesetzt wird, finden sich auch **taktische Strafanzeigen** immer häufiger. Zusätzlich zu den bereits genannten Grundlagen des einfach zu erzeugenden Anfangsverdachtes in Verbindung mit der gesetzlichen Untersuchungsverpflichtung des Staatsanwaltes gibt das Gesetz in manchen Bereichen genügende Handhabe zum Missbrauch. **63**

c) Verteidigungsmittel. Verteidigung gegen einen rein externen Angriff folgt anderen Regeln als die Verteidigung gegen Attacken von innen. Verkompliziert wird die Wahl des Vorgehens, wenn ein eigenes Risiko des Unternehmens – beispielsweise durch Verwicklung in strafbares Verhalten, was Einziehung oder Verfall zur Folge haben kann – hinzutritt. Grundsätzlich stehen sowohl zivilrechtliche als auch strafrechtliche Instrumentarien zur Verfügung. **64**

aa) Zivilrechtliche Möglichkeiten. Auch das Zivilrecht bietet Abwehrmöglichkeiten, die jedoch gegenüber strafrechtlichen Angriffen recht harmlos und ineffizient wirken. Unterlassungsansprüche gegenüber einem Markenverletzer der kriminellen Art geltend zu machen, dürfte oft ebenso ohne Effekt bleiben wie der zivilgerichtlich geltend gemachte Schadensersatzanspruch gegen den Dieb. **Ziel einer gegen Schädiger gerichteten Maßnahme ist meist nicht das Restitutionsinteresse,** sondern das schnelle Beenden des Angriffs. Dies ist zeitnah mit den Mitteln des Zivilrechtes nicht möglich, einstweiliger Rechtsschutz greift nur in offensichtlichen und damit einfach beweisbaren Fällen. Die wirklich gefährlichen strafrechtsgeprägten Situationen sind der verletzten Partei meist nicht hinreichend so im Einzelnen bekannt, dass die strengen zivilrechtlichen Darlegungslasten eines gerichtlichen Verfahrens erfüllt werden können. Das zivile Recht ist von seiner Grundstruktur her davon geprägt, Ansprüche durchzusetzen, also einen in der Vergangenheit liegenden Vorgang endgültig zu regeln. Präventives oder abwehrendes Handeln kennt es nur rudimentär. Die Pflicht des Richters zu eigener Sachaufklärung ist dem Zivilrecht unbekannt, es gelten vielmehr der **Beibringungsgrundsatz** und die **Parteimaxime**. **65**

bb) Die Strafanzeige als zweischneidiges Schwert. Die Strafanzeige scheint zur Abwehr von Angriffen – von innen wie von außen – das natürliche Mittel der Wahl zu sein. Auf den ersten Blick erspart es Arbeit, da der Staatsanwalt im Rahmen seiner Ermittlungsverpflichtung gehalten ist, den Sachverhalt im Einzelnen aufzuklären. Es ist nach dem Gesetz seine Sache – § 160 Abs. 1 StPO – alles zu unternehmen, was zur genauen Klärung einer Sachlage erforderlich ist. Das erspart eigene Zeit und/oder die Kosten eines externen Anwaltes oder gar Detektivs. Der **kurze Brief unter Schilderung der Sachlage** und der betroffenen Personen erscheint als effektives Mittel zur Zielerreichung. **66**

---

[49] Ein gutes Beispiel stellt der Kampf unter den Vorständen der verschmolzenen Banken Hypobank und Bayerische Vereinsbank dar. Ohne den pressewirksamen Auftritt des Vorstandsvorsitzenden Schmidt, der seinen Mitvorstand der Bilanzmanipulation beschuldigte, wäre es zu dem dann folgenden Ermittlungsverfahren der Staatsanwaltschaft München vermutlich nie gekommen. Vgl. die Zusammenfassung der Fusion in: brand eins, Heft 2/2004, S. 82 ff. „Zahlenspiele".

67 (1) *Das ungeliebte Verfahren.* Allerdings: Mit der schlichten Strafanzeige ist es in vielen Fällen nicht getan. Staatsanwälte begreifen sich nicht als ausführendes Organ. Obwohl sie behördlicher Weisung unterworfen sind, fühlen sie sich der richterlichen Unabhängigkeit nahe. Vor einen fremden Karren gespannt zu werden, behagt ihnen nicht. Ermittlungsverfahren, die von dem Anzeigeerstatter mit dem Ziel an den Staatsanwalt herangetragen werden, bessere zivilrechtliche Grundlagen für einen Schadensersatzanspruch zu finden oder dem Anzeigeerstatter schlicht Arbeit zu ersparen, sind deutlich unbeliebt. Abgesehen von individuellen Unterschieden in der Dynamik oder auch dem Verfolgungswillen einzelner Staatsanwälte ist bei weniger bedeutenden Verfahren die Gefahr groß, dass die **Behandlung oberflächlich ist**. Der für den Anzeigeerstatter tätige Anwalt erlebt immer wieder, dass Ermittler in auf den ersten Blick unbedeutenderen Angelegenheiten „zum Rennen getragen" werden müssen. In kleineren Verfahren – und das kann wertmäßig durchaus Summen bis zu fünf Stellen betreffen – greift die Staatsanwaltschaft schon aus Gründen der zweifellos bestehenden Überlastung dieser Behörde gerne zu dem Mittel der Einstellung gegen Erfüllung von Auflagen nach § 153 a StPO, wenn sie nicht von vornherein so oberflächlich ermittelt, dass es zu einer Einstellung mangels hinreichenden Tatverdachts im Ermittlungsverfahren kommt.

68 Eine andere Gruppe ungeliebter Verfahren stellen die Vorwürfe im **Nebenstrafrecht** dar, die intensive Kenntnis rechtlicher Sondergebiete erfordern. Zwar gibt es heute auch bei den Staatsanwaltschaften Sonderzuständigkeiten zu bestimmten Rechtsgebieten, diese finden sich jedoch zumeist bei großen Behörden und den Schwerpunktstaatsanwaltschaften. Der „normale" Staatsanwalt kann nicht in allen Bereichen des Rechtes zuhause sein. Die Neigung, angesichts des großen Arbeitsdruckes sich – beispielsweise – mühselig in die letzten Verästelungen des Lebensmittelrechtes einzuarbeiten, ist nicht immer groß. In diesen Fällen wird sehr gern auf die rechtliche Argumentation einer Verteidigung zurückgegriffen und sie vergleichsweise unkritisch übernommen. Will ein Unternehmen in die Beschwerde gehen, so ist spätestens an diesem Punkt eine höchst intensive Aufarbeitung des Sachverhaltes in rechtlicher und tatsächlicher Form durch eine strafrechtlichen Spezialisten erforderlich.

69 Andererseits haben viele Staatsanwälte ein bestimmtes Rechtsgebiet als „Hobby", in dem sie sich besonders gut auskennen und in dem sie einschlägige Verfahren mit besonderem Interesse führen. Oftmals erkennt man solche Vorlieben daran, dass der Betreffende zu dem Gebiet publiziert hat. Es ist also durchaus möglich, den „richtigen" Staatsanwalt zu finden. Die Frage ist, wie man genau diesen Staatsanwalt dann auch als Sachbearbeiter gewinnt: Kennt man im Zivilrecht den Begriff „jurisdiction shopping", so kann man im Strafrecht von **„prosecutor shopping"** sprechen. Will man, dass ein wirtschaftsstrafrechtliches Verfahren intensiv und mit Interesse bearbeitet wird, lohnt es sich, über die Bestimmung des richtigen Tatortes nach der richtigen Staatsanwaltschaft und dem richtigen Staatsanwalt zu suchen. Da nach § 9 StPO Tatort jeglicher Ort ist, an dem der Täter gehandelt hat, hätte handeln müssen oder an dem der Erfolg eingetreten ist, besteht vielfach eine Wahlmöglichkeit, an welche Staatsanwaltschaft herangetreten werden kann.

70 Insgesamt lehrt die Erfahrung, dass sowohl im Sachlichen wie auch im Rechtlichen gut vorbereitete Strafanzeigen ein erheblich höheres Erfolgspotential haben. Nicht zuletzt, wenn der Staatsanwalt dazu gebracht werden soll, grundrechtsrelevante Eingriffe wie Durchsuchung oder gar Verhaftungen vorzunehmen, ist ein kompetenter Gesprächspartner auf der Seite des Anzeigeerstatters, der juristisch die gleiche Sprache spricht, nahezu unerlässlich. Besonders in den oben angesprochenen Spezialgebieten ist es nicht nur nützlich, sondern nachgerade zwingend erforderlich, im Rahmen einer Strafanzeige die rechtlichen Grundlagen und Besonderheiten des Spezialgebietes detailliert aufzufächern. Ein Staatsanwalt wird immer eher bereit sein, die Bedeutung einer Strafanzeige ernst zu nehmen, wenn er erkennt, dass sie kompetent gestellt ist und von einem kompetenten Gesprächspartner vertreten wird. Soll eine Strafanzeige also wirklich Erfolg haben, ist neben deren gründlicher Erstellung auch der auf umfassende eigene Sach- und Rechtskenntnis gestützte **Dialog** mit einem möglichst interessierten Staatsanwalt die Voraussetzung.

71 (2) *Der gewarnte Angreifer.* Mit die größte Gefahr einer von der Staatsanwaltschaft nicht besonders ernst genommenen oder in Ihrer Bedeutung niedrig eingeschätzten Strafanzeige, ist der **Warneffekt** für den Angezeigten. Wenn die Ermittlungsbehörden sich dazu entschließen, nicht von den Möglichkeiten einer Durchsuchung oder gar Haft Gebrauch zu machen, werden sie im Rahmen ihrer Pflicht zur Gewährung rechtlichen Gehörs den Angezeigten auffordern, Stellung zu nehmen, meist in Form einer Ladung zur Anhörung. Wenn dieser einigermaßen klug ist, wird er einen Verteidiger beauftragen, der den Anhörungstermin absagt und eine Stellungnahme erst nach Akteneinsicht geben wird. Dass der Angreifer nun alles – zumindest das ihm legal Zustehende – unternehmen wird, um seine Spuren zu verwischen, steht sicher zu erwarten.

(3) Die Strafanzeige als Bumerang. Richtet sich die Strafanzeige gegen Personen von außen, handelt es sich zusätzlich um Sachverhalte, in denen eindeutig das betroffene Unternehmen allein geschädigt ist, ist die Gefahr gering, dass sich ein Staatsanwalt über den ihm vorgetragenen Sachverhalt hinaus für das Unternehmen interessiert. Deutlich anders ist dies, wenn von Unternehmensangehörigen begangene Straftaten nicht nur die eigene Firma, sondern auch Dritte, Außenstehende, betreffen. Dann wird sich die Staatsanwaltschaft nicht darauf beschränken, die individuelle Tatschuld des einzelnen Mitarbeiters isoliert zu betrachten. Vielmehr wird sie untersuchen, ob die Schädigung Dritter – insbesondere dann, wenn sie unternehmensnützig war – nicht noch von weiteren, in der Hierarchie des Unternehmens höher stehenden Personen zu verantworten ist. Die Rechtsprechung zum Organisationsverschulden in strafrechtlicher Hinsicht ist heute jedem Staatsanwalt bekannt, er wird bei Drittschädigungen immer untersuchen, ob die Subsumtion unter die §§ 30, 130 OWiG gelingt, mit der Folge, dass auch die Unternehmensleitung und das Unternehmen selbst zumindest ordnungswidrigkeitenrechtlich haften.⁵⁰

cc) Eigene Ermittlungen. Wenn weder das Zivilrecht noch das Strafrecht unmittelbare und sofortige Hilfe gegen Angreifer verspricht, bleibt in vielen Fällen nur noch die Selbsthilfe in Form eigener Ermittlung. Vor dem Hintergrund der Überlastung der staatlichen Administration im Bereich der Rechtsgewährung ist dies ein Verteidigungsmittel, welches wachsende Konjunktur zeigt. Nicht nur Detekteien haben diesen Markt entdeckt, in wachsendem Maße spezialisieren sich auch Anwaltskanzleien – insbesondere im Bereich der Aufspürung und Verfolgung verschwundener Geldmittel.

Solange eigene Ermittlungen auf externe Professionelle verlagert sind, fallen Fehler und Übergriffe zumindest primär in die Verantwortung der unmittelbar Handelnden. Problematischer wird es, wenn ein Unternehmen den Versuch unternimmt, sozusagen auf eigene Faust tätig zu werden. Sehr leicht kann dann das Aufklären fremden Vergehens in eigene Strafbarkeit umschlagen. Das beginnt schon bei der Frage, ob ein Unternehmen ohne weiteres die Computer eines Mitarbeiters untersuchen, eine **Überwachungskamera** anbringen und dessen **E-Mail Verkehr kontrollieren** darf.⁵¹ Die hier zu klärenden Fragen das Datenschutzrechtes und der Verletzung des Briefgeheimnisses sind vergleichsweise komplex. Zentraler ist noch die Frage, wie denn der aus der Sicht des Unternehmens überführte Missetäter mit seiner Tat konfrontiert wird und ob Konsequenzen von ihm verlangt werden. Szenen, in denen der Werkschutz während eines Konfrontationsgespräches beeindruckend sichtbar an der Tür verharrt, grenzen bereits an **Freiheitsberaubung**, die nachdrücklich verlangte Schadenswiedergutmachung oder auch nur die Einwilligung in eine fristlose Kündigung kann bereits eine **Erpressung** darstellen. Mitarbeiter, die mit eigenem Fehlverhalten konfrontiert werden, sind nur zu gerne bereit, den Spieß umzudrehen und sich als Opfer darzustellen. Es ist also auch dann, wenn man als Geschädigter keinen Dritten nach außen auftreten lassen will, sinnvoll, sich über die konkreten Möglichkeiten des Handelns im jeweiligen Fall beraten zu lassen.

2. Das Unternehmen als Objekt des Ermittlungsinteresses

Krisen zu bewältigen, heißt sie zu erkennen. Das Management einer Krise ist um so leichter, umso eher sie erkannt wird. Es gibt „Standardsituationen", aus denen sich eine strafrechtliche Krise mit einer hohen Wahrscheinlichkeit entwickelt. Das Erkennen derartiger Konstellationen hilft, außenwirksame Aktion der Staatsanwaltschaft zu vermeiden, Probleme im eigenen Unternehmen abzustellen oder sogar ein Ermittlungsverfahren zu vermeiden. Die Warnzeichen

---

⁵⁰ Vgl. dazu näher: *Krekeler/Werner*, Unternehmer und Strafrecht, Rdnr. 19 ff.
⁵¹ *Barton* CuR 2003, 839; von Knop/Haverkamp/Jessen/*Wessing II* „Heute schon das Morgen sehen" 19. DFN-Arbeitstagung über Kommunikationsnsetze, S. 119, 132 f.

und Hinweise, die zur Verfügung stehen, müssen erkannt und richtig als Beginn einer Krise eingeordnet werden. Das größte Problem in dieser bereits krisenhaften Situation ist, dass sie häufig als solche nicht erkannt – oder unterbewertet – wird und deshalb der notwendige strafrechtliche Krisenrat nicht eingeholt wird. Zur strafrechtlichen Krisenberatung gehört es, die Relevanz und Gefährlichkeit derartiger sich anbahnender Bedrohungen zu erkennen und richtig zu bewerten.

76 a) **Presse.** Die Presse in Deutschland begreift sich in weiten Teilen als investigativ. Sie sieht es als ihre Aufgabe an, Missstände aufzuzeigen, sie anzuprangern. Dabei beschränkt sie sich nicht nur auf das jeder Person Zugängliche an Information, Journalisten ermitteln heute selbst und haben wenig Scheu, konspirativ tätig zu werden. Die Grenze der Legalität wird dabei nicht immer eingehalten. Ergebnis ist, dass manche Firma ihr als intern geglaubtes Problem plötzlich auf den Titelblättern wieder findet. Es ist häufig verblüffend, mit welcher Genauigkeit ermittelt wird und inwieweit Journalisten auch interne Quellen eines Unternehmens zur Verfügung gestellt werden. Wenn das geschilderte Problem einen strafrechtlichen Kern hat, muss damit gerechnet werden, dass die Veröffentlichung Aktivitäten der Staatsanwaltschaft auslöst. Werden „Skandale" in seriösen Blättern wie Der Spiegel, Stern, Fokus, Handelsblatt oder Financial Times aufgegriffen, muss die betroffene Person oder Firma mit einer Halbwertszeit von normalerweise **vier bis sechs Wochen** mit Aktivitäten seitens der Staatsanwaltschaft rechnen. Das im deutschen Recht verankerte Prinzip zwingender Ermittlungen bei Anfangsverdacht des § 160 Abs. 1 StPO sorgt dafür, dass sich für derartige Vorwürfe fast immer ein Staatsanwalt findet. Für die Betroffenen bedeutet dies, dass in der Presse gemachte Anwürfe Ernst zu nehmen sind. Selbst und vielleicht gerade dann, wenn sie keinen Hintergrund haben. Sind die Vorwürfe nur plausibel genug geschildert, wird sich für die lokal zuständige Staatsanwaltschaft die Notwendigkeit der Ermittlung ergeben. Für den Berater besteht das Problem darin, die Notwendigkeit proaktiven Handelns in dieser Situation zu vermitteln. Nur zu gerne werden Warnzeichen dieser Art unterschätzt.

77 b) **Prozesse.** Der Vorwurf strafbaren Handelns, erhoben im Rahmen eines zivilrechtlichen Prozesses, ist heute alles andere als selten. Das Strafrecht wurde seitens einiger Zivilrechtler von jeher als Mittel der Beweisbeschaffung angesehen, die Tendenz verstärkt sich in den letzten Jahren erheblich. Auch wenn die Staatsanwaltschaft sich nur selten zum willfährigen Instrument einer Prozesspartei machen lässt, sollten Anschuldigungen im Rahmen von Zivilprozessen nicht auf die leichte Schulter genommen werden. Zum einen ist eben nicht mit Sicherheit auszuschließen, dass der Prozessgegner mit Erfolg versuchen wird, eine Ermittlungsbehörde zu instrumentalisieren. Zum anderen ist schon der Richter verpflichtet, bei bestimmten Verdachtsgraden im Rahmen der von ihm geleiteten Prozesse zu prüfen, ob eine Information der Staatsanwaltschaft erforderlich ist.[52]

78 Besonders brisant in diesem Zusammenhang erscheinen die **Arbeitsgerichtsprozesse** gegen Mitarbeiter, die im Streit ausgeschieden sind, nicht zuletzt dann, wenn ihnen strafrechtliche Vorwürfe gemacht werden. Sie kennen die Schwachstellen des Unternehmens von innen, sie wissen, wo Gesetzesverletzungen innerhalb der Firma vorkommen oder vorkommen können. Schon deshalb müssen Aussagen von ehemaligen Mitarbeitern ernst genommen werden, sie können gleichzeitig auch als Testsonde, als Fenster in diejenigen Bereiche genutzt werden, die der Unternehmensleitung normalerweise verborgen bleiben. Auch wird ein Staatsanwalt, der von einem Insider angesprochen worden ist, viel eher Bereitschaft zeigen, diesen Ernst zu nehmen, zumal wenn dieser, wie in solchen Fällen häufig, unternehmensinterne Dokumentation dazu liefert. Die Frage, ob ein Mitarbeiter durch sein Handeln ein Strafgesetz verletzt hat und deshalb gekündigt werden soll, stellt für sich genommen schon den Beginn einer Krise dar. Speziell dann, wenn die Straftat unternehmensnützig war, muss die Frage geklärt werden, ob es sich bei dem Verhalten des Mitarbeiters um einen Einzelfall handelte oder ob mit diesem Vorfall **ein strukturelles strafrechtliches Problem** des Gesamtunternehmens oder zumindest einer Abteilung des Unternehmens ans Licht gekommen ist.

79 Prozesse mit Außenstehenden, in denen Betrug, Untreue oder sonstige Vorwürfe aus dem Finanzbereich erhoben werden, müssen gleichfalls genau analysiert werden. Es fragt sich speziell

---

[52] Vgl. hier die Mitteilungen in Zivilsachen: MiZi, I 7.

in diesen Fällen, ob nicht der Vortrag im Zivilrecht, die Behauptungen im Rahmen des Prozesses, ihrerseits Strafbarkeiten begründen können. Jedenfalls muss damit gerechnet werden, dass für den Prozessgegner gerade dann, wenn er fürchten muss, aus Beweisnot das Verfahren zu verlieren, der Weg zum Staatsanwalt vorgezeichnet ist.

Ähnliches gilt für einen **zivilrechtlichen Vortrag** wegen eines behaupteten Fehlverhaltens im **Produkt- oder Umweltbereich**. Ein strafrechtlicher Vorwurf schwingt zumindest latent in solchen Argumentationen mit und kann sich unerwartet zum Hauptthema des Verfahrens entwickeln. Die Frage, wie mit solchen Verfahren umzugehen ist – beispielsweise: wie vergleichsbereit ist ein Unternehmen –, richtet sich danach, wie gehaltvoll und relevant derartige Behauptungen im Rahmen eines Parteivortrags, in ihrem Kern sind.

c) **Interne Hinweise.** Die Meldungen aus der unternehmensinternen Problemkontrolle müssen ebenfalls darauf untersucht werden, ob sich daraus ein strafrechtliches Problem ableitet. Als Aktiengesellschaft organisierte Unternehmen haben ohnehin aufgrund des KontraG[53] die Notwendigkeit, ein **Risikokontrollsystem** zu installieren, was von den Betriebsprüfern jährlich zu kontrollieren und in seiner Wirksamkeit zu bestätigen ist. Es lohnt sich sehr, im Bereich des Controlling und der inneren Revision das Bewusstsein nicht nur für finanzielle Probleme, sondern auch für strafrechtliche Gefahrenlagen zu schärfen. Oftmals haben betriebsinterne Kontrollinstanzen nicht den Mut, reine Verdachtslagen offen zu legen. Erst bei tatsächlich voll untersuchtem und belegtem Fehlverhalten wird berichtet. Dass derartige Verdachtsmomente bereits ein Risiko offen legen, wird aus Schutzgedanken gegenüber den betroffenen Mitarbeitern ebenso wie der Sorge, gegenüber der Leitungsebene als Bedenkenträger zu gelten, mehr oder weniger bewusst übersehen. Eine solche Haltung ist schon deshalb verfehlt, weil sich die Risiken in den letzten Jahren ganz erheblich verändert und vergrößert haben. Nicht zuletzt die aus ihrem Dornröschenschlaf gerissenen strafrechtlichen Möglichkeiten des **Verfalls**, der **Einziehung** und der **Rückgewinnungshilfe**[54] lassen ein eher lässiges Verhalten in Bezug auf Strafrechtsrisiken nicht mehr zu. Für die berufenen Hinweisgeber im Unternehmen bedeutet dies deutlich höhere Anforderungen an die Aufmerksamkeit gegenüber strafrechtlichen Risiken und für die Leitungsebene eine mindestens ebenso gesteigerte Bereitschaft, derartige Probleme im Unternehmen offen wahrzunehmen und nicht mit Verleugnung zu behandeln.

d) **Strukturelle Problemlagen ganzer Branchen.** Aufmerksamkeit verdient es auch, wenn sich die Staatsanwaltschaften oder andere Ermittlungsbehörden erkennbar einer ganzen Branche annehmen. Manchmal lenkt ein bestimmter, meist größerer Fall die Aufmerksamkeit der Staatsanwaltschaft auf übliche Verhaltensweisen einzelner Geschäftszweige, die dort zumeist nicht als strafwürdig eingeschätzt oder in ihrer Auswirkung im Strafrecht unterschätzt werden. Einige Beispiele seien hier genannt:
- Im so genannten **Banken-Verfahren** überprüfte die Steuerfahndung zusammen mit der Staatsanwaltschaft nahezu jedes Kreditinstitut in Deutschland auf das Vorhandensein von Auslandsüberweisungen von Deutschland insbesondere in Steueroasenländer. Anlass war ein Verfahren, welches sich ursprünglich nur gegen Angehörige der Dresdner Bank richtete. Im Rahmen dieses Verfahrens erwarben die Ermittlungsbehörden erhebliche Kenntnisse über interne Bankabläufe sowie die Organisation und Durchführung von internationalen Bankgeschäften. Dazu wurden Auswertungsprogramme geschrieben, die auf der Grundlage der beschlagnahmten Bankdaten Anfangsverdachtsfälle heraussortierten. Die Ermittler lernten, Datenbänke anzulegen und zu pflegen; die früher oft geübte Abschottung der Finanzämter und Staatsanwaltschaften untereinander wurde aufgegeben, statt dessen erfolgte überregionale Zusammenarbeit bis hin zur zentralen Ausbildung von Fahndern, insbesondere der Steuerverwaltung durch erfahrene Kollegen. Nicht nur die faktische, auch die rechtliche Ausstattung wuchs im Laufe des Verfahrens. Durch mehrere Entscheidungen des Bundesgerichtshofs und der Verfassungsgerichte wurde die Eingriffsschwelle herabgesetzt. Nach Kenntnis des Verfassers existiert heute kein größeres Kreditinstitut mehr, welches „sein" Ermittlungsverfahren nicht gehabt hat.

---

[53] Gesetz zur Kontrolle und Transparenz im Unternehmensbereich (KonTraG); BGBl. 1998, I 786.
[54] Siehe dazu § 12.

84 • Die Zusammenarbeit von **Ärzten und Medizintechnikfirmen** ist notwendig eng. Die Produkte dieser Firmen müssen am Menschen entwickelt werden und in der Praxis der täglichen Medizin überwacht und kontrolliert werden. Es kann nicht verwundern, dass sich daraus ein vergleichsweise enges Geflecht von Wissenschaft und Industrie entwickelt hat. Hinzu trat die notorische Finanzenge des Staates, der für Forschung und Entwicklung in der Medizin immer weniger Geld zur Verfügung stellen konnte. Daraus entwickelte sich ein System gegenseitiger Unterstützung: die Ärzte engagierten sich in Forschung und Überwachung, die Firmen sponserten die Ausbildung der Ärzte und vergaben neben Forschungsaufträgen auch Spenden an universitätsnahe Unterstützungsvereine. Gegen drei Medizintechnikfirmen, die speziell bei Herzklappen und Herzschrittmachern engagiert waren, eröffnete die Staatsanwaltschaft Wuppertal ein Ermittlungsverfahren, das sich anfangs gegen 2700 Personen aus dem Bereich der Medizin und der Firmen richtete. Letztendlich durchgeführt und an andere Staatsanwaltschaften abgegeben wurden dann 1800 Verfahren. Weniger als zwei Dutzend dieser Verfahren führten zu Verurteilungen. Trotzdem wurden in der Folge nicht nur von der Staatsanwaltschaft Wuppertal quer über Deutschland Verfahren gegen Medizintechnikfirmen eröffnet.

85 • Jüngst ist unter dem Stichwort „**Allianz-Verfahren**" eine Großermittlung bekannt geworden, in deren Rahmen die Steuerfahndung bundesweit untersucht, ob über die so genannten „**Fünf plus Sieben – Kapitallebensversicherungsverträge**"[55] Schwarzgeld gewaschen wurde. Die Steuerfahndung geht davon aus, dass sich eine Vielzahl von Versicherungskunden mit Schwarzgeld in Kapitalversicherungsverträge hinein gekauft hat, da die – steuerfreie – Auszahlung von Kapitallebensversicherungen in der Vergangenheit steuerlich selten nachgeprüft wurde. Es steht zu erwarten, dass die allermeisten Versicherungsgesellschaften sich unter dem Vorwurf der Beihilfe durch ihre Mitarbeiter mit den Vorwürfen befassen werden müssen.

86 All diesen Fällen ist gemeinsam, dass sie sich ausgehend von dem Ursprungsfall auf eine gesamte Branche, einen gesamten Geschäftsbereich **ausgedehnt** haben. Für den Kundigen ist es unschwer zu erkennen, wann sich eine solche strafrechtliche Welle aufbaut, aber auch der durchschnittliche Unternehmensführer wird spätestens nach dem dritten gleich gelagerten Fall, der publiziert wird, erkennen, dass es sich um ein strukturelles Problem seines Metiers handelt. In diesem Moment darf nicht darauf vertraut werden, dass man einer der Wenigen ist, die ausgespart werden. Das St.-Florians-Prinzip funktioniert auch im Strafrecht nur selten.

III. Der Zeitpunkt des ersten Handelns

87 Der Zeitpunkt erster Aktivitäten zur Krisenbeherrschung ist im günstigsten Fall selbst gewählt, im häufigeren Fall jedoch durch das unerwartete Eingreifen der Staatsgewalt geprägt. Beide Alternativen haben ihre Handlungsabläufe, die sich allerdings nur zu Anfang unterscheiden.

1. Die vermutete Krise

88 Die soeben angesprochenen Krisenzeichen führen im Idealfall dazu, dass professionelle Hilfe gesucht wird und dem gegebenen Rat auch gefolgt wird. Eine Beratung in diesem Zeitpunkt erfordert sehr viel Fingerspitzengefühl, es ist ein schmaler Grat zwischen dem an die Wand gemalten Teufel und der Verharmlosung. In jedem Fall übernimmt der Berater ein gerütteltes Maß an Verantwortung.

89 **a) Beratung zur Problembehandlung.** Wird seitens eines Unternehmens oder dessen Beratern eine Krise vermutet oder erkannt, so ist damit nur ein allererster Schritt getan. Bis sich

---

[55] In diesen Verträgen zahlt der Versicherungsnehmer eine Summe ein, die von der Versicherung verzinst über 5 Jahre auf einen Kapitallebensvertrag mit der Gesamtdauer von 12 Jahren eingezahlt wird. Am Vertragsende erhält der Versicherungsnehmer die Vertragssumme steuerfrei. Vgl. auch jüngst: FAZ v. 11.2.2006, S. 9): „Steuerfahnder überprüfen Lebensversicherte. Kundendaten der Hannoversche Leben beschlagnahmt. Ermittlungen auch bei anderen Unternehmen." sowie *Streck* FAZ v. 24.2.2006, S. 21 „Steuerfahndung auf der Spur des Modells 5 plus 7".

die Erkenntnis in Handeln umsetzt, ist oft ein steiniger Weg zu gehen. Das beginnt schon mit der Frage, ob derjenige, der die **Krisenerkenntnis** hat, sich damit im Unternehmen durchsetzen kann. Häufig ist es die Rechtsabteilung, die Problembewusstsein entwickelt. Da in den meisten deutschen Unternehmen, selbst den Großunternehmen, das Ressort Recht nicht durch einen Vorstand oder Geschäftsführer unmittelbar vertreten ist, muss das Problembewusstsein erst auf Vorstandebene gehoben werden. Auch heute noch findet sich in diesen Bereichen überwiegend die Auffassung, dass Strafrecht im Unternehmen entweder nicht stattfindet oder jedenfalls nicht solche Bedeutung haben kann, dass es im Vorstand behandelt werden muss. Zudem: der **Überbringer schlechter Nachrichten** wird immer ungern gehört und deshalb oft genug überhört. Es ist die erste Aufgabe eines externen Beraters, diese Schranken zu überwinden und demjenigen aus dem Unternehmen, der die Krise zu erkennen meint, beizustehen. Derjenige, der in der Lage ist, sein Verständnis vom Sachverhalt und den daraus zuziehenden rechtlichen und tatsächlichen Konsequenzen sehr kurz und sehr präzise in der Art einer Vorstandsvorlage zu formulieren, wird dabei größere Chancen haben. Er wird auch in der Lage sein klarzustellen, dass die Kommunikation bei erheblichen strafrechtlich relevanten Problemen nur die **direkte Kommunikation mit dem Vorstand oder der Geschäftsführung** sein kann und dies entsprechend durchsetzen. Hilfreich ist dabei der Hinweis auf die Neigung der Strafverfolger, Verfahren „top-down" zu führen und dabei von der Rechtsprechung unterstützt werden. Der Hinweis auf die Mauerschützenentscheidung,[56] in der die Verantwortlichkeit von Unternehmensleitungen präzisiert wird, mag helfen, dass sich die entscheidenden Personen eines Unternehmens mit der gegebenen strafrechtlichen Problemlage auseinander setzen.

Ist dies gelungen, so sollte das erste Bemühen sein, die Quellen der Krisen zu stopfen und erforderlichenfalls dafür zu sorgen, dass jedenfalls keine Wiederholung möglicher Straftaten erfolgt. Dies ist der Zeitpunkt, in dem auch die Interessen anderer Unternehmensteile ins Spiel kommen. Es ist immer wieder verblüffend zu erfahren, mit welcher Hartnäckigkeit gewohnte Strukturen, auch wenn sie als Strafrechtsproblem identifiziert sind, von Unternehmensangehörigen verteidigt werden, sei es, weil es schlicht bequem ist, so zu handeln, oder sei es, weil man glaubt, im Wettbewerb auf ein bestimmtes Verhalten nicht verzichten zu können. Der Berater, der sich gegenüber den Mitarbeitern nicht der vollen Rückendeckung des Vorstandes gewiss ist, wird hier das erste Problem des Falles zu lösen haben. Alle weiteren Strategien und Handlungen zur Krisenbeseitigung hängen jedoch davon ab, dass es gelingt, laufende strafbare Handlungen zu unterbinden.

b) Die Gretchenfrage: Initiatives Vorgehen?

Eine weitere große Hürde stellt sich mit der Frage, ob der Sachverhalt initiativ mit den Ermittlungsbehörden behandelt werden soll oder nicht. Die Antwort auf diese Frage wird in Krisensituationen, nach meiner Erfahrung, manchmal sehr schnell und ohne Detailanalyse getroffen. Dies widerspricht der üblichen Arbeitsweise in größeren Unternehmen, in denen vor Entscheidungsfindung immer eine zwar kurze, aber bis ins kleinste unterlegte Vorstandsvorlage gefordert wird. Zudem: Die oben bereits beschriebene Scheu, sich mit strafrechtlichen Problemen zu befassen, wird noch übertroffen durch die Sorge, durch ein präventives Vorgehen gegenüber der Staatsanwaltschaft diese erst auf das erkannte Problem aufmerksam zu machen. In den seltensten Fällen wird der Berater von Anfang an ein offenes Ohr dafür finden, den Kontakt mit der Staatsanwaltschaft zu suchen. Dabei sind in den meisten Fällen die Vorteile evident:
- Schon abstrakte Erwägungen lassen initiatives Handeln der bloßen Reaktion überlegen erscheinen. Im ersteren Fall besteht die Chance zur **eigenen Gestaltung**, im Letzteren muss ich mich mit dem auseinander setzen, was andere ihrerseits vornehmen.
- die Präsentation eines Sachverhaltes durch einen Berater gibt immer die Möglichkeit, ihn zwar sachlich korrekt, jedoch in einem **günstigeren Licht** erscheinen zu lassen. Da der erste Eindruck von einer Sachverhaltsschilderung meistens der prägende ist, lässt sich durch eine sachgerechte, aber auch geschickte Darstellung manche Vermutung oder Fehlannahme von vornherein vermeiden, überzogene Vorstellungen von der Intensität oder der Gefährlichkeit einer Tat kommen so gar nicht erst zustande.

---

[56] BGHSt 40, 218.

- der Auftritt eines Bevollmächtigten für das Unternehmen oder eine in der Krise befindlichen Person kann bewirken, dass sonst ergriffene negative Maßnahmen nicht erfolgen. Wenn der vorzutragende Sachverhalt gravierend ist, wird schnell die Schnittstelle erreicht, jenseits derer Durchsuchung oder gar Haft die normale Reaktion einer Ermittlungsbehörde darstellt. Durch aktives Vorgehen und autonome Präsentation lässt sich die Gefahr solcher Grundrechtseingriffe ganz massiv verringern. Sollte die Gefahr bestehen, dass die Staatsanwaltschaft ohne initiatives Vorgehen zum Mittel der Beschlagnahme zur Sicherstellung für Verfall, Einziehung und Gewinnabschöpfung greifen wird, sollte angesichts dieser oft existenzbedrohenden Gefahr auch für größere Unternehmen jede Möglichkeit wahrgenommen werden, durch eigenständiges Herantreten an die Ermittlungsbehörde dies zu verhindern und in die Diskussion über § 430 StPO, wonach unter bestimmten Umständen auf Verfall verzichtet werden kann, und die Härtefallvorschrift des § 73 b StGB zu gelangen.

92 Auf der anderen Seite ist die Gefahr, dass ein Verfahren durch die Initiative des Unternehmens erst hervorgerufen wird, zumeist verschwindend gering. Eine genaue Analyse der Risikofaktoren muss selbstverständlich vorangehen; die Bewertung sollte von einiger Erfahrung in diesem Bereich des Strafrechtes getragen sein. Der Verfasser selbst hat jedenfalls in seiner Beratung Fälle erlebt, wo nach abgelehnter Initiative früher oder später der Ruf zur Begleitung der dann doch erfolgten Durchsuchung oder Inhaftierung kam. Einen Fall, in dem der Staatsanwalt durch die Offenbarung von Problemlagen überrascht wurde, gab es bislang noch nicht. Bildlich umgesetzt: es ist unwahrscheinlich, dass jemals ein Vogel Strauß dadurch, dass er vor dem heranrennenden Löwen seinen Kopf in den Sand gesteckt hat, das Problem des Löwen beseitigt hat.

93 Ist die Sorge des Unternehmens vor den angeblich schlafenden Hunden allerdings zu stark, kann sich anbieten, den Sachverhalt nicht unter Nennung von Ross und Reiter vorzutragen, sondern mit einem **abstrakten Sachverhalt Vortrag** bei der Staatsanwaltschaft zu halten. Die wenigsten Ermittler werden sich einem solchen Gespräch entziehen. Dabei ist eindeutig – und muss allen Beteiligten auch bewusst sein – kein Vertrag im Sinne einer verbindlichen Voranfrage zu schließen, wie es beispielsweise gegenüber dem Finanzamt möglich wäre. Sehr wohl ist aber eine belastbare Tendenz zu ermitteln, die auch dann in einem konkreten Verfahren ihre Wirkung zeigt, wenn der vorgetragene Sachverhalt vollständig und nicht geschönt war. Mithilfe einer solchen Voranfrage lassen sich Besorgnisse bezüglich proaktiven Vorgehens oft beseitigen.

94 c) **Vorbereitung einer Durchsuchung.** Kann der Weg in die Initiative nicht gefunden werden – oder sich auch nicht anbieten –, so sollte zumindest Vorsorge für den Fall getroffen werden, dass die Prognose oder Hoffnung, es werde strafrechtlich nichts geschehen, nicht zutreffend war. Es gehört heute zum Standardrepertoire jedes guten Wirtschaftsstrafverteidigers, für diesen Fall vorbereitende Informationen und Strategien zur Verfügung zu haben. Dabei ist wichtig, dass diese Form der Krisenvorbereitung nicht selbst zur Krise wird.

95 aa) *Personenkreis.* Eine Durchsuchungsvorbereitung darf nicht zu unnötiger Unruhe im Unternehmen führen. Mitarbeiter, denen angekündigt wird, dass möglicherweise ein Besuch der Staatsanwaltschaft bevorsteht, sind naturgemäß verunsichert. Dies wird noch gesteigert durch die Notwendigkeit, den Grund der Besorgnis jedenfalls nicht breit zu streuen, also einen Großteil der Mitarbeiter über den Anlass im unklaren zu halten. Damit Irritationen im Mitarbeiterbereich klein gehalten werden, sollten nur wenige, potentiell vom Verfahren oder dessen Abwicklung betroffene, Personen informiert werden. In der Praxis heißt das, dass alle „natürlichen" Anlaufstellen im Rahmen einer Durchsuchung vorinformiert sein müssen.

96 Diese Vorinformation beginnt beim **Pförtner** und dem **Empfang**. Gerade dort entscheidet sich oft das Klima der weiteren staatsanwaltschaftlichen Aktion. Eine von den Ereignissen überraschte und verunsicherte Person wird möglicherweise Fehlreaktionen zeigen und entweder mehr an Informationen preisgeben als nötig oder auch die Konfrontation suchen. Beides lässt sich vermeiden, wenn eine klare Anweisung für diesen Fall besteht und die Rechte und Pflichten der Empfangsperson gegenüber den Ermittlungsbehörden erläutert wurden. Nützlich ist dazu die Übergabe einer **Checkliste**, auf der die wesentlichen Anweisungen und Informationen zusammengefasst sind. Die Nützlichkeit solcher Checklisten erweist sich in jedem Ernstfall: Es ist verblüffend, wie sehr der plötzliche Auftritt von Ermittlern auch „vorgewarnte"

und über Ihre Rechte informierte Personen verunsichert und handlungsschwach macht. Eine Checkliste ist dann oft die notwendige Stütze, das Richtige zu tun und Selbstsicherheit wiederzufinden. Mithin: Checklisten sollten auch die weiteren klassischen Durchsuchungsziele im Unternehmen erhalten. Diese sind: **Vorstands- oder Geschäftsführungssekretariat, Buchhaltung, EDV** und **Archiv**. Beliebtes Ziel ist auch, so vorhanden, die **Revisionsabteilung**. Je nach Sachverhalt müssen auch andere Bereiche in Betracht gezogen werden: So wird in einem erwarteten Verfahren nach dem Außenwirtschaftsgesetz die **Exportabteilung** und der **Außenwirtschaftsbeauftragte** im Fokus stehen.

Diejenigen, die es betrifft, sollten auch auf jeden Fall darauf hingewiesen werden, dass Durchsuchungen parallel auch im **privaten Umfeld** durchgeführt werden können. Mitarbeiter verzeihen es kaum, wenn sie durch derartige Aktion überrascht werden und womöglich gegenüber Frau und Kindern erklärt werden muss, warum man denn die um 7:00 Uhr während des Frühstücks klingelnden Herren herein zu lassen hat. Auch ist es gerade diese Situation, in der aufgrund des besonderen **Überraschungseffektes** und der damit einhergehenden totalen **Verunsicherung** die meisten Fehler gemacht werden. Deshalb kann es durchaus Sinn machen, nicht nur die betroffenen Mitarbeiter zu informieren, sondern auch deren Ehefrau mit vorbereitenden und stabilisierenden Informationen zu versorgen. 97

bb) Inhalte einer Durchsuchungsanweisung. Eine generelle, abstrakte Durchsuchungsanweisung als Teil des generellen Krisenmanagements eines Unternehmens hat naturgemäß breitere und allgemeinere Inhalte als die auf den erwarteten Durchsuchungsfall zugeschnittene, spezielle Durchsuchungsvorbereitung. Während die generelle Anweisung sich darauf beschränken wird, die Rechte und Pflichten des Staatsbürgers im Rahmen der besonderen Ermittlungssituation „Durchsuchung" zu erläutern und deshalb allgemein gültig ist, kann eine auf den erwarteten Ernstfall gerichtete Anweisung antizipieren und differenzieren. 98

Beiden gemeinsam ist, dass neben der Übersetzung der manchmal schwierigen, die allgemeinen Rechte eines Staatsbürgers erläuternden Gesetzestexte in allgemein verständliches, nachvollziehbares Deutsch auch Handlungsanweisungen erfolgen können, die auf arbeitsvertraglicher Grundlage bindend sein können, soweit sie nicht ihrem Inhalt nach mit dem Gesetz in Konflikt geraten. Insgesamt ist es ausgesprochen nützlich, gerade **Verhaltensanweisungen schriftlich** niederzulegen, damit sie unmissverständlich sind und nicht zur Grundlage eines Verdunklungsvorwurfes gegen Mitarbeiter und Geschäftsleitung gemacht werden können. Solche Durchsuchungsanweisungen werden im Rahmen des Akutfalls selbstverständlich den Ermittlungsbehörden bekannt, sie sollen dies auch. Sie sind nichts „unkeusches", nichts was verborgen werden müsste. Im Gegenteil lässt sich aus einer ordentlich strukturierten Untersuchungsanweisung für die Ermittlungsbehörden ablesen, dass seitens des Unternehmens und dessen Berater mit klaren, gesetzlich fundierten Anweisungen gearbeitet wird und Verdunklung nicht zu befürchten ist. 99

Solche Anweisungen sind beispielsweise Regelungen zur Kontaktaufnahme zu Beratern innerhalb der Unternehmenshierarchie und – soweit nicht dem Untersuchungszweck zuwiderlaufend – die Außendarstellung gegenüber Kunden und sonstigen Kontakten sowie die Ausübung einzelner prozessualer Rechte. Auch sollte in einer solchen Durchsuchungsanweisung eine Pflichtendefinition enthalten sein. Dort zu beschreiben ist die **allgemeine Zeugnispflicht**[57], wonach die technische Mitwirkung von Unternehmensangehörigen von den Ermittlungsbehörden erwartet werden kann – und deren Grenzen. Dabei ist zu differenzieren: Im Rahmen des Zeugnisses muss nur Bekanntes ausgesagt werden, das aktive Ermitteln neuer Erkenntnisse zur Weiterabgabe an die Durchsuchenden ist von der Zeugnispflicht nicht umfasst. Eine völlig andere Frage ist, ob eine solche Differenzierung im Akutfall tatsächlich gemacht wird. Für die generelle Durchsuchungsanweisung empfiehlt sich, auch die Suche nach Beweismitteln durch Betriebsangehörige zu unterstützen. 100

Die spezielle Durchsuchungsanweisung kann differenzieren zwischen Anweisung an gefährdete und an ungefährdete Personen. Diejenigen Mitarbeiter, bei denen zu erwarten ist, dass sie durch Ermittlungsbehörden als Beschuldigte behandelt werden, sollten eine andere, intensivere Unterweisung erhalten als die restlichen Mitarbeiter. Sie erhalten neben der Aufklärung über 101

---

[57] Siehe dazu *Eidam*, Unternehmen und Strafe, S. 541.

allgemeine Zeugenpflichten sinnvollerweise auch die Aufklärung über Beschuldigtenrechte. Gerade diesem Personenkreis ist neben der allgemeinen Unterweisung bereits vor dem Eingriff einer Ermittlungsbehörde eine personalgebundene Vertretung durch einen Verteidiger zu stellen. Dabei kann durchaus so vorgegangen werden, dass **bereits im Vorfeld** ein Anwalt mit generellen Informationen über das erwartete Verfahren versorgt wird und über eine erste Kontaktaufnahme zwischen potentiellen Beschuldigten und Verteidigern hinaus noch keine weiteren Aktivitäten erfolgen; so kann die Kostenlast gering gehalten werden. Derartige „Reservestellungen" sind heute durchaus üblich.

102   Die spezielle Durchsuchungsanweisung sollte für die Mitarbeiter des Unternehmens auch die Adressdaten eines als Zeugenbeistand zur Verfügung stehenden Anwaltes beinhalten. Dieser Anwalt wiederum sollte sinnvollerweise ebenfalls vorinformiert und mit den Grundzügen des erwarteten Vorwurfs, der Struktur des Unternehmens und den wichtigsten Personen innerhalb des Unternehmens vertraut sein.

103   *cc) Beweismittelsicherung.* Sowohl für das weitere Funktionieren eines Unternehmens als auch die Durchführung einer informierten Verteidigung ist es unumgänglich, auf die wesentlichen Dokumente Zugriff zu haben. Gleiches gilt selbstverständlich für die Daten der EDV. Aus Sicht der Staatsanwaltschaft sind diese Dokumente häufig Beweismittel, auf die sich ihr Ermittlungsinteresse richtet. In der Konsequenz wird sie versuchen, diese zu beschlagnahmen. Selbst wenn dies in der Folge eines Rechtsmittels endgültig nicht gelingen sollte, so ist doch gegen die Mitnahme im Laufe einer Durchsuchung kein wirksameres Gegenmittel gegeben. Solche Dokumente sollten **als Kopie gesichert** werden. Diese duplizierten Dokumente sind, weil sie nicht als Beweismittel entstanden, sondern zu Zwecken der Verteidigung hergestellt wurden, nicht beschlagnahmefähig und können zur Sicherung zu dem rechtlichen Vertreter oder Verteidiger gebracht werden. **Die Verbringung von Originalen in einer Anwaltskanzlei würde den Beschlagnahmeschutz des § 97 StPO durchbrechen** – abgesehen davon, dass dem Anwalt unterstellt werden könnte, er habe eine **Verdunkelungshandlung** unterstützt oder gar initiiert. Ein Verfahren wegen Begünstigung oder – bei producta sceleris – Hehlerei wäre die Folge.

2. In der Durchsuchung

104   Wenn der Ernstfall nicht zu vermeiden war oder überraschend kommt, muss schnell, professionell und fehlervermeidend seitens des Unternehmens und seitens der Berater vorgegangen werden. Es ist primäre Aufgabe des Unternehmensverteidigers, nunmehr die nächsten Stunden so zu gestalten, dass möglichst geringer Schaden für das Unternehmen und die dort beschäftigten Personen entsteht. Dabei ist es hilfreich, bestimmte zentrale Informationen im Zugriff zu haben. Dies kann beispielsweise in Form einer „Durchsuchungsmappe" erfolgen, in der neben den Ablichtungen der grundsätzlichen Rechtsprechung zu Durchsuchung auch in Sonderfällen (z. B. Ärzte, Anwälte, Steuerberater, Wirtschaftsprüfer, Banken) ein Vollmachtsformular, Blankoanträge, eine Liste der Kollegen vor Ort ebenso wie Schreibblock und Kugelschreiber zu finden sind. Ich will in der Folge die notwendigen Aktionen aus der Sicht des hinzugerufenen Beraters schildern:

105   a) **Sofortmaßnahmen.** Es gibt für den Strafrechtler eine Abfolge bestimmter Ersthandlungen, die unverzichtbar sind. Sobald die Nachricht von einer anlaufenden Durchsuchung den Anwalt erreicht, hat alles andere zurückzustehen. Die Frage, gehe ich nun zu der Durchsuchung oder nicht, stellt sich für den professionellen Strafrechtler nicht – er geht. Es ist keine Situation vorstellbar, in die die Anwesenheit eines vernünftig vorgehenden Rechtsanwalts in der Durchsuchungssituation schadet, es gibt aber viele Momente, in denen er positiv wirken kann. Sollte der angesprochene Anwalt nicht in der Lage sein, selbst zum Durchsuchungsort zu eilen, wäre es höchst unprofessionell, aus diesem Grund eine **Begleitung der Durchsuchung** als nicht nötig darzustellen. Es wird sich immer ein Kollege finden, der die Durchsuchung statt seiner begleitet und dem der Unternehmensvertreter nicht nur fachlich während der Durchsuchung vertraut, sondern sich auch sicher ist, von ihm das Mandat nach beendeter Durchsuchung wieder zurückzuerhalten.

106   Als nächstes muss der Strafrechtler sich alles an Informationen verschaffen, was er in den nächsten Stunden brauchen wird. Dies ist zuerst einmal die **Durchsuchungsanordnung**; dass in

Unternehmen kein Fax zur Verfügung steht, um dieses wesentliche Dokument zu übermitteln, dürfte eher selten sein. Falls doch: Auch das Vorlesen am Telefon gibt eine erste Information und einen ersten Eindruck. In den immer noch vorkommenden Fällen, in denen der Beschluss – oft unter Berufung auf das Steuergeheimnis – nicht ausgehändigt wurde, ist jetzt der erste Moment gekommen, als anwaltlicher Vertreter klar zu stellen, dass man die Rechte seiner Mandanten kennt und sie auch durchsetzen will.[58]

Das **erste Gespräch mit dem Mandanten** oder einem Repräsentanten des vertretenen Unternehmens sollte von großer Ruhe geprägt sein, es darf seitens des Beraters nie vergessen werden, dass die für ihn möglicherweise zur Routine gewordenen Abläufe für seinen Gegenüber neu und erschreckend sind und er zu deren Bewältigung kein Instrumentarium besitzt. Achten sie während des ersten Telefonates darauf, dass ihr Gesprächspartner zumindest dann alleine ist, wenn er sich über Hintergründe und Sachverhalte des Verfahrens mit ihnen austauschen will. Die Verunsicherung eines soeben Durchsuchten ist meistens so groß, dass er überhaupt nicht darauf achtet, wer mit ihm im Raum ist. Dies ist auch der Moment, in dem dem Mandanten erste Verhaltensmaßregeln mit auf den Weg gegeben werden müssen, vor allem, den Rat zu schweigen, zumindest bis der Berater eintrifft. 107

Bevor sie über die Grundinformationen hinaus mit ihrem Mandanten sprechen, sollte der **Kontakt zum Durchsuchungsführer** – auch bereits am Telefon – aufgenommen werden. In dem ersten Gespräch kann dann klargestellt werden, dass man in absehbarer Zeit an Durchsuchungsstelle auftauchen wird und es sehr viel Sinn macht, bis zu diesem Zeitpunkt mit Aktionen zuzuwarten, weil diese dann, begleitet durch die rechtliche Vertretung, reibungsloser ablaufen können. In vielen Fällen sind die Ermittler auch bereit, auf ein solches erstes persönliches Gespräch vor Ort zu warten und vorher nichts zu unternehmen. Sie wissen, dass eine nicht konfrontativ geführte Durchsuchung auch für Ermittler einfacher und unter Umständen auch – für beide Seiten – zielführender ist. Gleichzeitig kann der Hinweis erfolgen, dass man – sofern man als Verteidiger tätig ist – seinem Mandanten den Rat erteilt hat, vorerst keine Aussage zu machen, um auf diese Art und Weise die häufig versuchten frühen Vernehmungsversuche zu verhindern. Es lohnt der weiter gehende Hinweis, dass auch **informatorische Gespräche** etwas seien, von dem sie ihrem Mandanten abgeraten haben. 108

Gleiches gilt für den Unternehmensanwalt, der ebenfalls mit Nachdruck darauf hinweisen wird, dass die Mitarbeiter des von ihm vertretenen Unternehmens die Möglichkeit haben, von einem Zeugenbeistand Gebrauch zu machen und seitens der Unternehmensvertretung angeraten wurde, ohne einen solchen Zeugenbeistand nicht auszusagen. Von dem Durchsuchungsführer werden sie auch erfahren, welchen Umfang die Durchsuchung in personeller Hinsicht hat. Bei einer Großdurchsuchung ist jetzt der Moment gekommen, darüber nachzudenken, ob man weitere Kollegen des eigenen Büros oder auch externe Kollegen zur Hilfe hinzuzieht. Ein einzelner Anwalt gegenüber mehreren Dutzend Kriminalbeamten und Steuerfahndern hat es vergleichsweise schwer, alle sich während der Durchsuchung auftuenden rechtlichen und tatsächlichen „Baustellen" gleichzeitig zu überwachen. Zudem muss darüber nachgedacht werden, ob nicht auch unter dem Gesichtspunkt, dass – weitere – persönliche Verteidiger erforderlich werden, frühzeitig für die persönliche Vertretung und Verteidigung von gefährdeten Mitarbeitern gesorgt wird. 109

Neben dieser Information über Fakten sollten erste Überlegungen zum Recht ihren Platz finden: Eine Überprüfung auf **formale Richtigkeit des Durchsuchungsbeschlusses** (überaltet?;[59] betrifft er die richtige Örtlichkeit?; ist ohne Not wegen Gefahr im Verzug durchsucht worden?[60]) ist ebenso erforderlich, wie eine **erste Prüfung des in der Durchsuchungsanordnung niedergelegten Vorwurfs**. Auch wenn es so gut wie nie gelingt, eine laufende Durchsuchung mit Hilfe einer Beschwerde abzubrechen, ist doch der Hinweis auf Fehlerhaftigkeiten des Durchsuchungsbeschlusses oft geeignet, die Aktion schmal zu halten und in den Dialog mit der Staatsanwaltschaft zu gelangen. 110

---

[58] Wie sich bereits aus § 35 Abs. 1 StPO ergibt. Zu der verfassungsrechtlich äußerst bedenklichen Praxis, nur die Durchsuchungsanordnung (also ohne die tragenden Gründe) auszuhändigen: BGH Beschl. v. 7.11.2002 – 2BJs 27/02 – StB 26/29.
[59] BVerfG wistra 1997, 223, 226.
[60] BVerfG NJW 2001, 1121, 1123; *Meyer-Goßner* § 98 Rdnr. 6 f.

111 b) **Durchsuchungsbegleitung.** Wohl dem Unternehmen oder Beschuldigten, der sich auf eine Durchsuchung **vorbereitet** hat – er weiß um seine Rechte und wird von der Situation weniger in Panik versetzt, als dies in den meisten Fällen unerwarteter Durchsuchungen zu beobachten ist. Die Ermittlungsbeamten werden ihrerseits feststellen, dass sie nicht unerwartet kommen – was oft genug der Durchsuchung viel Dynamik nimmt. Üblicherweise vertrauen Durchsuchungsbeamte im hohen Maße auf das **Überraschungsmoment**, liegt es nicht vor, gehen sie davon aus, dass ihre Aktion deutlich weniger Chancen aufweist. Es ist außerdem heute überhaupt nicht mehr unüblich, dass Unternehmen sich nicht nur konkret auf bestimmte Durchsuchungen vorbereiten, sondern ganz allgemein Anweisungen für einen solchen Fall aufgestellt haben, weil in der heutigen Zeit niemand mehr ausschließen kann, kein Unternehmen sicher sein kann, nicht von Ermittlungsmaßnahmen betroffen zu werden.

112 *aa) Besetzung der strategisch wichtigen Positionen.* Bereits während der Fahrt zum Durchsuchungsort kann die Erkundigung erfolgen, worauf sich das primäre Interesse der Ermittlung richtet und welche Orte im Unternehmen im Fokus des Interesses stehen. Dorthin wird sich der Anwalt begeben, möglicherweise auch bereits jetzt telefonisch bitten, dass ein Mitarbeiter der Rechtsabteilung sich zumindest beobachtend an diesen Plätzen aufhält. Stehen genug Kollegen zur Verfügung, verteilen sich diese auf die neuralgischen Punkte des Unternehmens. Abzuprüfen ist daneben, ob weitere Durchsuchungsorte bestehen und ob im Privatbereich von Unternehmensangehörigen eine Durchsuchung stattfindet. Wenn irgend möglich, sollte auch dort Begleitung stattfinden, besonders, wenn sich in den Privatwohnungen noch Familienmitglieder befinden. In diesen Fällen ist der **Rückgriff** auf die **Kollegenliste** in der oben beschriebenen Durchsuchungsmappe sehr von Vorteil.

113 *bb) Beruhigung der Situation.* Wie insgesamt im Ermittlungsverfahren gibt es auch während der Durchsuchung extreme Verhaltensmöglichkeiten: Auf der einen Seite die Kollaboration, auf der anderen Seite die Konfrontation. Auch hier liegt zumeist das Gute in der Mitte: **Kooperation**. Eine Durchsuchung wird immer dann ruhiger werden, weniger belastend für das Unternehmen und dessen Mitarbeiter und auch weniger Missverständnisse und Zufallsfunde hervorbringen, wenn ein vernünftiges Maß der Zusammenarbeit gefunden wird. Dazu ist der Kontakt zum Durchsuchungsführer ausgesprochen wichtig, mit diesem ist ein Dialog zu entwickeln, innerhalb dessen die technischen Fragen der Durchsuchung professionell behandelt werden. So klar ein Anwalt auf Übergriffe der Durchsuchenden reagieren muss, so wenig Sinn macht es, im Rahmen technischer Fragen, die vom Gesetz klar vordefiniert sind, unnötig die Auseinandersetzung zu suchen. Wenn der Berater klarstellt, dass er derjenige ist, über den Fragen zu technischen Gegebenheiten am schnellsten gelöst werden können, kanalisieren sich von da an auch die Anfragen der Ermittlungsbeamten auf ihn. Er ist damit in der Lage gleichzeitig zu prüfen, ob das von den Durchsuchenden Gewünschte sich noch im **Rahmen des Durchsuchungsbeschlusses** hält oder ob insoweit mit ihnen zu diskutieren ist. Mithin: Das Angebot der Kooperation im Umfang der durch den Beschluss definierten Pflichten ist die Grundlage, diese Pflichten klarer herauszuarbeiten und zu begrenzen. Es versetzt den beratenden Anwalt in die Lage, neben den notwendigen Reaktionen auf die Maßnahmen der Behörden auch selbst zu agieren und in gewissen Grenzen diese Aktionen zu lenken.

114 Schwieriger als der Umgang mit den Durchsuchenden ist nicht selten der Umgang mit der Mandantschaft beziehungsweise den Mitarbeitern der durchsuchten Firma. In der Situation der Durchsuchung zeigt sich verstärkt ein im Verfahren immer wieder auftauchendes Moment: das Bedürfnis von Betroffenen, Ermittlungsbehörden nicht zu verärgern, also zu kollaborieren statt zu kooperieren. Der massive Auftritt der Staatsmacht bewirkt bei vielen Personen einen **Unterwerfungsreflex**, der sich nur zu gern über den guten Rat eines Verteidigers oder Unternehmensvertreters hinwegsetzt. Die Angst, die Wahrung von Rechten könnte zum eigenen Nachteil ausschlagen, ist erheblich. Hier sind also nicht nur die rechtlichen Fähigkeiten des Beraters gefragt, sondern auch die psychologischen. Er muss so viel an Sicherheit ausstrahlen, dass die von ihm vertretenen Personen in die Lage versetzt werden, wieder mehr mit dem Kopf als mit dem Bauch zu reagieren. Dies gilt natürlich auch für den umgekehrten Fall, in dem Betroffene arrogant, aufbrausend und überheblich („ich kenne den Bürgermeister!" „den Justizminister!" „den Bundeskanzler!") auftreten.

cc) Kontrolle der durchgeführten Maßnahmen. Besonders problematisch sind diejenigen Durchsuchungen, die sich auf „Gefahr im Verzug" berufen. Das Bundesverfassungsgericht[61] hat der um sich greifenden Versuchung, auf einen Durchsuchungsbeschluss zu verzichten und schlicht bei dem Betroffenen vorstellig zu werden, Riegel vorgeschoben. Diesen Beschluss kennt jeder Staatsanwalt und inzwischen auch jeder Polizist. Trotzdem sind immer noch Versuche festzustellen, der Lästigkeit der Beantragung eines Durchsuchungsbeschlusses zu entgehen. Kriminalbeamte und auch andere Ermittler, die bei dem Missbrauch des Rechtsinstitutes sozusagen auf frischer Tat ertappt werden, reagieren häufig aggressiv. Es machte in dieser Situation weniger Sinn, auf den Fehler hinzuweisen, als das mit ihm einhergehende schlechte Gewissen dazu zu nutzen, die Durchsuchung klein zu halten. Zwingend ist allerdings, auf der Siegelung der Unterlagen zu bestehen, damit eine nachfolgende richterliche Überprüfung nicht deshalb faktisch ins Leere läuft, weil zwar beispielsweise die Urkunden für nicht verwertbar erklärt werden, ihr Inhalt aber bekannt geworden ist.

115

Nicht alles, was im Rahmen einer Durchsuchung geschieht, ist durch den Durchsuchungsbeschluss gedeckt. Es ist wesentliche Aufgabe des vor Ort tätigen Rechtsanwaltes, dies aufzudecken und zu verhindern. Die technische Kontrolle beginnt schon damit, festzustellen, **wer überhaupt vor Ort ist**. Nur wenn eine Liste der anwesenden Ermittler gefertigt wird, kann man später sicher sein, bestimmte Handlungen auch bestimmten Personen zuzuordnen. Ansonsten wird nämlich das Durchsuchungsprotokoll vom Durchsuchungsführer unterschrieben, vielleicht noch von einem seiner Vertreter, jedoch nicht von allen. Möglicherweise können sie noch nicht einmal aus der Ermittlungsakte später feststellen, wer vor Ort war, weil sich die Information zur Vorbereitung der Durchsuchung erstaunlich oft in den Handakten der Staatsanwaltschaft – und damit der Akteneinsicht entzogen – befinden.

116

Auch zu prüfen ist, ob sich eine Befugnis zur Abwendung der Durchsuchung aus dem Beschluss ergibt; wenn der Durchsuchungsrichter festgelegt hat, dass durch **freiwillige Herausgabe** bestimmt bezeichneter Gegenstände die Durchsuchung abgewendet werden kann, ist die Durchführung einer Durchsuchung vor dem Hintergrund der Ankündigung der Herausgabe nicht mehr zulässig.

117

Auch der **Verhältnismäßigkeitsgrundsatz** muss während der Durchsuchung beachtet werden. Der Abbau der gesamten EDV-Anlage eines Großunternehmens wegen einer einzigen angeblichen Betrugstat wäre mit Sicherheit ein solcher Fall, in dem die Verhältnismäßigkeitsvoraussetzungen zu thematisieren sind. Allerdings sind heute vielfach Spezialisten der Landeskriminalämter bei denjenigen Durchsuchungen zugegen, bei denen die Staatsanwaltschaft erwartet, auf größere Datenverarbeitungsanlagen zu stoßen. Es wird in diesen Fällen zumeist eine Datensicherung vor Ort durchgeführt. Bei Laptops kann gleichfalls eine Datensicherung vor Ort vorgenommen werden, die Behörden sind allerdings auch in der Lage, im Anschluss an die Durchsuchung mit Eigenmitteln eine solche Sicherung schnell durchzuführen. Die Verhältnismäßigkeit verlangt dann, dass dies alsbald geschieht und das Arbeitsmittel zurückgegeben wird.

118

Im Zusammenhang mit der EDV stellt es ein besonderes Problem dar, wenn Daten, die verfahrensrelevant sein können, sich nicht physisch auf den Servern und Computern vor Ort befinden, sondern über eine **Datenfernleitung** erreichbar sind.[62] Zumindest bei dem Zugriff auf Datenleitungen über die Grenzen hinweg dürfte das Verlangen eines Herabladens dieser Daten in das deutsche Netz rechtlich nicht durchsetzbar sein.[63] Bei der Entscheidung, ob darauf verwiesen wird, dass es sich bei dem Herabladen der Daten um eine Verletzung des Rechtshilferechtes handeln kann, wenn diese zwangsweise geschieht, ist zu berücksichtigen, dass die – auch die legale – Verweigerung von Beweismitteln zumeist Überlegungen in Richtung Verdunkelungsgefahr oder gar Fluchtgefahr in dem Durchsuchenden auslösen kann. Steht die Frage nach der Haft „auf der Kippe", ist besonders gründlich darüber nachzudenken, ob die Daten nicht doch zugänglich gemacht werden.

119

---

[61] BVerfG StV 2003, 205.
[62] Vgl. dazu die immer noch aktuelle Darstellung von *Bär*, Der Zugriff auf Computerdaten im Strafverfahren, S. 232 ff.
[63] So auch im Ergebnis: *Bär*, Der Zugriff auf Computerdaten im Strafverfahren, S. 232 ff.

120 Ein besonderes Problem ist die bewusste Suche nach Zufallsfunden im Rahmen der Durchsuchung. Der Berater spürt oft, dass dasjenige, was im Durchsuchungsbeschluss als das zu erlangende Beweismittel niedergelegt ist und dasjenige, was wirklich gesucht wird, nicht identisch sind. Manchmal lässt sich dies später aus der Akte ablesen, wenn festgestellt wird, dass ein erster Durchsuchungsbeschluss vom Gericht abgelehnt wurde und später auf der Basis eines anderen Beschlusses evident nach denjenigen Beweismitteln gesucht wird, deren Erlangung im ersten Beschlussantrag abgewiesen wurde. Wenn der Anwalt eine solche Strategie erkennt, muss er diese thematisieren und notfalls auch offen legen. Er muss mit dem Durchsuchungsführer diskutieren, dass § 108 StPO keine Eingriffsbefugnis zur Durchsuchung nach, sondern nur zur Verwertung von zufällig gefundenen Gegenständen gibt.[64] Das Ausstreiten der Situation vor Ort ist schon deshalb von besonderer Bedeutung, weil ein Verstoß gegen den Grundsatz des fairen Verfahrens, der in einer solchen Durchsuchung liegt, nicht zu **Verwertungsverboten** führt.[65] Auseinandersetzungen in diesen Bereichen sind später selten in der Akte nachzuvollziehen. Es ist deshalb wichtig, sich in der Situation eigene Vermerke über den Ablauf solcher Diskussionen zu fertigen. Es ist zudem verblüffend, wie oft das Zücken des Diktiergerätes und der Beginn des Diktierens zu bestimmten Äußerungen oder Verhaltensweisen der Durchsuchungsbeamten dazu führt, dass die Ermittler die Lage neu überdenken.

121 In den Fällen, in denen der Sach- und Rechtsdialog ins Stocken gerät und ein Staatsanwalt nicht vor Ort anwesend ist, empfiehlt sich die Kontaktaufnahme zum staatsanwaltlichen Sachbearbeiter des Falles, um möglichst wieder auf eine sachliche Ebene zurückzugelangen und Ergebnisse zu erzielen. Letzte Maßnahme ist – Erfolg versprechend allerdings wirklich nur bei groben Verstößen – die **Kontaktaufnahme zum Ermittlungsrichter** per Telefon und per Fax.

122 Zu den Unterrichtungspflichten gegenüber der Mandantschaft nach einer Durchsuchung gehört die Information, dass in Wirtschaftsstrafverfahren nach der Durchsuchung oft vor der Durchsuchung ist. Vielfach ergeben sich gerade durch die beschlagnahmten Unterlagen neue Ermittlungsansätze, bezüglich derer die Unterlagen nicht im Fokus der Erstdurchsuchung standen. Bei der dann anstehenden weiteren „Durchsuchungsnachschau" in Form einer weiteren Durchsuchung ist darauf zu achten, dass der ursprüngliche Durchsuchungsbeschluss verbraucht ist[66] und für einen neuen Grundrechtseingriff auch eine neue richterliche Überprüfung durchzuführen ist.

123 *dd) Verhinderung von Vernehmungen.* Das **Überraschungsmoment** wird von Verfolgern als ein großer Helfer der Ermittlungen angesehen. Insbesondere bei Durchsuchungen zeigt sich ein erstaunliches psychologisches Moment: Das kaum zähmbare Bedürfnis, es der Obrigkeit recht zu machen. Dazu gehört, sie durch eine Aussage zu befriedigen. Das so nicht notwendig richtige, sondern nur gefällige Aussagen zustande kommen, wird dabei regelmäßig übersehen.

124 Aussagen in dieser Situation sind unzuverlässig, oft genug schlicht falsch. Dies nicht deshalb, weil es um das bewusste Irreführen oder gar Anlügen der Vernehmungsbeamten geht. In der psychischen Stresssituation einer Durchsuchung versagt auch die Erinnerung. Hinzu kommt ein starkes Moment, es dem Ermittler „recht" machen zu wollen, die von ihm erwartete Antwort zu erahnen und dann auch zu geben. Problematisch ist dabei, dass oftmals Gerichte die Erstaussage als die „spontane" Aussage bewerten, in der, gerade wegen des Überraschungseffektes, alles ungeschützt und richtig gesagt werde. Spätere Präzisierungen oder Richtigstellungen werden dann als „Schutzbehauptungen" abgetan. Zudem: Im Zeitpunkt der Durchsuchung lässt sich nicht seriös vorhersagen, wer möglicherweise als Beschuldigter eines Verfahrens in Betracht kommt, und wer Zeuge ist und bleibt. All diese Momente sprechen dafür, Anhörungen aus der Durchsuchung heraus zu verhindern.

125 Es beginnt mit der Information der Betreffenden, dass diese bestimmte Rechte haben, unter anderem das **Recht auf einen Zeugenbeistand**. Auch die **Rechte auf Zeugnisverweigerung** müssen erläutert werden. Dies darf auch der Unternehmensvertreter und sogar der Verteidiger eines Dritten tun, da nach herrschender Ansicht Zeugenbeistandschaft nicht dem Mehrfachvertre-

---

[64] OLG Karlsruhe StV 1986, 10.
[65] OLG Karlsruhe StV 1986, 10 ff.
[66] *Meyer-Goßner* § 105 Rdnr. 14.

tungsverbot des § 146 a StPO[67] unterfällt. Darüber hinaus: Die schlichte, allgemeine Information über eine bestehende Rechtslage ist noch keine Verteidigungshandlung oder Beratungshandlung für einen Zeugen. Der Unternehmensvertreter handelt im Rahmen seines Mandates, wenn er Angehörige des von ihm vertretenen Unternehmens informiert. Er muss sich allerdings sehr genau hüten, in die Raterteilung abzugleiten, mit der daraus entstehenden potentiellen Kollision. Es kommt trotzdem vor, dass Ermittlungsbeamte erheblichen Druck ausüben, um Aussagen zu erhalten. In dieser Situation hilft der Hinweis darauf, dass auch während der Durchsuchung das Hausrecht immer noch bei dem Hausrechtsinhaber verbleibt und die Vernehmung von Mitarbeitern nicht der Durchsuchungsanordnung unterfällt.

In konfrontatorischen Situationen wird dann gerne der Staatsanwalt ins Spiel gebracht und dessen **Ladungsrecht nach § 161 a Abs. 1 StPO** zu dem Versuch eingesetzt, doch noch eine Aussage zu erhalten. Nach dieser Vorschrift sind Zeugen und Sachverständige verpflichtet, auf Ladungen vor der Staatsanwaltschaft zu erscheinen und auszusagen. Die Staatsanwaltschaft verbindet dies gerne mit einer Vorführungsanordnung. Es wird dabei meist besonders intensiv darauf hingewiesen, dass nach § 51 StPO die Folgen des Ausbleibens Ordnungsgeld und zwangsweise Vorführung sein können. All dies „funktioniert" aber nur dann, wenn das Ausbleiben oder die Weigerung „unberechtigt" ist. Es besteht erheblicher Streit darüber, ob die Verhinderung eines Beistandes oder die fehlende Möglichkeit, sich eines Beistandes zu bedienen, als genügende Entschuldigung anzusehen ist.[68] In den meisten Fällen wird allerdings Konsens mit einem Staatsanwalt zu erzielen sein, dass eine vorherige Beratung mit einem Zeugenbeistand möglich sein muss, dies insbesondere, seit dem das Institut des Zeugenbeistandes den Weg in das Gesetz[69] gefunden hat.

ee) Verhinderung von Haftsituationen. Auch wenn es vorkommt, dass Durchsuchungen durchgeführt werden, ohne die bereits bestehende Absicht einer späteren Verhaftung anzukündigen oder durchblicken zu lassen, ergeben sich meistens Anzeichen für ein solches Vorhaben der Ermittlungsbehörden. Wird beispielsweise sichtbar, dass der Geschäftsführer des von ihnen vertretenden Unternehmens nunmehr auf Schritt und Tritt bis hin in den Sanitärbereich des Büros begleitet wird, ist dies zweifellos ein Indiz. Oftmals genügt auch schon ein Blick auf den Aktenordner des Durchsuchungsführers. Die **Farbe Rot** signalisiert in den meisten Fällen, dass ein **Haftbefehl** bereits vorliegt. Andererseits kann sich auch aus der Entwicklung der Durchsuchung die Gefahr einer Haftsituation ergeben, das Auffinden eines zentralen belastenden Beweismittels zählt ebenso dazu wie Verdachtslagen bezüglich neuer Beweismittel, beispielsweise im Ausland. Auch das Auffinden von bislang nicht bekannten Konten im Ausland oder Schwarzgeldkonten signalisiert neu entstehende Haftgefahren. Inwieweit Rechte mit Druck durchgesetzt werden, welche die Durchsuchung betreffen, ist von diesem Moment an verknüpft mit der Frage, wie sich dies auf mögliche Haftsituationen auswirkt. Rein technisch ist zuerst dafür zu sorgen, dass – sollte dies noch nicht der Fall sein – ein persönlich für die gefährdete Person zuständiger Anwalt als Verteidiger hinzugerufen wird. Der als Firmenanwalt tätige Berater ist, sobald es um die persönlichen Vorwürfe gegen ein Mitglied des Unternehmens geht, nicht mehr in der Lage, dort aktiv zu verteidigen, er käme in Kollisionsprobleme. Wenn sich mithin eine Haftgefahr am Horizont zeigt, ist besonders darauf zu achten, dass Erwägungen zur Verdunkelungsgefahr und Fluchtgefahr seitens der Staatsanwaltschaft nicht Nahrung gegeben wird. Es ist dann **abzuwägen zwischen dem Recht auf Verweigerung von Informationen und der Chance, Mitarbeiter des Unternehmens in Freiheit zu halten.** Ein Dilemma, welches sich dem Strafverteidiger häufig stellt und für das es keine abstrakte Lösung gibt.

Rein praktisch zeigt sich oftmals das Problem, dass der sich in Haftgefahr befindende Unternehmensführer auf jeden Fall den bislang für das Unternehmen tätigen Anwalt als Verteidiger wählen will. Auch wenn vorher sehr deutlich die unterschiedliche Funktion eines Unternehmensvertreters und Verteidigers erläutert wurde, ergibt sich aus der Zusammenarbeit oftmals

---

[67] Bejahend einerseits *Dahs*, Handbuch des Strafverteidigers, Rdnr. 182 ff. m. w. N.; verneinend *Burhoff*, Handbuch für das strafrechtliche Ermittlungsverfahren, Rdnr. 2066 (mit Hinweis auf §§ 45 Nr. 2 BRAO; 356 StGB).
[68] Vgl. LG Hildesheim StV 1985, S. 229.
[69] Vgl. §§ 406 f, 406 g StPO.

das Gefühl seitens eines überraschend persönlich Beschuldigten, niemand anders könne so gut helfen, wie gerade der ihm vertraute Anwalt. Für diesen heißt das letztendlich die Wahl zwischen den Mandaten. Da die konsekutive Vertretung nicht verboten ist, ist bei Niederlegung des Unternehmensmandates formal kein Problem in der Übernahme eines Verteidigungsmandates für eine natürliche Person zu sehen. Ob allerdings nicht trotzdem eine **inhaltliche Kollision** vorliegt und wie sich ein solches Vorgehen auf das Unternehmen wirkt, ist dann individuell zu beurteilen. Auf jeden Fall muss frühzeitig eine **klare Trennung zwischen den Funktionen** hergestellt werden: Ein bisschen hier Vertreten und ein bisschen dort Verteidigen führt ansonsten dazu, dass letztendlich beide Mandate nicht durchgeführt werden können.

3. Abschlussmaßnahmen

129   Der von den Mitarbeitern eines Unternehmens oder dem persönlich Durchsuchten sehnlichst herbeigewünschte Abschluss einer Durchsuchungsmaßnahme kann dazu führen, dass die **nötige Sorgfalt** in der Aufarbeitung dieses Momentes nicht beachtet wird. Dennoch erfordert gerade der Abschluss einer Durchsuchung die besondere Aufmerksamkeit des Beraters. Auch die Durchsuchenden erleben eine Art „**Erleichterungseffekt**", dass diese Maßnahme, die auch für sie nicht ohne Belastung ist, nun vorüber geht. Es hat sich gezeigt, dass sie für kommunikative Effekte, die sehr viel über den Zustand des Verfahrens und die Erkenntnisse der Ermittlungen verraten können, nun weitaus offener sind, als zu Beginn der Durchsuchung. Ein kluger Strafrechtler wird dies nutzen. Andererseits kann dieser Moment auch insofern zugespitzt sein, als sich nunmehr entscheidet, ob neben der Durchsuchungsmaßnahme auch Verhaftungen oder Beschlagnahmen durchgeführt werden. Beide Stationen erfordern sehr viel psychologisches Einfühlungsvermögen neben den ohnehin zu erwartenden soliden rechtlichen Kenntnissen.

130   Auch die Technik des Abschlusses ist nicht ohne Bedeutung: Es steht noch die Frage an, ob beschlagnahmte Unterlagen freiwillig herausgegeben werden sollen – was speziell dann nicht erfolgen kann, wenn der Inhalt des Sistierten wegen der Menge nicht zu hundert Prozent überschaubar ist. Während Ermittlungsbeamte einem nicht vertretenen Beschuldigten, schon um den weiteren Ablauf reibungsloser zu gestalten und nicht den Ermittlungsrichter einschalten zu müssen, meistens dazu drängen, dass eine freiwillige Herausgabe erfolgen, werden sie es bei einem strafrechtlich tätigen Anwalt als Professionalität werten, wenn dieser die Rechte seiner Mandantschaft offen hält. Gerade bei umfangreichen Durchsuchungen muss sehr genau **katalogisiert** werden, was tatsächlich mitgenommen wird – Durchsuchungsnachweise, in denen der Satz „1 Karton loser Unterlagen" steht, sind Beleg dafür, dass hier seitens des anwesenden Beraters nicht sorgfältig gearbeitet wurde.

131   Zu den Abschlussmaßnahmen zählt – wenn noch nicht geschehen – auch die alsbaldige **Kontaktaufnahme** mit dem zuständigen **Staatsanwalt**, um die notwendigen Maßnahmen im Anschluss an die Durchsuchung – Akteneinsicht, Rechtsmittel –beschleunigt durchführen zu können.

IV. Strategieberatung

1. Analyse der Sach- und Rechtssituation

132   Die Notwendigkeit einer frühen Analyse der Sach- und Rechtssituation gilt sowohl für das erwartete als auch für das akute Verfahren, in dem der Anwalt – sei es als Verteidiger, sei es als Unternehmensanwalt – aus der Durchsuchung heraus tätig wird.

133   Im Akutverfahren ist der Zeitpunkt der Analyse gekommen, wenn sich die Aufgeregtheiten und ersten Handlungsnotwendigkeiten nach einer Durchsuchung oder auch nur nach der Eröffnung des Tatvorwurfes gelegt haben. Die Wichtigkeit eines solch frühen Handelns im Ermittlungsverfahren kann nicht genug betont werden. Das früher weit verbreitete Warten auf die Ermittlungsakte ist heute völlig unprofessionell und stellt einen Beratungsfehler dar. Insbesondere in Wirtschaftsstrafverfahren ist das Gewicht des Gesamtverfahrens in hohem Maße in das Ermittlungsverfahren verlagert. Während unsere Strafprozessordnung von ihrer Anlage her noch vom Primat der Hauptverhandlung ausgeht, hat sich die Realität der Ermittlungsverfahren nicht nur in komplexen Verfahren mit wirtschaftlichem Hintergrund gravierend verän-

dert.⁷⁰ Hinzu kommt, dass bereits seit Jahrzehnten bekannt ist, dass **Fehler**, die im Rahmen des **Ermittlungsverfahrens** gemacht werden, in der Hauptverhandlung **zumeist nicht mehr korrigierbar** sind.⁷¹ Auch das Ermittlungsverfahren selbst hat seine eigene Dynamik: Zu Anfang des Verfahrens lässt sich oftmals der **Blickwinkel** auch der Ermittlungsbehörden noch **verändern**, manchmal kann es sogar gelingen, nach der „David-Copperfield"-Methode die Aufmerksamkeit der Staatsanwaltschaft von der eigentlichen Problematik abzulenken.⁷² Bereits die ersten Äußerungen aus dem Unternehmen oder seitens der Verteidigung von Individualpersonen sind geeignet, dass spätere Feld, in dem die Auseinandersetzung um Recht und Tatsachen zu führen sein wird, zu umgrenzen.

Auch die Dauer von Ermittlungsverfahren in heutigen Wirtschaftsstrafsachen weist aus, dass das Hauptgewicht anwaltlicher Vertretungsarbeit in diesem Verfahrensabschnitt zu leisten ist. Während Ermittlungsverfahren im Wirtschaftsstrafrecht regelmäßig mehrere Jahre dauern,⁷³ sind Hauptverhandlungen dieser Länge immer noch die Ausnahme. Es gilt allgemein, dass das Primärziel einer Verteidigung im Wirtschaftsstrafrecht ist, eine **Hauptverhandlung zu vermeiden**. Vor diesem Hintergrund drängt sich das **Erfordernis** einer **frühen Sach- und Rechtsanalyse** zur Schaffung der Grundlage für eine Gesamtstrategie auf.

Eine derartige Bestandsaufnahme sollte trotz aller notwendigen Dynamik gründlich sein. Sie kann dies auch sein, wenn nicht für das Unternehmen oder Personen existenzgefährdende Situationen wie Haft oder Vermögensbeschlagnahme nach § 111 b StPO akut sind. In diesen Fällen erzwingt die Existenzbedrohung oftmals frühes Handeln, welches dann auf weitaus unschärferen Sachverhaltskenntnissen und Rechtsannahmen beruhen muss, als dies dem Normalfall gut tut. Dabei soll nicht verschwiegen sein, dass auch die Staatsanwaltschaft weiß, dass es ein reziprokes Verhältnis zwischen dem Druck auf Person und Unternehmen, den sie zu Anfang aufbaut und der Dauer des Verfahrens gibt. Es ist kein Geheimnis, dass der – böse – Satz: „**Untersuchungshaft schafft Rechtskraft**" von einigen Staatsanwaltschaften und von einigen Staatsanwälten durchaus gelebt wird.

Allgemein kann man es sich zur Maxime machen, sowohl bei der Sach- als auch bei der Rechtsaufarbeitung zuerst zu denken wie ein Staatsanwalt. Wenn ein Berater antizipieren will, muss er sich n sein prozessuales Gegenüber versetzen können, dessen Gedanken vorausdenken und seine Strategie darauf ausrichten, was er von den Ermittlungsbehörden als nächste Aktion erwartet. Ein solches Vorgehen verhindert häufig die überraschende Zweitdurchsuchung oder unerwartete Verhaftungen.

Ein wesentliches Element der frühen Analyse ist es, die aus der Ermittlungssituation erwachsenden Handlungsgebote zu erfüllen. Es gilt beispielsweise zu analysieren, wer über das Verfahren zu informieren ist, die potentielle Liste reicht vom Aufsichtsrat über Behörden bis hin zur Rechtsschutzversicherung. Das wesentlichste Handlungselement ist allerdings, jegliche Fortführung tatsächlich vorkommender strafrechtlich relevanter Verhaltensweisen zu unterbinden, um nicht weitere negative Strafzumessungsgesichtspunkte einzusammeln.

2. Strategische Vorfrage: Wer leitet das Verfahren?

Schon zu Beginn des Verfahrens muss klar sein, wer im Rahmen des Ermittlungsverfahrens die primäre Kompetenz im Bereich von Sachermittlungen hat und damit die Person oder Stelle ist, die verantwortlich die Geschicke eines Ermittlungsverfahrens auf Seiten eines Beschuldigten oder eines Unternehmens leitet. Selten so deutlich wie hier gilt der Satz: Viele Köche verderben den Brei. Eine vernünftige und souveräne Verfahrensgestaltung im Sinne einer partnerschaftlichen Zusammenarbeit aller Beteiligten, aber der Verantwortung, Leitung und strategischen Planung durch eine einzige Stelle, ist unumgänglich. Die Frage stellt sich, ob dies innerhalb des Unternehmens geleistet werden kann oder die Verantwortung für ein solches Verfahren extern verlagert werden sollte.

---

⁷⁰ Siehe dazu *Schlothauer/Weider* StV 2004, 504.
⁷¹ *Peters*, Fehlerquellen im Strafprozeß, Bd. 3, S. 299 f.
⁷² Der amerikanische Magier „David Copperfield" ließ die Freiheitsstatue im Hafen von New York für ein ausgewähltes Publikum verschwinden, in dem er die Aufmerksamkeit des Publikums durch laute Musik und optische Effekte fesselte und dabei die gesamte Bühne auf das offene Meer hinausdrehte.
⁷³ Müller-Gugenberger/Bieneck/*Niemeyer* § 21 Rdnr. 43.

139 a) **Rechtsabteilungen.** Rechtsabteilungen werden meist von **Syndici** geleitet, also von als Rechtsanwalt zugelassenen Volljuristen, die aufgrund der Befassung mit „ihrem" Unternehmen meist tiefe Kenntnisse sowohl der tatsächlichen Abläufe als auch der grundsätzlichen rechtlichen Problemstellung, die für das Unternehmen typisch sind, aufweisen. Damit sind zwei wesentliche Komponenten für die erfolgreiche Führung eines Ermittlungsverfahrens in der Rechtsabteilung konzentriert: Spezifische Rechtskenntnis und Nähe zum Sachverhalt im Sinne von Kenntnis von Personen und Abläufen. Wesentliche Argumente sprechen jedoch gegen die Verfahrenslenkung durch die Rechtsabteilung. Zum Einen: Der Syndikus hat **kein gesichertes Zeugnisverweigerungsrecht.** So entnimmt zwar die einschlägige Kommentierung und Literatur der gesetzgeberischen Konzeption des § 46 BRAO, dass dem Syndikus ein Zeugnisverweigerungsrecht nach § 43 I Nr. 3 StPO insoweit zusteht, als er mit typischen anwaltlichen Aufgaben betraut ist.[74] Bestätigt wird diese Ansicht durch das Landgericht München,[75] dass dem Syndikusanwalt gemäß § 383 I Nr. 6 ZPO für im Rahmen seiner Tätigkeit bei dem Arbeitgeber erlangte Kenntnisse ein zivilprozessuales Zeugnisverweigerungsrecht zugestand. Veröffentlichte strafrechtliche Gerichtsentscheidungen jedoch existieren zumindest in der höchstrichterlichen Judikatur nicht. Damit verbleibt eine erhebliche Unsicherheit über das Bestehen eines strafprozessualen Zeugnisverweigerungsrechtes nach § 53 Nr. 3 StPO. In der Praxis zeigt sich, dass Staatsanwälte davon ausgehen, dass ein Zeugnisverweigerungsrecht nicht besteht und entsprechend versuchen, die in der Rechtsabteilung vorhandenen Kenntnisse im Wege der Durchsuchung oder auch der Zeugenanhörung zu erlangen.

140 Zum Anderen: Der Syndikus kann wegen § 46 BRAO nicht als Vertreter seines ständigen Arbeitgebers oder ihrer Repräsentanten – seien es Mitglieder des Vorstandes, Geschäftsführer oder persönlich haftende Gesellschafter – auftreten. Ein Drittes: Die Rechtsabteilung ist in die Unternehmensstrukturen eingebunden und zumeist hierarchisch vom Vorstand abhängig. All dies verbietet letztlich, die Rechtsabteilung beziehungsweise den Syndikus eines Unternehmens mit der Federführung im Rahmen eines Ermittlungsverfahrens zu betrauen.[76]

141 b) **Revisionsabteilung.** Die Revisionsabteilung eines Unternehmens kann aufgrund ihrer internen Ermittlungsmöglichkeiten und ihrer Funktion als ständiges Überwachungsorgan zumindest im Bereich der Sachermittlungen grundsätzlich wertvolle Dienste leisten. Vielfach ist es auch so – zumindest in größeren Unternehmen – dass die Revisionsabteilung kritische Sachverhalte nicht nur erkennt, sondern auch **ausermittelt** und nach Ausermittlung der Rechtsabteilung unterbreitet. Dies weiß allerdings auch die Staatsanwaltschaft, der Gang in die Revisionsabteilung und das Verlangen sämtlicher relevanter Berichte zum Ermittlungsgegenstand gehört zum Standard jedes erfahrenen Wirtschaftsstaatsanwaltes. Zudem ist in der Revisionsabteilung – im Gegensatz zur Rechtsabteilung – noch nicht einmal bestreitbar, dass die dort Beschäftigten eine **Zeugenstellung** haben, also im vollen Umfang zur Aussage verpflichtet sind. Zeugnisverweigerungsrechte aus ihrer spezifischen Funktion im Rahmen des Unternehmens sind nicht ableitbar.

142 c) **Der Individualverteidiger.** Auch wenn Ermittlungsverfahren im Firmenbereich sehr oft mit dem unbestimmten Titel „Verfahren gegen Verantwortliche des Unternehmens XY" geführt werden, stellt sich doch meistens sehr schnell heraus, welche Personen im Zentrum des Interesses der Ermittlung stehen. Diese Personen sollten unmittelbar und schnell mit einem Verteidiger versehen werden. Diese Selbstverständlichkeit ist heute unter Strafrechtlern wenig umstritten, jedoch trifft man noch seitens der – auch potentiell – Betroffenen die etwas naive Vorstellung, man habe ja **nichts Falsches getan,** deshalb brauche man auch keinen Verteidiger. Dass damit aufgezeigte völlig fehlende Problembewusstsein macht es gerade bei diesen Personen unumgänglich, dass sie anwaltlich persönlichen beraten werden; ihnen die Notwendigkeit dieses Vorgehens zu vermitteln, ist im Effekt auf den Ausgang des Verfahrens nicht selten von ebenso großer Bedeutung wie eine gründliche rechtliche Prüfung des Sachverhaltes.

143 Bei der Neigung der Staatsanwaltschaften, die Verfahren „top down" zu behandeln, wird einer der Beschuldigten oder auch nur potentiell Beschuldigten zumeist auch ein Vorstand,

---

[74] *Senge,* in: Karlsruher Kommentar StPO, 5. Aufl. 2003, § 53, Rdnr. 15; *Hassemer* wistra 1986, 1, 11 ff.
[75] LG München AnwBl. 1982, 197.
[76] Vgl. dazu: *Wessing,* Syndikus, Nov./Dez. 2003, S. 41 ff.

wenn nicht der Vorstandsvorsitzende respektive der leitende Geschäftsführer sein. Sollte also der **Verteidiger des hierarchisch höchst angesiedelten Betroffenen** im Unternehmen die Koordination übernehmen?

Zu dieser Frage besteht regelmäßig eine hohe Divergenz zwischen verfahrensmäßiger Sinnhaftigkeit und Statthaftigkeit einerseits sowie den Wünschen der Unternehmensverantwortlichen andererseits. Speziell in den Fällen, in denen die Problemlage darauf beruhte, dass ein Unternehmenslenker die Distanz zu seinem Unternehmen verloren hat, wird es schwierig sein, als Verteidiger der Versuchung und dem Druck des Mandanten zu widerstehen, die gesamte Machtfülle des Unternehmenslenkers auch für die Verteidigung einzusetzen und die Verfahrenskoordination auf diese Art und Weise an sich zu ziehen. Die gegen ein solches Verhalten sprechenden Momente sind allerdings vielfältig und gewichtig:

Die Interessen eines Unternehmens und die Interessen des beschuldigten Unternehmenslenkers sind nicht automatisch parallel – im Gegenteil – während des gesamten Verfahrens ist eine feine Abwägung erforderlich, ob eine Firma, ein Konzern ihren beschuldigten, angeschuldigten oder gar angeklagten Vorstand oder Geschäftsführer unterstützt. Ein Verteidiger, der gleichzeitig für das Unternehmen auftritt, begibt sich damit immer in eine potentielle, meistens aber auch in eine reelle Interessenskollision, die ihn nicht nur zwingt, beide Mandate niederzulegen, sondern ihn auch noch sein Honorar kostet.[77] Sie beginnt bei der Frage, wer die Honorare des Verteidigers bezahlt und endet in der Abwägung, ob es für das Unternehmen besser ist, ein angeschlagenes Führungsmitglied zu behalten oder sich von ihm zu trennen. Die Verfahrenskoordination kann nur von jemandem geführt werden, dessen Interessenlagen klar und eindeutig sind und der nicht nach zweierlei Melodien tanzen muss. Eine völlig andere Frage ist, ob sich Verteidiger und Vertreter eines Unternehmens im engen Schulterschluss bewegen können; in vielen Fällen eine sinnvolle Vorgabe. Eine Verfahrenskoordination durch einen Individualverteidiger krankt weiter daran, dass betroffene Unternehmensangehörige und deren Verteidigung sich nicht davon frei fühlen können, dem Primärinteresse des potentiellen Hauptverantwortlichen Tribut zahlen zu müssen. Wer weiß, dass der Verteidiger des Spitzenmannes auch an der Spitze der Verteidigungskoordination steht, wird in seinem Verteidigungshandeln deutlich unfreier sein. Dies gilt nicht nur für die persönlich betroffenen Beschuldigten; auch deren Anwälte – wenn sie denn ein solches Koordinationsverhältnis akzeptieren – haben neben den üblichen Sorgen und Nöten eines Ermittlungsverfahrens noch die Aufgabe, immer besonders darauf zu achten, dass der Verfahrenskoordinator nicht zu sehr die Interessen seines eigenen Mandanten in den Vordergrund stellt. Mithin eignet sich auch der Individualverteidiger für die Verfahrenskoordination nicht.

3. Der Unternehmensvertreter

Wirtschaftsstrafverfahren betreffen selten nur eine Person, oft auch mehrere Unternehmen im Rahmen eines Konzerns. Bei der heutigen Zentralisierung der Industrie unter Dachunternehmen wird ein Wirtschaftsstrafverfahren fast immer eine Vielzahl an natürlichen und juristischen Personen unmittelbar oder auch nur indirekt betreffen. Damit ist auch eine Vielzahl von Beratungspositionen betroffen, sei es für potentiell Beschuldigte, sei es für denkbar involvierte Firmen. Man könnte nun für jede dieser Positionen eine individuelle Vertretung beschaffen und diese jeweils auf sich gestellt das Verfahren bearbeiten lassen. Abgesehen davon, dass damit ein immenser Kostenaufwand betrieben würde, weil jeder Vertreter letztlich das Rad des spezifischen Verfahrens neu erfinden müsste, sind in einer solchen losen Konglomeration auch erhebliche Reibungsverluste im Rahmen von Kommunikation und auch Interaktion zu erwarten. Gar nicht zu sprechen davon, dass der Außenauftritt vermutlich sehr schillernd und vielfältig sein wird. Kann die Problemlage durch die Vertretung des Unternehmens durch eine Person und deren Verfahrenskoordination gelöst werden?

Zuerst einmal erscheint die Beauftragung eines allein für das Unternehmen verantwortlichen Anwaltes den Kostenapparat weiter aufzublähen; eine weitere Person, die sich mit dem Verfahren beschäftigen muss und die ihre Einarbeitungszeit selbstverständlich vergütet haben will. Dieser Nachteil wird allerdings bei näherer Betrachtung und bei vernünftiger Durchführung des Mandates zu einem massiven Kostenvorteil: Wenn insbesondere schwierige Sachverhalts-

---

[77] GenStA Zweibrücken NStZ-RR 2004, 191.

ermittlungen, Auswertungen extrem umfangreicher Ermittlungsakten und sonstige mehr technische Tätigkeiten durch den Unternehmensvertreter durchgeführt werden, sind diese, ohne dass in die individuellen Verteidigungsverhältnisse eingegriffen würde, und dass für das Unternehmen ein Informationsschaden zustande käme, duplizierbar und an individuelle Verteidiger, Zeugenbeistände, aber auch zivilrechtlich oder öffentlich-rechtlich tätige Anwälte, die im Rahmen des Verfahrens eine Funktion haben, verteilbar. Unter Ausnutzung der modernen Technik des **Scannens ganzer Ermittlungsakten** von teilweise über hunderttausend Blatt lässt sich eine Vielzahl von Anwälten mit der vollständigen Ermittlungsakte versehen. Die Alternative wäre, dass jeder einzelne rechtliche Vertreter die Akten bei der Staatsanwaltschaft anfordert und selbst kopiert.[78] Ein weiteres Argument der Kostenverringerung ist, dass im Rahmen von **D & O-Versicherungen** vielfach ein Interesse des Versicherers besteht, selbst bei nichtvorhandener Deckung im Strafrecht die Tätigkeit eines strafrechtlichen Unternehmensanwaltes zu honorieren, wenn es gelingt, verständlich zu machen, dass der „Verlust" im Strafrecht gleichzeitig die Inanspruchnahme des Versicherers bedeutet. Auch ist die Verlagerung der Kostenlast von einem vom Unternehmen angestellten Anwalt steuerlich günstiger: Während Individualverteidigung, wenn sie vom Unternehmen übernommen wird, zumindest im Bereich der Lohnsteuer Mehrkosten auslöst, ist die Tätigkeit des Unternehmensvertreters zu 100 % steuerlich absetzbarer Aufwand.

148 Neben den Kosten existieren aber wesentliche weitere Argumente für die Einschaltung eines Unternehmensvertreters: Das für die Führung des Verfahrens wesentliche Element ist die Unabhängigkeit eines solchen Anwaltes gegenüber den Mitarbeitern des Unternehmens, einschließlich der Leitungs- und Kontrollebene. Eine Ermittlungsbehörde wird schon aus dessen Position heraus einem Verteidiger eines Beschuldigten anders gegenübertreten, als dem Vertreter des Unternehmens selbst. Dies resultiert aus der selbstverständlichen Kenntnis um die unterschiedlichen Rollen: Während der Verteidiger nur und ausschließlich das Wohl seines Mandanten zu vertreten hat, ist der Unternehmensvertreter letztlich **Repräsentant der im Kapital vertretenen Interessen** und damit möglicherweise Repräsentant der Interessen, die mit den **Individualinteressen** der Beschuldigten nicht konform gehen. Ein Unternehmensvertreter wird deshalb immer eher als unabhängiger Partner im Ermittlungsverfahren akzeptiert werden, seine Stimme hat folglich mehr Gewicht. Ein guter Unternehmensvertreter wird immer wissen, dass ein Unternehmen aus Menschen besteht und Teil des Unternehmensinteresses ist, Mitarbeiter auch zu schützen. Seine Rolle ist nicht diejenige des unternehmenseigenen Staatsanwaltes, sondern die eines **Koordinators**.

149 Die Rechtsstellung des Unternehmensvertreters ist bislang wenig[79] in Literatur und Rechtsprechung behandelt. Sie ergibt sich allerdings, zugegebenermaßen etwas verstreut und versteckt, bereits aus dem Gesetz: Bekannt und praktiziert sind die Rechte aus § 406 e und § 475 StPO, aus denen sich Akteneinsichtsrechte für die vertretene juristische Person ergeben können. Immer dann, wenn ein Mitarbeiter dem Unternehmen potentiell Schaden zugefügt hat, kann es „Verletzter" im Sinne des § 406 e StPO sein. Ein berechtigtes Interesse muss nachgewiesen werden, dies ergibt sich zumeist zwanglos aus denkbaren Schadensersatzinteressen der Firma gegenüber ihren Mitarbeitern. Ein Nachweis des Interesses ist nicht erforderlich, wenn die Befugnis zur Nebenklage gegeben wäre, was insbesondere in Fällen des intellektuellen Diebstahls nach § 395 Abs. 1 Nr. 3 StPO das Recht auf Akteneinsicht der geschädigten Firma erleichtert. Hinderungsgrund aus der Rechtssphäre des Beschuldigten ist im Rahmen von § 406 e StPO das Vorliegen überwiegender schutzwürdiger Interessen des Beschuldigten oder anderer Personen, aber auch die Gefährdung oder erhebliche Verzögerung des Verfahrens. Ohne Verletzteneigenschaft kann ein Firmenanwalt nach § 475 StPO **Akteneinsicht** erlangen, wenn ein **berechtigtes Interesse** dargelegt wird. Wegen des Fehlens der Verletzteneigenschaft ist aber zur Versagung aus Gründen der Sphäre des Beschuldigten nur ein, diesem zur Seite stehendes, schlichtes schutzwürdiges Interesse für die Versagung ausreichend. In der Praxis hat

---

[78] In einem von dem Verfasser durchgeführten Verfahren mit Beteiligung von über 40 Anwälten hätte allein die Verschaffung der in den Hauptakten abgebildeten Informationen an alle Verteidiger 1,5 Million Kopiervorgänge bedeutet.
[79] Vgl. aber *Minoggio* Firmenverteidigung D. Rdnr. 6 ff.

sich herauskristallisiert, dass Akteneinsicht an den Vertreter eines Dritten im Allgemeinen nicht vor Akteneinsicht an die Verteidiger gewährt wird.

Diese Rechte würden die Stellung des Unternehmensanwaltes von der Stellung einer Rechtsabteilung kaum differenzieren. Auch bei ihm wären Informationen im Wege des Zeugenbeweises oder der Durchsuchung durch die Ermittlungsbehörden abrufbar. Sich auf die zu beobachtende natürliche Scheu von Ermittlungsbehörden zu verlassen, einen externen Rechtsvertreter als Zeugen zu behandeln, wäre fahrlässig, wäre diese Scheu nicht durch das Gesetz geschützt: 150

Auf der ersten Ebene des Schutzes steht dem Anwalt kraft seines Amtes aus § 53 Abs. 1 Satz 1 StPO ein **Zeugnisverweigerungsrecht** bezüglich aller Tatsachen zu, die er im Rahmen der Berufsausübung erfährt oder die ihm in seiner Funktion anvertraut werden.[80] Dieses Recht – was in Verteidigungsfällen praktisch zur Pflicht wird[81] – erstreckt sich damit auf alle Kenntnisse, die der Unternehmensverteidiger im Rahmen seines Mandates erhält. Die Konsequenz aus dem Zeugnisverweigerungsrecht ist die **Beschlagnahmefreiheit** der dem Anwalt überlassenen schriftlichen Mitteilungen des Unternehmens bei dem Unternehmensanwalt nach § 97 Abs. 1 Nr. 1 und 2 i. V. m. § 53 Abs. 1 Nr. 3 StPO. Damit ist bereits eine weitgehende **Schutzzone** geschaffen, die aber nicht die Vorbereitung der Unternehmensverteidigung bei der juristischen Person selbst umfasst. 151

Der Schutz auf der zweiten Ebene, die auch die Verteidigungsvorbereitungen im Unternehmen selbst umfasst, ist eng mit der Rechtsfigur des Einziehungsbeteiligten verbunden. Die §§ 430 ff. StPO regeln das Verfahren bei Einziehung und Vermögensbeschlagnahmen. Es ist anerkannt, dass auch Maßnahmen nach den Vorschriften des Verfalls, § 73 StGB, und der Sicherstellung von Gegenständen nach § 111 b StPO in Verbindung mit § 111 c StPO (Sicherstellung durch Beschlagnahme) den §§ 430 ff. StPO unterfallen.[82] Ausdrücklich geregelt ist dies für den Verfall, die Vernichtung, Unbrauchbarmachung und Beseitigung eines gesetzeswidrigen Zustandes in § 442 StPO. Der Gesetzgeber hat mit dem dritten Abschnitt des sechsten Buches des StGB die Erkenntnis verarbeitet, dass die verschiedenen Arten von – auch vorläufigen – Eingriffen in die Vermögenssphäre dritter Personen rechtstaatlich dadurch zu regeln sind, dass diesen Personen Beteiligungsrechte am Strafverfahren zur Wahrung ihrer Interessen gewährt werden müssen.[83] Zentral ist dabei die Rechtfigur des **Einziehungsbeteiligten**, die zuerst in § 431 StPO auftaucht. Die Vorschrift regelt, dass jemand als „Einziehungsbeteiligter" angesehen wird, wenn es um die Einziehung seiner Gegenstände geht oder ein Dritter an dem einzuziehenden Gegenstand ein Recht hat. Für diesen Fall „ordnet das Gericht an", dass dieser Dritte **am Verfahren beteiligt** wird. Die in der Folge der Vorschrift genannten Ausnahmetatbestände sind für das Wirtschaftsstrafrecht im Allgemeinen nur von geringer Bedeutung.[84] In Absatz 3 der Vorschrift wird ausdrücklich ausgesprochen, dass bei Einziehung des Wertersatzes gegen eine juristische Person oder Personenvereinigung, das Gericht deren Beteiligung anordnet. Die Anordnung der Verfahrensbeteiligung als Einziehungsbeteiligter kann bis zur Rechtskraft der Einziehungsentscheidung erfolgen. Die Position des Einziehungsbeteiligten wird dadurch weiter verfestigt, dass § 432 StPO anordnet, dass auch ein **potentieller** Einziehungsbeteiligter anzuhören ist. Dabei regelt § 432 Abs. 2 StPO konsequenterweise, dass die Anhörung eines Einziehungsbeteiligten nach den Regeln der Beschuldigtenvernehmung zu erfolgen hat. Es ist deshalb weiter konsequent, dass § 433 StPO anordnet, der Einziehungsbeteiligte habe nach Eröffnung des Hauptverfahrens die Befugnisse, die einem Angeklagten zustehen. Der Einziehungsbeteiligte kann also in der Hauptverhandlung Beweis- und Verfahrensanträge stellen, er kann in vollem Umfang der Strafprozessordnung gestaltend eingreifen. Diese Rechtsposition macht es erforderlich, dass eine Parallelvorschrift zu § 137 StPO in § 434 StPO ausdrücklich aufgenommen wurde. Nach der Vorschrift kann sich der Einziehungsbeteiligte in jeder Lage des Verfahrens aufgrund einer schriftlichen Vollmacht durch einen Rechtsanwalt oder eine andere als Verteidiger habile Person vertreten lassen. In 152

---

[80] Meyer-Goßner § 53 Rdnr. 7.
[81] Meyer-Goßner § 53 Rdnr. 13.
[82] Meyer-Goßner Vorbem. § 430 Rdnr. 6 ff.; *Tröndle/Fischer* § 73 Rdnr. 27.
[83] Meyer-Goßner Vorbem. § 430 Rdnr. 4.
[84] Das Gericht kann nach § 432 Abs. 1 S. 2 i. V. m. § 431 Abs. 1 Satz 2 StPO von der Anordnung absehen, wenn eine verfassungsfeindliche Partei, Vereinigung oder Einrichtung außerhalb der BRD zu beteiligen wäre.

jeder Lage des Verfahrens kann nur bedeuten, dass die Position eines Unternehmensverteidigers nicht abhängig von der Verfahrensbeurteilung der Ermittlungsbehörde oder eines Gerichtes sein kann, sondern, ähnlich der Beurteilung einer zu verteidigenden natürlichen Person, ob es sich um einen potentiellen strafrechtlichen Vertretungsfall handelt, entscheiden muss. In Strafverfahren des Wirtschaftsstrafrechts sind Fälle, wo die Möglichkeiten des Verfalls und der Einziehung von vornherein ausgeschlossen sind, kaum denkbar. Aus Sicht des Verfassers sind damit die Verteidigungsrechte, wie sie in § 434 Abs. 1 StPO umschrieben sind, durch die Bestellung eines Unternehmensverteidigers immer begründbar.

153 Weiter wird ausdrücklich festgeschrieben, dass die verteidigungsspezifischen Vorschriften der §§ 137 bis 139, 145 a bis 149 und 218 StPO entsprechend anzuwenden sind. Damit gelten die als **Magna Charta der Verteidigung** zu bezeichnenden Vorschriften auch für den Einziehungsbeteiligten ab Beginn des Verfahrens:[85]

154 • § 137 StPO: Der Einziehungsbeteiligte kann sich in jeder Lage des Verfahrens, also nicht nur in der Hauptverhandlung, des **Beistandes eines Verteidigers** bedienen.

155 • §§ 145 a, 218 StPO: Der Verteidiger des **Einziehungsbeteiligten** ist zu laden, wenn er dem Gericht bekannt ist, in Fällen der besonderen Vollmacht des § 145 a können Zustellungen an ihn vorgenommen werden.

156 • § 147 StPO: Das **Akteneinsichtsrecht** des Verteidigers gilt ebenso für den Vertreter des Einziehungsbeteiligten.

157 • § 148 StPO: Der Verkehr des Vertreters mit dem Einziehungsbeteiligten ist frei.

158 Über die letztgenannte Vorschrift und die Gleichstellung des Unternehmensvertreters mit einem Verteidiger kommt § 97 Abs. 1 und 5 StPO zur Geltung. Der Unternehmensverteidiger besitzt nach allem die gleichen Schutz- und Abwehrrechte für seine Mandantschaft, wie sie einem Verteidiger zustehen. Die im Rahmen der Unternehmensverteidigung für ein Unternehmen erlangten und erarbeiteten Erkenntnisse sind bei ihm und bei seiner Mandantschaft sicher.

159 Diese Elemente wirken zusammen mit dem Vorteil, dass ein Unternehmensanwalt von außen auf die im Inneren des Unternehmens entstandene Problemlage sehen kann, also objektiver ist als jeder Unternehmensangehörige. Hinzu kommt noch die hier vorausgesetzte unternehmensstrafrechtliche Kompetenz aus Erfahrung und Rechtskenntnis. Diese macht es **nahezu zwingend, in Wirtschaftsstrafsachen einen Unternehmensanwalt zu installieren**.[86] Ausgehend von guten – nicht beratungsresistenten – Mandanten setze ich in der Folge damit fort, dass ich von der Tätigkeit eines dem Unternehmen verpflichteten Beraters, eines Unternehmensanwaltes, ausgehe.

160 a) **Stellung des Unternehmensvertreters gegenüber den sonstigen vom Verfahren Betroffenen.** Ein Unternehmen ist in den seltensten Fällen eine homogene Einrichtung; je größer es ist, umso mehr Schichtungen mit jeweils **unterschiedlichen Interessen** trifft der Unternehmensanwalt an. Es wäre ein grober Fehler, sich nur und ausschließlich mit dem Unternehmensleiter in Person oder der Rechtsabteilung auseinander zu setzen und Hierarchien und Kontrollebenen oder die Mitarbeiter unterhalb der Verantwortungsebene außer Acht zu lassen. Schon um die Auswirkung eines Strafverfahrens auf einen **Organismus** wie ein **Unternehmen** beurteilen zu können, ist die Beschäftigung mit den Mitarbeitern und sonstigen Unternehmensverbundenen essentiell.

161 Der Unternehmensanwalt muss mithin eine Vielzahl von Personen und Interessen beachten und ihnen dabei möglichst allen gerecht werden. Nur ein gut konzertiertes Zusammenspiel aller vom Verfahren Betroffenen ergibt ein – nicht nur strafrechtlich – optimales Ergebnis im Krisenfall. Neben den juristischen Fähigkeiten des Unternehmensanwaltes sind es seine strategischen und psychologischen Fähigkeiten, die ein Verfahren intensiv beeinflussen. Ein konzertiertes Verfahren ist ein fragiles Gebilde – ständig muss darauf geachtet werden, dass für alle Beteiligten erkennbar bleibt, dass die einmal gewählte und vom Unternehmensanwalt vertretene Strategie auch die richtige ist. Dabei hat der Firmenvertreter durchaus nicht selten

---

[85] *Meyer-Goßner* § 434 Rdnr. 1.
[86] Große Konzerne gehen inzwischen dazu über, nicht nur im Krisenfall einen Strafrechtler einzuschalten, sondern sich präventiv und begleitend regelmäßig an einen Strafrechtler zu wenden. Siehe dazu § 8 Präventivberatung.

die Interessen der schwächeren Mitglieder im Verbund gegenüber den stärkeren Mitgliedern zu stützen. Dies alles spielt selbstverständlich innerhalb von rechtlichen Rahmenbedingungen, die ebenso genau zu beachten sind wie die jeweiligen einzelnen Interessen. Es lohnt sich also der Blick auf die typischen Interessenlagen und Spannungszentren im Rahmen eines Verfahrens.

b) Leitungsebene. Am einfachsten hat es der Unternehmensanwalt, der den Leiter der Rechtsabteilung auf der Leitungsebene, im Vorstand oder der Geschäftsführung vorfindet. Er hat damit den Idealfall eines fachkundigen Ansprechpartners, der auch gleichzeitig in der Lage ist, die aus dem Dialog mit ihm erwachsenen Handlungserkenntnisse umzusetzen. Zumeist jedoch wird der unmittelbare Ansprechpartner und die Person, die Berichte seitens des Unternehmensanwalts erwartet, ein Vorstand oder Geschäftsführer sein, der keine Rechtskenntnisse hat. Dabei macht es einen ganz erheblichen Unterschied, ob dieser Beschuldigter des Verfahrens ist, also unmittelbar Betroffener, oder nur in seiner Funktion als Organ aufgerufen ist, sich mit dem Verfahren zu beschäftigen. Im ersteren Fall ist ein häufig anzutreffendes Phänomen, dass der Unternehmenslenker nahezu selbstverständlich den Unternehmensanwalt auch als „seinen" Anwalt ansieht – dies selbst dann, wenn er persönlich mit einem Verteidiger ausgestattet ist. Firmenverantwortliche empfinden es in vielen Fällen als schwer erträglich, dass mit einem Unternehmensverteidiger eine Person ins Spiel gekommen ist, die ihnen gegenüber nicht weisungsunterstellt ist – jenseits der Vertragskündigung – und die sogar das Handeln des Unternehmenslenkers kritisch mit beurteilen muss. Es stellt mit den größten Drahtseilakt für den Unternehmensanwalt dar, einerseits das Vertrauen eines beschuldigten Chefs zu erringen und zu halten, andererseits eine klare und professionelle Distanz zu wahren und nötigenfalls auch darauf hinzuweisen, dass es Situationen gibt, in denen das Unternehmensinteresse und das Individualinteresse auseinander fallen können.

Auch schwierig ist häufig die Zusammenarbeit des Unternehmensanwaltes mit dem persönlichen Verteidiger eines auf der Leitungsebene stehenden Managers oder gar Vorstandes/Geschäftsführers: Es besteht hier die nicht geringe Gefahr, dass der Individualverteidiger als Kontrollorgan des Unternehmensverteidigers missbraucht werden soll, eine Person, die letztlich alle Entscheidungen des Unternehmensanwaltes daraufhin überprüft, ob sie mit dem höchstpersönlichen Interesse des Firmenchefs auch konform gehen. Dass eine solche Zusammenarbeit nicht fruchtbar sein kann, ist evident. Besonders kritisch wird die Situation, wenn im Rahmen des Verfahrens sichtbar wird, dass sich die Leitungsebene tatsächlich strafrechtlich relevant verhalten hat – und dies womöglich noch im eigenen Interesse. Für den Unternehmensanwalt heißt dies, dass er auch unter der Geltung der **Unschuldsvermutung**, die ihm sicherlich besonders angelegen ist, das Unternehmensinteresse daraufhin zu prüfen hat, ob derartige Informationen an Aufsichtsorgane weitergegeben werden müssen und ob er möglicherweise sogar gegenüber den Kontrollorganen eine Empfehlung aussprechen muss, den oder die betroffenen Personen aus ihren Ämtern zu entfernen. Ich bitte, mich richtig zu verstehen: Ich sehe die Rolle des Unternehmensanwaltes nicht als die eines verkappten Staatsanwaltes im Unternehmen, handelnd im Auftrag der Unternehmenseigentümer. Ich habe fast nie erlebt, dass es bei **unternehmensnützigen Straftaten** auf der Leitungsebene Sinn gemacht hätte, den Vorstand, den Geschäftsführer oder den Leiter eines Teilbetriebes zu entlassen. Die durch solche Aktionen geschaffenen **inneren Spannungen** sind meistens geeignet, das Verfahrensgesamtergebnis erheblich negativ zu beeinflussen. Nichtsdestotrotz hat der Unternehmensanwalt unabhängig im Sinne seines Auftraggebers – des Unternehmens – zu sein.

Problemlagen mit dem nicht unmittelbar betroffenen Vorstand spielen sich häufig in Fragen der **Außendarstellungen** und der **Kosten** ab. Die Erkenntnis hat sich noch nicht überall durchgesetzt, dass ein Wirtschaftsstrafverfahren nicht zu Preisen eines Mietrechtsstreites zu führen ist und wegen § 146 StPO für jeden Beschuldigten ein eigener Verteidiger zu suchen ist, der damit für andere Beschuldigte des gleichen Verfahrens gesperrt ist. Was bei Einschaltung einer Wirtschaftsprüfungsgesellschaft, beispielsweise im Rahmen einer Sonderprüfung, klaglos und selbstverständlich akzeptiert wird – dass umfangreiche Unterlagen aufzuarbeiten sind und dies auch umfangreiche Arbeitsstunden erfordert – ist auf dem Gebiet des Strafrechtes noch lange nicht anerkannt. Dass Verteidiger von untergeordneten Mitarbeitern im Rahmen einer koordinierten Vertretung ausschließlich ihrem persönlichen Mandanten verantwortlich sind und deshalb jeder Einzelne die Verpflichtung hat, sich mit dem Sachverhalt auseinander zu setzen, sie also nicht ausführende Organe des Unternehmensanwaltes sind, ist ebenfalls manchmal nur mühsam zu vermitteln. Zudem werden jegliche Handlungen des Unternehmensanwaltes mit einem gewissen Misstrauen daraufhin überprüft, was sie für die Unternehmensbilanz und für die Darstellung des Unternehmens nach außen, also bei börsennotierten Unternehmen den Aktienkurs, bedeuten.

165   c) **Kontrollebene.** Der Mandant des Unternehmensanwaltes ist das Unternehmen, dieser wird regelmäßig von dort beauftragt, das zivilrechtliche Vertragsverhältnis besteht zwischen dem Anwalt und der ihn beauftragenden Gesellschaft, diese vertreten durch ihre Organe. Berichtspflichten gegenüber den Aufsichtsorganen der Gesellschaft – Aufsichtsrat, Beirat – ergeben sich ohne weiteres aus diesem Vertragsverhältnis nicht. Im Sinne des Mandatsgeheimnisses ist eine unautorisierte Information des Kontrollorganes sogar strafbar. Andererseits werden **Aufsichtsorgane** bei zwei Stichworten immer **aufmerksam:** Das eine ist „**Verluste**", das andere ist „**Strafverfahren**". Jedes Kontrollorgan, das diesen Namen verdient, wird sich also mit dem Ermittlungsverfahren beschäftigen und Informationen haben wollen. Besonders dann, wenn der Unternehmensvertreter sehr intensiv mit der Mandantin zusammenarbeitet, zu Berichten der Unternehmensleitung an den Aufsichtsrat mitgenommen wird und es sich zudem um einen aktiven, involvierten Kontrollkörper handelt, wird es sehr schwierig sein, unter Hinweis auf das Mandatsgeheimnis jedes Mal die Zustimmung der Mandantin zu einer Information des Kontrollorgans vorweg einzuholen. Ausweg ist ein Mandatsvertrag, der vorsieht, dass der Aufsichtsrat in den Grenzen, in denen dies auch gegenüber einem Vorstand möglich ist, durch den Unternehmensanwalt informiert werden darf, er insoweit also von seiner Schweigepflicht entbunden ist. Verfahren, in denen die Unternehmensleitung nicht bereit ist, solche Freizeichnungen zu gewähren, werden problematisch sein. Sie erlegen dem Unternehmensanwalt höchste Vorsicht bei dem Umgang mit Informationen gegenüber Kontrollorganen auf.

166   Eine ähnliche Problematik ergibt sich, wenn das in der Krise befindliche Unternehmen Tochter eines anderen Unternehmens ist. Je nach Grad der Einbindungen in einen Konzern wird **vollständige Information seitens der Muttergesellschaft** erwartet. Auch hier gilt, dass das Mandatsgeheimnis vor jeglicher Information die Entbindung durch die Mandantin erfordert. Erkennt ein Anwalt, dass hierarchische Strukturen bestehen und im Rahmen der Hierarchie sehr stark von oben aus eingewirkt werden wird, kann es sinnvoll sein, das Mandat bei der Muttergesellschaft zu begründen. Dabei ist aber sorgfältig zu prüfen, ob so nicht prozessuale Rechte und Möglichkeiten verloren gehen. Im Alltag von Wirtschaftsstrafverfahren wird seitens der Ermittlungsbehörden zumeist wie selbstverständlich akzeptiert, dass der Vertreter der Muttergesellschaft die Tochterfirmen strafrechtlich „mitbetreut". Problematisch wird dies allerdings spätestens dann, wenn im laufenden Verfahren ein Tochterunternehmen verkauft wird.

167   d) **Rechtsabteilung.** Auch wenn der Leiter der Rechtsabteilung nicht auf Vorstandsebene tätig ist, wird er in den meisten Unternehmen sehr wohl als einer der besonders wichtigen Mitarbeiter angesehen und gehört. Die Zusammenarbeit des Unternehmensvertreters mit der Rechtsabteilung sollte **intensiv** und **vertrauensvoll** sein. Die bereits vorhandenen Einblicke in betriebsinterne Vorgänge, in Organisationsstrukturen und durchaus auch die Kenntnisse bestimmter Persönlichkeiten sind Informationen, die in dieser Tiefe im Rahmen einer Verteidigung gar nicht erarbeitet werden könnten. Sie müssen von der Rechtsabteilung abgefragt werden. Andererseits ist – bis auf ein Großunternehmen der Automobilindustrie – mir kein Konzern bekannt, der bisher eine eigene strafrechtliche Abteilung aufgebaut hat; spezifische Kenntnisse des Strafverfahrens und der Besonderheiten des Ermittlungsverfahrens sind im Rahmen der Rechtsabteilung nicht vorauszusetzen. Gerade das, was ein Strafverfahren für eine Firma gefährlich machen kann, ist mangels Erfahrung und spezifizierter Ausbildung dem Unternehmensjuristen, der Rechtsabteilung, verschlossen. Die spezifischen zivilrechtlichen, öffentlich rechtlichen, sozialrechtlichen oder steuerrechtlichen Kenntnisse hingegen, die die tägliche Aufgabe der Rechtsabteilung ausmachen, sind für den Strafrechtler zumeist die Bereiche, mit denen sich sein Spezialgebiet verzahnt. In einem Unternehmen, welches im Bereich der Abfallentsorgung tätig ist, findet der Unternehmensanwalt derart intensive Kenntnisse über Abfallrecht bei der Rechtsabteilung vor, dass er Monate brauchen würde, auch nur theoretisch die Rechtskenntnisse des Syndikus zu erreichen. Ein **teamartiges Zusammenarbeiten** ist daher

fast immer die optimale Grundlage für erfolgreiches Agieren im Strafverfahren. Dabei darf aber – wie oben bereits aufgeführt – nicht vergessen werden, dass die Rechtsabteilung bezüglich ihrer Informationen nicht genauso geschützt ist wie der Verteidiger eines Firmenmitgliedes oder ein Unternehmensverteidiger.

e) **Mitarbeiter.** Der Kontakt zu Mitarbeitern unterhalb der Leitungsebene ist – theoretisch – auf der Basis des Weisungsrechtes des Dienstherren unproblematisch: Jedoch ist gegen eine Gesamtbelegschaft ein Verfahren nicht zu führen, die erforderlichen Informationen von der Basis erhält der Unternehmensvertreter erst dann, wenn Vertrauen und Respekt gewachsen sind. Speziell dann, wenn Mitarbeiter wissen oder auch nur das Gefühl haben, sie könnten strafrechtlich verantwortlich sein oder dazu gemacht werden, ist das Misstrauen gegenüber einem von der Unternehmensspitze engagierten Anwalt nicht selten groß. Um dies zu beseitigen, ist es erforderlich, dass mit dem Unternehmen eine klare Linie der Behandlung der Mitarbeiter gefunden wird, die abstrakt-generell gilt und nicht nach Gusto für den Einzelfall. Nur dann, wenn ein Mitarbeiter weiß, wie ihn sein Unternehmen behandeln wird, insbesondere auch arbeitsrechtlich, wenn eine Verwicklung in problematisches Verhalten bekannt wird, kann Offenheit erwartet werden. Eine – auch bei Ermittlungsbehörden akzeptierte – Generallinie lautet: Wenn sich ein Mitarbeiter im Rahmen seines Auftrages bewegt hat, mögliche strafbare Handlungen nur unter dem Gesichtspunkt der Unternehmensnützigkeit begangen oder unterstützt hat und sich nicht selbst bereichert hat, wird ihm dies arbeitsrechtlich nicht zum Nachteil gereichen. Die meisten Straftaten im Unternehmen fallen in diese Kategorie. Kann den Mitarbeitern verlässlich klargemacht werden, dass eine **Mitwirkung** in dem Verfahren im Sinne einer **Offenheit** gegenüber dem Unternehmensvertreter ihm nicht schadet, wird man manche Problemlage noch vor dem Staatsanwalt erfahren – was deren Behandlung erheblich erleichtert. Vorsicht ist allerdings hier geboten, um nicht den Verdacht einer Beeinflussung der Mitarbeiter aufkommen zu lassen. **Hierarchie wirkt auch dann, wenn nicht offen auf sie Bezug genommen wird,** Mitarbeiter werden oft das tun, was sie glauben, dass von ihnen verlangt wird.[87] Um zu vermeiden, dass sich bei den Ermittlungsbehörden der Eindruck verbreitet, im Unternehmen würde auf die Mitarbeiter im Sinne bestimmter Verhandlungsweisen oder Aussagen eingewirkt, ist es sehr sinnvoll, die Mitarbeiter je nach verfahrensrechtlicher Position frühzeitig mit einem Verteidiger oder einem Zeugenbeistand bekannt zu machen, damit sie das Gefühl verlieren, dem Verfahren und dem Unternehmen gleichzeitig hilflos ausgeliefert zu sein.

Dann wird es auch leichter gelingen, die Mitarbeiter davon zu überzeugen, dass die Ausübung ihrer staatsbürgerlichen Rechte im Rahmen des Ermittlungsverfahrens sie nicht bedroht, sondern schützt. Ein Zeugenbeistand oder auch Verteidiger wird ihnen neben dem kompetenten Rat auch die Sicherheit geben, die psychologisch erforderlich ist, Verfahrensrechte auch durchzusetzen. Die Mitarbeiter, denen vermittelt worden ist, dass sämtliche Gespräche und Kommunikation mit ihrem Beistand sowohl gegenüber der Staatsanwaltschaft als auch gegenüber dem Unternehmen geschützt ist, werden dann verstehen, dass das Auskunftsverweigerungsrecht gemäß § 55 StPO nicht nur dann besteht, wenn man sich durch eine wahrheitsgemäße Aussage selbst belasten müsste, sondern auch und gerade dann, wenn die latente Gefahr besteht, grundlos Objekt eines Ermittlungsverfahrens zu werden. Die Begleitung durch einen Rechtsbeistand wird die Mitarbeiter in die Lage versetzen, wirkungsvoll zu argumentieren, beispielsweise die Grundsätze der „Mosaiksteinentscheidung"[88] mit Leben zu erfüllen und statt der Beantwortung von Einzelfragen ein vollumfängliches Auskunftsverweigerungsrecht geltend zu machen. Darüber hinaus wird professioneller Rat immer in die Richtung gehen, kurz, präzise und ohne überflüssige Ausschmückung auszusagen, nur bei den tatsächlich bekannten Tatsachen zu bleiben und keinerlei Vermutungen anzustellen oder Werturteile abzugeben, auch wenn die Ermittlungsbehörden dazu gerne einladen.

Eine besondere Form der Zeugenschaft ist es, wenn Ermittlungsbehörden versuchen, über die schlichte Aussage hinaus durch Mitarbeiter selbst Ermittlungshandlungen anstellen zu lassen. Das beginnt bei listenmäßigen Zusammenstellungen und endet bei der aktiven Befragung

---

[87] Dies ist einer der Gründe dafür, Zeugen vor ihrer Vernehmung nicht zu „coachen" oder ihnen verfahrensrelevante Unterlagen zur Verfügung zu stellen.
[88] BGH NJW 1999, 1413 ff.

von Unternehmenskollegen. Eine Berechtigung der Ermittlungsbehörden, dies zu verlangen, besteht keinesfalls. In welcher Form es Sinn macht, mit derartigen Ansinnen umzugehen, sollte der Unternehmensvertreter entscheiden. Dem Mitarbeiter, der Berufshelfer im Sinne des § 53 StPO ist, wird möglicherweise sogar klarzumachen sein, dass er in Konflikt mit seiner arbeitsrechtlichen Pflicht zur Verschwiegenheit über Betriebs- und Geschäftsgeheimnisse geraten kann und im Zweifelsfalle besser selbst oder über seinen Beistand aufklärt, ob er eine Schweigepflichtentbindung benötigt.

171   f) **Externe Rechtsberatung.** In vielen Fällen wird der strafrechtliche Unternehmensanwalt auf andere Berater seiner Mandantin treffen, die auf ihren jeweiligen Spezialgebieten für sie tätig sind. Dabei macht es keinen Unterschied, ob eine der großen „Law-Firms" umfassend tätig ist, oder sich die Firma Spezialisten aus Boutiquen zu den jeweiligen Rechtsgebieten zusammengesucht hat. Immer heißt es für den strafrechtlichen Unternehmensvertreter, den mit diesen Kollegen repräsentierten Sachbestand, soweit er für das Strafverfahren von Relevanz ist, zu bündeln, zu koordinieren und für seinen Bereich zu nutzen. Es gehört zu den unerwarteten Erfahrungen des Verfassers, dass in einer Vielzahl von Fällen die jeweiligen Spezialisten mehr nebeneinander als miteinander arbeiten. Bei den Wirtschaftsstrafverfahren, in denen die verschiedensten Bereiche durch einen Sachverhalt tangiert sein können, muss ein intensiver Abgleich untereinander gesucht werden. Ein Beispiel: Der Vorwurf der Untreue durch ein falsch konstruiertes Cash-Pooling[89] betrifft den **Gesellschaftsrechtler**, den **Bankrechtler** und den **Bilanzrechtler**. Ein Zivilrechtler kommt ins Spiel, wenn wegen dieses Vorgangs Schadensersatzansprüche an die Muttergesellschaft gestellt werden. Spielt sich der Zusammenbruch des Cash-Pools auch noch im Rahmen eines Unternehmenszusammenbruchs insgesamt ab, wird der **Insolvenzrechtler** gefragt. Wenn alle diese externen Rechtsberater auf ihren Gebieten optimal arbeiten, ist dennoch nichts erreicht, wenn nicht die **Ergebnisse untereinander abgestimmt** sind. Erstaunlicherweise bildet hier oft das **Strafrecht die Klammer**, da aus dem Gesichtspunkt des Ermittlungsverfahrens heraus sämtliche Aspekte gleichzeitig in Rechnung zu stellen sind. Zudem existiert außerhalb der professionellen Strafverteidiger wenig Bewusstsein für strafrechtliche Auswirkungen des Handelns im eigenen Rechtsgebiet.[90] Es kann also durchaus die Aufgabe des strafrechtlichen Unternehmensvertreters sein, die Erkenntnisse aus den verschiedensten Rechtsgebieten nicht nur zu sammeln, sondern auch den **jeweils anderen Spezialisten zugänglich zu machen**, um so ein möglichst breites Beurteilungsspektrum zu gewährleisten.

4. Spezialisten und Gutachter

172   Verfahren mit technischen und inzwischen auch mit finanztechnischen[91] Hintergründen sind ohne Gutachter nicht mehr denkbar. Der Staatsanwalt, der mit einer ihm nicht geläufigen Spezialmaterie konfrontiert und überfordert ist, wird auf einen Gutachter ausweichen. Gutachten haben wichtige Großverfahren der letzten Zeit wesentlich beeinflusst.[92] Dabei ist festzustellen, dass bestimmte Gutachter bei bestimmten Staatsanwälten immer wieder auftauchen[93] und die nach Nr. 70 Abs. 1 RiStBV dem Verteidiger[94] zu gebende Gelegenheit, sich vor der Auswahl dazu zu äußern, ein inhaltsleerer Vorgang ist, wenn er denn überhaupt stattfindet. Die zweite Feststellung in diesem Zusammenhang ist dann, dass der vom Staatsanwalt ausgesuchte Gutachter eigentlich nie zu einem für die Beschuldigten positiven Ergebnis kommt. Dies ist vor allen Dingen in den Fällen anzutreffen, in denen der Gutachter ausschließlich oder fast ausschließlich als „Gerichtsgutachter" tätig wird und damit letztendlich wirtschaftlich von der Staatsanwaltschaft abhängig ist. Diese Momente zu ermitteln und den Hintergrund des von der Staatsanwaltschaft genannten Gutachters in fachlicher und personeller Hinsicht aufzuklären, fällt in den Aufgabenbereich des Verteidigers oder Unternehmensanwaltes. Noch sorgfältiger

---

[89] Z. B. BGHZ 149, 10 ff.
[90] Siehe dazu BayObLG Urt. v. 29.9.1994 – 5 St RR 60/94 = NStZ 1995, 191.
[91] Vgl. exemplarisch die jahrelange Aufarbeitung des Verfahrens gegen die Gebrüder Haffa: BGH Urt. v. 16.12.2004 – 1 StR 420/03 und die Berichterstattung dazu: FAZ v. 17.12.2004 S. 15.
[92] Vgl. exemplarisch die Darstellungen zum Eschede-Verfahren, dass im Mai 2003 seinen Abschluss fand (s. dazu: FAZ v. 9.5.2003 S. 1).
[93] Siehe dazu *Minoggio* Firmenverteidigung F. Rdnr. 315.
[94] Die RiStBV kennt insoweit den Unternehmensanwalt nicht, aus dem Sinnzusammenhang ist aber zu schließen, dass die entsprechenden staatsanwaltschaftlichen Empfehlungssätze auch für diesen gelten.

geprüft werden muss in den Fällen, in denen die Staatsanwaltschaft den eigenen Wirtschaftsreferenten zum Gutachter des Verfahrens macht. Diese in die Staatsanwaltschaft eingegliederten, wirtschaftswissenschaftlich ausgebildeten Personen können trotz ihrer organisatorischen Nähe zu den Strafverfolgern im Verfahren als Gutachter behandelt werden, ein Gericht kann sich auf der Grundlage von deren Ausführungen ein Urteil bilden. Gelingt es, dem Wirtschaftsreferenten nachzuweisen, dass er jenseits seines Auftrages selbst ermittelt und verfolgt, ist dies ein möglicher Ansatz, zu einem anderen Gutachter zu kommen.

Bereits im Ermittlungsverfahren ist es dann die Aufgabe der Unternehmensverteidigung, auf Fehler und Unzulänglichkeiten in der Begutachtung des staatlichen Gutachters hinzuweisen und zur Kontrolle und eventuellen Widerlegung eigene Gutachter auszuwählen. Schon die Auswahl des eigenen Gutachters kann dann gestaltend wirken, wenn in einem engen Spezialgebiet nur wenige Koryphäen überhaupt zur Verfügung stehen: Wird diese Koryphäe für das Unternehmen engagiert, steht sie der Staatsanwaltschaft nicht mehr zur Verfügung. Unabhängig von dem Sperrgedanken sollte man möglichst **den besten unabhängigen Spezialisten** einschalten. Gutachten, denen man ansieht, dass Hauptbeweggrund des Gutachters für die Erstellung dessen Finanzinteresse war, können ein Verfahren eher negativ beeinflussen. Es ist strategisch besser, zu erkennen, dass ein souveräner Gutachter nicht zu dem erhofften Ergebnis kommt und sich darauf einzustellen, als mit heißer Luft nur Staatsanwaltschaft und Gericht zu verärgern und die eigene Glaubwürdigkeit zu demontieren. Das Erfordernis, nur mit wirklich unabhängigen, mit makellosem Ruf versehenden Gutachtern aufzutreten, ergibt sich schon aus dem grundsätzlichen Misstrauen von Gerichten und Ermittlungsbehörden gegenüber den so genannten „Parteigutachten". Mir persönlich ist nie richtig klar geworden, warum ein von der Staatsanwaltschaft bestelltes Gutachten weniger parteiisch sein soll, als dasjenige, was ein Beschuldigter veranlasst hat; de facto damit auseinander setzen muss man sich trotzdem.

Problematisch ist, dass die Information des Gutachters einen erheblichen Teil der gewonnenen Erkenntnisse des Unternehmens umfassen muss, also durchaus auch Aspekte, die der Ermittlungsbehörde noch nicht bekannt sind. Ein Einblick in die strategischen Aspekte der Verteidigung wird sich gar nicht verhindern lassen. Anders als bei den unmittelbaren Angestellten des Verteidigers erstreckt sich dessen **Auskunftsverweigerungsrecht** nicht automatisch auf Gutachter. Die Erstreckung der Wirkungen des § 53 StPO auf die **Berufshelfer** nach § 53 a StPO wird bei selbständigen Gewerbebetreibenden – beispielsweise Detektiven – und Selbständigen, wie es Gutachter meist sind, von der Rechtsprechung nicht allgemein anerkannt.[95] Auch wenn richtigerweise argumentiert wird, die Vorschrift sei überaltet und mit dem Leitbild einer aktiven Verteidigung nicht mehr vereinbar,[96] kann sich der Verteidiger nicht darauf verlassen, dass die Staatsanwaltschaft dies ebenso sieht.[97] Obwohl also die Staatsanwaltschaft zumindest den Versuch unternehmen könnte, den Gutachter eines Unternehmens zur Erkenntnisgewinnung für ein Ermittlungsverfahren zu gewinnen, ist dies in der Praxis extrem selten und dem Verfasser noch nie vorgekommen. Zudem befindet sich die Verteidigung oft in dem Dilemma, ohne das Eingehen dieses Risikos negativ ausgefallene Gerichtsgutachten nicht angreifen zu können. Zur Absicherung kann auf den Gedanken von Jungfer[98] zurückgegriffen werden, wonach die Anstellung des Gutachters als freier Mitarbeiter ein Mittel darstellt, den Schutz der Mitarbeiter des Verteidigers auf den Gutachter zu erstrecken.

Strategisch gesehen muss ein Gutachten demjenigen der Ermittlungsbehörden, mit dem man nicht konform gehen will, sehr schnell folgen. Die Wirkung eines **Gutachtens** im **Ermittlungsverfahren** ist oftmals die Schaffung einer Chance auf Beendigung oder Minimierung des Verfahrens. Die Durchsetzung eines **Zweitgutachters** in der **Hauptverhandlung** hingegen ist mit **erheblichen Schwierigkeiten** verbunden.[99]

---

[95] *Meyer-Goßner* § 53 Rdnr. 2.
[96] *Krause* StraFo 1998, 1 ff.
[97] Um der formalisierenden Gegenansicht zu entgehen, lohnt es sich, wo möglich, den Gutachter in ein förmliches Arbeitsverhältnis einzubinden.
[98] *Jungfer*, Der Bürger im Ermittlungsverfahren, S. 167.
[99] Vgl. dazu § 83 StPO und § 73 StPO. Außerdem zum Ermessen des Gerichts hinsichtlich der Frage ob ein 2. Gutachter bestellt wird: OLG Düsseldorf wistra 1994, 78.

5. Verhalten des Unternehmensverteidigers gegenüber Individualverteidigern

176 Da in der heutigen Zeit die Individualverteidiger vielfach über die Vermittlung des Vertreters des Unternehmens in ihr Amt gelangen, sollte gewährleistet sein, dass auf der Basis von **Professionalität** und einem gegenseitigen **Grundverständnis der Kollegialität** – die nicht zu Lasten der Mandanten geht – gemeinsame Verfahrensziele identifizierbar und realisierbar sind. Die Erfahrung vieler Verfahren lehrt, dass immer dann, wenn die Staatsanwaltschaft nach dem modus „divide et impera" agieren kann, sie am meisten Erfolg hat. Mit anderen Worten: Wenn statt mit einer gemeinsamen, großen und abgestimmten Verteidigungsstrategie mit vielen kleinen divergenten Strategien gearbeitet wird, spielt dies in die Karten der Ermittlungsbehörden. Dieser Erkenntnis lassen sich auch vordergründige Einzelinteressen unterordnen. Wenn beispielsweise im Rahmen einer gemeinsamen Verteidigung ein Weg gefunden wird, dem Vorwurf insgesamt den rechtlichen Boden zu entziehen, kann es nicht mehr darauf ankommen, ob nun der eine Beschuldigte mehr als der andere Beschuldigte mit dem Problemthema befasst war. Diese Sichtweise den Individualverteidigern zu vermitteln, ist dann nicht schwer, wenn die **Gesamtverteidigung** von **eingespielten Teams** durchgeführt wird. Es haben sich in den vergangenen Jahren einige Verteidiger und Verteidigerbüros erhebliche Kenntnisse im Bereich der Unternehmensvertretung erworben; nicht zufällig treffen eben diese Zirkel oft aufeinander. Dies hat den Vorteil, dass jeder um die persönliche Verlässlichkeit und prozessuale Kompetenz des Anderen weiß und persönliche Eitelkeiten und Darstellungsbedürfnisse keine Rolle spielen. Mit Verteidigern, die noch nie miteinander zu tun hatten, muss sich der Unternehmensanwalt angelegen sein lassen, für dieses Verfahren ein Team zu gestalten. Dabei sollte er darauf achten, dass die Machtposition des Unternehmens gegenüber seinen Mitarbeitern, die automatisch auf den Unternehmensanwalt abfärbt, nicht zu selbstherrlichen und unabgestimmten Aktionen führt.

6. Sachfragen

177 Der Unternehmensverteidiger wird sich nicht darauf verlassen, aus der ihm irgendwann in späteren Jahren einmal zugehenden Ermittlungsakte die Erkenntnisse zu schöpfen, die er für seine Vertretung braucht. **Verteidigung im Ermittlungsverfahren** im Wirtschaftsstrafrecht besteht heute zu einem Großteil auch aus der Schaffung einer eigenen Erkenntnis- und Wissensbasis, aus der Sammlung von Beweisergebnissen, dazu gehört oft auch die Anhörung von Unternehmensinternen und -externen. Das kann ein ausgesprochen voluminöses Unterfangen sein, welches von dem klassischen Einzelverteidiger alter Art oft nicht leistbar ist. Die **Aufarbeitung** von vielen tausend Blatt Aktenmaterial, die Überprüfung von Abläufen in der Produktion, die Reisen zu Auslandsstandorten, die im Verfahren eine Rolle spielen, sind technisch und von der Arbeitszeit her nur leistbar, wenn entweder eine der inzwischen entstandenen größeren Strafrechtskanzleien in der Lage ist, für eine gewisse Zeit mehrere Mitarbeiter für ein anlaufendes Wirtschaftsstrafverfahren freizustellen oder **Netzwerkstrukturen unter Verteidigern** den erforderlichen Arbeitsanfall auffangen.

178 Schon der technische Teil einer Unternehmensverteidigung ist meistens komplex: Es muss vielfach vor Ort im Unternehmen gearbeitet werden, dort lagern die zu sichtenden Dokumente, dort befinden sich die Mitarbeiter, die Auskunft geben können. Aus Gründen der Verschwiegenheitspflicht und drohender Beschlagnahme können aber von der Verteidigung gewonnene Zwischenergebnisse und zusammengetragene Erkenntnisse nicht ohne Weiteres dort belassen werden. Zudem sind die Daten und Papiermengen oftmals derart groß, dass ein ständiges Verbringen zwischen Kanzlei und Unternehmen schlicht unpraktisch wäre. In diesen Fällen hat es sich bewährt, dass der Unternehmensverteidiger bei seiner Mandantschaft einen **Raum** förmlich mit einem Mietvertrag **anmietet**, sich die Schlüssel zu diesem Raum geben lässt und damit eine **ausgelagerte Arbeitsstätte**, die aber dem Beschlagnahmeschutz des Verteidigerbüros unterliegt, schafft. Tunlich ist es in diesen Fällen, relevant besonders bei Durchsuchungen, den Mietvertrag im Inneren des Raumes an die Türe zu heften. Ermittlungsbehörden mögen dies nicht, bei einer klaren Durchführung haben sie jedoch keinerlei Handhabe, in das Büro des Unternehmensverteidigers Einblick zu nehmen. Deshalb sollte auch dort eine **von der Unternehmens-EDV getrennte Datenverarbeitungsanlage** stehen, mit der die für das Verfahren wesentlichen elektronischen Daten bearbeitet werden können. Gleichfalls in einem solchen

Raum sollten die **Kopien aller gefährdeten Beweismittel** stehen. Auch hier gilt selbstverständlich, dass die Hereinnahme von Originalen den **Durchsuchungsschutz** durchbrechen würde. Kopien von Beweismitteln, die zur Durchführung des Strafverfahrens gefertigt wurden, unterliegen nicht der Beschlagnahme, wenn sie im Rahmen eines Verteidigungsverhältnisses entstanden sind. Es handelt sich insoweit um **Unterlagen**, die zur **Verteidigung speziell** angefertigt worden sind.[100] Auch hier zeigt sich wieder, dass erst über die Verteidigereigenschaft des Unternehmensanwaltes vollumfänglicher Schutz ermöglicht wird: Erst über die Anwendung des § 148 StPO in der Folge von § 434 Abs. 1 StPO schließt sich die Lücke der Beschlagnahmemöglichkeit im Unternehmen. Es ist also **gefahrlos, Kopien aller im Original beschlagnahmegefährdeter Beweismittel anzufertigen**, diese als Verteidigungsunterlagen zu kennzeichnen und sie – womöglich in dem vom Verteidiger angemieteten Raum im Unternehmen – zu archivieren. Neben dem für das Ermittlungsverfahren positiven Aspekt der „**Waffengleichheit**" im Falle der Beschlagnahme, was die Beweismittel angeht, kann das Unternehmen auch sicher sein, dass für die Durchführung der täglichen Arbeit erforderliche Informationen nicht im Wege der Beschlagnahme außer Reichweite geraten.

In Umfangverfahren bedeutet dies einen erheblichen Arbeitsaufwand, das Kopieren mehrerer 100 Aktenordner überfordert oftmals die Infrastruktur und die technischen Möglichkeiten selbst mittelgroßer Unternehmen. In diesen Fällen besteht die Möglichkeit, durch Anmietung größerer Kopiereinheiten und den Einsatz von studentischen Hilfskräften Unterstützung zu leisten. Solche Vorgehensweise hat gleichzeitig den Vorteil, dass nicht zu viele Mitglieder des Unternehmens mit der Verfahrensabwicklung in Berührung kommen. Dabei hat die moderne Technik Kopiersysteme entwickelt, die gleichzeitig die einkopierten Dokumente scannen und in elektronischer Form als Datei ablegen. Spezielle Programme ermöglichen es dann, diese Dokumente wieder so zusammenzufassen, dass sie einerseits originalähnlich auf dem Computer sichtbar zu machen und auszudrucken sind, andererseits in ihnen **nach einzelnen Wortbegriffen und Zeichenfolgen gesucht werden kann**[101]. Neben der Tatsache, dass auf diese Art und Weise bestimmte Beweismittel erheblich weniger arbeitsintensiv zu suchen sind – wer schon einmal ein Dokument mit einem bestimmten Datum aus einer Menge von mehreren 10.000 Blatt Beweismitteln heraussuchen musste, wird dies verstehen – schafft die elektronische Verschriftung von Beweismitteln auch die Möglichkeit, diese anderen Beteiligten – sei es Mitverteidigern, sei es in anderen Rechtsgebieten tätigen Kollegen – ohne großen Aufwand zur Verfügung zu stellen.

Die Sammlung der Beweismittel in eigener Hand und deren Umsetzung in elektronischer Form ermöglichen auch, speziell in Komplexverfahren, eine vereinfachte Auswertung und Umsetzung dieser Auswertung in Datenbanken. Oft ist erst eine derartige Auswertung in der Lage, Sachverhaltsstrukturen eindeutig zu klären und einerseits Problemzonen zu erkennen, andererseits zu erledigen. Mit den modernen Hilfsmitteln der EDV sind auch Umfangverfahren sachverhaltsmäßig „in den Griff" zu bekommen, ein Hilfsmittel, dessen sich inzwischen nicht zuletzt auch die Staatsanwaltschaft bedient. Mithin: Kenntnisse der EDV und von Datenbankstrukturen sind für den modernen Verteidiger, insbesondere in Unternehmensvertretungen, in Krisensituationen nicht nur ausgesprochen hilfreich, wenn nicht inzwischen sogar notwendig. Selbstverständlich kann auch hier die Hilfe von externen Spezialisten in Anspruch genommen werden, die **Beherrschung der neuen Medien und technischen Möglichkeiten** durch den Berater selbst erhöht allerdings ungemein die Effizienz. Ebenso wie bei Sachverständigen, Detektiven und sonstigen Externen ist auch hier zu beachten, dass ein **sicherer Geheimnisschutz** installiert werden muss. Das kann bedeuten, dass externe Kopieraktionen zumindest durch einen Mitarbeiter des Anwaltes und Verteidigers überwacht werden müssen und dafür Sorge getragen wird, das auf den extern benutzten EDV-Systemen keine Kopie verbleibt. Oft wird nämlich unterschätzt oder übersehen, dass die heutigen Datenverarbeitungsanlagen für fast jeden Verarbeitungsprozess aus Sicherheitsgründen eine **interne Kopie** anlegen.

Die im Rahmen einer geschützten Dokumentation zusammengefassten Erkenntnisse sind auch der Kitt, der einen Verteidigungssockel zusammenhalten kann. Die Versorgung mit verfahrenswichtiger Information, die ein Einzelverteidiger in den meisten Fällen von Umfangsver-

---

[100] BGHSt 44, 46.
[101] Der Verfasser benutzt das Programm Adobe Acrobat.

fahren gar nicht erarbeiten könnte, ist ein wesentliches Argument dafür, in der Verteidigung zumindest in abgestimmten Sach- oder Rechtsfragen zusammenzuarbeiten.

182 Die Klärung von Sachfragen bringt häufig die Notwendigkeit mit sich, **Unternehmensangehörige** oder Dritte zu Sachverhalten zu **befragen**. Praktisch ist dies nichts anderes als eine **Zeugenbefragung**. Zum Schutz der Mitarbeiter, des Unternehmens und auch des Unternehmensanwaltes sollten derartige Anhörungen sehr **regelhaft verlaufen**. Jeder Mitarbeiter sollte sich darüber im Klaren sein, dass das, was er jetzt sagt, im Rahmen des Ermittlungsverfahrens geschieht und auch dort verwendet werden kann. Die Praxis „**Informatorischer Befragungen**" von **Ermittlungsbehörden**, die von der Verteidigung schließlich heftig kritisiert und angegriffen wird, sollte der Unternehmensanwalt nicht zu seiner eigenen machen. Zudem: Günstige, für das Verfahren förderliche Aussagen sollten dokumentiert sein. In vielen Fällen macht es daher Sinn, ein Protokoll des Gespräches oder die eigenen Aufzeichnungen des Gesprächs vom Gesprächspartner unterschreiben zu lassen. Wenn es sich um Aussagen handelt, die erheblich entlastenden Charakter haben und für das Verfahren von zentraler Bedeutung sind, empfiehlt sich eine noch intensivere Absicherungsstrategie: In diesem Falle sollte das Gespräch unter anwaltlicher Begleitung seitens des angehörten Zeugen – oder auch Beschuldigten – erfolgen. Dieser Anwalt – also der Zeugenbeistand oder bei dem Beschuldigten der Verteidiger – sollte ein **Protokoll** fertigen und sich von seinem Mandanten **unterzeichnen lassen** und – selbstverständlich nur mit dessen Zustimmung – an die Unternehmensverteidigung weiterleiten. Damit werden deutlich belastbarere Beweismittel geschaffen, als durch einen schlichten Vermerk des Unternehmensanwaltes.

183 Eine **klare Belehrung** und erforderlichenfalls der Beistand durch einen Anwalt vermeiden zudem Missverständnisse und mögliche Vertrauenskrisen der befragten Mitarbeiter. Vielfach glauben Unternehmensangehörige, der Anwalt ihrer Firma sei ja auch ihr Anwalt. Sie verlassen sich also auf ein Vertrauensverhältnis, was nicht existiert. Stellt sich später heraus, dass aufgrund der vermeintlich vertraulich gemachten Angaben Nachteile für die Mitarbeiter entstehen, wird sich dies im Gesamtunternehmen sehr schnell herumsprechen und tiefe Spuren in der Motivation der anderen Mitarbeiter hinterlassen.

184 Auch unter diesem Gesichtspunkt möchte ich die bereits ausgesprochene Empfehlung wiederholen, insbesondere potentiell strafrechtlich gefährdete Mitarbeiter frühzeitig mit einem Verteidiger zu versehen und Befragungen nur in dessen Gegenwart durchzuführen.

185 Bei zentralen Personen – beispielsweise dem Einkäufer eines Unternehmens mit Problemen im Außenwirtschaftsrecht, der den gesamten Handel mit einem Embargo-Land durchgeführt hat – wird dies im Längsschnitt, bei zu intensivem Informationsbedarf und vielfach nötigen Kontakten des Unternehmensverteidigers über eine längere Zeit hin, unpraktisch sein. Besteht ein hinreichendes Vertrauensverhältnis zwischen dem Unternehmensanwalt und dem Verteidiger der Person, wird man sich darauf einigen können, auch informell an dessen Mandanten heranzutreten. Selbstverständlicher Inhalt dieser Einigung ist es, dass der Unternehmensverteidiger über wesentliche Kontakte mit dem Mandanten des Kollegen diesem berichtet und sich im Umgang mit diesem Mandanten eine gewisse Zurückhaltung auferlegt.

7. Rechtsfragen

186 Die Beschreibung der **materiellrechtlichen und prozessrechtlichen Besonderheiten des Wirtschaftsstrafrechtes** ist der Inhalt dieses Buches. In den verschiedenen Kapiteln wird spezifisch auf besondere Rechtsfragen in den verschiedensten Spezialbereichen eingegangen; dies hier aufzublättern oder auch nur anzureißen, wäre verfehlt. Jedes einzelne Thema wird mit der gehörigen Tiefe besprochen, so dass die Empfehlung nur lauten kann, sich zu spezifischen Rechtsfragen dort zu informieren. Für dieses Kapitel bleibt der Hinweis, dass Rechtsfragen in einem hohen Maß wirtschaftsstrafrechtliche Ermittlungsverfahren begleiten und prägen. Ein wirtschaftsstrafrechtliches Ermittlungsverfahren, in dem Unternehmensanwalt und Verteidiger keinen rechtlichen Diskussionsansatz mit der Staatsanwaltschaft finden, ist fast nicht denkbar. Hinzu kommt, dass sich immer wieder herausgestellt hat, dass eine **saubere rechtliche Analyse** – insbesondere bei so schwammigen Vorschriften wie beispielsweise § 266 StGB – durchaus Chancen hat, das Verfahren zu verschlanken oder sogar zu beenden. Nicht nur aus praktischen Gründen, die im Sachverhalt oder in Verfahrensablauf wurzeln, werden in Wirt-

schaftsstrafverfahren eine Vielzahl von Verfahren vor der Anklage beendet und viele Anklagen nicht – oder nur um erhebliche Tatbestände gekürzt – zugelassen. Es zeigt sich auch immer wieder, dass eine **gehaltvolle Diskussion über Rechtsfragen** die Bereitschaft von Ermittlungsbehörden, über eine **Beendigung des Verfahrens aus Opportunitätsgründen** nachzudenken, erheblich steigert. Ein Weiteres ist der psychologische Effekt: Wir wissen aus der Rechtstatsachenforschung, dass Informationen im Kopf eines Menschen ein Eigenleben haben.[102] Verkürzt ausgedrückt: Eine Tatsache, die sich im Kopf eines Menschen verankert, ist nicht durch eine gleichstarke Tatsache wieder aufzuheben, zu neutralisieren. **Das Informationsgewicht dieser Tatsache gegenüber neuen, adversen Tatsachen verstärkt sich mit dem Zeitablauf.** Es entspricht der Struktur des menschlichen Gehirnes, nicht in Frage gestellte Informationen schon deshalb als richtig anzusehen. Mithin: Werden der Anzeigeschriftsatz und die Annahme der Staatsanwaltschaft zu einer strafbaren Handlung nicht frühzeitig diskutiert, verstärken sie sich in Ihrer Wirkung selbst. Wird hingegen zu einem frühen Zeitpunkt eine Gegeninformation, ein Gegengewicht, geschaffen, so bleibt die Situation „offen". Wer also Munition hat, soll diese nutzen, solange sie noch Wirkung zeigt. Der Zeitablauf macht manches strafprozessuales Pulver feucht.

Mir ist bewusst, dass dies im diametralen Gegensatz zu einer häufig vertretenen Theorie steht, dass man den Staatsanwalt „nicht schlau machen" solle und Argumente im Ermittlungsverfahren „verschwendet" sein könnten.[103] Das ist insoweit richtig, als man den Staatsanwalt durch rechtliche Argumentation nicht in die Lage versetzen sollte, eine Anklage zu fertigen, die ihm sonst nicht gelingen würde. In allen anderen Situationen jedoch halte ich es für wichtiger, den **Zweifel am Leben** zu erhalten und möglichst auf der Basis dieses Zweifels es gar nicht erst zu einer Anklage kommen zu lassen.

Die **Klärung von Rechtsfragen im Wirtschaftsstrafrecht** ist ohne Zusammenarbeit mit den **Spezialisten anderer Rechtsgebiete** zumeist nicht möglich. Sie müssen daher frühzeitig eingebunden werden. Strategiefragen müssen in der Diskussion mit diesen rechtlichen Spezialisten vorgeklärt werden, bevor sie der Unternehmensleitung vorgelegt werden. Es macht beispielsweise wenig Sinn, sich des Vorwurfs der Untreue mit einer Argumentation zu erwehren, die Ermittlungen wegen Steuerhinterziehungen auslöst. Damit ist gleichzeitig die Frage nach der Ausstrahlung gestellt: Abzuklären ist beispielsweise mit dem Zivilrechtler, ob Schadensersatzforderungen Dritter von der strafrechtlichen Argumentation berührt sind, was meistens der Fall ist. Die Frage, mit welcher Intensität ein strafrechtlicher – oder auch ordnungswidrigkeitenrechtlicher – Vorwurf seitens des Unternehmens behandelt wird, ist naturgemäß eng verzahnt mit der aus der Feststellung eines solchen Vorwurfes resultierenden zivilrechtlichen Gefahr. Es ist nämlich durchaus kein Erfolg des Strafrechtlers, wenn er, um die Verfahrenskosten niedrig zu halten, für das Unternehmen eine kleine Geldbuße hinnimmt und auf der Basis der Argumentation der Behörde zur Geldbuße hohe zivilrechtliche Schadensersatzforderungen geltend gemacht werden. Gleiches gilt naturgemäß für die öffentlich rechtlichen Konsequenzen strafrechtlicher Entscheidungen. Die Aufnahme in das **Korruptionsregister**[104] kann für ein Bauunternehmen bei weitem schmerzhafter sein, als selbst eine hohe Geldbuße. Im öffentlichen Recht hängen Genehmigungen vielfach davon ab, dass einer Person oder einem Unternehmen **Zuverlässigkeit attestiert** wird.[105] Durch ein strafrechtliches oder auch nur ordnungswidrigkeitenrechtliches rechtskräftiges Ergebnis kann diese in Frage gestellt werden.

Eng verzahnt damit sind individuelle Auswirkungen von Verfahren, die bereits während der Ermittlungen stattfinden können. Das Bundesaufsichtsamt für das Finanzwesen (**BAFin**) beispielsweise prüft bei Vorwürfen gegen Organe von Kreditinstituten bereits in einem frühen Stadium, ob deren Zulassung nicht widerrufen werden muss. Mit welcher Intensität sich der-

---

[102] Vgl. zur kognitiven Dissonanz: *Schünemann*: Experimentelle Untersuchungen zur Reform der Hauptverhandlung in Strafsachen, in: Kerner/Kury/Sessar (Hrsg.), *Deutsche Forschungen zur Kriminalitätsentstehung und Kriminalitätskontrolle*, Köln 1983, Teilband 2, S. 1109–1151.
[103] Wie hier auch: *Dahs* Rdnr. 239; dagegen: *Minoggio* Firmenverteidigung F. Rdnr. 211 ff.
[104] Für Nordrhein-Westfalen: KorruptionsbG NRW, GVBl v. 4.1.2005, Nr. 1.
[105] Vgl. auch die Regelung in § 21 des Gesetzes zur Bekämpfung der Schwarzarbeit (SchwarzArbG), wonach ein Bewerber zu einer öffentlichen Ausschreibung, wenn er bei bestimmten Delikten zu mehr als 90 Tagessätzen oder einer Geldbuße von mehr als € 2.500 verurteilt wurde, bis zu einer Dauer von drei Jahren ausgeschlossen werden soll.

artige Fragen auch auf die persönliche Karriere der Betriebsangehörigen auswirken können, sieht man an den Vorgängen um den Chef der Deutschen Bank im so genannten „Mannesmann-Verfahren".

V. Analyse – Stellung, Handlungsmöglichkeiten und Interesse des Unternehmens

190   Die Stellung eines Unternehmens zu einem Ermittlungsverfahren ist nicht lösbar von dem Schicksal und der Strategie des Unternehmens im Marktgeschehen. Der gleiche Vorwurf von gleicher Intensität kann von dem einen Unternehmen routinemäßig abgearbeitet werden, während er in anderen Unternehmen als Katastrophe empfunden wird. Auch die Größe des Unternehmens spielt eine Rolle: Viele Dax-Unternehmen haben in den letzten Jahren Erfahrungen in der Bewältigung von Strafverfahren gesammelt. Sie gehen mit derartigen Krisensituationen erheblich unaufgeregter um, als Firmen, die es zum ersten Male trifft. In der strafrechtlichen Krise sind neben dem reinen Strafrecht auch alle anderen, das Unternehmen oder die Personen betreffenden Faktoren in die Krisenberatung einzustellen. Einer der wesentlichsten Faktoren dabei sind die Sorgen und Nöte der persönlich Betroffenen.

1. Probleme der Abstraktion von Individualinteressen

191   Bereits an früherer Stelle wurde angesprochen, dass manche Unternehmensführer dazu neigen, Interessen des Unternehmens mit ihren eigenen gleichzusetzen. In einem solchen Fall befindet sich der Unternehmensanwalt in einem erheblichen Dilemma, wenn er erkennt, dass die Unternehmensinteressen eben gerade nicht parallel zu denjenigen des Unternehmenslenkers sind. Angesichts der Tatsache, dass der Anwaltsvertrag zwar zwischen Anwalt und Unternehmen geschlossen ist, die ausführende Funktion aber vom Vorstand / Geschäftsführer wahrgenommen wird, sind intensive Spannungen im persönlichen Verhältnis vorprogrammiert, dies kann in extremen Fällen leicht zu einem Mandatsverlust führen. Eine unangenehme, aber letztendlich nicht vermeidbare Situation, wenn ein für das Unternehmen tragbarer Kompromiss zwischen den Interessenssphären nicht gefunden werden kann. Vom individuellen Fall abgesehen wäre es für das Institut des Unternehmensverteidigers fatal, wenn sich der manchmal anzutreffende **Eindruck von Staatsanwälten, der Unternehmensverteidiger** sei doch nur ein weiterer **verkappter Individualverteidiger**, am konkreten Fall bestätigen würde. Die Interessen des Hauptgesellschafters oder der Muttergesellschaft sind ebenfalls zu berücksichtigen, zumindest in den Grenzen der zulässigen Einwirkungsmöglichkeiten. Es ist für den Unternehmensverteidiger sicherlich schwierig, einem drängenden Gesellschafter verständlich zu machen, dass die eigenen Interessen der Gesellschaft auch gegenüber einem Eigner zu schützen sind.[106] Besonders deutlich wird dies dann, wenn das Ermittlungsverfahren ergibt, dass der **Hauptgesellschafter** „seine" Gesellschaft in strafrechtlich relevanter Form instrumentalisiert hat. In diesen Fällen hilft nur ein starker, autonomer Vorstand bzw. Geschäftsführer, der – vom Unternehmensvertreter unterstützt – die Unternehmensinteressen durchsetzt.

2. Außeneinflüsse

192   Das Interesse des Unternehmens ist **nicht notwendig** darauf gerichtet, eine **Verfahrenseinstellung nach § 170 Abs. 2 StPO** zu erreichen. Wenn dieses Unterfangen mit erheblichem finanziellem Aufwand, zeitlichem Aufwand und negativer Öffentlichkeitsdarstellung verbunden ist, ist das schnelle unfällige Verfahrensende oftmals dasjenige, was aus Sicht des Unternehmens vorzuziehen ist. Selbst in den Fällen, wo das Ausstreiten und Zuwarten nahezu sicher zu einem positiven Ergebnis führen würde, gibt es aus Unternehmenssicht Argumente für ein kurzes, manchmal sogar schmerzhaftes Ende. Ein Unternehmen, das kurz vor dem Börsengang steht, hat meistens nur und ausschließlich dieses Element im Blick. Ein **Strafverfahren von einigem Gewicht** wäre **publikationspflichtig**, es müsste unter die nach Börsenrecht bekannt zu gebenden Tatsachen aufgenommen werden. Daher werden Strafverfahren, die einen Börsengang verhindern könnten, häufig nach dem Motto „Koste es was es wolle" erledigt. Ähnliches gilt, wenn ein Strafverfahren Einfluss auf den Börsenkurs einer AG nehmen kann. Da die Customer-

---

[106] Vgl. dazu beispielsweise die umfangreiche Rechtsprechung im Rahmen einer 1-Mann GmbH: BGHSt 35, 333, 337; BGHR StGB § 266 Ab1 Nachteil 23, 25 und 33; BGH NJW 1981, 1793; BGHSt 28, 371.

Value zum goldenen Kalb der Analysten und Investoren geworden ist, Strafverfahren immer negative Presse bedeuten und möglicherweise sogar eine Ad-hoc-Meldung auslösen, wird die Vermeidbarkeit von schädlicher Außendarstellung und schnelle Erledigung des Ermittlungsverfahrens eine hohe Attraktivität für ein Unternehmen haben. Auch in diesen Fällen ist die Bereitschaft groß, das Strafverfahren als ein finanzielles Risiko zu sehen, das mit Geld aus der Welt zu schaffen ist. Noch ein weiteres Moment lässt für einen Konzern die Frage, was richtig ist, in den Hintergrund treten: Der geplante Verkauf des mit strafrechtlichen Problemen überzogenen Firmenteils. Im Rahmen von **Unternehmensverkäufen** wird die Braut natürlich besonders schön dargestellt, ein laufendes Strafverfahren mit möglicherweise für den Käufer nicht kalkulierbaren Risiken stellt einen hässlichen Leberfleck im Antlitz der zu Verheiratenden dar. Auch Marktreaktionen aufgrund negativer Presse infolge eines strafrechtlichen Vorwurfes haben ähnliche Effekte, die in den seltensten Fällen bei „Gewinnen" des Verfahrens wieder rückgängig gemacht werden können.[107] Wenn das Ausstreiten einer strafrechtlichen Vorwurfslage für das Unternehmen bedeutet, dass ein oder sogar sein einziges Produkt dadurch erheblichen Marktschaden nimmt, ist auch hier das Interesse alleine auf eine schnelle, unauffällige bis **geräuschlose Erledigung** gerichtet. Man kann es generalisieren: Fast immer, wenn die durch das Verfahren drohenden negativen Außeneinflüsse mit hoher Wahrscheinlichkeit einen finanziellen Schaden auslösen, wird eine Gegenüberstellung des Schadens und der Kosten einer schnellen Erledigung erfolgen.

3. Interne Effekte

Der Umgang mit dem Strafverfahren hat sehr viel mit der Motivation der Mitarbeiter in deren Alltagsgeschäft zu tun. Außer in eindeutigen Fällen, in denen ein einzelner Mitarbeiter oder eine Gruppe von Mitarbeitern auf Kosten und zum Nachteil des Unternehmens zum eigenen Nutzen gehandelt hat, ist der **Befreiungsschlag durch Kündigung der Mitarbeiter meistens keine strategische Alternative.** Zum einen sind gekündigte Mitarbeiter die Zeugen, die der Staatsanwalt als erstes laden wird und die aus ihrer Verärgerung heraus – in ihren Augen haben sie doch alles nur für die Firma getan – vieles tun werden, um ihrem treulosen Arbeitgeber zu schaden. Zum anderen wirkt sich ein solches Verhalten auch katastrophal demotivierend auf die anderen Mitarbeiter aus. Es beginnt ein **Klima des „über die Schulter schauens"**, ob man vielleicht der nächste sei, der dem Unternehmenswohl geopfert und zum Sündenbock erklärt wird. Initiative, Bereitschaft zum Risiko auch außerhalb von Fragen des Strafrechts kann das Unternehmen in einem solchen Falle von seinen Mitarbeitern nicht mehr erwarten.

Es gibt allerdings **Fälle**, in denen das Unternehmen **gezwungen** ist, gegen seine eigenen Mitarbeiter vorzugehen. Das ist sicher dann so, wenn der Mitarbeiter zu seinen eigenen Gunsten gearbeitet hat und das Unternehmen dadurch in strafrechtliche Bereiche verstrickt hat. Bei Aktiengesellschaften, die börsenmäßig in Amerika gelistet sind, kann sich die Notwendigkeit zur Kündigung eigener Mitarbeiter aus einem parallel geführten Verfahren der **SEC** („**Security and Exchange Commission**)[108] ergeben. Die in Amerika sich mehr und mehr entwickelnde „**Kultur" der Unterwerfung unter das Diktat einer Ermittlungsbehörde**, die gleichzeitig Regulierungsbehörde ist, macht dies manchmal unumgänglich. Die SEC beispielsweise verlangt von betroffenen Unternehmen, dass die Mitarbeiter – unabhängig von deren Stellung im Unternehmen – entlassen werden, die beispielsweise bei Buchführungsmanipulationen oder korruptiven Vorgängen involviert waren. Die Verweigerung dieses Verlangens führt zu drakonischen Sanktionen.

4. Finanzielle Auswirkungen

Die indirekten finanziellen Auswirkungen haben zum größten Teil bereits oben unter Rdnr. 190 ff. Erwähnung gefunden. Rufschädigungen, Ausschluss bei Ausschreibungen und eventuelle Kursverluste müssen in die Strategieüberlegungen einer Firma eingestellt werden. Die Bindung von Mitarbeitern, deren Verlust an Arbeitszeit und Motivation durch Aufarbeitungen,

---

[107] Vgl. z. B. den „Flüssigei-„Skandal" und das folgende amtshaftungsrechtliche Verfahren (LG Stuttgart, NJW 1989, 2257; OLG Stuttgart Urt. v. 21.3.1990 – 1 U 132/89 – n.v.). Die betroffene Firma hatte hier erhebliche Umsatzeinbußen auf Grund eines unberechtigten Warnhinweises des Stuttgarter Regierungspräsidiums zu verzeichnen. In diesem Prozess wurde ein Schaden von DM 43, 2 Mio. geltend gemacht.
[108] Für weitere Informationen über die SEC vgl.: http://www.sec.gov/.

Anhörungen und allgemein deren Zu- oder Zusammenarbeit mit der Verteidigung, ist ebenfalls ein nicht zu vernachlässigender Kostenfaktor. Hinzu kommen noch direkte finanzielle Auswirkungen, die sich nicht auf die Honorare des externen Anwaltes beschränken.

196 a) **Kosten der Vertretung.** Da sich heute die strafrechtliche Vertretung nicht mehr auf die Auswertung der Ermittlungsakte, womöglich nach Anklageerhebung, beschränken kann und darf, sind Unternehmensverteidigungen nur mit einem erheblichen Aufwand an Zeit und Arbeitskraft, neudeutsch: „**Manpower**", zu führen. Ausgewiesene Spezialisten im Strafrecht, die bereits Kenntnisse in der Führung von Unternehmensverteidigungen aufweisen können und sich allgemein mit der Bearbeitung von Wirtschaftsstrafsachen beschäftigt haben, liegen in ihren Honoraranforderungen parallel zu den bekannten Spezialisten auf anderen Rechtsgebieten, auch aus Großkanzleien. Der Stundenhonorarsatz eines guten und anerkannten Strafverteidigers im Wirtschaftsstrafrecht liegt heute eher über als unter dem Satz seines zivilrechtlichen, öffentlich-rechtlichen oder sozialrechtlichen Kollegen. Im Sinne einer ständig gewährleisteten Ansprechbarkeit und der schnellen Aufarbeitung auch im Sachverhalt ist es heutzutage üblich geworden, dass nicht ein einzelner Verteidiger tätig wird, sondern der Unternehmensverteidiger zumeist aus seiner Kanzlei einen oder mehrere Mitarbeiter einbindet, die außerhalb von strategisch hochwertigen Situationen – wegen ihres naturgemäß geringeren Stundensatzes – Kosten sparend eingesetzt werden können. Auch für den Verteidiger ist dies eine Notwendigkeit, da die **Zeitanforderung eines Großverfahrens** so intensiv sein kann, dass, wollte man sie alleine abdecken, Zeit für ein zweites Mandat nicht mehr bliebe. All dies führt dazu, dass sechsstellige Honorare in Wirtschaftsstrafsachen heutzutage alles andere als ungewöhnlich sind, siebenstellige Honorarsummen können in extremen, besonders intensiven Fällen vorkommen.

197 Hinzu kommen die **Kosten anwaltlicher Vertretung** im Rahmen des Verfahrens auf anderen Rechtsgebieten. Die bereits oben angesprochene Teamsituation unter anwaltlichen Vertretern in strafrechtlichen Krisensituationen erfordert, dass vorausschauend und begleitend jeder verfahrensrelevante Aspekt geprüft und rechtlich abgesichert wird. Zwar entstehen dabei deutliche Synergieeffekte, wenn die gleiche Erkenntnisbasis, oftmals geschaffen durch den Unternehmensverteidiger, von allen anderen Vertretern genutzt werden kann; nichtsdestotrotz erfordert die rechtliche Aufarbeitung aller Verfahrensaspekte weiteren finanziellen Aufwand. In diese Kategorie rechne ich auch den Aufwand für Gutachter und externe Spezialisten, der ebenfalls durch Verfahrenskoordination minimiert – aber nicht eliminiert – werden kann.

198 In diesen Zusammenhang gehört auch die Frage, ob nun das Unternehmen bereit ist, die Kosten der Vertretung von Unternehmensangehörigen zu übernehmen. Generell richtet sich die Frage danach, ob die Übernahme der Verfahrenskosten aus Sicht des Unternehmens eine Handlung im Rahmen sorgfältiger Geschäftsführung ist, ein Vorgang, bei dem die Sorgfalt eines ordentlichen und gewissenhaften Kaufmanns an den Tag gelegt wird (vgl. beispielsweise § 93 AktG). In die von der Geschäftsleitung anzustellenden Überlegungen fließen neben denkbaren Verpflichtungen zur **Kostenübernahme**[109] auch andere Momente ein: Es muss nicht nur Geld gegen Geld gewogen werden. Die allgemeine **arbeitsrechtliche Schutzpflicht** gegenüber Mitarbeitern ist insbesondere dann von Gewicht, wenn Mitarbeiter auf Anweisung gehandelt haben oder sich branchenüblich, wenngleich strafbar, verhalten haben. Auch der Umstand, dass eine vom Unternehmen im Rahmen des Zulässigen gelenkte gemeinsame Verteidigung üblicherweise dazu führt, dass ein Strafverfahren weniger Aufsehen erregt und für das Unternehmen selbst mit geringeren Risiken verbunden ist, stellt ein durchaus werthaltiges Argument dar. Schließlich ist auch die Auswirkung auf die **Arbeitsmoral der weiteren Mitarbeiter** ein Element, was in eine Wertung eingestellt werden kann und muss. Erlebt der Mitarbeiter, dass er letztlich verteidigungslos bleibt, weil er die erforderliche Verteidigung gar nicht finanzieren kann, wirkt sich das nicht nur auf dessen Motivation aus, sondern auf die aller anderen, die davon erfahren – und das sind erfahrungsgemäß über kurz oder lang alle weiteren Mitarbeiter des Unternehmens.

199 b) **Konsequenz aus Kostenübernahme.** Der Vorwurf strafbarer Handlungen im Unternehmensbereich ist oft mit der Frage verbunden, ob möglicherweise eine Schädigung Dritter vorliegt. Zivilrechtlich übersetzt ist dies die Frage nach dem Schadensersatz. Die Frage stellt sich

---

[109] So z. B.: BGH NJW 1991, 990 ff.

bei Produktfehlern ebenso wie bei Fragen aus dem Umfeld der Korruption, bei Sachverhalten aus dem Bereich von Betrug, Subventionsbetrug, Kapitalanlagebetrug gleich, wie in vielen anderen Bereichen bis hin zum Umweltrecht. Letztlich bildet sich dies ab in der Frage, ob die Verletzung eines Strafgesetzes gleichzeitig § 823 Abs. 2 BGB unterliegt, also ein Schadensersatzanspruch durch die strafbare Handlung begründet wird. In allen diesen Fällen muss das Unternehmen mithilfe des Strafrechtsspezialisten früh kalkulieren, welche Risiken auf das Unternehmen zukommen und wie diese zu behandeln sind. Dies beginnt bei der Frage, ob aus dem Strafverfahren erwachsende Risiken **bilanzwirksam** sind und demzufolge im nächsten Jahresabschluss abgebildet werden müssen, eine Maßnahme, die zumeist gescheut wird wie vom Teufel das Weihwasser. Die nächste Frage ist, ob die denkbaren finanziellen Auswirkungen auch vom Unternehmen getragen werden können oder ob sich durch die Offenlegung der strafrechtlichen Krise gleichzeitig eine finanzielle Krise eröffnet, die in letzter Konsequenz bis in die Antragspflicht wegen Überschuldung führen kann. Ich halte es für die Pflicht des Unternehmensanwaltes, seine Mandantschaft auf solche **Risiken möglicher zukünftiger Straftaten** ebenso hinzuweisen, wie auf die allgemeinen wirtschaftlichen Auswirkungen eines Strafverfahrens. Die **isolierte Sichtweise auf Schuld und Strafe** alleine ist im Wirtschaftsstrafrecht heute schlicht **nicht mehr ausreichend**.

Der Unternehmensanwalt wird in die schwierige Frage mit eingebunden werden, und bei deren Lösung helfen müssen, ob durch eine frühe Befriedigung von Geschädigteninteressen die strafrechtliche Konsequenz minimierbar ist und dies abwägen müssen mit dem in diesem Handel liegenden – zumindest faktischen – Geständnis. **200**

Ein noch schwierigeres Kapitel ist die Einbindung des Unternehmensverteidigers in die zivilrechtliche Abwehr möglicher Schadensersatzansprüche. Während im Strafrecht der nemo-tenetur-Grundsatz gilt und sich auch Betroffene im Unternehmen bis hin zur Unternehmensleitung nicht selbst belasten müssen, gelten im Zivilrecht andere Maximen. Zwar gilt der Parteigrundsatz, wonach jede Partei die ihren Anspruch begründenden Tatsachen selbst vortragen und im Bestreitensfalle auch beweisen muss. Dieser Grundsatz steht aber auch in einem Spannungsverhältnis zur prozessualen Wahrheitspflicht. Wird schon im „normalen" Zivilprozess dieses **Spannungsverhältnis** immer mehr kritisch betrachtet und die Strafanzeige wegen Prozessbetrugs immer häufiger, so erfährt dies noch eine Steigerung in dem Prozess, der vor dem Hintergrund eines Strafverfahrens abläuft. **Unschärfen im Bereich der Wahrheitspflicht**, die im strafrechtlich unbelasteten Zivilprozess in aller Regel unauffällig und unbemerkt bleiben, erregen im Schadensersatzprozess, der vor dem Hintergrund des Vorwurfs strafbarer Handlungen geführt wird, große Aufmerksamkeit. Schon die Frage, ob eine bestimmte vom Prozessgegner vorgetragene Tatsache bestritten oder mit Nichtwissen bestritten werden kann, stellt sich vor dem Hintergrund eines Strafverfahrens sehr pointiert. Würde es bereits einen **Prozessbetrug** darstellen, einen Vortrag der Gegenseite zu bestreiten, wenn dem in Anspruch Genommenen bekannt ist, dass die vom Gegner behauptete Tatsache richtig ist? Eine rechtliche vertiefte Behandlung dieser Fragen ist die Rechtslehre bislang schuldig geblieben, auch Urteile,[110] die diese Fragen spezifisch behandeln, gibt es kaum. Eines ist jedoch eindeutig: Wenn die im Zivilverfahren bestrittene Tatsache als Ergebnis eines Strafprozesses dort rechtskräftig festgestellt wird, wird das nachfolgende Verfahren wegen Prozessbetrugs mit einer hohen Wahrscheinlichkeit ebenso negativ enden. **201**

c) **Verfall und Einziehung.** Die gleiche Situation, die dem Unternehmensverteidiger seine rechtlich starke Position verschafft, die Möglichkeit des Verfalls und der Einziehung im Unternehmensbereich und die dadurch begründete Rechtsstellung, stellt für die Mandantschaft mit das größte Schreckgespenst dar. In den letzten Jahren hat die Staatsanwaltschaft die aktive Erfahrung gemacht, dass sie neben dem Haftbefehl mit dem Verfall und insbesondere dessen Sicherstellung nach § 111 b StPO noch ein **weiteres Instrument zur Verfahrensgestaltung** besitzt, welches **tiefste Einschnitte** bei ihrem prozessualen Gegenüber hervorruft und damit stärkste **202**

---

[110] Bisher gab es eine Entscheidung des Bundesgerichtshofes, wonach die Verurteilung eines Anwalts zu einem Jahr Freiheitsstrafe aufgehoben wurde, wobei dieser vorher wahrheitswidrig die Teilerfüllung einer Forderung verneint haben soll (BGH wistra 2000, 263 f.). Hervorheben kann man noch die Entscheidung OLG Koblenz NJW 2001, 1364, wonach die wahrheitswidrige Aussage eines Rechtsanwalts, dass es eine seiner Rechtsauffassung entsprechende Rechtsprechung gäbe, kein (versuchter) Prozessbetrug sei.

Reaktionen. Die Rechtsfiguren des Verfalls und der Einziehung gemäß §§ 72 ff. StGB wurden wiederentdeckt und ausgebaut zu einem Instrument, welches tief in Firmenschicksale eingreifen kann. Es wird in Wirtschaftsstrafsachen – insbesondere bei Vorwürfen der Korruption – immer mehr üblich, neben der Durchsuchung aufgrund vorangegangener Finanzermittlungen gleichzeitig Konten eines Unternehmens gemäß § 111 b StPO zu beschlagnahmen. Dabei wurde argumentiert, dass nach dem so genannten Bruttoprinzip des § 73 StGB die Gesamtheit des Erlangten sichergestellt werden könne; die Gesamtheit des Erlangten sei der Werklohn des Unternehmens, in verkürzter Argumentation: alles, was das Unternehmen an Geld und Geldwert in Verbindung mit einem strafrechtlich kontaminierten Geschäft erhalten hat. Wenn also zum Beispiel ein Unternehmen eine Anlage mit einem Vertragswert von 50 Millionen € gebaut hat, waren bei einer Bestechung zur Erlangung dieses Auftrages – auch wenn es nur 50.000 € waren – aus Sicht der Staatsanwaltschaften die 50 Millionen € in ihrer Gesamtheit verfallen und im Wege der Beschlagnahme sicherzustellen.[111]

203 Ein **neues Urteil des 5. Strafsenates**[112] hat dieser extrem weiten Auslegung des § 73 StGB nunmehr die Grundlage entzogen. Nach dieser Entscheidung aus dem Dezember 2005 ist bei der korruptiven Manipulation einer Auftragsvergabe der gesamte wirtschaftliche Wert des Auftrages im Zeitpunkt des Vertragsabschlusses und nicht der vereinbarte Werklohn das im Sinne des § 73 Abs. 1 Satz 1 StGB „Erlangte". Damit beschränkt sich der Anwendungsbereich der Vorschrift nunmehr primär auf den Gewinn des Unternehmens, wenngleich nach dem Urteil des Bundesgerichtshofs der wirtschaftliche Wert des Auftrages im Zeitpunkt des Vertragsschlusses auch in eventuellen Erhöhungen des Good Will oder in der Verlustvermeidung durch Auslastung bestehender Kapazitäten bestehen kann. Inwieweit die anderen Senate des Bundesgerichtshofes diese einengende Auslegung mittragen, wird sich erweisen.

204 Um im Rahmen einer Krisenberatung das Druckpotential eines Strafverfahrens einschätzen zu können, muss der Unternehmensverteidiger die **potentiellen Auswirkungen des § 73 StGB** durch **Nachvollzug der wirtschaftlichen Komponenten** im Unternehmen unterlegen. Er wird sich mit der Kalkulation von Aufträgen und der Kostenstruktur des Unternehmens beschäftigen müssen. Vor dem Hintergrund, der durch das Urteil des 5. Strafsenates modifizierten Rechtslage, wird zwar noch keine Entwarnung in Bezug auf eine Beschlagnahme nach § 111 b StPO ausgerufen werden können, diese Gefahren sind jedoch schon deshalb geringer einzuschätzen, weil eine Staatsanwaltschaft im Rahmen eines Anfangsverdachtes üblicherweise noch keine Anhaltspunkte dafür hat, wie sich Gewinne aus einem bemakelten Geschäft darstellen. Es fehlt der Einblick in die Kalkulation und damit eine gesicherte Grundlage für eine Beschlagnahme.

5. Umsetzung der gefundenen Strategie nach innen

205 Unternehmen, bei denen sich Wirtschaftsstrafrecht zumeist abspielt, sind hoch komplexe Gebilde mit sehr **variablen Interessenstrukturen**, die für einen Außenstehenden zu Anfang des Verfahrens häufig nicht sichtbar sein können. Diese Strukturen haben aber durchaus Einfluss auf die Umsetzung der einmal gefundenen Strategie im Unternehmen. Sie können sich auch in Krisensituationen als äußerst unbeweglich und für das Strafverfahren störend erweisen. Der Unternehmensverteidiger tut gut daran, seine abstrakten Ideen der Krisenbewältigung an den Realitäten des Unternehmens und der dort vorgefunden Personen abzugleichen und anzupassen. Der Versuch der Durchsetzung einer Strategie in rein dogmatischer Weise wird diese scheitern lassen.

206 **a) Umsetzung auf der Leitungsebene.** Gegenüber Vorständen und Geschäftsführern stellt sich die Umsetzung oft genug als intensives Werben für die richtige Idee und deren immer wieder zu wiederholende Erläuterung dar. Während in mittelständischen Unternehmen, insbesondere wenn sie eignergeprägt sind, eine intensive Mitwirkung der Leitungsebene an der Umsetzung von strafrechtlichen Strategien zu erwarten ist, stößt in Großkonzernen die Strategieumsetzung oftmals auf das **Problem der mangelnden Information des Vorstandes**. Das mittelständische Unternehmen erlebt wirtschaftsstrafrechtliche Vorwürfe zumeist intensiver

---

[111] Siehe z.B. die Ratschläge in: Vordermayer/v. Heintschel-Heinegg/*Mayer*, Handbuch für den Staatsanwalt, Kap. 9 Rdnr. 9: „Erlangt ist alles, was dem Täter zugeflossen ist."
[112] BGH Urt. v. 2.12.2005 – 5 StR 119/05 – NStZ 2006, 210.

und der Leitungsebene näher. Aus diesem Grunde wird der Unternehmensvertreter Gelegenheit haben, seine Ideen immer wieder neu vorzutragen und zu erläutern. Ihm wird in diesem Bereich eher die Angst vor dem Unbekannten und die Neigung zur Verdrängung Probleme bereiten, während in Großunternehmen – in denen eine Vorstandsvorlage oft nicht mehr als eine DIN-A 4 Seite lang sein darf – dem Unternehmensverteidiger ihm nicht offen gelegte strategische Überlegungen zur Unternehmensführung Durchsetzungsprobleme bereiten werden. In einer solchen Situation zu argumentieren und **Strategieveränderungen** einzufordern, fällt durchaus nicht leicht und erfordert oftmals große Hartnäckigkeit. Insgesamt muss der Unternehmensverteidiger davon ausgehen, dass im Rahmen eines Strafverfahrens – wie generell – Unbekanntes als bedrohlich empfunden wird. Er wird in Rechnung stellen müssen, dass eine strafrechtliche Bedrohung oft genug zu erratischen Reaktionen führt, die schwer zu kontrollieren sind. Es ist deshalb Aufgabe des Unternehmensanwaltes, nicht nur die Staatsanwaltschaft, sondern auch die Leitungsebene seiner Mandantin ständig im Auge zu behalten und dafür zu sorgen, dass die einmal gefundene Strategie nicht „verbessert" wird.

Im Kontakt zu den Kontrollorganen – wie zum Beispiel dem Aufsichtsrat – gilt zu beachten, dass diese mit einem sehr anderen Blickwinkel als die Unternehmensführung selbst Strafverfahren beurteilen: Während die Leitungsorgane eines Unternehmens nach dem Primat des Fortbestandes des Unternehmens handeln, ist bei Kontrollorganen das Primat formal richtigen Handelns und, nach der Verschärfung des Haftungsrechtes für Kontrollorgane,[113] die Gefahrlosigkeit der Entscheidung für die Aufsichtsräte selbst das Maßgebliche. Die sich daraus ergebenden Spannungen zwischen Kontrollorgan und Unternehmensführung beeinflussen durchaus die Beratungsmöglichkeiten des Unternehmensvertreters.

b) **Mitarbeiter.** Die strategische Umsetzung bei Unternehmenskonzepten bedeutet regelmäßig, dass Mitarbeiter von deren Durchführung und Auswirkung betroffen sind. Was sich für Unternehmen oftmals als eine letztendlich finanzielle Frage darstellt, ist zumindest für Beschuldigte eine hochpersönliche Angelegenheit, die sie zutiefst betrifft. Die Sorge, als **Manövriermasse des Verfahrens** angesehen zu werden und letztendlich dem Unternehmensinteresse geopfert zu werden, ist groß – und nicht immer unberechtigt. Dies kann zu Widerständen und Blockaden führen, die jede Strategie zum Scheitern bringen können. Es gilt mithin, in offener und fairer Weise das **Vertrauen der Mitarbeiter zu gewinnen und zu behalten**. Dazu gehört, dass auf jeden Fall alle diejenigen Mitarbeiter, die potentiell Beschuldigte sein können – oder es bereits sind –, nicht ohne Verteidigung bleiben und sich sicher sein können, dass ihre privaten Interessen im Rahmen des Verfahrens anwaltlich in guten Händen sind.

Oft genug ist es der Unternehmensvertreter, der **Vorschläge für die Individualvertretung einzelner Beschuldigter** macht. Dies sollte daran ausgerichtet sein, zwar teamfähige aber durchaus selbstbewusste Kollegen zu finden, die in der Lage sind, ihren Mandanten auch das Gefühl zu geben, nur ihnen selbst verantwortlich zu sein. Sonst kommt es im Laufe des Verfahrens zum Verteidigerwechsel und dann zumeist zu einer obstruktiven und destruktiven Situation der Interessenvertretung.

In denjenigen Verfahren, in denen das Unternehmen die Entscheidung trifft, sich von betroffenen Mitarbeitern zu trennen, sollte dies mit größtmöglicher Offenheit und Transparenz erfolgen. Nur wenn den anderen Mitarbeitern eindeutig erkennbar gemacht wird, warum ihre Kollegen entlassen wurden, lässt sich zumindest mittelfristig eine massive Demotivation verhindern.

c) **Sonderfall: Beendigung einer Dauerstraftat.** Nicht selten wird der Unternehmensvertreter erkennen, dass sich Verhaltensweisen und Abläufe im Unternehmen verfestigt haben, die immer wieder zu einer erneuten Verletzung von Strafgesetzen führen oder führen können. Sehr schnell und konsequent diese Abläufe zu beenden, erscheint selbstverständlich, stößt aber häufig auf Widerstände. Diese generieren sich zum einen daraus, dass solche Verhaltensweisen gerade in Verkaufsabteilungen vielfach als notwendige Grundlage des wirtschaftlichen Erfolges des Unternehmens angesehen werden. Beispiele dafür sind Formen der Außenwerbung, des Sponsorings oder der wirtschaftlichen Unterstützung von Mitarbeitern durch Kunden, die

---

[113] Dies gilt sowohl soweit es den Gesetzgeber betrifft (vgl. KontraG BGBl 1998, I 786), als auch die Rechtsprechung (vgl. die „ARAG/Garmenbeck-Entscheidung": NJW 1997, 1926; dazu: *Götz* NJW 1997, 3275.

korruptiven Anstrich haben. Ein weiteres Argument ist, man würde durch das Abstellen des Verhaltens eingestehen, dass man es selbst für strafrechtlich relevant hält.

211 Der **besondere wirtschaftliche Erfolg strafbarer Verhaltensweisen** ist für den Berater nicht diskutierbar. Jeder Staatsanwalt wird sein Augenmerk darauf richten, ob gegen das, was er für strafrechtlich relevant hält, etwas unternommen wird oder nicht. Rechtlich lässt sich dies im § 46 StGB („**Nachtatverhalten**") genauso einordnen wie die Frage der Abschreckungswirkung eines potentiellen Urteils. Zudem lehrt die Erfahrung, dass die Befürchtung des Umsatzeinbruches in den allermeisten Fällen ohne Hintergrund ist. Zumindest in Deutschland ist es kein Wettbewerbsnachteil, gesetzeskonform zu handeln. Diejenigen Unternehmen, die sich infolge eines Strafverfahrens in durchaus zentralen Akquisitionsstrukturen umgestellt haben, können dies bestätigen.

212 Bezüglich der gefürchteten Geständniswirkung bleibt für Unternehmensverteidiger immer die Möglichkeit, nach außen vorzutragen, dass man auf dem Rechtsstandpunkt beharrt, aber aus Gründen der Vorsicht dem Unternehmen geraten hat, in Zukunft – bis zur Klärung der Rechtsfrage – anders zu verfahren. Dass die Umstellung eines Verfahrens als zentrales Argument im Rahmen einer Beweisführung eingesetzt wurde, hat der Verfasser in 20 Jahren Wirtschaftsstrafverteidigung zudem noch nicht erlebt.

Gegenüber Mitarbeitern die Veränderung des Verhaltens durchzusetzen, erfordert gleichfalls enge Zusammenarbeit mit den Kontrollinstanzen des Unternehmens und auch durchaus eigene Befassung vor Ort. Es ist verblüffend zu erleben, auf wie vielfältige und fantasievolle Art und Weise Anweisungen zu Verhaltensänderungen ausgelegt oder effizient umgangen werden können, wenn es noch nicht gelungen ist, Mitarbeiter von der Richtigkeit des eingeschlagenen Weges zu überzeugen. Auch in diesen Fällen ist also ständige Präsenz und Kontrolle, ob die Strategie auch tatsächlich gelebt wird, unumgänglich.

6. Umsetzung der Strategie nach außen

213 Nicht nur Mitarbeiter und die Leitungsebene des vertretenen Unternehmens sind Beteiligte eines gesellschaftsstrafrechtlichen Strategiekonzeptes. Ohne den Kontakt zu allen anderen Personen, die auf ein solches Verfahren Einfluss nehmen können, wird sich eine Strategiedurchsetzung nicht ergeben. Im Zentrum stehen dabei neben den Ermittlungsbehörden und Gerichten, denen ein eigener Abschnitt gewidmet ist, insbesondere die weiteren, im Verfahren eine Rolle spielenden Anwälte und Berater.

214 a) **Individualverteidiger.** Das Verbot der Mehrfachverteidigung nach § 146 StPO betrifft selbstverständlich auch die Verteidigung des Unternehmens und einer natürlichen Person, die Gegenstand des gleichen Verfahrens sind. Dies ergibt sich bereits zwanglos aus § 434 Abs. 1 StPO, wonach § 146 StPO für entsprechend anwendbar erklärt wird. Nach dem Verständnis des Verfassers ist wegen § 43 BRAO auch die Vertretung des Unternehmens und von Mitgliedern des Unternehmens im gleichen Verfahren nicht möglich. Der **potentielle Interessenkonflikt** wird besonders in den Fällen von Untreuevorwürfen gegenüber Mitgliedern der Leitungsebene deutlich, beschränkt sich aber bei weitem nicht auf diese. Mithin ist **gleichzeitige Vertretung von Unternehmen und Unternehmensangehörigen weder in einer Person noch in einer Kanzlei möglich,** so dass die Verfahrensstrategie auch immer mit außenstehenden Individualverteidigern abgeglichen werden muss. Dabei spielen Persönlichkeit und Erfahrung des Individualverteidigers eine erhebliche Rolle. Auch wenn es noch immer den Typus des Verteidigers gibt, der sich und seinen Mandanten auf einer isolierten Insel sieht, ist doch die Teamfähigkeit im Rahmen der Deutschen Strafverteidigung deutlich gewachsen. Diese Eigenschaft ist auch eine notwendige Grundeigenschaft, wenn Strategieumsetzungen erfolgreich sein sollen. Ohne die Bereitschaft, im Rahmen von Wirtschaftsstrafverfahren die Interessen des eigenen Mandanten eingebettet in eine Interessenvielfalt zu erleben und die daraus erforderlichen Konsequenzen zu ziehen, entstehen sehr schnell lachende Dritte.

215 *aa) Auswahlhilfe für Betroffene.* Bereits angesprochen wurde, dass die Individualverteidiger vielfach auf Grund von Ratschlägen der Unternehmensverteidigung bestellt werden. Dies ist auch unter dem Gesichtspunkt der Teamfähigkeit sinnvoll; der Unternehmensverteidiger wird solche **Kollegen empfehlen,** die ihm die Gewähr bieten, dass eine professionelle und verfahrensoptimierende Kommunikation mit ihnen möglich sein wird. Dabei spielt es in der heutigen Zeit

weniger eine Rolle, wo ein Verteidiger lokal angesiedelt ist, als vielmehr, wie beweglich und sachkundig er ist. Ein derartiger Verteidiger wird es auch durch seine Persönlichkeit erleichtern, dem Individualvertretenen das Gefühl zu vermitteln, eigenständig und unabhängig verteidigt zu sein.

Gegenüber aktiven Mitarbeitern des Unternehmens ist es zumeist recht einfach, Vorschläge zur Verteidigung – verbunden mit dem Angebot der Kostenübernahme – zu vermitteln. Gegenüber Ausgeschiedenen kann die Empfehlung eines Kollegen durchaus problematisch sein. Dies beginnt bereits damit, dass bezüglich **ausgeschiedener Mitarbeiter** die Frage ihrer Stellung zum Unternehmen oft nicht eindeutig ist. Die Loyalität zum eigenen Unternehmen hat erstaunlich wenige Nachwirkungen. Nach Verlassen des alten Arbeitgebers werden Probleme, die aus seinem Bereich und der Arbeitszeit bei ihm stammen, zumeist als höchst ärgerlich und lästig empfunden. Nichtsdestotrotz sollte der Versuch unternommen werden, auch für beschuldigte ehemalige Unternehmensangehörige ebenso wie außerhalb des Unternehmens stehende Beschuldigte eine gute Vertretung zu finden. Selbst bei Personen, deren Interessen erkennbar nicht ohne weiteres parallel zu den Unternehmensinteressen liegen, ist es immer sinnvoll, an ihrer Seite einen kundigen und professionellen Verteidiger zu haben. Allein ein solcher wird erkennen, dass nicht jeder mögliche Konflikt es verdient, ausgetragen zu werden und nicht jede auf den ersten Blick entlastende Verfahrensstrategie bis zu einem guten Ende trägt.

Probleme ergeben sich, wenn eine **Vielzahl von Unternehmensangehörigen** zu verteidigen ist. Es ist unter **Kostengesichtspunkten** nicht immer einfach, einem Unternehmen verständlich zu machen, dass individuelle Verteidigung für jeden potentiellen Beschuldigten notwendig ist und im Sinne von präventivem Handeln auch frühzeitig installiert werden sollte und nicht erst dann, wenn der Staatsanwalt bei dem Jeweiligen vor der Türe oder vor dessen Schreibtisch im Unternehmen steht. Hilfreich ist es dann, mit Kollegen zusammenzuarbeiten, die das Konzept einer Grundeinführung in ein Verfahren mit anschließendem Innehalten bis zur Konkretisierung gegen ihren Mandanten verstehen und bereit sind, auf der Basis einer grundlegenden zentralen Information mit intensiveren Aktivitäten solange zuzuwarten, bis sie auch erforderlich werden.

bb) Unterstützung einer Sockelfindung. Die Zusammenarbeit des Unternehmensverteidigers mit den Individualverteidigern ist nichts anderes als eine besondere Form der **Sockelverteidigung**. Diese Art der Verteidigung, der insbesondere im Süden unserer Republik mit erheblicher Skepsis gegenübergetreten wurde, ist dennoch seit langem etabliert.[114] Die Sockelverteidigung ist letztlich nicht anderes als der Versuch, unter den Verfahrensbetroffenen im Wege legaler Abstimmung durch die Verteidiger zu ermitteln, wo gleichgerichtete und wo gegeneinandergerichtete Interessen begründet liegen und im Rahmen der gleichgerichteten Interessen eine Steigerung der Effizienz zu bewirken. Dabei kann sich der Sockel auf eine **prozessuale Frage** beziehen – wird eine **Einlassung** abgegeben, wird ein Gutachter gemeinsam ausgesucht, wird eine bestimmte Rechtsmeinung vertreten – oder sich **auch auf inhaltliche Zusammenarbeit erstrecken**. Letzteres kann soweit gehen, dass eine Verteilung der Aufgaben auf verschiedene Verteidiger geschieht, so dass nicht jeder Verteidiger jede Tatsache und Rechtsfrage der Ermittlungen untersucht, sondern sich auf ein bestimmtes Gebiet – möglicherweise sein Spezialgebiet – beschränkt. Durch diese „Ressourcen-Verteilung" ist oftmals eine viel intensivere und gründlichere Befassung mit Einzelproblemen möglich, als es jedem Verteidiger einzeln für sich selbst möglich wäre. In dieser Verteilung liegt auch unter Kostengesichtspunkten ein deutlicher Vorteil für das Unternehmen. Generelle Rechtsfragen sowie Detailaufarbeitungen von Sachverhaltskomplexen im objektiven Bereich können von der Gesamtheit aller Verteidiger beantwortet bzw. durchgeführt werden.

Bei der Frage, wer welchen Verteidiger engagieren kann und soll, entstehen leicht Spannungen. So wird seitens der Leitungsebene einer Firma häufig erwartet werden, die Kollegen mit den angeblich bekannteren Namen als Individualverteidiger für sich reklamieren zu können. Dieses Verlangen relativiert sich häufig dann, wenn erläutert wird, dass mit auffälligen Verteidigern natürlich auch auffällige Mandanten geschaffen werden. Insgesamt ist dies ein aus-

---

[114] Vgl. *Pellkofer*, Sockelverteidigung und Strafrecht; *E. Müller* StV 2001, 649; *Richter II* NJW 1993, 2152; *Dahs* Rdnr. 68, 237, 464.

gesprochen heikles Feld, nicht zuletzt der Kollegen untereinander, die sehr genau beobachten, wer im Vorstandsbereich verteidigt und wer gebeten wird, einen eher randständigen Buchhalter zu vertreten. Ein erfahrener Unternehmensverteidiger wird bei der Ansprache der Kollegen die richtigen Worte finden und vor allen Dingen in der Durchführung seiner Arbeit und in seiner Tätigkeit im Rahmen des Sockels nie das Gefühl aufkommen lassen, es gäbe innerhalb der Verteidigung Unterschiede in der Wichtigkeit und der Kompetenz.

220   *cc) Kostenübernahme der Verteidigung von Betriebsangehörigen.* Die Frage, ob ein Unternehmen die Kosten der Verteidigung seiner Betriebsangehörigen übernimmt, ist eine der generellen Strategiefragen überhaupt. Rechtlich ist sie geklärt: Die **Kostenübernahme** ist unter dem Gesichtspunkt der Schutzpflicht des Arbeitnehmers und den mit einer koordinierten Verteidigung zu erwartenden positiven Effekten auch für das Unternehmen jedenfalls dann kein Verstoß gegen Treuepflichten, wenn die Handlungen des Firmenmitgliedes nicht von Eigennutz und feindlicher Gesinnung gegenüber seinem Auftraggeber geprägt waren. Als Kehrseite der Kostenübernahme gibt es allerdings im Rahmen eines Strafverfahrens nicht das Recht des Zahlenden, zu bestimmen, wie der Bezahlte handelt. Jeder Strafverteidiger wird gerade wegen der unleugbar vorhandenen **psychologischen Abhängigkeit**, die ein Arbeitsverhältnis schafft, strikt darauf achten, unabhängig im Sinne seines Mandanten zu agieren. Erwartungshaltungen des Unternehmens oder gar des Unternehmensverteidigers, wegen der Honorarübernahme sei eine Art „Wohlverhalten" selbstverständlich und moralisch einklagbar, sind vollständig fehl am Platz.

221   **b) Zeugenbeistand.** Die Zeugenbeistandschaft, ursprünglich von der Literatur und dem Bundesverfassungsgericht entwickelt,[115] hat inzwischen im Hinblick auf die verletzten Zeugen den Weg in das Gesetz gefunden.[116] Für andere Zeugen hat § 68 StPO die Möglichkeit eröffnet, unter bestimmten Voraussetzungen einen Rechtsanwalt beizuordnen. Insgesamt ist der Zeugenbeistand auch in der Praxis der Gerichte inzwischen erprobt und nichts ungewöhnliches. Gleiches gilt für das Ermittlungsverfahren, auch insoweit ist – insbesondere in Wirtschaftsstrafverfahren – das Auftreten eines Zeugenbeistandes nichts außergewöhnliches mehr, auch nicht für die Ermittlungsbehörden. Noch nicht fest verankert ist dieses Institut in dem Bewusstsein der Allgemeinheit, was dazu führt, dass Zeugen vielfach eine gewisse Scheu entwickeln, mit einem **Zeugenbeistand** zu **Vernehmungen** zu gehen. Das gängige Argument lautet, man habe doch schließlich nichts zu verbergen, benötige deshalb keinen Anwalt. Eine Argumentationslinie, die gerne auch von den Ermittlungsbehörden unterstützt wird.

222   Der Unternehmensverteidiger, der darauf achten muss, dass möglichst kein Mitglied des Unternehmens unvertreten zu einer Vernehmung erscheint, wird erläutern müssen, dass die Teilnahme eines Anwaltes gerade dem Schutz des Unschuldigen dient und die Abneigung der Ermittlungsbehörden, Vernehmungen unter der Kontrolle eines Zeugenbeistandes durchzuführen, der beste Beleg dafür ist, dass er nötig ist. Der Verfasser hält es für durchaus vertretbar, Unternehmensangehörigen im Rahmen des Weisungsrechts des Arbeitgebers auch aufzugeben, nicht nur Ladungen der Ermittlungsbehörden rechtzeitig **bekannt zu geben**, sondern diese **nur in Begleitung eines Zeugenbeistandes** durchzuführen. Dabei muss eines mit großer Klarheit und Deutlichkeit vermittelt werden: Der Zeugenbeistand ist nicht der Anwalt des Unternehmens, sondern der Anwalt des individuellen Zeugen. Schon deshalb halte ich es für ausgesprochen problematisch, wenn Zeugenbeistandschaft entweder durch den Verteidiger des Unternehmens oder Mitglieder der Rechtsabteilung durchgeführt wird. Die notwendige Trennung der Interessensphären ist bei beiden nur mit großer Anstrengung zu erreichen. Unabhängig davon: Es ist selbstverständlich, dass Informationen aus den Zeugenvernehmungen an das Unternehmen nur dann weitergegeben werden dürfen, wenn der Mitarbeiter des Unternehmens, der als Zeuge ausgesagt hat, diesem auch explizit zugestimmt hat. Im Gegensatz zu der Weisung, nur in Gegenwart eines Zeugenbeistandes auszusagen, wäre eine Weisung, die Inhalte der Zeugenvernehmung mitzuteilen oder über den Zeugenbeistand mitteilen zu lassen, arbeitsrechtlich nicht gedeckt. Ein solches Vorgehen würde auch zu hohen Irritationen seitens der Ermittlungs-

---

[115] BVerfGE 38,107; *Thomas* NStZ 1982, 489 ff.; *ders.*, FS Koch, S. 277 ff.
[116] §§ 406 f, 406 g StPO.

aa) Strategiefragen. Die zuerst zu klärende Frage ist, ob überhaupt seitens eines Unternehmens Zeugenbeistandschaft gewährleistet werden soll. Vielfach herrscht Sorge, dass mit der Gestellung eines Zeugenbeistandes „schlechtes Gewissen" offenbart werde und man durch solche Maßnahmen die Aufmerksamkeit der Ermittlungsbehörden erst auf die Zeugen und dann auf das Unternehmen lenken würde. Diese Argumentation ähnelt sehr derjenigen, die sich gegen präventives Herangehen an Ermittlungsbehörden im Vorfeld wendet – es sind dem letztendlich die gleichen Gründe wie dort entgegenzuhalten: Ermittlungen in Umfangsverfahren sind ohnehin zentral koordiniert und durch die Ermittlungsbehörden gelenkt. Für die dort zu vernehmenden Zeugen gibt es zumeist vorbereitete Fragelisten – diese werden sich nicht ändern, wenn ein Zeugenbeistand zugegen ist. Außerdem weiß heute ein Staatsanwalt, insbesondere, wenn er aus einer Wirtschaftsabteilung stammt, dass Unternehmen ebenso **professionelle strafrechtliche Strategien** benutzen, wie er dies selbst tut. Eine gewisse Abneigung gegen Zeugenbeistände insbesondere auf der Ebene der vernehmenden Kriminalbeamten rührt daher, dass in dessen Gegenwart bestimmte Fragestrategien ausgeschlossen sind oder nicht funktionieren.[117] Wenn ein geschulter Anwalt zugegen ist, funktioniert weder die Strategie des guten Polizisten und des bösen Polizisten, noch sind Vorhalte auf der Grenze zwischen List und Täuschung möglich. Damit sind auch gleichzeitig die positiven Aspekte einer Zeugenbeistandschaft angesprochen: Die Asymmetrie einer Vernehmung, die resultiert aus der Befragung eines völlig ungeschulten, kriminaltaktisch ohne Erfahrung aussagenden Zeugen durch „Profis" der Befragung, die aufgrund ihres Berufes speziell ausgebildet und meist auch sehr erfahren sind, wird durch den Zeugenbeistand aufgelöst. Es ist zweifellos nicht die Aufgabe des Zeugenbeistandes, verdeckte Verteidigung zu betreiben; dazu würde sich ein seriöser Kollege auch nicht hergeben. Er kann aber sehr wohl erreichen, dass Suggestiv- und Überraschungsfragen ausbleiben und die Zeugenaussage aus der Ruhe eines sich Situation nicht ausgeliefert fühlenden Zeugen heraus die richtige Substanz gewinnt.

Ein weiterer Vorteil der **installierten Zeugenbeistandschaft** ergibt sich daraus, dass – anders als der Verteidiger – der Zeugenbeistand **nicht auf die Vertretung eines einzigen Zeugen limitiert** ist, sondern sämtliche Zeugen vertreten kann, ohne dadurch in Kollisionsprobleme zu geraten.[118] Dies ist darin begründet, dass der Zeugenbeistand **nur in der Aussage berät**, nicht in der Sache. Erwächst allerdings aus einer Zeugenbeistandschaft eine Situation, in der aktive Beratung zum Verhalten in Bezug auf das Verfahren erforderlich wird, sich also eine Verteidigungsberatung entwickelt, muss der Zeugenbeistand entscheiden, ob er Zeugenbeistand bleibt oder bezüglich dieser Person zum Verteidiger wird. Ein Wechsel, der ihn für andere Zeugen aus meiner Sicht blockiert. Derartige Situationen erwachsen häufig aus der Vernehmungssituation selbst, dem Zeugen werden Vorhalte gemacht aus denen der Anwalt erkennt, dass diese der **Auftakt zu einer Beschuldigung** sein müssen. In diesem Moment sollte ohnehin durch den Zeugenbeistand eine Unterbrechung der Vernehmung erfolgen, um sich mit seinem Mandanten zu beraten. Diesem muss dann die Gefahr des Positionswechsels zum Beschuldigten erläutert werden und soweit ohne Haftgefahr möglich, der strikte Rat zum Abbruch der Vernehmung und Neuorientierung auch in seiner Vertretung gegeben werden. In den Fällen allerdings, in denen ohne Schaden für den Mandanten eine Unterbrechung der Vernehmung nicht möglich ist, wird dem Zeugenbeistand nichts anderes übrig bleiben, als in die konkrete Verteidigungsposition zu wechseln.

Um den „allgemeinen Zeugenbeistand" zu erhalten und dessen Kenntniskonstellation auch für weitere Zeugen wirksam zu machen, ist deshalb möglichst zu vermeiden, ihn mit „gefährdeten" Zeugen zu senden, bei denen die Gefahr einer Wandlung zum Beschuldigten als groß eingeschätzt werden kann. Derartige Zeugen sollten von vornherein mit einem individuellen Beistand ausgestattet werden, der über den reinen Beistand bei der Zeugenvernehmung hinaus proaktiv für den Verteidigungsfall berät.

---

[117] Vergleiche dazu *Minoggio* Firmenverteidigung F Rdnr. 504 ff.
[118] BGH Urt. v. 6.3.1990 – 5 StR 47/90; *Adler* StraFo 2002, 146; *Meyer-Goßner* Vorbem. § 48 StPO Rdnr. 11; *Thomas*, FS Koch, S. 277, 285.

226 **bb) Herangehen an Mitarbeiter.** Die Installation eines **Zeugenbeistandes** weist zwei Gefährdungsmomente auf: Mitarbeiter, denen empfohlen oder aufgetragen wird, sich eines Zeugenbeistandes zu bedienen, können dadurch erheblich verunsichert werden. Wer noch nie eine Vernehmung erlebt hat und seine Kenntnisse über diese Vorgänge aus den Fernsehsendungen Tatort oder Schimanski schöpft, wird glauben, dass der Auftritt mit Anwalt gleich bedeutend damit ist, etwas zu verbergen zu haben. Es ist die Aufgabe des Unternehmensanwaltes, derartige Fehlvorstellungen aufzulösen und klarzumachen, dass der Beistand eines Anwaltes eine **Hilfestellung** gibt, aber auch eine **Schutzfunktion** erfüllt, die bei Vernehmungen **immer sinnvoll** ist.

227 Ermittlungsbehörden andererseits achten sehr darauf, in welcher Form Mitarbeiter des Unternehmens, die als Zeugen gehört werden sollen, seitens der Firma informiert und belehrt werden. Um Fehlinterpretationen von vornherein zu vermeiden, empfiehlt es sich, das Herangehen an Mitarbeiter wo immer möglich **in Schriftform** zu unternehmen und neben einer Belehrung über Rechte und Pflichten in mündlicher Form Mitarbeitern auch eine kurze schriftliche Abfassung zu diesen Fragen zu überlassen. Ein solches Dokument ist durchaus auch der Ort, in dem die Unternehmensanweisung, über die Zeugenladung gegenüber der Rechtsabteilung Mitteilung zu machen, ihren Platz finden kann.

228 **c) Berater des Unternehmens.** Es verblüfft immer wieder, wie häufig eine **mangelnde Koordination zwischen den verschiedenen juristischen Beratern des Unternehmens** festzustellen ist. Der Umweltrechtler sieht seinen Bereich, der Gesellschaftsrechtler wiederum ist auf das Aktiengesetz fixiert, der Patentrechtler denkt in seinen völlig eigenen Kategorien. Im Rahmen eines Strafverfahrens kann dies in die Katastrophe führen. Die Vorwurfsskala eines Wirtschaftsstrafverfahrens kann sehr weit in die verschiedensten Bereiche des Rechtes reichen. Ein einzelner Vorwurf kann ganz unterschiedliche Bereiche des Unternehmens betreffen. Die Ausstrahlungswirkung eines strafrechtlichen Vorwurfes in seinen Verästelungen in andere Rechtsfragen hinein kann primär nur der Strafrechtler erkennen. Dies bedeutet nicht, dass er in der Lage sein wird, die damit angesprochenen Probleme auch zu lösen – dies ist dann wiederum Aufgabe der Spezialisten. Ein Beispiel: Die Frage, ob per **Korruption** ein Auftrag erlangt wurde, kann ohne weiteres das **Steuerrecht**, das **Bilanzrecht** und die Rechte und Pflichten aus dem **AWG** berühren. Daneben ist die Frage zu beurteilen, wie mit den aus einer solchen Situation resultierenden Ansprüchen Dritter – beispielsweise ausgebootete Konkurrenten oder auch der Auftraggeber – zivilrechtlich umgegangen wird. All diese Bereiche haben ausufernde Tendenzen, die aus der jeweiligen Spezialisierung heraus alleine weder im Blick behalten noch angemessen behandelt werden können. Es ist die Aufgabe des Unternehmensvertreters, in diesen Fällen das Problembewusstsein der verschiedenen Berater auf ihre Nachbargebiete zu lenken und letztlich zu einer Koordination aktiv beizutragen.

229 Besonders deutlich wird das **Koordinationsproblem** im Bereich der **Abwehr von Schadensersatzforderungen** gegen das Unternehmen. Die Frage, inwieweit ein Beklagter die Mittel der Strafprozessordnung zur Abwehr eines Anspruches nutzen kann, ist vor dem Hintergrund eines Strafverfahrens genau zu formulieren und zu untersuchen. Die verschiedenen Prozessordnungen, das Zivilrecht mit dem Parteiprinzip auf der einen Seite und das Strafrecht mit der Untersuchungsmaxime und dem Anspruch an Wahrheitsfindung auf der anderen Seite, weisen Reibungsstellen auf. Hinzu kommt, dass Sensibilitäten in Bezug auf die strategischen Möglichkeiten eines Parteivortrages im Zivilrecht nicht besonders ausgeprägt sind. Die wenigsten zivilrechtlichen Kollegen haben sich darüber Gedanken gemacht, ob ein Bestreiten mit Nichtwissen trotz Kenntnis der Antwort auf die Beweisfrage einen Prozessbetrug darstellen kann. Es ist ureigenste Aufgabe des Strafrechtlers, der das Unternehmen vertritt, darauf zu achten, dass **nicht durch den Versuch der Schadensminderung neuer strafrechtlicher Schaden entsteht** und statt Risikobegrenzung neue strafrechtliche Vollstreckung entsteht.

230 Es wird auch in der Verfahrenskoordination nicht leicht fallen, zu vermitteln, dass **unternehmerische Entscheidungen**, die ohne die Aufmerksamkeit eines Strafverfahrens problemlos hätten getroffen werden können, im Angesicht des Staatsanwaltes nicht mehr möglich sind. Dass aus der Existenz eines Strafverfahrens notwendig resultierende Prinzip, im untersuchungsbefangenen Bereich nur noch mit äußerster Vorsicht vorzugehen und Risikoentscheidungen dort

unbedingt zu vermeiden, ist nicht leicht zu vermitteln. Dies gilt auch für die mit ihren Spezialgebieten beschäftigten Kollegen, denen es manchmal schwer fällt, sehr ausgefeilte Rechtsmeinungen entlang der Bruchkante ihres jeweiligen Spezialgebietes nicht mehr umsetzen zu können. Die sich so ergebende notwendige Spannung zwischen den einzelnen Rechtsgebieten wird dadurch erschwert, dass der Rat des Strafrechtlers für das Unternehmen im Allgemeinen ein kostspieliger Rat sein wird, weil das ihn leitende Vorsichtsprinzip naturgemäß dazu führen wird, dass unternehmerische Chancen nicht wahrgenommen werden können. Im Sinne einer Gefahrfreiheit für das Unternehmen als solches wird dies in den meisten Fällen der zu empfehlende Weg sein.

VI. Auftreten gegenüber Ermittlungsbehörden und Gerichten

Die Wirksamkeit aller Strategien, die Bemühungen um internes Risikomanagement und die Entwicklungen von Unternehmensstrategien im Rahmen eines Strafverfahrens münden naturgemäß bei den Ermittlungsbehörden und – wenn es nicht vermieden werden kann – bei den Gerichten. Die Aufgabe eines Unternehmensvertreters ist deutlich diffiziler als diejenige des Individualverteidigers: Während sich im Rahmen der Ermittlungen zu der Person des Mandanten im Allgemeinen ein Vertrauensverhältnis aufbaut und Abstimmungen auf sehr kurzem Wege möglich sind, ist im Rahmen einer Unternehmensverteidigung der Abstimmungsbedarf bezüglich der Außenkontakte erheblich größer und differenzierter.

1. Abstimmung mit dem Unternehmen

Jeder Schritt nach außen gegenüber den Ermittlungsbehörden, jede dort abgegebene Erklärung zur Sache oder auch zu Rechtsfragen hat unmittelbare Wirkung für die Lenkung und Leitung des Unternehmens. Zumeist sind die Außenkontakte von derart großer Bedeutung für das Unternehmen, dass nicht die Information und Zustimmung einer einzelnen Person, sondern des Leitungsgremiums als solchem erforderlich ist. Um keine Unbeweglichkeit herbeizuführen und schnelle Reaktionen zeigen zu können empfiehlt es sich, dass das Leitungsgremium – seien es die Geschäftsführer oder sei es ein mit mehreren Personen besetzter Vorstand – **einen Ansprechpartner bestimmt**, der, wie ein Einzelmandant, die Kommunikation mit dem Unternehmensverteidiger durchführen kann und der nur in den Fällen, in denen er aus seiner Kenntnis und Verantwortung heraus die Notwendigkeit sieht, das Gesamtgremium anruft. Vielmehr als im Individualverteidigungsverhältnis ist hier auch die Dokumentation dieser Kommunikation dem Unternehmensverteidiger zu empfehlen – anders als beim persönlichen Mandanten können die für das Unternehmen Zuständigen wechseln, so dass ihnen die Kenntnis über vorherige Abstimmungen und Absprachen fehlt. Es ist durchaus eine Frage des Selbstschutzes, wenn der Unternehmensverteidiger – insbesondere dann, wenn der Wechsel seines Ansprechpartners in dem Strafverfahren begründet ist – sein Verhalten gegenüber dem neuen Herren des Verfahrens auf Unternehmensseite dokumentieren kann. Dabei spielen durchaus Haftungsgesichtspunkte eine Rolle: Trotz aller Bemühungen und Koordination aller Spezialgebiete und des Fortdenkens der aus dem Strafrecht resultierenden Probleme in deren Auswirkung auf Unternehmensstrukturen bleibt die Verantwortung für die Auswirkungen des Handelns im Strafrecht bei der Unternehmensleitung, allerdings nur dann, wenn diese informiert war und zugestimmt hat. Außenauftritt für ein Unternehmen im Strafrecht ist immer auch Außenauftritt in anderen Rechtsbereichen.

2. Abstimmung mit Individualverteidigern

Soweit die persönlich Beschuldigten in Kontrastellung zum Unternehmen stehen, entfällt die Notwendigkeit, Außenauftritte in irgendeiner Form abzustimmen. Im Gegenteil: Zu frühe Bekanntgabe der eigenen Zielrichtung könnte zu Gegenmaßnahmen der Verteidiger führen und die eigentlich geplanten Wirkungen des Außenauftrittes des Unternehmensverteidigers abschwächen oder wirkungslos machen. Anders stellt sich dies dar, wenn mit den Individualverteidigern ein **Sockel** besteht, sei es in prozessualer, sei es in materieller Hinsicht. Die Verteidiger der im Unternehmen aktiven Personen – speziell solcher, die Leitungsfunktion haben – erwarten, über Entwicklungen des Verfahrens und Kontakte des Unternehmensverteidigers unterrichtet zu werden. Sie können diese Erwartung auch über ihre Mandanten meist sehr gut durchsetzen. Die oben bereits angesprochenen Spannungsmöglichkeiten zwischen Individualvertretung und Vertretung des Unternehmens im Strafrecht werden in der Frage des Zugehens auf die Ermittlungsbehörden zumeist besonders deutlich. Es ist dabei immer wieder die Sorge zu verspüren, dass in den Kontakten zur Ermittlungsbehörde die Individualinteressen von Beschuldigten Schaden erleiden könnten. Dies ist insoweit richtig, als der Unternehmensvertreter in jeder Lage des Verfahrens primär und ausschließlich das Interesse seiner Mandantschaft, des Unternehmens, zu wahren hat und bei Konflikten seine Entscheidung eindeutig sein muss. Andererseits muss die Entscheidung, wie das Unternehmen mit seinen Mitarbeitern umgeht, vor den ersten Kontakten mit der Staatsanwaltschaft geklärt sein, so dass auch für den Individualverteidiger erkennbar ist, dass ein Zutreten des Unternehmensverteidigers auf die Staatsanwaltschaft auf der Basis des gefundenen Sockels erfolgt. Um die Sorgen der Mandanten der Individualverteidiger zu berücksichtigen und sie klein zu halten, empfiehlt es sich, über solche **Kontakte zur Staatsanwaltschaft klare Vermerke anzufertigen** und die beteiligten individuellen Verteidiger mit einem Rundbrief zu informieren. Bei bestehendem Sockel sind insbesondere schriftliche Äußerungen **vorweg abzustimmen**, ein nicht nur lästiger Vorgang, sondern ein Ablauf, der dem Unternehmensvertreter einiges an Erkenntnis bringen kann.

3. Die Unternehmensstellungnahme

234 Die Unternehmensstellungnahme ist ein Instrument, Verfahren von Anfang an zu **konturieren**, sie **nicht aufblähen zu lassen** und **Kosten** und **Aufwand** zu sparen. Man versteht darunter eine rechtliche und tatsächliche Stellungnahme des Unternehmensverteidigers – gestaltet wie ein Stellungnahmeschriftsatz eines Individualverteidigers – in der für das Unternehmen dessen Sichtweise des Strafverfahrens dargelegt wird. Eine Unternehmensstellungnahme in einem frühen Zeitpunkt kann oftmals verhindern, dass Verfahren ausgeweitet werden und sich unnötig verlängern. Vielfach ist für Außenstehende – und nichts anderes ist die Staatsanwaltschaft – schwer erkennbar, welche Strukturen im Unternehmen auf welcher rechtlichen Grundlage und vor welchem tatsächlichen Hintergrund existieren. Die Unkenntnis führt zu dem Bedürfnis, sich diese Kenntnis möglichst umfassend durch Beweismittel zu verschaffen und führt unmittelbar in eine umfangreiche Durchsuchung und eine in Wirtschaftsstrafsachen oftmals überzogene Auswertung von Unterlagen. Konfrontiert mit einem Berg an Papier haben Staatsanwaltschaften meistens die Sorge, sie könnten das entscheidende Papier übersehen. Sie werden also mit Hilfe von Kriminalpolizei, Wirtschaftsreferenten und Gutachtern und sonstigen Spezialisten eine Aufarbeitung zu 101% angehen. Dadurch entsteht einerseits ein Rechtfertigungsdruck – bei der Intensität der aufgewendeten Mittel muss auch ein Ergebnis vorliegen – andererseits ein aus der Unkenntnis resultierendes grundsätzliches Misstrauen. Eine Unternehmensstellungnahme, die klar und möglichst auf der Grundlage von Beweismitteln die dem Staatsanwalt möglicherweise strafwürdig anmutende Situation aufklärt, kann vermeiden, dass derartige Eskalationen entstehen. Sie ist auch gut geeignet, generelle Aspekte herauszuarbeiten und individuelle Verantwortlichkeiten dahinter weniger sichtbar werden zu lassen, was bei der Art und Weise des Zusammenarbeitens im Unternehmen auch vielfach angemessen ist. Wegen der weit in die Individualinteressen eingreifenden Funktionen einer Unternehmensstellungnahme muss sie auch besonders sorgfältig mit allen übrigen Beteiligten abgestimmt werden. Nicht nur die Individualverteidiger sollten eingebunden sein, auch die sonstigen Berater des Unternehmens in wirtschaftlicher und rechtlicher Hinsicht müssen sich mit einer solchen schriftlichen Äußerung beschäftigen, bevor sie an eine Ermittlungsbehörde geht. Damit sei nicht gesagt, dass der Unternehmensverteidiger nichts anderes zu tun hat, als die verschiedenen Informationen und Meinungen zu bündeln und darzustellen. Dieser wird vielmehr eine grundsätzliche Strategie verfolgen, welche die verschiedenen Meinungen, Erkenntnisse und Sachverhaltsdarstellungen berücksichtigt, von ihnen allerdings nicht abhängig ist. Es gilt also, dass im Rahmen einer Unternehmensstellungnahme alle potentiell Betroffenen gehört werden sollten, ihnen allerdings nicht zu gehorchen ist. Eine Ausnahme gilt nur – immerhin handelt es sich um ein anwaltliches Vertragsverhältnis – soweit die Auftraggeberin selbst, handelnd durch ihre Organe, betroffen ist.

4. Die Ausübung der Verfahrensrechte durch den Unternehmensvertreter

Anders als der Verteidiger, der zur Ausübung der meisten seiner Verteidigungshandlungen – einschließlich der Akteneinsicht – keine schriftliche Bevollmächtigung vorweisen muss,[119] benötigt der **Unternehmensvertreter nach § 434 StPO eine schriftliche Vollmacht**. Diese ist auch die Grundlage dafür, dass die speziellen Verteidigerrechte – bis hin zur Beschlagnahmefreiheit von Verteidigungsunterlagen bei den Verteidigten – auch geltend gemacht werden können. Eine Bezugnahme auf § 434 StPO ist zur Ausübung der Rechte nicht erforderlich; ich halte die Erwähnung der speziellen Rechtsgrundlagen des Unternehmensverteidigers nicht für förderlich, solange eine spezifische Nachfrage der Ermittlungsbehörden nicht vorliegt. Auch wenn in den heutigen Umfangsverfahren und Wirtschaftsstrafverfahren die Möglichkeit der Einziehung des Verfalls grundsätzlich und reflexartig durch die Ermittlungsbehörden geprüft wird, kann – frei nach Goethes Faust – die besondere Erwähnung der Möglichkeit der Einziehung durch den Vertreter des Unternehmens nicht gewollt sein.

Neben den Rechten der Verteidigung aus den Vorschriften der §§ 137 – 139, 145 a bis 149 und 218 StPO stehen dem Unternehmensvertreter aber vielfach auch die Rechte aus § 406 h StPO zur Seite. Verletzter im Sinne dieser Vorschrift ist jeder, der eine unmittelbare Rechtsbeeinträchtigung durch die Straftat erlitten hat.[120] Damit ist in all denjenigen Fällen, in denen dem Unternehmen durch das Handeln eines Mitarbeiters materieller Schaden entstanden ist, der Weg in die **Akteneinsicht über § 406 e StPO** eröffnet. Fälle der Untreue, des Diebstahls und der Unterschlagung sind damit ohne weiteres erfasst. Zumeist sind auch die Korruptionsdelikte über die parallel einhergehende Untreue greifbar.

Die Möglichkeit, über die **Verletzteneigenschaft** zu agieren, wird in den Fällen zu referieren sein, in denen die Möglichkeit besteht, dass die Staatsanwaltschaft überhaupt erst durch die Meldung des Unternehmensvertreters Verdachtsmomente in Richtung des Unternehmens und seiner Mitarbeiter schöpft oder intensiviert. Eine Ausübung dieser beiden Verfahrensrechte nebeneinander wiederum empfiehlt sich nicht, die Staatsanwaltschaft wird den Rechtsanwalt nicht ernst nehmen, der einerseits Abwehrrechte als Verteidiger geltend macht, aus der gleichen Situation aber Schutzrechte als Opfer in Anspruch nimmt.

5. Die Unternehmensstellungnahme als strategisches Moment

Der Beteiligtenvertreter kann nicht nur Abwehrrechte des Unternehmens geltend machen, er kann – und soll auch – tief in die Gestaltung des Strafverfahrens eingreifen. Dies geht soweit, dass die erste Stellungnahme zu Recht und Tatsachen durchaus aus seiner Feder stammen kann und in vielen Fällen stammen sollte. Die Unternehmensstellungnahme hat den Vorteil, dass sie nicht personalisiert ist, sondern aus einer eher abstrakten, distanzierten Warte argumentieren kann – was ihre Wirkung erhöht. Die fehlende Personalisierung ist auch gleichzeitig die große Chance, dass auf persönliche Schuld gerichtete Ermittlungsinteresse von Staatsanwälten **nicht auf bestimmte Personen zu fokussieren**. Immer dann, wenn aus dem persönlichen Erleben einer speziellen Person heraus argumentiert werden muss, scheint sich der Widerspruchsgeist von Ermittlern zu regen. Die Unternehmensstellungnahme als bereit gefächerte, auf Sachverhalte generalisierend eingehende und rechtlich filigran argumentierende Schrift ist jedenfalls geeignet, Verfahren im frühen Stadium zu beenden, ohne das Ermittlungsinteresse unnötig auf bestimmte Personen zu lenken.

6. Einschaltung in abgestimmte Verfahrensbeendigungen

Eine nicht unerhebliche Verantwortung übernimmt der Verteidiger bei abgestimmten Verfahrensbeendigungen. Auch wenn dies statistisch gesehen heute den Normalfall der Beendigung von Wirtschaftsstrafverfahren darstellen mag, so ist dies in strafprozessualer Sicht weder normativ noch faktisch geregelt. Während der Bundesgerichtshof für die Hauptverhandlung inzwischen einige Schienen hinsichtlich der Mindeststandards für Absprachverhalten über den schwankenden Boden von prozessualen Verständigungen gelegt hat,[121] gilt dies für das Ermittlungsverfahren nicht. Gerichte werden häufig nur noch peripher mit diesen Verfahren be-

---

[119] BayObLG StV 1981, 117; LG Cottbus StraFo 2002, 233.
[120] Vgl. *Meyer-Goßner* Vorbem. § 406 d StPO Rdnr. 2.
[121] BGHSt 48, 161 ff.

fasst, die doch angeblich einen erheblichen Teil der Justiz beschäftigen und binden. Die Frage, wie der Staatsanwalt sich an eine **Verfahrensbeendigung** im **Opportunitätswege** heranbewegt, ist weder rechtlich noch rechtstatsächlich hinreichend klar.

240 Einschaltung in Verfahrensbeendigungen bedeutet aber nicht nur Diskussionen mit dem Staatsanwalt, vielfach ist der intensivere Teil der strategischen Überzeugungsarbeit mit den individuell betroffenen Personen zu leisten. Immer dann, wenn das Verfahren mehrere Beschuldigte betrifft, ist es eine der Hauptaufgaben der Verteidigung, die Interessen so untereinander abzustimmen, dass bei aller Wahrung von individuellen Sichtweisen ein gemeinsamer Weg noch möglich ist. Eines kann nämlich als gesichert gelten: Staatsanwaltschaften werden in aller Regel ein Verfahren nach Opportunitätsgründen nur dann einstellen, wenn tatsächlich das **Gesamtverfahren erledigt** ist. Wenn einzelne Personen diesen Weg nicht mitgehen wollen, zwingen sie alle anderen letztendlich mit in die Hauptverhandlung.

241 Die Gründe, warum ein Beschuldigter die Einstellung eines Verfahrens aus Gründen der Opportunität nicht mittragen will, können vielfältig sein. Nicht zuletzt kann das **Gerechtigkeitsgefühl** vieler Bürgerinnen und Bürger stärker sein als der Wunsch nach Sicherheit und Befreiung von der Last des Ermittlungsverfahrens. Ein Ansatz, der Staatsanwälten häufig schwer zu vermitteln ist. Wenn aber auch der kundige Berater des Unternehmens die Risiken eines, bis zum rechtskräftigen Urteil durchgeführten Strafverfahrens letztendlich für nicht beherrschbar hält, so steht es ihm auch zu, diese Sorgen auch gegenüber dem individuell betroffenen Beschuldigten zu formulieren und vor deren Hintergrund auf eine abgestimmte gemeinsame Lösung hinzuarbeiten.

242 Diese nach innen gerichtete Tätigkeit im Sinne einer Gesamterledigung erfährt ihre Unterstützung durch die sich entwickelnden Außensituationen:

243 Staatsanwaltschaften, die im Detail sehr genau darauf achten, dass eine Unterscheidung zwischen Individualrechten und Unternehmensrechten gemacht wird, gehen im – faktischen – Sanktionsbereich sehr gerne dazu über, die Firma als Träger aller Konsequenzen zu sehen und ihre Überlegungen auch daran auszurichten. Sehr deutlich wird dies in Strafverfahren, in denen die von Ermittlungsbehörden in den Raum gestellten Summen im Rahmen einer Beendigung des Verfahrens nach § 153 a StPO völlig jenseits jeglicher individueller Tragbarkeit sind. So wurden in einem der größeren Umweltverfahren der letzten Jahrzehnte vor dem ersten Urteilsspruch Einstellungssummen im dreistelligen Millionenbereich seitens der Staatsanwaltschaft gehandelt. Daraus wird sehr deutlich, dass es eine Art Zweigleisigkeit auch im Denken der Verfolgungsbehörden gibt: die individuelle Schuld auf der einen Seite, die Unternehmensverantwortung auf der anderen Seite. Entgegen dem gesetzlichen Auftrag, der primär das staatliche Strafinteresse sieht, sind Staatsanwälte inzwischen eher auf eine Konsequenztragung durch Unternehmen fixiert. Über die gesetzlichen Möglichkeiten der §§ 30, 130 OWiG hinaus hat sich damit ein **faktisches Unternehmensstrafrecht** im Sanktionsbereich herausgebildet.

244 Diese Situation bietet auch Verteidigungsansätze: Umso mehr die Leistungsfähigkeit und Bereitschaft des Unternehmens im Strafverfahren in den Vordergrund tritt, umso weniger richtet sich das Verfolgungsinteresse auf die individuellen Personen. Damit werden **Gelegenheiten zu Opportunitätsbeendigungen** möglich, die bei genauer Betrachtung des Einzelnen schwer vorstellbar erschienen. Wiederum gewendet, erleichtert dieses Moment, eine interne Abstimmung zu finden und mit den Individualverteidigern der betroffenen Unternehmensangehörigen – zum Teil aber auch von Außenstehenden – eine konzertierte Lösung anzustreben. Dies kann durchaus der Moment sein, in dem der Unternehmensverteidiger sich vor die individuellen Verteidigungssituationen schiebt und diese bewusst aus dem Fokus der Ermittlungen drängt. Bei Einverständnis aller, also in einem funktionierenden Sockel, ist dies eine durchaus nachhaltige strategische Variante.

245 Nach innen kann dies dadurch abgesichert werden, dass das Unternehmen sich bereit zeigt, **Sanktionen zu übernehmen**, die den individuellen Unternehmensmitarbeiter betreffen. Dass dies bei Millionensummen gar nicht anders möglich ist, versteht sich von selbst – aber auch die Übernahme mehr am individuellen Tatbeitrag ausgerichteter Auflagen ist begrenzt möglich. Dies funktioniert sogar jenseits der Opportunitätseinstellungen: Auch die Übernahme von Geldstrafen ist denkbar.

Voraussetzung ist dabei, dass sich ein solches Vorgehen **für das Unternehmen insgesamt als günstig** darstellt. Ein Sonderopfer des Unternehmens zugunsten Einzelner, gar als Organ tätiger, ist nicht möglich und würde zu Untreuevorwürfen führen. Es muss also im Einzelnen abgewogen werden – und sollte dokumentiert werden, aus welchen Gesamtüberlegungen heraus eine solche Vorgehensweise für richtig erachtet wird. Dabei spielen neben Pflichten und Saldogedanken auf der finanziellen Seite weiter gehende Momente eine erhebliche Rolle: Die Motivation der Mitarbeiter, die Darstellung nach außen, die Beeinflussung von Börsenkursen oder der Kreditwürdigkeit sind alles in eine Abwägung einzustellende Aspekte. Auch hier gilt, was im aktuellen Moment logisch und nachvollziehbar sein mag, kann in späteren Jahren durchaus kritisch betrachtet werden – eine **gründliche Dokumentation** der Abwägung, warum ein Unternehmen finanziell Konsequenzen mittragen oder gar alleine tragen will, ist unumgänglich.

7. Der Auftritt des Unternehmensanwaltes in der Hauptverhandlung

Von der Eröffnung des Hauptverfahrens an, so das Gesetz in § 433 StPO, hat der Einziehungsbeteiligte grundsätzlich die gleichen Befugnisse wie ein Angeklagter. Wenn also Verfall und Einziehung drohen, so sollten die in der Teilnahme an der Hauptverhandlung liegenden Chancen auch genutzt werden.

Der Termin zur Hauptverhandlung ist mit Zustellung bekannt zu geben. Anders als bei einem Angeklagten kann allerdings die Verhandlung ohne den Einziehungsbeteiligten beziehungsweise dessen Vertreter stattfinden. Konsequent ist auch die gesetzliche Lösung, dass Beweisanträge des Einziehungsbeteiligten zur Frage der Schuld des Angeklagten nicht den strengen Regelungen des Beweisantragsrechtes nach § 244 Abs. 3 Satz 2 und den Absätzen 4 bis 6 dieser Vorschrift unterliegen. Ansonsten kann der Einziehungsbeteiligte mit allen Rechten in der Hauptverhandlung agieren. Er wird zu entscheiden haben, ob ihm die Möglichkeit der Verhinderung von Einziehung und Verfall durch **Nichtverurteilung des Angeklagten** ein Anliegen sein wird oder ob er darauf hinarbeitet, dass das Gericht beispielsweise davon zu überzeugen ist, dass nach dem **Grundsatz der Verhältnismäßigkeit** das Unternehmen als solches von der Einziehung und dem Verfall verschont bleiben sollte (§ 74 b StGB).

§ 12 Vermögensabschöpfung und Zurückgewinnungshilfe

	Rdnr.
Einleitung	1–3
I. Materiell-rechtliche Voraussetzungen der Vermögensabschöpfung durch Verfall	4–158
1. Anfangsverdacht einer Straftat nach § 152 Abs. 2 StPO als Ausgangspunkt	4–19
a) Geeignete Anknüpfungstaten für den „einfachen" und „erweiterten" Verfall nach den §§ 73 ff. StGB	10–13
b) Verjährte Anknüpfungstat	14
c) Dringende Gründe i.S.d. § 111 b Abs. 3 StPO	15–19
2. Vorliegen tauglicher Vermögensgegenstände – das durch die Tat erlangte Etwas	20–158
a) Eigentumsverhältnisse und Rechtsinhaberschaften an dem durch die Tat erlangten Etwas	25–28
b) Vermögensgegenstände des Beteiligten, § 73 Abs. 1 S. 1, Abs. 2 StGB	29–106
c) Drittbezogener Verfall	107–158
II. Maßnahmen der Vermögensabschöpfung durch Verfall im Strafverfahren bis zur gerichtlichen Entscheidung	159–372
1. Sicherstellung im staatlichen Interesse	159–216
a) Drei Arten der Sicherstellung von Vermögen im staatlichen Interesse	159–163
b) Zwei Formen des vollstreckungssichernden Zugriffs auf Vermögensgegenstände	164–167
c) Strukturelle Gemeinsamkeiten von Beschlagnahme und dinglichem Arrest	168–173
d) Sicherstellung durch Beschlagnahme	174–199
e) Sicherstellung durch dinglichen Arrest	200–216
2. Die Sicherstellung im Interesse des Verletzten („Zurückgewinnungshilfe") gem. § 111 b Abs. 5 StPO	217–302
a) Allgemeines	217–245
b) Vollstreckungssicherung durch Beschlagnahme einzelner Vermögensgegenstände gem. den §§ 111 b Abs. 5 i.V.m Abs. 1, 111 c StPO	246
c) Vollstreckungssicherung durch strafprozessualen dinglichen Arrest gem. den §§ 111 b Abs. 5 i.V.m. Abs. 2, 111 d StPO	247–254
d) Zugriff des Verletzten auf staatlich sichergestelltes Vermögen	255–285
e) Aufrechterhaltung der Beschlagnahme gem. § 111 i StPO	286–289
f) Herausgabe beweglicher Sachen an den Verletzten gem. § 111 k StPO	290–302
3. Verfahrensrechtliche Einzelfragen beim Verfall	303–372
a) Die Beschlagnahme doppelrelevanter Sachen gem. den §§ 94 ff., 111 b ff. StPO	303–306
b) Zum Konkurrenzverhältnis strafprozessualer und insolvenzrechtlicher Beschlagnahmen	307–317
c) Vollstreckungssichernde Maßnahmen im internationalen Kontext	318–337
d) Beendigung der Sicherstellung	338–342
e) Anfechtung vollstreckungssichernder Maßnahmen	343–363
f) Absehen von Verfall und Einziehung aus Opportunitätsgründen, §§ 430, 442 Abs. 1 StPO	364
g) Die Beteiligung der vom Verfall Betroffenen im Strafverfahren nach den §§ 431 ff., 442 StPO	365–372
III. Die Anordnung des einfachen Verfalls und des Verfalls von Wertersatz	373–406
1. Allgemeines	373–375
2. „Berücksichtigungsgebote"	376–394
a) Vorteilsmindernde Berücksichtigung von Steuern	376–385
b) Keine Berücksichtigung des Verfalls bei der Strafzumessung?	386–390
c) Schätzung der Verfallshöhe nach § 73 b StGB	391–394
3. Der Ausschluss des Verfalls gem. § 73 Abs. 1 S. 2 StGB	395–398
a) § 73 Abs. 1 S. 2 StGB und Ansprüche „aus der Tat"	395
b) § 73 Abs. 1 S. 2 StGB und konsentierte Vermögensabschöpfung	396–398
4. Die Bedeutung der Härteklausel gem. § 73 c StGB	399–406
IV. Die Anordnung des erweiterten Verfalls nach § 73 d StGB	407–422
1. Erleichterungen bei der Anordnung des erweiterten Verfalls	409–418
a) Die nur vermutete deliktische Herkunft aufgefundener Vermögensgegenstände	411–416

b) Herkunftstaten kein Verfahrensgegenstand 417/418
 2. Keine analoge Anwendung des § 73 Abs. 1 S. 2 StGB auf den erweiterten
    Verfall? 419–422
V. Die selbständige Anordnung von Verfall und Einziehung gem. § 76 a StGB i.V.m.
   den §§ 440 ff. StPO 423–426
VI. Risikotragung beim Wertverlust sichergestellter Vermögenswerte 427
VII. Vermögensabschöpfung durch Verzicht 428–433
VIII. Urteils-/Entscheidungsanfechtung und Rechtskraft 434–445
 1. Allgemeines 434
 2. Die Beschränkung des Rechtsmittels auf die Rechtsfolge des Verfalls 435
 3. Anfechtung der Vermögenseinziehung nach Verzicht 436
 4. Die Wirkung des Verfalls bei Rechtskraft, §§ 73 e StGB, 60 StrafVollstrO 437–439
 5. Vollstreckung von (Wertersatz-)Verfallsanordnungen gem. § 459 g StPO 440/441
 6. Das Absehen von der Vollstreckungsaussetzung nach § 57 Abs. 5 StGB 442–444
 7. Die nachträgliche Anordnung von Verfall und Einziehung des Wertersatzes
    gem. § 76 StGB i.V.m. § 462 Abs. 1 S. 2 StPO 445
IX. Regressansprüche und Verfall 446

Schrifttum: *Achenbach,* Verfahrenssichernde und vollstreckungssichernde Beschlagnahme im Strafprozeß, NJW 1976, 1068; *ders.*, Polizeiliche Inverwahrnahme und strafprozessuales Veräußerungsverbot, NJW 1982, 2809; *ders.*, Vermögensrechtlicher Opferschutz im strafprozessualen Vorverfahren, Festschrift für Blau, 1985, S. 7; *ders.*, Obligatorische Zurückgewinnungshilfe, NStZ 2001, 401; *Arnold/Meyer-Stolte,* Rechtspflegergesetz. Kommentar, 6. Aufl. 2002; *Arzt,* Geldwäsche und rechtsstaatlicher Verfall, JZ 1993, 913; *ders.*, Verfallanordnung gegen juristische Personen, Gedächtnisschrift für Zipf, 1999, S. 165; *Bach,* Die Zulassung des durch die Straftat Verletzten bei Sicherung mittels strafprozessualen dinglichen Arrestes, JR 2004, 230; *ders.*, Die Anordnung des strafprozessualen dinglichen Arrestes, Diss. Würzburg 2005; *ders.*, Ist eine Kahlarestierung des Beschuldigten möglich?, StraFo 2005, 485; *Bangert,* Theorie und Praxis der Vermögensabschöpfung, Kriminalistik 2001, 652; *Bärlein/Panais/Rehmsmeier,* Spannungsverhältnis zwischen der Aussagefreiheit im Strafverfahren und den Mitwirkungspflichten im Verwaltungsverfahren, NJW 2002, 1825; *Bauer/von Oefele,* Grundbuchordnung, Kommentar, 1999; *Baumbach/Hopt,* Handelsgesetzbuch, Kommentar, 32. Aufl. 2006; *Berg,* Beweiserleichterungen bei der Gewinnabschöpfung, Diss. Würzburg 2001; *Berndt,* Anmerkung zu LG Düsseldorf Beschl. v. 13.12.2000 – III-8/00 SH 6 – StV 2001, 446; *Best,* Anmerkung zu BGH Urt. v. 21.8.2002 – 1 StR 115/02 – JR 2003, 337; *ders.* (Hrsg.), Insolvenzstrafrecht – Handbuch für die Praxis, 2004; *ders./Kühn,* Der Arrestgrund beim strafprozessualen dinglichen Arrest, wistra 2002, 248; *Bock,* Anmerkung zu BGH Urt. v. 18.12.1981 – 2 StR 121/81 – NStZ 1982, 377; *Börner,* Die Vermögensbeschlagnahme nach §§ 290 ff. StPO – Besprechung von KG, Beschl. v. 14.3.2005 – Ws 585/04 – NStZ 2005, 547; *Borggräfe/Schütt,* Grundrechte und dinglicher Arrest, StraFo 2006, 133; *Bork,* Einführung in das Insolvenzrecht, 4. Aufl. 2005; *Braun,* Insolvenzordnung. Kommentar, 2. Aufl. 2004; *Brettschneider,* Der Staatsanwalt als Gerichtsvollzieher?, NStZ 2000, 180; *Breuer,* Beschlagnahme- und Ausschüttungskonkurrenzen bei parallellaufenden Straf- und Konkursverfahren, KTS 1995, 1; *Breutigam/Blersch/Goetsch,* Kommentar der InsO und der InsVV mit Schriftsätzen und Mustern für die Insolvenzrechtspraxis – Band I, (Loseblattsammlung); *Brunner,* Praktische Aspekte der Vermögensabschöpfung im Spannungsfeld zwischen staatlichen Wiedergutmachungsanspruch, in: *Nelles* (Hrsg.), Money, money, money ..., 2004, S. 52; *Coenen,* Die Vermögensabschöpfung im Strafverfahren und ihre ungeahnten Einflüsse auf die Belastung der „zivilen" Vollstreckungsorgane, DGVZ 1999, 161; *Dahl,* Zur Anordnung des strafrechtlichen Verfalls nach Konkurseröffnung (f), EwiR § 15 KO 1/03, 833; *Damrau,* Der Ort der Rückgabe beschlagnahmter Sachen, NStZ 2003, 408; *von Danwitz,* Anmerkung zu OLG Düsseldorf Beschl. v. 20.3.1995 – 1 Ws 135/95 – NJW 1995, 2239, NStZ 1999, 262; *Dessecker,* Gewinnabschöpfung im Strafrecht und in der Strafrechtspraxis, Diss. Freiburg 1992; *Dittke,* Zulassung gem. § 111 g StPO mit Rückwirkung, wistra 1991, 209; *Dörn,* Steuerlicher und strafprozessualer Arrest, StBp 1999, 130; *Drathjer,* Die Abschöpfung rechtswidrig erlangter Vorteile im Ordnungswidrigkeitenrecht, Diss. Osnabrück 1997; *Eberbach,* Einziehung und Verfall beim illegalen Betäubungsmittelhandel, NStZ 1985, 294; *ders.*, Zwischen Sanktion und Prävention, NStZ 1987, 486; *Eberhart,* Internationale Gewinnabschöpfung, DPolBl 2000, 14; *Eser,* Die strafrechtliche Sanktion gegen das Eigentum, Habil. Tübingen 1969; *ders.*, Neue Wege der Gewinnabschöpfung im Kampf gegen die organisierte Kriminalität, Festschrift für Stree/Wessels, 1993, S. 833; *Faure,* Gewinnabschöpfung und Verfall auf ökonomischem Prüfstand, Festschrift für Eser, 2005, S. 1311; *Frankfurter Kommentar zur Insolvenzordnung:* herausgegeben von Wimmer, Klaus, 4. Aufl. 2005; *Franzheim,* Gewinnabschöpfung im Umweltstrafrecht, wistra 1986, 253; *ders.*, Der Verfall des Vermögensvorteils in Umweltstrafsachen – sein Umfang und seine Berechnung, wistra 1989, 87; *ders.*, Die Gewinnabschöpfung wegen Verstoßes gegen arbeitsrechtliche Vorschriften, Festschrift für Gaul, 1992, S. 135; *ders./Pfohl,* Umweltstrafrecht. Eine Darstellung für die Praxis, 2. Aufl. 2001; *Frohn,* Die Beschlagnahme von Forderungen zugunsten des Verletzten im Strafverfahren und der Vollstreckungszugriff, Rpfleger 2001, 10; *Frommhold,* Strafprozessuale Rückgewinnungshilfe und privatrechtliche Anspruchsdurchsetzung, NJW 2004, 1083; *Gärtner,* Untersuchungshaft zur Sicherung der Zurückgewinnungshilfe?, NStZ 2005, 544; *Gebert,* Leitfaden Gewinnabschöpfung im Strafverfahren, 1996; *Geiter/Walter,* Anmerkung zu OLG Hamburg Beschl. v. 16.3.1988 – 2 Ws 52/88 – StV 1989, 211, 212; *Goos,*

Anmerkung zu OLG Schleswig Urt. v. 22.1.2001 – 2 Ss 342/00 – wistra 2001, 312, 313; *ders.*, Spezialitätsvorbehalt und Vermögensabschöpfung im Rahmen der Rechtshilfe mit der Schweiz, wistra 2004, 414; *Gössel,* Buchbesprechung: Ingo Köster, Der Rechtsschutz gegen die vom Ermittlungsrichter angeordneten und erledigten strafprozessualen Grundrechtseingriffe, GA 1995, 238; *Gradowski/Ziegler,* Geldwäsche, Gewinnabschöpfung. Erste Erfahrungen mit den neuen gesetzlichen Regelungen (§§ 261, 43 a, 73 d StGB und Geldwäschegesetz), 1997; *Gropp,* Anmerkung zu OLG Düsseldorf Beschl. v. 28.8.1984 – 4 Ws 256/83 – NStZ 1984, 567, 568; *ders.*, Anmerkung zu LG Hildesheim Beschl. v. 7.11.1988 – 16 Qs 2/88 – NStZ 1989, 336, 337; *Grotz,* Die internationale Zusammenarbeit bei der Abschöpfung von Gewinnen aus Straftaten, JR 1991, 182; *Güntert,* Gewinnabschöpfung als strafrechtliche Sanktion, Diss. Freiburg 1983; *Haarmeyer,* Hoheitliche Beschlagnahme und Insolvenzbeschlag, 2000; *Hackner/Schomburg/Lagodny/Wolf,* Internationale Rechtshilfe in Strafsachen, 2003; *Hees,* Die Zurückgewinnungshilfe, Diss. Münster 2002; *ders.*, Zurückgewinnungshilfe zu Gunsten der Opfer von Marken- und Produktpiraterie, GRUR 2002, 1037; *ders.*, Beschlagnahmte und arretierte Vermögenswerte in der Insolvenz des Straftäters, ZIP 2004, 298; *ders./Albeck,* Der Zulassungsbeschluss nach § 111 g Abs. 2 StPO, ZIP 2000, 871; *Heghmanns,* Praktische Probleme der Zurückgewinnungshilfe im Strafverfahren – Ursachen und Auswege, ZRP 1998, 475; *ders.*, Das Arbeitsgebiet des Staatsanwalts, 3. Aufl. 2003; *Hellerbrand,* Der dingliche Arrest zur Sicherung des Verfalls von Wertersatz im Ermittlungsverfahren, wistra 2003, 201; *Hellmann,* Richterliche Überzeugungsbildung und Schätzung bei der Bemessung strafrechtlicher Sanktionen, GA 1997, 503; *ders.*, Strafprozeßrecht, 2. Aufl. 2006; *Heerspink,* Uneinheitliche Rechtsprechung erschwert die Beratung ..., AO-StB 2003, 173; *Herzog,* Gewinnabschöpfung und Vermögenssanktionen, Festschrift für Lüderssen, 2002, S. 241; *ders.*, Die Spuren des „schmutzigen Geldes" – Finanzermittlungen vor der Verdachtsschwelle, Festschrift für Kohlmann, 2003, S. 427; *ders.*, Gewinnabschöpfung unter der Flagge der positiven Generalprävention, JR 2004, 494; *Hetzer,* Gewinnabschöpfung und Rückgewinnung – Rechtliche Voraussetzungen und praktische Anwendungen, Kriminalistik 2003, 152; *Hildenstab,* Die Gewinnabschöpfung im Umweltstrafverfahren, Diss. Köln 1990; *Hilger,* § 290 StPO – ein weiterer Weg der „Zurückgewinnungshilfe" neben § 111 b III StPO?, NStZ 1982, 374; *ders.*, Über den „Richtervorbehalt" im Ermittlungsverfahren, JR 1990, 485; *Hofmann/Riedel,* Verteidigungsmöglichkeiten gegen den im Ermittlungsverfahren angeordneten dinglichen Arrest, wistra 2005, 405; *Hohendorf,* Die Zuständigkeit für Entscheidungen nach § 111 k StPO im Ermittlungsverfahren, NStZ 1986, 498; *Hohn,* Die Zulässigkeit materieller Beweiserleichterungen im Strafrecht, Diss. Kiel 2000; *ders.*, Die Bestimmung des erlangten Etwas i.S.d. § 73 StGB durch den BGH, wistra 2003, 321; *Holtz,* Aus der Rechtsprechung des Bundesgerichtshofs in Strafsachen, MDR 1981, 629; *Hoyer,* Die Rechtsnatur des Verfalls angesichts des neuen Verfallsrechts, GA 1993, 406; *Huber,* Die Vermögensabschöpfung – Beschlagnahme, dinglicher Arrest und vorrangiges Befriedigungsrecht nach §§ 111 g, 111 h StPO, RPfleger 2002, 285; *ders./Savini,* Anmerkung zu LG Kempten Beschl. v. 13.1.2003 1 – Kls 329 Js 1516/02 – ZIP 2003, 549; *Husberg,* Verfall bei Bestechungsdelikten, Diss. Augsburg 1999; *Hunsicker,* Präventive Gewinnabschöpfung, Kriminalistik 2003, 234; *ders.*, Präventive Gewinnabschöpfung in Theorie und Praxis, 2004; *Jaeger/Henckel,* Konkursordnung. Großkommentar, 9. Aufl. 1997; *Janovsky,* Einziehung und Verfall, Kriminalistik 2000, 483; *Julius,* Einziehung, Verfall und Art. 14 GG, ZStW 109 (1997), 58; *Jungmann,* Die Pfändung in das Bankkonto, ZInsO 1999, 64; *Kaiser,* Gewinnabschöpfung als kriminologisches Problem und kriminalpolitische Aufgabe, Festschrift für Tröndle, 1989, S. 685; *ders.*, Möglichkeiten zur Verbesserung des Instrumentariums zur Bekämpfung von Geldwäsche und zur Gewinnabschöpfung, wistra 2000, 121; *Katholnigg,* Die Neuregelungen beim Verfall, JR 1994, 353; *Kemper,* Rückgabe beschlagnahmter Gegenstände – Bringschuld oder Holschuld?, NJW 2005, 3679; *Kiethe/Hohmann,* Das Spannungsverhältnis von Verfall und Rechten Verletzter (§ 73 I 2 StGB) – Zur Notwendigkeit der effektiven Abschöpfung von Vermögensvorteilen aus Wirtschaftsstraftaten, NStZ 2003, 505; *Kilchling,* Die Vermögensbezogene Bekämpfung der Organisierten Kriminalität, wistra 2000, 241; *ders.*, Die Praxis der Gewinnabschöpfung in Europa, forschung aktuell – research in brief/9, 2001; *ders.*, Die Praxis der Gewinnabschöpfung in Europa, 2002; *Kindhäuser/Wallau,* Anmerkung zu BGH Beschl. v. 12.5.2002 – 3 StR 4/02 – NStZ 2003, 151; *Klein,* Abgabenordnung, 8. Aufl. 2003; *Klos,* Die Beschlagnahme von Geld durch die Steuerfahndung, wistra 1987, 121; *König,* Das Verbrechensbekämpfungsgesetz (VBG), Kriminalistik 1995, 471; *Köper,* Auswirkungen der strafprozessualen Rückgewinnungshilfe auf den zivilprozessualen Arrestgrund, NJW 2004, 2485; *Kracht,* Gewinnabschöpfung und Wiedergutmachung bei Umweltdelikten, wistra 2000, 326; *Krekeler/Werner,* Unternehmer und Strafrecht, 2006; *Krekeler/Tiedemann/Ulsenheimer/Weinmann* (Hrsg.), Handwörterbuch des Wirtschafts- und Steuerstrafrechts, (Loseblattsammlung); *Krey/Dierlamm,* Gewinnabschöpfung und Geldwäsche, JR 1992, 353; *Kübler/Prütting,* Kommentar zur Insolvenzordnung, (Loseblattsammlung); *Lackmann,* Zwangsvollstreckungsrecht, 7. Aufl. 2005; *Lenhard,* Gebot der Stunde: Gewinnabschöpfung, Kriminalistik 1989, 612; *Lesch,* Sicherung des Verfalls von Wertersatz durch dinglichen Arrest beim Vorliegen eines Anfangsverdachts, StraFo 2003, 6; *Leuger,* Anmerkung zu LG Saarbrücken Beschl. v. 12.12.2001 – 8 Qs 223/01 – wistra 2002, 158 u. 478; *Löffler,* Die Herausgabe von beschlagnahmten oder sichergestellten Sachen im Strafverfahren, NJW 1991, 1705; *Lohse,* Gewinnabschöpfung in einem Verfahren wegen Umweltstraftaten, DPolBl 2000, 12; *Lüderssen,* Anmerkung zu OLG Zweibrücken Urt. v. 30.11.2001 – 1 Ss 193/01 – StV 2003, 160, 162; *Mainzer,* Gewinnabschöpfung im Strafverfahren, DRiZ 2002, 97; *Malitz,* Die Berücksichtigung privater Interessen bei vorläufigen strafprozessualen Maßnahmen gemäß §§ 111 b ff. StPO, NStZ 2002, 337; *dies.*, Beendigung von Zwangsmaßnahmen durch Freigabe von Vermögenswerten, NStZ 2003, 61; *dies.*, Anmerkung zu LG Kempten Beschl. v. 13.1.2003 – 1 KLs 329 Js 1516/02, EwiR § 111 g StPO 1/03, 543; *Mayer,* Kein Verfall von Schmiergeldern, NJW 1983, 1300; *Meurer,* Anmerkung zu LG Berlin Beschl. v. 26.2.1990 – 505 Qs 27/89 – NStZ 1991, 437, 438; *Michalke,* Unternehmens-Verfall, in: Nelles (Hrsg.), Money, money, money ..., 2004, S. 97; *Minoggio,* Firmenverteidigung, 2005; *ders.*, Das

Schweigerecht der jurisitschen Person als Nebenbeteiligte im Strafverfahren, wistra 2003, 121; *Mönch,* Der Gewinnabschöpfungsanspruch nach § 10 UWG, ZIP 2004, 2032; *Moldenhauer/Momsen,* Beschlagnahme in die Insolvenzmasse?, wistra 2001, 456; *Müller, Christian,* Zuständigkeit für den Arrestvollzug nach § 111 d StPO, DGVZ 2000, 81; *Müller, Jörg,* Welche Rechte des Verletzten hindern den Verfall?, MschrKrim 2001, 244; *Müller-Wüsten,* Zur analogen Anwendung des StPO § 111 g Abs. 2 bei Anordnung des dinglichen Arrestes nach StPO § 111 d (f), ZIP 2003, 689; *Nack,* Aktuelle Rechtsprechung des Bundesgerichtshofs zum Verfall, GA 2003, 879; *Nerlich/Römermann,* Insolvenzordnung. Kommentar, (Loseblattsammlung); *Neuefeind,* Strafrechtliche Gewinnabschöpfung – Ein einführender Gesamtüberblick, JA 2004, 155; *Odenthal,* Zur Vollstreckung von Steuern beim Verfall, wistra 2002, 246; *ders.,* Gewinnabschöpfung und illegales Glücksspiel, NStZ 2006, 14; *Pachmann,* Gigantisches illegales und internationales Finanznetz, Kriminalistik 1985, 182; *Park,* Finanzermittlungen und vorläufiger Zugriff auf das Vermögen, StraFo 2002, 73; *ders.,* Handbuch Durchsuchung und Beschlagnahme, 2002; *Peglau,* Aktuelle Entwicklungen bei Verfall und Einziehung, JA 2005, 640; *ders.,* §§ 111 b ff. StPO: Lücken im Opferschutz?, wistra 2002, 376; *Perron,* Vermögensstrafe und Erweiterter Verfall, JZ 1993, 918; *Podolsky,* Verfahrensintegrierte Finanzermittlungen mit dem Ziel der Vermögensabschöpfung, in: *Gehl* (Hrsg.), Das Mafiose in unserer Gesellschaft und seine Bekämpfung, 1999, S. 91; *ders.,* Verfahrensintegrierte Finanzermittlungen zur Vermögensabschöpfung, DPolBl 2000, 2; *ders./Brenner,* Vermögensabschöpfung im Straf- und Ordnungswidrigkeitenverfahren, 2. Aufl. 2004; *Randt,* Der Steuerfahndungsfall, 2004; *Ransiek,* Unternehmensstrafrecht, Habil. Bielefeld 1996; *Rengier,* Anmerkung zu BGH Urt. v. 12.9.1984 – 3 StR 333/84 – JR 1985, 248, 249; *Rieß,* Die Rechtsstellung des Verletzten im Strafverfahren – Gutachten C für den 55. Deutschen Juristentag, 1984; *Rönnau,* Die Absprache im Strafprozeß, Diss. Kiel 1990; *ders.,* Die neue Verbindlichkeit bei den strafprozessualen Absprachen, wistra 1998, 49; *ders.,* Zeitliche Grenzen der Aufrechterhaltung von Maßnahmen zur Sicherung von Ansprüchen Tatgeschädigter, StV 2003, 581; *ders.,* Anmerkung zu BGH Urt. v. 10.10.2002 – 4 StR 233/02 – NStZ 2003, 367; *ders.,* Vermögensabschöpfung in der Praxis, 2003; *ders.,* Vermögensabschöpfung im Wandel, ZRP 2004, 191; *ders./Hohn,* Anmerkung zu BGH Beschl. v. 28.11.2000 – 5 StR 371/00 – JR 2002, 298; *dies.,* Wertverlust sichergestellter Gegenstände, wistra 2002, 445; *Roxin,* Zur richterlichen Kontrolle von Durchsuchungen und Beschlagnahmen, StV 1997, 654; *Saliger,* Absprachen im Strafprozess an den Grenzen der Rechtsfortbildung, JuS 2006, 8; *Satzger,* Die Berücksichtigung von Opferinteressen bei der Verfallsanordnung aus materiellrechtlicher wie prozessrechtlicher Sicht, wistra 2003, 401; *Schäfer,* Die Interessenverteilung zwischen Konkursverwalter und Staatsanwalt im Konkurs- und Strafverfahren, KTS 1991, 23; *Scherp,* Lagebild Geldwäschebekämpfung, Kriminalistik 1998, 458; *Schmid/Winter,* Vermögensabschöpfung in Wirtschaftsstrafverfahren – Rechtsfragen und praktische Erfahrungen, NStZ 2002, 8; *Schmidt,* Einkommensteuergesetz. Kommentar, 24. Aufl. 2005; *ders.,* Anmerkung zu BGH Beschl. v. 22.11.1994 – 4 StR 516/94 – NJW 1995, 470, JuS 1995, 463; *Schmitt,* Aktivierung des „Verfalls"!, Gedächtnisschrift für Noll, 1984, S. 295; *Schmitz,* Unrecht und Zeit, Habil. Kiel 2001; *Schomburg,* Ein neuer Start! Internationale vertragliche Rechtshilfe in Strafsachen – Kurzübersicht zur aktuellen Rechtsentwicklung, NJW 2001, 801; *ders.,* Internationale vertragliche Rechtshilfe in Strafsachen, NJW 2005, 3262; *ders./Lagodny,* Internationale Rechtshilfe in Strafsachen. Kommentar zum Gesetz über die internationale Rechtshilfe in Strafsachen (IRG), 3. Aufl. 1998; *Schroeder, F.-C.,* Eine funktionelle Analyse der strafprozessualen Zwangsmittel, JZ 1985, 1028; *Schünemann,* Die Rechte des Beschuldigten im internationalisierten Ermittlungsverfahren, StraFo 2003, 344; *Schulte,* Keine Verletzteneigenschaft geschädigter Anleger und der betroffenen Aktiengesellschaft angesichts der Anordnung des Verfalls in einem Strafurteil wegen massiv überhöhter Ad-hoc-Mitteilungen und verbotener Insider-Geschäfte, BKR 2004, 33; *Schultehinrichs,* Gewinnabschöpfung bei Betäubungsmitteldelikten – Zur Problematik der geplanten Vorschrift über den erweiterten Verfall, Diss. Mainz 1991; *Sedemund,* Der Verfall von Unternehmensvermögen bei Schmiergeldzahlungen durch die Geschäftsleitung von Organgesellschaften, DB 2003, 323; *ders.,* Due Dilligence bei Unternehmenskauf: Existenzbedrohung bei unterlassener Prüfung von Schmiergeld- und Bestechungszahlungen, DB 2004, 2256; *Smid,* Insolvenzordnung. Kommentar, 2. Aufl. 2001; *Steinke,* Andere Dimensionen, Kriminalistik 1991, 297; *Ströber/Guckenbiehl,* Verfahren bei Verzicht auf die Rückgabe sichergestellter Gegenstände, Rpfleger 1999, 115; *Terhorst,* Anmerkung zu KG Beschl. v. 30.7.1987 – 5 Ws 242/87 – JR 1988, 295; *Thode,* Die auaergerichtliche Einziehung von Gegenständen im Strafprozess, NStZ 2000, 62; *dies.,* Die Rückgewinnungshilfe in der staatsanwaltschaftlichen Praxis, in: *Nelles* (Hrsg.), Money, money, money..., 2004, S. 65; *Tsambikakis,* Aktuelles zum Strafrecht bei GmbH und GmbH & Co., GmbHR 2005, 331; *Uhlenbruck,* Strafrechtliche Aspekte der Insolvenzrechtsreform 1994, wistra 1996, 1; *Veil,* Gewinnabschöpfung im Kapitalmarktrecht, ZGR 2005, 155; *Vogel,* Amtspflichten der Staatsanwaltschaft gegenüber Verletzten, wistra 1996, 219; *Wallschläger,* Die strafrechtlichen Verfallsvorschriften. Eine rechtssystematische, verfassungsrechtliche und kriminalpolitische Analyse, Diss. Greifswald 2002; *Webel,* Anmerkung zu LG Hamburg Beschl. v. 13.11.2003 – 620 Qs 99/03 – wistra 2004, 116; *ders.,* Rückgewinnungshilfe in Steuerstrafverfahren – unzulässig oder unverzichtbar und zwingend? Zum Verhältnis der §§ 324 f. AO zum dinglichen Arrest nach StPO, wistra 2004, 249; *Wehnert/Mosiek,* Untiefen der Vermögensabschöpfung in Wirtschaftsstrafsachen zum Schutz der Tatverteidigers, StV 2005, 568; *Weßlau,* Neue Methoden der Gewinnabschöpfung? – Vermögensstrafe, Beweislastumkehr, StV 1991, 226; *Windolph,* Vermögens- und Gewinnabschöpfung aus der Sicht der Strafverfolgungsbehörden (Polizei), StraFo 2003, 115; *Winkler,* Verbrechen und Vergehen gegen das Betäubungsmittelgesetz, NStZ 2003, 247; *Wolters,* Die Neufassung der strafrechtlichen Verfallsvorschrift, Diss. Kiel 1995.

Einleitung

1 Vermögensabschöpfung hat sich heute in einigen Deliktsbereichen (insbesondere der Wirtschaftskriminalität) als fester Bestandteil der Strafverfolgung weitgehend etabliert.[1] Standen früher im Strafverfahren Tat und Täter(-bestrafung) ganz im Vordergrund (klassisch-repressive Verbrechensbekämpfung „in personam"), sind die Strafverfolgungsorgane seit Mitte der 90er Jahre des 20. Jahrhunderts dazu übergegangen, auch das aus Straftaten stammende Vermögen zu sichern und – wenn möglich – abzuschöpfen (sachbezogene Verbrechensbekämpfung „in rem"). Unterstützt werden sie dabei durch gut geschulte Finanzermittler aus den Sonderdezernaten der Landeskriminalämter. So wurden bundesweit 2002 Vermögenswerte in Höhe von etwa € 293 Mio. vorläufig sichergestellt; davon entfielen 55 % (€ 162 Mio.) auf die sog. Zurückgewinnungshilfe, also die staatliche Vollstreckungshilfe für die Tatgeschädigten.[2]

2 Ziel der Vermögensabschöpfungsaktivitäten ist es, dem Täter profitorientierter Straftaten „die Früchte seiner Tat zu entziehen (crime does not pay)", um ihm auf diese Weise einen starken Tatanreiz zu nehmen.[3] Das dafür im materiellen Verfallsrecht (§§ 73 ff. StGB) seit 1975 enthaltene Instrumentarium gilt als komplex und schwierig, das in den §§ 111 b StPO geregelte flankierende Sicherstellungsrecht mit seinen vielfältigen Bezügen zum Zivilprozess- und Zwangsvollstreckungsrecht gar als „legislatorisches Monstrum".[4] Scheint ausweislich beachtlicher Abschöpfungserfolge das jahrzehntelang bestehende Vollzugsdefizits (trotz obligatorischer Verfallsanordnung!) bei der Abschöpfung inkriminierten Vermögens auch überwunden, bestehen aus Sicht der Justizpraxis weiterhin einzelne Regelungsdefizite, die es zu beseitigen gilt. Derzeit gibt es gesetzgeberische Bestrebungen, durch punktuelle Änderungen des einschlägigen Strafprozessrechts das Beschlagnahme- und Arrestverfahren noch effektiver zu machen. Dazu ist in Modifizierung des bislang geltenden materiell-prozessualen Gewinnabschöpfungsmodells[5] im Gesetzentwurf der Bundesregierung vom Dezember 2005 insbesondere die Möglichkeit eines Auffangrechtserwerbs des Staates vorgesehen, wenn das Opfer seine Ansprüche nicht innerhalb von drei Jahren nach Verurteilung des Täters geltend macht; zudem soll die Zurückgewinnungshilfe deutlich verstärkt werden.[6]

3 Die obergerichtliche Rechtsprechung hatte mittlerweile vielfach Gelegenheit, zu zahlreichen Problempunkten des äußerst facettenreichen Rechtsstoffes Stellung zu nehmen. In mehreren jüngeren Entscheidungen hat das BVerfG den Abschöpfungsaktivitäten Grenzen gesetzt. Dabei wurde in erfreulich deutlicher Weise ausgesprochen, dass Vermögensbeschlagnahmen schwere Eingriffe in die Vermögenssphäre des Beschuldigten oder Dritten mit nicht selten gravierenden wirtschaftlichen Folgen für die Betroffenen darstellen; sie müssen daher gut begründet und verhältnismäßig sein.[7] Auch die Literatur nimmt sich zunehmend des Themas an. Dennoch sind viele wichtige Fragen noch ungeklärt, die angebotenen Lösungen selbst innerhalb der Rechtsprechung zum Teil sehr umstritten. Die Schwierigkeiten der Rechtsmaterie und die bestehenden Anwendungsprobleme bieten allerdings gleichzeitig viel Raum für die Entwicklung einer eigenständigen überzeugenden Argumentation und damit für den Strafverteidiger ein ho-

---

[1] Zur Gewinnabschöpfung im Kapitalmarktrecht s. *Veil* ZGR 2005, 155 ff.; den Gewinnabschöpfungsanspruch nach § 10 UWG behandelt *Mönch* ZIP 2004, 2032 ff.

[2] Vgl. den Jahresbericht Wirtschaftskriminalität 2002 (http://www.bka.de/lageberichte/wi/wikri_2002_gesamtdokument.pdf).

[3] Die Ziele der Vermögensabschöpfung skizziert *Berg* Beweiserleichterungen S. 1 m.w.N.; zu den ökonomischen Gründen für eine Gewinnabschöpfung näher *Faure*, FS Eser, S. 1311, 1315 ff.

[4] So *Achenbach*, FS Blau, S. 7, 11. Einen Überblick zum geltenden Recht bietet *Rönnau* Vermögensabschöpfung Rdnr. 10 ff.

[5] Vgl. dazu *Rönnau* StV 2003, 581 f.

[6] Der aktuell vorliegende **Entwurf eines Gesetzes zur Stärkung der Rückgewinnungshilfe und der Vermögensabschöpfung bei Straftaten** der Bundesregierung v. Feb. 2006 (BT-Drucks. 16/700) enthält im § 73 d Abs. 1 S. 3 StGB nunmehr auch einen Verweis auf „§ 73 Abs. 1 S. 2, auch i.V.m. mit § 73 b", die entspr. gelten sollen. Näher – und krit. – zum Vorläufer dieses Gesetzentwurfs *Rönnau* ZRP 2004, 191 ff.

[7] Vgl. nur die Kammerentscheidungen BVerfG Beschl. v. 29.5.2006 – 2 BvR 820/06; BVerfG Beschl. v. 7.6.2005 – 2 BvR 1822/04 – StraFo 2005, 338; BVerfG Beschl. v. 3.5.2005 – 2 BvR 1378/04 – WM 2005, 1191; BVerfG Beschl. v. 14.6.2004 – 2 BvR 1136/03 – StV 2004, 409.

hes Verteidigungspotenzial. Die nachfolgenden Ausführungen sollen dieser Berufsgruppe, aber auch den professionellen Akteuren auf Seiten des Tatgeschädigten oder eines Verfallsbeteiligten i.S.d. §§ 431, 442 StPO für ihre Arbeit eine Hilfeleistung bieten.[8]

I. Materiell-rechtliche Voraussetzungen der Vermögensabschöpfung durch Verfall

1. Anfangsverdacht einer Straftat nach § 152 Abs. 2 StPO als Ausgangspunkt

Jeder Verfall von Vermögenswerten knüpft an eine nachgewiesene Straftat, jede vorläufige strafprozessuale Maßnahme der Sicherstellung daher an den Verdacht einer Straftat an. Die wirklich oder nur vermeintlich begangene Straftat bildet damit den Dreh- und Angelpunkt strafverfahrensrechtlicher Maßnahmen zur Vermögensabschöpfung. Sie stellt in aller Regel zugleich auch den zeitlichen Ausgangspunkt für diese Maßnahmen dar, muss es allerdings nicht, da ein Strafverfahren auch durch das Auffinden eines Vermögensgegenstands ausgelöst werden kann, für den sich ein legaler Erwerbsgrund nicht finden lässt, so dass sich erst daraus der Verdacht einer Straftat ergibt.[9]

Im frühen Verfahrensstadium des – vollstreckungssichernden – Erstzugriffs auf Vermögensgegenstände von potenzieller Verfallsbedeutung genügt der Verdacht, dass eine Straftat begangen worden ist und der vermeintlich Tatbeteiligte (oder ein Dritter i.S.d. § 73 Abs. 3 StGB) aus dieser oder für diese Straftat etwas erlangt hat. Dabei muss sich der Verdacht nicht auf die Schuld des vermeintlichen Tatbeteiligten erstrecken; für den Verfall genügt eine nur rechtswidrige Anknüpfungstat.[10] Für beide Sachverhalte – d.h. das Vorliegen einer Tat und das Erlangen eines Vermögensstückes – gilt der **Verdachtsgrad des § 152 Abs. 2 StPO**.[11] Die Staatsanwaltschaft kann daher bereits dann vermögensabschöpfende strafprozessuale Maßnahmen ergreifen, wenn die Möglichkeit besteht, dass nach kriminalistischer Erfahrung eine verfolgbare Straftat gegeben ist[12] und eine der in § 73 StGB genannten Personen durch diese Tat etwas erlangt hat;[13] das gilt nach § 76 a Abs. 1 StGB auch dann, wenn wegen der Straftat aus tatsächlichen Gründen keine bestimmte Person verurteilt werden kann.

Damit erstreckt sich die Ermittlungstätigkeit der Strafverfolgungsorgane über die „traditionelle" Aufklärung der Straftat hinaus auf das Aufspüren strafrechtswidrig erlangter Vermögenswerte; z. T. spricht man davon, hier werde eine **zweite Ermittlungsdimension** eröffnet.[14] Die Strafverfolgung lässt sich mit dem Ziel der Vermögensabschöpfung also auf zweierlei Weise betreiben: Entweder steht am Anfang der Ermittlung der Verdacht einer Straftat oder aber das Auffinden vermutlich illegal erlangter Vermögensgegenstände, die erst auf die Begehung einer Straftat hinweisen. Diese unterschiedlichen Herangehensweisen werden als **verfahrensintegrierte Finanzermittlungen** einerseits und **verfahrensunabhängige Finanzermittlungen** andererseits bezeichnet.[15]

Der Verdacht beim Erstzugriff muss kein dringender i.S.d. § 112 StPO oder des § 111 a Abs. 1 StPO sein;[16] § 111 b Abs. 1, 2 StPO fordert für die Beschlagnahme und den dingli-

---

[8] Nachfolgender Text ist eine gekürzte und aktualisierte Fassung meiner Monographie „Vermögensabschöpfung in der Praxis", die bereits 2003 veröffentlicht wurde.
[9] Zu der daraus folgenden Unterscheidung zwischen verfahrensintegrierten und verfahrensunabhängigen Finanzermittlungen s. *Rönnau* Vermögensabschöpfung Rdnr. 114 ff.
[10] Schönke/Schröder/*Eser* § 73 Rdnr. 4.
[11] ThürOLG Beschl. v. 27.7.2004 – 1 Ws 234-236/04 – StV 2005, 90, 92 m.w.N.
[12] BGH Urt. v. 21.4.1988 – III ZR 255/86 – NJW 1989, 96, 97.
[13] *Meyer-Goßner* § 111 b Rdnr. 8; ungenau KK-StPO/*Nack* § 111 b Rdnr. 8 – „hinreichender Tatverdacht".
[14] Vgl. Gehl/*Podolsky* S. 95.
[15] Ausf. zur Herkunft und Verwertung der Verdachtsmomente sowie möglichen Verwertungsschranken *Rönnau* Vermögensabschöpfung Rdnr. 111 ff.; näher zu Finanzermittlungen vor der Verdachtsschwelle *Herzog*, FS Kohlmann, S. 427 ff.
[16] Anders jedoch *Lesch* StraFo 2003, 6, 7, der § 111 b Abs. 2 StPO verfassungskonform auf dringende bzw. hinreichende Gründe reduzieren will, weil es sich beim dinglichen Arrest um eine Maßnahme handeln soll, die das Ergebnis des Verfahrens vorwegnehme. *Bach*, Dinglicher Arrest, S. 47 ff., 77 ff. fordert einen höheren Verdachtsgrad als den des Anfangsverdachts, der aber nicht die Intensität eines hinreichenden bzw. diesem gleichstehenden (!) dringenden Tatverdacht annehmen muss.

chen Arrest im Unterschied zur Rechtslage vor dem 4.5.1998[17] lediglich „Gründe für die Annahme", dass die Voraussetzungen des Verfalls (oder der Einziehung) der Vermögensgegenstände vorliegen. Der Gesetzgeber hatte mit der **Gesetzesänderung Forderungen** insbesondere aus der Sphäre **der Finanzermittler** nachgegeben, die Verdachtsschwelle abzusenken, um den vermögensabschöpfenden Zugriff effektiver zu gestalten.[18] Hier ist allerdings zu bedenken, dass ein zu früher Zugriff in vielen Verfahren auch aus Sicht der Strafverfolgungsorgane häufig nicht wünschenswert ist, weil er Maßnahmen wie etwa den Einsatz verdeckter Ermittler oder einer Telefonüberwachung unmöglich macht und so Ermittlungsmöglichkeiten abschneidet, die manchmal überhaupt erst zu verurteilungssicheren Erkenntnissen führen.[19] Die erheblich intensivere Anwendung der Verfallsvorschriften in den letzten Jahren[20] dürfte weniger auf die Gesetzesänderung als vielmehr auf eine bessere Ausbildung der Finanzermittler und Staatsanwälte und eine Sensibilisierung der Strafverfolgungsorgane für die verbrechensbekämpfende Wirkung einer Vermögensabschöpfung zurückzuführen sein.[21]

8   Neben den Bedenken, die diese prozessuale Erleichterung unter dem Aspekt der Unschuldsvermutung auslöst, muss man sich unter dem Gesichtspunkt des Verhältnismäßigkeitsgrundsatzes vor Augen halten, dass der vollstreckungssichernde Zugriff nach den §§ 111 b ff. StPO auf nur vermeintlich deliktisch erlangtes Vermögen einen **Eingriff** in die Rechte von Beschuldigten und Dritten i.S.d. § 73 Abs. 3 StGB darstellt, der häufig **erheblich schwerer wiegt** als die **Beschlagnahme von Beweisgegenständen** nach den §§ 94 ff. StPO, obwohl sich beide Formen der Sicherstellung zunächst mit derselben Verdachtsschwelle eines Anfangsverdachts begnügen.[22]

9   Der Grad der Verdachtsgründe ist nicht davon abhängig, ob sich die Sicherstellungsmaßnahme gegen den beschuldigten Tatbeteiligten oder einen Ditten i.S.d. § 73 Abs. 3 StGB richtet. Für **Maßnahmen gegenüber Dritten** kann **kein höherer Verdachtsgrad** verlangt werden – etwa dringende Gründe bereits in den ersten sechs/neun Monaten – als für Maßnahmen gegenüber Personen, die sich (zusätzlich) der Tatbeteiligung verdächtig gemacht haben. Soweit die Maßnahme gegenüber dem Dritten einerseits und dem Tatbeteiligten andererseits einen unterschiedlich schwerwiegenden Eingriff darstellt, ist diese Ungleichbehandlung bereits in der materiell-rechtlichen Regelung des § 73 Abs. 1, 3 StGB angelegt und kann nicht über unterschiedliche Anforderungen an den Verdachtsgrad im Strafverfahren ausgeglichen werden.[23]

10 a) Geeignete Anknüpfungstaten für den „einfachen" und „erweiterten" Verfall nach den §§ 73 ff. StGB. Grundsätzlich kann jede Deliktsart einen Anknüpfungspunkt für ein Strafverfahren mit vermögensabschöpfenden Maßnahmen bilden. Es muss sich weder um eine Vermögensstraftat oder eine typischerweise vermögensbezogene Straftat handeln, noch sind vollstreckungssichernde Maßnahmen auf Strafverfahren beschränkt, die Straftaten zum Gegenstand haben, die sich gegen überindividuelle Rechtsgüter ohne Verletzten richten, sodass § 73 Abs. 1 S. 2 StGB in der Regel keine Anwendung findet. Dadurch, dass auch das **für** eine Tat erlangte Etwas beim Tatbeteiligten abgeschöpft werden kann, wird der Verfall bei jeder nur erdenklichen Straftat möglich.

Beispiel:
A bezahlt B € 5.000,– dafür, dass B in der Hauptverhandlung falsch aussagt (§ 153 StGB).

11 Andererseits können vollstreckungssichernde Maßnahmen auch dann erfolgen, wenn der Tatbeteiligte etwas aus einer Tat erlangt hat, die dem Schutz eines Individualrechtsguts dient und deren Begehung Ansprüche des Verletzten auslöst. § 111 b Abs. 5 StPO erlaubt vermö-

---

[17] Gesetz zur Verbesserung der Bekämpfung der Organisierten Kriminalität v. 4.5.1998, BGBl. I S. 845, 847.
[18] Vgl. *Lenhard* Kriminalistik 1989, 612, 613; *Steinke* Kriminalistik 1991, 297, 298; *Eberbach* NStZ 1987, 486, 491; *Pachmann* Kriminalistik 1985, 182, 188. Dagegen jedoch *Lohse* DPolBl 2000, 12, der aus der praktischen Sicht eines Staatsanwalts zu großer Zurückhaltung bei sicherstellenden Maßnahmen ohne Vorliegen dringender Gründe rät.
[19] *Scherp* Kriminalistik 1998, 458, 461.
[20] Vgl. zu dieser Entwicklung *Rönnau* Vermögensabschöpfung Rdnr. 2 ff.
[21] Näher zur polizeilichen Praxis der Vermögensabschöpfung *Brunner*, in: Money, money, money ..., S. 52 ff.
[22] Nachdrücklich i.d.S. jetzt BVerfG Beschl. v. 3.5.2005 – 2 BvR 1378/04 – WM 2005, 1191, 1192; krit. auch *Wehnert/Mosiek* StV 2005, 568, 570.
[23] Weitere Argumentation bei *Rönnau* Vermögensabschöpfung Rdnr. 90.

gensabschöpfende Maßnahmen im Rahmen der sog. **Zurückgewinnungshilfe** trotz der Ausschlussregelung des § 73 Abs. 1 S. 2 StGB, sodass die vielfach bemühte Apostrophierung des § 73 Abs. 1 S. 2 StGB als „Totengräber des Verfalls"[24] nur für dessen materiell-rechtliche Anordnung im Urteil zutrifft, nicht aber für die Vermögensabschöpfung i.w.S. durch strafprozessuale Maßnahmen zugunsten Verletzter.

Typische Anknüpfungstaten, bei denen die Vermögensabschöpfung mit dem Ziel der Verfallsanordnung betrieben wird, sind aus dem Bereich des Kernstrafrechts insbesondere die Bestechungs- und (nach wohl vorherrschender Ansicht)[25] die Umweltdelikte. Da im Nebenstrafrecht Delikte mit überindividuellem Charakter vorherrschen, findet sich hier der Hauptanwendungsbereich der Vermögensabschöpfung durch Verfall. In diesem Zusammenhang sind insbesondere Betäubungsmitteldelikte, Verstöße gegen des Kriegswaffenkontrollgesetz und das Außenwirtschaftsgesetz zu nennen. Daneben könnte im Bereich der kapitalmarktbezogenen Delikte zukünftig z.B. der nach den §§ 38 Abs. 1 Nr. 1 bis 3, 14 WpHG strafbare Insiderhandel oder der Kurs- und Marktpreismanipulation (vgl. § 38 Abs. 1 Nr. 4 i.V.m. § 39 Abs. 1 Nr. 1 oder 2 WpHG [als Nachfolgevorschriften des § 88 BörsG a.F.])[26] eine Rolle spielen. Einschlägige Delikte für eine Vermögensabschöpfung zugunsten der durch die Straftat Verletzten sind insbesondere die Eigentums- und Vermögensdelikte des StGB, so Diebstahl, Unterschlagung, Betrug und betrugsähnliche Delikte, Untreue, Raub und raubähnliche Delikte. 12

Die grundsätzliche Irrelevanz der Deliktsart für vollstreckungssichernde Maßnahmen nach den §§ 111 b ff. StPO gilt auch, soweit es um die spätere Anordnung des erweiterten Verfalls nach § 73 d StGB[27] geht. Zwar setzt der erweiterte Verfall eine Verurteilung wegen einer sog. Katalogstraftat voraus, d.h. der Täter muss gegen ein Strafgesetz verstoßen haben, das auf § 73 d StGB verweist.[28] § 73 d Abs. 1 S. 1 StGB erfordert es allerdings nicht, dass der Tatbeteiligte das Etwas aus der oder für die Katalogstraftat erlangt hat; ausreichend sind hier **beliebige andere, nicht angeklagte Taten**.[29] Daher genügt auch in Fällen, in denen eine prozessuale Sicherstellungsmaßnahme später in die Anordnung des erweiterten Verfalls mündet, der (Anfangs-)Verdacht, der Beschuldigte habe Vermögensgegenstände durch die Begehung irgendeiner Tat erlangt. Ebenso wenig ist es erforderlich, dass die Staatsanwaltschaft das Ermittlungsverfahren bereits wegen des Verdachts einer Katalogstraftat führt. Die Beweiserleichterung, die § 73 d Abs. 1 S. 1 StGB mit der Formel enthält: „wenn die Umstände die Annahme rechtfertigen", wirkt sich beim vollstreckungssichernden Zugriff im Ermittlungsverfahren nicht aus. Die für § 111 b Abs. 1, 2 StPO geltende Verdachtsschwelle des § 152 Abs. 2 StPO[30] wird durch die Beweiserleichterung des § 73 d Abs. 1 S. 1 StGB nicht weiter abgesenkt.[31] 13

b) Verjährte Anknüpfungstat. Eine Besonderheit des erweiterten Verfalls (§ 73 d StGB) gegenüber dem einfachen Verfall ergibt sich jedoch in dem Punkt der Verjährung der rechtswidrigen Tat, durch die etwas erlangt worden sein soll. Während die Verjährung der Anknüpfungstat den einfachen Verfall gem. den §§ 73, 73 a StGB nach allgemeiner Ansicht ausschließt,[32] und daher Sicherstellungsmaßnahmen ebenfalls ausscheiden, ist die Anordnung des erweiterten Verfalls nach Ansicht des Gesetzgebers auch bei einer verjährten Straftat 14

---

[24] *Eberbach* NStZ 1987, 486, 491; *J. Müller* MschrKrim 2001, 244; *Nack* GA 2003, 879, 883.
[25] Zur Frage, ob § 73 Abs. 1 S. 2 StGB auf Umweltdelikte trotz ihres überindividuellen Charakters anwendbar ist, s. *Rönnau* Vermögensabschöpfung Rdnr. 399.
[26] Vgl. LG Berlin Beschl. v. 8.3.2005 – (505) 3 Wi Js 82/04 KLs (11/04) mit ausführlichen Erwägungen zum geschützten Rechtsgut.
[27] Das BVerfG (Beschl. v. 14.1.2004 – 2 BvR 564/95 NJW 2004, 2073) hat die Verfassungsmäßigkeit des § 73 d StGB mittlerweile bestätigt.
[28] Nahezu alle Katalogtaten setzen eine gewerbs- oder bandenmäßige Begehung voraus (wie etwa Geldwäsche, [schwerer] Bandendiebstahl, Verbrechen nach dem BtMG etc.). S. dazu die vollständige Übersicht bei LK/*Schmidt* § 73 d Rdnr. 9.
[29] Statt vieler Schönke/Schröder/*Eser* § 73 d Rdnr. 1.
[30] Vgl. dazu BT-Drucks. 13/8651 S. 15.
[31] Näher zur Begr. *Rönnau* Vermögensabschöpfung Rdnr. 101.
[32] Schönke/Schröder/*Eser* § 73 Rdnr. 5; SK/*Horn* § 76 a Rdnr. 4; Tröndle/Fischer § 76 a Rdnr. 10; mittelbar auch BGHR StGB § 73 Verfallsbeteiligte 1 zu entnehmen.

möglich.³³ Das Problem besteht darin, dass die Straftaten, aus denen etwas erlangt worden sein soll, bei der Anordnung des erweiterten Verfalls nicht im Einzelnen feststehen müssen. Das heißt aber, dass sich der Zeitpunkt des Verjährungseintritts typischerweise nicht wird ermitteln lassen. Die Unmöglichkeit der Feststellung, ob die Tat verjährt ist, folgt daher bereits zwingend aus der beweiserleichternden Funktion des § 73 d Abs. 1 S. 1 StGB und gehört zu ihren notwendigen Begleiterscheinungen. Damit bleiben Sicherstellungsmaßnahmen weiterhin möglich.³⁴

15 c) **Dringende Gründe i.S.d. § 111 b Abs. 3 StPO.** Der Anfangsverdacht nach § 152 Abs. 2 StPO dahin gehend, dass durch eine rechtswidrige Tat etwas erlangt worden sei, genügt als Rechtfertigung für die Sicherstellung von Vermögenswerten beim Beschuldigten oder Dritten nur in der Anfangsphase des Verfahrens. Nach einer Frist von sechs Monaten muss das Gericht die Sicherstellungsmaßnahme in der Regel gem. § 111 b Abs. 3 S. 1 StPO **von Amts wegen** durch förmlichen Beschluss **aufheben**,³⁵ wenn der Anfangsverdacht sich nicht zu einem dringenden verdichtet hat.³⁶ Ausnahmsweise kann die Frist nach § 111 b Abs. 3 S. 2 StPO auf Antrag der Staatsanwaltschaft und bei Vorliegen eines wichtigen Grundes, namentlich wegen der Schwierigkeit der Ermittlungen, um bis zu drei Monate verlängert werden. Mit der Beschränkung des einfachen Tatverdachts auf max. neun Monate³⁷ will der Gesetzgeber einen Ausgleich schaffen zwischen dem Interesse der Strafverfolgungsbehörden, genügend Zeit für den Beleg des nicht immer einfach zu begründenden dringenden Verdachts zu erhalten und dem Interesse der Rechtsunterworfenen daran, über Teile ihres Vermögens nicht auf den bloßen Verdacht deliktischer Herkunft hin auf lange Zeit die Verfügungsbefugnis zu verlieren.

16 „Dringende Gründe" i.S.d. § 111 b Abs. 3 StPO liegen vor, wenn die endgültige Anordnung des Verfalls in hohem Maße wahrscheinlich ist.³⁸

17 Soweit der **Erstzugriff** auf der Grundlage eines Beschlusses erfolgt ist, der sich **auf einfache Gründe i.S.d. § 111 b Abs. 1, 2 StPO stützt**, muss einer Unart der Strafverfolgungsbehörden entgegengetreten werden, die aus dem Umgang mit dem Erlass von Haftbefehlen bekannt ist: Aus einfachem Anfangsverdacht wird gleichsam automatisch dringender Verdacht, indem man ihn als solchen bezeichnet, ohne dass neue, überzeugungskräftigere Indiztatsachen vorgebracht werden. Die Versuchung ist auch bei der Sicherstellung von Vermögensgegenständen groß, wegen drohenden Zeitablaufs nach sechs bzw. spätestens neun Monaten dem Gericht einen unveränderten Sachverhalt nun als dringend zu unterbreiten und auf die Arbeitsüberlastung des Gerichts zu hoffen.

18 Soweit hingegen bereits der **Erstzugriff** auf Vermögensgegenstände **mit dem Vorliegen eines dringenden Verdachts begründet** worden ist – was offensichtlich häufiger vorkommt als man angesichts der Absenkung der Verdachtsschwelle des § 111 b Abs. 1, 2 StPO im Jahre 1998 annehmen sollte³⁹ –, ist Folgendes zu beachten: Die zeitliche Zäsur, die § 111 b Abs. 3 StPO nennt, bedeutet nicht, dass das Gericht nach sechs bzw. max. neun Monaten einen neuen Beschluss erlassen müsste, in dem gleichsam bestätigt würde, dass nun nach Erreichen der zeitlichen Schwelle des § 111 b Abs. 3 StPO weiterhin dringender Verdacht bestehe.⁴⁰ Die

---

³³ BT-Drucks. 11/6623 S. 7; zust. AG Berlin-Tiergarten Urt. v. 8.11.1996 – (284) 5 op Js 724/95 – NStZ-RR 1997, 212 f.; SK-StGB/*Horn* § 73 d Rdnr. 6; LK/*Schmidt* § 73 Rdnr. 39.
³⁴ Krit. hingegen die Lit., vgl. etwa Schönke/Schröder/*Eser* § 73 Rdnr. 7; *Lackner/Kühl* § 73 Rdnr. 3, 11.
³⁵ Löwe/Rosenberg/*Schäfer* § 111 e Rdnr. 20 und § 111 d Rdnr. 34; *Meyer-Goßner* § 111 e Rdnr. 16; KK-StPO/*Nack* § 111 e Rdnr. 16; vgl. auch BT-Drucks. 13/8651 S. 16. Das ThürOLG (Beschl. v. 27.7.2004 – 1 Ws 234/236/04 – StV 2005, 90, 92) befürwortet mit guten Gründen die Berücksichtigung früherer Sicherungsanordnungen und die entspr. Anwendung des § 111 b Abs. 3 StPO bei Erreichen einer Gesamtdauer von sechs Monaten.
³⁶ Bei der Beschlagnahme von Druckwerken zum Zwecke der Einziehung ist die vergleichbare Regelung in § 111 n Abs. 2 StPO erheblich strenger; hier muss das Gericht aufheben, wenn nicht die Anklage innerhalb von zwei Monaten erhoben wird. Die Verschärfung erklärt sich aus der besonderen Bedeutung des durch die Beschlagnahme nach § 111 n StPO berührten Grundrechts aus Art. 5 Abs. 1 GG.
³⁷ Im Gesetzentwurf der Bundesregierung vom Feb. 2006 (BT-Drucks. 16/700) ist in § 111 b Abs. 3 StPO eine Ausdehnung auf 12 Monate vorgesehen; krit. dazu *Rönnau* ZRP 2004, 191, 194.
³⁸ Statt vieler KK-StPO/*Nack* § 111 b Rdnr. 8; *Pfeiffer* § 111 b Rdnr. 2.
³⁹ Vgl. *Podolsky/Brenner* Vermögensabschöpfung S. 102; s.a. *Scherp* Kriminalistik 1998, 458, 461, der vor einem zu frühen Vermögenszugriff warnt, damit nicht weitere Erkenntnisquellen unbrauchbar werden.
⁴⁰ Undeutlich Löwe/Rosenberg/*Schäfer* § 111 b Rdnr. 15.

Verteidigung ist jedoch umgekehrt bei ihren Aktivitäten nicht an diese Frist gebunden. Sie kann (und muss) jederzeit mit einem Antrag die Aufhebung der Sicherstellungsmaßnahme fordern,[41] wenn eine ihrer Voraussetzungen fehlt oder entfallen ist. Die Schwelle des § 111 b Abs. 3 StPO hat nur insoweit Bedeutung, als vor Ablauf von sechs/neun Monaten nicht gerügt werden kann, es hätten keine dringenden Gründe vorgelegen.

Hat das Gericht sich davon überzeugen können, dass ein dringender Verdacht hinsichtlich der Voraussetzungen des Verfalls (bzw. der Einziehung) vorliegt, bedeutet dies nicht, dass dieser Zustand für den Rest der Verfahrensdauer festgeschrieben wäre. Auch **dringende Gründe können nachträglich entfallen**, so etwa, wenn die Ermittlungen entlastende Tatsachen zu Tage fördern (vgl. § 160 Abs. 2 StPO!), die Zweifel an der Tatbeteiligung des Beschuldigten oder daran wecken, ob der sichergestellte Gegenstand tatsächlich aus einer rechtswidrigen Tat stammt. Auch hier muss das Gericht von Amts wegen oder auf Antrag die Sicherstellungsmaßnahme aufheben. 19

2. Vorliegen tauglicher Vermögensgegenstände – das durch die Tat erlangte Etwas

Teil der verfahrensintegrierten Finanzermittlungen mit dem Ziel der späteren Anordnung des Verfalls im Urteil ist auch die Klärung, wem der aufgespürte Vermögensgegenstand gehört, d.h. wer Eigentümer der identifizierten Sache oder Inhaber des entdeckten Rechts ist.[42] Die Frage nach den Eigentumsverhältnissen und Rechtsinhaberschaften kann als Voraussetzung des Verfalls, die über § 111 b Abs. 1, 2 StPO bereits bei der Sicherstellung Beachtung beansprucht, in der Regel[43] nicht ungeklärt bleiben. 20

Die Basisvorschrift des § 73 StGB kennt grundsätzlich **zwei verschiedene Arten des Originalverfalls** in Abhängigkeit davon, wem der mutmaßlich durch die Tat erlangte Gegenstand gehört: den Verfall gegenüber dem Tatbeteiligten nach § 73 Abs. 1 S. 1 StGB einerseits sowie den sog. Dritteigentümerverfall nach § 73 Abs. 3 StGB andererseits.[44] 21

Während sich das Erfordernis der tatsächlichen Verfügungsgewalt über den erlangten Vermögensgegenstand, die der Adressat der Verfallsanordnung innehaben muss, unmittelbar aus dem Merkmal des „Erlangens" in § 73 Abs. 1 S. 1 StGB ergibt,[45] folgt die Notwendigkeit des „Gehörens" erst aus einer Gesamtschau verschiedener Vorschriften über den Verfall. Nach § 73 e Abs. 1 S. 1 StGB tritt die Wirkung des Verfalls – der Rechtsübergang auf den Landesjustizfiskus – nur ein, wenn der von der Verfallsanordnung Betroffene zur Zeit der Anordnung Inhaber der Rechtsposition war. Voraussetzung einer Verfallsanordnung ist daher grundsätzlich, dass der Adressat bzw. der Dritte i.S.d. § 73 Abs. 3 StGB **Eigentümer** oder **Rechtsinhaber** des Gegenstandes ist, auf den sich die Anordnung erstreckt,[46] soweit dieser nicht herrenlos ist. 22

Danach liegt den verschiedenen Möglichkeiten, einen Verfall auszusprechen, folgende Struktur zugrunde: Treffen das „Erlangen" des Gegenstandes im Sinne von tatsächlicher Verfügungsgewalt und die Berechtigung daran im Sinne von Gehören in der Person des Tatbeteiligten zusammen, so kann der Verfall nach § 73 Abs. 1 S. 1 StGB nur diesem gegenüber ausgesprochen werden.[47] Treffen dieselben Voraussetzungen bei einer dritten, tatunbeteiligten Person 23

---

[41] Die Möglichkeit, mit einem Antrag die Aufhebung der Sicherstellungsmaßnahme zu fordern, weil deren Voraussetzungen nachträglich weggefallen sind, folgt daraus, dass das Gericht bereits von sich aus zu einer Aufhebung verpflichtet ist, sodass der Antrag als „Minus" jederzeit möglich sein muss. Es handelt sich weder um eine Beschwerde, da die gerichtliche Anordnung nicht wegen Rechtswidrigkeit angefochten wird, noch um einen Antrag nach § 111 e Abs. 2 S. 3 StPO, der allein für nichtrichterliche Anordnungen der Staatsanwaltschaft bzw. ihrer Ermittlungspersonen gilt. Für Arrestprüfung analog § 117 Abs. 1 StPO *Bach*, Dinglicher Arrest, S. 126, da der dingliche Arrest die „Untersuchungshaft für Geld" sei.
[42] Vgl. aus praktischer Sicht *Lenhard* Kriminalistik 1989, 612, 613 f.; *Steinke* Kriminalistik 1991, 297, 298 f.
[43] Zur Ausnahme bei § 73 Abs. 4 s. Rdnr. 135 ff.
[44] Das gilt auch für den Wertersatzverfall nach § 73 a S. 1 2. Var. StGB, da für die Frage, ob der Wert eines Gegenstandes für verfallen erklärt werden kann, zunächst ermittelt werden muss, wer den Originalgegenstand erlangt hat.
[45] OLG Hamburg Urt. v. 5.5.1971 – 1 Ss 5/71 – NJW 1971, 1999; LK/*Schmidt* § 73 Rdnr. 29.
[46] BGH Urt. v. 26.5.1995 – 4 StR – 266/95 NStZ 1995, 540; BGHR StGB § 73 Anspruch 3; BGHSt 31, 145, 147 f. = NJW 1983, 636; Schönke/Schröder/*Eser* § 73 Rdnr. 19 f.
[47] S. u. Rdnr. 29 ff. Da der Täter eines Vermögensdelikts regelmäßig nicht Eigentümer der Tatobjekte wird, ist in diesen Konstellationen der Verfall von vornherein unmöglich, ohne dass es auf die Verfallssperre gem. § 73 Abs. 1 S. 2 StGB ankäme, *Wallschläger* Verfallsvorschriften S. 74.

zusammen, kommt nur ein Drittempfängerverfall nach § 73 Abs. 3 StGB in Betracht.[48] Sind die beiden Voraussetzungen hingegen auf zwei verschiedene Personen verteilt oder ist dies nicht auszuschließen, d.h. fallen die tatsächliche Verfügungsmacht eines Tatbeteiligten einerseits und das Recht am Gegenstand bei einem Dritten andererseits auseinander, verbleibt nur die Möglichkeit der Anordnung des Verfalls nach § 73 Abs. 4 StGB.[49]

24 Damit handelt es sich bei diesen drei Merkmalen (Erlangen, Gehören, Personenidentität) um zentrale Voraussetzungen des Verfalls, deren Vorliegen bereits im Ermittlungsverfahren ganz wesentlich über die Rechtmäßigkeit der sicherstellenden Maßnahme entscheidet und die die Verteidigung daher besonders sorgfältig überprüfen muss.

25 **a) Eigentumsverhältnisse und Rechtsinhaberschaften an dem durch die Tat erlangten Etwas.** Ermittlungsorgane neigen häufig dazu, von ihnen ermittelte Vermögensgegenstände demjenigen rechtlich zuzuordnen, der die scheinbare Verfügungsgewalt darüber inne hat. Wie bereits gezeigt, handelt es sich dabei aber um zwei voneinander zu trennende Merkmale,[50] bei denen der Verfügungsgewalt nur eine Indizfunktion für die Rechtsinhaberschaft zukommt. Insbesondere dann, wenn die vermeintlichen Tatbeteiligten für Personengesellschaften oder juristische Personen gehandelt haben, bei denen wenig transparente Beteiligungsstrukturen bestehen, bedarf die Frage der Rechtsinhaberschaft genauester Analyse.[51]

Beispiel:
26 Richtet sich etwa der Verdacht der Bestechlichkeit im geschäftlichen Verkehr nach § 299 Abs. 1 StGB gegen den Geschäftsführer einer personen- und beteiligungsgleichen GmbH & Co. KG,[52] so ist nicht sofort ersichtlich, ob der etwa in Geld bestehende Vorteil im Sinne der Vorschrift in das Eigentum des Geschäftsführers selbst, der KG, der GmbH oder gar der Gesellschafter der GmbH bzw. der Kommanditisten der KG übergegangen ist.[53]

27 Diese Frage ist bereits im Stadium des Ermittlungsverfahrens relevant, auch wenn es nach § 73 e Abs. 1 StGB für den Originalverfall nach § 73 Abs. 1 S. 1 StGB darauf ankommt, dass der Gegenstand dem Betroffenen im Zeitpunkt der Rechtskraft des Urteils gehört.[54] Denn die Beschlagnahme eines Gegenstands nach den §§ 111 b Abs. 1, 111 c Abs. 1 StPO ist rechtswidrig, wenn die Voraussetzungen des § 73 StGB nicht vorliegen. Gehört die Sache nämlich nicht dem Tatverdächtigen, bei dem sie beschlagnahmt worden ist, sondern einem Dritten, d.h. einer natürlichen oder juristischen Person, oder ist sie einem rechtlich verselbständigten Vermögen (OHG, KG, Außen-GbR) zuzuordnen, so müssen zusätzlich entweder die Voraussetzungen des § 73 Abs. 3 StGB oder die des § 73 Abs. 4 StGB vorliegen. Anderenfalls muss die Maßnahme auf einen Antrag nach § 111 e Abs. 2 S. 3 StPO bzw. auf die Beschwerde nach § 304 StPO hin aufgehoben werden.[55]

28 Ähnliches gilt auch für Maßnahmen in Vollziehung des dinglichen Arrests nach den §§ 111 b Abs. 2, 111 d StPO, die den späteren Ausspruch von Wertersatzverfall sichern sollen. Zwar gilt die Vorschrift des § 73 e StGB im Falle des Wertersatzverfalls nach § 73 a StGB nicht,[56] weil beim Wertersatzverfall kein Gegenstand für verfallen erklärt, sondern ein Zahlungsanspruch

---

[48] S. u. Rdnr. 108 ff.
[49] S. u. Rdnr. 132 ff. Ist der Tatbeteiligte vor Anordnung des Verfalls verstorben und das Eigentum an verfallbaren Gegenständen auf seinen tatunbeteiligten Erben übergegangen, kann der Verfall nicht ausgesprochen werden, weil keine der aufgezeigten Konstellationen vorliegt; zust. OLG Frankfurt/M. Beschl. v. 10.10.2005 – 3 Ws 860/05 – NStZ-RR 2006, 39, 40; s.a. *Sedemund* DB 2003, 323, 324 f.
[50] Das beachtet auch die Kommentarlit. nicht immer, vgl. etwa *Tröndle/Fischer* § 73 Rdnr. 10.
[51] S.a. Schönke/Schröder/*Eser* § 73 Rdnr. 35 sowie BVerfG Beschl. v. 14.6.2004 – 2 BvR 1136/03 (3. Kammer) – StV 2004, 409, 411 – „Falk" und BVerfG Beschl. v. 3.5.2005 – 2 BvR 1378/04 – WM 2005, 1191, 1193 (zur Abgrenzung von § 73 Abs. 1 und 3 StGB); zur Frage, wer Adressat der Verfallsanordnung in einem Unternehmensverbund ist bzw. nach einer Unternehmensumwandlung in Anspruch genommen werden kann, vgl. *Sedemund* DB 2003, 323 ff.
[52] Das bedeutet, dass sowohl an der GmbH als auch an der KG dieselben Gesellschafter zu gleichen Teilen beteiligt sind, vgl. *Baumbach/Hopt* HGB Anh. § 177 a Rdnr. 6.
[53] S. dazu *Hellerbrand* wistra 2003, 201, 202.
[54] LK/*Schmidt* § 73 e Rdnr. 7.
[55] S. zur Anfechtbarkeit strafprozessualer Maßnahmen eingehend Rdnr. 343 ff.
[56] LK/*Schmidt* § 73 Rdnr. 2.

des Staates begründet wird.[57] Vollstreckt die Behörde nach § 111 d Abs. 2 StPO i.V.m. den §§ 928, 803 ff. ZPO aber zur Sicherung dieses Anspruches in Gegenstände, die nicht dem in Aussicht genommenen Verfallsbetroffenen gehören, sind die Maßnahmen wegen vorrangiger Rechte Dritter auf „Betreiben" des Berechtigten hin aufzuheben, so dass die Sicherungswirkung „ins Leere" geht.

b) Vermögensgegenstände des Beteiligten, § 73 Abs. 1 S. 1, Abs. 2 StGB. Ist aufgrund sorg- 29 fältiger Ermittlungen davon auszugehen, dass ein beschlagnahmter Gegenstand dem Beschuldigten selbst gehört, muss beim Originalverfall nach § 73 Abs. 1 S. 1 StGB hinzukommen, dass der Beschuldigte den Gegenstand aus der mutmaßlichen Straftat erlangt hat. Ist in Vollziehung des dinglichen Arrests ein Gegenstand des Beschuldigten zur Sicherung des Wertersatzverfalls nach § 73 a StGB gepfändet worden, muss der Beschuldigte zwar auch etwas aus einer Straftat erlangt haben. Der gepfändete Gegenstand und das erlangte Etwas können aber nicht identisch sein, da das „Etwas" entweder in unkörperlicher Form, d.h. gegenstandslos, erlangt wurde, § 73 a S. 1, 1. Fall StGB, oder aber der ursprünglich erlangte Gegenstand verbraucht, zerstört usw. wurde, § 73 a S. 1, 2. Fall StGB.

aa) Der aus der Tat unmittelbar erlangte Vermögensvorteil. Bei der Prüfung, ob ein Beschul- 30 digter etwas aus der Tat, an der er beteiligt gewesen sein soll, oder etwas für diese erlangt hat, sind zwei Punkte streng auseinander zu halten: Zunächst geht es darum, das **erlangte Etwas** zu identifizieren, da dessen Form über Original- bzw. Wertersatzverfall und damit über die richtige strafprozessuale Sicherstellungsmaßnahme entscheidet. Erst in einem zweiten Schritt geht es um die genaue Bestimmung des **Umfangs**.[58] Die Unterscheidung ist insbesondere vor dem Hintergrund der in ihrer beweiserleichternden Wirkung nicht zu unterschätzenden Vorschrift des § 73 b StGB wichtig. Danach ist eine Schätzung allein hinsichtlich des Umfangs bzw. Werts des erlangten Etwas zulässig, nicht aber für die Frage, ob und ggf. was durch die Tat erlangt worden ist.[59]

(1) Die Bestimmung des erlangten Etwas beim Original- und Wertersatzverfall. Unter 31 dem erlangten Etwas versteht man ähnlich weit wie bei dem entsprechenden Merkmal der Bereicherungsvorschriften der §§ 812 ff. BGB **jede Position, die einen Vermögenswert hat und dem Täter unmittelbar aus der Verwirklichung des Tatbestandes selbst in irgendeiner Phase des Tatablaufs zufließt** (insbes. die Beute).[60] Es kann sich dabei um eine Rechtsposition handeln, wie etwa Eigentum an einer Sache, eine Forderung, die Befreiung von einer Verbindlichkeit,[61] oder aber um eine faktische Besserstellung, wie z.B. die Erlangung bloßen Besitzes,[62] eines Nutzungs- oder Gebrauchsvorteils[63] oder etwa die Erlangung eines Softwareentwicklungsprodukts.

---

[57] NK/*Herzog* § 73 a Rdnr. 6.
[58] So deutlich BGHSt 47, 260, 269 = NJW 2002, 2257, 2259 f.: „Die Bestimmung des Vorteils ist ... der Bestimmung seines Umfangs logisch vorgelagert"; zust. Anm. von *Odenthal* wistra 2002, 338 und *Wohlers* JR 2003, 160, 161 f.; ebenso OLG Hamburg Beschl. v. 10.12.2004 – 1 Ws 216/04 – NJW 2005, 1383, 1385; eingehend zum Problem *Hohn* wistra 2003, 321, 322 ff., der zutreffend darauf hinweist, dass bei richtiger Anwendung die von der Rspr. betonte Leistungsfähigkeit des Bruttoprinzips in Frage gestellt ist, weil ein Großteil der Ermittlungsschwierigkeiten bereits auf der Ebene der Bestimmung des erlangten Etwas entstehen und sich damit zahlreiche Ansatzpunkte für eine erfolgreiche Verteidigung ergeben können.
[59] S. zur Schätzung näher Rdnr. 391 ff.
[60] BGH Urt. v. 22.10.2002 – 1 StR 169/02 – NStZ-RR 2003, 10.
[61] Schönke/Schröder/*Eser* § 73 Rdnr. 6.
[62] BGH Urt. v. 12.8.2003 – 1 StR 127/03 – NStZ 2004, 440: ausreichend ist vorübergehender Besitz (bei einem Betäubungsmittelkurier). *Odenthal* NStZ 2006, 14, 16 f. meint, bei der Veranstaltung eines unerlaubten Glücksspiels i.S.d. § 284 StGB sei erlangtes „Etwas" lediglich die nach Beendung des Spiels verbleibende Einnahme des Veranstalters, nicht aber der Spieleinsatz. Es könne wertungsmäßig keinen Unterschied machen, ob der Einsatz dem Veranstalter überhaupt erst bei Verlust des Spiels durch den Spieler zufließe (Roulette) oder ob der Veranstalter auf den Einsatz nur wenige Sekunden (Geldspielgeräte) bzw. wenige Tage (Sportwette) Zugriff habe und diesen ggf. als Teil des Spielgewinns zurückgeben müsse. Diese Ansicht erscheint deshalb problematisch, weil schon beim Roulette der Veranstalter (vermittelt durch seine Angestellten) Besitz – wenn nicht gar Eigentum – an den eingesetzten Jetons erlangt („rien ne va plus").
[63] S. zu der Frage des erlangten Etwas bei verbotenen Umweltnutzungen Rdnr. 61 ff.

Beispiel:

32 Gegen A wird wegen Bestechlichkeit in drei Fällen ermittelt. Als Gegenleistung für eine nicht an wirtschaftlichen Kriterien orientierte Auftragsvergabe soll er ein Grundstück mit Ferienhaus in der Nähe von Siena erhalten haben (Etwas = Eigentum, verfallbar nach § 73 Abs. 1 S. 1 StGB). Im zweiten Fall soll ihm ein Jahr lang die Mercedes S-Klasse des Unternehmens zur Verfügung gestanden haben, weil er bei einer umweltrechtlichen Prüfung „ein Auge zugedrückt habe" (Etwas = Nutzung, verfallbar nach den §§ 73 Abs. 1 S. 1, 73 a S. 1, 1. Fall). Schließlich soll ihm in einem dritten Fall von einem Bauunternehmen, das zu jedermanns Erstaunen den Auftrag für die Fassadenrenovierung am Rathaus erhalten hatte, Rechnungsbeträge i.H.v. € 24.000,- erlassen worden sein, die durch den lange vorher in Auftrag gegebenen Bau eines Swimmingpools im Garten des A entstanden waren (Etwas = Aufhebung einer Verbindlichkeit, verfallbar nach den §§ 73 Abs. 1 S. 1, 73 a S. 1, 1. Fall).

33 Stets muss damit jedoch ein Vermögenswert erlangt werden; immaterielle Güter genügen nicht.[64] Allerdings dürfte das Erfordernis des erlangten vermögenswerten Etwas kaum Filterwirkung zeigen, da nahezu sämtliche vermeintlich immateriellen Güter wegen ihrer Knappheit einen Marktpreis haben. Auch die für die im Rahmen der Bestechungsdelikte erstrebten oder erhaltenen Vorteile angeführten Beispiele immaterieller Art wie die Einladung zu einer Jagd oder die Gewährung von Geschlechtsverkehr[65] haben einen Vermögenswert, da man beides gegen Geld erhalten kann und sich dafür auch ein Marktpreis bestimmen lässt.[66] Als tatsächlich immateriell aus Straftaten erlangbare Vorteile bleiben wohl nur der Fall einer nach § 240 StGB strafbar abgenötigten Erteilung des Segens durch einen Geistlichen oder die Besserstellung eines anderen durch Vereitelung der gegen ihn gerichteten Strafverfolgung nach § 258 Abs. 1 StGB, sofern die vereitelte Maßnahme nicht eben in einem Verfall besteht.

34 Da dem Tatbeteiligten die „Früchte" seiner Tat durch den Verfall als einer quasi-konditionellen Ausgleichsmaßnahme entzogen werden sollen,[67] kommt es auf etwaige Beschränkungen durch den nicht unumstrittenen strafrechtlichen Vermögensbegriff nicht an. Dafür spricht auch die durch die Einführung des sog. Bruttoprinzips 1992[68] erfolgte Annäherung des Wortlauts des § 73 Abs. 1 S. 1 StGB an den des § 812 Abs. 1 S. 1 BGB.

35 Da das erlangte Etwas – wie gezeigt – auch in einer lediglich faktischen Besserstellung bestehen kann, die nur unkörperlich vorliegt und wirtschaftlich erst durch Saldierung des gesamten Vermögens des Tatbeteiligten zu Tage tritt, wird das erlangte Etwas ebenso wenig durch die beim Tatbeteiligten vorgefundenen und sichergestellten körperlichen Vermögenswerte begrenzt.[69]

36 *(a) Unmittelbar durch die Tat erlangt.* Allerdings kann nicht alles, was der Tatbeteiligte aus der Tat oder für diese erlangt, durch den Verfall abgeschöpft werden. Lediglich solche Vermögenswerte, die **unmittelbar erlangt** worden sind, können Gegenstand des Verfalls sein. Nur mittelbar, d.h. erst unter Einsatz des ursprünglich Erlangten erzielte Vermögensvorteile sind nur ausnahmsweise, unter den zusätzlichen Voraussetzungen des § 73 Abs. 2 StGB, abschöpfbar.[70]

37 Eine besonders sorgfältige Prüfung durch die Verteidigung kann an dieser Stelle bereits viel bewirken, wie sich aus der neueren höchstrichterlichen Rechtsprechung entnehmen lässt: Neben der wohl eher selten auftretenden Situation, dass der Tatbeteiligte mit den ursprünglich aus der Tat erlangten Geldmitteln bei einem Glücksspiel Gewinne erzielt, die ihrerseits nicht dem Verfall unterliegen,[71] spielen hier insbesondere solche Fälle eine Rolle, in denen zu-

---

[64] *Tröndle/Fischer* § 73 Rdnr. 7. Dabei ist zu beachten, dass lediglich erzielbare Vermögenszuwächse nicht für verfallen erklärt werden können, sie müssen tatsächlich erlangt sein, vgl. BGH Beschl. v. 18.10.2000 – 3 StR 393/00 – NStZ-RR 2001, 82; BGH Beschl. v. 21.2.2002 – 5 StR 20/02 – StV 2002, 485; BGH Beschl. v. 11.10.2005 – 1 StR 344/05 – NStZ-RR 2006, 39.
[65] Vgl. etwa Schönke/Schröder/*Cramer* § 331 Rdnr. 19.
[66] S. zum Wert der Gewährung von Geschlechtsverkehr BGH Urt. v. 29.3.1994 – 1 StR 12/94 – StV 1994, 527.
[67] Vgl. *Eser*, Strafrechtlichen Sanktion, S. 286 und passim. Die Frage, ob durch die Einführung des Bruttoprinzips der konditionelle Charakter des Verfallsrechts verändert worden ist, betrifft allein den Umfang des erlangten Etwas, s. dazu Rdnr. 41 ff.
[68] Durch das Gesetz zur Änderung des Außenwirtschaftsgesetzes, des Strafgesetzes und anderer Gesetze v. 28.2.1992, BGBl. I S. 372.
[69] BGH Urt. v. 27.3.2003 – 5 StR 434/02 – StraFo 2003, 283.
[70] S. dazu BGH Urt. v. 3.11.2005 – 3 StR 183/05 – wistra 2006, 226, 227 sowie Rdnr. 99 ff.
[71] BGH Urt. v. 12.3.1996 – 4 StR 24/96 – NStZ 1996, 332.

nächst kein körperlicher und damit fassbarer Gegenstand erlangt wird, sondern ein Nutzungs- oder Gebrauchsvorteil im weitesten Sinne, dessen Wert der Tatbeteiligte erst später durch ein Geschäft realisiert. So hatte in einem 2002 vom BGH entschiedenen Fall[72] die Staatsanwaltschaft den Standpunkt vertreten, der Täter einer Bestechung, der durch diese die Änderung eines Bebauungsplanes hatte erreichen können, habe aus dieser Tat den gesamten Erlös für die nach Änderung des Bebauungsplanes erfolgten Veräußerung der – zuvor preiswert erworbenen – Grundstücke erlangt. Schaut man – wie der BGH – genauer hin, so hatte der Täter nicht den realisierten Wert der Grundstücke erlangt, sondern nur die Wirkung der Bebauungsplanänderung in seinem Vermögen und damit eine **Gewinnchance**.[73] Diese Gewinnchance ist aber nur genau so viel wert wie die Differenz zwischen dem niedrigeren Erwerbspreis und dem höheren Veräußerungserlös der Grundstücke, da mit ihr lediglich eine Werterhöhung der im Geltungsbereich des Bebauungsplanes belegenen Grundstücke erzielt wird.[74] Was hier zunächst wie die Rückkehr zum Nettoprinzip aussieht,[75] weil sich der Wert des erlangten Etwas nur dadurch ermitteln lässt, dass man den Einkaufs- von dem Verkaufspreis abzieht, ist in Wirklichkeit die richtige, weil genaue Bestimmung des aus der Tat erlangten Etwas. In der gleichen Weise erlangt auch der unter Begehung einer Urkundenfälschung in das Gebiet der Bundesrepublik illegal Eingereiste nicht den Verdienst, den er durch eine Beschäftigung während seines illegalen Aufenthalts erzielt hat,[76] sondern nur die Einreise selbst, die – will man ihr überhaupt einen Wert beimessen – allerhöchstens den Preis wert ist, den der Eingereiste an den Schleuser entrichten musste.

Seine Auffassung, dass auch die Einführung des sog. Bruttoprinzips das Tatgericht nicht davon entbindet, das erlangte Etwas zu bestimmen, **bevor** dessen Umfang unter Zuhilfenahme des Bruttoprinzips ermittelt wird, hat der 5. Strafsenat des BGH in einer erst kürzlich ergangenen Entscheidung im Strafverfahren um den sog. **Kölner Müllskandal** bekräftigt. Nachdem zwischenzeitlich sowohl das OLG Thüringen als auch das OLG Köln die Ansicht vertreten hatten, der Täter einer Bestechung, die in einem von der öffentlichen Hand betriebenen Vergabeverfahren mit dem Ziel des Vertragsschlusses begangen wird, erlange aus dieser Tat den späteren Honoraranspruch gegen die öffentlich-rechtliche Körperschaft,[77] hat der BGH nun klargestellt, dass in solchen Fällen unmittelbar der später vergebene Auftrag erlangt werde.[78] Begrüßenswerterweise hat er auch der Versuchung widerstanden, die gesamte Auftragssumme abzuschöpfen – der Wert des erlangten Auftrags soll sich nach dem erwarteten bzw. nach dem branchenüblichen Gewinn richten.[79] Bei genauerer Betrachtung muss allerdings festgestellt werden, dass der BGH mit dieser Aussage seine 2002 begründete Rechtsansicht nicht konsequent fortsetzt: Zum einen wird aus einer Bestechung im Rahmen eines Vergabeverfahrens unmittelbar nicht der Auftrag erlangt. Der Bestochene „verkauft" dem Bestechenden bzw. dessen Unternehmen in der Regel nicht die spätere Auftragsvergabe, sondern die Einflussnahme auf den Entscheidungsprozess, da er die abschließende Entscheidung zumeist gar nicht alleine trifft. Tatsächlich erlangt das am Vergabeverfahren beteiligte Unternehmen lediglich eine Verbesserung seiner bereits durch den Umstand der Abgabe des Angebots bestehenden Chance, bei der Vergabe berücksichtigt zu werden.[80] Besonders deutlich wird dies etwa in Verfahren, in denen auf einer ersten Stufe lediglich ein sog. „preferred bidder" bestimmt werden soll, mit

---

[72] BGHSt 47, 260 = NJW 2002, 2257 ff.
[73] Zur Bewertung von Gewinnchancen beim Verfall s. *Wohlers* JR 2003, 160, 162; *Hohn* wistra 2003, 321, 323 f.
[74] BGHSt 47, 260, 269 = NJW 2002, 2257, 2260; zust. *Randt* Steuerfahndungsfall E Rdnr. 322, 353; s.a. die Bespr. von *Hohn* wistra 2003, 321, 322 ff.
[75] So die Ansicht der Staatsanwaltschaft in dem Fall, vgl. BGHSt 47, 260, 269 = NJW 2002, 2257, 2259 f.
[76] Vgl. OLG Frankfurt Beschl. v. 24.10.2001 – 2 Ss 316/01 – StV 2002, 308, 309.
[77] OLG Thüringen Beschl. v. 27.7.2004 – 1 Ws 234 – 236/04 – wistra 2005, 114, 115; OLG Köln Beschl. v. 8.8.2003 – 2 Ws 433/03 – ZIP 2004, 2013 (nur teilw. Abdruck).
[78] BGH Urt. v. 2.12.2005 – 5 StR 119/05 – NStZ 2006, 210, 212; ebenso schon *Sedemund* DB 2003, 323, 326 f.; *ders.* DB 2004, 2256, 2257: „legaler, nicht strafbemakelter Auftrag, belastet mit der Gegenleistung". zust. auch *Wehnert/Mosiek* StV 2005, 568, 574.
[79] BGH Urt. v. 2.12.2005 – 5 StR 119/05 – NStZ 2006, 210, 212 (im Anschluss an *Sedemund* DB 2003, 323, 326 f.).
[80] *Hohn* wistra 2003, 321, 323 f.

dem dann in einer zweiten Stufe über die Vertrags- und Preisgestaltung verhandelt wird, die nicht automatisch in einem Vertragsschluss enden muss. Wer hier in der ersten Stufe besticht, um Mitbewerber aus dem Rennen zu werfen, erlangt ganz offensichtlich nicht den Auftrag. Zum anderen scheint sich der 5. Strafsenat seiner Aussage über das aus der Bestechung Erlangte selbst nicht ganz sicher zu sein, wenn er einerseits den wirtschaftlichen Wert des Auftrags in einem klaren Verstoß gegen das Bruttoprinzip nach dem erwarteten Gewinn bzw. einem branchenüblichen Gewinn bestimmt, andererseits eindeutig lediglich mittelbar in das Vermögen des Bereicherten gelangte Vorteile bei der Abschöpfung berücksichtigen will: So sollen „die konkrete Chance auf Abschluss von Wartungsverträgen für eine errichtete Anlage oder von sonstigen Folgegeschäften durch Aufbau einer Geschäftsbeziehung, die Chance zur Erlangung weiterer Aufträge für vergleichbare Anlagen, die Steigerung des wirtschaftlich werthaltigen „goodwill" eines Unternehmens durch Errichtung eines Prestigeobjekts für einen renommierten Auftraggeber, die Vermeidung von Verlusten durch Auslastung bestehender Kapazitäten oder die Verbesserung der Marktposition durch Ausschalten von Mitwettbewerbern" dazu zählen.[81] Auch wenn unklar bleibt, ob der Senat diese Vorteile als gegenüber dem Auftrag selbständige Vermögensvorteile ansieht oder mit ihrer Hilfe lediglich den Wert des Auftrags bestimmen will, so wird doch deutlich, dass damit teilweise eine wirtschaftliche Doppelverwertung desselben Vorteils stattfindet, und teilweise entgegen dem eigenen Anspruch des Senats bloß mittelbare Vorteile Berücksichtigung finden. Dunkel bleibt auch, warum der BGH die gezahlte Bestechungssumme als Indiz für einen **über den Gewinn hinausgehenden** Marktpreis des Auftrags meint ansehen zu können.[82] Tatsächlich hätte für den BGH aller Anlass bestanden, der Frage nachzugehen, ob sich der Marktpreis des Auftrags nicht allein nach der von den Teilnehmern auf dem Markt käuflicher Auftragsvergaben bestimmten Knappheit dieses Gutes ergibt und sich danach ausschließlich nach dem Preis bestimmt, den der Bestechende bereit ist zu bezahlen und für der den Bestochene bereit ist, die Gegenleistung der Einflussnahme zu „liefern".[83]

39 Soweit das Gesetz fordert, dass der Tatbeteiligte den Vermögenswert **für die Tat erlangt** haben muss, ist damit gemeint, dass er ihn als Gegenleistung für die Tatbegehung erhalten hat im Gegensatz zum Erlangen nur gelegentlich einer Tat.[84] Typische Fälle sind der bei einer „Bestechung" gewährte Vorteil i.S.d. §§ 331 ff.[85] und § 299 StGB sowie der vom Anstifter als Tatanreiz gewährte Lohn.[86] Dabei ist es allerdings nicht erforderlich, dass das für die Tat erlangte Etwas einem Tatbestandsmerkmal des (mutmaßlich) verletzten Strafgesetzes entspricht. „Tat" in § 73 Abs. 1 S. 1 StGB meint vielmehr Tat im prozessualen Sinne des § 264 StPO,[87] die allerdings zugleich die Merkmale des § 11 Abs. 1 Nr. 5 StGB aufweisen muss.[88]

40 In den Fällen, in denen der Tatbeteiligte etwas aus einer Tat erlangt haben muss, vertritt die Rechtsprechung unter Erweiterung des Wortlauts des § 73 Abs. 1 S. 1 StGB die Ansicht, dass bei mehreren gemeinschaftlich angeklagten und festgestellten prozessualen Taten nicht feststehen müsse, aus welcher dieser Taten der Angeklagte das Etwas erlangt hat, solange nur

---

[81] BGH Urt. v. 2.12.2005 – 5 StR 119/05 – NStZ 2006, 210, 213 (ebenfalls im Anschluss an *Sedemund* DB 2003, 323, 328).

[82] BGH Urt. v. 2.12.2005 – 5 StR 119/05 – wistra 2006, 96, 101 f. (insoweit in NStZ 2006, 210 nicht mitabgedr.). Indizwirkung soll die Bestechungssumme eigenartigerweise auch nur haben, wenn sie dem erwarteten Gewinn entnommen und nicht im kollusiven Zusammenwirken mit dem Auftraggeber auf den branchenüblichen Gewinn aufgeschlagen wird.

[83] So schon *Hohn* wistra 2003, 321, 324.

[84] BGH Beschl. v. 29.8.2002 – 3 StR 287/02 – StV 2003, 160; BGH Urt. v. 22.10.2002 – 1 StR 169/02 – NStZ-RR 2003, 10; BGH Urt. v. 2.12.2005 – 5 StR 119/05 – NStZ 2006, 210, 212; Schönke/Schröder/*Eser* § 73 Rdnr. 8.

[85] Vgl. BGHSt 33, 37 ff. = NJW 1985, 752 f.; 30, 46 ff. = NJW 1981, 1457 f.; BGHSt 47, 260, 268 = NJW 2002, 2257, 2259; BGH Urt. v. 5.5.2004 – 5 StR 139/03 – NStZ-RR 2004, 242, 244; differenzierend *Rengier* JR 1985, 249 f.; abl. *Mayer* NJW 1983, 1300, 1301 f.; ausf. zum Erlangten bei Bestechungsdelikten *Husberg* Verfall S. 119 ff.

[86] Vgl. BGH Beschl. v. 6.11.1984 – 4 StR 579/84 (zum Lohn des gedungenen Mörders); ebenso *Kindhäuser/Wallau* NStZ 2003, 152 f.

[87] BGHSt 28, 369 = NJW 1979, 1942; BGH Beschl. v. 5.8.1981 – 2 StR 228/81 – StV 1981, 627.

[88] Vgl. LK/*Schmidt* § 73 Rdnr. 15.

eine dritte Möglichkeit der Herkunft sicher ausgeschlossen ist.[89] Diese Rechtsauffassung birgt Gefahren für den Betroffenen. Insbesondere im Bereich der Betäubungsmittelkriminalität, bei der z. T. Hunderte von Taten zusammen angeklagt und dabei die Angaben zu den daraus angeblich erzielten Einnahmen und den gehandelten Mengen häufig durch bloße Hochrechnung von wenigen sicher nachgewiesenen Taten gewonnen werden, darf sich die Verteidigung hinsichtlich der Höhe sichergestellter Vermögenswerte nicht mit dem Hinweis der Ermittlungsbehörde begnügen, es könne dahinstehen, aus welcher der vermuteten Taten das erlangte Etwas stammt. Hier sollte man mit dem Hinweis darauf, dass Beweiserleichterungen überhaupt nur beim erweiterten Verfall nach § 73 d StGB gestattet seien, eine „tatgenaue" Ermittlung und Berechnung des erlangten Etwas einfordern und sich auch nicht, wie teilweise üblich, mit dem Angebot eines Sicherheitsabschlags zufrieden geben.[90]

(b) Umfang des erlangten Etwas und Bruttoprinzip. Steht fest, dass der Tatbeteiligte aus der Tat oder für diese etwas erlangt hat, schließt sich die Frage nach dessen **Umfang** an.[91] Der Gesetzgeber hat 1992 den Wortlaut des § 73 Abs. 1 S. 1 StGB geändert und aus dem ursprünglichen „Vermögensvorteil" das heutige „Etwas" gemacht. Damit wurde der Gesetzgeber nach eigener Aussage das bis dahin für die Berechnung des erlangten Vermögenswertes geltende Nettoprinzip durch ein Bruttoprinzip abgelöst. Danach darf der Tatbeteiligte Aufwendungen, die er für den illegalen „Erwerb" des Vermögensvorteils getätigt hat, von diesem nicht mehr abziehen.[92] Obwohl diese Änderung im Wesentlichen dem Ziel einer Vereinfachung der Anwendung der Verfallsvorschriften dienen sollte[93] und damit eine Beweiserleichterung darstellt, die bei Rechtsanwendern auf Seiten der Strafverfolgungsbehörde wegen dieser Eigenschaft größtenteils freundliche Aufnahme gefunden hat,[94] besitzt der Prüfungspunkt des Umfangs des „Etwas" unter dem Aspekt der **Verteidigungsrelevanz** eine nicht zu unterschätzende Bedeutung, die bereits bei der Sicherstellung beachtet werden muss, da sich eine fehlerhafte Berechnung des Umfangs unmittelbar im Umfang der sichergestellten Vermögenswerte niederschlägt. 41

Bis 1992 mussten die Strafverfolgungsorgane unter dem Regime des **Nettoprinzips** nach der Feststellung, dass der Tatbeteiligte durch eine vermutlich begangene Straftat etwas erwirtschaftet hatte, umständlich ermitteln, ob und in welcher Höhe im Zuge der Vorbereitung oder Begehung der Tat Kosten aufgewendet worden waren, um nach deren Abzug vom Bruttoerlös den tatsächlichen Gewinn zu errechnen. So genügte es für eine Sicherstellung von Vermögenswerten nicht, wenn zur Überzeugung der Staatsanwaltschaft feststand, dass der des unerlaubten Handel treibens mit Betäubungsmitteln verdächtige Beschuldigte durch die nach § 29 a BtMG strafbaren Taten einen Veräußerungserlös in bestimmter Höhe erzielt hatte. Vielmehr musste ebenfalls ermittelt werden, zu welchem Preis der Beschuldigte die Waren zuvor erworben hatte oder im Falle, dass er sie – wie bei synthetischen Betäubungsmitteln – zuvor selbst hergestellt hatte, wie hoch die Kosten für die Ausgangsstoffe und die benötigten Produktionsapparaturen waren.[95] 42

Dabei mussten bei den Aufwendungen wiederum die voll abzugsfähigen Kosten, die ausschließlich von der verfolgten Tat veranlasst waren, von solchen, nur teilweise oder überhaupt nicht in Ansatz zu bringenden Kosten getrennt werden, die ohnehin – d.h. auch ohne die Tat – entstanden wären (sog. Fix- oder Generalkosten).[96] So konnte z.B. der Unternehmer, der seine Kiesgrube nach ihrer Ausbeutung in formaler „Erfüllung" seiner Rekultivierungspflicht unzulässigerweise mit Müll und Bauschutt auffüllte, indem er Dritten gegen ein Entgelt gestattete, ihren Abfall dort abzulagern, die Kosten der Planierung des Abfalls nicht von dem eingenom- 43

---

[89] BGHR StGB § 73 Vorteil 5; BGH Urt. v. 4.6.2003 – 5 StR 30/03 – NStZ 2004, 400.
[90] Vgl. zu dieser Praxis *Podolsky* DPolBl 2000, 2, 3 f.
[91] Zu den Besonderheiten der Bestimmung des Umfangs beim Wertersatzverfall s. Rdnr. 61 ff.
[92] Statt vieler BGH Urt. v. 19.11.1993 – 2 StR 468/93 – NStZ 1994, 123, 124; BGH Urt. v. 4.6.2003 – 5 StR 30/03 – NStZ 2004, 400.
[93] BT-Drucks. 12/989 S. 23.
[94] Siehe zuletzt wieder BGHSt 47, 369, 370 = NJW 2002, 3339, 3340 f.
[95] BGHR StGB § 73 Vorteil 1; bereits einschr. und der Einführung des Bruttoprinzips ein Stück weit vorgreifend BGHSt 36, 251, 252 = NJW 1989, 3165 f.
[96] S. dazu *Güntert* Gewinnabschöpfung S. 42 f; vertiefend *Schultehinrichs* Gewinnabschöpfung S. 21 ff.

menen Geld abziehen, da die Planierungskosten ohnehin bei einer zulässigen Auffüllung und Rekultivierung entstanden wären.[97]

44 Mit der Gesetzesänderung hat sich dieser Ermittlungsaufwand erheblich reduziert. Nun wird allein der Erlös einer Tat auf der jeweiligen Umsatzstufe betrachtet:

Beispiele:

45 • Haben die Beschuldigten durch unerlaubte Einfuhr und durch anschließendes Handeltreiben mit 1,2 t Cannabisharz unter Umgehung der Großhandelsstufe insgesamt € 850.000 als Verkaufspreis erzielt, wird in dieser Höhe auch sichergestellt. Der Einkaufspreis von € 190.000 kann davon nicht abgezogen werden. Es spielt auch keine Rolle, dass das Wohnmobil, in dessen Wandverkleidungen die Cannabisplatten als Marokko über Spanien nach Deutschland geschmuggelt worden sind, € 38.000 gekostet hat und für insgesamt € 1.800 zweimal hat repariert werden müssen. Ebenso finden die € 4.000 Schmiergelder für Zollbedienstete in Marokko keine Berücksichtigung wie auch die Kosten für Verpflegung und Benzin.

46 • Bei einer nach § 22 a Abs. 1 Nr. 7 Kriegswaffenkontrollgesetz strafbaren, weil unerlaubten Vermittlung eines Vertrages über die Lieferung von gepanzerten Truppentransportern etwa in die Demokratische Republik Kongo (RDC), für die der Beschuldigte € 12 Mio. erhalten hat, wird genau dieser Betrag sichergestellt, ohne dass berücksichtigt würde, dass der Beschuldigte für Reisen in die RDC € 25.000, für Geschenke an afrikanische Potentaten weitere € 67.000 und für seine Sekretärin anteilig € 12.000 ausgegeben hat.

47 • Hat der Beschuldigte auf seinem Grundstück neun Jahre lang ohne Genehmigung eine Deponie betrieben und dort insgesamt 15.000 t Industrieabfall für durchschnittlich € 50/t angenommen, werden, sofern noch möglich, € 750.000 sichergestellt, auch wenn die Kosten für einen Bagger, eine Planierraupe und zwei halbtags Beschäftigte sich auf insgesamt € 390.000 summieren.

48 Das **Bruttoprinzip** wird seit seiner Einführung von der strafrechtlichen Literatur heftig **kritisiert**. Im Wesentlichen wird daran moniert, dass es den Charakter des Verfalls als eines quasi-konditionellen Ausgleichsinstruments verändert und daraus eine Nebenstrafe gemacht habe.[98] Da auch der Brutto-Verfall nur eine rechtswidrige, aber nicht notwendig schuldhafte Tat voraussetzt, enthalte die Vorschrift des § 73 Abs. 1 S. 1 StGB einen Verstoß gegen das Schuldprinzip und die Unschuldsvermutung,[99] dem nur dadurch begegnet werden könne, dass man entweder das Merkmal des Etwas doch wieder im Sinne des Nettoprinzips interpretiere[100] oder auch[101] für den Verfall eine schuldhaft begangene Tat verlange und gleichzeitig den die Nettoerlösabschöpfung übersteigenden Teil des Verfalls bei der Strafzumessung berücksichtige.[102]

49 So berechtigt diese Kritik auch sein mag – unter dem Blickwinkel der **Verteidigung** waren diese dogmatischen Ausführungen **in der Praxis** bislang nicht geeignet, die Rechtsprechung zu überzeugen.[103] Hatte der BGH zunächst noch als Begründung dafür, dass sich an der Rechtsna-

---

[97] OLG Frankfurt Urt. v. 23.5.1986 – 2 Ss 130/86 – wistra 1988, 155, 156.
[98] S. nur Schönke/Schröder/*Eser* Vorbem. § 73 Rdnr.19; auch *Faure*, FS Eser, S. 1311, 1324 ff.; zur Gegenmeinung *Wallschläger* Verfallsvorschriften S. 24 ff. Dagegen zuletzt *Best* JR 2003, 337, 340 ff., der auch die über einen Nettoumfang hinausgehende Abschöpfung insb. wegen der Bemakelung der eingesetzten Vermögenswerte für einen konditionellen Ausgleich hält – insoweit soll sich der Bruttoverfall nicht vom Bereicherungsrecht der §§ 812 ff. BGB unterscheiden. Siehe eingehend zu dem Bemakelungsargument und seiner beweiserleichternden Funktion *Hohn* wistra 2003, 321, 326 f.
[99] *Eser*, FS Stree/Wessels, S. 833, 843 f.; *Hoyer* GA 1993, 407, 413 ff., 421.
[100] *Hoyer* GA 1993, 407, 422, der diese Rückführung unter Zuhilfenahme der Härteklausel des § 73 c StGB erreichen will; siehe dazu auch *Wolters* Verfallsvorschriften S. 95 ff., der eine Auslegung des § 73 StGB i. S. einer Nettoabschöpfung in Abhängigkeit von dem durch die Straftat verletzten Rechtsgut zu begründen versucht; *Sedemund* DB 2003, 323, 326 f. sieht bei durch Bestechung erlangten Verträgen die vom Täter zu erbringende Gegenleistung ebenfalls als „Teil des Erlangten" und gelangt auf diesem Wege wieder zu einer Nettoerlösabschöpfung.
[101] Bei der Einziehung nach § 74 Abs. 1, Abs. 2 Nr. 1 StGB fordert das Gesetz eine schuldhaft begangene Tat des Eigentümers der Sache.
[102] *Eser*, FS Stree/Wessels, S. 833, 853; *Michalke*, in Money, money, money ..., S. 97 ff.
[103] BVerfG Beschl. v. 14.1.2004 – 2 BvR 564/95 – NJW 2004, 2073, 2077 f. (zu § 73 d StGB); BVerfG Beschl. v. 14.6.2004 – 2 BvR 1136/03 (3. Kammer) – StV 2004, 409, 410; BGHSt 47, 369, 371 ff. = NJW 2002, 3339 ff.; BGH Beschl. v. 13.12.2000 – 1 StR 547/00; BGH Urt. v. 1.3.1995 – 2 StR 691/94 – NJW 1995, 2235 f.; BGH Urt. v. 19.11.1993 – 2 StR 468/93 – NStZ 1994, 123, 124; zu § 29 a OWiG BayObLG Beschl. v. 19.6.1997 – 3 ObOWi 60/97 – NStZ-RR 1997, 339 f.

tur des Verfalls durch Einführung des Bruttoprinzips nichts geändert habe, angeführt, dass bei zahlreichen Deliktsformen typischerweise gar keine Aufwendungen entstünden,[104] vertritt er nunmehr ausdrücklich die Auffassung, dass das Bruttoprinzip für alle Deliktsarten gelte – auch für solche, bei denen der Tatbeteiligte oder Dritte i.S.d. § 73 Abs. 3 StGB typischerweise hohe Aufwendungen tätigt –, ohne dass der Verfall dadurch den Charakter einer Strafe erhalte.[105]

Daher scheint ein Verteidigungsansatz, der auf besonders **ungerechte Ergebnisse im Einzelfall** hinweist,[106] Erfolg versprechender als die Strategie, die generelle dogmatische Kritik an der Regelung vorzutragen. Dabei spielt insbesondere eine Rolle, dass die Verfallshöhe häufig weniger von dem erzielten illegalen Gewinn als vielmehr von den eingesetzten Eigenmitteln bestimmt wird: 50

Beispiel:
Wird etwa einem Aufsichtsratsmitglied einer AG vorgeworfen, einen nach den §§ 14, 38 WpHG bei Strafe verbotenen Insiderhandel begangen zu haben, indem er kurz vor der Bekanntgabe der Übernahme der AG von einer anderen Kapitalgesellschaft für € 18 Mio. Aktien der AG gekauft und diese nach Bekanntwerden der Übernahmeabsicht für € 24 Mio. wieder verkauft hat, so erscheinen die Sicherstellung und der nachfolgende Verfall von 24 statt € 6 Mio. als sehr ungerecht, wenn man bedenkt, wie nah in diesem Bereich das strafbare Ausnutzen von Insiderinformationen und das noch zulässige Ausnutzen geschäftlicher Erfahrung beieinander liegen. Dabei darf man nicht vergessen, dass die aufgewendeten € 18 Mio. rechtmäßig erworbenes Vermögen darstellen. In derart krassen Fällen scheint der nach dem Bruttoprinzip berechnete Verfall eher einer Vermögensstrafe zu gleichen, wie sie das BVerfG unlängst für verfassungswidrig erklärt hat.[107] 51

Die Auswüchse des Bruttoprinzips lassen sich aber noch weiter – nämlich ins Absurde – steigern:

Beispiel:
Steht der Beschuldigte in dem Verdacht, Arbeitnehmer illegal verliehen zu haben, so stellt sich seine Vermögenssituation hinsichtlich der Sicherstellung und des späteren Verfalls vorteilhafter dar, wenn er diesen Arbeitnehmern statt einer ordnungsgemäßen Entlohnung auch noch Hungerlöhne gezahlt hat.[108] Unter der Geltung des Bruttoprinzips wäre dem Täter also manchmal zu empfehlen, mehr kriminelle Energie an den Tag zu legen als für die Tatbestandserfüllung erforderlich ist. Da nämlich beide Verleiher die Löhne nicht als Aufwendungen von dem erhaltenen Erlös aus dem Überlassungsvertrag abziehen dürfen, fällt der Nachteil bei dem weniger Kriminellen deutlich belastender aus. Damit wird das Ziel des Verfalls, den Täter für die Strafe empfänglich zu machen und der Rechtsgemeinschaft zu zeigen, dass Straftaten sich im wahrsten Sinne des Wortes nicht lohnen, in sein Gegenteil verkehrt.[109] 52

Eine Verteidigungsposition lässt sich also dadurch aufbauen, dass man extrem ungerechte oder gar sinnwidrige Ergebnisse aufzeigt. Darüber hinaus ist zu berücksichtigen, dass eine Bruttoabschöpfung und -sicherstellung eigentlich überall dort nicht angezeigt ist, wo keinerlei Ermittlungs- und Beweisschwierigkeiten hinsichtlich der Aufwendungen bestehen, diese vielmehr bereits beim ersten Blick gleichsam ins Auge springen. Da der Hauptzweck des Bruttoprinzips in der Erleichterung des Nachweises zur Förderung des Einsatzes des Verfalls in der Praxis besteht, kann eine Nettoabschöpfung überall dort erfolgen, wo sich eine Beweiserleichterung erübrigt.[110] 53

---

[104] BGH Urt. v. 1.3.1995 – 1 StR 691/94 – NJW 1995, 2235.
[105] BGH Urt. v. 21.8.2002 – 1 StR 115/02 – NJW 2002, 3339 ff. Zur Widerlegung der vom BGH vorgetragenen Argumente *Hohn* wistra 2003, 321, 325 ff.
[106] Auf die Gefahr ungerechter Ergebnisse weisen auch Staatsanwälte hin, vgl. nur *Franzheim*, FS Gaul, S. 135, 143; *Franzheim/Pfohl* Umweltstrafrecht Rdnr. 650. Nach *Faure*, FS Eser, S. 1311, 1327, kann der obligatorische Verfall „gleichsam zu einem generalpräventiven over-kill führen"; s. aber BGH Urt. v. 21.8.2002 – 1 StR 115/02 – NJW 2002, 3339, 3341.
[107] BVerfG Urt. v. 20.3.2002 – 2 BvR 794/95 – NJW 2002, 1779 ff.
[108] Bsp. nach *Franzheim*, FS Gaul, S. 135, 143.
[109] Bsp. dieser Art ließen sich beliebig vermehren; s. dazu bei *Franzheim*, FS Gaul, S. 135, 145 f.; *Franzheim/Pfohl* Umweltstrafrecht Rdnr. 650.
[110] So auch *Ransiek* Unternehmensstrafrecht S. 123; s. aber nun BGH Urt. v. 21.8.2002 – 1 StR 115/02 – NJW 2002, 3339, 3340 f.: Das Bruttoprinzip rechtfertige sich insb. daraus, dass eine Nettoabschöpfung die Tatbegehung wirtschaftlich risikolos mache und daher geradezu einen Tatanreiz darstelle.

54　Im Zusammenhang mit dem oben aufgezeigten Beispiel der Spekulation mit Insiderpapieren am Kapitalmarkt ergibt sich ein **weiteres Problem der Bestimmung des Umfangs** des erlangten Etwas: Verändert man das Beispiel nämlich dahin gehend, dass das Aufsichtsratmitglied die von ihm bereits gehaltenen Aktien des „eigenen" Unternehmens kurz vor der Veröffentlichung einer ad-hoc-Mitteilung, die eine Umsatz- und Gewinnwarnung beinhaltet und daher den Kurs der Aktie in einem ohnehin unsicheren Börsenumfeld um 20 % fallen lässt, für € 9 Mio. veräußert, so fragt sich unter dem Gesichtspunkt der **Berücksichtigung rechtmäßiger hypothetischer Kausalverläufe**, ob tatsächlich der gesamte erlöste Betrag von € 9 Mio. sichergestellt und für verfallen erklärt werden darf. Das Aufsichtsratmitglied hätte nämlich rechtmäßigerweise das Aktienpaket nach dem Kurssturz für € 7,2 Mio. veräußern dürfen. Da im Strafrecht in der Diskussion unter dem Stichwort „Objektive Zurechnung" weitgehend anerkannt ist, dass sich eine Haftung des Tatbeteiligten für die Auswirkungen der Tat nur soweit erstreckt, wie sich das von ihm durch sein Verhalten gesetzte **unerlaubte Risiko** in den Folgen der Tat realisiert hat, dürften an sich nur € 1,8 Mio. sichergestellt werden.[111] Denn das unerlaubte Risiko besteht in der Ausnutzung eines Informationsvorsprungs vor den übrigen Marktteilnehmern, die nicht die Möglichkeit hatten, ihre Papiere vor der ad-hoc-Mitteilung zu veräußern. Dieser unerlaubte Informationsvorsprung realisiert sich bei der Veräußerung aber nur, soweit der erlöste Betrag das übersteigt, was andere Marktteilnehmer erlöst hätten.

55　Soweit ersichtlich, hat die Rechtsprechung zu diesem Problem im Verfallsrecht bislang nicht Stellung nehmen müssen. Für § 29 a OWiG wird die Berücksichtigung rechtmäßiger hypothetischer Kausalverläufe einhellig abgelehnt.[112] Bei der Abschöpfung des wirtschaftlichen Vorteils durch die Geldbuße nach § 17 Abs. 4 OWiG – in dessen Einzugsbereich das Nettoprinzip gilt – hingegen wird eine ganz ähnliche Problematik kontrovers diskutiert.[113] Was hier unter dem Stichwort „legaler Sockel" oder „legaler Tatanteil" erörtert wird, stellt trotz ansonsten allgemeiner Ablehnung der (negativen) Berücksichtigung hypothetischer Gewinne[114] im Grunde nichts anderes dar als die Beschränkung der Abschöpfung auf den Teil des Erlangten, der zurechenbar aus der rechtswidrigen Tat herrührt und damit eine Berücksichtigung eines hypothetischen Kausalverlaufs im Rahmen der objektiven Zurechnung.[115]

56　Gegen diese Art der Berechnung wird man zunächst einwenden wollen, dass das rechtmäßige hypothetische Alternativverhalten in dem Beispiel nicht in einer Veräußerung zum erlaubten Preis bzw. zum erlaubten Zeitpunkt bestehe, sondern im schlichten Unterlassen der verbotenen Veräußerung als Insider, sodass der Insider vom Erlös im Ergebnis nichts abziehen könne, weil er mit dem rechtmäßigen Unterlassen nichts erzielt hätte. Diese Argumentation klingt zwar vordergründig plausibel, weil das Verbot nach den §§ 38, 14 WpHG vom Insider tatsächlich nicht mehr verlangt als ein Unterlassen. Bei der Berücksichtigung erlaubter Risiken, also rechtmäßiger Tatanteile, geht es aber nicht um die Frage, was das rechtmäßige Gegenteil eines verbotenen Verhaltens ist, sondern um die Feststellung, **welches Maß an Geschäftstüchtigkeit die Rechtsordnung noch erlaubt**. Diese Feststellung ist bei Delikten mit einem Vermögensbezug im weitesten Sinne quantifizierbar und muss sich daher in der Berechnung des Umfangs des Verfall niederschlagen.

57　Weiterhin wird gegen die Berücksichtigung hypothetischen rechtmäßigen Alternativverhaltens eingewandt, dass sie zu dem Rechtszustand vor 1992 zurückführe und sich mit der Einführung des Bruttoprinzips erledigt habe. Denn es scheint so, als müsste sich das für die Tatbegehung Aufgewendete stets mit dem rechtmäßigen Sockel decken, da die Aufwendungen in Ansehung der verfolgten Tat immer aus rechtmäßig erlangtem Vermögen bestritten werden.

58　Das hier dargestellte Beispiel des Insiderhandels widerlegt diesen Schluss jedoch: Schöpfte man in dem Beispiel nach dem Nettoprinzip ab, so müsste man von den erlösten € 9 Mio. sämtliche Aufwendungen abziehen. Da der Insider seine Wertpapiere im Wert von € 9 Mio.

---

[111] S.a. OLG Schleswig Urt. v. 22.1.2001 – 2 Ss 342/00 – wistra 2001, 312 f. und LG Kiel Urt. v. 4.10.2000 – III Ns (35/00) – S. 5, wo ein rechtswidrig erlangter Mehrumsatz allein durch Vergleich mit rechtmäßigen hypothetischen Kausalverläufen bestimmt wird.
[112] S. nur *Drathjer* Abschöpfung S. 99 f.; *Göhler* OWiG § 29 a Rdnr. 12 (a.A. noch in der 12. Aufl. § 29 a Rdnr. 4 c).
[113] Vgl. *Göhler* OWiG § 17 Rdnr. 41 m. w. N.
[114] HWiStR/*Tiedemann*, Stichwort „Gewinnabschöpfung".
[115] So auch *Drathjer* Abschöpfung S. 73 f.

als Kapital für das Geschäft eingesetzt hat, könnte man überhaupt nichts abschöpfen: Da die h.M. eine Berücksichtigung hypothetischer Kausalverläufe generell ablehnt, kann sie nicht geltend machen, dass das Aufsichtsratsmitglied unter normativen Gesichtspunkten lediglich € 7,2 Mio. aufgewandt habe. Eine solche Korrektur kann man nämlich nur dann vornehmen, wenn man den rechtmäßigen hypothetischen Verlauf berücksichtigt, bei dem der Insider die Veräußerung vor Veröffentlichung der kursbeeinflussenden Tatsache unterlassen hätte. Unter der Geltung des Bruttoprinzips unterlägen nach der hier vorgeschlagenen Lösung immerhin € 1,8 Mio. dem Verfall, so dass in diesem Fall von einer **Identität mit einer Lösung nach dem Nettoprinzip** keine Rede sein kann. Ähnliches gilt etwa für den Fall einer nach § 291 StGB wucherischen Miete:[116] Fordert der Vermieter laut Mietvertrag € $15/m^2$, hätte rechtmäßigerweise aber gerade noch € $8/m^2$ verlangen dürfen, so würden unter der Geltung des Bruttoprinzips nach heute h.M. € $15/m^2$, nach dem hier vorgeschlagenen Modell € $7/m^2$ abgeschöpft werden. Nach dem Nettoprinzip würde aber allein der Betrag abgeschöpft werden können, der dem Vermieter nach Abzug aller Kosten verbleibt, sodass dieser auf jeden Fall unter dem Betrag von € $7/m^2$ liegt, da davon noch etwaige Kapital-, Reparatur-, Verwaltungs-, und Sanierungskosten abgezogen werden müssen.

Allerdings gibt es Fälle, in denen eine Identität zwischen Abschöpfung nach dem Nettoprinzip und nach der Methode besteht, die dem Täter nur den durch das rechtswidrige Verhalten adäquat verursachten Vermögenszufluss entzieht. Bildet man den Fall des Aufsichtsratsmitglieds noch einmal etwas um, so zeigt sich, dass legaler Sockelbetrag und Aufwendungen durchaus identisch sein können. Hätte das Aufsichtsratmitglied nämlich vor Veröffentlichung einer deutlich über Analystenerwartungen liegenden Gewinnmitteilung schnell noch für € 9 Mio. Aktien des Unternehmens erworben, um sie hernach für € 10,8 Mio. wieder zu veräußern, hätten die Aufwendungen i.H.v. € 9 Mio. genau dem entsprochen, was das Aufsichtsratsmitglied bei rechtmäßigem Alternativverhalten gehabt hätte: Rechtmäßigerweise hätte er den Erwerb unterlassen und hätte in diesem Fall weiterhin € 9 Mio. in den Händen.[117]

Dieser Vergleich zeigt, dass es sich – fallbezogen – durchaus lohnen kann, im Rahmen der Verteidigung auf die Berücksichtigung rechtmäßigen hypothetischen Alternativverhaltens hinzuweisen, ohne dass die Diskussion mit einem einfachen Hinweis des Gerichts auf das Bruttoprinzip sofort beendet sein müsste. Gelingt dies nicht, lässt sich derselbe Abzugsposten statt bei der Berechnung des Umfangs des erlangten Etwas noch als Gesichtspunkt bei der Härteklausel des § 73 c Abs. 1 S. 2 1. Var. StGB einführen und so für eine Reduzierung des Verfallsbetrages fruchtbar machen.[118]

(c) Der Umfang des erlangten Etwas und die „Ersparnis von Aufwendungen". Während der Rechtsanwender bei Betäubungsmittel- und Bestechungsdelikten die Identifizierung des aus der oder für die Tat erlangten Etwas in der Regel vergleichsweise einfach bestimmen kann, weil die §§ 29 ff. BtMG und die §§ 331 ff. StGB im Wesentlichen Verhaltensweisen unter Strafe stellen, denen strukturell ein Leistungsaustausch zugrunde liegt, fällt zumindest die Bestimmung des aus der Tat erlangten Etwas bei **Umweltdelikten** erheblich schwerer.

Das liegt in der Hauptsache daran, dass der „Umweltsünder" in aller Regel keinen Gegenstand oder zumindest die faktische Verfügungsmöglichkeit darüber aus seiner Tat erlangt, sondern einen unkörperlichen, rechtlich nicht vorgeformten **Gebrauchs- oder Nutzungsvorteil**, sodass nicht der Verfall des Erlangten selbst angeordnet werden kann, sondern „lediglich" der ersatzweise Verfall seines Wertes wegen anfänglicher Unmöglichkeit des Originalverfalls nach den §§ 73 Abs. 1 S. 1, 73 a S. 1 1. Var. StGB.[119] Weitere Anwendungsfälle des Wertsatzverfalls betreffen die nachträgliche Unmöglichkeit des Verfalls gem. § 73 a S. 1 2. Var. StGB etwa

---
[116] S.a. OLG Stuttgart Beschl. v. 6.9.1973 – 3 Ss 331/73 VRS 46 (1973), 144, 146, allerdings im Zusammenhang mit der Bestimmung des wirtschaftlichen Vorteils i.S.d. § 17 Abs. 4 OWiG.
[117] S. zur Bestimmung des erlangten Etwas und seines Umfangs in Fällen, in denen der Tatbeteiligte durch die Tat erreicht, dass ein ihm bereits vorher gehörendes Vermögensstück wertvoller wird oder im Wert nicht sinkt, *Hohn* wistra 2003, 321, 323 f.
[118] So hält der BGH etwa die für den Erwerb von Betäubungsmitteln aufgewendeten Mittel zwar nicht bei § 73 Abs. 1 StGB, jedoch im Rahmen des § 73 c Abs. 1 S. 2 1. Var. StGB für abziehbar, BGH Urt. v. 29.11.2001 – 5 StR 451/01; BGH Urt. v. 3.7.2003 – StR 453/02.
[119] Zur ersparten Steuerzahlung als Gegenstand des Wertersatzes vgl. OLG Schleswig Beschl. v. 8.1.2002 – 1 Ws 407/01 – S. 3 f.; weiterhin LG Bonn Beschl. v. 30.5.2001 – 37 Qs 16/01 – StraFo 2001, 283 f.

wegen Verbrauchs oder Zerstörung des ursprünglich erlangten Gegenstandes,[120] den nachträglichen Wertersatzverfall des erlangten Gegenstandes gem. § 73 a S. 2 StGB sowie das Absehen vom Surrogatverfall, § 73 a S. 1 3. Var. StGB. Da die Fälle jedoch erheblich einfacher gelagert sind, werden sie hier nicht näher erläutert.[121]

Beispiel:[122]

63   Ein Unternehmer, in dessen Betrieb Industriemüll anfällt, bringt diesen nicht, wie von der Rechtsordnung im KrW-/AbfG gefordert, auf eine dafür zugelassene Deponie. Stattdessen fährt er den Abfall zu einem Deponiebetreiber, dessen Deponie allein für Bauschutt zugelassen ist. An den – unredlichen – Deponiebetreiber zahlt der Unternehmer € 10/m³ Abfall. Hätte er den Abfall ordnungsgemäß entsorgt, hätte er dafür an einen redlichen Deponiebetreiber € 100/m³ zahlen müssen.

64   Die einhellige Meinung in Literatur und Rechtsprechung löst diesen Fall unter verfallsrechtlichen Gesichtspunkten nun wie folgt: Wenn das Verhalten des Unternehmers eine Bodenverunreinigung nach § 324 a StGB oder einen unerlaubten Umgang mit gefährlichen Abfällen nach § 326 Abs. 1 Nr. 4 StGB darstellt, wird gegen den Unternehmer der Verfall des Wertersatzes i.H.v. € 100 je nachgewiesenem Kubikmeter abgeladenen Abfalls angeordnet und werden in dieser Höhe Vermögenswerte zuvor auch sichergestellt. Das begründen Literatur und Rechtsprechung damit, dass der Unternehmer durch die Umweltstraftat die **Ersparnis** genau der **Aufwendungen** erlange, die er für die ordnungsgemäße Entsorgung des Abfalls hätte tätigen müssen. Denn nach § 11 KrW-/AbfG sei er als Abfallbesitzer verpflichtet, den Abfall nach den Vorgaben dieses Gesetzes zu beseitigen, wenn dieser nicht verwertet werden kann.[123]

65   Komplizierter wird die Berechnung des Erlangten nach h.M. in Fällen, in denen der Täter anders als in Beispiel 9 unterlassen hat, eine eigentlich erforderliche Investition zum Schutze der Umwelt anzuschaffen, die, wäre sie eingesetzt worden, über Jahre wirksam gewesen wäre. Dabei geht es um den Einsatz langlebiger Investitionsgüter.

Beispiele:

66   • Ein unredlicher Unternehmer leitet bei der Produktion entstehende Abwässer ungeklärt in einen Fluss (§ 324 StGB), obwohl er umweltrechtlich dazu verpflichtet gewesen wäre, eine Kläranlage zu bauen und das Abwasser durch sie vor der Einleitung behandeln zu lassen.

67   • Ein Kfz-Schlosser führt Ölwechsel bei Fahrzeugen durch, ohne eine Ölabscheideranlage angeschafft zu haben, so dass der Ölwechsel über einer ungeschützten Erdgrube stattfindet und im Erdreich versickert (§ 324 a StGB).

68   Nach herrschender Auffassung werden beide Fälle hinsichtlich des Verfalls von Wertersatz nach den §§ 73 Abs. 1 S. 1, 73 a S. 1 StGB wie folgt gelöst: Hätte sich der Unternehmer/Schlosser rechtmäßig verhalten, hätte er bereits zu Beginn der Tätigkeit eine dem Umweltschutz dienende Anlage (Kläranlage/Ölabscheider) angeschafft. Diese Anschaffung hat er also erspart. Daraus soll nun aber nicht folgen, dass der Neuwert dieser Anlage als Wert des Erlangten für verfallen zu erklären wäre. Denn die h.M. erkennt an dieser Stelle das Problem einer zeitlichen Dimension des Umweltverstoßes und der (fortbestehenden) Verpflichtung zu umweltbewahrenden Maßnahmen, das bereits aus dem Bereich der Steuerhinterziehung bekannt ist:[124] Genauso, wie in dem bereits behandelten Beispiel der illegalen Abfallentsorgung der Abfallproduzent auch nach Tatentdeckung und Urteil weiterhin zur ordnungsgemäßen Abfallbeseitigung verpflichtet bleibt, sind der Unternehmer zur Errichtung der Kläranlage und der Schlosser zum Einbau eines Ölabscheiders bei Fortführung des Betriebes weiterhin verpflichtet.

---

[120] Vgl. dazu LK/*Schmidt* § 73 a Rdnr. 6 f.
[121] Zum Absehen vom Surrogatverfall s. Rdnr. 105 f.
[122] Das Bsp. ist einem von *Franzheim* wistra 1989, 87, 88 f. entwickelten Fall nachgebildet; s.a. bereits *Franzheim* wistra 1986, 253, 254.
[123] OLG Düsseldorf Urt. v. 29.6.1999 – 5 Ss 52/99 – 36/99 I – wistra 1999, 477; AG Gummersbach Beschl. v. 6.7.1988 – 8 Gs 563/88 – NStZ 1988, 460; AG Köln Beschl. v. 17.3.1988 – 502 Gs 381/88 – NStZ 1988, 274; s.a. bereits BGH Beschl. v. 10.4.1981 – 3 StR 236/80, wo es allerdings nicht um eine Umweltstraftat geht und der genaue Anknüpfungspunkt der ersparten Aufwendungen unklar bleibt; aus der Literatur vgl. *Güntert/Franzheim* wistra 1989, 87, 88 f.; *Hildenstab* Gewinnabschöpfung S. 36 f.; *Hildenstab* Gewinnabschöpfung S. 61; *Tröndle/Fischer* § 73 Rdnr. 7; LK/*Schmidt* § 73 Rdnr. 21; krit. dagegen *Michalke* S. 97, 100 f.
[124] Grundlegend *Schmitz* Unrecht; s. zum Folgenden ausf. *Hildenstab* Gewinnabschöpfung S. 64 ff.; *Franzheim* wistra 1989, 87, 89.

Hätten nun der Unternehmer und der Kfz-Schlosser rechtmäßig gehandelt, hätten sie bei **69** Aufnahme ihrer Tätigkeit die Investition getätigt, also die entsprechende Anlage angeschafft. Diese hätte allerdings mittlerweile durch Benutzung etc. an Wert verloren (vgl. AfA-Tabellen). Erspart habe der Umweltsünder damit den Wertverlust der Anlage in der Zeit, in der er sie eigentlich hätte benutzen müssen, also zwischen Beginn der strafbaren Tätigkeit und der letzten mündlichen Tatsachenverhandlung. *Franzheim* hat mit Billigung der Rechtsprechung[125] diesen Gedanken allerdings dahin gehend eingeschränkt, dass der Täter nur den Wertverlust erspare, der in die Zeit falle, zu der die Umweltstraftat noch nicht verjährt war.[126] Damit verfallen nicht genau so viele **jährliche Abschreibungsbeträge**, wie es dem Alter der hypothetischen Anlage entspräche, sondern maximal so viele, wie es der **Verjährungsfrist der Straftat** entspricht.[127]

Schließlich sollen auch die laufenden Personal- und Sachaufwendungen, die der Täter mangels Erstellung der Anlage nicht aufbringen musste, dem Wertersatzverfall unterfallen. **70**

Immer sollte der Strafverteidiger bei der Bemessung des für verfallen zu erklärenden Vermögensvorteils darauf achten, dass die für seinen Mandanten **günstigste Berechnungsmöglichkeit** gewählt wird und – wenn möglich – **alternative Berechnungsmodelle** vorschlagen. Lässt sich etwa die unbefugte Gewässerverunreinigung nicht nur durch Anschaffung einer neuen und teuren Kläranlage, sondern auch durch günstigere technische Vorrichtungen oder durch einen Zusammenschluss mit anderen Unternehmern vermeiden, sollte er die Alternativen durchrechnen und auf Abschöpfung nur des auf die günstigste Variante entfallenden Betrages hinwirken. In diesem Zusammenhang sind sämtliche möglichen Sachverhaltsvarianten in die Betrachtung mit einzubeziehen. Hätte etwa der Unternehmer angesichts der hohen Investitionskosten für die Kläranlage und einer schlechten Ertragslage den Betrieb schließen müssen, hätte er gar nichts gezahlt. Auch sollten etwaige Unsicherheiten hinsichtlich der Fragen, ob und mit welchen Auflagen die Behörde die Genehmigung zum Betrieb der Anlage erteilt, die Höhe des Verfallbetrages beeinflussen. Dabei sind bei zweifelhafter Tatsachengrundlage immer **angemessene Sicherheitsabschläge** zu bedenken. **71**

(d) Die Bedeutung der Härteklausel des § 73 c StGB bei der Sicherstellung. Zu den Voraussetzungen, die bei der Sicherstellung von Vermögenswerten zu beachten sind, gehören nicht nur die in den §§ 73 und 73 a StGB normierten Merkmale. Zusätzlich muss bereits in diesem frühen Verfahrensstadium geprüft werden, ob die – gleichsam negativen – Voraussetzungen der Härteklausel des § 73 c Abs. 1 StGB fehlen. Das ergibt sich auch daraus, dass der BGH ein den Verfall anordnendes Urteil dann aufhebt, wenn Ausführungen zu einer der beiden Fallvarianten des § 73 c Abs. 1 StGB fehlen.[128] Nach § 73 c Abs. 1 S. 1 StGB muss das Gericht prüfen, ob – verkürzt gesprochen – die Anordnung des Verfalls ungerecht wäre und dadurch das Übermaßverbot verletzt würde.[129] § 73 c Abs. 1 S. 2 StGB enthält zwar eine Ermessensvorschrift, wonach das Gericht von der Anordnung des Verfalls absehen kann, wenn sich der Wert des erlangten Etwas nicht mehr im Vermögen des Bereicherten befindet, der Betroffene also darum entreichert ist.[130] Gleichwohl muss das Urteil bei tatsächlichen Anhaltspunkten Ausführungen **72**

---

[125] AG Gummersbach Beschl. v. 6.7.1988 – 8 Gs 563/88 – NStZ 1988, 460.
[126] *Franzheim* wistra 1989, 87, 89.
[127] In diesem Zusammenhang ist leider nicht ganz klar, ob der Abzug des Restwerts der Anlage, der noch unter der Herrschaft des Nettoprinzips entwickelt worden ist, auch für das Bruttoprinzip Geltung beanspruchen darf. Soweit hier nichts übersehen worden ist, findet sich die einzige (bejahende) Äußerung über Wertverlust als Wertersatzverfallsbetrag bei *Franzheim/Pfohl* Umweltstrafrecht Rdnr. 634. Zu der darüber hinausgehenden Berücksichtigung von Zinsvorteilen bei der Bestimmung des erlangten Etwas vgl. *Franzheim* wistra 1989, 87, 89; eingehend *Hildenstab* Gewinnabschöpfung S. 69 f.
[128] S. etwa BGH Beschl. v. 22.8.1995 – 4 StR 250/95 – StV 1995, 635; BGH Urt. v. 20.3.2001 – 1 StR 12/01; BGH Urt. v. 8.8.2001 – 1 StR 291/01 – NStZ-RR 2002, 7.
[129] BGH Urt. v. 11.4.1995 – 1 StR 836/94 – NStZ 1995, 495. Darüber hinaus gilt: Sollte sich im Laufe des Verfahrens herausstellen, dass die spätere Anordnung des Verfalls eine unbillige Härte darstellen würde, so entfällt auch das Bedürfnis der Sicherstellung und die prozessuale Maßnahme muss von Amts wegen aufgehoben werden, vgl. *Park* StraFo 2002, 73, 77; AK-StPO/*Achenbach* §§ 111 b bis d, Rdnr. 4; § 73 c StGB entfaltet sogar bei Maßnahmen zum Zwecke der Zurückgewinnungshilfe Wirkung, vgl. LG Mannheim Beschl. v. 23.11.2000 – 24 Qs 5/00 – „FlowTex" – S. 11 f.; problematisch daher SK-StPO/*Rudolphi* § 111 e Rdnr. 17.
[130] Vgl. BGH Urt. v. 12.7.2000 – 2 StR 43/00 – Kriminalistik 2001, 498.

zu dem Punkt enthalten, warum die Ermessenserwägungen ergeben haben, dass vom Verfall abgesehen oder nicht abgesehen worden ist.[131]

73 Allerdings ist bei der Anwendung des § 73 c Abs. 1 StGB als negativer Voraussetzung der Sicherstellung zu beachten, dass diese Vorschriften im Ermittlungsverfahren nicht in der gleichen Schärfe gelten können wie bei ihrer Anwendung im Urteil.

74 Der Grund dafür besteht zum einen darin, dass der Eingriff der Sicherstellung weniger einschneidend wirkt als der endgültige Verlust der Vermögenswerte bei Rechtskraft des Urteils.[132] Daher kann einer Sicherstellung, so lähmend ihre Wirkung auf die wirtschaftliche Betätigung des Beschuldigten teilweise auch sein mag, in aller Regel nicht dieselbe „ungerechte" Wirkung beiwohnen wie dem endgültigen Verfall. Ist allerdings bereits im Zeitpunkt der Sicherstellung erkennbar, dass der sicherzustellende Gegenstand das gesamte Vermögen des Betroffenen ausmacht und dieser auf den Gegenstand als Grundlage seines Einkommens angewiesen ist, kann sich die Staatsanwaltschaft nicht darauf berufen, die Prüfung eines Falles des § 73 c Abs. 1 S. 1 StGB müsse der Hauptverhandlung vorbehalten bleiben.[133]

75 Zum anderen ist bei der Anwendung des § 73 c Abs. 1 StGB im Sicherstellungsverfahren zu beachten, dass zu diesem Zeitpunkt häufig nicht alle für das von § 73 c Abs. 1 S. 1 StGB verlangte Urteil „ungerecht" oder die nach Satz 2 notwendige umfassende Ermessensabwägung erforderlichen Gesichtspunkte ermittelt sind. Würde man von den Strafverfolgungsbehörden verlangen, zunächst die Situation des Beschuldigten im Hinblick auf diese Gesichtspunkte auszuermitteln, würde die Möglichkeit einer Vermögenssicherstellung häufig leer laufen.

76 Eine nicht zu unterschätzende Bedeutung besitzt der Rechtsgedanke der beiden Fallvarianten des § 73 c Abs. 1 StGB jedoch im Ermittlungsverfahren, wenn die Sicherstellung einem Unternehmen die nötigen Mittel zur weiteren Existenz zu entziehen droht und insbesondere Arbeitsplätze dritter, tatunbeteiligter Personen durch die Sicherstellung gefährdet werden.[134] Das gilt auch dann, wenn die sichergestellten Werte für sich genommen noch keine unmittelbare Gefährdung des Unternehmens beinhalten, da die Sicherstellung häufig das Signal für Banken und Lieferanten darstellt, ihre Kredite zu kündigen oder nur noch gegen Vorkasse zu leisten. Hier wird die Verteidigung insbesondere dann erfolgreich intervenieren können, wenn das durch die Tat erlangte Etwas in das – im Ganzen auf einen legalen Geschäftsbetrieb ausgerichtete – Unternehmen investiert worden ist.

77 Schließlich soll nach neuerer Rechtsprechung ein Verfall gegenüber dem Dritten i.S.d. § 73 Abs. 3 StGB dann in Anwendung des § 73 c Abs. 1 S. 1 StGB ausscheiden können, wenn der Dritte – oder, sofern es sich bei dem Dritten um eine juristische Person oder Personenvereinigung handelt, ihr Organ – hinsichtlich der deliktischen Herkunft des erlangten Etwas gutgläubig gewesen ist.[135]

78 *(e) Übersicherung und Sicherheitsabschlag bei der Sicherstellung.* Die § 111 b Abs. 1 und 2 StPO setzen für eine Sicherstellung voraus, dass Gründe für den Verfall oder Wertersatzverfall vorliegen. Hinsichtlich der Höhe der sichergestellten Werte erfolgt ausdrücklich keine Anbindung an die Voraussetzungen der §§ 73 ff. StGB, da die Vorschrift in diesem Fall hätte lauten müssen: „... **soweit** Gründe für den Verfall ... vorliegen." Manche Staatsanwaltschaften nehmen diese etwas offene Fassung des § 111 b Abs. 1 und 2 StPO zum Anlass, mehr sicherzustellen, als es dem nach Maßgabe der §§ 73 Abs. 1, 73 a StGB ermittelten Umfang des erlangten Etwas entspräche. Sie begründen diese Form der **Übersicherung** damit, dass bei der Zwangsversteigerung später häufig nicht der Nennwert des sichergestellten Gegenstands zu

---

[131] S. zu den Voraussetzungen der beiden Varianten des § 73 c Abs. 1 StGB eingehender Rdnr. 399 ff.
[132] LG Mannheim Beschl. v. 16.6.2000 – 24 Qs 5/00 – „FlowTex"– S. 12 f.
[133] Das BVerfG mahnt in jüngeren Entscheidungen (vgl. nur Beschl. v. 14.6.2004 – 2 BvR 1136/03 [3. Kammer] – StV 2004, 409, 410 – „Falk") bei der Sicherstellung von (großen) Vermögenswerten zu besonders sorgfältiger Prüfung: „Je intensiver der Staat schon allein mit Sicherungsmaßnahmen in den vermögensrechtlichen Freiheitsbereich eingreift, desto höher sind die Anforderungen an die Rechtfertigung dieses Eingriffs".
[134] S. dazu und zum Folgenden aus praktischer Sicht *Lohse* DPolBl 2000, 12, 13 f.
[135] BGHSt 47, 369, 376 = NJW 2002, 3339, 3341; weiter BGH Beschl. v. 18.2.2004 – 1 StR 296/03 – NStZ-RR 2004, 214, 215; aber auch BGH Urt. v. 14.9.2004 – 1 StR 202/04 – JR 2004, 517 f.: Zu berücksichtigen ist, dass Unternehmensangestellter (nicht Organ) die Umgehungsausfuhr hätte erkennen können und müssen.

erzielen sei. Teilweise kommt es dabei zu Sicherstellungen bis zur doppelten Höhe des erlangten Etwas.[136]

Dieses primär auf den Wertersatzverfall nach § 73 a StGB zielende Argument ist zwar nicht ganz von der Hand zu weisen. Auf der anderen Seite darf man aber nicht übersehen, dass es bei der Sicherstellung um einen schwerwiegenden Eingriff in das Vermögen des Beschuldigten geht, der bereits aufgrund einer Vermutung mit dem geringen Verdachtsgrad des § 152 Abs. 2 StPO stattfindet.[137] Da in diesem Verfahrensstadium zwangsläufig Unsicherheiten darüber bestehen, ob überhaupt etwas durch die Tat erlangt wurde, dies gerade durch den Beschuldigten geschah und auch in der angenommenen Höhe, erscheint eher ein **Sicherheitsabschlag** angezeigt zu sein als eine Übersicherung.[138] 79

Veröffentlichte Rechtsprechung existiert zu diesem Problemkreis kaum.[139] Entscheidend scheint in diesem Zusammenhang der folgende Gesichtspunkt zu sein: Eine vom Staat betriebene Sicherstellung muss sich wie jede Maßnahme der Zwangsvollstreckung am **Verbot der Überpfändung nach § 803 Abs. 1 S. 2 ZPO** messen lassen. Danach darf die Pfändung nicht weiter ausgedehnt werden, als es zur Befriedigung des Gläubigers erforderlich ist.[140] Nach § 777 ZPO kann der Schuldner einer weiteren Sicherung des Gläubigers widersprechen, wenn dessen Ansprüche durch ein Pfandrecht an einer Sache des Schuldners bereits ausreichend gesichert sind. Das Verbot der Überpfändung und Übersicherung bedeutet nun allerdings nicht, dass die Staatsanwaltschaft als Vertreterin des Gläubigers (Landesjustizfiskus) darauf beschränkt wäre, Vermögensgegenstände sicherzustellen, die wertmäßig genau dem zu erwartenden Verfallsbetrag entsprechen. Vielmehr sind bei der Sicherstellung Unwägbarkeiten mit einzustellen, die sich daraus ergeben, dass der bei der Vollstreckung erzielbare Erlös einer Sache oder eines Rechts sich im Voraus nicht sicher berechnen lässt. Soweit in Anwendung des § 803 Abs. 1 S. 2 ZPO dem Gläubiger eine großzügige Betrachtung zugestanden wird,[141] kann das für die Sicherstellung in der relativ unsicheren Erwartung der Anordnung des Verfalls nicht gelten. Hier muss die unterschiedliche Situation des vollstreckenden Gläubigers nach der ZPO einerseits und der des sicherstellenden Staates andererseits berücksichtigt werden. Der in Anwendung der Vorschriften der ZPO vollstreckende Gläubiger benötigt erstens stets einen Titel, sodass ein Gericht sich zwangsläufig mit seinem Begehren beschäftigt haben muss. Dies ist bei der strafprozessualen Sicherstellung nicht immer der Fall, vgl. § 111 e StPO. Zweitens muss, soweit der Staat gegenüber einem Bürger vollstreckt, § 803 Abs. 1 S. 2 ZPO im Sinne des Verhältnismäßigkeitsgrundsatzes ausgelegt werden.[142] Das bedeutet, dass der sicherstellende Staat sich Zurückhaltung auferlegen und im Zweifel bei der Sicherstellung auf eine Übersicherung verzichten muss. 80

(f) Berücksichtigung von Steuer(nach)forderungen bereits bei der Sicherstellung? Ergeben die Ermittlungen der Strafverfolgungsbehörden, dass der Beschuldigte oder sonst Betroffene etwas aus einer Straftat erlangt hat, wird es sich häufig um Vermögenszuflüsse handeln, die diese Personen (noch) nicht gegenüber der Finanzbehörde als Einkünfte erklärt haben. Auch wenn sie aus Straftaten stammen, müssen sie dennoch gegenüber dem Finanzamt erklärt werden, da das Steuerrecht ausweislich des § 40 AO zwischen erlaubten und verbotenen Einkünften hinsichtlich der Besteuerung keinen Unterschied macht. Da die Strafverfolgungsbehörden nach 81

---

[136] *Park* Durchsuchung Rdnr. 826.
[137] Deutlich i.d.S. BVerfG Beschl. v. 7.6.2005 – 2 BvR 1822/04 (3. Kammer) – StraFo 2005, 338 m.w.N.
[138] Zust. *Wehnert/Mosiek* StV 2005, 568, 573; s. zum Sicherheitsabschlag aus praktischer Sicht *Lohse* DPolBl 2000, 12, 14; *Podolsky* DPolBl 2000, 2, 3 f.
[139] OLG Köln Beschl. v. 30.3.2004 – 2 Ws 105/04 – NJW 2004, 2397, 2398 weist nur darauf hin, dass „umfangreiche und zeitaufwändige Wertermittlungen vor Erlass der Arrestanordnung, wie sie die GenStA für erforderlich hält, mit dem Zweck rascher Sicherung von Ansprüchen in einem summarischen Verfahren nicht vereinbar sind".
[140] Da ein dinglicher Arrest nach § 111 d Abs. 1 S. 2 StPO wegen der Kosten des Strafverfahrens im Ermittlungsverfahren nicht ergehen darf, ist der Umfang der Sicherstellung auf die Befriedigung des Staates als Gläubiger des Wertersatzverfallsanspruches beschränkt. Soweit sich § 803 Abs. 1 S. 2 ZPO auf die Kosten der Zwangsvollstreckung bezieht, hat er für die strafprozessuale Sicherstellung keine Bedeutung.
[141] MünchKommZPO/*Schilken* § 803 Rdnr. 42.
[142] Dies wird von der h.M. für diese Vorschrift abgelehnt, soweit es um die Vollstreckung im Verhältnis der Privatrechtssubjekte untereinander geht, vgl. MünchKommZPO/*Schilken* § 803 Rdnr. 40.

§ 116 Abs. 1 AO verpflichtet sind, den (dienstlich erlangten) Verdacht einer Steuerstraftat an die Finanzbehörden weiterzuleiten und sich beim Erlangen von Vermögenswerten zumindest aus nicht ganz unerheblichen Straftaten in der Regel der Verdacht ergeben wird, dass diese Einkünfte gegenüber dem Finanzamt auch nicht erklärt worden sind, stellt sich schon mit der Sicherstellung die Frage nach der Behandlung der nun nachzuerhebenden Steuern, die auf dem erlangten Etwas als öffentliche Lasten ruhen.

82 Auch zu diesem Punkt existiert bislang keine veröffentlichte Rechtsprechung. Soweit es um die Berücksichtigung von Steuern bei der Anordnung des Verfalls im Urteil geht, hat der BGH seine zwischenzeitlich eingenommene Position, dass diese allein im Rahmen der Ermessensabwägung nach § 73 c Abs. 1 S. 2 StGB Berücksichtigung finden könnten,[143] zugunsten einer differenzierenden Lösung aufgegeben. Danach gebiete der **steuerliche Gleichbehandlungsgrundsatz**,[144] dass die auf den Betrag des erlangten Etwas entfallende Steuer stets, aber auch nur dann bei der Bestimmung des erlangten Etwas nach § 73 Abs. 1 S. 1 StGB **obligatorisch abgezogen** werden müsse, wenn sie bereits **unanfechtbar festgesetzt oder gezahlt** worden sei, da der für die gleichmäßige Besteuerung vorzugswürdige Abzug[145] des gezahlten Verfallsbetrages bei der steuerlichen Veranlagung in diesem Falle ausgeschlossen ist.[146]

83 Diese neuere Rechtsprechung führt dazu, dass die Strafverfolgungsbehörden zwar **bei ihrem Erstzugriff steuerliche Folgen nicht in Rechnung stellen** müssen, weil sie in diesen Fällen in aller Regel als erste Behörde vor der Finanzbehörde von dem steuerlichen Sachverhalt erfahren und es daher ausgeschlossen sein dürfte, dass die Steuer bereits gezahlt oder bestandskräftig festgesetzt worden ist. Allerdings hat die Verteidigung während der Dauer des gesamten Strafverfahrens darauf zu achten, ob die Steuer zwischenzeitlich festgesetzt wird.[147] Ggf. muss sie diese Tatsache der Strafverfolgungsbehörde mitteilen und die Sicherstellung nach § 111 e Abs. 2 S. 3 bzw. § 304 StPO anfechten, soweit es um deren Höhe geht. Angesichts der eindeutigen Rechtsprechung des BGH kann sich die Strafverfolgungsbehörde nicht darauf berufen, sie könne die steuerlichen Folgen des aus der Tat erlangten Etwas nicht abschätzen und ihr sei es daher verwehrt, den Umfang entsprechend der Steuerlast zu kürzen. Denn eine eigene Abschätzung verlangt der BGH nicht. Es geht vielmehr nur um den auch durch die Strafverfolgungsbehörde sicher nachzuvollziehenden formalen Abschluss des Besteuerungsverfahrens.

84 Mit der bereits skizzierten Situation, dass im Zuge staatsanwaltschaftlicher Ermittlungen noch nicht erklärte Einkünfte „ans Tageslicht" kommen, entsteht für den von der Sicherstellung Betroffenen ein weiteres Problem. Will er einer (zusätzlichen) Verfolgung wegen einer Steuerstraftat entgehen, muss er sich nach § 371 Abs. 1 AO vollständig über seine Einkünfte gegenüber der Finanzbehörde erklären (sog. **Selbstanzeige**).[148] Sofern in diesen Fällen Steuerverkürzungen eingetreten sind und die Steuerhinterziehung bereits vollendet ist, gehört es zu den Voraussetzungen der Erlangung von Straffreiheit nach § 371 Abs. 3 AO, dass der Tatbeteiligte die zu seinen Gunsten hinterzogenen **Steuern** innerhalb einer ihm von der Finanzbehörde (als Strafverfolgungsorgan) bestimmten angemessenen Frist **nachentrichtet**. Diese Fristen sind in der Regel sehr kurz bemessen; als Obergrenze gilt ein Zeitraum von sechs Monaten.[149]

---

[143] BGHSt 30, 314, 315 = NJW 1982, 774; BGHSt 33, 37, 40 = NJW 1985, 752 f.; BGH Beschl. v. 23.9.1988 – 2 StR 460/88 – NJW 1989, 2139, 2140. Ursprünglich war der BGH davon ausgegangen, dass die Einkommensteuer und Einfuhrumsatzsteuer bereits bei der Bemessung des Verfalls zu berücksichtigen seien, vgl. BGHSt 30, 46, 51 = NJW 1981, 1457 f.; BGHSt 28, 369 = NJW 1979, 1942.

[144] Auf das Nettoprinzip wie noch in BGHSt 30, 46, 51 = NJW 1981, 1457 f. u. BGHSt 28, 369 = NJW 1979, 1942 konnte der BGH seine Ansicht wegen zwischenzeitlicher Gesetzesänderung nicht mehr stützen.

[145] Siehe dazu näher Rdnr. 376; *Schmidt* EStG § 4 Rdnr. 520, Stichwort „Strafen".

[146] BGHSt 47, 260 = NJW 2002, 2257, 2258 ff.; BGH Beschl. v. 18.2.2004 – 1 StR 296/03 – NStZ-RR 2004, 214, 215; s.a. bereits BGH Beschl. v. 10.4.1981 – 3 StR 236/80, insoweit in MDR 1981, 629 f. bei *Holtz* nicht mit abgedruckt; BayObLG Beschl. v. 19.6.1997 – 3 ObOwi 60/97 – NStZ-RR 1997, 339, 340 hinsichtlich § 29 a OWiG, für den allerdings zu beachten ist, dass der Verfall im Gegensatz zu § 73 StGB nicht angeordnet werden muss, sodass das Gericht die Steuer bei der Bemessung des Verfalls auch dann berücksichtigen kann, wenn sie noch nicht unanfechtbar festgesetzt oder gezahlt worden ist.

[147] Die Strafverfolgungsbehörde dürfte von der Festsetzung nur selten Kenntnis erlangen, da die Offenbarungsbefugnis der Finanzbehörde nach § 30 Abs. 4 Nr. 4 AO keine Offenbarungspflicht beinhaltet.

[148] Ein Ausschluss der Strafbefreiung bereits wegen § 371 Abs. 2 Nr. 1 b) AO kommt hier nicht in Betracht, da Tat i. S. dieser Vorschrift die Tat der Steuerhinterziehung meint, um deren Entdeckung durch die Staatsanwaltschaft es hier aber nicht geht.

[149] Klein/*Gast-de Haan* AO § 371 Rdnr. 55.

§ 12 Vermögensabschöpfung und Zurückgewinnungshilfe   85–89 § 12

Damit wird es dem von der Sicherstellung Betroffenen häufig aus faktischen Gründen nicht 85
möglich sein, durch eine Selbstanzeige Straffreiheit zu erlangen, da ihm die Sicherstellung
genau die Mittel nimmt, die er zur Begleichung seiner Steuerschuld benötigt.

In der einzigen dem Verfasser dazu bekannt gewordenen Entscheidung lehnt das Gericht eine 86
Berücksichtigung des **faktischen Ausschlusses der Selbstanzeige** unter dem Gesichtspunkt einer
damit verbundenen unbilligen Härte nach (wohl) § 73 c Abs. 1 S. 1 StGB unter Hinweis auf
den Ausnahmecharakter der Härteklausel ab – die Erhaltung der Rechtswohltat der Strafbefreiung gehöre nicht zu den Sachverhalten, die § 73 c Abs. 1 S. 1 StGB aus Gründen des Übermaßverbots verhindern solle.[150]

Dem Gericht ist zuzugeben, dass die Gewährung der Strafbefreiungsmöglichkeit grundsätz- 87
lich nicht zu den Situationen gehört, zu deren Ermöglichung § 73 c Abs. 1 S. 1 StGB angetreten
ist. Da es sich bei der Selbstanzeige nach § 371 AO in erster Linie um eine fiskalische Regelung
handelt, die ermöglichen soll, dass bislang verheimlichte Steuerquellen nachträglich erschlossen werden können,[151] stellt es für den Steuerpflichtigen in der Regel keine unbillige Härte dar,
wenn er von der Option der Selbstanzeige keinen Gebrauch machen kann. Diese Erkenntnis ist
aber nicht zwingend und es hängt vom Einzelfall ab, ob sich die Situation so darstellt, dass der
Ausschluss der Strafbefreiung im Zusammenhang mit anderen Tatsachen bereits die Sicherstellung als ungerecht im Sinne des Verhältnismäßigkeitsprinzips erscheinen lässt.

Erfolgversprechender ist allerdings die Lösung dieses Problems über die Ermessensvorschrift 88
des § 73 c Abs. 1 S. 2 StGB. Denn insbesondere dann, wenn das aus der Tat erlangte Etwas
nicht mehr im Vermögen des Betroffenen enthalten ist, etwa, weil der Betroffene es zur Schuldentilgung in seinem Unternehmen verwandt hat, kann eine umfassende Abwägung ergeben,
dass die Mehrbelastung durch den Ausschluss der Befreiung von zusätzlicher Strafe ein Absehen von der Sicherstellung gebietet. Darüber hinaus kann es auch kaum im Interesse staatlicher
Strafverfolgung liegen, in einen Wettstreit mit den Finanzbehörden um die finanziellen Mittel
des Betroffenen zu treten.[152]

(2) Erlangtes Etwas und Sicherstellung bei mehreren Tatbeteiligten. Nicht selten wird gegen 89
mehrere Personen wegen des Verdachts der gemeinschaftlichen Begehung einer Straftat ermittelt, aus der angeblich etwas erlangt worden ist. Nach Auffassung der Rechtsprechung soll es
dabei möglich sein, das von allen erlangte Etwas unabhängig von der internen Beuteverteilung
bei nur einem Tatbeteiligten[153] für verfallen zu erklären und damit auch sicherzustellen. Voraussetzung sei allerdings, dass die Beteiligten **Mitverfügungsgewalt** an den erlangten Vermögenswerten inne hatten, da sie in diesem Falle als **Gesamtschuldner** haften.[154] Strafverteidiger
berichten, dass Strafverfolgungsorgane von dieser Möglichkeit häufiger Gebrauch machen.[155]

---

[150] LG Augsburg Beschl. v. 25.4.2002 – 9 Qs 236/02 – S. 6.
[151] BGHSt 12, 100, 101 = NJW 1959, 205.
[152] Anders *Bach* StraFo 2005, 485, 487 m. Fn. 18: Da Steuer- und Justizfiskus nicht identisch sind, mache aus Sicht der Strafverfolgungsbehörden „ein Wettlauf mit dem Finanzfiskus durchaus Sinn". Die Vorschrift des § 73 Abs. 1 S. 2 StGB sperrt in diesen Fällen nicht, da die Steuerstraftat zu der Nichtsteuerstraftat, derentwegen die Sicherstellung ergehen soll, in Tatmehrheit steht.
[153] Nach *Podolsky/Brenner* Vermögensabschöpfung S. 61 soll eine gesamtschuldnerische Haftung sogar bestehen können zwischen einem Tatbeteiligten und einem Drittempfänger i.S.d. § 73 Abs. 3 StGB (dort fälschlich als Fall des Durchgangserwerbs eingeordnet). Dies lässt sich – entgegen *Podolsky/Brenner* a.a.O. – aus der Rspr. des BGH (Beschl. v. 10.9.2002 – 1 StR 281/02 – NStZ 2003, 198; Urt. v. 13.11.1996 – 3 StR 482/96 – NStZ-RR 1997, 262) nicht ableiten. Der Dritte ist eben nicht tatbeteiligt, so dass es an der Vergleichbarkeit mit der in § 840 Abs. 1 BGB beschriebenen Situation fehlt.
[154] Vgl. BVerfG Beschl. v. 14.6.2004 – 2 BvR 1136/03 (3. Kammer) – „Falk" StV 2004, 409, 411; BVerfG Beschl. v. 7.6.2005 – 2 BvR 1822/04 (3. Kammer) – StraFo 2005, 338, 341; BGH Beschl. v. 7.1.2003 – 3 StR 421/02 – NStZ 2003, 422 f.; BGH Beschl. v. 10.9.2002 – 1 StR 281/02 – NStZ 2003, 198; BGH Urt. v. 29.4.2004 – 4 StR 586/03 – NStZ 2005, 454, 455; BGH Urt. v. 13.11.1996 – 3 StR 482/96 – NStZ-RR 1997, 262; BGH Urt. v. 4.6.1996 – 1 StR 235/96 NStZ 1996, 442; BGHSt 10, 237, 244 f. (zu § 335 StGB a.F.); BFH Urt. v. 6.4.2000 – IV R 31/99 NJW – 2000, 3085, 3086; LG Mannheim Beschl. v. 16.6.2000 – 24 Qs 5/00 – „FlowTex"; aber auch PfzOLG Zweibrücken Beschl. v. 27.8.2002 – 1 Ws 407/02 – NStZ 2003, 446, 447, wonach bereits die mittäterschaftliche Begehung i.S.v. § 25 Abs. 2 StGB genügt, ohne dass es auf die jederzeitige Einflussnahme der Mittäter auf die erbeuteten Gegenstände ankommen soll. Sehr weit auch BGH Urt. v. 12.8.2003 – 1 StR 127/03 – NStZ 2004, 440 bzgl. eines Betäubungsmittelkuriers: Ausr. danach, wenn dem Täter aus der Tat in irgendeiner Phase des Tatablaufs auf irgendeine Weise unmittelbar etwas wirtschaftlich messbar zugute kommt.
[155] Siehe zu praktischen Erfahrungen *Park* Durchsuchung Rdnr. 826 f.

Beispiel:

90 Haben drei Verdächtige mittäterschaftlich Betäubungsmittel für insgesamt € 210.000 veräußert und das Geld gemeinsam vereinnahmt, so werden die Strafverfolgungsorgane versuchen, bei nur einem der Beschuldigten € 210.000, sofern Vermögenswerte in dieser Höhe vorhanden sind,[156] sicherzustellen, auch wenn nach Absprache der Tatbeteiligten eine Drittelaufteilung der Beute vorgenommen worden ist.

91 Diese Vorgehensweise hat **aus Sicht der Strafverfolgungsorgane** vor allem den Vorteil einer Beweiserleichterung, erspart sie ihnen doch umständliche Ermittlungen dazu, wie das erlangte Etwas unter den Tatbeteiligten aufgeteilt worden ist und wie viele Personen überhaupt an der Tat beteiligt waren.[157] Offensichtlich haben demnach eher praktische Gründe als rechtsdogmatische Überzeugungen dazu geführt, diese sog. **Gesamthaftungslösung** einzuführen.[158] Dieser Ansatz lässt sich mit dem Gesetz allerdings schwer vereinbaren.

92 Das Bestreben, den von mehreren erlangten Vermögensgegenstand bei einem von ihnen sicherzustellen, stellt diesen nicht selten vor erhebliche wirtschaftliche Probleme. Ist das aus einer gemeinsamen Tat erlangte Etwas nämlich vereinbarungsgemäß aufgeteilt worden, so werden zwangsläufig bei dem ausgewählten Tatbeteiligten Vermögenswerte sichergestellt, die aus dessen sonstigem Vermögen stammen, da die Sicherstellung „seines" tatsächlichen Anteiles der Tatbeute zur Sicherung der zu erwartenden Ansprüche des Justizfiskus wegen Wertersatzverfalls nach § 73 a S. 1 StGB nicht ausreichen wird.

93 Entscheidend ist jedoch der Einwand, dass die **Gesamthaftungslösung keinerlei Grundlage im Gesetz** findet. Zwar entspricht es allgemeiner Meinung, dass „Erlangen" eines Vermögensgegenstandes gleichbedeutend ist mit dem Erhalten der tatsächlichen Verfügungsgewalt darüber.[159] Das heißt aber nicht, dass Mitverfügungsgewalt zu einer gesamtschuldnerischen Haftung führt. Zum einen bedeutet „Mitverfügungsgewalt" nichts anderes, als dass der Tatbeteiligte zusammen mit anderen bestimmt, wie die Tatbeute unter ihnen verteilt wird. Das führt allerdings nicht dazu, dass die den anderen zukommenden Anteile unter wirtschaftlichen Gesichtspunkten ihm zugeordnet werden müssten. Zum anderen lässt sich der Härteklausel des § 73 c Abs. 1 StGB entnehmen, dass sich die Verfallsvorschriften – wie andere Rechtsfolgen einer Straftat betreffenden Regelungen auch – am individuellen Tatbeteiligten orientieren.

94 Aber selbst wenn man diese Bedenken ignorieren wollte, folgt aus der Mitverfügungsgewalt noch keine gesamtschuldnerische Haftung. Die Gesamtschuld ist eine Figur aus dem Privatrecht, die auf das Verhältnis des Justizfiskus zum Sanktionsadressaten nicht passt.[160] Die Anordnung der gesamtschuldnerischen Haftung im Deliktsrecht nach § 840 Abs. 1 BGB, die dem BGH für die strafrechtliche Gesamthaftungslösung offensichtlich Pate gestanden hat,[161] verfolgt primär den Zweck, dass sich keiner der Schädiger gegenüber dem geschädigten Gläubiger mit dem Hinweis auf die Mitverantwortlichkeit der jeweils anderen Schädiger soll entlasten können,[162] und dass das Außenverhältnis (Gläubiger – Schuldner) nicht mit schwierigen Fragen der Haftungsverteilung aus dem Innenverhältnis der Schädiger untereinander belastet wird. Dieses **Schutzes bedarf der Staat** als Gläubiger des Verfalls- oder Wertersatzverfallsanspruches **nicht**. Ihm ist zuzumuten, die interne Aufteilung zwischen den Tatbeteiligten zu erforschen, bevor der Vermögenszugriff erfolgt, weil er, anders als das geschädigte Privatrechtssubjekt, über die sachlichen und personellen Mittel dazu verfügt und ihm die Ermittlungsbefugnisse dazu eingeräumt worden sind.

---

[156] Ist die Tatbeute bereits verteilt worden, soll dies den Verfall des gesamten Erlöses gegenüber einem Beteiligten nur unter dem Gesichtspunkt der Härteklausel des § 73 c Abs. 1 S. 2 1. Fall StGB hindern können, vgl. *Winkler* NStZ 2003, 247, 250.
[157] Zu weiteren Vorzügen s. *Rönnau* Vermögensabschöpfung Rdnr. 233.
[158] So BGHSt 10, 237, 245, wo die Gesamthaftungslösung damit begründet wird, dass „anderenfalls die Täter es in der Hand hätten, eine Verfallsanordnung dadurch zu verhindern, dass sie Angaben zur internen Aufteilung verweigerten".
[159] LK/*Schmidt* § 73 Rdnr. 29.
[160] Vgl. *Güntert* Gewinnabschöpfung S. 51; MünchKommStGB/*Joecks* § 73 Rdnr. 76; *Bach*, Dinglicher Arrest, S. 120.
[161] Aus der Begründung des BGH geht allerdings nicht eindeutig hervor, auf welche Vorschrift er die Annahme der Gesamtschuld stützt, vgl. dazu etwa BGHSt 10, 237, 244; BGH Beschl. v. 13.11.1996 – 3 StR 482/96 – NStZ-RR 1997, 262.
[162] MünchKommBGB/*Stein* (3. Aufl., 1997) § 840 Rdnr. 3.

Nicht einmal mit der hier abgelehnten Gesamthaftungslösung in Einklang zu bringen ist eine   95
noch weiter gehende Verfallshaftung, wie sie als Lösung für folgendes Beispiel vorgeschlagen
wird:[163]

Beispiel:
Präzisiert man das oben skizzierte Beispiel des gemeinschaftlichen Handeltreibens mit Betäubungsmitteln   96
dahingehend, dass von den drei Tatbeteiligten einer den gesamten Erlös von € 210.000 vom Erwerber der
Betäubungsmittel entgegengenommen und danach absprachegemäß € 140.000 an den zweiten Tatbeteiligten weitergegeben hat, damit dieser seinerseits € 70.000 dem dritten Beteiligten zuwendet, so sollen
nach dieser Auffassung insgesamt € 420.000 sichergestellt und später abgeschöpft werden. Bei jedem
Tatbeteiligten wird genau der Betrag eingezogen, den er zu irgendeinem Zeitpunkt der Weitergabe in den
Händen gehalten hat.

An dieser Vorgehensweise verwundert aus logischer Sicht zunächst, dass die drei Tatbeteiligten   97
zusammen zwar nur € 210.000 aus **einer Tat** erlöst haben, die Summe des von ihnen
angeblich erlangten Etwas aber doppelt so hoch sein soll. Es scheint, als habe man hier das
Bruttoprinzip allzu wörtlich genommen und das jeweils weitergegebene Geld als Aufwendungen begriffen, die von dem, was der Einzelne für sich behalten sollte, nicht abgezogen werden
können.

Dass diese Überlegung nicht schlüssig ist, liegt auf der Hand. Sie beruht darauf, dass der   98
Umfang des Erlangten, der durch das Bruttoprinzip bestimmt wird, mit dem erlangten Etwas
vermischt wird und dadurch das Bruttoprinzip unzulässigerweise das Erlangte bestimmt. Denn
erlangt haben die drei Tatbeteiligten aus der Tat zusammen höchstens € 210.000. Man kann
demnach nur über die Frage kontrovers diskutieren, ob jeder für sich € 70.000 erlangt hat
oder ob man eine Gesamthaftungslösung befürwortet. Selbst wenn man in diesem Fall mit der
Rechtsprechung eine Gesamthaftungslösung annähme,[164] rechtfertige das nicht die Abschöpfung von € 420.000. Denn Gesamthaftung meint, dass jeder der Beteiligten zwar die ganze
Summe zu leisten verpflichtet ist, aber der **Gläubiger sie nur einmal verlangen** darf, vgl. § 421
S. 1 BGB. Daher beruht diese Vorgehensweise neben der Verkennung der Funktion des Bruttoprinzips auch auf einer solchen des Instituts der Gesamtschuld. Zu einem anderen Ergebnis
könnte man nur dann gelangen, wenn die Weitergabe der Vermögenswerte selbständige Straftaten darstellten.[165] Das ist aber in Fällen wie dem hier vorliegenden ausgeschlossen, da die
Weitergabe von strafbar erlangten Vermögenswerten durch an der Straftat Beteiligte niemals
strafbar ist. Denn entweder handelt es sich um eine Situation der Hehlerei oder Geldwäsche,
die für den Täter der Vortat nicht tatbestandsmäßig i.S.d. § 259 StGB bzw. straflos i.S.d. § 261
Abs. 9 S. 2 StGB ist, oder es liegt eine sog. Zweitzueignung vor, die für den Täter der Erstzueignung ebenfalls nicht strafbar ist.[166] Wenn die Rechtsordnung auf der Ebene des Unrechts
davon ausgeht, dass man einen Vermögensgegenstand nicht mehrfach erlangen kann, bleibt es
unerfindlich, warum auf Rechtsfolgenebene beim Verfall etwas anderes gelten soll.[167]

bb) Umfang des erlangten Etwas und mittelbar erlangte Vermögensgegenstände nach § 73   99
Abs. 2 StGB – Nutzungen und Surrogate. Der Grundsatz, nach dem nur das unmittelbar durch
die Tat erlangte Etwas abgeschöpft und damit sichergestellt werden kann, wird in § 73 Abs. 2
StGB für Nutzungen und einige Formen von Ersatzgegenständen durchbrochen. Daraus folgt,
dass die Vorschrift des **§ 73 Abs. 2 StGB eine abschließende Sonderregelung** darstellt,[168] die erweiternder Auslegung nicht zugänglich ist. Andere Vermögenswerte, die nur einen mittelbaren
Gewinn darstellen, unterliegen nicht der Vermögensabschöpfung durch Verfall. Die Regelung

---

[163] Vgl. *Podolsky* DPolBl 2000, 2, 4; *ders./Brenner* Vermögensabschöpfung S. 30.
[164] Was ungeachtet der daran bereits geäußerten Kritik schon allein deshalb fraglich ist, weil die Tatbeteiligten über das jeweils weiterzuleitende Geld keine Verfügungsgewalt zu eigenen Zwecken erlangt, sondern nur eine Botenstellung innehatten.
[165] Ausf. (mit Bsp.) zu Konstellationen, in denen derselbe Gegenstand durch mehrere hintereinander geschaltete Straftaten verschoben wird, *Rönnau* Vermögensabschöpfung Rdnr. 242 ff.
[166] Vgl. *Tröndle/Fischer* § 246 Rdnr. 14.
[167] Zum Problem der Vervielfachung von Verfallstatbeständen durch mehrere nacheinandergeschaltete Geldwäschereihandlungen i.S.d. § 261 StGB s. *Arzt* JZ 1993, 913, 915 ff.
[168] LK/*Schmidt* § 73 Rdnr. 43.

ist der Bestimmung des § 818 Abs. 1 BGB nachgebildet und bezieht sich daher auf den **Umfang des Erlangten**.

100 Der Begriff der nach § 73 Abs. 2 S. 1 StGB abschöpfbaren **Nutzungen** bestimmt sich nach den §§ 99, 100 BGB. Besteht das Erlangte – wie häufig – in Geld, gehören auch die dafür angefallenen Zinsen zu den abzuschöpfenden Vermögensgegenständen. Das gilt auch dann, wenn die Zinsen erst während der Zeit der Beschlagnahme des Geldes anfallen.[169] Da allerdings beschlagnahmtes Geld nach § 930 Abs. 2 ZPO hinterlegt werden muss,[170] und nach § 8 Nr. 2 HinterlO mit 1 ‰ monatlich verzinst wird, wobei die Zeit der Verzinsung nach § 8 Nr. 1 HinterlO überhaupt erst nach drei Monaten zu laufen beginnt, spielt die Regelung des § 73 Abs. 2 S. 1 StGB im Wesentlichen eine Rolle bei Geldbeträgen, die bereits vor ihrer Beschlagnahme Zinsfrüchte getragen haben.

101 Seltener wird die Frage nach der Sicherstellung und Abschöpfung von Nutzungen relevant, wenn das Erlangte in einem anderen Gegenstand als Geld besteht. Hat der Betroffene etwa ein mit einem Miethaus bebautes Grundstück durch die Tat erlangt, so unterliegen auch die daraus erzielten Mieteinnahmen dem Verfall.[171] Ähnliches gilt für die Dividende, die mit unrechtmäßig erlangten Aktien erwirtschaftet worden ist.

102 Stets kommt es nur darauf an, ob die Nutzungen **tatsächlich** bereits **gezogen** worden sind, während solche Nutzungen, die der Betroffene zu ziehen unterlassen hat oder die erst in der Zukunft gezogen werden können, nicht dem Verfall unterliegen.[172] Daher ist es zumindest missverständlich, wenn man banküblichen Zinsen als verfallbare Nutzungen ansieht,[173] da es bei § 73 Abs. 2 S. 1 StGB im Gegensatz zu § 109 Abs. 5 E 1962 nicht darum gehen kann, was üblicherweise erzielt werden kann, sondern darum, ob und in welcher tatsächlichen Höhe der Betroffene mit dem erlangten Etwas Nutzungen erwirtschaftet hat. Hat er das erlangte Geld auf ein Girokonto eingezahlt und keinerlei Zinsen erhalten, so bleibt es bei der Sicherstellung und Abschöpfung der Einlage, selbst wenn der marktübliche Zins 3,5 % pro Monat betragen hat. Konnte er hingegen eine besonders günstige Rendite erzielen, so wird das Abzuschöpfende nicht durch den marktüblichen Zins begrenzt.

103 Als **Zeitpunkt** für die **Unterscheidung zwischen gezogenen Nutzungen** und nur **künftig anfallenden Nutzungen** gilt weder die Rechtskraft des Urteils noch der Zeitpunkt des Vollstreckungszugriffs nach Anordnung des Verfalls im Urteil, sondern vielmehr das Datum der letzten tatrichterlichen Entscheidung.[174] Da sich allerdings im Zeitpunkt des ersten – sicherstellenden – Zugriffs nicht sicher bestimmen lässt, in welcher Höhe Nutzungen anfallen werden, spielt dieser Gesichtspunkt für die Sicherstellung eine nur untergeordnete Rolle.

104 Schließlich darf nicht übersehen werden, dass Nutzungen überhaupt nur dann abschöpfbar sind, wenn das **erlangte Etwas** nach § 73 Abs. 1 S. 1 StGB in einer dem **Originalverfall** genügenden Form vorgelegen hat, also in Form einer Sache oder eines Rechts. Soweit der BGH davon ausgeht, dass Nutzungen auch dann dem Verfall unterliegen, wenn sie „Früchte" oder sonstige Gebrauchsvorteile nur unkörperlicher Art in Form faktischer Vermögenszuwächse beim Betroffenen darstellen, die lediglich die Anordnung des Wertersatzverfalls nach § 73 a S. 1 1. Var. StGB rechtfertigen,[175] ist dem entgegenzutreten. Denn nach den §§ 99, 100 BGB sind **Nutzungen** nur Früchte, Erzeugnisse oder Gebrauchsvorteile **einer Sache oder eines Rechts**, sodass § 73 Abs. 2 S. 1 StGB nur in Betracht kommt, wenn auch ein Originalverfall oder aber ein Wertersatzverfall nach § 73 a S. 1 2. Var. StGB wegen nachträglichen Wegfalls des zunächst erlangten Gegenstands in Betracht kommt.

---

[169] BGHR StGB § 73 Vorteil 4.
[170] Dies geschieht durch Einzahlung bei der jeweiligen Kasse der Landesjustizverwaltung, vgl. § 1 Abs. 3 HinterlO.
[171] OLG Karlsruhe Beschl. v. 30.12.1974 – 3 Ss (B) 117/74 – JR 1976, 121.
[172] BGH Beschl. v. 19.4.1981 – 3 StR 236/80 – S. 7 f.
[173] So aber Schönke/Schröder/*Eser* § 73 Rdnr. 31.
[174] BGH Beschl. v. 19.4.1981 – 3 StR 236/80 – S. 7. Der BGH spricht hier zwar von der Urteilsverkündung. Da diese jedoch nach § 268 Abs. 3 S. 1 StPO am Schluss der mündlichen Verhandlung ergehen soll, ist offensichtlich der Zeitpunkt der letzten tatrichterlichen Entscheidung gemeint, da das Tatgericht in der Zeit nach Schluss der mündlichen Verhandlung (§ 268 Abs. 3 S. 2 StPO) ohnehin keinerlei neuen Erkenntnisse über neue Nutzungen erlangt.
[175] BGH Beschl. v. 19.4.1981 – 3 StR 236/80 – S. 7 f.

Neben den Nutzungen können nach § 73 Abs. 2 S. 2 StGB auch sog. **Surrogate** abgeschöpft 105
werden. Im Unterschied zu Nutzungen steht der Verfall solcher Ersatzgegenstände im Ermessen des Gerichts; es kann stattdessen auch auf Wertersatzverfall erkennen, ist allerdings verpflichtet, eine von beiden Arten des Verfalls zu wählen, wie sich aus § 73 a S. 1 3. Var. StGB ergibt.[176] Neben dem Surrogat des ursprünglich erlangten Gegenstands soll auch das **Surrogat dieses Surrogats** dem Verfall unterliegen können.[177]

Nutzungen, die der Betroffene erst **aus Surrogaten** erlangt hat, unterfallen nach dem Sinn des 106
§ 73 Abs. 2 S. 1 StGB dem Abschöpfungsgebot:[178] Da das Surrogat an die Stelle des ursprünglich erlangten Gegenstands tritt, kann hier nichts anderes gelten als für Nutzungen, die aus dem ursprünglichen Gegenstand gezogen worden sind.

   c) **Drittbezogener Verfall.** Der Verfall kann nach § 73 Abs. 3 und Abs. 4 StGB im Gegensatz 107
zu anderen Folgen der Straftat auch gegenüber Personen angeordnet werden, die an der Straftat nicht beteiligt waren. Während die sog. **Drittempfängerverfall** nach § 73 Abs. 3 StGB eine echte Erweiterung des Kreises der Verfallsbetroffenen über die Tatbeteiligten hinaus darstellt,[179] handelt es sich bei dem sog. **Dritteigentümerverfall** um keine Erweiterung im eigentlichen Sinne, sondern um eine Beweiserleichterung zur Frage der Rechtsinhaberschaft am erlangten Gegenstand. Darüber hinaus unterscheiden sich die beiden Fälle auch darin, dass der Drittempfängerverfall sowohl für Vermögensgegenstände in Betracht kommt, die *aus* der Tat erlangt worden sind als auch für solche, die *für* die Tat erlangt wurden; der Dritteigentümerverfall erfasst hingegen nur solche Vermögensgegenstände, die *für* die Tat erlangt worden sind.[180] Diese Unterscheidung gewinnt insbesondere vor dem Hintergrund der Regelung des § 73 Abs. 1 S. 2 StGB Bedeutung, die auf Fälle des Erlangens für die Tat nicht anwendbar ist.

   aa) Drittempfängerverfall – Handeln für einen anderen, § 73 Abs. 3 StGB. Der Verfall von 108
Vermögenswerten solcher Personen, die nicht an der Tat beteiligt waren, gleichwohl die durch die Tat oder im Zuge der Tat verschobenen Vermögenswerte so erlangt haben, dass sie ihnen gehören und sie darüber auch tatsächlich verfügen können,[181] gehört zu den umstrittensten und undurchsichtigsten Rechtsproblemen beim Verfall.[182]

   Die Rechtsprobleme des Drittempfängerverfalls zerfallen in zwei große Bereiche: Einerseits 109
decken sich sehr viele Voraussetzungen des Drittempfängerverfalls mit denen des Verfalls gegenüber Tatbeteiligten; insoweit herrscht Akzessorietät (sogleich unter aa). Andererseits unterscheidet sich der Dritteigentümerverfall von dem Verfall nach § 73 Abs. 1 S. 1 StGB notwendigerweise im Merkmal des Erlangens, da der Dritte selbst keine Handlungen im Zusammenhang mit der Tat vornimmt (sogleich unter bb).

   (1) Akzessorietät des Drittempfängerverfalls zum Verfall beim Tatbeteiligten. Soweit sich der 110
Verfall nach § 73 Abs. 3 StGB hinsichtlich seiner Voraussetzungen mit denen nach § 73 Abs. 1 S. 1 StGB deckt, ist die Rechtslage weitgehend geklärt. Geht es um die Voraussetzungen des Gehörens und des Erlangens tatsächlicher Verfügungsgewalt über den Vermögensgegenstand, das Substrat und den Umfang des Erlangten sowie die Anwendbarkeit der Ausschlussregelung des § 73 Abs. 1 S. 2 StGB, ist der Drittempfängerverfall gegenüber dem Verfall beim Tatbeteiligten

---

[176] Einschlägige Rspr. BGH Urt. v. 6.4.2000 – IX ZR 442/98 – NJW 2000, 2027; BGH Urt. v. 19.11.1985 – 1 StR 522/85 – NJW 1986, 1186; BGHR StGB § 73 Gewinn 2; OLG Hamm Beschl. v. 24.10.1996 – 2 Ss 1202/96 – wistra 1997, 108; OLG Düsseldorf Beschl. v. 9.11.1985 – 2 Ws 226-227/85 – JMBl NW 1986, 44; OLG Karlsruhe Beschl. v. 3.11.1981 – 3 Ss 214/81 – NJW 1982, 456, 457; OLG Düsseldorf Beschl. v. 9.11.1985 – 2 Ws 226-227/85 – JMBl NW 1986, 44 (zu § 111 l StPO).
[177] *Güntert* Gewinnabschöpfung S. 50; LK/*Schmidt* § 73 Rdnr. 46 f. Diese Auffassung ist allerdings nicht völlig bedenkenfrei, da dies zu unüberschaubarer Haftung führen kann, wenn der ursprüngliche Gegenstand immer wieder gegen einen neuen und gleichzeitig höherwertigen eingetauscht worden ist.
[178] Vgl. nur *Tröndle/Fischer* § 73 Rdnr. 17.
[179] Sie kann sich insb. auch gegen juristische Personen richten; ausf. und mit Bsp. *Kiethe/Hohmann* NStZ 2003, 505, 508; LK/*Schmidt*, § 73 Rdnr. 51 ff.
[180] *Kiethe/Hohmann* NStZ 2003, 505, 508.
[181] S. zu diesen beiden Voraussetzungen des Drittempfängerverfalls bereits Rdnr. 21 ff.
[182] Vgl. nur *Tröndle/Fischer* § 73 Rdnr. 23 ff.

streng akzessorisch.[183] Die Möglichkeit der Anordnung des Drittempfängerverfalls hängt auch davon ab, ob die Tat im Hinblick auf den Tatbeteiligten noch verfolgbar ist; gegen den Dritten läuft keine selbständige Verjährungsfrist.[184] Ist die Tat daher bereits im Ermittlungsverfahren gegenüber dem Tatbeteiligten verjährt, entfällt das Bedürfnis für sicherstellende Maßnahmen; bereits getroffene Sicherstellungsmaßnahmen müssen aufgehoben werden.

111 Die verfallsrechtliche Haftung des Dritten i.S.d. § 73 Abs. 3 StGB geht daher keinesfalls weiter als die des Tatbeteiligten selbst. Insoweit ist auf die vorstehenden Ausführungen zum Umfang der Verfallsanordnung und Sicherstellung beim Tatbeteiligten zu verweisen.

112 *(2) Das Erlangen durch tatunbeteiligte Dritte i.S.d. § 73 Abs. 3 StGB.* Die Frage, welche Anforderungen an das Erlangen des Vermögensgegenstands durch den Dritten gestellt werden müssen, ist nicht leicht zu beantworten. Hier hat es auch die Grundsatzentscheidung des BGH[185] nicht vermocht, der kontroversen Diskussion Struktur und Richtung zu verleihen.[186] An dieser Stelle können nicht sämtliche Ansätze referiert werden, die zum Problem des Erlangens durch einen Dritten vertreten werden.[187] Vielmehr soll hier in aller Kürze – anknüpfend an die vom BGH gebildeten Fallgruppen – die dem § 73 Abs. 3 StGB zugrunde liegende Struktur herausgearbeitet werden, mit deren Hilfe sich sach- und praxisgerechte Auslegungs- und Anwendungsergebnisse erzielen lassen, die für eine Verteidigung fruchtbar gemacht werden können:

113 *(a) Erlangen ohne Durchgangserwerb beim Tatbeteiligten.* Wenn § 73 Abs. 3 StGB davon spricht, dass der Täter für den Dritten gehandelt und dieser dadurch etwas erlangt haben müsse, wird deutlich, dass darunter jedenfalls – und unstreitig – solche Konstellationen fallen, in denen der Dritte sowohl tatsächliche Verfügungsgewalt als auch die Rechtsposition über den Vermögensgegenstand unmittelbar durch die Tathandlung des Tatbeteiligten erhalten hat. Das bedeutet gleichzeitig, dass der Tatbeteiligte in diesen Fällen den Vermögensgegenstand nicht erlangt hat, wenn er entweder keine Rechtsinhaberschaft, keine Verfügungsgewalt oder weder das eine noch das andere erhalten hat. „Unmittelbar" heißt in diesem Zusammenhang also **ohne Zwischenerwerb beim Tatbeteiligten** und hat mit der Unmittelbarkeit im Sinne der strafrechtlichen Zurechnungslehre nichts zu tun. Dies wird nicht immer ausreichend beachtet.[188]

114 *(aa) Vertretungsfälle i.e.S.* Zu dieser Konstellation gehören zum einen die vom BGH so bezeichneten **„Vertretungsfälle i.e.S."**.[189] Diese sind dadurch gekennzeichnet, dass ein Organ einer juristischen Person oder Personenvereinigung für diese oder ein Vertreter i.S.d. § 164 BGB für seinen Geschäftsherrn eine strafbare Handlung begeht und die Rechtsfolgen dieser Tathandlung unmittelbar diesen Dritten treffen.[190] Häufig wird es sich zudem um ein Zurechnungsverhältnis i.S.d. § 14 StGB handeln; dies ist aber nicht erforderlich, da es für die Abschöpfbarkeit nicht darauf ankommt, ob nach § 14 StGB eine Merkmalsüberwälzung stattfindet.[191]

---

[183] S. zur Anwendbarkeit des § 73 Abs. 1 S. 2 StGB nur BGHSt 45, 235, 248 f. = NJW 2000, 297 ff.; BGH Beschl. v. 7.12.2000 – 4 StR 485/00 – NStZ 2001, 257.
[184] BGHR StGB § 73 Verfallsbeteiligte 1.
[185] BGHSt 45, 235 ff. = NJW 2000, 297 ff. Der Fall betraf die Erlangung unberechtigter Vorsteuererstattungen, sodass die Ansprüche der Steuerfiskus der Anordnung des Verfalls entgegenstanden, vgl. BGH Beschl. v. 28.11.2000 – 5 StR 371/00 – JR 2002, 296 m. Anm. *Rönnau/Hohn*. Bemerkenswert ist Folgendes: Allein die Entscheidungen BGH Urt. v. 21.8.2002 – 1 StR 115/02 – NJW 2002, 3339 ff.; BGHR StGB § 73 Verfallsbeteiligte 1; BGH Urt. v. 9.10.1990 – 1 StR 538/89 – NJW 1991, 367 betreffen „echte" Fälle des Drittempfängerverfalls. In allen sonstigen im Zusammenhang mit § 73 Abs. 3 StGB zitierten Entscheidungen (auch der vorgenannten Grundsatzentscheidung) geht es um Fälle der Zurückgewinnungshilfe.
[186] So auch *Tröndle/Fischer* § 73 Rdnr. 23. Zu den Gründen für die Unklarheiten s. *Rönnau* Vermögensabschöpfung Rdnr. 267 f.
[187] S. dazu die umfassende Übersicht bei LK/*Schmidt* § 73 Rdnr. 54 bis 62.
[188] Vgl. etwa Schönke/Schröder/*Eser* § 73 Rdnr. 37; wie hier *Güntert* Gewinnabschöpfung S. 58.
[189] Vgl. BGHSt 45, 235, 243 = NJW 2000, 297 ff.
[190] Dazu gehört z.B. der Fall, der dem BGH in seinem Urt. v. 21.8.2002 – 1 StR 115/02 – NJW 2002, 3339 ff. zur Entscheidung vorlag. Allerdings wird die Konstellation dort (S. 3341) systematisch nicht ganz korrekt mit „Vertretungsfall i.w.S." bezeichnet, s. zu dieser Fallgruppe Rdnr. 119 ff.
[191] So auch BGHSt 45, 235, 243 = NJW 2000, 297 ff.

§ 12 Vermögensabschöpfung und Zurückgewinnungshilfe

Beispiel:
Dem Vorstandsvorsitzenden einer AG gelingt es, durch unrichtige Angaben bei der zuständigen Stelle 115
Fördermittel für sein Unternehmen in Millionenhöhe für den Bau einer Fabrik für Speicherchips in den
neuen Bundesländern zu erhalten.

Für den Bereich der **Zurückgewinnungshilfe**, deren Umfang auch von der Vorschrift des § 73 116
Abs. 3 StGB abhängt, sind insbesondere jene Delikte zu nennen, die eine Drittbereicherungsabsicht oder Drittzueignungsabsicht vorsehen, wie etwa die §§ 253, 263, 259 und die §§ 242, 246
StGB: Tritt die (erstrebte) Bereicherung tatsächlich bei dem Dritten ein, handelt es sich ebenfalls
um einen Vertretungsfall i.e.S, da der erhaltene Vermögensvorteil bei diesen Delikten unmittelbar aus dem Vermögen des Straftatopfers stammen muss und nicht durch das Vermögen des
Täters gegangen sein darf.

(bb) Geheißerwerb. Zum anderen gehören aber auch Konstellationen mit **Geheißer-** 117
werbscharakter hierher. In diesen Fällen besteht zwar zwischen Tatbeteiligtem und Dritten
in der Regel keine Rechtsbeziehung, jedoch wendet ein weiterer Tatbeteiligter oder das Opfer
der Straftat den Vermögensgegenstand auf Geheiß des Tatbeteiligten dem Dritten zu, **ohne** dass
es zu einem **Durchgangserwerb** beim Tatbeteiligten kommt.

Beispiel:
Ein Oberamtsrat des Tiefbauamts einer norddeutschen Stadt verlangt und erhält für eine nicht an objek- 118
tiven Kriterien orientierte Vergabeentscheidung zugunsten eines bestimmten Sielbauunternehmens einen
Vorteil dergestalt, dass auf seine Anweisung hin der Geschäftsführer dieses Unternehmens der Geliebten
des Beamten einen BMW Roadster schenkt und übereignet.

(cc) Vertretungsfälle i.w.S. Schließlich zählen zu der Gruppe des Erlangens ohne Durch- 119
gangserwerb auch die sog. „**Vertretungsfälle i.w.S.**" Der BGH verlangt in Übereinstimmung
mit manchen Stimmen in der Literatur für solche Fälle – in Ermangelung einer Organstellung
des Tatbeteiligten – die Feststellung eines **Bereicherungszusammenhangs**.[192] Dieser soll in den
sog. **Vertretungsfällen i.w.S.** durch das betriebliche Zurechnungsverhältnis gegeben sein, in
dessen Rahmen der Tatbeteiligte gehandelt hat (Handeln im Interesse des Unternehmens als
Drittem).

Beispiel:
Der Angestellte einer textilverarbeitenden GmbH entlässt die bei der Bleiche von Stoffen entstehenden 120
Abwässer ohne besondere Klärung in die allgemeine Kanalisation. Durch die auf diese Weise ersparten
Aufwendungen entsteht dem Betrieb ein Wettbewerbsvorteil i.H.v. € 7,5 Mio. Da sich der Wettbewerbsvorteil erst durch den Vertrieb der Textilien ergibt, handelt es sich nicht um einen Vermögenszufluss, den
die GmbH durch die Handlung der nach § 324 StGB strafbaren Gewässerverunreinigung unmittelbar
erhalten hat, sodass kein unmittelbarer Erwerb des Dritten vorliegt. Die Anwendung des § 73 Abs. 3 StGB
soll sich jedoch aus dem mit dem betrieblichen Zurechnungsverhältnis gegebenen Bereicherungszusammenhang rechtfertigen.

Die vom BGH gebildete Gruppe der Vertretungsfälle i.w.S. als abschöpfungsrelevante Kon- 121
stellation verdient **Zustimmung**. Hat der Tatbeteiligte im Rahmen eines betrieblichen Zurechnungsverhältnisses im Interesse des Betriebes gehandelt, so steht dieser Fall dem unmittelbaren
Erlangen durch die Vertreterhandlung gleich. Das liegt daran, dass kein wesentlicher Unterschied zum unmittelbaren Erlangen besteht, weil der Tatbeteiligte selbst den Vermögensgegenstand nicht erlangt und daher auch eine Anschlussverfügung durch ihn, die den Gegenstand
erst in das Vermögen des Unternehmens befördert, nicht erforderlich ist. Hier wie bei den
Vertretungsfällen i.e.S. erlangt der Tatbeteiligte, bei dem „an sich", d.h. primär, abgeschöpft
werden soll, typischerweise nichts, was man bei ihm abschöpfen könnte,[193] der Dritte typischerweise alles.

---

[192] BGHSt 45, 235, 246 = NJW 2000, 297 ff.; BGH Urt. v. 14.9.2004 – 1 StR 2002/04 – JR 2004, 517, 518 unter Hinweis darauf, dass in diesem Fall auch die Gutgläubigkeit der Unternehmensleitung die Verfallsanordnung nicht sperrt; *Güntert* Gewinnabschöpfung S. 61.
[193] S. dazu LG Bonn Beschl. v. 30.5.2001 – 37 Qs 16/01 – StraFo 2001, 283 f.: Erlangt nur der Dritte etwas, kann beim Tatbeteiligten auch nicht über § 73 a S. 1 StGB in Form des Wertersatzverfalls abgeschöpft werden.

122 Ergänzend ist zur Fallgruppe des unmittelbaren Erwerbs beim Dritten anzumerken, dass eine Abschöpfung gegenüber dem Tatbeteiligten selbst stets ausscheiden muss, da dieser nichts erlangt hat. Die Möglichkeit des Drittempfängerverfalls eröffnet hier nicht etwa eine Wahlmöglichkeit des Gerichts zwischen Tatbeteiligtem und Dritten danach, wer der bessere Schuldner ist.[194] Das BVerfG hat jüngst auch noch einmal deutlich gemacht, dass in Fällen, in denen eine Person als Organ, Vertreter oder Beauftragter einer juristischen Person handelt, nicht ohne Weiteres davon ausgegangen werden könne, dass der Vertreter Mitverfügungsgewalt an dem Erlangten habe. Vielmehr müsse – trotz (abstrakter) Zugriffsmöglichkeit – die grundsätzlich bestehende Vermögenstrennung beachtet werden, so dass etwa Vermögensvorteile vorrangig bei der juristischen Person abzuschöpfen seien.[195]

123 *(b) Erlangen nach Durchgangserwerb beim Tatbeteiligten.* Erlangt der Dritte den Vermögensgegenstand hingegen **nicht unmittelbar**, sondern erst nach einem Zwischenerwerb beim Tatbeteiligten durch dessen „**Anschlussverfügung**"[196] aus dessen Vermögen, ist zwar nicht völlig ausgeschlossen, dass der Dritte den Vermögensgegenstand i.S.d. § 73 Abs. 3 StGB erlangt hat,[197] weil der Gesetzestext eine Einschränkung im Sinne einer unmittelbaren Vermögensverschiebung nicht vorsieht.[198] Einigkeit besteht aber insoweit, dass die Verursachung der Vermögensmehrung beim Dritten durch eine beliebige Kausalkette nicht genügt.

124 *(aa) Verschiebungsfälle.* Nach Ansicht des BGH gehören zunächst die von ihm sog. **Verschiebungsfälle** in den Anwendungsbereich des § 73 Abs. 3 StGB. In den Verschiebungsfällen soll sich der erforderliche Zusammenhang daraus ergeben, dass das Rechtsgeschäft, das der Anschlussverfügung des Tatbeteiligten zugrunde liegt, entweder „bemakelt" ist, weil er durch das bemakelte Rechtsgeschäft primär im eigenen Interesse Tatvorteile Dritten zukommen lässt, um sie so dem Zugriff der Gläubiger zu entziehen bzw. um die Tat zu verschleiern,[199] oder aber das Rechtsgeschäft eine unentgeltliche Zuwendung vorsieht.[200]

125 Beispiel (bemakelter Erwerb): Der Oberamtsrat aus Beispiel 15 veräußert den ihm zugewendeten BMW Roadster an seine Geliebte, um das Fahrzeug dem drohenden staatlichen Zugriff durch Abschöpfung zu entziehen. Dabei besteht aufgrund der Liebesbeziehung die allerdings unbestätigte Vermutung, dass der Geliebten die Umstände des Erlangens nicht verborgen geblieben sind.

---

[194] Vgl. auch LG Bonn Beschl. v. 30.5.2001 – 37 Qs 16/01 – StraFo 2001, 283, 284.
[195] BVerfG Beschl. v. 14.6.2005 – 2 BvR 1136/04 (3. Kammer) – StV 2004, 409, 411 – „Falk"; ebenso BVerfG Beschl. v. 3.5.2005 – 2 BvR 1378/04 (3. Kammer) – WM 2005, 1191, 1193; weiterhin LG Landshut Beschl. v. 4.11.2002 – 3 Qs 364/02 – wistra 2003, 199, 200; LG Osnabrück Beschl. v. 7.4.2004 – 2 Qs 34/04 – StraFo 2004, 275 f.; *Hellebrand* wistra 2003, 201, 202. Vereinzelt wird in diesen Fällen unzutreffend gesamtschuldnerische Haftung von Tatbeteiligtem und Drittempfänger angenommen, s. Rdnr. 86. Zu einem Fall starker Vermischung von Privat- und Firmenvermögen mit der Folge, dass sämtliche Vermögenszuflüsse auf den Firmenkonten als erlangt i.s.v. § 73 Abs. 1 StGB anzusehen sind, vgl. OLG Köln Beschl. v. 18.6.2003 – 2 Ws 343/03 StV 2004, 121, 122.
[196] Vgl. *Güntert* Gewinnabschöpfung S. 58.
[197] So aber *Tröndle/Fischer* § 73 Rdnr. 25; *Lackner/Kühl* § 73 Rdnr. 9.
[198] Die Position des historischen Gesetzgebers in dieser Frage ist nicht eindeutig. Einerseits wurde ein Fall erörtert, der von § 73 Abs. 3 StGB erfasst werden sollte, bei dem aber ein unmittelbares Erlangen fehlte, vgl. Prot. V/1015. Andererseits liest man eine Seite später, Prot. V/1016, sowie BT-Drucks. V/4095 S. 40, von der Notwendigkeit der unmittelbaren Vermögensverschiebung.
[199] So in dem Fall, der der Entscheidung des OLG Düsseldorf Beschl. v. 12.12.1978 – 1 Ws 944/78 – NJW 1979, 992, zugrunde liegt. Die teilweise ebenfalls als vermeintlicher Verschiebungsfall zitierte Entscheidung BGH Urt. v. 9.10.1990 – 1 StR 538/89 – NJW 1991, 367, 371, betrifft einen Fall, in dem der Dritte den Vermögensgegenstand unmittelbar erlangt hatte und gehört damit nicht in diese Gruppe, was der BGH in BGHSt 45, 235, 246 = NJW 2000, 297 ff. übersieht. Vgl. aber jüngst das OLG Hamburg Beschl. v. 10.12.2004 – 1 Ws 216/04 NJW 2005, 1383, 1384 in der Sache „Falk", das einen Verschiebungsfall annimmt, weil zwischen der Betrugstat, dem Betrugserlös und der Übertragung der Gelder über verschiedene Zwischenstationen ein enger tatsächlicher Zusammenhang bestehe. Einer von der Verteidigung vorgetragenen sog. „Murmeltheorie", nach der es für eine Verfallsanordnung gelingen muss, dieselben Geldzahlungen über eine Kette von Zwischenakten hinweg bis zu ihrem Endpunkt zu verfolgen, erteilt der Senat ebenso eine Absage wie der sog. „Bodensatztheorie", nach der bei möglicher Vermischung von legalen und bemakelten Vermögensteilen berücksichtigt werden muss, dass nur aus dem legalen Vermögensbestand weiter verfügt worden sei. Der diesbezügliche Hinweis des Senats, dass bei der Verfallsanordnung der Schuldgrundsatz außer Betracht bleibe (und daher offensichtlich problemlos in erheblich weiterem Umfang zugerechnet werden können soll), kann dieses Ergebnis aber nicht überzeugend begründen, sollen mit dem Verfall dem Täter doch nur die Früchte der **Tat** genommen werden.
[200] BGHSt 45, 235, 246 = NJW 2000, 297 ff.

Beispiel (unentgeltlicher Erwerb): Der Oberamtsrat erhält den BMW Roadster diesmal selbst vom Ge- 126
schäftsführer des begünstigten Unternehmens. Da er seiner Geliebten jedoch eine Freude machen möchte,
schenkt und übereignet er ihr das Fahrzeug.

Die Verschiebungsfälle – der bemakelte und der unentgeltliche Erwerb – stellen nicht ganz 127
unproblematische Erweiterungen der Verfallshaftung tatunbeteiligter Dritter dar. Während
der BGH die Haftung des Dritten bei unentgeltlichem Erwerb mit dem Rechtsgedanken des
§ 822 BGB begründet, der einen bereicherungsrechtlichen Durchgriff erlaube, soll der Verfall
bei bemakeltem Erwerb darauf beruhen, dass der Dritte „in die Nähe der Tatbeteiligung"
gerate.[201]

Bei beiden Untergruppen der sog. **Verschiebungsfälle** handelt es sich – ohne das hier näher 128
ausführen zu können[202] – um **vom Gesetz nicht vorgesehene und daher unzulässige Beweiserleichterungen.** In diesem Zusammenhang muss gefordert werden, dass durch die Strafverfolgungsbehörde der Nachweis erbracht wird, dass der Übertragung entweder ein Scheingeschäft
zugrunde liegt und diese daher unwirksam ist, oder der Erwerber durch die Annahme eine
Strafvereitelung begeht. Misslingt dieser Nachweis, muss eine Abschöpfung ganz unterbleiben.

(bb) Erfüllungsfälle. Alle sonstigen Fallkonstellationen mit Durchgangserwerb, die nicht 129
zu den bereits skizzierten Gruppen (Vertretungsfälle i.w.S. und Verschiebungsfälle) gehören,
rechtfertigen die Anwendung des § 73 Abs. 3 StGB nicht; vom BGH werden diese Fälle auch
„Erfüllungsfälle" genannt.[203] Soweit er darunter – systematisch etwas verwirrend – auch solche
Fälle fasst, in denen der Dritte unmittelbar etwas erwirbt, sind diese vorstehend als eigenständige Gruppe (Vertretungsfälle i.e.S. und Geheißerwerb) behandelt worden und eine Anwendung des Begriffs „Erfüllungsfall" sollte unterbleiben.

(3) Umfang des Drittempfängerverfalls. Bereits im Rahmen des Verfalls gegenüber Tat- 130
beteiligten ist die Einführung des Bruttoprinzips kritisiert worden.[204] Die dort geäußerten
Kritikpunkte gelten beim Drittempfängerverfall in ungleich stärkerem Maße. Wer bereits
beim Verfall gegenüber Tatbeteiligten nach § 73 Abs. 1 S. 1 StGB fordert, dass der über den
Nettoerlös hinausgehende Teil der Abschöpfung bei der Bildung der Hauptstrafe angerechnet
werden müsse, weil es sich insoweit um eine Maßnahme mit Strafcharakter handele,[205] muss
beim Drittempfängerverfall nach § 73 Abs. 3 StGB eine Berechnung des Verfallsumfangs
ausschließlich nach dem Nettoprinzip fordern, da eine Anrechnung bei Tatunbeteiligten
naturgemäß nicht in Betracht kommt und ihnen gegenüber eine Maßnahme mit Strafcharakter
nicht gerechtfertigt werden kann.[206]

Dieser für den Drittempfängerverfall in jeder Hinsicht überzeugende Standpunkt hat bedau- 131
erlicherweise nicht die Zustimmung der Rechtsprechung gefunden, die bei § 73 Abs. 3 StGB in
genau demselben Umfang abschöpft wie bei § 73 Abs. 1 S. 1 StGB.[207] Gesichtspunkte fehlender
Bereicherung werden daher Erfolg versprechend in erster Linie bei der Abwägung im Rahmen
der Härtefallklausel des § 73 c Abs. 1 S. 2 StGB anzubringen sein.[208]

---

[201] BGHSt 45, 235, 246 = NJW 2000, 297 ff.
[202] Ausf. Begr. bei *Rönnau* Vermögensabschöpfung Rdnr. 285 ff.
[203] BGHSt 45, 235, 247 f. = NJW 2000, 297 ff. Danach ist u.a. ein Honorar, das ein Anwalt für seine Strafverteidigerleistung erhält, vom Verfall freigestellt. Nach einer späteren Entscheidung gilt dieser Grundsatz jedoch dann nicht, wenn der Anwalt (als Zahlungsempfänger) bösgläubig im Hinblick auf die Herkunft des Geldes i.S.v. § 261 Abs. 1 StGB ist, BGHSt 47, 68, 72 ff. = NJW 2001, 2891. Hier kann das Geld als Beziehungsgegenstand i.S.d. § 261 Abs. 7 S. 1 StGB eingezogen werden. An dieser Rspr. befremdet nicht nur die Verdunkelung des Verhältnisses des Verfalls zur Einziehung, sondern auch, dass das Geld nun nicht für Zwecke der Zurückgewinnungshilfe zur Verfügung steht, wenn der Vortat Individualgüter verletzt hat. Soweit man das Honorar auch i.S.d. § 73 Abs. 1 StGB als aus der Tat erlangt ansieht, dürfte die Einziehung dem Verfall vorgehen, weil nur bei der Einziehung eine Anrechnung auf die Strafe geboten ist.
[204] S. Rdnr. 48 ff.
[205] S. nur Schönke/Schröder/*Eser* Vor § 73 Rdnr. 19.
[206] Vgl. Schönke/Schröder/*Eser* § 73 Rdnr. 37 a; zur Gegenposition in der Literatur *Wallschläger* Verfallsvorschriften S. 106 f.
[207] Vgl. BGHSt 47, 369, 372 f. = NJW 2002, 3339, 3341; BGH Beschl. v. 18.2.2004 – 1 StR 296/03 – NStZ-RR 2004, 214, 215; BGH Urt. v. 14.9.2004 – 1 StR 202/04 – JR 2004, 517, 518.
[208] S. dazu auch die amtliche Begr. Prot. V/1015, 1016, 1026, in der für bereicherungsrechtliche Fragen beim Drittempfängerverfall auf diese Vorschrift verwiesen wurde. Zu weitergehenden, allerdings unter praktischen Gesichtspunkten wenig fruchtbaren Ansätzen, den Dritten gleichzeitig als Opfer einer (weiteren) Straftat des

132 **bb) Dritteigentümerverfall, § 73 Abs. 4 StGB.** Die Regelung des sog. Dritteigentümerverfalls stellt im Grunde keine eigene Form des Verfalls dar. Vielmehr handelt es sich um eine Beweiserleichterung für solche Fälle, in denen sich einerseits das Merkmal des „Gehörens"[209] in der Person des Tatbeteiligten nicht nachweisen lässt und ein Verfall dieser Person gegenüber nach § 73 Abs. 1 S. 1 StGB ausscheidet und andererseits zwar bekannt ist, dass der Dritte um die Umstände der Tat wusste, man ihm aber eine Teilnahme daran gerade durch Zuwendung des Vermögensgegenstands an den Täter (etwa als Tatanreiz) nicht nachweisen kann. Normativ werden Dritter und Tatbeteiligter wie eine Person behandelt.

133 Die Bestimmung über den Dritteigentümerverfall ist im **engen Zusammenhang mit den Vorschriften der §§ 134, 138 BGB über die Wirksamkeit von Rechtsgeschäften** zu sehen. Seinen Hauptanwendungsbereich hat der Dritteigentümerverfall bei Betäubungsmitteldelikten; daneben können auch Bestechungsdelikte eine Rolle spielen.[210]

Beispiel:

134 A stellt in seinem Labor auf einem ehemaligen Bauernhof 10.000 Tabletten mit je 40mg Ecstasy her und „verkauft" und „übereignet" sie an B für insgesamt € 50.000, die A Zug um Zug gegen Lieferung der Tabletten erhält. Die Tat ist für beide strafbar als Verbrechen nach § 29 a Abs. 1 Nr. 2 BtMG.[211]

135 Für die Abschöpfung des Geldes bei A nach § 73 Abs. 1 S. 1 StGB ist erforderlich, dass B dem A das Geld übereignet hat. Unabhängig davon, ob B Berechtigter oder Nichtberechtigter hinsichtlich des Geldes war, scheitert die Übereignung an A jedenfalls an § 134 BGB. Denn bei einem Rechtsgeschäft, das die Veräußerung verbotener Betäubungsmittel zum Gegenstand hat, ist nicht nur der schuldrechtliche Teil nichtig, sondern auch der dingliche Teil nichtig, da das Verbot des (unerlaubten) Handeltreibens in § 3 Abs. 1 Nr. 1 BtMG auch das Erfüllungsgeschäft hinsichtlich des Geldes erfasst.[212] Hier hilft nun die Vorschrift des § 73 Abs. 4 StGB. Da B als Tatbeteiligter nämlich A das Geld in Kenntnis der Tatumstände gewährt hat, wird der Verfall trotz fehlenden Eigentumsübergangs auf A angeordnet.[213] Die Anordnung ergeht gegenüber A als Empfänger des Vermögensgegenstands, nicht etwa gegenüber B als möglichem Berechtigten.[214] Der Dritte (Geber) ist jedoch gem. den §§ 442 Abs. 1, 431 StPO am Verfahren zu beteiligen, um sicherzustellen, dass er vor dem möglichen Eingriff in sein Vermögen (im Rechtssinne) gehört wird und etwa geltend machen kann, dass der Gegenstand in Unkenntnis der Tat gewährt worden sei.[215]

136 Im Zusammenhang mit dem Dritteigentümerverfall bei Betäubungsmitteldelikten ist wegen der grundsätzlichen Möglichkeit, neben dem Verfall des Veräußerungserlöses beim Verkäufer gegenüber dem Käufer eine **Wertersatzeinziehung** in gleicher Höhe nach § 74 c Abs. 1 StGB auszusprechen,[216] darauf zu achten, dass derselbe „Umsatz" einer Tat des unerlaubten Handel treibens mit Betäubungsmitteln nicht doppelt in Ansatz gebracht wird und in Bezug auf Betäubungsmittel und Geld sowohl beim Verkäufer als auch beim Käufer Vermögenswerte i.H.v. je € 100.000 abgeschöpft werden. Der Umsatz der Tat beträgt insgesamt, d.h. für beide Beteiligten zusammen, nur € 100.000: Durch die Tat wurden € 50.000 in bar und 10.000 Tabletten im Wert von € 50.000 verschoben.

137 Für die beweiserleichternde Vorschrift des § 73 Abs. 4 StGB sind zwei sehr wichtige **Einschränkungen** zu beachten:

Tatbeteiligten zu begreifen *Arzt*, GedS Zipf, S. 165, 171 ff.; für diese Vorgehensweise nun auch sehr deutlich BGH Urt. v. 21.8.2002 – 1 StR 115/02 – NJW 2002, 3339, 3341, wo eine Berechnung des Dritteigentümerverfalls nach dem Nettoprinzip entschieden zurückgewiesen wird.

[209] S. dazu Rdnr. 21 ff.
[210] *Eberbach* NStZ 1987, 486, 489.
[211] Die nicht geringe Menge bei Ecstasy ist höchstrichterlich zwar noch nicht bestätigt, bei 400 g Wirkstoff wie im Bsp. 19 jedoch deutlich überschritten, vgl. *Körner* BtMG Anhang C Rdnr. 405.
[212] BGHSt 31, 145, 148 = NJW 1983, 636; ebenso für illegale Waffengeschäfte BGH Beschl. v. 7.1.2004 – 4 StR 415/03 – StraFo 2004, 215; s. zur Nichtigkeit auch BGH Beschl. v. 11.6.1985 – 5 StR 275/85 – NStZ 1985, 556.
[213] BGHSt 36, 251, 253 = NJW 1989, 3165 f.; BGH Beschl. v. 13.12.2000 – 1 StR 547/00.
[214] *Eberbach* NStZ 1987, 486, 489.
[215] Vgl. *Tröndle/Fischer* § 73 Rdnr. 26.
[216] S. dazu *Eberbach* NStZ 1985, 294, 299 (Fall III 4); das setzt allerdings voraus, dass B Eigentümer geblieben ist.

Erstens ist daran zu erinnern, dass § 73 Abs. 4 StGB nicht etwa generell von dem Erfordernis befreit, die Eigentumsverhältnisse der erlangten Gegenstände festzustellen. Nur in den Fällen, in denen der gebende Dritte Tatbeteiligter ist oder er zwar nicht an der Tat beteiligt ist, aber doch dadurch in die Nähe der Tatbeteiligung gerät, dass er um die Tatumstände weiß,[217] kommt eine Verfallsanordnung in Betracht. Können die Tatbeteiligung des Dritten oder seine Kenntnis nicht nachgewiesen werden – denn insoweit gilt die beweiserleichternde Wirkung der Vorschrift nicht –, bleibt es bei der Regelung des § 73 Abs. 1 S. 1 StGB, nach der der Tatbeteiligte Eigentum an der Sache oder das Recht erhalten haben muss. Dieses Erfordernis lässt sich auch nicht durch den Hinweis auf eine Abschöpfbarkeit des lediglich wirtschaftlichen Vermögensvorteils umgehen, d.h. also der Abschöpfung der nur tatsächlichen Verfügungsmacht über den Gegenstand (hier Besitz am Geld) in Form des Wertersatzverfalls nach § 73 a S. 1 1. Var. StGB.[218] Denn der **lediglich wirtschaftliche Vorteil** besteht **bei Geld** allein in einem **Zinsvorteil**. Abgeschöpft werden könnte beim Tatbeteiligten also nur der (ersparte) Zins für die Zeit der tatsächlichen Verfügungsmacht über das Geld, den er ansonsten für einen Kredit in gleicher Höhe hätte aufwenden müssen. Diese Abschöpfungsmöglichkeit führt aber keineswegs zur Sicherstellung des Betrages, den der Tatbeteiligte von dem unwissenden Dritten erhalten hat.

Zweitens enthebt § 73 Abs. 4 StGB die Strafverfolgungsorgane und Gerichte allein der Notwendigkeit, aufzuklären, ob der verschobene Vermögensgegenstand entweder dem Tatbeteiligten oder dem gewährenden Dritten gehört. Der Dritteigentümerverfall ist hingegen in solchen Fällen ausgeschlossen, in denen ungeklärt bleibt, ob der Gegenstand nicht etwa einer völlig anderen (vierten) Person gehört. Dazu folgendes

Beispiel:
A stellt in seinem Labor auf einem ehemaligen Bauernhof 10.000 Tabletten mit je 40 mg Ecstasy her und „verkauft" und „übereignet" sie an B für insgesamt € 50.000 „auf Kriss", d.h., dass A mit seiner Lieferung in Vorleistung tritt und B ihm das Geld aus den Weiterveräußerungserlösen innerhalb einer bestimmten Frist zahlt.

Hier hat B als (sogar tatbeteiligter) Dritter A zwar Geld gewährt i.S.d. § 73 Abs. 4 StGB. Da dieses Geld aber seinerseits wieder aus Straftaten des unerlaubten Handel treibens mit Betäubungsmitteln stammt, besteht wegen der Rechtsfolge des § 134 BGB die Möglichkeit, dass auch B kein Eigentum an dem Geld erlangt hat, dieses vielmehr seinen Abnehmern zusteht.[219]

Nach § 73 Abs. 4 StGB muss der Gegenstand von seinem (möglichen) Eigentümer gerade für die Tat gewährt worden sein, an der der Empfänger beteiligt war. Ist der Eigentümer hingegen eine von dem Gewährenden verschiedene Person, ist § 73 Abs. 4 StGB seinem Wortlaut nach auch dann nicht erfüllt, wenn diese Person den Gegenstand für eine andere Tat gewährt hat.[220]

Für die Anwendung des Dritteigentümerverfalls gilt daher eine ähnliche Regel wie bei der (echten) Wahlfeststellung:[221] Es darf offen bleiben, ob der Gegenstand noch dem Gewährenden gehört oder dem tatbeteiligten Empfänger. Es muss hingegen mit Sicherheit ausgeschlossen sein, dass der Gegenstand einer von beiden verschiedenen Person gehört. Da dies insbesondere in Fällen von Betäubungsmittelhandel häufig nicht ausgeschlossen werden kann, dürfte der Anwendungsbereich des § 73 Abs. 4 StGB weniger groß sein als allgemeinhin angenommen.

Da sich im Falle der Anwendung des § 73 Abs. 4 StGB die Verfallsanordnung stets gegen den Tatbeteiligten als Empfänger der tatsächlichen Bereicherung richtet, kommt es für die **Abzugsfähigkeit** bereits gezahlter oder festgesetzter **Steuern**[222] allein auf ihn an, nicht auf den gewährenden Rechtsinhaber.

---

[217] Vgl. Schönke/Schröder/*Eser* § 73 Rdnr. 39 f.
[218] So aber *Eberbach* NStZ 1985, 294, 298 und wohl auch BGHSt 36, 251, 254 = NJW 1989, 3165 f.; dagegen *J. Meyer* JR 1990, 208, 209.
[219] Diese Kette lässt sich insb. im Betäubungsmittelbereich beliebig verlängern, da hier vermutlich sehr häufig mit Geldmitteln bezahlt wird, die ihrerseits aus BtM-Delikten stammen. Daraus folgt eine prinzipielle Unaufklärbarkeit der Rechtsinhaberschaft.
[220] So auch *Eberbach* NStZ 1985, 294, 298, der darüber hinausgehend auch zutr. darauf hinweist, dass die Abschöpfung nach § 73 Abs. 4 StGB in diesen Fällen zu einem unendlichen Regress führte.
[221] S. dazu Schönke/Schröder/*Eser* § 1 Rdnr. 84 f.
[222] S. dazu näher Rdnr. 81 ff. und 376 ff.

145 cc) *Besonderheiten beim erweiterten Verfall nach § 73 d StGB.* Abschließend muss noch auf einige Besonderheiten hingewiesen werden, die sich beim erweiterten Verfall nach § 73 d StGB gegenüber dem „einfachen" Verfall nach § 73 StGB ergeben.

146 Neben dem sog. einfachen Verfall, der in den §§ 73 bis 73 c, 73 e StGB geregelt ist, sieht das Recht der Vermögensabschöpfung auch den sog. erweiterten Verfall vor, der 1992[223] als § 73 d in das StGB aufgenommen worden ist. Die primäre Bedeutung des – gegenüber dem einfachen Verfall subsidiären – erweiterten Verfalls besteht darin, dass er durch die Formulierung „wenn die Umstände die Annahme rechtfertigen" dem Gericht ermöglicht, einen Verfall auch dann auszusprechen, wenn der Nachweis, dass ein Vermögensgegenstand aus einer bestimmten rechtswidrigen Tat stammt, misslingt.[224] Dabei handelt es sich um eine **Beweiserleichterung**, die den **Charakter** des erweiterten Verfalls gegenüber dem einfachen Verfall grundsätzlich **nicht verändert**. Hält man den einfachen Verfall nach Einführung des Bruttoprinzips hinsichtlich des den Nettoerlös überschießenden Betrages für eine Maßnahme mit strafähnlichem Charakter, so muss das auch für den erweiterten Verfall gelten.[225] Steht man hingegen mit der Rechtsprechung auf dem Standpunkt, dass auch der Bruttoverfall eine quasi-kondiktionelle Ausgleichsmaßnahme sei,[226] ändert sich daran nichts durch die Beweiserleichterung des § 73 d Abs. 1 StGB.

147 Daher gelten die zu den Voraussetzungen der §§ 73 ff. StGB gemachten Ausführungen grundsätzlich auch für den erweiterten Verfall. Soweit die Vorschriften der §§ 73 ff. StGB nicht direkt angewendet werden können, weil der einfache Verfall den Nachweis voraussetzt, dass etwas aus einer rechtswidrigen Tat erlangt worden ist, gelten sie in der Mehrzahl entsprechend. So finden über § 73 d Abs. 1 S. 3 StGB für den Umfang des erweiterten Verfalls auch die Vorschriften über Nutzungs- und Surrogatverfall gem. § 73 Abs. 2 StGB Anwendung; nach § 73 d Abs. 2 StGB kann auch der erweiterte Wertersatzverfall nach § 73 a StGB angeordnet und die Höhe des erlangten Etwas nach § 73 b StGB geschätzt werden.[227] § 73 d Abs. 4 StGB schließlich erklärt die Härtefallklausel des § 73 c StGB für anwendbar.

148 Bei der Anwendung des erweiterten Verfalls sind – abgesehen von seiner beweiserleichternden Wirkung[228] – insgesamt **sechs** wesentliche **Punkte** zu beachten, die ihn vom einfachen Verfall **unterscheiden**:

- Zunächst ist der **Anwendungsvorrang des § 73 StGB** zu beachten. Der erweiterte Verfall des § 73 d StGB ist nicht etwa lex specialis zu § 73 StGB. Vielmehr muss das Gericht zunächst prüfen, ob die Voraussetzungen des einfachen (Original-, Surrogats-, Wertersatz-)Verfalls vorliegen.[229] Die Subsidiarität des erweiterten Verfalls ergibt sich zum einen aus der Wendung in § 73 d Abs. 1 S. 1 StGB „... ordnet ... **auch dann** an, wenn ..."; zum anderen folgt sie daraus, dass der Sinn einer Beweiserleichterung nicht darin liegt, dem Gericht den Nachweis dann zu ersparen, wenn er prozessordnungsgemäß geführt werden kann.[230]
- Die Vorschrift des **§ 73 d Abs. 3 StGB** bezieht sich ebenfalls auf das Verhältnis von einfachem und erweitertem Verfall, hat allerdings nichts mit dem Anwendungsvorrang des § 73 StGB zu tun. Obwohl beim erweiterten Verfall geregelt, handelt es sich um eine Anweisung, die im Rahmen der Anordnung des einfachen Verfalls nach § 73 StGB zu beachten ist. § 73 d Abs. 3 StGB gebietet dem Gericht, das einen Gegenstand nach § 73 StGB für verfallen erklären will, vor der Anordnung im Urteil zu prüfen, ob dieser Gegenstand bereits in einem anderen Urteil

---

[223] Eingefügt durch das Gesetz zur Bekämpfung des illegalen Rauschgifthandels und anderer Erscheinungsformen der Organisierten Kriminalität (OrgKG) v. 15.7.1992, BGBl. I S. 1302.

[224] Zu Fallbsp., in denen § 73 d StGB in der Praxis erfolgreich angewendet wurde bzw. seine Anwendung scheiterte, *Gradonwski/Ziegler* S. 82 ff.

[225] Vgl. Schönke/Schröder/*Eser* § 73 d Rdnr. 2.

[226] BGH Urt. v. 21.8.2002 – 1 StR 115/02 – NJW 2002, 3339, 3340 m. zust. Anm. *Best* JR 2003, 337, 340 ff.; BGH Urt. v. 1.3.1995 – 2 StR 691/94 – NJW 1995, 2235 f. Nach Ansicht des BVerfG Beschl. v. 14.1.2004 – 2 BvR 564/95 – NJW 2004, 2073 verfolgt § 73 d StGB „präventiv-ordnende Ziele"; zust. OLG Frankfurt/M. Beschl. v. 10.10.2005 – 3 Ws 860/05 – NStZ-RR 2006, 39, 41; krit. zur BVerfG-Entscheidung *Herzog* JR 2004, 494, 495 ff.

[227] S. dazu näher *Hellmann* GA 1997, 503 ff.

[228] Diese wirkt sich erst bei der Urteilsfindung aus; s. daher Rdnr. 407 ff.

[229] BGH Urt. v. 22.10.2001 – 5 StR 439/01 – wistra 2002, 57; *Tröndle/Fischer* § 73 d Rdnr. 9.

[230] Ebenso MünchKommStGB/*Joecks* § 73 d Rdnr. 11.

§ 12 Vermögensabschöpfung und Zurückgewinnungshilfe   149–153 **§ 12**

im Wege des erweiterten Verfalls abgeschöpft worden ist. Durch die Möglichkeit, Vermögensgegenstände nach § 73 d Abs. 1 S. 1 StGB auch dann für verfallen zu erklären, wenn die Anknüpfungstat weder angeklagt noch sicher identifiziert worden ist, besteht die Gefahr, dass derselbe Gegenstand in einem späteren Verfahren, in dem die bislang nur vermutete, nicht prozessordnungsgemäß festgestellte Tat nun selbst Verfahrensgegenstand ist, noch einmal für verfallen erklärt wird. Die **Berücksichtigungspflicht** des § 73 d Abs. 3 StGB soll diese **doppelte Abschöpfung verhindern.**

Praktisch können solche Konkurrenzfälle eigentlich **nur bei** der **Anordnung des** (erweiterten) **149 Wertersatzverfalls** werden,[231] da der zweifache Zugriff auf ein und denselben Gegenstand im Wege des (erweiterten) Originalverfalls ausgeschlossen ist, wenn mit Rechtskraft des zuerst ergehenden Urteils das Recht an dem Gegenstand auf den Staat übergeht, sodass jede weitere Verfallsanordnung wirkungslos ist.

Beispiel:
D hat im Zusammenwirken mit weiteren Personen Polonium/Lithium-Metallscheiben als Neutronen- **150** quelle für Nuklearsprengsätze für 12.000 US $ an Abnehmer aus der Republik Jemen veräußert und wird nun vom Landgericht Mannheim wegen gewerbsmäßigen Handeltreibens mit Atomwaffen nach § 19 Abs. 1 Nr. 1 KWKG verurteilt. Da § 24 Abs. 3 KWKG für einen solchen Fall die Anwendung des § 73 d StGB vorschreibt, wird in dem Urteil neben dem einfachen Verfall von 12.000 US $ nach § 73 Abs. 1 S. 1 StGB außerdem der erweiterte Wertersatzverfall von € 210.000 nach § 73 d Abs. 1, 2 i.V.m. § 73 a S. 1, 2. Fall StGB angeordnet. Dieser Betrag entspricht wertmäßig einer Summe von insgesamt US $ 203.700, die in Teilbeträgen auf das Girokonto des D eingezahlt worden waren, nun aber nicht mehr vorhanden sind, weil D das Geld ganz offensichtlich ausgegeben hat. Das Gericht ist überzeugt, dass es sich bei diesen Beträgen um Veräußerungserlöse aus Waffengeschäften mit saudischen Geschäftsleuten handelt, kann diese Taten jedoch nicht einzeln spezifizieren.
Zwei Jahre später wird D vom Landgericht Düsseldorf wegen Veräußerung von Denguefieber- und Lassa- **151** fieberviren an Abnehmer in der Schweiz durch sieben selbständige Taten verurteilt. Dabei kann festgestellt werden, dass D für die Taten 1 bis 3 von seinen Geschäftspartnern 203.700 US $ erhalten und auf sein Girokonto eingezahlt hatte. Für die restlichen vier Taten erhielt er weitere 170.000 US $, die ebenfalls längst verbraucht sind. Das Gericht ordnet den Wertersatzverfall nach den §§ 73 Abs. 1, 73 a S. 1, 2. Fall StGB i.H.v. € 175.257 = 170.000 US $ an und sieht im Übrigen von der Anordnung wegen § 73 d Abs. 3 StGB ab.

- Eine weitere Besonderheit des erweiterten Verfalls betrifft die Nichtanwendbarkeit des **§ 73 152 Abs. 4 StGB.** Hier hat der Gesetzgeber mit § 73 d Abs. 1 S. 2 StGB eine für den erweiterten Verfall eigene (beweiserleichternde) Regelung hinsichtlich der materiellen Berechtigung des Tatbeteiligten an dem verfallbaren Gegenstand geschaffen. Ebenso wie bei § 73 Abs. 4 StGB kann es für eine Anordnung des (erweiterten) Verfalls gegenüber dem Tatbeteiligten dahinstehen, ob der Tatbeteiligte neben dem Erlangen tatsächlicher Verfügungsgewalt über den Gegenstand auch Rechtsinhaber geworden, oder ob dies wegen § 134 BGB fehlgeschlagen ist.[232] Der Unterschied zum Dritteigentümerverfall nach § 73 Abs. 4 StGB besteht darin, dass die Anordnung des **erweiterten Dritteigentümerverfalls** unabhängig von der Kenntnis des Dritten ergehen kann.

Die Möglichkeit, den erweiterten Verfall gegenüber dem unbeteiligten Dritten auszuspre- **153** chen, ist unter verfassungsrechtlichen Gesichtspunkten hochproblematisch. Da der (tatgeschädigte) Dritte anders als bei § 73 Abs. 4 StGB in keiner Weise in die Tat verstrickt zu sein braucht, handelt es sich um eine enteignende Maßnahme, d.h. einen Hoheitsakt, der von dem Betroffenen ein Maß an Aufopferung verlangt, die am Maßstab des Art. 14 GG gemessen ohne Entschädigung kaum verfassungsgemäß sein dürfte.[233]

---

[231] LK/*Schmidt* § 73 d Rdnr. 55.
[232] Schönke/Schröder/*Eser* § 73 d Rdnr. 13.
[233] Ähnlich Schönke/Schröder/*Eser* § 73 d Rdnr. 13; SK/*Horn* § 73 d Rdnr. 5. Das BVerfG (Beschl. v. 14.1.2004 – 2 BvR 564/95 – NJW 2004, 2073, 2079) hat offensichtlich selbst große verfassungsrechtliche Bedenken, zieht sich aber auf die Aussage zurück: „Daher hat der Gesetzgeber – auch unter sozialstaatlichen Aspekten – zu prüfen, ob die Rechte Tatgeschädigter beim erweiterten Verfall nach der Ausdehnung seines Anwendungsbereichs noch hinreichend gewahrt sind." Die Bundesregierung hat in ihrem Gesetzentwurf vom Feb. 2006 (BT-Drucks. 16/700) darauf reagiert und in § 73 d Abs. 1 S. 3 StGB die entsprechende Geltung des § 73 Abs. 1 S. 2 StGB angeordnet.

154 Die Problematik liegt jedoch auch hier darin, dass die Beweiserleichterung des § 73 d Abs. 1 StGB ohne eine solche Regelung nicht auskommt:[234] Da die rechtswidrigen Taten, durch die der Tatbeteiligte etwas erlangt haben soll, im Einzelnen nicht bekannt sein müssen, muss zwangsläufig offen bleiben, ob der Rechtserwerb gerade wegen der rechtswidrigen Tat fehlgeschlagen ist. Man kann daher hier ebenso wie schon bei der problematischen Anwendung des erweiterten Verfalls auf bereits verjährte Taten[235] nur den erweiterten Verfall insgesamt ablehnen oder aber die rechtsstaatlichen Verwerfungen bei seiner Anwendung hinnehmen. In jedem Fall liefert die Regelung des § 73 d Abs. 1 S. 2 StGB ein weiteres Argument für die Annahme, dass § 73 d StGB gegen verfassungsrechtliche Normen verstößt.

155 • Im Gegensatz zum erweiterten Dritteigentümerverfall ist ein **erweiterter Drittempfängerverfall** nicht möglich; § 73 Abs. 3 StGB ist nach allgemeiner Ansicht auf § 73 d StGB nicht anwendbar,[236] weil Ausnahmen von dem Grundsatz, dass der verfallbare Gegenstand dem Tatbeteiligten gehören muss, ausdrücklich geregelt sein müssen.

156 • Soweit es den **Umfang des erweiterten Verfalls** betrifft, weist § 73 d Abs. 1 S. 1 StGB gegenüber § 73 Abs. 1 S. 1 StGB eine erhebliche **Einschränkung** dadurch auf, dass hier im Gegensatz zum einfachen Verfall nicht das durch eine Tat erlangte Etwas, sondern nur Gegenstände, d.h. Sachen oder Rechte, für verfallen erklärt werden können.[237] Dementsprechend erklärt § 73 d Abs. 2 StGB die Regelung über den **Wertersatzverfall** nach § 73 a StGB nur insoweit für anwendbar, als es um Wertersatz für einen Gegenstand geht, der dem Tatbeteiligten im Zeitpunkt der Tat zugestanden hat, danach aber untergegangen oder veräußert worden ist. Unkörperliche Vermögenswerte wie etwa Nutzungs- oder Gebrauchsvorteile können nach § 73 d StGB nicht für verfallen erklärt werden; die Regelung des **§ 73 a S. 1 1.Var. StGB** ist hier **nicht anwendbar**.[238]

157 • Abschließend muss noch auf eine Besonderheit bei der **Anwendung der Härteklausel** des § 73 c StGB hingewiesen werden. Nach Auffassung des Gesetzgebers soll die Ausschlussregelung des § 73 Abs. 1 S. 2 StGB beim erweiterten Verfall keine Anwendung finden können,[239] obwohl auch Strafvorschriften auf § 73 d StGB verweisen, die Individualrechtsgüter schützen (etwa § 244 Abs. 3 StGB). Man hat sich damit zu beruhigen versucht, dass Unstimmigkeiten, die sich aus einer möglichen Doppelbelastung des Tatbeteiligten ergeben können, weil er sowohl der Maßnahme des erweiterten Verfalls als auch Ausgleichsansprüchen des Tatopfers ausgesetzt ist, über eine Anwendung des § 73 c Abs. 1 S. 2 StGB abgefedert werden könnten.[240]

158 Dieser Ansatz vermag nicht so recht zu überzeugen. Denn die Anwendung der Härteklausel des § 73 c Abs. 1 S. 2 StGB wird beim erweiterten Verfall kaum praktisch werden können, da die Vorschrift voraussetzt, dass sich der erlangte Gegenstand nicht mehr im Vermögen des Betroffenen befindet.[241] Die damit erforderliche Entreicherung des Tatbeteiligten dürfte aus den bereits oben bei der Erläuterung des erweiterten Wertersatzverfalls angeführten Gründen nur sehr selten vorkommen: Da hier der von den Strafverfolgungsorganen aufgefundene Vermögensgegenstand typischerweise den Ausgangspunkt der Finanzermittlungen bildet, befindet er sich ebenso typischerweise im Zeitpunkt der Anordnung des Verfalls noch im Vermögen des Tatbeteiligten, was eine Entreicherung ausschließt.

---

[234] So auch *Krey/Dierlamm* JR 1992, 353, 358.
[235] S. dazu bereits Rdnr. 14 ff.
[236] Vgl. nur LK/*Schmidt* § 73 d Rdnr. 32.
[237] *Lackner/Kühl* § 73 d Rdnr. 5.
[238] Zur Begr. s. *Rönnau* Vermögensabschöpfung Rdnr. 316.
[239] BT-Drucks. 11/6323 S. 7, 14; auch BGHSt 41, 278, 284 = NJW 1996, 136 ff., wo dies allerdings als „Unstimmigkeit" eingeordnet wird.
[240] BT-Drucks. 11/6323 S. 20.
[241] S. zu diesem Erfordernis auch BGHR StGB § 73 Härte 2; BGH Urt. v. 11.4.1995 – 1 StR 836/94 – NStZ 1995, 495.

II. Maßnahmen der Vermögensabschöpfung durch Verfall im Strafverfahren bis zur gerichtlichen Entscheidung

1. Sicherstellung im staatlichen Interesse.

a) Drei Arten der Sicherstellung von Vermögen im staatlichen Interesse. Haben die Strafverfolgungsorgane im Zuge ihrer Ermittlungstätigkeit Vermögensgegenstände aufgefunden, die die Voraussetzungen der §§ 73 ff. StGB erfüllen, so können diese in Anwendung der §§ 111 b ff. StPO sichergestellt werden, um den späteren – endgültigen – Zugriff auf das Vermögen durch die Verfallsanordnung im Urteil zu ermöglichen.

Diese Form der Sicherstellung bildet allerdings nicht die einzige Möglichkeit des vorläufigen Zugriffs auf Vermögenswerte in einem Strafverfahren. In einen Gegensatz zur Sicherstellung potenzieller Beweismittel nach den §§ 94 ff. StPO, für die ein Vermögenswert des sichergestellten Gegenstands ohne jeden Belang ist, treten insgesamt drei Arten der Sicherstellung speziell von Vermögenswerten.[242] Neben dem bereits erwähnten **vollstreckungssichernden Zugriff nach den §§ 111 b ff. StPO** kennt die Strafprozessordnung noch die Vermögensbeschlagnahme gem. § 290 ff. StPO und nach § 443 StPO. Das die drei Arten der Sicherstellung Verbindende erschöpft sich in dem vorläufigen Zugriff auf Gegenstände mit Vermögenswert; darüber hinaus gibt es keine Gemeinsamkeiten.

Während die Sicherstellung zur Ermöglichung des späteren Verfalls nach den §§ 111 b ff. StPO im vom Gesetzgeber gedachten „Idealfall" in eine endgültige Entziehung vermögensrechtlicher Positionen durch die Anordnung des Verfalls (bzw. der Einziehung) mündet, geht es bei der Vermögensbeschlagnahme nach § 290 und § 443 StPO um prozessuale Zwangsmaßnahmen, die keine materiell-rechtliche Entsprechung haben und daher auch nicht den Ausspruch eines endgültigen Vermögensverlusts vorbereiten sollen. Die Vermögensbeschlagnahme nach §§ 290 ff. StPO soll die Durchführung des Strafverfahrens gegen den abwesenden Angeschuldigten ermöglichen, indem durch den Entzug der Verfügungsmöglichkeit über das Vermögen motivatorischer Druck auf den Angeschuldigten ausgeübt wird, sich zu stellen.[243] Sie unterscheidet sich vom vollstreckungssichernden Zugriff bereits ihrer Form nach dadurch, dass ein Zugriff auf einzelne Vermögensstücke nicht möglich ist, sondern das Vermögen des Angeschuldigten nur insgesamt mit Beschlag belegt werden kann.[244]

Die Vermögensbeschlagnahme nach § 443 StPO, die auch einen vorübergehenden Zugriff auf einzelne Vermögensstücke erlaubt, ist auf Verfahren beschränkt, die wegen des Verdachts einer bestimmten, in § 443 StPO abschließend aufgezählten Straftat geführt werden und hat den Zweck, den vermeintlichen Täter für die Dauer des Strafverfahrens durch vorübergehende Sperrung seiner Finanzmittel „unschädlich" zu machen und so die Begehung ähnlich gelagerter Taten in dieser Zeit zu verhindern.[245] Überschneidungen mit einem vollstreckungssichernden Zugriff kann es insbesondere bei Betäubungsmittelstraftaten und Straftaten nach dem Kriegswaffenkontrollgesetz geben.

Beiden Arten der Vermögensbeschlagnahme ist – im Unterschied zum vollstreckungssichernden Zugriff – gemein, dass sie ein **absolutes Verfügungsverbot** zur Folge haben, sodass Verfügungen des Vermögensinhabers schlechthin und gegenüber jedermann nach § 134 BGB nichtig sind,[246] während die Vollziehung des vollstreckungssichernden Zugriffs nach den §§ 111 b ff.

---

[242] Von einer Darstellung der Möglichkeit, das Vermögen des Beschuldigten zur Sicherung der Vermögensstrafe (§ 43 a StGB) nach § 111 p StPO zu beschlagnahmen, wird hier abgesehen, da die Vorschrift lediglich von historischer Bedeutung ist, seit das BVerfG durch Beschl. v. 20.3.2002 – 2 BvR 794/95 – NJW 2002, 1779 ff. § 43 a StGB für verfassungswidrig erklärt hat.
[243] Löwe/Rosenberg/*Gollwitzer* § 290 Rdnr. 1 f.: Maßnahme mit aggravierender Langzeitwirkung; ausf. zu dieser Form der Vermögensbeschlagnahme *Börner* NStZ 2005, 547 ff. (zugleich Besprechung von KG Beschl. v. 14.3.2005 – 5 Ws 585/04).
[244] Vgl. *Hilger* NStZ 1982, 374, 375, der in der Vermögensbeschlagnahme nach § 290 StPO (de lege ferenda) eine Möglichkeit sieht, das Vermögen des Täters dem Vollstreckungszugriff der Verletzten zu erhalten.
[245] BGHSt 19, 1 II, 2 f. = NJW 1964, 262 f.
[246] Löwe/Rosenberg/*Gollwitzer* § 292 Rdnr. 2. Diese Wirkung haben die Maßnahmen allerdings erst mit ihrer Veröffentlichung im Bundesanzeiger, vgl. § 292 Abs. 1 StPO, der über § 443 Abs. 3 StPO auch bei der Vermögensbeschlagnahme nach § 443 StPO gilt.

StPO lediglich ein relatives Verfügungsverbot i.S.d. § 136 BGB bewirkt, das nur im Verhältnis Landesjustizfiskus – Rechtsinhaber bzw. im Falle der Zurückgewinnungshilfe auch zugunsten des zur Vollstreckung zugelassenen Verletzten der Straftat wirkt.

164 **b) Zwei Formen des vollstreckungssichernden Zugriffs auf Vermögensgegenstände.** Es gibt zwei verschiedene Formen der Sicherstellung von Vermögensgegenständen im Dienste erfolgreicher Vollstreckung einer späteren Verfallsanordnung: die Beschlagnahme nach den §§ 111 b Abs. 1, 111 c StPO einerseits und den dinglichen Arrest nach den §§ 111 b Abs. 2, 111 d StPO andererseits. Welche dieser voneinander grundverschiedenen Arten der Sicherstellung angewandt wird, hängt davon ab, ob der vollstreckungssichernde Zugriff auf mutmaßlich rechtswidrig oder mutmaßlich rechtmäßig erworbenes Vermögen erfolgen soll.

165 Sollen Vermögensgegenstände sichergestellt werden, die der Täter (oder der Dritte i.S.d. § 73 Abs. 3 StGB) rechtswidrig aus einer Straftat oder für diese erlangt hat und die daher dem **Originalverfall** nach § 73 Abs. 1 S. 1 StGB unterliegen,[247] so werden diese **beschlagnahmt**. Der Zugriff erfolgt von vornherein auf einzelne Vermögensgegenstände.

166 Geht es hingegen um die Sicherung der späteren Vollstreckung einer Anordnung des **Wertersatzverfalls** nach den §§ 73 Abs. 1 S. 1, 73 a S. 1 StGB, weil entweder das i.S.d. § 73 Abs. 1 S. 1 StGB erlangte Etwas in einem unkörperlichen Vermögenswert ohne rechtliche Form besteht oder der ursprünglich erlangte Gegenstand (ersatzlos) untergegangen ist, muss ein Zugriff auf rechtswidrig erlangte Vermögensgegenstände ausscheiden. Es bleibt nur Raum für einen Anspruch des Justizfiskus auf Wertersatz anstelle des unkörperlichen Vermögenswerts oder untergegangenen Gegenstands. Da der Verfallsbetroffene diesen Anspruch aus den §§ 73 Abs. 1 S. 1, 73 a S. 1 StGB nur aus seinem sonstigen Vermögen erfüllen, d.h. nur mit solchen Vermögensbestandteilen bedienen kann, die er in Ansehung der Tat, derentwegen eine Verurteilung erfolgt ist, mutmaßlich legal erworben hat,[248] können auch vollstreckungssichernde Maßnahmen nur in sein sonstiges, mutmaßlich rechtmäßig erworbenes Vermögen erfolgen. Dieser sichernde Zugriff im Dienste des Wertersatzverfalls erfolgt in der Form, dass sich der Justizfiskus selbst einen vorläufigen, vollstreckbaren Titel in Form des **dinglichen Arrests** erteilt, den er im Weiteren selbst vollstreckt. Im Gegensatz zur Beschlagnahme erfolgt der Zugriff beim dinglichen Arrest auf das gesamte Vermögen des Arrestschuldners – allerdings begrenzt durch die Höhe des Arrestanspruches –; erst die Vollstreckung des Arrests bezieht sich auf einzelne Vermögensgegenstände. Vermögenszugriffe im Wege des dinglichen Arrests erfolgen weitaus häufiger als solche in Form der Beschlagnahme;[249] legt man das Verhältnis der gesicherten Werte zugrunde, erscheint die Sicherstellung durch Beschlagnahme jedenfalls in jüngerer Zeit eher von untergeordneter Bedeutung zu sein.[250]

167 Die im Folgenden dargestellten Grundzüge des vollstreckungssichernden Zugriffs auf Vermögensgegenstände im Strafverfahren gelten nicht nur, soweit es um die Sicherung einer Verfallsanordnung geht. Sie haben ebenso Bedeutung für die Sicherstellung zugunsten Verletzter der Straftat, der sog. **Zurückgewinnungshilfe** i.S.d. § 111 b Abs. 5 StPO. Soll die Erfüllung von Ansprüchen des Verletzten gesichert werden, die dieser aus der Straftat erworben hat, werden Vermögensgegenstände des Beschuldigten oder Dritten nach grundsätzlich denselben Regeln beschlagnahmt, das Vermögen in derselben Weise arrestiert wie bei der Sicherstellung im staatlichen Interesse. Soweit die §§ 111 e Abs. 3, 4, 111 g ff. StPO darüber hinaus Regelungen im Zusammenhang mit Verletzten der Straftat aufstellen, sollen sie lediglich die zusätzlichen bei der Zurückgewinnungshilfe auftretenden Rechtsprobleme lösen; so die Frage der Rangkonkurrenz verschiedener vollstreckender Gläubiger des Beschuldigten oder Dritten nach § 111 g und § 111 h StPO, ihrer Benachrichtigung von der Sicherstellung, § 111 e Abs. 3 und 4 StPO, einer Beschlagnahmeverlängerung zu ihren Gunsten über den Zeitpunkt des Urteilserlasses hinaus,

---

[247] Dasselbe gilt für solche Gegenstände, die Täter oder Dritter als Ersatz für den rechtswidrig erlangten Gegenstand erhalten haben, sog. Surrogatverfall nach § 73 Abs. 2 S. 2 StGB.
[248] Vgl. auch *Schmid/Winter* NStZ 2002, 8, 9.
[249] Zunehmend werden auch Ansprüche der Staatskasse auf Erstattung der Verfahrenskosten (nach Urteilserlass) durch dinglichen Arrest in das Vermögen des Betroffenen gesichert (vgl. § 111 d Abs. 1 S. 2 StPO). S. nur OLG Frankfurt/M. Beschl. v. 18.1.2005 – 3 Ws 1095/04 – NStZ-RR 2005, 144; dass. Beschl. v. 22.6.2005 – 2 Ws 70/05 – StV 2005, 541.
[250] Siehe zu diesem Verhältnis Rdnr. 250.

§ 111 i StPO, sowie der Frage, wann sichergestellte Sachen an den Verletzten herausgegeben werden dürfen, § 111 k StPO.

c) Strukturelle Gemeinsamkeiten von Beschlagnahme und dinglichem Arrest. Trotz grundlegender Unterschiede zwischen der Sicherstellung durch Beschlagnahme und der durch dinglichen Arrest weisen beide Formen doch gewisse strukturelle Gemeinsamkeiten auf, die vorab für ein besseres Verständnis kurz skizziert werden sollen. Beide Maßnahmen gliedern sich jeweils in eine **Anordnung** des Zugriffs und ihre (nachfolgende) **Vollziehung**. 168

In materieller Hinsicht setzt eine rechtmäßige Anordnung die Erwartung späterer Verfallsanordnung im Urteil voraus (beim dinglichen Arrest „Arrestanspruch" genannt) sowie die durch Tatsachen gestützte Befürchtung, die Vollstreckung der späteren Verfallsanordnung würde ohne die vollstreckungssichernde Maßnahme erheblich gefährdet sein, sog. **Sicherstellungsbedürfnis** bei der Beschlagnahme **bzw. Arrestgrund** beim dinglichen Arrest. Die Vollziehung der Anordnung verlangt als materielle Voraussetzung lediglich, dass die Anordnung der Maßnahme wirksam ist.[251] 169

Die Unterschiede zwischen Beschlagnahme und dinglichem Arrest liegen in ihren formellen Voraussetzungen und ihrer Rechtswirkung, die sich in weiten Teilen nach der ZPO richten und daher den mit dem Zwangsvollstreckungsrecht der ZPO weniger vertrauten Rechtsanwendern aus dem Bereich der Strafrechtspflege nicht selten kompliziert erscheinen. Die Kompliziertheit ist allerdings nur eine scheinbare, die insbesondere auf der prima facie wenig transparenten Verweisungstechnik des Gesetzgebers beruht. Tatsächlich jedoch lassen sich die Bestimmungen auf einige **wenige Grundregeln** zurückführen, die sowohl für die Beschlagnahme als auch für den dinglichen Arrest gelten. Zur Verdeutlichung mögen folgende Übersichten dienen: 170

Auf der Ebene der **Anordnung (§ 111 e StPO)** einer sicherstellenden Maßnahme ist grundsätzlich der **Strafrichter** für ihren Erlass zuständig. Liegen die Voraussetzungen der Gefahr im Verzug vor, so darf die Maßnahme auch von der Staatsanwaltschaft angeordnet werden, die ihre Anordnung jedoch nach § 111 e Abs. 2 S. 1 StPO im Grundsatz vom Richter bestätigen lassen muss – anders bei beweglichen Sachen, vgl. § 111 e Abs. 2 S. 2 StPO. Der Antrag auf Bestätigung muss nach dieser Vorschrift binnen einer Woche gestellt sein. Ermittlungspersonen der Staatsanwaltschaft sind überhaupt nur dann befugt, eine sicherstellende Maßnahme anzuordnen, wenn es sich um die Beschlagnahme einer beweglichen Sache handelt **und** Gefahr im Verzug vorliegt (§ 111 e Abs. 1 S. 2 StPO). 171

Für die **Durchführung** bzw. **Vollziehung (§ 111 f StPO)** sicherstellender Maßnahmen ist **grundsätzlich** die **Staatsanwaltschaft** zuständig, soweit es sich nicht um die Pfändung von Forderungen oder sonstigen Rechten[252] in Vollziehung des dinglichen Arrests handelt, die dem Richter vorbehalten bleibt. Funktionell, d.h. für die interne Erledigung der dem Staatsanwalt/Richter übertragenen Aufgaben ist der Rechtspfleger der Staatsanwaltschaft/des Gerichts zuständig. 172

Die **Form der Vollziehung** hängt jeweils davon ab, ob der Gegenstand, auf den zugegriffen wird, in einer beweglichen Sache, einem Grundstück bzw. grundstücksgleichen Recht oder einer Forderung bzw. einem sonstigen Recht besteht.[253] Bei der Beschlagnahme richtet sie sich nach § 111 c StPO, beim dinglichen Arrest nach den Vorschriften der ZPO über die Vollstreckung wegen einer Geldforderung nach den §§ 803 ff. ZPO. Im Einzelnen gilt Folgendes: 173

d) Sicherstellung durch Beschlagnahme. Werden Gegenstände in Anwendung der §§ 111 b Abs. 1, 111 c, 111 e und 111 f StPO beschlagnahmt, bestehen Folgende formelle und materielle Voraussetzungen: 174

---

[251] Anders BGH Urt. v. 3.10.1985 – III ZR 28/84 – NJW 1986, 2952, 2953, für die hier nicht angesprochene Sekundärebene, auf der es um die Verpflichtung zum Schadensersatz geht: Hier hält das Gericht die Vollziehung bereits dann für rechtswidrig, wenn die Anordnung „lediglich" rechtswidrig ist.

[252] S. zu den Rechten, deren Sicherstellung im Strafverfahren im Wesentlichen in Betracht kommt, Rdnr. 214.

[253] Ob ein Schiff oder Luftfahrzeug wie eine bewegliche Sache oder ähnlich wie ein Grundstück behandelt wird, hängt davon ab, ob es im jeweiligen Register eingetragen ist. Nur bei einer Eintragung wird es wie ein Grundstück behandelt. Entsprechendes gilt für Schiffsbauwerke. Auf diese Besonderheiten soll hier nicht näher eingegangen werden, da die Sicherstellung dieser Gegenstände in der Praxis kaum vorkommt; s. dazu näher *Park*, Durchsuchung Rdnr. 774 u. 790 und *Huber* Rpfleger 2002, 285, 287 und 289.

Beschlagnahme gem. §§ 111b I, 111c StPO (Zugriff auf bestimmte Objekte)

Maßnahme \ Zugriffsobjekt		Bewegliche Sachen	Grundstücke und grundstücksgleiche Rechte	Forderungen und Rechte
Anordnung formell Zuständigkeit	Regel	Richter, § 111e I S. 1 1. Var.	Richter, § 111e I S. 1 1. Var.	Richter, § 111e I S. 1 1. Var.
	Ausnahme	StA, § 111e I S. 1 2. Var.; Ermittlungspersonen, § 111e I S. 2	StA, § 111e I S. 1 2. Var.	StA, § 111e I S. 1 2. Var.
	Form/Verf.	Beschluss; aktenkundige Verfügung	Beschluss; aktenkundige Verfügung; richterliche Bestätigung erforderlich nach § 111e II S. 1	Beschluss; aktenkundige Verfügung; richterliche Bestätigung erforderlich nach § 111e II S. 1
materiell		§ 111b I, III; Sicherstellungsbedürfnis	§ 111b I, III; Sicherstellungsbedürfnis	§ 111b I, III; Sicherstellungsbedürfnis
Vollziehung formell Zuständigkeit	Extern	StA, § 111f I S. 1 1. Var.; Ermittlungspersonen, § 111f I S. 1 2. Var. Rechtspfleger, § 31 I Nr. 2 RPflG	StA (Richter), § 111f I S. 1, II S. 1	StA, § 111f I S. 1
	Intern		Rechtspfleger der StA, § 31 I Nr. 1 RPflG (Rechtspfleger des Gerichts, § 22 Nr. 1 RPflG)	Rechtspfleger der StA, § 31 I Nr. 2 RPflG
	Art und Weise der Durchführung	Ingewahrsamnahme, Siegelung § 111c I	Ersuchen Grundbuchamt, §§ 13, 38 GBO Vermerk im Grundbuch, § 111c II S. 1	Pfändung, § 111c III i.V.m. §§ 829, 857 ZPO
materiell		wirksame Anordnung	wirksame Anordnung	wirksame Anordnung
Wirkung		- öff.-rechtl. Verstrickung - relatives Veräußerungsverbot, § 136 BGB	- öff.-rechtl. Verstrickung - relatives Veräußerungsverbot, § 111c V i.V.m. § 136 BGB	- öff.-rechtl. Verstrickung, § 111c V i.V.m. § 136 BGB - Pfändungspfandrecht § 111c III S. 2 StPO i.V.m. § 804 I ZPO
Umfang		beschlagnahmte bewegliche Sache	§ 111c II S. 2 StPO i.V.m. §§ 20 II, 21 ZVG i.V.m. §§ 1120 ff. BGB	§ 111c III S. 2 StPO i.V.m. § 804 I ZPO i.V.m. § 1289 BGB

Dinglicher Arrest gem. §§ 111b II, 111d StPO
(Zugriff auf Vermögen als Ganzes)

Maßnahme / Zugriffsobjekt		Bewegliche Sachen	Grundstücke und grundstücksgleiche Rechte	Forderungen und Rechte
Anordnung				
formell – Zuständigkeit – Regel		Richter, § 111e I S.1 Var.		
formell – Zuständigkeit – Ausnahme		StA, § 111e I S. 1 2. Var.; richterliche Bestätigung erforderlich nach § 111e II S.1		
Form/Verfahren		Beschluss; aktenkundige Verfügung; Inhalt: Arrestanspruch, Arrestgrund, Geldbetrag		
materiell		Arrestanspruch, Arrestgrund §§ 111b II, 111d I, II		
Vollziehung				
formell – Zuständigkeit – Extern		StA, § 111f III S.1 n.F.; Ermittlungspersonen, § 111f III S.1 n.F., Gerichtsvollzieher, § 111f III S.1 n.F. i.V.m. § 2 JBeitrO	StA, § 111f III S.2 i.V.m. II S.1 Richter, § 111f II S.1	Richter, § 111f III S.3 StA bei Gef. i. Verzug, § 111f III S.3
formell – Zuständigkeit – Intern		Rechtspfleger, § 31 I Nr.2 RPflG	Rechtspfleger der StA, § 31 I Nr.2 RPflG Rechtspfleger des Gerichts, § 22 Nr.1 RPflG	Rechtspfleger des Gerichts, § 22 Nr.1 RPflG Rechtspfleger der StA, § 31 I Nr. 2 RPflG
Art und Weise der Vollziehung		Pfändung § 111d II i.V.m. §§ 930 I S.1, 808 ZPO	Ersuchen Grundbuchamt, §§ 13, 38 GBO Eintragung Arresthypothek, § 111d II i.V.m. § 932 I ZPO	Pfändung, § 111d II i.V.m. §§ 930 I S.1, 829, 857 ZPO
Wirkung				
materiell		wirksame Anordnung	wirksame Anordnung	wirksame Anordnung
		– öff.-rechtl. Verstrickung – relatives Veräußerungsverbot, aus der Verstrickung – Pfändungspfandrecht § 111d II i.V.m. §§ 930 I S.2, 804 I ZPO	– Arresthypothek, § 111d II i.V.m. § 932 I ZPO (Höchstbetrags-Sicherungshypothek)	– öff.-rechtl. Verstrickung – relatives Veräußerungsverbot, aus der Verstrickung – Pfändungspfandrecht § 111d II i.V.m. §§ 930 I S.2, 804 I ZPO
Umfang		§ 111d II i.V.m. §§ 930 I S.2, 804 I ZPO, § 1212 BGB	§ 111d II i.V.m. § 932 I ZPO, §§ 1120 ff. BGB	§ 111d II i.V.m. §§ 930 I S.2, 804 I ZPO, § 1289 BGB

175 aa) *Anordnung der Beschlagnahme, § 111 e StPO. (1) Zuständigkeit, Verfahren, Form.* Sollen dem Original- oder Surrogatverfall unterliegende Vermögensgegenstände beschlagnahmt werden, so ist gem. § 111 e Abs. 1 S. 1 StPO in der Regel der Strafrichter für die Anordnung der Beschlagnahme zuständig, und zwar unabhängig von der Art des Gegenstands, der beschlagnahmt werden soll. Der Richter, d.h. vor Anklageerhebung der Ermittlungsrichter nach den §§ 162, 169 StPO und nach Anklageerhebung das mit der Sache befasste Gericht,[254] entscheidet durch Beschluss. Der Beschluss ist nach § 34 StPO zu begründen und muss dem von der Beschlagnahme Betroffenen gem. § 36 StPO über die Staatsanwaltschaft zugestellt werden.[255]

176 Die **Staatsanwaltschaft** – bei beweglichen Sachen auch ihre Ermittlungspersonen – ist nur zuständig, wenn Gefahr im Verzug vorliegt. **Gefahr im Verzug** bedeutet im Grundsatz, dass die richterliche Maßnahme nicht eingeholt werden kann, ohne dass wegen dieser Zeitverzögerung der Zweck der Beschlagnahme, die Sicherung späterer Vollstreckung, gefährdet würde.[256] Nachdem Strafverfolgungsbehörden in der Vergangenheit mit der Hürde des Merkmals „Gefahr im Verzug" bisweilen recht leichtfertig umgegangen sind, kommt dem **Richtervorbehalt** als Schranken-Schranke bei strafprozessualen Grundrechtseingriffen nach neuerer Rechtsprechung des BVerfG zu Art. 13 GG[257] wieder größere Bedeutung zu. Auch wenn es bei der Beschlagnahme von Vermögensgegenständen nicht um einen ebenso schweren Grundrechtseingriff geht wie bei der Durchsuchung, darf doch nicht übersehen werden, dass der Gesetzgeber selbst durch Normierung des Richtervorbehalts in § 111 e Abs. 1 StPO seiner Einschätzung Ausdruck verliehen hat, dass der mit der Beschlagnahme einhergehende Eingriff in Grundrechte des von der Maßnahme Betroffenen immerhin so gewichtig ist, dass grundsätzlich nur ein Richter über die Anordnung entscheiden soll. Dies gilt umso mehr, als die staatsanwaltschaftliche Anordnung nach § 111 e Abs. 2 S. 1 StPO in der Regel einer nachgängigen richterlichen Kontrolle bedarf. Daher lassen sich die vom BVerfG zur Durchsuchung entwickelten Anforderungen auf die Beschlagnahme nach § 111 b StPO im Grundsatz übertragen und auch hier gilt, dass das Merkmal der Gefahr im Verzug restriktiv auszulegen ist.[258]

177 Insbesondere sind folgende Punkte zu beachten: Die Staatsanwaltschaft entscheidet nicht etwa nach pflichtgemäßem Ermessen über das Vorliegen eines Eilfalls in dem Sinne, dass die Entscheidung nur auf grobe Fehler oder objektive Willkür hin überprüft werden könnte.[259] Vielmehr handelt es sich bei „Gefahr im Verzug" um einen unbestimmten Rechtsbegriff, der vollinhaltlicher gerichtlicher Kontrolle unterliegt; auch wenn dem Strafverfolgungsorgan eine Einschätzungsprärogative hinsichtlich der weiteren zeitlichen Entwicklung zukommt.[260] Die Staatsanwaltschaft kann den Richtervorbehalt auch nicht dadurch umgehen, dass sie solange mit der Anordnung der Beschlagnahme im Strafverfahren wartet, bis sich die Situation derart zugespitzt hat, dass die Einschaltung des Ermittlungsrichters den Zweck der Maßnahme vereitelte. Für die Frage, ob Gefahr im Verzug vorliegt, ist daher allein der (erste) Zeitpunkt entscheidend, in dem die Staatsanwaltschaft von der Notwendigkeit der Maßnahme und vom Vorliegen ihrer gesetzlichen Voraussetzungen überzeugt ist.[261] Steht zu diesem Zeitpunkt noch genügend Zeit zur Verfügung, um den diensthabenden Richter entscheiden zu lassen, macht ein Zuwarten die spätere eigenständige Anordnung der Staatsanwaltschaft rechtswidrig.

178 Trifft die Staatsanwaltschaft die Anordnung selbst, so ergeht diese zwar schriftlich und mit Begründung versehen, im Übrigen aber **formlos**.[262] In jedem Fall ist die Entscheidung akten-

---

[254] Vgl. *Meyer-Goßner* § 98 Rdnr. 4.
[255] Nach KK-StPO/*Nack* § 111 e Rdnr. 9 und *Krekeler/Werner*, Unternehmer und Strafrecht, Rdnr. 167, 176 ist der Betroffene entsprechend § 98 Abs. 2 S. 7 StPO über seine Rechte zu belehren.
[256] BVerfGE 51, 97, 111 = NJW 1979, 1539 ff.
[257] BVerfG Urt. v. 20.2.2001 – 2 BvR 1444/00 – wistra 2001, 137 ff.
[258] Vgl. *Park* Durchsuchung Rdnr. 754.
[259] *Meyer-Goßner* § 98 Rdnr. 7.
[260] BVerfG Urt. v. 20.2.2001 – 2 BvR – wistra 2001, 137, 141.
[261] BVerfG Urt. v. 20.2.2001 – 2 BvR – wistra 2001, 137, 140; anders jedoch, wenn der Zweck der Maßnahme durch das Zögern eines angerufenen, aber „entscheidungsunwilligen" Richters vereitelt zu werden droht, vgl. BGH Beschl. v. 11.8.2005 – 5 StR 200/05 – NStZ 2006, 114, 115.
[262] Nach KK-StPO/*Nack* § 111 e Rdnr. 9 und *Krekeler/Werner*, Unternehmer und Strafrecht, Rdnr. 167, 176 ist der Betroffene entspr. § 98 Abs. 2 S. 7 StPO über seine Rechte zu belehren.

kundig zu machen.²⁶³ Dies gilt insbesondere im Zusammenhang mit dem Vorliegen von „Gefahr im Verzug". Um dem Gericht die von der Verfassung gebotene Überprüfung zu ermöglichen, muss der handelnde Beamte nicht nur das Ergebnis seiner Entscheidung, sondern auch deren **Grundlagen** in den Ermittlungsakten **dokumentieren**, darunter auch die Erkenntnisse, die ihn zu einer Annahme von Gefahr im Verzug bewogen haben.²⁶⁴

Hat ausnahmsweise eine Ermittlungsperson der Staatsanwaltschaft die Beschlagnahme angeordnet, so ergeht diese formlos und in der Regel zusammen mit ihrer Vollziehung. Auch hier ist der Vorgang in derselben Weise wie bei der Entscheidung durch die Staatsanwaltschaft aktenkundig zu machen. 179

Hat die Staatsanwaltschaft die Anordnung selbst getroffen, so muss sie nach § 111 e Abs. 2 S. 1 StPO um eine **richterliche Bestätigung** ihrer Entscheidung nachsuchen, es sei denn, es geht um die Beschlagnahme einer beweglichen Sache, § 111 e Abs. 2 S. 2 StPO. Hinsichtlich der in dieser Vorschrift genannten Frist von einer Woche handelt es sich lediglich um eine Sollvorgabe; ihre Überschreitung macht die Anordnung nicht etwa unwirksam.²⁶⁵ Die richterliche Bestätigung selbst muss nicht innerhalb der Wochenfrist ergehen;²⁶⁶ für sie gilt keine besondere Frist. 180

(2) Materielle Voraussetzungen der Anordnung – insbesondere Sicherstellungsbedürfnis. In materieller Hinsicht ist – neben der Erwartung einer Verfallsanordnung nach § 73 Abs. 1 S. 1 StGB – das **Vorliegen eines Sicherstellungsbedürfnisses** von zentraler Bedeutung für die rechtmäßige Anordnung einer Beschlagnahme. Das Sicherstellungsbedürfnis ergibt sich bei der Beschlagnahme nicht unmittelbar aus dem Gesetzestext der §§ 111 b, 111 c StPO, jedoch aus dem vollstreckungssichernden Charakter der Maßnahme.²⁶⁷ Die Bedeutung des Sicherstellungsbedürfnisses folgt daraus, dass es – nach der Konzeption des Gesetzgebers – die Rechtfertigung dafür liefert, dass dem Betroffenen mit der strafprozessualen Zwangsmaßnahme der Beschlagnahme nahezu jegliche Verfügungsmöglichkeit über den beschlagnahmten Gegenstand entzogen wird, obwohl nicht feststeht, dass dieser dem Verfall unterliegt. Ein Sicherstellungsbedürfnis ist nur gegeben, wenn der Betroffene durch sein Verhalten oder seine Lebenssituation Anlass zu der Vermutung gegeben hat, dass die spätere Vollstreckung der Verfallsanordnung ins Leere gehen wird. Für Sicherstellungen gilt – wie für alles staatliche Handeln – der limitierende Grundsatz der Verhältnismäßigkeit.²⁶⁸ 181

Die Erfahrung zeigt allerdings, dass das Sicherstellungsbedürfnis in der Praxis allzu oft keine große Hürde darstellt.²⁶⁹ Gleichwohl und gerade wegen dieser Art der praktischen Handhabung besteht die **Aufgabe der Verteidigung** darin, **Begründungsmängel** oder defizite **aufzuzeigen** und so Gericht und Staatsanwaltschaft zu zwingen, das Sicherstellungsbedürfnis ernstzunehmen und bei unbehebbaren Begründungsmängeln von einer Beschlagnahme abzusehen bzw. diese aufzuheben. 182

Ein Sicherstellungsbedürfnis liegt nur dann vor, wenn die Vollstreckung des nach § 73 StGB angeordneten Verfalls ohne die Sicherstellungsmaßnahme vereitelt oder erheblich erschwert werden würde.²⁷⁰ Die Sicherstellung dient lediglich dem Schutz des Staates als Gläubiger vor einer Verschlechterung seiner Lage, nicht seiner Besserstellung.²⁷¹ So lässt sich ein Sicherstellungsbedürfnis etwa dann bejahen, wenn der Schuldner Anstalten macht, sich mit seinem Ver- 183

---

²⁶³ Vgl. *Meyer-Goßner* § 98 Rdnr. 8.
²⁶⁴ BVerfG Urt. v. 20.2.2001 – 2 BvR – wistra 2001, 137, 141 f.; näher *Jung* StV 2004, 644, 646 f.
²⁶⁵ KK-StPO/*Nack* § 111 e Rdnr. 6.
²⁶⁶ *Meyer-Goßner* § 111 e Rdnr. 7.
²⁶⁷ Vgl. LG Kiel Beschl. v. 22.7.1998 – 36 Qs 28/98 – wistra 1998, 363 m. Anm. *Wulf*; Löwe/Rosenberg/*Schäfer* § 111 b Rdnr. 1; AK-StPO/*Achenbach* §§ 111 b bis 111 d Rdnr. 6.
²⁶⁸ Sensible Interessenabwägung zum dinglichen Arrest vom ThürOLG Beschl. v. 27.7.2004 – 1 Ws 234-236-04 – StV 2005, 90, 91 f.; weiterhin OLG Köln Beschl. v. 18.6.2003 – Ws 343/03 – StV 2004, 121, allerdings mit dem Hinweis, dass die an die Sicherung von Gegenständen zu stellenden Anforderungen hinter dem zurückbleiben, was bei Entscheidungen über die Untersuchungshaft zu gelten hat (mit krit. Anm. von *Marel* StV 2004, 122 f.); ebenso dass. Beschl. v. 30.3.2004 – 2 Ws 105/04 – NJW 2004, 2397, 2398.
²⁶⁹ *Park* Durchsuchung Rdnr. 783.
²⁷⁰ LG München I Beschl. v. 23.3.2000 – 10 Qs 19/00 – StV 2001, 107.
²⁷¹ Vgl. zur entspr. Voraussetzung beim dinglichen Arrest OLG Frankfurt Beschl. v. 19.10.1993 – 3 Ws 614+615/93 – StV 1994, 234; *Lackmann* Zwangsvollstreckungsrecht Rdnr. 659.

mögen in das Ausland abzusetzen,²⁷² oder wenn er beginnt, Vermögensgegenstände von erheblichem Wert zu verschleudern.²⁷³ Es ergibt sich hingegen nicht etwa bereits aus schlechten Vermögensverhältnissen des Schuldners;²⁷⁴ auch den bloßen Verdacht, der Betroffene habe aus einer Straftat etwas erlangt, wird man als hinreichenden Grund für eine Sicherstellung ausscheiden müssen, da ein Sicherstellungsbedürfnis beim Vermögenszugriff im Strafverfahren dann stets überflüssig wäre.²⁷⁵

184 Die Gegenansicht, die dem Beschuldigten faktisch auferlegt, die angebliche Indizwirkung einer (vermuteten) Vermögensstraftat für das Vorliegen eines Sicherstellungsbedürfnisses dadurch zu beseitigen, dass er Sicherheit leistet oder etwa mit der Wiedergutmachung des von ihm angerichteten Schadens beginnt,²⁷⁶ vermag nicht zu überzeugen. Soweit ihre Vertreter die h.M. im Bereich des Zivilprozesses²⁷⁷ ohne jede Modifikation auf den Strafprozess übertragen,²⁷⁸ wird der unterschiedliche Kontext übersehen, in dem die angeblich verübte vermögensbezogene Straftat steht: Im Privatrecht mag es für die Annahme eines Sicherstellungsbedürfnisses genügen, wenn der zu sichernde Anspruch des Gläubigers daher rührt, dass der Schuldner ihm gegenüber eine unerlaubte Handlung begangen hat, die gleichzeitig eine vermögensbezogene Straftat darstellt. Denn dieser Fall ist unter den mannigfachen Gestaltungsformen einer Forderungsbeziehung im Privatrecht einer, der das Verhalten des Schuldners in negativer Hinsicht in besonderer Weise herausstellt. Dies lässt sich auf die Sicherstellung im Strafverfahren aber nicht übertragen, denn hier basiert die Forderungsbeziehung zwischen Gläubiger (Justizfiskus) und Schuldner (des späteren Anspruchs des Justizfiskus auf Herausgabe des Gegenstands) stets darauf, dass der Schuldner eine vermögensbezogene Straftat begangen hat. Obwohl jeder dieser Schuldner bereits gezeigt hat, dass er fremde Vermögensinteressen in besonderer Weise missachtet, wird – völlig unstreitig – zusätzlich ein Sicherstellungsbedürfnis bei der Beschlagnahme für erforderlich gehalten. Wollte man bereits aus der Begehung einer vermögensbezogenen Straftat auf das Vorliegen eines Sicherstellungsbedürfnisses schließen, wäre dieses Merkmal überflüssig.²⁷⁹

185 Folgt das Sicherstellungsbedürfnis damit nicht aus der Vermutung einer vermögensbezogenen Straftat allein,²⁸⁰ so kann sich die Gefahr, dass der Betroffene die erlangten Vermögenswerte dem späteren Vollstreckungszugriff entziehe, nur aus besonderen Umständen der Tatbegehung ergeben. Zu denken ist etwa an einen im Verhältnis zu den sonstigen Vermögensverhältnissen des Beschuldigten besonders hohen Tatgewinn, ein besonders rücksichtsloses Gewinnstreben, das über das für die Tatbestandserfüllung Erforderliche hinausgeht oder eine Vorverurteilung wegen Vereitelung der Zwangsvollstreckung gem. § 288 StGB oder Pfandkehr nach § 289 StGB.²⁸¹

186 Befindet sich der Betroffene in Untersuchungshaft, so stellt dieser Umstand allein das Vorliegen eines Sicherstellungsbedürfnisses nicht in Frage, da auch aus der Untersuchungshaft heraus Vermögensverfügungen vorgenommen werden können; jedoch kann die Tatsache u. U. geeig-

---

²⁷² Nicht hingegen, wenn die angeklagten Straftaten ein Jahrzehnt zurückliegen, so ThürOLG Beschl. v. 27.7.2004 – 1 Ws 234-236/04 – StV 2005, 90 f. zum dinglichen Arrest.
²⁷³ Vgl. nur *Gebert* Gewinnabschöpfung S. 37.
²⁷⁴ BGH Urt. v. 19.10.1995 – IX ZR 82/94 – NJW 1986, 321, 324; OLG Frankfurt Beschl. v. 19.10.1993 – 3 Ws 614+615/93 – StV 1994, 234; LG Kiel Beschl. v. 21.5.2001 – 36 Qs 45/01 – wistra 2001, 319 f.; LG München I Beschl. v. 23.3.2000 – 10 Qs 19/00 – StV 2001, 107; vgl. weiter RGZ 67, 26; RG JW 1904, 557.
²⁷⁵ LG Dortmund Beschl. v. 22.5.2001 – 14 (VIII) 10/01 – S. 4; *Dessecker* Gewinnabschöpfung S. 33; HK-StPO/*Lemke* § 111 d Rdnr. 6; *Park* Durchsuchung Rdnr. 782.
²⁷⁶ So *Bittmann/Kühn* wistra 2002, 248, 250 f.; *Hellerbrand* wistra 2003, 201, 203; ähnlich auch LG Augsburg Beschl. v. 25.4.2002 – 9 Qs 236/02 – S. 4.
²⁷⁷ S. dazu nur BGH Beschl. v. 24.3.1983 – III ZR 116/82 – WM 1983, 614 f.; weitere Nachweise bei *Bittmann/Kühn* wistra 2002, 248, 250 in Fn. 18.
²⁷⁸ *Bittmann/Kühn* wistra 2002, 248, 251.
²⁷⁹ So auch LG Dortmund Beschl. v. 22.5.2001 – 14 (VIII) 10/01.
²⁸⁰ So BGH Urt. v. 3.10.1985 – III ZR 28/84 – NJW 1986, 2952, 2953 für den Verdacht der Steuerhinterziehung.
²⁸¹ Vgl. HK-StPO/*Lemke* § 111 d Rdnr. 6; *Dessecker* Gewinnabschöpfung S. 33; sehr eng LG Halle Beschl. v. 19.5.2000 – 22 Qs 5/00, nach dem ein Sicherstellungsbedürfnis nicht einmal dann vorliegen soll, wenn der Beschuldigte in der jüngeren Vergangenheit mehrfach Vermögensbestandteile auf seine Angehörigen übertragen und die Rechtsform seiner Gesellschaften mehrfach geändert hat.

net sein, die Gefahr der Vereitelung der späteren Vollstreckung der Verfallsanordnung durch den Untersuchungshäftling geringer erscheinen zu lassen.[282]

bb) Durchführung der Beschlagnahme, § 111 f StPO. Für die Vollziehung der Beschlagnahme ist, soweit es um bewegliche Sachen und Grundstücke geht, die Staatsanwaltschaft nach § 111 f Abs. 1 und 2 StPO **zuständig**. Die Durchführung dieses Geschäfts ist allerdings nach § 31 Abs. 1 Nr. 2 RPflG dem Rechtspfleger der Staatsanwaltschaft übertragen. Bei beweglichen Sachen darf die Beschlagnahmeanordnung auch von Ermittlungspersonen der Staatsanwaltschaft vollzogen werden, § 111 f Abs. 1 S. 1 StPO, da diese bereits die Beschlagnahme anzuordnen berechtigt sind und es nur folgerichtig ist, dass sie ihre eigene Anordnung auch vollziehen. Wird die Beschlagnahme eines Grundstücks vollzogen, so kann nach § 111 f Abs. 2 S. 1 StPO statt der Staatsanwaltschaft auch der Richter handeln. Hier ist ebenfalls die Erledigung dieser Geschäfte durch § 22 Nr. 1 RPflG dem Rechtspfleger, nunmehr des Gerichts, übertragen.

Soll eine Forderung oder ein sonstiges Vermögensrecht beschlagnahmt werden, ist grundsätzlich die Staatsanwaltschaft zur Vollziehung befugt. Die Geschäfte sind auch hier wieder dem jeweiligen Rechtspfleger zur Durchführung nach § 31 Abs. 1 Nr. 2 RPflG übertragen.[283]

Die **Art und Weise der Vollziehung** einer Beschlagnahmeanordnung richtet sich nach § 111 c StPO und ist davon abhängig, welche Art von Gegenstand beschlagnahmt wird.[284] **Bewegliche Sachen** werden entweder in Gewahrsam genommen, d.h. dem Betroffenen weggenommen oder, wenn dies etwa wegen ihrer Beschaffenheit oder Größe nicht möglich ist, bei ihm belassen und durch Siegelung so gekennzeichnet, dass eindeutig erkennbar ist, welche Sache beschlagnahmt wurde. Bei **Grundstücken** wird gem. § 111 c Abs. 2 StPO auf den Antrag des Rechtspflegers bei Staatsanwaltschaft oder Gericht nach § 13 GBO ein Beschlagnahmevermerk in das Grundbuch eingetragen. Das Grundbuchamt nimmt die Eintragung gem. § 38 GBO ohne weitere inhaltliche Prüfung allein aufgrund des Ersuchens vor.[285] **Forderungen und sonstige Rechte** werden vom Rechtspfleger der Staatsanwaltschaft in Anwendung der Vorschriften der ZPO über die Vollstreckung in Forderungen nach § 111 c Abs. 3 S. 1, 2 StPO i.V.m. den §§ 829, 857 ZPO gepfändet. Eine Überweisung gem. § 835 ZPO findet allerdings nicht statt, da die Beschlagnahme nicht der endgültigen Vollstreckung einer Verfallsanordnung dient, sondern lediglich zur Sicherung der Vollstreckung vorgenommen wird.

cc) Wirkung der Beschlagnahme. Die Vollziehung der Beschlagnahme führt nach § 111 c Abs. 5 StPO i.V.m. § 136 BGB in allen Fällen unabhängig von der Art des beschlagnahmten Gegenstands zu einem **relativen Veräußerungsverbot**. Verfügungen des Rechtsinhabers oder Eigentümers nach Beschlagnahme sind zwar nicht nichtig, jedoch gegenüber dem Justizfiskus unwirksam. Diese Wirkung tritt allerdings nur als Folge einer förmlichen Beschlagnahme ein. Eine schlichte Inverwahrnahme wie bei Beweismitteln üblich und ausreichend, wenn der Gewahrsamsinhaber nicht widerspricht, genügt hier nicht.[286]

An sich hätte es der ausdrücklichen Anordnung des § 111 c Abs. 5 StPO nicht bedurft. Denn relative Veräußerungsverbote entstehen zwangsläufig durch die mit der Beschlagnahme verbundene öffentlich-rechtliche Verstrickung einer Sache.[287] § 111 c Abs. 5 StPO hat daher in erster Linie klarstellende Funktion.

Bei der Beschlagnahme einer Forderung oder eines Rechts durch Pfändung entsteht neben dem relativen Veräußerungsverbot auch ein Pfändungspfandrecht nach § 111 c Abs. 3 S. 2 StPO i.V.m. § 804 Abs. 2 ZPO.

---

[282] BGH Urt. v. 3.10.1985 – III ZR 28/84 – NJW 1986, 2952 f.; OLG Frankfurt/M. Beschl. v. 21.1.2005 – 3 Ws 42/05 – NStZ-RR 2005, 111, 112.
[283] Löwe/Rosenberg/*Schäfer* § 111 f Rdnr. 4; KK-StPO/*Nack* § 111 f Rdnr. 2.
[284] S. zu Behandlung sichergestellter Sachen aus Sicht der Praxis *Heghmanns*, Das Arbeitsgebiet des Staatsanwalts, Rdnr. 453 ff.
[285] *Bauer*/von Oefele GBO § 38 Rdnr. 83.
[286] Vgl. LG Flensburg Beschl. v. 15.4.2004 – I Qs 26/04 – StV 2004, 644 mit zust. Anm. *Jung*; LG Lübeck Beschl. v. 2.10.2003 – 2 b Qs 103/03 – StV 2004, 123; auch LG Dresden Beschl. v. 11.6.2004 – 5 Qs 44/04 – StV 2004, 531 f.; *Achenbach* NJW 1982, 2809.
[287] Löwe/Rosenberg/*Schäfer* § 111 c Rdnr. 14; vgl. auch Baumbach/Lauterbach/Albers/*Hartmann* Übers § 803 Rdnr. 6.

193 Hinsichtlich des **Umfangs der Beschlagnahme** ist bei Grundstücken zu beachten, dass nicht nur das Grundstück selbst von der öffentlich-rechtlichen Verstrickung erfasst wird, sondern nach § 111 c Abs. 2 S. 2 StPO i.V.m. den §§ 20 Abs. 2, 21 ZVG und den §§ 1120 ff. BGB grundsätzlich[288] auch Erzeugnisse und Zubehörstücke des Grundstücks sowie Miet- und Pachtzinsforderungen. Das Pfändungspfandrecht und die öffentlich-rechtliche Verstrickung umfassen bei Forderungen und Rechten auch deren Zinsen nach § 111 c Abs. 3 S. 2 i.V.m. § 804 Abs. 2 ZPO und § 1289 BGB.

194 *dd) Besonderheiten bei der Beschlagnahme. (1) Rückgabe und Weiterbenutzung gem. § 111 c Abs. 6 StPO.* Ist der Vermögensgegenstand zur Sicherung des sog. Originalverfalls gem. § 73 StGB nach den §§ 111 b Abs. 1 und 111 c StPO beschlagnahmt worden, so enthält § 111 c Abs. 6 Nr. 1 StPO eine Regelung zum Schutz der Interessen des Betroffenen. Danach erhält der Betroffene die beschlagnahmte bewegliche Sache gegen sofortige „Erlegung" ihres Wertes zurück. Das wird allerdings häufig voraussetzen, dass der Betroffene über weitere liquide Mittel verfügt. In der Praxis dürfte das selten der Fall sein, weil die Strafverfolgungsbehörden dann sogleich auf diese Mittel zugegriffen hätten, da Bargeld oder Forderungen aus Sichteinlagen grundsätzlich vorrangig sichergestellt werden: Soweit es Wertbeständigkeit und geringen Aufwand bei der Sicherstellung und späteren Vermögensverwaltung betrifft, sind diese beiden Zugriffsobjekte im Verhältnis zu anderen Vermögensgegenständen unerreicht vorteilhaft. Auch soweit dem Betroffenen gestattet ist, zur Abwendung der Beschlagnahme eine Bankbürgschaft zu hinterlegen,[289] setzt dies voraus, dass seine wirtschaftliche Situation insgesamt positiv beurteilt werden kann.

195 Neben § 111 c Abs. 6 Nr. 1 StPO eröffnet § 111 c Abs. 6 Nr. 2 StPO die Möglichkeit der Rückgabe zum Zwecke der weiteren Benutzung.[290] Da die Rückgabe nach § 111 c Abs. 6 S. 3 StPO von einer Sicherheitsleistung abhängig gemacht werden kann, wird der Betroffene auch hier häufig liquide Mittel benötigen, sodass mit einer starken Anwendung dieser Vorschrift ebenfalls nicht zu rechnen ist.

196 *(2) Notveräußerung gem. § 111 l StPO.* Neben der soeben dargestellten Möglichkeit des Betroffenen, die Sicherstellung abzuwenden bzw. ihre Folgen abzumildern, gewährt § 111 l StPO die Möglichkeit – nun im Interesse des Justizfiskus –, beschlagnahmte (oder aufgrund eines dinglichen Arrests gepfändete) Gegenstände zu veräußern, wenn ihr Verderb oder eine wesentliche Wertminderung droht oder die Kosten der Verwahrung in keinem Verhältnis zum Wert der sichergestellten Sache stehen.[291] Dabei sind allerdings zwei Dinge zu beachten:

197 *(a) Keine Anwendung des § 111 l StPO auf Grundstücke und Rechte.* § 111 l StPO gilt nach ganz herrschender Ansicht nur für bewegliche Sachen, obwohl dessen Absatz 1 umfassender von Gegenständen spricht.[292] Rechte (auch Forderungen) und Grundstücke sind von der Möglichkeit einer Notveräußerung ausgenommen.[293] Das ergibt sich aus § 111 l Abs. 5 StPO, nach dem die Notveräußerung gem. den Vorschriften der ZPO über die Verwertung gepfändeter

---

[288] Nach den §§ 1121 f., 1124 BGB ist jedoch eine Enthaftung möglich.
[289] Müller-Gugenberger/Bieneck/*Niemeyer* § 11 Rdnr. 115.
[290] Fahrzeuge stellen keinen typischen Anwendungsfall dieser Vorschrift dar, da ihr Wertverlust durch weitere Benutzung noch beschleunigt wird; missverständlich daher Löwe/Rosenberg/*Schäfer* § 111 c Rdnr. 17, der auch die Rückgabe zur Benutzung gerade bei Kfz als Möglichkeit beschreibt, einem Wertverlust wirksam zu begegnen.
[291] S. zu einem Beispielsfall BGH Urt. v. 15.5.1997 – III ZR 46/96 WM 1997, 1755 ff.
[292] Der Begriff des Gegenstands wird im Gesetz nicht definiert. Die §§ 111 b und 111 l StPO setzen ersichtlich ein weiteres Verständnis voraus als die §§ 94 ff. StPO, die nur körperliche Gegenstände erfassen, vgl. KK-StPO/*Nack* § 94 Rdnr. 3. Berücksichtigt man, dass nach § 111 c Abs. 3 StPO auch Rechte beschlagnahmt werden können, liegt eine Verwendung des Begriffs des Gegenstands, wie ihn das BGB in vielen Vorschriften im Zusammenhang mit Verfügungen und Verpflichtungen verwendet (z.B. in den §§ 161, 256, 581, 816 BGB), bei der vollstreckungssichernden Sicherstellung erheblich näher. Gemeinhin wird darunter alles verstanden, was Objekt von Rechten sein kann, vgl. Palandt/*Heinrichs* Überbl. v. § 90 Rdnr. 2, sodass unter „Gegenstand" in § 111 l Abs. 1 StPO „an sich" sowohl Rechte als auch Sachen fallen müssten.
[293] Der in Teilen neugefasste § 111 l StPO im Entwurf der Bundesregierung v. Dez. 2005 (BR-Drucks. 940/05) erstreckt die Möglichkeit der Notveräußerung über körperliche Gegenstände hinaus auch auf sonstige Vermögenswerte (etwa sichergestellte Aktiendepots). Zudem wird u. a. die Notveräußerung von Gegenständen, die aufgrund eines Arrests (§ 111 d StPO) gepfändet worden sind, nach Rechtskraft des Urt. deutlich erleichtert; die Notveräußerung soll zukünftig auch auf andere Weise und durch eine andere Person als den Gerichtsvollzieher vorgenommen werden können.

Sachen durchgeführt wird.[294] Anders als etwa bei Grundstücken[295] leuchtet die Aussparung von Rechten nicht unmittelbar ein:[296] Während Grundstücke auch über mehrere Jahre hinweg in der Regel nur relativ geringen Wertschwankungen unterliegen, sind erhebliche Wertverluste bei Rechten in kürzeren Zeitspannen sehr gut vorstellbar. Besonders problematisch ist die Nichtanwendbarkeit im Hinblick auf hoch volatile Wertpapiere wie etwa Inhaberaktien. Zwar werden Wertpapiere „an sich" wie jede andere bewegliche Sache gepfändet und dann auch verwertet, § 821 ZPO. Da viele Wertpapiere heute aber in Form der sog. Girosammelverwahrung verwahrt werden, bei der statt vieler einzelner Wertpapiere nur eine sog. Globalurkunde existiert, kann der Inhaber von Wertpapieren nicht über Sachen, sondern lediglich über Girosammeldepotanteile und daher nur über Rechte verfügen. Diese stehen allein für eine Pfändung nach den §§ 857, 829 ZPO zur Verfügung, so dass eine Notveräußerung der Wertpapiere nach dem Wortlaut des § 111 l StPO ausgeschlossen erscheint.[297]

(b) Keine drittschützende Wirkung des § 111 l StPO. § 111 l StPO sieht keine Möglichkeit **198** des Vermögensinhabers vor, auf Antrag bei der Staatsanwaltschaft seine Sache im Wege der Notveräußerung versteigern zu lassen. Darüber hinaus kann der Betroffene nach § 111 l Abs. 6 StPO auch nur die Anordnung der Notveräußerung durch die Staatsanwaltschaft oder ihre Ermittlungspersonen mit dem Antrag auf gerichtliche Entscheidung anfechten, während die Anfechtung der ablehnenden Entscheidung, die Notveräußerung nicht vorzunehmen, nicht vorgesehen ist. Ermöglichen die Rechtsbehelfe damit dem Betroffenen lediglich, eine von der Staatsanwaltschaft in Aussicht genommene Notveräußerung zu verhindern, nicht aber, eine von ihr abgelehnte Notveräußerung zu erzwingen, beschränkt sich die Berücksichtigung der Belange des Betroffenen in § 111 l StPO ganz offensichtlich auf das Interesse am Erhalt einer ihm gehörenden Sache. Der Schutz des Interesses an der Verwertung ist damit von dieser Vorschrift nicht intendiert.[298] Diese Erkenntnis hat zentrale Bedeutung für die Beantwortung der Frage, ob dem Betroffenen im Falle späterer Nichtanordnung des Verfalls ein Schadensersatzanspruch wegen einer Amtspflichtverletzung zustehen kann. Da § 111 l StPO seine Interessen nicht schützen soll, fehlt es in diesem Fall immer dann an der Verletzung einer drittschützenden Amtspflicht,[299] wenn Staatsanwaltschaft oder Gericht eine Notveräußerung ablehnen, sodass Schäden, die aus dieser Weigerung entstanden sind, nicht über § 839 BGB i.V.m. Art. 34 GG ersetzt werden müssen.

(3) Anwendbarkeit der Vorschriften über die Durchsuchung. Nach § 111 b Abs. 4 StPO **199** gelten die §§ 102 bis 110 StPO für die vollstreckungssichernde Beschlagnahme entsprechend. Nach einer jüngeren obergerichtlichen Entscheidung sind die Durchsuchungsbestimmungen auch auf die Fälle anwendbar, in denen Vermögenswerte durch Vollzug des dinglichen Arrests zur Sicherung eines geldwerten Ersatzanspruchs aus der Anordnung des Verfalls von Wertersatz (§ 73 a StGB) im Wege der Rückgewinnungshilfe gesichert werden sollen.[300] Die Verweisung ist erforderlich, da die Vorschriften über die Durchsuchung als Zweck der Maßnahme stets nur das Auffinden von Beweismitteln oder Personen, nicht aber von Gegenständen nennen, die dem Verfall oder der Einziehung unterliegen können. Die Verweisung entbindet allerdings nicht vom Erfordernis eines gesonderten Durchsuchungsbeschlusses gem. § 105 StPO.[301] Zufallsfunde können nach § 108 StPO einstweilen beschlagnahmt werden. Dabei kann es sich sowohl um Beweismittel als auch um Verfalls- oder Einziehungsgegenstände handeln, die in anderen Strafverfahren von Bedeutung sein können. Für zufällige Funde, die

---

[294] Löwe/Rosenberg/*Schäfer* § 111 l Rdnr. 3; KK-StPO/*Nack* § 111 l Rdnr. 2; a.A. Löwe/Rosenberg/*K. Meyer* (23. Aufl.) § 111 l Rdnr. 3 – jedoch ohne Begründung.
[295] S. dazu KK-StPO/*Nack* § 111 l Rdnr. 2.
[296] Krit. auch KK-StPO/*Nack* § 111 l Rdnr. 4.
[297] Eingehend zu diesem Problem *Rönnau/Hohn* wistra 2002, 445, 447.
[298] So auch *Park* Durchsuchung Rdnr. 831.
[299] S. zu dieser Voraussetzung eines Amtshaftungsanspruchs Palandt/*Sprau* § 839 Rdnr. 43 ff.; *Vogel* wistra 1996, 219, 221.
[300] PfzOLG Zweibrücken Beschl. v. 27.8.2002 – 1 Ws 407/02 – NStZ 2003, 446, 447.
[301] SK-StPO/*Rudolphi* § 111 b Rdnr. 15; zu Anforderungen an einen Durchsuchungsbeschluss vgl. *Park* Durchsuchung Rdnr. 77 ff.

in demselben Verfahren als Verfalls- oder Einziehungsgegenstände in Betracht kommen, gilt nicht § 108 StPO, sondern gelten die §§ 111 b ff. StPO unmittelbar.[302]

200 e) **Sicherstellung durch dinglichen Arrest.** Soll das Vermögen des Beschuldigten oder des Dritten i.S.d. § 73 Abs. 3 StGB in Erwartung der Anordnung des Wertersatzverfalls nach den §§ 73 Abs. 1, 73 a StGB mit einem dinglichen Arrest belegt werden, der dann in einzelne Gegenstände vollzogen wird, gelten im Wesentlichen die folgenden Regeln:

201 *aa) Anordnung des dinglichen Arrests, § 111 e StPO. (1) Zuständigkeit, Verfahren, Form.* Hinsichtlich der Zuständigkeit für die Anordnung des dinglichen Arrests ergeben sich im Vergleich mit der Beschlagnahme kaum Unterschiede. Grundsätzlich ist auch hier nach § 111 e Abs. 1 S. 1 1. Var. StPO der Richter zuständig; nur in Eilfällen, d.h. bei Gefahr im Verzug, kann auch die Staatsanwaltschaft nach § 111 e Abs. 1 S. 1 2. Var. StPO den dinglichen Arrest anordnen. Sie muss sich ihre Entscheidung nach § 111 e Abs. 2 S. 1 StPO vom Richter nachträglich bestätigen lassen.[303] Anders als bei der Beschlagnahme haben **Ermittlungspersonen der Staatsanwaltschaft** bei der Anordnung des dinglichen Arrests **keinerlei Befugnisse**; das gilt auch für Eilfälle.

202 Da sich die Anordnung des dinglichen Arrests stets auf das gesamte[304] Vermögen des Arrestschuldners erstreckt, kann und muss – anders als bei der Anordnung der Beschlagnahme – hier hinsichtlich der Zuständigkeit nicht nach beweglichen Sachen, Grundstücken und Forderungen unterschieden werden.

203 Der zwingend schriftliche Ausspruch eines dinglichen Arrests muss in jedem Fall, d.h. auch wenn er „nur" in Form einer staatsanwaltschaftlichen Verfügung (statt eines richterlichen Beschlusses) ergeht, mindestens drei Merkmale aufweisen: Neben dem nach § 920 Abs. 1 ZPO zu nennenden Arrestgrund muss die Anordnung den Arrestanspruch unter Angabe der (erwarteten) Höhe des zu sichernden Geldbetrages aufweisen sowie nach § 923 ZPO den Geldbetrag, durch dessen Hinterlegung die Vollziehung des dinglichen Arrests gehemmt wird.[305]

204 *(2) Materielle Voraussetzungen der Anordnung – insbesondere Arrestgrund.* Die materiellen Voraussetzungen der Anordnung des dinglichen Arrests bestehen wie bei der Beschlagnahme in der Erwartung, dass gegenüber dem in Aussicht genommenen Arrestschuldner der Wertersatzverfall ausgesprochen werden wird (**Arrestanspruch**, §§ 111 b Abs. 2, 111 d Abs. 1 StPO),[306] und in der Befürchtung einer Vereitelung oder erheblichen Erschwerung der Vollstreckung dieses Ausspruchs ohne vorläufige Sicherungsmaßnahme (**Arrestgrund**, § 917 ZPO).

205 Hinsichtlich des Arrestgrundes gilt das bereits zum Sicherstellungsbedürfnis bei der Beschlagnahme Gesagte:[307] Auch hier entscheidet eine aus der Analyse des bisherigen (Gesamt-)Verhaltens des Arrestschuldners gewonnene Prognose hinsichtlich der Befürchtung, er werde Bestandteile seines Vermögens dem Vollstreckungszugriff zu entziehen versuchen, über das Vorliegen eines Arrestgrundes. § 917 Abs. 2 ZPO, der für Auslandsvollstreckungen gilt, führt hier zumindest insoweit zu keinen geringeren Anforderungen, wie der Anspruch im EU-Ausland vollstreckt werden müsste, da **§ 917 Abs. 2 ZPO** wegen Verstoßes gegen EU-Recht auf diese Fälle **keine Anwendung** findet.[308]

---

[302] KK-StPO/*Nack* § 111 b Rdnr. 15.
[303] Zur Frist s. o. bei der Beschlagnahme Rdnr. 180.
[304] Zur Beschränkung der Vollziehung etwa durch zivilprozessuale Pfändungsverbote s. Rdnr. 210.
[305] KK-StPO/*Nack* § 111 d Rdnr. 8.
[306] Hat der Verfallsbetroffene zur Schadenswiedergutmachung den im Arrestbefehl genannten Betrag bereits an die Geschädigten gezahlt, muss der Arrest auch dann aufgehoben werden, wenn der Schaden deutlich höher als dieser Betrag ist; der Arrestanspruch lässt sich nicht nachträglich austauschen; vgl. LG Hildesheim Beschl. v. 11.12.2002 – 15 Qs 38/02 – StraFo 2003, 166 f.
[307] S. Rdnr. 181 ff.
[308] OLG Frankfurt Beschl. v. 11.4.1995 – 12 W 50/95 – Rpfleger 1995, 468 f.; OLG Frankfurt Urt. v. 3.1.1995 – UF 239/94 – FamRZ 1995, 823; LG München I Urt. v. 11.1.1991 – 23 O 5250/91 – EuZW 1991, 767; ungenau daher *Hellerbrand* wistra 2003, 201, 203; soweit LG Duisburg Beschl. v. 29.1.1999 – 91 Qs (OWi) 5/99 – NStZ-RR 1999, 221 hinsichtlich § 29 a OWiG eine gegenteilige Auffassung zu vertreten scheint, lässt sich das auf die Pfändung zum Zwecke des Wertersatzverfalls nach § 73 a S. 1 StGB nicht übertragen, da Arrest- und Pfändungsentscheidungen deutscher Staatsanwaltschaften und Gerichte im Gegensatz zu denen von Verwaltungsbehörden nach Art. 1 Abs. 1 des Europäischen Rechtshilfeübereinkommens im Ausland vollstreckt werden können.

bb) Vollziehung des dinglichen Arrests, § 111 f StPO. Wird der dingliche Arrest vollzogen, 206
so gelten die bei der Bewirkung der Beschlagnahme ausgeführten Zuständigkeiten entsprechend. Grundsätzlich ist die **Staatsanwaltschaft** nach § 111 f Abs. 3 S. 1 StPO (bewegliches Vermögen) bzw. nach § 111 f Abs. 3 S. 2 i.V.m. Abs. 2 S. 1 StPO (Grundstücke) **zuständig**, den Arrest zu vollziehen, es sei denn, es handelt sich um die Vollziehung in eine Forderung oder ein gleichgestelltes Recht nach § 857 ZPO; hier spricht der (Straf-)Richter die Pfändung aus,[309] wenn nicht ausnahmsweise ein Eilfall in der Form der Gefahr im Verzug vorliegt, was wiederum die Staatsanwaltschaft zur Pfändung befugt, § 111 f Abs. 3 S. 3 StPO.[310] Soll der Arrest in ein Grundstück vollzogen werden, kann auch der Richter das Ersuchen an das Grundbuchamt stellen. Die Durchführung dieser Aufgaben ist dem jeweiligen Rechtspfleger nach § 31 Abs. 1 Nr. 2 bzw. § 22 Nr. 2 RPflG übertragen.

Eine **Besonderheit bei der Zuständigkeit** für die Vollziehung des dinglichen Arrests in **bewegliche Sachen** gilt es hervorzuheben: Nach § 111 f Abs. 3 S. 1 StPO kann nicht nur die Staatsanwaltschaft selbst, sondern können neben ihr auch ihre Ermittlungspersonen oder ein vom Rechtspfleger der Staatsanwaltschaft beauftragter Gerichtsvollzieher (GVZ) bewegliche Sachen pfänden.[311] Bis zum 6.8.2002[312] war es umstritten, ob mit der Verweisung des § 111 f Abs. 3 S. 1 StPO auf die JBeitrO eine Zuständigkeit der Gerichtsvollzieher oder der Staatsanwaltschaft begründet werden sollte.[313] 207

Der Streit hatte erhebliche Auswirkungen in der Praxis, da die Vorschrift von Bundesland 208
zu Bundesland, teilweise sogar von Staatsanwaltschaft zu Staatsanwaltschaft, unterschiedlich angewendet wurde: Wo man den GVZ nicht für zuständig hielt, wurde in der Regel der Rechtspfleger bei der Staatsanwaltschaft mit der Vollziehung betraut, teilweise vollzog der Staatsanwalt selbst oder ließ sogar durch seine Ermittlungspersonen pfänden.[314] Diesen Zustand der Rechtszersplitterung, der nicht gerade dazu beigetragen haben dürfte, die Transparenz der formellen Rechtslage beim praktisch wichtigen dinglichen Arrest zu erhöhen, hat der Gesetzgeber durch die Änderung des § 111 f Abs. 3 S. 1 StPO nicht beseitigt. Vielmehr hat er durch eine Erweiterung des Zuständigkeitskatalogs die Zersplitterung gleichsam noch geadelt. Nach der neuen Rechtslage haben die Strafverfolgungsbehörden (Staatsanwaltschaft und ihre Ermittlungspersonen) die Wahl, ob sie selbst (bzw. durch den Rechtspfleger) tätig werden oder einen GVZ mit der Vollziehung beauftragen.[315]

In sachlicher Hinsicht lässt sich allerdings für diese Wahlmöglichkeit anführen, dass in Abhängigkeit vom jeweiligen Einzelfall einmal der Einsatz eines GVZ, ein anderes Mal der Einsatz eigener Rechtspfleger aus Sicht der Staatsanwaltschaft nutzbringender sein kann. Für GVZ als ausführende Organe spricht, dass sie gegenüber Rechtspflegern der Staatsanwaltschaft eine erheblich größere Erfahrung darin haben, solche Gegenstände des Arrestschuldners auszuwählen, deren Pfändung im Hinblick auf ihre spätere Versteigerung überhaupt oder im Vergleich zu anderen Gegenständen lohnt. Auf der anderen Seite ist zu beachten, dass GVZ – im Gegensatz zu den Rechtspflegern – nicht weisungsgebunden und nicht ständig erreichbar sind. Das macht eine Zusammenarbeit mit ihnen bei Großverfahren, die gleichzeitige und abgestimmte Sicher- 209

---

[309] BGH Beschl. v. 1.9.2004 – 5 ARs 55/04 – wistra 2005, 35: Die Zuständigkeit für den Erlass von Forderungspfändungsbeschlüssen im dinglichen Arrestverfahren bestimmt sich nicht sinngemäß nach der ZPO, sondern nach der StPO.

[310] Der Gesetzentwurf der Bundesregierung v. Feb. 2006 (BT-Drucks. 16/700) sieht im neugeformten § 111 f Abs. 3 S. 3 und Abs. 4 StPO-E eine allg. Vollstreckungs- und Zustellungskompetenz der Staatsanwaltschaft bei Vollziehung des dinglichen Arrests vor, ohne dass die Möglichkeit einer gerichtlichen Entscheidung beseitigt wird.

[311] Vgl. LG Aachen Beschl. v. 22.11.2002 – 65 Qs 143/2002 – DGVZ 2003, 23, 24. Dass beim Arrestvollzug auch der Gerichtsvollzieher die Pfändung beweglicher Sachen bewirken kann, wird in § 111 f Abs. 3 S. 1 StPO-E der Bundesregierung v. Feb. 2006 (BT-Drucks. 16/700) jetzt ausdr. klargestellt.

[312] Geändert durch Gesetz zur Änderung der Strafprozessordnung v. 6.8.2002, BGBl. I S. 3018.

[313] Vgl. dazu einerseits *Coenen* DGVZ 1999, 161, 162, der den Gerichtsvollzieher für zuständig hielt; andererseits OLG Hamm Beschl. v. 1.8.2002 – 3 Ws 217/2002 DGVZ 2002, 167, 168 m.w.N., LG Bonn Beschl. v. 7.11.2000 – 4 T 637/00 – wistra 2001, 119 und *C. Müller* DGVZ 2000, 81 f., die die Staatsanwaltschaft als zuständige Behörde ansahen.

[314] Vgl. *Brettschneider* NStZ 2000, 180.

[315] BT-Drucks. 14/9088 S. 7 (Beschlussempfehlung Rechtsausschuss); BT-Drucks. 14/6079 S. 7 (Gesetzesentwurf Bundesrat).

stellungen an verschiedenen Orten erfordern oder bei Vollziehungshandlungen, die während der Nachtzeit stattfinden sollen, nicht eben einfach.[316] Hinzu kommt, dass GVZ es auch nicht gewöhnt sind, nächtens zu pfänden. Denn Nachtpfändungen in Vollstreckung zivilrechtlicher Entscheidungen sind nach § 758 a Abs. 4 ZPO in der Regel unzulässig.

210   Hinsichtlich der **Art und Weise**[317] der Vollziehung eines dinglichen Arrests gilt: Bewegliche Sachen werden nach § 111 d Abs. 2 StPO i.V.m. den §§ 930 Abs. 1 S. 1, 2, 808 ZPO gepfändet und dem Schuldner entweder weggenommen oder mit einem Siegel gekennzeichnet.[318] Gepfändetes Geld ist nach § 930 Abs. 2 ZPO zu hinterlegen. Forderungen oder ihnen gleichstehende Rechte werden ebenfalls gepfändet.[319] Hier ergeben sich keine Unterschiede zur Bewirkung der Beschlagnahme. Soll der dingliche Arrest in ein Grundstück vollzogen werden, so muss nach § 111 d Abs. 2 StPO i.V.m. § 932 Abs. 1 ZPO die Eintragung einer Arresthypothek beim Grundbuchamt beantragt werden. Das Ersuchen richtet sich auch hier nach den §§ 13, 38 GBO; das Grundbuchamt nimmt keinerlei inhaltliche Prüfung vor.

211   *cc) Wirkung der Vollziehung des dinglichen Arrests.* Hinsichtlich der Wirkung der Vollziehung des Arrests ist nach dem Gegenstand zu unterscheiden, in den der Arrest vollzogen wird. Bei **beweglichen Sachen** und bei **Forderungen** bzw. diesen gleichgestellten Rechten entsteht durch die Pfändung neben dem **Pfändungspfandrecht** gem. § 804 Abs. 1 ZPO ein relatives Veräußerungsverbot i.S.d. § 136 BGB durch die mit dem Pfändungsakt einhergehende öffentlichrechtliche Verstrickung.[320]

212   Bei **Grundstücken** wird auf Ersuchen der Staatsanwaltschaft oder des Richters eine **Arresthypothek** im Grundbuch eingetragen.[321] Bei der Arresthypothek handelt es sich um eine Höchstbetrags-Sicherungshypothek nach § 932 Abs. 1 S. 1 ZPO i.V.m. den §§ 1184 ff., 1190 BGB.[322] Die Form der Höchstbetragshypothek erklärt sich daraus, dass beim dinglichen Arrest die zu sichernde Forderung noch nicht bestimmt bzw. noch nicht festgestellt ist. An ihre Stelle tritt der Höchstbetrag, der bei der Arresthypothek durch den Abwendungsbetrag nach § 923 ZPO bestimmt wird.[323] Als Sicherungshypothek ist die Arresthypothek streng akzessorisch zu der zu sichernden Forderung und kann solange nicht übertragen werden, wie die Forderung nicht besteht bzw. feststeht. Das auch bereits aus der Arresthypothek fließende Recht der Klage auf Duldung der Zwangsvollstreckung nach § 1147 BGB[324] wird kaum praktisch werden, da der Gläubiger, d.h. hier der Landesjustizfiskus, die Arresthypothek in eine Zwangshypothek umwandeln lassen kann, wenn er den Titel in der Hauptsache erlangt, also das Strafgericht den Wertersatzverfall im Urteil anordnet. Aus der Zwangshypothek muss man nicht mehr auf Duldung der Zwangsvollstreckung klagen. Vielmehr erlaubt bereits der Titel in der

---

[316] S. zu dieser Erfahrung *Bangert* Kriminalistik 2001, 652, 656.
[317] Da § 111 d Abs. 2 StPO auf die §§ 928, 930 Abs. 2 S. 1 ZPO verweist, sind auch die zivilprozessualen Pfändungsverbote der §§ 811 ff., 850 ff. ZPO (unpfändbare Sachen, Pfändungsfreibeträge) zu beachten, *Löwe/Rosenberg-Schäfer* § 111 d Rdnr. 38; *Hofmann/Riedel* wistra 2005, 408, 408. *Bach* StraFo 2005, 485, 486, will daneben – über den Wortlaut des Abs. 3 hinaus – die Kosten einer angemessenen Wahlverteidigung von jeder Art des Arrests ausnehmen. Bei Verstoß gegen ein Pfändungsverbot wird ggf. die Vollziehungsmaßnahme, nicht aber die Arrestanordnung selbst aufgehoben.
[318] Bei der Pfändung von sichergestellten und bei der Staatsanwaltschaft asservierten Gegenständen (etwa zur Sicherung der Verfahrenskosten i.S.v. § 111 d Abs. 1 S. 2 StPO) ist nicht der Herausgabeanspruch des Angeklagten in entspr. Anwendung des § 847 ZPO, sondern es sind die Gegenstände selbst zu pfänden, so OLG Frankfurt/M. Beschl. v. 18.1.2005 – 3 Ws 1095/04 – NStZ-RR 2005, 144.
[319] Der Pfändungsbeschluss muss die gepfändete Forderung und ihren Rechtsgrund so genau bezeichnen, dass bei verständiger Würdigung unzweifelhaft feststeht, welche Forderung Gegenstand der Zwangsvollstreckung sein soll, OLG Frankfurt/M. Beschl. v. 18.1.2005 – 3 Ws 1095/04 – NStZ-RR 2005, 144.
[320] S. dazu bereits Rdnr. 190 f.
[321] Ausf. zu den Pfändungsmöglichkeiten bei Grundstücken und grundstücksgleichen Rechten *Podolsky/Brenner* Vermögensabschöpfung S. 116 ff. Nach OLG Düsseldorf Beschl. v. 22.11.2001 – 10 W 125/01 – StV 2003, 550 f. muss der Beschuldigte (wegen Unvereinbarkeit mit der Unschuldsvermutung) nicht die Kosten für die Eintragung einer Zwangshypothek zu Zwecken des Verfalls tragen.
[322] BGH Urt. v. 15.4.1997 – IX ZR 112/96 – NJW 1997, 3230, 3233.
[323] *Baumbach/Lauterbach/Albers/Hartmann* § 932 Rdnr. 3.
[324] Die Klage ist trotz der nur sichernden Natur des dinglichen Arrests möglich, weil es sich dabei noch nicht um einen Akt der Verwertung handelt, da der Gläubiger für eine erfolgreiche Klage auf Duldung der Zwangsvollstreckung seinen Anspruch nachweisen muss, vgl. BGH Urt. v. 15.4.1997 – IX ZR 112/96 – NJW 1997, 3230, 3233.

Hauptsache nach § 867 Abs. 3 ZPO die Zwangsversteigerung des Grundstücks, wenn der Landesjustizfiskus die Eintragung der Zwangshypothek auf diesem Titel hat vermerken lassen.

Hinsichtlich des Umfangs der Vollziehung des dinglichen Arrests gilt das bereits zur Beschlagnahme Ausgeführte.[325] Bei beweglichen Sachen gilt hier zusätzlich, dass sich das Pfändungspfandrecht nach § 1212 BGB auch auf von der Sache getrennte Erzeugnisse erstreckt. 213

Forderungen und sonstige Rechte sind wohl die aus Sicht der Strafverfolgungsbehörden „lohnensten" und damit häufig Zugriffsobjekte bei der Sicherstellung im Wege des dinglichen Arrests,[326] da Bargeld in ausreichender Höhe selten zur Verfügung stehen wird, ihre Verwertung verhältnismäßig einfach ist und der erzielbare Verwertungsbetrag relativ sicher vorausberechnet werden kann. Zu den Forderungen und Rechten, in die eine Vollziehung durch Pfändung erfolgen kann, gehören insbesondere: 214

- Ansprüche aus Lebensversicherungsverträgen
- Wertpapierdepots
- Kontokorrentverbindungen (gegenw.
- und zukünftiger Saldo)[327]

Hier erfolgt in der Regel eine Blindpfändung der gesamten Geschäftsbeziehung, so dass die Staatsanwaltschaft erst durch die Drittschuldnererklärung nach § 840 ZPO von wertvollen Einzelpositionen erfährt.

- Ansprüche auf Auszahlung von Darlehensvaluta (dazu gehören auch Überziehungs- und Dispositionskredite)
- Anteile an Kapital- und Personenhandelsgesellschaften (sofern diese nicht als Inhaberpapiere den Regeln der Pfändung beweglicher Sachen unterliegen)

dd) Besonderheiten. Der Inhaber des arrestierten Vermögensstücks kann – ähnlich der dem von einer Beschlagnahme Betroffenen durch § 111c Abs. 6 StPO eingeräumten Möglichkeit – nach § 111d Abs. 2 StPO i.V.m. den §§ 923, 934 ZPO durch Hinterlegung eines bereits im Arrestbefehl festgelegten Geldbetrages den Arrest aufheben lassen. Der durch die genannten Vorschriften eröffnete Weg des Austausches eines sichergestellten Gegenstandes setzt allerdings auch hier voraus, dass der Betroffene neben den bereits sichergestellten Vermögenswerten über weitere liquide Mittel verfügt. 215

Daneben eröffnet § 111l StPO auch beim dinglichen Arrest die grundsätzliche Möglichkeit, sichergestellte Sachen in Notfällen zu veräußern. Die bei der Beschlagnahme gegebenen Erläuterungen zu dieser Vorschrift gelten in gleicher Weise auch hier. 216

2. Die Sicherstellung im Interesse des Verletzten („Zurückgewinnungshilfe") gem. § 111b Abs. 5 StPO

a) *Allgemeines. aa) Funktion und praktische Bedeutung der Zurückgewinnungshilfe.* Soweit gem. § 73 Abs. 1 S. 2 StGB vorrangige Ersatzansprüche des Verletzten den Verfall von Vermögenswerten zugunsten des Staates sperren, fehlt es an der von § 111b Abs. 1, Abs. 2 StPO vorausgesetzten Erwartung einer später im Urteil erfolgenden Verfallsanordnung. Gleichwohl lässt § 111b Abs. 5 StPO in entsprechender Anwendung der Absätze 1 bis 4 des § 111b StPO die Anordnung der Beschlagnahme bzw. des dinglichen Arrests durch die Strafverfolgungsorgane zu, um dem Tatgeschädigten bei der Durchsetzung seiner Ansprüche zu helfen (sog. **Zurückgewinnungshilfe**). Die Sicherstellungsvorschriften können damit so angewendet werden, als wenn es die Ausnahmeregelung des § 73 Abs. 1 S. 2 StGB nicht gäbe.[328] Daraus folgt, dass der Sicherungszugriff beim Verfall und der Zurückgewinnungshilfe unter den gleichen 217

---

[325] S. Rdnr. 193.
[326] Auch bei der Beschlagnahme nach den §§ 111b, 111c StPO erfolgt der vollstreckungssichernde Zugriff auf ähnliche Forderungen und Rechte wie beim dinglichen Arrest; jedoch kann das Vollstreckungsorgan bei der Beschlagnahme nicht zwischen verschiedenen Vermögenswerten wählen, da das Zugriffsobjekt dort zwingend in dem erlangten Etwas besteht und damit vorgegeben ist.
[327] Zur Frage, ob neben Ansprüchen aus dem Kontokorrentvertrag auch solche aus dem Girovertrag gepfändet werden können, s. *Jungmann* ZInsO 1999, 64, 66 f.
[328] *Meyer-Goßner* § 111b Rdnr. 5. Zur Frage, ob die (Besuchs-)Rechte eines Beschuldigten im Vollzug der Untersuchungshaft beschränkt werden dürfen, um eine mögliche spätere Zurückgewinnungshilfe zu sichern, vgl. *Gärtner* NStZ 2005, 544 ff.

Voraussetzungen und im gleichen Umfang möglich ist. Die Funktion des § 111 b Abs. 5 StPO besteht also allein darin, den Sicherungszweck auf den Anspruch des Verletzten zu erweitern.[329] Während die Ermittlungsbehörden vielfach Vermögen beschlagnahmen, um im Falle einer späteren Verfallsanordnung tatverstricktes Vermögen zugunsten des Staates abschöpfen zu können, geht es bei der Zurückgewinnungshilfe als einer Form des „unfreiwilligen Täter-Opfer-Ausgleichs"[330] darum, das Vermögen des Tatbeteiligten (oder eines Dritten) vorrangiger Befriedigung der Opferansprüche zu erhalten. Durch diesen Sicherstellungsmechanismus wird den Strafverfolgungsbehörden vor allem im Ermittlungsverfahren die u. U. schwierige Prüfung erspart, ob die Verfallssperre gem. § 73 Abs. 1 S. 2 StGB im konkreten Fall überhaupt Anwendung findet. Die in § 111 b Abs. 5 StPO ausdrücklich vorgesehene Zurückgewinnungshilfe erlaubt es zudem, Vermögensbeschlagnahmen von vornherein nur im Interesse möglicher Verletzter vorzunehmen.[331]

218 Eine Parallelvorschrift für die Einziehung gibt es in der StPO nicht, da ein Ausschluss der Einziehung nach dem Regelungsmodell des § 73 Abs. 1 S. 2 StGB im materiellen Recht nicht vorgesehen ist.

219 Ist es im Zeitpunkt der Sicherstellungsanordnung noch ungewiss, ob ein Vermögenswert dem Verfall unterliegt oder dem Verletzten zusteht, sind aber die übrigen Voraussetzungen für eine Sicherstellung gegeben, werden die Anforderungen an den Beschlagnahmebeschluss durchaus unterschiedlich formuliert: Eine pragmatische Ansicht will es dahinstehen lassen, ob der Verfall nach § 73 StGB zu sichern ist oder ob es sich um eine Sicherstellung nach § 111 b Abs. 5 StPO handelt.[332] Da die Beschlagnahmevoraussetzungen zwar in jedem Fall, aber nur alternativ vorliegen, spricht – schon aus Gründen der Rechtsklarheit – viel dafür, **im Beschlagnahmebeschluss** eine **Alternativbegründung** zu verlangen.[333]

220 Kann im weiteren Verlauf der Ermittlungen der Sicherungszweck der Maßnahmen eindeutig bestimmt werden, ergibt sich die Frage, ob – soll es nicht zur Aufhebung der Maßnahme kommen – eine erneute förmliche Entschließung hinsichtlich des bereits sichergestellten Vermögenswertes erforderlich ist. Immerhin sind je nach Zweck der Sicherungsmaßnahme unterschiedliche Ermessenserwägungen anzustellen.[334] Anders als beim Zusammentreffen von beweissichernder und vollstreckungssichernder Beschlagnahme (i.w.S.), die sich in Sicherungszweck, Voraussetzungen und Folgen deutlich voneinander unterscheiden,[335] geht es jedoch hier jeweils um vollstreckungssichernde Maßnahmen, für die ausweislich des § 111 b Abs. 5 StPO die gleichen prozessualen Regeln gelten – bei der Beschlagnahme etwa die Folge eines Veräußerungsverbots, § 111 c Abs. 5 StPO i.V.m. § 136 BGB. Damit lässt sich die von *Achenbach* erhobene Forderung, nach der die zunächst zu Beweiszwecken beschlagnahmte Sache bei einer Erweiterung auf andere Sicherungszwecke erneut – nunmehr unter Wahrung der dann einschlägigen Normen – beschlagnahmt werden müsse,[336] nicht auf eine Situation übertragen, in der die Beschlagnahme der Vollstreckungssicherung in der einen oder anderen Form dient.

---

[329] LG Mannheim Beschl. v. 16.6.2000 – 24 Qs 5/00 – S. 5 – „FlowTex". Dagegen gewährt § 73 Abs. 1 S. 2 StGB dem Verletzten unmittelbar keine prozessualen Beteiligungsrechte, s. OLG München Beschl. v. 6.11.2003 – 2 Ws 583-592/03 u. 2 Ws 1017/03 – NJW 2004, 1119 – „ComRoad".
[330] *Kaiser* wistra 2000, 121, 124.
[331] OLG Frankfurt/M. Beschl. v. 21.1.2005 – 3 Ws 42/05 – NStZ-RR 2005, 111; *Meyer-Goßner* § 111 b Rdnr. 5.; *Park* Durchsuchung Rdnr. 792; s.a. den Überblick bei *Hees* GRUR 2002, 1037 ff.
[332] OLG Frankfurt/M. Beschl. v. 21.1.2005 – 3 Ws 42/05 – NStZ-RR 2005, 111, 113 m.w.N.; LG Neubrandenburg Beschl. v. 26.10.2000 – Qs 164/00 – ZInsO 2000, 676; *Meyer-Goßner* § 111 b Rdnr. 7.
[333] So AK-StPO/*Achenbach* §§ 111 b bis 111 d Rdnr. 19; vgl. auch *Malitz* NStZ 2002, 337, 338 mit Fn. 13 und SK-StPO/*Rudolphi* § 111 b Rdnr. 11; missverständlich KK-StPO/*Nack* § 111 b Rdnr. 20, der die Sicherstellung „wahlweise" auf § 111 b Abs. 1 **und** Abs. 5 StPO stützen will; ebenso KMR/*Mayer* § 111 b Rdnr. 28; *Marel* StV 2004, 414, 415.
[334] So entfällt etwa nach LG Düsseldorf Beschl. v. 13.12.2000 – III-8/00 – StV 2001, 446 (mit zust. Anm. *Berndt*) das Sicherstellungsbedürfnis bei einem zum Zwecke der Zurückgewinnungshilfe erlassenen dinglichen Arrest, wenn die mutmaßlich Tatgeschädigten keine erkennbaren zivilrechtlichen Schritte gegen den Beschuldigten unternehmen; ebenso BVerfG Beschl. v. 7.6.2005 – 2 BvR 1822/04 – StraFo 2005, 338, 339 f. m.w.N.; OLG Düsseldorf Beschl. v. 20.2.2002 – 2 Ws 375-377/01 – NStZ-RR 2002, 173; ausf. dazu *Rönnau* StV 2003, 581, 583 ff.
[335] Vgl. *Achenbach* NJW 1976, 1068 ff.
[336] *Achenbach* NJW 1976, 1068, 1071.

Ausreichend ist vielmehr, wenn nach Antrag durch die Staatsanwaltschaft das zuständige Gericht unter Aufrechterhaltung der Maßnahme selbst in einer neuen Anordnung nach § 111 e StPO die Begründung der Sicherstellungsanordnung dem Ermittlungsergebnis anpasst.[337]

Zu beachten ist bei der Zurückgewinnungshilfe immer, dass sich die nach § 111 b Abs. 5 StPO angeordnete Sicherstellung nur als **Vollstreckungshilfe** darstellt; die Vollstreckung selbst muss dann vom Verletzten betrieben werden.[338]

Die praktische Bedeutung der Zurückgewinnungshilfe hat in den letzten Jahren erheblich zugenommen. *Kilchling* präsentiert Zahlenmaterial, nach dem von den 1999 im Bundesgebiet vorläufig sichergestellten Vermögenswerten 57,2 % aller Werte – das entsprach mehr als 245 Mio. DM – im Wege der Zurückgewinnungshilfe gesichert wurden; z. T. waren die Anteile in einzelnen Bundesländern noch erheblich höher.[339] Nach der bundeseinheitlichen Statistik der Vermögensabschöpfung aus dem Jahre 2002 entfielen 55 % (162 Mio. Euro) der vorläufig sichergestellten Vermögenswerte auf die Zurückgewinnungshilfe.[340]

bb) Exklusivität von Verfall und Zurückgewinnungshilfe. Der Gesetzgeber hat durch § 73 Abs. 1 S. 2 StGB i.V.m. § 111 b Abs. 5 StPO deutlich zum Ausdruck gebracht, dass er der Zurückgewinnungshilfe zugunsten verletzter Individualinteressen Vorrang vor einem im staatlichen Interesse anzuordnenden Verfall einräumt.[341] Diese Regelung ist Ausprägung eines materiell-prozessualen Gewinnabschöpfungsmodells und Ergebnis eines während des Gesetzgebungsverfahrens erzielten Kompromisses.[342] Da es nach fast allgemeiner Meinung für den Ausschluss des Verfalls nur auf die rechtliche Existenz des Individualanspruchs, nicht hingegen auf seine tatsächliche Geltendmachung ankommt,[343] der erweiterte Verfall (§ 73 d StGB) in der Praxis bisher nur eine untergeordnete Rolle spielte und die Verhängung von Geldstrafen kaum zur Vermögensabschöpfung geeignet ist, führt § 73 Abs. 1 S. 2 StGB faktisch zu einer rigiden **Exklusivität von Verfall und Zurückgewinnungshilfe**. Dieser Rechtszustand wird nicht nur aus Kreisen der Ermittlungsbehörden heftig kritisiert, da er im Einzelfall zu inakzeptablen Ergebnissen führen könne.[344] Gerade im klassischen Bereich der Vermögens- und Wirtschaftskriminalität kommt es bei Straftaten mit großer Breitenwirkung und einer Vielzahl von (z. T. nicht zu ermittelnden) Geschädigten – man denke an Fälle banden- und gewerbsmäßigen Diebstahls und Hehlerei oder an umfangreiche Kapitalanlagebetrügereien – nicht selten vor, dass die Verletzten ihre Ansprüche nicht kennen, sichergestellte Gegenstände einzelnen Geschädigten nicht zugeordnet werden können oder diese etwa wegen des im Einzelfall nur geringen Schadens an Wiedergutmachung nicht interessiert sind. Allein die Tatsache, dass abstrakt konkurrierende Forderungen von Verletzten bestehen, verhindert hier die Verfallsanordnung mit der Folge, dass die vorläufig sichergestellten Vermögenswerte in der Regel wieder an den Beschuldigten ausgekehrt werden müssen. Im Ergebnis führt – so die Kritik – der Ausschluss eines subsidiären Zugriffs des Staates im Bereich klassischer Vermögenskriminalität zu Lücken in der Abschöpfung unrechtmäßig erlangter Vermögensvorteile mit der Konsequenz einer ungerechtfertigten Privilegierung des Täters.[345]

---

[337] OLG Düsseldorf Beschl. v. 20.2.2002 – 2 Ws 375-377/01 – NStZ-RR 2002, 173; AK-StPO/*Achenbach* § 111 e Rdnr. 15; KK-StPO/*Nack* § 111 e Rdnr. 16; *Meyer-Goßner* § 111 e Rdnr. 16.
[338] *Kilchling* wistra 2000, 241, 248; *Malitz* NStZ 2002, 337, 339; *Schmid/Winter* NStZ 2002, 8, 10.
[339] *Kilchling*, Die Praxis der Gewinnabschöpfung in Europa, S. 46 f.; die extreme Abweichung im Bundesland Hamburg (nur 2,4 % der Maßnahmen entfielen auf die Zurückgewinnungshilfe) führt der Autor darauf zurück, dass sich die dort Vermögensabschöpfung betreibende Abteilung nach dem Modellprojekt finanziell selbst tragen soll.
[340] Vgl. Jahresbericht Wirtschaftskriminalität 2002, S. 29 f. (http://www.bka.de/lageberichte/wi/wikri_2002_gesamtdokument.pdf).
[341] Verkannt vom AG Kleve Urt. v. 25.11.2004 – 37 Ds 400 Js 267/04 – wistra 2005, 272 ff.; im Ergebnis korrigiert durch LG Kleve Urt. v. 17.3.2005 – 211 Ns 300 Js 262/04 (1/05) – wistra 2005, 274.
[342] Vgl. dazu LK/*Schäfer* (10. Aufl.) § 73 Rdnr. 25 f.; *Achenbach*, FS Blau, S. 7, 15 f.; *Rönnau* StV 2003, 581, 582.
[343] St. Rspr. seit BGH Beschl. v. 15.3.1984 – 1 StR 819/83 – NStZ 1984, 409; a.A. aber Schönke/Schröder/*Eser* § 73 Rdnr. 27; *Achenbach*, FS Blau, S. 7, 20; *Patsourakou* Strafrechtssystem S. 302; *Kiethe/Hohmann* NStZ 2003, 505, 510; dagegen wiederum LK/*Schmidt* § 73 Rdnr. 39.
[344] Vgl. *Heghmanns* ZRP 1998, 475, 476; *Malitz* NStZ 2002, 337, 338; aber auch *Achenbach*, FS Blau, S. 7, 20.
[345] *Malitz* NStZ 2002, 337, 338; *Windolph* StraFo 2003, 115, 121.

224 Diese Aussage ist zwar dahin gehend zu relativieren, dass die Rechtsprechung in recht lockerer Interpretation des § 111 k StPO zulässt, wenn bewegliche Sachen nicht an den einer Straftat überführten Beschuldigten (als letzten Gewahrsamsinhaber) zurückgegeben werden, sondern die sichergestellten Gegenstände stattdessen unter Rückgriff auf die zivilrechtlichen Fundregeln gem. § 983 BGB i.V.m. den §§ 979 ff., 372 ff. BGB versteigert und – sofern sich kein Geschädigter meldet – der Versteigerungserlös nach Ablauf von drei Jahren der Staatskasse zugeführt wird.[346] Bei anderen als beweglichen Sachen ist es aber nach geltender Rechtslage angesichts der vom Gesetzgeber mit der Beschlagnahmelösung gewählten Grundentscheidung unvermeidlich, die sichergestellten Vermögenswerte an den Beschuldigten auszukehren, wenn die Tatgeschädigten ihre Ansprüche nicht verfolgen.[347]

225 *cc) Ansprüche des Verletzten.* § 73 Abs. 1 S. 2 StGB bestimmt, dass der (obligatorisch anzuordnende) Verfall von Vermögenswerten ausgeschlossen ist, „soweit dem Verletzten aus der Tat ein Anspruch erwachsen ist, dessen Erfüllung dem Täter oder Teilnehmer den Wert des aus der Tat Erlangten entziehen würde". In diesen Fällen kommt eine Sicherstellung von Vermögen zugunsten der Tatgeschädigten im Wege der Zurückgewinnungshilfe in Frage. Die rechtspolitisch heftig umstrittene Norm verfolgt nach verbreiteter Ansicht einen doppelten Zweck: Einmal soll sie gewährleisten, dass Individualansprüche **Vorrang** vor einer Abschöpfung des unrechtmäßig Erlangten zugunsten des Staates haben; zum anderen soll eine **doppelte Inanspruchnahme des Täters verhindert werden**, wie sie bei einer Vorrangigkeit der Verfallsanordnung vor dem Anspruch des Verletzten eintreten würde.[348] Wer als „Verletzter" angesprochen ist und welche Ansprüche den Verfall sperren, soll nachfolgend etwas näher betrachtet werden.

226 *(1) Der Begriff des Verletzten.* Verletzte i.S.d. § 73 Abs. 1 S. 2 StGB können sowohl natürliche Personen oder Personengesamtheiten als auch juristische Personen sein.[349] Ob jemand Verletzter ist, soll nach einer im Grundsatz akzeptierten Formel allein davon abhängen, inwieweit das verletzte Strafgesetz auch seine Interessen schützt.[350] Als grobe Orientierungsmarke dient dabei verbreitet die Einteilung in Individual- und Allgemeindelikte.[351] Nach einer Rechtsgutanalyse sollen daher Vermögenswerte, die unter Verstoß gegen Pflichten aus Betäubungsmittel-, Wirtschafts-, Umwelt-, Rechtspflege- und Spionagedelikten erlangt wurden, für verfallen erklärt werden können, während insbesondere bei den Eigentums- und Vermögensdelikten des Kernstrafrechts die Verfallsperre nach § 73 Abs. 1 S. 2 StGB zum Tragen komme.[352] Danach ist etwa der Dienstherr des bestochenen Amtsträgers kein Verletzter, da das Schutzgut der §§ 331, 332 StGB das Vertrauen der Allgemeinheit in die Lauterkeit des öffentlichen Dienstes ist,[353] es sei denn, dass z.B. das Bestechungsgeld seinerseits durch Untreue gegenüber dem

---

[346] Vgl. nur BGH Beschl. v. 15.3.1984 – 1 StR 819/83 – NStZ 1984, 409, 410; BGHR StGB § 73 Tatbeute 1, Anspruch 2.
[347] Zu Überlegungen de lege ferenda s. den – der Diskontinuität zum Opfer gefallenen – Gesetzesentwurf zur verbesserten Abschöpfung von Vermögensvorteilen aus Straftaten vom 3.2.1998, BT-Drucks. 13/9742 sowie *Heghmanns* ZRP 1998, 475, 477 ff. und *Malitz* NStZ 2002, 337, 342 ff.; *dies.* NStZ 2003, 61, 67 f. Den Stand der Reformdiskussion bis 2002 referiert *Wallschläger* Verfallsvorschriften S. 191 ff. Zum *Entwurf der Bundesregierung eines Gesetzes zur Stärkung der Rückgewinnungshilfe und der Vermögensabschöpfung bei Straftaten* v. Feb. 2006 (BT-Drucks. 16/700), der auf den Ergebnissen der Beratungen einer Bund-Länder-Arbeitsgruppe beruht und im Wesentlichen punktuelle Änderungen des einschlägigen Strafprozessrechts gem. § 111 b ff. StPO (insbes. einen Auffangrechtserwerb des Staates nach Ablauf von drei Jahren und eine Verstärkung der Zurückgewinnungshilfe) vorsieht, krit. *Wallschläger* ZRP 2004, 191 ff. (zum Vorläuferentwurf).
[348] Vgl. zur Ratio der Norm LK/*Schmidt* § 73 Rdnr. 33 f. m.w.N.; einschr. LG München I Beschl. v. 8.4.2003 – 6 KLs 305 Js 34 066/02 – BKR 2003, 385, das den Schutz des Geschädigten lediglich als Reflex des Schutzes des Betroffenen vor doppelter Inanspruchnahme begreift.
[349] OLG Düsseldorf Beschl. v. 9.9.1985 – 2 Ws 226-227/85 – JMBl NW 1986, 44 f.; BGH Beschl. v. 7.8.1984 – 5 StR 312/84 – wistra 1984, 226; NK/*Herzog* § 73 Rdnr. 18.
[350] BGH Beschl. v. 15.3.1984 – 1 StR 819/83 – NStZ 1984, 409, 410; BGHR StGB § 73 Verletzter 1 und 2.
[351] Statt vieler BGHR StGB § 73 Verletzter 1.
[352] BGHR StGB § 73 Verletzter 2; *Kiethe/Hohmann* NStZ 2003, 505, 508; LK/*Schmidt* § 73 Rdnr. 34 f., jeweils m.w.N.; *Hees* GRUR 2002, 1037.
[353] BGHSt 10, 237, 241; 15, 88, 96 f.; 30, 46, 48 = NJW 1981, 1457 f.; BGHSt 33, 37 f. = NJW 1985, 752 f.; umfassend zur Schmiergeldproblematik *Mayer* NJW 1983, 1300; zur Annahme von Schmiergeldern durch Angestellte (vgl. § 299 StGB, § 12 UWG a.F.) s. LK/*Schmidt* § 73 Rdnr. 38 u. *Wallschläger* Verfallsvorschriften S. 93 ff.; ausf. *Güntert* Gewinnabschöpfung S. 79 ff. Der beamtenrechtliche Anspruch zur Herausgabe von

Dienstherrn erlangt war.³⁵⁴ Dagegen sind nach der Neuregelung der Rechtsverhältnisse der Prostituierten durch das ProstG v. 20.12.2001 (BGBl. I S. 3983) die von der Straftat der Zuhälterei (§ 180 a Abs. 1 Nr. 2 StGB a.F.) betroffenen Frauen Verletzte i.S.d. § 73 Abs. 1 S. 2 StGB.³⁵⁵

Diese auf den ersten Blick sehr schneidige Lösung bereitet natürlich immer dann Probleme, wenn die von der Strafnorm geschützten Rechtsgüter umstritten sind.³⁵⁶ In vielen Bereichen gerade auch im Wirtschafts-, Umwelt- und Betäubungsmittelstrafrecht lassen sich die geschützten Interessen nur schwer eindeutig bestimmen, gibt es heftige Kontroversen darüber, welche Interessen primär und welche gar nicht oder nur als Reflex durch die Strafnorm vor Angriffen abgeschirmt werden sollen. So ist das von den Betäubungsmitteldelikten als abstrakten Gefährdungsdelikten geschützte Allgemeinrechtsgut „Volksgesundheit" in der Sache nichts anderes als die Summe der „Gesundheiten" der Individuen. Gleiches gilt für Vorfeldtatbestände wie die §§ 264, 264 a, 265, 265 b StGB, in denen sich überindividuelle Interessen wie das Kredit- und Versicherungswesen nur mühsam von den eigentlich durch den Angriff betroffenen Vermögen der Banken, Versicherungen etc. abschichten lassen.³⁵⁷ Die zunehmenden Aktivitäten des Gesetzgebers dahin gehend, Erfolgsverletzungsdelikten abstrakte Gefährdungsdelikte an die Seite zu stellen, und damit einhergehend durch eine Vorverlagerung des Strafrechtsschutzes das Rechtsgut so zu verdünnen, dass schließlich aus einem Individualrechtsgut ein Allgemeinrechtsgut wird, hat die Zahl der abstrakten Gefährdungsdelikte in bedenklicher Weise anwachsen lassen – mit möglichen Konsequenzen auch für das Eingreifen der Verfallssperre. Als jüngstes Beispiel sei hier nur die Kodifizierung der nunmehr strafrechtlich relevanten wettbewerbsbeschränkenden Absprachen bei Ausschreibungen in § 298 StGB genannt, mit der durch Streichung fast aller Tatbestandsmerkmale des klassischen Betruges und einer zusätzlichen Vorverlagerung der Strafbarkeit die Schwierigkeiten der Bekämpfung der Submissionskriminalität vermindert werden sollen.

Es bleibt abzuwarten, ob die Rechtsprechung z.B. Erlöse, die aus diesen Submissionsabsprachen erzielt wurden, wegen der „Verletzung" des vorrangig geschützten Allgemeinrechtsguts „Wettbewerb" für verfallen erklärt oder ob sie etwaig bestehenden Ansprüchen von Auftraggebern oder Mitbewerbern die Wirkung einer Verfallssperre zumisst. Viel spricht dafür, sich von einer allein auf das Schutzgut abstellenden Analyse abzuwenden und stattdessen den Hauptzweck des § 73 Abs. 1 S. 2 StGB – eine Doppelbelastung des Täters zu vermeiden – stärker in den Blick zu nehmen.³⁵⁸

Im Kontext der Zurückgewinnungshilfe wird die Frage, **wer Geschädigter i.S.d. § 111 b Abs. 5 StPO i.V.m. § 73 Abs. 1 S. 2 StGB** ist und damit grundsätzlich in den Genuss staatlicher Vollstreckungshilfe kommen kann, bisher vornehmlich in zweierlei Hinsicht streitig diskutiert:

Einmal geht es darum, ob Steueransprüche des Staates nach § 73 Abs. 1 S. 2 StGB die Anordnung des Verfalls ausschließen können. Der BGH hat sich hier jüngst in einer argumentativ

---

Schmiergeld aus § 70 BBG entfaltet keine Sperrwirkung i.S.d. § 73 Abs. 1 S. 2 StGB, da er dem Dienstherrn nicht in dessen Eigenschaft als Verletzten zusteht, vgl. BVerfG Urt. v. 31.1.2002 – 2 C 6/01 – NJW 2002, 1968.

³⁵⁴ BGH Beschl. v. 15.1.2003 – 5 StR 362/02 – NStZ 2003, 423; BGH Urt. v. 11.5.2001 – 3 StR 549/00 – NJW 2001, 2560; BGH Urt. v. 6.2.2001 – 5 StR 571/00 – wistra 2001, 295, 297; BGH Urt. v. 8.6.1999 – 1 StR 210/99 – NStZ 1999, 560; für eine analoge Anwendung des § 73 Abs. 1 S. 2 StGB in diesen Fällen *Wallschläger* Verfallsvorschriften S. 91.

³⁵⁵ BGHR StGB § 73 Verletzter 8 m.w.N.; BGH Beschl. v. 31.3.2004 – 1 StR 482/03 – S. 7 m.w.N.; BGH Beschl. v. 7.5.2003 – 5 StR 536/02 – StV 2003, 616.

³⁵⁶ Vgl. nur die Unsicherheiten hinsichtlich der Geltung der Verfallssperre bei einigen Delikten *Tröndle/Fischer* § 73 Rdnr. 13; auch LG Saarbrücken Beschl. v. 19.5.2003 – 8 Qs 86/03 – NStZ-RR 2004, 274 f. (bzgl. § 406 SGB III). Ist der Verfall trotz bestehender Schadensersatzansprüche angeordnet worden, so steht dem Anspruchsinhaber kein Rechtsbehelf gegen diese Entscheidung zu; er kann seine Interessen nach rechtskräftiger Verfallsanordnung auch nicht in einem Nachverfahren analog den §§ 442, 439 StPO durchsetzen, vgl. OLG München NJW 2004, 1119 ff. – „ComRoad"; bestätigt durch BayVerfGH Entscheid v. 13.12.2004 – Vf. 95-VI-03 – NZG 2005, 398 ff. Es bleibt hier nur der Versuch, auf dem Wege der Verfassungsbeschwerde oder der Geltendmachung von Amtshaftungsansprüchen strafrechtliche Rechtspositionen durchzusetzen (so für den vom OLG München entschiedenen Fall *Schulte* BKR 2004, 33, 36).

³⁵⁷ Zur Deliktsstruktur dieser Tatbestände vgl. nur Schönke/Schröder/*Cramer* bzw. *Lenckner/Perron*.

³⁵⁸ In diesem Sinne auch BGH Urt. v. 6.2.2001 – 5 StR 571/00 – wistra 2001, 295, 297.

zwar angreifbaren, im Ergebnis aber zutreffenden Entscheidung mit der überwiegenden Auffassung für eine Verletztenstellung des Steuerfiskus ausgesprochen.[359] Danach müssen Ansprüche des Justizfiskus aus Verfall im Grundsatz hinter staatlichen Steueransprüchen zurücktreten. Unklar bleibt nach der Entscheidung allerdings weiterhin, ob wegen der in den §§ 324 ff. AO enthaltenen Möglichkeit der Finanzverwaltung, in Eilsituationen rechtzeitig Vermögenswerte des Steuerschuldners sichern zu können, das Sicherstellungsbedürfnis in Bezug auf die Zurückgewinnungshilfe entfällt.[360]

231 Kontrovers wird weiterhin die Frage behandelt, ob ein **Rechtsnachfolger** des unmittelbar Geschädigten, etwa sein Schadensversicherer, Verletzter i.S.d. §§ 111 b ff. StPO sein kann.[361] Die Literatur lehnt das im Anschluss an OLG Karlsruhe mit Blick auf den Zweck der in § 73 Abs. 1 S. 2 StGB kodifizierten (und in verschiedenen strafprozessualen Vorschriften ausgeformten) Regelung, die vorrangige Befriedigung des Verletzten für seine aus der Tat erwachsenen Ansprüche sicher zu stellen, ganz überwiegend ab.[362] Als Verletzter kommt danach nur der in Betracht, dessen Anspruch unmittelbar aufgrund der Tat als solcher zur Entstehung gekommen ist, nicht dagegen derjenige, der ihn erst aufgrund eines Versicherungsvertrages und der Erstattung folgenden cessio legis (§ 67 VVG) erwirbt.

232 Die zunehmend von der Rechtsprechung und Teilen der Literatur vertretene Gegenansicht plädiert für einen **weiten, den Rechtsnachfolger einbeziehenden Verletztenbegriff**, da nur so das gesetzgeberische Ziel, die strafprozessualen (Sicherstellungs-)Möglichkeiten auch zum Zwecke des zivilrechtlichen Ausgleichs einzusetzen, erreicht werden könne.[363] Anderenfalls müsste die beschlagnahmte Sache an den Täter zurückgegeben werden mit der Folge, dass sich der Staat an der Aufrechterhaltung des durch die Tat entstandenen rechtswidrigen Zustands beteiligen würde. Dem weiten Verletzungsbegriff ist zuzustimmen, entgeht er doch möglichen Unbilligkeiten (insbesondere Vermeidung einer „Doppelhaftung" des Täters) und Zweifelsfragen (entfällt etwa das Sicherstellungsbedürfnis bei einem Wechsel der Anspruchsinhaberschaft vom Tatgeschädigten auf den Versicherer?). Der Wortlaut des § 73 Abs. 1 S. 2 StGB steht dieser Interpretation nicht entgegen.[364]

233 *(2) Anspruch, der „aus der Tat erwachsen ist".* § 73 Abs. 1 S. 2 StGB beschränkt die Verfallsperre auf Ansprüche, die **aus der Tat erwachsen** sind. Daraus folgt zunächst, dass bei Entgelten, die **für** die Tat gegeben werden, auf mögliche Ansprüche von Tatverletzten keine Rücksicht zu nehmen ist.[365] Damit kann der vom Anstifter für die Ausführung der Tat gewährte Lohn (beispielsweise des gedungenen Mörders[366] oder des bestochenen Amtsträgers[367]) ohne

---

[359] BGH Beschl. v. 28.11.2000 – 5 StR 371/00 – NJW 2001, 693 mit ausf. Streitentscheidung (krit. Anm. dazu von *Rönnau/Hohn* JR 2002, 298 ff.); weiter OLG Schleswig Beschl. v. 8.1.2002 – 1 Ws 407/01 S. 4; s.a. LG Berlin Beschl. v. 26.2.1990 – 505 Qs 27/89 – NStZ 1991, 437; LG Aachen Beschl. v. 7.12.1977 – 22 Qs 16/77 – NJW 1978, 385 f.; aus der Lit. nur *Webel* wistra 2004, 249, 250 m.w.N. In einem Beschl. des BGH v. 18.4.2000 (– 5 StR 128/00 – wistra 2000, 307) sieht ders. 5. Senat bemerkenswerterweise keinerlei rechtliche Bedenken bei der AnO des Verfalls aus Anlass einer Steuerhehlerei, obwohl der Entscheidung ein vergleichbarer Sachverhalt zugrunde lag. Leider begründet der BGH seine Auffassung dort nicht.
[360] Dazu näher in Rdnr. 254.
[361] Das OLG Karlsruhe Beschl. v. 13.8.2004 – 3 Ws 159/04 – wistra 2004, 478 f. hat jedenfalls mit überzeugender Begr. festgestellt, dass ein Tatbeteiligter dadurch, dass er in Erfüllung seiner gesamtschuldnerischen Haftung den durch die Tat Verletzten entschädigt, nicht selbst zum „Verletzten" i.S.d. § 73 Abs. 1 S. 2 StGB wird. Damit kommt zur Sicherung eines dem Tatbeteiligten gegen den anderen Tatbeteiligten erwachsenen (Ausgleichs-)Anspruchs die Anordnung eines dinglichen Arrests nach § 111 d Abs. 1 StPO nicht in Betracht.
[362] OLG Karlsruhe Beschl. v. 25.11.1983 – 3 Ws 169/83 – MDR 1984, 336; *Meyer-Goßner* § 111 g Rdnr. 2; *Löwe/Rosenberg/Schäfer* § 111 b Rdnr. 48; *AK-StPO/Achenbach* §§ 111 b bis 111 d Rdnr. 18; *Pfeiffer* § 111 g Rdnr. 2; *Frohn* Rpfleger 2001, 10, 11; *Hees* Zurückgewinnungshilfe S. 146 ff. mit eingehender Analyse.
[363] OLG Schleswig Beschl. v. 21.9.1993 – 1 Ws 283/93 – NStZ 1994, 99 f. im Anschluss an OLG Düsseldorf Beschl. v. 9.9.1985 – 2 Ws 226-227/85 – NStZ 1986, 222, 223; OLG Stuttgart Beschl. v. 7.7.1999 – 2 Ws 123/99 – NStZ-RR 1999, 383; LG Ulm Beschl. v. 9.12.1998 – I Qs 1203/98 – NStZ-RR 1999, 369; *KK-StPO/Nack* § 111 g Rdnr. 2; *Kiethe/Hohmann* NStZ 2003, 505, 508; *Neuefeind* JA 2004, 155, 156.
[364] Näher *Rönnau* Vermögensabschöpfung Rdnr. 393.
[365] BGHSt 30, 46, 47 = NJW 1981, 1457 f.; BGHR StGB § 73 Verletzter 2; *Nack* GA 2003, 879, 880; s. zur Abgrenzung bei Tatbeute, die zwischen Mittätern als Entlohnung für die Tat weiterverschoben wurde, BGH Urt. v. 22.10.2002 – 1 StR 169/02 – WM 2002, 2413 f.
[366] BGH Beschl. v. 6.11.1984 – 4 StR 579/84.
[367] Rechtsprechungsnachweise bei LK/*Schmidt* § 73 Rdnr. 37.

weiteres für verfallen erklärt werden, soweit nicht die §§ 73 Abs. 2 S. 2, 73 c StGB entgegenstehen.

Der Anspruch muss dem Geschädigten zudem **als Folge der Tat i.S.d. § 264 StPO** erwachsen sein.[368] Das ist nicht der Fall, wenn er in einer nach der Tat getroffenen Absprache zwischen den Beteiligten seinen Entstehungsgrund hat.[369] § 73 Abs. 1 S. 2 StGB fordert zudem nur die rechtliche Existenz des Anspruchs, nicht dessen Geltendmachung durch den Verletzten.[370] Damit ist es auch unerheblich, ob die Ansprüche des Geschädigten verjährt sind, weil die Einrede der **Verjährung** lediglich ein Leistungsverweigerungsrecht gibt (§ 214 Abs. 1 BGB n. F.), den Anspruch aber nicht zum Erlöschen bringt.[371] Ist der Anspruch zwar aus der Tat erwachsen, schließen aber Täter und Opfer zum Ausgleich von Schadensersatzansprüchen einen **Vergleich**, kann hinsichtlich der den Vergleichsbetrag übersteigenden Summe (vgl. § 73 Abs. 1 S. 2 StGB: „soweit") der Verfall angeordnet werden, da eine Anspruchskonkurrenz zwischen Opferanspruch und staatlichem Verfallsanspruch und damit eine Doppelbelastung des Täters ausgeschlossen ist.[372] Auch bei einem Verzicht des Tatgeschädigten auf seine Ersatzforderung soll eine Verfallsanordnung möglich sein.[373]

Die Art des Ausgleichsanspruchs soll nach allgemeiner Meinung ohne Bedeutung sein. Herkömmlich werden hier **zivilrechtliche Ansprüche** in Form von Bereicherungs-, Schadensersatz- und Herausgabeansprüchen (§§ 812 ff., 823 Abs. 1, 2, 985 BGB) genannt;[374] weiterhin sollen aber auch **öffentlich-rechtliche (Steuer-)Ansprüche** den Verfall ausschließen, da § 73 Abs. 1 S. 2 StGB bezüglich der Art und Rechtsgrundlage des Anspruchs keine Beschränkungen enthält.[375] Dagegen werden Rechte des Verletzten, die etwa wegen beiderseitiger Sittenwidrigkeit (§ 817 S. 2 BGB) nicht einklagbar sind, bei der Anwendung von § 73 Abs. 1 S. 2 StGB nicht beachtet, da hier dem Täter keine Doppelzahlung droht.[376]

dd) Anspruch des Verletzten auf Zurückgewinnungshilfe? Der gesetzliche Ausgangspunkt ist eindeutig: Die in § 111 b StPO vorgesehenen vollstreckungssichernden Maßnahmen stehen im **pflichtgemäßen Ermessen** der Strafverfolgungsorgane. Legen nun Umstände die Annahme nahe, dass mit Abschluss des Verfahrens der (Wertersatz-)Verfall oder die (Wertersatz-)Einziehung angeordnet werden wird (§ 111 b Abs. 1, 2 StPO) und besteht zudem ein Sicherstellungsbedürfnis, ist nach allgemeiner Ansicht die Sicherung des Vermögenswertes zugunsten des Staates geboten, da die Vollstreckungssicherung prinzipiell zu den Pflichten der Strafverfolgungsorgane gehört.[377] Ob Gleiches auch für die Beschlagnahme (i.w.S.) zum Zweck der Zurückgewinnungshilfe gilt, ist umstritten.

---

[368] BGH Beschl. v. 23.9.1988 – 2 StR 460/88 – NJW 1989, 2139; OLG Hamm Beschl. v. 24.10.1996 – 1 Ss 1202/96 – wistra 1997, 108; PfzOLG Zweibrücken Beschl. v. 30.11.2001 – 1 Ss 193/01 – NStZ 2002, 254 f.; a.A. BGH Urt. v. 6.2.2001 – 5 StR 571/00 – wistra 2001, 295, 297; LK/*Schmidt* § 73 Rdnr. 40 m.w.N.
[369] Schönke/Schröder/*Eser* § 73 Rdnr. 11.
[370] Nachw. bei *Tröndle/Fischer* § 73 Rdnr. 11. Stark einschränkend – aber contra legem – OLG München Beschl. v. 19.4.2004 – 2 Ws 167/04, 2 Ws 168/04 wistra 2004, 353. BGH Urt. v. 5.5.2004 – 5 StR 139/03 – NStZ-RR 2004, 242, 244 setzt einen eindeutigen Beleg von Ansprüchen Verletzter voraus. *Kiethe/Hohmann* NStZ 2003, 505, 510 f. wollen im Wege einer teleologischen Auslegung einen Ausschluss nur dann zulassen, wenn der Verletzte ermittelt ist und zudem seine Ansprüche geltend macht.
[371] PfzOLG Zweibrücken Beschl. v. 30.11.2001 – 1 Ss 193/01 – NStZ 2002, 254, 256; weiterhin OLG Frankfurt/M. Beschl.v. 21.1.2005 – 3 Ws 42/05 – NStZ-RR 2005, 111, 112; *Neuefeind* JA 2004, 155, 156.
[372] PfzOLG Zweibrücken Beschl. v. 30.11.2001 – 1 Ss 193/01 – NStZ 2002, 254, 256; OLG Hamburg Beschl. v. 10.12.2004 – 1 Ws 216/04 – NJW 2005, 1383, 1385; ebenso *Janovsky* Kriminalistik 2000, 483, 485; *Wallschläger* Verfallsvorschriften S. 80; krit. dagegen *Lüderssen* StV 2003, 162, 163: „Was das Opfer als Anspruch gegen den Täter aufgibt, darf sich auch der Staat mit einer eigenständigen sozialethischen Wertung nicht holen."
[373] BGH Beschl. v. 30.10.2003 – 3 StR 276/03 – S. 6.
[374] LK/*Schmidt* § 73 Rdnr. 41 m.w.N.
[375] Zu Steueransprüchen BGH Beschl. v. 28.11.2000 – 5 StR 371/00 – NJW 2001, 693 m. Anm. *Rönnau/Hohn* JR 2002, 298 ff.; BGH Urt. v. 5.5.2004 – 139/03 – NStZ-RR 242, 244.
[376] BGHSt 33, 37 = NJW 1985, 752 f.; OLG Stuttgart Beschl. v. 12.1.1990 – 5 Ss 638/89 wistra 1990, 165. Ausf. zur Frage, ob die Restitution des Opfers nur dann Vorrang genießt, wenn der abzuschöpfende Vorteil *aus dem Vermögen* stammt (so deutlich *Hees* Zurückgewinnungshilfe S. 161 f.) oder auch dann, wenn der Vorteil (etwa bei Giftmüllablagerung auf fremden Grundstücken) nur *auf seine Kosten* erlangt wurde (*J. Müller* Mschr-Krim 2001, 244, 246), *Rönnau* Vermögensabschöpfung Rdnr. 398 f. m.w.N., der für ein weites (wirtschaftliches) Verständnis eintritt.
[377] Statt vieler: AK-StPO/*Achenbach* §§ 111 b bis 111 d Rdnr. 6; KK-StPO/*Nack* § 111 b Rdnr. 13; *Schroeder* JZ 1985, 1028, 1033.

237 Eine von Justizpraktikern, aber auch von Strafverteidigern – allerdings aus anderen Motiven – vorgetragene Ansicht wendet sich gegen eine Pflicht der Ermittlungsorgane, schon beim Vorliegen eines „einfachen" Sicherstellungsbedürfnisses im Wege der Zurückgewinnungshilfe im Interesse des Verletzten tätig zu werden.[378] Die aus ex-ante-Sicht bestehende Gefahr, dass das Opfer der Straftat ohne die Sicherstellungsmaßnahme faktisch das Substrat seiner Ersatz- und Ausgleichsansprüche verliere, weil es diese selbst nicht rechtzeitig durchsetzen oder sichern könne, sei zwar eine notwendige, aber keine hinreichende Bedingung für eine Sicherstellungsanordnung. Ein Anspruch gegen den Staat auf Einsatz seiner Machtmittel erfordere – so muss man diese Ansicht wohl interpretieren – vielmehr ein **„qualifiziertes"** Sicherstellungsbedürfnis. Dementsprechend wird der Verletzte von der Obliegenheit, im Wege der Ergreifung zivilprozessualer Eilmaßnahmen selbst alles Mögliche und Zumutbare zu unternehmen, nur unter engen Voraussetzungen entlassen. Denn die auf (subsidiäre) Vollstreckungssicherung gerichtete Unterstützung des Tatgeschädigten dürfe nicht verwechselt werden mit der stellvertretenden Wahrnehmung zivilrechtlicher Angelegenheiten durch den Staat. Das Strafverfahren diene nicht der Durchsetzung zivilrechtlicher Forderungen;[379] auch bezwecke die Zurückgewinnungshilfe nicht, dem Verletzten die eigene Arbeit abzunehmen, „sondern nur, ihn zu unterstützen, soweit dies erforderlich ist".[380]

238 Nach dieser Auffassung soll es daher etwa dann an einem qualifizierten Sicherstellungsbedürfnis fehlen, wenn der Geschädigte bereits einen gewissen Zeitraum ohne Ergreifung zivilrechtlicher Eilmaßnahmen hat verstreichen lassen; zudem könne der bei der Ermessensausübung zu berücksichtigende Grundsatz der Verhältnismäßigkeit zu einem Ausschluss der Zurückgewinnungshilfe führen.[381] Hier wird von Seiten der Justiz insbesondere auf die erhebliche Mehrbelastung und die Kosten hingewiesen, die durch einen breiteren Einsatz dieses Instruments anfallen. Obwohl die Strafverfolgungsorgane im Interesse des Geschädigten tätig geworden sind, könnten nämlich nach geltendem Recht die mit der Zurückgewinnungshilfe verbundenen Kosten nicht auf den Geschädigten abgewälzt werden.[382] Strafverteidiger warnen zudem vor einer Instrumentalisierung der Strafverfolgungsbehörden. Bei zivilrechtlichen Auseinandersetzungen Geschädigter mit dem Beschuldigten sei die zunehmende Tendenz zu beobachten, die Androhung einer solchen Anregung (zur Durchführung der Zurückgewinnungshilfe) als Verhandlungswaffe einzusetzen, um die Einigungsbereitschaft der Gegenpartei – also des Beschuldigten – zu erhöhen.[383]

239 Eine insbesondere von *Achenbach* ausformulierte opferfreundliche Gegenposition plädiert dagegen für einen weitaus großzügigeren Einsatz der Zurückgewinnungshilfe.[384] Die in verschiedenen jüngeren Gesetzen sowie in der Strafprozessordnung ausgeprägten gesetzgeberischen Bekenntnisse zum Opferschutz und Willkürverbot führen danach schon beim Vorliegen eines gleichsam **einfachen Sicherstellungsbedürfnisses** zu einer Ermessensreduktion auf „Null"

---

[378] Vgl. hier und zum Folgenden *Malitz* NStZ 2002, 337, 339 m.w.N.; aus der Sicht der Strafverteidiger *Park* Durchsuchung Rdnr. 793; *Berndt* StV 2001, 446 f.
[379] OLG Frankfurt/M. Beschl. v. 21.1.2005 – 3 Ws 42/05 – NStZ-RR 2005, 111, 112; OLG Karlsruhe Beschl. v. 13.8.2004 – 3 Ws 159/04 – wistra 2004, 478, 479; LG Dortmund Beschl. v. 22.5.2001 – 14 (XIII) Xs 10/01 – S. 3; KK-StPO/*Nack* § 111 b Rdnr. 18; HK-StPO/*Lemke* § 111 b Rdnr. 15.
[380] OLG Düsseldorf Beschl. v. 20.2.2002 – 2 Ws 375-377/01 – NStZ-RR 2002, 173 m.w.N.; SK-StPO/*Rudolphi* § 111 b Rdnr. 10; KMR/*Mayer* § 111 b Rdnr. 31; *Hetzer* Kriminalistik 2003, 152, 155; *Heghmanns*, Das Arbeitsgebiet des Staatsanwalts, Rdnr. 448; abstellend darauf, wann eine Dienstpflichtverletzung nach § 839 BGB i.V.m. Art. 34 GG vorläge, mit Fallgruppenbildung Bittmann/*Goos*, Insolvenzstrafrecht, § 33 Rdnr. 79 ff.; zu Amtshaftungsansprüchen vgl. auch *Thode*, in: Money, money, money..., S. 90 ff.
[381] *Malitz* NStZ 2002, 337, 339; *Hellerbrand* wistra 2003, 201, 204; so jetzt auch OLG Düsseldorf Beschl. v. 20.2.2002 – 2 Ws 375-377/01 – NStZ-RR 2002, 173.
[382] *Malitz* NStZ 2002, 337, 339; vgl. auch *Schmid/Winter* NStZ 2001, 8, 13: keine Zurückgewinnungshilfe bei relativ geringem Schaden.
[383] *Park* Durchsuchung Rdnr. 793; vgl. auch *Berndt* StV 2001, 446 f.
[384] Eine Pflicht zur Sicherstellung im Geschädigteninteresse erwägend BGH Beschl. v. 28.3.1996 – III ZR 141/95 – NJW 1996, 2373; grundlegend zu dieser Position *Achenbach*, FS Blau, S. 7, 17 f.; AK-StPO/*Achenbach* §§ 111 b bis 111 d Rdnr. 21 ff.; *Achenbach* NStZ 2001, 401, 403; zust. *Dessecker* Gewinnabschöpfung S. 35; *Kaiser* wistra 2000, 121, 124 f.; *Hellmann* Strafprozessrecht Teil II § 6 Rdnr. 402; Löwe/Rosenberg/*Schäfer* § 111 b Rdnr. 18; *Vogel* wistra 1996, 219, 223; *Webel* wistra 2004, 249, 251 f.; vgl. auch LK/*Schmidt* § 73 Rdnr. 39; *Mainzer* DRiZ 2002, 97, 102 f.

und damit zu einer Pflicht der Strafverfolgungsbehörde, von Amts wegen im Interesse des Opfers tätig zu werden.[385] Richtungsweisende (veröffentlichte) Rechtsprechung liegt zu dieser Frage – soweit ersichtlich – bisher noch nicht vor.[386]

Unübersehbar sind die präsentierten Auffassungen dazu geeignet, unterschiedlichen prozessualen Interessen Ausdruck zu geben. Für eine großzügigere Anwendung der in den §§ 111 b ff. StPO enthaltenen Sicherstellungsvorschriften wird sich der Verletzte oder sein Berater aussprechen, der die Durchsetzung von Individualansprüchen betreibt. Stellt doch die staatliche Sicherstellung von Vermögen des Täters (oder eines Dritten) eine schnelle und kostengünstige Variante der Vermögensbeschlagnahme dar. Das Beschuldigteninteresse hingegen besteht zumeist darin, das mit der Vermögenssicherstellung verhängte Verfügungsverbot zu vermeiden bzw. die angeordnete Beschlagnahme im Wege einer Beschwerde vom Gericht aufheben zu lassen. Dabei ist zu berücksichtigen, dass auch vorläufige Sicherstellungsmaßnahmen, die einen erheblichen Teil des Vermögens betreffen und über einen längeren Zeitraum aufrechterhalten werden, gerade bei betroffenen Unternehmen zu einer Existenzbedrohung führen können.[387] Letztlich hängt alles von den Umständen des Einzelfalles ab, die von den juristischen Beratern je nach Mandant sicherlich unterschiedlich interpretiert werden.[388]

240

Der Strafverteidiger sollte jedoch immer darauf achten, dass die Rechte des Beschuldigten durch die Zurückgewinnungshilfe nicht über Gebühr eingeschränkt werden. Auch unter Einbeziehung der berechtigten Opferinteressen spricht einiges dafür, von der Zurückgewinnungshilfe jedenfalls dann abzusehen, wenn den Rechtsberatern von geschädigten Banken, Versicherungen und anderen Unternehmen die Ergreifung zivilprozessualer Eilmaßnahmen möglich und zumutbar ist, der Geschädigte also nicht in besonderer Weise schutzbedürftig ist. Ist der Vollstreckungsschutz im Verfahren des einstweiligen Rechtsschutzes zügig zu erreichen und müsste auch die Ermittlungsbehörde – da keine Gefahr im Verzug – die Sicherstellung erst beim Strafgericht beantragen, sollte der professionell beratene Tatgeschädigte keinen Anspruch auf Zurückgewinnungshilfe haben.[389] Anders mag es in Fällen liegen, in denen die Tatgeschädigten im Zeitpunkt, in dem eine wirksame Beschlagnahme stattfinden müsste, (noch) unbekannt sind oder es dem Geschädigten ohne Rechtsanwalt an Wissen und Finanzkraft zur Sicherung seiner Ansprüche fehlt.

241

ee) Benachrichtigung der Verletzten gem. § 111 e Abs. 3, Abs. 4 StPO. Ist der Tatverletzte den Strafverfolgungsorganen bekannt oder wird er es im Laufe des Strafverfahrens, so muss die Staatsanwaltschaft – nach Erhebung der öffentlichen Klage das jeweils mit der Sache befasste Gericht[390] – ihm eine gem. § 111 e StPO getroffene Anordnung (nicht erst den Vollzug)[391] nach § 111 e Abs. 3 StPO unverzüglich mitteilen.[392] Der Geschädigte soll durch die Unterrichtung die Gelegenheit erhalten, „unverzüglich die ihm eingeräumten Möglichkeiten zur Sicherung

242

---

[385] Ausf. zur Begr. *Achenbach* NStZ 2001, 401 ff.; *ders.*, FS Blau, S. 7, 16 ff.; AK-StPO/*Achenbach* Vor §§ 111 b bis 111 n Rdnr. 18; *Dessecker* Gewinnabschöpfung S. 35.
[386] LG Neubrandenburg Beschl. v. 26.10.2000 – 1 Qs 164/00 – ZInsO 2000, 676 weist nur auf die Gesetzeslage hin, nach der die Zurückgewinnungshilfe im Ermessen der Behörde steht.
[387] Praxisfern daher *Dessecker* Gewinnabschöpfung S. 35, der angesichts der Vorläufigkeit der Maßnahmen für eine großzügige Handhabung plädiert; anders dagegen *Park* StraFo 2002, 73, 77; *Berndt* StV 2001, 446; auch BVerfG Beschl. v. 5.5.2004 – 2 BvR 1012/02 (3. Kammer) – StV 2004, 411, 412.
[388] Zu möglichen Abwägungstopoi: KMR/*Mayer* § 111 b Rdnr. 31.
[389] Vgl. LG Dortmund Beschl. v. 22.5.2001 – 14 (XIII) Qs 10/01 – S. 3; so auch *Park* Durchsuchung Rdnr. 793; *Janovsky* Kriminalistik 2000, 483, 486.
[390] *Meyer-Goßner* § 111 e Rdnr. 13 m.w.N.; a.A. nur Löwe/Rosenberg/*Schäfer* § 111 e Rdnr. 7: stets die Staatsanwaltschaft.
[391] Nach § 111 e Abs. 3 StPO-E der Bundesregierung v. Feb. 2006 (BT-Drucks. 16/700) ist erst der Vollzug der Sicherstellung mitzuteilen, um den Erfolg der Maßnahme nicht zu gefährden und zu vermeiden, dass sich Verletzte übereilt Titel verschaffen.
[392] Zur Verknüpfung der Mitteilung mit Hinweisen auf die Möglichkeiten des Adhäsionsverfahrens gem. §§ 403 ff. StPO oder auf die Befugnisse des Verletzten gem. §§ 406 d ff. StPO vgl. AK-StPO/*Achenbach* § 111 e Rdnr. 14 u. *Kaiser* wistra 2000, 121, 123. Kiethe/Groeschke/Hohmann ZIP 2003, 185, 187; dies. wistra 2003, 92 ff. sehen den Wirtschaftsanwalt in der Pflicht, für seinen Mandanten sofort gem. § 406 e Abs. 1 StPO Einsicht in die Ermittlungsakten zu nehmen, um Kenntnis von sichergestellten Vermögenswerten zu erlangen und seinen Mandanten vor dem Hintergrund des vollstreckungsrechtlichen Prioritätsgrundsatzes einen Zugriffsvorsprung zu sichern.

oder Befriedigung aus der Tat erwachsener Ansprüche" auszunutzen.³⁹³ Dieser Zwecksetzung kann es durchaus entsprechen, wenn er von der Sicherstellung erst nach deren Vollziehung informiert wird, um den Erfolg der Maßnahme nicht zu gefährden.³⁹⁴ Ist der Verletzte nicht bekannt, so müssen keine Ermittlungen geführt werden, um die Bekanntgabe nach § 111 e Abs. 3 StPO zu ermöglichen.³⁹⁵ Haben die Strafverfolgungsbehörden ausreichend illegal erlangtes Vermögen sichergestellt, sollte das Straftatopfer wiederum unverzüglich zivilprozessuale Eilmaßnahmen ergreifen, um bei einem „**Wettlauf der Gläubiger**" nach dem vollstreckungsrechtlichen Prioritätsgrundsatz (vgl. § 804 Abs. 3 ZPO) Befriedigung aus den sichergestellten Vermögenswerten zu erlangen³⁹⁶ (dazu Rdn. 283).

243 § 111 e Abs. 3 StPO enthält eine zur Abmilderung der Chancenungleichheit unter den Geschädigten an sich sinnvolle Regelung. Sie stellt an Art und Umfang der Benachrichtigung keine besonderen Anforderungen. Um allen Tatverletzten die gleichen Chancen beim Vollstreckungszugriff auf das Vermögen einzuräumen, sollte es für die Staatsanwaltschaft selbstverständlich sein, die Geschädigten nicht nur unverzüglich, sondern auch **gleichzeitig** zu benachrichtigen.³⁹⁷ In der Praxis kommt man darüber hinaus der Mitteilungspflicht offensichtlich in recht unterschiedlicher Weise nach. Durchaus üblich scheint es zu sein, die Geschädigten – formlos – allein darüber zu informieren, dass im Wege der Zurückgewinnungshilfe Vermögenswerte in bestimmter Höhe sichergestellt wurden, während Angaben zur Anzahl der Geschädigten und den zu ergreifenden rechtlichen Schritten in der Benachrichtigung zumeist fehlen.³⁹⁸ In einigen Bundesländern wie etwa Schleswig-Holstein werden Tatgeschädigte dagegen umfassender informiert. Hier enthalten die – dem Verfasser vorliegenden – **Vordrucke** neben allgemeinen Hinweisen zur Rechtsposition und möglichem weiteren Vorgehen des Geschädigten nach der staatlichen Sicherstellung in der Auflistung der Vermögenswerte u. a. Informationen über die individuelle Bezeichnung des Gegenstandes, die genaue Bezeichnung des Drittschuldners bzw. den Verwahrort des Vermögensstückes, dessen Werthaltigkeit sowie die Zahl der Tatverletzten.³⁹⁹ Die Praxis einer detaillierteren Information hat den Vorzug, dass die Geschädigten selbst einschätzen können, ob es sich etwa bei einer Vielzahl von Tatverletzten und beschlagnahmten Vermögen von nur geringem Wert lohnt, weitere finanzielle Mittel zur Durchsetzung ihrer Ansprüche einzusetzen. Auch werden Justizressourcen geschont, wenn weniger Geschädigte aufgrund einer prognostizierten geringen Befriedigungsquote versuchen, auf das sichergestellte Vermögen zuzugreifen.⁴⁰⁰

244 Vermuten die Strafverfolgungsorgane, dass weiteren, derzeit noch unbekannten Verletzten Ansprüche aus der Tat erwachsen sind, soll die Anordnung von Beschlagnahme oder dinglichem Arrest nach § 111 e Abs. 4 StPO in geeigneter Weise – ggf. durch Einrücken in den Bundesanzeiger – bekannt gemacht werden. Trotz entgegenstehenden Wortlauts („weiteren Verletzten") fordert eine Literaturansicht die Anwendung der Vorschrift auch dann, wenn überhaupt kein Geschädigter bekannt ist.⁴⁰¹ Die Bekanntgabe hat in der für den Beschuldigten schonendsten Form zu erfolgen.⁴⁰²

245 In der Praxis scheint die Möglichkeit der öffentlichen Bekanntmachung, sei es in Form der unzweckmäßigen Veröffentlichung im Bundesanzeiger, sei es durch andere Medien wie

---

³⁹³ BT-Drucks. 7/550 S. 249; Löwe/Rosenberg/*Schäfer* § 111 e Rdnr. 7.
³⁹⁴ KK-StPO/*Nack* § 111 e Rdnr. 10.
³⁹⁵ *Meyer-Goßner* § 111 e Rdnr. 11.
³⁹⁶ Vgl. zu den praktischen Problemen der Zurückgewinnungshilfe *Heghmanns* ZRP 1998, 475, 477; *Malitz* NStZ 2002, 337, 339 mit Fn. 25; *Kiethe/Groeschke/Hohmann* ZIP 2003, 185, 187 f.; *dies.* wistra 2003, 92 ff.
³⁹⁷ Daraus folgt jedoch nicht, das Akteneinsichtsbegehren gem. § 406 e Abs. 1 S. 1 StPO, das auf Information über konkret sichergestellte Vermögensstücke zielt, unter Hinweis auf einen möglichen Verstoß gegen den Gleichbehandlungsgrundsatz zu verzögern. Es spricht einiges dafür, den Tatgeschädigten in der Reihenfolge ihrer Anträge Akteneinsicht zu gewähren; nachdrücklich in diesem Sinne mit ausf. Begr. LG Düsseldorf Beschl. v. 5.2.2002 – X Qs 10/02 – wistra 2003, 239, 240; *Kiethe/Groeschke/Hohmann* wistra 2003, 92 ff.
³⁹⁸ Vgl. *Malitz* NStZ 2002, 337, 339 mit Fn. 24.
³⁹⁹ Für eine umfassendere Information auch *Schmid/Winter* NStZ 2002, 8, 13 f.; ebenso *Malitz* NStZ 2002, 337, 343.
⁴⁰⁰ In diesem Sinne *Malitz* NStZ 2002, 337, 339; vgl. auch *Heghmanns* ZRP 1998, 475, 477.
⁴⁰¹ SK-StPO/*Rudolphi* § 111 e Rdnr. 7; AK-StPO/*Achenbach* § 111 e Rdnr. 13; dagegen *Meyer-Goßner* § 111 e Rdnr. 14; Löwe/Rosenberg/*Schäfer* § 111 e Rdnr. 8.
⁴⁰² KK-StPO/*Nack* § 111 e Rdnr. 10; KMR/*Mayer* § 111 e Rdnr. 9.

Tageszeitungen, amtliche Aushänge etc. kaum genutzt zu werden.[403] In einschlägigen Fällen muss der Verletzte bzw. sein Berater daher bei der Staatsanwaltschaft nachfragen, ob aus der Straftat erlangtes Vermögen vorhanden ist, in das sich zu vollstrecken lohnt.

b) Vollstreckungssicherung durch Beschlagnahme einzelner Vermögensgegenstände gem. den §§ 111 b Abs. 5 i.V.m Abs. 1, 111 c StPO. Die Beschlagnahme bestimmter Gegenstände (Sachen und Rechte) zwecks Sicherung von Vermögenswerten zugunsten des Tatverletzten ist nach den §§ 111 b Abs. 5 i.V.m. Abs. 1, 111 c StPO unter den gleichen Voraussetzungen möglich wie die den Verfall vorbereitende Sicherstellung.[404] Sie ist demnach zulässig – wenngleich nur in bestimmten Situationen obligatorisch –, sofern neben einem einfachen Tatverdacht Gründe für die Annahme vorliegen, dass die Voraussetzungen für den Verfall an sich gegeben sind, dieser aber mit Rücksicht auf die Ersatzansprüche des Geschädigten nach § 73 Abs. 1 S. 2 StGB ausgeschlossen ist. § 111 b Abs. 3 StPO erhöht die Anforderungen an die Prognosewahrscheinlichkeit von Tatbegehung und Verfallsanordnung, wenn die Sicherstellungsmaßnahme länger als sechs, bei besonders schwierigen oder umfangreichen Ermittlungen länger als neun Monate aufrechterhalten werden soll. Wie jede Eilmaßnahme erfordert auch die im Rahmen der Zurückgewinnungshilfe angeordnete vollstreckungssichernde Beschlagnahme ein **Sicherstellungsbedürfnis**. Da in der Praxis Vermögen ganz überwiegend in Form des dinglichen Arrests gesichert wird, soll die Verteidigungsrelevanz dieses Merkmals zusammenfassend beim Arrestgrund dargestellt werden. Die weiteren Einzelheiten zur Wirkung, Anordnung und Vollziehung der Beschlagnahme (vgl. die §§ 111 c, 111 e, 111 f StPO) sind bereits ausführlich behandelt worden; darauf muss hier verwiesen werden.[405]

c) Vollstreckungssicherung durch strafprozessualen dinglichen Arrest gem. den §§ 111 b Abs. 5 i.V.m. Abs. 2, 111 d StPO. *aa) Allgemeines.* Fehlt es an einem dem Verfall unterliegenden Vermögensgegenstand, weil der Täter z.B. die tatverstrickte Sache oder ihr Surrogat (§ 73 Abs. 2 S. 2 StGB) bereits verwertet hat oder von Anfang an nur etwas Unkörperliches, rechtlich nicht Vorgeformtes von Wert (z.B. die Sachnutzung) erlangt wurde, kommt nach § 111 b Abs. 5, Abs. 2 StPO i.V.m. den §§ 73 Abs. 1, 2, 73 a StGB die **Zurückgewinnungshilfe hinsichtlich des Wertersatzes** in Betracht. Die Sicherstellung von Wertersatz erfolgt gem. § 111 b Abs. 2 StPO durch Anordnung des dinglichen Arrests nach § 111 d StPO, der in Anlehnung an die §§ 916 ff. ZPO ausgestaltet ist und mit den Mitteln des Zivilprozesses einen staatlichen Zahlungsanspruch sichert.

Der strafprozessuale dingliche Arrest setzt zunächst einen **Arrestanspruch** voraus. Dieser liegt – insoweit § 916 ZPO modifizierend – vor, wenn erstens ein einfacher Tatverdacht und zweitens Gründe für die Annahme bestehen, dass mit Abschluss des Strafverfahrens eine Verfallsanordnung nur deshalb unterbleibt, weil gem. § 73 Abs. 1 S. 2 StGB Ausgleichsansprüche Tatgeschädigter entgegenstehen. Soll die Sicherstellung über einen Zeitraum von sechs, längstens neun Monaten aufrechterhalten werden, müssen dringende Gründe i.S.d. § 111 b Abs. 3 StPO gegeben sein. Verteidigungsvorbringen, welches den (dringenden) Tatverdacht ausräumen kann, lässt damit immer auch den Arrestanspruch entfallen.

Für die Anordnung des dinglichen Arrests muss weiterhin ein **Arrestgrund** gegeben sein. Das Vorliegen eines Arrestgrundes bei der Zurückgewinnungshilfe wird nach der veröffentlichten Rechtsprechung von Strafverteidigern häufiger mit Erfolg beanstandet und soll deshalb nachfolgend etwas genauer betrachtet werden. Die strafprozessuale Arrestanordnung erfordert we-

---

[403] So die Feststellung von *Rieß* 55. DJT (1984), C 41 Fn. 188; vgl. aber den Sachverhalt OLG Hamm Beschl. v. 15.4.1999 – 15 VA 6/98 – NJW-RR 2000, 286, 287. Im Entwurf der Bundesregierung v. Feb. 2006 (BT-Drucks. 16/700); näher zum Vorläufer *Rönnau* ZRP 2004, 191 ff.) ist in § 111 e Abs. 4 StPO-E vorgesehen, zukünftig Vermögenssicherungen auch gegenüber bekannten Geschädigten durch einmalige Bekanntmachung im elektronischen Bundesanzeiger mitzuteilen.

[404] Zur Frage, ob nach einer Vermischung des gestohlenen Geldes mit eigenem der Geldbetrag im Wege der Beschlagnahme oder des dinglichen Arrests sicherzustellen ist, vgl. einerseits (Beschlagnahme); *Meyer-Goßner* § 111 b Rdnr. 6; KMR/*Mayer* § 111 b Rdnr. 12 (wenn wieder Aussonderung möglich); andererseits (Arrest) KK-StPO/*Nack* § 111 b Rdnr. 18. Der BGH geht davon aus, dass im Falle der Vermischung von Erlösgeld mit anderem Geld nur Wertersatzverfall in Betracht kommt, vgl. BGH Beschl. v. 16.11.2001 – 3 StR 371/01 – StV 2002, 254.

[405] Vgl. Rdnr. 164 ff.

der eine Glaubhaftmachung von Anspruch und Arrestgrund noch eine Sicherheitsleistung des Gläubigers,[406] sodass der Beschuldigte hier deutlich schlechter gestellt ist als der Schuldner im Zivilrecht.[407] Zu weiteren Anforderungen an den Arrestbefehl und seine Vollziehung wird auf die Ausführungen zum verfallssichernden Arrest verwiesen.

250 Nach Untersuchungen von *Kilchling* hat die praktische Bedeutung des Wertersatzverfalls nach § 73 a StGB im Vergleich zum einfachen Verfall gem. § 73 StGB in den letzten Jahren erheblich an Bedeutung gewonnen.[408] In einigen Bundesländern machte der Anteil des Wertersatzverfalls an allen vorläufigen Gewinnabschöpfungsmaßnahmen mehr als 90 % aus.[409] Daraus ergibt sich, dass auch bei der Zurückgewinnungshilfe, auf die 1999 immerhin weit über 50 % (2002: 55 %)[410] der Maßnahmen entfielen, ein Großteil des Vermögens durch dinglichen Arrest vorläufig sichergestellt wurde.

251 *bb) Sicherstellungsbedürfnis in Form des Arrestgrundes.* Die vorläufige Sicherstellung von Vermögen des Täters (oder eines Dritten) im Wege des dinglichen Arrests ist nur gerechtfertigt, wenn ein Bedürfnis für die Sicherstellung besteht. § 111 d Abs. 2 StPO verweist hier auf die Anforderungen, die in § 917 ZPO aufgestellt werden. Ein Grund für die Ausbringung eines dinglichen Arrests liegt danach vor, „wenn zu besorgen ist, dass ohne dessen Verhängung die Vollstreckung des Urteils vereitelt oder wesentlich erschwert werden würde". So liegt ein **Sicherstellungsbedürfnis** ohne Frage vor, wenn der Schuldner Anstalten macht, sich mit seinem Vermögen ins Ausland abzusetzen, oder beginnt, Vermögensgegenstände von erheblichem Wert zu verschleudern;[411] auch bei der Verschleierung der Vermögensverhältnisse können die Voraussetzungen eines Arrestgrundes vorliegen.[412] Ein Sicherstellungsbedürfnis ergibt sich dagegen nicht etwa bereits aus schlechten Vermögensverhältnissen des Schuldners;[413] auch den bloßen Verdacht, der Betroffene habe aus der Straftat etwas erlangt, wird man als Arrestgrund ausscheiden müssen, da ein Sicherstellungsbedürfnis beim Vermögenszugriff im Strafverfahren dann stets überflüssig wäre.[414] Gegen das Vorliegen eines Arrestgrundes spricht weiterhin, wenn der Beschäftigte seine Vermögensverhältnisse offen legt und zur Vermögenssicherung auf seine Kosten einen von der Staatsanwaltschaft zu bestimmenden Sachwalter anbietet.[415]

252 In der Praxis ist zu beobachten, dass die Arrestbefehle häufig nur unzureichend begründet werden. Nicht selten enthalten sie lediglich die Wiedergabe des Gesetzeswortlauts,[416] sodass

---

[406] Vgl. § 111 d Abs. 2 StPO, der im Verweis auf die zivilprozessualen Normen § 920 Abs. 2 und § 921 ZPO ausspart.
[407] *Park* Durchsuchung Rdnr. 784.
[408] *Kilchling*, forschung aktuell – research in brief/9, S. 26, führt dieses Phänomen auch darauf zurück, dass die Wertersatzabschöpfung inzwischen auch auf EU-Ebene ausdr. forciert wird.
[409] Konkrete Zahlen bei *Kilchling* Gewinnabschöpfung S. 46 ff. Nach *Podolsky/Brenner* Vermögensabschöpfung S. 65 gründen sich materiell etwa 95 % aller Vermögensabschöpfungsverfahren auf § 73 a StGB.
[410] Vgl. Jahresbericht Wirtschaftskriminalität 2002 (http://www.bka.de/lageberichte/wi/Wikri_2002_gesamtdokument.pdf).
[411] Vgl. nur *Gebert* Gewinnabschöpfung S. 37.
[412] LG Kiel Beschl. v. 16.7.2004 – 37 Qs 44/04 – wistra 2004, 440; LG Bonn Beschl.v. 9.11.2004 – 31 Qs 137/04 – StV 2005, 123; *Meyer-Goßner* § 111 d Rdnr. 8.
[413] BGH Urt. v. 19.10.1995 – IX ZR 82/94 – NJW 1996, 321, 324; OLG Frankfurt Beschl. v. 19.10.1993 – 3 Ws 614 + 615/93 – StV 1994, 234; LG Kiel Beschl. v. 21.5.2001 – 36 Qs 45/01 – wistra 2001, 319 f.; LG München I Beschl. v. 23.3.2000 – 10 Qs 19/00 – StV 2001, 107.
[414] LG Köln Urt. v. 13.10.2004 – 23 O 334/04; LG Hamburg Beschl. v. 13.4.2004 – Qs 13/04 – NStZ-RR 2004, 215, 216; LG Dortmund Beschl. v. 22.5.2001 – 14 (XIII) Qs 10/01 – S. 4; *Dessecker* Gewinnabschöpfung S. 33; HK-StPO/*Lemke* § 111 d Rdnr. 6; *Park* Durchsuchung Rdnr. 782; *Bach*, Dinglicher Arrest, S. 90; erheblich weiter dagegen OLG Frankfurt/M. Beschl. v. 21.1.2005 – 3 Ws 42/05 – NStZ-RR 2005, 111, 112 m.w.N.; auch *Bittmann/Kühn* wistra 2002, 248 ff.; *Hellerbrand* wistra 2003, 201, 203; *Webel* wistra 2004, 249, 250 ff.; weiterhin *Podolsky/Brenner* Vermögensabschöpfung S. 115 u. *Neufeind* JA 2004, 155, 165, die meinen, eine „Verschiebung" sei jederzeit möglich, so dass ein Arrestgrund so gut wie immer bejaht werden könne; krit. dazu *Wehnert/Mosiek* StV 2005, 568, 571.
[415] LG Lübeck Beschl. v. 5.12.2003 – 2 b Qs 141/03 – wistra 2004, 400; einen Vorschlag für die Gestaltung einer gesetzlichen Regelung der Sequestration macht *Bach*, Dinglicher Arrest, S. 139.
[416] Deutliche Rüge insoweit durch das BVerfG Beschl. v. 3.5.2005 – 2 BvR 1378/04 (3. Kammer) – WM 2005, 1191, 1192 f.: „Nicht nur die entspr. Normen des Prozessrechts, sondern auch der Schutz des Grundrechts aus Art. 14 Abs. 1 GG verlangen von einem Ermittlungsrichter und dem Rechtsmittelgericht, dass sie die tatsächlichen Grundlagen einer Arrestanordnung selbst ermitteln und ihre rechtliche Auffassung unabhängig von der Exekutive gewinnen und begründen"; ebenso BVerfG Beschl. v. 14.6.2004 – BvR 1136/03 (3. Kammer) – StV 2004,

letztlich offen bleibt, wie die Eilmaßnahme gerechtfertigt wird. Ein besonderes Augenmerk sollte der Strafverteidiger auf das Vorliegen eines **Arrestgrundes bei der Zurückgewinnungshilfe** legen. Nach jüngerer Rechtsprechung entfällt das Sicherungsbedürfnis für die Verletzten, wenn mit der Geltendmachung von Ansprüchen (in nennenswertem Umfang) durch sie nicht mehr zu rechnen ist.[417] Die zeitliche Schranke für die Sicherung von Ausgleichsansprüchen der Geschädigten bestimmt man unter Rückgriff auf den Verhältnismäßigkeitsgrundsatz. „Denn ein zugunsten eines Verletzten möglicher dinglicher Arrest dient nicht dazu, diesem eigene Arbeit und Mühe abzunehmen, sondern nur dazu, ihn zu unterstützen, soweit dies erforderlich ist."[418] Der Austausch des Zweckes der Sicherstellung führt in diesen Fallkonstellationen notwendig zu veränderten (hier: verschärften) Anforderungen an den Eingriff. Mit dem LG Landshut ist davon auszugehen, dass „mit zunehmender Zeitdauer, während derer die Anordnung fortbesteht, umso höhere Anforderungen an die Rechtfertigung dieses Eingriffs zu stellen sind.[419] Das BVerfG hat diese Ansicht nachdrücklich bestätigt: „Das Sicherstellungsbedürfnis reduziert sich mit dem Ausmaß der vorwerfbaren Untätigkeit derjenigen, zu deren Gunsten die Sicherstellung vorgenommen wird".[420] Bleiben die (bekannten) Geschädigten etwa nach Arrestanordnung fast zwei Jahre lang untätig, besteht für das OLG Düsseldorf jedenfalls kein anerkennenswertes Sicherstellungsbedürfnis mehr.[421] Das LG Düsseldorf hat arrestiertes Vermögen mangels hinreichenden Arrestgrundes bereits nach fünf Monaten freigegeben,[422] während das LG Hildesheim schon nach Ablauf von drei Monaten seit Arrestanordnung für dessen Aufrechterhaltung keinen Anlass mehr sieht, wenn die juristisch beratenen und im Wirtschaftsleben sehr erfahrenen mutmaßlichen Geschädigten ohne Weiteres in der Lage waren, sich selbst um die Sicherung bzw. Durchsetzung ihrer Ansprüche zu bemühen.[423] Die Höchstzeitgrenze einer Sicherstellung hängt aber letztlich immer von den Umständen des Einzelfalles ab.[424]

Vor diesem Hintergrund muss der Strafverteidiger – ebenso wie die Ermittlungsbehörde[425] – 253 nicht nur im Zeitpunkt der Anordnung des dinglichen Arrests, sondern in jeder Phase des Strafverfahrens überprüfen, ob ein ausreichender Arrestgrund vorliegt, und bei berechtigten Bedenken die Aufhebung der Sicherungsmaßnahme beantragen.

Ob ein Arrestgrund i.S.d. § 111 d Abs. 2 StPO i.V.m. § 917 ZPO auch dann noch vorliegt, 254 wenn die Finanzbehörde (zusätzlich) den dinglichen Steuerarrest gem. den §§ 324 f. AO[426] anordnet oder jedenfalls anordnen könnte, ist umstritten. Z.T. wird angenommen, wegen des subsidiären Charakters der allgemeinen Sicherstellung gem. den §§ 111 b ff. StPO entfalle in diesen Konstellationen das Sicherstellungsbedürfnis, sodass der Arrestbefehl rechtswidrig werde.[427] Die besseren Argumente sprechen allerdings für eine Aufrechterhaltung der strafprozessualen Beschlagnahme. So können neben dem Steuerfiskus auch andere verletzt sein; weiterhin kann eine Zurückgewinnungshilfe angebracht sein, wenn ein vollziehbarer Steu-

---

409 f.; zum beanstandeten Befund vgl. nur den Sachverhalt im Beschluss des LG München I Beschl. v. 23.3.2000 – 10 Qs 19/00 – StV 2001, 107.
[417] OLG Düsseldorf Beschl. v. 20.2.2002 – 2 Ws 375-377/01 – NStZ-RR 2002, 173; LG Düsseldorf Beschl. v. 13.12.2000 – III-8100 SH – 6 StV 2001, 446 mit zust. Anm. *Berndt*.
[418] OLG Düsseldorf Beschl. v. 20.2.2002 – 2 Ws 375-377/01 – NStZ-RR 2002, 173.
[419] LG Landshut wistra 2003, 199, 200.
[420] BVerfG Beschl. v. 7.6.2005 – 2 BvR 1822/04 – StraFo 2005, 338, 340.
[421] OLG Düsseldorf NStZ-RR 2002, 173; auch OLG Köln StV 2004, 413 f. (bei 27 Monaten) mit Anm. *Marel*, der zutr. darauf hinweist, dass der Prüfungsmaßstab für den Arrest zur Zurückgewinnungshilfe strenger ist als beim Arrest zur Sicherung des Wertersatzverfalls.
[422] LG Düsseldorf Beschl. v. 13.12.2000 – III-8/00 SH – 6 StV 2001, 446.
[423] LG Hildesheim StraFo 2003, 166, 167.
[424] Zu Kriterien, die bei der Feststellung der Höchstdauer zu beachten sind, näher *Rönnau* StV 2003, 581, 584 f.; zust. *Borggräfe/Schütt* StraFo 2006, 133, 137; weiterhin *Marel* StV 2004, 414, 415; vgl. auch BVerfG Beschl. v. 7.6.2005 – 2 BvR 1822/04 – StraFo 2005, 338, 340.
[425] Deutlich BGH Urt. v. 15.5.1997 – III ZR 46/96 – WM 1997, 1755, 1758.
[426] Ausf. zum steuerlichen Arrest und dessen Verhältnis zum strafprozessualen Arrest *Randt*, Steuerfahndungsfall, E Rdnr. 283 ff.
[427] Vgl. LG Berlin Beschl. v. 26.2.1990 – 505 Qs 27/89 – NStZ 1991, 437; AG Hamburg Beschl. v. 9.10.2003 – 166 Gs 821/03; *Wehnert/Mosiek* StV 2005, 568, 572; anders das LG Hamburg Beschl. v. 13.4.2004 – 620 Qs 13/04 – NStZ-RR 2004, 215 f.; *Klos* wistra 1987, 121, 124; AK-StPO/*Achenbach* §§ 111 b bis 111 d Rdnr. 18 m.w.N.

erarrest nach § 324 AO aus zeitlichen oder rechtlichen Gründen noch nicht erlassen werden konnte, etwa weil aufgrund undurchsichtiger Gesellschaftsverhältnisse ein Steuerpflichtiger noch nicht feststeht.[428] Anders ist es, wenn das zuständige Finanzamt bereits einen dinglichen Arrest nach § 324 AO erlassen und auch vollzogen hat, so dass das Sicherungsbedürfnis und damit das Rechtsschutzbedürfnis entfällt.[429]

255 **d) Zugriff des Verletzten auf staatlich sichergestelltes Vermögen.** Ist das Vermögen des Täters (oder eines Dritten) durch die Strafverfolgungsorgane zugunsten des Tatverletzten sichergestellt worden, darf dieser – anders als verschiedentlich von Geschädigten angenommen – nicht untätig bleiben und auf Auskehrung der gesicherten Vermögenswerte an ihn warten; vielmehr muss er **aktiv** die Durchsetzung seiner Ansprüche betreiben. Dazu hat der Tatverletzte in zwei Schritten vorzugehen:

256 Zum einen muss sich jeder Geschädigte einen zumindest **vorläufig vollstreckbaren Titel** (Urteil, dinglicher Arrest, Vollstreckungsbescheid, notarielles Schuldanerkenntnis etc.) beschaffen,[430] um in das sichergestellte Vermögen vollstrecken zu können.[431] Schon bei der Erwirkung des Titels sollte der Verletzte darauf achten, dass sich aus diesem ergibt (beim Urteil aus den Entscheidungsgründen, beim Vollstreckungsbescheid aus der Bezeichnung des Anspruchs, § 690 Abs. 1 Nr. 3 ZPO), dass es sich um einen Anspruch handelt, der aus der Straftat erwachsen ist, die den Grund der Sicherstellung bildete. Denn dies erspart eine nochmalige Prüfung im Rahmen des Zulassungsverfahrens.[432]

257 Zum zweiten sind Vollstreckungsmaßnahmen des Verletzten gem. den §§ 111 g Abs. 2, 111 h Abs. 2 StPO in das sichergestellte Vermögen nur möglich, wenn der zuständige Richter die Zwangsvollstreckung oder Arrestvollziehung auf Antrag **zugelassen** hat.[433] Dem Antrag ist der Vollstreckungstitel beizufügen. Den Vollstreckungszugriff hier an den zivilprozessualen Titel zu knüpfen, ist durchaus sinnvoll, denn mit der Zurückgewinnungshilfe will der Staat zwar das durch die Straftat in besonderer Weise enttäuschte Tatopfer bei der Wiedergutmachung des erlittenen Schadens unterstützen; er kann ihm aber nicht mehr Rechte gewähren, als dem Geschädigten zivilrechtlich zustehen.[434] Ratio, Voraussetzungen und Rechtsfolgen der Zulassung sind nachfolgend näher zu betrachten.

258 *aa) Gerichtliche Zulassung als Vollstreckungsvoraussetzung – Sinn und Zweck des Zulassungsverfahrens.* Das von der Staatsanwaltschaft bzw. ihren Ermittlungspersonen im Interesse der Tatgeschädigten sichergestellte Vermögen kann von diesen zur Befriedigung ihrer Ausgleichsansprüche nur dann verwertet werden, wenn der zuständige Strafrichter die Vollstreckung durch Beschluss zugelassen hat. Die in den §§ 111 g Abs. 2, 111 h Abs. 2 StPO geregelte **Zulassung** der Zwangsvollstreckung und Arrestvollziehung von Tatverletz-

---

[428] So *Meurer* NStZ 1991, 438, 439; *Schmid/Winter* NStZ 2002, 8, 12; KK-StPO/*Nack* § 111 d Rdnr. 6; *Webel* wistra 2004, 249, 251 m.w.N.; *Randt*, Steuerfahndungsfall, E Rdnr. 371; ähnlich *Dörn* StBp 1999, 130, 132: Der strafrechtliche Arrest ist somit ein vorläufiges Sicherungsmittel, das dazu dient, den Zeitraum unmittelbar im Anschluss an die Auffindung von Vermögenswerten zu überbrücken; nach Anordnung des steuerlichen Arrests ist er aufzuheben.

[429] OLG Schleswig Beschl. v. 8.1.2002 – 1 Ws 407/01 – S. 5; LG Hamburg Beschl. v. 13.11.2003 – 620 Qs 99/03 – wistra 2004, 116 m. zust. Anm. *Webel*; *ders.* wistra 2004, 249, 251.

[430] Nach OLG Düsseldorf Beschl. v. 15.4.1992 – 1 Ws 254/92 – wistra 1992, 319 genügt auch ein Kostenfestsetzungsbeschluss.

[431] Wegen des vollstreckungsrechtlichen Prioritätsprinzips (§ 804 Abs. 3 ZPO) ist in der Praxis die schnellstmögliche Erlangung eines Vollstreckungstitels von besonderer Bedeutung. Hier ergibt sich die Frage, ob Tatgeschädigter trotz strafprozessualer Sicherung zivilprozessual einen Arrestgrund darlegen kann. Wenn der Staat für Tatgeschädigte im Wege der Zurückgewinnungshilfe Vermögen sichert, droht durch den Arrest-Schuldner jedenfalls keine Vollstreckungsvereitelung mehr. Dass der Arrestanspruch hier aus einer gegen den Antragsteller gerichteten Straftat folgt, hilft hier nicht weiter, da die strafprozessuale Sicherung immer noch dem Vorliegen eines Arrestgrundes entgegenstehen könnte. Um den Sinn und Zweck der Zurückgewinnungshilfe (= Tatgeschädigten gegenüber einfachen Gläubigern zu privilegieren) nicht zu gefährden, sind die Anforderungen an den Arrestgrund im Vergleich mit dem Erstzugriff durch den Staat erheblich abzusenken; Näheres dazu bei *Köper* NJW 2004, 2485, 2486.

[432] OLG Frankfurt Beschl. v. 17.7.1996 – 3 Ws 541/96 – NStZ-RR 1996, 301; *Frohn* Rpfleger 2001, 10, 11.

[433] Nach OLG Düsseldorf Beschl. v. 22.11.1999 – Ws 874/99 – wistra 2000, 160 steht es einer Zulassung entgegen, wenn der Gegenstand nicht beschlagnahmt, sondern nur formlos sichergestellt wurde.

[434] Zutr. *Malitz* NStZ 2002, 337, 339; *Heghmanns* ZRP 1998, 475, 478 f.

ten in sichergestelltes Vermögen ist „Teil der strafprozessualen Zurückgewinnungshilfe des Staates"[435] und dient damit wie schon die vorausgegangene Vermögenssicherstellung der Verwirklichung der Wiedergutmachungsinteressen des Verletzten.[436] Im Zulassungsverfahren selbst geht es allein darum festzustellen, ob der mit einem mindestens vorläufig vollstreckbaren Titel ausgestattete Gläubiger, der Maßnahmen der Zwangsvollstreckung ergreifen will, zum Kreis der Personen gehört, denen gerade aus der Straftat ein Anspruch erwachsen ist. Denn nur dem Tatopfer, das über die finanziellen Einbußen hinaus Schäden erlitten hat, soll durch den vorrangigen Zugriff auf das Sicherungsgut Genugtuung verschafft werden.[437] Unbeteiligte („sonstige") Gläubiger können zwar die Vermögenswerte pfänden lassen; eine Befriedigung daraus kommt aber mangels Zulassung nicht in Betracht. Selbst nach Aufhebung der Beschlagnahme ist ihre Chance auf Befriedigung aus dem sichergestellten Vermögen gering. Dem unbeteiligten Gläubiger bleibt damit nur der Weg, etwaige Rückgewähransprüche des Beschuldigten gegen den Staat zu pfänden, die erst nach dem vorrangigen Zugriff des Tatgeschädigten und der Landeskasse wegen eigener Ansprüche zum Zuge kommen.[438]

§ 111 g StPO gilt nicht bei der Beschlagnahme von Einziehungsgegenständen (Abs. 5 S. 2). Andererseits ist sie anwendbar, wenn eine Beschlagnahme nicht oder nicht mehr vorliegt und der Verfall zwar durch gerichtliche Entscheidung angeordnet, diese aber noch nicht rechtskräftig geworden ist (Abs. 5 S. 1).[439]

Bislang ungeklärt ist, ob Verletzte einer Straftat auf Vermögenswerte zugreifen können, die zum Zwecke der späteren Anordnung des erweiterten Verfalls nach § 73 d StGB beschlagnahmt worden sind. Zweifel daran ergeben sich, weil die die Zurückgewinnungshilfe eröffnende Vorschrift des § 73 Abs. 1 S. 2 StGB auf den erweiterten Verfall derzeit weder direkt noch analog anwendbar ist.[440] Die von der h.M. vorgeschlagene (ersatzweise) Anwendung der Härtefallklausel des § 73 c StGB[441] löst das mit der Unanwendbarkeit des § 73 Abs. 1 S. 2 StGB verbundene Problem jedoch nur zur Hälfte, indem lediglich eine doppelte Inanspruchnahme des Beschuldigten vermieden wird. Der Ausschluss des erweiterten Verfalls durch § 73 c StGB ermöglicht dem durch die Straftat Verletzten jedoch keinen Zugriff auf beim Beschuldigten sichergestellte Vermögenswerte. Vielmehr sperrt dieser Ausschluss die Möglichkeit einer Zurückgewinnungshilfe und damit eines nach den §§ 111 g ff. StPO privilegierten Vollstreckungszugriffs der Verletzten. Soweit gleichwohl eine Anwendung dieser Vorschriften für möglich gehalten wird,[442] stehen dem zwei gewichtige Argumente entgegen: Zum einen führt die Bejahung der Härtefallklausel dazu, dass der Verfall aus einem anderen Grund als aufgrund vorrangiger Verletztenansprüche ausgeschlossen ist, so dass die Voraussetzungen des § 111 b Abs. 5 StPO nicht vorliegen. Damit kann ein Verletzter auch nicht nach § 111 g StPO zur Vollstreckung zugelassen werden. Zwar nimmt § 111 g StPO nicht ausdrücklich Bezug auf § 111 b Abs. 5 StPO; jedoch ist ohne eine nach § 111 b StPO erlaubte Beschlagnahme eine Zulassung der Vollstreckung in **beschlagnahmte** Gegenstände schlechthin undenkbar. Zum anderen übersieht dieser Vorschlag, dass nach § 111 g Abs. 1, 2 StPO eine Vollstreckung nur zugunsten eines Verletzten zugelassen wird, der diese Vollstreckung aufgrund eines aus der Straftat erwachsenen Anspruchs betreibt. Dabei setzt § 111 g StPO voraus, dass die Straftat als Entstehungsgrund des Anspruches Verfahrensgegenstand ist oder – bei Beschränkung der Strafverfolgung nach

---

[435] Löwe/Rosenberg/*Schäfer* § 111 g Rdnr. 1.
[436] BT-Drucks. 7/550 S. 291 f.
[437] Vgl. BT-Drucks. 7/550 S. 294; BGH Urt. v. 6.4.2000 – IX ZR 442/98 – NJW 2000, 2027; zuvor schon OLG Hamm Urt. v. 11.2.1999 – 28 U 153/98 – NJW-RR 2000, 1008, 1013; OLG Stuttgart Beschl. v. 6.11.2000 – 1 Ws 210/00 – ZIP 2001, 484; OLG Hamburg Beschl. v. 21.1.2001 – 1 Ws 26/2001; Löwe/Rosenberg/*Schäfer* § 111 g Rdnr. 4.
[438] *Heghmanns* ZRP 1998, 475, 478; *Malitz* NStZ 2002, 337, 340.
[439] Eingehend zum zeitlichen Anwendungsbereich des § 111 g StPO *Hees* Zurückgewinnungshilfe S. 50 ff.
[440] Siehe dazu näher Rdnr. 420 ff. Anders nach dem Gesetzentwurf der Bundesregierung v. Feb. 2006 (BT-Drucks. 16/700), nach dessen neugefassten § 73 d Abs. 1 S. 3 StGB auch § 73 Abs. 1 S. 2 entspr. gilt.
[441] S. etwa LK/*Schmidt* § 73 d Rdnr. 56; *Hees* Zurückgewinnungshilfe S. 70 f.; dazu näher u. Rdnr. 422.
[442] *Hees* Zurückgewinnungshilfe S. 71 ff., der die §§ 111 e, 111 k und 111 g StPO für direkt und § 111 i StPO für analog anwendbar hält.

den §§ 154, 154 a StPO – zumindest einmal Verfahrensgegenstand war.[443] Diese Voraussetzung kann bei der auf einen erweiterten Verfall zielenden Beschlagnahme i. d. R. nicht erfüllt sein, weil die Straftat, durch die der Täter i.S.d. § 73 d Abs. 1 StGB (wahrscheinlich) etwas erlangt hat, nicht Verfahrensgegenstand sein darf. Für verfahrensgegenständliche Taten gilt allein der einfache Verfall nach § 73 StGB.[444]

261 *bb) Voraussetzungen der Zulassung.* Die Voraussetzungen der Zulassung von Vollstreckungsmaßnahmen in das gem. § 111 c StPO beschlagnahmte Vermögen ergeben sich aus § 111 g Abs. 2 StPO. § 111 h Abs. 2 StPO lässt durch Verweis auf § 111 g Abs. 2 StPO ein Zulassungsverfahren unter den gleichen Voraussetzungen zu, wenn der Staat für den Verletzten ein Grundstück im Wege des dinglichen Arrests (§ 111 d StPO) vorläufig gesichert hat.[445]

262 Die Zulassungsentscheidung setzt zunächst einen **Antrag** des Verletzten auf Zulassung der Zwangsvollstreckung oder Arrestvollziehung in die sichergestellten Vermögenswerte an den zuständigen Richter voraus, also in der Regel an denjenigen, der die Sicherstellung angeordnet hat.[446] Dessen Zuständigkeit bestimmt sich wiederum nach § 111 e i.V.m. § 98 StPO.

263 Weiterhin muss der Antragsteller für eine Zulassung „**Verletzter**" i.S.d. § 111 g Abs. 2 StPO sein. Das ist dann der Fall, wenn beispielsweise sein Herausgabe-, Bereicherungs- oder Schadensersatzanspruch unmittelbar aus der Straftat erwachsen ist.[447] Im Zulassungsverfahren ist allerdings nur zu prüfen, ob gegen den Täter ein mindestens vorläufig vollstreckbarer Titel vorliegt und der titulierte Anspruch gerade aus derjenigen Tat entstanden ist, die Anlass zur Sicherstellung des Vermögens gegeben hat.[448] Die „Straftat" nach § 111 g Abs. 2 S. 3 StPO ist dabei – wie bei der korrespondierenden Vorschrift des § 73 Abs. 1 S. 2 StGB – i.S.d. strafprozessualen Tat (§ 264 StPO) zu verstehen.[449]

264 Nach § 111 g Abs. 2 S. 3 und 4 StPO hat der Antragsteller die vorgenannten Voraussetzungen **darzulegen** und gem. § 294 ZPO **glaubhaft zu machen**, es sei denn, dass sich bereits aus dem zivilgerichtlichen Titel der aus der Straftat erwachsene Anspruch ergibt.[450] Dieses gesetzliche Erfordernis wurde aufgestellt, weil dem Vollstreckungstitel, den der Verletzte gegen den Täter erwirkt hat, häufig nicht zu entnehmen ist, welche Forderung ihm zugrunde liegt (so bei einstweiligen Verfügungen, Versäumnis- und Anerkenntnisurteilen) und nach § 111 g StPO zudem nur dem individuell Verletzten der Zugriff auf die aus dieser Straftat sichergestellten Vermögenswerte ermöglicht wird.[451] Als Mittel der Glaubhaftmachung kommen im Zulassungsverfahren nur solche in Betracht, die keine mündliche Verhandlung voraussetzen, also nur **Urkunden** und **eidesstattliche Versicherungen** von Zeugen, aber auch des Verletzten selbst.[452] In der Praxis kann hier der Verweis auf die im Abschlussbericht eines LKA gefertigte Tabelle der geschädigten Anleger[453] ebenso genügen wie der Hinweis auf die Anklageschrift, wenn das Gericht, vor dem die Hauptverhandlung stattfindet, über die Zulassung zu entscheiden hat. Bei Vollstreckungsmaßnahmen in ein Grundstück kann der Nachweis, dass der Anspruch aus der Straftat erwachsen ist, gegenüber dem Grundbuchamt durch Vor-

---

[443] S.u. Rdnr. 267 u. 374. Das sieht wohl auch *Hees* Zurückgewinnungshilfe S. 138, so, zieht daraus jedoch keine Schlüsse für das hier behandelte Problem.
[444] BGH wistra 2002, 57; BGH Beschl. v. 9.7.2002 – 5 StR 30/02; BGH Beschl. v. 2.10.2002 – 2 StR 294/02 – NStZ-RR 2003, 75 f.; BGH Beschl. v. 24.4.2001 – 1 StR 88/01.
[445] Ob die Zulassung einer bevorzugten Befriedigung des Tatgeschädigten auch dann möglich ist, wenn andere Gegenstände wie bewegliche Sachen oder Forderungen durch dinglichen Arrest gesichert werden, ist in Rdnr. 273 ff. noch ausf. zu erörtern.
[446] *Meyer-Goßner* § 111 g Rdnr. 3; *Löwe/Rosenberg/Schäfer* § 111 g Rdnr. 8 f.
[447] Auch öffentlich-rechtliche Steueransprüche des Steuerfiskus als Verletztem gehören hierher; vgl. dazu BGH Beschl. v. 28.11.2000 – 5 StR 371/00 – JR 2002, 296 mit Anm. *Rönnau/Hohn*.
[448] OLG Hamm Beschl. v. 25.2.1999 – 4 Ws 7271/98 – NStZ 1999, 583, 584; KK-StPO/*Nack* § 111 g Rdnr. 2.
[449] OLG Hamm Beschl. v. 25.2.1999 – 4 Ws 7271/98 – NStZ 1999, 583, 584; dass. Beschl. v. 6.6.2002 – 2 Ws 107/02 – wistra 2002, 398.
[450] OLG Frankfurt Beschl. v. 17.7.1996 – 3 Ws 541/96 – NStZ-RR 1996, 301; *Meyer-Goßner* § 111 g Rdnr. 3.
[451] BT-Drucks. 7/550 S. 294; OLG Frankfurt Beschl. v. 17.7.1996 – 3 Ws 541/96 – NStZ-RR 1996, 301, 302; *Löwe/Rosenberg/Schäfer* § 111 g Rdnr. 8.
[452] *Löwe/Rosenberg/Schäfer* § 111 g Rdnr. 9; nach OLG Düsseldorf Beschl. v. 3.12.1993 – 2 Ws 546/93 – StV 1994, 284 reicht die Kopie einer eidesstattlichen Versicherung allerdings nicht.
[453] So LG Stuttgart Beschl. v. 15.6.1999 – 11 Qs 33/39-43/99.

§ 12 Vermögensabschöpfung und Zurückgewinnungshilfe

lage des Zulassungsbeschlusses geführt werden (§ 111 h Abs. 2 S. 2 i.V.m. § 111 g Abs. 3 StPO).[454]

Sind nach Ansicht des Gerichts alle Voraussetzungen glaubhaft gemacht, so wird durch **Beschluss** ohne mündliche Verhandlung nach Anhörung der Staatsanwaltschaft, des Beschuldigten und ggf. des Drittbegünstigten (§ 73 Abs. 3 StGB) die Zwangsvollstreckung oder Arrestvollziehung in den beschlagnahmten oder dinglich arrestierten Vermögenswert **zugelassen**.[455] Der sichergestellte Gegenstand steht nunmehr zur Durchführung der Zwangsvollstreckung zur Verfügung, sofern nicht neben der Sicherstellung nach § 111 b StPO noch eine Beweismittelsicherung nach § 94 StPO vorliegt. Im letzteren Fall ist die Vollstreckungsmaßnahme nicht unzulässig, sondern mit der Maßgabe zuzulassen, dass der Gegenstand im staatlichen Gewahrsam bleibt, solange die Beschlagnahme nach § 94 StPO andauert.[456] Der Zulassungsbeschluss wird der Staatsanwaltschaft und dem Beschuldigten durch förmliche Zustellung bekannt gegeben. Gleiches ist im Hinblick auf den Antragsteller nur erforderlich, wenn seinem Antrag nicht oder nicht in vollem Umfang stattgegeben worden ist.[457] 265

Hält das Gericht es nicht für wahrscheinlich, dass die titulierten Ansprüche aus der Straftat erwachsen sind, versagt es die Zulassung mit der Folge, dass dem Antragsteller der Zugriff auf den sichergestellten Vermögensgegenstand verschlossen bleibt.[458] 266

Wenig diskutiert ist bisher die Frage, welche Konsequenzen es für die Vermögensinteressen des Verletzten hat, wenn die ihn schädigende Straftat unter Anwendung der §§ 154, 154 a StPO nicht verfolgt oder abgeurteilt wird.[459] Konkret ist in praktischen Fällen darüber zu entscheiden, ob die durch die ausgeschiedene Straftat Verletzten Ansprüche aus der Zurückgewinnungshilfe geltend machen, insbesondere einen Zulassungsbeschluss gem. § 111 g Abs. 2 S. 1 StPO erwirken können. Dagegen spricht, dass die gem. den §§ 154, 154 a StPO ausgeschiedenen – allerdings jederzeit wieder einbeziehbaren – Verfahren(steile) nicht bei dem Strafgericht **anhängig** sind, das den Zulassungsbeschluss erlässt.[460] Im Ergebnis sollte jedoch die **Beschränkung der Strafverfolgung nach den §§ 154, 154 a StPO**, die zumeist aus verfahrensökonomischen Erwägungen heraus erfolgt, den privilegierten Zugriff der Straftatgeschädigten auf das sichergestellte Vermögen nicht hindern.[461] Eine Verfahrensbeschränkung nach den §§ 154, 154 a StPO hingegen, die vorgenommen wird, um das Verfahren im Interesse besserer Aufklärung und Beschleunigung auf die wesentlichen Teile zu konzentrieren, kann demgegenüber keineswegs dazu führen, dass Maßnahmen zum Schutz des Verletzten (i.S.d. §§ 111 b ff. StPO) hinfällig werden.[462] Voraussetzung bleibt natürlich, dass hinreichend sicher ist, dass die ausgeschiedenen Straftaten durch den Beschuldigten begangen wurden und der Verletzte seine materielle Anspruchsberechtigung durch einen Vollstreckungstitel nachweist.[463] 267

cc) Rechtsfolgen der Zulassung. Aus der Zulassung der Zwangsvollstreckung oder Arrestvollziehung ergeben sich Rechtsfolgen mit z. T. erheblichen Konsequenzen, die – da verteidigungsrelevant – nachfolgend kurz skizziert werden sollen. 268

---

[454] Löwe/Rosenberg/*Schäfer* § 111 h Rdnr. 3.
[455] Ob auch der Verletzte angehört werden muss, wird unterschiedlich beurteilt, vgl. (bejahend) Meyer-Goßner § 111 g Rdnr. 4 einerseits und (verneinend) Löwe/Rosenberg/*Schäfer* § 111 g Rdnr. 10 andererseits. *Frohn* Rpfleger 2001, 10, 11, will vor der Entscheidung über einen weiteren Gläubiger alle Gläubiger anhören, deren Zwangsvollstreckung bereits zugelassen worden ist.
[456] KK-StPO/*Nack* § 111 g Rdnr. 7; Löwe/Rosenberg/*Schäfer* § 111 g Rdnr. 10.
[457] Löwe/Rosenberg/*Schäfer* § 111 g Rdnr. 10.
[458] Löwe/Rosenberg/*Schäfer* § 111 g Rndr. 11; dort auch zum weiteren Verfahren nach Zulassung.
[459] Sind keine Tatgeschädigten vorhanden und wird eine Tat im Laufe der Hauptverhandlung gem. § 154 Abs. 2 StPO eingestellt, ist eine Verhängung von Rechtsfolgen (und damit auch die Anordnung des Verfalls) ohne Wiederaufnahme nach § 154 Abs. 3 StPO nicht mehr möglich, BGH Beschl. v. 7.1.2003 – 3 StR 421/02 – NStZ 2003, 422, 423; BGH Beschl. v. 31.3.2004 – 1 StR 482/03 S. 8.
[460] *Schmid/Winter* NStZ 2002, 8, 14.
[461] So auch *Satzger* wistra 2003, 401, 405 f. (sonst erhebliche Manipulationsmöglichkeiten für die Strafverfolgungsbehörden).
[462] OLG Hamm Beschl. v. 25.1.2002 – 2 Ws 312/01 – wistra 2002, 234, 236.
[463] Vgl. *Heghmanns* ZRP 1998, 475, 480 m. Fn. 30.

269 *(1) Vorrang der Zwangsvollstreckung des Tatgeschädigten.* Von besonderer Bedeutung ist für die Rechtsposition des Geschädigten im Zwangsvollstreckungsverfahren § 111 g Abs. 1 und 3 StPO. Das wird schnell erkennbar, wenn man sich diese dem Schutz der Verletztenrechte dienende Regelungen hinweg denkt. In diesem Fall ergibt sich Folgendes:

270 Durch die von den Strafverfolgungsbehörden gem. den §§ 111 b Abs. 1, 111 c StPO in tatverstricktes Vermögen vollzogene Beschlagnahme erwirbt der Staat an dem betreffenden Gegenstand zunächst ein Pfändungspfandrecht i.S.d. § 804 ZPO.[464] Daneben hat die Beschlagnahme nach § 111 c Abs. 5 StPO die Wirkung eines Veräußerungsverbots i.S.d. § 136 BGB zugunsten des Staates. Das heißt, Verfügungen über den Beschlagnahmegegenstand – auch im Wege der Zwangsvollstreckung oder Arrestvollziehung (vgl. § 135 Abs. 1 S. 2 BGB) – sind relativ unwirksam, wenn sie den Rechtsübergang auf den Staat nach § 73 e Abs. 1 StGB vereitelten.[465] Daraus folgt, dass auch Zwangsvollstreckungsmaßnahmen, die ein Gläubiger des Beschuldigten in dessen beschlagnahmtes Vermögen betreibt, gegenüber dem Staat keinerlei Wirkungen entfalten.

271 Beantragt und erhält der Verletzte nun den Zulassungsbeschluss nach § 111 g Abs. 2 StPO, steht einmal die Beschlagnahme seinen Vollstreckungsaktivitäten in den Beschlagnahmegegenstand nicht mehr entgegen. In der Auslegung durch den BGH tritt der Staat hier als „vorrangiger Pfändungspfandgläubiger ... mit seinem Pfandrecht ... im Umfang der titulierten Forderung des Verletzten hinter dessen Pfandrecht zurück".[466] Darüber hinaus sieht § 111 g Abs. 3 S. 1 StPO vor, dass vom Zeitpunkt der Beschlagnahme an das Veräußerungsverbot nach § 111 c Abs. 5 StPO auch zugunsten von Verletzten gilt, die während der Dauer der Beschlagnahme in den sichergestellten Gegenstand vollstrecken. Mit der Zulassung kommt das durch die Beschlagnahme entstehende Veräußerungsverbot rückwirkend auch dem Verletzten zugute. In der Sache wird hier die vom Staat durch die Beschlagnahme erlangte Schutzposition an den Verletzten abgetreten.[467] Aus der Zulassung folgt damit, dass der Verletzte gem. den §§ 111 g Abs. 3 S. 1, 111 c Abs. 5 StPO i.V.m. den §§ 136, 135 Abs. 1 S. 2 BGB gegenüber allen anderen Gläubigern, die nicht Verletzte der Straftat sind oder zwar Verletzte sind, aber trotz Verletzteneigenschaft über keinen Zulassungsbeschluss verfügen, die relative Unwirksamkeit ihrer nach der Beschlagnahme vorgenommenen Zwangsvollstreckungen oder Arrestvollziehungen nach den §§ 772, 771 ZPO geltend machen kann. Haben andere Gläubiger dagegen ihre Zwangsvollstreckungsmaßnahmen zeitlich noch vor der staatlichen Sicherstellung durchgeführt, unterfallen diese nicht den Auswirkungen des Veräußerungsverbots und gehen daher weiterhin vor.[468]

272 Der in § 111 g StPO ausschließlich für Fälle der Beschlagnahme gem. § 111 c StPO geregelte Vollstreckungsvorrang des Verletzten wird in **§ 111 h StPO** in durchaus lückenhafter Weise auf Konstellationen erweitert, in denen der Staat Vermögen im Wege des dinglichen Arrests sichert.[469] In den Schutz des Verletzteninteresses werden ausdrücklich nur **dingliche Arreste in Grundstücke** einbezogen. Hier kann der Geschädigte, der selbst wegen eines aus der Straftat erwachsenen Anspruchs die Zwangsvollstreckung oder Arrestvollziehung durch Eintragung einer Sicherungshypothek gem. § 932 ZPO betreibt, nach gerichtlicher Zulassung wiederum verlangen, dass die staatliche Sicherungshypothek hinter seinem Recht im Rang zurücktritt.

273 Ob die in § 111 h StPO getroffene Regelung entsprechende Anwendung findet, wenn der dingliche Arrest zur Sicherung von Verletztenansprüchen in andere Gegenstände als Grundstücke vollzogen worden ist, ist in hohem Maße unklar. Das ist deshalb besonders misslich, weil in der Praxis mittlerweile die Sicherungsart des dinglichen Arrests bei der

---

[464] BGH Urt. v. 6.4.2000 – IX ZR 442/98 – NJW 2000, 2027; a.A. *Huber* Rpfleger 2002, 285, 287.
[465] OLG Düsseldorf Beschl. v. 20.3.1995 – 1 Ws 135/95 – NJW 1995, 2239; *Meyer-Goßner* § 111 c Rdnr. 10.
[466] BGH Urt. v. 6.4.2000 – IX ZR 442/98 – NJW 2000, 2027.
[467] BGH Urt. v. 6.4.2000 – IX ZR 442/98 – NJW 2000, 2027, 2028; Löwe/Rosenberg/*Schäfer* § 111 g Rdnr. 11.
[468] *Hees/Albeck* ZIP 2000, 871, 873; *Frohn* Rpfleger 2001, 10, 12.
[469] Eine eingehende Darstellung der mit dieser Vorschrift verbundenen Rechtsprobleme findet sich bei *Hees* Zurückgewinnungshilfe S. 181 ff.

§ 12 Vermögensabschöpfung und Zurückgewinnungshilfe 274 § 12

Zurückgewinnungshilfe eine herausragende Rolle spielt. Eine analoge Anwendung der Vorschrift wird – zumeist ohne weiter gehende Begründung – noch allgemein befürwortet, wenn bei Schiffen, Schiffsbauwerken und Luftfahrzeugen aufgrund eines dinglichen Arrests gem. § 111 d StPO ein Pfandrecht in einem Register eingetragen wird.[470] Ist der dingliche Arrest dagegen in andere Gegenstände (bewegliche Sachen und Forderungen) vollzogen worden und liegen gleichzeitig die Voraussetzungen des § 73 Abs. 1 S. 2 StGB vor, soll nach einer in den Strafprozessrechtskommentaren verbreiteten Meinung unter Rückgriff auf den Rechtsgedanken des § 111 h StPO **im Einzelfall geprüft werden**, ob der Arrest zur Ermöglichung von Vollstreckungsmaßnahmen aufgehoben werden kann.[471] Kriterien, die für oder gegen eine Aufhebung sprechen, werden allerdings nicht genannt. Andere sprechen sich in diesen Fällen für eine **analoge Anwendung** der §§ 111 g bzw. 111 h StPO aus mit der Folge, dass nach gerichtlicher Zulassung der Zwangsvollstreckung des Geschädigten der Staat mit seinem Sicherungsrecht zurücktritt.[472]

Mit einer stark vertretenen Meinung ist einer solchen analogen Anwendung zu widersprechen, da es an einer planwidrigen Regelungslücke fehlt.[473] Der Gesetzgeber hat bei seiner privilegierenden Behandlung des Verletzten einer Straftat bewusst zwischen Beschlagnahme und dinglichem Arrest unterschieden. Während es bei der Beschlagnahme um den Zugriff auf **Tatbeute**, also bemakeltes Vermögen des Beschuldigten, geht, erfolgt der Zugriff beim dinglichen Arrest auf das **legale Vermögen** des Beschuldigten.[474] Die Tatbeute wie z.B. der betrügerisch erlangte Pkw weist einen erheblich engeren Bezug zum Vermögen des Verletzten auf als das vom Beschuldigten legal erworbene Vermögensstück, das lediglich als Teil der Haftungsmasse für die Vollstreckung wegen eines Zahlungsanspruchs des Verletzten zur Verfügung steht. Stark vereinfacht gesagt: Der Verletzte soll sich das legale Vermögen des Beschuldigten mit anderen, nicht-verletzten Gläubigern als Gleicher unter Gleichen teilen. Zu beachten ist auch, dass der Verletzte als Folge dieser Ungleichbehandlung nicht völlig schutzlos dasteht. Einerseits verhindert die staatliche Sicherstellung, dass der Beschuldigte die Vermögensstücke verschleudert

---

[470] Statt vieler Löwe/Rosenberg/*Schäfer* § 111 h Rdnr. 1; ausf. Begr. dagegen bei *Hees* Zurückgewinnungshilfe S. 239 ff.
[471] Vgl. OLG Dresden Beschl. v. 21.5.2001 – 1 Ws 52/01 u. 53/01; KK-StPO/*Nack* § 111 h Rdnr. 1; Löwe/Rosenberg/*Schäfer* § 111 d Rdnr. 34; *Meyer-Goßner* § 111 h Rdnr. 4; SK-StPO/*Rudolphi* § 111 h Rdnr. 2; s. a. *Huber* Rpfleger 2002, 285, 294 f.; diese Meinung stützt sich auf die Gesetzesmaterialien, vgl. BT-Drucks. 7/550 S. 295. *Peglau* wistra 2002, 376, 378, begründet einen Anspruch auf Aufhebung des Arrests unter Hinweis auf § 73 Abs. 1 S. 2 StGB i.V.m. Art. 2 Abs. 1 GG, „denn es wäre eine unverhältnismäßige Beeinträchtigung der wirtschaftlichen Handlungsfreiheit des Verletzten, wenn man die Durchsetzung seiner Schadensersatzansprüche durch den Arrest behindert, wenn feststeht, dass ein Verfall wegen § 73 Abs. 1 S. 2 StGB später nicht angeordnet wird". Ähnlich *Hees* Zurückgewinnungshilfe S. 255 ff., 274 f., der die Aufhebung des Arrests allerdings als Folge einer analogen Anwendung des § 111 h StPO versteht.
[472] OLG Düsseldorf Beschl. v. 18.5.2005 – 3 Ws 129/05 – NStZ-RR 2005, 345 f. (unter Hinweis darauf, dass eine bloße Aufhebung des Arrests den Verletzten nicht in ausreichendem Maße schützen kann); OLG Hamm Beschl. v. 6.6.2002 – 2 Ws 107/02 – wistra 2002, 398, 399; LG Kempten Beschl. v. 13.1.2003 – 1 KLs 329 Js 1516/02 – ZIP 2003, 548 f. m. zust. Anm. *Müller-Wüsten* ZIP 2003, 689 f.; *Schmid/Winter* NStZ 2002, 8, 11; *Malitz* NStZ 2002, 307, 340; *Hees* GRUR 2002, 1037, 1040; *Podolsky/Brenner* Vermögensabschöpfung S. 151 f.; zweifelnd *Meyer-Goßner* § 111 h Rdnr. 4; differenzierend *M. Malitz* EwiR § 111 g StPO 1/03, 543, 544: nur § 111 g StPO sei analog anzuwenden, da einer entspr. Anwendung des § 111 h StPO entgegenstehe, dass die Rechtsordnung allein bei Grundstücken einen Rangrücktritt nach § 880 BGB kenne; der von *Schmid/Winter* (a.a.O.) insoweit zust. angeführte Beschl. des OLG Stuttgart v. 6.11.2000 – 1 Ws 210/00 – ZIP 2001, 484 behandelt die Frage nicht ausdr.; es bleibt aber unbeanstandet, dass das LG Stuttgart die Zwangsvollstreckung aus einem Vollstreckungsbescheid in das qua dinglichen Arrest sichergestellte Vermögen des Angeklagten zugelassen hat. Gegen eine analoge Anwendung sowohl von § 111 g als auch von § 111 h StPO spricht sich *Hellerbrand* wistra 2003, 201, 207, aus; für analoge Anwendung nur des § 111 h StPO *Bach* JR 2004, 230, 232 f.
[473] Vgl. OLG Hamburg Beschl. v. 22.2.2001 – 1 Ws 26/01 (zust. *Huber/Savini* ZIP 2003, 549 ff.); OLG Köln Beschl. v. 7.5.2003 – 2 Ws 170/032 u. Ws 171/03 – NJW 2003, 2546, 2548 f.; OLG Dresden Beschl. v. 21.5.2001 – 1 Ws 52/01 u. 53/01; KG Beschl. v. 5.4.2004 – 3 Ws 13/04 – StV 2004, 529; LG Berlin Beschl. v. 9.12.2003 – 83 Js 316/02 – wistra 2004, 159 f.; LG Dresden Beschl. v. 11.6.2004 – 5 Qs 44/04 – StV 2004, 531; LG Wuppertal Beschl. v. 27.1.2004 – 26 Qs 1/04; *Frommhold* NJW 2004, 1083, 1084; *Hellerbrand* wistra 2003, 201, 207; *Hees* Zurückgewinnungshilfe S. 254 ff.; ders. ZIP 2004, 298, 299; *Köper* NJW 2004, 2485 m. Fn. 5; näher zum Ganzen *Rönnau* Vermögensabschöpfung Rdnr. 439 f.; dagegen aber wiederum *Bach* JR 2004, 230, 232: „offene Regelungslücke".
[474] Ebenso *Frommhold* NJW 2004, 1083, 1084.

oder „in Sicherheit" bringt; andererseits kann der Verletzte die Aufhebung des dinglichen Arrests beantragen. *Peglau*[475] nimmt – zutreffend – sogar einen Anspruch auch Aufhebung an.[476]

275 *(2) Zeitliche Abfolge von Vollstreckungsmaßnahmen und Zulassung.* Die umstrittene Frage, ob eine zeitlich vor dem Zulassungsbeschluss nach § 111 g Abs. 2 StPO erfolgte Zwangsvollstreckung oder Arrestvollziehung überhaupt zulässig ist und ein wirksames Pfändungspfandrecht zugunsten des Gläubigers begründen kann, ist mittlerweile durch ein BGH-Urteil des 9. Zivilsenats vom 6.4.2000[477] in überzeugender Weise geklärt.[478] Danach setzt die Arrestpfändung des Tatgeschädigten in einen von der Staatsanwaltschaft gem. § 111 b StPO beschlagnahmten Vermögensgegenstand des Täters zu ihrer Wirksamkeit nicht voraus, dass innerhalb der Vollziehungsfrist des § 929 Abs. 2 ZPO die Arrestvollziehung gem. § 111 g Abs. 2 S. 1 StPO zugelassen oder ein darauf gerichteter Antrag gestellt wird. Vielmehr können Vollstreckungs- und Vollziehungsmaßnahmen auch bereits vor einer Zulassung nach § 111 g StPO erfolgen. Sie sind in diesem Fall gegenüber der staatlichen Beschlagnahme nach den §§ 111 b ff. StPO **relativ unwirksam**. Das bedeutet: Ein Zulassungsbeschluss nach § 111 g Abs. 2 StPO hat keine konstitutive Wirkung für das Entstehen des Pfändungspfandrechts; die nach zivilprozessualen Regeln durchzuführende **Zwangsvollstreckungsmaßnahme ist von Anfang an voll wirksam**, tritt aber in ihren Rechtswirkungen bis zur Zulassung hinter die staatliche Sicherungsanordnung zurück.[479]

276 Für den Verletzten (bzw. seinen Berater) ist damit der Weg frei, Vollstreckungsmaßnahmen in das beschlagnahmte Vermögen des Täters (oder eines Drittbegünstigten) schon vor der richterlichen Zulassung durchzuführen. Es ist ihm auch dringend zu raten, von dieser Möglichkeit sehr frühzeitig Gebrauch zu machen,[480] da sich – wie sogleich zu erörtern sein wird – der Vollstreckungszeitpunkt ausschließlich nach zivilprozessualen und zwangsvollstreckungsrechtlichen Grundsätzen richtet und damit der zeitlichen Abfolge der Vollstreckungsmaßnahmen eine maßgebliche Bedeutung für die Befriedigungschancen zukommt.

277 *(3) Rangfolge der Pfändungspfandrechte bei mehreren Verletzten.* In der Praxis kommt es nicht selten vor, dass etwa in Verfahren wegen Kapitalanlagebetrügereien (extrem) viele Personen aus der Straftat Ansprüche gegen den Täter erworben haben und zudem nur ein Teil der Tatbeute beschlagnahmt werden konnte, sodass letztlich viele mit ihren Forderungen ausfallen werden.[481] Hier stellt sich in besonderer Schärfe die Frage, in welchem Verhältnis die einzelnen Pfändungspfandrechte aus den Arrestvollziehungen bzw. sonstigen Zwangsvollstreckungen nach ihrer Zulassung stehen und wer sich von den zugelassenen Geschädigten als Erster, Zweiter etc. aus dem sichergestellten Vermögen befriedigen darf.

---

[475] *Peglau* wistra 2002, 376, 378.
[476] Allerdings ist das Bedürfnis, im Interesse der Tatgeschädigten eine für die Beschlagnahme und den dinglichen Arrest einheitliche Regelung nach dem Vorbild des § 111 g StPO zu schaffen und damit den Rücktritt des staatlichen Sicherungsrechts nicht nur von den Umständen des Einzelfalles abhängig zu machen (vgl. die Nachw. in Rdnr. 273), nicht zu leugnen. Richtig ist daher die Erweiterung des § 111 g StPO im Gesetzentwurf der Bundesregierung v. Feb. 2006 (BT-Drucks. 16/700), nach der zur Verstärkung der Zurückgewinnungshilfe ein Zulassungsverfahren und einen Rangrücktritt des Staates zugunsten des Verletzten nunmehr auch in Fällen vorgesehen ist, in denen der Verletzte wegen der ihm aus der Straftat erwachsenen Ansprüche in Gegenstände des beweglichen Vermögens vollstreckt, in die der Staat zuvor zur Absicherung des Wertersatzverfalls einen dinglichen Arrest (§ 111 d StPO) vollzogen hat; näher dazu *Rönnau* ZRP 2004, 191, 194.
[477] BGH Urt. v. 6.4.2000 – IX ZR 442/98 – NJW 2000, 2027 f.
[478] Vgl. zu Streitstand und Argumentation *Hees/Albeck* ZIP 2000, 871, 873 f.; *Rönnau* Vermögensabschöpfung Rdnr. 442; auch *Dittke* wistra 1991, 209, 210 f.
[479] BGH Urt. v. 6.4.2000 – IX ZR 442/98 – NJW 2000, 2027 f.; ebenso *Hees* Zurückgewinnungshilfe S. 99 f.; *Hees/Albeck* ZIP 2000, 871, 874; *Schmid/Winter* NStZ 2002, 8, 10; *Huber* Rpfleger 2002, 285, 292; KK-StPO/*Nack* § 111 g Rdnr. 3; anders – aber nicht überzeugend – *Dittke* wistra 1991, 209, 211, der von einer schwebenden Unwirksamkeit der Vollstreckungsmaßnahme ausgeht, und *Frohn* Rpfleger 2001, 10, 12: aufschiebend bedingt.
[480] So auch *Kiethe/Groeschke/Hohmann* ZIP 2003, 185, 187; dies. wistra 2003, 92.
[481] Vgl. die Schilderungen von *Heghmanns* ZRP 1998, 475, 477; s.a. OLG Schleswig Beschl. v. 22.1.2001 – 2 Ss 342/00 – wistra 2001, 312 mit Anm. *Goos* zu einem Verfahren wegen irreführender Werbung gem. § 4 UWG.

Der BGH hat sich in seinem richtungsweisenden Urteil vom 6.4.2000 auf den Standpunkt 278
gestellt, dass die von § 111 g Abs. 3 S. 1 StPO mit der Zulassung eintretende Rückwirkung des
Veräußerungsverbots auf den Zeitpunkt der Beschlagnahme nicht automatisch die Gleichrangigkeit aller zugelassenen Gläubiger zur Folge hat. Denn das Zulassungsverfahren und damit
auch § 111 g Abs. 3 StPO gelte nicht für das Verhältnis mehrerer Verletzter untereinander, sondern bezwecke aus Gründen des Opferschutzes allein die Trennung der privilegierten Gläubiger
(= Straftatverletzte) von den übrigen Anspruchstellern.[482] Das Verhältnis der Verletzten untereinander richte sich dagegen allein nach dem in § 804 Abs. 3 ZPO verankerten **vollstreckungsrechtlichen Prioritätsprinzip**, das der Gesetzgeber nicht antasten wollte. Die nach der BGH-Entscheidung noch offene Frage, ob sich die Rangfolge des Vollstreckungszugriffs mehrerer zugelassener Verletzter nach den Zeitpunkten der Entstehung ihrer Pfändungspfandrechte oder der zeitlichen Abfolge der ergangenen Zulassungsbeschlüsse richtet, hat das OLG Stuttgart durch Beschluss vom 6.11.2000 mittlerweile im erstgenannten Sinne beantwortet.[483] Danach richtet sich die **Rangfolge des Vollstreckungszugriffs ausschließlich nach den Zeitpunkten, zu denen die zugelassenen Verletzten im Wege der Zwangsvollstreckung oder Arrestvollziehung ihre Pfändungspfandrechte erworben haben**, während der Zeitpunkt der staatlichen Beschlagnahme und auch der ergangenen Zulassungsbeschlüsse keine Rolle spielen soll.

Durch diese Judikate ist jedenfalls für die Behandlung der Standardfälle, in denen mehrere 279
Tatverletzte jeweils einen (mindestens vorläufig vollstreckbaren) Titel erworben und einen positiven Zulassungsbeschluss erhalten haben, Klarheit geschaffen worden.

Beispiel:[484]
Dem Angeklagten wird vorgeworfen, die Geldinstitute G1 bis G5 betrügerisch geschädigt zu haben. Auf 280
einem von ihm eingerichteten Konto bei der Sparkasse K wurde ein Guthaben von € 1 Mio. ermittelt und
der Auszahlungsanspruch gegen die Bank von der Staatsanwaltschaft im Wege einer später gerichtlich bestätigten Eilmaßnahme zum Zwecke der Zurückgewinnungshilfe gem. den §§ 111 b Abs. 1, 111 c Abs. 3,
111 f Abs. 1 StPO i.V.m. § 829 ZPO gepfändet. Nachdem die Staatsanwaltschaft die geschädigten Geldinstitute gem. § 111 e Abs. 3 StPO von der Beschlagnahme unverzüglich unterrichtet hatte, haben diese im
Abstand von jeweils einer Woche nacheinander, beginnend mit G1 am 3.6.2005, Vollstreckungsbescheide
und auf deren Grundlage Pfändungs- und Überweisungsbeschlüsse erwirkt; diese wurden der Sparkasse
K als Drittschuldnerin im Abstand von einem Tag, beginnend mit G1 am 5.8.2005, zugestellt. Die Zulassungsbeschlüsse zugunsten von G1 bis G5 werden nach vollständiger Zustellung aller Pfändungs- und
Überweisungsbeschlüsse vom zuständigen Amtsgericht nach Antrag wiederum im Tagesabstand in der
Zeit vom 19. bis 23.8.2005, beginnend mit G1, erteilt.

Da sich nach der jüngsten Rechtsprechung das Rangverhältnis dieser Gläubiger nach den 281
Zeitpunkten der Entstehung ihrer Pfändungspfandrechte – gem. § 829 Abs. 3 ZPO also
nach der Zustellung des Beschlusses an den Drittschuldner[485] – richtet, gebührt G1, dessen
Pfändungs- und Überweisungsbeschluss der Sparkasse K am 5.8.2005 zugestellt wurde, der
Vorrang vor G2 etc. Nach § 804 Abs. 3 ZPO muss die Sparkasse K als Drittschuldnerin
zuerst an G1 als Vollstreckungsgläubiger zahlen.[486] Ist – wie hier – eine Geldforderung
mehrfach gepfändet (und reicht das sichergestellte Guthaben zur Befriedigung der zugelassenen Forderungen nicht aus), so ist der Drittschuldner gem. § 853 ZPO berechtigt und auf
Verlangen eines Gläubigers, dem die Forderung überwiesen wurde, verpflichtet, unter Anzeige
der Sachlage und unter Aushändigung der ihm zugestellten Beschlüsse an das Amtsgericht,

---

[482] BGH Urt. v. 6.4.2000 – IX ZR 442/98 – NJW 2000, 2027, 2028; OLG Düsseldorf Beschl. v. 26.11.1991 – 1 Ws 1010/91 – NStZ 1992, 203; OLG Düsseldorf Beschl. v. 17.1.1997 – 1 Ws 1063; 1064/96 – NStZ 1997, 301; *Dittke* wistra 1991, 203, 209 f.
[483] OLG Stuttgart Beschl. v. 6.11.2000 – 1 Ws 210/00 – ZIP 2001, 484; zust. *Schmid/Winter* NStZ 2002, 8, 10; *Malitz* NStZ 2002, 337, 340; Bittmann/*Goos*, Insolvenzstrafrecht, § 33 Rdnr. 72; a.A. *Hees* Zurückgewinnungshilfe S. 106 ff.; *Hess/Albeck* ZIP 2000, 871, 874 f.: Das zeitlich zuerst mit der Zulassung erlangte Veräußerungsverbot genießt Priorität.
[484] In Anlehnung an OLG Düsseldorf Beschl. v. 26.11.1991 – 1 Ws 1010/91 – NStZ 1992, 203.
[485] BGHZ 120, 73, 78 = NJW 1993, 1076 ff.; nach h.M. sogar schon der Antrag beim Vollstreckungsgericht, vgl. *Vollkommer* in Zöller ZPO § 929 Rdnr. 10 m.w.N.
[486] Obwohl § 111 g StPO den Vorrang des zugelassenen Titelinhabers ausdr. regelt, erklärt die Staatsanwaltschaft regelmäßig gegenüber Drittschuldnern ihren Verzicht auf das Pfändungspfandrecht, da diesen die Spezialnorm des § 111 g StPO häufig unbekannt ist.

dessen Beschluss ihm zuerst zugestellt worden ist, den Schuldbetrag zu hinterlegen. Nach allerdings umstrittener Ansicht des OLG Düsseldorf bedarf die Hinterlegung der Zustimmung des zuständigen Gerichts.[487] Mit der Hinterlegung kann beschränkt auf die gem. § 111 g Abs. 2 StPO zugelassenen Gläubiger das Verteilungsverfahren gem. den §§ 872 ff. ZPO eingeleitet werden.

282 Durch vorstehende Leitentscheidungen zu den Rangkonkurrenzen der privilegierten Gläubiger sind aber keinesfalls alle damit zusammenhängenden Probleme gelöst. So bleibt – um nur ein Beispiel zu nennen – unklar, inwiefern ein nur mit Titelrang 3 ausgestatteter, allerdings vom Strafrichter zur Zwangsvollstreckung zugelassener Geschädigter sich aus dem beschlagnahmten Vermögen befriedigen darf, wenn unsicher ist, ob und wann die mit vorrangigen Titeln versehenen Anspruchsteller einen Zulassungsantrag stellen und ob sie im Fall der Antragstellung überhaupt zugelassen würden.[488] Eine mögliche – allerdings sehr restriktive – Lösung für diese Konstellation könnte darin bestehen, den Inhabern vorrangiger Titel eine für sie und den Drittplatzierten zumutbare (Präklusions-)Frist zu setzen, innerhalb derer sie den Zulassungsantrag zu stellen haben, wollen sie mit ihren Forderungen nicht ausfallen. Das Verstreichenlassen der Frist als konkludenten Verzicht auf das Pfändungspfandrecht gem. § 843 ZPO zu werten, verbietet sich wohl angesichts der Willensfiktion, die hier zum Nachteil der vorrangigen Gläubiger vorgenommen werden müsste. Wem das zu rigoros erscheint, könnte erwägen, in entsprechender Anwendung der Regeln über das Verteilungsverfahren gem. den §§ 872 ff. ZPO denjenigen, der der Aufforderung, die Zulassung zu beantragen, nicht nachkommt, tatsächlich aber Tatgeschädigter ist, in Höhe des titulierten Anspruchs abzufinden (vgl. § 874 Abs. 3 ZPO). Hier würde allein die Antragstellung im Zulassungsverfahren überspielt, das materielle Interesse des Titelinhabers aber ausgeglichen.

283 Sind mehrere Straftatverletzte vorhanden, führt das vom vollstreckungsrechtlichen Prioritätsprinzip beherrschte Verfahren zur Verteilung des sichergestellten Vermögens zu einem „Windhundrennen" unter den Gläubigern. Da die Haftungsmasse regelmäßig zur Befriedigung aller Gläubiger nicht ausreicht, haben nur die eine gute Chance, ihre Forderung realisieren zu können, die zügig einen mindestens vorläufig vollstreckbaren Titel erwirken. Auf die zeitliche Reihenfolge der Zulassungsbeschlüsse kommt es nach der jüngeren Rechtsprechung nicht an. Erfolgreich sind in diesem Wettlauf zumeist allein die gut informierten und rechtlich beratenen Tatgeschädigten. Nicht ohne Grund haben sich bereits Rechtsanwälte (in größeren Kanzleien) auf die Rechtsberatung in Sachen Zurückgewinnungshilfe spezialisiert. Dennoch bleibt für jeden – auch rechtlich beratenen – Tatgeschädigten das Risiko, mit seiner Forderung völlig auszufallen, da sich Konkurrenten schneller einen Titel besorgen könnten. Hier entstehen gerade in Verfahren mit vielen Tatgeschädigten durch die Inanspruchnahme von anwaltlichem Rechtsrat und Justizressourcen Kosten, die schwer zu rechtfertigen sind, wenn von Anfang an feststeht, dass die sichergestellten Vermögenswerte schon nach einigen Vollstreckungen „verbraucht" sein werden. Nach geltender Rechtslage könnte hier die detaillierte Aufnahme der sichergestellten Vermögensgegenstände in die Benachrichtigung der Verletzten gem. § 111 e Abs. 3 StPO bereits etwas Abhilfe schaffen. *Heghmanns* berichtet darüber hinaus von informellen Lösungen, in denen sich Tatgeschädigte auf Anregung der Staatsanwaltschaft mit einer quotenmäßigen Befriedigung ihrer Ansprüche begnügten oder einer der Geschädigten gegen den Beschuldigten einen Insolvenzantrag stellte mit der Folge, dass im Insolvenzverfahren alle Geschädigten zumindest einen Teil ihres Geldes zurückerhielten.[489]

284 Die besonderen Anforderungen an einen Anwalt, der seinen durch eine Straftat geschädigten Mandanten bei der Wiedererlangung seiner Vermögenswerte berät, behandelt das OLG Hamm in einer Entscheidung zur **Anwaltshaftung**.[490] Danach muss der Anwalt bei einem Vollstreckungsmandat bei entsprechenden Anhaltspunkten die §§ 111 c und 111 g StPO mit ihren

---

[487] OLG Düsseldorf Beschl. v. 26.11.1991 – 1 Ws 1010/91 – NStZ 1992, 203; zust. *Meyer-Goßner* § 111 c Rdnr. 8; a.A. *Frohn* Rpfleger 2001, 10, 13.
[488] Insb. diese Überlegung hat *Hees/Albeck* ZIP 2000, 871, 874 f. dazu geführt, letztlich allein auf die Reihenfolge der ergangenen Zulassungsbeschlüsse abzustellen.
[489] Anschaulich zum Ganzen *Heghmanns* ZRP 1998, 475, 477; vgl. auch *Kiethe/Groeschke/Hohmann* ZIP 2003, 185, 188.
[490] OLG Hamm Urt. v. 11.2.1999 – 28U 153/98 – NJW-RR 2000, 1008.

vollstreckungsrechtlichen Auswirkungen beachten und wegen des Grundsatzes des sichersten Weges ggf. einen Zulassungsbeschluss nach § 111 g Abs. 2 StPO unverzüglich erwirken. Allerdings erging das Urteil noch vor der Leitentscheidung des BGH vom 6.4.2000, der die rein formale Bedeutung des Zulassungsverfahrens herausgestellt hat.

dd) Schadensersatzverpflichtung gem. den §§ 111 g Abs. 4, 111 h Abs. 3 StPO. Die dem Verletzten in den §§ 111 g, 111 h StPO eingeräumte Vorrangstellung ist – jedenfalls nach der Gesetzeslage – nicht völlig „kostenfrei". Dritten gegenüber trägt der die Zwangsvollstreckung betreibende Verletzte gem. § 111 g Abs. 4 StPO zunächst das Risiko, dass die Verfallsanordnung zwar nicht an § 73 Abs. 1 S. 2 StGB, sondern an sonstigen Gründen scheitert[491] oder die Zulassung zu Unrecht erfolgt ist. In diesen Fällen einer objektiv ungerechtfertigten Beschlagnahme bzw. Zulassung haftet der Verletzte nach dem Vorbild des § 945 ZPO und nach Maßgabe der §§ 249 ff. BGB verschuldensunabhängig dem Dritten, der durch das Veräußerungsverbot gem. § 111 g Abs. 3 S. 1 und 5 i.V.m. § 111 c Abs. 5 StPO in der Verfügung über den Gegenstand gehindert war und dadurch einen Schaden erlitten hat. Die Schadensersatzverpflichtung soll gem. § 111 g Abs. 5 S. 1 i.V.m. Abs. 4 StPO auch dann entstehen, wenn in der Phase zwischen der Anordnung des Verfalls und dem Eintritt der Rechtskraft des Urteils die Voraussetzungen des § 111 g Abs. 4 StPO vorliegen. Vergleichbar statuiert § 111 h Abs. 3 StPO einen Schadensersatzanspruch für den Fall, dass die Zulassung zu Unrecht erfolgt ist und der Dritte durch die Rangänderung einen Schaden erlitten hat.[492] 285

e) *Aufrechterhaltung der Beschlagnahme gem. § 111 i StPO.* Die Vermögenssicherstellung kann gem. § 111 i StPO für höchstens drei Monate nach Urteilserlass aufrechterhalten werden, wenn im Urteil nur deshalb nicht auf Verfall oder Wertersatzverfall erkannt wird, weil Ansprüche des Verletzten i.S.d. § 73 Abs. 1 S. 2 StGB[493] entgegenstehen oder das Verfahren gem. §§ 430, 442 StPO eingeschränkt wird und die sofortige Aufhebung gegenüber dem Verletzten unbillig wäre.[494] Zu denken ist an Fälle, in denen der Verletzte im Rahmen des ihm Möglichen und Zumutbaren bisher vergeblich versucht hat, einen Titel auf Herausgabe der beschlagnahmten Gegenstände zu erwirken oder wenigstens eine Sicherung durch einen dinglichen Arrest oder eine einstweilige Verfügung zu erlangen.[495] Hat sich der (bekannte) Verletzte bisher um nichts gekümmert, ist es zumeist nicht unbillig, wenn Sicherungsmaßnahmen beendet werden.[496] Die Rechtsprechung – z.T. sekundiert durch die Literatur[497] – sichert unter Rückgriff auf § 111 i StPO darüber hinaus auch die Rechte noch unbekannter Anspruchsteller.[498] Die Dreimonatsfrist beginnt mit dem Zeitpunkt des Urteilserlasses, nicht mit dessen Rechtskraft.[499] Sie ist insbesondere in Großverfahren mit einer Vielzahl von Geschädigten, denen Akteneinsicht zu gewähren ist, oder bei auf Absprachen der Verfahrensbeteiligten beruhenden kurzen Hauptverhandlungen für die Geltendmachung von Ansprüchen durch die Geschädigten häufig zu kurz bemessen. Eine weitere Verlängerung der Frist ist aber de lege 286

---

[491] KK-StPO/*Nack* § 111 g Rdnr. 11 erwähnt hier beispielhaft, dass etwa gar keine Straftat, welche die Verfallsanordnung rechtfertigen würde, vorliegt oder der Anspruch des Verletzten nicht aus der Straftat erwachsen ist.
[492] In der Praxis spielt die Vorschrift keine Rolle. Näheres zu dieser Norm (insb. dazu, wer überhaupt „Dritter" i.S.d. §§ 111 g Abs. 4, 111 h Abs. 3 StPO sein kann) bei *Rönnau* Vermögensabschöpfung Rdnr. 454 ff.
[493] *Schmid/Winter* NStZ 2002, 8, 10, halten eine Beschlagnahmeverlängerung auch gegenüber Drittbegünstigten i.S.d. § 73 Abs. 3 StGB für zulässig.
[494] Der völlig neugefasste § 111 i StPO-E der Bundesregierung v. Feb. 2006 (BT-Drucks. 16/700) schafft zukünftig in Fällen, in denen eine Verfallsanordnung wegen Ansprüchen des Verletzten nach § 73 Abs. 1 S. 2 StGB ausscheidet, eine Grundlage für einen späteren Auffangrechtserwerb des Staates. Diese Norm stellt das Herzstück der Reform zur Vermögensabschöpfung dar; krit. zum Vorläuferentwurf *Rönnau* ZRP 2004, 191, 192 ff.
[495] Vgl. *Meyer-Goßner* § 111 i Rdnr. 2; *Löwe/Rosenberg/Schäfer* § 111 i Rdnr. 1.
[496] OLG Frankfurt Beschl. v. 6.9.2002 – 3 Ws 884/02 – NStZ-RR 2003, 49; KMR/*Mayer* § 111 i Rdnr. 3 f.
[497] *Schmid/Winter* NStZ 2002, 8, 13.
[498] BGH Beschl. v. 15.3.1984 – 1 StR 819/83 – NStZ 1984, 409, 410; BGHR StGB § 73 Beute 1, Anspruch 2; OLG Düsseldorf Beschl. v. 5.7.1983 – 4 Ws 256/83 – NStZ 1984, 567.
[499] Mit ausf. Begr. OLG Stuttgart Beschl. v. 5.7.2001 – 3 Ws 134/01 – Die Justiz 2002, 65; OLG Hamm Beschl. v. 25.11.2001 – 2 Ws 312/01 – wistra 2002, 234; auch KG Beschl. v. 5.4.2004 – 3 Ws 13/04 – StV 2004, 529; KMR/*Mayer* § 111 i Rdnr. 5 f.; *Schmid/Winter* NStZ 2002, 8, 11; *Meyer-Goßner* § 111 i Rdnr. 3; vgl. auch BT-Drucks. 7/550, S. 292. Auf das Rechtskraftdatum abstellend dagegen LG München I Beschl. v. 22.11.2005 – 4 KLs 571 Js 50603/03 – „Wildmoser".

lata unzulässig.⁵⁰⁰ Vielmehr sind nach Ablauf der Dreimonatsfrist zwecks Zurückgewinnungshilfe aufrechterhaltene Pfändungen ohne Weiteres von Amts wegen aufzuheben. Dies gilt auch dann, wenn über zwischenzeitlich gestellte Arrestvollziehungszulassungsanträge gem. § 111 g Abs. 2 StPO noch nicht rechtskräftig entschieden ist.⁵⁰¹

287 Der unklare Wortlaut des § 111 i StPO hat zu Meinungsverschiedenheiten darüber geführt, ob die Beschlagnahmeverlängerung nur bei einer nach § 111 c StPO erfolgten Beschlagnahme zulässig ist oder auch die Fälle der Sicherung durch dinglichen Arrest einbezogen sind.⁵⁰² In der Sache scheint sich in Rechtsprechung und Schrifttum eine weite Ansicht durchzusetzen, nach der § 111 i StPO – zumindest entsprechend – auch auf Fälle anzuwenden ist, in denen auf Grund einer Anordnung nach § 111 d StPO Gegenstände in Beschlag genommen worden sind.⁵⁰³ Hingewiesen wird vor allem auf die Ratio der Norm (Schonfrist für Tatgeschädigte, die sich um Vollstreckungstitel bemühen); im widersprüchlichen Wortlaut sieht die Rechtsprechung ein Redaktionsversehen des Gesetzgebers. Dem ist mit dem LG Bochum⁵⁰⁴ deutlich zu widersprechen. Eine Analogie zu Lasten des von der Sicherstellung Betroffenen ist schon grundsätzlich höchst fragwürdig; jedenfalls fehlt es aber an einer planwidrigen Regelungslücke.⁵⁰⁵

288 Über die Aufrechterhaltung der Beschlagnahme entscheidet das Gericht, das in diesem Zeitpunkt die Anordnung nach den §§ 111 c, 111 d StPO treffen müsste, nach Anhörung von Staatsanwaltschaft, Beschuldigtem und – soweit bekannt – Verletztem zugleich mit dem Urteil durch besonderen Beschluss.⁵⁰⁶ Die Frage der Unbilligkeit wird der Richter dabei in aller Regel nicht beurteilen können, wenn der Verletzte nicht in einem Antrag auf Aufrechterhaltung der Beschlagnahme darlegt, aus welchen Gründen es ihm bisher noch nicht möglich gewesen sei, sich einen den Zugriff ermöglichenden Titel zu verschaffen. Aus dem positiven Beschluss über die Beschlagnahmeverlängerung folgt, dass im darin gegebenen Zeitraum eine Herausgabe der Vermögensstücke weder an den letzten Gewahrsamsinhaber noch an einen anderen Anspruchsteller in Betracht kommt.⁵⁰⁷ Während des Fortbestehens der Beschlagnahme kann der Verletzte also seine Rechte nach den §§ 111 g, 111 h StPO wahrnehmen. Läuft die vorgesehene Frist ab, ohne dass sich ein Berechtigter meldet und seine Ansprüche geltend macht, behandelt die Rechtsprechung unter weitgehender Zustimmung der Literatur die sichergestellte Sache nach den bürgerlich-rechtlichen Vorschriften über den Fund nach § 983 BGB.⁵⁰⁸

289 Dieser Weg mag in bestimmten Konstellationen praktikabel sein; dogmatisch entpuppt er sich jedoch schnell als wenig überzeugende **Verlegenheitslösung**, in der sich der Wille der Strafverfolgungsorgane ausdrückt, die mit der materiell-prozessualen Gewinnabschöpfungsregelung de lege lata einhergehende Abschöpfungslücke auszufüllen.⁵⁰⁹ Die entsprechende Anwendung der Fundregelungen hilft auch bei sichergestellten, von den Geschädigten nicht (vollständig) beanspruchten **Forderungen** (etwa beim Einsatz von Schwarzgeld) nicht weiter.⁵¹⁰ Da die Staatsanwaltschaft hinsichtlich der gesicherten Forderung des Beschuldigten gegenüber seiner Bank nur einen Pfändungs-, aber keinen Überweisungsbeschluss in den Händen hält und wegen der Sperrwirkung des § 73 Abs. 1 S. 2 StGB auch nicht bekommen wird, ist eine

---

⁵⁰⁰ OLG Düsseldorf Beschl. v. 18.5.2005 – 3 Ws 129/05 – NStZ-RR 2005, 3454; LG Berlin Beschl. v. 9.12.2003 – 83 Js 316/02 – wistra 2004, 159. *Schmid/Winter* NStZ 2002, 8, 14, fordern daher de lege ferenda eine Verlängerung auf sechs Monate; auch KG Beschl. v. 5.4.2004 – 3 Ws 13/04 – StV 2004, 529.
⁵⁰¹ LG Berlin Beschl. v. 13.1.2004 – 505-9/03 – wistra 2004, 280.
⁵⁰² Zum Streitstand vgl. KK-StPO/*Nack* § 111 i Rdnr. 2; *Peglau* wistra 2002, 376, 377.
⁵⁰³ OLG Hamm Beschl. v. 25.1.2002 – 2 Ws 312/01 – wistra 2002, 234, 236; OLG Stuttgart Beschl. v. 5.7.2001 – 3 Ws 134/01 – Die Justiz 2002, 65 f.; KG Beschl. v. 5.4.2004 – 3 Ws 13/04 – StV 2004, 529; LG Berlin Beschl. v. 9.12.2003 Az 83 Js 316/02 wistra 2004, 159; KK-StPO/*Nack* § 111 i Rdnr. 2; *Schmid/Winter* NStZ 2002, 8, 11; *Peglau* wistra 2002, 376, 377; *Wallschläger* Verfallsvorschriften S. 184.
⁵⁰⁴ Argumentation wiedergegeben in OLG Hamm wistra 2002, 234, 235.
⁵⁰⁵ Ausf. zur Argumentation *Rönnau* StV 2003, 581, 586 f.; weiterhin *Berg* Beweiserleichterungen S. 20 mit Fn. 74; *Hellerbrand* wistra 2003, 201, 206; *Hees* Zurückgewinnungshilfe S. 198 ff.
⁵⁰⁶ *Löwe/Rosenberg/Schäfer* § 111 i Rdnr. 5 f.
⁵⁰⁷ *Löwe/Rosenberg/Schäfer* § 111 i Rdnr. 7 i.V.m. § 111 k Rdnr. 16.
⁵⁰⁸ S. nur KK-StPO/*Nack* § 111 i Rdnr. 7 m.w.N.
⁵⁰⁹ Näher *Rönnau* Vermögensabschöpfung Rdnr. 460.
⁵¹⁰ Vgl. auch *J. Müller* MschrKrim 2001, 244, 245; weiterhin *Kaiser*, FS Tröndle, S. 685, 695. Kaum vertretbar *Podolsky/Brenner* Vermögensabschöpfung S. 110 f., die § 983 BGB auf Forderungen analog anwenden wollen. Die §§ 965 ff. BGB stellen ein abschließendes Regelungssystem für den Sachfund dar.

Vollstreckung in die Vermögenswerte ausgeschlossen, obwohl deren unrechtmäßige Herkunft feststeht. Die Ermittlungsbehörden sind in dieser Situation häufig informellen Lösungen nicht abgeneigt. Für den Strafverteidiger bietet sich also die Chance, die Forderung seines Mandanten schon vor dem Urteilserlass im Gegenzug für einen u. U. beträchtlichen Strafrabatt freizugeben. Das wirtschaftliche Risiko dieser Lösung besteht allerdings darin, dass Geschädigte später noch ihre Ansprüche geltend machen und der Beschuldigte ggf. doppelt leisten muss.[511]

f) Herausgabe beweglicher Sachen an den Verletzten gem. § 111 k StPO. Sind Sachen zu Beweiszwecken oder für den Fall einer möglichen Einziehung oder eines Verfalls beschlagnahmt worden, muss nach Wegfall der Sicherstellungsvoraussetzungen darüber entschieden werden, was mit den Gegenständen zu geschehen hat, wenn der Berechtigte nicht auf deren Rückgabe verzichtet hat.[512] § 111 k StPO sieht hier für einfach gelagerte Fälle die Herausgabe beschlagnahmter oder sonst sichergestellter Sachen an den **Verletzten** vor, dem sie durch die Straftat entzogen worden sind.[513] Dagegen ist die Herausgabe an einen Dritten oder die Behandlung des Gegenstandes als Fundsache im Ermittlungsverfahren ungeregelt geblieben.[514] Ohne die **Sondernorm des § 111 k StPO** müssten die Gegenstände nach Erlöschen oder Aufhebung der Sicherstellung an den letzten Gewahrsamsinhaber zurückgegeben werden, weil – so der Grundsatz – im Wege der Rückabwicklung der Beschlagnahme der Zustand wiederhergestellt werden soll, der vorher bestand.[515] Die Rückgabe der Sachen an den Täter – und damit die Verweisung des Verletzten auf den Zivilrechtsweg – wird aber allgemein als untragbar empfunden, da sich der Staat in diesen Fällen an der Aufrechterhaltung des durch die Tat entstandenen rechtswidrigen Zustands beteiligen würde.[516] Die Entscheidung im Herausgabeverfahren nach § 111 k StPO erzeugt (vergleichbar der einstweiligen Verfügung des Zivilrechts) allerdings nur eine **vorläufige Besitzstandregelung**. Wer die Sache für sich beansprucht, muss seine Rechte ggf. auf dem Zivilrechtsweg verfolgen.[517] Nach dieser Sollvorschrift muss beim Vorliegen der Voraussetzungen die Herausgabe erfolgen, wenn der Besitz der Sache nicht allgemein verboten ist, wie der Besitz von Waffen, Sprengstoff oder Betäubungsmitteln ohne die erforderliche Genehmigung.[518]

Die Regelung des § 111 k StPO ist hinsichtlich ihrer Voraussetzungen und Reichweite **heftig umstritten** und immer wieder Gegenstand von Gerichtsentscheidungen.[519] Zumeist wird über Sachverhalte judiziert, in denen die Verfahrensbeteiligten oder auch Außenstehende auf Grund eines behaupteten besseren Rechts Herausgabe der beschlagnahmten Sache an sich verlangen – häufig geht es um Bargeld oder besonders werthaltige Sachen wie Schmuckstücke etc.[520] So berühmen sich etwa sowohl der Beschuldigte (als letzter Gewahrsamsinhaber) als auch der Straftatverletzte des Eigentums an der sichergestellten Sache; oder eine Bank, die sich als Sicherheit für einen Kredit das Eigentum an dem damit erworbenen Pkw übertragen

---

[511] Vgl. *Park* Durchsuchung Rdnr. 833.
[512] Den Verzicht behandeln ausf. *Ströber/Guckenbiehl* Rpfleger 1999, 115 ff.
[513] Die unter Verstoß gegen § 111 k StPO erfolgte Herausgabe eines sichergestellten Gegenstandes an einen Dritten kann eine entschädigungspflichtige Strafverfolgungsmaßnahme i.S.d. § 2 Abs. 1 StREG darstellen, OLG Jena Beschl. v. 6.1.2005 – 1 Ws 4/05 – NStZ-RR 2005, 125.
[514] *Hohendorf* NStZ 1986, 498, 499; *Löwe/Rosenberg/Schäfer* § 111 k Rdnr. 1; vgl. auch LG Kaiserslautern Beschl. v. 17.11.1994 – 5 Qs 187/94 – wistra 1995, 241, 242.
[515] BGHZ 72, 302, 304 = NJW 1979, 425 f.; OLG Köln Beschl. v. 18.2.2005 – 2 Ws 7/05 – NStZ-RR 2005, 239, 240: „actus contratius" zur Beschlagnahme; w. Nachw. bei *Löwe/Rosenberg/Schäfer* § 111 k Rdnr. 2; *Malitz* NStZ 2003, 61, 63; dazu gehört auch, dass die Sache an dem Ort zurückgegeben wird, an dem sie beschlagnahmt worden ist; eine analoge Anwendung des § 697 BGB scheidet aus, vgl. dazu *Damrau* NStZ 2003, 408, 409 f. m.w.N.
[516] Vgl. OLG Düsseldorf Beschl. v. 5.7.1983 – 4 Ws 256/83 – NStZ 1984, 567; KG Beschl. v. 21.1.1988 – 4 Ws 242/878 – JR 1988, 390; OLG Hamm Beschl. v. 10.1.1986 – 4 Ws 13/86 – NStZ 1986, 376; *Meyer-Goßner* § 111 k Rdnr. 1.
[517] Rechtsprechungsnachweise bei *Meyer-Goßner* § 111 k Rdnr. 1.
[518] *Meyer-Goßner* § 111 k Rdnr. 2.
[519] Einen guten Überblick gibt *Malitz* NStZ 2003, 61 ff., die wegen Erklärungsschwierigkeiten empfiehlt, die Vorschrift eng auszulegen und von ihr nur zurückhaltend Gebrauch zu machen (a.A. O., 63).
[520] Vgl. nur OLG Düsseldorf Beschl. v. 13.12.1989 – 2 Ws 582/89 – NStZ 1990, 202; OLG Celle Beschl. v. 21.12.2001 – 2 Ws 282/01; LG Berlin Beschl. v. 26.5.1993 – 504-6/92 – StV 1994, 179.

lässt, verlangt nach Kündigung des Darlehens wegen rückständiger Zahlungen die Herausgabe des sichergestellten Autos an sich ebenso wie ein Vertragspartner des Beschuldigten, der behauptet, gutgläubig Eigentum an dem unterschlagenen Kfz erworben zu haben.[521] Nicht selten tritt der Rechtsberater in Herausgabeverfahren gem. § 111 k StPO als Anspruchsteller auch in eigener Sache auf, da der Beschuldigte seinen (vermeintlichen) Anspruch auf Herausgabe des beschlagnahmten Geldes an ihn zum Ausgleich bestehender Honorarforderungen abgetreten hat.[522]

292 § 111 k StPO findet nur Anwendung auf bewegliche Sachen, die gem. § 94 StPO sichergestellt oder gem. § 111 c StPO zu Zwecken des § 111 b Abs. 1 StPO beschlagnahmt worden sind und sich noch in amtlichem Gewahrsam befinden. Die Vorschrift gilt nicht, wenn beschlagnahmtes Geld wegen Ungewissheit über die Person des Berechtigten von der Staatsanwaltschaft bereits hinterlegt worden ist.[523] Ob die Sache allerdings beim Beschuldigten selbst oder bei einem Hehler, Begünstiger oder sonst jemandem, auf den die Sache von ihm durch eine Straftat übergegangen ist, sichergestellt wird, ist unerheblich.[524] Streitig diskutiert wird aber, wie zu verfahren ist, wenn ein **unbeteiligter Dritter** die Sache zur Beweissicherung freiwillig an die Strafverfolgungsorgane übergibt und nunmehr die Herausgabe an sich verlangt. Da die Voraussetzungen des § 111 k StPO nicht erfüllt sind, greift nach einer – mittlerweile – Minderheitsansicht der durch § 111 k StPO überlagerte Grundsatz wieder ein, sodass die Sache an den letzten Gewahrsamsinhaber (hier den Dritten) herauszugeben ist. Vor der Herausgabe ist dem Verletzten allerdings Gelegenheit zu geben, seine Ansprüche vor den Zivilgerichten geltend zu machen.[525] Die h.M. spricht sich dagegen insbesondere mit Blick auf den Gedanken des Opferschutzes dafür aus, dem letzten Gewahrsamsinhaber das Prozessrisiko aufzubürden und ihm eine Frist zur zivilgerichtlichen Geltendmachung seiner Rechte zu setzen, nach deren Verstreichenlassen die Sache an den Verletzten herauszugeben sei.[526]

293 Die Herausgabe der beweglichen Sache gem. § 111 k StPO kann (logischerweise) nur an den **bekannten Verletzten** erfolgen. Verletzt in diesem Sinne ist die Person, der die Sachen durch die tatbestandsmäßige und rechtswidrige, nicht unbedingt schuldhafte Handlung unmittelbar entzogen wurden, sowie ihre Erben.[527] Eine Pflicht der Strafverfolgungsbehörden, nach dem Verletzten zu forschen, besteht nur in zumutbarem Umfang.[528]

294 Ist der **Verletzte unbekannt**, steht aber gleichzeitig nach Überzeugung des Gerichts zweifelsfrei fest, dass der letzte Gewahrsamsinhaber die Sache unrechtmäßig aus der Straftat oder aus irgendeiner anderen (nicht verfahrensgegenständlichen) Straftat[529] erhalten hat, eröffnet sich nach einer – hochproblematischen – gefestigten Rechtsprechung die Möglichkeit, die Gegenstände als Fundsachen gem. § 983 i.V.m. den §§ 979 ff., 372 ff. BGB öffentlich zu verstei-

---

[521] Sachverhalt nach LG Berlin Beschl. v. 5.7.1996 – 534 Qs 70/96 – NJW 1996, 2944.
[522] Vgl. BGH Beschl. v. 25.2.1985 – 1 StR 4/85 – NStZ 1985, 262; OLG Stuttgart Beschl. v. 6.11.1986 – 3 Ws 266/86 – NStZ 1987, 243; OLG Stuttgart Beschl. v. 1.9.1988 – 6 Ws 31/88 – NStZ 1989, 39; OLG Düsseldorf Beschl. v. 20.3.1995 – 1 Ws 135/95 – NJW 1995, 2239; OLG Düsseldorf Beschl. v. 13.12.1989 – 2 Ws 582/89 – NStZ 1990, 202. Zu beachten ist, dass bis zum Fortfall der Beschlagnahme ein wirksamen Abtretung das Verfügungsverbot gem. § 111 c Abs. 5 StPO i.V.m. den §§ 135, 136 BGB entgegensteht.
[523] OLG Stuttgart Beschl. v. 6.11.1986 – 3 Ws 266/86 – NStZ 1987, 243; *Meyer-Goßner* § 111 k Rdnr. 3.
[524] *Meyer-Goßner* § 111 k Rdnr. 3.
[525] OLG Frankfurt Beschl. v. 4.1.1972 – 3 Ws 418/71 – GA 1972, 212; Löwe/Rosenberg/*Schäfer* § 111 k Rdnr. 9; SK-StPO/*Rudolphi* § 111 k Rdnr. 2; *Malitz* NStZ 2003, 61, 64.
[526] OLG Stuttgart Beschl. v. 1.9.1988 – 6 Ws 31/88 – NStZ 1989, 39; LG Berlin Beschl. v. 14.6.1999 – 538 Qs 44/99 – NStZ 1999, 636; *Meyer-Goßner* § 111 k Rdnr. 3; KMR/*Mayer* § 111 k Rdnr. 11 m.w.N.; AK-StPO/*Achenbach* § 111 k Rdnr. 4.
[527] Allg. Meinung, vgl. *Meyer-Goßner* § 111 k Rdnr. 5. Sichergestelltes Bargeld kann nur dann an den Verletzten einer Straftat herausgegeben werden, wenn erwiesen ist, dass gerade dieses Bargeld unmittelbar durch die Straftat in den Besitz des Täters gelangt ist („Stoffgleichheit"). Das soll auch dann gelten, wenn aufgrund des Urteils feststeht, dass der Geschädigte durch die Straftat einen Mindestschaden erlitten hat, OLG Köln Beschl. v. 18.2.2005 – 2 Ws 7/05 – NStZ-RR 2005, 239.
[528] KMR/*Mayer* § 111 k Rdnr. 9.
[529] OLG Düsseldorf Beschl. v. 5.7.1983 – 4 Ws 256/83 – NStZ 1984, 567; OLG Hamm Beschl. v. 10.1.1986 – 4 Ws 13/86 – NStZ 1986, 376; KG Beschl. v. 21.1.1988 – 4 Ws 242/878 – JR 1988, 390; LG Berlin Beschl. v. 26.5.1993 – 504-6/92 – StV 1994, 179.

§ 12 Vermögensabschöpfung und Zurückgewinnungshilfe

gern.[530] Eine solche Verfahrensweise überzeugt nicht, da ihr Art. 6 Abs. 2 EMRK und der Satz vom Vorbehalt des Gesetzes, der eine Akzessorietät der Sicherstellung gegenüber der Anknüpfungstat fordert, entgegenstehen.[531] Nach dieser Rechtsprechung kommt eine Rückführung der Sache an den letzten Gewahrsamsinhaber (zumeist den Beschuldigten) nur in Betracht, wenn das Gericht nach dem ihm unterbreiteten Sachverhalt an der illegalen Herkunft der Sache zweifelt.[532] Hier bieten sich in geeigneten Fällen möglicherweise Ansatzpunkte für den Strafverteidiger. In der Praxis mag die Einführung des erweiterten Verfalls die Problematik entschärfen, da § 73 d Abs. 1 S. 1 StGB nur einen gelockerten Tatzusammenhang fordert.

Neuerdings scheint sich für das Problem der Rückgabe beschlagnahmter Sachen bei unbekannten Verletzten ein neuer Lösungsvorschlag abzuzeichnen. Die Verwaltungsgerichte Karlsruhe und Berlin halten nach Aufhebung der strafprozessualen Beschlagnahme eine gefahrenabwehrende Sicherstellung durch die Ordnungsbehörde bzw. durch Polizeivollzugsbeamte nach den Sicherheits- und Ordnungsgesetzen der Länder für zulässig,[533] wenn es gesichert erscheint, dass der letzte Gewahrsamsinhaber die Sache deliktisch erlangt und damit kein Recht zum Besitz hat. Die Sicherstellung erfolge zum einen, um die Begehung weiterer Straftaten mit der Sache zu verhindern und zum anderen zum Schutz des Eigentümers oder des rechtmäßigen Inhabers der tatsächlichen Gewalt.[534] Dieser Ansatz mag unter Praxis- und Gerechtigkeitsgesichtspunkten für sich haben, dass die präventiv-rechtlichen Sicherstellungsnormen anders als die StPO für den Fall des unbekannt bleibenden Berechtigten eine Verwertung der Sache erlauben und Vorschriften über den Verbleib des Verwertungserlöses bereitstellen. Kritisch ist allerdings anzumerken, dass durch eine derart verstandene „präventive Gewinnabschöpfung"[535] eine nicht nur vorläufig wirkende Gefahrenabwehr, sondern eine endgültige Vermögensabschöpfung bewirkt wird. Dies ist vor allem vor dem Hintergrund bedenklich, dass die gefahrabwehrenden Sicherstellungsvorschriften gerade wegen der nur vorläufigen Natur der gefahrabwehrenden Maßnahme erheblich geringere Voraussetzungen an die Sicherstellung knüpfen als das StGB. Viel spricht daher dafür, die Vorschriften der §§ 73 ff. StGB als abschließende Sonderregelungen anzusehen und die präventiv-polizeilichen Sicherstellungsvorschriften nicht anzuwenden.

Da § 111 k StPO den vorläufigen Besitzstand regeln, nicht aber Schadensersatz gewähren will, fallen Surrogate, die an die Stelle entzogener Sachen getreten sind, nach herrschender Ansicht nicht unter die Bestimmung,[536] so etwa das nach der Entwendung umgewechselte Geld oder das nach der Vermischung mit gestohlenem Geld entstandene Miteigentum.[537]

Als Herausgabesperre wirken nach § 111 k StPO (dingliche und schuldrechtliche) **Ansprüche Dritter**, die für den Anspruchsteller ein **Recht zum Besitz** der Sache begründen; hierzu rechnen auch Ansprüche des Beschuldigten, der behauptet, unabhängig von der Straftat einen Anspruch auf Besitz an der Sache zu haben, z.B. auf Grund einer nachträglich erworbenen Eigentümerstellung.[538] Dabei müssen die Ansprüche nicht feststehen; es genügt für den Aus-

---

[530] BGH Beschl. v. 5.3.1984 – 1 StR 819/83 – NStZ 1984, 409, 410; BGHR StGB § 73 Tatbeute 1, Anspruch 2; OLG Celle Beschl. v. 21.12.2001 – 2 Ws 282/01; OLG Düsseldorf Beschl. v. 5.7.1983 – 4 Ws 256/83 – NStZ 1984, 567; OLG Celle Beschl. v. 21.2.2001 – 2 Ws 282/01; KG Beschl. v. 21.1.1988 – 4 Ws 242/878 – JR 1988, 390, 391; zust. etwa KK-StPO/*Nack* § 111 k Rdnr. 5; KMR/*Mayer* § 111 k Rdnr. 9; vgl. auch RiStBV Nr. 75 Abs. 5; krit. zur RiStBV als Ermächtigungsgrundlage *Löffler* NJW 1991, 1705; *Schmitt*, GedS Noll, S. 295, 301; s.a. OLG Düsseldorf Beschl. v. 13.12.1989 – 2 Ws 582/89 – NStZ 1990, 202 (Rechtswidrigkeit von RiStBV Nr. 75 Abs. 4); LG Hamburg Beschl. v. 30.12.1994 – 615 Qs 76/94 – MDR 1995, 625 (Rechtswidrigkeit von RiStBV Nr. 75 Abs. 3).
[531] Überzeugend *Gropp* NStZ 1984, 568 f.; AK-StPO/*Achenbach* § 111 k Rdnr. 6; *Dessecker* Gewinnabschöpfung S. 36.
[532] LG Berlin Beschl. v. 26.5.1993 – 504-6/92 – StV 1994, 179.
[533] In Hamburg etwa § 14 SOG.
[534] VG Karlsruhe Urt. v. 10.5.2001 – 9 K 2018/99; VG Berlin Urt. v. 2.2.2000 – VG 1 A 173.98 (beide rechtskräftig). Eingehend dazu *Hunsicker* Kriminalistik 2003, 234, 236 f. und – monografisch – *ders.*, Präventive Gewinnabschöpfung in Theorie und Praxis (2004).
[535] Formulierung von *Hunsicker* Kriminalistik 2003, 234.
[536] Löwe/Rosenberg/*Schäfer* § 111 k Rdnr. 11; *Meyer-Goßner* § 111 k Rdnr. 7, jeweils m.w.N.; a.A. OLG Schleswig Beschl. v. 21.9.1993 – 1 Ws 283/93 – NStZ 1994, 99; KK-StPO/*Nack* § 111 k Rdnr. 4.
[537] LG Mainz Beschl. v. 29.4.1983 – 2 Js 21002/81 – 5 KLs MDR 1983, 954.
[538] Vgl. *Meyer-Goßner* § 111 k Rdnr. 8 m.w.N.

schluss der Herausgabe, dass die Rechtslage zweifelhaft ist.[539] Dahin gehende Nachforschungen sieht das Gesetz allerdings nicht vor. Dagegen kann eine **Herausgabe** der amtlich verwahrten Sache **an den Dritten** auch bei offensichtlich begründeten Ansprüchen nicht auf § 111 k StPO gestützt werden; denn diese Regelung trifft eine Aussage über konkurrierende Herausgabeansprüche nur im Verhältnis zwischen dem letzten Gewahrsamsinhaber und dem Verletzten.[540] Der anders lautende Nr. 75 Abs. 4 S. 1 RiStBV kann als bloße Verwaltungsanordnung nichts Abweichendes regeln und ist insoweit rechtswidrig.[541] Dieser Befund schließt es jedoch nicht aus, dem Dritten eine Frist zur gerichtlichen Geltendmachung seines Anspruchs (etwa durch einstweilige Verfügung) zu setzen. Bringt der Dritte innerhalb der Frist keinen Titel bei, stehen die von ihm geltend gemachten Ansprüche einer Anwendung des § 111 k StPO nicht mehr entgegen und die Sache kann dem Verletzten herausgegeben werden[542] (vgl. Nr. 75 Abs. 4 S. 2 und 3 RiStBV). Davon unabhängig entfällt das der Herausgabe entgegenstehende Hindernis, wenn der Dritte mit der Herausgabe an den Verletzten einverstanden ist oder sich der Verletzte zur Herausgabe an den Dritten bereiterklärt.[543]

298   Schließlich dürfen Zwecke des Strafverfahrens der Rückgabe der Sache an den Verletzten nicht entgegenstehen. Angesichts der möglichen Doppelrelevanz der Beschlagnahme nach § 94 Abs. 2 StPO und den §§ 111 b Abs. 1, 111 c StPO ist vor der Herausgabe eines nicht mehr benötigten Beweisstückes zu prüfen, ob nicht ein Sicherstellungsbedürfnis für die Vollstreckungssicherung nach § 111 b StPO (einschließlich § 111 b Abs. 5 StPO, worauf der Berater des Verletzten achten sollte) besteht und umgekehrt.[544] Diese Entscheidung trifft unstreitig das Organ, dem nach dem Verfahrensstand die Verfahrensherrschaft zukommt.[545]

299   Über die **Zuständigkeit für die Anordnung der Herausgabe** (insbesondere im Ermittlungsverfahren) herrscht großer Streit.[546] Das Gesetz lässt die Frage ungeregelt. Nach einem Teil der Rechtsprechung[547] und nahezu der gesamten Schrifttum[548] hat ein **Gericht** – auch nach Rechtskraft des Urteils – die Herausgabe zu beschließen, gleichgültig von wem und in welchem Verfahrensstadium die Beschlagnahme angeordnet worden ist. Der Eingriff in die Besitzposition des letzten Gewahrsamsinhabers, sei sie auch unrechtmäßig erlangt, erfordere eine richterliche Legitimation. Dagegen plädieren zahlreiche Landgerichte[549] und jüngst auch das OLG Stuttgart[550] in ihren Beschwerdeentscheidungen im Herausgabeverfahren gem. § 111 k StPO für eine **Entscheidungskompetenz der Staatsanwaltschaft**. Für diese Ansicht streiten die besseren Argumente.

---

[539] Allg. Ansicht, vgl. nur OLG Koblenz Beschl. v. 23.3.1984 – 1 Ws 241/84 – MDR 1984, 774; *Meyer-Goßner* § 111 k Rdnr. 8.

[540] AK-StPO/*Achenbach* § 111 k Rdnr. 11; eingehende Behandlung verschiedener Fallgruppen bei *Malitz* NStZ 2003, 61, 64.

[541] OLG Düsseldorf Beschl. v. 13.12.1989 – 2 Ws 582/89 – NStZ 1990, 202.

[542] Überwiegende Meinung, vgl. nur LG Berlin Beschl. v. 14.6.1999 – 538 Qs 44/99 NStZ 1999, 636 f.: angemessene Frist für eine Klageerhebung ein Monat, bei Auslandsbezug zwei Monate; *Meyer-Goßner* § 111 k Rdnr. 8 m.w.N.; gegen dieses Verfahren OLG Düsseldorf Beschl. v. 13.12.1989 – 2 Ws 582/89 – NStZ 1990, 202.

[543] KMR/*Müller* (Stand Okt. 2002) § 111 k Rdnr. 9; eine Rangfolge der Empfänger entwickelt *Gropp* NStZ 1989, 337.

[544] AK-StPO/*Achenbach* § 111 k Rdnr. 12 m.w.N.

[545] KMR/*Mayer* § 111 k Rdnr. 13 f.

[546] Ausf. *Malitz* NStZ 2003, 61, 62, 65 f.; Löwe/Rosenberg/*Schäfer* § 111 k Rdnr. 21 f. Einem Bedürfnis der Praxis entspr. stellt der Entwurf der Bundesregierung v. Feb. 2006 (BT-Drucks. 16/700) in § 111 k S. 2 StPO-E klar, dass die Staatsanwaltschaft bei der Herausgabe sichergestellter beweglicher Sachen an den Verletzten schon im Ermittlungsverfahren in Zweifelsfällen das Gericht anrufen kann.

[547] OLG Koblenz Beschl. v. 23.3.1984 – 1 Ws 241/84 – GA 1984, 376; OLG Hamm Beschl. v. 10.1.1986 – 4 Ws 13/86 – NStZ 1986, 376; LG Berlin Beschl. v. 14.6.1999 – 538 Qs 44/99 – NStZ 1999, 636.

[548] Statt vieler *Meyer-Goßner* § 111 k Rdnr. 9; Löwe/Rosenberg/*Schäfer* § 111 k Rdnr. 3, 19 m.w.N. zur älteren Rspr. und Lit.

[549] LG Berlin Beschl. v. 25.1.1994 – 501 Qs 3/94 – NStZ 1994, 400; LG Hamburg Beschl. v. 30.12.1994 – 615 Qs 76/94 – MDR 1995, 625; LG Mannheim Beschl. v. 29.10.1997 – 25 AR 9/97 – NStZ-RR 1998, 113. Staatsanwaltschaft zust. jedenfalls im Ermittlungsverfahren bei nichtrichterlicher Beschlagnahme: LG Kaiserslautern Beschl. v. 17.11.1994 – 5 Qs 187/94 – wistra 1995, 241; LG Kiel Beschl. v. 8.2.1999 – 32 Qs 7/99 – SchlHA 1999, 174.

[550] OLG Stuttgart Beschl. v. 27.8.2001 – 2 Ws 165/2001 – wistra 2002, 38; zust. OLG Frankfurt/M. Beschl. v. 10.10.2005 – 3 Ws 860/05 – NStZ-RR 2006, 39, 42.

So sprechen für eine Herausgabeverfügung durch die Staatsanwaltschaft neben verfahrens- 300 ökonomischen Gründen und der Tatsache, dass die Staatsanwaltschaft als „Herrin des Vorverfahrens" allumfassend die Ermittlungen leitet, vor allem, dass auch der Richter ebenso wie die Staatsanwaltschaft nur nach Aktenlage ohne Beweisaufnahme entscheidet, sodass in zivilrechtlicher Hinsicht bei der Anspruchsfeststellung beim Strafrichter kein Sonderwissen vorhanden ist. In problematischen Fällen bleibt auch ihm nur die Möglichkeit der Hinterlegung.[551] Zudem hat auch die Staatsanwaltschaft etwa gem. den §§ 81 b, 111 l StPO Befugnisse, die tief in Rechtsposition des Beschuldigten oder Dritten eingreifen.[552] Nr. 75 Abs. 3 RiStBV kann hier nicht fruchtbar gemacht werden, da er die richterliche Zuständigkeit nicht zu begründen vermag.[553]

Antragsteller müssen angesichts des skizzierten Zuständigkeitsstreits damit rechnen, dass 301 ihr Herausgabebegehren je nach Gerichtsort „zuständigkeitshalber" an die Staatsanwaltschaft bzw. das Gericht weitergeleitet oder gar als unzulässig – mit der entsprechenden Kostenfolge – abgelehnt wird. Der Gesetzgeber sollte hier schnell für Klarheit sorgen.

Setzt sich die Ansicht durch, nach der die Entscheidungskompetenz der Staatsanwaltschaft 302 zusteht, ist bei belastenden Entscheidungen nach wohl überwiegender Meinung für Ansprüche aus öffentlich-rechtlicher Verwahrung der Zivilrechtsweg gegeben.[554] Dagegen ist die Beschwerde gem. § 304 StPO der richtige Rechtsbehelf, wenn die Herausgabeentscheidung durch gerichtlichen Beschluss erfolgt.

3. Verfahrensrechtliche Einzelfragen beim Verfall

a) **Die Beschlagnahme doppelrelevanter Sachen gem. den §§ 94 ff., 111 b ff. StPO** Ist eine 303 Sache sowohl Beweismittel als auch möglicher Verfalls- oder Einziehungsgegenstand (bzw. für die Befriedigung von Ansprüchen Tatgeschädigter von Interesse, § 111 b Abs. 5 StPO), ist es grundsätzlich geboten, sie zu dem doppelten Zweck der Verfahrens- und der Vollstreckungssicherung zu beschlagnahmen.[555]

Beispiel:
Ein mutmaßlich gestohlener Porsche oder das Tatwerkzeug wird sowohl als Beweismittel als auch zum 304 Zwecke der Zurückgewinnungshilfe bzw. der späteren Einziehung sichergestellt.

Angesichts der Unterschiede der §§ 94 ff. und 111 b ff. StPO in Voraussetzungen und 305 Rechtsfolgen und der sich nur z. T. überschneidenden Anwendungsbereiche verbietet sich die Annahme der Spezialität oder Subsidiarität eines der beiden Verfahren ebenso wie die Anwendung des Prioritätsprinzips. Vielmehr erfordert nach zutreffender Ansicht eine Beschlagnahme, die gleichzeitig beiden Zwecken dienen soll, dass auch die formellen und inhaltlichen Voraussetzungen beider Sicherungsmaßnahmen nebeneinander vorliegen müssen.[556] Eine Erweiterung des Beschlagnahmezweckes bedarf daher einer erneuten, gesondert anfechtbaren Sicherstellungsanordnung unter Beachtung der in den dann einschlägigen Normen vorgesehenen Zuständigkeit und Form.[557] Daraus folgt z.B., dass anders als bei der Beweismittelbeschlagnahme nach den §§ 94, 98 StPO Ermittlungspersonen der Staatsanwaltschaft, die die Beschlagnahme anordnen und selbst ausführen, zur Herbeiführung des Veräußerungsverbots gem. § 111 c Abs. 5 StPO dem Betroffenen erklären und aktenkundig machen müssen, dass die Sache nach

---

[551] LG Kiel Beschl. v. 8.2.1999 – 32 Qs 7/99 – SchlHA 1999, 132; näher *Hohendorf* NStZ 1986, 498, 501; *Löffler* NJW 1991, 1705, 1710.
[552] Zur Argumentation s. OLG Stuttgart Beschl. v. 27.8.2001 – 2 Ws 165/2001 – wistra 2002, 38; LG Kaiserslautern Beschl. v. 17.11.1994 – 5 Qs 187/94 – wistra 1995, 241 f.; LG Kiel Beschl. v. 8.2.1999 – 32 Qs 7/99 – SchlHA 1999, 132.
[553] LG Hamburg Beschl. v. 30.12.1994 – 615 Qs 76/94 – MDR 1995, 625; *Meyer-Goßner* § 111 k Rdnr. 9 – wenn auch mit anderer Begr.
[554] OLG Stuttgart Beschl. v. 27.8.2001 – 2 Ws 165/2001 – wistra 2002, 38, 39 (m.w.N. auch zu den Gegenansichten); ebenso OLG Frankfurt/M. Beschl. v. 10.10.2005 – 3 Ws 860/05 – NStZ-RR 2006, 39, 42.
[555] Instruktiv *Achenbach* NJW 1976, 1068, 1069; AK-StPO/*Achenbach* § 111 e Rdnr. 19.
[556] *Achenbach* NJW 1976, 1068, 1070; a.A. *Meyer-Goßner* § 94 Rdnr. 2.
[557] *Achenbach* NJW 1976, 1068, 1071; *ders.* NJW 1982, 2809.

den §§ 111 b ff. StPO beschlagnahmt wird.[558] Davon macht die Rechtsprechung eine Ausnahme, wenn der „Sicherungszweck auf der Hand liegt".[559] Verbreitet wird es auch nicht für erforderlich gehalten, den Betroffenen über das Verfügungsgebot gem. § 111 c Abs. 5 StPO zu belehren.[560] Ein Akteneinsichtsrecht gem. § 147 StPO steht dem Verteidiger nach allgemeiner Ansicht nur zu, wenn eine Beschlagnahme gem. § 94 StPO angeordnet wurde.[561] Anderes muss dagegen gelten, wenn der Tatverletzte Akteneinsicht fordert. Hier sieht zumindest § 406 e StPO ein Akteneinsichtsrecht des Opferanwalts vor, soweit er ein berechtigtes Interesse darlegt – das dürfte mit der beabsichtigten Geltendmachung von Ausgleichsansprüchen gegenüber dem (vermeintlichen) Täter regelmäßig zu bejahen sein – und keine Versagungsgründe gem. § 406 e Abs. 2 StPO bestehen.[562]

306 Das Vorliegen der Sicherstellungsvoraussetzung ist nicht nur **ex officio** von den Justizorganen, sondern auch vom Strafverteidiger fortlaufend kritisch zu überprüfen. Werden etwa amtlich verwahrte Gegenstände zu Beweiszwecken nicht mehr benötigt, lässt sich die Aufrechterhaltung der Vollstreckungssicherung nach sechs, spätestens nach neun Monaten nur rechtfertigen, wenn dringende Gründe i.S.d. § 111 b Abs. 3 StPO vorhanden sind und ein Sicherstellungsbedürfnis besteht. Ist die Sache nur als Beweismittel beschlagnahmt worden, ist aus der Sicht eines Opferanwalts zu berücksichtigen, dass nach Fortfall der Beschlagnahmegründe i.S.d. § 94 StPO die sichergestellten Sachen u. U. freigegeben werden. Er hat also zumindest zu erwägen, ob nicht durch eigene zivilgerichtliche Eilmaßnahmen oder die Anregung einer Zurückgewinnungshilfe die Gegenstände als Vollstreckungsgrundlage für seinen Mandanten gesichert bleiben können.

307 **b) Zum Konkurrenzverhältnis strafprozessualer und insolvenzrechtlicher Beschlagnahmen.** Die Frage, wie (Vermögens-)Beschlagnahme- und Ausschüttungskonkurrenzen bei parallellaufenden Straf- und Insolvenzverfahren zu behandeln sind, ist in Literatur und Rechtsprechung bislang wenig erörtert worden.[563] Sie hat in der Praxis durchaus Bedeutung, wie sich etwa aus nachfolgendem *Beispiel*[564] ergibt:

308 Im Rahmen eines gegen den Beschuldigten eingeleiteten Strafverfahrens wegen Kapitalanlagebetruges werden auf der Grundlage eines richterlichen Beschlusses neben dessen Geschäftsunterlagen auch Bargeld, hochwertiger Schmuck sowie Guthaben auf verschiedenen Bankkonten beschlagnahmt. Anschließend wird von einem der Tatgeschädigten Antrag auf Eröffnung des Insolvenzverfahrens über das Vermögen des Beschuldigten gestellt. Da die Eröffnung des Insolvenzverfahrens gem. § 26 Abs. 1 InsO wesentlich davon abhängt, dass die Masse zur Deckung der Verfahrenskosten (§ 54 InsO) ausreicht, ist es für den vom Gericht beauftragten Sachverständigen – zumeist ein vorläufiger Insolvenzverwalter (vgl. §§ 21, 22 InsO) – von höchstem Interesse, ob in einem nachfolgenden Insolvenzverfahren von den Strafverfolgungsbehörden neben den Geschäftsunterlagen auch die sichergestellten Vermögenswerte zugunsten der Insolvenzmasse herausverlangt werden können oder sowohl bei der Entscheidung über die Verfahrenseröffnung als auch in einem ggf. nachfolgenden insolvenzrechtlichen Verteilungsverfahren unberücksichtigt bleiben müssen.

---

[558] *Meyer-Goßner* § 111 e Rdnr. 4; *Achenbach* NJW 1982, 2809; AK-StPO/*Achenbach* § 111 e Rdnr. 5 zur Frage, ob die beweissichernde Beschlagnahme in Fällen des § 98 Abs. 2 S. 1 StPO wegen der gleichzeitigen Anwendbarkeit von § 111 e Abs. 2 S. 2 StPO keiner gerichtlichen Bestätigung bedarf.
[559] BGH Beschl. v. 25.2.1985 – 1 StE-4/85 – NStZ 1985, 262; OLG Frankfurt Beschl. v. 17.7.1996 – 3 Ws 541/96 – NStZ-RR 1996, 301, 302; zu weitgehend LG Frankfurt Beschl. v. 26.10.1981 – 5/10 Qs 76/81 – NJW 1982, 897.
[560] *Meyer-Goßner* § 111 e Rdnr. 4; a.A. *Achenbach* NJW 1982, 2809.
[561] KK-StPO/*Nack* § 94 Rdnr. 2 m.w.N.
[562] Vgl. auch *Schmid/Winter* NStZ 2002, 8, 14.
[563] Ausf. *Breuer* KTS 1995, 1 ff.; *Schäfer* KTS 1991, 23 ff.; *ders.* wistra 1985, 209 f.; *Malitz* NStZ 2000, 337, 341 f.; *Hees/Albeck* ZIP 2000, 871, 875 ff.; *Haarmeyer* Beschlagnahme Rdnr. 4 ff. (schwerpunktmäßig zum Verhältnis der §§ 94 ff. StPO und Insolvenzbeschlag); *Kiethe/Groeschke/Hohmann*, ZIP 2003, 185 ff.; *Hees* ZIP 2004, 298 ff.; aus der Rechtspr. OLG Frankfurt Beschl. v. 27.4.2000 – 26 W 169/99 – S. 5; OLG Stuttgart Urt. v. 25.4.1984 – 1 U 41/84 – wistra 1984, 240; OLG Koblenz Beschl. v. 26.2.1985 – 2 VAs 22/84 – ZIP 1985, 565, 569; aus dem insolvenzrechtlichen Schrifttum *Smid* InsO § 148 Rdnr. 9.
[564] Bsp. nach *Breuer* KTS 1995, 1; vgl. aus der Praxis in jüngerer Zeit nur LG Mannheim Urt. v. 18.12.2001 – 22 KLs 628 Js 10855/01 – „FlowTex" (rechtskräftig); auch *Kiethe/Groeschke/Hohmann* ZIP 2003, 185, 188.

In der Sache geht es darum, ob die insolvenzrechtliche Beschlagnahme und das Insolvenz- 309 verfahren **absoluten Vorrang** vor dem Verteilungsverfahren nach der StPO haben. Das Gesetz hat diese Konkurrenzfrage nicht ausdrücklich geregelt. Antworten lassen sich weitgehend aus insolvenzrechtlichen Vorschriften erschließen; es bleiben jedoch Unsicherheiten.

Voranzustellen ist zunächst, dass konkurrierende Beschlagnahmen überhaupt nur hinsicht- 310 lich des von § 35 InsO umfassten Schuldnervermögens auftreten könnten. In die Insolvenzmasse fallen danach nur die Vermögenswerte, die dem Schuldner zur Zeit der Eröffnung des Verfahrens gehören bzw. die er während des Verfahrens erlangt. Damit bleiben etwa die Rechte des **aussonderungsberechtigten Eigentümers** (vgl. §§ 47, 48 InsO) von – im Wege der Zurückgewinnungshilfe – sichergestellltem Diebesgut durch die qua Eröffnungsbeschluss bewirkte[565] Insolvenzbeschlagnahme unberührt.

Von zentraler Bedeutung für die Behandlung des Konkurrenzverhältnisses ist es, ob das 311 Insolvenzgericht das Insolvenzverfahren eröffnet. Kommt es zur **Eröffnung des Insolvenzverfahrens**, greifen die Mechanismen, die die Insolvenzordnung zum Schutz der Insolvenzmasse vorsieht. So bestimmt § 80 Abs. 2 S. 1 InsO, dass gegen den Schuldner bestehende Veräußerungsverbote der in den §§ 135, 136 BGB bezeichneten Art im Insolvenzverfahren keine Wirkung entfalten. Durch diese Regelung wird nach ganz h.M. auch eine Vermögensbeschlagnahme gem. den §§ 111 b Abs. 1, 111 c StPO erfasst, die – unabhängig von dem mit der Vollstreckungssicherung verfolgten Ziel – ausweislich der gesetzlichen Verweisung in § 111 c Abs. 5 StPO auf § 136 BGB ein relatives Veräußerungsverbot auslöst.[566] **Damit verliert die strafprozessuale Beschlagnahme gegenüber den Insolvenzgläubigern ihre Wirkung und die sichergestellten Vermögenswerte werden für die Masse frei.** Der Insolvenzverwalter kann nunmehr von der Ermittlungsbehörde deren Freigabe bzw. Herausgabe verlangen.[567] Tatgeschädigte werden wie „normale" Insolvenzgläubiger behandelt, müssen also ihre Ansprüche gegenüber dem Insolvenzverwalter anmelden und können – mit etwas Glück – im Insolvenzverfahren einen Teil ihrer Ansprüche realisieren.

Unklar bleibt allerdings, inwieweit der Justizfiskus nach Herausgabe der beschlagnahmten Vermögens- 312 werte Ansprüche beim Insolvenzverwalter anmelden kann (§ 28 InsO). § 39 Abs. 1 Nr. 3 InsO behandelt den Staat als Inhaber eines Anspruchs auf Wertersatzverfall (§ 73 a StGB) als nachrangigen Insolvenzgläubiger.[568] In diese Position wird er aber wohl nur einrücken können, wenn der **Wertersatzverfall rechtskräftig angeordnet** wurde, da vorher die Forderung ungewiss ist.[569] Bei vielen Strafprozessen wird der Staat daher angesichts abgelaufener Fristen betreffend die Anmeldung zur Tabelle (§ 28 Abs. 1 InsO) mit seinen Forderungen ausfallen. Ob, wann und in welcher Form gem. § 73 StGB für verfallen zu erklärende Vermögensgegenstände im Insolvenzverfahren zu berücksichtigen sind, ist völlig dunkel.[570] Die Problematik ist allerdings für die Praxis wenig bedeutsam, da nachrangige Insolvenzforderungen wirtschaftlich zumeist ohnehin vollkommen wertlos sind.

Die vorstehenden Ausführungen gelten grundsätzlich auch für den Fall, dass Straftatgeschä- 313 digte im Rahmen einer vollstreckungssichernden Beschlagnahme gem. den §§ 111 b ff. StPO Pfändungsakte in das beschlagnahmte Vermögen ausbringen und die strafrichterliche Zulassung gem. § 111 g Abs. 2 StPO erwirken. Zwar bleiben gem. § 80 Abs. 2 S. 2 InsO die Vorschriften über die Wirkung einer Pfändung oder einer Beschlagnahme im Wege der Zwangs-

---

[565] Statt vieler *Bork* Insolvenzrecht Rdnr. 115 m.w.N.
[566] Vgl. nur FK-InsO/*App* § 80 Rdnr. 27; Kübler/Prütting/*Lüke* InsO (10. Lfg. 8/01) § 80 Rdnr. 73 mit Fn. 161; Jaeger/Henckel/*Henckel* KO § 13 Rdnr. 4; OLG Bremen Urt. v. 28.3.1951 – Ss 1/51 – NJW 1951, 675; a.A. MünchKommInsO/*Ott* § 80 Rdnr. 154; Nerlich/Römermann/*Wittkowski* InsO § 80 Rdnr. 179: absolutes insolvenzfestes Veräußerungsverbot; dagegen begründen die §§ 94 ff., 290 ff., 443 StPO nach ganz h.M. ein absolutes Veräußerungsverbot, statt vieler Kübler/Prütting/*Lüke* InsO § 80 Rdnr. 73.
[567] *Breuer* KTS 1995, 1, 3 f.; *Schäfer* KTS 1991, 23, 24; *Haarmeyer* Beschlagnahme Rdnr. 134; *Malitz* NStZ 2002, 337, 341; *dies.* NStZ 2003, 61, 66; *Moldenhauer/Momsen* wistra 2001, 456, 458; *Hees* ZIP 2004, 298, 299.
[568] KG Beschl. v. 6.7.2005 – 5 Ws 299-307, 344/05 – NJW 2005, 3734, 3735.
[569] So auch *Dahl* EwiR § 15 KO 1/03, 833.
[570] *Goos* wistra 2001, 313, 315 f., folgert aus der Nichterwähnung des einfachen Verfalls in § 39 Abs. 1 Nr. 3 InsO, dass dessen Durchsetzung durch die Vorschriften der Insolvenzordnung nicht gehindert wird; i.E. ebenso OLG Schleswig Urt. v. 22.1.2001 – 2 Ss 342/00 – wistra 2001, 312 f.

vollstreckung von der Regelung in § 80 Abs. 2 S. 1 InsO unberührt. Zu prüfen ist in diesen Fällen jedoch, ob nicht die **Rückschlagsperre gem. § 88 InsO** eingreift oder die Rechtshandlung nach den §§ 129 ff. InsO anfechtbar ist.[571] Gem. § 88 InsO sind durch Zwangsvollstreckung (insbes. Pfändung) erlangte Sicherungen an dem zur Insolvenzmasse gehörenden Schuldnervermögen mit der Eröffnung des Verfahrens unwirksam, wenn die Zwangsvollstreckung **im letzten Monat vor dem Antrag auf Eröffnung des Insolvenzverfahrens oder nach diesem Antrag – also während des sog. Eröffnungsverfahrens – erfolgt** ist. Während des eröffneten Verfahrens verhindern die Vollstreckungsverbote der §§ 89, 90 InsO einen Zugriff der Gläubiger auf das beschlagnahmte Vermögen.[572]

314 Aus den vorstehenden, auf einen effektiven Masseschutz zielenden Normen der InsO ergibt sich, dass allein Zwangsvollstreckungen und Arrestvollziehungen, die noch vor der Monatsfrist des § 88 InsO in das Vermögen des Beschuldigten erfolgt sind, wirksam bleiben und zu einem **Absonderungsrecht** des Gläubigers führen. Aber selbst diese vermeintlich insolvenzfest erlangten Pfandrechte stehen noch unter dem Vorbehalt, dass sie nicht vom Insolvenzverwalter gem. § 131 Abs. 1 Nr. 2 oder 3 InsO angefochten werden.[573]

315 Die **Rückwirkungsfiktion des § 111 g Abs. 3 S. 1 StPO** kann dem Gläubiger kein zur Absonderung berechtigendes Pfändungspfandrecht verschaffen, da sich diese Norm schon nach ihrem Wortlaut nur auf das Veräußerungsverbot, nicht aber auf den Pfändungsakt des Gläubigers bezieht.[574] Viel spricht allerdings dafür, die absonderungsberechtigten Gläubiger, die vor der Monatsfrist des § 88 InsO die Zwangsvollstreckung bzw. die Arrestvollziehung betrieben haben, im eröffneten Insolvenzverfahren von den Wirkungen des Zulassungsbeschlusses nach § 111 g StPO in der Weise profitieren zu lassen, dass sie ihre privilegierende Stellung gegenüber sonstigen absonderungsberechtigten Gläubigern, deren Ansprüche nicht aus der Straftat erwachsen sind, behalten.[575]

316 Die Insolvenzbeschlagnahme setzt sich bei einem eröffneten Insolvenzverfahren auch gegenüber dem **dinglichen Arrest** durch. Das Insolvenzverfahren als Gesamtvollstreckung verdrängt die Einzelvollstreckung (§ 89 InsO) und damit auch den Arrest.[576] Zwar ist der Staat in Fällen der Vermögensabschöpfung häufig kein Insolvenzgläubiger; denn der Anspruch auf Wertersatz (§ 73 a StGB) entsteht erst mit der Anordnung im Urteil[577] und damit vielfach erst nach Verfahrenseröffnung. Das Vollstreckungsverbot des § 89 InsO gilt aber auch für „Neugläubiger" oder „Nachinsolvenzgläubiger", weil es sämtliche Forderungen persönlicher Gläubiger des Schuldners i.S.v. §§ 38, 39 InsO betrifft, so dass nach dem Regelungszweck der §§ 35, 38 InsO auch die nachrangigen Insolvenzgläubiger und die „Neugläubiger" nicht vollstrecken dürfen.[578] Die Eröffnung des Insolvenzverfahrens über das Vermögen des Schuldners führt nur dann nicht zur Aufhebung des Arrests, wenn der Gläubiger durch dessen Vollzug bereits Sicherheiten erlangt hat, für die ihm ein Absonderungsrecht zusteht.[579] Damit sind vor der Rückschlagsperrfrist des

---

[571] LG Neubrandenburg Beschl. v. 26.10.2000 – 1 Qs 164/00 – ZInsO 2000, 676; *Braun* InsO § 80 Rdnr. 39; Breutigam/Blersch/Goetsch/*Blersch/v. Olshausen* InsO § 80 Rdnr. 29.
[572] *Uhlenbruck* wistra 1996, 1, 7; *Hees/Albeck* ZIP 2000, 871, 875; dort auch zu Sicherungsmaßnahmen während des Eröffnungsverfahrens gem. § 21 Abs. 2 Nr. 2, 3 InsO.
[573] Näher *Hees/Albeck* ZIP 2000, 871, 875 f. m.w.N.; *Hees* ZIP 2004, 298, 304.
[574] Zur w. Begr. *Breuer* KTS 1995, 1, 12 ff.; *Hees/Albeck* ZIP 2000, 871, 876; a.A. *Kiethe/Groeschke/Hohmann* ZIP 2003, 185, 190 f., für den Fall, dass der Pfändungsakt zwischen Antrag auf Eröffnung des Insolvenzverfahrens und der Eröffnung selbst vorgenommen wird.
[575] Ausf. *Hees/Albeck* ZIP 2000, 871, 876 f.; *Hees* ZIP 2004, 298, 301 f.; für Qualifizierung der Verletztenansprüche als „einfache" Insolvenzforderungen LG Stuttgart Beschl. v. 1.12.2004 – 6 Qs 83/04 S. 7.
[576] KG Beschl. v. 6.7.2005 – 5 Ws 299-307, 334/05 – NJW 2005, 3734 (gegen die Vorinstanz LG Berlin Beschl. v. 8.3.2005 – 505-11/04, wonach ein eröffnetes Insolvenzverfahren strafprozessualen vermögenssichernden Maßnahmen nicht entgegenstehe, wenn Tatsachen die Annahme nahelegen, dass der Beschuldigte und Schuldner dem Insolvenzverfahren bestimmte Vermögensgegenstände vorenthalten hat); LG Stuttgart Beschl. v. 1.12.2004 – 6 Qs 83/04 S. 5.
[577] *Tröndle/Fischer* § 73 a Rdnr. 8.
[578] KG Beschl. v. 6.7.2005 – 5 Ws 299-307, 334/05 – NJW 2005, 3734, 3735.
[579] Vgl. BFH Urt. v. 17.12.2003 – I R 1/02 – NJW 2004, 2183; OLG Köln Beschl. v. 8.8.2003 – 2 Ws 433/03 – ZIP 2004, 2013; KG Beschl. v. 6.7.2005 – 5 Ws 299-307, 334/05 – NJW 2005, 3734, 3735; zust. LG Stuttgart Beschl. v. 1.12.2004 – 6 Qs 83/04 – S. 5 f.

§ 88 InsO wirksam entstandene Sicherungsrechte für den betreffenden Gläubiger (weitgehend) insolvenzfest (vgl. Rdnr. 313). Ist der Arrest vor Verfahrenseröffnung dagegen noch nicht im Wege der Einzelvollstreckung vollzogen, muss er wegen § 89 InsO aufgehoben werden, da er nicht mehr vollzogen werden darf.[580] Das gilt auch für den nach den §§ 111 b, 111 d StPO angeordneten Arrest, auf den im Wesentlichen die Vorschriften der ZPO Anwendung finden. Selbst die Eröffnung eines ausländischen Insolvenzverfahrens sperrt ein inländisches Arrestverfahren, wenn der Arrestbeklagte die Vergleichbarkeit mit einem deutschen Insolvenzverfahren glaubhaft macht.[581] § 89 InsO wird seinem Rechtsgedanken nach auch auf die strafprozessuale Zurückgewinnungshilfe angewendet, so dass die Arrestierung von in die Insolvenzmasse fallenden Vermögenswerten gem. §§ 111 b Abs. 5, 111 d StPO nach der Eröffnung des Insolvenzverfahrens nicht mehr aufrechterhalten bleiben kann.[582]

Wird das **Insolvenzverfahren** dagegen – wie in der Praxis mangels Masse häufig der Fall – **nicht eröffnet**, treten die vorstehend dargelegten, an den Eröffnungsbeschluss geknüpften Schutzwirkungen zugunsten der Insolvenzmasse nicht ein. Die Staatsanwaltschaft wird daher während des Eröffnungsverfahrens, in dem insbesondere die Voraussetzungen des § 26 InsO geprüft werden, die beschlagnahmten Vermögenswerte nicht für die Insolvenzmasse freigeben, um eine spätere Verwertung des Beschuldigtenvermögens durch den Staat oder den Tatgeschädigten nicht zu vereiteln.[583]

c) **Vollstreckungssichernde Maßnahmen im internationalen Kontext.** Verteidigung gegenüber vollstreckungssichernden Maßnahmen, die im Rahmen **internationaler Rechtshilfe** vorgenommen werden, bekommen eine **zunehmende praktische Bedeutung**. Ob der immer wieder behauptete Anstieg grenzüberschreitender Kriminalität dafür mitverantwortlich ist, mag hier dahinstehen. In jedem Fall zeichnet auch eine veränderte Wahrnehmung bei (manchen) Strafverfolgungsbehörden dafür verantwortlich. Immer häufiger sind Staatsanwaltschaften um eine Vollständigkeit ihrer Verfolgungstätigkeit bemüht, die eine ermittelnde und sicherstellende Tätigkeit nicht an den Nationalgrenzen enden lässt.

Dabei macht es die Rechtslage im Bereich internationaler Rechtshilfe in Strafsachen sowohl Strafverfolgungsbehörden als auch Strafverteidigern nicht gerade einfach, sich mit dieser Rechtsmaterie auseinander zu setzen. Denn es existiert keine Gesamtkodifikation, in der die wesentlichen Voraussetzungen internationaler Rechtshilfe in Strafsachen zusammenfassend geregelt wären. Das Gesetz über die internationale Rechtshilfe in Strafsachen (IRG) stellt keine solche Kodifikation dar. Es setzt keine völkerrechtliche Vereinbarung um und gilt daher lediglich für die so genannte vertraglose Rechtshilfe und damit höchst subsidiär.[584]

Regelungen für die internationale Rechtshilfe in Strafsachen mit Bedeutung für die Vermögensabschöpfung ergeben sich neben dem Europäischen Übereinkommen über die Rechtshilfe in Strafsachen (EuRhÜbk),[585] dem Europäischen Geldwäscheübereinkommen (EuGeldwäscheÜbk)[586] sowie dem UN-Suchtstoffübereinkommen auch aus dem Schengener Durchführungsübereinkommen (SDÜ)[587] und aus zahlreichen bilateralen Verträgen, deren Verhältnis

---

[580] OLG Köln Beschl. v. 8.8.2003 – 2 Ws 433/03 – ZIP 2004, 2013, 2015 m.w.N.
[581] OLG München Beschl. v. 28.4.1992 – 18U 6204/91 – OLGR 1992, 188; KG Beschl. v. 6.7.2005 – 5 Ws 299-307, 334/05 – NJW 2005, 3734, 3735 m.w.N.
[582] Vgl. LG Stuttgart Beschl. v. 1.12.2004 – 6 Qs 83/04 – S. 6; LG Saarbrücken Beschl. v. 19.5.2003 – 8 Qs 86/03 – NStZ-RR 2004, 274, 275; LG Neubrandenburg Beschl. v. 26.10.2000 – 1 Qs 164/00 – ZInsO 2000, 676; auch LG Dresden Beschl. v. 11.6.2004 – 5 Qs 44/04 – StV 2004, 531 f.; ausf. zum Fragenkreis *Hees* ZIP 2004, 298 ff.
[583] Vgl. *Malitz* NStZ 2002, 337, 342.
[584] *Schomburg/Lagodny* Rechtshilfe Einleitung Rdnr. 5.
[585] Europäisches Übereinkommen über die Rechtshilfe in Strafsachen vom 20.4.1959, ETS Nr. 30. Zu neueren Entwicklungen auf EU-Ebene im Bereich der Vermögensabschöpfung s. *Schünemann* StraFo 2003, 344, 347 ff.
[586] Übereinkommen über Geldwäsche sowie Ermittlung, Beschlagnahme und Einziehung von Erträgen aus Straftaten vom 8.11.1990, ETS Nr. 141; Kurzvorstellung von *Grotz* JR 1991, 182.
[587] Übereinkommen vom 19.6.1990 zur Durchführung des Übereinkommens von Schengen vom 14.6.1985 zwischen den Regierungen der Benelux-Wirtschaftsunion, der Bundesrepublik Deutschland und der Französischen Republik betreffend den schrittweisen Abbau der Kontrollen an den gemeinsamen Grenzen, BGBl. 1993 II S. 1010, 1902; 1994 II S. 631; 1996 II S. 242, 2542; 1997 II S. 966.

zueinander sich nicht immer von selbst erschließt.[588] Das liegt nicht zuletzt daran, dass der Kreis der den verschiedenen Abkommen beigetretenen Staaten ein jeweils anderer ist.[589]

321   Maßnahmen im Rahmen internationaler Rechtshilfe, die Verteidigungsrelevanz im Inland besitzen, sind in **zwei Formen** denkbar. Zum einen kann es um die Sicherstellung von im Inland befindlichen Vermögen gehen, wobei es keine Rolle spielt, ob der Vermögensinhaber In- oder Ausländer ist und ob er sich im In- oder im Ausland aufhält. Grundlage eines Zugriffs im Inland ist ein sog. **eingehendes Ersuchen um Rechtshilfe**, bei dem ein ausländischer Staat die Bundesrepublik Deutschland und ihre Strafverfolgungsbehörden um vermögensabschöpfende Maßnahmen ersucht. In der zweiten Variante soll ein Zugriff auf im Ausland belegenes Vermögen im Rahmen eines in Deutschland betriebenen Strafverfahrens erfolgen, etwa, weil der Beschuldigte oder Dritte i.S.d. § 73 Abs. 3 StGB Teile seines Vermögens in das Ausland verbracht hat oder dort Immobilien besitzt.

322   Da die Voraussetzungen der Rechtshilfe von den zwischen ersuchendem und ersuchtem Staat bestehenden Abkommen bzw. Zusatzabkommen abhängen und so ein und derselbe Fall an unterschiedlichen Normen gemessen werden muss, kann eine eingehende – über die Skizzierung von Grundzügen hinausgehende – Darstellung hier nicht erfolgen. Insoweit muss auf die einschlägige Kommentarliteratur verwiesen werden.[590]

323   *aa) Eingehende Ersuchen um Rechtshilfe.* Soweit Rechtsprechung zu eingehenden Ersuchen im Rahmen der Vermögensabschöpfung überhaupt bekannt geworden ist, geht es hier in der Regel um die Bitte eines ausländischen Staates, bei inländischen Banken vorhandene Kontenguthaben eines im Ausland Beschuldigten zu beschlagnahmen (i.w.S.) und sodann das daraus entstehende Pfändungspfandrecht dem ausländischen Staat zu überweisen. Zur Illustration das **Beispiel:**[591]

324   N wird vom Staat X beschuldigt, als Vermögensberater einer Pensionskasse US $ 15 Mio. aus deren Vermögen in der Absicht nach Deutschland transferiert zu haben, das Geld für sich zu verwenden, anstatt, wie versprochen, damit hochverzinste Bankschuldverschreibungen zu erwerben. Nun ersucht der Staat X die Staatsanwaltschaft bei dem Landgericht Y zunächst um die Beschlagnahme (i.w.S.) von Forderungen des N gegen seine Bank i.H.v. US $ 6,7 Mio. Nachdem die Staatsanwaltschaft dem Ersuchen durch Anordnung und Bewirkung einer Beschlagnahme (die Forderung wäre nach deutschem Recht ein Surrogat i.S.d. § 73 Abs. 2 S. 2 StGB) entsprochen hat, ersucht der Staat X um Überweisung der Forderung, d.h. um Herausgabe des mit der Vollziehung entstandenen Pfändungspfandrechts.

325   Vorweg sind einige Grundregeln zu nennen, deren Kenntnis das Verständnis der internationalen Rechtshilfe in Sachen Vermögensabschöpfung fördern können:

326   • Voraussetzung ist zunächst – unabhängig davon, in welchem Bereich der Rechtshilfe (aufgrund bilateralen Abkommens, Abkommens des Europarates oder auf vertragloser Grundlage) das Ersuchen gestellt wird –, dass eine Beschlagnahme oder ein dinglicher Arrest nach innerstaatlichem Recht, d.h. nach den §§ 111 b ff. StPO, vorgenommen wird. Die Normen der Abkommen oder des IRG schaffen in der Regel kein Sonderbeschlagnahmerecht, das geringeren Anforderungen unterläge als das innerstaatliche Recht.[592]

327   • Das Recht der internationalen Rechtshilfe im Bereich der Vermögensabschöpfung kennt den – auch im Übrigen nur dem deutschen Rechtssystem geläufigen – Unterschied zwischen Verfall und Einziehung nicht. Wenn etwa in Art. 11 Abs. 1 EuGeldwäscheÜbk von „Einziehung" (confiscation) gesprochen wird, so ist damit jede vermögensbezogene Sanktion gemeint, unabhängig davon, ob sie nach deutschem Recht unter die §§ 73 ff. StGB oder die §§ 74 ff. StGB subsumiert würde.

---

[588] Vgl. *Schomburg* NJW 2001, 801 u. 804. Zur berechtigten Kritik an der äußerst mangelhaften Dokumentation des In-Kraft-Tretens von Übereinkommen („Geheimrechtslage") *Schomburg* NJW 2005, 3262, 3263.
[589] Vgl. dazu die ständig überarbeitete Übersicht zu den wichtigsten Rechtshilfebeziehungen Deutschlands unter http://www.bundesgerichtshof.de (Menüpunkt „Bibliothek", „Internationale Rechtshilfe").
[590] Etwa *Schomburg/Lagodny* Rechtshilfe; *Grützner/Pötz* Rechtshilfeverkehr.
[591] Nach OLG Frankfurt Beschl. v. 8.2.2000 – 2 Ausl. II 13/99 – NStZ-RR 2000, 215 (stark vereinfacht); s. zu einem w. Bsp. mit eingehender Erläuterung *Hackner/Lagodny/Schomburg/Wolf* Rechtshilfe Rdnr. 238 ff.
[592] Vgl. für § 67 IRG: *Schomburg/Lagodny* Rechtshilfe § 67 IRG Rdnr. 2; für das EuGeldwäscheÜbk: Art. 12 Abs. 1; für das EuRhÜbk: Art. 3 Abs. 1.

• Das Recht der internationalen Rechtshilfe im Bereich der Vermögensabschöpfung kennt hingegen den Unterschied zwischen Verfall (Einziehung) und Wertersatzverfall (Wertersatzeinziehung). Da sich die vollstreckungssichernden Maßnahmen allerdings allein nach innerstaatlichem Recht richten, kommt es nicht darauf an, dass im Recht der internationalen Rechtshilfe in der Regel kein Unterschied zwischen Beschlagnahme und dinglichem Arrest gemacht wird. So hat auch die Nennung vollstreckungssichernder Maßnahmen in Art. 11 Abs. 1 EuGeldwäscheÜbk („freezing and seizing") bloßen Beispielscharakter. 328

Ob die Staatsanwaltschaft dem Ersuchen des ausländischen Staates entsprechen darf oder gar dazu verpflichtet ist, richtet sich nun nach folgenden Grundsätzen: 329

Im Bereich der vertraglosen Rechtshilfe – etwa wenn es sich bei dem Staat X um die Vereinigten Staaten von Amerika handelte –, die sich in Ermangelung internationaler Abkommen allein aus dem IRG i.V.m. der StPO ergibt, gilt Folgendes:[593] Die Beschlagnahme richtet sich nach § 67 i.V.m. § 66 IRG, ergänzt durch die §§ 111 b Abs. 1, 111 c Abs. 3 StPO. Da diese Beschlagnahme der Forderung ihre Herausgabe an den ersuchenden Staat ermöglichen bzw. vorbereiten soll, müssen zugleich die Voraussetzungen des § 66 IRG vorliegen. Nach dieser Norm ist die Herausgabe von Gegenständen erlaubt, die durch eine Tat erlangt worden sind oder deren Surrogat darstellen. 330

Dabei sind zwei Besonderheiten zu beachten: Es kommt zum einen nur darauf an, dass sich das Erlangen durch eine Tat schlüssig aus dem vom ersuchenden Staat vorgetragenen Sachverhalt ergibt. Eine Prüfung des Verdachts der vorgeworfenen Tat findet nicht statt.[594] Zum anderen ist zu beachten, dass es allein maßgeblich ist, ob überhaupt ein Gegenstand vorliegt, der durch eine Tat erlangt worden ist.[595] Es kann hingegen dahinstehen, zu welchem Zweck der ersuchende Staat X die sichergestellten Vermögenswerte benötigt. Daher steht der Erledigung des Ersuchens nicht entgegen, dass es sich – materiell – um einen Fall der Zurückgewinnungshilfe zugunsten der Pensionskasse handelt. Es wäre sogar unschädlich, wenn der ersuchende Staat X ein Rechtsinstitut wie Verfall oder Einziehung nicht kennte.[596] 331

Nach § 66 Abs. 2 Nr. 1 IRG muss Folgende zusätzliche Voraussetzung erfüllt sein: Die Tat, durch die der bezeichnete Gegenstand erlangt worden sein soll, muss nicht nur im ersuchenden, sondern auch im ersuchten Staat mit Strafe bedroht sein (**Grundsatz sog. gegenseitiger Strafbarkeit**). Im Beispielsfall stellt sich das behauptete Verhalten des N mindestens als Untreue nach § 266 StGB, möglicherweise auch als ein Betrug gem. § 263 StGB dar. Geht man davon aus, dass der ersuchende Staat dieses Verhalten ebenso mit Strafe bedroht, ist der Grundsatz gegenseitiger Strafbarkeit erfüllt. § 66 Abs. 2 Nr. 1 IRG erlaubt allerdings nur den Zugriff auf (möglicherweise) deliktisch erlangtes Vermögen des Tatverdächtigen (Wertersatz).[597] Die Voraussetzungen des § 66 Abs. 2 Nr. 2 und 3 IRG spielen erst für das Herausgabeverlangen selbst eine Rolle, nicht für die vorausgehende Beschlagnahme. 332

Soll der beschlagnahmte Gegenstand nun herausgegeben werden, so kommt es nach § 66 Abs. 2 Nr. 2 und 3 IRG zum einen darauf an, ob der ersuchende Staat seinem Ersuchen eine – von seinen Strafverfolgungsorganen ausgesprochene – Beschlagnahmeentscheidung beifügt oder zumindest eine Erklärung darüber abgibt, dass der vorgetragene Sachverhalt nach seinem innerstaatlichen Recht eine solche Beschlagnahme rechtfertigte. Zum anderen muss er erklären, dass Rechte Dritter an dem Gegenstand unberührt bleiben.[598] Soweit es wie hier im Beispielsfall um die Herausgabe eines Pfändungspfandrechts geht, stehen Rechte Dritter – etwa Rechte der Bank des N an der Forderung – der Herausgabe schon deshalb nicht entgegen, weil der ersuchende Staat mit der Überweisung der Forderung nicht mehr Rechte erhält, als N 333

---

[593] S. dazu auch OLG Frankfurt Beschl. v. 30.7.1997 – 2 Ausl. II 10/96 – NStZ-RR 1998, 369, 370.
[594] OLG Karlsruhe Urt. v. 28.8.1991 – 1 AK 10/91 – NStZ 1992, 287, 288.
[595] *Hackner/Lagodny/Schomburg/Wolf* Rechtshilfe Rdnr. 240.
[596] *Schomburg/Lagodny* Rechtshilfe § 66 IRG Rdnr. 18.
[597] *Hackner/Lagodny/Schomburg/Wolf* Rechtshilfe Rdnr. 240, 243.
[598] S. zum Schutz insb. des nicht beschuldigten Gewahrsamsinhabers näher OLG Frankfurt Beschl. v. 23.3.1999 – 2 Ausl. II 10/98 sowie *Hackner/Lagodny/Schomburg/Wolf* Rechtshilfe Rdnr. 241. Der Beschuldigte selbst kann die Entscheidung über die Zulässigkeit der Rechtshilfe nicht gem. § 66 I Nr. 3 IRG anfechten. Das gilt sogar dann, wenn ihm Einwendungen gegen die Zulässigkeit im Rahmen des Rechtsschutzes gegen einzelne Zwangsmaßnahmen nicht mehr möglich sind, vgl. OLG Frankfurt/M. Beschl. v. 17.9.2003 – 2 Ausl. II 11/96 – NStZ 2005, 349 f.

gegenüber seiner Bank zustanden und der ersuchende Staat vor einer Verwertung ohnehin eine zivilrechtliche Klärung herbeiführen muss.[599]

334 Eine Beschlagnahme nach den §§ 67 IRG, 111 b ff. StPO kommt auch dann in Betracht, wenn dem Ersuchen eine Vertragsnorm zugrunde liegt. Handelt es sich bei dem ersuchenden Staat um eine Vertragspartei des EuRhÜbk, so kann die Beschlagnahme auch aufgrund Art. 3 dieses Abkommens erfolgen. Dabei ist allerdings zu beachten, dass Art. 3 EuRhÜbk keine Aussage zu den Voraussetzungen eines Rechtshilfeersuchens trifft, sondern nur dessen Form regelt.[600] Die materiellen Voraussetzungen ergeben sich entweder aus bilateralen Zusatzabkommen oder – subsidiär – aus § 66 IRG.[601] In jedem Fall sind die Voraussetzungen zu beachten, die sich aus der Erklärung Deutschlands zu den nach Art. 5 EuRhÜbk möglichen Vorbehalten ergeben. Der Vorteil eines Rechtshilfeersuchens nach Art. 3 EuRhÜbk besteht darin, dass der ersuchte Staat dem Ersuchen nachzukommen verpflichtet ist, wenn dessen Voraussetzungen erfüllt sind. Bei der vertraglosen Rechtshilfe besteht eine solche Verpflichtung nicht.

335 Ist der ersuchende Staat X Partei des EuGeldwäscheÜbk, so gelten hinsichtlich des vollstreckungssichernden Zugriffs leicht vereinfachte Anforderungen.[602] Nach Art. 11 Abs. 1 EuGeldwäscheÜbk genügt es für die Vornahme der Beschlagnahme zunächst, wenn der ersuchende Staat ein Straf- oder Einziehungsverfahren eingeleitet hat und nun den ersuchten Staat um vollstreckungssichernde Maßnahmen bittet. Die Durchführung der Vollstreckungssicherung richtet sich auch hier wieder gem. Art. 12 EuGeldwäscheÜbk nach innerstaatlichem Recht, also nach den §§ 66, 67 IRG, 111 b ff. StPO.[603] Von besonderer Bedeutung für eine Verteidigung sind in diesem Zusammenhang die fakultativen Ablehnungsgründe für ein Ersuchen nach Art. 18 EuGeldwäscheÜbk, die jedoch zu zahlreich sind, um sie hier alle einzeln erläutern zu können. Dazu gehören etwa der Grund, dass das Ersuchen gegen den Grundsatz ne bis in idem verstößt oder dass es sich bei der vom ersuchenden Staat verfolgten Straftat um eine fiskalische handelt. Soweit sich die Ablehnungsgründe des Art. 18 EuGeldwäscheÜbk allerdings mit Voraussetzungen der §§ 66, 67 IRG, 111 b ff. StPO decken, stellen sie zwingendes Recht dar, das vom Gericht bzw. der Staatsanwaltschaft beachtet werden muss. Ebenso wie beim EuRhÜbk ist die deutsche Strafverfolgungsbehörde verpflichtet, dem Ersuchen zu entsprechen, wenn die Voraussetzungen gegeben sind und Ablehnungsgründe nicht vorliegen.

336 *bb) Ausgehende Ersuchen um Rechtshilfe.* Geht es um ausgehende Ersuchen der Bundesrepublik Deutschland mit dem Zweck, im Ausland befindliches Vermögen sicherzustellen, gilt ebenso wie für eingehende Ersuchen in erster Linie das innerstaatliche Recht des ersuchten Staates, ggf. modifiziert durch mehr- oder zweiseitige Verträge der dargestellten Art.[604] Dieses Recht kann hier verständlicherweise nicht einmal im Ansatz referiert werden. Gute Verteidigung in diesem Kontext bedeutet in der Regel, einen Rechtsanwalt aus dem Rechtskreis hinzuzuziehen, in dem die vollstreckungssichernde Maßnahme stattfinden soll oder stattgefunden hat.[605]

337 Besteht die Aufgabe der Rechtsberatung darin, durch Straftaten verlorene Vermögenswerte zurückzuholen, indem **grenzüberschreitende Maßnahmen der Zurückgewinnungshilfe** bei

---

[599] So OLG Frankfurt Beschl. v. 8.2.2000 – 2 Ausl. II 13/99 – NStZ-RR 2000, 215, in der diesem Beispielsfall zugrundeliegenden Entscheidung. Daneben versteht sich von selbst, dass der herauszugebende Gegenstand auch isoliert herausgegeben werden können muss. Das ist bei einem öffentlich-rechtlichen Pfändungspfandrecht der Fall, vgl. OLG Karlsruhe Urt. v. 28.8.1991 – 1 AK 10/91 – NStZ 1992, 287, 288. Ob darüber hinaus auch die Herausgabe der Forderung aus der Ansicht der hier zitierten Entscheidungen in Betracht kommt, ist umstritten; s. hierzu *Hackner/Lagodny/Schomburg/Wolf* Rechtshilfe Rdnr. 255 ff. m.w.N. aus der Rechtspr.
[600] *Schomburg/Lagodny* Rechtshilfe Art. 3 EuRhÜbk Rdnr. 3.
[601] OLG Karlsruhe Urt. v. 28.8.1991 – 1 AK 10/91 – NStZ 1992, 287, 288.
[602] S. zu Erfahrungen mit dem EuGeldwäscheÜbk *Schmid/Winter* NStZ 2002, 8, 16.
[603] Diese Voraussetzung wird wegen gegenseitiger Anerkennung von Sicherstellungsmaßnahmen entfallen – und die Sicherstellung über EU-Binnengrenzen hinweg sich erheblich vereinfachen, wenn der Rahmenbeschluss 2003/577/JI des Rates der EU über die Vollstreckung von Entscheidungen über die Sicherstellung von Vermögensgegenständen oder Beweismitteln in der EU v. 22.7.2003, ABl. L 196 v. 2.8.2003, S. 45 ff., in nationales Recht umgesetzt sein wird. Zur Zeit ruht das Verfahren jedoch nach Einspruch Italiens.
[604] S. zu den Anforderungen an Ersuchen in der Praxis der Vermögensabschöpfung *Eberhart* DPolBl 2000, 14, 15 f.
[605] S. zu einem Beispielsfall *Schmid/Winter* NStZ 2002, 8, 16.

der Staatsanwaltschaft angeregt werden, so ist Folgendes zu beachten: Ersucht die Staatsanwaltschaft (in der Regel über das Bundesjustizministerium) den ausländischen Staat um die Sicherstellung von Vermögenswerten, die aus Straftaten zum Nachteil inländischer Vermögen stammen, um danach um deren Herausgabe zu bitten, so erfolgt dieses Verfahren nicht etwa in Anwendung der Art. 11, 12 EuGeldwäscheÜbk. Diese Vorschriften regeln nur die vollstreckungssichernde Beschlagnahme (i.w.S.) im Dienste späterer Einziehung i.w.S. Nach den Art. 13, 14 EuGeldwäscheÜbk wird auch die nachfolgende Einziehungsentscheidung vom ersuchten Staat vollstreckt; die dabei abgeschöpften Vermögenswerte stehen nach Art. 15 EuGeldwäscheÜbk allein dem ersuchten Staat zu.[606] Auch aus diesem Grund hätte eine Einbeziehung der Sicherstellung zum Zwecke einer Zurückgewinnungshilfe in den Anwendungsbereich des EuGeldwäscheÜbk wenig Sinn gemacht. Grenzüberschreitende Maßnahmen im Dienste der Zurückgewinnungshilfe erfolgen daher nach Art. 3 EuRhÜbk i.V.m. bilateralen Zusatzvereinbarungen (für die Schweiz etwa Art. II Abs. 3 CH-ErgV EuRhÜbk;[607] für Österreich Art. V A-ErgV EuRhÜbk)[608] oder auf vertragloser Grundlage. Im Übrigen müssen stets die Voraussetzungen der §§ 111 b Abs. 5 StPO, 73 ff. StGB vorliegen, da die Rechtshilfe nicht von innerstaatlichen Voraussetzungen einer Maßnahme entbindet.[609]

d) Beendigung der Sicherstellung. *aa) Rechtskraft der Entscheidung.* Die **Rechtskraft einer gerichtlichen Entscheidung** kann sich auf die Fortdauer einer Beschlagnahme oder eines dinglichen Arrests in unterschiedlicher Weise auswirken: 338

Die Beschlagnahme gem. § 111 c StPO ist ohne weiteres beendet, wenn durch das rechtskräftige Urteil der sichergestellte Gegenstand für verfallen erklärt oder eingezogen wird, da mit der Rechtskraft des Urteils der Staat das Eigentum bzw. die Rechtsinhaberschaft an dem Gegenstand erwirbt (§§ 73 e Abs. 1, 74 e Abs. 1 StGB) und das staatliche Eigentum nicht mit einer Beschlagnahme zugunsten des Staates belastet sein kann.[610] 339

Sofern das Gericht in seiner in Rechtskraft erwachsenen Entscheidung vom Verfall bzw. der Einziehung absieht und keine Anordnung nach § 111 i StPO trifft, wird die Sicherstellungsmaßnahme mangels Sicherstellungsbedürfnisses ebenfalls gegenstandslos.[611] Aus Gründen der Rechtsklarheit sollte sie durch förmlichen Beschluss aufgehoben werden. Die Staatsanwaltschaft hat in diesem Fall die beschlagnahmte bewegliche Sache an den Berechtigten herauszugeben und die Aufhebung sonstiger Sicherstellungsmaßnahmen (§ 111 c Abs. 2 bis 4 StPO) zu veranlassen.[612] 340

Wird im rechtskräftigen Urteil dagegen nicht auf Verfall oder Einziehung bestimmter Gegenstände, sondern auf Wertersatzverfall oder Wertersatzeinziehung (§§ 73 a, 74 c StGB) erkannt, erlangt der Staat statt Eigentum oder Rechtsinhaberschaft an konkreten Gegenständen nur einen vollstreckbaren Titel. Um in diesem Fall mit der Rechtskraft des Urteils nicht die Vollstreckungsgrundlage zu verlieren, wird verbreitet die Meinung vertreten, dass die angeordneten Sicherungsmaßnahmen über den Zeitpunkt der Rechtskraft der Entscheidung hinaus solange aufrechtzuerhalten sind, bis die nach § 459 g Abs. 2 StPO möglichen Vollstreckungs- 341

---

[606] Die Bundesrepublik Deutschland hat sich von Art. 15 EuGeldwäscheÜbk abweichenden Vereinbarungen, ein sog. **asset sharing** durchzuführen, bislang verweigert; vgl. die Erklärung der Denkschrift der Bundesregierung zu Art. 15 EuGeldwäscheÜbk, abgedruckt bei *Schomburg/Lagodny* Rechtshilfe Art. 15 EuGeldwäscheÜbk Rdnr. 2.
[607] Zum Rechtshilfeverkehr mit der Schweiz bei Steuerstraftaten s. *Goos* wistra 2004, 414, 415 f.
[608] Beide abgedruckt in *Schomburg/Lagodny* Rechtshilfe Hauptteil II B e. und f.
[609] Vgl. *Schomburg/Lagodny* Rechtshilfe Vor § 68 IRG Rdnr. 1 f.
[610] OLG München Beschl. v. 14.5.2004 – 2 Ws 348/04 – wistra 2004, 479, 480; Löwe/Rosenberg/*Schäfer* § 111 e Rdnr. 19.
[611] OLG Stuttgart Beschl. v. 17.11.2004 – 1 Ws 252/04 – NStZ 2005, 400 (anders aber beim dinglichen Arrest zur Sicherung der voraussichtlichen Verfahrenskosten; er wirkt bis zum Vorliegen eines vollstreckbaren Kostenansatzes über die Urteilskraft hinaus); OLG München Beschl. v. 14.5.2004 – 2 Ws 348/04 – wistra 2004, 479, 480; OLG Düsseldorf Beschl. v. 20.3.1995 – 1 Ws 135/95 – NJW 1995, 2239; vor Eintritt der Rechtskraft bleibt die Beschlagnahme allerdings aus Gründen der Rechtsklarheit bestehen, zust. *von Danwitz* NStZ 1999, 262 f.; OLG Düsseldorf Beschl. v. 17.1.1997 – 1 Ws 1063/94 – wistra 1997, 156; *Meyer-Goßner* § 111 e Rdnr. 15.
[612] Löwe/Rosenberg/*Schäfer* § 111 e Rdnr. 19; nach BGH Urt. v. 3.2.2005 – III ZR 271/04 – NJW 2005, 988 (zu §§ 94 ff. StPO) handelt es sich um eine Holschuld analog § 697 BGB; diff. *Kemper* NJW 2005, 3679 ff.

maßnahmen getroffen worden sind.[613] Dieser Ansicht ist allerdings mit dem OLG Frankfurt zu entgegnen, dass der Staat in dieser Konstellation einer Sicherung durch dinglichen Arrest nicht mehr bedarf, da sich sein Arrestpfandrecht in ein Vollstreckungspfandrecht verwandelt und damit der Rang seines Pfandrechts erhalten bleibt.[614]

342 bb) *Aufhebung der Sicherstellungsmaßnahmen.* Wenn im Laufe des Strafverfahrens die Voraussetzungen der Sicherstellung gem. § 111 b StPO entfallen – etwa weil kein ausreichender Tatverdacht oder kein Sicherstellungsbedürfnis mehr vorliegt –, ist die Beschlagnahme oder der dingliche Arrest von Amts wegen oder auf Antrag durch förmlichen Beschluss des für die Anordnung und deren Bestätigung zuständigen Gerichts aufzuheben.[615] Zur kritischen Überprüfung dieser Anordnungsvoraussetzungen ist der Strafverteidiger ganz besonders aufgefordert. Ordnet der Richter in einem noch nicht rechtskräftigen Urteil weder den Verfall noch die Einziehung an, so hat er die Sicherungsmaßnahmen analog § 120 Abs. 1 S. 2 StPO aufzuheben, sofern nicht § 111 i StPO eingreift. Ergeben sich während des Strafverfahrens Anhaltspunkte dafür, dass ein Verfall wegen entgegenstehender Opferansprüche nicht in Betracht kommt, wird die nunmehr nach § 111 b Abs. 5 StPO gerechtfertigte Sicherstellungsanordnung nicht aufgehoben, sondern nur ihre Begründung geändert.[616]

343 e) **Anfechtung vollstreckungssichernder Maßnahmen.** Bei der Anfechtung vollstreckungssichernder Maßnahmen muss zunächst zwischen Rechtsbehelfen, die sich gegen die **Anordnung** richten und solchen, die die **Art und Weise der Durchführung** von Beschlagnahme und dinglichem Arrest betreffen, unterschieden werden. Dabei ist weiterhin nach den **Organen** zu differenzieren, die die Sicherstellung anordnen bzw. vollziehen. Im Anschluss daran sind die Rechtsbehelfe gegen einige spezielle Entscheidungen im Zusammenhang mit der Vermögensbeschlagnahme (i.w.S.) zu behandeln.

344 aa) *Rechtsbehelfe gegen die Anordnung von Beschlagnahme und dinglichem Arrest.*
(1) Antrag auf richterliche Entscheidung nach § 111 e Abs. 2 S. 3 StPO. Gegen die von der Staatsanwaltschaft bei Gefahr im Verzug angeordneten Beschlagnahmen und dinglichen Arreste sowie gegen die von ihren Ermittlungspersonen verfügten Beschlagnahmen beweglicher Sachen kann der Betroffene nach § 111 e Abs. 2 S. 3 StPO jederzeit die Entscheidung des für die Anordnung an sich zuständigen Richters beantragen.[617] Über diesen Rechtsbehelf ist der Betroffene analog § 98 Abs. 2 S. 7 StPO zu belehren.[618] Als Betroffener kommt jeder in Betracht, der durch die Anordnung in seinem Gewahrsam oder seinem Recht beeinträchtigt wird.[619] Eine gegen die nichtrichterliche Anordnung vorgetragene Beschwerde ist als Antrag auf gerichtliche Entscheidung zu behandeln.[620] Liegt bereits ein – die Anordnung bestätigender – richterlicher Beschluss vor, kann der Betroffene den Richter anrufen, um – etwa bei Bekanntwerden neuer Umstände – die Aufhebung des Beschlusses herbeizuführen.[621]

345 (2) Beschwerde. Gegen alle Entscheidungen des Gerichts – einschließlich des erkennenden Gerichts – im Zusammenhang mit Vermögenssicherstellungen ist das Rechtsmittel der einfachen, nicht fristgebundenen **Beschwerde** zulässig,[622] §§ 304, 305 S. 2 StPO. Dies gilt auch für Entscheidungen des Ermittlungsrichters des BGH und des OLG im ersten Rechtszug (§ 304 Abs. 4, 5 StPO), da § 304 Abs. 4 S. 2 Nr. 1 StPO mit „Beschlagnahmen" auch den dinglichen

---

[613] So OLG München Beschl. v. 14.5.2004 – 2 Ws 348/04 – wistra 2004, 479, 480; KK-StPO/*Nack* § 111 e Rdnr. 14; SK-StPO/*Rudolphi* § 111 e Rdnr. 16.
[614] OLG Frankfurt Beschl. v. 5.1.1996 – 3 Ws 92/96 – wistra 1996, 281, 282; jetzt auch Löwe/Rosenberg/*Schäfer* § 111 e Rdnr. 23 a.
[615] Statt vieler OLG Frankfurt Beschl. v. 5.1.1996 – 3 Ws 92/96 – wistra 1996, 281, 282; Meyer-Goßner § 111 e Rdnr. 15 f.; *Malitz* NStZ 2003, 61, 62.
[616] KK-StPO/*Nack* § 111 e Rdnr. 16.
[617] Löwe/Rosenberg/*Schäfer* § 111 e Rdnr. 24; allg. dazu *Park* Durchsuchung Rdnr. 331 ff.
[618] Meyer-Goßner § 111 e Rdnr. 8; *Achenbach* NJW 1982, 2809.
[619] Löwe/Rosenberg/*Schäfer* § 111 e Rdnr. 24.
[620] Meyer-Goßner § 111 e Rdnr. 8.
[621] BGH Beschl. v. 25.2.1985 – 1 StE – 4/85 – NStZ 1985, 262; KK-StPO/*Nack* § 111 e Rdnr. 4.
[622] Statt vieler OLG Frankfurt Beschl. v. 5.1.1996 – 3 Ws 92/96 – wistra 1996, 281, 282; allg. zu den Voraussetzungen der Beschwerde *Park* Durchsuchung Rdnr. 126 ff.

Arrest erfasst.[623] Eine erweiterte Beschwerde (§ 310 StPO) ist trotz häufig gravierender Eingriffe in die Vermögenssphäre des Betroffenen bisher nicht vorgesehen. **Beschwerdefähig** sind alle richterlichen Entscheidungen, die sich mit der Anordnung (insbesondere auch die richterliche Bestätigung gem. § 111 e Abs. 2 S. 1 StPO) und der Aufhebung der Sicherstellung sowie dem Antrag auf richterliche Entscheidung gem. § 111 e Abs. 2 S. 3 StPO befassen. **Beschwerdeberechtigt** ist bei der Anordnung, (Antrags-)Ablehnung, (Nicht-)Aufhebung oder (Ablehnung der nachträglichen richterlichen) Bestätigung der Vermögenssicherstellung der **Betroffene**, in dessen Rechtsposition die Maßnahme eingreift, sowie die **Staatsanwaltschaft**. In diesem Sinne betroffen sein kann neben dem Beschuldigten auch ein **Dritter**, der behauptet, er selbst sei durch die Sicherstellung in seinen Rechten beeinträchtigt, etwa als Eigentümer eines sichergestellten Gegenstandes,[624] der im Hauptverfahren als Einziehungs- oder Verfallsbeteiligter zugelassen werden (§§ 431, 440, 442 StPO)[625] oder als Mitangeklagter den Verfall oder die Einziehung mit einem Rechtsmittel angreifen könnte.[626] Eine weitere Beschwerde gegen die Beschwerdeentscheidung ist nicht gegeben;[627] das gilt auch dann, wenn die Beschwerdeentscheidung eine erstmalige Beschwer für den Betroffenen darstellt.[628]

Ist nach Erlass der Entscheidung ein anderes Gericht zuständig geworden – etwa durch Anklageerhebung – endet der Instanzenzug mit der Folge, dass keine beschwerdefähige Entscheidung mehr vorliegt: Zur begründungslosen Vorlage einer angefochtenen Entscheidung nach § 306 Abs. 2 StPO ist nur der Spruchkörper berechtigt, der die Entscheidung selbst erlassen hat. Das erst nach Erlass zuständig gewordene Gericht hat daher eine Beschwerde in einen Antrag auf Aufhebung der beschwerenden Entscheidung umzudeuten, den es mit Gründen bescheiden muss. Erst diese neue Entscheidung ist beschwerdefähig.[629]

bb) Rechtsbehelfe gegen die Art und Weise der Durchführung der Sicherstellungsmaßnahme.
(1) Vorrang des Strafrechtsweges. Die Zuständigkeit für die Durchführung der Maßnahme in § 111 f StPO ist ebenso wie die Art und Weise der Vollstreckung in den §§ 111 c, 111 d StPO als Mischung von strafprozessualen und zivilprozessualen Normen unnötig kompliziert geregelt. Das wirkt sich zwingend auch bei den Rechtsbehelfen aus. So verwundert es nicht, dass in jüngerer Zeit Unsicherheiten bei der Beantwortung der Frage aufgetreten sind, ob gegen die Vollziehung von strafprozessualen Sicherungsmaßnahmen die Vollstreckungsrechtsbehelfe der ZPO (bei Dritten etwa § 771 ZPO [Drittwiderspruchsklage] oder § 766 ZPO [Vollstreckungserinnerung]) oder das Rechtsmittel der Beschwerde nach der StPO gegeben sind.[630] In diesem Kontext wäre ganz grundsätzlich erörterungswert, ob die zivilprozessualen Regeln, die primär den Schuldnerschutz bezwecken, bei der auf eine möglichst effektive Sicherstellung abzielenden strafprozessualen Vermögensbeschlagnahme überhaupt passen.[631]

Nach dem jetzigen Diskussionsstand verschließt man sich herrschend – mit guten Gründen – einer Aufspaltung der Rechtswege und Zuständigkeiten. Der Systematik der StPO lässt sich in der Tat – mit *Nack* – entnehmen, dass die **während eines laufenden Ermittlungs- und Strafverfahrens anfallenden Entscheidungen dem Strafrichter**, nicht dem Zivil- oder Verwaltungsrichter übertragen worden sind.[632] So sind die vom Rechtspfleger in entsprechender Anwen-

---

[623] BGHSt 29, 13, 14 f. = NJW 1979, 1612; 36, 192, 195 = NJW 1989, 2702 f.; BGH Beschl. v. 20.11.1980 – 4 BJs 165/80 – bei *Pfeiffer* NStZ 1982, 188.
[624] OLG Stuttgart Beschl. v. 26.10.1999 – 12 U 156/99; LG Saarbrücken Beschl. v. 12.12.2001 – 8 Qs 223/01 – wistra 2002, 158 f.; LG Essen Beschl. v. 10.4.2000 – 12 O 218/00; a.A. AG Saarbrücken Beschl. v. 14.12.1999 – 7 Gs 1753/99 – wistra 2000, 194; *Leuger* wistra 2002, 478, 480: Statt der Beschwerde soll die zivilrechtliche Klage nach § 771 ZPO der richtige Rechtsbehelf sein.
[625] KK-StPO/*Nack* § 111 e Rdnr. 19.
[626] OLG Hamm Urt. v. 13.2.1973 – 3 Ss 1476/72 – NJW 1973, 1141.
[627] KG Beschl. v. 19.6.2000 – 4 Ws 118/00; KK-StPO/*Nack* § 111 e Rdnr. 20.
[628] KK-StPO/*Engelhardt* § 310 Rdnr. 8.
[629] OLG Stuttgart Beschl. v. 23.1.2003 – 1 Ws 9/03 – wistra 2003, 238 f.
[630] Vgl. zur Diskussion OLG Frankfurt/M. Beschl. v. 25.10.2005 – 3 Ws 521/05 – NStZ-RR 2006, 15 und LG Saarbrücken Beschl. v. 12.12.2001 – 8 Qs 223/01 – wistra 2002, 158 f., jew. m.w.N.
[631] Im neugefassten § 111 f Abs. 5 StPO-E des Gesetzentwurfs der Bundesregierung v. Feb. 2006 (BT-Drucks. 16/700) wird klargestellt, dass sich die Rechtshilfe gegen Maßnahmen, die in Vollziehung der Beschlagnahme oder des Arrests getroffen werden, einheitlich nach den Vorschriften der StPO richten.
[632] KK-StPO/*Nack* § 111 e Rdnr. 19; weiterhin für eine Zuständigkeit der Strafgerichte OLG Rostock Beschl. v. 14.10.2004 – 3 W 74/04 – OLGR 2005, 79; OLG Stuttgart Beschl. v. 26.10.1999 – 12 U 156/99; LG Saarbrücken

dung der ZPO vollzogenen Beschlagnahmen und Arreste (vgl. die §§ 22, 31 RPflG) nicht nach den Vorschriften der ZPO anfechtbar; vielmehr verbleibt die Zuständigkeit für die gerichtliche Entscheidung beim Strafrichter.[633] Auch die jüngste Änderung des § 111 f Abs. 3 S. 1 StPO, nach der nunmehr eindeutig festgeschrieben ist, dass der dingliche Arrest durch Pfändung in bewegliche Sachen auch von der Staatsanwaltschaft bzw. ihren Ermittlungspersonen vorgenommen werden kann,[634] lässt sich in diese Richtung deuten. Daneben spricht auch die praktische Erwägung einer sachnäheren Entscheidung des Strafrichters, der die Ermittlungsakten kennt, sowie die Konzentration der Zuständigkeiten für Einwendungen gegen Maßnahmen der Vollziehung des dinglichen Arrests bei den Strafgerichten für diese Lösung. Dass die Klärung zivilrechtlicher Fragen der StPO nicht fremd ist, lässt sich u. a. den §§ 262, 403 ff. StPO entnehmen.[635]

349   Damit ist jedoch keineswegs ausgeschlossen, dass nicht in bestimmten Fällen auch Entscheidungen von Organen der Strafjustiz von Zivilgerichten überprüft werden. Im Zusammenhang mit der Sicherstellung von Vermögensgegenständen ist hier konkret die Weigerung der Staatsanwaltschaft zu nennen, nach rechtskräftigem Abschluss des Strafverfahrens beschlagnahmte Gegenstände herauszugeben; gegen diese Entscheidung soll nach herrschender Meinung die Herausgabeklage auf dem Zivilrechtsweg zur Verfügung stehen.[636]

350   *(2) Rechtsbehelfe gegen Entscheidungen des Rechtspflegers, des Gerichtsvollziehers und der Ermittlungspersonen der Staatsanwaltschaft.* Nach § 111 f Abs. 1 bis 3 StPO ist zuständig für die Durchführung der Beschlagnahme bzw. den Vollzug des Arrests das Gericht bzw. die Staatsanwaltschaft oder – bei beweglichen Sachen – deren Ermittlungspersonen.[637] Innerhalb der Behörde liegt die **funktionale Zuständigkeit** jedoch zumeist bei den **Rechtspflegern**. Dabei ist zwischen Rechtspflegern der Staatsanwaltschaft und solchen des Gerichts zu unterscheiden. Maßnahmen von **Rechtspflegern**, denen gem. § 31 Abs. 1 Nr. 1 oder 2 RPflG **Geschäfte der Staatsanwaltschaft** übertragen wurden, können ausweislich des § 32 RPflG nicht nach den Allgemeinen verfahrensrechtlichen Vorschriften angefochten werden, wie es der in § 11 Abs. 1 RPflG (n. F.) enthaltene Grundsatz vorsieht. Vielmehr entscheidet gem. § 31 Abs. 6 S. 1 RPflG über **Einwendungen** gegen Vollstreckungsmaßnahmen des Rechtspflegers der Staatsanwalt, an dessen Stelle er tätig geworden ist. Erst gegen eine förmliche Verfügung der Staatsanwaltschaft kann dann eine gerichtliche Entscheidung herbeigeführt werden (also „keine Durchgriffsmöglichkeit").[638] Dagegen ist gegen belastende Maßnahmen und Entscheidungen, die der **Rechtspfleger des Gerichts** im Rahmen des sog. „echten Rechtspflegergeschäfts" nach § 22 Nr. 1 oder 2 RPflG i.V.m. § 111 f Abs. 2, 3 StPO trifft, gem. § 11 Abs. 1 RPflG (n. F.) die einfache **Beschwerde** nach § 304 StPO statthaft.[639] Der Rechtspfleger kann der Beschwerde, die keine

---

Beschl. v. 12.12.2001 – 8 Qs223/01 – wistra 2002, 158; LG Berlin Beschl. v. 25.4.2003 – 505 Qs 58/03 – StV 2004, 532 (anders bei Dritten: § 771 ZPO); *Meyer/Goßner* § 111 f Rdnr. 14; *Löwe/Rosenberg/Schäfer* § 111 f. Rdnr. 12; Bittmann/*Goos*, Insolvenzstrafrecht, § 33 Rdnr. 66; anders (einschlägig sind die Vollstreckungsrechtsbehelfe der ZPO) BGH Beschl. v. 22.9.2005 – IX ZB 265/04 – NStZ 2006, 235 f.; OLG Frankfurt/M. Beschl. v. 25.10.2005 – 3 Ws 521/05 – NStZ-RR 2006, 15 ff. u. OLG Hamburg Beschl. v. 12.12.2002 – 1 Ws 63/02 – NJW-RR 2003, 715, jew. mit ausf. Begründung; OLG Naumburg Beschl. v. 19.5.2004 – 1 Ws 171/04 – NStZ 2005, 341.

[633] LG Saarbrücken Beschl. v. 12.12.2001 – 8 Qs 223/01 – wistra 2002, 158 f.; KK-StPO/*Nack* § 111 e Rdnr. 19.
[634] BGBl. 2002 I S. 3018; zur Begr. BT-Drucks. 14/6079 S. 7.
[635] LG Saarbrücken Beschl. v. 12.12.2001 – 8 Qs 223/01 – wistra 2002, 158 f. m.w. Argumenten; OLG Stuttgart Urt. v. 2.11.1999 – 12 U 156/99; a.A. OLG Naumburg Beschl. v. 19.5.2004 – 1 Ws 171/04 – NStZ 2005, 341 m.w.N.; mit beachtlichen Gründen auch AG Saarbrücken Beschl. v. 14.12.1999 – 7 Gs 1753/99 – wistra 2000, 194; *Leuger* wistra 2002, 478, 480.
[636] So OLG Stuttgart Beschl. v. 27.8.2001 – 2 Ws 165/2001 – wistra 2002, 38 f. m.w.N.
[637] Das können im Rahmen von § 111 f Abs. 1 StPO alle Polizeibeamten sein, da hier der – bei § 111 e Abs. 1 und § 111 f Abs. 3 StPO vorhandene – Klammerzusatz „§ 152 des Gerichtsverfassungsgesetzes" fehlt, vgl. KMR/*Mayer* § 111 f Rdnr. 2.
[638] OLG Karlsruhe Beschl. v. 5.8.1991 – 1 W 58/90 – Rpfleger 1992, 447; OLG Koblenz Beschl. v. 15.10.1975 – 1 Ws 608/75 – Rpfleger 1976, 127; OLG Celle Beschl. v. 3.5.1977 – 3 Ws 142/77 – NdsRpfl 1977, 128; Arnold/Meyer-Stolte/*Rellermeyer* RPflG § 31 Rdnr. 28.
[639] Vgl. Arnold/Meyer-Stolte/*Rellermeyer* RPflG § 22 Rdnr. 9 m.w.N.; *Huber* Rpfleger 2002, 285, 290 f.; die Neufassung des § 11 RPflG übersehend *Pfeiffer* § 111 f Rdnr. 6, der noch die Erinnerung als Rechtsbehelf angibt.

aufschiebende Wirkung hat (§ 307 Abs. 1 StPO), abhelfen (§ 306 Abs. 2 StPO); eine weitere Beschwerde ist nach § 310 Abs. 2 StPO nicht zulässig.[640]

Über Einwendungen, die gegen die Beschlagnahme beweglicher Sachen durch staatsanwaltschaftlich beauftragte Ermittlungspersonen bzw. Gerichtsvollzieher vorgetragen werden, entscheidet der Staatsanwalt, dessen Entscheidung wiederum mit Rechtsmitteln angegriffen werden kann.[641]

(3) Beschwerde. Hat der Staatsanwalt über Einwendungen gegen Maßnahmen des Rechtspflegers oder beauftragten Gerichtsvollziehers bzw. Polizeibeamten entschieden, kann gegen seine (bestätigende) Entscheidung in entsprechender Anwendung des § 111 e Abs. 2 StPO wiederum der Strafrichter angerufen werden.[642] Dessen Entscheidungen sind dann nach den §§ 304, 305 S. 2 StPO mit der **Beschwerde** anfechtbar.[643]

cc) Erledigte Sicherstellungsmaßnahmen. Die Diskussion über die Frage, inwieweit auch **prozessual überholte** Maßnahmen angefochten werden können, ist durch einen Beschluss des BVerfG aus dem Jahre 1997 in Bewegung geraten.[644] Ausgehend von dem Grundsatz, dass Ermittlungsmaßnahmen nur solange angegriffen werden können, wie der von der Maßnahme Betroffene **noch beschwert** ist, ließ die Rechtsprechung lange Zeit – entgegen starker Kritik aus der Literatur[645] – eine Anfechtbarkeit trotz prozessualer Überholung nur bei einem **nachwirkenden** Feststellungsinteresse zu, das sich lediglich aus einer Wiederholungsgefahr oder einem Rehabilitierungsinteresse infolge besonders diskriminierender Auswirkungen ergeben konnte.[646] Nach der neueren Rechtsprechung des BVerfG bleibt die **Beschwerde nach Art. 19 Abs. 4 GG** aber auch zulässig in Fällen tief greifender, tatsächlich jedoch nicht mehr fortwirkender Grundrechtseingriffe, wenn sich die Belastung durch die Maßnahme nach dem typischen Verfahrensablauf auf eine Zeitspanne beschränkt, in welcher der Betroffene die gerichtliche Entscheidung im Beschwerdeverfahren kaum erlangen kann.[647] Diese Grundsätze, die zu einer Beschwerde gegen eine richterlich angeordnete und abgeschlossene Durchsuchung aufgestellt wurden und auch bei einer richterlichen Beschlagmeanordnung[648] in Betracht kommen, sollen entsprechend für die richterliche Überprüfung einer von der Staatsanwaltschaft oder ihren Ermittlungspersonen verfügten Beschlagnahme gelten.[649] Die Beschwerde darf dann nicht wegen prozessualer Überholung als unzulässig verworfen werden. Vielmehr ist die Rechtmäßigkeit der Maßnahmen zu überprüfen und ggf. deren Rechtswidrigkeit festzustellen.[650]

Allerdings wird die praktische Bedeutung einer zulässigen gerichtlichen Überprüfung für den Fall einer abgeschlossenen Beschlagnahme bezweifelt, da die direkte Belastung durch die Be-

---

[640] Dazu OLG Koblenz Beschl. v. 25.1.1985 – 1 Ws 41/85 – MDR 1985, 516.
[641] So für Einwendungen gegen Vollziehungsmaßnahmen des Gerichtsvollziehers LG Saarbrücken Beschl. v. 12.12.2001 – 8 Qs 223/01 – wistra 2002, 158, 159; nach Ansicht des LG Hannover Beschl. v. 25.6.2001 – 11 T 1087/01 (252) – NdsRpfl 2001, 465 ist dagegen die Erinnerung der richtige Rechtsbehelf und in Folge davon das Amtsgericht als Vollstreckungsgericht für die Entscheidung über die sofortige Beschwerde gem. § 793 ZPO zuständig, da § 766 Abs. 2 ZPO eine abschließende Regelung des Verfahrens hinsichtlich der Gerichtsvollziehertätigkeit enthalte.
[642] OLG Karlsruhe Beschl. v. 5.8.1991 – 1 W 58/90 – Rpfleger 1992, 447 m.w.N.
[643] *Meyer-Goßner* § 111 f Rdnr. 14; zu Beschwerden gegen Entscheidungen des OLG und des Ermittlungsrichters des BGH, die Vollstreckungsmaßnahmen des Rechtspflegers betreffen, KK-StPO/*Nack* § 111 f Rdnr. 6.
[644] BVerfG Beschl. v. 30.4.1997 – 2 BvR 817/90 – NJW 1997, 2163.
[645] *Gössel* GA 1995, 238, 240; *Hilger* JR 1990, 485, 488; SK-StPO/*Rudolphi* § 98 Rdnr. 24, 35 ff. m.w.N.
[646] Vgl. nur BVerfGE 49, 329, 337 ff.; BGHSt 28, 206, 209 = NJW 1979, 882; BGHSt 36, 30, 32 = NJW 1990, 57 f.
[647] BVerfG Beschl. v. 30.4.1997 – 2 BvR 817/90 – NJW 1997, 2163; BVerfG Beschl. v. 24.3.1998 – 1 BvR 1935/96 – NJW 1998, 2131; BVerfG Beschl. v. 19.6.1997 – 2 BvR 941/91 – StV 1997, 505; die ordentlichen Gerichte sind dem BVerfG gefolgt, s. nur BGHSt 44, 265, 270 f. = NJW 1999, 730 ff.; BGHSt 45, 183 ff. = NJW 1999, 3499 f.; BGH Beschl. v. 13.10.1999 – StB 7 u. 8/99 – wistra 2000, 26, 27.
[648] BVerfG Beschl. v. 15.7.1998 – 2 BvR 446/98 – NJW 1999, 273; LG Neuruppin Beschl. v. 11.7.1997 – 14 Qs 59 Js 315/96 – StV 1997, 506; krit. dazu *Roxin* StV 1997, 654, 656.
[649] KK-StPO/*Nack* § 98 Rdnr. 23. Zur nachträglichen vollinhaltlichen Kontrolle einer wegen „Gefahr im Verzug" von der Staatsanwaltschaft angeordneten Durchsuchung vgl. BVerfG Beschl. v. 22.1.2002 – 2 BvR 1473/01 – NJW 2002, 1333, 1334.
[650] *Meyer-Goßner* Vor § 296 Rdnr. 18 a; *Hofmann/Riedel* wistra 2005, 405, 406.

schlagnahme in aller Regel zeitlich nicht so beschränkt sein wird, dass keine gerichtliche Überprüfung der Maßnahme stattfinden kann.[651] Einschlägige Entscheidungen aus dem Bereich der Vermögenssicherstellung sind bisher – soweit ersichtlich – nicht ergangen. Es bedarf allerdings nicht viel Fantasie, sich Fälle vorzustellen, in denen auch ein nur kurzzeitiges „Einfrieren" größerer Finanzmittel erhebliche finanzielle Verluste mit sich bringt. Man denke nur an von der Staatsanwaltschaft rechtswidrig für wenige Tage sichergestellte Aktien, die in dieser Zeit einen starken Kursverlust erleben und wegen der Verfügungssperre von ihrem Inhaber nicht verkauft werden konnten. Hier liegt ein gravierender Eingriff in das Eigentumsgrundrecht vor; auch hätte der Betroffene u. U. kaum rechtzeitig eine richterliche Entscheidung erlangen können. Ob hier ein Rechtsschutzinteresse nach Beendigung der Maßnahmen zu bejahen ist, hängt letztlich von den Umständen des Einzelfalles ab. Jedenfalls spricht – auch im Hinblick auf die Vorbereitung von Schadensersatz oder Amtshaftungsansprüchen[652] – einiges dafür, hier in geeigneten Fällen den Versuch zu unternehmen, nachträglich die Rechtswidrigkeit der Maßnahme feststellen zu lassen.[653]

355 dd) *Rechtsbehelfe gegen Entscheidungen nach den §§ 111 i, 111 k, 111 l StPO.*
(1) Beschwerde. Gerichtsbeschlüsse nach den §§ 111 i, 111 k StPO sind mit der **Beschwerde** anfechtbar.[654] Beschwerdeberechtigt sind im Falle der Verlängerung der Sicherstellungsmaßnahme i.S.d. § 111 i StPO der davon Betroffene und die Staatsanwaltschaft, im Falle der Ablehnung der Aufrechterhaltung der Verletzte.[655] Ein Recht zur Beschwerde hat in Situationen des § 111 k StPO jeder, dessen rechtliche Interessen durch die Entscheidung berührt sein können, also Ansprüche geltend gemacht hat, die vom Gericht nicht berücksichtigt wurden.[656]

356 *(2) Rechtsbehelfe gegen Entscheidungen im Rahmen der Notveräußerung gem. § 111 l StPO.* Gegen Entscheidungen bzw. Maßnahmen von Strafverfolgungsbehörden bei der Notveräußerung sind folgende Rechtsmittel gegeben:

357 Soweit es um die Anordnung[657] der Notveräußerung geht, differenziert das Gesetz danach, ob die Staatsanwaltschaft bzw. im Ausnahmefall ihre Ermittlungspersonen diese Entscheidung getroffen haben oder das Gericht.

358 Im ersten Fall ist die Entscheidung nach § 111 l Abs. 6 StPO mit dem Antrag auf gerichtliche Entscheidung anfechtbar. Diese Entscheidung trifft im vorbereitenden Verfahren nach § 111 e Abs. 6 S. 1 i.V.m. § 161 a Abs. 3 S. 2 StPO das Landgericht, in dessen Bezirk die anordnende Staatsanwaltschaft sitzt, nach Anklageerhebung das mit der Hauptsache befasste Gericht, § 111 l Abs. 6 S. 2 StPO. Einigkeit besteht darüber, dass diese gerichtliche Entscheidung unabhängig vom Verfahrensstadium nicht anfechtbar ist, auch wenn § 111 l Abs. 6 S. 2 StPO nicht auf § 161 a Abs. 3 StPO verweist, da sich beide Sätze allein darin unterscheiden, welches Gericht entscheidet.[658]

359 Im zweiten Fall der gerichtlichen Anordnung der Notveräußerung nach § 111 l Abs. 3 S. 1 StPO wird die Frage der Anfechtbarkeit nicht einheitlich beantwortet. Die Rechtsprechung verneint die Möglichkeit der Beschwerde nach § 304 StPO, indem sie der in § 111 l Abs. 6 S. 1 StPO enthaltenen Ausschluss der Anfechtbarkeit gerichtlicher Entscheidungen über staatsanwaltschaftliche Anordnungen allgemein gültigen Charakter beimisst und darin die Entschei-

---

[651] KK-StPO/*Nack* § 98 Rdnr. 24. So auch OLG Frankfurt Beschl. v. 4.4.2003 – 3 Ws 301/03 – NStZ-RR 2003, 175 f. zur Beschlagnahme nach § 94 StPO.
[652] Dazu *Park* Durchsuchung Rdnr. 368.
[653] Zust. *Hofmann/Riedel* wistra 2005, 405, 406.
[654] Zur Anfechtbarkeit von Entscheidungen des OLG und des Ermittlungsrichters des BGH KK-StPO/*Nack* § 111 i Rdnr. 8; § 111 k Rdnr. 9.
[655] *Meyer-Goßner* StPO § 111 i Rdnr. 6.
[656] KK-StPO/*Nack* § 111 k Rdnr. 9.
[657] *Löwe/Rosenberg/Schäfer* § 111 l Rdnr. 17 will wegen des „heutigen Rechtsschutzverständnisses" auch die Anfechtung der Ablehnung eines Antrags auf Notveräußerung in entspr. Anwendung von § 111 l Abs. 6 StPO zulassen.
[658] SK-StPO/*Rudolphi* § 111 l Rdnr. 15; KK-StPO/*Nack* § 111 l Rdnr. 8; *Meyer-Goßner* § 111 l Rdnr. 15.

dung des Gesetzgebers dafür erblickt, bei der Notveräußerung generell nur eine einzige gerichtliche Instanz zu eröffnen.[659]

Soweit der Rechtspfleger die ihm übertragenen Geschäfte bei der Anordnung der Notveräußerung wahrgenommen hat, ist gegen Entscheidungen des Rechtspflegers des Gerichts die Erinnerung nach § 11 Abs. 2 RPflG n. F. in Ermangelung eines allgemeinen Rechtsmittels gegen die entsprechende richterliche Anordnung gegeben. Gegen die Entscheidung des Rechtspflegers der Staatsanwaltschaft kann der Betroffene nach § 31 Abs. 6 S. 1 RPflG Einwendungen an die Adresse des Staatsanwalts erheben, an dessen Stelle der Rechtspfleger gehandelt hat.

ee) Sofortige Beschwerde gegen Zulassungsbeschlüsse gem. den §§ 111 g Abs. 2, 111 h Abs. 2 StPO. Die Gerichtsbeschlüsse gem. den §§ 111 g Abs. 2, 111 h Abs. 2 StPO können von den Beteiligten – auch den Einziehungs- oder Verfallsbeteiligten[660] –, soweit sie beschwert sind, mit der **sofortigen Beschwerde** angefochten werden. Keine Beschwerdemöglichkeit hat der Verletzte, wenn seinem Zulassungsantrag in vollem Umfang entsprochen wurde, sowie der Beschuldigte und die Staatsanwaltschaft, wenn das Gericht die Zulassung versagt.[661] Die auch gegen Entscheidungen des erkennenden Gerichts (§ 305 S. 2 StPO) zulässige sofortige Beschwerde hat gem. § 307 Abs. 1 StPO keine aufschiebende Wirkung; eine weitere Beschwerde ist nach § 310 StPO ausgeschlossen.

ff) Verfassungsbeschwerde und Dienstaufsichtsbeschwerde. Eine Vermögenssicherstellung i.S.d. §§ 111 b ff. StPO kann einen gravierenden Eingriff in das Grundrecht aus Art. 14 GG darstellen. Damit ist hier – nach Erschöpfung des Rechtswegs – auch ein Anwendungsfeld für die Verfassungsbeschwerde gem. Art. 93 Abs. 1 Nr. 4 a GG, §§ 13 Nr. 8 a, 90 ff. BVerfGG eröffnet. In der Praxis wurden erste Fälle, in denen umfangreiche Vermögensarrestierungen stattgefunden haben, erfolgreich mit der Verfassungsbeschwerde angegriffen.[662]

Die in der StPO genannten Rechtsbehelfe gegen Sicherstellungsmaßnahmen werden ergänzt durch die Möglichkeit des Betroffenen bzw. seines Rechtsanwalts, das Verhalten der an der Sicherstellung beteiligten Amtsträger im Wege einer **Dienstaufsichtsbeschwerde** einer **dienstaufsichtsrechtlichen Überprüfung** zuzuführen.[663]

f) **Absehen von Verfall und Einziehung aus Opportunitätsgründen, §§ 430, 442 Abs. 1 StPO.** In Anlehnung an die §§ 154, 154 a StPO ermöglichen die §§ 430, 442 Abs. 1 StPO der Staatsanwaltschaft und dem Gericht, die Einziehung oder den Verfall als Gegenstand der Untersuchung und Entscheidung auszuklammern, soweit diese neben der zu erwartenden Hauptsanktion nicht ins Gewicht fallen, einen unangemessenen Aufwand erfordern oder die Herbeiführung der Entscheidung über die anderen Rechtsfolgen der Tat unangemessen erschweren würden.[664] Die §§ 430, 442 Abs. 1 StPO sind nur anwendbar, wenn die Tat wegen der übrigen (möglichen) Sanktionen verfolgt wird. Nach Untersuchungen von *Dessecker* werden die Vorschriften in der Praxis ignoriert.[665]

g) **Die Beteiligung der vom Verfall Betroffenen im Strafverfahren nach den §§ 431 ff., 442 StPO.** Da der Verfall nicht notwendig stets nur Tatbeteiligte betrifft, sondern nach § 73 Abs. 3

---

[659] OLG Köln Beschl. v. 1.6.2004 – 2 Ws 158/04 u. 2 Ws 160/04 – NJW 2004, 2994; OLG Celle Urt. v. 4.10.1990 – 1 Ws 303/90 – StV 1992, 459; zust. KK-StPO/*Nack* § 111 l Rdnr. 8; Löwe/Rosenberg/*Schäfer* § 111 l Rdnr. 20; *Meyer-Goßner* § 111 l Rdnr. 15; KMR/*Mayer* § 111 l Rdnr. 11; SK-StPO/*Rudolphi* § 111 l Rdnr. 15.

[660] ThürOLG Beschl. v. 2.4.2004 – 1 Ws 11-12/04 – wistra 2005, 77 (m. zust. Anm. von *Scharf/Kropp*) in Analogie zu § 111 g Abs. 2 S. 2 StPO; ebenso *Schmid/Winter* NStZ 2002, 8, 10; KK-StPO/*Nack* § 111 g Rdnr. 6.

[661] Nach Löwe/Rosenberg/*Schäfer* § 111 g Rdnr. 15 hat im Versagungsfall auch die Staatsanwaltschaft das Rechtsmittel; da es sich nicht um „Beschlagnahme" i.S.v. § 304 Abs. 4, 5 StPO handelt, sind Entscheidungen des OLG und des Ermittlungsrichters des BGH nicht anfechtbar, vgl. KK-StPO/*Nack* § 111 g Rdnr. 6.

[662] Vgl. die Kammerentscheidungen BVerfG Beschl. v. 29.5.2006 – 2 BvR 820/06; Beschl. v. 7.6.2005 – 2 BvR 1822/04 – StraFo 2005, 338; Beschl. v. 3.5.2005 – 2 BvR 1378/04 – WM 2005, 1191; Beschl. v. 14.6.2004 – 2 BvR 1136/03 – StV 2004, 409 – „Falk", jeweils zu Art. 14 Abs. 1 GG; Beschl. v. 5.5.2004 – 2 BvR 1012/02 (zu Art. 103 Abs. 1 GG).

[663] Mehr zur Dienstaufsichtsbeschwerde und ihren positiven, aber auch negativen Auswirkungen *Park* Durchsuchung Rdnr. 344 ff.; *Dahs* Handbuch Rdnr. 1086 ff.

[664] Zu den Einzelheiten KK-StPO/*Boujong* § 430 Rdnr. 1 ff.

[665] *Dessecker* Gewinnabschöpfung S. 323. Anwendungsfälle finden sich allerdings im BGH Beschl. v. 29.10.2002 – 4 StR 322/02 u. OLG Dresden Beschl. v. 12.3.2003 – 1 Ss 116/03 – NStZ-RR 2003, 214, 215.

und 4 StGB auch die Möglichkeit besteht, dass in Rechte Tatunbeteiligter eingegriffen wird, stellt sich die Frage ihrer Verfahrensbeteiligung.[666] Die §§ 431, 442 StPO verpflichten das Gericht, aller Voraussicht nach vom Verfall Betroffene i.w.S. an dem Strafverfahren zu beteiligen, das die Tat, durch die etwas erlangt worden sein soll, zum Gegenstand hat. Die **Verfahrensbeteiligung muss von Amts wegen erfolgen**, was offensichtlich nicht bei jedem Gericht bekannt ist.[667] Daher empfiehlt es sich für den Verteidiger, bereits frühzeitig auf dieses Erfordernis hinzuweisen. Die Anordnung der Beteiligung kann und muss noch bis zum Ende der Schlussvorträge im Berufungsverfahren nachgeholt werden.

366   Eine Beteiligung am Verfahren erfolgt allerdings erst dann, wenn Anklage erhoben worden ist. Das ergibt sich aus der Verwendung des Begriffs des Angeschuldigten in § 431 Abs. 1 Nr. 1 und § 442 Abs. 2 S. 1 StPO.[668] Da eine Beteiligung auch im objektiven Verfahren zu erfolgen hat, gilt hier der Eingang des Antrags auf selbständige Anordnung des Verfalls entsprechend. Vor diesen Zeitpunkten gilt der potenziell vom Verfall Betroffene lediglich als Verfallsinteressent i.S.d. § 432 i.V.m. § 442 Abs. 1 StPO, dem im Grundsatz nur Gelegenheit zur Äußerung (formlose Anhörung) gegeben werden muss.

367   Als Verfallsbeteiligte kommen nur der Drittempfänger nach § 73 Abs. 3 StGB und der Dritteigentümer nach § 73 Abs. 4 StGB in Betracht, auch soweit es um den zu § 73 StGB akzessorischen Wertersatzverfall geht.[669] Zwischen diesen beiden möglichen Verfallsbeteiligten muss nun deutlich unterschieden werden, da für ihre Beteiligung jeweils unterschiedliche Regeln gelten.

368   Da der **Drittempfänger nach § 73 Abs. 3 StGB** Adressat des im subjektiven Verfahren angeordneten Verfalls ist, kann ohne seine Beteiligung der Verfall grundsätzlich nicht ausgesprochen werden. Für seine Beteiligung formuliert § 442 Abs. 2 StPO von § 431 StPO daher abweichende Vorgaben.[670] Ist danach die Beteiligung des Dritten unmöglich, so muss die Anordnung des Verfalls ihm gegenüber unterbleiben. Dies entspricht der Regel, wonach gegen den abwesenden Angeklagten nicht verhandelt werden darf. Ist die Beteiligung allerdings ausführbar und erhielt der Dritte trotz der Beteiligung aus tatsächlichen Gründen (und ohne sein Verschulden) keine Möglichkeit, seine Rechte geltend zu machen, so erhält er aus Gründen der Prozessökonomie erst im Nachverfahren nach § 439 StPO Gelegenheit, Stellung zu nehmen; eine Wiedereinsetzung in den vorigen Stand kommt daneben nicht in Betracht.[671]

369   Für den **Dritteigentümer nach § 73 Abs. 4 StGB** hingegen bleibt es bei der Regel des § 431 Abs. 1 Nr. 1 StPO, da er zwar von einer Verfallsanordnung nach § 73 Abs. 4 StGB in seinem Eigentum betroffen sein kann, sich der Verfall aber nicht gegen ihn, sondern den Angeschuldigten als Tatbeteiligten i.S.d. § 73 Abs. 1 StGB richtet. Hier kann der Verfall auch dann angeordnet werden, wenn die Beteiligung nicht ausführbar ist. Hat sich das Gericht dabei über die Eigentumsverhältnisse bzw. Rechtsinhaberschaften geirrt, so hindert dies den wahren Berechtigten nicht, sein fortbestehendes Eigentum/Recht später gegenüber dem Landesjustizfiskus geltend

---

[666] S. zu der entspr. Beteiligungsproblematik im Ordnungswidrigkeitenrecht KK-OWiG/*Rogall* § 30 Rdnr. 171 ff.

[667] Vgl. OLG Düsseldorf Urt. v. 29.6.1999 – 5 Ss 52/99 – 36/99 I – wistra 1999, 477, 478.

[668] Löwe/Rosenberg/*Gössel* § 431 Rdnr. 2.

[669] Zwar kennt auch die Vorschrift des § 73 d Abs. 1 S. 2 StGB (erweiterter Verfall) einen Dritteigentümer. Da dieser jedoch in der Regel nicht bestimmbar ist, weil die Tat, durch die der Angeschuldigte etwas erlangt haben soll, nicht im Einzelnen nachgewiesen sein muss und damit auch das (nichtige) Rechtsgeschäft unbekannt bleibt, kommt dessen Verfahrensbeteiligung nicht in Betracht. Der durch eine Straftat Verletzte kann seine Interessen nicht im Nachverfahren nach den §§ 442, 439 StPO analog durchsetzen, wenn der Verfall trotz § 73 Abs. 1 S. 2 StGB rechtskräftig angeordnet worden ist, da er nicht zum Kreis der Verfallsbeteiligten (nur Inhaber [beschränkt] dinglicher Rechte) gehört und sich die Vorschriften auch nicht durch eine entsprechende Anwendung auf ihn erweitern lassen, vgl. OLG München NJW 2004, 1119 u. LG München I Beschl. v. 8.4.2003 – 6 KLs 305 Js 34 066/02 – BKR 2003, 385 f.

[670] S. zu Anwendungsbsp. BGH Urt. v. 21.8.2002 – 1 StR 115/02 – NJW 2002, 3339; OLG Hamm Beschl. v. 25.11.2001 – 2 Ws 312/01 – wistra 2002, 234, 235.

[671] Löwe/Rosenberg/*Gössel* § 431 Rdnr. 24 f. Das Nachverfahren ist nur insoweit zulässig, als sich der im Urt. zuvor ausgesprochene Verfall auf die vom Antragsteller geforderten Gegenstände bezieht. Anderenfalls kommt eine Umdeutung des Antrags in eine Einwendung gegen die Vollstreckung nach § 459 h StPO in Betracht, etwa wenn der Verfallsadressat Geld des Antragstellers mit eigenem untrennbar vermischt hat, vgl. KG Beschl. v. 15.7.2001 – 1 AR 364/01 – 3 Ws 237/01 – bei Kotz/Rahlf NStZ-RR 2003, 161, 162.

zu machen. Denn anders als bei der Einziehung geht das Eigentum/Recht nach § 73 e Abs. 1 StGB stets nur dann auf den Justizfiskus über, wenn es dem Betroffenen zum Zeitpunkt des Eintritts der Rechtskraft der anordnenden Entscheidung zusteht.

In beiden Fällen ist die Verfahrensbeteiligung des Dritteigentümers bereits dann anzuordnen, 370 wenn es wahrscheinlich ist, dass die gesetzlichen Voraussetzungen der §§ 73 ff. StGB vorliegen und von der Anordnung des Verfalls nicht nach § 430 StPO abgesehen wird. Anders als bei der Einziehung ergeben sich bei der Beurteilung der Wahrscheinlichkeit der Anordnung des Verfalls keine schwiergen Fragen, da der Verfall im Gegensatz zur Einziehung zwingend anzuordnen ist und hier keine prognostisch geprägte Mutmaßungen darüber anzustellen sind, ob die Anordnung der Maßnahme zu erwarten ist.[672]

Die Beteiligung verleiht dem vom Verfall Betroffenen mit der Eröffnung des Hauptverfah- 371 rens grundsätzlich dieselben Befugnisse wie einem Angeklagter, § 433 Abs. 1 S. 1 StPO. Damit hat der Verfallsbeteiligte nicht die Rechtsstellung eines Angeklagten, jedoch verfügt er über ein ähnliches Maß an Rechten wie dieser. Dazu gehören im Wesentlichen das Recht auf Anwesenheit und rechtliches Gehör, das Recht, im Rahmen des § 436 Abs. 2 StPO Beweisanträge zu stellen sowie nach § 437 StPO die Befugnis, Rechtsmittel einzulegen.[673] Eine Beteiligungsbeschränkung nach § 431 Abs. 2 StPO dergestalt, dass die Beteiligung sich nicht auf die Frage der Schuld des Angeschuldigten erstreckt mit der Folge, dass der Verfallbeteiligte wie ein Zeuge behandelt würde, kommt beim Verfall nicht in Betracht, da die Verfallsanordnung ohnehin keine Prüfung der Schuld des Angeschuldigten erfordert.[674]

Da der Drittempfänger i.S.d. § 73 Abs. 3 StGB in aller Regel eine juristische Person ist, wird 372 sich im Zusammenhang mit ihrer Verfahrensbeteiligung nach den §§ 442 Abs. 2 und 431 ff. StPO häufig die Frage ihrer Vertretung ergeben.[675] Nicht selten wird der gesetzliche Vertreter zugleich Angeschuldigter sein, weil er in Verdacht steht, die rechtswidrige Tat begangen zu haben, aus der „seine" juristische Person etwas erlangt haben soll. Hier ist zu beachten, dass beschuldigte Mitglieder des vertretungsberechtigten Organs einer juristischen Person von der Vertretung im Strafverfahren wegen der Gefahr eines Interessenkonflikts nach h.M. ausgeschlossen sind.[676] Die juristische Person wird entweder von nicht betroffenen Organmitgliedern, einem nach den §§ 444 Abs. 2 S. 2, 434 Abs. 1 StPO für das konkrete Verfahren gewählten oder von einem vom Gericht nach den §§ 29 BGB, 85 AktG bestellten Notvertreter vertreten.

III. Die Anordnung des einfachen Verfalls und des Verfalls von Wertersatz

1. Allgemeines

Der Verfall wird ebenso wie die Einziehung durch Strafurteil (§ 260 StPO), durch Strafbefehl 373 (§ 407 Abs. 2 Nr. 1 StPO) oder selbständigen Beschluss (§ 442 Abs. 1 i.V.m. § 441 Abs. 2 StPO bei selbständigem Verfall; § 462 StPO bei nachträglichem Verfall) angeordnet. Als Ausspruch über die Rechtsfolge einer Straftat muss das Gericht dazu mit der für eine Verurteilung bzw. Beschlussfassung notwendigen Gewissheit davon ausgehen, dass die materiellen Voraussetzungen der Maßnahme (vgl. § 11 Abs. 1 Nr. 8 StGB) vorliegen und dies in den Urteilsgründen darlegen. Viele Entscheidungen sind hier bisher vom BGH aufgehoben worden, weil die Tatgerichte z.B. die – negativen – Voraussetzungen des Verfalls gem. § 73 Abs. 1 S. 2 oder § 73 c StGB verkannt und diesbezüglich keine Feststellungen getroffen haben. Beweiserleichterungen, wie sie § 73 d StGB für den erweiterten Verfall vorsieht, kommen hier nicht zum Tragen. Vielmehr muss das Gericht für das Vorliegen der Merkmale der §§ 73 ff. StGB im Verfahren des

---

[672] Vgl. zu dieser strittigen Frage Löwe/Rosenberg/*Gössel* § 431 Rdnr. 40 ff.
[673] Vgl. OLG Düsseldorf Beschl. v. 4.2.1988 – 2 Ws 128/87 – NStZ 1988, 289; ausf. – und bejahend – zum Schweigerecht der juristischen Person als Nebenbeteiligte im Strafrecht *Minoggio* wistra 2003, 121 ff.
[674] KK-StPO/*Boujong* § 431 Rdnr. 20; Löwe/Rosenberg/*Gössel* § 431 Rdnr. 52; a.A. *Meyer-Goßner* § 431 Rdnr. 18; AK-StPO/*Günther* § 431 Rdnr. 17.
[675] Zur Beteiligung des Insolvenzverwalters am Strafverfahren zur Sicherung des Verfallsanspruchs gegen die aus der Straftat begünstigte Schuldnerin OLG Köln Beschl. v. 21.11.2003 – 2 Ws 593 u. 617/03 – ZIP 2004, 2016.
[676] Löwe/Rosenberg/*Gössel* § 444 Rdnr. 25; KK-StPO/*Boujong* § 444 Rdnr. 7.

Strengbeweises wie bei den Schuldtatsachen den vollen Beweis erbringen.[677] Lediglich hinsichtlich des Umfangs des Erlangten ermöglicht § 73 b StGB dem Strafrichter die Schätzung.

374 Die für verfallen erklärten oder eingezogenen Gegenstände müssen in der Urteils- bzw. Beschlussformel (oder, falls zu umfangreich, in einer Anlage dazu)[678] so konkret bezeichnet werden, dass bei allen Verfahrensbeteiligten und der Vollstreckungsbehörde Klarheit über den Umfang des Verfalls bzw. der Einziehung besteht.[679] Da die Entscheidung aus sich selbst heraus verständlich sein muss, ist eine Verweisung auf die Anklage oder die Antragsschrift im selbständigen Verfahren nicht zulässig.[680] Wird Wertersatz für verfallen erklärt oder eingezogen, so muss dessen Betrag im Tenor bezeichnet werden.[681] Richtet sich die Anordnung gegen einen Dritten, sind dessen Personalien genau anzugeben. In Anknüpfung an § 154 a StPO kann der Verfall oder die Einziehung zur Vereinfachung oder Beschleunigung des Verfahrens durch Beschluss nach § 430 i.V.m. § 442 Abs. 1 StPO aus den übrigen Rechtsfolgen ausgeschieden werden. Da nach Auffassung der Rechtsprechung der Verfall keinen Strafcharakter hat, ergeht – wie sich aus der Gegenüberstellung von § 267 Abs. 5 und Abs. 6 StPO ergibt – kein Teilfreispruch, wenn abweichend von den Anträgen der Staatsanwaltschaft kein Verfall angeordnet wird.[682]

375 Ist über das Vermögen des Angeklagten vor Ausspruch des Verfalls im Urteil das **Insolvenzverfahren eröffnet** worden, so muss zwischen der Anordnung des Original- und Surrogatverfalls nach den §§ 73 Abs. 1 S. 1, 73 Abs. 2 S. 2 StGB einerseits und der Anordnung des Wertersatzverfalls nach den §§ 73 Abs. 1 S. 1, 73 a StGB andererseits unterschieden werden. Durch die Anordnung des Original- bzw. Surrogatverfalls geht der dem Angeklagten gehörende Gegenstand nach § 73 e Abs. 1 S. 1 StGB in das Vermögen des Justizfiskus über. Da nach § 91 Abs. 1 InsO Rechte an Gegenständen der Insolvenzmasse (nach § 35 InsO also das gesamte Vermögen des Schuldners, das ihm zur Zeit der Eröffnung bereits gehört und auch solche Gegenstände, die er während des Verfahrens noch erwirbt) unabhängig von der Art des Entstehungsgrundes nicht wirksam erworben werden können, steht die Eröffnung des Insolvenzverfahrens der Anordnung des Original- bzw. Surrogatverfalls entgegen.[683] Etwas anderes gilt für die Anordnung des Wertersatzverfalls. Da dadurch „lediglich" ein Zahlungsanspruch des Justizfiskus gegen den Verurteilten begründet wird und die Regelung des § 73 e Abs. 1 S. 1 StGB auf diese Form des Verfalls keine Anwendung findet, fehlt es bei seiner Anordnung an einem Erwerb von Rechten an Gegenständen der Insolvenzmasse, so dass § 91 Abs. 1 InsO nicht entgegensteht.[684] Der Justizfiskus gehört in diesem Fall allerdings zur Gruppe der sog. Neugläubiger, die im Insolvenzverfahren keinerlei Berücksichtigung finden und auf eine Befriedigung überhaupt nur für die Zeit nach Beendigung des Verfahrens bzw. bei der Restschuldbefreiung nach Ablauf der sog. Wohlverhaltensphase des Insolvenzschuldners hoffen können.[685] Für sie folgt aus § 91 Abs. 1 InsO „lediglich" ein Vollstreckungsverbot.[686]

---

[677] KK-StPO/*Herdegen* § 244 Rdnr. 6; *Meyer-Goßner* § 244 Rdnr. 6.
[678] BGHSt 9, 88, 89; äußerstenfalls in den Urteilsgründen, vgl. BGH bei *Pfeiffer* NStZ 1981, 295.
[679] BGHSt 8, 205, 211 f.; BGHR StPO § 260 Abs. 4 S. 5 Einziehung 1; BGH Beschl. v. 27.6.2003 – 2 StR 197/03 – NStZ-RR 2004, 227; PfzObLG Zweibrücken Beschl. v. 30.11.2001 – 1 Ss 193/01 – NStZ 2002, 254, 256.
[680] BGH Urt. v. 13.4.1962 – 3 StR 10/62 – NJW 1962, 2019; BGH Beschl. v. 28.4.1981 – 5 StR 161/81 – StV 1981, 396.
[681] *Meyer-Goßner* § 260 Rdnr. 39 f.
[682] *Firgau* in HWiStR, Stichwort „Verfall".
[683] So wohl auch LG Duisburg Beschl. v. 27.1.2003 – 32 Qs 3/03 – ZIP 2003, 1361 f. m. zust. Anm. *Dahl* EwiR § 15 KO 1/03, 833.
[684] a.A., aber ohne auf diesen Unterschied einzugehen, LG Duisburg Beschl. v. 27.1.2003 – 32 Qs 3/03 – ZIP 2003, 1361 f. m. zust. Anm. *Dahl* EwiR § 15 KO 1/03, 833, die annehmen, dass § 91 Abs. 1 InsO der Anordnung auch des Wertersatzverfalls entgegenstehe.
[685] Vgl. MünchKommInsO/*Lwowski* § 35 Rdnr. 59 ff.
[686] MünchKommInsO/*Breuer* § 91 Rdnr. 75.

2. „Berücksichtigungsgebote"

a) Vorteilsmindernde Berücksichtigung von Steuern. Die Frage, inwieweit **Steuern** bei der Bestimmung des für verfallen zu erklärenden Vermögenswertes zu berücksichtigen sind, wird in Rechtsprechung und Literatur unterschiedlich beantwortet. Dabei besteht über die Ausgangslage noch Konsens: Gem. § 40 AO ist auch deliktisch erworbenes Vermögen zu versteuern. Die Norm ist Ausdruck einer wirtschaftlichen Betrachtungsweise. Sie stellt klar, dass die Besteuerung losgelöst von rechtlichen oder sittlichen Wertungen allein an tatsächliche Gegebenheiten anknüpft.[687] Weiterhin gibt es – auch nach Einführung des Bruttoprinzips 1992 – einen starken Trend in der Rechtsprechung dahin gehend, durch den Verfall beim Täter nicht mehr abzuschöpfen, als er durch die Straftat erlangt hat.[688] Eine Doppelbelastung, die in der Abschöpfung des Erlangten und zugleich dessen Besteuerung besteht, stelle einen Verstoß gegen den Gleichheitsgrundsatz (Art. 3 Abs. 1 GG) dar und müsse möglichst vermieden werden.[689]

In der älteren Rechtsprechung wurde noch unter der Geltung des Nettoprinzips zunächst die auf den erlangten Vorteil entfallende **Erwerbs- oder Umsatzsteuer** abgezogen,[690] später dann nicht mehr vorteilsmindernd berücksichtigt.[691] Ein ähnliches Bild ergibt sich bei den **Ertragsteuern**. Nachdem der 2. Strafsenat des BGH im Februar 1981 nur den Teil des Taterlöses für verfallen erklärt hatte, der nach Abzug der Einkommensteuer verblieb,[692] gab er diese Rechtsauffassung schon im Dezember 1981 auf und vertritt – wie auch andere BGH-Senate – seitdem die Ansicht, dass die Einkommensteuer als Abzugsposten bei der Berechnung des erlangten Etwas i.S.d. § 73 Abs. 1 S. 1 StGB nicht mehr anzuerkennen ist.[693] Die Nichtabzugsfähigkeit der auf den Taterlös entfallenden Einkommensteuer wird einerseits mit der fehlenden Unmittelbarkeit der Vorteilsminderung begründet. Da die Einkommensteuer als Jahressteuer – sofern das Gesetz nichts anderes vorsieht[694] – erst mit Ablauf des Veranlagungszeitraums entstehe (vgl. die §§ 2 Abs. 7 S. 1, 36 Abs. 1 EStG), schulde der Täter, der ein gewinnbringendes Geschäft mache, im Zeitpunkt des Zuflusses des Erlöses (§ 11 EStG) noch keine Einkommensteuer, die vorteilsmindernd in Abzug gebracht werden könnte.[695] Andererseits könne einer unbilligen Belastung des Täters dadurch begegnet werden, dass steuerlichen Nachteilen im Rahmen der Ermessensentscheidung gem. § 73 c Abs. 1 S. 2 StGB oder im **Besteuerungsverfahren** Rechnung getragen wird. Hielt es der BGH zunächst nur für möglich, die auf der Vereinnahmung von Vermögensvorteilen beruhenden und tatsächlich geleisteten Steuerzahlungen bei der Anwendung des § 73 c Abs. 1 S. 2 StGB angemessen zu berücksichtigen,[696] stellte er in einer späteren Entscheidung für den Tatrichter die Pflicht auf, zur Vermeidung unbilliger Härten die gezahlten und den Taterlös schmälernden Steuern bei der Ermittlung des Verfallsbetrages anzurechnen.[697]

In einem Urteil vom März 2002 behandelt der 5. Strafsenat des BGH die Frage der Anrechnung von Steuern beim Verfall erstmals nach Einführung des Bruttoprinzips im Jahre 1992 grundlegender und konkretisiert bzw. ergänzt die bereits in der Rechtsprechung vorhandenen

---

[687] Zur Rechtfertigung des § 40 AO BVerfG Beschl. v. 12.4.1996 – 2 BvL 18/93 – NJW 1996, 2086 f.; *Brockmeyer* in Klein AO § 40 Rdnr. 1, jew. m.w.N.

[688] Vgl. BGHSt 33, 37, 40 = NJW 1985, 752 f.; nach Geltung des Bruttoprinzips BGHSt 47, 260, 266 = NJW 2002, 2257, 2259; BGHR StGB § 73 c Härte 9; aber auch BGH Urt. v. 24.7.2001 – 1 StR 192/01 – wistra 2001, 388, 389 f.

[689] BGHSt 47, 260, 266 = NJW 2002, 2257, 2259 unter Hinweis auf BVerfGE 81, 228, 248 f. = NJW 1990, 1900 ff.; dort wurde bisher die Frage hinsichtlich der Vorteilsabschöpfung im Rahmen von § 17 Abs. 4 OWiG geklärt; s.a. BVerfG Beschl. v. 12.4.1996 – 2 BvL 18/93 – NJW 1996, 2086, 2087.

[690] BGHSt 28, 369 = NJW 1979, 1942; BGH Beschl. v. 26.6.1981 – 3 StR 162/81 (S) – StV 1981, 627; BGH Beschl. v. 21.9.1983 – 3 StR 271/83 – wistra 1983, 256.

[691] BGHSt 33, 37, 40 = NJW 1985, 752 f.; zust. *Rengier* JR 1985, 249, 251.

[692] BGHSt 30, 46, 51 = NJW 1981, 1457 f.

[693] BGHSt 30, 314, 315 f. = NJW 1982, 774; BGHSt 33, 37, 40 = NJW 1985, 752 f.; BGH Beschl. v. 23.9.1988 – 2 StR 460/88 – NJW 1989, 2139, 2140; a.A. LK/*Schäfer* (10. Aufl.) § 73 Rdnr. 19; *Bock* NStZ 1982, 377; jüngstens *Odenthal* wistra 2002, 246, 247.; *Randt*, Steuerfahndungsfall, E Rdnr. 350.

[694] So entsteht z.B. die Einkommensteuer-Vorauszahlung gem. § 37 Abs. 1 S. 2 EStG bereits zu Beginn des Veranlagungszeitraumes.

[695] BGHSt 30, 314, 315 f. = NJW 1982, 774; BGHSt 33, 37, 40 = NJW 1985, 752 f.

[696] BGHSt 33, 37, 40 = NJW 1985, 752 f.

[697] Seit BGH Beschl. v. 23.9.1988 – 2 StR 460/88 – NJW 1989, 2139, 2140 st. Rspr., etwa BGHR StGB § 73 c Härte 9; vgl. auch BGH Urt. v. 13.6.2001 – 3 StR 131/01 – wistra 2001, 388 ff.

Ansätze.[698] Der Senat präferiert darin eine an die zeitliche Abfolge von Besteuerungs- und Strafverfahren im Einzelfall geknüpfte differenzierende Lösung. Sie lässt sich knapp wie folgt skizzieren:

379 Hat der Beschuldigte die auf den Taterlös entfallenden Steuern bereits gezahlt oder sind diese in Steuerbescheiden schon bestandskräftig festgesetzt (insoweit eine Ergänzung der bisherigen Rechtsprechung), muss der Strafrichter diesen Vorgang bei der zeitlich nachfolgenden Verfallsanordnung berücksichtigen. Der Betroffene braucht sich hier nicht auf eine evtl. gegebene Möglichkeit der Aufhebung des Steuerbescheides nach § 173 Abs. 1 Nr. 2 AO verweisen zu lassen (**strafrechtliche Lösung**). Den rechtlichen Rahmen für dieses Verfahren hält § 73 c Abs. 1 S. 2 StGB bereit, der bei einer Entreicherung des Betroffenen ein Absehen von der Verfallsanordnung ermöglicht. Um eine dem Gleichheitsgrundsatz widersprechende Doppelbelastung des Beschuldigten zu vermeiden, hat der Strafrichter also im Regelfall seine Ermessensentscheidung darauf auszurichten, dass die auf den Taterlös gezahlten – und daher im Vermögen nicht mehr vorfindlichen – Steuern vom Verfallsbetrag abzuziehen sind. Gleiches muss nach Ansicht des Gerichts für die bereits bestandskräftig festgesetzten Steuern gelten.

380 Sind dagegen noch keine Steuern gezahlt worden oder liegt noch kein bestandskräftiger Steuerbescheid vor und kann der angeordnete Verfall – etwa im Wege einer entsprechenden Rückstellung[699] – noch für denselben Veranlagungszeitraum steuermindernd wirksam werden, plädiert das Gericht für eine **steuerliche Lösung**. Das bedeutet: Der Strafrichter kann den Verfall in seiner Entscheidung in voller Höhe des brutto Erlangten anordnen. Eine Doppelbelastung des Betroffenen wird hier in aller Regel dadurch vermieden, dass sich nach der Rechtsprechung des BFH die Begleichung des Verfallsbetrages **steuermindernd** auswirkt;[700] ggf. kann ein negatives Einkommen im Jahr der Zahlung des Verfallsbetrages auch im Wege des Verlustrücktrages bzw. Verlustvortrages nach § 10 d EStG abgezogen werden. Die Prämisse dieses Ansatzes ist offensichtlich, dass die für verfallen erklärten Vermögenswerte überhaupt steuermindernd geltend gemacht werden können, diesbezüglich also kein Abzugsverbot nach § 12 Nr. 4 EStG (bzw. § 10 Nr. 3 KStG) besteht. Nach dieser Vorschrift dürfen sich Geldstrafen und sonstige Rechtsfolgen vermögensrechtlicher Art, bei denen der Strafcharakter überwiegt, nicht gewinnmindernd auswirken. Mit der aus der Rechtsprechung bekannten (allerdings stark angreifbaren) Argumentation verneint der 5. Strafsenat auch nach Einführung des Bruttoprinzips den Strafcharakter des Verfalls, sodass das Abzugsverbot in Verfallskonstellationen nicht zum Tragen kommt.[701]

381 Der BGH bemüht sich in seiner Lösung ersichtlich darum, eine Doppelbelastung des Verfallsbetroffenen zu vermeiden; auch wird der Tatrichter durch diesen Ansatz weitgehend von der u. U. schwierigen Ermittlung vorteilsmindernder Steuern entlastet – ein nicht zu unterschätzender praktischer Vorteil. Das ist zu begrüßen. Der Senat deutet allerdings an, dass auch nach seiner steuerlichen Lösung Nachteile für den Betroffenen entstehen können, geht aber auf diese Problematik nicht weiter ein. Zu denken ist an Fälle, in denen auf Grund von Schwankungen der erzielten Einkommen in den einzelnen Veranlagungszeiträumen wegen der progressiven Besteuerung (§ 32 a EStG) die Bedeutung der steuermindernd geltend zu machenden Verfallszahlungen sehr unterschiedlich sein kann.[702]

Beispiel:
382 Es wird von einem ledigen Täter unter Zugrundelegung der Einkommensteuer-Grundtabelle für 2005 ausgegangen. Der Täter hat im Jahre 2004 ein zu versteuerndes Einkommen von (umgerechnet) € 20.000

---

[698] BGHSt 47, 260, 264 ff. = NJW 2002, 2257, 2258 ff.; zust. *Wallschläger* Verfallsvorschriften S. 129; zurückhaltend *Wohlers* JR 2003, 160, 162 f. Für die Abschöpfung des Mehrerlöses nach GWB auch BGH Beschl. v. 25.4.2005 – KRB 22/04 – wistra 2005, 384, 386.
[699] Vgl. BFHE 189, 75 = DStR 1999, 1522 f.; auch BayObLG Beschl. v. 19.6.1997 – 3ObOWi 60/97 – NStZ-RR 1997, 339, 340 (für § 29 a OWiG); zur Frage des maßgeblichen Zeitpunkts der Bildung einer Rückstellung s. BFHE 192, 64, 66 = NJW 2000, 3085 ff.
[700] BFH Urt. v. 31.5.2000 – IXR 73/96 – DStRE 2000, 1187.
[701] BGHSt 47, 260, 265 = NJW 2002, 2257, 2258 ebenso für § 73 Abs. 1 S. 1 a.F. BFHE 192, 64, 71 = NJW 2000, 3085 ff; a.A. *Heinicke* in Schmidt EStG § 4 Rdnr. 520 Stichwort „Strafen/Geldbußen". Zur Abzugsfähigkeit des „Abschöpfungsteils" (im Gegensatz zum Ahndungsteil) einer Geldbuße vgl. *Meurer* BB 1998, 1236 ff.
[702] Vgl. dazu auch *Bock* NStZ 1982, 377 ff.; auch *Heerspink* AO-StB 2003, 173, 176.

erzielt, hierauf hatte er laut Tabelle € 2.850 Einkommensteuer zu zahlen. Der Täter hat aber darüber hinaus € 30.000 für den Verkauf von Heroin erhalten, sodass sich sein zu versteuerndes Einkommen auf insgesamt € 50.000 beläuft und seine Steuerlast € 13.096 beträgt. Die Steuerlast ist also durch den Betäubungsmittelverkauf um € 10.246 erhöht, der tatsächlich dem Täter aus dem Heroinhandel verbleibende Vorteil beträgt € 19.754. Der Täter gibt sämtliche erzielten Einkünfte in seiner Steuererklärung an.

Im Jahre 2004 wird die Straftat entdeckt, der Täter verurteilt, der Taterlös in voller Höhe für verfallen erklärt und abgeführt. Der Täter hätte ohne Berücksichtigung der Zahlung des Verfallsbetrages ein zu versteuerndes Einkommen von € 30.000 gehabt, auf die eine Einkommensteuerschuld von € 5.814 entfallen wäre. Bei Berücksichtigung des gezahlten Verfallsbetrages ist das zu versteuernde Einkommen „null", die Einkommensteuer beträgt ebenfalls „null". Damit spart der Täter, für den ein (bestandskräftiger) Steuerbescheid für das Jahr 2004 noch nicht vorliegt, im Jahr 2005 Steuern i.H.v. € 5.814. Da er im Jahre 2004 wegen des Zuflusses des Taterlöses Mehrsteuern i.H.v. € 10.246 zu zahlen hatte, verbleibt ihm aus der Straftat ein finanzieller Nachteil i.H.v. € 4.432 (Mehrsteuer 2004 – Steuerersparnis 2005 = bleibender Nachteil).

Das Beispiel zeigt, dass der durch die Steuerzahlung im Jahr des Zuflusses des Taterlöses entstehende Nachteil nicht durch einen (steuermindernd zu berücksichtigenden) Vorteil im Jahr der Zahlung des Verfallsbetrages kompensiert wird. Müsste der Täter dagegen im umgekehrten Fall den Taterlös i.H.v. 30.000 € in einem Jahr fehlenden oder niedrigen Einkommens versteuern und könnte im folgenden Jahr guten legalen Verdienstes den gezahlten Verfallsbetrag vom zu versteuernden Einkommen abziehen, würde ihm das steuerlich einen erheblichen Vorteil einbringen. Von den Konstellationen abgesehen, in denen die Gesamtsteuerbelastung in den einzelnen Veranlagungszeiträumen ausgeglichen ist, kann die steuerliche Lösung für den Täter sehr unterschiedliche Ergebnisse erzeugen. Es bleibt unklar, inwieweit der 5. Strafsenat auf diese den Täter be- oder entlastenden steuerlichen Konsequenzen bei der Verfallsanordnung reagieren will oder ob er sie als durch den progressiven Einkommensteuertarif bedingt akzeptiert.

In der Praxis wird die Lösung des BGH allerdings voraussichtlich nur selten zur Anwendung kommen, da die illegal erzielten Einkünfte in aller Regel in den Steuererklärungen nicht angegeben werden. Damit liegt in diesen Fällen eine Steuerhinterziehung gem. § 370 AO oder gar § 370 a AO vor mit der Folge, dass nach dem Beschluss des 5. Strafsenats vom November 2000 der Steuerfiskus Verletzter i.S.d. § 73 Abs. 1 S. 2 StGB ist und ein Verfall in Bezug auf den auf die Steuer entfallenden Taterlösanteil ausscheidet.[703] Der Strafrichter darf hier nur den nicht durch die Steuer aufgezehrten Betrag für verfallen erklären.

b) Keine Berücksichtigung des Verfalls bei der Strafzumessung? Für die Rechtsprechung hat sich nach der Umstellung der Vorteilsberechnung vom Netto- auf das Bruttoprinzip im Jahre 1992 an der Rechtsnatur des strafrechtlichen Verfalls nichts geändert. Ihrer Ansicht nach dient der Verfall nach wie vor allein der Gewinnabschöpfung und damit dem Ausgleich unrechtmäßiger Vermögensverschiebung.[704] Für sie gibt es daher keinen Grund, den (finanziellen) Nachteil, der dem Angeklagten durch die Verfallsanordnung entsteht, bei der Strafzumessung zu seinen Gunsten zu berücksichtigen.[705] Vielmehr wird die Anordnung des Verfalls und die Verhängung der Strafe als jeweils unabhängig voneinander angesehen und eine innere Wechselbeziehung verneint, sodass beide isoliert mit Rechtsmitteln angefochten werden können.[706]

Nahezu die gesamte Literatur wendet sich gegen diese dogmatische Einordnung des Verfalls. Soweit dem Täter mehr als der Nettoerlös (Gewinn) entzogen werde, erhalte der Verfall

---

[703] BGH Beschl. v. 28.11.2000 – 5 StR 371/00 – NJW 2001, 693 m. Anm. *Rönnau/Hohn* JR 2002, 298 ff.; auf diese Beschränkung weist auch *Odenthal* wistra 2002, 246 hin.

[704] Statt vieler BGH Urt. v. 1.3.1995 – 2 StR 691/94 – NJW 1995, 2235; BGH Urt. v. 21.8.2002 – 1 StR 115/02 – NJW 2002, 3339, 3340; BVerfG (Beschl. v. 14.1.2004 – 2 BvR 564/95 – NJW 2004, 2073) spricht von „präventiv-ordnender Zielsetzung".

[705] Hiergegen MünchKommStGB/*Joecks* § 73 Rdnr. 14 ff., der anmerkt, dass die Qualifizierung des Verfalls als Strafe nicht Voraussetzung für die Berücksichtigung bei der Strafzumessung sei, da im Rahmen des § 46 StGB auch die Folgen der Tat für den Täter – und inwiefern er mehr an Vermögenseinbuße erleidet, als er durch die Tat erlangt – zu berücksichtigen seien.

[706] So BGHSt 47, 260, 265 f. = NJW 2002, 2257, 2258 f.; BGH Beschl. v. 22.11.2000 – 1 StR 479/00 – NStZ 2001, 312; BGH Beschl. v. 20.10.1999 – 3 StR 324/99 – NStZ 2000, 137; BGH Beschl. v. 3.1.1996 – 3 StR 153/95 – NStZ-RR 1996, 129, 130; aber auch BGH Urt. v. 29.6.2005 – 1 StR 149/05 – StraFo 2005, 384: Höhe der Strafe und Wertersatzverfall können „in gewissem Umfang" aufeinander abgestimmt werden.

unzweifelhaft den Charakter einer **Zusatzstrafe**.[707] Wolle man den neugefassten § 73 StGB – der nur die Begehung einer rechtswidrigen, nicht auch schuldhaften Tat voraussetzt – nicht insgesamt wegen Verletzung des Schuldgrundsatzes für verfassungswidrig erklären[708] oder im Gegensatz zum erklärten Willen des Gesetzgebers das Nettoprinzip beibehalten,[709] bleibe nur eine „gespaltene Lösung": Liege eine schuldhaft begangene Tat vor, könne zwar der gesamte Bruttoerlös für verfallen erklärt werden; nur müsse der den Gewinn überschießende Teil dann angemessen bei der Zumessung der Freiheits- oder Geldstrafe berücksichtigt werden. Habe der Täter dagegen nicht schuldhaft gehandelt oder werde der Verfall etwa nach § 73 Abs. 3 StGB zum Nachteil eines tatunbeteiligten Dritten ausgesprochen, so verbiete es der Schuldgrundsatz, mehr als den Nettoerlös abzuschöpfen.[710]

388 Für die Betrachtung der Literatur spricht alles.[711] Der Strafverteidiger sollte daher in geeigneten Fällen immer wieder auf die auch von Staatsanwälten beanstandeten,[712] z. T. krass ungerechten Ergebnisse hinweisen, die auf der Basis des Bruttoprinzips erzielt werden (können). Gerade in Konstellationen, in denen bei hohen, aus legalen Mitteln bestrittenen Investitionskosten nach einer strafrechtlich relevanten Pflichtverletzung der gesamte Taterlös als infiziert und damit als abschöpfbar behandelt wird, wird die unverhältnismäßige Härte, die bis zum wirtschaftlichen Ruin des Betroffenen führen kann, sichtbar.

Beispiel:
389 Nach einem Insiderverstoß wird der gesamte Erlös aus Aktienverkäufen für verfallen erklärt, obwohl der Täter zum Kauf der Aktien erhebliche (legale) Eigenmittel eingesetzt hatte.

390 Der Strafcharakter der Maßnahme ist hier offensichtlich; die in der Diskussion vorgeschlagene Anwendung der recht unbestimmten Härteklausel (§ 73 c StGB) erscheint in diesem Kontext nur als eine wenig überzeugende Notlösung.

391 **c) Schätzung der Verfallshöhe nach § 73 b StGB.** Gerade in Fällen der Betäubungsmittel- und Umweltkriminalität wird sich häufig nicht mit der für eine Verurteilung erforderlichen Gewissheit feststellen lassen, was und wie viel der Täter durch die Straftat erlangt hat. Hier greifen die Gerichte – und im Ermittlungsverfahren auch die Staatsanwaltschaft – in der Praxis gerne auf die ihnen durch § 73 b StGB eingeräumte Möglichkeit der Schätzung zurück. § 73 b StGB erlaubt es zur Vereinfachung und Beschleunigung des Verfahrens, den Umfang des Erlangten und dessen Wert sowie die Höhe des den Verfall sperrenden Opferanspruchs zu schätzen.[713] Dadurch soll das Gericht von der häufiger recht schwierigen, wenn nicht unmöglichen Aufgabe enthoben werden, bis ins Einzelne gehende Feststellungen über Art und Umfang der dem Verfall unterliegenden Vermögenswerte zu treffen.[714] Der Strafverteidiger hat jedoch darauf zu achten, dass dabei die einzuhaltenden Grenzen beobachtet werden. Eine Schätzung kommt schon nach dem Wortlaut der Norm nur hinsichtlich der Art und des Ausmaßes des erlangten Vermögens, nicht dagegen des „Ob" des Verfalls in Betracht.[715] Sie ist nur als Notbehelf mangels besserer Erkenntnis zu verstehen und lediglich dann zulässig, wenn konkrete Feststellungen – ggf. auch unter Rückgriff auf Gutachter – ausgeschlossen erscheinen oder einen unverhältnismäßigen Aufwand an Zeit oder Kosten erfordern würden.[716] In der Rechtsprechung ist anerkannt, dass nicht „ins Blaue hinein", also willkürlich und ohne ein

---

[707] *Jescheck/Weigend*, Strafrecht Allgemeiner Teil, § 76 I 6. c) m. vielen w.N.; für eine Qualifizierung des Verfalls als konditionsähnliche Maßnahme trotz Geltung des Bruttoprinzips plädieren dagegen *Kracht* wistra 2000, 326, 328 ff. u. *Wallschläger* Verfallsvorschriften S. 24 ff.
[708] So *Eser*, FS Stree/Wessels, S. 833, 835.
[709] Dafür NK/*Herzog* § 73 Rdnr. 14.
[710] Nachw. bei *Jescheck/Weigend*, Strafrecht Allgemeiner Teil, § 76 I 6. c) und *Hellmann* GA 1997, 503, 521.
[711] S. dazu Rdnr. 48 ff.
[712] Vgl. *Franzheim*, FS Gaul, S. 135, 143 ff.; *Franzheim/Pfohl* Umweltstrafrecht Rdnr. 650.
[713] Bedenken gegen die Schätzung zu Vereinfachungszwecken finden sich bei *Hellmann* GA 1997, 503, 523; zum umstr. Verhältnis der Schätzung zur Aufklärungspflicht des Gerichtes gem. § 244 Abs. 2 StPO vgl. Löwe/Rosenberg/*Gollwitzer* § 244 Rdnr. 21 ff.
[714] BGH Urt. v. 20.4.1989 – 4 StR 73/89 – NStZ 1989, 361; LK/*Schmidt* § 73 b Rdnr. 2 m.w.N.
[715] Die Schätzung von Opferansprüchen kommt in der Praxis nicht vor, da bereits die rechtliche Existenz des Anspruchs die Verfallssperre auslöst; vgl. aber *Goos* wistra 2001, 313, 314.
[716] Schönke/Schröder/*Eser* § 73 b Rdnr. 6 m.w.N.

Mindestmaß an zureichenden Anhaltspunkten, geschätzt werden darf. Vielmehr müssen „die notwendigen Einzelheiten ... so weit geklärt sein, dass eine hinreichend sichere Schätzungsgrundlage gegeben ist".[717] Bei Zweifeln, die die Ermittlung der Schätzungsgrundlage, nicht jedoch die Schätzung selbst betreffen, ist der Zweifelsgrundsatz anzuwenden.[718]

Bei näherer Betrachtung trägt dieser Maßstab allerdings eher den Charakter einer „Leerformel", da letztlich offen bleibt, wann diese hinreichende Sicherheit vorliegt.[719] Die die Verfallsanordnung stützenden Tatsachen müssen daher möglichst genau ermittelt werden. Um zu verhindern, dass Schätzungsunsicherheiten zu Lasten des Betroffenen gehen, sollte der Strafverteidiger darauf hinwirken, dass bei Schätzungsspielräumen nur der **Mindestbetrag** angesetzt und/oder ein ausreichender **Sicherheitsabschlag** gewährt wird.[720] *Podolsky* illustriert die Vorgehensweise in der Praxis dazu an folgendem plastischen

Beispiel:[721]
In einem Verfahren wegen Förderung der Prostitution (§ 180 a StGB a.F.) hatte der Täter drei Terminwohnungen, in denen Prostituierte arbeiteten. Um das Taterlangte im Ermittlungsverfahren beziffern zu können, war eine Schätzung erforderlich. Eine Terminwohnung wurde nun über den Zeitraum von einem Monat observiert, jede männliche Person, die sich länger als dreißig Minuten in der Wohnung aufhielt, wurde als Freier gewertet. Dann wurde der durchschnittliche Dirnenlohn angesetzt und auf den Tatzeitraum einschließlich der übrigen Wohnungen umgerechnet. Anschließend wurde ein Sicherheitsabschlag von 20% angesetzt. Das Ergebnis war eine Schätzung von 980.000 DM. In der späteren Hauptverhandlung stellte das Gericht das Erlangte i.H.v. DM 1,2 Mio. fest.

In Fällen des Wertersatzverfalls, in denen das Erlangte etwa in der Nutzung von Gebrauchsvorteilen oder ersparten Aufwendungen (z.B. im Falle einer illegalen Abfallbeseitigung) besteht, wird man häufig nicht ohne Sachverständigen auskommen. Maßgebend für die Wertermittlung ist dabei der Zeitpunkt der jeweiligen richterlichen Entscheidung.[722]

3. Der Ausschluss des Verfalls gem. § 73 Abs. 1 S. 2 StGB

a) **§ 73 Abs. 1 S. 2 StGB und Ansprüche „aus der Tat".** Die Ausschlussregelung in § 73 Abs. 1 S. 2 StGB bestimmt, dass Ansprüche des Verletzten, die „aus der Tat erwachsen sind" und deren Erfüllung den Tatbeteiligten den Wert des aus der Tat Erlangten entziehen würde, der Verfallsanordnung entgegenstehen.[723] Es ist allgemeine Meinung, dass dieser Ausschlusstatbestand sich auf den in § 73 Abs. 2 StGB geregelten Verfall von Nutzung und Surrogaten erstreckt[724] und auch die Haftung des tatunbeteiligten Dritten sich nur nach Maßgabe des § 73 Abs. 1 S. 2 StGB richtet.[725] Dass es für die Anwendung von § 73 Abs. 1 S. 2 StGB nach ständiger höchstrichterlicher Rechtsprechung allein auf die rechtliche Existenz des Anspruchs ankommt und nicht darauf, ob er auch voraussichtlich geltend gemacht wird, wird von den Tatgerichten immer wieder verkannt oder bewusst ignoriert, sodass der BGH in Fällen bestehender Ausgleichsansprüche die Rechtsfolgenaussprüche häufiger aufhebt.[726]

b) **§ 73 Abs. 1 S. 2 StGB und konsentierte Vermögensabschöpfung.** In Konstellationen, in denen Verletzten Ansprüche aus der Straftat erwachsen sind, ist eine **Verständigung** über die –

---

[717] BGH Urt. v. 20.4.1989 – 4 StR 73/89 – NStZ 1989, 361; BGHR StGB § 73 b Schätzung 2; BGH Beschl. v. 27.6.2001 – 5 StR 181/01 – NStZ-RR 2001, 327, 328.
[718] BGH Urt. v. 20.4.1989 – 4 StR 73/89 – NStZ 1989, 361; *Tröndle/Fischer* § 73 b Rdnr. 5.
[719] So zutr. *Hellmann* GA 1997, 503, 523.
[720] Vgl. *Hellmann* GA 1997, 503, 524; Schönke/Schröder/*Eser* § 73 b Rdnr. 6; *Goos* wistra 2001, 313, 314; anders *Janovsky* Kriminalistik 2000, 483, 485: „Bei der Schätzung (sollte) der Wert des Erlangten nicht an der unteren Grenze festgesetzt werden, um nicht unnötige faktische Präjudizien zu schaffen!".
[721] *Podolsky* DPolBl 2000, 2, 3 f.; auch *Janovsky* Kriminalistik 2000, 483, 485.
[722] Schönke/Schröder/*Eser* § 73 b Rdnr. 4.
[723] Zweck und Anwendungsbereich der Verfallssperre sind bereits in Rdnr. 223 ff. ausf. behandelt worden.
[724] BGHR StGB § 73 Gewinn 2; BGH Beschl. v. 19.11.1985 – 1 StR 522/85 – NJW 1986, 1186; OLG Hamm Beschl. v. 24.10.1996 – 2 Ss 1202/96 – wistra 1997 108; OLG Karlsruhe Beschl. v. 3.11.1981 – 3 Ss 214/81 – NJW 1982, 456.
[725] BGH Beschl. v. 7.12.2000 – 4 StR 485/00 – NStZ 2001, 257.
[726] Vgl. nur BGH Urt. v. 22.10.2001 – 5 StR 439/01 – wistra 2002, 57; BGH Beschl. v. 12.3.1996 – 4 StR 24/96 – NStZ 1996, 332; BGH Beschl. v. 13.12.1994 – 4 StR 687/94 – StV 1995, 301; BGH Beschl. v. 25.4.1986 – 2 – StR 138/86 MDR 1986, 794; BGH Beschl. v. 5.3.1984 – 1 StR 819/83 – NStZ 1984, 409.

397 zumeist durch die Strafverfolgungsorgane sichergestellten – Vermögenswerte zwischen den (Verfahrens-)Beteiligten vornehmlich in zweierlei Hinsicht denkbar:

397 Zunächst können sich **Beschuldigte und Verletzte** über die aus der Straftat herrührenden Ansprüche **vergleichen**. Über einen solchen Fall hatte das PfzOLG Zweibrücken zu entscheiden. Die Folge eines solchen Vergleichs wäre, dass nunmehr eine Verfallsanordnung bezüglich der den Vergleichsbetrag übersteigenden Summe möglich wäre, da eine Anspruchskonkurrenz zwischen dem Ausgleichsanspruch des Opfers und dem staatlichen Rückerstattungsanspruch, die § 73 Abs. 1 S. 2 StGB zur Vermeidung einer Doppelzahlung des Täters ausschließt, insoweit nicht mehr bestünde.[727]

398 In der Praxis bekannt ist eine zweite Konstellation, in der nunmehr der **Beschuldigte gegenüber der Staatsanwaltschaft** auf die beschlagnahmten Vermögenswerte, die er aus der Begehung von Individualdelikten erlangt hat, **verzichtet**, um sich einen ordentlichen Strafrabatt zu verschaffen. Man denke an einen Kapitalanlagebetrug mit mehreren tausend Geschädigten, von denen nur ein Teil Ersatzansprüche gegen den Beschuldigten geltend macht, während andere z.B. wegen des Einsatzes von unversteuertem „Schwarzgeld" davon absehen. Da es sich in diesen Fällen zumeist um im Wege der Zurückgewinnungshilfe gepfändete Forderungen gegenüber einer Bank (§§ 111 b Abs. 1, 5, 111 c Abs. 3 StPO) handelt, die Staatsanwaltschaft nach Ablauf der dreimonatigen Beschlagnahmeverlängerungsfrist (§ 111 i StPO) aber keinen Titel in den Händen hält, um in das Bankguthaben vollstrecken zu können, erklärt sich der Beschuldigte als Forderungsinhaber freiwillig zur Auskehrung der Geldbeträge bereit. Das Problem besteht hier allerdings darin, dass – sollten sich später doch noch Geschädigte melden – der Beschuldigte die Geldsumme zweimal aufbringen muss, da deren Ausgleichsansprüche durch seine Forderungsabtretung nicht untergehen. In solchen Situationen müssen also die Chancen und Risiken einer Verständigung sorgfältig gegeneinander abgewogen werden.[728]

4. Die Bedeutung der Härteklausel gem. § 73 c StGB.

399 Staatliche Vermögenszugriffe können für den Verfallsbetroffenen im Einzelfall zu Härten führen, die mit dem Zweck der Abschöpfung illegal erlangten Vermögens nicht mehr zu vereinbaren sind. Um zu gewährleisten, dass der Verfall wie jede hoheitliche Maßnahme nur im Rahmen der Verhältnismäßigkeit stattfindet, hält § 73 c StGB eine Härteklausel bereit. In der Funktion ist sie vergleichbar mit § 74 b StGB, der für zulässige obligatorische und fakultative Einziehungen fordert, dass sie geeignet, das mildeste Mittel und verhältnismäßig im engeren Sinne sind.[729] § 73 c StGB wird zukünftig angesichts der verstärkten Gewinnabschöpfungsaktivitäten der Strafverfolger in den letzten Jahren und der nach Geltung des Bruttoprinzips häufiger eintretenden Unbilligkeiten für den Täter eine gesteigerte Bedeutung zukommen.[730]

400 Das Gesetz versucht, möglichen Härten für Betroffene (Tatbeteiligte und Dritte i.S.d. § 73 Abs. 3, 4 StGB)[731] auf **dreifache** Weise Rechnung zu tragen:

401 Um dem verfassungsrechtlich abgesicherten Übermaßverbot zu genügen, ist nach der in § 73 c Abs. 1 S. 1 StGB enthaltenen **Generalklausel** von der Anordnung des Verfalls **zwingend** abzusehen, **soweit** diese für den Betroffenen eine **unbillige Härte** darstellen würde. Damit bleibt der Richter vielfach zur Anordnung des Verfalls zumindest eines Teils der sichergestellten Vermögenswerte (**Teilverfall**) verpflichtet.[732] Für die Beurteilung der Härte ist es grundsätzlich unerheblich, ob sich der Wert des Erlangten noch im Vermögen des Betroffenen befindet oder nicht.[733] Der Rückschluss aus § 73 c Abs. 1 S. 2 StGB legt es jedoch nahe, die Generalklausel im letztgenannten Fall nur dann anzuwenden, wenn gravierende zusätzliche Gesichtspunkte für eine Härte sprechen.[734]

---

[727] PfzOLG Zweibrücken Beschl. v. 30.11.2001 – 1 Ss 193/01 – NStZ 2002, 254, 256; ähnlich auch BGH Beschl. v. 7.5.2003 – 5 StR 536/02; a.A. in einer Anm. zur Entscheidung des PfzOLG Zweibrücken *Lüderssen* StV 2003, 162 f.
[728] Vgl. zum Ganzen *Park* Durchsuchung Rdnr. 832 f.
[729] Näher Schönke/Schröder/*Eser* § 74 b Rdnr. 1 ff.
[730] Schönke/Schröder/*Eser* § 73 c Rdnr. 1; LK/*Schmidt* § 73 c Rdnr. 4 f.; *Tröndle/Fischer* § 73 c Rdnr. 2.
[731] *Tröndle/Fischer* § 73 c Rdnr. 2; SK-StGB/*Horn* § 73 c Rdnr. 3.
[732] SK-StGB/*Horn* § 73 c Rdnr. 2.
[733] Vgl. BGH Urt. v. 8.8.2001 – 1 StR 291/01 – NStZ-RR 2002, 7, 8.
[734] Vgl. *Tröndle/Fischer* § 73 c Rdnr. 3; SK-StGB/*Horn* § 73 c Rdnr. 6.

§ 12 Vermögensabschöpfung und Zurückgewinnungshilfe

Die Rechtsprechung interpretiert den unbestimmten Begriff der unbilligen Härte eher restriktiv. Als grobe Leitlinie lässt sich formulieren: Die aus der empfindlichen Inanspruchnahme des Tätervermögens im Wege des Verfalls resultierende Härte muss Grundsätze der Billigkeit verletzen, also „ungerecht" sein und gegen das Übermaßverbot verstoßen.[735] Diese hohen Anforderungen können nach der Rechtsprechung etwa erfüllt sein, wenn durch die Abschöpfung der wirtschaftliche Zusammenbruch des Verfallsadressaten droht,[736] während gute Vermögensverhältnisse des Betroffenen eindeutig gegen eine unbillige Härte sprechen.[737] Lediglich mittelbare Auswirkungen der Verfallsanordnung auf Dritte, etwa mit dem Täter zusammenlebende Familienangehörige, werden schon nach dem Wortlaut des § 73 c StGB nur insoweit berücksichtigt, als sie sich für die Betroffenen selbst als Härte darstellen.[738] Eine unbillige Härte kann nach der Literatur weiterhin vorliegen, wenn der Täter Untersuchungshaft erlitten hat, die länger als die verhängte Strafe dauerte,[739] der von dem Verfall nach § 73 Abs. 3 StGB Betroffene gutgläubig gewesen ist und das Erhaltene mittlerweile verbraucht hat oder der Tatbeteiligte den Vermögensvorteil an einen nicht unter § 73 Abs. 3 bzw. Abs. 4 StGB fallenden Dritten unentgeltlich weitergegeben hat.[740]

402

Die Verfallsanordnung **kann** – im Sinne eines pflichtgemäßen Ermessens – gem. § 73 c Abs. 1 S. 2 StGB unterbleiben, soweit der Wert des Erlangten im Zeitpunkt der Verfallserklärung nicht mehr im Vermögen des Betroffenen vorhanden ist oder das Erlangte nur einen geringen Wert hat. Während letzteres bei gewinnträchtigen Straftaten kaum praktisch wird, haben die Obergerichte in zahlreichen Fällen Entscheidungen aufgehoben, weil die Tatgerichte trotz ausreichender Hinweise im Sachverhalt nicht sorgfältig geprüft haben, ob wegen der Anwendung des § 73 c Abs. 1 S. 2 1. Var. StGB die Anordnung des Verfalls ganz oder teilweise zu unterbleiben hat. Da das Absehen vom Verfall Ausnahmecharakter hat, bedarf die Annahme, aber auch die Ablehnung der Voraussetzungen des § 73 c StGB einer besonderen Darlegung und Begründung im Urteil.[741] Eine Ermessensentscheidung nach § 73 c Abs. 1 S. 2 StGB scheidet grundsätzlich aus, wenn der Betroffene über Vermögen verfügt, das wertmäßig nicht hinter dem aus den Straftaten Erlangten zurückbleibt.[742] Anders ist jedoch, wenn zweifelsfrei feststeht, dass ein Vermögenswert „ohne jeden denkbaren Zusammenhang mit den abgeurteilten Straftaten (hier mehrere Jahre vor deren Begehung und zudem im Wege der Erbfolge) erworben" wurde;[743] dies folgt insbesondere aus dem Wortlaut des § 73 c Abs. 1 S. 2 1. Var. StGB, der nicht vom Wert des Vermögens, sondern vom Wert des Erlangten in dem Vermögen spricht.[744] Nach dem BGH

403

---

[735] BGH Urt. v. 11.4.1995 – 1 StR 836/94 – NStZ 1995, 495; BGH Urt. v. 23.2.2000 – 3 StR 583/99 – NStZ-RR 2000, 365; BGH Urt. v. 5.4.2000 – 2 StR 500/99 – NStZ 2000, 480; BGH Urt. v. 24.7.2001 – 1 StR 192/01 wistra 2001, 388, 389; BGH Urt. v. 3.7.2003 – 1 StR 453/02 – wistra 2003, 424, 425; BGH Urt. v. 14.9.2004 – 1 StR 202/04 – JR 2004, 517, 518.

[736] Zu diesem Kriterium BGH Urt. v. 21.8.2002 – 1 StR 115/02 – NJW 2002, 3339, 3341 f.; BGH Urt. v. 3.7.2003 – 1 StR 453/02 – wistra 2003, 424, 425; BGH Urt. v. 14.9.2004 – 1 StR 202/04 – JR 2004, 517, 518; zum ordnungswidrigkeitenrechtlichen Verfall vgl. BayObLG Beschl. v. 19.6.1997 – 3 ObOWi 60/97 – NStZ-RR 1997, 339, 340; BayObLGSt 1995, 76, 81 = MDR 1995, 1058 f.

[737] BGHR StGB § 73 c Härte 4; BGH Urt. v. 18.12.1981 – 2 StR 121/81 – NJW 1982, 774; auch BGH Urt. v. 29.4.2004 – 4 StR 586/03 – NStZ 2005, 454, 455.

[738] BGHSt 48, 40 ff. = BGH Urt. v. 10.10.2002 – 4 StR 233/02 – NJW 2003, 300 ff.

[739] Anders BGH Urt. v. 3.7.2003 – 1 StR 453/02 – wistra 2003, 424, 425: bei Untersuchungshaft handelt es sich nicht um Folgen der Verfallserklärung.

[740] *Tröndle/Fischer* § 73 c Rdnr. 3 m.w.N.; zur Bedeutung der Härteklausel für Honorarforderungen *Endriß*, Strafverteidigung in der Praxis, § 22 Rdnr. 431.

[741] BGH Urt. v. 19.4.1989 – 2 StR 688/88 – NStZ 1989, 436; BGH Urt. v. 11.4.1995 – 1 StR 836/94 – NStZ 1995, 495; BGH Urt. v. 5.4.2000 – 2 StR 500/99 – NStZ 2000, 480, 481; BGH Beschl. v. 8.9.1999 – 3 StR 299/99 – wistra 1999, 464; BGH Urt. v. 20.3.2001 – 1 StR 12/01; BGH Urt. v. 8.8.2001 – 1 StR 291/01 – NStZ-RR 2002, 7; BGH Beschl. v. 7.11.2002 – 5 StR 247/02; Schönke/Schröder/*Eser* § 73 c Rdnr. 7.

[742] BGHR StGB § 73 c Wert 2; BGH Urt. v. 8.8.2002 – 1 StR 291/01 – NStZ-RR 2002, 7; BGH Urt. v. 29.4.2004 – 4 StR 586/03 – NStZ 2005, 454 f.; BGH Urt. v. 2.12.2004 – 3 StR 246/04 – NStZ-RR 2005, 104, 105. Ist der Verbleib des Erlöses unklar, soll der Tatrichter für die Frage der Anordnung des Wertsatzverfalls grds. davon ausgehen können, dass ein Wegfall der Bereicherung nicht eingetreten ist, BGH Beschl. v. 17.6.2004 – 1 StR 24/04 – NStZ 2004, 232.

[743] BGHSt 48, 40 ff. = NJW 2003, 300 ff. m. zust. Anm. *Rönnau* NStZ 2003, 367 f.; BGH Urt. v. 2.12.2004 – 3 StR 246/04 – NStZ-RR 2005, 104 f.; ähnlich BGH Urt. v. 8.8.2002 – 1 StR 291/01 – NStZ-RR 2002, 7, 8.

[744] *Rönnau* NStZ 2003, 367, 368.

ist der Tatrichter jedenfalls dann, wenn der Betroffene über nicht nur unerhebliches Vermögen verfügt, gehalten, den gesamten Erlös aus den illegalen Geschäften zu ermitteln, um auf diese Weise den Verfallsbetrag festzustellen und diesem den Wert des vorhandenen Nettovermögens gegenüberzustellen.[745] Bei der – sich an den Umständen des Einzelfalles ausrichtenden – Ermessensentscheidung kommt neben den persönlichen und wirtschaftlichen Verhältnissen den **Gründen**, die zum Wegfall der Bereicherung geführt haben, besonderes Gewicht zu.[746] So kann u. U. von einer Verfallsanordnung abgesehen werden, wenn das erlangte Geld zum Lebensunterhalt[747] oder in einer Notlage verbraucht wurde[748] oder der Betroffene von Sozialhilfe lebt.[749] In der Rechtsprechung ist als Entreicherungsgrund weiterhin anerkannt, wenn Geld zur allgemeinen Schuldentilgung verwendet wird, sofern die Tilgung nicht zu einem entsprechenden Vermögenszuwachs (etwa in Form einer Entschuldung eines noch vorhandenen Grundstücks) geführt hat.[750] Darüber hinaus soll auch die Geständnisbereitschaft des Angeklagten berücksichtigungsfähig sein, wenn sie zur Aufklärung weiterer Taten und somit zu einem erhöhten Verfallsbetrag geführt hat.[751] Resozialisierungsinteressen des Täters sollen jedenfalls dann beachtlich sein, wenn der für verfallen erklärte Betrag das Vermögen des Betroffenen übersteigt.[752] Vermögenseinbußen durch endgültige Abschöpfungsmaßnahmen im Ausland (hier: Schweiz) können ebenfalls (allein) im Rahmen der Entscheidung nach § 73 c StGB berücksichtigt werden.[753] Dagegen soll für ein Absehen vom Verfall nach Billigkeitsgesichtspunkten kein Raum sein, wenn die durch Bestechung empfangenen Gelder in „Massagesalons und Bars" verbraucht wurden[754] oder Erlöse aus Rauschgiftverkäufen „verprasst" bzw. für Luxus und zum Vergnügen eingesetzt wurden.[755] Gegen das Eingreifen der Härtevorschrift soll auch sprechen, wenn der Betroffene Vermögenswerte bewusst an Dritte weitergibt, um sie dem Verfall zu entziehen.[756]

404 Eine vom Vorteilsempfänger beglichene Steuerschuld ist zumindest dann i.S.d. § 73 c Abs. 1 S. 2 StGB vorteilsmindernd zu berücksichtigen, wenn die Entstehung der dadurch getilgten Steuerschuld ausschließlich auf der Vereinnahmung des Erlangten beruht.[757] Gleiches soll gelten, wenn für einen dem Verfall unterliegenden Vermögensvorteil die Steuer bestandskräftig festgesetzt worden ist.[758] Im Übrigen muss nach dem BGH steuerlichen Nachteilen insoweit Rechnung getragen werden, als dem Täter durch den Verfall letztlich mehr genommen würde, als er durch die Tat erlangt hat.[759]

---

[745] Vgl. BGH Urt. v. 3.7.2003 – 1 StR 453/02 – wistra 2003, 424, 425 m.w.N.; BGH Urt. v. 2.12.2004 – 246/04 NStZ-RR 2005, 104, 105.
[746] BGH Urt. v. 2.12.2004 – 3 StR 246/04 – NStZ-RR 2005, 104; BGH Urt. v. 3.7.2003 – 1 StR 453/02 – wistra 2003, 424, 425 ff.; BGH Urt. v. 18.12.1981 – 2 StR 121/81 – NJW 1982, 774; BGHSt 33, 37, 40 = NJW 1985, 752 f.; aber auch LG Saarbrücken Urt. v. 19.12.1985 – 5-14/85 – NStZ 1986, 267: zu beachten sind auch die Folgen der Abschöpfung etwa für eine spätere Wiedereingliederung des Täters.
[747] BGHR StGB § 73 c Härte 2; BGH Urt. v. 9.8.2000 – 3 StR 133/00 – NStZ 2001, 42.
[748] BGHSt 38, 23, 25 = NJW 1991, 2714 f.; BGH Urt. v. 3.7.2003 – 1 StR 453/02 – wistra 2003, 424, 426; BGH Urt. v. 2.12.2004 – 3 StR 246/04 – NStZ-RR 2005, 104.
[749] BGHR StGB § 73 c Härte 5.
[750] BGHSt 38, 23, 25 = NJW 1991, 2714 f.; BGH Urt. v. 11.5.2001 – 3 StR 549/00 – NStZ 2001, 479; BGHSt 48, 40, 43 = NJW 2003, 300; BGH Urt. v. 29.4.2004 – 4 StR 586/03 – NStZ 2005, 454, 455.
[751] BGHSt 38, 23, 26 = NJW 1991, 2714 f.; BGHSt 48, 40 ff. = NJW 2003, 300; BGH Urt. v. 10.10.2002 – 4 StR 233/02 – NJW 2003, 300 ff.; LG Frankenthal Urt. v. 15.2.2002 – 5227 Js 22 298/01 II KLs.
[752] BGHR StGB § 73 c Härte 4; BGH Urt. v. 9.8.2000 – 3 StR 133/00 – NStZ 2001, 42; BGH Urt. v. 20.5.2003 – 1 StR 22/03 – StV 2003, 616; weitergehend LG Saarbrücken Urt. v. 19.12.1985 – 5-14/85 – NStZ 1986, 267.
[753] BGH Beschl. v. 19.1.2005 – 4 StR 343/04 – NStZ 2005, 455, 456; eine betragsmäßige Anrechnung auf den Verfallsbetrag lässt sich nach deutschem Strafrecht – auch unter Berücksichtigung von § 51 Abs. 3 StGB – nicht begründen (BGH a.A. O.).
[754] BGH Urt. v. 18.12.1981 – 2 StR 121/81 – NJW 1982, 774 a.E.; BGHSt 38, 23, 25 = NJW 1991, 2714 f.
[755] BGH Urt. v. 3.7.2003 – 1 StR 453/02 – wistra 2003, 424, 426; BGH Urt. v. 2.12.2004 – 3 StR 246/04 – NStZ-RR 2005, 104.
[756] BGH Urt. v. 3.7.2003 – 1 StR 453/02 – wistra 2003, 424.
[757] BGH Beschl. v. 23.9.1988 – 2 StR 460/88 – NJW 1989, 2139, 2140.
[758] BGHSt 47, 260, 264 ff.; BGH Beschl. v. 18.2.2004 – 1 StR 269/03 – NStZ-RR 2004, 214; BGH Urt. v. 14.9.2004 – 1 StR 202/04 – JR 2004, 517, 518.
[759] BGHSt 33, 37, 40 = NJW 1985, 752 f.; BGH Beschl. v. 23.9.1988 – 2 StR 460/88 – NJW 1989, 2139, 2140.

Die Härteklausel gem. § 73 c StGB bietet dem Strafverteidiger im Ergebnis also einige **405** Möglichkeiten, die besonderen Umstände seines Mandanten, die gegen eine Verfallsanordnung sprechen, vorzutragen und damit jedenfalls völlig unangemessene Vermögenszugriffe abzuwenden. In der Verteidigungssituation wird es dabei auch darum gehen, Schärfen, wie sie das Bruttoprinzip durch die fehlende Abzugsfähigkeit von Aufwendungen und anderen Gewinnbeschränkungen mit sich bringt, zu begegnen.[760]

In große Schwierigkeiten gerät die Staatsanwaltschaft als Vollstreckungsbehörde (handelnd **406** durch den Rechtspfleger, § 31 Abs. 2 S. 1 RPflG) in Fällen, in denen das Gericht (rechtskräftig) den Wertersatzverfall gem. den §§ 73, 73 a StGB anordnet und dabei **Ratenzahlungen gem. § 73 c Abs. 2 i.V.m. § 42 StGB bewilligt**.[761] Denn es ist völlig unklar, ob in solchen Situationen die Sicherstellung des Vermögens qua dinglichen Arrests aufrechterhalten werden kann. Einige Vollstreckungsbehörden geben hier das Vermögen ganz oder teilweise (Gesamtbetrag abzüglich der sofort fälligen ersten Rate) frei mit der möglichen Folge, dass sie bei Nichtzahlung der Raten für eine weitere Vollstreckung die Haftungsgrundlage verlieren.

IV. Die Anordnung des erweiterten Verfalls nach § 73 d StGB

Durch die Einführung des erweiterten Verfalls hat der Gesetzgeber die Vermögensabschöp- **407** fung durch Verfall effektiver gestalten und insbesondere ermöglichen wollen, dass den Tätern im Bereich der sog. Organisierten Kriminalität die Finanzmittel für die Begehung weiterer Delikte entzogen werden. Zunächst nur als Mittel im Kampf gegen Betäubungsmittelstraftaten gedacht, wurde der Anwendungsbereich des § 73 d StGB im Zuge des Gesetzgebungsverfahrens auf andere Straftaten erweitert, die nicht dem Betäubungsmittelbereich zuzuordnen sind. Allgemein findet eine Verweisung auf § 73 d StGB statt, wenn es um ein bandenmäßig oder gewerbsmäßig zu verwirklichendes Delikt geht. Mittlerweile verweisen mit den §§ 244 Abs. 3 und 244 a Abs. 3 StGB auch Vorschriften, die Individualrechtsgüter schützen, auf § 73 d StGB.[762]

Die Regelung über den erweiterten Verfall – vom BVerfG jüngst für verfassungsgemäß er- **408** klärt[763] – enthält insgesamt zwei Erleichterungen gegenüber der Anordnung des sog. einfachen Verfalls. Trotz dieser sehr weitgehenden Erleichterungen bei der Urteilsfindung kann die Konzeption des erweiterten Verfalls weder aus Sicht der Strafverfolgung noch vom Standpunkt der Beschuldigten als geglückte gesetzgeberische Leistung bezeichnet werden.

1. Erleichterungen bei der Anordnung des erweiterten Verfalls

Die Anordnung des erweiterten Verfalls ermöglicht dem Gericht nach dem Willen des Ge- **409** setzgebers, bei einem Beschuldigten aufgefundene Vermögensgegenstände abzuschöpfen, obwohl **erstens** der Nachweis, dass die Gegenstände aus einer rechtswidrigen Tat stammen, nicht geführt worden, **zweitens** die nur vermutete Tat nicht einmal angeklagt ist und **drittens** der Gegenstand möglicherweise einem vollständig unbeteiligten Dritten gehört.[764] Auf der Gegenseite steht als Verschärfung der Anforderungen gegenüber dem einfachen Verfall lediglich das Erfordernis, dass der Beschuldigte wegen einer Tat verurteilt wird, die auf § 73 d StGB verweist. Nähme man die Regelung des erweiterten Verfalls beim Wort, so ständen beliebige Vermögensstücke jedes beliebigen Bürgers dem Verfall offen, sofern nur ein wegen einer Katalogtat Verurteilter über diese zu irgendeinem Zeitpunkt tatsächlich verfügen konnte, das heißt z.B. Gewahrsam daran hatte.

Diese unter rechtsstaatlichen Gesichtspunkten hoch problematische Abschöpfungsmöglich- **410** keit, bei deren Konzeption die „Rasenmähermethode" Pate gestanden zu haben scheint, spielte in der Praxis der Vermögensabschöpfung allerdings bisher nur eine untergeordnete Rolle. Nach Untersuchungen von *Kilchling* für die Jahre 1994 bis 1999 machten die Anordnungen des er-

---

[760] Vgl. dazu BGH Urt. v. 29.11.2001 – 5 StR 451/01; ähnlich BGHR StGB § 73 c Härte 6.
[761] Zur Aufgabe des Tatgerichts, auch Zahlungserleichterungen gem. § 73 c Abs. 2 StGB nach Maßgabe des § 42 StGB zu erwägen, vgl. BGH Beschl. v. 10.2.2005 – 4 StR 513/04 – S. 4.
[762] Eine Übersicht zu den Katalogtaten findet sich bei *König* Kriminalistik 1995, 471, 473 f.
[763] BVerfG Beschl. v. 14.1.2004 – 2 BvR 564/95 – NJW 2004, 2073 mit krit. Bespr. von *Herzog* JR 2004, 494 ff.
[764] S. zu dieser letzten Erleichterung eingehend Rdnr. 418.

weiterten Verfalls zwar im Durchschnitt knapp 9 % aller Fälle aus, in denen der Verfall i.w.S. angeordnet worden war. Die dabei abgeschöpften Werte bewegen sich hingegen je nach Bundesland im Bereich von wenigen Zehntelprozent bis maximal 2 % des gesamten durch Verfall abgeschöpften Volumens.[765] Über die Gründe für diese Zurückhaltung lässt sich ohne Zahlenmaterial zur Verurteilung wegen Katalogtaten, die auf § 73 d StGB verweisen, nur spekulieren. Ein Grund mag jedoch in der restriktiven Auslegung der Vorschrift durch den 4. Strafsenat des BGH liegen. Darüber hinaus ist zu beachten, dass der erweiterte Verfall gegenüber dem einfachen Verfall **subsidiär** ist.[766] So muss das Gericht stets vorrangig prüfen, ob ermittelte Vermögensgegenstände aus den abgeurteilten Taten stammen. Ist dies der Fall, so ist allein § 73 StGB oder § 73 a StGB anzuwenden und nicht § 73 d StGB. Das gilt auch dann, wenn die abgeurteilten Taten Katalogtaten i.S.d. § 73 d StGB sind.[767] Diese Vorrangregel besitzt insbesondere für den Ausschluss des Verfalls durch Verletztenansprüche nach § 73 Abs. 1 S. 2 StGB Bedeutung, da § 73 Abs. 1 S. 2 StGB beim erweiterten Verfall keine Anwendung finden soll.[768]

411 a) **Die nur vermutete deliktische Herkunft aufgefundener Vermögensgegenstände.** § 73 d Abs. 1 S. 1 StGB schreibt die Anordnung des Verfalls auch dann vor, wenn lediglich Umstände die Annahme rechtfertigen, dass vorgefundene Vermögensgegenstände für rechtswidrige Taten oder aus ihnen erlangt worden sind. Der Gesetzgeber wollte darunter die ganz überwiegende Wahrscheinlichkeit der deliktischen Herkunft verstanden wissen, die dann vorliege, wenn „sich rechtmäßige Quellen nicht feststellen lassen und sich die Herkunft aus rechtswidrigen Taten im Hinblick auf die Situation des Täters und sein Vorleben einem objektiven Beobachter geradezu aufdrängt".[769] Damit handelt es sich um eine **Beweiserleichterung**.[770]

412 Diese Beweiserleichterung hat vielfältige Kritik aus der Literatur erfahren. Hauptsächlich wird die Unvereinbarkeit mit dem Schuldprinzip und der Unschuldsvermutung sowie mit der Eigentumsgarantie aus Art. 14 GG moniert.[771] Es ist hier nicht der Ort, zu dieser Kritik unter dogmatischen Gesichtspunkten Stellung zu nehmen, da zum einen die Frage der Vereinbarkeit von Beweiserleichterungen insbesondere mit dem Schuldprinzip an dieser Stelle abschließend nicht geklärt werden kann[772] und zum anderen – und viel entscheidender – der BGH die Beweiserleichterung des § 73 d Abs. 1 S. 1 StGB methodisch durch eine **verfassungskonforme Auslegung** so **entschärft** hat, dass ihre beweiserleichternde Wirkung sehr gering ist. Nach Auffassung des 4. und ihm folgend auch des 3. und 2. Senats des BGH genügt eine ganz überwiegende Wahrscheinlichkeit für die Anordnung des Verfalls nicht.[773] Vielmehr müsse das Tatgericht wie auch sonst zusätzlich uneingeschränkt von der deliktischen Herkunft der Vermögensgegenstände überzeugt sein.[774]

---

[765] *Kilchling* Gewinnabschöpfung S. 42 u. 49 ff.
[766] BGH Beschl. v. 25.2.2004 – 2 StR 464/03 – StraFo 2004, 283; *Kiethe/Hohmann* NStZ 2003, 505, 506.
[767] BGH Beschl. v. 9.10.2001 – 4 StR 411/01 – wistra 2002, 57; BGH Beschl. v. 9.7.2002 – 5 StR 30/02; BGH Beschl. v. 2.10.2002 – 2 StR 294/02; BGH Beschl. v. 7.1.2003 – 3 StR 421/02 – NStZ 2003, 422, 423.
[768] S. dazu näher Rdnr. 419 ff.
[769] BT-Drucks. 11/6623 S. 5 und 7.
[770] Ähnlich *Lackner/Kühl* § 73 d Rdnr. 8; LK/*Schmidt* § 73 d Rdnr. 36. *Berg* Beweiserleichterungen S. 197 und *Jescheck/Weigend*, Strafrecht Allgemeiner Teil, § 76 I 6. c), halten die Regelung hingegen für eine Beweislastregelung ohne Beweisthemaverschiebung.
[771] *Weßlau* StV 1991, 226, 232, 234; *Eser*, FS Stree/Wessels, S. 833, 845 f.; *Hoyer* GA 1993, 407, 413 u. 421; *Perron* JZ 1993, 918, 920 ff.; *Julius* ZStW 109 (1997), S. 59, 96 ff.; *Berg* Beweiserleichterungen S. 198 und 201 m.w.N. in Fn. 943; *Herzog*, FS Lüderssen, S. 241, 249. Einen Verstoß gegen die Unschuldsvermutung und Art. 14 GG verneint *Katholnigg* JR 1994, 353, 355; s. auch *Krey/Dierlamm* JR 1992, 353, 358.
[772] S. dazu eingehend *Hohn*, Die Zulässigkeit materieller Beweiserleichterungen im Strafrecht, Diss. Kiel 2000, S. 67 ff. Nach Ansicht des BVerfG (Beschl. v. 14.1.2004 – 2 BvR 564/95 – NJW 2004, 2073) ist § 73 d StGB – auch unter dem Gesichtspunkt des Schuldprinzips – mit dem Grundgesetz vereinbar.
[773] Grundlegend BGHSt 40, 371, 372 f. = NJW 1995, 470; BGH Urt. v. 10.2.1998 – 4 StR 4/98 – NStZ-RR 1998, 297; BGH Urt. v. 20.10.1999 – 3 StR 324/99 – NStZ 2000, 137; BGH Beschl. v. 29.8.2002 – 3 StR 287/02 – NStZ-RR 2002, 366, 367; BGH Beschl. v. 28.7.2004 – 2 StR 209/04 – NStZ-RR 2004, 347; anders noch der 1. Senat des BGH im Urt. v. 28.11.1995 – 1 StR 619/95 – NStZ-RR 1996, 116, der sich jedoch der Rspr. der anderen Senate im Urt. v. 17.6.1997 – 1 StR 187/97 – NStZ-RR 1998, 25, annähert; s.a. bereits StrK beim AG Bremerhaven Beschl. v. 15.1.1993 – Qs 139/92 – StV 1993, 121, 122.
[774] BGHSt 40, 371, 373 = NJW 1995, 470. Krit. *Herzog*, FS Lüderssen, S. 241, 249, der bemängelt, dass sich die vom BGH geforderte tatrichterliche Überzeugung auf die Darstellungsebene der Urteilsbegr. beschränke und damit nicht überprüfbar sei.

Durch diese einschränkende Auslegung macht der BGH die Herkunft der Gegenstände aus 413
rechtswidrigen Taten wieder zum Beweisthema und damit die Gesetzesänderung des § 73 d
Abs. 1 S. 1 StGB im Grunde rückgängig. Denn nach ständiger Rechtsprechung des BGH erstreckt sich das Erfordernis der uneingeschränkten tatrichterlichen Überzeugung auf solche –
aber auch nur auf solche – Tatsachen, die das Beweisthema bilden.[775] Damit gilt hinsichtlich
der Herkunft der Vermögensgegenstände beim erweiterten Verfall nichts anderes als beim einfachen Verfall.

Dass die Auslegung des BGH sich damit nicht mehr im Rahmen einer Auslegung hält, 414
sondern eine Korrektur des Gesetzes entgegen seinem Wortlaut darstellt,[776] mag dahinstehen.
Für die **Verteidigungspraxis** bedeutet diese mittlerweile als gefestigt anzusehende – und jüngst
durch das BVerfG abgesicherte – Rechtsprechung, dass bereits das **Vortragen nahe liegender
Alternativen** zu einer deliktischen Herkunft der Vermögensgegenstände die erforderliche
Überzeugung des Tatgerichts **erschüttern** kann und so ein erweiterter Verfall ausscheidet.
Denn die nicht nur entfernte oder theoretische Möglichkeit, der Angeklagte könnte die
Vermögensgegenstände auch auf legalem Wege erlangt haben, begründet nach der Diktion
des BGH „vernünftige" und „konkrete" Zweifel an der deliktischen Herkunft, die einer
uneingeschränkten Überzeugung entgegenstehen.[777] Dabei muss die nahe liegende Alternative
nicht bewiesen sein.

Beispiel:
A stellt Düngemittelgrundstoffe her und exportiert diese z.T. in verschiedene Länder. Setzt man diese 415
Grundstoffe in bestimmter Weise zusammen, entsteht – wie bei Düngemittelbestandteilen häufig – ein
hochexplosiver Sprengstoff. Als er wegen eines Verstoßes gegen § 34 Abs. 1 Nr. 1 AWG angeklagt wird,
deutet das Gericht an, dass es der Ansicht zuneige, die bei A sichergestellten Bankguthaben i.H.v. € 7,4
Mio. unterlägen nach den §§ 36 Abs. 3 AWG, 73 d Abs. 1 S. 1 StGB dem erweiterten Verfall, da das
Gericht von der deliktischen Herkunft aus anderen, aber nicht näher bekannten Außenwirtschaftsdelikten
überzeugt sei. Die Verteidigung trägt daraufhin vor, dass es ebenso nahe liege, dass die sichergestellten
Beträge aus den – nicht verbotenen – Inlandsgeschäften des A stammen.

Durch dieses Verständnis des § 73 d Abs. 1 S. 1 StGB wird der erweiterte Verfall im Wesent- 416
lichen auf den Bereich der Betäubungsmittelkriminalität beschränkt, wo plausible alternative
Erklärungen zur Herkunft des Einkommens in aller Regel ausscheiden, da die Angeklagten
häufig Sozialhilfeempfänger sind oder zumindest solchen Berufen nachgehen, die Einkünfte
aus rechtmäßiger Tätigkeit in der sichergestellten Höhe unter keinem denkbaren Aspekt zu
erklären vermögen.

b) Herkunftstaten kein Verfahrensgegenstand. Damit bleibt als echte Erleichterung gegen- 417
über der Anordnung des einfachen Verfalls im Grunde nur die Tatsache, dass die rechtswidrigen Taten, von deren Existenz das Gericht überzeugt sein muss, nicht von der Anklage umfasst
sein müssen.

Denn die **Beweiserleichterung des § 73 d Abs. 1 S. 2 StGB** hinsichtlich der Berechtigung an 418
den Vermögensgegenständen ist streng akzessorisch zu der Beweiserleichterung hinsichtlich
der Herkunft der Vermögensgegenstände, da bei einem Gegenstand, der im Zuge einer nur
vermuteten Straftat verschoben worden ist, ebenfalls nur vermutet werden kann, ob der
Rechtsübergang gerade wegen des deliktischen Charakters der Verschiebung fehlgeschlagen
ist.[778] Mit dem Wegfall der Beweiserleichterung hinsichtlich der Herkunft muss auch die
des § 73 d Abs. 1 S. 2 StGB entfallen: Wenn die deliktische Herkunft zur uneingeschränkten
Überzeugung des Gerichts feststehen muss, gibt es keinerlei Grund und Rechtfertigung dafür,
dass die materielle Berechtigung an dem Gegenstand dahinstehen können soll. Dieser Schluss
wird auch dadurch bestätigt, dass der BGH die verfassungskonforme Reduktion des § 73 d
Abs. 1 S. 1 StGB mit der Endgültigkeit der Rechtswirkung der Maßname (§ 73 e Abs. 1 StGB)

---

[775] BGHSt 10, 208, 210 f. = NJW 1957, 386 f.; BGHSt 17, 382, 385 = NJW 1962, 1876 f.; BGH Beschl. v.
24.6.1982 – 4 StR 183/82 – NStZ 1982, 478; BGH Urt. v. 4.4.1990 – 2 StR 466/89 – NJW 1990, 2073 f.
[776] Krit. auch T. *Schmidt* JuS 1995, 463, 464.
[777] BGHSt 10, 208, 211 = NJW 1957, 386 f.; BGH Urt. v. 4.4.1990 – 2 StR 466/89 – NJW 1990, 2073 f.
[778] S. zur vorrangigen Feststellung nach § 73 d Abs. 1 S. 1 StGB, dass der Angeklagte Rechtsinhaber des erlangten Gegenstandes sein muss, BGH Beschl. v. 29.8.2002 – 3 StR 287/02 – NStZ-RR 2002, 366, 367.

begründet⁷⁷⁹ – ein Rechtsgedanke, der ebenso auf die Feststellung der Berechtigungsverhältnisse zutrifft. Daher bewirkt die Reduktion des § 73 d Abs. 1 S. 1 StGB zugleich eine Reduktion des § 73 d Abs. 1 S. 2 StGB. Da es sich bei den Regelungen des § 73 d Abs. 1 StGB um Erleichterungen gegenüber § 73 StGB handelt, kann eine Reduktion allerdings nur bis auf das Maß des § 73 StGB erfolgen. Demnach gilt für die Frage, wem der Gegenstand gehört, die Regelung des § 73 Abs. 4 StGB, sodass die Antwort darauf nur dann dahinstehen kann, wenn das Gericht davon überzeugt ist, dass der Dritte den Gegenstand in Kenntnis der Umstände gewährt hat und dadurch in die Tat „quasi-verstrickt" ist.⁷⁸⁰

2. Keine analoge Anwendung des § 73 Abs. 1 S. 2 StGB auf den erweiterten Verfall?

419 Nach wohl einhelliger Ansicht ist die Ausschlussregelung des § 73 Abs. 1 S. 2 StGB im Falle des Bestehens von Opferansprüchen aus der Tat auf den erweiterten Verfall auch nicht entsprechend anwendbar.⁷⁸¹ Stattdessen soll eine mögliche Doppelbelastung des Täters sowohl durch Opferansprüche als auch durch die Anordnung des erweiterten Verfalls durch eine Anwendung der Härteklausel des § 73 c Abs. 1 StGB vermieden werden können.⁷⁸²

420 Der **Ausschluss des § 73 Abs. 1 S. 2 StGB** auf die Fälle des erweiterten Verfalls kann nur als eine **gesetzgeberische Fehlleistung** angesehen werden.⁷⁸³ Der Gesetzgeber ging bei seinen Beratungen zunächst davon aus, dass der erweiterte Verfall nur bei Betäubungsmitteldelikten als Katalogtaten anzuwenden sei;⁷⁸⁴ erst später wurde beschlossen, dass auch Vorschriften anderer Deliktsbereiche auf § 73 d StGB verweisen sollten. Diese erst im Verlauf des Gesetzgebungsverfahrens erfolgte Erweiterung wird als Begründung dafür angesehen, dass der Gesetzgeber fälschlich von der fehlenden Relevanz von Verletztenansprüchen ausgegangen ist, weil Verletztenansprüche aus Betäubungsmittelstraftaten nicht entstehen können, da diese Delikte wegen der überindividuellen Natur ihres Rechtsgutes keine Verletzten kennen.⁷⁸⁵ Diese Begründung entbehrt ebenso wie die Einschätzung des Gesetzgebers jeder Berechtigung. Das Auftreten von Konkurrenzsituationen zwischen Ansprüchen von Verletzten der Straftat und der Anordnung des erweiterten Verfalls hängt nicht von der Beschaffenheit des Katalogs der Straftaten ab, die auf § 73 d StGB verweisen, und eine Situation, wie sie § 73 Abs. 1 S. 2 StGB voraussetzt, wäre auch dann aufgetreten, wenn es der Gesetzgeber bei der ursprünglichen Beschränkung auf Betäubungsmittelstraftaten belassen hätte. Bei der Konkurrenz von Verletztenansprüchen aus der Tat und dem erweiterten Verfall kommt es nicht darauf an, ob die Katalogtat ein Individualrechtsgut schützt und folglich dem Inhaber des verletzten Rechtsguts Ansprüche gegen den Tatbeteiligten aus der Tat erwachsen, da beim erweiterten Verfall Vermögenswerte abgeschöpft werden, die aus den – beliebig beschaffenen – Herkunftstaten, nicht der Katalogtat, herrühren.

421 Da die Konkurrenzsituation des erweiterten Verfalls mit Opferansprüchen demnach bereits in der Konzeption des § 73 d StGB angelegt ist, kann das Fehlen eines Verweises in § 73 d StGB auf die Ausschlussregelung des § 73 Abs. 1 S. 2 StGB nur als echte Lücke angesehen werden, die der Gesetzgeber zügig schließen sollte.⁷⁸⁶

---

⁷⁷⁹ BGHSt 40, 371, 373 = NJW 1995, 470.
⁷⁸⁰ Zur Kritik an der allein verbleibenden Erleichterung der Abschöpfung deliktisch erlangten Vermögens durch den erweiterten Verfall – der Verzicht auf die Anklage der Herkunftstaten (etwa durch *Berg* Beweiserleichterungen S. 200) vgl. *Rönnau* Vermögensabschöpfung Rdnr. 587 ff.
⁷⁸¹ BT-Drucks. 11/6623 S. 14; BGHSt 41, 278, 284 = NJW 1996, 136 ff.; BGH Beschl. v. 3.4.2002 – 1 StR 540/01 – wistra 2002, 307 f.; Schönke/Schröder/*Eser* § 73 d Rdnr. 6; LK/*Schmidt* § 73 d Rdnr. 7; MünchKommStGB/*Joecks* § 73 d Rdnr. 40; das Urteil des BGH v. 28.4.1997 – 5 StR 629/96 – NStZ-RR 1997, 302, 303, gibt allerdings für diese Ansicht nichts her, da es dort um Betäubungsmitteldelikte ging und aus diesem Grund § 73 Abs. 1 S. 2 StGB keine Anwendung fand. Eine Änderung soll durch die Neufassung des § 73 Abs. 1 S. 3 StGB im Gesetzentwurf der Bundesregierung v. Feb. 2006 (BT-Drucks. 16/700) erfolgen. Danach gelten „§ 73 Abs. 1 S. 2, auch in Verbindung mit § 73 b, ... entsprechend".
⁷⁸² Schönke/Schröder/*Eser* § 73 d Rdnr. 7; MünchKommStGB/*Joecks* § 73 d Rdnr. 40.
⁷⁸³ Ebenso *Hees* Zurückgewinnungshilfe S. 65 f., den S. 68 f.) u. a. eine strikte Beachtung der nur subsidiären Anwendbarkeit des § 73 d StGB gegenüber § 73 StGB zur Problembehebung de lege lata vorschlägt.
⁷⁸⁴ BT-Drucks. 11/6623 S. 7, eingehende Darstellung bei *Hees* Zurückgewinnungshilfe S. 65 ff.
⁷⁸⁵ Schönke/Schröder/*Eser* § 73 d Rdnr. 7.
⁷⁸⁶ So jetzt auch BVerfG Beschl. v. 14.1.2004 – 2 BvR 564/95 – NJW 2004, 2073.

Der – wie so häufig für die Lösung struktureller Ungereimtheiten beim Verfall bemühte – **Verweis auf die Härteklausel des § 73 c StGB**[787] kann nicht überzeugen. Soweit damit die Regelung des § 73 c Abs. 1 S. 1 StGB gemeint ist, müsste die Inanspruchnahme des Tatbeteiligten durch den erweiterten Verfall als „ungerecht" erscheinen. Diese Hürde wird angesichts der hohen Anforderungen, die die Rechtsprechung hier aufgebaut hat, nur in seltenen Fällen zu nehmen sein.[788] Soweit er hingegen die von ihren Voraussetzungen her weniger strenge Regelung des § 73 c Abs. 1 S. 2 StGB betrifft, ist zunächst darauf zu verweisen, dass damit ein lediglich fakultatives Absehen von der Verfallsanordnung ermöglicht wird, was dem zwingenden Ausschluss des Verfalls durch § 73 Abs. 1 S. 2 StGB kaum entspricht. Darüber hinaus setzt diese Vorschrift voraus, dass der Tatbeteiligte um den Wert des erlangten Etwas entreichert ist, die typische Situation des erweiterten Verfalls eine Entreicherung des Tatbeteiligten aber gerade ausschließt.[789] Im Gegensatz zur Regelung des § 73 Abs. 1 S. 2 StGB kann ein Zurückgreifen auf § 73 c StGB mithin nur als „Flickschusterei" bezeichnet werden, da die Anwendung dieser Vorschrift beim erweiterten Verfall mit zu vielen Unwägbarkeiten behaftet ist und daher einen dem § 73 Abs. 1 S. 2 StGB vergleichbaren Schutz des Tatbeteiligten vor doppelter Inanspruchnahme nicht gewährleisten kann.[790]

V. Die selbständige Anordnung von Verfall und Einziehung gem. § 76 a StGB i.V.m. den §§ 440 ff. StPO

Sanktionen nach den §§ 73 ff. StGB werden zumeist im sog. **subjektiven**, d.h. gegen einen bestimmten Beschuldigten gerichteten **Verfahren** verhängt. Die Verfalls- oder Einziehungsanordnung als unselbständiger Teil des Urteils oder Strafbefehls[791] erfolgt hier **von Amts wegen**, ohne dass dies gesondert beantragt werden muss. Dagegen ist die **selbständige Anordnung** von Verfall bzw. Einziehung (§ 76 a StGB) an einen **Antrag** von Staatsanwaltschaft oder Privatkläger gebunden (§ 440 Abs. 1 i.V.m. § 442 Abs. 1 StPO).[792] Sie kann sowohl im **objektiven**, nicht gegen eine bestimmte Person gerichteten **Verfahren** als auch in Fortführung des anhängigen subjektiven Verfahrens vorgenommen werden. Welcher Weg beschritten wird, hängt davon ab, ob die Staatsanwaltschaft im subjektiven Verfahren eine dem Antrag nach § 440 Abs. 1 StPO entsprechende Erklärung gegenüber dem Gericht abgibt.[793]

Im Antrag ist der Gegenstand zu bezeichnen und das Vorliegen der Verfalls- bzw. Einziehungsvoraussetzungen zu begründen; die Antragsschrift muss ansonsten den Erfordernissen einer Anklage nach § 200 StPO genügen (§ 440 Abs. 2 StPO). Die Beteiligung Dritter am Strafverfahren richtet sich nach § 440 Abs. 3 i.V.m. den §§ 431 bis 436 und 439 StPO.[794]

§ 76 a Abs. 1, 2 StGB lockert die Anforderungen an die Anordnung von Verfall, Einziehung oder Unbrauchbarmachung im subjektiven Verfahren im Grundsatz nur insoweit, wie die Rechtsfolgen der §§ 73 ff. StGB auch in Fällen durchgesetzt werden können, in denen wegen

---

[787] Vgl. etwa LK/*Schmidt* § 73 d Rdnr. 56; MünchKommStGB/*Joecks* § 73 d Rdnr. 40.
[788] S. dazu näher Rdnr. 402. *Hees* Zurückgewinnungshilfe S. 70 f. nimmt allerdings an, dass bei einer drohenden doppelten Inanspruchnahme **stets** eine unbillige Härte vorliege.
[789] S. dazu auch BGH Urt. v. 9.5.2001 – 3 StR 541/00 – NStZ 2001, 531.
[790] Die Nichtanwendung des § 73 Abs. 1 S. 2 StGB auf den erweiterten Verfall führt auf der Opferseite dazu, dass zu seinen Gunsten keine Zurückgewinnungshilfe betrieben werden kann, es also nicht in den Genuss eines in den §§ 111 g ff. StPO verankerten Gläubigerstatus kommt, d.h., sich nicht gegenüber anderen „normalen" Gläubigern vorrangig Befriedigung aus dem arrestierten Vermögen verschaffen kann, s.a. *Satzger* wistra 2003, 401, 406.
[791] Zur Verwarnung mit Strafvorbehalt vgl. § 59 Abs. 3 S. 1 StGB.
[792] BGH Beschl. v. 7.1.2003 – 3 StR 421/01 – NStZ 2003, 422, 423.
[793] LK/*Schmidt* § 76 a Rdnr. 21 m.w.N. Die Entscheidung darüber, ob ein Antrag nach § 440 StPO zu stellen ist, liegt selbst dann im pflichtgemäßen Ermessen der Staatsanwaltschaft, wenn die selbständige Anordnung im materiellen Recht wie beim Verfall zwingend vorgeschrieben ist, Rechtsprechungsnachweise dazu bei *Tröndle/Fischer* § 76 a Rdnr. 3; zum objektiven Verfahren bei der Zurückgewinnungshilfe vgl. *Meyer-Goßner* § 153 Rdnr. 40.
[794] Geht es um die selbständige Anordnung des Verfalls nach § 29 a Abs. 4 OWiG, so ist der Verfallsbeteiligte nicht verpflichtet, an der Hauptverhandlung teilzunehmen, OLG Köln Beschl. v. 20.11.2001 – Ss 448/01 (B) – StraFo 2002, 359, 360.

der Straftat aus tatsächlichen[795] oder rechtlichen[796] Gründen keine bestimmte Person verfolgt oder verurteilt werden kann. § 76 a Abs. 3 StGB ermöglicht die selbständige Anordnung der Maßnahme aus Gründen des praktischen Bedürfnisses ausnahmsweise darüber hinaus, wenn das Gericht nach einer Vorschrift des materiellen Rechts von Strafe absieht oder das Verfahren nach Ermessen in Durchbrechung des Verfolgungszwangs eingestellt wird.[797] Alle übrigen Voraussetzungen, unter denen der Verfall oder die Einziehung vorgeschrieben oder zugelassen ist, müssen vorliegen. Damit kann der aus einer rechtswidrigen Straftat stammende Gegenstand bzw. Wertersatz im objektiven Verfahren z.b. dann für verfallen erklärt werden, wenn der Tatbeteiligte unbekannt bleibt oder sich der Verfolgung und Verurteilung durch Abwesenheit, Flucht oder Verbergen entzieht.[798]

426   Das soll nach einem in der Literatur zustimmend aufgenommenen Urteil des AG Berlin-Tiergarten für den erweiterten Verfall in entsprechender Anwendung des § 76 a StGB auch dann gelten, wenn dem Angeklagten von einem unbekannten Mittäter ein Geldbetrag zur Aufbewahrung übergeben wurde, außerdem feststeht, dass der unbekannte Mittäter ein Verbrechen nach § 29 a BtMG begangen hat, das zur Tat des Angeklagten im Verhältnis nach den §§ 3, 264 StPO steht und die übrigen Voraussetzungen des erweiterten Verfalls bei dem unbekannten Mittäter vorliegen.[799] Im subjektiven Verfahren kommt ein selbständiger Verfall (beim Vorliegen seiner materiellen Voraussetzungen) vor allem neben einem Freispruch wegen eines Schuldausschließungsgrundes sowie im Anschluss an eine Verfahrenseinstellung gem. den §§ 153, 153 a StPO in Betracht.[800] Gerade den letztgenannten Aspekt sollte der Strafverteidiger bei einer Verständigung über das Verfahrensergebnis im Auge behalten und in geeigneten Fällen auf einen Verzicht der Anordnung von Verfall/Einziehung hinwirken.[801] Ist im erledigten subjektiven Verfahren die mögliche Maßnahme nicht angeordnet worden, ist ein nachträgliches objektives Verfahren unzulässig.[802]

VI. Risikotragung beim Wertverlust sichergestellter Vermögenswerte

427   Neben der Insolvenz des von einer vollstreckungssichernden Maßnahme Betroffenen kann das Problem auftreten, dass sichergestellte Gegenstände während der Zeit der Sicherstellung[803] vor (Nicht-)Anordnung des Verfalls im Urteil erheblich an Wert verlieren und so entweder – im Falle der Nichtanordnung – dem Betroffenen ein Schaden entsteht, oder – für den Fall der Anordnung – die spätere Verwertung der Gegenstände im Hinblick auf den Anspruch des Justizfiskus aus den §§ 73 Abs. 1, 73 a StGB keine ausreichende Befriedigung erbringt.[804]

VII. Vermögensabschöpfung durch Verzicht

428   In der Verfahrenspraxis kommt es nach Einschätzung von Rechtswissenschaftlern und -praktikern häufig vor, dass die beim Beschuldigten sichergestellten Vermögensgegenstände Bestandteil einer informellen Absprache zwischen Beschuldigten/Verteidigung und Justiz-

---

[795] Dazu gehört nach zutr. und ausf. begründeter Ansicht des OLG Frankfurt/M. Beschl. v. 10.10.2005 – 3 Ws 860/05 NStZ-RR 2006, 39 m.w.N. nicht der Tod des Täters (zu § 73 d i.V.m. § 76 a Abs. 1 StGB); anders das OLG Stuttgart Beschl. v. 26.4.2000 – 4 Ws 65/2000 – NJW 2000, 2598.
[796] Vgl. dazu § 76 a Abs. 2 StGB, der nur für die sicherungsbedingte Einziehung oder Unbrauchbarmachung gilt.
[797] Vgl. LK/*Schmidt* § 76 a Rdnr. 4, 14 ff. m.w.N.
[798] LK/*Schmidt* § 76 a Rdnr. 8.
[799] AG Berlin-Tiergarten Urt. v. 8.11.1996 – (284) 5 Op Js 724/95 – NStZ-RR 1997, 212; LK/*Schmidt* § 76 a Rdnr. 8; Schönke/Schröder/*Eser* § 76 a Rdnr. 12.
[800] Vgl. AG Gummersbach Beschl. v. 6.7.1988 – 8 Gs 563/88 – NStZ 1988, 460; BGH Beschl. v. 13.11.1996 – 3 StR 482/96 – NStZ-RR 1997, 262; LK/*Schmidt* § 76 a Rdnr. 18 ff. m.w.N.
[801] Vgl. auch *Meyer-Goßner* § 153 a Rdnr. 59 zur Situation des Beschuldigten, der nach Erfüllung der übernommenen Pflichten u. U. darauf vertraut, dass gegen ihn keine strafähnlichen Maßnahmen mehr ergriffen werden.
[802] LK/*Schmidt* § 76 a Rdnr. 9 m.w.N. Rechtsprechungsnachweisen.
[803] Näher zur Verwaltung des sichergestellten Vermögens *Rönnau* Vermögensabschöpfung Rdnr. 612 ff.
[804] Ausf. zur Problematik *Rönnau/Hohn* wistra 2002, 445 ff.; auch *Rönnau* Vermögensabschöpfung Rdnr. 600 ff.

§ 12 Vermögensabschöpfung und Zurückgewinnungshilfe

behörden werden.[805] Dieses für den Bereich der sog. **„außergerichtlichen Einziehung"** von Gegenständen im Strafprozess schon länger bekannte[806] – wenngleich literarisch kaum behandelte[807] – Phänomen tritt nunmehr offensichtlich auch beim strafrechtlichen Verfall verbreitet auf. Dabei wird der Beschuldigte entweder von der Justizseite aufgefordert, freiwillig auf die zuvor beschlagnahmten Vermögensgegenstände zu verzichten, oder er bietet den Behörden seinerseits den Verzicht an. Die strafrechtliche Praxis leitet aus der außergerichtlichen Vermögenseinziehung neben der zivilrechtlichen Übertragung des Eigentums/dem Wechsel der Forderungsinhaberschaft ein automatisches Erlöschen der Beschlagnahme ab, das zur sofortigen Verwertung des eingezogenen Gegenstandes berechtigt.[808] Einer förmlichen Einziehungs-/Verfallsentscheidung des Gerichts bedarf es – da rein deklatorischen Charakters – nicht mehr.[809] Die in der Praxis den Beschuldigten unterbreiteten Verzichts-/Abtretungserklärungen haben z.B. folgenden Inhalt:

„Der Beschuldigte erklärt unwiderruflich und unabhängig vom Ausgang des gegen ihn geführten Ermittlungsverfahrens den Verzicht auf ... (genaue Bezeichnung) zugunsten des Landes X, vertreten durch die Staatsanwaltschaft Y."

Darüber hinaus wird der Beschuldigte zumeist aufgefordert zu erklären, dass er die Vermögenswerte, auf die sich der Verzicht/die Abtretung bezieht,[810] nicht bereits anderweitig abgetreten hat und alle Gegenstände zu seinem frei verfügbaren, alleinigen Eigentum gehören.[811]

Diese informelle außergerichtliche Vermögenseinziehung wird von Seiten der Strafjustizorgane mutmaßlich deshalb sehr geschätzt, weil damit für die Gerichte die Notwendigkeit entfällt, nach den – als recht kompliziert eingestuften – gesetzlichen Regeln ausdrücklich über den Verfall bzw. die Einziehung der betroffenen Vermögenswerte zu entscheiden.[812] Zudem können bei einem Verzicht in einem frühen Verfahrensstadium die bei bestimmten Gegenständen (z.B. Pkws) z.T. recht erheblichen Unterstellkosten eingespart werden.[813]

Der Beschuldigte verknüpft mit dem während der Hauptverhandlung oder sogar schon während des laufenden Ermittlungsverfahrens ausgesprochenen Verzicht auf (seine) Vermögenswerte zumeist die Erwartung einer **milderen (Straf-)Sanktion** oder die Herausgabe (zumindest) Einzelner zunächst mit Beschlag belegter Gegenstände, um damit etwa Anwaltskosten oder andere Verbindlichkeiten zu begleichen.[814] Darüber hinaus gibt es ein weiteres plausibles Motiv für einen Verzicht auf die Rückgabe sichergestellter Gegenstände: Nimmt der Staatsanwalt den – zumeist als Angebot auf Eigentumsübertragung bzw. Forderungsabtretung zu interpretierenden – Verzicht[815] an, trägt ab diesem Zeitpunkt des Rechtsübergangs der Justizfiskus das **Risiko eines Wertverlusts**, da nun er Inhaber der übertragenen Vermögensstücke ist. Der Be-

---

[805] Vgl. *Kilchling* Gewinnabschöpfung S. 36 f., 59; *Kaiser* wistra 2000, 121, 124; *Malitz* NStZ 2002, 337, 338; auch *D. Meyer* StrEG § 2 Rdnr. 59; in der Rspr. wird der Verzicht des Beschuldigten auf Vermögensgegenstände zumeist nur beiläufig erwähnt, etwa in BGH Urt. v. 5.4.2000 – 2 StR 500/99 – NStZ 2000, 480 f.; BGH Urt. v. 10.10.2002 – 4 StR 233/02 – NJW 2003, 300 ff.
[806] Vgl. OLG Düsseldorf Beschl. v. 15.9.1992 – 2 Ws 405/92 – NStZ 1993, 452; BayObLGSt 1996, 99; auch schon BGHSt 20, 253, 257 = JZ 1965, 684 f.
[807] Eine Ausnahme machen hier nur *Ströber/Guckenbiehl* Rpfleger 1999, 115 und *Thode*, Die außergerichtliche Einziehung von Gegenständen im Strafprozeß, 2000; *dies.* NStZ 2000, 62 ff., die – allerdings mit wenig überzeugender Begr. – Verzichtserklärungen des Beschuldigten wegen Verstoßes gegen die Grundsätze des fair trial, den Anspruch auf den gesetzlichen Richter sowie die Unschuldsvermutung für nichtig i.S.d. § 138 BGB erklärt.
[808] *Thode* NStZ 2000, 62, 64.
[809] Vgl. BayObLGSt 1996, 99, 101 = NStZ-RR 1997, 51; OLG Düsseldorf Beschl. v. 15.9.1992 – 2 Ws 405/92 – NStZ 1993, 452.
[810] Die „freigegebenen" Vermögenswerte sind vom erlangten Etwas abzuziehen, vgl. *Tröndle/Fischer* § 73 Rdnr. 9.
[811] *Bangert* Kriminalistik 2001, 652, 658 m. Fn. 20.
[812] *Kilchling* Gewinnabschöpfung S. 37.
[813] Vgl. *Ströber/Guckenbiehl* Rpfleger 1999, 115.
[814] *Kilchling* Gewinnabschöpfung S. 37; interessant ist die Beobachtung von *Dessecker* Gewinnabschöpfung S. 29 ff., nach der eine Vermögensabschöpfung ganz überwiegend bei geständigen Beschuldigten stattfindet.
[815] Vgl. OLG Düsseldorf Beschl. v. 15.9.1992 – 2 Ws 405/92 – NStZ 1993, 452; BayObLGSt 1996, 99 f. = NStZ-RR 1997, 51; ausf. zu Wirksamkeitsvoraussetzungen und Folgen des Verzichts *Ströber/Guckenbiehl* Rpfleger 1999, 115, 116 ff.

schuldigte kann so verhindern, später nach Anordnung des (Wertersatz-)Verfalls im Urteil den Differenzbetrag in Höhe des Wertverlusts ausgleichen zu müssen, also noch einmal zur Kasse gebeten zu werden.[816]

433 Trotz der skizzierten möglichen Vorteile ist der **Verzicht** auf Vermögenswerte für den Beschuldigten **nicht risikolos**. Denn er wirkt auf Staatsanwälte gerade in einem frühen Verfahrensstadium nicht selten wie ein **Teilgeständnis** mit der Folge, dass das Strafverfahren nun jedenfalls nicht mehr zügig nach § 170 Abs. 2 StPO eingestellt werden wird. Zudem kommen wiederum sämtliche Probleme in den Blick, die mit der Absprache im Strafprozess generell verbunden sind.[817] Darüber hinaus ist der Verzicht kein Weg, der bei jeder Art von Vermögensgegenständen beschritten werden kann.[818] Auch sollte der Strafverteidiger einseitigen Risikoabwälzungen auf den Beschuldigten, dem – wie im obigen Beispiel – in vorgelegten Verzichtserklärungen angetragen wird, „unabhängig vom Ausgang des Ermittlungsverfahrens" auf Vermögenswerte zu verzichten, möglichst entgegentreten.

VIII. Urteils-/Entscheidungsanfechtung und Rechtskraft

1. Allgemeines

434 Der durch Urteil oder Strafbefehl im subjektiven (also gegen eine bestimmte Person gerichteten) Verfahren angeordnete Verfall kann ebenso wie dessen Nichtanordnung durch das jeweils hiergegen vorgesehene Rechtsmittel (Berufung, Revision), beim Strafbefehl durch Einspruch angegriffen werden.[819] Diese Rechtsbehelfe stehen auch dem Einziehungs- bzw. Verfallsbeteiligten (§§ 431, 442 StPO) zu, da seine Stellung gem. § 433 Abs. 1 StPO der eines Angeklagten angenähert ist. War der von der Einziehungs-/Verfallsanordnung Betroffene nicht Beteiligter i.S.d. § 431 StPO, kann er nach rechtskräftiger Anordnung des (Wertersatz-)Verfalls/der Einziehung im Nachverfahren gem. § 439 StPO seine Rechte geltend machen, sofern er Inhaber dinglicher oder beschränkt dinglicher Rechte (etwa eines Pfändungspfandrechts am Vermögen des Täters) ist.[820] Die selbständige Verfallsanordnung im objektiven Verfahren (§ 440 StPO)[821] oder im Nachverfahren ergeht durch Beschluss und unterliegt der sofortigen Beschwerde.[822]

2. Die Beschränkung des Rechtsmittels auf die Rechtsfolge des Verfalls

435 In der Praxis ist es durchaus üblich, die Berufung oder Revision auf die Frage der Anordnung bzw. Nichtanordnung des Verfalls zu beschränken. Diese Beschränkung innerhalb des Rechtsfolgenausspruchs ist möglich und zulässig, sofern die Frage des Verfalls losgelöst von den übrigen Teilen des Urteils rechtlich und tatsächlich selbständig geprüft und entschieden werden kann.[823] Denn nur bei einer Trennbarkeit der Beschwerdepunkte von dem nicht an-

---

[816] *Rönnau/Hohn* wistra 2002, 445, 453.
[817] Grundlegend *Rönnau* Absprachen; zur Leitentscheidung in BGHSt 43, 195 = NJW 1998, 86 ff.; *ders.* wistra 1998, 49 ff.; jüngstens BGH (GS) Beschl. v. 3.3.2005 – GSSt 1/04 – NJW 2005, 1440 mit instruktiver Bespr. von *Saliger* JuS 2006, 8 ff.
[818] Details dazu bei *Rönnau/Hohn* wistra 2002, 445, 453.
[819] Dabei soll der Wertersatzverfall ein aliud gegenüber dem Originalverfall und dem erweiterten Verfall darstellen, sodass seine etwaige Nichtanordnung gesondert zu rügen ist, vgl. BayObLG Beschl. v. 22.10.1998 – 4 St RR 144/98 – NStZ-RR 1999, 269; *Schönke/Schröder/Eser* § 73 a Rdnr. 25.
[820] OLG München Beschl. v. 6.11.2003 – 2 Ws 583-592/03 u. 2 Ws 1017/03 – NJW 2004, 1119 – „ComRoad" mit krit. Bespr. *Frommhold* NJW 2004, 1083, 1084 f. u. *Schulte* BKR 2004, 33 ff. Danach begründen vorläufige Sicherungsmaßnahmen nach §§ 111 b, 111 d StPO selbst dann, wenn sie als Zurückgewinnungshilfe erfolgen, für den Verletzten kein Anwartschaftsrecht, das ihn zur Beteiligung an dem Verfahren gegen den Täter berechtigt, um eine Verfallsanordnung davon abzuwehren. Das Gericht verwirft auch (unter Berücksichtigung der Vorgaben von Art. 14 Abs. 1 und 19 Abs. 4 GG) eine Analogie zu den Nachverfahrensvorschriften wegen des Verstoßes gegen § 73 Abs. 1 S. 2 StGB; bestätigt durch BayVerfGH Entscheid v. 13.12.2004 – Vf. 95-VI-03 – NZG 2005, 398 ff. (das allein am Maßstab des Willkürverstoßes überprüft hat); a.A. hierzu *Satzger* wistra 2003, 401, 403 ff.; krit. auch *Frommhold* NJW 2004, 1083, 1085.
[821] Ein selbständiges Verfallsverfahren (§ 29 a Abs. 4 OWiG) gegen ein Unternehmen (als Dritten) findet nicht statt, wenn für dieses Handeln Angestellte als Betroffener im Bußgeldverfahren rechtskräftig verurteilt ist (Verfahrenshindernis); OLG Köln Beschl. v. 3.5.2004 – Ss 60/04 (B) – NJW 2004, 3057.
[822] Zum Ganzen vgl. *Firgau* in HWiStR, Stichwort „Verfall".
[823] Vgl. KK-StPO/*Ruß* § 318 Rdnr. 8 f. m.w.N.

gegriffenen – und damit in Rechtskraft erwachsenen – Teil des Strafausspruchs bleibt das Erfordernis der „Widerspruchsfreiheit der das Verfahren stufenweise abschließenden Urteile, die als ein einheitliches Ganzes anzusehen sind", gewahrt.[824] Vor dem Hintergrund der ständigen Rechtsprechung des BGH, die – trotz Geltung des Bruttoprinzips – im Verfall keine Strafe (die im Rahmen der Strafzumessung zu berücksichtigen wäre), sondern eine auf Vermögensabschöpfung gerichtete Maßnahme eigener Art sieht,[825] ist daher eine **isolierte Anfechtung der (Nicht-)Anordnung des Verfalls regelmäßig statthaft.**[826]

3. Anfechtung der Vermögenseinziehung nach Verzicht

Hat der Beschuldigte **wirksam unwiderruflich** auf den sichergestellten Gegenstand verzichtet, kann die Vermögenseinziehung mangels beschwerender gerichtlicher Entscheidung auch nicht angefochten werden.[827] Inwieweit die BGH-Rechtsprechung zu den Grenzen zulässiger Prozessabsprachen[828] auf den Verzicht auf Vermögensgegenstände übertragbar ist, wird in der Zukunft anhand von geeigneten Fällen zu klären sein. Jedenfalls in Fällen von Täuschung und gewichtigerem Zwang seitens der Justizbehörden wird man den Verzicht als unwirksam qualifizieren müssen (argumentum e § 136 a StPO).

4. Die Wirkung des Verfalls bei Rechtskraft, §§ 73 e StGB, 60 StrafVollstrO

Mit Rechtskraft der Entscheidung über Verfall und Einziehung geht kraft Gesetzes gem. §§ 73 e Abs. 1 StGB, 60 StrafVollstrO das Eigentum bzw. die Rechtsinhaberschaft an dem für verfallen erklärten oder eingezogenen Gegenstand auf das Land (Justizfiskus) über, dessen Gericht im ersten Rechtszug entschieden hat.[829] § 73 e StGB erfasst nur den (erweiterten) Verfall gem. §§ 73, 73 d StGB, nicht hingegen den Wertersatzverfall (§ 73 a StGB), der lediglich einen Zahlungsanspruch des Staates gegenüber dem Verurteilten entstehen lässt. Der Wechsel der Rechtsinhaberschaft findet gem. § 73 e Abs. 1 S. 1 StGB allerdings nur hinsichtlich solcher Gegenstände statt, die im Zeitpunkt der Rechtskraft der Entscheidung dem Betroffenen zustehen. Betroffene in diesem Sinne sind neben Täter und Teilnehmer auch Vorteilsempfänger gem. § 73 Abs. 3 StGB und Vorteilsgeber gem. § 73 Abs. 4 StGB.[830] Gegenüber völlig tatunbeteiligten Dritten hat der Verfall von vornherein zu unterbleiben. Wird er irrtümlich dennoch ausgesprochen, bleibt deren Eigentum an der Sache bzw. ihre Rechtsinhaberschaft von der Verfallsanordnung unberührt; sie können ihre Rechte jederzeit gegenüber dem Justizfiskus geltend machen.[831]

Über die Ablösung der nach § 73 e Abs. 1 S. 2 StGB fortbestehenden (beschränkt dinglichen)[832] Rechte Dritter an dem verfallenen Gegenstand hat sich der Fiskus mit dem Dritten

---

[824] BGH Beschl. v. 21.10.1980 – 1 StR 262/80 – NJW 1981, 589, 590.
[825] Statt vieler BGH Urt. v. 21.8.2002 – 1 StR 115/02 – NJW 2002, 3339, 3340; nach BVerfG (Beschl. v. 14.1.2004 – 2 BvR 564/95 – NJW 2004, 2073) verfolgt der erweiterte Verfall nicht repressiv-vergeltende, sondern präventiv-ordnende Ziele.
[826] Vgl. nur BGHR StGB § 73 Verletzter 2; BGH Urt. v. 5.12.1996 – 5 StR 542/96 – NStZ-RR 1997, 270, 271 m.w.N.; zu Konstellationen, in denen nur eine einheitliche Überprüfung des Rechtsfolgenausspruchs möglich ist, vgl. etwa BGH Urt. v. 2.12.2004 – 3 StR 246/04 – NStZ-RR 2005, 104; BGH Urt. v. 24.7.2001 – 1 StR 192/01 – wistra 2001, 388, 389; BGH Urt. v. 3.1.1996 – 3 StR 153/95 – NStZ-RR 1996, 129, 130.
[827] OLG Düsseldorf Beschl. v. 15.9.1992 – 2 Ws 405/92 – NStZ 1993, 452; BayObLGSt 1996, 99, 100 f. = NStZ-RR 1997, 51; *Ströber/Guckenbiehl* Rpfleger 1999, 115, 117; *Meyer-Goßner* Vor § 430 Rdnr. 4 a; krit. *Thode* NStZ 2000, 62, 64 ff.
[828] Leitentscheidung in BGHSt 43, 195 = NJW 1998, 86 ff.; krit. dazu *Rönnau* wistra 1998, 49 ff.; weiterhin BGH (GS) Beschl. v. 3.3.2005 – GSSt 1/04 – NJW 2005, 1440.
[829] Die rechtskräftige AnO des Verfalls eines im Ausland befindlichen Vermögensstückes greift nicht in Hoheitsrechte des ausländischen Staates ein. Das gilt nicht nur dann, wenn der ausländische Staat dem EUGeldwäscheÜbk beigetreten ist, weil nach Art. 15 dieses Übk der ausländische Staat Eigentum an dem für verfallen erklärten Grundstück erhält (vgl. BGH Beschl. v. 3.5.2000 – 1 StR 125/00 – NStZ 2000, 483), sondern ganz allgemein, da die AnO nur innerstaatlich wirkt, vgl. BGH Beschl. v. 11.6.2001 – 1 StR 111/01 – wistra 2001, 379.
[830] Schönke/Schröder/*Eser* § 73 e Rdnr. 3.
[831] Näher LK/*Schmidt* § 73 e Rdnr. 7.
[832] Streitig, ob Sicherungseigentum und Eigentumsvorbehalt dazugehören, vgl. die Rechtsprechungsnachweise bei NK/*Herzog* § 73 e Rdnr. 3.

auseinander zu setzen; die Möglichkeit einer Anordnung des Erlöschens des Drittrechts entsprechend § 74 e Abs. 2 S. 2 i.V.m. § 74 f StGB besteht hier nicht.[833]

439   Vor Eintritt der Rechtskraft besitzt die Verfallsanordnung gem. § 73 e Abs. 2 StGB die Wirkung eines relativen Verfügungs- bzw. Veräußerungsverbots nach den §§ 135, 136 BGB; ein gutgläubiger Erwerb des Dritten bleibt jedoch möglich. § 73 e Abs. 2 StGB ergänzt damit den Schutz vor wertbeeinträchtigenden Verfügungen gegenüber dem Fiskus, der im Regelfall bereits im Ermittlungsverfahren durch Sicherstellung des betroffenen Vermögens gem. den §§ 111 b ff. StPO errichtet wurde.

5. Vollstreckung von (Wertersatz-)Verfallsanordnungen gem. § 459 g StPO

440   Gerichtliche (Wertersatz-)Verfallsanordnungen werden vom Rechtspfleger der Staatsanwaltschaft, dem nach §§ 31 Abs. 2 Nr. 1 RPflegerG, 10 StrafVollstrO die Geschäfte der Vollstreckungsbehörde (§ 451 StPO) übertragen sind, gem. § 459 g StPO vollstreckt.[834] Dabei dient die in Rechtskraft erwachsene Anordnung gegenüber dem Verurteilten und dem in der Entscheidung genannten Verfalls- oder Einziehungsbeteiligten zugleich als **Vollstreckungstitel**. Geben diese Personen die **Sachen** nicht freiwillig heraus, so werden diese vom Vollziehungsbeamten aufgrund eines schriftlichen Auftrags der Vollstreckungsbehörde in Besitz genommen, §§ 6 Abs. 1 Nr. 1 JBeitrO, 883, 885 ZPO, 6 Abs. 3 S. 2 JBeitrO, 61 Abs. 1, Abs. 2 StrafvollstrO.[835] Dagegen sind Vollstreckungsmaßnahmen gem. § 459 g Abs. 1 StPO dann überflüssig, wenn die Sache bereits durch freiwillige Herausgabe, Sicherstellung oder Beschlagnahme in amtlichen Gewahrsam gelangt ist.[836] Gleiches gilt im Hinblick auf für verfallen erklärte oder eingezogene **Rechte**, da der Fiskus hier mit Rechtskraft der Anordnung gem. den §§ 73, 73 d bzw. den §§ 74 ff., 76, 76 a StGB kraft Gesetzes (§§ 73 e Abs. 1 S. 1, 74 e Abs. 1 StGB) die Gläubigerstellung erwirbt. Verfallene oder eingezogene Gegenstände werden in der Regel durch öffentliche Versteigerung verwertet; nähere Einzelheiten der Verwertung enthalten die §§ 63 ff. StrafVollstrO.

441   Nebenfolgen, die zu einer Geldzahlung verpflichten (Verfall und Einziehung von **Wertersatz** gem. den §§ 73 a, 74 c StGB, Abführung von Mehrerlös gem. § 8 WiStG), werden gem. § 459 g Abs. 2 StPO vollstreckungsrechtlich grundsätzlich wie Geldstrafen (§§ 459 ff. StPO) behandelt.[837]

6. Das Absehen von der Vollstreckungsaussetzung nach § 57 Abs. 5 StGB

442   Der Gedanke, dass „Straftaten sich für den Täter nicht lohnen dürfen", liegt auch § 57 Abs. 5 StGB zugrunde. Danach kann das Gericht[838] davon absehen, die Vollstreckung des Restes einer zeitigen Freiheitsstrafe zur Bewährung auszusetzen, wenn der Verurteilte (vorsätzlich)[839] unzureichende oder falsche Angaben über den Verbleib der Tatbeute macht. Maßgeblich ist die Sachlage zur Zeit der Entscheidung.[840] Dem Täter, der für den Strafrest Bewährung erhalten will, sei – so die Rechtsprechung – zuzumuten, nach Kräften an der Schadenswiedergutmachung mitzuwirken.[841]

443   Der Vorschrift wird nach verbreiteter Ansicht nur ein schmaler Anwendungsbereich eingeräumt. Denn bei Tätern, die den Schadensausgleich oder den Verfall zu vereiteln oder zu erschweren versuchen, scheitere eine Strafaussetzung in der Regel schon an einer schlechten Sozialprognose i.S.d. § 57 Abs. 1 S. 1 Nr. 2 StGB.[842] Die im Verheimlichen der Tatbeute liegende Gefahr der Begehung neuer Delikte (vornehmlich § 370 AO und § 156 StGB) wird hier

---

[833] SK-StGB/*Horn* § 73 e Rdnr. 3.
[834] Spätestens mit Einleitung der Vollstreckungsmaßnahmen aufgrund des rechtskräftigen Urteils ist eine Anfechtung der ursprünglichen vorläufigen Sicherungsmaßnahmen rechtssystematisch nicht mehr möglich, OLG München Beschl. v. 14.5.2004 – 2 Ws 348/04 – wistra 2004, 479 f.
[835] KK-StPO/*Fischer* § 459 g Rdnr. 2; w. Details dort in Rdnr. 3 ff.
[836] KMR/*Paulus* § 459 g Rdnr. 7.
[837] Zu den Ausnahmen KK-StPO/*Fischer* § 459 g Rdnr. 11.
[838] In der Regel die Strafvollstreckungskammer, vgl. § 462 a StPO.
[839] Vgl. zu dieser Anforderung Schönke/Schröder/*Stree* § 57 Rdnr. 20 a.
[840] *Terhorst* JR 1988, 295.
[841] OLG München Beschl. v. 8.12.1986 – 2 Ws 1257/86 – JR 1988, 294; PfzOLG Zweibrücken Beschl. v. 8.11.1998 – 1 Ws 502/98 – NStZ 1999, 104.
[842] Schönke/Schröder/*Stree* § 57 Rdnr. 20 a m.w.N.

als recht nahe liegend eingestuft.[843] Im Anwendungsbereich des § 57 Abs. 5 StGB verbleiben damit allein Fälle, in denen der Verurteilte bei Angaben über den Verbleib seines Beuteanteils Repressalien der Mittäter zu befürchten hätte oder zur Überführung von Angehörigen beitragen müsste.[844] In diesen Ausnahmesituationen steht es dann im richterlichen Ermessen, ob der Strafrest noch ausgesetzt oder die Aussetzung versagt wird.

Diese Norminterpretation ist zu kritisieren, läuft sie doch bei einem die Tat leugnenden Angeklagten „auf einen nach der Verurteilung und noch im Vollzug fortwährenden Ge-ständniszwang hinaus". Jedenfalls dann, wenn die Verheimlichung der Tatbeute schon bei der Strafzumessung im Erkenntnisverfahren berücksichtigt wurde, ist auch eine zweite Berücksichtigung bei der Entscheidung über die Strafarrestaussetzung nicht unproblematisch und lässt den pönalen Charakter dieser Sichtweise durchschimmern.[845] Allgemein anerkannt ist, dass der noch verbleibende Strafrest auszusetzen ist, wenn der Verurteilte später richtige und vollständige Angaben macht.[846]

7. Die nachträgliche Anordnung von Verfall und Einziehung des Wertersatzes gem. § 76 StGB i.V.m. § 462 Abs. 1 S. 2 StPO

§ 76 StGB ermöglicht es dem Gericht durch Beschluss nach § 462 Abs. 1 S. 2 StPO in Fällen, in denen die den Verfall oder die Einziehung eines Gegenstandes anordnende Entscheidung nicht ausführbar oder unzureichend ist, weil nach der Anordnung eine der in den §§ 73 a, 73 d Abs. 2 oder 74 c StGB bezeichneten Voraussetzungen eingetreten oder bekannt geworden ist, nachträglich und ohne neuerliche mündliche Verhandlung Verfall oder Einziehung des Wertersatzes anzuordnen. Die nachträgliche Anordnung trägt den Charakter einer Ersatzsanktion und stellt eine Durchbrechung der Rechtskraft dar.[847]

IX. Regressansprüche und Verfall

Auf Vermögensabschöpfung zielende Strafverfolgungsmaßnahmen stellen für den Betroffenen zumeist einen gravierenden Eingriff in seine grundrechtlich geschützte Freiheitssphäre dar.[848] Schon vorläufige Maßnahmen können für den Beschuldigten, sein Unternehmen, aber auch für unbeteiligte Dritte (Familienangehörige, Arbeitnehmer etc.) existenzvernichtende Folgen haben. Nach Ansicht der mit Gewinnabschöpfung befassten Arbeitsgruppe 1 des 25. Strafverteidigertages 2001 gehört es vor diesem Hintergrund in Zukunft zu den vordringlichen Aufgaben der Strafverteidigung, „in geeigneten Fällen Regressansprüche zu prüfen und geltend zu machen".[849] In der Literatur wird dieses Thema in Beiträgen zur Vermögensabschöpfung – wenn überhaupt – nur gestreift.[850] Einschlägige veröffentlichte Rechtsprechung zu Fragen des Regresses nach dem Gesetz über die Entschädigung für Strafverfolgungsmaßnahmen (StrEG) sowie nach Amtshaftungsgrundsätzen (Art. 34 GG i.V.m. § 839 BGB) ist – soweit ersichtlich – bisher kaum vorhanden.[851] Aus Platzgründen kann auch hier dazu nicht Stellung genommen werden; verwiesen sei daher auf meine ausführliche Problembehandlung in *Rönnau* Vermögensabschöpfung Rdnr. 629 ff.

---

[843] OLG Hamburg Beschl. v. 16.3.1988 – 2 Ws 52/88 – NStZ 1988, 274; vgl. auch OLG Hamm Beschl. v. 23.8.1996 – 3 Ws 280/96 – NStZ-RR 1996, 382, 383.
[844] PfzOLG Zweibrücken Beschl. v. 8.11.1998 – 1 Ws 502/98 – NStZ 1999, 104.
[845] Zur Kritik *Geiter/Walter* StV 1989, 212, 213; auch SK-StGB/*Horn* § 57 Rdnr. 11.
[846] Vgl. PfzOLG Zweibrücken Beschl. v. 8.11.1998 – 1 Ws 502/98 – NStZ 1999, 104; Schönke/Schröder/*Eser* § 57 Rdnr. 20 a.
[847] NK/*Herzog* § 76 Rdnr. 1; zu den Einzelheiten vgl. LK/*Schmidt* § 76 Rdnr. 3 ff.
[848] Nachdrücklich in diesem Sinne jüngere Kammerentscheidungen des BVerfG, vgl. zuletzt BVerfG Beschl. v. 7.6.2005 – 2 BvR 1822/04 – StraFo 2005, 338, Beschl. v. 19.1.2006 – 2 BvR 1075/05 – NJW 2006, 1048 und Beschl. v. 29.5.2006 – 2 BvR 820/06. Verschiedentlich wird die Freiheitsbeeinträchtigung durch Vermögenssicherstellung mit der Untersuchungshaft verglichen, vgl. nur *Borggräfe/Schütt* StraFo 2006, 133 ff.
[849] StV 2001, 483, 484.
[850] Vgl. etwa *Malitz* NStZ 2002, 337, 339 m. Fn. 20; *Park* StraFo 2002, 73, 77; *Bittmann/Kühn* wistra 2002, 248, 251; *Borggräfe/Schütt* StraFo 2006, 133, 137 ff.
[851] Vgl. aber OLG Düsseldorf Beschl. v. 26.9.1996 – 1 Ws 828/96 – NStZ-RR 1997, 159 zur Vermögensbeschlagnahme gem. den §§ 111 o, 111 p StPO; BGH Urt. v. 3.10.1985 – III ZR 28/84 – NJW 1986, 2925 zur Amtshaftung beim Steuerarrest gem. § 324 AO.

§ 13 Beweisantragsrecht

Übersicht

	Rdnr.
I. Vorbemerkung	1/2
II. Beweisantragsrecht im Ermittlungsverfahren	3–19
1. Strategische Überlegungen	3–6
2. Beweisantragsmöglichkeiten im Rahmen des Ermittlungsverfahrens	7–19
a) Bedeutung der Belehrungspflicht	8
b) § 166 StPO	9
c) § 163 a Abs. 2 StPO	10/11
d) Eigenermittlungen der Verteidigung	12
e) Bedeutung der Akteneinsicht	13/14
f) Bedeutung des Ermittlungsverfahrens für die Hauptverhandlung	15
g) Sachverständigengutachten im Ermittlungsverfahren	16–19
III. Beweisantrag im Zwischenverfahren (§§ 201, 202 StPO)	20–24
IV. § 219 StPO	25–28
V. Der Beweisantrag in der Hauptverhandlung	29–66
1. Vorbemerkung	29–34
2. Zum besseren Verständnis: ein kurzer geschichtlicher Überblick	35
3. Sachaufklärungspflicht und Deal	36–41
4. Zum Beweisantrag in der Hauptverhandlung im Einzelnen	42–65
a) Begriff	42–53
b) Der Augenschein	54
c) Der Beweisantrag gemäß §§ 245, 220 StPO	55–58
d) Rücknahme des Beweisantrages	59
e) Zu den Förmlichkeiten des Beweisantrages	60
f) Begründungserfordernisse	61–65
5. Der Zeitpunkt des Beweisantrages	66
VI. Die Bescheidung von Beweisanträgen	67–90
1. Verbot der Beweisantizipation	69
2. Unzulässigkeit der Beweiserhebung	70/71
3. Offenkundigkeit	72
4. Schon erwiesene Tatsachen	73
5. Bedeutungslosigkeit	74/75
6. Ungeeignetheit	76–79
7. Unerreichbarkeit	80/81
8. Prozessverschleppung	82
9. Wahrunterstellung	83
10. § 244 Abs. 4 StPO	84–89
11. § 244 Abs. 5 S. 2 StPO	90
VII. Schlussbemerkung	91

Schrifttum: *Alsberg/Nüse/Meyer,* Der Beweisantrag im Strafprozeß, 1983; *Barton,* Die alltägliche Revisionsrechtsprechung des BGH in Strafsachen, StraFo 1998, 325; *Becker,* Die Rechtsprechung des BGH zum Beweisantragsrecht, NStZ 2004, 432 ff.; *Deckers,* Der strafprozessuale Beweisantrag, Juristische Weiterbildung Bd. 8, 2002; *Eisenberg,* Beweisrecht der Strafprozessordnung, 3. Aufl. 1999; *Fezer,* Amtsaufklärungsgrundsatz und Beweisantragsrecht in: 50 Jahre Bundesgerichtshof – Festausgabe aus der Wissenschaft, Bd. IV, Strafrecht, Strafprozessrecht, in: *Roxin/Widmaier* (Hrsg.), 2000, S. 847 ff.; *ders.,* Reduktion von Beweiserfordernissen – Systemverändernde Tendenzen in der tatrichterlichen Praxis und der Gesetzgebung, StV 1995, 263; *Gössel,* Der falsche Weg zum richtigen Ziel; *Gollwitzer,* in, StV 1990,421 in: Einschränkungen des Beweisantragsrechts durch Umdeutung von Beweisanträgen in Beweisanregungen, JR 1995, 364; *Hamm/Hassemer/Pauly,* Beweisantragsrecht, Praxis der Strafverteidigung, Bd. 22, 2000; *Herdegen,* Rezension zu Deckers „Der strafprozessuale Beweisantrag", StV 2002, 573 (s.o. StV 1993, 455); *ders.,* Das Beweisantragsrecht, Betrachtung anhand und zur Rechtsprechung Teil II –, NStZ 1999, 176; *ders.,* Das Beweisantragsrecht, Betrachtung anhand und zur Rechtsprechung – Teil I –, NStZ 1998, 444; *ders.,* Schätzung des Schuldumfangs bei Serienstraftaten NStZ 1995, 202; *ders.,* Zum Begriff der Beweisbehauptung, StV 1990, 518; *ders.,* Da liegt der Hase im Pfeffer – Bemerkung zur Reform des Beweisantragsrechts NJW 1996, 26; *ders.,* Beweisantragsrecht, Beweiswürdigung, strafprozessuale Revision Abhandlungen und Vorträge, Schriftenreihe Deutsche Strafverteidiger e.V., Bd. 5, 1995; *ders.,* Strafrichterliche Aufklärungspflicht und Beweiswürdigung, NJW 2003, 3513 ff.; *Jäger,* Beweisverwertung und Beweisverwertungsverbote im Strafprozess, 2003 (Münchener Universitätsschriften, Reihe Juristische Fakultät, Bd. 178); *Johnigk,* Der Beweisantrag auf Vernehmung eines Auslandszeugen, Festschrift für Riess, 2002, S. 197 ff.; *Jungfer,* Strafverteidiger und Detektiv, StV 1989, 495; *Köhler,* Das präsente Beweismittel nach dem Strafverfahrensänderungsgesetz 1979, NJW 1979, 348; *Nelles,* Der Einfluß der Verteidigung auf Beweiserhebungen im Ermittlungsverfahren, StV 1986, 77; *Niemöller,* Negativbehauptungen als Gegenstand strafprozessualer Beweisanträge, StV 2003, 687 ff.; *Perron,* Das Beweisantragsrecht des Beschuldigten im deutschen Strafprozeß, Strafrecht und Kriminologie – Untersuchungen und Forschungsberichte aus dem Max-Planck-Institut für ausländisches und Internationales Strafrecht Freiburg in Breisgau, Bd. 14, 1995; *Peters,* Fehlerquellen im Strafprozess, 1970; *Schlothauer,* Der Beweiserhebungsanspruch des Beschuldigten gegenüber dem Ermittlungsrichter (§ 166 Abs. 1 StPO), StV 1995, 158; *Schlothauer,* Hilfsbeweisantrag – Eventualbeweisantrag – bedingter Beweisantrag, StV 1988, 542; *Schlüchter/Duttge,* Anmerkung zu BGH v. 28.11.1997, NStZ 1998, 618; *Schreiber,* Zum Beweisantragsrecht im Ermittlungsverfahren, Festschrift für Baumann, 1992, S. 383 ff.; *Schulz,* Missbrauch des Beweisantragsrechts, Gedächtnisschrift für Meurer, 2002; *Thomas/Richter,* Der Umgang des Verteidigers mit dem Tatvorwurf, Symposium für Egon Müller – Mandant und Verteidiger, Schriftenreihe der Bundesrechtsanwaltskammer, Bd. 12, 2000; *Weigend,* Der BGH vor der Herausforderung der Absprachepraxis, 50 Jahre Bundesgerichtshof – Festausgabe aus der Wissenschaft, Bd. IV, Strafrecht, Strafprozessrecht, in: *Roxin/Widmaier* (Hrsg.), 2000, S. 1011 ff.

I. Vorbemerkung

Der strafprozessuale Beweisantrag ist der „ureigenste" Sektor der Strafverteidigung,[1] auf dem von allen, die sich als Strafverteidiger anbieten, ein hohes Maß an „bewandert sein" verlangt wird.[2] Dogmatisches Wissen zur Behandlung von Beweisanträgen durch die Gerichte, Kenntnis der Rechtsprechung zur Revisibilität von in der Tatsacheninstanz abgelehnten Beweisanträgen genügen hierzu nicht allein.[3] Ausführungen zum Beweisantragsrecht müssen sich auf strategische Überlegungen zur „Beweisführung", die das Verteidigungskonzept prägen sollten, gleichfalls konzentrieren.

Das Recht auf Beweiserhebung zur Verteidigung in einem Strafverfahren auf den Begriff zu bringen, heißt von einem in erster Linie von der Rechtsprechung entwickelten[4] und weniger vom Gesetzgeber gewährten Instrumentarium zur Wahrung von Beschuldigteninteressen im Strafverfahren tatsächlich wirksam Gebrauch zu machen.

Die Vielzahl der Publikationen und Monografien befasst sich mit dem „Beweisantragsrecht" schwerpunktmäßig unter dem Gesichtspunkt der Verfahrensgestaltungsmöglichkeiten, der Subjektstellung des Angeklagten in der Hauptverhandlung. Es kann kein Zweifel daran bestehen, dass mit Erreichen dieses Verfahrensstadiums die Erkenntnis auf Seiten der Verteidigung (nicht notwendigerweise des Angeklagten) eingetreten sein muss, wonach nicht nur aus der Sicht des vermeintlich „eifernden" Staatsanwaltes, sondern auch in den Augen des Gerichts aufgrund der mit der Anklage zugeleiteten (§ 199 Abs. 2 StPO) Akten und dem in diesen dokumentierten Ermittlungsergebnis eine belastende Beweislage gegeben ist. Mit der gerichtlichen Zulassung der Anklage potenziert sich die Wahrscheinlichkeit einer Verurteilung. Betrachtungen zur Effizienz eigener Beweisführungspotentiale müssen daher in einem früheren Stadium des Strafverfahrens ansetzen.

---

[1] *Herdegen* StV 2002, 573.
[2] Erwartet werden muss!
[3] Dieser Beitrag wird seinen Schwerpunkt nicht in der Beweisantragstechnik finden. Zu dieser sind vorzügliche Veröffentlichungen (vgl. *Hamm/Michalke,* Handbuch des Strafverteidigers; *Deckers*: Der strafprozessuale Beweisantrag) vorhanden, auf die zur Bewältigung förmlicher Anforderungen (aber nicht nur) zurückgegriffen werden sollte.
[4] Vgl. schon *Alsberg/Nüse/Meyer* zur diesbezüglichen Funktion des RG, *Alsberg/Nüse/Meyer,* 5. Aufl., S. 5.

II. Beweisantragsrecht im Ermittlungsverfahren

1. Strategische Überlegungen

3 Nicht nur unter dem vorgenannten Gesichtspunkt ist es im Interesse einer effektiven Verteidigung anzustreben, bereits im Stadium des **Ermittlungsverfahrens** die Subjektposition des Beschuldigten zielführend einzunehmen und zu nutzen.[5]

Der Einwand, im Ermittlungsverfahren stehe dem Beschuldigten und damit seinem Verteidiger kein Beweisantragsrecht im eigentlichen Sinne zu,[6] ist zwar dogmatisch richtig, aber im Sinne einer effektiven Verteidigung vordergründig. Ein solcher Ansatz lässt die besonderen Potentiale des Verteidigers ungenutzt, aus der vertrauensgeprägten Kommunikation mit dem Beschuldigten Ermittlungsergebnisse zu „antizipieren".

4 Auf der Grundlage von Erfahrungen Risikoeinschätzungen zu entwickeln und auf dieser Basis das voraussichtliche, den Ermittlungsbehörden sukzessiv zugängliche Belastungsmaterial einzugrenzen, sollte im Rahmen konstruktiver Mandanten-/Verteidigergespräche – die Kenntnis des Ermittlungsverfahrens und des Tatvorwurfes vorausgesetzt – möglich sein.

Dass es nicht Gebot der „fairen" Verteidigung sein kann, dem Mandanten „das Unglaubliche zu glauben[7]", versteht sich vor der Notwendigkeit „intersubjektiver Kommunikation", wie sie spätestens in der Hauptverhandlung eingefordert wird. Die Verteidigung gerade unter Beweisaspekten „at arms length" zu den Darlegungen des Mandanten zu führen ist wesentliches Moment, das auch zur mentalen Waffengleichheit mit der Staatsanwaltschaft führt.[8] Im Ergebnis derartiger verteidigungsinterner Kommunikation zur Verfügung stehendes, entlastendes Beweismaterial zu einem vernünftig frühen Zeitpunkt den Strafverfolgungsbehörden zu „präsentieren" bzw. durch entsprechende, nicht an besondere Förmlichkeiten gebundene Beweisanträge in das Verfahren einzuführen, ist Gebot einer konstruktiven Verteidigung.

5 Überlegungen, wonach „Entlastungszeugen" im Rahmen polizeilicher/staatsanwaltschaftlicher Vernehmungen durch ergebnis-/belastungsorientierte Befragung und/oder repressive Dokumentation von Zweifeln an der Glaubhaftigkeit der Zeugenbekundungen „umgedreht" oder „verbraucht" werden, sind angebracht. Ein **Präsenzrecht** der Verteidigung bei polizeilichen Vernehmungen besteht nicht,[9] es wird bei kommunikativer Verteidigung häufig aber gewährt.

Nicht nur bei durchaus begründeten Zweifeln in den beanstandungsfreien Ablauf der polizeilichen Vernehmung im vorbezeichneten Sinne kann korrigierend eingegriffen werden, indem auf eine staatsanwaltschaftliche Vernehmung hingewirkt wird.[10] Auch hier besteht ein Anwesenheitsrecht der Verteidigung und/oder des Beschuldigten nicht, es wird aber ebenfalls häufig gewährt. Im Rahmen kommunikativer Verteidigung lässt die Verweigerung der Anwesenheit bei der Vernehmung von durch die Verteidigung benannten Zeugen allerdings den Rückschluss darauf zu, dass auch aus der Sicht der Strafverfolgungsbehörden dem benannten Beweismittel erhebliche Bedeutung beigemessen wird, wie ebenso das Beweisthema als „entscheidungserheblich" angesehen werden kann.

6 Es besteht grundsätzlich keine Verpflichtung für Zeugen und/oder Beschuldigte, sich einer polizeilichen Vernehmung zu stellen; anderes gilt bei Ladungen durch die Staatsanwaltschaft (§§ 161 a, 163 a Abs. 3 StPO). Eine Ausnahmeregelung besteht bei steuerstrafrechtlichen Ermittlungsverfahren (§ 399 Abs. 1 AO), so dass die Nichtbefolgung einer Ladung durch die Bußgeld- und Strafsachenstelle mit vergleichbaren Sanktionen (§§ 51, 70 StPO) belegt werden kann, wie sie für die Ladung zur staatsanwaltschaftlichen Vernehmung vorgesehen sind (§ 161 a Abs. 2 StPO).[11]

---

[5] *Nelles* StV 1986, 77.
[6] Vgl. *Perron* Beweisantragsrecht S. 290, 292.
[7] Um dem Betroffenen die persönliche Identität zu erhalten, vgl. *Thomas/Richter* BRAK Schriftenreihe Bd. 12 „Mandant und Verteidiger" S. 33 ff.
[8] Vgl. hierzu auch die empirischen Ergebnisse bei *Perron* S. 377, 283 ff.
[9] *Meyer-Goßner* § 163 Rdnr. 15 f. m.w.N.
[10] Vgl. *Meyer-Goßner* § 163 Rdnr. 16 m.w.N.
[11] Für die Steuerfahndungsstellen und deren polizeiliche Funktion s. § 404 AO.

> **Praxistipp:**
> Im Rahmen der Verfolgung eigener, verteidigungsorientierter Beweisbegehren schafft gerade das Insistieren auf einer staatsanwaltschaftlichen Vernehmung eine zusätzliche Kommunikations- und Informationsquelle zu der ermittelnden Staatsanwaltschaft, aus der wesentliche Einschätzungsmöglichkeiten für die Positionierung des Mandanten zu schöpfen sind.
> Die in der Praxis häufig unter Hinweis auf die ohnehin schon bestehende Arbeitsbelastung anzutreffende ablehnende Haltung, der Staatsanwaltschaft, die Vernehmungen persönlich durchzuführen, ist nicht hinzunehmen.[12] Findet eine ablehnende Haltung der Verteidigung gegenüber einer polizeilichen Vernehmung der von ihr selbst präsentierten Zeugen im Selbstverständnis der Polizeibeamten[13] auch keine Stütze, so ist gleichwohl die Verantwortung der Staatsanwaltschaft unter Berücksichtigung der zunehmenden Bedeutung des Ermittlungsverfahrens vom Gesetzgeber nicht ohne Grund in der vorbeschriebenen Weise herausgestellt.[14] Es kann kein Zweifel bestehen, dass in der aktuellen Strafverfahrenspraxis dem Ermittlungsverfahren eine die spätere Hauptverhandlung ganz maßgeblich prägende, wenn nicht gar dominierende Bedeutung zukommt. Diesem Faktum muss sich auch die Staatsanwaltschaft stellen.

Unter verteidigungsstrategischen Aspekten steht fest: ist das Verteidigungsbegehren gegenüber den Strafverfolgungsbehörden dargetan, so ist diese „Erkenntnisquelle als solche" den Ermittlungsbehörden in jedem Falle offenbart worden. Die Rücknahme eines solchen Beweisbegehrens ist nicht (mehr) möglich (§§ 160, 164 StPO).

2. Beweisantragsmöglichkeiten im Rahmen des Ermittlungsverfahrens

Von diesen pragmatisch/strategischen Überlegungen ausgehend ist die Aussage zu überprüfen, ob dem Beschuldigten im Ermittlungsverfahren tatsächlich kein Beweisantragsrecht zusteht. Formaljuristisch ist es an dem, jedoch ergibt sich bereits jetzt, dass die Generierung eines faktischen Beweisantragsrechtes Ergebnis einer konstruktiven Verteidigung sein kann/muss. Letztlich ist es die inhaltliche Ausgestaltung des in § 160 Abs. 2 StPO normierten Pflichtengefüges der Strafverfolgungsbehörden in seinem ursprünglichen Sinne, die abhängig ist von der Intensität und Qualität der von der Verteidigung vorgebrachten Beweisbegehren.[15]

a) Bedeutung der Belehrungspflicht. Herr des Ermittlungsverfahrens ist die Staatsanwaltschaft, die den Gang des Verfahrens und den Umfang der Ermittlungen bestimmt (§ 160 ff. StPO).[16] Bestandteil nicht nur der richterlichen, sondern auch der staatsanwaltschaftlichen oder polizeilichen Vernehmung des Beschuldigten ist zwingend seine Belehrung über das ihm zustehende Recht, „einzelne Beweiserhebungen" zu beantragen (§§ 136, 163 Abs. 3, 4 StPO).

Von einem Antrags**recht** ist auszugehen, wenn die Pflicht des Adressaten besteht, dem gestellten Antrag nachzugehen und für den Fall der Zurückweisung das Recht der Revisibilität bzw. eine Sanktionsmöglichkeit besteht.

Nach ganz einhelliger Meinung ist ein Antragsrecht i. e. S. daher aus der Belehrungspflicht nicht ableitbar. Dies erhellt auch die Tatsache, dass der Gesetzgeber lediglich in Ausnahmefällen bereits für das Ermittlungsverfahren ein Antragrecht vorgesehen hat.

b) § 166 StPO. Nach Maßgabe von § 166 Abs. 1 StPO trifft eine Pflicht, dem Beweisbegehren nachzugehen, nur den Richter in den Fällen der §§ 115, 117, 118, 125 a, 126 a StPO, wenn ein Verlust des Beweismittels zu besorgen ist. Dabei ist zu berücksichtigen, dass diese richterlichen Pflichten nicht in Fällen der persönlichen Anhörung im Rahmen des Haftbeschwerdeverfahrens beim LG oder OLG besteht (§§ 118 Abs. 2, 122 Abs. 2 StPO). Ebenso besteht diese richterliche Pflicht, wenn die Beweiserhebung die unmittelbare Freilassung des Beschuldigten zur Folge haben kann. Die Belehrungspflicht und das Beweisantragsrecht kon-

---

[12] Vgl. *Perron* Beweisantragsrecht.
[13] § 152 GVG – Die Polizei arbeitet der Staatsanwaltschaft nur zu.
[14] *Meyer-Goßner* § 163 Rdnr. 3 ff. m.w.N.
[15] Vgl. *Perron* und die von ihm mitgeteilten empirischen Untersuchungen a.a.O.
[16] BVerfG NJW 1976, 231; *Meyer-Goßner* § 163 Rdnr. 3 m.w.N.

stituieren daher Beweiserhebungsverpflichtungen nur in den Grenzen des § 166 StPO, schwerpunktmäßig also in den Fällen der Untersuchungshaft.

An dieser Vorschrift orientiert kommt demnach dem Beweisantragsrecht im Ermittlungsverfahren eine eingegrenzt praktische Bedeutung zu.[17] Dies gilt schon insofern, dass die Beweiserhebungsverpflichtung für den Richter nur in den Grenzen der aus pflichtgemäßem Ermessen und nicht nach den Maßstäben der §§ 244 Abs. 3 – 6 StPO zu beurteilenden „Erheblichkeit" besteht.[18]

Zwar besteht eine Pflicht des Richters, den das Beweisbegehren in diesem Stadium zurückweisenden Beschluss zu begründen – ein Umstand, der, nachdem der Beschluss nicht anfechtbar ist,[19] ebenfalls die reduzierte praktische Bedeutung des in § 166 StPO vorgesehenen Beweisantragsrechtes veranschaulicht.

10 c) § 163 a Abs. 2 StPO. Die Bedeutung dieser Vorschrift ist umstritten. Wenngleich aus dieser Norm die Zuweisung der Subjektstellung des Beschuldigten auch im Ermittlungsverfahren ableitbar ist,[20] ist die Bedeutung des Antragsrechtes nach § 163 a Abs. 2 StPO in der Praxis letztlich als gering einzustufen. Durch Verwendung des unbestimmten Rechtsbegriffes „wenn sie von Bedeutung sind" hat der Gesetzgeber die Entscheidung, ob die beantragten Beweise zu erheben sind, in das „Ermessen" der Strafverfolgungsbehörden gestellt. Wenn für die Ausübung dieses Ermessens auf die zu § 244 Abs. 3 StPO entwickelten Grundsätze zurückgegriffen wird,[21] steht der fehlerhaften Ermessensausübung kein Sanktionsmittel der Verteidigung gegenüber.[22] Bei Ablehnung der Entscheidung besteht lediglich „Gelegenheit" zur Dienstaufsichtsbeschwerde, für die nach Erhebung der Anklage kein Entscheidungsbedürfnis mehr gegeben ist.

11 Die aufgestellte Forderung,[23] in die StPO müsse eine Regelung aufgenommen werden, wonach von der Verteidigung/dem Beschuldigten im Ermittlungsverfahren unterbreitetes, von den Strafverfolgungsbehörden zurückgewiesenes Beweisbegehren der gerichtlichen Überprüfung zu unterwerfen ist, begegnet pragmatischen Bedenken. Eine gerichtliche Prüfung müsste zu einer Rekonstruktion des hypothetischen Verlaufs des **Ermittlungs**verfahrens unter der Erhebung der beantragten Beweise führen, was insbesondere bei Zurückweisung der Beanstandung zu dem desaströsen Ergebnis führt, wonach ein dann in der Hauptverhandlung beabsichtigter gleich lautende Beweisantrag bereits jetzt den Stempel der „Bedeutungslosigkeit" trägt, wenn nicht sogar das Risiko eingegangen wird, dass der Antrag wegen Prozessverschleppungsabsicht abzulehnen wäre.

Geht man ferner von dem häufigsten Fall aus, wonach der Antrag gemäß § 163 a Abs. 2 StPO erst bei fortgeschrittenem Ermittlungsverfahren und nach erfolgter Akteneinsicht gestellt und diesem dann von der Staatsanwaltschaft nicht nachgegangen wird, wird deutlich, dass kaum eine Neigung der Gerichte vorgefunden wird, den hypothetischen Verlauf des Ermittlungsverfahrens nachzuvollziehen und dann etwa die Akten an die Staatsanwaltschaft zurückzugeben.[24]

Die Notwendigkeit für die Verteidigung, sich wegen der Beweisantrags**möglichkeit** und auch in Ansehung des § 160 Abs. 2 StPO und der in dieser Vorschrift konstituierten Verpflichtung der Ermittlungsbehörden, auch Feststellungen zur Entlastung zu treffen, um möglichst frühzeitige Akteneinsicht zu bemühen, ist offenkundig.[25]

12 **d) Eigenermittlungen der Verteidigung.** Trotz der grundsätzlichen Zulässigkeit von durch die Verteidigung selbst durchgeführten „Ermittlungsmaßnahmen" zur Vorbereitung von Beweis-

---

[17] *Schlothauer* StV 1995, 158, *Hamm/Hassemer/Pauly* Beweisantragsrecht S. 218; *Nelles* StV 1986, 77 ff.
[18] KK-StPO/*Wache* § 166 Rdnr. 7; Löwe/Rosenberg/*Rieß* § 166 Rdnr. 7.
[19] *Wache* a.a.O.; *Meyer-Goßner* § 166 Rdnr. 5; *Schreiber* a.a.O. S. 390. diff. aber letztlich gleichlautend *Riess* a.a.O. Rdnr. 13; a.A. *Schlothauer* a.a.O., der jedenfalls ein Beschwerderecht gemäß § 304 StPO als gegeben ansieht.
[20] *Meyer-Goßner* § 163 a Rdnr. 15.
[21] K-StPO/*Wache* § 163 a Rdnr. 3; *Meyer-Goßner* a.a.O.
[22] Siehe Fn. 17.
[23] *Nelles* StV 1986, 77 ff.
[24] Vgl. *Perron* a.a.O., S. 377.
[25] Vgl. Löwe/Rosenberg/*Lüderssen* Vorbem. § 137 Rdnr. 119.

anträgen in Ermittlungsverfahren[26] ist im Interesse des Mandanten gegenüber diesen „Eigenermittlungen" in der Regel Zurückhaltung angezeigt, um solche Entlastungsbeweise nicht in den Augen der Strafverfolgungsbehörden zu „verbrauchen".

> **Praxistipp:**
>
> Die Akzeptanz der Ermittlungsbehörden gegenüber Eigenermittlungstätigkeit der Verteidigung ist insbesondere in Bezug auf die Befragung von Zeugen äußerst gering, wenn gleich dies eine Rechtfertigung im Gesetz nicht findet. Es hat sich in der Praxis durchaus bewährt, die Staatsanwaltschaft wegen eines spezifischen Beweisbegehrens im Zusammenhang mit der Befragung eines Zeugen zu dessen Vernehmung aufzufordern, einen dahin gehenden Beweisantrag zu stellen und für den Fall, dass diesem nicht nachgegangen wird, in Aussicht zu stellen, diesen selbst zu befragen, wenn die Staatsanwaltschaft dem Beweisbegehren nicht nachkommt. Eigenermittlungen der Verteidigung, wenn sie zuvor offenbart werden, erhalten unter diesen Voraussetzungen eine grundlegend andere Qualität.

e) **Bedeutung der Akteneinsicht.** Der häufig vertretene Standpunkt, gerade in Umfangsverfahren werde seitens der Staatsanwaltschaften „gezielt" erst zu einem späten Zeitpunkt Akteneinsicht gewährt, um das Antragsrecht nach § 163 a Abs. 2 StPO in seiner Effektivität zu verbrauchen, findet seine Rechtfertigung nur dort, wo mit Beweisanträgen bis zur Akteneinsicht zugewartet wird und der Beschuldigte/Verteidiger mit dem Abwarten bis zur Akteneinsicht eigene Gestaltungsmöglichkeiten preis gibt. 13

Wie die empirischen Untersuchungen von *Perron*[27] ergeben haben, besteht auf Seiten der Strafverfolgungsbehörden durchaus Bereitschaft, ein von der Verteidigung vorgebrachtes Beweisbegehren bereits im Ermittlungsverfahren zu verfolgen. Die strategische Entscheidung, mit entsprechenden Anträgen bis zur Gewährung von Akteneinsicht zuzuwarten, lässt die Chance ungenutzt, die Strafverfolgungsbehörden mit ohne Aktenkenntnis vorgebrachten Beweisbegehren zu „stimulieren". 14

Dass bei Haftsachen Akteneinsicht in die Ermittlungsergebnisse zu gewähren ist, aus denen sich die Haftgründe und der dringende Tatverdacht ableiten, hat das BVerfG entschieden.[28]

f) **Bedeutung des Ermittlungsverfahrens für die Hauptverhandlung.** Nach dem grundsätzlichen Verständnis der Strafprozessordnung ist im Rahmen des Strafverfahrens die Hauptverhandlung die einzige Erkenntnisgrundlage.[29] Es ist von einer strengen Funktionsteilung in Bezug auf Staatsanwaltschaft und Gericht auszugehen. 15

In der Praxis gilt gleichwohl, dass eine Vielzahl von gerichtlichen Fehlentscheidungen ihre Ursache darin findet, dass trotz der vorbeschriebenen zentralen Bedeutung der Hauptverhandlung dem Ermittlungsverfahren eine zunehmend prägende Bedeutung zugekommen ist.[30] Dieser Tatsache muss durch entsprechende Verteidigungsaktivitäten im Rahmen des Ermittlungsverfahrens schlicht Rechnung getragen werden. Der teilweise massiven Diskussion zur Stärkung der Beschuldigtenrechte auf Beweiserhebung im Ermittlungsverfahren, insbesondere die Ermöglichung einer richterlichen Kontrolle staatsanwaltschaftlicher Ermittlungstätigkeiten außerhalb der **Hauptverhandlung**[31], hat sich der Gesetzgeber unbefriedigender Weise bisher nicht gestellt.

---

[26] *Jungfer* StV 1989, 495; *Dahs* Rdnr. 307 ff.
[27] A.a.O. 304 ff.
[28] NStZ 1994, 551 ff.
[29] BVerfGE 74, 372.
[30] *Peters*, Fehlerquellen im Strafprozess, Bd. 2, S. 212; *Perron*, Das Beweisantragsrecht des Beschuldigten im deutschen Strafprozess, S. 497 ff.
[31] *Nelles* StV 1986, 77 ff.; *Schlothauer* StV 1995, 162; Löwe/Rosenberg/*Rieß* § 166 Rdnr. 3 f.; *Perron* a.a.O. S. 377.

g) Sachverständigengutachten im Ermittlungsverfahren.

16   *aa) Strategische Überlegungen.* Einen besonderen Stellenwert nehmen – vor allem in Wirtschaftsstrafverfahren Sachverständigengutachten ein. Nicht nur die Verteidigung sieht hier besondere Chancen unter Ausnutzung vermittelter spezieller Sachkunde, verspricht sich Wissensvorsprung gegenüber den Strafverfolgungsbehörden und so eine Verbesserung der Verteidigungsposition.

Gegebenenfalls bestehende Eigeninteressen des Unternehmens, dessen Organe von den Vorwürfen betroffen sind, an begründeter Entlastung eröffnen den Zugriff auf zureichende wirtschaftliche Mittel, wie sie benötigt werden, um auf die besten Gutachter zurückgreifen zu können.

Mit entsprechenden Aufklärungsansätzen haben die Strafverfolgungsbehörden längst gleichgezogen, sie sind allerdings hinsichtlich ihrer Vergütungsmöglichkeiten durch das Zeugen- und Sachverständigenentschädigungsgesetz (§ 3) beschränkt.

17   Sachverständige zu Bewertungsfragen, insbesondere im Bereich der Bilanz- und Insolvenzdelikte, sind heute aus Wirtschaftsstrafverfahren ebenso wenig hinweg zu denken, wie Experten zu Fragen der Markt- und Konzernentwicklung, die sie beeinflussenden Faktoren, schließlich zu Renditepotentialen bestimmter Produktkonzepte, um einige, aber nicht abschließend aufgezählte Sachverständigenthemen zu benennen.

Die Verteidigung ist in der Regel zuerst am Zuge, um unter dem Titel „objektives Gutachten" zentrale Aspekte des Ermittlungsverfahrens und des verfahrensgegenständlichen Vorwurfes bereits im objektiven Tatbestand[32] „aufzuklären". Das Risiko, auf diesem Wege die Ermittlungen mit einem „Parteigutachten" zu belasten, ist wegen der Skepsis der Strafverfolgungsbehörden gegenüber der Käuflichkeit von Gutachtern ganz erheblich.

Die Vorteile aus der Besetzung der Gutachterposition mit anerkannten Kapazitäten sind aber auch bei der Bewertung des Gutachtens durch die Strafverfolgungsbehörden als Parteigutachten nicht zu unterschätzen. Als Sachverständige in der Hauptverhandlung sind diese „Kapazitäten" allerdings für alle Verfahrensbeteiligten „verbraucht".

Jedenfalls kommt eine Konsultation dieser Gutachter durch das Gericht wegen der Vorbefassung nicht in Betracht.

> **Praxistipp:**
> Es bietet sich allerdings an, während des Ermittlungsverfahrens die Frage der Beauftragung eines Sachverständigen mit der zuständigen Staatsanwaltschaft zu erörtern.

18   *bb) Gesetzliche Regelung.* Die gesetzliche Regelung des Einsatzes von Sachverständigen im Ermittlungsverfahren ist konturenarm: Nach § 161a Abs. 1 StPO erfolgt die Bestellung des Sachverständigen im Ermittlungsverfahren durch die Staatsanwaltschaft oder die Polizei. Diese bestimmen auch das Beweisthema (Nr. 73 RiStBV).

> **Praxistipp:**
> Allerdings sieht – was in der Praxis häufig missachtet wird – Nr. 70 RiStBV vor, dass der Verteidiger – nicht der Beschuldigte – vor Beauftragung des Sachverständigen durch die Ermittlungsbehörden Gelegenheit zur Stellungnahme erhält.

Sanktionsmöglichkeiten bei einem Verstoß gegen die Vorgaben von Nr. 70 RiStBV, die bloßes Innenrecht sind, bestehen nach geltendem Recht über eine Dienstaufsichtsbeschwerde hinaus nicht. Der von den Strafverfolgungsbehörden bestellte Sachverständige bleibt deren Gehilfe und wird Gegenstand eines Antrages der Verteidigung, etwa im Rahmen eines Ablehnungsgesuches, erst, wenn der Sachverständige durch das Gericht in der Hauptverhandlung gehört werden soll.

---

[32] Treupflichtverletzung, Vermögensnachteil o.Ä.

> **Praxistipp:**
> An dieser Stelle ist erneut der Hinweis auf die Vorprägung der Hauptverhandlung durch das Ermittlungsverfahren vorzunehmen. Denn in der Praxis wird das Gericht von seiner Bestimmungskompetenz nach § 73 StPO in der Regel kaum (mehr) Gebrauch machen, vielmehr auf den bereits im Ermittlungsverfahren tätig gewesenen Sachverständigen zurückgreifen. Auf das für die Hauptverhandlung bestehende Recht der Verteidigung nach §§ 244 Abs. 3, 245 StPO auf Beantragung eines weiteren Sachverständigengutachtens oder auf Vernehmung eines präsenten Sachverständigen wird an anderer Stelle einzugehen sein.

Von dem Recht der Stellungnahme, soweit es seitens der Ermittlungsbehörden im Sinne von Nr. 70 RiStBV eingeräumt wird, sollte die Verteidigung unter allen Umständen und mit kompetenter Begründung der gegebenen Anregungen Gebrauch gemacht werden, auch wenn diese Anregungen für die Ermittlungsbehörden nicht verbindlich sind. Dass ein Sachverständigengutachten durch die Verteidigung nach § 163 a Abs. 2 StPO beantragt werden kann, bedarf keiner besonderen Erwähnung.[33]

Für die Vorbereitung der Verteidigung in der Hauptverhandlung ist in jedem Falle zu beachten, dass während des Ermittlungsverfahrens nicht erledigte Beweisanträge in der Hauptverhandlung erneut förmlich gestellt werden müssen.

III. Beweisantrag im Zwischenverfahren (§§ 201, 202 StPO)

Dieses Verfahrensstadium – obwohl äußerst wichtig, weil erstmals das Gericht mit dem Vorgang befasst wird – ist belastet durch die häufig von den Tatrichtern bezogene Position, das von der Verteidigung vorgetragene Beweisbegehren könne in der Hauptverhandlung geklärt werden, so dass eine Zurückweisung erfolgt. Die Zulassung der Anklage und der Eröffnungsbeschluss werden auf diese Weise nicht verhindert, obwohl jedenfalls erstmals in diesem Stadium nach Anklageerhebung und dann zwingend zu gewährender Akteneinsicht die Verteidigung den vollständigen Überblick über die Struktur der Vorwürfe und der Beweisführung durch die Ermittlungsbehörden erhält. Gleichwohl sollte das Interesse auch des Gerichtes an der Vermeidung einer Hauptverhandlung nicht unterschätzt werden. Stehen der Verteidigung tatsächlich substantielle, bisher nicht berücksichtigte Beweismittel zur Verfügung, sind dahin gehende Beweiserhebungsanträge geboten. Zu verfolgen sind die Beseitigung des Tatverdachtes wie auch Sachverhaltsergänzungsaspekte, die zu von der Anklage abweichenden rechtlichen Beurteilungen begründeten Anlass geben.

Die Frist des § 201 StPO ist dabei zu beachten, sie wird bei entsprechender Begründung auf Antrag in der Regel verlängert. Gegebenenfalls erscheint es erforderlich, – zur Vermeidung der Ausbildung von Vorverständnissen auf Seiten des Gerichtes – angemessen zu begründen, warum dieses Beweismittel von der Verteidigung erst jetzt benannt wird. Argumente basierend auf Vorbehalten gegenüber einer Vernehmung durch die Polizei/Staatsanwaltschaft vermeiden die sonst übliche Abgabe der weiteren Ermittlungen an die Strafverfolgungsbehörden. Sie sollten jedoch von solcher Qualität sein, dass auch das Gericht die Notwendigkeit einer richterlichen Vernehmung erkennt, zumal dann die Anwesenheitsrechte nach § 168 c StPO für die Verteidigung entstehen. Die Nichtbeachtung führt im Beruhensfall zur erfolgreichen Revision.[34]

Zu den förmlichen Anforderungen verweise ich auf die Ausführungen zu § 219 StPO, s. Rdnr. 25 ff.

Die das Erhebungsbegehren in diesem Stadium zurückweisenden Entscheidungen ergehen per zu begründendem Gerichtsbeschluss (§ 201 Abs. 2 Satz 1 StPO), sind aber unanfechtbar (§ 201 Abs. 2 Satz 2 StPO). Die Verteidigung darf nicht verkennen, dass Gegenstand der ge-

---

[33] Häufig werden seitens der Strafverfolgungsbehörden die selben Sachverständigen beauftragt, die in einer Liste erfasst sind. Auf diese kann auch durch die Verteidigung zur Benennung eines bestimmten Sachverständigen zurückgegriffen werden.
[34] Vgl. OLG Hamburg StV 96, 419; *Eisenberg* Rdnr. 754.

richtlichen Prüfung in diesem Stadium die Frage des Eröffnungsbeschlusses ist, nicht die Entscheidung über Schuld- oder Freispruch.

24 Nach der herrschenden Meinung ist in Bezug auf die ablehnende Entscheidung der enumerative Katalog der Zurückweisungsgründe nach den §§ 244 Abs. 3 bis 6 StPO nicht einschlägig.[35] Natürlich ist auch vorausgesetzt, dass die Verteidigung beispielsweise im Zusammenhang mit einer beabsichtigten Antragstellung auf Vernehmung eines Zeugen in Kenntnis der Frage tätig wird, ob der „Zeuge" nicht Beschuldigter im selben Kontext, aber im Rahmen eines abgetrennten Ermittlungsverfahrens ist.

IV. § 219 StPO

25 Anträge nach dieser Vorschrift dienen – der Eröffnungsbeschluss ist bereits ergangen und die Anklage ist zugelassen – der Vorbereitung der Hauptverhandlung. Gerade für die Frage eines Sachverständigengutachtens ist nun ein maßgeblicher Zeitpunkt gegeben, um für – gibt das Gericht dem Antrag der Verteidigung statt – den Sachverständigen zureichend Zeit zur Einarbeitung, vor allem aber zur Teilnahme an der Hauptverhandlung von Beginn an zu ermöglichen.

> **Praxistipp:**
> Ein auf die Einholung eines Sachverständigengutachtens gerichteter Antrag bei fortgeschrittener Hauptverhandlung riskiert die Aussetzung des Verfahrens durch das Gericht und damit eine zusätzlich mentale und wirtschaftliche Belastung des Mandanten. Gerade wenn beabsichtigt ist, den im Ermittlungsverfahren für die Strafverfolgungsbehörden bereits tätig gewesenen Sachverständigen wegen der Besorgnis der Befangenheit abzulehnen (§ 76 StPO) und/oder ein weiteres Gutachten aus den Gründen des § 244 Abs. 4 StPO zu beantragen, empfiehlt es sich, zur Unterlegung der Konsistenz des Verteidigungsanliegens dieses in diesem Verfahrensstadium vorzubringen.

Zieht es die Verteidigung ins Kalkül, den Sachverständigenantrag später zu stellen, um ggf. die Verhandlungsbereitschaft auf Seiten Gericht/Staatsanwaltschaft zu „fördern", bedarf es sorgfältigster Prüfung des tatsächlichen Vorliegens eines Ablehnungsgrundes bzw. der Voraussetzungen des § 244 Abs. 4 StPO. Über Anträge nach § 219 StPO entscheidet der Vorsitzende aus seiner Sachleitungsbefugnis (§ 238 StPO), nicht der gesamte Spruchkörper.

26 Die Nichtbescheidung des Antrages, seine stillschweigende Verlagerung in die Hauptverhandlung ohne schließliche Erörterung kann in der Revision erfolgreich die Rüge eines Verstoßes gegen die Grundsätze des fairen Verfahrens begründen.[36] Die Verteidigung wird sich auf solche Revisionsperspektiven vernünftiger Weise nicht einlassen, sondern den Antrag möglichst gleich zu Beginn der Hauptverhandlung förmlich erneut stellen oder von seinem Recht, dass Beweismittel zur Hauptverhandlung selbst beizuschaffen, Gebrauch machen (§§ 220, 245 StPO).

27 Hinsichtlich der Anforderungen an die Begründung der Zurückweisung eines solchen Beweisantrages nach § 219 StPO wird der Vorsitzende darauf zu achten haben, dass die Vorläufigkeit seiner Entscheidung ebenso zu erkennen ist, wie er sich einer Argumentation zu enthalten hat, die sich am „Verlauf der Hauptverhandlung" orientiert, die ja noch nicht stattgefunden hat. Angesichts des Eröffnungsbeschlusses kann die Zurückweisung nicht mit der Begründung erfolgen, die beabsichtigte Beweiserhebung widerspreche der Aktenlage.[37] Eine Wahrunterstellung ist unzulässig.[38]

---

[35] Riess a.a.O. § 201 Rdnr. 30; Meyer-Goßner § 201 Rdnr. 8; KK-StPO/Tolksdorf § 201 Rdnr. 19; unentschieden Hamm/Hassemer/Pauly a.a.O. 223 f.
[36] Löwe/Rosenberg/Gollwitzer § 219 Rdnr. 25 m.w.N.
[37] Gollwitzer a.a.O. Rdnr. 12.
[38] Meyer-Goßner § 219 Rdnr. 3; Löwe/Rosenberg/Gollwitzer § 219 Rdnr. 13 m.w.N.

Anfechtbar ist die Entscheidung des Vorsitzenden weder für den Fall, dass er dem Beweisbegehren stattgibt, noch für den Fall, dass es zurückgewiesen wird; lediglich besteht Revisibilität in der vorbezeichneten Weise.[39]

V. Der Beweisantrag in der Hauptverhandlung

1. Vorbemerkung

Die Hauptverhandlung ist der eigentliche Platz, an dem der geübte und erfahrene Umgang mit Beweisen und Beweisregeln zu Erfolg oder Niederlage führen kann.

Der häufig (zu häufig?) zitierte Satz von *Alsberg*, das vernünftige Verständnis der prozessualen Rechtsregeln diene vornehmlich der Vernichtung des Zufalls,[40] muss in seiner Ambivalenz nachvollzogen werden:

Die Aufklärung des „wahren" Geschehens als wesentlichste Aufgabe des Strafprozesses, weil nur dieses einem Freispruch, besonders aber einer Verurteilung zugrunde gelegt werden darf, obliegt dem Gericht (§ 244 Abs. 2 StPO). Zu gewährleisten, dass nicht Wesentliche, die Wahrheit eigentlich entdeckende oder sie verfälschende Elemente unentdeckt bleiben, zumal wenn es sich um entlastende Tatsachen handelt, ist Aufgabe aller Verfahrensbeteiligten, vor allem aber die des Verteidigers.

Diese Aufgabenstellung im Sinne der Vermeidung von „Zufall", heißt aber auch Unterbindung von Willkür in der einen oder anderen Richtung. Gerade Wirtschaftsstrafsachen, sind sie denn über die allgegenwärtige materiellrechtliche Problematik hinaus auch „wirtschaftlich" von einiger Bedeutung, erfahren ohne weiteres eine weiter gehende Prägung durch die Präsenz wirtschaftlicher Macht, sind nicht selten Politikum. Die Komplexität der jeweiligen Sachverhalte einerseits, die Gemengelage der jeweils verfolgten Interessen in ihrer Bündelung mit offen gezeigten, aber vor allem verdeckt eingesetzten Machtpositionen, schafft ein hohes Risikopotential für praktizierte Willkür.

War die Rede von der Ambivalenz des anzustrebenden Zufallsausschlusses, erschöpft sich diese Überlegung durchaus nicht in der Ergänzung um das Willkürmoment, sondern wendet sich mit besonderem Anspruch an die Verteidigung. Von dem Verständnis Alsbergs abweichend ist die Ausübung des Beweisantragsrechtes vom Risiko des Zufalls geprägt, wenn nicht die Verteidigung die Chancen und Risiken vernünftig einschätzt, die ein Übertreffen des Sachaufklärungsinteresses des Gerichtes und der Strafverfolgungsbehörden rechtfertigen sollen.

Gibt der Tatrichter dem Beweisbegehren statt, müssen die sich daraus ergebenden Erkenntnismöglichkeiten auch in ihren Weiterungen schachspielartig eingeplant sein.

Anders als der Zivilprozess kennt das Strafverfahren eine Bindung an „Beweisthemen" nach Maßgabe eines gestellten Beweisantrages nicht. Daher sind die Möglichkeiten der übrigen Verfahrensbeteiligten, über die Beweisbehauptung hinaus aus dem Beweismittel Erkenntnisse zu schöpfen, nicht beschränkt. Die Ausschöpfung auch dieser Erkenntnismöglichkeit ist nicht disponible Pflicht des Gerichtes.

Praxistipp:

Die Erfahrung bestätigt jeden Tag, dass die Eröffnung zusätzlicher Erkenntnisquellen aus der „aktiven" Verteidigung durchaus zur Optimierung des festzustellenden Sachverhaltes, nicht notwendigerweise zur Verbesserung der Verteidigungsposition führt.
Das buchstäbliche „präzise" Abwägen der Chancen, die sich für die Verteidigung aus einer „Erkenntnislücke" ergeben gegenüber dem Risiko der „vollständigen" Sachaufklärung und Preisgabe des „in dubio pro reo" – Ansatzes ist höchste Pflicht der Verteidigung. Der Mandant stellt hier oft – in Unkenntnis der rechtlichen Gegebenheiten – ein hohes Gefahrenpotential für sich selbst dar.

---

[39] *Meyer-Goßner* § 219 Rdnr. 6; *Hamm/Hassemer/Pauly* a.a.O. 228.
[40] *Alsberg* IX.

33 Ein durchaus „gefährliches" Instrumentarium ist der Beweisantrag dort, wo keine vollständige rechtliche Durchdringung des Sachverhaltes, insbesondere zu dem durch das Beweisbegehren ergänzten Sachverhalt geleistet ist. Was dem Gericht verboten ist – die Beweisantizipation – gehört zum besonderen Pflichtengefüge des Verteidigers.

Es ist nicht – auch wenn es der Mandant gerne anders sieht – die Aufgabe der Verteidigung, die Unschuld des Mandanten zu beweisen. Ziel der Verteidigung muss – soweit erreichbar – der Freispruch des Mandanten sein. Dies ist auch in Anwendung des Zweifelsgrundsatzes erreicht. Ein solches Ergebnis zu optimieren, ist nur gerechtfertigt, wenn ein sicherer Weg beschritten wird.

34 Das Risiko und die entscheidende Frage einschätzen, welcher „Kampfesbereitschaft"[41] es bedarf, ist möglich auf der Grundlage verlässlicher Erkenntnisse des Verteidigers zur aktuellen Sicht der Dinge, wie sie bei Gericht gegeben ist. Beratungsgeheimnis und ggf. eine belastende Atmosphäre im Verfahren lassen einen hierauf gerichteten informellen Informationsaustausch nicht zu. Rechtsstaatlichen Anforderungen an ein Strafverfahren kann aber nur genügt werden, wenn
- ein intersubjektiv nachvollziehbarer informeller Dialog zwischen den Verfahrensbeteiligten,
- der auch zur Vermeidung von Missverständnis geführt wird,
- und der revisionsrechtlichen Kontrolle unterliegt,

gewährleistet ist.

Diesen Anforderungen stellt sich das Beweisantragsrecht in seiner verfahrensrechtlichen Ausprägung.

2. Zum besseren Verständnis: ein kurzer geschichtlicher Überblick[42]

35 Mit Einführung der Strafprozessordnung stand als Ergebnis der Diskussion um das Maß zulässiger Beschränkungen von „Parteirechten" im Strafverfahren die Verpflichtung des Gerichts fest, in der Hauptverhandlung präsente Beweismittel zu berücksichtigen (§ 244 StPO).

Anträge auf Ladung von Zeugen, Sachverständigen oder auf Beschaffung anderer Beweismittel waren zulässig, und zur Ablehnung derartiger Anträge bedurfte es eines Gerichtsbeschlusses. Kriterien zur Beantwortung der Frage, unter welchen Voraussetzungen die Ablehnung erfolgen durfte, waren im Gesetz nicht genannt. Hier galt das pflichtgemäße Ermessen des Gerichtes.[43] Dies hatte zur Folge, dass die eigentliche inhaltliche Ausgestaltung des § 244 StPO[44] im Rahmen von Revisionsentscheidungen in Form des Richterrechtes bewirkt wurde. Hier ist an aller erster Stelle das Verbot der Beweisantizipation zu nennen.[45]

Die auf Grundlage der Reichsgerichtsrechtsprechung und aufgrund der Lückenhaftigkeit des Gesetzes selbst durch dieses vorzunehmende konkrete Ausgestaltung des Beweisantragsrechtes erfährt ab 1919 zunächst nachhaltige Restriktionen. Die Pflicht, einem Beweisantrag nachzugehen oder seine Zurückweisung per Gerichtsbeschluss zu begründen, besteht nur vor dem Schwurgericht oder dem im ersten Rechtszug vor dem Reichsgericht verhandelten Verfahren.[46]

Mit Beschränkung des gerichtlichen Ermessensprivilegs zur Ausgestaltung der Beweisaufnahme auf Privatklagesachen (§ 245 Abs. 2 StPO) in 1925 stellte sich allerdings mit dem Beweisantragsrecht eine machtvolle Position der Verteidigung ein, die mit Ergänzung des § 245 Abs. 1 und dem Ablehnungsrecht wegen Prozessverschleppung bereits kurzfristig später eine Beschränkung erfuhr.

Die NS-Zeit ergab die Rückkehr zur Maßgeblichkeit des richterlichen Ermessens.[47] Allerdings fand die Rechtsprechung des Reichsgerichtes ihren Niederschlag in § 245 Abs. 2,[48] der jedoch nur in Verfahren anzuwenden war, bei denen die Berufung gegen das Urteil ausgeschlossen gewesen ist.

---

[41] *Herdegen* StV 2002, 573.
[42] *Herdegen* Beweisantragsrecht S. 49 ff.
[43] RGSt 1, 62; RGSt 140, 215.
[44] Später § 245 StPO.
[45] RGSt 1, 517; RGSt 1, 189; *Alsberg/Nüse/Meyer* a.a.O. 5.
[46] Löwe/Rosenberg/*Schäfer* § 245 Einl. 3 Rdnr. 9.
[47] Art. 1 Nr. 3 des Gesetzes vom 28.6.1935.
[48] Nur für Zeugen und Urkundsbeweis; Sachverständigen und Augenschein bleiben im Ermessen des Gerichtes; *Fezer* a.a.O. 851.

Mit der Vereinfachungsverordnung vom 1.9.1939 ging das Beweisantragsrecht verloren, es ergab sich sogar die Aufhebung des Beweisantizipationsverbotes.[49]

Die Vereinfachungsverordnung vom 13.8.1942 entzog schließlich den Verfahrensbeteiligten das Recht aus § 220 StPO, Beweismittel in der Hauptverhandlung zu präsentieren.

Auf die letztlich ungenügenden Bemühungen des Reichsgerichtes, dieser Entwicklung durch Präzisierung der Rechtsprechung zur Aufklärungspflicht entgegenzuwirken, ist hinzuweisen.[50]

Mit dem Rechtsvereinheitlichungsgesetz von 1950 war die Rückkehr zum Beweisantragsrecht in Bezug auf alle strafrechtlichen Verfahren und alle Beweismittel – also auch den Sachverständigenbeweis und den Augenschein – wiederhergestellt.

Die gleichzeitige Kodifizierung der revisiblen Ablehnungsgründe in § 244 Abs. 3 bis 5 StPO bedingte eine zusätzliche Stärkung der Parteirechte.

Als Rückschlag ist allerdings die Einführung des § 244 Abs. 5 Satz 2 StPO durch das Gesetz vom 11.1.1993 anzusehen, der unter bestimmten Voraussetzungen bei Auslandszeugen das Gericht vom Verbot der Beweisantizipation freistellt. Zu beachten ist allerdings die sich abzeichnende das Beweisantragsrecht einschränkende Tendenz in der Rechtsprechung ungeachtet dieser Gesetzesänderung.[51]

Gerade in Anbetracht der Globalisierung des Wirtschaftslebens ist § 244 Abs. 5 Satz 2 StPO in Strafverfahren mit vorwiegend wirtschaftlichem Hintergrund eine derartige Beschränkung kaum hinzunehmen.[52]

3. Sachaufklärungspflicht und Deal

Die vorstehend skizzenhaft nachvollzogene, sinuskurvenartige geschichtliche Entwicklung macht deutlich, dass die Stärke des Beweisantragsrechtes Ausdruck rechtsstaatlicher Stabilität ist; sie erklärt auch, dass das Beweisantragsrecht dort besonders ausgeprägt ist, wo das Bewusstsein vorherrscht, dass Hauptursache für Justizirrtümer die irrationale und weitgehend unkontrollierbare tatrichterliche Beweiswürdigung ist.[53]

Die frühzeitige Festlegung des Gerichtes im Rahmen einer (freien) Beweiswürdigung zu verhindern, erfordert die Erforschung des Überzeugungsstandes durch die Verteidigung unter Ausnutzung der Möglichkeiten, die das Gesetz zu Ingangsetzung eines „formalisiert-intersubjektiven" informellen Dialoges durch das Beweisantragsrecht bietet. Durch Ausstreuung von Zweifeln das Gericht „zum Denken",[54] alternativer Sachverhalte zu zwingen, muss Ziel einer rational geführten Verteidigung sein.[55]

Beweisantragsrecht ist nicht nur Ergänzung richterlicher Aufklärungspflicht, es beurteilt sich aus der Subjektposition des Beschuldigten im Strafverfahren: Das Gericht darf weder von der Aufklärung eines entlastenden Umstandes absehen, weil der Angeklagte dieses nicht wünscht,[56] noch darf es die Klärung einer für die Entscheidung erheblichen Tatsache unterlassen, weil die Verfahrensbeteiligten darauf verzichtet haben.[57] So kann eine generell ablehnende Haltung des Gerichtes gegenüber angekündigten Tatsachen einen Ablehnungsgesuch rechtfertigen.[58] Auch Vereinbarungen zwischen den Prozessbeteiligten sind für das Gericht unbeachtlich.[59]

Von diesem Begriff der Sachaufklärungspflicht ausgehend, der gleichzeitig gesetzlich garantierter Anspruch des Betroffenen und jedes Einzelnen ist, erscheint die von der BGH-

---

[49] RGSt 1974, 147.
[50] Vgl. *Fezer* a.a.O. 853 m.w.N.
[51] Vgl. BGHSt 39, 252; BGHSt 40, 3; BGH NStZ 1983, 212; sowie die hierzu vorgelegten Anm. von *Hamm* StV 1993, 454; *Widmaier* NStZ 1993, 602; *Strate* NStZ 1994, 247.
[52] Vgl. für viele *Johnigk*, FS *Riess*, S. 214 f.
[53] Vgl. *Peters* Fehlerquellen a.a.O.; *ders.*, Gutachten für den 52. DJT C52.
[54] *Descartes*: dubio ergo cogito, cogito ergo sum, zitiert aus *Hamm* Einleitung zu *Herdegen* Beweisantragsrecht, S. 10.
[55] Zum Verhältnis Amtsaufklärungspflicht und Beweiswürdigung im Strafverfahren vgl. BVerfG NJW 2003, 2444 ff.; *Herdegen* a.a.O. NJW 2003, 3513 ff.
[56] *Alsberg/Nüse/Meyer* a.a.O. 21 m.w.N.
[57] *Ders.* a.a.O. m.w.N.
[58] BGH Urt. v. 11.3.2003 – 3 StR 28/03 – StV 2003, 369 f.; BGH Beschl. v. 11.3.2003 – 3 StR 28/03 – n.v.
[59] *Alsberg/Nüse/Meyer* a.a.O. m.w.N.

Rechtsprechung zwischenzeitlich anerkannte Zulässigkeit eines das Verfahren beschleunigenden „Deals" als Fremdkörper des Systems.[60]

Derartig verfahrens„fördernde" Absprachen sind trotz aller diesbezüglichen geäußerten „Kritik" in der Literatur praktisch „Faktum" in der anwaltlichen Praxis; sie sind bei komplexen Wirtschaftsstrafverfahren buchstäblich die Regel.

Ihr Erfordernis erschließt sich aus verschiedenen „Defiziten" auf Seiten der Justiz, derartige Verfahren in vertretbarer Zeit justizförmig überhaupt zu bewältigen.

40   Die häufig vertretene Auffassung[61] nicht die Verteidigung, sondern das Gericht bestimme die Parameter der Absprache, ist nicht zu teilen. Es gibt für die Verteidigung, so sie stark im Beweis ist, keinen Grund, sich auf einen Deal einzulassen; die Vorteile eines Deals **in Abstimmung mit dem Angeklagten** zu nutzen, ist Gebot der Verteidigung. Die Formalisierung entsprechend der Entscheidung des 4. Senats des BGH dient der Vermeidung von „Zufällen" im weiteren Sinne (Willkür). Eine Beschränkung des Beweisantragsrechtes ergibt sich daraus praktisch nicht.

41   Das Beweisantragsrecht mit dem Ziel der Verständigung zu „missbrauchen",[62] wie es der BGH zum „Dortmunder Fall"[63] gesehen hat, ist kein Phänomen des Einzelfalles.[64] Das Risiko, das die vorzitierte BGH-Entscheidung für das Beweisantragsrecht und der der Entscheidung zugrunde liegenden nicht überzeugenden Begründung für das Beweisantragsrecht birgt, liegt auf der Hand.[65] Eine einschlägige dogmatische Rechtfertigung ist nicht ersichtlich, mögen auch die praktischen Notwendigkeiten, einem „Missbrauch" entgegenzuwirken, einsichtig sein.[66] Die Grundlage für eine solche Rechtsprechung ist durch die Zulassung der Verständigung gegeben worden.[67]

4. Zum Beweisantrag in der Hauptverhandlung im Einzelnen

42   a) **Begriff.** Zur Realisierung des Ziels der Hauptverhandlung, der größtmöglichen Annäherung an das, was wir an materieller Wahrheit niemals erreichen können[68] stehen der Verteidigung über die vom Gericht betriebene amtliche Sachaufklärung hinaus verschiedene Instrumentarien zur Verfügung:

43   *aa) Beweisantrag im engeren Sinne.* Eine Legaldefinition für den Beweisantrag existiert nicht.[69] Nach einhelliger Meinung wird als Beweisantrag verstanden, das **ernsthafte unbedingte oder bedingte** Begehren eines Verfahrensbeteiligten über eine **bestimmte Behauptung**, die Schuld- oder Rechtsfolgenfragen betrifft, durch ein **bestimmt** bezeichnetes Beweismittel Beweis zu erheben.[70]

Als Beweismittel stehen Zeugen, Sachverständigen, Urkunden, Augenscheinnahme zur Verfügung und demzufolge muss der Beweisantrag die Art der begehrten Beweiserhebung erkennen lassen.

44   Der benannte **Zeuge** ist hinsichtlich Name, Vorname und Anschrift zu identifizieren, allerdings ist es hinreichend, wenn der Verteidiger dem Gericht im Antrag die Tatsachen mitteilt, die es diesem möglich machen, den Zeugen zu individualisieren.[71] Die Angabe des ersten Buchstabens des Vornamens bei Mitteilung des vollen Nachnamens kann genügen.[72]

---

[60] *Weigend* StV 2000, 63; *ders.*, 50 Jahre BGH Bd. IV, S. 1011 ff.; zum 50.-jährigen Bestehen, S. 1011 ff.; BGHSt 43, 195.
[61] *Deckers* a.a.O. S. 72; *Fezer* a.a.O. 878.
[62] *Gössel* JR 1995, 365.
[63] NJW 1992, 1245.
[64] Im konkreten Fall wurden nach einem Jahr Verhandlung 350 Beweisanträge gestellt, weitere 200 angekündigt und von dem Angeklagten selbst werden 8500 Beweisanträge eingereicht.
[65] Vgl. *Schulz*, FS Meuer, S. 355 ff.
[66] KK-StPO/*Herdegen* § 244 Rdnr. 68; *ders.* Beweisantragsrecht 54 ff.
[67] *Fezer* a.a.O. 881.
[68] *Hamm/Hassemer/Pauly* a.a.O. 13 f.
[69] Informativ die Exemplifizierungen bei *Becker* a.a.O. 432.
[70] BGHSt 6, 128; BGHSt 30, 131; *Deckers* S. 16; *Hamm/Hassemer/Pauly* S. 38; Löwe/Rosenberg/Gollwitzer § 244 Rdnr. 94 m.w.N.; *Herdegen* NStZ 1999, 176.
[71] BGH StV 1995, 96, 181, 59; BGH StV 1983, 185; *Meyer-Goßner* § 244 Rdnr. 21; *Gollwitzer* a.a.O. Rdnr. 108; *Hamm/Hassemer/Pauly* a.a.O. Rdnr. 80; *Herdegen* NStZ 1999, 179 f. m.w.N.
[72] KG StV 2001, 673.

Einen **bestimmten Sachverständigen** zu benennen, ist nicht erforderlich, weil die Auswahl **45** des Sachverständigen dem Gericht obliegt.[73]
Erforderlich ist die Angabe des Sachgebietes und angezeigt, einen konkreten Sachverständigen zu benennen und ggf. dessen Bereitschaft mitzuteilen, das Gutachten zu erstatten. Eine Bindungswirkung für das Gericht wird hierdurch allerdings nicht hergestellt.[74]

Bezüglich des **Urkundsbeweises** ist eine hinreichende Individualisierung erforderlich, wozu **46** eine Inhaltsangabe im Wesentlichen und der Auffindungsort mitzuteilen sind.[75]

(1) Die Beweisbehauptung. Das Beweisthema bildet das Kernstück des Beweisantra- **47** ges.[76] Aus ihr lässt der Antragsteller erkennen, welche für die Schuld- oder Rechtsfolgenfrage erhebliche Tatsache durch das Beweismittel bestätigt werden wird. Eine sichere Kenntnis von dieser Tatsache ist ebenso wenig vorausgesetzt, wie die Überzeugung des Antragstellers von der Wahrheit der behaupteten Tatsachen[77] Gleichwohl verlangt die Bestimmtheit der Tatsachenbehauptung, dass der Antrag immerhin die „Möglichkeit" des bestimmten Geschehens mitteilt.[78]

Es muss sich um eine **Tatsachenbehauptung** handeln, nicht um eine bloße Wertung.[79] Soweit es für den maßgeblichen Sinn und Zweck der Beweisbehauptung[80] gleichwohl auf Verwertungs- bzw. Bewertungsfragen ankommt, ist es erforderlich, dem Gericht die notwendigen Anknüpfungstatsachen mitzuteilen. Welche Präzisierung zum Beweisthema erforderlich ist, ist jeweils abhängig von der Einzelfallsituation, gleichwohl sollte dabei der Funktion dieses Elementes des Beweisantrages Rechnung getragen werden, wonach
- dem Gericht rechtliche und tatsächliche Prüfung des gestellten Antrages auf der Grundlage exakter und sinnvoller Anwendung der Ablehnungsgründe möglich wird[81]
- zum Beweisthema für das Gericht erkennbar sein muss, welche Konsequenz durch den anzunehmenden Sachverhalt oder die Rechtsfolgen für den Fall der Zurückweisung des Antrages bewirkt werden.[82]

(2) Negativtatsachen. In der Rechtsprechung und Literatur streitig behandelt werden Be- **48** weisbehauptungen, wonach sich ein bestimmtes Ereignis **nicht** zugetragen haben soll.[83] Nach der Rechtsprechung sind so genannte **Negativtatsachen** oder Nichtgeschehen immer nur Schlussfolgerungen, können mithin nicht Wahrnehmungen insbesondere von Zeugen gewesen sein. Tatsachenbehauptungen – beim Zeugenbeweis – sind nach Auffassung der Rechtsprechung aber nur dann gegeben, wenn Zeugen auf der Grundlage von Sehen, Hören, Fühlen, Tasten und Schmecken berichtet.[84]
Solche Beweisanträge zu Nichtgeschehen sind nach dem BGH lediglich Beweisermittlungsanträge und unterliegen nicht dem strengen Prüfungsmaßstab des § 244 Abs. 3 StPO, sondern sind lediglich im Rahmen des § 244 Abs. 2 StPO zu bescheiden[85], weil sie lediglich Beweisziele angeben. Die Abgrenzung zum Beweisantrag ist allerdings durch Auslegung zu ermitteln.[86]
Entgegen der Rechtsprechung ist nach Auffassung der Literatur lediglich die Frage entscheidend, ob das benannte Beweismittel geeignet ist, den bestrebten Beweis zu erbringen.[87] Die

---

[73] *Meyer-Goßner* § 244 Rdnr. 21; KK-StPO/*Herdegen* § 244 Rdnr. 48; OLG Hamm MDR 1976, 338.
[74] BGHR § 244 Abs. 6 Entscheidung 1.
[75] Löwe/Rosenberg/*Gollwitzer* § 244 Rdnr. 109 m.w.N.
[76] *Herdegen* NStZ 1998, 447.
[77] Alsberg/Nüse/*Meyer*, 400; *Meyer-Goßner* § 244 Rdnr. 30; *Gollwitzer* a.a.O. Rdnr. 104.
[78] BGH NStZ 89, 334; 1992, 397, 1993, 293; *Meyer-Goßner* § 244 Rdnr. 20; *Gollwitzer* a.a.O.; KK-StPO/*Herdegen* § 244 Rdnr. 44; *ders.* NStZ 1998, 448.
[79] Vgl. BGH NStZ RR 97, 77; *Hamm/Hassemer/Pauly* Rdnr. 96. unter Hinweis auf die Zulässigkeit von „rechtlichen Schlagworten"; BayObLG NStZ 2003, 105.
[80] Vgl. schon RGSt 38, 127; BGHSt 1, 138; BGHSt 22, 122; BGH StV 1981, 603.
[81] BGHSt 37, 162; BGHSt 39, 251 ff.; KK-StPO/*Herdegen* zu § 244 Rdnr. 46; *Hamm/Hassemer/Pauly* a.a.O., 44 f.; *Perron* a.a.O., 191 f.
[82] *Herdegen* NStZ 98, 149.
[83] *Niemöller* StV 2003, 687 ff.
[84] BGHSt 39, 255; BGH NStZ 1995, 96; BGH NStZ 2000, 267.
[85] BGH StV 93, 454 f.; *Hamm/Hassemer/Pauly* Rdnr. 98 ff. m.w.N.
[86] BGH (*Kusch*) NStZ 1997, 27.
[87] Vgl. *Hamm* StV 1993, 455 ff.; *Widmaier* NStZ 1993, 602; *Schlüchter/Duttge* NStZ 1998, 618 ff.

Brüchigkeit der BGH-Rechtsprechung wird schon daran deutlich, dass der BGH auf die konsequente Abgrenzung zwischen Beweisziel, Beweistatsache in „einfach gelagerten Fällen" verzichten können möchte.[88] Letzten Endes geht die Rechtsprechung des BGH von im Gesetz nicht vorgesehenen Zurückweisungsgrund aus.[89]

> **Praxistipp:**
> Dieser Kontroverse zwischen Rechtsprechung und Literatur wird die Verteidigung gleichwohl dadurch Rechnung tragen müssen, dass Beweisanträge mit Beweisbehauptungen zu Negativtatsachen vermieden werden sollten.

Die vorstehenden Ausführungen gelten – erfolgt eine entsprechend nachhaltige Begründung – hinsichtlich eines Antrags auf Einholung eines Sachverständigengutachtens in Bezug auf eine Negativtatsache nur im eingeschränkten Umfange.[90]

49 *bb) Die Beweisanregung.* Das klare Gegenstück zum Beweisantrag im engeren Sinne bildet die Beweisanregung, bei der eine Beweiserhebung **anheim gestellt** wird (Beweisanregung im weiteren Sinne) bzw. eine bestimmte Art und Weise der Beweisaufnahme, die ggf. von der Typizität der Beweisführung nach Maßgabe der Strafprozessordnung abweichen kann, angestrebt wird (Beweisanregung im engeren Sinne).

Beide verstehen sich als „formlose" Interventionen im Rahmen des § 244 Abs. 2 StPO und Stimulierung des gerichtlichen Aufklärungsinteresses, sind gleichzeitig über die Reaktion des Gerichtes auf entsprechende Anregungen aber auch geeignete Methoden, um Grundlagen für die Einschätzung der Positionierung des Gerichtes zu gewinnen.

50 *cc) Der Beweisermittlungsantrag.* Der Beweisermittlungsantrag ist dadurch gekennzeichnet, dass das Beweisthema **nicht** im Sinne des Beweisantrages entsprechend „**bestimmt**", sondern nur allgemein angegeben wird, ohne dass die Aufstellung einer bestimmten Beweisbehauptung erfolgt.[91]

Zur äußerlichen Abgrenzung wird sich die Verteidigung bei der Formulierung im Falle des Beweisermittlungsantrages des Begriffes „ob" und im Falle des Beweisantrages des Begriffes „dass" bezüglich der Beweisbehauptung bedienen.[92] Auch für den Beweisermittlungsantrag gilt, dass er – nicht ohne weiteres Vorstufe für den eigentlichen Beweisantrag[93] – als Versuch zu verstehen ist, unmittelbar auf die Erfüllung der amtlichen Aufklärungspflicht des Gerichtes mit § 244 Abs. 2 StPO einzuwirken, weil die Position des Antragstellers durch Defizite hinsichtlich des Beweismittels oder der Beweisbehauptung gekennzeichnet ist. Gleichwohl handelt es sich beim Beweisermittlungsantrag um einen echten Antrag[94] mit den entsprechenden förmlichen Konsequenzen für seine Bescheidung. § 244 Abs. 6 StPO findet allerdings keine Anwendung.[95]

Gerade im Zusammenhang mit dem Beweis mit Urkunden sind die Grenzen zwischen Beweisantrag im engeren Sinne und Beweisermittlungsantrag fließend:

Beispiel 1:
So liegt ein Beweisantrag im engeren Sinne vor, wenn die betreffende Urkunde individualisiert und ihr Auffindungsort angegeben wird, währenddessen ein Beweisermittlungsantrag vorliegen kann, wenn z. B. die Beiziehung von Akten oder Urkundsgesamtheiten gefordert wird, deren Durchsicht für die Erreichung des Beweiszieles erforderlich wäre.[96]

---

[88] Vgl. BGH NStZ 99, 362.
[89] Vgl. *Deckers* S. 21; *Hamm* a.a.O.
[90] Vgl. BGH NStZ RR 2000, 291; BGH StV 2000, 180.
[91] Vgl. aber BGH StV 2003, 428.
[92] Vgl. BGH NJW 99, 2683; BGH StV 99, 432 ff.
[93] KK-StPO/*Herdegen* § 244 Rdnr. 53.
[94] *Gollwitzer* a.a.O. Rdnr. 115.
[95] Vgl. schon BGH NJW 1954, 1336.
[96] Vgl. BGHSt 6, 128; BGHSt 30, 142; BGH StV 1995, 47; *Gollwitzer* Rdnr. 109 m.w.N.

> **Praxistipp:**
> In Bezug auf Beweisanregung und Beweisermittlungsantrag gilt, dass von diesen Instrumentaria üblicherweise dann Gebrauch gemacht wird, wenn für den Antragsteller das Beweisergebnis selbst unklar ist, so dass spezifische Risiken hinsichtlich des Erfolges der veranlassten strategischen Maßnahme bestehen. Von Beweisanregungen oder Beweisermittlungsanträgen sollte daher nur Gebrauch gemacht werden, wenn sichergestellt ist, dass eine für den Mandanten nachteilige Folge auch dann vermieden wird, wenn das Gericht aus seiner Aufklärungspflicht heraus den Anregungen folgt.

dd) *Der bedingte Beweisantrag.*[97] Für die Stellung eines wirksamen Beweisantrages ist nicht notwendiger Weise vorausgesetzt, dass dieser unbedingt gestellt wird. Auch wenn der Beweisantrag mit einer Bedingung ausgestattet ist, handelt es sich um formalisiertes Beweiserhebungsverlangen, wobei der Antragsteller die Beweiserhebung aber nur für den Fall fordert, dass ein von ihm bezeichnetes ungewisses Ereignis in der einen oder anderen Richtung eintritt. Bedingungen können sein:
- Rechtliche Bewertung des Sachverhaltes durch das Gericht,
- ein bestimmtes Ergebnis der Beweiswürdigung,
- Verfahrensbedingungen, insbesondere zwischen Entscheidungen des Gerichtes.

Der in der Praxis häufigste bedingte Beweisantrag ist der **Hilfsbeweisantrag**, den die Verteidigung in der Regel im Schlussvortrag neben dem Hauptantrag stellen wird. Die Beweiserhebung wird in diesem Falle davon abhängig gemacht, dass sich das Gericht im Urteil für einen bestimmten Schuldanspruch oder ein bestimmtes Begründungselement entscheidet.

Die klare Definition als Hilfsbeweisantrag ist bei seiner Anbringung angezeigt, um Missverständnisse zu vermeiden. Soweit nach früher herrschender Meinung[98] in dem Hilfsbeweisantrag der konkludente Verzicht des Antragstellers auf Bescheidung des Antrags in der Hauptverhandlung zu sehen gewesen ist, kann zur Vermeidung von „Überraschungen" durch Bindung des Hilfsbeweisantrages mit einer **Bescheidungsklausel** Vorkehrung getroffen werden. Mit diesem Zusatz wird beantragt, dass für den Fall des Bedingungseintritts auf die Bescheidung durch Beschluss vor abschließender Urteilsberatung nicht verzichtet wird.

Aufgrund neuerer BGH-Rechtsprechung[99] kann sich der Verteidiger aktuell nicht mehr auf die Zulässigkeit einer solchen Bescheidungsklausel verlassen.[100]

> **Praxistipp:**
> Nachdem das Gericht ohnehin nicht gehindert ist, einen Hilfsbeweisantrag als Hauptbeweisantrag zu behandeln,[101] sollte in der Regel von der Stellung von Hilfsbeweisanträgen abgesehen und der Antrag als Hauptbeweisantrag gestellt werden. Die Risiken, die der Hilfsbeweisantrag birgt, sind vielschichtig. Sie machen sich insbesondere daran fest, dass es, nachdem der Hilfsbeweisantrag erst im Urteil zu bescheiden ist, keine Möglichkeit mehr gibt, etwaige Missverständnisse bezüglich der Zielrichtung und des Sinngehaltes des Beweisbegehrens aufzuklären.

Zu beachten ist in jedem Fall, dass der Hilfsbeweisantrag nicht „unzulässig" gestellt wird, wovon auszugehen ist, wenn sich die Beweisbehauptung gegen den Schuldspruch als solchen wendet, als Bedingung aber ein bestimmter Rechtsfolgenausspruch genannt wird.[102]

---

[97] Die Begriffe Hilfsbeweisantrag, Eventualbeweisantrag und prozessual bedingter Beweisantrag dienen nicht nur der terminologischen Unterscheidung, unterfallen diesem Oberbegriff vgl. KK-StPO/*Herdegen* 244 Rdnr. 50; *Schlothauer* StV 88, 542; LR/*Gollwitzer* Rdnr. 160 ff.
[98] Vgl. *Gollwitzer* Rdnr. 161 a; *Hamm/Hassemer/Pauly* Rdnr. 70.
[99] Vgl. BGH NStZ 1991, 47; BGH NStZ 1995, 89; BGHR § 244 Abs. 6; Hilfsbeweisantrag 7, 8.
[100] Vgl. zum Meinungsstreit *Gollwitzer* Rdnr. 161 a; *Hamm/Hassemer/Pauly* Rdnr. 72.
[101] Vgl. *Gollwitzer* Rdnr. 169.
[102] BGHSt 40, 287; BGH NStZ 1998, 209; *Hamm/Hassemer/Pauly* Rdnr. 65; *Herdegen* NStZ 1995, 202.

Während der laufenden Hauptverhandlung sind bedingte Beweisanträge, die an die Sach- und Prozesslage anknüpfen, eine weitere nachhaltige Informationsquelle für die Verteidigung. Bedingungen knüpfen dabei an bestimmte, nach Auffassung der Verteidigung im Rahmen der Hauptverhandlung erzielte Zwischenergebnisse an und lassen erkennen, dass sie eine weitere Beweiserhebung nur für den Fall erforderlich halten, dass das Gericht von einem abweichenden bisherigen Beweisergebnis ausgeht.

Die Beantragung der nochmaligen Vernehmung eines bereits vernommenen Zeugen zum selben Beweisthema, zu dem der Zeuge bereits vernommen ist, ist unzulässig und kann auch nicht mit unterschiedlichem Verständnis des Aussagegehaltes begründet werden.[103]

54 **b) Der Augenschein.** Der Antrag auf richterlichen Augenschein wird nur dann mit Aussicht auf Erfolg gestellt werden können, wenn zureichende Gründe dargetan werden, wonach ein zutreffendes Verständnis des Ergebnisses der Beweisaufnahme und damit die Feststellung des „wahren" Sachverhaltes nur aufgrund eigener Wahrnehmung durch das Gericht möglich ist. In Wirtschaftsstrafverfahren kommt diesem Beweismittel eine reduzierte Bedeutung zu.

Es ist darauf hinzuweisen, dass jedenfalls in Bezug auf den beantragten Augenschein nach Auffassung des BGH die Tatrichter befugt sind, den beantragten Augenschein durch mittelbaren Augenschein oder durch Zeugen oder Sachverständigenanhörung zu ersetzen, solange hieraus kein Aufklärungsdefizit zu befürchten ist.[104] Der über die Inaugenscheinnahme von Urkunden in der Hauptverhandlung hinaus gehende Augenschein hat in wirtschaftsstrafrechtlichen Verfahren praktisch eine vernachlässigbare Bedeutung.

55 **c) Der Beweisantrag gemäß §§ 245, 220 StPO.** Die Möglichkeit einer autonomen Beweisführung[105] schafft das Gesetz für die Verteidigung gemäß § 245 Abs. 2 StPO, allerdings ist auch hier die Stellung eines förmlichen Beweisantrages Voraussetzung dafür, dass das Gericht verpflichtet wird, das präsentierte Beweismittel auszuschöpfen, oder die Zurückweisung in revisibler Form zu begründen.

Über die Notwendigkeit eines förmlichen Beweisantrages hinaus sind zu beachten
- die Ladungsvorschriften der §§ 220, 38 StPO,
- die Pflicht zur Darbietung der voraussichtlich anfallenden Kosten
- und die Pflicht zur Namhaftmachung des Beweismittels gemäß § 220 StPO.

56 § 245 StPO gibt die Möglichkeit, selbst einen Zeugen oder Sachverständigen zu laden. In dem Ladungsschreiben muss angegeben werden, wo und wann sich der Zeuge oder Sachverständige beim Gericht einzufinden hat. Es muss die Ladung durch den Gerichtsvollzieher zugestellt werden. Eine Verpflichtung des „Geladenen" zum Erscheinen besteht gemäß § 220 Abs. 2 StPO allerdings nur dann, wenn nachgewiesen ist, dass Entschädigungsansprüche des Zeugen/Sachverständigen ggf. durch Hinterlegung sichergestellt sind. Zustellung des Ladungsschreibens kann auch unter Einschaltung der Post bewirkt werden, die einen entsprechenden Auftrag an jeden Gerichtsvollzieher erteilen kann, was dem Angeklagten und dem Verteidiger verwehrt ist.[106]

§ 245 Abs. 2 StPO hat gerade vor dem Hintergrund des § 244 Abs. 5 Satz 2 StPO zunehmende Bedeutung.

57 Die nach § 38 StPO vorgeschriebene Zustellung durch den Gerichtsvollzieher ist im Ausland nicht möglich, jedoch kann nach § 37 Abs. 2 StPO eine Zustellung im Ausland auch durch Postversand per Einschreiben mit Rückschein bewirkt werden. In den Mitgliedsstaaten des Schengener Abkommens besteht diese Möglichkeit gemäß Artikel 52 SDÜ.[107]

---

[103] BGH StV 1991, 2; BGHSt 14, 21.
[104] Vgl. BGHSt 27, 135; zum Austausch von Beweismitteln vgl. im Übrigen *Hamm/Hassemer/Pauly* Rdnr. 185 ff.
[105] *Köhler* NJW 1979, 348; *Gollwitzer* § 245 Rdnr. 1.
[106] BGH NJW 1952, 836.
[107] Vgl. hierzu auch *Schlothauer*, Vorbereitung zur Hauptverhandlung, 1998, Rdnr. 217 a, der unter Hinweis auf § 37 Abs. 2 StPO auch die Möglichkeit sieht, über den Gerichtsvollzieher per Postversand die Förmlichkeiten der Ladungen zu bewirken.

Bezüglich der Ladung eines Sachverständigen verlangt die ständige Rechtsprechung des 58
BGH,[108] dass der Sachverständige auf die Erstattung des Gutachtens vorbereitet ist und
unmittelbar zu Sache gehört werden kann. Es ist daher in der Regel notwendig, vorab den
Sachverständigen zureichend über Verfahrensstoff ggf. durch Zurverfügungstellung von
Kopien der Verfahrensakten zu unterrichten.

Der in anderer Funktion bereits anwesende Sachverständige ist nicht zureichend als Beweisperson i. S. d. § 245 StPO förmlich geladen.[109]

Im Zusammenhang mit der nach § 222 StPO notwendigen Vorankündigung und der Pflicht aus § 222 Abs. 2 StPO, den Zeugen und Sachverständigen namhaft zu machen, erscheint es im Vorfeld einer Selbstladung sachgerecht, den Vorsitzenden über die geplante Maßnahme in Kenntnis zu setzen, damit sich dieser hierauf im Rahmen der Sachleitung der Hauptverhandlung einrichten kann.

d) **Rücknahme des Beweisantrages.** Vor Entscheidung über den Beweisantrag kann dieser 59
jederzeit zurückgenommen und nachfolgend jederzeit erneut gestellt werden.

Gemäß § 245 Abs. 1 Satz 2 StPO bedarf es, hat das Gericht dem Beweisantrag stattgegeben, des Einverständnisses aller Verfahrensbeteiligten. Als Prozesshandlung ist die Antragsrücknahme gemäß § 273 StPO in das Protokoll aufzunehmen. Beachtenswert ist, dass der BGH[110] ein Untätigbleiben der Verteidigung nach erfolgtem Austausch des Beweismittels durch das Gericht als konkludente Rücknahme des Beweisbegehrens angesehen hat. Danach kann die Verteidigung also den Beweisantrag erneut stellen.

Ist ein Beweisantrag gestellt, über das Beweisbegehren durch das Gericht noch nicht entschieden und wird die Frage des Vorsitzenden, ob noch weitere Anträge zu erwarten sind oder gestellt werden, verneint, indiziert dies ebenso wenig eine Antragsrücknahme des bereits gestellten Antrages wie das Schweigen der Verteidigung in einer vergleichbaren Situation auf die Frage, ob auf eine weitere Beweisaufnahme verzichtet wird.[111]

e) **Zu den Förmlichkeiten des Beweisantrages.** Auch wenn ein Beweisantrag außerhalb der 60
Hauptverhandlung bei Gericht eingereicht werden kann, ist er unter allen Umständen in der
Hauptverhandlung mündlich zu stellen und gemäß § 273 StPO in das Hauptverhandlungsprotokoll aufzunehmen.

Gerade für Umfangverfahren ist allerdings zu beachten, dass das Gericht gemäß § 257 a StPO allen Antragsberechtigten per Gerichtsbeschluss, der zu protokollieren ist, aufgeben kann, Anträge, also auch Beweisanträge schriftlich zu stellen. § 257 a StPO wurde durch das Verbrechensbekämpfungsgesetz vom 28.10.1994[112] eingeführt mit dem Ziel, weitere Voraussetzungen für die Straffung und Beschleunigung von Umfangverfahren zu schaffen.

Besondere Bedeutung hat in diesem Zusammenhang der Umstand, dass hierüber für das Gericht die Möglichkeit besteht, das Selbstleseverfahren gemäß § 249 StPO auch in Bezug auf den Beweisantrag durchzuführen, um so das Verlesen von umfangreichen Beweisanträgen in der Hauptverhandlung zu vermeiden.

Eine Verpflichtung des Gerichtes, mündlich gestellte Anträge entgegen zu nehmen, besteht bei Anwendung des § 257 a StPO nicht. Es sind nach entsprechendem Beschluss nur noch in Schriftform eingereichte Beweisanträge vom Gericht zu berücksichtigen.[113]

f) **Begründungserfordernisse.** Über die Erfüllung der dargelegten Voraussetzungen für die 61
Formulierung eines zulässigen Beweisantrages hinaus bedarf es einer gesonderten Begründung
des Beweisantrages unter Zulässigkeitsgesichtspunkten nicht.[114]

Bei zutreffendem Verständnis muss im Ausfluss des grundsätzlichen Schweigerechtes des Angeklagten dieser seine Informationsquellen ebenso wenig offen legen, wie es der Verteidigung

---

[108] BGHSt 43, 171; BGHR StPO § 245 Abs. 2 Beweismittel 2; *Hamm/Hassemer/Pauly* a.a.O. 207 f.; *Deckers* a.a.O. 45 f.
[109] BGH (*Kusch*) NStZ-RR 1999, 36.
[110] BGH StV 1992, 454.
[111] Löwe/Rosenberg/*Gollwitzer* § 244 Rdnr. 137; BGH MDR 71, 18; *Hamm/Hassemer/Pauly* Rdnr. 401.
[112] BGBl. 94 I, 3186.
[113] Zur kontroversen Diskussion des § 257 a vgl. *Gollwitzer* a.a.O. Rdnr. 2 f.
[114] *Alsberg/Nüse/Meyer*, 37; *Gollwitzer* a.a.O. Rdnr. 94; KK-StPO/*Herdegen* § 244 Rdnr. 43; BGHSt 1, 29; BGHSt 6, 128; BGHSt 37, 162; *Herdegen* NStZ 1998, 448; *Herdegen* Beweisantragsrecht S. 41 ff.

unter Beachtung der Schweigepflicht verboten ist, ihr Wissen insoweit dem Gericht zu offenbaren. Weder den Verteidiger noch den Angeklagten trifft in Ansehung ihres jeweils eigenständigen Beweisantragsrechtes eine wie auch immer geartete Darlegungslast.[115]

62 *aa) Vermutungen/positive Kenntnis.* Unabhängig von der sich anschließenden Darstellung der aktuellen BGH-Rechtsprechung kann aber in der Praxis kein Zweifel daran bestehen, dass die Erfolgsaussichten für ein bestimmtes Beweisbegehren seitens der Verteidigung maßgeblich von der Qualität seiner Begründung abhängt. Es wird daher in der Regel veranlasst sein, eine entsprechende substantiierte Begründung mit dem Beweisantrag zu verbinden.

In diesem Zusammenhang ist darauf hinzuweisen, dass weder in der Beweisbehauptung noch in den Darlegungen zur Begründung des Beweisantrages Erklärungen des Angeklagten zur Sache zu sehen sind, insbesondere dann nicht, wenn dieser von seinem Recht, zur Sache Angaben zu machen, Gebrauch gemacht hat.[116]

63 Nach Auffassung des Reichsgerichts machte es keinen Unterschied für die Zulässigkeit eines Beweisantrages, ob dem Antragsteller die unter Beweis gestellte Tatsache bereits bekannt war oder von ihm lediglich vermutet wurde.[117] Aber auch im Rahmen dieser Rechtsprechung ist einhellige Meinung, dass in der Aufstellung einer Hypothese oder einer Beweisbehauptung aufs Geratewohl eine zulässige Beweisbehauptung nicht gesehen werden kann,[118] allerdings nur dann, wenn eine offenkundig bedeutungslose Tatsache unter Beweis gestellt wird.[119] Dieser Umstand enthebt aber den Tatrichter nicht der Verpflichtung, im Einzelnen überprüfbar zu begründen, weshalb er dem Beweisbegehren nicht nachgeht. Das Revisionsgericht kann aus „seiner Sicht der Dinge" Anhaltspunkte für die Beweisbehauptung finden, die er übersehen hat oder zur Feststellung eines Verstoßes gegen das Beweisantizipationsverbot gelangen.[120]

Dass die bisherige Beweisaufnahme keine Anhaltspunkte für die Richtigkeit der Beweisbehauptung ergeben hat, kann eine Zurückweisung nicht rechtfertigen.[121]

64 Vermutungen oder mögliche Vorstellungen, mit denen die Verteidigung hervortritt und von denen sie hofft, die Nachforschungen darüber könnten zu Gunsten des Angeklagten entsprechende Tatsachen klarstellen, genügen für einen echten Beweisantrag nicht, entschied frühzeitig der BGH.[122] In Form einer bestimmten Behauptung gekleidete Annahmen, bloße Vermutungen einer Möglichkeit sind demnach kein Beweisantrag, sondern lediglich Beweisermittlungsanträge.[123] Diese, inzwischen aufgrund nachhaltiger Kritik der Literatur,[124] überwundene Vermutungsrechtsprechung[125] hat zwischenzeitlich eine Modifikation durch das so genannte „Konnexitätserfordernis" erfahren.[126]

65 *bb) Konnexität:* Nach der neueren Rechtsprechung des BGH muss aus dem Beweisantrag über die übrigen Voraussetzungen hinaus hervorgehen, dass und warum das Beweismittel, insbesondere der Zeuge, Wahrnehmungen zu den unter Beweis gestellten Tatsachen gemacht haben kann.[127]

Die Begründung, dass lediglich über die dargelegte Konnexität[128] des Beweismittels zur Beweisbehauptung die Ablehnungsgründe der Bedeutungslosigkeit und der Ungeeignetheit in Folge geprüft werden könne[129] überzeugt nicht.[130] Durch das Erfordernis der Konnexi-

---

[115] Vgl. KK-StPO/*Herdegen* § 244 Rdnr. 48; *Herdegen* NStZ 1999, 180.
[116] BGHSt 39, 253; *Gollwitzer* a.a.O. Rdnr. 104; *Deckers* a.a.O. 74 f.
[117] RGJW 1924, 1251 Nr. 5.
[118] Vgl. *Hamm/Hassemer/Pauly* Rdnr. 109; BGH NStZ 1989, 334; BGH NStZ 1992, 397; BGH StV 1989, 237; BGH NStZ 1993, 247; BGH NStZ 1994, 592; *Herdegen* Beweisantragsrecht S. 43 f.
[119] BGH StV 2000, 652.
[120] *Herdegen* Beweisantragsrecht, S. 46.
[121] BGH StV 2002, 233 f.
[122] BGH LM StPO § 244 Abs. 2 und 3 Nr. 2.
[123] *Gollwitzer* StV 1990, 421 m.w.N.
[124] *Alsberg/Nüse/Meyer* S. 42; *Gollwitzer* StV 1990, 423 f.; *Herdegen* StV 1990, 518.
[125] Vgl. *Herdegen* NStZ 1999, 176.
[126] BGHSt 40, 3; BGHSt 43, 321; BGH NStZ-RR 1997, 331; BGH StV 2001, 97.
[127] Vgl. hierzu grundsätzlich BGH StV 2000, 653; *Herdegen* NStZ 1999, 180; *Widmaier* NStZ 1993, 602.
[128] BGHSt 43, 321.
[129] Vgl. BGHSt 40, 3; BGH NStZ 1998, 97; BGH NStZ 1999, 522.
[130] Vgl. hierzu *Fezer* S. 872.

tät wurde den Tatrichtern ein „übergeordneter Ablehnungsgrund"[131] gewährt, ohne dass etwa dem Gesetz oder der Rechtsprechung etwa präzise Kriterien zu entnehmen wären, anhand derer die Begründetheit der Ablehnung eines Beweisantrages „ohne Konnexität" nachvollzogen werden könnte.[132] Vor dem Hintergrund dieser Kritik, sind erste Tendenzen erkennbar, wonach auch der BGH diese Konnexitätsrechtsprechung auf Einzelfälle beschränkt sehen möchte.[133] Darüber hinaus liegt auf der Hand, dass ein wegen mangelnder Konnexität zurückgewiesener Beweisantrag mit entsprechender Nachbesserung „wiederholt" werden kann,[134] dass die vom BGH ggf. erhoffte Entlastungsfunktion des Konnexitätserfordernisses in der Praxis nicht bewirkt wird. Die grundsätzlichen dogmatischen Bedenken gegen derartige Versuche der Einschränkung des Beweisantragsrechtes werden mit dieser vorgestellten praktischen Relevanz allerdings nicht beseitigt.

5. Der Zeitpunkt des Beweisantrages

Gemäß § 246 Abs. 1 StPO ist die Ablehnung eines Beweisantrages mit der Begründung, dieser sei „zu spät" gestellt worden, nicht zulässig. Aus § 246 StPO folgt daher, dass es grundsätzlich keine Präklusion von Beweisvorbringen gibt, wie sie etwa im Zivilprozess anerkannt ist.

Bis zum Beginn der Urteilsverkündung, also auch noch nach Schluss der Beweisaufnahme, können grundsätzlich Beweisanträge angebracht werden.[135] Selbst in Äußerungen des Angeklagten im Rahmen des ihm gewährten letzten Wortes können zu bescheidende Beweisanträge gesehen werden, über die zu entscheiden das Gericht aufgrund der Amtsaufklärungspflicht gehalten ist.[136]

> **Praxistipp:**
> Dies setzt voraus, dass der Vorsitzende aus seiner Sachleitungsbefugnis (§ 238 StPO) dem Verteidiger (noch einmal) das Wort erteilt. Hier muss ggf. vor der Urteilsverkündung und außerhalb der Hauptverhandlung das Interesse, einen neuen Beweisantrag stellen zu wollen, dokumentiert und kommuniziert werden.[137] Auf eine solche Konfliktsituation sollte sich die Verteidigung unter keinen Umständen einlassen.

VI. Die Bescheidung von Beweisanträgen

Wird dem Beweisbegehren entsprochen, bedarf es hierzu nicht eines Gerichtsbeschlusses. Die Beweisanordnung vom Vorsitzenden unter Ausübung seiner Sachleitungsbefugnis (238 StPO) mitgeteilt.

Soll ein Beweisantrag abgelehnt werden, so ist nach den §§ 244 Abs. 6, 34, 35 Abs. 1 StPO ein förmlich verkündeter und begründeter Beschluss des Gerichtes vorausgesetzt. Dies gilt in Anlehnung an die vorstehenden Ausführungen nicht für Hilfsbeweisanträge wegen des in diesem ausdrücklich oder konkludent erklärten Verzichtes.[138]

Die Gründe, mit denen die Zurückweisung eines Beweisbegehrens abgelehnt werden kann, sind enumerativ (in § 244 Abs. 3 bis 6 StPO) aufgelistet.

Eine erste Reaktion auf den Beweisantrag wird es häufig in Form einer Äußerung des Vorsitzenden geben.

---

[131] *Herdegen* NStZ 1999, 181.
[132] Vgl. hierzu *Herdegen* S. 181.
[133] Vgl. BGH StV 2001, 97; *Hamm/Hassemer/Pauly* Rdnr. 114; *Perron* 204.
[134] BGHSt 43, 331.
[135] BGH StV 2005, 420.
[136] BGH NStZ 2001, 160 f.
[137] BGH NStZ 1982, 41; BGH NStZ 1981, 311; BGHSt 21, 118.
[138] Zu beachten ist, dass, soll der Hilfsbeweisantrag wegen Prozessverschleppungsabsicht abgelehnt werden, dieser Beschluss während der Beweisaufnahme verkündet werden muss BGH StV 1986, 419; BGH StV 1990, 394; BGHSt 22, 124.

> **Praxistipp:**
> In der Praxis ist es ohne Weiteres zu erwarten, dass der Vorsitzende ggf. seine ablehnende Haltung zu erkennen gibt, die Rücknahme oder das Nichtdurchhalten des Antragsrechtes „anregt". Auf derartige Einflussnahmen wird sich die Verteidigung bei einem ernsthaften Beweisbegehren nicht einlassen. Die Zurückweisung des Beweisantrages durch den Vorsitzenden wird die Verteidigung nicht zulassen, sondern einen Gerichtsbeschluss herbeiführen (§ 238 Abs. 2 StPO). Zwingend ist nämlich, dass die Ablehnung per Gerichtsbeschluss und in begründeter Form erfolgt. Hierauf muss der Verteidiger bestehen, um die unberechtigte Zurückweisung des Beweisbegehrens in der Revision rügen zu können.

Der Beschluss ist in der Hauptverhandlung zu verkünden, was durch Verlesung und Aufnahme des Beschlusses in das Hauptverhandlungsprotokoll erfolgt.

Die Verteidigung hat ein Anrecht auf eine Kopie des Beschlusses mit Begründung. Erst die aufmerksame Lektüre wird Begründungsmängel erkennen lassen, insbesondere, ob der Beschluss den Sinngehalt des Beweisantrages vollständig erfasst hat. Wenig sinnvoll ist es, erkannte Mängel „für sich" zu behalten und so „Munition" für die Revision zu sammeln. Eine Aussicht auf eine erfolgreiche Rüge in der Revisionsinstanz besteht nur, wenn die nicht vollständige Erfassung des Beweisbegehrens und Mängel in der Ablehnungsbegründung in Form einer „Gegenvorstellung" in Bezug auf den verkündeten Beschluss moniert werden.[139]

1. Verbot der Beweisantizipation

69 Für die ablehnende Bescheidung von Beweisanträgen gilt grundsätzlich das Verbot der Beweisantizipation. Die Ablehnung eines Beweisantrages mit der Begründung, das Beweismittel sei aufgrund der bisherigen Beweisaufnahme „widerlegt", das Gegenteil der Beweistatsache stehe fest oder das Beweismittel sei wertlos, ist unzulässig.[140] Bei Verwendung derartiger Argumente erfolgt ein Vorgriff auf das Beweisergebnis, was grundsätzlich unzulässig ist. Eine Durchbrechung dieses Verbotes befindet sich allerdings in § 244 Abs. 5 Satz 3 StPO.

2. Unzulässigkeit der Beweiserhebung

70 Bei dem Element der Unzulässigkeit handelt es sich um einen zwingenden Ablehnungsgrund, da § 244 Abs. 2 Satz 1 StPO so genannte Beweisverbote anspricht, also eine Beweiserhebung dort ausscheidet, wo die Aufklärung des Sachverhaltes an die rechtsstaatlichen förmlichen Grenzen stößt.[141] Angesprochen sind hier Fälle, in denen das Beweismittel nicht verwendet werden darf, das Gesetz Beweiserhebungen ausdrücklich verbietet (vgl. etwa § 250 Satz 2 StPO), weil Verschwiegenheitspflichten oder Geheimhaltungsvorschriften der Beweiserhebung entgegenstehen, öffentliche oder private Interessen vorrangig sind, Verfahrensvorschriften oder verbotene Beweismethoden angewendet würden.[142]

71 Unzulässig ist insbesondere ein Beweisantrag auf Vernehmung von Mitgliedern des Gerichtes zu Wahrnehmungen in der Hauptverhandlung.[143]

3. Offenkundigkeit

72 Die Zurückweisung eines Beweisantrages kann wegen Offenkundigkeit der Beweistatsache folgen. Als „offenkundig" gilt, was entweder uns allen oder dem Gericht bereits bekannt ist.[144] Dabei sind **allgemein kundig Tatsachen** und Erfahrungssätze, von denen verständige Menschen regelmäßig Kenntnis haben oder über die sie sich aus zuverlässigen Quellen ohne besondere Fachkunde so sicher unterrichten können, dass sie von ihrer Wahrheit überzeugt

---

[139] Vgl. BGH StV 2002, 588; BGH StV 2001, 436.
[140] BGH NStZ 1984, 42; BGH StV 1986, 418; BGH StV 1993, 3; BGH StV 1993, 621; BGH StV 1994, 62; BGH NStZ 1997, 503.
[141] Vgl. Löwe/Rosenberg/*Gollwitzer* § 244 Rdnr. 188 ff.; zur Bedeutung einer Sperrerklärung nach § 96 StPO für das gerichtliche Verfahren vgl. BGH StV 200, 214.
[142] Vgl. hierzu im einzelnen *Hamm/Hassemer/Pauly* Rdnr. 203 ff. m.w.N.; zu den Verteidigungspotentialen auf der Grundlage von Pflichtwidrigkeiten bei der Beweisbeschaffung vgl. *Jäger* a.a.O. 143 ff. und 153 ff.
[143] *Meyer-Goßner* § 244 Rdnr. 49 m.w.N.; BGH wistra 2003, 270 f.
[144] Alsberg/Nüse/Meyer S. 534.

sein dürfen.[145] **Gerichtskundig** sind Tatsachen, die ein Richter im Zusammenhang mit seiner amtlichen Tätigkeit ohne Benutzung privater Informationsquellen zuverlässig in Erfahrung gebracht hat.[146]

Gerade bezüglich der ggf. als gerichtskundig und auch damit als offenkundig im ablehnenden Beschluss behaupteten Tatsachen ist zu beachten, dass diese der Erörterung in der Hauptverhandlung bedürfen.[147] Prozessbeteiligte müssen ein zutreffendes Bild von der tatsächlichen Gerichtskundigkeit erhalten,[148] um Gelegenheit zu haben, begründete Zweifel an der „Offenkundigkeit" aufzuzeigen.

4. Schon erwiesene Tatsachen

Wird ein Beweisantrag mit der Begründung abgelehnt, die Beweistatsache sei schon erwiesen, versteht sich dies in erster Linie als strategischer Vorteil, weil hierüber der Verteidiger Gewissheit erhält, dass die von ihm behauptete Beweistatsache nach Auffassung des Gerichtes keiner Beweiserhebung mehr bedarf. Dies ist auch für das Urteil damit **bindend festgestellt**.[149]

5. Bedeutungslosigkeit

Auch die Zurückweisung eines Beweisantrages wegen „Bedeutungslosigkeit" hat ihren eigentlichen Wert in der der Verteidigung zugehenden Information. Dieser Beschluss teilt mit, dass die **Entscheidung der Verurteilung von der behaupteten Tatsache nicht abhängt**, vor allen Dingen, dass das Gericht im Falle einer Verurteilung nicht vom Gegenteil der unter Beweis gestellten Tatsache ausgehen wird.[150] Das Gericht muss in einer intersubjektiv akzeptablen, in hohem Maße plausiblen Argumentation erklären können, weshalb der gelungene Beweis es nicht veranlassen würde, aus dem Beweisergebnis für den Urteilstenor bedeutsame Folgerungen zu ziehen.[151] Insbesondere darf die Bedeutungslosigkeit nicht etwa aus dem bisherigen Beweisergebnis abgeleitet werden,[152] weil das Gericht das Gegenteil bereits für erwiesen hält.[153]

Der zurückweisende Beschluss muss konkret aufzeigen, ob sich die Bedeutungslosigkeit aus rechtlichen oder tatsächlichen Erwägungen ergibt.[154] Auf die Wiedergabe des Gesetzeswortlautes darf sich der zurückweisende Beschluss nicht beschränken.[155]

Indiztatsachen sind aus tatsächlichen Gründen bedeutungslos, wenn zwischen ihnen und dem Gegenstand der Urteilsfindung keinerlei Sachzusammenhang besteht oder wenn sie trotz eines solchen Zusammenhangs selbst im Falle ihres Erwiesenseins die Entscheidung nicht beeinflussen können, weil sie nur mögliche Schlüsse zulassen und das Gericht den möglichen Schluss nicht ziehen will.[156] Im Urteil muss der Ablehnungsgrund der Bedeutungslosigkeit durchgehalten werden. Das Gericht darf seine Entscheidung nicht auf das Gegenteil der unter Beweis gestellten Tatsache stützen.[157]

6. Ungeeignetheit

Ungeeignet ist ein Beweismittel, wenn es nicht dazu taugt, die angeführte Beweisbehauptung zu bestätigen, wozu auch die Beurteilung auf der Grundlage sicherer Lebenserfahrung aus-

---

[145] Vgl. KK-StPO/*Herdegen* zu § 244 Rdnr. 69; *Meyer-Goßner* § 244 Rdnr. 51; *Alsberg/Nüse/Meyer* S. 534 m.w.N.; *Becker* a.a.O. 433.
[146] Vgl. BGHSt 6, 292; OLG Frankfurt StV 1983, 192; Löwe/Rosenberg/*Gollwitzer* § 244 Rdnr. 230; *Alsberg/Nüse/Meyer* a.a.O. S. 545.
[147] Vgl. BVerfGE 10, 183; BVerfGE 12, 113; BVerfGE 48, 209; BGH StV 1988, 514; BGH NStZ 1998, 98.
[148] Vgl. BGH StV 94, 527; KK-StPO/*Herdegen* zu § 244 Rdnr. 72; *Alsberg/Nüse/Meyer* S. 572 m.w.N.
[149] Vgl. BGH NStZ 1989, 83.
[150] BGH NStZ (*Kusch*) 1998, 26; BGH NStZ 2000, 267.
[151] *Herdegen* NStZ 1998, 446.
[152] BGH StV 1981, 271; *Alsberg/Nüse/Meyer* a.a.O. m.w. N.
[153] BGH StV 2001, 95.
[154] Löwe/Rosenberg/*Gollwitzer* § 244 Rdnr. 224; KK-StPO/*Herdegen* § 244 Rdnr. 75; BGH NStZ 2000, 267; *Hamm/Hassemer/Pauly* S. 152; zu Indiztatsachen: BGH (*Kusch*) NStZ-RR 1998, 260.
[155] BGH (*Kusch*) NStZ 1997, 28.
[156] BGH NStZ 1997, 503; BGH (*Kusch*) NStZ-RR 1999, 35.
[157] BGH NStZ 2000, 268.

reicht.[158] Was unter sicherer Lebenserfahrung zu verstehen ist, hängt auch von der Intersubjektivität der mitgeteilten Begründung ab und inwieweit diese akzeptabel ist.[159] Dabei ist zu beachten, dass das Gericht nicht unter Rückgriff auf seine Einschätzung des bisherigen Ergebnisses der Beweisaufnahme zur Begründung für den Zurückweisungsbeschluss abstellen darf.[160]

77 Soweit Urkunden im Beweisantrag angesprochen sind, diese aber nur in Kopie vorliegen, ohne dass deren Übereinstimmung mit dem Original festgestellt werden kann, ist die Ablehnung zulässig.[161]

78 Dass einem zur Vernehmung beantragten Zeugen ein Auskunftsverweigerungsrecht nach § 55 StPO zustehen könnte, macht diesen Zeugen nicht zum ungeeigneten Beweismittel, es sei denn der Zeuge hat bereits erklärt, von seinem Auskunftsverweigerungsrecht uneingeschränkt Gebrauch machen zu wollen.[162] In der Praxis bedeutet dies, dass das Gericht in der Regel darauf bestehen wird, diese Erklärung vom Zeugen persönlich in der Hauptverhandlung entgegen zu nehmen.

79 Der Antrag auf Einholung eines Sachverständigengutachtens wird als völlig ungeeignet anzusehen sein, wenn die erforderlichen Anknüpfungstatsachen im Beweisantrag weder vorgetragen noch sonst ermittelbar sind,[163] ferner dann, wenn das Gutachten auf unausgereifte Untersuchungsmethoden zurückgreifen möchte[164] oder wenn nicht wiederholbare Geschehensabläufe beurteilt werden sollen.[165] Diese Kriterien gelten auch für die Ungeeignetheit eines etwa beantragten Augenscheins, wenn die maßgeblichen Umstände nicht rekonstruierbar sind.

Auf das grundsätzliche Risiko der Anfechtbarkeit derartiger Zurückweisungsbeschlüsse vor dem Hintergrund, dass gegen das Beweisantizipationsverbot unter Berücksichtigung relativer Ungeeignetheitsaspekte verstoßen wurde, ist hinzuweisen.[166]

7. Unerreichbarkeit

80 Ein Beweismittel ist unerreichbar, wenn beispielsweise im Falle einer Urkunde diese vernichtet oder im Falle eines Zeugenbeweises der Zeuge verstorben ist. Im Übrigen gilt, dass Unerreichbarkeit gegeben ist, wenn alle seiner Bedeutung und seinem Wert entsprechenden Bemühungen des Gerichtes, das Beweismittel zu beschaffen, erfolglos geblieben sind und auch keine begründete Aussicht besteht, das Beweismittel in absehbarer Zeit beizubringen.[167]

81 Welchen Umfang die Bemühungen des Gerichtes annehmen müssen, um das Beweismittel beizuschaffen, bestimmt sich nach § 244 Abs. 2 StPO unter Beachtung verfahrensökonomischer Aspekte. Von Ermittlungen überhaupt absehen darf das Gericht nur, wenn kein Anhaltspunkt besteht, wo sich das Beweismittel befindet, etwa wenn sich ein Zeuge ohne nähere Mitteilungen im Ausland befindet.[168] Je größer die Beweisbedeutung ist, umso strengere Anforderungen sind an die Aufklärungsbemühungen des Gerichts zu knüpfen.[169]

Grundsätzlich ist ein Zeuge, der zumindest kommissarisch einvernommen werden kann, nicht unerreichbar.[170] Etwas anderes gilt lediglich dann, wenn ausschließlich die Vernehmung durch die Tatrichter zur Aufklärung im Sinne der Beweisbehauptung beitragen kann.[171]

---

[158] BGH StV 1990, 98; BGH StV 1995, 5; BGH wistra 2004, 187 f; *Meyer-Goßner* § 244 Rdnr. 58, *Löwe/Rosenberg/Gollwitzer* § 244 Rdnr. 276 Fn. 1113.
[159] Vgl. KK-StPO/*Herdegen* § 244 Rdnr. 77.
[160] BGH NStZ 1997, 304; BGH StV 2002, 352; *Herdegen* a.a.O. Rdnr. 90; *ders.* NStZ 1997, 505.
[161] *Hamm/Hassemer/Pauly* Rdnr. 257.
[162] BGH NStZ 1986, 181; BGH StV 1996, 81.
[163] BGH NStZ 1985, 14; BGH (*Kusch*) NStZ-RR 1999, 35.
[164] BGH NStZ 1985, 515.
[165] *Löwe/Rosenberg/Gollwitzer* § 244 Rdnr. 284.
[166] Vgl. *Fezer* a.a.O. S. 863 f.
[167] BGH NJW 90, 399; *Fezer* a.a.O. 864 f.; *Löwe/Rosenberg/Gollwitzer* § 244 Rdnr. 259 m.w.N.; BGH (*Kusch*) NStZ 1998, 26 a; auch zur Frage der Erforderlichkeit der Gewährung freien Geleits; BGH (*Kusch*) NStZ-RR 1999, 259.
[168] Vgl. BGH StV 1981, 602; *Meyer-Goßner* § 244 Rdnr. 62 f.
[169] Vgl. BGH NStZ 1982, 78; BGH NStZ 1983, 180; BGH JZ 1988, 785.
[170] BGH StV 1981, 601; BGH NJW 1991, 186; *Alsberg/Nüse/Meyer* S. 632.
[171] Vgl. BGH NStZ 1992, 141; zu audio visuellen Vernehmungen nach § 247 a StPO, *Hamm/Hassemer/Pauly* Rdnr. 277; *Löwe/Rosenberg/Gollwitzer* § 247 a Rdnr. 1.; BGH NStZ 2001, 160.

8. Prozessverschleppung

Für die Absicht der Prozessverschleppung[172] wird gefordert, dass durch den Antragsteller das Beweisbegehren ausschließlich zum Zwecke der Verzögerung des Verfahrensabschlusses angestrebt wird.[173] Dem Antragsteller ist in diesem Zusammenhang nachzuweisen, dass er um die Unmöglichkeit eines positiven Einflusses auf das Ergebnis der Hauptverhandlung weiß, andererseits muss der Tatrichter selbst davon überzeugt sein, dass auf der Grundlage der Anforderungen des § 244 Abs. 2 seine Entscheidung von der begehrten Beweiserhebung ebenfalls nicht beeinflusst werden kann. An die Begründung eines derartigen Beschlusses werden hohe Anforderungen gestellt,[174] was sich schon dadurch bedingt, dass mit dem Ablehnungsbeschluss wegen Prozessverschleppungsabsicht eine Beweisantizipation verbunden sein wird.[175]

Von einer – für die Ablehnung wegen Prozessverschleppung vorausgesetzten – erheblichen Verzögerung ist immer dann auszugehen, wenn eine Aussetzung oder Unterbrechung der Hauptverhandlung nicht vermeidbar wäre.[176]

9. Wahrunterstellung

Der Ablehnungsgrund der Wahrunterstellung setzt voraus, dass eine entscheidungserhebliche, zugunsten des Angeklagten sprechende Beweistatsache nach Einschätzung des Gerichtes nicht mit hinreichender Sicherheit widerlegt werden kann und entbindet insofern das Gericht von der Verpflichtung, Beweis über diese erhebliche Tatsache zu erheben. Mit dem Beschluss ist die Beweistatsache selbst und nicht nur die Feststellung erfasst, dass sich diese Beweistatsache aus dem benannten Beweismittel ergeben wird.[177] Eine Wahrunterstellung ist nur bei den Angeklagten **entlastenden Tatsachen** zulässig.[178]

Wahrunterstellungen binden das Gericht für das weitere Verfahren und für die Beweiswürdigung im Urteil,[179] so dass die Ablehnung eines Beweisantrages durch Wahrunterstellung nicht eingehalten ist, wenn die Beweisbehauptung nicht in ihrer vollen Bedeutung als wahr behandelt, sondern eingeengt – nicht im Sinne des Antragstellers – ausgelegt wird.[180]

Zwar muss sich der Tatrichter in den Urteilsgründen nicht ausdrücklich mit als wahr unterstellten Tatsachen auseinander setzen. Etwas anderes gilt, wenn ohne entsprechende Würdigung der Wahrunterstellung eine lückenhafte Beweiswürdigung das Ergebnis wäre.[181]

Auf den Vorrang der Sachaufklärungsverpflichtung des Gerichtes gemäß § 244 Abs. 2 StPO gegenüber der Wahrunterstellung ist hinzuweisen.[182]

10. § 244 Abs. 4 StPO

§ 244 Abs. 4 StPO gibt dem Tatrichter über die Ablehnungsgründe nach § 244 Abs. 3 StPO hinaus zusätzliche Ablehnungsgründe in Bezug auf einen Beweisantrag zur Einholung eines (weiteren) Sachverständigengutachtens.

Nach § 244 Abs. 4 S. 1 StPO kann die Zurückweisung des Antrages auf Einholung eines Sachverständigengutachtens mit der Begründung erfolgen, das Gericht besitze selbst die erforderliche Sachkunde.[183]

---

[172] BGHSt 29, 149 ff.
[173] BGH NStZ 1989, 37; BGH NStZ 1990, 350; BGH StV 1998, 4; BGH NStZ 1992, 551; BGH StV 2001, 436; Löwe/Rosenberg/*Gollwitzer* § 244 Rdnr. 212 m.w.N.
[174] Vgl. KK-StPO/*Herdegen* § 244 Rdnr. 86.
[175] Vgl. BGHSt 21, 121; BGHSt 38, 111.
[176] Vgl. Löwe/Rosenberg/*Gollwitzer* § 244 Rdnr. 212.
[177] BGH NStZ 1984, 210; BGH StV 1995, 5; *Gollwitzer* Rdnr. 237 a Fn. 903.
[178] Löwe/Rosenberg/*Gollwitzer* § 244 Rdnr. 232 a.
[179] BGH StV 1990, 293; BGH StV 1998, 363; BGH StV 1994, 633.
[180] BGH NStZ 2003, 201.
[181] BGH wistra 2001, 150 ff.
[182] Vgl. Löwe/Rosenberg/*Gollwitzer* § 244 Rdnr. 238; BGH NStZ-RR 1997, 8; BGH StV 1990; BGH StV 1996, 647; BGH (*Kusch*) NStZ 1997, 332; BGH (*Kusch*) NStZ-RR 1999, 260.
[183] Zu den Einzelfällen, bei denen die Rechtsprechung in der Regel die eigene Sachkunde des Gerichtes meint nicht annehmen zu können, vgl. Löwe/Rosenberg/*Gollwitzer* § 244 Rdnr. 77; zu Aspekten hinsichtlich der eigenen Sachkunde des Gerichts zur subjektiven Tatseite vgl. *Lüderssen*, FS Schreiber, S. 289 ff.

Voraussetzung ist allerdings, dass das Gericht die unbedingte Gewissheit hat, spätestens zum Zeitpunkt des Urteils über das vorausgesetzte außerjuristische Spezialwissen zu verfügen.[184]

Dabei wird es nach der Rechtsprechung[185] nicht vorausgesetzt, dass die eigene Sachkunde bei allen Richtern vorhanden ist. Vielmehr wird es für ausreichend erachtet, wenn diese bei nur einem Gerichtsmitglied gegeben ist.

Nicht nur in dem zurückweisenden Beschluss, sondern auch im Urteil ist nachvollziehbar das Vorhandensein der eigenen Sachkunde zu begründen. Einer Erörterung in der Hauptverhandlung, insbesondere eines Nachweises der eigenen Sachkunde bedarf es nicht.[186] Die Darlegungen der eigenen Sachkunde durch das Gericht führen nicht dazu, dass das Gericht nunmehr den Sachverständigen ersetzt. Es besteht auch kein Fragerecht an das Gericht, etwa im Sinne des § 240 Abs. 2 StPO.

85 Gerade in Wirtschaftsstrafverfahren wird sich für die Verteidigung die Frage der eigenen Sachkunde unter Berücksichtigung der Spezialzuständigkeit der Wirtschaftsstrafkammern gemäß § 74 c GVG in besonderem Maße stellen. Gemäß § 74 c Abs. 1 Ziff. 6 GVG können bei den Wirtschaftsstrafkammern über die allgemeine Erfahrung hinausgehende Kenntnisse vorausgesetzt werden, die Wirtschaftskreisen insbesondere zu komplizierten, ggf. schwer zu durchschauenden Mechanismen des Wirtschaftslebens zur Verfügung stehen. Dies gilt auch in Ansehung der ggf. verfahrensgegenständlichen Missbrauchsformen. Die Verteidigung wird daher bei der Abwägung, ein Sachverständigengutachten zu beantragen, dahin gehende Aspekte zu beachten haben, um sich eine Zurückweisung des Antrages nach § 244 Abs. 4 Satz 1 StPO zu ersparen.

Wird ein bei Wirtschaftsstrafkammern vorauszusetzendes Spezialwissen zum Gutachtensgegenstand erhoben, muss die Verteidigung damit rechnen, dass der intersubjektive Dialog mit einem solchen Gutachtensantrag belastet wird, weil offenbar die Verteidigung Zweifel in die Qualifikation in die Wirtschaftsstrafkammer hat oder zu erkennen gibt, dass sie selbst nicht über dahin gehendes Grundwissen verfügt bzw. es im informellen Dialog nicht zureichend vermitteln kann.

Für die Zurückweisung des Antrages auf ein weiteres Sachverständigengutachten ist die Konstellation vorausgesetzt, dass das Gericht zu Fragen, die es nicht aus eigener Sachkunde beurteilen kann, bereits einen Sachverständigen gehört hat. § 244 Abs. 4 StPO erfasst also den Fall, in dem die Einholung eines zusätzlichen Sachverständigengutachtens bestrebt wird. Das beantragte „weitere" Gutachten muss sich daher auf die selbe Beweisfrage beziehen, zu der bereits in der Hauptverhandlung ein Gutachten erstattet wurde.

86 Begründet ist der Antrag auf ein weiteres Sachverständigengutachten, wenn die Verteidigung substantiiert Zweifel an der Sachkunde des früheren Sachverständigen darlegen kann. Die Argumentation muss sich hier auf formale Mängel des Gutachtens oder etwa Mängel in der Qualifikation des Sachverständigen festmachen, etwa wenn dessen berufliche Ausbildung und Tätigkeit ihn ungeeignet erscheinen lassen, zu der Beweisfrage gutachterlich Stellung zu nehmen.

Praxistipp:

87 In der Praxis wird es angezeigt sein, dahin gehende Feststellungen bereits zu treffen, bevor der Gutachter seine Tätigkeit in der Hauptverhandlung aufgenommen, insbesondere, bevor es zur Gutachtenerstattung gekommen ist.

Soweit sich die Bedenken in die Sachkunde des Sachverständigen aus einem wissenschaftlichen Streit innerhalb der Fachrichtung ergeben, ist die Gutachtenserstattung abzuwarten, kann dann allerdings unter substantiierter Darlegung der divergierenden wissenschaftlichen

---

[184] BGHSt 23, 12; Löwe/Rosenberg/*Gollwitzer* § 244 Rdnr. 300; *Hamm/Hassemer/Pauly* a.a.O. 172.
[185] Löwe/Rosenberg/*Gollwitzer* a.a.O. § 244 Rdnr. 301 (Fn. 1218); insbesondere unter Hinweis auf BGHSt 2, 165; BGHSt 12, 18; BGH StV 1998, 248; *Meyer-Goßner* § 244 Rdnr. 73.
[186] BGH StV 1998, 248; Löwe/Rosenberg/*Gollwitzer* § 244 Rdnr. 2.

Positionen mit Aussicht auf Erfolg, Antrag auf Einholung eines weiteren Gutachtens gestellt werden.[187]

Mit der Begründung, der Sachverständige habe bestimmte Untersuchungsmethoden nicht eingesetzt, kann ein weiteres Sachverständigengutachten nicht beantragt werden, nachdem nach ständiger Rechtsprechung des BGH die Auswahl der anzuwendenden Methoden der Entscheidungskompetenz des Gutachters selbst unterfällt.[188]

Soweit sich der Antrag auf ein weiteres Gutachten daraus begründen soll, dass der Sachverständige von unzutreffenden tatsächlichen Voraussetzungen ausgeht, ist darzulegen, dass sich die Unrichtigkeit auf dem vom Sachverständigen zu verantwortenden Gutachtensteil bezieht.

Soweit sich der Antrag bezüglich eines weiteren Gutachtens auf Widersprüche im bereits erstatteten Gutachten bezieht, ist der Inhalt des in der Hauptverhandlung mündlich mitgeteilten Gutachtens maßgeblich.[189] Sind Meinungsunterschiede im vorläufigen schriftlichen Gutachten im Abgleich zum mündlich in der Hauptverhandlung erstatteten Gutachten feststellbar, kann dies die Notwendigkeit eines weiteren Gutachtens nicht begründen, wenn der Gutachter seinen Meinungswandel nachvollziehbar erklärt.[190] 88

Überlegene Forschungsmittel sind nur solche Hilfsmittel, die in Folge Ausbildung, Forschung, technischer Möglichkeiten, Institutsausstattung und Erkenntnismöglichkeit dem wissenschaftlichen Verfügungskreis eines Sachverständigen zuzurechnen sind.[191] 89

Besondere Fähigkeiten, die sich an der Person des Sachverständigen und dessen Erfahrung festmachen, können zur Begründung überlegener Forschungsmittel nicht angeführt werden.[192] Die überlegenen Forschungsmittel darzutun ist Aufgabe der Verteidigung, die sich hierzu eigenständig sachkundig machen muss, um entsprechend substantiiert vortragen zu können.

11. § 244 Abs. 5 S. 2 StPO

Aus Erfahrungen im Zusammenhang mit erheblichen Verzögerungen von Strafverfahren aufgrund von Beweisanträgen, die sich auf die Vernehmung von Auslandzeugen bezogen, hat Art. 2 Nr. 4 des Gesetzes zur Entlastung der Rechtspflege vom 11.1.1993 die Ablehnung dahin gehender Anträge schon dann für zulässig erklärt, wenn das Gericht nach pflichtgemäßen Ermessen deren Vernehmung zur Erforschung der Wahrheit nicht für erforderlich hält.[193] Diese Durchbrechung des Beweisantizipationsverbotes hat in der Literatur nachhaltige Kritik erfahren.[194] Nach der gerichtlichen Praxis hat sich die Begründetheit der geäußerten Bedenken auch bestätigt, gleichwohl wird vom Ablehnungsgrund reichhaltig Gebrauch gemacht. Ist die Vernehmung eines im Ausland befindlichen Zeugen nur mit erheblichen Schwierigkeiten und einer beträchtlichen Verfahrensverzögerung erreichbar und gelangt das Gericht zu der Überzeugung, die Vernehmung des Zeugen sei für die Sachaufklärung unter keinem Gesichtspunkt notwendig, sind die Ablehnungsvoraussetzungen erfüllt. 90

Die Ablehnung kann allerdings nur in den Grenzen des § 244 Abs. 2 StPO erfolgen, d. h. die amtliche Sachaufklärungspflicht dominiert auch diesen Verfahrensvorgang,[195] insbesondere bei dem Beweisthema „Alibi" und einem diesbezüglichen Beweisantrag auf Vernehmung eines Auslandszeugen.[196]

Die Ablehnungsgründe nach § 244 Abs. 3 StPO gelten ungeachtet des § 244 Abs. 5 S. 2 StPO. Die Ablehnung ist durch förmlichen Gerichtsbeschluss gemäß § 244 Abs. 6 zu begründen, wobei die Tatrichter die tatsächlichen und rechtlichen Erwägungen für ihre Entscheidung

---

[187] *Alsberg/Nüse/Meyer* S. 731.
[188] BGH NStZ 99, 630; BGH NStZ 2000, 100; BGHSt 44, 26.
[189] BGHSt 23, 185.
[190] BGH NStZ 90, 244; BGH NStZ 82, 189.
[191] BGHSt 44, 26.
[192] Löwe/Rosenberg/*Gollwitzer* § 244 Rdnr. 319 m.w.N.; *Alsberg/Nüse/Meyer* S. 734.
[193] Vgl. *Gollwitzer* a.a.O. Rdnr. 339 m.w.N.; *Herdegen* NStZ 1998, 446 f.; BGHSt 40, 60.
[194] Vgl. für viele *Johnigk*, FS Riess, S. 214 ff. m.w.N.
[195] BVerfG NJW 1997, 999.
[196] BGH StV 2001, 664.

anführen müssen, damit sich Verteidigung und Angeklagter auf die so entstandene Verfahrenslage einrichten können.[197]

VII. Schlussbemerkung

91 Bezüglich der gesetzlichen Regelungen des Beweisantragsrechtes besteht die Unsicherheit, ob die Revisionsgerichte etwaige Einschränkungen des Beweisantragsrechtes durch Ausdehnung der amtlichen Aufklärungspflicht zu unterbinden versuchen.

Die Position des BGH zur Stärke des Beweisantragsrechtes ist jedoch nur eine scheinbare, da faktische Korrekturen durch die Ausformulierung **höchster Anforderungen an die Zulässigkeit von Aufklärungsrügen** gestellt werden. Der BGH versucht seit geraumer Zeit, durch Verschärfung der Anforderungen an die Förmlichkeiten des Beweisantrages in der Hauptverhandlung die effektive Durchsetzung des Beweisantragsrechtes einzuschränken.

Die Neigung der Tatgerichte, eher viel als zu wenig im Rahmen der Beweiserhebung zu tun,[198] versteht sich auch aus dem Bemühen, die Urteile möglichst revisionssicher verfassen zu können, was insbesondere für Umfangsverfahren gilt.[199] Gleichzeitig hat der BGH es aber nicht an Unterstützung fehlen lassen, in dem er gerade die Rüge der Verletzung des § 244 Abs. 2 StPO im geringen Umfange zum Anlass genommen hat, Urteile aufzuheben.[200] Aber auch hinsichtlich der Handhabung des Beweisantragsrechtes hat sich der BGH auf das Aufspüren von weiteren Restriktionen insbesondere förmlichen Zuschnittes verstanden. Wie in seinem Ursprung ist daher heute noch das Beweisantragsrecht abhängig von dessen Ausgestaltung durch die Beweisantragsadressaten, die Gerichte.

Es bleibt unter dem Eindruck der zunehmend umfangreicheren, insbesondere in Wirtschaftsstrafverfahren abzuwarten, welche weiteren Restriktionen sich aus der Rechtsprechung des BGH, besonders zu Aufklärungsrügen bzw. zu Rügen in unbegründeter Zurückweisung von Beweisanträgen, ergeben werden. Die praktische Umsetzung des Beweisantragsrechtes durch die Verteidigung wird sich daher ganz maßgeblich an der höchst richterlichen Rechtsprechung zu orientieren haben.

---

[197] BGH NStZ 1994, 351; BGH NStZ 1994, 448, 554; *Herdegen* NJW 1996, 28; *Johnigk* a.a.O. 204; vgl. auch die Beispiele *ders.* a.a.O. 206 ff.
[198] In Orientierung an der Entscheidung BGHSt 23, 12.
[199] Vgl. *Fezer* StV 1995, 263 ff.
[200] *Barton*, Revisionsrechtsprechung des BGH in Strafsachen, 1999, S. 145 f.

§ 14 Internationales Wirtschafts- und Steuerstrafrecht

Übersicht

	Rdnr.
I. Einführung	1–11
1. Wirtschafts- und Steuerstrafsachen mit internationaler Dimension	1–4
2. Internationales Wirtschafts- und Steuerstrafrecht i.e.S.: Räumliche Geltung, Strafanwendungsrecht	5–8
3. Internationales Wirtschafts- und Steuerstrafrecht i.w.S.: Völker- und europarechtliche Vorgaben	9–11
II. Vorfragen des internationalen Wirtschafts- und Steuerrechts	12–28
1. Internationales Wirtschafts- und Steuerrecht	13–19
a) Internationales Wirtschaftsrecht	14–16
b) Internationales Steuerrecht	17–19
2. Wechselwirkungen mit dem internationalen Wirtschafts- und Steuerstrafrecht	20–22
3. Fremdrechtsanwendung im Wirtschafts- und Steuerrecht sowie -strafrecht	23–28
III. Schutzbereichsfragen	29–45
1. Sog. inländische und ausländische Rechtsgüter	30–37
2. Schutzbereichserweiterungen auf völker- und europarechtlicher Grundlage	38–42
3. Irrtum über den Schutzbereich	43–45
IV. Fragen der räumlichen Geltung	46–67
1. Inlandstaten (§§ 3, 9 StGB)	50–57
2. Auslandstaten	58–64
a) Inländische Rechtsgüter	59
b) International geschützte Rechtsgüter	60
c) Sonstige Fälle	61–64
3. Irrtum über die räumliche Geltung	65–67
V. Völker- und europarechtliche Vorgaben für das Wirtschafts- und Steuerstrafrecht	68–90
1. Völkerrechtliche Vorgaben	71–76
a) Vereinte Nationen	71/72
b) OECD	73/74
c) Europarat	75/76
2. Europarechtliche Vorgaben	77–85
a) Wirtschafts- und steuerrechtliche Vorfragen	78
b) Europäisches Verwaltungssanktionenrecht	79
c) Gemeinschaftsrechtliche Vorgaben	80–82
d) Unionsrechtliche Vorgaben	83/84
e) Künftiges europäisches Wirtschafts- und Steuerstrafrecht?	85
3. Völker- und europarechtskonforme Auslegung	86–90
a) Völkerrechtskonforme Auslegung	86/87
b) Europarechtskonforme Auslegung	88–90
VI. Prozessuale Fragen des internationalen Wirtschafts- und Steuerstrafrechts	91–104
1. Gerichtsbarkeit und internationale Kompetenzkonflikte	92–96
2. Prozessuale Behandlung völker- und europarechtlicher Vorgaben	97–102
a) Allgemeine Regeln des Völkerrechts	98
b) EMRK	99
c) Europäisches Gemeinschafts- und Unionsrecht	100–102
3. Prozessuale Behandlung fremden Rechts	103–105

Schriftum: *Böse*, Strafen und Sanktionen im europäischen Gemeinschaftsrecht, 1996; *Cassani*, Die Anwendbarkeit des schweizerischen Strafrechts auf internationale Wirtschaftsdelikte (Art. 3-7 StGB), SchwZStrR 114 (1996), 237; *Cornils*, Die Fremdrechtsanwendung im Strafrecht, 1978; *dies.*, Der Begehungsort von Äußerungsdelikten im Internet, JZ 1999, 394; *Dannecker*, Internationale Steuerflucht und Genese der Normen zur Bekämpfung von Basisgesellschaften, in: Zwanzig Jahre Südwestdeutsche Kriminologische Kolloquien, 1984, S. 81; *ders.*, Steuerhinterziehung im internationalen Wirtschaftsverkehr, 1984; *ders.*, Das Europäische Strafrecht in der Rechtsprechung des Bundesgerichtshofs in Strafsachen, in: 50 Jahre Bundesgerichtshof – Festgabe aus der Wissenschaft – Band IV. – Strafrecht, Strafprozessrecht, 2000, S. 339; *Eser*, Grundlagen und Grenzen „stellvertretender Strafrechtspflege" (§ 7 Abs. 2 Nr. 2 StGB) – Zur Problematik der „identischen Tatortnorm" bei Auslandstaten, insbesondere bei Amnestierung am Tatort, JZ 1993, 875; *ders.*, Völkermord und deutsche Strafgewalt – Zum Spannungsverhältnis von Weltrechtsprinzip und legitimierendem Inlandsbezug, Festschrift für Meyer-Goßner, 2001, S. 1; *Esser/Herbold*, Neue Wege für die justizielle Zusammenarbeit in Strafsachen – Das Eurojust-Gesetz, NJW 2004, 2421; *Gardocki*, Über den Begriff des Internationalen Strafrechts, ZStW 98 (1986), 703; *Günther-Nicolay*, Die Erfassung von Umweltstraftaten mit Auslandsbezug durch das deutsche Umweltstrafrecht gem. §§ 324 ff. StGB, 2003; *Heinrich*, Der Erfolgsort beim abstrakten Gefährdungsdelikt, GA 1999, 72; *Heitzer*, Punitive Sanktionen im Europäischen Gemeinschaftsrecht, 1997; *Henrich*, Das passive Personalitätsprinzip im deutschen Strafrecht, 1994; *Herdegen*, Die Achtung fremder Hoheitsrechte als Schranke nationaler Strafgewalt, ZaöRV 47 (1987), 221; *Holthausen*, Die Strafbarkeit von Auslandstaten Deutscher und das völkerrechtliche Interventionsverbot, NJW 1992, 214; *Janovsky*, Die Strafbarkeit des illegalen grenzüberschreitenden Warenverkehrs, NStZ 1998, 117; *Jescheck*, Gegenstand und neueste Entwicklung des Internationalen Strafrechts, Festschrift für Maurach, 1972, S. 579; *Johannes*, Das Strafrecht im Bereich der Europäischen Gemeinschaften, EuR 1968, 63; *Jokisch*, Gemeinschaftsrecht und Strafverfahren – Die Überlagerung des deutschen Strafprozessrechts durch das Europäische Gemeinschaftsrecht, dargestellt anhand ausgewählter Problemfälle, 2000; *Keßböhmer/Schmitz*, Hinterziehung ausländischer Steuern und Steuerhinterziehung im Ausland, § 370 Abs. 6 und 7 AO, wistra 1995, 1; *Kohlmann*, Zur Ahndung grenzüberschreitender Steuerhinterziehungen, Festschrift für Hirsch, 1999, S. 577; *Kondring*, Zur Anwendung deutschen Insiderstrafrechts auf Sachverhalte mit Auslandsberührung, Wertpapiermitteilungen (WM), 1998, 1369; *Korte*, Der Einsatz des Strafrechts zur Bekämpfung der internationalen Korruption, wistra 1999, 81; *Lagodny*, Grundkonstellationen des internationalen Strafrechts – Zugleich ein Rückblick auf das internationale Kolloquium über „International Cooperation in Criminal Matters" an der Harvard Law School, ZStW 101 (1989), 987; *Liebelt*, Zum deutschen internationalen Strafrecht und seiner Bedeutung für den Einfluss außerstrafrechtlicher Rechtssätze des Auslands auf die Anwendung inländischen Strafrechts, Inaugural-Dissertation, Münster 1978; *ders.*, Bigamie als Auslandstat eines Ausländers – Zur Behandlung außerstrafrechtlicher Inzidentfragen auf der Ebene des Tatbestandes, GA 1994, 20; *Lüttger*, Bemerkungen zu Methodik und Dogmatik des Strafschutzes für nichtdeutsche öffentliche Rechtsgüter, Festschrift für Jescheck – Erster Halbband, 1985, S. 121; *Mansdörfer*, Das Prinzip des ne bis in idem im europäischen Strafrecht, 2004; *Niemöller*, Zur Geltung des inländischen Strafrechts für Auslandstaten Deutscher, NStZ 1993, 171; *Nowakowski*, Anwendung des inländischen Strafrechts und außerstrafrechtliche Rechtssätze, JZ 1971, 633; *Obermüller*, Der Schutz ausländischer Rechtsgüter im deutschen Strafrecht im Rahmen des Territorialprinzips, Inaugural-Dissertation, Tübingen 1999; *Oehler*, Strafrechtlicher Schutz ausländischer Rechtsgüter, insbesondere bei Urkunden, in der Bundesrepublik Deutschland, JR 1980, 485; *ders.*, Internationales Strafrecht, 2. Aufl. 1983; *Pabsch*, Der strafrechtliche Schutz der überstaatlichen Hoheitsgewalt, 1965; *Pappas*, Stellvertretende Strafrechtspflege – Zugleich ein Beitrag zur Ausdehnung deutscher Strafgewalt nach § 7 Abs. 2 Nr. 2 StGB, 1996; *Pottmeyer*, Die Strafbarkeit von Auslandstaten nach dem Kriegswaffenkontroll- und dem Außenwirtschaftsrecht, NStZ 1992, 57; *Radtke/Busch*, Transnationaler Strafklageverbrauch in der Europäischen Union – EuGH Urt. v. 11.2.2003 – NStZ 2003, 281; *Rengeling/Middeke/Gellermann* (Hrsg.), Handbuch des Rechtsschutzes in der Europäischen Union, 2. Aufl. 2003; *Satzger*, Die Anwendung des deutschen Strafrechts auf grenzüberschreitende Gefährdungsdelikte, NStZ 1998, 112; *ders.*, Die Europäisierung des Strafrechts – Eine Untersuchung zum Einfluß des Europäischen Gemeinschaftsrechts auf das deutsche Strafrecht, 2001; *ders.*, Internationales und Europäisches Strafrecht, 2005; *Schmitz/Wulf*, Erneut: Hinterziehung ausländischer Steuern und Steuerhinterziehung im Ausland, § 370 Abs. 6, 7 AO – Zugleich eine Anmerkung zu BGH wistra 2001, S. 62 und BGH wistra 2001, S. 263, wistra 2001, 361; *Scholten*, Das Erfordernis der Tatortstrafbarkeit in § 7 II Nr. 2 StGB, NStZ 1994, 266; *ders.*, Das Erfordernis der Tatortstrafbarkeit in § 7 StGB: ein Beitrag zur identischen Norm im transnationalen Strafrecht, 1995; *Schroeder*, Der „räumliche Geltungsbereich" der Strafgesetze, GA 1968, 353; *ders.*, Urkundenfälschung mit Auslandsberührung, NJW 1990, 1406; *Schröder*, Europäische Richtlinien und deutsches Strafrecht – Eine Untersuchung über den Einfluß europäischer Richtlinien gemäß Art. 249 Abs. 3 EGV auf das deutsche Strafrecht, 2002; *Schünemann*, Das Strafrecht im Zeichen der Globalisierung, GA 2003, 299; *Schultz*, Internationalstrafrechtliche Gedankenspiele, Festschrift für Tröndle, 1989, S. 895; *Sieber*, Internationales Strafrecht im Internet – Das Territorialitätsprinzip der §§ 3, 9 StGB im globalen Cyberspace, NJW 1999, 2065; *Stein*, Zum europäischen ne bis in idem nach Artikel 54 des Schengener Durchführungsübereinkommens – Zugleich ein Beitrag zur rechtsvergleichenden Auslegung zwischenstaatlich geltender Vorschriften, 2004; *Sternberg-Lieben*, Internationaler Musikdiebstahl und deutsches Strafanwendungsrecht, NJW 1985, 2121; *Stoffers*, Überblick über die Rechtsprechung zum Schutz ausländischer Rechtsgüter durch das deutsche Strafrecht, insbesondere im Bereich der Aussage- und Urkundendelikte, JA 1994, 76; *Valerius*, Das globale Unrechtsbewusstsein – Oder: zum Gewissen im Internet, NStZ 2003, 341; *Vogel*, Die Harmonisierung des Strafrechts in der Europäischen Union, GA 2003, 314; *ders./Grotz*, Perspektiven des internationalen Strafprozessrechts, 2004; *ders./Norouzi*, Europäisches „ne bis in idem" – EuGH, NJW 2003, 1173, JuS 2003, 1059; *Vander Beken/Vermeulen/Lagodny*, Kriterien für die jeweils „beste" Strafgewalt in Europa – Zur Lösung von Strafgewaltskonflikten jenseits eines transnationalen Ne-bis-in-idem, NStZ 2002, 624; *Walter*, Angestelltenbestechung, internationales Strafrecht und Steuerstrafrecht – Entgegnung auf Randt, BB 2000, 1006, wistra 2001, 321; *Weber*, Zur Anwendbarkeit des deutschen Urheberstrafrechts auf Rechtsverletzungen mit Auslandsberührung, in: FS Stree und Wessels, 1993, S. 613; *Wiedenbrüg*, Schutz ausländischer öffentlicher Urkunden durch §§ 271, 273 StGB?, NJW 1973, 301; *Ziegenhain*, Extraterritoriale Rechtsanwendung und die Bedeutung des Genuine-Link-Erfordernisses – Eine Darstellung der deutschen und amerikanischen Staatenpraxis, 1992; *Zieher*,

Das sog. Internationale Strafrecht nach der Reform – Der Rechtsgrund bei Straftaten im Ausland nach den §§ 5 und 6 StGB, 1977; *Zieschang/Hilgendorf/Laubenthal* (Hrsg.), Strafrecht und Kriminalität in Europa, 2003.

I. Einführung
1. Wirtschafts- und Steuerstrafsachen mit internationaler Dimension

Die Globalisierung der Wirtschaft[1] führt dazu, dass wirtschaftliche und steuerliche Sachverhalte und in der Folge hiervon auch Wirtschafts- und Steuerstrafsachen immer häufiger eine **internationale Dimension** aufweisen, die traditionell als „Auslandsberührung" bezeichnet wird.[2] Neben dem Ausland spielen freilich auch supranationale Organisationen wie die Vereinten Nationen (UN), die Organisation für wirtschaftliche Zusammenarbeit und Entwicklung (OECD) und die Europäische Gemeinschaft bzw. Union (EG, EU) eine immer bedeutendere Rolle für das Wirtschafts- und Steuerrecht und infolgedessen für das Wirtschafts- und Steuerstrafrecht. Schließlich ist zu berücksichtigen, dass an sich nationale Sachverhalte nachträglich – z.B. durch Flucht eines Wirtschafts- oder Steuerstraftäters ins Ausland – eine grenzüberschreitende Dimension erhalten können. Um alledem gerecht zu werden, wird gelegentlich ein differenzierterer Sprachgebrauch verwendet, wonach ein Sachverhalt

- eine internationale Dimension hat, wenn mindestens zwei Staaten in der Weise betroffen sind, dass ihre jeweiligen Interessen berührt und/oder ihre jeweiligen Rechtsvorschriften anwendbar sind;
- eine supranationale Dimension hat, wenn mindestens eine supranationale Organisation in der Weise betroffen ist, dass ihre Interessen berührt und/oder auf supranationale Rechtsetzung zurückgehende Rechtsvorschriften anwendbar sind;
- eine transnationale Dimension hat, wenn er grenzüberschreitenden Charakter, d. h. eine „Auslandsberührung" im traditionellen Sinne aufweist.

Da der moderne Sprachgebrauch freilich weder gesichert noch einheitlich ist, wird im Folgenden nur von internationaler Dimension gesprochen, was supranationale oder transnationale Sachverhalte einschließen soll.

Konkret kann sich eine internationale Dimension einer Wirtschafts- und Steuerstrafsache ergeben

- aus der **ausländischen Staatsangehörigkeit** eines Beteiligten oder mehrerer Beteiligter;
- insbesondere aus der Beteiligung eines **multinationalen Unternehmens** oder mehrerer;
- daraus, dass die oder Teile der **Tathandlung im Ausland** vorgenommen oder der **Tatererfolg** oder Teile hiervon im Ausland eingetreten sind;
- insbesondere daraus, dass die **Tathandlung** bereits nach dem Tatbestand **grenzüberschreitenden (transnationalen) Charakter** hat wie z. B. bei § 22 Abs. 1 Nr. 4 KWKG („Einfuhr", „Ausfuhr" oder „Durchfuhr");
- daraus, dass die Tat auch oder nur **Interessen eines anderen Staats** als der Bundesrepublik Deutschland berührt wie bei Steuerhinterziehung in Doppelbesteuerungsfällen;
- daraus, dass die Tat auch oder nur **Interessen einer inter- oder supranationalen Organisation** berührt wie bei Betrügereien zum Nachteil der finanziellen Interessen der Europäischen Gemeinschaft;
- daraus, dass der anwendbare Tatbestand **auf inter- oder supranationalem Recht beruht** wie bei § 261 StGB oder ausdrücklich oder im Zusammenhang **auf solches Recht verweist** wie bei § 34 Abs. 4 AWG;
- daraus, dass sich die **zugrunde liegenden wirtschaftlichen oder steuerlichen Sachverhalte** ganz oder teilweise **im Ausland** abgespielt haben oder sich **nach internationalem oder ausländischem Recht** richten.

Der Umstand, dass eine Wirtschafts- oder Steuerstrafsache internationale Dimensionen aufweist, führt in der Praxis regelmäßig zu einer **Verkomplizierung der Sach- und Rechtslage** und zu materiell-rechtlichen sowie prozessualen Problemen. So kann es bei der Ermittlung des Sachverhalts erforderlich werden, im Ausland belegene Erkenntnisquellen (Zeugen, Urkunden, Re-

---

[1] Vgl. *Herdegen* § 3 Rdnr. 54; *Schünemann* GA 2003, 299 ff.
[2] So der im Internationalen Zivil- und Zivilprozessrecht übliche Begriff; s. nur *Schroeder* NJW 1990, 1406 f.

gister usw.) heranzuziehen – was für die Verteidigung nicht immer einfach ist, da sie (anders als die Strafverfolgungsbehörden) nicht über einen förmlichen Rechtshilfeweg verfügt und nur ggf. über Auslandsbeweisanträge eine Auslandsbeweisaufnahme erzwingen kann. Bei der Ermittlung der Rechtslage kann es erforderlich werden, ausländisches Wirtschafts- und Steuerstrafrecht zu berücksichtigen (beispielsweise bei der Prüfung der beidseitigen Strafbarkeit nach § 7 Abs. 1, Abs. 2 Nr. 1 StGB), dessen Inhalt ggf. durch Sachverständigengutachten ermittelt werden muss.[3] Zudem können sich schwierige wirtschafts- und steuerrechtliche Vorfragen des internationalen Wirtschafts- und Steuerrechts stellen,[4] in Bezug auf die der Satz „iura novit curia" praktischer Belastung nicht standhält.

4   Alles das birgt für die Verteidigung in Wirtschafts- und Steuerstrafsachen mit internationaler Dimension **Risiken**, begründet aber auch **Chancen**. Zu den Risiken gehört, dass sich der Beschuldigte ggf. mit einem „Verfolgungsverbund" von in- und ausländischen sowie inter- und supranationalen Verfolgungsbehörden einschließlich Wirtschafts-, Steuer- und Zollbehörden auseinander setzen muss.[5] In diesem „Verfolgungsverbund" können Beweismittel und Daten ohne effektive Kontrolle durch die Verteidigung, nicht selten auch ohne effektive Kontrolle durch Gerichte, übermittelt, ausgetauscht, gebündelt und ausgewertet werden, und es kann zu einem „Beweismittelshopping" in der Weise kommen, dass die Beweise dort erhoben werden, wo die Beweiserhebungsstandards am laxesten sind. Demgegenüber gehört zu den Chancen, dass Strafverfolgungsbehörden angesichts der komplizierten Sach- und Rechtslage und des hohen Ermittlungsaufwandes nicht selten bereit sein dürften, die Sache im Wege der Absprache zu erledigen. Zu bedenken ist weiterhin, dass die in solchen Sachen häufig lange Verfahrensdauer strafmildernd in Anschlag gebracht werden kann. Zu den Einzelheiten s. unten § 19.

2. Internationales Wirtschafts- und Steuerstrafrecht i.e.S.: Räumliche Geltung, Strafanwendungsrecht

5   Das **internationale Wirtschafts- und Steuerstrafrecht i.e.S.** ist Teil des internationalen Strafrechts i.e.S. und hat die Frage zum Gegenstand, ob, inwieweit und unter welchen Voraussetzungen **deutsches** Wirtschafts- und Steuerstrafrecht auf Taten mit **Auslands**bezug anwendbar ist. Es geht also um die **räumliche Geltung**, genauer, um den räumlichen Anwendungsbereich des deutschen Strafrechts und zugleich der deutschen Strafgewalt in persönlicher und räumlicher Hinsicht.[6] Man spricht deshalb auch von **Strafanwendungsrecht**, Strafgewalts- oder Geltungsbereichsrecht.[7] Die Bezeichnung als „internationales" Strafrecht ist insoweit missverständlich, als es sich im Ausgangspunkt um „nationales", nämlich im Grundsatz autonomes deutsches Recht handelt, das im Grunde nur „transnationale" Wirkungen entfaltet, indem das deutsche Strafrecht auf Taten mit Auslandsbezug für anwendbar erklärt wird. Missverständlich ist die Rede vom „internationalen" Strafrecht auch, soweit sie eine Verwandtschaft zum internationalen Privatrecht suggeriert, die aber nicht besteht: Während dieses im wesentlichen Kollisionsrecht ist, nimmt das internationale Strafrecht keine Rücksicht auf kollidierend anwendbare weitere Strafrechtsordnungen, sondern dehnt den Anwendungsbereich des deutschen Strafrechts gleichsam einseitig aus und erklärt in der Sache jedenfalls auf Tatbestandsebene stets deutsches, nie ausländisches Strafrecht für anwendbar.[8]

6   Sedes materiae sind **§§ 3 bis 7, 9 StGB**, die gem. Art. 1 Abs. 1 EGStGB auch auf das Nebenstrafrecht und damit auf das gesamte Wirtschafts- und Steuerstrafrecht anwendbar sind. Allerdings sind für das internationale Wirtschafts- und Steuerstrafrecht i.e.S. zudem **Sonderbestimmungen** in einzelnen Gesetzen zu beachten, die den Anwendungs- bzw. Geltungsbereich des deutschen Strafrechts bzw. die deutsche Strafgewalt regelmäßig über das nach §§ 3 bis 7, 9 StGB Mögliche hinaus ausdehnen wie z. B. bei §§ 370 Abs. 7, 374 Abs. 2 Satz 2 AO, § 21

---

[3] S. unten Rdnr. 103.
[4] S. unten Rdnrn. 12 ff.
[5] Vgl. *Stein* S. 45.
[6] Vgl. MünchKommStGB/*Ambos* Vorbem. §§ 3 bis 7 Rdnr. 2; Schönke/Schröder/*Eser* Vorbem. §§ 3 bis 7 Rdnr. 1; NK/*Lemke* Vorbem. §§ 3 bis 7 Rdnr. 1.
[7] Zum „Strafanwendungsrecht" *Oehler* § 1 Rdnr. 1; zum „Strafgewalts-" und „Strafanwendungsrecht" *Scholten*, Das Erfordernis der Tatortstrafbarkeit in § 7 StGB, S. 11 f.; zum „Geltungsbereichsrecht" *Zieher* S. 43 ff.
[8] Vgl. MünchKommStGB/*Ambos* Vorbem. §§ 3 bis 7 Rdnr. 2; LK/*Gribbohm* Vorbem. § 3 Rdnr. 3.

KWKG, § 18 CWÜAG, § 3 IntBestG, § 35 AWG und § 20 a UWG. Nur selten wird die deutsche Strafgewalt zurückgenommen, z. B. in §§ 120 ff. UrhG, die den urheberstrafrechtlichen Schutz ausländischer Staatsangehöriger einschränken.

Zwar ist das internationale Strafrecht seiner Quelle nach nationales Recht. Es wird jedoch durch zahlreich **völker- und europarechtliche Vorgaben** beeinflusst. Einerseits verpflichten zahlreiche völker- oder europarechtliche Rechtsakte die Vertrags- bzw. Mitgliedstaaten, in dem jeweiligen Bereich – gerade auch im Wirtschafts- und Steuerstrafrecht – bestimmte Ausdehnungen der Strafgewalt insbesondere gemäß dem aktiven Personalitätsprinzip zu verwirklichen, um dem Grundsatz „aut dedere aut iudicare" genügen zu können. Andererseits ist ein „Europarechtsprinzip", genauer gesagt ein „europäisches Territorialitätsprinzip" im Entstehen begriffen, indem primärrechtliche Regelungen auf mitgliedstaatliches Strafrecht verweisen und wegen ihrer supranationalen Rechtsnatur das nationale Strafanwendungsrecht durch Assimilierung modifizieren.[9] Hierdurch werden Straftatbestände gleichsam europäisiert, indem der Anwendungs- bzw. Geltungsbereich erweitert und die Prinzipien des Strafanwendungsrechts eben durch ein „Europarechtsprinzip" erweitert werden. Paradigma für diese Entwicklung ist Art. 30 EuGH-Satzung, wonach die mitgliedstaatlichen und damit auch deutschen Meineidstatbestände auch – weiter gehend als in § 5 Nr. 10 StGB vorgesehen – auf vor dem EuGH begangene Taten Anwendung finden, und zwar – weiter gehend als in § 7 Abs. 2 StGB vorgesehen – unabhängig von der Nationalität des Täters.[10]

Insgesamt geht die **rechts- und kriminalpolitische Tendenz** der letzten Jahre eindeutig in die Richtung einer immer stärkeren Ausdehnung der Anwendbarkeit bzw. Geltung des nationalen Strafrechts bzw. der nationalen Strafgewalt gerade im Bereich des Wirtschafts- und Steuerstrafrechts. Allerdings – und aus Sicht der Verteidigung in Wirtschafts- und Steuerstrafsachen bedeutsam – nimmt die rechts- und kriminalpolitische **Kritik** hieran zu: Es mehren sich Stimmen, die dem deutschen (und auch dem europäischen bzw. internationalen) Gesetzgeber vorwerfen, den Anwendungs- bzw. Geltungsbereich des Straf- und Wirtschafts- und Steuerstrafrechts übermäßig und in einer schwerlich vorhersehbaren Weise auszudehnen, insbesondere wenn Personen und Wirtschaftsteilnehmer der Strafgewalt eines anderen Staates als des Staates unterworfen werden, auf dessen Territorium sie – gegebenenfalls sogar rechtmäßig – gehandelt haben.[11] Weiterhin wird darauf hingewiesen, dass die nicht nur in der Bundesrepublik Deutschland, sondern europa- und weltweit stattfindende Ausdehnung der nationalen Strafgewalt dazu führen kann, dass ein und dasselbe Verhalten mehreren, inhaltlich ggf. voneinander abweichenden Strafrechtsordnungen unterliegt und es zu positiven Kompetenzkonflikten kommt, wenn sich mehrere Staaten zur Strafverfolgung entschließen. Der Kritik ist im Grundsatz zuzustimmen, zumal sie den völkerrechtlichen Grundsatz der Mäßigung und Beschränkung bei Ausübung extraterritorialer Strafgewalt auf ihrer Seite hat.[12] Strafrechtsdogmatisch kann sie sich in einer tendenziell restriktiven Auslegung des internationalen Straf-, Wirtschaftsstraf- und Steuerstrafrechts niederschlagen.

3. Internationales Wirtschafts- und Steuerstrafrecht i.w.S.: Völker- und europarechtliche Vorgaben

Ein eigentliches internationales Wirtschafts- und Steuerstrafrecht im Sinne eines von supranationalen Organisationen erlassenen, unmittelbar geltenden und von supranationalen Gerichtsbarkeiten angewendeten Strafrechts (wie im Ansatz das Völkerstrafrecht) gibt es nicht (und wird es auch auf absehbare Zeit nicht geben). Dennoch ist es nicht sinnlos, von einem **internationalen Wirtschafts- und Steuerstrafrecht i. w. S.** zu sprechen. Es handelt sich um den **Inbegriff der völker- oder europarechtlichen Vorgaben für nationales (deutsches) Wirtschafts- und Steuerstrafrecht**, das nicht mehr autonom erlassen wird, sondern auf diesen Vorgaben beruht und in diesem Sinne völker- oder europarechtliche Rechtsquellen hat, mag deren in-

---

[9] *Satzger* S. 195.
[10] Näher zu der Vorläufervorschrift des Art. 26 EuGH-Satzung a.F. *Böse* S. 107 ff.; *Johannes* EuR 1968, 63, 69 ff.; *Pabsch* S. 155 f.
[11] Vgl. *Eser*, FS Meyer-Goßner, S. 1, 30; *Vander Beken/Vermeulen/Lagodny* NStZ 2002, 624, 625 f.
[12] S. hierzu MünchKommStGB/*Ambos* Vorbem. §§ 3 bis 7 Rdnr. 22 m. Nachw.

nerstaatliche Geltung auch von der Umsetzung durch den nationalen (deutschen) Gesetzgeber abhängig gewesen sein.

10 Mit anderen Worten geht es um den immer wichtiger werdenden Bereich des „internationalisierten" oder „europäisierten" Wirtschafts- und Steuerstrafrechts. Die „Internationalisierung" oder „Europäisierung" beruht in der Regel auf einem oder mehreren der folgenden drei Grundgedanken:
- **Mindestharmonisierung**, um einerseits Inseln der Straflosigkeit (safe harbours) zu vermeiden, die Regulierungsanstrengungen unterlaufen – wenn in einem Staat Geldwäsche straflos ist, kann bei Kapitalverkehrsfreiheit alles Geld der Welt in diesem Staat gewaschen werden – und andererseits gleiche Wettbewerbsbedingungen zu schaffen („levelling of the playing field") – wenn ein Staat die Bestechung ausländischer Amtsträger im internationalen Geschäftsverkehr unter Strafe stellt, erleiden in diesem Staat ansässige Unternehmen Wettbewerbsnachteile, wenn nicht auch alle anderen Staaten eine gleichartige Strafbarkeit begründen;
- **Schutz inter- und supranationaler Rechtsgüter und Interessen** wie z.B. der finanziellen Interessen der Europäischen Gemeinschaft(en) gegen Subventionsbetrug;[13]
- **Annexkompetenz**, wenn und soweit bereits völker- oder europarechtliche Vorgaben oder Regelungen zu bestimmten Wirtschaftsbereichen oder Steuern vorliegen wie z. B. das europäische Umweltrecht, dem ein europäisches Umweltstrafrecht an die Seite zu stellen alles andere als fern liegend ist.

11 Die Einzelheiten sind noch unten V. Rdnr. 68 ff. zu behandeln. Vorab ist festzuhalten, dass die Internationalisierung und Europäisierung des Wirtschafts- und Steuerstrafrechts in prozessualer Hinsicht zu einer **Verlagerung der (Letzt-) Auslegungszuständigkeit** von nationalen (deutschen) Gerichten hin zu supranationalen Gerichten kommen kann. Das wichtigste Beispiel findet sich im europäischen Bereich, wo das in Art. 234 EGV, 35 EUV vorgesehene Vorabentscheidungsverfahren vor dem EuGH auch im (wirtschafts- und steuer-) strafrechtlichen Rahmen zunehmend an Bedeutung gewinnt und erste Grundsatzentscheidungen des EuGH auf dem Gebiet des Straf- und Strafprozessrechts hervorgebracht hat. Die Verteidigung muss hier einerseits in der Lage sein, rechtzeitig ein ihr potentiell günstiges Vorabentscheidungsverfahren anzuregen, wenn ein Vorlagerecht (etwa beim LG als Eingangsinstanz in Wirtschaftsstrafsachen) gegeben ist, und auf einem solchen Verfahren zu bestehen, wenn eine Vorlagepflicht (etwa beim BGH als funktionell letztinstanzlichem Gericht) besteht. Das setzt Kenntnis der Rechtsschutz- und Verfahrensmodalitäten auf europäischer Ebene voraus.[14] Andererseits muss die Verteidigung in der Lage sein, ein ihr potentiell ungünstiges Vorabentscheidungsverfahren mittels einer soliden Argumentation anhand der europäischen Rechtsquellen entlang der sog. „acte claire"-Doktrin zu verhindern.[15]

II. Vorfragen des internationalen Wirtschafts- und Steuerrechts

12 Bekanntlich ist das Wirtschafts- und Steuerstrafrecht weithin **akzessorisch** ausgestaltet:[16] Vielen seiner Tatbeständen ist die Verletzung einer wirtschafts- oder steuerrechtlichen Verhaltensnorm vorgelagert, auf die teilweise blankettartig verwiesen wird, und viele seiner normativen Tatbestandsmerkmale werden durch wirtschafts- oder steuerrechtliche Normen ausgefüllt wie z. B. der Steuerhinterziehungserfolg der Steuerverkürzung. In Wirtschafts- und Steuerstrafsachen mit internationaler Dimension können sich deshalb heikle **Vorfragen des internationalen Wirtschafts- und Steuerrechts** stellen: Beurteilt sich das Verhalten des Beschuldigten überhaupt nach deutschem Wirtschafts- oder Steuerrecht? Aus der Antwort hierauf resultieren gleichfalls heikle **strafrechtliche Folgefragen**: Wenn sich der Sachverhalt auch bei internationaler Dimension nach deutschem Wirtschafts- und Steuerrecht beurteilt, so fragt sich, ob es zudem auf das internationale Wirtschafts- und Steuerstrafrecht i.e.S. ankommt bzw. dieses modifiziert werden muss. Beurteilt sich der Sachverhalt hingegen wegen

---
[13] Dazu s. unten Rdnr. 34.
[14] S. umfassend zur Europäischen Strafgerichtsbarkeit Rengeling/Middeke/Gellermann/*Dannecker* § 38.
[15] S. unten Rdnr. 100 ff.
[16] S. einerseits *Tiedemann* Wirtschaftsstrafrecht Rdnr. 2; andererseits *Tipke*, FS Kohlmann, S. 555.

seiner internationalen Dimension nach ausländischem Wirtschafts- oder Steuerrecht, so fragt sich, ob das deutsche Wirtschafts- oder Steuerstrafrecht überhaupt seinem Schutzzweck nach anwendbar ist und es zu einer sog. Fremdrechtsanwendung kommt.

1. Internationales Wirtschafts- und Steuerrecht

Die (Vor-) Frage, ob ein wirtschaftlicher oder steuerlicher Sachverhalt mit internationaler Dimension deutschem (oder aber ausländischem) Wirtschafts- oder Steuerrecht unterliegt, ist Gegenstand des **internationalen Wirtschafts- und Steuerrechts**. Für die Einzelheiten muss auf die reichhaltige Literatur verwiesen werden;[17] hier können nur wenige Grundzüge geschildert werden:

a) **Internationales Wirtschaftsrecht.** Trotz aller Globalisierung ist bis heute Ausgangspunkt des internationalen Wirtschaftsrechts das **Territorialitätsprinzip** geblieben: Nationales (deutsches) Wirtschaftsrecht ist in erster Linie „gebietsbezogen" und knüpft an Wirtschaftsvorgänge an, die sich auf eigenem (deutschem) Territorium abspielen. Teile des Wirtschaftsrechts beschränken sich bewusst auf Handlungen im eigenen Territorium, beispielsweise das Urheberrecht, das im Grundsatz nur auf im Inland begangene Urheberrechtsverletzungen anwendbar ist. Das Territorialitätsprinzip ist für das nationale (deutsche) Wirtschafts*verwaltungs*recht auch deshalb nahe liegend, weil sich der Geltungsbereich des nationalen (deutschen) öffentlichen Rechts grundsätzlich auf das Inland beschränkt. Allerdings ist hier – und allgemein – streng zwischen dem Geltungs- und dem Anwendungsbereich einer Norm zu unterscheiden: Jener umfasst das Gebiet, in dem Gerichte und Behörden an eine Norm gebunden sind und sie durchsetzen, grundsätzlich also nur das Staatsgebiet. Demgegenüber kann der Anwendungsbereich im Sinne des Gebiets, auf dem sich diejenigen Sachverhalte abspielen, auf welche die Norm anwendbar ist, durchaus ausländisches Gebiet mit umfassen, wenn und soweit dies der Schutzzweck der Norm erlaubt oder gebietet.[18] Die in diesem Sinne „extraterritoriale" Anwendung nationalen (deutschen) Wirtschaftsrechts ist „eines der großen Themen des internationalen Wirtschaftsrechts".[19] Insbesondere fragt sich, ob der Auslandssachverhalt hinreichende Anknüpfungspunkte für die Anwendung des nationalen (deutschen) Wirtschaftsrechts bietet.

Ein derartiger Anknüpfungspunkt ist insbesondere gegeben, wenn ein im Ausland erfolgtes wirtschaftliches Handeln Auswirkungen im Inland hat. Dieses „**Wirkungs-**" oder „**Auswirkungsprinzip**" gehört zum Territorialitätsprinzip, da und soweit nicht nur der Handlungs-, sondern auch der Erfolgsort berücksichtigt wird (Ubiquitätsprinzip). Eine große Rolle spielt das Auswirkungsprinzip im Recht der Wettbewerbsbeschränkungen (Kartellrecht) vieler Staaten, auch der Bundesrepublik Deutschland: Das GWB „findet Anwendung auf alle Wettbewerbsbeschränkungen, die sich im Geltungsbereich dieses Gesetzes auswirken, auch wenn sie außerhalb des Geltungsbereichs dieses Gesetzes veranlasst werden" (§ 130 Abs. 2 GWB). So unterfällt eine im Ausland von ausländischen Unternehmen getroffene wettbewerbsbeschränkende Absprache dem GWB, wenn sie sich nur auf den deutschen Wettbewerb auswirkt. Auch im europäischen und im Kartellrecht der Vereinigten Staaten von Amerika wird ein weit reichendes Auswirkungsprinzip praktiziert. Verwandt hiermit ist das sog. **Marktprinzip** des Rechts des unlauteren Wettbewerbs, wonach der gem. § 40 EGBGB für unerlaubte unlautere Wettbewerbshandlungen maßgebliche Tatort dort ist, wo die wettbewerbsrechtlichen Interessen der Konkurrenten aufeinander treffen.[20]

Daneben spielt im Wirtschaftsrecht das **(aktive) Personalitätsprinzip** eine gewisse Rolle, wonach eigene (deutsche) Staatsangehörige und inländische Unternehmen, d. h. Unternehmen mit Sitz im Inland, auch dann dem nationalen (deutschen) Wirtschaftsrecht unterstellt werden, wenn sich der jeweilige Wirtschaftsvorgang im Ausland abspielt. So liegt es beispielsweise im

---

[17] *Frotscher*, Internationales Steuerrecht, 2001; *Herdegen*, Internationales Wirtschaftsrecht, 4. Aufl. 2003; *Jacobs*, Internationale Unternehmensbesteuerung, 4. Aufl. 1999; *Kluge*, Das Internationale Steuerrecht, 4. Aufl. 2000; *Lowenfeld*, International Economic Law, 2001; *Schaumburg*, Internationales Steuerrecht, 2. Aufl. 1998; *Seidl-Hohenveldern*, International Economic Law, 3. Aufl. 1999; *Vogel* (Hrsg.), Grundfragen des Internationalen Steuerrechts, 1985; *Wilke*, Lehrbuch des internationalen Steuerrechts, 4. Aufl. 1992.
[18] Näher *Linke*, Europäisches internationales Verwaltungsrecht, 2001, S. 94 f.
[19] Treffend *Herdegen* § 2 Rdnr. 54.
[20] *Kropholler*, Internationales Privatrecht, § 53 VI 1.

Außenwirtschaftsrecht (vgl. § 7 Abs. 3 AWG). Weiterhin findet sich ein wirtschaftsrechtliches **Schutzprinzip** dergestalt, dass Auslandssachverhalte auch ohne spezielle territoriale oder personelle Verbindung mit dem Inland dem inländischen (deutschen) Wirtschaftsrecht unterstellt werden, wenn hiervon nachteilige Auswirkungen auf inländische (deutsche) Schutzgüter oder Wirtschaftsbelange ausgehen.

17 b) **Internationales Steuerrecht.** Auch das internationale Steuerrecht ist im Ausgangspunkt von einem **beschränkten Territorialitätsprinzip** beherrscht. Insbesondere im Bereich der indirekten Steuern ist das Territorialitätsprinzip weitgehend verwirklicht (und sind daher Doppelbesteuerungen zu Randerscheinungen geworden); z. B. sind im Grundsatz nur im Inland getätigte Umsätze nach inländischem Recht umsatzsteuerpflichtig. Bei den direkten Steuern manifestiert sich das Territorialitätsprinzip einerseits im **Ansässigkeits-, Sitz- oder Wohnsitzprinzip**, wonach alle im Inland Ansässigen unbeschränkt steuerpflichtig sind (§ 1 Abs. 1 EStG, § 1 Abs. 1 KStG), und andererseits im **Quellenprinzip**, wonach beschränkt steuerpflichtig ist, wer inländische Einkünfte (§ 49 EStG) bezieht.

18 Die wichtigste Einschränkung des steuerrechtlichen Territorialitätsprinzips ist das einkommens- (und körperschafts-) steuerrechtliche **Welteinkommensprinzip** bei unbeschränkt Steuerpflichtigen: Wer Sitz oder Wohnsitz oder gewöhnlichen Aufenthalt im Inland hat, dessen inländische Steuerpflicht erstreckt sich auf in der ganzen Welt – wo auch immer – erzielte Einkünfte. Dann kann es zu einer **Doppelbesteuerung** kommen, da dieselben Einkünfte gegebenenfalls auch einer Besteuerung durch den ausländischen Staat unterliegen, in dem sie erzielt worden sind. Die Doppelbesteuerung durch Freistellung von der inländischen Steuerpflicht oder zumindest Anrechnung der ausländischen Steuern (vgl. § 34 c EStG, § 26 KStG) zu vermeiden oder zumindest erträglich zu machen, ist ein wichtiges Anliegen des internationalen Steuerrechts und namentlich der bi- und multilateralen Doppelbesteuerungsabkommen zwischen der Bundesrepublik Deutschland und ausländischen Staaten.

19 Ein gleichermaßen wichtiges Anliegen im internationalen Steuerrecht ist es allerdings, der „**Steuerflucht**" in Niedrigsteuerstaaten („Steueroasen") zu begegnen. Weniger polemisch ausgedrückt geht es um das Problem, dass immer mehr Steuerpflichtige dazu übergehen, in möglichst großem Umfang Anknüpfungspunkte für die inländische Steuerpflicht zu vermeiden, indem der Sitz oder Wohnsitz ins Ausland verlagert wird (so dass die unbeschränkte Steuerpflicht entfällt) und Einkünfte ins Ausland verlagert werden (so dass die auf inländische Einkünfte beschränkte Steuerpflicht leer läuft). Bei Unternehmen kommt die Funktions- und Gewinnverlagerung auf ausländische (Tochter-)Gesellschaften mit Sitz in Niedrigsteuerstaaten hinzu. Gem. §§ 2 ff. AStG kann es hier zu einer erweiterten beschränkten Steuerpflicht kommen, und §§ 7 ff. AStG sehen bei Gewinnverlagerung ins Ausland die Möglichkeit der Hinzurechnungsbesteuerung vor. Hier kann legale Steuervermeidung zu Steuerumgehung und schließlich zu strafbarer Steuerhinterziehung werden.[21]

2. Wechselwirkungen mit dem internationalen Wirtschafts- und Steuerstrafrecht

20 Die Frage, wie sich bei wirtschafts- oder steuerrechtsakzessorischen Strafgesetzen die Regeln des internationalen Wirtschafts- und Steuerrechts auf der einen Seite zu den Regeln des internationalen Strafrechts auf der anderen Seite verhalten, ist unzureichend geklärt. Denkbar sind (und im Beispielsfall des § 38 WpHG vertreten werden[22]) drei Positionen: Entweder hat das internationale Strafrecht den Vorrang, so dass es, wenn das Strafgesetz nach Maßgabe der §§ 3 bis 7, 9 StGB anwendbar ist, nicht mehr auf die Vorfrage ankommt, ob der Sachverhalt auch nationalem (deutschem) Wirtschafts- und Steuerrecht unterfällt. Oder es hat das internationale Wirtschafts- und Steuerrecht den Vorrang, so dass, wenn hiernach der Sachverhalt deutschem Wirtschafts- oder Steuerrecht unterfällt, eine weitere strafrechtliche Anknüpfung nach Maßgabe der §§ 3 bis 7, 9 StGB überflüssig ist. Oder es muss im Grundsatz eine „Doppelprüfung" erfolgen.

21 Zu folgen ist der zuletzt genannten Position. Gegen die zuerst genannte Position spricht, dass nach nahezu einhelliger Auffassung eine strafrechtliche Sanktionsnorm den Geltungs- und

---

[21] Instruktiv Wabnitz/Janovsky/*Rödl* 19. Kap. Rdnr. 34 ff., 58 ff., 118 ff.
[22] Näher Assmann/Schneider/*Cramer*/*Vogel* WpHG, 3. Aufl. 2003, § 37 Rdnr. 15 m. Nachw.

§ 14 Internationales Wirtschafts- und Steuerstrafrecht   22, 23 § 14

Anwendungsbereich einer von ihr in Bezug genommenen vorstrafrechtlichen (hier: wirtschafts- oder steuerrechtlichen) Norm nicht erweitern kann.[23] Gegen die zweite genannte Position spricht, dass sie auf eine verdeckte Erweiterung der §§ 3 bis 7, 9 StGB hinausliefe, die schwerlich mit dem strafrechtlichen Gesetzlichkeitsprinzip vereinbar wäre. Vielmehr entspricht es allgemeinen Grundsätzen, dass sowohl §§ 3 bis 7, 9 StGB als auch die Schutzbereichsfrage zu prüfen ist, d. h. ob der Sachverhalt in den Geltungs- und Anwendungsbereich des vorgelagerten Wirtschafts- und Steuerstrafrechts fällt.

Eine Strafbarkeit kommt im Grundsatz (vorbehaltlich einer Fremdrechtsanwendung, s. sogleich Rdnrn. 23 ff.) nur in Betracht, wenn beide Stufen der „Doppelprüfung" zur Anwendbarkeit deutschen Rechts gelangen. Das ist nicht der Fall, wenn zwar deutsches Strafrecht gem. §§ 3 bis 7, 9 StGB anwendbar ist, jedoch nicht deutsches Wirtschafts- oder Steuerrecht. Ein anschauliches Beispiel hierfür ist das **Urheberstrafrecht**: Weil der Urheberrechtsschutz vom UrhG bewusst auf inländische Verletzungshandlungen beschränkt wird, kann für den akzessorisch ausgestalteten Strafrechtsschutz, namentlich die Straftatbestände der §§ 106, 108 UrhG, nichts anderes gelten.[24] In der Tat hat nunmehr auch der BGH anerkannt, dass auch in Fällen, in denen § 7 StGB ermöglichen würde, eine im Ausland (durch einen Deutschen oder zum Nachteil eines Deutschen) begangene Urheberrechtsverletzung zu erfassen, die strikt auf das Inland begrenzte Schutzrichtung des Urheberrechts einer extraterritorialen Strafanwendung entgegensteht.[25] – Umgekehrt kann das internationale Wirtschafts- und Steuerrecht weiter gehen als das internationale Strafrecht. Ein (im weiteren Sinne strafrechtliches) Beispiel hierfür ist das **Kartellordnungswidrigkeitenrecht**:[26] Im Kartellrecht gilt das Auswirkungsprinzip, so dass auch im Ausland erfolgte wettbewerbsbeschränkende Absprachen bei Auswirkung auf den inländischen Wettbewerb erfasst werden können (§ 130 Abs. 2 GWB; s. oben Rdnr. 19). Zwar ist auch das Ordnungswidrigkeitenrecht (ebenso wie das Strafrecht) bereits dann anwendbar, wenn nur der „zum Tatbestand gehörende Erfolg" im Inland eingetreten ist. Jedoch hat die ahndbare verbotene wettbewerbsbeschränkende Absprache, weil sie für sich genommen ein abstraktes Gefährdungsdelikt ist, keinen „zum Tatbestand gehörenden Erfolg", mag auch die – aber nicht tatbestandsmäßige! – Auswirkung der Wettbewerbsbeschränkung im Inland eingetreten sein.[27] Es besteht also keine deutsche Ahndungsgewalt über eine im Ausland erfolgte Kartellabsprache, mag sie auch dem deutschen Kartellrecht unterfallen.

3. Fremdrechtsanwendung im Wirtschafts- und Steuerrecht sowie -strafrecht

Fremdrechtsanwendung bedeutet, dass ein nationales (deutsches) Gericht oder eine nationale (deutsche) Behörde „fremdes", nämlich ausländisches Recht anwendet. Dazu kann es kommen, wenn das nationale (deutsche) oder ggf. supra- oder internationale Kollisionsrecht den Sachverhalt nicht nationalem (deutschem), sondern fremdem Recht unterstellt.[28] Im hier interessierenden Bereich kann es insbesondere zu einer **wirtschaftsrechtlichen Fremdrechtsanwendung** kommen, wenn der (Auslands-)Sachverhalt nach den Regeln des deutschen Wirtschaftskollisionsrechts gemäß fremdem Recht zu beurteilen ist. Eher problematisch ist eine **wirtschaftsverwaltungsrechtliche Fremdrechtsanwendung**. Gegen sie spricht das tradierte Dogma, dass nationale (deutsche) Gerichte und Behörden nur nationales (deutsches) öffentliches Recht, nie aber ausländisches anwenden (und wegen der Gesetzesbindung anwenden dürfen).[29] Demgegenüber wird auf das ungeschriebene Gebot des internationalen Verwaltungsrechts verwiesen, fremde Hoheitsgewalt zu respektieren und fremde Hoheitsakte anzuerkennen – was insbesondere dann relevant werden kann, wenn es um die Wirksamkeit

---

[23] Nachw. bei Assmann/Schneider/*Cramer*/*Vogel* WpHG, 3. Aufl. 2003, § 37 Rdnr. 15.
[24] S. hierzu bereits *Sternberg-Lieben* NJW 1985, 2121, 2124; *Weber*, FS Stree/Wessels, S. 613, 622.
[25] BGH Urt. v. 3.3.2004 – 2 StR 109/03 – NJW 2004, 1674.
[26] S. zum Folgenden *Tiedemann* Wirtschaftsstrafrecht Rdnr. 275.
[27] Dass abstrakte Gefährdungsdelikte keinen „zum Tatbestand gehörenden Erfolg" haben, war bislang unbestritten. Für Eignungsdelikte, also abstrakt-konkrete Gefährdungsdelikte, hat die neuere Rechtsprechung allerdings einen „zum Tatbestand gehörenden Erfolg" im Inland angenommen, wenn sich die Gefahr hier verwirklichen kann (oder erst recht wenn sie sich verwirklicht). Ob diese Rechtsprechung auf abstrakte Gefährdungsdelikte erstreckt werden wird, bleibt abzuwarten.
[28] Umfassend MünchKomm/*Sonnenberger* BGB, 3. Aufl. 1998, Einl. IPR Rdnr. 564 ff. m.w.N.
[29] S. dazu *Günther-Nicolay* S. 315 ff.

ausländischer Wirtschaftsverwaltungsakte, beispielsweise Genehmigungen, geht. Im Sinne der Rechtssicherheit wäre es wünschenswert, wenigstens begünstigende ausländische Verwaltungsakte anzuerkennen. Noch problematischer ist eine **steuerrechtliche Fremdrechtsanwendung**. Nationale (deutsche) Steuerpflichten werden grundsätzlich nie durch die Anwendung ausländischen Steuerrechts begründet.[30] Freilich kommt es im Außensteuerrecht immer wieder zur Notwendigkeit einer Subsumtion ausländischer Rechtsinstitute und einer Einbeziehung auch ausländischer Wertungen – was durchaus auf eine (wenn auch mittelbare, auf „Vorfragen" beschränkte) Fremdrechtsanwendung hinauslaufen kann.

24 In derartigen Fällen stellt sich die bislang nur ansatzweise diskutierte Frage, ob die wirtschafts- oder steuerrechtliche Fremdrechtsanwendung auch strafrechtlich nachzuvollziehen ist, ob es also zu einer „**Fremdrechtsanwendung im Strafrecht**" kommt.[31] Kein Hinderungsgrund hierfür ist das Dogma, dass ein nationales (deutsches) Strafgericht nur nach nationalem (deutschen) Strafrecht verurteilen darf,[32] da auch bei einer wirtschafts- oder steuerrechtlichen Fremdrechtsanwendung deutsches Wirtschafts- und Steuerstrafrecht angewendet würde. Es bliebe – um eine im internationalen Privatrecht verbreitete Terminologie aufzunehmen – dabei, dass die „Hauptfrage" der Strafbarkeit nach deutschem Recht und nur die „Vorfrage" der Wirtschaftsrechtswidrigkeit nach fremdem Recht beurteilt würde. In der Tat gilt der Grundsatz, dass dort, wo das Strafrecht an andere Rechtsgebiete anknüpft, es auch deren Fremdrechtsanwendung anerkennen darf.[33] Akzessorisches Wirtschaftsstrafrecht kann auf wirtschaftsrechtliche Normen Bezug nehmen, die über die Regeln des Wirtschaftskollisionsrechts wiederum auf ausländisches Wirtschaftsrecht verweisen, was strafrechtlich nachvollzogen werden darf.

25 Ein Beispiel für eine **gesetzlich angeordnete Fremdrechtsanwendung im Wirtschaftsstrafrecht** findet sich in § 38 Abs. 2 WpHG: Dort werden den vom Strafblankett des § 38 Abs. 1 WpHG in Bezug genommenen Verboten des Insiderhandels und der Kurs- und Marktpreismanipulation gem. §§ 14, 20 a WpHG „entsprechende ausländische Verbote" gleichgestellt. Der Gesetzgeber ist davon ausgegangen, dass die Verbote der §§ 14, 20 a WpHG sich als verwaltungsrechtliche Normen auf das Inland beschränken, so dass Auslandshandlungen nie verbotswidrig sein könnten. Das ist zwar zweifelhaft.[34] Aber ohne Zweifel ermächtigt und verpflichtet § 38 Abs. 2 WpHG dazu, im Ausland begangene Insiderverstöße oder Kursmanipulationen, die nach den Regeln der §§ 3 bis 7, 9 StGB deutschem Strafrecht unterfallen, am jeweiligen ausländischen Insider- oder Kursmanipulationsrecht zu messen, nicht an §§ 14, 20 a WpHG. – Auf der anderen Seite kann sich ergeben, dass eine Fremdrechtsanwendung nach dem Wortlaut des Strafgesetzes **gesetzlich ausgeschlossen** ist, wenn eindeutig nur auf deutsches Recht verwiesen wird. Beispielsweise kommt bei einer Insolvenzverschleppung (§ 401 Abs. 1 Nr. 2 AktG) nur die Verletzung einer Antragspflicht gemäß §§ 92 Abs. 2, 268 Abs. 2 Satz 1 AktG, nicht aber einer nach ausländischem Recht bestehenden Antragspflicht in Betracht.

26 Fehlt es an gesetzlichen Vorgaben über die (Un-)Zulässigkeit einer Fremdrechtsanwendung, so ist es eine nach dem Schutzzweck des Strafgesetzes zu beantwortende **Auslegungsfrage**, ob es zu einer Fremdrechtsanwendung kommt. Da Eigentum und Vermögen vom deutschen Strafrecht unabhängig von ihrer Belegenheit geschützt werden und sich die Eigentums- und Vermögensrechtslage nach der lex rei sitae, bei im Ausland belegenem Eigentum oder Vermögen also nach dem ausländischen Recht, richtet, kann es bei diesbezüglichen Vorfragen durchaus zu einer Fremdrechtsanwendung im Eigentums- und Vermögensstrafrecht kommen. Gleiches gilt für die für eine strafbare Untreue (§ 266 StGB) konstitutive Verletzung der Vermögensbetreuungspflicht, wenn ihr beispielsweise ein Gesellschaftsrechtsverhältnis zugrunde liegt, das sich entsprechend dem internationalen Gesellschaftsrecht nach ausländischem Recht richtet. Wird beispielsweise ein Deutscher beschuldigt, als Geschäftsführer einer nach deutschem Recht gegründeten, aber ihren Hauptsitz und Tätigkeitsschwerpunkt im

---

[30] *Kluge*, Das internationale Steuerrecht, 4. Aufl. 2000, B Rdnr. 3.
[31] *Cornils*, Fremdrechtsanwendung im Strafrecht, 1978; *Günther-Nicolay* S. 308 ff.; *Liebelt* GA 1994, 20; *Nowakowski* JZ 1971, 633.
[32] MünchKommStGB/*Ambos* Vorbem. §§ 3 bis 7 Rdnr. 2.
[33] Schönke/Schröder/*Eser* Vorbem. §§ 3 bis 7 Rdnr. 23 m. weit. Nachw.
[34] Näher Assmann/Schneider/*Cramer*/*Vogel* WpHG, 3. Aufl. 2003, § 38 Rdnr. 16.

Vereinigten Königreich habenden GmbH eine Untreue zu deren Nachteil begangen zu haben, so kann die erforderliche gravierende gesellschaftsrechtliche Pflichtverletzung nur bestimmt werden, wenn das Gesellschaftsrechtsstatut bekannt ist, was zu einer Auseinandersetzung mit der international-gesellschaftsrechtlichen Vorfrage zwingt, ob es auf den Ort der Gründung ankommt (so die insbesondere im common law vorherrschende **Gründungstheorie**) oder auf den tatsächlichen Sitz der Hauptverwaltung (so die u. a. in Deutschland vertretene **Sitztheorie**).[35] Wer sich für letzteres entscheidet, muss im Beispiel die Frage der gesellschaftsrechtlichen Pflichtverletzung nach englischem Recht beantworten.

Ein weiteres, bislang wenig geklärtes Problem stellt sich, wenn das Wirtschafts(straf)recht ausdrücklich oder konkludent auf „**Maßfiguren**" wie den ordentlichen Kaufmann oder den sorgfältigen Geschäftsführer verweist und am Handlungsort andere Verkehrssitten und -maßstäbe gelten als in der Bundesrepublik Deutschland: Kommt es dann zu einer „Fremdrechtswertung" anhand dieser Maßstäbe oder bleiben die deutschen Verkehrssitten und -maßstäbe anwendbar? Im Zivilrecht wird überwiegend angenommen, dass, verweist das Vertrags- oder Gesellschaftsstatut auf ausländisches Recht, es bei der Ausfüllung und Konkretisierung von „Maßfiguren" allein auf die Anschauung und Wertvorstellung des ausländischen Rechts ankommt; eine „Eindeutschung" der am Handlungsort geltenden Verkehrssitten und Handelsbräuche wird vom zivilrechtlichen Schrifttum überwiegend abgelehnt.[36] Ob dem in strafrechtlicher Sicht zu folgen ist, erscheint fragwürdig. Es ist zwar richtig, dass sich der Normadressat primär nach den am Handlungsort geltenden Verkehrssitten und -maßstäben richtet und richten muss, andernfalls er eine Strafverfolgung durch den Tatortstaat riskiert. Jedoch ist auf der anderen Seite nicht einzusehen, dass das Heimatrecht zur Begründung einer heimatrechtlichen Strafbarkeit die Verletzung fremder Verkehrssitten und -maßstäbe genügen lässt. Vielmehr muss es hier zu einer „Doppelbewertung" oder „Meistbegünstigung" kommen: Nur ein Verhalten, das sowohl am Tatort verkehrswidrig ist als auch im Heimatstaat verkehrswidrig wäre, kann eine Strafbarkeit nach Heimatrecht begründen. Nur so wird der Bestimmtheitsgrundsatz des Art. 103 Abs. 2 GG gewahrt und die Vorhersehbarkeit der Strafbarkeit für den Normadressaten sichergestellt,[37] indem ein allseits eindeutiger[38] Verstoß gegen Verkehrspflichten und -maßstäbe verlangt wird. 27

Im Übrigen ist **Grenze** jeder – außerstrafrechtlichen und erst recht strafrechtlichen – Fremdrechtsanwendung der deutsche **ordre public** (vgl. Art. 6 EGBGB). Insbesondere darf fremdes Wirtschaftsrecht dann nicht angewendet werden, wenn es nicht mit deutschen Grundrechten vereinbar ist. 28

III. Schutzbereichsfragen

In Straf-, Wirtschafts- und Steuerstrafsachen mit internationaler Dimension stellt sich nach h.A. noch vor den Fragen der räumlichen Geltung gem. §§ 3 bis 7, 9 StGB (s. unten IV.) die sachlogische Vorfrage, ob der in Rede stehende Auslandssachverhalt überhaupt dem **Schutzbereich** des in Rede stehenden Tatbestandes unterfällt.[39] Dabei kommt es insbesondere darauf an, ob nationale (deutsche) Interessen und Güter in einem Maße berührt sind, welches es als notwendig erscheinen lässt, nationales (deutsches) Strafrecht und den hierdurch bewirkten Rechtsgüterschutz eingreifen zu lassen.[40] Daran kann es fehlen, wenn lediglich ausländische Interessen berührt sind, was insbesondere bei sog. ausländischen Rechtsgütern stets nachzuprüfen ist. Freilich lässt sich bei supranationalen Rechtsgütern ein inländisches Strafschutzbedürfnis 29

---

[35] Zusammenfassende Darstellung unter Berücksichtigung der jüngsten europarechtlichen Entwicklungen bei *Kropholler*, Internationales Privatrecht, § 55 I.
[36] S. MünchKomm/*Sonnenberger* BGB, 3. Aufl. 1998, Einl. IPR Rdnr. 599 m. Nachw. der Gegenmeinung in Rdnrn. 556 ff.
[37] Zu diesem Zusammenhang BVerfG Beschl. v. 10.1.1995 – 1 BvR 718, 719, 722, 723/89 – BVerfGE 92, 1 = NJW 1995, 1141.
[38] S. hierzu *Tiedemann* Wirtschaftsstrafrecht Rdnr. 120 ff.
[39] BGH Urt. v. 17.12.1968 – 1 StR 161/68 – BGHSt 22, 282, 285 = NJW 1969, 517; Schönke/Schröder/*Eser* Vorbem. §§ 3 bis 7 Rdnr. 13; Tröndle/Fischer Vorbem. §§ 3 bis 7 Rdnr. 4; a.A.: SK/*Hoyer* Vorbem. § 3 Rdnr. 31.
[40] Vgl. MünchKommStGB/*Ambos* Vorbem. §§ 3 bis 7 Rdnr. 81.

in vielen Fällen nicht von der Hand weisen,[41] und es kommt zu Schutzbereichserweiterungen auf völker- und europarechtlicher Grundlage. Die zunehmende Tendenz, den Schutzbereich des nationalen (deutschen) Strafrechts auszudehnen, kann Irrtümer über die Reichweite des Schutzbereichs bewirken, deren dogmatische Einordnung problematisch ist.

1. Sog. inländische und ausländische Rechtsgüter

30   In Wirtschafts- und Steuerstrafsachen mit internationaler Dimension ist es nicht selten, dass sich der Tatvorwurf auf Handlungen bezieht, die möglicherweise nur ausländische Interessen berühren: Der Beschuldigte hat ausländische öffentliche Urkunden gefälscht, zum Nachteil eines ausländischen Unternehmens gehandelt, eine ausländische Subvention erschwindelt etc. In den Worten der tradierten Rechtsgutsdogmatik sind in derartigen Fällen **sog. ausländische Rechtsgüter** berührt, nämlich – so die hier verwendete, nicht unstreitige Definition – Rechtsgüter, deren Träger Ausländer oder ausländische Staaten sind.[42] In derartigen Fällen stellt sich die Auslegungsfrage, ob der in Betracht kommende deutsche Tatbestand auch solche ausländischen Rechtsgüter schützt. Das ist von Tatbestand zu Tatbestand gesondert zu beantworten. Demgegenüber sind **sog. inländische Rechtsgüter**, also solche, deren Träger Inländer oder die Bundesrepublik Deutschland (bzw. ihre Glieder, namentlich Länder und Gemeinden) sind, im Grundsatz ohne weiteres in den Schutzbereich des deutschen Strafrechts einbezogen. Dieser Begriff des inländischen Rechtsguts ist übrigens nicht mit dem des § 5 StGB („Auslandstaten gegen inländische Rechtsgüter") zu verwechseln; diese Vorschrift erstreckt nur die räumliche Geltung des deutschen Strafrechts gemäß dem Schutzprinzip[43] auf die aufgeführten Tatbestände, bringt jedoch damit nichts Zwingendes über den Schutzbereich zum Ausdruck.[44] In der Sache lassen sich mit Bezug auf das Wirtschafts- und Steuerstrafrecht folgende Leitlinien angeben:

31   Die wesentlichen **Individualrechtsgüter**, namentlich Leben, Gesundheit, Freiheit, Eigentum und Vermögen, genießen in allen zivilisierten Rechtsstaaten Strafrechtsschutz, und zwar unabhängig davon, ob der Rechtsgutsträger Inländer oder Ausländer und ob das Rechtsgutsobjekt im Inland oder Ausland belegen ist. Dem korrespondiert der Menschenrechtscharakter der jeweiligen Rechte und das völkerrechtliche Fremdenrecht, das Ausländern einen menschenrechtlichen Mindeststandard an Gerechtigkeit („minimum standard of justice") im Aufenthaltsstaat garantiert, was dazu führt, dass individualrechtsgutsschützende Strafvorschriften auf Inlandstaten auch dann anwendbar sind, wenn der Rechtsgutsträger ein Ausländer oder ein ausländisches Unternehmen ist. Spätestens über Art. 25 GG ist das auch die deutsche Rechtslage.[45] Für das Wirtschafts- und Steuerstrafrecht folgt hieraus, dass insbesondere diejenigen Tatbestände, welche (auch) **Eigentums- oder Vermögensschutz** bezwecken, auch dann anwendbar sind, wenn es um Eigentum oder Vermögen von Ausländern oder ausländischen Unternehmen geht, und zwar gleich, wo die Sache oder der Vermögensgegenstand belegen ist. Keine Schutzbereichseinschränkung erfahren deshalb insbesondere folgende wirtschaftsstrafrechtliche oder -strafrechtsnahe Eigentums- und Vermögensdelikte: (veruntreuende) Unterschlagung (§ 246 StGB); Hehlerei (§ 259 StGB); Betrug (§ 263 StGB); Computerbetrug (§ 263 a StGB); Versicherungsmissbrauch (§ 265 StGB); Untreue (§ 266 StGB); Missbrauch von Scheck- und Kreditkarten (§ 266 b StGB).

32   Demgegenüber bezweckt deutsches Strafrecht grundsätzlich keinen Schutz **überindividueller Rechtsgüter ausländischer Staaten**, weil es nicht Aufgabe eines Staates ist, einem anderen Staat Strafrechtsschutz zu gewähren. Deshalb fallen Angriffe gegen die innere Ordnung,

---

[41] *Günther-Nicolay* S. 132.
[42] MünchKommStGB/*Ambos* Vorbem. §§ 3 bis 7 Rdnr. 81; *Lüttger*, FS Jescheck, S. 121; a. A.: *Liebelt*, Zum deutschen internationalen Strafrecht und seiner Bedeutung für den Einfluss außerstrafrechtlicher Rechtssätze des Auslands auf die Anwendung inländischen Strafrechts, S. 228 in Fn. 14; Schönke/Schröder/*Eser* Vorbem. §§ 3 bis 7 Rdnr. 14 (inländische Rechtsgüter seien solche, die ohne Rücksicht auf den Tatort oder die Nationalität des Verletzten dem betreffenden Tatbestand unterfielen, ausländische solche, die im Regelfall schon tatbestandlich nicht erfasst werden).
[43] Vgl. Rdnr. 58 ff.
[44] MünchKommStGB/*Ambos* Vorbem. §§ 3 bis 7 Rdnr. 83.
[45] Schönke/Schröder/*Eser* Vorbem. §§ 3 bis 7 Rdnr. 15; *Lüttger*, FS Jescheck, S. 121.

die Verwaltungs- und Fiskalinteressen oder sonstige hoheitliche Tätigkeit eines fremden Staats grundsätzlich nicht in den Schutzbereich deutscher Straftatbestände. Eine wichtige Konsequenz hieraus ist, dass sich das deutsche Abgabenstrafrecht (§§ 369 ff. AO) auf den **Schutz inländischer und europäischer Steuern, Zölle und sonstiger Abgaben** beschränkt, die Hinterziehung ausländischer Abgaben hingegen auch dann nach deutschem Recht straflos ist, wenn an sich die Voraussetzungen der §§ 3 bis 7, 9 StGB erfüllt sind (z.B. eine unrichtige Steuererklärung im Inland abgesendet worden ist).[46]

Zwischen diesen beiden eindeutigen Polen liegen zahlreiche **Grenzfälle**, die nicht selten den Schutz **sonstiger überindividueller Rechtsgüter** betreffen. 33

Teilweise sind die Grenzfälle **gesetzlich** geregelt: So stellt § 152 StGB klar, dass Gegenstand einer Geldfälschung auch ausländisches Geld sein kann. Allerdings verlangt der BGH einschränkend, dass die in Frage stehenden Wertträger nach der ausländischen Rechtsordnung die Voraussetzungen für die Subsumtion unter den Geldbegriff der §§ 146 ff. StGB erfüllen.[47] – Aus § 264 Abs. 7 Nr. 1 StGB ergibt sich, dass der Tatbestand des Subventionsbetrugs im Ausgangspunkt nur deutsche Subventionen, nicht aber solche ausländischer Staaten schützt.[48] Allerdings hat § 264 StGB von Anfang an zudem das „Europarechtsprinzip" verwirklicht und Subventionsbetrügereien zum Nachteil der Europäischen Gemeinschaften mit erfasst.[49] Nach § 264 Abs. 7 Nr. 2 StGB in der Fassung des EG-Finanzschutzgesetzes vom 10.9.1998[50] ist Subvention jede „Leistung aus öffentlichen Mitteln nach dem Recht der Europäischen Gemeinschaften, die wenigstens zum Teil ohne marktmäßige Gegenleistung gewährt wird". – § 299 Abs. 3 StGB ordnet an, dass auch Handlungen „im ausländischen Wettbewerb" strafbare Bestechlichkeit und Bestechung im geschäftlichen Verkehr sein können – was den Schutzbereich auf den Wettbewerb im Ausland erstreckt und weiter geht, als durch die Gemeinsame Maßnahme des Rates der Europäischen Union betreffend die Bestechung im privaten Sektor vom 22.12.1998[51] gefordert war. – Das „Europarechtsprinzip" ist auch im Steuerstrafrecht verwirklicht: § 3 Abs. 3 AO stellt Einfuhr- und Ausfuhrabgaben nach dem Zollkodex inländischen Steuern gleich, und § 370 Abs. 6 AO erstreckt den Schutz des deutschen Steuerstrafrechts auf von anderen Mitgliedstaaten der Europäischen Gemeinschaften verwaltete Einfuhr- oder Ausfuhrabgaben, Umsatzsteuern oder harmonisierte Verbrauchsteuern für bestimmte Waren. Weiterhin ist gem. § 12 Abs. 1 Gesetz zur Durchführung der gemeinsamen Marktorganisationen (MOG)[52] die Abgabenordnung – also auch § 370 AO – auf Abgaben auf Marktordnungswaren anwendbar. 34

Überwiegend fehlt es allerdings an einer gesetzlichen Regelung, und es muss **durch Auslegung** ermittelt werden, ob der Schutzbereich nach Sinn und Zweck des Tatbestands ausländische Rechtsgüter miterfasst. Hierzu gibt es eine umfangreiche Kasuistik, aus der für das Wirtschafts- und Steuerstrafrecht u. a. Folgendes bedeutsam ist: 35

Betrug (§ 263 StGB) kann auch zum Nachteil ausländischen Staatsvermögens begangen werden, wenn und soweit es weniger Ausfluss von Hoheitsgewalt ist als vielmehr den Charakter von Individualvermögen hat.[53] – Beim **Kapitalanlagebetrug (§ 264 a StGB)** ist der Schutzbereich nicht auf den inländischen Kapitalanlagemarkt bzw. dort verbreitete Prospekte etc. beschränkt,[54] wofür als Begründung der nicht entgegenstehende Wortlaut herangeführt wird.[55] – Nach überwiegender, freilich nicht unbestrittener Ansicht schützt der Tatbestand des 36

---

[46] BayObLG Urt. v. 20.12.1979 – RReg. 5 St 237/79 – NJW 1980, 1057; vgl. zu § 370 Abs. 7 AO *Keßeböhmer/Schmitz* wistra 1995, 1, 6.
[47] BGH Beschl. v. 8.12.1983 – 1 StR 274-275/83 – BGHSt 32, 198 = NJW 1984, 1311.
[48] Vgl. *Lüttger*, FS Jescheck, S. 121, 176.
[49] Soweit es dabei um die Subventionierung als Gemeinschaftsinstrument geht, hat damit ein öffentliches Rechtsgut supranationaler Gemeinschaften Einzug in das StGB gehalten; s. *Lüttger*, FS Jescheck, S. 121, 176.
[50] BGBl. II S. 2322.
[51] ABl. EG Nr. L 358 v. 31.12.1998, S. 2.
[52] I.d.F. v. 20.9.1995, BGBl. I S. 1146.
[53] Schönke/Schröder/*Eser* Vorbem. §§ 3 bis 7 Rdnr. 15, 21.
[54] Dies könnte deshalb problematisch sein, weil mit der zutreffenden h.M. der Schutz überindividueller Schutzinteressen besonders hervorgehoben wird.
[55] Vgl. Wabnitz/Janovsky/*Möhrenschlager* 3. Kap. Rdnr. 7.

Kreditbetrugs (§ 265 b StGB) hingegen nur die Funktionsfähigkeit des inländischen, allenfalls zudem des europäischen Kreditwesens.[56] Dies wird damit begründet, dass Schutzzweck des KWG im Ausgangspunkt die Funktionsfähigkeit des inländischen Kreditwesens sei (vgl. § 53 KWG: Nichteinbeziehung von Kreditinstituten mit Sitz im Ausland, soweit sie von einer ausländischen Zweigstelle aus Bankgeschäfte mit dem Inland betreiben); daher sei es nicht einzusehen – und mit dem ultima-ratio-Prinzip unvereinbar –, wenn der strafrechtliche Schutz des Kreditwesens durch § 265 b StGB weiter reichen solle. – Beim **Vorenthalten und Veruntreuen von Arbeitsentgelt (§ 266 a StGB)** geht es nur um den Schutz der inländischen Sozialversicherung. – Der Schutzbereich der Tatbestände der **Urkundenstraftaten (§§ 267 bis 270, 274 StGB)** umfasst nicht nur die Sicherheit und Zuverlässigkeit des inländischen, sondern auch des ausländischen Rechtsverkehrs,[57] jedenfalls soweit es um den Schutz der Echtheit und Unversehrtheit von Urkunden geht. Der Strafrechtsschutz öffentlicher Urkunden (§§ 271, 273, 275 ff. StGB) erstreckt sich auf solche ausländische öffentliche Urkunden, auf denen eine inländische Legalisierung angebracht ist oder die aufgrund von Staats- oder Konsularverträgen als öffentliche Urkunden im Inland anerkannt sind und einer derartigen zusätzlichen Legalisierung nicht bedürfen.[58] Darüber hinaus werden ausländische öffentliche Urkunden in den Schutzbereich des Urkundenstrafrechts einbezogen, soweit eine Beeinträchtigung oder Gefährdung deutscher Interessen bzw. Schutzgüter im Raum steht.[59] – Zwar lehnen sich die Tatbestände der **Insolvenzstraftaten (§§ 283-283 d StGB)** begrifflich vielfach an das deutsche Insolvenz-, Handels- und Bilanzrecht an. Doch muss bedacht werden, dass §§ 283 ff. StGB im Wesentlichen den Vermögensinteressen der Gläubiger zu dienen bestimmt sind.[60] Daher beschränkt sich der Schutzbereich nicht auf inländische Insolvenzen, sondern es werden §§ 283, 283 a StGB auch dann angewendet, wenn die objektive Strafbarkeitsbedingung (Zahlungseinstellung, Eröffnung des Insolvenzverfahrens oder Abweisung des Eröffnungsantrags mangels Masse) im Ausland eintritt.[61] Erst recht sind §§ 283, 283 a StGB anwendbar, wenn bei einer inländischen Insolvenz die Tathandlung im Ausland begangen worden ist. Dies gilt auch für die Verletzung der Buchführungspflicht (§ 283 b StGB), wobei es zu einer Fremdrechtsanwendung kommen kann, wenn ausländisches Buchführungsrecht maßgeblich ist.[62] Gleiches gilt für die Gläubigerbegünstigung (§ 283 c StGB) und die Schuldnerbegünstigung (§ 283 d StGB).[63]

37 Der Schutzbereich des **Urheberstrafrechts (§§ 106, 108 UrhG)** ist auf inländische Urheberrechtsverletzungen beschränkt (s. oben Rdnr. 26). – Wie aus § 38 Abs. 2 WpHG erhellt, umfasst der Schutzbereich des **Insider- und Kursmanipulationsstrafrechts** auch die Integrität ausländischer Wertpapiermärkte.[64] Sofern die Verbote der §§ 14 Abs. 1 Nrn. 1 bis 3, 20 a Abs. 1 Satz 1 WpHG auch grenzüberschreitende Sachverhalte erfassen, ist es zudem unabhängig von § 38 Abs. 2 WpHG möglich, Auslandstaten zu erfassen.[65] – Die **börsenstrafrechtlichen §§ 23, 61 BörsG n. F.** sind nicht auf Spekulationsgeschäfte beschränkt, die an einer inländischen Börse getätigt wurden.[66]

---

[56] OLG Stuttgart Beschl. v. 14.6.1993 – 3 Ars 43/93 – NStZ 1993, 545; a.A.: Wabnitz/Janovsky/*Möhrenschlager* 3. Kap. Rdnr. 7.
[57] BayObLG Urt. v. 20.12.1979 – RReg. 5 St 237/79 – NJW 1980, 1057; Wabnitz/Janovsky/*Möhrenschlager* 3. Kap. Rdnr. 8; einschränkend: *Obermüller* S. 207 ff.
[58] Wabnitz/Janovsky/*Möhrenschlager* 3. Kap. Rdnr. 9.
[59] RGSt 68, 300, 302; OLG Düsseldorf Urt. v. 10.12.1981 – 2 Ss 636/81 – 479/81 I – NStZ 1983, 221, 222: dies wird mit der Zweckbestimmung der §§ 271, 273 StGB begründet; Wabnitz/Janovsky/*Möhrenschlager* 3. Kap. Rdnr. 9; a.A.: *Wiedenbrüg* NJW 1973, 301 ff.
[60] OLG Karlsruhe Urt. v. 21.2.1985 – 4 Ss 1/85 – NStZ 1985, 317.
[61] RGSt 16, 188, 189 f.; Wabnitz/Janovsky/*Möhrenschlager* 3. Kap. Rdnr. 10.
[62] LK/*Tiedemann* § 283 Rdnr. 244; a.A.: OLG Karlsruhe Urt. v. 21.2.1985 – 4 Ss 1/85 – NStZ 1985, 317: Es sei deutsches Buchführungsrecht maßgeblich.
[63] Wabnitz/Janovsky/*Möhrenschlager* 3. Kap. Rdnr. 9.
[64] Allgemein zum Schutzgut des § 38 WpHG Assmann/Schneider/*Cramer*/Vogel WpHG, 3. Aufl. 2003, § 38 Rdnr. 1.
[65] Assmann/Schneider/*Cramer*/Vogel WpHG, 3. Aufl. 2003, § 38 Rdnr. 16.
[66] Erbs/Kohlhaas/*Wehowsky*, Strafrechtliche Nebengesetze, B 155 §§ 61, 23.

2. Schutzbereichserweiterungen auf völker- und europarechtlicher Grundlage

38 Seit geraumer Zeit lässt sich die Tendenz beobachten, dass die Schutzbereiche nationaler (deutscher) Strafgesetze auf völker- und europarechtlicher Grundlage ausgeweitet werden. In der Sache geht es zum einen darum, den nationalen (deutschen) Strafrechtsschutz auf **Rechtsgüter inter- und supranationaler Organisationen, insbesondere die Europäische Union bzw. Gemeinschaft(en)**, zu erstrecken. Zum anderen wird der Grundsatz, dass das Strafrecht eines Staats nicht hoheitliche Tätigkeit eines anderen Staats zum Gegenstand haben darf und soll, zurückgedrängt, und es kommt zu einem wechselseitigen Schutz von **staatlichen Rechtsgütern**.

39 **Inter- und supranationale Organisationen** wie die Vereinten Nationen oder die Europäische Union bzw. Gemeinschaft haben regelmäßig keine eigene Strafgewalt und können nicht eigene Strafgesetze zum Schutz eigener Rechtsgüter – etwa ihrer finanziellen Interessen oder der Reinheit der Amtsführung ihrer Amtsträger – erlassen und durchsetzen. Vielmehr müssen sie sich hierzu des Strafrechts der (Mitglied-) Staaten bedienen. Hierzu stehen zwei Wege zur Verfügung:

40 Entweder wird der Schutzbereich des (mitglied-) staatlichen Strafrechts **unmittelbar durch Völker- oder Europarecht** erweitert. Ein bekanntes Beispiel hierfür ist **Art. 30 (vormals 27) EuGH-Satzung**, wonach die Mitgliedstaaten vor dem EuGH begangene Eidesverletzungen so wie vor ihren Zivilgerichten begangene behandeln und auf Anzeige des EuGH strafrechtlich verfolgen. Ähnlich sieht **Art. 194 Abs. 1 EuratomV**[67] vor, dass die Mitgliedstaaten die Verletzung von Geheimhaltungsvorschriften in der Euratom-Gemeinschaft als Verstöße gegen eigene Geheimhaltungsvorschriften behandeln. **Art. 16 Satz 3 Übereinkommen** zwischen Belgien, der Bundesrepublik Deutschland, Frankreich, Italien, Luxemburg und den Niederlanden **über die gegenseitige Unterstützung ihrer Zollverwaltungen** vom 7.9.1967[68] stellt alle von den Bediensteten der Zollverwaltung eines Vertragsstaates begangenen „Zuwiderhandlungen" gleich, so dass z. B. die Möglichkeit besteht, Bestechlichkeit oder Vorteilsannahme von Zollbeamten anderer Vertragsstaaten strafrechtlich zu verfolgen. **Art. 42 Schengener Durchführungs-Übereinkommen**[69] bestimmt, dass Beamte, die während einer grenzüberschreitenden Observation oder Nacheile im Hoheitsgebiet einer anderen Vertragspartei tätig werden, in Bezug auf Straftaten, denen sie zum Opfer fallen oder die sie selbst begehen, den Beamten dieses Hoheitsgebietes gleichgestellt werden.[70]

41 Oder es werden die (Mitglied-) Staaten völker- oder europarechtlich dazu verpflichtet, **ihr nationales Strafrecht zu ändern** und den Schutzbereich auf Rechtsgüter inter- oder supranationaler Organisationen zu erstrecken. Ein bekanntes Beispiel hierfür ist der **Schutz der finanziellen Interessen der Europäischen Gemeinschaft**: Nach Art. 280 Abs. 2 EGV müssen die Mitgliedstaaten zur Bekämpfung von Betrügereien, die sich gegen diese Interessen richten, die gleichen Maßnahmen ergreifen, die sie auch im Hinblick auf ihre eigenen finanziellen Interessen ergreifen. Dem ist die Bundesrepublik Deutschland durch das **EG-Finanzschutzgesetz** vom 10.9.1998[71] nachgekommen. Weiterhin ist der **Schutz der Reinheit der Amtsführung internationaler oder supranationaler Organisationen** zu erwähnen: U.a. aus dem OECD-Übereinkommen vom 17.12.1997 über die Bekämpfung der Bestechung ausländischer Amtsträger im internationalen Rechtsverkehr und dem Protokoll vom 27.9.1996 zum Übereinkommen zum Schutz der finanziellen Interessen der Europäischen Gemeinschaften ergibt sich, dass auch die Bestechung und Bestechlichkeit internationaler bzw. europäischer Amtsträger in den Schutzbereich des nationalen Bestechungsstrafrechts einbezogen werden muss. Dem ist die Bundesrepublik Deutschland durch das **IntBestG**[72] bzw. das **EUBestG**[73] nachgekommen. So sind nach Art. 2 § 1 EUBestG die Straftatbestände der Bestechung und Bestechlichkeit (§§ 332, 334 StGB) auf Taten betreffend künftiger richterlicher oder dienstlicher Handlungen

---

[67] BGBl. 1957 II S. 1014.
[68] BGBl. 1969 II S. 65.
[69] BGBl. 1993 II S. 1010.
[70] Ähnlich auch Art. 15 des Übereinkommens über die Rechtshilfe in Strafsachen zwischen den Mitgliedstaaten der Europäischen Union vom 29.5.2000 (AblEG Nr. C 197 v. 12.7.2000, S. 1).
[71] BGBl. II S. 2322.
[72] BGBl. 1998 II S. 2327.
[73] BGBl. 1998 II S. 2340.

eines Mitglieds des EuGH, der Kommission und des Rechnungshofes der Europäischen Gemeinschaften und eines Gemeinschaftsbeamten anwendbar. Auch der **Schutz der Geheimhaltungsinteressen inter- oder supranationaler Organisationen** wird aufgrund völker- oder europarechtlicher Vorgaben durch nationale Umsetzungsgesetzgebung erweitert, wie es in § 2 des Gesetzes zur Gewährleistung der Geheimhaltung der dem Statistischen Amt der Europäischen Gemeinschaften übermittelten vertraulichen Daten vom 16.3.1993[74] oder in Art. 2 § 8 Europol-Gesetz vom 16.12.1997[75] vorgesehen ist, wo Europol-Bedienstete dem deutschen Geheimnisschutzstrafrecht unterstellt werden.

42   Auch im **Verhältnis zwischen Staaten** kommt es zu Schutzbereichsausdehnungen aufgrund völker- und europarechtlicher Vorgaben. Die soeben genannten Instrumente zur internationalen bzw. europäischen Bestechung sehen weiterhin vor, dass für die Zwecke des Bestechungsstrafrechts **in- und ausländische Amtsträger** gleichgestellt werden, was in der Sache den Schutzbereich des jeweiligen nationalen (deutschen) Bestechungsstrafrechts auf die Reinheit der Amtsführung eines jeweils anderen (ausländischen) Staats erstreckt. Innerhalb der Europäischen Union werden zunehmend **in- und ausländische Steuern und Abgaben** gleichgestellt, jedenfalls soweit sie „europäisiert" oder harmonisiert worden sind. Mittlerweile wird postuliert, dass solches nationales (deutsches) Wirtschaftsstrafrecht, das sich auf „europäisierte" oder harmonisierte Bereiche des Wirtschaftsrechts bezieht, grundsätzlich eine Schutzbereichserweiterung auf das gesamte Gebiet der Europäischen Union erfährt.[76]

3. Irrtum über den Schutzbereich

43   Die zunehmend und teilweise kontraintuitive Ausdehnung des Schutzbereichs des deutschen Strafrechts auch und gerade im Bereich des Wirtschafts- und Steuerstrafrechts trägt nicht zur Vorhersehbarkeit bei, und es kommt häufiger zu Irrtümern über den Schutzbereich. So mag einem Steuerschuldner nicht bewusst sein, dass auch die Hinterziehung solcher Eingangsabgaben, die ein **anderer** Mitgliedstaat der Europäischen Gemeinschaft verwaltet, wegen § 370 Abs. 6 AO vom **deutschen** Steuerstrafrecht erfasst wird; oder es mag ein Speditionsunternehmer, der international tätig ist und in Staaten, in denen dies üblich ist, zwecks Ermöglichung des Grenzübertritts „Provisionen" an Grenz- und Zollbeamte bezahlen lässt, aus allen Wolken fallen, wenn er erfährt, dass dies wegen des IntBestG nach deutschem Recht strafbar sein kann. Es griffe zu kurz, derartige Irrtümer von vorn herein als bloße unbeachtliche „**Subsumtionsirrtümer**" abzutun. Vielmehr sind sowohl **vorsatzausschließende Tatbestandsirrtümer** i. S. von § 16 StGB als auch schuldausschließende (oder mindestens -mindernde) **Verbotsirrtümer** i. S. von § 17 StGB zu erwägen.

44   Einerseits kann der Irrtum über den Schutzbereich dazu führen, dass die erforderliche Kenntnis eines normativen Tatbestandsmerkmals oder einer blankettausfüllenden Norm entfällt. Bei normativen Tatbestandsmerkmalen ist anerkannt, dass für den Vorsatz bloße Tatsachenkenntnis nicht ausreicht, sondern der Täter den juristischen Sinngehalt des Merkmals und den rechtlich-sozialen Bedeutungsinhalt nach Laienart richtig erfassen muss (sog. Parallelwertung in der Laiensphäre).[77] Bei Blankettgesetzen geht zwar die Rechtsprechung davon aus, dass Strafblankett und blankettausfüllende Norm „zusammengelesen" werden und Kenntnis der „zusammengelesenen Merkmale" genügt,[78] richtigerweise muss aber die Ausfüllung der Verweisung laienhaft mitvollzogen werden.[79] Beispielsweise stellt sich bei § 334 StGB i.V. mit dem IntBestG durchaus die Frage, ob der Täter hinreichenden Vorsatz bezüglich der Dienstpflichtwidrigkeit der Diensthandlung des bestochenen ausländischen Amtsträgers hat, wenn im betreffenden Ausland Bestechungen üblich und dienstlich geduldet sind.

---

[74] BGBl. I S. 336.
[75] BGBl. II S. 2150.
[76] Vgl. LK/*Tiedemann* § 264 a Rdnr. 88 und § 265 b Rdnr. 119.
[77] St. Rspr. des BGH, vgl. BGH Urt. v. 24.9.1953 – 5 StR 225/53 – BGHSt 4, 347, 352; BGH Urt. v. 19.5.1999 – 2 StR 86/99 – NJW 1999, 2908, 2909.
[78] Vgl. *Tiedemann* Wirtschaftsstrafrecht Rdnr. 220 ff.
[79] Wabnitz/Janovsky/*Dannecker* 1. Kap. Rdnr. 30.

Andererseits kann der Schutzbereichsirrtum zu fehlendem Unrechtsbewusstsein führen. 45
Zwar ist hierfür Kenntnis der Strafbarkeit nicht erforderlich,[80] sondern es genügt, dass der
Täter mindestens für möglich hielt, Unrecht zu tun.[81] Aber das Unrechtsbewusstsein muss sich
richtigerweise auf das Verbotensein nach **deutschem** Recht beziehen, so dass die Kenntnis,
etwas nach **ausländischem** Recht Verbotenes oder gar Strafbares zu tun, richtigerweise unschädlich ist.[82] Deshalb führen Schutzbereichsirrtümer in der Tat häufig zu Verbotsirrtümern.
Sie müssen auch dann, wenn sie vermeidbar sind, als strafmildernd anerkannt werden, und
jedenfalls bei kontraintuitiven Schutzbereichserweiterungen muss eine Unvermeidbarkeit in
Betracht gezogen werden – wenngleich die Rechtsprechung hier bekanntlich äußerst restriktiv
ist, gerade im Wirtschafts- und Steuerstrafrecht, wo sich das Maß der erforderlichen Gewissensanspannung nach den Umständen des Falles und nach dem Lebens- und Berufskreis des
Täters richtet[83] und an die Erkundigungspflicht hohe und höchste Anforderungen gestellt
werden.[84]

IV. Fragen der räumlichen Geltung

Die räumliche Geltung – oder genauer Anwendbarkeit – des Wirtschafts- und Steuer- 46
strafrechts richtet sich nach dem sog. internationalen Strafrecht, das nationales (deutsches)
Strafanwendungsrecht ist[85] und nicht in dem Sinne „international", als es auf Völker- oder
Europarecht beruht. Ein Bezugspunkt zum **Völkerrecht** besteht allerdings insofern, als heute
anerkannt ist, dass die Ausdehnung nationaler Strafgewalt auf Auslandssachverhalte völkerrechtlich nicht unbeschränkt möglich ist, sondern auf einer „echten", hinreichenden und substanziellen „Anknüpfung" (genuine link) an das Inland beruhen muss.[86] Denn die souveräne
Gleichheit der Staaten und das Einmischungs- sowie Interventionsverbot setzen einer schrankenlosen Ausdehnung nationaler Strafgewalt und Strafrechtsanwendung Grenzen.[87] Für das
deutsche Recht ist dies nicht ohne, jedoch nur von beschränkter Bedeutung. Zwar gehen die
allgemeinen Regeln des Völkerrechts den Bundesgesetzen gem. Art. 25 GG vor; „**hard and
fast rules**" sind in dem in Rede stehenden Bereich jedoch kaum auffindbar. Immerhin kann im
Einzelfall eine völkerrechtskonforme einschränkende Auslegung des deutschen Rechts geboten
sein, wie sie der BGH bei §§ 6 Nr. 1, 220 a StGB a.F.[88] vorgenommen hatte.[89]

Im Einzelnen anerkennt das Völkerrecht folgende legitime Anknüpfungspunkte: 47
- Nach dem **Territorialitätsprinzip i.e.S.** kann die nationale Strafgewalt auf alle Handlungen erstreckt werden, die auf dem Territorium eines Staates begangen werden, gleich, ob In- oder Ausländer handeln. Das findet seine Rechtfertigung in der Friedenssicherungsaufgabe des Staates.[90]
- Das **Ubiquitätsprinzip** erweitert das Territorialitätsprinzip dahin gehend, dass unabhängig vom Handlungsort ausreicht, dass ein zur Deliktsverwirklichung notwendiges Merkmal, insbesondere der Tatererfolg, im Inland eintritt.
- Eine Anknüpfung ist nach dem **Flaggenprinzip** möglich anhandlungen auf Schiffen und Luftfahrzeugen, die die Flagge des Staates führen.
- Das **aktive Personalitätsprinzip** lässt eine Bestrafung eigener Staatsangehöriger zu, gleich wo sie handeln. Es ist häufig Pendant zum Verbot der Auslieferung eigener Staatsangehöriger und ermöglicht dann das „aut dedere aut iudicare".

---

[80] BGH Beschl. v. 18.3.1952 – GSSt 2/51 – BGHSt 2, 194, 202; BGH Urt. v. 6.12.1956 – 4 StR 234/56 – BGHSt 10, 35, 41.
[81] BGH Urt. v. 13.12.1995 – 3 StR 514/95 – NStZ 1996, 236, 237; BGH Urt. v. 19.5.1999 – 2 StR 86/99 – NJW 1999, 2908, 2909.
[82] S. noch unten Rdnr. 65 ff.
[83] Vgl. BGH Urt. v. 23.4.1953 – 3 StR 219/52 – BGHSt 4, 236, 242.
[84] Vgl. Müller-Gugenberger/Bieneck/*Niemeyer* § 18 Rdnr. 11.
[85] *Oehler* Rdnr.1.
[86] Vgl. schon PCIJ Series A No. 10 The case of the S. S. „Lotus" – StIGHE 5, 71.
[87] Vgl. MünchKommStGB/*Ambos* Vorbem. §§ 3 bis 7 Rdnr. 24.
[88] BGH Urt. v. 30.4.1999 – 3 StR 215/98 – BGHSt 45, 65 = NStZ 1999, 396.
[89] Zur Kritik hieran vgl. nur MünchKommStGB/*Ambos* § 6 Rdnr. 9; *Eser*, FS Meyer-Goßner, S. 1, 30.
[90] *Oehler* Rdnr. 153.

- Weiter möglich ist die Erstreckung nationaler Strafgewalt auf Handlungen, die inländische Rechtsgüter verletzen. Dieses **Schutzprinzip** hat zwei Ausprägungen: Einerseits kann nach dem **passiven Personalitätsprinzip** an Taten angeknüpft werden, die gegen eigene Staatsangehörige verübt werden. Andererseits darf ein Staat nach dem **Realprinzip** Angriffe auf seine politische und militärische Integrität umfassend – unabhängig von Tatort und Tatortstrafbarkeit – unter Strafe stellen.
- In Ausübung **stellvertretender Strafrechtspflege** darf ein Staat seine Strafgewalt subsidiär ausüben, soweit der an sich zuständige ausländische Staat aus tatsächlichen oder rechtlichen Gründen an der Durchsetzung seines Strafanspruchs gehindert ist.[91]
- Völkerrechtlich nicht unproblematisch ist schließlich die Erstreckung der Strafgewalt auf die ganze Welt – unabhängig von Tatort und Tatortstrafbarkeit – nach dem **Weltrechtsprinzip**. Es beschränkt sich auf den Schutz fundamentaler, allen zivilisierten Staaten gemeinsamer Güter, Interessen und Werte; zudem wird über weitere Einschränkungen – z. B. auf den Aufenthaltsstaat – diskutiert.
- Schließlich ist das (umstrittene) **Kompetenzverteilungsprinzip** zu erwähnen.[92]

48 In §§ 3 bis 7, 9 StGB, die über Art. 1 EGStGB auch für das Nebenstrafrecht gelten, werden die meisten dieser Prinzipien ins deutsche Recht umgesetzt. Zudem finden sich im Wirtschafts- und Steuerstrafrecht Sonderbestimmungen, die dem allgemeinen Strafanwendungsrecht vorgehen und es teils beschränken, teils erweitern.[93] Allerdings ist gelegentlich bereits die Qualifikation einer Norm als Strafanwendungsrecht problematisch, z. B. hinsichtlich des Verhältnisses des § 38 Abs. 2 WpHG zu den übrigen Normen des internationalen Strafrechts i.e.S.[94] Alle Normen des internationalen Strafrechts i.e.S. gehören zum materiellen Strafrecht.[95] Dogmatisch sind sie freilich weder Teil des Unrechts noch der Schuld, sondern stellen objektive Bedingungen der Strafbarkeit dar; insbesondere ist die Anwendbarkeit eines Straftatbestandes nicht selbst Teil des gesetzlichen Tatbestandes, was für Irrtumsfragen relevant ist.[96] Prozessual wird die Anwendbarkeit deutschen Strafrechts als Verfahrensvoraussetzung behandelt, deren Fehlen zu einer Einstellung, nicht zu einem Freispruch führt.[97]

49 §§ 3 bis 7, 9 StGB unterscheiden zwischen **Inlandstaten**, bei denen Handlungs- oder Erfolgsort im Inland liegen, und **Auslandstaten**, bei denen das nicht der Fall ist. Die Unterscheidung ist auch prozessual bedeutsam, da nur bei Auslandstaten eine Einstellung nach § 153 c StPO möglich ist.

1. Inlandstaten (§§ 3, 9 StGB)

50 Gemäß dem **Territorialitätsprinzip**, das in Abkehr vom früher geltenden aktiven Personalitätsprinzip Grund- und Ausgangsprinzip des heutigen deutschen internationalen Strafrechts i.e.S. ist, gilt das deutsche Straf-, Wirtschaftsstraf- und Steuerstrafrecht in erster Linie für Inlandstaten.[98] Liegt eine Inlandstat vor, so kommt es im Grundsatz in keiner Weise auf Auslandsrecht an.

51 Das **Inland** umfasst das Gebiet, innerhalb dessen deutsches Strafrecht aufgrund hoheitlicher Staatsgewalt seine Ordnungsfunktion geltend macht.[99] Es deckt sich im Grundsatz mit dem Staatsgebiet der Bundesrepublik Deutschland, also dem Gebiet der sechzehn Bundesländer (s. Präambel zum GG), und mit dem Geltungsbereich deutscher Gesetze. Neben Festland und Inseln zählen zum Inland auch die Binnen- und Eigengewässer sowie das dem Binnengewässer

---

[91] *Oehler* Rdnr. 811 ff.
[92] S. hierzu MünchKommStGB/*Ambos* Vorbem. §§ 3 bis 7 Rdnrn. 24 ff.; Schönke/Schröder/*Eser* Vorbem. §§ 3 bis 7 Rdnrn. 4 ff.; *Tröndle/Fischer* Vorbem. §§ 3 bis 7 Rdnr. 3.
[93] S. oben Rdnr. 6.
[94] Vgl. hierzu Assmann/Schneider/*Cramer/Vogel* WpHG, 3. Aufl. 2003, § 38 Rdnr. 14 ff.; *Kondring* WM 1998, 1369; zum Schutzbereich oben Rdnr. 37.
[95] *Meyer-Goßner* Einl. Rdnr. 211; Lackner/Kühl Vorbem. §§ 3 bis 7 Rdnr. 10; Schönke/Schröder/*Eser* Vorbem. §§ 3 bis 7 Rdnr. 2.
[96] MünchKommStGB/*Ambos* Vorbem. §§ 3 bis 7 Rdnr. 3; Schönke/Schröder/*Eser* Vorbem. §§ 3 bis 7 Rdnr. 61.
[97] *Lackner/Kühl* Vorbem. §§ 3 bis 7 Rdnr. 10.
[98] *Lackner/Kühl* § 3 Rdnr. 1.
[99] BGH Urt. v. 26.11.1980 – 3 StR 393/80 – BGHSt 30, 1 = NJW 1981, 531; Schönke/Schröder/*Eser* Vorbem. §§ 3 bis 7 Rdnr. 29; *Lackner/Kühl* Vorbem. §§ 3 bis 7 Rdnr. 4.

vorgelagerte Küstenmeer, auf das sich die Hoheitsgewalt im Rahmen des Seerechtsübereinkommens erstreckt.[100] Mit dem strafrechtlichen Inlandsbegriff nicht identisch ist das außenwirtschaftsrechtliche Wirtschaftsgebiet i.S. von § 4 Abs. 1 Nr. 1 AWG; es umfasst zusätzlich zu dem Geltungsbereich des AWG die österreichischen Gebiete Jungholz und Mittelberg. Gleichfalls nicht mit dem strafrechtlichen Inland gleichgesetzt werden kann der auf die Bundesrepublik Deutschland entfallende Teil des Zollgebiets der Gemeinschaft;[101] zu ihm zählen nicht die früheren „Zollausschlüsse" Helgoland und Büsingen (Art. 1 Abs. 1 dritter Spiegelstrich Zollkodex), und es gibt Freizonen wie den Freihafen Hamburg und Freilager (Art. 166 ff. Zollkodex) sowie sog. vorgeschobene Zollstellen, die aufgrund von Abkommen zur gemeinsamen Grenzabfertigung wie z.B. deutsche Zollstellen bereits im Ausland (z. B. in Eisenbahnen) tätig werden.[102] Hier fragt sich erstens, welche Gebietsgrenzen für die im Außenwirtschafts- und Zollstrafrecht häufigen Tathandlungen des „Verbringens", der „Einfuhr" oder der „Ausfuhr" maßgeblich sind, und zweitens, ob der strafrechtliche Inlandsbegriff modifiziert wird, ob beispielsweise vorgeschobene Zollstellen strafrechtlich gesehen zum Inland zählen. Die erste Frage ist nach h.M. dahin zu beantworten, dass, fehlt es an einer gesetzlichen Klarstellung wie in § 4 Abs. 2 Nrn. 3, 4 AWG, die Überschreitung der Staatsgrenze entscheidet.[103] Wer beispielsweise Kriegswaffen in den Hamburger Freihafen verbringt, begeht, auch wenn dieser Hafen eine zollrechtliche Freizone i. S. von Art. 166 Zollkodex ist, eine vollendete strafbare Einfuhr von Kriegswaffen;[104] und wer Kriegswaffen vom Hamburger Freihafen nach Düsseldorf verbringt, führt sie nicht mehr ein. Zur zweiten Frage ist die Meinung verbreitet, die Ratifikation von Abkommen, welche vorgeschobene Zollstellen erlauben, dehne regelmäßig stillschweigend den strafrechtlichen Inlandsbegriff aus, und zwar nicht nur mit Wirkung für Abgabenstraftaten, sondern auch für Straftaten, die sonst mit einem verbotenen Verbringen bzw. einer verbotenen Ein- oder Ausfuhr zusammenhängen, was zu überwachen in der Tat Aufgabe der Zollstellen ist (§ 1 Abs. 3 ZollVG). Der BGH hat einem Automatismus eine Absage erteilt, sich jedoch in zahlreichen Einzelkonstellationen im Ergebnis angeschlossen.[105] Richtigerweise ist ein Ratifikationsgesetz, das keine ausdrückliche, die §§ 3 bis 7, 9 StGB abändernde Regelung enthält, wegen Art. 103 Abs. 2 GG nicht geeignet, den strafrechtlichen Inlandsbegriff zu verschieben.[106]

Im Inland begangen ist die Tat, wenn entweder der Handlungs- oder der Erfolgsort im Inland 52 liegen (§ 3 i.V. mit § 9 StGB). Dem geltenden Recht liegt also das **Ubiquitätsprinzip** zugrunde, was die sog. Einheitstheorie als Synthese der von der Rechtsprechung entwickelten Tätigkeits- und Erfolgstheorie in Gesetzesform gegossen hat.

Handlungsort kann der „Begehungsort" sein, an dem der Täter gehandelt hat (§ 9 Abs. 1 53 Alt. 1 StGB), oder der „Unterlassungsort", an dem der Täter hätte handeln müssen (§ 9 Abs. 1 Alt. 2 StGB). Ein „Begehungsort" wird dort begründet, wo der Täter eine auf Verwirklichung des gesetzlichen Tatbestandes gerichtete Handlung vornimmt, sei es auch nur ein unmittelbares Ansetzen zur Tatbestandsverwirklichung i. S. von § 22 StGB. So begeht eine Inlandstat, wer vom Inland aus ausländischen Opfern betrügerische Angebote macht, auch wenn Vermögensverfügung, Schaden und Bereicherung im Ausland eintreten sollen. Auch kann der „Transit" durch das Gebiet der Bundesrepublik Deutschland im Zuge der Tatbestandsverwirklichung genügen, jedenfalls wenn dabei inländische Interessen gefährdet sein können, erst recht,

---

[100] Seerechtsübereinkommen der Vereinten Nationen vom 10.12.1982, BGBl. 1994 II S. 1799.
[101] Vgl. LK/*Gribbohm* Vorbem. § 3 Rdnr. 279 ff., dessen Kommentierung (Stand 1.3.1997) sich freilich noch mit dem am 31.12.1993 außer Kraft getretenen deutschen Zollgesetz orientiert; ebenso MünchKommStGB/*Ambos* § 3 Rdnr. 10.
[102] S. beispielsweise Abkommen vom 1.6.1961 zwischen der Schweizerischen Eidgenossenschaft und der Bundesrepublik Deutschland über die Errichtung nebeneinander liegender Grenzabfertigungsstellen und die Grenzabfertigung in Verkehrsmitteln während der Fahrt (mit Schlussprotokoll), BGBl. 1968 II S. 877); weit. (teils mit Blick auf das Schengener Durchführungsabkommens überholte) Nachw. bei LK/*Gribbohm* Vorbem. § 3 Rdnr. 282.
[103] Zutr. Wabnitz/Janovsky/*Möhrenschlager* 3. Kap. Rdnr. 32 m. Nachw.
[104] OLG Düsseldorf Beschl. v. 29.1.1993 – 1 Ws 10/93 – NJW 1993, 2253 m. Anm. *Achenbach* NStZ 1994, 423; s. weiterhin MünchKommStGB/*Ambos* § 3 Rdnr. 10; a.A.: Schönke/Schröder/*Eser* Vorbem. §§ 3 bis 7 Rdnr. 31.
[105] Vgl. BGH Beschl. v. 6.3.1992 – 3 StR 398/91 – NStZ 1992, 338.
[106] Gleichfalls vorsichtig Wabnitz/Janovsky/*Möhrenschlager* 3. Kap. Rdnr. 33.

wenn der „Transit" Tatbestandsmerkmal ist (Durchfuhr!). In neuem Gewand taucht das „Transit"-Problem auf, wenn strafbare Handlungen via Internet begangen werden und die Übermittlungswege das Inland berühren.[107] Hier kann jedenfalls dann eine Inlandstat vorliegen, wenn der „Tathandlungserfolg" im Inland liegt, beispielsweise strafbare Inhalte mit der sog. „Push-Technologie" gezielt ins Inland übermittelt werden.[108] Demgegenüber genügen im Inland begangene Handlungen im Vorbereitungsstadium nicht, ebenso wenig wie Handlungen nach Vollendung (mag die Tat auch noch nicht beendet sein).[109] – Mit Blick auf die zahlreichen echten und unechten Unterlassungsdelikte des Wirtschafts- und Steuerstrafrechts ist der „Unterlassungsort" von besonderer Bedeutung, beispielsweise wenn Bücher nicht geführt (§ 283 b Abs. 1 Nr. 1 Alt. 1 StGB) oder gebotene Anträge auf Eröffnung des Insolvenzverfahrens nicht gestellt werden (§ 84 Abs. 1 Nr. 2 GmbHG). Nach einer Auffassung soll der Aufenthaltsort des Handlungspflichtigen entscheiden.[110] Das leuchtet nicht ein, wenn die Handlungspflicht am Aufenthaltsort nicht erfüllt werden kann, und hätte zur Folge, dass rechtzeitige Flucht ins Ausland zu einer Auslandstat führen würde. Deshalb neigt die h. M. dazu, zudem bzw. vorrangig auf den Vornahmeort im Sinne des Ortes abzustellen, an dem die gebotene Handlung hätte vorgenommen werden können und müssen.[111] Auch das führt aber nicht immer zu eindeutigen Ergebnissen; so mag der seine Rechnungslegungspflicht erfüllen, wer vom Ausland aus einen in- oder ausländischen Steuerberater hiermit beauftragt, oder es mag der Antrag auf Eröffnung des Insolvenzverfahrens vom Ausland aus gestellt werden. Deshalb ist ergänzend der Ort zu berücksichtigen, an dem der Erfolg des pflichtgemäßen Handelns hätte eintreten müssen, was in den Beispielen zu Inlandstaten führt, da Bücher am Sitz des Unternehmens zur Verfügung stehen und Insolvenzanträge bei den zuständigen Insolvenzgerichten gestellt werden müssen.

54   Die im Wirtschaftsleben übliche vertikale und horizontale Arbeitsteilung kann bei Wirtschafts- und Steuerstraftaten zur **Beteiligung mehrerer** führen, seien sie Mittäter, mittelbare Täter kraft Organisationsherrschaft[112] oder Teilnehmer. Das hat Auswirkungen auf den Handlungsort: Da sich Mittäter ihre Tatbeiträge wechselseitig zurechnen lassen müssen, ist für alle Mittäter ein inländischer Handlungsort anzunehmen, wenn nur einer von ihnen im Inland handelt, wobei mittäterschaftliche Tatbeiträge im Vorbereitungsstadium ausreichen sollen.[113] Da sich der mittelbare Täter das Verhalten des Tatmittlers („Werkzeugs") zurechnen lassen muss, liegt eine Inlandstat nicht nur dann vor, wenn der mittelbare Täter im Inland handelt, sondern auch, wenn es nur der Tatmittler tut.[114] Beispielsweise ist, wer vom Ausland aus als mittelbarer Täter im Inland begangene Kapitalanlagebetrügereien durch „Drückerkolonnen" steuert, Täter von Inlandstaten. Wer an fremder Tat teilnimmt (zu ihr anstiftet oder Beihilfe leistet), begeht nicht nur dann eine Inlandstat, wenn er die Teilnahmehandlung im Inland vornimmt, sondern auch, wenn er das im Ausland tut, aber die Haupttat im Inland begangen wird oder werden soll, § 9 Abs. 2 S. 1 StGB. § 9 Abs. 2 S. 2 StGB geht so weit, die im Inland begangene Teilnahme an einer Auslandstat auch dann dem deutschen Strafrecht zu unterstellen, wenn die Auslandstat zwar nach deutschem Strafrecht strafbar, jedoch nach Tatortstrafrecht straflos ist – was z. B. mit Blick auf uferlos weite deutsche Wirtschaftsstraftatbestände wie die Untreue (§ 266 StGB) durchaus Strafbarkeitsrisiken bereitet, beispielsweise wenn ein deutsches Unternehmen ein ausländisches übernimmt und veranlasst, dass das ausländische Unternehmen seinem scheidenden Management hohe Abfindungen bezahlt. Immerhin ergibt sich aus § 9 Abs. 2 StGB im Umkehrschluss, dass der Handlungsort des Täters unabhängig von dem des Teilnehmers

---

[107] Eingehend MünchKommStGB/*Ambos* § 9 Rdnr. 26 ff.
[108] *Sieber* NJW 1999, 2065 ff.
[109] Schönke/Schröder/*Eser* § 9 Rdnr. 4; a. A.: OLG Düsseldorf Beschl. v. 4.12.1987 – 1 Ws 958/87 – MDR 1988, 515.
[110] SK/*Samson* § 9 Rdnr. 8.
[111] LK/*Gribbohm* § 9 Rdnr. 17; MünchKommStGB/*Ambos* § 9 Rdnr. 14 f.
[112] Es ist stark umstritten, ob es in Unternehmen, die keine „rechtsgelösten" Institutionen sind und nicht nach dem Prinzip von Befehl und Gehorsam funktionieren, Organisationsherrschaft geben kann; einen Überblick über das Schrifttum bietet *Lackner/Kühl* § 25 Rdnr. 2.
[113] BGH Urt. v. 4.9.1992 – 2 StR 442/92 – BGHSt 39, 88 = NJW 1993, 1405; *Lackner/Kühl* § 9 Rdnr. 2.
[114] *Satzger*, Internationales und Europäisches Strafrecht, § 5 Rdnr. 16.

zu bestimmen ist und der Umstand, dass ein Teilnehmer im Inland gehandelt hat, nicht ohne weiteres zu einem inländischen Handlungsort für den Täter führt.[115]

Erfolgsort i.S.d. § 9 StGB ist nur der Ort, an dem „der zum Tatbestand gehörende Erfolg" eingetreten ist; beim Versuch lässt die h.A. den Ort genügen, an dem dieser Erfolg nach dem Tatplan eintreten sollte.[116] Einen zum Tatbestand gehörenden Erfolg haben insbesondere **Erfolgsverletzungsdelikte** wie Betrug und Untreue (§§ 263, 266 StGB) in Gestalt des Vermögensschadens. Werden staatliche Rechtsgüter der Bundesrepublik Deutschland wie die deutsche Strafrechtspflege oder das deutsche Steueraufkommen beeinträchtigt, liegt gleichfalls eine Inlandstat vor.[117] Demgegenüber genügen im Inland eintretende mittelbare nachteilige Tatfolgen oder nicht selbständig strafbare bloße Intensivierungen einer bereits eingetretenen Rechtsgutsverletzung für sich nicht. So begeht, wer ein ausländisches Tochterunternehmen durch Untreue schädigt, auch dann keine Inlandstat, wenn das inländische Mutterunternehmen 100 % der Anteile hält und mittelbar geschädigt ist.[118] Bei Delikten mit überschießender Innentendenz bzw. kupierten Erfolgsdelikten wie den Zueignungs- oder Bereicherungsdelikten oder der Urkundenfälschung führt der Umstand, dass die erstrebte Zueignung, Bereicherung oder Täuschung im Rechtsverkehr im Inland stattfinden soll (oder sogar stattfindet), für sich nicht zu einer Inlandstat, da mit „Tatbestand" i.S.d. § 9 StGB der objektive Tatbestand gemeint ist.[119] Anderes gilt für Betrügereien zum Nachteil der Europäischen Gemeinschaften; hier bestimmt Art. 4 Abs. 1 erster Spiegelstrich Übereinkommen vom 26.7.1995 über den Schutz der finanziellen Interessen der Europäischen Gemeinschaften, dass auch derjenige Mitgliedstaat Gerichtsbarkeit hat und haben muss, in dessen Gebiet „der Vorteil erlangt worden ist".[120]

Einen „zum Tatbestand gehörenden Erfolg" i.S.d. § 9 StGB haben auch **konkrete Gefährdungsdelikte** in Gestalt des Gefahrerfolgs.[121] So kann eine grenzüberschreitende Gefährdung durch Freisetzen von Giften (§ 330 a StGB) im Ausland Inlandstat sein, wenn im Inland Lebens- oder Gesundheitsgefahren auftreten. Demgegenüber gibt es bei den im Wirtschaftsstrafrecht besonders häufigen **abstrakten Gefährdungsdelikten** – z.B. beim Kapitalanlagebetrug (§ 264 a StGB), der unabhängig von dem Streit, ob er Vermögensschutz oder den Schutz der Funktionsfähigkeit der Kapitalmärkte bezweckt, abstraktes Gefährdungsdelikt ist[122] – gerade keinen tatbestandsmäßigen Gefahrerfolg, der nur Motiv des Gesetzgebers ist, der Verhaltensweisen unter Strafe stellt, die typischerweise zu Gefahren führen.[123] Ob abstrakte Gefährdungsdelikte gleichwohl einen Erfolg i.S.d. § 9 StGB haben, eben die typischerweise bewirkte Gefahr, so dass eine Inlandstat vorliegt, wenn diese Gefahr im Inland besteht oder bestehen kann, ist hochumstritten[124] und richtigerweise – mit der h.M. – zu verneinen: Zwar mag es noch möglich sein, den Erfolgsbegriff des § 9 StGB von dem der allgemeinen Tatbestandslehre loszulösen. Jedoch gebietet der erwähnte völkerrechtliche Grundsatz der Mäßigung und Beschränkung bei Ausübung extraterritorialer Strafgewalt restriktive Auslegung des § 9 StGB, so dass es auch hier bei dem Grundsatz bleiben muss, dass abstrakte Gefährdungsdelikte keinen zum Tatbestand gehörenden Gefahrerfolg haben.[125]

Im Wirtschafts- und Umweltstrafrecht gleichfalls häufig sind **Eignungsdelikte** – die auch als potentielle oder abstrakt-konkrete Gefährdungsdelikte bezeichnet werden – wie § 34 Abs. 2 AWG oder § 324 a Abs. 1 Nr. 1 StGB.[126] Sie liegen gleichsam zwischen abstrakten und konkre-

---

[115] MünchKommStGB/*Ambos/Ruegenberg* § 9 Rdnr. 12.
[116] Schönke/Schröder/*Eser* § 9 Rdnr. 6; LK/*Gribbohm* § 9 Rdnr. 20.
[117] Für § 258 StGB s. BGH Urt. v. 19.5.1999 – 2 StR 86/99 – BGHSt 45, 97 = NStZ 2000, 31; zu § 370 AO s. dessen Abs. 7 und hierzu unten Rdnr. 59.
[118] OLG Frankfurt Beschl. v. 12.12.1988 – 1 Ws 229/88 – NJW 1989, 675; Schönke/Schröder/*Eser* § 9 Rdnr. 6; a.A.: OLG Koblenz Urt. v. 17.11.1983 – 1 Ss 428/83 – wistra 1984, 79; *Tröndle/Fischer* § 9 Rdnr. 4.
[119] BayObLG Urt. v. 22.1.1992 – RReg. 3 St 179/91 – NJW 1992, 1248; a.A.: OLG Stuttgart Beschl. v. 21.12.1973 – 3 Ws 284/73 – NJW 1974, 914.
[120] Zutr. Wabnitz/Janovsky/*Möhrenschlager* 3. Kap. Rdnr. 38.
[121] Vgl. *Heinrich* GA 1999, 72 m. weit. Nachw.
[122] *Lackner/Kühl* § 264 a Rdnr. 2; s. aber auch LK/*Tiedemann* § 264 a Rdnr. 16.
[123] *Roxin* AT I § 11 Rdnr. 127.
[124] MünchKommStGB/*Ambos* § 9 Rdnr. 25 m. weit. Nachw.
[125] S. oben Rdnr. 56.
[126] Vgl. zu § 34 Abs. 2 AWG BGH Urt. v. 25.3.1999 – 1 StR 493/98 – NJW 1999, 2129.

ten Gefährdungsdelikten, indem die (abstrakte) Eignung zur (konkreten) Gefährdung genügt. Für das Eignungsdelikt der Volksverhetzung (§ 130 Abs. 1 StGB) hat der BGH ausgesprochen, dass es einen „Erfolg" i.S.d. § 9 StGB habe und der Erfolgsort dort liege, wo die konkrete Tat ihre Gefährlichkeit im Hinblick auf das im Tatbestand umschriebene Rechtsgut entfalten könne.[127] Die Entscheidung ist vielfach kritisiert worden,[128] und zwar mit Recht: Den „zum Tatbestand gehörenden Erfolg" derart zu verdünnen, beschwört die Gefahr einer uferlosen Ausdehnung deutscher Strafgewalt herauf – die auch der BGH erkennt, wenn er seine neue Rechtsprechung mit dem Erfordernis eines völkerrechtlich legitimierenden Anknüpfungspunktes, also eines **genuine link**, zu begrenzen versucht. Allerdings ist zuzugeben, dass die BGH-Rechtsprechung gewisse Parallelen in der Rechtsprechung des EuGH zum Auswirkungsprinzip in Kartellbußgeldsachen hat.[129]

2. Auslandstaten

58 Auslandstaten, also solche, die keine Inlandstaten sind, weil weder der Handlungs- noch der Erfolgsort im Inland liegt (§ 9 StGB), unterfallen im Prinzip nur ausnahmsweise, nämlich nur unter den Voraussetzungen der §§ 5 bis 7 StGB, deutscher Strafgewalt.

59 a) **Inländische Rechtsgüter.** § 5 StGB erstreckt die deutsche Strafgewalt auf Auslandstaten, die sich gegen sog. inländische Rechtsgüter richten, vor allem Staatsschutzgüter, und zwar unabhängig vom Tatortrecht, so dass beiderseitige Strafbarkeit nicht erforderlich ist. Die Vorschrift beruht in erster Linie auf dem Realprinzip, zum Teil aber auch auf dem passiven Personalitätsprinzip, wobei eine eindeutige Zuordnung nicht immer möglich ist.[130] Für das Wirtschaftsstrafrecht von Bedeutung sind namentlich:

- § 5 Nr. 7 StGB. Hiernach gilt deutsches Strafrecht für die Verletzung von Betriebs- und Geschäftsgeheimnissen inländischer Betriebe oder Unternehmen (einschließlich deren ausländischen Tochterunternehmen). Erfasst werden §§ 201 bis 204 StGB sowie – über § 20 a UWG – §§ 17, 18, 20 UWG. Vom Schutzzweck erfasst werden auch allgemeine Vermögensdelikte (§§ 242, 246, 263, 266 StGB), soweit die Tat der Erlangung von Geschäfts- oder Betriebsgeheimnissen dient.[131]
- § 5 Nr. 11 StGB. Hiernach kann deutsches Strafrecht insbesondere für auf hoher See begangene Umweltstraftaten gelten (vgl. auch § 330 d Nr. 1 StGB).
- § 5 Nr. 12 StGB. Hiernach erfassen die Amtsdelikte – z.B. §§ 331, 332 StGB – auch im Ausland begangene Taten von (deutschen) Amtsträgern – z.B. wenn ein (deutscher) Amtsträger die Unrechtsvereinbarung im Ausland trifft bzw. dort den Vorteil annimmt –.

Im Nebenstrafrecht findet das Realprinzip Ausdruck in § 370 Abs. 7 AO, wonach die Steuerhinterziehung (übrigens auch mit Bezug auf von anderen Mitgliedstaaten verwalteten Abgaben, s. § 370 Abs. 6 AO) unabhängig vom Tatort strafbar ist.

60 b) **International geschützte Rechtsgüter.** § 6 StGB erstreckt die deutsche Strafgewalt, erneut unabhängig vom Tatortrecht, so dass beiderseitige Strafbarkeit nicht Voraussetzung ist, auf Auslandstaten gegen sog. international geschützte Rechtsgüter. Man spricht hier vom Weltrechtsprinzip, das für den europäischen Bereich durch ein sog. Europarechtsprinzip ergänzt wird. Die Auswahl beruht rechtsprinzipiell darauf, dass es sich um Taten handelt, die Rechtsgüter beeinträchtigen, die allen zivilisierten Staaten gemein sind und von allen gemeinsam geschützt werden sollen; rechtspraktisch handelt es sich um Tatbestände, die Gegenstand völkerrechtlicher Verträge sind und die mit Strafe zu bedrohen und ggf. auch dann zu verfolgen, wenn sie im Ausland begangen sind, sich die Bundesrepublik Deutschland verpflichtet hat (vgl. auch § 6 Nr. 9 StGB). Für das Wirtschaftsstrafrecht von Bedeutung sind namentlich:

- § 6 Nr. 7. Bei Geld- und Wertzeichenfälschung, Fälschung von Zahlungskarten und Vordrucken für Euroschecks und deren Vorbereitung (§§ 146, 149, 151, 152, 152 a StGB) sind Auslandstaten ohne weiteres strafbar.

---

[127] BGH Urt. v. 12.12.2000 – 1 StR 184/00 – BGHSt 46, 212 = NJW 2001, 624.
[128] *Clauß* MMR 2001, 228; *Heghmanns* JA 2001, 276, 280; *Lagodny* JZ 2001, 1198.
[129] EuGH Urt. v. 27.9.1988 – verb. Rs. 89, 104, 114, 116, 117 und 125 bis 129/85 – Slg. 1988, 5193.
[130] Vorwiegend dem Realprinzip folgen die Nrn. 5, 10, 11 a, 14 und 14 a Alt. 1, überwiegend dem passiven Personalitätsprinzip die Nrn. 6, 7 und 14 a Alt. 2.
[131] *Lackner/Kühl* § 5 Rdnr. 3; *MünchKommStGB/Ambos* § 5 Rdnr. 25.

- § 6. Nr. 8. Gleiches gilt für Subventionsbetrug (§ 264 StGB).
  In beiden Fällen geht der Gesetzgeber allerdings über die völker- bzw. europarechtlichen Vorgaben hinaus;[132] nur für den Schutz des Euro ist das Weltrechtsprinzip europarechtlich zwingend.[133]

c) Sonstige Fälle. Die in § 7 StGB enthaltenen sonstigen Fälle erweitern die deutsche Strafgewalt nach den Prinzipien der aktiven (Abs. 2 Nr. 1) und passiven (Abs. 1) Personalität und der stellvertretenden Strafrechtspflege (Abs. 2 Nr. 2). Voraussetzung ist im Ausgangspunkt, dass die Auslandstat auch nach Tatortrecht „mit Strafe bedroht" ist (Erfordernis beiderseitiger Strafbarkeit). Das ist konkret zu prüfen, und es ist zu fragen, ob die Tat am Tatort nach Tatortrecht eine Kriminalstrafe oder eine gleichwertige Sanktion – eine Geldbuße oder Disziplinarmaßnahme reicht nicht – zur Folge hat, gleich unter welchem rechtlichen Gesichtspunkt.[134] Es kommt hier also zwingend zu einer Fremdrechtsanwendung.[135] Am Tatort gegebene Rechtfertigungs- oder Entschuldigungsgründe, die nicht geradezu menschenrechtswidrig sind oder dem deutschen ordre public widersprechen, schließen die beiderseitige Strafbarkeit aus. Anderes gilt nach h. M. für am Tatort gegebene bloße tatsächliche oder rechtliche Verfolgungshindernisse wie z. B. Verjährung oder Amnestie.[136] Richtigerweise ist zu unterscheiden: Geht es um stellvertretende Strafrechtspflege (§ 7 Abs. 2 Nr. 2 StGB), so ist das nach Tatortrecht bestehende Verfolgungshindernis als souveräne Entscheidung des Tatortstaates zu respektieren und schließt deutsche Strafgewalt aus; anders liegt es, wenn es um das aktive oder passive Personalitätsprinzip geht (§ 7 Abs. 1 und Abs. 2 Nr. 1 StGB).[137] Von dem Erfordernis beiderseitiger Strafbarkeit wird eine Ausnahme gemacht, wenn der Tatort keiner Strafgewalt unterliegt, was auf hoheitsfreiem Gebiet (z. B. der hohen See), aber auch in sog. failed states der Fall ist, nämlich Staaten, in denen die Staatsgewalt nicht oder nicht mehr effektiv ausgeübt werden kann.[138]

Unter den genannten Voraussetzungen gilt deutsches Strafrecht zunächst für **Auslandstaten gegen Deutsche**, § 7 Abs. 1 StGB. Umstritten ist, ob Deutsche nur natürliche Personen mit deutscher Staatsangehörigkeit (Art. 116 Abs. 1 GG) oder auch juristische Personen bzw. Unternehmen mit Sitz in der Bundesrepublik Deutschland sind; auch mit Blick auf Art. 103 Abs. 2 GG ist der restriktiven Auffassung der Vorzug zu geben.[139] In der Sache geht es um Beeinträchtigung von Individualrechtsgütern, deren Träger zumindest bestimmbare Deutsche sind,[140] im wirtschaftsstrafrechtlichen Bereich vor allem um Vermögensstraftaten wie Betrug oder Untreue (§§ 263, 266 StGB) und um Wirtschaftsstraftaten, mit deren Tatbeständen zumindest auch Vermögensschutz bezweckt ist wie z. B. beim Kapitalanlagebetrug (§ 264 a StGB). Der große Teil des Wirtschafts- und Steuerstrafrechts, der lediglich überindividuelle oder staatliche Rechtsgüter zu schützen bestimmt ist, wird nicht von § 7 Abs. 1 StGB erfasst.[141]

Auslandstaten Deutscher werden gem. § 7 Abs. 2 Nr. 1 StGB der deutschen Strafgewalt unterstellt. Die Regelung ist in Zusammenhang mit Nr. 2 und dem in Art. 16 Abs. 2 GG normierten Auslieferungsverbot zu sehen, das nunmehr freilich dahin gehend gelockert ist, dass die

---

[132] S. einerseits Internationales Übereinkommen über die Bekämpfung der Falschmünzerei v. 20.4.1929 und andererseits Übereinkommen über den Schutz der finanziellen Interessen der Europäischen Gemeinschaften v. 26.7.1995, ABl. EG Nr. C 316 v. 27.11.1995, S. 48.
[133] Art. 7 Abs. 2 Rahmenbeschluss des Rates v. 29.5.2000 über die Verstärkung des strafrechtlichen und anderen Sanktion bewehrten Schutzes gegen Geldfälschung im Hinblick auf die Einführung des Euro, ABl. EG Nr. L 140 v. 14.6.2000, S. 1.
[134] *Lackner/Kühl* § 7 Rdnr. 2.
[135] S. hierzu bereits oben Rdnr. 123.
[136] BGH Urt. v. 27.2.1992 – 4 StR 23/92 – BGHSt 38, 212 = NJW 1992, 2775; BGH Urt. v. 1.6.1954 – 1 StR 35/54 – NJW 1954, 1086.
[137] MünchKommStGB/*Ambos* § 7 Rdnr. 13; im Kern ebenso Schönke/Schröder/*Eser* § 7 Rdnr. 11; a.A.: *Satzger*, Internationales und Europäisches Strafrecht, § 5 Rdnrn. 91 ff. Ein Überblick findet sich bei *Eser* JZ 1993, 875; wiederum anders *Scholten* NStZ 1994, 266.
[138] MünchKommStGB/*Ambos* § 7 Rdnr. 18.
[139] *Henrich* S. 108 ff.; LK/*Gribbohm* § 7 Rdnr. 48; a.A.: Schönke/Schröder/*Eser* § 7 Rdnr. 6; *Tröndle/Fischer* § 7 Rdnr. 6.
[140] BGH Urt. v. 22.2.1963 – 4 StR 9/63 – BGHSt 18, 283, 284 = NJW 1963, 1162, 1163.
[141] BGH Urt. v. 26.11.1992 – 3 StR 319/92 – BGHSt 39, 54, 60 = NJW 1993, 1019, 1020; *Tröndle/Fischer* § 7 Rdnr. 6.

Auslieferung an andere Mitgliedsstaaten der Europäischen Union oder an einen internationalen Gerichtshof zulässig sein kann. Im Übrigen findet sich im Wirtschaftsstrafrecht teilweise ein uneingeschränktes aktives Personalitätsprinzip, das vom Erfordernis beidseitiger Strafbarkeit absieht, so z. B. in § 21 KWKG, § 35 AWG, § 3 IntBestG, § 18 CWÜAG. Ob in diesen Fällen noch ein völkerrechtlich hinreichender **genuine link** besteht, ist problematisch.[142]

64 **Stellvertretende Strafrechtspflege** wird gem. § 7 Abs. 2 Nr. 2 StGB gegen Ausländer ausgeübt, die im Inland betroffen und nicht ausgeliefert werden, obwohl eine Auslieferung nach der Art der Tat zulässig wäre. Letzteres ist nicht der Fall, wenn ein Auslieferungshindernis nach §§ 3 bis 9 IRG vorliegt. Die Nichtauslieferung muss ohne ernstliche Zweifel feststehen, unabhängig davon, ob sie auf tatsächlichen oder rechtlichen Gründen beruht.

3. Irrtum über die räumliche Geltung

65 Angesichts der zunehmenden extraterritorialen Anwendbarkeit des deutschen Strafrechts und vor allem bei Auslandstaten i. e. S. (wenn weder der Handlungs- noch der Erfolgsort im Inland liegt) kommt es immer häufiger zu Irrtümern über die räumliche Geltung. So mag der Betrüger nicht wissen, dass sein Opfer deutscher Staatsangehöriger ist und deshalb ein Fall des § 7 Abs. 1 StGB vorliegt, oder es mag ein Arbeitnehmer seinem Arbeitgeber Betriebsgeheimnisse eines deutschen Unternehmens, seines früheren Arbeitsgebers, mitteilen und dabei nicht wissen, dass dies gem. § 5 Nr. 7 StGB nach deutschem Recht strafbar ist, und zwar selbst dann, wenn die Mitteilung nach Tatortrecht erlaubt oder gar geboten ist. Derartige Irrtümer sind noch heikler als die oben Rdnrn. 48 ff. behandelten Irrtümer über den Schutzbereich (mit denen sie allerdings zusammenfallen können):

66 Da die räumliche Geltung bzw. Anwendbarkeit deutschen Strafrechts nicht Tatbestandsmerkmal, sondern objektive Bedingung der Strafbarkeit ist, berührt ein Irrtum hierüber – gleich ob er sich als Tatsachen- oder als Rechtsirrtum darstellt – den Tatbestandsvorsatz nicht und ist **kein Tatbestandsirrtum** i.S.d. § 16 StGB. Ob ein **Verbotsirrtum** gem. § 17 StGB in Betracht kommt, wird von Rechtsprechung und Lehre unterschiedlich beurteilt: Der BGH hat einem Ausländer, der im Ausland eine Strafverfolgungsvereitelung zugunsten eines flüchtigen in der Bundesrepublik Deutschland Strafverfolgten begangen hat, Unrechtsbewusstsein allein deshalb unterstellt, weil dem Ausländer bewusst war, dass er ein deutsches, also von hier aus gesehen inländisches, Rechtsgut beeinträchtigte.[143] Mit anderen Worten lässt der BGH überhaupt nur Schutzbereichsirrtümer als mögliche Verbotsirrtümer zu. Dem ist zu widersprechen. Für Unrechtsbewusstsein genügt unstreitig Kenntnis der Sozialschädlichkeit oder Sittenwidrigkeit eines Verhaltens nicht.[144] Vielmehr ist erforderlich, dass der Täter „die von dem in Betracht kommenden Tatbestand umfasste spezifische Rechtsgutverletzung als Unrecht erkennt".[145] Die somit – wenn auch ggf. nur in Laienart – erforderliche rechtliche Bewertung kann nicht ohne territorialen Bezugspunkt erfolgen[146] – was gerade im Wirtschafts- und Steuerrecht und -strafrecht evident ist, das international sehr unterschiedlich ausgestaltet ist. Das Schuldprinzip verlangt, dass der Täter von der Appellwirkung der Verbotstatbestände erreicht wird bzw. werden kann. Das ist nicht der Fall bzw. kann nicht der Fall sein, wenn der Täter nicht mit der internationalen Anwendbarkeit rechnet bzw. rechnen muss. Hieraus ergibt sich, dass Unrechtsbewusstsein nur vorliegt, wenn der Täter Kenntnis vom Verbotensein **gemäß der jeweiligen (deutschen) Rechtsordnung** hat, andernfalls er für den Appell des jeweiligen (deutschen) Verbots normativ unansprechbar bleibt.[147] Daraus folgt: Der Irrtum über die international-strafrechtliche Anwendbarkeit deutschen Strafrechts ist zwar zunächst nur ein Strafbarkeitsirrtum, der im Rahmen des § 17 StGB unbeachtlich ist. Er kann jedoch einen Verbotsirrtum begründen, wenn der Täter – was häufig nahe liegt – auch von der Unanwendbarkeit des vorgelagerten rechtlichen Verbots – beispielsweise des Strafvereitelungsverbots – ausgeht.

---

[142] S. einerseits *Holthausen* NJW 1992, 214 (bejahend) und andererseits *Pottmeyer* NStZ 1992, 57 (verneinend).
[143] BGH Urt. v. 19.5.1999 – 2 StR 86/99 – BGHSt 45, 97 = NJW 1999, 2908.
[144] *Roxin* AT I § 21 II.
[145] BGH Urt. v. 28.2.1961 – 1 StR 467/60 – BGHSt 15, 377 = NJW 1961, 1031.
[146] Ebenso *Neumann* StV 2000, 425.
[147] *Neumann* StV 2000, 425; *Valerius* NStZ 2003, 343.

Liegt ein Verbotsirrtum vor, so stellt sich noch die Frage nach seiner **Vermeidbarkeit**. Hier 67
dürften an im Ausland handelnde Deutsche höhere Anforderungen als an im Ausland handelnde Ausländer zu stellen sein. Von ihnen kann nur ausnahmsweise verlangt werden, ihr Handeln auf ein Verbotensein nach deutschem Recht zu prüfen, wenn dafür besonderer Anlass besteht. Ein solcher Anlass ist allerdings das erkannte oder erkennbare Betroffensein inländischer (deutscher) Rechtsgüter.

V. Völker- und europarechtliche Vorgaben für das Wirtschafts- und Steuerstrafrecht

Völkerrechtliche Vorgaben für das Wirtschafts- und Steuerstrafrecht finden sich in der Regel 68
im Völkervertragsrecht und dort vor allem in multilateralen Übereinkommen, die im institutionellen Rahmen der Vereinten Nationen (UN), der Organisation für wirtschaftliche Zusammenarbeit und Entwicklung (OECD) und des Europarats erarbeitet worden sind.

Weit umfangreicher sind die **europarechtlichen Vorgaben** für „europäisiertes" nationales 69
Wirtschafts- und Steuerstrafrecht. Sie finden sich einerseits im europäischen Gemeinschaftsrecht nach dem EGV, vor allem in Verordnungen und Richtlinien, und andererseits im europäischen Unionsrecht nach dem EUV, vor allem in Übereinkommen und Rahmenbeschlüssen nach Titel VI, Art. 29 ff. EUV.

Der Umstand, dass eine nationale (deutsche) Wirtschafts- und Steuerstrafrechtslage auf 70
völker- oder europarechtlichen Vorgaben beruht, ist einerseits nicht durchweg offenkundig oder erkennbar und andererseits von großer praktischer Bedeutung. Denn zum einen kann es zum **Anwendungsvorrang** des Völker- oder Europarechts kommen, beispielsweise wenn im Rahmen des § 34 Abs. 4 AWG nur mit dem UN-Sicherheitsratsbeschluss vereinbare Embargobestimmungen als strafbarkeitsbegründend in Betracht kommen.[148] Zum anderen gilt der **Grundsatz der völker- und europarechtskonformen Auslegung**, der sich einerseits aus den Regeln über genetische und systematische Auslegung und andererseits aus dem Gedanken des Stufenbaus der Rechtsordnung herleitet. Generell ist es notwendig, das regelmäßig akzessorische Wirtschafts- und Steuerstrafrecht im Hinblick auf das zunehmend „europäisierte" Wirtschafts- und Steuerrecht anzuwenden und auszulegen und diejenigen Strafbarkeitseinschränkungen geltend zu machen, die sich aus den Grundfreiheiten des EGV (z.B. der Kapitalverkehrsfreiheit) ergeben.

1. Völkerrechtliche Vorgaben

a) **Vereinte Nationen.** Strafrecht und Wirtschaftsstrafrecht stehen nicht im Vordergrund 71
der Tätigkeit der Vereinten Nationen. Gleichwohl gibt es in neuerer Zeit einige einschlägige Instrumente, unter denen hervorzuheben sind:
- Übereinkommen der Vereinten Nationen gegen grenzüberschreitende organisierte Kriminalität (United Nations Convention against Transnational Organized Crime) vom 12.12.2000.[149] Das Übereinkommen betrifft u.a. auch die Geldwäsche und Korruption im Zusammenhang mit organisierter Kriminalität.
- Übereinkommen der Vereinten Nationen gegen Korruption (United Nations Convention against Corruption) vom 9.12.2003.

Beide Übereinkommen hat die Bundesrepublik Deutschland zwar unterzeichnet, aber noch nicht ratifiziert und umgesetzt, so dass sie derzeit für die deutsche Strafrechtspraxis unerheblich sind.

Für das Steuerstrafrecht ist der Umstand von mittelbarer Bedeutung, dass die Vereinten Na- 72
tionen über die Entwicklung von Musterabkommen zur Vermeidung der Doppelbesteuerung Einfluss auf das internationale Steuerrecht nehmen.[150]

---

[148] Grundlegend BGH Urt. v. 21.4.1992 – 1 StR 700/94 – BGHSt 41, 127 = NStZ 1995, 548 ff.
[149] In Kraft getreten am 29.12.2003. Der Abschluss des deutschen Ratifizierungsprozesses wird für die nähere Zukunft erwartet.
[150] Vgl. die Entwicklung des „UN-Musterabkommen[s] zur Vermeidung der Doppelbesteuerung zwischen einem Industriestaat und einem Entwicklungsland" durch den Wirtschafts- und Sozialausschuss der UN, der auf Vorarbeiten der OECD zurückgriff, s. sogleich Rdnr. 74.

73 **b) OECD.** Auch bei der OECD stehen Strafrecht und Wirtschaftsstrafrecht nicht im Vordergrund. Eine Ausnahme bildet das OECD-Übereinkommen vom 17.12.1997 über die Bekämpfung der Bestechung ausländischer Amtsträger im internationalen Geschäftsverkehr.[151] Art. 1 Übereinkommen verpflichtet die Vertragsstaaten – darunter die Bundesrepublik Deutschland –, die Strafbarkeit der Bestechung ausländischer Amtsträger der Bestrafung von Bestechungshandlungen gegenüber inländischen Amtsträgern gleichzustellen, wobei ausländischer Amtsträger jede Person ist, die in einem anderen Staat durch Ernennung oder Wahl ein Amt im Bereich der Gesetzgebung, Verwaltung oder Justiz inne hat oder die für einen anderen Staat einschließlich einer Behörde oder eines öffentlichen Unternehmens öffentliche Aufgaben wahrnimmt oder die Amtsträger oder Bevollmächtigter einer internationalen Organisation ist (Abs. 4 Buchstabe a). Art. 2 Übereinkommen verpflichtet die Vertragsstaaten, eine Verantwortlichkeit juristischer Personen für solche Bestechungshandlungen zu begründen. Die Strafbarkeit der Bestechlichkeit ist von dem Abkommen allerdings nicht umfasst. Durch das Gesetz vom 10.9.1998 zu dem Übereinkommen vom 17.12.1997 über die Bekämpfung der Bestechung ausländischer Amtsträger im internationalen Geschäftsverkehr (Internationales Bestechungsgesetz – IntBestG)[152] ist das Übereinkommen in der Bundesrepublik Deutschland umgesetzt worden. Nunmehr wird der Anwendungsbereich des § 334 StGB auf die Bestechung ausländischer und internationaler Amtsträger und Richter, daneben auch ausländischer und internationaler Abgeordneter, erstreckt.[153]

74 Ähnlich wie die Vereinten Nationen trägt die OECD, was mittelbar für das Steuerstrafrecht von Bedeutung ist, durch das von ihr ausgearbeitete und zur Verfügung gestellte Musterabkommen zur Vermeidung der Doppelbesteuerung zur tatsächlichen Harmonisierung des internationalen Steuerrechts bei.[154] Viele (auch von der Bundesrepublik Deutschland geschlossene) Doppelbesteuerungsabkommen richten sich nach diesem Vorbild.

75 **c) Europarat.** Die das Strafrecht betreffenden Aktivitäten des Europarats beschränkten sich ursprünglich auf den Schutz der Menschenrechte und Grundfreiheiten einerseits und die internationale Zusammenarbeit (Rechtshilfe) in Strafsachen andererseits. Beides ist auch für Wirtschafts- und Steuerstrafsachen nicht ohne Bedeutung:
- Die Konvention vom 4.11.1950 zum Schutze der Menschenrechte und Grundfreiheiten (EMRK)[155] ist in allen Europaratsstaaten in Kraft getreten und hat einen straf- und vor allem strafverfahrensrechtlichen Mindeststandard geschaffen, der auch und gerade in Wirtschaftsstrafsachen eine Rolle spielt (z.B. beim Anspruch auf Entscheidung in angemessener Frist, Art. 6 Abs. 1 EMRK[156]).
- Das Europäische Auslieferungsabkommen (EuAlÜbk)[157] vom 13.12.1957 mit den beiden Zusatzprotokollen vom 15.10.1975[158] und 17.3.1978[159] stellt das Auslieferungsrecht auf eine rechtsstaatliche Grundlage. Das Europäische Übereinkommen über die Rechtshilfe in Strafsachen (EuRhÜbk)[160] vom 20.4.1959 regelt die Vernehmung von Zeugen und Sachverständigen im Ausland aufgrund von Rechtshilfeersuchen, die Übermittlung von Akten und anderem Beweismaterial vom Ausland und ins Ausland sowie den internationalen Austausch von Strafregisterauszügen.

76 Seit einiger Zeit betreibt der Europarat freilich zudem aktive Strafrechtsharmonisierung, die nicht selten auf Strafrechtsausdehnung hinausläuft. Für das Wirtschaftsstrafrecht von besonderer Bedeutung sind:

---
[151] Abrufbar im Internet unter http://www1.oecd.org/deutschland/Dokumente/bestech.htm.
[152] BGBl. II S. 2327.
[153] Vertiefend *Korte* wistra 1999, 81, 85 ff.
[154] *Frotscher*, Internationales Steuerrecht, 2001, § 2 Rdnr. 4.
[155] BGBl. 1952 II S. 686; 1968 II S. 1112.
[156] Müller-Gugenberger/Bieneck/*Müller-Gugenberger* § 5 Rdnr. 10.
[157] BGBl. 1964 II S. 1369; 1976 II S. 1778; 1994 II S. 299.
[158] ETS No. 086.
[159] ETS No. 098.
[160] BGBl. 1964 II S. 1386; 1976 II S. 1799.

- Übereinkommen vom 8.11.1990 über Geldwäsche sowie Ermittlung, Beschlagnahme und Einziehung von Erträgen aus Straftaten.[161] Dieses Übereinkommen verpflichtet die Vertragsstaaten, Geldwäsche unter Strafe zu stellen, und ist mit § 261 StGB in deutsches Recht umgesetzt worden.
- Übereinkommen vom 4.11.1998 über den Schutz der Umwelt durch Strafrecht.[162] Dieses Übereinkommen hat die Bundesrepublik zwar unterzeichnet, aber noch nicht ratifiziert und umgesetzt.
- Strafrechtsübereinkommen vom 27.1.1999 über Korruption (Criminal Law Convention on Corruption).[163] Das Übereinkommen bezieht sich auf Bestechung und Bestechlichkeit im nationalen und internationalen Bereich und umfasst sowohl die Korruption im öffentlichen als auch im privaten Sektor. Die Bundesrepublik Deutschland hat das Übereinkommen zwar unterzeichnet, bislang aber noch nicht ratifiziert und umgesetzt.
- Übereinkommen vom 23.11.2001 über Cyberkriminalität (Convention on Cybercrime).[164] Das Übereinkommen bezieht sich auf den gesamten Bereich der Computer-, Informations- und Kommunikationskriminalität. Die Bundesrepublik Deutschland hat das Übereinkommen zwar unterzeichnet, bislang aber noch nicht ratifiziert und umgesetzt.

Im weiteren Zusammenhang sind noch die Bioethik-Konvention, das Protokoll zur Untersagung des Klonens von Menschen und die Europäische Anti-Doping-Konvention zu erwähnen.[165]

2. Europarechtliche Vorgaben

Die Rechtssetzungstätigkeit der Europäischen Gemeinschaft und Union bewirkt eine immer stärkere „Europäisierung" des Wirtschafts- und Steuerstrafrechts, indem erstens immer mehr wirtschafts- und steuerrechtliche Vorfragen „europäisiert" werden, zweitens ein europäisches Verwaltungssanktionenrecht entstanden ist und das eigentliche Wirtschaftsstrafrecht drittens durch Europäisches Gemeinschaftsrecht und viertens durch europäisches Unionsrecht assimiliert und harmonisiert wird. Es ist nicht auszuschließen, dass alles das in ein künftiges europäisches Wirtschafts- und Steuerstrafrecht mündet.

a) **Wirtschafts- und steuerrechtliche Vorfragen.** Weite Teile des Wirtschaftsrechts (z.B. das europäische Wettbewerbsrecht, das Lebensmittel- oder das Weinrecht) sind heute durch unmittelbar geltendes europäisches Gemeinschaftsrecht geregelt oder zumindest gemeinschaftsweit harmonisiert. Aus dem Abgabenrecht ist das gesamte Zollrecht in die ausschließliche Gemeinschaftszuständigkeit übergegangen. Soweit deutsches Wirtschafts- und Steuerstrafrecht ausdrücklich oder in Gestalt von Blankettverweisungen oder über normative Tatbestandsmerkmale hierauf verweist, kommt es zu einer gleichsam mittelbaren „Europäisierung" des Wirtschafts- und Steuerstrafrechts. In diesen Zusammenhang sind auch Rechtsakte der Europäischen Gemeinschaft gem. Art. 60, 301 EGV einzuordnen, die als Umsetzung einer vom Sicherheitsrat der Vereinten Nationen beschlossenen Embargo- oder Sanktionsmaßnahme oder Sanktion ergehen und aufgrund der Blankettvorschrift des § 34 Abs. 4 AWG in Deutschland strafbegründend wirken.[166]

b) **Europäisches Verwaltungssanktionenrecht.** Für das Recht der Wettbewerbsbeschränkungen enthielt das europäische Gemeinschaftsrecht von Anfang an die Ermächtigung, durch Verordnung – also durch unmittelbar in den Mitgliedstaaten geltendes Recht – Bußgeldtatbestände zu erlassen und Geldbußen zu verhängen.[167] Aber auch jenseits dessen ist anerkannt, dass die Europäische Gemeinschaft in den ihr zugewiesenen Politikbereichen – z. B. Landwirtschaft – Verwaltungssanktionsvorschriften erlassen kann, insbesondere zum Schutz ihrer eigenen fi-

---

[161] ETS No. 141.
[162] ETS No. 172; vgl. dazu Wabnitz/Janovsky/*Dannecker* 2. Kap. Rdnr. 33.
[163] ETS No. 173.
[164] ETS No. 185.
[165] Vgl. zum Ganzen *Oppermann* Europarecht Rdnr. 69.
[166] Dazu s.u. *Knierim/Wißmann* in § 26 Rdnr. 115 ff.
[167] S. nunmehr Art. 81 ff. EGV und Art. 23 ff. Verordnung [EG] Nr. 1/2003 des Rates vom 16.12.2002 zur Durchführung der in den Artikeln 81 und 82 des Vertrages niedergelegten Wettbewerbsregeln, ABlEG Nr. L 1 v. 4.1.2003, S. 1.

nanziellen Interessen gegen Unregelmäßigkeiten.[168] So ist ein europäisches Verwaltungssanktionenrecht entstanden, das – den Ordnungswidrigkeiten des deutschen Rechts vergleichbar – protostrafrechtlichen Charakter hat, unmittelbar in den Mitgliedstaaten gilt und klassische Bereiche des Wirtschaftsstrafrechts – namentlich Betrügereien zum Nachteil der Gemeinschaft – umfasst.[169] Einen materiell- und verfahrensrechtlichen Rechtsrahmen – gleichsam einen Allgemeinen Teil – hierfür enthalten

- die Verordnung (EG, Euratom) Nr. 2988/95 des Rates vom 18.12.1995 über den Schutz der finanziellen Interessen der Europäischen Gemeinschaften;[170]
- die Verordnung (EG, Euratom) Nr. 2185/96 des Rates vom 11.11.1996 betreffend die Kontrollen und Überprüfungen vor Ort durch die Kommission zum Schutz der finanziellen Interessen der Europäischen Gemeinschaften vor Betrug und anderen Unregelmäßigkeiten.[171]

80   c) **Gemeinschaftsrechtliche Vorgaben.** Noch weiter gehend zwingt der Grundsatz der Gemeinschaftstreue (Art. 10 EGV) die Mitgliedstaaten dazu, Interessen und Güter der Europäischen Gemeinschaft ebenso wie vergleichbare nationale Interessen und Güter und mindestens in wirksamer, verhältnismäßiger und abschreckender Weise zu schützen,[172] was Art. 280 Abs. 2 EGV für den Schutz der finanziellen Interessen der Europäischen Gemeinschaft nochmals ausdrücklich ausspricht.[173] Es kommt deshalb zu einer sog. Assimilisierungsverpflichtung, die sich insbesondere im nationalen (deutschen) Wirtschafts- und Abgabenstrafrecht auswirkt, wo finanzschützende Tatbestände grundsätzlich auf Finanzinteressen der Europäischen Gemeinschaft erstreckt werden müssen.

81   Zwar begründet die Assimilierungsverpflichtung für sich keine Rechtssetzungskompetenz, und zwar gesteht der EGV der Europäischen Gemeinschaft auch im Übrigen nicht die Kompetenz zu, unmittelbar geltendes Strafrecht (im Unterschied zum Verwaltungssanktionenrecht, s. soeben Rdnr. 79) zu erlassen oder gar durchzusetzen. Jedoch ist es nicht ausgeschlossen – und vor dem Hintergrund der Assimilierungsverpflichtung nicht fern liegend –, das mitgliedstaatliche Strafrecht, auch und vor allem das Wirtschafts- und Steuerstrafrecht, mit dem Mittel der Richtlinie zu harmonisieren. Art. 94 ff. EGV erlauben eine „Angleichung der Rechtsvorschriften" der Mitgliedstaaten, insbesondere wenn die Errichtung oder das Funktionieren des Binnenmarkts dies erfordert (Art. 95 Abs. 1 EGV). Gerade beim Wirtschafts- und Steuerstrafrecht ist durchaus diskutabel, dass eine Angleichungskompetenz nach Art. 95 Abs. 1 EGV besteht. Allerdings hat der Gemeinschaftsgesetzgeber bislang davon abgesehen, die Mitgliedstaaten ausdrücklich zu verpflichten, bestimmte Verhaltensweisen unter Strafe zu stellen, sondern sich mit der Forderung nach wirksamen, verhältnismäßigen und abschreckenden Sanktionsvorschriften begnügt. Jedoch hat der deutsche Gesetzgeber durchaus zum Strafrecht gegriffen, um gemeinschaftsrechtliche Richtlinien umzusetzen.[174]

82   Für das Wirtschaftsstrafrecht sind folgende Richtlinien bzw. sie umsetzende Strafvorschriften hervorzuheben:

- die Richtlinien des Rates zur Koordinierung des Gesellschaftsrechts. Sie führten zu dem neuen Bilanzstraf- und -ordnungswidrigkeitenrecht der §§ 331 ff. HGB, eingeführt durch das Gesetz zur Durchführung der Vierten, Siebenten und Achten Richtlinie des Rates der Europäischen Gemeinschaften zur Koordinierung des Gesellschaftsrechts vom 19.12.1985;[175]
- Richtlinie des Rates vom 10.6.1991 zur Verhinderung der Nutzung des Finanzsystems zum Zwecke der Geldwäsche.[176] U. a. diese Richtlinie führte zur Schaffung des § 261 StGB durch

---

[168] EuGH Urt. v. 27.10.1992 – Rs. C-240/90 – Slg. 1992, I-5383 = NJW 1993, 47 m. Anm. *Tiedemann*.
[169] Grundlegend hierzu *Heitzer*.
[170] ABlEG 1995 Nr. L 312 v. 23.12.1995, S. 1; vgl. dazu Wabnitz/Janovsky/*Dannecker* 2. Kap. Rdnr. 212 f.
[171] ABlEG 1996 Nr. L 292 v. 15.11.1996, S. 2; vgl. dazu in: Wabnitz/Janovsky/*Dannecker* 2. Kap. Rdnr. 214 f.
[172] EuGH Urt. v. 21.9.1989 – Rs. 68/88 – Slg. 1989, 2965 = NJW 1990, 2245 (sog. griechisch-jugoslawischer Maisskandal).
[173] S. dazu unten *Köpp* in § 33 Rdnr. 13 ff.
[174] *Achenbach* GA 2004, 559, 567 f.
[175] BGBl. I S. 2355.
[176] ABl. EG Nr. L 166 v. 28.6.1991, S. 77.

das Gesetz vom 15.7.1992 zur Bekämpfung des illegalen Rauschgifthandels und anderer Erscheinungsformen der Organisierten Kriminalität;[177]
- Richtlinie des Rates vom 13.11.1989 zur Koordinierung der Vorschriften betreffend Insider-Geschäfte.[178] Diese Richtlinie führte zur Strafbarkeit verbotenen Insiderhandels gem. §§ 14, 38 WpHG.[179] Die Insiderrichtlinie ist mittlerweile durch die Richtlinie des Europäischen Parlaments und des Rates vom 28.1.2003 über Insider-Geschäfte und Marktmanipulation (Marktmissbrauch) abgelöst worden.[180] Im Vorgriff auf diese Richtlinie hatte der deutsche Gesetzgeber mit dem Vierten Finanzmarktförderungsgesetz vom 21.6.2002[181] den bisherigen Kursbetrug (§ 88 BörsG a. F.) reformiert und neue Straf- und Bußgeldvorschriften gegen Kurs- und Marktpreismanipulation geschaffen (§§ 20 a i.V. mit 38 I Nr. 4, 39 I Nr. 1, 2 WpHG); die eigentliche Umsetzung der Marktmissbrauchsrichtlinie ist nunmehr mit dem Gesetz vom 28.10.2004 zur Verbesserung des Anlegerschutzes (Anlegerschutzverbesserungsgesetz – AnSVG) erfolgt.[182]

d) **Unionsrechtliche Vorgaben.** Seit einiger Zeit liegt der Schwerpunkt der europarechtlichen Vorgaben für Straf- und Wirtschaftsstrafrecht nicht mehr im europäischen Gemeinschafts-, sondern im europäischen Unionsrecht nach den Vorschriften über die polizeiliche und justizielle Zusammenarbeit in Strafsachen des Titels VI EUV, der als „dritter Pfeiler" der Europäischen Union (neben der Europäischen Gemeinschaft und der Gemeinsamen Sicherheits- und Außenpolitik) bezeichnet wird. Art. 29 Abs. 2 dritter Spiegelstrich EUV ermöglicht eine „Annäherung der Strafvorschriften der Mitgliedstaaten", die zwar nach Art. 31 Buchstabe e) EUV auf organisierte Kriminalität, Terrorismus und illegalen Drogenhandel beschränkt ist, nach der Praxis der Europäischen Union aber auch darüber hinaus erstreckt wird. Instrumente zur Strafrechtsangleichung im Unionsrechtsrahmen sind Rahmenbeschlüsse und Übereinkommen (Art. 34 Abs. 2 Buchstaben b], d] EUV).

Für das Wirtschaftsstrafrecht sind folgende unionsrechtliche Instrumente hervorzuheben, die das deutsche Wirtschaftsstrafrecht beeinflussen:
- Übereinkommen vom 26.7.1995 über den Schutz der finanziellen Interessen der Europäischen Gemeinschaften[183] nebst ihren Zusatzprotokollen,[184] umgesetzt[185] durch das EG-Finanzschutzgesetz vom 10.9.1998,[186] das EU-Bestechungsgesetz vom 11.8.1999[187] und das Gesetz vom 22.8.2002;[188]
- Übereinkommen vom 26.5.1997 über die Bekämpfung der Bestechung, an der Beamte der Europäischen Union oder der Mitgliedstaaten beteiligt sind,[189] umgesetzt durch das EU-Bestechungsgesetz und das Zustimmungsgesetz vom 21.10.2002;[190]
- Gemeinsame Maßnahme des Rates vom 22.12.1998 betreffend die Bestechung im privaten Sektor vom 22.12.1998, umgesetzt durch Gesetz vom 22.8.2002,[191] und nachfolgend

---

[177] BGBl. I S. 1302.
[178] ABl. EG Nr. L 334 v. 18.11.1990, S. 30.
[179] Gesetz vom 26.7.1994 über den Wertpapierhandel und zur Änderung börsenrechtlicher und wertpapierrechtlicher Vorschriften, BGBl. I S. 1749.
[180] ABl. EG Nr. L 96 v. 12.4.2003, S. 16.
[181] BGBl. I S. 2010.
[182] BGBl. I S. 2630.
[183] ABlEG Nr. C 316 v. 27.11.1995, S. 48.
[184] Näher *Vogel* GA 2003, 314, 322 in Fn. 36.
[185] S. dazu *Achenbach* GA 2004, 559, 567.
[186] BGBl. II S. 2322.
[187] BGBl. II S. 2340.
[188] Zur Ausführung des Zweiten Protokolls v. 19.6.1997 zum Übereinkommen über den Schutz der finanziellen Interessen der Europäischen Gemeinschaft, der Gemeinsamen Maßnahme betreffend die Bestechung im privaten Sektor v. 22.12.1998 und des Rahmenbeschlusses vom 29.5.2000 über die Verstärkung des mit strafrechtlichen und anderen Sanktionen bewehrten Schutzes gegen Geldfälschung im Hinblick auf die Einführung des Euro, BGBl. I S. 3387.
[189] ABl. EG Nr. C 195 v. 25.6.1997, S. 1.
[190] BGBl. II S. 2727.
[191] Siehe oben Fn. 188.

Rahmenbeschluss des Rates vom 22.7.2003 zur Bekämpfung der Bestechung im privaten Sektor,[192] noch nicht umgesetzt;
- Rahmenbeschlusses des Rates vom 29.5.2000 über die Verstärkung des mit strafrechtlichen und anderen Sanktionen bewehrten Schutzes gegen Geldfälschung im Hinblick auf die Einführung des Euro, gleichfalls umgesetzt durch das Gesetz vom 22.8.2002;[193]
- Rahmenbeschluss des Rates vom 28.5.2001 zur Bekämpfung von Betrug und Fälschung im Zusammenhang mit unbaren Zahlungsmitteln,[194] umgesetzt durch das 35. StrÄndG;[195]
- Rahmenbeschluss des Rates vom 26.6.2001 über Geldwäsche sowie Ermittlung, Einfrieren, Beschlagnahme und Einziehung von Tatwerkzeugen und Erträgen aus Straftaten,[196] noch nicht umgesetzt;
- Rahmenbeschluss des Rates vom 27.1.2003 über den Schutz der Umwelt durch Strafrecht,[197] noch nicht umgesetzt;
- Rahmenbeschluss des Rates über Angriffe auf Informationssysteme, der unmittelbar vor der Annahme steht[198] und den Bereich der Computerkriminalität betrifft.

85 e) **Künftiges europäisches Wirtschafts- und Steuerstrafrecht?** Es ist nicht ausgeschlossen, dass sich die vorgenannten Entwicklungen mittel- und langfristig in einem europäischen – vollständig „europäisierten" – Wirtschafts- und Steuerstrafrecht niederschlagen. Eine Expertengruppe angesehener europäischer Strafrechtslehrer hat 1997 ein viel diskutiertes „Corpus Juris der strafrechtlichen Regelungen zum Schutz der finanziellen Interessen der Europäischen Union" vorgelegt,[199] das materiell-rechtlich ein vereinheitlichtes Finanzstrafrecht und prozessual eine Europäische Staatsanwaltschaft vorsieht, was von der Kommission aufgegriffen worden ist.[200] Hieran anknüpfend hat eine von *Tiedemann* geleitete Arbeitsgruppe Vorschläge für eine Vereinheitlichung des gesamten Wirtschaftsstrafrechts vorgelegt.[201] Der am 29.10.2004 in Rom unterzeichnete Vertrag über eine Verfassung für Europa sieht vor, dass Strafrecht u. a. in den Bereichen „illegaler Waffenhandel, Geldwäsche, Korruption, Fälschung von Zahlungsmitteln, Computerkriminalität und organisierte Kriminalität" harmonisiert werden darf (Art. III-271 Abs. 1 Satz 2); darüber hinaus darf eine Strafrechtsharmonisierung erfolgen, wenn dies „unerlässlich für die wirksame Durchführung der Politik der Union auf einem Gebiet" ist, „auf dem Harmonisierungsmaßnahmen erfolgt sind" (Art. III-271 Abs. 2) – also weiten Teilen des Wirtschaftsrechts und Teilen des Abgabenrechts. Darüber hinaus ermöglicht Art. III-274 Abs. 1 die Einsetzung einer Europäischen Staatsanwaltschaft, die Straftaten zum Nachteil der finanziellen Interessen der Europäischen Union verfolgt, die durch Europäisches Gesetz festgelegt werden (Art. III-274 Abs. 2 Satz 1 letzter Halbsatz).

3. Völker- und europarechtskonforme Auslegung

86 a) **Völkerrechtskonforme Auslegung.** Nach der herrschenden Transformationstheorie berührt Völkerrecht die Geltung, Anwendung und Auslegung nationalen deutschen Rechts für sich genommen nicht. Anderes gilt für die allgemeinen Regeln des Völkerrechts, die gem. Art. 25 GG den Gesetzen (nicht aber der Verfassung) vorgehen, und für Völkervertragsrecht, das durch Zustimmungsgesetz gem. Art. 59 Abs. 2 GG innerstaatliche Geltung erlangt hat. Die Auslegung solchen Völkerrechts folgt den völkerrechtlichen Auslegungsregeln.[202] Zudem ist die „Völkerrechtsfreundlichkeit" des Grundgesetzes und der Grundsatz zu bedenken, dass der Gesetzgeber bei Umsetzung völkerrechtlicher Gesetzgebungspflichten im Zweifel diese

---

[192] ABl. EG Nr. L 192 v. 31.7.2003, S. 54.
[193] Siehe oben Fn. 188.
[194] ABl. EG Nr. L 149 v. 2.6.2001, S. 1.
[195] BGBl. 2003 I S. 2838.
[196] ABl. EG Nr. L 182 v. 5.7.2001, S. 1.
[197] ABl. EG Nr. L 29 v. 5.2.2003, S. 55.
[198] S. Ratsdok. 8687/2/03 v. 14.7.2003.
[199] *Delmas-Marty* (Hrsg.), Corpus Juris portant dispositions pénales pour la protection des intérêts financiers de l'Union européenne, 1997.
[200] Grünbuch der Kommission zum strafrechtlichen Schutz der finanziellen Interessen der Europäischen Gemeinschaften und zur Schaffung einer Europäischen Staatsanwaltschaft, KOM(2001)715 endgültig.
[201] *Tiedemann* (Hrsg.), Wirtschaftsstrafrecht in der Europäischen Union, 2002.
[202] Vitzthum/*Kunig*, Völkerrecht, 3. Aufl. 2004, 2. Abschn. Rdnr. 181.

Pflichten erfüllen will – was im Ergebnis zu einer völkerrechtskonformen Auslegung des Umsetzungsrechts führt und auch dann gilt, wenn völkerrechtliche Strafgesetzgebungspflichten durch Strafgesetzgebung erfüllt werden.

Ein markantes Beispiel für die Bedeutung der völkerrechtskonformen Auslegung im Wirtschaftsstrafrecht bietet § 34 Abs. 4 AWG: Da dort nur Zuwiderhandlungen gegen solche Vorschriften unter (Verbrechens-) Strafdrohung gestellt sind, welche „der Durchführung einer vom Sicherheitsrat der Vereinten Nationen ... beschlossenen wirtschaftlichen Sanktionsmaßnahme dienen", ist Bezugspunkt der Auslegung stets der Sicherheitsratsbeschluss, und Umsetzungsvorschriften, die hierüber inhaltlich hinausgehen, nicht wirksam strafbewehrt.[203] Ein anderes Beispiel ist der durch Art. 2 § 1 IntBestG erweiterte Amtsträgerbegriff bei Bestechung im internationalen Geschäftsverkehr; er ist völkerrechtskonform mit dem OECD-Übereinkommen vom 17.12.1997 auszulegen. 87

b) **Europarechtskonforme Auslegung.** Anders als Völkerrecht genießt europäisches Gemeinschaftsrecht Anwendungsvorrang vor nationalem (deutschen) Recht, nach Auffassung des EuGH auch vor nationalem (deutschen) Verfassungsrecht. Deshalb muss das nationale (deutsche) Wirtschafts- und Steuerstrafrecht jedenfalls im Einklang mit Primärrecht, insbesondere den Grundfreiheiten des EGV, und mit Sekundärrecht, insbesondere mit unmittelbar geltendem und verbindlichem Verordnungsrecht, der Gemeinschaften gehandhabt werden. Aber auch Richtlinien und Rahmenbeschlüsse, die nicht unmittelbar gelten, sondern nur die Mitgliedstaaten zur Umsetzung verpflichten, können taugliche Bezugspunkte einer „richtlinien-" oder „rahmenbeschlusskonformen" Auslegung sein.[204] In der Sache läuft die europarechtskonforme Auslegung darauf hinaus, dass unter mehreren nach nationalem (deutschen) Verständnis vertretbaren Auslegungsvarianten diejenige auszuwählen ist, die dem europäischen Gemeinschafts- bzw. Unionsrecht am besten gerecht wird.[205] 88

Häufig wird sich die europarechtskonforme Auslegung **in favorem rei** auswirken, nämlich zur Nichtanwendung solchen Wirtschafts- und Wirtschaftsstrafrechts führen, welches mit Grundfreiheiten des EGV oder Verordnungsrecht nicht (mehr) vereinbar ist. Nicht schlechterdings ausgeschlossen ist allerdings eine europarechtskonforme Auslegung **contra reum**. Zwar findet sie strafrechtlich gesehen ihre Grenze in den unionsweit geltenden allgemeinen Rechtsgrundsätzen des Analogie- und des Rückwirkungsverbots und des Bestimmtheitsgebots;[206] eine europarechtskonforme Auslegung über den Wortlaut eines Strafgesetzes hinaus oder gegen ihn ist ausgeschlossen.[207] In diesen Grenzen kann es aber zu einer europarechtskonformen Auslegung contra reum beispielsweise dann kommen, wenn eine Schutzbereichsausdehnung im Hinblick auf die aus Art. 10 EGV folgende Pflicht der Mitgliedstaaten, Güter und Interessen der Gemeinschaften so wie eigene Güter und Interessen zu schützen, in Betracht kommt.[208] So kann die Beeinträchtigung von Eigentum oder Vermögen der Europäischen Gemeinschaften den Tatbestand deutscher Eigentums- oder Vermögensdelikte erfüllen, auch wenn generell zweifelhaft sein mag, ob Eigentum und Vermögen anderer Staaten vom deutschen Strafrecht geschützt wird.[209] Überhaupt gilt, dass Tatbestände, die zwar hoheitliche bzw. staatliche Interessen bzw. Güter schützen, dies jedoch nicht ausdrücklich auf deutsche Interessen bzw. Güter beschränken, wie es z.B. §§ 81 I, 105, 106 StGB tun, auf europäische Interessen bzw. Güter erstreckt werden können und müssen. So muss bei § 132 StGB auch die Anmaßung eines europäischen Amts genügen, oder bei § 133 StGB kommen auch in europäischer dienstlicher Verwahrung befindliche Schriftstücke oder Sachen in Betracht.[210] Oder es ergibt sich nicht erst aus § 152 StGB, sondern aus einer europarechtskonformen Auslegung des Begriffs des „Geldes", dass auch der Euro durch §§ 146 ff. StGB geschützt ist.[211] 89

---

[203] BGH Urt. v. 21.4.1992 – 1 StR 700/94 – BGHSt 41, 127 = NStZ 1995, 548 ff.
[204] Grundlegend dazu *Schröder*, Europäische Richtlinien und Strafrecht, S. 355 ff., 397 ff.
[205] *Satzger*, Internationales und Europäisches Strafrecht, § 8 Rdnr. 84.
[206] EuGH Urt. v. 8.10.1987 – Rs. 80/86 – 1987, 3982; Müller-Gugenberger/Bieneck/*Müller-Gugenberger* § 5 Rdnr. 83.
[207] *Satzger* S. 570.
[208] Näher *Satzger* S. 549 ff.
[209] Vgl. *Satzger* S. 568.
[210] *Satzger*, Internationales und Europäisches Strafrecht, § 8 Rdnrn. 92 f.
[211] *Satzger* S. 583 ff.

90 Im Übrigen kann die europarechtskonforme Auslegung wünschenswerte Präzisierungen bewirken. So hat der BGH neuerdings Gelegenheit gefunden, die umstrittene Frage, ob sog. scalping als Insiderdelikt gem. §§ 14, 38 Abs. 1 Nrn. 1 bis 3 WpHG erfasst werden kann, in richtlinienkonformer Auslegung entsprechend der Marktmissbrauchsrichtlinie zu verneinen; in Betracht kommt allerdings eine gem. §§ 20 a, 38 Abs. 1 Nr. 4 WpHG strafbare Kurs- und Marktpreismanipulation.[212] Auch im Bereich der Fahrlässigkeitszurechnung können insbesondere gemeinschaftsrechtliche Verhaltensrichtlinien und Regelwerke den Maßstab für die Bestimmung einer Sorgfaltspflichtverletzung oder des „erlaubten Risikos" darstellen.[213]

VI. Prozessuale Fragen des internationalen Wirtschafts- und Steuerstrafrechts

91 An sich sind die bislang behandelten Fragen durchweg solche des materiellen Rechts.[214] Aber natürlich werfen Wirtschafts- und Steuerstrafsachen mit internationaler Dimension auch prozessuale Fragen auf. Insbesondere kann es zu internationaler Zusammenarbeit in Strafsachen in Gestalt der Auslieferung bzw. Übergabe und sonstiger Rechtshilfe in Strafsachen kommen; hier stellen sich für die Verteidigung besonders intrikate Fragen, die aber nicht Gegenstand dieses Abschnitts sind. Hier soll es vielmehr um solche prozessuale Fragen gehen, die unmittelbar mit dem internationalen Wirtschafts- und Steuerstrafrecht im bezeichneten Sinne verbunden sind. Sie betreffen erstens die Gerichtsbarkeit und Kompetenzkonflikte, zweitens die prozessuale Behandlung völker- und europarechtlicher Vorgaben und drittens die prozessuale Behandlung ggf. anwendbaren fremden Rechts.

1. Gerichtsbarkeit und internationale Kompetenzkonflikte

92 Im Ausgangspunkt folgt die deutsche **Gerichtsbarkeit** (jurisdiction) der deutschen Strafgewalt und damit der räumlichen Geltung bzw. Anwendbarkeit des deutschen Strafrechts. Damit noch nicht entschieden ist der inländische **Gerichtsstand** i.S. der §§ 7 bis 11 StPO. Bei Inlandstaten, deren Handlungs- oder Erfolgsort im Inland belegen ist, sind diese Orte maßgeblich, § 7 StPO. Bei Auslandstaten kommt es hingegen auf §§ 8 bis 11 StPO an. Da die Neigung von Staatsanwaltschaften, zeit- und arbeitsintensive ausländische Wirtschafts- und Steuerstrafsachen zu übernehmen, nicht immer groß ist, hat die Gerichtsstandsbestimmung durch den BGH gem. § 13 a StPO durchaus gewisse Bedeutung. Dies dürfte im Ergebnis auch für solche potentiellen Gefährdungsdelikte gelten, die nach Auffassung des BGH einen inländischen Erfolgsort haben wie die Volksverhetzung (§ 130 StGB): Da sich dieser Ort nicht konkret angeben lässt, muss der Gerichtsstand wie bei einer Auslandstat bestimmt werden.

93 In Wirtschafts- und Steuerstrafsachen mit internationaler Dimension und namentlich bei Auslandstaten kommt es jedenfalls theoretisch nicht selten zu **internationalen Kompetenzkonflikten**, da neben der Bundesrepublik Deutschland auch andere Staaten verfolgungszuständig sind, was z.B. im Rahmen des § 7 StGB zwingend ist, soweit beiderseitige Strafbarkeit erforderlich ist.[215] Die Praxis behilft sich bei Auslandstaten, vor allem solchen, die von Ausländern begangen worden sind, häufig mit § 153 c StPO oder, wenn der Beschuldigten ausgeliefert oder ausgewiesen wird, mit § 154 b StPO. Bei Inlandstaten i.S. des § 9 Abs. 1 StGB, vor allem wenn sie von Deutschen begangen worden sind, kann es hingegen durchaus zu doppelter oder mehrfacher Strafverfolgung im In- und Ausland kommen. Insbesondere wenn es sich um multinationale Konzerne handelt, bei denen Fragen der Zurechenbarkeit deliktischer Handlungen der (ausländischen) Tochter- auf die (inländische) Muttergesellschaft und **vice versa** ungeklärt sind, lässt sich das Risiko einer solchen Doppel- oder Mehrfachverfolgung nur schwierig abschätzen.

94 In derartigen Fällen stellt das geltende Recht grundsätzlich nur eine **Anrechnungslösung** zur Verfügung, indem die im Ausland verbüßte Strafe bei der inländischen Strafzumessung angerechnet wird (s. § 51 Abs. 3 StGB und die dortigen Kommentare). Nur bei Auslandstaten besteht die Möglichkeit einer Opportunitätseinstellung nach § 153 Abs. 2 StPO. Demgegenüber ist ein „**internationales ne bis in idem**", d.h. ein international wirkender Strafklagever-

---
[212] BGH Urt. v. 6.11.2003 – 1 StR 24/03 – NStZ 2004, 285 m. Bspr. *Vogel* NStZ 2004, 252.
[213] *Satzger*, Internationales und Europäisches Strafrecht, § 8 Rdnr. 94 ff.
[214] S. zu §§ 3 bis 9 StGB oben Rdnr. 48.
[215] Vgl. LK/*Gribbohm* Vorbem. § 3 Rdnr. 156.

brauch, grundsätzlich nicht anerkannt und hat sich insbesondere nicht völkergewohnheitsrechtlich oder als allgemeine Regel des Völkerrechts i. S. von Art. 25 GG durchsetzen können.[216] Anderes gilt im Gebiet der Europäischen Union. Dort gilt ein **„europäisches ne bis in idem"**, das in Art. 54 SDÜ niedergelegt ist, der lautet: „Wer durch eine Vertragspartei rechtskräftig abgeurteilt worden ist, darf durch eine andere Vertragspartei wegen derselben Tat nicht verfolgt werden, vorausgesetzt, dass im Falle einer Verurteilung die Sanktion bereits vollstreckt worden ist, gerade vollstreckt wird oder nach dem Recht des Urteilsstaats nicht mehr vollstreckt werden kann."

Für die Verteidigung in Wirtschafts- und Steuerstrafsachen mit internationaler Dimension ist Art. 54 SDÜ durch eine neuere Leitentscheidung des EuGH besonders interessant geworden: Nach Auffassung des EuGH sind „rechtskräftig abgeurteilt" nicht nur Strafsachen, in denen ein gerichtliches Sachurteil ergangen ist, sondern auch solche, in denen ohne gerichtliche Beteiligung eine endgültig verfahrensbeendende Entscheidung getroffen worden ist, die eine gewisse Sanktionswirkung hat.[217] Das zielt insbesondere auf informelle oder konsensuale Verfahrensbeendigungen im Vorverfahren ab, wie bei § 153 a StPO oder bei der „transactie" des niederländischen oder belgischen Rechts, einer Art verfahrensbeendender Vergleich; sie sollen europäischen Strafklageverbrauch bewirken. In einer Wirtschafts- und Steuerstrafsache mit europäischer Dimension kann also durchaus zu überlegen sein, die Sache in einem verfolgungszuständigen Mitgliedstaat, der zu einer informellen oder konsensualen Verfahrensbeendigung bereit ist, rasch konsensual zu erledigen und – Allgemeiner gesprochen – rasch eine strafklageverbrauchende Verfahrensbeendigung in dem Staat herbeizuführen, dessen Strafrecht(spraxis) zu einem aus Sicht des Mandanten möglichst günstigen Ergebnis führt. Zwar steht ein eigentliches „forum shopping" – wie es Strafverfolgungsbehörden zu Gebote steht, die sich untereinander (nun über Eurojust[218]) abstimmen können, wer verfolgen soll – nicht in der Macht der Verteidigung. Jedoch kann es sich lohnen, mit einem Mitgliedstaat, der eine akzeptable Verfahrensbeendigung in Aussicht stellt, verstärkt zu kooperieren, um im Verhältnis zu anderen Mitgliedstaaten in den Genuss der Schutzwirkung des Art. 54 SDÜ zu kommen. Das mag so weit gehen, dass sich der Beschuldigte absprachegemäß in einem bestimmten Mitgliedstaat der Strafverfolgung stellt.

Freilich führt die **ne bis in idem**-Lösung dazu, dass „zuerst mahlt, wer zuerst kommt". Dieses Prinzip der Priorität der zeitlich ersten Verfahrensbeendigung überzeugt nicht. Stattdessen könnte daran gedacht werden, bei doppelter oder mehrfacher Verfolgungszuständigkeit Vorrangkriterien oder zumindest Konsultationsmechanismen einzuführen. Auf europäischer Ebene werden entsprechende Modelle bereits diskutiert.[219] Letztlich aber dürfte es vorzugswürdig sein, internationale Kompetenzkonflikte von Anfang an zu vermeiden, indem das internationale Strafrecht auf ein eng verstandenes Territorialitätsprinzip zurückgeschnitten wird. Hierfür sprechen praktische und völkerrechtliche Argumente.[220] In der Tat ist es auf der Ebene der Europäischen Union anerkannt, dass (positive) Kompetenzkonflikte bei der Strafverfolgung vermieden werden sollten, Art. 31 Buchstabe d EUV. Auf dieser Grundlage arbeitet die Kommission derzeit an Vorschlägen zur Harmonisierung des internationalen Strafrechts (i.e.S.) der Mitgliedstaaten und spricht sich für ein eng verstandenes Territorialitätsprinzip aus.[221]

---

[216] BVerfG Beschl. v. 31.3.1987 – 2 BvM 2/86 – BVerfGE 75, 1, 18 ff. = NJW 1987, 2155, 2157 ff.; MünchKommStGB/*Ambos* StGB Vorbem. §§ 3 bis 7 Rdnr. 73.
[217] EuGH Urt. v. 11.2.2003 – verb. Rs. C-385/01 und C-187/01 – NJW 2003, 1173 m. Bspr. *Radtke/Busch* NStZ 2003, 281; *Stein* NJW 2003, 1162; *Vogel/Norouzi* JuS 2003, 1059.
[218] S. hierzu den Beschluss des Rates (2002/187/JI) v. 28.2.2002 über die Errichtung von Eurojust zur Verstärkung der Bekämpfung der schweren Kriminalität (ABlEG Nr. L 63 v. 6.3.2002, S. 1); Gesetz v. 12.5.2004 zur Umsetzung des Beschlusses (2002/187/JI) des Rates v. 28.2.2002 über die Errichtung von Eurojust zur Verstärkung der Bekämpfung der schweren Kriminalität (BGBl. I 2004 S. 902); vertiefend *Esser/Herbold* NJW 2004, 2421.
[219] S. etwa *Vander Beken/Vermeulen/Lagodny* NStZ 2002, 624; s. ferner das „Freiburg Proposal on Concurrent Jurisdictions and the Prohibiton of Multiple Prosecutions in the European Union" von 2003, abgedruckt in RIDP (Vol. 73) 2003, 1195.
[220] Umfassend MünchKommStGB/*Ambos* Vorbem. §§ 3 bis 7 Rdnr. 64 ff.
[221] Zieschang/Hilgendorf/Laubenthal/*Vogel* S. 29, 53.

2. Prozessuale Behandlung völker- und europarechtlicher Vorgaben

97 Kommt es in einer Wirtschafts- oder Steuerstrafsache mit internationaler Dimension auf völker- oder europarechtliche Vorgaben – sei es für das Strafrecht selbst, sei es (häufiger) für vorgelagerte Wirtschafts- oder Steuerrechtsfragen – an, so gilt im Ausgangspunkt der Satz „iura novit curia": Das Strafgericht muss die außerstrafrechtlichen Vorfragen eigenständig ermitteln und selbstständig bewerten,[222] und es genießt eine uneingeschränkte Vorfragenkompetenz, die sich über den Wortlaut des § 262 Abs. 1 StPO[223] hinaus auf alle Rechtsgebiete erstreckt.[224] Für das Völker- und Europarecht gibt es hiervon aber **de lege lata** drei Ausnahmen:

98 a) **Allgemeine Regeln des Völkerrechts.** Ist das Bestehen einer allgemeinen Regel des Völkerrechts (beispielsweise zu einer übermäßigen Ausdehnung des Anwendungsbereichs des deutschen Wirtschafts- und Steuerstrafrechts) i.S.d. Art. 25 GG zweifelhaft, so hat das Strafgericht die Entscheidung des BVerfG einzuholen, Art. 100 Abs. 2 GG, §§ 13 Nr. 11, 83, 84 BVerfGG. Zu den Einzelheiten dieses **Normverifikationsverfahrens** siehe die Verfassungsprozessrechtsliteratur.

99 b) **EMRK.** Kommt eine Verletzung der EMRK in Betracht, so besteht nach Erschöpfung des innerstaatlichen Rechtswegs – einschließlich des Verfassungsrechtswegs – die Möglichkeit der **Individualbeschwerde** zum EGMR, Art. 34 EMRK.

100 c) **Europäisches Gemeinschafts- und Unionsrecht.** Die zunehmende „Europäisierung" des Wirtschafts- und Steuerstrafrechts verschiebt die Auslegungshoheit auf den EuGH, der berufen ist, die Rechtseinheit des Gemeinschaftsrechts zu wahren, Art. 220 EGV, und dies auch beim Unionsrecht tut, Art. 35 EUV i.V.m. dem deutschen EuGH-Gesetz. Neben den Rechtsmitteln gegen die Verhängung von Bußgeldern in Kartellbußgeldsachen durch die Kommission[225] geht es vor allem um das **Vorabentscheidungsverfahren** gem. Art. 234 EGV, 35 EUV.[226] Es ist in Wirtschafts- und Steuerstrafsachen von großer Bedeutung, wenn sich gemeinschafts- oder unionsrechtliche Vorfragen stellen, z.B. ob europäisches Verordnungsrecht, auf das ein deutsches Blankettstrafgesetz verweist, gegen europäisches Primärrecht verstößt oder wie ein Rahmenbeschluss für die Zwecke rahmenbeschlusskonformer Auslegung zu verstehen ist.

101 Die wesentlichen Voraussetzungen für ein Vorabentscheidungsverfahren sind:
- **Vorlageberechtigt** ist nur ein Gericht. Hierunter fällt nach inzwischen h. M. auch ein Strafgericht, und zwar auch in Bußgeldverfahren wegen Ordnungswidrigkeiten,[227] nicht aber eine Staatsanwaltschaft[228] oder Verwaltungsbehörde,[229] weil es beiden an der für ein Gericht erforderlichen Unabhängigkeit fehlt.
- **Vorlageermächtigt** ist jedes Strafgericht, das im konkreten Strafverfahren bei einer entscheidungserheblichen Frage Zweifel über die Auslegung und die Geltung von Gemeinschafts- oder Unionsrecht hegt.
- **Vorlageverpflichtet ist** jedes Gericht, dessen Entscheidung im konkreten Fall[230] nicht mehr mit Rechtsmitteln angefochten werden kann. Darüber hinaus statuiert der EuGH eine Vorlagepflicht, wenn ein Gericht gleich welcher Instanz eine gemeinschaftsrechtliche Vorschrift nicht anwenden will, da das Verwerfungsmonopol nur in der Kompetenz des EuGH liege.[231] Eine Vorlagepflicht wird indes verneint, wenn eine europäische Rechtsfrage

---

[222] Löwe/Rosenberg/*Gollwitzer* § 244 Rdnr. 2.
[223] S. weiterhin für Steuerstrafverfahren § 396 AO. – Immerhin lassen beide Vorschriften zu, das Strafverfahren auszusetzen und die Entscheidung des sachlich zuständigen Gerichts bzw. den rechtskräftigen Abschluss des Besteuerungsverfahrens abzuwarten.
[224] Löwe/Rosenberg/*Gollwitzer* § 262 Rdnr. 1 m.w.N.
[225] S. unten *Witting* in § 24 Rdnr. 125 ff.
[226] Dazu s. Rengeling/Middeke/Gellermann/*Dannecker* § 38 Rdnr. 34 ff.; *Jokisch* S. 171 ff.; Löwe/Rosenberg/ *Gollwitzer* § 262 Rdnrn. 60 ff.; Satzger S. 658 ff.
[227] Rengeling/Middeke/Gellermann/*Dannecker* § 38 Rdnr. 39.
[228] Vgl. EuGH Urt. v. 12.12.1996 – verb. Rs. C-74/95 und C-129/95 – Slg. 1996, I-6609 = EuZW 1997, 507; Satzger S. 200.
[229] *Dannecker* in Ulmer (Hrsg.), HGB-Bilanzrecht Großkommentar, § 334 Rdnr. 10.
[230] EuGH Urt. v. 6.10.1982 – Rs. 283/81 – Slg. 1982, 3415 = NJW 1983, 1257; *Oppermann* Europarecht Rdnrn. 759 ff.
[231] EuGH Urt. v. 22.10.1987 – Rs. 314/85 – Slg. 1987, 4199.

bereits geklärt oder „derart offenkundig ist, dass für einen vernünftigen Zweifel keinerlei Raum bleibt",[232] sog. „acte claire"-Doktrin.[233]
- **Willkürliche Nichtvorlage** zum EuGH verletzt das Recht auf den gesetzlichen Richter (Art. 101 Abs. 1 Satz 2 GG) und kann im Verfassungsbeschwerdeverfahren gerügt werden.[234]

Wenig erörtert sind bislang die **Besonderheiten des Vorabentscheidungsverfahrens in Strafsachen**. Eine Vorlage zum EuGH ist an sich während des gesamten Strafverfahrens statthaft.[235] Da aber das Ermittlungsverfahren unter der Herrschaft der nicht vorlageberechtigten Staatsanwaltschaft steht, kann hier ein Vorabentscheidungsverfahren nur in Bezug auf ermittlungsrichterliche Entscheidungen erzwungen werden. Regelmäßig wird es um die Anordnung von Grundrechtseingriffen wie bei Durchsuchung, Beschlagnahme und Fernmeldeüberwachung gehen, die einen qualifizierten – und im konkreten Fall den von der gemeinschaftsrechtlichen Wertung abhängigen – Tatverdacht voraussetzen.[236] Allerdings kollidiert die ermittlungsrichterliche Vorlageberechtigung mit der Eilbedürftigkeit vieler Zwangsmaßnahmen. Ob eine unterbliebene Vorlage, die zu einem europarechtswidrigen Grundrechtseingriff im Ermittlungsverfahren geführt hat, ein späteres Verwertungsverbot des so gewonnenen Beweismittels begründet, ist noch nicht entschieden. Während des Zwischenverfahrens und der Hauptverhandlung ist das Gericht jederzeit zur Vorlage berechtigt. Der EuGH verlangt zwar neuerdings, dass vor Einleitung eines Vorabentscheidungsverfahrens alle innerstaatlichen Rechtsfragen entschieden sein müssen, weil nur dann die Entscheidungserheblichkeit der Vorlegungsfrage gewährleistet sei. Im Strafverfahren muss aber differenziert werden: Ist die Verurteilung sicher und betreffen europarechtliche Fragen nur die Strafhöhe, muss – im Sinne einer Verfahrensbeschleunigung – eine Vorabentscheidung möglichst früh initiiert werden; ist eine Strafbarkeit hingegen von der Auslegung des Gemeinschaftsrechts abhängig, so müssen nationale Rechtsfragen vorab entschieden werden, um zu klären, ob es überhaupt einer Vorabentscheidung bedarf.[237] Einigkeit besteht darüber, dass während der Vorabentscheidung das Strafverfahren durch unanfechtbaren Beschluss auszusetzen ist, sei es analog § 262 Abs. 2 StPO, sei es wegen eines Aussetzungsgrundes *sui generis*.[238] Im Übrigen ist unverkennbar, dass das zeitaufwendige Vorabentscheidungsverfahren in Strafsachen potentiell dem Beschleunigungsgrundsatz widerspricht. Wenn die Europarechtsfrage offenkundig i.S.d. „acte claire"-Doktrin ist, scheint es daher geboten, mithilfe einer soliden europarechtlichen Argumentation ein Vorabentscheidungsverfahren zu umgehen. Auf der anderen Seite ist aber noch nicht abschließend geklärt, ob die **„acte claire"-Doktrin** überhaupt im Strafverfahren, in dem ein erhöhtes Maß an Rechtssicherheit zu gewährleisten ist, angewendet werden kann.[239] Jedenfalls im Falle einer Verurteilung spricht manches dafür, die Frage zu verneinen. Jedenfalls müssen Verzögerungen, die durch die Vorabentscheidung entstanden sind, bei der Strafzumessung separat[240] berücksichtigt werden und können in Ausnahmefällen zu einer Verfahrenseinstellung nach § 153 Abs. 2 StPO führen.[241]

3. Prozessuale Behandlung fremden Rechts

Wird in einer Wirtschafts- oder Steuerstrafsache mit internationaler Dimension eine Fremdrechtsanwendung erforderlich, so fragt sich, ob der Satz „iura novit curia" gilt oder eine Beweiserhebung – in welcher Weise auch immer – erforderlich ist. Die StPO kennt keine dem § 293 ZPO, der für ausländisches Recht und Gewohnheitsrecht ein Beweisverfahren vorsieht, vergleichbare Vorschrift. Auch wenn die analoge Anwendung des § 293 ZPO im

---

[232] EuGH Urt. v. 6.10.1982 – Rs. 283/81 – Slg. 1982, 3415 = NJW 1983, 1257.
[233] *Oppermann* Europarecht Rdnrn. 759 ff. m. weit. Nachw.
[234] St. Rspr. BVerfG Beschl. v. 8.4.1987 – 2 BvR 687/85 – BVerfGE 75, 223 = NJW 1988, 1459; BVerfG Beschl. v. 22.10.1986 – 2 BvR 197/83 – BVerfGE 73, 339, 366 ff = NJW 1987, 577, 578 f.
[235] BVerfG Beschl. v. 10.7.1989 – 2 BvR 751/89 – NJW 1989, 2464.
[236] Näher *Jokisch* S. 186 ff.
[237] So der Vorschlag von Rengeling/Middeke/Gellermann/*Dannecker* § 38 Rdnr. 43.
[238] Rengeling/Middeke/Gellermann/*Dannecker* § 38 Rdnr. 45 m. weit. Nachw.
[239] Krit. *Satzger* S. 662 f.
[240] BGH Beschl. v. 21.12.1998 – 3 StR 561/98 – NJW 1999, 1198; KK-StPO/*Pfeiffer* Einl. Rdnr. 12.
[241] BGH Beschl. v. 26.6.1996 – 3 StR 199/95 – NJW 1996, 2739; BGH Urt. v. 25.10.2000 – 2 StR 232/00 – NJW 2001, 1146.

Strafverfahren wegen der Strukturunterschiede zum Zivilverfahren nicht angängig erscheint, ist im Ergebnis anerkannt, dass auch im Strafverfahren der Satz „iura novit curia" **nicht** für Fremdrecht gilt. Denn die Möglichkeit, sich auch in ungewohnten Rechtsgebieten zu unterrichten, ist beim ausländischen Recht wesentlich eingeschränkt. Vielmehr ist Fremdrecht Gegenstand der Beweisaufnahme und der Amtsermittlungspflicht. Zwar bezieht sich § 244 Abs. 2 StPO nur auf Tatsachen und Beweismittel und nicht auf Rechtssätze; das schließt aber Fremdrecht nicht von der gerichtlichen Ermittlungspflicht aus, sondern befreit die Beweiserhebung nur von der Anforderungen des Strengbeweisverfahrens.[242] Handelt es sich – wie regelmäßig in Wirtschafts- und Steuerstrafsachen – um eine komplexe Rechtsmaterie, so muss sich das Gericht fremder Hilfe bedienen. Auf welche Weise es das tut, ist in sein Ermessen gestellt.[243] So kann es Behörden und Gerichte des fraglichen Staates, wissenschaftliche Institute (wie das Freiburger Max-Planck-Institut für ausländisches und internationales Strafrecht) oder sonstige Rechtskundige um Auskunft ersuchen. Möglich erscheint – und in Streitfällen geboten ist – aber auch der förmliche Sachverständigenbeweis,[244] denn auch die Auskunft, welche Vorschriften des ausländischen Rechts anzuwenden sind, ist Gutachten.[245] In keinem Fall darf der inländische Richter seine eigene Auslegung eines ausländischen – überdies möglicherweise nichtamtlich übersetzten – Wirtschafts- oder Steuer(straf)gesetzes an die Stelle der Rechtspraxis im betreffenden Staat setzen.[246] Denn es kommt nicht auf das **law in the books**, sondern auf das **law in action** an.[247] Fremdrechtspraxis bleibt erst außer Betracht, wenn sie dem deutschen **ordre public** widerspricht.[248]

104   Ist das Gericht nicht willens, diese Anforderungen zu erfüllen, so steht der Verteidigung nach Auffassung des BGH[249] nicht das Instrument des Beweisantragsrechts zur Verfügung: Da das Fremdrecht und sein Inhalt nur Gegenstand des Freibeweises seien, hätten Beweisanträge lediglich die Funktion von Beweisanregungen.[250] Das ist eine verteidigungsfeindliche Auffassung, der mit Recht entgegengehalten wird, dass jedenfalls § 244 Abs. 3 und Abs. 6 StPO auf Beweisanregungen zu entscheidungserheblichem Fremdrecht analog anwendbar sind.[251] In jedem Fall bleibt es möglich, dass die Verteidigung eigenständig einen Gutachter beauftragt, um den Erkenntnisprozess des Gerichts zu beeinflussen. Hält das Gericht von der Verteidigung vorgelegte Expertisen für unzutreffend, muss es das in der Urteilsniederschrift begründen und macht sich so angreifbar für ein Rechtsmittelverfahren. Denn wendet das Gericht ausländisches Recht unrichtig an, so ist das eine revisible Gesetzesverletzung, die im Wege der Sachrüge angegriffen werden kann, weil es sich auch bei ausländischen Gesetzen um Rechtsnormen i.S.d. §§ 337 StPO, 7 EGStPO handelt, wenn sie sich auf den konkreten Fall beziehen.[252]

---

[242] BGH Urt. v. 10.8.1994 – 3 StR 53/94 – NJW 1994, 3364, 3366; Alsberg/Nüse/Meyer, Der Beweisantrag im Strafprozeß, S. 139; Löwe/Rosenberg/Gollwitzer § 244 Rdnr. 2; Meyer-Goßner § 244 Rdnr. 4; KK/Herdegen StPO § 244 Rdnr. 3.
[243] Alsberg/Nüse/Meyer, Der Beweisantrag im Strafprozeß, S. 139.
[244] Löwe/Rosenberg/Krause Vorbem. § 72 Rdnr. 12.
[245] Alsberg/Nüse/Meyer, Der Beweisantrag im Strafprozeß, S. 139 f.
[246] Vogel/Grotz, S. 1, 50.
[247] S. (für das ausländische Zivilrecht) BGH Urt. v. 30.1.2001 – XI ZR 357/99 – ZIP 2001, 675, 676.
[248] Vgl. Vogel/Grotz, Perspektiven des internationalen Strafprozessrechts, S. 1, 50.
[249] BGH Urt. v. 10.8.1994 – 3 StR 53/94 – NJW 1994, 3364, 3366.
[250] BGH Urt. v. 28.6.1961 – 2 StR 154/61 – BGHSt 16, 164, 166 = NJW 1961, 1979; Löwe/Rosenberg/Gollwitzer § 244 Rdnr. 7.
[251] So auch Hamm/Hassemer/Pauly Beweisantragsrecht Rdnrn. 215 ff.; demgegenüber wird § 244 Abs. 4 StPO selten eingreifen, da es dem Gericht ja gerade an der notwendigen Rechtskunde mangelt.
[252] Löwe/Rosenberg/Hannack § 337 Rdnr. 8; KK-StPO/Kuckein § 337 Rdnr.8.

§ 14 Internationales Wirtschafts- und Steuerstrafrecht

Checkliste zur Mandatsannahme 105

☐ Hat die Wirtschafts- oder Steuerstrafsache eine internationale Dimension i.S.v. Rdnr. 2? Wenn ja:
☐ Stellen sich Vorfragen des internationalen Wirtschafts- oder Steuerrechts i.S.v. Rdnrn. 12 ff.? Kommt es insbesondere zu einer Fremdrechtsanwendung i.S.v. Rdnr. 23 ff.? Wenn ja: Ggf. Sachverständigen einschalten gem. Rdnr. 3.
☐ Fällt das durch die Tat beeinträchtigte Rechtsgut in den Schutzbereich des jeweiligen wirtschafts- oder steuerstrafrechtlichen Tatbestands i.S.v. Rdnr. 29 ff.? Wenn ja:
☐ Ist deutsches Wirtschafts- oder Steuerstrafrecht gem. §§ 3 bis 7, 9 StGB und/oder Sonderbestimmungen anwendbar i.S.v. Rdnr. 46 ff.?
☐ Gibt es völker- und europarechtliche Vorgaben für das in Rede stehende Wirtschafts- und Steuerrecht bzw. Wirtschafts- oder Steuerstrafrecht, die sich für eine restriktive völker- oder europarechtskonforme Auslegung fruchtbar machen lassen i.S.v. Rdnr. 68 ff.? Wenn ja:
☐ Kommt ein Normenverifikationsverfahren vor dem BVerfG, eine Individualbeschwerde vor dem EGMR oder ein Vorabentscheidungsverfahren vor dem EuGH in Betracht gemäß Rdnr. 97 ff.? Wenn ja: Ggf. erwägen unter Abwägung mit Beschleunigungsinteressen des Mandanten.
☐ Ist die Tat bereits in einem anderen Mitgliedstaat der Europäischen Union verfolgt und das Verfahren in einer Weise erledigt worden, die gem. Art. 54 SDÜ Strafklageverbrauch bewirkt haben könnte, Rdnr. 92 ff.? Sollte eine solche Verfahrenserledigung angestrebt werden, und wenn ja, wo?

§ 15 Grenzüberschreitende Strafverteidigung

Übersicht

	Rdnr.
I. „Grenzüberschreitungen" des Strafrechts im Überblick	1–17
1. Horizontale Perspektive	2–5
2. Vertikale Perspektive	6–12
a) Rechtshilfe	7
b) Grenzüberschreitende Zusammenarbeit der Verfolgungsbehörden in der EU	8/9
c) EG-Sanktionenrecht und Ermittlungen im Rahmen der „Betrugsbekämpfung"	10/11
d) EMRK	12
3. Prototypische Fallkonstellation	13–17
II. Grenzüberschreitende Anwaltsdienstleistung	18–41
1. Ausländische (Mit-)Verteidiger in Verfahren in Deutschland	19–31
a) Der niedergelassene europäische Rechtsanwalt	20–22
b) Der dienstleistende europäische Rechtsanwalt	23–31
2. Deutsche (Mit-)Verteidiger in Verfahren im Ausland	32–37
a) Europa	34–36
b) Einzelne Länder	37
3. Grenzüberschreitende Verteidigerkooperation als Antwort auf die grenzüberschreitende Kooperation der Strafverfolgungsbehörden	38–41
III. Mandatsführung und Verteidigungskonzeption	42–212
1. Verteidigung im Ermittlungsverfahren	43–111
a) Verfahren im Inland	43/44
b) Verfahren im Ausland	45–82
c) Verfahren Europäischer Ermittlungsbehörden	83–111
2. Verteidigung im Rechtshilfeverfahren	112–131
a) Einführung	113
b) Rechtsschutz gegen Beweissammlung für ausländische Strafverfahren	114–129
c) Rechtsschutz gegen Beweissammlung im Ausland für ein inländisches Strafverfahren	130/131
3. Das „Prinzip der gegenseitigen Anerkennung" – insbesondere Beweismitteltransfer in der EU	132–185
a) Der Europäische Haftbefehl	137–176
b) Insbesondere: Sicherstellung von Vermögensgegenständen und Beweismitteln	177–185
4. „Grenzüberschreitungen" im Hauptverfahren	186–204
a) Strafklageverbrauch; die europäische Ausprägung des Grundsatzes „ne bis in idem"	188–194
b) Beweisrecht	195–204
5. Das Instrument des Rahmenbeschlusses – Vorabentscheiungsverfahren nach Art. 35 EUV	205–212
IV. Materiellrechtliche Fragen	213–217
V. Beratungsschwerpunkte	218–221

Schrifttum: *Ahlbrecht*, Freier Personenverkehr innerhalb der Europäischen Union in Auslieferungssachen – die Umsetzung des Europäischen Haftbefehls in das deutsche Rechtshilferecht, StV 2005, 40; *Albrecht*, Europäische Informalisierung des Strafrechts, StV 2001, 69 (Beilage – Europäisches Strafrecht 2000); *Alsberg/Nüse/Meyer*, Der Beweisantrag im Strafprozeß, 5. Aufl., 1983; *Basdorf*, Strafverfahren gegen der deutschen Sprache nicht mächtige Beschuldigte, in: *Geppert/Dehnicke*, Gedächtnisschrift für Karlheinz Meyer, 1990, S. 19; *Bendler*, Strafverteidigung im europäischen Rechtsraum, CILIP 69 (2/2001), 27 ; 62. Bericht der Bundesregierung über die Integration der Bundesrepublik Deutschland in die Europäische Union für den Zeitraum des Jahres 2001, BT-Drucks. 14/8565, in den hier relevanten Passagen abgedruckt in *Dokumentation*, Die Integration Deutschlands in die Europäische Union in den Bereichen Justiz und Inneres, NJ 2002, 303; *Böse*, Strafen und Sanktionen im europäischen Gemeinschaftsrecht, 1996; *Boers/Nelles/Nippert*, Limited knowledge, unmarked spaces and increased opportunities after the reunification. Economic crime in Germany, in: *Ponsaers/Ruggiero (ed.)*, La Criminalité Economique et Financière en Europe, Paris 2002, S. 99; *Böse*, Strafen und Sanktionen im europäischen Gemeinschaftsrecht, 1996; *Brüner/Hetzer*, Nationale Strafverfolgung und europäische Beweisführung?,

NStZ 2003, 113; *Classen*, Die Jurisdiktion des Gerichtshofs der EG nach Amsterdam, EuR – Beiheft 1 – 1999, 73 ff; *Cornils/Jareborg*, Das schwedische Kriminalgesetzbuch Brottsbalken, 2000; *Deiters*, Gegenseitige Anerkennung von Strafgesetzen in Europa, ZRP 2003, 359; *Delmas-Marty*, Die Strafbarkeit juristischer Personen nach dem neuen französischen Code Penal, in: *Schünemann/González* (Hrsg.), Bausteine eines europäischen Wirtschafsstrafrechts, Madrid-Symposium für Klaus Tiedemann, 1994, S. 305; *di Fabio*, Die „Dritte Säule" der Union, DÖV 1997, 89; *Ehlers* (Hrsg.), Europäische Grundrecht und Grundfreiheiten, 2003; *Eidam*, Straftäter Unternehmen, 1997; *ders.* Unternehmen und Strafe, 2. Aufl., 2001; *Eisele*, Europäisches Strafrecht – Systematik des Rechtsgüterschutzes durch die Mitgliedstaaten, JA 2000, 991; *Esser*, Der Beitrag von Eurojust zur Bekämpfung des Terrorismus in Europa, GA 2004, 711; *ders./Herbold*, Neue Wege für die justitielle Zusammenarbeit in Strafsachen – Das Eurojust-Gesetz, NJW 2004, 2421; *Franzen*, „Heininger" und die Folgen: ein Lehrstück zum Gemeinschaftsprivatrecht, JZ 2003, 321 ff; *Frowein/Krisch*, Der Rechtsschutz gegen Europol, JZ 1998, 589; *Fuchs*, Europäischer Haftbefehl und Staatensouveränität, JBl 2003, 405 – 413; *Gärditz*, Der Strafprozess unter dem Einfluss europäischer Richtlinien, wistra 1999, 293; *Gemmel*, Kontrollen des OLAF in Deutschland, 2002; *Gleß*, Kommentar zum Vorschlag für einen Rahmenbeschluss über eine „Europäische Beweisanordnung", StV 2004, 679; *dies.*, Zum Prinzip der gegenseitigen Anerkennung, ZStW 116 (2004), 353; *Gleß*, Zur „Beweiswürdigungs-Lösung" des BGH, NJW 2001, 3606; *dies.*, Die „Verkehrsfähigkeit von Beweisen" im Strafverfahren, ZStW 115 (2003), 131; *dies.*, § 247 a StPO – (auch) eine Wohltat für den Angeklagten?, JR 2002, 98; *dies.*, Das Verhältnis von Beweiserhebungs- und Beweisverwertungsverboten und das Prinzip „locus regit actum", in: FS Grünwald, 1999, S. 197; *dies.*, Das Europäische Amt für Betrugsbekämpfung, EuZW 1999, 618; *Gleß/Grote/Heine* (Hrsg.), Justitielle Einbindung und Kontrolle von Europol Bd. 1: Nationale und europäische Strafverfolgung, 2001; *Gröblinghoff*, Die Verpflichtung des deutschen Strafgesetzgebers zum Schutz der Interessen der Europäischen Gemeinschaft, 1996; *Guzik-Makaruk*, „Ne bis in idem", Europäischer Haftbefehl und Verfassungsentwurf für Europa aus polnischer Sicht ZStW 116 (2004), 372; *Hecker*, Europäisches Strafrecht, 2005; *Heine*, Die strafrechtliche Verantwortlichkeit von Unternehmen, 1995; *Heise*, Europäisches Gemeinschaftsrecht und nationales Strafrecht, 1999; *Heitzer*, Punitive Sanktionen im Europäischen Gemeinschaftsrecht, Heidelberg 1997; *Herdegen*, Da liegt der Hase im Pfeffer – Bemerkungen zur Reform des Beweisantragsrechts, NJW 1996, 27; *Hild*, Die Gesetze zur Bekämpfung internationaler Bestechung (IntBestG) sowie das EU-Bestechungsgesetz (EUBestG), StraFo 2000, 221; *Hillgruber*, Anmerkung zu Urteil v. 16.6.2005 – Rs. C-105/03 (Pupino), JZ 2005, 841; *Jung*, Einheit und Vielfalt der Reformen des Strafprozessrechts in Europa, GA 2002, 66; *Julius*, Die Unerreichbarkeit von Zeugen im Strafprozeß, 1988; *Knapp*, Die Garantie des effektiven Rechtsschutzes durch den EuGH im „Raum der Freiheit, der Sicherheit und des Rechts", DÖV 2001, 12; *H.H. Kühne*, Die Rechtsprechung des EGMR als Motor für eine Verbesserung des Schutzes von Beschuldigtenrechten in den nationalen Strafverfahrensrechten der Mitgliedstaaten, StV 2001, 73; *Kuhl*, UCLAF im Kampf gegen EU-Betrugskriminalität, Kriminalistik 1997, 105; *Kuhl/Spitzer*, Die Verordnung (Euratom, EG) Nr. 2185/96 des Rates über die Kontrollbefugnisse der Kommission im Bereich der Betrugsbekämpfung, EuZW 1998, 37; *Linke*, Aktuelle Fragen der Rechtshilfe in Strafsachen, NStZ 1982, 416; *Maatz*, § 244 Abs. 5 Satz 2 StPO – Ent- oder Belastung der Rechtspflege? – eine kritische Würdigung der Änderung des strafprozessualen Beweisantragsrechts durch das Rechtspflegeentlastungsgesetz, in: Goydke (Hrsg.), Vertrauen in den Rechtsstaat, FS für Remmers, 1995, S. 577; *Meyer-Goßner*, Änderungen der Strafprozeßordnung durch das Rechtspflegeentlastungsgesetz, NJW 1993, 498; *Mögele*, Betrugsbekämpfung im Bereich des gemeinschaftlichen Agrarrechts, EWS 1998, 1; *Mörsberger*, Das Prinzip der identischen Strafnormen im Auslieferungsrecht, 1969; *Müller*, Aus der Rechtsprechung des BGH zur Revision im Strafverteidigung – 1998, NStZ-RR 2001, 33; *Nelles*, Europäisierung des Strafverfahrens – Strafprozeßrecht für Europa? ZStW (109) 1997, 727; *Nestler*, Europäisches Strafverfahrensrecht, ZStW 116 (2004), 332; *Pechstein*, Die Justitiabilität des Unionsrechts, EuR – Beiheft 1 – 1999, 1; *Philipp*, „Ne-bis-in-idem"-Prinzip in der EU, EuZW 2003, 707; *Plöcking/Leidenmüller*, Zum Verbot doppelter Strafverfolgung nach Art. 54 SDÜ 1990, wistra 2003, 81; *Ponsaers/Ruggiero* (ed.), La Criminalité Economique et Financière en Europe, Paris 2002; *Radtke/Busch*, Transnationale Strafklageverbrauch in der Europäischen Union, NStZ 2003, 281; *dies.*, Transnationaler Strafklageverbrauch in den sog. Schengen-Staaten?, EuGRZ 2000, 421; *Raiser*, Die Haftung des deutschen Rechtsanwalts bei grenzüberschreitender Tätigkeit, NJW 1991, 2049; *Ress*, Die richtlinienkonforme „Interpretation" innerstaatlichen Rechts, DÖV 1994, 489; *Rieß*, Das Gesetz zur Entlastung der Rechtspflege – ein Überblick, AnwBl. 1993, S. 51; *Rohlff*, Der Europäische Haftbefehl, 2003; *Rose*, Der Auslandszeuge im Beweisrecht des deutschen Strafprozesses, 1999; *Salditt*, Doppelte Verteidigung im einheitlichen Raum, StV 2003, 136; *Satzger*, Die Europäisierung des Strafrechts, 2001; *Scherzberg*, Die innerstaatlichen Wirkungen von EG-Richtlinien, Jura 1993, 225; *Schomburg/Klip*, Entlastung der Rechtspflege durch weniger Auslandszeugen?, StV 1993, 208; *Schomburg*, Justitielle Zusammenarbeit im Bereich des Strafrechts in Europa: EURO-JUST neben Europol, ZRP 1999, 237; *ders.*, Internationale Rechtshilfe in Strafsachen, NJW 2002, 1629; *Schoreit*, Zum Entwurf zur Entlastung der Rechtspflege, DRiZ 1991, 404; *Schünemann*, Die parlamentarische Gesetzgebung als Lakai von Brüssel? Zum Entwurf des Europäischen Haftbefehlsgesetzes, StV 2003, 531; *ders.*, Europäischer Haftbefehl und EU-Verfassungsentwurf auf schiefer Ebene – Die Schranken des Grundgesetzes, ZRP 2003, 185; *ders.*, Die Rechte des Beschuldigten im internationalen Ermittlungsverfahren, StraFo 2003, 344; *Schutter*, L'espace de liberté, sécurité et de justice et la responsabilité individuelle des Etats au regard de la convention européenne des droits de l'homme, in: *de Kerchove/Weyembergh* (eds.), La reconnaissance mutuelle des décisions judiciaire, Brüssel 2001, S. 223; *Schwarzenburg*, Brauchen wir ein EU-Finanz-Strafgesetzbuch? – Materiellrechtliche Folgerungen aus dem Vorschlag der EU-Kommission zur Schaffung einer Europäischen Staatsanwaltschaft, NStZ 2002, 617; *Sommer*, Strafverteidigung in Europa, (Vortrag auf dem 3. Aachener Interregio-Advocaten-Tag 1997), http://www.dr-sommer.de/pdf/Strafverteidigung_Europa.pdf; *ders.*,

Verteidigung und Dolmetscher, StraFo 1995, 45; *Stein*, Ein Meilenstein für das europäische n ne bis in idem", NJW 2003, 1162; *Streinz* (Hrsg.), EUV/EGV – Kommentar, 2003; *Taschke*, Die Bekämpfung der Korruption in Europa auf Grundlage der OECD-Konvention, StV 2001, 78; *Thien*, Zeugenvernehmung im Ausland: Zur Problematik der Verwertbarkeit im deutschen Prozess, Diss. Köln 1979; *Tinkl*, Anmerkung zu Urteil v. 16.6.2005 – Rs. C-105/03 (Pupino), StV 2005, 36; *Ulrich*, Kontrollen der EG-Kommission bei Wirtschaftsbeteiligten zum Schutz der finanziellen Interessen der Gemeinschaft, Frankfurt/Main 1999; *Van den Wijngaert*, Criminal Procedure Systems in the European Union, London 1993; *Vogel/Norouzi*, Europäisches „ne bis in idem" – EuGH, NJW 2003, 1173, JuS 2003, 1059; *Vogler*, Das Rechtsschutzsystem des Gesetzes über die internationale Rechtshilfe in Strafsachen (IRG) im Lichte der Rechtsprechung des Bundesverfassungsgerichts, in: *Köbler/Heinze/Schapp*, Geschichtliche Rechtswissenschaft: Ars Tradendo Innovandoque; Freundesgabe für Alfred Söllner zum 60. Geburtstag, 1990, S. 595; *Vogler*, Strafprozessuale Wirkungen völkerrechtswidriger Entführungen von Straftätern aus dem Ausland, in: *Herzberg* (Hrsg.), Festschrift für Dietrich Oehler, 1985, S. 382; *von Bubnoff*, Institutionelle Kriminalitätsbekämpfung in der EU Schritte auf dem Weg zu einem europäischen Ermittlungs- und Strafverfolgungsraum, ZEuS 2002, 185; *von Langsdorff*, Maßnahmen der Europäischen Union zur Vereinfachung und Beschleunigung der Rechtshilfe und insoweit vorgesehene Beschuldigten- und Verteidigerrechte, StV 2003, 472; *Wehnert*, Europäischer Haftbefehl, StraFo 2003, 356; *Weigend*, Grundsätze und Probleme des deutschen Auslieferungsrechts, JuS 2000, 105; *Werner*, Der dienstleistende europäische Rechtsanwalt (auch als Strafverteidiger) nach dem EuRAG, StraFo 2001, 221.

I. „Grenzüberschreitungen" des Strafrechts im Überblick

1 Grenzüberschreitende Verteidigung kann prinzipiell jede denkbare (territoriale) Grenze in gleicher Weise überschreiten, wie der einem Verfahren zugrunde liegenden Vorwurf selbst. Im Zentrum steht dabei – wie bei jeder Verteidigungsaufgabe – der materiellrechtliche Tatbestand als Ausgangspunkt jedes Strafverfahrens. Es lassen sich zwei Perspektiven unterscheiden, die je unterschiedliche Probleme aufwerfen.

1. Horizontale Perspektive

2 Verteidigung hat – wie der Tatverdacht als Gegenstand des Verfahrens – horizontale Auslandsbezüge, wenn etwa **die Tat**, die einem **inländischen** Mandanten vorgeworfen wird, **auf zwei oder mehreren Territorien** unterschiedlicher Strafrechtsordnungen begangen wurde. Ein noch vergleichsweise einfacher Fall ist dabei der Verstoß gegen eine inländische Strafnorm, die Verhalten im Ausland inkriminiert. Beispiele für solche Gesetze speziell auf dem Gebiet des Wirtschaftsstrafrechts sind das Gesetz zur Bekämpfung internationaler Bestechung (IntBestG)[1] und das EU-Bestechungsgesetz (EUBestG),[2] die beide auf die deutschen Bestechungstatbestände (§§ 332, 334 – 336 und 338 StGB) Bezug nehmen, indem sie ausländische Amtsträger den inländischen gleichsetzen und insgesamt den Kreis der Amtsträger oder ihnen gleichzusetzender Personen erheblich erweitern.[3] Bereits hier wird deutlich, dass jedenfalls in Ansehung der Ermittlungen und ggf. des Beweismitteltransfers (auch) ausländisches oder internationales Verfahrensrecht (dazu unter 2.) für die Verteidigung bedeutsam werden kann, weil es einen Sachverhalt aufzuklären gilt, der sich im Ausland abgespielt haben kann.

3 Verletzen die dem Mandanten zur Last gelegten (grenzüberschreitende) **Taten sowohl inländische als auch ausländische Strafnormen**, wird auch die Führung der Verteidigung schwieriger, denn es ist trotz des Grundsatzes „ne bis in idem" jedenfalls im Ermittlungsstadium dann durchaus möglich, dass in zwei oder gar mehreren Staaten voneinander getrennte Ermittlungsverfahren gegen den Verdächtigen geführt werden (dazu unter III.). Dann muss auch Verteidigung in diesen voneinander verschiedenen Verfahren stattfinden. Es sind also in einem solchen Fall sowohl die materiellen Vorschriften der jeweiligen Rechtsordnungen zu beachten, als auch die unterschiedlichen Verfahrensordnungen. Grundlage der Verteidigung sind in einer solchen Konstellation zwei (oder mehrere) verschiedene Strafrechtsordnungen, die nebeneinander („horizontal") stehen und parallel zu berücksichtigen sind. Es ist nämlich jedenfalls zu Beginn der Ermittlungen unklar, in welchem Staat die Ermittlungsbehörden schlussendlich Anklage erheben. Es kann nicht prinzipiell ausgeschlossen werden, dass eine Anklage schließlich

---

[1] Gesetz v. 10.9.1998 BGBl. II S. 2327.
[2] Gesetz v. 10.9.1998 BGBl. II S. 2340.
[3] Zu den Gesetzen im Einzelnen *Hild* StraFo 2000, 221 und *Taschke* StV 2001, 78; *Tinkl* wistra 2006, 126 ff.

in demjenigen Staat von mehreren möglichen Gerichtsständen erhoben wird, dessen Strafrecht die größte Aussicht auf (schnelle und) effektive Verurteilung bietet (sog. „Forumshopping").

Damit wird ein erstes Problem für Verteidigung offenkundig: Anwältinnen und Anwälte sind (regelmäßig nur) Experten des Strafrechts ihres eigenen Landes. Die Kenntnis über die Rechtslage in den je anderen Ländern muss entweder – ungeachtet aller sprachlichen Probleme – aus dem Stand erworben oder sie muss „zugekauft" werden (dazu unter II.). Dieses Problem bildet darüber hinaus sozusagen den basso continuo für alle weiteren Fragen, die sich im Zusammenhang mit grenzüberschreitender Strafverteidigung stellen und die deshalb insoweit kumulative Probleme sind. Es kann im Folgenden selbstverständlich weder auf alle materiellen Strafnormen in den unterschiedlichen Rechtsordnungen eingegangen werden, noch auf alle Verfahrensordnungen. Synopsen oder auch nur Übersetzungen der materiell-strafrechtlichen Regelungen allein in Europa liegen nicht (vollständig) vor.[4] Speziell auf dem Gebiet des Wirtschaftsstrafrechts ist jüngst ein Kompendium erschienen, das Wirtschaftskriminalität und -strafrecht in etlichen europäischen Ländern – allerdings nur im Überblick – darstellt.[5]

Die Dinge werden noch komplizierter, wenn mehrere Täter verschiedener nationaler Herkunft an grenzüberschreitenden Taten beteiligt sind, die mehrere Territorien betreffen und nach Maßgabe unterschiedlicher Strafrechtsordnungen jeweils in unterschiedlichen Staaten verfolgt werden. Auch die Verteidigung ist dann multilateral zu führen und möglicherweise (wie auch sonst in Fällen mit mehreren Beschuldigten) mit Verteidigern anderer Beschuldigter abzustimmen (dazu unter II).

2. Vertikale Perspektive

Es ist überdies die vertikale Perspektive zu berücksichtigen. Damit ist gemeint, dass sich Verteidigung in Europa nicht nur mit dem Nebeneinander verschiedener Rechtsordnungen konfrontiert sieht, sondern auch mit überstaatlichen und völkerrechtlichen Rechtsquellen wie internationalen Übereinkommen (Stichwort: Rechtshilfe) und transnationalen Regelungen (Europarecht).

a) **Rechtshilfe.** Dazu braucht man sich – als einfachsten Ausgangsfall – nur ein einziges inländisches Strafverfahren gegen einen einzigen inländischen Mandanten vorzustellen, dem beispielsweise Steuerstraftaten vorgeworfen werden, die mit Geldtransfer in verschiedene europäische oder außereuropäische Staaten verbunden waren (z. B. auf dem Feld der sog. off-shore-Delikte). Es dürften dafür Ermittlungen im Ausland notwendig sein und von den Verfolgungsbehörden geführt werden und sei es nur, dass ausländische Zeugen geladen und vernommen werden sollen. Hier hat man es primär mit Fragen der (**traditionellen**) **Rechtshilfe** zu tun. Schon die Justiz sieht sich dabei einem kaum noch überschaubaren Nebeneinander divergierender Übereinkommen auf dem Gebiet der Rechtshilfe gegenüber, die zum Teil sogar miteinander konfligieren.[6] Für die Verteidigung stellt sich das Problem spiegelbildlich, insoweit es darum geht, auf das Ob und das Wie, die Möglichkeit und die Zulässigkeit, von Beweiserhebungen Einfluss zu nehmen bzw. etwaige Mitwirkungs- und Kontrollbefugnisse wahrnehmen zu können oder auch nur retrospektiv der Verwertung gewonnener Erkenntnisse im späteren Verfahren widersprechen zu können.

b) **Grenzüberschreitende Zusammenarbeit der Verfolgungsbehörden in der EU.** Strafverfolgung muss in grenzüberschreitenden Fällen keineswegs nur in verschiedenen Staaten unabhängig voneinander betrieben werden, sondern es hat sich in Europa ein eigenes Recht **grenzüberschreitender Strafverfolgung** entwickelt, das (historisch) auf der sog. Schengen-Zusammenarbeit beruht, dem Europol-Übereinkommen, das die Sammlung und den Austausch personenbezogener Daten zulässt, sowie auf weiteren Kooperationsformen, die sich auf gouvernementaler Ebene im Rahmen der so genannten 3. Säule der EU herausgebildet haben. Die grenzüberschreitende Zusammenarbeit in Strafsachen hat mit Eurojust die staatsanwaltliche Ebene erfasst. Es handelt sich bei Eurojust nicht, wie oft fälschlich angenommen, um eine Institution, die die justizielle Kontrolle polizeilicher Ermittlungstätigkeit zum Ge-

---

[4] Für etliche Länder gibt es sie allerdings in der Sammlung ausländischer Strafgesetzbücher, edition iuscrim des Max-Planck-Instituts für ausländisches und internationales Strafrecht.
[5] *Ponsaers/Ruggiero*.
[6] Siehe dazu den Überblick bei *Schomburg* ZRP 1999, 237.

genstand hätte, sondern um ein Konsultationsgremium zum Austausch von Erfahrungen und Ermittlungsergebnissen, in das die Mitgliedsländer der EU Staatsanwältinnen und Staatsanwälte entsenden. Die sachlichen Probleme auf diesem Feld liegen vorrangig darin, dass die Verteidigung sich mit einer intransparenten Verfahrensgestaltung konfrontiert sieht. Es ist oft schwierig bis gar nicht nachzuvollziehen, welche (staatlichen) Polizeibehörden nach den Regeln welcher (staatlichen) Verfahrensordnung einzelne Ermittlungsmaßnahmen durchgeführt (sog. „Befugnis-shopping") oder auch nur deren Ergebnisse und weitere Informationen auf dem kleinen Dienstweg ausgetauscht haben (z. B. über sog. Spontaninformationen nach Art. 10 des Geldwäscheübereinkommens[7]).

9 Schließlich sind strafrechtsrelevante Maßnahmen der EU auf dem Gebiet der Zusammenarbeit in den Bereichen Justiz und Inneres (sog. 3. Säule der EU) hinzugekommen, die – ähnlich wie Richtlinien der EG – für die Mitgliedsstaaten verbindlich sind, die so genannten Rahmenbeschlüsse. Der bekannteste Rahmenbeschluss betrifft die Einführung des **Europäischen Haftbefehls**,[8] der für die Verfolgung von Wirtschaftsdelikten – und für die Verteidigung – wichtigste betrifft die Vollstreckung von Entscheidungen über die **Sicherstellung von Vermögensgegenständen oder Beweismitteln**.[9] Ab 2007 sind Vollstreckungsmaßnahmen nach dem Rahmenbeschluss über die **Anwendung des Grundsatzes der gegenseitigen Anerkennung von Geldstrafen und Geldbußen** zu erwarten.[10] In diesem Bereich ist noch vieles ungeklärt.

10 c) EG-Sanktionenrecht und Ermittlungen im Rahmen der „Betrugsbekämpfung". Ferner hat sich in Europa ein erster Bereich **supranationaler Strafverfolgung** herausgebildet, der sich auf Rechtsakte der EG mit dem Ziel der Bekämpfung von Betrügereien zu Lasten des EG-Haushalts stützt und als europäisches Ordnungswidrigkeitenrecht bezeichnet werden kann. Die Verfolgung ist dem Europäischen Amt zur Betrugsbekämpfung (OLAF) übertragen, das sich dazu auf europäisches Strafermittlungsrecht stützen kann (dazu unter V.). Damit stellt sich ein weiteres Problem für Verteidigung speziell in Wirtschaftsstrafsachen mit dem Vorwurf etwa (u. a.) des Subventionsbetrugs: parallel zu einem Strafverfahren in Deutschland gegen einen inländischen Mandanten kann ein sanktionenrechtliches Verfahren auf EU-Ebene geführt werden. Damit besteht zugleich die Gefahr, dass Stoffsammlungen und „Beweise", die nach genuin europäischen (Verfahrens-) Vorschriften im Inland erhoben wurden, zur Grundlage eines deutschen Strafverfahrens werden.

11 **Zusammenfassend** lassen sich für Europa die Probleme, die europäische und grenzüberschreitende Strafverfahren für die Verteidigung aufwerfen, wie folgt erklären: Die These, dass mit zunehmender Globalisierung (der Wirtschaft), zunehmender Mobilität der Bevölkerung bis hin zu Migrationsströmen und mit Öffnung von Grenzen bzw. deren Durchlässigkeit sich auch Kriminalität globalisiere und internationalisiere, ist zum Paradigma jedenfalls der europäischen Kriminalpolitik geworden. Das Ziel, Europa zu einem einheitlichen „Raum der Freiheit, der Sicherheit und des Rechts" auszubauen,[11] wird primär unter dem Aspekt der Freiheit von Kriminalität, der Sicherheit vor Kriminalität und des Rechts zu ihrer Bekämpfung interpretiert. Freiheit als Abwehrrecht, Sicherheit vor staatlichen Eingriffen in Rechte des Individuums und insbesondere das Recht, beides effektiv zu verteidigen, kommen in diesem Konzept allenfalls am Rande vor.[12] Das bedeutet, dass sowohl im Bereich der grenzüberschreitenden Strafverfolgung auf der Basis von zwischenstaatlicher Kooperation, als auch in europäischen Sanktionen- (Ordnungswidrigkeiten-) Verfahren auch förmliche Verteidigung normativ keine

---

[7] Convention on Laundering, Search, Seizure and Confiscation of the Proceeds of Crime, ETS No. 141 (verabschiedet durch den Europarat im Jahre 1990); darauf bezogen auch der Rahmenbeschluss des Rates v. 26.6.2001 über Geldwäsche sowie Ermittlung, Einfrieren, Beschlagnahme und Einziehung von Tatwerkzeugen und Erträgen aus Straftaten 2001/500/JI ABl. EG v. 5.7.2001 Nr. L 182 S. 1.
[8] Rahmenbeschluss des Rates vom 13.6.2002 ABl. EG Nr. L 190 vom 18.7.2002 S. 1.
[9] Rahmenbeschluss des Rates vom 22.7.2003 ABl. EG Nr. L 196 vom 2.8.2003 S. 46.
[10] Rahmenbeschluss des Rates vom 24.2.2005 Abl. EG Nr. L 76 vom 22.3.2005. S. 16.
[11] Formuliert im Amsterdamer Vertrag und konkretisiert im „Aktionsplan des Rates und der Kommission zur bestmöglichen Umsetzung der Bestimmungen des Amsterdamer Vertrages über den Aufbau eines Raumes der Freiheit, der Sicherheit und des Rechts", ABl. EG v. 23.1.1999 Nr. C 019 S. 1.
[12] *Albrecht* StV 2001, 69; *Kaleck*, Europol und Eurojust – auf dem Weg zu einem einheitlichen Strafrecht in Europa?, Sendung SFB/ORB vom 25.10.2002; http://www.annette-wilmes.de/oton/strafrecht.htm; *Sommer*, http://www.dr-sommer.de/pdf/Strafverteidigung_Europa.pdf.

Rolle spielt. So wie sich ein „europäisches Strafrecht" mehr oder weniger wildwüchsig, aber mit dem erkennbaren Ziel entwickelt, ein Kriminaljustizsystem zu schaffen, das „effizienter, präventiver, kostengünstiger, schneller und opfergeneigter" ist,[13] so wird sich auch Verteidigung aufmachen müssen, Rechte und Befugnisse aus übergeordneten (anderen) Interessen abzuleiten.

d) EMRK. Hierbei ist insbesondere an Rechtsschutzmöglichkeiten gedacht, wie sie die EMRK mit Anrufung des EGMR darstellen. Zwar wird (zu Recht) beklagt, dass die Europäische Menschenrechtskonvention und die gesamteuropäische Strafrechtsentwicklung „weitgehend berührungslos lediglich ko-existieren, ohne dass es zu legitimatorischen Verknüpfungen kommt". Indessen wird, solange eine grenzübergreifende Strafprozessordnung nicht in Sicht ist, die EMRK und die zugehörige Rechtsprechung des EGMR – nicht ganz zu Unrecht – als möglicher „Motor für eine Verbesserung des Schutzes von Beschuldigtenrechten"[14] angesehen. Das bedeutet für die Verteidigung, dass gerade dann, wenn der übernommene Fall Auslandsberührung hat, immer auch die Prinzipien der EMRK im Blick zu behalten sind und sei es nur mit dem Ziel der späteren Anrufung des EGMR. 12

3. Prototypische Fallkonstellation

Um zu verdeutlichen, dass und wie sich die verschiedenen Problemebenen in einem Fall überlagern und multiplizieren können, der dann für die Verteidigung – aber auch bereits für die Justiz (-systeme) als solche – zum „Super-GAU" werden, mag an die Situation erinnert werden, die für die Aufklärung – oder besser: Nichtaufklärung – des Falles Leuna kennzeichnend war. Der Fall „Leuna" kann als Synonym und Inbegriff grenzüberschreitender wirtschaftsstrafrechtlicher Vorwürfe (Bestechung, Bestechlichkeit, Subventionsbetrug) und grenzüberschreitender Ermittlungsverfahren werden. Die nachfolgende Schilderung des Falles mag belegen, vor welche Schwierigkeiten sich die Verteidigung nur einer der an dem Vorgang beteiligten Personen (aus Deutschland oder aus Frankreich) gestellt sähe, wenn das Verfahren, sei es in der Schweiz oder sei es in Frankreich (in Deutschland ist es eingestellt) bis zur Anklagereife geführt würde. 13

Beispiel: Der Fall „Leuna"
Nach der Wiedervereinigung der Deutschen Demokratischen Republik und der Bundesrepublik Deutschland wurde die Treuhandanstalt als spezielle Behörde eingerichtet, die sich vornehmlich damit befasste, Unternehmen zu privatisieren, die vormals im Eigentum der DDR standen. Eine der Aufgaben der Treuhandanstalt war es, einen Investor für die chemische Industrie der ehemaligen DDR zu akquirieren. Zu diesem Industriezweig zählte auch eine Erdölraffinerie in der Region Leuna. Im Juli 1992 verkaufte die Treuhandanstalt die Leuna-Raffinerie und das Tankstellennetz der ehemaligen DDR („Minol") an den französischen Ölkonzern Elf Aquitaine und die deutsche Thyssen Handelsgesellschaft. Nur kurze Zeit nach dieser Transaktion kamen Gerüchte über Bestechung und Subventionsbetrug auf und bis heute wird behauptet, dass deutsche Politiker und einige Verwaltungsbehörden durch Elf Aquitaine bestochen wurden. Die Staatsanwaltschaft in Paris hat Ermittlungen gegen frühere Arbeitnehmer und Verantwortliche von Elf Aquitaine angestellt und herausgefunden, dass 256 Millionen Franc (DM 76,3 Millionen) an eine dubiose Firma in der Schweiz bezahlt wurden, nachdem das deutsche Finanzministerium dem Leuna-Geschäft zugestimmt hatte. Thyssen bezahlte angeblich DM 38 Millionen als Forschungskosten. Ehemalige Verantwortliche des Elf-Konzerns behaupten, dass das Geld einem französischen und einem deutschen Berater als Provision bezahlt wurde. Jedenfalls ist bis heute immer noch ungeklärt, wer diesen Betrag wirklich erhalten hat. Der schweizerische Generalstaatsanwalt Berard Bertossa behauptet, dass ein Teil des Geldes an deutsche Politiker geflossen sei, die Einfluss auf die zum Zeitpunkt des Vertragsschlusses involvierten Regierungs- und Verwaltungsbehörden hatten, und zu diesem Zeitpunkt die politische Verantwortung trugen. Er behauptet zum Beispiel, dass DM 6 Millionen an einen Politiker der CSU gezahlt worden sind, der zum Zeitpunkt des Leuna-Geschäfts als Staatssekretär tätig war. Er ist sich allerdings sicher, dass weder die CDU selbst noch einer ihrer Spitzenpolitiker zu diesem Zeitpunkt Geld erhalten hat. Auch eine CDU Politikerin, die zu diesem Zeitpunkt ebenfalls Staatssekretärin im Bundesverteidigungsministerium war, erhielt einige Millionen DM von Thyssen. Das Geld sollte als Honorar für Beratungs- und Vermittlungstätigkeit gedacht sein. Weil zweifelhaft ist, ob Thyssen von ihr irgendwelche Beratungsleistungen erhalten hat, die diesen Geldbetrag wert waren, wird behauptet, dass die Summe als Schmiergeld gezahlt wurde. 14

---

[13] *Albrecht* StV 2001, 69.
[14] *Kühne* StV 2001, 73.

Zum Zeitpunkt des Vertragsschlusses machte die Leuna-Raffinerie schwere Verluste und bedurfte dringend einer teuren Modernisierung. Daher war die Regierung sehr interessiert daran, einen solventen Investor zu finden, um den Industriezweig, der für die Region außerordentlich wichtig war, zu retten. Deswegen behauptet die CDU, dass Elf keinen Grund gehabt hätte, irgendwelche Politiker zu bestechen. Es waren jedoch zu dem Zeitpunkt, als Elf Interesse an Leuna zeigte, noch andere Firmen an Leuna interessiert, und Elf hatte möglicherweise ein großes Interesse daran, eine Basis für den Ölhandel im Osten aufzubauen. Außerdem wird behauptet, dass Elf das Geld auch gezahlt habe, um das Minol-Tankstellennetz kaufen zu können, das vom Geschäft mitumfasst war und als äußerst profitabel galt. Des Weiteren soll Elf möglicherweise Politiker bestochen haben, um mehr Subventionen zu erhalten, als unter normalen Bedingungen zugestanden hätten, und einen Teil dieser Subventionen an deutsche Politiker als Schmiergeld zurückgezahlt haben. Die Aufklärung dieser Vorwürfe hat sich als recht schwierig herausgestellt, da einige wichtige Dokumente, die den Leuna-Vertrag betreffen, aus dem Kanzleramt verschwunden sind. Es wird vermutet, dass sie vor dem Regierungswechsel 1998 zerstört oder versteckt wurden, weil Politiker der vorherigen Regierung in die kriminellen Aktivitäten, die das Geschäft betreffen, involviert waren. Teilweise wird sogar angenommen, dass der französische und der deutsche Geheimdienst in den Leuna-Skandal verwickelt waren.

Die nachfolgende deutsche Regierung wurde von der Presse beschuldigt, die Ermittlungen im Leuna-Fall nicht zu unterstützen und sogar aus unbekannten Gründen zu behindern. Auch die deutsche Staatsanwaltschaft zeigte sich bislang zurückhaltend, ein Ermittlungsverfahren einzuleiten oder einen der verdächtigen CDU Politiker anzuklagen, obwohl Bertossa sie über seine Untersuchungsergebnisse informiert und die Beweise, die er gesammelt hat, übermittelt hat. Die von ihm zusammengestellten Ermittlungsakten wurden von einer deutschen Staatsanwaltschaft zur nächsten geschickt und jede verweigerte die Anklage mit der Begründung, dass sie entweder nicht zuständig sei, dass nicht genügend Beweise vorhanden wären, um ein Verfahren einzuleiten oder dass die Frist für die Einleitung eines entsprechenden Verfahrens bereits abgelaufen sei.

Wegen der intensiven Berichterstattung der Presse und der damit einhergehenden Behauptung, dass die Staatsanwaltschaft strategisch die Anklage verweigere, um Politiker zu schützen, hat der deutsche Justizminister die Bundesanwaltschaft angewiesen, die Schweizer Ermittlungsakten zu sichten und zu entscheiden, ob und von welcher Staatsanwaltschaft eine Anklage erhoben werden könne. Nach allem besteht demnach immer noch die (freilich eher theoretische) Möglichkeit, dass der Leuna-Fall vor ein deutsches Gericht gebracht wird. [15]

15 Es liegt auf der Hand, dass hier weder alle denkbaren Konstellationen in ihrer Vielgestaltigkeit aus der Perspektive von Verteidigung aufbereitet werden können, noch erst Recht über alle materiell-strafrechtlichen Vorschriften (auch nur die wirtschaftsstrafrechtlichen) und ihre Divergenzen und/oder über alle strafverfahrensrechtlichen Regelungen schon nur aller europäischen Staaten informiert werden kann, die die Strafverteidigung betreffen. Erschwerend kommt hinzu, dass es etwa eine Synopse (nur) der europäischen Strafprozessordnungen (noch) nicht gibt, schon gar nicht in allen Sprachen.

16 Die hier (un-) möglichen Informationen müssen noch weiter relativiert werden, wenn man an den bekannten Satz von *Engisch* denkt, dass das gesamte Recht anwendet, wer nur eine einzige Norm des Strafrechts anwende („Einheit der Rechtsordnung"). Die Straftatbestände, die dem Wirtschaftsstrafrecht zuzuordnen sind, sind mehr als alle anderen „akzessorisch", d.h. von den Primärrechtsordnungen (z.B. Normen des Handels- und Wirtschaftsrechts, des Subventionsrechts oder des Rechts des öffentlichen Dienstes) abhängig, die den (wirtschaftlichen) Lebenssachverhalt vorgeprägt haben, auf den die strafrechtlichen Normen dann anzuwenden sind.

17 Es kann deshalb im Folgenden nur darum gehen, Orientierungshilfen für die Verteidigung in Fällen mit den unterschiedlichen Möglichkeiten von Auslandsbezug zu geben, wie sie in diesem Überblick skizziert wurden. Dabei lassen sich die Informationen nicht immer auf die spezifischen Probleme in Wirtschaftsstrafverfahren zuschneiden, sondern sind notwendig auch für andere Verfahren bedeutsam.

II. Grenzüberschreitende Anwaltsdienstleistung

18 Da sich auch und gerade in Fällen mit Auslandsbezug schon wegen der notwendigen Rechtskenntnis ausländischer Rechtsordnungen die Frage nach Mitverteidigung durch einen auslän-

---

[15] Ponsaers/Ruggiero/*Boers*/Nelles/*Nippert* S. 99 ff.

dischen Rechtsanwalt oder zumindest nach Kooperationsmöglichkeiten stellt, soll zunächst kurz dargestellt werden, in welchen Formen und welchen Fallkonstellationen grenzüberschreitende Anwaltsdienstleistung – speziell Verteidigung – prinzipiell rechtlich möglich ist.

1. Ausländische (Mit-)Verteidiger in Verfahren in Deutschland

In Strafverfahren in Deutschland können nach § 138 I StPO nur die bei einem deutschen 19 Gericht zugelassenen Rechtsanwälte sowie Rechtslehrer an deutschen Hochschulen gewählt bzw. tätig werden. Für ausländische Rechtsanwälte ist zwischen Anwälten aus anderen Mitgliedstaaten der EU und Anwälten aus sonstigen Staaten zu unterscheiden, denn nur ein Anwalt aus einem anderen EU-Staat kann – mit gewissen Einschränkungen – auch in deutschen Strafverfahren als Verteidiger tätig werden. Für Anwälte aus Nicht-EU-Staaten gilt, wie für alle anderen Personen, die nicht unter § 138 I StPO fallen, die Regelung des § 138 II StPO, d.h. sie können nur mit Genehmigung des Gerichts tätig werden und in Fällen notwendiger Verteidigung ausschließlich in Gemeinschaft mit einem nach § 138 I StPO zugelassenen Verteidiger.

a) Der niedergelassene europäische Rechtsanwalt. Für mögliche Kooperation bietet sich ein 20 „europäischer Rechtsanwalt" an. Dabei handelt es sich um Rechtsanwälte, die Staatsangehörige eines anderen Mitgliedstaates der EU (oder eines anderen Vertragsstaates des Abkommens über den Europäischen Wirtschaftsraum) und in Deutschland niedergelassen sind. Die Voraussetzungen für die Niederlassung in Deutschland sind in dem Gesetz über die Tätigkeit europäischer Rechtsanwälte in Deutschland (EuRAG) geregelt.[16] Danach ist zwischen dem registrierten und dem integrierten Anwalt zu unterscheiden.

Registrierte europäische Rechtsanwälte (§§ 2 ff. EuRAG) müssen bei der zuständigen Stelle 21 des Herkunftslandes, in dem die Qualifikation erworben wurde, als Rechtsanwalt eingetragen sein. Sie können sich dann nach dem im EuRAG im Einzelnen geregelten Verfahren in die für den Ort ihrer Niederlassung zuständige Rechtsanwaltskammer aufnehmen lassen. Danach dürfen sie in Deutschland unter der Berufsbezeichnung des Herkunftsstaates die Tätigkeit eines Rechtsanwalts ausüben. Nach dreijähriger Ausübung dieser Tätigkeit im Aufnahmestaat kann die Zulassung zur Rechtsanwaltschaft beantragt werden (§§ 11 ff. EuRAG); der europäische Rechtsanwalt wird dann vollständig „integriert", d.h. nach den §§ 6–42 BRAO zur Rechtsanwaltschaft zugelassen und muss dann nicht mehr die Bezeichnung des Herkunftsstaats führen. Die Zulassung (zur deutschen Rechtsanwaltschaft) kann außerdem – wie schon nach früherem Recht – über eine staatliche Eignungsprüfung erlangt werden (§§ 16 ff. EuRAG).

Der Vorteil einer Kooperation mit einem (in Deutschland) niedergelassenen Anwalt in Straf- 22 verfahren, die in Deutschland stattfinden, besteht zunächst sehr schlicht darin, dass sprachliche Barrieren faktisch gering sein werden, denn die Niederlassung in Deutschland dürfte eher für solche ausländischen Anwälte von Interesse sein, die auch eine Affinität oder bereits bestehende Verbindungen zum deutschen Sprach- und Rechtsraum haben. Zugleich sind diese europäischen Rechtsanwälte Experten des Rechts ihres Herkunftsstaates. Sie dürfen (als registrierte europäische Rechtsanwälte) sogar weiterhin Mitglied einer Sozietät im Herkunftsland bleiben (§ 8 EuRAG). Auch wenn in der Realität die Niederlassung als europäischer Rechtsanwalt eher für wirtschafts- und handelsrechtlich orientierte Anwälte bzw. Sozietäten interessant ist, als speziell für Verteidiger, sind sie jedenfalls für die Verteidigung in (grenzüberschreitenden) Wirtschaftsstrafsachen interessante Partner. Das ist erst Recht der Fall, wenn das Verfahren zwar (schlussendlich) in Deutschland geführt wird, aber parallele (Ermittlungs-) Verfahren oder einzelne Beweiserhebungen im Herkunftsland des (als Mitverteidiger gewählten) europäischen Rechtsanwalts stattgefunden haben.

b) Der dienstleistende europäische Rechtsanwalt. Unabhängig von der Möglichkeit grenz- 23 überschreitender Niederlassung können Rechtsanwälte, die in einem Mitgliedstaat der EU zugelassen sind, in den anderen Mitgliedstaaten (vorübergehend) tätig werden. Die sog. Dienst-

---

[16] EuRAG v. 9.3.2000 BGBl. I S. 182. Mit dem Gesetz hat die Bundesrepublik die Richtlinien 98/5/EG v. 16.2.1998 ABl. EG Nr. L 77 S. 36 (sog. Niederlassungsrichtlinie) umgesetzt und die Richtlinie 89/48/EWG v. 21.12.1988 ABl. EG Nr. L 19 S. 16 (sog. Diplomanerkennungsrichtlinie) sowie die Richtlinie 77/249/EWG v. 22.3.1977 ABl. EG Nr. L 78 S. 17 (sog. Dienstleistungsrichtlinie) berücksichtigt. Das EuRAG ist an die Stelle des früheren RechtsanwaltsdienstleistungsG v. 16.8.1980 BGBl. I S. 1453 und des früheren Gesetzes über die Eignungsprüfung für die Zulassung zur Rechtsanwaltschaft v. 6.7.1990 BGBl. I S. 1349 getreten.

leistungsrichtlinie[17] ist in Deutschland in den §§ 1, 25 – 35, 40, 42 EuRAG umgesetzt worden.[18] Der „dienstleistende europäische Rechtsanwalt" hat im Zusammenhang mit der Vertretung oder Verteidigung eines Mandanten die Stellung eines deutschen Rechtsanwalts (§ 27 EuRAG). Voraussetzung ist, dass er gegenüber der Rechtsanwaltskammer, dem Gericht oder der Behörde, vor der er auftritt, seine Rechtsanwaltseigenschaft (im Herkunftsland) nachweist, § 26 Abs. 2 EuRAG). Ausdrücklich geregelt ist also der Fall, dass ein ausländischer (europäischer) Rechtsanwalt in Deutschland (selbst) die Verteidigung seines Mandanten führen will. Das ist unter den im Folgenden skizzierten einschränkenden Voraussetzungen möglich.

24 *aa) Ein deutscher Rechtsanwalt als „Einvernehmensanwalt".* Nach § 28 Abs. 1 EuRAG darf der dienstleistende europäische Rechtsanwalt nur im Einvernehmen mit einem deutschen Rechtsanwalt handeln (sog. „Einvernehmensanwalt"), wenn er in gerichtlichen Verfahren wegen Straftaten, Ordnungswidrigkeiten, Dienstvergehen oder Berufspflichtverletzungen als Vertreter oder Verteidiger tätig werden will, in denen der Mandant den Rechtsstreit nicht selbst führen oder sich nicht selbst verteidigen kann. Diese sog. „Gouvernantenklausel"[19] gilt mithin in Fällen notwendiger Verteidigung (§ 140 StPO), nicht dagegen in Fällen nicht notwendiger Verteidigung. Der Einvernehmensanwalt muss seinerseits zur Vertretung oder Verteidigung bei dem Gericht oder der Behörde befugt sein. Seine Aufgabe besteht darin, gegenüber dem dienstleistenden europäischen Rechtsanwalt darauf hinzuwirken, dass dieser bei der Vertretung oder Verteidigung die Erfordernisse einer geordneten Rechtspflege beachtet (§ 28 Abs. 2 EuRAG).

25 Soweit danach erforderlich, ist das Einvernehmen, bei der ersten Handlung gegenüber dem Gericht oder der Behörde schriftlich nachzuweisen (§ 29 Abs. 1 EuRAG). Handlungen, die vor der Führung dieses Nachweises erbracht wurden, sind unwirksam (§ 29 Abs. 3 EuRAG); ein Widerruf des Einvernehmens ist ebenfalls schriftlich gegenüber dem Gericht oder der Behörde zu erklären und wirkt ex nunc (§ 29 Abs. 2 EuRAG).

26 Besonderheiten für die Verteidigung durch einen dienstleistenden europäischen Rechtsanwalt regelt § 30 EuRAG für den Fall, dass der Mandant sich nicht in Freiheit befindet. Der dienstleistende europäische Rechtsanwalt darf mit dem Mandanten, der sich nicht in Freiheit befindet, schriftlich nur über den Einvernehmensanwalt verkehren und ihn auch nur in dessen Begleitung besuchen (§ 30 Abs. 1 EuRAG). Ausnahmen sind nur mit Gestattung des Gerichts oder der Behörde möglich, wenn eine Gefährdung der Sicherheit nicht zu besorgen ist. Im Übrigen sind die §§ 138 a – 138 d, 146, 146 a, 148 StPO und die §§ 26, 27 Abs. 3, 29 Abs. 1, 31 Abs. 4 StVollzG auf den Einvernehmensanwalt entsprechend anzuwenden.

27 Das Problem der Zustellung wird in der Weise gelöst, dass zu Beginn der Tätigkeit vor Gerichten oder Behörden ein Zustellungsbevollmächtigter anzugeben ist (§ 31 Abs. 1 EuRAG) und, sofern dies nicht geschieht, der Einvernehmensanwalt als Zustellungsbevollmächtigter gilt (§ 31 Abs. 2 EuRAG).

28 Das Einvernehmen begründet nur ein Vertragsverhältnis zwischen dem dienstleistenden europäischen Rechtsanwalt und dem Einvernehmensanwalt; zwischen Einvernehmensanwalt und Mandant dagegen kommt – soweit die Beteiligten nichts anderes bestimmt haben – grundsätzlich kein Vertrag zustande (§ 28 Abs. 3 EuRAG). Der Honoraranspruch richtet sich daher (nur) gegen den jeweiligen ausländischen Kollegen, nicht gegen den Mandanten.[20] Die Honorierung der Tätigkeit des Einvernehmensanwalts ist in Teil 2 Abschnitt 3 der Anlage 1 zu § 2 Abs. 2 RVG (Vergütungsverzeichnis) geregelt. Der deutsche Einvernehmensanwalt wird – haftungsrechtlich – als Erfüllungsgehilfe des dienstleistenden europäischen Rechtsanwalts tätig. Er haftet also für schuldhaftes Verhalten nur gegenüber dem ausländischen Kollegen, nicht gegenüber dessen Mandanten.

---

[17] ABl. EG Nr. L 78 S. 17.
[18] Vorläufer war das RechtsanwaltsdienstleitungsG vom 16.8.1980 BGBl. I S. 1453, das u. a. aufgrund des EuGH Urt. v. 25.2.1988 – Rs 427/85 – NJW 1988, 887 änderungsbedürftig wurde; vgl. *Raiser* NJW 1991, 2049, 2055.
[19] *Werner* StraFO 2001, 221, 222.
[20] Nr. 5.7 der Standesregeln der Rechtsanwälte der Europäischen Gemeinschaft (CCBE) AnwBl. 1989, 647, 650.

bb) Der dienstleistende europäische Rechtsanwalt als Berater oder Mitverteidiger eines deutschen Verteidigers. Der Fall, dass ein deutscher Verteidiger seinen (deutschen) Mandanten in einem Verfahren in Deutschland verteidigen, aber einen Kollegen aus einem anderen (europäischen) Herkunftsland als Berater oder Mitverteidiger hinzuziehen will, der nicht schon niedergelassener oder integrierter Rechtsanwalt in Deutschland ist, ist im EuRAG nicht ausdrücklich geregelt.

Soweit nach Lage des Falles lediglich Information – „know how" – über die Rechtslage in demjenigen Staat gebraucht wird, zu dem die Tat oder das Verfahren in Beziehung steht, nicht aber eine Tätigkeit nach außen gegenüber Behörden oder Gerichten gewünscht wird, kann, je nach Finanzkraft des Mandanten, die entsprechende Beratung durch ausländische Kollegen uneingeschränkt eingeholt werden. Das gilt nicht nur für europäische, sondern auch für Anwälte aus anderen Herkunftsländern. Dazu bedarf es also keiner Regelung.

Auch für Fälle nicht notwendiger Verteidigung besteht für den dienstleistenden europäischen Rechtsanwalt kein Regelungsbedürfnis, denn er darf insoweit wie ein deutscher Rechtsanwalt uneingeschränkt tätig werden. Der Mandant kann also auch einen dienstleistenden europäischen Rechtsanwalt mit seiner (Mit-) Verteidigung beauftragen.

Ungeregelt ist danach nur der Fall einer (förmlichen) Mitverteidigung durch einen dienstleistenden europäischen Rechtsanwalt in Fällen notwendiger Verteidigung. Aus dem Umstand indessen, dass ein ausländischer Rechtsanwalt (wenn auch im Einvernehmen mit einem deutschen) selbst als Verteidiger tätig werden darf und aus der Tatsache, dass der Einvernehmensanwalt nicht selbst Verteidiger oder Bevollmächtigter sein muss (arg. aus § 28 Abs. 3 EuRAG),[21] lässt sich unschwer folgern, dass ein dienstleistender europäischer Rechtsanwalt erst Recht als Mitverteidiger eines Mandanten tätig werden darf, der bereits durch einen deutschen Rechtsanwalt verteidigt ist. Da § 28 Abs. 3 EuRAG es den Beteiligten freistellt, Vereinbarungen zu treffen, die unmittelbare vertragliche Beziehungen zwischen dem Mandanten und dem „Einvernehmensanwalt" begründen, muss es danach auch möglich sein, dass der Mandant neben einem (deutschen) Rechtsanwalt, der aufgrund Mandatsvertrages die Verteidigung bereits übernommen hat, einen dienstleistenden europäischen Rechtsanwalt hinzuzieht, mit dem er ebenfalls einen Mandatsvertrag über die Verteidigung schließt. Klärungsbedürftig bleibt dann lediglich das Innenverhältnis zwischen den Verteidigern. Nimmt man § 28 Abs. 1 EuRAG ernst, dann müsste der dienstleistende europäische Rechtsanwalt, um als „vollwertiger" Verteidiger tätig werden zu können, seinerseits wieder einen Einvernehmensanwalt hinzuziehen. Das aber kann vernünftigerweise nicht Sinn der Regelung sein. Wenn also bereits ein (deutscher) Verteidiger gewählt ist, dann muss er auch selbst die Funktion des Einvernehmensanwalts abdecken können.

2. Deutsche (Mit-)Verteidiger in Verfahren im Ausland

Da die Niederlassungs-[22] und Dienstleistungsrichtlinie[23] auch in den anderen Mitgliedstaaten der EU bis zum Jahre 2000 in nationales Recht umgesetzt werden mussten und umgesetzt worden sind, ergeben sich spiegelbildliche Probleme, wenn deutsche Rechtsanwälte in anderen Staaten gegenüber Behörden und Gerichten als Verteidiger tätig werden wollen. Insoweit muss hier jedoch auf den allgemeinen Vorbehalt[24] verwiesen werden, dass hier nicht alle Strafrechtsordnungen Europas oder gar der Welt kommentiert werden können. Eine detailliertere Information über die Rechte deutscher Anwälte im Ausland würde die Behandlung jeder oder zumindest jeder Rechtsordnung in Europa voraussetzen, da jeder Staat die entsprechenden Regelungen in seine eigenen nationalen Prozessordnungen eingepasst hat.

Es werden statt dessen hier zunächst praktische Orientierungshilfen dafür gegeben, aus welchen Quellen und über welche Zugänge sich die erforderlichen Informationen über ausländische oder europäisch agierende Rechtsanwälte gewinnen lassen, die – aus auch sprachlichen Gründen – für eine grenzüberschreitende Kooperation in Frage kommen, sortiert nach Ländern.

---

[21] EuGH Urt. v. 25.2.1988 – Rs 427/85 – NJW 1988, 887.
[22] 98/5/EG v. 16.2.1998 ABl. EG Nr. L 77 S. 36.
[23] 77/249/EWG v. 22.3.1977 ABl. EG Nr. L 78 S. 17.
[24] Oben unter Rdnr. 4.

34 **a) Europa.** Die Europäische Union bietet ein Glossar „Criminal Justice in Europe" unter www.ju-lex.com, das unter dem Stichwort „Verteidiger" die wesentlichen Informationen aus den Mitgliedstaaten darüber vorhält, wer Verteidiger sein kann und wann Verteidigung notwendig ist bzw. wann ein Pflichtverteidiger bestellt werden kann. Ferner finden sich dort Informationen über das „Recht" auf Verteidigung, auf einen Dolmetscher, auf rechtliches Gehör und zur Abgabe von Stellungnahmen.

35 Das Portal www.rechtsanwaltsnotruf.de/ger/anwaelte enthält eine Rubrik „Rechtsanwälte in Europa", in der für jedes Land (weitgehend jedoch noch im Aufbau) eine Kurzübersicht über folgende Regelungen angeboten wird: „Zulassung/Zuständigkeit", „Anwaltszwang", „Prozesskostenhilfe/Pflichtverteidiger", „Anwaltsgebühren", „Gebühren-/Kostentragung" und „Sonstiges". Ferner findet sich dort für jedes Land unter der Rubrik „Anwaltskammer" die Information über die zentrale Vertretung der Anwaltschaft mit Anschrift und Hinweis zur Kontaktaufnahme.

36 Seit Mai 2001 gibt es eine ständige Arbeitsgruppe „Strafverteidigung in Europa", die von Vertretern der Strafverteidigervereinigungen in der Bundesrepublik gegründet wurde. Ziel ist es, unter dem Dach „EU-Defense" ein grenzüberschreitendes Netzwerk von Strafverteidigern zu knüpfen für Anregungen und Informationsaustausch, politische Diskussion und Einflussnahme auf die Strafrechtsentwicklung in Europa.[25] Kontaktaufnahme ist über die Homepage www.eu-defense.de möglich.

37 **b) Einzelne Länder.** Ferner halten die meisten deutschen Botschaften im Ausland ähnliche Übersichten vor, die zumindest den Hinweis enthalten, über welche Behörden oder Anwaltsvereinigungen Kontakt zu deutschsprachigen einheimischen Anwälten aufgenommen werden kann. Es folgt eine Auswahl von Internet-Adressen, über die sich entsprechende Informationen erschließen lassen:
- Belgien
  www.bruessel.diplo.de: Deutsche Botschaft, Brüssel
- Dänemark
  www.kopenhagen.diplo.de: Deutsche Botschaft, Kopenhagen
  www.tyske-ambassade.dk: Verzeichnis dänischer Anwaltskanzleien
- Estland
  www.tallinn.diplo.de: Deutsche Botschaft, Tallinn
- Finnland
  www.helsinki.diplo.de: Deutsche Botschaft, Helsinki
- Frankreich
  www.amb-allemagne.fr/deutsch/index.html: Deutsche Botschaft, Paris mit Informationen zur Rechtsverfolgung in Frankreich und Auflistung deutschsprachiger Anwälte/Notare in verschiedenen Städten
- Griechenland
  www.athen.diplo.de: Deutsche Botschaft, Athen
- Großbritannien
  www.german-embassy.org.uk: Deutsche Botschaft, London
- Irland
  www.germany.ie: Deutsche Botschaft, Dublin.
- Italien
  www.rom.diplo.de: Merkblatt Informationen zur Rechtsverfolgung in Italien (auch Strafrecht) sowie eine Rechtsanwaltsliste.
  www.italieninfos.com: Rechts- bzw. Patentanwälte, Steuerberater und Notare im deutschsprachigen Branchenverzeichnis
- Lettland
  www.deutschebotschaft-riga.lv: Deutsche Botschaft, Riga
- Litauen
  www.deutschebotschaft-wilna.lt: Deutsche Botschaft, Wilna

---

[25] *Bendler* CILIP 69 (2/2001), 27.

§ 15 Grenzüberschreitende Strafverteidigung　　　　　　　　　　37　§ 15

- **Luxemburg**
  www.luxemburg.diplo.de: Deutsche Botschaft, Luxemburg
  Unter http://www.uni-koeln.de/jur-fak/dzeuanwr/rechtsanwaltschaftinluxemburg.pdf finden sich auf einer Internetseite des Dokumentationszentrums für Europäisches Anwalts- und Notarrecht umfangreiche Informationen zur Ausbildung, Zulassung und zur anwaltlichen Freizügigkeit in Luxemburg.
- **Malta**
  www.valletta.diplo.de: Deutsche Botschaft, Valletta
- **Niederlande**
  www.duitse-ambassade.nl/de/home: Konsularhilfe: Merkblatt über die Rechtsverfolgung in Zivil- und Handelssachen sowie Liste von Rechtsanwälten und Notaren.
- **Norwegen**
  www.oslo.diplo.de: Merkblatt über Rechtsverfolgung in Norwegen und Liste von Rechtsanwälten der Deutschen Botschaft in Oslo
- **Österreich**
  www.wien.diplo.de: Liste von Anwälten sowie Hinweis auf landesspezifische Besonderheiten bei der Rechtsverfolgung (auch bezogen auf Strafprozesse) der Deutschen Botschaft in Wien
- **Polen**
  www.ambasadaniemiec.pl: Deutsche Botschaft, Warschau
- **Portugal**
  www.lissabon.diplo.de: Deutsche Botschaft, Lissabon
- **Russische Föderation**
  www.moskau.diplo.de: Die Deutsche Botschaft in Moskau mit einer Liste dort tätiger deutscher Rechtsanwälte
- **Schweden**
  www.stockholm.diplo.de: Die Deutsche Botschaft in Stockholm hält eine Liste deutschsprachiger Rechts- und Patentanwälte in Schweden bereit
- **Slowakei**
  www.germanembassy.sk: Die Deutsche Botschaft in Pressburg hält eine Anwaltsliste sowie ein Merkblatt „Rechtsberatung und Rechtsbeistand in der Slowakischen Republik, Landesspezifische Besonderheiten" bereit
- **Slowenien**
  www.laibach.diplo.de: Deutsche Botschaft, Laibach
- **Spanien**
  www.embajada-alemania.net: Deutsche Botschaft, Madrid; Merkblatt über die „Anerkennung und Vollstreckung deutscher Titel in Zivil- und Handelssachen in Spanien"; Konsularabteilung für Strafsachen
- **Tschechische Republik**
  www.german-embassy.cz: Die Deutsche Botschaft in Prag hält die Merkblätter „Rechtliches Verfahren in Härtefällen", eine Anwalts- und Notarliste, „Rechtsberatung und Rechtsverfolgung in der Tschechischen Republik – Landesspezifische Besonderheiten" sowie „Rechtsverfolgung in Zivil- und Handelssachen" (inkl. Strafrecht) bereit
- **Ungarn**
  www.deutschebotschaft-budapest.hu: Die Deutsche Botschaft in Budapest stellt eine Liste deutschsprachiger ungarischer Anwälte zur Verfügung und beschreibt landesspezifische Besonderheiten der Rechtsverfolgung in Ungarn
- **Zypern**
  www.nikosia.diplo.de: Deutsche Botschaft, Nikosia mit Merkblättern zur Rechtsberatung und -verfolgung sowie einer Liste von Rechtsanwälten und Standesorganisationen in Zypern

3. Grenzüberschreitende Verteidigerkooperation als Antwort auf die grenzüberschreitende Kooperation der Strafverfolgungsbehörden

38 Unabhängig davon, wie sich Verteidigung in förmlicher Weise als gemeinschaftliche Verteidigung grenzüberschreitend organisieren lässt, ist jedenfalls dann, wenn gegen den Mandanten Ermittlungen im In- und Ausland geführt werden, eine kooperative Beratung durch mehrere Anwälte ratsam, die in den jeweils betroffenen Rechtsordnungen zu Hause sind.

39 Es empfiehlt sich dann eine frühzeitige Kooperation mit Anwaltskollegen aus dem betreffenden Ausland und eine entsprechende umfassende Beratung des Mandanten sicher zu stellen. Gegenstand dieser Beratung hat dann auch zu sein, ob gemeinschaftliche Verteidigung (nach außen) überhaupt sinnvoll oder gar nötig ist. Aus sachlichen Gründen nötig ist sie nur und jedenfalls im **Innenverhältnis**.

40 Aufgrund des Umstandes nämlich, dass der Grundsatz „ne bis in idem" nach dem Schengener Durchführungsübereinkommen erst dann greift, wenn ein Strafverfahren wegen derselben Tat rechtskräftig abgeschlossen ist,[26] können Ermittlungsverfahren in mehreren Ländern auch (und gerade) dann parallel geführt werden, wenn dies den beteiligten Strafverfolgungsbehörden bekannt ist. Diese können dann nämlich, abgesprochen oder unabhängig voneinander, (auch) mit dem Ziel weiter ermitteln, später (gemeinsam) darüber zu entscheiden, vor welchem der zuständigen (in- oder ausländischen) Gerichte Anklage erhoben werden soll (Stichwort: Forum-Shopping).

41 Spätestens, wenn im Wege der Rechtshilfe Akten und Beweismaterial zu dem Gericht geschafft werden, vor dem letztlich Anklage erhoben wird, wirken sich etwaige Fehlerquellen im ausländischen Ermittlungsverfahren auch auf ein Hauptverfahren im Inland aus und umgekehrt. Mit Rücksicht darauf, dass gerade zu Beginn der Ermittlungen die Gründe für „Fehlerquellen im Strafprozess"[27] gelegt werden, muss an den Fronten beider oder gar mehrerer Ermittlungsverfahren mit gleicher Intensität gefochten werden.

III. Mandatsführung und Verteidigungskonzeption

42 Es kann hier nicht darum gehen, Verteidigungsstrategien für alle denkbaren Verfahren mit Auslandsbezug zu entwerfen. Es werden deshalb im Folgenden nur die neuralgischen Stationen eines Strafverfahrens behandelt. Das sind das Ermittlungsverfahren, wie soeben skizziert, soweit es grenzüberschreitend geführt wird, das Rechtshilfeverfahren und europäische, d. h. durch europarechtlich ermächtigte Organe geführte Verfahren. Es wird jedoch ergänzend auf Besonderheiten von Hauptverfahren in anderen Staaten eingegangen, soweit es für die Frage nach der Verwertbarkeit von Beweismitteln von Bedeutung ist, d. h. mittelbar rechtshilferechtlich erlangte Beweise und den Umgang mit ihnen betrifft.

1. Verteidigung im Ermittlungsverfahren

43 a) **Verfahren im Inland.** Unter rechtlichen Gesichtspunkten stellt die (Einzel-) Verteidigung im Inland, unabhängig davon, ob das Verfahren sich gegen einen ausländischen oder einen deutschen Mandanten richtet, kein Problem dar. Allein unter strategischen Gesichtspunkten ist es sinnvoll, mit einem Verteidiger des Herkunftslandes oder des Landes, zu dem die Straftat Bezug aufweist, zu kooperieren.

44 Da Ermittlungsverfahren gerade zu ihrem Beginn geheim geführt werden (können), ist es nun nicht immer bekannt, ob etwa im Ausland parallel zu einem im Inland bereits laufenden Verfahren ebenfalls Ermittlungen aufgenommen wurden oder umgekehrt. Insofern gehört es zu den Aufgaben der Verteidigung, auf Anhaltspunkte dafür zu achten, ob und ggf. dass parallele Ermittlungen im Ausland auch gegen den eigenen Mandanten geführt werden könnten. Indizien dafür können etwa sein:

---

[26] Das SDÜ war ursprünglich ein völkerrechtlicher Vertrag zwischen Deutschland, Frankreich und den Benelux-Staaten, dem später alle Mitgliedstaaten der EU – bis auf das Vereinigte Königreich und Irland – beigetreten sind. Mit dem so genannten Schengen-Protokoll zum Vertrag von Amsterdam (abgedruckt in Sartorius II Nr. 151, Protokoll Nr. 2) wurde der „Schengen-Besitzstand" dann in den institutionellen Rahmen der EU überführt.

[27] Nach wie vor aktuell: *Peters*, Fehlerquellen im Strafprozeß, Karlsruhe (Bd. I 1970, Bd. II 1972, Bd. III 1974).

§ 15 Grenzüberschreitende Strafverteidigung   45–48   § 15

- grenzüberschreitende „Tatorte";
- ein Vorwurf, der sich auf unternehmensbezogenes Verhalten des Mandanten stützt, wenn das Unternehmen grenzüberschreitend operiert oder Tochter- bzw. Partnerunternehmen im Ausland ansässig sind, die in den Vorgang involviert sein könnten;
- etwa bekannt gewordene Ermittlungsverfahren gegen ausländische Geschäftspartner des Mandanten;
- Informationen in den (deutschen) Strafakten, die auf ein Tätigwerden von Europol oder OLAF hindeuten[28] oder Rechtshilfeersuchen aus dem Ausland bzw. an ausländische Ermittlungsbehörden betreffen.

b) Verfahren im Ausland. Bereits die erste Frage, ob im betreffenden Ausland überhaupt ein 45 Ermittlungsverfahren als erste Stufe eines Strafverfahrens vorgesehen ist, in wessen Verantwortung es fällt und von welchen Prinzipien es geleitet wird, ist nicht leicht zu beantworten. Die Bundesregierung hatte auf eine Große Anfrage zur „Strafverfolgung in (einem zusammenwachsenden) Europa",[29] die sich auch auf die Strukturen der Strafrechtspflege in den Mitgliedstaaten der EU bezog, eine Befragung der Mitgliedstaaten der EU durchgeführt.[30] Aus dem Ergebnis dieser Befragung, soweit die Staaten geantwortet haben,[31] und auf der Grundlage von Gutachten des Max-Planck-Instituts für ausländisches und internationales Strafrecht in Freiburg[32] sowie des Kompendiums von Christine *van den Wijngaert* werden mit dem Ziel, die Beschuldigten- und Verteidigungsrechte zu skizzieren, die wesentlichen Strukturen des Ermittlungsverfahrens nachfolgend in Kürze dargestellt. Soweit zu den einzelnen Ländern keine Informationen mitgeteilt werden, lagen sie (schon der Bundesregierung bzw. dem Max-Planck-Institut) nicht vor.

aa) Struktur des Ermittlungsverfahrens. Alle Staaten sehen die Durchführung eines Ermitt- 46 lungsverfahrens durch die jeweils zuständigen staatlichen Organe als erste Stufe des Strafverfahrens vor. Hinsichtlich der Verantwortlichkeit für die Durchführung des Ermittlungsverfahrens ergibt sich ein ebenso differenziertes Bild wie hinsichtlich der verfahrensleitenden Prinzipien und der Erledigungsmöglichkeiten.

- **Belgien**[33]

Die Sachherrschaft über das Ermittlungsverfahren liegt bei der **Staatsanwaltschaft**; aller- 47 dings ist das Ermittlungsverfahren aufgeteilt in Phasen staatsanwaltlicher **oder richterlicher** Verantwortlichkeit. Das Ermittlungsverfahren als ganzes unterliegt (faktisch) nicht dem Legalitäts-, sondern dem **Opportunitätsprinzip**. Es ist als geheimes Inquisitionsverfahren ausgestaltet. Es gibt **Erledigungsformen**, die den §§ 153, 153 a, 154, 154 a StPO weitestgehend entsprechen. Diese stehen allerdings nur der Staatsanwaltschaft, nicht dem Untersuchungsrichter zu. Die Staatsanwaltschaft hat die entsprechenden Kompetenzen zudem nur, solange das Verfahren nicht an den Untersuchungsrichter abgegeben ist. Sobald ein Einstellungsangebot der Staatsanwaltschaft (in etwa dem § 153 a StPO entsprechend oder auf der Grundlage eines Täter-Opfer-Ausgleichs) vom Beschuldigten akzeptiert wird, ist eine Wiederaufnahme des Verfahrens unzulässig.

- **Dänemark**[34]

Die Sachherrschaft über das Ermittlungsverfahren liegt bei den **Polizeibehörden**. Diese sind 48 zugleich Anklagebehörden, unterstehen aber in dieser Funktion nicht dem Reichspolizeichef, sondern dem Reichsanwalt bzw. sechs regional verteilten Staatsanwälten, die ihrerseits (nicht Ermittlungs-, sondern nur) Anklagebehörden für bestimmte schwerere Delikte sind. Hinzu kommt ein landesweit zuständiger Staatsanwalt als **Anklagebehörde** für den Bereich der „besonderen Wirtschaftskriminalität". Das Ermittlungsverfahren als ganzes unterliegt nicht dem

---

[28] Ein Beispiel dafür findet sich bei *Bendler* CILIP 69 (2/2001) 27.
[29] BT-Drucks. 14/1774, Große Anfrage der Abgeordneten *Norbert Geis, Roland Pofalla, Dr. Jürgen Rüttgers*, weiterer Abgeordneter und der Fraktion der CDU/CSU.
[30] BT-Drucks. 14/4991, Antwort der Bundesregierung auf die Große Anfrage (BT-Drucks. 14/1774).
[31] Auf die Befragung haben folgende Staaten reagiert: Dänemark, Finnland, Frankreich, Griechenland, Irland, Österreich, Niederlande, Portugal, Schweden und Spanien (BT-Drucks. 14/4991 S. 4 Fn. 1).
[32] Hier vor allem *Gleß/Grote/Heine*.
[33] Van den Wijngaert/*Van den Wijngaert* S. 1 ff.
[34] BT-Drucks. 14/4991; Gleß/Grote/Heine/*Cornils/Verch* S. 12 ff.

Legalitäts-, sondern dem **Opportunitätsprinzip**. Es gibt **Erledigungsformen**, die den §§ 153, 153 a, 154, 154 a StPO weitestgehend entsprechen.[35]
- England und Wales[36]

49 Die Sachherrschaft über das Ermittlungsverfahren liegt bei den **Polizeibehörden**. Es gibt spezielle Polizeibehörden für die Verfolgung bestimmter Formen von Wirtschaftskriminalität wie z.b. das „Customs and Excise", das „Serious Fraud Office" und das Ministerium für Landwirtschaft, Ernährung und Fischerei, das als Verfolgungsbehörde Betrug zum Nachteil der EU unmittelbar verfolgt und anklagt.[37] Grundsätzlich wird bei den Aufgaben der Polizei nicht zwischen repressiver und präventiver Tätigkeit unterschieden. Es ist von daher eine Entwicklung aus jüngster Zeit, dass das Ermittlungsverfahren überhaupt als ein dem Strafprozess zugehöriger Abschnitt begriffen wird. Die (erst 1986 geschaffene) **Hauptanklagebehörde,** der Crown Prosecution Service, ermittelt nicht selbst, sondern ist nur für die Durchführung der Anklage zuständig. Es bleibt aber insoweit der Entscheidungsbefugnis der Polizei überlassen, ob der Verdächtige überhaupt (förmlich) beschuldigt werden soll. Das Ermittlungsverfahren unterliegt dem **Opportunitätsprinzip**. Nur dann, wenn die Ermittlungen abgeschlossen sind, steht es in der ausschließlichen Kompetenz der Anklagebehörde, über eine Einstellung des Verfahrens zu entscheiden. Es gibt detaillierte Richtlinien für die Ausübung des Ermessens. Kriterien sind etwa das öffentliche Interesse, die Interessen des Opfers, eine untergeordnete Rolle, die ein Beschuldigter bei der Begehung einer Straftat gespielt hat u.Ä.[38] Der Beschuldigte hat auch schon während des Ermittlungsverfahrens die Möglichkeit des „guilty plea". Damit sind zwar nicht de iure, aber faktisch auch Vergleichsverhandlungen möglich.
- Finnland[39]

50 Die Sachherrschaft über das Ermittlungsverfahren liegt bei den **Polizeibehörden**. Es gibt **Erledigungsformen,** die den §§ 153, 153 a, 154, 154 a StPO weitestgehend entsprechen.
- Frankreich[40]

51 Die Sachherrschaft über das Ermittlungsverfahren liegt grundsätzlich bei der **Staatsanwaltschaft**; allerdings ist das Ermittlungsverfahren aufgeteilt in Phasen staatsanwaltlicher **oder richterlicher** Verantwortlichkeit. Die gerichtliche Voruntersuchung ist ein streng formalisiertes Verfahren. Sie muss durchgeführt werden, wenn es sich bei der Straftat um ein Verbrechen handelt; bei Vergehen ist sie fakultativ und bei Übertretungen die Ausnahme. Das Ermittlungsverfahren als ganzes unterliegt nicht dem Legalitäts-, sondern dem **Opportunitätsprinzip**. Für bestimmte Delikte (z.B. Steuerdelikte oder Drogendelikte) sind Einstellungsmöglichkeiten vorgesehen, die in etwa dem § 153 a StPO entsprechen.[41]
- Griechenland[42]

52 Die Sachherrschaft über das Ermittlungsverfahren liegt grundsätzlich bei der **Staatsanwaltschaft**; allerdings ist das Ermittlungsverfahren aufgeteilt in Phasen staatsanwaltlicher **oder richterlicher** Verantwortlichkeit. Es gilt das **Legalitätsprinzip**. Es gibt **Erledigungsformen,** die den §§ 153, 153 a, 154, 154 a StPO in etwa entsprechen.
- Irland[43]

53 Die Sachherrschaft über das Ermittlungsverfahren liegt bei den **Polizeibehörden. Das Legalitätsprinzip** gilt nur eingeschränkt. Bereits die Polizei kann das Ermittlungsverfahren nach Ermessen einstellen, wenn die Ermittlungen keinen Tatverdacht begründen. Der Staatsanwalt kann nach Ermessen beschließen, kein Verfahren einzuleiten, selbst wenn Tatverdacht besteht.[44] Der Beschuldigte hat auch schon während des Ermittlungsverfahrens die Möglichkeit des „guilty plea", muss dies aber von sich aus anbieten. Damit werden auch Vergleichsverhandlungen möglich.

---

[35] BT-Drucks. 14/4991.
[36] Gleß/Grote/Heine/*Huber/Rabenstein* S. 161 ff.
[37] Van den Wijngaert/*Smith* S. 73 ff.
[38] Van den Wijngaert/*Smith* S. 73 ff.
[39] BT-Drucks. 14/4991.
[40] Gleß/Grote/Heine/*Leblois-Happe/Barth* S. 239 ff.
[41] Van den Wijngaert/*Pardel* S. 105 ff.
[42] BT-Drucks. 14/4991; Van den Wijngaert/*Mylonopoulos* S. 163 ff.
[43] BT-Drucks. 14/4991.
[44] BT-Drucks. 14/4991.

- **Italien**[45]
  Die Sachherrschaft über das Ermittlungsverfahren liegt bei der **Staatsanwaltschaft**. Es gilt 54
  das **Legalitätsprinzip**. Einstellungen aus Opportunitätsgründen sind de iure nicht vorgesehen.
  Es gibt aber ein einvernehmliches Verfahren, das auf übereinstimmenden Antrag von Staatsanwaltschaft und Beschuldigtem stattfindet und auf die Verhängung einer ausgehandelten Strafe (nicht aber auf Einstellung) gerichtet ist.
- **Luxemburg**[46]
  Das Ermittlungsverfahren wird durch Polizeibehörden unter der Verantwortung der **Staats-** 55
  anwaltschaft geführt; es ist ein zweigeteiltes Verfahren, sobald der Untersuchungsrichter eingeschaltet wird. Die Staatsanwaltschaft hat kein Anklagemonopol; die öffentliche Klage kann in bestimmten Fällen auch durch Private oder bestimmte Verwaltungsbehörden erhoben werden. Es gilt das **Opportunitätsprinzip** mit weitgehend ungebundenem Ermessen. Wesentliches Kriterium, eine Tat nicht zu verfolgen bzw. nicht anzuklagen, ist das (fehlende) öffentliche Interesse. Einstellungen unter Auflagen oder Vergleiche sind nur für begrenzte Bereiche wie etwa Steuer- oder Zollvergehen vorgesehen. Stattdessen bietet das luxemburgische Recht eine Art Strafbefehlsverfahren an, das (freilich nur faktisch) ausgehandelt werden kann.
- **Niederlande**[47]
  Die Sachherrschaft über das Ermittlungsverfahren liegt grundsätzlich bei der **Staatsanwalt-** 56
  schaft; allerdings ist das Ermittlungsverfahren aufgeteilt in Phasen staatsanwaltlicher **oder richterlicher** Verantwortlichkeit. Eine gerichtliche Voruntersuchung findet auf Antrag der Staatsanwaltschaft statt, wenn weiter gehende Ermittlungsmaßnahmen erforderlich sind, die dem Untersuchungsrichter vorbehalten sind. Das Ermittlungsverfahren als ganzes unterliegt nicht dem Legalitäts-, sondern dem **Opportunitätsprinzip**. Im Interesse gleichmäßiger Ermessensausübung haben die niederländischen Generalstaatsanwälte Richtlinien erlassen. Es gibt konsequenterweise **Erledigungsformen**, die den §§ 153, 153 a, 154, 154 a StPO weitestgehend entsprechen, die Praxis von Vergleichsverhandlungen eingeschlossen. Bereits die Polizei kann (bei geringfügigen Delikten) Vereinbarungen über die Verfahrenseinstellung treffen; zwischen Staatsanwalt und Verdächtigem sind ebenfalls Vereinbarungen möglich.
- **Österreich**[48]
  Die Sachherrschaft über das Ermittlungsverfahren liegt grundsätzlich bei der **Staatsanwalt-** 57
  schaft; allerdings ist das Ermittlungsverfahren aufgeteilt in Phasen staatsanwaltlicher **oder richterlicher** Verantwortlichkeit. Die Staatsanwaltschaft kann bei hinreichendem Tatverdacht die Einleitung einer gerichtlichen Voruntersuchung beantragen. In der Praxis geschieht dies allerdings nur in Haftsachen. Es gilt das **Legalitätsprinzip**. Es gibt **Erledigungsformen**, die den §§ 153, 153 a, 154, 154 a StPO weitestgehend entsprechen.
- **Portugal**[49]
  Die Sachherrschaft über das Ermittlungsverfahren liegt bei der **Staatsanwaltschaft**. Es gilt 58
  das **Legalitätsprinzip**. Es gibt **Erledigungsformen**, die den §§ 153, 153 a, 154, 154 a StPO weitestgehend entsprechen.
- **Schweden**[50]
  Der schwedische Strafprozess kann als Hybridform zwischen angelsächsischem und konti- 59
  nental-europäischem Prozesstyp bezeichnet werden. Es handelt sich um ein akkusatorisches Parteiverfahren. Die Sachherrschaft über das Ermittlungsverfahren, das in Bagatellverfahren entbehrlich ist, liegt grundsätzlich bei der **Staatsanwaltschaft**. Allerdings trifft der Generalstaatsanwalt mit der nationalen Polizeibehörde Vereinbarungen darüber, bei welchen Straftaten von „einfacher Beschaffenheit", die den Gegenstand der Untersuchung bilden, die Ermittlungen von einem **Polizeibeamten** in gehobener Stellung geleitet werden. Die eigentliche Ermittlungstätigkeit wird ungeachtet der Leitung durch die Polizei vorgenommen. Es gilt das **Legalitätsprinzip**.

---

[45] Gleß/Grote/Heine/*Caianiello/Orlandi* S. 329 ff; Van den Wijngaert/*Cors* S. 223 ff.
[46] Van den Wijngaert/*Spielmann* S. 261 ff.
[47] BT-Drucks. 14/4991; Gleß/Grote/Heine/*Faure/van Riel/Ubachs* S. 383 ff.; Van den Wijngaert/*Swart* S. 279 ff.
[48] BT-Drucks. 14/4991; Gleß/Grote/Heine/*Zerbes* S. 445 ff.
[49] BT-Drucks. 14/4991; Van den Wijngaert/*de Figueiredo Dias/Antunes* S. 317 ff.
[50] BT-Drucks. 14/4991; *Cornils/Jareborg* S. 42 f.

- Spanien[51]

60 Die Ermittlungen werden durch die Polizeibehörden unter Leitung der **Staatsanwaltschaft** oder des **Untersuchungsrichters** geführt. Die Polizei hat bei Verdacht einer Straftat unverzüglich die Staatsanwaltschaft oder den Untersuchungsrichter zu informieren. Sobald der Untersuchungsrichter die Ermittlungen übernimmt, leitet dieser die Ermittlungen. Die Staatsanwaltschaft agiert als Vertreterin des öffentlichen Interesses und unterliegt dem Legalitätsprinzip, soweit (Offizial-) Delikte angezeigt oder berichtet werden. Ferner gibt es Privatklagedelikte, die (nur) durch die Verletzten angeklagt werden. Erhebt die Staatsanwaltschaft (bei Offizialdelikten) Anklage, ist damit regelmäßig zugleich Zivilklage erhoben, es sei denn der Verletzte hätte von vornherein auf zivilrechtliche Ansprüche verzichtet oder darauf bestanden, (selbst) Klage vor den Zivilgerichten zu erheben. Es gibt kein Anklagemonopol der Staatsanwaltschaft; vielmehr garantiert die spanische Verfassung die Popularklage. Von daher kann jeder Bürger entweder aktiv als eine Art Nebenkläger an Strafverfahren teilnehmen oder ein Verfahren unmittelbar und unabhängig von der Staatsanwaltschaft betreiben, wenn diese etwa mangels Tatverdachts keine Anklage erhoben hat. (Vor diesem Hintergrund dürfte es sich erklären, dass sich in der einschlägigen Literatur und auch auf Anfrage der Bundesregierung keine Informationen über Einstellungen aus Opportunitätsgründen oder vergleichsweise Erledigungen von Strafverfahren finden.)

61 *bb) Beschuldigten- und Verteidigungsrechte im Ermittlungsverfahren.* In allen Staaten zumindest der EU und des Europarats hat der Beschuldigte die Rechte der Europäischen Menschenrechtskonvention und (darunter auch) das Recht, sich des Beistands eines Verteidigers zu bedienen (Art. 6 Abs. 3 c) EMRK). Gleichwohl sind diese Rechte vor allem im Ermittlungsverfahren höchst unterschiedlich ausgestaltet. Diese Unterschiedlichkeit ist im Übrigen der Grund für das so genannte „Befugnis-Shopping",[52] also die Strategie der Ermittlungsbehörden, den Beschuldigten dort zu ergreifen oder zu vernehmen bzw. die Ermittlungen dort zu führen, wo die Ermittlungskompetenzen und -befugnisse möglichst weit reichend sind. Im Folgenden werden die Rechte des Beschuldigten und seines Verteidigers in den Mitgliedstaaten der EU soweit skizziert, wie sich allgemeinen rechtsvergleichenden Quellen entnehmen lässt. Es kann sich dabei nur um einen groben Überblick handeln.

- Belgien[53]

62 Das Ermittlungsverfahren in Belgien folgt dem Prinzip des (geheimen) Inquisitionsverfahrens. Während des Ermittlungsverfahrens hat der Beschuldigte kaum Einflussmöglichkeiten und Rechte. Der Schwerpunkt insoweit liegt auf dem Hauptverfahren. Für die Verteidigung ist die Tatsache besonders intrikat, dass es keine Verpflichtung der Verfolgungsbehörden gibt, den Beschuldigten darüber zu informieren, dass er verdächtigt wird oder beschuldigt ist. Obwohl der nemo-tenetur-Satz im Prinzip gilt, gibt es keine Pflicht, den Beschuldigten über seine Rechte zu belehren. Es gibt weder Akteneinsichts- noch Anwesenheits- oder Antragsrechte. Im Gegensatz zum Staatsanwalt stehen dem Beschuldigten keine Rechtsmittel gegen Entscheidungen des Untersuchungsrichters zu. Vernehmungen des Beschuldigten sowohl durch die Polizei und die Staatsanwaltschaft als auch durch den Untersuchungsrichter finden unter Ausschluss seines Verteidigers statt. Der Verteidiger hat auch keine Anwesenheitsrechte bei Zeugenvernehmungen oder Durchsuchungen. Infolge einer Entscheidung des EGMR[54] hat nunmehr ein Untersuchungsgefangener das Recht auf Akteneinsicht in regelmäßigen Abständen und das Recht darauf, eine Vernehmung durch den Untersuchungsrichter in Anwesenheit seines Verteidigers zu beantragen. Da die Aktenlage zugleich die wesentliche Grundlage des Hauptverfahrens bildet, ist es, gerade weil die Rechte des Beschuldigten und seines Verteidigers im Ermittlungsverfahren so schwach ausgebildet sind, um so nötiger, einen lokalen Rechtsbeistand einzuschalten, um ggf. das Verfahren im Wege des Vergleichs zu beenden.

---

[51] BT-Drucks. 14/4991; Van den Wijngaert/*Ruiz Vadillo* S. 383 ff.
[52] *Nelles* ZStW (109) 1997, 729.
[53] Van den Wijngaert/*Van den Wijngaert* S. 1 ff.
[54] Lamy v. Belgien, E.C.H.R., Serie A, Vol. 151.

- **Dänemark**[55]
  Der Beschuldigte hat das Recht, jederzeit auf eigene Kosten einen Verteidiger seiner Wahl als 63 Beistand im Strafverfahren beizuziehen. Unter bestimmten Voraussetzungen ist Verteidigung – auch schon im Ermittlungsverfahren – obligatorisch. Der Zeitpunkt, ab dem eine Person als Beschuldigter anzusehen ist, richtet sich danach, ob die Ermittlungen gegen einen Verdächtigen sich derart konkretisiert haben, dass er als Beschuldigter zu betrachten ist. Anhaltspunkte dafür können eine polizeiliche Vernehmung als Beschuldigter, eine Ladung als Beschuldigter zu einem Gerichtstermin oder eine strafprozessuale Zwangsmaßnahme sein. Dem Verteidiger steht ein Akteneinsichtsrecht auch schon während des gesamten Ermittlungsverfahrens zu, das beschränkbar ist, indem ihm untersagt werden kann, bestimmte Informationen an den Beschuldigten weiterzugeben. Gleiche Anordnungen können auch für den prinzipiell freien und unkontrollierbaren Verkehr mit dem Beschuldigten getroffen werden. Wird Anklage erhoben, ist dem Verteidiger ein vollständiges Beweisverzeichnis zu übersenden. Dem Verteidiger ist Gelegenheit zu geben, bei Vernehmungen, Gegenüberstellungen etc. anwesend zu sein und Fragen zu stellen. Für Vernehmungen des Beschuldigten und für Gerichtstermine über antizipierte Beweisaufnahmen ist dieses Recht ausdrücklich geregelt. Der Verteidiger ist berechtigt, die Ermittlungstätigkeit der Polizei zu kommentieren und zu beanstanden (Kontradiktionsrecht) und im Zweifel gerichtlich überprüfen zu lassen. Im Übrigen sind die Verteidigungsrechte des Beschuldigten selbst recht weitgehend geregelt. Der Beschuldigte hat ein Aussageverweigerungsrecht und ist darüber vor seiner ersten Vernehmung durch die Polizei zu belehren. Der Beschuldigte hat das Recht, sich in jeder Lage des Verfahrens zu den gesammelten Beweisen und Entscheidungen zu äußern. Er kann von der Polizei die Vornahme bestimmter Ermittlungen verlangen und bei Weigerung gerichtliche Entscheidung beantragen. Er ist „nach Möglichkeit" von allen Gerichtsterminen im Vorverfahren zu informieren und hat grundsätzlich ein Anwesenheitsrecht, das aber bei Gefahr für die Sachaufklärung eingeschränkt werden kann. Es ist ihm dann aber unverzüglich der Inhalt des Protokolls bekannt zu geben.

- **England und Wales**[56]
  Sobald die Polizei eine Person einer Straftat verdächtigt und annimmt, ausreichende Beweise 64 für eine Strafverfolgung zu haben, ist der Verdächtige dem zuständigen Polizeibeamten vorzuführen, der über die förmliche Beschuldigung entscheidet. Ihm sind schriftlich die Umstände des Tatvorwurfs mitzuteilen. Der Verdächtige ist vor der Befragung über seine Rechte zu belehren, vor allem über sein (allerdings verfassungsrechtlich nicht verankertes) Schweigerecht. Aus seinem Schweigen dürfen aber unter bestimmten Voraussetzungen nachteilige Schlüsse gezogen werden. (Nur) im Falle der Verhaftung ist der Beschuldigte (u. a.) auch darüber zu belehren, dass er Anspruch auf jederzeitige (auch kostenfreie: sog. duty-solicitor-scheme) anwaltliche Beratung hat. Dieses Recht umfasst das Recht auf unüberwachte mündliche, schriftliche oder telefonische Konsultation, nicht aber begründet es ein Anwesenheitsrecht des Verteidigers bei der Vernehmung. Dem Verteidiger ist aber unverzüglich Akteneinsicht zu gewähren. – Davon abgesehen, besteht während des Ermittlungsverfahrens weder ein generelles Akteneinsichtsrecht, noch eine Pflicht der Polizei zur Information über Beweismittel. Auch ein Beweisantragsrecht besteht nicht.

- **Finnland**[57]
  Das Recht auf Verteidigung und freie Auswahl des Verteidigers gehört zum gesicherten 65 Bestand der Rechte des Beschuldigten.

- **Frankreich**[58]
  Während der polizeilichen Ermittlungen ist der Beistand eines Verteidigers nicht gesetzlich 66 geregelt. Dem Beschuldigten stehen im Wesentlichen nur dann Verteidigungsrechte zu, wenn er einer freiheitsentziehenden Maßnahme unterworfen ist. Im Übrigen belässt das Verfahrensrecht den Verdächtigen vor der förmlichen Anschuldigung in einer Objektrolle. Erst danach, also in der gerichtlichen Voruntersuchung, spielt Verteidigung eine (aktive) Rolle. Ab der förmlichen Anschuldigung stehen dem Verteidiger Akteneinsichts-, Frage- und (Beweis-) Antrags-

---

[55] BT-Drucks. 14/4991; Gleß/Grote/Heine/*Cornils/Verch* S. 17, 47 ff.
[56] Gleß/Grote/Heine/*Huber/Rabenstein* S. 161 ff., 196 ff.
[57] BT-Drucks. 14/4991.
[58] Gleß/Grote/Heine/*Leblois-Happe/Barth* S. 239 ff., 285 ff.

rechte zu. Außerdem kann er die Anklagekammer mit der Behauptung eines Nichtigkeitsgrundes anrufen. Der Beschuldigte ist bei der ersten Vernehmung durch den Untersuchungsrichter über das Recht auf Beistand eines Verteidigers zu belehren. Der Anwalt des Angeschuldigten ist zu jeder Vernehmung oder Gegenüberstellung seines Mandanten zu laden. Ihm ist zuvor jeweils die Verfahrensakte zur Verfügung zu stellen.

- **Griechenland**[59]

67 Der Beschuldigte hat das Schweigerecht und das Recht auf Verteidigung in jeder Lage des Verfahrens einschließlich des Rechts auf Anwesenheit seines Verteidigers bei jeder Vernehmung. Das Recht auf freien Verkehr mit dem Verteidiger ist unbeschränkbar. Die Verteidigungsrechte im Einzelnen stehen dem Beschuldigten zu und können deshalb auch durch seinen Verteidiger geltend gemacht werden. Diese Rechte sind: Akteneinsichtsrecht auch schon im Ermittlungsverfahren, Anwesenheitsrecht bei jeder Untersuchungsmaßnahme, Fragerecht an Zeugen, das Recht auf Erklärung und Kommentierung jeder Zeugenvernehmung und das Recht, jederzeit eine Verteidigungsschrift einzureichen.

- **Italien**[60]

68 Der Beschuldigte hat unbeschränktes Schweigerecht. Polizei und Gericht müssen grundsätzlich nicht darüber aufklären, dass ein Ermittlungsverfahren läuft. Sie haben aber eine Person, die sie als Zeuge vernehmen, darüber aufzuklären, dass (nunmehr) Ermittlungen gegen sie geführt werden, sobald sich in einer Vernehmung Anhaltspunkte für eine strafbare Handlung ergeben. Die Staatsanwaltschaft ist ferner verpflichtet, dem Beschuldigten jede Maßnahme anzukündigen, bei der dem Verteidiger das Anwesenheitsrecht zusteht. Mit diesen Informationen ist die Aufforderung zu verbinden, einen Verteidiger zu benennen. Das Recht auf Verteidigung ist nicht nur verfassungsrechtlich abgesichert, sondern die Anwesenheit eines Verteidigers ist gesetzlich zwingend vorgeschrieben. Der Beschuldigte ist nicht berechtigt, sich selbst zu verteidigen. Benennt er keinen Verteidiger, wird ihm ein Pflichtverteidiger aus einer bei der Staatsanwaltschaft geführten Liste bestellt. Das Recht auf unüberwachten Verkehr zwischen Beschuldigtem und Verteidiger ist inhaltlich nicht beschränkbar; es kann aber ausnahmsweise eine kurzfristige Kontaktsperre verhängt werden. Der Verteidiger gilt als alter ego des Beschuldigten und hat von daher – neben den speziell geregelten eigenen Ermittlungsrechten auch unter Hinzuziehung von Privatdetektiven – die Rechte des Beschuldigten wahrzunehmen. Er kann jederzeit bei der Staatsanwaltschaft erscheinen, Stellungnahmen abgeben, Beweismittel unterbreiten oder ein Beweissicherungsverfahren beantragen.

- **Luxemburg**[61]

69 Der Beschuldigte hat das Recht auf Beistand eines Verteidigers in jeder Lage des Verfahrens. Er ist darüber – und ausdrücklich auch über die Zuziehung eines Anwalts aus einem anderen EU-Mitgliedstaat – zu belehren. Der Verteidiger hat ein Anwesenheitsrecht schon bei der ersten Vernehmung des Beschuldigten. Vor jeder richterlichen Vernehmung ist der Beschuldigte über den Gegenstand des Vorwurfs zu unterrichten. Der Verteidiger hat bei richterlichen Vernehmungen zwar ein Anwesenheitsrecht, aber kein generelles Rederecht, sondern er darf sich nur mit Genehmigung des Gerichts äußern. Akteneinsichtsrecht besteht erst nach der ersten Vernehmung des Beschuldigten, dann aber jederzeit, sobald eine Untersuchungsmaßnahme vorgenommen wird, bei der der Verteidiger anwesend sein darf. Er hat das Recht, Beweise durch den Untersuchungsrichter zu beantragen und die Nichtigkeitsbeschwerde gegen fehlerhafte Beweiserhebungen.

- **Niederlande**[62]

70 Der Beschuldigte hat das Schweigerecht und ist darüber vor jeder Vernehmung zu belehren. Er hat ferner in jeder Lage des Verfahrens das Recht auf Beistand eines Verteidigers seiner Wahl und auf das Recht unüberwachten Austausch mit seinem Verteidiger, das allerdings bei Gefährdung der Ermittlungen beschränkt werden kann. Wenn der Beschuldigte in Fällen notwendiger Verteidigung (z.B. im Falle von Untersuchungshaft) keinen Verteidiger wählt, ist mit

---

[59] BT-Drucks. 14/4991; Van den Wijngaert/*Mylonopoulos* S. 163 ff.
[60] Gleß/Grote/Heine/*Caianiello/Orlandi* S. 329 ff., 355 ff.; Van den Wijngaert/*Corso* S. 223 ff.
[61] Van den Wijngaert/*Spielmann* S. 261 ff.
[62] BT-Drucks. 14/4991; Gleß/Grote/Heine/*Faure/van Riel/Ubachs* S. 383 ff., 425 ff.; Van den Wijngaert/*Swart* S. 279 ff., 291 ff.

seiner Zustimmung ein Pflichtverteidiger zu bestellen. Der Verteidiger hat Akteneinsichtsrechte im selben Umfang wie der Beschuldigte, d.h. er kann jederzeit die Akten vollständig einsehen. Das Recht ist nach Abschluss der Ermittlungen unbeschränkt, kann aber zuvor versagt werden, wenn es die Ermittlungen blockieren oder die Wahrheitsfindung erschweren würde. Gegen die Versagung der Akteneinsicht ist die Beschwerde statthaft. Der Verteidiger hat ein Anwesenheitsrecht bei richterlichen, nicht aber bei polizeilichen Vernehmungen des Beschuldigten; die Anwesenheit kann ihm aber auch insoweit gestattet werden. Der Verteidiger hat überdies Antragsrechte; er kann Zeugen benennen und wirkt bei der Bestellung von Sachverständigen mit.

- **Österreich**[63]

In die Rechtsstellung eines Beschuldigten rückt ein Verdächtiger frühestens nach seiner ersten richterlichen Vernehmung (als Verdächtiger), nach entsprechender Vorladung oder mit der Festnahme ein. Erst dann garantiert ihm das Recht Beschuldigtenrechte. Das sind das Recht auf Information darüber, dass gerichtliche Voruntersuchungen gegen ihn geführt werden und das Recht auf Akteneinsicht, das allerdings, wenn der Beschuldigte verteidigt ist, nur noch dem Verteidiger zusteht. Der Beschuldigte kann zwar auch im Vorverfahren bereits Beweisanträge stellen, hat aber grundsätzlich weder Anwesenheits-, noch Fragerechte. Der Beschuldigte kann ab dem Zeitpunkt, in dem die Staatsanwaltschaft die Voruntersuchung leitet, einen Verteidiger seiner Wahl einsetzen. Er ist darüber spätestens bei seiner ersten gerichtlichen Vernehmung zu belehren. Die Rechte des Verteidigers sind aber - ebenso wie die des Beschuldigten - im Wesentlichen auf das gerichtliche Vorverfahren zugeschnitten. Im Stadium des staatsanwaltlichen Verfahrens hat er lediglich Anwesenheitsrechte bei Durchsuchungen und Augenscheinseinnahmen, nicht dagegen bei Vernehmungen. Auch Beweisanträge sind nicht vorgesehen. Akteneinsicht kann erst der Untersuchungsrichter gewähren. Er hat auch prinzipiell das Recht, bei richterlichen Untersuchungshandlungen anwesend zu sein, mit Ausnahme von Vernehmungen des Beschuldigten und der Zeugen, die durch den Richter allein (auch unter Ausschluss der Staatsanwaltschaft) durchgeführt werden.

- **Portugal**[64]

Der Beschuldigte hat das uneingeschränkte Schweigerecht und darf schon von Verfassung wegen nur solchen (Zwangs-) Maßnahmen unterworfen werden, die „sozial akzeptabel" sind und auch gegen einen Unschuldigen angeordnet werden könnten. Er hat das Recht, sich in jeder Lage des Verfahrens aktiv zu verteidigen, d.h. seine Rechte wahrzunehmen. Dazu gehört auch das Recht auf Verteidigung. Der Verteidiger teilt die Rolle des Beschuldigten als eines aktiven Prozesssubjekts. Er ist ausschließlich an die (offenbar „wohlverstandenen") Interessen des Beschuldigten gebunden und kann etwa Anwesenheitsrechte sogar gegen dessen Willen wahrnehmen.

- **Schweden**[65]

Da der Strafprozess als akkusatorischer Parteiprozess ausgestaltet ist, stehen sich Ankläger und Angeklagter prinzipiell formell gleichrangig gegenüber. Zugunsten des Beschuldigten gelten aber die Prinzipien „in dubio pro reo", das Verschlechterungsverbot und die Objektivitätsverpflichtung der Staatsanwaltschaft. Bereits während des Ermittlungsverfahrens stehen dem Beschuldigten „Parteibefugnisse" zu, so dass er – in gewissem Umfang – die polizeilich geführten Ermittlungen durch Akteneinsicht, Anwesenheit bei Zeugenvernehmungen und Antragsrechte kontrollieren und beeinflussen kann. Zur Wahrnehmung dieser Rechte hat er Anspruch auf Beistand eines Verteidigers, insbesondere ein weit gehendes Recht auf Bestellung eines Pflichtverteidigers.

- **Spanien**[66]

Der Beschuldigte hat von einem frühen Stadium der Ermittlungen an prozessuale Rechte. Neben dem Schweigerecht sind dies das Recht auf Beistand eines Verteidigers, der Anspruch auf Eröffnung des ihm zur Last gelegten Vorwurfs und das Recht auf effektiven Rechtsschutz durch den Richter.

---

[63] BT-Drucks. 14/4991; Gleß/Grote/Heine/*Zerbes* S. 445 ff., 489 ff.
[64] BT-Drucks. 14/4991; Van den Wijngaert/*de Figueiredo Dias/Antunes* S. 317, 320 f.
[65] BT-Drucks. 14/4991; *Cornils/Jareborg* S. 43.
[66] BT-Drucks. 14/4991; Van den Wijngaert/*Ruiz Vadillo* S. 383 ff.

75 cc) *Insbesondere: Beiziehung von Dolmetschern.*[67] In Strafverfahren mit Auslandsbezug ist das Problem der sprachlichen Verständigung unter den Verfahrensbeteiligten oft von großer Relevanz.[68] Auch wenn in Verfahren mit wirtschaftsstrafrechtlichem Gegenstand die Beteiligten sich zumeist in Englisch verständigen können, gilt das nicht unbedingt auch für die Verfolgungsbehörden, insbesondere aber nicht für die Aktenführung. Wie die Rechtslage sich im Einzelnen in den europäischen Mitgliedstaaten darstellt, kann hier nicht im Einzelnen behandelt werden. Da aber der Anspruch auf Beiziehung eines Dolmetschers in Deutschland nur rudimentär geregelt ist und er sich deshalb ohnehin überwiegend unmittelbar aus Art. 6 Abs. 3 lit. e. EMRK bzw. dem internationalen Pakt über bürgerliche Rechte (IPBPR) herleitet, ergibt sich, jedenfalls was den materiellen Rechtsanspruch als solchen angeht, im gesamten europäischen Ausland ein vergleichbares Bild.

76 Während der Anspruch auf unentgeltliche Beiziehung eines Dolmetschers für die Hauptverhandlung inzwischen nicht mehr Gegenstand von Streitigkeiten ist, ist die Rechtslage, wenn es um die Beiziehung eines Dolmetschers außerhalb der Hauptverhandlung geht, teilweise noch immer unklar.

77 Schon 1978 hat der EGMR[69] dargelegt, dass der Anspruch auf unentgeltliche Beiziehung eines Dolmetschers sich nicht nur auf die Hauptverhandlung bezieht, sondern für das gesamte Verfahren, also jedenfalls auch für das **Ermittlungsverfahren** gilt. Er soll sicherstellen, dass dem sprachunkundigen Angeklagten sämtliche Schriftstücke und mündliche Erklärungen der gegen ihn geführten Verfahren übersetzt werden, auf deren Verständnis er angewiesen ist, um ein faires Verfahren zu haben.[70] Art. 6 Abs. 3 lit. e EMRK umfasst danach den Anspruch auf unentgeltliche Beiziehung eines Dolmetschers, ohne dass im Nachhinein Zahlung der dadurch verursachten Kosten vom Angeklagten (oder Verurteilten) verlangt werden darf.[71] Der Anspruch auf Unentgeltlichkeit ergibt sich dabei unmittelbar[72] aus Art. 6 Abs. 3 lit. e EMRK, so dass nicht auf innerstaatliche Kostennormen zurückgegriffen werden muss bzw. diese konventionskonform auszulegen oder auszufüllen sind.[73]

78 Dennoch blieb in Deutschland lange unklar, ob der Beschuldigte auch außerhalb der Hauptverhandlung stets einen Anspruch auf **unentgeltliche** Beiziehung eines Dolmetschers beispielsweise zu vorbereitenden Gesprächen mit seinem Verteidiger hat und wie ein solcher gesichert werden kann. Insbesondere wurde insoweit häufig zwischen Wahlverteidigung und Pflichtverteidigung unterschieden. Für den Fall, dass tatsächlich ein **Pflichtverteidiger** bestellt wurde, besteht Einigkeit[74] darüber, dass die für die Heranziehung eines Dolmetschers erforderlichen Kosten[75] erstattungsfähig sind.

79 Überwiegend war zwar in der Rechtsprechung anerkannt, dass Art. 6 Abs. 3 lit. e EMRK auch den Anspruch umfasst, bereits im Ermittlungsverfahren unentgeltlich einen Dolmetscher auch zu vorbereitenden Gesprächen mit einem **Wahlverteidiger** beizuziehen. Wie dem Angeklagten bzw. Beschuldigten dieser Anspruch zu sichern sei, wurde allerdings lange Zeit unter-

---

[67] Für wertvolle Hilfe zu diesem Abschnitt danke ich meiner Wissenschaftlichen Mitarbeiterin Cristina Tinkl.
[68] Vgl. *Basdorf* S. 19.
[69] EGMR Urt. v. 23.10.1978 – NJW 1979, 1091 f.
[70] EGMR Urt. v. 23.10.1978 – NJW 1979, 1091, 1092.
[71] EGMR Urt. v. 23.10.1978 – NJW 1979, 1091, 1092.
[72] Die EMRK steht innerstaatlich dem Rang eines Bundesgesetzes gleich. Die Stellung der EMRK im Recht der Konventionsstaaten ist im Übrigen sehr unterschiedlich. Sie reichen vom Verfassungsrang (Österreich) bis hin zur bloßen völkerrechtlichen nicht innerstaatlichen Verbindlichkeit (z.B. Irland und Norwegen). Außerdem müssen die Gesetze nach BVerfG Beschl. v. 26.3.1987 – 2 BvR 589/79, 740/81 und 284/85 – BVerfGE 74, 358, 370 im Einklang mit den völkerrechtlichen Verpflichtungen der Bundesrepublik Deutschland ausgelegt und angewendet werden. Denn es ist nicht anzunehmen, dass der Gesetzgeber, sofern er dies nicht klar bekundet hat, von völkerrechtlichen Verpflichtungen der Bundesrepublik Deutschland abweichen oder die Verletzung solcher Pflichten ermöglichen will. (Vgl. zum Ganzen: *Ehlers*, Europäische Grundrechte und Grundfreiheiten, Berlin 2003, § 2 Rdnr. 3).
[73] Vgl. BGH Beschl. v. 26.10.2000 – 3 StR 6/00 – NStZ 2001, 107, 109.
[74] *Sommer* StraFo 1995, 45.
[75] Dabei wird teilweise vertreten, bei diesen Kosten handele es sich als Kosten der Verteidigung um notwendige Auslagen. Andernteils werden die Kosten als Kosten des Verfahrens verstanden, die aber auch dem zur Tragung der Kostenlast verurteilten Angeklagten nicht auferlegt werden dürfen.

schiedlich beurteilt. In der obergerichtlichen Rechtsprechung[76] wurde der Anspruch auf unentgeltliche Beiziehung eines Dolmetschers wie der Anspruch auf Beiordnung eines Pflichtverteidigers behandelt. Die Kosten eines zur Vorbereitung zugezogenen Dolmetschers[77] seien Kosten der Verteidigung und damit notwendige Auslagen, die bei einem verurteilten Angeklagten nur bei einem nach § 141 StPO bestellten Verteidiger zu erstatten seien.[78] Teilweise[79] wurde vertreten, dass die Erstattung der Kosten für einen Dolmetscher deshalb nur über den Umweg der Bestellung des Wahlverteidigers zum Pflichtverteidiger zu erreichen sei (arg. aus §§ 97 Abs. 2 S. 1 und 2, 126 BRAGO). In neuerer Zeit setzt sich aber mehr und mehr die Auffassung[80] durch, dass Art. 6 Abs. 3 lit. e EMRK die Beiziehung eines Dolmetschers auch gebietet, um notwendige Besprechungen mit dem Wahlverteidiger zu ermöglichen. Dabei sei unerheblich, ob der Beschuldigte nach seinen wirtschaftlichen Verhältnissen die Dolmetscherkosten selbst tragen könnte.[81] Nach dieser Auffassung sind die Dolmetscherkosten für das gesamte Strafverfahren als Verfahrenskosten[82] anzusehen, die dem Angeklagten allerdings auch wenn er zur Tragung der Kostenlast verurteilt worden ist, nicht auferlegt werden können. Dieser Auffassung hat sich der BGH[83] in jüngerer Zeit angeschlossen. Er stellt ausdrücklich klar, dass Art. 6 Abs. 3 lit. e EMRK dem der Gerichtssprache nicht kundigen Angeklagten (Beschuldigten) unabhängig von seiner finanziellen Lage für das gesamte Strafverfahren und damit auch für vorbereitende Gespräche mit einem Verteidiger einen Anspruch auf unentgeltliche Zuziehung eines Dolmetschers einräumt, auch wenn kein Fall der notwendigen Verteidigung i. S. des § 140 Abs. 2 StPO oder des Art. 6 Abs. 3 lit. c EMRK gegeben ist.[84] Der Anspruch auf unentgeltliche Zuziehung eines Dolmetschers besteht daher unabhängig von der Notwendigkeit der Verteidigung.[85] Der BGH hat allerdings offen gelassen, wie die insoweit bestehenden Lücken im deutschen Kostenrecht zu schließen seien.[86]

Die Frage, ob die Dolmetscherkosten, die im Rahmen von Gesprächen des Beschuldigten mit einem (Wahl-) Verteidiger, der neben einem Pflichtverteidiger tätig ist, ersatzfähig sind, hat das OLG Düsseldorf[87] verneint.[88]

Oftmals wird die Zuziehung eines Dolmetschers zur **Gesprächsüberwachung** gem. §§ 119 Abs. 3 StPO[89] als Voraussetzung für die Erlaubnis eines Besuchs in der U-Haft angeordnet. Die

---

[76] OLG Düsseldorf Beschl. v. 6.12.1988 – 1 Ws 1142 und 1194/88 – NJW 1989, 677; OLG Hamm Beschl. v. 23.11.1989 – 2 Ws 626/89 – NStZ 1990, 143, 144 = StV 1995, 64; OLG Köln Beschl. v. 5.2.1991 – 2 Ws 67/91 – NJW 1991, 2223, 2224; OLG Koblenz Beschl. v. 26.4.1994 – 1 Ws 281/94 – MDR 1994, 1137; auch *Basdorf* S. 19, 30.
[77] Ebenso wie die Kosten der Übersetzung von Rechtshilfeersuchen; OLG Frankfurt a.M. Beschl. v. 14.1.1998 – 2 Ws 158/97 – NStZ-RR 1998, 158.
[78] Vgl. *Katholnigg* § 185 GVG Rdnr. 7 m.w.N.
[79] *Meyer-Goßner* § 140 Rdnr. 32 u. Art. 6 EMRK Rdnr. 25; *Pfeiffer* § 140 Rdnr. 7; so früher LG Aachen Beschl. v. 27.1.1989 – 63 Qs 17/89 – StV 1989, 148, 148 f., das allerdings diese Auffassung in Beschl. v. 28.6.1996 – 63 Qs 138/96 – StV 1997, 404 aufgibt.
[80] OLG Celle Beschl. v. 30.4.1997 – 3 Ws 138/97 (II) – StraFo 1997, 247, 248; KG Beschl. v. 12.1.1990 – 4 Ws 122/89 – NStZ 1990, 402, 403; OLG Frankfurt/M Beschl. v. 6.6.1991 – 3 Ws 385/91 – StV 1991, 457, 457; OLG Hamm Beschl. v. 4.1.1994 – 3 Ws 660/93 – StV 1994, 475; LG Aachen Beschl. v. 28.6.1996 – 63 Qs 138/96 – StV 1997, 404; auch schon LG Düsseldorf Beschl. v. 18.11.1983 – XII Qs 150/83 – StV 1984, 112; LG Berlin Beschl. v. 29.5.1990 – 517 Qs 39/90 – NStZ 1990, 449, 450; KK-StPO/*Schimansky* § 464 a Rdnr. 4 a; *Sommer* StraFo 1995, 45.
[81] LG Köln Beschl. v. 9.2.1994 – 104 Qs 161/93 – StV 1994, 492, 492.
[82] *Kissel* § 185 Rdnr. 19 f.
[83] BGH Beschl. v. 26.10.2000 – 3 StR 6/00 – NStZ 2001, 107, 109.
[84] BGH Beschl. v. 26.10.2000 – 3 StR 6/00 – NStZ 2001, 107, 108; vgl. dazu auch *Müller*, Aus der Rechtsprechung zum Recht der Strafverteidigung – 2001, NStZ-RR 2002, 194, 200; so auch schon LG Berlin Beschl. v. 29.5.1990 – 517 Qs 39/90 – NStZ 1990, 449, 449.
[85] So auch *Katholnigg* § 185 GVG Rdnr. 8.
[86] BGH Beschl. v. 26.10.2000 – 3 StR 6/00 – NStZ 2001, 107, 109: In Betracht kommt die analoge Anwendung des § 2 Abs. 4 GKG, der §§ 3, 17 ZSEG, aber auch § 126 BRAGO, um die Kostenfreistellung bzw. -erstattung auf die erforderlichen Kosten zu beschränken.
[87] OLG Düsseldorf Beschl. v. 9.3.1998 – 1 Ws 136 – 137/98 – StraFo 1998, 246, 246 f.
[88] Vgl. dazu auch *Müller*, Aus der Rechtsprechung zum Recht der Strafverteidigung – 1998, NStZ-RR 2001, 37, 39.
[89] Das Folgende gilt ebenso für Anordnungen nach §§ 119 Abs. 3 StPO, 27 Abs. 1 IRG im Rahmen einer Auslieferungshaft. Dazu: OLG Düsseldorf Beschl. v. 12.3.1991 – 3 Ws 26/91 – NStZ 1991, 403.

hierdurch entstehenden Kosten dürfen jedoch weder dem Beschuldigten noch dem Besucher auferlegt werden. Da es sich um eine gerichtlich anzuordnende Maßnahme handelt, wenn der Zweck der U-Haft eine Gesprächsüberwachung erfordert (§ 119 Abs. 3 StPO), sind die anfallenden Kosten Teil der gerichtlichen Auslagen, für die keine Vorschusspflicht besteht. Daher kann nicht verlangt werden, dass der Beschuldigte oder gar der Besucher die Kosten vorab trägt.[90] Darüber hinaus ergibt sich aus Art. 6 Abs. 3 lit. e EMRK dass diese Kosten auch dann nicht vom Beschuldigten zu tragen sind, wenn er später verurteilt wird und ihm die Kosten des Verfahrens auferlegt werden.[91]

82 Art. 6 Abs. 3 lit. e EMRK umfasst weiter den Anspruch des Angeklagten, dass alle **schriftlichen** und mündlichen **Verfahrenserklärungen**, die strafprozessual vorgesehen sind, für ihn unentgeltlich in die Gerichtssprache übersetzt werden. Das gilt nicht nur für die Fälle, in denen das nationale Recht, wie etwa § 184 GVG, die Wirksamkeit der Erklärung davon abhängig macht, dass sie in der Gerichtssprache abgegeben wird,[92] sondern für alle abgegebenen schriftlichen oder mündlichen verfahrensrelevanten Erklärungen auch außerhalb von mündlichen Verhandlungen oder Vernehmungen. Als Beispiel seien nur Anträge auf Vornahme einzelner Beweiserhebungen (§ 219 Abs. 1 S. 1 StPO) oder Einwendungen gegen die Eröffnung des Hauptverfahrens (§ 201 StPO) genannt.[93]

83 c) **Verfahren Europäischer Ermittlungsbehörden.** Die Mitgliedstaaten der EG haben beim Abschluss der Verträge von Rom auf ihre Souveränität im Bereich des Strafrechts nicht verzichtet, so dass nach dem Prinzip der begrenzten Einzelermächtigung die EG grundsätzlich keine strafrechtliche Kompetenz besitzt.[94] Daran hat sich im Prinzip auch durch den Vertrag von Amsterdam (1999) nichts geändert. Wohl aber hat sich im Bereich der so genannten 1. Säule der EU ein EG-Sanktionenrecht entwickelt, und im Bereich der so genannten 3. Säule ist eine verstärkte Zusammenarbeit in den Bereichen Justiz und Inneres vereinbart worden. Infolgedessen sind auf europäischer Ebene Behörden bzw. selbstständige Einheiten gegründet worden, die zum Teil eigene (operative) Ermittlungsbefugnisse oder jedenfalls Koordinationsbefugnisse haben. Die wichtigsten Institutionen werden im Folgenden in ihrer jeweiligen Organisationsstruktur und mit ihren Befugnissen vorgestellt.

84 *aa) OLAF und seine Befugnisse.* Die Behörde, die mit Kontrollen und Ermittlungen von Unregelmäßigkeiten im Bereich der 1. Säule betraut ist, ist das Europäische Amt für Betrugsbekämpfung, das unter dem französischen Akronym **OLAF** (Office Européen de Lutte Anti-Fraude) firmiert.

85 Hintergrund ist, dass die Europäischen Gemeinschaften (Europäische Wirtschaftsgemeinschaft, Europäische Gemeinschaft Kohle und Stahl und Euratom), die die so genannte 1. Säule der EU bilden, unmittelbare Gesetzgebungskompetenz haben, die durch Verordnungen (unmittelbar geltendes Recht in allen Mitgliedstaaten) oder durch Richtlinien (durch Gesetzgebungsakt der Mitgliedstaaten in innerstaatliches Recht umzusetzen) ausgeübt werden kann. Außerdem verfügt die EG über einen Gesamthaushalt, der wie jeder Haushalt durch Einnahmen und Ausgaben bestimmt wird. Seit 1970 wurde schrittweise ein so genanntes Eigenmittelsystem eingeführt, d.h. die Mittel werden zwar von den Mitgliedstaaten erhoben aber nach einheitlichen Schlüsseln (z.B. Zölle, Agrarzölle, Zuckerabgaben, Mehrwertsteuer-Eigenmittel u.Ä.), so dass insoweit von Finanzautonomie gesprochen werden kann. Die Ausgaben betreffen vor allem Subventionen und sonstige Beihilfen, mit denen die Ziele der EG verwirklicht werden.[95] Die nicht unbeträchtlichen Summen verführen sowohl auf der Einnahmenseite (z.B. durch Schmuggel), als auch auf der Ausgabenseite (z.B. durch missbräuchliche Verwendung von Exportsubventionen) zu Unregelmäßigkeiten.[96] Schätzungen gehen von 20 % des EU-Haushalts

---

[90] OLG Frankfurt/M Verf. v. 30.8.1985 – 2 Ws 172/85 – StV 86, 24; zu Anordnungen nach §§ 119 Abs. 3 StPO, 27 Abs. 1 IRG: OLG Düsseldorf Beschl. v. 12.3.1991 – 3 Ws 26/91 – NStZ 1991, 403.
[91] OLG Frankfurt/M Verf. v. 30.8.1985 – 2 Ws 172/85 – StV 86, 24; zu Anordnungen nach §§ 119 Abs. 3 StPO, 27 Abs. 1 IRG: OLG Düsseldorf Beschl. v. 12.3.1991 – 3 Ws 26/91 – NStZ 1991, 403.
[92] BGH Beschl. v. 14.7.1981 – 1 StR 815/80 – BGHSt 30, 1820 = NJW 1982, 532.
[93] Vgl. BGH Beschl. v. 26.10.2000 – 3 StR 6/00 – NStZ 2001, 107, 108.
[94] EuGH Urt. v. 2.2.1989 – Rs. 186/87 – NJW 1989, 2183.
[95] Dazu unten § 35.
[96] Eingehender *Schwarzenburg* NStZ 2002, 617.

aus.[97] Es wurde zunächst darauf gesetzt, dass die Mitgliedstaaten entsprechende Unregelmäßigkeiten in gleicher Weise unterbinden oder ahnden, wie Verstöße gegen die eigenen finanziellen Interessen.[98] Nach entsprechenden Entschließungen[99] wurde der strafrechtliche Schutz der finanziellen Interessen der Gemeinschaften mit dem Amsterdamer Vertrag in den EG-Vertrag aufgenommen (Art. 280), so dass der gemeinschaftliche Gesetzgeber nunmehr in begrenztem Umfang auf diesem Gebiet tätig werden darf. Unabhängig davon hat sich in der 1. Säule, gestützt auf Art. 229 EGV ein Sanktionenrecht entwickelt, das in etwa dem deutschen Ordnungswidrigkeitenrecht vergleichbar ist.[100] Unter Sanktionen werden dabei – unbeschadet aller begrifflichen Unklarheiten im Detail – Maßnahmen verstanden, die denjenigen mit negativen wirtschaftlichen oder finanziellen Folgen treffen, der unrechtmäßig einen Vorteil erlangt, sich einer vorgeschriebenen Verpflichtung entzogen oder Kontrollen behindert hat.[101]

OLAF wurde (in der Nachfolge der früheren Betrugsbekämpfungsbehörde UCLAF) im Jahre 1999 durch Beschluss der Kommission errichtet.[102] Das Amt ist bei der Ausübung der Untersuchungsbefugnisse weisungsunabhängig. Es wird lediglich durch einen Überwachungsausschuss kontrolliert. OLAF ist direkter Ansprechpartner der Polizei- und Justizbehörden. Das Amt nimmt alle operationellen Aufgaben der Kommission in Sachen Betrugsbekämpfung wahr und ist nach Art. 2 des Beschlusses vor allem damit beauftragt, „die erforderlichen Strukturen zu entwickeln, die Informationssammlung und –auswertung zu sichern und den übrigen Organen, Einrichtungen sowie Ämtern und Agenturen sowie den zuständigen Behörden der Mitgliedstaaten technische Unterstützung ... zu leisten". Die Einzelheiten sind in der Verordnung (EG) Nr. 1073/1999 geregelt.[103] Für die externen Untersuchungen – also Ermittlungen, die sich nicht gegen Beamte, Organe oder Einrichtungen der EG selbst richten[104] – verweist diese Verordnung auf die Verordnung (EG, Euratom) Nr. 2185/96.

Durch diese so genannte Kontrollverordnung,[105] die am 1.1.1997 in Kraft getreten ist, hat die Kommission die Möglichkeit einer direkten Einflussnahme der Kommission auf die Wirtschaftsbeteiligten und damit indirekt auch auf die nationalen Behörden geschaffen. Bereits zuvor sahen einzelne sekundärrechtliche Regelungen Kontrollen durch Dienste der Kommission in den verschiedenen Bereichen der Einnahmen und Ausgaben der Gemeinschaft vor. Danach konnte bei den mitgliedstaatlichen Behörden und unter bestimmten Voraussetzungen auch bei Wirtschaftsbeteiligten kontrolliert werden.[106] Diese Sektorregelungen zielen und zielten jedoch darauf ab, Mängel oder administrative Unregelmäßigkeiten festzustellen, nicht aber rechtswidrige Handlungen oder Verhaltensweisen aufzudecken, für die Einzelne verwaltungs- oder strafrechtlich zur Verantwortung gezogen werden können. Dass die sektorbezogenen Regelungen nicht spezifisch der Betrugsbekämpfung dienten, bedeutete aber nicht, dass sie überhaupt nicht herangezogen werden konnten, um Unregelmäßigkeiten zulasten des Gemeinschaftshaushaltes aufzudecken.[107] Diese sektoralen Kontrollmöglichkeiten sind durch die KontrollVO nicht

---

[97] Grünbuch zum Schutz der finanziellen Interessen der Europäischen Gemeinschaften und zur Schaffung einer Europäischen Staatsanwaltschaft, KOM (2001) 715 endg., S. 9.
[98] Dazu *Gröblinghoff*.
[99] Entschließung des Rates und der im Rat vereinigten Vertreter der Regierungen der Mitgliedstaaten vom 13.11.1999 über den Schutz der finanziellen Interessen ABl. EG v. 17.12.1991 Nr. C 328 S. 1 f.
[100] Eingehend *Böse*; *Heitzer*; krit. *Satzger* S. 58 ff.
[101] So etwa die Definition im Vorschlag für eine Verordnung des Rates über Kontrollen und Sanktionen im Rahmen der Gemeinsamen Agrar- und Fischereipolitik ABl. EG v. 6.6.1990 Nr. C 137 S. 10; eine einheitliche Terminologie hat sich freilich noch nicht herausgebildet; dazu eingehend *Satzger* S. 58 f.
[102] Beschl. der Kommission (1999/EG, EGKS, Euratom) v. 28.4.1999 ABl. EG v. 31.5.1999 Nr. L 136 S. 20.
[103] Verordnung (EG) Nr. 1073/1999 des Europäischen Parlaments und des Rates v. 25.5.1999 über die Untersuchungen des Europäischen Amtes für Betrugsbekämpfung (OLAF) ABl. EG v. 31.5.1999 Nr. L 136 S. 1.
[104] So genannte interne Ermittlungen, für die die Verordnung (EG) Nr. 1073/1999 die Befugnisse regelt.
[105] Verordnung (Euratom, EG) Nr. 2185/96 des Rates v. 11.11.1996 betreffend die Kontrollen und Überprüfungen vor Ort durch die Kommission zum Schutz finanzieller Interessen der Europäischen Gemeinschaften vor Betrug und anderen Unregelmäßigkeiten ABl. EG v. 15.11.1996 Nr. L 292 S. 2 ff.
[106] Im Einzelnen dazu *Ulrich* S. 122 ff. m.w.N.
[107] Vgl. Bericht der Kommission, Bewertung der Tätigkeiten des OLAF, 2003, S. 11, KOM (2003) 154 endgültig.

aufgehoben worden; vielmehr bestimmt diese, dass sektorbezogene Gemeinschaftsregeln unberührt bleiben.[108] Sektorbezogene Kontrollen werden nach wie vor von den sachlich zuständigen Stellen der Kommission durchgeführt. OLAF als spezialisierte Dienststelle stützt ihre Befugnisse zur Durchführung von Kontrollen zwar primär auf die KontrollVO, darf jedoch auch sektorbezogene Befugnisse nutzen, soweit dies für die Erfüllung ihrer Aufgaben notwendig sein sollte. Das Gebiet der Kontrollen ist deshalb (nach wie vor) durch Inhomogenität gekennzeichnet.

88 Überprüfungen durch OLAF sind nach der KontrollVO in folgenden Fällen möglich:[109]
- zur Aufdeckung von Unregelmäßigkeiten, die besonders schwerwiegend sind (Art. 2, 1. Spiegelstrich);
- zur Aufdeckung von Unregelmäßigkeiten, die Gemeinschaftsgrenzen überschreiten (Art. 2, 1. Spiegelstrich);
- zur Aufdeckung von Unregelmäßigkeiten, an denen zumindest ein in mehreren Mitgliedstaaten auftretender Wirtschaftsteilnehmer beteiligt sein könnte (Art. 2, 1. Spiegelstrich).
- bei Erforderlichkeit von Kontrollen in Einzelfällen, um einen wirksamen Schutz der finanziellen Interessen in gleichem Umfang innerhalb der Gemeinschaft zu gewährleisten (Art. 2, 2. Spiegelstrich);
- bei Vorliegen eines Antrages des betreffenden Mitgliedstaats (Art. 2, 3. Spiegelstrich).

89 Kontrollen können bei natürlichen und juristischen Personen sowie bei sonstigen nach mitgliedstaatlichem Recht anerkannten Rechtssubjekten (Wirtschaftsteilnehmer genannt) durchgeführt werden. Öffentlichrechtliche Einrichtungen sind nur bei hoheitlicher Tätigkeit von Kontrollen ausgenommen. Sachliche Voraussetzung ist die „begründete Annahme", dass sie eine Unregelmäßigkeit begangen oder daran mitgewirkt haben, oder dass sie für die Unregelmäßigkeit haften oder für deren Nichtbegehung verantwortlich waren. Ferner dürfen Kontrollen auch bei nur mittelbar beteiligten Wirtschaftsteilnehmern durchgeführt werden, wenn sie unbedingt erforderlich sind, um eine Unregelmäßigkeit festzustellen.[110] Damit sind Wirtschaftsteilnehmer gemeint, die nicht selbst im Verdacht von Unregelmäßigkeiten stehen, aber über Informationen verfügen, die einen entsprechenden Sachverhalt betreffen. Das bedeutet, dass auch solche Unternehmen möglicherweise mit Kontrollen rechnen müssen, die zu verdächtigen Wirtschaftsteilnehmern „Geschäftsbeziehungen haben".[111] Voraussetzung ist (in der durch Rat und Kommission präzisierten Auslegung der KontrollVO[112]), dass „sich dies im Rahmen einer Untersuchung als notwendig erweist, um zusätzliche Beweisstücke zu erhalten, die bei den direkt implizierten Wirtschaftsteilnehmern nicht vorliegen, jedoch für die Feststellung einer von anderen Personen begangenen Unregelmäßigkeit oder zur Aufdeckung eines von anderen Personen organisierten Betrugsringes unerlässlich sind." Ob die Kommission – hier: OLAF – Kontrollen durchführt, entscheidet sie autonom und nach Opportunitätsgesichtspunkten.

90 Bei einer Kontrolle nach der KontrollVO wendet die Kommission zwar Gemeinschaftsrecht an; jedoch wird auch in der KontrollVO selbst wiederholt darauf hingewiesen, dass dort, wo keine harmonisierten Gemeinschaftsbestimmungen bestehen, die einschlägigen nationalen Verfahrensordnungen anwendbar bleiben und auch durch die Kontrolleure der Kommission einzuhalten sind.[113] Das bedeutet freilich nicht, dass OLAF bei Durchführung von Kontrollen an mitgliedstaatliches Strafprozessrecht gebunden ist, sondern es hat den Zugang zu Informationen nur „unter denselben Bedingungen wie die Kontrolleure der einzelnen Verwaltungen".[114] Die Kommission ist mithin auf verwaltungsrechtliche Kontrollen beschränkt; strafrechtliche Ermittlungen bleiben den nationalen Ermittlungsbehörden vorbehalten.

---

[108] Vgl. Art. 1 S. 2 KontrollVO.
[109] Im Einzelnen *Mögele* EWS 1998, 1, 7; *Kuhl/Spitzer* EuZW 1998, 37.
[110] Vgl. Art. 5 S. 3 KontrollVO.
[111] Gemeinsame Erklärung von Rat und Kommission zur Präzisierung der KontrollVO, zitiert bei *Kuhl/Spitzer* EuZW 1998, 37, 41.
[112] S. Fn. wie vor.
[113] Vgl. im Einzelnen *Ulrich* S. 56 ff.
[114] Art. 7 Abs. 1 KontrollVO.

Wichtigstes Produkt der Kontrollen von OLAF sind jedoch die Kontrollberichte, die nach den insoweit bindenden Regeln der KontrollVO gerade dem Zweck dienen sollen, „dass sie in den Verwaltungs- oder Gerichtsverfahren des Mitgliedsstaates, in dem sich ihre Verwendung als erforderlich erweist, als zulässige Beweismittel verwendet werden können".[115] Es werden also auf die „begründete Annahme" einer Unregelmäßigkeit hin – der richtige Begriff dafür wäre: „Anfangsverdacht" – nach den Regeln des Verwaltungsrechts Beweismittel produziert, die dem Ziel „Betrugsbekämpfung" dienen, also im Klartext schlussendlich als Beweismittel in einem (nationalen) Strafprozess dienen sollen.

91

Dies hat insbesondere Konsequenzen für die zwangsweise Durchsetzung der Kontrollen. Die Kommission – OLAF – kann selbst keine Zwangsmaßnahmen ergreifen.[116] „Widersetzen" sich Wirtschaftsteilnehmer einer Kontrolle oder einer Überprüfung vor Ort, sind die Mitgliedstaaten verpflichtet, die erforderlichen Maßnahmen zu treffen, damit die Kontrollen durchgeführt werden können.[117] Da damit – jedenfalls nach deutschem Recht – schwerlich erst aktiver Widerstand (gegen die Staatsgewalt) gemeint sein kann, sondern schlichte Ablehnung ausreicht, sind die Kontrolleure dann auf Amtshilfe der deutschen Fachbehörden oder, und das ist die Praxis, auf Amtshilfe deutscher Staatsanwälte angewiesen. Praktisch erscheinen die Kontrolleure von OLAF regelmäßig in Begleitung eines deutschen Ermittlungsbeamten (eines Staatsanwalts oder eines Hilfsbeamten), der dann erforderlichenfalls wegen Gefahr im Verzug die notwendigen Maßnahmen (Durchsuchung und Beschlagnahme) anordnen und zwangsweise durchsetzen kann.[118] So heißt es in der von OLAF herausgegebenen Dokumentation, dass Italien und Deutschland „eher als andere Mitgliedstaaten" bereit seien, „die potentiell strafrechtliche Dimension bestimmter Verhaltensweisen anzuerkennen".[119]

92

Für Verteidigung ergibt sich daraus, dass etwaige Rechtsmittel gegen (zwangsweise durchgesetzte) Kontrollen sich nach nationalem Recht richten. Insoweit ist allerdings stets darauf zu achten, ob die jeweilige Anordnung durch Fachbeamte – etwa der Zollverwaltung – im Wege des Verwaltungszwangs durchgesetzt wurde oder ob der Beamte als Hilfsbeamter der Staatsanwaltschaft strafprozessrechtlich tätig wurde.[120] Gegen belastende Akte und Entscheidungen von OLAF gewährt der EuGH nach Art. 230 EGV gerichtliche Kontrolle. Art. 230 EGV gewährleistet unabhängig von der Handlungsform Rechtsschutz gegen Handlungen der Gemeinschaftsorgane, die den Einzelnen unmittelbar und individuell betreffen. Erwähnenswert ist in diesem Zusammenhang, dass die Übermittlung von Unterlagen des OLAF an nationale Justizbehörden laut Rechtsprechung des EuGH nicht unter Art. 230 EGV fallen, da diese keine Handlung mit verbindlicher Rechtswirkung gegenüber dem Wirtschaftsteilnehmer darstelle.[121]

93

bb) Europol und seine Befugnisse. In dem Bereich der so genannten 3. Säule, die die Zusammenarbeit in den Bereichen Justiz und Inneres zum Gegenstand hat, sind die europarechtlichen Instrumentarien weicher. Es geht zum einen im Wesentlichen um intergouvernementale Zusammenarbeit,[122] und zum anderen sind genuin völkerrechtliche Vereinbarungen, wie vor allem die Schengener Übereinkommen, mit dem Amsterdamer Vertrag in den so genannten „Besitzstand" der EU überführt worden. Das gilt auch für das Europol-Übereinkommen: Art. 30 Abs. 2 EUV in der Fassung des Amsterdamer Vertrages sieht den Ausbau der polizeilichen

94

---

[115] Art. 8 Abs. 5 KontrollVO.
[116] Im Einzelnen *Kuhl* Kriminalistik 1997, 105, 108.
[117] Art. 9 KontrollVO.
[118] *Gemmel* S. 130 f. meint gar, dass eigene Kontrollen des OLAF ohne Begleitung deutscher (Ermittlungs-)Beamter „dem Prinzip der Verfahrensherrschaft der Staatsanwaltschaft deutlich widersprechen" würden. Es sei in der deutschen StPO nicht vorgesehen, dass andere Behörden als die Staatsanwaltschaft Ermittlungen einleiten könnten. Deshalb widerspräche es dem – auch im Gemeinschaftsrecht anerkannten – Grundsatz der Verhältnismäßigkeit, wenn verschiedene Ermittler (hier: OLAF und StA) ihre jeweiligen Untersuchungen bei dem betroffenen Wirtschaftsteilnehmer getrennt durchführen könnten und würden.
[119] *Dokumentation* S. 83.
[120] Zum Verfahren im Einzelnen siehe § 35.
[121] Vgl. *Gleß* EuZW 1999, 618, 621. Der EuG hat dies in einem neueren Beschluss hinsichtlich einer internen Untersuchung bestätigt, EuG Beschl. v. 15.10.2004 – T-193/04 R, abzufragen als Pressemitteilung des EuGH Nr. 83 vom 15.10.2004 auf der Internetseite des EuGH/EuG: http://europa.eu.int/cj/.
[122] Dazu z.B. *di Fabio* DÖV 1997, 91.

Zusammenarbeit zwischen den Mitgliedstaaten durch das Europäische Polizeiamt (Europol) vor. Ferner steht dem Rat nach Stellungnahme des Europäischen Parlaments die Kompetenz zu, Rahmenbeschlüsse zu erlassen. Diese sind – ähnlich den Richtlinien in der 1. Säule – durch die Mitgliedstaaten in nationales Recht umzusetzen.

95 Stellung, Aufgaben und Befugnisse von Europol sind in dem Übereinkommen über die Errichtung eines Europäischen Polizeiamtes geregelt.[123] Die Aufgabe von Europol besteht im Wesentlichen darin, in den ihm zugewiesenen Deliktbereichen Informationen und Erkenntnisse zu sammeln, zusammenzustellen und zu analysieren und durch Übermittlung sachdienlicher Informationen die Ermittlungstätigkeit in den Mitgliedstaaten zu unterstützten. Nach dem Europolübereinkommen war Europol ursprünglich nur für die Bekämpfung der in Art. 2 des Übereinkommens aufgezählten Formen der Kriminalität (Terrorismus, Drogenhandel und „sonstige schwerwiegende Formen der internationalen Kriminalität") zuständig, zu denen Wirtschaftskriminalität jedenfalls nicht unmittelbar gehörte. Indessen werden Europol jedoch zunehmend auch operative Befugnisse durch Beschlüsse, Rahmenbeschlüsse oder Empfehlungen des Rates eingeräumt und auch über die Felder des Terrorismus und des Drogenhandels hinaus. Beispielsweise soll es Beamten von Europol – wie auch Beamten von OLAF – möglich sein, sich an „gemeinsamen Ermittlungsgruppen" zu beteiligen,[124] die in einem Mitgliedstaat gebildet werden können.[125] Jedes Mitglied einer solchen Ermittlungsgruppe – Europolbeamte eingeschlossen – darf die während seiner Zugehörigkeit erlangten Informationen, „die den zuständigen Behörden der betroffenen Mitgliedstaaten nicht anderweitig zugänglich sind", auch „zur Aufdeckung, Ermittlung und Strafverfolgung anderer Straftaten" verwenden (Art. 1 Abs. 10 lit. b des Rahmenbeschlusses über gemeinsame Ermittlungsgruppen[126]). Die Verwendung ist zwar formal von der vorherigen Zustimmung des Mitgliedstaates abhängig, in dem die Information erlangt wurde; allerdings darf diese Zustimmung nur unter höchst eingeschränkten Voraussetzungen verweigert werden. Europol soll ferner Verbindungsbeamte, die von den Strafverfolgungsbehörden der Mitgliedstaaten (in einen anderen Mitgliedstaat, einen Drittstaat oder zu internationalen Organisationen) entsandt werden sollen, um Informationen ersuchen können.[127] Alle Informationen, die Europol auf den skizzierten Wegen erlangt, dürfen in die Datensammlung aufgenommen werden.

96 Der Bezug zu Wirtschaftsstraftaten wird deutlich, wenn man sich eine Empfehlung des Rates u.a. betreffend die so genannten „Vermögensermittlungen" ansieht.[128] Gestützt (u. a.) auf den Rahmenbeschluss des Rates über Geldwäsche,[129] der sich auch auf „schwere Wirtschaftskriminalität" bezieht und von solchen „schweren" Straftaten ausgeht, wenn sie mit Freiheitsstrafe im Höchstmaß von mehr als einem Jahr bzw. einem Mindestmaß von 6 Monaten Freiheitsstrafe bedroht sind, empfiehlt der Rat den Mitgliedstaaten, Europol zur Unterstützung gemeinsamer Ermittlungsgruppen aufzufordern. Das heißt im Klartext, dass bei grenzüberschreitender Wirtschaftskriminalität gemeinsame Ermittlungsgruppen unter Einschluss von Europolbediensteten die Regel sein sollen.

97 Aufgrund der Datensammlung und -weiterleitung als Hauptfunktion von Europol spielen datenschutzrechtliche Fragen und Bedenken und die damit verbundene gerichtliche Durch-

---

[123] ABl. EG v. 27.11.1995 Nr. C 316 S. 2. Der Bundestag und der Bundesrat haben dem Europolübereinkommen mit dem Europol-Gesetz (BGBl. 1997 II S. 2150) zugestimmt.
[124] Rechtsakt 2002/C 312/01 des Rates vom 28.11.2002 zur Erstellung eines Protokolls zur Änderung des Übereinkommens über die Errichtung eines Europäischen Polizeiamtes (Europol-Übereinkommen), und des Protokolls über die Vorrechte und Immunitäten für Europol, die Mitglieder der Organe, die stellvertretenden Direktoren und die Bediensteten von Europol ABl. EG v. 16.12.2002 Nr. C 312 S. 1 ff.
[125] Rahmenbeschluss des Rates vom 13.6.2002 über gemeinsame Ermittlungsgruppen ABl. EG v. 20.6.2002 Nr. L162 S. 1.
[126] S. Fn. wie vor.
[127] Beschluss 2003/170/JI des Rates v. 27.2.2003 über die gemeinsame Inanspruchnahme von Verbindungsbeamten, die von den Strafverfolgungsbehörden der Mitgliedstaaten entsandt sind ABl. EG v. 12.3.2003 Nr. L 67 S. 27 ff.
[128] Empfehlung des Rates v. 25.4.2002 über die Verbesserung der Ermittlungsmethoden bei der Bekämpfung der organisierten Kriminalität im Zusammenhang mit organisiertem Drogenhandel: zeitgleiche Ermittlungen gegen kriminelle Vereinigungen wegen Drogenhandels und Vermögensermittlungen 2002/C 114/01 ABl. EG v. 15.5.2002 Nr. C 114 S. 1 ff.
[129] Rahmenbeschluss des Rates 2001/500/JI ABl. EG v. 5.7.2001 Nr. L 182 S. 1.

setzbarkeit des Grundrechts auf informationelle Selbstbestimmung eine große Rolle.[130] Jeder hat das Recht, bei Europol einen Antrag auf Mitteilung oder Überprüfung und gegebenenfalls Berichtigung oder Löschung der über seine Person gespeicherten Daten zu stellen.[131] Problematisch an der Ausübung dieses Rechts ist jedoch die Tatsache, dass der von der Datenspeicherung Betroffene nicht erfährt, dass seine Daten verarbeitet wurden, so dass ein Antrag nur auf Verdacht gestellt werden kann. Wird der Antrag auf Mitteilung oder Überprüfung gespeicherter Daten zudem abgelehnt, so wird dem Antragsteller von Europol lediglich mitgeteilt, dass eine Überprüfung stattgefunden hat, ohne dass dabei Hinweise gegeben werden, denen der Antragsteller entnehmen könnte, dass zu seiner Person Daten vorliegen.[132] Beschwerden können lediglich an die weisungsunabhängige, jedoch mit Europol eng zusammenarbeitende (also nicht unparteiliche) Gemeinsame Kontrollinstanz gerichtet werden.[133] Eine gerichtliche Überprüfung der Handlungen von Europol ist ausgeschlossen.

cc) Eurojust und seine Befugnisse. Ebenfalls dem Bereich der 3. Säule ist Eurojust zuzuordnen. Auf dem EU-Gipfel in Tampere (1999) beschlossen die Regierungschefs, zur Verbesserung der justiziellen Zusammenarbeit zwischen den Mitgliedstaaten (insbesondere im Kampf gegen die organisierte Kriminalität) eine neue europäische Justizbehörde einzurichten. Diese Einheit wurde im Februar 2002 formal eingesetzt.[134] Sie ist mit eigener Rechtspersönlichkeit ausgestattet. Ihr Sitz ist Den Haag. Eurojust setzt sich zusammen aus je einem nationalen Mitglied (Deutschland und Finnland hatte von Anfang an je zwei Mitglieder entsandt), das von jedem Mitgliedstaat gemäß seiner Rechtsordnung entsandt wird und die Eigenschaft eines Staatsanwalts, Richters oder Polizeibeamten mit gleichwertigen Befugnissen besitzt. Jedem Staat ist die Benennung von Assistenten freigestellt, von denen einer das nationale Mitglied vertreten kann.

Die Mitgliedstaaten mussten ihr innerstaatliches Recht bis September 2003 mit dem Ratsbeschluss in Einklang bringen; dazu hatte der Rat den Mitgliedstaaten ein entsprechendes Arbeitspapier an die Hand gegeben.[135] Die Bundesrepublik Deutschland hat inzwischen ein entsprechendes Gesetz erlassen, das Eurojust-Gesetz – EJG.[136]

Nach § 1 Abs. 1 S. 2 EJG muss das nationale Mitglied der Bundesrepublik Deutschland die Befähigung zum Richteramt haben und soll Bundesbediensteter sein. Die Bundesrepublik hat von der Möglichkeit, einen Assistenten zu benennen (Art. 2 Abs. 2 Eurojust-Beschluss-EJB), Gebrauch gemacht. Das Bundesministerium benennt im Benehmen mit den Landesjustizverwaltungen eine Person, die zur Vertretung des nationalen Mitglieds berechtigt ist (§ 2 Abs. 2 EJG).

(1) Aufgaben und Befugnisse von Eurojust. Eurojust hat im wesentlichen **drei Aufgaben**:
- die Erleichterung der Kooperation bei Rechtshilfeersuchen und Auslieferungsverfahren
- die Koordination von in den Mitgliedstaaten anhängigen Ermittlungs[137]- und Strafverfahren
- Empfehlungen zur Behebung etwaiger Blockierungen im Rahmen von Rechtshilfevereinbarungen an den Rat und die Kommission, sowie an die Mitgliedstaaten, um – falls möglich – auf eine Änderung der nationalen Gesetze hinzuwirken.

Sachlich zuständig ist Eurojust für alle Kriminalitätsformen und Straftaten, die – weil grenzüberschreitend – in die Zuständigkeit von Europol[138] fallen, ferner für Computerkriminalität, Betrug, Korruption und alle Straftaten zum Nachteil der Gemeinschaften, für Geldwäsche,

---

[130] Vgl. ausführlicher *Frowein/Krisch* JZ 1998, 589.
[131] Vgl. Art. 19 und 20 des Europolübereinkommens.
[132] Art. 19 Abs. 4 a.E., Abs. 5 des Europolübereinkommens.
[133] Art. 19 Abs. 6 und 7 des Europolübereinkommens.
[134] Beschluss des Rates vom 28.2.2002 über die Errichtung von Eurojust zur Verstärkung der Bekämpfung der schweren Kriminalität 2002/187/JHA ABl. EG v. 6.3.2002 Nr. L 63 S. 1.
[135] Arbeitspapier zur Angleichung des innerstaatlichen Rechts an den Eurojust-Beschluss durch die Mitgliedstaaten 9404/02.
[136] Gesetz zur Umsetzung des Beschlusses (2002/187/JI) des Rates v. 28.2.2002 über die Errichtung von Eurojust zur Verstärkung der Bekämpfung der schweren Kriminalität (BGBl. I 2004 S. 902).
[137] Dabei sind Ermittlungen in erster Linie im Sinne repressiver strafrechtlicher Ermittlungen zu verstehen. Präventives Tätigwerden ist dem Zuständigkeitsbereich von Europol zuzuordnen (*Esser* GA 2004, 711, 713 f.).
[138] Art. 4 Abs. 1 a) Eurojust-Beschluss verweist insoweit auf die Kriminalitätsformen und Straftaten, die nach Art. 2 des Europol-Übereinkommens v. 26.7.1995 (vgl. Fn. 123) zum jeweiligen Zeitpunkt in die Zuständigkeit von Europol fallen.

Umweltkriminalität und Beteiligung an einer kriminellen Vereinigung, sowie für alle anderen Straftaten, die damit in Zusammenhang stehen (Art. 4 Abs. 1 EJB). Darüber hinaus wird die Zuständigkeit von Eurojust dadurch begründet, dass die zuständige Behörde eines Mitgliedstaates einen entsprechenden Antrag an Eurojust stellt (Art. 4 Abs. 2 EJB). Eurojust kann daher, unabhängig von der dem Verfahren zugrunde liegenden Straftat, in jeder Angelegenheit (im Bereich der zuvor genannten Aufgabenbereiche) um Auskunft oder Unterstützung ersucht werden. Staatsanwälte oder Richter, die Probleme bei der Bearbeitung einer Strafsache mit internationalem Bezug haben, können sich, in welcher Form auch immer (per Telefon, per Fax, per E-Mail oder auf normalem Postweg[139]) an ihren nationalen Vertreter[140] bei Eurojust wenden. Dieser berät – wenn möglich – aus eigener Sachkompetenz. Er kann aber auch seine Kollegen aus dem Mitgliedstaat oder den Mitgliedstaaten konsultieren, die von der Rechtssache betroffen sind.

102   Praktisch arbeitet Eurojust nach folgendem Konzept:[141] Im ersten Schritt bringt das nationale Mitglied von Eurojust die Anfrage aus seinem Heimatstaat in das Plenum ein, bezeichnet den ersuchten Staat/die ersuchten Staaten, teilt den Kriminalitätsbereich mit und macht Angaben zur Art der benötigten Hilfe. Im zweiten Schritt treffen sich dann die Mitglieder der unmittelbar betroffenen Staaten zu einem Informationsaustausch. Dabei werden dann auch alle zur weiteren Bearbeitung (und Beantwortung) des Ersuchens erforderlichen Namen und Daten ausgetauscht. Es wird dann nach Möglichkeit auch mit den Heimatbehörden formlos (fernmündlich) Kontakt aufgenommen. Förmlichkeiten werden dort eingehalten, wo es nach den Vereinbarungen über Rechtshilfe in Strafsachen unverzichtbar ist, etwa wenn es mit Blick auf die Verwertbarkeit um die – ggf. auch formalisierte – Übermittlung schriftlicher Unterlagen geht. Nach Erledigung eines Falles wird der Gesamteinheit lediglich die Art der Erledigung mitgeteilt und der Fall (auch im Register) für erledigt erklärt. Zur Erfüllung seiner Aufgaben arbeitet Eurojust mit dem EJN[142] und den übrigen europäischen Organisationen, wie Europol und OLAF zusammen (insb. Art. 26 EJB).

103   So kann es in besonders herausragenden oder komplizierten Einzelfällen sowie bei generellen Problemfeldern, die sich aus einer Mehrzahl besonderer Einzelfälle ergeben, so genannten „Topics", auf einer dritten Ebene zu Koordinierungsgesprächen mit den zuständigen Behörden der Mitgliedstaaten (Staatsanwälte/Richter/Polizeibeamte) unter Federführung von Eurojust – am Sitz der Einheit oder in einem Mitgliedstaat – kommen, ggf. auch unter Einbeziehung von Europol oder OLAF.

104   Eurojust verfügt dabei als Clearingstelle oder reine Serviceeinheit[143] allerdings selbst über **keinerlei eigene Ermittlungsbefugnisse**, ist aber zur Erfüllung seiner Aufgaben insbesondere befugt, personenbezogene Daten zu erheben, zu verwenden und auszutauschen (Art. 13 ff. EJB).[144] Eurojust hat darüber hinaus **Initiativ- und Vorschlagsbefugnisse**. Die Behörde kann insbesondere die Aufnahme von Ermittlungen und Strafverfolgung in einem der Mitgliedstaaten veranlassen, wenn sie dort Anhaltspunkte für kriminelle Organisationsschwerpunkte ausmacht.[145] Umgekehrt haben gem. § 6 EJG die für die Strafverfolgung zuständigen deutschen Behörden die Pflicht, das nationale Mitglied in bestimmten Fällen zu unterrichten. Das ist zum einen der Fall, wenn sie die Einrichtung einer gemeinsamen Ermittlungsgruppe beabsichtigen. Zum anderen, wenn sie ein Strafverfahren führen, dem Straftaten der schweren grenzüberschreitenden Kriminalität zu Grunde liegen und die Tatsache der Führung des Strafverfahrens

---

[139] Per Post: Eurojust/ Maanweg 174/ 2516 AB Den Haag/Niederlande; **telefonisch:** +31 70 412 5000; **per Fax:** +31 70 412 5555; **per E-Mail:** info@eurojust.eu.int; weitere Informationen sind außerdem auf der Internetseite von Eurojust unter http://www.eurojust.eu.int zu finden.
[140] Zum Zeitpunkt des Manuskriptes ist Generalstaatsanwalt *Hermann von Langsdorff* nationales Mitglied der Bundesrepublik Deutschland und OStA *Jürgen Kapplinghaus* sein Stellvertreter.
[141] Die Informationen stützen sich auf einen Vortrag (und das freundlicherweise überlassene Vortragsmanuskript) von OStA *Jürgen Kapplinghaus*, dem (stellvertretenden) deutschen Mitglied von Eurojust, den er im Januar 2002 im Rahmen des Kriminalwissenschaftlichen Kolloquiums der Universität Münster gehalten hat.
[142] So ist das Sekretariat des EJN – wie oben dargestellt – im Sekretariat von Eurojust eingegliedert; Art. 26 Abs. 2 b) EJB.
[143] Vgl. *von Bubnoff* ZEuS 2002, 185, 204.
[144] Siehe dazu im Einzelnen *Esser/Herbold* NJW 2004, 2421 ff.
[145] Vgl. *von Bubnoff* ZEuS 2002, 185, 206.

für Eurojust zur Erfüllung seiner Aufgaben von besonderem Interesse sein kann. Das hängt u. a. damit zusammen, dass Eurojust auch die Aufgabe hat, die wechselseitige Unterrichtung der zuständigen Behörden der Mitgliedstaaten über die Ermittlungen und Strafverfolgungsmaßnahmen zu gewährleisten, von denen es Kenntnis hat (Art. 6 b) und Art. 7 b) EJB). Dieses dient insbesondere der Vermeidung von doppelter Strafverfolgung und der Koordination nebeneinander laufender Verfahren.[146]

Weiter hat Eurojust auch die **Aufgabe, länderübergreifende Ermittlungen abzustimmen** und deren Steuerung so zu erleichtern.[147] Zu diesem Zweck können **spezielle Koordinierungssitzungen** einberufen werden. An diesen Koordinierungssitzungen können neben den betroffenen nationalen Mitgliedern insbesondere auch die zuständigen nationalen Behörden der betroffenen Mitgliedstaaten teilnehmen (Art. 17 der Eurojust-Geschäftsordnung[148]). Gegenstand der Sitzungen können individuelle Fälle oder auch eine spezifische Form schwerer grenzüberschreitender Kriminalität sein. Die Sitzungen werden, wenn Vertreter nationaler Strafverfolgungsbehörden anwesend sind, simultan übersetzt.

Aus der **Perspektive der Verteidigung** ist Eurojust insofern interessant, als sich diese Einheit möglicherweise auch für Beweisanträge nutzen lässt.[149] Zwar versteht sich Eurojust nicht als Service-Einheit für Verteidigung,[150] jedoch dürfte etwa in Deutschland ein Beweisantrag auf Vernehmung eines ausländischen Zeugen oder auf Beziehung von Urkunden, die im Ausland beschlagnahmt oder herausverlangt werden müssten, nicht mehr wegen Unerreichbarkeit des Beweismittels abgelehnt werden können, bevor nicht Staatsanwaltschaft oder Gericht versucht haben, es (auch) unter Einschaltung von Eurojust zu erreichen. Von daher lässt sich jedenfalls über das Gericht der Hauptverhandlung zur Vermeidung eines (absoluten) Revisionsgrundes Eurojust per Beweisantrag auch für Entlastungsbeweise einsetzen. Dies gilt auch dann, wenn es sich nicht um einen förmlichen Beweisantrag, sondern nur um eine Beweisanregung handelt, denn Eurojust kann – als Kollegium handelnd (Art. 7 EJB) – die zuständigen Behörden in einem Mitgliedstaat ersuchen, zu bestimmten Tatbeständen Ermittlungen zu führen oder die Strafverfolgung aufzunehmen oder die wechselseitige Unterrichtung der zuständigen Behörden zu gewährleisten. Ein deutsches Gericht würde also u. U. seine Aufklärungspflicht verletzen, wenn es auch auf bloße Anregung der Verteidigung hin nicht versucht, die entsprechenden Informationen oder Beweismittel über Eurojust zu bekommen.

(2) Kontrolle – Daten- und Rechtsschutz. Die Arbeit von Eurojust unterliegt keiner externen gerichtlichen Kontrolle. Insbesondere ist der EuGH nicht zuständig.

Da Eurojust im Wesentlichen mit der Verarbeitung und dem Austausch von Informationen und Daten befasst ist, liegt der Schwerpunkt seiner Kontrolle in der **Datenschutzkontrolle**.[151] Hier sind – aus deutscher Sicht – die im EJB selbst enthaltenen Schutzbestimmungen, sowie die im EJG getroffenen Regelungen von Bedeutung. Die Verarbeitung von Daten unterliegt einer strengen Zweckbindung an die Aufgaben von Eurojust (Art. 14 Abs. 3 EJB). Welche Daten von einem deutschen Gericht oder einer deutschen Behörde an Eurojust übermittelt werden dürfen, richtet sich nach § 4 EJG (ggf. i.V.m Art. 8 Nr. i oder ii EJB[152]). Insbesondere ist durch die deutsche Behörde nach § 4 Abs. 5 EJG bei der Übermittlung von Daten darauf hinzuweisen, dass diese nur zur Erfüllung der Eurojust übertragenen Aufgaben verwendet werden dürfen. Stellt sich heraus, dass unrichtige Informationen oder Informationen, die nicht hätten übermittelt werden dürfen, übermittelt worden sind, ist Eurojust unverzüglich zu unterrichten und um Berichtigung oder Löschung zu ersuchen (§ 4 Abs. 5 S. 2 EJG). Soweit Informationen zu einem laufenden Strafverfahren übermittelt worden sind, muss Eurojust über den Abschluss des Verfahrens unterrichtet werden (§ 4 Abs. 5 S. 3 EJG).

---

[146] Vgl. *von Bubnoff* ZEuS 2002, 185, 206.
[147] Vgl. *von Bubnoff* ZEuS 2002, 185, 205.
[148] ABl. EG v. 22.11.2002 Nr. C 286 S. 1. Die Geschäftsordnung wurde am 30.5.2002 angenommen und am 13.6.2002 vom Rat angenommen.
[149] *Von Langsdorff* StV 2003, 472 ff.
[150] Die Frage ist nicht ausdrücklich geregelt.
[151] Vgl. zum Ganzen *Esser/Herbold* NJW 2004, 2421, 2423.
[152] Hier sind Gründe, nach denen die Übermittlung unterbleibt, geregelt.

108 Die Datenverarbeitung und Datenübermittlung von Eurojust wird durch einen **Datenschutzbeauftragten** (Art. 17 EJB) und eine gemeinsame, **externe Kontrollinstanz**[153] überwacht (Art. 23 Abs. 1 EJB). Die Kontrollinstanz ist mit (mindestens drei) Richtern besetzt, die nicht zugleich Mitglied von Eurojust sein dürfen (Art. 23 Abs. 2 EJB).

109 Jede Person hat gem. Art. 19 EJB einen **Anspruch** gegen Eurojust **auf kostenlose Auskunft** über die zu ihr gespeicherten personenbezogenen Daten. Dieser Anspruch wird über einen Antrag an die zuständige nationale Behörde eines Mitgliedstaates ihrer Wahl geltend gemacht. Werden Ansprüche in der Bundesrepublik Deutschland geltend gemacht, ist der entsprechende Antrag an das Bundesministerium der Justiz zu richten und wird dann an Eurojust weitergeleitet (§ 8 Abs. 1 EJG). Die Auskunft kann durch Eurojust unter den Voraussetzungen von Art. 19 Abs. IV EJB verweigert werden. Grund für die Verweigerung der Auskunft ist die Gefährdung von Tätigkeiten von Eurojust, von nationalen Ermittlungen und von Rechten und Freiheiten Dritter. Problematisch an der Regelung des Auskunftsanspruchs erscheint, dass ein Betroffener[154] unter Umständen keinerlei Anhaltspunkte für eine Verarbeitung personenbezogener Daten bei Eurojust hat und der Antrag also auf Verdacht erfolgen muss. Eine Mitteilungspflicht auf Initiative von Eurojust besteht zu keinem Zeitpunkt. Auch nachdem das entsprechende Verfahren, in dem personenbezogene Daten verwendet worden sind, abgeschlossen worden ist, muss Eurojust dem Betroffenen nicht mitteilen, dass Daten erhoben, verarbeitet oder weitergegeben worden sind. Zudem wird dem Antragssteller, wenn Eurojust die Auskunft verweigert, nur mitgeteilt, dass eine Überprüfung stattgefunden hat, ohne dabei Hinweise zu geben, denen der Antragsteller entnehmen könnte, dass zu seiner Person Daten vorliegen (Art. 19 Abs. VII EJB). Gegen die Antwort kann der Antragsteller **Beschwerde bei der gemeinsamen Kontrollinstanz** einlegen.

110 Eventuelle **Schadensersatzansprüche** wegen unzulässiger oder unrichtiger Erhebung von Daten oder Verwendung von Daten durch Eurojust richten sich nach dem Recht des Mitgliedstaates, in dem Eurojust seinen Sitz hat (§ 10 EJG) – also dem der Niederlande. Die entsprechende Klage wäre vor den niederländischen Gerichten zu erheben (Art. 24 EJB, § 10 EJG). Unter dem Aspekt, dass eine Auskunft über eine Verwendung von Daten, wenn überhaupt, nur auf Antrag hin erteilt wird und der Betroffene so vielfach gar nichts von der Verwendung von auf seine Person bezogenen Daten erfährt, erscheint die Durchsetzung entsprechender Ansprüche wenig wahrscheinlich. Das wird insbesondere dann der Fall sein, wenn es sich um einen nicht unmittelbar vom Ermittlungsverfahren betroffenen Dritten i.S.v. Art. 15 Abs. 2 oder 3 EJB handelt.

111 Eurojust ist (zunächst jedenfalls noch) keine europäische Staatsanwaltschaft, sondern eine Clearingstelle für Rechtshilfe. Staatsanwälte oder Richter, die Probleme bei der Bearbeitung einer Strafsache mit internationalem Bezug haben, können sich, in welcher Form auch immer: per Telefon, Fax, E-Mail oder auf normalem Postweg an ihren nationalen Vertreter bei Eurojust wenden. Dieser berät nicht nur aufgrund eigener Sachkompetenz, sondern hat vor allem die Möglichkeit, seine Kollegen aus dem oder den Mitgliedstaaten zu konsultieren, mit dem der betreffende Staatsanwalt oder Richter das Problem hat, und kann um einen zügigen und verbindlichen Beitrag zur Lösung des Problems zu bitten.

2. Verteidigung im Rechtshilfeverfahren[155]

112 Für die Frage nach den Verteidigungsmöglichkeiten und -strategien im Rechtshilfeverfahren ist zwischen der Sammlung von Beweisen im Inland für ein im Ausland geführtes (dazu unter b) und der Sammlung von Beweisen im Ausland für ein im Inland geführtes Strafverfahren zu unterscheiden (dazu unter c). Vorab sind einige begriffliche Klärungen nötig, die für das Verständnis der Verteidigungsmöglichkeiten im Rechtshilfeverfahren grundlegend sind.

---

[153] Vgl. Akt der gemeinsamen Kontrollinstanz von Eurojust v. 2.3.2004 zur Festlegung ihrer Geschäfts- und Verfahrensordnung (2004/C86/01), ABl. EG v. 6.4.2004 Nr. C 86 S. 1.
[154] Personenbezogene Daten können nach Art. 15 EJB von Personen verarbeitet werden, gegen die ermittelt wird (Abs. 1), die als Opfer oder Zeuge in Betracht kommen (Abs. 2) oder in Ausnahmefällen unter Einschaltung des Datenschutzbeauftragten von anderen Personen (Abs. 3).
[155] Ich danke Frau *Prof. Dr. Sabine Gleß* für wertvolle Hilfestellungen zu diesem Kapitel.

a) Einführung. Grundlegend ist die Unterscheidung zwischen der innerstaatlichen Leistungsermächtigung und der Vornahmeermächtigung. Die Leistungsermächtigung betrifft grundsätzlich die rechtshilferechtlichen Voraussetzungen[156] des „Ob" der Leistung von Rechtshilfe nach außen (also gegenüber dem ersuchenden Staat) und ist in §§ 59 ff. IRG geregelt.[157] Die (deutsche) innerstaatliche Leistungsermächtigung gilt für die Bewilligungsbehörde (§ 74 IRG). Die Vornahmeermächtigung[158] betrifft das „Wie" der innerstaatlichen Beweisgewinnung,[159] bestimmt also, mit welchen innerstaatlichen (Zwangs-)Mitteln und unter welchen Voraussetzungen die von außen erbetene Information nach innerstaatlichem Recht gewonnen und Leistung bewirkt werden kann.[160] Die (deutsche) innerstaatliche Vornahmeermächtigung richtet sich an die Vornahmebehörden und -gerichte, die die Beweisaufnahme tatsächlich durchführen.[161] Innerstaatliche Vornahmeermächtigungen sind z. B. in der Generalverweisungsnorm des § 59 Abs. 3 IRG geregelt, die jedoch zugleich auch Fragen der Leistungsermächtigung betrifft. Über § 59 IRG werden strafprozessuale Ermächtigungen ins Rechtshilferecht einbezogen (z. B. über den Einsatz von Zwangsmitteln gegen Zeugen nach § 51 Abs. 1 S. 2 StPO, die aufgrund eines ausländischen Vernehmungsersuchens geladen wurden). Weitere Vornahmeermächtigungen enthalten z. B. die §§ 63 Abs. 2 und 3; 64 Abs. 2 und 67 IRG.[162]

b) Rechtsschutz gegen Beweissammlung für ausländische Strafverfahren. Rechtsschutzmöglichkeiten hat der deutsche Gesetzgeber im Rechtshilfeverfahren ausdrücklich nur für die Leistungsermächtigung und nur für solche Personen festgelegt, die im Rahmen der Rechtshilfe Gegenstände herausgeben müssen (§ 61 i. V. m. § 66 IRG). Nach Art. 19 Abs. 4 GG steht jedoch auch Anderen, soweit sie in ihren subjektiven Rechten betroffen sein können, gerichtlicher Rechtsschutz zu, und zwar sowohl gegenüber der Leistungsermächtigung als auch gegenüber der Vornahmeermächtigung. Deshalb sind (in analoger Anwendung des § 61 Abs. 1 S. 2 Alt. 2 IRG) nicht nur „Dritte" (so § 66 Abs. 2 Nr. 3 IRG) sondern andere von der Herausgabe „Betroffene" (§ 66 Abs. 1 Nr. 2 IRG) antragsberechtigt, namentlich diejenigen, gegen die das ausländische Verfahren geführt wird.[163] Der Antrag kann bis zum Vollzug der Herausgabe gestellt werden („würde verletzt werden"). Danach ist er nur als Fortsetzungsfeststellungsantrag zulässig, wenn ein berechtigtes Feststellungsinteresse vorliegt. Das ist dann der Fall, wenn die Gefahr der Wiederholung besteht oder der diskriminierende Charakter der beanstandeten Maßnahme fortwirkt.[164] Das Feststellungsinteresse kann auch damit begründet werden, dass der ersuchende Staat in dem von ihm betriebenen Strafverfahren aufgrund einer negativen Feststellungsentscheidung des Oberlandesgerichts das übermittelte Beweismaterial möglicherweise für unverwertbar befinden könnte.[165] Im Einzelnen gilt Folgendes:

aa) Herausgabe, § 66 IRG. Nach § 61 Abs. 1 S. 2 Alt. 2 IRG hat derjenige Dritte, der geltend macht, (gerade) durch die Herausgabe eines Beweisgegenstandes (an das Ausland) in seinen Rechten verletzt zu werden, ein unmittelbares Antragsrecht auf eine präventive Feststellungsentscheidung des zuständigen Oberlandesgerichts. Dieses entscheidet aber – wie in den anderen Fällen des § 61 Abs. 1 IRG – nur über die Leistungsermächtigung, nicht über die Vornahmeermächtigung, über die nach § 67 Abs. 3 IRG das Amtsgericht entscheidet.

Voraussetzung für die Herausgabe ist nach § 66 Abs. 2 Nr. 1 IRG, dass die dem ausländischen Ersuchen zugrunde liegende Tat auch nach deutschem Recht „eine rechtswidrige Tat ist,

---

[156] Ausf. zu den materiellen Voraussetzungen der Leistungsermächtigung: *Schomburg/Lagodny* IRG § 59 Rdnr. 2 ff.
[157] Eingehend dazu *Schomburg/Lagodny* IRG Einl. Rdnr. 91 ff.; vgl. auch: *Vogler*, FG Söllner, S. 595, 602 f.
[158] Ausf. zum Vornahmeverfahren: *Schomburg/Lagodny* IRG § 59 Rdnr. 37 ff.; zu den dabei zu wahrenden Verteidigungsrechten ebenda Rdnr. 41 ff.
[159] Vgl. zu dieser Unterscheidung: BT-Drucks. 9/1338 S. 82 und 117 bis 119.
[160] Ausf. zu den Voraussetzungen der Vornahmeermächtigung: *Schomburg/Lagodny* IRG § 59 Rdnr. 31 ff.
[161] Die innerstaatliche Leistungsermächtigung wendet sich an die Bewilligungsbehörde (§ 74 IRG).
[162] Ausführlich zu den einzelnen Maßnahmen *Schomburg/Lagodny* IRG § 59 Rdnr. 56 ff.
[163] So OLG Hamm Beschl. v. 30.3.1995 – (2) 4 Ausl 352/93 – NStZ 1995, 455; a.A. *Schomburg/Lagodny* IRG § 61 Rdnr. 14.
[164] BGH Beschl. v. 25.4.1985 – 4 Ars 1/85 – BGHSt 33, 196, 202 ff., arg.: Art. 19 Abs. 4 GG und analog § 28 Abs. 1 S. 4 EGGVG; ablehnend: *Grützner/Pötz/Wilkitzki* IRG § 66 Rdnr. 8 unter Berufung auf Abs. 2 S. 1.
[165] OLG Karlsruhe Beschl. v. 26.6.1990 – AK 22/90 – NJW 1990, 2208 m. insoweit zust. Anm. *Lagodny* NStZ 1991, 140.

die den Tatbestand eines Strafgesetzes oder eines Gesetzes verwirklicht, das die Ahndung mit einer Geldbuße zulässt, erfüllt" (vgl. auch § 1 Abs. 2 und § 3 Abs. 2 IRG), weil die Rechtshilfe nach § 66 IRG stärker als die anderen Formen der sonstigen Rechtshilfe in Rechtspositionen des Betroffenen eingreifen soll. Mindestsanktionsgrenzen bestehen nicht. Als einziges Formerfordernis verlangt § 66 Abs. 2 Nr. 2 IRG eine Beschlagnahmeanordnung des ersuchenden Staates bzw. eine diese ersetzende Erklärung (vgl. demgegenüber Art. 14 EuRhÜbk). Damit wird sichergestellt, dass die materiellen Voraussetzungen für die Verwendung des Gegenstandes zu Zwecken der Strafverfolgung bzw. -vollstreckung im ersuchenden Staat geprüft wurden. Darüber hinaus soll dadurch gewährleistet werden, dass ausländischen Behörden von deutscher Seite keine weiter gehende Rechtshilfe geleistet wird, als sie nach dem Recht des ersuchenden Staates selbst innerstaatlich zulässig wäre. Der Beschlagnahmebeschluss muss die Gegenstände so genau bezeichnen, dass sie identifizierbar sind. Es muss ferner daraus hervorgehen, dass die Gegenstände für ein (bestimmtes) Strafverfahren als Beweismittel von Bedeutung sein können. Dagegen kann keine spezifizierte Bezeichnung einzelner begehrter Schriftstücke verlangt werden. Eine darüber hinausgehende Begründung für die Notwendigkeit der Herausgabe soll auch nach dem Grundsatz der Verhältnismäßigkeit in der Regel nicht erforderlich sein.[166]

117 Unter die Herausgabe nach § 66 IRG fallen auch **Kopien**, weil auch sie als Beweismittel in Betracht kommen. Das Ersuchen um Herausgabe einer Kopie ist nicht bloßes Auskunftsersuchen,[167] ihre Herausgabe geschieht in der Regel aus Gründen der Verhältnismäßigkeit zur Abwendung einer Beschlagnahme der Originalschriftstücke. Besteht der ersuchende Staat im Rahmen vertragloser Rechtshilfe auf die Herausgabe der Originale, so ist es zwar eine Frage der Vornahmehandlung, ob die Originale beschlagnahmt werden dürfen oder die Herausgabe von Kopien ausreicht, die jedoch auf die Leistungsermächtigung durchschlägt. Auch nach Art. 3 Abs. 3 EuRhÜbk braucht der ersuchte Staat alternativ nur beglaubigte Kopien oder Schriftstücke zu übermitteln. Die Frage, ob an den ersuchenden Staat Originale oder Kopien herauszugeben werden, ist also gerichtlich in vollem Umfang überprüfbar und nur von der Bewilligungsbehörde zu entscheiden, weil es um die Frage der Verhältnismäßigkeit geht, deren gerichtliche Überprüfung nach Art. 19 Abs. 4 GG verbürgt ist.[168]

118 Bei der Vornahme, die insoweit auch auf die Leistungsermächtigung durchschlägt, sind Beweiserhebungs- oder Verwertungsverbote nach deutschem Recht zu beachten; die Herausgabe ist insoweit gegebenenfalls für unzulässig zu erklären.[169]

119 *bb) Beschlagnahme und Durchsuchung, § 67 IRG.* § 67 IRG regelt die innerstaatliche Vornahmeermächtigung für prozessuale Zwangsmaßnahmen zur Erledigung von Rechtshilfeersuchen um Herausgabe (Abs. 1) und zur Erledigung anderweitiger Rechtshilfeersuchen (Abs. 2). Abgesehen von den speziellen Zwecken nach Abs. 1 und 2 schafft § 67 IRG kein Sonderbeschlagnahme- oder -durchsuchungsrecht im Verhältnis zum rein innerstaatlichen Strafverfahren. Deshalb gelten die §§ 94 ff. StPO und §§ 102 ff. StPO über § 77 StPO in vollem Umfange. Auch Gegenstände, die bei einer Durchsuchung zu Zwecken des § 67 gefunden werden und die auf die Verübung einer anderen (Inlands-)Straftat hinweisen, sind als Zufallsfunde nach § 108 StPO beschlagnahmefähig. Neben §§ 94 f. StPO kommen auch die §§ 111 b ff. StPO in Betracht. Die Vorschriften über das selbstständige Einziehungs- und Verfallsverfahren (§§ 440, 442 StPO) sind entsprechend heranzuziehen. Es ist ferner auch bei den Entscheidungen nach § 67 IRG der Verhältnismäßigkeitsgrundsatz zu beachten. Dabei ist das Gewicht der im Ausland verfolgten Tat nach deutschem Recht zu bestimmen.[170]

120 Zuständig für die Beschlagnahme- und die Durchsuchungsanordnung nach § 67 Abs. 1 und 2 IRG ist das Amtsgericht, in dessen Bezirk die Handlungen vorzunehmen sind.[171] Bei Vornahmehandlungen, die in mehreren AG-Bezirken durchzuführen sind, gilt das Prioritätsprinzip

---

[166] BGH Beschl. v. 23.6.1977 – 4 Ars 7/77 – BGHSt 27, 222, 227, 228.
[167] BGH Beschl. v. 25.4.1985 – 4 Ars 1/85 – BGHSt 33, 196, 208 ff. m. Anm. *Epp* NStZ 1985, 556; OLG Düsseldorf Beschl. v. 31.3.1989 – 1 Ws 960/88 – MDR 1989, 1125.
[168] *Schomburg/Lagodny* IRG § 66 Rdnr. 9.
[169] *Schomburg/Lagodny* IRG § 66 Rdnr. 13.
[170] Zum Schutz des eingerichteten und ausgeübten Gewerbebetriebs (Art. 14 Abs. 1 GG) gegen die Vornahmehandlung: OLG Stuttgart Beschl. v. 19.12.1988 – 3 Ars 127/88 – NJW 1989, 3104.
[171] *Schomburg/Lagodny* IRG § 39 Rdnr. 5.

(§ 67 Abs. 3 S. 2 i. V. m. § 61 Abs. 2 S. 2 IRG).[172] Inhalt und Form der Beschlüsse richten sich nach § 98 bzw. § 105 StPO.

Was den **Rechtsschutz** gegen die Anordnung von Zwangsmaßnahmen im Herausgabeverfahren nach § 67 Abs. 1 IRG angeht, sind zwei mögliche Verfahrensgestaltungen zu unterscheiden: die reguläre Anordnung nach Eingang des Ersuchens und die vorläufige Anordnung vor Eingang des Ersuchens. 121

Für die reguläre Anordnung gilt § 61 Abs. 1 S. 2 Alt. 2 IRG (oben Rdnr. 115 ff.). 122

In Zusammenhang mit einer (vorläufigen) Anordnung der Beschlagnahme und Durchsuchung nach § 67 Abs. 1 IRG kann die (stattgebende oder ablehnende) Entscheidung des Amtsgerichts mit der Beschwerde nach § 304 StPO angefochten werden.[173] Wird das Rechtsmittel darauf gestützt, dass die Vornahmeermächtigung nicht vorlag, entscheidet das Landgericht als Beschwerdegericht selbst. Soweit jedoch gerügt wird, dass die Leistungsermächtigung fehlte, muss das Landgericht, wenn es die Zweifel teilt, nach § 61 Abs. 1 S. 1 IRG das Oberlandesgericht anrufen. 123

Konkurrenzprobleme zwischen einer Beschwerde und dem Antrag nach § 61 Abs. 1 S. 2 Alt. 2 IRG dürften sich praktisch nicht stellen, weil Durchsuchungen und Beschlagnahmen in der Regel angeordnet wurden, bevor der Betroffene von der beabsichtigten Maßnahme erfährt. Sollte der Betroffene ausnahmsweise nach § 61 Abs. 1 S. 2 Alt. 2 IRG die Entscheidung des OLG beantragt haben, noch bevor das Amtsgericht die Anordnung getroffen hat oder bevor das Landgericht über eine Beschwerde gegen einen Durchsuchungs- oder Beschlagnahmebeschluss nach § 77 IRG i. V. m. § 304 StPO entschieden hat, müssen Amts- und/oder Landgericht das Verfahren bis zur Entscheidung des Oberlandesgerichts über die Leistungsermächtigung aussetzen. Das ergibt sich aus der Zweispurigkeit des Rechtsschutzes. Bei einer die Leistungsermächtigung verneinenden Entscheidung des Oberlandesgerichts würde nämlich die Vornahmeentscheidung gegenstandslos (§ 61 Abs. 3 und 4 IRG). Ein Antrag nach § 61 Abs. 1 S. 2 Alt. 2 IRG an das Oberlandesgericht vor Eingang eines Ersuchens dürfte schon aus praktischen Gründen nicht in Betracht kommen, aber auch nach Allgemeinen rechtsmittelrechtlichen Grundsätzen vor Erlass der angegriffenen Entscheidung unstatthaft sein. 124

cc) Andere Maßnahmen; sonstige Rechtshilfe. Als Maßnahmen der sonstigen Rechtshilfe kommen etwa in Betracht: Beschuldigtenvernehmung, Zeugenvernehmung, Auskunftserteilung etc. Gegen solche anderen Maßnahmen sieht das Gesetz in Ansehung der Leistungsermächtigung einen Antrag auf Entscheidung des Oberlandesgerichts nicht (ausdrücklich) vor. Wohl aber sind Rechtsbehelfe und Rechtsmittel im Vornahmeverfahren möglich (z. B. nach §§ 163 a, 161 a Abs. 3 S. 2 und 4 StPO). Da aufgrund der Rechtsweggarantie des Art. 19 Abs. 4 GG Rechtsschutz auch gegen die Leistungsermächtigung möglich sein muss,[174] kann der Betroffene seine Einwendungen gegen das Bestehen der Leistungsermächtigung hier im Vornahmeverfahren geltend machen (sog. Integrationslösung).[175] Der Rechtsschutz im Hinblick auf die Vornahmeermächtigung richtet sich nach den einschlägigen Vorschriften der StPO bzw. nach §§ 23 ff. EGGVG, weil das IRG diesen Rechtsschutz eben nicht regelt und konsequenterweise auch nicht beschränkt. Ein Beispiel ist etwa die Beschwerde gegen eine auf ausländisches Ersuchen durch den Richter am Amtsgericht durchgeführte (kommissarische) Vernehmung.[176] 125

Besonderheiten können sich allerdings beim Rechtsschutz gegen **erledigte Vornahmehandlungen** ergeben, wenn etwa Beweismittel zwar bereits gewonnen, dem ersuchenden Staat aber noch nicht übermittelt wurden. Entweder betrachtet man die Maßnahme dann als noch nicht erledigt,[177] weil der Zweck der an den ersuchenden Staat noch nicht erfüllt ist, und das Rechts- 126

---

[172] *Schomburg/Lagodny* IRG § 61 Rdnr. 26 und § 14 Rdnr. 5.
[173] OLG Stuttgart Beschl. v. 19.12.1988 – 3 Ars 127/88 – NJW 1989, 3104.
[174] *Schomburg/Lagodny* IRG Vorbem. § 59 Rdnr. 18 f.
[175] BVerfG EzSt IRG § 61 Nr. 2 unter Bezugnahme auf den Beschl. v. 16.7.1987 – 2 BvR 682/87; zustimmend *Schomburg/Lagodny* IRG Vorbem. § 59 Rdnr. 27.
[176] KK-StPO/R. *Müller* § 162 Rdnr. 20.
[177] So *Grützner/Pötz/Wilkitzki* IRG § 61 Rdnr. 9 Fn. 2 unter Berufung auf BVerfG Beschl. v. 9.8.1990 – 2 BvR 1128/88; vgl. auch BGHSt 33, 196, 202 zu § 61 IRG.

mittel ist schon deshalb unabhängig von der fragwürdigen Konstruktion[178] der „prozessualen Überholung" zulässig. Oder man muss das entsprechende Rechtsmittel nach der Integrationslösung jedenfalls insoweit für zulässig ansehen als, es um Prüfung der Leistungsermächtigung geht (Fortsetzungsfeststellungsinteresse).

127 Wurden die Beweisstücke dem ersuchenden Staat bereits übermittelt, kann das Fortsetzungsfeststellungsinteresse damit begründet werden, dass das Gericht bzw. die Behörde des ersuchenden Staats die Verwertbarkeit der übermittelten Beweismittel in dem von ihm geführten (ausländischen) Strafverfahren auch von der Beurteilung durch ein Gericht der Bundesrepublik abhängig macht.[179] (so zu Recht: OLG Karlsruhe, NJW 1990, 2208).

128 dd) *Rechtsbeistand, Verteidigung.* Soweit der Betroffene zugleich der Beschuldigte des Verfahrens ist, kann er sich – auch im Rechtshilfeverfahren – jederzeit des Beistandes eines Verteidigers bedienen.

129 Andere Betroffene dürfen sowohl im Bewilligungsverfahren vor dem Oberlandesgericht als auch im Vornahme(rechtsschutz-)Verfahren einen **Beistand** hinzuziehen.[180] Allerdings hat er nach dem IRG keinen Anspruch auf einen Pflichtbeistand. Wohl aber dürfte sich aus dem IRG i.V.m. §§ 467, 467 a StPO ein Anspruch auf Auslagenerstattung für einen Wahlbeistand ergeben.[181]

130 c) **Rechtsschutz gegen Beweissammlung im Ausland für ein inländisches Strafverfahren.** Ob und wann Beweise für ein deutsches Straf- oder Bußgeldverfahren durch ausländische Staaten im Wege der Rechtshilfe gewonnen werden können und dürfen, richtet sich nach dem allgemeinen nationalen Verfahrensrecht. Der deutsche Gesetzgeber hat die Voraussetzungen für „ausgehende Ersuchen" um Rechtshilfe – im Gegensatz zu der Behandlung eingehender Ersuchen – nicht als spezifische Materie des Rechtshilferechts umfassend gesetzlich geregelt. Die Zuständigkeit, die Befugnis und die etwaige Verpflichtung deutscher Gerichte und sonstiger Behörden, bei der gem. § 74 IRG zuständigen Stelle Ersuchen um Rechtshilfe anzuregen oder diese kraft Ermächtigung selbst zu stellen, ergeben sich daher aus den für das innerstaatliche Verfahren geltenden Vorschriften. Deshalb ist z.B. die Frage, ob einem entsprechenden Beweisantrag stattzugeben ist, nach der StPO zu beantworten.

131 Wird Rechtshilfe vom Ausland geleistet, ist es wiederum Sache der innerstaatlich zuständigen Stelle, das Erforderliche zu veranlassen und auch etwa die Verwertbarkeit eines Beweismittels nach deutschem Recht zu überprüfen.

3. Das „Prinzip der gegenseitigen Anerkennung" – insbesondere Beweismitteltransfer in der EU

132 Besondere Probleme wirft die Verteidigung mit Blick auf die Einführung des Prinzips der gegenseitigen Anerkennung justitieller Entscheidungen innerhalb der EU auf und hier insbesondere im Hinblick auf die neu eingeführten Konzepte des Beweismitteltransfers. Politisches Ziel des Rates im Bereich der Zusammenarbeit Justiz und Inneres, der so genannten 3. Säule, ist es, die bislang von klassischer Kooperation geprägten Beziehungen zwischen den Mitgliedsstaaten durch ein System des freien Verkehrs justitieller Entscheidungen und Beweismittel zu ersetzen, und zwar von Beginn der Ermittlungen bis zum Vollstreckungsverfahren. Mit dem Rat von Tampere (1998) wurde das „Prinzip der gegenseitigen Anerkennung" zum Eckstein europäischer Strafrechtspolitik erklärt.[182] Zugleich erging der Auftrag an den Rat und die Kommission der Europäischen Gemeinschaften, ein Maßnahmenprogramm zur Umsetzung dieses Grundsatzes anzunehmen. Das ist im Januar 2001 geschehen.[183]

---

[178] BVerfG Beschl. v. 30.4.1997 – 2 BvR 817/90 – StV 1997, 393.
[179] OLG Karlsruhe Beschl. v. 26.6.1990 – AK 22/90 – NJW 1990, 2208.
[180] *Schomburg/Lagodny* IRG § 61 Rdnr. 21.
[181] *Schomburg/Lagodny* IRG § 61 Rdnr. 21.
[182] Schlussfolgerung Nr. 33 – 36 des Vorsitzes des Europäischen Rates von Tampere (im Internet abrufbar unter http://ue.eu.int/ejn2/).
[183] Maßnahmenprogramm 2001/C 12/02 zur Umsetzung des Grundsatzes der gegenseitigen Anerkennung gerichtlicher Entscheidungen in Strafsachen ABl. EG v. 15.1.2001 Nr. C 12 S. 10.

Das Prinzip der gegenseitigen Anerkennung wurde mittlerweile in mehreren Rahmen- 133
beschlüssen umgesetzt, von denen der bekannteste der Rahmenbeschluss vom 13.6.2002
über den Europäischen Haftbefehl ist.[184] Der für Verfahren mit wirtschaftsstrafrechtlichen
Bezügen wohl wichtigere Rahmenbeschluss ist der über die Vollstreckung von Entscheidungen
über die Sicherstellung von Vermögensgegenständen oder Beweismitteln in der Europäischen
Union.[185] Dieser Rahmenbeschluss betrifft nicht die Übermittlung von Beweismitteln von einer
Rechtsordnung in die andere, sondern lediglich seine vorläufige Sicherung. Übermittelt wird
das Beweismittel im Wege der förmlichen Rechtshilfe.[186]

Die Kommission der Europäischen Gemeinschaften ging noch weiter und hat in ihrem 134
„Grünbuch zum strafrechtlichen Schutz der finanziellen Interessen der Europäischen Gemeinschaften
und zur Schaffung einer Europäischen Staatsanwaltschaft (GB)"[187] gefordert, dass
die in einem Mitgliedstaat erhobenen Beweise von den Gerichten der anderen Mitgliedstaaten
zugelassen werden müssten, damit die Strafverfolgung in dem für die Anklageerhebung ausgewählten
Mitgliedstaat konzentriert werden könne. Danach wäre jedes Gericht jedenfalls in
solchen Verfahren, die sich mit Straftaten gegen die finanziellen Interessen der Gemeinschaften
befassen, verpflichtet, alle Beweismittel zuzulassen bzw. zu verwerten, die nach dem nationalen
Recht auch nur eines Mitgliedstaates rechtmäßig gewonnen wurden.

Auch die Europäische Verfassung (EVV) bekennt sich in Art. I-42 Abs. 1 b) EVV zur „gegen- 135
seitigen Anerkennung der gerichtlichen und außergerichtlichen Entscheidungen".

Das Prinzip der gegenseitigen Anerkennung ist in der rechtswissenschaftlichen Diskussion 136
weniger auf Zustimmung,[188] als auf heftige Kritik gestoßen,[189] die sich insbesondere aus Anlass
des Rahmenbeschlusses über den europäischen Haftbefehl entzündet hat.[190]

a) Der Europäische Haftbefehl. Der **Rahmenbeschluss zum Europäischen Haftbefehl**[191] 137
(RbEuHb) stellt im strafrechtlichen Bereich die erste konkrete Umsetzung des Prinzips der
gegenseitigen Anerkennung dar.[192] Der Europäische Haftbefehl soll das gesamte bisherige
Auslieferungsrecht[193] innerhalb der EU ersetzen. Zielsetzung war es – unter der Anerkennung justitieller Entscheidungen – ein einfaches, beschleunigtes Übergabeverfahren zwischen
den Justizbehörden der Mitgliedstaaten zu schaffen. Der bisherige Verkehr auf politischzwischenstaatlicher
Ebene sollte so auf einen unmittelbaren justizbehördlichen Verkehr
verlagert werden.[194]

Das (bisherige) Auslieferungsverfahren in der BRD ist **zweistufiger Natur**.[195] Das Verfahren 138
setzt sich danach aus dem Zulässigkeits- und dem Bewilligungsverfahren zusammen. Traditionell
findet im Zulässigkeitsverfahren die justitielle Überprüfung der Auslieferung (präventiver
Rechtsschutz) und im Bewilligungsverfahren die Entscheidung statt, ob eine Auslieferung
politisch opportun ist.[196] Die Bewilligungsebene begründet sich in der bisherigen Natur
der Auslieferungsentscheidung als grundsätzlich politische Entscheidung eines Staates darüber,

---

[184] Rahmenbeschluss 2002/584/JI des Rates über den Europäischen Haftbefehl und die Übergabeverfahren zwischen den Mitgliedstaaten ABl. EG v. 18.7.2002 Nr. L 190 S. 1.
[185] Rahmenbeschluss 2003/577/JI des Rates über die Vollstreckung von Entscheidungen über die Sicherstellung von Vermögensgegenständen oder Beweismitteln in der Europäischen Union ABl. EG v. 2.8.2003 Nr. L 196 S. 45.
[186] *Gleß* StV 2004, 679.
[187] KOM (2001) 715 endg.; ausführlich *Gleß* ZStW 115 (2003), 131 ff.
[188] Zustimmend: *Brüner/Hetzer* NStZ 2003, 113; im Grundsatz auch *Deiters* ZRP 2003, 359 und *Schomburg* NJW 2002, 1630.
[189] *Schünemann* StV 2003, 531, 532; ders. ZRP 2003, 185, 187 f.; ders. StraFo 2003, 344, 347 f.; *Deiters* ZRP 2003, 359, 361; *Wehnert* StraFo 2003, 356, 358.
[190] Rahmenbeschluss des Rates 2002/584/JI v. 13.6.2002 über den Europäischen Haftbefehl und die Übergabeverfahren zwischen den Mitgliedstaaten ABl. EG v. 18.7.2002 Nr. L 190 S. 1.
[191] Fn. wie vor.
[192] Vgl. Erwägungen des RbEuHb Nr. 6.
[193] Das Auslieferungsrecht stellt einen Spezialfall der Internationalen Rechtshilfe in Strafsachen dar. Auslieferung bedeutet die Übergabe einer Person durch einen Staat in die Hoheitsgewalt eines anderen Staates.
[194] Vgl. *von Bubnoff* ZEuS 2003, 185, 225.
[195] Vgl. nur *Weigend* JuS 2000, 105, 109.
[196] Vgl. BVerfG Urt. v. 18.7.2005 – 2 BvR 2236/04, Rdnr. 109; ohne Rdnr. abgedruckt in NJW 2005, 2289 ff.

seine Straf- und Hoheitsgewalt über eine Person aufzugeben.[197] Ziel des RhEuHb war die Abschaffung der zwischenstaatlichen Natur des Auslieferungsverfahrens und insbesondere des politischen Charakters der Bewilligungsentscheidung (auch) zugunsten einer Verrechtlichung des Verfahrens.[198] Der Vollstreckungsstaat sollte nunmehr verpflichtet sein, die Entscheidungen des Ausstellungsstaates unmittelbar umzusetzen bzw. zu vollstrecken. Diese Zielsetzung ließ eine Abschaffung der Bewilligungsebene erwarten.[199]

139 Die Bundesrepublik Deutschland hatte den Rahmenbeschluss durch das **Europäische Haftbefehlsgesetz – EuHbG**[200] umgesetzt, das jedoch die Struktur des Überstellungsverfahrens beibehielt.[201] Das EuHbG änderte lediglich das Internationale Rechtshilfegesetz (IRG[202]), in dem – als Unterfall der allgemeinen Rechtshilfe – die Auslieferung geregelt ist.

140 Im Juli 2005 erklärte das BVerfG[203] das EuHbG wegen Verstoßes gegen Art. 2 Abs. 1 i.V.m. Art. 20 Abs. 3, Art. 16 Abs. 2 und Art. 19 Abs. 4 GG für **verfassungswidrig und nichtig**. Das Verfassungsgericht stellte zum einen insbesondere einen Verstoß gegen Art. 16 Abs. 2 GG fest, weil der Gesetzgeber die vom Rahmenbeschluss eröffneten Gestaltungsspielräume nicht in grundrechtsschonender Weise ausgeschöpft habe. Zum anderen stellte es einen Verstoß gegen Art. 19 Abs. 4 GG fest, weil die Bewilligungsentscheidung gem. § 74 b IRG (n. F.) weiter als justizfreier Hoheitsakt ausgestaltet worden war, obwohl sie als eine den Eingriff in das Grundrecht des Art. 16 Abs. 2 GG konkretisierende Entscheidung gerichtlich überprüfbar sein müsse.

141 Es ist zu erwarten, dass der Gesetzgeber die Vorgaben des BVerfG in die bisher bestehende Struktur des neu geregelten IRG einfügen und die vom BVerfG nicht gerügten Regelungen beibehalten wird, daher sollen die wesentlichen (Neu-) Regelungen dargestellt werden, die durch das (nichtige) EuHbG im IRG erfolgten. Dabei werden die Feststellungen des BVerfG berücksichtigt werden.

142 Durch das EuHbG wurde die Umsetzung des RbEuHb in die bestehende Struktur des IRG vorgenommen. Die Auslieferung war nach wie vor im Achten Teil des IRG geregelt. Allerdings unterschied das IRG nun zwischen dem Auslieferungsverkehr mit Drittstaaten (1. Abschnitt des Achten Teils) und dem Auslieferungsverkehrs innerhalb der EU (2. bis 4. Abschnitt des Achten Teils).

143 *aa) Begriff des Europäischen Haftbefehls – Auslieferungsunterlagen.* Der Europäische Haftbefehl tritt im Verhältnis der Mitgliedstaaten zueinander an die Stelle der bisherigen Auslieferungsersuchen.[204]

Eine Auslieferung war innerhalb Europas nach § 83 a Abs. 1 IRG (n. F.) dann zulässig, wenn die in § 10 IRG genannten Unterlagen oder ein **europäischer Haftbefehl** übermittelt wurden, welcher die in § 83 a Abs. 1 IRG (n. F.) enthaltenen Angaben aufweisen **sollte**.

144 Das BVerfG hat indes festgestellt, dass es mit dem Erfordernis eines effektiven Rechtsschutzes nicht vereinbar sei, dass die Vorschrift zwar bestimmte Mindestangaben formuliere, aber ein vollständiges Vorliegen der in § 83 a Abs. 1 IRG (n. F.) genannten Angaben nicht fordere. Die Ausgestaltung als Soll-Vorschrift habe bereits in der kurzen Zeit nach dem In-Kraft-Treten des EuHbG dazu geführt, dass die Vollständigkeit der Auslieferungsunterlagen unter Hinweis auf den Gesetzeswortlaut als für die Zulässigkeit des Ersuchens entbehrlich angesehen

---

[197] Durch die verschiedenen Auslieferungsübereinkommen bestand natürlich de facto bereits eine weitgehende Verpflichtung der Mitgliedstaaten unter bestimmten Voraussetzungen auszuliefern, so dass die Entscheidung tatsächlich eine weitgehend gebundene war, die für politische Überlegungen nicht viel Raum ließ.
[198] Vgl. BVerfG Urt. v. 18.7.2005 (Fn. 196), Rdnr. 73.
[199] So beispielsweise *Rohlff* S. 40 f.
[200] Gesetz zur Umsetzung des Rahmenbeschlusses über den Europäischen Haftbefehl und die Übergabeverfahren zwischen den Mitgliedstaaten der Europäischen Union (Europäisches Haftbefehlsgesetz – EuHbG) – BGBl. I 2004 S. 1748.
[201] Vgl. BVerfG Urt. v. 18.7.2005 (Fn. 196), Rdnr. 119.
[202] Das IRG gilt subsidiär zu völkerrechtlichen Vereinbarungen, soweit sie unmittelbar anwendbares innerstaatliches Rechts geworden sind (§ 1 Abs. 3 IRG) und ist so insb. hinsichtlich der Verfahrensvorschriften der Rechtshilfe maßgeblich.
[203] BVerfG Urt. v. 18.7.2005 (Fn. 196).
[204] OLG Stuttgart Beschl. v. 7.9.2004 – 3 Ausl. 80/04, StV 2004, 546 = NJW 2004, 3437 = NStZ 2005, 47; *Ahlbrecht* StV 2005, 40, 42.

wurde.²⁰⁵ Es steht daher zu erwarten, dass der Gesetzgeber zumindest klarstellen wird, unter welchen Voraussetzungen die Vollständigkeit der Unterlagen ausnahmsweise entbehrlich ist.

Neben den in § 83 a Abs. 1 IRG genannten Unterlagen konnte auch eine **Ausschreibung** 145 **zur Festnahme im SIS** als europäischer Haftbefehl gelten, sofern sie die in § 83 a Abs. 1 IRG genannten Angaben enthielt (§ 83 a Abs. 2 IRG (n. F.)). Diese Vorschrift begründete eine Fiktion, so dass es nach deutschem Recht im Auslieferungsverkehr zwischen den Mitgliedstaaten nicht mehr darauf ankam, ob der ersuchende Staat, seine Ausschreibung auch als europäischen Haftbefehl bezeichnet hatte.²⁰⁶ Auch sollte es nicht darauf ankommen, ob der ersuchende Staat seinerseits den Rahmenbeschluss in nationales Recht umgesetzt hatte.²⁰⁷

bb) Auslieferung eigener Staatsangehöriger – Verstoß gegen Art. 16 Abs. 2 GG. Das Grund- 146 gesetz statuierte bis zu seiner Änderung im Jahr 2000 ein absolutes Auslieferungsverbot deutscher Staatsangehöriger.²⁰⁸ Gem. **Art. 16 Abs. 2 S. 1 GG** darf kein Deutscher an das Ausland ausgeliefert werden. Durch die Grundgesetzänderung wurde **Art. 16 Abs. 2 S. 2 GG** eingefügt, wonach eine abweichende Regelung für Auslieferungen an einen Mitgliedstaat der Union getroffen werden kann, soweit **rechtsstaatliche Grundsätze** gewahrt sind. Die Grundgesetzänderung und das In-Kraft-Treten des EuHbG hatten das Auslieferungsrecht insoweit tiefgreifend verändert, weil nun die Auslieferung eigener Staatsangehöriger möglich sein sollte.

Allerdings verstießen die durch das EuHbG eingeführten, umfassenden Möglichkeiten der 147 Auslieferung eigener Staatsangehöriger gegen das Grundgesetz. Das BVerfG stellte in seinem Urteil fest, dass **Art. 16 Abs. 2 S. 1 GG** ein als **Freiheitsrecht ausgestaltetes Grundrecht** beinhalte, das u.a. die besondere Verbindung der Bürger zu der von ihnen getragenen freiheitlichen Rechtsordnung gewährleiste.²⁰⁹ Grundsätzlich entspreche die Auslieferung eigener Staatsangehöriger zwar einer allgemeinen überstaatlichen und völkerrechtlichen Entwicklung, gegen die das völkerrechtsfreundliche Grundgesetz keine unüberwindlichen Hürden errichte.²¹⁰ Allerdings sei ein Eingriff in den Schutzbereich des Auslieferungsverbotes nur unter den Voraussetzungen von **Art. 16 Abs. 2 S. 2 GG** gerechtfertigt. Daneben müsse der Gesetzgeber die allgemeinen verfassungsrechtlichen Bindungen, insbesondere das Gebot der **Verhältnismäßigkeit** beachten und den Grundrechtseingriff so schonend wie möglich ausgestalten.²¹¹ Diesen Voraussetzungen habe der Gesetzgeber bei der Umsetzung des Rahmenbeschlusses durch das EuHbG nicht genügt.²¹²

Im Wesentlichen rügt das BVerfG, dass der Gesetzgeber die ihm (auch) durch den Rahmen- 148 beschluss gewährten Gestaltungsspielräume nicht voll ausgeschöpft habe, um der Anforderung an einen möglichst schonenden Grundrechtseingriff gerecht zu werden. Insbesondere die im Rahmenbeschluss vorgesehenen Möglichkeiten, eine Vollstreckung zu verweigern, habe der Gesetzgeber nicht voll und grundrechtsschonend berücksichtigt.

(1) Ablehnungsgründe nach dem (nichtigen) EuHbG. Das EuHbG führte neben den be- 149 reits bestehenden für jedes Auslieferungsersuchen geltenden Ablehnungsgründen²¹³ mit § 80 IRG (n.F.) ein zwingendes Auslieferungshindernis speziell für die Auslieferung eigener Staatsangehöriger ein. Darüber hinaus sah es keine Sonderbehandlung eigener Staatsangehöriger

---

²⁰⁵ BVerfG Urt. v. 18.7.2005 (Fn. 196), Rdnr. 115.
²⁰⁶ OLG Karlsruhe Beschl. v. 26.10.2004 – 1 AK 20/04, StV 2005, 31 = NJW 2004, 3789 = wistra 2005, 40.
²⁰⁷ OLG Karlsruhe Beschl. v. 13.9.2004 – 1 AK 06/04, StV 2004, 547, 548; OLG Karlsruhe Beschl. v. 26.10.2004 – 1 AK 20/04, StV 2005, 31 = NJW 2004, 3789; OLG Karlsruhe Beschl. v. 22.9.2004 – 1 AK 42/03, StV 2005, 30.
²⁰⁸ Vgl. BVerfG Urt. v. 18.7.2005 (Fn. 196), Rdnr. 64.
²⁰⁹ Leitsatz des BVerfG (Fn. 196) und Rdnr. 64 ff.
²¹⁰ BVerfG Urt. v. 18.7.2005 (Fn. 196), Rdnr. 70 ff.
²¹¹ Leitsatz des BVerfG (Fn. 196) und Rdnr. 63, 69, 79 ff.
²¹² Vgl. BVerfG Urt. v. 18.7.2005 (Fn. 196), Rdnr. 62.
²¹³ Die Auslieferung ist insbesondere dann nicht zulässig, wenn ernstliche Gründe für die Annahme bestehen, dass der Verfolgte im Fall seiner Auslieferung einer rechtsstaatswidrigen Verfolgung ausgesetzt sein wird, § 6 Abs. 2 IRG. Weiter ist nach § 9 Nr. 1 IRG die Auslieferung wegen Taten untersagt, für die die deutsche Gerichtsbarkeit begründet ist und wegen derer ein Strafverfahren eingeleitet worden ist. Vgl. Urteil des BVerfG (Fn. 196), Rdnr. 92.

vor.²¹⁴ In § 83 b IRG normierte der Gesetzgeber aber für alle Auslieferungen an Mitgliedstaaten der EU geltende Bewilligungshindernisse, die die in Art. 4 Nr. 2 u 3 RbEuHb vorgesehenen Ablehnungsgründe umsetzten. Die Entscheidung über diese Auslieferungshindernisse machte der Gesetzgeber so zu einem Teil der Bewilligungsentscheidung.

150 *(a) Zulässigkeit nach § 80 IRG (n.F.) – Rücküberstellung.* Nach § 80 Abs. 1 IRG (n.F.) sollte die Auslieferung eines Deutschen zum Zwecke der Strafverfolgung nur zulässig sein, wenn gesichert war, dass der ersuchende Mitgliedstaat nach Verhängung einer rechtskräftigen Freiheitsstrafe oder sonstigen Sanktion anbieten wird, den Verfolgten auf seinen Wunsch zur Vollstreckung in den Geltungsbereich rück zu überstellen.²¹⁵ Das BVerfG hat ausgeführt, dass die Strafvollstreckung im Inland zwar grundsätzlich eine Schutzmaßnahme für den eigenen Bürger sei.²¹⁶ Es hat dem Gesetzgeber aber auch aufgegeben, zu prüfen, ob das Zulässigkeitshindernis der fehlenden Zusicherung des ersuchenden Staates, die Rücküberstellung des Verfolgten zur Strafvollstreckung dem ersuchten Staat anzubieten, eine zureichende Maßnahme ist. Der Gesetzgeber habe bereits im Gesetzgebungsverfahren eingeräumt, dass es Einzelfälle geben könne, in denen die Rücküberstellung einer auszuliefernden Person an der fehlenden Strafbarkeit des Verfolgten in Deutschland scheitern könne. Die bloße Zusage einer Rücküberstellung sei insoweit unzureichend, weil damit noch nichts über die Möglichkeit der Strafverbüßung in Deutschland gesagt sei.²¹⁷

151 *Nestler*²¹⁸ kritisierte an der Regelung des § 80 Abs. 1 IRG (n.F.) außerdem zutreffend, dass es der Gesetzgeber bei der Umsetzung des Rahmenbeschlusses unterlassen habe, vorzusehen, dass die im Ausland erlassene Strafe zwar in der Bundesrepublik vollstreckt, dabei aber nach Maßstäben der eigenen Strafpraxis umgewandelt wird. Ein solches Vorgehen kann krasse Unterschiede im Strafniveau abfedern. Nach einer solchen Praxis der Umwandlung der Strafe nach Rücküberstellung des Verurteilten verfahren beispielsweise die Niederlande.²¹⁹

152 Gem. **§ 80 Abs. 3 IRG** (n.F.) waren die Abs. 1 und 2 auf einen **Ausländer** anwendbar, **der im Inland seinen gewöhnlichen Aufenthalt hat** und eine der weiteren in § 80 Abs. 3 Nr. 1 – 3 IRG genannten Voraussetzungen erfüllt.

153 *(b) Bewilligungshindernisse nach § 83 b Nr. 1 und 2 IRG – Innerstaatliches Strafverfahren.* Der Rahmenbeschluss eröffnet die Möglichkeit, die Auslieferung zu verweigern, wenn wegen der dem Haftbefehl zugrunde liegenden Handlung der Vollstreckungsmitgliedstaat den Betroffenen **strafrechtlich verfolgt** (Art. 4 Nr. 2 RbEuHb) oder die **Ermittlungsbehörden beschlossen** haben, wegen der dem Ersuchen zugrunde liegenden Straftat **kein Verfahren einzuleiten** oder das **Verfahren einzustellen** (Art. 4 Nr. 3 RbEuHb).

154 Der Gesetzgeber hatte sich bei der Umsetzung dieser Ablehnungsgründe für eine Ermessenslösung entschieden und diese zum Teil der Bewilligungsentscheidung gemacht, § 83 b Nr. 1 und 2 IRG.²²⁰,²²¹

155 Das BVerfG führt aus, dass dem Ermittlungsverfahren insoweit eine individualschützende Funktion zukomme, die bei der innerstaatlichen Umsetzung des Rahmenbeschlusses hätte beachtet werden müssen. Der Gesetzgeber habe auch die Regelungen der Strafprozessordnung daraufhin überprüfen müssen, ob und inwieweit Entscheidungen der Staatsanwaltschaft, von einer Strafverfolgung abzusehen, im Hinblick auf eine mögliche Auslieferung an einen Mit-

---

²¹⁴ Vgl. BVerfG Urt. v. 18.7.2005 (Fn. 196), Rdnr. 92.
²¹⁵ Die Auslieferung zur Vollstreckung einer Sanktion ist gem. **§ 80 Abs. 2 IRG** nur zulässig, wenn der Verfolgte nach Belehrung dem richterlichen Protokoll zustimmt.
²¹⁶ BVerfG Urt. v. 18.7.2005 (Fn. 196), Rdnr. 99.
²¹⁷ BVerfG Urt. v. 18.7.2005 (Fn. 196), Rdnr. 100.
²¹⁸ *Nestler* ZStW 116 (2004), 332, 339 f.
²¹⁹ Vgl. auch insoweit *Nestler* ZStW 116 (2004), 332, 339 f.
²²⁰ Nach § 83 b Nr. 1 und 2 IRG (n.F.) **kann** die Vollstreckung des Haftbefehls abgelehnt werden, wenn gegen den Verfolgten wegen der Tat, die dem Ersuchen zugrunde liegt, in der Bundesrepublik ein **strafrechtliches Verfahren geführt** wird (Nr. 1) und wenn die **Einleitung eines strafrechtlichen Verfahrens** wegen dieser Tat **abgelehnt** oder ein **bereits eingeleitetes Verfahren eingestellt** wurde. Die Regelung des § 83 b Nr. 1 und Nr. 2 IRG (n.F.) gingen daher über die in § 9 Nr. 1 IRG geregelten Auslieferungshindernisse hinaus, weil § 9 Nr. 1 IRG eine qualifizierte Verfahrensbeendigung verlangt. Zum Erfordernis der qualifizierten Verfahrensbeendigung *Schomburg/Lagodny* § 9 IRG Rdnr. 7 ff.
²²¹ BVerfG Urt. v. 18.7.2005 (Fn. 196), Rdnr. 112.

gliedstaat gerichtlich überprüfbar sein müssten. Auch hierdurch könne bereits im Vorfeld einer Entscheidung über die Auslieferung sichergestellt werden, dass ein Deutscher, der die Bundesrepublik Deutschland nicht verlassen und sich nach deutschem Recht nicht strafbar gemacht hat, auch nicht ausgeliefert wird.[222]

(c) Drohen lebenslanger Freiheitsstrafe. Nach § 83 b Nr. 4 IRG (n.F.) **konnte** die Bewilligung der Auslieferung außerdem abgelehnt werden, wenn die dem Ersuchen zugrunde liegende Tat nach dem Recht des ersuchenden Staates mit einer **lebenslangen Freiheitsstrafe** bedroht war oder der Verfolgte zu einer solchen Strafe verurteilt worden war und eine Überprüfung der Vollstreckung der verhängten Strafe auf Antrag oder von Amts wegen nicht spätestens nach 20 Jahren erfolgte. Warum nur in der zweiten Alternative – der Auslieferung zur Vollstreckung – auf das Erfordernis der Überprüfung der lebenslangen Strafe abgestellt wurde, ist nicht ersichtlich. Es steht zu vermuten, dass es sich um ein redaktionelles Versehen handelt. 156

(2) Verweigerung der Auslieferung wegen maßgeblichen Inlandsbezuges der vorgeworfenen Tat. Der Art. 4 Nr. 7 a) und b) RbEuHb erlaubt es den vollstreckenden Justizbehörden der Mitgliedstaaten außerdem die Vollstreckung des Haftbefehls zu verweigern, wenn er zum einen sich auf Straftaten erstreckt, die nach den Rechtsvorschriften des Vollstreckungsmitgliedstaates ganz oder zum Teil in dessen Hoheitsgebiet oder an einem gleichgestellten Ort begangen worden sind (**Art. 4 Nr. 7 a) RbEuHb**) oder wenn der Haftbefehl sich zum anderen auf Straftaten erstreckt, die außerhalb des Ausstellungsmitgliedstaates begangen wurden und die Rechtsvorschriften des Vollstreckungsmitgliedstaates die Verfolgung von außerhalb seines Hoheitsgebiets begangenen Straftaten gleicher Art nicht zulassen (**Art. 4 Nr. 7 a) RbEuHb**). Der Rahmenbeschluss stellt es den Mitgliedstaaten frei, die Ablehnungsgründe als fakultativ oder obligatorisch auszugestalten.[223] Der deutsche Gesetzgeber hatte diese Ablehnungsgründe bei seiner Umsetzung des Rahmenbeschlusses indes (tatbestandlich) überhaupt nicht berücksichtigt. 157

Um einen möglichst schonenden Grundrechtseingriff zu gewährleisten, so das BVerfG, habe der Gesetzgeber aber den vom Rahmenbeschluss vorgegebenen Gestaltungsspielraum hier voll ausschöpfen müssen. Soweit der Gesetzgeber insbesondere die ihm durch Art. 4 Nr. 7 lit. a RbEuHb eröffneten Spielräume nicht durch tatbestandliche Konkretisierung nutze, habe er jedenfalls mit seinem gesetzlichen Prüfungsprogramm dafür Sorge zu tragen, dass die das Gesetz ausführenden Stellen in einem Auslieferungsfall in eine konkrete Abwägung der widerstreitenden Rechtspositionen eintreten.[224] Eine besondere grundrechtliche Eingriffswirkung entstehe nämlich dort, wo der Bürger für nicht ohne weiteres erwartbare Fernwirkungen seines Handelns in Deutschland von anderen Mitgliedstaaten zur Verantwortung gezogen werden solle oder er mit sachlich und personell ausgedehnten Strafverfolgungsansprüchen einzelner Mitgliedstaaten konfrontiert werde. Besonders grundrechtssensibel sei der Fall dann, wenn die von dem ersuchenden Staat vorgeworfene Handlung nach deutschem Recht straflos ist.[225] 158

Für die Abwägung der widerstreitenden Interessen zeigt das Verfassungsgericht Fallgruppen auf,[226] in denen die Vollstreckung eines EuHb regelmäßig unverhältnismäßig ist (maßgeblicher Inlandsbezug der Tat), in denen die Vollstreckung regelmäßig verhältnismäßig ist (maßgeblicher Auslandsbezug der Tat) und in denen jeweils eine konkrete Einzelfallabwägung erforderlich ist (In- und Auslandsbezug der Tat). 159

Jedenfalls bei Taten mit **maßgeblichem Inlandsbezug** habe der Gesetzgeber die tatbestandliche Möglichkeit und **Rechtspflicht** schaffen müssen, die Auslieferung Deutscher zu verweigern.[227] Ein Inlandsbezug liegt nach dem BVerfG jedenfalls vor, wenn wesentliche Teile des Handlungs- und Erfolgsortes auf deutschem Staatsgebiet liegen. Wer als Deutscher im eigenen Rechtsraum eine Tat begehe, müsse grundsätzlich nicht mit einer Auslieferung an eine andere Staatsgewalt rechnen.[228] 160

---

[222] BVerfG Urt. v. 18.7.2005 (Fn. 196), Rdnr. 95.
[223] Vgl. BVerfG Urt. v. 18.7.2005 (Fn. 196), Rdnr. 112.
[224] BVerfG Urt. v. 18.7.2005 (Fn. 196), Rdnr. 88.
[225] BVerfG Urt. v. 18.7.2005 (Fn. 196), Rdnr. 93.
[226] BVerfG Urt. v. 18.7.2005 (Fn. 196), Rdnr. 84 ff.
[227] BVerfG Urt. v. 18.7.2005 (Fn. 196), Rdnr. 94.
[228] BVerfG Urt. v. 18.7.2005 (Fn. 196), Rdnr. 84 f.

161   Anders als bei einer Tat mit maßgeblichem Inlandsbezug falle die Beurteilung aus, wenn die vorgeworfene Tat einen **maßgeblichen Auslandsbezug** habe. Wer in einer anderen Rechtsordnung handelt, müsse damit rechnen, auch hier zur Verantwortung gezogen zu werden. Ein maßgeblicher Auslandsbezug sei regelmäßig dann gegeben, wenn die Tathandlung vollständig oder in wesentlichen Teilen auf dem Territorium eines anderen Mitgliedstaates der EU begangen worden und der Erfolg dort eingetreten ist. Ein Auslandsbezug sei auch und gerade dann gegeben, wenn die Tat von vornherein eine typische, grenzüberschreitende Dimension hat und eine entsprechende Schwere aufweist, wie beim internationalen Terrorismus oder beim organisierten Drogen- oder Menschenhandel; wer sich in solche verbrecherischen Strukturen einbinde, könne sich auf den Schutz der Staatsangehörigkeit vor Auslieferung nicht in vollem Umfang berufen.[229] Den letzten Satz des Verfassungsgerichts wird man nur im Zusammenhang mit dem ersten Satz sehen können. Das soll heißen, dass eine Handlung, die allein im Inland vorgenommen wird, keinen maßgeblichen Auslandsbezug dadurch erhält, dass sie eine Einbindung in international organisierte Strukturen darstellt. Setzt eine solche inländische Handlung einen Erfolg im Ausland, dürfte die Tat der nächsten Fallgruppe, der des In- und Auslandsbezuges, zuzuordnen sein.[230]

162   Einer konkreten Verhältnismäßigkeitsprüfung bedürfe es nämlich dann, wenn ganz oder teilweise in Deutschland gehandelt worden, der Erfolg aber im Ausland eingetreten ist (**In- und Auslandsbezug**). In diesen Fällen sollen nach dem BVerfG insbesondere das Gewicht des Tatvorwurfs und die praktischen Erfordernisse und Möglichkeiten einer effektiven Strafverfolgung mit den grundrechtlich geschützten Interessen des Verfolgten unter Berücksichtigung der mit der Schaffung eines Europäischen Rechtsraums verbundenen Ziele gewichtet und zueinander ins Verhältnis gesetzt werden.[231]

163   Ohne eine endgültige Bewertung vornehmen zu wollen, erscheint es auf den ersten Blick befremdlich, dass diese Erwägungen nur greifen sollen, wenn es sich bei dem Verfolgten um einen deutschen Staatsbürger handelt.[232] Wenn etwa ein spanischer Staatsbürger auf dem Gebiet der Bundesrepublik eine Handlung vornähme, die nur nach italienischem Recht strafbar ist, stellte sich – auch wenn selbstverständlich eine Verletzung von Art. 16 Abs. 2 GG ausscheidet – jedenfalls das Problem, dass er sein Verhalten als spanischer Staatsbürger nicht nur am Recht seines Heimatstaates und am Recht des Aufenthaltsortes, sondern am gesamten Recht der EU – also auch an der Rechtsordnung Italiens – auszurichten hat. Es könnte sich hier u. U. eine Kollision mit dem rechtsstaatlichen Gebot hinreichender Bestimmtheit und dem Verbot von Rückwirkung ergeben. Allerdings führt das Verfassungsgericht auch aus, dass das Grundgesetz bei der Auslieferung von Personen, **insbesondere** von eigenen Staatsangehörigen, zusätzlich eine konkrete Prüfung in jedem Einzelfall fordere, ob die rechtsstaatlichen Grundsätze und die entsprechenden Rechte des Verfolgten gewahrt sind.[233] Da hier alle Personen einbezogen werden, könnte dies ein Hinweis darauf sein, dass etwa die Erwägungen bezüglich eines maßgeblichen Inlandsbezuges der vorgeworfenen Tat auch in die Abwägung über die Entscheidung der Auslieferung eines ausländischen Verfolgten einzubeziehen sind. Dafür spricht auch, dass das Verfassungsgericht mit Blick auf eine mögliche Verletzung von Art. 103 Abs. 2 GG ausführt, dass eine Kollision mit dem besonderen Rückwirkungsverbot von vornherein ausschiede, sofern die verfassungsmäßig notwendige Unterscheidung zwischen einer vorgeworfenen Tat mit Inlandsbezug von einer solchen mit maßgeblichem Auslandsbezug gewahrt würde.[234] Die Tragweite des Rückwirkungsverbotes müsse daher für Konstellationen wie dieser nicht bestimmt werden.[235]

Die Entwicklung in diesem Bereich bleibt abzuwarten.

164   *cc) Fehlende Anfechtbarkeit der Bewilligungsentscheidung – Verstoß gegen Art. 19 Abs. 4 GG.* Neben dem Verstoß gegen Art. 16 Abs. 2 GG stellte das BVerfG insbesondere auch einen

---

[229] BVerfG Urt. v. 18.7.2005 (Fn. 196), Rdnr. 86.
[230] *Nelles/Tinkl/Lauchstädt* in: Schulze/Zuleeg, Europarecht, Handbuch für die deutsche Rechtspraxis (im Erscheinen) Rdnr. 163.
[231] BVerfG Urt. v. 18.7.2005 (Fn. 196), Rdnr. 87.
[232] *Nelles/Tinkl/Lauchstädt* (Fn. 230) Rdnr. 165.
[233] BVerfG Urt. v. 18.7.2005 (Fn. 196), Rdnr. 88.
[234] *Nelles/Tinkl/Lauchstädt* (Fn. 230) Rdnr. 165
[235] BVerfG Urt. v. 18.7.2005 (Fn. 196), Rdnr. 98.

Verstoß gegen Art. 19 Abs. 4 GG fest, weil die Bewilligungsentscheidung auch im Rahmen der Auslieferung innerhalb Europas als justizfreier Hoheitsakt ausgestaltet und damit nicht anfechtbar war, § 74 b IRG (n. F.). Eine solche Einordnung der Bewilligungsentscheidung sei aber nur im Rahmen des bisherigen Auslieferungsverfahrens aufgrund der rein politischen Dimension der Bewilligungsentscheidung zulässig gewesen.

Die Bewilligungsentscheidung in einem Auslieferungsverfahren innerhalb der EU hingegen konkretisiere nach dem EuHbG die gesetzliche Einschränkung des durch Art. 16 Abs. 2 GG gewährten Grundrechts und greife damit in Rechte des von der Auslieferung Betroffenen ein. Das EuHbG habe nämlich das Bewilligungsverfahren bei Auslieferungen in Mitgliedstaaten der EU um Ermessenstatbestände erweitert, die dem Schutz des Verfolgten dienten und damit zu einer Verrechtlichung der Bewilligungsentscheidung führten.[236] So habe sich der Gesetzgeber bei der Umsetzung des Rahmenbeschlusses, obwohl Art. 4 RbEuHb sowohl eine fakultative wie auch eine obligatorische Ausgestaltung der dort aufgezählten Auslieferungshindernisse erlaube, für eine Ermessenslösung entschieden und die entsprechende Abwägung gleichzeitig zu einem Teil der Bewilligungsentscheidung gemacht. Dies führe dazu, dass die Bewilligungsbehörde bei Auslieferungen innerhalb der EU nicht mehr nur über unbenannte außen- und allgemeinpolitische Aspekte entscheide, sondern in einen Abwägungsprozess eintreten müsse, der insbesondere die Strafverfolgung im Heimatstaat zum Gegenstand habe. Folglich werde den zuständigen deutschen Behörden einerseits ein Beurteilungs- und Ermessensspielraum zugewiesen, während andererseits zugleich eine verfassungsrechtlich begründete Schutzpflicht gegenüber deutschen Staatsangehörigen bestehe. Bereits diese Verrechtlichung der Bewilligung einer Auslieferung in einen Mitgliedstaat der EU erfülle die Voraussetzungen des Art. 19 Abs. 4 GG,[237] so dass die fehlende Anfechtbarkeit eine Verletzung des Grundrechtes auf wirksamen Rechtsschutz gegen Akte der öffentlichen Gewalt darstelle.

dd) Abschaffung der beiderseitigen Strafbarkeit – Deliktskatalog des Art. 2 Abs. 2 RbEuHb.
Eine weitere wesentliche Neuerung, die der Europäische Haftbefehl bringen sollte, war die partielle Abschaffung des Prinzips der beiderseitigen Strafbarkeit. Nach dem **Prinzip der beiderseitigen Strafbarkeit**[238] muss das Verhalten des Verfolgten, das dem Ersuchen auf Auslieferung zugrunde liegt, auch nach dem Recht des ersuchten Staates strafbar sein. Nach Art. 2 Abs. 2 RbEuHb erfolgt eine Übergabe, wenn die zugrunde liegende Straftat im Ausstellungsstaat mit einer Freiheitsstrafe von im Höchstmaß mindestens drei Jahren bedroht ist, **ohne Überprüfung des Vorliegens der beiderseitigen Strafbarkeit**, wenn die Straftat unter eines der im Art. 2 Abs. 2 RbEuHb genannten Delikte fällt. Der in Art. 2 Abs. 2 RbEuHb aufgeführte **Deliktskatalog**[239] umfasst 32 Delikte bzw. Deliktstypen, die überwiegend vollkommen unbestimmt Neben dem Verstoß gegen Art. 16 Abs. 2 GG stellte das BVerfG insbesondere auch einen

---

[236] BVerfG Urt. v. 18.7.2005 (Fn. 196), Rdnr. 110 f.
[237] BVerfG Urt. v. 18.7.2005 (Fn. 196), Rdnr. 113.
[238] Bislang verankert in § 3 Abs. 1 IRG. Vertiefend *Schomburg/Lagodny* IRG § 3 Rdnr. 2 ff.
[239] **Art. 2 Abs. 2 RbEuHb** listet folgende Deliktstypen auf: – Beteiligung an einer kriminellen Vereinigung, – Terrorismus, – Menschenhandel, – sexuelle Ausbeutung von Kindern und Kinderpornografie, – illegaler Handel mit Drogen und psychotropen Stoffen, – illegaler Handel mit Waffen, Munition und Sprengstoffen, – Korruption, – Betrugsdelikte, einschließlich Betrug zum Nachteil der finanziellen Interessen der Europäischen Gemeinschaft im Sinne des Übereinkommens vom 26.7.1995 über den Schutz der finanziellen Interessen der Europäischen Gemeinschaften, – Wäsche von Erträgen aus Straftaten, – Geldfälschung, einschließlich der Euro-Fälschung, – Cyberkriminalität, – Umweltkriminalität, einschließlich des illegalen Handels mit bedrohten Tierarten oder mit bedrohten Pflanzen- und Baumarten, – Beihilfe zur illegalen Einreise und zum illegalen Aufenthalt, – vorsätzliche Tötung, schwere Körperverletzung, – illegaler Handel mit Organen und menschlichem Gewebe, – Entführung, Freiheitsberaubung und Geiselnahme, – Rassismus und Fremdenfeindlichkeit, – Diebstahl in organisierter Form oder mit Waffen, – illegaler Handel mit Kulturgütern, einschließlich Antiquitäten und Kunstgegenständen, – Betrug, – Erpressung und Schutzgelderpressung, – Nachahmung und Produktpiraterie, – Fälschung von amtlichen Dokumenten und Handel damit, – Fälschung von Zahlungsmitteln, – illegaler Handel mit Hormonen und anderen Wachstumsförderern, – illegaler Handel mit nuklearen und radioaktiven Substanzen, – Handel mit gestohlenen Kraftfahrzeugen, – Vergewaltigung, – Brandstiftung, – Verbrechen, die in die Zuständigkeit des Internationalen Strafgerichtshofs fallen, – Flugzeug- und Schiffsentführung, – Sabotage.
Nach **Abs. 3 des Art. 2 RbEuHb** kann der Rat außerdem jederzeit beschließen, weitere Arten von Straftaten in die in Absatz 2 enthaltene Liste aufzunehmen. Der Rat prüft im Lichte des Berichts, den die Kommission ihm nach Art. 34 Abs. 3 unterbreitet, ob es sich empfiehlt, diese Liste auszuweiten oder zu ändern.

sind.²⁴⁰ Genannt seien hier nur beispielhaft Terrorismus, Cyberkriminalität oder car crime (in der deutschen nicht amtlichen Übersetzung: Handel mit gestohlenen Kraftfahrzeugen). Neben dem Umstand der Unbestimmtheit ist außerdem bedenklich, dass auch einfache Betrugs- oder Geldwäschedelikte in den Katalog einbezogen worden sind, die keinen spezifischen Zusammenhang zu schwerster Kriminalität aufweisen müssen.²⁴¹ Die Frage, ob eine Straftat unter den Deliktskatalog von Art. 2 Abs. 2 RbEuHb fällt, beurteilt allein der Ausstellungsstaat. **§ 81 IRG (n.F.)** übernahm die Regelungen des RbEuHb insoweit vollständig.

167 Solange ein unterschiedliches Strafanwendungsrecht innerhalb der verschiedenen Mitgliedstaaten zu parallelen und teilweise unionsweiten Strafansprüchen der einzelnen Mitgliedstaaten führt, wird die Abschaffung der beiderseitigen Strafbarkeit dazu beitragen, dass sich die strengste Strafrechtsordnung durchsetzt.²⁴² Der Bürger muss so letztlich – unabhängig davon, in welchem Staat er sich aufhält – die Strafrechtsordnung eines jeden Mitgliedstaates beachten. Dieses könnte allerdings durch die vom BVerfG gemachten Vorgaben für eine Ablehnung der Vollstreckung bei maßgeblichem Inlandsbezug der Straftat – zumindest dann, wenn es sich um einen deutschen Staatsbürger handelt – abgefedert werden.²⁴³ Allerdings wäre die Konsequenz, dass ein Ausländer von den Verwerfungen ohne weiteres betroffen sein kann, bedenklich.²⁴⁴

168 Bei **anderen Straftaten als denen des Abs. 2** kann die Übergabe nach wie vor davon abhängig gemacht werden, dass die Handlung, derentwegen der Europäische Haftbefehl ausgestellt wurde, eine Straftat nach dem Recht des Vollstreckungsmitgliedstaats darstellt, unabhängig von den Tatbestandsmerkmalen oder der Bezeichnung der Straftat (**Art. 2 Abs. 4 RbEuHb**).

169 *ee) Europäischer Ordre Public – § 73 IRG (n.F.).* Nach § 73 IRG (a.F.) ist die Leistung von Rechtshilfe unzulässig, wenn sie wesentlichen Grundsätzen der deutschen Rechtsordnung widersprechen würde. Über diese Generalklausel war im Auslieferungsverfahren ein sog. (deutscher) ordre public zu beachten.

170 Durch das EuHbG wurde der § 73 IRG um einen zweiten Satz ergänzt. Wenn dem Ersuchen ein Europäischer Haftbefehl zugrunde lag, sollte nach S. 2 die Leistung von Rechtshilfe unzulässig sein, wenn die Erledigung zu den in **Art. 6 EUV** enthaltenen Grundsätzen²⁴⁵ in Widerspruch gestanden hätte. Damit wurde die Beachtung eines **europäischen ordre public**²⁴⁶ für Auslieferungsverfahren innerhalb der EU verankert. Das entsprach den Erwägungen des RbEuHb, denn nach Nr. 12 dieser Erwägungen achtet der Rahmenbeschluss die in Art. 6 EUV anerkannten Grundsätze. Zum anderen wurde es dem Verständnis von einem Auslieferungsverfahren als arbeitsteiliges Strafverfahren gerecht. Jedenfalls bei einer Überstellung auf der Grundlage eines Europäischen Haftbefehls sind in jeder Stufe des Verfahrens die in Art. 6 EUV niedergelegten Grundsätze zu beachten.

171 So stellt das BVerfG ausdrücklich fest, dass sich der grundrechtseinschränkende Gesetzgeber insofern davon überzeugen müsse, dass die Beachtung rechtsstaatlicher Grundsätze durch die die Strafgewalt über einen Deutschen beanspruchende Stelle gewährleistet ist. Dabei werde in Rechnung zu stellen sein, dass jeder Mitgliedstaat der Europäischen Union die in Art. 6 Abs. 1 EU genannten Grundsätze und somit auch den Grundsatz der Rechtsstaatlichkeit zu achten habe und somit eine Grundlage für gegenseitiges Vertrauen bestehe. Das entbinde den Gesetzgeber allerdings nicht davon, bei nachhaltiger Erschütterung dieses Vertrauens in die Rechtsstaatlichkeit der allgemeinen Verfahrensbedingungen in einem Mitgliedstaat zu reagieren, und zwar unabhängig von einem Verfahren gemäß Art. 7 EUV.²⁴⁷

---

²⁴⁰ Vgl. zur Unbestimmtheit und Weite des Deliktskatalogs von Art. 2 Abs. 2 RbEuHb: *Schünemann* ZRP 2003, 185, 188; *Rohlff* S. 87 u. 89 f.; *Nestler* ZStW 116 (2004), 332, 337; *Guzik-Makaruk* ZStW 116 (2004), 372, 374; *Ahlbrecht* StV 2005, 40, 41.
²⁴¹ Vgl. *von Bubnoff* ZEuS 2003, 185, 227; so auch OLG Stuttgart Beschl. v. 7.9.2004 – 3 Ausl. 80/04, StV 2004, 546 = NJW 2004, 3437 = NStZ 2005, 47.
²⁴² Vgl. *Deiters* ZRP 2003, 359, 361; *Fuchs* JBl 2003, 405, 408; *Schünemann* StV 2003, 531, 532; *ders.* ZRP 2003, 185, 187 f.; *Gleß* ZStW 116 (2004), 353, 361 f.
²⁴³ Siehe dazu oben Rdnr. 161 ff.; vgl. auch BVerfG Urt. v. 18.7.2005 (Fn. 196), Rdnr. 122; *Nelles/Tinkl/Lauchstädt* (Fn. 230) Rdnr. 168.
²⁴⁴ *Nelles/Tinkl/Lauchstädt* (Fn. 230) Rdnr. 169; siehe aber auch oben Rdnr. 164.
²⁴⁵ Zu den in Art. 6 EUV enthaltenen Grundsätzen siehe oben Rdnr. 46 ff.
²⁴⁶ Zum Begriff des europäischen ordre public *von Bubnoff* ZEuS 2003, 185, 231.
²⁴⁷ Urteil des BVerfG (Fn. 196), Rdnr. 78.

Die Regelung des § 73 IRG (n.F.) war insoweit zu begrüßen.

ff) Rechtsbeistand im Verfahren bei Auslieferung innerhalb der EU. Bisher war dem Verfolgten ein **Rechtsbeistand nach § 40 Abs. 2 Nr. 1 IRG** zu bestellen, wenn wegen der Schwierigkeit der Sach- oder Rechtslage die Mitwirkung eines Beistandes geboten erschien. Diese Regelung wurde ergänzt. Insbesondere sollte (nach der neuen Fassung von § 40 Abs. 2 Nr. 1 IRG) dann ein Beistand geboten sein, wenn Zweifel darüber bestanden, ob die dem Ersuchen zugrunde liegende Tat nach dem Recht des ersuchenden Staates eine Strafbestimmung verletzte, die den in Art. 2 des RbEuHb in Bezug genommenen Deliktsgruppen zugehörig war.

Diese Regelung wurde zutreffend kritisiert.[248] Es sollte nämlich für die Beurteilung der Frage, ob ein Delikt zu den in Art. 2 Abs. 2 RbEuHb genannten gehörte, allein auf die Beurteilung des ersuchenden Staates ankommen.[249] Der Verfolgte sollte mit dem Einwand, es handele sich nicht um eine dem Deliktskatalog unterfallende Straftat im ersuchten Staat, ohnehin nicht gehört werden.

Der Umstand, dass es für die Beurteilung dieser Frage allein auf die Auffassung des ersuchenden Staates ankommen sollte, sprach vielmehr dafür, dass bei Zweifeln über die Zugehörigkeit der Straftat zum Deliktskatalog eine **doppelte Verteidigung** – im ersuchenden und im ersuchten Staat – geboten erscheint. Die Forderung,[250] einen Anspruch auf eine solche doppelte Verteidigung bei parallelen Verfahren in unterschiedlichen Staaten zu normieren, ist weder auf Ebene der EU noch innerstaatlich durch die Bundesrepublik umgesetzt worden. Das ist in Anbetracht der Neuerungen nicht verständlich. Insbesondere aufgrund der Unbestimmtheit des Straftatenkatalogs und aufgrund der Probleme, die sich durch die Abschaffung des Prinzips der beiderseitigen Strafbarkeit ergeben, ist die Notwendigkeit einer doppelten Verteidigung gegeben.

gg) Vorgaben des BVerfG an den Gesetzgeber. Nach alledem bleibt mit Spannung abzuwarten, wie der Gesetzgeber die Vorgaben des Verfassungsgerichts umsetzen wird und insbesondere ob auch hinsichtlich der Auslieferung ausländischer Staatsangehöriger verfassungswidrige Grundrechtskollisionen vermieden werden.

Zusammenfassend hat das Verfassungsgericht dem Gesetzgeber die folgenden Vorgaben für die Neufassung eines Umsetzungsgesetzes zum RbEuHb gemacht:

Es stellt zunächst fest, dass der Gesetzgeber die Gründe für eine Unzulässigkeit der Auslieferung neu zu fassen haben werde. Des Weiteren seien Änderungen bei der Ausgestaltung der Bewilligungsentscheidung und ihres Verhältnisses zur Zulässigkeit notwendig. Das Bewilligungsverfahren müsse mit einer Rechtsschutzmöglichkeit verbunden werden. Weiter müsse die Frage des Rechtswegs für die Anfechtung einer Bewilligungsentscheidung geklärt werden. Daneben könne bei gerichtlicher Anfechtbarkeit der Bewilligungsentscheidung der Grund für einen präventiven Rechtsschutz durch ein Zulässigkeitsverfahren entfallen.

b) Insbesondere: Sicherstellung von Vermögensgegenständen und Beweismitteln. Für den Rahmenbeschluss über die Vollstreckung von Entscheidungen über die Sicherstellung von Vermögensgegenständen oder Beweismitteln in der Europäischen Union[251] liegen noch keine Umsetzungsgesetze vor. Es ist jedoch zu erwarten, dass sich auch in diesem Bereich die Mitgliedstaaten im Wesentlichen darauf beschränken werden, die in dem Rahmenbeschluss vorgegebenen Regelungen zu übernehmen.

„Sicherstellungsentscheidung" ist „jede von einer zuständigen Justizbehörde des Entscheidungsstaates getroffene Maßnahme, mit der vorläufig jede Vernichtung, Veränderung, Verbringung, Übertragung oder Veräußerung von Vermögensgegenständen verhindert werden soll, deren Einziehung angeordnet werden könnte oder die ein Beweismittel darstellen könnten." (Art. 2 c) – „Vermögensgegenstände" werden definiert als „körperliche oder unkörperliche, bewegliche oder unbewegliche Vermögensgegenstände jeder Art sowie Urkunden

---

[248] Vgl. Einberufung des Vermittlungsausschusses durch den Bundesrat BT-Drucks. 15/2905 S. 1; a.A. *Ahlbrecht*, der die Frage der Pflichtverteidigung aus Sicht der Strafverteidigung hier positiv berücksichtigt sieht (*Ahlbrecht* StV 2005, 40, 44).
[249] Vgl. oben Rdnr. 167.
[250] *Wehnert* StraFo 2003, 356, 358; *Salditt* StV 2003, 136, 137; *Nestler* ZStW 116 (2004), 332, 340.
[251] Rahmenbeschluss 2003/577/JI des Rates v. 22.7.2003 über die Vollstreckung von Entscheidungen über die Sicherstellung von Vermögensgegenständen oder Beweismitteln in der Europäischen Union ABl. EG v. 2.8.2003 Nr. L 196 S. 45.

oder rechtserhebliche Schriftstücke, die ein Recht auf solche Vermögensgegenstände oder Rechte daran belegen, von denen die zuständige Justizbehörde glaubt, dass es sich um den Ertrag aus einer Straftat nach Art. 3 oder einen Vermögensgegenstand, der ganz oder teilweise dem Wert dieses Ertrags entspricht, handelt oder dass er das Tatwerkzeug oder den Zweck dieser Straftat darstellt" (Art. 2 d). „Beweismittel" sind „Sachen, Schriftstücke oder Daten, die als beweiserhebliche Gegenstände in einem Strafverfahren wegen eines Straftatbestands nach Art. 3 dienen könnten" (Art. 2 e).

179 Jede Sicherstellungsentscheidung, die zusammen mit der in Art. 9 des Rahmenbeschlusses vorgeschriebenen Bescheinigung an die für die Vollstreckung zuständige Justizbehörde eines anderen Mitgliedstaates direkt übermittelt wird (Art. 4 Abs. 1) wird von der zuständige Justizbehörde des Vollstreckungsstaats ohne weitere Formalität anerkannt und unverzüglich wie eine inländische Sicherstellungsentscheidung einschließlich der etwa erforderlichen Zwangsmaßnahmen vollstreckt (Art. 5).

180 Der Rahmenbeschluss beschränkt allerdings in Art. 3 Abs. 2 diejenigen Straftaten, für die Sicherstellungsentscheidungen in jedem Mitgliedstaat vollstreckbar sein sollen, auf die aufgeführten Straftaten, die wörtlich dem Katalog aus dem Rahmenbeschluss zum Europäischen Haftbefehl entsprechen. Danach muss es sich um eine Straftat handeln, die im Ausstellungsmitgliedstaat mit einer Freiheitsstrafe oder einer freiheitsentziehenden Maßnahme der Sicherung im Höchstmaß von mindestens drei Jahren bedroht ist. Für Strafverfahren mit wirtschaftsstrafrechtlichem Gegenstand sind aus dem Katalog folgende Taten bedeutsam:
- illegaler Handel mit Drogen und psychotropen Stoffen
- illegaler Handel mit Waffen, Munition und Sprengstoffen
- Korruption
- Betrugsdelikte, einschließlich Betrug zum Nachteil der finanziellen Interessen der Europäischen Gemeinschaften im Sinne des Übereinkommens vom 26. Juli 1995 über den Schutz der finanziellen Interessen der Europäischen Gemeinschaften
- Wäsche von Erträgen aus Straftaten
- Geldfälschung, einschließlich Euro-Fälschung
- Cyberkriminalität
- Umweltkriminalität, einschließlich illegalen Handels mit bedrohten Tierarten oder mit bedrohten Pflanzen- und Baumarten
- Beihilfe zur illegalen Einreise und zum illegalen Aufenthalt
- illegaler Handel mit Organen und menschlichem Gewebe
- illegaler Handel mit Kulturgütern, einschließlich Antiquitäten und Kunstgegenständen
- Betrug
- Nachahmung und Produktpiraterie
- illegaler Handel mit Hormonen und anderen Wachstumsförderern
- illegaler Handel mit nuklearen und radioaktiven Substanzen.

Die Liste kann in dem in Art. 3 Abs. 3 geregelten Verfahren allerdings jederzeit durch den Rat erweitert werden.

181 Für andere, nicht in diesem Katalog aufgeführte Straftaten gestattet der Rahmenbeschluss es den Mitgliedstaaten, gewisse Einschränkungen vorzunehmen, wie etwa, dass die zugrunde liegende Straftat auch in dem Vollstreckungsstaat strafbar ist oder dass ihretwegen auch in dem Vollstreckungsstaat eine Sicherstellung zulässig wäre (Art. 3 Abs. 4). Solche Vorbehalte können allerdings nur für Entscheidungen über die Sicherung von Beweismitteln geltend gemacht werden; Sicherstellungsentscheidungen zum Zwecke der späteren Einziehung sind immer, unbedingt und vorbehaltlos zu vollstrecken, wenn die Bescheinigung formal einwandfrei und vollständig übermittelt wird und – das ist die einzige Ausnahme – nicht Vorrechte bestehen, die die Vollstreckung der Sicherstellung unmöglich machen (Art. 5 Abs. 1 i.V.m. Art. 7 Abs. 1). Im Übrigen sind Gründe für die Versagung der Anerkennung oder der Vollstreckung (Art. 7) oder für den Aufschub der Vollstreckung (Art. 8) im Einzelfall abschließend geregelt.

182 Ungeregelt ist dagegen, welche Rechtsmittel oder -behelfe dem Betroffenen gegen solche Maßnahmen zur Verfügung stehen. Soweit es um die (Art und Weise) der Vollstreckung geht, dürften sich die Rechtsbehelfe nach dem Recht des Vollstreckungsstaates und gegen die hier zuständige Vollstreckungsbehörde richten. Allerdings können Einwände gegen den Titel als

solchen allenfalls nach dem Recht des Entscheidungsstaates geltend gemacht werden, denn eine „Europäische Sicherstellungsentscheidung" des Entscheidungsstaates fällt nicht in die Verantwortung des Vollstreckungsstaates, und er kann die Rechtmäßigkeit auch nicht überprüfen, weil die Anerkennung der Entscheidung durch die zuständige Vollstreckungsbehörde lediglich an die Einhaltung der Formalien gebunden ist.

Da der Rahmenbeschluss lediglich der Beweissicherung dienen soll, ist mit der Vollstreckung einer „Europäischen Sicherstellungsentscheidung" nicht auch zugleich die Erlaubnis verbunden, die Beweise auch zu nutzen. Übermittelt wird das Beweismittel im Wege der förmlichen Rechtshilfe.[252] 183

Inzwischen hat die EG-Kommission einen entsprechend weiter gehenden Vorschlag für eine „europäische Beweisanordnung"[253] vorgelegt. Danach soll ein nach dem Recht eines EU-Mitgliedstaates als „Europäische Beweisanordnung" gültiger Beschluss grenzüberschreitend durchgesetzt werden können, wenn dem nicht ausnahmsweise wesentliche Rechtsgrundsätze des Vollstreckungsstaates entgegenstehen.[254] Eine „europäische Beweisanordnung" soll danach von dem Vollstreckungsstaat als eigene Maßnahme durchgesetzt werden, aber grundsätzlich entsprechend den vom Anordnungsstaat angegebenen Formalitäten und Verfahren ausgeführt werden. Damit kann die „Europäische Beweisanordnung" als hybride Maßnahme bezeichnet werden: Sie wird nach dem Recht des Anordnungsstaates erlassen, aber als Akt des Vollstreckungsstaates vollzogen, wenngleich grundsätzlich den vom Anordnungsstaat angegebenen Formalitäten Folge geleistet wird.[255] 184

Welche Probleme eine „europäische Beweisanordnung" aus Sicht der Strafverteidigung aufwerfen wird, lässt sich noch nicht vollständig absehen. Der einfachere und schnellere Zugriff auf Beweismittel käme natürlich auch der Verteidigung zugute, etwa wenn sie Entlastungsbeweise aus dem Ausland in das Verfahren einführen will. Auf der anderen Seite müssten Strafverteidiger dann auch Mandanten – etwa bei einer Durchsuchung vor Ort – nach den Regeln einer ihnen (im Regelfall) unbekannten Rechtsordnung beistehen und beraten, und wohl insgesamt angesichts einer solchen grenzüberschreitenden Beweissammlung neue Verteidigungsstrategien entwickeln.[256] 185

4. „Grenzüberschreitungen" im Hauptverfahren

Kommt es zu einem Hauptverfahren, ist jedenfalls der Gerichtsstand definiert und damit auch das formelle und materielle Strafrecht, nach dem das Gericht verfährt und urteilt. Insoweit stellen sich bei „Grenzüberschreitungen" für die Verteidigung im Wesentlichen die gleichen Fragen, etwa der Kooperation mit ausländischen Verteidigern, auf die bereits für das Ermittlungsverfahren eingegangen wurde (oben unter 1.) 186

Davon abgesehen stellen sich für die Verteidigung in einer inländischen Hauptverhandlung – auf ausländische Hauptverhandlungen kann hier nicht eingegangen werden, weil die Rechtsverhältnisse insofern zu vielfältig sind – in erster Linie Fragen des Strafklageverbrauchs (a) und des Beweismitteltransfers (b). 187

a) **Strafklageverbrauch; die europäische Ausprägung des Grundsatzes „ne bis in idem".** Nach deutschem Recht gilt das Verbot der Doppelbestrafung nicht für ausländische Verurteilungen (arg. aus §§ 51 Abs. 3 und 153 c Abs. 1 StPO).[257] 188

Das „ne-bis-in-idem"-Prinzip, nach dem niemand wegen derselben strafbaren Handlung zweimal verfolgt oder vor Gericht gestellt werden darf, ist aber in einer Reihe internationaler Übereinkommen geregelt, z.B. in Art. 14 VII des Internationalen Pakts über bürgerliche und 189

---

[252] De Kerchove/Weyemberg/*Schutter* S. 223; *Gleß* StV 2004, 679.
[253] Vorschlag für einen Rahmenbeschluss des Rates über die Europäische Beweisanordnung zur Erlangung von Sachen, Schriftstücken und Daten zur Verwendung in Strafverfahren, KOM (2003) 688 endgültig; ausführlich dazu *Gleß* StV 2004, 679 ff.
[254] Art. 13 lit. e des Vorschlages.
[255] *Gleß* StV 2004, 679, 680.
[256] *Gleß* StV 2004, 679, 683.
[257] Ständige Rechtsprechung und h.M.; vgl. nur BVerfG Beschl. v. 17.1.1961 – 2 BvL 17/60 – BVerfGE 12, 66; BGH Urt. v. 21.5.1954 – 2 StR 118/51 – BGHSt 6, 176; BGH Urt. v. 9.9.1958 – 5 StR 64/58 – BGHSt 12, 36; BGH Beschl. v. 17.12.1970 – KRB 1/70 – BGHSt 24, 54, 57; BGH Beschl. v. 28.1.1986 – I StR 652/85 – StV 1986, 292.

politische Rechte,²⁵⁸ in Art. 4 Protokoll Nr. 7 der EMRK,²⁵⁹ im EG-Übereinkommen über das Verbot der doppelten Strafverfolgung von 1987,²⁶⁰ das nicht von allen Mitgliedstaaten ratifiziert wurde, dessen Regelungen aber 1990 wortgleich in Art. 54 – 58 des Schengener Durchführungsübereinkommens (SDÜ) übernommen wurden.

190 Nach Art. 54 SDÜ darf jemand, der in einem Mitgliedstaat rechtskräftig abgeurteilt worden ist, durch einen anderen Mitgliedstaat wegen derselben Tat nicht verfolgt werden, „vorausgesetzt, dass im Fall einer Verurteilung die Sanktion bereits vollstreckt worden ist, gerade vollstreckt wird oder nach dem Recht des Urteilsstaats nicht mehr vollstreckt werden kann".²⁶¹ In seiner europäischen Ausprägung begründet dieses Prinzip also **nicht** schon – wie in rein innerstaatlichen Verfahren nach deutschem Recht – ohne weiteres das Verfolgungshindernis der **Rechtshängigkeit**,²⁶² sondern es sind insoweit lediglich Auskunftsrecht und -pflichten geregelt, und die erbetenen Auskünfte sind „bei der Entscheidung über eine Fortsetzung des Verfahrens zu berücksichtigen" (Art. 57 SDÜ). Da mithin trotz Eröffnung des Hauptverfahrens in Deutschland (nach wie vor) parallele Verfahren im Ausland zulässig und deshalb möglich bleiben, hat die Verteidigung solche im Ausland etwa noch laufenden (Ermittlungs-) Verfahren stets im Blick zu halten.

191 Straftatbestände sind in den Mitgliedstaaten unterschiedlich definiert. In manchen Mitgliedstaaten sind sie sogar Teil des Zivilrechts.²⁶³ Art. 54 SDÜ stellt klar, dass das „idem" im Sinne **desselben Sachverhalts** und nicht desselben Tatbestands ausgelegt wird.²⁶⁴ Wenn beispielsweise eine Person in Land A wegen illegaler Ausfuhr von Drogen aus Land A in Land B verfolgt wird, kann sie für die illegale Einfuhr von Drogen im Land B nicht mehr verfolgt werden, weil der Sachverhalt derselbe ist, obwohl sich die Tatbestände aus der Perspektive des jeweiligen Landes unterscheiden.

192 Der Begriff der **rechtskräftigen Aburteilung**, zu dem jedenfalls auch ein rechtskräftiger Freispruch gehört,²⁶⁵ umfasst nicht nur verfahrensbeendende Entscheidungen unter Beteiligung eines Gerichts,²⁶⁶ sondern nach neuester Rechtsprechung des EuGH auch jede verfahrensbeendende Entscheidungen einer Behörde, die zur Mitwirkung an der Strafrechtspflege berufen ist, soweit dieser Entscheidung eine Ahndungswirkung zukommt und sie nach nationalem Recht die Strafklage endgültig verbraucht.²⁶⁷ Konkret betraf diese Entscheidung die Einstellung eines deutschen Strafverfahrens nach § 153 a StPO und die Beendigung eines niederländischen Strafverfahrens im Wege der transactie auf der Grundlage von Art. 74 Abs. 1 des Wetboek van Strafrecht, der in etwa dem § 153 a StPO entspricht. Der EuGH wertete beide Formen der Verfahrenseinstellung als „rechtskräftige Aburteilung" im Sinne des § 54 SDÜ.

193 Für die Verteidigung ergibt sich daraus die weitere Notwendigkeit, etwaige Einstellungen oder verfahrensbeendenden Entscheidungen im Ausland, sogleich mitzuteilen und, falls das Gericht diese nicht als „rechtskräftige Aburteilung" im Sinne des § 54 SDÜ beurteilt, darauf hinzuwirken, dass die Frage dem EuGH²⁶⁸ im Wege des **Vorabentscheidungsverfahrens** (Art. 234 EG) vorgelegt wird. Nach Art. 35 Abs. 1 EU i.V.m. § 1 EuGHG besteht für jedes

---

[258] Abgedruckt in Sartorius II Nr. 20.
[259] Abgedruckt in Sartorius II Nr. 135.
[260] BGBl. II 1998 S. 2226.
[261] Ohne diese Einschränkung allerdings Art. II-50 des Entwurfs eines Vertrages über eine Verfassung für Europa.
[262] BGH Urt. v. 13.4.1956 – 2 StR 93/56 – BGHSt 9, 190, 192; BGH Urt. v. 20.11.1965 – 2 StR 387/65 – BGHST 20, 292, 293.
[263] Es gibt derzeit aber kein EU-Instrument, das es ermöglicht, die Trennlinie Strafrecht/Zivilrecht zu überwinden; vgl. *Philipp* EuZW 2003, 707.
[264] Eingehend dazu *Plöckinger/Leidenmühler* wistra 2003, 81, 86 f.; *Radtke/Busch* EuGRZ 2000, 421, 430.
[265] *Vogel/Norouzi* JuS 2003, 1059, 1060; vgl. auch BGH Beschl. v. 28.2.2001 – 2 StR 458/00 – NStZ 2001, 557 m. Anm. *Radtke* NStZ 2001, 662 ff.
[266] So die bislang überwiegende Ansicht; vgl. dazu *Stein* NJW 2003, 1162, 1163 m.w.N.
[267] EuGHPlenum Urt. v. 11.2.2003 – verb. Rs. C-187/01 u. C-385/01 (Hüseyin Gözütok) [C-187/01] u. Klaus Brügge [C-385/01] – NJW 2003, 1173 mit Besprechungsaufsätzen von *Vogel/Norouzi* JuS 2003, 1059, *Radtke/Busch* NStZ 2003, 281 und *Stein* NJW 2003, 1162.
[268] Die Zuständigkeit des EuGH für Entscheidungen über § 54 SDÜ ergibt sich aus Art. 2 Abs. 1, 3. und 4. Spiegelstr. des sog. Schengen-Protokolls, das den so genannten Schengen-Besitzstand in den Rechtsrahmen des Titel VI Art. 29 ff. EU und damit in die Jurisdiktion des EuGH überführte.

mitgliedstaatliche Gericht die Möglichkeit und für das letztinstanzliche Gericht sogar die Pflicht,[269] dem EuGH die Frage der Auslegung des SDÜ vorzulegen.

Es zeichnen sich allerdings auf europäischer Ebene weitere Änderungen und Konkretisierungen vor dem Hintergrund des **Prinzips gegenseitiger Anerkennung gerichtlicher Entscheidungen** ab. Es liegt eine vom Europäischen Parlament bereits gebilligter Vorschlag eines Rahmenbeschluss vor,[270] durch den Art. 54 bis 58 SDÜ über das „ne-bis-in-idem"-Prinzip ersetzt werden sollen. Der Vorschlag stellt klar, dass auch Freisprüche die Strafklage verbrauchen und sieht Regelungen für den Fall der Rechtshängigkeit vor, will aber andererseits auch die Möglichkeit einer Wiederaufnahme des Verfahrens großzügig gestalten. Insoweit hat allerdings das Europäische Parlament Einschränkungen verlangt[271] und sich darüber hinaus für die Festlegung gemeinsamer Mindestgarantien für ein faires Strafverfahren ausgesprochen. Ferner will es die Probleme gelöst sehen, die sich daraus ergeben, dass derselbe Sachverhalt in einem Staat als Teil des Strafrechts, im anderen als Teil des Zivilrechts angesehen wird. 194

b) Beweisrecht. In Verfahren mit grenzüberschreitenden Tatvorwürfen sind oft (Be- oder Entlastungs-) Beweise nötig, die sich im Ausland befinden. Die Verteidigung kann die Erhebung dieser Beweise nach den allgemeinen Regeln der StPO über Beweisanträge beantragen. Das weitere Verfahren soll hier am Beispiel des Antrags auf Vernehmung eines Auslandszeugen geschildert werden.[272] 195

Das Gericht darf einen solchen Antrag nicht wegen Unerreichbarkeit des Zeugen ablehnen. Allein die Tatsache, dass sich **ein Zeuge im Ausland** aufhält und daher der deutschen Gerichtsgewalt nicht unterworfen ist, hebt seine Erreichbarkeit nicht ohne weiteres auf. Die bloße Vermutung, dass er einer Ladung[273] nicht folgen werde, rechtfertigt die Ablehnung eines Beweisantrages nicht.[274] Allerdings wurde durch das Rechtspflege-Entlastungsgesetz[275] ein weiterer Ablehnungsgrund der Beweisantizipation eingeführt: Der Beweisantrag auf Vernehmung eines Zeugen, dessen Ladung im Ausland zu bewirken wäre, kann abgelehnt werden, wenn die Vernehmung nach pflichtgemäßem Ermessen des Gerichts zur Erforschung der Wahrheit nicht erforderlich ist (§ 244 Abs. 5 S. 2 StPO).[276] Soweit ein Beweisantrag mit dieser Begründung abgelehnt wird, empfiehlt es sich gegebenenfalls von der in § 247 a StPO vorgesehenen Möglichkeit Gebrauch zu machen, die Vernehmung eines Auslandszeugen im Wege der **Videovernehmung** zu beantragen.[277] 196

Wird dem Antrag stattgegeben, kann das Ersuchen nur durch die gemäß **§ 74 IRG zuständige Behörde** an das Ausland weitergeleitet werden. Weigert sich diese, muss hiergegen der Rechtsweg eröffnet sein, weil der Beschuldigte regelmäßig geltend machen kann, in seinem Recht auf ein faires Verfahren verletzt zu sein.[278] Ferner dürfte sich in diesen Fällen ein Antrag an das Gericht empfehlen, die Hilfe von Eurojust in Anspruch zu nehmen, soweit es sich um ein grenzüberschreitendes Verfahren innerhalb der EU handelt. 197

Wird, umgekehrt, das Ersuchen weitergeleitet, ist zu klären, ob die **Verfahrensbeteiligten** bei einer Zeugenvernehmung im Ausland (nach dem dort geltenden Verfahrensrecht) **anwesend** sein dürfen. Ist das der Fall, muss das ersuchende Gericht darauf hinwirken, dass die Anwesenheitsberechtigten von dem Vernehmungstermin benachrichtigt werden[279] und zwar so rechtzeitig, dass sie auch teilnehmen könnten.[280] Gegebenenfalls ist darauf hinzuwirken, dass die 198

---

[269] BGH Beschl. v. 6.6.2002 – 4 Ars 3/02 – BGHSt 47, 326 m. Anm. *Vogel* JZ 2003, 1162, 1163.
[270] Initiative der Hellenischen Republik im Hinblick auf die Annahme eines Rahmenbeschlusses des Rates über die Anwendung des „ne-bis-in-idem"-Prinzips 2003/C 100/12 ABl. EG v. 26.4.2003 Nr. C 100 S. 24.
[271] EP-Dok. A 5 – 275/2003 (zugänglich über http://www.europarl.eu.int).
[272] Ausführlich dazu *Rose*.
[273] Ausf. zur Ladung von Auslandszeugen: *Schomburg/Lagodny* IRG Vorbem. § 68 Rdnr. 20 ff.
[274] *Alsberg/Nüse/Meyer* S. 628 f.; vgl. auch *Julius*.
[275] Vom 11.1.1993 BGBl. I S. 50, 51.
[276] Zur rechtspolitischen Kritik an dieser Ergänzung vgl. etwa *Schomburg/Lagodny* IRG vor § 68 Rdnr. 17 ff.; *Rieß* AnwBl. 1993, 51, 55; *Schoreit* DRiZ 1991, 404; *Meyer-Goßner* NJW 1993, 498 f.; *Maatz* S. 577 ff.; *Herdegen* NJW 1996, 27 sowie *Schomburg/Klip* StV 1993, 208.
[277] Ausführlich dazu *Gleß* JR 2002, 98.
[278] *Schomburg/Lagodny* IRG Vorbem. § 68 Rdnr. 41.
[279] BGH Beschl. v. 3.11.1987 – 5 StR 579/87 – NStZ 1988, 563 f. m. Anm. *Naucke* sowie Anm. *Taschke* StV 1988, 138 f.
[280] *Schomburg/Lagodny* IRG Vorbem. § 68 Rdnr. 36.

fehlende Anwesenheit der Verteidigung durch Übersendung eines entsprechenden Fragenkatalogs durch das Gericht kompensiert wird.

199 Für den Fall, dass das erkennende Gericht von sich aus eine ausländische Stelle um Erhebung eines Beweises, etwa der Vernehmung eines sich im Ausland aufhaltenden Belastungszeugen, für das inländische Verfahren ersucht, sollte die Verteidigung prüfen, ob wegen der Notwendigkeit, sich einen **persönlichen Eindruck** von dem Zeugen zu verschaffen, nur eine Vernehmung in Gegenwart aller Tatrichter, nicht nur durch einen ersuchten oder – falls rechtlich und tatsächlich möglich, auch einen beauftragten – Richter erforderlich ist. Dann könnte der Zeuge nämlich – trotz der Möglichkeit der Vernehmung im Ausland – unerreichbar sein.[281] Im Übrigen darf der persönliche Eindruck (etwa des deutschen Konsuls, der bei einer Vernehmung des Zeugen im Ausland anwesend war), nur bei ordnungsgemäßer Einführung in die Hauptverhandlung berücksichtigt werden.[282]

200 Nach der derzeitigen Rechtsprechung zur **Verwertung von im Ausland erhobenen Beweisen** werden Auslandsbeweise in deutschen Strafverfahren grundsätzlich für die Tatsachenfeststellung vor Gericht zugelassen, auch dann wenn ihre Erhebung nicht den deutschen Verfahrenserfordernissen entspricht.[283] Die Nichtbeachtung deutscher Verfahrensvorschriften bei der Beweissammlung im Ausland wird aber gegebenenfalls im Rahmen der Beweiswürdigung berücksichtigt.[284] Folge ist etwa, dass ein ausländisches Protokoll über eine Vernehmung, die in Übereinstimmung mit der Verfahrensordnung des ersuchten Staates – nicht durch einen Richter[285] oder ohne Benachrichtigung oder Anwesenheit der Verteidigung durchgeführt wurde,[286] gleichwohl als „richterliches Protokoll" nach § 251 Abs. 1 StPO verlesen werden darf.[287] Dies gilt nach herrschender Meinung auch dann, wenn keine Möglichkeit bestand, an den Zeugen Fragen zu richten.[288] Erst bei der Beweiswürdigung hat das Gericht die (aus deutscher Sicht vorliegenden) Mängel der Beweiserhebung auszugleichen.[289]

201 Allerdings sind im Rechtshilfewege erstellte Protokolle nur **eingeschränkt verwertbar**, wenn der Angeklagte und sein Verteidiger kein Recht auf Anwesenheit und kein Fragerecht hatten (Art. 6 Abs. 3 lit. d EMRK). Auch wenn das ausländische Recht etwa ein **Zeugnisverweigerungsrecht** nicht vorsieht (z. B. für den Verlobten eines Beschuldigten), muss das deutsche Gericht bei der Verwertung einer solchen Aussage den Rechtsgedanken des § 252 StPO beachten.[290] Die Verwertung der Aussage eines (Mit-)Angeklagten, die von ihm ohne Belehrung entsprechend § 136 StPO verlangt wurde,[291] sollten zum Nachteil des Mitangeklagten ebenfalls nicht (uneingeschränkt) verwertet werden dürfen.[292]

202 Ein **Beweisverbot** kann sich aber aus einem durch den ersuchten Staat ausgesprochenen so genannten Spezialitätsvorbehalt ergeben, dessen innerstaatliche Wirkung allgemein in § 72 IRG geregelt ist. § 72 IRG bezieht sich nicht nur auf die Auslieferung, vielmehr können Bedingungen des ersuchten Staates an jede Form der Rechtshilfeleistung geknüpft werden. Auch die

---

[281] BGH Urt. v. 23.6.1981 – 5 StR 164/81 – bei *Pfeiffer/Miebach*, aus der (vom BGH nicht veröffentlichten) Rechtsprechung des Bundesgerichtshofes in Strafsachen zum Verfahrensrecht – 1981, NStZ 1983, 211.
[282] BGH Urt. v. 18.1.1989 – 2 StR 583/88 – NStZ 1989, 382 m. Anm. *Itzel.*
[283] BGH Urt. v. 22.4.1952 – 1 StR 622/51 – BGHSt 2, 300, 304; BGH Urt. v. 19.12.1975 – 2 StR 480/73 – GA 1976, 218, 219; BGH Urt. v. 23.1.1985 – 1 StR 722/84 – NStZ 1985, 376.
[284] BGH Urt. v. 22.4.1952 – 1 StR 622/51 – BGHSt 2, 300, 304; OLG Hamm Urt. v. 1.12.1958 – 2 Ss 1009/58 – DAR 1959, 192, 193.
[285] BGH Urt. v. 10.8.1994 – 3 StR 53/94 – NStZ 1994, 595 m.w.N.; SK/*Schlüchter* § 251 Rdnr. 37.
[286] Vgl. dazu: OLG Celle Beschl. v. 16.12.1995 – 2 StE 4/92 – StV 1995, 179; *Meyer-Goßner* § 168 c Rdnr. 8 und § 251 Rdnr. 20 f. Nach Grützner/Pötz/*Wilkitzki* IRG Vorbem. § 68 Rdnr. 18 müssen jedenfalls die Verteidigungsrechte in dem durch Art. 6 Abs. 3 lit. d EMRK und Art. 10 des Internationalen Paktes über Bürgerliche und Politische Rechte gewährleisteten Mindeststandard verwirklicht werden.
[287] Denn die Voraussetzungen für eine Verlesung nach § 251 Abs. 2 StPO sind zumeist nicht gegeben.
[288] BGH Urt. v. 1.2.1984 – 2 StR 353/83 – StV 1984, 455; BGH Urt. v. 19.12.1975 – 2 StR 480/73 – GA 1976, 218; 1982, 40; dagegen etwa: *Gleß*, FS Grünwald, S. 208 ff.
[289] BGH Urt. v. 22.4.1952 – 1 StR 622/51 – BGHSt 2, 300, 304; OLG Hamm Urt. v. 1.12.1958 – 2 Ss 1009/58 – DAR 1959, 192, 193; kritisch dazu *Gleß*, Zur „Beweiswürdigungs-Lösung" des BGH NJW 2001, 3606, 3607; zur Reformdiskussion: *Thien.*
[290] BGH Beschl. v. 4.3.1992 – 3 StR 460/91 – NStZ 1992, 394.
[291] BGH Urt. v. 10.8.1994 – 3 StR 53/94 – StV 1995, 231.
[292] Anm. *Dencker* zu BGH Urt. v. 10.8.1994 – 3 StR 53/94 – StV 1995, 231.

§ 15 Grenzüberschreitende Strafverteidigung

Spezialregelung des Art. 39 Abs. 2 SDÜ (Hauptteil IV) ist zu beachten, die auf eine ausdrückliche Zustimmung der Justizbehörden des ersuchten Staates zur Nutzung von schriftlichen Informationen durch die ersuchende Vertragspartei abstellt. – Umstritten ist allerdings, ob diese Verwertungsverbote **Fernwirkung** haben. Dies wird teilweise bejaht;[293] teilweise wird es jedenfalls als nicht unzulässig angesehen, aus den im Wege der Rechtshilfe erhaltenen (unverwertbaren) Erkenntnissen Ansätze für weitere Ermittlungen zu gewinnen und die daraus entstehenden neuen Beweismittel zu verwerten, unter der Voraussetzung, dass diese selbstständig und ohne jede Berücksichtigung der ausländischen Informationen getrennt nutzbar sind.[294] Eine Spezialregelung für Rechtshilfe in Bezug auf fiskalische Straftaten im Bereich indirekter Steuern trifft Art. 50 Abs. 3 SDÜ.

Die Verwertung von eigenmächtig, also **außerhalb des (formellen) Rechtshilfeverkehrs** erlangten **Beweismitteln** ist völkerrechtswidrig und verboten.[295] Protokolle über eine polizeiliche Zeugenvernehmung im Ausland, die der deutschen Polizei außerhalb des förmlichen Rechtshilfeverkehrs zu Informationszwecken von ausländischen Polizeidienststellen überlassen wurden, dürfen nicht durch Verlesung in die Hauptverhandlung eingeführt werden, wenn der ausländische Staat die Rechtshilfe zu Recht verweigert und der Verwertung widerspricht.[296]

Neue Wege zur Lösung von Problemen des klassischen Beweistransfers schlägt das EU-Rechtshilfeübereinkommen vom Mai 2000 (EU-RhÜbk) ein:[297] Nach Art. 4 EU-RhÜbk soll im Rechtshilfeverkehr zwischen den EU-Mitgliedstaaten künftig der Grundsatz „forum regit actum" den traditionellen Grundsatz „locus regit actum" ersetzen. Die Erledigung von Rechtshilfeersuchen soll sich künftig also nicht mehr nach dem Verfahrensrecht des ersuchten, sondern nach dem des ersuchenden Staates richten.[298] Parallel dazu normiert das EU-RhÜbk gemeinsame Verfahrensregeln, etwa für die (grenzüberschreitende) Telefonüberwachung.[299] Diese Regelungen dürften aber mittelfristig durch das **Prinzip der gegenseitigen Anerkennung** überholt werden.

5. Das Instrument des Rahmenbeschlusses – Vorabentscheiungsverfahren nach Art. 35 EUV

Der Rahmenbeschluss hat sich zum wichtigsten Instrument der Zusammenarbeit in Strafsachen entwickelt.[300] Das liegt zum einen an seiner Konzeption, in der er an das Instrument der Richtlinie angelehnt ist. Genau wie sie ist er für die Mitgliedstaaten hinsichtlich des zu erreichenden Ziels verbindlich und soll nur die Wahl der Form und der Mittel zur Erreichung des Ziels den innerstaatlichen Stellen überlassen[301] (Art. 34 Abs. 2 lit b) S. 2 EUV). Allerdings normiert Art. 34 Abs. 2 lit. b) S. 3 EUV auch ausdrücklich, dass ein Rahmenbeschluss nicht

---

[293] *Linke* NStZ 1982, 416, 419 meint, dass sich „auch die Verwertung so genannter Folgebeweise verbieten dürfte, die wohl im ersuchenden Staat aufgenommen wurden, auf die man aber nur durch die vom ersuchten Staat gelieferten Informationen gestoßen ist".
[294] *Vogler/Walter* IRG Rdnr. 8 f.
[295] Vgl. etwa: *Jeschke*, Weit positiver als büromäßige Rechtshilfe, Kriminalistik 1985, 69; *Jeschke/Graf*, Wenn eine Ladung Haschisch aus dem Orient kommt ... , Kriminalistik 1987, 437, 438; *Körner* § 31 BtMG Rdnr. 179; *Schomburg/Lagodny* IRG Vorbem. § 59 Rdnr. 5; *Vogler* S. 382 m.w.N. in Fn. 8.
[296] BGH Urt. v. 8.4.1987 – 3 StR 11/87 – BGHSt 34, 334, 343 ff. für eine niederländische Vernehmung.
[297] Übereinkommen über die Rechtshilfe in Strafsachen zwischen den Mitgliedstaaten der Europäischen Union (EU-RhÜbk), ABl. EG v. 2.9.1999 Nr. C 251 S. 1.
[298] Zu diesen Rechtshilfegrundsätzen ausf.: *Gleß*, FS Grünwald, S. 197 ff.; *Nagel*, Beweisaufnahme im Ausland, Freiburg/Br. 1988, S. 161 ff. m.w.N.
[299] Vgl. Art. 17 ff. EU-RhÜbk.
[300] Er kann als Vorläufer der Rahmengesetze verstanden werden, die Art. 33 Abs. 1 S. 3 der Europäischen Verfassung vorsieht.
[301] In den bisher erlassenen Rahmenbeschlüssen finden sich aber überwiegend so detaillierte Regelungen, dass der Spielraum der Mitgliedstaaten bei der Umsetzung in nationales Recht relativ gering ist. So etwa der Rahmenbeschluss zum Schutz gegen Geldfälschung im Hinblick auf die Einführung des Euro, ABl. EG v. 14.6.2000 NR. L 140 S. 1, umgesetzt BGBl. 2002 I S. 3387. Art. 3 und 4 des Rahmenbeschlusses umschreiben die unter Strafe zu stellenden Verhaltensweisen und Art. 6 Abs. 2 legt fest, dass die betrügerische Fälschung oder Verfälschung von Geld mit einer Freiheitsstrafe zu bedrohen ist, die im Höchstmaß mindestens acht Jahre beträgt (vgl. im Einzelnen *Eisele* JA 2000, 991, 997).

unmittelbar wirksam ist.³⁰² Zum anderen ist die Bedeutung des Instrumentes Rahmenbeschluss darin begründet, dass der EuGH die Befugnis hat, im Rahmen einer Vorabentscheidung verbindlich über Gültigkeit und Auslegung von Rahmenbeschlüssen zu entscheiden, wenn ein mitgliedstaatliches Gericht in einem schwebenden Verfahren Zweifel über deren Auslegung hat und eine Klärung der Zweifel für entscheidungserheblich hält (Art. 35 Abs. 1 u. 3 EUV) und wenn ferner der Mitgliedstaat erklärt hat, sich der Kompetenz des EuGH zu unterwerfen (Art. 35 Abs. 2 EUV).³⁰³ Auch hier zeigt sich der EuGH als Motor der Europäisierung nationalen Rechts.

206 Für die Richtlinie (Instrument der sog. ersten Säule) hat der EuGH im Wege der richterlichen Rechtsfortbildung Voraussetzungen entwickelt, unter denen auch eine nicht ordnungsgemäß und insbesondere auch eine nicht rechtzeitig umgesetzte Richtlinie unmittelbar Einfluss auf das nationale Recht haben kann. Zum einen kann dieser Einfluss durch die unmittelbare Anwendbarkeit bestimmter Regelungen einer Richtlinie im Mitgliedstaat bewirkt werden und zum anderen durch die richtlinienkonforme Auslegung mitgliedstaatlichen Rechts.³⁰⁴ Unmittelbar anwendbar sind einzelne Regelungen einer Richtlinie dann, wenn sie hinreichend bestimmt und unbedingt sind und die Umsetzungsfrist verstrichen ist.³⁰⁵ Überwiegend wird angenommen, dass die Mitliedstaaten zumindest eine unmittelbare Anwendung einzelner Bestimmungen eines Rahmenbeschlusses ausschließen wollten, der nicht oder nicht ordnungsgemäß umgesetzt wurde.³⁰⁶

207 Der EuGH stellte nun im sog. **Pupino-Urteil**³⁰⁷ jüngst fest, dass wenn ein Mitgliedstaat einen Rahmenbeschluss nicht rechtzeitig umgesetzt hat, eine rahmenbeschlusskonforme Auslegung des nationalen Rechts geboten sein kann. Der Einzelne dürfe sich auf ihn begünstigende Regelungen eines entsprechenden Rahmenbeschlusses berufen.

Gerade für die am Strafverfahren Beteiligten ist das Pupino-Urteil deshalb von tief greifender Bedeutung: Die Zahl der zum Strafrecht und Strafverfahrensrecht erlassenen Rahmenbeschlüsse ist hoch,³⁰⁸ und nimmt man die Vorgaben des EuGH wörtlich, so ist fortan das gesamte nationale Recht der Strafverfolgung an den Zielen und Vorgaben dieser Rechtsakte auszurichten, sobald die entsprechenden Umsetzungsfristen abgelaufen sind und soweit eine solche Orientierung mit den Grundprinzipien der jeweiligen mitgliedstaatlichen Rechtsordnung vereinbar ist und ihr nicht rechtsstaatliche Grundsätze wie insbesondere das Rückwirkungsverbot entgegenstehen.³⁰⁹

208 Dem Pupino-Urteil etwa lag ein **Vorabentscheidungsverfahren** zugrunde, in dem ein italienisches Gericht dem EuGH die Frage vorlegte, ob der von Italien nicht umgesetzte Rahmenbeschluss über die Stellung des Opfers im Strafverfahren³¹⁰ zu einer bestimmten, **rahmenbeschlusskonformen Auslegung** italienischer Strafverfahrensvorschriften verpflichte. Der EuGH bejahte die Vorlagefrage.

209 Das Urteil stellt einerseits eine begrüßenswerte Stärkung des Individualrechtsschutzes innerhalb der dritten Säule dar, andererseits aber auch eine tief greifende Veränderung der Struktur strafrechtlicher Zusammenarbeit in der EU, deren Auswirkung abzuwarten bleibt und die nicht unbedenklich erscheint.³¹¹ Schon die richtlinienkonforme Auslegung kam häufig der unmittel-

---

³⁰² Grundsätzlich ist eine Richtlinie nicht unmittelbar anwendbar, sondern bedarf der Umsetzung in innerstaatliches Recht. Bei bestimmten Umsetzungsdefiziten kann sie jedoch eine unmittelbare Wirkung entfalten. Siehe dazu im Einzelnen Streinz/*Schroeder* Art. 249 EGV Rdnr. 101 ff.
³⁰³ Ausführlich zur Vorabentscheidung n. Art. 35 EUV: *Pechstein* EuR – Beiheft 1 – 1999, 1, 21 f.; *Classen* EuR – Beiheft 1 – 1999, 73, 85 ff.; *Knapp* DÖV 2001, 12, 13 f.
³⁰⁴ Vgl. *Hecker* S. 137 f.
³⁰⁵ Ständige Rspr. seit: EuGH, Urt. v. 5. 2 1963 – C-26/62 (van Gend & Loos), Slg. 1963, S. 1; im Einzelnen: Streinz/*Schroeder* Art. 249 EGV Rdnr. 106 ff.; *Scherzberg* Jura 1993, 225, 226 f.
³⁰⁶ *Tinkl* StV 2006, 36 ff.
³⁰⁷ EuGH Urt. v. 16.6.2005 – C-105/03 (Pupino), NJW 2005, 2839 = StV 2006, 1 ff. mit Anm. *Tinkl* StV 2006, 36 ff.
³⁰⁸ Vgl. oben Rdnr. 9.
³⁰⁹ Pupino-Urteil (Fn. 305), Rdnr. 42 ff., 66 ff.
³¹⁰ Rahmenbeschluss des Rates v. 15.3.2001 über die Stellung des Opfers im Strafverfahren ABl. EG v. 22.3.2001 L 82 S. 1.
³¹¹ *Tinkl* StV 2006, 36 ff.

baren Anwendung einer Richtlinie gleich,[312] so dass auch das Instrument der richtlinienkonformen Auslegung mitunter als Ausdruck von Gesetzesqualität der Richtlinie interpretiert werden kann. Die Feststellung des EuGH, die Mitgliedstaaten und ihre zur Rechtsprechung berufenen Organe seien auch vor Umsetzung eines Rahmenbeschlusses zur rahmenbeschlusskonformen Auslegung nationalen (Straf-)Rechts verpflichtet, rückt jedenfalls auch den Rahmenbeschluss in die Nähe eines europäischen Gesetzes.[313] Einiges spricht unter diesem Gesichtspunkt dafür, dass auch eine rahmenbeschlusskonforme Auslegung von dem Ausschluss der unmittelbaren Wirkung nach Art. 34 Abs. 2 S. 2 EUV erfasst sein kann.[314]

Noch eine andere Erwägung lässt die rahmenbeschlusskonforme Auslegung nationalen Strafverfahrensrechts problematisch erscheinen. Die im Pupino-Urteil vorgegebene rechtsfortbildende Auslegung[315] berührt unmittelbar das Strafverfahren. Beim Strafverfahren handelt es sich aber um ein Verfahren, in dem die Strafverfolgungsbehörden u. U. in Grundrechte mehrerer Personen eingreifen (mehrpoliges Grundrechtsverhältnis).[316] Für die Strafverfolgung hat sich – gewachsen in den Traditionen der Mitgliedstaaten – ein Verfahren herausgebildet, das im Gesamten als adäquat zur Lösung der unterschiedlichen Konflikte akzeptiert wird. In diese in sich ausgewogenen Teilrechtssysteme können aber einzelne – etwa durch einen Rahmenbeschluss gewährte – Individualrechte nicht isoliert eingefügt werden, ohne sie in die Balance des Systems einzupassen. Vieles spricht dafür, dass hierzu nur der Gesetzgeber und nicht die Judikative berechtigt ist. Jedenfalls wird man aber verlangen müssen, dass ein Gericht nicht nur das (vielleicht) in einer EuGH-Entscheidung vorgezeichnete Auslegungsergebnis übernimmt, sondern eine entsprechende Anpassung auch unter Berücksichtigung der schutzwürdigen Interessen anderer Verfahrensbeteiligter vornimmt.[317] Denn eine Regelung zugunsten des einen Verfahrensbeteiligten kann ohne Weiteres auch leicht zu Lasten eines anderen wirken. Innerhalb eines nationalen Teilrechtssystems kann der EuGH selbst keinen Interessenausgleich vornehmen (damit würde er regelmäßig seine Kompetenz überschreiten). Vielleicht weist er deshalb ausdrücklich darauf hin, dass sich eine rahmenbeschlusskonforme Auslegung innerhalb der allgemeinen Rechtsgrundsätze und innerhalb der mitgliedstaatlichen Auslegungsgrundsätze halten müsse und damit nicht zu einem Ergebnis contra legem führen dürfe.[318]

Diese zunächst eher theoretisch anmutenden Bedenken könnten die strafrechtliche Praxis schnell einholen, wenn die Entscheidung in der Sache Pupino Schule macht. Denn die hier im Grunde propagierte umgekehrt vertikale Wirkung von Rahmenbeschlüssen erscheint im Strafverfahren untragbar, solange nicht parallel nationale Gerichte Schräglagen, die durch eine (faktisch) unmittelbare Wirkung eines Rahmenbeschlusses entstehen, mit Blick auf die betroffenen Individualrechte wieder ausbalancieren.[319]

Für die Strafverteidigung bedeutet die EuGH-Entscheidung, dass auch nicht (rechtzeitig) umgesetzte Rahmenbeschlüsse darauf geprüft werden müssen, ob sie dem Mandanten weiter gehende Rechte als das nationale Recht gewähren und eventuell in einem entsprechenden Strafverfahren auf eine entsprechende Vorabentscheidung des EuGH hinzuwirken ist.

IV. Materiellrechtliche Fragen

Es können hier selbstverständlich nicht alle unterschiedlichen Strafrechtsordnungen der Staaten angesprochen werden. Soweit es sich um Probleme des internationalen Strafrechts handelt, wird auf § 18 verwiesen.

Ein Sonderproblem in wirtschaftsstrafrechtlichen Verfahren wirft aber der Umstand auf, dass einige Staaten die Strafbarkeit von juristischen Personen und Personenverbänden, also die

---

[312] Vgl. *Ress* DÖV 1994, 489, 493; *Franzen* JZ 2003, 321, 327.
[313] *Tinkl* StV 2006, 36 ff.
[314] *Hillgruber* JZ 2005, 841, 842; *Tinkl* StV 2006, 36 ff.
[315] Zum Begriff der rechtsfortbildenden Auslegung vgl. *Heise* S. 101 ff.
[316] *Kühne* GA 2005, 195, 209; *Tinkl* StV 2006, 36 ff.; einschränkend *Esser* StV 2005, 348, 351 f.
[317] *Tinkl* StV 2006, 36 ff.
[318] Rdnr. 44 ff.
[319] *Tinkl* StV 2006, 36 ff.

Strafbarkeit von Unternehmen kennen mit der Möglichkeit der Verhängung strafrechtlicher Sanktionen gegen Unternehmen. Das ist in Deutschland nur im Rahmen des § 30 OWiG möglich (dazu § 7).

215 In folgenden Ländern (ohne Anspruch auf Vollständigkeit) ist die Strafbarkeit von Unternehmen gesetzlich geregelt:[320] In den Ländern des common law (USA, Vereinigtes Königreich, Australien),[321] in Europa in einer ersten Phase in den Niederlanden (1970), in Schweden (1986), in Norwegen (1991), in Island (1993);[322] es folgten Frankreich (1994),[323] Finnland (1995), Spanien (1995), Dänemark (1996) und Belgien (1999). In neuester Zeit führten Italien (2002),[324] die Schweiz (Okt. 2003),[325] Polen (Nov. 2003),[326] Rumänien, Litauen (Juli 2004),[327] Republik Moldau, Albanien, Lettland (Mai 2005),[328] eine entsprechende Strafbarkeit ein. Auch in Österreich findet eine Diskussion um die Einführung einer „Unternehmensstrafbarkeit" statt.

216 Zu den möglichen Sanktionen zählen etwa: Gewinnabschöpfung, Geldstrafen (teilweise multipliziert mit einem Faktor gegenüber der Geldstrafe für natürliche Personen), Zwangsschließung von Betriebsteilen, Betätigungsverbote und schließlich die Liquidation der juristischen Person mit Löschung aus dem Handelsregister. Teilweise sind als (Neben-) Strafen auch das Verbot der Inanspruchnahme von Subventionen, ein Teilnahmeverbot an öffentlichen Ausschreibungen oder das Verbot der Ausübung einer bestimmten Geschäftstätigkeit vorgesehen.

217 Für die Verteidigung ergeben sich daraus eine Reihe zusätzlicher Fragen, was die Sammlung von Beweisen im Verfahren gegen ein Unternehmen, die Frage der Verwertbarkeit von solchen im Ausland gegen das Unternehmen gesammelten Beweisen und die Verteidigungsstrategie angeht, die im Einzelnen noch völlig ungeklärt sind.

V. Beratungsschwerpunkte

218 Wenn sich Anhaltspunkte für Grenzüberschreitungen der dem Mandanten angelasteten Tat ergeben, sind die Mandanten frühzeitig darauf aufmerksam zu machen, dass auch im Ausland oder durch EU-Behörden parallele Ermittlungsverfahren laufen könnten. Die Mandanten sollten gebeten werden, den Verteidiger über jeden Hinweis dieser Art sogleich zu informieren. Indikatoren für eine grenzüberschreitende Ermittlung sind in der nachfolgenden Checkliste aufgeführt.

219 Es ist ferner über die etwaige Notwendigkeit der Zuziehung ausländischer oder im entsprechenden ausländischen Recht bewanderter Kollegen zu beraten einschließlich der damit verbundenen (zusätzlichen) Kosten.

220 Über die Möglichkeit einer vergleichsweisen Beendigung des Ermittlungsverfahrens ist auch mit Blick auf „ne bis in idem" zu beraten.

---

[320] Überblick bei *Heine*; *Eidam*, Straftäter Unternehmen, S. 30 ff.; *ders.*, Unternehmen und Strafe, S. 223 ff.; *Pieth*, Internationale Anstöße zur Einführung einer strafrechtlichen Unternehmenshaftung in der Schweiz (unter www.pieth.ch/pdf/legal_persons.pdf); *Eser/Heine/Huber (eds.)*, Criminal Responsibility of Legal and Collective Entities, Freiburg/Br.1999.
[321] *J.C. Coffee*, Corporate Criminal Liability: An Introduction and Comparative Survey, in: *Eser/Heine/Huber (eds.)*, Criminal Responsibility of Legal and Collective Entities, Freiburg/Br. 1999, S. 14 ff.
[322] Im Einzelnen *Heine* S. 202.
[323] Dazu *Delmas-Marty* S. 305 ff.
[324] Decreto Legislatiovo n. 231/01.
[325] Dazu *Pieth*, Internationale Anstöße zur Einführung einer strafrechtlichen Unternehmenshaftung in der Schweiz (unter www.pieth.ch/pdf/legal_persons.pdf).
[326] Gesetz v. 28.11.2003 über die Haftung von so genannten „Sammelsubjekten" (s. *Rödl & Partner*, Newsletter Auslandsbrief Ausgabe September 2003, www.roedl.de).
[327] *Abrocienė/Klauberg* WiRO 2004, 346.
[328] *Berzinš/Klauberg* WiRO 2005, 248.

§ 15 Grenzüberschreitende Strafverteidigung

Checkliste zur Mandatsannahme 221

☐ Analyse möglicher Grenzüberschreitungen; grenzüberschreitende „Tatorte"?
- Bezieht sich der Vorwurf auf unternehmensbezogenes Verhalten des Mandanten und operiert das Unternehmen grenzüberschreitend (z.B. Tochter- bzw. Partnerunternehmen, die in den Vorgang involviert sein könnten, sind im Ausland ansässig)?
- Sind Ermittlungsverfahren gegen ausländische Geschäftspartner des Mandanten bekannt geworden?
- Sind Anhaltspunkte erkennbar, dass „gemeinsame Ermittlungsgruppen" gebildet wurden?
- Enthalten die Strafakten Informationen, die auf ein Tätigwerden von Europol hindeuten?
- Bezieht sich der Vorwurf auf subventionserhebliches Verhalten mit EU-Bezug?
- Enthalten die Strafakten oder Verwaltungsvorgänge Informationen, die auf ein Tätigwerden von OLAF hindeuten?
- Ergibt sich aus den Strafakten, dass Rechtshilfeersuchen aus dem Ausland gestellt wurden?
- Ergibt sich aus den Strafakten, dass die (deutsche) Staatsanwaltschaft Rechtshilfeersuchen an ausländische Ermittlungsbehörden gerichtet hat?

☐ Beratung des Mandanten über die Gefahr paralleler Ermittlungsverfahren
☐ Kooperation mit ausländischen Kollegen?
- Kontaktadressen
- Kontaktaufnahme
- Klärung der Kooperationsmöglichkeit (informell oder förmliche Mitverteidigung)
- Klärung der gebührenrechtlichen Konsequenzen
- Einvernehmensvertrag oder Mandatsvertrag

☐ Verfahrensablauf im Ausland
    Klärung der Rechtslage (im Beistand des ausländischen Kollegen)
☐ Ggf. Hinwirken auf ein Vorabentscheidungsverfahren
☐ Klärung der materiellen Rechtslage
☐ Rechtshilfeverfahren
    Rechtsmittel gegen Leistungs- und Vornahmeermächtigung
    Rüge der (Un-) Verwertbarkeit im Ausland erlangter Beweise

Teil C. Die Verteidung in spezifischen Deliktsfeldern

§ 16 Betrug

Übersicht

	Rdnr.
I. Überblick	1–3
II. Mandatsführung und Verteidigungskonzeption	4–25
1. Allgemeines	4–8
2. Mandatsführung	9
3. Verteidigung des „schuldigen" Mandanten	10–22
a) Einwendungen gegen die Überführung	10–12
b) Einstellung nach §§ 153, 153 a StPO	13/14
c) Täter-Opfer-Ausgleich (§ 46 a StGB)	15–20
d) Sonstige Vergünstigungen	21/22
4. „Nebenkriegsschauplätze"	23
5. Absprachen	24/25
III. Materiellrechtliche Fragen des Tatbestands	26–110
1. Geschütztes Rechtsgut und Deliktsstruktur	26/27
2. Täuschung	28–40
a) Objekt der Täuschung	28–31
b) Einwirkung auf die Vorstellung eines anderen	32
c) Ausdrückliche Täuschung	33/34
d) Konkludente Täuschung	35–39
e) Täuschung durch Unterlassen	40
3. Irrtum	41–53
a) Widerspruch zwischen Vorstellung und Wirklichkeit	41–45
b) Erregung oder Unterhaltung eines Irrtums	46
c) Subjekt des Irrtums	47/48
d) Feststellung eines Irrtums	49–53
4. Vermögensverfügung	54–60
a) Herbeiführung einer Vermögensminderung	54–56
b) Verfügungsbewusstsein	57
c) Unmittelbarkeit der Vermögensminderung	58
d) Dreiecksbetrug	59
e) Kausalität zwischen Irrtum und Verfügung	60
5. Vermögensschaden	61–72
a) Gesamtsaldierung	62–68
b) Subjektiver Schadenseinschlag	69
c) Einzelne Fallgruppen	70–72
6. Vorsatz	73–78
7. Bereicherungsabsicht	79–89
a) Absicht	80
b) Stoffgleichheit	81–83
c) Rechtswidrigkeit der Bereicherung	84–89
8. Versuch, Vollendung und Beendigung	90/91
9. Konkurrenzen	92–98
10. Strafzumessung	99–110

Schrifttum: *Amelung,* Irrtum und Zweifel des Getäuschten beim Betrug, GA 1977, 1; *Cramer,* Vermögensbegriff und Vermögensschaden im Strafrecht, 1968; *Dahm,* Falschabrechnung (Abrechnungsbetrug), in: *Rieger* (Hrsg.), Lexikon des Arztrechts, 2.Aufl. 2001; *ders.,* Zur Problematik der Falschabrechnung im privatärztlichen Bereich, MedR 2003, 268; *Gaidzik,* Abrechnung unter Verstoß gegen die Pflicht zur persönlichen Leistungserbringung – Betrug des Arztes gemäß § 263 StGB?, wistra 1998, 329; *Geerds,* Baubetrug, NStZ 1991, 57; *Giehring,* Prozeßbetrug im Versäumnis- und Mahnverfahren – zugleich ein Beitrag zur Auslegung des Irrtumsbegriffs in § 263 StGB, GA 1973, 1; *Günther,* Das viktimodogmatische Prinzip aus anderer Perspektive: Opferschutz statt Entkriminalisierung, Festschrift für Lenckner, S. 69; *Kindhäuser,* Betrug als vertypte mittelbare Täterschaft, Festschrift für Bemmann, S. 339; *Lenckner*, Kausalzusammenhang zwischen Täuschung und Vermögensschaden bei Aufnahme eines Darlehens für einen bestimmten Verwendungszweck, NJW 1971, 599; *Kühne*, Geschäftstüchtigkeit oder Betrug?, 1978; *Mühlhausen*, Abrechnungsbetrug aus Sicht der Staatsanwaltschaft, Zeitschrift für ärztliche Fortbildung und Qualitätssicherung (ZaeFQ) 1998, 614; *Pawlik*, Das unerlaubte Verhalten beim Betrug, 1999; *Schröder*, Grenzen des Vermögensschadens beim Betrug, NJW 1962, 721; *Schünemann*, Zur Stellung des Opfers im System der Strafrechtspflege, NStZ 1986, 439; *Tiedemann*, Der Vergleichsbetrug, Festschrift für Klug II, S. 413; *Ulsenheimer* Arztstrafrecht in der Praxis, 3. Aufl. 2003; *Volk*, Zum Schaden beim Abrechnungsbetrug, NJW 2000, 3385; *Worms*, Warenterminoptionen: Strafbarer Betrug oder enttäuschte Erwartungen?, wistra 1984, 123.

I. Überblick

1 Betrug und Betrügereien bilden im heutigen Wirtschafts- und Sozialleben einen bunten Strauß verschiedenster Erscheinungsformen, die vom komplizierten Anlagebetrug über den eher psychologisch interessanten Heiratsschwindel bis hin zur einfachen Zechprellerei reichen. Die von der Kriminologie entwickelten Typologien – Gaunerei, Schwindel, Hochstapelei etc. – zeichnen sich dadurch aus, dass sie das Moment der Täuschung in den Vordergrund stellen und das historisch relativ neue Erfordernis eines Vermögensschadens vernachlässigen.[1] Noch in der einflussreichen Strafrechtslehre *Feuerbachs* war der Betrug nicht als eigenständiges Vermögensdelikt konzipiert, sondern lediglich in Form eines allgemeinen Fälschungsdelikts (falsum) vorhanden, für das es ausreichte, wenn in die Rechte eines anderen eingegriffen oder jemandes Recht auf Unterlassung der Täuschung verletzt wurde.[2] Seine heutige Gestalt hat der Tatbestand erst während des 19. Jahrhunderts durch eine Verlagerung des Schwerpunkts von der Täuschung auf den Täuschungserfolg gefunden.[3] Seither wird die Täuschung nicht mehr als eigenständige Rechtsverletzung, sondern nur noch als bloßes Angriffsmittel und damit als Problemsplitter der Vermögensschädigung gesehen.[4] „Der Betrug ist" – wie der BGH formuliert – „kein bloßes Vergehen gegen die Wahrheit und das Vertrauen im Geschäftsverkehr, sondern eine **Vermögensstraftat**. Nicht die Täuschung an sich, sondern die vermögensschädigende Täuschung ist strafbar."[5] Dies wird in der Praxis häufig verkannt.

2 Weil der Nachweis einzelner Tatbestandsmerkmale des Betruges in der Praxis oft mit erheblichen Schwierigkeiten verbunden ist, hat der Gesetzgeber verschiedene Delikte im Vorfeld der Rechtsgutsverletzung gesondert unter Strafe gestellt, namentlich im Fall des Subventionsbetruges (§ 264 StGB), des Kapitalanlagebetruges (§ 264 a StGB), des Versicherungsbetruges bzw. -missbrauchs (§ 263 Abs. 3 S. 2 Nr. 5 und § 265 StGB), des Kreditbetruges (§ 265 b StGB) sowie des „Ausschreibungsbetruges" durch wettbewerbsbeschränkende Absprachen (§ 298 StGB).[6] Daneben sind aus kriminalpolitischen Bedürfnissen mit dem Erschleichen von Leistungen (§ 265 a StGB) und dem Computerbetrug (§ 263 a StGB) weitere betrugsähnliche Delikte entstanden. Die Notwendigkeit für diese Sondertatbestände hat sich aus dem strukturellen Unvermögen des Betrugtatbestands ergeben, den Missbrauch neuer technischer Entwicklungen zu erfassen: Das Irrtumserfordernis des § 263 StGB stellt die Täuschung eines Rechners straflos, auch wenn dieser selbständig eine Vermögensverfügung trifft und hieraus unmittelbar ein Vermögensschaden resultiert. Dies gilt für die Täuschung von einfachen (Leistungs-)Automaten und für die Inanspruchnahme von Leistungen des modernen Massenverkehrs, öffentlicher Kommunikationsnetze sowie anderer Einrichtungen und Veranstaltungen entsprechend.[7]

3 In der **Polizeilichen Kriminalstatistik** wurden im Jahre 2003 insgesamt 876.032 Fälle von Betrug (§§ 263, 263 a, 264, 264 a, 265, 265 a, 265 b StGB) erfasst, davon 225.909 Fälle (25,8 %) Waren- und Warenkreditbetrug, 176.019 Fälle (20,1 %) Erschleichen von

---

[1] LK/*Tiedemann* Vor § 263 Rdnr. 4.
[2] *Feuerbach*, Lehrbuch des gemeinen in Deutschland gültigen peinlichen Rechts, 14. Aufl. 1847, §§ 410, 412.
[3] *Schaffstein*, Abhandlungen zur Strafrechtsgeschichte, 1986, S. 171 f.; LK/*Tiedemann* Vor § 263 Rdnr. 12; Arzt/Weber/*Arzt* BT § 20 Rdnr. 1.
[4] *Jakobs* Urkundenfälschung, 1999, S. 2 f.; NK/*Kindhäuser* § 263 Rdnr. 1.
[5] BGH Beschl. v. 18.7.1961 – 1 StR 606/60 – BGHSt 16, 220, 221; BGH Beschl. v. 1.9.1994 – 1 StR 468/94 – StV 1995, 254, 255.
[6] Müller-Gugenberger/Bieneck/*Nack* § 47 Rdnr. 8.
[7] LK/*Tiedemann* Vor § 263 Rdnr. 43.

Leistungen und 130.467 Fälle (14,9 %) von Betrug mittels rechtswidrig erlangter unbarer Zahlungsmittel.[8] Die dabei registrierte Gesamtschadenssumme betrug rund € 3,7756 Mrd. Hiervon entfielen € 289,0 Mio. auf Geldkreditbetrug, € 641,6 Mrd. auf Beteiligungs- und Kapitalanlagebetrug und € 254,4 Mio. auf Waren- und Warenkreditbetrug.[9] In 28,8 % aller registrierten Fälle lag der Schaden unter € 15, in 17,2 % der Fälle zwischen € 15 und € 50, in 31,1 % der Fälle zwischen € 50 und € 500, in 17,0 % der Fälle zwischen € 500 und € 5.000 und in 5,8 % der Fälle über € 5.000. Der Anteil des Betruges an der polizeilich erfassten Wirtschaftskriminalität lag im Jahre 2001 bei 49,6 % (42.764 von 86.149 Fällen).[10] Ein erheblicher Anstieg war bei betrügerischen Geschäften im Internet und bei Betrug mit rechtswidrig erlangten Debit-Karten ohne Pin (Einkäufe per sog. Lastschriftverfahren durch Kunden im Einzelhandel) zu verzeichnen.[11]

II. Mandatsführung und Verteidigungskonzeption

1. Allgemeines

Der Tatbestand des § 263 StGB ist trotz einer schier unendlichen Flut einschlägiger Entscheidungen und wissenschaftlicher Abhandlungen systematisch nur unzureichend durchdrungen, dafür aber einer kaum noch überschau- und nachvollziehbaren Kasuistik überantwortet. Deshalb lässt sich in der Strafrechtspraxis eine beträchtliche Unsicherheit bei der Anwendung der höchst komplizierten Vorschrift ausmachen. Sie scheint damit ein ähnliches Schicksal wie die Vorschrift des § 266 StGB zu erleiden. So wie die Strafverfolgungsorgane dazu neigen, vielen als „treuwidrig" empfundenen Verhaltensweisen des Wirtschaftslebens, die „irgendwie" als unkorrekt empfunden werden, den Tatbestand des § 266 StGB überzustülpen,[12] ist gleichermaßen eine Tendenz dahin festzustellen, jede unspezifiziert als moralwidrige „Gaunerei" gewürdigte Übervorteilung eines anderen kurzerhand und ohne nähere Prüfung mit dem Verdikt eines strafbaren Betruges zu belegen.

Diese Tendenz kommt immer dann besonders deutlich zum Ausdruck, wenn ein – tatsächlich oder vermeintlich – wirtschaftlich schwächerer Teilnehmer am Wirtschaftsverkehr eine relativ hohe Vermögenseinbuße erleidet oder wenn ein ganzes Marktsegment generell in Verruf gerät, so wie das gegenwärtig etwa auf den Aktienmarkt zutrifft, nachdem der allgemeinen Börseneuphorie vom Herbst 1999 bis Anfang 2000 eine schmerzliche Ernüchterung gefolgt ist und unzähligen (Klein-)Anlegern ganz erhebliche Verluste beschert worden sind. Wer beispielsweise einen anderen mit der Prognose einer hohen Kurssteigerung dazu veranlasst, ein Aktienpaket zu kaufen, dessen Wert dann erwartungswidrig geradezu ins Bodenlose fällt, kann sich ob dieser „Gaunerei" recht schnell mit dem Vorwurf eines Betruges nebst den entsprechenden strafprozessualen Zwangsmaßnahmen von der Blockade des gesamten Vermögens per Arrestanordnung bis hin zum Haftbefehl konfrontiert sehen, ohne dass die Strafverfolgungsbehörden die Frage nach dem tauglichen Objekt der Täuschung – scil. einer Tatsache – auch nur gestellt hätten.

In solchen Fällen ist ein besonders gründliches Arbeiten des Verteidigers gefordert. Er muss sich eingehend mit der Struktur und den einzelnen Merkmalen des § 263 StGB vertraut machen und sich darum bemühen, die Würdigung solcher Fälle wieder in geordnete, rechtsdogmatisch begründete Bahnen zu lenken. Der Verteidiger darf sich mit der bei den Strafverfolgungsbehörden nicht selten zu beobachtenden, pauschalen und moralisierenden Wertung eines Verhaltens als „Gaunerei" nicht zufrieden geben, sondern hat exakt zu zeigen, wo die an dem strafrechtlichen Bestimmtheitsgebot des Art. 103 Abs. 2 GG zu messenden Grenzen des vom Gesetz inkriminierten Verhaltens liegen. Auch muss sich der Verteidiger immer wieder vergegenwärtigen, dass die Ausnutzung von Wissensvorsprüngen in der Marktwirtschaft grundsätzlich legitim ist, da die Marktwirtschaft den individuellen Eigennutz und damit zugleich auch die Erlangung

---

[8] BKA (Hrsg.), Polizeiliche Kriminalstatistik, Berichtsjahr 2003, S. 191.
[9] BKA (Hrsg.), Polizeiliche Kriminalstatistik, Berichtsjahr 2003, S. 194.
[10] BKA (Hrsg.), Polizeiliche Kriminalstatistik, Berichtsjahr 2003, S. 236.
[11] BKA (Hrsg.), Polizeiliche Kriminalstatistik, Berichtsjahr 2003, S. 191.
[12] *Dahs* NJW 2002, 272, 273; *Lesch* ZRP 2002, 159, 161.

von Informationen prinzipiell positiv bewertet.[13] Der Verteidiger muss also wissen, dass dem Wettbewerbsmodell der Marktwirtschaft ein gewisses Spannungsverhältnis zwischen strafbarem Betrug und strafloser Geschäftstüchtigkeit immanent ist. Daraus folgt zwangsläufig, dass die Grenzziehung zwischen Betrug und erlaubten oder jedenfalls nicht kriminellen Verhaltensweisen im Wirtschaftsleben per se problematisch erscheint.[14] Der gleitende Übergang von verbreiteten, bloß „üblen" Geschäftspraktiken zum strafbaren Verhalten ist etwa beim Baubetrug besonders gut dokumentiert.[15] Jedenfalls gehört es – wie der BGH in einer neueren Entscheidung noch einmal ausdrücklich betont hat – nicht zum vom Betrugstatbestand geschützten Rechtsgut, sorglose Menschen gegen die Folgen ihrer eigenen Sorglosigkeit zu schützen.[16]

7   Das Spannungsverhältnis zwischen strafbarem Betrug und strafloser Geschäftstätigkeit wird ferner dadurch verschärft, dass die Marktwirtschaft sowohl die Befriedigung jeder noch so „unvernünftigen" Nachfrage als auch – in den Grenzen des § 291 StGB – die freie Preisgestaltung zulässt. Deshalb gehört es zum Alltag, dass von durchaus seriösen Unternehmen für „Schundware" oder für Dienstleistungen ein unangemessen hohes Entgelt gefordert wird.[17] Es erscheint aber kaum einleuchtend, wenn etwa einerseits an sich achtbare Firmen bei der Waschmittelreklame jahrelang ohne strafrechtliche Konsequenzen das Weiß der Wäsche teils durch Entfernung des Drecks, teils durch dessen Färbung mit Hilfe optischer Aufheller erreicht haben, während es der BGH andererseits als Betrug ansieht, wenn jemand einen Badezusatz (Frischzellenextrakt) mit dem Versprechen vertreibt, dass man davon schon nach der ersten Anwendung von nur zehn Minuten mindestens fünf Jahre jünger werden könne.[18] Was trennt – so wird mit Recht gefragt – den Vertreiber dieses Badezusatzes von den weltweit agierenden Unternehmen, die im Grenzbereich zu den Arzneimitteln Stärkungspräparate aller Art verkaufen und Haarwuchsmittel oder wunderbare, die Spannkraft angeblich wiederherstellende Tonika absetzen sowie von den Metzgern, die jahrzehntelang ohne eine entsprechende Kennzeichnungspflicht fast pures Fett als Wurst verkauft haben?[19] Noch heute ist es zulässig, ein Produkt als Wurst zu vermarkten, das nicht ein einziges Gramm Fleisch enthält.

8   Der Verteidiger muss die damit nur grob skizzierten immanenten Probleme des Betrugstatbestands stets im Auge behalten. Es gehört zu seinen wichtigsten Aufgaben, die Grenzen des § 263 StGB immer wieder neu auszuloten und die Strafverfolgungsbehörden davon zu überzeugen, dass nicht jede Ausnutzung fremder Torheit mit strafrechtlichen Sanktionen belegt werden kann (und muss).

2. Mandatsführung

9   Die Mandatsführung unterscheidet sich beim Betrug nicht von derjenigen in anderen Wirtschaftsstrafsachen. Besondere Vorsicht bei der Honorierung ist im Hinblick auf den Tatbestand des § 261 StGB (Geldwäsche) geboten.[20] Zum Katalog der Vortaten gehört gem. § 261 Abs. 1 Nr. 4 a) auch der Betrug, soweit er gewerbsmäßig oder von einem Mitglied einer Bande begangen wird, die sich zum fortgesetzten Betrug verbunden hat. Bei Serienstraftaten nach § 263 StGB muss damit gerechnet werden, dass der überwiegende Teil des Vermögens des Mandanten kontaminiert ist. Um jedes Risiko von vornherein auszuschließen, kann es sich deshalb empfehlen, eine Honorarvereinbarung mit einem unbelasteten Dritten (Angehöriger, Freund etc.) abzuschließen. Da die Staatsanwaltschaften in derartigen Fällen zunehmend dazu übergegangen sind, Finanzermittlungen gegen den Beschuldigten durchzuführen und im Rahmen der sog. „Rückgewinnungshilfe" erhebliche Teile des Vermögens des Beschuldigten zu beschlagnahmen, wird dem Verteidiger dann ohnehin vielfach keine andere Wahl bleiben. Eine Bestel-

---

[13] *Kühne* a.a.O. S. 7 f., 13; *Pawlik* a.a.O., S. 71; LK/*Tiedemann* Vor § 263 Rdnr. 35; Arzt/Weber/*Arzt* BT § 20 Rdnr. 7.
[14] Arzt/Weber/*Arzt* BT § 20 Rdnr. 7; Müller-Gugenberger/Bieneck/*Nack* § 47 Rdnr. 4.
[15] *Geerds* NStZ 1991, 56 ff.
[16] BGH Urt. v. 26.4.2001 – 4 StR 439/00 – NJW 2001, 2187, 2188.
[17] Arzt/Weber/*Arzt* BT § 20 Rdnr. 8.
[18] BGH Urt. v. 22.10.1986 – 3 StR 226/86 – BGHSt 34, 199.
[19] Arzt/Weber/*Arzt* BT § 20 Rdnr. 8.
[20] Vgl. dazu BGH Urt. v. 4.7.2001 – 2 StR 513/00 – BGHSt 47, 68 ff.; *Tröndle/Fischer* § 261 Rdnr. 4, 4 b m.w.N.; *Müller* StraFo 2004, 3 ff.

lung zum Pflichtverteidiger erscheint – soweit die Voraussetzungen des § 140 StPO vorliegen – zwar unproblematisch, aber wenig zielführend, da bekanntermaßen gerade in umfangreichen Wirtschaftsstrafsachen eine ausreichende Verteidigung zum Pflichtverteidigertarif nicht geleistet werden kann.

3. Verteidigung des „schuldigen" Mandanten

a) **Einwendungen gegen die Überführung.** Bei der Verteidigung eines „schuldigen" Mandanten darf der Verteidiger nicht wider besseres Wissen die Unschuld seines Mandanten positiv behaupten oder gar lauthals heraustönen. Vielmehr hat er sich – soweit das erfolgversprechend erscheint – darauf zu beschränken, die **Nichtüberführung** des Angeklagten darzutun, namentlich durch Aufdeckung aller Beweislücken, Angriffe auf belastendes Beweismaterial, Stellungnahme zur Rechtslage, Auslegung des Gesetzes usw.[21] Gerade weil die einzelnen Merkmale des Betrugstatbestands – wie oben dargelegt (Rdnr. 4 ff.) – nicht leicht korrekt einzuschätzen sind und überdies – insbesondere im subjektiven Bereich – in der forensischen Praxis vielfach erhebliche Nachweisschwierigkeiten verursachen, stehen dem Verteidiger hier große Gestaltungsfreiräume offen. Mit einem sorgfältig begründeten Schriftsatz zur Rechtslage werden sich deshalb in vielen Fällen schon im Ermittlungsverfahren gute Erfolge erzielen lassen. Die Irreführung des Gerichts durch Vorspiegelungen, Verdunkelung und Trübung von Beweisquellen ist aber verboten.[22]

Einer Vernehmung des „schuldigen" aber nicht überführten Mandanten im Ermittlungsverfahren wird in aller Regel ebenso entgegenzuwirken sein wie einer Einlassung in der Hauptverhandlung. Sollte sich der Beschuldigte etwa ohne den Rat eines Verteidigers im Ermittlungsverfahren vorschnell auf eine Vernehmung oder „informatorische Befragung" eingelassen und dabei selbst belastet haben, muss der Verteidiger seinen Blick auf mögliche **Beweisverbote** lenken. Neben den Tatbeständen des **§ 136 a StPO** werden insbesondere bei polizeilichen Befragungen **Belehrungsfehler** in Betracht kommen (vgl. § 136 Abs. 1 S. 2 StPO). Der Verstoß gegen die Pflicht zur Belehrung des Beschuldigten über seine Aussagefreiheit bei dem Beginn der Vernehmung zieht prinzipiell ein Verwertungsverbot hinsichtlich der daraufhin gemachten Äußerungen nach sich.[23] Dasselbe gilt grundsätzlich auch für den Fall einer unterbliebenen Belehrung über das Recht des Beschuldigten zur Konsultation eines Verteidigers.[24] Dabei ist zu beachten, dass die ersten „Orientierungsfragen" eines Polizeibeamten lediglich als „informatorische Befragung" und noch nicht als Vernehmung gelten, mag der Polizeibeamte auch hoffen, bei seiner Tätigkeit neben geeigneten Zeugen zugleich den Täter zu finden.[25] Insoweit ist eine Belehrung gem. § 136 Abs. 1 S. 2 StPO noch nicht erforderlich. Die Beurteilung ändert sich aber dann, wenn sich konkrete Hinweise auf die Beteiligung eines Befragten ergeben.[26] Wer einem objektiven, individualisierten Anfangsverdacht ausgesetzt ist, der sich in einem finalen Verfolgungsakt der Ermittlungsbehörde manifestiert hat, rückt in die prozessuale Stellung eines Beschuldigten ein und muss dann auch als solcher behandelt werden.[27] Ein individualisierter Anfangsverdacht ist dann gegeben, wenn konkrete tatsächliche Anhaltspunkte vorliegen, die es nach der kriminalistischen Erfahrung als möglich erscheinen lassen, der Betroffene habe eine verfolgbare Straftat begangen.[28] Bei der Beurteilung dieses Anfangsverdachts gegenüber dem Befragten hat der Polizeibeamte zwar einen Beurteilungsspielraum, den er aber nicht mit dem Ziel missbrauchen darf, den Zeitpunkt der Belehrung nach § 136 Abs. 1 S. 2 StPO hinauszuschieben.[29]

Wenn der Verteidiger einen Belehrungsfehler feststellt, muss er der Einführung der entsprechenden Aussage des Angeklagten in die Hauptverhandlung (etwa in Form einer Vernehmung

---

[21] *Dahs* Rdnr. 70 f.
[22] *Dahs* Rdnr. 70 f.
[23] BGH Beschl. v. 27.2.1992 – 5 StR 190/91 – BGHSt 38, 214; KMR/*Lesch* § 136 Rdnr. 22 m.w.N.
[24] BGH Urt. v. 22.11.2001 – 1 StR 220/01 – StraFo 2002, 127; KMR/*Lesch* § 136 Rdnr. 38 m.w.N.
[25] BGH Beschl. v. 27.2.1992 – 5 StR 190/91 – BGHSt 38, 214, 227 f.
[26] *Lesch* Strafprozeßrecht 3/39.
[27] KMR/*Lesch* Vor § 133 Rdnr. 4 ff. m.w.N.
[28] KMR/*Lesch* Vor § 133 Rdnr. 7.
[29] BGH Beschl. v. 27.2.1992 – 5 StR 190/91 – BGHSt 38, 214, 225 f.; BGH Beschl. v. 28.2.1997 – StB 14/96 – NStZ 1997, 398.

des Polizeibeamten als Zeugen vom Hörensagen) spätestens bis zu dem in § 257 StPO genannten Zeitpunkt (also spätestens bis zur Erklärung des Angeklagten bzw. des Verteidigers zu der betreffenden Beweiserhebung) widersprechen.[30]

13   b) **Einstellung nach §§ 153, 153 a StPO.** Kann der Mandant nach dem aus den Akten zu entnehmenden Ermittlungsergebnis als **überführt** gelten, sollte die Verteidigung sich in aller Regel darauf richten, einen für den Mandanten möglichst glimpflichen Ausgang des Verfahrens zu erreichen. Zu diesem Zweck ist neben einer **geständigen Einlassung** vor allem auch das rechtzeitige Bemühen um eine **Schadenswiedergutmachung** zu erwägen.

14   Der durch einen Betrug herbeigeführte Schaden betrifft allein das Vermögen des Opfers, ist also einer summarischen Bewertung zugänglich und aus diesem Grund für eine nachträgliche Kompensation geradezu prädestiniert. Sollte eine Schadenswiedergutmachung bereits im vollen Umfang geleistet sein, wird man insbesondere bei nicht vorbestraften Tätern im Bereich der kleineren bis mittleren Kriminalität schon im Ermittlungsverfahren vielfach eine **Einstellung nach § 153 oder § 153 a StPO** erzielen können. Im Übrigen kommt die Wiedergutmachung des durch die Tat verursachten Schadens auch als Auflage gem. § 153 a Abs. 1 S. 2 Nr. 1 StPO in Betracht. Die Staatsanwaltschaften sind jedenfalls bei einer Einstellung nach § 153 a StPO durch Nr. 93 a RiStBV besonders dazu angehalten, durch entsprechende Auflagen die Abschöpfung eines durch die Straftat erlangten Vermögensvorteils sicherzustellen. Es können auch verschiedene Auflagen miteinander kombinierten werden. Der **Täter-Opfer-Ausgleich** und die im Rahmen dessen entfalteten **Wiedergutmachungsbemühungen** des Täters sind gem. § 153 a Abs. 1 S. 2 Nr. 5 StPO ebenfalls als Auflage vorgesehen.

15   c) **Täter-Opfer-Ausgleich (§ 46 a StGB).** Selbst wenn eine Einstellung nach §§ 153 und 153 a StPO nicht in Betracht kommt, hat der Verteidiger im Hinblick auf § 46 a StGB an einen **Täter-Opfer-Ausgleich** oder an eine **Schadenswiedergutmachung** zu denken. Ziel des § 46 a StGB ist es, den Opferschutz dadurch stärker zu gewichten, dass der Täter zum Ausgleich mit dem Opfer motiviert und so die friedenstiftende Wirkung des Rechts zur Geltung gebracht wird.[31] Durch die Vorschrift wird die Möglichkeit einer **Strafmilderung nach § 49 Abs. 1 StGB** oder – wenn keine höhere Strafe als Freiheitsstrafe bis zu einem Jahr oder Geldstrafe bis zu 360 Tagessätzen verwirkt ist – die Möglichkeit eines **Absehens von Strafe** eröffnet. Einzelheiten zum Verfahren sind in den §§ 155 a und 155 b StPO geregelt.[32] Danach sollen die Staatsanwaltschaft und das Gericht in jedem Stadium des Verfahrens die Möglichkeiten prüfen, einen Ausgleich zwischen Beschuldigtem und Verletztem zu erreichen. In geeigneten Fällen sollen sie darauf hinwirken. Von welcher Seite die Initiative zu einem kommunikativen Prozess zwischen Täter und Opfer ausgeht, ist für die Anwendbarkeit des § 46 a StGB unerheblich; ebenso wenig ist die Einschaltung der das Opfer und den Angeklagten vertretenden Rechtsanwälte schädlich.[33] Die Initiative zum Täter-Opfer-Ausgleich kann also insbesondere auch unmittelbar vom Verteidiger ausgehen.[34] Grundsätzlich ist der Täter-Opfer-Ausgleich nicht an einen bestimmten Zeitpunkt gebunden, allerdings kann bei der Prüfung der Strafmilderungsmöglichkeit nach § 49 Abs. 1 StGB mitberücksichtigt werden, dass ein Angeklagter seine Ausgleichsbemühungen erst spät entfaltet hat.[35]

16   Liegen Anhaltspunkte dafür vor, dass ein Angeklagter nach der Tat an den Geschädigten Schadensersatzleistungen erbracht hat, muss das Gericht in den Urteilsgründen erörtern, ob die Voraussetzungen des § 46 a StGB vorliegen und ob von den fakultativen Möglichkeiten dieser Vorschrift Gebrauch zu machen ist. Eine strafmildernde Berücksichtigung im Rahmen des § 46 StGB (dazu unten Rdnr. 21) reicht in einem solchen Fall nicht aus.[36] Die **Urteilsfeststellungen** sind jedenfalls lückenhaft, wenn der Tatrichter zwar persönliche Leistungen des Angeklagten zur Schadenswiedergutmachung feststellt, dann aber nicht näher aufklärt, ob die Vorausset-

---

[30] BGH Beschl. v. 27.2.1992 – 5 StR 190/91 – BGHSt 38, 214, 225 f.; krit. zu dieser „Widerspruchslösung" *Lesch* JA 1995, 162; *Leipold* StraFo 2001, 300; KMR/*Lesch* § 136 Rdnr. 24.
[31] OLG Stuttgart Urt. v. 8.3.1996 – 1 Ss 38/96 – NJW 1996, 2109.
[32] Vgl. auch *Weber* DRiZ 2000, 42.
[33] OLG Köln Beschl. v. 26.8.2003 – Ss 325/03-170 – NStZ-RR 2004, 71, 72.
[34] *Meyer-Goßner* StPO § 155 a Rdnr. 3.
[35] OLG Köln Beschl. v. 26.8.2003 – Ss 325/03-170 – NStZ-RR 2004, 71, 72.
[36] OLG Hamm Beschl. v. 24.7.1998 – 2 Ss 740/98 – StV 1999, 89.

zungen des § 46 a StGB erfüllt sein können.³⁷ Das Gericht muss die konkret erfolgten (oder ernsthaft angebotenen) Leistungen des Täters im Einzelnen feststellen, um gewichtend beurteilen zu können, ob nicht nur nach der subjektiven Wertung von Tatopfer und Täter, sondern vor allem nach einem objektivierenden Maßstab die Leistung des Täters so erheblich ist, dass damit das Unrecht der Tat oder deren Folgen als „ausgeglichen" erachtet werden können. Auf die Feststellungen der Einzelheiten der getroffenen Regelung kann auch dann nicht verzichtet werden, wenn Tatopfer und Täter übereinstimmend erklären, ausdrücklich vereinbart zu haben, dass die Einzelheiten der getroffenen Regelungen keinen dritten Personen, also auch nicht dem Gericht, mitgeteilt werden dürfen. Kann das Tatgericht trotz Bemühungen, etwa durch Hinweis an den Täter, die erforderlichen Feststellungen nicht treffen, so ist die bloße Erklärung von Tatopfer und Täter, ein Ausgleich sei erfolgt, zwar im Rahmen der allgemeinen Strafzumessung von Bedeutung, vermag aber die Rechtsfolgen des § 46 a StGB nicht auszulösen.³⁸

Ein uneingeschränktes **Geständnis** ist als Voraussetzung des Täter-Opfer-Ausgleichs nicht zwingend gefordert. Allerdings kann ein solches Geständnis ein Anzeichen für einen gelungenen Täter-Opfer-Ausgleich bilden. Oftmals wird dem Opfer gerade ein Bekennen des Täters zu seiner Tat auch im Strafverfahren besonders wichtig erscheinen und eine angestrebte Wiedergutmachung des Täters ohne Geständnis kaum denkbar sein. Ist für das Opfer aber nach gelungenen Ausgleichsbemühungen die strafrechtliche Ahndung und das Verteidigungsverhalten des Täters nicht mehr von besonderem Interesse, so steht ein nur eingeschränktes Geständnis nach dem Sinn und Zweck der Regelung, die gerade dem friedensstiftenden kommunikativen Prozess zwischen Täter und Opfer besondere Bedeutung beimisst, der Anwendung des § 46 a StGB nicht entgegen.³⁹ 17

§ 46 a Nr. 1 StGB verlangt, dass der Täter in dem Bemühen, einen Ausgleich mit dem Opfer – das auch eine juristische Person sein kann⁴⁰ – zu erreichen, die Tat ganz oder zum überwiegenden Teil wiedergutgemacht hat, lässt es aber auch ausreichen, dass der Täter dieses Ziel ernsthaft erstrebt. **§ 46 a Nr. 2 StGB** nennt dagegen die Schadenswiedergutmachung, die vom Täter erhebliche persönliche Leistungen oder persönlichen Verzicht erfordert und zu einer Entschädigung des Opfers ganz oder zum überwiegenden Teil geführt hat. Damit bezieht sich § 46 a Nr. 1 StGB vor allem auf den Ausgleich der **immateriellen Folgen** einer Straftat, die auch bei Vermögensdelikten – d. h. auch beim Betrug – denkbar sind,⁴¹ während § 46 a Nr. 2 StGB den **materiellen Schadenersatz** betrifft.⁴² Beim Betrug können jedenfalls beide Alternativen des § 46 a StGB zur Anwendung kommen.⁴³ 18

Im Rahmen des **§ 46 a Nr. 1 StGB** muss die erreichte oder erstrebte Wiedergutmachung auf der Grundlage **umfassender Ausgleichsbemühungen** zur **Lösung des der Tat zugrunde liegenden Gesamtkonflikts** erbracht werden.⁴⁴ Ob dies stets⁴⁵ oder nur „tunlichst" bzw. „regelmäßig" (d. h. jedenfalls nicht zwingend) unter Mitwirkung eines Dritten erfolgen soll,⁴⁶ lässt der Wortlaut des Gesetzes offen.⁴⁷ Im Schrifttum wird allerdings auf das hohe Maß an Professionalität hingewiesen, mit dem speziell ausgebildete TOA-Moderatoren Ausgleichsgespräche 19

---

³⁷ BGH Beschl. v. 26.9.2002 – 4 StR 329/02 – StV 2002, 656; OLG Hamm Beschl. v. 20.8.1998 – 2 Ss 972/98 – StV 1999, 89.
³⁸ BayObLG Urt. v. 2.3.2004 – 2 St RR 171/03 – wistra 2004, 234, 235.
³⁹ BGH Beschl. v. 20.9.2002 – 2 StR 336/02 – StV 2002, 649.
⁴⁰ BGH Urt. v. 18.11.1999 – 4 StR 435/99 – NStZ 2000, 205; a.A. für § 46 a Nr. 1 *Lackner/Kühl* § 46 a Rdnr. 3.
⁴¹ BGH Urt. v. 18.11.1999 – 4 StR 435/99 – NStZ 2000, 205; KG Urt. v. 30.12.1996 – (4) 1 Ss 15/96, 16/96 – StV 1997, 473.
⁴² BGH Beschl. v. 2.5.1995 – 5 StR 156/95 – NStZ 1995, 492; OLG Stuttgart Urt. v. 8.3.1996 – 1 Ss 38/96 – NJW 1996, 2109, 2110; KG Urt. v. 30.12.1996 – (4) 1 Ss 15/96, (16/96) – StV 1997, 473.
⁴³ KG Urt. v. 30.12.1996 – (4) 1 Ss 15/96, (16/96) – StV 1997, 473.
⁴⁴ BT-Drucks. 12/6853, S. 21 f.; BGH Beschl. v. 25.7.1995 – 1 StR 205/95 – NStZ 1995, 492, 493; OLG Stuttgart Urt. v. 8.3.1996 – 1 Ss 38/96 – NJW 1996, 2109, 2110; BayObLG Beschl. v. 17.12.1997 – 2 St RR 273/97 – NJW 1998, 1654.
⁴⁵ So BT-Drucks. 12/6853, S. 22; *König/Seitz* NStZ 1995, 1, 2.
⁴⁶ So OLG Stuttgart Urt. v. 8.3.1996 – 1 Ss 38/96 – NJW 1996, 2109, 2110; BayObLG Beschl. v. 31.3.1995 – 3 St RR 17/95 – NJW 1995, 2120; *Tröndle/Fischer* § 46 a Rdnr 4; *Lackner/Kühl* § 46 a Rdnr 3.
⁴⁷ BGH Beschl. v. 25.7.1995 – 1 StR 205/95 – NStZ 1995, 492, 493; BGH Urt. v. 31.5.2002 – 2 StR 73/02 – StV 2002, 649, 651.

zu führen pflegen.[48] Jedenfalls setzt die Vorschrift des § 46 a Nr. 1 StGB einen **kommunikativen Prozess** zwischen Täter und Opfer voraus,[49] der auf einen umfassenden Ausgleich der durch die Straftat verursachten Folgen gerichtet sein muss; das einseitige Wiedergutmachungsbestreben ohne den Versuch der Einbeziehung des Opfers genügt nicht.[50] Wenn auch ein Wiedergutmachungserfolg nicht zwingende Voraussetzung ist, so muss sich doch das Opfer auf freiwilliger Grundlage zu einem Ausgleich bereit finden und sich auf ihn einlassen. Ein erfolgreicher Täter-Opfer-Ausgleich i.S.v. § 46 a Nr. 1 StGB setzt grundsätzlich voraus, dass das Opfer die erbrachten Leistungen oder Bemühungen des Täters als friedensstiftenden Ausgleich akzeptiert. Gegen den ausdrücklichen Willen des Verletzten darf die Eignung des Verfahrens für die Durchführung eines Täter-Opfer-Ausgleichs nicht angenommen werden, wie § 155 a S. 3 StPO ausdrücklich klarstellt.[51] Der Anwendung des § 46 a Nr. 1 StGB steht allerdings nicht entgegen, dass ein in Untersuchungshaft befindlicher Angeklagter den Ausgleich durch seinen Verteidiger bewirkt hat.[52] Ein – auch nicht immer ratsamer – persönlicher Kontakt zwischen Täter und Opfer ist also nicht zwingend erforderlich. Jedoch erscheint eine von beiden Seiten akzeptierte, ernsthaft mitgetragene Regelung prinzipiell unabdingbar.[53] Bei bloß erstrebter, d.h. noch nicht überwiegend geleisteter Wiedergutmachung kommt die Vergünstigung etwa dann in Betracht, wenn der Geschädigte eine für den Ausgleich erforderliche Mitwirkung verweigert oder durch relativ geringes Verschulden ein hoher Schaden verursacht wurde.[54] Es hindert die Anwendbarkeit des § 46 a Nr. 1 StGB auch nicht, dass sich das Tatopfer einen weiter gehenden Schmerzensgeldanspruch vorbehalten hat.[55] Mit den engen Voraussetzungen des § 46 a Nr. 1 StGB soll eine Privilegierung reicher Täter verhindert werden, die jederzeit zur Wiedergutmachung in der Lage sind und sich ohne weiteres – auch ohne Berücksichtigung der Opferinteressen – freikaufen könnten.[56]

20   Die in § 46 a Nr. 2 StGB normierte Fallgruppe erfordert, dass der Täter das Opfer ganz oder zum überwiegenden Teil entschädigt, was durch **erhebliche persönliche** – also nicht von Dritten übernommene[57] – **Leistungen** oder **persönlichen Verzicht** erfolgen muss.[58] Die Bestrebungen müssen **Ausdruck der Übernahme von Verantwortung gerade gegenüber dem Opfer** sein.[59] Verlangt wird, dass der Täter einen über die rein rechnerische Kompensation hinausgehenden Beitrag erbringt, damit die Schadenswiedergutmachung ihre friedenstiftende Wirkung entfalten kann. Die Erfüllung von Schadenersatzansprüchen allein genügt nicht.[60] Auch mit diesem Erfordernis soll u. a. einer Privilegierung reicher Täter entgegengewirkt werden.[61] Eine Anwendung des § 46 a Nr. 2 StGB ist aber nicht ausgeschlossen, wenn der Täter Leistungen

---

[48] *Weber* DRiZ 2000, 42.
[49] BGH Urt. v. 31.5.2002 – 2 StR 73/02 – StV 2002, 649, 651; BayObLG Urt. v. 2.3.2004 – 2 St RR 171/03 – wistra 2004, 234, 235; OLG Stuttgart Urt. v. 8.3.1996 – 1 Ss 38/96 – NJW 1996, 2109, 2110.
[50] BGH Beschl. v. 25.7.1995 – 1 StR 205/95 – NStZ 1995, 492, 493; BGH Urt. v. 18.11.1999 – 4 StR 435/99 – NStZ 2000, 205; BGH Urt. v. 27.8.2002 – 1 StR 204/02 – StV 2002, 654, 655; BayObLG Beschl. v. 17.12.1997 – 2 St RR 273/97 – NJW 1998, 1654; BGH Urt. v. 26.8.2003 – 1 StR 174/03 – NStZ 2004, 72, 73.
[51] BGH Urt. v. 26.8.2003 – 1 StR 174/03 – StV 2004, 72, 73.
[52] BGH Beschl. v. 17.6.1998 – 1 StR 249/98 – StV 1999, 89; BGH Urt. v. 27.8.2002 – 1 StR 204/02 – StV 2002, 654, 655.
[53] BGH Urt. v. 31.5.2002 – 2 StR 73/02 – StV 2002, 649, 651.
[54] BGH Urt. v. 31.5.2002 – 2 StR 73/02 – StV 2002, 649, 651; BayObLG Beschl. v. 31.3.1995 – 3 St RR 17/95 – NJW 1995, 2120.
[55] OLG Köln Beschl. v. 26.8.2003 – Ss 325/03-170 – NStZ-RR 2004, 71, 72.
[56] BGH Beschl. v. 25.7.1995 – 1 StR 205/95 – NStZ 1995, 492, 493; OLG Stuttgart Urt. v. 8.3.1996 – 1 Ss 38/96 – NJW 1996, 2109, 2110.
[57] *Lackner/Kühl* § 46 a Rdnr. 4; ebenso hinsichtlich der Wiedergutmachungsleistungen nach § 46 a Nr. 1 StGB BayObLG Beschl. v. 17.12.1997 – 2 St RR 273/97 – NJW 1998, 1654 f.
[58] BGH Beschl. v. 25.7.1995 – 1 StR 205/95 – NStZ 1995, 492, 493; BGH Urt. v. 18.11.1999 – 4 StR 435/99 – NStZ 2000, 205; OLG Stuttgart Urt. v. 8.3.1996 – 1 Ss 38/96 – NJW 1996, 2109, 2110; KG Urt. v. 30.12.1996 – (4) 1 Ss 15/96, (16/96) – StV 1997, 473.
[59] BGH Urt. v. 18.11.1999 – 4 StR 435/99 – NStZ 2000, 205; KG Urt. v. 30.12.1996 – (4) 1 Ss 15/96, (16/96) – StV 1997, 473.
[60] BGH Beschl. v. 25.7.1995 – 1 StR 205/95 – NStZ 1995, 492, 493; BGH Urt. v. 8.9.1999 – 3 StR 327/99 – NStZ 1999, 610; BGH Urt. v. 18.11.1999 – 4 StR 435/99 – NStZ 2000, 205, 206; KG Urt. v. 30.12.1996 – (4) 1 Ss 15/96, (16/96) – StV 1997, 473.
[61] BGH Urt. v. 18.11.1999 – 4 StR 435/99 – NStZ 2000, 205, 206.

zur Entschädigung des Opfers erst erbringt, nachdem er von diesem auf Zahlung in Anspruch genommen wurde.[62] Ist die Tat – wie beim Betrug – auf einen materiellen Schaden hin angelegt, gilt die Regelung des § 46 a StGB auch für andere tateinheitlich verwirklichte Delikte.[63]

d) Sonstige Vergünstigungen. Soweit die Voraussetzungen des § 46 a StGB nicht vorliegen, ist das Bemühen des Beschuldigten, den Schaden wieder gut zu machen, sowie das Bemühen des Täters, einen Ausgleich mit dem Verletzten zu erreichen, jedenfalls gem. § 46 Abs. 2 StGB im Rahmen der **Strafzumessung** zu berücksichtigen. Auch in dieser Vorschrift bezieht sich die Schadenswiedergutmachung auf den materiellen Schaden, während der Ausgleich mit dem Verletzten eher die immateriellen Folgen der Tat betrifft.[64]

Schließlich kann der Verteidiger bei noch nicht vollständiger Schadenswiedergutmachung wenigstens die Verhängung einer **Verwarnung mit Strafvorbehalt** gem. §§ 59 ff. StGB zu erreichen versuchen, und zwar mit der Begründung, dass dem Täter bei der Verhängung einer Geldstrafe die Schadenswiedergutmachung wesentlich erschwert würde, während dies bei bloß vorbehaltener Geldstrafe zunächst nicht der Fall ist. § 59 a Abs. 2 Nr. 1 StGB normiert in Anlehnung an § 46 a Nr. 1 StGB die Weisung an den Verwarnten, sich ernsthaft darum zu bemühen, einen Ausgleich mit dem Verletzten zu erreichen. Der Natur dieser Ausgleichsmaßnahme nach ist die Auflage nicht auf die **Durchführung** des Täter-Opfer-Ausgleichs, sondern lediglich auf **umfassende Ausgleichsbemühungen** gerichtet. Das gilt in gleicher Weise für die Auflage, sonst den durch die Tat verursachten **Schaden wieder gut zu machen**, die sich allenfalls graduell von der Umschreibung in § 56 Abs. 2 Nr. 1 – „nach Kräften" – unterscheidet.[65] Ein Wiedergutmachungserfolg braucht also nicht einzutreten.[66]

4. „Nebenkriegsschauplätze"

Ist der Sachverhalt in tatsächlicher und/oder rechtlicher Hinsicht kompliziert und vielschichtig gelagert, muss sich der Verteidiger stets genau überlegen, ob er wirklich das Risiko eingehen will, dass die Würdigung dieses Sachverhalts durch die Strafverfolgungsorgane auf „Nebenkriegsschauplätzen" bereits vor der Hauptverhandlung festgeschrieben wird. In einem Beschwerdeverfahren gegen einen Durchsuchungs- und Beschlagnahmebeschluss, eine Kontopfändung, den Ausschluss eines Verteidigers (§ 138 a StPO) o. ä. oder in einem Haftprüfungsverfahren werden die tatsächlichen und rechtlichen Voraussetzungen der Strafbarkeit nach den Erfahrungen der Praxis vielfach nur recht oberflächlich geprüft. Das gilt für die höchst komplizierte und bis in ihre letzten Verästelungen nur sehr schwer überschaubare Strafvorschrift des § 263 StGB in ganz besonderem Maße. Steht eine für den Mandanten ungünstige Entscheidung aber erst einmal auf dem Papier, werden sich die damit verbundenen tatsächlichen und rechtlichen Wertungen im späteren Hauptverfahren unter Umständen nur schwer wieder korrigieren lassen.

5. Absprachen

Weil es sich bei dem Betrug – wie schon mehrfach erwähnt – um ein höchst komplexes und rechtsdogmatisch nur sehr schwer zu erfassendes Delikt handelt, dessen Merkmale überdies in der forensischen Praxis vielfach erhebliche Nachweisschwierigkeiten verursachen, drängt es sich für die Strafverfolgungsorgane geradezu auf, das Verfahren auf möglichst ressourcenschonende und bequeme Weise per Absprache zu erledigen. Der Verteidiger darf sich auf entsprechende Angebote nicht vorschnell einlassen. Es wäre eine grobe Verfehlung seiner Pflichten, wenn er angesichts der tatsächlichen und rechtlichen Probleme eines vielschichtig gelagerten Sachverhalts aus Bequemlichkeit von vornherein kapitulieren und hohe Strafen oder Auflagen akzeptieren würde. Auch das von der Staatsanwaltschaft und/oder vom Gericht aufgebaute, mitunter recht gewaltige Drohpotential (Untersuchungshaft, Finanzermittlungen, Kontobeschlagnahmen) darf ihn nicht davon abhalten, den Sachverhalt zunächst gründlich zu prüfen

---

[62] BGH Beschl. v. 17.1.1995 – 4 StR 755/94 – NStZ 1995, 284; BGH Urt. v. 27.8.2002 – 1 StR 204/02 – StV 2002, 654, 655; *Tröndle/Fischer* § 46 a Rdnr. 5.

[63] OLG Karlsruhe Beschl. v. 10.5.1996 – 1 Ss 192/95 – NJW 1996, 3286.

[64] BGH Beschl. v. 2.5.1995 – 5 StR 156/95 – NStZ 1995, 492; KG Urt. v. 30.12.1996 – (4) 1 Ss 15/96, (16/96) – StV 1997, 473; LK/*Gribbohm* § 46 Rdnr. 210.

[65] *Tröndle/Fischer* § 59 a Rdnr. 4.

[66] Schönke/Schröder/*Stree* § 59 a Rdnr. 5.

und die Chancen des Mandanten auf eine günstigere Erledigung des Verfahrens auszuloten. Befindet sich der Mandant in Untersuchungshaft, darf ihn der Verteidiger nicht ohne weiteres zur Ablegung eines (Teil-)Geständnisses ermuntern, weil dadurch der Sachverhalt auch für eine spätere Hauptverhandlung praktisch festgeschrieben wird.[67] Freilich sind die Handlungsspielräume der Verteidigung in einem solchen Fall erheblich eingeschränkt, vor allem dann, wenn die Staatsanwaltschaft die Untersuchungshaft als Druckmittel einsetzt, um den Beschuldigten gezielt „weichzukochen". Nicht umsonst wird die Untersuchungshaft als das „trostloseste Kapitel der Strafverteidigung" bezeichnet.[68]

25   Sind mehrere Beschuldigte in ein Verfahren verwickelt, werden die Schwierigkeiten, mit denen der Verteidiger zu kämpfen hat, potenziert. Nicht selten wird unter den Betroffenen eine Art Wettlauf darum entstehen, sich der Staatsanwaltschaft möglichst zuerst als „Kronzeuge" anzudienen, um die anderen Mitbeschuldigten zu belasten und sich dadurch selbst eine (tatsächliche oder vermeintliche) Vergünstigung zu verschaffen. Die Gefahr, dass dabei ein Sachverhalt festgeschrieben wird, der sich von den Realitäten weit entfernt, liegt auf der Hand. Auch kommt es in der Praxis vor, dass das Verfahren gegen den oder die „Hauptübeltäter" abgetrennt und per Absprache vorab erledigt wird. Den Betroffenen ist es dann naturgemäß in erster Linie darum gelegen, in den Genuss einer relativ günstigen Strafe zu kommen, während der im Urteil festgestellte Sachverhalt und dessen exakte rechtliche Einordnung – wenn überhaupt – allenfalls eine untergeordnete Rolle spielt. Es wird also – nebenbei bemerkt: völlig konträr zur einschlägigen Judikatur des BGH[69] – im Schnelldurchgang ohne jede Beweisaufnahme ein von der Staatsanwaltschaft (oder vom Gericht) vorgegebener Sachverhalt quasi durch „Handauflegen" abgesegnet und ohne nähere rechtliche Prüfung einzelner Merkmale einem bestimmten Straftatbestand zugeordnet. Hat sich das Gericht auf diese Weise erst einmal in einem abgesprochenen Urteil gegen einen oder mehrere Mitbeschuldigte festgelegt, wird es nur schwer gelingen, es später in einer „streitigen" Verhandlung mit einem anderen Mitbeschuldigten zu vernünftigen Zweifeln an dem einmal Entschiedenen zu bewegen. In einer derart verfahrenen Situation hat der Verteidiger in der Hauptverhandlung immer auch die Chancen einer späteren Revision im Auge zu behalten.

III. Materiellrechtliche Fragen des Tatbestands

1. Geschütztes Rechtsgut und Deliktsstruktur

26   Geschütztes Rechtsgut des § 263 StGB ist das **Vermögen**,[70] nicht die wirtschaftliche Dispositionsbefugnis.[71] Anders als beim Diebstahl (§ 242 StGB) verletzt der Täter das geschützte Rechtsgut beim Betrug nicht unmittelbar selbst, sondern mittelbar durch das Opfer: Die Beteiligung des Opfers ist Tatbestandsmerkmal.[72] Insoweit lässt sich der Betrug durchaus treffend als tatbestandlich vertypte Form der **mittelbaren Täterschaft** qualifizieren.[73] Anders als bei der Erpressung (§ 253 StGB) wird die vermögensschädigende Handlung des Tatwerkzeugs aber nicht durch Zwang, sondern durch Täuschung bewirkt.[74]

27   Nach herrschender Auffassung setzt der objektive Tatbestand des Betruges eine **Täuschung** des Täters, einen dadurch hervorgerufenen **Irrtum** des Getäuschten, eine irrtumsbedingte **Vermögensverfügung** des Getäuschten und einen daraus resultierenden **Vermögensschaden** vor-

---

[67] *Dahs* Rdnr. 316.
[68] *Dahs* Rdnr. 306.
[69] Grundlegend BGH Urt. v. 28.8.1997 – 4 StR 240/97 – BGHSt 43, 195.
[70] H.M.: BGH Beschl. v. 18.7.1961 – 1 StR 606/60 – BGHSt 16, 220, 221; BGH Urt. v. 24.2.1983 – 1 StR 550/82 – NJW 1983, 1917; BGH Beschl. v. 1.9.1994 – 1 StR 468/94 – StV 1995, 254; *Lackner/Kühl* § 263 Rdnr. 2; *Tröndle/Fischer* § 263 Rdnr. 1 b; Schönke/Schröder/*Cramer* § 263 Rdnr. 1.
[71] BGH Urt. v. 4.11.1997 – 1 StR 273/97 – BGHSt 43, 293, 297; BGH Urt. v. 10.11.1994 – 4 StR 331/94 – NStZ 1995, 134, 135.
[72] *Derksen*, Handeln auf eigene Gefahr, 1992, S. 27; *Frisch*, Tatbestandsmäßiges Verhalten und Zurechnung des Erfolgs, 1988, S. 163.
[73] *Schröder* NJW 1962, 721, 722; *Lenckner* NJW 1971, 599, 600; *Cramer*, Vermögensbegriff und Vermögensschaden im Strafrecht, 1968, S. 207; *Jakobs* Urkundenfälschung S. 2; *Kindhäuser*, FS Bemmann, S. 393 ff.; NK/*Kindhäuser* § 263 Rdnr. 55 ff.
[74] *Lackner/Kühl* § 263 Rdnr. 3.

aus.⁷⁵ In subjektiver Hinsicht ist neben dem **Vorsatz** die besondere Absicht erforderlich, sich oder einem Dritten einen rechtswidrigen Vermögensvorteil zu verschaffen (**Bereicherungsabsicht**). Wegen dieser überschießenden Innentendenz wird der Betrug auch als kupiertes Erfolgsdelikt bezeichnet.⁷⁶

2. Täuschung

a) **Objekt der Täuschung.** Die Tathandlung des § 263 StGB besteht in einer Täuschung, Gegenstand der Täuschung sind nur **Tatsachen**.⁷⁷ Tatsachen werden vom Gesetzgeber als schutzwürdige, weil rationale „Basis von Entscheidungen im wirtschaftlichen Bereich", nämlich von Vermögensverfügungen angesehen. Dem Tatbestand des § 263 StGB liegt also das Bild eines „besonnenen Menschen" (homo oeconomicus) zugrunde, der eine Entscheidung über den Einsatz seines Vermögens auf der richtigen Tatsachenbasis treffen können soll.⁷⁸ Daher gelten nur falsche Tatsachenangaben als gefährlich, so dass **reine Werturteile** und **persönliche Meinungsäußerungen**⁷⁹ sowie Aussagen über **künftige** Ereignisse ausscheiden,⁸⁰ wenn und soweit sie nicht auf Tatsachen gestützt sind.⁸¹ Tatsachen sind also Vorgänge oder Zustände der **Vergangenheit** oder **Gegenwart**, die zur Erscheinung gelangt und in die Wirklichkeit getreten und deshalb dem (gerichtlichen) **Beweis zugänglich** sind.⁸² Durch die beiden Kriterien des **Zeitbezuges** und der **Beweiszugänglichkeit** werden – wie gesagt – Prognosen über künftige Ereignisse bzw. Entwicklungen und reine Werturteile aus dem Begriff ausgeschieden: Künftiges wird erst mit seiner Verwirklichung zur Tatsache, und Werturteile ohne „Tatsachenkern" sind nicht dem Beweis zugänglich.⁸³ Unzutreffend ist deshalb auch die Auffassung des BGH, wonach das Vortäuschen übersinnlicher Fähigkeiten als taugliche Betrugshandlung in Betracht kommen soll:⁸⁴ Übersinnliche Fähigkeiten sind dem Beweis nicht zugänglich und bilden per se nicht die Basis rationaler wirtschaftlicher Entscheidungen eines „besonnenen Menschen". Dem Beweis zugänglich sind damgegenüber der Wert eines Grundstücks und die Werthaltigkeit von Sicherheiten zur Gewährung von Darlehen.⁸⁵ Neben **äußeren** Vorgängen und Zuständen sind auch **innere** (psychische) Gegebenheiten und Abläufe, wie z. B. Wissen, Vorstellungen, Überzeugungen, Absichten, Motive etc. als Tatsachen zu qualifizieren.⁸⁶

Weil **zukünftige** Ereignisse ausscheiden, ist zwar beim **Kreditkauf** oder **Darlehen** die spätere Zahlungsfähigkeit keine Tatsache,⁸⁷ wohl aber – als innere Gegebenheit – die gegenwärtige Überzeugung des Käufers oder Darlehensnehmers von dieser künftigen Fähigkeit oder dessen Absicht oder Bereitschaft zu späterer Zahlung.⁸⁸ Ist dem Käufer auf Kredit die Erfüllung der übernommenen zukünftigen Zahlungspflicht zweifelhaft, spiegelt er jedoch nicht schlechthin einen fehlenden Zahlungswillen vor. Denn wer mit der Möglichkeit späterer Leistungsfähigkeit rechnet, kann durchaus den Zahlungswillen haben.⁸⁹ Wenn der Täter sein Zahlungsversprechen als Ausdruck seiner Zahlungsbereitschaft abgibt, ohne ernstlich zur Erfüllung entschlossen zu sein, spiegelt er das Bestehen eines ernsten Zahlungswillens vor. Ein solcher fehlt auch, wenn sich der Täter gegenüber der Möglichkeit späterer Zahlungsunfähigkeit gleichgültig ver-

---

⁷⁵ NK/*Kindhäuser* § 263 Rdnr. 53; *Lackner/Kühl* § 263 Rdnr. 1.
⁷⁶ *Lackner/Kühl* § 263 Rdnr. 2.
⁷⁷ OLG Düsseldorf Beschl. v. 19.7.1995 – 2 Ss 198/95 – wistra 1996, 32.
⁷⁸ Vgl. LK/*Tiedemann* § 263 Rdnr. 8; SK/*Samson/Günther* § 263 Rdnr. 3.
⁷⁹ *Lackner/Kühl* § 263 Rdnr. 5; Müller-Gugenberger/Bieneck/*Nack* § 47 Rdnr. 11.
⁸⁰ OLG Braunschweig Urt. v. 28.5.1959 – Ss 64/59 – NJW 1959, 2175, 2176; *Worms* wistra 1984, 126.
⁸¹ BGH Urt. v. 1.4.1992 – 2 StR 614/91 – wistra 1992, 255, 256; LK/*Tiedemann* § 263 Rdnr. 8.
⁸² RG Urt. v. 14.11.1921 – III 864/21 – RGSt 56, 227, 231; LK/*Tiedemann* § 263 Rdnr. 10; Müller-Gugenberger/Bieneck/*Nack* § 47 Rdnr. 10.
⁸³ *Worms* wistra 1984, 126; LK/*Tiedemann* § 263 Rdnr. 9; Schönke/Schröder/*Cramer* § 263 Rdnr. 8, 9; Tröndle/Fischer § 263 Rdnr. 2, 4.
⁸⁴ BGH Urt. v. 30.4.1987 – 4 StR 79/87 – wistra 1987, 255, 256.
⁸⁵ Vgl. BGH Urt. v. 14.7.2000 – 3 StR 53/00 – NStZ-RR 2001, 241.
⁸⁶ RG Urt. v. 14.11.1921 – III 864/21 – RGSt 56, 227, 231; BGH Urt. v. 1.4.1992 – 2 StR 614/91 – wistra 1992, 255, 256; OLG Düsseldorf Beschl. v. 19.7.1995 – 2 Ss 198/95 – wistra 1996, 32.
⁸⁷ OLG Stuttgart Urt. v. 11.7.1958 – 1 Ss 334/58 – NJW 1958, 1833; OLG Braunschweig Urt. v. 28.5.1959 – Ss 64/59 – NJW 1959, 2175, 2176.
⁸⁸ BGH Urt. v. 30.4.1987 – 4 StR 79/87 – wistra 1987, 255, 256; BGH Urt. v. 7.11.1991 – 4 StR 252/91 – BB 1992, 523; OLG Braunschweig Urt. v. 28.5.1959 – Ss 64/59 – NJW 1959, 2175 f.
⁸⁹ OLG Stuttgart Urt. v. 11.7.1958 – 1 Ss 334/58 – NJW 1958, 1833.

hält.⁹⁰ Ist die Vermögenslage des Täters zur Zeit der Bestellung auf Kredit schlecht, dass es auch unter Berücksichtigung einer vernünftigerweise in Betracht zu ziehenden künftigen Entwicklung unwahrscheinlich ist, dass der Täter trotzdem seine Zahlungsverpflichtung zu dem von ihm zugesagten Zahlungstermin erfüllen kann, sprechen regelmäßig die tatsächlichen Umstände dafür, dass ein ernsthafter Zahlungswille zur Zeit des Abschlusses des Kreditgeschäfts nicht vorhanden war. Nimmt das Gericht im Einzelfall an, dass trotzdem ein ernster Zahlungswille vorhanden ist, muss es die Gründe besonders angeben, die es zu dieser Überzeugung geführt haben.⁹¹

30 Auch die zukünftige **Entwicklung eines Geschäfts- oder Unternehmenswertes** oder eines **Aktienkurses** ist keine Tatsache,⁹² ebenso wenig die zukünftige Entwicklung einer **Geldauflage** (z. B. von Warentermingeschäften). Indes kann eine Täuschung über eine Tatsache in derartigen Fällen dann vorliegen, wenn der Täter zugleich mit seiner Prognose konkrete Verhältnisse behauptet oder verschweigt, die sich zwar erst später auf die Entwicklung auswirken, aber bereits der Gegenwart angehören, beispielsweise die Auftragslage, das know how, die Konkurrenzlosigkeit eines vertriebenen Produkts⁹³ oder ein ungewöhnlich hoher Anteil an Vermittlungskosten für eine Geldanlage (vgl. dazu auch unten Rdnr. 36).⁹⁴ Keine Tatsachen sind aber jedenfalls bloße **Werturteile** oder **Meinungsäußerungen**, auch wenn sie sich auf die Gegenwart beziehen. Für die – fließende – Abgrenzung ist maßgeblich, ob der Sinn der Äußerung einen objektiven, gerichtlicher Beweisführung zugänglichen **Kern von Tatsachen** ergibt, über dessen Vorhandensein oder Fehlen unrichtige Vorstellungen erweckt werden sollen.⁹⁵ Wer im Rahmen eines Franchisesystems eine Produktreihe damit anpreist, dass sie in eine „Marktlücke" stößt, „sich von selbst verkauft" und darauf „die Bundesbürger förmlich warten", begeht keine Täuschung. Denn derartige Erklärungen enthalten keine Tatsachenbehauptungen, sondern lediglich Meinungsäußerungen werbenden, reklamehaften Charakters, die sich in der Prognose einer künftigen geschäftlichen Entwicklung erschöpfen.⁹⁶ Auch die mangelnde Überzeugung des Täters hinsichtlich der von ihm geäußerten Gewinnaussichten ist tatbestandlich nicht erfasst, weil nicht über den Umweg der inneren Tatsache lediglich mittels eins „Kunstgriffs" etwas Zukünftiges zur Tatsache gemacht werden kann.⁹⁷

31 **Rechtliche Verhältnisse** sollen als betrugsrelevante Tatsachen gelten,⁹⁸ z.B. die Freiheit eines Grundstücks von Belastungen⁹⁹ oder die Verkehrsfähigkeit von Wein.¹⁰⁰ Dies trifft allerdings nicht zu, weil rechtlichen Verhältnissen die Beweiszugänglichkeit fehlt: Objektiv in die Erscheinung getreten und dem Beweis zugänglich sind immer nur die tatsächlichen Gegebenheiten, aus denen sich die rechtlichen Verhältnisse ergeben. Behauptungen über Rechte bzw. rechtliche Verhältnisse können nur dann Gegenstände einer Täuschungshandlung sein, wenn sie zugleich konkludent Tatsachenbehauptungen enthalten. Beipsielsweise wäre die bloße (unzutreffende) Behauptung eines Anspruchs allein nicht geeignet, eine Täuschungshandlung i. S. d. des § 263 StGB zu begründen.¹⁰¹ Auch die Verkehrsfähigkeit von Wein ist als solche bloß das Ergebnis einer juristischen Würdigung und folglich keine Tatsache. Deshalb kann auch die Täuschung über die Verkehrsfähigkeit als solche keine Täuschung über Tatsachen i. S. d. § 263 StGB darstellen. Beruht die Verkehrsunfähigkeit von Wein oder Prädikatswein auf der Verwendung unerlaubter Stoffzusätze (z. B. Benzoesäure, Glycerin, Zucker), wird mit dem Verkauf dieses Weines konkludent die Behauptung aufgestellt, dass diese Stoffzusätze nicht vorhanden sind. Dies wiederum ist ein dem objektiven (gerichtlichen) Beweis zugänglicher Zustand in der Außen-

---

⁹⁰ OLG Stuttgart Urt. v. 11.7.1958 – 1 Ss 334/58 – NJW 1958, 1833.
⁹¹ OLG Stuttgart Urt. v. 11.7.1958 – 1 Ss 334/58 – NJW 1958, 1833.
⁹² Vgl. *Worms* wistra 1984, 126.
⁹³ Vgl. OLG Frankfurt Beschl. v. 22.5.1985 – 5 Ws 10/84 – wistra 1986, 31; LK/*Tiedemann* § 263 Rdnr.16.
⁹⁴ Vgl. BGH Beschl. v. 20.9.1999 – 5 StR 729/98 – NStZ 2000, 34.
⁹⁵ *Lackner/Kühl* § 263 Rdnr. 5; LK/*Tiedemann* § 263 Rdnr. 9; Müller-Gugenberger/Bieneck/*Nack* § 47 Rdnr. 11.
⁹⁶ BGH Urt. v. 1.4.1992 – 2 StR 614/91 – wistra 1992, 255, 256.
⁹⁷ *Worms* wistra 1984, 126; a.A. die h.M., vgl. etwa LK/*Tiedemann* § 263 Rdnr.16.
⁹⁸ LK/*Tiedemann* § 263 Rdnr. 11.
⁹⁹ OLG Düsseldorf Beschl. v. 19.7.1995 – 2 Ss 198/95 – wistra 1996, 32.
¹⁰⁰ OLG Koblenz Urt. v. 18.5.1972 – 1 Ss 63/72 – NJW 1972, 1907; Schönke/Schröder/*Cramer* § 263 Rdnr. 8.
¹⁰¹ BGH Beschl. v. 8.11.2000 – 5 StR 433/00 – BGHSt 46, 196, 198.

welt. Objekt der Täuschung ist also insoweit nicht die Verkehrsfähigkeit, vielmehr kommen allein die faktischen Voraussetzungen der Verkehrsfähigkeit als Gegestand der Täuschung in Betracht.[102]

b) Einwirkung auf die Vorstellung eines anderen. Die Täuschung ist nach der Tatbestandsstruktur des § 263 StGB die Bedingung für einen darauf beruhenden Irrtum. Das schließt es aus, die Täuschung bereits aus einem Irrtum als solchem herzuleiten. Die bloße Hoffnung des Täters auf einen – zur Vermögensschädigung führenden – Irrtum beim Tatopfer mag zwar sozialethisch verwerflich sein; dennoch wird aus einer solchen Hoffnung oder Erwartung deshalb noch keine Täuschungshandlung.[103] Vielmehr setzt die Annahme einer Täuschung eine **Einwirkung auf die Vorstellung des Getäuschten** voraus, nämlich ein Verhalten des Täters, das objektiv geeignet und subjektiv[104] bestimmt ist, beim Adressaten eine Fehlvorstellung über tatsächliche Umstände hervorzurufen.[105] Nicht ausreichend ist damit grundsätzlich die bloße **Manipulation von Objekten** und die bloße Veränderung von Tatsachen, mag dieses Handeln auch zu einem Irrtum des Verfügenden führen, weil sich der Bezugsgegenstand der Vorstellung ändert.[106] 32

c) Ausdrückliche Täuschung. Die ausdrückliche Täuschung besteht in der ausdrücklichen **Erklärung der Unwahrheit über Tatsachen.** Die Erklärung kann durch gesprochene Worte („expressis verbis") oder durch Schrift erfolgen. Da und soweit eine Erklärung nach Verkehrsauffassung und Konvention auch in anderer Weise abgegeben werden kann, reichen auch Zeichen, Gesten und andere kommunikative Mittel aus.[107] 33

Unwahr ist eine Erklärung, wenn ihr Inhalt nicht mit der Wirklichkeit übereinstimmt. Dabei ist der Erklärungsinhalt anhand der üblichen Auslegungskriterien, insbesondere der objektiven Verkehrsauffassung und des Empfängerhorizonts, zu ermitteln. Daher können sich auch auslegungsbedürftige, insbesondere an sich **unklare** oder sogar **widersprüchliche** (perplexe) **Erklärungen** als falsch erweisen. Umgekehrt werden **objektiv wahre Erklärungen** nicht schon deshalb unwahr, weil der Erklärende ein Missverständnis durch den Erklärungsempfänger bezweckt oder als sicher voraussieht. Vielmehr kann eine objektiv wahre Erklärung regelmäßig nur dann zu einer unwahren werden, wenn das Gesamtverhalten eine konkludente Täuschung darstellt[108] (unten Rdnr. 39). 34

d) Konkludente Täuschung. In Rechtsprechung und Literatur ist allgemein anerkannt, dass außer der ausdrücklichen Begehung, namentlich durch bewusst unwahre Behauptungen, die Täuschung auch konkludent erfolgen kann, nämlich durch irreführendes Verhalten, das nach der Verkehrsanschauung als stillschweigende Erklärung zu verstehen ist. Davon ist auszugehen, wenn der Täter die Unwahrheit zwar nicht expressis verbis zum Ausdruck bringt, sie aber nach der Verkehrsanschauung durch sein Verhalten miterklärt.[109] Der Erklärungswert hängt also von der Verkehrsauffassung ab, und diese wird vom Empfängerhorizont her bestimmt,[110] scil. nach der allgemeinen Verkehrsanschauung über die für die verschiedenen Geschäftstypen charakteristischen Risikoverteilungen.[111] 35

---

[102] So zutreffend OLG Koblenz Urt. v. 12.3.1998 – 1 Ss 205/97 – ZLR 1998, 348, 356; OLG Koblenz Beschl. v. 6.1.2000 – 1 Ausschl. 3/99 – n.v., S. 26.
[103] BGH Urt. v. 26.4.2001 – 4 StR 439/00 – NJW 2001, 2187, 2188.
[104] Die h.M. geht von einem solchen subjektiven Element des Täuschungsbegriffs aus, BGH Urt. v. 5.2.1963 – 1 StR 533/62 – BGHSt 18, 235, 237; *Lackner/Kühl* § 263 Rdnr. 23; a.A. *Tröndle/Fischer* § 263 Rdnr. 10; NK/*Kindhäuser* § 263 Rdnr. 73: Frage des subjektiven Tatbestandes; vgl. auch – Täuschung und Irrtumserregung vermengend – BGH Beschl. v. 25.11.2003 – 4 StR 239/03 – NStZ 2004, 266, 267.
[105] BGH Urt. v. 26.4.2001 – 4 StR 439/00 – NJW 2001, 2187, 2188; *Lackner/Kühl* § 263 Rdnr. 6; Schönke/Schröder/*Cramer* § 263 Rdnr. 6; Müller-Gugenberger/Bieneck/*Nack* § 47 Rdnr. 14.
[106] LK/*Tiedemann* § 263 Rdnr. 23; *Lackner/Kühl* § 263 Rdnr. 6; Müller-Gugenberger/Bieneck/*Nack* § 47 Rdnr. 14; a.A. Arzt/Weber/*Arzt* BT § 20 Rdnr. 45 ff.
[107] LK/*Tiedemann* § 263 Rdnr. 24.
[108] LK/*Tiedemann* § 263 Rdnr. 25; insoweit unzutreffend *Lackner/Kühl* § 263 Rdnr. 8.
[109] BGH Urt. v. 26.4.2001 – 4 StR 439/00 – NJW 2001, 2187, 2188; BGH Beschl. v. 26.8.2003 – 5 StR 145/03 – NStZ 2004, 218, 219; BGH Beschl. v. 25.11.2003 – 4 StR 239/03 – NStZ 2004, 266, 267; *Lackner/Kühl* § 263 Rdnr. 7; Müller-Gugenberger/Bieneck/*Nack* § 47 Rdnr. 16.
[110] Müller-Gugenberger/Bieneck/*Nack* § 47 Rdnr. 16.
[111] OLG Celle Urt. v. 21.7.1992 – 1 Ss 168/92 – n.v.

36 Derjenige, welcher eine **vertragliche Verpflichtung** übernimmt, gibt nach der Verkehrsauffassung regelmäßig die stillschweigende Erklärung ab, er sei **zur Erfüllung willens** und nach seiner Einschätzung auch **zur Erfüllung in der Lage**.[112] Wer eine Ware zu einem bestimmten **Preis** anbietet, erklärt damit im Allgemeinen nicht schon schlüssig dessen Angemessenheit oder Üblichkeit.[113] Denn in einem marktwirtschaftlichen System, in dem die Preise frei ausgehandelt werden, trägt jeder Vertragspartner das Risiko, dass die vereinbarten Vertragsbedingungen ausgewogen sind, abgesehen von den Grenzen des § 291 StGB, grundsätzlich selbst.[114] Etwas anderes gilt nur, wenn es an einer individuellen Preisvereinbarung fehlt, der Wert der Ware tax- oder listenmäßig festgelegt ist und der Erwerber nach allgemeinen Marktgepflogenheiten darauf vertrauen darf, dass sein Vertragspartner nur den listen-, tax- oder handelsüblichen Preis verlangen wird,[115] beispielsweise bei den Preisen für Arzneimittel oder den gesetzlichen Gebühren der Rechtsanwälte (vgl. auch § 352 StGB). Die Rechtsprechung bezieht hier auch das Anbieten sog. **Warentermin-(Rohstoff-)Optionen** ein, bei dem der Täter einen die Gewinnchance stark reduzierenden Prämienaufschlag verschweigt.[116] Bei einer **öffentlichen und beschränkten Ausschreibung** und ebenso bei einer **freihändigen Vergabe mit Angebotsanfragen** durch öffentliche oder private Auftraggeber an zumindest zwei Unternehmer enthält die Angebotsabgabe regelmäßig die konkludente Erklärung, dass dieses Angebot ohne eine vorherige **Preisabsprache** zwischen den Bietern zustande gekommen ist.[117]

37 Das Angebot eines **Schecks** enthält zumindest die konkludente Erklärung dafür, dass nach der Überzeugung des Ausstellers bei Einlösung Deckung vorhanden sein wird;[118] ob auch schon vorhandene Deckung zugesichert wird, ist umstritten und hängt nach h.M. von den Umständen des Einzelfalls ab.[119] Das Angebot eines **Wechsels** an eine Bank zum Diskont enthält die stillschweigende Behauptung, dass es sich um einen Kunden- oder Warenwechsel handelt.[120] Im **Lastschrift-Einzugsverfahren** liegt in der Erteilung eines Einziehungsauftrags an das einziehende Kreditinstitut (Inkassostelle) eine konkludente Erklärung darüber, dass der Auftraggeber eine ordnungsgemäße Einziehungsermächtigung besitzt[121] und dass ihm eine sofort fällige Geldforderung in der angegebenen Höhe zusteht.[122]

38 In der bloßen **Entgegennahme einer Leistung** ist nicht die schlüssige Erklärung enthalten, dass sie von dem anderen geschuldet sei. Denn es gehört grundsätzlich in den Risikobereich des Leistenden, dass die Schuld besteht und die Leistung den Anspruch nicht übersteigt. Deshalb ist – unter der Voraussetzung, dass eine Offenbarungspflicht des Leistungsempfängers nicht besteht – namentlich die Annahme zu viel gezahlten Geldes kein Betrug.[123] Wer hingegen eine **Leistung einfordert**, soll damit nach bislang herrschender Auffassung das Bestehen des zugrunde liegenden Anspruchs – genauer: das Vorliegen der tatsächlichen Voraussetzungen dieses Anspruchs – konkludent zum Ausdruck bringen.[124] Dies ist auch relevant für den

---

[112] BGH Urt. v. 7.11.1991 – 4 StR 252/91 – BB 1992, 523; OLG Stuttgart Urt. v. 11.7.1958 – 1 Ss 334/58 – NJW 1958, 1833.
[113] BGH Beschl. v. 16.6.1989 – 2 StR 252/89 – NJW 1990, 2005; OLG Stuttgart Urt. v. 16.2.1966 – 1 Ss 638/65 – NJW 1966, 990; OLG Stuttgart Beschl. v. 24.5.1985 – 1 Ss, (25) 292/85 – NStZ 1985, 503; BayObLG Urt. v. 9.12.1993 – 3 St RR 127/93 – NJW 1994, 1078, 1979; *Lackner/Kühl* § 263 Rdnr. 10; Müller-Gugenberger/Bieneck/*Nack* § 47 Rdnr. 19.
[114] *Lackner/Werle* NStZ 1985, 504.
[115] BGH Beschl. v. 16.6.1989 – 2 StR 252/89 – NJW 1990, 2005; OLG Stuttgart Urt. v. 16.2.1966 – 1 Ss 638/65 – NJW 1966, 990; OLG Stuttgart Beschl. v. 24.5.1985 – 1 Ss, (25) 292/85 – NStZ 1985, 503.
[116] BGH Urt. v. 8.7.1981 – 3 StR 457/80 – BGHSt 30, 177; *Tröndle/Fischer*, § 263 Rdnr. 17; siehe dazu auch *Worms* wistra 1984, 123 ff.
[117] BGH Urt. v. 11.7.2001 – 1 StR 576/00 – BGHR StGB § 263 Abs. 1 Täuschung 21; LK/*Tiedemann* § 263 Rdnr. 39.
[118] BGH Beschl. v. 25.6.1952 – 5 StR 509/52 – BGHSt 3, 69.
[119] OLG Köln Beschl. v. 19.10.1990 – Ss 476/90 – NJW 1991, 1122.
[120] BGH Urt. v. 17.8.1976 – 1 StR 371/76 – NJW 1976, 2028; *Lackner/Kühl* § 263 Rdnr. 11.
[121] LG Oldenburg Urt. v. 26.3.1979 – 10 a KLs 12/78 – NJW 1980, 1176, 1177; *Lackner/Kühl* § 263 Rdnr. 11.
[122] OLG Hamm Urt. v. 15.6.1977 – 4 Ss 363/76 – NJW 1977, 1834, 1836.
[123] BGH Urt. v. 16.11.1993 – 4 StR 648/93 – BGHSt 39, 392, 398; OLG Köln Beschl. v. 16.1.1987 – Ss 754/86 – NJW 1987, 2527, 2528; OLG Köln Urt. v. 5.2.1980 – 1 Ss 1134/79 – NJW 1980, 2366.
[124] RG Urt. v. 13.7.1933 – III 679/33 – RGSt 67, 289, 292; OLG Köln Beschl. v. 16.1.1987 – Ss 754/86 – NJW 1987, 2527, 2528; OLG Hamm Beschl. v. 11.7.1996 – 3 Ws 164/96 – NStZ 1997, 130, 131; *Lackner/Kühl* § 263 Rdnr. 9; Schönke/Schröder/*Cramer* § 263 Rdnr. 16 c; LK/*Tiedemann* § 263 Rdnr. 39.

Abrechnungsbetrug des **Vertragsarztes** durch Geltendmachen nicht erbrachter (fingierter) Leistungen (sog. „Luftleistungen"), in der Kassenärztlichen Gebührenordnung nicht anerkannter Leistungen unter einer dort genannten Gebührenordnungsnummer, nicht persönlich erbrachter und ohne Anordnung im Einzelfall nicht delegierbarer Leistungen oder objektiv unwirtschaftlicher und als solche auch vom Arzt erkannter Leistungen, durch Nichtabzug erhaltener Skonti und Rabatte,[125] durch Einbeziehung allgemeiner Praxiskosten in erstattungsfähige Laborkosten[126] oder durch verdeckte Anstellungsverhältnisse in Gemeinschaftspraxen (Beschäftigung von „Scheingesellschaftern").[127] Legt ein Vertragsarzt jedoch z. B. bestimmte Leistungsziffern im Gegensatz zur herrschenden Lehre oder zur Kassenärztlichen Vereinigung aus oder hält er seine gebührenrechtliche Zuordnung bzw. analoge Bewertung der erbrachten Leistung für zutreffend, zumindest aber für vertretbar, bedeutet seine abweichende Rechtsauffassung nicht die Vorspiegelung einer falschen Tatsache.[128] In der bloßen **Erbringung einer Leistung** liegt nicht die konkludente Erklärung, dass diese Leistung der geschuldeten entspricht.[129] Bei der Beantragung von **Subventionen** bezieht sich die Täuschung auf die subventionserheblichen Tatsachen (vgl. § 264 Abs. 1), also auf die für das Vorliegen der Vergabevoraussetzungen relevanten Umstände, deren vollständige Angabe auch bei § 263 konkludent miterklärt wird.[130] Wenn ein Bankkunde von seinem **Konto Geld abhebt**, das ihm infolge einer bankinternen Fehlbuchung gutgeschrieben wurde, und durch Vorlage einer Auszahlungsquittung oder eines Schecks eine ihm angeblich zustehende Leistung einfordert, hat die Rechtsprechung früher eine Täuschung durch schlüssiges Verhalten bejaht.[131] Dies wurde damit begründet, dass beim Einfordern von Geld generell konkludent zum Ausdruck gebracht werde, dass ein entsprechender Anspruch bestehe. Wenn also ein Bankkunde von seiner Bank aus seinem Guthaben eine Auszahlung verlange, liege darin zugleich die Erklärung, dass ihm ein entsprechendes Guthaben auch materiell zustehe. Anders sollte es sich nach der Rechtsprechung allerdings in den Fällen der Fehlüberweisung verhalten, weil hier eine Gutschrift infolge der irrtümlichen Überweisung eines Geldbetrages durch einen Dritten erfolge, so dass der Kontoinhaber – wenngleich aufgrund eines Irrtums – tatsächlich Inhaber der betreffenden Forderung werde.[132] Der BGH hat diese Differenzierung jedoch aufgegeben. Denn die Führung des Kontos und die ordnungsgemäße Buchung von Last- und Gutschriften fällt generell in den Pflichtenkreis der Bank. Diese trägt die Verantwortung für die Kontoführung und damit grundsätzlich auch das Risiko, dass die Schuld besteht und die Leistung den Anspruch nicht übersteigt. Im Hinblick auf die Pflichten- und Risikoverteilung wird die Bank durch ihre Mitarbeiter neben den formellen Anforderungen an eine Überweisung auch die Kontodeckung prüfen lassen. Kein Bankangestellter wird allein deshalb, weil ein Kunde von ihm einen bestimmten Betrag fordert, sofort eine Auszahlung vornehmen. Das bloße Auszahlungsbegehren ist daher von vornherein nicht geeignet, beim Bankangestellten die für einen Betrug konstitutive Fehlvorstellung über das Guthaben des Kunden zu bewirken. Da umgekehrt jeder Bankkunde auch weiß, dass auf bloßes Anfordern die Bank keine Leistung bewirken wird, braucht er zum Schutz der Bank seinen Kontostand auch nicht dahin gehend zu überprüfen, ob dieser noch die erforderliche Deckung aufweist. Insoweit erschöpft sich auch der Erklärungswert eines Überweisungsauftrags in dem Begehren auf Durchführung der gewollten Transaktion. Mit diesem Verdikt hat der BGH nunmehr eine Kehrtwende vollzogen. Danach soll – jedenfalls soweit keine besonderen Umstände hinzutreten – die Aufforderung zu einer Leistung nicht generell die Behauptung eines Anspruchs hierauf enthalten.[133] Diese Kehrtwende verdient Zustimmung, weil die Behauptung eines Anspruchs – also eines Rechts zu Fordern – als solche noch keine Tatsachenbehauptung darstellt.

---

[125] LK/*Tiedemann* § 263 Rdnr. 39; *Ulsenheimer* a.a.O., 14/17; weitere Fallkonstellationen bei *Mühlhausen*, ZaeFQ 1998, 614 f.
[126] BGH Urt. v. 1.9.1993 – 2 StR 258/93 – NStZ 1994, 188; *Tröndle/Fischer* § 263 Rdnr. 15.
[127] OLG Koblenz Beschl. v. 2.3.2000 – 2 Ws 92-94/00 – MedR 2001, 144 m. Bespr. *Stein* MedR 2001, 124; vgl. dazu auch *Wagner* NZG 2000, 520.
[128] *Ulsenheimer* a.a.O. 14/27.
[129] Müller-Gugenberger/Bieneck/*Nack* § 48 Rdnr. 26.
[130] LK/*Tiedemann* § 263 Rdnr. 39.
[131] OLG Köln Urt. v. 5.2.1980 – 1 Ss 1134/79 – NJW 1980, 2366; OLG Celle Urt. v. 21.7.1992 – 1 Ss 168/92 – StV 1994, 188, 189.
[132] OLG Celle Urt. v. 21.7.1992 – 1 Ss 168/92 – StV 1994, 188, 189.
[133] BGH Beschl. v. 8.11.2000 – 5 StR 433/00 – BGHSt 46, 196, 199.

39 Eine konkludente Täuschung kommt schließlich auch dann in Betracht, wenn der Täter dem Opfer einen **wahren Sachverhalt** unterbreitet, dies jedoch in einer **objektiv missverständlichen, irreführenden** Weise. Wenn der Täter beispielsweise bei Versendung von Formularschreiben typische Rechnungsmerkmale – insbesondere das Fehlen von Anrede und Grußformel, Hervorhebung einer individuellen Registernummer, Fehlen einer näheren Darstellung der angebotenen Leistung, Aufschlüsselung des zu zahlenden Betrages nach Netto- und Bruttosumme, Hervorhebung der Zahlungsfrist („binnen zehn Tagen"), durch Fettdruck, Beifügung eines ausgefüllten Überweisungsträgers – einsetzt, die den Gesamteindruck so sehr prägen, dass demgegenüber die kleingedruckten Hinweise auf den Angebotscharakter völlig in den Hintergrund treten, dann täuscht er die Adressaten nach der objektiven Verkehrsanschauung durch die konkludente Aussage der Schreiben, dass eine Zahlungspflicht besteht.[134] Hätte das Opfer die tatsächlichen Verhältnisse bei sorgfältiger Prüfung erkennen können, ist eine Täuschung allerdings nur dann zu bejahen, wenn der Täter die Eignung der inhaltlich richtigen Erklärung, einen Irrtum hervorzurufen, **planmäßig einsetzt** und damit unter dem Anschein „äußerlich verkehrsgerechten Verhaltens" gezielt die Schädigung des Adressaten verfolgt, wenn also die Irrtumserregung nicht die bloße Folge, sondern der **Zweck** der Handlung ist. Bedingter Vorsatz reicht also insoweit nicht aus, vielmehr ergibt sich schon aus dem Erfordernis planmäßigen Verhaltens, dass die Annahme der Täuschung in diesen Fällen auf Seiten des Täters ein Handeln mit **direktem Vorsatz** voraussetzt. Dies ist in Fällen inhaltlich an sich richtiger, aber irreführender Erklärungen geboten, um strafloses – wenn auch möglicherweise rechtlich missbilligtes – Verhalten durch bloßes Ausnutzen einer irrtumsgeeigneten Situation einerseits und dem Verantwortungsbereich des Täters zuzuordnende und deshalb strafrechtlich relevante Täuschungshandlungen durch aktive Irreführung andererseits sachgerecht voneinander abzugrenzen.[135]

40 e) **Täuschung durch Unterlassen.** Eine Täuschung i.S.d. § 263 StGB kann auch durch Unterlassen begangen werden, allerdings nur dann, wenn im Einzelfall eine **Garantenpflicht (§ 13 StGB)** den Betreffenden zur Offenbarung zwingt, wobei nicht jedes Unterlassen einer Aufklärung strafrechtliche Konsequenzen auslöst.[136] Denn es gehört es nicht zum vom Betrugstatbestand geschützten Rechtsgut, sorglose Menschen gegen die Folgen ihrer eigenen Sorglosigkeit zu schützen.[137] Das **Aufklärungsrisiko** kann also nach der Sozialüblichkeit des Geschäftsverkehrs auch beim irrenden Opfer liegen. Voraussetzung für eine Täuschung durch Unterlassen ist, dass der Unterlassende aufgrund einer **besonders begründeten Einstandspflicht** gerade **für die vermögensrechtliche Entscheidungsfreiheit des anderen „auf Posten gestellt"** ist.[138] Das ist bei den gewöhnlichen Geschäften des täglichen Lebens nicht der Fall. Vertragliche Pflichten aus gegenseitigen Rechtsgeschäften reichen zur Begründung einer Garantenpflicht regelmäßig nicht aus. So begründet nach der Rechtsprechung des BGH beispielsweise die Unterhaltung eines Girokontos in aller Regel noch keine über das bloße Vertragsverhältnis hinausgehende Vertrauensbeziehung gegenüber der Bank.[139] Im gleichen Sinne hat das BayObLG zum Gebrauchtwagenhandel ausgeführt: „Die Pflicht zur Vermeidung eines möglichen, auf unzureichenden Kenntnissen über den Geschäftsgegenstand beruhenden Vertragsrisikos beim jeweiligen Geschäftspartner richtet sich nach der Verkehrsanschauung, die sich unter Berücksichtigung der Art des Rechtsgeschäfts einerseits und des konkreten Ablaufs des einzelnen Vertragsverhältnisses andererseits herausgebildet hat. Je mehr die gegenseitigen Rechtsbeziehungen nach Art und/oder Dauer ein Vertrauensverhältnis schaffen, je mehr also der Vertragspartner dabei die Belange des jeweils anderen zu berücksichtigen hat, weil eine gedeihliche Geschäftsentwicklung dies objektiv verlangt oder weil der Geschäftspartner sich darauf einlässt, desto eher wird eine derartige Pflicht anzunehmen sein. Beim Kauf, der sich gewöhnlich in dem einmaligen und kurzzeitigen Vorgang des Austausches von Leistung und Gegenleistung erschöpft, ist eine

---

[134] BGH Urt. v. 26.4.2001 – 4 StR 439/00 – BGHSt 47, 1, 3 f. m. Anm. *Pawlik* StV 2003, 297.
[135] BGH Urt. v. 26.4.2001 – 4 StR 439/00 – BGHSt 47, 1, 5 f.
[136] BGH Urt. v. 16.11.1993 – 4 StR 648/93 – BGHSt 39, 392, 398.
[137] BGH Urt. v. 26.4.2001 – 4 StR 439/00 – BGHSt 47, 1, 4.
[138] BGH Urt. v. 16.11.1993 – 4 StR 648/93 – BGHSt 39, 392, 398.
[139] BGH Beschl. v. 8.11.2000 – 5 StR 433/00 – BGHSt 46, 196, 202 f.

Pflicht zur Beseitigung etwaiger Informationslücken in der Regel zu verneinen, insbesondere dann, wenn dem Käufer ... eine Überlegungsfrist eingeräumt worden war. Letzterer trägt somit grundsätzlich das Informationsrisiko."[140]

3. Irrtum

a) **Widerspruch zwischen Vorstellung und Wirklichkeit.** Durch die Täuschung muss bei dem Getäuschten ein Irrtum erregt oder unterhalten werden. Es ist also **Kausalität** zwischen Täuschung und Irrtum erforderlich.[141] Irrtum ist jeder **Widerspruch zwischen Vorstellung und Wirklichkeit.**[142] Auch Chancen, Möglichkeiten oder Wahrscheinlichkeiten sollen Gegenstand der Vorstellung sein können,[143] jedoch trifft das nur zu, soweit es sich überhaupt um taugliche Gegenstände einer Täuschung – mithin um Tatsachen[144] (oben Rdnr. 28 ff.) – handelt. Ein Irrtum i.S. des § 263 StGB liegt also allein dann vor, wenn die Vorstellung über Chancen, Möglichkeiten oder Wahrscheinlichkeiten zumindest einen Tatsachenkern enthält. 41

Ein Irrtum i.S. des § 263 StGB ist nicht nur dann gegeben, wenn der Getäuschte von der Gewissheit der behaupteten Tatsache ausgeht, sondern auch dann, wenn er trotz gewisser **Zweifel** die Vermögensverfügung trifft, wenn er also die Möglichkeit der Unwahrheit für geringer hält.[145] Im Geschäftsleben kann es die hundertprozentige Gewissheit der Erbringung einer geschuldeten Leistung ebenso wenig geben wie die sichere Vorstellung der Nichterfüllung (denn dann würde das Geschäft nicht abgeschlossen). Weil sich verschiedene Grade der Wahrscheinlichkeit in diesem Bereich nur schwer messen und beweisen lassen, kann eine Fehlvorstellung insoweit nur angenommen werden, wenn das Für-möglich-Halten den Zweifel erheblich überwiegt.[146] Auch der BGH hat in einem Urteil vom 5.12.2002 erhebliche Vorbehalte gegen eine Abgrenzung nach Wahrscheinlichkeitsgraden geäußert und entschieden, dass Zweifel solange nicht geeignet sind, die Annahme eines tatbestandsmäßigen Irrtums in Frage zu stellen, als das Opfer gleichwohl noch die Wahrheit der behaupteten Tatsache für möglich hält und deswegen die Vermögensverfügung trifft, also trotz seiner Zweifel, seien sie auch noch so erheblich, der List des Täters zum Opfer fällt. Auch bei einem solchen Geschädigten ist noch eine Fehlvorstellung vorhanden, die für die Vermögensverfügung ursächlich wird und unter den tatbestandlichen Begriff des Irrtums subsumiert werden kann.[147] 42

Soweit das Opfer **objektiv Anlass** hatte, **die vorgespiegelten Tatsachen anzuzweifeln**, etwa weil sich deren Unrichtigkeit schon in der Vergangenheit herausgestellt hat, ist das Vorliegen eines (neuerlichen) Irrtums **besonders sorgfältig zu prüfen.** Problematisch ist beispielsweise die Annahme eines Irrtums bei erneuten Warenlieferungen trotz offener Rechnungen.[148] Werden trotz offener Rechnungen weitere Warenlieferungen ausgeführt, bedarf es im Hinblick auf die Frage, ob auch die späteren Lieferungen noch auf der Vorspiegelung der Zahlungsfähigkeit und -willigkeit beruhen, in der Regel näherer Feststellungen zu der Frage, ob der Lieferant Kenntnis von der Zahlungssäumigkeit erlangte und weshalb er sich gleichwohl zu weiteren Lieferungen bereit fand.[149] War die Unfähigkeit eines Schuldners, Rechnungen zu begleichen, bereits früher 43

---

[140] BayObLG Urt. v. 9.12.1993 – 3 St RR 127/93 – NJW 1994, 1078, 1079. Weitergehend die ältere Rspr., die nach den Grundsätzen von Treu und Glauben eine Aufklärungspflicht gegenüber dem Geschäftspartner schon dann angenommen hat, wenn dieser auf Grund seiner Unerfahrenheit nicht in der Lage ist, Wert und Beschaffenheit der angebotenen Ware zu prüfen, siehe etwa OLG Stuttgart Urt. v. 16.2.1966 – 1 Ss 638/65 – NJW 1966, 990. Hiervon ist der BGH inzwischen weitgehend abgerückt, siehe BGH Urt. v. 16.11.1993 – 4 StR 648/93 – BGHSt 39, 392, 401.
[141] BGH Urt. v. 26.4.2001 – 4 StR 439/00 – NJW 2001, 2187, 2188; OLG Hamm Beschl. v. 11.7.1996 – 3 Ws 164/96 – NStZ 1997, 130, 131; Schönke/Schröder/*Cramer* § 263 Rdnr. 32.
[142] Müller-Gugenberger/Bieneck/*Nack* § 47 Rdnr. 30; Schönke/Schröder/*Cramer* § 263 Rdnr. 33.
[143] *Tröndle/Fischer* § 263 Rdnr. 33 m.w.N.
[144] Müller-Gugenberger/Bieneck/*Nack* § 47 Rdnr. 30.
[145] BGH Urt. v. 11.7.2001 – 1 StR 576/00 – NStZ 2001, 540, 541; BGH Urt. v. 8.5.1990 – 1 StR 144/90 – wistra 1990, 305.
[146] Müller-Gugenberger/Bieneck/*Nack* § 47 Rdnr. 31.
[147] BGH Urt. v. 5.12.2002 – 3 StR 161/02 – NStZ 2003, 313, 314.
[148] BGH Beschl. v. 17.2.1998 – 1 StR 5/98 – StV 1999, 24.
[149] BGH Beschl. v. 25.2.1993 – 1 StR 39/93 – NStZ 1993, 440; BGH Beschl. v. 26.1.1989 – 1 StR 636/88 – StV 1990, 19.

zu Tage getreten, erscheint ein Irrtum über die Zahlungsfähigkeit eher fern liegend.[150] Motiv der weiteren Vermögensverfügung kann hier insbesondere auch die Erwägung sein, eine drohende Insolvenz des Schuldners abzuwenden, um die Chance des Ausgleichs rückständiger Forderungen zu erhalten. Ein **bewusst eingegangenes Risiko** kann hier im Fall des Scheiterns nicht über § 263 StGB auf den Schuldner abgewälzt werden.[151]

44 Im Übrigen wird der Irrtum durch ein **Mitverschulden** des Opfers, etwa durch dessen **besondere Leichtgläubigkeit**, nicht ausgeschlossen.[152] Das gilt beispielsweise auch dann, wenn der Verkäufer von einem angeblich aus „taufrischem Frischzellenextrakt" bestehenden „Hollywood-Lifting-Bad" behauptet, dass es im Blitztempo von nur zwölf Bädern wieder schlank, straff und jung forme, und zwar „mit 100 %iger Figurgarantie", und dass nach dessen Anwendung Testpersonen verblüfft und zufrieden festgestellt hätten, „dass sie um herrliche zehn, fünfzehn oder mehr Jahre verjüngt" und zur Figur eines Filmstars geliftet worden seien, oder wenn der Verkäufer ein angeblich von einem Schweizer Schönheitschirurgen erfundenes Mittel „Frischzellen-Formel Zellaplus 100" mit den Worten anpreist, man könne schon nach der ersten Anwendung von nur zehn Minuten „mindestens fünf Jahre jünger" und nach der vollständigen Behandlung „so jung wie vor 25 Jahren" werden.[153] Zwar soll nach jüngeren viktimo-dogmatischen Lösungsansätzen eine tatbestandliche Einschränkung des § 263 StGB in Betracht kommen,[154] wenn das Opfer seine Obliegenheiten zum Selbstschutz verletzt, insbesondere sich trotz Zweifeln zur Verfügung über sein Vermögen entschließt, jedoch hat der BGH derartigen Bestrebungen bislang die Gefolgschaft verweigert. Demnach spielt es für die Tatbestandsmäßigkeit keine Rolle, ob der Verfügende bei sorgfältiger Prüfung die Täuschung durch den Täter hätte erkennen können, weil selbst leichtfertige Opfer durch das Strafrecht geschützt werden.[155] Ein Mitverschulden des Opfers kann somit allenfalls bei der Strafzumessung Berücksichtigung finden.

45 Nach h.M. wird ein Irrtum nur durch die **positive Vorstellung** einer der Wirklichkeit widersprechenden Tatsache, nicht aber durch das völlige Fehlen einer Vorstellung – also durch die Unkenntnis relevanter Tatsachen (**ignorantia facti**) – begründet.[156] Da jedoch ein **unreflektierter Bewusstseinsinhalt**,[157] ausreicht,[158] sind die Unterschiede zur Gegenauffassung[158] praktisch gering.[159] Auch eine **lückenhafte Vorstellung** genügt, nicht aber die allgemeine Vorstellung, es sei „**alles in Ordnung**" („diffus-undifferenziertes Allgemeinvertrauen"), vielmehr muss sich diese Vorstellung zumindest auf **konkrete Verhältnisse** beziehen.[160] Nach der Rechtsprechung des BGH soll ein Irrtum jedenfalls schon dann vorliegen, wenn der Verfügende die Vorstellung hat, hinsichtlich des konkreten Geschäfts sei „alles in Ordnung". Weist beispielsweise ein Zechenangestellter die Lieferung von Deputatkohle an, die ein Bergmann auf Grund des Tarifvertrags zur Deckung seines eigenen Bedarfs anfordert, muss dieser – so der BGH – als selbstverständlich davon ausgehen, dass der Antragsteller die Kohlen zu dem im Vertrage vorausgesetzten Zwecke verlangt und nicht etwa veräußert. Die allgemeine Kenntnis von Verstößen gegen diese Vertragsbestimmung berechtigt nicht zu der Annahme, dass in jedem Falle mit ihrer

---

[150] Vgl. BGH Beschl. v. 25.6.1987 – 1 StR 259/87 – wistra 1988, 25, 26; BGH Beschl. v. 30.11.1995 – 1 StR 358/95 – wistra 1996, 262, 263; BGH Urt. v. 26.5.1988 – 1 StR 663/87 – MDR/H 1988, 817, 817; BGH Beschl. v. 30.3.1987 – 1 StR 580/86 – BGHR § 263 I Irrtum 2.
[151] *Tröndle/Fischer* § 263 Rdnr. 33.
[152] BGH Urt. v. 5.12.2002 – 3 StR 161/02 – NStZ 2003, 313, 314; BGH Urt. v. 22.10.1986 – 3 StR 226/86 – BGHSt 34, 199, 201; LK/*Tiedemann* § 263 Rdnr. 37; SK/*Samson/Günther* § 264 Rdnr. 53 ff.; *Kindhäuser*, FS Bemmann, S. 339, 357 f.
[153] BGH Urt. v. 22.10.1986 – 3 StR 226/86 – BGHSt 34, 199, 201.
[154] *Giehring* GA 1973, 16, 20 ff.; *Amelung* GA 1977, 3 ff.; *Schünemann* NStZ 1986, 439 ff.; dagegen *Hillenkamp* Vorsatztat und Opferverhalten, 1981, S. 176 ff.; *Wessels/Hillenkamp*, Rdnr. 491; *Pawlik*, a.a.O., S. 50 ff.; LK/*Tiedemann* § 263 Rdnr. 38 f.
[155] BGH Urt. v. 22.10.1986 – 3 StR 226/86 – BGHSt 34, 199, 201; BGH Urt. v. 5.12.2002 – 3 StR 161/02 – NStZ 2003, 313.
[156] BGH Urt. v. 24.4.1952 – 4 StR 854/51 – BGHSt 2, 325, 326; RG Urt. v. 30.10.1908 – II 846/08 – RGSt 42, 40, 41; *Tröndle/Fischer* § 263 Rdnr. 34; *Lackner/Kühl* § 263 Rdnr. 18.
[157] *Lackner/Kühl* § 263 Rdnr. 18.
[158] *Schönke/Schröder/Cramer* § 263 Rdnr. 36.
[159] *Müller-Gugenberger/Bieneck/Nack* § 47 Rdnr. 30.
[160] *Tröndle/Fischer* § 263 Rdnr. 35; *Müller-Gugenberger/Bieneck/Nack* § 47 Rdnr. 30.

Verletzung zu rechnen ist.[161] In derartigen Fällen[162] ist allerdings zu bezweifeln, ob überhaupt noch empirisch hinreichend gesicherte psychologische Tatsachen zugrunde gelegt werden. Vielmehr vollzieht sich die Bestimmung des für den Irrtum ausreichenden Bewusstseins hier im Ergebnis praktisch ausnahmslos nach denselben **normativen Gesichtspunkten**, wie sie auch bei der Annahme einer konkludenten Täuschung Verwendung finden.[163] Dabei ist immer auf den konkreten sozialen Kontext, insbesondere auf den betreffenden Geschäftstyp, sowie auf die Pflichtenlage des Verfügenden abzustellen.[164] So wird sich im Geschäftsverkehr regelmäßig nur derjenige um die Berechtigung eines Leistungsverlangens Gedanken machen, welcher diese Berechtigung nach seinem Aufgabenkreis auch zu prüfen hat.[165] Auch bei der Inanspruchnahme öffentlicher Leistungen kommt es darauf an, ob der Verfügende im Rahmen seines Aufgabenkreises berechtigt und verpflichtet ist, das Vorliegen der Leistungsvoraussetzungen zu prüfen.[166]

b) Erregung oder Unterhaltung eines Irrtums. Der Täter **erregt** einen Irrtum, wenn die falsche Vorstellung durch ihn selbst oder durch einen anderen hervorgerufen wird; dies kann auch dadurch geschehen, dass er zu einem bereits vorhandenen Zweifel zu einer positiven Fehlvorstellung verdichtet.[167] Ein Irrtum wird **unterhalten**, wenn der Täter die Beseitigung einer bereits vorhandenen Fehlvorstellung, die von ihm selbst nicht verursacht zu sein braucht, verhindert bzw. erschwert, die Fehlvorstellung bestärkt oder Zweifel ausredet.[168] Kein Unterhalten eines Irrtums ist dagegen die bloße **Ausnutzung einer vorhandenen Fehlvorstellung**.[169] 46

c) Subjekt des Irrtums. Der Irrtum ist eine **psychologische Tatsache**.[170] Deshalb kann als Subjekt eines Irrtums immer nur ein **Mensch** in Betracht kommen, nicht aber eine juristische Person, Personeneinheit oder Behörde.[171] Wird die Täuschung über mehrere Personen vermittelt, muss geklärt werden, ob der Irrtum des Verfügenden dem Täuschenden zuzurechnen ist. Wenn ein unmittelbar getäuschter gutgläubiger Dritter veranlasst wird, seinen Irrtum an den Verfügenden zu vermitteln, liegt mittelbare Täterschaft vor.[172] Es reicht aus, dass sich der zu Täuschende die irreführende Information dem Plan des Täter entsprechend selbst durch Nachfrage beim unmittelbar Getäuschten beschafft.[173] Selbst bei einem bösgläubigen Tatmittler kann eine Tatherrschaft kraft **Organisationsherrschaft** in Betracht kommen[174] (unten Rdnr. 96 f.). 47

Problematisch und wenig geklärt[175] ist die Frage, auf wessen Irrtum es bei **arbeitsteilig tätigen Unternehmen, Körperschaften** und **Personenmehrheiten** ankommt und ob bei **Heranziehung von Vertretern und Beratern** insbesondere zu Vertragsverhandlungen das Wissen dieser sachkundigen Personen (Rechtsanwälte, Steuerberater, Wirtschaftsprüfer etc.) dem Verfügenden bzw. Geschädigten (Geschäftsherrn) zuzurechnen ist. Nach dem Grundsatz, dass die Person des Irrenden und die des Verfügenden identisch sein muss, kommt es prinzipiell auf den Irrtum des im strafrechtlichen Sinne Verfügenden an, der in rechtlich verfassten Körperschaften regelmäßig zugleich verfügungsbefugt sein wird. Durchschaut dieser die Täuschung und verfügt er gleichwohl, kommt nur ein Versuch in Betracht. Bei einem von Anfang an geplanten 48

---

[161] BGH Urt. v. 24.4.1952 – 4 StR 854/51 – BGHSt 2, 325, 326.
[162] Vgl. auch BGH Urt. v. 26.7.1972 – 2 StR 62/72 – BGHSt 24, 386.
[163] *Tröndle/Fischer* § 263 Rdnr. 35.
[164] *Tröndle/Fischer* § 263 Rdnr. 34.
[165] BGH Beschl. v. 12.1.1996 – 1 StR 509/96 – NStZ 1997, 281; BGH Urt. v. 26.10.1993 – 4 StR 347/93 – StV 1994, 82, 83 f.; vgl. OLG Frankfurt Beschl. v. 8.4.1998 – 3 Ss 419/97 – NStZ-RR 1998, 333, 333 f.
[166] *Tröndle/Fischer* § 263 Rdnr. 34.
[167] Schönke/Schröder/*Cramer* § 263 Rdnr. 43.
[168] *Lackner/Kühl* § 263 Rdnr. 20.
[169] OLG Köln Beschl. v. 16.1.1987 – Ss 754/86 – NJW 1987, 2527, 2528.
[170] BGH Urt. v. 26.10.1993 – 4 StR 347/93 – StV 1994, 82, 83; *Tröndle/Fischer* § 263 Rdnr. 33; a.A. *Pawlik* a.a.O., S. 227 ff.
[171] *Tröndle/Fischer* § 263 Rdnr. 38 f.
[172] BGH Urt. v. 26.8.1993 – 1 StR 505/93 – NStZ 1994, 35, 35; Schönke/Schröder/*Cramer* § 263 Rdnr. 180; LK-*Tiedemann* § 263 Rdnr. 284.
[173] OLG Stuttgart Urt. v. 10.11.1961 – 1 Ss 767/61 – NJW 1962, 502, 502.
[174] BGH Urt. v. 11.12.1997 – 4 StR 323/97 – wistra 1998, 148, 150.
[175] BGH Urt. v. 5.12.2002 – 3 StR 161/02 – NStZ 2003, 313, 315.

kollusiven Zusammenwirken zwischen dem Täuschenden und dem Verfügenden scheidet eine Strafbarkeit wegen Betruges überhaupt aus.[176] Im Übrigen ist ein betrugsrelevanter Irrtum des Verfügenden nach einer neueren, im Schrifttum vertretenen Auffassung ausgeschlossen, wenn der Verfügende sich das bessere Wissen eines Vertreters oder Beraters zurechnen lassen muss. Eine solche **Wissenszurechnung** kann ganz allgemein aus dem normativen Gedanken abgeleitet werden, dass derjenige, der einen anderen mit Entscheidungsgewalt betraut, um sich auf diese Weise besser am Rechtsverkehr beteiligen zu können, auch dessen Kenntnisse und Willensmängel gegen sich gelten lassen muss.[177] Wissensvertreter des Opfers kann allerdings nur sein, wer nach der Arbeitsorganisation des Geschäftsherrn dazu berufen ist, im Rechtsverkehr als dessen Repräsentant bestimmte Aufgaben in eigener Verantwortung zu erledigen und die dabei anfallenden Informationen zur Kenntnis zu nehmen und weiterzugeben. Auf die Innehabung der Vertretungsmacht, einen formalen Bestellungsakt und den tatsächlichen Willen des Geschäftsherrn, sich das Wissen des Repräsentanten zurechnen zu lassen, kommt es nicht an.[178] Bei einem kollusiven Zusammenwirken zwischen dem Täuschenden und dem Repräsentanten wird die an sich mögliche Wissenszurechnung allerdings durch die Handlungszurechnung nach § 25 Abs. 2 StGB überlagert, so dass ein gemeinschaftlicher Betrug in Betracht kommt.[179]

49 d) **Feststellung eines Irrtums.** Die Feststellung eines Irrtums ist **Tatfrage**.[180] Die Urteilsgründe müssen regelmäßig darlegen, wer die Vermögensverfügung getroffen hat und welche Vorstellungen er dabei hatte.[181] Der Tatrichter muss sich daher unter Ausschöpfung aller Beweismittel die Überzeugung davon verschaffen, dass bei dem Verfügenden ein Irrtum erregt oder unterhalten worden ist.[182] Insbesondere ist festzustellen, im Hinblick auf welche konkreten Umstände der Verfügende täuschungsbedingt einer Fehlvorstellung erlegen sein soll.[183] Dabei kann freilich auch aus Indizien auf einen für die Vermögensverfügung kausalen Irrtum geschlossen werden. In diesem Zusammenhang kann etwa eine Rolle spielen, ob der Verfügende ein eigenes Interesse daran hatte oder im Interesse eines anderen verpflichtet war, sich von der Wahrheit der Behauptungen des Täters zu überzeugen.[184] In keinem Fall kann sich der Tatrichter aber damit begnügen, den Irrtum des Verfügenden ungeprüft zu unterstellen.[185]

50 Dies gilt auch für **Serienstraftaten.** Hier kann die Tatsachenfeststellung insbesondere nicht durch eine Schätzung ersetzt werden; vielmehr kann eine Schätzung nur im Hinblick auf die Schadenshöhe und insoweit auf den Schuldumfang in Betracht kommen (unten Rdnr. 95). Auch für fortgesetzte Taten und für Serien selbständiger Taten ist es notwendig, die der Verurteilung zugrunde gelegten Teilakte und Einzeltaten so konkret und individualisiert zu ermitteln und festzustellen, dass sich daraus die Verwirklichung des objektiven und subjektiven Deliktstatbestandes nachprüfbar ergibt.[186] Das Gericht hat deshalb in jedem einzelnen Fall den Sachverhalt rechtlich einwandfrei festzustellen und zu würdigen.[187] In der Praxis wird das Vorliegen eines Irrtums regelmäßig nur durch die **Vernehmung des Verfügenden als Zeuge** zu beweisen sein.[188] Nur in einfach gelagerten Fällen – insbesondere bei der betrügerischen Erschleichung von Leistungen zum Nachteil von Unternehmen, in denen die Prüfung der anspruchsbegrün-

---

[176] LK/*Tiedemann* § 263 Rdnr. 82.
[177] LK/*Tiedemann* § 263 Rdnr. 82; *Tiedemann*, FS Klug II, S. 413 f.; grundlegend *Richardi* AcP 169, (1969), 385, 396 ff.; umfassend *Baum*, Die Wissenszurechnung, 1999, S. 474 ff.; a.A. *Tröndle/Fischer* § 263 Rdnr. 39.
[178] LK/*Tiedemann* § 263 Rdnr. 82; *Tiedemann*, FS Klug II, S. 414.
[179] BayObLG Beschl. v. 4.7.2001 – 5 St RR 176/2001 – NStZ 2002, 91, 92.
[180] BGH Urt. v. 26.10.1993 – 4 StR 347/93 – StV 1994, 82, 83; BGH Urt. v. 23.3.2000 – 4 StR 19/00 – NStZ 2000, 375; *Tröndle/Fischer* § 263 Rdnr. 33; a.A. *Pawlik* a.a.O., S. 227 ff.
[181] BGH Urt. v. 5.12.2002 – 3 StR 161/02 – NStZ 2003, 313, 314.
[182] BGH Urt. v. 23.3.2000 – 4 StR 19/00 – NStZ 2000, 375; ebenso der Sache nach BGH Beschl. v. 25.2.1993 – 1 StR 39/93 – NStZ 1993, 440 f.; BGH Beschl. v. 12.9.1996 – 1 StR 509/96 – StV 1997, 410 f.
[183] BGH Urt. v. 23.3.2000 – 4 StR 19/00 – NStZ 2000, 375, 376.
[184] Vgl. BGH Beschl. v. 25.11.2003 – 4 StR 239/03 – NStZ 2004, 266, 267 zum Umfang der Prüfungspflicht des Apothekers bei Vorlage eines kassenärztlichen Rezepts.
[185] BGH Urt. v. 26.10.1993 – 4 StR 347/93 – BGHR StGB § 263 Abs. 1 Irrtum 9; BGH Urt. v. 23.3.2000 – 4 StR 19/00 – NStZ 2000, 375 f.
[186] BGH (GS) Beschl. v. 3.5.1994 – GSSt 2 und 3/93 – BGHSt (GS) 40, 138, 159.
[187] BGH Beschl. v. 27.11.1991 – 3 StR 157/91 – NStZ 1992, 602.
[188] BGH Urt. v. 5.12.2002 – 3 StR 161/02 – NStZ 2003, 313, 314; *Müller-Gugenberger/Bieneck/Nack* § 47 Rdnr. 34.

denden Voraussetzungen in einem standardisierten, auf massenhafte Erledigung ausgerichteten Abrechnungsverfahren erfolgt – wird sich die tatrichterliche Überzeugung je nach den näheren Umständen ausnahmsweise auch in anderer Weise gewinnen lassen, etwa durch Vernehmung eines Abteilungsleiters oder Innenrevisors, der betriebsintern die Schadensfälle bearbeitet hatte und von daher zu den Vorstellungen der einzelnen Sachbearbeiter berichten kann. Eine solche mittelbare Beweiserhebung wird jedoch dann nicht ausreichen, wenn vor der Verfügung ein erheblicher Verdacht einer betrügerischen Täuschung laut geworden ist oder sich sonst Anhaltspunkte für weitergehende Erkenntnisse des konkret für die Verfügung zuständigen Mitarbeiters ergeben haben, da dann fraglich wird, ob dieser noch einem Irrtum erlegen war und durch diesen zur Verfügung veranlasst worden ist.[189]

Bei **arbeitsteilig tätigen Unternehmen, Körperschaften** und **Personenmehrheiten** wird in der Regel auch festzustellen sein, wer im konkreten Fall auf welcher Grundlage und mit welchen Vorstellungen die Entscheidung über die Erbringung der vom Täter erstrebten Leistung getroffen und damit die Verfügung vorgenommen hat. Im Allgemeinen werden Prüfungen und Auszahlungsanordnungen auf der üblicherweise dafür vorgesehenen Sachbearbeiterebene getroffen. Im Einzelfall kann die Entscheidung aber auch – etwa wegen der Größenordnung eines Geschäfts oder auf Grund eines geschöpften Verdachts – einer vorgesetzten Ebene vorgelegt worden sein, die dann die Entscheidung selbst trifft oder dem Sachbearbeiter Weisung für die Erledigung des Vorgangs erteilt. In diesen Fällen kann die Beurteilung der Irrtumsfrage sich insbesondere dann als problematisch erweisen, wenn entweder nachgeordnete Hilfspersonen oder Vorgesetzte bessere Erkenntnisse als der irrende Verfügende gehabt und unter Verstoß gegen ihre dienstlichen Pflichten eine entsprechende Information oder Weisung zur Verhinderung einer Verfügung unterlassen haben.[190] Hat der zuständige Sachbearbeiter der geschädigten Organisation eine inhaltlich falsche Auszahlungsanordnung ausgestellt und wird diese durch einen Dritten bei der Zahlstelle zwecks Auszahlung vorgelegt, kann es an der täuschungsbedingten Irrtumserregung fehlen. Wenn in einer Behörde oder einem Betrieb die Zuständigkeiten für die Auszahlungsanordnungen einerseits und für die kassenmäßige Abwicklung andererseits getrennt sind, wird es den mit den Kassenaufgaben betrauten Bediensteten im Allgemeinen nur interessieren, ob der dafür Zuständige die sachliche und rechnerische Richtigkeit einer Forderung festgestellt und die Auszahlung des geschuldeten Betrages angeordnet hat. Dementsprechend wird er sich auch in der Regel keine Vorstellungen darüber machen, ob die Auszahlungsanweisung in der Sache zu Recht erfolgt ist. Für Bedienstete einer Bank gilt dies noch mehr.[191]

Betrifft die Aussage eines Zeugen „routinemäßige" Handlungsabläufe, sind diese regelmäßig nicht in seinem Gedächtnis verankert. Der Zeuge kann hier regelmäßig immer nur berichten, wie er sich in solchen Fällen üblicherweise zu verhalten pflegt.[192] Beispielsweise wird ein Sachbearbeiter, der einen Scheck entgegengenommen hat, allenfalls bekunden können, was er sich gewöhnlich dabei denkt. Freilich kommt auch einer solchen Aussage ein gewisser Beweiswert zu.[193] Sagt ein Zeuge aus, er habe ganz sicher mit der Einlösung eines zur Begleichung einer Forderung hingegebenen Schecks gerechnet, lehrt die Praxis in Wirtschaftsstrafsachen eine gewisse kritische Vorsicht.[194] Gerade bei einer lang andauernden Geschäftsbeziehung wird dem Partner die finanzielle Situation kaum entgangen sein; allerdings kann der Debitor geäußerte Zweifel durch bestimmte Zusicherungen zerstreut haben.[195] Die Zeugenaussage eines Angestellten über einen bei ihm hervorgerufenen Irrtum ist besonders kritisch zu würdigen, da ein Angestellter gegenüber seiner geschädigten Firma nur ungern einräumen wird, dass er ein gewisses Risiko in Kauf genommen hat, weil das ihm gegenüber den Vorwurf einer Verfehlung nach sich ziehen kann.[196]

---

[189] BGH Urt. v. 5.12.2002 – 3 StR 161/02 – NStZ 2003, 313, 314 f.
[190] BGH Urt. v. 5.12.2002 – 3 StR 161/02 – NStZ 2003, 313, 315.
[191] BGH Beschl. v. 12.9.1996 – 1 StR 509/96 – StV 1997, 410.
[192] *Bender/Nack*, Tatsachenfeststellung vor Gericht, Bd. I, 2. Aufl. 1995, Rdnr. 136.
[193] Vgl. BGH Beschl. v. 13.1.1970 – 4 StR 438/69 – BGHSt 23, 213, 216 ff.
[194] Müller-Gugenberger/Bieneck/*Nack* § 47 Rdnr. 34.
[195] Vgl. BGH Beschl. v. 25.2.1993 – 1 StR 39/93 – NStZ 1993, 440.
[196] Müller-Gugenberger/Bieneck/*Nack* § 47 Rdnr. 35.

53 Nicht nur das Vorliegen eines Irrtums, sondern auch die **Kausalität** der Täuschung für den Irrtum und des Irrtums für die Vermögensverfügung muss **konkret nachgewiesen** werden.[197]

4. Vermögensverfügung

54 a) **Herbeiführung einer Vermögensminderung.** Die Vermögensverfügung bildet als ungeschriebenes Tatbestandsmerkmal das notwendige Bindeglied zwischen Irrtum und Vermögensschaden. Wesentliche Aufgabe des Merkmals ist die Abgrenzung des Betrugs als Selbstschädigungsdelikt von den Fremdschädigungsdelikten.[198] Von dem Begriff der Vermögensverfügung i.S. des § 263 StGB werden nicht nur die Verfügungen des bürgerlichen Rechts erfasst. Als Vermögensverfügung ist vielmehr **jedes Handeln, Dulden** oder **Unterlassen des Getäuschten** zu verstehen, das **unmittelbar** eine **Vermögensminderung im wirtschaftlichen Sinne** bei dem Getäuschten selbst oder einem Dritten **herbeiführt**.[199] Gegenstand der Verfügung ist also das **Vermögen** des Verfügenden oder eines Dritten.

55 Die begriffliche Bestimmung des von § 263 StGB geschützten Vermögens ist in fast allen Einzelheiten umstritten und Gegenstand weithin unübersichtlicher Auseinandersetzungen.[200] Ein rein **juristischer Vermögensbegriff** wird heute nicht mehr vertreten. Auch der vom BGH zunächst vertretene **rein wirtschaftliche Vermögensbegriff**[201] ist im Randbereich zunehmend eingeschränkt worden.[202] Im Schrifttum wird heute überwiegend ein **juristisch-ökonomischer Vermögensbegriff** vertreten.[203] Dabei herrscht im Ausgangspunkt weitgehend Einigkeit darüber, dass zum Vermögen i.S. des § 263 StGB prinzipiell jede wirtschaftlich wertvolle Position bzw. jedes wirtschaftlich wertvolle Gut gehört,[204] insbesondere alle **subjektiven Vermögensrechte**, z.B. Eigentum, Anwartschaften, klaglose Forderungen, sogar nichtige Forderungen,[205] soweit sie nur einen konkreten Wert besitzen, Besitz, ferner auch – für den Bereich der Wirtschaftskriminalität bedeutsam – **Expektanzen** (tatsächliche Erwerbs- und Gewinnaussichten), soweit der Vermögenszuwachs nach dem gewöhnlichen Verlauf der Dinge und den besonderen Umständen mit Wahrscheinlichkeit erwartet werden kann,[206] beispielsweise die Wahrscheinlichkeit, dass der feste Kundenkreis eines Kaufmanns weiter Ware bestellt,[207] oder die begründete Aussicht, im Wettbewerb um einen Auftrag in einem geordneten Verfahren nach bestimmten Regeln den Zuschlag zu erlangen.[208] Keinen Vermögenswert begründen allerdings unbestimmte Aussichten und Hoffnungen auf Gewinn.[209] Ob und inwieweit rechtlich missbilligte Werte aus dem Begriff des Vermögens ausscheiden, ist im Einzelnen hoch umstritten und wird in Rechtsprechung und Schrifttum auch nicht immer widerspruchsfrei beurteilt.[210]

56 Zur Herbeiführung einer **Vermögensminderung** genügt jedes **tatsächliche Verhalten** – bei Rechtsgeschäften ohne Rücksicht auf die Anfechtbarkeit oder Nichtigkeit;[211] sogar strafbare Handlungen können ausreichen.[212] Ferner gehört dazu auch die Erbringung von **Dienstleistungen**, jedenfalls dann, wenn dafür üblicherweise oder nach den konkreten Vereinbarungen

---

[197] BGH Beschl. v. 30.3.1987 – 1 StR 580/86 – BGHR, StGB § 263 Abs. 1 Irrtum 2; BGH Beschl. v. 26.1.1989 – 1 StR 636/88 – StV 1990, 19.
[198] *Tröndle/Fischer* § 263 Rdnr. 40.
[199] BGH Urt. v. 11.3.1960 – 4 StR 588/59 – BGHSt 14, 170, 171; BGH Urt. v. 21.12.1982 – 1 StR 662/82 – BGHSt 31, 178, 179.
[200] Ausführlich dazu LK/*Tiedemann* § 263 Rdnr. 127 ff.; NK/*Kindhäuser* § 263 Rdnr. 19 ff.
[201] Grundlegend OGH Urt. v. 11.10.1949 – StS 160/49 – OGHSt 2, 193, 201 f.; BGH Urt. v. 25.11.1951 – 4 StR 574/51 – BGHSt 2, 364 ff.
[202] Vgl. *Tröndle/Fischer* § 263 Rdnr. 54 m.w.N.
[203] Schönke/Schröder/*Cramer* § 263 Rdnr. 82 ff.
[204] Müller-Gugenberger/Bieneck/*Nack* § 47 Rdnr. 45.
[205] OGH Urt. v. 11.10.1949 – StS 160/49 – OGHSt 2, 193, 201 f.; BGH Urt. v. 25.11.1951 – 4 StR 574/51 – BGHSt 2, 364, 366; a.A. *Tröndle/Fischer* § 263 Rdnr. 55.
[206] RG Urt. v. 4.12.1939 – 2 D 494/39 – RGSt 73, 382, 384; BGH Urt. v. 20.2.1962 – 1 StR 496/61 – BGHSt 17, 147, 148; Müller-Gugenberger/Bieneck/*Nack* § 47 Rdnr. 48.
[207] RG Urt. v. 22.10.1894 – Rep. 2694/94 – RGSt 26, 227, 228 f.; RG Urt. v. 28.10.1940 – 2 D 466/40 – RGSt 74, 316, 317.
[208] BGH Urt. v. 20.2.1962 – 1 StR 496/61 – BGHSt 17, 147, 148.
[209] RG Urt. v. 4.12.1939 – 2 D 494/39 – RGSt 73, 382, 384.
[210] Vgl. dazu *Tröndle/Fischer* § 263 Rdnr. 64 ff.
[211] Müller-Gugenberger/Bieneck/*Nack* § 47 Rdnr. 37.
[212] RG Beschl. v. 14.12.1910 – II 1214/10 – RGSt 44, 230, 249; Schönke/Schröder/*Cramer* § 263 Rdnr. 56.

§ 16 Betrug

zwischen den Parteien ein Entgelt geschuldet wird.[213] Die Vermögensverfügung kann auch in einem **Unterlassen** bestehen. Insoweit kommt sowohl das Unterlassen vermögensmehrender als auch das Unterlassen vermögenssichernder Maßnahmen in Betracht,[214] beispielsweise das Nichtgeltendmachen einer Forderung oder eines sonstigen Anspruchs,[215] das Nicht-Betreiben eines Zwangsvollstreckungsverfahrens,[216] die vorläufige Nicht-Geltendmachung eines Anspruchs aufgrund eines Prozessvergleichs, wenn hierdurch die Realisierungsmöglichkeit verschlechtert wird,[217] die Nichtausübung eines Rechts oder eine unterlassene Kreditkündigung.[218] Für die Frage, ob unmittelbar eine **Vermögensminderung** eintritt, ist es – anders als bei der Beurteilung des Vermögensschadens – ohne Belang, ob die Leistung durch ein ausreichendes Äquivalent kompensiert wird.[219] Eine Vermögensminderung ist das Ausscheiden eines Bestandteils aus dem Vermögen, dessen Belastung mit einer Verbindlichkeit oder eine dem Schaden gleichwertige **Vermögensgefährdung**.[220]

b) **Verfügungsbewusstsein.** Ein **Verfügungsbewusstsein** i. S. einer aktuellen Vorstellung des 57 Verfügenden von der Wirkung seines Handels ist beim **Forderungsbetrug**, insbesondere bei der irrtumsbedingten Verfügung durch Nicht-Geltendmachung eines Anspruchs, nicht erforderlich.[221] Anders verhält es sich – wegen der gebotenen Abgrenzung zur Wegnahme durch ein Fremdschädigungsdelikt – beim **Sachbetrug**, also bei der Übertragung des Gewahrsams: Hier ist das Bewusstsein des Getäuschten vom verfügenden („weggebenden") Charakter seines Handelns erforderlich.[222]

c) **Unmittelbarkeit der Vermögensminderung.** Das Erfordernis der **Unmittelbarkeit** der Ver- 58 mögensminderung bedeutet, dass das vermögensrelevante Tun oder Unterlassen des Opfers sich als (selbstschädigender) Akt des Gebens darstellt.[223] Dies setzt voraus, dass das irrtumsbedingte Verhalten des Getäuschten zu der Vermögensminderung führt, ohne dass dafür noch zusätzliche Zwischenhandlungen des Täters[224] oder nicht dem Risikobereich des Opfers zuzurechnender Dritter[225] erforderlich sind. Eine Beschränkung auf **deliktische** Zwischenhandlungen des Täters ist im Hinblick auf mehraktige Verfügungen zweifelhaft.[226] Bei **mehraktigen Verfügungen** innerhalb einer arbeitsteiligen Organisation des Opfers ist die Unmittelbarkeit gegeben,[227] beispielsweise wenn ein Kreditsachbearbeiter getäuscht wird und ein Kassierer auf dessen Anweisung Geld auszahlt[228] oder wenn der getäuschte Geschäftsinhaber einen Angestellten anweist, dem Täter eine Ware zu übergeben.[229] Demgegenüber ist die Unmittelbarkeit ausgeschlossen, wenn durch die Handlung des Getäuschten eine Verschiebung von Vermögenswerten (noch) nicht eintritt, sondern nur eine Zugriffsmöglichkeit für den Täter oder einen Dritten geschaffen wird. Bei der Erteilung einer **Blankounterschrift** ist allerdings eine

---

[213] BGH Urt. v. 21.12.1982 – 1 StR 662/82 – BGHSt 31, 178, 179.
[214] *Tröndle/Fischer* § 263 Rdnr. 43.
[215] BGH Urt. v. 8.5.1984 – 1 StR 835/83 – wistra 1984, 225, 226; BGH Beschl. v. 9.8.1992 – 4 StR 373/92 – StV 1994, 184, 185. Ein Schaden ist in diesen Fällen freilich nur anzunehmen, wenn die Hinauszögerung der Geltendmachung eines Anspruchs unmittelbar vermögensmindernde Wirkung hat.
[216] OLG Stuttgart Urt. v. 19.10.1962 – 1 Ss 561/02 – NJW 1963, 825, 826; OLG Düsseldorf Urt. v. 1.2.1994 – 2 Ss 150/93 – 57/93 II – NJW 1994, 3366, 3367.
[217] BayObLG Beschl. v. 6.12.1968 – RReg. 4 b St 60/68 – JR 1969, 307, 308; BayObLG Beschl. v. 29.1.2003 – 5 St RR 8/03 – StraFo 2003, 321, 322.
[218] *Müller-Gugenberger/Bieneck/Nack* § 47 Rdnr. 37.
[219] BGH Urt. v. 21.12.1982 – 1 StR 662/82 – BGHSt 31, 178, 179.
[220] *Müller-Gugenberger/Bieneck/Nack* § 47 Rdnr. 38. Zu den Voraussetzungen einer schadensgleichen Vermögensgefährdung unten Rdnr. 67.
[221] BGH Urt. v. 11.3.1960 – 4 StR 588/59 – BGHSt 14, 170, 172.
[222] BGH Beschl. v. 26.7.1995 – 4 StR 234/95 – BGHSt 41, 198, 203.
[223] *LK/Tiedemann* § 263 Rdnr. 98; *Tröndle/Fischer* § 263 Rdnr. 45.
[224] BGH Urt. v. 23.6.1965 – 2 StR 12/65 – GA 1966, 212, 213; BGH Urt. v. 9.4.1968 – 1 StR 650/67 – MDR 1968, 772.
[225] *Tröndle/Fischer* § 263 Rdnr. 45.
[226] *Tröndle/Fischer* § 263 Rdnr. 45; a.A. *LK/Tiedemann* § 263 Rdnr. 98; *Lackner/Kühl* § 263 Rdnr. 22.
[227] *Müller-Gugenberger/Bieneck/Nack* § 47 Rdnr. 39.
[228] BGH Beschl. v. 12.9.1996 – 1 StR 509/96 – NStZ 1997, 281.
[229] *Schönke/Schröder/Cramer* § 263 Rdnr. 62.

unmittelbare Vermögensminderung regelmäßig zu bejahen,[230] zumindest dann, wenn es nur noch vom Willen des Täuschenden abhängt, die verfügende Willenserklärung zu vervollständigen.[231] Beim Vorliegen einer **Anscheinsvollmacht** trifft der getäuschte Schuldner durch seine Zahlung unmittelbar eine Verfügung über das Vermögen des geschädigten Gläubigers.[232]

59   d) **Dreiecksbetrug.** Zwischen dem Irrenden und dem Verfügenden muss Personenidentität vorliegen, nicht aber zwischen dem Verfügenden und dem Geschädigten.[233] Voraussetzung für die Tatbestandsmäßigkeit eines sog. **Dreiecksbetrugs** ist, dass die Vermögensverfügung dem Vermögensinhaber zugerechnet werden kann. Einzelheiten sind umstritten.[234] Nach der Rechtsprechung setzt eine solche Zurechnung voraus, dass der Getäuschte, der die Verfügung trifft, **im Lager des Vermögensinhabers** („Lagertheorie")[235] bzw. in einem irgendwie gearteten **Näheverhältnis** zu dem geschädigten Drittvermögen steht,[236] d. h. dass er tatsächlich oder rechtlich in der Lage ist, über das betroffene Vermögen zu verfügen.[237] Das ist bei Bevollmächtigten, Organen einer juristischen Person, Insolvenzverwaltern und überhaupt bei allen Personen der Fall, die kraft Gesetzes, behördlichen Auftrags oder Rechtsgeschäft die Befugnis haben, über das Vermögen zu verfügen (beispielsweise beim Prozessbetrug das Gericht und beim Vollstreckungsbetrug das Vollstreckungsorgan[238]). Beim **Sachbetrug** ist die Stellung als Gewahrsamshüter ausreichend.[239] Beim **Forderungsbetrug** kommt es darauf an, ob der Verfügende im Interesse des Geschädigten tätig ist und ob ihn eine besondere Prüfungs- oder Schutzpflicht trifft, die aus einer Vereinbarung mit dem Vermögensinhaber oder einer gesetzlichen Stellung abgeleitet sein kann.[240] Ein Näheverhältnis soll bei gutgläubiger Zahlung des Schuldners an den nicht mehr berechtigten Altgläubiger oder Überbringer einer Quittung bestehen,[241] ebenso bei der Leistung eines Schuldners, die aufgrund einer Anscheinsvollmacht gem. § 56 HGB befreiend wirkt.[242] Beim **Submissionsbetrug** verfügt die Vergabestelle im Wege des Zuschlags an den Täuschenden über die Anwartschaft des Mitbewerbers.[243] Beim **Abrechnungsbetrug** eines Vertragsarztes verfügt die Kassenärztliche Vereinigung mit der Feststellung der pauschalierten Gesamtvergütung regelmäßig über das Vermögen der ordnungsgemäß abrechnenden anderen Vertragsärzte. Denn von Seiten des Krankenversicherungsträgers wird bei der pauschalierten Gesamtvergütung an die Kassenärztliche Vereinigung nur derjenige Betrag entrichtet, der für die berechtigt abgerechneten Leistungen ohnehin angefallen wäre, da sich die pauschalierte Gesamtvergütung durch Falschabrechnungen Einzelner im Regelfall nicht erhöht.[244]

60   e) **Kausalität zwischen Irrtum und Verfügung.** Für die Vermögensverfügung muss der täuschungsbedingte Irrtum **kausal** sein.[245] Dabei ist es ausreichend, wenn die Fehlvorstellung des Getäuschten die Vermögensverfügung zumindest mitmotiviert hat. Hätte der Verfügende die

---

[230] LK/*Tiedemann* § 263 Rdnr. 101, 109; Schönke/Schröder/*Cramer* § 263 Rdnr. 61; a.A. BGH Urt. v. 11.7.1963 – VII ZR 120/62 – BGHZ 40, 66, 67; OLG Düsseldorf Urt. v. 28.6.1974 – 3 Ss 312/74 – NJW 1974, 1833, 1834.
[231] *Tröndle/Fischer* § 263 Rdnr. 46.
[232] BGH Beschl. v. 23.6.1992 – 1 StR 280/92 – wistra 1992, 299.
[233] RG Urt. v. 4.12.1939 – 2 D 494/39 – RGSt 73, 382, 384; BGH Urt. v. 16.1.1963 – 2 StR 591/62 – BGHSt 18, 221, 223.
[234] Vgl. *Tröndle/Fischer* § 263 Rdnr. 47 ff.
[235] *Tröndle/Fischer* § 263 Rdnr. 49 m.N.
[236] BGH Beschl. v. 30.7.1996 – 5 StR 168/96 – NStZ 1997, 32, 33.
[237] Müller-Gugenberger/Bieneck/*Nack* § 47 Rdnr. 40.
[238] Vgl. OLG Düsseldorf Urt. v. 1.2.1994 – 2 Ss 150/93 – NJW 1994, 3366, 3367; OLG Karlsruhe Beschl. v. 17.1.1996 – 1 Ws 107/95 – NStZ 1996, 282.
[239] BGH Urt. v. 16.1.1963 – 2 StR 591/762 – n.v.
[240] *Tröndle/Fischer* § 263 Rdnr. 50.
[241] OLG Celle Urt. v. 12.10.1993 – 1 Ss 166/93 – NJW 1994, 142, 143; a.A. *Linnemann* wistra 1994, 167, 170; *Krack/Radtke* JuS 1995, 17, 19.
[242] BGH Beschl. v. 23.6.1992 – 1 StR 280/92 – wistra 1992, 299.
[243] BGH Urt. v. 20.2.1962 – 1 StR 496/61 – BGHSt 17, 147, 148; BGH Urt. v. 29.5.1987 – 3 StR 242/86 – BGHSt 34, 379, 390; BGH Urt. v. 15.5.1997 – 1 StR 233/96 – NJW 1997, 3034, 3037.
[244] *Ulsenheimer* a.a.O. 14/22.
[245] Müller-Gugenberger/Bieneck/*Nack* § 47 Rdnr. 41; *Tröndle/Fischer* § 263 Rdnr. 52.

Vermögensverfügung auch ohne den Irrtum aus einem anderen Grund vorgenommen, so wird dadurch der Ursachenzusammenhang nicht aufgehoben.[246]

5. Vermögensschaden

In der Praxis des Wirtschaftsstrafrechts bereitet der Nachweis des Vermögensschadens neben dem Nachweis des Vorsatzes die meisten Schwierigkeiten. Der Hauptgrund dafür ist, dass der Vermögensschaden meist nur in einer Vermögensgefährdung liegt.[247] 61

a) **Gesamtsaldierung.** Ein Vermögensschaden ist dann begründet, wenn die Vermögensminderung nicht zugleich unmittelbar durch einen entsprechenden Vermögenszuwachs kompensiert wird.[248] Hierzu muss eine **Gesamtsaldierung** durch den Vergleich der Vermögenslage vor und nach der Verfügung vorgenommen werden,[249] und zwar bezogen auf den **Zeitpunkt der Vermögensverfügung**,[250] so dass es für die strafrechtliche Wertung bedeutungslos ist, wie sich die Dinge später entwickeln.[251] Hat das Vermögen des getäuschten Verfügenden nach der Vermögensverfügung einen geringeren Wert als vorher, liegt ein Vermögensschaden vor.[252] 62

Ein Vermögensschaden liegt nicht vor, wenn durch die Verfügung selbst zugleich ein den Verlust aufwiegender Vermögenszuwachs begründet wird.[253] Das bei der Gesamtsaldierung zu beachtende Erfordernis der **Unmittelbarkeit** einer Kompensation bedeutet, dass die Vermögensverfügung selbst Vorteil und Nachteil zugleich hervorbringt. Eine Kompensation scheidet regelmäßig dann aus, wenn sich die Vermögensmehrung nicht aus der Verfügung selbst ergibt, sondern erst durch eine andere, rechtlich selbständige Handlung hervorgebracht wird,[254] so z.B. wenn das Konto, auf das ein ungedeckter Scheck gezogen ist, zu einem späteren Zeitpunkt Deckung aufweist.[255] Auch eine **nachträgliche Schadensbeseitigung** ändert an dem einmal eingetretenen Vermögensschaden nichts.[256] Ebenso wenig sind **zivilrechtliche Herausgabe- oder Schadensersatzansprüche** zur Kompensation geeignet.[257] 63

Bei der Gesamtsaldierung ist allein der nach **wirtschaftlichen Gesichtspunkten** zu bestimmende Wertvergleich von Leistung und Gegenleistung maßgeblich.[258] Da durch den Betrugstatbestand lediglich das Vermögen, nicht aber die Verfügungsfreiheit geschützt wird, reicht es für einen Vermögensschaden nicht aus, dass der Käufer ohne die Täuschung durch den Verkäufer den Vertrag nicht abgeschlossen hätte; vielmehr ist grundsätzlich zu prüfen, ob dem Käufer nach objektiven Gesichtspunkten ein Äquivalent für die Vermögenseinbuße zufließt.[259] Für den Wertvergleich von Leistung und Gegenleistung gibt es in der Regel keinen allgemein gültigen abstrakten Maßstab. Die Wertschätzung von Waren und gewerblichen Leistungen führt erst über Angebot und Nachfrage zur Herausbildung eines Marktpreises (**Wettbewerbspreises**). Die Bewertung eines Wirtschaftsguts und der im konkreten Fall erzielbare Preis schwanken nach Zeit, Ort, Art, Inhalt und Gegenstand des fraglichen Geschäfts sowie der jeweiligen Handelsstufe. Somit kann dieselbe Ware oder Dienstleistung im Wirtschaftsverkehr einen nach den ein- 64

---

[246] BGH Urt. v. 24.2.1959 – 5 StR 618/58 – BGHSt 13, 13, 14 f.
[247] Müller-Gugenberger/Bieneck/*Nack* § 47 Rdnr. 44.
[248] BGH Urt. v. 4.3.1999 – 5 StR 355/98 – NStZ 1999, 353, 354.
[249] BGH Beschl. v. 23.2.1982 – 5 StR 685/81 – BGHSt 30, 388, 389; BGH Beschl. v. 23.1.1996 – 5 StR 642/95 – n.v.; BGH Beschl. v. 30.7.1996 – 5 StR 168/96 – NStZ 1997, 32 f.; *Tröndle/Fischer* § 263 Rdnr. 53.
[250] BGH Urt. v. 2.6.1993 – 2 StR 144/93 – wistra 1993, 265; BGH Beschl. v. 9.2.1995 – 4 StR 662/94 – wistra 1995, 222, 223; BGH Beschl. v. 18.2.1999 – 5 StR 193/98 – NStZ 1999, 302, 303; BGH Urt. v. 4.3.1999 – 5 StR 355/98 – NStZ 1999, 353, 354; OLG Düsseldorf Urt. v. 1.2.1994 – 2 Ss 150/93 – 57/93 II – NJW 1994, 3366, 33667.
[251] BGH Beschl. v. 23.2.1982 – 5 StR 685/81 – BGHSt 30, 388, 389.
[252] BGH Beschl. v. 3.11.1987 – 1 StR 292/87 – wistra 1988, 188, 190; BGH Beschl. v. 30.7.1996 – 5 StR 168/96 – NStZ 1997, 32 f.; BGH Beschl. v. 18.2.1999 – 5 StR 193/98 – NStZ 1999, 302, 303; BGH Urt. v. 4.3.1999 – 5 StR 355/98 – NStZ 1999, 353, 354.
[253] BGH Beschl. v. 27.8.2003 – 5 StR 254/03 – wistra 2004, 25 (zum Vermögensnachteil bei der Untreue).
[254] BGH Urt. v. 4.3.1999 – 5 StR 355/98 – NStZ 1999, 353, 354.
[255] Müller-Gugenberger/Bieneck/*Nack* § 47 Rdnr. 51.
[256] BGH Urt. v. 3.11.1987 – 1 StR 292/87 – wistra 1988, 188, 190.
[257] Müller-Gugenberger/Bieneck/*Nack* § 47 Rdnr. 51.
[258] BGH Urt. v. 26.4.2001 – 4 StR 439/00 – NJW 2001, 2187, 2189.
[259] OLG Düsseldorf Beschl. v. 1.2.1991 – 2 Ws 541/90 – NJW 1991, 1841, 1842; vgl. auch BGH Beschl. v. 18.7.1961 – 1 StR 606/60 – BGHSt 16, 220, 222 f.

zelnen Umständen zu bestimmenden unterschiedlichen Wert haben.²⁶⁰ Ein Vermögensschaden kann danach auch dann anzunehmen sein, wenn der Wirtschaftsverkehr Waren bestimmten Ursprungs oder bestimmter Zusammensetzung höher bewertet als andere, objektiv gleichwertige Waren.²⁶¹

65 Zur Bestimmung des **Wertes eines Unternehmens** sind im Strafverfahren grundsätzlich die anerkannten Bewertungsmaßstäbe heranzuziehen, die für den Beschuldigten am günstigsten sind. Nur so kann wegen der im Zivilrecht bestehenden Bewertungsunsicherheiten und ungeklärten Bewertungsmaßstäbe dem Grundsatz „in dubio pro reo" Rechnung getragen werden.²⁶² Erschleicht sich der Käufer einer Ware einen **Rabatt**, liegt ein Vermögensschaden nur dann vor, wenn festgestellt werden kann, dass die Ware zu einem höheren Preis anderweitig ohne einen gleichzeitig höheren Kostenaufwand hätte verkauft werden können; ansonsten bedingt die Rabattgewährung nur eine vom Betrugstatbestand nicht erfasste reduzierte Vermögensmehrung.²⁶³ Der Tatrichter hat hierbei zu beachten, dass er sich in einem völlig spekulativen Umfeld bewegen mag und solchermaßen spekulative Ansätze im Blick auf den Zweifelssatz für das Strafverfahren ohne Erkenntniswert sind; die Beeinträchtigung eines selektiven Vertriebssystems ist als Schaden nicht in dem für die Erfüllung des Betrugstatbestandes notwendigen Umfang quantifizierbar.²⁶⁴ Beim **Beitragsbetrug** zu Lasten des Sozialversicherungsträgers durch falsche Meldung i. S. d. § 28 a SGB IV liegt ein Vermögensschaden mangels Werthaltigkeit des Beitragsanspruchs nicht vor, wenn er auf Grund der schlechten Finanzlage des Unternehmens auch bei zutreffender Meldung der Beschäftigungsverhältnisse nicht hätte realisiert werden können.²⁶⁵ Die **Stundung** einer bestehenden Forderung bzw. Rücknahme eines Zwangsvollstreckungsantrags begründet nur dann einen Vermögensschaden, wenn dadurch eine Verschlechterung der konkret gegebenen Vollstreckungsaussicht eintritt. Das ist nicht der Fall, wenn der Schuldner schon im Zeitpunkt der Stundung kein pfändbares Vermögen mehr hat, und muss für jeden Einzelfall festgestellt werden, wobei allein die Möglichkeit, dass ohne die Stundung in der Folge (vorübergehend) wieder pfändbares Vermögen hätte erlangt werden können, keinen durch die Stundung bewirkten Vermögensschaden begründet.²⁶⁶

66 Die rein wirtschaftliche Betrachtungsweise bei der Gesamtsaldierung wird in bestimmten Fällen durch **normative Erwägungen** korrigiert.²⁶⁷ Steht etwa die durch Täuschung bewirkte Durchsetzung oder Abwehr einer Forderung mit der materiellen Rechtslage in Einklang, fehlt es nicht nur an der Rechtswidrigkeit des vom Täuschenden erstrebten Vorteils (dazu unten Rdnr. 84), sondern bereits an einem Vermögensschaden. Dies ist insbesondere dann der Fall, wenn der Inhaber des betroffenen Vermögens durch Täuschung zur Erfüllung eines **fälligen und einredefreien Leistungsanspruchs** veranlasst oder an der **Durchsetzung einer nicht bestehenden Forderung** gehindert wird.²⁶⁸

67 Nach ständiger Rechtsprechung soll eine **Vermögensgefährdung** zur Begründung eines Vermögensschadens bereits ausreichen.²⁶⁹ Jedoch liegt eine schadensgleiche Vermögensgefährdung nur vor, wenn sie bei lebensnaher, wirtschaftlicher Betrachtung einer Wertminderung gleichkommt.²⁷⁰ Dies setzt eine **konkrete** Gefährdung des Vermögens voraus, angesichts derer

---

²⁶⁰ BGH Urt. v. 8.1.1992 – 2 StR 102/91 – BGHSt 38, 186, 190 f.
²⁶¹ BGH Urt. v. 20.3.1980 – 2 StR 14/80 – NJW 1980, 1760, 1760 f.
²⁶² BGH Urt. v. 11.9.2003 – 5 StR 524/02 – wistra 2003, 457, 459.
²⁶³ BGH Beschl. v. 9.6.2004 – 5 StR 136/04 – StV 2004, 539, 540.
²⁶⁴ BGH Beschl. v. 9.6.2004 – 5 StR 136/04 – StV 2004, 539, 540 f.
²⁶⁵ BGH Beschl. v. 12.2.2003 – 5 StR 165/02 – NStZ 2003, 552, 553; hier lebt ggf. § 266 a StGB wieder auf (unten Rdnr. 97).
²⁶⁶ BGH Beschl. v. 30.1.2003 – 3 StR 437/02 – NStZ 2003, 546, 548.
²⁶⁷ Vgl. LK/*Tiedemann* § 263 Rdnr. 186; NK/*Kindhäuser* § 263 Rdnr. 305, 426; *Lackner/Kühl* § 263 Rdnr. 47.
²⁶⁸ BGH Beschl. v. 2.12.1982 – 1 StR 476/82 – NJW 1983, 2646, 2648; BGH Urt. v. 21.12.1982 – 1 StR 662/82 – BGHSt 31, 178, 180; BGH Urt. v. 17.10.1996 – 4 StR 389/96 – BGHSt 42, 268, 272; OLG Köln Beschl. v. 20.11.1990 – Ss 537/90 – StV 1991, 210; *Tröndle/Fischer* § 263 Rdnr. 77.
²⁶⁹ BGH Urt. v. 3.11.1987 – 1 StR 292/87 – wistra 1988, 188, 190; BGH Urt. v. 9.7.1987 – 4 StR 216/87 – BGHSt 34, 394, 395; BGH Beschl. v. 18.2.1999 – 5 StR 193/98 – BGHSt 45, 1, 4 f.; BGH Beschl. v. 21.11.2001 – 2 StR 260/01 – BGHSt 47, 160, 167.
²⁷⁰ BGH Beschl. v. 16.7.1970 – 4 StR 505/69 – BGHSt 23, 300, 303; BGH Beschl. v. 9.2.1995 – 4 StR 662/94 – wistra 1995, 222, 223.

mit dem alsbaldigen Eintritt eines entsprechenden endgültigen Schadens zu rechnen ist.[271] Betrug ist danach vollendet, wenn die täuschungsbedingte Gefahr des endgültigen Verlusts eines Vermögensbestandteils zum Zeitpunkt der Verfügung so groß ist, dass sie schon jetzt eine Minderung des Gesamtvermögens zur Folge hat,[272] so etwa bei der Aushändigung einer Kreditkarte, einer ec-Karte oder eines Euroschecks an einen zahlungsunwilligen Kontoinhaber,[273] bei der Valutierung eines Kredits, falls in diesem Zeitpunkt bereits die Minderwertigkeit des Rückzahlungsanspruchs feststeht[274] (wie es beispielsweise bei einer sog. Überfinanzierung wegen tatsächlich minderwertiger Grundschuldsicherung der Fall ist[275]), ferner schon bei der Gutschrift eines Geldbetrages auf einem Konto des Täters, sofern der Täter in der Lage ist, diesen Geldbetrag jederzeit abzuheben.[276] Als **Faustformel** kann festgehalten werden, dass eine schadensgleiche konkrete Vermögensgefährdung dann vorliegt, wenn das Opfer seine Vermögensposition praktisch eingebüßt hat, während es umgekehrt dem Täter bereits möglich ist, den fraglichen Vorteil ohne ernsthaftes Hindernis zu realisieren.[277] Jedenfalls kann im Einzelfall eine schadensgleiche Vermögensgefährdung nur dann bejaht werden, wenn die sie begründenden **Tatsachen feststehen**, nicht aber schon dann, wenn sie nur wahrscheinlich oder gar nur möglicherweise vorliegen.[278]

Das Nichtvorhandensein einer bei Vertragsschluss ausbedungenen **Sicherheit** muss nicht zwangsläufig zu einer Vermögensgefährdung führen, und zwar beispielsweise dann nicht, wenn der Anspruch auf andere Weise ausreichend gesichert ist oder sonst an der Realisierung des Anspruchs keine ernsthaften Zweifel bestehen[279] oder der durch Täuschung zustande gekommene Vertrag nur zur Zug-um-Zug-Leistung verpflichtet[280] bzw. keine Vorleistungspflicht besteht.[281] Bestehen zum Zeitpunkt der Gewährung eines Kredits bereits vollwertige Sicherheiten, die zur Deckung des Kreditrisikos ausreichen und ohne nennenswerte Schwierigkeiten verwertbar sind, gleichen diese den Minderwert des Anspruchs auf Darlehensrückzahlung aus.[282] Das gilt auch dann, wenn der Rückzahlungsanspruch aufgrund der Vermögenslage des Darlehensnehmers oder sonstiger Umstände, die den Gläubiger vor dem Verlust seines Geldes schützen, wirtschaftlich sicher ist.[283]

b) Subjektiver Schadenseinschlag. Bei der Gesamtsaldierung ist ausnahmsweise auch eine **individuelle Komponente** zu berücksichtigen (**subjektiver** oder **persönlicher Schadenseinschlag**). Da es allerdings nicht die Aufgabe des Strafrechts ist (Rdnr. 28), sorglose Menschen von den Folgen ihrer Entscheidungen freizustellen, und § 263 weder das bloße Affektionsinteresse noch die wirtschaftliche Dispositionsfreiheit oder die Wahrheit im Geschäftsverkehr als solche schützt,[284] setzt die Berücksichtigung eines persönlichen Schadenseinschlags voraus,

---

[271] BGH Urt. v. 21.10.1994 – 2 StR 328/94 – BGHSt 40, 287, 296 (zum Vermögensschaden bei der Untreue).
[272] BGH Urt. v. 5.11.2003 – 1 StR 287/03 – wistra 2004, 60.
[273] BGH Beschl. v. 21.11.2001 – 2 StR 260/01 – BGHSt 47, 160, 167, 169 f.
[274] BGH Urt. v. 15.11.2001 – 1 StR 185/01 – BGHSt 47, 148, 156 f. (zum Vermögensschaden bei der Untreue).
[275] BGH Urt. v. 14.7.2000 – 3 StR 53/00 – NStZ-RR 2001, 241, 242 f., dort auch zur Berechnung des Schadensumfangs bei Vermögensgefährdung wegen Überfinanzierung.
[276] RG Urt. v. 30.4.1907 – II 2 D 52/07 – GA 54, 414; BGH Urt. v. 6.4.1954 – 5 StR 74/54 – BGHSt 6, 115, 116 f.; weitergehend BGH Urt. v. 17.10.1995 – 1 StR 372/94 – NStZ 1996, 203, wonach ein vollendeter Betrug schon dann vorliegen soll, wenn es dem Täter gelingt, seine Bank durch Täuschung zu einer Überweisung auf ein tätereigenes Konto zu veranlassen, dieses aber bei Eingang der Gutschrift wegen Aufdeckung der Manipulationen bereits gesperrt ist.
[277] *Kindhäuser* LPK-StGB § 263 Rdnr. 188; vgl. auch BGH Urt. v. 11.9.2003 – 5 StR 524/02 – wistra 2003, 457, 459): Der Eigentumsübergang hängt allein vom Verhalten eines Dritten ab.
[278] BGH Beschl. v. 2.9.1994 – 2 StR 381/94 – StV 1995, 24.
[279] BGH Urt. v. 3.11.1987 – 1 StR 292/87 – wistra 1988, 188, 190.
[280] BGH Beschl. v. 12.6.2001 – 4 StR 402/01 – NStZ-RR 2001, 328, 329.
[281] OLG Stuttgart Beschl. v. 8.6.2001 – 2 Ws 85/2001 – NJW 2002, 384 = JR 2002, 214, 215 m. Anm. *Erb*, insbes. zu Schaden und Vorteil bei Grundstücksgeschäften.
[282] BGH Beschl. v. 9.2.1995 – 4 StR 662/94 – wistra 1995, 222, 223; BGH Urt. v. 10.12.1991 – 5 StR 523/91 – wistra 1992, 142; BGH Beschl. v. 1.9.1994 – 1 StR 468/94 – StV 1995, 254, 255; BGH Urt. v. 6.2.1996 – 1 StR 705/95 – StV 1997, 416, 317.
[283] BGH Urt. v. 2.6.1993 – 2 StR 144/93 – wistra 1993, 265.
[284] Vgl. BGH Beschl. v. 18.7.1961 – 1 StR 606/60 – BGHSt 16, 220, 221 – Zellwollhose –; BGH Beschl. 1.9.1994 – 1 StR 468/94 – StV 1995, 254, 255; OLG Düsseldorf Beschl. v. 1.2.1991 – 2 Ws 541/90 – NJW 1991, 1841, 1842.

dass die Beeinträchtigung sich in wertender Betrachtung der (vertraglichen) Risikoverteilung ausnahmsweise als schlechthin unerträglich erweist.[285] Nicht jeder Vermögensgegenstand hat gleichen Wert für jedermann. Vor allem kann der Gebrauchswert je nach den Lebensverhältnissen des Einzelnen verschieden sein. Was für den einen von hohem Nutzen und dementsprechend wertvoll ist, kann für den anderen unbrauchbar und wertlos oder doch im Wert herabgesetzt sein. Solche besonderen Umstände darf die Bewertung gerechterweise nicht außer Acht lassen. Daher kann der Käufer einer Sache, sofern Umstände dieser Art gegeben sind, trotz Gleichwertigkeit von Leistung und Gegenleistung geschädigt sein. Auch dabei entscheidet jedoch nicht die persönliche Einschätzung des Betroffenen (z. B. ein Liebhaber- oder Affektionsinteresse), sondern das **vernünftige Urteil eines unbeteiligten Dritten**.[286] Ein Vermögensschaden kann trotz Gleichwertigkeit von Leistung und Gegenleistung insbesondere dann vorliegen, wenn der Erwerber die angebotene Leistung nicht oder nicht in vollem Umfang zu dem vertraglich vorausgesetzten Zweck oder in anderer zumutbarer Weise verwenden kann (**Zweckverfehlung** bzw. **mangelnde individuelle Verwendbarkeit**) oder durch die eingegangene Verpflichtung zu vermögensschädigenden Maßnahmen genötigt wird (**Zwang zu vermögensschädigenden Folgemaßnahmen**) oder infolge der Verpflichtung nicht mehr über die Mittel verfügen kann, die zur ordnungsgemäßen Erfüllung seiner Verbindlichkeiten oder sonst für eine seinen persönlichen Verhältnissen angemessene Wirtschafts- oder Lebensführung unerlässlich sind (**Liquiditätsverlust**).[287] Allerdings kann nicht jeder auf Täuschung beruhende Motivirrtum die Strafbarkeit begründen. Maßgeblich ist, dass der Abschluss des Geschäfts entscheidend durch den sozialen Zweck bestimmt war, dieser jedoch verfehlt wurde.[288]

70   c) **Einzelne Fallgruppen.** Beim Betrug durch Abschluss eines Vertrages (**Eingehungsbetrug**) ergibt ein Vergleich der Vermögenslage vor und nach dem Vertragsschluss, ob ein Vermögensschaden eingetreten ist. Zu vergleichen sind demnach die beiderseitigen Vertragsverpflichtungen.[289] Lediglich dann, wenn der Wert des Anspruchs auf die Leistung des Täuschenden hinter dem Wert der Verpflichtung zur Gegenleistung des Getäuschten zurückbleibt, ist der Getäuschte geschädigt.[290] Maßgeblicher Zeitpunkt für den Wertvergleich ist der Vertragsschluss. Wie sich die Dinge später tatsächlich entwickeln, bleibt für die strafrechtliche Wertung ohne Belang. Daraus folgt, dass bei **Risikogeschäften** ein Vermögensschaden nur insoweit vorliegt, als die von dem Getäuschten eingegangene Verpflichtung wertmäßig höher ist als die ihm dafür gewährte Gegenleistung unter Berücksichtigung aller mit ihr etwa verbundenen, zur Zeit der Vermögensverfügung gegebenen Gewinnmöglichkeiten.[291] Mithin besteht auch bei **betrügerischen Warentermingeschäften** der Vermögensschaden des Anlegers in der Regel nicht in dem gezahlten Optionspreis; maßgeblich ist vielmehr die Differenz zwischen dem vereinbarten Kaufpreis und dem wirklichen Wert der Option, der sich aus den Beschaffungskosten (plazierte Börsenprämie zuzüglich Brokerkommission) und der Provision eines seriösen inländischen Maklers (marktüblich 20 %) zusammensetzt. Anders verhält es sich nur dann, wenn der Anleger über Eigenart und Risiken des Optionsgeschäfts derart getäuscht wird, dass er mit der Option etwas völlig anderes erwirbt, als er erwerben wollte, etwa wenn ihm der Erwerb einer Option als wertbeständige Geldanlage vorgespiegelt wird.[292]

71   Der Vermögensschaden beim Eingehungsbetrug in Form des **Ausschreibungs-** oder **Submissionsbetruges** besteht in der Differenz zwischen der vertraglich vereinbarten Auftragssumme

---

[285] *Tröndle/Fischer* § 263 Rdnr. 85, 89; vgl. auch BGH Beschl. v. 28.7.1983 – 1 StR 576/82 – BGHSt 32, 22, 23: „Indes ist hier Zurückhaltung am Platz. Den für die Art einer Geldanlage maßgeblichen Bewegründen zu große Bedeutung bei der Bemessung des Schadens einzuräumen, liefe dem überwiegend objektiv geprägten Begriff des Vermögensschadens und damit der Natur des Betrugstatbestandes als einem Vermögensdelikt zuwider."
[286] BGH Beschl. v. 18.7.1961 – 1 StR 606/60 – BGHSt 16, 220, 222.
[287] Grundlegend BGH Beschl. v. 16.8.1961 – 4 StR 166/61 – BGHSt 16, 321; zu Einzelfällen vgl. *Tröndle/ Fischer* § 263 Rdnr. 86 ff.
[288] BGH Urt. v. 11.9.2003 – 5 StR 524/02 – wistra 2003, 457, 459; BGH Urt. v. 10.11.1994 – 4 StR 331/94 – NStZ 1995, 134, 135.
[289] BGH Beschl. v. 23.2.1982 – 5 StR 685/81 – BGHSt 30, 388, 389.
[290] BGH Beschl. v. 9.6.2004 – 5 StR 136/04 – StV 2004, 539, 540.
[291] BGH Beschl. v. 23.2.1982 – 5 StR 685/81 – BGHSt 30, 388, 389.
[292] BGH Beschl. v. 14.8.2003 – 3 StR 199/03 – n.v.

und dem Preis, der bei Beachtung der für das Auftragsvergabeverfahren geltenden Vorschriften erzielbar gewesen wäre.[293] Der erzielbare Preis ist der erzielte Preis abzüglich der abspracheﬂgemäß bedingten Preisaufschläge. Dabei sind Schmiergeldzahlungen und Ausgleichszahlungen (an die anderen an der Absprache beteiligten Unternehmer gezahlte Abstandssummen) naﬂhezu zwingende Beweisanzeichen dafür, dass der ohne Preisabsprache erzielbare Preis den tatﬂsächlich vereinbarten Preis unterschritten hätte. Dies gilt auch in den Fällen freihändiger Verﬂgabe mit Angebotsanfragen. Auch hier umfasst der Vermögensschaden die abspracheﬂbedingten Preisaufschläge.[294] Unerheblich ist, ob der vereinbarte Preis den Wertvorstellungen des Markﬂtes entspricht oder ob nach einem bestimmten Abschlag ein den Wertvorstellungen des Marktes entsprechender Preis erreicht wird.[295] Besteht das Ziel einer Preisabsprache darin, einen „ruiﬂnösen" Wettbewerb zu verhindern, ist ein Schaden des Auftraggebers nur dann zu verneinen, wenn er diesen „ruinösen" Angeboten keinen Zuschlag hätte erteilen dürfen. Voraussetzung hierfür wäre nicht nur ein offensichtliches Missverhältnis zwischen Preis und Leistung, sondern es müsste darüber hinaus zu erwarten sein, dass der Auftragnehmer wegen dieses Missverﬂhältnisses in wirtschaftliche Schwierigkeiten gerät und den Auftrag deshalb nicht oder nicht ordnungsgemäß ausführt. Hingegen besteht für die öffentliche Hand kein Hindernis, auch sog. „Unterkostenpreise" zu akzeptieren, sofern der Anbieter zu diesen Preisen zuverlässig leisten kann.[296]

Anders als beim Eingehungsbetrug wird der Schaden beim **Erfüllungsbetrug** unter Berückﬂ 72 sichtigung der tatsächlich erbrachten Leistung ermittelt: Beim **echten** Erfüllungsbetrug, d. h. wenn das Opfer erst nach Vertragsabschluss bei der Erfüllung der Verbindlichkeit über die Verﬂtragsgemäßheit der Leistung getäuscht wird und irrtumsbedingt entweder selbst mehr leistet oder als Gegenleistung weniger akzeptiert als geschuldet,[297] sind die vertraglich geschuldete und die tatsächlich erbrachte Leistung miteinander zu vergleichen,[298] was – in Abweichung von einem rein wirtschaftlichen Ausgangspunkt – auch dann zum Schaden führen soll, wenn Leistung und Gegenleistung an sich wirtschaftlich gleichwertig sind. Auf die Differenzierung zwischen Gattungs- und Stückschulden bzw. Schlecht- und Falschlieferung kommt es im Erﬂgebnis nicht an, da die Leistung jeweils geringerwertig ist.[299] Beim **unechten** Erfüllungsbeﬂtrug hingegen wirken die bereits im Rahmen des Verpflichtungsgeschäfts erfolgte Täuschung und der darauf beruhende Irrtum in der Erfüllungsphase nur nach fort. Liegt hier schon bei Eingehung des Vertrages wegen Gleichwertigkeit der gegenseitigen Ansprüche kein Schaden vor – insbesondere weil ein äquivalenter Marktwert zufließt und auch kein subjektiver Schaﬂdenseinschlag vorliegt –, kann auch die Erfüllung des Vertrages nicht zu einem Schaden fühﬂren, da die bei der Eingehung erfolgte Täuschung bei der Erbringung der Leistung nur nachﬂwirkt.[300] Verpflichtungs- und Erfüllungsgeschäft stellen sich somit als Einheit dar,[301] wenn nicht bei der Erfüllung eine neue und selbständige Täuschung hinzutritt.[302]

---

[293] BGH Urt. v. 8.1.1992 – 2 StR 102/91 – BGHSt 28, 186; BGH Urt. v. 21.11.2000 – 1 StR 300/00 – wistra 2001, 103, 104; BGH Urt. v. 11.7.2001 – 1 StR 576/00 – NStZ 2001, 540, 541.
[294] BGH Urt. v. 11.7.2001 – 1 StR 576/00 – NStZ 2001, 540, 541.
[295] BGH Urt. v. 11.7.2001 – 1 StR 576/00 – NStZ 2001, 540, 542.
[296] BGH Urt. v. 23.11.2000 – 3 StR 225/00 – wistra 2001, 103, 104.
[297] *Tröndle/Fischer* § 263 Rdnr. 104.
[298] BGH Urt. v. 8.7.1955 – 1 StR 245/55 – BGHSt 8, 46, 48 f.; BGH Urt. v. 12.12.1958 – 2 StR 221/58 – BGHSt 12, 347, 350, 352 f.; BGH Urt. v. 19.7.1995 – 2 StR 758/94 – NJW 1995, 2933, 2934.
[299] LK/*Tiedemann* § 263 Rdnr. 198 ff.; vgl. aber auch Müller-Gugenberger/Bieneck/*Nack* § 47 Rdnr. 62.
[300] Vgl. BGH Beschl. v. 18.7.1961 – 1 StR 606/60 – BGHSt 16, 220, 223 f.; BGH Urt. v. 2.3.1994 – 2 StR 620/93 – NJW 1994, 1745, 1746; OLG Karlsruhe Beschl. v. 4.1.1980 – 3 Ss 296/79 – NJW 1980, 1762; OLG Düsseldorf Beschl. v. 10.1.1995 – 5 Ss 443/94 – 145/94 I – JZ 1996, 913, 914 m. krit. Anm. *Schneider*; BayObLG Urt. v. 30.7.1998 – 3 St RR 54/98 – NJW 1999, 663 f. m. krit. Anm. *Bosch* wistra 1999, 410.
[301] LK/*Tiedemann* § 263 Rdnr. 201 f.; *Tröndle/Fischer* § 263 Rdnr. 104. Die a.A. (z.B. Schönke/Schröder/ *Cramer* § 263 Rdnr. 137 ff.) misst der täuschungsbedingten Leistung an der Parteivereinbarung und sieht im zunächst nicht gegebenen Eingehungsbetrug nur den Versuch des späteren Erfüllungsbetrugs.
[302] Vgl. BGH Urt. v. 21.12.1983 – 2 StR 566/83 – BGHSt 32, 211, 213 m. krit. Anm. *Puppe* JZ 1984, 531.

6. Vorsatz

73 Der Betrugsvorsatz muss sämtliche objektive Tatbestandsmerkmale einschließlich deren kausaler Verknüpfung umfassen. Bedingter Vorsatz reicht aus.[303] Die Feststellung des Betrugsvorsatzes bereitet in der Praxis oft Schwierigkeiten und die spezifischen Darlegungserfordernisse werden von den Tatgerichten nicht selten verfehlt.[304]

74 Der Vorsatz der **Täuschung** erfordert, dass der Täter den objektiven Erklärungsinhalt, eine unwahre Tatsache vorzuspiegeln, zumindest für möglich hält und billigend in Kauf nimmt, was auch bei Behauptungen „ins Blaue hinein" in aller Regel der Fall ist.[305] Hinsichtlich zukünftiger Leistungen muss sich der Vorsatz auf die innere Tatsache der Überzeugung, bei Fälligkeit bezahlen zu können, beziehen;[306] die bloß vage Hoffnung, dann zahlungsfähig zu sein, schließt den Täuschungsvorsatz bezüglich der Erklärung uneingeschränkter Zahlungsfähigkeit nicht aus.[307] Bei der konkludenten Täuschung muss der Täter auch – zumindest laienhaft – um die einschlägige Verkehrsanschauung wissen, die seinem Verhalten die Behauptung eines täuschungsrelevanten Inhalts verleiht. Bei der Täuschung durch Unterlassen muss der Täter um die Umstände wissen, aus denen sich das Bestehen einer Aufklärungspflicht ergibt.

75 Für den Vorsatz der **Schädigung** genügt es, dass der Täter die schadensbegründenden Umstände kennt.[308] Der Wille des Angeklagten zur Entschädigung von Geschäftspartnern und die tatsächlich vorgenommene Schadenswiedergutmachung können nicht per se als Eingeständnis des Betrugsvorsatzes gewertet werden, weil ein solches Verhalten zivilrechtlichen Überlegungen und dem verständlichen Wunsch entsprochen haben kann, dem Ruf des Angeklagten als Geschäftsmann nicht zusätzlichen Schaden zuzufügen.[309] Beim Darlehensbetrug entfällt der Schädigungsvorsatz nicht schon dann, wenn der Täter beabsichtigt, hofft oder glaubt, den endgültigen Schaden abwenden zu können, denn der Bezugsgegenstand solcher Absichten, Hoffnungen oder Erwartungen ist lediglich die strafrechtlich unbeachtliche Wiedergutmachung des bereits entstandenen Schadens.[310]

76 **Fahrlässigkeit** reicht in keinem Fall aus.[311] In der Praxis führt insbesondere die Vorverlagerung der Vollendung in den Bereich der konkreten Vermögensgefährdung zu einer Grauzone zwischen Fahrlässigkeit und bedingtem Vorsatz. Insbesondere wird sich unternehmerische Risikofreude oftmals auf einem schmalen Grat zwischen Erfolgsvision und bedingtem Betrugsvorsatz bewegen. Im Bereich von Risikogeschäften soll das **Wollenselement** des bedingten Vorsatzes nach der Rechtsprechung genauer Feststellungen bedürfen: „Gerade bei solchen komplexen und mehrdeutigen Strukturen, wie sie in Wirtschaftsstrafsachen häufig gegeben sind, kann das Wollenselement nicht ausschließlich aus der Perspektive der Schadenswahrscheinlichkeit betrachtet werden. Erforderlich ist vielmehr immer eine Gesamtwürdigung des Einzelfalls, bei der auch die Motive und die Interessenlage des Täters ebenso zu berücksichtigen sind wie der konkrete Zuschnitt der zu beurteilenden Geschäfte."[312] Zwar wird beim Anlagebetrug der Schädigungsvorsatz nicht dadurch ausgeschlossen, dass der Täter hofft, es werde letzten Endes alles gut gehen und das Risiko werde sich nicht realisieren.[313] Jedoch soll sich das Motiv, die für den Täter fern liegende Möglichkeit des Kapitalverlusts lediglich zum Besten der finanzunerfahrenen Kunden zu verschweigen, nicht mit dem sog. Wollenselement (Billigung des Erfolges) vertragen.[314] Beim Anlagebetrug stellt aber etwa der Verstoß gegen Rechtsvorschriften, die gerade dem Schutz der Anleger dienen und dem Täter bekannt sind, einen gewichtigen Hinweis

---

[303] *Tröndle/Fischer* § 263 Rdnr. 106; Müller-Gugenberger/Bieneck/*Nack* § 47 Rdnr. 68 f.
[304] Vgl. etwa OLG Frankfurt a. M. Beschl. v. 8.4.1998 – 3 Ss 419/97 – NStZ-RR 1998, 333, 334.
[305] *Tröndle/Fischer* § 263 Rdnr. 106.
[306] Müller-Gugenberger/Bieneck/*Nack* § 47 Rdnr. 70.
[307] *Tröndle/Fischer* § 263 Rdnr. 106.
[308] BGH Urt. v. 3.11.1987 – 1 StR 292/87 – wistra 1988, 188, 190; BGH Beschl. v. 4.12.2002 – 2 StR 332/02 – NStZ 2003, 264.
[309] BGH Beschl. v. 9.6.1988 – 1 StR 171/88 – wistra 1988, 348, 349.
[310] BGH Urt. v. 2.6.1993 – 2 StR 144/93 – wistra 1993, 265, 266; BGH Beschl. v. 12.6.2001 – 4 StR 402/00 – NStZ-RR 2001, 328, 330.
[311] *Tröndle/Fischer* § 263 Rdnr. 106.
[312] BGH Urt. v. 6.4.2000 – 1 StR 280/99 – BGHSt 46, 30, 35; BGH Beschl. v. 9.7.2003 – 5 StR 65/02 – wistra 2003, 383, 384; BGH Beschl. v. 26.8.2003 – 5 StR 145/03 – NStZ 2004, 218, 220.
[313] BGH Beschl. v. 4.12.2002 – 2 StR 332/02 – NStZ 2003, 264.
[314] BGH Beschl. v. 4.12.2002 – 2 StR 332/02 – NStZ 2003, 264.

darauf dar, dass der Täter mit einer Gefährdung des Vermögens einverstanden ist.³¹⁵ Auch kann das zusätzliche Vorliegen schwerwiegender Pflichtverletzungen – etwa Informations- und Prüfungspflichten eines Bankleiters bei Kreditgeschäften – nahelegen, die subjektive Tatseite des Vermögensschadens zu bejahen.³¹⁶

Auch für die subjektive Tatseite der **Beihilfe** reicht bedingter Vorsatz aus.³¹⁷ Der Vorsatz eines Teilnehmers – sei er Anstifter, sei er Gehilfe – muss sich auf die Ausführung einer zwar nicht in allen Einzelheiten,³¹⁸ wohl aber in ihren wesentlichen Merkmalen oder Grundzügen konkretisierte Tat richten.³¹⁹ Diejenigen Tatumstände sind als wesentlich für den Vorsatz des Teilnehmers anzusehen, deren Kenntnis die Begehung der Haupttat hinreichend wahrscheinlich werden lässt. Nach der Rechtsprechung sollen es die unterschiedlichen Teilnahmestrukturen, die verschiedene Nähe zur Tat und die differenzierten Strafdrohungen (für den Anstifter gleich dem Täter, für den Gehilfen zwingende Strafmilderung) gebieten, an den Vorsatz des **Gehilfen** andere Maßstäbe anzulegen als an den Vorsatz des **Anstifters**. Der Anstifter hat eine bestimmte Tat, insbesondere einen bestimmten Taterfolg vor Augen. Der Gehilfe hingegen erbringt einen von der Haupttat losgelösten Beitrag. Er strebt diese nicht notwendigerweise an, weiß aber und nimmt jedenfalls billigend in Kauf, dass sich sein Handeln auch ohne sein weiteres Zutun als unterstützender Bestandteil einer Straftat manifestieren kann. Beihilfe durch Tat kann somit nach der Rechtsprechung des BGH schon begehen, wer dem Täter ein entscheidendes Tatmittel willentlich an die Hand gibt und damit bewusst das Risiko erhöht, dass eine durch den Einsatz gerade dieses Mittels typischerweise geförderte Haupttat verübt wird.³²⁰ Opfer, Tatzeit oder nähere Details der konkreten Begehungsweise müssen dem Gehilfen allerdings nicht bekannt sein.³²¹ Ausreichend ist es etwa, wenn ein Sachverständiger, der ein inhaltlich falsches Wertgutachten erstellt hat, weiß, dass eine Betrugstat zum Nachteil eines Kreditgebers oder eines Erwerbers der begutachteten Objekte erfolgen und seine Schätzung hierfür das entscheidende Täuschungsmittel sein soll.³²² Allein aus der Kenntnis um die besondere Risikohaftigkeit eines Anlagemodells und des Einsatzes provisionsabhängiger Telefonverkäufer darf aber nicht auf das Wissen oder die sichere Erwartung einer betrügerischen Kundenwerbung geschlossen werden; ohne Nachweis der Kenntnis der Wertlosigkeit der Anlage darf sich ein außenstehender Berater auch darauf verlassen, dass die Telefonverkäufer zu hinreichend seriöser Kundenwerbung angehalten werden.³²³ Bemerkenswert ist, dass der BGH bei der Feststellung des Gehilfenvorsatzes – anders als beim objektiven Tatbestand (oben Rdnr. 44) – auch ein Mitverschulden des Opfers berücksichtigt: „Dem Kunden, der in eine – vermeintlich – gewinnbringende Anlage eine große Summe Geldes investieren will, darf grundsätzlich ein höheres Maß an Sorgfalt zum Selbstschutz zugemutet werden. Eine fast unglaubliche Leichtfertigkeit, mit der begüterte Anleger in Fällen der vorliegenden Art erfahrungsgemäß häufig große Geldbeträge aufs Spiel setzen, muss derjenige, der im Wirtschaftsleben für Maßnahmen zu ihrer hinreichenden Aufklärung eingesetzt wird, nicht notwendig in Rechnung stellen".³²⁴

Das hiermit sachlich eng verbundene und insbesondere beim Betrug praktisch relevante Problem der Beihilfe durch sog. **neutrale** oder **berufstypische** bzw. **sozialadäquate Handlungen** behandelt der Bundesgerichtshof gleichfalls hauptsächlich als Frage des subjektiven Sinnbezuges.³²⁵ Sofern die Handlung den Betrug objektiv fördert, sollen danach folgende Grundsätze

---

³¹⁵ BGH Beschl. v. 26.8.2003 – 5 StR 145/03 – NStZ 2004, 218, 220.
³¹⁶ BGH Urt. v. 15.11.2001 – 1 StR 185/01 – BGHSt 47, 148, 157 (zum Vermögensschaden bei der Untreue).
³¹⁷ BGH Urt. v. 18.4.1996 – 1 StR 14/96 – BGHSt 42, 135, 137 m.w.N.; vgl. zur Überzeugungsbildung des Tatrichters BGH Urt. v. 14.7.2000 – 3 StR 53/00 – NStZ-RR 2001, 241, 242.
³¹⁸ BGH Urt. v. 25.10.2001 – 4 StR 208/01 – BGHSt 47, 134, 137.
³¹⁹ BGH Urt. v. 18.4.1996 – 1 StR 14/96 – BGHSt 42, 135, 137.
³²⁰ BGH Urt. v. 18.4.1996 – 1 StR 14/96 – BGHSt 42, 135, 138.
³²¹ BGH Urt. v. 18.4.1996 – 1 StR 14/96 – BGHSt 47, 135, 138 m. zutr. krit. Anm. *Kindhäuser* NStZ 1996, 273.
³²² BGH Urt. v. 18.4.1996 – 1 StR 14/96 – BGHSt 47, 135, 138 f.; zust. *Kindhäuser* NStZ 1996, 273, 275.
³²³ BGH Beschl. v. 20.9.1999 – 5 StR 729/98 – NStZ 2000, 34.
³²⁴ BGH Beschl. v. 20.9.1999 – 5 StR 729/98 – NStZ 2000, 34.
³²⁵ Vgl. BGH Urt. v. 1.8.2000 – 5 StR 624/99 – BGHSt 46, 107, 113 ff.; BGH Beschl. v. 20.9.1999 – 5 StR 729/98 – NStZ 2000, 34; *Tröndle/Fischer* § 27 Rdnr. 2 b; krit. dazu *Lesch* JA 2001, 187 ff., 986 ff.; *ders.* JR 2001, 383 ff.; vgl. zu einschlägigen Fallgruppen berufstypisch neutralen Verhaltens *Meyer-Arndt* wistra 1989, 281 ff.

gelten: Zielt das Handeln des Haupttäters ausschließlich darauf ab, eine strafbare Handlung zu begehen, und weiß dies der Hilfeleistende, so ist sein Tatbeitrag als nicht mehr sozialadäquate, sondern als sich mit dem Täter solidarisierende Beihilfehandlung zu werten; weiß der Hilfeleistende dagegen nicht, wie der von ihm geleistete Beitrag vom Haupttäter verwendet wird, hält er es lediglich für möglich, dass sein Tun zur Begehung einer Straftat genutzt wird, so ist sein Handeln regelmäßig noch nicht als strafbare Beihilfehandlung zu beurteilen, es sei denn, das von ihm erkannte Risiko strafbaren Verhaltens des von ihm Unterstützten war derart hoch, dass er sich mit seiner Hilfeleistung „die Förderung eines erkennbar tatgeneigten Täters angelegen sein" ließ.[326] Im zuvor genannten Fall der firmenexternen Beratung durch einen Rechtsanwalt kommt es demnach darauf an, ob dieser bei Überlassung der von ihm für die Kundenwerbung erarbeiteten Broschüre über wirtschaftliche Zusammenhänge und Risiken von Warentermingeschäften an den Haupttäter Kenntnis von dem ausschließlich betrügerischen Zweck der Gesellschaft hatte oder diesen für hochgradig wahrscheinlich hielt und ob er damit zum organisatorischen Rahmen der Gesellschaft beitrug, sich also deren betrügerische Geschäfte „angelegen sein" ließ.[327] So soll Beihilfe auch etwa im Fall eines (Anwalts-)Notars vorliegen, der an einem Kreditbetrug dadurch mitwirkt, dass er in Kenntnis einer betrügerisch erlangten Überfinanzierung zur Sicherheit dienender Grundstücke die Darlehensvaluta von seinem Notaranderkonto auszahlte und dabei unter anderem dem Haupttäter zugute brachte.[328] Bei der zuvor bereits angeführten – per se zwar erlaubten – Erstellung eines inhaltlich falschen Wertgutachtens ist im konkreten Verwendungskontext der deliktische Sinnbezug aber auch schon objektiv zu bejahen.[329]

7. Bereicherungsabsicht

79   Als zusätzliches subjektives Unrechtsmerkmal erfordert der Betrugstatbestand, dass der Täter in der Absicht handelt, sich oder einem Dritten einen rechtswidrigen Vermögensvorteil zu verschaffen. Unter dem Vermögensvorteil ist die **Erhöhung des wirtschaftlichen Gesamtwerts** des Vermögens zu verstehen, der sich nach denselben Grundsätzen bestimmt wie der Vermögensschaden, bei Verursachung eines Gefährdungsschadens aber nicht spiegelbildlich auf Erreichung der Möglichkeit eines Vorteils, sondern auf dessen Eintritt gerichtet ist.[330] Das Betrugsunrecht ist mit Vorliegen der Bereicherungsabsicht bereits **vollendet** (sog. überschießende Innentendenz[331]); ob der erstrebte Vorteil tatsächlich eintritt, ist nur ein Kriterium für die **Beendigung der Tat.**

80   a) **Absicht.** Es muss dem Täter darauf ankommen, den Vermögensvorteil zu erlangen, d. h. die Bereicherung muss für ihn das **Hauptziel** oder doch ein **notwendiges Zwischenziel** der Tatbestandsverwirklichung darstellen[332] (dolus directus 1. Grades).[333] Hierfür genügt es, wenn

---

[326] BGH Urt. v. 1.8.2000 – 5 StR 624/99 – BGHSt 46, 107, 113 f. m. krit. Anm. *Lesch* JR 2001, 383; BGH Beschl. v. 20.9.1999 – 5 StR 729/98 – NStZ 2000, 34; BGH Urt. v. 14.7.2000 – 3 StR 53/00 – NStZ-RR 2001, 241, 242; BGH Urt. v. 26.10.1998 – 5 StR 746/97 – BGHR StGB § 266 Abs. 1 Beihilfe 3; BGH Urt. v. 13.4.1988 – 3 StR 33/88 – BGHR StGB § 27 Abs. 1 Hilfeleisten 3. Diese Grenzziehung anhand diverser subjektiver Kriterien ohne Blick darauf, ob das Wissen auf Grund einer Prüfungs- und Informationspflicht oder aber rechtlich zufällig erlangt wurde, ist freilich dogmatisch nicht fundiert und führt zu inkonsistenten Ergebnissen; ein deliktischer Sinnbezug bzw. eine „Solidarisierung" mit der Tatausführung hängt vom sozialen Kontext und damit von einer objektiven Beurteilung ab (*Lesch* JR 2001, 383, 385 ff.; *ders.* JA 2001, 187, 191; vgl. auch *Kindhäuser* NStZ 1997, 273, 275, Fn. 22: Das bloße Wissen um fremde Pläne macht eigenes Handeln nicht gefährlich.

[327] BGH Beschl. v. 20.9.1999 – 5 StR 729/98 – NStZ-RR 2001, 34, 34 ff.), wobei zwar zusätzlich – und im Ansatz dogmatisch zutreffend – das objektive Fördern der Haupttat von der konkreten Verwendung der Broschüre durch den Haupttäter abhängig gemacht wird, dieses aber bereits aus dem Grund bejaht wird, dass der Angeklagte sich nicht darauf beschränkt habe, „im Rahmen seiner Beratungstätigkeit als Rechtsanwalt etwa nur abstrakt und intern die Rechtslage zu Warentermingeschäften radzustellen bzw. ein Gutachten hierzu zu fertigen" (a.a.O. 34).

[328] BGH Urt. v. 14.7.2000 – 3 StR 53/00 – NStZ-RR 2001, 241, 242.

[329] *Kindhäuser* Anm. zu BGH Urt. v. 18.4.1996 – 1 StR 14/96 –, NStZ 1997, 273, 275.

[330] *Tröndle/Fischer* § 263 Rdnr. 107.

[331] BGH Urt. v. 25.1.1984 – 3 StR 278/83 – BGHSt 32, 236, 243.

[332] NK/*Kindhäuser* § 263 Rdnr. 412; vgl. auch *Seier* Anm. zu BayObLG Beschl. v. 11.3.1994 – 1 St RR 16/94 – NZV 1995, 34, 35.

[333] Vgl. dazu *Lesch* JA 1997, 802.

die Bereicherung für das Handeln des Täters zumindest mitbestimmend ist, mag sie auch nicht Motiv oder letzter Zweck sein, nicht aber, wenn sie nur eine notwendige, dem Täter aber höchst unerwünschte Nebenfolge eines von ihm erstrebten Erfolges ist.[334]

b) **Stoffgleichheit.** Das in der Praxis häufig übersehene Erfordernis der sog. Stoffgleichheit von Vermögensvorteil und Vermögensschaden soll den Charakter des Betruges als **Vermögensverschiebungsdelikt**[335] gewährleisten: Die Strafbarkeit wegen Betruges tritt nur dann ein, wenn der Täter sich gerade auf Kosten des geschädigten Vermögens bereichern will. Der erstrebte Vermögensvorteil muss daher das genaue Gegenstück, die Kehrseite des Vermögensschadens und ihm insoweit „stoffgleich" sein, als eine unmittelbare Folge der täuschungsbedingten Verfügung ist, welche den Schaden des Opfers herbeiführt, und dem Täter direkt aus dem geschädigten Vermögen zufließen.[336] Die Prüfung der Stoffgleichheit ist namentlich bei Nichtidentität von Verfügendem und Geschädigtem sowie dann relevant, wenn der erstrebte Vermögensvorteil dem Täter nicht unmittelbar aus der Verfügung des Opfers zufließt.[337] 81

Entscheidend kommt es insofern auf die **Unmittelbarkeit** der Verschiebung an: Dieselbe Vermögensverfügung des Getäuschten, die den Täter oder einen Dritten bereichern soll, muss den Schaden unmittelbar herbeiführen; ein der Höhe nach mit dem Schaden identischer Vorteil ist nicht erforderlich.[338] Dies kann etwa im Fall des Ausschreibungsbetrugs hinsichtlich der mit dem täuschungsbedingten Vertragsabschluss verbundenen Einbuße der sicheren Gewinnerwartung des sonst aussichtsreichsten Mitbewerbers bejaht werden,[339] ferner wenn der Täter dadurch Aufwendungen erspart, dass der Getäuschte die Durchsetzung eines Anspruchs unterlässt.[340] Keine Stoffgleichheit bzw. Unmittelbarkeit besteht z.B. hinsichtlich Belohnungen Dritter[341] oder der Erlangung eines Schadensfreiheitsrabatts nach Täuschung über die Unfallbeteiligung,[342] auch bleiben mittelbare Schäden und Folgeschäden unberücksichtigt,[343] etwa Prozesskosten[344] oder Zinsen und Notarkosten infolge der Nichterfüllung eines Vertrags,[345] ferner die verhinderte Geltendmachung von Schadensersatzansprüchen.[346] Zwischen der unterlassenen Geltendmachung etwaiger Regressansprüche einer Krankenkasse gegenüber dem Vertragsarzt und der Inanspruchnahme medizinisch nicht indizierter Leistungen durch den Patienten besteht keine Stoffgleichheit.[347] 82

Beim eigennützigen **Provisionsbetrug** fehlt es zwar an der Unmittelbarkeit zwischen dem Schaden des getäuschten Kunden und der Provisionszahlung des Geschäftsherrn an den Vertreter, es liegt insoweit aber zumeist ein drittnütziger Betrug zum Vorteil des Geschäftsherrn 83

---

[334] BGH Beschl. v. 23.2.1961 – 4 StR 7/61 – BGHSt 16, 1, 6; BGH Urt. v. 1.9.1992 – 1 StR 281/92 – NJW 1993, 273, 274 f.; OLG Köln Urt. v. 24.2.1987 – Ss 33/87 – NJW 1987, 2095; BayObLG Beschl. v. 11.3.1994 – 1 St RR 16/94 – NZV 1995, 33, 34 m. Anm. *Seier*.
[335] *Kindhäuser* LPK-StGB, § 263 Rdnr. 35, 210; vgl. auch BayObLG Beschl. v. 11.3.1994 – 1 St RR 16/94 – NZV 1995, 33 m. Anm. *Seier*: „Es dient dazu, das populäre Tatbild des Betrugs sicherzustellen und befremdliche Ergebnisse zu vermeiden" (a.a.O. 34).
[336] BGH Urt. v. 6.4.1954 – 5 StR 74/54 – BGHSt 6, 115, 116; BGH Urt. v. 28.11.1967 – 5 StR 556/67 – BGHSt 21, 384, 386; BGH Urt. v. 29.5.1987 – 3 StR 242/86 – BGHSt 34, 379, 391; BGH Beschl. v. 4.12.2002 – 2 StR 332/02 – NStZ 2003, 264.
[337] *Tröndle/Fischer* § 263 Rdnr. 108.
[338] *Müller-Gugenberger/Bieneck/Nack* § 47 Rdnr. 75.
[339] BGH Urt. v. 29.5.1987 – 3 StR 242/86 – BGHSt 34, 379, 390; BGH Urt. v. 29.1.1997 – 2 StR 633/96 – NStZ 1997, 542.
[340] *Müller-Gugenberger/Bieneck/Nack* § 47 Rdnr. 75.
[341] *Schönke/Schröder/Cramer* § 263 Rdnr. 168.
[342] BayObLG Beschl. v. 11.3.1994 – 1 St RR 16/94 – NZV 1995, 33, 33 f. m. krit. Anm. *Seier*. Insoweit komme hinsichtlich des täuschenden Verhaltens mit Blick auf die geständnisgleiche Wirkung einer Schadensregulierung im Hinblick auf ein etwaiges Strafverfahren wegen unerlaubten Entfernens vom Unfallort auch eine „Rechtfertigung" in Betracht (BayObLG a.a.O. 33).
[343] BGH Beschl. v. 20.7.1988 – 2 StR 348/88 – NJW 1989, 918.
[344] BGH Beschl. v. 18.2.1998 – 2 StR 531/97 – NStZ 1998, 570; BGH Beschl. 7.2.2002 – 1 StR 222/01 – NStZ 2002, 433, 434.
[345] OLG Stuttgart Beschl. 8.6.2001 – 2 Ws 68/2001 – NJW 2002, 384 = JR 2002, 214, 215 m. Anm. *Erb*.
[346] BGH Beschl. v. 9.11.1999 – 1 StR 540/99 – NStZ 2000, 260 f.; a.A. wohl BGH Urt. v. 8.1.1992 – 2 StR 102/91 – NJW 1992, 921, 923.
[347] BGH Beschl. v. 25.11.2003 – 4 StR 239/03 – NStZ 2004, 266, 267 f.; der Vertragsarzt begeht aber eine Untreue gegenüber der Krankenkasse (Missbrauchstatbestand), a.a.O. 267.

vor; außerdem kommt gegebenenfalls ein eigennütziger Betrug des Provisionsvertreters zum Nachteil des bei der Provisionszahlung über die Werthaltigkeit des erschlichenen Vertrags getäuschten Geschäftsherrn in Betracht.[348] Die Drittbereicherung beim ersten Betrug ist dann notwendiges Zwischenziel der letztlich angestrebten Selbstbereicherung durch den zweiten Betrug.[349] Beim Kapitalanlagebetrug durch den Vermittler fehlt die Stoffgleichheit dementsprechend insoweit, als die erstrebten Provisionszahlungen nicht unmittelbar dem auf Grund der Täuschung übergebenen Anlagekapital der Geschädigten entnommen wurden, sondern den Einzahlungen späterer Anleger.[350]

84 c) **Rechtswidrigkeit der Bereicherung.** Der erstrebte Vermögensvorteil muss rechtswidrig sein, was der Fall ist, wenn nach dem materiellen (privaten oder öffentlichen) Recht kein Rechtsanspruch auf den Vorteil besteht.[351] Die Rechtswidrigkeit des erstrebten Vermögensvorteils ist **Tatbestandsmerkmal** des § 263.[352]

85 Allein der Umstand, dass ein Anspruch durch Mittel der Täuschung realisiert werden soll, macht den erstrebten Vorteil nicht unrechtmäßig; wenn das verfolgte Ziel der Rechtsordnung entspricht, wird es dadurch, dass rechtswidrige Mittel zu seiner Verwirklichung angewandt werden, nicht selbst rechtswidrig.[353] Dies gilt namentlich beim sog. **Selbsthilfebetrug**, d. h. bei falschen Angaben gegenüber dem Schuldner, einer Behörde oder insbesondere im Prozess zu dem Zweck, einen begründeten, aber wegen Beweisschwierigkeiten gefährdeten – fälligen und nicht einredebehafteten – Anspruch durchzusetzen, sofern der Vorteil nicht über das Geschuldete hinausgeht und von der Rechtsordnung geschützt ist,[354] oder einen unbegründeten, aber wegen der Beweislage aussichtsreichen Anspruch abzuwehren.[355] Insoweit mangelt es aber richtigerweise auch schon an einem Vermögensschaden (oben Rdnr. 66). Wenn die Anspruchsvoraussetzungen für den erschlichenen Vorteil aber abschließend geregelt sind, beseitigt das Bestehen eines anderen Rechtsgrunds für die Leistung nicht die Rechtswidrigkeit der Bereicherung, so etwa beim sog. Abrechnungsbetrug im Fall der Geltendmachung konkret nicht abrechnungsfähiger, aber medizinisch indizierter ärztlicher Leistungen.[356]

86 Das nur formal zum subjektiven Tatbestand des § 263 gehörende Merkmal der Rechtswidrigkeit des Vermögensvorteils ist gleichwohl **objektives Tatbestandsmerkmal**,[357] da die Rechtswidrigkeit sich nicht nur auf die Bereicherung, sondern auf die Vermögensverschiebung insgesamt bezieht, wie sich daran zeigt, dass bereits der Vermögensschaden entfällt, wenn dem Täter (oder dem Dritten) ein durchsetzbarer Anspruch auf den Gegenstand der Vermögensverfügung zusteht (oben Rdnr. 66). Der Vorsatz hinsichtlich der Rechtswidrigkeit der Bereicherung, für den gleichfalls **bedingter Vorsatz genügt**,[358] stimmt also sachlich mit dem Schädigungsvorsatz überein und spielt nach der Feststellung des letzteren daher praktisch keine Rolle.[359] Die insoweit uneinheitliche Rechtsprechung behandelt das Bestehen eines Anspruchs freilich – im Ergebnis unschädlich – nicht selten als Problem des Bereicherungsvorsatzes.

---

[348] Vgl. BGH Urt. v. 28.11.1967 – 5 StR 556/67 – BGHSt 21, 384; *Tröndle/Fischer* § 263 Rdnr. 108 a; Müller-Gugenberger/Bieneck/*Nack* § 47 Rdnr. 76.
[349] *Kindhäuser* LPK-StGB § 263 Rdnr. 216.
[350] BGH Beschl. v. 4.12.2002 – 2 StR 332/02 – NStZ 2003, 264.
[351] *Tröndle/Fischer* § 263 Rdnr. 111; Müller-Gugenberger/Bieneck/*Nack* § 47 Rdnr. 77.
[352] BGH Beschl. v. 9.7.2003 – 5 StR 65/02 – wistra 2003, 383.
[353] St. Rspr.; BGH Urt. v. 17.10.1996 – 4 StR 389/96 – BGHSt 42, 268, 271; BGH Urt. v. 29.4.1997 – 1 StR 136/97 – NStZ-RR 1997, 257, 258; BGH Beschl. v. 9.7.2003 – 5 StR 65/02 – wistra 2003, 383.
[354] BGH Urt. v. 7.8.2003 – 3 StR 137/03 – wistra 2004, 57 zur Rechtswidrigkeit der Bereicherung bei der Erpressung.
[355] *Tröndle/Fischer* § 263 Rdnr. 111; *Lackner/Kühl* § 263 Rdnr. 61; Müller-Gugenberger/Bieneck/*Nack* § 47 Rdnr. 83.
[356] BGH Urt. v. 10.3.1993 – 3 StR 461/92 – NStZ 1993, 388 f.; BGH Beschl. v. 28.9.1994 – 4 StR 280/94 – NStZ 1995, 85 f.; *Tröndle/Fischer* § 263 Rdnr. 111; vgl. auch BGH Beschl. v. 25.11.2003 – 4 StR 239/03 – NStZ 2004, 266.
[357] So auch ausdrücklich BGH Urt. v. 17.10.1996 – 4 StR 389/96 – BGHSt 42, 268, 273 m. Anm. *Kudlich* NStZ 1997, 432, 433; a.A. *Gössel* GA 2003, 902, 904; *Tröndle/Fischer* § 263 Rdnr. 112 (zutr. anders noch die Vorauﬂ.): subjektives Tatbestandsmerkmal.
[358] H.M.; BGH Urt. v. 17.10.1996 – 4 StR 389/96 – BGHSt 42, 268, 273; *Tröndle/Fischer* § 263 Rdnr. 112.
[359] *Kindhäuser* LPK-StGB § 263 Rdnr. 221; ähnl. *Gössel* GA 2003, 902, 904: Schädigungsvorsatz fehle „regelmäßig".

Jedenfalls ist die **irrige Annahme** eines fälligen, durchsetzbaren, von der Rechtsordnung ge- 87
schützten und im Umfang nicht hinter dem Vorteil zurückbleibenden Anspruchs als Tatbestandsirrtum gemäß § 16 Abs. 1 S. 1 StGB zu bewerten; insoweit kann auch kein Versuch eines Betruges in Betracht kommen.[360] Ein strafbarkeitsausschließender Tatbestandsirrtum ist dann nicht gegeben, wenn der Täter nach seiner Vorstellung nicht genau weiß, ob der von ihm erstrebte Vermögensvorteil rechtswidrig ist, er dies aber für möglich hält und bei seiner Täuschungshandlung billigend in Kauf nimmt.[361] Der Schluss von der Täuschungshandlung auf das Bewusstsein der Rechtswidrigkeit des Vermögensvorteils mag zwar im Regelfall gerechtfertigt sein, er reicht dann aber nicht ohne weiteres aus, wenn die Annahme eines auch bedingten Vorsatzes ein **normatives Verständnis** des Täters voraussetzt, das nicht ohne weiteres unterstellt werden kann.[362] Da die Rechtswidrigkeit des erstrebten Vermögensvorteils ein normatives Tatbestandsmerkmal ist, muss der Täter nicht nur die tatsächlichen Umstände kennen, aus denen sich ergibt, dass ihm ein Anspruch nicht zusteht. Maßgeblich ist vielmehr, ob er sich **als Ergebnis laienhafter Bewertung** dieser Umstände einen Anspruch auf die erstrebte Leistung nicht zumisst oder für zweifelhaft hält, wofür es auch auf die Anerkennung des Anspruchs durch die Rechtsordnung und seine grundsätzliche gerichtliche Durchsetzbarkeit ankommt.[363] Für die tatrichterliche Feststellung dieses normativen Verständnisses gilt das zum Wollenselement des Schädigungsvorsatzes dargestellte Gesamtwürdigungsgebot (oben Rdnr. 76).

Sofern der Täuschende tatsächlich (objektiv) einen Anspruch auf den Vorteil hat, kommt 88
nach der Rechtsprechung grundsätzlich dann ein **untauglicher Versuch** in Betracht, wenn der Täter den erstrebten Vermögensvorteil fälschlicherweise für rechtswidrig hält, sei es, dass er einen nach seiner Vorstellung unberechtigten Anspruch durchsetzen oder einen nach seiner Vorstellung berechtigten Anspruch abwehren will (sog. umgekehrter Tatbestandsirrtum).[364]

Dieses logische Umkehrverhältnis von Tatbestandsirrtum und (untauglichem) Versuch ist 89
bei normativen Tatbestandsmerkmalen wie der Rechtswidrigkeit der Bereicherung allerdings in Abgrenzung zum sog. Wahndelikt insofern höchst problematisch, als der Täter einerseits zutreffend von einer anspruchsbegründenden Tatsachenlage ausgehen, andererseits aber den irrigen Schluss ziehen mag, ihm stehe konkret kein Anspruch auf den erschlichenen Vorteil zu. Ob ein solcher **Bewertungsirrtum** – bei entlastender Tatsachenkenntnis – gleichwohl zum strafbaren **untauglichen Versuch** oder nur zum straflosen **Wahndelikt** führt, ist umstritten.[365] Gegen die herrschende Umkehrthese spricht zunächst, dass die rein logische Umkehrbarkeit nicht auch normativ (axiologisch) zwingend sein muss.[366] Entgegen der h.M. – auch hier untauglicher Versuch[367] – darf insoweit aber eine von der Tatumstandskenntnis (vgl. § 16 Abs. 1 S. 1 StGB) isolierte, belastende Bewertung nicht zur Strafbarkeit führen, da eine solche Vorstellung sich nicht gegen die geltende Rechtsordnung richtet, scil. wie ein privat- oder öffentlichrechtlicher Anspruch zustande kommt.[368] Die für den Vorsatz hinsichtlich eines normativen Tatbestandsmerkmals erforderliche laienhafte Parallelwertung erschöpft sich nicht in der zufälligen Annahme des Wertungsergebnisses (hier: „rechtswidrig" bzw. „kein Anspruch"), sondern die

---

[360] Ganz h.M.; vgl. BGH Urt. v. 17.10.1996 – 4 StR 389/96 – BGHSt 42, 268, 272 f.; BGH Beschl. v. 9.7.2003 – 5 StR 65/02 – wistra 2003, 383; anders *Gössel* GA 2003, 902, 904: subjektiver Tatbestand ist zu verneinen (fehlende überschießende Innentendenz).
[361] BGH Urt. v. 17.10.1996 – 4 StR 389/96 – BGHSt 42, 268, 273.
[362] BGH Beschl. v. 27.11.2002 – 5 StR 127/02 – wistra 2003, 266; BGH Beschl. v. 9.7.2003 – 5 StR 65/02 – wistra 2003, 383, 384.
[363] BGH Urt. v. 7.8.2003 – 3 StR 137/03 – wistra 2004, 57, 59 zur Rechtswidrigkeit der Bereicherung bei der Erpressung.
[364] BGH Urt. v. 17.10.1996 – 4 StR 389/96 – BGHSt 42, 268, 272 f.; BGH Beschl. v. 9.7.2003 – 5 StR 65/02 – wistra 2003, 383; *Tröndle/Fischer* § 263 Rdnr. 112; *Müller-Gugenberger/Bieneck/Nack* § 47 Rdnr. 81. Abwegig für Vollendungsstrafbarkeit (!) *Gössel* GA 2003, 902, 904, obwohl im umgekehrten Fall (irrige Annahme eines Anspruchs) den Schädigungsvorsatz verneint und dementsprechend im hiesigen Fall der Schadenserfolg objektiv fehlen müsste (Vollendung??).
[365] Vgl. LK/*Hillenkamp* § 22 Rdnr. 180 f.; *Roxin* AT/II, 2003, § 29 Rdnr. 378 ff.
[366] Überzeugend *Roxin* AT/II § 29 Rdnr. 404 ff., 405: „Es entscheiden also teleologische, nicht logische Gesichtspunkte darüber, was ein Versuch ist."; *Burkhardt* JZ 1981, 681, 684 ff.; *Jakobs* AT, 2. Aufl. 1991, 25/52 m. Fn. 78.
[367] Vgl. *Tröndle/Fischer* § 263 Rdnr. 112; LK/*Hillenkamp* § 22 Rdnr. 180.
[368] *Jakobs* AT, 25/37 ff., 42.

Tatsachen der vorgestellten Art müssen auch objektiv eine entsprechende Beurteilung auslösen.³⁶⁹ Die beiden Elemente des Vorsatzes bei normativen Tatbestandsmerkmalen – Tatsachen- und Bedeutungskenntnis – können also nur zusammen „umgekehrt" werden. Indem das Erfordernis der Rechtswidrigkeit der Bereicherung auf die im Vorfeld der Betrugsnorm liegende anspruchsbegründende Rechtslage verweist, konstituiert diese gerade den normativen Inhalt und den Umfang des Tatbestandsmerkmals und damit auch des (hier: versuchsbegründenden) vorsatzrelevanten Täterwissens.³⁷⁰

8. Versuch, Vollendung und Beendigung

90 Sofern der Täter bereits einen vollständigen Tatentschluss, d.h. den Vorsatz hinsichtlich aller Tatbestandsmerkmale und die Absicht der rechtswidrigen Bereicherung gefasst hat, liegt ein Betrugsversuch i.S.d. §§ 22, 263 StGB frühestens vor, wenn der Täter **unmittelbar zur Ausführung der Täuschungshandlung ansetzt.** Hierzu muss der Täter eine Handlung – die nicht selbst schon Täuschungshandlung ist – vollziehen, die nach dem Tatplan im ungestörten Fortgang unmittelbar zur Tatbestandserfüllung führen soll, was dann der Fall ist, wenn der Täter subjektiv die Schwelle zum „jetzt geht es los" überschritten und objektiv zur tatbestandsmäßigen Angriffshandlung angesetzt hat, so dass sein Tun ohne Zwischenakte in die Tatbestandsverwirklichung übergehen. Bloß straflose **Vorbereitung** soll danach nicht nur dann vorliegen, wenn täuschende Erklärungen noch gar nicht abgegeben werden, wie etwa bei der bloßen Fingierung des Versicherungsfalls vor dessen Meldung an den Versicherer,³⁷¹ sondern auch dann, wenn Täuschungshandlungen denjenigen Irrtum noch nicht hervorzurufen vermögen, der zur Verfügung und zum Schadenseintritt geführt hätte.³⁷² Die Einreichung einer das Vorhandensein einer Sicherheit vorspiegelnden (inhaltlich falschen Blockier-) Erklärung bei einer Bank soll insoweit noch nicht genügen, wenn sie dort nicht an den Darlehensgeber weitergeleitet wird.³⁷³ Beim Eingehungsbetrug ist die bloße Sondierung der Vertragsbereitschaft nur strafloses Vorbereitungshandlung, während ein von Täuschungshandlungen begleitetes ernst gemeintes Vertragsangebot in der Annahme, der andere Teil werde es möglicherweise annehmen, aber bereits ein Betrugsversuch sein kann;³⁷⁴ beim Prozessbetrug im Mahnverfahren soll z. B. der Antrag auf Erlass des Mahnbescheids schon ein unmittelbares Ansetzen darstellen.³⁷⁵ Im weiteren Verlauf des Betrugsgeschehens kann es ferner am Irrtum, an der Verfügung, am Vermögensschaden bzw. an der Rechtswidrigkeit des erstrebten Vorteils (zur praktischen Äquivalenz oben Rdnr. 66) oder der jeweiligen Kausalität fehlen.³⁷⁶ Zur Abgrenzung zwischen **untauglichem Versuch** und **Wahndelikt** siehe oben Rdnr. 88.

91 Der Betrug ist mit dem wenigstens teilweisen Eintritt des Vermögensschadens **vollendet.** Dies gilt auch für den Eintritt einer Vermögensgefährdung (siehe oben Rdnr. 67). Der erstrebte Vermögensvorteil braucht dagegen noch nicht erlangt oder gesichert zu sein.³⁷⁷ Der Betrug ist beendet, wenn die überschießende Innentendenz realisiert wird und der Vermögensvorteil endgültig eintritt.³⁷⁸ Nach herrschender Auffassung soll bis zu diesem Zeitpunkt noch eine sukzessive Beteiligung möglich sein.³⁷⁹ Der Zeitpunkt der Beendigung ist auch für den Verjäh-

---

³⁶⁹ *Jakobs* AT, 25/53.
³⁷⁰ Vgl. *Burkhardt* JZ 1981, 681, 687; *ders.* wistra 1982, 178, 178 ff. zum Steuerstrafrecht; Schönke/Schröder/Eser § 22 Rdnr. 89 ff.
³⁷¹ BGH Urt. v. 25.10.1994 – 4 StR 173/94 – BGHSt 40, 299, 302.
³⁷² BGH Urt. v. 16.1.1991 – 2 StR 527/90 – BGHSt 37, 294, 296 f. m. Bespr. *Küper* JZ 1992, 338.
³⁷³ BGH Beschl. 7.2.2002 – 1 StR 222/01 – StV 2003, 444, 446. Dies entspricht bei der gegebenen Konstellation (Weiterleitung durch vermeintlich gutgläubige Dritte) durchaus der neueren Rechtsprechung zum unmittelbaren Ansetzen bei mittelbarer Täterschaft (sog. modifizierte Einzellösung; vgl. hierzu und zum Versuchsbeginn bei Mittäterschaft *Tröndle/Fischer* § 22 Rdnr. 24 ff., 22 bzw. 21 ff.
³⁷⁴ BGH Urt. v. 9.7.1996 – 1 StR 288/96 – NStZ 1997, 31, 31 f.; *Tröndle/Fischer* § 263 Rdnr. 113.
³⁷⁵ BGH Urt. v. 25.10.1971 – 2 StR 238/71 – BGHSt 24, 257, 261; a.A. NK/*Kindhäuser* § 263 Rdnr. 432; vgl. zu anderen Konstellationen des Prozessbetrugs LK/*Tiedemann* § 263 Rdnr. 279.
³⁷⁶ Vgl. zu Einzelheiten LK/*Tiedemann* § 263 Rdnr. 276 ff.
³⁷⁷ *Tröndle/Fischer* § 263 Rdnr. 114 m.w.N.
³⁷⁸ *Tröndle/Fischer* § 263 Rdnr. 114 m.w.N.
³⁷⁹ Vgl. BGH Urt. v. 30.6.1964 – 1 StR 193/64 – BGHSt 19, 323, 325; Kritik und Nachweise zur Gegenauffassung bei NK/*Kindhäuser* § 263 Rdnr. 443, 436 i.V.m. § 242 Rdnr. 169; abl. auch *Lesch* Das Problem der sukzessiven Beihilfe, 1992, S. 57 ff.

rungsbeginn maßgeblich. Beim Fortwirken einer bei Vertragsschluss begangenen Täuschung liegt mit Abschluss des Verpflichtungsgeschäfts ein vollendeter Eingehungsbetrug vor; die Beendigung tritt hier nach herrschender Auffassung durch den endgültigen Vermögensverlust bei der (täuschungsbedingten) Erfüllung ein, bei Erfüllung durch mehrere täuschungsbedingte Verfügungen mit der letzten.[380] Daher ist bei Erschleichen von Rentenzahlungen, Mietzahlungen, Unterhaltsleistungen, Stipendien oder Subventionen Beendigung erst mit der Erlangung der letzten von der Absicht des Täters umfassten Leistung gegeben. Hingegen soll beim Anstellungsbetrug die Beendigung bereits mit dem Abschluss des Anstellungsvertrages eintreten.[381]

9. Konkurrenzen[382]

Im Fall eines **Eingehungsbetruges** liegt bereits ein vollendetes Delikt vor. Die Erfüllung der Verpflichtung vertieft hingegen nur den Nachteil und führt den entsprechenden Schaden endgültig herbei. Bei dieser Fallgestaltung handelt es sich bei dem Eingehungsbetrug nur um ein Durchgangsstadium zur Erfüllungsphase; die für den Vertragsschluss ursächliche Täuschung bildet dann mit dem durch den Vertrag eintretenden Vermögensnachteil und der endgültigen Entstehung des diesem Nachteil entsprechenden Erfüllungsschadens **eine Betrugstat**.[383] Ist aber für das Erschleichen von Teilleistungen jeweils eine neue täuschende Erklärung erforderlich, so ist Beendigung jeweils mit Erlangen der Teilleistung gegeben.[384]   92

Wenn der Betrug zur **Sicherung** oder **Verwertung** einer durch ein vorangegangenes Vermögensdelikt geschaffenen Vermögenslage dient – z. B. die Verwertung eines unterschlagenen Schecks im Verhältnis zum Scheckberechtigten[385] oder das Vereiteln von Schadensersatz- oder Rückgewähransprüchen[386] –, ohne den eingetretenen Schaden zu erweitern oder zu vertiefen, tritt er als **mitbestrafte Nachtat** zurück (sog. Sicherungsbetrug).[387] Umgekehrt kann der Betrug als Vortat eine spätere Handlung zur mitbestraften Nachtat machen, falls sie nur denselben Vermögenswert desselben Verletzten schädigt, ohne dass dadurch der Schaden vertieft wird; ansonsten liegt in der Regel Tatmehrheit vor.[388] So stellt die Entwertung eines zur Sicherheit von Anlegern eingerichteten und mit zuvor ertrogenen Geldern gefüllten Treuhandkontos in Höhe des entnommenen Betrags einen über die reine Vertiefung oder Verwertung der durch den vorausgegangenen Anlagebetrug (sog. Schneeballbetrug) verlorenen Gelder hinausgehenden selbständigen Schaden der betreffenden Anleger und damit keine mitbestrafte Nachtat, sondern eine tatmehrheitlich begangene und selbständig zu ahndende Straftat (Untreue) dar.[389]   93

Bei mehreren Schädigungserfolgen, etwa gegenüber einer Vielzahl von Anlegern, die auf einer Täuschungshandlung beruhen, liegt gleichartige Idealkonkurrenz vor.[390] Bei mehreren tatbestandlichen Ausführungshandlungen kommt **Tateinheit** aber nur in Betracht, wenn sie in einem für mehrere bzw. sämtliche Tatbestandsverwirklichungen notwendigen Teil zumindest teilweise identisch sind, insbesondere also im Fall einer einheitlichen Täuschungshandlung; dagegen vermögen ein einheitliches Motiv, eine Gleichzeitigkeit von Geschehensabläufen, die Verfolgung eines Endzwecks, eine Mittel-Zweck-Verknüpfung oder eine Grund-Folge-Beziehung eine Tateinheit nicht zu begründen.[391]   94

---

[380] BGH Urt. v. 25.10.2000 – 2 StR 232/00 – BGHSt 46, 159, 166.
[381] *Tröndle/Fischer* § 263 Rdnr. 114.
[382] Zu Fallkonstellationen der Wahlfeststellung vgl. LK/*Tiedemann* § 263 Rdnr. 308 ff.
[383] BGH Urt. v. 29.1.1997 – 2 StR 633/96 – NStZ 1997, 542, 543.
[384] BGH Beschl. v. 22.1.2004 – 5 StR 415/03 – wistra 2004, 228, 229.
[385] BayObLG Beschl. v. 21.1.1999 – 1 St RR 265/98 – NJW 1999, 1648, 1649; neues Unrecht mag hier im Verhältnis zur gutschreibenden Bank verwirklicht werden.
[386] Vgl. LK/*Tiedemann* § 263 Rdnr. 324 ff.
[387] BGH Urt. v. 22.4.1954 – 4 StR 807/53 – BGHSt 6, 67, 68; BGH Beschl. v. 12.8.1993 – 1 StR 459/93 – NStZ 1993, 591: Die durch Täuschung bewirkte Beseitigung der einen Vermögensschaden hindernden Kontensperre nach dem Diebstahl eines Sparbuchs sowie die Fertigung und Vorlage einer gefälschten Vollmacht gehen über die übliche und einfache Verwertung eines Sparbuchs hinaus und stellen sich damit als neues, selbständiges schadenverursachendes Verhalten dar.
[388] *Tröndle/Fischer* § 263 Rdnr. 134.
[389] BGH Beschl. v. 20.9.2000 – 3 StR 19/00 – NStZ 2001, 195, 196), dort auch zum Verhältnis zum prozessualen Tatbegriff hinsichtlich eines möglichen Strafklageverbrauchs.
[390] Vgl. *Tröndle/Fischer* Vor § 52 Rdnr. 6 b.
[391] BGH Beschl. v. 19.10.1999 – 1 StR 515/99 – wistra 2000, 17, 18.

95 Bei **Serienbetrügereien** stehen die einzelnen Betrugstaten nach Aufgabe des Fortsetzungszusammenhangs durch den Großen Senat für Strafsachen[392] grundsätzlich in **Tatmehrheit** zueinander.[393] Bei einer Tatserie müssen insoweit die Einzelakte zwar so konkret und individualisiert ermittelt und festgestellt werden, dass sich daraus die Verwirklichung des objektiven und subjektiven Deliktstatbestandes ergibt.[394] Allerdings soll nach der Rechtsprechung bei Vermögensstraftaten, wenn ein strafbares Verhalten des Täters hinsichtlich eines Mindestschuldumfanges feststehe, die Bestimmung des Schuldumfangs im Wege der **Schätzung** erfolgen können:[395] Bei einem strafbaren Gesamtverhalten, wie es Serientaten darstellten, sei es zulässig, einen rechnerisch bestimmten Teil des Gesamtgeschehens bestimmten strafrechtlich erheblichen Verhaltensweisen im Wege der Schätzung zuzuordnen; die Feststellung der Zahl der Einzelakte und die Verteilung des Gesamtschadens erfolge nach dem Grundsatz in dubio pro reo; ein solches Verfahren sei stets zulässig, wenn sich Feststellungen auf andere Weise nicht treffen ließen und sogar unumgänglich, wenn über die kriminellen Geschäfte keine Belege oder Aufzeichnungen vorhanden seien.[396] Das ist dogmatisch widersprüchlich, denn feststehendes „strafbares Verhalten" des Täters ist bei Betrugstaten schon für jede Einzeltat nur gegeben, wenn ein zurechenbar verursachter Schaden feststeht; auch ein „Mindestschuldumfang" setzt dies voraus. Insoweit der dem Täter zurechenbare Eintritt eines Vermögensschadens bereits eine Voraussetzung des Unrechtstatbestandes ist, läuft diese Rechtsprechung auch der neueren Judikatur des Bundesgerichtshofs zu Serienstraftaten des sexuellen Kindesmissbrauchs zuwider, wonach der Tatrichter darlegen muss, aus welchen Gründen er die Überzeugung gerade von einer bestimmten Mindestzahl von Straftaten (!) gewonnen hat.[397] Über das Instrument der Schätzung geschieht daher nichts anderes, „als den materiellen Gedanken des Fortsetzungszusammenhangs bei Serientaten im Vermögensstrafrecht aufrechtzuerhalten. Dem Täter wird nach wie vor die gesamte von ihm verursachte Schadenssumme im Ergebnis zugerechnet, indem man sie (nach welchem Prinzip?) auf die Einzeltaten verteilt."[398] Mit der Abschaffung der Figur des Fortsetzungszusammenhangs durch den Großen Senat verträgt sich das Abstellen auf ein „Gesamtverhalten" bzw. einen „Gesamtschaden" kaum.[399]

96 Sind an einer Betrugsserie mehrere Personen als Mittäter, mittelbare Täter, Anstifter oder Gehilfen beteiligt, ist die Frage, ob die mehreren Straftaten tateinheitlich oder tatmehrheitlich zusammentreffen, nach ständiger Rechtsprechung des Bundesgerichtshofs **für jeden Beteiligten gesondert** zu prüfen und nach dem Umfang des Tatbeitrags zu entscheiden.[400] Hat daher ein Mittäter seinen mehrere Einzeldelikte fördernden Tatbeitrag im Vorfeld der unmittelbaren Tatausführung erbracht – etwa als treuhänderisch tätiger Rechtsanwalt für die Gewährleistung der Funktionsfähigkeit einer Kapitalanlagegesellschaft, deren Werbekonzept gegenüber Anlegern entscheidend auf die Einbindung eines anwaltlichen Treuhänders aufgebaut war[401] –, so werden ihm die jeweiligen Betrugstaten der anderen Mittäter – die erschlichenen Vertragsabschlüsse der Anleger – als tateinheitlich begangen zugerechnet, unabhängig davon, ob die Mit-

---

[392] BGH Beschl. v. 3.5.1994 – GSSt 2 und 3/93 – BGHGSSt 40, 138.
[393] Müller-Gugenberger/Bieneck/*Nack* § 47 Rdnr. 84; vgl. *Tröndle/Fischer* Vor § 52 Rdnr. 32 f. zu den Anforderungen an die Erhöhung der Einsatzstrafe und die Individualisierung der Serientaten.
[394] BGH Beschl. v. 3.5.1994 – GSSt 2 und 3/93 – BGHGSSt 40, 138, 159.
[395] BGH Urt. v. 14.12.1989 – 4 StR 419/89 – BGHSt 36, 320, 328; BGH Urt. v. 6.12.1994 – 5 StR 305/94 – BGHSt 40, 374, 376 f.; BGH Urt. v. 21.6.1995 – 2 StR 758/94 – StV 1996, 73, 74; BGH Urt. v. 16.10.1996 – 2 StR 204/96 – StV 1998, 474; BGH Urt. v. 12.8.1999 – 5 StR 269/99 – NStZ 1999, 581; BGH Urt. v. 21.4.2004 – 5 StR 540/03 – wistra 2004, 298, 299; vgl. auch LK/*Tiedemann* § 263 Rdnr. 293.
[396] BGH Urt. v. 6.12.1994 – 5 StR 305/94 – BGHSt 40, 374, 377; BGH Urt. v. 21.6.1995 – 2 StR 758/94 – StV 1996, 73, 74; BGH Urt. v. 12.8.1999 – 5 StR 269/99 – NStZ 1999, 581; BGH Urt. v. 21.4.2004 – 5 StR 540/03 – wistra 2004, 298, 299.
[397] BGH Urt. v. 27.3.1996 – 3 StR 518/995 – BGHSt 42, 107, 109 f.; BGH Beschl. v. 22.10.1998 – 3 StR 267/98 – NStZ 1999, 79.
[398] *Hefendehl*, Anm. zu BGH Urt. v. 16.10.1996 – 2 StR 204/96 –, StV 1998, 474, 475 mit der zutr. Konsequenz, dass für jeden einzelne Tat auch dann nur der für sie festgestellte Schadensbetrag angenommen werden könne, wenn die Addition sämtlicher Einzelbeträge nicht den womöglich feststehenden Gesamtschadensbetrag erreiche.
[399] *Bohnert*, Anm. zu BGH Urt. v. 6.12.1994 – 5 StR 305/94 – NStZ 1995, 460, 461; *Hefendehl* StV 1998, 474, 475.
[400] Grundlegend BGH Urt. v. 26.7.1994 – 5 StR 98/94 – BGHSt 40, 218, 238 ff.
[401] BGH Beschl. v. 28.5.2003 – 2 StR 74/03 – wistra 2003, 342, 342 f.

täter die ihnen zurechenbaren Taten gegebenenfalls tatmehrheitlich begingen. Gleiches gilt im Fall der mittelbaren Täterschaft, wenn der mittelbare Täter durch eine Einflussnahme auf den oder die Tatmittler mehrere Betrugstaten bewirkt, da diese in der Person des mittelbaren Täters zur Tateinheit verbunden werden.[402] Hierbei ist allerdings zu beachten dass nach der ständigen Rechtsprechung des Bundesgerichtshofs bei unternehmerischer Betätigung auch derjenige etwa als (auch faktischer) Geschäftsführer – trotz eines uneingeschränkt verantwortlich handelnden Tatmittlers – **mittelbarer Täter kraft Tatherrschaft** sein kann, der bestimmte Rahmenbedingungen **durch Organisationsstrukturen** schafft, die regelhafte Abläufe auslösen, wenn er diese Bedingungen ausnutzt, um die erstrebte Tatbestandsverwirklichung herbeizuführen.[403]

Für institutionalisierte **Anweisungen** des Chefs, die seine Mitarbeiter dann in den einzelnen Fällen umsetzen, gilt danach jedenfalls: Der Chef begeht eine einheitliche Tat, während bei den Mitarbeitern grundsätzlich Einzeltaten vorliegen.[404] Die derartige Zusammenfassung der Einzeltaten zur tateinheitlichen Begehung steht gegebenenfalls als selbständige Betrugstat in Tatmehrheit zu weiteren persönlich verwirklichten Betrugstaten.[405] Die – prinzipiell nicht undenkbare – Aufspaltung von Tatbeiträgen in mehrere aufeinander folgende „Blöcke" kann im Blick auf eine vorab erteilte Zusage künftiger Aktivitäten und deren **organisatorische Verzahnung** auf Grund des Erfordernisses individueller Beurteilung der Konkurrenzen eher fern liegen.[406] Wegen des Aufklärungsdefizits hinsichtlich firmeninterner Vorgänge nach Wegfall der Figur des Fortsetzungszusammenhangs hat die Rechtsprechung somit Tatbeiträge eines Beteiligten zum Aufbau, zur Aufrechterhaltung und zum Ablauf eines Geschäftsbetriebs – sofern sie nicht eigenhändig oder durch einen individuellen Tatbeitrag ein Einzeldelikt (mit-) verwirklichen – unter Heranziehung des Zweifelssatzes rechtlich weitgehend zu einem **uneigentlichen Organisationsdelikt** zusammengefasst, durch welches die aus der Unternehmensstruktur heraus begangenen Straftaten in der Person dieser Tatbeteiligten zu einer einheitlichen Tat zusammengeführt werden.[407] Das Betreiben eines betrügerischen Unternehmens in mittelbarer Täterschaft kraft Organisationsherrschaft kann sich nach diesen Grundsätzen auch trotz mehrerer Anweisungen als nur eine Tathandlung darstellen, die in der Leitung und Organisation der Firma besteht.[408] Andererseits soll allein die organisatorische Einbindung des Täters in ein betrügerisches Geschäftsunternehmen bzw. die planmäßige arbeitsteilige Begehung von Betrugstaten im Rahmen eines Geschäftsbetriebs aber noch nicht geeignet sein, die Einzeltaten einer Tatserie rechtlich zu einer Tat i. S.d § 52 Abs. 1 StGB (oder auch nur im prozessualen Sinne) zusammenzufassen; die Anwendung des Zweifelssatzes gebietet insoweit nur dann die Annahme einer jeweils einzigen (mehrere oder alle Fälle umfassenden) Tat, sofern danach der Unrechts- und Schuldgehalt des strafbaren Verhaltens insgesamt geringer erschiene.[409]

§ 266 b StGB verdrängt als milderes Spezialdelikt grundsätzlich auch § 263, sofern dieser überhaupt noch für anwendbar gehalten wird;[410] dies gilt im Sinne einer Sperrwirkung auch dann, wenn der Scheck- oder Kreditkartenmissbrauch nur im – straflosen – Versuch stecken bleibt.[411] Wenn die Überlassung einer Scheck- oder Kreditkarte durch Täuschung über die

---

[402] BGH Beschl. v. 10.5.2001 – 3 StR 52/01 – wistra 2001, 336, 337; BGH Urt. v. 26.7.1994 – 5 StR 98/94 – BGHSt 40, 218, 238 ff.; BGH Urt. v. 6.12.1994 – 5 StR 305/94 – BGHSt 40, 374, 377; vgl. zu Fällen tateinheitlicher Beihilfe in bis zu 144 Einzelfällen BGH Beschl. v. 21.12.1995 – 5 StR 392/95 – NStZ 1996, 296 f.
[403] Grundlegend BGH Urt. v. 26.7.1994 – 5 StR 98/94 – BGHSt 40, 218, 236; BGH Urt. v. 8.11.1999 – 5 StR 632/98 – BGHSt 45, 270, 296; BGH Urt. v. 11.12.1997 – 4 StR 323/97 – wistra 1998, 148, 150; BGH Urt. v. 3.7.2003 – 1 StR 453/02 – n.v.; zutr. krit. und für Mittäterschaft bei solchen Beteiligungsstrukturen *Jakobs* NStZ 1995, 26, 26 f.; *ders.* AT, 2. Aufl. 1991, 21/103.
[404] *Müller-Gugenberger/Bieneck/Nack* § 47 Rdnr. 84; vgl. BGH Urt. v. 27.6.1996 – 4 StR 3/96 – NStZ 1996, 610; BGH Urt. v. 22.1.1997 – 2 StR 566/96 – NStZ 1997, 233.
[405] BGH Beschl. v. 10.5.2001 – 3 StR 52/01 – wistra 2001, 336, 337.
[406] BGH Beschl. v. 21.12.1995 – 5 StR 392/95 – NStZ 1996, 296.
[407] BGH Urt. v. 17.6.2004 – 3 StR 344/03 – StV 2004, 532, 533 f.
[408] Vgl. BGH Urt. v. 19.7.2001 – 4 StR 65/01 – wistra 2001, 378.
[409] BGH Urt. v. 17.6.2004 – 3 StR 344/03 – StV 2004, 532, 533; BGH Beschl. v. 22.1.1997 – 2 StR 566/96 – NStZ 1997, 233. Vgl. zu dieser nicht ganz einheitlichen und in ihrer Handhabung – wohl gewollt – ambivalenten Rechtsprechung auch LK/*Tiedemann* § 263 Rdnr. 311; *Tröndle/Fischer* § 263 Rdnr. 39, 115.
[410] BGH Beschl. v. 18.11.1986 – 4 StR 583/86 – NStZ 1987, 120; *Tröndle/Fischer* § 266 b Rdnr. 23.
[411] *Lackner/Kühl* § 266 b Rdnr. 9; LK/*Gribbohm* § 266 b Rdnr. 48.

Vermögensverhältnisse erreicht und hierdurch zumindest ein Gefährdungsschaden verursacht wurde, so steht dieser Betrug nach Auffassung des Bundesgerichtshofs in Tateinheit zu § 266 b StGB und verklammert auch mehrfache Missbräuche zur Tateinheit, wenn die Verwendung schon bei Kontoeröffnung beabsichtigt wurde.[412] Auch **§ 264 StGB** stellt gegenüber § 263 eine abschließende Sonderregelung dar; zur Vermeidung der Privilegierung von im Subventionsbereich tätigen Betrügern soll eine Sperrwirkung aber nicht bestehen.[413] Tateinheit mit **§ 266 StGB** ist möglich, wenn der Täter schon bei Vornahme der Täuschung in einem Treueverhältnis zum Getäuschten oder zu dem zu Schädigenden steht[414] oder die Täuschung eines Dritten erreicht worden ist und nicht eine der Taten als mitbestraft wegfällt.[415] Gegenüber dem Beitragsbetrug nach § 263 durch unwahre oder unvollständige Angaben des Arbeitgebers i. S. d. § 28 a SGB IV tritt § 266 a StGB zurück; zur Lohnsteuerhinterziehung besteht dann wegen der Einheitlichkeit der Anmeldepflichten gegenüber der sozialversicherungsrechtlichen Einzugsstelle und gegenüber dem Finanzamt Tateinheit.[416]

10. Strafzumessung

99 Stets ist auch schon für den Normalstrafrahmen (Abs. 1) eine Gesamtwürdigung vorzunehmen.[417] Zu den wichtigsten Strafzumessungstatsachen i.S.d. § 46 Abs. 2 StGB zählt unter den besonderen Tatumständen vor allem die **Schadenshöhe**[418] als unmittelbare Tatauswirkung; vgl. auch § 263 Abs. 3 S. 2 Nr. 3. Auch wenn sich insoweit eine Kategorisierung nach der Schadenshöhe anbieten mag, muss jedoch immer am Maß des der konkreten Tat immanenten Schuldumfangs orientiert sein.[419] Ausufernden Beweisaufnahmen allein über die Höhe des Gesamtschadens bei Serienstraftaten kann – neben der in der Rechtsprechung anerkannten Möglichkeit der Schadensschätzung (oben Rdnr. 93) – gegebenenfalls durch Beschränkung des Prozessstoffs entgegengewirkt werden.[420] Auch die Zahl der Täuschungshandlungen kann berücksichtigt werden,[421] ferner der Umfang von Verschleierungsmaßnahmen[422] und die Dauer des betrügerischen Verhaltens.[423] Die schuldhafte Vergrößerung des Schadens durch das Opfer nach der Tat kann dem Täter hingegen zumeist nicht zugerechnet werden.[424] Ein Gefährdungsschaden kann hinsichtlich seines Gewichts nicht mit dem tatsächlich eingetretenen Schaden gleichgesetzt und dem Angeklagten daher zugute gehalten werden.[425] Es ist andererseits mög-

---

[412] BGH Beschl. v. 21.11.2001 – 2 StR 260/01 – BGHSt 47, 160, 169, 170; *Tröndle/Fischer* § 266 b Rdnr. 24 mit Hinweis darauf, dass aus täuschenden Angaben bei der Kartenbeantragung nicht schon regelmäßig auf die Absicht späterer missbräuchlicher Verwendung geschlossen werden könne und für die Praxis mangels Strafanzeigen wegen „Vermögensgefährdung" bei Kartenüberlassung gegen Kunden, die fällige Forderungen trotz schlechter Vermögenslage begleichen, ohnehin nur theoretische Fälle eine Rolle spielten; für Tatmehrheit NK/*Kindhäuser* § 263 Rdnr. 472; *Lackner/Kühl* § 266 b Rdnr. 9; für § 266 b StGB als mitbestrafte Nachtat Schönke/Schröder/*Lenckner/Perron* § 266 b Rdnr. 14; für § 263 als mitbestrafte Vortat LK/*Gribbohm* § 266 b Rdnr. 55 bis 57.
[413] BGH Urt. v. 11.11.1998 – 3 StR 101/98 – BGHSt 44, 233, 243; *Tröndle/Fischer* § 263 Rdnr. 136.
[414] BGH Urt. v. 17.11.1955 – 3 StR 234/55 – BGHSt 8, 260.
[415] *Tröndle/Fischer* § 266 Rdnr. 87; vgl auch BGH Beschl. v. 20.9.2000 – 3 StR 19/00 – NStZ 2001, 195, 196: wenn dem durch den Betrug eingetretenen Nachteil durch das ungetreue Verhalten des Täters ein besonderer Schaden hinzugefügt wird.
[416] BGH Beschl. v. 12.2.2003 – 5 StR 165/02 – NStZ 2003, 552, 553. § 266 a StGB lebt danach etwa bei zutreffender Meldung oder dann ggf. wieder auf, wenn der Beitragsanspruch wegen der schlechten Finanzlage des Unternehmens auch bei zutreffender Meldung nicht hätte realisiert werden können.
[417] BGH wistra 1997, 22; – Strafzumessungsbeispiele bei *Schäfer*, Praxis der Strafzumessung, Rdnr. 921 ff.
[418] Vgl. etwa BGH Urt. v. 14.12.1989 – 4 StR 419/89 – BGHSt 36, 220, 321 f., 325; BGH Beschl. v. 14.4.1993 – 4 StR 144/93 – StV 1993, 520; LK/*Gribbohm* § 46 Rdnr. 146.
[419] BGH Beschl. 6.11.2002 – 5 StR 361/02 – NStZ-RR 2003, 72, 73; im zu Grunde liegenden Fall hatte der Täter Gelder ganz oder teilweise zurückgezahlt.
[420] *Tröndle/Fischer* § 263 Rdnr. 118.
[421] Schönke/Schröder/*Stree* § 46 Rdnr. 48.
[422] BGH Urt. v. 30.6.1981 – 1 StR 266/81 – NStZ 1981, 391; LG Gera Urt. v. 7.11.1995 – 130 Js 7866/94 – 4 KLs – NStZ-RR 1996, 167; beide zu Kriterien für einen besonders scheren Fall nach a.F., die aber jedenfalls auch für den Normalstrafrahmen einschlägig sein sollten.
[423] BGH Urt. v. 14.12.1989 – 4 StR 419/89 – BGHSt 36, 220, 222.
[424] Schönke/Schröder/*Stree* § 46 Rdnr. 24.
[425] BGH Urt. v. 12.9.1995 – 1 StR 437/95 – StV 1996, 25, 26; BGH Beschl. v. 2.2.1999 – 4 StR 626/98 – wistra 1999, 185, 187; LK/*Tiedemann* § 263 Rdnr. 293.

lich, den tatsächlich erlittenen Verlust als verschuldete Tatauswirkung i.S.d. § 46 Abs. 2 StGB bei der Strafzumessung zu berücksichtigen.[426]

Für das Maß der Pflichtwidrigkeit (§ 46 Abs. 2 S. 2 StGB) ist bei Betrugstaten insbesondere ein besonderer **Vertrauensbruch** von Bedeutung.[427] Hinsichtlich der inneren Beziehung des Täters zur Tat muss vor allem der Umfang der **kriminellen Energie** berücksichtigt werden.[428] So kommt bei einer sich über zahlreiche Quartale erstreckenden Falschabrechnung kassenärztlicher Leistungen eine Geldstrafe angesichts des Vertrauens, das die Versichertengemeinschaft, die gesetzlichen Kassen und die kassenärztlichen Vereinigungen dem Arzt auf Grund der Struktur des Abrechnungswesens entgegenzubringen haben, nur bei Vorliegen außergewöhnlicher Umstände in Betracht.[429] Ob ein Täter eigennützig oder fremdnützig gehandelt hat, soll bei der Strafzumessung berücksichtigt werden können, obwohl der Betrugstatbestand beide Alternativen erfasst.[430] Da das Streben nach wirtschaftlichen Vorteilen im Regelfall zur Tatbestandsverwirklichung beim Betrug gehört, darf wegen des Doppelverwertungsverbots nach § 46 Abs. 3 StGB freilich nicht strafschärfend darauf abgestellt werden, dass der Täter mit Gewinnstreben gehandelt hat.[431]

Als Indiz für die kriminelle Energie oder als weitere Zumessungstatsachen i. S. d. § 46 Abs. 2 S. 1 StGB kommen grundsätzlich auch die Persönlichkeit und die besonderen Lebensumstände des Opfers in Frage, so beim Betrug insbesondere dessen besondere Leichtsinnigkeit oder sonst ein **Mitverschulden** des Opfers[432] oder Dritter, etwa das sorglose und nachlässige Verhalten von Finanzbeamten, weil auch dieses einen Rückschluss auf die zur Begehung der Straftat notwendige und tatsächlich eingesetzte kriminelle Energie zulässt, namentlich welche Hindernisse zur Begehung der Tat überwunden werden mussten.[433] Die strafschärfende Berücksichtigung der Gutgläubigkeit und der geschäftlichen Unerfahrenheit des Opfers verstößt allerdings gegen das Doppelverwertungsverbot des § 46 Abs. 3 StGB, da diese zum gewöhnlichen Bild des Betruges gehören.[434] Allenfalls eine ungewöhnliche Sorglosigkeit des Opfers kann Anlass zur Annahme verminderten Unrechts sein.[435]

Gemäß § 46 Abs. 2 S. 2 StGB ist auf die persönlichen Verhältnisse und bei Vermögensstraftaten namentlich auf die **wirtschaftlichen Verhältnisse des Täters** zu achten.[436] Es darf insoweit aber nicht strafschärfend gewertet werden, dass er ohne wirtschaftliche Not gehandelt hat, denn zwar kann es einen Strafmilderungsgrund darstellen, wenn sich der Täter, der sich zu bereichern sucht, in wirtschaftlicher Not befindet, das bloße Fehlen eines solchen Umstandes bildet aber umgekehrt nicht einen Strafschärfungsgrund; berücksichtigt werden darf allerdings, dass ein in besonders guten finanziellen Verhältnissen lebender Angeklagter nicht den geringsten Anlass zu einer auf Bereicherung an fremdem Gut gerichteten Tat hatte, und dies deshalb unter den gegebenen Umständen besonders verwerflich war.[437] Beim Sozialversicherungsbetrug können durch Schwarzarbeit geprägte Marktverhältnisse aus generalpräventiven Gesichtspunkten grundsätzlich eine Strafschärfung begründen, es darf allerdings nicht

---

[426] BGH Urt. v. 14.7.2000 – 3 StR 53/00 – NStZ-RR 2001, 241, 242.
[427] BGH Urt. v. 14.12.1989 – 4 StR 419/89 – BGHSt 36, 320, 322; BGH Urt. v. 22.5.1991 – 3 StR 87/91 – NJW 1991, 2574, 2575; BGH Beschl. v. 30.6.1992 – 4 StR 579/91 – wistra 1992, 296; BGH Beschl. v. 14.4.1993 – 4 StR 144/93 – StV 1993, 520.
[428] BGH Urt. v. 14.12.1989 – 4 StR 419/89 – BGHSt 36, 320, 322; *Tröndle/Fischer* § 263 Rdnr. 118; vgl. BGH Beschl. v. 3.5.1983 – 1 StR 25/83 – StV 1983, 326, 327 zu weiteren Gesinnungsmerkmalen.
[429] BGH Beschl. v. 30.6.1992 – 4 StR 579/91 – wistra 1992, 296; vgl. auch BGH Urt. v. 21.5.1992 – 4 StR 577/91 – wistra 1992, 253, 255; BGH Beschl. v. 14.4.1993 – 4 StR 144/93 – StV 1993, 520: regelmäßig „empfindliche" Freiheitsstrafe.
[430] BGH Urt. v. 12.9.1995 – 1 StR 437/95 – StV 1996, 25, 26.
[431] BGH Urt. v. 4.6.1981 – 4 StR 137/81 – NStZ 1981, 343.
[432] LG Gera Urt. v. 7.11.1995 – 130 Js 7866/94 – 4 KLs – NStZ-RR 1996, 167; *Hillenkamp* Vorsatztat und Opferverhalten, 1981, S. 294 ff.; NK/*Kindhäuser* § 263 Rdnr. 65; LK/*Tiedemann* § 263 Rdnr. 38.
[433] BGH Beschl. v. 3.5.1983 – 1 StR 25/83 – StV 1983, 326, 326 f.; vgl. auch *Schäfer*, Praxis der Strafzumessung, Rdnr. 916.
[434] OLG Düsseldorf Beschl. v. 2.9.1992 – 2 Ss 284/92 – StV 1993, 76.
[435] NK/*Kindhäuser* § 263 Rdnr. 447.
[436] BGH Urt. v. 21.4.2004 – 5 StR 540/03 – wistra 2004, 298, 299.
[437] BGH Urt. v. 4.6.1981 – 4 StR 137/81 – NStZ 1981, 343.

am schwächsten Glied eines durch Rechtsbruch geprägten Marktes ein Exempel statuiert werden.[438]

103 Freiwillige oder unfreiwillige **Schadenswiedergutmachung** mindert das bleibende Erfolgsunrecht und wirkt deshalb – ungeachtet § 46 a StGB (dazu oben Rdnr. 15 ff.) – schon allgemein mildernd, weswegen namentlich beim Lieferantenbetrug zu prüfen ist, in welchem Umfang gelieferte Waren wieder zurückgenommen wurden, beim Kreditbetrug, in welchem Umfang Sicherheiten realisiert werden konnten.[439] Auf der subjektiven Seite der Strafzumessung wirkt sich aber auch eine nur teilweise Wiedergutmachung oder auch der gute Wille aus, zumal dann, wenn der Täter unter großem persönlichen Einsatz Schadenswiedergutmachung leistet, soweit nicht bereits ein Strafrahmenverschiebung nach § 46 a StGB vorgenommen wurde.[440]

104 Schließlich kann gerade angesichts der bei Wirtschaftsstrafsachen häufig langwierigen Ermittlungen auch die außergewöhnlich **lange Verfahrensdauer** in dreifacher Hinsicht zu Gunsten des Mandanten zu berücksichtigen sein: zum einen – unabhängig von der Verfahrensdauer – wegen des langen zeitlichen Abstands zwischen Tat und Urteil, zum anderen wegen der konkreten Belastungen durch die lange Verfahrensdauer, ausnahmsweise auch wegen einer Verletzung des Beschleunigungsgebotes nach Art. 6 Abs. 1 S. 1 MRK.[441]

105 Zur Anwendung des erhöhten Strafrahmens des Abs. 3 (**besonders schwerer Fall**) ist wegen der gesetzlichen Regelbeispielstechnik, d. h. der tatbestandsähnlichen **Indizwirkung** bei Verwirklichung der gesetzlichen Merkmale, stets die zusätzliche Vornahme einer **Gesamtwürdigung** des gesamten Tatbildes einschließlich aller subjektiven Umstände und der Täterpersönlichkeit erforderlich.[442] Der Bundesgerichtshof hat zur Neufassung des § 263 Abs. 3 durch das 6. Strafrechtsreformgesetz insoweit allerdings klargestellt, dass es bei Vorliegen eines Regelbeispiels einer zusätzlichen Prüfung, ob dessen Anwendung im Vergleich zu den im Durchschnitt der erfahrungsgemäß vorkommenden Fälle geboten erscheint, nicht bedarf. Die Indizwirkung des Regelbeispiels kann nur durch besondere strafmildernde Umstände entkräftet werden, die für sich allein oder in ihrer Gesamtheit so schwerwiegen, dass die Anwendung des Strafrahmens für besonders schwere Fälle unangemessen erscheint.[443] So kann trotz Vorliegens eines Regelbeispiels auf Grund der Gesamtwürdigung der Strafzumessungsfaktoren eine Straferhöhung zu verneinen sein, wenn etwa Mitverschulden, vor allem eine besondere Sorglosigkeit des Geschädigten[444] oder ein vertypter Strafmilderungsgrund[445] gegeben ist; dass durch die Tat eine anonyme Solidargemeinschaft geschädigt wurde (Versicherung; öffentliche Kasse), rechtfertigt hingegen nicht per se ein Absehen von der Anwendung des Abs. 3.[446] Umgekehrt kann bei gravierenden schulderhöhenden Umständen aber auch ohne Verwirklichung eines Regelbeispiels ein **unbenannter** besonders schwerer Fall i. S. d. Abs. 3 S. 1 angenommen werden,[447] so etwa auch zum Ausgleich von Ungereimtheiten, die aus dem Erfordernis individueller Beurteilung der Konkurrenzen (oben Rdnr. 95) resultieren, wenn beim Chef bzw. Hintermann nur eine einheitliche Tat vorliegt, obwohl seine Schuld schwerer wiegt als diejenige seiner Mitarbeiter, für die wegen Annahme mehrerer Taten aber eine Gesamtstrafe zu bilden ist.[448]

---

[438] BGH Urt. v. 21.4.2004 – 5 StR 540/03 – wistra 2004, 298, 299.
[439] *Schäfer*, Praxis der Strafzumessung Rdnr. 916.
[440] *Schäfer*, Praxis der Strafzumessung Rdnr. 917.
[441] BGH Beschl. v. 21.12.1998 – 3 StR 561/98 – NStZ 1999, 181; *Schäfer*, Praxis der Strafzumessung, Rdnr. 918; vgl. zu Einzelheiten *Tröndle/Fischer* § 46 Rdnr. 61 ff.
[442] LK/*Tiedemann* § 263 Rdnr. 294; vgl. zur Regelbeispielstechnik i. Einzelnen *Tröndle/Fischer* § 46 Rdnr. 90 ff.
[443] BGH Urt. v. 11.9.2003 – 4 StR 193/03 – NStZ 2004, 265, 266; anders noch BGH Urt. v. 30.6.1981 – 1 StR 266/81 – NStZ 1981, 391 zu § 263 Abs. 3 a.F.
[444] LG Gera Urt. v. 7.11.1995 – 130 Js 7866/94 – 4 KLs – NStZ-RR 1996, 167; *Tröndle/Fischer* § 263 Rdnr. 129; LK/*Tiedemann* § 263 Rdnr. 294.
[445] BGH Beschl. v. 24.4.2003 – 4 StR 94/03 – NStZ-RR 2003, 297; BGH Beschl. v. 24.4.2003 – 4 StR 94/03 – wistra 2003, 297; BGH Urt. v. 22.5.1991 – 3 StR 87/91 – NJW 1991, 2574, 2575): Die Strafe kann dann anstelle des sich aus § 263 Abs. 3 ergebenden Strafrahmens aus dem nicht mehr gem. § 49 Abs. 1 StGB zu mildernden Regelstrafrahmen des § 263 Abs. 1 entnommen werden.
[446] *Tröndle/Fischer* § 263 Rdnr. 129.
[447] BGH Urt. v. 7.10.2003 – 1 StR 212/03 – BGHSt 48, 354, 359; *Tröndle/Fischer* § 263 Rdnr. 129; LK/*Tiedemann* § 263 Rdnr. 294; vgl. auch *Schäfer*, Praxis der Strafzumessung, Rdnr. 919.
[448] Müller-Gugenberger/Bieneck/*Nack* § 47 Rdnr. 85.

Im Bereich der Wirtschaftskriminalität kommt – über das schon für die Bemessung der Normalstrafe zentrale Strafzumessungskriterium der Schadenshöhe – wegen der typischerweise hohen Schäden insbesondere das Regelbeispiel des Abs. 3 S. 2 Nr. 2 Var. 1 in Betracht, wobei gerade insoweit die Beachtung des Erfordernisses der Gesamtwürdigung zu beachten ist.[449] Ein **Vermögensverlust großen Ausmaßes** liegt vor, wenn die Schadenshöhe – nicht notwendig aber auch der erlangte Vermögensvorteil – außergewöhnlich hoch ist; die Grenze ist objektiv und nicht aus der Sicht des Opfers zu bestimmen.[450] Ein Vermögensverlust ist nach einer Entscheidung des Bundesgerichtshofs vom 7.10.2003 – wie im Fall des § 264 Abs. 2 Nr. 1 StGB – jedenfalls dann nicht von „großem Ausmaß", wenn er den Wert von € 50.000 nicht erreicht.[451] Da das Merkmal des Vermögensverlusts nach seiner sprachlichen Bedeutung und im Blick auf die Systematik des Gesetzes enger zu verstehen ist als das des Vermögensschadens, setzt es einen endgültigen Verlust voraus. Die Regelwirkung wird daher nicht schon von einem **Gefährdungsschaden** (oben Rdnr. 67) in gleicher Höhe begründet, sondern ein Vermögensverlust ist in diesen Fällen erst dann herbeigeführt, wenn der Geschädigte seine Leistung erbracht hat, so beim Grundstückskauf also erst mit Eintragung des neuen Eigentümers im Grundbuch.[452] Ein Gefährdungsschaden kann aber im Rahmen der erforderlichen Gesamtwürdigung die Annahme eines unbenannten besonders schweren Falles rechtfertigen.[453]

Die **Absicht** i.S.d. Abs. 3 S. 2 Nr. 2 Var. 2, durch die **fortgesetzte Begehung** von Betrug eine große Zahl von Menschen in die Gefahr eines Verlusts von Vermögenswerten zu bringen, muss auf die Begehung von wenigstens zwei für den Täter rechtlich selbständigen Betrugstaten gerichtet sein; die täterschaftliche Mitwirkung durch eine Handlung an einer Vielzahl von Einzeltaten, die von Beteiligten gegen eine große Zahl von Opfern begangen werden (oben Rdnr. 95), reicht nicht aus.[454] Bei Vorliegen der Absicht genügt bereits die Begehung der ersten Tat; die Gefährdung von juristischen Personen ist – von Sonderfällen, etwa einer Ein-Mann-GmbH, abgesehen – von dem Regelbeispiel nicht erfasst.[455]

Für die **gewerbsmäßige Begehung** des Betrugs gemäß Abs. 3 S. 2 Nr. 1 Var. 2 bzw. Abs. 5, d. h. die Tatbegehung in der Absicht, sich aus der Wiederholung des Betrugs eine nicht nur vorübergehende Einnahmequelle von einigem Umfang zu verschaffen, reicht bereits die erste Tat in dieser Absicht aus.[456] Für einen gewerbsmäßigen Betrug ist weder erforderlich, dass der Täter beabsichtigt, seinen Lebensunterhalt allein oder auch nur überwiegend durch die Begehung von Straftaten zu bestreiten, noch steht der Annahme der Gewerbsmäßigkeit entgegen, dass er in dem Bestreben handelt, mit dem erlangten Geld alte Verbindlichkeiten abzutragen[457] oder dass Teile der Tatbeute zur partiellen Schadenswiedergutmachung verwendet werden, wenn dies zur Vermeidung der Aufdeckung und damit zur Ermöglichung einer Fortsetzung der Straftaten dient.[458] Für eine **Bande** i.S.d. Abs. 3 S. 2 Nr. 1 Var. 2 bzw. Abs. 5 bedarf es lediglich dreier Personen, die sich mit dem Willen verbunden haben, künftig für eine gewisse Dauer mehrere selbständige, im Einzelnen noch ungewisse Straftaten der im Gesetz beschriebenen Art zu begehen; dass die Bandenmitglieder tatsächlich mehrere Betrugstaten bzw. andere der genannten Delikte begehen, ist auch hier nicht vorausgesetzt, zumal nach dem Gesetzeswortlaut auf die Vorstellungen der Bande in ihrer Gesamtheit abzustellen und daher auch erst recht nicht

---

[449] Müller-Gugenberger/Bieneck/*Nack* § 47 Rdnr. 86 ff.; vgl. BGH Urt. v. 25.6.2003 – 1 StR 469/02 – NStZ-RR 2003, 297, 298.
[450] *Tröndle/Fischer* § 263 Rdnr. 122.
[451] BGH Urt. v. 7.10.2003 – 1 StR 274/03 – BGHSt 48, 354, 361 ff.
[452] BGH Urt. v. 7.10.2003 – 1 StR 212/03 – BGHSt 48, 354, 356 ff.; offengelassen in BGH Beschl. v. 7.5.2002 – 3 StR 48/02 – StV 2004, 16, 17 m. krit. Anm. *Joecks*; a.A. LK/*Tiedemann* § 263 Rdnr. 298: bilanziell-wertende Betrachtung erforderlich; *Peglau* wistra 2004, 7, 8.
[453] BGH Urt. v. 7.10.2003 – 1 StR 212/03 – BGHSt 48, 354, 359; *Tröndle/Fischer* § 263 Rdnr. 122.
[454] *Tröndle/Fischer* § 263 Rdnr. 123.
[455] BGH Beschl. v. 9.11.2000 – 3 StR 371/00 – NStZ 2001, 319; a.A. *Peglau* wistra 2004, 7, 10.
[456] BGH Urt. v. 17.6.2004 – 3 StR 344/03 – StV 2004, 532, 533; LK/*Tiedemann* § 263 Rdnr. 296. Die inhaltlichen Voraussetzungen der Gewerbsmäßigkeit werden von der konkurrenzrechtlichen Einordnung nicht berührt, BGH a.a.O., 534.
[457] BGH Urt. v. 11.9.2003 – 4 StR 193/03 – wistra 2003, 460, 461.
[458] BGH Urt. v. 25.6.2003 – 1 StR 469/02 – NStZ-RR 2003, 297, 298 zu § 266 Abs. 2 StGB.

die konkurrenzrechtliche Einordnung maßgeblich ist.[459] Sie unterscheidet sich danach von der Mittäterschaft durch das Element der auf eine gewisse Dauer angelegten Verbindung und von der kriminellen Vereinigung dadurch, dass sie keine Organisationsstruktur aufweisen muss und für sie kein Gesamtwille ihrer Mitglieder erforderlich ist, diese vielmehr in einer Bande ihre eigenen Interessen an einer risikolosen und effektiven Tatausführung und Beute- und Gewinnerzielung verfolgen können.[460] Der Qualifikationstatbestand des gewerbsmäßigen Bandenbetrugs gemäß Abs. 5 kumuliert gewerbs- und bandenmäßige Begehung zu einem Verbrechen.[461]

109 Auch hinsichtlich eines Regelbeispiels muss – nach h.M. in analoger Anwendung der Regeln des Allgemeinen Teils – **Vorsatz** bestehen.[462] Im Fall der gewerbsmäßigen Begehung muss der Plan des Täters, sich aus der Begehung derartiger Taten eine Einnahmequelle zu schaffen, festgestellt werden; im Übrigen genügt bedingter Vorsatz.[463] Da es sich bei der Vorschrift des Abs. 3 um eine Strafzumessungsregel handelt, sind die entsprechenden amtsgerichtlichen Feststellungen **keine** auch den Schuldspruch tragenden **doppelrelevanten Tatsachen**, die von einer auf den Rechtsfolgeausspruch beschränkten Berufung nicht erfasst werden.[464]

110 In Wirtschaftsstrafsachen wird die Frage, ob die Strafe zur **Bewährung** ausgesetzt werden kann, wegen der in der Regel günstigen Kriminalprognose i.S.d. § 56 Abs. 1 StGB häufig bejaht werden können, wenn es sich nicht um Täter handelt, welche die Besonderheiten des Wirtschaftslebens (wiederholt) ausnutzen, um sich persönlich zu bereichern.[465] Die Herbeiführung eines hohen Schadens, verbunden mit besonders harten finanziellen Konsequenzen für das Tatopfer, und die in einer mehrfachen Tatbestandserfüllung zum Ausdruck kommende Energie kann vor allem dann, wenn der Täter etwa als Anlageberater einer Bank seine besondere berufliche Stellung durch eine grobe Verletzung des ihm entgegengebrachten Vertrauens zur Begehung einer Straftat missbraucht hat, für den Tatrichter Anlass dafür sein, sich mit der Frage auseinanderzusetzen, ob die Verteidigung der Rechtsordnung die **Vollstreckung der Freiheitsstrafe** gemäß § 56 Abs. 2 StGB gebietet.[466] Bei Wirtschaftsstraftaten ist insoweit im Übrigen stets genau zu unterscheiden, ob der Täter die besonderen Verhältnisse des Wirtschaftslebens ausgenutzt hat, um sich persönlich zu bereichern, und die Tat Ausdruck einer verbreiteten Einstellung ist, strafrechtliche Normen nicht ernst zu nehmen, oder ob der Täter in einer wirtschaftlichen Krise auf Grund einer fehlgeschlagenen Geschäftspolitik in der Hoffnung gehandelt hat, die Krise durchstehen zu können, dabei sein eigenes Vermögen in dieser Situation geopfert und sich trotz daraus resultierender eigener Mittellosigkeit bemüht hat, den Schaden wieder gut zu machen.[467]

---

[459] BGH Urt. v. 17.6.2004 – 3 StR 344/03 – StV 2004, 532, 535.
[460] BGH Beschl. v. 22.8.2001 – 3 StR 287/01 – wistra 2002, 21; LG Berlin Urt. v. 4.9.2003 – (505) 83 Js 316/02 Kls (9/03) – StV 2004, 545.
[461] Vgl. *Tröndle/Fischer* § 263 Rdnr. 131; dort auch zu Einzelheiten.
[462] Vgl. BGH Urt. v. 26.11.1975 – 3 StR 422/75 – BGHSt 26, 244, 245; Schönke/Schröder/*Stree* § 46 Rdnr. 26; Kindhäuser, FS Trifferer, S. 124 ff.
[463] Vgl. *Tröndle/Fischer* § 243 Rdnr. 27.
[464] OLG Köln Beschl. v. 23.5.2003 – Ss 202/03 – NStZ-RR 2003, 298, 299.
[465] *Schäfer*, Praxis der Strafzumessung, Rdnr. 922.
[466] BGH Urt. v. 22.5.1991 – 3 StR 87/91 – NJW 1991, 2574, 2575.
[467] *Schäfer*, Praxis der Strafzumessung, Rdnr. 152, 923 f.

§ 17 Untreue

Übersicht

	Rdnr.
I. Einleitung (Historische Entwicklung)	1–5
1. Die Novelle vom 26.5.1933	1/2
2. Rechtsgüterschutz durch § 266 StGB im heutigen Wirtschaftsleben	3–5
II. Die Tatbestände	6–133
1. Missbrauchs- und Treubruchtatbestand	6–9
2. Vermögensbetreuungs- und Vermögensfürsorgepflichten	10–39
a) Vermögensbetreuungsverhältnisse qua spezifischer temporärer Funktionsübernahme	11–13
b) Die öffentlich-rechtlichen Befugnisträger – Gesetzesbindung und Kameralistik versus wirtschaftliche Handlungsspielräume	14–23
c) Betreuungspflichten durch freiwillige Bindungen – die vertraglichen Vereinbarungen	24–34
d) Tatsächliche Treueverhältnisse – der faktische Geschäftsführer	35–39
3. Die Pflichtverletzung	40–96
a) Die Entscheidungen des 1. Strafsenats, das Merkmal der „gravierenden Pflichtverletzung" und die „Mannesmann-Entscheidung" des 3. Strafsenats	43–51
b) Der „funktionale Zusammenhang"	52–55
c) Das Merkmal der „Pflichtwidrigkeit" bei besonderen Fallkonstellationen	56–96
4. Der Schaden (Vermögensnachteil) bei § 266 StGB	97–123
a) Grundsätze	97–105
b) Der individuelle Schadenseinschlag – Haushaltsuntreue	106–110
c) Die schadensgleiche konkrete Vermögensgefährdung	111–117
d) Die unordentliche Buchführung – schwarze Kassen in der Privatwirtschaft	118–123
5. Zurechnungsfragen	124–126
a) Pflichtwidrigkeitszusammenhang	124
b) Schutzzweck der Norm	125
c) Die Unmittelbarkeit	126
6. Der Vorsatz der Untreue	127–133
III. Verteidigung bei § 266 StGB	134–140

Schrifttum: (Anmerkung: Die Literaturverzeichnisse bei *Kindhäuser* im Nomos-Kommentar, 2. Aufl. 2005 und bei *Lenckner/Perron* in Schönke/Schröder, 27. Aufl. 2006, umfassen für § 266 StGB jeweils mehrere hundert Publikationen. Die nachfolgende Literaturübersicht beschränkt sich – ohne damit Wertungen zu verbinden – auf das Schrifttum, das aus der Sicht des Verfassers für § 266 StGB-Verfahren in erster Linie in Betracht kommt. Im Übrigen wird auf die Nachweise im Text verwiesen.) *Achenbach/Ransiek,* Handbuch Wirtschaftsstrafrecht, 2004; *Bernsmann,* „Kick-back" zu wettbewerbswidrigen Zwecken – keine Untreue, StV 2005, 576; *Dierlamm,* Untreue – ein Auffangtatbestand?, NStZ 1997, 534; *Günther,* Die Untreue im Wirtschaftsstrafrecht, FS für Weber, S. 311; *Hamm,* Kann der Verstoß gegen Treu und Glauben strafbar sein? NJW 2005, 1993; *Hillenkamp,* Risikogeschäft und Untreue, NStZ 1981, 161; *Ignor/Rixen,* Untreue durch Zahlung von Geldauflagen?, wistra 2000, 448; *Kargl,* Die Missbrauchskonzeption der Untreue, ZStW 2001, 565; *Kubiciel,* Gesellschaftsrechtliche Pflichtwidrigkeit und Untreuestrafbarkeit, NStZ 2005, 353; *Labsch,* Die Strafbarkeit des GmbH-Geschäftsführers im Konkurs der GmbH, wistra 1985, 1; Leipziger Kommentar, StGB, 10. Aufl. 1985; 11. Aufl., Stand 1.5.1998; *Lüderssen,* „Nützliche Aufwendungen" und strafrechtliche Untreue, FS für Müler-Dietz, S. 467; *Martin,* Bankuntreue, 2000; *Mosiek,* Risikosteuerung im Unternehmen und Untreue, wistra 2003, 370; *Nelles,* Untreue zum Nachteil von Gesellschaften, 1991; Nomos-Kommentar, StGB, Band 2, 2. Aufl. 2005; *Otto,* Untreue der Vertretungsorgane von Kapitalgesellschaften durch Vergabe von Spenden, FS für Kohlmann, S. 187; *Ransiek,* Risiko, Pflichtwidrigkeit und Vermögensnachteil bei der Untreue, ZStW 2004, 634; *ders.,* Untreue im GmbH-Konzern, FS für Kohlmann, S. 207; *Reiß,* Verdeckte Gewinnausschüttungen und verdeckte Entnahmen als strafbare Untreue des Geschäftsführers? wistra 1989, 81; *Rönnau,* „kick-backs": Provisionsvereinbarungen als strafbare Untreue, FS für Kohlmann, S. 239; *Saliger,* Wider die Ausweitung des Untreuetatbestands, ZStW 2000, 563; *Schramm,* Untreue durch Insolvenzverwalter, NStZ 2000, 398; *Taschke,* Straftaten im Interesse von Unternehmen – auch strafbar wegen Untreue? FS für Lüderssen, S. 663; *Schünemann,* Der Bundesgerichtshof im Gestrüpp des Untreuetatbestandes, NStZ 2006, 196; *Thomas,* Untreue in der Wirtschaft, FS für Riess, S. 795; *Tiedemann,* Untreue bei Interessenkonflikten, FS für Tröndle, S. 319; *Velten,* Untreue und Belastung mit dem Risiko zukünftiger Sanktionen, NJW 2000, 2852; *Zieschang,* Strafbarkeit des Geschäftsführers einer GmbH wegen Untreue trotz Zustimmung sämtlicher Gesellschafter? FS für Kohlmann, S. 351.

I. Einleitung (Historische Entwicklung)

1. Die Novelle vom 26.5.1933

1 § 266 StGB in der heutigen Fassung ist kein „klassisches" Gesetz des nationalsozialistischen Gesetzgebers, verströmt aber gleichwohl bis heute den (Un-)Geist einer vom personalen Unrecht des „Vertrauensbruchs" gekennzeichneten Zeit.[1] Die jetzige Gesetzesfassung beruht im Kern immer noch auf dem Gesetz vom 26.5.1933.[2] Bei Reformüberlegungen im Rahmen der von ihnen angestrebten Umgestaltung des Strafrechts führten die nationalsozialistischen Rechtswahrer wenig Klage an der Vorschrift. Die amtliche Strafrechtskommission bemängelte lediglich die Mixtur von „Missbrauchsuntreue, rechtlich gebundener und ‚reiner' Treubruchsuntreue"[3] und erblickte das „Wesen der Untreue im Treubruch", da es gerade „Aufgabe einer nationalsozialistischen Strafrechtserneuerung (sei), diesen einfachen und volkstümlichen Gedanken zur Geltung zu bringen".[4]

2 Zugleich befasste sich die Kommission in 1935/36 mit Themen, die in den nächsten 70 Jahren die Judikatur zu § 266 StGB beschäftigen sollten. So wies *Dahm* darauf hin, dass „die Pflicht zur getreuen Verwaltung fremden Vermögens ... vielmehr den eigentlichen und wesentlichen Inhalt des Vertrages bilden (muss)"[5] und verlangte, dass angesichts der weiten Fassung der Untreuebestimmung „eine besonders sorgfältige Prüfung des inneren Sachverhalts notwendig (sei)".[6] Eine weitere Vorsatzeinschränkung wurde mit dem Argument abgelehnt, dass „Risikogeschäfte, die im Rahmen einer ordnungsgemäßen Geschäftsführung liegen und den Gepflogenheiten des redlichen Geschäftsverkehrs entsprechen ... von vornherein keine Untreue dar(stellen)".[7] Da eine Einschränkung der weiten Fassung der Vorschrift durch den nationalsozialistischen Gesetzgeber auch schwerlich zu erwarten war, oblag es einer späteren Generation, reformatorisch – im Sinne einer Limitierung des Tatbestands – tätig zu werden. Durch die Legislative wurde dies bis heute versäumt. Die Rechtsprechung mit ihrem immer währenden Dilemma der Gewährung von Rechtssicherheit einerseits und der Realisierung vermeintlicher Einzelfallgerechtigkeit andererseits war mithin vor die Aufgabe gestellt, dem Tatbestand Konturen zu verleihen. Manches wurde bewirkt, oftmals aber wurden mühsam erreichte Fortentwicklungen auf dem Altar der *„richtigen Entscheidung"* des im Revisionsverfahren präsentierten Sachverhalts auch geopfert. Gleichwohl belegt die Vielzahl an Entscheidungen in den letzten Jahren – und die Resonanz im jüngeren Schrifttum –, dass § 266 StGB in Bewegung gekommen ist.

2. Rechtsgüterschutz durch § 266 StGB im heutigen Wirtschaftsleben

3 Die tradierte Vorstellung eines Vertrauensbruchs als tragendes Element eines Vermögensdelikts kollidiert heute mit den Realitäten von Volkswirtschaften, deren Kennzeichen nicht nur – worauf *Schünemann* hinweist – „das Auseinanderfallen von Eigentumszuständigkeit und Management" ist,[8] sondern vornehmlich eine hochentwickelte Arbeitsteilung, die eine sich ständig fortbildende Delegation von Verantwortlichkeiten und differenzierten Verfügungsbefugnissen beinhaltet.[9] Die fortschreitende Transformation von einer Produktions- zur Dienstleistungsgesellschaft bringt Kommunikations- und Transfersysteme mit sich, die weitgehend auf Codierungen beruhen. Die von *Schünemann* heftig kritisierten Entscheidungen BGHSt 24, 386

---

[1] *Dahs* NJW 2002, 272 sieht die Wurzeln des § 266 in einem Zeitgeist, der darauf ausgerichtet war, alle jene zu bestrafen, die „im geschäftlichen oder auch privaten Leben wie auch immer zu definierenden und detaillierenden Pflichten im Vermögensbereich zuwiderhandelte(n)"; er weist zu Recht darauf hin, dass die Vorschrift nach der nationalsozialistischen Machtübernahme zur Diskreditierung von missliebigen Persönlichkeiten der Weimarer Zeit Verwendung fand.
[2] Die Vorschrift trat am 1.6.1933 in Kraft.
[3] *Dahm* in Gürtner, Das kommende deutsche Strafrecht, 1936, S. 445.
[4] *Dahm* a.a.O. S. 445, 448 f.
[5] *Dahm* a.a.O. S. 452.
[6] *Dahm* a.a.O. S. 455.
[7] *Dahm* a.a.O. S. 455.
[8] LK/*Schünemann* § 266 Rdnr. 1.
[9] Ähnlich *Dahs* a.a.O. S. 272.

(Scheckkarte) und BGHSt 32, 244 (Kreditkarte)[10] spiegeln den Widerspruch zwischen einer strafbarkeitsbegründenden Vorschrift und den Mechanismen einer fortschreitenden Automatisierung wieder: Der Einsatz von Bargeldsubstituten zur Intensivierung und Vereinfachung des Erwerbs von Gütern und Dienstleistungen zwingt zur Einräumung einer Verfügungsbefugnis über fremdes Vermögen. Hiermit kollidiert die Massenhaftigkeit einer entpersonalisierten Treuhandposition des Scheck- und Kreditkarteninhabers mit der Folge einer Substanzlosigkeit des Treuhandbetriffs und der entsprechenden Resistenz bei der Anwendung der Norm. Kein Strafrechtssystem kann es sich erlauben, die Penetration der arbeitenden und (inzwischen) nicht arbeitenden Bevölkerung mit Scheck- und Kreditkarten zugleich mit einem Pönalisierungsanspruch zu verbinden, wenn die Stimulierung der Konsumentennachfrage durch Einsatz von Scheck- und Kreditkarten ihre Wirkungen entfalten soll (und entfaltet hat).

Der idealtypische Treuhänder als Verwalter fremden Vermögens ist auf dem Rückzug, das 4 von § 266 StGB geschützte Vermögen wird in Rentenpapiere, Anleihen, Aktien, Fondsanteile und sonstige Derivate von Wertpapieren ebenso investiert wie in risikoreiche Kapitalanlageprodukte, wobei der Verlust zur Erzielung von Steuervorteilen oftmals integraler Bestandteil der Anlageentscheidung ist. Mag die Werbung auch noch den Eindruck vermitteln, dass persönliche Beratung bei Anlageentscheidungen stattfinde („Beraterbank"), sind die dem normalen Bürger offen stehenden Produkte unter dem Gesichtspunkt der Gewinnmaximierung der Institutionen weitgehend festgelegt. Die Geschäftsbesorger, die fremdnützig tätig werden, sind unter dem Druck zunehmender Rationalisierung entweder in ein weitgehend anonymisiertes Massengeschäft eingebunden – auch Rechtsanwälte als Vermögensbetreuungspflichtige qua beruflichem Status unterliegen diesem Trend – oder aber bewegen sich in komplexen Entscheidungsstrukturen, die sich keineswegs auf ökonomische Kriterien herunterbrechen lassen. Weder die Einräumung eines Dispositionskredits durch den Sachbearbeiter einer Sparkasse noch der Einsatz von Mitteln einer Aktiengesellschaft lassen sich allein an dem Parameter des Vermögens als Summe aller geldwerten Güter des Treugebers messen.[11]

Die hieraus resultierenden Entwicklungen und Umbrüche stellen die Judikatur vor die Auf- 5 gabe, den – weit erfassten – Tatbestand des § 266 StGB an die sozial akzeptierte Realität heranzuführen und ihn hieran ausgerichtet anzuwenden. Die häufig bevorzugte Variante der Lösung von Auslegungsschwierigkeiten über § 153 a StPO darf nicht der Progredienz verfallen.[12]

II. Die Tatbestände

1. Missbrauchs- und Treubruchtatbestand

§ 266 StGB weist zwei Alternativen auf: Den Missbrauchstatbestand des § 266 Abs. 1 1. Alt. 6 StGB und den Treubruchtatbestand des § 266 Abs. 1 2. Alt. StGB.

Nach ständiger Rechtsprechung des BGH handelt es sich dabei um verschiedene Strafge- 7 setze im Sinne des § 265 Abs. 1 StPO, so dass eine richterliche Hinweispflicht besteht, wenn das Gericht einen Wechsel von der einen (angeklagten) Alternative zur anderen Untreueform beabsichtigt.[13] Gleichwohl ist die Diskussion über das Verhältnis der Tatbestände zueinander – Missbrauchsalternative als Spezial- und Unterfall des Treubruchtatbestands[14] versus dualisti-

---

[10] LK/*Schünemann* § 266 Rdnr. 128: „fundamentale Fehlinterpretation des Mißbrauchstatbestands".
[11] In diese Richtung auch *Dahs* a.a.O. S. 272.
[12] Eines Belegs durch empirische Untersuchungen bedarf es nicht. Jeder in Wirtschaftssachen tätige Richter, Staatsanwalt und Verteidiger weiß, dass § 153 a StPO und § 266 StGB den Status von *„Zwillingen"* aufweisen. Keinem Staatsanwalt ist damit gedient, wenn er diffizile § 266–Themen durch die Instanzen führt, der Verteidiger – besser: der Mandant – hat erst recht kein Interesse an einer Bereicherung der Rechtsprechung zu § 266 StGB.
[13] Ständige Rechtsprechung seit BGH NJW 1954, 1616; vgl. BGH NJW 1984, 2539 und BGH StV 1990, 249; anders die wohl herrschende Ansicht in der Literatur, LK/*Schünemann* § 266 Rdnr. 27.
[14] So die Rechtsprechung, wie sie sich insbesondere in den beiden Urteilen zum Scheckkartenmissbrauch (BGHSt 24, 386 ff.) und Kreditkartenmissbrauch (BGHSt 33, 244, 250) niedergeschlagen hat; vgl. ferner BGH NStZ 1998, 246 und BGH wistra 2000, 384; zur herrschenden Ansicht im Schrifttum die Nachweise bei *Kargl* ZStW 113, 565 ff.

sche Theorie (jede Alternative als eigenständiger und verschiedenartiger Tatbestand)[15] – entgegen *Seier* – wenig ertragreich,[16] da die von der Rechtsprechung vorgenommene Implementierung der Vermögensbetreuungspflicht auch in den Missbrauchstatbestand zur Harmonisierung der beiden Varianten beiträgt und die notwendige Restriktion der Norm insgesamt dann fördert, wenn die Vermögensfürsorgepflicht (Vermögensbetreuungspflicht) eine klare Konturierung und Limitierung erfährt.

8   Beim Missbrauchstatbestand handelt der Täter hiernach auf der Grundlage einer nach außen wirkenden Verfügungs- oder Verpflichtungsbefugnis und verletzt eine im Innenverhältnis bestehende Vermögensbetreuungspflicht, beim Treubruchtatbestand genügt die Verletzung einer lediglich im Innenverhältnis bestehenden Pflicht zur Vermögensfürsorge. Die Konsequenzen dieser Tatbestandskonstellation werden in BGHSt 47, 187, 192 klar herausgearbeitet: „Als Vorstandsvorsitzender hatte der Angeklagte die Befugnis, über das Vermögen der SWEG zu verfügen. Zwar ist nicht ausdrücklich festgestellt, dass er im Außenverhältnis alleinvertretungsbefugt war (§ 78 Abs. 2 AktG). Das kann jedoch im Ergebnis dahingestellt bleiben. Die Vermögensbetreuungspflicht des Angeklagten im Sinne des Missbrauchstatbestands und seine Vermögensfürsorgepflicht im Sinne des Treubruchtatbestands stimmen hier überein (vgl. BGH NJW 1984, 2539, 2549). Hat er bei im Außenverhältnis wirksamen Verfügungen gegen seine Vermögensbetreuungspflicht verstoßen, so hätten die Maßnahmen auch einen Verstoß gegen seine Vermögensfürsorgepflicht im Sinne des Treubruchtatbestands dargestellt."[17] Zutreffend diagnostiziert *Seier*, dass der BGH die weiteren Voraussetzungen der Missbrauchsalternative durchgängig offen lässt – wie beispielhaft in BGHSt 47, 187, 192 aufgezeigt –, sodann die Frage der Vermögensbetreuungspflicht (der Vermögensfürsorgepflicht des Treubruchtatbestands) ansteuert und dort die Weichenstellung vornimmt.[18] In der Folge wird daher – insoweit dieser Praxis folgend – auf eine getrennte und damit zwangsläufig redundante Behandlung der jeweiligen Voraussetzungen der beiden Alternativen verzichtet. Vielmehr finden die zentralen identischen Merkmale beider Tatbestände Erörterung mit der Maßgabe, dass etwaige Besonderheiten und Unterschiede – soweit erforderlich – die entsprechende Kennzeichnung erfahren.

9   Zu diskutieren sind daher
- die Vermögensbetreuungs- bzw. Vermögensfürsorgepflicht,
- der Missbrauch der Verfügungs- oder Verpflichtungsbefugnis bzw. die Pflichtwidrigkeit sowie
- die Nachteilszufügung (Schaden),
- etwaige Zurechnungszusammenhänge sowie
- der subjektive Tatbestand.

2. Vermögensbetreuungs- und Vermögensfürsorgepflichten

10   Die Natur des Vermögensbetreuungsverhältnisses ist maßgebend für eine etwaige Verletzung von Pflichten (Missbrauch) gegenüber dem potenziell geschädigten Inhaber von Vermögenswerten. Zugleich werden Grenzziehungen insbesondere bei vertraglich übernommenen Pflichten zu ziehen sein. Dabei bietet sich eine Einteilung nach den Kriterien der jeweiligen Pflichtenstellung und der daraus resultierenden Handlungs- und Ermessensspielräume des Betreuungspflichtigen an. Die in § 266 StGB vorgenommene Aufgliederung nach Gesetz, behördlichem Auftrag und Rechtsgeschäft (Missbrauchs- und Treubruchtatbestand) stellt kein tragfähiges

---

[15] Hierzu insbesondere die umfangreiche Kritik bei LK/*Schünemann* § 266 Rdnr. 11 und Schönke-Schröder/*Lenckner/Perron* in § 266 Rdnr. 2.

[16] Achenbach/Ransiek/*Seier* Rdnr. 52, verweist darauf, dass der Angeklagte „einen Anspruch darauf (hat) zu erfahren, welche Alternative ihm zur Last gelegt wird". Dem Angeklagten ist dies – wie die Erfahrung zeigt – gleichgültig. *Schünemann* NStZ 2006, 202 verlangt aus Gründen „systematischer Korrektheit" vom BGH die sachgerechte Abgrenzung. Der BGH (NStZ 2006, 210, 213) wechselt im Revisionsverfahren vom Missbrauchs- zum Treubruchtatbestand und gibt zunehmend zu erkennen, dass für ihn die Unterscheidung ohne praktische Relevanz ist.

[17] BGHSt 47, 187, 192 („Sponsoring"); nahezu gleichlautend BGH NStZ 2006, 221, 222 (den Urteilsgründen der Tatsacheninstanz war nicht zu entnehmen, ob der Missbrauchs- oder Treubruchtatbestand Anwendung finden sollte) und BGH NStZ 2006, 215, 216 („Mannesmann").

[18] Achenbach/Ransiek/*Seier* Rdnr. 38.

Raster für eine Systematisierung dar, da vielfache Kongruenzen und Zuordnungsprobleme auftreten.

a) **Vermögensbetreuungsverhältnisse qua spezifischer temporärer Funktionsübernahme.** Die gesetzlich bestimmten und regelmäßig auf einem exekutiven oder judikativen Einsetzungsakt beruhenden Vermögensbetreuungsverhältnisse zeichnen sich dadurch aus, dass die berufene Person als *„Sachwalter auf Zeit"* Vermögenswerte zu betreuen hat.[19] Die Treupflichtigen sind interimistisch tätig, ihr Ziel muss daher die Erhaltung (oder Verteilung) der vorhandenen Substanz sein. Die Befugnispositionen des Familien- und Erbrechts – mit entsprechender Pflichtenbestimmung – sind hinsichtlich der Ermessensspielräume eher restriktiv ausgestaltet, ein besonderer Handlungsspielraum für etwa vermögensmehrende Maßnahmen wird weder eingeräumt noch funktionell erwartet. Beispielhaft insoweit die nicht nur wegen der Einordnung des Nachlassgerichts (Rechtspfleger) als tauglicher Untreuetäter lesenswerte Entscheidung BGHSt 35, 224, in der die Interessen der Erben gegenüber dem vermögensbetreuungspflichtigen Nachlassgericht so definiert werden, dass sie „ausschließlich und ausnahmslos auf die Sicherung und den Erhalt des Nachlasses gerichtet (seien)",[20] also die klassische Form der konservativen Verwaltung eines Vermögens verlangt wird. Ähnlich stellt es sich bei den treuepflichtigen, diese Rolle professionell als Zeitarbeiter auf eigene Rechnung ausübenden Verwaltern des Insolvenzrechts dar: Der (frühere) Sequester, der (heutige) vorläufig bestellte und der endgültig inthronisierte Insolvenzverwalter finden definitionsgemäß illiquide oder überschuldete Geschäftsbetriebe vor, die abzuwickeln sind und deren Restvermögen der Verwertung zuzuführen ist.[21] Ein Einbruch in diese statische Verwaltungstätigkeit im Sinne einer geforderten unternehmerischen Tätigkeit ist allenfalls bei der Institutionalisierung des Sachwalters bei der Eigenverwaltung zu verzeichnen (§ 270 Abs. 3 InsO), dessen Aufgabe allerdings im Wesentlichen in der Beobachtung und Überwachung des Schuldners besteht.

Auch die Liquidatoren und Abwickler des Handels- und Gesellschaftsrechts übernehmen bestimmungsgemäß Funktionen auf Zeit, ihre Aktivitäten sind auf die Finalisierung der werbenden Tätigkeit von Gesellschaften oder Vereinen gerichtet.[22]

Kennzeichnend ist allemal, dass wegen der regelmäßig engen Vorgaben und der Aufgabenstellung nur begrenzte Freiräume existieren und eine strafrechtliche Relevanz zumeist in der klaren Überschreitung dieser Regeln auftritt.

b) **Die öffentlich-rechtlichen Befugnisträger – Gesetzesbindung und Kameralistik versus wirtschaftliche Handlungsspielräume.** Eine zweite – weit gespannte – Gruppe wird von den vermögensbetreuungspflichtigen Personen gebildet, die im öffentlich-rechtlichen Raum Aufgaben erfüllen und regelmäßig – mit Blick auf die §§ 331 ff. StGB – als Amtsträger einzustufen sind.[23] Sie sind einerseits – weil bestellte oder gewählte Verwalter oder Mandatsträger – dem Haushaltsrecht verpflichtet, müssen andererseits aber – der Dominanz der Wirtschaft gegenüber der Verwaltung und Politik Tribut zollend – für eine zeitgemäße ökonomische Entwicklung ihrer anvertrauten Institutionen Sorge tragen.

In BGH NStZ 2003, 540 leitet der BGH die Vermögensbetreuungspflicht eines Bürgermeisters (aus der früheren DDR) aus der seinerzeit geltenden Kommunalverfassung der DDR ab und verweist ergänzend auf einen Gemeinderatsbeschluss, aus dem die Befugnis zur Verfügung über Vermögen resultiert.[24] War die in dieser Entscheidung bejahte Strafbarkeit nach § 266 StGB noch davon geprägt, dass die als Pflichtwidrigkeit bewertete Vereitelung vorteilhafter

---

[19] Die familienrechtlichen Sachwalter wie der Beistand (§§ 1712 ff. BGB), der Vormund (§ 1793 BGB), der Betreuer (§§ 1896 ff. BGB) und der Pfleger (§§ 1909 ff. BGB) sowie die erbrechtlichen Institutionen Nachlassgericht und Nachlasspfleger (§ 1960 BGB), Nachlassverwalter (§ 1985 BGB) und der gesetzlich bestimmte Testamentsvollstrecker (§§ 2200 BGB).
[20] BGHSt 35, 224, 227.
[21] Wobei dem Insolvenzverwalter eine zweifache Vermögensbetreuungspflicht obliegen soll: zum einen gegenüber dem Gesamtschuldner, zum anderen gegenüber den Gläubigern, vgl. hierzu *Schramm* NStZ 2000, 398.
[22] Weitere Fallgruppen bei Achenbach/Ransiek/*Seier* Rdnr. 101 ff., 128 ff.
[23] Der Amtsträgerbegriff in seiner Gestaltung über § 11 Abs. 1 Nr. 2 c StGB gehört zu den umstrittensten Rechtsfiguren im Strafrecht. Er ist hier von Relevanz, weil von ihm auch die in den privatrechtlichen Organisationsformen tätigen Personen unter bestimmten Voraussetzungen erfasst werden. Vgl. hierzu die ausführliche Darstellung von Rechtsprechung und Literatur bei Schönke/Schröder/*Eser* in § 11 Rdnr. 21 ff.
[24] BGH NStZ 2003, 540.

Vertragsabschlüsse für die Gemeinde aus eigennützigen Motiven erfolgte, belegt BGH NStZ 1997, 543, dass der den privatwirtschaftlichen Entscheidungsträgern zuzubilligende Ermessensspielraum im Hinblick auf wirtschaftlich vorteilhafte Folgen im Bereich der Wirtschaftsförderung und der Expansion von Kommunen auch auf öffentlich-rechtliche Vermögensbetreuungsverhältnisse übertragbar ist. Zwar befasst sich die Entscheidung expressis verbis nur mit der Kompensationsfrage beim Schadensmerkmal und den (strengen) Vorsatzanforderungen, die Ausführungen des Senats haben aber primär Bedeutung für die Gestaltungsfreiheit eines Amtsträgers bei Investitionsentscheidungen: „Im vorliegenden Fall ist die mit dem Vertragsabschluss mit der Firma S. verknüpfte Erwartung auf Gewerbesteuereinnahmen, Rettung und Schaffung von Arbeitsplätzen usw. genauso schon als ein Vermögensvorteil anzusehen, wie die durch den Vertrag übernommene Verpflichtung zur altlastenfreien Übergabe bereits einen Vermögensnachteil darstellt."[25]

16 Soweit die Befugnisträger im öffentlich-rechtlichen Raum – auch wenn sie in privatrechtlichen Organisationsformen (GmbH) tätig sind – einer Bindung an Haushaltsregeln unterliegen, hat der BGH zwar regelmäßig die Pflichtwidrigkeit etwaiger Verstöße gegen Haushaltsvorschriften bejaht, vermeidet aber – über das Merkmal des Nachteils – eine Tatbestandsmäßigkeit nach § 266 StGB. Kennzeichnend hierfür ist die zentrale Entscheidung BGHSt 43, 293 (Bugwelle), in der die Leitlinien der Rechtsprechung zur so genannten „Haushaltsuntreue" konturiert worden sind. Der BGH verweist darauf, dass die Pflichtwidrigkeit einer Verfügung nicht ein Vergehen der Untreue konstituiert, sondern hierfür grundsätzlich eine Zweckverfehlung erforderlich ist. Bei einer Gleichwertigkeit von Leistung und Gegenleistung kommt Haushaltsuntreue nur dann in Betracht, wenn durch die Haushaltsüberziehung eine wirtschaftlich gewichtige Kreditaufnahme erforderlich wird, die Dispositionsfähigkeit des Haushaltsgesetzgebers in schwerwiegender Weise beeinträchtigt und er durch den Mittelaufwand insbesondere in seiner politischen Gestaltungsbefugnis beschnitten wird.[26] Dies alles sind Schadensfragen (siehe unten Rdnr. 106 ff.). Was bedeutungsvoller ist: Der Senat sieht die Schwierigkeiten der Bewertung von Leistung und Gegenleistung im Bereich staatlicher Kunstförderung und löst dieses Problem durch den Hinweis, dass den Zahlungen für Kunst die „Einnahmeausfälle, Ausfälle an Sponsorenleistungen, Vertragsstrafen und dergleichen mehr" gegenübergestellt werden müssten,[27] die bei einer Nichtzahlung auf das Staatstheater zugekommen wären. Eine solche ökonomische Bewertung von Leistung und Gegenleistung wirft zugleich die Frage auf, ob in diesem Fall überhaupt eine Pflichtwidrigkeit bejaht werden kann. Wem zugebilligt wird, dass er noch im Rahmen der Dispositionsfähigkeit des Haushaltsgesetzgebers eine mit Blick auf das Vermögen vertretbare Entscheidung getroffen hat, den vorgegebenen Haushaltsrahmen also ohne Vermögensnachteile überschritten hat, bewegt sich noch innerhalb des Aufgabenkreises und der Selbstständigkeit, die ihm grundsätzlich zuzubilligen ist. Diese Konsequenz zog der 1. Strafsenat in BGHSt 43, 293 noch nicht.

17 In diesem Zusammenhang gewinnt die sich abzeichnende Tendenz der Rechtsprechung zum Begriff des Amtsträgers auch für § 266 StGB Bedeutung. Mit der Entscheidung des 5. Strafsenats vom 2.12.2005 im so genannten „**Kölner Müllskandal**" wird zunächst – in Fortschreibung der bisherigen Rechtsprechung – klargestellt, dass privatrechtlich organisierte Unternehmen im Bereich der Daseinsvorsorge dann nicht als „sonstige Stellen" i. S. von § 11 Abs. 1 Nr. 2 c StGB verstanden werden können, wenn ein Privater an dem Unternehmen in einem Umfang beteiligt ist, dass er durch eine Sperrminorität wesentliche unternehmerische Entscheidungen mitbestimmen kann.[28] In einem obiter dictum verweist der Senat weiter darauf, dass angesichts der zunehmenden Schaffung wettbewerblicher Strukturen und der Öffnung auch zentraler Bereiche der Daseinsvorsorge für private Marktteilnehmer (Bahnverkehr,[29] Wärmeversorgung,[30] Energie- und Wasserversorgung) einiges dafür spräche, dass „privatrechtlich or-

---

[25] BGH NStZ 1997, 543.
[26] BGHSt 43, 293, 298 f.
[27] BGHSt 43, 293, 298.
[28] BGHSt NStZ 2006, 210, 211 unter Hinweis auf BGHSt 43, 370, 377; 45, 16, 19; 46, 310, 312; 49, 214, 219.
[29] BGHSt 49, 214.
[30] BGHR StGB § 11 Abs. 1 Nr. 2 Amtsträger 7.

ganisierte Gesellschaften der öffentlichen Hand, die auf solchen Märkten tätig werden – wie andere (rein private) Marktteilnehmer auch –, allein erwerbswirtschaftlich tätig sind", verweist auf die Entscheidung BGH wistra 2001, 267, 270 und betont, dass „auch eine Gesellschaft in alleiniger staatlicher Inhaberschaft ... letztlich nur einen weiteren Wettbewerb auf einem Markt darstellen (würde), der vom Staat eröffnet wurde und sich um die Erfüllung öffentlicher Aufgaben gebildet hat."[31]

Wer unter dem Aspekt einer „Aufgaben-Privatisierung" auch bei „alleiniger staatlicher Inhaberschaft" dem Markt die entscheidende Priorität zuerkennt, wird den handelnden Personen – den Vermögensbetreuungspflichtigen – letztlich auch den Ermessensspielraum zubilligen müssen, den die anderen, privaten Marktteilnehmer im Wettbewerb für sich in Anspruch nehmen können. Der Konflikt zwischen installierten Haushaltsregeln bei staatlichen oder kommunalen Gesellschaften und der Wettbewerbssituation mit privaten Konkurrenten wird dauerhaft nur zugunsten der Einräumung privatwirtschaftlicher Handlungsspielräume zu lösen sein.

In diesem Kontext ist die „Drittmittel-Entscheidung" des 1. Strafsenats (BGHSt 47, 295) im Hinblick auf ihre tragenden Entscheidungsgründe zu § 266 StGB relevant, obwohl sie im Schrifttum nahezu ausschließlich unter dem Aspekt der tatbestandsmäßigen Reduktion für §§ 331 ff. StGB diskutiert wird.[32] Der Angeklagte war Hochschulprofessor und Ärztlicher Direktor einer Abteilung des Universitätsklinikums, als solcher Amtsträger und zugleich verpflichtet, die zugewiesenen Haushalts- und Betriebsmittel seiner Abteilung zu bewirtschaften und sie zweckentsprechend einzusetzen. Hierauf stützt der BGH die Vermögensbetreuungspflicht,[33] verneint aber sodann bereits die Pflichtwidrigkeit mit dem Argument, dass die Vereinnahmung von Zuwendungen durch den Angeklagten für den Förderverein und ihre Nichtabführung an die Universität nicht der „qualifizierten Vermögensbetreuungspflicht des Angeklagten" unterfiel.[34] Die Zuwendungen hätten den Charakter einer „personengebundenen Provision oder Spende" aufgewiesen, so dass zwar ein Verstoß gegen dienst- und beamtenrechtliche Pflichten (§ 73 S. 2 und 3, § 74 S. 2 LBG BW) in Betracht käme, dies aber nicht als Verstoß gegen eine qualifizierte Vermögensbetreuungspflicht angesehen werden könne.

Auch dieses Judikat ist ohne Distanzierungsmomente von Haushaltsgrundsätzen und beamtenrechtlichen Pflichtenstellungen nicht verständlich. Der Senat will dem Erfordernis der Finanzierung der medizinischen Forschung und Entwicklung und der Wissenschaft insgesamt durch Sponsorengelder (Drittmittel) und der fortschreitenden „Mischfinanzierung" auch im Bereich klassischer Institutionen der Daseinsvorsorge dadurch Rechnung tragen, indem er bereits die spezifische Vermögensbetreuungspflicht des § 266 StGB – bei einem Amtsträger – aus dem Funktionszusammenhang der Vermögensbetreuungspflicht (hierzu generell unten Rdnr. 52 ff.) herauslöst.

Die Interdepenzen zwischen der Rechtsprechung zur Amtsträgereigenschaft und zur Untreue durch Organe von Gesellschaften, die im Bereich der Daseinsvorsorge tätig sind, wirken sich auf die Bestimmung der Handlungsspielräume unmittelbar aus. So sind die Limitierungen in der bekannten „Stadt-Werke-Entscheidung" des OLG Hamm[35] mit Blick auf BGH NStZ 2006, 210, 211 allenfalls angesichts der überschießenden Tendenz eines offensichtlich manischen Kunstfreundes, nicht aber in der allgemeinen Begründung haltbar.[36] Das OLG Hamm hatte dem Geschäftsführer einer privatrechtlich organisierten Stadt-Werke GmbH wegen dessen hoher Repräsentationsaufwendungen (u. a. Erwerb von 500 Bildern und Graphiken für

---

[31] BGH vom 2.12.2005 – 5 StR 119/05, S. 11 f., insoweit in BGH NStZ 2006, 210 nicht abgedruckt.
[32] BGHSt 47, 295, 301; die Kritik an der Entscheidung bei *Kindhäuser/Goy* NStZ 2003, 291, 292 bezieht sich vornehmlich auf die Verneinung des Nachteils.
[33] BGHSt 47, 295, 297, 298.
[34] BGHSt 47, 295, 301.
[35] OLG Hamm NStZ 1986, 119.
[36] Insbesondere der in NStZ 2006, 210 nicht abgedruckte Teil der Entscheidung lässt diese Wertung zu: Der Senat (S. 11 f. der Entscheidung – veröffentlicht auf der Homepage des BGH) verweist darauf, dass „angesichts der zunehmenden Schaffung wettbewerblicher Strukturen und der Öffnung auch zentraler Bereiche der Daseinsvorsorge für private Marktteilnehmer ... allerdings einiges dafür (spricht), dass privatrechtlich organisierte Gesellschaften der öffentlichen Hand, die auf solchen Märkten tätig werden, – wie andere (rein private) Marktteilnehmer auch – allein erwerbswirtschaftlich tätig sind (vgl. BGH wistra 2001, 267, 270, insoweit BGHR StGB § 11 Abs. 1 Nr. 2 Amtsträger 5 nicht abgedruckt)".

etwa 340.000,- DM) eine pflichtwidrige Nachteilszufügung attestiert und dabei auf die Wirtschaftsgrundsätze von § 94 GO NW verwiesen („Solcher Aufwendungen bedurfte es nicht nur nicht, sie verboten sich angesichts des Zwecks der Gesellschaft und des den §§ 89, 94 GO NW zu entnehmenden Gebots sparsamer Wirtschaftsführung. Den Versorgungsempfängern gegenüber, die dem Anschlusszwang unterliegen, bedurfte es keiner Repräsentation."). In Zeiten einer Liberalisierung der Märkte, der Teilnahme privater Anbieter im Feld der Daseinsvorsorge und des hieraus resultierenden Wettbewerbs kann eine Vermögensbetreuungspflicht schwerlich durch die Regelungen der Kommunalverfassungen der Länder determiniert werden.

22 Auch die jüngste Entscheidung BGH wistra 2005, 178 – die sich zur Pflichtwidrigkeit der Zahlung einer Abfindung im öffentlichen Dienst verhält – wird von der Antinomie zwischen öffentlich-rechtlichen normativen Vorgaben und der Einräumung eines notwendigen Handlungsspielraums geprägt. Zwar entwirft der BGH zunächst den normativen Rahmen, in dem sich der Oberbürgermeister einer Kommune bei der Gewährung von Abfindungen bei Vertragsaufhebungen mit leitenden Angehörigen der Verwaltung zu bewegen hat, betont aber zugleich den „*Entfaltungs- und Gestaltungsspielraum*", dessen Grenzen Maßnahmen darstellen, die „mit den Grundsätzen vernünftigen Wirtschaftens schlechthin unvereinbar sind"[37], und gelangt zu dem Ergebnis, dass auch eine vergleichsweise gewährte Abfindung zur Vermeidung von Risiken aus Rechtsstreitigkeiten in der Kommunalverwaltung sich nicht als strafrechtlich relevante Pflichtwidrigkeit darstellt.[38]

23 Aus alledem folgt: So unproblematisch – und unstreitig – die Zuordnung von Vermögensbetreuungspflichten sich bei öffentlich-rechtlichen Verhältnissen auch darstellt, so sehr wird die inhaltliche Pflichtenbestimmung zu einem Zurückdrängen der starren Vorgaben eines überbordenden Norm- und Vorschriftendschungels (einschließlich aller Verordnungen und Erlasse) und zu einer Konturierung der Handlungsspielräume eines Funktionsträgers als notwendiger Freiraum für die sachgerechte Ausübung seiner Tätigkeit führen.

24 c) Betreuungspflichten durch freiwillige Bindungen – die vertraglichen Vereinbarungen. Die Konstituierung der Vermögensbetreuungspflicht qua Rechtsgeschäft ist als solche anerkannt, stellt aber zugleich eine der großen Fehlerquellen im Justizalltag bei der Einleitung von Ermittlungsverfahren, der Erhebung von Anklagen und selbst bei Urteilen der Tatgerichte dar. Jede vertragliche Vereinbarung beinhaltet die Übernahme von Pflichten für die jeweiligen Vertragsparteien, auch vertragliche Nebenpflichten sind insbesondere für komplexe Vertragsverhältnisse selbstverständlich. Hieraus allein vermag keine Vermögensbetreuungspflicht abgeleitet werden. Vielmehr gilt im Wirtschaftsleben – in der Marktwirtschaft – der Grundsatz, dass jeder Vertragspartner seine eigenen Interessen vertritt und nicht für das Vermögen seines Kontrahenten strafrechtlich einzustehen hat.

25 Die Linie der Rechtsprechung zeichnet sich durch eine Differenzierung zwischen Haupt- und Nebenpflichten der vertraglichen Beziehung aus. Nur wenn die Vermögensbetreuungspflicht sich als Hauptpflicht des Vertrages darstellt, kommt Untreue in Betracht. In der Kreditkartentscheidung BGHSt 33, 244 wird dies wie folgt herausgearbeitet: „Denn diese (scil: Untreue) setzt – für den Missbrauchs- wie für den Treubruchtatbestand – voraus, dass der Täter „Vermögensinteressen" ... zu betreuen hat. An diesem Tatbestandsmerkmal fehlt es hier. Dabei (scil: Verpflichtung zur Verwendung der Kreditkarte nur bei Zahlungsfähigkeit) handelt es sich aber nicht um eine eigenverantwortliche Vermögensbetreuungspflicht im Sinne des § 266 StGB. Eine solche ist nämlich nur dann gegeben, wenn sie den wesentlichen Inhalt des Vertragsverhältnisses ausmacht und damit zu den Hauptpflichten aus dem Vertrag gehört (vgl. BGHSt 22, 190, 192 und die weiteren Rechtsprechungsnachweise bei *Hübner* in LK 10. Aufl. § 266 Rdnr. 25)".[39] Der Gleichsetzung von Vermögensbetreuungspflicht und vertragsgemäßen Verhalten erteilt der BGH in dieser Entscheidung eine klare Absage: „Der Verstoß gegen die Pflicht, sich vertragsgemäß zu verhalten – um mehr handelt es sich hier nicht – ist als solches aber noch keine Untreue".[40] Die von der Judikatur weiter geforderte Selbständigkeit des Treue-

---

[37] BGH wistra 2005, 178, 180.
[38] BGH wistra 2005, 178, 181 f.
[39] BGHSt 33, 244, 250; weiter BGHSt 41, 224, 228 f.; BGH NStZ 1989, 72; weitere Nachweise für die Rechtsprechung bei NK/*Kindhäuser* § 266 Rdnr. 33.
[40] BGHSt 33, 244, 251.

pflichtigen bei der Vermögensbetreuung erfüllt lediglich eine eingrenzende Funktion – wie es plastisch in BGHSt 41, 224, 229 heißt: „Das Kriterium der eingeengten Handlungsfreiheit des Verpflichteten dient dazu, die Vermögensbetreuung im Sinne des Untreuetatbestandes von solchen „Diensten der Handreichung" abzugrenzen, wie sie etwa von Kellnern, Lieferausträgern, Chauffeuren und Boten erbracht werden".[41]

Im Sinne des Schrifttums, das zur Begründung einer vertraglichen Vermögensbetreuungspflicht ein fremdnützig typisiertes Schuldverhältnis verlangt und – wie *Schünemann* formuliert – ein „Betreuungsverhältnis, als Geschäftsbesorgung aufgefasst" fordert,[42] hat sich die Rechtsprechung in einzelnen Entscheidungen ergänzend durchaus der Kriterien der Fremdnützigkeit und der Geschäftsbesorgung bedient. In der Factoring-Entscheidung aus 1988 werden beispielhaft alle Erkennungsmerkmale der Vermögensbetreuungspflicht im Rahmen vertraglicher Beziehungen kombiniert: Es genügt nicht, dass der Verkäuferin einer Forderung die Pflicht auferlegt wird, „bei ihr eingehende Barzahlungen und Schecks unverzüglich an die Factoring-Bank weiterzuleiten". Der BGH konstatiert stattdessen: „Erforderlich ist vielmehr, dass das Vertragsverhältnis Elemente einer **Geschäftsbesorgung** aufweist und die dadurch festgelegte Verpflichtung zur **fremdnützigen** Vermögensfürsorge einen **wesentlichen Inhalt** des Vertragsverhältnisses bildet und nicht von untergeordneter Bedeutung ist (BGHSt 1, 186, 188, 189; 6, 314, 318; BGH wistra 1984, 143)."[43]

Auf dieser Basis, nämlich
- wesentliche Elemente der Geschäftsbesorgung als Grundlage der
- Verpflichtung zur fremdnützigen Vermögensfürsorge, die ihrerseits
- einen wesentlichen Inhalt des Vertragsverhältnisses bildet,

lassen sich die notwendigen Abschichtungen vornehmen, um schlichte Vertragsverstöße von strafrechtlich relevanten Vermögensbetreuungsverhältnissen zu unterscheiden. Wie voreilig in der Praxis gerade bei vertraglichen Beziehungen zu einer Pönalisierung durch § 266 StGB geschritten wird, belegt das Beispiel der Anklage im Kölner Herstatt-Verfahren in 1979. Dort klagte die Staatsanwaltschaft vermeintliche Untreuehandlungen zu Lasten der Festgeldanleger des Bankhauses an, begangen durch Devisenspekulationen, die zur Schließung der Bank führten, und sah die Einlage von Festgeldern (eine klassische Darlehensgewährung) als Basis einer Vermögensbetreuungspflicht der Manager der Bank. Erst nach über zweijähriger Hauptverhandlung wurde dieser Anklagepunkt fallen gelassen, obwohl der BGH bereits in 1976 die Stipulierung einer Strafbarkeit nach § 266 StGB bei Darlehensverträgen verworfen hatte.[44]

Eine Durchmusterung der Rechtsprechung zu den einzelnen Vertragskonstellationen – einschließlich ihrer Derivate – ergibt eine insgesamt einigermaßen stringente Linie, die sich an den vorgenannten Kriterien orientiert:

Bei allen Leistungsaustauschverträgen verneint die Judikatur grundsätzlich eine Vermögensbetreuungspflicht. Hierzu gehören
- Kaufverträge[45]
- Darlehensverträge[46]
- Werkverträge[47]

---

[41] BGHSt 41, 224, 229; an der Abwertung des Kriteriums der Selbständigkeit durch die Rechtsprechung hat sich die Kritik des Schrifttums entzündet: Schönke/Schröder/*Lenckner/Perron* in § 266 Rdnr. 24 werfen der Judikatur vor, dass sie das Merkmal der Selbständigkeit „bis zur Bedeutungslosigkeit abgewertet habe"; vgl. ferner Achenbach/Ransiek/*Seier* Rdnr. 141 und Fn. 208, der u. a. auf die Beispiele der Kassiererin im Supermarkt (OLG Hamm NJW 1973, 1809) und den Polizeibeamten mit der Befugnis zur Erhebung von Verwarnungsgeld (OLG Koblenz GA 1975, 122) verweist.

[42] LK/*Schünemann* § 266 Rdnr. 74; Schönke/Schröder/*Lenckner/Perron* § 266 Rdnr. 23 a mit Nachweisen aus der uferlosen Literatur.

[43] BGH NStZ 1989, 72.

[44] BGH bei *Holtz* MDR 1976, 987: „Ein Darlehensvertrag als solcher ist kein auf fremdnützige Geschäftsbesorgung gerichtetes Rechtsgeschäft", die Entscheidung ist in GA 1977, 18 auszugsweise veröffentlicht. Anders, wenn das Darlehensverhältnis auftragsähnliche Elemente i. S. einer Zweckbindung des Kredits enthält, BGH GA 1977, 18, 19.

[45] BGHSt 22, 190; BGH NStZ 1989, 72.

[46] BGH GA 1977, 18; ähnlich BGH NStZ 1984, 118, 119 für die Rückzahlung eines Bankkredits.

[47] BGHSt 28, 20, 23 f. für den Reisevertrag als Werkvertrag bei nicht zweckbestimmter Vorauszahlung des Kunden an den Reiseveranstalter.

- Pacht und Miete⁴⁸
- echtes und unechtes Factoring⁴⁹.

30 Die Zurückhaltung der Judikatur gegen eine vertragliche Kreierung von Strafbarkeiten nach § 266 StGB im Wege der Installierung von Sicherungen in Leistungsaustauschverträgen wird insbesondere in der wegwesenden Entscheidung BGHSt 22, 190 deutlich. Weder die Nichtabführung der Verkaufserlöse für Waren, die unter Eigentumsvorbehalt geliefert wurden noch die fehlende Separierung – wie ebenfalls in den Verkaufs- und Lieferbedingungen vereinbart – gab dem Senat Veranlassung, von der grundsätzlichen Struktur des Kaufvertrages als gegenseitigem Vertrag abzuweichen. Die geradezu schroffe Zurückweisung einer Funktionalisierung von Vertragsfreiheit zur Konstituierung strafrechtlicher Sanktionen springt ins Auge: „Der Senat hat bereits in seinen Urteilen vom 7. Januar 1955 – 5 StR 390/54 – und vom 8. Mai 1956 – 5 StR 545/55 – ausgeführt, dass durch Sicherungsvereinbarungen solcher Art die Wahrnehmung fremder Vermögensinteressen durch den Schuldner jedenfalls dann nicht zum wesentlichen Inhalt der zwischen ihm und dem Gläubiger bestehenden Rechtsbeziehungen wird, wenn das Verlustrisiko des Geschäfts, wie es beim Kauf zum Zwecke des Weiterverkaufs typischerweise der Fall ist, allein beim Schuldner liegt. Es ist nicht der Sinn des § 266 StGB, die Ansprüche des Lieferanten aus einem solchen Geschäfts strafrechtlich zu schützen".⁵⁰ Konsequent auf eine Vereitelung der Strafbewehrung selbstgeschaffener AGB's ausgerichtet entschied der gleiche Senat 16 Jahre später für die Sicherungszession – Abtretung von Forderungen zur Sicherung eines Kredits und vertragliche Verpflichtung zur Ablieferung der Zahlungseingänge aus den abgetretenen Forderungen –, dass es an einer vertraglichen Hauptpflicht zur Vermögensfürsorge fehle: „Nach den getroffenen Feststellungen bestand die typische und wesentliche Vertragspflicht der GmbH darin, den gewährten Kredit zurückzuzahlen. Diese Tilgung sollte durch Ablieferung derjenigen Beträge erfolgen, die auf die abgetretenen Forderungen vereinnahmt wurden. Dabei hatten die Angeklagten nicht **für** die Bank zu handeln, sondern an die Bank zu leisten."⁵¹ *Schomburg* verweist in seiner Anmerkung zu diesem Urteil auf die unveröffentlichte Entscheidung des 5. Senats vom 9. Februar 1954 (5 StR 652/53) und zitiert aus der Begründung die Sätze, die die Motivation der Judikatur bei der Einschränkung des § 266 StGB verdeutlichen: „Ein Kredit, dessen Sicherung der Strafrichter übernehmen soll, kann keinesfalls als eine gesunde Erscheinung im Wirtschaftsleben anerkannt werden. Das gilt zumindest für Verkäufe an Händler auf Kredit. Der Verkäufer handelt dabei um seines eigenen Absatzes willen. Es ist deshalb seine Sache, sein geschäftliches Wagnis richtig einzuschätzen. Es kann nicht Aufgabe des Strafrechts sein, die Zahlungsbereitschaft des Käufers zu erhöhen".⁵²

31 Daran ist zu erinnern, wenn mittels einseitiger vertraglicher Gestaltungen der Charakter eines Leistungsaustauschverhältnisses in eine scheinbare Vermögensbetreuungsverpflichtung überführt werden soll.

32 Dem steht nicht entgegen, dass der BGH bei Vertragsbeziehungen, die sich „unter der äußeren Form von Kaufverträgen" abspielen, in Einzelfällen eine Vermögensbetreuungspflicht bejaht hat.⁵³ Die geradezu extremen Umstände des Sachverhalts – Anzahlungen durch monatliche Raten über mehrere Jahre beim Verkäufer bis zur Ansammlung der Kaufsumme – wandelten hier den Charakter des Kaufvertrages zu einer Art Treuhandtätigkeit für die jeweiligen „*Käufer*". Entgegen *Seier* lässt sich daher auch aus der – insoweit überholten – Entscheidung BGHSt 5, 61, in der fiskalische Überlegungen die Dogmatik verdrängten, nicht herleiten, die Judikatur sei hinsichtlich der Sicherungsrechte im Wirtschaftsverkehr nicht überzeugend.⁵⁴ Die entscheidende Weichenstellung ist durch den 5. Strafsenat mit BGHSt 22, 190 erfolgt und seither nicht ernsthaft in Zweifel gezogen worden.

---

⁴⁸ BGHSt 13, 330, der allerdings den Sonderfall des vom Mieter gezahlten Baukostenvorschusses i. S. einer Vermögensbetreuungspflicht entschied.
⁴⁹ Die in ihrer Bedeutung über das Factoring hinausgehende Entscheidung BGH NStZ 1989, 72.
⁵⁰ BGHSt 22, 190, 192.
⁵¹ BGH wistra 1984, 143.
⁵² *Schomburg* wistra 1984, 143, 144.
⁵³ BGH NJW 1991, 371, 372.
⁵⁴ Achenbach/Ransiek/*Seier* Rdnr. 151.

Es verwundert nicht, dass in – heute tatsächlich nur noch begrenzt vorfindbaren – Märkten 33
mit einem Ungleichgewicht von Angebot und Nachfrage (insbesondere bei der Vermietung
von Wohnraum) der Gedanke des Ausgleichs von Marktmacht bei dem Begehren nach
Baukostenvorschüssen und Mietkautionen durch den Vermieter virulent wurde. BGHSt
13, 330 sieht die Vermögensbetreuungspflicht des Empfängers von Baukostenzuschüssen
von Mietern eo ipso als gegeben an und verwirft eine Einordnung als Darlehen („Dass die
Baukostenzuschüsse als „Baudarlehn" oder „Darlehn" in den Verträgen bezeichnet worden
sind, ändert hieran nichts"),[55] BGHSt 28, 20, 23 bestätigt diese Rechtsprechung unter Hinweis
auf die besondere Zweckbestimmung solcher Vorleistungen.[56] Die im Schrifttum kritisierte
Entscheidung BGHSt 41, 224, in der der Vermieter hinsichtlich der von ihm empfangenen
Mietkautionen als vermögensbetreuungspflichtig eingestuft wird, stellt entscheidend auf die
dem Mündelgeld nachgebildete Vorschrift des § 550 b Abs. 2 BGB ab mit der der Gesetzgeber
„als einer neunen Rechtsfigur im Bürgerlichen Gesetzbuch" dem Vermieter die Pflicht zur
Anlage in bestimmter Weise auferlegt habe und die dadurch „zu einem Wesentlichen und nicht
nur beiläufigen Gegenstand der gegenseitigen Rechtsbeziehungen zwischen Vermieter und
Mieter erhoben" wurde.[57] Die Bezugnahme auf eine gesetzlich verankerte Pflicht überlagert
hier die Struktur des Rechtsverhältnisses als Leistungsaustauschbeziehung, so dass auch dieses
Judikat der prinzipiellen Grenzziehung durch die höchstrichterliche Rechtsprechung nicht
entgegensteht.

Die unter den Überschriften „nichtige und erloschene Rechtsverhältnisse"[58] und „gesetzes- 34
und/oder sittenwidrige Vereinbarungen" einzustufenden Beziehungen[59] sind allein mit Blick
auf die letztere Kategorie zu problematisieren. Das aus Zeiten des kalten Krieges herrührende
Urteil BGHSt 8, 254 (Wegnahme von FDJ-Geld) postulierte eine Vermögensbetreuungspflicht
des Angeklagten, der von der in der BRD verbotenen FDJ Gelder erlangt hatte, die „für gesetz-
widrige Wühlarbeit in der Bundesrepublik" bestimmt waren und von ihm nach seiner Flucht
aus der DDR verbraucht wurden. Der BGH geht dabei von der fragwürdigen Feststellung aus,
dass „das Verbot der FDJ in der Bundesrepublik ... rechtlich nicht (hindert), dass sie strafrechtlich geschütztes Vermögen besitzt",[60] und gelangt so zu der Erkenntnis, dass der allgemeinver-
bindliche Maßstab für die Bewertung der Beziehung zwischen der staatsfeindlichen Organisation und ihrem Geldboten „in dem überragenden Allgemeininteresse an der Ungestörtheit
der öffentlichen Ordnung" liege.[61] In BGH NStZ-RR 1999, 185 setzt der BGH unter ausdrücklicher Berufung auf BGHSt 8, 254 diese Rechtsprechung fort und postuliert das Prinzip,
dass „die Rechtsordnung im Bereich der Vermögensdelikte allgemein wegen seiner Herkunft,
Entstehung oder Verwendung schutzunwürdiges Vermögen nicht kennt und schon im Interesse
der öffentlichen Ordnung dafür sorgen muss, dass insoweit kein rechtsfreier Raum entsteht
(BGHSt 8, 254, 256)".[62] Zur Begründung zieht der BGH die Entscheidung BVerfG NJW 1996,
2086 heran, nach der die Besteuerung von Gewinnen aus Straftaten keinen Verstoß gegen die
Verfassung beinhaltet. In der Sache hat die Rechtsprechung damit entschieden, eine Änderung
dieser Auffassung ist nicht zu erwarten. Die mit BGHSt 8, 254 erstmals vorgenommene Substitution der Vermögensbetreuungspflicht gegenüber dem Treugeber durch eine Pflichtenstellung
gegenüber der Normordnung ist gleichwohl verfehlt. Konstituiert wird inhaltlich eine Abfüh-
rungspflicht an staatliche Institutionen, die ihre Strafbewehrung über § 266 StGB erfährt. Da
der BGH andererseits eine nach § 266 StGB relevante Pflicht des Treupflichtigen zum nutzbrin-
genden Einsatz des Vermögens des Treugebers in Form von Geschäften, die der Wirtschaftsord-

---

[55] BGHSt 13, 330.
[56] BGHSt 28, 20, 23.
[57] BGHSt 41, 224, 228; dagegen OLG Düsseldorf NJW 1989, 1171 und wistra 1994, 33; vgl. Diskussion im Schrifttum *Sowada* JR 1997, 28.
[58] Vgl. zu den unwirksamen Rechtsverhältnissen die Beispiele bei LK/*Hübner* § 266 Rdnr. 78; hinsichtlich der erloschenen Rechtsverhältnisse – Abwicklungspflichten als bloße Schuldnerpflichten versus nachwirkender Treuepflicht – vgl. OLG Stuttgart NStZ 1999, 246.
[59] Hierzu *Kühl* JuS 1989, 505, 512. Schönke/Schröder/*Lenckner/Perron* § 266 Rdnr. 31 mit Nachweisen für Rechtsprechung und Literatur.
[60] BGHSt 8, 254, 255.
[61] BGHSt 8, 254, 257.
[62] BGH NStZ-RR 1999, 184 f.

nung widersprechen, ausdrücklich verneint[63] und die „Betreuung" des aus einer Straftat herrührenden Vermögens ohnehin über § 257 StGB und – bei entsprechender Qualität der Vortat – von § 261 StGB erfasst wird, reduziert sich der über das Strafrecht vermittelte Rechtsschutz auf ein Schädigungsverbot ohne hinreichende Begründung einer Vermögensbetreuungspflicht, die den ansonsten von der Judikatur aufgestellten Anforderungen genügen könnte.

35 **d) Tatsächliche Treueverhältnisse – der faktische Geschäftsführer.** Auch rein tatsächliche Treueverhältnisse genügen für die Begründung einer Vermögensbetreuungspflicht, wobei die Ausfüllung im Wesentlichen von dem Phänomen des faktischen Geschäftsführers beherrscht wird. Außerhalb dieser Institution finden sich nur vereinzelt Entscheidungen, denen regelmäßig ein unvollständiges vertragliches Verhältnis oder ein „Fast-Vertrag" zugrunde liegen.[64] Hier verlangt der BGH für die Konstituierung der Vermögensbetreuungspflicht die „Gesamtwürdigung aller Umstände".[65]

36 Die dominierende Figur des „faktischen Geschäftsführers" ist frühzeitig in der Rechtsprechung des Reichsgerichts für die Konkursdelikte entwickelt worden.[66] BGHSt 3, 30, 37 setzte diese Judikatur mit der Maßgabe fort, dass für die „Bestellung" das Einverständnis der Gesellschafter ausreichend sein sollte.[67] Für die Aktiengesellschaft schrieb BGHSt 21, 101, 104 f. diese Verantwortlichkeit fort, wobei er auf jedwedes Residuum einer „Bestellung" verzichtete und postulierte, dass „...im Anschluss an BGHSt 3, 32, 35 strafrechtlich auch derjenige als Vorstand der AG angesehen werden (muss), der im Einverständnis oder wenigstens mit Duldung des maßgeblichen Gesellschaftsorgans, nämlich des Aufsichtsrats, die Stellung eines Vorstands der AG tatsächlich einnimmt".[68] Damit war der „faktische Geschäftsführer" flächendeckend installiert, er ist seither gesicherter Bestand der Rechtsprechung des BGH.[69]

37 Auch die Voraussetzungen für die faktische Geschäftsführung sind frühzeitig konstruiert worden. BGHSt 3, 30, 37 formuliert teils lyrisch die in der späteren Judikatur immer wieder aufscheinenden Begriffe: „Er war, wie das Urteil feststellt, „die Seele des Geschäfts", „alle Dispositionen gingen von ihm aus, er nahm auf sämtliche Geschäftsvorgänge bestimmenden Einfluss"".[70] In einer weiteren Entscheidung hob der BGH (für den Fall der Mitgeschäftsführung durch die als Geschäftsführerin eingetragene Ehefrau) darauf ab, dass der tatsächliche Geschäftsführer „die überragende Stellung in der Geschäftsführung einnahm";[71] kurze Zeit später genügte ihm dann ein „Übergewicht" des faktischen gegenüber dem bestellten Geschäftsführer.[72]

38 Auch die für § 266 notwendige Vermögensbetreuungspflicht ist vom BGH – wie selbstverständlich – für den „faktischen Geschäftsführer" angenommen worden. In BGH NJW 1997, 66, 67 wird unter Berufung auf den Schutzzweck des Treubruchtatbestands eine „auf den tatsächlichen Verhältnissen beruhende Pflichtenstellung" postuliert und darauf hingewiesen, dass „schon in einer extremen Ausübung des Weisungsrechts durch einen Gesellschafter im Einzelfall eine versteckte Übertragung von Geschäftsführerbefugnissen gesehen werden kann."[73] BGH NStZ 1999, 558 sieht den „faktischen Geschäftsführer" deshalb als tauglichen Untreuetäter an, weil nicht an die formale Geschäftsführerposition anzuknüpfen sei, sondern „an die tatsächliche Verfügungsmacht über ein bestimmtes Vermögen, wenn damit

---

[63] BGHSt 20, 143, 145 f.; BGH wistra 2001, 304, 305; *Bernsmann* StV 2005, 576, 578.
[64] BGH NJW 1984, 800 für einen partiell unwirksamen Geschäftsbesorgungsvertrag (Warenterminhandel); BGH NStZ 1997, 124, 125 behandelt den Fall der geschickten Vermeidung einer Mandatsbeziehung durch einen Anwalt, der gleichwohl das Vertrauen der anderen Partei für eine Vermögensübertragung auf die mit ihm kollusiv zusammenwirkende Mandantin ausnutzte.
[65] BGH NStZ 1997, 124, 125.
[66] Vgl. dazu die historische Darstellung in BGHSt 3, 30, 37 f.
[67] BGHSt 3, 30, 38 befreit sich von der Fessel eines Bestellaktes, wie ihn RGSt 71, 112 und 72, 191 noch für erforderlich erachteten.
[68] BGHSt 21, 101, 104.
[69] BGHSt 31, 118; BGHSt 34, 379, 384; BGH NJW 1984, 2958; BGH wistra 1990, 97; BGH NStZ 1999, 558.
[70] BGHSt 3, 30, 37.
[71] BGHSt 31, 118, 121 f.
[72] BGH StV 1984, 461; zur Entwicklung der Rechtsprechung instruktiv *Dierlamm* NStZ 1996, 153.
[73] BGH NJW 1997, 66, 67.

ein schützenswertes Vertrauen in eine pflichtgemäße Wahrnehmung der Vermögensinteressen verbunden ist".[74]

Damit ist die Grundstruktur der tatsächlichen Vermögensbetreuungspflicht aufgezeigt, die neben der faktischen Verfügungsmacht auch ein normatives Element – nämlich das schützenswerte Vertrauen des Treugebers in eine pflichtgemäße Interessenwahrnehmung – aufweisen müssen. 39

3. Die Pflichtverletzung

Die Normierung von Pflichten – durch Gesetz, Verordnungen, Verkehrsüblichkeit und Vertrag – ist in der heutigen Gesellschaft und Wirtschaftsordnung nahezu unendlich, die Halbwertzeit der jeweiligen Regeln verringert sich ständig. Sowohl für den Missbrauchs- als auch für den Treubruchtatbestand besteht die Pflichtwidrigkeit in der Inkongruenz zwischen den Verhaltensanforderungen und dem konkreten Handeln oder Unterlassen des Treuepflichtigen. In diesem Merkmal ist das Hauptproblem beider Untreuealternativen des § 266 StGB zu erblicken. Während im Straßenverkehr die Abweichung von der Norm – etwa eine überhöhte Geschwindigkeit – auch dann nicht zur strafrechtlichen Sanktion führt, wenn – bei einem hierdurch verursachten Unfall – Vermögensschäden verursacht werden, beansprucht der faktische Fahrlässigkeitsmaßstab bei § 266 StGB durchgängig Geltung. Das Korrektiv soll – wie die Rechtsprechung über Jahrzehnte betont hat – in der Vorsatzfeststellung liegen. Insoweit seien an den Vorsatz – bei nicht eigenmütigem Verhalten – *„strenge Anforderungen"* zu stellen.[75] Mit der Koppelung von Fahrlässigkeitskriterien – Verstoß gegen die verkehrsübliche Sorgfalt – und strafrechtlicher Pönalisierung bei einem Vermögensdelikt ist nicht nur die uferlose Weite des Tatbestands eröffnet, sondern auch eine asymmetrische Abstufung im Rechtsgüterschutz erzeugt worden. Während die fahrlässige Körperverletzung regelmäßig prozessual auf die Privatklageebene herabgestuft wird und die fahrlässige Verletzung sonstiger Rechtsgüter im materiellen Kernstrafrecht keine wesentliche Rolle einnimmt, ist der Vermögensschutz gegen Angriffe von innen lückenlos auf alle Handels- und Unterlassungsdivergenzen zwischen Sein und Sollen ausgedehnt. Die Zuschreibungskriterien bei der Ermittlung des subjektiven Tatbestands beinhalten keine ausreichenden Restriktionsräume, vielmehr wird letztlich das prozessuale System – über §§ 153, 153 a StPO – als Vehikel zur Grenzziehung zwischen einem als strafwürdig empfundenen und einem nach *„common sense"* Bewertung verzeihlichen Verhalten herangezogen. 40

Dabei hilft es wenig, dass speziell für den Missbrauchstatbestand (was allerdings gleichermaßen für den Treubruchtatbestand gilt) die Formel von der bestimmungswidrigen Ausübung der Befugnis geprägt wurde[76] und die Divergenz zwischen dem (inneren) Pflichtenprofil und der (missbrauchenden) Verpflichtung des Geschäftsherrn oder der (sein Vermögen) belastenden Verfügung eine vermeintlich trennscharfe Abgrenzung vermitteln soll. Die Zuweisungen abgestufter Verantwortlichkeiten in komplexen Unternehmen oder – im Kontrast hierzu – die falschen Hierarchien bei anderen Wirtschaftssubjekten sind mit dem tradierten Bild des Prinzipals und des Führers der Geschäfte oder des Prokuristen nicht mehr vergleichbar. Einerseits ist die Delegation von Entscheidungsbefugnissen wohlfeiles Mittel für die Förderung der Selbständigkeit von Mitarbeitern, die Gewinne erzielen und die Expansion des Unternehmens bewirken sollen, andererseits droht bei einem Fehlschlag die ex-post-Bewertung des Geschäfts anhand umfassender innerbetrieblicher Regularien oder externer Normordnungen, wie dies bei der Kreditvergabe durch einen Sachbearbeiter durch die Vorschriften des KWG der Fall ist. 41

Es bedarf daher einer – einschränkenden – Definition der für § 266 StGB relevanten Pflichtverletzung. 42

a) Die Entscheidungen des 1. Strafsenats, das Merkmal der „gravierenden Pflichtverletzung" 43
und die „Mannesmann-Entscheidung" des 3. Strafsenats. In der Judikatur hat das Tatbe-

---

[74] BGH NStZ 1999, 558, wobei allerdings eine „dominierende Position" verlangt wird.
[75] Hierzu unten Rdnr. 127 ff.
[76] Vgl. hierzu die Nachweise für die Rechtsprechung bei Schönke/Schröder/*Lenckner/Perron* § 266 Rdnr. 18; für den Treubruchtatbestand findet die inhaltsgleiche Formulierung Verwendung, dass der Täter die ihm übertragene Geschäftsbesorgung „nicht oder nicht ordnungsgemäß ausführt", Schönke/Schröder/*Lenckner/Perron* a.a.O. Rdnr. 35 a.

standsmerkmal der Pflichtwidrigkeit bis zur Entscheidung BGHSt 46, 30 ein Schattendasein geführt. Es ist das Verdienst des 1. Strafsenats, durch eine Serie von drei Entscheidungen – BGHSt 46, 30; BGHSt 47, 148 und BGHSt 47, 187 – diese zentrale Voraussetzung einer Strafbarkeit auf der Landkarte der strafrechtlichen Dogmatik markiert zu haben. Dabei ist bezeichnend, dass die von den Richtern des Bundesgerichtshofs herausgegebene Entscheidungssammlung BGHR zwar deutlich über 50 Judikate zum „Nachteil" und annähernd 40 zur „Vermögensbetreuungspflicht" aufweist, das Stichwort „Pflichtwidrigkeit" aber allein durch die drei vorbezeichneten Entscheidungen des 1. Strafsenats ihre erste Installierung und Konturierung erfährt.

44   In BGHSt 46, 30 findet das Kriterium „gravierend" zwar (noch) keine ausdrückliche Erwähnung, die Entscheidung verdeutlicht aber, dass eine Verletzung Einzelner normierter Verhaltensanforderungen nicht ausreicht, um eine Pflichtwidrigkeit i. S. d. § 266 StGB zu begründen. So verweist der Senat darauf, dass „die – hier allenfalls geringfügige – Verletzung der sich aus § 18 Satz 1 KWG ergebenden Informationspflicht für sich die Annahme einer Pflichtverletzung im Sinne des § 266 StGB nicht (trägt)" und es vielmehr entscheidend darauf ankomme, ob „die Entscheidungsträger ihrer Prüfungs- und Informationspflicht bezüglich der Vermögensverhältnisse des Kreditnehmers insgesamt ausreichend nachgekommen sind.".[77] Eine Verletzung der Vorschrift des § 18 Satz 1 KWG wird lediglich als Indiz für eine etwaige (strafrechtliche) Pflichtverletzung bewertet. Die Gleichstellung der Verletzung einer in der (außerstrafrechtlichen) Normordnung angesiedelten, für die berufliche Tätigkeit des Treupflichtigen aber maßgebenden Vorschrift mit der Pflichtverletzung des § 266 StGB wird hier bereits verworfen, auch wenn der Senat für die strafrechtliche Freistellung von einer (fehlgeschlagenen) Kreditvergabe im Ergebnis auf einen allgemeinen Sorgfaltsmaßstab zurückgreift („Ist diese Abwägung [scil: der Chancen und Risiken des Kredits] sorgfältig vorgenommen worden, kann eine Pflichtverletzung nicht deshalb angenommen werden, weil das Engagement später notleidend wird"[78]).

45   In der Folgeentscheidung BGHSt 47, 148 findet die Differenzierung zwischen strafrechtlicher Pflichtverletzung und Verstoß gegen Berufspflichten ihren unmissverständlichen Ausdruck. Der Senat postuliert seine Abstufung wie folgt: „Für die Pflichtverletzung im Sinne des § 266 StGB ist indessen maßgebend, ob die Entscheidungsträger bei der Kreditvergabe ihre bankübliche Informations- und Prüfungspflicht bezüglich der wirtschaftlichen Verhältnisse des Kreditnehmers **gravierend** verletzt haben."[79] An anderer Stelle verweist der Senat auf die fehlende vollständige Kongruenz der Pflichtwidrigkeit des § 266 StGB und der Pflicht zum Verlangen nach Offenlegung der wirtschaftlichen Verhältnisse nach § 18 KWG, soweit eine fehlende Information durch eine gleichwertige andere ersetzt wird, und betont erneut, dass gravierende Verstöße die Pflichtwidrigkeit nach § 266 StGB konstituieren.[80]

46   Die dringend gebotene Umsetzung der Wirtschaftspraxis und der ihr folgenden aktienrechtlichen Doktrin zu nicht oder nur mittelbar perspektivisch Ertrag bringenden Aufwendungen einer Aktiengesellschaft – Zuwendungen zur Förderung von Kunst, Wissenschaft, Sozialwesen oder Sport – vollzieht der 1. Strafsenat in BGHSt 47, 187 („**Sponsoring-Entscheidung**").[81] Für die Frage der Pflichtwidrigkeit i. S. d. § 266 StGB stellt das Gericht zunächst auf die aktienrechtlichen Pflichten des Vorstands ab (§§ 76, 93 AktG – Sorgfalt eines ordentlichen und gewissenhaften Geschäftsleiters) und verweist sodann auf die Rechtsprechung des für das Gesellschaftsrecht zuständigen II. Zivilsenats des BGH, der in seiner bekannten „**ARAG/Garmenbeck**"-Entscheidung[82] dem Vorstand bei der Leitung des Geschäfts des

---

[77] BGHSt 46, 30, 32.
[78] BGHSt 46, 30, 34; aus der umfangreichen Literatur zu dieser Entscheidung sind zu erwähnen *Dierlamm/Links* NStZ 2000, 656; *Otto* JR 2000, 517; *Doster* WM 2001, 333; *Knauer* NStZ 2002, 399; weitere Nachweise bei Schönke/Schröder/*Lenckner/Perron* § 266 Rdnr. 20.
[79] BGHSt 47, 148, 150.
[80] BGHSt 47, 148, 152; im Schrifttum wird die Entscheidung u. a. behandelt von *Kühne* StV 2002, 198; *Knauer* NStZ 2002, 399; *Keller/Sauer* wistra 2002, 365.
[81] Aus der kaum noch überschaubaren Literatur zur Sponsoring-Entscheidung seien erwähnt *Otto*, FS Kohlmann, S. 187; *Beckemper* NStZ 2002, 324; *Gehrlein* NZG 2002, 463; *Sauer* wistra 2002, 465; *Wessing* EWiR 2002, 305.
[82] Weitere Nachweise für die aktienrechtliche Literatur bei *Hüffer* AktG, 6. Aufl. 2004, § 93 Rdnr. 13 a; BGHZ 135, 244, 253; grundlegend hierzu *Henze* NJW 1998, 3309, 3310.

Gesellschaftsunternehmens einen weiten Handlungsspielraum zugebilligt hatte. Hierauf stellt der Senat ausdrücklich ab und entfaltet in einem weiteren Schritt die im gesellschaftsrechtlichen Schrifttum anerkannten mildtätigen, politischen, kulturellen oder an den Sport gerichteten Zuwendungen unter dem Aspekt einer bereits aktienrechtlich zulässigen Verfahrensweise der Organe. Die Abschichtung zwischen etwa gesellschaftsrechtlichen Pflichtverstößen und einer Pflichtwidrigkeit nach § 266 StGB nimmt der Senat expressis verbis vor: „Vergibt der Vorstand aus dem Vermögen einer Aktiengesellschaft Zuwendungen zur Förderung von Kunst, Wissenschaft, Sozialwesen oder Sport, genügt für die Annahme einer Pflichtwidrigkeit im Sinne des Untreuetatbestands des § 266 StGB nicht jede gesellschaftsrechtliche Pflichtverletzung; diese muss vielmehr gravierend sein".[83] Zur Bestimmung einer solchen „gravierenden" Pflichtwidrigkeit wird auf eine „Gesamtschau insbesondere der gesellschaftsrechtlichen Kriterien"[84] abgehoben, wobei in Form eines Katalogs die fehlende Nähe zum Unternehmensgegenstand, die Unangemessenheit im Hinblick auf die Vertrags- und Vermögenslage, die fehlende innerbetriebliche Transparenz sowie das Vorliegen sachwidriger Motive, namentlich die Verfolgung rein persönlicher Präferenzen Erwähnung finden. Das Fazit des Senats lautet: „Jedenfalls dann, wenn bei der Vergabe sämtliche dieser Kriterien erfüllt sind, liegt eine Pflichtverletzung im Sinne des § 266 StGB vor".[85]

In einer seiner jüngsten Entscheidungen bestätigt der 1. Strafsenat seine Rechtsprechung zum Erfordernis einer „gravierenden" Pflichtverletzung bei der Konstituierung einer strafrechtlichen Untreue. In BGH NStZ 2006, 221, 222 wiederholt er die Grundsätze der „Sponsoring-Entscheidung" in Form der Gewährung eines weiten Ermessensspielraums des Vorstands einer Aktiengesellschaft mit der Limitierung, dass bei einem Überschreiten der weit zu ziehenden äußersten Grenzen unternehmerischer Entscheidungsfreiheit eine Hauptpflicht gegenüber dem Unternehmen verletzt werde und hieraus eine Verletzung gesellschaftsrechtlicher Pflichten folge, die „so gravierend ist, dass sie zugleich eine Pflichtwidrigkeit i. S. von § 266 StGB begründet (BGHSt 47, 148, 152; BGHSt 47, 187, 197, vgl. auch BGHZ 135, 244, 253).". Auch wenn das Gericht sich bei der folgenden Subsumtion nicht ausdrücklich an dem Kriterien-Katalog von BGHSt 47, 187, 197 ausrichtet, ist die faktische Übernahme des das Merkmal „gravierend" ausfüllenden Elements nicht zu übersehen: Die vom Vorstand veranlassten ungesicherten Transferleistungen an ein Zielunternehmen waren „mangels jeglicher Sicherheiten und der Illiquidität der Sportwelt in hohem Maße verlustgefährdet, entzogen der Kinowelt in deren Krise dringend benötigtes Kapital und vertieften auf diesem Weg das Insolvenzrisiko".[86] Der weitere Hinweis auf die Prüfungspflicht des Vorstands, ob angesichts „der dramatisch veränderten wirtschaftlichen Rahmenbedingungen"[87] das ursprüngliche Übernahmekonzept noch umgesetzt werden konnte, in Verbindung mit der Beteiligungssituation – der Vorstand war zugleich Gesellschafter und Vertreter des Zielunternehmens Sportwelt – zeigt auf, dass neben dem Kriterium der eher katastrophalen denn lediglich schlechten Finanz- und Ertragslage auch das Vorliegen persönlicher Präferenzen eine Rolle spielte.[88] Indem das Gericht zugleich die vor der Krise liegenden Transfers an das Zielunternehmen ungeachtet eines „möglicherweise" zu verzeichnenden Verstoßes gegen § 89 Abs. 4 S. 1 AktG als pflichtgemäß i. S. des § 266 StGB einstuft,[89] belegen auch die weiteren Ausführungen im Urteil, dass der Senat von einer Differenzierung zwischen einer aktienrechtlichen und einer strafrechtlichen Pflichtwidrigkeit ausgeht.

Mit dieser Rechtsprechung nur begrenzt in Einklang zu bringen ist die „**Mannesmann-Entscheidung**" des 3. Strafsenats,[90] die – wegen der Tätigkeit des Verfassers als Verteidiger in diesem Verfahren – hier mit der gebotenen Zurückhaltung zu kommentieren ist. Der 3. Strafsenat sieht die Pflichtwidrigkeit darin begründet, dass „eine im Dienstvertrag nicht

---

[83] BGHSt 47, 187, 197.
[84] BGHSt 47, 187, 197.
[85] BGHSt 47, 187, 197.
[86] BGH NStZ 2006, 221, 222.
[87] BGH NStZ 2006, 221, 222.
[88] BGH NStZ 2006, 221, 223.
[89] BGH NStZ 2000, 221, 223.
[90] BGH NStZ 2006, 214.

vereinbarte Sonderzahlung für eine geschuldete Leistung, die ausschließlich belohnenden Charakter hat und der Gesellschaft keinen zukunftsbezogenen Nutzen bringen kann (kompensationslose Anerkennungsprämie), ... demgegenüber als treupflichtwidrige Verschwendung des anvertrauten Gesellschaftsvermögens zu bewerten (ist)".[91] Der vom 1. Strafsenat eröffnete Handlungsspielraum sei bei einer solchen Entscheidung – da ohne Nutzen für das Unternehmen – nicht gegeben,[92] so dass die Grundsätze der Rechtsprechung dieses Senats – bezogen auf die Kreditentscheidungen – wegen des Fehlens einer risikobehafteten unternehmerischen Prognoseentscheidung nicht anzuwenden seien. Die Unwägbarkeiten einer solchen Entscheidung seien „der Grund für die Anerkennung eines Handlungsspielraums, dessen Betonung und Ausgestaltung Anliegen des 1. Strafsenats war."[93] Die Sponsoring-Entscheidung (BGHSt 47, 187) hingegen betreffe einen „in keiner Weise vergleichbaren Sachverhalt".[94] Schließlich verweist der Senat in der „**Mannesmann-Entscheidung**" auf die im Zeitpunkt der Hauptverhandlung vor dem Senat noch nicht ergangene „**Kinowelt-Entscheidung**" (BGH NStZ 2006, 221) des 1. Strafsenats, in der das Merkmal einer „gravierenden Pflichtverletzung" bei mangelndem Handlungsspielraum ebenfalls keine Bedeutung aufweise.[95]

49 Das so genannte **Mannesmann-Verfahren** war von Beginn der Ermittlungen an in ungewöhnlichem Maße nicht nur in den Medien und der Öffentlichkeit, sondern auch im aktien- und strafrechtlichen Schrifttum Gegenstand von unterschiedlichsten Beiträgen.[96] Noch während der erstinstanzlichen Hauptverhandlung vor dem LG Düsseldorf erschienen Publikationen, die eine Verurteilung forderten. Das Urteil des BGH war diesem Verlauf ausgesetzt. Für die Einordnung in die bisherige – und zeitgleiche – Rechtsprechung zu § 266 StGB ist indes allein entscheidend, ob die Herausarbeitung einer spezifischen strafrechtlichen Pflichtwidrigkeit – im Sinne einer gravierenden Verletzung nichtstrafrechtlicher Normanforderungen – durch die Entscheidung des 3. Strafsenats eine Retardierung erfahren hat oder die für eine Restriktion des Untreuetatbestands zwingend erforderliche Neugestaltung des Merkmals der Pflichtwidrigkeit durch den 1. Strafsenat weiterhin Geltung beansprucht. Das „Mannesmann-Urteil" gibt zu erkennen, dass der 3. Strafsenat sich von dieser Indikation zwar nicht distanzieren will, er inhaltlich aber – wegen der Eliminierung der tragenden Grundsätze von BGHSt 47, 187 (Sponsoring-Entscheidung) – tatsächlich das Rad der § 266 StGB-Rechtsprechung ein Stück zurückgedreht hat. Ebenso wie der Vorstand bei Zuwendungen zur Förderung von Kunst, Wissenschaft, Politik, Sozialwesen oder – sogar – Sport zur Hingabe von Mitteln ohne Gegenleistung berechtigt ist und dies selbst bei aktienrechtlicher Fragwürdigkeit nur dann für § 266 StGB Relevanz aufweist, wenn eine gravierende Pflichtverletzung vorliegt, muss das für die Vergütung der Vorstände zuständige Organ Aufsichtsrat dem Vorstand Prämien zubilligen dürfen, wenn und solange das Äquivalenzverhältnis zwischen Leistung und Gegenleistung gewahrt bleibt. Ein Unterschied im Handlungsspielraum gegenüber Entscheidungen bei Sponsoring und Spenden ist nicht ersichtlich, wird der Ermessensspielraum bei der Vergütung – wie im Fall „Kinowelt" – durch Überschreiten der „weit zu ziehenden äußersten Grenzen" nicht mehr eingehalten, so kann das Merkmal der – dann: gravierenden – Pflichtverletzung bejaht werden.

50 Für die weitere Entwicklung der Auslegung – und Formgebung – des § 266 StGB hinsichtlich des Merkmals der Pflichtwidrigkeit mit Blick auf die Verteidigung folgt hieraus:

51 Die zweistufige Prüfung – wie vom 1. Strafsenat installiert – ist integraler Bestandteil dieses Tatbestandsmerkmals. Neben einer Verletzung von rechtlich verankerten Verhaltensanforderungen ist ergänzend eine Gesamtschau erforderlich, die dem Verstoß das Testat einer „gravierenden" Pflichtverletzung verleiht. Die „Mannesmann-Entscheidung" steht dem nicht im Weg.

---

[91] BGH NStZ 2006, 214, 216 unter Hinweis auf *Rönnau/Hohn* NStZ 2004, 113, 120 ff.; *Roth* Unternehmerisches Ermessen und Haftung des Vorstands, 2001, S. 108 f.; *Fastrich*, FS Heldrich, 2005, S. 143, 157 ff.
[92] BGH NStZ 2006, 214, 217.
[93] BGH NStZ 2006, 214, 217.
[94] BGH NStZ 2006, 214, 217.
[95] BGH NStZ 2006, 214, 217.
[96] Aus der strafrechtlichen Literatur *Schünemann* Organuntreue 2004; *ders.* NStZ 2005, 473; *Rönnau/Hohn* NStZ 2004, 113; aus dem aktienrechtlichen Schrifttum *Hüffer* Beilage 7 zu BB 2003, S. 18 ff.; *Baums*, Anerkennungsprämien für Vorstandsmitglieder, Johann Wolfgang Goethe-Universität Frankfurt a. M., Institut f. Bankrecht, Nr. 121; *Fonk* NZG 2005, 248; *Kort* NJW 2005, 333; *Wollburg* ZIP 2004, 646; erste Anmerkungen zu BGH NStZ 2006, 214 von *Schünemann* NStZ 2006, 196 und *Rönnau* NStZ 2006, 218.

An die – noch zu behandelnde – „Echternacher Springprozession" des BGH bei der Untreue zu Lasten der GmbH bei Einverständnis der Gesellschafter ist in diesem Zusammenhang zu erinnern, auch BGHSt 35, 333 hat die Zeitläufe nicht überstanden.

b) Der „funktionale Zusammenhang". Diese Prognose erscheint insbesondere deshalb gerechtfertigt, weil es der Rechtsprechung in der Vergangenheit gelungen ist, die Pflichtwidrigkeit bereits einer – nunmehr gesicherten – bedeutsamen weiteren Einschränkung zuzuführen: Es ist dies der so genannte „funktionale Zusammenhang" zwischen der vermeintlichen Verletzungshandlung und der übernommenen Vermögensbetreuungspflicht.[97] Die Pflichtwidrigkeit der Handlung muss sich mithin auf den Teil der Pflichtenstellung des Treunehmers beziehen, der die Vermögensbetreuungspflicht zum Inhalt hat.[98]

Der „funktionale Zusammenhang" ist in der höchstrichterlichen Rechtsprechung vornehmlich anhand der „Schmiergeld- und Provisionsfälle" herausgearbeitet worden. Kennzeichnend für die beiden schwer abgrenzbaren Konstellationen von „Kick-back"-Zahlungen als strafbare Untreue[99] und der sanktionslosen Verletzung einer Nebenpflicht ist BGHR StGB § 266 Abs. 1 Nachteil 35: Der Angeklagte als Vorstand einer Aktiengesellschaft erhielt von einem Lieferanten des Unternehmens über eine von ihm gehaltene liechtensteinische Domizilfirma Provisionen für den Bezug von Waren. Das Tatsachengericht ließ sich zu der Wahrunterstellung hinreißen, dass der Lieferant die Waren auch ohne die Provisionsvereinbarung nicht billiger verkauft hätte. Der BGH konstatierte unter Hinweis auf seine ständige Rechtsprechung, dass der Angeklagte zwar seine Pflicht zur Abführung der Provisionen (nach § 667 BGB) verletzt habe, diese Verpflichtung indes keine spezifische Treuepflicht darstelle. Diese Pflicht unterscheide sich nicht von sonstigen Herausgabe- und Rückerstattungspflichten anderer Schuldverhältnisse, die regelmäßig keine Treueabrede enthalten. Hieraus leitet der BGH ab: „Vertragliche Beziehungen, die sich insgesamt als Treueverhältnis im Sinne des § 266 StGB darstellen, wie sie zwischen dem Angeklagten als Vorstand und der A. AG bestanden, können Verpflichtungen enthalten, deren Einhaltung nicht vom Untreuetatbestand geschützt ist (BGH NStZ 1986, 361)".[100] Die Hauptpflicht des Vorstands der Aktiengesellschaft bestand im Abschluss günstiger Verträge und in der Vermeidung unwirtschaftlicher Geschäfte, so dass aus Inhalt und Umfang der Treueabrede nach den Vertragsvereinbarungen und deren Auslegung nach Treu und Glauben weder die Entgegennahme noch die Nichtabführung der Provisionen Bestandteil des an sich vermögensbetreuungspflichtigen Anstellungs- und Organverhältnisses war.

Das von BGHR StGB § 266 Abs. 1 Nachteil 35 in Bezug genommene Urteil BGH NStZ 1986, 361 hatte diese Abgrenzung für die Nichtauskehrung von Fremdgeldern durch einen Rechtsanwalt expliziert. Dieser hatte für seine Mandantin Ansprüche erfolgreich geltend gemacht, deren Auskehrung aber – ohne Verwendung der Gelder für andere Zwecke und ohne feststellbare Gefährdung durch etwaige gegen ihn gerichtete Vollstreckungsmaßnahmen Dritter – trotz gegen ihn ergangener Urteile zur Herausgabe unterlassen.[101] Der BGH unterscheidet: Der Angeklagte habe – als Inhalt der Geschäftsbesorgung und der Auslegung des Auftrags – das Geld anzulegen gehabt, er dürfe es nicht angreifen und nicht gefährden. Nur die Verletzung dieser spezifischen Treuepflichten wäre eine Untreuehandlung gewesen. Hingegen unterscheide sich die Pflicht, das Geld rechtzeitig herauszugeben, nicht von den Herausgabe- und Rückerstattungspflichten anderer Schuldverhältnisse, die regelmäßig keine Treueabrede enthielten, und lasse sich deshalb nicht als Pflichtwidrigkeit nach § 266 StGB erfassen.[102]

Der „funktionelle Zusammenhang" gewinnt seine Bedeutung neben den oben geschilderten typischen Konstellationen der Schmiergeld- und Provisionsfälle insbesondere bei Vermögensbetreuungsverhältnissen, soweit die eigene Interessenlage des Betreuungspflichtigen beholfen

---

[97] Ständige Rechtsprechung, vgl. BGH NJW 1988, 2483, 2485; 1991, 1069; NStZ 1986, 361, 362; 1994, 35, 36; wistra 2001, 304, 305; BGHR StGB § 266 Abs. 1 Vermögensbetreuungspflicht 9; *Ransiek* ZStW 116 (2004), S. 634, 642 f.
[98] Ausführlich hierzu *Thomas*, FS Rieß, S. 797 f.
[99] Zu den „Kick-back"-Zahlungen unten Rdnr. 91 ff.
[100] BGHR StGB § 266 Abs. 1 Nachteil 35; vgl. zu diesen Fällen weiter BGH NStZ 2001, 545; BGH wistra 1995, 61, 62.
[101] BGH NStZ 1986, 361.
[102] BGH NStZ 1986, 361, 362.

ist und er insoweit dem Treugeber als Partei eines Leistungsaustauschverhältnisses gegenübersteht. So wäre es verfehlt, dem klassischen Geschäftsbesorger (Rechtsanwalt, Handelsvertreter, Organen von Kapitalgesellschaften) eine Vermögensbetreuungspflicht hinsichtlich ihrer eigenen Vergütung aufzuerlegen. Zwar ist der Vorstand der Aktiengesellschaft oder der Geschäftsführer der GmbH verpflichtet, die Mittel der Gesellschaft sorgsam einzusetzen, diese Pflicht kann sich aber nicht auf die von ihm beanspruchte Honorierung beziehen, da er insoweit der Gesellschaft als Dritter gegenübertritt. Die wechselhafte Geschichte des **Mannesmann-Verfahrens** ist Beleg dafür, dass diese – zwingende – Differenzierung keineswegs Allgemeingut der strafrechtlichen Praxis ist. Während die Staatsanwaltschaft in der Anklage eine Vermögensbetreuungspflicht des Vorstandsvorsitzenden hinsichtlich der ihm gewährten Prämie annahm, verwarf das Landgericht Düsseldorf bereits in der Eröffnungsentscheidung unter Hinweis auf die Judikatur[103] eine spezifische Treuepflicht. Die Generalbundesanwaltschaft ließ sie im Revisionsverfahren wieder aufleben,[104] der BGH stellte schließlich klar, dass den Vorstandsvorsitzenden „im Zusammenhang mit diesen Beschlüssen (scil: Anerkennungsprämien für ihn und seine Vorstandskollegen) keine Vermögensbetreuungspflicht gegenüber der Mannesmann AG (traf)".[105] Soweit der BGH wegen der „Mitwirkung an der Vorbereitung und der Umsetzung der Beschlüsse" (scil: durch das Präsidium des Aufsichtsrats) eine Beihilfe für möglich erachtet,[106] ohne auf die in der Literatur einhellige Ablehnung einer Beihilfe ohne besondere Umstände – kollusives Zusammenwirken mit dem Verfügenden[107] – einzugehen, erscheint die Begründung des 3. Strafsenats wenig weiterführend. Die vom LG Düsseldorf vorgenommene Subsumtion unter das Institut der „straflosen Hilfeleistung durch berufstypisch neutrale Handlungen" wird vom BGH verworfen, wobei der Senat auf die gezielte Förderung der (eigenen) Zuwendung durch die Vorbereitung der Präsidiumsbeschlüsse abstellt.[108] Ob der BGH auch auf die Grundsätze der „notwendigen Teilnahme" zurückgreifen will – Straflosigkeit der Teilnahme nur dann, wenn sich der keiner Vermögensbetreuungspflicht Unterliegende auf die Entgegennahme seiner Verfügung beschränkt[109] – ist dem Urteil nicht zu entnehmen. Eine solche Konstruktion wäre auch dogmatisch ebenso unhaltbar wie die Konstituierung einer möglichen Strafbarkeit mit dem Argument des BGH, da jede Wahrnehmung eigener Interessen – auch das Fordern (Anstiftung?) und die Vorlage beispielsweise eines Vertragsentwurfs (Beihilfe?) – solange nichts an der legitimen Interessenwahrung des Verhandlungsopponenten zu ändern vermag, als dieser nicht kollusiv mit dem Vermögensbetreuungspflichtigen zusammenwirkt.

56   c) **Das Merkmal der „Pflichtwidrigkeit" bei besonderen Fallkonstellationen. aa) *Kapitalgesellschaften (AG, GmbH, KGaA, Genossenschaft)*.** Für den Vorstand der Aktiengesellschaft hat der BGH in der **Sponsoring-Entscheidung** (BGHSt 47, 187 ff.) die Grundlagen seiner Pflichtenstellung in den Regelungen der §§ 76, 93 AktG gesehen, wonach der Vorstand die Gesellschaft unter eigener Verantwortung zu leiten (§ 76 AktG) und gemäß § 93 AktG dabei die Sorgfalt eines ordentlichen und gewissenhaften Geschäftsleiters anzuwenden hat.[110] Ergänzend verweist der Senat auf etwaige satzungsrechtliche Konkretisierungen dieser Pflicht und leitet sodann zur Rechtsprechung des II. Zivilsenats über, wonach dem Vorstand bei der Leitung der Geschäfte ein weiter Handlungsspielraum zuzubilligen ist (BGHZ 135, 244, 253 – ARAG). Von dieser Standortbestimmung weicht das **Mannesmann-Urteil** des 3. Strafsenats nur insoweit ab, als der Handlungsspielraum primär für risikobehaftete unternehmerische Prognoseentscheidungen vorgesehen sein soll.[111] In der **Kinowelt-Entscheidung** wiederum wird der zuzubilligende Handlungsspielraum auf das unternehmerische Handeln bezogen, dem Progno-

---

[103] BGH NJW 2002, 2801; BGH wistra 2001, 304; BGH wistra 1988, 227.
[104] Unter Hinweis auf die überholte Rechtsprechung des Reichsgerichts RG JW 1933, 2954; 1934, 2151 sowie unter Berufung auf das Konstrukt einer „tatsächlichen Einwirkungsmacht".
[105] BGH NStZ 2006, 214, 217.
[106] BGH NStZ 2006, 214, 217.
[107] Ausführlich LK/*Schünemann* § 266 Rdnr. 163; NK/*Kindhäuser* § 266 Rdnr. 127 jeweils unter Hinweis auf das Erfordernis des kollusiven Zusammenwirkens („Kick-back"-Zahlungen).
[108] BGH NStZ, 214, 217.
[109] In diese Richtung NK/*Kindhäuser* § 266 Rdnr. 127.
[110] BGHSt 47, 187, 192.
[111] BGH NStZ 2006, 214, 217.

seentscheidungen immanent seien: „Ein weiter, gerichtlich nur begrenzt überprüfbarer Handlungsspielraum steht den entscheidungstragenden Organen der Gesellschaft gerade dann zu, wenn ein über die bisherige Unternehmenstätigkeit hinausreichendes Geschäftsfeld erschlossen, eine am Markt bislang nicht vorhandene Geschäftsidee verwirklicht oder in eine neue Technologie investiert werden soll. Der Prognosecharakter der unternehmerischen Entscheidung tritt hier besonders deutlich zu Tage".[112] Der Senat betont zugleich, dass – ganz auf der Linie von BGHZ 135, 244, 253 – sich der Entscheidungsträger „in angemessener Weise, gegebenenfalls über Beiziehung sachverständiger Hilfe, durch Analyse der Chancen und Risiken, eine möglichst breite Entscheidungsgrundlage zu verschaffen (hat)".[113]

Für die KGaA und die Genossenschaft beanspruchen diese Konkretisierungen gleichermaßen Geltung, wobei im letzteren Fall eine Ausrichtung am Genossenschaftszweck zu erfolgen hat und die Satzungsbestimmungen – für die Definition der Pflichtenstellung – eine wesentliche Rolle spielen. So wäre bei einem Bankinstitut in der Rechtsform der Genossenschaft die Finanzierung eines Kunden, dessen Förderung nach den Satzungsbestimmungen zu den Zwecken der Genossenschaft gehört, hinsichtlich der Risikobereitschaft anders zu gewichten als bei der Kreditvergabe durch eine Geschäftsbank.

Bei der GmbH ist – was die Bestimmung der Pflichtenstellung betrifft – neben den zentralen Normen der §§ 37, 43 GmbHG – natürlich der Gesellschaftszweck und die Willensbildung durch die Gesellschafterversammlung maßgebend. Der erstere definiert die Tätigkeit[114] der GmbH; das Bestimmungsrecht der Gesellschafter ist im Zivilrecht unstreitig.[115] Der Topos des „unternehmerischen Handelns" kann daher bei der GmbH durch den Gesellschaftsvertrag und die dort vorgenommene Inhaltsbestimmung des Gesellschaftszwecks modifiziert werden. Bei einer kommunalen GmbH (z. B. Theater-GmbH) steht die Gewinnerzielung nicht im Vordergrund, wenn der Geschäftsführer Aufwendungen für das Engagement von Schauspielern tätigt, kann von ihm keine Risikoabwägung von Aufwand (Gagen) und Ertrag (Auslastung des Schauspielhonorars) mit der Zielrichtung verlangt werden, dass sein Theater sich als Profit-Center darzustellen hat. Gleiches gilt bei Gesellschaften, die zwar einen wirtschaftlichen Geschäftsbetrieb beinhalten (Fußball-GmbH bei Bundesligavereinen), diesen aber nicht in der Form einer Warenterminbörse im Transferhandel betreiben müssen. Entscheidend ist hier allemal der Gesellschaftszweck, der – umgekehrt – Zurückhaltung bei Ausgaben gebieten kann, die bei einer klassisch auf das Erwerbsstreben ausgerichteten GmbH nicht als Pflichtwidrigkeit einzustufen wäre.

Das über lange Zeiträume die Rechtsprechung beherrschende Thema stellten Verfügungen des Geschäftsführers der GmbH zu Lasten des Vermögens der Gesellschaft mit Zustimmung der Gesellschafter (oder durch den Alleingesellschafter und Geschäftsführer) dar. Der 3. Strafsenat des BGH sah sich in der bekannten Entscheidung BGHSt 34, 379 einer Wahrunterstellung des Instanzgerichts – beruhend auf einem Hilfsbeweisantrag eines Verteidigers – ausgesetzt, wonach eine Reihe von Entnahmen des Geschäftsführers in Form fingierter und gefälschter Rechnungen an die Gesellschaft – gebilligt durch seine Ehefrau als Alleingesellschafterin – weder das Stammkapital beeinträchtigt noch die GmbH in die Gefahr des Konkurses gebracht hätten.[116] Da der Hilfsbeweisantrag überdies den eingetretenen Konkurs der GmbH den Ermittlungen der Staatsanwaltschaft zuschrieb, war der Senat gefordert und entschied, dass für die Pflichtwidrigkeit des Verhaltens des Geschäftsführers ausreichend sei, wenn er – trotz Zustimmung des Alleingesellschafters der GmbH – gesetzwidrig verfahre, „also das Stammkapital aushöhlt, oder unter Verstoß gegen die Grundsätze eines ordentlichen Kaufmanns die Gesellschafterstellung missbraucht".[117] Verfügungen des Geschäftsführers seien in der Regel dann „missbräuchlich oder pflichtwidrig im Sinne des § 266 StGB, wenn ... die Vermögensverschiebung bei der GmbH unter Missachtung der Pflicht nach § 41 GmbHG durch Falsch- oder

---

[112] BGH NStZ 2006, 221, 223.
[113] BGH NStZ 2006, 221, 223.
[114] Wobei es auf die gesellschaftsrechtliche Diskussion über den „Zweck" der Gesellschaft und den Begriff des „Unternehmensgegenstands" hier nicht ankommt; vgl. hierzu *Michalski* GmbHG 2002, § 1 Rdnr. 2 ff.
[115] Die starke personalistische innere Struktur der GmbH (im Vergleich zur AG) zeigt sich in der dominierenden Stellung der Gesellschafterversammlung; vgl. *Baumback/Hueck* GmbHG 18. Aufl. 2006, § 13 Rdnr. 24.
[116] BGHSt 34, 379, 383.
[117] BGHSt 34, 379, 387.

Nichtbuchen verschleiert wird und die Zustimmung der Gesellschafter unter Missbrauch der Gesellschafterstellung erteilt wird".[118]

60 Das Urteil ist Beleg dafür, dass sich § 266 StGB vorzüglich für die Durchsetzung vermeintlicher Einzelfallgerechtigkeit durch den BGH eignet, auch wenn dadurch die mühsam gewonnenen Konturen der Norm zeitweilig verloren gehen. Der gleiche Senat gelangte 15 Monate später zu der Erkenntnis, dass die getarnte Entnahme auch mittels Falschbuchung keine Pflichtwidrigkeit darstelle, wenn die Zustimmung der Gesellschafter vorliege, ein Reingewinn vorhanden oder mit Sicherheit zu erwarten und weder die Existenz der Gesellschaft noch das Stammkapital nach § 30 GmbHG gefährdet sei.[119] Der im amtlichen Leitsatz als Klammerzusatz angebrachte Vermerk „Fortführung von BGHSt 34, 379" vermag die Kehrtwende – besser: die Hinwendung zu einer mit dem Gesellschaftsrecht korrespondierenden Auslegung – nicht zu kaschieren.

61 Seither gilt:
In BGHR § 266 Abs. 1 Nachteil 23 stellt der 3. Senat für die Begründung der Pflichtwidrigkeit zwar noch auf die allgemeinen kaufmännischen Grundsätze ab – „pflichtwidrig, wenn sie nach der Vermögenslage der Gesellschaft ... mit kaufmännischen Grundsätzen unvereinbar und damit willkürlich waren" – konkretisiert dies aber („insbesondere") alternativ mit dem
- Entzug notwendiger Betriebsmittel,
- der Gefährdung der Liquidität,
- dem Eingriff in das Stammkapital der Gesellschaft

und verweist auf BGHSt 35, 333, 337 f. und BGHR § 266 Abs. 1 Nachteil 21.[120]

62 Noch weiter gehend sodann BGH NJW 1997, 66 (Erwerb einer Gesellschaft von der Treuhandanstalt), in der der gleiche Senat die eindeutige Zivilrechtsakzessorietät als Ausgangspunkt wählt: „Dem Erwerber steht das Vermögen der GmbH grundsätzlich bis zur Grenze des Stammkapitals zu. Er ist nicht generell verpflichtet, der GmbH eine dem jeweiligen Geschäftsumfang angepasste Kapitalausstattung zu belassen (BGHZ 76, 326, 334)"[121] – und jedwede Konstituierung einer Pflichtwidrigkeit über nicht auf das geschützte Rechtsgut „Vermögen" bezogene Gesetzeswidrigkeiten ablehnt: „Dabei kommt es im Rahmen des Untreuetatbestands auf die Rechtswidrigkeit gerade des Kapitalabzugs als solchen an; keine Rolle spielt die Missachtung der Formalien des GmbH-Rechts oder die Falschverbuchung oder sonstige Verdeckung einer Kapitalausschüttung, etwa zum Zwecke der Steuerhinterziehung (BGHSt 35, 333, 336 f.)".[122] Erneut werden sodann die drei Felder der Pflichtwidrigkeit aufgelistet: Zum einen die Beeinträchtigung des Stammkapitals, zum anderen – im Vorfeld – die „Herbeiführung einer unmittelbaren Existenzgefährdung der GmbH durch Entzug der Produktionsgrundlagen oder Gefährdung der Liquidität (BGHSt 35, 333, 337; BGHR StGB § 266 Abs. 1 Nachteil 23, 25, 33)".

63 Nicht zu verkennen ist allerdings, dass der BGH sich auch in dieser Entscheidung – ganz in der Tradition von BGHSt 34, 379, 387 – die Tür offen hält und einen Rekurs auf eine allgemeine Missbrauchsklausel für zulässig erachtet: Neben der Hervorhebung der Besonderheit des GmbH-Erwerbs von der Treuhand – diese habe dem Angeklagten die Gesellschaft gleichsam „anvertraut"[123] – wird konstatiert: „Die Tathandlung müsste dann nicht isoliert auf ihre Auswirkungen auf die GmbH hin untersucht werden (scil: Stammkapitalbeeinträchtigung pp.), sondern wäre schon als Teil des von einer „Aushöhlungsabsicht" getragenen Gesamtverhaltens rechtsmissbräuchlich".

64 Eine weitere Zwischenstation der Entwicklung bildet BGH NJW 2000, 154. Der 1. Strafsenat greift zunächst den Aspekt des Schutzguts des § 266 StGB auf und stellt klar, dass der Untreuetatbestand – im Unterschied zu §§ 283 ff. StGB – „nicht dem Gläubigerschutz (dient), sondern ... allein den Schutz des Vermögens (bezweckt), das der Pflichtige zu betreuen

---

[118] BGHSt 34, 379, 387.
[119] BGHSt 35, 333, 337.
[120] BGHR § 266 StGB Abs. 1 Nachteil 23.
[121] BGH NJW 1997, 66, 69.
[122] BGH NJW 1997, 66, 69.
[123] BGH NJW 1997, 66, 69.

hat."¹²⁴ Wenn der Geschäftsführer daher im Einverständnis mit dem Vermögensinhaber handelt, verletzt er seine Vermögensbetreuungspflicht nicht. Die eigene Rechtspersönlichkeit der GmbH (§ 13 Abs. 1 GmbHG) lasse gleichwohl eine Strafbarkeit nach § 266 StGB zu, wenn die Zustimmung der Gesellschafter gegenüber der GmbH treuwidrig und damit wirkungslos sei, was bei einem Angriff auf das Stammkapital bejaht werden könne.¹²⁵

In der Sache ist diese Konstruktion natürlich vom Gedanken des Gläubigerschutzes geprägt. Weil die GmbH als eigene Rechtspersönlichkeit im Wirtschaftsleben werbend tätig ist, darf ihre Existenz – vermittelt zunächst über das unangreifbare Stammkapitel (§ 30 GmbH) – nicht beeinträchtigt werden. An dieser Zielrichtung ändert auch der Hinweis auf das allein von § 266 geschützte Rechtsgut „Vermögen" in BGH NJW 2000, 154, 155 nichts.

Die dogmatischen Verzerrungen – die aus der Trennung zwischen den Gesellschaftern als Vermögensinhabern und der eigenen Rechtspersönlichkeit ihrer GmbH resultieren – lassen sich nicht restlos beseitigen.

Konsequent erschien es bereits vor der Entscheidung des 5. Strafsenats in Sachen „**Bremer Vulkan**",¹²⁶ den Gesellschaftern mit Blick auf die Aufrechterhaltung der Existenz der Gesellschaft eine eigene Vermögensbetreuungspflicht zuzuordnen, da ein unanlastbarer Vermögenskern ihrer Dispositionsfreiheit entzogen ist. Die Rechtsprechung des II. Zivilsenats hat diesen Gedanken konsequent eingesetzt und eine Vermögensbetreuungspflicht des beherrschenden Unternehmens (des Gesellschafters) gegenüber der beherrschten GmbH angenommen und hierauf die Ausfallhaftung des Gesellschafters gestützt.¹²⁷ Während in der 1. Entscheidung (BGHZ 149, 10, 17 f.) expressis verbis die Vermögensbetreuungspflicht i. S. d. § 266 bejaht wird, vollzieht die Folgeentscheidung BGHZ 151, 181, 186 f. diese strafrechtliche Subsumtion nicht mehr, sondern erläutert das System der Ausfallhaftung im Rahmen des § 826 BGB. Danach gerät das Haftungsprivileg des Gesellschafters (§ 13 Abs. 2 GmbHG) dann in Wegfall, wenn „die Gesellschafter unter Außerachtlassung der gebotenen Rücksichtnahme auf diese Zweckbindung des Gesellschaftsvermögens (scil: strikte Bindung zur vorrangigen Befriedigung der Gläubiger) der Gesellschaft durch offene oder verdeckte Entnahmen Vermögenswerte entziehen und sie dadurch in einem ins Gewicht fallenden Ausmaß die Fähigkeit der Gesellschaft zur Erfüllung ihrer Verbindlichkeiten beeinträchtigen."¹²⁸ Dieser „Missbrauch der Rechtsform der GmbH" rechtfertigt den Entzug des Haftungsprivilegs.

Bereits die Formulierung in BGH NJW 2000, 154, 155, die die Zustimmung der Gesellschafter im Verhältnis zur GmbH als „treuwidrig" und damit „wirkungslos" kennzeichnet, gab zu erkennen, wo der eigentliche Unrechtsschwerpunkt zu lokalisieren ist und dass die vom II. Zivilsenat in BGHZ 149, 10, 17 postulierte Vermögensbetreuungspflicht des Gesellschafters nicht von der Hand zu weisen war.

Wegen der gegenüber der Aktiengesellschaft sehr viel weiter gehenden Weisungsbefugnis der Gesellschafter gegenüber dem Geschäftsführer würde eine eigenständige Vermögensbetreuungspflicht – keine Gefährdung des Stammkapitals und der Existenz der Gesellschaft – der Gesellschafter keine Kollision zu ihrer Funktion als mittelbare Vermögensinhaber beinhalten. Jede Zustimmung zu einer strafrechtlich relevanten Vermögensverfügung des Geschäftsführers wäre zugleich eine auf der Weisungsbefugnis beruhende Entscheidung über den Einsatz des Vermögens der GmbH.¹²⁹

In der Entscheidung des 5. Strafsenats in Sachen „**Bremer Vulkan**" hat der BGH dann – insoweit durchaus konsequent und angesichts der strafrechtlichen Subsumtion des II. Zivilsenats auch erforderlich – die Möglichkeit einer Vermögensbetreuungspflicht des Alleingesellschafters gegenüber der GmbH in den Raum gestellt und sie für bestimmte Fallkonstellationen be-

---

¹²⁴ BGH NJW 2000, 154, 155.
¹²⁵ BGH NJW 2000, 154, 155.
¹²⁶ BGH NStZ 2004, 559.
¹²⁷ BGHZ 149, 10 („Bremer Vulkan"); die neue Rechtsprechung des II. Zivilsenats wurde vorbereitet durch die Publikation von *Röhricht*, FS 50 Jahre BGH, S. 83 ff.; hierzu *Hüffer* AktG 6. Aufl. 2004, § 302 Rdnr. 8.
¹²⁸ BGHZ 151, 181, 186 f.
¹²⁹ Dieser Gedanke findet sich in der Entscheidung BGH NJW 1997, 66, 67 (oben Fn. 121 ff.), wonach die extreme Wahrnehmung von Weisungsrechten als Geschäftsführung gedeutet werden könne; vgl. ferner BGH StV 2000, 486 und *Ransiek* wistra 2005, 121, 123, der im Anschluss an die „*Bremer Vulkan*"-Entscheidung auf die Möglichkeit der Konstruktion über die faktische Geschäftsführung des Gesellschafters verweist.

jaht.[130] Der Senat führt aus, dass „jedenfalls bei der hier gegebenen Sachverhaltskonstellation ... die den Alleingesellschafter gegenüber der Gesellschaft obliegende Pflicht, ihr das zur Begleichung ihrer Verbindlichkeit obliegende Kapital zu belassen, auch eine Vermögensbetreuungspflicht i. S. d. § 266 Abs. 1 StGB darstellen (kann)", lässt sodann aber die Frage offen, ob „allein die gebotene Rücksichtnahme des Alleingesellschafters auf das Eigeninteresse der GmbH schon für die Erfüllung des Treubruchtatbestands ausreichen kann" und verweist auf das für eine solche Pflichtenstellung erforderliche Element der Wahrnehmung fremder Vermögensinteressen im Gegensatz zu einer Beschränkung der eigenen Dispositionsfreiheit.[131] Die Vermögensbetreuungspflicht ortet der Senat in der Überlassung der Vermögenswerte der GmbH – als Festgelder oder durch Einbindung in das Cash-Management des Konzerns – an den Alleingesellschafter.[132] Der Schritt zu einer Anerkennung der Vermögensbetreuungspflicht des Alleingesellschafters der GmbH – soweit er von seinen Befugnissen Gebrauch macht – ist demgemäß in der Judikatur nicht mehr weit entfernt.

71 Die Aufsichtsorgane von Kapitalgesellschaften (der Aufsichtsrat der AG und der fakultative oder obligatorische Aufsichtsrat der GmbH) sind gegenüber der Gesellschaft treuepflichtig, soweit die Überwachung des Vorstands (der Geschäftsführung bei der GmbH) betroffen ist (bei der AG § 111 Abs. 1 AktG).[133] Ihm obliegt ferner eine Vermögensbetreuungspflicht mit Blick auf die von ihm zu treffende Entscheidung bei der Vertretung der Gesellschaft, also z. B. bei der Festsetzung der Vergütung der Vorstandsmitglieder (§§ 93 Abs. 1 Satz 1, § 116 Satz 1 AktG).[134] Insoweit werden die Mitglieder des Aufsichtsrats unternehmerisch tätig, so dass ihnen – wie dem Vorstand – ein weiter „Beurteilungs- und Ermessensspielraum" zuzubilligen ist.[135]

72 Ebenso wie den Mitgliedern des Vorstands wird man den Angehörigen des Aufsichtsrats – der oben dargestellten Trennung von spezifischen Vermögensbetreuungspflichten und Nebenpflichten und dem Prinzip des funktionalen Zusammenhangs folgend – nur dann eine Pflichtwidrigkeit zuordnen können, wenn es um ihre Funktion als Aufsichtsrat und die daraus resultierenden Aufgaben geht. Die Annahme von Provisionen (ohne Nachteil für die Gesellschaft) oder die nach § 115 AktG nicht zulässige Inanspruchnahme eines Kredits fallen daher nicht unter den Treubruchtatbestand.[136]

73 *bb) Pflichtwidrige Handlungen im Konzern.* Die Strafrechtslage im Konzern ist unklar, Judikate der Strafsenate sind rar. Die bereits erwähnte Entscheidung BGH NJW 1997, 66, 69 nimmt für den faktischen GmbH-Konzern auf die Rechtsprechung des II. Zivilsenats Bezug und postuliert, „dass bei der Ausübung der Konzernleitungsmacht angemessene Rücksicht auf die eigenen Belange der abhängigen Gesellschaft genommen werden muss. Gerade die Ausnutzung der besonderen Verhältnisse im Konzern kann sich als Missbrauch der beherrschenden Gesellschafterstellung darstellen (vgl. BGHZ 122, 123, 130)."[137]

74 In der „Bremer Vulkan"-Entscheidung finden sich – neben den oben dargestellten Überlegungen zur Vermögensbetreuungspflicht des Alleingesellschafters – auch Hinweise zu den Rechten und Pflichten der Konzernmutter gegenüber der abhängigen GmbH. Einerseits hebt der 5. Strafsenat, als „prägende(s) Prinzip" hervor, dass „es der Konzernmutter ... jedenfalls im Grundsatz möglich sein muss, der Gesellschaft Vermögenswerte zu entziehen",[138] verweist aber zugleich auf die Rechte etwaiger Minderheitsgesellschafter (hier: die Stadt Stralsund mit 11 % des Stammkapitals): Lässt sich kein Einverständnis mit der Stadt Stralsund feststellen, entfiele grundsätzlich jede Befugnis der Muttergesellschaft, auf Vermögen der Tochtergesell-

---

[130] BGH NStZ 2004, 559, 561.
[131] BGH NStZ 2004, 559, 561.
[132] BGH NStZ 2004, 559, 561.
[133] BGHSt 47, 187, 200.
[134] BGH NStZ 2006, 214, 215.
[135] BGH NStZ 2006, 214, 215 f.
[136] So bereits *Tiedemann*, FS Tröndle, S. 327; vgl. Achenbach/Ransiek/*Seier* Rdnr. 214.
[137] BGH NJW 1997, 66, 69; zur Untreue im Konzern *Ransiek*, FS Kohlmann, S. 207; *Tiedemann* GmbH-Strafrecht 4. Aufl. 2002, vor §§ 82 ff.; vgl. hierzu Achenbach/Ransiek/*Seier* Rdnr. 298 mit Nachweisen aus dem monographischen Schrifttum.
[138] BGH wistra 2004, 341, 345.

schaft ohne gesellschaftsrechtliche Legitimation zuzugreifen".[139] In diesem Fall wäre eine Anlage im Cash-Management nur dann zulässig, wenn „dies auf Grund der Interessenlage des Tochterunternehmens aus unternehmerischen Gründen jedenfalls noch vertretbar erscheint."[140]

Der Hinweis auf die erforderliche gesellschaftsrechtliche Legitimation lässt offen, ob die Regelungen der §§ 302, 303 AktG – die auf die vertraglich konzernierte und die qualifiziert faktisch konzernierte GmbH entsprechend anwendbar sind – auch die Nachteilszufügung wegen des Anspruchs auf Verlustausgleich rechtfertigen und die Pflichtwidrigkeit entfallen lassen.

In der Literatur ist diese Konstruktion früher in unterschiedlichen Varianten vertreten worden,[141] wobei neben der Werthaltigkeit des Ausgleichsanspruchs gegen das herrschende Unternehmen zum Teil auch der Ausweis der Forderung und der spiegelbildlichen Verbindlichkeit in den Bilanzen der Gesellschaften verlangt wurde.[142] Inwieweit nach dem vom II. Zivilsenat entwickelten Modell der Ausgleichshaftung des Alleingesellschafters diese Auffassung noch Bestand haben kann, erscheint für den GmbH-Konzern zweifelhaft. Soweit der BGH den Schutz der Minderheitsgesellschafter betont und dabei die Formel prägt, dass der Entzug von Liquidität auf Grund der Interessenlage des Tochterunternehmens „aus unternehmerischen Gründen jedenfalls noch vertretbar" sein müsse, setzt diese Freistellung eine inhaltliche Prüfung der unternehmerischen Gründe und der Reflexwirkungen der Entscheidung auf die Tochtergesellschaft voraus.[143] Sichert das Cash-Management zugleich im Bedarfsfall einen erhöhten Liquiditätsbedarf der Tochter, den die Mutter jederzeit zur Verfügung stellt, so wäre die Sinnhaftigkeit einer solchen Verfahrensweise zugleich die Basis für die Vertretbarkeit des Abzugs von Mitteln.

Die Lage im Vertragskonzern oder im faktischen Konzern der Aktiengesellschaft wird von den Regelungen der §§ 302 ff. AktG bestimmt. Wird den beherrschten Unternehmen auf Weisung des herrschenden Unternehmens ein Nachteil zugefügt, besteht ein Anspruch auf Schadensersatz (§ 309 Abs. 2 AktG für den Vertragskonzern, § 311 AktG für den faktischen Konzern). Wie die Ansprüche nach §§ 309, 311 AktG gesellschaftsrechtlich einzuordnen sind, ist im Einzelnen streitig.[144] Für das Strafrecht wird man sich an den Regeln der Kompensation auszurichten haben, d. h., der Schaden ist zu verneinen, wenn Mittel zum Ausgleich jederzeit verfügbar sind und ein Ausgleichswille feststellbar ist.[145]

cc) Die Pflichtwidrigkeit bei Personengesellschaften (KG, GmbH & Co. KG, OHG, BGB-Gesellschaft). Bei den Personengesellschaften fehlt es an der eigenen Rechtspersönlichkeit, das Gesamthandsvermögen ist nicht mit dem Vermögen der Kapitalgesellschaft gleichzusetzen. Die Rechtsprechung sieht eine Anwendbarkeit des § 266 StGB nur in einer etwaigen Schädigung des Vermögens der Gesellschafter. BGHSt 34, 221, 222 formuliert den Grundsatz wie folgt: „......, dass die Kommanditgesellschaft, anders als die Gesellschaft mit beschränkter Haftung, keine eigene Rechtspersönlichkeit besitzt und die Schädigung des Gesamthandsvermögens der Kommanditgesellschaft nur insoweit bedeutsam ist, als sie gleichzeitig das Vermögen der Gesellschafter berührt (BGH wistra, 1984, 71)".[146]

Das Einverständnis der Gesellschafter mit etwa pflichtwidrigen und schädigenden Verfügungen lässt damit den Tatbestand entfallen.[147]

Die Auswirkungen der Vermögensbetreuungspflicht des geschäftsführenden Gesellschafters gegenüber den übrigen Gesellschaftern – also die direkte Beziehung – zeigen sich insbesondere

---

[139] BGH wistra 2004, 341, 347, insoweit in BGH NStZ 2004, 559 nicht abgedruckt.
[140] BGH wistra 2004, 341, 347.
[141] LK/*Schünemann* § 266 Rdnr. 128; Achenbach/Ransiek/*Seier* Rdnr. 307.
[142] *Bittmann/Terstegen* wistra 1995, 249, 254.
[143] *Ransiek* wistra 2005, 121, 123: „Es geht darum, ob das Geschäft inhaltlich noch den Interessen des Minderheitsgesellschafters am Vermögenserhalt der GmbH entspricht."
[144] Vgl. hierzu *Hüffer* AktG § 309 Rdnr. 13 ff. und § 311 Rdnr. 37 zum Streitstand im aktienrechtlichen Schrifttum.
[145] Vgl. unten Rdnr. 102 ff.
[146] BGHSt 34, 221, 222, ständige Rechtsprechung.
[147] Nachweise für die Rechtsprechung und die Literatur bei Schönke/Schröder/*Lenckner/Perron* § 266 Rdnr. 21.

bei Familiengesellschaften, da insoweit über § 266 Abs. 2 StGB die Vorschrift des § 247 StGB Anwendung findet und Verfolgungsvoraussetzung der Strafantrag ist.[148]

81 Komplizierter ist die Rechtslage bei der im Wirtschaftsleben dominierenden GmbH & Co. KG. In BGHR § 266 Abs. 1 Nachteil 25 entfaltet der BGH die aus der Stellung der Kapitalgesellschaft als Komplementärin resultierenden strafrechtlichen Konsequenzen. Der Angeklagte war Alleingesellschafter der Komplementär-GmbH und einziger Kommanditist. Er entzog der KG durch Transfer von Geldern 13,25 Mio. DM. Die Gesellschaft ging in die Insolvenz. Der 3. Strafsenat stellt zunächst klar, dass eine Nachteilszufügung hinsichtlich der KG über die Einverständniskonstruktion ausscheidet, die GmbH hingegen- wegen ihrer Liquiditätsgefährdung und ihrer Haftung als Komplementärin – geschädigt sei.[149] Da die GmbH weder an der KG noch am Gewinn der Gesellschaft beteiligt war und lediglich eine geringe Haftungsvergütung erhielt, begrenzte der BGH den Schaden i. S. d. § 266 StGB auf ihr Vermögen.[150]

82 Anders wäre der Fall bei einer Beteiligung der GmbH an der KG zu beurteilen, da in diesem Fall auch ihre Einlage quotal beeinträchtigt wäre. Allemal aber ist – bei Einverständnis der Kommanditisten und der Gesellschafter der Komplementär GmbH – die Existenzgefährdung der GmbH als Strafbarkeitsvoraussetzung erforderlich.[151]

83 *dd) Risikogeschäft und Pflichtwidrigkeit.* Es ist fraglich, ob das so genannte „Risikogeschäft" überhaupt eines gesonderten Kapitels im Rahmen der Behandlung des § 266 StGB in der Wirtschaft bedarf. Das Eingehen von Risiken ist dem Wirtschaftsleben immanent, nur der Monopolist oder der Festgeldanleger (die Garantiehaftung der Träger des Bankinstituts vorausgesetzt) vermag der Gefahr eines Nachteils durch mehr oder weniger vorhersehbare zukünftige Entwicklungen zu entgehen. Die Dynamik des Wirtschaftslebens zwingt die dort handelnden Subjekte zu Prognoseentscheidungen, die auch in hohen Verlusten enden können. Es geht also allein um die sorgfältige Vorbereitung einer Risikoentscheidung und – soweit laufende Geschäfte betroffen sind – um die Risikosteuerung.[152]

84 Der 1. Strafsenat hat daher in der **Kinowelt-Entscheidung** auch nicht den von der Staatsanwaltschaft in der Revision vorgetragenen Aspekt des angeblich unvertretbaren Risikogeschäfts diskutiert, sondern allein auf den Prognosecharakter einer unternehmerischen Entscheidung abgestellt und dabei die typischen Terroirs von Investitionsprojekten aufgelistet, nämlich
- die Erschließung eines über die bisherige Unternehmenstätigkeit hinausreichenden Geschäftsfeldes,
- die Investition in eine neue Technologie.[153]

85 Die weit gespannten Beispiele ließen sich fortsetzen. Jede Einführung neuer Produkte in den Markt, jede Entscheidung über den Bau von Betriebsstätten oder die Einstellung von Führungskräften ist mit entsprechendem Aufwand und allenfalls einer – späteren – Rentabilitätsvermutung verbunden, die indes nicht mit Sicherheit prognostiziert werden kann. Der Senat verlangt daher – bei weit reichenden unternehmerischen Entscheidungen – die Erarbeitung einer breiten Entscheidungsgrundlage, die „in angemessener Weise, gegebenenfalls unter Beiziehung sachverständiger Hilfe, durch Analyse der Chancen und Risiken" zu erfolgen hat.[154] Dem ist Genüge getan, wenn interne und externe Risikoanalysen vorgenommen werden, eine „weiter reichende bis ins Einzelne gehende und nur mit hohem Aufwand zu erstellende Abschätzung des Geschäftsverlaufs war von ihm nicht zu verlangen."[155]

86 Der 1. Strafsenat bewegt sich mit dieser Grenzziehung in der Tradition der „*ARAG*"-Entscheidung des II. Zivilsenats, dessen Rechtsprechung durch das UMAG[156] und die damit

---

[148] So die Sachlage in BGH wistra 1987, 218.
[149] BGHR § 266 Abs. 1 Nachteil 25.
[150] BGHR § 266 Nachteil 25.
[151] Vgl. oben Rdnr. 59 ff.
[152] Vgl. hierzu *Mosiek* wistra 2003, 370.
[153] BGH NStZ 2006, 221, 223.
[154] BGH NStZ 2006, 221, 223.
[155] BGH NStZ 2006, 221, 223.
[156] BGHZ 135, 244, 253 f.; das UMAG (Gesetz zur Unternehmensintegrität und Modernisierung des Anfechtungsrechts) trat am 1.11.2005 in Kraft und enthält in § 93 Abs. 1 S. 2 AktG eine Kodifizierung der bereits in BGHZ 135, 244, 253 inhaltlich entwickelten „Business Judgement Rule".

vollzogene Einführung des § 93 Abs. 1 S. 2 AktG Bestätigung erfahren hat. Danach verstößt ein Vorstandsmitglied nicht gegen seine Sorgfaltspflicht, wenn es bei einer unternehmerischen Entscheidung vernünftigerweise annehmen dürfte, auf der Grundlage angemessener Information zum Wohle der Gesellschaft zu handeln.[157] § 93 Abs. 1 S. 2 AktG n. F. beruht auf dem Prinzip des „safe harbour", wonach 5 Merkmale für den Ausschluss jedweden Rückgriffs auf eine Pflichtwidrigkeit vorliegen müssen: eine unternehmerische Entscheidung, Handeln auf der Grundlage angemessener Information, Handeln ohne Sonderinteressen und sachfremde Einflüsse, Handeln zum Wohle der Gesellschaft und Handeln im guten Glauben.[158] Übertragbar für die Pflichtwidrigkeit des § 266 StGB sind diese Kriterien insoweit, als sie eine hinreichende Bedingung für ein nicht pflichtwidriges Verhalten darstellen. Umgekehrt können sie nicht als notwendige Bedingung begriffen werden, da die strafrechtliche Pflichtwidrigkeit – i. S. einer gravierenden Pflichtverletzung – nicht automatisch aus jedem gesellschaftsrechtlichen Pflichtenverstoß folgt.

Der Begriff des „Risikogeschäfts" – wie er beispielhaft in der Entscheidung zum Bielefelder Bundesligaskandal exemplifiziert wurde – kann daher weder als Kategorie für eine bestimmte Gruppe von geschäftlichen Entscheidungen Verwendung finden noch unter dem Gesichtspunkt der überwiegenden Wahrscheinlichkeit eines Erfolgseintritts hinsichtlich des pflichtgemäßen Handelns interpretiert werden.[159] Das im Schrifttum ins Feld geführte Merkmal der „Vertretbarkeit" einer Entscheidung[160] korrespondiert mit der vom 1. Strafsenat in Sachen „Kinowelt" zur Ausfüllung der gravierenden Pflichtverletzung herangezogenen Überschreitung der „weit zu ziehenden äußersten Grenzen unternehmerischer Entscheidungsfreiheit",[161] die der II. Zivilsenat in der **ARAG-Entscheidung** wie folgt zum Ausdruck brachte: „Diese (scil: eine Schadensersatzpflicht des Vorstands) kann erst in Betracht kommen, wenn die Grenzen, in denen sich ein von Verantwortungsbewusstsein getragenes, ausschließlich am Unternehmenswohl orientiertes, auf sorgfältiger Ermittlung der Entscheidungsgrundlagen beruhendes unternehmerisches Handeln bewegen muss, deutlich überschritten sind, die Bereitschaft, unternehmerische Risiken einzugehen, in unverantwortlicher Weise überspannt worden sind oder das Verhalten des Vorstands aus anderen Gründen als pflichtwidrig gelten muss".[162] 87

Ergänzend sind bei der Festlegung eines Handelns zum Wohle des Unternehmens (des Treugebers) auch nicht pekuniäre Umstände ebenso berücksichtigungsfähig wie die der Wesentlichkeit einer Maßnahme für die eigene Vermögens- und Ertragslage. Wenn auch nur in einem Nebensatz, gleichwohl aber unübersehbar, sieht der 1. Strafsenat in BGHSt 47, 148, 153 f. („*Kreditvergabe*") auch positive Folgen für das Gemeinwohl als Kriterium einer Kreditentscheidung: „Ist die Existenz der Bank nicht bedroht und wird die Kreditwürdigkeit sorgfältig geprüft, so können bei dieser Erfolgsbewertung neben der Chance auf das „Auftauen" eingefrorener Altkredite auch weitere Umstände berücksichtigt werden, wie etwa die ökonomisch sinnvolle Erhaltung eines Unternehmens und seiner Arbeitsplätze."[163] 88

Auch die in der Praxis äußerst bedeutsame Thematik der Übernahme von Verfahrens- und Verteidigungskosten, Geldauflagen nach § 153 a StPO oder Bußgeldern und Geldstrafen ist in diesem Zusammenhang zu erörtern. Für einen öffentlich-rechtlichen Verband hat der BGH die Bezahlung einer Geldstrafe als Untreue gewertet, die Übernahme der Gerichts- und Verteidigungskosten hingegen als nicht pflichtwidrig hingenommen und auf das Interesse des Verbandes verwiesen.[164] Für private Wirtschaftsunternehmen entspricht die Übernahme von Geldauflagen und Geldstrafen (z. B. in einem Strafbefehl) regelmäßig dem Unternehmenswohl, da eine negative Publizität in den Medien vermieden wird, die Gesellschaft die Motivation ihrer Mitarbeiter durch einen offenkundigen Entzug von Unterstützung nicht gefährden darf 89

---

[157] Zum UMAG *Fleischer* NJW 2005, 3525.
[158] *Fleischer* NJW 2005, 3525, 3528 unter Hinweis auf die Regierungsbegründung.
[159] Im ersteren Sinne das Schrifttum, vgl. Schönke/Schröder/*Lenckner/Perron* § 266 Rdnr. 20; *Tröndle/Fischer* § 266 Rdnr. 42; im letzteren Sinne BGH NJW 1975, 1234, 1235.
[160] Erstmals *Tiedemann*, FS Dünnebier, S. 531 f.; *ders.*, FS Lackner, S. 746 f.; *ders.*, FS Tröndle, S. 328; *Otto*, FS Kohlmann, S. 203; *Thomas*, FS Rieß, S. 806.
[161] BGH NStZ 2006, 221, 222.
[162] BGHZ 135, 244, 253 f.
[163] BGHSt 47, 148, 154.
[164] BGHSt 37, 226; hierzu *Hillenkamp* JR 1992, 75.

und letztlich die arbeitsrechtliche Fürsorgepflicht ohnehin für eine entsprechende Hilfestellung streitet.[165] Neben einer im Kern ökonomischen Abwägung des Für und Wider einer Übernahme des Aufwands streiten zu ihren Gunsten mithin auch Imagegründe, die seit der „Sponsoring-Entscheidung" (BGHSt 47, 187) als legitime Parameter für eine Entscheidung im Vermögensbereich anerkannt sind.

90 Während bei größeren Unternehmenseinheiten – wie der Akteingesellschaft – die Risikofrage von gesetzlichen und satzungsmäßigen Vorgaben und den leading cases der Zivil- und Strafsenate beantwortet wird, ist bei den nicht anonymisierten Treueverhältnissen – wie bei der GmbH oder bei anderen Wirtschaftssubjekten mit der Trennung von Eigentum und Management – die Vorgabe des Vermögensinhabers der im Ergebnis ausschlaggebende Maßstab. Der Geschäftsherr bestimmt das Ausmaß an Risikobereitschaft, so dass es auf die sonstigen gesetzlichen Verhaltensanforderungen erst in zweiter Linie ankommt.

91 *ee) Schmiergelder und Pflichtwidrigkeit.* Die jüngere Rechtsprechung des BGH hat die Vereinbarung von Schmiergeldzahlungen in Form eines prozentualen Preisaufschlags, der an den Vertreter des Auftraggebers ausgekehrt wird, in Abgrenzung zu den nicht preisbeeinflussenden Provisionszahlungen als endgültige pflichtwidrige Nachteilszufügung gewertet.[166] Diese Judikatur beruht auf der Erwägung, „dass jedenfalls mindestens der Betrag, den der Vertragspartner für Schmiergelder aufwendet, auch in Form eines Preisnachlasses dem Geschäftsherrn des Empfängers hätte gewährt werden können."[167] Während der (schlichte) Provisionsempfänger seiner Vermögensbetreuungspflicht nachkommen soll, weil er den bestmöglichen Preis erzielt und die Provisionsabführungspflicht sich lediglich als Nebenpflicht darstellt, verstößt der Empfänger einer „Preisaufschlagsprovision" gegen seine Hauptpflicht, die es gebietet, „dass der Treupflichtige die Möglichkeit des vorteilhaften Vertragesschlusses im Interesse des betreuten Vermögens nutzt und den Vertrag zu dem günstigeren Preis abschließt".[168] Unerheblich soll dabei sein, dass andere Anbieter noch teurere Angebote eingereicht haben.[169] Der Einwand der Revision, dass der Abschluss zu einem minderen Preis wegen der vorangegangenen Vergabemanipulation wettbewerbswidrig gewesen wäre und vom Treupflichtigen nicht der Abschluss verbotener oder wettbewerbswidriger Geschäfte verlangt werden könne,[170] wird vom BGH mit der Begründung verworfen, dass es angesichts der Einbeziehung des Schmiergeldes in den Preis der Vermögensbetreuungspflicht entsprochen hätte, zum geringeren Preis abzuschließen.[171] Der BGH sieht in einer solchen Verfahrensweise eine Untreue durch aktives Tun, da die Schmiergelder auf die vertretene Gesellschaft durch Vereinbarung verlagert werden bzw. der Unrechtsschwerpunkt „in der bewussten Verhandlung mit einem sachlich nicht gerechtfertigten Versteuerungsfaktor zu finden (ist)", der dem Geschäftsführer einen nicht genehmigten, über seine Vergütung hinausgehenden Vorteil verschaffen soll.[172]

92 Es ist nicht zu verkennen, dass er 5. Senat mit dieser Entscheidung nur mit Mühe die Konkordanz zu den sonstigen Provisionsfällen aufrechterhalten kann. Im Urteil wird festgehalten, dass der Treupflichtige durch sein „Verhandlungsgeschick" zu einem „insgesamt günstigen" Festpreis abschloss, das Schmiergeld allerdings als „Durchlaufposten" auf einzelne Bau-Lose aufgeschlagen war und der Verhandlungspartner (Auftragnehmer) bereit gewesen wäre, zu „einem um den Schmiergeldbetrag verminderten Preis abzuschließen".[173] Hieraus folgt, dass es letztlich von der Einlassung und den tatrichterlichen Feststellungen (und der Strategie und dem Geschick der Verteidigung) abhängig ist, ob das Schmiergeld (die Provision) nicht einkalkuliert ist und lediglich ein – straffreier – Verstoß gegen eine Nebenpflicht anzunehmen oder aber

---

[165] *Hoffmann/Wißmann* StV 2001, 249; *Ignor/Rixen* wistra 2000, 448; äußerst differenziert *Krieger*, FS Bezzenberger, S. 211, 221; Achenbach/Ransiek/*Seier* Rdnr. 209.
[166] BGH NStZ 2006, 210, 213 („Kölner Müllskandal") unter Hinweis auf BGHSt 47, 295, 298 und BGHSt 49, 317, 332 f. = BGHR StGB § 266 Abs. 1 Nachteil 59 („Saudi-Panzer").
[167] BGH NStZ 2006, 210, 213.
[168] BGH NStZ 2006, 210, 213.
[169] BGH NStZ 2006, 210, 213.
[170] So die Argumentation von *Bernsmann* StV 2005, 576, 578; dagegen *Schünemann* NStZ 2006, 196, 200.
[171] BGH NStZ 2006, 210, 214.
[172] BGH NStZ 2006, 210, 213 f.
[173] BGH NStZ 2006, 210, 213.

ein – um das Schmiergeld (Provision) reduzierter – Preis erreichbar gewesen wäre, was in eine Strafbarkeit nach § 266 StGB mündet.

In der zeitlich vorangehenden Entscheidung des gleichen Senats (BGHSt 49, 317 = BGHR StGB § 266 Abs. 1 Nachteil 59) wird eine Untreuehandlung durch den Vertreter der auftragnehmenden Gesellschaft zunächst verneint, wobei der Senat die Ausnahme vom Grundsatz der Schmiergeldzahlung als Schaden des Geschäftsherrn wie folgt begründet: „Eine Ausnahme gilt insbesondere dann, wenn Umstände erkennbar sind, die es nicht unbedingt nahe legen, dass die Leistungen in die Kalkulation zu Lasten des Geschäftsherrn eingestellt wurden (vgl. BGHR StGB § 266 Abs. 1 Nachteil 49; BGH NStZ 1995, 233, 234)".[174] Im zu entscheidenden Fall (Panzer-Verkauf an Saudi-Arabien durch Thyssen) war der Verkaufspreis vertraglich in einen Preis für die zu liefernden Panzer und eine Vergütung für „Logistik" aufgespalten, mit dem letzteren Betrag sollten aufwendige Provisionszahlungen abgedeckt werden. Hieraus folgert der Senat, dass „eine Reduzierung des Aufwands für das „Logistikpaket" nicht zwangsläufig zu einer Erhöhung des Verkaufspreises der Panzer geführt hätte".[175] Eine Untreuehandlung erblickt der BGH indes in der Provisions-Vereinbarung der treupflichtigen Personen auf Seiten des Auftragnehmers (Lieferanten und Provisionszahler), denen es – unabhängig von einer etwaigen aktienrechtlichen Organstellung – wegen ihrer Vermögensbetreuungspflicht als (jedenfalls herausgehobene leitende) Angestellte versagt war, ihren „Arbeitslohn durch den Abschluss entsprechender „Kick-back"-Vereinbarungen zu Lasten (ihres) Arbeitgebers in zudem verdeckter Weise zu erhöhen".[176] Der Senat sah sich genötigt, eine Kollision mit der ständigen Provisionsrechtsprechung ausdrücklich zu verneinen: Zwar stelle die Nichtabführung einer Provision – wegen der lediglich zivilrechtlichen Pflicht zur Herausgabe – keine Verletzung einer Vermögensbetreuungspflicht dar, diese könne aber durch eine andere Handlung bewirkt werden, nämlich durch die Vereinbarung von „Kick-back"-Zahlungen aus den Provisionen, die für ein Geschäft von ihnen mit einem Auftraggeber oder einem Vermittler zu Lasten des Geschäftsherrn Gegenstand eines Vertrages werden und aus dem Vermögen des Letzteren gezahlt werden (und an die Treupflichtigen zurückfließen).[177] Der Einwand von *Schünemann*, dass das „Logistikpaket" als Bezeichnung für die Weiterleitung verkappter Provisionen an den Auftraggeber nicht Vermögensbestandteil des Geschäftsherrn gewesen sei (Scheingeschäft nach § 117 BGB sowie Nichtigkeit nach §§ 134, 138 BGB) und daher eine pflichtwidrige Nachteilszufügung allenfalls durch eine andere Konstruktion (Rückforderungsanspruch der saudischen Besteller und Entzug der Deckung hierfür durch die „Kick-back"-Zahlungen) konstituierbar sei,[178] ist nicht von der Hand zu weisen.

Als Fazit der turbulenten Rechtsprechung des 5. Senats in den Herbstmonaten der Jahre 2004 und 2005 ist festzuhalten: Die vereinbarte „Kick-back" Zahlung durch den Treupflichtigen stellt sich dann als Pflichtwidrigkeit dar, wenn der ohne das Schmiergeld vereinbarungsfähige Preis zu Lasten des Geschäftsherrn nicht erzielt oder – beim Auftragnehmer – eine Preiskalkulation a limine um Kick-Back Zahlungen an Arbeitnehmer erhöht wurde.[179]

Auf Seiten des Zahlenden – der aus fremdem Vermögen (seines Geschäftsherrn) leistet – ist die Vereinbarung eines Schmiergeldes regelmäßig unter dem Gesichtspunkt einer Täterschaft nach § 266 StGB irrelevant, da zumeist das Einverständnis des Treugebers vorliegen dürfte und – wenn dieses fehlt – die Einstellung des Schmiergelds in den Preis den Schaden ausschließt,[180] da aus dem Geschäft selbst ein Vermögensvorteil für den Geschäftsherrn resultiert. Die etwaige Sittenwidrigkeit oder das gesetzliche Verbot (§§ 134, 138 BGB, § 299 StGB) soll dem – wegen der Begrenzung des § 266 StGB als Vermögensdelikt – nicht entgegenstehen.

---

[174] BGHR StGB § 266 Abs. 1 Nachteil 59.
[175] BGHR StGB § 266 Abs. 1 Nachteil 59.
[176] BGHR StGB § 266 Abs. 1 Nachteil 59.
[177] BGHR StGB § 266 Abs. 1 Nachteil 59.
[178] *Schünemann* NStZ 2006, 196, 201, wobei die von *Schünemann* angedachte Lösung den Ruf nach einer Restriktion von § 266 StGB über das Kriterium einer „Unmittelbarkeit" zwischen Verfügung und Schaden nur verstärken kann und auch die Vorsatzzuschreibung einigermaßen verwegen erschiene.
[179] Zur Entwicklung der „Kick-back"-Rechtsprechung (vor den Entscheidungen „Kölner Müllskandal" und „Saudi-Panzer") *Zieschang*, FS Kohlmann, S. 242 f.
[180] NK/*Kindhäuser* § 266 Rdnr. 170; Achenbach/Ransiek/*Seier* Rdnr. 336.

96 Zu beachten ist allerdings, dass der BGH in der Entscheidung zum „Kölner Müllskandal" keinen Diskussionsbedarf bei der Verurteilung des Gebers – des Schmiergeldzahlenden – wegen Beihilfe zur Untreue erblickte. Das kollusive Zusammenwirken bei der Vereinbarung eines um die Schmiergeldzahlungen erhöhten Preises sah der Senat als – selbstverständliche – Teilnahme an der pflichtwidrigen Schädigung eines Vertragspartners im Rahmen eines Leistungsaustauschverhältnisses an,[181] so dass die bisher in der Judikatur praktizierte Freistellung des Gebers sich auf die täterschaftliche Untreue beschränkt.

4. Der Schaden (Vermögensnachteil) bei § 266 StGB

97 a) Grundsätze. Es entspricht der ganz herrschenden Auffassung, dass der Nachteil i. S. d. § 266 dem Schaden des § 263 StGB entspricht.[182] Der sich hieraus ergebende „Einbruch" z. B. der schadensgleichen konkreten Vermögensgefährdung als Äquivalent für den Schaden ist daher unvermeidbar, die Korrektur etwaiger nicht vertretbarer Ausuferungen hat über andere Merkmale der Vorschrift zu erfolgen.[183]

98 Voraussetzung für die Feststellung eines Schadens ist eine Gesamtsaldierung des Vermögens **vor** und **nach** der pflichtwidrigen Handlung. Der BGH hat seine Schadensdefinition in ständiger Rechtsprechung wie folgt umrissen: „... ergibt ein Vergleich der Vermögenslage vor und nach dem Vertragsschluss, ob ein Vermögensschaden eingetreten ist."[184] Eine solche Nachteilsermittlung beinhaltet, dass zunächst – auf einer geldwerten Bemessungsgrundlage – Vor- und Nachteile einer Handlung (eines Geschäfts) gegenübergestellt werden und sich hieraus eine Inkongruenz (ein „Minus") ergeben muss.

99 Im Zentrum der Schadensthematik steht damit die Frage der Kompensation, wobei dieses Thema – wegen der die Judikatur und die Dogmatik prägenden Vernachlässigung des Merkmals „pflichtwidrig" – in der Vergangenheit hinsichtlich seiner Bedeutung oftmals überzeichnet wurde.

100 Anschauungsunterricht für die Synopse von Vor- und Nachteilen bei der Bestimmung eines etwaigen Vermögensnachteils bietet BGH NStZ 1997, 543. Der Senat formuliert den Grundsatz „Ein gleichzeitig mit dem Schaden vorliegender und diesen ausgleichender Vorteil ist aber dann gegeben, wenn nicht nur eine Chance auf Vermögenszuwachs, sondern eine begründete Aussicht hierfür besteht"[185] und verweist auf BGHSt 17, 147, 148 sowie auf das Urteil im Bielefelder Bundesligaskandal BGH NJW 1975, 1234, 1235. Zu gewichten waren der mit dem Risiko einer kostenträchtigen Beseitigung von Altlasten durch den Verkäufer belastete Verkauf eines Grundstücks an ein Unternehmen und die im Gegenzug erwarteten „Vorteile der Gewerbesteuereinnahmen, Senkung der Arbeitslosenquote und Zugewinn der Kaufkraft" durch die Errichtung einer Produktionsanlage auf dem Grundstück.[186]

101 Während bei der Kompensation eine ausgleichende Erwerbsaussicht ausreicht, ist bei der unterlassenen Vermögensmehrung die etwaige Schadensbegründung sehr viel restriktiver zu beurteilen. Wie der BGH in BGHSt 31, 232, 234 knapp herausstellt, besteht der Sinn und Zweck des § 266 StGB nicht in der Forderung nach einer Gewinnmaximierung, sondern im Verbot der (pflichtwidrigen) Nachteilszufügung,[187] so dass der Nachteil nur unter besonderen Voraussetzungen in einem entgangenen Gewinn geortet werden kann. Die Judikatur verlangt hierfür eine vermögenswerte Anwartschaft (Expektanz), die einen Vermögenszuwachs mit Sicherheit oder hoher Wahrscheinlichkeit erwarten lässt und der Täter pflichtwidrig ausschlägt. BGHSt 20, 143, 145 setzt für den Schaden voraus, dass „der sicher bevorstehende Abschluss mit einem Gelegenheitskunden vereitelt wird" und lässt den „Verlust der mehr oder minder

---

[181] BGH NStZ 2006, 210, 213.
[182] *Tröndle/Fischer* § 266 Rdnr. 59; Achenbach/Ransiek/*Seier* Rdnr. 22 f.
[183] Überlegungen zur unterschiedlichen Schadensbestimmung bei § 263 StGB und § 266 StGB bei *Matt/Saliger* in Institut für Kriminalwissenschaften und Rechtsphilosophie, Irrwege der Strafgesetzgebung, 1999, S. 220 ff., 229 ff.; *Saliger* ZStW 112 (2000), S. 612.
[184] BGHSt 16, 220, 221.
[185] BGH NStZ 1997, 543.
[186] BGH NStZ 1997, 543.
[187] BGHSt 31, 232, 234; vollständiger Abdruck dieser sogenannten „Pfarrpfründe-Entscheidung" in BGH NJW 1983, 1807; ausführlich hierzu *Zieschang*, FS Kohlmann, S. 242 f.

unsicheren Aussicht eines Geschäftsabschlusses" nicht genügen,[188] BGHSt 31, 233, 235 legt dem Treupflichtigen auf, die „deutlich gewordene Möglichkeit eines dem betreuten Vermögen vorteilhaften Vertragsabschlusses" nicht unberücksichtigt zu lassen[189] und BGH wistra 1989, 224 zweifelt die Feststellung der Tatsacheninstanz an, wonach die an den Treupflichtigen gezahlten Schmiergelder an einer günstigeren Preisgestaltung nichts geändert hätten, weil nach Preisliste verfahren wurde.[190]

Entsprechend der Schadensdogmatik bei § 263 StGB soll eine Kompensation – um schadensvermeidend zu wirken – unmittelbar auf die Handlung zurückgehen, die den Nachteil verursacht hat. Die Rechtsprechung hat diese Restriktion ihrerseits wieder aufgelockert, soweit die schadensstiftende Handlung nach einer Gesamtplanung im Rahmen eines einheitlichen wirtschaftlichen Vorhabens darauf ausgerichtet war, nach anfänglichen Aufwendungen (= Vermögensminderung) im Endergebnis Erträge zu generieren.[191] Diese Variante stellt sich als pure Selbstverständlichkeit dar, soweit in diesem Zusammenhang Investitionen und Werbekampagnen Erwähnung finden,[192] ist der richtige Ort für das Testat der Sinnhaftigkeit und Rechtmäßigkeit solcher – alltäglichen – Entscheidungen im Wirtschaftsleben das Merkmal der Pflichtwidrigkeit. Erst die jüngere Judikatur hat sich dieser – notwendigen – Standortbestimmung angenommen.[193]

Wesentlicher ist die in der Rechtsprechung gesicherte Freistellung von einem Vermögensnachteil über die jederzeitige Bereitstellung eigener Mittel zum Ausgleich etwaiger pflichtwidriger und schädigender Verfügungen. Der BGH hat die reichsgerichtliche Rechtsprechung hierzu fortgeführt und in BGHSt 15, 342, 345 den Grundsatz postuliert, dass es an einer Nachteilszufügung nach § 266 StGB dann fehle, wenn „der seine Befugnis Missbrauchende oder der seine Treuepflicht Verletzende zum Ersatz des Geldes, über das er rechtswidrig verfügt hat, eigene Mittel ständig „bereithält"" und erläuternd angefügt, dass der Täter nicht nur hinsichtlich der Sicherheit der Verfügbarkeit gleichwertig liquide Mittel vorhalten müsse, sondern sein Augenmerk darauf zu richten habe, „diese Mittel ständig zum Ausgleich benutzen zu können."[194]

In späteren Entscheidungen verdeutlicht der BGH die eng umrissenen Voraussetzungen einer solchen Substitutionslösung: Sie greift nur dann, wenn der Täter „unter Berücksichtigung der Höhe der verwahrten Summe und der Dauer der Verwahrung nach den Umständen uneingeschränkt fähig und bereit ist, das verwahrte Geld aus eigenen flüssigen Mitteln jederzeit vollständig auszukehren."[195] Die zeitlich jüngste Entscheidung BGH NStZ-RR 2004, 54 dekliniert alle Fallkonstellationen der Mittelersetzung. Zunächst wird die Gleichsetzung der von einem Dritten zur Auskehrung an den Mandanten empfangenen Mittel mit den vom Mandanten zur Ausführung eines Auftrags erhaltenen konstatiert,[196] sodann auf die Bedeutung einer zeitlichen Verzögerung bei der Fähigkeit zur Ersetzung der entzogenen Mittel eingegangen: Der 3. Strafsenat verwirft die etwaige Relevanz einer lediglich temporären Unfähigkeit zum Ausgleich unter Hinweis auf die Zweckbestimmung der Gelder (Einzahlung einer Kaution für eine jederzeit in Betracht kommende Haftentlassung) und zieht ergänzend die Grundsätze des subjektiven Schadenseinschlags heran, da der Entzug der Mittel geeignet war, das vordingliche Ziel des Mandanten (Haftentlassung) zu gefährden.[197]

Entgegen der Kritik im Schrifttum wählt die Rechtsprechung den richtigen Ausgangspunkt einer formalen Pflichtwidrigkeit ohne Vermögensschaden oder konkreten Vermögensgefährdung, da das Rechtsgut Vermögen so lange nicht tangiert wird, als die Wertverschaffungs-

---

[188] BGHSt 20, 143, 145.
[189] BGHSt 31, 232, 235.
[190] BGH wistra 1989, 224.
[191] BGH NJW 2002, 1211, 1215; vgl. die Nachweise für die ältere Rechtsprechung bei Achenbach/Ransiek/Seier Rdnr. 168 Fn. 302.
[192] Achenbach/Ransiek/Seier Rdnr. 168; zur mangelnden Pflichtwidrigkeit bei dieser Konstellation *Thomas*, FS Rieß, S. 801 f.
[193] Die Entscheidungen des 1. Strafsenats, vgl. oben Rdnr. 43 ff.
[194] BGHSt 15, 342, 345.
[195] BGH NStZ 1982, 331; weiter BGH NStZ 1995, 223; weitere Nachweise der Rechtsprechung bei Achenbach/Ransiek/*Seier* Rdnr. 170 Fn. 304.
[196] BGH NStZ-RR 2004, 54 unter Hinweis auf BGH NStZ 1982, 331 und BGH bei *Dallinger* MDR 1975, 23.
[197] BGH NStZ-RR 2004, 54, 55.

schuld Geld uneingeschränkt für den Treugeber verfügbar bleibt. Es macht materiell keinen Unterschied – hinsichtlich der Interessen des Geschäftsherrn – ob der Treupflichtige auf das Anderkonto zurückgreift oder vom eigenen Konto verfügt, wenn beide gleichermaßen Deckung aufweisen und ein entsprechender Ausgleichswille vorhanden ist. Es geht also – angesichts der äußerst restriktiven Voraussetzungen für eine solche Freizeichnung – nicht um eine nachträgliche Schadenswiedergutmachung,[198] sondern um eine unschädliche Verfügung, die – auch hieran wäre zu zweifeln – vielleicht als Pflichtwidrigkeit, nicht aber als ernsthafte Vermögensgefährdung gedeutet werden kann.

106 b) **Der individuelle Schadenseinschlag – Haushaltsuntreue.** Wegen des Gleichklangs der Schadensdogmatik bei § 263 StGB und § 266 StGB gelten die von der Rechtsprechung entwickelten Regeln zum individuellen Schadenseinschlag auch bei der Nachteilsbestimmung im Rahmen des § 266 StGB. Zentral für die anzuwendenden Maßstäbe ist weiterhin der „*Melkmaschinenfall*" BGHSt 16, 321, 325 ff. Die dort vom BGH entwickelten Grundsätze – Schaden bei Aufnahme von Darlehen zur Finanzierung des Geschäfts, Gefahr für die wirtschaftliche Lage des Erwerbers[199] – haben für § 266 StGB insbesondere im Bereich der so genannten Haushaltsuntreue – dort allerdings: restringierend! – ihren Niederschlag gefunden. Die durchaus problematische Anwendung dieser Kriterien auf luxuriöse Reisen von Aufsichtsratsmitgliedern bei einer chronisch defizitären kommunalen Verkehrs-AG[200] ist für das Schadensmerkmal des § 266 StGB nicht charakterisierend, ihre Wirkung entfalten sie auf der Grundlage der engen Fesseln des Haushaltsrechts – und der bisher praktizierten Gleichsetzung von Verstößen gegen Haushaltsregeln mit der „Pflichtwidrigkeit"[201] – bei dem Umgang mit Haushaltsmitteln durch die treupflichtigen Amtsträger.

107 Die teils vehementen Aufrufe im Schrifttum für eine faktische Ausdehnung des § 266 StGB auf Verstöße gegen die Dispositionsfreiheit des Treugebers[202] sind von der jüngeren Rechtsprechung des BGH zurückgewiesen worden.

108 Während BGH NStZ 1984, 549, 550 noch zurückhaltend darauf hinweist, dass „nicht jede der ursprünglichen Zweckbestimmung zuwiderlaufende Verwendung öffentlicher Mittel ... schon ohne weiteres einen Vermögensnachteil (begründet)", zugleich aber einen solchen bei einer nicht zwingenden Umwidmung von Mitteln regelmäßig als gegeben ansah,[203] schaffte BGHSt 43, 293, 297 („Bugwellen-Entscheidung") klare Verhältnisse, wobei sich der 1. Senat deutlich an der Vorgabe des „Melkmaschinenfalls" orientierte. Prägend die Einleitung: „§ 266 Abs. 1 StGB schützt als ein Vermögensdelikt ebenso wie der Betrug nur das Vermögen des Geschäftsherrn oder Treugebers als Ganzes (vgl. BGHSt 8, 254, 255 ff.; Lenckner in Schönke/Schröder a.a.O, § 266 Rdn. 1, Schünemann in LK a.a.O. § 266 Rdn. 28 m.w.Nachw.), nicht seine Dispositionsbefugnis (e.M. *Volk* in Krekeler/Tiedemann/Ulsenheimer/Weinmann, HWStR, Stichwort „Haushaltsuntreue", S. 3)".[204] Der Senat postuliert sodann die Voraussetzungen für eine Nachteilskonstituierung: „Ungeachtet der Gleichwertigkeit von Leistung und Gegenleistung kommt Haushaltsuntreue in Betracht, wenn durch die Haushaltsüberziehung eine wirtschaftlich gewichtige Kreditaufnahme erforderlich wird, wenn die Dispositionsfähigkeit des Haushaltsgesetzgebers in schwerwiegender Weise beeinträchtigt wird und er durch den Mittelaufwand insbesondere in seiner politischen Gestaltungsbefugnis beschnitten wird"[205]

109 Die zeitlich nachfolgende Entscheidung des 5. Strafsenats hatte die Haushaltsuntreue in den neuen Ländern während der Aufbauphase zum Gegenstand.[206] Der Senat wiederholt die Grundsätze der *„Bugwellen-Entscheidung"*, verweist auf die Sonderfälle der zweckwidrigen

---

[198] In diese Richtung zielt die Kritik in der Literatur; ausführlich *Labsch* wistra 1985, 8; Schönke-Schröder/Lenckner/Perron § 266 Rdnr. 42 mit Übersicht zur Rechtsprechung.
[199] BGHSt 16, 321, 325 ff.
[200] Beispiel bei Achenbach/Ransiek/*Seier* Rdnr. 175.
[201] Auch BGHSt 43, 293, 296 f. hat an diesem Dogma nicht gerüttelt.
[202] Beispielhaft *Bieneck* wistra 1998, 249; *Bittmann* NStZ 1998, 495 (jeweils Anmerkungen zu BGHSt 43, 293); weitere Nachweise für das umfangreiche Schrifttum bei Schönke/Schröder/*Lenckner/Perron* § 266 Rdnr. 44.
[203] BGH NStZ 1984, 549, 550.
[204] BGHSt 43, 293, 297.
[205] BGHSt 43, 293, 299.
[206] BGH NStZ 2001, 248, 249.

Überlassung von Haushaltmitteln an den Geheimdienst[207] und die ebenfalls schadensbegründende Bildung von „schwarzen Kassen"[208] und verlangt für einen Nachteil i. S. d. § 266 StGB eine Bewertung der Gleichwertigkeit von Leistung und Gegenleistung im Wege einer Gesamtbetrachtung.[209] Eine Zweckwidrigkeit wäre dann anzunehmen, wenn die Verwendung der Mittel „für die Erreichung des Ziels nicht mehr notwendig oder ... das Ziel gar nicht mehr zu verwirklichen (war)".[210]

Insbesondere die letztere Entscheidung ist Beleg dafür, dass der BGH sich für die Haushaltsuntreue der allgemeinen Schadensdogmatik angeschlossen hat und nur noch in Sonderfällen über die Zweckwidrigkeit eine Schadensbegründung zulässt. Für den Fall des Entzugs der haushaltsrechtlichen Kontrolle über öffentliche Gelder wird auf die besondere Sachverhaltsgestaltung des „sowieso nur eingeschränkter Kontrolle unterliegenden Geheimdienstes" verwiesen,[211] so dass nicht jede Budgetverlagerung – wenn die Kontrolle aufrechterhalten bleibt – als Zweckwidrigkeit anzusehen ist. Die Erwähnung der „schwarzen Kassen" als weiterer Typus der Vermögensgefährdung entspricht diesem Ansatz.[212] Indem der Senat diese Konstellation als „spezielle Sachverhaltsgestaltungen" apostrophiert und für andere Fälle die Gewichtung von Leistung und Gegenleistung verlangt, wird deutlich, dass weder die Titelüberziehung noch die Übertragung von Haushaltstiteln zwischen Behörden zur Schadensbegründung genügt.

c) **Die schadensgleiche konkrete Vermögensgefährdung.** Weitere Konsequenz der Kongruenz des Schadensbegriffs bei § 263 StGB mit dem Nachteil des § 266 StGB ist die Akzeptanz der konkreten Vermögensgefährdung als Schaden durch Judikatur und Schrifttum.[213]

Besonders prägnant die Entscheidung im „*Fall Diestel*".[214] Hier sieht der 5. Strafsenat die Gleichsetzung von Nachteil und konkreter Vermögensgefährdung als selbstverständlich an – „Ein Nachteil kann bereits in einer konkreten, wirtschaftlich schon zu einer Minderbewertung führenden – also schadensgleichen – Vermögensgefährdung liegen"[215] – und zieht diese Auslegung auch für den „zur Tatzeit geltenden wortgleichen § 163 StGB-DDR" heran: „Eine abweichende Auslegung wortgleich übernommener Strafbestimmungen des Strafgesetzbuches der Bundesrepublik Deutschland wäre mit dieser Zielsetzung unvereinbar".[216] Die Rechtsfigur wurde in der Judikatur selten problematisiert, alle jüngeren Entscheidungen behandeln sie vielmehr als nicht diskussionsbedürftigen integralen Bestandteil des Schadensbegriffs.[217]

Gleichwohl sind auch einschränkende Tendenzen erkennbar. In der Entscheidung BGH wistra 2005, 223 hatte der 5. Strafsenat die Frage zu entscheiden, ob der Aufbau eines Maschinen- und Fahrzeugparks durch den Betriebsleiter eines ABM-Stützpunktes in Form verdeckter Mietkaufvereinbarungen – zu zwangsläufig überhöhten Mietpreisen und ohne gesicherte Kaufoption – einen Nachteil nach § 266 StGB darstellt.[218]

Der Senat postuliert zwar einleitend, dass „nach der Rechtsprechung ein Nachteil im Sinne des § 266 StGB schon dann gegeben ist, wenn die pflichtwidrige Handlung eine schadensgleiche Vermögensgefährdung auslöst, selbst wenn es letztlich nicht zum Schadenseintritt kommt",[219] zieht sodann aber alle Register, warum im konkreten Fall eine Gefährdung zu verneinen ist, wobei die Ausführungen über den zu beurteilenden Sachverhalt hinaus Bedeutung aufweisen:

---

[207] BGH NStZ 2001, 248, 251 unter Hinweis auf BGHSt 40, 287, 296 f.
[208] BGH NStZ 2001, 248, 251.
[209] BGH NStZ 2001, 248.
[210] BGH NStZ 2001, 248.
[211] BGH NStZ 2001, 251.
[212] BGH NStZ 2001, 251 unter Hinweis auf BGH NStZ 1984, 549 und NStZ 1986, 455.
[213] BGHSt 44, 376, 384; 46, 30, 34; 47, 8, 11; NK/*Kindhäuser* § 266 Rdnr. 110; ausführliche Analyse bei *Ransiek* ZStW 166 (2004), S. 634, 658 ff.
[214] BGHSt 44, 376.
[215] BGHSt 44, 376, 384.
[216] BGHSt 44, 376, 384.
[217] Vgl. die Rechtsprechungsnachweise Fn. 213.
[218] BGH wistra 2005, 223.
[219] BGH wistra 2005, 223, 224.

115 Das Fehlen von betragsmäßig fixierten Kaufpreisen mache die Vereinbarung von Kaufoptionen nicht unwirksam, da eine stillschweigende Leistungsbestimmung nach billigem Ermessen (§§ 315, 316 BGB) vereinbart sein könnte.[220]

116 Auch eine nicht wirksame Kaufoption führe indes nicht zwangsläufig zu einer schadensgleichen Vermögensgefährdung, da etwaige Zurückbehaltungsrechte des „Mietkäufers" an den Maschinen nach § 273 BGB i. V. m. § 812 Abs. 1 Satz 2 2 Alt. BGB zu bedenken seien, mit deren Hilfe ein Nachteil in Form einer nicht mehr ausübbaren Kaufoption hätte abgewendet werden können.

117 Zudem wären „rein faktische Gesichtspunkte" zu bedenken, nämlich „insbesondere inwieweit der Angeklagte H. aufgrund seiner wirtschaftlichen Machtstellung gegenüber dem Mitangeklagten S. die Kaufoption hätte durchsetzen können."[221] Der Senat zieht das Fazit aus seiner Kaskade von Einwendungen: Auch für den Fall der Unwirksamkeit der Kaufoption hätte eine wertende Betrachtung stattfinden müssen, ob die „Vermögensgefährdung schadensgleich und damit als Nachteil im Sinne des § 266 StGB anzusehen gewesen wäre".[222] Dabei sei – so der BGH – auf die Grundsätze zurückzugreifen, die für die Untreue durch fehlerhafte Dokumentation oder durch unordentliche Buchführung entwickelt worden seien, wonach ein Nachteil voraussetze, dass die Durchsetzung von Ansprüchen „erheblich erschwert, wenn nicht gar verhindert worden wäre."[223]

118 **d) Die unordentliche Buchführung – schwarze Kassen in der Privatwirtschaft.** Die Themenkreise „unordentliche Buchführung – Prozessrisiken – schwarze Kassen bei privaten Treuhandverhältnissen" betreffen ebenfalls die konkrete Gefährdung des Vermögens des Geschäftsherrn und Treugebers.

119 Die „unordentliche Buchführung": Der fehlende Überblick des Geschäftsherrn über sein Vermögen wegen einer diesen Namen nicht verdienenden Buchführung ist seit den Zeiten des Reichsgerichts als pflichtwidrige Vermögensgefährdung verstanden worden, wobei die Rechtsprechung gleichwohl über das Vorsatzerfordernis exkulpierte.[224] Die spätere Rechtsprechung des BGH ging weit zurückhaltender mit der Gleichsetzung von unordentlicher Buchführung und Vermögensgefährdung um. BGHSt 20, 304 begehrte das additive Moment eines festgestellten, begründeten Anspruchs, dessen Durchsetzung aufgrund einer lückenhaften oder falschen Buchführung gefährdet wäre,[225] in BGH NStZ 1996, 543 hatten Anleger einer Gesellschaft Kapital anvertraut, deren Organe indes keinerlei Aufzeichnungen darüber geführt, „in welcher Form, zu welchen Bedingungen und bei wem das Kapital der Geschädigten letztlich angelegt worden ist",[226] so dass es des Rückgriffs auf die schadensbegründende fehlende Buchführung wohl nur deshalb bedurfte, weil der Nachweis einer klassischen Untreue in Form der Verwendung des eingesammelten Kapitals für eigene Zwecke nicht zu führen war.

120 In BGH wistra 1988, 353 (=BGHR § 266 Abs. 1 StGB Nachteil 12) werden die fehlende Übersicht über die Buchführung und die nicht belegten Buchungsvorgänge als nicht ausreichend für eine Nachteilszufügung angesehen, da – im gerichtlichen Verfahren – der Vermögensstand „durch die Vernehmung der Zeugin S., die die gesamten Unterlagen ausgewertet hatte" festgestellt werden konnte.[227]

121 Die Entscheidung BGHSt 47, 8 befasste sich schließlich im Schwerpunkt mit den strafrechtlichen Folgen einer „mangelhaften Dokumentation" und entwarf unter Hinweis auf BGHSt 20,

---

[220] BGH wistra 2005, 223, 224.
[221] BGH wistra 2005, 223, 225.
[222] BGH wistra 2005, 223, 225.
[223] BGH wistra 2005, 223, 225 unter Hinweis auf BGHSt 47, 8, 11 und BGHR StGB § 266 Abs. 1 Nachteil 58.
[224] In RGSt 77, 228 benötigte ein Sachverständiger mehrere Monate, um den Kassenbestand des Vereinsvorstands nachzuvollziehen, das Reichsgericht nahm zwar eine Vermögensgefährdung an, hatte aber Zweifel am Vorsatz des Angeklagten. BGH GA 1954, 121, 122 attestierte dem Bürgermeister, der Geldbußen in bar einzog, sie in einer Zigarrenkiste verwahrte und „für die Armen" ausgab, ebenfalls eine schadensgleiche Vermögensgefährdung durch „unordentliche Buchführung", sah aber das Vorsatzerfordernis als nicht ausreichend begründet an.
[225] BGHSt 20, 304: „Die bloße ‚Wahrscheinlichkeit' in Bezug auf das Bestehen solcher Ansprüche genügt nicht."
[226] BGH NStZ 1996, 543 = BGH wistra 1996, 431.
[227] BGH wistra 1988, 353 = BGHR § 266 Abs. 1 StGB Nachteil 12.

304 und den Hausverwalter in BGH wistra 1988, 353 (=BGHR § 266 Abs. 1 StGB Nachteil 12) die Leitlinien, wonach ein Nachteil im Sinne des § 266 StGB in den Fällen unordentlicher Buchführung nur dann angenommen werden könne, „soweit die Durchsetzung berechtigter Ansprüche erheblich erschwert, wenn nicht verhindert worden ist".[228] Der 5. Senat erstreckte dies auch auf die umgekehrte Sachverhaltskonstellation: „Erleichtert eine fehlerhafte Buchführung die Geltendmachung ungerechtfertigter Ansprüche Dritter, begründet dies ebenfalls nicht per se eine schadensgleiche Vermögensgefährdung, die einen Nachteil im Sinne des § 266 StGB darstellt." Auch hier – so der Senat – liege eine Vermögensgefährdung nur dann vor, wenn „aufgrund der Umstände des Einzelfalls mit einer ungerechtfertigten Doppelinanspruchnahme zu rechnen und aufgrund der unzureichenden Buchhaltung eine wesentliche Erschwerung der Rechtsverteidigung zu besorgen ist."[229]

Als Fazit: Bewertet man das ganze Ensemble der höchstrichterlichen Rechtsprechung, so ist die unordentliche Buchführung – wenn sie denn rekonstruierbar ist – für eine konkrete Vermögensgefährdung nicht ausreichend. Etwaige Prozessrisiken als schadensstiftender Umstand im Aktiv- oder Passivbereich setzen allemal voraus, dass die Forderung oder Verbindlichkeit nachgewiesen wird **und** eine wesentliche Erschwerung der Rechtsposition zu verzeichnen ist.

Die „schwarze Kasse" oder der „Sonderfonds" einer Gesellschaft (der Privatwirtschaft oder eines Vereins) und die viel diskutierten Auslandstöpfe der CDU (Fälle *Kohl* und *Kanther*) harren hinsichtlich der Schadensfrage noch der abschließenden Bewertung durch die Judikatur des BGH.[230] Auch wenn die kaschierte Abhebung von 100.000,00 DM (mittels unrichtigem Beleg) im Fall BGH NJW 1975, 1234 (*„Bielefelder Bundesligaskandal"*) zum Zwecke der Ausstattung der Spieler von Schalke 04 nicht als typisches Führen einer „schwarze Kasse" angesehen werden kann, stellte der 4. Strafsenat in dieser Entscheidung nicht auf die falsche Buchführung und den regelwidrigen Einsatz der Gelder zur Erhaltung der 1. Bundesliga ab, sondern bezog – ganz im Sinne einer ökonomischen Abwägung von Vor- und Nachteilen – den Vorteil der weiteren Bundesligasaison in seinen Schadensüberlegungen ein: „Diese Handlungen (scil: Bestechung der Spieler des Konkurrenten) wurden vielmehr nur deshalb als Untreue bestraft, weil sie pflichtwidrig, d. h. unredlich oder verboten waren. Dies entspräche nicht der wirtschaftlichen Betrachtungsweise der Untreue als Vermögensdelikt".[231] Auch wenn BGH NJW 1975, 1234 wegen des Glücksspielcharakters des Geschäftsbetriebs (Fußball-Bundesliga!) nicht fugenlos auf das unternehmerische Handeln der Organe von Kapitalgesellschaften übertragen werden kann, lässt sich aus dem intendierten Verwendungszweck einer „schwarzen Kasse" (Schmiergelder) nicht deren Schadenspotential für das betreute Vermögen ableiten.[232] Entscheidend ist dann – in analoger Übertragung der Grundsätze von BGHSt 47, 8, 11 – ob der Vermögensinhaber über das abgesonderte, verdeckt gehaltene und hinsichtlich seiner Generierung häufig mit unrichtigen Belegen ausgestattete Sondervermögen eine Kontrolle aufrechterhält, die einen Einsatz im Interesse des Unternehmens sichert und keine konkrete Verlustgefahr in sich trägt. Dies aber sind Fragen des Einzelfalls, eine generelle Strafbarkeit kann aus der Einrichtung des Sonderfonds und der Verwendung der dort geparkten Mittel ebenso wenig abgeleitet werden wie eine vorbehaltlose Freistellung von § 266 StGB.[233]

5. Zurechnungsfragen

a) **Pflichtwidrigkeitszusammenhang.** Zumindest das Erfordernis der Kausalität zwischen der Pflichtwidrigkeit und dem Schaden lässt sich dem Wortlaut des § 266 StGB unmittelbar

---

[228] BGHSt 47, 8, 11.
[229] BGHSt 47, 8, 11, noch restriktiver *Mosenheuer* in seiner Anmerkung zu der Entscheidung NStZ 2004, 179.
[230] Das LG Bonn NJW 2001, 1736 hat im Fall *Kohl* den naheliegenden Ausweg über § 153 a StPO gewählt, zur uferlosen Literatur i. S. *Kohl* und *Kanther* Schönke/Schröder/*Lenckner/Perron* § 266 Rdnr. 45.
[231] BGH NJW 1975, 1234, 1235.
[232] So zutreffend Achenbach/Ransiek/*Seier* Rdnr. 336, der unter Hinweis auf BGH NJW 1975, 1234 auf die Irrelevanz einer etwaigen Gesetzes- oder Sittenwidrigkeit des erstrebten wirtschaftlichen Vorteils verweist.
[233] Institutionalisiert der Vorstandsvorsitzende im trauten clandestinen Zusammenwirken mit dem Buchhaltungsleiter eine schwarze Kasse in Liechtenstein in Form einer Stiftung und versterben beide, so dass das Vermögen an den ausländischen Treuhänder fällt, so wird man – auch ex ante – eine Vermögensgefährdung nicht verneinen können.

entnehmen „... verletzt und dadurch dem ... Nachteil zugefügt." Damit werden indes keine besonderen Eingrenzungen geschaffen, solange man die tatbestandliche Formulierung nicht als Grundlage für die Installation eines in der Fahrlässigkeitsdogmatik geläufigen Pflichtwidrigkeitszusammenhangs begreift. Abgestellt wird dabei auf das – nicht pflichtwidrige – alternative Verhalten, das einen gleichen Schaden verursacht hätte. In der Rechtsprechung des 1. Strafsenats finden sich in den bereits diskutierten Leitentscheidungen BGHSt 43, 293 (*Bugwellen-Entscheidung*) und BGHSt 46, 30 deutliche Hinweise auf die Berücksichtigung dieser Rechtsfigur: Die oben erwähnte Gegenüberstellung der Folgen der Haushaltsüberschreitung einerseits und des bei Stornierung des Engagements zu verzeichnenden Verlusts – Einnahmeausfälle, Ausfälle bei Sponsorenleistungen und Vertragsstrafen – andererseits bezieht sich zwar auf die Schadensermittlung, stellt inhaltlich aber zugleich die Synopse der Konsequenzen von pflichtgemäßer und pflichtwidriger Handlung dar.[234] Den Schritt zu einer ausdrücklichen Exkulpation über den Zurechnungszusammenhang unternimmt der 1. Strafsenat in der Kreditvergabe-Entscheidung BGHSt 46, 30, 34: Nach der Aufzählung der für eine nicht ausreichende Risikoprüfung relevanten Umstände – u. a. Vernachlässigung von Informationspflichten und mangelnde Befugnis der Entscheidungsträger – wird im Kausalitätsbereich das Postulat eines Pflichtwidrigkeitszusammenhangs aufgestellt: „Auch wenn eine Pflichtverletzung vorliegt und der Kredit später notleidend wird, führt dies allein noch nicht zur Annahme einer Untreue. Voraussetzung wäre, dass ein bei Vertragsschluss oder bei Darlehensausreichung in Gestalt einer Vermögensgefährdung eingetretener Vermögensnachteil auf die Pflichtwidrigkeit zurückzuführen ist. Ist danach etwa die erforderliche Befugnis der Entscheidungsträger nicht vorhanden, steht die Bonität des Kreditnehmer aber außer Zweifel, fehlt es an diesem Zusammenhang (BGH wistra 1989, 142)".[235] Hieraus hat die neue Literatur – zutreffend – abgeleitet, dass der Pflichtwidrigkeitszusammenhang ein notwendiges ungeschriebenes Tatbestandsmerkmal des § 266 darstellt.[236]

125   b) **Schutzzweck der Norm.** Als weiteres Erfordernis – wiederum der Fahrlässigkeitsdogmatik folgend – ist bei der Bestimmung der Pflichtwidrigkeit der Schutzzweck der Norm zu berücksichtigen. Die Rechtsprechung ist mit dieser Tatbestandsbegrenzung – die dogmatisch korrekt bereits bei der Bestimmung des Merkmals der Pflichtwidrigkeit anzusiedeln ist – recht freizügig umgegangen, ihr genügt ein Verstoß gegen Normen, an die sich der Treupflichtige – unabhängig vom Sinn und Zweck der Vorschrift – auszurichten und zu halten hat.[237] Exemplarisch hierfür BGH NJW 1975, 1234, 1235. Der BGH sieht dort die Pflichtwidrigkeit im Verstoß gegen die Satzungen des DFB. Wer gegen die *„anerkannten Regeln des Sports"* in Form der Bestechung von Gegenspielern verstößt, handelt satzungswidrig und verletzt seine Vermögensbetreuungspflicht.[238] In der Literatur setzt sich zunehmend die Ansicht durch, dass nur der Verstoß gegen vermögensschützende Normen (mit Blick auf den Geschäftsherrn und Treugeber) die Pflichtwidrigkeit konstituieren kann, wobei die Schutzzweckbestimmung im Einzelnen noch streitig erscheint.[239] Sicher ist, dass der Schutzzweck der Norm in Zukunft in stärkerem Maße als bisher die Untreuedogmatik und Rechtsprechung bestimmen wird.[240]

---

[234] BGHSt 43, 293, 296; ebenso NK/*Kindhäuser* § 266 Rdnr. 99; *Dorster* WM 2001, 333, 337; Achenbach/Ransiek/*Seier* Rdnr. 187.
[235] BGHSt 46, 30, 34; die vom 1. Strafsenat in Anspruch genommene Entscheidung BGH wistra 1989, 142 verhält sich allerdings nur dazu, dass eine Kompetenzüberschreitung allein nicht zur Tatbestandserfüllung ausreicht und ein hieraus resultierender Nachteil festzustellen ist.
[236] Ausführlich NK/*Kindhäuser* § 266 Rdnr. 99; hinsichtlich der Bedeutung der Rechtsprechung des 1. Strafsenats zurückhaltend Achenbach/Ransiek/*Seier* Rdnr. 187: „erste – vorsichtig tastende – Ansätze".
[237] Vgl. die Nachweise für die Rechtsprechung bei LK/*Hübner* § 266 Rdnr. 81 und LK/*Schünemann* § 266 Rdnr. 89.
[238] BGH NJW 1975, 1234, 1235; hierzu bereits zutreffend *Hillenkamp* NStZ 1981, 161, 166.
[239] *Hillenkamp* NStZ 1981, 161, 166; Schönke/Schröder/*Lenckner/Perron* § 266 Rdnr. 19 a, die einerseits eine Zwecksetzung der Vorschrift auf die Vermögensinteressen des Geschäftsherrn fordern, dafür aber das Kriterium der gravierenden Pflichtverletzung ablehnen; vermittelnd *Ransiek* in ZStW 116 (2004), 634, 672, der auch einen Drittschutz (Gläubigerinteressen bei der GmbH) einbeziehen will; *Kubiciel* NStZ 2005, 353, 355, der insbesondere BGH NJW 1997, 66, 69 mit seiner Einbeziehung der „besonderen Probleme der Wirtschaftsunternehmen und deren Beschäftigten in den neuen Bundesländern" kritisiert.
[240] Beleg für diese Prognose ist die Kommentierung Schönke/Schröder/*Lenckner/Perron* § 266 Rdnr. 19 a.

c) **Die Unmittelbarkeit.** Im Schrifttum wird vereinzelt – in Analogie zu § 263 StGB – das **126** Kriterium der Unmittelbarkeit der Pflichtverletzung für den Vermögensschaden als weiteres ungeschriebenes Tatbestandsmerkmal in den Raum gestellt.[241] Das Problem eines Verzichts auf die Unmittelbarkeit zeigt sich in den Entscheidungen OLG Hamm wistra 1999, 350 und BGH wistra 2001, 340 (die beide das gleiche Verfahren betreffen). Das OLG Hamm sah in einem möglicherweise gegen Gemeinnützigkeitsvorschriften verstoßenden Rechtsgeschäft eine Pflichtverletzung des Vereinsverstands und begründete die konkrete Vermögensgefährdung damit, dass der Verlust der Gemeinnützigkeit zu befürchten sei. Dabei sah das Gericht die – auf der Aberkennung der Gemeinnützigkeit beruhenden – noch nicht rechtskräftigen Steuerbescheide als ausreichende Grundlage für die Schadensfeststellung an.[242] In der folgenden Hauptverhandlung wurde – ohne dass es zu einer Entscheidung im Besteuerungsverfahren kam[243] – freigesprochen, unter anderem mit der Begründung, dass die Gemeinnützigkeit nicht gefährdet gewesen sei. Der BGH verwarf die vom GBA nicht vertretene Revision, ohne das hier offenkundige Problem der Unmittelbarkeit zu behandeln.[244] Tatsächlich wäre eine Lösung über den Schutzzweck der Norm nahe liegend gewesen, da die steuerlichen Gemeinnützigkeitsvorschriften nicht das Vermögen des Vereins schützen, sondern das Wirken gemeinnütziger Institutionen zugunsten der Allgemeinheit steuerlich fördern sollen.

6. Der Vorsatz der Untreue

Nichts kennzeichnet die frühe Spruchpraxis zu § 266 StGB mehr als die immer wiederkeh- **127** rende Betonung der hohen Anforderungen an die Vorsatzfeststellung als reziproke Konsequenz der sich erst mählich herausbildenden Gewinnung von Konturen bei den übrigen Tatbestandsmerkmalen, insbesondere bei der *„Entdeckung"* der (strafrechtlichen) Pflichtwidrigkeit als conditio sine qua non einer jeden Untreuestrafbarkeit.

Die Anzahl der Judikate zum Erfordernis der besonders sorgfältigen Feststellung des Vorsat- **128** zes ist Legion.[245] BGH NJW 1983, 431 fasst die ständige Rechtsprechung (für den Fall eines Anwalts, der eine Forderung verjähren ließ) zusammen: „Nach der Rechtsprechung macht es der weit gesteckte Rahmen des äußeren Tatbestands des § 266 StGB erforderlich, an den Nachweis der inneren Tatseite strenge Anforderungen zu stellen. Das gilt vor allem, wenn lediglich bedingter Vorsatz in Betracht kommt und wenn der Täter nicht eigensüchtig gehandelt hat."[246] Nahezu wortgleich der 1. Strafsenat – 15 Jahre später – für den typischen Fall der Kreditvergabe, mit dem besonderen Hinweis auf die Notwendigkeit einer Vorsatzerstreckung auch auf das Merkmal des Schadens: „Das gilt vor allem dann (scil: strenge Anforderungen an die innere Tatseite), wenn – wie hier hinsichtlich des Schadens lediglich bedingter Vorsatz in Betracht kommt und der Täter nicht eigensüchtig gehandelt hat".[247]

An BGH wistra 2000, 60 knüpft BGHSt 46, 30, 35 ausdrücklich an und arbeitet zugleich – **129** ein Novum in der bis dato vorzufindenden Judikatur des BGH zum Vorsatz bei § 266 StGB – die Kriterien für die Ermittlung der subjektiven Tatseite heraus, wobei zwei Differenzierungen ausdrückliche Erwähnung verdienen: Der 1. Strafsenat unterscheidet zunächst „zwischen den begrifflichen Voraussetzungen des dolus eventualis und den Anforderungen, die an seinen

---

[241] Erstmals *Haft* NJW 1996, 238 in seiner Anmerkung zu BayObLG NJW 1996, 268; Achenbach/Ransiek/ *Seier* Rdnr. 191 ff.
[242] OLG Hamm wistra 1999, 350, 354: „Die ... Steuerbescheide sind zwar noch nicht bestandskräftig geworden. Entgegen der Auffassung der Strafkammer ist aber keineswegs sicher, daß die gegen diese Bescheide gerichtete Rechtsverfolgung des Kreisverbandes Erfolg haben wird. Deshalb kann eine konkrete Vermögensgefährdung nicht ausgeschlossen werden.".
[243] Die Bescheide wurden später im Rechtsbehelfsverfahren aufgehoben.
[244] BGH wistra 2001, 340, 341.
[245] Schönke/Schröder/*Lenckner/Perron* § 266 Rdnr. 50 zählen über 20 Entscheidungen des RG und des BGH auf, die insgesamt vorfindbare Anzahl dürfte weit höher liegen.
[246] BGH NJW 1983, 461 verweist auf BGH NJW 1975, 1234, 1236; BGH GA 1956, 121, 123; 154, 155; RGSt 68, 371, 374; 69, 15, 17; 76, 115, 116. Zutreffend differenziert der BGH hier nicht zwischen Missbrauchs- und Treubruchtatbestand, da der „weit gesteckte Rahmen des äußeren Tatbestands" bei beiden Varianten zu verzeichnen ist.
[247] BGH wistra 2000, 60, 61 unter Hinweis auf BGHR StGB § 266 Abs. 1 Vorsatz 1 und den unveröffentlichten Beschluss vom 2.7.1997 – 2 StR 228/97.

Beweis zu stellen sind"²⁴⁸ und stellt sodann klar, dass die weitgehend für Tötungsdelikte entwickelten Umschreibungen für den Eventualdolus nicht formelhaft „auf Fälle offener mehrdeutiger Geschehen angewendet werden (können)".²⁴⁹ Statt dessen gelte: „Der Grad der Wahrscheinlichkeit eines Erfolgseintritts allein kann kein Kriterium für die Entscheidung der Frage sein, ob der Angeklagte mit dem Erfolg auch einverstanden war. Es kommt vielmehr immer auf die Umstände des Einzelfalles an, bei denen insbesondere die Motive und die Interessenlage des Angeklagten zu beachten sind (BGHR StGB § 15 Vorsatz, bedingter 1; StPO § 127 Festnahme 1)"²⁵⁰

130 Was hierunter zu verstehen ist, expliziert der gleiche Senat in seiner „**Drittmittel-Entscheidung**" (BGHSt 47, 295, 302). Auch hinsichtlich dieses zukunftsweisenden Urteils ist die wörtliche Wiedergabe für Verteidigungszwecke lohnenswert. Nachdem der Senat auf die fehlende Bereicherungsabsicht des Angeklagten und sein Motiv – zusätzliche Geldquellen für seine Forschungsvorhaben – hinweist und bei der Vorsatzermittlung postuliert, dass alle bedeutsamen Umstände einzubeziehen seien, fährt er fort: „Der Senat weist in diesem Zusammenhang nur darauf hin, dass der Stand von Diskussion und Erkenntnis über erlaubte und nicht erlaubte Abwicklungswege im Tatzeitraum ebenso zu bedenken gewesen wäre wie der Beweggrund des Angeklagten, die Effizienz der Förderung zu sichern. Für seine innere Haltung zur Wahrnehmung seiner Aufgaben ist schließlich nicht völlig unbedeutend, dass er ein auf seinen Namen eingerichtetes Drittmittelkonto mit Beträgen in namhafter Höhe aus seiner Privatliquidation speiste."²⁵¹

131 So verdienstvoll sich die Konturierung der Vorsatzzuschreibung bzw. Exkulpation durch die Rechtsprechung insbesondere des 1. Strafsenats auch darstellt, so sehr zeigt sie zugleich auf, dass die notwendigen Restriktionen (weiter) im äußeren Tatbestand vorzunehmen sind. *Seier* ist zuzustimmen, wenn er darauf hinweist, dass die gebotene Eingrenzung im objektiven Tatbestand zu erfolgen habe und in den meisten von der Rechtsprechung im Vorsatz entschiedenen Fällen die Pflichtverletzung hätte verneint werden können.²⁵²

132 Zu welchen Konsequenzen es führt, wenn eine einmal installierte Limitierung eines Merkmals – etwa in Form der gravierenden Pflichtverletzung – preisgegeben und entgegen der herrschenden Ansicht im Gesellschaftsrecht aus einer dort weit überwiegend als zulässig angesehenen Vergütungspraxis eine pflichtwidrige Nachteilszufügung destilliert wird, zeigen die Ausführungen des 3. Strafsenats in der „**Mannesmann-Entscheidung**" zur subjektiven Tatseite.²⁵³ Dem neuen Tatrichter wird die – zwangsläufige – Orientierungslosigkeit des Strafsenats vermittelt. Zunächst weist der Senat auf die alternativ in Betracht kommenden Irrtumsformen des Tatbestands- und des Verbotsirrtums (§ 16 und § 17 StGB) hin und offenbart sodann seine Ratlosigkeit: „Die Abgrenzung im Einzelnen dürfte sich als schwierig erweisen, wie dies bei Tatbeständen mit stark normativ geprägten objektiven Tatbestandsmerkmalen (hier in § 266 Abs. 1 StGB die Verletzung der Pflicht, die Vermögensinteressen wahrzunehmen) häufig der Fall ist und gerade für den zu beurteilenden Sachverhalt auch durch entgegengesetzte Stellungnahmen in der Literatur belegt wird."²⁵⁴ In einem letzten Schritt zeigt der Senat dann auf, dass der Irrtum bei § 266 StGB – zumindest im „Mannesmann-Fall" – sich den anerkannten Regeln der Irrtumsdogmatik entzieht²⁵⁵ und sie durch „wertende Kriterien" und „differenzierende Betrachtungen" zu ersetzen seien: Weder führe die fehlerhafte Wertung, nicht pflichtwidrig zu handeln, stets zum Vorsatzausschluss, noch reiche es für die Bejahung vorsätzlichen Handelns aus, wenn der Täter alle die Pflichtwidrigkeit begründenden tatsächlichen Umstände

---

[248] BGHSt 46, 30, 35 mit Hinweis auf Schönke/Schröder/*Cramer* StGB 25. Aufl. § 15 Rdnr. 87.
[249] BGHSt 46, 30, 35 unter Verweisung auf BGHR StGB § 15 Vorsatz, bedingter 8 und BGHSt 36, 1, 9.
[250] BGHSt 47, 295, 302.
[251] BGHSt 47, 295, 302; die traditionell dem Irrtumsbereich und dort dem Verbotsirrtum zuzuordnende Einbeziehung der „erlaubten und nicht erlaubten" Abwicklungswege in die Vorsatzfeststellung zeigt auf, welche Perspektiven für den Verteidiger beim Sachvortrag in komplexen Fallkonstellationen bei § 266 StGB verfügbar sind.
[252] Achenbach/Ransiek/*Seier* Rdnr. 84; Schönke/Schröder/*Lenckner/Perron* § 266 Rdnr. 50.
[253] BGH NStZ 2006, 214, 216.
[254] BGH NStZ 2006, 214, 217.
[255] Vgl. zu den Ziselierungen hinsichtlich der Einstufung der Pflichtwidrigkeit als normatives Merkmal oder als sog. gesamttatbewertendes Merkmal *Rönnau* NStZ 2006, 218, 221.

kenne, so dass seine fehlerhafte Überzeugung, nicht gegen Vermögensbetreuungspflichten zu verstoßen, nicht stets als Verbotsirrtum zu werten sei.²⁵⁶

Einfacher – und die Rechtssicherheit wahrend – wäre es gewesen, auf BGH NStZ 2000, 307, 309 hinsichtlich des Verbotsirrtums zurückzugreifen, der (so das LG Düsseldorf in der erstinstanzlichen Entscheidung) dann anzunehmen ist, wenn ein Rechtsrat erteilt wird, der – aus der Sicht des Anfragenden – „nach eingehender sorgfältiger Prüfung erfolgt und von der notwendigen Sachkenntnis getragen ist."²⁵⁷ 133

III. Verteidigung bei § 266 StGB

Die Darstellung der heute relevanten Problemzonen des § 266 StGB soll zugleich ein Leitfaden für die Verteidigung in den Verfahren sein, in denen der Vorwurf der Untreue erhoben wird. Wenig sinnvoll erscheint es, sich den Abgrenzungen zwischen Missbrauchs- und Treubruchtatbestand zuzuwenden. Die Rechtsprechung ignoriert diese Unterscheidung weitgehend. Keine Verteidigungsperspektive hat ferner die Erörterung des Problems, ob § 266 StGB dem Bestimmtheitsgebot des Art. 103 Abs. 2 GG genüge, da dieser Einwand noch niemanden vor einer Verurteilung wegen § 266 StGB geschützt hat. 134

Notwendig – und unumgänglich – ist zunächst eine genaue Überprüfung mit Blick auf das **Vorliegen eines Vermögensbetreuungsverhältnisses**. Weiterhin ist es in der Praxis üblich, schlichte **Leistungsaustauschverhältnisse** als vermeintliche Grundlage für Treuepflichten in Anklageschriften zu installieren; noch häufiger wird das Erfordernis des „**funktionalen Zusammenhangs**" übersehen und z. B. der Handelsvertreter mit einem Strafbefehl überzogen, weil die von ihm abgerechnete Handelsvertretervergütung als unanständig hoch empfunden wird. Die von der Rechtsprechung vorgenommene Aufteilung in spezifische Treuepflichten und einfache schuldrechtliche Pflichten im Rahmen eines grundsätzlichen Vermögensbetreuungsverhältnisses ist bei den Provisions- und Schmiergeldfällen von überragender Bedeutung für das Verteidigungsverhalten: Ist die Provision im Preis einkalkuliert, so liegt der „Kick-back"-Fall vor, der unvermeidlich in § 266 StGB einmündet. Kann dies nicht festgestellt werden, handelt es sich um einen strafrechtlich nicht sanktionierten Verstoß gegen einfache Herausgabepflichten. 135

Bei der **Pflichtwidrigkeit** ist entscheidend, dass die auf den ersten Blick so überzeugend wirkende ex-post-Verbindung von Schaden = Pflichtwidrigkeit enttarnt und die Situation **ex-ante für den Handelnden** rekonstruiert wird. Dabei ist herauszuarbeiten, an welchen Verhaltensanforderungen der Entscheidungsträger sich orientiert, warum er die äußersten Grenzen seines Handlungsspielraums nicht überschritten oder allenfalls Pflichten verletzt hat, die – bei einer Gesamtschau – nicht als „gravierend" einzustufen sind. Dabei können Aspekte eines fehlenden Pflichtwidrigkeitszusammenhangs ebenso eine Rolle spielen wie die Frage, ob die verletzten Vorschriften auf den Schutz des Vermögens des Treugebers abzielen. Das hier diskutierte Prinzip einer Unmittelbarkeit zwischen der Pflichtverletzung und dem Schaden ist auch Ermittlungsbehörden nicht fremd, einzelne Staatsanwaltschaften ziehen dieses Kriterium im Rahmen ihrer Bewertung durchaus heran, auch wenn – mangels Akzeptanz in der Rechtsprechung – letztlich der hinreichende Tatverdacht sodann über den subjektiven Tatbestand abgelehnt wird. 136

Beim **Nachteil** – dessen Verneinung wegen der fehlenden Versuchsstrafbarkeit zum Ausschluss jeder Strafbarkeit führt – ist die **Kompensation** weiterhin von Bedeutung, auch wenn sie an enge Voraussetzungen geknüpft ist. Die erkennbare Tendenz der Judikatur, nicht jede vermeintliche Gefährdung mit einem eingetretenen Schaden gleichzusetzen, gilt insbesondere für die Rechtsprechung zur unordentlichen Buchführung, bei inhaltlich unrichtigen Belegen und bei einer mangelhaften Fixierung von Rechtspositionen. Bei den Amtsträgern = Haushaltsuntreue ist der deutliche Trend ersichtlich, nur gravierende Beeinträchtigungen der Dispositionsfreiheit des öffentlich-rechtlichen Geschäftsherrn strafrechtlich zu erfassen. Ansonsten gilt – 137

---

²⁵⁶ BGH NStZ 2006, 214, 217.
²⁵⁷ BGH NStZ 2000, 307, 309; das LG Düsseldorf NJW 2004, 3275, 3285 hatte auf BGH NJW 2000, 2366 abgestellt, der auf die erstgenannte Entscheidung Bezug nimmt. Tatsächlich war – allerdings nicht durch die potentiellen Haupttäter – positiver Rechtsrat von einem die Voraussetzungen von BGH NStZ 2000, 307, 309 erfüllenden Aktienrechtler eingeholt worden.

wie auch bei § 263 StGB –, dass ein Schaden nur dann bejaht werden kann, wenn Leistung und Gegenleistung vor und nach der angeblichen Pflichtverletzung sich nicht im Gleichgewicht befinden.

138 Die Anzahl der Verfahren, bei denen aus der Täuschung (§ 263 StGB) oder der Pflichtverletzung (§ 266 StGB) zugleich der Schaden hergeleitet wird, ist weiterhin Legion. Eine präzise Subsumtion hilft allen, vornehmlich wenn die Empörung über das Verhalten des vermeintlichen Täters den Blick auf den (fehlenden) Schaden verstellt.

139 Im Vorsatzbereich ist der übliche Hinweis im Schriftsatz auf die strengen Anforderungen der Rechtsprechung zwar weiterhin lege artis, weiterführender erscheint aber die Präsentation der für den Vorsatz bei § 266 StGB entscheidenden Umstände, wie dies der 1. Strafsenat beispielhaft in der „Drittmittel-Entscheidung" unternommen hat. Schwächen bei der Konstruktion der Pflichtwidrigkeit sind im Übrigen allemal geeignet, auf der – nächsten – Stufe des subjektiven Tatbestands fruchtbar gemacht zu werden.

140 Es gilt, die Restriktion der Rechtsprechung aufzugreifen und die bestehenden Tendenzen in der Praxis fortzuschreiben. Weite – zugleich aber unübersichtliche – Tatbestände bieten auch Verteidigungschancen. Sie sind auszuschöpfen.

§ 18 Insolvenzdelikte

Übersicht

	Rdnr.
I. Einleitung (*Leipold*)	1–47
1. Bedeutung für die Praxis	1–25
a) Ursachen der Insolvenzhäufigkeit	1–4
b) Statistische Daten zu den Insolvenzen	5–9
c) Überblick über die Insolvenzstraftaten	10–13
d) Die Rechtslage ab dem 1.1.1999	14–19
e) Gesetzliche Grundlagen	20–25
2. Mitteilungen in Zivilsachen und Ermittlungsverfahren	26–44
a) Vorermittlungen der Staatsanwaltschaft	29–31
b) Übergang in das Ermittlungsverfahren	32–44
3. Voraussetzungen für ein Tätigkeitsverbot als Geschäftsführer	45–47
II. Allgemeiner Teil (*Leipold*)	48–120
1. Überschuldung	48–67
a) Begriff und Bedeutung	48–50
b) Feststellung	51–66
c) Beseitigung der Überschuldung	67
2. Zahlungsunfähigkeit	68–93
a) Begriff und Bedeutung	68–71
b) Einzelprobleme der Definition der Zahlungsunfähigkeit	72–93
3. Drohende Zahlungsunfähigkeit	94–99
a) Begriff und Bedeutung	94–98
b) Feststellung	99
4. Verhältnis zwischen den Merkmalen Überschuldung, drohende Zahlungsunfähigkeit und Zahlungsunfähigkeit	100–103
a) Kriminogener Zusammenhang	100–102
b) Gesonderte Feststellung	103
5. Taugliche Täter der Bankrottdelikte	104–120
III. Besonderer Teil (*Böttger*)	121–282
1. Insolvenzstraftaten des StGB	121–214
a) Einleitung	121–127
b) Eintritt der „Krise"	128–131
c) Die einzelnen Bankrotthandlungen	132–205
d) Subjektiver Tatbestand; Schuldformen; Versuch	206/207
e) Der besonders schwere Fall das Bankrotts gemäß § 283 a StGB	208
f) Objektive Bedingung der Strafbarkeit (§ 283 Abs. 6 StGB)	209/210
g) Insolvenzdelikte und Verbraucherinsolvenz	211–213
h) Nichtbilanzierung von Privatvermögen durch den Einzelkaufmann	214
2. Insolvenzverschleppung	215–230
a) Einführung	215
b) Strafvorschriften	216–220
c) Tatbestandsfragen des besonderen Teils	221–229
d) Schuldformen	230
3. Sonstige Straftaten im Zusammenhang mit der Insolvenz	231–282
a) Untreue gem. § 266 StGB	231–244
b) Betrug gem. § 263 StGB (Eingehungsbetrug)	245–255
c) Vorenthalten und Veruntreuen von Arbeitsentgelt gem. § 266 a StGB	256–282
IV. Beratungsschwerpunkte (*Böttger*)	283–397
1. In der Krise	283–323
a) Allgemeines	283
b) Definition der Krise	284–287
c) Krisenüberwindung außerhalb des Insolvenzverfahrens	288–302
d) Unternehmensbeendigung außerhalb des Insolvenzverfahrens	303–313
e) Einzelne Problembereiche	314–323
2. Nach Eintritt der Insolvenz	324–329
3. Im Insolvenzverfahren nach der InsO	330–365

§ 18   C. Die Verteidung in spezifischen Deliktsfeldern

a) Vorläufige Insolvenzverwaltung (ehem. Sequestration) gem. §§ 21-25 InsO	332–336
b) Nichteröffnung des Insolvenzverfahrens mangels Masse (§ 26 InsO)	337–343
c) Regelinsolvenzverfahren	344
d) Unternehmensfortführung/Sanierung	345–347
e) Insolvenzplanverfahren gem. §§ 217 ff. InsO	348
f) Eigenverwaltung gem. §§ 270 ff. InsO	349/350
g) Kooperation mit dem Insolvenzverwalter	351–355
h) Beendigung des Insolvenzverfahrens	356–359
i) Restschuldbefreiungsverfahren	360–365
4. Insolvenzgeheimnis und Strafverfahren	366–375
5. Sanktionen und Konsequenzen	376–384
a) Strafen	376/377
b) Nebenfolgen; Berufsverbot	378–380
c) Zivilrechtliche (Durchgriffs-) Haftung	380
d) Ausschluss der Restschuldbefreiung (§§ 290 Abs. 1, 297 InsO)	381–383
e) Praxis	384
6. Strafrechtliches Risiko des Beraters	385–397

Schrifttum: *Ahrens,* Insolvenzanfechtung einer erfüllten Bewährungsauflage, NZI 2001, 456; *Balz,* Aufgaben und Struktur eines künftigen einheitlichen Insolvenzverfahrens, ZIP 1988, 273; *Baumgarte,* Die Strafbarkeit von Rechtsanwälten und anderen Beratern wegen unterlassener Konkursanmeldung, wistra 1992, 41; *ders.,* Die Mitteilungen in Zivilsachen (MiZi) als Erkenntnisquelle für die Strafverfolgungsbehörden in Wirtschaftsstrafverfahren, wistra 1991, 171 ff.; *Berger/Ellrott* (Hrsg.) Beck'scher Bilanz-Kommentar Handels- und Steuerrecht – §§ 238 bis 339 HGB, 5. Auflage 2003; *Bittmann,* Zahlungsunfähigkeit und Überschuldung nach der Insolvenzordnung, wistra 1998, 321 ff. (Teil 1), 1999, 10 ff. (Teil 2); *ders.* (Hrsg.), Insolvenzstrafrecht, 2004; *ders.,* Zahlungsunfähigkeit und Überschuldung nach der Insolvenzordnung, wistra 1998, 321; *ders.,* Beitragsvorenthaltung bei Insolvenzreife der GmbH, wistra 2004, 327; *ders./Rudolph,* Untreue des GmbH-Geschäftsführers trotz Anordnung der Insolvenzverwaltung?, wistra 2000, 401; *Boettger,* Cash-Management internationaler Konzerne, 1995; *Bretzke,* Der Begriff der „drohenden Zahlungsunfähigkeit" im Konkursstrafrecht, 1984; *Burgermeister,* Der Sicherheitenpool im Insolvenzrecht, 2. Auflage 1996; *Dahnz,* Manager und ihr Berufsrisiko, 2002 S. 160; *Eggemann,* Risikomanagement nach KonTraG aus dem Blickwinkel des Wirtschaftsprüfers, BB 2000, 503; *Eidam,* Unternehmen und Strafe, 2. Auflage 2001; *Graf/Wunsch,* Eigenverwaltung und Insolvenzplan: gangbarer Weg in der Insolvenz von Freiberuflern und Handwerkern?, ZIP 2001, 1029; *Greeve/Leipold,* Handbuch des Baustrafrechts, 2003; *Groth,* Überschuldung und eigenkapitalersetzende Gesellschafterdarlehen; *Gundlach/Frenzel/Schmidt,* Die Zulässigkeit des Sicherheiten-Poolvertrags im Insolvenzverfahren, NZI 2003, 142; *Haarmeyer/Wutzke/Förster,* Handbuch zur Insolvenzordnung, 3. Auflage 2001; *Hachenburg/Ulmer,* GmbHG, 8. Auflage 1992; *Harneit,* Überschuldung und erlaubtes Risiko, 1984; *Hefendehl,* Beweismittlungs- und Beweisverwertungsverbote bei Auskunfts- und Mitwirkungspflichten – das sog. Verwendungsverbot nach § 97 Abs. 1 S. 3 InsO, wistra 2003, 1 ff.; *Hess/Pape,* InsO und EGInsO, Grundzüge des neuen Insolvenzrechts, 1995; *Hey/Regel,* „Firmenbestatter" – Das Geschäft mit der Pleite, Kriminalistik 1999, 258; *Hiltenkamp-Wisgalle,* Die Bankrottdelikte, 1987; *Hoffmann/Liebs,* Der GmbH-Geschäftsführer, 2. Aufl., 2000; *Hormuth,* Recht und Praxis des konzernweiten Cash-Managements. Ein Beitrag zur Konzernfinanzierung, 1998; *Hüffer,* AktG, 5. Auflage 2002; *Kern,* Verwertung der Personalfirma im Insolvenzverfahren, BB 1999, 1717; *Kohlmann,* Die strafrechtliche Verantwortlichkeit des GmbH-Geschäftsführers; *Krause, W.,* Die Haftungsbeschränkung auf das Gesellschaftsvermögen bei der GmbH und deren Vorgesellschaft und ihre Konsequenzen für die Gläubiger, DB 1988, 96; *Krekeler/Werner,* Unternehmer und Strafrecht, Strafverteidigerpraxis Bd. 7, 2006; *Kruse,* Kapitalersetzender Gesellschafterdarlehen in der Krise der GmbH; *Lüderssen,* Entkriminalisierung des Wirtschaftsrechts, 1998; *Lütke,* Ist die Liquidität 2. Grades ein geeignetes Kriterium zur Feststellung der Zahlungsunfähigkeit, wistra 2003, 52; *Lutter,* Zahlungseinstellung und Überschuldung unter der neuen Insolvenzordnung, ZIP 1999, 641; *ders./Hommelhoff* GmbHG, 14. Auflage 1995; *Maurer,* Der „innere Zusammenhang" im Bankrottstrafrecht, wistra 2003, 253; *Mohr,* Bankrottdelikte und übertragende Sanierung, 1993; *Mohrenschlager,* Der Regierungsentwurf eines Gesetzes zur Bekämpfung der Wirtschaftskriminalität in wistra 1983, 17; *Müller-Gugenberger/Bieneck,* Wirtschaftsstrafrecht, 3. Aufl., 2000; *Müller-Gugenberger/Bieneck* (Hrsg.), Wirtschaftsstrafrecht, 3. Auflage 20010; *Muhler,* Nichtbilanzieren von Privatvermögen strafbar?, wistra 1996, 325; *Ogiermann,* Die Strafbarkeit des systematischen Aufkaufs konkursreifer Unternehmen, wistra 2000, 250; *Otto,* Aktienstrafrecht, 1997; *ders.,* Der Zusammenhang zwischen Krise, Bankrotthandlung und Bankrott, GS für Bruns 1980, S. 276; *ders.,* Die Tatbestände gegen Wirtschaftskriminalität im StGB, Jura 1989, 24; *Pelz,* Strafrecht in Krise und Insolvenz, Strafverteidigerpraxis Band 2, 2004 ; *Penzlin,* Strafrechtliche Auswirkungen der Insolvenzordnung, 2000; *Pick,* Die neue Insolvenzordnung, NJW 1995, 992; *Picot/Aleth,* Unternehmenskrise und Insolvenz, 1999; *Richter,* Auskunfts- und Mitteilungspflichten nach §§ 20, 97 Abs. 1 ff. InsO, wistra 2000, 1 ff.; *ders.,* Zur Strafbarkeit externer „Sanierer" konkursgefährdeter Unternehmen, wistra 1984, 97; *Reck,* Insolvenzstraftaten und deren Vermeidung, 1999; *Reulecke/Giesler,* Zahlungsunfähigkeit und Überschuldung, 1992; *Rönnau,* Die Strafbarkeit des Arbeitgebers gemäß § 266 a I StGB in der Krise des Unternehmens. Zugleich eine Besprechung des Urteils des OLG Celle vom 29.11.1995 – 9 U 51/95 –, wistra 1997, 13; *ders.,* Die

Strafbarkeit des Vorenthaltens von Arbeitnehmersozialversicherungsbeiträgen in der Krise des Unternehmens, NJW 2004, 976; *Schäfer*, Die Verletzung der Buchführungspflicht in der Rechtsprechung des BGH, wistra 1986, 200; *K. Schmidt*, Konkursverschleppungshaftung und Konkursverursachungshaftung. Überlegungen zum Haftungsrecht der GmbH und der GmbH & Co., ZIP 1988, 1497; *Schmidt/Uhlenbruck* (Hrsg.), Die GmbH in Krise, Sanierung und Insolvenz, 3. Auflage 2003; *Schneider/Waschk*, Das Unternehmen zwischen Krise und Insolvenz, 2002; *Schramm*, Kann ein Verbraucher einen Bankrott (§ 283 StGB) begehen?, wistra 2002, 55; *ders.*, Untreue durch Insolvenzverwalter, NStZ 2000, 398; *Spannowsky*, Konkursverschleppung bei Gesellschaften ohne Geschäftsführer, wistra 1990, 48 ff.; *Tiedemann*, Grundfragen bei der Anwendung des neuen Konkursstrafrechts, NJW 1977, 777; *ders.* Der BGH zum neuen Konkursstrafrecht, NJW 1979, 254; *ders.*, Die strafrechtliche Vertreter- und Unternehmenshaftung, NJW 1986, 1842; *ders.*, Kommentar zum GmbH-Strafrecht, 4. Aufl., 2002; *Uhlenbruck*, Gesetzliche Konkursantragspflichten und Sanierungsbemühungen, ZIP 1980, 73; *Uhlenbruck*, Strafrechtliche Aspekte der Insolvenzrechtsreform 1994, wistra 1996, 1 ff.; *Vormbaum*, Probleme der Gläubigerbegünstigung. Zur Auslegung des § 283 c StGB, GA 1981, 101; *Wabnitz/Janovsky*, Handbuch des Wirtschafts- und Steuerstrafrechts, 2000; *ders.*, Handbuch des Wirtschafts- und Steuerstrafrecht, 2. Aufl., 2004; *Wessing*, Insolvenz und Strafrecht. Risiken und Rechte des Beraters und Insolvenzverwalters, NZI 2003, 1; *Westrick*, Chancen und Risiken der Eigenverwaltung nach der Insolvenzordnung, NZI 2003, 65; *Weyand*, Insolvenzdelikte, 5. Aufl., 2001; *ders.*, Insolvenzdelikte, 6. Auflage 2003; *ders.*, Strafrechtliche Risiken in Insolvenzverfahren für Verwalter und Berater, ZInsO 2000, 413; *Wimmer* (Hrsg.), Frankfurter Kommentar zur Insolvenzordnung, 3. Auflage 2002 (zit. FK-InsO/*Bearbeiter*).

I. Einleitung

1. Bedeutung für die Praxis

a) **Ursachen der Insolvenzhäufigkeit.** Die Zunahme von Insolvenzen führt spiegelbildlich zu einem Anwachsen der Insolvenzdelikte. Die Ursachen für die Insolvenzen selbst sind vielfältig. So soll nach empirischen Untersuchungen und Erfahrungen unternehmerisches Fehlverhalten, insbesondere die Fehleinschätzung der künftigen Konsequenzen einer gegenwärtig getroffenen Entscheidung (sog. Management-Fehler) die Hauptursache sein.[1] Durch die oftmals geringe Eigenkapitalausstattung sind insbesondere GmbH's, die mit einem Stammkapital von 25.000,- € gegründet werden, besonders krisenanfällig, da zur Eintragung gem. § 7 Abs. 2 GmbHG allein der Nachweis notwendig ist, dass dieser Betrag zur Hälfte eingezahlt worden ist, unabhängig davon, ob der Geschäftsbetrieb nur aufgrund Kredite möglich oder die vorhandene Kapitaldecke überhaupt für die vorgesehene Geschäftsaktivität ausreichend ist.[2] Besonders in der Aufbauphase, nachdem staatliche Existenzgründungssubventionen weggefallen sind, können Zinserhöhungen, Umsatzrückgänge und sonstige Außeneinflüsse schnell zur Zahlungsunfähigkeit oder Überschuldung führen.[3] 1

Ein weiterer Grund der Insolvenzhäufigkeit liegt in der, dem hohen Finanzierungsbedarf der meisten Unternehmen entsprechenden Zinsbelastung, insbesondere gegenüber Banken.[4] 2

Eine Untersuchung der Firmenzusammenbrüche unter dem Aspekt der Rechtsform des jeweiligen Unternehmens führt dazu, dass ein eindeutiges Übergewicht der GmbH bzw. der GmbH & Co KG bei wirtschaftsstrafrechtlichen Ermittlungsverfahren festzustellen ist. Die im Wirtschaftsleben beliebte Rechtsform der GmbH zeigt sich in der Zahl von mehr als 770.000 Gesellschaften dieses Typs in der Bundesrepublik.[5] Nach § 7 Abs. 2 GmbHG ist zur Eintragung der GmbH allein der Nachweis notwendig, dass der oben erwähnte Betrag in Höhe von € 25.000,00 zur Hälfte eingezahlt worden ist. Danach kann die Gesellschaft uneingeschränkt am wirtschaftlichen Verkehr teilnehmen, unabhängig davon, ob ausreichende Kreditlinien gewährt wurden oder ob die vorhandene Kapitaldecke für die geplanten geschäftlichen Aktivitäten überhaupt ausreicht.[6] 3

Rechtspolitisches Ziel der Anfang 1999 in Kraft getretenen Insolvenzrechtsreform ist die Verhütung von Zusammenbrüchen durch Bewältigung der Krisen und der Minimalisierung der Schäden. Dabei will das jetzige Insolvenzstrafrecht den Schutz der gegenwärtigen und zukünfti- 4

---

[1] *Zainhofer* Kriminalistik 1992, 512; vgl. auch LK/*Tiedemann* 11. A. 1996 Vorbem. § 283 Rdnr. 13 m. w. N.
[2] *Weyand* Rdnr. 4; vgl. auch *Picot/Aleth* Rdnr. 132.
[3] Müller-Gugenberger/*Bieneck* § 75 Rdnr. 3.
[4] Vgl. LK/*Tiedemann* 11. A., 1996 Vorbem. § 283 Rdnr. 16.
[5] *Weyand* Rdnr. 3 mit Verweis auf *Hansen* GmbHR 1999, 24.
[6] *Weyand* Rdnr. 4.

gen Gläubiger insolventer Unternehmen sowie der gesamten Kreditwirtschaft vor Vermögens- und Funktionsschäden durch Verstöße gegen die Grundsätze ordnungsgemäßer Wirtschaftsführung seitens der insolventen Unternehmer oder ihrer Hilfspersonen gewährleisten.[7]

5 **b) Statistische Daten zu den Insolvenzen.** Die Zahl der Unternehmensinsolvenzen stagniert auf hohem Niveau: 2003 und 2004 waren es 39.470 und 39.270 Unternehmensinsolvenzen, für 2005 werden 37.900 Unternehmensinsolvenzen erwartet. In den letzten 11 Jahren haben sich die Unternehmensinsolvenzen mehr als verdoppelt.[8] Für 2005 werden außerdem weitere 66.400 Verbraucherinsolvenzen und 32.000 sonstige Insolvenzen prognostiziert, was insgesamt zu einem Anstieg gegenüber dem Vorjahr von 15,3 % führt.

6 Die durch Unternehmensinsolvenzen entstandenen Schäden belaufen sich etwa auf € 37,5 Mrd.

7 In strafrechtlicher Hinsicht wurden 2004 14.880 Fälle erfasst mit einem Schadensvolumen von ca. 2,87 Mrd. €. Nach dem Bundeslagebild Wirtschaftskriminalität 2004 des BKA binden umfangreiche Verfahren bei weitem mehr Kapazitäten als bisher und erfordern sowohl personelle als auch konzeptionelle Maßnahmen. So wurden in Berlin folgende Eckpunkte eingeführt:
- bei Schadenshöhen bis € 500.000 soll auf Durchsuchungsmaßnahmen weitestgehend verzichtet werden,
- auf Handelsregisterauswertungen soll weitgehend verzichtet werden,
- die Verfahrensstützung soll auf äußeren Anzeichen der Insolvenz erfolgen.

8 Nach einer Mitteilung des Bundesverbandes deutscher Inkassounternehmen (BDIU)[9] vom 3.11.2005 ist nach wie vor der Bau besonders betroffen. So sagen 73 % der im BDIU organisierten Inkassounternehmen, dass besonders die Baubranche Probleme mit dem Zahlungsverhalten ihrer Kunden habe. Auch die öffentliche Hand sei weiter ein schlechter Zahler. Die schlechte Finanzkraft insbesondere der kommunalen Haushalte habe hier offensichtlich direkte Auswirkungen auf das Zahlungsverhalten. Von Insolvenzen selbst stark betroffen ist ebenfalls nach wie vor das Baugewerbe. Jedes fünfte insolvente Unternehmen stammt aus dieser Branche.[10] Auch bei den Insolvenzhäufigkeiten liegt der Bau an der Spitze aller Branchen: Auf 10.000 Unternehmen kommen im Jahr 2004 269 Pleiten – und damit rund doppelt so viele wie im Durchschnitt aller Wirtschaftbereiche; im Bauhauptgewerbe sind es sogar 441.

9 Nach Angaben der Deutschen Bauindustrie haben deutsche Baubetriebe nur eine **durchschnittliche Eigenkapitalquote** von ca. 6 %, die allerdings auch bei großen Baukonzernen nicht unbedingt höher liegen muss.[11]

10 **c) Überblick über die Insolvenzstraftaten.** Unterschieden wird zwischen Insolvenzstraftaten im engeren (§§ 283 ff. StGB) und im weiteren Sinn (typische Begleitdelikte wie z. B. die Insolvenzverschleppung, der Lieferantenkreditbetrug, die Untreue, das Nichtabführen von Sozialversicherungsbeiträgen, aber auch die Urkundenfälschung oder die Steuerhinterziehung).[12] Eine Andere Unterscheidung differenziert zwischen bestandsbezogenen und informationsbezogenen Bankrotthandlungen: Bei ersteren wird eine Verringerung des Vermögensbestandes herbeigeführt, bei letzteren gibt der Täter unrichtige Informationen über seinen Vermögensbestand.[13]

11 **Voraussetzung für die Bankrotthandlungen** nach § 283 Abs. 1, 4 Nr. 1, 5 Nr. 1 StGB sowie in abgewandelter Form für die §§ 283 c, 283 d StGB ist das Handeln des Täters während einer Krise.[14] Zusätzlich sieht das Gesetz in sämtlichen Vorschriften das Erfordernis der Insolvenzer-

---

[7] Müller-Gugenberger/*Bieneck* § 75 Rdnr. 4.
[8] Pressekonferenz des Verbands der Vereine Kreditreform e.V. vom 29.11.2005.
[9] Http://www.bdiu.de.
[10] Nach der Statistik des Hauptverbands der Deutschen Bauindustrie (www.bauindustrie.de) ist etwa jede zehnte Unternehmensinsolvenz aus dem Bauhauptgewerbe.
[11] Vgl. Greeve/Leipold/*Busch* § 47 Rdnr. 8. Nach einer Studie des Deutschen Sparkassen- und Giroverbandes beträgt die Eigenkapitalquote im Schnitt 7 % (*Schneider*/Waschk, 2. 24). Bei dem in Insolvenz gefallenen Baukonzern Philipp Holzmann AG betrug die Eigenkapitalquote zuletzt ca. 3,3 %.
[12] Detailliert bei Greeve/Leipold/*Busch* § 47 Rdnr. 50.
[13] NK/*Kindhäuser* Vorbem. § 283 ff. Rdnr. 5 ff.
[14] *Tröndle/Fischer* Vorbem. § 283 Rdnr. 4, 5. Unter Krise wird nach § 283 Abs. 1 StGB das Handeln des Täters entweder bei Überschuldung oder bei eingetretener oder drohender Zahlungsunfähigkeit verstanden. § 283 Abs. 2 StGB erfasst die Herbeiführung der Krise.

öffnung, der Zahlungseinstellung oder der Abweisung des Eröffnungsantrages mangels Masse vor. Diese objektive Strafbarkeitsbedingung soll bewirken, dass schwach gewordene Unternehmen vor Eintritt der Bedingung nicht unnötig existenzbedrohenden Strafverfahren ausgesetzt werden.[15]

Der Begriff der Insolvenzdelikte umfasst also alle Deliktsformen, die im Zusammenhang mit der Überschuldung oder der drohenden bzw. bereits eingetretenen Zahlungsunfähigkeit von Unternehmen stehen. Dabei spielt es keine Rolle, ob Nutznießer dieser Taten eine Privatperson oder eine Folgefirma ist. Geschütztes Rechtsgut sind primär die Vermögensinteressen der Gläubiger des Gemeinschuldners; deren geldwerte Ansprüche sollen nach Möglichkeit aus der vorhandenen Masse befriedigt werden.[16] Über den Bereich des individuellen Vermögensschutzes hinaus sollen aber auch die Interessen der Arbeitnehmer an der Erhaltung ihres Arbeitsplatzes (§ 283 a Nr. 2 StGB) sowie als überindividuelles (soziales) Rechtsgut die Funktionsfähigkeit der Kreditwirtschaft[17] vor ernsthaften Störungen geschützt werden.[18] Diese weit reichenden Rechtsschutzinteressen lassen die Bedeutung des Insolvenzstrafrechts für die Funktionsfähigkeit des Wirtschaftskreislaufs erkennen. Entsprechend finden sich vergleichbare Strafvorschriften in anderen Rechtsordnungen aller modernen Volkswirtschaften.[19]

Ob nun bei schätzungsweise bei 50 %[20] oder gar bei 70–80 %[21] aller Firmenzusammenbrüche der Verdacht auf die Verübung von Insolvenzstraftaten im engeren Sinn besteht, kann letztlich dahinstehen. Sicher ist, dass Insolvenz und Strafverfahren in einem engen Wechselverhältnis stehen. Aus Sicht des Anzeigenerstatters bzw. des Geschädigten erfüllen Strafverfahren, die Ermittlungen im Hinblick auf die §§ 283 ff. StGB zum Inhalt haben, oft eine gewisse Genugtuungsfunktion, ohne dass sie darüber hinaus gehende Zwecke des Gesetzgebers tatsächlich verfolgen können. Entscheidungen der Staatsanwaltschaft, angezeigte Sachverhalte nicht weiter zu verfolgen, sei es wegen geringen Verschuldens oder Nichtnachweisbarkeit, werden daher häufig angefochten.[22]

d) Die Rechtslage ab dem 1.1.1999. Mit Wirkung vom 1.1.1999 hat die Insolvenzordnung (InsO)[23] die Konkurs-, die Vergleichs- sowie die Gesamtvollstreckungsordnung abgelöst. Wenn auch das Insolvenzstrafrecht nicht gleichermaßen grundlegend geändert wurde wie das Insolvenzrecht selbst, so sind Auswirkungen auf die Tatbestände der §§ 283 ff. StGB erkennbar.

Neben der (redaktionellen) Änderung der Begriffe „Konkurs" und „Konkursmasse" durch die Bezeichnungen „Insolvenz" und „Insolvenzmasse" wurde die Strafbarkeit vorverlagert. Die bisherigen Vergleichsverfahren, die in der objektiven Bedingung der Strafbarkeit des § 283 Abs. 6 StGB bislang nicht erfasst waren, sind nun vom Begriff der Insolvenz erfasst. Die Strafverfolgung ist also selbst dann möglich, wenn das weitere Schicksal des betroffenen Unternehmens völlig unklar ist und eine Firmensanierung im Bereich des möglichen liegt.

Lediglich die Vorschrift des § 283 d StGB (Schuldnerbegünstigung) erfuhr eine Änderung im Absatz 1.

Der Gesetzgeber ist davon ausgegangen, dass eine Änderung der Vorschriften des StGB deshalb nicht notwendig sei, weil durch die Erleichterung der Eröffnung des Insolvenzverfahrens auch eine Erleichterung der Aufklärung von Insolvenzstraftaten folgen werde.[24] Die Be-

---

[15] *Tröndle/Fischer* Vorbem. § 283 Rdnr. 4, 5.
[16] *Tröndle/Fischer* Vorbem. § 283 Rdnr. 3 m. w. N.
[17] Nicht umfasst ist der Schutz der Gesamtwirtschaft, vgl. im Einzelnen hierzu LK/*Tiedemann* 11. A. 1996, Vorbem. § 283 Rdnr. 55.
[18] Müller-Gugenberger/*Bieneck* § 75 Rdnr. 39.
[19] Vgl. z. B. § 156 des österreichischen Strafgesetzbuches (Betrügerische Krida); zum Ganzen: Foffani, in: Tiedemann (Hrsg.) Handelsgesellschafts- und Insolvenzstrafrecht in Wirtschaftsstrafrecht in der Europäischen Union.
[20] *Reck* Rdnr. 19.
[21] Vgl. *Weyand* Rdnr. 1.
[22] *Weyand* Rdnr. 14.
[23] BGBl I 1994, 2867.
[24] Begründet wird dies mit der Gleichheit der Schutzrichtung, nämlich das Interesse der Gläubiger an einer möglichst optimalen Befriedigung ihrer geldwerten Ansprüche, vgl. *Uhlenbruck* wistra 1996, 1 ff.; vgl. auch *Tröndle/Fischer* Vorbem. § 283 Rdnr. 1.

gründung zu Art. 58 des Regierungsentwurfs eines Einführungsgesetzes zur Insolvenzordnung (RegE EG) lautet:

„Die Vorschriften des Strafgesetzbuchs über die Konkursstraftaten werden darin angepasst, dass an die Stelle von Konkurs- und Vergleichsverfahren das einheitliche Insolvenzverfahren tritt. Weiter ist zu beachten, dass der Begriff der drohenden Zahlungsunfähigkeit, den das Konkursstrafrecht schon bisher verwendet, in Zukunft durch die neue Definition dieses Begriffs in § 22 Abs. 2 des Entwurfs der Insolvenzordnung (§ 18 Abs. 2 InsO) konkretisiert wird. Im Übrigen erscheinen Änderungen des Strafgesetzbuches von den Zielen der Insolvenzstrafrechtsreform her nicht erforderlich. In der Praxis wird sich die Reform dahin entwickeln, dass die Erleichterung der Eröffnung der Insolvenzverfahren auch zu einer Erleichterung der Aufklärung der Insolvenzstraftaten führen wird; die Zahl der Fälle, in denen ein Insolvenzantrag mangels Masse abgewiesen wird und die näheren Umstände des Insolvenzeintritts im Dunkeln bleiben, wird sich erheblich vermindern."

18   Das neue Insolvenzrecht hat somit in erster Linie mittelbare Auswirkungen auf das Insolvenzstrafrecht, als regelungstechnisch die Insolvenzstraftatbestände ganz wesentlich auf insolvenzrechtlichen Vorgaben bzw. insolvenzrechtlich geprägten Rechtsbegriffen basieren.[25] So ist die drohende Zahlungsunfähigkeit nicht nur Krisenmerkmal bei den Bankrottdelikten der §§ 283, 283 d StGB, sondern zugleich auch Insolvenzgrund, also Verfahrensauslöser nach § 1 InsO.[26]

19   Dennoch bleibt festzuhalten, dass die Insolvenzrechtsreform das Insolvenzstrafrecht stiefmütterlich behandelt hat.[27] Der Wille der Gläubigerschaft sollte nach den Vorstellungen des Gesetzgebers Vorrang vor der Verwirklichung des staatlichen Strafanspruchs haben. Die Möglichkeiten der Schuldnersanierung sollten nicht mehr als notwendig durch Strafverfahren behindert oder unmöglich gemacht werden. Ob dieser Anspruch Rechtswirklichkeit geworden ist, muss bezweifelt werden. Allein die im folgenden Gliederungspunkt zu behandelnde Verpflichtung der Insolvenzgerichte, die Staatsanwaltschaften unter bestimmten Voraussetzungen zu unterrichten, unterstützt diese Intention nicht.

20   e) **Gesetzliche Grundlagen.** Für die Insolvenzdelikte ergeben sich damit folgende gesetzliche Grundlagen: Zunächst ist dies im **Kernstrafrecht** der Abschnitt „Insolvenzstraftaten", §§ 283 – 283 d StGB.

21   Hinzukommen für die **GmbH** § 84 Abs. 1 Nr. 2 GmbHG, der über §§ 130 a, 177 a, 130 b HGB auch für Gesellschaften gilt, in denen keiner der persönlich haftenden Gesellschafter eine natürliche Person ist. Dies ist vornehmlich die **GmbH & Co. KG**.

22   Für **Aktiengesellschaften** regeln §§ 401 Abs. 1 Nr. 2, 92 Abs. 2, 268 Abs. 2 AktG die Insolvenzantragspflicht und die entsprechende Strafbestimmung; bezüglich der persönlich haftenden Gesellschafter einer **KGaA** gelten §§ 278 Abs. 3, 283 Nr. 14 AktG.

23   Auch für **Genossenschaften** sind entsprechende Vorschriften vorhanden: Es sind dies die §§ 99 Abs. 1, 148 Abs. 1 Nr. 2 GenG.

24   Vorstandsmitglieder und Abwickler eines **Vereins** oder einer **Stiftung** sowie **Erben** oder **Nachlassverwalter** trifft zwar ebenfalls eine gesetzlich normierte Insolvenzantragspflicht,[28] jedoch ist diese nicht eigens strafbewehrt. Dies berührt jedoch nicht eine Strafbarkeit nach den §§ 283 ff. StGB.

25   Sonderregelungen für **Kreditinstitute** und für **Versicherungsunternehmen** enthalten das KWG bzw. das VAG. Hiernach existieren Anzeigepflichten gem. § 46 b KWG bzw. § 88 VAG gegenüber der Aufsichtsbehörde, die allein befugt ist, Insolvenzantrag zu stellen. Das Unterlassen dieser Anzeige ist jeweils unter Strafe gestellt, § 55 KWG bzw. § 141 VAG.

---

[25] Wabnitz/Janovsky/*Beck* Kap. 2 Rdnr. 67.
[26] Näher hierzu *Uhlenbruck* wistra 1996, 1, 3.
[27] So *Uhlenbruck* wistra 1996, 1, 2.
[28] Vgl. §§ 42 Abs. 2, 48 Abs. 2, 86 S. 1 BGB sowie §§ 1980, 1985 Abs. 2 S. 2 BGB. Für Körperschaften, Stiftungen und Anstalten des öffentlichen Rechts gilt gem. § 89 Abs. 2 BGB ebenfalls § 42 Abs. 2 BGB, soweit das Insolvenzverfahren zulässig ist.

2. Mitteilungen in Zivilsachen und Ermittlungsverfahren

In der Praxis der Verfolgung von Straftaten im Zusammenhang mit Insolvenzen spielen Mitteilungen eine große Rolle, die von den Zivilabteilungen der Amtsgerichte an die örtlich zuständige Staatsanwaltschaft gerichtet werden. Solche Benachrichtigungen sind in bundeseinheitlichen Justizverwaltungsanordnungen unter der Überschrift „Mitteilungen in Zivilsachen" (*MiZi*) geregelt. Es handelt sich dabei um eine Vereinbarung zwischen den Landesjustizverwaltungen und dem Bundesministerium der Justiz.

Nach der Neufassung der MiZi[29] werden dem Staatsanwalt im 3. Abschnitt XII a vom Insolvenzgericht mitgeteilt:

- Die Abweisung des Antrags auf Eröffnung des Insolvenzverfahrens mangels Masse (§ 45 VAG, §§ 26 Abs. 1 S. 1, 31 InsO, § 13 Abs. 1 Nr. 4 EGGVG);[30]
- die Eröffnung des Insolvenzverfahrens;
- die Eröffnung eines Insolvenzverfahrens mit der Anordnung der Eigenverwaltung unter Aufsicht eines Sachwalters;
- die Eröffnung eines Verbraucherinsolvenzverfahrens (§§ 31, 270, 304 InsO, § 45 VAG, § 13 Abs. 1 Nr. 4 EGGVG).[31]

Die Vollstreckungsgerichte teilen gem. 3. Abschnitt X/2 Folgendes der Staatsanwaltschaft[32] mit:

- die Abgabe der eidesstattlichen Versicherung nach § 807 ZPO,
- der Erlass eines Haftbefehls nach § 901 ZPO,

wenn das Verfahren eine Aktiengesellschaft, eine Kommanditgesellschaft auf Aktien, eine Gesellschaft mit beschränkter Haftung oder eine Genossenschaft betrifft. Dasselbe gilt, wenn das Verfahren eine offene Handelsgesellschaft oder eine Kommanditgesellschaft betrifft, bei der kein Gesellschafter eine natürliche Person ist (§ 17 Nr. 1 EGGVG).

a) Vorermittlungen der Staatsanwaltschaft. Sowohl die Abweisung des Antrags auf Eröffnung als auch die Eröffnung des Insolvenzverfahrens veranlassen die Staatsanwaltschaft häufig auf Grund der entsprechenden Mitteilung, Vorermittlungen durchzuführen (so genannte AR-Vorgänge). Das Vorliegen von Verdachtsmomenten für strafbare Handlungen wird von den Ermittlungsbehörden dann als besonders nahe liegend angesehen, wenn es sich um Gesellschaften handelt, die letztlich ohne persönliche Haftung einer natürlichen Person existieren, also im Wesentlichen die GmbH, die AG, die GmbH & Co. KG u.s.w.

Aus den Insolvenzakten, die von der Staatsanwaltschaft regelmäßig angefordert werden, können sich folgende **Anhaltspunkte für strafbares Verhalten** ergeben:[33]

- Liegt ein Fremdinsolvenzantrag vor, so kann dies auf ein Vergehen des Unterlassens eines Antrags auf Insolvenzeröffnung (§ 84 Abs. 1 Nr. 2, Abs. 2 GmbHG) hindeuten.
- Ist der Antragsteller ein Sozialversicherungsträger, können Verdachtsmomente für ein Vergehen des Vorenthaltens und Veruntreuens von Arbeitsentgelt gem. § 266 a StGB vorliegen.
- Stimmen die Vermögensübersichten mit früheren eidesstattlichen Versicherungen oder Bilanzen in wichtigen Vermögenspositionen nicht überein, kann dies auf ein Verheimlichen oder Beiseiteschaffen von Vermögenswerten durch den (Gemein-)Schuldner hindeuten.
- Wenn die Summe der Forderungsabtretungen den Gesamtbetrag der Außenstände übersteigt, kann der Verdacht entstehen, dass Bank- oder Warenkredite erschlichen wurden. Gleiches gilt bei einer Gegenüberstellung von sicherungsübereigneten und gepfändeten Gegenständen mit dem als vorhanden Angegebenen oder Umlaufvermögen. Hier steht eine Bankrottstraftat gem. § 283 Abs. 1 Nr. 1 StGB oder ein Betrug zum Nachteil des Sicherungsnehmers im Raum.
- Wurden Verbindlichkeiten aus Lieferungen und Leistungen erst in den letzten Wochen begründet, bestehen aber beispielsweise Lohnrückstände für die letzten zwei bis drei Monate, kann dies auf einen Lieferantenbetrug hindeuten.
- Eine entgeltliche oder auch unentgeltliche Übertragung von Vermögensgegenständen auf nahe Angehörige kann den Verdacht des Beiseiteschaffens (Bankrott oder Untreue) begründen.

---

[29] Vgl. z. B. Justizverwaltungsvorschriften für die Geschäftsstelle – VSJu –; http://www.kulturbuchverlag/Online/MiZi.pdf.
[30] Bei Nachlassinsolvenzverfahren entfällt gem. MiZi XII a/2 (1) die Mitteilung an die Staatsanwaltschaft.
[31] Nach MiZi XII a/3 (1) entfällt bei Nachlassinsolvenzverfahren auch hier die Mitteilung an die Staatsanwaltschaft, siehe Fn. 33.
[32] Die Mitteilungen sind an die für das Vollstreckungsgericht i. S. des § 899 ZPO zuständige Staatsanwaltschaft zu richten (MiZi 3. Abschnitt X/2 (2).
[33] Wabnitz/Janovsky/*Köhler* 7. Kap. Rdnr. 406.

31 Wenn die Überprüfung der Akten keinen Anfangsverdacht ergeben hat, sollte sich der anwaltliche Vertreter keineswegs in Sicherheit wähnen. Nicht selten werden die Insolvenzakten nach vier bis sechs Monaten erneut von der Staatsanwaltschaft angefordert, um beispielsweise die eingegangenen Anfragen von Gläubigern dahin gehend durchzusehen, ob der Gemeinschuldner erheblich unvollständige Angaben über die bestehenden Verbindlichkeiten gemacht hat.[34] Auch die Anfragen der Allgemeinen Ortskrankenkassen und Ersatzkassen nach dem Ausgang des Konkursverfahrens können noch nachträglich den Staatsanwalt veranlassen, erneut in eine Verdachtsprüfung einzusteigen.

32 **b) Übergang in das Ermittlungsverfahren.** Spätestens dann, wenn der Verantwortliche einer AG, einer KGaA, einer GmbH, einer Genossenschaft, einer OHG oder einer KG, bei der kein Gesellschafter eine natürliche Person ist, die eidesstattliche Versicherung nach § 807 ZPO für die Gesellschaft geleistet hat, wird das Vorprüfungsverfahren in ein „echtes" Ermittlungsverfahren gegen eine bestimmte Person übergeleitet werden.

33 In der Regel wird zunächst gegen den oder die Verantwortlichen der juristischen Person oder sonstigen Gesellschaft wegen des Verdachts des Unterlassens der Stellung des Antrages auf Eröffnung des Insolvenzverfahrens (§ 84 Abs. 1 Nr. 2 i. V. m. § 64 Abs. 1 GmbHG) ermittelt. Für die Einleitung des Ermittlungsverfahrens wegen Bankrotts oder sonstiger Insolvenzdelikte im weiteren Sinn fehlen in diesem frühen Verfahrensstadium in der Regel die konkreten Verdachtsmomente.[35]

34 Eine der ersten Ermittlungsmaßnahmen ist die Anforderung der Insolvenzakte und der Handelsregistervorgänge, wenn dies nicht bereits im Rahmen der Vorermittlungen geschehen ist.

35 Neben den oben bereits erwähnten Handelsregister- und Gewerberegisterauskünften konzentriert sich die staatsanwaltliche Ermittlungstätigkeit zu Anfang des Ermittlungsverfahrens in erster Linie auf die **Auswertungen der Gerichtsvollzieherauskünfte** und die **Auswertung der Akten des Insolvenzgerichts**. Vergebliche Vollstreckungsmaßnahmen, bei denen der Gerichtsvollzieher Pfandabstand erklärt hat, sind gewichtige Indizien für eine mögliche Zahlungsunfähigkeit oder Überschuldung. Anzahl und Datum der Vollstreckungsaufträge sowie deren Höhe und Vollstreckungserfolg sind – auch dank der zwischenzeitlich zunehmenden EDV-Erfassung – leicht eruierbar und geben ein deutliches Lagebild ab.

36 Insbesondere das vom Insolvenzgericht regelmäßig in Auftrag gegebene **Sachverständigengutachten** wird der Staatsanwaltschaft unter Umständen wertvolle Hinweise auf mögliche strafbare Handlungen geben. Die in den Handelsregisterakten vorhandenen Informationen über die Gesellschafter, Einzelheiten des Gesellschaftsvertrages und die Anmeldungen zum Register geben erste Hinweise auf die Unternehmensstruktur.

37 Neben diesen im „Sonderband" der Registerakten gesammelten Unterlagen ist für die Staatsanwaltschaft der Hauptband von Interesse, der gem. § 24 Abs. 1 AktO alle sonstigen Schriftstücke enthält wie z. B. Verfügungen des Rechtspflegers und des Registerrichters, Äußerungen der Industrie- und Handelskammern bzw. der Handwerkskammern, Zwangsgeldverfahren einschließlich eventuell fruchtloser Vollstreckungen und Anfragen von Gläubigern oder Staatsanwaltschaften.[36]

38 **c) Verwertungsverbot.** Nach den Vorschriften der Insolvenzordnung ist der Schuldner verpflichtet auszusagen (§§ 5, 20, 97 Abs. 1 S. 1 und 98 Abs. 2 InsO). Diese Auskunftspflicht kann erzwungen werden und gilt für den Schuldner selbst ebenso wie für die gesetzlichen Vertreter wie Geschäftsführer, Vorstand oder Liquidatoren.[37]

39 Das Bundesverfassungsgericht hat zwar die Verpflichtung zur uneingeschränkten Aussageverpflichtung für grundgesetzkonform erachtet, aber gleichzeitig auch ausgesprochen, dass die Aussage des Gemeinschuldners nicht gegen seinen Willen in einem Strafverfahren gegen ihn verwendet werden darf, wenn er damit strafbare Handlungen offenbaren würde.[38] In der In-

---

[34] *Baumgarte* wistra 1991, 171, 172.
[35] Wabnitz/Janovsky/*Köhler* 7. Kap. Rdnr. 377.
[36] Hierzu näher *Baumgarte* wistra 1991, 171, 172.
[37] Wabnitz/Janovsky/*Köhler* 7. Kap. Rdnr. 408 f.
[38] BVerfGE 56, 37 = NJW 1981, 1431.

solvenzordnung ist dieses Verwertungsverbot nunmehr in § 97 Abs. 1 S. 3 InsO ausdrücklich festgelegt.[39]

Die **inhaltliche Reichweite** dieses Verwertungsverbots orientiert sich in erster Linie an der Frage, ob die Auskunft des Schuldners ohne dessen Zustimmung als Ansatz für weitere Ermittlungen dienen darf. Mit der Wortwahl „verwendet" (statt „verwertet")[40] wird auch diese Fernwirkung über das unmittelbare Verwertungsverbot mitumfasst.[41]

Der Schuldner kann über das Verwertungsverbot bestimmen, wie sich aus dem Wortlaut des § 97 Abs. 1 S. 3 InsO ergibt. Er kann somit seine Auskünfte auch teilweise „freigeben", dies aber nur bezüglich des Umfangs seiner Angaben, nicht hinsichtlich ihrer Verwendbarkeit gegen ihn selbst oder einen seiner Angehörigen.[42]

Problematisch ist, ob sich das Verwertungsverbot auch auf die sog. „verkörperten Unterlagen", wie Bilanzen, Buchhaltungs- oder sonstige Geschäftsunterlagen bezieht. Zwar wird in der InsO formal zwischen den geschützten Auskunftspflichten (§ 97 Abs. 1 S. 1 InsO) und den nicht geschützten sonstigen Mitwirkungspflichten (§ 97 Abs. 2 und 3 InsO) unterschieden, was gegen ein Verwertungsverbot der verkörperten Unterlagen sprechen könnte;[43] dieses rein formale Argument ist jedoch mit dem vom Gesetzgeber gewollten weit reichenden Schutz des Schuldners nicht vereinbar. Es dient nämlich den Gläubigerinteressen an einer lückenlosen Aufklärung der Schuldnerverhältnisse, wenn der Schuldner nicht befürchten muss, sich durch wahrheitsgemäße Angaben selbst oder einen Angehörigen strafrechtlicher Verfolgung auszusetzen. Daher erstreckt sich nach hier vertretener Auffassung das Verwertungsverbot auch auf vorgelegte schriftliche Geschäftsunterlagen, Bilanzen[44] u.ä.[45]

Tatsachen, die der Verfolgungsbehörde bereits vor der Auskunftserteilung bekannt waren, fallen jedoch nicht unter das Verbot.[46] Ebenso ist für den Verteidiger zu beachten, dass Angaben des (vorläufigen) Insolvenzverwalters, von Gläubigern, Sachverständigen und sonstigen Dritten im Insolvenzverfahren nicht geschützt sind.

Es ist also immer zu prüfen, ob die Angaben des Schuldners bzw. die Vorlage bestimmter Unterlagen freiwillig erfolgte oder aufgrund der Anordnung des Richters, also in Erfüllung der gesetzlichen Mitwirkungspflicht, gemacht wurden.

3. Voraussetzungen für ein Tätigkeitsverbot als Geschäftsführer

§ 6 Abs. 2 S. 3 GmbHG bzw. § 76 Abs. 3 S. 3 AktG[47] bestimmen, dass derjenige für die Dauer von fünf Jahren ab Rechtskraft des Urteils nicht Geschäftsführer einer GmbH oder Vorstandsmitglieder einer AG sein kann, der wegen einer Insolvenzstraftat nach den §§ 283 – 283 d StGB rechtskräftig verurteilt worden ist.[48] Mit dem Eintritt der Rechtskraft verliert ein amtierender Geschäftsführer automatisch seine Position.[49] Jede Bestellung in diesem Zeitraum ist unheilbar nichtig gem. § 134 BGB.[50] Es kommt weder auf die Branche der Gesellschaft noch auf ihren Unternehmensgegenstand (§ 3 Abs. 1 Nr. 2 GmbHG), noch auf ihren Zweck an.[51] Wer also wegen Bankrotts in einer erwerbswirtschaftlichen Gesellschaft rechtskräftig verurteilt worden ist, kann binnen fünf Jahren auch nicht zum Geschäftsführer einer gemeinnützigen Gesellschaft bestellt werden. Im Handelsregister eingetragene Nicht-Geschäftsführer gelten aber gegenüber Dritten als wirksam bestellte Geschäftsführer bzw. Vorstandsmitglieder

---

[39] Vgl. dazu *Hefendehl* wistra 2003, 1 ff.
[40] Die Ersetzung des Wortes „verwertet" durch „verwendet" wurde durch den Rechtsausschuss des Bundestages veranlasst, vgl. hierzu Müller-Gugenberger/*Bieneck* § 75 Rdnr. 72.
[41] Müller-Gugenberger/*Bieneck* § 75 Rdnr. 71.
[42] Müller-Gugenberger/*Bieneck* § 75 Rdnr. 76.
[43] So *Richter* wistra 2000, 1, 4.
[44] Dabei kann es sich selbstverständlich auch um Datenträger handeln.
[45] So auch i.E. Müller-Gugenberger/*Bieneck* § 75 Rdnr. 82.
[46] HK-InsO/*Eickmann* § 97 Rdnr. 13.
[47] Zur Verfassungswidrigkeit vgl. *Stein* AG 1987, 165, und *Voerste* AG 1987, 376.
[48] Die Verurteilung wegen einer Konkursstraftat nach ausländischem Recht reicht nicht aus, so *Pelz* Rdnr. 624 m. V. auf OLG Naumburg, ZIP 2000, 622, 624 f.; a. A. *Mankowski* EWiR 1995, 673.
[49] *Baumbach/Hueck*, 17.A., § 6 Rdnr. 12 m. w. N.; Müller-Gugenberger/*Bieneck* § 75 Rdnr. 56.
[50] OLG Naumburg FGPrax 2000, 121.
[51] *Lutter/Hommelhoff* GmbHG § 6 Rdnr. 16.

(Publizitätsprinzip des Handelsregisters nach § 15 Abs. 2 HGB).[52] Es bedarf aber eines neuen Bestellungsaktes nach § 6 Abs. 3 S. 2 GmbHG, wenn der unentdeckt gebliebene Mangel, z. B. durch Ablauf der 5-Jahresfrist, später wegfällt.

46 Das zeitliche Berufsverbot erstreckt sich nicht auf andere wirtschaftliche Straftatbestände wie etwa Betrug, Untreue, usw.[53] Bei der Berechnung der 5-Jahresfrist wird die Zeit einer behördlich angeordneten Anstaltsverwahrung nicht mitgerechnet, die Frist berechnet sich nach §§ 186 ff. BGB.

47 Der Geschäftsführer einer GmbH oder Vorstandsmitglieder einer AG müssen gegenüber dem Registergericht **gem. § 8 Abs. 3 GmbHG bzw. § 37 Abs. 2 S. 1 AktG versichern**, dass keine Hindernisse für seine Bestellung vorliegen. Falsche Angaben über das Nichtbestehen eines dieser Hindernisse sind nach § 82 Abs. 1 Nr. 5 GmbHG bzw. § 399 Abs. 1 Nr. 6 AktG strafbar.[54] Gleiches gilt für Liquidatoren, die ebenfalls eine strafbewehrte Versicherung abzugeben haben.[55]

II. Allgemeiner Teil

1. Überschuldung

48 a) **Begriff und Bedeutung.** *aa) Begriff.* Gem. § 19 Abs. 2 Satz 1 InsO liegt Überschuldung vor, wenn „das Vermögen des Schuldners die bestehenden Verbindlichkeiten nicht mehr deckt". Vorgesehen ist hier eine zweistufige Prüfung: Es wird zunächst eine Fortführungsprognose angestellt und sodann je nach dem ein Überschuldungsstatus erstellt. Bei der Bewertung des Vermögens wird gemäß § 19 Abs. 2 S. 2 InsO die Fortführung des Unternehmens zugrunde gelegt (sog. „Going-concern-Werte"), wenn diese nach den Umständen überwiegend wahrscheinlich ist; im Übrigen werden Liquidationswerte angesetzt.[56]

49 Diese Grundentscheidung ist entsprechend der Zivilrechtsakzessorietät[57] zunächst so auch für die strafrechtliche Bewertung bindend. Allerdings sind Fortführungswerte schon dann anzusetzen, wenn das Weiterbestehen des Unternehmens nicht ganz unwahrscheinlich ist.[58]

50 *bb) Bedeutung.* Die Überschuldung stellt für Kapitalgesellschaften und Personengesellschaften, bei denen kein persönlich haftender Gesellschafter eine natürliche Person ist – also die GmbH & Co. KG –, einen **Insolvenzgrund** dar.[59] Die Überschuldung ist strafrechtliches Tatbestandsmerkmal bei den §§ 283 Abs. 1, 4 und 5 StGB, 84 Abs. 1 Nr. 2, Abs. 2 GmbHG sowie in den entsprechenden Vorschriften der das Recht der Kapitalgesellschaften regelnden Einzelgesetze.

51 b) **Feststellung.** Die strafrechtlich relevante Überschuldung eines Unternehmens i. S. der Insolvenzordnung kann **weder der Handels- noch der Steuerbilanz** entnommen werden.[60] Die Handelsbilanz ist nämlich nach dem Grundsatz der kaufmännischen Vorsicht zu erstellen. Aus diesen Bilanzen lässt sich nur die so genannte bilanzielle bzw. rechnerische Überschuldung ersehen. Sowohl auf deren Aktiv- als auch auf deren Passivseite sind regelmäßig Positionen enthalten, die aus tatsächlichen oder rechtlichen Gründen bei der Frage nach der Überschuldung eines Unternehmens auszuklammern sind. Für die Aktivseite sind beispielhaft zu nennen die stillen Reserven, die sich daraus ergeben, dass Vermögenswerte mit zu niedrigen Buchwerten in

---

[52] Müller-Gugenberger/*Bieneck* § 75 Rdnr. 56.
[53] *Baumbach/Hueck* GmbHG § 6 Rdnr. 10; BayObLG BB 1991, 1730. Beachte aber den Entwurf eines Forderungssicherungsgesetzes (BT-Drucks. 15/3594), das eine deutliche Ausweitung der Anlasstaten vorgesehen hat; dazu Drygala ZIP 2005,423.
[54] *Hachenburg/Kohlmann* § 82 Rdnr. 72; Müller-Gugenberg/*Bieneck-Schmid* § 27 Rdnr. 141; entsprechend gilt die Strafbarkeit des Vorstandsmitglieds einer AG gem. § 399 Abs. 1 Nr. 6 AktG.
[55] Für die GmbH: §§ 66 Abs. 4, 6 Abs. 2 S. 2, 67 Abs. 3, S. 1, 82 Abs. 1 Nr. 5 GmbHG; für die AG: §§ 399 Abs. 1 Nr. 6, 265 Abs. 2, 266 Abs. 3 S. 1 AktG.
[56] Vgl. *Pelz* Rdnr. 14 ff. Dort findet sich auch die Darstellung einer dreistufigen Prüfung.
[57] Dazu *Achenbach*, GS Schlüchter, S. 257 ff.
[58] *Krekeler/Werner*, Unternehmer und Strafrecht, Rdnr. 1369; *Bieneck* StV 1999, 43; a.A., *Bittmann* wistra 1999, 10.
[59] Vgl. hierzu §§ 19 Abs. 1 InsO, 63 GmbHG, 92 AktG, 130 a, 177 HGB, 98 GenG.
[60] BGH wistra 1987, 28; BGH NStZ 2003, 546; BHGSt 15, 306; *Pelz* Rdnr. 12; Wabnitz/Janovsky/*Beck* 6. Kap. Rdnr. 94.

der Bilanz enthalten sind; auf der Passivseite entstehen stille Reserven, wenn Verbindlichkeiten mit positiver Auswirkung wertberichtigt werden können.

Für die insolvenz- bzw. insolvenzstrafrechtliche Bestimmung der Überschuldung ist daher ein **Überschuldungsstatus in Form einer Vermögensbilanz** zu erstellen, in dem Aktiva und Passiva mit ihren wahren wirtschaftlichen Werten angesetzt sind;[61] es ist normativ zu bestimmen, nach welchen Bewertungszielen bzw. Bewertungsmaßgaben diese Werte anzusetzen sind. Eine weitere normative Komponente wird eröffnet durch die Ausklammerung bestimmter Passivposten, etwa von freien Rücklagen.[62]

Gesetzliche Regelungen zur Erstellung einer Überschuldungsbilanz fehlen.[63]

Vor In-Kraft-Treten der Insolvenzordnung bestand Streit über das gebotene Prüfungsverfahren, namentlich über die Frage, inwieweit bei der Bewertung der Aktiva und Passiva die Möglichkeit der Unternehmensfortführung berücksichtigt werden darf. Nach der im Zivilrecht vorherrschenden sog. **modifizierten zweistufigen Prüfungsmethode** wurde zunächst ein Überschuldungsstatus unter Ansatz von Liquidationswerten erstellt. War dieser Saldo positiv, so lag ersichtlich keine Überschuldung vor. War der Saldo negativ, so wurde von einer rechnerischen Überschuldung gesprochen und als nächstes überprüft, ob dem Unternehmen eine positive Fortführungsprognose zuzuschreiben ist. Fiel die Entscheidung positiv aus, so konnte eine Überschuldung im Ergebnis verneint werden; bei negativer Fortführungsprognose wurde von einer rechtlichen Überschuldung ausgegangen.[64]

Im Strafrecht wurde vermehrt auf die sog. **alternative zweistufige Methode** zurückgegriffen. Hiernach wurde zunächst die Frage gestellt, ob eine positive Fortführungsprognose besteht. Konnte diese bejaht werden, wurde bei der Erstellung des Überschuldungsstatus nach Fortführungswerten bewertet. Ein positiver Saldo bedeutete sodann, dass keine Überschuldung vorlag; war der Saldo negativ, wurde das Unternehmen als überschuldet bewertet. Bei einer negativen Fortführungsprognose erfolgte die Bewertung der Vermögenssituation nach Liquidationswerten. Ein hier positiver Saldo negiert die Überschuldung; war der Saldo negativ, wurde das Unternehmen als überschuldet bewertet. Im Ergebnis unterschiedlich sind die beiden Methoden für den Fall, dass zwar eine positive Prognose besteht, das Unternehmen nach Fortführungswerten bewertet allerdings rechnerisch überschuldet ist. Hier kommt die modifizierte zweistufige Prüfungsmethode rechtlich zu keiner Überschuldung, die alternative zweistufige Methode hingegen führt zu einer solchen.

Ist der Bewertungsmaßstab durch den Gesetzgeber auch festgeschrieben worden, bleiben die **Probleme der konkreten Einzelbewertung** jedoch bestehen.

Soweit **Liquidationswerte** anzusetzen sind, kann für jedes einzelne Wirtschaftsgut ein Einzelpreis ermittelt werden. Ggf. kann auch für eine Mehrheit von Sachen ein Gesamtpreis erzielt werden, der von der Summe der Einzelpreise abweicht. Wird etwa in einen Kiosk eine Küchenmaschine als Sonderanfertigung eingebracht, dann mag der Kiosk inklusive der Maschine einen höheren Wert haben als der Kiosk alleine, der Wert der Maschine als einzelnes Wirtschaftsgut beträgt aber u. U. Null, da es als Sonderanfertigung isoliert, nicht oder kaum genutzt werden kann. Immaterielle Vermögenswerte werden im Falle der Liquidation häufig mit Null anzusetzen sein, da eine Kundendatei oder der Firmenname ohne Fortführung jeglichen Wert verliert.[65]

Große Schwierigkeiten bestehen auch bei positiver Fortbestehensprognose. Bei der **Bestimmung des Unternehmenswertes** aus der Summe aller materiellen und immateriellen Vermögenswerte, insbesondere also auch des Geschäfts- und Firmenwertes,[66] bestehen Bewertungsschwierigkeiten bei den immateriellen Vermögenswerten sowie im Rahmen der Einzelbewertung jeden Wirtschaftsgutes durch die Fragestellung, ob der konkrete Wiederbeschaffungswert, der steuerliche Teilwert oder im Einzelfall doch der Liquidationswert anzusetzen ist.[67]

Wegen der Vielzahl an Bewertungsschwierigkeiten wird man **in dubio pro reo** auf den

---

[61] BGH StV, 2005, 330; BGH NStZ 2003, 546.
[62] Vgl. Tröndle/Fischer Vorbem. § 283 Rdnr. 7.
[63] Ein Vorschlag findet sich bei *Wabnitz/Janowsky-Beck* 6. Kap. Rdnr. 98.
[64] Vgl. BGH WM 1992, 1650; Müller-Gugenberger/*Bieneck* § 76 Rdnr. 19.
[65] Vgl. Müller-Gugenberger/*Bieneck* § 76 Rdnr. 21.
[66] Vgl. BGH BB 1973, 306.
[67] Vgl. Müller-Gugenberger/*Bieneck* § 76 Rdnr. 20; HK-InsO/*Kirchhof* § 20 Rdnr. 18 ff.

höchsten durch eine ernsthaft vertretene Schätzungsmethode ermittelten Aktivbestand zugreifen müssen und Überschuldung nur dann annehmen können, wenn nach allen diesen Schätzungsmethoden eine Überschuldung festgestellt wurde.[68]

60   In der insolvenzstrafrechtlichen Praxis können vertretbare Ergebnisse dadurch gefunden werden, dass die Aktivseite der Handels- oder Steuerbilanz als Grundlage der Bewertung genommen wird und hier getrennt für jeden Aktivposten untersucht wird, inwieweit stille Reserven hinzugerechnet werden können, wobei in Anwendung des Grundsatzes *in dubio pro reo* eine großzügige Zurechnung zu erfolgen hat, und für die Passivseite unter großzügiger Wertberichtigung zu Gunsten des Betroffenen ebenso verfahren wird.

61   Im **Überschuldungsstatus**[69] sind **Stammkapital und freie Rücklagen** nicht zu passivieren, da diese Positionen zwar die Mittelherkunft beschreiben, jedoch keine eigentlichen Schulden darstellen.[70] Nicht zu passivieren sind entsprechend auch **handelsrechtliche Bilanzierungshilfen**, etwa Aufwendungen zur Ingangsetzung oder Erweiterung des Geschäftsbetriebes nach § 269 HGB,[71] sofern sie nicht bei positiver Prognose wahrscheinlich notwendig anfallen werden; kann nämlich auf die Aufwendung dieser zurückgelegten Mittel verzichtet werden, ergeben sich aus deren Einplanung auch keine echten Verbindlichkeiten.

62   **Eigenkapitalersetzende Gesellschafterdarlehen** sind nach § 39 Abs. 1 Nr. 5 InsO zu passivieren; dies soll im Rahmen des Überschuldungsstatus unabhängig von der Frage gelten, ob ein Rangrücktritt erklärt worden war. Eine Passivierung entfalle nur dann, wenn der Rangrücktritt als Erlass der Rückzahlungsforderung für den Fall der Insolvenzeröffnung begriffen werden könne.[72] Ob dies sachgerecht ist, muss bezweifelt werden. Da das eigenkapitalersetzende Gesellschafterdarlehen gem. § 39 Abs. 1 Nr. 5 InsO an letzter Rangstelle steht, ist es wirtschaftlich letztlich nicht anders zu behandeln als die Ausschüttung an den Schuldner selbst. Dies gilt zumindest bei ungesicherten Darlehen, da in diesem Falle keinerlei andere Gläubigerinteressen beeinträchtigt werden. Im Falle gesicherter Darlehen wird sich regelmäßig ein erklärter Rangrücktritt auch auf die Möglichkeit der Befriedigung aus der Sicherheit auswirken, so dass auch in diesen Fällen Gläubigerinteressen nicht tangiert werden. Die ungesicherten oder mit Rangrücktritt versehenen gesicherten eigenkapitalersetzenden Gesellschafterdarlehen sind daher bei der Feststellung der Überschuldung nicht anzusetzen.[73] Nach Auffassung des BGH bedarf es keines Forderungsverzichts, jedoch eines qualifizierten Rangrücktritts dergestalt, dass der Gläubiger bis zur Abwendung der Krise erst nach Befriedigung sämtlicher Gesellschaftsgläubiger und zugleich mit den Einlagerückgewähransprüchen der Gesellschafter befriedigt wird.[74]

63   Ebenfalls nicht unumstritten ist, wie die **Fortführungsprognose** zu erstellen ist:

64   Ein Bewertungskriterium stellt sicherlich die **Liquidität des Unternehmens** dar. Die Fokussierung auf die Liquidität ist teils so stark, dass Liquidität und positive Prognose quasi synonym verwendet werden: Soweit eine drohende Zahlungsunfähigkeit angenommen werden kann, sei auch die Fortführungsprognose des Unternehmens negativ.[75]

65   Da die Zahlungsfähigkeit nicht notwendig Aufschluss darüber gibt, wie viel positives, wirtschaftlich nutzbares Potential ein Unternehmen besitzt, kann die Liquidität nicht der hauptsächliche Maßstab für die Erstellung einer Prognose sein. Ist beispielsweise die Liquiditätslage wegen schlichter Managementfehler im Umgang mit den liquiden Mitteln schlecht, so mag sich diese Situation bei geeignetem Gegensteuern relativ rasch wieder auflösen lassen. Dem wirtschaftlichen Leben des Unternehmens kommt es daher näher, wenn die Ertragskraft des Unternehmens als Maßstab für die Prognose dient. Besteht nämlich die Möglichkeit, einen Ertragsüberschuss zu erwirtschaften, trägt dies die Prognose, dass durch den entsprechenden

---

[68] Siehe LK/*Tiedemann* 11. A. 1996, Vorbem. § 283, Rdnr. 158; *Lackner/Kühl* § 283 Rdnr. 6; Schönke/Schröder/*Stree* § 283 Rdnr. 51.
[69] Ausführlich zur Passivierung besonderer Positionen HK-InsO/*Kirchhof* § 20 Rdnr. 23 ff.
[70] Vgl. Müller-Gugenberger/*Bieneck* § 76 Rdnr. 12.
[71] Vgl. Müller-Gugenberger/*Bieneck* a. a. O.
[72] Vgl. Müller-Gugenberger/*Bieneck* § 76 Rdnr. 14 a.E. m. w. N., insbesondere zu den Gesetzesmaterialien.
[73] Vgl. HK-InsO/*Kirchhof* § 20 Rdnr. 26.
[74] BGH NJW 2001, 1280; vgl. dazu die Kritik bei *Pelz* Rdnr. 33.
[75] Vgl. Greeve/Leipold/*Busch* § 48 Rdnr. 19, und dem Hinweis darauf, daß eine solche Sichtweise die Entscheidung von Vermögens- und Liquiditätskrise aufgebe.

Ertragsüberschuss die bestehende Deckungslücke geschlossen werden kann – und die Unternehmung fortbesteht.

Als **Prognosezeitraum** wird häufig das Ende des nächsten Wirtschaftsjahres angenommen.[76] Teilweise wird auf den Begriff der mittelfristigen Prognose abgestellt, welche sich über einen Zeitraum von zwei bis drei Jahren erstrecken soll.[77] Richtigerweise wird ein mittelfristiger Zeitraum anzunehmen sein, wobei bei der Bestimmung der konkreten Länge des Prognosezeitraumes in der Bandbreite von zwei bis drei Jahren Eigenarten des konkreten Betriebes (Anzahl und Volumen der Aufträge, typische Umschlagszeiträume etc.) einzubeziehen sind.[78]

c) **Beseitigung der Überschuldung.** Eine Überschuldung kann durch Kapitalerhöhung, einen Rangrücktritt, einen Forderungsverzicht oder eine Patronatserklärung[79] erfolgen.[80]

2. Zahlungsunfähigkeit

a) **Begriff und Bedeutung.** Gemäß § 17 Abs. 2 Satz 1 InsO ist zahlungsunfähig, wer „nicht in der Lage ist, die fälligen Zahlungspflichten zu erfüllen". Diese Norm enthält eine Legaldefinition des Begriffes, die an die Stelle der bisher von der Rechtsprechung[81] entwickelten Definition der Zahlungsunfähigkeit als auf den Mangel an Zahlungsmitteln beruhendes, voraussichtlich andauerndes Unvermögen eines Schuldners, seine sofort zu erfüllenden sowie ernsthaft eingeforderten Geldschulden noch im Wesentlichen zu begleichen, getreten ist. Eine Zahlungsunfähigkeit liegt damit schon deutlich früher vor. Damit scheinen die bis dato umstrittenen Fragen, wann der Begriff der „Wesentlichkeit" vorliegt, wann von einer nicht nur vorübergehenden Zahlungsstockung zu sprechen ist und welche Schulden als ernsthaft eingefordert gelten können, obsolet. Ob diese Problembereiche durch die gesetzliche Definition indes tatsächlich ihrer praktischen Bedeutung beraubt wurden, scheint zweifelhaft und ist der Diskussion der einzelnen Tatbestandsmerkmale der Zahlungsunfähigkeit vorbehalten.

Die Zahlungsunfähigkeit stellt einen Insolvenzgrund für das Einzelunternehmen sowie die Kapital- und Personengesellschaft dar. Neben der Überschuldung tritt also die Zahlungsunfähigkeit als Insolvenzgrund der Kapitalgesellschaften und Personengesellschaften ohne natürliche Person als persönlich haftende Gesellschafter hinzu.[82]

Als Tatbestandsmerkmal ist die Zahlungsunfähigkeit enthalten im § 283 Abs. 1 sowie in § 283 c StGB; Tatbestandsvoraussetzung ist die Zahlungsunfähigkeit ferner für die § 84 Abs. 1 Nr. 2, § 84 Abs. 2 GmbHG und die verwandten Vorschriften aus dem Recht der Kapitalgesellschaften.

Außerhalb des klassischen Insolvenzstrafrechtes stellt die Zahlungsunfähigkeit ein wichtiges Kriterium zur Beantwortung der Frage dar, ob der Abschluss eines (Waren-)Kreditgeschäftes als Eingehungsbetrug gem. § 263 StGB betrachtet werden kann.

b) **Einzelprobleme der Definition der Zahlungsunfähigkeit.** Die bis dato vorherrschende Definition des Begriffes der Zahlungsunfähigkeit beinhaltet unbestimmte Rechtsbegriffe, die heftig umstritten waren. Durch die Legaldefinition sollten gerade diese Streitpunkte gesetzlich geklärt werden; dennoch werden in der neueren Literatur die bisher strittigen Fragen im Rahmen der Auslegung der Legaldefinition weiter diskutiert. Für das Verständnis der Zahlungsunfähigkeit nach neuer Definition ist daher die Kenntnis der bisherigen Streitpunkte unerlässlich:

Zunächst war nach alter Definition darauf abzustellen, dass die Zahlungsunfähigkeit auf den **Mangel an Zahlungsmitteln** beruht. Hierdurch waren Fallgestaltungen ausgeschlossen, in denen die Zahlungsunfähigkeit etwa aus einer Abwesenheit des Zeichnungsberechtigten resultierte oder nur Zahlungsunwilligkeit des Verfügungsberechtigten vorlag.

Weiter wurde nur als zahlungsunfähig betrachtet, wer seine Schulden „im Wesentlichen" nicht mehr begleichen konnte. Zahlungsunfähigkeit wurde also erst angenommen, wenn der

---

[76] Vgl. *Hoffmann/Liebs-Lohberger* Rdnr. 846.2; *Lackner/Kühl* 283 Rdnr. 6; *Bittmann* wistra 1999, 10, 14.
[77] Vgl. LG München I BB 2000, 428.
[78] Vgl. Greeve/Leipold/*Busch* a. a. O.
[79] Dazu *von Rosenberg/Kruse* BB 2003, 641 ff.
[80] Vgl. *Pelz* Rdnr. 35 ff.
[81] BayObLG wistra 1988, 336 ff.
[82] Vgl. oben bei Fn. 59.

Schuldner einen bestimmten prozentualen Anteil seiner Verbindlichkeit nicht mehr erfüllen konnte.[83] Die Diskussion bewegte sich zwischen den Eckpunkten 15 % und 50 %, eine starke Meinung nahm einen Prozentsatz von 25 als Grenzwert an.[84]

75 Bei der Betrachtung der Zahlungsunfähigkeit wurden nur **„ernsthaft eingeforderte"** Verbindlichkeiten angesetzt. Es war mithin nicht auf die Fälligkeit der Zahlungsverpflichtungen abzustellen, sondern auf den Umstand, ob diesen Zahlungsverpflichtungen etwa durch Mahnungen oder ähnlichem Nachdruck verliehen wurde.

76 Schließlich musste die Zahlungsunfähigkeit von der **Zahlungsstockung** abgegrenzt werden. Die Länge des Zeitraumes der Illiquidität, welcher aus der Zahlungsstockung eine Zahlungsunfähigkeit machte, wurde kontrovers diskutiert. In dieser Diskussion lagen die Eckpunkte etwa bei zehn Tagen als Untergrenze und bei einem Jahr als oberer Grenzwert.[85] Als herrschend konnte die Ansicht betrachtet werden, dass darauf abzustellen sei, ob die Illiquidität in drei Monaten überwunden werden kann. Sollte im Zeitraum von drei bis zu sechs Monaten ein sicherer Liquiditätszufluss vorliegen, sei eben dieser längere Zeitraum zu betrachten.

77 § 17 Abs. 2 Satz 1 InsO scheint auf den ersten Blick sowohl die rechtlichen Schwierigkeiten als auch die Probleme der tatsächlichen Feststellung der Zahlungsunfähigkeit beseitigt zu haben. Durch den Verzicht auf die Merkmale der Wesentlichkeit und der Dauer sowie durch das alleinige Abstellen auf die Fälligkeit der Forderungen kann augenscheinlich durch einen Blick auf die Buchhaltungsunterlagen festgestellt werden, ob eine Unternehmung zahlungsunfähig ist.

78 Dennoch ist der Blick in die Buchhaltung zur Feststellung der Zahlungsunfähigkeit nicht ausreichend. Nach der neuen Definition ist die ernsthafte Einforderung einer Forderung zwar nicht mehr zu untersuchen; abzustellen ist einzig auf deren **Fälligkeit**. Dies bedeutet allerdings, dass auch weiterhin zu prüfen ist, ob die Forderung tatsächlich besteht und fällig ist. Da sich aus den Summen- und Saldenlisten nicht immer ergibt, ob am Forderungsbestand rechtlich zu zweifeln ist, ob der Forderung Einwendungen oder Einreden entgegenstehen oder ob die Nichtgeltendmachung durch den Gläubiger eine stillschweigende Stundung darstellt, bleibt der Bestand und die Fälligkeit jeder einzelnen Forderung gesondert zu überprüfen.[86] Eine Erleichterung findet insoweit nur statt, dass neben der stillschweigenden Stundung nicht mehr zu untersuchen ist, ob eine sog. rein tatsächliche, also ohne rechtlichen Bindungswillen oder erkennbare Erklärung gewährte Stundung vorliegt.[87] Im Übrigen dürfte sich mit der neuen Definition insoweit keine nennenswerte Änderung für die Nachweispraxis ergeben, bleibt doch jede einzelne Forderung auf Bestand und Fälligkeit hin zu überprüfen.[88]

79 Die Legaldefinition der Zahlungsunfähigkeit ist Anlass für eine **sehr restriktive, Zahlungsunfähigkeit rasch bejahende Praxis** der Insolvenzgerichte. So ging das AG Köln bereits 1999 davon aus, eine bloße Zahlungsstockung könne nur mehr dann angenommen werden, wenn der Schuldner nicht in der Lage sei, weniger als 5% seiner fälligen Zahlungsverpflichtungen innerhalb einer Obergrenze von zwei Wochen zu erfüllen.[89] In ähnlicher Richtung versteht sich ein Urteil des LG Hamburg, wonach bereits Zahlungsunfähigkeit gegeben sei, wenn ein Schuldner lediglich einen nicht völlig unwesentlichen Teil seiner Verbindlichkeiten nicht mehr erfüllen könne; nur ganz vorübergehende Zahlungsstockungen begründeten keine Zahlungsunfähigkeit, wochenlange Illiquidität falle jedoch nicht unter den Begriff der Zahlungsstockung.[90] Der BGH geht wohl davon aus, dass bei § 17 Abs. 2 InsO ein Zeitraum von vier Wochen anzusetzen ist.[91] Eine gefestigte Linie in der Rechtsprechung oder eine herrschende Lehre in der Literatur ist indes noch nicht ersichtlich.

---

[83] Vgl. *Uhlenbruck* wistra 1996, 1 ff.
[84] Greeve/Leipold/*Busch* § 48 Rdnr. 6.
[85] Greeve/Leipold/*Busch* § 48 Rdnr. 9.
[86] Eingehend *Lütke* wistra 2003, 52, 54.
[87] Vgl. zu diesen tatsächlichen Stundungen BGH NJW 1998, 607 ff.; für den Bankenbereich *Pelz* Rdnr. 45; *Theewen* BKR 2003, 141.
[88] Vgl. hierzu umfassend *Bittmann* wistra 1998, 321, 322.
[89] AG Köln ZIP 1999, 1889.
[90] LG Hamburg ZIP 2001, 568.
[91] BGH ZIP 2003, 410; offen gelassen noch in NJW 2002, 515.

Teils wird aus der Legaldefinition der Zahlungsunfähigkeit gefolgert, schon beim Ausfall **80** eines geringfügigen Teils der Gläubigerforderungen sei Zahlungsunfähigkeit gegeben.[92] *Bittmann* weist jedoch zurecht darauf hin, dass, wie sich schon aus der amtlichen Gesetzesbegründung der Bundesregierung ergibt, geringfügige Deckungslücken ohne Relevanz sein sollen.[93] Auch von *Busch*, wird ausgeführt, dass zwar „gerade die Nichtbegleichung kleinerer Beträge regelmäßig auf besondere Liquiditätsprobleme schließen" lasse, es sich aber von selbst verstehe, dass „ganz geringfügige und vorübergehende Liquiditätslücken nicht zur Feststellung von Zahlungsunfähigkeit führen können."[94] Die Gesetzesnovellierung hat insoweit also nichts Neues gebracht; der Streit, ob eine im Sinne des § 17 InsO erhebliche Unterdeckung vorliegt, hat lediglich quantitativ neuen Schwung bekommen, wurde die Diskussion bis dato von den Prozenträngen zehn und 50 begrenzt, so scheint sich die Diskussion neuerdings im Bereich zwischen fünf und 25 % abzuspielen.[95]

Durch § 17 InsO wurde auf das Tatbestandsmerkmal der **voraussichtlichen Dauerhaftigkeit** **81** verzichtet. Hieran knüpft der Streit an, ob nunmehr eine **reine Zeitpunktbetrachtung**[96] oder nach wie vor eine **Zeitraumbetrachtung** anzustellen ist.[97] Dass eine gewisse Schonfrist vorhanden sein soll, die kurzfristige Illiquiditäten und bloße Zahlungsstockungen aus dem Begriff der Zahlungsunfähigkeit herausnimmt, wird vielfach angenommen.[98] Wie schon bei der Wesentlichkeit des Zahlungsausfalles handelt es sich vorliegend wiederum nur um eine quantitative Verschiebung der Abgrenzung, nicht um eine grundlegende neue qualitative Bewertung. Eine solche Schonfrist, wenn man deren Vorhandensein annimmt, müsste indes anders, jedenfalls kürzer, bestimmt werden, als es die bisherige Definition der Zahlungsunfähigkeit in der Gestalt der herrschenden Meinung vorsieht. Dies ergibt sich zum einen aus dem sehr restriktiven Wortlaut der gesetzlichen Definition selbst, zum anderen aus der amtlichen Begründung, in der es heißt:

„Würde im Gesetzestext ausdrücklich verlangt, dass eine „andauernde Unfähigkeit" zur Erfüllung der Zahlungspflichten vorliegt, so könnte diese als Bestätigung der verbreiteten Neigung verstanden werden, den Begriff der Zahlungsunfähigkeit stark einzuengen, etwa auch eine über Wochen oder gar Monate fortbestehende Illiquidität zur rechtlichen unbeachtlichen Zahlungsstockung zu erklären."[99]

Die zeitlichen Abgrenzungsvorschläge zwischen Zahlungsstockung und Zahlungsunfähig- **82** keit sind letztlich willkürlich. Die diskutierten sehr kurzen Zeiträume sind letztlich auch so bemessen, dass sie in der wirtschaftlichen Alltagswirklichkeit als bloße Augenblicksbetrachtung erscheinen. Auf Seiten des Schuldners wird häufig ein vollständiger Überblick über die Liquiditätslage bestenfalls monatlich gegeben sein; bei einzelnen Zahlungen, insbesondere aus dem Ausland, mag zwischen Überweisung, Auftragsausführung, Wertstellung und Mitteilung der Wertstellung ein Zeitraum von über einer Woche liegen. Auf seiten des Gläubigers wird zwischen vertraglicher Fälligkeit der Forderung und Rechnungsstellung bei Zeiten auch ein längerer Zeitraum liegen.

Da die Legaldefinition offensichtlich bewusst von einer zeitlichen Komponente absieht und **83** es für eine bestimmte Schonfrist kein begründbares Maß gibt, kommt man nicht umhin, Zahlungsunfähigkeit konsequent als stichtagsbezogene liquiditätsmäßige Unterdeckung zu begreifen, die zunächst ohne weiteres zur Konkursantragspflicht führt. Ist die Unterdeckung sehr gering oder der Zeitraum der Illiquidität sehr kurz, bleibt der subjektive Tatbestand genau zu prüfen; steht dann noch ein bedingter Vorsatz mit geringem Maß an Vorsatzschuld im Raum, kann auf prozessualem Weg ein gerechtes Ergebnis durch die Anwendung der §§ 153 ff. StPO gefunden werden.

---

[92] Vgl. Greeve/Leipold/*Busch* § 48 Rdnr 6.
[93] *Bittmann* wistra 1998, 321, 323.
[94] Greeve/Leipold/*Busch* a. a. O.
[95] Vgl. *Bittmann* wistra 1998, 321, 323; *Pelz* Rdnr. 49 f.; jeweils m. w. N.
[96] Entsprechend etwa Wabnitz/Janovsky/*Beck* 7. Kap. Rdnr. 72; Müller-Gugenberger/*Bieneck* § 76 Rdnr. 57; Tröndle/*Fischer* Vorbem. § 283 Rdnr. 9.
[97] Vgl. etwa *Bittmann* wistra 1998, 321, 323; *Uhlenbruck* wistra 1996, 1, 5; Schönke/Schröder/*Stree/Hein* § 283 Rdnr. 52.
[98] Vgl. Wabnitz/Janowsky/*Beck*, Müller-Gugenberger/*Bieneck*, Tröndle/*Fischer* jeweils a. a. O.
[99] Zitiert nach *Uhlenbruck* wistra 1996, 1, 4.

84 Ein gewisses Maß an zeitlicher Schonung erfährt der Schuldner im Rahmen der Insolvenzverschleppung ohnehin dadurch, dass er bei Feststellung der Zahlungsunfähigkeit nicht sofort, sondern nur unverzüglich, spätestens nach drei Wochen Insolvenz anzumelden hat. Steht nun im Raum, dass innerhalb der Höchstfrist eine Sanierung möglich ist, kann mit der Antragsstellung zugewartet werden, bis sich entweder die Sanierung zerschlägt oder aber die Höchstfrist abläuft. In dieser Zeit ist die Insolvenzantragspflicht noch nicht entstanden;[100] kommt eine Sanierung innerhalb von drei Wochen zustande, kommt eine Insolvenzantragspflicht nicht in Betracht.[101]

85 Für die Insolvenzverschleppung ergibt sich damit de facto eine **Dreiwochenfrist**.[102]

86 Im Rahmen der Bankrottdelikte nach § 283 StGB ist die Strafbarkeit vorverlagert auf das weiche Kriterium der drohenden Zahlungsunfähigkeit, so dass es hier auf eine taggenaue Abgrenzung der eingetretenen Zahlungsunfähigkeit nicht ankommt.

87 Es verbleibt daher als Problembereich nurmehr der § 283 c StGB: Hier kommt es durch den Wegfall eines zeitlichen Elements tatsächlich zu einer Strafschärfung, die wegen des zusätzlichen Tatbestandserfordernisses der inkongruenten Deckung hingenommen werden kann. Können beispielsweise auch kurzfristig Rechnungen nicht beglichen werden, ist es letztlich nicht unbillig, wenn die Aktiva des Unternehmens besonderen Schutz genießen.

88 Zur **Feststellung der Zahlungsunfähigkeit** stehen zwei unterschiedliche Methoden zur Verfügung:

89 Zunächst kann ein Liquiditätsdefizit durch die so genannte **betriebswirtschaftliche Feststellungsmethode** ergründet werden. Hierfür werden stichtagsbezogen die verfügbaren Zahlungsmittel und die fälligen Verbindlichkeiten in Relation gesetzt. Hieraus ergibt sich ein Liquiditätsstatus. Dieser enthält auf seiner Aktivseite die sofort einsetzbaren Vermögenswerte (Kasse, Bankguthaben, fungible d. h. freihandelbare Wertpapiere). Auf der Passivseite werden die fälligen Verbindlichkeiten zusammengestellt. Liegt nach dem stichtagsbezogenen Liquiditätsstatus eine Unterdeckung auf der Seite der liquiden Mittel vor, so spricht man von einer Illiquidität. Auf der Basis dieses Status kann durch die Einrechnung prognostizierter Zahlungseingänge und Mittelabflüsse für einen bestimmten Betrachtungszeitraum festgestellt werden, ob die Illiquidität andauernder Natur ist oder aber mit einem Vorübergehen gerechnet werden kann.[103] Abhängig vom Betrachtungszeitraum können auf Seite der liquiden Mittel auch Vermögenswerte aus dem Umlaufvermögen oder nicht betriebsnotwendiges Anlagevermögen berücksichtigt werden, wenn und soweit dies zeitgerecht liquidiert werden kann.

90 Die betriebswirtschaftliche Methode benötigt als Basis eine ordentliche Buchhaltung. Ferner setzt diese Methode solide betriebswirtschaftliche und rechtliche Kenntnisse voraus, wodurch regelmäßig im Strafverfahren ein Sachverständiger notwendig wird.

91 Wegen des mit der betriebswirtschaftlichen Methode verbundenen Aufwandes und wegen des häufigen Fehlens aussagekräftiger Buchhaltungsunterlagen bei den betroffenen Unternehmen wird in der Praxis häufig auf die sog. **wirtschaftskriminalistische Methode** zurückgegriffen:[104]

92 Diese Methode durchleuchtet das Zahlungsverhalten und das Geschäftsgebaren des zu untersuchenden Schuldners und ermittelt Beweisanzeichen für die Illiquidität des Unternehmens. Gängige Indizien hierfür sind fruchtlose Pfändungen, die Abgabe der eidesstattlichen Versicherung oder die Nichtzahlung von Steuern oder strafbewehrter Unternehmensschulden, etwa der Sozialversicherungsbeiträge. Zu nennen sind hier auch Wechsel- und Scheckproteste, die Rückgabe von Lastschriften oder die Hingabe ungedeckter Schecks. Beweisanzeichen können aber auch weichere Faktoren sein, wie etwa Ausverkaufsaktionen, der Verkauf betriebsnotwendiger Vermögensgegenstände oder die Stilllegung von Betriebsteilen.[105] Diese Beweisanzeichen sind

---

[100] Vgl. Baumbach/Hueck/*Schulze/Osterloh* § 84 Rdnr. 24 und § 64 Rdnr. 44.
[101] Vgl. *Tiedemann* § 84 Rdnr. 81 m. w. N., BGHSt 15, 306, 310.
[102] Vgl. Greeve/Leipold/*Busch* § 48 Rdnr. 10.
[103] Ein Berechnungsschema für eine Liquiditätsprognose findet sich bei Müller-Gugenberger/*Bieneck* § 76 Rdnr. 45.
[104] Vgl. BGH wistra 1992, 145 ff.; BGH wistra 1993, 184.
[105] Eine umfassende Darstellung der gängigen Beweisanzeichen bei Greeve/Leipold/*Busch* § 48 Rdnr. 14.

allerdings bloße Indizien, die erst im Rahmen einer Gesamtbetrachtung Zahlungsunfähigkeit begründen können.[106]

Zahlungsunfähigkeit	alte Rechtslage	neue Rechtslage
Hintergrund des Zahlungsunvermögens	Mangel an liquiden Mitteln	unbeachtlich
Umfang des Unvermögens relativ zu den Verpflichtungen	zwischen 15 % und 50 %; h. M. wohl 25 %	zwischen 5 % und 25 %; h. M. wohl 5 – 10 %
Qualität der Einforderung	„Ernsthafte Einforderung"	unbeachtlich, Fälligkeit ausreichend; Problem: konkludente Stundung
Abgrenzung zu Zahlungsstockung	Überwindung in Zeiträumen zwischen 10 Tagen und 1 Jahr möglich; h. M.: Überwindung in 3 Monaten möglich = Zahlungsstockung	Überwindung in wenigen Tagen oder Wochen = Zahlungsstockung; nach hier vertretener Auffassung stichtagsbezogene Betrachtung

3. Drohende Zahlungsunfähigkeit

a) *Begriff und Bedeutung.* Gem. § 18 Abs. 2 InsO droht der Schuldner, zahlungsunfähig zu werden, „wenn er voraussichtlich nicht in der Lage sein wird, die bestehenden Zahlungspflichten im Zeitpunkt der Fälligkeit zu erfüllen". Durch § 18 InsO wird dem Schuldner bei drohender Zahlungsunfähigkeit die Möglichkeit eröffnet, Insolvenzantrag zu stellen. Eine entsprechende Verpflichtung besteht ebenso wenig, wie dem Gläubiger die Möglichkeit eines Insolvenzantrages zu diesem frühen Zeitpunkt eingeräumt wird.

Außerhalb des Insolvenzantragsrechtes ist die drohende Zahlungsunfähigkeit als eine Form der Krise Tatbestandsmerkmal in den §§ 283 Abs. 1, 283 d Abs. 1 Nr. 1 StGB.

Nach **bisheriger Definition** drohte die Zahlungsunfähigkeit, wenn für ihren Eintritt aufgrund der Umstände des Einzelfalles eine überwiegende Wahrscheinlichkeit sprach, wenn der Eintritt der Zahlungsunfähigkeit nach dem normalen Lauf der Dinge zu erwarten war.[107] Die **Legaldefinition des § 18 InsO** sollte „auch für das Strafrecht größere Klarheit" schaffen.[108] Ob diese gesetzgeberische Intention tatsächlich glücklich verwirklicht wurde, darf aus Sicht der Praxis bezweifelt werden, da die Streitfragen, die hinsichtlich der Zahlungsunfähigkeit trotz der Gesetzesnovelle fortbestehen, naturgemäß auch auf den Begriff der drohenden Zahlungsunfähigkeit ausstrahlen.

Die drohende Zahlungsunfähigkeit kann nach dem Gesetzeswortlaut dadurch ermittelt werden, dass prognostisch für alle Zahlungspflichten bestimmt wird, ob diese zum Zeitpunkt ihrer Fälligkeit wohl erfüllt werden können.[109] Sofern man für den Bereich der Zahlungsunfähigkeit die Tatbestandsvoraussetzungen zeitlich, qualitativ oder quantitativ einschränkt, müssen die entsprechenden Reduktionen der Definition des Begriffes „Zahlungsunfähigkeit" im Rahmen der drohenden Zahlungsunfähigkeit erst recht gelten.

Offen bleibt allerdings die Frage, inwieweit derzeit noch nicht begründete Zahlungspflichten, mit deren Eintritt allerdings zu rechnen ist, in die Prognose mit einbezogen werden müssen. Der Wortlaut der Definition lässt sich dahin gehend auslegen, dass nur bereits bestehende Verbindlichkeiten herangezogen werden dürfen.[110] Dieser Schluss ist sprachlich indes nicht zwin-

---

[106] Vgl. etwa LG Potsdam NZI 2001, 604, das zu Recht darauf hinweist, der Umstand der Nichtzahlung von Steuern sei zur Glaubhaftmachung einer Zahlungsunfähigkeit nicht ausreichend; der Schluss von einer Verpflichtung gegenüber dem Finanzamt auf eine Insolvenz des Verpflichteten sei „nicht zwingend und (wie allgemein bekannt) häufig auch falsch".
[107] Vgl. LK/*Tiedemann* 11. A. 1996, Vorbem. § 283 Rdnr. 138; Müller-Gugenberger/*Bieneck* § 76 Rdnr. 58.
[108] BT-Drucks. 12/2443 S. 114.
[109] Vgl. LK/*Tiedemann* 11. A. 1996, Vorbem. § 283, Rdnr. 139.
[110] Vgl. Müller-Gugenberger/*Bieneck*, § 76, Rdnr. 59.

gend; das Wort „bestehende" kann auch dahin verstanden werden, dass alle solchen Forderungen gemeint sind, die zum Zeitpunkt ihrer Fälligkeit frei von Einwendungen oder Einreden bestehen werden. Ähnlich scheint die amtliche Begründung den Begriff der drohenden Zahlungsunfähigkeit verstanden wissen wollen.[111] Da der Begriff drohende Zahlungsunfähigkeit letztlich nur eine qualifizierte Wahrscheinlichkeit des Eintrittes der Zahlungsunfähigkeit meint, sind bei der Bestimmung der drohenden Zahlungsunfähigkeit auch zum Erstellungszeitpunkt der Prognose noch nicht bestehende, aber eben prognostizierbare Forderungen mit einzubeziehen. Dies muss insbesondere für solche Forderungen gelten, die wie etwa Steuer- und Sozialversicherungslasten erst mit der Verwirklichung eines entsprechenden Tatbestandes entstehen, diese Entstehung aber bei normalem Unternehmensfortgang unausweichlich ist.

99 b) **Feststellung.** Die drohende Zahlungsunfähigkeit kann in nämlicher Weise festgestellt werden, wie die bereits bestehende; es kann also mittels eines Liquiditätsstatus oder durch die Bewertung indizieller Vorfälle im Geschäftsbetrieb eines Unternehmens die Tatsachengrundlage für die Bewertung geschaffen werden, dass der Schuldner zu einem bestimmten Zeitpunkt voraussichtlich nicht in der Lage sein wird, seine fälligen Forderungen zu erfüllen.[112]

4. Verhältnis zwischen den Merkmalen Überschuldung, drohende Zahlungsunfähigkeit und Zahlungsunfähigkeit

100 a) **Kriminogener Zusammenhang.** Regelmäßig verläuft der Zusammenbruch eines Unternehmens dergestalt, dass zunächst Überschuldung eintritt, hierauf droht die Zahlungsunfähigkeit, die anschließend auch eintritt, da auf Grund der Überschuldung das Unternehmen keine Sicherheiten für weitere Fremdmittel stellen kann, so dass die Liquidität nur mehr davon abhängt, ob ungesichertes Kapital in das Unternehmen fließt.[113]

101 Einen zwingenden Zusammenhang zwischen Zahlungsunfähigkeit und Überschuldung gibt es indes nicht. Zahlungsunfähigkeit ist immer Geldilliquidität. Auf die Liquidierbarkeit von vorhandenem und unbelastetem Aktivvermögen kommt es daher konzeptionell nicht an, so dass ein Unternehmen durchaus einen aktiven Vermögenssaldo haben kann, der aber zur (ausreichend raschen) Liquiditätsbeschaffung nicht geeignet oder noch nicht eingesetzt worden ist.[114]

Die Stadien der Krise und ihre Indikatoren:[115]

102

Strategische Krise	stagnierendes/rückläufiges Betriebsergebnis
Erfolgskrise	Jahresfehlbeträge: – rückläufiges Eigenkapital – steigender Verschuldungsgrad – steigender Zinsaufwand
Liquiditätskrise	– Liquiditätsprobleme – drohende Zahlungsunfähigkeit – Kürzung/Aussetzung von Kreditlinien – Streichung von Lieferantenzielen
Insolvenz	– (drohende) Zahlungsunfähigkeit – Überschuldung

103 b) **Gesonderte Feststellung.** Es ist jeweils eine gesonderte Feststellung jeder einzelnen Form der Krise anhand der oben dargelegten Merkmale erforderlich. Das bedeutet, dass man nicht von einer festgestellten Zahlungsunfähigkeit zwingende Rückschlüsse auf eine vorherige Überschuldung ziehen und damit die Strafbarkeit zeitlich vorverlegen kann. Das mag zwar im Re-

---

[111] Vgl. BT-Drucks. 12/2443 S. 115; näheres auch bei LK/*Tiedemann* 11. A. 1996, Vorbem. § 283 Rdnr. 139.
[112] S. o. Rdnr. 88 ff.
[113] Müller-Gugenberger/*Bieneck* § 76 Rdnr. 55; *Weyand* Rdnr. 52; ausführlich zu Merkmalen und Phasen einer Unternehmenskrise *Picot/Aleth* Rdnr. 14 ff.
[114] Vgl. Schmidt/*Uhlenbruck* Rdnr. 483; Müller-Gugenberger/*Bieneck* § 76 Rdnr. 54.
[115] *Schneider/Waschk* S. 30.

§ 18 Insolvenzdelikte

gelfall so sein, ist jedoch, wie soeben dargelegt, nicht zwingend. Auch in diesem Fall muss daher eine vorher vorliegende Überschuldung positiv festgestellt werden.

5. Taugliche Täter der Bankrottdelikte

Die Taten nach §§ 283 ff. StGB sind mit Ausnahme von § 283 d StGB Sonderdelikte; § 283 d StGB kann jedermann begehen. Dies folgt bereits aus dem Umstand, dass sich diese Straftatbestände nur an den **Schuldner** wenden.[116] Darüber hinaus ist teilweise die **Täterqualifikation als Kaufmann** erforderlich, weil der Täter wider der Buchführungs- und Bilanzierungspflichten handeln muss, z. B. bei § 283 Abs. 1 Nr. 5 und 7 StGB, die nur für Kaufleute gelten. 104

Fallen Handelnder und Gemeinschuldner auseinander, kommt eine Zurechnung der Eigenschaft als Schuldner bzw. als (Form)Kaufmann über **§ 14 StGB** in Betracht. Es ist dann für eine Strafbarkeit der betroffenen natürlichen Person nach den §§ 283 ff. StGB insbesondere erforderlich, dass die Tathandlung in der Eigenschaft als Organ vorgenommen wurde.[117] Der Täter muss also für das Vermögen und den Geschäftsbetrieb der Vertretenen gehandelt haben. Das ist nur dann der Fall, wenn er wenigstens teilweise auch in deren wirtschaftlichem Interesse tätig geworden ist.[118] Bei einer vorsätzlichen Vermögensschädigung der Vertretenen durch das Organ scheidet ein Tätigwerden des Organs im Interesse der Gesellschaft aus, so dass statt der Insolvenzdelikte im engeren Sinne nur eine Strafbarkeit wegen Untreue in Betracht kommt.[119] Folgendes Beispiel mag dies veranschaulichen: 105

Übereignet sich der Geschäftsführer als Kompensation für nicht mehr ausgezahltes Gehalt ein Firmenfahrzeug, handelt er nicht im Interesse der Firma, sondern nur im Eigenen. Er ist daher nicht tauglicher Täter einer Gläubigerbegünstigung, die wegen der Inkongruenz von geschuldeter und erbrachter Leistung nahe läge. (Die Annahme einer Strafbarkeit wegen Untreue bedürfte vorliegend allerdings besonderer Prüfung im Bereich des Schadens.)

Bei **Personenhandelsgesellschaften**[120] erstreckt § 14 Abs. 1 Nr. 2 StGB die Vertreterhaftung auf die vertretungsberechtigten Gesellschafter, regelmäßig bei der OHG und bei der Vorgesellschaft einer GmbH[121] also die Gesellschafter, bei der KG und bei der KGaA der persönlich haftenden Gesellschafter. 106

Diese Gesellschaften hat der Gesetzgeber zwar nicht mit juristischer Persönlichkeit ausgestattet, ihnen jedoch eine weitgehende rechtliche Selbständigkeit gegeben. So ist die OHG und die KG selbständig insolvenzfähig, vgl. §§ 11, 19 InsO. Die Gesellschafter selbst können allerdings Schuldner, Unternehmer und Arbeitgeber sein, so dass sie unabhängig von § 14 StGB Normadressat sind. § 14 läuft dann insoweit leer, weil die fraglichen Merkmale nicht beim Vertretenen, sondern unmittelbar beim Vertreter vorliegen.[122] 107

Für **juristische Personen** gilt: Über § 14 Abs. 1 Nr. 1 StGB ist bei der AG, der Genossenschaft und dem rechtsfähigen Verein der Vorstand bzw. sind die einzelnen Vorstandsmitglieder taugliche Täter, bei der GmbH der oder die Geschäftsführer.[123] Ein förmlicher oder rechtswirksamer Bestellungsakt oder die Eintragung ins Handelsregister sind aus strafrechtlicher Sicht nicht entscheidend, vgl. § 14 Abs. 3 StGB. Es kommt nur darauf an, dass derjenige die Stellung faktisch ausfüllt. Das gilt auch dann, wenn eine Bestellung nie beabsichtigt war, ein Gesellschafter oder eine Führungskraft aus der zweiten Reihe aber auf die Entscheidungen des Unternehmens wie ein Geschäftsführer eingewirkt oder sich nach außen hin so benommen habe, als sei er der Verantwortliche. Es handelt sich dann um den Fall eines „**faktischen Geschäftsführers**". Bei der **GmbH & Co. KG** ist der Geschäftsführer der geschäftsführenden Komplementärin entwe- 108

---

[116] Näher bei LK/*Tiedemann* 11. A. 1996, Vorbem. § 283, Rdnr. 59; *Tröndle/Fischer* Vorbem. § 283 Rdnr. 18.
[117] Zur vom BGH entwickelten Interessentheorie vgl. unten Rdnr. 225 ff.; Müller-Gugenberger/*Bieneck* § 77 Rdnr. 21 ff.; LK/*Schünemann* 11. A. § 14 Rdnr. 50 f.
[118] BGHSt 30, 127; BGHSt 34, 221.
[119] *Quedenfeld/Richter* Teil E Kapitel 9 Rdnr. 169.
[120] Hierzu zählt auch die durch EG-Recht geschaffene supranationale „Europäische Wirtschaftliche Vereinigung (EWIV)", nicht aber die Partnergesellschaft, vgl. Schönke/Schröder/*Lenckner/Perron* § 14 Rdnr. 22.
[121] BGHSt 3, 25.
[122] Vgl. LK/*Schünemann*, 11. A., § 14 Rdnr. 45 f.; *Weyand* Rdnr. 22.
[123] Zum Problem der Rechtspflicht des Einzelnen bei Kollegialentscheidungen vgl. *Knauer*, Die Kollegialentscheidung im Strafrecht, S. 60 ff.

der über eine zweistufige Zurechnung über § 14 StGB (Abs. 1 Nr. 2 auf die KG, Nr. 1 auf die GmbH) oder aber als mittelbarer „vertretungsberechtigter Gesellschafter" verantwortlich.[124]

109 Gem. § 14 Abs. 1 Nr. 3 StGB haftet auch der gesetzliche Vertreter oder die Partei kraft Amtes, so der **Insolvenzverwalter** oder der **Liquidator** von Personengesellschaften. Diesen wird also in gleichem Maße auch eine strafrechtliche Verantwortlichkeit auferlegt, weil sie als gesetzliche Vertreter für die Vertretene verantwortlich sind und kein Grund ersichtlich ist, dass diese Rechtsstellung zu einer minderen strafrechtlichen Verantwortlichkeit führen soll.

110 Die **Aufgabendelegation** oder **interne Geschäftsverteilung** entlastet die primär bzw. übrigen Verantwortlichen nicht, weil entweder eine Auswahl- und Überwachungspflicht oder eine Garantenstellung vorliegt.[125] Die gewillkürten Vertreter, also beispielsweise der kaufmännische Betriebsleiter oder der Leiter des Rechnungswesens, selbst sind über § 14 Abs. 2 StGB verantwortlich, der die Vertreterhaftung auf Beauftragte erstreckt.[126] Dabei ist zu berücksichtigen, dass auch externe Beauftragte wie z. B. der Steuerberater, der für Buchhaltung und Bilanzierung zuständig ist, tauglicher Täter sein kann. Der Wortlaut des § 14 Abs. 2 Nr. 2 StGB schließt diese Erstreckung auf Externe nicht aus; eingrenzend ist jedoch erforderlich, dass nicht nur eine beratende Funktion ausgeübt, sondern der Externe selbständig in seinem Interesse tätig werden darf.[127]

111 • Als Täter des § 84 Abs. 1 Nr. 2 GmbHG kommen nur Geschäftsführer (auch faktische) oder Liquidatoren einer **GmbH** in Betracht.[128]

112 • Bei einer **GmbH & Co. KG** kann Täter nur der organschaftliche Vertreter der zur Vertretung ermächtigten Gesellschafter sein, also der Geschäftsführer der Komplementär-GmbH,[129] sowie die Liquidatoren, § 130 a Abs. 1 S. 2 HGB.

113 • § 401 Abs. 1 Nr. 2 AktG sieht als Täter der Insolvenzverschleppung nur ein Vorstandsmitglied oder einen Abwickler einer **Aktiengesellschaft** in der strafbewehrten Pflicht. Bei der **KGaA** sind dies gem. § 408 S. 2 AktG die persönlich haftenden Gesellschafter.

114 • Bezüglich der im **GenG** geregelten Insolvenzantragspflicht kann nur ein Vorstandsmitglied oder Liquidator tauglicher Täter sein.

115 • Bei **Kreditinstituten** müssen der Geschäftsleiter[130] oder der Inhaber ihrer Anzeigepflicht gem. § 46 b KWG nachkommen.[131]

116 • In **Versicherungsunternehmen** müssen gem. § 141 VAG die Vorstandsmitglieder, Liquidatoren und die Hauptbevollmächtigten ihrer Pflicht nachkommen.[132]

117 Durch Schaffung der **Verbraucherinsolvenz** gem. §§ 304 ff. InsO rücken nun auch Einzelpersonen verstärkt in das Licht der Insolvenzdelikte.[133] Durch diese neue Regelung werden alle natürlichen Personen erfasst, die unselbständig tätig sind, die keine Beschäftigung haben oder deren selbständige Tätigkeit geringfügig ist.[134] Nach Schätzungen kommt für ca. 2 Mio. Privathaushalte dieses Sonderverfahren in Betracht.[135] Über das Erfordernis des § 283 Abs. 6 StGB als objektive Bedingung der Strafbarkeit erfährt diese Fallgruppe jedoch eine deutliche Einschränkung, denn der Verbraucher hat einen sog. Schuldenbereinigungsplan gem. § 305 Abs. 1 Nr. 4 InsO vorzulegen.[136] Bis zur Entscheidung über diesen ruht das Verfahren nach § 306 InsO; wenn er angenommen wird, gelten die Anträge auf Eröffnung des Insolvenzverfahrens als zurückgenommen gem. § 308 Abs. 2 InsO, andernfalls gelten die §§ 311 ff. InsO. Bei einer Annahme des Schuldenbereinigungsplans kommt es also nicht zu einer Eröffnung

---

[124] Vgl. LK/*Schünemann*, 11. A., § 14 Rdnr. 47 mit umfangreichen Nachweisen.
[125] Vgl. Müller-Gugenberger/*Bieneck* § 77 Rdnr. 7; *Pelz* Rdnr. 123 ff.; nach *Schünemann* (LK/*Schünemann*, 11. A., § 14 Rdnr. 47 und 52) ist aus der Verantwortlichkeit in abstracto nicht unbedingt die in concreto zu schließen.
[126] Ausführlich bei LK/*Schünemann*, 11. A., § 14 Rdnr. 53 ff.
[127] Vgl. LK/*Schünemann*, 11. A., § 14 Rdnr. 60.
[128] Wabnitz/Janovsky/*Köhler* 7. Kap. Rdnr. 19 ff.; ausführlich *Tiedemann* § 84 Rdnr. 19 ff.
[129] BGHSt 19, 174.
[130] Vgl. die Legaldefinition in § 1 Abs. 2 KWG.
[131] Näher Wabnitz/Janovsky/*Beck* 7. Kap. Rdnr. 93 ff.
[132] Näher Wabnitz/Janovsky/*Beck* 7. Kap. Rdnr. 98 ff.
[133] Vgl. dazu auch *Weyand* Rdnr. 27.
[134] § 304 InsO.
[135] Wabnitz/Janovsky/*Beck* 6. Kap. Rdnr. 30 m. w. N.
[136] Eine Darstellung des Verfahrensgangs bietet Wabnitz/Janovsky/*Beck* 6. Kap. Rdnr. 30 ff.

des Insolvenzverfahrens oder eine Abweisung des Eröffnungsantrags mangels Masse. § 283 Abs. 6 StGB kann dann nur erfüllt sein, wenn der Verbraucher seine Zahlungen einstellt. Scheitert die Schuldenbereinigung, wird ein sog. vereinfachtes Insolvenzverfahren durchgeführt. Die Antragstellung birgt damit ein strafrechtliches Risiko. Denn durch die Eröffnung des Insolvenzverfahrens wird gerade ein Merkmal des § 283 Abs. 6 StGB geschaffen und erfüllt. Auch eine Abweisung des Eröffnungsantrags mangels Masse ist theoretisch denkbar, auch wenn der Gesetzgeber die Kosten des Verfahrens denkbar gering gehalten hat.[137]

Immer gilt, dass die täterschaftsbegründende Organ- oder Vertreterstellung **im Zeitpunkt der Bankrotthandlung** vorliegen muss. Auf den Eintritt der Strafbarkeitsbedingung kommt es nicht an, der Täter kann also zwischenzeitlich aus der Gesellschaft ausgeschieden sein.[138]

Wenn beispielsweise der Geschäftsführer **bei Insolvenzreife** aus dem Amt ausscheidet, so kann er mangels Befugnis selbst nicht mehr den Antrag stellen. Interessant ist nun allein die Konstellation, dass dies nach Fristbeginn, aber vor Fristablauf erfolgt. Hier stellt sich die Frage, ob er entweder vor seinem Ausscheiden noch Insolvenzantrag stellen oder aber bei seinem Nachfolger auf Stellung eines entsprechenden Antrags hinwirken muss. Richtigerweise ist das zu verneinen. Denn wenn sich der Geschäftsführer innerhalb der 3-Wochenfrist ernsthaft um außergerichtliche Sanierung bemüht, so ist das Delikt bis zu seinem Ausscheiden noch nicht vollendet und eine Versuchsstrafbarkeit gibt es für § 84 GmbHG nicht. War das Unterlassen der Stellung eines Insolvenzantrags durch schuldhaftes Zögern bedingt, so ist das Delikt bereits vollendet. Aber auch ein Einwirken auf den neuen Geschäftsführer ist für die Straflosigkeit nicht erforderlich. Abgesehen von der Frage, in welcher Form dies erfolgen soll, käme nur eine Teilnahme durch Unterlassen an der Haupttat des neuen Geschäftsführers in Betracht. Diese Garantenpflicht wird jedoch dem Ausscheidenden nicht auferlegt: ein Nachwirken der Pflicht zur Antragstellung besteht nicht.[139]

Die **Amtsniederlegung** seinerseits kann aber im Einzelfall rechtsmissbräuchlich und deshalb unwirksam sein, etwa weil sie nur deshalb geschieht, um der Antragstellung zu entgehen; dann muss der (vermeintliche ehemalige) Geschäftsführer wieder selbst Antrag auf Eröffnung des Insolvenzverfahrens stellen.[140]

III. Besonderer Teil

1. Insolvenzstraftaten des StGB

a) **Einleitung.** Vorsichtige Schätzungen gehen dahin, dass im Vorfeld eines Insolvenzverfahrens in 50% aller Fälle eine oder mehrere insolvenzbezogene Straftaten verübt worden sind.[141] Bei zuletzt 39.213 Unternehmensinsolvenzen im Jahre 2004 weist die Statistik über 14.902 erfasste Fälle von Insolvenzstraftaten bei einer Aufklärungsquote von über 99% aus.[142] Insolvenzstraftaten im engeren Sinne sind die Delikte des 24. Abschnitts des Strafgesetzbuchs, also der Bankrott gem. §§ 283, 283 a, die Verletzung der Buchführungspflicht gem. § 283 b, die Gläubiger- sowie die Schuldnerbegünstigung gem. §§ 283 c und d StGB. Einbezogen in die Statsitik wird jedoch die Insolvenzverschleppung gem. §§ 84 GmbHG bzw. §§ 130 b, 177 HGB.[143]

---

[137] Vgl. zu den Verfahrenskosten HK-InsO/*Landfermann* Vorbem. §§ 304-314 Rdnr. 11 ff.
[138] Müller-Gugenberger/*Bieneck* § 77 Rdnr. 6; LK/*Tiedemann* 11.A. 1996, Vorbem. § 283, Rdnr. 67.
[139] Ausführlich *Tiedemann* § 84 Rdnr. 36 ff.; vgl. auch *Spannowsky* wistra 1990, 48 ff.; a. A. Baumbach/Hueck/*Schulze*/*Osterloh*, 17.A. 2000, § 64, Rdnr. 41 m. w. N., ohne aber eine detaillierte Begründung abzugeben.
[140] Baumbach/Hueck/*Schulze*/*Osterloh* a. a. O.; *Spannowsky* wistra 1990, 48 f. (Fallkonstellation 1).
[141] Schmidt/*Uhlenbruck* Rdnr. 693; Weniger zurückhaltende Schätzungen belaufen sich auf 80 – 90 %, vgl. *Weyand* ZInsO 2000, 413.
[142] Statistisches Bundesamt (www.destatis.de); Polizeiliche Kriminalstatistik Berichtsjahre 2003, 2004.
[143] Die Insolvenzverschleppung gem. § 401 Abs. 1 Nr. 2 AktG wird statistisch nicht gesondert ausgewiesen.

122   Polizeiliche Kriminalstatistik[144]

Delikte	Schlüssel PKS	Erfasste Fälle 2002	Erfasste Fälle 2003	Erfasste Fälle 2004
Bankrott (§ 283 StGB)	5610	3.843	4.232	4.373
Bes. schwerer Fall des Bankrotts (§ 283 a StGB)	5620	26	19	28
Verletzung der Buchführungspflicht (§ 283 b StGB)	5630	1.961	2.001	2.130
Gläubigerbegünstigung (§ 283 c StGB)	5640	269	266	279
Schuldnerbegünstigung (§ 283 d StGB)	5650	47	51	39
Insolvenzdelikte i.e.S. gesamt	5600	6.146	6.569	6.849
Insolvenzverschleppung (§ 84 GmbHG)	7121	6.860	7.498	8.222
Insolvenzverschleppung (§§ 130 b, 177 HGB)	7122	233	225	286
Insolvenzdelikte gesamt	8932	12.814	14.292	14.902

123   Hierbei noch nicht erfasst sind die Fälle, die unmittelbar von den Schwerpunktstaatsanwaltschaften – ohne Mitwirkung der Polizei – eingeleitet und abgeschlossen wurden.

124   Hinzu kommen die Insolvenzstraftaten im weiteren Sinne, die regelmäßig im Zusammenhang mit Unternehmensinsolvenzen festzustellen sind, wie etwa der Warenkredit- oder Eingehungsbetrug gem. § 263 StGB, die Untreue gem. § 266 StGB sowie das Vorenthalten und Veruntreuen von Arbeitsentgelt gem. § 266 a StGB. Da diese Delikte jedoch auch außerhalb einer Unternehmensinsolvenz auftreten, werden sie statistisch nicht zu den Insolvenzdelikten gerechnet, eine weitere Differenzierung nach Bezug zu einer Insolvenz wäre durch die polizeiliche Kriminalstatistik nicht zu leisten.

125   Gerade im Bereich der Wirtschaftskriminalität ist über die erfassten Fälle hinaus noch von einer hohen Dunkelziffer auszugehen. Wird ein Insolvenzverfahren beispielsweise mangels Masse nicht eröffnet oder ist sonst notleidend, so werden ohne hinreichende sachverständige Begutachtung durch den Insolvenzverwalter zahlreiche strafrechtlich relevante Handlungsweisen im Regelfall nicht oder nur mehr oder weniger zufällig durch die Strafanzeige eines Gläubigers zum Gegenstand eines Strafverfahrens.

126   Die Insolvenzdelikte des Strafgesetzbuches bedrohen bestimmte, eigentlich unrechtsneutrale Handlungen als sog. Bankrotthandlungen mit Strafe, die für ein Unternehmen oder auch nur dessen Gläubiger dann besonders gefährlich werden, wenn sie entweder in einer bereits bestehenden Krise begangen werden (§ 283 Abs. 1 StGB) oder diese Krise erst herbeiführen (§ 283 Abs. 2 StGB). Die Verletzung der Buchführungspflicht gem. § 283 b StGB wird hingegen auch unabhängig vom Bestehen einer Unternehmenskrise als abstrakt gefährlich angesehen und setzt als Ausnahmetatbestand kein Handeln in der Krise voraus. Um die Strafbarkeit nicht ausufern zu lassen und ein tatbestandsmäßiges Handeln, das das Unternehmen jedoch möglicherweise gerettet hat, nicht zu sanktionieren und damit Rettungsversuche nicht per se zu gefährden, erfordern alle Insolvenzdelikte das Vorliegen einer gemeinsamen objektiven Bedingung der Strafbarkeit, den endgültigen Zusammenbruch des Unternehmens. § 283 Abs. 6 StGB definiert diesen Zusammenbruch durch die Tatbestandsmerkmale der Zahlungseinstellung, der Eröffnung des Insolvenzverfahrens oder der Abweisung des Eröffnungsantrages mangels Masse gem. § 26 InsO. Ist es hierzu nicht gekommen, so findet eine Strafbarkeit aus den §§ 283 ff. StGB nicht statt. Unberührt bleibt jedoch im Einzelfall die Subsumtion von das Unternehmen gefährdenden Handlungen unter allgemeine Strafvorschriften wie zum Beispiel die Untreue

---

[144] Veröffentlicht im Internet unter: www.bka.de/pks/pks(Jahr)/index.html.

gem. § 266 StGB etwa im Falle von Vermögensverschiebungen oder Risikogeschäften. Insbesondere aus der strafbarkeitsbegründenden Voraussetzung des Eintritts des Unternehmenszusammenbruchs (§ 283 Abs. 6 StGB) erschließt sich, dass Schutzzweck der Insolvenzdelikte des StGB vorrangig der Schutz der Insolvenzmasse vor unwirtschaftlicher Verringerung, Verheimlichung und ungerechter Verteilung zum Nachteil der Gesamtgläubigerschaft[145] ist und nur mittelbar etwa der Schutz der Arbeitnehmer oder gar des gesamtwirtschaftlichen Systems[146] beabsichtigt ist.

Die Bankrotthandlungen lassen sich in vier Fallgruppen untergliedern, die sich aus § 283 Abs. 1 StGB ergeben und auch die Sonderregelungen der §§ 283 b – d StGB erfassen. Hierbei handelt es sich um die unten näher behandelten Fallgruppen der Vermögensverschiebungen (aa), der unwirtschaftlichen Geschäfte (bb), der Scheingeschäfte (cc) sowie der Buchführungsverstöße (dd). Die Verletzung der Buchführungspflicht gem. § 283 b StGB fällt zwanglos unter die Fallgruppe der Buchführungsverstöße, die Delikte der Gläubiger- und Schuldnerbegünstigung gem. §§ 283 c und d StGB stellen Sonderfälle der Fallgruppe der Vermögensverschiebungen dar. 127

b) Eintritt der „Krise". Gemeinsame Voraussetzung der Bankrotthandlungen der §§ 283 Abs. 1 Nr. 1 – 8 StGB sowie der Handlungen gem. §§ 283 c, d StGB ist das Handeln „bei Überschuldung oder bei drohender oder eingetretener Zahlungsunfähigkeit" und damit das Vorliegen einer sog. Krise im Zeitpunkt der Tathandlung. Das Gleiche gilt für die Vorsatz-Fahrlässigkeits-Kombinationen des § 283 Abs. 4 und 5 StGB. Lediglich der Tatbestand der Verletzung der Buchführungspflicht gem. § 283 b StGB enthält dieses Erfordernis nicht. Gem. § 283 Abs. 2 StGB werden jedoch auch Tathandlungen mit Strafe bedroht, die das Unternehmen erst in die Krise führen. 128

Die die Krise beschreibenden Tatbestandsmerkmale des § 283 StGB, die Überschuldung, die drohende sowie die eingetretene Zahlungsunfähigkeit, werden seit dem In-Kraft-Treten der Insolvenzordnung am 1.1.1999 nunmehr in den §§ 17 Abs. 2, 18 Abs. 2 und 19 Abs. 2 InsO legal definiert. Die in § 283 Abs. 1 StGB aufgeführten Merkmale der Krise, die Überschuldung, die drohende sowie die eingetretene Zahlungsunfähigkeit, werden im Einzelnen im Allgemeinen Teil, § 26 II., behandelt.[147] 129

Da durch die Neuregelung der InsO auch die vorhandenen Definitionen zumindest teilweise per legem nicht nur konkretisiert, sondern auch erweitert wurden,[148] stellt sich die Frage nicht nur nach der zeitlichen Anwendbarkeit der unterschiedlichen Definitionen i. S. v. § 2 StGB, sondern auch nach der **Akzessorietät des Strafrechts** zu eben diesen insolvenzrechtlichen Vorgaben. Für eine Übernahme der insolvenzrechtlichen (Neu-) Definitionen sprechen bspw. *Uhlenbruck* und *Bieneck* aus. Geht *Uhlenbruck*[149] jedoch nur von einer mit dem Insolvenzrecht übereinstimmenden Begriffsauslegung aus, so geht *Bieneck* noch weiter und stellt einen (vermeintlichen)[150] Grundsatz der „Akzessorietät des Strafrechts vom Zivilrecht" auf und hält eine vorbehaltlose Übertragung der Definitionen auf das Strafrecht für geboten.[151] Diese strenge Akzessorietät des Strafrechts stößt jedoch auf überwiegende Ablehnung. Eine Akzessorietät des Strafrechts zu den insolvenzrechtlichen Begriffsbestimmungen wurde bereits bei der Einführung des Krisenbegriffs in den heutigen § 283 StGB durch das 1. WiKG im Jahre 1976 grundsätzlich kritisiert.[152] Gegen eine Akzessorietät spricht bereits, dass in § 19 InsO die Über- 130

---

[145] BGHSt 28, 373; *Tröndle/Fischer*[53] Vorbem. § 283 Rdnr. 3.
[146] *Lackner/Kühl* § 283 Rdnr. 1; *Tröndle/Fischer* § 283 Rdnr. 3.
[147] S. o. *Leipold* § 26 Rdnr. 48 ff.
[148] So entfällt nach neuem Verständnis bei der Zahlungsunfähigkeit das Korrektiv der Wesentlichkeit, in dessen Folge Zahlungsunfähigkeit bisher nur vorlag, wenn der Schuldner die wesentlichen Forderungen nicht mehr begleichen konnte.
[149] *Uhlenbruck* wistra 1996, 4.
[150] So mit Recht: *Penzlin*, Strafrechtliche Auswirkungen der Insolvenzordnung, S. 148.
[151] *Bieneck* StV 1999, 44.
[152] Es handele sich um normativ gefärbte Tatbestandsmerkmale, die theoretisch unausgeglichen seien und zu Beweisschwierigkeiten führten, *Tiedemann* NJW 1977, 781; *Tiedemann* NJW 1979, 254; LK/*Tiedemann*, 11. A., Vorbem. § 283, Rdnr. 41.

schuldung als Insolvenzgrund nur für juristische Personen vorgesehen ist, § 283 StGB sie jedoch als krisenkonstituierendes Merkmal ohne Einschränkung für jeden Schuldner vorsieht und damit einen von den insolvenzrechtlichen Vorgaben abweichenden Krisenbegriff zumindest indiziert. Vertreten werden in der einschlägigen Literatur eine sog. funktionale Akzessorietät des Strafrechts sowie ein eigenständiger strafrechtlicher Krisenbegriff.[153] Insbesondere unter dem Gesichtspunkt des Schutzzwecks der Insolvenzdelikte (Gläubigerschutz) sowie der Ultima-Ratio-Funktion des Strafrechts ist eine stärkere Berücksichtigung des Wesentlichkeitsmerkmals bzw. der „Erheblichkeit" des Insolvenzgrundes zu fordern. *Otto* sieht den Wortlaut des § 17 Abs. 2 InsO nicht als „Hinderungsgrund", der Zahlungsunfähigkeit auch weiterhin das Wesentlichkeitsmerkmal (der Konkursordnung) zuzuordnen. Nicht jede Zahlungsschwierigkeit sei relevant, vielmehr nur eine Unterdeckung, die Ausdruck einer Krise des Unternehmens sei, welche wiederum im Falle einer dreimonatigen Unterdeckung von 25% vorliege.[154] Das Abstellen auf geringfügige Liquiditätslücken sei „sachwidrig". *Tiedemann* verlangt für die strafrechtliche Beurteilung die Einschränkung, dass bspw. die drohende Zahlungsunfähigkeit bei der Feststellung der Krise einen „nicht unerheblichen Teil der Zahlungspflichten" betreffen müsse.[155] Noch weiter gehend fordern etwa *Penzlin* und *Bittmann* eine „eigenständige, vom Insolvenzrecht abweichende Auslegung"[156] bzw. eine „teleologische Reduktion"[157] der insolvenzrechtlichen Vorgaben, gefordert wird konkret eine „zweimonatige Unterdeckung von 20%" als strafrechtlicher Mindeststandard.

131 Tatsächlich ist der Aspekt der Einheitlichkeit der Rechtsordnung und der dabei zum Ausdruck kommende Wille des Gesetzgebers nicht von der Hand zu weisen, zu berücksichtigen ist aber, dass auch der Gesetzgeber selber die Frage der Erheblichkeit erkannt hat und in der Gesetzesbegründung dargelegt hat, dass „geringfügige Liquiditätslücken" außer Acht zu bleiben haben.[158] Insbesondere im Hinblick auf Unsicherheitsfaktoren bei der Berechnung der (drohenden) Zahlungsunfähigkeit und damit die praktische Handhabbarkeit der Strafvorschriften sowie letztlich aufgrund der für den subjektiven Tatbestand erforderlichen Erkennbarkeit dürfte die Erheblichkeitsschwelle jedenfalls nicht unterhalb einer 10%igen Unterdeckung anzusetzen sein. Diesen „Schwellenwert" hält der 4. Zivilsenat des BGH jedenfalls als „widerlegliche Vermutung" für das Vorliegen von Zahlungsunfähigkeit für angemessen.[159] Festzuhalten bleibt insbesondere aufgrund der Normierung durch die InsO, dass die insolvenzrechtlichen Vorgaben unter dem Aspekt des Bestimmtheitsgrundsatzes aus Art. 103 Abs. 2 GG nicht unumstritten[160] und folglich im Strafverfahren auch unter dem Aspekt des Zweifelsgrundsatzes durchaus zu hinterfragen sind.

132 **c) Die einzelnen Bankrotthandlungen.** § 283 Abs. 1 StGB führt in sieben Ziffern Handlungen auf, die das strafwürdige Verhalten in einer Krisensituation näher umschreiben und die sich in die vier folgenden Fallgruppen aa) – dd) untergliedern lassen. Die unterschiedlichen Tathandlungen können sich hierbei durchaus überschneiden. Die Handlungsalternative der Nr. 8, die von der herrschenden Meinung als Auffangtatbestand für solche Handlungen angesehen wird, die unter die anderen sieben Ziffern nicht zu subsumieren sind, bedroht denjenigen mit Strafe, der „in einer anderen, den Anforderungen einer ordnungsgemäßen Wirtschaft grob widersprechenden Weise seinen Vermögensstand verringert oder seine wirklichen wirtschaftlichen Verhältnisse verheimlicht oder verschleiert". Aufgrund der dort getroffenen, generalisierenden Umschreibung des Handlungsunrechts ist § 283 Abs. 1 Nr. 8 StGB nicht nur als Auffangtatbestand, sondern vielmehr auch als Grundtatbestand der Bankrottdelikte anzusehen.[161]

---

[153] Vgl. BT-Drucks. 12/2443 S. 114; *Tröndle/Fischer* Vorbem. § 283 Rdnr. 6.
[154] *Otto* Aktienstrafrecht § 401 AktG Rdnr. 32; *Otto* Strafrecht BT § 61 Rdnr. 90; *Otto*, GS Bruns, S. 276 f.
[155] LK/*Tiedemann* Vorbem. §§ 283 Rdnr. 139.
[156] *Penzlin*, Strafrechtliche Auswirkungen der Insolvenzordnung, S. 153.
[157] *Bittmann* wistra 1998, 323 f.
[158] BT-Drucks. 12/2443 S. 114.
[159] BGH NZI 2005, 547, 550.
[160] *Otto* bspw. nimmt natürliche Personen und Personenhandelsgesellschaften aus dem Anwendungsbereich aus, Jura 1989, 33.
[161] LK/*Tiedemann* § 283 Rdnr. 9.

§ 18 Insolvenzdelikte

Bis zur Einführung des § 283 StGB durch das 1. WiKG im Jahre 1976 stellten per se völlig **133** wertneutrale Handlungen, wie etwa das Betreiben eines übermäßigen Aufwandes durch einen Kaufmann, Bankrotthandlungen dar, die allein durch das Hinzutreten einer objektiven Bedingung (der Strafbarkeit), auf die der Handelnde unter Umständen keinerlei Einfluss hat, zu einer Straftat im Sinne des Konkursstrafrechts[162] wurden. Die nunmehr noch im Gesetz aufgeführten Bankrotthandlungen sollen nach Auffassung des Gesetzgebers jedoch „gläubigergefährdende" und daher schon für sich genommen „strafwürdige Unrechtshandlungen" darstellen.[163]

Wichtig ist jedoch zunächst die **Abgrenzung zur Untreue** gem. § 266 StGB, insbesondere **134** bei Handlungen anderer Personen als der des Schuldners. Handelt der (persönliche) Schuldner selbst, so ist die Motivation seines Handelns unerheblich, handelt jedoch eine andere Person, etwa ein Organ oder Vertreter einer Kapitalgesellschaft, so muss die Bankrotthandlung der Schuldnerin (GmbH, AG, o.ä.) gemäß § 14 StGB zurechenbar sein. Handelt der Täter nicht „für das Unternehmen", liegt möglicherweise eine Untreue vor. Die Abgrenzung zwischen den Tatbeständen des Bankrotts und der Untreue erfolgt nach der neueren Rechtsprechung des BGH nach der sog. Interesseformel. Der BGH stellt dabei entscheidend auf das wirtschaftliche Interesse ab, das der Täter mit seiner Tat verfolgt.[164] Handelt der Täter als Organ oder Vertreter einer Kapitalgesellschaft ausschließlich eigennützig, so sind die Insolvenzstraftatbestände nicht anwendbar, der Geschäftsführer ist jedoch wegen Untreue gem. § 266 StGB zum Nachteil des von ihm zu betreuenden Vermögens strafbar.[165] Eine nicht gerechtfertigte Entnahme durch den Geschäftsführer einer GmbH in der Krise erfolgt in der Regel aus eigennützigen Motiven und ist in diesem Fall also nicht als Bankrotthandlung, sondern (lediglich) als Untreue gem. § 266 StGB strafbar. Liegt die Handlung jedoch zumindest auch im wirtschaftlichen Interesse des mit dem Täter nicht identischen Schuldners, also z. B. im Interesse der von ihm geführten GmbH, so bleiben die §§ 283 ff. StGB anwendbar.[166] So dürfte beispielsweise eine übermäßige Entnahme aus dem Gesellschaftsvermögen zum Zwecke einer Schmiergeldzahlung zumindest auch im wirtschaftlichen Interesse der Gesellschaft liegen, mit der Folge, dass eine Bestrafung nach den §§ 283 ff. StGB erfolgt und nicht wegen Untreue.[167] Handelt der Geschäftsführer oder etwa auch der Sanierer jedoch allein aus unternehmensfremden Zwecken, z. B. im Interesse eines Gläubigerpools, so wird dies einem eigennützigen Handeln gleichgesetzt, eine Strafbarkeit gemäß § 283 ff. StGB scheidet aus, es verbleibt der Tatbestand der Untreue.[168]

aa) Vermögensverschiebungen. Die Tathandlungen des § 283 Abs. 1 Nr. 1 StGB, aber auch **135** der Schuldner- und Gläubigerbegünstigung, stellen Fälle der strafbaren Vermögensverschiebung in der Unternehmenskrise dar. Strafbar macht sich dabei, wer Bestandteile seines Vermögens, die im Falle der Eröffnung des Insolvenzverfahrens zur Insolvenzmasse gehören, beiseite schafft, verheimlicht oder in einer den Anforderungen einer ordnungsgemäßen Wirtschaft widersprechenden Weise zerstört, beschädigt oder unbrauchbar macht. Strafrechtlicher Schutzzweck ist dabei die Integrität der Vermögensgesamtheit des Unternehmens, die im Falle der Insolvenzeröffnung die **Insolvenzmasse** ausmacht und damit zur Befriedigung der Gläubiger der (Insolvenz-) Schuldnerin herangezogen werden soll. Gemäß § 35 InsO (Begriff der Insolvenzmasse) erfasst das Insolvenzverfahren das gesamte Vermögen, das dem Schuldner zur Zeit der Eröffnung des Verfahrens gehört und das er während des Verfahrens erlangt.[169] Gem. § 36 InsO fallen die Gegenstände, die den zivilrechtlichen Pfändungsschutzbestimmungen unterliegen, nicht in die Insolvenzmasse. § 36 Abs. 2 InsO normiert hiervon wiederum drei (Gegen-) Ausnahmen, die die Geschäftsbücher des Schuldners, landwirtschaftliche Betriebe sowie Apotheken betreffen.[170] Zur strafrechtlich geschützten Vermögensmasse zählt damit das gesamte

---

[162] Damals geregelt in den §§ 239 ff. KO.
[163] BT-Drucks. 7/3441 S. 33.
[164] BGHSt 28, 371, 374.
[165] BGH v. 7.6.1983 – 4 StR 140/83.
[166] LK/*Tiedemann* Vorbem. §§ 283 Rdnr. 79 m. w. N.
[167] LK/*Tiedemann* Vorbem. §§ 283 Rdnr. 79.
[168] BGHSt 30, 130.
[169] Der sog. „Neuerwerb" ist erst mit der Neufassung der InsO mit Rücksicht auf die Restschuldbefreiung aufgenommen worden. Als Überleitungsvorschrift ist Art. 103 a EGInsO zu beachten.
[170] § 36 Abs. 2 InsO i. V. m. §§ 811 Abs. 1 Nr. 4 und 9 ZPO.

Vermögen des Schuldners mit Ausnahme der Gegenstände, die gemäß der zivilprozessualen Vorschriften der §§ 811, 850 ff ZPO nicht der Zwangsvollstreckung unterliegen, etwa nicht übertragbare Forderungen gem. § 851 ZPO oder der pfändungsfreie Teil des Arbeitseinkommens gem. § 850 c ZPO.[171]

136 Bei der Bestimmung des Vermögens ist hierbei der wirtschaftliche Vermögensbegriff heranzuziehen. Zum Schuldnervermögen gehören damit alle beweglichen sowie unbeweglichen Sachen, insbes. Grundstücke und grundstücksgleiche Rechte, aber auch Forderungen sowie dingliche Rechte, denen ein Vermögenswert zukommt. Gegenstände, denen ein bloßer Affektionswert zukommt, scheiden aus.[172] Zu beachten ist jedoch, dass es hier keine Bagatellklausel gibt, Gegenstände von äußerst geringem Wert fallen somit grundsätzlich in den Anwendungsbereich des Tatbestandes, mit der Folge, dass sich in derartigen Fällen im weiteren Verfahren lediglich empfehlen lässt, auf die Anwendung des § 153 StPO hinzuwirken.

137 Problematisch ist die Beurteilung dann, wenn Vermögenswerte mit Rechten Dritter belastet sind. Die Belastung beseitigt den Wert des Vermögensgegenstandes grundsätzlich nicht, mit der Folge, dass der Gegenstand weiterhin in den Schutzbereich des Tatbestandes fällt.[173] Dem Inhaber beispielsweise eines Pfandrechts oder dem Sicherungseigentümer steht zwar regelmäßig ein Recht auf abgesonderte Befriedigung gem. § 50 InsO zu, der Insolvenzverwalter kann jedoch trotzdem die freihändige Verwertung (§ 166 InsO) in der Hoffnung betreiben, dass der Masse ein überschießender Erlös zufließt. Lediglich wenn die Belastung den (Rest-) Wert ausschöpft oder gar übersteigt, ist der Gegenstand nicht mehr taugliches Objekt des Beiseiteschaffens etwa durch eine zusätzliche Belastung. Auch durch ein bloßes Verheimlichen kann der Gläubigerzugriff jedoch durchaus vereitelt werden, insofern bleibt auch der mit Sicherungsrechten voll belastete Gegenstand taugliches Tatobjekt.[174] Überlässt der Schuldner dem Pfandgläubiger selbst den Gegenstand, so macht er sich lediglich dann strafbar, wenn die Verwertung des Gegenstandes für die Masse einen Erlös erbracht hätte, der die Ansprüche des Gläubigers übersteigt, der Mehrerlös also der Masse entzogen wird.

138 Steht ein Gegenstand unter Eigentumsvorbehalt, so hat der Eigentümer ein Recht auf Aussonderung gem. § 47 InsO, der Gegenstand fällt nicht in die Insolvenzmasse. Wurde durch Teilzahlung jedoch bereits ein Anwartschaftsrecht geschaffen, so fällt dieses (geldwerte) Anwartschaftsrecht in die Insolvenzmasse und kann wiederum Gegenstand einer Bankrotthandlung sein.[175]

139 Als Konsequenz der Zugrundelegung des wirtschaftlichen Vermögensbegriffes (s. o.) sollen auch unrechtmäßig erworbene Vermögensgegenstände in die Insolvenzmasse fallen. Dies gilt jedenfalls für betrügerisch erlangte Gegenstände, deren Zugehörigkeit zur Insolvenzmasse der Berechtigte lediglich anfechten kann,[176] nicht aber für gestohlene oder unterschlagene Sachen, hinsichtlich derer dem Eigentümer ein Aussonderungsrecht zusteht.

140

Zur Insolvenzmasse zählen:	Zur Insolvenzmasse zählen nicht:
Alle Rechtspositionen, die einen Geldwert haben	Wertlose Gegenstände[177]
Bewegliche und unbewegliche Gegenstände	Nicht der Zwangsvollstreckung unterliegende Gegenstände[178]
Forderungen und Rechte, Sicherungsrechte, einschließlich hierüber existierender Urkunden	Anspuch auf Lieferung einer unpfändbaren Sache[179]

---

[171] Bei Einkünften aus selbständiger Tätigkeit entsprechend § 850 i ZPO; vgl. hierzu FK/*Schumacher* § 36 Rdnr. 21 ff.
[172] LK/*Tiedemann* § 283 Rdnr. 17.
[173] RG DRiZ 1934, 314; LK/*Tiedemann* § 283 Rdnr. 17.
[174] Vgl. LK/*Tiedemann* § 283 Rdnr. 17 m. w. N.
[175] BGH BB 1957, 274.
[176] BGH GA 1955, 149, 150; LK/*Tiedemann* § 283 Rdnr. 20.
[177] BGHSt 3, 32, 36; BGHSt 5, 120, 121; *Weyand* Insolvenzdelikte S. 82.
[178] Ausnahme: § 36 Abs. 2 InsO.
[179] RGSt 73, 127, 128.

Zur Insolvenzmasse zählen:	Zur Insolvenzmasse zählen nicht:
Gegenstände mit Bagatellwert	Gegenstände von bloßem Affektionsinteresse[180]
Geschäftseinrichtung,[181] Kundenkartei[182]	Arbeitskraft des Schuldners[183]
Firmenname (soweit nicht Familienname)[184]	Der den Familiennamen enthaltende Firmenname einer Personenhandelsgesellschaft[185]
Patente, Urheberrechte	Gegenstände, die der Schuldner nach Insolvenzeröffnung aus freiem Vermögen erworben hat (str.)[186]
Kaufmännisches Know-How[187]	Gegenstände unter Eigentumsvorbehalt, aber ggfs. Anwartschaftsrecht aus Teilzahlung[188]
Sicherungsübereignete oder verpfändete Gegenstände, soweit bei Verwertung Mehrerlös verbliebe.	Sicherungseigentum[189]
Gesellschaftsanteile	Aussonderungsfähige Gegenstände (§ 47 InsO)
Auseinandersetzungsguthaben	vom Insolvenzverwalter freigegebene Vermögensbestandteile[190]
Auch unrechtmäßig erworbene Vermögensbestandteile, so z. B. betrügerisch erlangte Sachen[191]	Praxis eines Freiberuflers (mit Ausnahme der Einrichtung)[192]
Anwartschaftsrechte, z. B. aus Teilzahlung auf Gegenstand unter Eigentumsvorbehalt	höchstpersönliche Rechte
Internetadresse (Domain)[193]	Hausrat des Schuldners[194]
Grundstücksgleiche Rechte (Erbbaurecht, Wohnungs- und Teileigentum)[195]	Forderungen, die dem Schuldner zur Einziehung übertragen worden sind[196]
Schiffe, Schiffsbauwerke	
Bergwerkseigentum, Abbaurechte[197]	
Jagd- und Fischereirechte	

---

[180] LK/*Tiedemann* § 283 Rdnr. 17.
[181] BGH GA 1953, 74.
[182] LK/*Tiedemann* § 283 Rdnr. 19.
[183] OLG Düsseldorf NJW 1982, 1712, 1713.
[184] BGHZ 85, 221, 223 f.; *Mohr*, Bankrottdelikte und übertragende Sanierung, Köln 1993, S. 111.
[185] BGH GA 1953, 73; OLG Düsseldorf NJW 1982, 1712, 1713; *Kern* BB 1999, 1717
[186] So jedoch *Weyand* unter Bezugnahme auf RGSt 40, 105, 110; dies dürfte jedoch durch die Aufnahme des Neuerwerbs in § 35 InsO problematisch sein.
[187] *Weyand* Insolvenzdelikte S. 84; BGHZ 16, 172.
[188] BGHSt 3, 33; BGH BB 1957, 274; *Tröndle/Fischer* § 283 Rdnr. 3.
[189] Wirtschaftlicher Vermögensbegriff, Sicherungsgeber hat Aussonderungsrecht gem. § 47 InsO; BGH NJW 1959, 1223, 1224; *Weyand* Insolvenzdelikte S. 85.
[190] *Tröndle/Fischer* § 283 Rdnr. 3.
[191] BGH GA 1955, 149; *Weyand* Insolvenzdelikte S. 84.
[192] FG Düsseldorf ZIP 92, 635.
[193] FK/*Schumacher* § 35 InsO Rdnr. 5.
[194] Unter den Voraussetzungen des § 36 Abs. 3 InsO.
[195] FK/*Schumacher* § 35 InsO Rdnr. 5.
[196] RGSt 72, 252, 254 ff.; LK/*Tiedemann* § 283 Rdnr. 22.
[197] FK/*Schumacher* § 35 InsO Rdnr. 5.

Zur Insolvenzmasse zählen:	Zur Insolvenzmasse zählen nicht:
Steuererstattungsansprüche[198]	
Geschäftsbücher[199]	
Gegenstände, die zur Fortführung eines landwirtschaftlichen Betriebes (Gerät und Vieh) oder einer Apotheke erforderlich sind[200]	

141 **Tathandlungen** der Vermögensverschiebungen sind das Beiseiteschaffen, das Verheimlichen, das Zerstören, Beschädigen und Unbrauchbarmachen durch den Schuldner (§ 283 Abs. 1 Nr. 1 StGB) oder auch den Gläubiger (dann § 283 d StGB) sowie das Gewähren einer inkongruenten Sicherheit oder Befriedigung an einen Gläubiger (Gläubigerbegünstigung gem. § 283 c StGB). Zu den Tatbeständen der Gläubiger- sowie Schuldnerbegünstigung im Einzelnen unten unter Rdnr. 193 ff).

142 Hinsichtlich der Tathandlungen des Zerstörens, Beschädigens und Unbrauchbarmachens sieht bereits der Gesetzeswortlaut eine **Tatbestandsrestriktion** dahin gehend vor, dass nur solche Handlungen erfasst werden, die „in einer den Anforderungen einer ordnungsgemäßen Wirtschaft widersprechenden Weise" erfolgen. Durch diese Einschränkung soll erreicht werden, dass nicht jegliches Handeln (Zerstören, Beschädigen, Unbrauchbarmachen), das normalen Vorgängen im Rahmen betrieblicher Abläufe entspricht, beispielsweise Modernisierungsmaßnahmen wie etwa der Abbruch eines baufälligen Betriebsgebäudes in der Absicht, ein neues zu errichten, den Tatbestand erfüllt.[201] Um den Tatbestand jedoch auch in den anderen Handlungsalternativen nicht ausufern zu lassen, sieht die Rechtsprechung auch hier eine Tatbestandsrestriktion dahin gehend vor, dass entgegen dem Wortlaut des Gesetzes auch das Beiseiteschaffen sowie das Verheimlichen nur dann strafbar ist, wenn es **in einer den Anforderungen einer ordnungsgemäßen Wirtschaft widersprechenden Weise** erfolgt.[202] Sieht man mit dem Verfasser § 283 Abs. 1 Nr. 8 StGB als Grundtatbestand an, so ergibt sich diese Einschränkung bereits aus dem Gesetz. Fließt dem Schuldnervermögen und damit der Masse bei der Veräußerung von Waren im normalen Geschäftsgang folglich ein gleichwertiger Gegenwert zu, wird also nur eine vertraglich geschuldete Leistung erfüllt, so handelt es sich nicht um ein tatbestandliches Handeln, obwohl die Haftungsmasse zunächst geschmälert wird. Normale Austauschgeschäfte sind damit dem Anwendungsbereich des Bankrotttatbestandes entzogen.

143 Der bei der Beurteilung des „ordnungsgemäßen Wirtschaftens" anzulegende Maßstab kann im kaufmännischen Bereich mit Hilfe der Maßstäbe des ordentlichen Kaufmanns (§ 347 Abs. 1 HGB), des ordentlichen Geschäftsmannes (§ 43 Abs. 1 GmbHG) sowie des ordentlichen und gewissenhaften Geschäftsleiters (§ 93 Abs. 1 AktG) bestimmt werden, die insgesamt als **Grundsätze ordnungsgemäßer Unternehmensführung** hinreichend konkretisiert und verfestigt sind. Zu beachten ist aber, dass bei strafrechtlicher Betrachtung unter Berücksichtigung des Bestimmtheitsgebots des Art. 103 Abs. 2 GG unbestimmte Befugnisse voll ausgeschöpft werden dürfen, mit anderen Worten der Maßstab des ordnungsgemäßen Wirtschaftens erst dann verletzt wird, wenn eine wirtschaftliche Maßnahme oder Entscheidung als zweifelsfrei unvertretbar erscheint.[203]

144 Ein **Beiseiteschaffen** liegt also vor, wenn der Täter einen Vermögensbestandteil durch rechtliche oder tatsächliche Verfügung unter Verletzung der Anforderungen einer ordnungsgemäßen Wirtschaft dem alsbaldigen Gläubigerzugriff entzieht oder den Zugriff des Gläubigers zumindest wesentlich erschwert.[204] Kein Beiseiteschaffen ist die Erfüllung fälliger Forderungen, das Eingehen äquivalenter Austauschgeschäfte sowie die Entnahme für einen angemessenen Le-

---

[198] BFH BB 79, 1442.
[199] § 36 Abs. 2 Nr. 1 InsO, obwohl gemäß § 811 Nr. 11 ZPO unpfändbar.
[200] § 36 Abs. 2 Nr. 2 InsO, obwohl gemäß § 811 Nr. 4 ZPO unpfändbar.
[201] BT-Drucks. 7/3441 S. 34; LK/*Tiedemann* § 283 Rdnr. 49 m. w. N.
[202] RGSt 62, 277, 278; BGHSt 34, 309, 310; BGH NJW 1952, 898.
[203] Vgl. BGH 3 StR 242/79 bei LK/*Tiedemann* Vorbem. § 283 Rdnr. 117.
[204] RGSt 61, 107, 108; RGSt 66, 131 ff.; BGH 1 StR 452/78 v. 30.1.1997; LK/*Tiedemann* § 283 Rdnr. 25.

bensunterhalt.²⁰⁵ Die Angemessenheit wird sich hier jedoch nicht nur an den bisherigen Verhältnissen, sondern auch an der vorliegenden Krisensituation zu orientieren haben. Für den Geschäftsführer einer GmbH kommt es allerdings nicht auf die Angemessenheit an, sondern lediglich auf das Vorliegen fälliger Gehaltsansprüche.²⁰⁶ Die ungerechtfertigte Entnahme durch ein Organ oder einen Vertreter einer Kapitalgesellschaft ist jedoch bereits nach der Abgrenzungsformel des BGH, der sog. Interessentheorie, nicht als Bankrotthandlung, sondern (lediglich) als Untreue gem. § 266 StGB strafbar, da sie regelmäßig aus eigennützigen Motiven erfolgt. Des Weiteren ist § 283 Abs. 1 Nr. 1 StGB dahin gehend teleologisch zu reduzieren, dass eigentlich verlustbringende Handlungen dann nicht tatbestandsrelevant sind, wenn sie im Rahmen einer Saldierung zu einer Entlastung der Haftungsmasse führen.²⁰⁷ So kann die Übertragung von Vermögenswerten auf eine Auffanggesellschaft im Rahmen einer Betriebsaufspaltung dann nicht als Bankrotthandlung i. S. v. Nr. 1 strafbar sein, wenn die Auffanggesellschaft auch Verbindlichkeiten in entsprechender Höhe übernimmt.

Fälle des Beiseiteschaffens	Keine Fälle des Beiseiteschaffens
Wegschaffen von Betriebsvermögen oder Vorräten²⁰⁸	Einziehung einer Forderung und Verbrauch für angemessenen Lebensunterhalt²⁰⁹
Überweisung vom Geschäfts- auf ein Privatkonto bzw. das Abheben von Guthaben zum privaten Verbrauch	Bezahlung von Prozesskosten eines Gesellschafters, wenn diese in unmittelbarem Zusammenhang mit der Tätigkeit für die Gesellschaft stehen²¹⁰
Überweisung auf ein Konto einer juristisch selbständigen Offshore-Gesellschaft²¹¹	Entnahme fälliger Gehaltsansprüche des Geschäftsführers einer GmbH
Veräußerung ohne Empfang des Gegenwerts²¹²	Notverkäufe, um dringende Lebensbedürfnisse zu befriedigen²¹³
Ungerechtfertigte Sicherungsübereignung²¹⁴	Notverkäufe zur Schaffung von Liquidität für das Unternehmen²¹⁵
Übertragung von Vermögensbestandteilen auf eigens zu diesem Zweck gegründete Unternehmen ohne adäquate Gegenleistung²¹⁶	Übertragung von Vermögenswerten auf Auffanggesellschaften, soweit zugleich entsprechende Verpflichtungen mitübertragen werden (Saldierung)
Einziehung von Forderungen über fremde Konten und Verbrauch für private Zwecke²¹⁷	Übertragung von Vermögenswerten auf Tochtergesellschaften, wenn Pflicht zur finanziellen Unterstützung besteht²¹⁸
Zahlung von Bestechungsgeldern²¹⁹	Ungerechtfertigte Entnahme durch Organ oder Vertreter einer Kapitalgesellschaft (jedoch § 266 StGB)²²⁰

---

²⁰⁵ *Tröndle/Fischer* § 283 Rdnr. 4 a; LK/*Tiedemann* § 283 Rdnr. 31.
²⁰⁶ BGH 1 StR 539/80, zit. nach *Tröndle/Fischer* § 283 Rdnr. 4.
²⁰⁷ LK/*Tiedemann* § 283 Rdnr. 30.
²⁰⁸ BGH NStZ 1991, 432; *Weyand* Insolvenzdelikte S. 86.
²⁰⁹ BGH GA 1959, 340.
²¹⁰ BGH wistra 1987, 216.
²¹¹ OLG Frankfurt NStZ 1997, 551.
²¹² BGH NJW 1953, 1153.
²¹³ BGH NJW 1952, 898.
²¹⁴ BGH MDR/H 1979, 457.
²¹⁵ LK/*Tiedemann* § 283 Rdnr. 33; hier kann jedoch § 283 Abs. 1 Nr. 2 StGB eingreifen.
²¹⁶ BGH JZ 1979, 75, 76.
²¹⁷ BGHSt 34, 309; BGH GA 1959, 340; BGH wistra 1987, 254.
²¹⁸ Vgl. BGH Urt. v. 6.7.1956 – 1 StR 98/56 bei LK/*Tiedemann* § 283 Rdnr. 31.
²¹⁹ BGHSt 28, 371, 374; str., wenn entsprechender Vorteil für das Schuldnervermögen entsteht.
²²⁰ BGH Urt. v. 6.7.1956 – 1 StR 98/56 – n.v.

Fälle des Beiseiteschaffens	Keine Fälle des Beiseiteschaffens
Entnahme von Mitteln für Lebensunterhalt für größeren Zeitraum im Voraus[221]	Übertragung von Vermögenswerten auf einen Treuhänder mit dem Ziel der gleichmäßigen Befriedigung der Gläubiger[222]
Übertragung von Vermögensbestandteilen auf Vertauenspersonen oder Verwandte[223]	
Scheinveräußerung,[224] Scheinabtretung[225]	
Rückzahlung eines eigenkapitalersetzenden Darlehens an den Gesellschafter-Geschäftsführer[226]	
Treuhänderische Übertragung von Betriebsmitteln auf eine Auffanggesellschaft[227]	

146 Das **Verheimlichen** ist ein Verhalten, durch das der Schuldner einen Vermögensbestandteil der Kenntnis der Gläubiger oder des Insolvenzverwalters zumindest vorübergehend entzieht.[228] Teile der Literatur entnehmen dem „finalen Element" des Verbergens, dass nicht etwa ein Erfolg eingetreten sein muss, sondern, dass bereits das Abzielen auf eine Entziehung ausreichend sein soll.[229] Das Verheimlichen kann in einem positiven Tun, wie etwa dem Ableugnen von Vermögensbestandteilen, oder auch in einem (garanten-) pflichtwidrigen Unterlassen liegen, etwa dem Verschweigen entgegen der umfassenden Auskunftspflicht des Schuldners aus den §§ 97 Abs. 1, 20 InsO. Bei der Feststellung einer Auskunftspflicht des Schuldners ist jedoch klar zu differenzieren zwischen dem Zeitraum nach Insolvenzeröffnung bzw. dem Antrag auf Eröffnung (§ 20 InsO) und dem vorausgehenden Zeitraum innerhalb der Krise. **Nach Eröffnung** (§ 97 Abs. 1 InsO) bzw. nach Antragstellung (§ 20 InsO) trifft den Schuldner eine umfassende Auskunftspflicht über alle das Verfahren betreffende Verhältnisse, selbst wenn diese Offenbarung geeignet wäre, eine strafrechtliche Verfolgung des Schuldners herbeizuführen (§ 97 Abs. 1 S. 2 InsO). Flankiert wird diese Offenbarungspflicht jedoch durch ein in § 97 Abs. 1 S. 3 InsO ausdrücklich normiertes Verwertungsverbot für diese Auskünfte im Strafverfahren (dazu unter Rdnr. 366 ff.). Die Auskunftspflicht erstreckt sich auf das Insolvenzgericht, den Insolvenzverwalter, den Gläubigerausschuss sowie – auf Anordnung des Gerichts – auf die Gläubigerversammlung. In dem Zeitraum **vor der Insolvenzeröffnung** bzw. vor der Antragstellung ist zu berücksichtigen, dass der einzelne Gläubiger im Rahmen der Einzelvollstreckung regelmäßig keinen Anspruch auf Pfändung und Verwertung eines bestimmten Vermögensbestandteils hat. Dieser Grundsatz kann nicht über die Anwendung des § 283 Abs. 1 Nr. 1 StGB ausgehebelt werden. Schließlich wäre ein derartiges Verhalten nicht einmal von der Strafdrohung des § 288 StGB erfasst. Der Schuldner ist nicht Garant für das Vermögen seiner Gläubiger.[230]

147 Insbesondere die Nichtverbuchung von vermögensrelevanten Vorgängen (z. B. Entnahmen aus dem Geschäftsvermögen) stellt nur dann ein Verheimlichen dar, wenn handelsrechtlich eine Verbuchungspflicht besteht.[231]

---

[221] BGH NStZ 1981, 259.
[222] OLG München ZIP 2000, 1841; Schmidt/Uhlenbruck/*Uhlenbruck* Rdnr. 1911 (str.).
[223] BGH wistra 1987, 29.
[224] RG JW 1936, 3006.
[225] *Tröndle/Fischer* § 283 Rdnr. 4.
[226] LK/*Tiedemann* § 283 Rdnr. 34; jedoch nach sog. „Interesse-Formel" i. d. R. Untreue gem. § 266 StGB
[227] *Mohr*, Bankrottdelikte und übertragende Sanierung, 1993, S. 114.
[228] RGSt 64, 138, 140; BGH 4 StR 94/56 bei Tröndle/Fischer § 283 Rdnr. 5; LK/*Tiedemann* § 283 Rdnr. 38 m. w. N.
[229] *Tröndle/Fischer* § 283 Rdnr. 5; *Weyand* Insolvenzdelikte S. 86.
[230] A. A. aber offensichtlich RGSt 64, 138, 139 ff.
[231] BGH Urt. v. 15.4.1977, 2 StR 799/76; LK/*Tiedemann* § 283 Rdnr. 43.

Fälle des Verheimlichens	Keine Fälle des Verheimlichens	148
Ableugnen von Vermögensbestandteilen[232]	Unrichtige Angaben ggü. Einzelgläubiger vor dem Insolvenzverfahren[233]	
Vortäuschen eines den Gläubigerzugriff hindernden Rechtsverhältnisses[234]	Verschweigen von Vermögenswerten ggü. Einzelgläubiger vor dem Insolvenzverfahren	
Verschweigen von Vermögenswerten entgegen Offenbarungspflicht[235]	Nichtverbuchung vermögensmindernder Vorgänge ohne handelsrechtliche Verbuchungspflicht vor dem Insolvenzverfahren, z. B. Nichtverbuchung von Rückzahlungen kapitalersetzender Darlehen)[236]	
Heimliche Einziehung einer versehentlich nicht im Vermögensverzeichnis aufgeführten Forderung[237]	Ableugnen des Besitzes von Vorbehaltseigentum, soweit noch keine Anwartschaft besteht[238]	
Unrichtige Angaben über Umstände, die ein Anfechtungsrecht des Insolvenzverwalters betreffen[239]		
Einzug eines vor Insolvenzeröffnung fällig gewordenen Kaufpreises[240]		
Unrichtige Angaben ggü. dem Gerichtsvollzieher vor Insolvenzeröffnung (str.)[241]		
Vorlage unrichtiger oder unvollständiger Buchführung an das Insolvenzgericht oder den Insolvenzverwalter		
Nichtoffenbarung von Freistellungsansprüchen[242]		

Die Tathandlungen des **Zerstörens, Beschädigens und Unbrauchbarmachens** stellen systematisch Unterfälle des Beiseiteschaffens dar, besitzen jedoch praktisch kaum Relevanz. Da die Handlung den Anforderungen einer ordnungsgemäßen Wirtschaft widersprechen muss (s. o.), verbleiben im Grunde nur „mutwillige Handlungen",[243] die im Hinblick auf die wirtschaftliche Interessensituation in der Krise eher selten vorliegen. Tatobjekt können hier nur Sachen i. S. v. § 90 BGB sein, z. B. Investitionsgüter oder auch Wertpapiere. Der etwa im Rahmen einer Modernisierungsmaßnahme wirtschaftlich gebotene Abriß eines Altbaus erfüllt den Tatbestand nicht, da er den Anforderungen ordnungsgemäßen Wirtschaftens nicht widerspricht. 149

bb) Unwirtschaftliche Geschäfte. Gerade in der Krise ist die Versuchung groß, das sich in einer Abwärtsspirale befindliche Unternehmen nicht durch ordnungsgemäßes Verhalten – sehenden Auges – in die Insolvenz zu steuern, sondern durch das Eingehen hochriskanter Geschäfte entweder das Ruder noch einmal herumzureißen oder zumindest das Unternehmen noch eine gewisse Zeit über Wasser zu halten. Durch den Abschluss unwirtschaftlicher Ge- 150

---

[232] BGH GA 1956, 123.
[233] Vgl. LK/*Tiedemann* § 283 Rdnr. 42.
[234] RGSt 64, 138, 141; RG JW 1936, 3006.
[235] BGHSt 11, 146.
[236] BGH Urt. v. 15.4.1977 – 2 StR 799/76; LK/*Tiedemann* § 283 Rdnr. 43.
[237] BGH GA 1956, 123.
[238] LK/*Tiedemann* § 283 Rdnr. 39.
[239] BGHSt 8, 55, 58.
[240] BGH GA 1954, 310.
[241] RGSt 64, 138, 139 ff.
[242] *Weyand* Insolvenzdelikte S. 87.
[243] *Tröndle/Fischer* § 283 Rdnr. 6.

schäfte in dieser Phase wird die den Gläubigern zur Verfügung stehende Insolvenzmasse und damit das Schutzgut der Insolvenzdelikte vor Befassung des Insolvenzverwalters in kurzer Zeit regelmäßig überproportional geschmälert. Einem derartigen Verhalten soll die Strafdrohung des § 283 StGB entgegenwirken. Unter den Oberbegriff der unwirtschaftlichen Geschäfte fallen die unterschiedlichen Bankrotthandlungen der Nr. 2 und 3 des § 283 Abs. 1 StGB. Unwirtschaftliche Geschäfte – und damit in der Krise mit Strafe bedroht – sind (a) Verlustgeschäfte, (b) Spekulationsgeschäfte, (c) Differenzgeschäfte mit Waren oder Wertpapieren, (d) Schleudergeschäfte mit Waren oder Wertpapieren (Nr. 3) sowie (e) der Verbrauch übermäßiger Beträge durch unwirtschaftliche Ausgaben, Spiel oder Wette. **Verlustgeschäfte** sind Geschäfte, die bereits nach einer Vorauskalkulation zu einer Vermögensminderung führen müssen und auch führen.[244] Erfasst werden bspw. die Annahme von Aufträgen, die nicht auskömmlich kalkuliert sind sowie Fälle, in denen der Verkauf unter dem Einkaufspreis vorauskalkuliert ist. Als Spezialregelung bedroht Nr. 3 die Beschaffung von Waren (oder Wertpapieren) auf Kredit mit Strafe, wenn diese sodann „verschleudert" werden, also unterhalb des Marktwertes veräußert werden (sog. Schleudergeschäfte).[245]

151 Strafbewehrt in der Krise ist auch der Abschluss von Spekulationsgeschäften, also von Geschäften mit besonders großem Risiko, die in der Hoffnung getätigt werden, einen größeren Gewinn als den sonst üblichen zu erzielen, um den Preis, möglicherweise einen größeren Verlust hinzunehmen.[246] Nach der Rechtsprechung liegt ein Spekulationsgeschäft i. S. v. § 283 Abs. 1 Nr. 2 StGB zum Beispiel vor bei der Beteiligung an einem unseriösen Unternehmen,[247] bei der Beteiligung an einem besonders wagnisreichen und kostenaufwendigen Geschäft,[248] heute würde man von Venture Capital sprechen, oder bei Waren- sowie Devisentermingeschäften,[249] die jedoch regelmäßig auch unter den Begriff der Differenzgeschäfte fallen. Die Subsumtion ist jedoch stark einzelfallabhängig und erfordert als weiteres Konkretisierungsmerkmal, dass das Geschäft nicht nur „in hohem Grade gewagt und gefährlich" ist, sondern das Gelingen „vom reinen Zufall abhängt.".[250] Die Bewertung eines Geschäftes als Spekulationsgeschäft i. S. v. § 283 Abs. 1 Nr. 2 StGB ist restriktiv vorzunehmen und liegt nur in Extremfällen nahe.

152 Differenzgeschäfte mit Waren oder Wertpapieren sind Spekulationsgeschäfte, die nur äußerlich auf die Lieferung von Waren oder Wertpapieren gerichtet sind, tatsächlich aber auf die Ziehung eines spekulativen Gewinns aus Marktschwankungen abzielen und daher der Legaldefinition des § 764 BGB entsprechend als „Spiel" anzusehen sind. Differenzgeschäfte im Sinne der Norm sind bspw. Devisen- sowie Warentermingeschäfte.[251] Keine Differenzgeschäfte i. S. v. § 283 Abs. 1 Nr. 2 StGB sind jedoch die börsenrechtlich geregelten Termingeschäfte,[252] insbesondere der Optionsscheinhandel. Das sog. Hedging, das Absichern wirtschaftlicher Risiken mittels gegenläufiger Optionen bzw. Derivaten, ist mittlerweile ein anerkanntes Instrument der Risikovorsorge und widerspricht bereits insofern nicht den Anforderungen einer ordnungsgemäßen Wirtschaft.

153 Wird ein eigentlich tatbestandsmäßiges Spekulations- oder Differenzgeschäft jedoch mit Gewinn abgeschlossen, so werden die Gläubiger bzw. die Insolvenzmasse nicht beeinträchtigt, mangels Verletzung des Schutzzwecks entfällt in derartigen Fällen nach einhelliger Meinung die Strafbarkeit.[253]

---

[244] LK/*Tiedemann* § 283 Rdnr. 54; *Tröndle/Fischer* § 283 Rdnr. 7.
[245] Zu beachten ist hier, daß bereits die Beschaffung der Ware auf Kredit innerhalb der Krise als Warenkreditbetrug gem. § 263 StGB strafbar sein kann (hierzu unten unter Rdnr. 245 ff).
[246] Amtl. Begr., BT-Drucks. 7/3441, S. 35; *Tröndle/Fischer* § 283 Rdnr. 8.
[247] Amtl. Begr., BT-Drucks. 7/3441, S. 35; LK/*Tiedemann* § 283 Rdnr. 57.
[248] BGH Urt. v. 16.2.1954 – 5 StR 551/53; LK/*Tiedemann* § 283 Rdnr. 57; *Weyand* Insolvenzdelikte S. 95.
[249] LK/*Tiedemann* § 283 Rdnr. 57.
[250] RGSt 16, 238, 240; LK/*Tiedemann* § 283 Rdnr. 56.
[251] *Tröndle/Fischer* § 283 Rdnr. 9; *Weyand* Insolvenzdelikte S. 92 m. w. N.
[252] § 23 BörsG 2002; §§ 50 ff. BörsG 1998; a. A. ohne Begründung: *Tröndle/Fischer* § 283 Rdnr. 9.
[253] BGHSt 22, 360, 361; *Tröndle/Fischer* § 283 Rdnr. 10; LK/*Tiedemann* § 283 Rdnr. 61; *Weyand* Insolvenzdelikte S. 93.

> **Hinweis**
> Auch das Eingehen von Verlust-, Spekulations- oder Differenzgeschäften ist nur dann strafbewehrt, wenn es in einer den Anforderungen einer ordnungsgemäßen Wirtschaft widersprechenden Weise erfolgt. Auch ein seriöser Geschäftsmann kann in Ausnahmesituationen gehalten sein, Verträge abzuschließen, die nicht kostendeckend sind, um etwa die Auslastung des Maschinenparks und damit Arbeitsplätze zumindest vorübergehend zu sichern. Ebenfalls widerspricht der Unter-Preis-Verkauf von verderblichen oder schlecht verkäuflichen Waren durchaus normalem Geschäftsgebaren. Da die Abgrenzung insofern schwierig ist und es insbesondere auf die Vorstellung des Handelnden ankommt, dürfte der Nachweis des subjektiven Tatbestandes im Einzelfall schwer fallen.

154

Schließlich handelt der Schuldner tatbestandsmäßig, wenn er durch unwirtschaftliche Ausgaben, Spiel oder Wette übermäßige Beträge verbraucht oder schuldig wird. Unproblematisch ist hierbei die Beurteilung von Wette und Spiel, die den Begrifflichkeiten des § 762 BGB entsprechen und auch in der Teilnahme an Lotterieveranstaltungen (u. a. Lotto, Toto, Pferdewetten), Systemen progressiver Kundenwerbung i. S. v. § 6 c UWG bzw. Kettenbriefaktionen zu sehen sind.[254] Die Bestimmung unwirtschaftlicher Ausgaben dagegen ist nicht unproblematisch. Sollte nach altem Recht in erster Linie der „übermäßige Aufwand", etwa der Repräsentationsaufwand des Kaufmanns, erfasst werden, so versteht die neuere Rechtsprechung unter dem Begriff der „Ausgaben" sämtliche, sowohl für private als auch für geschäftliche Zwecke getätigte Ausgaben.[255] Aufwendungen etwa zum Zwecke der Sanierung einer Tochtergesellschaft oder zur Errichtung einer Zweigniederlassung werden somit erfasst.[256] Besondere Bedeutung kommt damit dem Korrektiv der „Unwirtschaftlichkeit" zu. Der Begriff der Unwirtschaftlichkeit ist als unbestimmter Rechtsbegriff jedoch strapazierbar. Die gängige Definition sieht Ausgaben dann als unwirtschaftlich an, wenn sie das Notwendige und Übliche übersteigen und in keinem angemessenen Verhältnis zum Vermögen des Täters stehen.[257] Diese Definition ersetzt jedoch einen unbestimmten Rechtsbegriff durch einen anderen und eröffnet dem wirtschaftlich regelmäßig wenig erfahrenen Gericht einen kaum begrenzten Beurteilungsspielraum. Dem Bestimmtheitsgebot eher gerecht wird die Definition Tiedemanns. Unwirtschaftlich sind demzufolge „wirtschaftlich unvertretbare Ausgaben, deren Sinnlosigkeit für wirtschaftlich denkende Beobachter feststeht, also eindeutig gegeben ist".[258] Bei der Beurteilung ist jedoch nicht allein auf einzelne Gewinnergebnisse abzustellen, sondern es ist eine Gesamtbetrachtung erforderlich, die die gesamte Vermögens- und Liquiditätslage des Schuldners im in Betracht kommenden Wirtschaftszeitraum einbezieht.[259] Zu berücksichtigen sind aber nicht nur die aktuellen Erträge, sondern durchaus auch Geschäftsaussichten.[260] Ist der Schuldner Einzelkaufmann oder Gesellschafter einer Personenhandelsgesellschaft, so soll bei der Beurteilung nicht nur das Betriebsvermögen, sondern auch das Privatvermögen herangezogen werden, da dies ebenfalls in die Haftungsmasse fällt.[261]

155

Durch die Tathandlung muss der Schuldner des weiteren **übermäßige Beträge** verbraucht haben oder zumindest schuldig geworden sein. Die Bestimmung der Übermäßigkeit eines Verbrauchs stellt ein der Unwirtschaftlichkeit ähnliches zweites Begrenzungskriterium dar, das verstärkt auf die private Vermögenssituation des Schuldners abstellt. Übermäßige Beträge werden hierbei verbraucht, wenn diese die Leistungsfähigkeit des Täters in unvertretbarer Weise übersteigen und insgesamt nicht mehr angemessen sind.[262] Anders als bei der Unwirtschaftlichkeit bestimmt sich dies in erster Linie nach dem gesamten Vermögensstand des Täters zur

156

---

[254] RGSt 27, 180, 181; BGH NJW 1952, 392; LK/*Tiedemann* § 283 Rdnr. 63.
[255] BGH Urt. v. 4.9.1979 – 3 StR 242/79 – n.v.; BGH GA 1964, 119; BGH GA 1974, 61; *Tröndle/Fischer* § 283 Rdnr. 11.
[256] BGH Urt. v. 4.9.1979 – 3 StR 242/79 – n.v.
[257] RGSt 70, 261; BGHSt 3, 26; BGH NJW 1953, 1480, 1481; *Tröndle/Fischer* § 283 Rdnr. 11.
[258] LK/*Tiedemann* § 283 Rdnr. 65 unter Bezugnahme auf BGH Urt. v. 4.9.1979 – 3 StR 242/79 – n.v.
[259] BGH Urt. v. 28.11.1972 – 1 StR 399/72 – n.v.; BGH v. 10.2.1981 – 1 StR 625/80 – n.v.
[260] BGH Urt. v. 28.11.1972 – 1 StR 399/72 – n.v.; BGH v. 9.4.1953 – 3 StR 474/53 – n.v.
[261] LK/*Tiedemann* § 283 Rdnr. 66 unter Bezugnahme auf BGH Urt. v. 9.4.1953 – 3 StR 474/53 – n.v.
[262] Vgl. BGHSt 3, 26; *Tröndle/Fischer* § 283 Rdnr. 13.

kritischen Zeit²⁶³ und nicht nur nach seinem aktuellen, möglicherweise geringen Einkommen. Insbesondere wenn der Täter mehrere Geschäftsbetriebe hat, sind alle Einkünfte in die Bewertung einzubeziehen. Insofern soll der Täter nicht berechtigt sein, aus einem ertragreich arbeitenden Betrieb hohe Beträge zu entnehmen, wenn andere Betriebe des Täters mit Verlust arbeiten.²⁶⁴ Diese Auffassung erscheint jedoch nur dann nachvollziehbar, wenn mehrere rechtlich unselbständige Betriebe vermögensmäßig als Einheit anzusehen sind.²⁶⁵ Bei einer zwar konzernmäßigen Zusammengehörigkeit mit jedoch rechtlich selbständigen Gesellschaften, ohne dass Ergebnisabführungsverträge bestehen, ist eine Gesamtbetrachtung nicht geboten.²⁶⁶ Hat der Schuldner die übermäßigen Beträge nicht direkt verbraucht, sondern ist sie nur durch das Eingehen einer Verbindlichkeit schuldig geworden, so ist zu beachten, dass die Verbindlichkeit einklagbar sein muss. *Fischer*²⁶⁷ vertritt hier zwar die Auffassung, dass auch das Eingehen unvollkommener Verbindlichkeiten tatbestandsmäßig sei, stellt sich dabei jedoch ohne die Angabe von Argumenten gegen die deutliche Rechtsprechung des BGH. Der BGH sieht die Gläubigerinteressen und damit das Schutzgut des § 283 StGB durch das Eingehen einer nicht einklagbaren Verpflichtung, wie etwa Wette oder Spiel, nicht gefährdet, solange der Schuldner nicht freiwillig zahlt oder die unvollkommene Verbindlichkeit in eine klagbare, etwa ein abstraktes Schuldanerkenntnis umwandelt.²⁶⁸

157

Unwirtschaftliche Ausgaben	Keine unwirtschaftliche Ausgaben
Luxusanschaffungen, (z. B. Luxusyacht, Sportflugzeug,²⁶⁹ Kraftfahrzeug,²⁷⁰ Rennstall)	Zahlung üblicher Gehälter und Betriebskosten²⁷¹
Anmietung oder Beibehaltung einer zu teuren Wohnung,²⁷² Ausstattung der Wohnung mit „Prunk"²⁷³	Zahlung angemessener Lebensversicherungsprämien²⁷⁴
Überhöhter Repräsentationsaufwand²⁷⁵	Entnahme angemessenen Unterhalts²⁷⁶
Überhöhter Spesenverbrauch²⁷⁷	Sanierungskosten, auch wenn Erfolg ungewiss²⁷⁸
Überhöhter Privatbedarf (Bau einer Villa,²⁷⁹ kostspielige Barbesuche,²⁸⁰ teure Urlaubsreisen²⁸¹)	
Aussichtslose Investitionen²⁸²	
Weiterführung unrentabler Betriebsteile²⁸³	

---

²⁶³ BGH 3 StR 474/53 bei *Tröndle/Fischer* § 283 Rdnr. 13.
²⁶⁴ *Stree* in Schönke/Schröder § 283 Rdnr. 14; LK/*Tiedemann* § 283 Rdnr. 66.
²⁶⁵ So RGSt 70, 260, 261.
²⁶⁶ So auch BGH GA 1967, 264.
²⁶⁷ *Tröndle/Fischer* § 283 Rdnr. 13.
²⁶⁸ BGHSt 22, 360, 361, so auch *Weyand* S. 95.
²⁶⁹ BGH Urt. v. 4.11.1975, 1 StR 592/75 – n.v.; *Tröndle/Fischer* § 283 Rdnr. 11.
²⁷⁰ BGH Urt. v. 21.6.1978, 2 StR 165/78 – n.v.
²⁷¹ BGH GA 1958, 47.
²⁷² BGH GA 1954, 311.
²⁷³ LK/*Tiedemann* § 283 Rdnr. 67.
²⁷⁴ RG JW 1934, 2472.
²⁷⁵ *Tröndle/Fischer* § 283 Rdnr. 11.
²⁷⁶ BGH NStZ 1981, 259; *Weyand* Insolvenzdelikte S. 94.
²⁷⁷ BGH 5 StR 236/55 bei *Tröndle/Fischer* § 283 Rdnr. 11.
²⁷⁸ BGH Urt. v. 4.9.1979 – 3 StR 242/79 n.v.
²⁷⁹ *Weyand* Insolvenzdelikte S. 94 m. w. N.
²⁸⁰ BGH NJW 1953, 1480, 1481.
²⁸¹ BGH MDR 1981, 510, 511.
²⁸² BGH GA 1954, 311.
²⁸³ LK/*Tiedemann* § 283 Rdnr. 65 a.E.

Unwirtschaftliche Ausgaben	Keine unwirtschaftliche Ausgaben
Finanzierung einer verlustreichen Tochtergesellschaft, obwohl Kündigung aus wichtigem Grund möglich ist[284]	
Ungewöhnlich hohe Betriebsausgaben (str.)[285]	
Sanierungskosten, wenn Aussichtslosigkeit von vornherein feststeht[286]	

cc) *Scheingeschäfte.* Das Schutzgut der Bankrottdelikte, die der Befriedigung der Gläubiger 158 dienende Insolvenzmasse, kann nicht nur, wie in den vorgenannten Fallgruppen, durch Verringerung der Aktiva, sondern auch durch eine (fiktive) Erhöhung der Passiva beeinträchtigt werden. Mit Strafe bedroht wird daher auch derjenige, der **Rechte anderer vortäuscht oder erdichtete Rechte anerkennt (§ 283 Abs. 1 Nr. 4 StGB).** Erfüllt der Schuldner eine tatsächlich nicht bestehende Forderung, so liegt bereits ein Fall des Beiseiteschaffens (Nr. 1) vor, Nr. 4 tritt insofern zurück. In praxi sind Tathandlungen nach Nr. 4 häufig lediglich (strafbare) Vorbereitungshandlungen für Fälle des Beiseiteschaffens gem. Nr. 1, zu denen es jedoch aus unterschiedlichen Gründen nicht mehr kommt.

Tatobjekt sind Rechte aller Art, seien es schuldrechtliche Berechtigungen oder dingliche 159 Rechtspositionen. Fingiert werden kann nicht nur das Bestehen des Rechtes als ganzes, sondern auch die Höhe, der Umfang oder die Art des Rechtes. Auch die „Aufwertung" einer Insolvenzforderung zu einem Insolvenzvorrecht ist tatbestandsmäßig, da bspw. durch eine Aussonderung die gleichmäßige Befriedigung der Insolvenzgläubiger beeinträchtigt wird.[287] Vorgetäuscht wird ein Recht, wenn der Täter sich nach außen auf ein nicht oder nicht in dieser Form bestehendes Recht als bestehend beruft.[288] Die Handlung kann gegenüber den Gläubigern oder auch gegenüber dem Insolvenzverwalter sowie dem Insolvenzgericht begangen werden, so zum Beispiel durch die Erteilung falscher Auskünfte im Rahmen der dem Schuldner obliegenden Auskunftspflicht gem. § 97 Abs. 1 InsO oder durch Abgabe einer falschen eidesstattlichen Versicherung im Bezug auf das Vermögensverzeichnis gem. § 153 Abs. 2 InsO. Ein Vortäuschen kann auch in der Manipulation von Unterlagen liegen, so z. B. in der Rückdatierung eines Arbeitsvertrages[289] oder der Vornahme falscher Buchungen und der anschließenden Vorlage der Buchhaltungsunterlagen an einen Dritten.[290] Das Anerkennen eines erdichteten Rechts, also eines frei erfundenen Rechts, das nie bestanden hat,[291] kann nur im Zusammenspiel mit dem vorgeblichen Gläubiger erfolgen. Ein Anerkennen kann bspw. auch darin liegen, dass der Schuldner es unterlässt, Einwendungen, gegen eine angebliche Forderung zu erheben. Umstritten ist jedoch die Tatbestandsmäßigkeit des Anerkennens von Forderungen, die nicht (mehr) klagbar sind oder denen eine dauernde rechtshindernde Einrede entgegensteht, so z. B. das Anerkenntnis eines Gewährleistungsanspruches aus Kulanz, die Nichtgeltendmachung der Einrede der Verjährung oder Ansprüche aus Wette und Spiel. Unstreitig ist, dass derartige Ansprüche nicht „erdichtet" sind und damit nicht unter die zweite Alternative der Nr. 4 fallen.[292] Zu unterscheiden sind im Weiteren Forderungen, deren Geltendmachung rechtskräftig abgewiesen worden ist und Forderungen, denen eine Einrede gegenübersteht oder die aus anderen Gründen nicht durchsetzbar sind. Ist die Geltendmachung einer Forderung rechtskräftig abgewiesen worden, so besteht die Forderung rechtlich nicht mehr. Wird diese Tatsache unterschlagen, so täuscht der Schuldner das Bestehen eines Rechts

---

[284] *Wellensiek* ZIP 1984, 544.
[285] LK/*Tiedemann* § 283 Rdnr. 67 m. w. N.
[286] BGH Urt. v. 4.9.1979, 3 StR 242/79.
[287] Hier ist jedoch die Privilegierung des § 283 c StGB zu berücksichtigen.
[288] BGH GA 1953, 74; LK/*Tiedemann* § 283 Rdnr. 84; *Tröndle/Fischer* § 283 Rdnr. 17.
[289] BGH 1 StR 338/69 bei *Tröndle/Fischer* § 283 Rdnr. 17.
[290] BGH GA 1953, 74; *Weyand* Insolvenzdelikte S. 99.
[291] *Tröndle/Fischer* § 283 Rdnr. 17.
[292] *Tröndle/Fischer* § 283 Rdnr. 18; *Weyand* Insolvenzdelikte S. 100.

eines Dritten vor.²⁹³ Anders jedoch, wenn der Schuldner lediglich eine Einrede nicht geltend macht, die dem Recht entgegengehalten werden könnte. In diesem Fall ist das Recht weder erdichtet, noch handelt es sich um ein nicht oder nicht in dieser Form bestehendes Recht. Zwar gefährdet auch die Nichtgeltendmachung bspw. der Einrede der Verjährung die Insolvenzmasse, aus Gründen der tatbestandlichen Bestimmtheit ist eine derartige Verhaltensweise jedoch aus dem Tatbestand auszuscheiden.²⁹⁴

Praxisfall

160 In praxi häufig zu beobachten ist der Fall, dass der (Gesellschafter-) Geschäftsführer einer GmbH in der Krise ihm nicht zustehende (Gehalts-) Forderungen fingiert und die Auszahlungen unmittelbar aus der noch vorhandenen Liquidität vornimmt. In einem derartigen Fall handelt der Geschäftsführer jedoch nicht im Interesse der GmbH, sondern ausschließlich eigennützig. Nach der o.g. Interesseformel des BGH läge somit keine Bankrotthandlung vor, sondern eine Untreue gem. § 266 StGB. Die Fiktion des Anspruches wäre insofern lediglich eine Vorbereitungshandlung im Hinblick auf die Untreue, je nach Fallgestaltung ein Betrug gem. § 263 StGB.²⁹⁵

161 *dd) Buchführungsverstöße.* Nach den handelsrechtlichen Vorschriften der §§ 238 ff. HGB ist jeder Kaufmann grundsätzlich verpflichtet, Handelsbücher zu führen, in diesen die Lage seines Vermögens „nach den Grundsätzen ordnungsgemäßer Buchführung" (GoB) ersichtlich zu machen und innerhalb bestimmter Fristen Bilanzen zu erstellen. Zweck der Buchführungs- und Bilanzierungspflichten ist es zum einen, dem Kaufmann einen Überblick über seinen Vermögensstand, Umsatz, Liquidität, Kapital- und Verpflichtungen zu geben, die sog. Selbstinformation, zum anderen sollen die Handelsbücher des Kaufmanns Außenstehenden, insbesondere (potentiellen) Gläubigern oder auch kreditgebenden Banken, dazu dienen, sich einen Überblick über die Bonität des Kaufmanns als Geschäftspartner zu verschaffen. Gerade im Vorfeld einer Insolvenz kommt einer aussagefähigen Buchhaltung eine besondere Bedeutung zu, nicht nur im Hinblick auf die Selbstinformation als Erkenntnisquelle für eine rechtzeitige Insolvenzantragstellung und damit Schonung der Insolvenzmasse, sondern auch zum Schutz neuer Gläubiger vor dem Abschluss von Verträgen mit erhöhtem Insolvenzrisiko. Nur in Ausnahmefällen wird jedoch im Zusammenhang mit einer (Unternehmens-) Insolvenz eine vollständige und den Anforderungen des Handelsrechts genügende Buchführung zu finden sein, die „bis zum bitteren Ende" ordnungsgemäß erfolgt ist. Empirische Beobachtungen gehen dahin, dass die Ermittlungsbehörden bei ca. 90% aller untersuchten Unternehmenszusammenbrüche auf eine mangelhafte oder nicht vorhandene Buchhaltung bzw. unzureichende oder nicht vorhandene Jahresabschlüsse treffen.²⁹⁶ Hierfür gibt es zum einen einen kriminalistischen und zum anderen einen wirtschaftlichen Erklärungsansatz. Aus kriminalistischer Sicht steht die Motivation des Schuldners im Vordergrund, Gründe und Zeitpunkt der Insolvenz oder gar anderweitige Bankrotthandlungen durch eine unzureichende oder ganz fehlende Buchhaltung zu verschleiern. Ist der Zeitpunkt des Eintritts eines Insolvenzgrundes mangels jeglicher Buchführung nicht mehr oder nur mit unverhältnismäßigem Ermittlungsaufwand bestimmbar, so macht dies eine Verurteilung wegen Insolvenzverschleppung unwahrscheinlich. Werden Zahlungseingänge oder Lieferungen nicht mehr buchhalterisch erfasst bzw. inventarisiert, so erleichtert dies natürlich das spätere Beiseiteschaffen und erschwert eine Verurteilung wegen Bankrotts. Derartige Motive sind zwar sicherlich keine Einzelfälle, in einer unvoreingenommenen Gesamtbetrachtung erscheint jedoch insbesondere im Unternehmensbereich ein wirtschaftlicher Erklärungsansatz deutlich realitätsnäher. Aus einer betriebswirtschaftlichen Perspektive betrachtet wird der Schuldner in der hektischen Stimmung einer Unternehmenskrise (insbesondere in kleineren Unternehmen) regelmäßig der Fortsetzung des operativen Geschäfts Priorität einräumen, die Buchhaltung wird vielfach schlichtweg vernachlässigt. Aufgrund der sich bereits abzeich-

---

²⁹³ So LK/*Tiedemann* § 283 Rdnr. 84; *Weyand* Insolvenzdelikte S. 99.
²⁹⁴ LK/*Tiedemann* § 283 Rdnr. 84; a. A.: *Weyand* Insolvenzdelikte S. 99.
²⁹⁵ BGH GA 1956, 347; LK/*Tiedemann* § 283 Rdnr. 86.
²⁹⁶ *Tröndle/Fischer* § 283 Rdnr. 23; *Weyand* Insolvenzdelikte S. 101.

nenden Liquiditätsprobleme fehlt es im Vorfeld der Insolvenz und insbesondere in der Krise häufig an der Verfügbarkeit der erforderlichen Mittel für die Bezahlung externer Buchführung sowie des Steuerberaters zur Vorbereitung und Erstellung des Jahresabschlusses. Ein anderweitiger Mitteleinsatz genießt Vorrang. So hat der Gesetzgeber selbst durch die Pönalisierung der Vernachlässigung bestimmter Zahlungspflichten, nämlich bspw. der Erbringung der Arbeitgeberanteile zur Sozialversicherung (§ 266 a StGB), diesen Pflichten Vorrang eingeräumt, andere Pflichten damit mittelbar für nachrangig erklärt. Auf der anderen Seite wird der Buchhalter oder Steuerberater, der mit den finanziellen Verhältnissen regelmäßig gut vertraut ist, im Falle sich abzeichnender Liquiditätsprobleme ohne ausreichenden Vorschuss nicht mehr tätig, Buchführung und Bilanzierung finden nicht mehr statt.

Aufgrund der großen Bedeutung einer ordnungsgemäßen, aussagekräftigen Buchführung sowie zeitnah und ordnungsgemäß erstellter Bilanzen für die Wirtschaft allgemein sind Buchführungs- und Bilanzierungsverstöße nicht nur in den §§ 331 ff. HGB, 400 ff. AktG für Kapitalgesellschaften grundsätzlich, sondern auch im Zusammenhang mit der Insolvenz – und zwar nicht nur bei Kapitalgesellschaften – als Bankrotthandlungen strafbewehrt.

(1) Tathandlungen. Die folgenden Buchführungsverstöße sind gem. § 283 Abs. 1 Nr. 5 – 7 StGB in der Krise strafbewehrt:

- Nichtführen von Handelsbüchern trotz Verpflichtung (§ 283 Abs. 1 Nr. 5, 1.Alt. StGB)
- Mangelhafte Führung oder Verändern von Handelsbüchern mit der Folge, dass die Übersicht über den Vermögensstand erschwert wird (§ 283 Abs. 1 Nr. 5, 2.Alt. StGB)
- Beiseiteschaffen, Verheimlichen, Zerstören oder Beschädigen von Handelsbüchern oder anderen aufbewahrungspflichtigen Unterlagen mit der Folge, dass die Übersicht über den Vermögensstand erschwert wird (§ 283 Abs. 1 Nr. 6 StGB)
- Aufstellung von Bilanzen entgegen dem Handelsrecht mit der Folge, dass die Übersicht über den Vermögensstand erschwert wird (§ 283 Abs. 1 Nr. 7 a StGB)
- Nichtaufstellung der Bilanz oder des Inventars in der vorgeschriebenen Zeit (§ 283 Abs. 1 Nr. 7 a StGB)

Außerhalb der Krise werden die Buchführungsverstöße des § 283 Abs. 1 Nr. 5 – 7 StGB von § 283 b StGB, der Verletzung der Buchführungspflicht, ebenfalls mit Strafe, wenn auch mit einer geringeren Höchststrafe (Freiheitsstrafe bis zu zwei Jahren) bedroht. (vgl. hierzu unten).

Durch die vorbezeichneten Buchführungsverstöße wird im Gegensatz zu den sonstigen Bankrotthandlungen der Vermögensstand des Schuldners und damit die Insolvenzmasse nicht beeinträchtigt. Durch die mangelnde Übersicht über den Vermögensstand tritt lediglich eine Gefährdung Außenstehender ein, die innerhalb der Krise weitere Geschäfte mit dem Schuldner abschließen. Schließlich wird die vollständige Erfassung der Insolvenzmasse durch den Insolvenzverwalter erschwert und hierdurch die Befriedigung der Gläubiger wenn auch nur mittelbar gefährdet. Die Buchführungsverstöße werden aus diesem Grunde auch als sog. „Beweiserschwerungsdelikte" kategorisiert.[297]

Mangels Möglichkeit der Beeinträchtigung des Schuldnervermögens (allein) durch einen Buchführungsverstoß, ist ein derartiger Verstoß auch nicht geeignet, kausal eine (Unternehmens-) Krise herbeizuführen. Eine Anwendung des **§ 283 Abs. 2 StGB** kommt bei der Feststellung von Buchführungsverstößen vor der Krise damit nicht in Betracht.[298]

(2) Buchführungs- und Bilanzerstellungspflicht. Um einen strafbewehrten Buchführungsverstoß begehen zu können, muss der Schuldner zunächst verpflichtet sein, Handelsbücher zu führen sowie Bilanzen oder Inventare zu erstellen. **Buchführungspflichtig** ist gem. § 238 Abs. 1 HGB jeder *Kaufmann.* Seit der Neuregelung durch das Handelsrechtsreformgesetz v. 22.6.1998[299] verfügt das HGB nicht mehr über einen einheitlichen Kaufmannsbegriff. Gemäß § 1 Abs. 1 HGB ist nunmehr Kaufmann, wer ein Handelsgewerbe betreibt, es sei denn, es besteht nicht das Erfordernis eines in kaufmännischer Weise eingerichteten Geschäftsbetriebs. Die Kaufmannseigenschaft wird damit ex lege, also ohne Eintragung in das Handelsregister, er-

---

[297] *Tröndle/Fischer* § 283 Rdnr. 31.
[298] *Tröndle/Fischer* § 283 Rdnr. 31; a. A. LK/*Tiedemann* § 283 Rdnr. 181.
[299] Gesetz zur Neuregelung des Kaufmanns- und Firmenrechts und zur Änderung anderer handels- und gesellschaftsrechtlicher Vorschriften v. 22.6.1998, BGBl. I, S. 1474 ff.

worben (sog. „Istkaufmann").[300] Neben dem Istkaufmann kommt die Kaufmannseigenschaft gem. § 2 HGB auch dem Kleingewerbetreibenden zu, soweit er sich in das Handelsregister eintragen lässt („Kannkaufmann"). Schließlich sind alle Handelsgesellschaften gem. § 6 Abs. 1 HGB Kaufmann („Kaufmann kraft Rechtsform"),[301] auch wenn sie kein Handelsgewerbe betreiben (dann: „Formkaufmann", § 6 Abs. 2 HGB[302]), und zwar die Gesellschaft selbst und nicht die sie betreibenden Personen.

168 Der **Beginn der Buchführungspflicht** hängt nicht von der Eintragung des Kaufmanns in das Handelsregister ab, sondern ist vielmehr identisch mit dem Beginn der Kaufmannseigenschaft, damit mit der Aufnahme des Gewerbes, soweit nach Art und Umfang ein in kaufmännischer Weise eingerichteter Gewerbebetrieb erforderlich ist. Entfällt dieses Erfordernis, etwa durch eine Schrumpfung des Unternehmens, so entfällt auch automatisch die Buchführungspflicht trotz (noch) vorhandener Eintragung im Handelsregister. Es entsteht vielmehr die Pflicht zur Löschung der Registereintragung.[303] Wird eine Handelsgesellschaft vor Löschung durch Liquidation abgewickelt, etwa weil der Antrag auf Eröffnung des Insolvenzverfahrens mangels Masse abgelehnt wurde, so ist zu beachten, dass die Buchführungspflicht nicht entfällt, sondern den Liquidator trifft.[304]

> **Praxistipp:**
> 169 Kapitalgesellschaften sind bereits vor Eintragung in das Handelsregister (sog. Vor-Gesellschaft, Vor-GmbH und Vor-AG) dann buchführungsverpflichtet, wenn sie die Voraussetzungen des § 1 Abs. 2 HGB erfüllen, sie also ein Handelsgewerbe betreiben und das Erfordernis eines in kaufmännischer Weise eingerichteten Geschäftsbetriebs bereits besteht.[305] Die Buchführungspflicht beginnt mit der Gründung der Gesellschaft.[306] Durch ein Verschleppen der Eintragung in das Handelsregister kann der Verantwortliche der Vorgründungsgesellschaft der Buchführungsverpflichtung somit nicht entgehen.

170 **Art und Umfang** der handelsrechtlichen Buchführungspflicht ergeben sich lediglich mittelbar aus den §§ 238 ff. HGB sowie den weiter gehenden Vorschriften der §§ 41 ff. GmbHG und 150, 152 AktG. Nach welchem System die Buchführung einzurichten ist und welche Bücher im Einzelnen zu führen sind, ist im Gesetz jedoch nicht geregelt. § 238 Abs. 1 S. 1 HGB stellt lediglich Mindestanforderungen an Form und Inhalt und damit die Ordnungsgemäßheit der Buchführung. Üblich ist, dass jedenfalls Grundbücher,[307] Hauptbücher[308] und Nebenbücher[309] geführt werden. Den gewohnheitsrechtlich entstandenen Standards ordnungsgemäßer Buchführung entspricht die doppelte Buchführung, d. h. die Buchung auf Bestandskonten mit korrespondierenden Gegenbuchungen auf Erfolgskonten und anschließender Zusammenführung der Salden. Gesetzliche Mindestvoraussetzung ist jedoch nur, dass das Belegprinzip[310] berücksichtigt wird (keine Buchung ohne Beleg), dass Kopien abgesandter Handelsbriefe aufbe-

---

[300] Die Beantwortung der Frage, ob ein Handelsgewerbe i. S. v. § 1 Abs. 1 HGB betrieben wird, ist komplex und stark einzelfallabhängig. Insofern muß auf die einschlägigen Kommentierungen zu den §§ 1 ff. HGB verwiesen werden.
[301] OHG/KG (§§ 105, 123, 161 HGB), GmbH (§ 13 Abs. 3 GmbHG), AG (§ 3 AktG); KGaA (§§ 278 Abs. 3 HGB, 3 AktG), EWiV (EWiV-AusführungsG, BGBl. I 1988, S. 514); Auch: ausländische Kapitalgesellschaften (OLG Düsseldorf NJW-RR 1995, 1184; KRM/*Roth* § 6 HGB Rdnr. 2), inländische Zweigniederlassungen ausländischer Kaufleute (*Tröndle/Fischer* § 283 Rdnr. 19); Nicht: GbR, stille Gesellschaft, Verein, Stiftung, Anstalt (hier ggfs. § 1 Abs. 2 HGB); Für die eingetragene Genossenschaft ergibt sich die Buchführungspflicht aus § 17 Abs. 2 GenG.
[302] Mit Ausnahme der OHG und der KG, da diese keine „Vereine" sind.
[303] RG JW 1912, 951, 952; LK/*Tiedemann* § 283 Rdnr. 99.
[304] LK/*Tiedemann* § 283 Rdnr. 99.
[305] BGHSt 3, 24; LK/*Tiedemann* § 283 Rdnr. 99.
[306] *Budde/Kunz* Beck-Bilanz-Ktr. § 238 Rdnr. 49.
[307] Chronologische Erfassung der Geschäftsvorfälle (Datum, Beleghinweis, Sachverhalt, Konto, Gegenkonto, Betrag).
[308] Sachliche Zuordnung der Geschäftsvorfälle (Sachkonten gem. Kontenplan).
[309] Kassenbuchhaltung, Kontokorrentbuchhaltung, Lohn- und Gehaltsbuchhaltung, Materialbuchhaltung.
[310] BFH DB 1962, 1029.

wahrt werden (§ 238 Abs. 2 HGB) und dass Bilanzen und Inventare den handelsrechtlichen Vorgaben entsprechend geführt und aufbewahrt werden. Aus § 239 Abs. 4 HGB ergibt sich, dass grundsätzlich die geordnete Ablage von Belegen ausreicht und die Handelsbücher auch auf Datenträgern geführt werden können (DATEV etc.), soweit die Verfügbarkeit und Lesbarkeit innerhalb der Aufbewahrungsfrist sichergestellt ist.[311]

Die Pflicht des Kaufmanns, zu Beginn seines Handelsgewerbes eine Eröffnungsbilanz und am Ende des Geschäftsjahres einen Jahresabschluss aufzustellen, ergibt sich aus § 242 Abs. 1 HGB.[312] Die Erstellung einer Eröffnungsbilanz ist hierbei nicht nur bei Gründung eines Geschäftsbetriebes, sondern auch bei Übernahme eines Handelsgeschäfts,[313] bei Umwandlung in eine andere Rechtsform, Verschmelzung, Aufspaltung sowie der freiwilligen Eintragung eines Kannkaufmanns in das Handelsregister erforderlich.[314] Nicht erforderlich ist die Erstellung einer Eröffnungsbilanz jedoch im Falle der Fortsetzung der Gesellschaft nach dem Ein- oder Austritt von Gesellschaftern. 171

Der Abschluss, insbes. der Jahresabschluss, der sich aus Bilanz sowie Gewinn- und Verlustrechnung zusammensetzt (§ 242 Abs. 3 HGB), bei Kapitalgesellschaften und bestimmten Personenhandelsgesellschaften[315] einschließlich Anhang (§ 264 HGB), ist gem. § 243 Abs. 1 HGB (bei Kapitalgesellschaften gem. § 264 Abs. 2 HGB) ebenfalls nach den Grundsätzen ordnungsgemäßer Buchführung (GoB) aufzustellen. 172

(3) Verantwortlichkeit im Unternehmen. Täter des § 283 StGB ist grundsätzlich der Schuldner. Bei der Beurteilung der Tätereigenschaft bei juristischen Personen ist daher auf das Prinzip der Vertreterhaftung gem. § 14 StGB zurückzugreifen. Wer innerhalb eines Unternehmens für die Buchungsführung und die Erstellung der Bilanz verantwortlich ist, ergibt sich aus dem Handelsrecht. Bei Einzelunternehmen ist der Geschäftsinhaber Normadressat, bei Personenhandelsgesellschaften die persönlich haftenden Gesellschafter, bei juristischen Personen die Mitglieder der verantwortlichen Organe. Bei der GmbH ist gemäß § 41 GmbHG der Geschäftsführer verpflichtet. Entscheidend für die Verantwortlichkeit in der GmbH ist nicht die förmliche Bestellung,[316] sondern die tatsächliche Verfügungsmacht mit der Folge, dass nicht nur der formal bestellte Geschäftsführer, sondern auch der faktische Geschäftsführer Normadressat ist.[317] Im Falle einer mehrköpfigen Geschäftsführung einer GmbH müssen sich nach dem Prinzip der Gesamtverantwortlichkeit der Geschäftsleitung unabhängig von geschäftsinterner Ressortverteilung zumindest im Falle des Bekanntwerdens von Zahlungsschwierigkeiten der GmbH alle Geschäftsführer der Ordnungsgemäßheit der Buchführung versichern.[318] Bei Personenhandelsgesellschaften trifft die Pflicht zur Erstellung der Buchhaltung und der Bilanzen alle persönlich haftenden Gesellschafter (Komplementäre) gleichrangig, selbst wenn die Buchführung nur Einzelnen von ihnen übertragen wurde.[319] Bei Personenhandelsgesellschaften i. S. v. § 264 a HGB (Kapitalgesellschaft & Co.) trifft die Verantwortlichkeit den Geschäftsführer der Komplementärgesellschaft. Nicht buchführungspflichtig sind die Kommanditisten, da diese keine Kaufleute sind,[320] auch nicht, wenn ihnen Geschäftsführungsaufgaben übertragen worden sind.[321] Die häufig anzutreffende Verteilung der Verantwortlichkeiten für unterschiedliche Geschäftsbereiche zwischen den Komplementären einer KG bzw. den Gesellschaftern einer OHG sowie die interne Delegation von Aufgaben ist zwar grundsätzlich zulässig, bei den Mitgesellschaftern verbleibt jedoch die Restverpflichtung zur Auswahl, Überwachung und Kontrolle des eingesetzten „kaufmännischen Leiters". Eine entsprechende Auswahl- und Überwachungspflicht trifft den originär verantwortlichen Einzelunternehmer, den Gesell- 173

---

[311] Vgl. hierzu die „Grundsätze ordnungsmäßiger DV-gestützter Buchführungssysteme (GoBS)", BStBl. I 1995, S. 738; ausf.: *Hense/Klein* BeckBil-Komm. 5.A., § 239 Rdnr. 13 ff.
[312] Vgl. hierzu ausführlich mit zahlreichen Nachweisen BeckBil-Komm/*Hense/Philipps* zu §§ 242 ff. HGB.
[313] RGSt 28, 428; Großkomm. HGB/*Hüffer*, 4. A., § 242 Rdnr. 22.
[314] RGSt 26, 222; BeckBil-Komm. *Hense/Philipps* § 242 Rdnr. 7 m. w. N.
[315] § 264 a HGB „Kapitalgesellschaft & Co" gem. KapCoRiLiG v. 24.2.2000, BGBl. I 2000, S. 154.
[316] Vertreterhaftung auch bei unwirksamer Bestellung gem. § 14 Abs. 3 StGB.
[317] BGHSt 31, 120; BGH wistra 1984, 178; BGH wistra 1986, 108; *Tröndle/Fischer* § 83 Rdnr. 20.
[318] BGH StV 1999, 26.
[319] RGSt 45, 387; *Tröndle/Fischer* Rdnr. 20.
[320] RGSt 69, 69; LK/*Tiedemann* Rdnr. 98.
[321] LK/*Tiedemann* § 283 Rdnr. 98 m. w. N.

schafter sowie den Geschäftsführer, soweit er die ihn treffenden Verpflichtungen auf andere interne Verantwortliche, wie etwa Buchhalter, oder externe Hilfspersonen, etwa Steuerberater oder Buchführungshelfer, überträgt. Eine Verletzung der bei den originär Verantwortlichen verbleibenden Auswahl- oder Überwachungspflichten kann durchaus zu einer Strafbarkeit wegen (zumindest fahrlässigen) Bankrotts führen.[322]

174 Die Buchführungspflicht des Geschäftsführers der GmbH beginnt mit seiner Bestellung und nicht erst mit der Eintragung in das Handelsregister. Die Verpflichtung des Geschäftsführers zum Führen von Handelsbüchern endet mit dem Zeitpunkt des (tatsächlichen) Ausscheidens aus dem Amt und noch nicht mit der Niederlegung des Amtes (zum Schein), wenn tatsächlich noch weitere Geschäftsführungstätigkeit ausgeübt wird.[323] Eine „Nachwirkung" der Pflichtenstellung nach dem Ausscheiden, etwa die Verpflichtung, auf den Nachfolger einzuwirken, gibt es nicht, auch nicht aus dem Gesichtspunkt der Ingerenz.[324]

175 Die Organ- bzw. Vertreterstellung muss im Zeitpunkt der tatbestandsmäßigen Handlung oder Unterlassung vorgelegen haben. Wer somit vor Ablauf der Bilanzfrist aus seiner Stellung ausscheidet, kann sich nicht mehr nach § 283 Abs. 1 Nr. 7 b StGB strafbar machen.[325]

176 Mit Eintritt der objektiven Bedingung der Strafbarkeit, also mit Zahlungseinstellung, Eröffnung des Insolvenzverfahrens oder Nichteröffnung mangels Masse erlischt die Verantwortlichkeit des Buchführungspflichtigen für anschließende Geschäftsvorfälle.[326] Die Einstellung der Buchführung nach Zahlungseinstellung stellt auch bei der GmbH keine Bankrotthandlung gem. Nr. 5 bzw. 7 b dar.[327]

177 *(4) Unübersichtlichkeit der Buchführung bzw. der Bilanz.* Die Bankrotthandlungen des § 283 Abs. 1 Nr. 5 und Nr. 7 a StGB setzen voraus, dass die Buchführung (Nr. 5) oder die Bilanzierung (Nr. 7) entweder gar nicht, nicht in der vorgeschriebenen Zeit oder so (unübersichtlich, Nr. 5) erfolgt, dass die Übersicht über den Vermögensstand des Schuldners erschwert wird. Die Nicht-Erstellung ist regelmäßig nicht schwer festzustellen. Eine teilweise Erstellung, auch eine nur temporäre, wenn auch dann im jeweiligen Zeitabschnitt vollständige Buchführung, wird mangels Aussagekraft von der Rechtsprechung als mangelhafte und damit unübersichtliche Buchführung qualifiziert.[328] Wird die Buchführung jedoch lediglich nicht zeitnah erstellt und Vorgänge erst nachträglich verbucht, so stellt sich die Frage, ab welchem Zeitpunkt von einer unübersichtlichen Buchführung gesprochen werden muss. Grundsätzlich sind sämtliche geschäftlichen Vorgänge zeitnah zu verbuchen.[329] § 239 Abs. 2 HGB fordert zwar die zeitgerechte Eintragung in die Bücher, eine bestimmte Frist hat sich jedoch auch in der Form einer GoB nicht herausgebildet.[330] Da eine gesetzliche oder quasigesetzliche Definition der Zeitnähe nicht existiert, sind bereits aus dem Bestimmtheitserfordernis des Strafgesetzes heraus zeitlich begrenzte Buchführungsrückstände hinzunehmen. Angemessen erscheint die von *Schäfer* unter Bezugnahme auf das Reichsgericht herausgearbeitete Frist von bis zu sechs Wochen, binnen derer lediglich von einem Stocken der Buchführung gesprochen werden kann, das den Tatbestand der Nr. 5 noch nicht erfüllt.[331] Nach Abgabe der Bilanz oder nach Ablauf der Bilanzierungsfrist (Nr. 7 b) kann eine rückwirkende Nachholung der Buchführung jedoch nicht mehr strafbefreiend wirken.[332]

---

[322] BGH wistra 2000, 136; *Weyand* Insolvenzdelikte S. 105, Müller-Gugenberger/Bieneck/*Bieneck* § 82 Rdnr. 15 ff.
[323] BGH MDR/H 1981, 100; BGH 3 StR 132/83 bei *Tröndle/Fischer* § 283 Rdnr. 20; LK/*Tiedemann* § 283 Rdnr. 100.
[324] BGH Urt. v. 30.9.1980 bei: LK/*Tiedemann* Vorbem. § 283 Rdnr. 67.
[325] LK/*Tiedemann* Vorbem. § 283 Rdnr. 67.
[326] LG München ZIP 2001, 2291; *Weyand* Insolvenzdelikte S. 110.
[327] OLG Düsseldorf StV 1999, 29; *Tröndle/Fischer* § 283 Rdnr. 23.
[328] „Horizontale und vertikale Lücken" BGH MDR 1980, 455; BGH NStZ 1981, 353; vgl. hierzu *Schäfer* wistra 1986, 200, 202.
[329] RGSt 39, 217, 219; LK/*Tiedemann* § 283 Rdnr. 104.
[330] Koller/Roth/*Morck* HGB § 239 Rdnr. 2.
[331] *Schäfer* wistra 1986, 200, 203; a. A. *Weyand* Insolvenzdelikte S. 108, der die Frist bei maximal zwei Wochen sieht.
[332] Vgl. hierzu ausführlich: LK/*Tiedemann* § 283 Rdnr. 104 m. w. N.

§ 18 Insolvenzdelikte

Zeitliche Vorgaben für die **Aufstellung der Bilanz** existieren lediglich für Kapitalgesellschaften und einige andere, der Kapitalgesellschaft vergleichbare Gesellschaftsformen. Gem. § 264 Abs. 1 S. 2 HGB ist die Bilanz der Kapitalgesellschaft innerhalb einer Drei-Monats-Frist nach Ende des Geschäftsjahrs aufzustellen. Lediglich für die sog. kleine Kapitalgesellschaft gilt eine Sechs-Monats-Frist. Gem. § 267 HGB[333] unterscheidet das Handelsrecht zwischen kleinen, mittelgroßen und großen Kapitalgesellschaften hauptsächlich mittels dreier Kriterien (Bilanzsumme, Umsatzerlöse und Arbeitnehmer im Jahresdurchschnitt), von denen – neben weiteren Voraussetzungen – zwei erfüllt sein müssen, um in eine Kategorie zu fallen. Eine kleine Kapitalgesellschaft liegt demnach vor, wenn zwei der folgenden drei Kriterien nicht erfüllt sind: Bilanzsumme über € 4.015.000,00, Umsatzerlöse von mehr als € 8.030.000,00, mehr als 50 Mitarbeiter und sie nicht ausnahmsweise gem. § 267 Abs. 3 S. 2 HGB[334] stets als Große gilt. Sondervorschriften, etwa für Genossenschaften, Versicherungen etc. sind der folgenden Tabelle zu entnehmen. Für Einzelkaufleute und Personenhandelsgesellschaften sieht § 243 Abs. 3 HGB lediglich vor, dass der Jahresabschluss „innerhalb der einem ordnungsmäßigen Geschäftsgang entsprechenden Zeit" aufzustellen ist. Der strafrechtlichen Literatur zufolge sollen Zeiträume von neun Monaten von den Strafverfolgungsbehörden noch akzeptiert werden.[335] In der handelsrechtlichen Literatur wird der unbestimmte Rechtsbegriff dahin gehend ausgelegt, dass die Frist zwischen sechs und zwölf Monaten liegen soll.[336] Der BFH hat mehrfach entschieden, dass die Aufstellung einer Bilanz (erst) ein Jahr nach Ende des Geschäftsjahres nicht mehr einem ordnungsgemäßen Geschäftsgang entsprechen soll. Da das handelsrechtliche Verständnis letztlich für die Auslegung der strafrechtlichen Blankettnorm ausschlaggebend sein muss, ist unter Bestimmtheitsgesichtspunkten eine Strafbarkeit erst dann zu bejahen, wenn die Bilanz erst zwölf Monate oder später nach Ende des Geschäftsjahrs aufgestellt wird.

Gesellschaftsform	Aufstellungsfrist	Regelung
Einzelkaufleute	9 bis max. 12 Monate	Rspr. zu § 243 Abs. 3 HGB[337]
Personenhandelsgesellschaften	9 bis max. 12 Monate	Rspr. zu § 243 Abs. 3 HGB[338]
Große Einzelkaufleute bzw. PHG gemäß § 5 PublG	3 Monate	§ 5 PublG, § 264 Abs. 1 S. 2 HGB
Personenhandelsgesellschaften i. d. F. des KapCoRiLiG[339]	6 Monate	§ 264 a i. V. m. § 264 Abs. 1 HGB
Kapitalgesellschaften	3 Monate	§ 264 Abs. 1 S. 2 HGB
Kleine Kapitalgesellschaften	6 Monate	§ 264 Abs. 1 S. 3 HGB
Genossenschaften	5 Monate	§ 336 Abs. 1 S. 2 HGB
Kreditinstitute	3 Monate	§ 26 Abs. 1 KWG
Versicherungsunternehmen	4 Monate	§ 341 a Abs. 1 HGB

Zu beachten ist jedoch, dass eine verspätete Bilanzierung nur dann gem. § 283 Abs. 1 Nr. 7 b StGB strafbar ist, wenn zu dem Zeitpunkt, in dem die Bilanz spätestens zu erstellen war, Überschuldung oder Zahlungsunfähigkeit oder zumindest drohende Zahlungsunfähigkeit vorlag.[340]

---

[333] In der Fassung des Bilanzrechtsreformgesetzes (BilReG) v. 4.12.2004, BGBl. I 2004, S. 3166.
[334] Wenn sie durch ausgegebene Wertpapiere einen organisierten Markt in Anspruch nimmt oder die Zulassung beantragt hat (Amtlicher Markt, geregelter Markt und neuer Markt, **nicht:** Freiverkehr) § 2 Abs. 5 WpHG.
[335] So *Weyand* Insolvenzdelikte S. 118.
[336] BeckBil-Komm/*Förschle* § 243 Rdnr. 93 m. w. N.
[337] BFH BStBl. II 1982, 485; BStBl. II 1984, 227.
[338] BFH BStBl. II 1982, 485; BStBl. II 1984, 227.
[339] KapCoRiLiG v. 24.2.2000, BGBl. I 2000, S. 154.
[340] BGH StV 2004, 317, 318.

181 Die Beantwortung der Frage, ob das Tatbestandsmerkmal der **Unübersichtlichkeit** der Buchführung und der Bilanzen erfüllt ist, ist stark einzelfallabhängig. § 238 Abs. 1 S. 1 HGB stellt an Form und Inhalt und damit die Ordnungsgemäßheit der Buchführung lediglich Mindestanforderungen. So muss die Buchführung so beschaffen sein, dass sie einem sachverständigen Dritten innerhalb angemessener Zeit einen Überblick über die Geschäftsvorfälle und über die Lage des Unternehmens vermitteln kann. Der Jahresabschluss ist gem. § 243 Abs. 1 HGB (bei Kapitalgesellschaften gem. § 264 Abs. 2 HGB) nach den Grundsätzen ordnungsgemäßer Buchführung (GoB) aufzustellen. Bei den GoB, die gesetzlich nicht normiert sind, handelt es sich nach ganz h. M.[341] um unbestimmte Rechtsbegriffe, die der Auslegung und Ausfüllung in der Rechtspraxis in tatsächlicher und rechtlicher Hinsicht zugänglich sind. Diese sind als unbestimmte Rechtsbegriffe rechtlich nachprüfbar und unterliegen auch revisionsrichterlicher Überprüfung. Mit der Transformation der 4. EG-Richtlinie durch das Bilanzrichtliniengesetz sind zahlreiche Buchführungsgrundsätze in das HGB aufgenommen worden, so etwa der Grundsatz der Klarheit und Übersichtlichkeit (§ 243 Abs. 2 HGB), der Vollständigkeit (§ 246 Abs. 1 HGB), der Bilanzkontinuität (§ 252 Abs. 1 HGB), das Stichtagsprinzip (§ 242 Abs. 1, 2, 252 Abs. 1 Nr. 5 HGB), das Verrechnungsverbot (§ 246 Abs. 2 HGB), das Going-Concern-Prinzip (§ 252 Abs. 1 Nr. 2 HGB) sowie etwa der Grundsatz der Periodenabgrenzung (§ 252 Abs. 1 HGB). Neben den allgemeinen Pflichten für alle Kaufleute aus den §§ 242 ff. HGB sehen die §§ 264 – 289 HGB ergänzende und zum Teil abweichende Regelungen für Kapitalgesellschaften und Personenhandelsgesellschaften i. S. d. § 264 a HGB (Kapitalgesellschaft und Co.) vor. So haben Geschäftsführer einer GmbH, Vorstände einer AG, persönlich haftende Gesellschafter einer KGaA sowie gesetzliche Vertreter einer KapCoGes spezielle Ausweis- und Bewertungsvorschriften zu beachten und einen Anhang zum Jahresabschluss, bei großen und mittelgroßen Kapitalgesellschaften zudem einen Lagebericht aufzustellen (§ 264 Abs. 1 HGB).[342] Hinsichtlich der Einzelheiten muss jedoch auf entsprechende handels- und bilanzrechtliche Kommentierungen verwiesen werden.[343]

182 Als **Tathandlungen** denkbar sind hierbei sämtliche Falschbewertungen in der Absicht, die angespannte Situation des Unternehmens zu verschleiern, so die zu hohe Bewertung des Anlagevermögens, das Unterschlagen von Passiva, der Ausweis fiktiver bzw. überhöhter Forderungen an verbundene Unternehmen, sog. Konzernverschiebungen, sowie etwa das Unterlassen einer gebotenen Wertberichtigung von Forderungen. Da die Grenze zwischen zulässiger Bilanzkosmetik und unzulässigem „Frisieren" der Bilanz jedoch äußerst schwer zu ziehen ist, sind derartige Buchhaltungs- bzw. Bilanzierungsverstöße regelmäßig mit erheblichen Nachweisschwierigkeiten verbunden. In dem Spannungsfeld zwischen unternehmerischem Ermessen und strafbarer Manipulation erfordert das Bestimmtheitsgebot des Art. 103 Abs. 2 GG auch hier, dass unbestimmte Befugnisse strafrechtlich voll ausgeschöpft werden dürfen. Der Maßstab ordnungsgemäßen Wirtschaftens ist erst verletzt, wenn die wirtschaftliche Entscheidung oder Maßnahme als zweifelsfrei unvertretbar erscheint.[344] Falschbewertungen machen die Bilanz somit erst dann unrichtig, wenn diese „willkürlich" oder „wissentlich" erfolgt sind.[345]

183 Maßgeblich ist, dass durch die mangelhafte Darstellung **kausal** die Übersicht über den Vermögensstand erschwert werden muss. Dies ist dann der Fall, so die Rechtsprechung, wenn ein sachverständiger Dritter sich den erforderlichen Überblick über die Vermögenslage des Schuldners entweder überhaupt nicht oder doch nur mit erheblichen Schwierigkeiten, unter Aufwendung besonderer Mühen, zu beschaffen vermag.[346] Dies wird jedenfalls nicht der Fall sein, wenn trotz teilweiser Nichtverbuchung sämtliche Belege vorhanden sind.[347]

184 *(5) Unmöglichkeit der Buchführung bzw. Bilanzierung.* Die rechtliche oder tatsächliche Unmöglichkeit zur ordnungsgemäßen Buchführung bzw. fristgerechten Aufstellung der

---

[341] Vgl. zum Meinungsstreit ausführlich: Beck-BilKomm./*Budde/Raff* § 243 Rdnr. 11 ff.
[342] Vgl. hierzu ausführlich BeckBil-Komm./*Budde/Raff* §§ 264 ff. HGB.
[343] Z. B. Beck'scher Bilanzkommentar Handels- und Steuerrecht, 5. A. 2003.
[344] LK/*Tiedemann* Vorbem. § 283 Rdnr. 117 m. w. N.
[345] RGSt 39, 222, 223; BGH Urt. v. 5.7.1955 bei LK/*Tiedemann* § 283 Rdnr. 115.
[346] RGSt 47, 311, 312.
[347] BGH Urt. v. 28.1.1982 bei LK/*Tiedemann* § 283 Rdnr. 118.

Bilanz lässt nach gefestigter Rechtsprechung grundsätzlich die Tatbestandsmäßigkeit eines Unterlassens entfallen.[348] Das eigene Unvermögen des Kaufmanns, sei es aufgrund von Krankheit,[349] Überlastung oder persönlicher Inkompetenz, entbindet ihn jedoch nicht ohne weiteres von der Buchführungspflicht. Ist der Kaufmann selbst nicht in der Lage, eine ordnungsgemäße Buchhaltung bzw. die Erstellung ordnungsgemäßer Bilanzen sicherzustellen, so ist er verpflichtet, geeignete Hilfskräfte heranzuziehen.[350] Im Falle der Beauftragung eines Dritten mit der Buchführung und der Erstellung der Bilanz,[351] beschränken sich die Pflichten des Kaufmanns bzw. des Organs der Kapitalgesellschaft allein auf die Auswahl und Kontrolle des Beauftragten. Mit Beauftragung eines Steuerberatungsbüros übergibt der Buchhaltungspflichtige regelmäßig auch die entsprechenden Belege und Unterlagen, so dass er sich tatsächlich der Möglichkeit begibt, Buchhaltung und Bilanzierung selbst durchzuführen. Kann der Pflichtige dann die erforderlichen Kosten des Steuerberaters nicht mehr aufbringen, hat er gar Honorarrückstände, so wird der Steuerberater nicht nur die Arbeiten regelmäßig einstellen, sondern kann zudem ein Zurückbehaltungsrecht an den Unterlagen geltend machen.[352] In derartigen Fällen entfällt nach der Rechtsprechung des Bundesgerichtshofs eine Strafbarkeit wegen Verletzung der Buchführungs- oder Bilanzierungspflicht.[353]

> **Praxistipp:**
> Eine Verurteilung nach § 283 Abs. 1 Nr. 7 b StGB kommt nicht in Betracht, wenn sich der Täter zur Erstellung einer Bilanz oder zu ihrer Vorbereitung der Hilfe eines Steuerberaters bedienen muss, jedoch die hierfür erforderlichen Kosten nicht aufbringen kann. (BGH wistra 2001, 465)

185

Zwar betreffen die einschlägigen Entscheidungen nur das Unterlassen der Bilanzierung, ist der Pflichtige jedoch nicht in der Lage, die Buchführung selbständig durchzuführen, so ist der zugrunde liegende Rechtsgedanke auch auf die Buchführung übertragbar.[354] Ist der Pflichtige jedoch absehbar und dauerhaft nicht in der Lage, die Buchführungs- oder Bilanzierungspflicht selbst oder durch Dritte zu erfüllen, so wird in der Literatur vertreten, dass er die buchführungspflichtige Tätigkeit unter Umständen ganz aufzugeben hat.[355]

186

ee) *§ 283 Abs. 1 Nr. 8 StGB als Auffangtatbestand.* § 283 Abs. 1 Nr. 8 StGB bedroht denjenigen mit Strafe, der „in einer anderen, den Anforderungen einer ordnungsgemäßen Wirtschaft grob widersprechenden Weise seinen Vermögensstand verringert oder seine wirklichen wirtschaftlichen Verhältnisse verheimlicht oder verschleiert". Aufgrund der dort getroffenen, generalisierenden Umschreibung des Handlungsunrechts ist § 283 Abs. 1 Nr. 8 StGB nicht nur als Auffangtatbestand,[356] sondern vielmehr auch als Grundtatbestand der Bankrottdelikte anzusehen.[357] Aufgrund der ausführlichen Enumeration der möglichen Bankrotthandlungen in den Nummern 1 – 7 b, verbleibt aber nur ein geringer Anwendungsbereich dieser Vorschrift, in der Praxis findet § 283 Abs. Nr. 8 StGB nur selten Anwendung.[358] Als unter Nr. 8 zu subsumierende Fälle angesehen werden, soweit nicht bereits von den Nrn. 1 – 7 erfasst, das

187

---

[348] BGHSt 28, 231, 233; BGH NStZ 1994, 424; BGH NStZ 1998, 192; BGH wistra 2000, 136; BGH wistra 2001, 465; BGH StV 2004, 317.
[349] Anders ist dies natürlich im Falle plötzlich und unvorhergesehener Krankheit zu beurteilen, vgl. *Weyand* Insolvenzdelikte S. 106 m. w. N.
[350] RGSt 4, 418; *Weyand* Insolvenzdelikte S. 106.
[351] BGH wistra 2000, 136.
[352] §§ 66 Abs. 4 StBerG, 273 BGB; vgl. auch BGH WM 1988, 627.
[353] BGHSt 28, 231, 233; BGH wistra 1992, 145; BGH wistra 1992, 182; BGH NStZ 1994, 424; BGH wistra 2000, 136; BGH wistra 2001, 465; OLG Düsseldorf wistra 1998, 361; Entgegen dieser deutlichen und gefestigten Rechtsprechung vertritt *Weyand* Insolvenzdelikte S. 105, aus staatsanwaltschaftlicher Sicht die Auffassung, daß auch im Falle der Unmöglichkeit der Bezahlung des Steuerberaters eine Strafbarkeit bejaht werden müsse.; vgl. auch *Pohl* wistra 1996, 14.
[354] So auch LK/*Tiedemann* § 283 Rdnr. 119.
[355] *Tröndle/Fischer* § 283 Rdnr. 23; *Weyand* Insolvenzdelikte S. 105, Müller-Gugenberger/Bieneck/*Bieneck* § 82 Rdnr. 26 f.; Die jeweilige Bezugnahme auf OLG Düsseldorf wistra 1998, 361 geht jedoch fehl.
[356] *Tröndle/Fischer* § 283 Rdnr. 30.
[357] LK/*Tiedemann* § 283 Rdnr. 9.
[358] *Weyand* Insolvenzdelikte S. 119 m. w. N.

Verringern seines Vermögensstandes durch Verschleudern von nicht auf Kredit gekauften Waren oder Wertpapieren,[359] das Wirtschaften ohne das branchenübliche Mindestmaß an Übersicht und Planung,[360] das verheimlichte Unterhalten eines Tochterunternehmens im Ausland[361] oder etwa die treuwidrige Verwendung von Kundengeldern für andere Projekte.[362] Auch die „pseudo-legale"[363] Übertragung von Vermögenswerten auf eine Auffang- oder Sanierungsgesellschaft wird teilweise als sonstiges Verringern des Vermögensstandes angesehen.[364] Die Tathandlung des Beiseiteschaffens von Vermögensbestandteilen i. S. d. Nr. 1 kann bei der Betriebsaufspaltung dadurch vermieden werden, dass die Besitzgesellschaft (neu) zugleich Schulden des Altunternehmens, das zur Produktionsgesellschaft wird, übernimmt, eine Saldierung also nicht zu einer Vermögensverringerung führt. Werden jedoch nur solche Verbindlichkeiten übernommen, an denen die Auffanggesellschaft im Sinne der Fortführung von Geschäftsbeziehungen ein Interesse hat, so wird das Altunternehmen ausgehöhlt mit der Folge, dass dort nur der unbrauchbare Rest verbleibt und damit der Vermögensstand des Schuldners verringert wird. Die Vermögensverringerung muss jedoch den Anforderungen einer ordnungsgemäßen Wirtschaft grob widersprechen, mit der Folge, dass der Tatbestand auf Fälle eindeutiger Unvertretbarkeit zu beschränken ist.

188 *ff) Verletzung der Buchführungspflicht gem. § 283 b StGB.* Durch die Sonderregelung des § 283 b StGB (Verletzung der Buchführungspflicht) werden die oben behandelten Buchführungsverstöße des § 283 Abs. 1 Nr. 5 – 7 StGB auch **außerhalb der Krise** mit Strafe bedroht, wenn auch mit einer geringeren Höchststrafe (Freiheitsstrafe bis zu zwei Jahren). Aufgrund der hohen Bedeutung, die einer ordnungsgemäßen Buchführung zugemessen wird, hat der Gesetzgeber die Verletzung der Buchführungspflicht außerhalb der Krise als abstraktes Gefährdungsdelikt ausgestaltet. Allein § 283 b Abs. 1 Nr. 2 StGB unterscheidet sich von § 283 Abs. 1 (Nr. 6) StGB dadurch, dass hier nur der aufbewahrungspflichtige (Voll-) Kaufmann Normadressat ist. Voraussetzung der Strafbarkeit ist hier jedoch ebenfalls, dass die objektive Bedingung der Strafbarkeit, also die Zahlungseinstellung, die Eröffnung des Insolvenzverfahrens oder die Nichteröffnung mangels Masse, eingetreten ist (§§ 283 b Abs. 3 i. V. m. 283 Abs. 6 StGB).

189 Die eigentliche Bedeutung des Tatbestandes des § 283 b StGB liegt jedoch darin, einem Auffangtatbestand vergleichbar, eine Verurteilung zu ermöglichen, wenn der Nachweis des Bestehens der Krise zum Tatzeitpunkt (nachträglich) nicht mehr gelingt oder der Täter die Existenz der Krise schuldlos verkannt hat.

190 Einigkeit besteht jedoch darüber, dass in den Fällen, in denen die Verletzung der Buchführungspflicht geraume Zeit zurückliegt, eine Einschränkung der Strafbarkeit angezeigt ist. Nach der Rechtsprechung des Bundesgerichtshofs erfordert die gebotene einschränkende Interpretation des § 283 b StGB, dass die Norm nur zur Anwendung kommt, „wenn die Tathandlungen irgendeine Beziehung zu den in § 283 Abs. 6 StGB umschriebenen Tatbeständen gehabt haben, die den wirtschaftlichen Zusammenbruch kennzeichnen." Nach der deutlichen Rechtsprechung des BGH reicht ein bloß zeitlicher Zusammenhang zwischen Handlung und Zahlungseinstellung nicht aus, insbesondere entfällt das Strafbedürfnis bei Überwindung der Krise. Erforderlich ist ein innerer Zusammenhang zwischen Buchdelikt und objektiver Bedingung. Eine Kausalität des Verstoßes für den Eintritt der objektiven Bedingung der Strafbarkeit ist jedoch auch nicht gefordert.[365] Beachtliche Stimmen in der Literatur sehen den Zusammenhang jedoch immer schon dann als gegeben an, wenn der Mangel im Rechnungswesen bis zur Insolvenz fortwirkt und etwa die Tätigkeit des Insolvenzverwalters beeinträchtigt.[366] Teilweise wird sogar vertreten, dass die Konnexität zu vermuten sei und Zweifel stets zu Lasten des

---

[359] *Tröndle/Fischer* § 283 Rdnr. 30.
[360] BGH NJW 1981, 355.
[361] *Tröndle/Fischer* § 283 Rdnr. 30.
[362] *Tröndle/Fischer* § 283 Rdnr. 30; *Weyand* Insolvenzdelikte S. 122.
[363] LK/*Tiedemann* § 283 Rdnr. 157.
[364] *Tröndle/Fischer* § 283 Rdnr. 30.
[365] BGHSt 28, 231, 234; BGH wistra 1996, 262, 264.
[366] LK/*Tiedemann* § 283 b Rdnr. 14 f.

Täters gehen sollen.³⁶⁷ Im Zeitpunkt des wirtschaftlichen Zusammenbruchs müssen wenigstens noch „irgendwelche Auswirkungen" vorhanden sein, die sich als gefahrerhöhende Folge der Verfehlung darstellen. Wird beispielsweise im Rahmen des Insolvenzverfahrens offenbar, dass der Verantwortliche eine Bilanz nicht innerhalb der gesetzlichen Frist erstellt hat, dies aber vor Eintritt der Strafbarkeitsbedingung noch nachgeholt hat, so entfällt nach herrschender Meinung das Strafbedürfnis.³⁶⁸

> **Praxistipp:**
> Wird eine nicht fristgemäß, mithin verspätet aufgestellte Bilanz noch vor Eintritt der Strafbarkeitsbedingung nachgeholt, so fehlt es an einem inneren Zusammenhang zwischen Buchdelikt und objektiver Bedingung der Strafbarkeit.³⁶⁹

191

Wäre bei rechtzeitiger Erstellung der Bilanz jedoch die Unternehmenskrise eher erkannt und damit die Insolvenzmasse geschont worden, so ist der Tatbestand regelmäßig erfüllt. Auf der anderen Seite liegt der erforderliche Zusammenhang nicht vor, wenn das Unterlassen der Bilanzerstellung die finanzielle Krise eines ohnehin insolvenzreifen Unternehmens nicht mehr steigern konnte.³⁷⁰

192

gg) Gläubigerbegünstigung gem. § 283 c StGB. Der Tatbestand der Gläubigerbegünstigung gem. § 283 c StGB ist ein privilegierter Unterfall der Fallgruppe der Vermögensverschiebungen in der Krise. Mit einen Strafrahmen von lediglich bis zu zwei Jahren Freiheitsstrafe stellt er gegenüber § 283 Abs. 1 Nr. 1 StGB (mit einem Strafrahmen von bis zu fünf Jahren Freiheitsstrafe) eine Privilegierung des Täters dar, der zwar zur Insolvenzmasse gehörende Vermögensbestandteile verschiebt, dies jedoch nicht aus Eigennutz oder zugunsten unbeteiligter Dritter, sondern zugunsten eines Gläubigers, den er gegenüber anderen bevorzugen möchte. Die Verschiebung erfolgt also zugunsten eines Berechtigten, wenn auch eines Nicht-so-Berechtigten. Der Täter schädigt damit nicht die Insolvenzmasse, sondern er bestimmt lediglich eigenmächtig über die Verteilung der Masse entgegen den Vorgaben der Insolvenzordnung und führt damit eine inkongruente Befriedigung eines oder mehrerer bevorzugter Gläubiger herbei.

193

> **Praxistipp:**
> Anders als die Bankrotthandlungen des § 283 Abs. 1 StGB ist die Gewährung einer (inkongruenten) Befriedigung oder Sicherheit an einen Gläubiger allein bei Kenntnis der eingetretenen Zahlungsunfähigkeit strafbewehrt. Eine inkongruente Befriedigung ausgewählter Gläubiger bei lediglich drohender Zahlungsunfähigkeit oder bereits eingetretener Überschuldung wird nicht vom Tatbestand erfasst. Auch die billigende Inkaufnahme des Vorliegens der Zahlungsunfähigkeit, also insofern bedingt vorsätzliches Handeln, genügt nicht.

194

Die Gläubigerbegünstigung ist ebenso wie die nicht-privilegierten Bankrotthandlungen jedoch nur dann strafbar, wenn – als objektive Bedingung der Strafbarkeit – der Schuldner seine Zahlungen eingestellt hat oder über sein Vermögen das Insolvenzverfahren eröffnet oder der Antrag mangels Masse abgewiesen worden ist (§§ 283 c Abs. 3 i. V. m. 283 Abs. 6 StGB).

195

Tathandlung ist das Gewähren einer inkongruenten Deckung, m.a.W. das Gewähren einer Sicherheit oder Befriedigung an einen Gläubiger, die dieser überhaupt nicht oder nicht in der Art oder nicht zu dieser Zeit zu beanspruchen hat.³⁷¹ Gläubiger i. S. d. § 283 c StGB ist jeder Inhaber eines vermögensrechtlichen Anspruchs³⁷² gegen den Schuldner, auch wenn dieser An-

196

---

³⁶⁷ *Weyand* Insolvenzdelikte S. 137.
³⁶⁸ BGH JZ 1979, 75; BayObLG wistra, 2003, 30, 31; *Weyand* Insolvenzdelikte S. 137.
³⁶⁹ BayObLG wistra 2003, 30, 31.
³⁷⁰ BayObLG NStZ 2003, 555.
³⁷¹ RGSt 30, 362; *Tröndle/Fischer* § 283 c Rdnr. 3.
³⁷² Nicht vermögensrechtlich ist der Aussonderungsanspruch gem. 47 InsO, da dieser auf die Herausgabe konkreter Gegenstände gerichtet ist.

spruch erst nach Eintritt der Zahlungsunfähigkeit erworben wurde.[373] Der Schuldner selbst kann jedoch nach h. M. nicht Gläubiger sein.[374] Die Privilegierung gilt also nicht im Fall der Identität des Gläubigers mit dem Schuldner oder dem für die Schuldnerin Handelnden. Eine (inkongruente) **Sicherheit** wird dem Gläubiger dadurch gewährt, dass ihm eine Rechtsstellung eingeräumt wird, die es ihm ermöglicht, eher, besser oder sicherer befriedigt zu werden, als er zu beanspruchen hat, bspw. durch die Einräumung eines Pfandrechts, eines Zurückbehaltungsrechts oder durch eine Sicherungsübereignung. **Befriedigung** erhält der Gläubiger durch die Erfüllung seiner Forderung (§ 362 BGB) oder durch die Hingabe einer Leistung an Erfüllungs Statt (§ 364 BGB).

197 Die Leistung muss aus dem Schuldnervermögen erfolgen und durch die Gewährung der Insolvenzmasse entzogen werden. Das Einwirken des Schuldners auf einen Dritten, einem Gläubiger eine Sicherheit zu gewähren, z. B. durch die Hingabe einer Bürgschaft, ist nicht vom Tatbestand erfasst.[375] Ebenso handelt etwa der Geschäftsführer einer GmbH nicht tatbestandsmäßig, der einen Gläubiger der GmbH aus eigenen Mitteln befriedigt, ohne dabei das Gesellschaftsvermögen anzugreifen.[376]

198 Schließlich muss es sich um eine **inkongruente Deckung** handeln. Die Bestimmung der Inkongruenz erfolgt nach zivilrechtlichen Grundsätzen.[377] Gem. § 131 InsO ist eine Leistung inkongruent, wenn sie dem Gläubiger eine Befriedigung oder Sicherheit verschafft, die ihm entweder gar nicht, nicht in der Art oder nicht zu der Zeit zusteht. Entsprechend § 131 InsO besteht kein Anspruch auf Befriedigung („gar nicht"), wenn der Gläubiger zwar eine Forderung hat, er aber aus dieser keine Befriedigung erlangen kann. Dies ist der Fall etwa bei Forderungen, denen eine dauernde Einrede (z. B. Verjährung) entgegensteht, bei denen das Grundgeschäft gem. §§ 119 BGB ff. anfechtbar ist oder die bedingt sind, ohne dass die Bedingung eingetreten wäre. Ist das der Leistung zugrunde liegende Rechtsverhältnis jedoch nichtig (Scheingeschäft, Sittenwidrigkeit o.ä.), so besteht bereits kein Anspruch, der befriedigt werden könnte; eine Verfügung wäre daher nicht privilegiert, sondern würde den Tatbestand des § 283 StGB erfüllen. Erfasst werden jedoch die Fälle unvollkommener Verbindlichkeiten (Wette, Spiel) oder Fälle, in denen erst die Leistung einen formungültigen Vertrag heilt.[378] Eine andere als die geschuldete Leistung („nicht in der Art") wird dann erbracht, wenn die Leistung an Erfüllungs Statt (§ 364 Abs. 1 BGB) oder erfüllungshalber erfolgt (§ 364 Abs. 2 BGB), bspw. die Hingabe von Waren anstatt Geld oder die Rückgabe von Waren, ohne dass ein Eigentumsvorbehalt besteht. Nicht zu der Zeit zu beanspruchen hat der Gläubiger eine Leistung, die noch nicht fällig ist oder bei der eine aufschiebende Bedingung noch nicht eingetreten ist. Inkongruent ist auch die Bestellung einer Sicherheit, die nicht vereinbart war oder die sich nicht aus dem Gesetz ergibt,[379] da der Anspruch auf Erfüllung grundsätzlich keinen Anspruch auf Gewährung einer Sicherheit beinhaltet.[380] Problematisch ist hierbei die Einräumung von (weiteren) Sicherheiten an kreditgebende Banken. Zwar berufen diese sich regelmäßig mit entsprechendem Nachdruck auf ihre AGB, diese sind jedoch häufig zu allgemein, um einen Anspruch und damit eine Kongruenz zu begründen.[381]

---

[373] BGHSt 35, 357, 361; *Tröndle/Fischer* § 283 c Rdnr. 2.
[374] RGSt 68, 368, 370; LK/*Tiedemann* § 283 c Rdnr. 10.
[375] BGH MDR 1979, 457; *Tröndle/Fischer* § 283 c Rdnr. 3.
[376] BGHSt 16, 279; *Weyand* Insolvenzdelikte S. 141.
[377] BGHSt 8, 55, 56; BGH wistra 1996, 144.
[378] FK-Inso/*Dauernheim* § 131 Rdnr. 16; LK/*Tiedemann* § 283 c Rdnr. 21; a. A.: *Weyand* Insolvenzdelikte S. 142.
[379] Etwa § 17 BRAGO „Recht auf Vorschuss".
[380] BGH MDR 1979, 457; LK/*Tiedemann* § 283 c Rdnr. 23.
[381] Vgl. BGH ZIP 1999, 76; mit weiteren Nachweisen: *Weyand* Insolvenzdelikte S. 143; *Vormbaum* GA 1981, 101, 117.

Fälle der Gläubigerbegünstigung	Keine Fälle der Gläubigerbegünstigung
Leistungen, die die Insolvenzmasse schmälern	Leistungen, die die Insolvenzmasse unberührt lassen
Verpfändung, Sicherungsübereignung,[382] soweit nicht bereits vertraglich vorgesehen	Veranlassung eines Dritten, eine Bürgschaft für die Gesellschaft zu übernehmen
Einräumung von Grundpfandrechten, die jedoch zur Entstehung gelangen müssen	Bestellung einer Briefhypothek ohne Übergabe des Hypothekenbriefes[383]
Einräumung von Zurückbehaltungsrechten	Begleichung einer Forderung gegen die GmbH durch den Gf. aus eigenen Mitteln[384]
Verzögern eines Insolvenzantrages, um dem Gläubiger die Möglichkeit der Einzelzwangsvollstreckung einzuräumen[385]	Befriedigung privater Forderungen des Geschäftsführers gegen die Gesellschaft durch ihn selbst[386] (hier aber § 283 StGB)
Weiterleitung eingehender Schecks an Gläubiger zum Einzug[387]	Rückzahlung kapitalersetzender Darlehen an die Gesellschafter[388] (hier aber § 283 StGB)
Scheinverkauf zur Schaffung einer Aufrechnungslage[389]	Rückzahlung eines Darlehens an den geschäftsführenden Kommanditisten durch ihn selbst[390]
Rückgabe von Waren, ohne dass ein Eigentumsvorbehalt besteht[391]	Leistungen an einen Gläubiger aufgrund eines nichtigen Rechtsverhältnisses (hier § 283 StGB)
Bestellung oder Verstärkung bankmäßiger Sicherheiten aufgrund der Banken-AGB[392]	Bloße Verbesserung der Beweislage durch Zusammenfassung des Vorbehaltseigentums in einem Gläubigerpool[393]
Besicherung eines durch faktische Gewährung der Überziehung bereits eingeräumten Kredits[394] Vorverlegung der Fälligkeit, auch durch Begründung einer neuen Verbindlichkeit[395]	

> **Praxistipp: Begleichung von Forderungen des Gesellschafters oder des Geschäftsführers in der Krise**
> Verfügen Gesellschafter oder Geschäftsführer nach Kenntnis des Eintritts der Zahlungsunfähigkeit der Gesellschaft noch über fällige Forderungen gegen die Gesellschaft, so ist die Versuchung groß, diese vor dem Insolvenzverfahren, in dem maximal eine quotenmäßige Befriedigung zu erwarten wäre, unter Benachteiligung der anderen Gläubiger zu begleichen. Die

---

[382] RG JW 10, 679.
[383] RGSt 34, 171, 174.
[384] BGHSt 16, 279.
[385] RGSt 48, 18, 20.
[386] BGHSt 34, 221, 226; BGH NJW 1969, 1494.
[387] LK/*Tiedemann* § 283 c Rdnr. 16.
[388] LK/*Tiedemann* § 283 c Rdnr. 10.
[389] BGH GA 1961, 359.
[390] BGHSt 34, 221, 226; hier aber § 283 StGB.
[391] LK/*Tiedemann* § 283 c Rdnr. 22.
[392] LK/*Tiedemann* § 283 c Rdnr. 22; *Vormbaum* GA 1981, 117 ff. m. w. N. insbesondere hinsichtlich der Problematik der Sicherungsklauseln in den Banken-AGB.
[393] LK/*Tiedemann* § 283 c Rdnr. 14.
[394] BGH ZIP 1999, 76.
[395] RGSt 4, 61, 62 ff.; LK/*Tiedemann* § 283 c Rdnr. 24.

Frage, ob derartige Selbstbegünstigungshandlungen gem. § 283 c StGB privilegiert werden, ist kompliziert. Der Schuldner selbst kann nach h. M. nicht Gläubiger sein (s. o.).[396] Die Privilegierung gilt also nicht im Fall der Identität des Gläubigers mit dem Schuldner oder dem für die Schuldnerin Handelnden. Befriedigt also der **Geschäftsführer** einer GmbH nach Eintritt der Zahlungsunfähigkeit seine eigenen Ansprüche gegen die Gesellschaft oder räumt sich inkongruente Sicherheit ein, so liegt kein Fall des § 283 c StGB, sondern (aufgrund des Eigeninteresses) ggfs. eine Untreue gem. § 266 StGB vor.[397] Befriedigt der Geschäftsführer jedoch lediglich fällige Ansprüche gegen die Gesellschaft, so fehlt es regelmäßig an einem Schaden i. S. v. § 266 StGB.[398] Handelt der Geschäftsführer aber bspw. im Einverständnis mit dem Komplementär, so hat der BGH entschieden, dass in diesem Fall ein Handeln (auch) im Interesse der Gesellschaft erfolge und § 283 c StGB damit zur Anwendung gelange.[399] Dieser Rechtsgedanke dürfte durch die Rechtsprechung auch auf den Gesellschafter (-geschäftsführer) der GmbH übertragen werden.

Schwierig ist die Einordnung der **Gesellschafter** in der Insolvenz der Handelsgesellschaft. Soweit Forderungen der Gesellschafter gegen die Gesellschaft aus dem Gesellschaftsanteil betroffen sind, fallen diese nicht unter den Gläubigerbegriff, da sich aus ihren Gesellschaftsanteilen gerade die Haftungsmasse zusammensetzt. Die Gesellschafter einer OHG, KG, GmbH oder AG sind somit in der Insolvenz ihrer Gesellschaft keine Gläubiger im Hinblick auf ihre Kapitalanteile, Aktieneinlagen oder Geschäftsanteile.[400] Streitig in diesem Zusammenhang ist jedoch die Behandlung von Gesellschafterdarlehen, die zivilrechtlich eigenkapitalersetzenden Charakter haben (§§ 172 a HGB, 32 a GmbHG), wenn sie der Gesellschaft zu einem Zeitpunkt gewährt worden sind, „in dem ihr die Gesellschafter als ordentliche Kaufleute Eigenkapital zugeführt hätten", weil der Kapitalbedarf am freien Kapitalmarkt zu üblichen Konditionen nicht mehr gedeckt werden konnte. Die überwiegende Auffassung ging bisher davon aus, dass Gesellschafter hinsichtlich derartiger Forderungen keine Gläubiger i. S. v. § 283 c StGB seien.[401] Seit In-Kraft-Treten der InsO am 1.1.1999 bezeichnet § 39 Abs. 1 Nr. 5 InsO Forderungen der Gesellschafter auf Rückgewähr kapitalersetzender Darlehen jedoch ausdrücklich als (nachrangige) Verbindlichkeiten und den Gesellschafter insofern als Insolvenzgläubiger. Obwohl diese an der Verteilung der Insolvenzmasse nur teilnehmen, wenn nach der Befriedigung der Insolvenzgläubiger ein Überschuss verbleibt, was nur in seltenen Ausnahmefällen vorkommt, sind die nachrangigen Insolvenzgläubiger den Insolvenzgläubigern grundsätzlich gleichgestellt.[402] Diese ausdrückliche gesetzliche Klarstellung spricht nunmehr für eine Anwendung des § 283 c StGB in den vorbezeichneten Fällen.[403]

201 Besondere Beachtung verdient die Frage der strafbaren **Teilnahme** an einer privilegierten Gläubigerbegünstigung durch den Gläubiger selbst. Im Falle der bloßen Entgegennahme der inkongruenten Leistung ist der begünstigte Gläubiger unter dem Aspekt der notwendigen Teilnahme straflos.[404] Hierzu zählt auch noch der Abschluss einer schuldrechtlichen Sicherungsvereinbarung.[405] Geht die Tätigkeit des Gläubigers jedoch über die bloße passive Mitwirkung hinaus, so macht sich auch der Gläubiger als Teilnehmer an der Gläubigerbegünstigung strafbar. Geht gar die Initiative zur Bevorzugung vom Gläubiger aus, so liegt ein Fall strafbarer Anstiftung vor. Dies ist zum Beispiel der Fall, wenn ein Bankangestellter den Schuldner zur Einräumung zusätzlicher Sicherheiten überredet, obwohl ihm aufgrund der Kreditüberwachung die Zahlungsunfähigkeit bekannt ist.[406] Erwirbt eine Bank im Rahmen der Sanierung darüber hinaus Gesellschaftsanteile, um die Sanierungskredite abzusichern, so nehmen diese Kredite

---

[396] RGSt 68, 368, 370; LK/*Tiedemann* § 283 c Rdnr. 10.
[397] BGHSt 34, 221, 226.
[398] Das OLG Stuttgart (Urt. v. 21.2.1984 – 1 WS 46/84, zit. nach LK/*Tiedemann* Rdnr. 11) hat aus diesem Grunde eine Anwendung des § 283 c StGB bejaht.
[399] BGHSt 34, 222, 223.
[400] LK/*Tiedemann* § 283 c Rdnr. 10; *Tröndle/Fischer* § 283 c Rdnr. 2.
[401] BGH NJW 1969, 1494; BGH wistra 1987, 100; Müller-Gugenberger/Bieneck/*Bieneck* § 79 Rdnr. 9 ff.
[402] FK/*Schumacher*, 3. A., § 39 InsO Rdnr. 2.
[403] A. A.: Müller-Gugenberger/Bieneck/*Bieneck* § 79 Rdnr. 10.
[404] RGSt 2, 440; BGHR 3 283 c Abs. 1 Gläubiger 3; LK/*Tiedemann* § 283 c Rdnr. 38 m. w. N.
[405] LK/*Tiedemann* § 283 c Rdnr. 24; *Vormbaum* GA 1981, 117, 131 ff.
[406] *Weyand* Insolvenzdelikte S. 145.

in der Krise kapitalersetzenden Charakter an und dürfen vom Schuldner nicht zurückgezahlt werden. Drängt die Bank hierauf, so ist dies unter dem Aspekt der Anstiftung zur Gläubigerbegünstigung, nach anderer Auffassung sogar – mangels Privilegierung – als Anstiftung zu einer Bankrotthandlung oder zur Untreue (s. o.), relevant.[407]

hh) Schuldnerbegünstigung gem. § 283 d StGB. Die Tathandlungen der Schuldnerbegünstigung gem. § 283 d StGB sind identisch mit den Bankrotthandlungen des § 283 Abs. 1 Nr. 1 StGB (Vermögensverschiebungsfälle). Der Bankrott gem. § 283 Abs. 1 StGB ist jedoch ein Sonderdelikt, das nur durch denjenigen verwirklicht werden kann, der sich als Schuldner selbst „in der Krise" befindet oder der als Organmitglied einer Kapitalgesellschaft handelt, die sich in der Krise befindet. Der nicht sonderpflichtige Außenstehende kann sich grundsätzlich lediglich als Teilnehmer an dem Sonderdelikt des § 283 Abs. 1 StGB strafbar machen. Geht das Verhalten des Außenstehenden jedoch über eine Anstiftung oder Beihilfe hinaus, handelt der Außenstehende also tatherrschaftlich, so läge weder eine Haupttat des Sonderpflichtigen (mangels Tatherrschaft) noch eine Teilnahme des Außenstehenden (mangels Haupttat). Diese Strafbarkeitslücke schließt der Tatbestand der Schuldnerbegünstigung gem. § 283 d StGB. Besitzt der Außenstehende also die **Tatherrschaft** und handelt er im Interesse des krisenbefangenen Schuldners, so verwirklicht er den Tatbestand der Schuldnerbegünstigung. Der Schuldner wiederum kann Teilnehmer an der Tat des Außenstehenden sein. § 283 d StGB ist eben kein Sonderdelikt, Täter kann jedermann sein, auch ein Gläubiger oder der Insolvenzverwalter.[408]

Der Außenstehende muss jedoch mit Einwilligung des Schuldners oder zu dessen Gunsten handeln. Mit Einwilligung handelt der Täter dabei, wenn ihm das Einverständnis des Schuldners im Voraus ausdrücklich oder auch nur faktisch erklärt worden ist. Duldet der Schuldner, dass ein Gläubiger, z. B. ein Lieferant, Bestandteile aus der (potentiellen) Insolvenzmasse aus dem Betrieb beiseite schafft, so ist darin eine konkludente Einwilligung zu sehen.[409] Die lediglich nachträgliche Gutheißung (Genehmigung) reicht jedoch nicht aus. Liegt eine Einwilligung nicht vor, so muss der Täter zumindest zu Gunsten des Schuldners handeln. Dies macht er, wenn er in dessen Interesse handelt, vorrangig, um ihm die beiseite geschafften oder verschleierten Vermögensbestandteile zu erhalten.[410] Hat der Täter neben der Begünstigung des Schuldners auch seinen eigenen Vorteil im Sinn, so liegt eine Schuldnerbegünstigung ebenfalls vor.[411] Handelt der Täter ausschließlich im Eigeninteresse und ist die Besserstellung des Schuldners lediglich eine notwendige Begleiterscheinung, so ist der Tatbestand des § 283 d StGB nicht erfüllt, möglicherweise liegt aber dann ein Diebstahl oder eine Unterschlagung vor.

Zeitlich setzt die Anwendbarkeit des § 283 d StGB voraus, dass dem Schuldner die Zahlungsunfähigkeit droht (Nr. 1) oder die Zahlungseinstellung erfolgt ist, das Insolvenzverfahren eröffnet ist oder das Insolvenzeröffnungsverfahren läuft, also Insolvenzantrag gestellt wurde (Nr. 2). Zwischen drohender Zahlungsfähigkeit und Zahlungseinstellung verbleibt vom Gesetzeswortlaut her eine Lücke (zwischen Eintritt der Zahlungsfähigkeit und Zahlungseinstellung), nach h. M. soll der Tatbestand jedoch auch auf diesen nicht geregelten Zeitraum anzuwenden sein.[412] Das Insolvenzeröffnungsverfahren beginnt mit der Antragstellung gem. § 13 Abs. 1 InsO und endet mit der Rücknahme des Eröffnungsantrages (§ 13 Abs. 2 InsO[413]), der Abweisung (mangels Masse gem. § 26 InsO) oder dem Beschluss über die Eröffnung des Insolvenzverfahrens (§ 27 InsO). Das eröffnete Insolvenzverfahren endet mit dem Aufhebungsbeschluss gem. § 258 InsO.

Die auch bei der Schuldnerbegünstigung gem. § 283 d Abs. 4 StGB erforderliche objektive Bedingung der Strafbarkeit (s. o.) ist hier so ausgestaltet, dass sie nicht beim Täter, sondern beim Schuldner vorliegen muss.

---

[407] LK/*Tiedemann* § 283 c Rdnr. 38; Anstiftung zu einer Bankrotthandlung dann, wenn die kreditgebende Bank selbst Gesellschafterin des Schuldners ist und im Falle der Identität von Schuldner und Gläubiger die Privilegierung grundsätzlich entfällt; anders jedoch hinsichtlich Forderungen aus den Gesellschaftsanteilen (s. o.).
[408] *Weyand* Insolvenzdelikte S. 146.
[409] *Weyand* Insolvenzdelikte S. 147.
[410] Vgl. § 242 KO a. F.; *Tröndle/Fischer* § 283 d Rdnr. 3.
[411] BGH GA 1967, 265.
[412] *Tröndle/Fischer* § 283 d Rdnr. 5; LK/*Tiedemann* § 283 d StGB Rdnr. 7.
[413] Vgl. zu den hieraus entstehenden Problemen: FK/*Schumacher* § 13 InsO Rdnr. 16 ff.

206 d) **Subjektiver Tatbestand; Schuldformen; Versuch.** Grundsätzlich ist der Bankrotttatbestand ein Vorsatzdelikt, der mindestens bedingte Vorsatz muss sich nicht nur auf die Erfüllung der Tathandlung, sondern auch auf das Vorliegen der Unternehmenskrise beziehen. Insbesondere bei den handelsrechtlich geprägten Buchführungsverstößen muss sich der Vorsatz des Täters auch auf sämtliche handelsrechtlichen Pflichten beziehen, deren Verletzung Tathandlung ist. Der Täter muss also die ihn treffende Pflicht zum Führen und Aufbewahren von Handelsbüchern sowie zur Aufstellung einer ordnungsgemäßen Bilanz nebst Inventar in der vorgeschriebenen Zeit, damit auch die handelsrechtlichen Zeitvorgaben, kennen. Befindet der Täter sich in einem Irrtum über die zeitlichen Vorgaben des Handelsrechts, so befindet er sich in einem Rechtsirrtum, der den Regeln des Verbotsirrtums gem. § 17 StGB folgt.[414] Die objektive Bedingung der Strafbarkeit gemäß § 283 Abs. 6 StGB muss jedoch nicht vom Vorsatz umfasst sein. In den Absätzen 4 und 5 hat der Gesetzgeber jedoch auch die **fahrlässige Begehungsweise** hinsichtlich der dort aufgezählten Bankrotthandlungen unter Strafe gestellt. Wegen fahrlässigen Bankrotts macht sich demnach strafbar, wer eine Bankrotthandlung des Abs. 1 vorsätzlich begeht, jedoch fahrlässig verkennt, dass sich das Unternehmen bereits in der Krise befindet (§ 283 Abs. 4 Nr. 1 StGB). Pflichtwidrig ist das Verhalten des Täters bereits, wenn er ihn treffende Pflichten zur Überprüfung der Situation des Unternehmens nicht erfüllt.[415] Die fahrlässige Nichtkenntnis der Krise wird bei den Buchführungsverstößen häufig dann anzunehmen sein, wenn der Verantwortliche sich durch das Unterlassen der Buchführung selbst alle Erkenntnismöglichkeiten verbaut, er sonst elementare kaufmännische Grundsätze außer Acht lässt[416] oder eindeutige Krisenindikatoren ignoriert.[417] Da der Nachweis der positiven Kenntnis der Unternehmenskrise in der Praxis häufig schwierig ist, wird § 283 Abs. 4 Nr. 1 StGB in großem Umfang als „Auffangtatbestand" zweckentfremdet.[418] Des Weiteren verwirklicht den Tatbestand der, der durch eine vorsätzliche Bankrotthandlung leichtfertig die Überschuldung oder Zahlungsunfähigkeit im Sinne von § 283 Abs. 2 verursacht (§ 283 Abs. 4 Nr. 2 StGB). § 283 Abs. 5 StGB bedroht darüber hinaus auch die nur fahrlässige Begehung einzelner Bankrotthandlungen mit Strafe. Hauptanwendungsfall dieser Vorschrift ist die unzureichende Auswahl oder Überwachung von Buchhaltungskräften oder Steuerberatern.[419] Hinsichtlich der Einzelheiten muss jedoch auf die einschlägigen Kommentierungen verwiesen werden.

207 Gemäß § 283 Abs. 3 StGB ist der **Versuch** des Bankrotts nach § 283 Abs. 1 und Abs. 2 StGB strafbar. Für die Feststellung der Vollendung des Bankrotts, nach der eine Versuchsstrafbarkeit entfällt, kommt es im Falle des Abs. 1 auf die Bankrotthandlung selbst und im Falle des Abs. 2 auf den Eintritt der Zahlungsunfähigkeit oder der Überschuldung an. **Beendet** ist die Tat jedoch erst mit dem Eintritt der objektiven Bedingung der Strafbarkeit gem. § 283 Abs. 6 StGB mit der Folge, dass die fünfjährige Verjährungsfrist (§ 78 Abs. 3 Nr. 4 StGB) auch erst mit diesem Zeitpunkt zu laufen beginnt (§ 78 a StGB). Wird die Bankrotthandlung erst nach Eintritt der objektiven Bedingung der Strafbarkeit begangen, so beginnt die Verjährungsfrist mit Vornahme der Bankrotthandlung.[420]

208 e) **Der besonders schwere Fall das Bankrotts gemäß § 283 a StGB.** § 283 a StGB erweitert den Strafrahmen des § 283 Abs. 1 StGB von Freiheitsstrafe bis zu fünf Jahren oder Geldstrafe auf einen Strafrahmen von sechs Monaten bis zu zehn Jahren Freiheitsstrafe. § 283 a StGB folgt dabei der Regelbeispielstechnik und nennt als Regelbeispiel eines besonders schweren Falles das Handeln des Täters aus Gewinnsucht oder die Verbringung vieler Personen in wirtschaftliche Not oder in die Gefahr des Verlustes ihrer dem Täter anvertrauten Vermögenswerte. Viele Personen sind nach herrschender Meinung mindestens zehn Personen.[421] Der Begriff der

---

[414] BGH NJW 1981, 354; BGH NStZ 2001, 600.
[415] BGH NJW 1981, 354, 355.
[416] BGH 5 StR 356/80 bei: *Tröndle/Fischer* § 283 Rdnr. 34.
[417] *Weyand* Insolvenzdelikte S. 124.
[418] Vgl. BGHSt 17, 210, 212; *Weyand* Insolvenzdelikte S. 124.
[419] RGSt 13, 354, 359; RGSt 58; 304; *Tröndle/Fischer* § 283 Rdnr. 35; *Weyand* Insolvenzdelikte S. 125.
[420] LK/*Tiedemann* § 283 Rdnr. 219.
[421] LK/*Tiedemann* § 283 a Rdnr. 9; *Tröndle/Fischer* § 283 a Rdnr. 3.

wirtschaftlichen Not ist dem Wucherparagraphen (§ 291 Abs. 2 StGB) entlehnt, insofern ist auf die einschlägige Kommentierung zu verweisen. Der Täter bringt eine Person jedoch nur dann in Not, wenn er dies durch die Tat, d. h. durch seine Bankrotthandlung tut, mit der Folge, dass zwischen der Bankrotthandlung und der Notsituation eine oft schwer nachzuweisende Kausalität vorliegen muss. Bringt bspw. ein Unternehmer, der innerhalb der Krise eine Bankrotthandlung begeht, von dieser völlig unabhängig seine Arbeitnehmer durch betriebsbedingte Kündigung in Not, in der Hoffnung, so die Zahlungsunfähigkeit abzuwenden, so ist die erforderliche Kausalität nicht gegeben, ein besonders schwerer Fall liegt nicht vor.[422] Ein besonders schwerer Fall außerhalb der Regelbeispiele wird etwa bejaht bei erheblichen Schäden aufgrund einer Großinsolvenz[423] oder bei von vornherein auf Zusammenbruch und unlauteren Gewinn hinarbeitenden Tätern.[424]

f) **Objektive Bedingung der Strafbarkeit (§ 283 Abs. 6 StGB).** Da das Rechtsgut der Insolvenzdelikte, der Schutz der Insolvenzmasse zum Zwecke der Befriedigung der Gläubiger, dann durch die vorbezeichneten Bankrotthandlungen nicht beeinträchtigt wird, wenn der Schuldner bzw. das schuldnerische Unternehmen die Unternehmenskrise überwindet, entfällt in einem derartigen Fall das Strafbedürfnis. Die Nicht-Überwindung der Krise, somit der nahende Zusammenbruch des Unternehmens, manifestiert sich regelmäßig in der Einstellung der Zahlungen oder in der Feststellung eines Insolvenzgrundes und damit der Eröffnung des Insolvenzverfahrens.[425] Der Gesetzgeber hat daher mittels der Schaffung einer objektiven Bedingung der Strafbarkeit in § 283 Abs. 6 StGB Bankrotthandlungen nur dann für strafbar erklärt, wenn entweder die Zahlungseinstellung erfolgt ist oder das Insolvenzverfahren eröffnet oder mangels Masse nicht eröffnet worden ist. Die **Zahlungseinstellung** ist die nach außen sichtbar gewordene Manifestation der Zahlungsunfähigkeit und liegt dann vor, wenn der Schuldner aufhört, seine fälligen und ernsthaft eingeforderten Geldschulden zu begleichen.[426] Eine vorübergehende Zahlungsstockung sowie das Nichtbegleichen einzelner Forderungen begründet die Zahlungseinstellung jedoch noch nicht,[427] erforderlich ist, dass der überwiegende Teil der Forderungen, also mehr als 50% nicht mehr bedient werden.[428] Die Zahlungseinstellung ist ein tatsächlicher Akt, der sich nach außen manifestieren muss, etwa durch ein Rundschreiben des Schuldners,[429] und als objektive Strafbarkeitsbedingung auch nicht vom Vorsatz des Täters umfasst sein muss. Die **Eröffnung des Insolvenzverfahrens** erfolgt durch Beschluss gemäß § 27 InsO. Die Rechtmäßigkeit der Insolvenzeröffnung ist im Strafverfahren nicht nachzuprüfen, der Strafrichter ist durch die Tatbestandswirkung eines rechtskräftigen Beschlusses[430] gebunden, auch wenn das Insolvenzverfahren im Nachhinein eingestellt wird. Der Eröffnungsbeschluss wirkt als objektive Bedingung der Strafbarkeit jedoch nur gegen den im Beschluss bezeichneten Schuldner. Hinsichtlich eines (weiteren) faktischen Verantwortlichen dürfte jedoch regelmäßig Zahlungseinstellung vorliegen. Die Nichteröffnung mangels Masse wird ebenfalls durch Beschluss des Insolvenzgerichts gemäß § 26 InsO festgestellt. Bankrotthandlungen können durchaus auch noch nach Zahlungseinstellung

---

[422] *Tröndle/Fischer* § 283 a Rdnr. 5.
[423] BGH 3 StR 488/78 bei: *Tröndle/Fischer* § 283 a Rdnr. 6.
[424] *Tröndle/Fischer* § 283 a Rdnr. 6.
[425] Oder der Nichteröffnung mangels Masse.
[426] RGSt 41, 309, 312; RGSt 100, 62, 65; LK/*Tiedemann* Vorbem. § 283 Rdnr. 143.
[427] BGH 1 StR 546/80 bei *Tröndle/Fischer* Vorbem. § 283 Rdnr. 13; RGZ 50, 39; LK/*Tiedemann* Vorbem. § 283 Rdnr. 144.
[428] LK/*Tiedemann* Vorbem. § 283 Rdnr. 145; Nach einer weitergehenden Auffassung soll die Nicht-Zahlung infolge Zahlungsunwilligkeit der Zahlungseinstellung gleichzustellen sein (RG JW 1934, 841; BGH GA 1953, 73; *Tröndle/Fischer* Vorbem. § 283 Rdnr. 13; *Bieneck* wistra 1992, 89). Beruht die Nicht-Zahlung auf der Zahlungsunwilligkeit, so müsste zumindest Zahlungsfähigkeit gegeben sein. Liegt diese jedoch vor, so ist bereits das Tatbestandsmerkmal der Krise fraglich, denkbar ist diese Konstellation somit nur im Falle der Überschuldung oder der drohenden Zahlungsunfähigkeit.
[429] LK/*Tiedemann* Vorbem. § 283 Rdnr. 146; *Weyand* S. 77.
[430] Nach Ablauf der Rechtsmittelfrist von zwei Wochen, §§ 34 Abs. 2, 6 InsO i. V. m. 569 Abs. 1 S. 1 ZPO (Sofortige Beschwerde).

und/oder Eröffnung des Insolvenzverfahrens und damit Eintritt der objektiven Bedingung der Strafbarkeit begangen werden.[431]

210   Erst mit Eintritt der objektiven Bedingung ist das Insolvenzdelikt „beendet" mit der Folge, dass erst ab diesem Zeitpunkt die fünfjährige Verfolgungsverjährungsfrist (§ 78 Abs. 3 Nr. 4) zu laufen beginnt.[432] Um die Strafdrohung hinsichtlich einer einmal begangenen Bankrotthandlung aber nicht unendlich fortbestehen zu lassen, muss zwischen Bankrotthandlung und Zahlungseinstellung bzw. Insolvenzeröffnung ein zeitlicher und tatsächlicher Zusammenhang, ein sog. **innerer Zusammenhang**, bestehen, wenn auch nach h. M. ein Kausalzusammenhang nicht erforderlich ist.[433] Das BayObLG hat den hier erforderlichen inneren Zusammenhang unlängst dahin gehend definiert, dass im Zeitpunkt des wirtschaftlichen Zusammenbruchs wenigstens noch *„irgendwelche Auswirkungen"* vorhanden sein müssen, die sich als gefahrerhöhende Folge der Verfehlung darstellen.[434] Ein Strafbedürfnis entfällt also etwa, wenn die Krise, in der die Bankrotthandlung begangen wurde, durch eine Sanierung überwunden werden konnte und erst später, ohne einen sachlichen Zusammenhang, eine weitere Krise zum Eintritt der objektiven Bedingung geführt hat.

211   g) **Insolvenzdelikte und Verbraucherinsolvenz**. Die Anwendung der Insolvenzdelikte des StGB auf Nichtkaufleute ist nicht unumstritten. Gegen eine Anwendung spricht zunächst, dass viele Tatalternativen wegen ihres wirtschaftlichen Bezuges bereits nicht auf Nichtkaufleute („Verbraucher") anwendbar sind, so etwa die Buchführungsverstöße mangels entsprechender Pflichten für Nichtkaufleute (§§ 283 Abs. 1 Nr. 5 bis 7, 283 b StGB).[435] Durch die ausdrückliche Regelung des „Verbraucherinsolvenzverfahrens" in den §§ 304 ff. InsO ist seit In-Kraft-Treten der InsO auch natürlichen Personen, die keine wirtschaftliche, selbständige Tätigkeit ausüben,[436] die Möglichkeit eines förmlichen Insolvenzverfahrens, des sog. Verbraucherinsolvenzverfahrens, eröffnet worden. Der Einwand, dass Nichtkaufleute mangels Möglichkeit der Durchführung eines Insolvenzverfahrens somit auch nicht Adressaten des § 283 StGB sein könnten, ist damit prima facie entfallen.[437] Darüber hinaus hat der BGH in einem Urteil vom 22.2.2001 nunmehr klargestellt, dass die Insolvenzdelikte des StGB grundsätzlich auch von Nichtkaufleuten verwirklicht werden können. Soweit sich aus den Tatbestandsvarianten nicht anderes ergebe, so der BGH, können Nichtkaufleute auch „Schuldner" i. S. d. § 283 Abs. 1 StGB sein. Dies gelte auch für Privatkonkurse vor In-Kraft-Treten der InsO, die Einführung der Vorschriften über die Verbraucherinsolvenz lasse nach Auffassung des BGH keinen Rückschluss auf den Anwendungsbereich des § 283 StGB zu, sie erweitere lediglich faktisch den Täterkreis.[438] Festzuhalten bleibt damit, dass die Tatalternativen der Insolvenzdelikte, die nicht ausdrücklich auf die kaufmännischen Pflichten rekurrieren, auch auf Nichtkaufleute anwendbar sind, auch, wenn diese lediglich über einen einzigen Gläubiger verfügen.[439]

212   Die Insolvenzdelikte des StGB können mit Ausnahme der Tatalternativen des § 283 Abs. 1 Nr. 5 – 7 b StGB, die sich ausdrücklich an Kaufleute richten, grundsätzlich auch von Nichtkaufleuten verwirklicht werden.

213   Eine gewisse Einschränkung erfährt die Anwendung der §§ 283 ff. StGB jedoch durch das in den §§ 304 ff. InsO vorgesehene Verfahren der Schuldenbereinigung. Im Falle der Annahme des Schuldenbereinigungsplans kommt es nicht zur Eröffnung des – vereinfachten – Insolvenzverfahrens und damit nicht zum Eintritt der objektiven Bedingung der Strafbarkeit (§ 283 Abs. 6 StGB), die Anträge gelten als zurückgenommen (§ 308 InsO). Im Falle der Eröffnung

---

[431] BGHSt 1, 191.
[432] RGSt 16, 90; *Tröndle/Fischer* Vorbem. § 283 Rdnr. 17.
[433] BGHSt 1, 191; BGH GA 1953, 73; BGH GA 1971, 38; BGH JZ 1979, 77; *Tröndle/Fischer* Vorbem. § 283 Rdnr. 17.
[434] BayObLG wistra 2003, 30, 31; a. A. *Tiedemann* GmbH-Strafrecht⁴ (2002) § 84 Rdnr. 17; *Maurer* wistra 2003, 253, der einen Gegenbeweis der Ungefährlichkeit und damit eine Beweislastumkehr fordert.
[435] *Schramm* wistra 2002, 55, 56, plädiert für eine teleologische Reduktion des § 283 StGB.
[436] Änderung durch das InsOÄndG v. 26.10.2001, BGBl. I, S. 2710.
[437] Kritisch: *Schramm* wistra 2002, 55, 56; vgl. auch *Krüger*, wistra 2002, 52, 53.
[438] BGH wistra 2001, 306, 307; *Tröndle/Fischer* Vorbem. § 283 Rdnr. 18; a. A. *Schramm* wistra 2002, 55, 56; kritisch auch *Krüger* wistra 2002, 52.
[439] BGH wistra 2001, 306, 307.

nach Ablehnung des Schuldenbereinigungsplans führt die Antragstellung auf Durchführung des Verbraucherinsolvenzverfahrens jedoch zu einer strafrechtlichen Risikoerhöhung dadurch, dass die Voraussetzungen des § 283 Abs. 6 StGB erst selbst geschaffen werden.[440]

h) **Nichtbilanzierung von Privatvermögen durch den Einzelkaufmann.** Regelmäßig streitig ist die Frage, ob der Einzelkaufmann, der innerhalb der Krise sein Privatvermögen nicht bilanziert, damit gegen § 283 Abs. 1 Nr. 7 a StGB (Falschbilanzierung) verstößt. Die herrschende Literatur im Strafrecht bejaht dies. In einer Entscheidung aus dem Jahre 1962 hat der Bundesgerichtshof einen Bilanzierungsverstoß im Falle der Nichtbilanzierung des Privatvermögens durch einen Einzelkaufmann ebenfalls bejaht.[441] Die herrschende Literatur beruft sich regelmäßig auf eine Entscheidung des Reichsgerichts aus dem Jahre 1908,[442] die sich wiederum auf die §§ 38 bis 47 HGB bezog, denen zufolge ein Einzelkaufmann auch einen Überblick über das „übrige Vermögen" zu geben hatte. Durch das Bilanzrichtliniengesetz vom 19.12.1985 wurden die Vorschriften der §§ 38 bis 47 HGB jedoch aufgehoben. Nunmehr hat der Abschluss des Kaufmanns gemäß § 246 Abs. 1 HGB nur noch „vollständig" zu sein. In der Gesetzesbegründung zu § 246 HGB[443] heißt es deutlich: „dass nur sie und nicht auch das Privatvermögen des Kaufmanns zu bilanzieren sind, ergibt sich aus § 242 Abs. 1 HGB". Schließlich sind auch die Bewertungsvorschriften der §§ 247, 253 HGB ausschließlich auf die Vermögensgegenstände des Unternehmensvermögens ausgerichtet und passen nicht auf das Privatvermögen.[444] Da § 283 Abs. 1 Nr. 7 a StGB als Blankettvorschrift die handelsrechtliche Änderung der Rechtslage zu berücksichtigen hat, kann die Nichtbilanzierung von Privatvermögen durch den Einzelkaufmann auch in der Krise nicht strafrechtlich relevant sein.

2. Insolvenzverschleppung

a) **Einführung.** Aufgrund der Haftungsbeschränkung von Kapitalgesellschaften auf das Gesellschaftsvermögen erfordern die berechtigten Vermögensinteressen der Gläubiger einen weiter gehenden Schutz als in dem Fall, in dem der Schuldner eine unbeschränkt haftende natürliche Person ist. Droht das Gesellschaftskapital zur Befriedigung der Gläubiger nicht mehr auszureichen, so ist durch die Durchführung eines Insolvenzverfahrens zumindest die gleichmäßige Verteilung des (Rest-) Vermögens unter den Gläubigern sicherzustellen. Durch eine Verschleppung des Insolvenzantrages wird die verbleibende Haftungsmasse regelmäßig weiter, und zwar in erheblichem Umfang, geschmälert. Dieser Gefährdung der Gläubigerinteressen durch Verschleppung der Insolvenzantragstellung soll die Strafandrohung für die nicht rechtzeitige Antragstellung bei Kapitalgesellschaften entgegenwirken. Bereits aus der Ermittlungs- und Verurteilungshäufigkeit im Falle der Insolvenzverschleppung[445] erschließt sich die Bedeutung dieses Insolvenzdelikts im weiteren Sinne im Vorfeld einer Unternehmensinsolvenz. Da die Insolvenzverschleppung als abstraktes Gefährdungsdelikt für die Ermittlungsbehörden relativ leicht nachweisbar ist, fungiert sie in der Praxis im Falle der Nichterweislichkeit eines schwereren Insolvenzdelikte des StGB als Auffangtatbestand.[446]

b) **Strafvorschriften.** Der bereits statistisch häufigste Anwendungsfall der Insolvenzverschleppung ist die Nichtbeantragung oder verspätete Beantragung der Eröffnung des Insolvenzverfahrens durch den Geschäftsführer oder Liquidator einer **GmbH** gem. § 84 Abs. 1 Nr. 2 i. V. m. § 64 Abs. 1 (§ 71 Abs. 4) GmbHG. Dies sicher weniger, weil die „GmbH eine beliebte Rechtsform bei unseriösen Unternehmern"[447] wäre, sondern eher aufgrund der Dominanz der GmbH unter den Kapitalgesellschaften. Strafbewehrt ist die Verletzung der Insolvenzantragsfrist auch bei der **Aktiengesellschaft** gemäß § 401 Abs. 1 Nr. 2 AktG

---

[440] Vgl. oben *Leipold*, Rdnr. 104 ff.
[441] BGH Urt. v. 20.3.1962 – 1 StR 555/61.
[442] RGSt 41, 41.
[443] BT-Drucks. 10/4268, S. 97.
[444] *Muhler* wistra 1996, 125 ff.
[445] Vgl. Angaben in der PKS, oben unter Rdnr. 122
[446] *Tiedemann* GmbH-Strafrecht Vorbem. §§ 82 ff. Rdnr. 9; Müller-Gugenberger/Bieneck/*Bieneck* § 84 Rdnr. 3.
[447] So Müller-Gugenberger/Bieneck/*Bieneck* § 84 Rdnr. 1 unter Bezugnahme auf *Krause* DB 1988, 96.

für den Vorstand (§ 92 Abs. 2 AktG) und den Abwickler (§ 268 Abs. 2 S. 1 AktG), bei der eingetragenen **Genossenschaft** gemäß § 148 GenG für den Vorstand und die Liquidatoren sowie bei der **GmbH & Co. KG** gemäß §§ 130 a, b, 177 a HGB für den organschaftlichen Vertreter oder Liquidator. Die §§ 130 a Abs. 1, 161 Abs. 2 HGB statuieren eine Insolvenzantragspflicht auch für solche Personenhandelsgesellschaften, bei denen kein Gesellschafter eine natürliche Person ist, die haftungsrechtlich also Kapitalgesellschaften vergleichbar sind (sog. atypische OHG bzw. KG). Ist in einem derartigen Fall jedoch einer der Gesellschafter einer Personenhandelsgesellschaft eine OHG, bei der wiederum ein persönlich haftender Gesellschafter eine natürliche Person ist, dann besteht die Insolvenzantragspflicht aus § 130 a HGB nicht. Letztlich unterliegen auch die Geschäftsführer oder Liquidatoren einer Europäischen Wirtschaftlichen Interessenvereinigung (**EWIV**) gemäß §§ 11, 15 EWIV-Ausführungsgesetz[448] einer Insolvenzantragspflicht, wenn keine natürliche Person eine (Mit-) Haftung übernommen hat. Sonderregelungen existieren darüber hinaus für Kreditinstitute (§ 55 KWG) und Versicherungsunternehmen (§ 141 VAG).[449]

217 Bei Einzelkaufleuten sowie Personengesellschaften mit mindestens einem Vollhafter (OHG, KG mit Ausnahme der GmbH & Co. KG, s. o.) ist die Nicht-Stellung eines Insolvenzantrages im Falle des Vorliegens eines Insolvenzgrundes nicht strafbar.

218 Die Geschäftsführer oder Gründungsgesellschafter einer Vorgesellschaft bzw. Vorgründungsgesellschaft können sich nicht wegen Insolvenzverschleppung strafbar machen. Auch wenn die Gründungsgesellschaft teilweise als insolvenzfähig angesehen wird, werden deren Verantwortliche von der Strafdrohung der §§ 84 Abs. 1 Nr. 2, 64 GmbHG nicht erfasst, eine Einbeziehung würde gegen das Analogieverbot des Art. 103 Abs. 2 GG verstoßen.[450]

219 Die Einbeziehung der Gesellschaftsformen außereuropäischer **Domizilgesellschaften** (z. B. **Inc.** oder **Ltd.**) in die Strafandrohung des § 84 GmbHG (bzw. § 401 AktG) würde ebenso einen Verstoß gegen das Analogieverbot des Art. 103 Abs. 2 GG darstellen. Hier soll allerdings auch kein Regelungsbedarf bestehen, da derartige Domizilgesellschaften im Inland nicht als juristische Personen anzuerkennen seien und insofern eine zivilrechtliche (Durchgriffs-) Haftung der Verantwortlichen bestehe.[451]

220 Bei der Insolvenz der „**Limited**" englischen Rechts (private company limited by shares), die mit der GmbH deutschen Rechts vergleichbar ist, ist dies seit der „Inspire Art"-Entscheidung des EuGH[452] nicht mehr vertretbar, die Ltd. ist auch mit deutschem Verwaltungssitz als haftungsbegrenzte Rechtspersönlichkeit akzeptiert. Hier ist allerdings bereits zivilrechtlich umstritten, ob im Falle eines deutschen Verwaltungssitzes englisches oder deutsches Recht anwendbar ist.[453] Das englische Recht kennt insofern keine Insolvenzantragspflicht. Eine Einbeziehung der Limited englischen Rechts in die Strafandrohung des § 84 GmbHG ist somit ebenfalls nicht möglich. Hier ist jedoch in absehbarer Zeit mit einer Lösung de lege ferenda zu rechnen.

221 **c) Tatbestandsfragen des besonderen Teils.**[454] Gemäß § 84 Abs. 1 Nr. 2 GmbHG[455] wird mit Freiheitsstrafe bis zu drei Jahren oder mit Geldstrafe bestraft, wer es als Geschäftsführer entgegen § 64 Abs. 1 oder als Liquidator entgegen § 71 Abs. 4 unterlässt, bei **Zahlungsunfähigkeit** oder **Überschuldung** die Eröffnung des Insolvenzverfahrens zu beantragen. Die fahrlässige Begehung wird gemäß § 84 Abs. 2 GmbHG mit Freiheitsstrafe bis zu einem Jahr oder Geldstrafe bestraft. Die Frage, wann die Insolvenzgründe der Zahlungsunfähigkeit (§ 17 Abs. 2 InsO)

---

[448] Gesetz zur Ausführung der EWG-Verordnung über die Europäische Wirtschaftliche Interessenvereinigung v. 14.4.1988, BGBl. 1988 I, S. 514.
[449] Vgl. zu den dortigen Voraussetzungen: *Köhler* in Wabnitz/Janowski 2. Kap. C Rdnr. 248 ff.
[450] *Tiedemann* GmbH-Strafrecht, § 84, Rdnr. 87.
[451] Für die Inc.(hier: Panama): LG Gera wistra 2004, 435
[452] EuGH NJW 2003, 3331; hierzu: *Hoffmann*, Reichweite der Niederlassungsfreiheit bis in das Strafrecht?, in: *Wetzler/Sandrock* (Hrsg.), Das deutsche Gesellschaftsrecht im Wandel der Rechtsordnungen.
[453] Für englisches Recht: *Lawlor* NZI 2005, 432; für deutsches Recht: *Kuntz* NZI 2005, 424.
[454] Zum allgemeinen Teil der Insolvenzdelikte vgl. oben *Leipold* Rdnr. 48 ff.
[455] Die Straftatbestände und Rechtsfolgen bzgl. der AG, der atypischen Personenhandelsgesellschaft, der Genossenschaft etc. (s. o.) entsprechen dem Aufbau des § 84 Abs. 1 Nr. 2 GmbHG. Auf eine eigene Darstellung wird deshalb verzichtet.

sowie der Überschuldung (§ 19 Abs. 2 InsO) vorliegen, wird ausführlich von *Leipold* (§ 26 Allgemeiner Teil, Abschnitt II.) behandelt. Zu beachten ist, dass auch die drohende Zahlungsunfähigkeit zwar gemäß § 18 Abs. 1 InsO seit dem 1.1.1999 (Insolvenz-) Eröffnungsgrund[456] und auch Krisenmerkmal (und damit Tatbestandsvoraussetzung der Insolvenzdelikte des StGB) ist, jedoch nicht von der Strafdrohung der Insolvenzverschleppung erfasst wird. Eine strafbewehrte Insolvenzantragspflicht besteht erst bei eingetretener Zahlungsunfähigkeit. Die die Blankettnorm des § 84 GmbHG (§ 401 AktG) ausfüllende Vorschrift des § 64 Abs. 1 GmbHG (§ 92 Abs. 2 AktG) gebietet die Stellung eines Antrages auf Eröffnung des Insolvenzverfahrens ohne schuldhaftes Zögern, spätestens aber nach drei Wochen nach Eintritt der Zahlungsunfähigkeit (bzw. Überschuldung gem. § 64 Abs. 1. S. 2 GmbHG). Hinsichtlich der gesetzlich normierten Frist von drei Wochen besteht ein häufig anzutreffendes Missverständnis darin, dass diese Frist in jedem Falle ausgeschöpft werden darf, bevor strafrechtliche oder auch zivilrechtliche Konsequenzen drohen. Hiervor kann nur gewarnt werden. Die **Drei-Wochen-Frist** ist eine Maximalfrist, sie darf keineswegs ausgeschöpft werden, wenn sich etwa Sanierungsbemühungen bereits nach wenigen Tagen zerschlagen haben.[457] Der Antrag muss ohne schuldhaftes Zögern, mithin unverzüglich gestellt werden; die Frist darf jedenfalls, so der BGH, „nicht ohne triftige Gründe"[458] ausgeschöpft werden. Streitig ist allerdings, in welchem Zeitpunkt die Antragsfrist zu laufen beginnt. In der strafrechtlichen Literatur wird teilweise die Auffassung vertreten, dass die Frist mit dem objektiven Eintritt der Zahlungsunfähigkeit oder der Überschuldung beginne.[459] Mit überzeugender Begründung hat der 2. Zivilsenat des BGH jedoch entschieden, dass die auf längstens drei Wochen bemessene Frist erst mit dem Zeitpunkt beginnt, in dem das zum Handeln verpflichtete Organ **positive Kenntnis** vom Vorliegen eines Insolvenzgrundes hat.

Die auf längstens drei Wochen bemessene Frist zur Insolvenzantragstellung beginnt erst mit dem Zeitpunkt, in dem das zum Handeln verpflichtete Organ **positive Kenntnis** vom Vorliegen eines Insolvenzgrundes hat.

In der sog. Herstatt-Entscheidung führt der BGH aus, dass die Frist nur so ihren Zweck erfüllen könne, Sanierungsversuche zu ermöglichen, zumal – so führt der BGH weiter in einer für die Verteidigung nutzbar zu machenden Diktion aus – „sich der objektive Eintritt des Konkursgrundes kaum jemals zeitlich genau festlegen lässt und die Geschäftsleitung in einer Krisenlage besseres zu tun hat, als über diese Frage Untersuchungen anzustellen."[460] Aufgrund der Akzessorietät der Strafnorm des § 84 GmbHG von den gesellschaftsrechtlichen Pflichten (§ 64 GmbHG) ist dieser Auffassung auch im Strafrecht der Vorzug einzuräumen.[461]

Auch eine Antragstellung vor einem Gericht eines Mitgliedstaates der Europäischen Union – innerhalb der gesetzlichen Frist – soll der Antragspflicht genügen.[462] Die Rücknahme eines Insolvenzantrags vor Eröffnung des Verfahrens gem. § 13 Abs. 2 InsO lässt eine erneute Pflicht zur Antragstellung aufleben, wobei dem Antragspflichtigen zur Vermeidung einer missbräuchlichen Rücknahme jedoch keine erneute Drei-Wochen-Frist zuzubilligen ist, sondern eine unverzügliche Antragstellung erforderlich wird.[463] Nach Ablehnung der Eröffnung mangels Masse gem. § 26 InsO ist die Gesellschaft zu liquidieren. Wird jedoch im Rahmen der Liquidation Vermögen (Masse) entdeckt, das die Kosten des Insolvenzverfahrens deckt, so unterliegt auch der Liquidator erneut einer strafbewehrten Insolvenzantragspflicht.[464]

---

[456] Allerdings nur im Falle eines Schuldnerantrags; eine Pflicht zur Antragstellung besteht nicht.
[457] BGHZ 75, 96, 110 – „Herstatt".
[458] BGH Urt. v. 9.7.1979 – II ZR 118/77 = NJW 1979, 1823, 1827.
[459] *Tiedemann* GmbH-Strafrecht § 84 Rdnr. 80.
[460] BGH Urt. v. 9.7.1979 – II ZR 118/77 = NJW 1979, 1823, 1827; so auch zuletzt der 5. Strafsenat in BGH wistra 2004, 26; in der Lit.: Baumbach/Hueck/*Schulze-Osterloh* Rdnr. 24, 28; Rowedder/Fuhrmann/*Schaal* Rdnr. 26; *Mohrenschlager* wistra 1983, 17, 22.
[461] Aber ggfs. Fahrlässigkeit gem. § 84 Abs. 2 GmbHG; vgl. auch *Uhlenbruck* ZIP 1980, 80; Lutter/Hommelhoff GmbHG § 64 Rdnr. 26.
[462] AG Köln NZI 2005, 564 (unter Bezugnahme auf die EuInsV).
[463] RGSt 44, 52; Müller-Gugenberger/Bieneck/*Bieneck* § 84 Rdnr. 16.
[464] *Tiedemann* GmbH-Strafrecht § 84 Rdnr. 88; Müller-Gugenberger/Bieneck/*Bieneck* § 84 Rdnr. 19.

225 **Normadressaten.** § 84 Abs. 1 Nr. 2 GmbHG verpflichtet den Geschäftsführer sowie den Liquidator der GmbH (§ 71 Abs. 4 GmbHG), § 401 Abs. 1 Nr. 2 AktG das Vorstandsmitglied sowie den Abwickler der Aktiengesellschaft (§ 268 Abs. 2 S. 1 AktG).[465] Die Vertreterhaftung gem. § 14 StGB greift bei der Insolvenzverschleppung nicht ein, da nicht der „Schuldner", sondern der Geschäftsführer unmittelbar (bzw. die anderen ausdrücklich benannten Verantwortlichen) Normadressat ist.[466] Im Falle einer mehrköpfigen Geschäftsleitung ist jedes Organmitglied gem. § 15 Abs. 1 InsO antragsberechtigt und selbst im Falle einer internen Kompetenzaufteilung oder gesellschaftsvertraglichen Regelung nach dem Grundsatz der Generalverantwortlichkeit der Geschäftsleitung auch antragsverpflichtet.[467] Die rechtzeitige Antragstellung eines der Organmitglieder erfüllt jedoch die Pflichten aus § 64 Abs. 1 GmbHG mit der Folge, dass ein Unterlassen der anderen Verantwortlichen strafrechtlich nicht mehr relevant ist.[468] Der abschließende Charakter der Vorschriften zur Insolvenzverschleppung verbietet es, die Antragspflicht neben dem Geschäftsführer und dem Liquidator auf Gesellschafter oder weitere Organe der Kapitalgesellschaft, wie etwa den Verwaltungs- oder Aufsichtsrat, auszuweiten.[469] Es entspricht jedoch gefestigter Rechtsprechung, dass neben dem Geschäftsführer und dem Liquidator auch der sog. faktische Geschäftsführer (auch der faktische Vorstand) tauglicher Täter der Insolvenzverschleppung sein kann.[470] Gesellschafter oder Mitglieder anderer Organe der Kapitalgesellschaft können sich im Falle des Einwirkens auf die Verantwortlichen jedoch durchaus wegen Anstiftung oder Beihilfe zu dem Sonderdelikt der Insolvenzverschleppung strafbar machen. Denkbar ist auch der Fall, dass der Gesellschafter den in der Krise abberufenen Geschäftsführer pflichtwidrig nicht ersetzt und somit selbst in die Rolle des faktischen Geschäftsführers einrückt.

226 Im Falle des Ausscheidens des Geschäftsführers während der Krise entfällt dessen strafrechtliche Verantwortlichkeit nicht ohne weiteres. Bestand zum Zeitpunkt seines Ausscheidens noch keine Antragspflicht, drohte die Zahlungsunfähigkeit beispielsweise erst, so besteht auch keine nachträgliche Antragspflicht. Scheidet der Geschäftsführer jedoch innerhalb der Drei-Wochen-Frist aus, so soll er verpflichtet sein, noch vor seinem Ausscheiden einen Insolvenzantrag zu stellen oder seinen Nachfolger zu veranlassen, den Antrag zu stellen.[471] Hat er jedoch innerhalb der Frist ernsthaft die Sanierung betrieben, so entfällt eine Strafbarkeit im Falle des Ausscheidens.[472] Ebenfalls entfällt eine Strafbarkeit im Falle des Ausscheidens innerhalb der Krise, wenn die GmbH durch einen anderen Geschäftsführer weitergeführt wird, der mit der wirtschaftlichen Situation der Gesellschaft vertraut ist, so dass die Einhaltung der in der Krise maßgeblichen Pflichten gewährleistet ist.[473]

> **Praxistipp:**
> **227** Im Falle der Abberufung oder der Niederlegung des Amtes des Geschäftsführers innerhalb der Krise sollte der verbleibende oder auch neu bestellte Geschäftsführer nachweisbar auf die wirtschaftliche Situation der Gesellschaft und die möglicherweise bereits laufende Frist des § 64 Abs. 1 GmbHG und die daraus ggfs. resultierende Insolvenzantragspflicht hingewiesen werden, um das Risiko einer strafrechtlichen Inanspruchnahme des ausscheidenden Geschäftsführers zu reduzieren.

---

[465] Normadressaten sind bei der atypischen PHG sowie der GmbH & Co. KG die organschaftlichen Vertreter sowie der Liquidator, bei der Genossenschaft der Vorstand und der Liquidator, bei Kreditinstituten der Geschäftsleiter und bei Versicherungsunternehmen der Vorstand sowie der Liquidator.
[466] BGHSt 31, 118, 122; Wabnitz/Janowski/*Köhler* Rdnr. 432.
[467] BGHSt 37, 106, 124; BGH wistra 1990, 97, 98; BGH ZIP 1994, 891, 892.
[468] Müller-Gugenberger/Bieneck/*Bieneck* § 84 Rdnr. 8.
[469] BGH NJW 1979, 1823, 1826.
[470] BGHSt 3, 32, 37; 31, 118, 122; BGH NStZ 2000, 34, 35; BGH NJW 2000, 2285; vgl. hierzu *Leipold* Rdnr. 108.
[471] BGHSt 2, 53, 54; Wabnitz/Janowski/*Köhler* Kap. 2 Rdnr. 182 S. 108.
[472] Vgl. auch Wabnitz/Janowski/*Köhler* Kap. 2 Rdnr. 182 S. 108.
[473] So wohl auch der 5. Strafsenat in: BGH wistra 2004, 26, 28.

Weisungen der Gesellschafter an den Geschäftsführer, den Antrag (noch) nicht zu stellen, **228** sind strafrechtlich unbeachtlich,[474] auch ein Einverständnis der Gesellschafter ist mangels Verfügungsberechtigung über das Schutzgut (Gläubigerinteressen) irrelevant. Allein die Einwilligung aller Gläubiger kann unter Umständen zur Straflosigkeit führen, wenn deren Erklärungen als Forderungsverzicht oder zumindest als Stundung zu werten sind, da damit die Fälligkeit und in der Folge die Zahlungsunfähigkeit entfallen würde.

Fremdantrag. Streitig ist die Frage, ob die **Antragstellung eines Gläubigers**, etwa eines Sozi- **229** alversicherungsträgers, die strafbewehrte Antragspflicht der Verantwortlichen entfallen lässt. In der insolvenzrechtlichen Literatur ist die Auffassung vorherrschend, dass die Antragspflicht des Schuldners bestehen bleibe, da der Gläubiger seinen Antrag, etwa im Falle der Befriedigung, gem. § 13 Abs. 2 InsO zurücknehmen könne.[475] Der 5. Strafsenat des BGH hat hierzu die Auffassung vertreten, dass eine Antragspflicht des Schuldners erst dann entfalle, wenn der Gläubigerantrag zur Eröffnung des Konkursverfahrens geführt habe.[476] Strafrechtlich von Vorteil wäre dies für den nicht handelnden Schuldner jedoch nur dann, wenn die Eröffnung innerhalb der Drei-Wochen-Frist des § 64 GmbHG erfolgt, mit Ablauf der Frist wäre die Tat sonst bereits vollendet. Die Eröffnung innerhalb der Drei-Wochen-Frist kann jedoch nicht ausschlaggebend sein, da auch im Falle eines rechtzeitig gestellten Schuldnerantrages eine Eröffnung voraussichtlich nicht innerhalb der Drei-Wochen-Frist erfolgt wäre. Das Schutzgut der §§ 84, 64 GmbHG, die Gläubigerinteressen, wird aber erst dann beeinträchtigt, wenn die Unterlassung der Antragstellung zu einer Verzögerung der Insolvenzeröffnung führt. Der 1. Strafsenat hat (ebenfalls vor In-Kraft-Treten der InsO) dagegen – jedoch ohne Angabe von Gründen – befunden, dass die Pflicht zur Antragstellung durch die Stellung eines Gläubigerantrags nicht entfalle.[477] Seit In-Kraft-Treten der InsO ist der Gläubigerantrag gegenüber dem Schuldnerantrag jedoch nicht mehr minderwertig,[478] auch im Falle eines Gläubigerantrages trifft den Schuldner eine Auskunftspflicht (§ 20 InsO), vorläufige Sicherungsmaßnahmen sind zulässig (§ 21 InsO), auch der Schuldnerantrag kann nunmehr zurückgenommen werden (§ 13 Abs. 2 InsO), so dass die Überprüfungsvoraussetzungen des Insolvenzgrundes in beiden Fällen vergleichbar sind. Auch bei Stellung eines Gläubigerantrages erfolgt nunmehr eine vollwertige Prüfung. Richtig erscheint daher die Auffassung, dass ein Gläubigerantrag dem Schuldnerantrag gleichzustellen ist, mit der Folge, dass die Pflicht des Schuldners entfällt und lediglich im Falle der Rücknahme des Gläubigerantrags wieder auflebt.[479]

d) Schuldformen. Vorsätzliches Unterlassen im Sinne des § 84 Abs. 1 Nr. 2 GmbHG entfällt **230** nicht bei Unkenntnis der Antragspflicht und -frist, diese würde für den Geschäftsführer (oder Liquidator) einen regelmäßig vermeidbaren Verbotsirrtum bzw. Gebotsirrtum gem. § 17 StGB darstellen.[480] Die Unkenntnis bzw. Fehleinschätzung der Krisenmerkmale lässt jedoch als Irrtum über das Vorliegen eines Tatbestandsmerkmals den Vorsatz entfallen (§ 16 StGB) und dürfte zumindest bei der Beurteilung komplexerer Rechtsfragen wie etwa die Behandlung eigenkapitalersetzender Gesellschafterdarlehen, Rangrücktrittserklärungen, Bewertung von Rückstellungen o.ä. nahe liegen.[481] Es verbleibt jedoch der Fahrlässigkeitstatbestand des § 84 Abs. 2 GmbHG. Ob das Nichterkennen der Krisenmerkmale objektiv und subjektiv pflichtwidrig ist, bleibt Tatfrage. Jedenfalls beim Auftreten von Krisenindikatoren (Erfordernis von Sonderabschreibungen, Ausfall von Großkunden, Umsatzrückgang, Mahnbescheide, Streckung der Zahlungsziele, Ablehnung von Kreditanträgen, etc.) ist der Geschäftsführer bei Anwendung der Sorgfalt eines ordentlichen Geschäftsmannes verpflichtet, einen Liquiditäts-

---

[474] OLG Naumburg NZI 1999, 317; u. U. jedoch Entschuldigungsgrund RGSt 30, 25 ff.
[475] FK/*Schmerbach* § 15 Rdnr. 30 m. w. N.
[476] BGHSt 28, 380; BGH Beschl. v. 13.2.1979, 5 StR 814/78 – n.v.
[477] BGH wistra 1988, 69; so zuletzt auch OLG Dresden NStZ-RR 1999, 27.
[478] Gem. § 20 InsO ist der Schuldner verpflichtet, in beiden Fällen vollumfänglich Auskunft zu geben; die Anforderungen an den Gläubigerantrag sind eher höher, als an den Schuldnerantrag, vgl. FK/*Schmerbach* in FK § 14 InsO Rdnr. 3; so auch Müller-Gugenberger/*Bieneck* § 84 Rdnr. 10.
[479] Müller-Gugenberger/Bieneck/*Bieneck* § 84 Rdnr. 10; *Tiedemann* GmbH-Strafrecht § 84 Rdnr. 91; a. A. *Köhler* in Wabnitz/Janowski 2. Kap. C, Rdnr. 191.
[480] BGH wistra 1984, 178.
[481] *Tiedemann* GmbH-Strafrecht § 84 Rdnr. 97 m. w. N.

bzw. Überschuldungsstatus aufzustellen.[482] Der Einsatz eines übermäßig aufwendigen betriebswirtschaftlichen Instrumentariums, wie etwa einer Cash-Flow-Analyse oder einer Kapitalflussrechnung ist jedoch zumindest bei kleinen oder mittelgroßen Gesellschaften nicht erforderlich.[483] Verfügt der Geschäftsführer oder Liquidator über unzureichende Fähigkeiten, die wirtschaftliche Lage seines Unternehmens zu überblicken, so ist er verpflichtet, fachkundige Dritte zu beschäftigen. Unterlässt er dies, so kommt fahrlässiges Handeln unter dem Aspekt des Übernahme- oder Organisationsverschuldens in Betracht.

3. Sonstige Straftaten im Zusammenhang mit der Insolvenz

231 a) **Untreue gem. § 266 StGB.** Verletzt der Geschäftsführer einer GmbH die ihm zugunsten des Vermögens der Gesellschaft obliegende Vermögensbetreuungspflicht und fügt der Gesellschaft damit einen Vermögensschaden zu, so liegt grundsätzlich eine Untreuehandlung im Sinne von § 266 StGB vor. Im Zusammenhang bzw. im Vorfeld einer Krise erfolgen Untreuhandlungen typischerweise dadurch, dass Geschäftsführer der GmbH ohne rechtlichen Grund Liquidität bzw. anderweitige Vermögenswerte entziehen. Zeichnet sich eine Insolvenz ab, so erfolgen Untreuehandlungen zwar überwiegend, aber nicht ausschließlich im Interesse einer persönlichen Bereicherung. Die häufig zu verzeichnende Absicht, einzelnen Dritten, möglicherweise dem Geschäftsführer nahe stehenden Gesellschaftern oder Gläubigern der Gesellschaft außerhalb und vor Beginn des geregelten Insolvenzverfahrens Vermögenswerte zukommen zu lassen, steht der persönlichen Bereicherung dabei gleich.

232 Auf der anderen Seite wird der Gesellschaft in zahlreichen Fällen bereits in der Krise Vermögen ohne die Absicht einer persönlichen Bereicherung – etwa im Falle freier Sanierungsversuche – entzogen. In derartigen Fällen gehen die Geschäftsführer teilweise erhebliche, betriebswirtschaftlich nicht zu verantwortende Risiken ein, um den „letzten Strohhalm" zur Rettung der Gesellschaft zu ergreifen. Häufig festzustellen ist auch die Entziehung von Vermögensbestandteilen zugunsten einer neuen (Auffang-) Gesellschaft, an der der Geschäftsführer wiederum zumindest mittelbar beteiligt ist.

233 Durch derartige Untreuehandlungen kann eine Unternehmenskrise im Sinne der §§ 283 ff. StGB herbeigeführt werden, so dass eine Strafbarkeit nach § 283 Abs. 2 StGB in Betracht kommt, im Regelfall wird eine Krise jedoch zum Zeitpunkt der Handlung bereits eingetreten sein. Erfolgt eine, sich prima facie als Untreue darstellende Handlung, also nach Eintritt der Krise, möglicherweise ohne Absicht der persönlichen Bereicherung, so stellt sich somit die Frage, ob in der Untreuehandlung, etwa einem Beiseiteschaffen von Vermögenswerten, nicht auch eine **Bankrotthandlung** im Sinne von § 283 Abs. 1 Nr. 1 StGB liegt. Die **Abgrenzung** zwischen den Tatbeständen des Bankrotts und der Untreue erfolgt nach der neueren Rechtsprechung des BGH nach der sog. **Interesseformel**. Der BGH stellt dabei entscheidend auf das wirtschaftliche Interesse ab, das der Täter mit seiner Tat verfolgt.[484] Handelt der Geschäftsführer einer GmbH ausschließlich eigennützig und damit nicht im Unternehmensinteresse, so sind die Insolvenzstraftatbestände auch in der Krise nicht anwendbar, der Geschäftsführer ist vielmehr wegen Untreue zum Nachteil des von ihm zu betreuenden Vermögens strafbar.[485]

234 Liegt die Handlung jedoch zumindest *auch* im wirtschaftlichen Interesse des mit dem Täter nicht identischen Schuldners, also z. B. im Interesse der von ihm geführten GmbH, so bleiben die § 283 ff. StGB anwendbar.[486] So dürfte beispielsweise eine übermäßige Entnahme aus dem Gesellschaftsvermögen zum Zwecke einer Schmiergeldzahlung zumindest auch im wirtschaftlichen Interesse der Gesellschaft liegen, mit der Folge, dass eine Bestrafung nach den §§ 283 ff. StGB erfolgt und nicht wegen Untreue.[487]

235 Handelt der GmbH-Geschäftsführer oder etwa auch der Sanierer jedoch nur aus unternehmensfremden Zwecken, z. B. im Interesse eines Gläubigerpools, so wird dies einem eigennüt-

---

[482] BGHSt 15, 306, 311; Tiedemann GmbH-Strafrecht § 84 Rdnr. 102 m. w. N.
[483] Tiedemann GmbH-Strafrecht § 84 Rdnr. 102 m. w. N.
[484] BGHSt 28, 371, 374.
[485] BGH Urt. v. 7.6.1983, 4 StR 140/83.
[486] LK/*Tiedemann* Vorbem. §§ 283 Rdnr. 79 m. w. N.
[487] LK/*Tiedemann* Vorbem. §§ 283 Rdnr. 79.

zigen Handeln gleichgesetzt, eine Strafbarkeit gemäß § 283 ff. StGB scheidet aus, es verbleibt der Tatbestand der Untreue.[488]

Scheint es auf den ersten Blick gleichgültig, ob eine Bestrafung nun aufgrund eines Verstoßes gegen § 283 StGB oder aufgrund eines Verstoßes gegen § 266 StGB erfolgt, so erschließt sich die Bedeutung der Abgrenzung aus den unterschiedlichen Rechtsfolgen. Bei einer identischen Strafandrohung von bis zu fünf Jahren Freiheitsstrafe im Grundtatbestand hat der Ausschluss des Geltungsbereichs der § 283 ff. StGB für den Täter jedoch den erheblichen Vorteil, dass gegen ihn nicht gemäß § 6 Abs. 2 S. 3 GmbHG ein Berufsverbot zu verhängen ist. Der Geschäftsführer, der sein Unternehmen in der Rechtsform der GmbH führt und Vermögensbestandteile im eigenen Interesse beiseite schafft, wird insofern durch die ausschließliche Strafbarkeit wegen Untreue privilegiert. 236

Nimmt ein **persönlicher Schuldner** selbst (oder der Geschäftsführer einer nicht in der Form einer Kapitalgesellschaft geführten Gesellschaft) eine Bankrotthandlung im eigenen Interesse vor, schafft also bspw. eigene Vermögensbestandteile beiseite, so findet die Interesseformel keine Anwendung, die §§ 283 ff. StGB sind unzweifelhaft anwendbar. 237

Im Falle des Versuchs der Sanierung eines krisenbefangenen Unternehmens kann auch und gerade die Vornahme von Investitionen aus dem Gesellschaftsvermögen den Tatbestand der Untreue erfüllen. Dies ist bspw. dann der Fall, wenn sich die Investitionen aufgrund der bereits existenten Krise als völlig sinnlos darstellen, eine Amortisation im Hinblick auf die zu erwartende Insolvenz als ausgeschlossen erscheint. Erfolgt eine derartige Vermögensverfügung des Geschäftsführers allein in der Hoffnung, die Investition gegebenenfalls nach Abweisung eines Insolvenzantrages mangels Masse auf eigene Rechnung oder mit den ehemaligen Gesellschaftern im Rahmen einer Auffanggesellschaft verwerten zu können, so ist eine Strafbarkeit gemäß § 266 StGB und nicht gemäß § 283 StGB gegeben.[489] Ein derartiges Verhalten ist bspw. im Falle des Erwerbes von Rechten oder Patenten denkbar, die prima facie für den Insolvenzverwalter keinen wirtschaftlichen Wert darstellen, die der spezialisierte Geschäftsführer jedoch aufgrund seiner Kenntnisse später zu verwerten beabsichtigt. 238

Typische Untreuehandlungen im Umfeld einer Insolvenz: 239

- Beiseiteschaffen von Ware oder sonstigen Gegenständen im eigenen Interesse (auch um sie in eine neue Gesellschaft einzubringen)
- Unberechtigte Entnahme von Barmitteln
- Überweisung auf das eigene bzw. gesellschaftsfremde Konto
- Ausstellen und Einreichen von Schecks zu Lasten der Gesellschaft
- Einbehalten von Kundenschecks und Einlösung zugunsten des eigenen Kontos
- Einkauf zu einem ungünstigen Preis bei einem bevorzugten Gläubiger trotz günstigerer Gelegenheit
- Auszahlung überhöhter Provisionen oder sonstige Aushöhlung des Gesellschaftsvermögens durch überhöhte Kosten und unberechtigte Zahlungen (z. B. Beraterhonorare)
- „Aushöhlung" der GmbH durch häufige Kapitalausschüttungen[490]
- Unangemessene Erhöhung des Geschäftsführergehaltes
- Unterlassen einer wirtschaftlich gebotenen Herabsetzung der Bezüge[491]

Die Strafbarkeit eigennütziger Handlungen zum Nachteil des Gesellschaftsvermögens unter dem Aspekt der Untreue ist auch dem strafrechtlichen Laien einsichtig. In der Praxis eröffnet sich unter dem Aspekt der Untreue jedoch immer wieder die Problematik des Handelns im Einverständnis mit dem potentiell Geschädigten, sei es im Falle des Gesellschafter- 240

---

[488] BGHSt 30, 130.
[489] Vgl. Wabnitz/Janovski/*Köhler* Kap. 2 Rdnr. 396.
[490] BGH NJW 1997, 66, 69.
[491] Vgl. Beispiele bei Wabnitz/Janovski/*Köhler* Kap. 2 Rdnr. 397.

Geschäftsführers einer Ein-Mann-GmbH oder im Falle des Einverständnisses aller Gesellschafter gegenüber der Vermögensverfügung zum Nachteil des Gesellschaftsvermögens.

241 Das Einverständnis oder auch die mutmaßliche Einwilligung aller Berechtigten in die Schädigung des Vermögens schließt im Grundsatz den Tatbestand der Untreue aus.[492] Diese Grundregel erfährt jedoch wichtige Einschränkungen: Die Einwilligung ist dann unwirksam, wenn sie gesetzeswidrig, pflichtwidrig, erschlichen ist oder auf Willensmängeln beruht.[493] Die Zustimmung der Gesellschafter einer GmbH ist darüber hinaus dann nicht maßgeblich, wenn die Vermögensverfügung geeignet ist, das Stammkapital der GmbH gem. § 30 GmbHG zu beeinträchtigen[494] oder wenn durch die Vermögensverfügung eine konkrete und unmittelbare Existenzgefährdung einträte, weil der GmbH ihre Produktionsgrundlagen entzogen würden oder ihre Liquidität gefährdet wäre.[495] Derartige Verstöße gegen zwingendes (Gesellschafts-) Recht machen das Einverständnis der Gesellschafter unwirksam, da die juristische Person (auch die Ein-Mann-GmbH) über ein gegenüber den Anteilseignern selbstständiges Vermögen verfügt, über das nur nach Maßgabe der gesetzlichen Vorschriften verfügt werden darf.

Praxistipp:
242 Einer der wichtigsten Fälle der Einwilligung in der Praxis ist die Zustimmung zu Risikogeschäften. Abgesehen von den vorab aufgeführten rechtlichen Vorgaben wirkt die Einwilligung zu Risikogeschäften nur dann tatbestandsausschließend, wenn sie auf einer umfassenden und sachgerechten Informationsbasis über das tatsächlich bestehende Verlustrisiko erfolgt. In einem derartigen Fall liegt kein Missbrauch der Vermögensbetreuungspflicht vor.[496]

243 Für das Vermögen einer Aktiengesellschaft gilt das Vorgesagte entsprechend, soweit die Hauptversammlung überhaupt ein eigenes Entscheidungsrecht hat (Verwendung des Bilanzgewinnes, § 174 Abs. 1 AktG, Entscheidung nach Vorlage durch den Vorstand, § 119 Abs. 2 AktG). Darüber hinaus ist die Entscheidungsbefugnis des Vorstands gemäß § 76 Abs. 1 AktG grundsätzlich unbeschränkt.[497]

244 Eine Vermögensbetreuungspflicht im Sinne des § 266 StGB trifft jedoch nicht nur die Mitglieder der verantwortlichen Organe der Gesellschaft, sondern im Falle der Insolvenz auch den Insolvenzschuldner sowie den Insolvenzverwalter gegenüber den Insolvenzgläubigern.[498]

245 b) **Betrug gem. § 263 StGB (Eingehungsbetrug).** *aa) Allgemeines.* Ohne Fortführung des operativen Geschäfts nach Eintritt der Unternehmenskrise wäre eine Überwindung der Krise oder eine Sanierung per se nicht mehr möglich. Gerade in der Fortführung, soweit Verträge geschlossen werden müssen, Bestellungen erfolgen oder auch nur Vorleistungen entgegen genommen werden, offenbart sich aber auch ein strafrechtliches Problem für die Geschäftsführung des in der Krise befindlichen Unternehmens. Wird die Krise dem Vertragspartner oder Lieferanten offenbart, so realisiert dieser das Bestehen zumindest eines nicht unerheblichen Ausfallrisikos und es kommt möglicherweise nicht mehr zum Vertragsschluss oder der Auslieferung der benötigten Ware. Gegebenenfalls geforderte Sicherheiten können oder dürfen dem Geschäftspartner ebenfalls nicht mehr gestellt werden. Das operative Geschäft kommt zum Erliegen, die Krise führt als „self fulfilling prophecy" zur Insolvenz.

---

[492] BGHSt 3, 23; OLG Hamm NStZ 86, 119; *Tröndle/Fischer* 51. A., § 266 Rdnr. 49.
[493] Z. B.: Unwirksame Zustimmung eines kirchlichen Aufsichtsorgans BGH NJW 1983, 1807; pflichtwidrige Verfügungsbefugnis durch Verbandsversammlung BGH wistra 1991, 103; satzungswidrige Zustimmung durch Mitglieder eines Vereins OLG Hamm wistra 1999, 350.
[494] BGHSt 9, 216.
[495] BGHSt 35; 335; BGH wistra 2005, 105; BGH wistra 2004, 341 ff.; BGH NJW 1993, 1278; BGH NJW 1997, 68; BGH NJW 2000, 154; BGH NJW 2003, 344.
[496] BGH wistra 1985, 190.
[497] Vgl. hierzu ausführlich § 21 „Untreue" (Thomas).
[498] BGHSt 15, 342; BGH NJW 1993, 1278; BGH NStZ 1998, 246; keine Vermögensbetreuungspflicht trifft den Insolvenzverwalter hinsichtlich der Pflicht, eine Schlussrechnung zu legen, vgl. OLG Frankfurt MDR 1994, 1233.

246 Werden den Geschäftspartnern andererseits aber Tatsachen vorenthalten, die durchaus die Leistungsfähigkeit der Gesellschaft hinsichtlich der ihr obliegenden Gegenleistung betreffen, so setzt sich die Geschäftsführung schnell dem Vorwurf des (Eingehungs-) Betruges aus, also der Täuschung des Geschäftspartners über die Leistungsfähigkeit der Gesellschaft.

247 Die Erscheinungsform des sog. Warenkreditbetrugs (oder Lieferantenbetrugs) ist insbesondere im Vorfeld der Insolvenz häufig festzustellen. Ausweislich der polizeilichen Kriminalstatistik waren im Jahr 2002 bereits 183.995 Fälle des Warenkreditbetruges zu verzeichnen.[499] Bereits anhand der relativ hohen Aufklärungsquote von 64,4 % zeigt sich, dass der Tatnachweis leichter zu führen ist als beispielsweise bei den relativ komplexen Insolvenzdelikten im engeren Sinne. Auch aus diesem Grunde greifen die Staatsanwaltschaften im Rahmen von Insolvenzstrafverfahren regelmäßig gerne auf den Tatvorwurf des Warenkreditbetruges zurück, um im Falle des Nichtgelingens des Tatnachweises eines Insolvenzdeliktes jenen Vorwurf gemäß § 154 StPO im Hinblick auf den Warenkreditbetrug einstellen zu können. Der Tatbestand des (Warenkredit-) Betruges gem. § 263 StGB dient somit in praxi häufig als Auffangtatbestand in umfangreicheren Insolvenzstrafverfahren.

248 Im Gegensatz zum einfachen Betrug stellen sich beim Warenkreditbetrug in der Unternehmenskrise jedoch nur zwei Tatbestandsmerkmale als potentiell problematisch dar: die regelmäßig nur konkludente Täuschung sowie der kausal hervorgerufene Vermögensschaden.

249 *bb) Täuschungshandlung.* Mit der Eingehung einer vertraglichen Verpflichtung ist nach der Rechtsprechung des BGH in der Regel die stillschweigende Erklärung des Schuldners verbunden, dass er zur Erfüllung des Vertrages in der Lage und bereit ist.[500] Gegenstand des Betrugsvorwurfes ist somit die konkludente – aktive – Täuschung über das Vorliegen der Leistungswillig- und -fähigkeit zum Zeitpunkt der Begründung der Verpflichtung. Zu berücksichtigen ist jedoch, dass die Zahlung unter Umständen erst deutlich später fällig wird, diese somit ein künftiges Ereignis ist, über das nicht getäuscht werden kann. Die (gegebenenfalls bestehende) Zahlungsunfähigkeit im Zeitpunkt des Vertragsschlusses ist somit nicht ausschlaggebend, was insbesondere durch die Instanzgerichte immer wieder übersehen wird. Präzise ausgedrückt behauptet der Schuldner bei der Bestellung nämlich, dass er „willens sei und sich auch nach seiner gegenwärtigen wirtschaftlichen Lage und ihrer voraussichtlichen, von ihm auch tatsächlich überschauten Entwicklung für fähig halte, die Zahlungsfrist einzuhalten oder jedenfalls nicht länger zu überschreiten, als dies in der Geschäftsverbindung oder in dieser Branche üblicherweise hingenommen wird." Ein Vorspiegeln einer falschen (inneren) Tatsache liegt somit erst vor, wenn er entgegen dieser Behauptung nicht an seine künftige Leistungsfähigkeit glaubt, er vielmehr ernstliche Zweifel hat, ob er die Verpflichtung erfüllen können wird.[501]

250 Eine Täuschung durch Unterlassen über seine aktuelle Zahlungsunfähigkeit ist mangels entsprechender Garantenstellung regelmäßig nicht relevant, es kommt lediglich auf die richtige Erklärung der gegenwärtigen Beurteilung seiner (künftigen) Zahlungsfähigkeit an.[502] Der BGH führt aus: „Zu einer Offenbarung seiner wirtschaftlichen Verhältnisse insbesondere seiner Zahlungsunfähigkeit ist im Übrigen bei Abschluss eines Vertrages niemand verpflichtet."[503] Eine Offenbarungspflicht aus dem Grundsatz von Treu und Glauben sieht der BGH jedoch als gegeben an „bei der Anbahnung besonderer Verbindungen, die auf einem gegenseitigen Vertrauensverhältnis beruhen und bei bereits bestehenden Vertrauensverhältnissen." Diese Ausnahme unterliegt jedoch starken Einschränkungen: „Ein solches Vertrauensverhältnis kann aber nicht schon allein daraus abgeleitet werden, dass mit einem Lieferanten wiederholt Kaufverträge geschlossen worden sind, es ist erst recht nicht beim erstmaligen Abschluss eines Vertrages anzunehmen."[504] Die Offenbarung, dass der Käufer gegenwärtig zahlungsunfähig ist, er jedoch bis zur Fälligkeit mit weiteren Geldeingängen rechnet, obliegt ihm nur dann,

---

[499] Polizeiliche Kriminalstatistik 2002 S. 188, Straftatenschlüssel 5110 = Waren- und Warenkreditbetrug.
[500] BGH StV 1984, 511; BGH wistra 1998, 177.
[501] So BGH StV 1984, 511.
[502] So auch Müller-Gugenberger/Bieneck/*Nack* S. 1254.
[503] BGH StV 1984, 511; vgl. auch BGHSt 39, 392.
[504] BGH StV 1984, 511.

wenn an der zukünftigen Zahlungsunfähigkeit ernsthafte Zweifel bestehen.[505] Die Intensität der Zweifel bzw. der Grad der Sicherheit des Zahlungseingangs wird vom BGH jedoch nicht näher konkretisiert.[506] Hier bieten sich entgegen der Erwartung bereits beim objektiven Tatbestandsmerkmal der Täuschung interessante Verteidigungsansätze.

251 cc) *Vermögensschaden*. Der Vermögensschaden beim Betrug ermittelt sich grundsätzlich nach dem Prinzip der Gesamtsaldierung.[507] Im Rahmen des dabei anzustellenden Vermögensvergleichs liegt ein Schaden dann vor, wenn der Wert des Zahlungsanspruchs hinter dem Wert der bestellten bzw. gelieferten Ware oder Dienstleistung zurückbleibt. Da die Zahlung regelmäßig mit Zahlungsziel vereinbart wird, also erst teilweise deutlich später fällig wird, der Vermögensschaden jedoch zum Zeitpunkt der Verfügung bestimmt werden muss, handelt es sich beim Eingehungsbetrug regelmäßig nur um den Eintritt einer konkreten Vermögensgefährdung. Die konkrete Vermögensgefährdung realisiert sich erst, wenn bei Fälligkeit nicht gezahlt wird. Eine sog. „schadensgleiche", konkrete Vermögensgefährdung reicht für den Eintritt eines „Vermögensschadens" i. S. d. Betrugtatbestands jedoch aus, wenn die täuschungsbedingte Gefahr des endgültigen Ausfalls zum Zeitpunkt der Verfügung so groß ist, dass sie bei lebensnaher Betrachtung bereits zu einer Wertminderung des Vermögens zum Zeitpunkt der Vermögensverfügung führt.[508] Es muss bereits ein Gefährdungsschaden eingetreten sein.

252 Da bei Vertragsschluss jedoch noch nicht feststeht, ob der Lieferant ausfallen wird bzw. mit welcher Quote er rechnen kann, hängt der Wert der Forderung von einer Prognose darüber ab, ob der Besteller bei Fälligkeit zahlen können wird. Nur mit Hilfe einer derartigen Kreditwürdigkeitsprognose ist der Grad des Ausfallrisikos und damit der Wert der Forderung auf den Zeitpunkt der Verfügung zu bestimmen. Die Führung eines derartigen Schadensnachweises ist jedoch hochkomplex und bietet zahlreiche Verteidigungsansätze. Zur Bestimmung der Kreditwürdigkeit bzw. des Ausfallrisikos müssen Indizien herangezogen werden, die das Vorliegen einer Krise indizieren und damit den Wert der Forderung über das übliche wirtschaftliche Risiko hinaus reduzieren. Als Indikatoren bieten sich zunächst kriminalistisch zu ermittelnde Indiztatsachen an: Allgemeine Ausweitung der Zahlungsziele, Zahlungsrückstände, Stundungsvereinbarungen, Kündigung der Kreditlinien, Wechsel der Bankverbindung, Gläubigerbesicherung mit Mitteln des Umlaufvermögens, Mahnverfahren, Vollstreckungsversuche oder Vollstreckungen, Wechsel- oder Scheckproteste. In der Rechtsprechung werden erforderliche Kriterien eher „verbalisiert"[509] und damit einer wissenschaftlichen Annäherung entzogen. Eine konkrete Vermögengefährdung und damit das Tatbestandsmerkmal des Vermögensschadens soll dann vorliegen, wenn „mit der nahe liegenden Möglichkeit eines endgültigen Verlustes"[510] gerechnet oder „an der Zahlungsfähigkeit ernsthaft gezweifelt werden musste".[511] Um hier dem Bestimmtheitsgebot des Art. 103 Abs. 2 GG noch gerecht zu werden, müssen jedoch objektivierbare Kriterien herangezogen werden.

253 Ausgehend von einem (betriebs-) wirtschaftlichen Schadensbegriff werden der Bewertung zunehmend auch kaufmännische Kriterien zugrunde gelegt. Nack empfiehlt nicht nur eine branchenspezifische Indikation, sondern sogar die Anwendung des Theorem von Bayes, einer statistischen Wahrscheinlichkeitsberechnung, die beispielsweise bei der DNS-Analyse zur Anwendung kommt.[512] Empfehlenswert erscheint jedenfalls eine betriebswirtschaftliche Annäherung, die etwa die durch sachverständige Begutachtung zugänglichen Kriterien der Wertberichtigung (§§ 253 ff. HGB) berücksichtigt.

254 Da hier nicht nur die Kriterien umstritten sind, sondern insbesondere deren Vorliegen regelmäßig Beweisprobleme aufwirft, ist im Sinne des Bestimmtheitsgrundsatzes darauf zu achten,

---

[505] BGH StV 1985, 188.
[506] BGH StV 1985, 188; Müller-Gugenberger/Bieneck/*Nack* S. 1257.
[507] BGHSt 3, 102; BGHSt 16, 221; BGHSt 34, 201.
[508] BGHSt 34, 395; BGH wistra 95, 223; BayObLG NJW 1999, 663.
[509] So Müller-Gugenberger/Bieneck/*Nack* S. 1264.
[510] Vgl. BGHSt 21, 112, 113.
[511] Müller-Gugenberger/Bieneck/*Nack* S. 1264.
[512] Müller-Gugenberger/Bieneck/*Nack* S. 1262.

dass die Grenzen der tatbestandlichen Bestimmtheit nicht verschwimmen. Eine dezidierte Tatsachenfeststellung sowie die präzise Subsumtion unter den Begriff des Vermögensschadens ist unverzichtbar.

dd) Verantwortlichkeit im Unternehmen. Im Regelfall werden die Verantwortlichen des Unternehmens, die kraft ihrer Organstellung Kenntnis der Krise oder gar der bereits eingetretenen Zahlungsunfähigkeit besitzen, Bestellungen nicht selbst vornehmen und damit nicht unmittelbar handeln. Mangels Kenntnis des bestehenden Ausfallrisikos handelt der ausführende Mitarbeiter regelmäßig nicht vorsätzlich. Fraglich ist jedoch, inwieweit dem Geschäftsführer oder anderen Organmitgliedern ein Handeln der Mitarbeiter etwa im Sinne mittelbarer Täterschaft zurechenbar ist. In einer maßgeblichen Entscheidung hat der BGH hierzu befunden: „Soweit Geschäftsführer Bestellungen nicht selbst auslösen, wird die Eingehung aller dem Geschäftsbetrieb dienenden – nicht nur ganz geringfügigen – neuen Verbindlichkeiten durch Mitarbeiter einer GmbH dem Geschäftsführer jedenfalls von dem Zeitpunkt an als Betrug zuzurechnen sein, zu dem er (...) spätestens Antrag auf Eröffnung des Gesamtvollstreckungsverfahrens hätte stellen müssen."[513] Spätestens ab Kenntnis des Vorliegens eines Insolvenzgrundes ist der Geschäftsführer damit verpflichtet, weitere Bestellungen, die sonst automatisch erfolgen würden, zu unterbinden. Macht er dies nicht, handelt er vorsätzlich (durch Unterlassen). In komplexeren Unternehmensgebilden ist bei der Prüfung der Verantwortlichkeit der Aspekt der Steuerungs- und Kontrollfunktion und -möglichkeiten beispielsweise mehrerer Geschäftsführer mit unterschiedlichen Kompetenzen zu beachten. Unter dem Aspekt der „Generalverantwortung und Allzuständigkeit" der Geschäftsleitung ist diese jedoch, so der BGH im sog. „Lederspray-Urteil",[514] in Krisen- und Ausnahmesituationen insgesamt zum Handeln berufen. Eine Exkulpation mangels Kenntnis aus Ressortzuständigkeit dürfte damit in einer existenziellen Unternehmenskrise kaum gelingen, wenn auch die Zurechnung im Einzelfall immer problemtisch sein kann.

c) Vorenthalten und Veruntreuen von Arbeitsentgelt gem. § 266 a StGB. *aa) Allgemeines.* Der Tatbestand des Vorenthaltens und Veruntreuens von Arbeitsentgelt gemäß § 266 a Abs. 1 StGB ist kein Insolvenzdelikt im engeren Sinne. Adressat des Straftatbestandes ist jeder Arbeitgeber, eine die Insolvenzdelikte prägende Krisensituation oder gar das Vorliegen eines Insolvenzgrundes ist hier nicht erforderlich. Tatsächlich ist es jedoch gerechtfertigt, bei dem Tatbestand des § 266 a StGB von einem Insolvenzdelikt im weiteren Sinne zu sprechen, da die Norm einen sehr starken Bezug zur Insolvenz und damit dem Insolvenzstrafrecht aufweist. Kommt es zur Unternehmenskrise mithin zur drohenden Zahlungsunfähigkeit, so ist der Arbeitgeber prima facie motiviert, jedenfalls die für die Fortführung des Betriebes dringend erforderlichen Arbeitnehmer zu entlohnen, um einen Stillstand des operativen Geschäfts zu vermeiden. Weniger dringlich erscheinende Forderungen wie bspw. die Beitragsansprüche der Sozialversicherungsträger, genießen hierbei regelmäßig keine Priorität. Die Versuchung der Vereinbarung einer Schwarzlohnzahlung ist darüber hinaus groß. Kommt es dann zu einem späteren Zeitpunkt zur Insolvenz, so sind unmittelbar die Sozialversicherungsträger, mittelbar das Gemeinwesen und damit auch der einzelne Arbeitnehmer die Geschädigten. Geschütztes Rechtsgut der Strafnorm des § 266 a StGB ist somit zum einen das Vermögen der Arbeitnehmer (Gefährdung der Rentenansprüche der Arbeitnehmer durch unterlassene Beitragsnachweisungen) und zum anderen die Funktionstüchtigkeit der Sozialversicherungssysteme im Ganzen.

In der überwiegenden Mehrzahl aller Insolvenzstrafverfahren stellt sich (zumindest auch) ein Verstoß gegen § 266 a StGB heraus. Da ein Verstoß gegen der Tatbestand des § 266 a StGB aufgrund seiner wenigen und klaren Merkmale im Gegensatz zu den Insolvenzdelikten im engeren Sinne relativ einfach zu beweisen ist, erfreut sich seine Anwendung gerade bei den Staatsanwaltschaften großer Beliebtheit. Lassen sich Insolvenzdelikte im engeren Sinne oder die Insolvenzverschleppung ohne aufwendige betriebswirtschaftliche Begutachtungen nur schwer nachweisen, so greifen Staatsanwälte aus Gründen der Prozessökonomie gerne auf eine Anwendung des § 266 a StGB zurück. Der Tatbestand des Vorenthaltens und Veruntreuens von

---

[513] BGH wistra 1998, 177.
[514] BGHSt 37, 106, 124.

Arbeitsentgelt gem. § 266 a StGB hat sich damit in praxi zu einer Art „Auffangtatbestand" in Insolvenzstrafverfahren entwickelt.

258 Ein Bezug zum Insolvenzstrafrecht ergibt sich auch für die Sozialversicherungsträger. Aufgrund der Regelmäßigkeit der Fälligkeit der Sozialversicherungsabgaben spätestens am 15. des Folgemonats der Gehaltszahlung (§ 23 Abs. 1 S. 2 SGB IV: Bei Arbeitsentgelt seit dem 19.6.2006 am drittletzten Bankarbeitstag des Beschäftigungsmonats, s. BGBl. I 2006, 1305). verfügen die Sozialversicherungsträger über zeitnahe Kenntnisse der Zahlungsfähigkeit der Gesellschaften. So sind es zu einem nicht unerheblichen Teil die Sozialversicherungsträger, die durch (Dritt-) Anträge Insolvenzverfahren herbeiführen und im Anschluss dann auch die sich regelmäßig anschließenden Insolvenzstrafverfahren dadurch „betreiben", dass sie die Staatsanwaltschaften nicht nur mit Informationen versorgen, sondern diese auch durch regelmäßige Anfragen „motivieren". Häufig zu beobachten sind insbesondere Anregungen, etwaige Einstellungen des Strafverfahrens gem. § 153 a StPO von der Nachzahlung der vorenthaltenen Sozialabgaben abhängig zu machen.

259 Der strafrechtliche Schutz des Sozialversicherungsaufkommens war bis zur Einführung des § 266 a StGB im Jahre 1986 (2. WiKG) in mehren sozialrechtlichen Kodifikationen (u. a. der RVO) enthalten. Die Übernahme in das Kernstrafrecht sollte nicht nur das kriminelle Unrecht von Verstößen hervorheben, sondern ging mit der Schließung einer als solchen empfundenen Regelungslücke einher. Sprach der Vorgängertatbestand vom Nichtabführen von „einbehaltenen" Arbeitnehmeranteilen, war somit die *vereinbarte* Schwarzlohnzahlung an den Arbeitnehmer nicht erfasst. Das Tatbestandsmerkmal des „Einbehaltens" wurde in den Tatbestand des § 266 a StGB nicht übernommen, die einvernehmliche Schwarzlohnzahlung ist somit nunmehr ebenfalls tatbestandsmäßig.[515]

260 Dogmatisch ist jedoch immer noch umstritten, warum nur das Nichtabführen der Arbeitnehmerbeiträge und nicht auch das Nichtabführen der Arbeitgeberbeiträge von der Strafvorschrift erfasst ist, obwohl auch letzteres Bestandteil der Funktionsfähigkeit der Sozialversicherungssysteme ist. Die Literatur sieht hier insbesondere einen Wertungswiderspruch im Verhältnis zum Beitragsbetrug. Meldet nämlich der Arbeitgeber nur einen Teil seiner Arbeitnehmer bei der Sozialversicherung oder führt er nur für einen Teil des Lohns Sozialversicherungsbeiträge ab, so wird dies als „Beitragsbetrug" hinsichtlich der Beitragsanteile der Arbeitnehmer und des Arbeitsgebers erfasst (§ 263 StGB), erstattet der gleiche Arbeitgeber jedoch überhaupt keine Meldung, so führt er zwar ein höheren Schaden beim Sozialversicherungsträger herbei, wird jedoch „nur" aus dem eingeschränkten und auch milderen Strafrahmen des § 266 a StGB bestraft.[516] Bis zu einer Anpassung de lege ferenda privilegiert der klare Wortlaut des § 266 a StGB jedenfalls den schlichten Nicht-Zahler.

261 **Täterkreis.** § 266 a StGB ist Sonderdelikt, Täter kann nur sein, wer „Arbeitgeber" ist oder diesem gemäß § 266 a Abs. 5 gleichgestellt ist. Die Arbeitgebereigenschaft im Rahmen eines Arbeitsverhältnisses bestimmt sich hierbei nach dem Sozialrecht. Im Interesse des Schutzzwecks der Norm soll jedoch nicht die formal-rechtliche Stellung als Arbeitgeber entscheidend sein, sondern die tatsächlichen Verhältnisse.[517] Probleme wirft die Anwendung der Norm jedoch bei der Beurteilung der so genannten „Scheinselbstständigkeit" auf, bei deren Beurteilung der Gesetzgeber zwischenzeitlich zumindest im Sozialrecht eine Umkehr der Beweislast geschaffen hat.[518] Unabhängig von der jeweiligen sozialrechtlichen Ausgestaltung, kann eine derartige Beweislastumkehr im Strafrecht jedoch keine Berücksichtigung finden. Einigkeit besteht jedoch darüber, dass der faktische Geschäftsführer Arbeitgeber ist. Der nur vorgeschobene Scheingeschäftsführer einer GmbH haftet grundsätzlich also nicht, jedoch ausnahmsweise dann, wenn dieser intern von Verstößen gegen § 266 a StGB Kenntnis erhält und (trotz bestehender Garantenstellung) diese nicht verhindert.[519] Auch im Fall der formellen Niederlegung des Amtes des Geschäftsführers besteht eine Strafbarkeit weiter, wenn die Tätigkeit tatsächlich weiterhin ausgeübt wird.[520]

---

[515] H. M., vgl. *Wegner* wistra 1998, 283, 286 m. w. N.; KG wistra 1991, 188.
[516] Müller-Gugenberger/Bieneck/*Heidmann* § 36 Rdnr. 14.
[517] BGH NStZ 2001, 599; Müller-Gugenberger/Bieneck/*Heidmann* § 36 Rdnr. 19.
[518] Vgl. § 7 Abs. 4 SGB IV.
[519] *Tröndle/Fischer* 51. A. § 266 a Rdnr. 5 m. w. N.
[520] LG Stendal GmbHR 2000, 88.

Arbeitgeber i. S. v. § 266 a StGB	Keine Arbeitgeber i. S. v. § 266 a StGB
Öffentliche wie privatrechtliche Arbeitgeber	Der Scheingeschäftsführer einer GmbH, der im Innenverhältnis keine Kompetenzen hat[521]
Der faktische Geschäftsführer	Der Sequester (vorläufiger Insolvenzverwalter)[522]
Die für den Arbeitgeber im Sinne des § 14 verantwortlich Handelnden, insbesondere die vertretungsberechtigten Organe, regelmäßig also der Geschäftsführer einer GmbH sowie die Vorstände einer AG.[523]	Der Auftraggeber eines arbeitnehmerähnlichen Selbständigen gem. § 2 Nr. 9 SGB VI[524]
Der Scheingeschäftsführer, wenn er Kenntnisse erhält und den Verstoß nicht verhindert	
Der Beauftragte im Sinne von § 14 Abs. 2 StGB	
Der Insolvenzverwalter	
Der Auftraggeber eines Heimarbeiters oder Hausgewerbetreibenden[525]	
Der Zwischenmeister[526]	
Der lohnzahlende Verleiher im Falle unerlaubter Arbeitnehmerüberlassung[527]	
Der Entleiher im Falle unerlaubter Arbeitnehmerüberlassung[528]	
Der gewerbsmäßige Verleiher von Arbeitnehmern[529]	

Strafbar kann sich also auch ein Arbeitgeber machen, der es im Falle eines bloß faktischen Arbeitsverhältnisses unterlässt, Sozialversicherungsbeiträge abzuführen. Virulent wird diese Problematik insbesondere im Falle der falschen Bezeichnung eines Arbeitsverhältnisses als „freies Mitarbeits-" oder „Subunternehmerverhältnis".

Der Arbeitnehmer kann zwar nicht Täter eines Verstoßes gegen § 266 a StGB sein, er kann jedoch Anstifter oder zumindest Gehilfe sein, so z. B. im Falle einer einvernehmlichen „Schwarzlohnvereinbarung".

bb) Tathandlung. Die Tathandlung besteht darin, dass Beiträge des Arbeitnehmers zur Sozialversicherung oder zur Bundesanstalt für Arbeit der Einzugsstelle[530] vorenthalten werden, m.a.W. im Nichterfüllen der Verbindlichkeit zum Zeitpunkt der Fälligkeit gegenüber der Einzugstelle. Die Beitragspflicht entsteht durch die versicherungspflichtige Beschäftigung eines Arbeitnehmers gegen Entgelt.[531] Fälligkeit tritt gemäß § 23 Abs. 1 SGB IV grundsätzlich am 15. des auf die Beschäftigung folgenden Monats ein; bei Arbeitsentgelt seit 19.6.2006 am drittletzten Bankarbeitstag des Beitragsmonats.

---

[521] OLG Hamm NStZ RR 2001, 173.
[522] OLG Zweibrücken wistra 1995, 319; *Wegner* wistra 1998, 283.
[523] BGH VersR 1996, 15 38; OLG Düsseldorf GmbHR 1997, 900; Hamburg GmbHR 2000, 185; *Tröndle/Fischer* 51. A., § 266 a Rdnr. 5.
[524] Müller-Gugenberger/Bieneck/*Heidmann* § 36 Rdnr. 18; Auch wenn hier eine Rentenversicherungspflicht besteht, sind die Beiträge ausschließlich vom Versicherten selbst abzuführen (§ 169 Abs. 1 Nr. 1 SGB VI).
[525] § 266 a Abs. 5 StGB, § 12 SGB IV.
[526] § 12 Abs. 4 SGB IV.
[527] BGH NStZ 2001, 599; vgl. § 10 Abs. 3 AÜG, § 28 e Abs. 2 SGB IV.
[528] BGH NStZ 2001, 599; vgl. § 10 Abs. 3 AÜG.
[529] § 3 Abs. 1 Nr. 2 AÜG; *Tröndle/Fischer* § 266 a Rdnr. 4.
[530] Einzugstelle ist gem. § 28 i Abs. 1 SGB VI die zuständige Krankenkasse.
[531] § 22 Abs. 1 i. V. m. § 2 Abs. 2 Nr. 1 und § 7 Abs. 1 SGB IV.

Praxistipp:

266 Um im Falle einer Krise weiteren zeitlichen Handlungsspielraum für die Sanierung zu erhalten, kann die gesetzlich vorgeschriebene Fälligkeit (§ 23 Abs. 1 SGB IV) unter bestimmten, jedoch relativ engen Bedingungen gemäß § 76 SGB IV durch Stundung oder Vergleich aufgeschoben werden. Gemäß § 76 Abs. 2 Nr. 1 SGB IV ist eine Stundung nur gestattet, wenn die sofortige Einziehung mit erheblichen Härten für den Betroffenen verbunden wäre und auch dann nur, wenn eine angemessene Verzinsung und Sicherheitsleistung vereinbart wird.[532] In Praxi wird eine Stundung über zwei Monate hinaus nur in Ausnahmefällen erfolgen, da die zuständige Einzugsstelle dann gemäß § 76 Abs. 3 SGB IV nicht nur die zuständigen Träger der Rentenversicherung sondern auch die Bundesanstalt für Arbeit unterrichten muss und eine weitere Stundung nur im Einvernehmen mit den vorbezeichneten Stellen erfolgen darf. Eine Beitragsstundung über zwei Monate ist jedoch in dem Lichte der kurzen Insolvenzantragsfrist des § 84 GmbHG nicht gering zu schätzen.

Auf der anderen Seite dürfte allein der Antrag auf Stundung der Sozialversicherungsbeiträge – im Fall der Nichtgewährung – zumindest ein kriminalistisches Indiz für das Vorliegen nicht nur einer Krise, sondern möglicherweise bereits der Zahlungsunfähigkeit sein.

Im Falle einer beabsichtigten und Erfolg versprechenden Sanierung könnte ein Stundungsantrag auch zu dem kontraproduktiven Ergebnis führen, dass die Krankenkasse diesen zum Anlass nimmt, ihrerseits einen Insolvenzantrag zu stellen.

267 Eine Stundung durch die Einzugsstelle ist ein formeller Rechtsakt, der nur durch hierfür besonders bevollmächtigte Bedienstete vorgenommen werden kann[533] und regelmäßig nicht konkludent in der Erklärung lediglich der Verhandlungsbereitschaft oder der tatsächlichen Nichtvollstreckung gesehen werden kann.

268 Streitig war lange Zeit, ob es im Rahmen des § 266 a Abs. 1 StGB allein auf die Fälligkeit der Forderung ankommt oder ob es auch tatsächlich zu einer Lohnzahlung – unter Einbehaltung der Arbeitnehmeranteile – gekommen sein muss. Entgegen überzeugenden Stimmen in der Literatur,[534] die insbesondere aus den deutlichen Gesetzesmaterialien[535] entnommen haben, dass eine Strafbarkeit nur im Falle tatsächlicher Lohnzahlung in Betracht komme, hatte sich bereits der 5. Strafsenat des BGH auf den Standpunkt gestellt, dass das Vorenthalten von Arbeitnehmerbeiträgen nicht voraussetze, dass an die Arbeitnehmer tatsächlich Lohn abgeführt wurde.[536] Durch eine seit dem 1.8.2002 geltende Änderung des § 266 a Abs. 1 StGB[537] hat sich nunmehr auch der Gesetzgeber dieser Auffassung angeschlossen. Im Gesetzeswortlaut heißt es nunmehr ausdrücklich: „unabhängig davon, ob Arbeitsentgelt gezahlt wird". Der Akt der Auszahlung ist somit nicht mehr konstitutiv für eine Strafbarkeit. Es kommt nunmehr nur noch auf die **bloße Fälligkeit der Forderung** an. Die Fälligkeit der Forderung entsteht aber bereits durch die **Tätigkeit des Arbeitnehmers**.[538]

Praxistipp:

269 Ist der Arbeitgeber bei Fälligkeit nicht in der Lage, die geschuldete Gesamtsumme der Arbeitnehmer- und Arbeitgeberanteile zu erbringen, so werden Teilzahlungen nach § 2 S. 3 der BeitragszahlungsVO[539] gleichmäßig auf fällige Arbeitnehmer- und Arbeitgeberanteile angerechnet. Hier ist darauf zu achten, dass eine abweichende Tilgungsbestimmung getroffen

---

[532] Müller-Gugenberger/Bieneck/*Heidmann* § 36 Rdnr. 24.
[533] Müller-Gugenberger/Bieneck/*Heidmann* § 36 Rdnr. 24.
[534] LK/*Gribbohm* § 266 a Rdnr. 30 ff.; Bittmann wistra 1999, 441.
[535] BT-Drucks. 10/5058, S. 31 „redaktionelle Klarstellung" der alten Rechtslage.
[536] BGH Urt. v. 28.5.2002 – 5 StR 16/02; zuvor schon OLG Celle NStZ 1998, 303; in der Literatur so bereits Müller-Gugenberger/Bieneck/*Heidmann* § 36 Rdnr. 23.
[537] Gesetz zur Erleichterung der Bekämpfung von illegaler Beschäftigung und Schwarzarbeit v. 23.7.2002.
[538] BSG Urt. v. 30.8.1994 – Az. 12 RK 59/92 –, E 75, 61.
[539] I.d.F vom 20.5.1997, BGBl. I, 1137.

wird, der zufolge eine unzureichende Zahlung vollständig auf die strafbefangenen Arbeitnehmerbeiträge anzurechnen ist. Zwar spricht beim Fehlen einer entsprechenden Tilgungserklärung einiges dafür, dass diese konkludent erfolgt ist, der VI. Zivilsenat des BGH ist der Annahme einer „mutmaßlichen Tilgungsbestimmung" jedoch wiederholt ausdrücklich entgegengetreten.[540]

Insbesondere im Lichte der neueren Rechtsprechung besteht verstärkt Anlass, besonders sorgfältig zu prüfen, ob die **Leistungsfähigkeit des Arbeitgebers** noch gegeben war, ihm also sein Unterlassen strafrechtlich überhaupt zugerechnet werden kann. Der Tatbestand des § 266 a StGB ist nämlich nur dann gegeben, wenn der verpflichtete Arbeitgeber die tatsächliche und rechtliche Möglichkeit der Erfüllung seiner sozialversicherungsrechtlichen Pflichten hatte und ihm die Erfüllung zumutbar war.[541] Eine unmögliche Leistung darf dem Verpflichteten nicht abverlangt werden. Die Unmöglichkeit liegt insbesondere dann vor, wenn der Arbeitgeber zahlungsunfähig ist.[542] 270

Bei der Feststellung der Unmöglichkeit der Leistung hat der 5. Strafsenat den Maßstab allerdings erheblich verschärft. Unter Rückgriff auf die Rechtsfigur der „omissio libera in causa" (vorverlagertes Verschulden) hat der BGH entschieden, dass der Tatbestand des § 266 a StGB auch im Falle der Leistungsunfähigkeit erfüllt sein kann, wenn der Arbeitgeber es vorher jedoch unterlassen hat, die Abführung der Sozialabgaben im Lichte sich abzeichnender Liquiditätsprobleme sicherzustellen.[543] Der Arbeitgeber sei nämlich verpflichtet, notfalls durch besondere Maßnahmen (etwa die Aufstellung eines Liquiditätsplanes oder die Bildung von Rücklagen) die Zahlung zum Fälligkeitstag sicherzustellen. Die Pflicht zur Abführung der Arbeitnehmerbeiträge gehe – da strafbewehrt – anderen Verbindlichkeiten vor, von einer Kollision gleichwertiger Pflichten könne insofern nicht die Rede sein. Die Überzeugung von der vermeintlich vorrangigen Bedeutung der Abführung der Sozialversicherungsbeiträge teilt auch der 3. Zivilsenat des BGH. Er hat im Jahre 2003 entschieden, dass der Arbeitgeber zur Sicherstellung der vollständigen Abführung der Sozialversicherungsbeiträge notfalls die Gehälter seiner Mitarbeiter kürzen müsse. Tue er dies nicht, könne er sich nicht auf eine mangelnde Leistungsfähigkeit berufen und verwirkliche den Tatbestand des § 266 a Abs. 1 StGB.[544] Inzwischen hat jedoch der 2. Zivilsenat des BGH unter Bezugnahme auf die „gefestigte Rechtsprechung des Bundesgerichtshofs" klargestellt, dass die Ansprüche der Einzugsstelle (auf Abführung der Arbeitnehmeranteile) keineswegs privilegiert seien. Das Rangverhältnis bestimmt sich vielmehr ausschließlich nach den Vorschriften der Insolvenzordnung, die bewusst und nach eingehenden Beratungen den früheren Vorrang der Sozialkassen im Interesse einer effektiven, dem Ziel der gleichmäßigen Befriedigung aller Gläubiger verpflichteten Durchführung des Insolvenzverfahrens abgeschafft hat.[545] 271

Festzuhalten ist jedoch, dass nicht schon aus dem Fehlen entsprechender Deckung auf eine Strafbarkeit gem. § 266 a Abs. 1 StGB geschlossen werden kann. Der Arbeitgeber muss (strafrechtlich) nicht schlechthin für seine finanzielle Leistungsfähigkeit einstehen, § 266 a StGB bleibt ein Vorsatzdelikt. Eine Pflicht, besondere Sicherungsmaßnahmen zu ergreifen, setzt sich abzeichnende Liquiditätsprobleme voraus, die der Arbeitgeber auch als solche erkannt haben muss. Die dann erforderlichen Sicherungsmaßnahmen müssen rechtlich zulässig und zumutbar sein. Vermögenswerte dürfen nicht dem Zugriff anderer Gläubiger entzogen werden, auch eine Kreditaufnahme ist zumindest dann nicht zumutbar, wenn die Rückführung nicht gesichert ist.[546] 272

---

[540] BGHZ NJW 1998, 1484; BGH VersR 2001, 343; BGH VersR 1246, 1247.
[541] BGH 5 StR 16/02 – n.v.; BGH NJW 1998, 1306.
[542] BGHZ 134, 304, 307; BGH NJW 2002, 1123, 1124.
[543] BGH Beschl. v. 28.2.2002 – 5 – n.v. StR 16/02; BGHZ 134, 304 ff.; ähnlich: OLG Düsseldorf NJW-RR 1997, 413, a. A.: *Wegner* wistra 1998, 283, 289.
[544] BGH 3. Zivilsenat Urt. v. 20.3.2003 – Az. III ZR 305/01 – n.v.
[545] BGH 2. Zivilsenat Urt. v. 18.4.2005 – II ZR 61/03 = BGH wistra 2005, 339, 340.
[546] Noch weitergehend wohl: BGH NJW 1997, 133, 134 – „Ausschöpfung des Kreditrahmens".

> **Praxistipp:**
>
> 273 Im Falle sich abzeichnender Liquiditätsprobleme ist die Abführung der sozialversicherungsrechtlichen Arbeitnehmeranteile durch Aufstellung eines Liquiditätsplanes oder der Bildung entsprechender Rückstellungen sicherzustellen, um eine spätere Strafbarkeit gem. § 266 a StGB auch im Falle dann eingetretener aber vorauszusehender Zahlungsunfähigkeit zu vermeiden.

274 Die rechtliche Unmöglichkeit der Beitragsabführung liegt i. d. R. dann vor, wenn dem Arbeitgeber durch das Insolvenzgericht – spätestens mit Eröffnung des Insolvenzverfahrens – die Verfügungsbefugnis entzogen wurde.[547]

275 Zu beachten ist in diesem Zusammenhang auch die gesellschaftsrechtliche Haftungsvorschrift des § 64 Abs. 2 GmbHG.[548] Diese verbietet dem Geschäftsführer der GmbH Verfügungen, die die Masse schmälern und einzelne Gläubiger bevorzugen grundsätzlich bereits nach Eintritt von Zahlungsunfähigkeit oder Feststellung der Überschuldung, andernfalls haftet er persönlich. Da § 266 a StGB ein Schutzgesetz im Sinne des § 823 Abs. 2 BGB ist, hat der Geschäftsführer somit die Wahl, ob ihn bei Zahlung der Beiträge eine Haftung aus § 64 Abs. 2 GmbHG trifft oder ob ihn bei Nichtzahlung der Beiträge eine Haftung aus § 823 Abs. 2 BGB trifft. Er befindet sich somit in einer unlösbaren Pflichtenkollision. Hier wurde seit längerem die Auffassung vertreten, es handle sich in derartigen Fällen um eine (gesellschafts-) rechtliche Unmöglichkeit der Handlungspflichterfüllung, die zu einer Reduktion der strafrechtlichen Verantwortlichkeit der so gesetzlich privilegierten Organe führe.[549] In der Entscheidung vom 30.7.2003 hat der BGH das Spannungsfeld zwischen Zahlungsverbot gem. § 64 Abs. 2 GmbHG und strafbewehrter Zahlungspflicht aus § 266 Abs. 1 StGB nunmehr dadurch zu lösen versucht, dass er die Nichtabführung von Arbeitnehmerbeiträgen während der 3-Wochen-Frist des § 64 Abs. 1 GmbHG als gerechtfertigt ansieht.

276 Unterlässt der Verantwortliche während des Laufs der Insolvenzantragsfrist nach § 64 Abs. 1 GmbHG (maximal drei Wochen) die Abführung von Arbeitnehmerbeiträgen an die Sozialversicherung, macht er sich nicht nach § 266 a Abs. 1 StGB strafbar.[550]

277 Da die aus § 64 Abs. 2 GmbHG abgeleitete Rechtfertigung aber lediglich aussichtsreiche Sanierungsversuche innerhalb der Maximalfrist von drei Wochen privilegieren wolle, soll die Rechtfertigung, wenn der Verantwortliche die Frist des § 64 Abs. 1 GmbHG zur Stellung des Insolvenzantrages verstreichen lasse, nach der Rechtsprechung des 5. Strafsenats wieder entfallen. Soweit dann noch verfügbare Mittel vorhanden sein sollten, seien diese für die dann wieder vorrangige Abführung der Arbeitnehmerbeiträge zu verwenden.[551] Dies erscheint jedoch zweifelhaft. In der Entscheidung vom 18.4.2005 weist der 2. Zivilsenat des BGH überzeugend darauf hin, dass sich die Entscheidung des 5. Strafsenats vom 30.7.2003 mit der überholten Rechtslage unter der Konkursordnung befasst, die tatsächlich einen Vorrang der Sozialabgaben vorsah.[552] Infolge des mit In-Kraft-Treten der Insolvenzordnung erfolgten Paradigmenwechsels verbleibt auch nach Ablauf der Antragsfrist eine Pflichtenkollision, die zu einer „Verneinung des deliktischen Verschuldens"[553] und damit auch zum Entfall der Strafbarkeit führen muss.

278 *cc) Subjektiver Tatbestand.* Trotz der zuvor aufgeführten Tendenzen in der Rechtsprechung, die Sorgfaltspflichtverletzung bei der Vorsorge für das Sozialversicherungsaufkommen zunehmend in den Tatbestand einzubeziehen, muss die Tathandlung zumindest bedingt vorsätzlich erfolgen.

---

[547] § 21 Abs. InsO; nach altem Recht § 106 KO; BGH NJW 1998, 1306.
[548] Für die AG entsprechend: § 92 Abs. 3 AktG.
[549] *Rönnau* wistra 1997, 13, 16; *Wegner* wistra 1998, 283, 290 unter Bezugnahme auf LG Hagen WiB 1997, 760.
[550] BGH NStZ 2004, 283.
[551] Hierzu kritisch: *Rönnau* NJW 2004, 976, 979 zustimmend *Bittmann* wistra 2004, 327, 328.
[552] § 61 Abs. 1 Nr. 1 a) KO a. F.
[553] BGH wistra 2005, 339.

Im Falle einer falschen rechtlichen Bewertung der Frage des Vorliegens eines Arbeitsverhält- 279
nisses und einem hieraus herrührenden Nichtabführen der Sozialversicherungsbeiträge liegt ein
vorsatzausschließender Tatbestandsirrtum vor. Infolge der durch den Gesetzgeber vorgegebenen strengen Kriterien zur Beurteilung der „Scheinselbständigkeit" wird die Berufung auf einen
Tatbestandsirrtum jedoch deutlich erschwert. Da aber, wie bereits ausgeführt, die sozialrechtliche Beweislastumkehr im Strafrecht keine Geltung besitzt, müssen die Verfolgungsbehörden
bzw. die Gerichte den Nachweis der Arbeitgebereigenschaft und damit eines bestehenden Arbeitsverhältnis führen.

Auch die von der Rechtsprechung statuierte Pflicht, im Falle sich abzeichnender Liquidi- 280
tätsprobleme besondere Sicherungsmaßnahmen zu ergreifen, setzt voraus, dass der Arbeitgeber diese Liquiditätsprobleme auch als solche gesehen haben muss. Der Verantwortliche muss
die Zuspitzung der wirtschaftlichen Situation und die daraus resultierende Gefährdung der
Arbeitnehmerbeiträge wahrgenommen haben. Dies jedoch, wie der BGH,[554] bereits aus dem
Vorliegen „ungeordneter Verhältnisse im Unternehmen" abzuleiten, dürfte zu weit gehen und
löst die Bestimmtheit des Vorsatzbegriffes auf.

dd) Praxis. Den Umfang der vorenthaltenen Arbeitnehmeranteile bestimmen die ermitteln- 281
den Staatsanwaltschaften in der Regel nicht selbst, sie verlassen sich fast durchweg auf die
Rückstandsberechnungen der Sozialversicherungsträger. Insbesondere die Rückstandsberechnungen der Krankenkassen sind jedoch mit äußerster Vorsicht zu genießen, hier ist es Pflicht
des Verteidigers, diese detailgenau nachzuvollziehen und gegebenenfalls mit Beweisanträgen
zu hinterfragen. Fehler liegen häufig darin, dass Mitarbeiter in die Berechnung einbezogen
werden, für die aufgrund vorzeitiger Beendigung des Arbeitsverhältnisses keine Beiträge mehr
abzuführen waren oder Berechnungen über das Datum der Insolvenzantragstellung hinaus erfolgen. Tatsächlich oder konkludent erfolgte Stundungen durch Mitarbeiter der Einzugsstellen
werden teilweise nicht oder nicht korrekt wiedergegeben, da für die Betreuung des Unternehmens und die Zusammenarbeit mit den Strafverfolgungsbehörden in der Regel unterschiedliche Mitarbeiter zuständig sind, die nicht über Kenntnisse oder Akten des Ausgangssachbe-
arbeiters verfügen. Soweit Unzulänglichkeiten offenbar werden, ist der Ausgangssachbearbei-
ter als Zeuge zu befragen, die häufig zu beobachtende Unkenntnis des Prozesssachbearbeiters
bietet jedoch andererseits Ansatzpunkte für Zweifelsentscheidungen und damit für mögliche
Einstellungen im Wege des Opportunitätsprinzips.

Kaum praktische Bedeutung kommt dem inhaltlich verunglückten Strafausschließungs- 282
grund des § 266 a Abs. 6 StGB zu. Dieser soll ein Absehen von Strafe ermöglichen, wenn
der Täter rechtzeitig seine Zahlungsunfähigkeit offenbart und schriftlich die Gründe darlegt,
warum ihm die Zahlung trotz ernsthaften Bemühens nicht möglich ist.[555] Da im Falle der Unmöglichkeit der Leistungserbringung der Tatbestand bereits nicht verwirklicht ist, beschränkt
sich die Bedeutung des § 266 Abs. 6 in der Praxis auf die Schaffung von Argumentationspotential hinsichtlich einer Einstellung des Verfahrens aus Gründen der Opportunität in Fällen
transparenter Handhabung gegenüber den Einzugsstellen und akzeptabler Gründe für den
Eintritt der Zahlungsunfähigkeit.

IV. Beratungsschwerpunkte

1. In der Krise

a) *Allgemeines.* Voraussetzung der Strafbarkeit der Bankrotthandlungen ist das Handeln des 283
Täters in der sog. „Krise", durch das die gesetzlich enummerierten Bankrotthandlungen erst
den vom Gesetzgeber als strafwürdig erachteten Unrechtsgehalt erlangen. Erst in der Unter-
nehmenskrise führen die einzelnen Handlungen zu einer nachhaltigen Beeinträchtigung der
Schutzgüter des Insolvenzstrafrechts, wie dem Schutz der Insolvenzmasse vor Verringerung,
Verheimlichung oder ungerechter Verteilung und damit einer Schädigung der Gläubiger. Das

---

[554] BGH 5 StR 16/02 unter Bezugnahme auf BGHZ 134, 304, 315.
[555] Zu den Einzelheiten: *Tröndle/Fischer* § 266 a Rdnr. 30 ff.

Gleiche gilt für den Tatbestand der Insolvenzverschleppung, wenn auch die „Krise" im Sinne der §§ 283 ff StGB bereits früher eingreift, nämlich bereits im Falle der nur drohenden Zahlungsunfähigkeit im Sinne von § 18 Abs. 1 InsO. Lediglich der Tatbestand der Verletzung der Buchführungspflicht gem. § 283 b StGB enthält dieses Erfordernis nicht, die Verletzung der Buchführungspflicht ist aufgrund der hohen Bedeutung einer ordnungsgemäßen Buchführung auch außerhalb der Krise als abstraktes Gefährdungsdelikt strafbewehrt. Gem. § 283 Abs. 2 StGB werden darüber hinaus auch Tathandlungen mit Strafe bedroht, die das Unternehmen erst in die Krise führen.

284 b) **Definition der Krise.** Voraussetzung der Bankrotthandlungen der §§ 283, 283 c, d StGB ist das Handeln „bei Überschuldung oder bei drohender oder eingetretener Zahlungsunfähigkeit" und damit das Vorliegen einer sog. *Krise im Zeitpunkt der Tathandlung*. Die die Krise beschreibenden Tatbestandsmerkmale des § 283 StGB, die Überschuldung, die drohende sowie die eingetretene Zahlungsunfähigkeit, werden seit dem In-Kraft-Treten der Insolvenzordnung am 1.1.1999 nunmehr in den §§ 17 Abs. 2, 18 Abs. 2 und 19 Abs. 2 InsO legal definiert. Die in § 283 Abs. 1 StGB aufgeführten Merkmale der Krise, die Überschuldung, die drohende sowie die eingetretene Zahlungsunfähigkeit, werden im Einzelnen im Allgemeinen Teil, § 18 II., behandelt.[556]

285 Zu beachten ist, dass die Übernahme der insolvenzrechtlichen Begriffe und (Legal-) Definitionen der Insolvenzgründe der §§ 17 ff InsO für das Strafrecht keineswegs unumstritten ist.[557] Kritische Stimmen fordern insbesondere unter dem Gesichtspunkt des Schutzzwecks der Insolvenzdelikte (Gläubigerschutz) sowie der Ultima-Ratio-Funktion des Strafrechts eine stärkere Berücksichtigung des Wesentlichkeitsmerkmals bzw. der „Erheblichkeit" des Insolvenzgrundes. Nicht jede Zahlungsschwierigkeit sei relevant, vielmehr nur eine Unterdeckung, die Ausdruck einer Krise des Unternehmens sei, welche wiederum im Falle einer dreimonatigen Unterdeckung von 25 % vorliege. Das Abstellen auf geringfügige Liquiditätslücken sei „sachwidrig".[558] Auch der BGH hat zwischenzeitlich entschieden, dass ein Schwellenwert als „widerlegbare Vermutung" für das Vorliegen der Zahlungsunfähigkeit erforderlich sei. Der 4. Zivilsenat sieht diesen Wert bei einer Unterdeckung von 10 %.[559]

286 Für die strafrechtliche Beurteilung werden **Einschränkungen** dahin gehend gefordert, dass beispielsweise die drohende Zahlungsunfähigkeit bei der Feststellung der Krise einen „nicht unerheblichen Teil der Zahlungspflichten" betreffen müsse,[560] oder gar eine „eigenständige, vom Insolvenzrecht abweichende Auslegung"[561] bzw. eine „teleologische Reduktion"[562] der insolvenzrechtlichen Vorgaben mit der Folge, dass eine „zweimonatige Unterdeckung von 20 %" als strafrechtlicher Mindeststandard anzuerkennen sei. Gegen diese einschränkenden Auffassungen spricht zwar der Aspekt der Einheitlichkeit der Rechtsordnung und der dabei zum Ausdruck kommende Wille des Gesetzgebers, zu berücksichtigen ist aber, dass auch der Gesetzgeber selber die Frage der Erheblichkeit erkannt hat und in der Gesetzesbegründung dargelegt hat, dass „geringfügige Liquiditätslücken" außer Acht zu bleiben haben.[563] Insbesondere im Hinblick auf Unsicherheitsfaktoren bei der Berechnung der (drohenden) Zahlungsunfähigkeit und damit die praktische Handhabbarkeit der Strafvorschriften sowie letztlich aufgrund der für den subjektiven Tatbestand erforderlichen Erkennbarkeit dürfte die Erheblichkeitsschwelle jedenfalls nicht unterhalb einer 15 %igen Unterdeckung anzusetzen sein.

287 Für die Verteidigung ist somit (ex nunc) ein größerer Spielraum gegeben, als der Gesetzeswortlaut und die wohl herrschende Meinung zunächst vermuten lassen, wenn auch präventiv auf das verbleibende strafrechtliche Risiko hinzuweisen ist.[564] In der Präventivberatung dürfte

---

[556] S. o. *Leipold* § 18 Rdnr. 48 ff.
[557] Vgl. hierzu ausführlich oben Rdnr. 128 ff.
[558] *Otto* Aktienstrafrecht § 401 AktG Rdnr. 32; *Otto* Strafrecht BT § 61 Rdnr. 90; *Otto*, FS Bruns, S. 276 f.
[559] BGH NZI 2005, 547, 550.
[560] LK/*Tiedemann* 11.A., Vorbem. §§ 283 Rdnr. 139.
[561] *Penzlin*, Strafrechtliche Auswirkungen der Insolvenzordnung, S. 153.
[562] *Bittmann* wistra 1998, 323 f.
[563] BT-Drucks. 12/2443, S. 114.
[564] Das AG Köln hat bereits im Falle einer 5 %igen Unterdeckung Geringfügigkeit abgelehnt, AG Köln ZIP 1999, 1889, 1891.

diese Problematik jedoch von untergeordneter Bedeutung sein, da es dem Schuldner in Fällen geringfügiger Unterdeckung regelmäßig gelingen wird, entweder mit dem Gläubiger einen Zahlungsaufschub zu vereinbaren oder die bei Banken oder Dritten die Kreditlinie kurzfristig zu erhöhen. Festzuhalten bleibt insbesondere aufgrund der Normierung durch die InsO, dass die insolvenzrechtlichen Vorgaben unter dem Aspekt des Bestimmtheitsgrundsatzes aus Art. 103 Abs. 2 GG jedenfalls nicht unumstritten sind[565] und folglich im Strafverfahren auch unter dem Aspekt des Zweifelsgrundsatzes durchaus zu hinterfragen sind.

c) **Krisenüberwindung außerhalb des Insolvenzverfahrens.** Vorrangig die Gesellschaftergeschäftsführer kleinerer Gesellschaften, insbesondere familiengeführter Unternehmen sehen die Stellung eines Insolvenzantrages über das Vermögen „ihrer" Gesellschaft häufig als Stigma, als „Bankrotterklärung" hinsichtlich ihres Lebenswerkes an, die es wenn irgend möglich zu vermeiden gilt. Die Stellung des Insolvenzantrages wird auch nach In-Kraft-Treten der Insolvenzordnung mit ihren erweiterten Möglichkeiten der Sanierung des Unternehmens als Ultima Ratio angesehen. Zuvor, auch bereits deutlich innerhalb der Krise, werden alle Register gezogen, um die Gesellschaft eigenhändig zu „sanieren", teilweise unter Einschaltung zweifelhafter externer Sanierer. 288

Die Möglichkeit einer mit einer eigenverantwortlichen Restrukturierung des Unternehmens einhergehenden Sanierung außerhalb eines geregelten Insolvenzverfahrens, die sog. **freie Sanierung**, wurde durch die Neufassung der Insolvenzordnung nicht eingeschränkt. Insbesondere die Streichung des Instituts der Vermögensübernahmehaftung gem. § 419 BGB durch den Gesetzgeber im Einführungsgesetz zur Insolvenzordnung[566] scheint die Möglichkeiten der freien Sanierung erweitert zu haben. 289

Auf der anderen Seite hat die Insolvenzordnung jedoch gerade durch die Schaffung der drohenden Zahlungsunfähigkeit als Eröffnungsgrund eine frühzeitige Einleitung des förmlichen Insolvenzverfahrens ermöglicht, in der Hoffnung, bereits vor Eintritt der Insolvenz verfahrensrechtliche Gegenmaßnahmen einzuleiten und zwar zu einem Zeitpunkt, in dem das Unternehmen noch sanierungsfähig ist. Der Gesetzgeber geht davon aus, dass bei einer frühzeitigeren Einleitung noch ein massereicheres und damit sanierungsfähigeres Unternehmen vorhanden ist.[567] Daher sei es sogar erklärtes Ziel der Insolvenzordnung, die Eröffnung des Verfahrens vorzuverlegen. Als Anreize für eine frühzeitige Einleitung des Insolvenzverfahrens sieht der Gesetzgeber hier nicht nur die Einstellung der Einzelzwangsvollstreckung, sondern auch die Möglichkeiten der Eigenverwaltung und – bei natürlichen Personen – auch der Restschuldbefreiung.[568] 290

Zu beachten ist desweiteren, dass die Möglichkeit der Antragstellung im Falle der (nur) drohenden Zahlungsunfähigkeit nicht mit einer strafbewehrten Antragspflicht korrespondiert[569] und nur der Schuldner selbst antragsberechtigt ist (sog. Innenlösung"), sein Handlungsspielraum somit lediglich erweitert wird. Letztlich soll in erster Linie der Neigung zahlreicher krisenbefangener Unternehmer, bis zum endgültigen Kollaps weiterzuwirtschaften, entgegengesteuert werden.[570] Durch die gesetzliche Normierung bereits der drohenden Zahlungsunfähigkeit als Eröffnungsgrund für das Insolvenzverfahren gem. § 18 Abs. 1 InsO ist der für die Insolvenzdelikte relevante Beginn der „Krise" jedoch andererseits auch per legem nach vorne verlegt worden mit der Folge, dass die freie Sanierung mit nicht unerheblichen **Strafbarkeitsrisiken** einhergeht, die aufgrund der objektiven Bedingung der Strafbarkeit – Eintritt der Zahlungseinstellung oder der Eröffnung des Insolvenzverfahrens[571] – im Falle von Bankrotthandlungen prekärerweise davon abhängig sind, ob die Sanierung erfolgreich verläuft 291

---

[565] *Otto* bspw. nimmt natürliche Personen und Personenhandelsgesellschaften aus dem Anwendungsbereich aus, Jura 1989, 33.
[566] Art. 33 Nr. 16 EGInsO.
[567] Vgl. BT-Drucks. 12/2443 S. 72 ff., 114.
[568] Vgl. hierzu FK/*Schmerbach*, 3. A., § 18 Rdnr. 1 m. w. N.
[569] §§ 401 Abs. 1 Nr. 2, 93 Abs. 3 AktG, §§ 64 Abs. 1, 84 Abs. 1 Nr. 2 GmbHG.
[570] LK/*Tiedemann* Vorbem. § 283 Rdnr. 7; *Penzlin*, Strafrechtliche Auswirkungen der Insolvenzordnung, S. 136.
[571] Sowie der Abweisung des Eröffnungsantrags mangels Masse.

oder nicht. Die Sanierung außerhalb des Insolvenzverfahrens ist – wenn die Rechtsprechung sie auch für grundsätzlich zulässig hält – strafrechtlich problematisch.

292 aa) *Übertragende Sanierung.* Im Falle der Sanierung einer krisenbefangenen Gesellschaft durch die Gründung einer **Auffang- oder Sanierungsgesellschaft** wird regelmäßig der Zweck verfolgt, das insolvenzgefährdete Unternehmen im Interesse der Gläubiger vorübergehend fortzuführen und es unter Vermeidung von Zerschlagungseinbußen und unter Nutzbarmachung immaterieller Werte optimal zu verwerten. Die übertragende Sanierung ist grundsätzlich zulässig, birgt jedoch strafrechtliche Risiken.

293 Im Falle des Bestehens einer Krise kann bereits in der Gründung einer derartigen Gesellschaft ein „Beiseiteschaffen von Vermögensbestandteilen" gemäß § 283 Abs. 1 Nr. 1 StGB oder eine „unwirtschaftliche Ausgabe" gemäß § 283 Abs. 1 Nr. 2 StGB liegen.[572]

294 Wird eine reine Sanierungsgesellschaft nur zu Finanzierungszwecken gegründet, um die notwendigen Mittel für eine Unternehmensfortführung durch die alte GmbH zu generieren, so findet eine Übertragung von (potenzieller) Masse nicht statt, es besteht prima facie keine Gefahr unter dem Aspekt der §§ 283 ff. StGB. Zu beachten ist jedoch, dass bereits die **treuhänderische Übertragung von Betriebsmitteln** auf die Sanierungsgesellschaft den Gläubigerzugriff erschwert und damit grundsätzlich eine Bankrotthandlung gem. § 283 Abs. 1 Nr. 1 StGB darstellt.[573]

295 Regelfall der übertragenden Sanierung ist jedoch die Übertragung von Vermögensbestandteilen auf eine Auffanggesellschaft (bzw. Betriebsübernahmegesellschaft) zur Betriebsfortführung im eigenen Interesse. Wird hierbei etwa Anlagevermögen der krisenbefangenen Gesellschaft lediglich zum Buchwert an die Auffanggesellschaft verkauft und die stillen Reserven nicht aufgedeckt, so liegt die Annahme eines Beiseiteschaffens im Sinne von § 283 Abs. 1 Nr. 1 StGB nahe.[574] Auch die Übertragung lediglich des Firmennamens einer GmbH auf die Auffanggesellschaft kann bereits eine Beiseiteschaffen von Vermögenswerten darstellen, da in der Rspr. anerkannt ist, dass die Firma verwertbarer Teil der Insolvenzmasse ist.[575] Übernimmt die Sanierungsgesellschaft ausschließlich aktive Vermögensbestandteile (so etwa die Produktionsanlagen), so läge in einer derartigen Betriebsaufspaltung prima facie ein Beiseiteschaffen von Vermögensbestandteilen des Altunternehmens im Sinne von § 283 Abs. 1 Nr. 1 StGB.[576]

296 Die Tathandlung des Beiseiteschaffens von Vermögensbestandteilen i. S. d. Nr. 1 kann bei der Betriebsaufspaltung dadurch vermieden werden, dass die Auffanggesellschaft (Besitzgesellschaft) zugleich Schulden des Altunternehmens, das zur Produktionsgesellschaft wird, übernimmt, eine Saldierung also nicht zu einer Vermögensverringerung führt. Dies folgt daraus, dass die Übertragung im Falle entsprechender Gegenleistungen nicht in einer den Anforderungen einer ordnungsgemäßen Wirtschaft widersprechenden Weise erfolgt, die erforderliche Tatbestandsrestriktion des § 283 StGB somit eingreift.[577] Werden also gleichzeitig auch Verbindlichkeiten des Altunternehmens in entsprechender Höhe übernommen, so liegt jedenfalls keine Bankrotthandlung im Sinne von § 283 Abs. 1 Nr. 1 StGB (Beiseiteschaffen) vor. Die wertmäßige Entsprechung von Aktiva und Passiva ist deshalb durch **Wertgutachten** abzusichern.

297 In der Praxis ist jedoch teilweise die Absicht zu beobachten, mit der Sanierungsgesellschaft lediglich diejenigen Forderungen zu übernehmen, an deren Erfüllung aufgrund der Fortsetzung von Geschäftsbeziehungen ein Interesse besteht und den „Schrott" der Produktionsgesellschaft zu belassen. Diese, wenn auch saldierte Übertragung von Vermögenswerten auf die Sanierungsgesellschaft wird als zumindest nur „pseudo-legale"[578] Übertragung von Vermögenswerten bewertet. Da das Altunternehmen auf diese Art und Weise „ausgehöhlt" wird und sich damit der Vermögensstand der Altgesellschaft (des Schuldners) verringert, wird eine derartige selektive Übertragung auf eine Auffang- oder Sanierungsgesellschaft teilweise als sonstiges Verringern

---

[572] BGH Urt. vom 4.9.1979 – 3 StR 242/79, bei *Tiedemann* ZIP 1983, 513 ff.
[573] Mohr, Bankrottdelikte und übertragende Sanierung, Köln 1993, S. 114.
[574] Schmidt/*Uhlenbruck* Rdnr. 1909; Mohr, Bankrottdelikte und übertragende Sanierung, Köln 1993, S. 109 f.
[575] BGHZ 85, 221, 223 f.; *Mohr*, Bankrottdelikte und übertragende Sanierung, Köln 1993, S. 111.
[576] Die sog. „planmäßige Reichtumsverschiebung", *Balz* ZIP 1988, 273, 288.
[577] BGHSt 34, 309, 310.
[578] LK/*Tiedemann* § 283 Rdnr. 157.

des Vermögensstandes und damit als Bankrotthandlung gem. § 283 Abs. 1 Nr. 8 StGB angesehen.[579] Eine im Sinne von § 283 Abs. 1 Nr. 8 StGB tatbestandsmäßige Vermögensverringerung muss jedoch den Anforderungen einer ordnungsgemäßen Wirtschaft grob widersprechen, mit der Folge, dass der Tatbestand auf Fälle eindeutiger Unvertretbarkeit zu beschränken ist. Sind also auch diese Verbindlichkeiten bzw. die Gleichwertigkeit durch Wertgutachten abgesichert, so lässt sich das strafrechtliche Risiko auf diesem Wege minimieren.[580]

Teilweise wird in der Befriedigung bevorzugter Gläubiger durch die Sanierungsgesellschaft 298 das Verschaffen einer inkongruenten Deckung und damit einer Gläubigerbegünstigung gemäß § 283 c StGB gesehen, da dem Gläubiger ein neuer Schuldner verschafft werde, der im Gegensatz zum bisherigen Schuldner zahlungsfähig sei und der Gläubiger auf die Befriedigung keinen Anspruch habe.[581] Bereits durch die partielle Übernahme von Verbindlichkeiten durch die Auffanggesellschaft steigt deren Wert, da der Gläubiger nunmehr nicht mehr (nur) mit einer quotenmäßigen Befriedigung zu rechnen hat, seiner Forderung vielmehr entsprechende Sicherheit (Verbesserung seiner Vollstreckungsmöglichkeit) gegenübersteht. Auch diese Bevorzugung gegenüber den anderen Gläubigern kann eine Gläubigerbegünstigung gem. § 283 c StGB darstellen. Da die Gläubigerbegünstigung gemäß § 283 c StGB jedoch die sichere Kenntnis der eingetretenen Zahlungsunfähigkeit voraussetzt, dürfte die Erfüllung des Tatbestandes regelmäßig entfallen, da die Gründung von Sanierungs- bzw. Auffanggesellschaften außerhalb des Insolvenzverfahrens in der Regel zu einem frühen Zeitpunkt erfolgt. Schließlich muss die Begünstigung des einen (oder mehrerer) Gläubiger absichtlich oder zumindest wissentlich erfolgen (dolus directus). Nimmt der Täter – in Kenntnis der Zahlungsunfähigkeit – die Begünstigung nur billigend in Kauf (dolus eventualis), so ist § 283 c StGB nicht anwendbar und darüber hinaus der Rückgriff auf § 283 Abs. 1 Nr. 1 StGB durch die Sperrwirkung der Privilegierung des § 283 c StGB ebenfalls nicht möglich.[582]

Erfolgt die Aufspaltung in Besitzgesellschaft, die Eigentümerin des wesentlichen Vermögens 299 ist, und Produktionsgesellschaft bereits vor dem in § 283 Abs. 1 StGB genannten Zeitpunkt der Krise, so kommt zwar theoretisch eine Strafbarkeit wegen Untreue gemäß § 266 StGB in Betracht, nicht jedoch wegen einer Bankrotthandlung gemäß § 283 Abs. 1 StGB. Die Erfassung der Kapitalflüsse zwischen beiden Gesellschaften als vorsätzliche Untreuehandlung wird aber häufig daran scheitern, dass der Wert der Leistung durch neutrale Gutachten abgesichert wird.[583]

Ausgaben des Schuldners zum Zwecke der Unternehmenssanierung können im Nachhinein, 300 insbesondere im Falle des Misserfolgs, leicht als unzweckmäßig und damit unwirtschaftlich angesehen werden mit der Folge, dass der Vorwurf einer Bankrotthandlung gem. § 283 Abs. 1 Nr. 2 StGB (Verbrauch übermäßiger Beträge durch unwirtschaftliche Ausgaben) erhoben wird. Das Merkmal der Unwirtschaftlichkeit ist insofern ein wichtiges Korrektiv (s. o.), das gerade im Bereich der Sanierungsbemühungen zu einer Tatbestandsrestriktion führt. Der BGH hat bereits früh klargemacht, dass es bei der Beurteilung der betriebswirtschaftlichen Notwendigkeit auf die Erfolgssicherheit der Bemühungen nicht ankommen kann. Er hat vielmehr darauf abgestellt, ob der Sanierungszweck „bei vernünftiger wirtschaftlicher Betrachtung sinnvollerweise angestrebt werden konnte" und (nur) solche Ausgaben als unwirtschaftlich bezeichnet, die den Regeln einer ordnungsgemäßen Wirtschaft widersprechen. Unwirtschaftlich sind demzufolge „wirtschaftlich unvertretbare Ausgaben, deren Sinnlosigkeit für wirtschaftlich denkende Beobachter feststeht, also eindeutig gegeben ist".[584] Wenn jedoch eine Investition „vom Standpunkt eines objektiven Beobachters selbst bei Inkaufnahme späterer Verluste des überwiesenen Geldes zur Sanierung der Firma führen konnte", ist die Ausgabe nicht unwirtschaftlich und stellt damit keine Bankrotthandlung im Sinne des § 283 Abs. 1 Nr. 2 StGB dar. Die Unwirtschaftlichkeit ist also nur anzunehmen, wenn die Aussichtslosigkeit der Sanierungsbemühungen von

---

[579] *Tröndle/Fischer* § 283 Rdnr. 30.
[580] Vgl. auch *Tiedemann* ZIP 1983, 513, 517.
[581] LK/*Tiedemann* § 283 c Rdnr. 23; *Müller/Wabnitz* Wirtschaftskriminalität, 1982, S. 71, 74.
[582] LK/*Tiedemann* § 283 c Rdnr. 31.
[583] *Tiedemann* ZIP 1983, 513, 517.
[584] LK/*Tiedemann* § 283 Rdnr. 65 unter Bezugnahme auf BGH Urt. v. 4.9.1979 – 3 StR 242/79 – n.v.

vornherein feststand, was insbesondere unter subjektiven Aspekten (bedingter Vorsatz insofern) nur in Ausnahmefällen festzustellen sein dürfte.⁵⁸⁵

301 *bb) Bildung eines Gläubigerpools.* Der Versuch der Sanierung durch die Bildung von Gläubigerpools, also dem Zusammenschluss der Gläubiger in einem „Sicherungspool" in der Form einer Gesellschaft bürgerlichen Rechts entspricht zwar der Sanierungspraxis, ist aber strafrechtlich durchaus gefahrgeneigt. In einem derartigen Gläubigerpool oder auch Sicherungspool schließen sich bevorrechtigte (Groß-) Gläubiger des Unternehmens (Aussonderungs- sowie Absonderungsberechtigte gem. §§ 47, 49 InsO) zusammen. Zielsetzung ist die Vermeidung aufwendiger Abgrenzung der Rechte sowie hierbei entstehender Beweisschwierigkeiten und damit Vereinfachung der Verwertung. Unter Geltung der InsO wird die Bildung derartiger Gläubigerpools als grundsätzlich zulässig angesehen, auch das ausschließliche Verwertungsrecht des Insolvenzverwalters im Insolvenzverfahren gem. § 166 InsO soll dem nicht entgegenstehen.⁵⁸⁶ Werden in einem Pool lediglich unstreitige Aussonderungsrechte zusammengefasst, beeinträchtigt eine derartige Poolvereinbarung die Insolvenzmasse nicht und ist daher grundsätzlich zulässig.⁵⁸⁷ Sollen jedoch aufgrund mangelnder Bestimmtheit fragliche Aussonderungsrechte auf diese Art und Weise „insolvenzfest" gemacht werden, so liegt regelmäßig eine Gläubigerbegünstigung gem. § 283 c StGB vor.⁵⁸⁸ Sind wiederum alle Gläubiger des Unternehmens in einem solchen Pool zusammengeschlossen, so ist die Gefahr einer inkongruenten Befriedigung gering, dies dürfte jedoch nicht der Regelfall sein. Werden aber nur einige (Groß-) Gläubiger in einem Pool zusammengeschlossen, so besteht nicht nur die Gefahr der Begünstigung dieser Gläubiger durch eine bevorzugte und damit inkongruente Befriedigung i. S. v. § 283 c StGB, sondern vielmehr die tendenzielle Gefahr eines Verstoßes gegen § 283 Abs. 1 Nr. 8 StGB, der Verheimlichung der wirtschaftlichen Verhältnisse. Wird bereits die Poolbildung als solche gegenüber den anderen, als nicht essentiell angesehenen Gläubigern verheimlicht, so ist der Tatbestand bereits verwirklicht. Häufig gerät der Sanierer auch in die Versuchung, Nichtmitglieder des Pools durch Nichtbekanntgabe des Tilgungsmodus oder anderer wichtiger Angaben (Kontostand des Anderkontos) zu täuschen. Auch hierdurch wird der Tatbestand des § 283 Abs. 1 Nr. 8 StGB (Generalklausel) verwirklicht.

302 Neben der Bildung von Gläubigerpools ist teilweise auch die Bildung sog. **Gläubiger-Fonds** zu beobachten, bei denen es sich jedoch regelmäßig um ein strafrechtlich relevantes Instrument der „Sanierung" eines Unternehmens handelt. Verfügbare Liquidität oder extern beschaffte Kreditmittel werden hierbei von einem regelmäßig externen Sanierer in einen Gläubiger-Fonds eingebracht, der von einem Treuhänder verwaltet wird und der dem unmittelbaren Schuldnerzugriff entzogen ist bzw. sein soll. Den Gläubigern des Unternehmens wird suggeriert, dass sie im Falle eines Teilverzichts oder zumindest der Stundung ihrer Forderung aus diesem Gläubigerfonds bedient würden und somit eine deutlich größere Chance der Befriedigung erhielten, als im Falle der Insolvenz, in der sie lediglich eine geringe Quote erwarte. Durch diese Methode wird dem Unternehmen kurzfristig Luft verschafft für die Fortsetzung etwaiger Sanierungsversuche oder auch nur, um durch eigen- oder drittnützige Handlungen die Insolvenzmasse weiter zu verringern. Die Veranlassung der Gläubiger zu einem Forderungsverzicht, zum Verzicht auf eine gerichtliche Geltendmachung oder auch nur zu einer Stundung unter Vorspiegelung auch nur partiell falscher Tatsachen, etwa der Verwendungsbeschränkung oder -kontrolle, stellt sich bereits als Betrugshandlung dar.⁵⁸⁹ Durch die Ermöglichung des Weiterwirtschaftens mangels Fremdantrag (auf Eröffnung des Insolvenzverfahrens) trotz Vorliegens der Zahlungsunfähigkeit oder Überschuldung wird bei Kapitalgesellschaften regelmäßig der Tatbestand der Insolvenzverschleppung verwirklicht. Erfolgt diese Art der Sanierung verantwortlich durch einen externen Sanierer, so ist dieser unter Umständen als faktischer Geschäftsführer unmittelbar als Täter strafbar, erfolgt lediglich eine dahin gehende Beratung, so ist der eingetragene Geschäfts-

---

⁵⁸⁵ Zu Einzelfragen der übertragenden Sanierung vgl.: *Mohr,* Bankrottdelikte und übertragende Sanierung, Köln 1993.
⁵⁸⁶ *Gundlach/Frenzel/Schmidt* NZI 2003, 142 ff.
⁵⁸⁷ BGH NJW 1989, 895, 896; *Köhler* in Wabnitz/Janovski, 2. Kap. Rdnr. 448.
⁵⁸⁸ Vgl. Schmidt/*Uhlenbruck* Rdnr. 728; grundsätzlich: *Burgermeister,* Der Sicherheitenpool im Insolvenzrecht, 2.Aufl. 1996, S. 223 ff.
⁵⁸⁹ BGHSt 1, 264; BGH wistra 93, 17; OLG Stuttgart NJW 1963, 825.

führer Täter, der Sanierer jedoch Anstifter oder Gehilfe.[590] Werden trotz bestehender Krise dem Unternehmen zustehende Mittel in den dem Schuldnerzugriff entzogenen Fonds eingebracht, so liegt in einem derartigen Verhalten ein Beiseiteschaffen gem. § 283 Abs. 1 Nr. 1 StGB, im Falle der inkongruenten Befriedigung bevorzugter Gläubiger aus dem Fonds zumindest eine Gläubigerbegünstigung gem. § 283 c StGB. Werden dann die in dem Fonds zusammengeführten Mittel auch noch abredewidrig an den Schuldner oder ihm nahe stehende Personen ausgekehrt, so kommt darüber hinaus auch noch eine Untreuestrafbarkeit in Betracht.[591]

d) *Unternehmensbeendigung außerhalb des Insolvenzverfahrens.* aa) *Auflösung bzw. Liquidation von Kapitalgesellschaften.* Neben den Möglichkeiten der freiwilligen Auflösung der Kapitalgesellschaft[592] sieht das Gesetz bestimmte Gründe für die zwingende Auflösung von Kapitalgesellschaften vor, bspw. die Vermögenslosigkeit.[593] Zwingende Folge der Auflösung ist die Liquidation durch eingesetzte Liquidatoren, häufig der oder die bisherigen Geschäftsführer.[594] Die zu liquidierende Gesellschaft trägt im Geschäftsverkehr den Zusatz i.L. (in Liquidation). Auch im Falle der Abweisung des Insolvenzantrages mangels Masse ist die Auflösung der Kapitalgesellschaft zwingende Folge.[595] Mit der Auflösung tritt aber nicht unmittelbar die Vollbeendigung der Gesellschaft ein, die Existenz der Kapitalgesellschaft endet vielmehr erst, wenn kein Vermögen mehr vorhanden ist, die Liquidatoren den Schluss der Liquidation angemeldet haben und die Löschung im Register erfolgt ist.[596]

Soweit vor Löschung der Kapitalgesellschaft (ggfs. nach der Abweisung des Insolvenzantrages mangels Masse) jedoch noch Vermögen vorhanden ist, besteht insofern noch Raum für die Geltendmachung von Ansprüchen gegen die aufgelöste Gesellschaft. Die Abwicklung der Gesellschaft, die u. U. noch über eigenes Vermögen verfügt, liegt gemäß § 66 GmbHG in der Hand der Liquidatoren, die häufig mit den ehemaligen Geschäftsführern identisch sind. Die Liquidatoren haben sicherzustellen, dass zunächst die Schulden der Gesellschaft getilgt werden, bevor das verbleibende Vermögen gem. § 72 GmbHG unter den Gesellschaftern verteilt wird. Die Verteilung des Vermögens darf daher erst nach Ablauf eines sog. „Sperrjahres" gem. § 73 GmbHG verteilt werden, binnen dessen eine Leistungssperre gegenüber den Gesellschaftern besteht. Wird das Vermögen der Gesellschaft durch unzulässige Auszahlungen, u. a. an die Gesellschafter, geschädigt, so macht sich der Liquidator wegen Untreue gem. § 266 StGB zum Nachteil des von ihm zu betreuenden Gesellschaftsvermögens strafbar.[597] Stellt sich im Laufe der Liquidation heraus, dass Zahlungsunfähigkeit oder Überschuldung der Gesellschaft vorliegen, so hat auch der Liquidator unverzüglich **Insolvenzantrag** zu stellen. Unterlässt er dies, so macht er sich wegen Insolvenzverschleppung gem. § 84 Abs. 1 Nr. 2 GmbHG strafbar.[598] Die Strafbarkeit entfällt auch nicht durch die Übertragung des Gesellschaftsvermögens auf einen Treuhänder mit der Maßgabe, dieses zu verwerten und den Erlös nach den Regeln eines Insolvenzverfahrens an die Gläubiger zu verteilen.[599] Im Falle der offenen Liquidation durch einen Liquidator ist damit auch die Gefahr strafrechtlich relevanter Bankrotthandlungen gegeben. Werden dem Liquidator – außerhalb der Krise – Vermögenswerte in der Gesellschaft verheimlicht, etwa Forderungen der Gesellschaft über gesellschaftsfremde Bankkonten eingezogen, stellt sich dies als Untreuehandlung gemäß § 266 StGB dar.[600] Nach Eintritt der Krise bis zur Eröffnung des Insolvenzverfahrens (bzw. der vorläufigen Verwaltung) oder im Falle der Fortsetzung der Liquidation trotz Krise außerhalb des geregelten Insolvenzverfahrens stellt sich ein derartiges Verhalten als Bankrotthandlung gem. § 283 Abs. 1 StGB dar. Zwar ist im Liqui-

---

[590] Wabnitz/Janovski/*Köhler* 2. Kap. Rdnr. 448.
[591] Vgl. OLG Stuttgart wistra 1984, 114; *Richter* wistra 1984, 97.
[592] §§ 60 Abs. 1 Nr. 1 GmbHG, 262 Abs. 1 Nr. 3 AktG.
[593] §§ 60 Abs. 1 Nr. 7 GmbHG i. V. m. § 141 a FGG.
[594] § 66 GmbHG.
[595] §§ 60 Abs. 1 Nr. 5 GmbHG, 262 Abs. 1 Nr. 4 AktG.
[596] § 74 GmbHG, Lehre vom Doppeltatbestand, BGH NJW-RR 1988, 477, *Haarmeyer/Wutzke/Förster*, Handbuch, 3. A., 3/550, Die Löschung gem. § 141 a FGG bedarf der positiven Feststellung der Vermögenslosigkeit nach Liquidation.
[597] Vgl. auch Schmidt/Uhlenbruck/*K. Schmidt* Rdnr.747; Müller-Gugenberger/Bieneck/*Bieneck* § 76 Rdnr. 78.
[598] Wortlaut des § 84 Abs. 1 Nr. 2 GmbHG, Verweisung auf § 64 GmbHG in § 71 Abs. 4 GmbHG.
[599] *Uhlenbruck*, in Schmidt/Uhlenbruck, Die GmbH in Krise, Sanierung und Insolvenz, Rdnr. 734 (str.).
[600] Vgl. hierzu Müller-Gugenberger/Bieneck/*Bieneck* § 76 Rdnr. 78.

dationsverfahren die gleichmäßige Befriedigung aller Gläubiger nicht vorgeschrieben,[601] eine inkongruente Befriedigung der Gläubiger führt jedoch zu einer Strafbarkeit auch des Liquidators wegen Gläubigerbegünstigung gemäß § 283 c StGB.[602] Ist der vom Liquidator gestellte Insolvenzantrag mangels Masse abgewiesen worden, so sind bei fortbestehender Krise jedoch immer noch Bankrotthandlungen möglich.[603] Auch das Beiseiteschaffen von Buchhaltungsunterlagen vor Ablauf der Aufbewahrungsfrist durch den Liquidator ist, soweit ein Interesse der Gläubiger an diesen besteht, als Bankrotthandlung gem. § 283 Abs. 1 Nr. 6 StGB, strafbar.[604]

305 *(1) Stille Liquidation mit Vermögensverschiebung.* Nach Eröffnung des Insolvenzverfahrens über das Vermögen einer Kapitalgesellschaft liegt die „Liquidation" bis hin zur Löschung in der Hand des Insolvenzverwalters (geregelte Liquidation). Wird aber trotz Vorliegens eines Insolvenzgrundes ein Insolvenzverfahren gar nicht erst eingeleitet, das Unternehmen jedoch in eigener Regie abgewickelt, so spricht man von der handels- und gesellschaftsrechtswidrigen „stillen Liquidation". Im Rahmen der stillen Liquidation bei gleichzeitigem Bestehen eines Insolvenzgrundes (Krise) wird zur Vermeidung von externen Insolvenzanträgen regelmäßig die „einvernehmliche Regelung" mit den Gläubigern gesucht. Kleinere Gläubiger resignieren nach erfolglosen Vollstreckungsversuchen häufig, ohne einen Antrag auf Eröffnung des Insolvenzverfahrens über das Vermögen der Gemeinschuldnerin zu stellen. Tatsächlich ist die Abschreibung ihrer Forderungen betriebswirtschaftlich regelmäßig ökonomischer, als das Betreiben des Insolvenzverfahrens in der Hoffnung, eine (bescheidene) Insolvenzquote zu erlangen.

306 In einer derartigen stillen Liquidation des Gesellschaftsvermögens liegt regelmäßig die Erfüllung des Tatbestandes der Insolvenzverschleppung. Durch die insolvenzrechtswidrige Verringerung der Masse, das in derartigen Fällen häufig zu beobachtende Beiseiteschaffen von Vermögensgegenständen zum Nachteil der Gläubiger oder auch nur die möglicherweise inkongruente oder ungleiche Befriedigung der Gläubiger werden regelmäßig Tatbestände der Insolvenzdelikte (§§ 283 ff. StGB) verwirklicht. *Bieneck* sieht die „stille Liquidation" meist nicht nur als eine durch eigennützige Handlungen des Unternehmers, sondern auch durch Eigentums- und Vermögensdelikte gekennzeichnete Art der „Krisenbewältigung" an.[605] Die stille Liquidation birgt jedenfalls nicht unerhebliche strafrechtliche Risiken, wenn auch gerade vor dem Hintergrund der regelmäßigen Abschreibung von Forderungen insbesondere nach Abweisung eines Insolvenzantrages eine hohe Dunkelziffer zu vermuten ist.

307 *(2) Die sog. Unternehmensbestattung.* Der systematische Aufkauf insolvenzreifer Unternehmen durch so genannte „Firmenbestatter" ist kein Fall der regulären Abwicklung oder Sanierung eines Unternehmens, sondern ein regelmäßig strafrechtlich relevantes Phänomen. Hinter Zeitungsanzeigen mit Titeln wie „GmbH-Probleme?" oder „Vor der Insolvenz? GmbH-Kauf sofort." verbergen sich so genannte „Sanierer", die systematisch und in großem Stil insolvente Unternehmen aufkaufen und dadurch dem Verkäufer die Möglichkeit bieten, das Stigma und die Risiken einer Unternehmensinsolvenz zu umgehen.

308 Der Aufkäufer erwirbt den Firmenmantel, beruft den alten Geschäftsführer ab, setzt einen neuen Geschäftsführer ein, verlegt den Firmensitz und stellt (gegebenenfalls zu einem späteren Zeitpunkt) Insolvenzantrag. Vermögenswerte der Gesellschaft wurden regelmäßig bereits zuvor beiseite geschafft, mangels verbleibender Masse erfolgt keine Eröffnung des Insolvenzverfahrens. Für den Verkäufer besteht der Sinn einer derartigen „Bestattung" darin, dass den Gläubigern der insolventen Gesellschaft die Vollstreckung durch die Sitzverlegung erschwert wird und diese sich formalrechtlich zunächst an den Übernehmer zu wenden haben. Aufgrund der Sitzverlegung ist die Geltendmachung der Forderungen äußerst aufwendig und führt häufig zu einer frustrationsbedingten Abschreibung entsprechender Forderungen. Möglicherweise unterliegt der Verkäufer hierbei dem Trugschluss, sich durch den Verkauf der Gesellschaft seiner insolvenzrechtlichen Pflichten entledigen zu können. Für diese Art der „Dienstleistung" und der damit verbundenen Entlastung des (Alt-) Geschäftsführers muss eine Übernahmege-

---

[601] BGHZ 53, 71.
[602] Vgl. Müller-Gugenberger/Bieneck/*Bieneck* § 76 Rdnr. 78.
[603] BGHSt 7, 146; Müller-Gugenberger/Bieneck/*Bieneck* § 76 Rdnr. 75 a.
[604] BGH GA 1954, 311.
[605] Müller-Gugenberger/Bieneck/*Bieneck* § 75 Rdnr. 27.

bühr oder ein sog. „Entsorgungsentgelt" entrichtet werden, das sich regelmäßig auf ca. 10 % der Verbindlichkeiten, mindestens jedoch ca. € 10.000,00 beläuft. Dieses Entsorgungsentgelt wird als „Unternehmensberatungshonorar" verbrämt und möglicherweise aus der Gesellschaft selbst bezahlt. Neben dem formalen Unternehmenskaufvertrag, der die Übergabe der Firma zum vorgeblichen Zweck der Sanierung bzw. Liquidierung regelt, wird das tatsächlich anfallende Entsorgungsentgelt regelmäßig nur mündlich vereinbart. Der Kaufpreis wird häufig durch die „Übernahme der Verbindlichkeiten" der Gesellschaft erbracht. Das Anlagevermögen der insolventen GmbH, an dem der Erwerber regelmäßig kein Interesse hat, wird dem Altgeschäftsführer „treuhänderisch" überlassen. Als (Neu-) Geschäftsführer werden Arbeits- und Vermögenslose eingesetzt, die ohnehin „gesetzlich eingerichtet" sind und teilweise mehrere Firmen pro Woche (als Gesellschafter-) Geschäftsführer für einen Lohn von 500.- bis 1.000.- € übernehmen.[606] Die Buchhaltungsunterlagen der GmbH werden von dem Aufkäufer übernommen und an unbekanntem Ort gelagert oder direkt vernichtet. Stellt sich bei einzelnen Gesellschaften heraus, dass die Gläubiger keinen Verfolgungsdruck entwickeln und ihre Forderungen abschreiben, so ist der Firmenmantel „recycelt" und wird teilweise als „schuldenfreier Firmenmantel" wiederum weiterverkauft.[607]

Obwohl die strafrechtliche Relevanz einer derartigen Firmenbestattung unter dem Aspekt der Bankrottvorschriften auf der Hand zu liegen scheint, bereitet die konkrete Subsumtion regelmäßig nicht unerhebliche Schwierigkeiten. **309**

Ist die Gesellschaft im Zeitpunkt des Verkaufs bereits überschuldet oder zahlungsunfähig, so begeht der Verkäufer durch das Unterlassen der Antragsstellung eine **Insolvenzverschleppung** gemäß §§ 84 Abs. 1 Nr. 2, 64 GmbHG. Wird der Geschäftsführer jedoch vor Ablauf der Antragsfrist des § 64 GmbHG entpflichtet, so soll er verpflichtet sein, seinen Nachfolger zu veranlassen, den Antrag zu stellen.[608] Hat er das getan, dürfte auch eine strafrechtliche Verantwortlichkeit unter dem Aspekt der Insolvenzverschleppung entfallen. Aufgrund der entsorgten Buchhaltungsunterlagen ist die nachträgliche Feststellung des Zeitpunkts des Eintritts des Insolvenzgrundes und damit des Fristenlaufs jedoch äußerst schwierig. Hinsichtlich des neu eingesetzten Geschäftsführers ist es zumindest streitig, ob dieser „Geschäftsführer" im Sinne des § 84 Abs. 1 Nr. 2 GmbHG ist, da der Bestellungsakt ebenso wie die gesamte Firmenübernahme sittenwidrig sein dürfte.[609] Ist der eingesetzte Geschäftsführer schließlich lediglich Strohmann eines beherrschenden Hintermannes, so ist er mangels eigener Leitungsfunktion nicht einmal als faktischer Geschäftsführer Normadressat. Faktischer Geschäftsführer und damit Normadressat ist der Hintermann, dessen Ermittlung regelmäßig schwer fällt. Für den eingesetzten Geschäftsführer verbleibt es bei einer Beihilfe zur Insolvenzverschleppung. **310**

Eine **Bankrottstrafbarkeit** des Verkäufers nach § 283 Abs. 1 Nr. 1 (Beiseiteschaffen von Vermögensbestandteilen) oder Nr. 7 StGB (unterlassene Bilanzierung bei Verkauf) scheitert in der Regel daran, dass die Zahlungseinstellung als objektive Bedingung der Strafbarkeit regelmäßig erst mit der Übernahme erfolgt. Voraussetzung der Strafbarkeit gemäß § 283 Abs. 1 ist jedoch, dass die Bankrotthandlung *vor* Eintritt der objektiven Bedingung der Strafbarkeit begangen wurde.[610] **311**

Das Entsorgen sämtlicher Buchhaltungs- und Geschäftsunterlagen der aufgekauften GmbH in der Krise könnte sowohl hinsichtlich des alten als auch des neuen Geschäftsführers den Tatbestand des § 283 Abs. 1 Nr. 6 StGB (Beiseiteschaffen von Handelsbüchern oder sonstigen Unterlagen) erfüllen. Hier ist jedoch zu beachten, dass sowohl der Altgeschäftsführer als auch Neugeschäftsführer ein eigenes Interesse an der Beseitigung der Geschäftsunterlagen haben, um den Nachweis eventueller Insolvenzstraftaten zu erschweren. Die GmbH selbst wird durch derartige Verschleierungsmaßnahmen geschädigt, da Forderungen nicht mehr durchgesetzt werden können und vorhandene Vermögenswerte dem beliebigem Zugriff der an dem Verkauf Beteiligten ausgeliefert werden. Unter Rückgriff auf die Interessentheorie des BGH ist **312**

---

[606] *Hey/Regel*, „Firmenbestatter" – Das Geschäft mit der Pleite, Kriminalistik 1999, 258 ff.
[607] *Hey/Regel* Kriminalistik 1999, 258, 260.
[608] BGHSt 2, 53, 54.
[609] Unwirksamkeit analog § 241 Nr. 4 AktG; vgl. auch LG Potsdam wistra 2005, 193, 195; *Ogiermann* wistra 2000, 250, 251.
[610] BGH wistra 1998, 105; BGH MDR 1991, 1023; *Ogiermann* wistra 2000, 250, 251.

eine Anwendung der Bankrottdelikte somit ausgeschlossen, in Betracht kommt eine Strafbarkeit wegen **Untreue** gemäß § 266 StGB.[611] Selbst die Anwendung des § 266 StGB erscheint aber problematisch, da die Wegnahme bzw. Vernichtung von Geschäftsunterlagen von jedem beliebigen Beschäftigten eines Unternehmens hätte vorgenommen werden können und nicht unter Ausnutzung der Pflichtenstellung als Geschäftsführer erfolgt ist. Als Auffangtatbestand kommt dann möglicherweise noch die veruntreuende Unterschlagung gemäß § 246 Abs. 2 StGB in Betracht.[612]

313 Wird das „Entsorgungsentgelt" für den Verkauf der Gesellschaft jedoch aus der GmbH selbst bezahlt, so ist hierin unter Umständen eine Untreue gemäß § 266 StGB zum Nachteil des Gesellschaftsvermögens zu sehen.[613]

314 e) Einzelne Problembereiche. Das sog. Cash-Pooling. Das insbesondere in Großkonzernen seit einigen Jahren zum üblichen Instrumentarium des Finanzmanagements gehörende Cash-Pooling oder auch Cash-Management ist ein Instrument zur Bewirtschaftung der liquiden Mittel im Konzern. Ziel des Cash-Managements ist die Gewährleistung der situativen und langfristigen Zahlungsfähigkeit des Unternehmens.[614] Die Sicherung der Liquidität ist für den Fortbestand des Konzerns von existenzieller Bedeutung. Ohne Cash-Pooling werden liquiditätsbedürftige Konzernunternehmen verpflichtet, sich am Kapitalmarkt Liquidität zu hohen Zinsen zu beschaffen. Über ein Cash-Pooling-System werden die Salden der Konten der verschiedenen Konzerngesellschaften auf einem zentralen sog. Zielkonto oder Master-Konto, regelmäßig bei der Holding, zusammengeführt. Hierdurch soll die erforderliche Fremdmittelaufnahme und damit die Zinsbelastung im Gesamtkonzern möglichst gering gehalten werden. Üblicherweise hat die Konzernspitze die alleinige Verfügungsgewalt über das Zielkonto, wohingegen die Konzerngesellschaften einzelvertraglich verpflichtet werden, freie Liquidität abzuführen und keine Reserven zurückzuhalten. Für Konzerngesellschaften, die (Netto-) Zahler sind, entsteht damit ein Anspruch gegen die Holding auf Rückführung der eingebrachten Mittel. Die Gesellschaften, die per Saldo Liquidität entnehmen, begründen eine Verbindlichkeit gegenüber der Konzernholding. Im Idealfall wird nur noch der Saldo des Zielkontos am Kapitalmarkt angelegt oder durch erforderliche Kreditaufnahme gedeckt.

315 Strafrechtliche Risiken können sich hierbei daraus ergeben, dass den bedürftigen Konzerntöchtern freie Liquidität zur Verfügung gestellt wird, ohne dass entsprechende Sicherheiten hingegeben werden, wie sie im Falle der Kreditbeschaffung auf dem freien Markt erforderlich wären. Die einzahlenden Konzerngesellschaften erhalten zwar einen vertraglichen Anspruch auf Rückführung der eingebrachten Mittel, dieser ist in seiner Werthaltigkeit jedoch von der wirtschaftlichen Lage des Gesamtkonzerns abhängig. Bereits gesellschaftsrechtlich wird die Einführung eines zentralen Cash-Managements deshalb im faktischen Konzern nur dann für zulässig erachtet, wenn die Rückzahlung der gepoolten Liquidität dauerhaft gewährleistet ist und eine an den alternativen Ertragsaussichten der Gesellschaft orientierte Verzinsung der Mittel erfolgt.[615] Im Vertragskonzern soll ein zentrales Cash-Management – gesellschaftsrechtlich – grundsätzlich zulässig sein, da es weder gegen allgemeine noch gegen gesellschaftsrechtliche Vorgaben verstoße.[616] Die Abgabe von existenznotwendiger Liquidität an die Cash-Management-Gesellschaft ist allerdings dann problematisch, wenn die Rückzahlung aufgrund schlechter Bonität nicht gewährleistet ist und die herrschende Gesellschaft ihrer Verlustausgleichspflicht nicht nachkommen kann.[617] Auch außerhalb der Unternehmenskrise liegen damit im Cash-Pooling strafrechtliche Probleme unter dem Aspekt der **Untreue** gemäß § 266 StGB. In dem Verfahren „Bremer Vulkan" hatte das Landgericht Bremen entschieden, dass der Abzug von Liquidität aus dem beherrschten Tochterunternehmen grundsätzlich eine Untreue-

---

[611] LG Hamburg Urt. v. 1.9.1999 – 616 a KLs 7/99, bei *Ogiermann* wistra 2000, 250.
[612] *Ogiermann* wistra 2000, 250, 251.
[613] *Hey/Regel* Kriminalistik 1999, 258, 261.
[614] *Boettger*, Cash-Management internationaler Konzerne, 1995, S. 78; *Hormuth*, Recht und Praxis des konzernweiten Cash-Managements, S. 52.
[615] So für den faktischen GmbH-Konzern: *Hormuth*, Recht und Praxis des konzernweiten Cash-Managements, S. 152.
[616] *Hormuth*, Recht und Praxis des konzernweiten Cash-Managements, S. 165.
[617] *Hormuth*, Recht und Praxis des konzernweiten Cash-Managements, S. 165.

handlung darstellen könne.[618] Der BGH hat das Urteil jedoch zwischenzeitlich aufgehoben und befunden, dass Alleingesellschafter oder einverständlich handelnde Gesellschafter, hier die Konzernholding, sehr wohl berechtigt seien, der Tochtergesellschaft auch formlos Vermögenswerte zu entziehen. Dieser Spielraum umfasse auch das Finanzmanagement des Gesamtkonzerns. Ein konzerninternes Cash-Management ist daher grundsätzlich zulässig. Der 5. Strafsenat des Bundesgerichtshofs hat allerdings die Grenzen eines zulässigen Cash-Managements aufgezeigt.

Grenzen des Cash-Pooling

316 „Werden automatisch ohne Rücksicht auf bestehende Verbindlichkeiten Gelder in dieses System eingespeist, löst dies eine gesteigerte Sicherungspflichten aus, wenn auf diese Weise Vermögenswerte das Unternehmen verlassen und innerhalb des Konzerns transferiert werden. Erreicht der Vermögenstransfer ein solches Ausmaß, dass die Erfüllung der eigenen Verbindlichkeiten des einlegenden Konzernmitglieds im Falle eines Verlustes der Gelder gefährdet wäre, dann trifft die Muttergesellschaft eine Vermögensbetreuungspflicht, die Rückzahlung der Gelder – etwa durch ausreichende Besicherung – zu gewährleisten. Sie hat dann die wirtschaftlichen Eigeninteressen ihrer Tochtergesellschaft (und deren Gläubiger) zu wahren."[619]

317 Die Dispositionsbefugnis (der Holding) endet also dort, wo die Interessen anderer (der Konzerngesellschaften) oder öffentliche Interessen berührt werden, mithin das Stammkapital der Gesellschaft beeinträchtigt oder eine konkrete und unmittelbare Existenzgefährdung einträte, weil der GmbH ihre Produktionsgrundlagen entzogen oder ihre Liquidität gefährdet würde. Eine Strafbarkeit der Mitglieder des Konzernvorstands wegen Untreue ist nach der jüngsten Rechtsprechung des BGH somit denkbar, wenn die ordnungsgemäße Sicherung der Einzahlungen der Konzerngesellschaften unterlassen wurde und dadurch die Erfüllung der eigenen Verbindlichkeiten der teilnehmenden Gesellschaft gefährdet wird.[620]

318 Der BGH hat damit erstmalig strafrechtliche Grenzen für das Cash-Pooling aufgezeigt. Zivilrechtlich hatte bereits der II. Zivilsenat des BGH bei Überschreitung dieser Grenzen eine Ausfallhaftung der Gesellschafter (Holding) unter dem Gesichtspunkt des existenzvernichtenden Eingriffs statuiert.[621] Strafrechtlich weniger riskant, wenn auch wirtschaftlich weniger interessant, sind Varianten wie etwa das Conditional-Cash-Pooling, bei dem nur die Verbindlichkeiten der Konzerngesellschaften überschießenden Beträge gepoolt werden oder ein „Zinsoptimierungsmodell",[622] bei dem die Salden der Konzerngesellschaften bei einer kreditgebenden Bank lediglich virtuell gepoolt werden. Steht dem Unternehmen die vom 5. Strafsenat favorisierte „ausreichende Besicherung" nicht zur Verfügung, gilt, will man strafrechtlich auf der sicheren Seite sein, folgender Grundsatz.

319 Den Gesellschaftern (und damit auch der Holding im Konzern) steht innerhalb wie außerhalb der Liquidation nur der Zugriff auf den zur Erfüllung der Gesellschaftsverbindlichkeiten nicht benötigten Überschuss zu. Es ist ihnen nicht erlaubt, der Gesellschaft Vermögen zu entziehen, das diese für die Erfüllung ihrer Verbindlichkeiten benötigt.

320 Geraten die Holding oder auch nur einzelne Konzernunternehmen darüber hinaus in eine Krise im Sinne von § 283 StGB, so birgt das Cash-Pooling die Gefahr, im Konzerninteresse **Bankrotthandlungen** bei den krisenbefangenen Gesellschaften zu generieren. Befindet sich eine einzahlende Konzerngesellschaft in der Krise, ist etwa überschuldet, verfügt aber noch über Liquidität, so wäre der Abzug verbleibender Gelder im Rahmen des Cash-Poolings möglicherweise ein Beiseiteschaffen von Vermögenswerten im Sinne von § 283 Abs. 1 Nr. 1 StGB. Handelt es sich um Cash-Pooling innerhalb eines internationalen Konzerns, liegt hinsichtlich des Beiseiteschaffens die Parallele zu dem von der Rechtsprechung entschiedenen Fall der Überweisung von Geldern auf Konten juristisch selbständiger „Offshore–Gesellschaften" auf der Hand.[623] Werden vor der Insolvenz „nur" offene Salden aus dem Cash-Pooling ausgeglichen,

---

[618] Vgl. LG Bremen Urt. V. 21.12.2001 – 42 KLs 830 Js 7161/96 – Bremer Vulkan.
[619] BGH wistra 2004, 341, 346.
[620] BGH wistra 2004, 341, 346. Problematisch erscheint allerdings, daß der 5. Senat somit Aspekte des Gläubigerschutzes in den Tatbestand des § 266 StGB einbezieht und damit die Abgrenzung zu § 283 StGB aufweicht.
[621] BGHZ 149, 10, 17; BGHZ 150, 61.
[622] *Seidel* DStR 2004, 1130 ff.
[623] OLG Frankfurt NStZ 1997, 551.

so könnte zumindest eine inkongruente Befriedigung der Holding und damit eine Gläubigerbegünstigung gemäß § 283 c StGB gegeben sein.

321 Für die einzahlende Gesellschaft besteht weiterhin das Risiko, in der Insolvenz der Cash-Pooling-Gesellschaft (i. d. R. der Holding) die abgeführten Gelder nicht zurück zu erhalten und statt dessen einen, mangels Masse wertlosen Rückzahlungsanspruch bzw. einen Anspruch in Höhe der dort ermittelten Insolvenzquote zu bekommen. Geht die Holding in die Insolvenz, hat die Tochter einen Wertberichtigungsbedarf, der möglicherweise in die Überschuldung führt. Im Fall der gleichzeitigen Insolvenz beider Gesellschaften erleiden die Gläubiger der einzahlenden Gesellschaft einen Schaden durch die Schmälerung der Insolvenzmasse. Die Insolvenzmasse wird ohne adäquate Gegenleistung (Sicherheiten) verringert. In der Insolvenz der Cash-Pooling-Gesellschaft werden sämtliche Forderungen aller Teilnehmer am Cash-Pooling-System gegen die Cash-Pooling-Gesellschaft gleichzeitig notleidend, der Gesamtkonzern kann in eine Schieflage geraten.[624]

322 **Eigenkapitalersetzende Darlehen in der Insolvenz.** Ein eigenkapitalersetzendes Darlehen liegt vor, wenn ein Gesellschafter seiner Gesellschaft in einem Zeitpunkt, in dem diese von Dritten keine Kredite mehr (zu marktüblichen Zinsen) erhält, anstelle des notwendigen Eigenkapitals ein Darlehen zuführt. Eine drohende oder bereits eingetretene Überschuldung der GmbH kann durch ein derartiges Darlehen, anders als durch einen Fremdkredit, ausgeräumt werden. Erhärtet sich jedoch die Krise und verfügt der Gesellschafter dann nach Kenntnis des Eintritts der Zahlungsunfähigkeit der Gesellschaft noch über fällige Forderungen gegen die Gesellschaft (z. B. Darlehensrückzahlung), so ist die Versuchung groß, diese vor dem Insolvenzverfahren, in dem maximal eine quotenmäßige Befriedigung zu erwarten wäre, unter Benachteiligung der anderen Gläubiger zu begleichen. Häufig sind es auch die Geschäftsführer der GmbH, die eigene Forderungen gegen die GmbH im letzten Moment befriedigen. Die Frage, ob derartige Selbstbegünstigungshandlungen gem. § 283 c StGB privilegiert werden, ist kompliziert. Der Schuldner selbst kann nach h. M. nicht Gläubiger sein (s. o.).[625] Die Privilegierung gilt also nicht im Fall der Identität des Gläubigers mit dem Schuldner oder dem für die Schuldnerin Handelnden. Befriedigt also der **Geschäftsführer** einer GmbH nach Eintritt der Zahlungsunfähigkeit seine eigenen Ansprüche gegen die Gesellschaft oder räumt sich inkongruente Sicherheit ein, so liegt kein Fall des § 283 c StGB, sondern (aufgrund des Eigeninteresses) ggfs. eine Untreue gem. § 266 StGB vor.[626] Befriedigt der Geschäftsführer jedoch lediglich fällige Ansprüche gegen die Gesellschaft, so fehlt es regelmäßig an einem Schaden i. S. v. § 266 StGB.[627] Handelt der Geschäftsführer aber bspw. im Einverständnis mit dem Komplementär, so hat der BGH entschieden, dass in diesem Fall ein Handeln (auch) im Interesse der Gesellschaft erfolge und § 283 c StGB damit zur Anwendung gelange.[628] Dieser Rechtsgedanke dürfte durch die Rechtsprechung absehbar auch auf den Gesellschafter (-geschäftsführer) einer GmbH übertragen werden.

323 Schwierig ist die Einordnung der **Gesellschafter** in der Insolvenz der Handelsgesellschaft. Soweit Forderungen der Gesellschafter gegen die Gesellschaft aus dem Gesellschaftsanteil betroffen sind, fallen diese nicht unter den Gläubigerbegriff, da sich aus ihren Gesellschaftsanteilen gerade die Haftungsmasse zusammensetzt. Die Gesellschafter einer OHG, KG, GmbH oder AG sind somit in der Insolvenz ihrer Gesellschaft keine Gläubiger im Hinblick auf ihre Kapitalanteile, Aktieneinlagen oder Geschäftsanteile.[629] Streitig in diesem Zusammenhang ist jedoch die Behandlung der Gesellschafterdarlehen, die zivilrechtlich eigenkapitalersetzenden Charakter haben (§§ 172 a HGB, 32 a GmbHG), wenn sie der Gesellschaft zu einem Zeit-

---

[624] Dieses sog. „Klumpenrisiko" hat sich bei der Krise der Bremer Vulkan Verbund AG realisiert. Die gesamte konzernweite Liquidität, Darlehen der Treuhandanstalt sowie Subventionen der europäischen Union wurden im zentralen Cash-Pooling zusammengefaßt. Im Zeitpunkt der Insolvenz war sämtliche Liquidität unwiederbringlich an die Vulkan-Tochtergesellschaft Dörries-Schaarmann weitergeleitet worden; vgl. *Hormuth*, Recht und Praxis des konzernweiten Cash-Managements, S. 132.
[625] RGSt 68, 368, 370; LK/*Tiedemann* § 283 c Rdnr. 10.
[626] BGHSt 34, 221, 226.
[627] Das OLG Stuttgart (Urt. v. 21.2.1984 – 1 WS 46/84, zit. nach LK/*Tiedemann* Rdnr. 11) hat aus diesem Grunde eine Anwendung des § 283 c StGB bejaht.
[628] BGHSt 34, 222, 223.
[629] LK/*Tiedemann* § 283 c Rdnr. 10; *Tröndle/Fischer* § 283 c Rdnr. 2.

punkt gewährt worden sind, „in dem ihr die Gesellschafter als ordentliche Kaufleute Eigenkapital zugeführt hätten", weil der Kapitalbedarf am freien Kapitalmarkt zu üblichen Konditionen nicht mehr gedeckt werden konnte. Die überwiegende Auffassung ging bisher davon aus, dass Gesellschafter hinsichtlich derartiger Forderungen keine Gläubiger i. S. v. § 283 c StGB seien.[630] Seit In-Kraft-Treten der InsO am 1.1.1999 bezeichnet § 39 Abs. 1 Nr. 5 InsO Forderungen der Gesellschafter auf Rückgewähr kapitalersetzender Darlehen jedoch ausdrücklich als (nachrangige) Verbindlichkeiten und den Gesellschafter insofern als Insolvenzgläubiger. Obwohl diese an der Verteilung der Insolvenzmasse nur teilnehmen, wenn nach der Befriedigung der Insolvenzgläubiger ein Überschuss verbleibt, was nur in seltenen Ausnahmefällen vorkommt, sind die nachrangigen Insolvenzgläubiger den Insolvenzgläubigern grundsätzlich gleichgestellt.[631] Diese ausdrückliche gesetzliche Klarstellung spricht nunmehr für eine Anwendung des § 283 c StGB in den vorbezeichneten Fällen.[632]

2. Nach Eintritt der Insolvenz

Nach Eintritt der Zahlungsunfähigkeit oder der Überschuldung (s. o. Allgemeiner Teil) schreibt der Gesetzgeber den Verantwortlichen einer Kapitalgesellschaft (gem. §§ 84 Abs. 1 Nr. 2, 64 GmbHG der Geschäftsführer oder Liquidator, gem. § 401 Abs. 1 Nr. 2, 92 Abs. 2 AktG der Vorstand oder Abwickler) die **Antragstellung auf Eröffnung des Insolvenzverfahrens** „ohne schuldhaftes Zögern", also unverzüglich vor. Das weit verbreitete Missverständnis, dass eine Antragstellung innerhalb der Drei-Wochen-Frist eine Strafbarkeit ausschließe, hat der 2. Zivilsenat des BGH bereits in der sog. Herstatt-Entscheidung im Jahre 1979 ausgeräumt.[633] Spielraum für eine Verteidigungslinie findet sich jedoch auch in der Entscheidung selbst. Der BGH räumt dem entscheidungsbefugten Organ ein, im Falle „erkannter Überschuldung nach pflichtgemäßem Ermessen die Aussichten und Vorteile eines Sanierungsversuchs gegen die Nachteile ab(zu)wägen", die bei einem Scheitern des Versuchs für die Gläubiger entstehen könnten. In der sog. „Herstatt-Abwägungsformel" hat der BGH befunden, dass der Schuldner bei einer beabsichtigten Sanierung das Risiko einer Schädigung gutgläubiger Geschäftspartner gewissenhaft mit den Aussichten und Chancen der Sanierung abzuwägen hat.[634]

       Sog. „Herstatt-Abwägungsformel"
„Je größer das Risiko einer Schädigung gutgläubiger Geschäftspartner ist, umso gewissenhafter ist zu überlegen, ob dieses Risiko um der Aussichten und Vorzüge einer Sanierung willen in Kauf genommen werden kann und muss."[635]

Dieses Argumentationspotential dient nicht nur bei der Beurteilung der Berechtigung der Hoffnung auf ein Gelingen der Sanierung, sondern – viel weitgehender – auch im Falle des Neuabschlusses von Geschäften ohne Offenlegung des bestehenden Insolvenzgrundes, der Verteidigung gegen den Vorwurf des Eingehungsbetruges gem. § 263 Abs. 1 StGB zum Nachteil des nicht eingeweihten Neukunden.

Hinsichtlich der Unverzüglichkeit der Antragstellung befindet sich der Normadressat jedoch in einem rechtlichen **Dilemma**. Handelt er zu spät, droht ihm neben der zivilrechtlichen Durchgriffshaftung aus § 823 Abs. 2 BGB i. V. m. § 64 Abs. 1 GmbHG insbesondere eine strafrechtliche Ahndung wegen des Vorwurfs der Insolvenzverschleppung, handelt er jedoch, um in jedem Falle eine Strafbarkeit zu vermeiden, zu früh, so stellt sich die frühzeitige Antragstellung auf Eröffnung des Insolvenzverfahrens als Pflichtverletzung gegenüber der Gesellschaft dar, die zu Schadensersatzansprüchen gem. §§ 43 Abs. 2 GmbHG, 93 AktG führt.[636] Zwar ist gemäß § 18 Abs. 1 InsO auch die drohende Zahlungsunfähigkeit seit Einführung der InsO im Jahre 1999 ein Eröffnungsgrund, diese, von der InsO eingeräumte Möglichkeit im Falle

---

[630] BGH NJW 1969, 1494; BGH wistra 1987, 100; Müller-Gugenberger/Bieneck/*Bieneck* § 79 Rdnr. 9 ff.
[631] FK/*Schumacher*, 3. A., § 39 InsO Rdnr. 2.
[632] A. A.: Müller-Gugenberger/Bieneck/*Bieneck* § 79 Rdnr. 10.
[633] Ausführlich hierzu oben unter III. 2. Insolvenzverschleppung, Rdnr. 221.
[634] BGH, Urt. v. 9.7.1979 – II ZR 118/77 – n.v.; BGHZ 75, 111; BGH NJW 1979, 1823.
[635] BGH, Urt. v. 9.7.1979 – II ZR 118/77 – n.v.; BGHZ 75, 111; BGH NJW 1979, 1823.
[636] Hachenburg/Ulmer GmbHG[8] § 64 Rdnr. 21; Scholz/K.Schmidt GmbHG[8] § 64 Rdnr. 12; *Lutter*, Zahlungseinstellung und Überschuldung unter der neuen Insolvenzordnung, ZIP 1999, 641, 642.

eines Eigenantrages korrespondiert jedoch nicht mit einer strafbewehrten Verpflichtung. Bei einer juristischen Person gilt dies zudem ausschließlich, wenn entweder alle Mitglieder des Vertretungsorgans, alle persönlich haftende Gesellschafter oder alle Abwickler den Antrag gemeinsam stellen oder wenn der Antragsteller allein zur Vertretung der Gesellschaft legitimiert ist.[637] Der Handlungspflichtige befindet sich somit in einer Pflichtenkollision, in der jede auch nur kurzfristige Fehlbeurteilung, jedes Zögern zwischen Verantwortung für das Fortbestehen der Gesellschaft einerseits und (strafbewehrter) Verantwortung für die Gläubigerinteressen andererseits erhebliche, insbesondere strafrechtliche Konsequenzen für ihn zeitigen kann. Der Handlungspflichtige hat förmlich die Wahl zwischen Skylla und Charybdis. Die strafrechtliche Beratung darf diese zivilrechtliche Komponente nicht leichtfertig außer Acht lassen, wenn die zivilrechtliche Beurteilung auch in erster Linie Gegenstand der gesellschaftsrechtlichen oder bereits insolvenzrechtlichen Beratung des Unternehmens ist.

328 Im Falle einer Verteidigung ist dieses Dilemma des (dann) Beschuldigten in erster Linie im Bereich der Prüfung der Rechtzeitigkeit der Antragstellung, in zweiter Linie jedoch auch im Rahmen der Strafzumessung aufzuzeigen. Die – wenn auch falsche – Entscheidung zwischen zwei Pflichten im Rahmen einer Situation, die der einer Pflichtenkollision vergleichbar ist, ist wenn nicht bereits als Entschuldigungsgrund, so doch grundsätzlich strafmildernd zu berücksichtigen.[638]

329 Hinsichtlich der nach Eintritt eines Insolvenzgrundes fortbestehenden Krise im Sinne von § 283 Abs. 1 StGB und den somit möglichen **Bankrotthandlungen** insbesondere durch Sanierungsversuche kann auf die Ausführungen unter III. 1. sowie unter IV. 1. verwiesen werden, die hier entsprechende Anwendung finden.

3. Im Insolvenzverfahren nach der InsO

330 Mit In-Kraft-Treten der „neuen" Insolvenzordnung[639] am 1.1.1999 ist diese gem. Art. 104 EGInsO auf alle Insolvenzverfahren anwendbar, deren Eröffnung nach dem 31.12.1998 beantragt wurde und zwar auch für die Rechtsverhältnisse, die vor dem Stichtag 1.1.1999 begründet worden sind. Verfahren nach altem Recht (Antrag vor dem 1.1.1999) entsprechend der Konkurs- oder Vergleichsordnung stellen damit Auslaufmodelle dar, die eine umfängliche Darstellung in einem Praktikerhandbuch nicht mehr rechtfertigen. Da aus Insolvenzverfahren herrührende Strafverfahren jedoch durchaus mit einer Verzögerung von einigen Jahren virulent werden können, ist im Einzelfall eine Bezugnahme auf die alte Rechtslage unumgänglich.

331 Die Insolvenzordnung hat ein **einheitliches Insolvenzverfahren** geschaffen, in dem gleichberechtigt neben der Gläubigerbefriedigung durch Liquidation des insolventen Unternehmens die Befriedigung der Gläubigerinteressen im Wege der übertragenen Sanierung oder der Sanierung durch Insolvenzplan (bei gleichzeitiger Stärkung der Gläubigerrechte) steht. Das neue Insolvenzrecht hindert jedoch im Gegensatz zum alten Recht die gesicherten Gläubiger daran, das Betriebsvermögen des insolventen Unternehmens zur Unzeit auseinanderzureißen,[640] es beteiligt sie vielmehr stärker im Rahmen des Insolvenzplanverfahrens. Bis zur Entscheidung der Gläubiger über die Sanierungsmöglichkeiten wird das Betriebsvermögen zusammen gehalten, die rechtlichen Voraussetzungen für eine Sanierung des insolventen Unternehmens werden erheblich verbessert. Im Interesse einer optimalen Gläubgerbefriedigung sieht die Insolvenzordnung nunmehr auch die Möglichkeit vor, dass bei Eröffnung des Verfahrens auf die Bestellung eines Insolvenzverwalters ganz verzichtet wird, vielmehr die sog. Eigenverwaltung durchgeführt wird. Der Schuldner kann in diesem (Ausnahme-) Fall die Verfügungsbefugnis über sein Vermögen behalten, er wird jedoch unter die Aufsicht eines mit unterschiedlichen Rechten ausgestatteten sog. Sachwalters gestellt (§§ 270 bis 285 ff. InsO).

332 a) **Vorläufige Insolvenzverwaltung (ehem. Sequestration) gem. §§ 21-25 InsO.** Entsprechend des ehemaligen, in der Konkursordnung nur rudimentär geregelten Instituts der Sequestration

---

[637] § 18 Abs. 3 InsO.
[638] Vgl. allgem. zur Pflichtenkollision: *Tröndle/Fischer* Vorbem. § 32 Rdnr. 11 ff.
[639] Insolvenzordnung vom 5.10.1994 (BGBl. I S. 2866), Inkrafttreten gem. Art. 110 EGInsO (BGBl. I S. 2911).
[640] U. a. durch den Wegfall der Konkursvorrechte des § 61 KO und Beschränkungen der Zwangsvollstreckung bereits im Eröffnungsverfahren (vgl. § 21 Abs. 2 ZVG).

sieht die Insolvenzordnung in den §§ 21 – 25 die Möglichkeit vor, Sicherungsmaßnahmen anzuordnen, insbesondere einen vorläufigen Insolvenzverwalter einzusetzen.[641]

Das Insolvenzgericht kann nunmehr entweder einen vorläufigen „starken" Insolvenzverwalter bestellen (§§ 21 Abs. 2 Nr. 1, 22 Abs. 1 InsO) mit der Folge, daß der Geschäftsführer unmittelbar die Verwaltungs- und Verfügungsbefugnis über das Vermögen der GmbH verliert oder es bestellt einen „schwachen" vorläufigen Verwalter (§§ 21 Abs. 2 Nr. 2, 22 Abs. 2 InsO) mit der Folge, daß der Geschäftsführer seine Befugnisse, wenn auch möglicherweise eingeschränkt (Zustimmungsvorbehalt), zumindest vorläufig behält. Grundsätzlich hat jedoch auch ein schwacher Verwalter die Aufgabe, schon vor Eröffnung das Vermögen des Schuldners zu sichern, zu prüfen, welche Sanierungschancen bestehen und als Sachverständiger zu untersuchen, ob überhaupt und möglicherweise seit wann ein Eröffnungsgrund vorliegt.

Fraglich ist, wie sich die Entscheidung, ob schwacher oder starker Verwalter, auf die Pflichtenstellung des Geschäftsführers und damit die Möglichkeit, eine **Untreuehandlung gem. § 266 StGB** zu begehen, auswirkt. Nach altem Recht hat der Geschäftsführer mit Anordnung der Sequestration seine Verfügungsbefugnis verloren mit der Folge, daß nach der Rechtsprechung des BGH eine Untreuestrafbarkeit nicht mehr in Betracht kam.[642] Im Falle der Bestellung eines **schwachen Insolvenzverwalters** nach § 22 Abs. 2 InsO hängt die Beurteilung, ob eine Vermögensbetreuungspflicht besteht, davon ab, welche Rechte das Insolvenzgericht dem vorläufigen Insolvenzverwalter verleiht. Verleiht das Gericht ihm keine Verwaltungs- und Verfügungsbefugnisse, so verbleiben die Rechte und damit auch die Vermögensbetreuungspflicht beim Geschäftsführer, eine Untreuestrafbarkeit ist weiterhin möglich.[643] Ordnet das Gericht einen allgemeinen Zustimmungsvorbehalt an (§§ 22 Abs. 2 S. 1, 21 Abs. 2 Nr. 2 InsO), so entsteht zwar ein absolutes Verfügungsverbot gegenüber dem Schuldner für Verfügungen ohne Zustimmung des Insolvenzverwalters, seine Verpflichtungsmacht bleibt jedoch uneingeschränkt. Darüber hinaus tritt der Insolvenzverwalter nicht in die Rechtsposition des Schuldners ein.[644] In diesem Fall entsteht eine Grauzone, in der je nach Fallgestaltung und Tathandlung eine vermögensschädigende Pflichtverletzung, insbesondere in Form des Treubruchstatbestandes, durch den Schuldner oder auch den Insolvenzverwalter vorliegen kann.[645]

Im Falle der Bestellung eines **starken Insolvenzverwalters** nach der InsO geht die Verwaltungs- und Verfügungsbefugnis über das Vermögen gem. § 22 Abs. 1 InsO grundsätzlich ebenfalls auf den Verwalter über.[646] Trotz Verlusts der Verfügungsbefugnis über das Vermögen der GmbH im Falle der Einsetzung eines starken Verwalters soll der Geschäftsführer sich jedoch unter Umständen weiterhin wegen Verletzung seiner „Vermögensbetreuungspflicht" wegen Untreue gem. § 266 StGB strafbar machen können, da die verbleibenden Pflichten, etwa die Auskunftspflicht sowie die Mitwirkungspflicht nach der InsO von derartigem Gewicht seien, daß auch sie eine strafbewehrte Pflichtenstellung i. S. v. § 266 StGB begründen. Im Einzelfall hängt dies jedoch davon ab, ob der Geschäftsführer durch die Verletzung verbleibender Pflichten gegen Vermögensinteressen der Gesellschaft verstößt.[647]

Durch die Aufgabe der **sachverständigen Prüfung**, ob und zu welchem Zeitpunkt ein Insolvenzgrund vorgelegen hat, oder gar ob sich Anhaltspunkte für anderweitige Straftaten im Zusammenhang mit der Insolvenz ergeben, kommt aber auch dem *schwachen* vorläufigen Insolvenzverwalter, ebenso wie nach altem Recht dem Sequester, eine auch für das Strafverfahren nicht unerhebliche Bedeutung zu.

b) Nichteröffnung des Insolvenzverfahrens mangels Masse (§ 26 InsO). Unter der Geltung der Konkursordnung wurden 75 % aller Konkursanträge mangels einer die Verfahrenskosten

---

[641] § 21 Abs. 2 Nr. 1 InsO.
[642] BGH wistra 1991, 305 ff.; BGH wistra 1997, 146 f.; BGH wistra 1998, 105 f.
[643] *Schramm*, Untreue durch Insolvenzverwalter, NStZ 2000, 398, 400.
[644] *Schramm*, Untreue durch Insolvenzverwalter, NStZ 2000, 398, 401.
[645] En detail: *Schramm*, Untreue durch Insolvenzverwalter, NStZ 2000, 398, 400 ff.
[646] Die Praxis der neuen InsO hat jedoch gezeigt, daß gerade bei Unternehmensinsolvenzen verstärkt sog. „schwache" Verwalter eingesetzt werden, das Instrumentarium somit nicht ausgeschöpft wird; hierzu: FK/*Schmerbach* 3. A., Vorbem. §§ 1 Rdnr. 47.
[647] *Bittmann/Rudolph* wistra 2000, 401, 405.

deckenden Masse abgewiesen.⁶⁴⁸ Die Abweisung mangels verfahrenskostendeckender Masse wurden insbesondere bei der GmbH und GmbH & Co. KG häufig gezielt herbeigeführt, um eine geordnete Abwicklung zu verhindern. Die Massekostendeckung ist daher für den weiteren Verlauf des Verfahrens die entscheidende Frage, der das Insolvenzgericht größte Aufmerksamkeit widmet.⁶⁴⁹ In dem Verfahren nach der InsO müssen nunmehr jedoch nur noch die in § 54 InsO aufgeführten Kosten des Insolvenzverfahrens gedeckt sein, nicht mehr etwa weitere Massekosten wie für die Verwaltung, Verwertung, Verteilung der Masse oder gar Masseschulden (wie noch gemäß §§ 58 Nr. 2, 59 KO). Die Verfahrenskosten für das vereinfachte Insolvenzverfahren (§§ 311 ff. InsO) werden im Regelfall auf bis zu € 15.000,00 beziffert. Die Praxis geht davon aus, dass bei Annahme einer freien Masse von € 10.000,00 mindestens ein Betrag von € 7.000,00 erforderlich ist, um ein Verfahren überhaupt eröffnen zu können.⁶⁵⁰ Massearme Verfahren können unter Geltung der Insolvenzordnung jedoch trotzdem eröffnet werden, wenn die Aussicht besteht, dass der spätere Insolvenzverwalter aus Anfechtungsansprüchen oder sonstigen Ersatzansprüchen (gegebenenfalls nach Bewilligung von Prozesskostenhilfe) die Masse hinreichend anreichern kann.

338   Erfolgt trotzdem eine Abweisung des Eröffnungsantrages mangels Masse, so werden Kapitalgesellschaften zwingend aufgelöst und es erfolgt die **Liquidation** (s. o.). Die Auflösung im Falle der Abweisung des Insolvenzantrages mangels Masse wird von Amts wegen in das Handelsregister eingetragen.⁶⁵¹ Eine aufgelöste Gesellschaft ist zu liquidieren und trägt im Geschäftsverkehr den Zusatz i.L. (in Liquidation). Die Nichteröffnung des Insolvenzverfahrens mangels Masse führt somit in das gesellschaftsrechtliche Liquidationsverfahren nach den §§ 131 ff. HGB, 262 ff. AktG, 60 ff. GmbHG sowie 83 ff. GenG. Nicht aufgelöst bei Einstellung des Insolvenzverfahrens mangels Masse werden die OHG, die KG, die GbR, die Partnerschaftsgesellschaft, die EWiV, der rechtfähige sowie nicht nichtrechtsfähige Verein und die Stiftung.

339   Die Abweisung wird hinsichtlich des Schuldners im **Schuldnerverzeichnis** eingetragen. § 26 Abs. 2 InsO ordnet hierbei an, dass die Vorschriften der ZPO (hier: §§ 915 bis 915 h) entsprechende Anwendung finden mit der Ausnahme, dass die Löschungsfrist fünf Jahre anstatt drei Jahre beträgt. Der Verweis auf vorbezeichnete Vorschriften bedeutet in praxi, dass der Urkundsbeamte der Geschäftsstelle nicht nur auf Antrag Auskunft über die Abweisung mangels Masse erteilt (§ 915 b ZPO), sondern er vielmehr gehalten ist, gemäß § 915 e ZPO **Abschriften an Kreditschutzorganisationen** (Creditreform etc.) zu versenden. Mit Eintragung des Schuldners in das Schuldnerverzeichnis sinkt dessen Kreditwürdigkeit damit auf Null.⁶⁵²

340   Gemäß § 35 GewO kann die zuständige Verwaltungsbehörde darüber hinaus die **Untersagung der weiteren Ausübung des Gewerbes wegen Unzuverlässigkeit** verfügen. Das Insolvenzgericht übersendet schließlich die Akten von Amts wegen der **Staatsanwaltschaft** zur strafrechtlichen Überprüfung etwaiger Insolvenzstraftaten.

341   Mit der Auflösung tritt aber nicht unmittelbar die Vollbeendigung der Gesellschaft ein, die Existenz der Kapitalgesellschaft endet vielmehr erst, wenn kein Vermögen mehr vorhanden ist und die **Löschung** im Register erfolgt ist.⁶⁵³ Die Löschung (§ 141 a FGG) bedarf der positiven Feststellung der Vermögenslosigkeit nach Liquidation.⁶⁵⁴

342   Soweit nach der Abweisung mangels Masse (und vor Löschung) jedoch noch Vermögen vorhanden ist (regelmäßig), besteht insofern noch Raum für die Geltendmachung von Ansprüchen gegen die aufgelöste Gesellschaft. Die Abwicklung der masselosen Gesellschaft, die jedoch noch über eigenes Vermögen verfügen kann, liegt gemäß § 66 GmbHG wieder in der Hand der Geschäftsführer. Diese haben somit die Möglichkeit, Forderungen nach ihrem eigenen Belieben, auch eigene Forderungen, zu befriedigen. Die teilweise als rechtsstaatlich bedenklich

---

⁶⁴⁸ FK/*Schmerbach* 3. A., § 26 Rdnr. 1.
⁶⁴⁹ *Hess/Pape*, InsO und EGInsO, Grundzüge des neuen Insolvenzrechts 1995, Rdnr. 161.
⁶⁵⁰ FK/*Schmerbach* 3. A., § 26 Rdnr. 3.
⁶⁵¹ §§ 263 AktG, 65 GmbHG, 143 HGB.
⁶⁵² Einzelheiten in den §§ 2 ff. Schuldnerverzeichnisverordnung.
⁶⁵³ Lehre vom Doppeltatbestand, BGH NJW-RR 1988, 477, *Haarmeyer/Wutzke/Förster*, Handbuch zur Insolvenzordnung, 3/550.
⁶⁵⁴ OLG Düsseldorf NJW-RR 1997, 870.

angesehene Problematik der „insolvenzrechtlich unkontrollierten Liquidation", also der Fortsetzung einer juristischen Person nach Abweisung mangels Masse, bleibt auch unter Geltung der der Insolvenzordnung weiterhin bestehen.[655] Die hier bestehenden Strafbarkeitsrisiken entsprechen denen im Falle unmittelbarer Liquidation (s. o.).

Finden sich nach Rechtskraft des Abweisungsbeschlusses gem. § 26 InsO jedoch noch Vermögensgegenstände, so stellt sich die Frage, ob der Liquidator nunmehr erneut verpflichtet ist, **Insolvenzantrag** zu stellen. Teilweise wird dies für den Fall vertreten, dass sich noch eine die Kosten des Verfahrens deckende Masse findet.[656] Nach einmal erfolgter rechtskräftiger Entscheidung über die Eröffnung des Insolvenzverfahrens ist die Antragspflicht des Liquidators jedoch erloschen, es ist dann Sache der Gläubiger, auf das verbliebene Vermögen im Wege der Einzelzwangsvollstreckung zuzugreifen.[657]

343

c) **Regelinsolvenzverfahren.** Mit Eröffnung des Insolvenzverfahrens geht gem. § 80 Abs. 1 InsO das Recht des Schuldners, das zur Insolvenzmasse gehörende Vermögen zu verwalten oder hierüber zu verfügen auf den Insolvenzverwalter über. Die Wirkung der Eröffnung auf bereits bestehende Rechtsverhältnisse ist in den §§ 80 ff. InsO ausführlich geregelt.[658] Gem. § 35 InsO gehören zur Insolvenzmasse neuerdings auch alle Neuforderungen des Schuldners. Der Verwalter nimmt unverzüglich die Masse in Besitz, prüft und verwaltet die Bestände (§§ 148 ff. InsO), entscheidet über die Fortsetzung schwebender Prozesse (§§ 85 ff. InsO) sowie die Erfüllung schwebender Verträge (§§ 103 ff. InsO) und prüft die Möglichkeiten der Rückholung von Vermögen im Wege der Insolvenzanfechtung (§§ 129 ff. InsO). Im Berichtstermin entscheidet die Gläubigerversammlung schließlich darüber, ob eine Liquidierung, eine Sanierung, eine übertragende Sanierung oder ein Insolvenzplanverfahren durchgeführt werden soll. Im Falle der Liquidierung wird das Schuldnervermögen verwertet und der Erlös verteilt. Nach Durchführung des Schlusstermins wird das Insolvenzverfahren gem. § 200 InsO durch Beschluss des Insolvenzgerichts aufgehoben mit der Folge, dass die Insolvenzgläubiger ihre restlichen Forderungen gegen den Schuldner unbeschränkt geltend machen können.[659] Nach Eröffnung des (Regel-) Insolvenzverfahrens verliert der Geschäftsführer seine Verfügungsbefugnis und damit seine Pflichtenstellung und kann sich somit zunächst nicht mehr durch Verletzung der ihm obliegenden Vermögensbetreuungspflicht zugunsten des Gesellschaftsvermögens gem. § 266 **StGB** strafbar machen. Aufgrund nach der InsO verbleibender Pflichten des Geschäftsführers, etwa Mitwirkungs- und Auskunftspflichten, kann jedoch in Ausnahmefällen durch pflichtwidrige, das Gesellschaftsvermögen schädigende Handlungen eine Untreuestrafbarkeit gem. § 266 StGB entstehen.[660]

344

d) **Unternehmensfortführung/Sanierung.** *aa) Eigensanierung.* Im Fall der Eigensanierung wird das insolvenzrechtliche Instrumentarium genutzt, um dem in die Insolvenz geratenen Unternehmen durch strategische Eingriffe einerseits sowie durch Reduzierung der Passiva andererseits wieder ein erfolgreiches Agieren am Markt zu ermöglichen. Für die Insolvenzgläubiger bietet die Eigensanierung nicht viel mehr als ein „Trostpflaster", sie erhalten im Regelfall eine geringe Quote anstelle eines Totalausfalls. Für die Sicherungsgläubiger entfällt das Verwertungsproblem, die schuldrechtlichen Forderungen werden auf den Wert der Sicherheiten zurückgeführt. Die Betriebstätigkeit wird fortgesetzt, durch Ausnutzung des Insolvenzgeldes kann eine entsprechende Wertschöpfung erreicht werden. Durch ein Ineinandergreifen dieser Maßnahmen wird letztlich jedoch auch die Quote und damit die Gläubigerbefriedigung verbessert.

345

bb) Übertragende Sanierung. Die übertragende Sanierung ist eine auch von der InsO vorgesehene Möglichkeit nicht nur der Verwertung des Unternehmens, sondern auch der Sanierung

346

---

[655] Vgl. zu den unterschiedlichen Positionen *Haarmeyer/Wutzke/Förster*, Handbuch zur Insolvenzordnung, 3/555.
[656] *Scholz/K. Schmidt* GmbHG § 71 Rdnr. 46; *Tiedemann* GmbH-Strafrecht § 84 Rdnr. 88.
[657] So auch *Uhlenbruck*, in Schmidt/Uhlenbruck, Die GmbH in Krise, Sanierung und Insolvenz, Rdnr. 734.
[658] Die Insolvenzanfechtung ist in den §§ 129 ff. InsO geregelt, Rechtshandlungen eines Schuldners, die seine Gläubiger benachteiligen, können außerhalb des Insolvenzverfahrens nach Maßgabe des Anfechtungsgesetzes in der (Neu-) Fassung vom 5.10.1994 (BGBl. I S. 2911), in Kraft ebenfalls seit dem 1.1.1999, angefochten werden.
[659] Wenn nicht ein Restschuldbefreiungsverfahren gem. § 286 ff durchgeführt wird.
[660] Vgl. *Bittmann/Rudolph* wistra 2000, 401, 405.

im Rahmen des Insolvenzplanverfahrens durch den Insolvenzverwalter. Von einer übertragenden Sanierung spricht man, wenn einzelne Vermögenswerte des Unternehmens als Funktionseinheit im Paket an einen Erwerber verkauft werden (sog. Asset-Deal). Die „Assets" werden damit von allen Verbindlichkeiten entlastet und auf einen neuen Unternehmensträger, z.B. auf eine Auffanggesellschaft überführt. Mittels einer übertragenden Sanierung wird erreicht, dass das Unternehmen oder ein Betriebskern desselben einem unbelasteten Träger überlassen und somit von der in die Insolvenz geratenen wirtschaftlichen Einheit abgekoppelt wird. Die laufenden Geschäfte und wesentliche Teile des Personals werden demnach von einer sog. Betriebsübernahmegesellschaft erworben. Der insolvente Betrieb bleibt als organisatorische Einheit erhalten, wodurch die Verwaltung der Vermögensmasse weiterhin nach Maßgabe der Insolvenzordnung erfolgen kann.[661] Dies führt dazu, dass die unrentablen Geschäftsbereiche, das zur Fortführung nicht notwendige Betriebsvermögen, als „Ballast" zurückbleiben und allein im Rahmen der Liquidation zu verwerten sind. Das insolvente Unternehmen bleibt als eigenständiger Rechtsträger seinem Schicksaal überlassen. Die Auffanggesellschaft übernimmt hierbei nur das ertragsfähige Erfolgpotential der insolventen Gesellschaft. Das Instrument der übertragenen Sanierung war insbesondere unter der Geltung der Konkurs- und Gesamtvollstreckungsordnung lange Zeit aufgrund der ihr immanenten Missbrauchsmöglichkeiten umstritten. Oftmals erfolgte eine Übertragung auf den Schuldner selbst (als natürliche Person) oder auf nahe stehende Personen desselben. Dem Gemeinschuldner wurde somit bei gleichzeitigem Ausfall der Gläubiger zu einem unbelasteten Neustart verholfen.

347 Die übertragende Sanierung ist unter der Geltung der InsO nunmehr grundsätzlich zulässig,[662] birgt aber **Möglichkeiten strafrechtlich relevanten Missbrauchs** auch durch den Insolvenzverwalter. Veräußert der Insolvenzverwalter Betriebsteile oder Vermögensbestandteile (assets) vorsätzlich unter Wert, etwa weil er aufgrund der Öffentlichkeitswirkung einen Verfahrenserfolg braucht,[663] so kann darin ein Beiseiteschaffen zum Nachteil der Masse (§ 283 Abs. 1 Nr. 1 StGB) oder auch eine Untreue (§ 266 StGB) liegen. Erfolgt die Veräußerung unter Wert jedoch mit Zustimmung der Gläubigerversammlung gem. § 163 InsO oder im Rahmen eines genehmigten Insolvenzplans, so ist sie unbedenklich.

348 e) **Insolvenzplanverfahren gem. §§ 217 ff. InsO.** In einem Insolvenzplan kann gem. § 217 InsO die Befriedigung der Gläubiger, die Verwertung der Insolvenzmasse, deren Verteilung an die Beteiligten sowie die Haftung des Schuldners nach Beendigung des Verfahrens – abweichend von den Vorschriften der Insolvenzordnung – geregelt werden. Um Insolvenzpläne[664] überhaupt realisieren zu können, hat der Gesetzgeber Rahmenbedingungen geschaffen, die die sofortige Zerschlagung des Unternehmens durch die dinglich berechtigten Gläubiger verhindern[665] und den Verwalter zur Fortführung des Unternehmens bis zum Berichtstermin verpflichten. In der Praxis erfreut sich das neue Rechtsinstitut des Insolvenzplanverfahrens noch keiner übermäßigen Beliebtheit, der Schwerpunkt der Insolvenzen wird bislang mittels Unternehmensfortführung über eine Auffanggesellschaft abgewickelt.[666] Für die Zukunft bietet das Insolvenzplanverfahren jedoch gute Möglichkeiten, insbesondere die übertragende Sanierung mittels eines Insolvenzplans.[667]

349 f) **Eigenverwaltung gem. §§ 270 ff. InsO.** Häufig befürchtet der Schuldner, dass ein vom Gericht bestellter Insolvenzverwalter aus Unkenntnis oder auch nur Scheu vor den kaufmännischen Risiken den irreversiblen Weg der Zerschlagung des Unternehmens einschlägt. Aus diesem Grunde sieht die Insolvenzordnung im Interesse einer optimalen Gläubigerbefriedigung nunmehr auch die Möglichkeit vor, bei Eröffnung des Verfahrens auf die Bestellung eines Insolvenzverwalters zu verzichten. Der Schuldner behält in diesem (Ausnahme-) Fall grundsätz-

---

[661] *Haarmeyer/Wutzke/Förster*, Handbuch zur Insolvenzordnung, § 8 Rdnr. 44; FK/*Jaffé* § 217 Rdnr. 146 ff.; Schmidt/Uhlenbruck/*Wellensiek* Rdnr. 1243 ff.
[662] Vgl. hierzu ausführlich: Schmidt/Uhlenbruck/*Schmidt* Rdnr. 1278 ff.
[663] Wabnitz/Janovski/*Köhler* 2. Kap. Rdnr. 477.
[664] Unterschieden werden Liquidations-, Übertragungs- und Fortführungspläne.
[665] Z. B. § 166 InsO, 30 d ZVG.
[666] Jaffé in FK Vorbem. §§ 217 Rdnr. 3.
[667] Bekannt geworden ist die erfolgreiche Anwendung des Insolvenzplanverfahrens jüngst bei der Rettung der Herlitz AG, Berlin.

lich die Verfügungsbefugnis über sein Vermögen, er wird jedoch unter die Aufsicht eines sog. Sachwalters gestellt (§§ 270 – 285 ff. InsO). Voraussetzungen der Eigenverwaltung sind, dass der Schuldner einen entsprechenden Antrag gestellt hat,[668] im Falle eines Gläubigerantrags der beantragende Gläubiger zustimmt und durch eine derartige Eigenverwaltung keine Nachteile zu erwarten sind.[669] Der Sachwalter hat im Falle der Eigenverwaltung nicht nur die wirtschaftliche Lage des Schuldners zu prüfen, er hat vielmehr die Geschäftsführung sowie die Ausgaben für die Lebensführung zu überwachen.[670] Das Insolvenzgericht kann darüber hinaus anordnen, dass bestimmte Geschäfte des Schuldners der Zustimmung des Sachwalters bedürfen, dessen Stellung hierdurch der des Insolvenzverwalters angenähert wird. Die Möglichkeit der Eigenverwaltung soll für den Schuldner einen zusätzlichen Anreiz darstellen, rechtzeitig einen Antrag auf Eröffnung des Insolvenzverfahrens zu stellen.[671]

Allerdings ist das Instrument der Eigenverwaltung in hohem Maße umstritten und gelangt in der Praxis nur äußerst selten zur Anwendung.[672] Die Kritik befürchtet gerade bei der Eigenverwaltung eine „hohe Missbrauchsanfälligkeit" sowie ein „Kompetenzwirrwarr" insbesondere durch die Belassung der Verfügungsbefugnis beim Schudner. De fakto ist der die Eigenverwaltung begehrende Schuldner gehalten, darzulegen, dass von ihm keine Bedrohung der Gläubigerinteressen ausgehen wird. Hierbei handelt es sich zwar nicht um die Restitution der Vergleichswürdigkeit nach § 17 VerglO, empfohlen wird aber trotzdem nicht nur die Vorlage eines übersichtlichen Rechnungswesens, sondern sogar die Vorlage von Referenzen bishin zu einem polizeilichen Führungszeugnis.[673] Musste der Schuldner im Falle ordnungsgemäßer Buchführung bislang befürchten, dem Insolvenzverwalter hierdurch die Tatbestände für dessen Klagen gegen Gesellschafter oder „schuldnernahe" Anfechtungsgegner zu liefern,[674] so eröffnet sich hier eine entgegenstehende Motivation. Strebt der Schuldner somit die Eigenverwaltung an, so ist er auch aus diesem Grunde gehalten, selbst in der Krise die Buchhaltungs- und Bilanzierungspflichten nicht zu vernachlässigen. Aufgrund der grundsätzlichen Belassung der Verfügungsbefugnis beim Schuldner kann sich der Geschäftsführer einer GmbH im Falle der Eigenverwaltung weiterhin wegen Untreue gem. § 266 StGB strafbar machen. Da die Eigenverwaltung aber aufgrund der Überwachungspflicht sowie bestehender Zustimmungsbedürfnisse zu einer „gemeinsamen Unternehmensleitung" von Schuldner und Sachwalter führt, ist auch der Sachwalter regelmäßig vermögensbetreuungspflichtig und kann sich daher wegen Untreue strafbar machen.[675]

g) **Kooperation mit dem Insolvenzverwalter.** Bereits durch die Aufgabe der **sachverständigen Prüfung**, ob und zu welchem Zeitpunkt ein Insolvenzgrund vorgelegen hat, oder gar ob sich Anhaltspunkte für anderweitige Straftaten im Zusammenhang mit der Insolvenz ergeben, kommt schon dem vorläufigen Insolvenzverwalter, auch dem schwachen, ebenso wie nach altem Recht dem Sequester, eine auch für das Strafverfahren nicht unerhebliche Bedeutung zu. Gleiches gilt erst Recht für den Insolvenzverwalter, der u. a. gemäß § 156 InsO im Berichtstermin über die wirtschaftliche Lage des Schuldners und ihre Ursachen, insbesondere den Entstehungszeitpunkt des Insolvenzgrundes, zu berichten hat. Aufgrund der Vorgaben der MiStra (s. dazu oben *Leipold*, Rdnr. 26 ff.) ist die sachverständige Begutachtung zum Insolvenzgrund und -zeitpunkt im Falle des Vorliegens eines Anfangsverdachts bereits aus Rechtsgründen vom Insolvenzgericht an die zuständige Staatsanwaltschaft abzugeben. Ist bereits ein Strafverfahren eingeleitet, ist die frühzeitige Stellungnahme des ersten mit dem Sachverhalt befassten Sachverständigen für die Staatsanwaltschaft bereits aus tatsächlichen Gründen von erheblicher Be-

---

[668] Die Eigenverwaltung ist auch in diesem Fall keinesfalls der Regelfall, den Schuldner trifft vielmehr die Darlegungslast dafür, daß keine Nachteile durch die Eigenverwaltung eintreten werden; vgl. *Vallender* WM 1998, 2129ff; *Graf/Wunsch* ZIP 2001, 1029, 1032.
[669] Vgl. hierzu *Westrick* NZI 2003, 65.
[670] § 274 Abs. 2 InsO.
[671] BT-Drucks. 12/2443, Vorwort zu § 331 RegE.
[672] FK/*Foltis* Vorbem. § 270 InsO Rdnr. 18 a; bekannt geworden sind insbesondere die Fälle Holzmann, Kirch Media sowie Babcock Borsig.
[673] *Westrick* NZI 2003, 65, 67.
[674] *Westrick* NZI 2003, 65, 67, spricht ironisch von ehedem „dummen" Schuldnern.
[675] Vgl. hierzu ausführlich: *Schramm* NStZ 2000, 398, 401.

352 Auf der anderen Seite ist der Insolvenzverwalter im Regelfall auf eine fruchtbare **Kooperation** mit den zuvor und je nach Fallgestaltung noch beschränkt Verantwortlichen der Gemeinschuldnerin angewiesen. Stellt zwar die Geltendmachung von Schadensersatz- oder Durchgriffsansprüchen gegen die ehemals Verantwortlichen zugunsten der Masse eine Rechtspflicht des Insolvenzverwalters dar, so ist die Intensität der Verfolgung derartiger Ansprüche, die im Regelfall mit einer strafrechtlichen Inanspruchnahme korrespondieren, durchaus noch steuerbar. Zu beachten ist hier jedoch, dass auch der Insolvenzverwalter einem strafrechtlichen Risiko, insbesondere unter dem Gesichtspunkt der Untreue, unterliegt.[676] Im Falle der Verweigerung der Kooperation und der damit einhergehenden Schmälerung nicht nur der Masse, sondern auch der realisierbaren Gläubigeransprüche bis hin zur Quote, dürfte der Insolvenzverwalter seinerseits kaum motiviert sein, den Geschäftsführer oder sonst Verantwortlichen der Schuldnerin zu „schonen". Der faktische Einfluss und das Wohlwollen des Insolvenzverwalters sind insofern nicht zu unterschätzen. Allein die wohlwollende Darstellung des hilfreichen Wirkens und des Engagement des Schuldners im Insolvenzbericht wirken sich erfahrungsgemäß nicht unerheblich auf das im worst case zu erwartende Strafmaß aus.

353 Letztlich unterliegt der Schuldner im Insolvenzverfahren gemäß **§ 97 InsO** weit reichenden **Auskunfts-, Mitteilungs- und Mitwirkungspflichten** gegenüber dem Insolvenzverwalter, dem Insolvenzgericht sowie dem Gläubigerausschuss, die gem. § 98 InsO nicht nur im Wege der eidesstattlichen Versicherung, sondern auch im Wege zwangsweiser Vorführung und durch Zwangshaft durchgesetzt werden können. § 97 Abs. 2 InsO begründet die Pflicht des Schuldners, den Insolvenzverwalter bei der Erfüllung seiner Aufgaben zu unterstützen. § 97 Abs. 1 InsO statuiert als wichtigste Pflicht des Schuldners die Auskunftspflicht über alles, was das Insolvenzverfahren betrifft, insbesondere über das Vermögen des Schuldners (auch ausländisches[677]), Rechte, insbesondere Anfechtungsrechte, Tatsachen, die derartige Rechte begründen sowie Auskünfte über die Gründe, die zur Insolvenz geführt haben.[678] Zu Arbeitsleistungen für die Masse ist der Schuldner jedoch nicht verpflichtet.[679] Auskunftspflichtig sind neben dem Schuldner persönlich die gesetzlichen Vertreter, insbesondere die Geschäftsführer einer GmbH oder die Vorstände einer Aktiengesellschaft, die Liquidatoren, die Aufsichtsorgane (§ 101 InsO), der faktische Geschäftsführer sowie bei einer Einmann-GmbH auch der Gesellschafter. Bezüglich der Organe juristischer Personen erweitert **§ 101 Abs. 1 InsO** die Auskunftspflicht auf die Organmitglieder, die innerhalb der letzten zwei Jahre vor dem Insolvenzantrag aus einer entsprechenden Stellung ausgeschieden sind. Beachtlich ist auch die Regelung des § 101 Abs. 2 InsO, die die Auskunftspflicht auch auf Angestellte und frühere Angestellte des schuldnerischen Unternehmens erweitert, ohne dass diese Pflicht jedoch gem. § 98 InsO erzwungen werden kann.

354 Strafrechtlich von großer Bedeutung sind in diesem Zusammenhang die Regelungen des **§ 97 Abs. 1 Satz 2 und 3 InsO**. Gemäß § 97 Abs. 1 Satz 2 InsO hat der Schuldner auch die Tatsachen zu offenbaren, die geeignet sind, eine Verfolgung wegen einer Straftat oder einer Ordnungswidrigkeit, insbesondere natürlich wegen eines Insolvenzdeliktes, herbeizuführen. Da diese zwangsweise durchsetzbare Verpflichtung natürlich mit dem strafrechtlichen *nemo tenetur* – Grundsatz kollidiert, hat der Gesetzgeber in der Folge des sog. „Gemeinschuldnerbeschlusses" des BVerfG[680] in § 97 Abs. 1 Satz 3 InsO für die Auskünfte des Schuldners, die er im Rahmen seiner ihm aus § 97 Abs. 1 InsO obliegenden Pflicht gibt, ein sog. „**Verwendungsverbot**" normiert.[681] Die Pflichten des § 97 InsO treffen den Schuldner bzw. die Normadressaten bereits im Eröffnungsverfahren (§ 20 InsO).[682]

---

[676] Siehe dazu unter Rdnr. 231 ff.
[677] OLG Celle ZInsO 2001, 144
[678] Vgl. zu den Einzelheiten: FK-InsO/*App* § 97 Rdnr. 11 ff.
[679] FK-InsO/*App* § 97 Rdnr. 16.
[680] BVerfGE 56, 41 ff. Das BVerfG hatte die zwangsweise durchsetzbare Auskunfts- und damit auch Selbstbelastungspflicht des früheren § 100 KO als verfassungskonform befunden, diese jedoch um ein umfassendes Verwertungsverbot im Strafverfahren ergänzt.
[681] Vergleiche hierzu unten unter Rdnr. 368.
[682] FK-InsO/*App* § 97 Rdnr. 16; *Haarmeyer/Wutzke/Förster* § 3 Rdnr. 161.

Die Verletzung der Auskunftspflicht gem. § 97 InsO kann im Falle der Abgabe einer eides- 355
stattlichen Versicherung gem. §§ 98 Abs. 1 InsO, 478 ff. ZPO sowohl als **Falsche Versicherung
an Eides statt gem.** § 156 StGB strafbar sein, als auch eine Bankrotthandlung i. S. v. § 283
Abs. 1 Nr. 1 StGB in der Form des **Verheimlichens von Vermögensbestandteilen** darstellen.
Unzweifelhaft ist insofern, dass Bankrotthandlungen, die innerhalb der *Krise* begangen werden
müssen, auch noch nach Eröffnung des Insolvenzverfahrens begangen werden können, soweit
nicht zu diesem Zeitpunkt die Krise bereits abgeschlossen ist, die Zahlungsunfähigkeit etwa
beseitigt, das Unternehmen also saniert ist. Die für die Feststellung einer Bankrottstrafbarkeit
erforderliche Krise endet entweder mit der Beendigung des Unternehmens oder mit der nicht
nur kurzfristigen Wiederherstellung der Zahlungsfähigkeit.[683]

    h) **Beendigung des Insolvenzverfahrens.** Ist das Insolvenzverfahren vollständig und ord- 356
nungsgemäß durchgeführt worden, so wird es durch die **Aufhebung des Verfahrens** nach
der Schlussverteilung gemäß § 200 InsO bzw. nach der Bestätigung eines Insolvenzplanes
gemäß 258 InsO beendet. Der Insolvenzverwalter hat die Gesellschaft bis zur Löschungsreife
vollständig abzuwickeln.[684] Verbleibt ausnahmsweise ein Überschuss, so ist dieser an den
Schuldner herauszugeben. Ist der Schuldner eine juristische Person, so verteilt der Insolvenzverwalter
gem. § 199 S. 2 InsO den Überschuss analog dem Liquidationsverfahren.[685] Sobald die
Schlussverteilung vollzogen, der Insolvenzverwalter den notwendigen Bericht vorgelegt und
sich dagegen keine Einwendungen des Gerichts ergeben, beschließt das Insolvenzgericht nach
§ 200 Abs. 1 InsO die Aufhebung des Verfahrens. Der unanfechtbare Aufhebungsbeschluss
wird öffentlich bekannt gemacht. Nach Abschluss des Insolvenzverfahrens wird die Gesellschaft
im Handelsregister von Amts wegen gelöscht.

    Einstellung des Verfahrens. Wird das Verfahren vorzeitig beendet, so wird das Verfahren 357
eingestellt. Der wichtigste Einstellungsgrund liegt dann vor, wenn die vorhandene Masse nicht
ausreicht, die Verfahrenskosten bzw. die Masseverbindlichkeiten zu decken. (§ 207 ff. InsO)
Die Einstellung des Verfahrens mangels Masse (sog. Massearmut) liegt vor, wenn sich nach
Eröffnung des Verfahrens herausstellt, dass nicht einmal die Verfahrenskosten gedeckt sind.
Die Einstellung erfolgt gemäß § 207 InsO. Gemäß § 208 ff. InsO erfolgt die Einstellung, wenn
die Verfahrenskosten zwar gedeckt werden, die Masse aber nicht für die sonstigen Masseverbindlichkeiten
ausreicht. Das Gesetz spricht in § 208 InsO von der sog. Masseunzulänglichkeit.
Die wichtigsten **Rechtsfolgen** der Aufhebung bzw. der Einstellung des Insolvenzverfahrens sind
die Folgenden: (1) Mit der Aufhebung des Insolvenzverfahrens erlangt der Schuldner das volle
Verwaltungs- und Verfügungsrecht über die Insolvenzmasse zurück, soweit nicht einzelne Gegenstände
der Nachtragsverteilung unterliegen.(2) Die Gläubiger können ihre verbleibenden
Forderungen gegen den Schuldner gemäß § 201 InsO unbeschränkt geltend machen, die Einzelzwangsvollstreckung
ist wieder zulässig. Vollstreckungstitel insofern ist die mit der Vollstreckungsklausel
versehene Ausfertigung der Eintragung in die Tabelle. Dies gilt jedoch nicht
im Falle der Restschuldbefreiung. (3) Der Schuldner bleibt an Verpflichtungs- und Verfügungsgeschäfte
des Verwalters gebunden. (4) Geschäftsunterlagen sind an den Gemeinschuldner zurückzugeben,
soweit sie nicht für die Nachtragsverteilung benötigt werden.[686] (5) Das Amt und
das damit zusammenhängende Verwaltungs- und Verfügungsrecht des Verwalters endet mit
der Aufhebung bzw. mit der Bekanntgabe des Einstellungsbeschlusses. Gleichzeitig verlieren
die übrigen Insolvenzorgane ihre Befugnisse. (6) Wird das Verfahren eingestellt, ohne dass es
zu einer Verwertung gekommen ist, so verliert der Schuldner gemäß § 289 Abs. 3 InsO den
Anspruch auf Restschuldbefreiung.

    Die Einstellung des Insolvenzverfahrens über das Vermögen juristischer Personen mangels 358
Masse führt wiederum automatisch in das gesellschaftsrechtliche **Liquidationsverfahren** (s. o.).
Treten nach Löschung wegen Vermögenslosigkeit noch Vermögenswerte zu Tage, kommt eine

---

[683] *Tröndle/Fischer* Vorbem. § 283 Rdnr. 16; strenger: *Bieneck* in Müller-Gugenberger/Bieneck § 76 Rdnr. 75 ff., der eine „nachhaltige Krisenbehebung" voraussetzt. Ausführlicher hierzu unter Rdnr. 128.
[684] Das Löschungsgesetz aus dem Jahre 1934 ist mit Wirkung vom 1.1.1999 durch Art. 2 Nr. 9 EGInsO aufgehoben und durch § 141 a FGG ersetzt worden.
[685] §§ 271, 72 AktG.
[686] Vgl. zu weiteren Einzelheiten *Haarmeyer/Wutzke/Förster*, Handbuch zu Insolvenzordnung, § 8 Rdnr. 104.

Nachtragsverteilung gemäß §§ 203 ff. InsO in Betracht (Vgl. zu den Einzelheiten oben unter b) Abweisung mangels Masse).

359 Da die Insolvenzdelikte des StGB mit Ausnahme der §§ 283 Abs. 2 und 283 b StGB ein Handeln in der Krise voraussetzen, stellt sich die Frage, inwiefern die Begehung von **Bankrotthandlungen nach Abschluss des Insolvenzverfahrens** (noch) möglich ist. Einigkeit besteht jedenfalls insoweit, als dass die bankrottstrafrechtliche Haftung mit der Beendigung des Unternehmens sowie mit der Behebung der Krise endet. Wird die Krise trotz Durchführung des Insolvenzverfahrens nicht behoben, so wird in der Literatur zum Teil die Auffassung vertreten, dass auch nach Abweisung des Eröffnungsantrages oder gar nach Abschluss des Insolvenzverfahrens Bankrotthandlungen noch begangen werden können,[687] wenn der frühere Insolvenzschuldner sich noch oder wieder in der Krise befindet.[688] Diese Auffassung überstrapaziert jedoch den Schutzzweck der Insolvenzdelikte. Die Insolvenzdelikte des StGB schützen nicht die Insolvenzmasse schlechthin, auch über die Beendigung des Insolvenzverfahrens hinaus, sondern sichern lediglich eine verfahrensordnungsgemäße Verteilung *durch* das Insolvenzverfahren. Mit der Aufhebung des Insolvenzverfahrens ist diese beendet, der Schuldner erhält gem. § 259 Abs. 1 Satz 2 InsO das Recht zurück, frei über die Insolvenzmasse zu verfügen. Auch aus Gründen der Rechtssicherheit ist die Aufhebung des Insolvenzverfahrens damit der Endzeitpunkt einer möglichen Strafbarkeit aus den §§ 283 ff StGB, selbst wenn zu diesem Zeitpunkt die Zahlungsunfähigkeit oder Überschuldung noch fortbestehen sollte.[689]

360 i) Restschuldbefreiungsverfahren. Das Restschuldbefreiungsverfahren gemäß §§ 286 ff. InsO schließt sich an ein Insolvenzverfahren an, das eröffnet und nicht gemäß § 207 InsO mangels Masse eingestellt worden ist.[690] Das Restschuldbefreiungsverfahren ist integraler Bestandteil des sog. Regelinsolvenzverfahrens und von der sog. Verbraucherinsolvenz der § 304 ff. InsO zu unterscheiden. Mit der Möglichkeit der Restschuldbefreiung wird dem Schuldner, der sich während der siebenjährigen „*Wohlverhaltensphase*" um eine Reduzierung der Verbindlichkeiten bemüht, die Chance eröffnet, sich wirtschaftlich zu erholen und eine neue, schuldenfreie Existenz aufzubauen.[691] Die Restschuldbefreiung soll nicht ausschließlich als gesetzgeberische Wohltat zu Gunsten des Schuldners angesehen werden, sie soll letztlich auch den Gläubigern Vorteile bringen.[692] Die Durchführung der Restschuldbefreiung ist von der Insolvenzordnung als *subjektives Recht* eines jeden insolventen Schuldners ausgestaltet worden.[693] In Betracht kommt die Restschuldbefreiung jedoch ausschließlich für **natürliche Personen**, bei juristischen Personen führt die Eröffnung des Insolvenzverfahrens zur Auflösung und im Anschluss regelmäßig zur Löschung der Gesellschaft im Handelsregister.

361 Nachdem in einem Insolvenzverfahren sämtliche Vermögenswerte verteilt worden sind, ohne dass eine vollständige Befriedigung der Gläubiger eingetreten ist, kann durch das Restschuldbefreiungsverfahren die Befreiung des Schuldners von den unbefriedigt gebliebenen Verbindlichkeiten erreicht werden. Dieses Ziel kann entweder durch die Integration in einen Insolvenzplan oder durch einen gerichtlichen Beschluss nach Ablauf der fünf- bis siebenjährigen Wohlverhaltensphase bei Einhaltung der auferlegten (Wohlverhaltens-) Pflichten festgestellt werden.[694] Im Rahmen des Restschuldbefreiungsverfahrens sowie nach seinem erfolgreichem Abschluss ist die Einzelzwangsvollstreckung von Insolvenzgläubigern gegen den Schuldner gemäß § 294 Abs. 1 InsO ausgeschlossen.

362 Verstößt der Schuldner während der Laufzeit der Abtretung (sog. Wohlverhaltensperiode) gegen die ihn treffenden Obliegenheiten des § 295 InsO, insbesondere die Pflichten, eine angemessene Erwerbstätigkeit auszuüben, Vermögen an den Treuhänder herauszugeben sowie Zahlungen zur Befriedigung der Insolvenzgläubiger nur an den Treuhänder zu leisten, so kann

---

[687] Müller-Gugenberger/Bieneck/*Bieneck* § 76 Rdnr. 75 ff.
[688] *Tröndle/Fischer* Vorbem. § 283 Rdnr. 16.
[689] So auch LK/*Tiedemann* Vorbem. § 283 Rdnr. 100 m. w. N. unter Bezugnahme auf RGSt 9, 134, 135.
[690] Masseunzulänglichkeit nach §§ 208, 211 InsO ist hier jedoch unschädlich.
[691] „Fresh start", vgl. *Pick*, Die (neue) Insolvenzordnung, NJW 1995, 992, 996; zu den Motiven: FK/*Ahrens* § 286 InsO, Rdnr. 1 ff.
[692] Begr. RegE BR-Drucks. 1/92 S. 100.
[693] FK-InsO/*Ahrens* § 286 Rdnr. 4.
[694] Vgl. hierzu ausführlich *Haarmeyer/Wutzke/Förster*, Handbuch zur Insolvenzordnung, 8/177 ff.

dies zu jeder Zeit zur **Versagung** der Restschuldbefreiung führen. Im Falle der vorzeitigen Beendigung der Wohlverhaltensperiode enden gemäß § 299 InsO nicht nur die Überwachungstätigkeit des Treuhänders, sondern insbesondere auch die Beschränkung der Gläubigerrechte mit der Folge, dass die **Einzelzwangsvollstreckung wieder möglich** ist. Für die Vollstreckungsmaßnahmen gilt wieder der Prioritätsgrundsatz.

Wird nach Ablauf der Wohlverhaltensperiode die Restschuldbefreiung erteilt,[695] so können gemäß § 301 InsO sämtliche Insolvenzforderungen gegenüber dem Schuldner nicht mehr durchgesetzt werden. Die gesetzliche Schuldbefreiung betrifft jedoch lediglich solche Ansprüche, die auf Geld gerichtet sind oder in einen Geldanspruch umgewandelt werden können (§ 45 InsO). Ausgenommen von der befreienden Wirkung sind die nichtanmeldefähigen Rechte der Gläubiger (§ 174 InsO), die keinen vermögensrechtlichen Charakter haben, wie etwa familienrechtliche Ansprüche auf Ehescheidung oder Anerkennung der Vaterschaft.[696] 363

Strafrechtlich von Bedeutung ist im Rahmen des Restschuldbefreiungsverfahrens insbesondere die Regelung des **§ 294 Abs. 2 InsO**. Gemäß § 294 Abs. 2 InsO ist während der Wohlverhaltensphase jedes Abkommen des Schuldners oder anderer Personen mit einzelnen Insolvenzgläubigern, durch das diesen ein Sondervorteil verschafft wird, nichtig. Abkommen im Sinne des § 294 Abs. 2 InsO sind nicht nur synallagmatische Verträge, sondern auch einseitige Rechtsakte, Verpflichtungs- oder Verfügungsgeschäfte. Unzulässig ist insbesondere auch die Gewährung zusätzlicher Sicherheiten, bspw. um den Gläubiger von der Antragstellung auf Versagung der Restschuldbefreiung (während oder nach der Wohlverhaltensperiode) abzuhalten. Derartige Abkommen sind regelmäßig unter dem Aspekt der **Gläubigerbegünstigung** gemäß § 283 c StGB strafbar. 364

Zu beachten ist weiterhin, dass nicht nur eine Verpflichtung des Schuldners selbst, sondern Verpflichtungen Dritter, möglicherweise ohne Mitwirkung des Schuldners, wie etwa eine Bürgschaftserklärung der Ehefrau des Schuldners, den Tatbestand des § 294 Abs. 2 InsO erfüllen können.[697] Die Nichtigkeitswirkung des § 294 Abs. 2 InsO beschränkt sich (anders als die Regelung des § 181 S. 3 KO a. F.) allein auf den objektiven Moment des Sondervorteils, für die Feststellung einer Strafbarkeit gemäß § 283 c StGB ist aber auch die Erfüllung des subjektiven Tatbestands erforderlich. 365

4. Insolvenzgeheimnis und Strafverfahren

In einem Strafverfahren wegen des Verdachts von Insolvenzdelikten, dem regelmäßig ein Insolvenzverfahren voraus gegangen ist, scheint nicht selten die Problematik auf, dass der beschuldigte Schuldner, das verantwortliche Organmitglied der Kapitalgesellschaft oder andere Auskunftspflichtige im Insolvenzverfahren Angaben gemacht haben, zu denen sie gem. § 97 InsO verpflichtet waren und die sie nunmehr auch und insbesondere strafrechtlich belasten. 366

Die umfassende Auskunftspflicht des § 97 InsO bezieht sich neben dem persönlichen Schuldner auf die gesetzlichen Vertreter, insbesondere die Geschäftsführer einer GmbH oder die Vorstände einer Aktiengesellschaft, die Liquidatoren, die Aufsichtsorgane (§ 101 InsO) sowie den faktischen Geschäftsführer. Bezüglich der Organe juristischer Personen erweitert **§ 101 Abs. 1 InsO** die Auskunftspflicht sogar noch auf die Organmitglieder, die innerhalb der letzten zwei Jahre vor dem Insolvenzantrag aus einer entsprechenden Stellung ausgeschieden sind. Beachtlich ist auch die Regelung des § 101 Abs. 2 InsO, die die Auskunftspflicht auch auf Angestellte und frühere Angestellte des schuldnerischen Unternehmens erweitert, ohne dass diese Pflicht jedoch gem. § 98 InsO erzwungen werden kann. All diese Personen sehen sich in einem gegen sie geführten Strafverfahren der Problematik ausgesetzt, dass die Angaben, die sie im Interesse der Gläubiger im Insolvenzverfahren unter gesetzlicher Zwangsandrohung gemacht haben, möglicherweise gegen sie fruchtbar gemacht werden können. 367

Von eminenter Bedeutung ist in diesem Zusammenhang die Regelung des **§ 97 Abs. 1 Satz 3 InsO**, die sog. „Kodifikation des Insolvenzgeheimnisses". Da die zwangsweise durchsetzbare Verpflichtung des § 97 Abs. 1 Satz 1 InsO mit dem aus Art 2 Abs. 1 GG hervorgehenden nemo tenetur – Prinzip kollidiert, hat der Gesetzgeber in der Folge des sog. „Gemeinschuldnerbe- 368

---

[695] Per gerichtlicher Entscheidung gemäß § 300 InsO.
[696] Einzelheiten hierzu bei FK-InsO/*Ahrens* § 301 Rdnr. 7 m. w. N.
[697] RGZ 136, 288 zu der ehemaligen Regelung des § 181 S. 3 KO.

schlusses" des BVerfG⁶⁹⁸ in § 97 Abs. 1 Satz 3 InsO für die Auskünfte des Schuldners, die er im Rahmen der ihm gemäß § 97 Abs. 1 InsO obliegenden Pflicht gibt, ein sog. „**Verwendungsverbot**" normiert,⁶⁹⁹ um die lückenlose Aufklärung der Vermögensverhältnisse im Insolvenzverfahren sicherzustellen.

369 Nicht nur aus dem Wortlaut, sondern insbesondere aus der Gesetzesbegründung erschließt sich die erhebliche und vom Gesetzgeber gewollte Reichweite dieses Verwendungsverbots. § 97 Abs. 1 Satz 3 InsO enthält nicht nur allein ein Verwertungsverbot, wie es der Gemeinschuldnerbeschluss des BVerfG statuiert hat, die Vorschrift normiert darüber hinaus die im deutschen Recht unübliche sog. Fernwirkung des Verbotes, d. h. es dürfen auch solche Tatsachen nicht verwendet werden, „zu denen die Auskunft den Weg gewiesen hat".⁷⁰⁰ Weitere eigenständige Beweismittel, die aufgrund der Angaben des Schuldners gewonnen wurden, sind somit im Strafverfahren gem. § 97 Abs. 1 Satz 3 InsO nicht verwertbar. Den Ermittlungsbehörden ist es vielmehr umfassend verwehrt, aus den Angaben des Schuldners auch nur einen Anfangsverdacht abzuleiten oder gar auf Basis dieser Angaben Beweismittel zu sichern, so z. B. einen Durchsuchungs- bzw. Beschlagnahmeantrag darauf zu stützen.

370 Der geschützten Auskunft des Schuldners kommt damit im Strafverfahren ganz erhebliche Bedeutung zu, die auch von staatsanwaltschaftlicher Seite nicht unterschätzt wird. *Bieneck* geht als Folge des Verwendungsverbotes des § 97 Abs. 1 Satz 3 InsO davon aus, dass nunmehr der Inhalt der Insolvenzakten als strafrechtliche Erkenntnisquelle nicht mehr herangezogen werden könne.⁷⁰¹

371 Geschützt sind sämtliche Auskünfte des Schuldners, die dieser in Erfüllung seiner ihm aus § 97 Abs. 1 Satz 1 InsO obliegenden Auskunftspflicht macht, nicht jedoch solche Angaben, die der Schuldner außerhalb des Insolvenzverfahrens macht, die aber hierfür von Bedeutung sind. Nicht **in Erfüllung der Auskunftspflicht** des § 97 Abs. 1 S. 3 InsO erfolgen allerdings auch die Pflichtangaben des Schuldners etwa im Rahmen eines Eigenantrages auf Insolvenzeröffnung.⁷⁰² Für diese gilt allerdings weiterhin ein **Verwertungsverbot** nach den Grundsätzen des Gemeinschuldnerbeschlusses des BVerfG. Nicht geschützt sind weiterhin die Angaben des Insolvenzverwalters oder Dritter, wenn diese nicht die Auskünfte des Schuldners wiedergeben oder auf ihnen beruhen. Eigene Ermittlungen des Insolvenzverwalters sind damit verwertbar. Umstritten ist die **Verwertbarkeit von Unterlagen** des Schuldners, etwa die Buchführung, Bilanzen oder andere Geschäftsunterlagen, die der Schuldner im Zuge seiner Auskunftserteilung vorlegt oder auf die er in seinen Auskünften Bezug nimmt. *Richter* will die Herausgabe oder Bezugnahme auf Unterlagen der Erfüllung der sonstigen Mitwirkungspflicht des Schuldners, also nicht der geschützen Pflicht des § 97 Abs. 1 Satz 1 InsO, zuordnen mit der Folge, dass eine Verwertung möglich wäre.⁷⁰³ Das LG Stuttgart hat sich auf den Standpunkt gestellt, dass zumindest die Unterlagen nicht vom Verwertungs- und Verwendungsverbot des § 97 Abs. 1 Satz 3 InsO erfasst werden, zu deren Führung eine gesetzliche Verpflichtung besteht, wie etwa Handelsbücher und Bilanzen.⁷⁰⁴ Der Schutzwzeck des Verwendungsverbotes sowie seine weitgehende und deutlich über den Gemeinschuldnerbeschluss des BVerfG hinausgehende Ausgestaltung durch den Gesetzgeber spricht jedoch dafür, zumindest diejenigen vom Schuldner vorgelegten bzw. in Bezug genommenen Unterlagen in das Verwertungsverbot einzubeziehen, die nicht ohne weiteres anderweitig zugänglich sind wie Bilanzen und Steuererklärungen.⁷⁰⁵ Der

---

⁶⁹⁸ BVerfGE 56, 41 ff. Das BVerfG hatte die zwangsweise durchsetzbare Auskunfts- und damit auch Selbsbelastungspflicht des früheren § 100 KO als verfassungskonform befunden, diese jedoch um ein umfassendes Verwertungsverbot im Strafverfahren ergänzt.
⁶⁹⁹ Vergleiche hierzu unten unter IV. 4.
⁷⁰⁰ LG Stuttgart wistra 2000, 439; *Müller-Gugenberger/Bieneck/Bieneck* § 75 Rdnr. 72.
⁷⁰¹ Müller-Gugenberger/*Bieneck* § 75 Rdnr. 84; Bei (anderen) Vertretern der Staatsanwaltschaft ist die Bereitschaft, diese Konsequenz zu akzeptieren, allerdings nicht besonders ausgeprägt, vgl. *Bittmann* Insolvenzstrafrecht § 1 Rdnr. 19; *Weyand* ZInsO 2001, 108, 109.
⁷⁰² § 15 Abs. 2 InsO.
⁷⁰³ *Richter*, Auskunfts- und Mitteilungspflichten nach §§ 20, 97 Abs. 1 ff. InsO; *Richter* wistra 2000, wistra 2000, 1 ff.
⁷⁰⁴ LG Stuttgart wistra 2000, 439.
⁷⁰⁵ Vgl. auch Müller-Gugenberger/Bieneck/*Bieneck* § 75 Rdnr. 82; auch das Verwendungsverbot des § 393 Abs. 2 S. 1 AO umfaßt nach h. M. vorgelegte oder zugänglich gemachte Unterlagen.

Gesetzgeber hat sich deutlich für das Informationsbedürfnis des Insolvenzverwalters bzw. der Gläubiger entschieden, auch wenn dies zu Lasten des staatlichen Strafanspruchs geht. Die Herausnahme entsprechender Unterlagen aus dem Schutz wäre insofern deutlich kontraproduktiv.

Das Verwendungsverbot des § 97 Abs. 1 Satz 3 InsO bezieht sich auch auf Auskünfte, die der Schuldner bereits im Insolvenzeröffnungsverfahren – nach Antragstellung – gemacht hat, die §§ 20 Abs. 1, 22 Abs. 3 InsO verweisen auf § 97 InsO. 372

Kommt der Schuldner also vor der drohenden Einleitung eines Ermittlungsverfahrens seinen ohnehin erzwingbaren Auskunftspflichten aus § 97 Abs. 1 InsO auch zu selbstbelastenden Aspekten umfassend nach, so kann er seine Verteidigungschancen somit zumindest deutlich verbessern. Die in der Folge der Auskunftsverpflichtung gem. § 97 Abs. 1 InsO gemachten Angaben sperren nicht nur deren Verwertung, sondern darüber hinaus die Erhebung weiterer hierauf fußender Beweise im Strafverfahren. 373

Zu berücksichtigen ist allerdings auch die Tendenz der Strafverfolgungsbehörden, dieses Verwendungsverbot irgendmöglich zu unterlaufen. So wird vertreten, dass hinsichtlich der Auskünfte zwar ein Verwendungs- aber **kein Erhebungsverbot**[706] bestehe, so dass der Staatsanwalt diese Informationen zunächst einmal zur Kenntnis zu nehmen habe. Findet er dann Wege, die unter dem vermeintlichen Schutz des § 97 Abs. 1 S. 3 InsO erteilten Informationen auf andere Weise nachzuvollziehen, so sollen diese Erkenntnisse verwendbar bleiben.[707] In der Literatur findet sich auch die Auffassung, dass die ohnehin herausgabepflichtigen Unterlagen (Buchführung, Bilanzen pp.), auch wenn sie vom Schuldner nach Aufforderung gem. § 97 Abs. 1 InsO herausgegeben werden, nicht unter das Verwendungsverbot fallen, das Verwendungsverbot des § 97 Abs. 1 S. 3 InsO entfalte keine mittelbare Fernwirkung.[708] 374

Die Bezugnahme auf das weit reichende Verwendungsverbot führt in praxi aufgrund der streitigen Einzelheiten etwa hinsichtlich der Verwertbarkeit von Unterlagen jedoch durchaus zu Verhandlungspotential gegenüber den Ermittlungsbehörden. Verstöße gegen das Verwendungsverbot des § 97 Abs. 1 S. 3 InsO führen im Einzelfall bis zur Einstellung des Verfahrens.[709] Aus Beweisgründen ist allerdings dringend auf eine Niederschrift sämtlicher Angaben des Schuldners zu achten. 375

5. Sanktionen und Konsequenzen

a) **Strafen.** Primäre Konsequenz der rechtskräftigen Verurteilung wegen eines Insolvenzdelikts im engeren sowie im weiteren Sinne ist die Verhängung einer Geld- oder Freiheitsstrafe. Die vorsätzlichen Bankrotthandlungen des § 283 Abs. 1 StGB sowie § 283 d StGB werden mit Freiheitsstrafe bis zu fünf Jahren oder Geldstrafe bedroht. Die Fahrlässigkeitskombinationen der Absätze 4 und 5, die Privilegierung der Gläubigerbegünstigung gem. § 283 c StGB sowie die Verletzung der Buchführungspflicht (außerhalb der Krise) gem. § 283 b StGB sehen lediglich Strafdrohungen von jeweils Freiheitsstrafe bis zu zwei Jahren oder Geldstrafe vor. Strafschärfungen für besonders schwere Fälle sehen die §§ 283 a sowie 283 d Abs. 3 StGB vor, die die Strafrahmen auf Freiheitsstrafe von sechs Monaten bis zu zehn Jahren anheben. Der nach Anwendung der „Interessenformel" möglicherweise Anwendung findende Tatbestand der Untreue gem. § 266 Abs. 1 StGB verfügt über einen identischen Strafrahmen, auch hier ist der besonders schwere Fall gem. §§ 266 Abs. 2 i. V. m. 263 Abs. 3 StGB mit Freiheitsstrafe von sechs Monaten bis zu zehn Jahren zu ahnden.[710] Gleiches gilt für das Vorenthalten und Veruntreuen von Arbeitsentgelt gem. § 266 a Abs. 1 StGB. Lediglich die Insolvenzverschleppung wird gem. § 84 Abs. 1 Nr. 2 GmbHG (ebenso §§ 130 b Abs. 1 Nr. 2 HGB, 401 Abs. 1 Nr. 2 AktG) mit Freiheitsstrafe bis zu drei Jahren oder Geldstrafe, im Fall der Fahrlässigkeit jeweils mit Freiheitsstrafe bis zu einem Jahr oder Geldstrafe bedroht. Sollte in den vorbezeichneten Fällen eine Freiheitsstrafe in Betracht kommen, so ist zu beachten, dass gemäß § 41 StGB eine Geldstrafe unter bestimmten Voraussetzungen auch neben einer Freiheitsstrafe verhängt werden kann. Sowohl der Bankrott, die Gläubigerbegünstigung und die Schuldnerbegünstigung 376

---

[706] *Hefendehl* wistra 2003, 1, 4; *Bittmann* Insolvenzstrafrecht § 1 Rdnr. 24.
[707] So im Ergebnis *Bittmann* Insolvenzstrafrecht § 1 Rdnr. 19.
[708] Regelmäßig staatsanwaltliche Veröffentlichungen, etwa *Bittmann* Insolvenzstrafrecht Rdnr. 19 ff. m. w. N.
[709] *Bittmann* Insolvenzstrafrecht § 1, Rdnr. 28.
[710] Die Regelbeispiele sind hier jedoch durch das 6. StRG vom 26.1.1998 (BGBl. I, S. 164) angepasst worden.

als auch die Insolvenzverschleppung nach dem GmbHG, dem AktG und dem HGB sind gemäß § 74 c Abs. 1 Nr. 1, 5 GVG grundsätzlich Wirtschaftsstraftaten, die in die Zuständigkeit der Schwerpunktstaatsanwaltschaften für Wirtschaftsstrafsachen fallen. Im Falle der Anklageerhebung zum Landgericht ist die Zuständigkeit der Wirtschaftsstrafkammer begründet. Eine Anklageerhebung zur Wirtschaftsstrafkammer erfolgt gem. §§ 74 Abs. 1, 24 Abs. 1 Nr. 3 GVG jedoch nur, wenn die Wirtschaftsstraftat von besonderer Bedeutung ist oder die Rechtsfolgenkompetenz des Amtsgerichts (Freiheitsstrafe bis zu vier Jahren) nicht ausreicht.[711] Eine Anklageerhebung zum Landgericht allein wegen des Verdachts der Insolvenzverschleppung wird daher nur in sehr seltenen Fällen aufgrund erheblicher Bedeutung des Falles erfolgen. Vielmehr bietet sich aufgrund des häufig festzustellenden Missverhältnisses zwischen Ermittlungsaufwand und Strafwartung bei häufig nicht vorbelasteten Tätern die Anwendung des Opportunitätsprinzips, insbesondere die Einstellung gem. § 153 a StPO, an.

377   b) **Nebenfolgen; Berufsverbot.** Insbesondere für den Geschäftsführer einer GmbH oder den, der es zu werden beabsichtigt, sind die Rechtsfolgen des § 6 Abs. 2 GmbHG zu berücksichtigen. Gemäß **§ 6 Abs. 2 S. 3 GmbHG** kann derjenige, der wegen einer Straftat nach den §§ 283 bis 283 d StGB verurteilt worden ist, auf die Dauer von fünf Jahren seit Rechtskraft des Urteils nicht Geschäftsführer sein. Bei der zwingenden Folge der Amtsunfähigkeit kommt es weder auf die Branche, noch auf den Unternehmensgegenstand, noch auf den Geschäftszweck an, nicht einmal die Tätigkeit als Geschäftsführer einer gemeinnützigen Gesellschaft ist zulässig. Mit Eintritt der Rechtskraft der Verurteilung verliert ein amtierender Geschäftsführer automatisch per legem seine Position, eine etwaige Bestellung innerhalb des Fünf-Jahres-Zeitraums ist unheilbar wirkungslos.[712] Nur unwesentlich weniger bedrohlich ist der Eintritt der Amtsunfähigkeit des Geschäftsführers einer GmbH oder dessen, der es werden möchte, gemäß § 6 Abs. 2 S. 4 GmbHG, wenn gegen ihn ein Berufsverbot gem. § 70 StGB verhängt worden ist. § 6 Abs. 2 S. 4 GmbHG beschränkt die Amtsunfähigkeit jedoch auf den Unternehmensgegenstand, der mit dem Beruf, Berufszweig, Gewerbe oder Gewerbezweig, auf den sich das Berufsverbot gem. § 70 StGB bezieht, ganz oder teilweise übereinstimmt. Ein Berufsverbot gem. **§ 70 Abs. 1 StGB** kann verhängt werden, wenn der Täter wegen einer Tat verurteilt wird, die er unter Missbrauch seines Berufs oder Gewerbes oder unter grober Verletzung der mit ihnen verbundenen Pflichten begangen hat und die Gesamtwürdigung des Täters und der Tat die Gefahr erkennen lässt, dass er bei weiterer Ausübung seiner Tätigkeit weitere erhebliche Taten der bezeichneten Art begehen wird. Auch Fahrlässigkeitsdelikte können die Verhängung eines Berufsverbots rechtfertigen.[713] Die Wertung ist stark einzelfallabhängig, sogar ein Verstoß gegen § 266 a StGB soll die Berufspflichten des Kaufmanns jedoch gröblich verletzen können und damit ein Berufsverbot rechtfertigen.[714] Gegenstand des Berufsverbotes kann nur die Ausübung des Berufes sein, in dem die Straftat unter Verletzung berufsspezifischer Pflichten begangen wurde.[715] Zahlreiche Versuche, Berufsverbote auf allgemeine Tätigkeitsumschreibungen auszuweiten, sind jedoch von der Rechtsprechung für unzulässig erklärt worden, so etwa das Verbot „jeder selbständigen Geschäftstätigkeit" oder Gewerbetätigkeit,[716] des „Kaufmannsgewerbes"[717] oder der „Betätigung als Manager".[718] Die Rechtsfolgen des § 6 Abs. 2 S. 4 GmbHG greifen jedoch nicht im Falle der Verhängung eines vorläufigen Berufsverbotes gem. § 132 a StGB ein. Eine entsprechende Regelung findet sich in § 76 Abs. 3 AktG für die Mitglieder des Vorstandes einer Aktiengesellschaft. Ein Verstoß gegen das Berufsverbot ist wiederum strafbar gemäß § 145 c StGB.

378   Schließlich sind sämtliche rechtskräftigen Verurteilungen gem. § 4 Bundeszentralregistergesetz (BZRG) in das **Bundeszentralregister** einzutragen und gem. § 32 Abs. 4 BZRG Gegenstand

---

[711] OLG Stuttgart wistra 1986, 191, 192; *Tröndle/Fischer* § 74 c GVG Rdnr. 2.
[712] *Lutter/Hommelhoff* GmbHG § 6 Rdnr. 17.
[713] *Tröndle/Fischer* § 70 Rdnr. 4.
[714] LG München wistra 1987, 261; *Tröndle/Fischer* § 70 Rdnr. 3; a. A. BayObLG NJW 1957, 958.
[715] BGHSt 22, 144.
[716] BGH GA 1960, 183; BGH GA 1967, 153; BGH MDR/D 1952, 530; BGH MDR/H 1979, 455; *Tröndle/Fischer* § 70 Rdnr. 10.
[717] BGH MDR/D 1956, 143; BGH MDR/D 1958, 783.
[718] BGH MDR/D 1958, 139; *Tröndle/Fischer* § 70 Rdnr. 10.

des Führungszeugnisses, wenn die Taten bei oder im Zusammenhang mit der Ausübung eines Gewerbes oder einer sonstigen wirtschaftlichen Unternehmung begangen wurden und die Auskunft für das **Gewerbezentralregister** gem. § 149 GewO bestimmt ist.[719]

Gem. § 8 Abs. 3 GmbHG hat der Geschäftsführer der GmbH bei der Eintragung der GmbH zu versichern, dass er nicht wegen einer Insolvenzstraftat des StGB verurteilt ist bzw. die Verurteilung länger als fünf Jahre zurückliegt und kein Berufsverbot gegen ihn besteht. Falsche Angaben des Geschäftsführers oder Liquidators bei der Versicherung gem. § 8 Abs. 3 GmbHG sind wiederum gem. § 82 Abs. 1 Nr. 5 GmbHG (bei der AG gemäß § 399 Abs. 1 Nr. 6 AktG) strafbar und führen zur Schadensersatzpflicht gem. § 9 a GmbHG. 379

c) **Zivilrechtliche (Durchgriffs-) Haftung.** Die Insolvenzantragspflicht des § 64 Abs. 1 GmbHG, deren Missachtung zugleich die Strafbarkeit wegen Insolvenzverschleppung gem. § 84 Abs. 1 Nr. 2, Abs. 2 GmbHG begründet, ist Schutzgesetz im Sinne von § 823 Abs. 2 BGB zugunsten aller Gläubiger und begründet daher eine Schadensersatzpflicht des pflichtwidrig handelnden Geschäftsführers oder Liquidators.[720] Gem. § 64 Abs. 2 GmbHG ist der Geschäftsführer einer GmbH darüber hinaus der Gesellschaft zum Ersatz von Zahlungen verpflichtet, die nach Eintritt der Zahlungsunfähigkeit der Gesellschaft oder nach Eintritt der Überschuldung erbracht werden. Eine entsprechende Haftung normieren die §§ 177 a, 130 a Abs. 3 HGB für die GmbH & Co. KG. Die zivilrechtliche Haftung bzw. Inanspruchnahme kann dabei unter dem Aspekt der *poena naturalis* (§ 60 StGB) durchaus strafmildernd zu berücksichtigen sein. Der Geschäftsführer befindet sich rechtlich ohnehin in einem Dilemma zwischen strafrechtlicher Verpflichtung und zivilrechtlicher Inanspruchnahme. Stellt er den Insolvenzantrag aus Gründen strafrechtlich motivierter Vorsicht etwa zu früh, so verletzt er hierdurch seine Pflicht zur ordnungsgemäßen Geschäftsführung auch in der Krise[721] und macht sich damit gemäß § 43 Abs. 2 GmbHG schadensersatzpflichtig gegenüber den Gesellschaftern. Handelt er zu spät, droht ihm eine Strafbarkeit wegen Insolvenzverschleppung. Im Falle der falschen Entscheidung ist dieses Dilemma im Rahmen eines Strafverfahrens strafmildernd zu berücksichtigen. Insolvenzdelikte, auch im weiteren Sinne, insbesondere auch § 266 a StGB, sind Schutzgesetze im Sinne von § 823 Abs. 2 BGB und damit potentiell schadensersatzbegründend. 380

d) **Ausschluss der Restschuldbefreiung (§§ 290 Abs. 1, 297 InsO).** Mit der Möglichkeit der Restschuldbefreiung gem. §§ 286 ff InsO wird dem Schuldner, der sich während der siebenjährigen „Wohlverhaltensphase" um eine Reduzierung der Verbindlichkeiten bemüht, die Chance eröffnet, sich wirtschaftlich zu erholen und eine neue, schuldenfreie Existenz aufzubauen,[722] sie wird als „gesetzgeberische Wohltat" zu Gunsten des Schuldners angesehen.[723] Ausbalanciert werden die Interessen der Gläubiger und des Schuldners auch durch die Vorschriften der §§ 290, 297 InsO, welche Ausschlussgründe für das Verfahren der Restschuldbefreiung normieren, deren Grund in dem Verhalten des Schuldners liegt. Von großer Bedeutung ist hier der Versagungsgrund des § 290 Abs. 1 Nr. 1 InsO, die rechtskräftige strafgerichtliche Verurteilung wegen einer (Insolvenz-) Straftat nach den §§ 283 – 283 c StGB. 381

Eine Verurteilung wegen vorsätzlichen Handelns ist nicht Voraussetzung, eine fahrlässige Begehung oder auch nur eine Versuchsstrafbarkeit reicht hier aus.[724] Grundsätzlich kann zwar jeder Schuldner Täter sein, § 283 Abs. 1 Nr. 5 und 7, 283 b Nr. 1 und 3 StGB sind jedoch nur auf kaufmännisch tätige Schuldner anzuwenden, da nur für diese die Buchführungspflichten der §§ 238 ff HGB Geltung besitzen.[725] Die Insolvenzverschleppung gem. § 84 GmbHG oder § 401 AktG oder andere Straftaten, die möglicherweise in unmittelbarem Zusammenhang mit 382

---

[719] Insbes. Gewerbeuntersagung wegen Unzuverlässigkeit gem. § 35 GewO; vgl. auch § 57 Abs. 1 Ns. 3 GewO, Untersagung des Reisegewerbes bei Verurteilung wegen eines Insolvenzdelikts.
[720] Zu den Fragen der Schadensberechnung (Quotenschaden für Altgläubiger, Vertrauensschaden für Neugläubiger vgl. *Lutter/Hommelhoff* GmbHG § 64 Rdnr. 38 ff. m. w. N.
[721] BGH NJW 1974, 1089; *Lutter/Hommelhoff* GmbHG § 64 Rdnr. 47; *K. Schmidt* ZIP 1988, 1497.
[722] „Fresh start", *Pick*, Die (neue) Insolvenzordnung, NJW 1995, 992, 996; zu den Motiven: *Ahrens* in FK, § 286 Rdnr. 1 ff.
[723] Begr. RegE BR-Drucks. 1/92 S. 100.
[724] Schönke/Schröder/*Stree* § 283 Rdnr. 58; Hess KO Anh. III § 283 Rdnr. 47 ff.
[725] BGH NJW 2001, 1874, 1875; FK-InsO/*Ahrens* § 290 Rdnr. 11.

der Insolvenz stehen, wie etwa das Vorenthalten oder Veruntreuen von Sozialversicherungsbeiträgen gem. § 266 a StGB, werden von dem klaren Wortlaut des § 290 Abs. 1 Nr. 1 InsO nicht erfasst. Eine Einschränkung erfährt der Versagungsgrund des § 290 Abs. 1 Nr. 1 InsO darüber hinaus dadurch, dass sich die Verurteilung auf das konkrete Insolvenzverfahren beziehen oder mit diesem Verfahren zusammenhängen muss. Dies wurde bereits nach herrschender Meinung für die Regelung des § 175 Nr. 3 KO (Unzulässigkeit des Zwangsvergleichs) gefordert,[726] der anders als § 290 InsO zudem noch auf die sog. „Vergleichswürdigkeit" abstellte. Da § 290 InsO jedoch keine Bestrafung des Schuldners bezweckt, vielmehr eine konkrete Beeinträchtigung der wirtschaftlichen Interessen der Gläubiger festzustellen sein muss,[727] erscheint eine entsprechende Restriktion angezeigt. Tritt die Rechtskraft einer Verurteilung wegen einer Insolvenzstraftat erst nach dem Schlusstermin ein, so greift § 290 Abs. 1 InsO nicht ein. Da jedoch die Rechtskraft einer Verurteilung von dem das Restschuldbefreiungsverfahren begehrenden Schuldner fast beliebig hinausgezögert werden kann, hat der Gesetzgeber diese „Regelungslücke" mit der Vorschrift des § 297 InsO geschlossen. Gem. § 297 Abs. 1 InsO versagt das Insolvenzgericht die Restschuldbefreiung ebenfalls, wenn der Schuldner „im Zeitraum zwischen Schlusstermin und Aufhebung des Insolvenzverfahrens oder während der Laufzeit der Abtretungserklärung" (also der sog. „Wohlverhaltensphase") wegen einer Straftat nach den §§ 283 bis 283 c StGB rechtskräftig verurteilt wird.[728]

383 Nicht beseitigt durch das Restschuldbefreiungsverfahren werden jedoch gem. § 302 InsO Verbindlichkeiten des Schuldners aus vorsätzlich begangenen unerlaubten Handlungen, Geldstrafen sowie diesen gleichgestellte Verbindlichkeiten. Geldstrafen gleichgestellt sind gem. § 39 Abs. 1 Nr. 3 InsO Geldbußen, Ordnungsgelder,[729] Zwangsgelder sowie Nebenfolgen einer Straftat, die zu einer Geldzahlung verpflichten.[730] Das Gleiche gilt für Bewährungsauflagen.[731] Diese bleiben bestehen.

384 e) **Praxis.** Im Rahmen der strafrechtlichen Aufarbeitung eines Unternehmenszusammenbruchs sind die Insolvenzdelikte des StGB (§§ 283 bis 283 c StGB) regelmäßig nicht ausschließlich Gegenstand des Verfahrens. In der Praxis stehen diese in der Mehrzahl der Fälle in Konkurrenz zu dem Vorwurf der Insolvenzverschleppung sowie regelmäßig auch des Vorenthaltens und Veruntreuens von Arbeitsentgelt gem. § 266 a StGB. Insbesondere § 266 a StGB dient aufgrund der geringen Anforderungen des gesetzlichen Tatbestandes und der leichten Beweisbarkeit als „Auffangtatbestand" für den Fall, dass die Ahndung der eigentlichen Insolvenzdelikte aus prozessökonomischen Gründen nicht mehr erfolgen soll oder nicht zu gelingen droht. Trotz der im Gegensatz zur Untreue und dem Vorenthalten und Veruntreuen von Arbeitsentgelt identischen Strafrahmens, geht eine Verurteilung aufgrund eines Insolvenzdelikts des StGB insbesondere für den im kaufmännischen Bereich Tätigen mit erheblichen Nachteilen einher (s. o.). Um diese negativen Konsequenzen (Berufsverbot etc., s. o.) für den Mandanten abzuwenden, die unter Umständen seine wirtschaftliche Existenz vernichten, die aber nur bei einer rechtskräftigen Verurteilung drohen, hat der Verteidiger sein Augenmerk darauf zu legen, dass im Fall einer unabwendbaren Verurteilung wegen strafbaren Verhaltens beim Unternehmenszusammenbruch diese Verurteilung nicht wegen eines Insolvenzdelikts im engeren Sinne, sondern, soweit möglich, wegen eines Insolvenzdelikts im weiteren Sinne erfolgt. Im Rahmen einer einvernehmlichen Verfahrensbeendigung, etwa dem Erlass eines Strafbefehls oder einer Höchststrafenvereinbarung, kann die Einstellung des Verfahrens insoweit gemäß § 154 StPO Bestandteil der Einigung sein. Ist eine derartige

---

[726] *Kilger/K. Schmidt* KO[16] § 175 Rdnr. 3 m. w. N.
[727] BR-Drucks. 1/92, S. 190; FK-InsO/*Ahrens* § 290 Rdnr. 7 m. w. N.
[728] Auch Straf- und Untersuchungshäftlinge können grundsätzlich Gegenstand eines Restschuldbefreiungsverfahrens sein. Umstritten ist hier ausschließlich, ob sie die Wohlverhaltensphase während der Unterbringung in der Justizvollzugsanstalt absolvieren können. Da die Obliegenheiten des § 295 Abs. 1 Nr. 1 InsO (Ausüben oder Bemühen um Erwerbstätigkeit) jedoch auch in der Justizvollzugsanstalt erfüllt werden können, stehen dem Restschuldbefreiungsverfahren zumindest in der Strafhaft keine grundsätzlichen Erwägungen entgegen, *Ahrens* in FK § 286 Rdnr. 32, § 295 Rdnr. 12
[729] Gem. §§ 890 ZPO, 70 StPO.
[730] Etwa §§ 74 c StGB, 21 ff OWiG, 8 WiStG.
[731] *Ahrens* NZI 2001, 456, 459.

Lösung einvernehmlich nicht möglich, so ist können intensive Verteidigungsbemühungen in diesem Bereich bei Geständnisbereitschaft in einem andern Bereich dazu führen, dass die Prozessökonomie eine Einstellung des Vorwurfs der §§ 283 bis 283 d StGB gemäß § 154 StPO nahe legt.

6. Strafrechtliches Risiko des Beraters

Im Rahmen einer Unternehmensinsolvenz geraten auch die möglicherweise zahlreichen Berater des Unternehmens, die im Vorfeld, während der Krise sowie im Insolvenzverfahren – der Insolvenzverwalter eingeschlossen – für das schuldnerische Unternehmen tätig waren oder sind. In erster Linie sind dies der Steuerberater, der Firmenanwalt, der eingeschaltete Insolvenzanwalt als Krisenberater, der „Sanierer" sowie im Weiteren der vorläufige sowie der endgültige Insolvenzverwalter. Der seriöse Berater, insbesondere der Krisenberater, nicht jedoch der „Firmenbestatter" (hierzu siehe oben), ist durch ein Bündel von Motivationen häufig sehr eng mit dem Unternehmen verbunden, mit der Folge, dass bereits aus dieser Situation heraus die Gefahr eines strafrechtlich relevanten Verhaltens durch Überreizung des rechtlich Möglichen zu befürchten ist. Der Krisenberater befindet sich in der psychologisch heiklen Situation, dass er Erfolge vorweisen muss und sich bereits daher mit der in der Not geratenen Unternehmung identifiziert. Ein Scheitern seiner Sanierungsbemühungen wird teilweise als persönliches Scheitern empfunden. Häufig besteht durch langfristige Verbundenheit mit dem bedrohten Unternehmen auch eine wirtschaftliche Abhängigkeit. In dieser Situation unterliegt der Berater einem ganz erheblichen Druck, die Grenzen des gesetzlich Machbaren auszureizen und teilweise eben auch zu überschreiten.[732] War der Berater, etwa als Steuerberater, bereits zuvor in die Entstehung der Probleme, etwa buchhalterischer Unzulänglichkeiten, eingebunden, so kommt die Motivation, diese wieder „glatt zu bügeln", noch hinzu. Die Tätigkeit insbesondere des Krisenberaters wird von *Wessing* aus diesem Grunde nicht zu Unrecht als grundsätzlich gefahrgeneigte Arbeit bezeichnet.[733] Aber auch der Insolvenzverwalter ist sich in seiner Funktion als Organ der Rechtspflege[734] der Möglichkeit und der Gefahr strafrechtlich relevanten Verhaltens häufig nicht bewusst. 385

Da die meisten Insolvenzdelikte Sonderdelikte sind, kommt eine täterschaftliche Begehung durch den Berater nur ausnahmsweise in Betracht, nämlich wenn ihm gemäß § 14 Abs. 2 StGB die Übertragung von Leitungs- und Verantwortungsfunktionen durch den Geschäftsherrn oder durch Dritte der Art übertragen wurde, dass auch die strafrechtliche Verantwortung auf ihn übergeht.[735] Übernimmt der (Steuer-) Berater für den Pflichtigen eigenverantwortlich Buchführungs- oder Bilanzierungsaufgaben und erfüllt er diese nicht oder unzulänglich, so kann er unmittelbarer Täter eines Bankrottdelikts gem. § 283 Abs. 1 Nr. 5, 7 i. V. m. § 14 Abs. 2 S. 2 StGB sein.[736] Eine täterschaftliche Strafbarkeit des Beraters liegt insbesondere dann nahe, wenn der Berater als Sanierer Geschäftsführungsaufgaben übernimmt, als Liquidator tätig wird oder auch, wenn er als faktischer Geschäftsführer strafrechtlich verantwortlich wird. Risiken bestehen hier beispielsweise bei der Einrichtung und Verwaltung sog. Gläubiger-Fonds oder -Pools unter dem Aspekt des (Stundungs-) Betruges gem. § 263 StGB gegenüber den Gläubigern oder der Untreue gem. § 266 StGB bei der Verwaltung der Fondsmittel.[737] Die bei Beratern jedoch hauptsächlich anzutreffende Begehungsform ist aber die Teilnahme an der Tat des Sonderpflichtigen in der Form der Anstiftung gemäß § 26 StGB oder der Beihilfe gemäß § 27 StGB. Die persönlichen strafbegründenden Merkmale liegen hier weiterhin in der Person des Haupttäters. 386

Wegen **Anstiftung** macht sich der Berater strafbar, wenn er den Haupttäter zu dessen vorsätzlich begangener, rechtswidriger Tat bestimmt (§ 26 StGB). Erforderlich ist somit, dass der Pflichtige selbst vorsätzlich handelt, eine Anstiftung zur fahrlässigen Tat, etwa zu einer fahrlässigen Insolvenzverschleppung gemäß § 84 Abs. 2 GmbHG, ist daher nicht möglich. Proble- 387

---

[732] Vgl. *Wessing*, Insolvenz und Strafrecht, NZI 2003, 1, 2.
[733] Wie zuvor S. 1.
[734] BGHZ 88, 334; BGH NJW 1995, 1484 – sog. Amtstheorie (str.).
[735] *Tiedemann* NJW 1986, 1842.
[736] Weitere Beispiele bei Schmidt/*Uhlenbruck* Rdnr. 1913.
[737] Vgl. OLG Stuttgart Urt. v. 13.12.1983 – 4 Ss (22) 494/83 = wistra 1984, 115.

matisch ist die Tätigkeit des Beraters, da es gerade seine Aufgabe ist, juristischen oder tatsächlichen Rat zu geben, um die Krise zu überwinden. Hier ist insbesondere zu berücksichtigen, dass zwischen dem Aufzeigen von (straf-) rechtlichen Konsequenzen einerseits und der Anstiftung zu strafrechtlich relevantem Handeln andererseits oft nur einer sehr schmaler Grat liegt. Als Beispielsfälle strafrechtlich relevanter Anstiftungshandlungen des Beraters zu nennen ist beispielsweise der Hinweis auf die „Gefahr des Unternehmensverlusts" im Falle der Insolvenzantragsstellung, obwohl bereits ein Insolvenzgrund vorliegt und eine Sanierung innerhalb der Maximalfrist des § 64 Abs. 1 GmbHG nicht möglich erscheint. In einem derartigen Verhalten dürfte bereits eine Anstiftung zur Insolvenzverschleppung liegen.[738] Des Weiteren kann die Beratungsleistung dahin gehend, eine Auffanggesellschaft zu errichten, die lediglich die Aktiva des krisenbefangenen Unternehmens übernimmt, ohne dass zugleich Verpflichtungen in entsprechender Höhe übernommen werden, eine Anstiftung zum Beiseiteschaffen von Vermögensbestandteilen gemäß § 283 Abs. 1 Nr. 1 StGB, möglicherweise zu einer Gläubigerbegünstigung gemäß § 283 c StGB darstellen. Hier kommt es auf die Ausgestaltung des Einzelfalles an.[739] Unstreitig strafbar ist die Beratung des Geschäftsführers dahin gehend, eigene Ansprüche oder Ansprüche von ihm nahe stehenden Personen, etwa durch Rückdatierung von Sicherheiten „insolvenzfest" zu machen.[740]

388 Eine **Beihilfehandlung** gemäß § 27 StGB kann bereits in der Gewährung psychischer Beihilfe liegen, beispielsweise durch das Bestärken des Haupttäters zur Tat.[741] Das Gutheißen von durch den Geschäftsführer geplanten und durchgeführten Bankrotthandlungen erfüllt den Tatbestand ohne Zweifel, die Beihilfe kann jedoch auch durch die Entfaltung eigener Aktivitäten des Beraters geleistet werden. Sämtliche Formen der „Bilanzkosmetik" etwa, die durch den (Steuer-) Berater erfolgen, um Bewertungsspielräume bewusst zu überdehnen und möglicherweise auch den Eintritt oder auch nur den Zeitpunkt des Eintritts von Insolvenzgründen zu verschleiern, sind strafrechtlich relevant. Noch klarer dürfte die strafrechtliche Relevanz eines Beraterverhaltens dann sein, wenn der Berater in Kenntnis etwa der Rückdatierungsabsicht des Geschäftsführers einen entsprechenden Vertrag erstellt[742] oder der anwaltliche Berater ihm zustehende Vorschüsse so dimensioniert, dass nach Durchführung des Insolvenzverfahrens Reste verbleiben, die an den Geschäftsführer der GmbH oder den Schuldner allgemein ausgekehrt werden können. Insbesondere der **Sanierungsberater**, der als interner oder externer Sanierer nicht nur die entscheidende Sanierungsfähigkeitsprüfung durchführt, sondern regelmäßig die Durchführung der gesamten Sanierung organisiert und begleitet, unterliegt einem erheblichen strafrechtlichen Risiko. Dieses realisiert sich häufig in der Teilnahme an Sanierungsdelikten (§§ 283 ff. StGB) etwa bei der Umfirmierung, der Betriebsaufspaltung oder der übertragenden Sanierung.[743]

389 Entdeckt der Berater in der Krise oder im Rahmen von Sanierungsbemühungen jedoch strafrechtlich relevante Verhaltensweisen des Geschäftsführers oder anderer Beteiligter, so ist er nicht verpflichtet, diese Straftaten zur Anzeige zu bringen. In einem derartigen Fall hat der Berater jedoch – um nicht selbst strafbar zu werden – genauestens zu prüfen, ob sein weiteres Tätigwerden nicht auf der strafrechtlich relevanten Handlung des Pflichtigen fußt oder die Fortsetzung seiner (Sanierungs-) Bemühungen einen von einem Dritten herbeigeführten Schaden oder auch nur eine Gefahr perpetuiert oder gar vertieft.

390 Auch der **Insolvenzverwalter** unterliegt im Rahmen seiner Tätigkeit nicht zu unterschätzenden strafrechtlichen Risiken. Dies zeigt sich bereits dadurch, dass ihn aufgrund seiner Verwaltungs- und Verfügungsbefugnis nicht nur im Insolvenzverfahren, sondern je nach Fallgestaltung auch bereits als vorläufiger starker Insolvenzverwalter eine Vermögensbetreuungspflicht als das Unternehmen weiterführender oder auch nur verwertender Verwalter trifft. Obwohl dem Insolvenzverwalter aufgrund seines staatlichen Auftrages das Risiko,

---

[738] Vgl. BGHSt 42, 135, 136; BGH NJW 1996, 2517; BGH NZI 2003, 1, 3.
[739] Siehe dazu ausführlich oben unter Rdnr. 346.
[740] BGH NStZ 2000, 34; *Wessing* NZI 2003, 1, 3.
[741] BGH NStZ 1998, 622.
[742] *Wessing* NZI 2003, 1, 4.
[743] Weiterführend zum strafrechtlichen Risiko der Sanierungsberatung: Schmidt/Uhlenbruck/*Uhlenbruck* Rdnr. 1905 ff.

strafrechtlich relevant zu agieren, häufig nicht bewusst ist, ist festzuhalten, dass es weder ein privilegierendes Beraterstrafrecht[744] noch einen grundsätzlichen Strafbarkeitsausschluss für berufstypische Handlungen gibt.[745] Strafbarkeitsrisiken des Insolvenzverwalters ergeben sich prinzipiell daraus, dass der Insolvenzverwalter als Vertreter des Unternehmens von Amts wegen gemäß § 14 Abs. 2 Nr. 1 StGB alle Tatbestände verwirklichen kann, die sich vom Wortlaut her an den Schuldner richten.

Die Pflicht des Insolvenzverwalters, fremde Vermögensinteressen wahrzunehmen ergibt sich bereits aus den Vorschriften der §§ 60, 148 Abs. 1, 159 InsO. Im Falle einer Verletzung der ihm obliegenden Vermögensbetreuungspflicht ist zunächst an die Möglichkeit einer Strafbarkeit wegen Untreue zu denken. Unbestritten ist, dass nicht nur den Insolvenzverwalter, sondern auch den vorläufigen **starken** Insolvenzverwalter eine Vermögensbetreuungspflicht sowohl gegenüber dem Insolvenzschuldner (§ 11 InsO), den Insolvenzgläubigern (§ 38 InsO) als auch den Massegläubigern (§ 58 InsO) trifft. Den vorläufigen **schwachen** Insolvenzverwalter trifft gemäß § 22 Abs. 2 InsO nur ausnahmsweise und je nach Fallgestaltung eine Vermögensbetreuungspflicht, deren Verletzung gemäß § 266 StGB strafbewehrt ist.[746] Auch der **Sachwalter** verfügt im Falle der Eigenverwaltung gemäß § 270 ff. InsO über Befugnisse, die zur Ausübung einer *„gemeinsamen Unternehmensleitung"* führen[747] mit der Folge, dass auch er als vermögensbetreuungspflichtig anzusehen ist.

Aufgrund der nach der InsO verstärkt bestehenden Verpflichtung des Insolvenzverwalters, auch operativ tätig zu werden, um wirtschaftliche Werte zu erhalten, ist es ihm jedoch auch erlaubt, wirtschaftliche Risiken einzugehen, die regelmäßig wiederum mit der Gefahr einer Strafbarkeit wegen **Untreue** einhergehen. Im so genannten „Bekleidungswerkfall" hat der BGH einen Insolvenzverwalter vom Vorwurf der Untreue freigesprochen, nachdem dieser ein risikobehaftetes aber wirtschaftlich verantwortbares Geschäft im Interesse der Masse (erfolgreich) durchgeführt hatte.[748]

Im Falle eigennütziger Verwendung der Masse, die jedoch einen absoluten Ausnahmefall darstellen dürfte, kann sich der Insolvenzverwalter ohne weiteres wegen Untreue strafbar machen, so entschieden bspw. in dem so genannten „Anderkontenfall".[749]

Auch die von der Rechtsprechung behandelte Entgegennahme von sog. Kick-Backs dürfte in der Praxis eher selten vorkommen. Denkbar wäre etwa der Fall der Untervergabe von Rechtsgutachten, die der Insolvenzverwalter sodann gegen Abtretung eines erheblichen Honoraranteils selbstständig erstellt. Ein derartiges Verhalten ist unter dem Aspekt der Untreue gemäß § 266 StGB bedenklich, wenn auch das LG Magdeburg entschieden hat, dass in einer derartigen „Rückausschüttung" an den Insolvenzverwalter mangels strafrechtlich relevanten Schadens nicht zwingend eine Untreuehandlung liegen muss.[750]

Ein weiteres denkbares Risikofeld ergibt sich aus einem möglicherweise kooperativen Verhältnis zwischen Insolvenzverwalter und Unternehmensverantwortlichen unter dem Aspekt der Begünstigung oder **Strafvereitelung** (§§ 257, 258 StGB). Im Falle der Auskunftserteilung an Ermittlungsbehörden kann der Insolvenzverwalter in einen Interessenwiderstreit zwischen dem staatlichen Strafverfolgungsinteresse einerseits und dem Bestreben, das Insolvenzverfahren möglichst problemlos abzuwickeln, geraten. Hinweise des Insolvenzverwalters auf strafbares Verhalten der Unternehmensverantwortlichen an die Ermittlungsbehörden sind dabei regelmäßig geeignet, das Verfahrensklima zu stören und einen etwa noch vorhandenen Zahlungswillen der Betroffenen negativ zu beeinflussen und damit mittelbar die Masse zu beeinträchtigen.[751] Verfügt der Insolvenzverwalter über Hinweise auf das Vorliegen von Bankrottdelikten oder masseschädigendes Verhalten im Insolvenzverfahren, also Untreuehandlungen, ist jedoch auf der anderen Seite eine Rückzahlungsvereinbarung mit den Unternehmensverantwortlichen

---

[744] *Baumgarte* wistra 1992, 41, 44; *Wessing* NZI 2003, 1, 2.
[745] BGH wistra 2000, 340, 342.
[746] Vgl. hierzu ausführlich oben sowie *Schramm* NStZ 2000, 398.
[747] *Schramm* NStZ 2000, 398, 402.
[748] BGH wistra 2000, 384.
[749] BGH wistra 1988, 191.
[750] LG Magdeburg wistra 2002, 156; weitere Fallbeispiele bei *Wessing* NZI 2003, 1, 7.
[751] *Weyand* ZInsO 2000, 413, 420.

erfolgt, so könnte der Insolvenzverwalter motiviert sein, diese Kenntnisse nicht an die Staatsanwaltschaft weiterzugeben. Die Absicht, den Verantwortlichen der Strafe zu entziehen, ist dabei nicht erforderlich, der Tatbestand der Strafvereitelung gemäß § 258 StGB ist bereits dann erfolgt, wenn der Täter die Bestrafung eines Anderen wissentlich vereitelt. Für eine „Vereitelung" reicht bereits die Verzögerung der Strafverfolgung für eine „geraume Zeit".[752] Ohne das Vorliegen einer konkreten Anfrage trifft den Insolvenzverwalter jedoch auch keine Garantenstellung hinsichtlich einer Verpflichtung zur Unterrichtung der Staatsanwaltschaft.[753] Im Falle der wahrheitswidrigen Beantwortung von Anfragen der Ermittlungsbehörden, möglicherweise auch durch die Weigerung, überhaupt Angaben zu machen, obwohl ein Zeugnisverweigerungsrecht nicht besteht, könnte sich das Risiko einer Strafvereitelung realisieren.

396 Neben den originären **Rechtsfolgen** strafbaren Verhaltens (Freiheits- oder Geldstrafe) sieht sich der Insolvenzverwalter darüber hinaus weiteren, teilweise erheblichen Konsequenzen ausgesetzt. Erscheint der in der Rechtsprechung anerkannte Wegfall des Vergütungsanspruches des Insolvenzverwalters im Falle strafbarer Handlungen bei Gelegenheit der Ausübung seines Amtes[754] noch erträglich, so ist neben der Entlassung aus dem Amt gemäß § 59 InsO und der Möglichkeit der Inanspruchnahme gem. § 60 InsO die Gefahr standesrechtlicher Konsequenzen bis zur Entziehung der beruflichen Zulassung in „gravierenden" Fällen ein Risiko, dessen sich der Insolvenzverwalter bewusst sein sollte.

397 Hinsichtlich der Vielzahl der bestehenden Möglichkeiten, sich als (Krisen-) Berater strafbar zu machen, soll jedoch auf die Ausführungen zur Beraterstrafbarkeit sowie die zitierte einschlägige Fachlichliteratur verwiesen werden.

---

[752] *Tröndle/Fischer* § 258 Rdnr. 5 m. w. N.
[753] *Weyand* ZInsO 2000, 413, 420.
[754] OLG Karlsruhe ZIP 2000, 2035; AG Wolfratshausen ZInsO 2000, 57.

§ 19 Korruption

Übersicht

	Rdnr.
I. Einführung	1–44
1. Korruptionsdelikte und Strafverteidigung	1–13
2. Begriff und Typologie der Korruption	14–21
3. Korruptionsbekämpfung in der Praxis polizeilicher und staatsanwaltschaftlicher Ermittlungen	22–29
4. Korruptionsdelikte in der Praxis der Strafverteidigung	30–33
5. Versuch einer Typologie der potenziellen Mandanten	34–44
II. Überblick über die Korruptionsdelikte und ihre wesentlichen Änderungen	45–59
1. Die Korruptionsdelikte	45–47
2. Das Korruptionsbekämpfungsgesetz vom 13.8.1997	48–52
3. Entwicklung auf internationaler Ebene	53–57
4. Versagung des Betriebsausgabenabzugs	58/59
III. Das öffentliche Dienstrecht	60–75
1. Bedeutung des öffentlichen Dienstrechts	60
2. Überblick über die gesetzlichen Grundlagen des Dienstrechts	61–67
3. Richtlinien	68–71
4. Haftung des Verteidigers	72–75
IV. Die Korruptionsdelikte gemäß §§ 331 – 336 StGB – das materiell-rechtliche Recht im Überblick –	76–200
1. Systematik der klassischen Korruptionsdelikte und geschütztes Rechtsgut	76–82
2. Amtsträgereigenschaft	83–132
a) Legaldefinition der Amtsträgereigenschaft	83–88
b) Die Amtsträgereigenschaft des § 11 Abs 1 Nr. 2 bis Nr. 4 StGB	89–132
3. Der Vorteil	133–149
a) Der Begriff des Vorteils und der Katalog möglicher Zuwendungen	133–138
b) Drittzuwendungen	139–149
4. Tathandlung	150–154
5. Abschluss einer Unrechtsvereinbarung	155–173
a) Die Unrechtsvereinbarung	155–159
b) Erforderliche Einschränkungen	160–173
6. Qualifizierte Formen: Bestechung (§ 332 StGB) und Bestechlichkeit (§ 334 StGB)	174–177
7. Täterschaft	178–181
8. Vorsatz- und Irrtumsfragen	182–185
9. Genehmigung der Annahme des Vorteils nach § 331 Abs. 3 bzw. § 333 Abs. 3 StGB	186–190
10. Besonders schwere Fälle der Bestechlichkeit und Bestechung (§ 335 StGB)	191/192
11. Erweiterter Verfall	193
12. Verjährung	194–196
13. Konkurrenzen	197–200
V. Bestechlichkeit und Bestechung im geschäftlichen Verkehr (§ 299 StGB)	201–239
1. Struktur des § 299 StGB	201/202
2. Geschützte Rechtsgüter	203–206
3. Einzelne Tatbestandsvoraussetzungen	207–235
a) Täter im Sinn des § 299 Abs. 1 StGB	208
b) Geschäftlicher Betrieb	209
c) Angestellte oder Beauftragte eines geschäftlichen Betriebs als „bestochene Person"	210–214
d) Geschäftsinhaber	215
f) Täter des § 299 Abs. 2 StGB	216/217
g) Handeln im geschäftlichen Verkehr	218
h) Vorteilsbegriff und Drittzuwendung	219–223
i) Unrechtsvereinbarung	224–231
j) Tathandlungen	232
k) Auslandstaten	233–235

4. Relatives Antragsdelikt (§ 301 StGB)	236/237
5. Besonders schwere Fälle (§ 300 StGB)	238
6. Erweiterter Verfall (§ 302 StGB)	239
VI. Korruptionsdelikte auf internationaler Ebene	240–251
1. Überblick	240–242
2. EUBestG	243
3. IntBestG	244–251
VII. Begleitdelikte	252–341
1. Wettbewerbswidrige Absprachen als Submissionsbetrug im Sinne des § 263 StGB	253–266
a) Entwicklung in der Rechtsprechung	255/256
b) Betrug zum Nachteil des Auftraggebers	257–261
c) Betrug zum Nachteil des Mitbieters	262–265
d) Konkurrenzen	266
2. Sonstige Betrugsdelikte	267/268
3. Untreue (§ 266 StGB)	269–285
a) Vermögensbetreuungspflicht	270–278
b) Vermögensbetreuungspflichten versus Bestechungsdelikte	279–281
c) Schaden	282–285
4. Steuerstrafrechtliche Delikte	286–323
a) Vorüberlegungen	286
b) Steuerdelikte durch Zuwender und Zuwendungsempfänger	287–305
c) Verhältnis steuerliches Abzugsverbot und Verfall	306–317
d) Konkurrenzen	318–320
e) Belehrungspflichten	321–322
f) Zusammenfassung	323
5. Verletzung des Geheimbereichs	324–327
6. Urkundenfälschung (§ 267 StGB)	328–330
7. Verleitung eines Untergebenen zu einer Straftat (§ 357 StGB)	331
8. Strafvereitelung im Amt (§§ 258, 258 a StGB)	332/333
9. Erpressung (§ 253 StGB)	334–336
10. Geldwäsche (§ 261 StGB)	337–341
VIII. Schadensfeststellung und -schätzung in Zusammenhang mit Korruptionsdelikten	342–354
IX. Sonstige Folgen von Korruption	355–389
1. Bebußung des Unternehmens und des Aufsichtspflichtigen	355–359
2. Gewinnabschöpfung	360–367
3. Eintragungen in das Gewerbezentralregister und Gewerbeuntersagung	368/369
4. Berufsverbot (§§ 61 Nr. 6, 70 StGB)	370/371
5. Ausschluss von der Vergabe öffentlicher Aufträge und Korruptionsregister	372–382
6. Zivilrechtliche Folgen	383–389
X. Besonderheiten bei Korruptionsverfahren	390–435
1. Zusammenarbeit der ermittelnden Behörden	390–407
a) Staatsanwaltschaft	390
b) Steuerfahndung	391/392
c) Rechnungsprüfungs-/Revisionsämter	393–396
d) Kartellbehörde	397–401
e) Europäische Kommission	402–405
f) Dienststellen Interne Ermittlungen (DIE)	406
g) Betroffene Behörden	407
2. Besonderheiten des Korruptionsermittlungsverfahrens	408–435
a) Anlass für die Einleitung eines Ermittlungsverfahrens	408–415
b) Tätigkeit von Korruptionsbeauftragten und Ombudsmännern	416
c) Durchführung von Durchsuchungen	417
d) Untersuchungshaft	418/419
e) Europäischer Haftbefehl	420–435

Schrifttum: Das folgende Verzeichnis verweist aus der Fülle der zuletzt erschienenen Bücher und Aufsätze auf einige besonders wichtige Titel. Weiterführende Hinweise enthält insbesondere das Literaturverzeichnis in *Greeve,* Korruptionsdelikte in der Praxis, 2005; *Bartsch/Paltzow/Trautner,* Der Antikorruptionsbeauftragte für den öffentlichen Dienst, 2001; *Battis/Kersten,* Die Deutsche Bahn AG als Untersuchungsrichter in eigener Sache?, NZBau 2004, 303 ff.; *Bernsmann,* „Public Private Partnership – ein Thema für das Strafrecht?" StV 2005, 685 ff.; *Braun,* Das Abzugsverbot für Schmiergeldzahlungen nach § 4 Abs. 5 Nr. 10 EStG, DStZ 1999, 644 f.; *Bundeskriminalamt,* Bundeslagebericht Korruption, 2003, abrufbar unter www.bka.de; *Bürger,* § 299 StGB – eine Straftat gegen den Wettbewerb?, wistra 2003, 130 ff.; *Culemann,* Verschleierte oder „entschleierte" Schmiergelder?, MuW 1935, 245 ff.; *Dauster*, Private Spenden zur Förderung von Forschung und Lehre: Teleologische Entschärfung des strafrechtlichen Vorteilsbegriffs nach § 331 StGB und Rechtfertigungsfragen, NStZ 1999, 63 ff.; *Deiters*, Zur Frage der Strafbarkeit von Gemeinderäten wegen Vorteilsannahme und Bestechlichkeit, NStZ 2003, 453 ff.; *Dieners*, Zusammenarbeit der Pharmaindustrie mit Ärzten, 2004; *Dierlamm*, Untreue – ein Auffangtatbestand?, NStZ 1997, 534 ff.; *Diettrich/Schatz*, Drittmittelforschung: Überlegungen zur Minimierung des strafrechtlichen Risikos, MedR 2001, 614 ff.; *Dölling*, Empfehlen sich Änderungen des Straf- und Strafprozessrechts, um der Gefahr von Korruption in Staat, Wirtschaft und Gesellschaft wirksam zu begegnen?, Verhandlungen des Einundsechzigsten Deutschen Juristentages, 1996, Bd. I, Gutachten C für den 61. Deutschen Juristentag 1996; *Fiebig/Junker*, Korruption und Untreue im öffentlichen Dienst, 2000; *Franzheim*, Parteispenden – Steuerhinterziehung – Straffreiheit?, NStZ 1982, 137 ff.; *Greeve*, Zur Strafbarkeit wettbewerbsbeschränkender Absprachen nach dem neuen § 298 StGB und zu weiteren Änderungen nach dem Gesetz zur Bekämpfung der Korruption, ZVgR 1998, 463 ff.; *dies.*, Ausgewählte Fragen zu § 298 StGB, NStZ 2002, 505 ff.; *dies./Leipold*, Handbuch des Baustrafrechts, 2004; *Grunst*, Zur Strafbarkeit wegen Betruges bei gesetzeswidrigen Spendenpraktiken im Rahmen der staatlichen Parteienfinanzierung, wistra 2004, 95 ff.; *Haft*, Absprachen bei öffentlichen Bauten und das Strafrecht, NJW 1996, 238 ff.; *ders./Schwoerer*, Bestechung im internationalen Geschäftsverkehr, Festschrift für U. Weber, 2004, 367 ff.; *Hefendehl*, Fallen die Submissionsabsprachen doch unter den Betrugstatbestand?, ZfBR 1993, 164 ff.; *Heinrich*, Rechtsprechungsüberblick zu den Bestechungsdelikten (§§ 331 – 335 StGB) (1998 – 2003), NStZ 2005, 197 ff., 256 ff.; *Kleinmann/Berg*, Änderung des Kartellrechts durch das „Gesetz zur Bekämpfung der Korruption" vom 13.8.1997, BB 1998, 277 ff.; *Korte*, Bekämpfung der Korruption und Schutz des freien Wettbewerbs mit den Mitteln des Strafrechts, NStZ 1997, 513 ff.; *ders.*, Anwendungsbereich des Tatbestands der Vorteilsannahme – Drittmittel, Anmerkung zu BGH, Urteil vom 23.5.2002 – 1 StR 372/01, NStZ 2003, 156 ff.; *Krack*, Die tätige Reue im Wirtschaftsstrafrecht, NStZ 2001, 505 ff.; *Krause*, Die zivilrechtliche Haftung des Strafverteidigers, NStZ 2000, 225 ff.; *ders.*, Schätzung und Aufklärungspflicht bei der tatrichterlichen Sachverhaltsfeststellung, StraFO 2002, 249 ff.; *ders./Vogel*, Bestechungsbekämpfung im internationalen Geschäftsverkehr, RIW 1999, 488 ff.; *Kuhlen*, Zu den Tathandlungen bei Vorteilsannahme und Bestechlichkeit – Zugleich eine Besprechung von BGH – 4 StR 554/87, NStZ 1988, 433 ff.; *Lesch*, Anwaltliche Akquisition zwischen Sozialadäquanz, Vorteilsgewährung und Bestechung im geschäftlichen Verkehr, AnwBl. 2003, 261 ff.; *Letzgus*, Der Begriff der Diensthandlung und des Vorteils bei der Bestechlichkeit sowie die Konkurrenz zwischen Bestechlichkeit und „strafbarer" Diensthandlung – Anmerkung zum Urteil des BGH vom 28.10.1986 – 5 StR 244/86, NStZ 1987, 326, NStZ 1987, 309 ff.; *Lüderssen*, Antikorruptionsgesetz und Drittmittelforschung, JZ 1997, 112 ff.; *Marel*, Die Strafbarkeit kommunaler Mandatsträger gem. §§ 331, 332 StGB, StraFo 2003, 259 ff.; *Michalke*, Drittmittel und Strafrecht – Licht am Ende des Tunnels?, NJW 2002, 3381 f.; *Möhrenschlager*, Strafrechtliche Vorhaben zur Bekämpfung der Korruption auf nationaler und internationaler Ebene, JZ 1996, 822 ff.; *Müller-Guggenberger/Bieneck*, Wirtschaftsstrafrecht, 3. Aufl. 2000; *Münker/Kaestner*, Das reformierte UWG im Überblick – Die Sicht der Praxis, BB 2004, 1689 ff.; *Neukirchen*, Verdachtsunabhängige Überprüfung – Eine Maßnahme zur Korruptionsbekämpfung?, abrufbar über www.transparency.de; *Oldigs*, Die Strafbarkeit von Submissionsabsprachen nach dem neuen § 298 StGB, wistra 1998, 291 ff.; *Otto*, Wettbewerbsbeschränkende Absprachen bei Ausschreibungen, § 298 StGB, wistra 1999, 41 ff.; *Pelz*, Die Bekämpfung der Korruption im Auslandsgeschäft, StraFo 2000, 300 ff.; *Randt*, Abermals Neues zur Korruptionsbekämpfung: Die Ausdehnung der Angestelltenbestechung des § 299 StGB auf dem Weltmarkt, BB 2002, 2252 ff.; *Ransiek*, Strafrecht und Korruption – Zum Gutachten C für den 61. DJT, StV 1996, 446 ff.; *ders.*, Zur Amtsträgereigenschaft nach § 11 Nr. 2 c StGB – Zugleich eine Besprechung des Urteils des BGH vom 15.5.1997 – 1 StR 233/96, NStZ 1997, 519 ff.; *ders.*, Anmerkung zu BGHSt 43, 96 ff., NStZ 1998, 564 ff.; *Rönnau*, Vermögensabschöpfung in der Praxis, 2003; *Rössner/Guhra*, Eine Gemeinde geht baden, der bestechliche Bürgermeister, JURA 2001, 403 ff.; *Salger/Breitfeld*, Regelungen zum Schutz von betrieblichem Know-how – die Sicherung von Geschäfts- und Betriebsgeheimnissen, BB 2005, 154 ff.; *Schaupensteiner*, Gesamtkonzept zur Eindämmung der Korruption, NStZ 1996, 409 ff.; *ders.*, Das Korruptionsbekämpfungsgesetz, Kriminalistik 1996, 237 ff., 360 ff.; *ders./Bannenberg*, Korruption in Deutschland, 2004; *Schink*, Wirtschaftliche Betätigung kommunaler Unternehmen, NVwZ 2002, 129 ff.; *Schmidt/Güntner*, Drittmitteleinwerbung und Korruptionsstrafrecht – Rechtliche Prämissen und rechtspolitische Konsequenzen, NJW 2004, 471 ff.; *Schliepkorte*, Die Zulässigkeit der Auftragssperre durch öffentliche Auftraggeber wegen Kartellabsprachen bei der Vergabe von Bauleistungen, ZfBR 1992, 251 ff.; *Schröder*, Sponsoring in der Bundesverwaltung, NJW 2004, 1353 ff.; *Schünemann*, Europäischer Haftbefehl und EU-Verfassungsentwurf auf schiefer Ebene, ZRP 2003, 185 ff.; *Seitz*, Das Europäische Haftbefehlsgesetz, NStZ 2004, 546 ff.; *Spatscheck*, Die Rolle des Steuer(straf)rechts bei der Korruptionsbekämpfung, NJW 2006, 641 ff.; *Többens*, Wirtschaftsspionage und Konkurrenzausspähung in Deutschland, NStZ 2000, 505 ff.; *Transparency International*, Dokumentation über die Ressourcen der Korruptionsbekämpfung in Deutschland, abrufbar über www.transparency.de; *Vahlenkamp/Knauß*, Korruption – hinnehmen oder handeln?, BKA Forschungsreihe Bd. 33, 1995; *Vogel*, Wirtschaftskorruption und Strafrecht – Ein Beitrag zu Regelungsmodellen im Wirtschaftsrecht – Festschrift für U. Weber, 2004, 395 ff.; *Volk*, Empfehlen sich Änderungen des Straf- und Strafprozessrechts, um der Gefahr von Korruption in Staat, Wirtschaft und Gesellschaft wirksam zu begegnen?, Verhandlungen des 61. Deutschen Juristentages, 1996, Bd. II/1, Teil L, L 36 ff.; *Walter*, Themen der Zeit – Medizinische Forschung mit Drittmitteln – lebenswichtig oder kriminell?, ZRP 1999, 292 ff.; *Wehnert*, Europäischer Haftbefehl, StraFo 2003, 356 ff.; *Wieland*, Schwarze Kassen, NJW 2005, 110 ff.; *Westhoff*, Korruptionsbekämpfung auf europäischer Ebene, RIW 1999, 950 ff.; *Willenbruch/Hardraht*, Korruption bei der Vergabe öffentlicher Aufträge und Schadensersatz, VergabeR

2003, 23 ff.; *Winkelbauer*, Ketzerische Gedanken zum Tatbestand der Angestelltenbestechlichkeit (§ 299 Abs. 1 StGB), Festschrift für U. Weber, 2004, 385 ff.; *Wittchen*, DB-Richtlinie: Verdachtssperre zulässig?, IBR 2004, 529; *Wittig*, § 299 StGB durch Einschalten von Vermittlerfirmen bei Schmiergeldzahlungen, wistra 1998, 7 ff.; *Zieschang*, Das EU-Bestechungsgesetz und das Gesetz zur Bekämpfung der internationalen Korruption, NJW 1999, 105 ff.; *ders.*, Anmerkung zu OLG Karlsruhe und OLG Hamburg, StV 2001, 290 ff.; *Zwiehoff*, Haftung des Strafverteidigers?, StV 1999, 555 ff.

I. Einführung

1. Korruptionsdelikte und Strafverteidigung

1   Knapp 10 Jahre liegt es zurück, dass sich der 61. Deutsche Juristentag im Herbst 1996 mit der Frage befasste, ob sich Änderungen des Straf- und Strafprozessrechtes empfehlen, um der Gefahr von Korruption in Staat, Wirtschaft und Gesellschaft wirksam begegnen zu können.[1]

2   Die staatlichen Reaktionen mit einem „Gesetz zur Bekämpfung der Korruption" vom 13.8.1997[2] waren denn auch von der Erwartung getragen, durch legislative Verschärfungen der in verschiedenen Großverfahren sichtbar[3] gewordenen Korruption[4] in Deutschland wirksam begegnen zu können.

3   Zwar ist bekannt, dass Korruptionskriminalität im Verborgenen blüht und ihre Fortentwicklung daher nur schwer zu beobachten ist. Gleichwohl waren Experten durchaus optimistisch, dass die seinerzeit einsetzende öffentliche Diskussion einhergehend mit einer Reform des StGB sowie der Schaffung ergänzender Regelungen für Beamte und Angestellte im Bund und den Ländern[5] ein Klima schaffen könnte, dass Korruption zumindest begrenzen würde. Dabei war bekannt, dass die Wirksamkeit strafrechtlicher Verfolgung gerade auch von präventiven Maßnahmen und von der Stärkung eines korruptionshemmenden Rechtsbewusstseins der Bevölkerung abhängt.

4   In diesen Zusammenhang fügten sich deshalb Initiativen des BDI, der deutschen Bauwirtschaft, der Arzneimittelhersteller[6] und der Hersteller von medizinischen Geräten[7] positiv ein, die darauf abzielten, Vorwürfen mangelnder Eindeutigkeit in der Bekämpfung korruptiver Praktiken ihrer Mitglieder entschieden zu begegnen.

5   Wer nun einige Jahre später eine Zwischenbilanz zu ziehen versucht, erhält ein unübersichtliches Gesamtbild: Der Vorwurf der „Korruption" wird in der Öffentlichkeit häufiger und lauter erhoben als zuvor. Dies mag auf die gewachsene Sensibilität der Bürger zurückzuführen sein. Es liegt aber ggf. auch daran, dass viele Vorgänge, bei denen zwar hohe Geldbeträge eine Rolle spielen (seien es Abfindungen an Ex-Vorstände, seien es Vergnügungsreisen von Betriebsräten auf Kosten des Unternehmens) mit dem griffigen, aber rechtlich unzutreffenden Vorwurf der „Korruption" verknüpft werden.

6   Andererseits vermitteln bundesweite Presseberichte über Strafverfahren mit eindeutig korruptivem Hintergrund den Eindruck, als sei das Problem inzwischen vielerorts anzutreffen.[8] Die Zahl der strafrechtlichen Ermittlungsverfahren scheint trotz der gesetzgeberischen Maßnahmen weiter gestiegen zu sein, wenn auch hier Sachverhalte zu finden sind, die wenig mit Korruption, dafür aber viel mit „Selbstbedienung" und dem pflichtwidrigem Umgang anvertrauter Mittel zu tun haben. Bemerkenswert ist, dass es neben den „Klassikern" der Korruption aus dem Feld des Bauhaupt- und Baunebengewerbes immer wieder neue „Branchen" gibt, die man bislang nicht im Blickfeld hatte, die aber ebenso korruptionsgefährdet

---

[1] *Dölling*, Gutachten C für den 61. DJT 1996.
[2] BGBl. I S. 2038.
[3] Vgl. dazu die Fälle des sog. Kanalkartells in München und die Korruptionsfälle bei dem Bau des Flughafens Frankfurt Terminal II.
[4] Zur damaligen Diskussion vgl.: *Schaupensteiner* NStZ 1996, 409 ff. ; *Kerner/Rixen* GA 1996, 355 ff.
[5] Nachweise dazu bei Bartsch, *Paltzow/Trautner* Korruptionsbekämpfung Kap. 10 sowie die Homepages der Innenminister des Bundes und der Länder.
[6] Arzneimittelindustrie-Kodex v. 16.2.2004 BAnz. Nr. 76 S. 8732.
[7] Gemeinsamer Standpunkt v. 11.4.2001, Anh. II bei Dieners, Zusammenarbeit der Pharmaindustrie mit Ärzten.
[8] So der Untertitel von *Bannenberg/Schaupensteiner*, Korruption in Deutschland, „Portrait einer Wachstumsbranche".

zu sein scheinen durch langfristige vertragliche Beziehungen oder große Volumina wie etwa Serviceverträge im Hotelbereich oder Wartungsverträge im Gebäudemanagement.

Verblüffend ist selbst für den erfahrenen Beobachter, dass in Fällen „klassischer" Korruption, welche jüngst gerichtsöffentlich wurden, die Höhe der Bestechungssummen ungeahnte Steigerungsraten erfahren hat: Waren es von einigen Jahren noch Höchstsummen von DM 10.000,– oder 20.000,–, die dazu herhalten mussten, einen Bürgermeister zu korrumpieren, werden heute, etwa für die Beauftragung mit dem Bau einer Müllverbrennungsanlage, auch schon einmal sechsstellige Beträge eingefordert und auch gezahlt. 7

Daneben scheint es aber Bereiche zu geben, in denen zumindest die Selbstregulierung positive Wirkungen zeigt: Pharmazeutische Industrie und Medizingerätehersteller haben durch Vereinbarungen untereinander und mit den Verbänden der Ärzte und Kliniken eine Grundlage für die Zusammenarbeit zwischen Industrie, Kliniken und Ärzten geschaffen, das korruptive Praktiken deutlich reduziert. Die Zahl der Strafverfahren hat hier zunächst abgenommen. 8

Für den anwaltlichen Berater ist das legislative Umfeld und die praktische Beratung viel komplizierter geworden: Neben den Vorschriften des StGB sind inzwischen eine Vielzahl von Gesetzen, Verordnungen und Erlassen des Bundes und der Länder zu beachten,[9] die Handlungsanweisungen für korruptionsgefährdete Bereiche geben, das Vergabeverfahren regeln, Anweisungen für das Sponsoring enthalten und Amtsträgern wie Bürgern Hinweise für den Umgang miteinander geben. Kommt es dennoch zur Feststellung korruptiver Praktiken, bestimmen neben dem Korruptionsstrafrecht diverse Begleitdelikte, wie Betrug, Untreue, Submissionsbetrug oder Steuervergehen, das Strafverfahren. Ferner gilt es dienst- und arbeitsrechtliche Folgen ebenso zu beachten wir mögliche Vergabesperren oder die drohende Eintragung in ein Korruptionsregister. 9

Im privatwirtschaftlichen Sektor finden sich ähnlich komplexe rechtliche Probleme: Große börsennotierte Wirtschaftsunternehmen haben begonnen, die Korruptionsrisiken für sich und ihre Mitarbeiter zu identifizieren und zu reduzieren. Vertragspartner haben sich vertraglichen Regelungen und Selbstauskünften zu unterwerfen. Mitarbeiter unterliegen strengen Vorgaben und Zustimmungserfordernissen für den Kontakt zu Lieferanten und Dienstleistern des eigenen Hauses. Probleme bereitet noch die Akzeptanz derartiger Grundsätze im eigenen Vertrieb, speziell im Umgang mit ausländischen Kunden. Aus den jüngsten gesetzlichen Regelungen zum internationalen Geschäftsverkehr (EU-BestG, IntBestG, § 299 Abs. 3 StGB[10]) ergeben sich weitere komplizierte Beratungsfelder. 10

Im Alltag staatsanwaltschaftlicher Ermittlungen sieht sich der Verteidiger zunehmend mit Vorgängen aus dem Bereich der Bestechung im geschäftlichen Verkehr (§ 299 StGB) konfrontiert, da die Privatisierung vieler staatlicher Aufgaben oftmals zu einem Verzicht auf das Tätigwerden von „Amtsträgern" führt. 11

Aufgrund der starken Wertzuwächse bei korruptiven Zuwendungen kommt es zudem seitens der Strafverfolgungsbehörden immer häufiger zur Berufung auf den „besonders schweren Fall" im Sinne der §§ 300 bzw. 335 StGB, was wiederum zusätzliche Probleme bei der Verteidigung gegen Zwangsmaßnahmen, insbesondere Untersuchungshaft und Arrestanordnungen, mit sich bringt. Die Praxis landgerichtlicher Urteile zeigt im Übrigen eine Annäherung der Sanktionen für Zuwendungsempfänger in der Privatwirtschaft an solche von Amtsträgern. 12

Jeder Strafverteidiger steht daher vor erheblichen Herausforderungen, wenn er die Verteidigung in einem Mandat aus dem unübersichtlichen Feld der „Korruption" übernehmen will. 13

2. Begriff und Typologie der Korruption

Eine eindeutige und allgemein gültige Definition des Begriffs Korruption existiert nicht. Eine gesetzliche Definition findet sich ebenfalls nicht; der Begriff wird weder im Strafgesetzbuch noch in anderen strafrechtlichen Nebengesetzen verwendet. Er entstammt dem lateinischen Wort „corrumpere", worunter „verderben, untergraben, bestechen" zu verstehen ist. Was im Einzelnen unter Korruption zu verstehen ist, ist umstritten.[11] 14

---

[9] Vgl. dazu Bartsch, *Paltzow/Trautner* Korruptionsbekämpfung.
[10] § 299 Abs. 3 StGB eingefügt im August 2002.
[11] *Kerner/Rixen* GA 1996, 355, 359.

15 Volk hat auf dem 61. DJT die griffige Formulierung gewählt, dass Korruption „der Tausch von Vorteilen unter Regelverstößen" sei.[12] Diese Definition ist schon deshalb elegant, da im Mittelpunkt der Betrachtung die Regelwidrigkeit steht. Korrupt handelt demnach derjenige, der bei einer Entscheidung zu seinem bzw. eines Dritten Vorteil handelt und dabei gegen bestimmte Regeln verstößt.

16 Solche Regeln könne sich aus dem angreifbaren Geschäft selbst und der Beziehung der Partner zueinander ergeben, sie können aus der Innenbeziehung eines der Geschäftspartner zu seinem Dienstherrn stammen oder aus Außenregeln, etwa denen über die Lauterkeit staatlichen Handelns oder über die Freiheit des Wettbewerbs von illegaler Beeinflussung. Ein solcher Regelverstoß, mit dem die Partner der korruptiven Praxis ihnen gesetzte Pflichten verletzen, um für sich oder Dritte einen Vorteil zu erlangen, wird damit zum entscheidenden Element der Korruption.

17 Typologisch sind nach den Untersuchungen des BKA[13] verschiedene Formen der Korruption zu unterscheiden:

18 Zu Beginn eines korruptiven Kontaktes steht häufig das so genannte „**Anfüttern**". Darunter versteht man anfangs kleinere, zumeist wiederkehrende Formen der Zuwendung als Instrument der Kontaktpflege, die dem Ziel dienen, eine persönliche Beziehung zwischen Zuwender und Zuwendungsempfänger herzustellen.

19 Die **situative** Korruption erfasst die Fälle, die situationsgegeben und spontan entstehen. Die Zuwendung erfolgt als unmittelbare Reaktion auf eine dienstliche Handlung und unterliegt keiner gezielten Planung. Es handelt sich um Einzelhandlungen und um die Bewältigung einer einmaligen und zumeist besonderen ungewöhnlichen Situation. Als typisches Beispiel gelten das Anbieten von Geld durch einen Autofahrer an einen kontrollierenden Polizeibeamten, um diesen von der Einleitung eines Straf- oder Bußgeldverfahrens abzuhalten.

20 Die **strukturelle** Korruption ist planmäßig und auf Dauer angelegt. Sie ist gekennzeichnet durch wiederkehrende, im Wert steigernde Aufmerksamkeiten. Eine Gegenleistung wird zunächst nicht zwangsläufig erwartet. Durch das „Anfüttern" sollen günstige Voraussetzungen im Rahmen einer langfristigen Geschäftsbeziehung geschaffen werden.

21 Die **systematische Korruption** ist durch eine dauerhafte Beziehung unter den Beteiligten gekennzeichnet, welche schon bestand oder aber durch „Anfütterung" begründet und gefördert worden ist.[14]

3. Korruptionsbekämpfung in der Praxis polizeilicher und staatsanwaltschaftlicher Ermittlungen

22 Die wachsende Bedeutung der Korruptionsbekämpfung zeigt sich an den in den letzten Jahren bundesweit eingerichteten Schwerpunktstellen oder Schwerpunktstaatsanwaltschaften sowie polizeilichen Fachdienststellen.

23 Korruptionsdelikte werden jetzt durch Schwerpunktstaatsanwaltschaften, die für Wirtschaftsstrafsachen zuständig sind, ermittelt, so etwa in Baden-Württemberg (Staatsanwaltschaften Stuttgart und Mannheim) und Bayern (Staatsanwaltschaft München I (Abteilung XII).

24 Ferner sind „Koordinierungsgruppen Korruptionsbekämpfung" (KGK) als ständige Einrichtungen bei den Landeskriminalämtern vorzufinden, die vor allem präventiv tätig sind. In Baden-Württemberg umfasst diese Gruppe beispielsweise etwa zwanzig Mitglieder, darunter Vertreter des LKA, der Generalstaatsanwaltschaften, der Oberfinanzdirektionen, des Rechnungshofes und weiterer Stellen, deren Aufgabe es ist, einen Jahresbericht zur Situation im Land sowie Empfehlungen für Maßnahmen zu erarbeiten.

25 In Berlin und Niedersachsen ist die präventiv tätige „Zentralstelle für Korruptionsbekämpfung" bei der jeweiligen Generalstaatsanwaltschaft angesiedelt.

26 In Hamburg, Thüringen, Bayern oder Hessen sind Spezialabteilungen der Staatsanwaltschaft eingerichtet. Bei den Landeskriminalämtern wie auch bei der Kriminalpolizei sind

---

[12] Volk DJT 1996 Bd. II/1 L 35 ff.
[13] *Vahlenkamp/Knauß*, Korruption – hinnehmen oder handeln?, BKA Forschungsreihe Bd. 33, 1995.
[14] Siehe hierzu Greeve/Leipold Baustrafrecht 4. Teil § 18 Rdnr. 1 ff.; BKA, Lagebild Korruption Bundesrepublik Deutschland 2003, S. 70.

Ermittlungskommissionen für Korruptionsdelikte (so z. B. in Brandenburg) sowie Dienststellen für interne Ermittlungen z. B. die D.I.E. in Hamburg) oder zentrale Korruptionsermittlungsstellen in den Kriminalinspektionen (z. B. Hessen) eingerichtet, die eng mit den Steuerfahndungsstellen der Finanzämter zusammenarbeiten.

Durch Organisationsverfügung hat das Innenministerium Nordrhein-Westfalen beim Landeskriminalamt das Dezernat 15 geschaffen, das insbesondere für Finanzermittlungen ausgestattet wurde. Eine Netzstruktur der Zusammenarbeit mit anderen Behörden, vor allem mit dem Umweltministerium, dem Landesrechnungshof, der Kommunalaufsicht / Gemeindeprüfungsanstalt und der Innenrevision sieht im Weiteren das Korruptionsbekämpfungsgesetz NRW[15] vor, welches zum 1.3.2005 in Kraft trat. 27

Darüber hinaus wurde in einigen Bundesländern eine „Task Force Korruption" ins Leben gerufen, in der neben der Staatsanwaltschaft und Polizei unter ressortübergreifender Einbeziehung auch externer Fachleute aus den Bereichen des Vergabewesens, der steuerlichen Betriebsprüfung, des Rechnungswesens und der Bautechnik einbezogen sind (z. B. in Schleswig-Holstein).[16] 28

In den allgemeinen Landesverwaltungen werden vermehrt Antikorruptionsarbeitsgruppen sowie Innenrevisionen eingerichtet. Aufgaben dieser Arbeitsgruppen sind Auswertung von Erfahrungen, Erarbeitung von Schwachstellenanalysen und Richtlinien sowie die Fortbildung der Mitarbeiter. Die Innenrevisionen sollen durch Ordnungsmäßigkeits-, Zweckmäßigkeits- und Wirtschaftlichkeitsprüfungen die Dienst- und Fachaufsicht unterstützen und verstärken und zugleich zur Korruptionsprävention und -bekämpfung beitragen.[17] In Bayern wurde zusätzlich eine „Informationsstelle für Vergabeausschlüsse" bei der Obersten Baubehörde eingerichtet. In Sachsen wurde am 20.1.2004 nach dem Vorbild Schleswig-Holsteins eine „Integrierte Ermittlungseinheit Sachsen" (INES) beschlossen, die seit dem 1.3.2004 unter dem Dach der Abteilung IX der Staatsanwaltschaft Dresden arbeitet. 29

4. Korruptionsdelikte in der Praxis der Strafverteidigung

Die seit 1997 geltende Verschärfung der Gesetzeslage, die „Aufrüstung" staatlicher Stellen, die mit Prävention und Strafverfolgung befasst sind, die Bildung von Fachdienststellen bei Polizei und Staatsanwaltschaften sowie die behördenübergreifende Zusammenarbeit haben die Möglichkeiten für die Strafverfolgung deutlich verbessert. 30

Umgekehrt hat die Einleitung eines Strafverfahrens wegen des Verdachts einer Beteiligung an korruptiven Vorgängen sowohl für den Einzelnen wie auch für ein Unternehmen gravierende Folgen: Neben der individuellen Strafandrohung für einzelne Beteiligte und erheblichen steuerrechtlichen Nachforderungen sowie möglichen Schadenersatzansprüchen drohen Unternehmensgeldbußen, Eintragungen in das Gewerbezentralregister, gewinnabschöpfende Maßnahmen sowie Vergabe- und Auftragssperren für Unternehmen.

Die nationale und internationale Verschärfung der Gesetzeslage hat in den letzten Jahren dazu beigetragen, dass Präventivmaßnahmen in Unternehmen und Behörden immer mehr an Bedeutung gewinnen. 31

Die häufigsten Pflichtverletzungen sind bereits im Organisationsmangel (fehlende, aber auch fehlerhafte Organisationsabläufe) – also in einem Unterlassen der gebotenen Aufsichtsmaßnahmen – zu sehen. Darüber hinaus fehlt es oftmals an einem erforderlichen Informationsaustausch mit der Folge, dass Auffälligkeiten bzw. Verfehlungen im Unternehmen und in Behörden gar nicht, nicht in erforderlichem Maße oder aber zu spät erkennbar werden. 32

Zur Tätigkeit eines Strafverteidigers gehört daher nicht nur klassisch die reine Individualverteidigung und Unternehmensvertretung als Verfahrensbevollmächtigter, sondern häufig auch die Beratung ggf. betroffener Unternehmen im Vorfeld. Daneben gewinnt die Rückgewinnungshilfe immer mehr an Bedeutung, in erster Linie die anwaltliche Tätigkeit zur Durchsetzung von Regressansprüchen Geschädigter. Hervorzuheben ist, dass sich im 33

---

[15] GVBl. NRW v. 4.1.2005.
[16] Siehe hierzu auch die Dokumentation über die Ressourcen der Korruptionsbekämpfung in Deutschland von Transparency International, abrufbar unter www.transparency.de.
[17] Vgl. Empfehlung der Freien Hansestadt Bremen für die Einrichtung von Innenrevisionen, abrufbar unter www.bremen.de/finanzsenator/antikorruptionsstelle.

Hinblick auf die schärfere Gesetzeslage zur nationalen und internationalen Korruption fast zeitgleich die Vermögensabschöpfungspraxis geändert hat und in immer weiterem Maße von Finanzermittlern aus Sonderdezernaten im Zusammenwirken mit der Staatsanwaltschaft beträchtliche Summen vorläufig sichergestellt werden.[18]

5. Versuch einer Typologie der potenziellen Mandanten

34 Eine Beschreibung des „typischen" Mandanten in Wirtschaftsstrafsachen ist nicht möglich. Soziologische Untersuchungen zum „Prototypen" eines Beschuldigten in derartigen Verfahren sind rar und für die Praxis häufig unergiebig.[19] Ungeachtet dessen soll der Versuch unternommen werden, „Typen" der potentiellen Mandanten zu entwickeln, die einem Strafverteidiger in Korruptionsverfahren begegnen können.[20] Diese Überlegungen beruhen auf den langjährigen Erfahrungen der Autoren in der Verteidigung derartiger Mandanten, sind damit also nur empirischer Art auf der Basis geringer „Fallzahlen". Gespräche mit Kollegen und Behördenvertretern belegen indes, dass unsere Annahmen durchaus zutreffend sind.

35 Jedem erfahrenen Strafverteidiger ist bekannt, dass er im Wirtschaftsleben häufig auf anpassungsfähige, intelligente und durchsetzungsfähige Menschen trifft. Diese Auswahl ergibt sich schon aus den Bedingungen, unter denen diese Personen üblicherweise arbeiten: Nur wer kommunikativ ist, erfolgsbezogen arbeitet sowie rational denkend und handelnd die ihm gestellten Aufgaben erfüllt, hat in einer international aufgestellten Wettbewerbswirtschaft die Chance zum Erfolg.

36 Diese Bedingungen prägen auch die Mandanten, denen man als Strafverteidiger auf Unternehmensseite, also in Korruptionsverfahren regelmäßig auf der Seite der **Zuwender**, begegnet.

37 Es handelt sich zumeist um Personen, die sehr schnell die Risiken eines derartigen Ermittlungsverfahrens erkennen und abwägen, wie sich unter derartigen Bedingungen auch ihre Chancen am günstigsten umsetzen lassen. Solche Personen sind als Mandanten regelmäßig gut beratbar, da sie genau prüfen, wie sich ihre Interessen verwirklichen lassen und ob sich etwa eine Zusammenarbeit mit der Behörde für sie lohnt.

38 Der Prototyp des Zuwenders schätzt den Zuwendungsempfänger zumeist als „raffgierig" und „korrupt" ein. Zahlungen an derartige Personen stellen sich für ihn zumeist nur als „Kostenfaktor" dar, also einer Forderung, der man unter den gegebenen Bedingungen nachkommen musste. Persönliche Beziehungen und Freundschaften zu einem Zuwendungsempfänger finden ein schnelles Ende, wenn es um die Frage geht, ob man durch Geständnisse oder die Offenbarung von unentdeckten Sachverhaltsteilen persönliche Vergünstigungen in der Strafzumessung erlangen kann.

39 Dieser Typ Mandant ist häufig zum Kompromiss mit den Behörden bereit und damit erklärtes Ziel polizeilicher Bemühungen, Aussagen zu erlangen. In der anwaltlichen Beratung sind derartige Mandanten aufmerksam und kooperativ. Zumeist gelingt es, recht bald ein offenes von Vertrauen geprägtes Verhältnis zum Mandanten zu entwickeln, das Grundlage für eine erfolgreiche Beratungstätigkeit des Verteidigers sein kann.

40 Problematisch sind diejenigen Fälle (die nicht selten sind, aber zumeist „untere Chargen" betreffen), in denen sich ein Zuwender durch Entgegennahme eines „Kick-backs" aus der Hand des Zuwendungsempfängers in dessen Abhängigkeit begeben hat. Clevere Zuwendungsempfänger nutzen die Möglichkeit, sich durch Handzahlungen an den „Geldboten" dessen Vertrauen und Abhängigkeit zu sichern. Dies schützt vor Überraschungen und verhindert, dass der „Geldbote" zum „Kronzeugen" der Ermittlungsbehörde wird. Zugleich wird damit jeder Verteidiger größte Mühe haben, seinen Mandanten erfolgreich zu verteidigen, bis dieser seine innere Barriere überwunden und sich dem Anwalt umfassend anvertraut hat.

41 **Zuwendungsempfänger** sind in ihrer Grundstruktur ebenfalls anpassungsfähig und intelligent. Ihnen gelingt es – oftmals über Jahre hinweg – ihre Umgebung (einschließlich ihrer Familie) über ihre Bereitschaft, korruptive Zuwendungen anzunehmen, zu täuschen.

Ihre Grundhaltung wird häufig bestimmt von dem Gefühl, mehr zu leisten als sie dafür an Anerkennung und Vergütung erhalten. Viele Betroffene haben gerade unter Hinweis auf

---

[18] *Rönnau*, Vermögensabschöpfung in der Praxis, 2003, Rdnr. 2 f.
[19] Vgl. dazu *Lindemann* Kriminalistik 2005, S. 506 ff.; *Knecht* Kriminalistik 2006, 201 ff.
[20] Informativ: *Buchhorn*, Spirale der Versuchung, manager-magazin, 2005, Heft 10.

diesen Umstand versucht, ihr korruptives Verhalten gegenüber den Ermittlungsbehörden zu rechtfertigen.

Parallel dazu sind sie oftmals von einer ausgesprochenen „Raffgier" geplagt, die sie – unabhängig von der konkreten Einkommenssituation veranlasst – Sach- und Barzuwendungen in erstaunlicher Höhe zu akzeptieren. Die (vermeintlich) fehlende Wertschätzung ihrer beruflichen Leistungen durch Vorgesetzte, Berufskollegen und ihre Familie spielt dabei für den Schritt in die Korruption eine oftmals entscheidende Rolle, nicht etwa eine konkrete finanzielle Notlage.

Zudem finden sich häufig Personen unter ihnen, die ein ausgeprägtes Verständnis für Zahlen und Daten haben und noch nach Jahren den Wert einzelner Zuwendungen gut erinnern können. Einige von ihnen neigen zudem zur Erstellung schriftlicher Aufzeichnungen, die ihnen stets einen exakten Überblick über rechtswidrig erhaltene Vorteile ermöglichen.

Auffallend ist, dass viele Zuwendungsempfänger von ihrer Umgebung als selbstbewusst und auch überheblich bezeichnet und von Untergebenen oder Kunden als arrogant und machtbewusst beschrieben werden. Die wirtschaftliche Abhängigkeit des Kunden wird dann oftmals ausgenutzt, um persönliche Wünsche und Begehrlichkeiten nach Zuwendungen durchsetzen zu können.

Werden diese Menschen später mit Korruptionsvorwürfen konfrontiert, reagieren sie oftmals selbstgerecht und uneinsichtig. Ihre Haltung gegenüber dem anwaltlichen Berater ist gekennzeichnet von Misstrauen und Ablehnung. Diese Haltung macht sie für Kompromisse in der anwaltlichen Praxis kaum zugänglich; sie erweisen sich damit als nur schwer beratbar.

II. Überblick über die Korruptionsdelikte und ihre wesentlichen Änderungen

1. Die Korruptionsdelikte

Die materiell-rechtlichen Korruptionsvorschriften umfassen zunächst die klassischen Bestechungshandlungen im Zusammenhang mit Amtsträgern und Beamten (Straftaten im Amt gemäß §§ 331 ff. StGB) und solche im privatwirtschaftlichen Bereich (§§ 299, 300 StGB). Korruptionstatbestände sind des Weiteren die Wähler- und Abgeordnetenbestechung (§ 108 b, e StGB). Darüber hinaus sind im Falle der internationalen Korruption (also der Gewährung von Zuwendungen an Amtsträger anderer Staaten oder supranationaler Einrichtungen) die Bestimmungen des Gesetzes zur Bekämpfung der internationalen Bestechung (IntBestG) sowie das EU-Bestechungsgesetz (EUBestG) relevant, die mit ihren Strafbestimmungen zum 15.2.1999 und 22.9.1998 in Kraft getreten sind.

Die Begehung von Korruptionsstraftaten geht zumeist einher mit weiteren Delikten wie beispielsweise Betrug, Untreue, Steuerhinterziehung, Strafvereitelung im Amt, Verletzung von Dienstgeheimnissen und Verstößen gegen strafrechtliche Nebengesetze. Auf Einzelne typische Begleitdelikte wird gesondert eingegangen werden.[21]

Hervorzuheben ist, dass aufgrund einer Vielzahl spektakulärer Fälle die Korruptionsdelikte seit 1974 kontinuierlich verschärft wurden. Im Vordergrund dieser Darstellung stehen die zuletzt vorgenommenen Änderungen durch das Korruptionsbekämpfungsgesetz vom 13.8.1997,[22] welches zu Ausweitungen und Verschärfungen des materiellen Rechts geführt hat.

2. Das Korruptionsbekämpfungsgesetz vom 13.8.1997

Durch das Korruptionsbekämpfungsgesetz vom 13.8.1997, welches am 20.8.1997 in Kraft getreten ist, sind eine ganze Reihe von Maßnahmen im Bereich des Korruptionsstrafrechts getroffen worden. So sind die Vorschriften gegen die Korruption im öffentlichen Bereich erweitert und in den Strafandrohungen verschärft worden. Darüber hinaus ist ein neuer Abschnitt „Straftaten gegen den Wettbewerb" in das Strafgesetzbuch eingefügt worden: Neben dem neu gefassten Straftatbestand des § 298 StGB (wettbewerbsbeschränkende Absprachen bei Ausschreibungen) wurden die bisher im Gesetz gegen den unlauteren Wettbewerb (UWG) (§ 12

---

[21] Siehe hierzu unter VII.
[22] BGBl., Teil I, Nr. 58, vom 19.8.1997.; ferner *Dölling* DJT 1996; *Korte* NStZ 1997, 513 ff.

UWG a. F.) enthaltenen Vorschriften über die Bestechlichkeit und Bestechung im geschäftlichen Verkehr in das StGB eingeführt (§§ 299, 300 StGB).

49 Die Gesetzesreform hat zu einer deutlichen Ausweitung des Strafbarkeitsrisikos geführt. Nach § 298 StGB ist bereits die Abgabe eines Angebotes auf der Grundlage einer wettbewerbsbeschränkenden Absprache unter Strafe gestellt; auf einen Erfolgseintritt (Annahme des Angebotes) sowie auf eine Vermögensschädigung (des Auftraggebers oder eines Mitbewerbers) kommt es – anders als beim Betrug nach § 263 StGB – für die Strafbarkeit nicht mehr an (abstraktes Gefährdungsdelikt).

50 Mit der Einführung des § 299 StGB (Bestechlichkeit und Bestechung im geschäftlichen Verkehr) wird der Komplex der sog. „Angestellten- bzw. Beauftragtenbestechung" aus dem Nebenstrafrecht des UWG in das Kernstrafrecht überführt und damit die Bedeutung dieses Themas für die Strafverfolgung deutlich gemacht. Als Regelbeispiele ausgeführte Strafschärfungsgründe in § 300 StGB erhöhen das Strafbarkeitsrisiko deutlich. Zudem ist eine Verfolgung nun auch bei Vorliegen eines öffentlichen Interesses von Amts wegen möglich (§ 301 StGB, relatives Antragsdelikt).

51 Bei allen Bestechungsdelikten (also sowohl in § 299 als auch den §§ 331 ff. StGB) ist nun auch die Gewährung von Vorteilen an Dritte ausdrücklich im Tatbestand erfasst, wodurch Strafbarkeitslücken geschlossen werden.

52 Durch eine Lockerung der Anforderungen an die „Unrechtvereinbarung", also die „inhaltliche Verknüpfung von Dienstausübung und Vorteilszuwendung",[23] dahin gehend, dass der Vorteil nicht mehr um einer bestimmten zukünftigen oder vergangenen Diensthandlung willen gewährt werde, sondern der Vorteil „für die Dienstausübung" gefordert, versprochen oder angenommen werden muss, ergeben sich gerade im Bereich der Vorteilsgewährung bzw. Vorteilsannahme deutliche Ausdehnungen von Verfolgungsrisiken, etwa bei der „Anbahnungszuwendungen".[24]

3. Entwicklung auf internationaler Ebene

53 Internationale Abkommen, die in den Jahren nach 1997 abgeschlossen und durch Deutschland ratifiziert und transformiert wurden, haben bewirkt, dass nun auch korruptive Handlungen außerhalb Deutschlands, und zwar gegenüber EU-Mitarbeitern sowie gegenüber Vertretern staatlicher Stellen anderer Staaten, in Deutschland verfolgt werden können. Das OECD-Übereinkommen über die Bekämpfung der Bestechung ausländischer Amtsträger im Internationalen Geschäftsbereich vom 17.12.1997 führte in Deutschland am 10.9.1998 zur Verabschiedung des Gesetzes zur Bekämpfung internationaler Bestechung (IntBestG[25]). Die Strafbestimmungen des IntBestG traten am 15.2.1999 in Kraft. Mit dem EUBestG[26] vom 10.9.1998, welches am 22.9.1998 in Kraft getreten ist, wurde die Amtsträgereigenschaft auf bestimmte EU-Amtsträger und die Amtsträger von EU-Mitgliedstaaten ausgeweitet sowie die Strafbarkeit der Bestechlichkeit gemäß § 332 StGB miteinbezogen.

54 Das EU-Bestechungsübereinkommen wurde schließlich durch das Gesetz zu dem Übereinkommen vom 26.5.1997[27] über die Bekämpfung der Bestechung, an der Beamte der Europäischen Gemeinschaft oder der Mitgliedstaaten der Europäischen Union beteiligt sind, umgesetzt und trat am 29.10.2002 in Kraft.

55 Mit den Regelungen des EUBestG sowie des IntBestG wurde erreicht, dass nunmehr auch die Bestechung ausländischer Amtsträgern in Deutschland unter Strafe gestellt ist.

56 Die Bundesrepublik Deutschland hat ferner am 15.5.2003 das Zusatzprotokoll zum Strafrechtsübereinkommen über Korruption (ETS Nr. 191)[28] unterzeichnet. Zielsetzung des Zusatzprotokolls sind Maßnahmen gegen die aktive und passive Bestechung von in- und ausländischen Schiedsrichtern und Geschworenen.

---

[23] *Tröndle/Fischer* § 331 StGB Rdnr. 22 m. w. N.
[24] *Tröndle/Fischer* a. a. O. Rdnr. 24.
[25] BGBl., Teil II, S. 2327; Teil III 450-28.; siehe auch *Tröndle/Fischer* Anhang 22.
[26] BGBl., Teil I, S. 3387; siehe auch *Tröndle/Fischer* Anhang 21.
[27] BT-Drucks. 14/8999.
[28] Abrufbar unter www.conventions.coe.int.

Darüber hinaus hat die Bundesrepublik Deutschland am 11.12.2003 die am 31.10.2003 von der Generalversammlung der UN angenommene Konvention gegen Korruption gezeichnet. Die Konvention soll ein weltweit anwendbares und umfassendes Regelwerk gegen Korruption schaffen und enthält u. a. Regelungen für den präventiv-organisatorischen sowie strafrechtlichen Bereich einschließlich der internationalen Zusammenarbeit. Vorgesehen ist ein weltweit zwingendes Verbot der steuerlichen Abzugsfähigkeit von Bestechungsgeldern, wie es bereits in der Bundesrepublik Deutschland umgesetzt ist. Die Bundesrepublik Deutschland genügt den Vorgaben der Konvention insgesamt bereits in weiten Teilen. Allerdings wird unter anderem eine Neugestaltung des Straftatbestandes über die Abgeordnetenbestechung erforderlich werden. Gemäß § 108 e StGB macht sich bislang nur strafbar, wer es unternimmt, für eine Wahl oder Abstimmung in einer Volksvertretung eine Stimme zu kaufen oder zu verkaufen (Abgeordnetenbestechung). Die Konvention sieht diesbezüglich vor, dass bereits das verwerfliche Beeinflussen eines Abgeordneten auch bei der sonstigen Wahrnehmung seines Mandats erfasst wird.

4. Versagung des Betriebsausgabenabzugs

Das Jahressteuergesetz 1996 wurde durch das Steuerentlastungsgesetz 1999/2000/2002 verschärft. Gemäß § 4 Abs. 5 S. 1 Nr. 10 EStG sind verbotene Zuwendungen im Sinne der §§ 299 ff. bzw. 331 ff. StGB ab dem 1.1.1999 nicht mehr als Betriebsausgaben abzugsfähig. Für die Versagung des Betriebsausgabenabzuges reicht bereits die Feststellung einer rechtswidrigen korruptiven Handlung; auf ein Verschulden des Zuwenders, auf die Stellung eines Strafantrages oder auf eine tatsächliche Ahndung kommt es insoweit nicht an. Die Behörden (Gerichte, Staatsanwaltschaft, Finanzbehörde) unterrichten sich gegenseitig über einen entsprechenden Verdacht von (Steuer-)Straftaten/Ordnungswidrigkeiten. Insoweit kann das Steuergeheimnis ausdrücklich durchbrochen werden. Ein solcher Verdacht besteht auch dann, wenn wahrheitsgemäß Zuwendungen als nichtabzugsfähige Betriebsausgaben verbucht werden, mit der Folge, dass eine Mitteilung an die Staatsanwaltschaft erfolgt. Auch privat getätigte Zuwendungen können einen Verdacht begründen, wenn diese das betriebliche Ergebnis beeinflussen. Bestehen Anhaltspunkte für Bestechungsdelikte, sind die Finanzämter angewiesen, die Benennung des Zuwendungsempfängers zu verlangen (§ 160 AO). Dies gilt auch im Falle von Zahlungen an ausländische Empfänger. Werden Ausgaben, die ins Ausland geflossen sind, als betrieblich veranlasst geltend gemacht, so muss der Steuerpflichtige zur Überprüfbarkeit dieser Angaben ohnehin selbst beitragen (§ 90 Abs. 2 AO).

Ergibt demnach die Überprüfung einer Ausgabe, die als betrieblich veranlasst deklariert und steuerlich geltend gemacht wurde, dass es sich um eine strafbare Zuwendung gehandelt hat, droht mithin zusätzlich eine Verfolgung wegen Steuerhinterziehung.

III. Das öffentliche Dienstrecht

1. Bedeutung des öffentlichen Dienstrechts

Für den Strafverteidiger ist es unumgänglich, sich mit den Normenwerken zum öffentlichen Dienstrecht auseinandersetzen. Erforderlich ist nämlich eine Einschätzung möglicher Verstöße, die bereits durch pflichtwidriges Diensthandeln indiziert sein können und eine umfassende Beratung des Mandanten im Hinblick auf mögliche disziplinarische Sanktionen. Das öffentliche Dienstrecht ist für die Verteidigung auch deshalb von besonderer Bedeutung, da dem (Disziplinar-)Verteidiger bereits in nichtförmlichen Disziplinarverfahren (wie z. B. in Hessen sog. „Vormittlungen") bestimmte prozessuale Rechte – wie Akteneinsichts- und Anwesenheitsrechte – eingeräumt sind. Des Weiteren ist hervorzuheben, dass nach der Rechtsprechung des BGH die Richtlinien zur Korruptionsbekämpfung im Rahmen der Auslegung, insbesondere für die Abgrenzung, ob es sich um illegale Vorteile handelt, eine außerordentlich wichtige Rolle spielen.[29]

---

[29] BGH NJW 2002, 2801 ff.

2. Überblick über die gesetzlichen Grundlagen des Dienstrechts

61 Das öffentliche Dienstrecht umfasst die Rechtsnormen über Inhalt und Behandlung von Dienstvergehen bestimmter Beschäftigungsgruppen des öffentlichen Dienstes, die zu ihrem Dienstherrn in einem öffentlich-rechtlichen Dienst- und Treueverhältnis stehen. In erster Linie gehören dazu die Beamten, Soldaten, Richter und Zivildienstleistenden. Auf Angestellte und Arbeiter erstreckt sich das Disziplinarrecht nicht; diese unterliegen dem privaten Arbeitsrecht.

62 Das Disziplinarrecht ist in das materielle Recht (Pflichtenkreis) und in das Disziplinarverfahrensrecht gegliedert. Es bezweckt keine strafrechtlichen Sanktionen, sondern hauptsächlich die Pflichtenmahnung an den Beamten sowie die Wahrung, Festigung und Sicherung der Dienstordnung im Interesse der Gesamtheit.[30]

63 Neben den Bundes- und Landesbeamtengesetzen, die grundsätzlich die Annahme von Belohnungen und Geschenken verbieten, sind das Bundesdisziplinargesetz (BDG) und die Disziplinarordnungen der Länder hervorzuheben, in denen einzelne Disziplinarmaßnahmen sowie die Verfahrensgrundsätze im Falle von Vorermittlungen und eines förmlichen Disziplinarverfahrens enthalten sind. Darüber hinaus weisen weitere Vorschriften Bezüge zum Disziplinarrecht auf, wie beispielsweise das Bundesbesoldungsgesetz und das Beamtenversorgungsgesetz mit beamten-, besoldungs- oder versorgungsrechtlichen Konsequenzen disziplinarer Natur. Der Überblick über die einzelnen Vorschriften ist nicht leicht zu gewinnen, da sie vom Grundgesetz über einfachgesetzliche Regelungen bis hin zu zahlreichen Verwaltungsvorschriften reichen. Die wichtigsten Grundzüge sowie Vorschriften mit disziplinarrechtlichem Bezug lassen sich wie folgt zusammenfassen:

64 Hervorzuheben ist zunächst § 43 Beamtenrechtsrahmengesetz (BRRG), der die Annahme von Belohnungen und Geschenken verbietet. Von besonderer Bedeutung ist ebenfalls § 125 c BRRG, der einheitlich und unmittelbar für Bund, Länder und Gemeinden gilt und Mitteilungspflichten der Gerichte und Staatsanwaltschaften umfasst. Gemäß der Vorgabe des Art. 20 Abs. 2 Satz 1 des Einigungsvertrages (EV) haben alle neuen Bundesländer seit der Wiedervereinigung Landesbeamtengesetze erlassen. Das im Sinne des Art. 20 Abs. 2 Satz 1 E.V. geltende Verbeamtungsgebot ist jedoch bei der Deutschen Post und der Reichsbahn im Vorgriff auf die Postreform und die Bahn-Strukturreform nicht ausgeführt worden. Durch die Privatisierung in diesen Bereichen finden sich vielmehr Mischformen von privatem und öffentlichem Organisations- und Dienstrecht. Hervorzuheben sind ferner das Dienstrechtsreformgesetz (DRRfG)[31] vom 24.2.1997, das Antikorruptionsgesetz vom 13.8.1997[32] sowie das 13. Dienstrechtsänderungsgesetz/2. Nebentätigkeitsbegrenzungsgesetz vom 9.9.1997,[33] die jeweils zu Änderungen der Bundesdisziplinarordnung (BDO) – seit 2001 Bundesdisziplinargesetz (BDG) – und des Bundesbeamtengesetzes (BDG) geführt haben.

65 Mit dem Gesetz zur Neuordnung des Bundesdisziplinarrechts vom 9.9.2001 ist die BDO novelliert und in BDG umbenannt worden. Das BDG gilt für die von Beamten und Ruhestandsbeamten des Bundes begangenen Dienstvergehen (§§ 1, 2 BDG).

Die Disziplinarmaßnahmen sind in §§ 5 bis 16 BDG, das behördliche und gerichtliche Verfahren in den §§ 17 bis 44 und §§ 45 bis 78 BBG geregelt. Verfahrensrechtlich ist das BDG eng an das Verwaltungsverfahrensrecht und an das Verwaltungsprozessrecht angelehnt (§ 3 BDG) (einheitliche Verwaltungsverfahren, siehe §§ 17 bis 44 BDG).

66 Das Bundesbeamtengesetz (BBG) enthält in § 77 BBG eine Legaldefinition des Begriffs „Dienstvergehen" und ist die zentrale materiell-rechtliche Vorschrift des Disziplinarrechts. Das BBG enthält darüber hinaus weitere Vorschriften mit disziplinarrechtlichem Bezug (Entlassung eines Beamten auf Probe in leitender Funktion, gegen den mindestens eine Kürzung der Dienstbezüge verhängt wurde (§ 24 a Abs. 4 Nr. 4 BBG), Entlassung eines Beamten auf Probe wegen eines Verhaltens, das bei einem Beamten auf Lebenszeit mindestens eine Kürzung der Dienstbezüge zur Folge hätte (§ 31 Abs. 1 Nr. 1 BBG), Verlust der Beamtenrechte (§§ 48 ff. BBG) oder die Vorschriften über die Personalakten (§§ 90 e, 90 f BBG). Die fristlose Entlassung eines Beamten auf Probe ist in § 31 BBG geregelt. Darüber hinaus sieht das BBG Verbote der Führung von Dienstgeschäften vor, insbesondere personalwirtschaftliche Maßnahmen wie die

---

[30] Vgl. *Ebert* Disziplinarrecht S. 21.
[31] BGBl. I S. 322.
[32] BGBl. I S. 1510.
[33] BGBl. I 1997 S. 2294.

Umsetzung, Abordnung und Versetzung (Strafversetzung) (§§ 26 ff., 79 BBG). Hervorzuheben ist die Suspendierung, die Dienstenthebung oder Zwangsbeurlaubung. Zentrale Norm ist § 60 BBG – das Verbot der Führung von Dienstgeschäften –, welches aus zwingenden dienstlichen Gründen möglich ist. Darüber hinaus ist die Rücknahme der Ernennung eines Beamten gemäß § 12 BBG vorgesehen, die unter anderem dann in Betracht kommt, wenn die Ernennung durch Bestechung herbeigeführt wurde oder nicht bekannt war, dass der Ernannte wegen einer schweren Straftat nicht hätte ernannt werden dürfen. Eine weitere wesentliche Konsequenz sieht § 78 BBG vor, wonach der Rückgriff des Dienstherrn gegen den Beamten wegen eingetretener Schäden möglich ist.

Im Weiteren weist das Bundesbesoldungsgesetz (BBesG) disziplinarrechtliche Bezüge auf (z. B. § 9 BBesG, § 21 Abs. 2 BDG, § 23 BDG). Darüber hinaus können Disziplinarverfahren Einfluss auf die versorgungsrechtliche Stellung eines Beamten nehmen, z.b. auf das Ruhegehalt (Beamtenversorgungsgesetz – BeamtVG).

Die Bundesländer haben kraft ihrer Personalhoheit für ihre Beamtenkörper besondere Disziplinargesetze erlassen, die in weiten Bereichen der BDO (a. F.) ähnelten. Das Disziplinargesetz von Rheinland-Pfalz ist mittlerweile an das neue BBG angelehnt. In den übrigen Bundesländern gelten allerdings nach wie vor die an die BDO angenäherten Landesdisziplinarordnungen. Hervorzuheben ist in diesem Zusammenhang, dass die Disziplinarordnungen – abweichend zum neuen BDG – nach wie vor eine Unterscheidung zwischen dem nichtförmlichen und förmlichen Disziplinarverfahren enthalten.

3. Richtlinien

Nachdem in der ersten Hälfte der 90er Jahre u. a. auch vereinigungsbedingt verstärkt korruptive Sachverhalte offenbar geworden sind, hat der Gesetzgeber sich der Bekämpfung der Korruption in der Gesellschaft verstärkt angenommen. In der Folgezeit wurden sowohl im repressiven als auch präventiven Bereich Maßnahmen zur Korruptionsbekämpfung ergriffen.

Hervorzuheben ist die Richtlinie der Bundesregierung zur Korruptionsprävention in der öffentlichen Verwaltung vom 17.6.1998 einschließlich ihrer Umsetzungshilfe, die am 7.7.2004 durch das Bundeskabinett[34] neu gefasst wurde.

Darüber hinaus sehen eine Reihe von Verwaltungsvorschriften der Landesregierungen Anweisungen zur Korruptionsbekämpfung vor.[35] Alle Bundesländer haben im Verlaufe der letzten zehn Jahre zur Bekämpfung und Verhütung von Korruption Regelungen erlassen, durch die zum Teil auch die Einrichtung spezieller Organisationseinheiten zur Korruptionsbekämpfung und -verhütung vorgesehen sind.

Bayern hat am 13.4.2004 eine umfassende „Richtlinie zur Verhütung und Bekämpfung von Korruption in der öffentlichen Verwaltung" erlassen.[36] Zudem wurden diese Regelungen meist durch weitere Verwaltungsvorschriften hinsichtlich der Geschenkannahme ergänzt, die sodann in die jeweiligen Landesbeamtengesetze Eingang gefunden haben.[37]

---

[34] Die Richtlinie der Bundesregierung zur Korruptionsprävention und der Bundesverwaltung vom 30.7.2004 nebst Anlagen sowie die Umsetzungshilfe sind abrufbar unter www.staat-modern.de oder www.ibr-online.de.

[35] Zur Übersicht der bestehenden Verwaltungsvorschriften der Länder siehe auch *Bartsch/Paltzow/Trautner*, Texte, Ziffer 10, 10.2 für die Länder Baden-Württemberg, Bayern, Berlin, Brandenburg, Bremen, Hessen, Mecklenburg-Vorpommern, Niedersachsen, Nordrhein-Westfalen, Rheinland-Pfalz, Saarland, Sachsen, Sachsen-Anhalt, Schleswig-Holstein, Thüringen.

[36] Bayern: Richtlinie zur Verhütung und Bekämpfung von Korruption in der öffentlichen Verwaltung vom 13.4.2004, abrufbar unter http://www.stmi.bayern.de

[37] Baden-Württemberg: Verwaltungsvorschrift zur Durchführung des § 89 Landesbeamtengesetz; Bayern: Art. 79 Bayr. Beamtengesetz sowie Ziff. 2.7 der RL zur Verhütung und Bekämpfung von Korruption; Berlin: Ausführungsbestimmungen über die Annahme von Geschenken vom 9.3.1990; Brandenburg: § 37 Landesbeamtengesetz; Bremen: Verwaltungsvorschrift über die Annahme von Geschenken vom 19.12.2000; Hamburg: § 47 Hamburgisches Beamtengesetz; Hessen: Merkblatt der Landesregierung vom 19.12.1995; Mecklenburg – Vorpommern: Anti-Korruptions-Verhaltenskodex vom 26.11.2001; Niedersachsen: Verwaltungsvorschrift zu § 78 Niedersächsisches Beamtengesetz; Nordrhein-Westfalen: § 76 Landesbeamtengesetz und zugehörige Verwaltungsvorschrift; Rheinland-Pfalz: Verwaltungsvorschrift Bekämpfung der Korruption in der öffentlichen Verwaltung vom 7.11.2000 (neu gefasst am 29.4.2003); Saarland: Richtlinie zur Verhütung und Bekämpfung von Korruption in der Landesverwaltung vom 19.12.2000; Sachsen: Hinweise über das Verbot der Annahme von Belohnungen und Geschenken vom 4.7.1994; Sachsen-Anhalt: Runderlass vom 24.11.1995; Schleswig-Holstein: Runderlass vom 13.7.1999; Thüringen: Richtlinie zur Korruptionsbekämpfung in der öffentlichen Verwaltung des Freistaates Thüringen vom 8.10.2002.

Die Einrichtung und Führung eines Korruptionsregisters nach dem Vorbild Niedersachsens, Hessens, NRW und zuletzt Hamburgs[38] ist im Saarland, in Berlin und Sachsen geplant.

4. Haftung des Verteidigers

72 Der Rechtsanwalt ist nach ständiger Rechtsprechung[39] zur allgemeinen und möglichst erschöpfender Beratung und Belehrung des Auftraggebers verpflichtet. Er hat u. a. die Nachteile für seinen Auftraggeber zu verhindern, sofern diese voraussehbar und vermeidbar sind. Insbesondere muss er unkundige Mandanten über die Folgen von Erklärungen belehren und vor Irrtümern bewahren. Dem Rechtsanwalt (und damit auch dem Strafverteidiger) obliegen daher umfangreiche Aufklärungs-, Beratungs- und Belehrungspflichten.[40]

73 Insbesondere sind auf durch ein Strafverfahren ausgelöste, jedoch außerhalb des Verfahrens eintretende Konsequenzen für den Mandanten hinzuweisen. Hiervon umfasst sind die Folgen eines Strafverfahrens bzw. Urteils in beamtenrechtlicher Hinsicht, also die Beratung des Mandanten über die rechtlichen Folgen eines Strafverfahrens für ein Disziplinarverfahren und auch der Hinweis auf den sich daraus ergebenden möglichen Strafmilderungsgrund.

74 Bei der Beratung über die Einlegung eines Rechtsmittels muss der Verteidiger den Hinweis erteilen, dass die Folge eines Urteils das Ausscheiden aus dem Dienst kraft Gesetzes ist. Im Rahmen einer einvernehmlichen Beendigung des Strafverfahrens ist von einer Hinweispflicht gegenüber dem Mandanten auszugehen, dass auch eine ausgehandelte Freiheitsstrafe mit dem Verlust von beamtenrechtlichen Versorgungsbezügen als Ruhestandsbeamter verbunden ist.[41]

75 Die Beendigung eines Beamtenverhältnisses als unmittelbare Folge eines Strafurteils ist ebenfalls im Rahmen der Strafzumessung zu berücksichtigen. Nach Ansicht des OLG Düsseldorf muss sich ein Strafverteidiger die erforderlichen berufsrechtlichen Kenntnisse verschaffen, um den Mandanten – auch im Hinblick auf Rechtsmittelfristen – hierüber umfassend zu beraten. Darüber hinaus soll eine Hinweispflicht gegenüber dem Gericht bezüglich beamtenrechtlicher Folgen obliegen.[42]

IV. Die Korruptionsdelikte gemäß §§ 331 – 336 StGB – das materiell-rechtliche Recht im Überblick –

1. Systematik der klassischen Korruptionsdelikte und geschütztes Rechtsgut

76 Die §§ 331 ff. StGB umfassen zunächst die Tatbestände der Vorteilsannahme (§ 331 StGB) und Bestechlichkeit (§ 332 StGB) als Delikte des Amtsträgers. § 331 StGB stellt das Grunddelikt dar und bezieht sich ausschließlich auf (**nicht pflichtwidrige**) Diensthandlungen. Qualifikationstatbestände sind im Weiteren enthalten in § 331 Abs. 2 StGB bezüglich Richter und Schiedsrichter sowie im Hinblick auf den Tatbestand der Bestechlichkeit nach § 332 StGB, der wiederum eine zusätzliche Qualifikation für Richter und Schiedsrichter beinhaltet. Im Unterschied zu § 331 StGB erfordert § 332 StGB eine **pflichtwidrige** Dienst- oder richterliche Handlung.

77 Entsprechend hierzu sind die Tatbestände für den Vorteilsgeber in den §§ 333, 334 StGB gefasst: Das Grunddelikt ist die Vorteilsgewährung, die sich auf die zurückliegende oder zukünftige Dienstausübung (Abs. 1) oder aber auf zurückliegende oder künftige richterliche Handlungen (Abs. 2) bezieht. Qualifikationstatbestand hierzu ist § 334 StGB, die Bestechung bezüglich bereits vorgenommener oder künftiger **pflichtwidriger** Dienst- und richterlicher Handlungen.

78 § 331 StGB stellt unter Strafe, wenn sich ein Amtsträger oder ein für den öffentlichen Dienst besonders Verpflichteter für die Dienstausübung für sich oder einen Dritten einen Vorteil fordert, sich versprechen lässt oder annimmt. Die Bestechlichkeit nach § 332 StGB unterscheidet sich von der Vorteilsannahme dadurch, dass eine pflichtwidrige Diensthandlung zugrunde liegt. Darüber hinaus lässt es § 332 Abs. 3 StGB genügen, wenn sich der Amtsträger zur Pflicht-

---

[38] Gesetz zur Einrichtung und Führung eines Korruptionsregisters vom 12.2.2004.
[39] Zuletzt BGH (Urt. v. 22.9.2005) AnwBl. 2006, 68.
[40] *Krause* NStZ 2000, 225 ff.; *Zwiehoff* StV 1999, 555 ff.; *Jahn* StV 2000, 431 ff.
[41] OLG Nürnberg StV 1997, 481 ff.
[42] OLG Düsseldorf StV 2000, 430 ff.

verletzung oder zur Beeinflussung seines Ermessens bereit zeigt. Entsprechendes gilt für die Tatbestände der Vorteilsgewährung nach § 333 StGB sowie der Bestechung nach § 334 StGB. § 335 StGB stellt die Unterlassung der Vornahme einer Diensthandlung oder aber einer richterlichen Handlung im Sinne der §§ 331 bis 334 StGB gleich.

Zentraler Punkt der Korruptionsdelikte ist die sog. Unrechtsvereinbarung, die zwar nicht ausdrücklich in den §§ 331 ff. StGB formuliert ist, jedoch das erforderliche Äquivalenzverhältnis zwischen Diensthandlung und Vorteilszuwendung kennzeichnet im Sinne einer Übereinkunft zwischen dem Amtsträger und dem Zuwender. Die Unrechtsvereinbarung ist insbesondere vor dem Hintergrund des geschützten Rechtsgutes auszulegen. Die Bestimmung des Rechtsgutes ist allerdings im Einzelnen umstritten. Nach ganz überwiegender Ansicht gilt die Lauterkeit des öffentlichen Dienstes und das Vertrauen der Allgemeinheit in diese Lauterkeit („Nicht-Käuflichkeit") als das geschützte Rechtsgut.[43] Hiervon wird maßgeblich die Auslegung der einzelnen Vorschriften der §§ 331 ff. StGB geprägt. 79

Korruptionsdelikte sind abstrakte Gefährdungsdelikte,[44] die Strafbarkeit dieser Delikte ist durch weite Formulierungen der Tathandlungen deutlich vorverlagert. 80

Die einzelnen Tatbestandsmerkmale beinhalten eine Reihe von Auslegungsschwierigkeiten und haben zu einer Vielzahl von Urteilen sowie zu einer lebhaften Diskussion geführt. Hiervon betroffen ist die Beurteilung der Amtsträgereigenschaft, des Vorteilsbegriffs, der Unrechtsvereinbarung sowie damit zusammenhängend die Einschränkung der Tatbestände, etwa im Zusammenhang mit Fragen der Sozialadäquanz. Die strittigen Punkte sind auch nach den Änderungen durch das Korruptionsbekämpfungsgesetz vom 13.8.1997 erhalten geblieben. Die Vorschriften gegen die Korruption im öffentlichen Bereich sind indes deutlich erweitert und in den Strafandrohungen verschärft worden. Die Neuregelungen finden keine Anwendung auf Sachverhalte vor In-Kraft-Treten des Korruptionsbekämpfungsgesetzes am 20.8.1997; die Erweiterung der Strafbarkeit nach §§ 331 ff. StGB auf Drittvorteile ist strafbegründender Natur.[45] 81

Die folgende Darstellung orientiert sich an der neuen Rechtslage. Soweit erforderlich, wird im Vergleich die alte Rechtslage berücksichtigt. Die Darstellung konzentriert sich auf die für die Strafverteidigerpraxis wesentlichen Auslegungsschwierigkeiten. 82

2. Amtsträgereigenschaft

a) **Legaldefinition der Amtsträgereigenschaft.** Täter bzw. Begünstigte im Sinne der §§ 331 ff. StGB können nur Amtsträger oder für den öffentlichen Dienst besonders Verpflichtete sein. Die Amtseigenschaft ist strafbegründendes besonderes persönliches Merkmal im Sinne des § 28 Abs. 1 StGB.[46] 83

Die für die Begründung der Täterstellung von „Straftaten im Amt"(im Sinne des 30. Abschnitts des StGB) maßgeblichen Regelungen sind in § 11 Abs. 1 Nr. 2 StGB enthalten. Darüber hinaus sind § 1 EUBestG sowie § 1 IntBestG heranzuziehen, wenn es um die Bestimmung der Amtsträgereigenschaft von Personen außerhalb des Geltungsbereichs der Bundesrepublik Deutschland geht und eine Gleichstellung von ausländischen mit inländischen Amtsträgern in Frage kommt. 84

Die Legaldefinition für den Begriff des Amtsträgers findet sich in § 11 Abs. 1 Nr. 2 StGB. Danach ist Amtsträger, wer nach deutschem Recht Beamter oder Richter ist (§ 11 Abs. 1 Nr. 2 a StGB), in einem sonstigen öffentlich-rechtlichen Amtsverhältnis steht (§ 11 Abs. 1 Nr. 2 b StGB) oder sonst dazu bestellt ist, bei einer Behörde oder bei einer sonstigen Stelle oder in deren Auftrag Aufgaben der öffentlichen Verwaltung – unbeschadet der zur Aufgabenerfüllung gewählten Organisationsform – wahrzunehmen (§ 11 Abs. 1 Nr. 2 c StGB). 85

Amtsträger ist folglich zunächst derjenige, der nach geltendem deutschen Bundes- oder Landesrecht eine bestimmte hoheitliche Funktion inne hat. Erfasst werden daher alle im Dienst des Bundes, der Länder und Gemeinden sowie Gemeindeverbände, Körperschaften, Anstalten und 86

---

[43] Tröndle/Fischer § 331 Rdnr. 3; Schönke/Schröder/Cramer § 331 Rdnr. 1 e ff. m. w. N.
[44] Tröndle/Fischer § 331 Rdnr. 3.
[45] OLG Stuttgart NStZ 2001, 654 ff.
[46] BGHSt 5, 75, 81.

Stiftungen des öffentlichen Rechts tätigen Amtsträger. Ausgenommen sind kirchliche Amtsträger und solche anderer Religionsgesellschaften des öffentlichen Rechts.[47]

87 Die **Verteidigung** hat frühzeitig zu prüfen, ob in einem Verfahren tatsächlich die Voraussetzungen für die Annahme der Amtsträgereigenschaft vorliegen. Die Praxis lehrt, dass Strafverfolgungsbehörden dazu neigen, das Vorliegen der Amtsträgereigenschaft im Zweifel zu bejahen, ungeachtet einer genauen Prüfung der tatsächlichen und rechtlichen Gegebenheiten.[48]

88 Gelingt der Verteidigung der Nachweis, dass der Beschuldigte – entgegen dem ursprünglich gewählten Ermittlungsansatz – kein Amtsträger ist bzw. mit einer Person in (korruptiver) Verbindung stand, die kein Amtsträger ist, zwingt dies die Strafverfolgung ihren Verdachtsansatz komplett zu überdenken. Zwangsmaßnahmen bedürfen einer Überprüfung und die Verteidigung gewinnt Raum und Zeit für den Vortrag neuer Argumente. Deshalb ist dieses Merkmal für die Tätigkeit der Verteidigung von großer Bedeutung.

Dies gilt insbesondere dann, wenn einem korruptive Sachverhalte in Zusammenhängen begegnen, bei denen nicht mehr klassische Behörden auftreten, sondern Einrichtungen, die nach einer Art „Outsourcing" moderne privatrechtliche Formen angenommen haben, weiterhin quasi staatliche Aufgaben wahrnehmen und zugleich im Wettbewerb mit privaten Anbietern stehen. Neu sind Formen der Zusammenarbeit zwischen öffentlichen und privaten Einrichtungen, die unter dem Begriff der sog. „Public-Private-Partnership" in unterschiedlichen Konzepten bekannt wurden und interessante Konstellationen der Kooperation des Staates mit Wirtschaftsunternehmen darstellen.[49] Der Staat überträgt darin öffentliche Aufgaben und Unternehmungen auf Gemeinschaftsunternehmen mit Privaten und macht sich deren Effizienz zunutze. Aus der Schnittstelle von staatlichem und privatem Handeln in derartigen Strukturen entstehen vielfältige Probleme,[50] von denen die Frage nach der Amtsträgereigenschaft der in solchen Strukturen Handelnden für Strafjuristen eine besonders interessante ist.

89 **b) Die Amtsträgereigenschaft des § 11 Abs 1 Nr. 2 bis Nr. 4 StGB.** *aa) Amtsträger im Sinne der Nr. 2 a und b, Nr. 3.* Nach § 11 Abs. 1 Nr. 2 a und b sowie § 11 Abs. 1 Nr. 3 StGB ist Amtsträger, wer nach deutschem Recht Beamter oder Richter ist oder in einem sonstigen öffentlich-rechtlichen Amtsverhältnis steht.

90 Amtsträger ist danach, wer nach geltendem Bundes- oder Landesrecht eine bestimmte Funktion hat und Aufgaben der Verwaltung oder Rechtsprechung im materiellen Sinne wahrnimmt bzw. bei diesen Einrichtungen mit solchen Aufgaben befasst ist. Umfasst sind hiervon alle im Dienst des Bundes, der Länder, der Gemeinden, Gemeindeverbände und der Körperschaften, Anstalten, und Stiftungen des öffentlichen Rechts tätigen Amtsträger, nicht jedoch Personen, die Funktionen der Legislative, der Regierung (außer bei Nr. 2 b) oder des Militärs (vgl. § 48 WStG) ausüben. Beamter i. S. d. § 11 Abs. 1 Nr. 2 a StGB ist, wer sich freiwillig unter förmlicher Berufung in ein vom Staat begründetes öffentlich-rechtliches Gewaltverhältnis begibt, das für den Beamten eine Pflicht zu Diensten und Treue, für den Staat eine Schutz- und Unterhaltspflicht begründet (siehe hierzu §§ 52 ff., 79 ff. Bundesbeamtengesetz – BBG).[51] Erfasst werden insbesondere auch kommunale Wahlbeamte.[52]

91 Es kommt auf die förmliche Berufung in einem Beamtenverhältnis durch Aushändigung einer Ernennungsurkunde an, nicht jedoch auf die Art der übertragenen Aufgaben.[53]

Die Amtsträger müssen grundsätzlich nach deutschem Recht zu ihren Aufgaben bestellt sein. Eine Gleichstellung von ausländischen mit inländischen Amtsträgern kommt aber insbesondere durch das IntBestG sowie nach dem EUBestG in Betracht.

---

[47] BVerfGE 18, 386 ff.; BVerfGE 30, 427 ff.; BGHSt 37, 192 ff.
[48] Die Ermittlungsverfahren gegen Dolmetscher in Fahrschulen (BGHSt 42, 232 ff.), gegen leitende Mitarbeiter der Frankfurter Flughafen AG (BGHSt 46, 16 ff.) und gegen die Geschäftsführer des Bayerischen Blutspendedienstes (BGH NJW 2001, 2102) begannen allesamt mit dem Ansatz der StA, die Zuwendungsempfänger seien „Amtsträger", was der BGH später verneinte.
[49] Vgl. „Public Private Partnership – ein Thema für das Strafrecht?" *Bernsmann* StV 2005, 685 ff.
[50] *Bernsmann* a.a.O 686 f.
[51] BGHSt 2, 120 ff.; BGHSt 37, 192 ff.
[52] BGH NJW 2004, 3569 ff.; LG Wuppertal NJW 2003, 1405 ff.
[53] BGHSt 37, 191 f.

Vom Amtsträgerbegriff nicht umfasst werden Träger von Ämtern in Religionsgesellschaften 92 des öffentlichen Rechts, es sei denn, dass ihnen Aufgaben der öffentlichen (staatlichen oder kommunalen) Verwaltung besonders übertragen sind.[54]

Das öffentlich-rechtliche Amtsverhältnis im Sinne des § 11 Abs. 1 Nr. 2 b StGB erfasst Personen, die in einem sonstigen öffentlich-rechtlichen Amtsverhältnis stehen, wie es beispielsweise für Notare der Fall sein kann.[55] Hierzu gehören ebenfalls der Minister, der parlamentarische Staatssekretär und der Wehrbeauftragte. Voraussetzung ist die Übertragung eines Geschäftskreises im Bereich der vollziehenden Gewalt, wodurch ein beamtenähnliches Dienst- und Treueverhältnis begründet wird. Insbesondere ist dies anzunehmen, wenn Aufgaben der öffentlichen Verwaltung wahrgenommen werden. Hiervon nicht umfasst sind Abgeordnete des Bundestages und der Länderparlamente sowie Mitglieder von Gemeindevertretungen.[56] 93

In § 11 Abs. 1 Nr. 2 a sowie Nr. 3 StGB werden Richter ausdrücklich aufgrund ihrer besonderen verfassungsrechtlichen Stellung als Träger der rechtsprechenden Gewalt (Art. 92, 97 GG) hervorgehoben. Hiervon umfasst sind sowohl Berufsrichter (§§ 3 ff. DRiG) als auch ehrenamtliche Richter (§§ 44, 45 DRiG). Berufsrichter sind diejenigen, die nach Bundes- oder Landesrecht in das Richteramt durch Aushändigung einer Ernennungsurkunde berufen werden. Zu den ehrenamtlichen Richtern gehören die Schöffen der Strafgerichtsbarkeit, die Beisitzer in der Zivil-, Verwaltungs-, Finanz-, Arbeits- und Sozialgerichtsbarkeit; ferner die Mitglieder der Ehrengerichtsbarkeit für Rechtsanwälte (§§ 92, 100 BRAO) sowie die Beisitzer bei Disziplinargerichten.[57] 94

Ausländische Richter werden ebenfalls wie Schiedsrichter nicht erfasst. Schiedsrichter werden aufgrund Rechtsgeschäftes, nicht aber aufgrund rechtsprechender Staatsgewalt tätig. Hervorzuheben ist allerdings, dass die Schiedsrichter in den Tatbeständen der §§ 331 ff. StGB dem Richter weitgehend gleichgestellt sind. 95

bb) Sonst zur Wahrnehmung von Aufgaben der öffentlichen Verwaltung Bestellte im Sinne von Nr. 2 c. Im Sinne des § 11 Abs. 1 Nr. 2 c StGB gelten auch solche Personen als Amtsträger, die sonst dazu bestellt sind, bei einer Behörde oder bei einer sonstigen Stelle oder in deren Auftrag Aufgaben der öffentlichen Verwaltung wahrzunehmen, und zwar unbeschadet der zur Aufgabenerfüllung gewählten Organisationsform. 96

Wer mit Hilfe der herkömmlichen Methoden der Auslegung diesen Merkmalen zu Leibe rückt, wird schnell verzweifeln. Die Erläuterungen in Literatur und Rechtsprechung beruhen auf Einzelfällen, die kein wirklich geschlossenes System vermitteln, sondern Momentaufnahmen aktueller Fälle, die zur Entscheidung anstanden, widerspiegeln. In jedem Fall ist daher eine sorgfältige Prüfung aller Voraussetzungen unter Berücksichtigung der derzeit vorliegenden Rechtsprechung angezeigt, um sicherzugehen, dass es sich tatsächlich um einen „Amtsträger" handelt. 97

Die Amtsträgereigenschaft kann nur durch einen **Bestellungsakt** begründet werden, der indes keiner besonderen Form bedarf und auch in Form konkludenten Handelns (als weiterer öffentlich- rechtlicher Akt![58]) mit dem Abschluss eines privatrechtlichen Vertrages verbunden sein kann.[59] Voraussetzung für eine solche „formfreie" Bestellung ist die Heranziehung zu einer Tätigkeit von einer gewissen Dauer oder eine Eingliederung in die Struktur der beauftragenden Behörde. 98

Inhalt der Bestellung ist die Übertragung der Wahrnehmung von Aufgaben der öffentlichen Verwaltung. Die Übertragung einer jeden Tätigkeit, die unter diesen Begriff fällt, ist eine Bestellung, mag sie auch nur ein kurzfristige sein. 99

Der Bestellte muss Aufgaben der öffentlichen Verwaltung **wahrnehmen**. Eine solche Aufgabe nimmt nur der wahr, der nicht lediglich einen anderen bei dessen Aufgaben unterstützt, also 100

---

[54] BGHSt 37, 191 ff.
[55] § 1 BNotO.
[56] Schönke/Schröder/*Eser* § 11 Rdnr. 20; *Tröndle/Fischer* § 11 Rdnr. 16; anders LG Krefeld NJW 1994, 2036; LG Köln NStZ 2003, 364 ff.
[57] BT-Drucks. 7/550, S. 210.
[58] SK-StGB/*Rudolphi/Stein* § 11, Rdnr. 31; enger BGHSt 43, 380, wonach Auftrag genügen soll.
[59] *Tröndle/Fischer* § 11 Rdnr. 20.

nicht selbst eigenverantwortlich, statt dessen nur nach Vorgabe und unter ständiger Kontrolle anderer Personen solche Aufgaben ausführt.[60] Demnach sind ein Auszubildender oder eine angestellte Mitarbeiterin des Schreibdienstes einer Behörde ggf. nicht als „Amtsträger" anzusehen.

101 **Aufgabe der (deutschen) öffentlichen Verwaltung** ist alles das, was dem Staat an Aufgaben zugewiesen ist, also alle Aufgaben, die er in öffentlich-rechtlicher Handlungsform wahrnimmt, und zwar unabhängig davon, ob es sich um Eingriffs- oder Leistungsverwaltung handelt.[61] Es kommt auch nicht darauf an, ob der in öffentlich-rechtlicher Form handelnde Verwaltungsträger öffentlich-rechtlich organisiert oder eine mit Hoheitsrechten beliehene juristische Person des Privatrechts ist.[62] Tritt der Staat in privatrechtlichen Handlungsformen auf, betreibt er also seine Aufgaben (insbesondere im Bereich der Daseinsvorsorge) durch Privatrechtssubjekte, kommt es wiederum darauf an, ob diese Tätigkeit bei einer Gesamtbetrachtung „als verlängerter Arm des Staates"[63] anzusehen ist. Das setzt eine organisatorische Anbindung an eine Behörde (durch Vertrag oder Bestellungsakt) voraus und die Tätigkeit muss inhaltlich mit typischerweise behördlicher Tätigkeit vergleichbar sein.[64]

102 Die Regelung in Nr. 2 c unterscheidet die Fälle der Wahrnehmung von Aufgaben der öffentlichen Verwaltung **bei einer Behörde** oder sonstigen Stelle oder **in deren Auftrag**, also durch eine behördenexterne Person.[65]

Bei einer Behörde oder sonstigen Stelle nimmt derjenige eine Aufgabe wahr, der in die Organisationsstruktur der Stelle eingegliedert ist, insbesondere aufgrund eines Beschäftigungsverhältnisses. **Im Auftrag** handelt, wenn die Aufgabenwahrnehmung ohne Eingliederung, aber aufgrund eines zivilrechtlichen Vertrages übertragen worden ist (z. B. der Architekt auf Vertragsbasis).

103 Unter dem Begriff der „**sonstigen Stellen**" sind behördenähnliche Institutionen zu verstehen, die zwar keine Behörden im organisatorischen Sinne, aber dennoch rechtlich befugt sind, bei der Ausführung von Gesetzen und der Erfüllung öffentlicher Aufgaben mitzuwirken.[66]

104 Es entspricht gefestigter Rechtsprechung des BGH,[67] dass auch als juristische Personen des Privatrechts organisierte Einrichtungen und Unternehmen der öffentlichen Hand als „sonstige Stelle" den Behörden gleichzustellen sind, wenn bei ihnen die Merkmale vorliegen, die eine Gleichstellung rechtfertigen. Dies ist insbesondere dann der Fall, wenn sie bei ihrer Tätigkeit öffentliche Aufgaben wahrnehmen und dabei derart staatlicher, ggf. auch kommunaler – Steuerung unterliegen, dass sie bei einer Gesamtbewertung der sie kennzeichnenden Merkmale als „verlängerter Arm" des Staates erscheinen.[68]

105 Anerkannt ist ferner, dass eine Tätigkeit auf dem Gebiet der Daseinsvorsorge für sich genommen nicht ausreicht, um eine der „Behörde" gleichgestellte „sonstige Stelle" anzunehmen. Die Tatsache, dass vielfältige Aufgaben (Energie- und Wasserversorgung, Müllentsorgung usw.) nach einer Liberalisierung dieser Märkte auch von privatrechtlich organisierten Unternehmen erbracht werden und dass die öffentliche Hand in unterschiedlichen Organisations- und Beteiligungsformen auf diesen Gebieten tätig ist, zwingt zu weiterer Konkretisierung.

106 Insoweit gibt auch das Merkmal „unbeschadet der zur Aufgabenerfüllung gewählten Rechtsform" für sich genommen kein sicheres Abgrenzungskriterium. Der BGH hat daher anstelle eines formalen ein inhaltliches Kriterium entwickelt: Die „sonstige Stelle" muss bei Erfüllung öffentlicher Aufgaben derart staatlicher Steuerung unterliegen, dass sie als

---

[60] SK-StGB/*Rudolphi/Stein* § 11, Rdnr. 29, 29 a.
[61] *Tröndle/Fischer* § 11, Rdnr. 22; SK-StGB/*Rudolphi/Stein* § 11 Rdnr. 24 f.
[62] BGHSt 38, 201.
[63] BGHSt 43, 370, 377; BGHSt 45, 16, 19; BGHSt 46, 310, 313; BGHSt 49, 214 ff.; BGH NJW 2004, 693.
[64] *Greeve* Korruptionsdelikte Rdnr. 174 ff.
[65] *Tröndle/Fischer* § 11 Rdnr. 18.
[66] BGHSt 43, 370, 376; BGHSt 49, 214, 219; BGH NStZ 2004, S. 380 ff.; siehe auch BT-Drucks. 7/550, S. 209; *Tröndle/Fischer* § 11 Rdnr. 19.
[67] Zuletzt BGH Urt. v. 2.12.2005 – 5 StR 119/05 – NStZ 2006, 210 ff. – Kölner Müllskandal.
[68] BGHSt 49, 214, 219.

„verlängerter Arm" des Staates erscheint; erforderlich ist dabei eine Gesamtbewertung aller relevanten Umstände des Einzelfalles.[69]

Bislang offen war die Frage, ob auch ein solches Unternehmen im Bereich der Daseinsvorsorge eine „sonstige Stelle" sein kann, an dem auch ein Privater beteiligt ist. In der Vergangenheit waren weder die alleinige Inhaberschaft der öffentlichen Hand an einer Gesellschaft noch die damit verbundenen Aufsichtsbefugnisse für sich genommen geeignet, eine ausreichende staatliche Steuerung zu bejahen. Entscheidend ist nach Ansicht des BGH,[70] ob der Private durch seine Beteiligung über derart weitgehende **Einflussmöglichkeiten** verfüge, dass er Wesentliche unternehmerische Entscheidungen mitbestimmen könne. Wen – wie in dem zu entscheidenden Fall – ein Privater in einem Umfang beteiligt ist, dass er durch eine Sperrminorität (AVG Köln: 25,1 % der Anteile an der städtischen Abfallentsorgungsgesellschaft in privater Hand und entsprechende Satzungsbestimmungen) wesentliche unternehmerische Entscheidungen mitbestimmen kann, stelle das Unternehmen nicht mehr der „verlängerte Arm des Staates" dar, sei also keine „sonstige Stelle" im Sinne des Gesetzes.

Vom Begriff der „öffentlichen Verwaltung" nicht erfasst sind die Mitglieder der Gesetzgebung;[71] Gemeinderäte werden indes zumeist als Amtsträger angesehen.[72]

Der Bundesgerichtshof hat in den letzten 10 Jahren eine Vielzahl von Fällen zu beurteilen gehabt, in denen die Voraussetzungen für die Annahme einer Amtsträgereigenschaft insbesondere anhand der Merkmale „Tätigkeit bei einer sonstigen Stelle" bzw. „Wahrnehmung öffentlicher Aufgaben" zu prüfen waren.

Dazu zählen etwa die bekannten Fälle der Tätigkeit eines Dolmetschers bei staatlichen Fahrschulprüfungen,[73] eines freiberuflichen Ingenieurs für eine Gebietskörperschaft,[74] des Beamten einer evangelischen Landeskirche,[75] eines Angestellten der Deutschen Gesellschaft für technische Zusammenarbeit (GTZ)[76] oder die Fälle der Manager der Frankfurter Flughafen AG,[77] des Bayerischen Blutspendedienstes[78] oder der Deutschen Bahn AG,[79] die neben einem neuen Arbeitsvertrag auch noch als „Bahnbeamte" geführt wurden. Alle diese Entscheidungen vermitteln einen Eindruck von der Vielgestaltigkeit der Fallgestaltungen, in denen dem Verteidiger Korruptionsvorwürfe begegnen können. In allen diesen Fällen wurde die Amtsträgereigenschaft zunächst bejaht, bis der BGH aufgrund präziser Analyse des Sachverhaltes diese Annahme – zumeist – verneinte.

cc) Besonders Verpflichtete nach Nr. 4. Nach § 11 Abs. 1 Nr. 4 StGB gelten als Amtsträger auch diejenigen Personen, die für den öffentlichen Dienst besonders verpflichtet werden. Hierbei handelt es sich um Beschäftigte bei einer Behörde oder bei einer sonstigen Stelle, die selbst Aufgaben der öffentlichen Verwaltung wahrnimmt. Der besonders Verpflichtete darf daher nicht bereits Amtsträger im Sinne des § 11 Abs. 1 Nr. 2 StGB sein.[80]

Die Stelle, für die der Verpflichtete tätig ist, muss Aufgaben der öffentlichen Verwaltung wahrnehmen. Hervorzuheben ist, dass die Erstreckung bestimmter Strafvorschriften auf die Personengruppe der besonders Verpflichteten, insbesondere im Rahmen der Korruptionsdelikte gemäß der §§ 331 ff. StGB, deshalb vorgesehen ist, weil der Staat zur Erfüllung seiner Aufgaben in steigendem Maße auf die Einschaltung nicht staatlicher Organisationen und die Dienste von Angestellten und Arbeitern angewiesen ist, die nach Stellung und Funktion eben

---

[69] So jüngst BGH Urt. v. 2.12.2005 – 5 StR 119/05 – NStZ 2006, 210 ff. – Kölner Müllskandal- unter Hinweis auf: BGHSt 43, 370, 377; BGHSt 45, 16, 19; BGHSt 46, 310, 312; BGHSt 49, 214, 219 und weitere Fundstellen.
[70] BGH Urt. v. 2.12.2005 – 5 StR 119/05 – NStZ 2006, 210 ff. – Kölner Müllskandal.
[71] BGHSt 5, 105 f; vgl. dazu § 108 e StGB.
[72] LG Krefeld NJW 1994, 2036; LG Köln StV 2003, 507; *Tröndle/Fischer* § 11 Rdnr. 23 m. w. N.; vgl. zuletzt die „Zwischenbilanz" bei *Dahs/Müssig* NStZ 2006, 191 ff.
[73] BGHSt 42, 232 ff.
[74] BGHSt 43, 96 ff.
[75] BGHSt 37, 191 ff.
[76] BGHSt 43, 370 ff.
[77] BGHSt 46, 16 ff.
[78] BGH NJW 2001, 2102 ff.
[79] BGH NJW 2004, 3129 ff.
[80] Siehe hierzu BGH NStZ 1994, 277 ff.

keine Amtsträger sind, jedoch unter Umständen in gleicher Weise wie diese – unter Zuweisung bestimmter Kompetenzen – handeln.

113 Erforderlich ist, dass der Bedienstete auf die gewissenhafte Erfüllung seiner Obliegenheit förmlich verpflichtet wurde.[81] Die förmliche Verpflichtung ist das Gegenstück zur Bestellung des Amtsträgers, das die Gleichbehandlung im Falle der Korruptionsdelikte rechtfertigt.[82]

114 Für den öffentlichen Dienst besonders verpflichtet ist derjenige, der – ohne Amtsträger zu sein – bei einer Behörde oder bei einer sonstigen Stelle die Aufgaben der öffentlichen Verwaltung wahrnimmt oder bei einem Verband oder sonstigem Zusammenschluss, Betrieb oder Unternehmen die für eine Behörde oder für eine sonstige Stelle Aufgaben der öffentlichen Verwaltung ausführt, beschäftigt oder für sie tätigt und auf die gewissenhafte Erfüllung seiner Obliegenheit aufgrund eines Gesetzes förmlich verpflichtet ist.

115 Hiervon betroffen sind typische Fälle, in denen sich die zuständige Behörde zur Erfüllung ihrer Aufgaben einer anderen Organisation bedient. In Betracht kommen Erfüllungsgehilfen jeglicher Art ungeachtet ihrer Rechtsnatur oder Organisationsstruktur. Entscheidend ist, dass die betreffende Organisation für eine Behörde oder sonstige Stelle gleichsam als deren verlängerter Arm öffentliche Aufgaben der Verwaltung wahrnimmt, wie es häufig für wirtschaftsbezogene Aufgaben der Fall ist.

116 Nicht erfasst sind jedenfalls Angehörige von bloßen Lieferfirmen oder Arbeiter von Handwerksbetrieben, die in oder für eine Behörde tätig sind; etwas anderes kann allerdings für ein beauftragtes Planungsbüro gelten, welches im Rahmen der Daseinsvorsorge tätig wird.[83] Werden beispielsweise öffentliche Aufträge vergeben, wird häufig auf die Sachkunde von Externen, z. B. privaten Architekten- und/oder Ingenieurbüros, zurückgegriffen. Diese übernehmen unter anderem die Aufgabe der Bedarfsberechnung, der Aufstellung von Leistungsverzeichnissen, die Durchführung des Vergabeverfahrens, die Bewertung der Angebote sowie die gesamte Überwachung und auch Abnahme der Maßnahmen, insbesondere bei Durchführung von Bauvorhaben.

117 Werden solche privaten, extern hinzugezogenen Spezialisten förmlich nach dem Verpflichtungsgesetz verpflichtet, sind sie zwar keine Amtsträger im Sinne des § 11 Abs. 1 Nr. 2 StGB, fallen allerdings dann unter den Anwendungsbereich des § 11 Abs. 1 Nr. 4 StGB. Wird hingegen von einer entsprechenden Verpflichtung kein Gebrauch gemacht, ist die Anwendbarkeit der Amtsdelikte gemäß der §§ 331 ff. StGB davon abhängig, ob beispielsweise das eingeschaltete Architekten- oder Ingenieurbüro als Amtsträger im Sinne des § 11 Abs. 1 Nr. 2 StGB anzusehen ist.

118 *dd) Gleichstellung von ausländischen mit inländischen Amtsträgern.*
- **Gleichstellung nach dem EU-BestG**
Unter den Voraussetzungen des Art. 2 § 1 Abs. 1 Nr. 2 a EUBestG[84] und unter Bezugnahme auf § 11 Abs. 1 Nr. 2 StGB werden Amtsträger eines anderen Mitgliedstaates der Europäischen Union, Gemeinschaftsbeamten und Mitglieder der Kommission und des Rechnungshofes der Europäischen Union in die nach deutschem Recht zu beurteilende Anwendung von Amtsdelikten nach den §§ 331 ff. StGB miteinbezogen.[85]

119 Das EUBestG erweitert damit den Anwendungsbereich der §§ 332, 334 bis 336 und 338 StGB auf die vorgenannten Personen eines anderen EU-Mitgliedstaates. Diese Erweiterung gilt jedoch nicht für die Tatbestände der Vorteilsannahme und Vorteilsgewährung gemäß der §§ 331 und 333 StGB.

120 Die Erweiterung des Personenkreises gilt im Weiteren nur für solche Personen aus einem anderen Mitgliedstaat der Europäischen Union, die eine Stellung innehaben, die derjenigen eines Amtsträgers im Sinne des § 11 Abs. 1 Nr. 2 StGB **entspricht** (so Art. 2 § 1 Abs. 1 Nr. 2 a EUBestG). Diese **Entsprechungsklausel** wurde deshalb aufgenommen, da nach Art. 1 Abs. 1 c Satz 2 des Protokolls aufgrund von Art. 3 des Vertrages über die Europäische Union zum Übereinkommen über den Schutz der finanziellen Interessen der Europäischen Gemeinschaften

---

[81] § 1 Abs. 1 Satz 1 VerpflG.
[82] *Tröndle/Fischer* § 11 Rdnr. 26; siehe hierzu auch Schönke/Schröder/*Eser* § 11 Rdnr. 35 ff.
[83] Schönke/Schröder/*Eser* § 11 Rdnr. 37.
[84] BGBl. I S. 3387; *Tröndle/Fischer* Anhang 21.
[85] Siehe auch *Zieschang* NJW 1999, 105 ff.

(Protokoll EU-BestG) der Begriff des nationalen Beamten nur dann anzuwenden ist, wenn dieser wiederum mit dem innerstaatlichen Recht vereinbar ist.

Die Definition des Gemeinschaftsbeamten ergibt sich aus dem Protokoll über das Übereinkommen vom 26.5.1997 hinsichtlich der Bekämpfung der Bestechung.[86]

Für die Frage, ob unter Heranziehung des Art. 2 § 1 Abs. 1 Nr. 2 a EUBestG eine Strafbarkeit nach deutschem Recht in Betracht kommt, ist zunächst zu klären, inwieweit eine Amtsträgereigenschaft nach dem jeweiligen innerstaatlichen Recht überhaupt vorliegt. Voraussetzung ist daher, dass die Rechtslage zum Amtsträgerbegriff innerhalb des jeweiligen EU-Mitgliedstaates zu prüfen ist. Heranzuziehen sind die verfassungsrechtlichen und generell gesetzlichen Grundlagen nach Maßgabe des jeweiligen EU-Mitgliedstaates, ggf. im Weiteren unter Heranziehung von europarechtlichen Vorgaben. Darüber hinaus muss ebenfalls die Rechtsprechung zum Amtsträgerbegriff des EU-Mitgliedstaates Berücksichtigung finden. Im Einzelnen ist auch von Bedeutung, welche Voraussetzungen nach dem jeweils innerstaatlichen Recht dem (förmlichen) Bestellungsakt von Amtsträgern zugrunde liegen.

In einem weiteren Schritt ist sodann die Amtsträgereigenschaft unter dem Gesichtspunkt der Entsprechensklausel gemäß Art. 2 § 1 Nr. 2 a EUBestG zu bestimmen. Hierbei ist die bundesdeutsche Rechtsprechung zum Amtsträgerbegriff eingehend zu berücksichtigen.

Die Bestimmung des Amtsträgers nach dem EU-BestG kann sich als außerordentlich schwierig erweisen. Sie setzt vor allem aber eine umfassende Betrachtung unterschiedlicher Rechtsmaterien unter Berücksichtigung ggf. europarechtlicher Vorgaben voraus.

Da eine solche Prüfung eigenständig von den bundesdeutschen Ermittlungsbehörden und Gerichten zu erfolgen hat, können auch im EU-Mitgliedstaat erlassene Entscheidungen von Gerichten – wie es beispielsweise in geführten Parallelverfahren der Fall sein kann – nicht die selbständige Bestimmung nach dem EU-BestG ersetzen. Gerichtlichen Entscheidungen aus einem anderen EU-Mitgliedstaat, die in Sachzusammenhang mit bundesdeutschen geführten Verfahren stehen, darf daher keine präjudizielle Bedeutung zukommen. Hierauf muss die Verteidigung in besonderem Maße achten und solchen Tendenzen ggf. schon im Ermittlungsverfahren entgegenwirken. Gleichwohl können auch die damit verbundenen Schwierigkeiten für die Verteidigung nicht unerwähnt bleiben. Aufgrund der Vielzahl rechtlicher Fragestellungen wird häufig ohne Hinzuziehung einer gutachterlichen Stellungnahme bzw. eines Gutachters in der späteren Hauptverhandlung, der im Besonderen die Rechtslage des anderen EU-Mitgliedstaates zu berücksichtigen hat, diese schwierige Materie nicht beherrschbar sein.

- **Gleichstellung nach dem IntBestG**

Das Gesetz zur Bekämpfung der internationalen Bestechung (IntBestG)[87] enthält im Wesentlichen die Gleichstellung von ausländischen und inländischen Amtsträgern sowie Richtern bei Bestechungshandlungen, also nur für den Fall der aktiven Bestechung. Im Gegensatz zum EU-BestG wird nicht ergänzend auf § 11 Abs. 1 Nr. 2 StGB Bezug genommen, so dass im Ergebnis ein weiter Amtsträgerbegriff gilt.

Bestechungsadressaten sind im Einzelnen Richter, sonstige Amtsträger und Soldaten. Wer in diesem Sinne Richter ist, bemisst sich nach den jeweils maßgeblichen Vorschriften des ausländischen Rechts oder der international-rechtlichen Bestimmungen für die Bestellung von Richtern an internationalen Gerichten. Im Hinblick auf die Eigenschaft sonstiger Amtsträger sind zunächst die maßgeblichen Bestimmungen des jeweiligen Staates entscheidend. Nicht entscheidend ist hingegen, ob der Bestellungsakt zum Amtsträger wirksam ist. Hier reicht allein aus, dass dem Amtsträger im Außenverhältnis die Führung der Dienstgeschäfte nicht verboten worden ist. Darüber hinaus sind sonstige Amtsträger solche Personen, die beauftragt sind, bei einer oder für eine Behörde eines ausländischen Staates, für ein öffentliches Unternehmen mit Sitz im Ausland oder sonst öffentliche Aufgaben für einen ausländischen Staat wahrzunehmen. Hierin liegt eine Erweiterung gegenüber dem bundesdeutschen Bestechungstatbestand. Ausreichend ist, dass eine schlichte Beauftragung vorliegt; eine förmliche Beauftragung ist hier nicht erforderlich. Hintergrund hierfür ist, dass im Ausland nicht generell gesetzliche Bestimmungen vorhanden sind, die dem bundesdeutschen Gesetz über die förmliche Verpflichtung nichtbe-

---

[86] BGBl. II S. 2340 ff.
[87] BGBl. II S. 2327 und III 450-28; *Tröndle/Fischer* Anhang 22; *Krause/Vogel* RIW 1999, 488 ff.

amteter Personen entsprechen. Ausreichend ist also die Beauftragung der Person, öffentliche Aufgaben für einen ausländischen Staat wahrzunehmen, sei es bei einer oder für eine Behörde des Staates, für ein öffentliches Unternehmen mit Sitz im Ausland oder durch Wahrnehmung sonstiger öffentlicher Aufgaben.

128 *ee) Eigenschaft des Amtsträgers zur Tatzeit.* Die Eigenschaft des Amtsträgers muss zur Tatzeit begründet sein. Das bedeutet im Einzelnen, dass ein späteres Ausscheiden aus dem Amt und auch die Nichtigkeit der Anstellung – solange die Rücknahme noch nicht zugestellt oder die Führung der Dienste noch nicht untersagt worden ist – der Amtsträgereigenschaft nicht entgegensteht. Maßgeblich ist, dass der Amtsträger nach außen hin rechtswirksam Handlungen vornehmen kann (§ 14 BBG). Im Weiteren greift aber der Gesichtspunkt nachwirkender Pflichten – der etwa bei denjenigen Amtsdelikten in Betracht kommt, die während der Amtsträgerschaft erlangte Kenntnisse betreffen (§§ 353 b, 355 StGB) – bei den Bestechungsdelikten nicht.[88]

129 *ff) Erbringung von Diensten innerhalb des Aufgabenbereiches.* Grundsätzlich unerheblich ist für die Amtsträgereigenschaft des Beamten die Art der ihm zugewiesenen Dienste. Entscheidend ist nur, dass dem Beamten die Verrichtung als amtliche Aufgabe nach den bestehenden Vorschriften übertragen worden ist und sie nicht völlig außerhalb des Aufgabenbereichs der zuweisenden Behörde liegt.[89]

130 Erbringt ein Beamter indes keine Dienste im Sinne des Beamtenrechts, ist er – trotz des fortbestehenden Beamtenstatus – nicht als Amtsträger im strafrechtlichen Sinn anzusehen. Eine solche Konstellation kommt beispielsweise in Betracht, wenn ein Beamter beurlaubt ist und einen privatrechtlichen Anstellungsvertrag abschließt, wie es häufig für die Beamtenverhältnisse bei der ehemaligen Deutschen Bundesbahn, nunmehr Deutsche Bahn AG (DBAG), der Fall ist (Beurlaubung im Zuge der Bahnreform 1994 und anschließende Anstellung bei der neu gegründeten Deutschen Bahn AG). Obgleich ein Beschäftigungsverhältnis bei der seit 1963 nach Art. 87 GG (a. F.) in bundeseigener Verwaltung stehenden Deutschen Bundesbahn bestehen kann, welches sich auch nicht durch die Bahnreform änderte, kann zwar die DBAG als Aktiengesellschaft und damit juristische Person des Privatrechts keine Dienstherrin nach § 121 BRRD sein; es wurde allerdings ermöglicht, dass die Beamten gemäß Art. 143 a Abs. 1 Satz 3 GG, § 12 Abs. 2 DBGrG der DBAG zur Dienstleistung angewiesen wurden. Alternativ hierzu konnte auch nach § 12 Abs. 1 DBGrG eine Beurlaubung und Wegfall der Bezüge vorgenommen werden, so dass die Wahrnehmung der Tätigkeit bei der DBAG nach § 12 Abs. 1 DBGrG auf der Grundlage eines Anstellungsvertrages mit der DBAG erfolgt. Trotz dieses Anstellungsvertrages bleibt der Beamtenstatus erhalten. Allerdings erfolgt im Falle der Beurlaubung keine Zuweisung zur Dienstleistung zur DBAG, so dass keine Dienste im Sinne des Beamtenrechts – trotz Beamtenstatus – erbracht werden. Dem steht auch nicht entgegen, dass sich nach der gesetzlichen Regelung die Amtsträgereigenschaft im Allgemeinen nach dem Beamtenstatus bestimmt. Denn der Beamte wird gerade deshalb den in § 11 Abs. 1 Nr. 2 c StGB genannten sonstigen Personen, die zur Wahrnehmung öffentlicher Aufgaben bestellt sind, gegenübergestellt, weil sie so nach der für Täterschaft von Amtsdelikten maßgebender Einbindung in das öffentlich-rechtliche Gewaltverhältnis bei dienstlichen Handlungen erfasst werden.

131 Im Falle des zu dienstlichen Zwecken beurlaubten Beamten geht der BGH[90] von einer immanenten Einschränkung des Beamtenbegriffs in § 11 Abs. 1 Nr. 2 a StGB aus. Dies stimmt insoweit mit der Rechtsprechung des Bundesverwaltungsgerichts überein, wonach Pflichtverletzungen eines beurlaubten Beamten, die er im Rahmen eines im Einverständnis mit seinem Dienstherrn abgeschlossenen privaten Arbeitsverhältnisses begangen hat, als außerdienstliche Pflichtverletzungen angesehen werden.[91]

---

[88] BGHSt 11, 345 ff., 347; BGH NStZ 2004, 564 f.; Schönke/Schröder/*Cramer* Vorbem. § 331 Rdnr. 2; Tröndle/Fischer Vorbem. § 331 Rdnr. 2.
[89] RGSt 67, 299 ff.; BGHSt 3, 143 ff.; LK/*Gribbohm* § 11 Rdnr. 25; Schönke/Schröder/*Eser* § 11 Rdnr. 19; SK-StGB/*Rudolphi* § 11 Rdnr. 18.
[90] BGHR § 11 Abs. 1 Nr 2 StGB, Amtsträger Nr. 8
[91] BVerwGE 111, 231, 233.

gg) Umgang mit den Kriterien der Rechtsprechung. Festzuhalten bleibt, dass nach der Rechtsprechung des BGH lediglich wertende Rahmenkriterien vorgegeben sind, die im Einzelnen der Konkretisierung bedürfen. Im Einzelfall ist daher eine eingehende Befassung mit den rechtlichen und tatsächlichen Grundlagen erforderlich. Dies betrifft insbesondere die Bestimmung der „sonstigen Stelle" im Sinne des § 11 Abs. 1 Nr. 2 c StGB und damit zunehmend die gesellschaftsrechtliche Organisation und Struktur eines privatisierten Unternehmens, die Entstehungsgeschichte einer privat-rechtlich organisierten Gesellschaft der öffentlichen Hand, des zugrunde liegenden Gesellschaftsvertrages, die Protokolle der Gesellschafterversammlungen sowie des Aufsichtsrates und auch die Jahresabschlüsse. Im Einzelnen müssen anhand der Kriterien der Rechtsprechung hier die Anhaltspunkte gesucht werden, inwieweit überhaupt von einer Amtsträgereigenschaft ausgegangen werden kann. Aufgrund der vielfältigen Schnittstellen aus dem Bereich des Verwaltungsrechtes, der Fragen der öffentlichen Daseinsvorsorge sowie Fragen der rechtlichen Grundlagen außerhalb des bundesdeutschen Anwendungsbereiches wird die Verteidigung häufig ohne Hinzuziehung spezialisierter Gehilfen – letztendlich in Gutachtergestalt – nicht auskommen. 132

3. Der Vorteil

a) *Der Begriff des Vorteils und der Katalog möglicher Zuwendungen.* Der Begriff des Vorteils war bereits Bestandteil der alten Fassungen der §§ 331 ff. StGB und ist auch durch das Gesetz zur Bekämpfung der Korruption vom 13.8.1997 unverändert bestehen geblieben. Die bestehende inhaltliche Gestaltung dieses Begriffs beansprucht daher weiterhin Gültigkeit für die §§ 331 ff. StGB n. F. 133

Nach ständiger Rechtsprechung des BGH und überwiegender Ansicht des Schrifttums ist unter einem Vorteil im Sinne der §§ 331 ff. StGB jede Leistung zu verstehen, auf die der Amtsträger keinen Rechtsanspruch hat und die zu einer objektiven Besserstellung führt – sei dies eine wirtschaftliche, rechtliche oder auch nur persönliche.[92] Davon umfasst werden grundsätzlich auch wirtschaftlich geringfügige Zuwendungen. Das Vermögen des Vorteilsgebers braucht nicht vermindert zu werden, auch eine Bereicherung des Empfängers ist nicht Voraussetzung. 134

Vorteile können **materielle Zuwendungen** jeder Art sein, wie z. B.: Geldzuwendungen, Sachwerte und sonstige, materielle Begünstigungen. Ebenfalls umfasst sein können Einladungen zu Veranstaltungen, Urlaubsreisen, Kongressen sowie generell Essenseinladungen. Insbesondere kann die finanzierte Kongressteilnahme einen Vorteil im Sinne der §§ 331 ff. StGB darstellen.[93] Das OLG Hamburg hatte für einen Leitenden Oberarzt, der die Bestellungen von medizinischen Produkten vorbereitete, festgehalten, dass rechtswidrige Vorteile bereits durch die Annahme voller oder teilweiser Erstattung von Reisekosten (Hotel-, Flug und Teilnahmegebühren) und des Honorars für die Durchführung von Fortbildungsveranstaltungen im Rahmen vertraglicher Leistungen (z. B. Studienvertrag, Beratervertrag) erlangt wurden.[94] 135

Wie weit der Begriff des Vorteils ausgelegt wird, belegen Entscheidungen zu der Frage, ob ein Vorteil bereits in dem Abschluss eines Vertrages gesehen werden kann, etwa wenn der Amtsträger keinen Anspruch auf Kontrahierung hat, gleichwohl einen Vertrag abschließt (z. B. für eine Referententätigkeit), der Leistungen an ihn ermöglicht, mögen diese auch in angemessenem Verhältnis zu den geschuldeten Leistungen stehen.[95] In diesem Zusammenhang kann sich auch die Abgrenzung einer privaten (Neben)Tätigkeit eines Amtsträgers (genehmigt oder nicht) von dienstlichen Tätigkeiten als problematisch erweisen.[96] Die genannten Auffassungen sind aber keineswegs als einheitlich anzusehen und stehen teilweise in Widerspruch zu Entscheidungen des BGH. Der BGH hatte etwa für den Werkvertragsbereich entschieden, dass es keinen Vorteil darstelle, wenn der Beamte als Empfänger der Leistung das erhalte, worauf er nach dem 136

---

[92] BGHSt 31, 264, 279; BGHSt 33, 336, 339; BGHSt 35, 128, 133; BGHR StGB § 332 Abs. 1 Satz 1 Vorteil 3; BGH NStZ 1985, 497, 499; OLG Zweibrücken JR 1982, 381 f.; OLG Düsseldorf JR 1987, 168 f.; Schönke/Schröder/*Cramer* § 331 Rdnr. 17; *Tröndle/Fischer* § 331 Rdnr. 11; *Lackner/Kühl* § 331 Rdnr. 4; LK/*Jescheck* § 331 Rdnr. 7 – jeweils mit zahlreichen w.N.
[93] AG Stuttgart Urt. v. 4.12.1998; AG Wandsbek Urt. v. 12.8.1999; OLG Hamburg Beschl. v. 14.1.2000, StV 2001, 279 ff.; OLG Hamburg Beschl. v. 11.7.2000, StV 2001, 284 ff.
[94] OLG Hamburg Beschl. v. 14.1.2000, StV 2001, 284 ff.
[95] BGHSt 31, 264, 280; OLG Hamburg Beschl. v. 14.1.2000, StV 2001, 277 ff., 279.
[96] BGH Urt. v. 13.6.2001 – 3 StR 131/01 – n.v., abrufbar unter http://www.bundesgerichtshof.de.

entgeltlichen Vertrag einen Rechtsanspruch habe. Ein solcher könne nur dann angenommen werden, wenn eine im Vergleich zum üblichen Werklohn zu niedrige Vergütung vereinbart werde.[97] Entscheidend ist danach – zutreffend – die Frage nach der Angemessenheit der beidseitigen vertraglichen Leistungen.[98]

137 Daneben kommen auch **immaterielle Vorteile** in Betracht. So wurden u. a. die Befriedigung des Ehrgeizes und der Eitelkeit[99] und das Interesse an einer ungestörten Erhaltung der beruflichen Stellung und der Karrierechancen[100] als Vorteil angesehen. Diesbezüglich ist nach der Rechtsprechung des BGH[101] mittlerweile zumindest einschränkend zu berücksichtigen, dass die immaterielle Verbesserung nur dann einen Vorteil darstellt, wenn sie einen objektiv messbaren Inhalt hat und den Amtsträger in irgendeiner Weise tatsächlich besser stellt. Festgehalten wurde, dass der Bereich der objektiven Messbarkeit oder Darstellbarkeit eines Vorteils im Rahmen der Würdigung nicht verlassen darf, damit der Begriff des Vorteils nicht ins Unbestimmte abgleite.[102]

138 Da im Wortlaut des Gesetzes jeder Bezugspunkt für die Bestimmung des Vorteilsbegriffs fehlt, wird der objektive Gehalt der Besserstellung schließlich aus einer Gesamtbewertung von Täterstellung, Dienstpflicht und -ausübung sowie der Unrechtsvereinbarung und der Frage der Sozialadäquanz geschlossen. Die Frage, wann ein strafrechtlich relevanter Vorteil anzunehmen ist, kann daher nicht pauschal beantwortet werden. Damit ist eine durchaus auch verfassungsrechtlich bedenkliche Rechtsunsicherheit gegeben. Bedenklich ist aber, dass der Verdacht einer Strafbarkeit oftmals schon formuliert wird, wenn nur der „Vorteil" sichtbar geworden ist. Alsbald werden die weiteren tatbestandlichen Voraussetzungen (vor)schnell bejaht, ohne dass eine weitere Prüfung des Einzelfalles erfolgt ist.

139 b) **Drittzuwendungen.** *aa) Mittelbare Zuwendung nach altem Recht.* Bis zum neuen Korruptionsbekämpfungsgesetz von 1997[103] genügten Zuwendungen an Dritte für die Tatbestandserfüllung nur dann, wenn sie zumindest mittelbar auch für den Amtsträger von Vorteil waren. Unklar war gleichwohl, unter welchen Voraussetzungen Zuwendungen an Dritte der Sphäre des Amtsträgers zugerechnet werden können. Erfolgten Zuwendungen an Ehegatten, Kinder oder nahe stehenden Personen, war dies rechtlich kein Problem. Bejaht wurde es auch, wenn Zuwendungen an eine Personenvereinigung geleistet werden, welcher der Amtsträger angehört.[104] Voraussetzung hierfür war, dass eine bestimmungsgemäße Weitergabe von Vorteilen durch die Mitglieder von Personenvereinigungen erfolgte. Im Einzelfall war etwa das persönliche Interesse des jeweiligen Mitglieds an dem der Vereinigung gewährten Vorteil zu beurteilen. Die hierzu ergangene Rechtsprechung betrifft insbesondere Zuwendungen an politische Parteien und Sportvereine.[105]

140 *bb) Drittzuwendungen nach neuem Recht.* Mit der Neufassung des § 331 Abs. 1 StGB sollte das Problem der Drittzuwendung gelöst werden. Jetzt bedarf es nicht mehr ausschließlich der persönlichen Besserstellung des Amtsträgers. Ausreichend ist auch die Besserstellung eines Dritten. Durch die Aufnahme des Merkmals „oder einen Dritten" sollten die Unsicherheiten ausgeräumt werden, insbesondere wenn die Zuwendung dem Dritten und nicht dem Amtsträger selbst einen (messbaren) Vorteil brachte.[106]

141 Die Erweiterung der Strafbarkeit nach den §§ 331 ff. StGB auf Drittvorteile durch das Korruptionsbekämpfungsgesetz ist strafbegründender Natur. Fällt daher die Annahme des Vorteils in die Zeit der Geltung des neuen Rechts, besteht nach § 2 Abs. 2 StGB Straflosigkeit, wenn die Unrechtsvereinbarung der Gesetzesänderung vorausgegangen war.[107] Dies gilt auch dann,

---

[97] BGH Urt. v. 3.7.1991 – 2 StR 132/91 – n.v.
[98] *Lüderssen* JZ 1997, 112 ff.
[99] BGHSt 14, 123 ff.
[100] BGH NStZ 1985, 497 ff.
[101] BGHSt 35, 128 ff.; BGHSt 47, 295 ff.
[102] BGHSt 47, 295 ff.
[103] BGBl. I S. 2038.
[104] BGHSt 33, 336 ff.; BGH NJW 1985, 2656 ff.
[105] Zur Kritik vgl. *Schaupensteiner* KR 1996, 237 ff., 243.
[106] Vgl. BGHSt 35, 128, 133.
[107] OLG Karlsruhe NStZ 2001, 654 ff.

wenn der später angenommene Vorteil nach Umfang und Zeitdauer seiner Gewährung von vornherein genau festgelegt war.[108]

Da als Dritter jede natürliche oder juristische Person in Betracht kommt, wird auch der materielle Vorteil, der einer Anstellungskörperschaft oder einer Personenvereinigung zugute kommt, umfasst. In diesem Rahmen ist allerdings als problematisch hervorzuheben, wenn Drittmittel an eine Dienststelle gewährt werden. Ebenfalls erweist sich als problematisch, wenn Amtsträger Wahlkampfspenden einwerben und die Wahlkampfförderung der Partei oder Wählervereinigung zukommt. Umstritten ist – auch nach der Neufassung der §§ 331 ff. StGB –, inwieweit **eine Dienststelle als „Dritter"** einen (unzulässigen) Vorteil entgegennehmen bzw. inwieweit sich hieraus ein mittelbarer Vorteil für den für die Dienststelle Tätigen ergeben kann.

Beispiel:

Ein beamteter Chefarzt und Leiter einer Universitätsklinik vereinbart mit Pharmafirmen – die mit der Klinik in laufenden Geschäftsbeziehungen stehen –, umsatzabhängige Zahlungen in Form u. a. von Gutschriften und Bonuszahlungen auf ein offiziell nur zu Forschungszwecken geführtes Drittmittelkonto der Einrichtung vorzunehmen.

Das LG Bonn[109] war der Ansicht, dass der Tatbestand der Bestechlichkeit eine Unterscheidung zwischen privatnützigen und staatsnützlichen Vorteilen gebiete. Nur Vorteile privatnütziger materieller Art sollen danach erfasst sein. Offen gelegte Gelder, die seitens der Industrie auf Drittmittelkonten von Instituten gelangen, sollen hingegen – nicht unter Strafe gestellte – staatsnützige Vorteile sein. Der Begriff eines Dritten schließe die Stelle der öffentlichen Verwaltung, für die der Amtsträger tätig ist, jedenfalls dann aus, wenn die Zuwendungen von vornherein offen gelegt worden seien. Das LG Bonn schränkte daher schon die Dritt-Eigenschaft einer Dienststelle auf Tatbestandsebene ein.[110] Das OLG Köln[111] widersprach dem. Unter Berufung auf die Rechtsprechung des BGH[112] sollen Zahlungen auf ein Drittmittelkonto bereits als unmittelbare Zuwendungen in Betracht kommen, wenn die Verwendung von Geldern allein dem Beamten zur Disposition steht und daher die Geldgeber auch von einer unkontrollierten Verfügungsbefugnis ausgehen können. Darüber hinaus sei aber ohnehin eine mittelbare Vorteilsgewährung anzunehmen, wenn die Mittel nicht der Forschung dienen, sondern zur Aufrechterhaltung des Betriebes oder zur Begleichung sonstiger Kosten (Personalausstattung, Anschaffung medizinischer Geräte), die zu verbesserten Arbeitsmöglichkeiten der Beteiligten führen.[113]

Mit Urteil vom 23.5.2002 hat der BGH[114] klargestellt, dass auch die Anstellungskörperschaft Dritter (und damit auch Geschädigter) sein kann. Die Eigennützigkeit des Vorteils – wie noch vom LG Bonn angenommen – ist danach keine Voraussetzung für die Anwendbarkeit der §§ 331 ff. StGB. Im konkreten Fall – der allerdings noch nach alter Rechtslage zu beurteilen war – sollte es allerdings darauf ankommen, inwieweit durch den Drittmitteleinsatz dem Beamten selbst ein mittelbarer Vorteil zugute kam.[115]

Ähnliche Probleme bereitet die Beurteilung der **Annahme von Wahlspenden** durch Amtsträger, die diesen zur Weiterleitung an ihre Partei gewährt wird: Wie oben aufgezeigt ist ein unmittelbarer Vorteil schon dann gegeben, wenn er dem Begünstigten nur mittelbar zugute kommt.[116] Wann diese Voraussetzung bei Mitgliedern einer Personenvereinigung im Hinblick auf Zuwendungen an diese vorliegt, ist jedoch eine Frage des Einzelfalls, zu dessen Beurteilung

---

[108] OLG Stuttgart NJW 2003, 228 f.
[109] LG Bonn StV 2001, 292 ff.
[110] Für eine Einschränkung auf Tatbestandsebene anhand des Merkmals des Vorteils vgl. *Dauster* NStZ 1999, 63 ff.; für eine Einschränkung anhand der Unrechtsvereinbarung vgl. *Walter* ZRP 1999, 292 ff.
[111] OLG Köln NStZ 2002, 35 ff.
[112] BGHSt 35, 135 ff.
[113] OLG Karlsruhe StV 2001, 288 ff., 290.
[114] BGHSt 47, 295 ff. hält eine einschränkende Auslegung für geboten, wenn Drittmittel unter Einhaltung von Verfahrensvorschriften zugewendet werden, mithin eine Offenlegung erfolgt. Die einschränkende Auslegung betrifft hier das Merkmal „Unrechtsvereinbarung".
[115] BGH NJW 2003, 736 ff.
[116] BGHSt 14, 123 ff.; BGHSt 33, 336 ff.

insbesondere das persönliche Interesse des jeweiligen Mitglieds an dem der Vereinigung gewährten Vorteil von Bedeutung sein kann. Diese Problematik betrifft insbesondere auch Amtsträger, die als aktives Parteimitglied eine Parteispende zur Weiterleitung an ihre Partei erhalten.

147 Der BGH hatte am 3.12.1987[117] im Falle eines Wahlbeamten entschieden, dass Geldzahlungen für Parteien einen Vorteil im Sinne des § 332 StGB darstellen. Als Sachverhalt lag zugrunde, dass der Betroffene als Wahlbeamter Beigeordneter einer Stadt, der auch für den Bereich Abfallbeseitigung zuständig war, Gelder zur Ebnung eines Projekts im politischen Bereich entgegengenommen hatte. Da der Stadt keine ausreichenden Deponieanlagen mehr zur Verfügung standen, wurde der Bau einer Müllverbrennungsanlage betrieben, der durch eine private Firma geplant und finanziert werden sollte. Auf Veranlassung des Wahlbeamten wurde eine Gesellschaft für kommunale Entsorgungstechnologie gegründet. Auf entsprechende Vorlage des Wahlbeamten fasste der Rat der Stadt den Beschluss, diese Gesellschaft mit dem Bau der Anlage zu beauftragen und hierfür ein geeignetes städtisches Grundstück zur Verfügung zu stellen. Die Ausführung des technischen Bauteils der Anlage wurde einem großen Unternehmen übertragen. Der Wahlbeamte forderte schließlich von diesem Unternehmen Zuwendungen, weil mit Zahlungen an die Rathaus-Parteien das politische Umfeld für die projektierte Anlage günstig beeinflusst werden sollte. Nach Erhalt der Zahlungszusage kam es zur Unterzeichnung des Vertrages (Errichtung des technischen Bauteils der Anlage). Zum Zeitpunkt des Vertragsabschlusses forderte der Wahlbeamte darüber hinaus u. a. für die Parteien weitere Gelder, weil in Zusammenhang mit der Erweiterung der Anlage politische Widerstände befürchtet wurden.

148 Das Landgericht hatte eine Strafbarkeit der Bestechlichkeit gemäß § 332 StGB nicht in Erwägung gezogen. Dies wurde vom BGH beanstandet. Hervorgehoben wurde, dass der Amtsträger erst die Verfügungsmöglichkeit über die Zuwendung erhalten hatte und der Geber keinen Einfluss auf die weitere Verwendung über die Gelder mehr hatte. Ferner wurde angenommen, dass der Amtsträger ein persönliches Interesse im Hinblick auf Zuwendungen an seine Partei hatte.

149 Im Rahmen der Fälle der Einwerbung von Drittmitteln/Parteispenden (zugunsten der Partei des parteizugehörigen Amtsträgers) muss schließlich eine aktuelle, den Tatbestand des § 331 StGB einschränkende Auslegung des BGH[118] und eine diesbezüglich unerwünschte Konsequenz Erwähnung finden: Danach handelt ein Amtsträger unter dem Gesichtspunkt der grundrechtlich garantierten Gleichheit des passiven Wahlrechts, der sich erneut um das von ihm ausgeübte, aufgrund einer Direktwahl zu erlangende Wahlamt bewirbt und für seinen Wahlkampf die finanzielle oder sonstige Unterstützung eines Dritten sich und/oder die ihn tragende Partei bzw. Wählervereinigung fordert, sich versprechen lässt oder annimmt, nicht tatbestandsmäßig, sofern die Förderung allein dazu dienen soll bzw. dient, dass er nach einer Wiederwahl sein Amt in einer Weise ausübt, die den allgemeinen wirtschaftlichen oder politischen Vorstellungen des Vorteilsgebers entspricht. Zeigt sich der Amtsträger dagegen bereit, als Gegenleistung für die Wahlkampfförderung im Falle seiner Wiederwahl eine konkrete, den Interessen seines Vorteilsgebers förderliche Entscheidung zu dessen Gunsten zu treffen oder zu beeinflussen, macht er sich der Vorteilsannahme strafbar.

4. Tathandlung

150 Die Tat nach § 331 Abs. 1 StGB (resp. § 333 Abs. 1 StGB) muss sich auf die Dienstausübung des Amtsträgers beziehen. Anders als nach bisherigem Recht ist nicht erforderlich, dass der Täter den Vorteil als Gegenleistung für eine bestimmte, bereits vorgenommene oder künftige Diensthandlung fordert oder annimmt. Erfasst werden nach § 331 StGB auch solche Zuwendungen, die in dem Bewusstsein vorgenommen werden, dass der Amtsträger hierfür irgendeine dienstliche Tätigkeit vorgenommen hat oder künftig vornehmen werde. Ziel dieser gesetzgeberischen Formulierung war es, jede Vorteilsgewährung „im Zusammenhang" mit dem Amt (und nicht erst bei Nachweis eines konkreten Bezugs zu einer Diensthandlung) unter Strafe zu stellen. Es muss sich aber um dienstliches Tätigwerden handeln, so dass es bei sog. Anbahnungszuwendungen streitig sein kann, ob die Voraussetzungen des § 331 StGB erfüllt sind[119].

---

[117] BGH NStZ 1988, 458 ff.
[118] BGH NStZ 2005, 509 ff.
[119] Schönke/Schröder/*Cramer* § 331 Rdnr. 7; LK/*Bauer/Gmel* Nachfl. §§ 331-338 Rdnr. 8.

Unter Dienstausübung ist jede Tätigkeit zu verstehen, die ein Amtsträger zur Wahrnehmung 151
der ihm übertragenen Aufgaben entfaltet.[120] Eine Diensthandlung liegt also vor, wenn die Tätigkeit des Amtsträgers in den Bereich seiner amtlichen Funktion fällt und von ihm aufgrund seines Amtes vorgenommen werden kann. Nicht erforderlich ist, dass der Amtsträger für die intendierte Handlung sachlich oder örtlich zuständig ist. Die Rechtsprechung lässt es heute genügen, dass die Handlung ihrer Natur nach mit dem Aufgabenbereich des Amtsträgers in einem gewissen Zusammenhang steht.[121] Nicht unter die §§ 331 ff. StGB fallen Privathandlungen, die völlig außerhalb des Aufgabenbereichs des Amtsträgers liegen.

Als Tathandlung des § 331 Abs. 1 StGB kommt in Betracht, dass der Amtsträger den Vorteil 152
fordert, sich versprechen lässt oder annimmt, andererseits in § 333 Abs. 1 StGB (also spiegelbildlich), dass dem Amtsträger ein Vorteil angeboten, versprochen oder gewährt wird.

Fordern ist das einseitige Verlangen einer Leistung. Das Verlangen kann auch in versteckter Form erfolgen. Es kommt nicht darauf an, ob der Empfänger den objektiven Sinn der Forderung versteht oder ihn erkennt.[122] Ob der Dritte auf die Forderung eingeht, ist unerheblich. Vollendung ist bereits mit Kenntnisnahme eingetreten.[123]

Sich versprechen lassen bedeutet die Annahme eines Angebots von noch zu erbringenden 153
Vorteilen. Der Amtsträger muss den Willen haben, einen solchen Vorteil anzunehmen. Ob es zur Gewährung des Vorteils kommt, ist ohne Bedeutung. Ein Schweigen auf ein entsprechendes Angebot kann den Tatbestand nur dann erfüllen, wenn es als konkludente Zustimmung auszulegen ist. Das Behalten eines zunächst gutgläubig angenommenen Vorteils kann genügen.[124]

Annehmen bedeutet die tatsächliche Entgegennahme eines Vorteils mit dem nach außen erklärten Ziel, Verfügungsgewalt darüber zu erlangen. In Fällen unverlangter, verdeckter oder 154
erst nachträglich zur persönlichen Zuwendung erklärten Leistungen ist der Tatbestand vollendet, sobald eine Übereinkunft mit dem Amtsträger hierüber erzielt wird.[125]

5. Abschluss einer Unrechtsvereinbarung

a) Die Unrechtsvereinbarung. Nach der Rechtslage bis Herbst 1997 machten sich Emp- 155
fänger und Zuwender nur dann strafbar, wenn zwischen Vorteil und Amtshandlung ein Zusammenhang im Sinne eines „do ut des" (Äquivalenzverhältnis) bestand und beide Parteien sich darüber (zumindest konkludent) einig waren, dass der Vorteil als Gegenleistung für die Diensthandlung erbracht werde. Das Wissen und Wollen um diese Verknüpfung bedingte zugleich, dass es sich um eine bestimmte Diensthandlung handeln musste.[126] Eine Zuwendung lediglich mit Rücksicht auf die Dienststellung des Amtsträgers oder zur Erlangung allgemeinen Wohlwollens war straflos.[127] Der BGH lockerte nun schrittweise die Anforderungen an die Bestimmtheit – insbesondere künftiger – Diensthandlungen.[128] Danach genügt es, wenn sich das Einverständnis darauf bezog, dass der Amtsträger innerhalb eines bestimmten Aufgabenbereiches nach einer gewissen Richtung hin tätig werden sollte. Die intendierte Diensthandlungen brauchen daher nur in groben Umrissen erkennbar und festgelegt zu sein.[129] Je begrenzter sich der Aufgabenbereich des Amtsträgers allerdings darstellt, umso leichter war indes eine Zuordnung zur Diensthandlung möglich.[130]

Die **Neufassung** der Bestechungstatbestände **ab Herbst 1997** hat den engen Bezug zu ein- 156
zelnen Diensthandlungen deutlich gelockert. Ausreichend ist nunmehr, dass der Vorteil **für die Dienstausübung** gewährt bzw. gefordert wird.[131] Durch diese Formulierung wird klargestellt,

---

[120] Schönke/Schröder/*Cramer* § 331 Rdnr. 8.
[121] Schönke/Schröder/*Cramer* § 331 Rdnr. 9 m. w. N.
[122] BGHSt 10, 237 ff.
[123] BGHSt 47, 22 ff.
[124] *Tröndle/Fischer* § 331 Rdnr. 19; *Lackner/Kühl* § 331 Rdnr. 7; BGHSt 15, 88 ff.
[125] *Tröndle/Fischer* § 331 Rdnr. 20 m. w. N.
[126] BGHSt 15, 88, 97; BGSt 15, 217, 223; BGHSt 15, 352, 355; BGHSt 39, 45, 46; BGH NStZ 1984, 24 ff.; BGH NStZ 1999, 561 f.; LK/*Bauer/Gmel* Nachlief. §§ 331-338 Rdnr. 7.
[127] BGHSt 47, 295 ff.; BGHSt 32, 290 ff.; BGH NStZ 1984, 24 ff.
[128] Vgl. zuletzt BGH NStZ 2000, 393.
[129] BGHSt 32, 290 ff.; BGH NStZ 1989, 74. ff.; BGH NStZ 1996, 278 f.; BGH NStZ 1999, 561; BGHSt 47, 295 ff.
[130] BGHSt 39, 45 ff.; BGHR StGB § 332 I 1, Unrechtsvereinbarung 4.
[131] Siehe hierzu BT-Drs. 13/8079, S. 15.

dass weiterhin eine Beziehung zwischen der Annahme und Gewährung des Vorteils einerseits und den Diensthandlungen des Amtsträgers im Allgemeinen andererseits bestehen muss; lediglich eine hinreichend bestimmte Diensthandlung als Gegenleistung muss nicht mehr nachgewiesen werden.[132] Der Verzicht auf die Merkmale „vorgenommen hat oder künftig vornehme" ist unerheblich, da das Merkmal „für die Dienstausübung" so weit ist, dass es alle Zuwendungen erfasst, die in der Vorstellung gewährt werden, dass der Amtsträger hierfür irgendeine dienstliche Tätigkeit vorgenommen hat oder vornehmen wird.[133] Diese Lockerung der Unrechtsvereinbarung soll Zuwendungen einbeziehen, die einer bestimmten Diensthandlung nicht hinreichend konkret zugeordnet werden können. Danach werden etwa Zuwendungen als „Dank für die gute Zusammenarbeit" oder das planvolle „Anfüttern" durch die Gewährung geringwertiger Aufmerksamkeiten ebenso strafbar wie Zuwendungen zur „Klimapflege", die allesamt dazu dienen, das Wohlwollen des Amtsträgers zu gewinnen oder zu erhalten.[134]

157 Die Zuwendung muss mit dem Ziel erfolgen, dass der Amtsträger hierfür irgendeine dienstliche Tätigkeit vorgenommen hat oder vornehmen werde. Hierüber muss zumindest eine stillschweigende Übereinkunft der Beteiligten herbeigeführt worden sein. Voraussetzung ist jedoch, dass die Tätigkeit zu den Obliegenheiten des Amtsträgers gehört.[135]

158 Die Dienstausübung umfasst als engeren Begriff auch den der **Diensthandlung**. Diese ist nur bei Bestechung bzw. Bestechlichkeit, die § 334 Abs. 1 bzw. § 332 Abs. 1 StGB als qualifizierte Taten regeln, Bezugspunkt. Die Diensthandlung ist eine Handlung, die in den Kreis der Obliegenheiten gehört, die dem Amtsträger übertragen sind und die von ihm in dienstlicher Eigenschaft vorgenommen werden.[136]

159 An die notwendige Verknüpfung zwischen Dienstausübung und Vorteilszuwendung sollen keine überspannten Anforderungen gestellt werden.[137] Die Diensthandlung muss in ihrer konkreten Ausgestaltung nach Zeitpunkt, Anlass und Ausführungsweise nicht in allen Einzelheiten feststehen. Es reicht vielmehr aus, wenn sich das Einverständnis der Beteiligten darauf bezieht, dass der Amtsträger innerhalb eines bestimmten Aufgabenbereiches oder Kreises von Lebensbeziehungen nach einer gewissen Richtung hin tätig geworden ist oder werden soll, und die einvernehmlich ins Auge gefasste Diensthandlung nach ihrem sachlichen Gehalt zumindest in groben Umrissen erkennbar und festgelegt ist. Das stillschweigende Einverständnis darüber, dass etwa Zuwendungen gewährt werden, weil allgemein für die Begleichung eingerechneter Scheinrechnungen gesorgt wird bzw. auch künftig gesorgt werde, kann als ausreichend gelten und soll insbesondere vor dem Hintergrund eines bestehenden korruptiven Gesamtbeziehungsgeflechts nicht fern liegen.[138]

160 **b) Erforderliche Einschränkungen.** *aa) Notwendigkeit der Eingrenzung.* Aufgrund des weiten Begriffs des Vorteils sowie der Lockerung der Anforderung an eine Unrechtsvereinbarung ist die Abgrenzung strafbarer von straflosen Verhaltensweisen außerordentlich schwierig und umstritten, eine einschränkende Auslegung mithin geboten. Hier eröffnen sich jedoch zahlreiche Zweifelsfelder, die als offen angesehen werden können. Unter wertender Betrachtung wird auch die Stellung und der Inhalt der Dienstaufgaben des Amtsträgers zu berücksichtigen sein sowie die Nähe zwischen den dienstlichen Aufgaben und dem Anlass der Vorteilszuwendung, mithin die generelle Möglichkeit der unlauteren Beeinflussung der Amtsführung. Eine solche (wertende) Betrachtung führt jedoch zu erheblicher Rechtsunsicherheit. Denn eine verbindliche Aussage, wann etwa geringwertige Vorteile angenommen werden dürfen oder wie eine einschränkende Auslegung des Unrechtszusammenhangs den Anwendungsbereich der einschlägigen Tatbestände begrenzen soll, kann gegenwärtig nicht mit der gebotenen Eindeutigkeit getroffen werden. Stattdessen ist der Verteidiger auf eine umfangreiche Kasuistik angewiesen. Es gilt, Einzelfallentscheidungen heranzuziehen und hieraus Grundlinien abzuleiten. Weitere Hinweise liefern die Erlasse und Vorschriften der Innenminister der Länder, welche

---

[132] Schönke/Schröder/*Cramer* § 331 Rdnr. 27 f.
[133] Schönke/Schröder/*Cramer* § 331 Rdnr. 29 a; LK/*Bauer/Gmel* Nachlief. §§ 331-338 Rdnr. 12.
[134] Schaupensteiner, Krim. 1997, 699, 700.
[135] SK-StGB/*Rudolphi/Stein* § 331 Rdnr. 10 f.
[136] BGHSt 31, 264, 280.
[137] BGH NStZ 2005, 214.
[138] BGH NStZ 2005, 214 m. w. N.

in diversen Anti-Korruptionserlassen die Frage nach der „Angemessenheit" von Geschenken, Einladungen und Bewirtungen erfasst haben.[139] In einigen Bereichen hat die Rechtsprechung – etwa in der Einwerbung von Drittmitteln durch Hochschulen[140] – etwas Klarheit bringen können. Ähnlich gelagerte Sachverhalte, etwa nach den Grundlinien für das Sponsoring von Veranstaltungen einer Behörde durch ein Unternehmen, sind – trotz erster Regelungen durch einige Länder[141] – noch weitgehend ungelöst.

bb) Sozialadäquate Leistungen. Unstreitig ist, dass solche Leistungen bzw. Zuwendungen tatbestandlich außer Betracht bleiben können, die der Höflichkeit oder Gefälligkeit entsprechen und gewohnheitsrechtlich als anerkannt gelten. Dazu zählen etwa die Einladung zu einem Getränk anlässlich einer Besprechung mit dem Amtsträger oder die Überlassung eines geringwertigen Werbeartikels anlässlich eines Besuches des Amtsträgers in einem Unternehmen.[142] Da es aber nach der Neufassung des § 331 StGB bereits genügt, wenn ein Vorteil für die Dienstausübung gewährt wird, können schon (auch anlassbezogene) kostbarere Geschenke oder Einladungen zu aufwendigen Firmenveranstaltungen in eine Grauzone hineinführen und den Verdacht der Geneigtheit zur Gewährung bzw. Annahme von Zuwendungen begründen. 161

Für die Frage, wann derartige Fälle der Gewährung von Vorteilen nicht von dem Risiko einer Strafbarkeit erfasst sind, gibt es verschiedene Lösungsansätze, die wahlweise eine normative Einschränkung der Unrechtsvereinbarung, eine Rechtfertigungsargumentation oder aber eine Einschränkung über die Ebene der Sozialadäquanz befürworten. Die Rechtsprechung hierzu bleibt insgesamt unscharf. Es wird lediglich festgestellt, dass eine Sozialadäquanz dann anzuerkennen sei, wenn relativ geringwertige Aufmerksamkeiten vorliegen.[143] Auf der anderen Seite gelten aber bereits wiederholte oder regelmäßige Gewährungen von Vorteilen niedrigen Wertes als nicht mehr sozialadäquat.[144] 162

Die erforderliche Restriktion kann nur aus dem geschützten Rechtsgut hergeleitet werden. Im Vordergrund der Überlegungen muss stehen, dass das Vertrauen in die Integrität des Amtsträgers bzw. in die Lauterkeit der staatlichen Verwaltung nicht als gefährdet anzusehen ist. Anknüpfend daran sollen Verhaltensweisen, die insgesamt als gesellschaftlich anerkannt gelten und sich innerhalb der ungeschriebenen gesellschaftlichen Konventionen bewegen, nicht tatbestandsmäßig sein.[145] In der Praxis bedeutet dies, dass – ungeachtet der konkreten sachlichen Begründung – Geldzuwendungen niemals und Geldgeschenke in einem Wert oberhalb von € 50,– – auch wenn diese als Geburtstags- oder Weihnachtsgeschenke gelten – kaum noch als geringfügiger Vorteil angesehen werden können. Im Vordergrund steht dabei einerseits die Höhe, andererseits aber auch die Art der Zuwendung (z. B. Bargeschenk oder Gutschein). Bei Einladungen zu Veranstaltungen – etwa eines Unternehmens – wird zu überlegen sein, ob es für die Teilnahme des Amtsträges irgendeinen sachlichen Zusammenhang mit seinen dienstlichen Aufgaben gibt, die seine Anwesenheit erforderlich machen. Heranzuziehen sind hierzu stets auch die Vorschriften des öffentlichen Dienstrechtes,[146] die zumindest für die Amtsträger festlegen, wann dienstrechtlich das Verhalten des Amtsträgers korrekt ist. 163

cc) Rechtsprechung zur Drittmitteleinwerbung. Eine Einschränkung auf der Tatbestandsebene der §§ 331 ff. StGB ist im Zusammenhang mit Sachverhalten über die Einwerbung so genannter „Drittmittel" – also der Beschaffung von Sach- und Geldmittel durch Hochschullehrer für Zwecke von Forschung und Lehre – entwickelt worden.[147] Diese Rechtsprechung[148] ist für die Strafverteidigerpraxis wichtig, da sie auch für ähnlich gelagerte – bislang noch offene – Sachverhalte eine gewisse Orientierung bietet. 164

---

[139] Vgl. dazu *Bartsch/Paltzow/Trautner* Korruptionsbekämpfung, Kap. 10, und die Homepages der Innenminister des Bundes und der Länder zum Stichwort „Korruptionsvermeidung".
[140] Vgl. dazu unten unter IV.5.b)cc).
[141] Vgl. dazu die Regelungen in NRW und des Bundes.
[142] Vgl. dazu die einschlägigen Regelungen der Anti-Korruptionserlasse der Länder, s. Fn. 139
[143] BGHSt 47, 295 ff. – Herzklappenfall.
[144] Instruktiv BGH NStZ 1998, S. 194 ff., für den Fall der Gewährung von zwei Glas Bier in 90 Fällen.
[145] Siehe hierzu *Knauer* GA 1998, 428 ff.
[146] Vgl. dazu *Bartsch/Paltzow/Trautner* Korruptionsbekämpfung, Kap. 10.
[147] Zu diesem Komplex: *Dieners*, Zusammenarbeit der Pharmaindustrie mit Ärzten, München, 2004.
[148] Vgl. etwa OLG Karlsruhe StV 2001, 288 ff.; BGH NStZ-RR 2003, 171 ff.; BGHSt 47, 295 ff.

165 Zwei Fälle seien exemplarisch vorgestellt: Im Fall des **OLG Hamburg**, Beschluss vom 11.7.2000,[149] erhielt der an einer Universitätsklinik tätige Arzt von einem Lieferanten von Herzkathetern Kongressteilnahmen finanziert. Darüber hinaus zahlte die Lieferfirma im Hinblick auf die Durchführung von Fortbildungsveranstaltungen sowie aufgrund von Studien- und Beraterverträgen Honorare aus. In den Fällen der Finanzierung von Kongress- und Besprechungsreisen war der Oberarzt persönlicher Leistungsempfänger. Das Landgericht hatte in Teilbereichen die Eröffnung des Hauptverfahrens abgelehnt, da kein Vorteil erlangt worden bzw. dieser nicht von einer Unrechtsvereinbarung erfasst gewesen sei. In den Fällen der Reisefinanzierung sei der tätige Arzt darüber hinaus bei der zu den Tatzeiten gängigen Praxis der Fremdfinanzierung von Kongressreisen der Ärzteschaft des Krankenhauses und der allgemeinen Handhabung dieser Frage durch die Universitätsleitung davon ausgegangen, sich rechtmäßig zu verhalten.

166 Das OLG Hamburg geht mit Beschluss vom 14.1.2000 hingegen davon aus, dass in der Finanzierung von Kongressteilnahmen sowie der Durchführung von Fortbildungsveranstaltungen ein Vorteil[150] zu sehen ist; eine Rechtfertigung des Verhaltens wurde abgelehnt. Obwohl in Bezug auf die Kongressteilnahmen, die Durchführung der Fortbildungsveranstaltungen sowie die Studien- und auch Beratertätigkeit wirksame Verträge zugrunde lagen, führte das OLG Hamburg aus, dass die Gefahr bestünde, dass Bestechungstatbestände durch die Vereinbarung eines Vertragsverhältnisses zwischen Leistenden und Amtsträger ausgeschlossen würden. Es liege indes ein Vorteil darin, dass ein Amtsträger, ohne einen Anspruch auf Kontrahierung zu haben, einen Vertrag abschließe, der Leistungen an ihn zur Folge hat, mögen Leistung und Gegenleistung auch in einem angemessenen Verhältnis stehen. Weiter wird angenommen, dass jedenfalls in den Fällen der Kongressteilnahme auch ein immaterieller Vorteil des Fortbildungsgewinns gegeben sei.[151]

167 Das Landgericht hatte den Vorwurf der Vorteilsannahme aus tatsächlichen und rechtlichen Gründen verneint und freigesprochen. Der **BGH** bestätigte mit Urteil vom 25.2.2003[152] die Entscheidung des Landgerichts. Hervorgehoben wurde, dass alle Diensthandlungen, für die als Amtsträger hätten Vorteile angenommen werden können, lediglich die Entscheidungen im Rahmen der Herzschrittmacherauswahl in Betracht gezogen und die Mitwirkung an Fortbildungsveranstaltungen, einschließlich Forschungsarbeiten zu deren Vorbereitung hiervon ausgenommen seien. Gerügt wurde, dass im Hinblick auf eine angemessene Honorierung der Nebentätigkeit ein Vorteil in der Übertragung jener Nebentätigkeiten liegen könnte, die nicht zu beanspruchen waren und die daher als Gegenleistung für Entscheidungen im Bereich der Herzschrittmacherauswahl in Betracht gekommen wären.[153] Festgehalten wurde, dass sich die Drittmitteleinwerbung für Forschung und Lehre im Bereich des Gesundheitswesens bei der strafrechtlichen Würdigung als Korruptionsdelikte in einem Spannungsfeld befindet. Im Ergebnis konnte allerdings in keinem der Einzelfälle eine Abhängigkeit der Höhe der Vorteilsgewährung von dem durch Diensthandlungen des Empfängers beeinflussten Absatzumfangs zugunsten des Zuwendenden festgestellt werden. Auch Essenseinladungen, an denen der Angeklagte und seine Ehefrau – die zugleich nebenamtliche Fortbildungsprojekte wirtschaftlich gefördert hatte –, teilgenommen hatten, wurden nicht als Annahme eines Vorteils für eine Gegenleistung angesehen. Bei den Arbeitsessen wurde die Vorbereitung und Organisation von Forschungs- und Fortbildungsprojekten besprochen. Die Einladungen dienten mithin gleichfalls allein diesem Zweck. Eine Annahme eines Vorteils als Gegenleistung für eine Diensthandlung schied daher aus. Nach Ansicht des BGH kam es deshalb auch nicht darauf an, ob eine Strafbarkeit auch aus anderen Gründen, etwa aufgrund Sozialadäquanz, zu verneinen gewesen wäre. Hervorgehoben wurde, dass jedem Einwerbenden von Drittmitteln wegen der Verschärfung der §§ 331 ff. StGB die Absicherung der Transparenz durch die Einholung der erforderlichen Genehmigungen und Dokumentation aller Abläufe abzuverlangen ist.[154]

---

[149] OLG Hamburg, StV 2001, 284 ff.
[150] OLG Hamburg Beschl. v. 14.1.2000, StV 2001 277 ff.
[151] Zur Kritik siehe *Zieschang* StV 2001, 290 ff.
[152] BGH NStZ-RR 2003, 171 ff.
[153] Hierauf beruhte jedoch nicht der Freispruch.
[154] Unter Berufung auf die ergangene Rechtsprechung des BGH zur Drittmitteleinwerbung v. 23.5.2002: BGH NJW 2002, 2801 ff.; sowie v. 23.10.2002, BGH NStZ 2003, 158 ff.

Mit Urteil vom 23.5.2002 hat der **BGH**[155] erneut Stellung zu diesem Thema genommen. 168
Festgehalten wurde, dass der Tatbestand der Vorteilsannahme einer Einschränkung des Anwendungsbereiches in diejenigen Fälle unterliegt, in denen es hochschulrechtlich verankerte Dienstaufgabe des Amtsträgers ist, Drittmittel für Lehre und Forschung – und damit auch „Vorteile" im Sinne des Tatbestandes – einzuwerben. Hervorgehoben wurde, dass dem Schutzgut des § 331 Abs. 1 StGB dadurch angemessen Rechnung getragen wird, wenn das im Hochschulrecht vorgeschriebene Verfahren für die Mitteleinwerbung (Anzeige und Genehmigung) eingehalten wird. Als Sachverhalt lag einer der bekannten Herzklappen-Fälle zugrunde. Angeklagt war der ärztliche Direktor der Herzchirurgie, der in einem Universitätsklinikum für die Auswahl und den Einsatz von Herzschrittmachern und Defibrillatoren verantwortlich war. Mit der Lieferfirma hatte er vereinbart, ihm einen Bonus in Höhe von 5 % aus dem getätigten Umsatz zu gewähren und die entsprechenden Zahlungen einem von ihm gegründeten (und dominierten) gemeinnützigen Verein zu überweisen. Die Universitätsverwaltung war hierüber nicht informiert worden. Ein eigens eingerichteter Förderverein beglich die Kosten für Kongressreisen von Mitarbeitern und zahlte Vergütungen für die an verschiedenen Projekten tätigen Beschäftigten des Klinikums. Gemäß dem Vereinszweck wurden auch medizintechnische Geräte finanziert, Probanden in Studien bezahlt sowie Aushilfslöhne für geringfügig Beschäftigte finanziert, die in unterschiedlichen Forschungsprojekten tätig waren. Mit ihren Zuwendungen verfolgte die Lieferfirma das Ziel, ihre Umsätze zu steigern und zu sichern. Für die Entscheider auf Kundenseite wurden deshalb so genannte Bonuskonten verwaltet. Das Landgericht Heidelberg hatte sowohl den Tatbestand der Untreue als auch den der Vorteilsannahme als erfüllt angesehen. Hinsichtlich der Vorteilsannahme hatte der BGH Bedenken. Festgehalten wurde, dass der Tatbestand im Hinblick auf die hochschulrechtlich verankerte Dienstaufgabe eines Hochschullehrers zur Einwerbung von Drittmitteln einschränkend ausgelegt werden muss, um Wertungswidersprüche zu vermeiden. Regelt das Landeshochschulrecht die Einwerbung von Mitteln durch einen Amtsträger, die sich im Sinne des § 331 Abs. 1 StGB als Vorteil darstellen und bei denen ein Beziehungsverhältnis zu einer Diensthandlung steht, so ist das durch den Straftatbestand geschützte Rechtsgut dann nicht strafrechtlich schutzbedürftig, wenn das im Gesetz vorgesehene Verfahren eingehalten, also die Annahme der Mittel angezeigt und genehmigt wird. Auf diese Weise werde die Transparenz des Vorganges sichergestellt, den Kontroll- und Aufsichtsorganen eine Überwachung ermöglicht und so der Notwendigkeit des Schutzes vor dem Anschein der Käuflichkeit von Entscheidungen des Amtsträgers angemessen Rechnung getragen. Zudem sollen Strafrecht und Hochschulrecht in dieser Weise auf der Tatbestandsebene in einen systematischen Einklang gebracht und ein Wertungsbruch vermieden werden.[156]

dd) Einwerbung von Wahlkampfspenden durch Amtsträger. Als problematisch erweist sich, 169
wenn Amtsträger, die Wahlkampfspenden einwerben, zugleich einflussreiche Positionen in der öffentlichen Verwaltung und in ihrer Partei haben. Auch hier stellt sich – ähnlich wie in den Fällen der Drittmitteleinwerbung im Hochschulbereich – die Frage, ob und wie die Bestechungsdelikte auf tatbestandlicher Ebene einzuschränken sind, da Spenden an die politische Parteien nicht nur zulässig, sondern aus Sicht der verfassungsrechtlich garantierten Parteiendemokratie auch erwünscht sind.

Das LG Wuppertal hatte sich mit Urteil vom 19.12.2002[157] dafür ausgesprochen, dass 170
der Anwendungsbereich der Vorteilsannahme gemäß § 331 StGB dann einer einschränkenden Auslegung unterliegt, wenn der Vorteilsannehmende Spenden für seine Partei mit der Vorstellung annehme, das Parteiengesetz werde bei der Entgegennahme der Spenden und damit der Vorteile im Sinne des § 331 StGB eingehalten. Als Sachverhalt lag zugrunde, dass der Oberbürgermeisterwahlkampf mit Zahlungen unterstützt werden sollte. Der zur Wahl Antretende nahm daher Spendengelder für seine Partei an. Der Spender hoffte, dass mit der investorenfreundlichen Politik des zur Wahl Stehenden seine Bauprojekte, insbesondere ein von ihm geplantes Factory-Outlet-Center, eher zu verwirklichen sei. Das Landgericht hatte den

---

[155] BGHSt 47, 295 ff. = NStZ 2002, 648 ff.; BGH NJW 2002, 2801 ff.
[156] Vgl. ferner zur Finanzierung von Kongreßteilnahmen pp. BGH NStZ 2003, 158 ff.
[157] LG Wuppertal NJW 2003, 1405 ff.

zur Oberbürgermeisterwahl Antretenden freigesprochen, den Geber hingegen wegen Vorteilsgewährung und Beihilfe zum Betrug schuldig gesprochen. Es hatte die Voraussetzungen einer Vorteilsannahme nach § 331 Abs. 1 StGB in den Begehungsformen des Sichversprechenlassens und der Annahme eines Vorteils als erfüllt angesehen. In Anlehnung an die Rechtsprechung des BGH zur Einwerbung von Drittmitteln im Hochschulbereich legte das Landgericht jedoch die Grundsätze zur Drittmittelvergabe – mit Blick auf die Regelungen der Parteienfinanzierung durch das Parteiengesetz – auch der Einwerbung von Parteispenden durch der jeweiligen Partei angehörende Amtsträger zugrunde. Im Ergebnis wurde daher eine einschränkende Auslegung des Tatbestandes vorgenommen. Darüber hinaus wurde der Tatvorsatz verneint, weil der Amtsträger davon ausgegangen sei, dass das Parteiengesetz durch die Entgegennahme der Spende eingehalten werde. Für den Vorteilsgewährenden hatte das Landgericht allerdings eine entsprechende Einschränkung des Tatbestands nicht befürwortet, weil dieser sich über die Einhaltung des Parteiengesetzes keine Gedanken gemacht und später durch die Gewinnung von Scheinspendern die Vorschriften des Gesetzes gerade unterlaufen habe.

171 Mit Urteil vom 28.10.2004[158] hat der BGH ausführlich Stellung zur einschränkenden Auslegung der §§ 331, 333 StGB bei der Einwerbung von Wahlspenden durch einen Amtsträger genommen. Danach handelt ein Amtsträger unter dem Gesichtspunkt der grundrechtlich garantierten Gleichheit des passiven Wahlrechts, der sich erneut um das von ihm ausgeübte, aufgrund einer Direktwahl zu erlangende Wahlamt bewirbt und für seinen Wahlkampf die finanzielle oder sonstige Unterstützung eines Dritten sich und/oder die ihn tragende Partei bzw. Wählervereinigung fordert, sich versprechen lässt oder annimmt, nicht tatbestandsmäßig, sofern die Förderung allein dazu dienen soll bzw. dient, dass er nach einer Wiederwahl sein Amt in einer Weise ausübt, die den allgemeinen wirtschaftlichen oder politischen Vorstellungen des Vorteilsgebers entspricht. Zeigt sich der Amtsträger dagegen bereit, als Gegenleistung für die Wahlkampfförderung im Falle seiner Wiederwahl eine konkrete, den Interessen seines Vorteilsgebers förderliche Entscheidung zu dessen Gunsten zu treffen oder zu beeinflussen, macht er sich der Vorteilsannahme strafbar. Nach Ansicht des BGH sind die Fälle zur Einwerbung von Drittmitteln nicht vergleichbar mit dem hier vorliegenden Sachverhalt. Wenngleich Spenden an Parteien nicht nur erlaubt, sondern auch – wie andere Einnahmen der Parteien – verfassungsrechtlich und auch nach dem Parteiengesetz[159] erwünscht sind, besteht die Gefahr, mit den Korruptionstatbeständen des Strafgesetzbuchs in Konflikt zu geraten. Dies kommt insbesondere in Betracht, wenn Zuwendungen zur allgemeinen Klimapflege oder zur Gewinnung generellen Wohlwollens des Amtsträgers erfolgen. Die Abwicklung einer Parteispende über einen Amtsträger kann danach dem § 331 Abs. 1 StGB unterfallen, obwohl ihre Annahme der Partei aus keinem der Versagungsgründe des Parteiengesetzes verboten ist, es sich insbesondere nicht um eine Einflussspende handelt, die der Partei erkennbar in Erwartung oder als Gegenleistung eines bestimmten wirtschaftlichen oder politischen Vorteils gewährt wird. Dieses dargestellte Spannungsverhältnis kann sich jedoch nach Ansicht des BGH nicht dadurch auflösen, dass der Amtsträger, der für seine Dienstausübung eine nach dem Parteiengesetz zulässige Parteienspende als Drittmittel fordert, sich versprechen lässt oder annimmt, von der Strafbestimmung des § 331 Abs. 1 StGB freigestellt wird.

172 Eine Einschränkung soll der Tatbestand des § 331 Abs. 1 StGB allerdings im Hinblick auf einen Wahlkandidaten erfahren, der keine Amtsträgerstellung inne hat. Dieser ist in uneingeschränkter Weise befugt, Mittel zur Finanzierung seines Wahlkampfes einzuwerben. Die Korruptionsdelikte müssen danach für die Sondersituation in einer Weise ausgelegt werden, die der grundrechtlich garantierten Gleichheit des passiven Wahlrechts gerecht werden.

---

[158] BGH NJW 2004, 3569 ff.
[159] Zu den Regelungen des Parteiengesetzes – hier noch des PartG 1994 – siehe BVerfG Beschl. v. 17.6.2004 – 2 BvR 383/03 – NJW 2005, 126 ff.; auch abrufbar unter http://www.bundesverfassungsgericht.de; siehe hierzu ebenfalls *Wieland* NJW 2005, 110 ff.; zu den Änderungen am Parteiengesetz durch das Achte Änderungsgesetz v. 26.6.2002 und zur Frage der Betrugsstrafbarkeit im Falle gesetzeswidriger Spenden siehe *Grunst* wistra 2004, 95 ff. m. w. N. Das Bundesverfassungsgericht hat allerdings im Oktober 2004 entschieden, dass Teile des PartG 2002 die Chancengleichheit kleinerer Parteien verletze, so dass dieses nicht zum 1. Januar 2005 in Kraft getreten ist, s. BVerfG Urt. v. 26.10.2004 – 2 BvE 1/02, NVwZ 2004, 1473.

Parteispenden sind demnach nicht ohne Einschränkungen zulässig. Darüber hinaus soll die ab einem bestimmten Spendenvolumen vorgeschriebene Publizierungspflicht und die hierdurch gewährleistete Transparenz des Vorgangs nicht zwangsläufig geeignet sein, dem Schutzzweck des § 331 Abs. 1 StGB in hinreichender Weise Genüge zu tun, denn sie enthülle die individuelle Beziehung zwischen dem Spender und dem die Spende einwerbenden Amtsträger gerade nicht. Dies alles unterscheidet sich zu den Sachverhalten der Drittmitteleinwerbung, die dem Hochschulgesetz unterworfen sind. Die Wettbewerbschancen hängen wesentlich davon ab, in welchem Umfang Parteien und Kandidaten finanzielle Mittel zur Verfügung stellen, um durch Wahlkampfmaßnahmen und Wahlwerbung die Wähler für sich einzunehmen. Die Zulässigkeit gesetzlicher Bestimmungen, die einzelne Parteien oder Bewerber im Vergleich zu ihren Konkurrenten in der Einwerbung von finanziellen Mitteln zur Finanzierung des Wahlkampfs begünstigt, sind daher rechtlichen Schranken unterworfen, die am Maßstab der Gleichheit der Wahl und des Demokratieprinzips zu messen sind. Festzuhalten bleibt, dass die Grundsätze des BGH zur Drittmitteleinwerbung bzw. Drittmittelzuwendung keine Anwendung auf Parteienspenden finden. 173

6. Qualifizierte Formen: Bestechung (§ 332 StGB) und Bestechlichkeit (§ 334 StGB)

Die Vorschriften der §§ 332 und 334 StGB enthalten Qualifikationstatbestände zu den §§ 331 und 333 StGB; sie setzen als Erschwerung voraus, dass der Amtsträger – unter dem Einfluss einer zugesagten oder gewährten Zuwendung – durch die Vornahme der Diensthandlung seine Dienstpflichten verletzt hat oder verletzen würde. Bezugspunkt ist also eine bestimmte Diensthandlung des Amtsträgers; als Gegenleistung muss er einen Vorteil fordern bzw. annehmen für eine dienstliche Handlung, durch die er seine Dienstpflichten verletzt oder verletzen wird. Maßgeblich ist hier also die enge Auslegung der Unrechtsvereinbarung, wie sie zum alten Korruptionsrecht vor Herbst 1997 entwickelt worden ist. Aber auch hier kann der Vorteil dem Amtsträger selbst oder einem Dritten gewährt werden. 174

Eine Verletzung der Dienstpflicht setzt voraus, dass die Diensthandlung selbst gegen ein auf Gesetz, Dienstvorschrift oder Einzelanordnung beruhendes Ge- oder Verbot verstößt (gebundene Handlung).[160] Soweit die überwiegende Meinung auch straf- oder dienstrechtlich verbotene Handlungen als Diensthandlung anerkennt, sind sie zugleich pflichtwidrig, etwa wenn der Amtsträger seine Schweigepflicht verletzt, unbefugten Zugriff auf geschützte Daten seiner Behörde nimmt, Dienstaufsichtspflichten verletzt oder indem er nicht gegen pflichtwidriges Verhalten von unterstellten Mitarbeitern einschreitet.[161] Im Einzelfall ist zu prüfen, ob auch schon Verstöße gegen innerdienstliche Organisationsvorschriften zu einer pflichtwidrigen Diensthandlung führen.[162] 175

Schwieriger erweist sich die Beurteilung, wenn dem Amtsträger ein Ermessen eingeräumt ist (vgl. § 332 Abs. 3 Nr. 2 – Ermessens-Amtsträger). Ermessen bedeutet, dass dem Amtsträger verschiedene Handlungsalternativen zur Verfügung stehen, zwischen denen er innerhalb seines pflichtgemäßen Ermessens zu entscheiden hat. Der Begriff ist hier nicht rein verwaltungsrechtlich zu interpretieren, sondern mit Blick auf den strafrechtlichen Hintergrund, wonach dem Amtsträger rechtmäßige Handlungsalternativen eröffnet sein müssen und er sich durch sachfremde Argumente – den versprochenen Vorteil – bei der Ermessensausübung beeinflussen lässt. Ein Amtsträger mit Ermessensspielraum ist auch dann anzunehmen, wenn er zwar nicht formal der Entscheidungsträger ist, aber aufgrund seiner Kompetenz in die Entscheidungsfindung einbezogen wird und damit über praktische Einflussmöglichkeiten verfügt. Sofern ein eigener Wertungsspielraum nicht gegeben ist, entfällt eine Qualifikation als Ermessensbeamter.[163] Eine Strafbarkeit in diesem Rahmen ist anzunehmen, wenn sich der Amtsträger durch sein Verhalten ausdrücklich oder stillschweigend bereit zeigt, bei seiner Entscheidung nicht ausschließlich sachliche Gesichtspunkte walten zu lassen, sondern erlangte oder versprochene Vorteile zu berücksichtigen, gewissermaßen bei der Ausübung des Ermessens in die Waagschale 176

---

[160] BGHSt 15, 88, 92.
[161] *Lackner/Kühl* § 332 Rdnr. 3 m. w. N.
[162] Schönke/Schröder/*Cramer* § 332 Rdnr. 9 a.
[163] BGH NJW 2002, 2257 ff.

zu legen.[164] Eine Pflichtwidrigkeit kann demnach schon in der fehlerhaften Ausübung des Ermessens an sich liegen, etwa bei einem Ermessensmissbrauch oder einer Ermessensüberschreitung, darüber hinaus auch dann, wenn sich der Amtsträger bei seiner Entscheidung von dem Vorteil beeinflussen lässt, selbst wenn er innerhalb seines Ermessensspielraums bleibt.[165] Zu denken ist an die Fälle der bevorzugten Bearbeitung von Anträgen oder Abrechnungen durch Amtsträger, denen hierfür Zuwendungen versprochen oder gewährt worden sind.

177   Zu betonen ist, dass die dienstliche Handlung, auf die der Vorteil zielt, pflichtwidrig sein muss; das Annehmen, Fordern oder Versprechen von Vorteilen allein reicht hierfür nicht aus.[166] Es bedarf daher – auch im Hinblick auf das deutlich erhöhte Strafmaß – einer eingehenden Prüfung des pflichtwidrigen Verhaltens, insbesondere bei Ermessensentscheidungen, um eine Qualifikation im Sinne der §§ 332 bzw. 334 StGB bejahen zu können.

7. Täterschaft

178   Die Struktur der §§ 331 ff. StGB zeigt, dass die Teilnahme an den Handlungen des jeweiligen Gegenübers spiegelbildlich erfasst sind (Handlungen des Amtsträgers und des Vorteilsgebers). Im Rahmen der Amtsträgerdelikte gemäß §§ 331, 332 StGB setzt daher eine Mittäterschaft voraus, dass beide Täter zur Zeit der Tat die Eigenschaft des Amtsträgers innehaben und die tatbestandlichen Handlungen gemeinschaftlich vorgenommen werden.

179   Nach der Rechtsprechung muss allerdings die als Gegenleistung in Aussicht gestellte Amtshandlung nicht in Mittäterschaft begangen werden.[167] Notwendig ist insofern nur, dass die Amtshandlungen bei jedem der Beteiligten „in das Amt einschlagen". Eine gemeinschaftliche Bestechlichkeit soll dann vorliegen, wenn die betreffende Amtshandlung zumindest teilweise in den Amtskreis jedes Mittäters fällt und daher jeder teilnehmende Beamte im Rahmen seines Tätigkeitsbereichs an der Gesamthandlung mitwirkt und so zum Gesamterfolg beiträgt. Hiervon erfasst werden grundsätzlich auch so genannte Mittler, die als Kontaktpersonen zwischen Vorteilsgewährendem und Vorteilsempfänger auftreten. Schwieriger stellt sich die Sachlage allerdings dann dar, wenn der Mittler kein Amtsträger, sondern im privaten Bereich tätig ist. Wie die Teilnahme von Personen, die außenstehende Dritte sind, zu beurteilen ist, hat der BGH bislang offen gelassen. Nach einer Entscheidung vom 24.10.1990[168] sind allerdings Kriterien ableitbar. Maßgeblich ist danach, wessen Tat ein Mittler fördern will, die des Amtsträgers oder die des Bestechenden. Zur Vermeidung von Wertungswidersprüchen wird befürwortet, auch die Möglichkeiten der Teilnahme Dritter Einschränkungen zu unterwerfen. Wer auf Seiten nur eines Partners teilnimmt, sei nicht zugleich Teilnehmer an der Tat des anderen, auch wenn er weiß und will, dass seine Handlung (unmittelbar oder mittelbar) beide Taten fördert. Insbesondere wird hervorgehoben, dass die für den teilnehmenden Dritten maßgebende Strafdrohung durch die für den Geber geltende begrenzt sei, weil das Unrecht des Dritten nicht schwerer wiegen könne als das des Gebers.[169]

180   Nach Ansicht der Rechtsprechung ist jedenfalls der Außenstehende, der primär Beihilfe zu den §§ 333, 334 StGB leisten will, nicht auch wegen Beihilfe nach den §§ 27, 331, 332 StGB zu bestrafen, weil er weiß (und will), dass seine Handlung mittelbar auch die Tat des Vorteilsempfängers fördert.[170] Wenn der Gehilfe von vorneherein in gleicher Weise den Geber und Empfänger unterstützen will (so genannte doppelseitige Teilnahme) soll er nach herrschender Meinung aus dem härteren Strafrahmen bestraft werden und der mildere zurücktreten.[171] Demgegenüber wird darauf abgestellt, dass die für den teilnehmenden Dritten maßgebende Strafdrohung durch die für den Geber geltende begrenzt sei, weil das Unrecht des Dritten nicht schwerer wiegen könne als das des Gebers.[172]

---

[164] BGH wistra 2002, 426 ff.; BGHSt 48, 46 ff.
[165] BGHSt 15, 238 ff., BGHSt 48, 44 ff.
[166] BGHSt 3, 143 ff.; BGHSt 15, 239 ff.; BGHSt 16, 39 ff.; BGHSt 48, 44 ff.
[167] BGHSt 14, 123 ff.
[168] BGHSt 37, 207 ff.
[169] *Lackner/Kühl* § 331 Rdnr. 19.
[170] BGHSt 37, 207 ff.; so auch Schönke/Schröder/*Cramer* § 334 Rdnr. 12.
[171] *Tröndle/Fischer* § 332 Rdnr. 38 m. w. N.
[172] *Lackner/Kühl* § 332 Rdnr. 19.

Ungeachtet des Streitstandes, welchem Strafrahmen der Teilnehmer unterliegen muss, wenn er beide Seiten gleichermaßen unterstützen will, sollte zunächst geprüft werden, ob der Teilnehmer eine der involvierten Personen überhaupt persönlich kennt; falls nicht, dürfte eine Teilnahme an dessen Tat auszuschließen sein.[173] Darüber hinaus sollte beachtet werden, in wessen Interesse denn der Teilnehmer bzw. Tatmittler tatsächlich handelte. Darüber hinaus wird entscheidend sein, wer den Tatmittler mit einbezogen hat und in wessen Interesse der außenstehende Dritte tätig wurde. 181

8. Vorsatz- und Irrtumsfragen

Als Vorsatzform im Rahmen der Vorteilsannahme und -gewährung (§§ 331, 333 StGB; §§ 333, 334 StGB) reicht bedingter Vorsatz. Dieser muss sich insbesondere auf die Umstände zur Amtsträgereigenschaft und auf die Unrechtsvereinbarung beziehen. 182

Zum Vorsatz der Bestechlichkeit muss hinzukommen, dass die objektive Pflichtwidrigkeit der Diensthandlung bekannt ist.[174] Sofern eine irrige Annahme über die Pflichtwidrigkeit vorliegt, insbesondere, wenn der Amtsträger glaubt, nicht pflichtwidrig gehandelt zu haben, besteht gegebenenfalls nur eine Strafbarkeit gemäß § 331 StGB. Im Falle der irrigen Pflichtwidrigkeit kann allerdings auch ein strafbarer Versuch nach § 332 Abs. 1 S. 2 oder Abs. 2 StGB gegeben sein, der wiederum mit § 331 StGB in Tateinheit steht. 183

Nimmt der Täter der Vorteilsgewährung gemäß § 333 StGB irrig an, eine von ihm erwartete Handlung sei pflichtwidrig, so stellt dies eine vollendete Tat nach § 333 StGB dar, deren Tatbestand eben keine pflichtgemäße Handlung voraussetzt. Der Täter einer Bestechung gemäß § 334 StGB muss das Bewusstsein haben, dass die Handlung des Amtsträgers eine pflichtwidrige war oder sein wird; auch hier reicht bedingter Vorsatz aus. 184

In der Gesamtschau stellen sich eine Reihe von relevanten Irrtumsfragen, insbesondere im Hinblick auf ggf. irrtümlich für genehmigt erachtete Zuwendungen.[175] Darüber hinaus kommt auf Grund der in Teilbereichen sehr schwierigen Fragen zum Amtsträgerbegriff besondere Bedeutung dem vorsatzausschließenden Tatbestandsirrtum (§ 16 StGB) zu. Schließlich sind auch die irrige Annahme über die tatsächlichen Umstände unter dem Gesichtspunkt der Sozialadäquanz als ein Tatbestandsirrtum oder – im Hinblick auf die Einordnung des Bereichs der Sozialadäquanz – als ein Verbotsirrtum (§ 17 StGB) zu berücksichtigen. Wegen zahlreicher offener Fragen – auch bezüglich noch ungeklärter Bereiche, die etwa Fragen des Sponsorings oder der Kooperation im Rahmen eines PPP-Projekts betreffen – wird auch die Frage der Vermeidbarkeit eines Verbotsirrtum im Einzelnen nicht ohne Weiteres angenommen werden können. 185

9. Genehmigung der Annahme des Vorteils nach § 331 Abs. 3 bzw. § 333 Abs. 3 StGB

Die Vorteilsannahme bzw. -gewährung ist nach Abs. 3 dann nicht strafbar, wenn der Täter einen nicht von ihm geforderten Vorteil sich versprechen lässt oder annimmt und die zuständige Behörde (Dienstherr) im Rahmen ihrer Befugnisse die Annahme entweder vorher genehmigt hat oder der Täter unverzüglich bei ihr Anzeige erstattet und sie die Annahme nachträglich genehmigt. 186

Eine Genehmigung ist dann nicht möglich, wenn der Amtsträger den Vorteil für sich (oder einen Dritten) gefordert hat (problematisch: Einwerbung von Sponsoring-Geldern durch Behördenvertreter),[176] z. B. auch in den Fällen, in denen eine Zuwendung schlüssig gefordert wird („Die Müllabfuhr wünscht frohe Weihnachten!").[177] Hier ist ggf. zu prüfen, ob der erstrebte Vorteil als sozialadäquat und mithin straflos anzusehen ist[178] Abs. 3 ist ferner nicht anwendbar auf Fälle, in denen die Annahme des Vorteils für eine **pflichtwidrige** Diensthandlung im Sinne des § 332 Abs. 1 StGB oder eine ermessensfehlerhafte Diensthandlung nach § 332 Abs. 3 Nr. 2 187

---

[173] Wabnitz/Janovsky/*Schubert* Kap. 10 Rdnr. 66.
[174] BGH NStZ 1984, 24 ff.
[175] Siehe hierzu unter IV.9.
[176] Schönke/Schröder/*Cramer* § 331 Rdnr. 40 und § 333 Rdnr. 13.
[177] Moderater *Lackner/Kühl* § 331 Rdnr. 14, der einer allgemein als unverfänglich angesehenen Verkehrssitte nicht den Boden entziehen will.
[178] Schönke/Schröder/*Cramer* § 331 Rdnr. 40 und § 333 Rdnr. 13.

StGB erfolgt.[179] Nach herrschender Ansicht handelt es sich bei den §§ 331 Abs. 3, 333 Abs. 3 StGB um einen Rechtfertigungsgrund.[180]

188 Die behördliche Genehmigung nach § 331 Abs. 3 StGB muss von der zuständigen Behörde erteilt werden. Welches die für die strafbefreiende Genehmigung des Vorteils zuständige Behörde ist, ergibt sich aus dem Dienstrecht. Bei Beamten ist es regelmäßig die vorgesetzte Dienstbehörde, bei Angestellten des öffentlichen Dienstes der öffentlich-rechtliche Arbeitgeber. Heranzuziehen sind ferner die Drittmittelrichtlinien der Hochschulen bzw. hierzu ergangene Erlasse der Länderministerien. Aufgrund der Probleme, die sich bei der Lösung der Frage nach der zuständigen Behörde und der Reichweite ihrer Befugnisse ergeben,[181] erscheint eine verwaltungsakzessorische Auslegung geboten. Danach kommt es allein auf die verwaltungsrechtliche Bestandskraft der Genehmigung an.[182] Eine nichtige Genehmigung muss allerdings auch nach dieser Betrachtung als unbeachtlich gelten.[183] Die herrschende Meinung stellt hingegen darauf ab, dass die zuständige Behörde im Rahmen ihrer Befugnisse gehandelt hat und damit zunächst örtlich und sachlich zuständig sein muss. Darüber hinaus muss sie sich innerhalb der Grenzen des für die Genehmigung geltenden Rechts halten; überprüfbar ist insoweit nur die Art und Weise der Ausübung[184] der Genehmigungspraxis. In diesem Zusammenhang können sich ggf. Irrtumsfragen ergeben.[185] Bei privatrechtlich organisierten Unternehmen der staatlichen Daseinsvorsorge der Arbeitgeber ist wohl davon auszugehen, dass der Arbeitgeber im Falle eines nicht öffentlich-rechtlichen Amtsverhältnisses die zuständige „Behörde bzw. Stelle" ist.[186]

189 Die Genehmigung kann vor der Tathandlung ausdrücklich oder stillschweigend, allgemein oder für den Einzelfall erteilt werden. Im Einzelfall muss allerdings geprüft werden, ob von einer insoweit umfassenden Genehmigung ausgegangen werden kann. In diesem Rahmen können sich Irrtumsfragen stellen. Die irrige Annahme, die erforderliche Genehmigung sei erteilt, ist als Erlaubnistatbestandsirrtum einzuordnen,[187] und zwar auch für den Fall, dass der Täter die Tragweite der Genehmigung verkannt hat, insbesondere eine unwirksame Genehmigung für wirksam erachtete.[188]

190 Zu denken ist ferner an die Fälle, in denen der Amtsträger die Annahme des Vorteils bei noch fehlender Genehmigung von deren Erteilung abhängig macht. § 331 Abs. 3 StGB sieht insoweit auch Straflosigkeit vor, wenn der Täter unverzüglich nach der Annahme des Vorteils der zuständigen Behörde davon schriftlich oder mündlich Anzeige erstattet und sie die Annahme genehmigt. Wichtig ist, dass nach den beamtenrechtlichen Vorschriften die Annahme von Vorteilen nur in Ausnahmefällen und nur mit **vorheriger** Zustimmung des Dienstvorgesetzten erlaubt ist. Insoweit besteht ein widersprüchliches Verhältnis zu den §§ 331 Abs. 3, 333 Abs. 3 StGB, wonach auch die nachträgliche Genehmigung aufgrund unverzüglicher Anzeigeerstattung die Strafbarkeit ausschließen kann. Diese widersprüchlichen Regelungen dürfen nicht zu Lasten des Betroffenen gehen, den beamtenrechtlichen Vorschriften ist daher nicht der Vorrang vor den §§ 331 Abs. 3, 333 Abs. 3 StGB einzuräumen. Eine nachträgliche – an sich unzulässige – Genehmigung muss daher im Strafrecht die rechtfertigende Wirkung nach §§ 331 Abs. 1, 333 Abs. 3 StGB entfalten, wenngleich eine solche dann nicht im Rahmen der Befugnisse erteilt wird.[189]

---

[179] Schönke/Schröder/*Cramer* § 331 Rdnr. 41.
[180] BGHSt 31, 264, 285; OLG Hamburg, StV 2001, 277, 282; LK/*Jescheck* § 331 Rdnr. 16. Schönke/Schröder/*Cramer* § 331 Rdnr. 46; *Tröndle/Fischer* § 331, Rdnr. 32 und 35. Umstritten ist allerdings, ob die nachträgliche Genehmigung aufgrund einer unverzüglich erteilten Anzeige ebenfalls einen Rechtfertigungsgrund darstellt, siehe hierzu im Einzelnen LK/*Jescheck* § 331 Rdnr. 16; Schönke/Schröder/*Cramer* § 331 Rdnr. 51; *Tröndle/Fischer* § 331, Rdnr. 36.
[181] Schönke/Schröder/*Cramer* § 331 Rdnr. 46 ff.
[182] *Michalke* NJW 2002, 3381 f. m. w. N.; für eine Bestandskraft fehlerhafter Genehmigungen ebenfalls Schönke/Schröder/*Cramer* § 331 Rdnr. 51.
[183] Vgl. Schönke/Schröder/*Cramer* § 331 Rdnr. 51.
[184] LK/*Jescheck* § 331 Rdnr. 18; *Lackner/Kühl* § 331 Rdnr. 17; *Tröndle/Fischer* § 331 Rdnr. 33.
[185] Schönke/Schröder/*Cramer* § 331 Rdnr. 52 a und § 333 Rdnr. 17.
[186] BGHSt 31, 264 ff.; *Jutzi* NStZ 1991, 105 ff.; *Lackner/Kühl* § 331 Rdnr. 17.
[187] BGHSt 31, 264, 268.
[188] BGHSt 31, 268; *Lackner/Kühl* § 331 Rdnr. 18 m. w. N.
[189] So ausdrücklich *Tröndle/Fischer* § 331 Rdnr. 33 m. w. N.

10. Besonders schwere Fälle der Bestechlichkeit und Bestechung (§ 335 StGB)

In § 335 StGB sind die besonders schweren Fälle der Bestechlichkeit und Bestechung geregelt. Ein besonders schwerer Fall liegt in der Regel vor, wenn die Tat sich auf einen Vorteil großen Ausmaßes bezieht (mehr als € 25.000,–[190]), der Täter fortgesetzt Vorteile annimmt, die er als Gegenleistung dafür gefordert hat, dass er eine Diensthandlung künftig vornehme oder der Täter gewerbsmäßig oder als Mitglied einer Bande handelt, die sich zur fortgesetzten Begehung solcher Taten verbunden hat. 191

Gewerbsmäßiges Handeln ist dann anzunehmen, wenn aus der wiederholten Begehung einer Tat eine fortlaufende – auch mittelbare – Einnahmequelle von einiger Dauer und einigem Umfang geschafft werden soll.[191] Die bandenmäßige Begehung setzt den Zusammenschluss von mindestens drei Personen voraus.[192] Die Beurteilung der besonders schweren Fälle weist insoweit keine Besonderheiten bei den Bestechungsdelikten auf. Umstritten ist, inwieweit die Lebensverhältnisse des Amtsträgers zu berücksichtigen sind.[193] Hervorzuheben ist ferner, dass bei Beurteilung des Regelbeispieles des großen Ausmaßes nur der Vorteil als solcher in Bezug genommen wird; unbeachtlich bleibt, ob er tatsächlich gewährt wurde oder nicht. Im Falle korruptiver Dauerbeziehungen und Korruptionsgeflechte bestimmt sich das Ausmaß nach dem Gesamtwert der in der „grundlegenden" Vereinbarung hinreichend bestimmten Zuwendungen. Immaterielle Vorteile sind nicht zu beachten. Im Falle des fortgesetzten Annehmens von Vorteilen sind die tatbestandlichen Voraussetzungen unklar. In der Gesetzesbegründung heißt es hierzu, dass der Täter ständig Vorteile annehmen müsse.[194] Da allerdings die objektiven Voraussetzungen des Regelbeispiels vom Vorsatz des Täters umfasst sein müssen,[195] scheidet dieses Regelbeispiel jedenfalls dann aus, wenn zumindest ein bedingter Vorsatz bzgl. zukünftiger weiterer Taten zuvor fehlte. Ferner wird befürwortet, dass für die Annahme dieses Regelbeispiels mindestens drei Tatbegehung vorliegen. 192

11. Erweiterter Verfall

Gemäß § 338 StGB kommt der erweiterte Verfall in den Fällen des § 332 – auch in Verbindung mit den §§ 336 und 337 StGB – in Betracht, wenn der Täter gewerbsmäßig oder als Mitglied einer Bande handelt. Die noch in § 338 StGB genannte Vermögensstrafe gemäß § 43 a StGB ist nach der Entscheidung des Bundesverfassungsgerichts[196] vom 20.3.2002 für verfassungswidrig und daher nichtig erklärt worden. Nach § 338 Abs. 2 StGB ist ferner der erweiterte Verfall für die Fälle des § 334 – auch in Verbindung mit den §§ 336 und 337 StGB – möglich, wenn der Täter als Mitglied einer Bande handelt, die sich zur fortgesetzten Begehung solcher Taten verbunden hat. Schließlich findet über die Verweisung auf die §§ 334, 335, 336 und 338 Abs. 2 StGB in Art 2 § 1 IntBestG der erweiterte Verfall gemäß § 73 d StGB Anwendung für den internationalen Bereich. 193

12. Verjährung

Die in den §§ 331 ff. StGB aufgeführten Tatbestandsvarianten sind grundsätzlich selbständig. 194

Anknüpfend an § 78 a S. 1 StGB, wonach die Verjährung beginnt, wenn die Tat beendet ist, soll nach Ansicht des BGH[197] die Beendigung der Tat erst zu dem Zeitpunkt eintreten, in dem das Tatunrecht seinen tatsächlichen Abschluss findet. Die Verjährung kann danach erst einsetzen, wenn der Täter sein rechtsverneinendes Tun insgesamt abgeschlossen hat. Vorher 195

---

[190] Schönke/Schröder/*Cramer* § 335 Rdnr. 3.
[191] BGHSt 1, 383; BGHSt 29, 189; BGH NStZ 1996, 85; BGH wistra 1999, 465 ff.
[192] BGHSt 46, 321.
[193] *Tröndle/Fischer* § 335 Rdnr. 5; differenzierter Schönke/Schröder/*Cramer* § 335 Rdnr. 3 wonach es auf den Wert des Vorteils im Verhältnis zum Lebensstandard des Amtsträgers ankommen soll.
[194] BR-Drucks. 553/96, S. 38.
[195] BGHSt 33, 374 ff.
[196] BGBl. I S. 3040.
[197] BGH NStZ 2004, 41 ff. zu § 299 StGB.

bestünde kein Anlass, durch den Beginn der Verjährungsfrist einen Verfolgungsverzicht in Aussicht zu stellen.[198] Beendet ist die Tat daher zumeist mit der Annahme des letzen Vorteils.[199]

196 In den Bestechungsfällen, in denen zwar ein Vorteil versprochen oder gefordert wird, es aber nicht zum Gewähren des Vorteils kommt, ist die Tat somit beendet, wenn die Forderung oder das Versprechen sich endgültig als fehlgeschlagen erwiesen haben und der Täter mit einer Erfüllung nicht mehr rechnet. Bis zu diesem Zeitpunkt entfaltet das Versprechen für den Empfänger seine motivierende Kraft, sich entsprechend der Unrechtsvereinbarung zu verhalten. Entscheidend ist der Inhalt der Unrechtsvereinbarung. Wenn das Annehmen des Vorteils im dort bestimmten sachlichen Zusammenhang und zeitlichen Rahmen erfolgt, ist nach der Rechtsprechung eine tatbestandliche Handlungseinheit anzunehmen.[200] Findet zwischen Fordern bzw. Versprechen und dem Annehmen der Leistung jedoch eine Unterbrechung statt oder hat der Täter den Bestechungsvorgang insgesamt als gescheitert betrachtet, so liegt eine Zäsur vor, so dass die spätere Annahme einer Leistung in Tatmehrheit zu den vorangegangenen Aktivitäten steht.[201]

13. Konkurrenzen

197 Die in den §§ 331 ff. StGB aufgeführten Tatbestandsvarianten sind grundsätzlich selbständig. Entscheidend ist der Inhalt der Unrechtsvereinbarung. Wenn das Annehmen des Vorteils im dort bestimmten sachlichen Zusammenhang und zeitlichen Rahmen erfolgt, ist nach der Rechtsprechung eine tatbestandliche Handlungseinheit anzunehmen.[202] Findet in dem Zwischenraum zwischen Fordern bzw. Versprechen und dem schließlichen Annehmen der Leistung jedoch eine Verurteilung statt oder hat der jeweilige Täter bereits den gesamten Bestechungsvorgang als gescheitert betrachtet, so liegt eine Zäsur vor, so dass die spätere Annahme einer Leistung in Tatmehrheit zu den vorangegangenen Aktivitäten steht.[203] Eine Verurteilung wegen vollendeten Forderns unterbricht daher den Zusammenhang.

198 Nach der Rechtsprechung des BGH ist jedenfalls dann Handlungseinheit gegeben, wenn die Entlohnung auf eine Unrechtsvereinbarung zurückgeht, die den zu gewährenden Vorteil insgesamt **genau** festlegt, auch wenn er in Teilleistungen zu erbringen ist.[204] Nur eine Tat – und nicht Tatmehrheit – kommt beispielsweise auch dann in Betracht, wenn im Rahmen von Zuwendungen gestellte Scheinrechnungen gleichzeitig bezahlt werden und damit ein einheitlicher Vorteil angenommen werden kann.[205]

199 Anders ist die Rechtslage dann, wenn die zu gewährende Entlohnung von einer zukünftigen Entwicklung abhängig gemacht wird, insbesondere wenn folglich die Vorteilsgewährung einen „Open-end-Charakter" aufweist.[206] Tatmehrheit kommt auch für die Fälle so genannter Rahmenvereinbarungen in Betracht, wonach bestimmte Diensthandlungen jeweils mit einem Vorteil bestimmter Art oder Höhe belohnt werden sollen (beispielsweise bei verdeckten Rückvergütungen).

200 Schwierig zu beurteilen ist die Konkurrenzsituation zwischen den §§ 331 ff. StGB sowie der Untreue nach § 266 StGB. Nach Ansicht des BGH ist der Tatbestand der Bestechlichkeit bereits dann vollendet, sobald der Amtsträger einen Vorteil gefordert hat, zur pflichtwidrigen Diensthandlung muss es nicht gekommen sein. Tateinheit ist daher möglich, wenn die Verwirklichung beider Tatbestände der Untreue und Bestechlichkeit in einer Ausführungshandlung zusammentreffen.

---

[198] Vgl. hierzu auch BGHSt 43, 1 ff.
[199] BGHSt 10, 243; BGHSt 11, 346; BGHSt 16, 209.
[200] BGH NStZ 1995, 92 ff.
[201] Siehe hierzu im Einzelnen *Tröndle/Fischer* § 331 Rdnr. 39.
[202] BGH NStZ 1995, 92 ff.
[203] Siehe hierzu im Einzelnen *Tröndle/Fischer* § 331 Rdnr. 39.
[204] OLG Stuttgart NJW 2003, 228 f.; BGHSt 41, 292 ff.; BGH NStZ-RR 1998,. 269 ff.; BGH NStZ 1996, 354 ff.
[205] BGH NStZ 2005, 214 ff.
[206] OLG Stuttgart NJW 2003, 228 f.; BGHSt 41, 292 ff.; BGH NStZ-RR 1998, 269 ff.; BGH NStZ 1996, 354 ff.

V. Bestechlichkeit und Bestechung im geschäftlichen Verkehr (§ 299 StGB)

1. Struktur des § 299 StGB

Die Vorschrift des § 299 StGB ist ebenfalls durch das Korruptionsbekämpfungsgesetz von 1997 in das StGB neu eingefügt worden. Die Bestechung im geschäftlichen Verkehr war zuvor in § 12 UWG a.f. geregelt und ist inhaltlich nahezu unverändert in das StGB aufgenommen worden.

Die Bestechung und Bestechlichkeit im geschäftlichen Verkehr ist angenähert der Struktur der Bestechungsdelikte der §§ 331 ff. StGB, aber nicht identisch. Den Amtsträgern in den §§ 331 ff. StGB entsprechen die Angestellten oder Beauftragten eines geschäftlichen Betriebes. Identisch sind insoweit die in § 299 StGB erfassten Tathandlungen in Form des Anbietens, Versprechens oder Gewährens eines Vorteils. Als Gegenleistung wird – parallel zur Gegenleistung der Dienstausübung oder der pflichtwidrigen Diensthandlung innerhalb der Amtsdelikte – die Bevorzugung in unlauterer Weise beim Wettbewerb im Hinblick auf den Bezug von Waren und gewerblichen Leistungen erfasst. Anders als im Rahmen der Amtsdelikte bezieht sich die Unrechtsvereinbarung jedoch nur auf die Bevorzugung bei **zukünftigen** Handlungen. Die Fassung der Tatbestände in § 299 StGB ist um die Drittvorteile erweitert worden.

§ 299 ist hinaus ein Sonderdelikt; Täter kann nur der Angestellte oder Beauftragte eines geschäftlichen Betriebes sein, der Betriebsinhaber selbst scheidet als Täter aus.[207]

2. Geschützte Rechtsgüter

Geschütztes Rechtsgut ist der faire und redliche Wettbewerb. Daneben sollen die Mitbewerber in ihrer Chancengleichheit und ihren Vermögensinteressen (zumindest) mitgeschützt sein. Nach herrschender Meinung ist hiervon auch der Geschäftsherr umfasst.[208] Dies ist für die Strafantragsberechtigung nach § 301 StGB von Bedeutung, da demnach Mitbewerber und Geschäftsherren als Verletzte strafantragsberechtigt sind. Über § 299 StGB wird der freie und faire Wettbewerb aber nicht abstrakt in seiner Gesamtheit geschützt, sondern nur innerhalb einer tatsächlich bestehenden Wettbewerbssituation und ausschließlich unter den einschränkenden normierten Voraussetzungen, wie es über die Tatbestandsmerkmale der Unrechtsvereinbarung und der unlauteren Bevorzugung beim Bezug von Waren und Leistungen zum Ausdruck kommt.

Der Geltungsbereich des § 12 UWG a. F. erfasste nach ganz herrschender Meinung nur Tathandlungen, die tatsächliche oder potenzielle wettbewerbsverzerrende Auswirkungen auf den deutschen Markt haben. Schutzgut des § 12 UWG a. F. war daher der rein inländische Wettbewerb und die Interessen der inländischen Mitbewerber. Aus diesem Grund waren Zahlungen an Angestellte oder Beauftragte ausländischer Unternehmen nicht vom Schutzbereich des § 12 UWG a. F. erfasst.[209]

Im Hinblick auf den Anwendungsbereich des § 299 StGB war umstritten,[210] inwieweit ausschließlich der Schutz des inländischen Wettbewerbs und der Interessen der inländischen Mitbewerber Zweck der Vorschrift ist. Eine Erweiterung auf den ausländischen Wettbewerb (weltweit) ist durch das Gesetz zur Ausführung der gemeinsamen Maßnahme betreffend die Bestechung im privaten Sektor vom 22.12.1998,[211] vom 22.8.2002[212] durch Einfügung des Abs. 3 erfolgt. Von der Möglichkeit, die Reichweite des Tatbestands auf Handlungen im oder mit Bezug auf den gemeinsamen Markt zu beschränken, hat der Gesetzgeber des

---

[207] *Tröndle/Fischer* § 299 Rdnr. 3.
[208] *Tröndle/Fischer* § 299 Rdnr. 2; *Lackner/Kühl* § 299 Rdnr. 1; BGHSt 31, 207 ff. – noch zu § 12 UWG; Erbs/Kohlhaas/*Diemer* § 12 UWG a. F. Rdnr. 2; gegen den Schutz des Geschäftsherrn, *Bürger* wistra 2003, 130 ff.; kritisch auch *Volk* DJT Bd. II L 46.
[209] Abweichend (auch im Hinblick auf die Vorauflage) Erbs/Kohlhaas/*Diemer* § 12 UWG a. F. Rdnr. 149. ErgLfg. – Mai 2003 Rdnr. 2, wonach unter Berücksichtigung der Begründung des EG-Binnenmarktes diese Rechtsauffassung zweifelhaft sein soll. Siehe hierzu auch LK/*Tiedemann* § 299 Rdnr. 54 ff.
[210] *Randt* BB 2002, 2252 ff.; demgegenüber *Walter* wistra 2001, 321 ff., m. w. N.
[211] Abl. EG Nr. L 358, S. 2 ff.
[212] BGBl. I S. 3387.

Ausführungsgesetzes zur gemeinsamen Maßnahme betreffend die Bestechung im privaten Sektor vom 22.12.1998[213] nicht Gebrauch gemacht.[214] Für Auslandstaten sind daher die §§ 3 ff. StGB heranzuziehen.

206 Tatort im Sinne des § 9 Abs. 1 ist sowohl der Ort einer auf den Abschluss einer Unrechtsvereinbarung gerichteten Erklärung als auch der Ort, an welchem der Vorteil geleistet oder empfangen wird. Die Tat ist abstraktes Gefährdungsdelikt.

3. Einzelne Tatbestandsvoraussetzungen

207 § 299 enthält in Abs. 1 und 2 spiegelbildlich die Tatbestände der Bestechlichkeit und der Bestechung im geschäftlichen Verkehr.

208 a) **Täter im Sinn des § 299 Abs. 1 StGB.** § 299 Abs. 1 StGB beschränkt den Täterkreis für die Bestechlichkeit auf Angestellte und Beauftragte eines geschäftlichen Betriebes. Es handelt sich daher um ein Sonderdelikt, dessen Täter durch die besondere Beziehung zum Betrieb gekennzeichnet wird.[215] Selbständige (außerhalb eines Auftragsverhältnisses) und die Betriebsinhaber sind nach herrschender Meinung keine tauglichen Täter.[216]

209 b) **Geschäftlicher Betrieb.** Der Begriff des geschäftlichen Betriebes umfasst jede auf gewisse Dauer betriebene Tätigkeit im Wirtschaftsleben, die sich durch Austausch von Leistungen und Gegenleistungen vollzieht.[217] Gewinnerzielungsabsicht ist nicht erforderlich, so dass es auf Geldeinnahmen auch nicht ankommt. Auch rein wohltätigen oder sozialen Zwecken dienende Betriebe werden daher von § 299 StGB erfasst, soweit sie wirtschaftliche Tätigkeiten entfalten. Hierzu gehören auch private Krankenhäuser oder andere medizinische Einrichtungen. Auch freiberufliche Tätigkeiten (etwa von Ärzten, Rechtsanwälten oder Architekten) sind als Geschäftsbetriebe im Sinne des § 299 StGB anzusehen.

210 c) **Angestellte oder Beauftragte eines geschäftlichen Betriebs als „bestochene Person".** Die spiegelbildlichen Taten nach Abs. 1 und 2 setzen jeweils die Bestechung eines Angestellten oder Beauftragten eines geschäftlichen Betriebes voraus. Diese Begriffe sind weit auszulegen. Auf arbeitsrechtliche Abgrenzungen kommt es nicht an.

211 **Angestellter** ist derjenige, der in einem mindestens faktischen Dienstverhältnis zu einem Geschäftsherrn steht und dessen Weisungen unterworfen ist. Eine dauerhafte oder entgeltliche Beschäftigung ist nicht erforderlich. Indes reicht die Stellung als untergeordnete Hilfskraft nicht aus. Umfasst ist auch ein nur mit der vorübergehenden Betriebsumstellung betrauter Angestellter. Entscheidend ist, ob das Vertragsverhältnis bereits begründet ist. Ein Angestellter, dem bereits gekündigt worden ist und der in dem Betrieb nicht mehr tätig ist (demnach keinerlei Einflussmöglichkeiten mehr hat), fällt nicht unter den Anwendungsbereich des § 299 StGB. Das Angestelltenverhältnis muss daher zur Zeit der Tathandlung zumindest noch bestehen. Ausgeschiedene Angestellte scheiden aus der Betrachtung aus.[218]

212 **Beauftragter** ist, wer – ohne ein Angestellter zu sein – befugtermaßen für einen Geschäftsbetrieb tätig wird und maßgeblichen Einfluss auf die im Rahmen des Betriebs zu treffenden Entscheidungen besitzt. Als solche kommen etwa faktische Geschäftsführer, Aufsichtsratsmitglieder, Unternehmensberater, Architekten und auch Anwälte in Betracht.[219] Auch Organmitglieder (Vorstandsmitgliedern einer AG oder Geschäftsführer einer GmbH) sind in der Regel Beauftragte. Streitig ist neuerdings die Beurteilung des niedergelassenen Arztes, der Patienten im Rahmen der gesetzlichen Krankenversicherung (GKV) behandelt und seine Leistungen mit der GKV abrechnet.[220]

213 Zusammenfassend ist festzuhalten, dass die Begriffe des Angestellten und Beauftragten nach herrschender Meinung weit ausgelegt werden; das befugte Tätigwerden für den Betrieb genügt,

---

[213] Abl. EG Nr. L 358, S. 2 ff.
[214] Vgl. BT-Drucks. 14/8998, S. 10.
[215] LK/*Tiedemann* § 299 Rdnr. 13; *Lackner/Kühl* § 299 Rdnr. 2; *Tröndle/Fischer* § 299 Rdnr. 3.
[216] LK/*Tiedemann* § 299 Rdnr. 13, Rdnr. 17.
[217] *Tröndle/Fischer* § 299 Rdnr. 4 f.
[218] LK/*Tiedemann* § 299 Rdnr. 16.
[219] BGHSt 2, 396 ff.; BayObLG wistra 1996, 28 ff.; *Wittig* wistra 1998, 7 ff.; Schönke/Schröder/*Heine* § 299 Rdnr. 8; *Lackner/Kühl* § 299 Rdnr. 2; LK/*Tiedemann* § 299 Rdnr. 17.
[220] *Pragal* NStZ 2005, 133, 134 f.

eine dauernde Anstellung ist nicht erforderlich. Entscheidend ist, dass aufgrund der Stellung im Betrieb eine Berechtigung und Verpflichtung besteht, auf Entscheidungen, die den Waren- und Leistungsaustausch betreffen, Einfluss zu nehmen.[221]

Zu beachten ist, dass ein Angestellter oder Beauftragter, der mit Wissen und Wollen oder gegebenenfalls auf Weisung seines Geschäftsherrn einen Vorteil annimmt, dennoch strafbar sein soll. Inwieweit die Zustimmung des Geschäftsherrn zur Annahme eines Vorteils zumindest rechtfertigend wirken könnte, ist streitig.[222] Ein tatbestandliches Handeln scheidet nur dann aus, wenn der Angestellte oder Beauftragte ohne eigene Dispositionsbefugnis nach Weisung oder gegebenenfalls als Bote des Geschäftsherrn tätig wird.[223] In solch einem Fall ist daher weder eine Strafbarkeit des Prinzipals noch des Angestellten gegeben. 214

d) **Geschäftsinhaber.** Geschäftsinhaber sind vom Tatbestand des § 299 StGB nicht erfasst. Schon unter der Geltung des § 12 UWG a. F. vertrat die herrschende Meinung die Auffassung, das das Schutzgut der Norm – die Wettbewerbsordnung als solche – nicht dazu dienen sollte, den Prinzipial eines bestechlichen Angestellten vor dem ungetreuen Mitarbeiter zu schützen. Ob auch ein Alleingesellschafter der juristischen Person, der zugleich Geschäftsführer ist, taugliches Subjekt des § 299 Abs. 1 sein kann, ist bislang nicht entschieden.[224] Nicht erfasst ist der Geschäftsinhaber vor allem deshalb, weil er in der Entscheidung über den Bezug von Waren und gewerblichen Leistungen – und somit auch in der Annahme von Sonderleistungen – völlig frei ist. Er darf sich beim Abschluss von Verträgen durchaus auch von unsachlichen Motiven leiten lassen.[225] Es mehren sich allerdings die Stimmen, die die Strafvorschrift auf den Betriebsinhaber erweitern möchten.[226] 215

f) **Täter des § 299 Abs. 2 StGB.** Der Täterkreis in § 299 Abs. 2 StGB (Angestelltenbestechung) ist nicht beschränkt. Täter können daher jedermann, also insbesondere ein Mitbewerber oder für sie handelnde Personen sein. § 299 Abs. 2 StGB enthält folglich für den Fall der aktiven Bestechung keine Einschränkung des Täterkreises. Der Täter muss jedoch zu Zwecken des Wettbewerbs handeln. Aus diesem Grund können nur Mitbewerber und solche Personen als taugliche Täter angesehen werden, die im Interesse eines Mitbewerbers handeln.[227] 216

Private Dritte, die nicht im Interesse eines Mitbewerbers handeln, kommen als Täter nicht in Betracht. Im Falle der Bereitstellung von Mitteln zur Bestechung steht daher eine Beihilfe[228] oder eine Anstiftung in Frage; Private, die nicht für einen Mitbewerber tätig werden, können nur Anstifter oder Gehilfen sein.[229] Werden Strohfirmen als Vermittler eingeschaltet, die lediglich Mittelsleute der Hintermänner im Unternehmen sind, so können ggf. die Lieferanten Täter sein.[230] Der Täter muss allerdings zu Zwecken des eigenen oder fremden Wettbewerbs handeln. 217

g) **Handeln im geschäftlichen Verkehr.** Die Tathandlung muss in beiden Tatbeständen „im geschäftlichen Verkehr" erfolgen. Das sind alle Kontakte, die sich auf den geschäftlichen Betrieb beziehen. Rein private Handlungen oder eine hoheitliche Tätigkeit eines Amtsträgers fallen nicht darunter. Das Handeln muss aber im Zusammenhang mit dem Betrieb stehen.[231] 218

h) **Vorteilsbegriff und Drittzuwendung.** Als Vorteil im Sinne des § 299 StGB kommt – entsprechend der Begriffsbestimmung in den §§ 331 ff. StGB[232] – grundsätzlich alles in Betracht, was die Lage des Empfängers verbessert und worauf er keinen Anspruch hat. Hiervon erfasst werden materiale wie auch immaterielle Vorteile, insbesondere Provisionen, Rabatte, Sondervergütungen, Geldzuwendungen, aber auch Vermittlung oder Gewährung von Nebeneinnah- 219

---

[221] BGHSt 2, 401 ff.; Wabnitz/Janovsky/*Schubert* Kap. 10 Rdnr. 76.
[222] Bejahend RGSt 48, 291 – Korkengeld; vgl. ferner *Tröndle/Fischer* § 299 Rdnr. 23.
[223] LK/*Tiedemann* § 299 Rdnr. 14.
[224] *Tröndle/Fischer* § 299 Rdnr. 10 a.
[225] *Dölling* DJT 1996 Bd. I Teil C.
[226] LK/*Tiedemann* § 299 Rdnr. 13 m. w. N.
[227] LK/*Tiedemann* § 299 Rdnr. 19; Lackner/Kühl § 299 Rdnr. 6; Schönke/Schröder/*Heine* § 299 Rdnr. 25.
[228] BGH NStZ 2000, 430.
[229] BGH NStZ 2000, 430 ff.
[230] *Wittig* wistra 1998, 7 ff.
[231] *Tröndle/Fischer* § 299 Rdnr. 12.
[232] Vgl. dazu vorn unter IV.3.

men, Darlehensgewährung, Überlassung von Wohnraum, Urlaubsreisen, Verschaffung von Ehrenämtern etc.

220 Da es im Rahmen des § 299 StGB grundsätzlich nicht auf die Höhe des Vermögenswertes ankommt, fallen hierunter bereits kleinere Aufmerksamkeiten und Werbegeschenke. Schwierig zu beurteilen ist deshalb, wann die Annahme solcher Aufmerksamkeiten und Geschenke im Rahmen der Sozialadäquanz gerechtfertigt sein kann bzw. ihre Geringwertigkeit ein Indiz dafür ist, dass sie nicht als Gegenleistung für die unlautere Bevorzugung gegeben worden ist.

221 **Sozialadäquate Vorteile** sollten jedoch ein tatbestandsmäßiges Handeln ausschließen. Dies ist im Rahmen des § 299 StGB – wie bei §§ 331 ff. StGB – allerdings nicht unumstritten und in der Rechtsprechung kaum behandelt. Hier geht es um die Beurteilung der Frage, inwieweit Zuwendungen sozial üblich sind und ihre Hingabe einer allgemeinen Verkehrssitte entspricht und es sich um allgemein gültige Gesten der Höflichkeit handelt. Während im Rahmen der §§ 331 ff. StGB die Rechtsprechung insbesondere die Frage der sozialadäquaten Zuwendungen in Zusammenhang mit der Unrechtsvereinbarung bzw. einer einschränkenden Auslegung der Tatbestände unter dem Gesichtspunkt der Unrechtsvereinbarung zu lösen versucht, wird in Zusammenhang mit § 299 StGB danach gefragt, ob Zuwendungen gelegentlich oder anlässlich einer Handlung gegeben werden und auch danach, ob der Vorteilsgeber in unlauterer Absicht gehandelt hat. Bargeldzahlungen oder die Gewährung teurer Geschenke können demnach kaum jemals „sozialadäquat" sein. Einladungen zu teuren Essen, zu Konzerten oder anderen Veranstaltungen können hingegen durchaus der Pflege bestehender Kontakte dienen und sind demnach nicht zwangsläufig als „verdächtig" oder gar „strafbar" einzuordnen. Dabei ist stets zu überlegen, wer mit wem und bei welcher Gelegenheit Kontakte pflegt (Angemessenheitsprinzip) und ob es hierfür etwa einen besonderen Anlass (Trennungsprinzip) gibt, der die Einladung ggf. fragwürdig erscheinen lassen könnte.[233] Die Grenzen sozialadäquater Vorteile sind im geschäftlichen Verkehr jedenfalls grundsätzlich weiter zu ziehen als im Bereich der öffentlichen Verwaltung.[234]

222 Die Trennung einer sozialadäquaten Aufmerksamkeit von einer sich bereits als Vorteil darstellenden Zuwendung sollte – wie bei §§ 331 ff. StGB – bei der Prüfung der Tatbestandsmäßigkeit gelöst werden. Schwierige Irrtumsfragen ergeben sich, wenn die Sozialadäquanz als Rechtfertigungsgrund angesehen wird. Im Ergebnis kann jedenfalls nicht jede – noch so geringe – Aufmerksamkeit als Bestechungsmittel angesehen werden. Versteht man die Sozialadäquanz als einen Rechtfertigungsgrund, wäre ein Irrtum über seine tatsächlichen Voraussetzungen ein Tatbestandsirrtum nach § 16 StGB.

223 Im Gegensatz zu § 12 UWG a. F. sind **Drittzuwendungen** bei § 299 StGB uneingeschränkt einbezogen worden. Nach herrschender Meinung kommt als Dritter auch der Betriebsinhaber bzw. der Betrieb als Drittbegünstigter in Betracht.[235]

224 i) **Unrechtsvereinbarung. aa) Inhalt.** Der Vorteil muss als Gegenleistung für eine **künftige unlautere Bevorzugung beim Bezug von Waren und gewerblichen Leistungen** gefordert, versprochen oder angenommen bzw. gewährt werden. Erforderlich ist daher ein auf eine Unrechtsvereinbarung gerichteter Wille des Täters; ein konkretes Leistungs- und Gegenleistungsverhältnis ist allerdings nicht Voraussetzung, da der Vorteil nicht bestimmt sein muss. Eine Zuwendung zur Herbeiführung allgemeinen Wohlwollens – zur allgemeinen Klimapflege – ohne Bezug zu einer bestimmten Bevorzugung reicht nicht aus. Die Lockerung der Unrechtsvereinbarung in § 331 StGB durch das Korruptionsbekämpfungsgesetz vom 17.8.1997 hat in § 299 StGB gerade keine Entsprechung gefunden. Ferner werden Zuwendungen zur Belohnung von in der Vergangenheit liegenden Bevorzugungen nicht erfasst, wenn diese nicht ihrerseits Gegenstand einer Unrechtsvereinbarung waren.[236]

225 bb) *Bevorzugung im Wettbewerb.* Die Unrechtsvereinbarung setzt die **zukünftige unlautere Bevorzugung** eines anderen bei dem Bezug von Waren oder gewerblichen Leistungen **im Wettbewerb** voraus. Unter Bevorzugung ist die sachfremde Entscheidung zwischen zumindest **zwei**

---

[233] Anschaulich hierzu: *Dieners,* Zusammenarbeit der Pharmaindustrie mit Ärzten, Kapitel V.
[234] So auch *Tröndle/Fischer* § 299 Rdnr. 16.
[235] LK/*Tiedemann* § 299 Rdnr. 25; *Tröndle/Fischer* § 299 Rdnr. 8; Schönke/Schröder/*Heine* § 299 Rdnr. 12.
[236] Siehe hierzu *Tröndle/Fischer* § 299 Rdnr. 13; *Wittig* wistra 1998, 7 ff.

Bewerbern zu verstehen und setzt folglich einen **Wettbewerb** und die Benachteiligung eines Konkurrenten voraus.[237]

Die Bevorzugung muss sich auf den Bezug von Waren oder gewerblichen Leistungen beziehen. Die beabsichtigte Bevorzugung muss im Wettbewerb des Vorteilsgewährenden mit seinen Konkurrenten erfolgen, was vom Vorsatz des Handelnden erfasst sein muss.

Entscheidend ist hierbei der **zukünftige** Bezug von Waren oder gewerblichen Leistungen. Als ausreichend wird es angesehen, wenn die zum Zwecke des Wettbewerbs vorgenommenen Handlungen geeignet sind, eine Bevorzugung im Wettbewerb zu veranlassen, wobei es nicht der Vorstellung eines bestimmten benachteiligten Mitbewerbs bedürfen soll.[238]

Im Wettbewerb erfolgt eine Bevorzugung auch dann, wenn sie sich auf ein internes Zulassungsverfahren als Voraussetzung für künftige Teilnahmen an Vergabeverfahren bezieht.[239]

cc) *Unlautere Bevorzugung.* Die Bevorzugung ist unlauter, wenn sie geeignet ist, Mitbewerber durch Verletzung der Regeln des fairen Wettbewerbs auszuschalten. Dabei sind – je nach Perspektive – entweder die Mitbewerber des Betriebs des Zuwendungsempfängers oder die des Zuwenders betroffen.

Das Merkmal der Unlauterkeit grenzt sachwidrige von sachgerechten Motiven der Bevorzugung ab.[240] Es beschreibt das Verhältnis von Leistung und Gegenleistung im Gefüge der Unrechtsvereinbarung und ist weder mit § 138 BGB noch mit § 1 UWG deckungsgleich. Mit Blick auf die geschützten Interessen geht es um die Erhaltung der Sachgerechtigkeit. Sachwidrige Entscheidungsfaktoren sind geeignet, dass Allgemeininteresse an lauteren Wettbewerbsbedingungen zu beeinträchtigen und Interessen von Mitbewerbern und Geschäftsherrn zu gefährden.

Soziale Gepflogenheiten sind dann beim Merkmal der Unlauterkeit normativ zu berücksichtigen, wenn sie als tatbestandsgemäß angesehen werden. Kleinere Aufmerksamkeiten, Werbegeschenke oder Einladungen auch zu einem Essen sind – wie erläutert – keine Vorteile im Rahmen einer unlauteren Bevorzugung. Solche Zuwendungen sind im Hinblick auf den Verkehrskreis typischerweise eben nicht hinreichend geeignet, geschäftliche Entscheidungen sachwidrig zu beeinflussen.

dd) *Bezug von Waren und gewerblichen Leistungen.* Die Bevorzugung muss sich auf den Bezug von Waren oder gewerblichen Leistungen beziehen. Waren sind alle wirtschaftlichen Güter, die Gegenstand des Handels sein können. Gewerbliche Leistungen sind weit zu verstehen und umfassen alle geldwerten Leistungen des gewerblichen oder geschäftlichen Lebens, also auch diejenigen der freien Berufe. Da der Begriff Bezug den gesamten wirtschaftlichen Vorgang von der Bestellung über die Lieferung bis hin zur Bezahlung der Ware oder Leistung umfasst,[241] kann daher auch die bevorzugte Erledigung einer Auszahlungsanordnung durch einen Angestellten in Betracht kommen; ebenso der Verzicht auf die Geltendmachung einer Forderung.[242] Vereinzelt geblieben ist die Ansicht des Landgerichts Magdeburg,[243] welches in einer Entscheidung aus dem Jahr 2001 vertreten hatte, dass die Erteilung von anwaltlichen Mandaten nicht unter das Tatbestandsmerkmal der „gewerblichen Leistungen" der freien Berufe falle.[244]

j) **Tathandlungen.** Tathandlungen des Abs. 1 sind das Fordern, Sich-Versprechen-Lassen oder Annehmen eines Vorteils durch den Angestellten oder Beauftragten eines geschäftlichen Betriebes und spiegelbildlich in Abs. 2 das Anbieten, Versprechen oder Gewähren eines Vorteils. Diese Handlungen sind die auf den Abschluss einer Unrechtsvereinbarung gerichteten ausdrücklichen oder stillschweigenden Erklärungen des Täters. Diese Erklärungen, die auch in

---

[237] BGH wistra 2003, 385 ff. 386.
[238] BGH wistra 2003, 385 ff. 386.
[239] BGH NJW 2004, 3129 ff.; siehe auch LG Frankfurt am Main Urt. v. 27.5.2003 – 5/13 KLs 7740 Js 205984/2003 – n.v.
[240] *Lackner/Kühl* § 299 Rdnr. 5; BGHSt 2, 396 ff., 401; Schönke/Schröder/*Heine* § 299 Rdnr. 20; *Tröndle/Fischer* § 299 Rdnr. 16.
[241] BGHSt 10, 269 ff., 270.
[242] LK/*Tiedemann* § 299 Rdnr. 30.
[243] LG Magdeburg wistra 2002, 156 ff., 157.
[244] Zur Kritik siehe *Lesch* AnwBl. 2003, 261 ff.

Sondierungsgesprächen zum Ausdruck kommen können, müssen den anderen Beteiligten zur Kenntnis gelangen. Ein Erfolg der Forderung gehört nicht zum Tatbestand, wohl aber, dass die Erklärung dem anderen zugeht. Insoweit ist das Risiko der Strafbarkeit weit nach vorn verlagert. Die Annahme einer Zuwendung setzt eine Einigung beider Seiten über Gegenstand und Zweckrichtung der Zuwendung voraus. In allen Fällen genügt konkludentes Handeln. Bleibt offen, ob sich eine Zuwendung auf eine vergangene oder zukünftige Bevorzugung bezieht, wird dann eine Unrechtsvereinbarung vorliegen, wenn die zukünftige Bevorzugung bereits hinreichend konkret ist.[245]

233 **k) Auslandstaten.** Probleme bereitet die strafrechtliche Beurteilung von Taten mit Auslandsbezug, etwa wenn die Tathandlung im Ausland begangen wurde und auch der Tatererfolg im Ausland eingetreten ist. In diesem Zusammenhang muss geprüft werden, inwieweit der Schutzbereich der deutschen Strafrechtsnorm überhaupt erfasst ist. Darüber hinaus bemisst sich die Geltung des deutschen Strafrechts für Auslandstaten generell nach den §§ 3 ff. StGB.

234 § 299 Abs. 2 StGB gilt über den im Jahre 2002 eingeführten Abs. 3 auch für Handlungen im ausländischen Wettbewerb. Da jedoch die Handlung im ausländischen Wettbewerb nicht identisch ist mit einer Auslandshandlung gemäß § 299 Abs. 2 StGB, stellt sich die Frage, inwieweit über die Einführung des Abs. 3 StGB der § 299 Abs. 2 StGB auch für Auslandstaten gilt. Rechtsprechung hierzu ist soweit ersichtlich noch nicht ergangen. Fest steht, dass der Tatbestand seit der Gesetzesänderung und mit Einführung des § 299 Abs. 3 StGB nicht mehr ausschließlich den deutschen Wettbewerb oder ein anderes rein deutsches Rechtsgut schützt. Insoweit finden die §§ 3 ff. StGB Anwendung. Nach § 7 StGB muss geprüft werden, ob die Tat am Tatort mit Strafe bedroht ist.

235 Die strafrechtliche Behandlung von Auslandsbezügen des § 299 StGB ist insbesondere bei der aktiven Bestechung nach Abs. 2 problematisch. Es gibt zwar kaum ein Land, in dem die Amtsträgerkorruption nicht strafbar ist, hinsichtlich der Angestelltenbestechung verhält es sich jedoch anders. Die Frage, ob Auslandstaten bzw. Sachverhalte mit Auslandsbezug von § 299 StGB umfasst werden, betrifft daher zunächst die Frage des internationalen Schutzbereichs des Tatbestandes. Insoweit geht es nur um die Frage der Anwendbarkeit des deutschen Strafrechts in Fällen mit Auslandsbezug. Die deutschen Gerichte wenden insoweit nicht ausländisches Strafrecht an. Erforderlich ist vielmehr ein zweistufiges Vorgehen. Es muss zunächst geprüft werden, ob der fragliche Auslandssachverhalt vom Schutzbereich des jeweiligen Tatbestandes erfasst wird. Sodann ist zu überprüfen, ob das deutsche Strafrecht nach den §§ 3 ff. StGB anwendbar ist.

4. Relatives Antragsdelikt (§ 301 StGB)

236 Im Gegensatz zu der Bestechung und Bestechlichkeit von Angestellten nach § 12 UWG a. F. sieht § 301 StGB im Hinblick auf die Verfolgbarkeit der Tat vor, dass bei besonderem öffentlichen Interesse eine Strafverfolgung auch von Amts wegen möglich ist. § 299 StGB ist daher ein relatives Antragsdelikt.[246]

237 Antragsberechtigt nach § 301 Abs. 2 StGB sind neben dem Verletzten Gewerbetreibende (die Waren oder gewerbliche Leistungen gleicher Art vertreiben), Verbände und Kammern (IHK und HWK) im Sinne des § 13 Abs. 2 Nr. 1, 2 und 4 UWG, im Übrigen wohl auch der Geschäftsinhaber des betroffenen Angestellten.

5. Besonders schwere Fälle (§ 300 StGB)

238 § 300 StGB sieht besonders schwere Fälle der Bestechlichkeit und Bestechung im geschäftlichen Verkehr vor. Als Regelbeispiel gilt, wenn die Tat sich auf einen Vorteil großen Ausmaßes bezieht oder der Täter gewerbsmäßig oder als Mitglied einer Bande handelt, die sich zur fortgesetzten Begehung solcher Taten verbunden hat. Ein Vorteil großen Ausmaßes liegt vor, wenn der Wert des erlangten oder erstrebten Vorteils den Durchschnittswert erlangter Vorteile erheb-

---

[245] *Tröndle/Fischer* § 299 Rdnr. 17.
[246] Zur Frage, ob ein Strafverfolgungshindernis im Hinblick auf Altfälle nach § 12 UWG a. F. besteht, wenn Strafanträge nicht oder nicht rechtzeitig gestellt wurden, vgl. *Greeve*, Korruptionsdelikte, Rdnr. 461 f.

lich überschreitet. Befürwortet wird, dass der Begriff tatbestandsspezifisch auszulegen ist. Auf allgemeine Maßstäbe kann nicht zurückgegriffen werden. Vielmehr ist – spiegelbildlich zu der Frage der Sozialadäquanz von Vorteilen im Rahmen des § 299 StGB – nach den Umständen im Einzelfall und anhand der jeweiligen geschäftlichen Beziehungen und der Wettbewerbssituation zu entscheiden. Schwierigkeiten bestehen im Hinblick auf die Erweiterung des § 299 auf den ausländischen Markt weltweit. Zu berücksichtigen sind hier ganz unterschiedliche Jahresgehälter von Angestellten und Beauftragten sowie generell die unterschiedlichen Lebenssituationen. Zu beachten ist ferner, dass gewerbsmäßiges Handeln dann anzunehmen ist, wenn aus der wiederholten Begehung einer Tat eine fortlaufende – auch mittelbare – Einnahmequelle von einiger Dauer und einigem Umfang geschafft werden soll.[247] Die Gewerbsmäßigkeit kommt schon dann in Betracht, wenn der Täter als Repräsentant eines Unternehmens wiederholt und/oder in ständiger Übung Bestechungen – auch im internationalen Geschäftsverkehr – begeht, um dem Unternehmen eine fortlaufende Einnahmequelle zu verschaffen, sofern der Repräsentant sich ebenfalls mittelbare Vorteile, also Provisionen o.ä., aus den Tathandlungen verspricht. Das Handeln als Mitglied einer Bande setzt schließlich voraus, dass sich mindestens drei Personen für eine gewisse Dauer zur fortgesetzten Begehung von Bestechungstaten verbunden haben.[248]

6. Erweiterter Verfall (§ 302 StGB)

Gemäß § 302 StGB kommt auch der erweiterte Verfall in Betracht, wenn der Täter gewerbsmäßig gehandelt hat. Die noch in § 302 StGB genannte Vermögensstrafe gemäß § 43 a StGB ist nach der Entscheidung des Bundesverfassungsgerichts[249] vom 20.3.2002 für verfassungswidrig erklärt worden. In § 302 Abs. 2 StGB ist ferner der erweiterte Verfall für die Fälle möglich, die nach § 299 Abs. 2 StGB bandenmäßig begangen wurden.

VI. Korruptionsdelikte auf internationaler Ebene

1. Überblick

Von Bedeutung sind hier die auf internationaler Ebene getroffenen Übereinkommen, welche die Eindämmung der grenzüberschreitenden Korruption bezwecken. Hervorzuheben sind hier das EUBestG sowie das IntBestG, die am 22.9.1998 bzw. 15.2.1999 in Kraft traten.[250]

Seit dem 15.2.1999 ist nach Deutschem Strafrecht die Bestechung von Amtsträgern, Richtern, Soldaten und Abgeordneten fremder Staaten und internationaler Organisationen im internationalen Geschäftsverkehr strafbar. Diese Strafbarkeitserweiterung im Rahmen der Bestechungsdelikte durch das Gesetz zu dem Übereinkommen vom 17.12.1997 über die Bekämpfung der Bestechung ausländischer Amtsträger im internationalen Geschäftsverkehr (Gesetz zur Bekämpfung internationaler Bestechung – IntBestG) vom 10.9.1998 geht auf ein OECD-Übereinkommen zurück, dass am 17.12.1997 von allen 29 Mitgliedsstaaten der OECD sowie von den 5 Nichtmitgliedsstaaten Argentinien, Brasilien, Bulgarien, Chile und der Slowakischen Republik unterzeichnet wurde.

Bereits vor In-Kraft-Treten des IntBestG am 15.2.1999 trat am 22.9.1998 das Gesetz zum Protokoll vom 27.9.1996 zum Übereinkommen über den Schutz der finanziellen Interessen der Europäischen Gemeinschaften (EUBestG) in Kraft. Genau wie das IntBestG beruht das EUBestG auf einer internationalen Übereinkunft. Es weist viele Parallelen zum IntBestG auf, allerdings auch einige bemerkenswerte Unterschiede.[251]

2. EUBestG

Das EU-Bestechungsgesetz verpflichtet alle Staaten der Europäischen Gemeinschaft, die erforderlichen Maßnahmen zu treffen, um sicher zu stellen, dass in ihrem Strafrecht die Um-

---

[247] Siehe hierzu BGHSt 1, 383; BGHSt 29, 189; BGH NStZ 1996, 85; BGH wistra 1999, 465 ff.
[248] BGHSt 46, 321.
[249] BGBl. I S. 3040.
[250] *Krause/Vogel* RIW 1999, 488 ff.; *Westhoff* RIW 1999, 950 f.; *Pelz* StraFo 2000, 300 ff.
[251] Vgl. dazu *Krause/Vogel* RIW 1999, 488 ff.

schreibungen der Straftaten, die Bestechungen im Sinne des Übereinkommens sind, sowohl in Fällen der aktiven als auch der passiven Bestechung auf die Bestechung von Gemeinschaftsbeamten, Mitgliedern der Kommission der Europäischen Gemeinschaften, des Europäischen Parlaments, des Gerichtshofes und des Rechnungshofes der Europäischen Gemeinschaften bei der Wahrnehmung ihrer Aufgaben ausgedehnt werden. Dieser Verpflichtung ist die Bundesrepublik Deutschland mit dem EU-Bestechungsgesetz nachgekommen, dessen wesentlichen Inhalt seine strafrechtlichen Bestimmungen in Art. 2 § 1 EUBestG darstellen. Diese Norm stellt für die Anwendung der Bestechungsdelikte nach den §§ 332, 334 – 336, 338 StGB einem deutschen Richter die Richter eines anderen Mitgliedsstaates der Europäischen Union und die Richter eines Gerichts der Europäischen Union gleich. Einem sonstigen Amtsträger im Sinne der bisherigen deutschen Vorschriften werden gleichgestellt: ein Amtsträger eines anderen Mitgliedsstaates der Europäischen Union, soweit seine Stellung einem Amtsträger im Sinne des § 11 Abs. 1 Nr. 2 StGB entspricht; ein Gemeinschaftsbeamter im Sinne des Art. 1 des Protokolls vom 27.9.1996 zum Übereinkommen über den Schutz der finanziellen Interessen der Europäischen Gemeinschaften; ein Mitglied der Kommission und des Rechnungshofes der Europäischen Gemeinschaften. Darüber hinaus werden auf die Gemeinschaftsbeamten der EU und die Mitglieder der Kommission die Bestimmungen über den besonders schweren Betrug, den besonders schweren Subventionsbetrug und die besonders schwere Steuerhinterziehung durch einen Amtsträger oder mit dessen Hilfe unter Ausnutzung seiner Amtsträgereigenschaft ausgedehnt.[252]

3. IntBestG

244 Das IntBestG, welches am 15.2.1999 in Kraft trat, besteht lediglich aus drei Artikeln. Von besonderer Bedeutung ist Artikel 2 des IntBestG, der in materiell-rechtlicher Hinsicht die strafrechtlichen Normen beinhaltet. Diese sind so aufgebaut, dass die Strafvorschriften des Deutschen StGB, in denen die Bestechungsdelikte geregelt sind (§§ 334 ff. StGB), in Bezug genommen werden. Während die geschützten Rechtsgüter der Bestechungstatbestände des StGB die Lauterkeit des Öffentlichen Dienstes und das Vertrauen der Allgemeinheit hierauf sind, zielt das IntBestG darauf ab, die wirtschaftliche Entwicklung und internationale Wettbewerbsbedingungen zu schützen. Daher stellt das IntBestG gerade die Bestechung von Amtsträgern, Richtern, Soldaten und Abgeordneten fremder Staaten und internationaler Organisationen unter Strafe. In Artikel 2 § 3 IntBestG sind daher auch sog. Auslandstaten von deutschen Staatsbürgern, also solche, bei denen weder der Täter in Deutschland gehandelt hat, noch in Deutschland ein zum Tatbestand gehörender Erfolg eingetreten ist oder nach der Vorstellung des Täters eintreten sollte. Es macht sich daher nicht nur strafbar, wer von Deutschland aus einen ausländischen Amtsträger besticht, sondern auch jeder Deutsche, der im Ausland einen ausländischen Amtsträger besticht, ohne dass ein Bezug der Tat zu Deutschland bestehen oder auch nur beabsichtigt sein müsste. Hervorzuheben ist, dass die Strafbarkeit einer Auslandstat nach Artikel 2 § 3 IntBestG nicht die Strafbarkeit der Bestechungshandlung nach dem Strafrecht des Landes, in dem die Tat begangen wird, oder des Landes, für das der Amtsträger tätig ist, voraussetzt.[253]

245 Bei der Prüfung, ob eine strafbare Bestechung im internationalen Geschäftsverkehr nach IntBestG gegeben ist, ist zunächst zu prüfen, ob eine Handlung vorliegt, die eine Bestechung im Sinne des Artikel 2 § 1 IntBestG i. V. m. §§ 334, 335, 336 StGB darstellt; sodann ist zu prüfen, ob es sich bei dem Zuwendungsempfänger um einen Richter, sonstigen Amtsträger oder Soldaten nach Artikel 2 § 1 Ziffer 1 – 3 IntBestG handelt und ob der Täter vorsätzlich handelte. Eine Bestechung in diesem Sinne (und gemäß § 334 Abs. 1 StGB) begeht, wer einem ausländischen Amtsträger einen Vorteil für diesen oder einen Dritten als Gegenleistung dafür anbietet, verspricht oder gewährt, der dafür eine künftige richterliche Handlung oder Diensthandlung vornehmen wird und dadurch seine Dienstpflichten verletzen würde, um sich oder einem Dritten einen Auftrag oder einen unbilligen Vorteil im internationalen geschäftlichen Verkehr zu verschaffen oder zu sichern. Zuwendungsempfänger kann auch ein Dritter sein. Die Einbeziehung dieser Drittvorteile geht auf das Gesetz zur Bekämpfung der Korruption vom

---

[252] *Westhoff* RIW 1999, 950 f.
[253] *Krause/Vogel* RIW 1999, 488 f.

13.8.1997 zurück. Dritter kann jede natürliche oder juristische Person sein. Ein besonderes Beziehungsverhältnis zwischen Amtsträger und Zuwendungsempfänger ist nicht erforderlich.

Die dem Amtsträger angebotene, versprochene oder gewährte Zuwendung muss als Gegenleistung für die **pflichtwidrige** Diensthandlung gewährt werden. Diesbezüglich muss der Vorteil dem Empfänger für eine bestimmte künftige Diensthandlung zugute kommen. Ausreichend ist hier bereits eine stillschweigende Übereinkunft zwischen dem Zuwendenden und dem Amtsträger. Hinsichtlich der Bestimmtheit der künftigen Diensthandlung ist erforderlich, aber auch ausreichend, dass die Diensthandlung nach ihrem sachlichen Gehalt zumindest in groben Umrissen erkennbar und festgelegt ist. Als ausreichend wird erachtet, wenn etwa ein sog. Betreuungs- oder Beratungsvertrag mit dem Amtsträger abgeschlossen wird, aufgrund dessen laufende Zahlungen erfolgen, selbst wenn bei Abschluss noch nicht erkennbar ist, welche Handlungen aus dem amtlichen Tätigkeitsbereich im Einzelnen entgolten werden sollen. Es ist nicht erforderlich, dass der Zuwendungsanbieter selbst an den Amtsträger herantritt, das Anerbieten oder Versprechen kann auch durch einen Dritten erfolgen. Voraussetzung ist aber u. a., dass der Amtsträger hiervon tatsächlich Kenntnis erlangt. Die Zuwendung muss auf die Vornahme einer Diensthandlung gerichtet sein. Diensthandlung meint hier jede Handlung, die in den Kreis der Obliegenheit gehört, die dem Amtsträger übertragen ist und die von ihm in dienstlicher Eigenschaft vorgenommen wird.[254] Zu beachten ist, dass hierzu auch eine vorbereitende, unterstützende oder beratende Tätigkeit bereits genügen kann. Eine Dienstleistung kann daher z. B. schon dann vorliegen, wenn ein Amtsträger ein Gremium bei der Frage berät, ob durch das Gremium bestimmte Verträge abgeschlossen, Aufträge erteilt oder Ankäufe getätigt werden sollen.

Nach Artikel 2 § 1 IntBestG werden nur solche Bestechungshandlungen unter Strafe gestellt, die sich auf künftige Diensthandlungen oder richterliche Handlungen beziehen. Die nachträgliche Zuwendung im Sinne eines Anerkenntnisses ist daher an sich nicht unter Strafe gestellt. Zu beachten ist, dass es nicht auf die zeitliche Abfolge von Vorteilsgewährung und Diensthandlung ankommt, sondern vielmehr auf den Zeitpunkt der Vereinbarung zwischen Zuwendendem und Amtsträger. Wird also daher der Vorteil bereits vor der Diensthandlung versprochen, aber erst nach der Vornahme der pflichtwidrigen Diensthandlung gewährt, so ist der Tatbestand der Bestechung erfüllt. Darüber hinaus kommen durchaus auch Fallgestaltungen in Betracht, in denen das wiederholte, nachträgliche und zunächst nicht vorher angekündigte sich erkenntlich Zeigen für pflichtwidrige Diensthandlungen als konkludentes Anbieten von entsprechenden Zuwendungen für zukünftige Dienstpflichtverletzungen angesehen werden können.[255]

Eine Diensthandlung ist pflichtwidrig, wenn sie gegen Gesetze, Verwaltungsvorschriften, Richtlinien, allgemeine Dienstanweisungen oder Anweisungen des Vorgesetzten verstößt.[256] Dies kommt auch in Betracht, wenn es um Ermessensentscheidungen geht, da hier eine Entscheidung aufgrund sachfremder Erwägungen getroffen werden kann.[257]

Nicht strafbar sind solche Zuwendungen, die ausländischen Amtsträgern, Soldaten oder Richtern dafür angeboten, versprochen oder gewährt werden, dass diese ihre Dienstpflichten einhalten. Eine solche Handlung wäre nach § 333 StGB, also im Falle der Vorteilsgewährung an einen deutschen Amtsträger, strafbar. Auch können im Einzelfall sog. „Beschleunigungsgelder" straflos bleiben, soweit die Reihenfolge der Bearbeitung von Anträgen nach dem ausländischen Recht in das freie Belieben des jeweiligen Amtsträgers gestellt ist.[258] Allerdings kann eine Pflichtwidrigkeit des Amtsträgers vorliegen, wenn die Beschleunigung zu Nachteilen anderer Antragsteller führt.[259] Zu beachten ist aber, dass der rechtliche Rahmen für die jeweilige Diensthandlung nach der fremden Rechtsordnung zu prüfen ist. Hierin bestehen die wesentlichen Schwierigkeiten bei Anwendung des IntBestG.

Die Strafbarkeit nach IntBestG setzt schließlich voraus, dass das Ziel der Bestechung darin liegen muss, sich oder einem Dritten einen Auftrag oder einen unbilligen Vorteil im interna-

---

[254] BGHSt 31, 264 ff., 280.
[255] Siehe hierzu *Krause/Vogel* RIW 1999, 488 ff.
[256] BGHSt 15, 92.
[257] Siehe hierzu bereits oben Rdnr. 176 f.
[258] Siehe hierzu BGHSt 3, 143 ff., 147.
[259] BGHSt 15, 350 ff.

tionalen geschäftlichen Verkehr zu beschaffen oder zu sichern; nach dem allgemeinen Bestechungstatbestand des § 334 StGB ist eine besondere Zielsetzung bei der Bestechung für die Strafbarkeit nicht erforderlich. Rechtsprechung zum IntBestG liegt noch nicht vor. Aus dem Wortlaut der neuen Bestimmungen und den Gesetzesmaterialien lässt sich jedoch ablesen, dass eine weite Auslegung des Merkmals „Auftrag oder unbilliger Vorteil" vorzunehmen ist. Ausreichend ist, dass die Bestechungshandlung mit dem Ziel vorgenommen wird, dass der Auftrag oder der unbillige Vorteil zukünftig erlangt werden. Hinsichtlich der Frage, was mit dem Begriff „Auftrag" gemeint ist, sind die unterschiedlichen Begrifflichkeiten zu berücksichtigen, die sowohl Kaufverträge wie auch Werkverträge, Dienstleistungsverträge und Beratungsverträge erfassen. Der Begriff des unbilligen Vorteils meint jede Besserstellung materieller oder immaterieller Art (in Anlehnung an § 334 StGB), auf die der Zuwendende keinen rechtlich begründeten Anspruch hat. Erfasst davon kann z. B. auch eine günstigere tatsächliche Position sein, wie beispielsweise die Zulassung zur Teilnahme an einem Ausschreibungsverfahren, wie es der Gesetzgeber in seiner Entwurfsbegründung ausdrücklich erwähnt hat.[260][261]

251 Geschäftlicher Verkehr meint nach dem IntBestG einen grenzüberschreitenden oder auslandsbezogenen Sachverhalt, wozu allerdings auch der Geschäftsverkehr mit internationalen Organisationen gehört, die im Inland ihren Sitz haben. Angesichts des Schutzzweckes des IntBestG und der Gesetzesbegründung muss auch hier von einer weiten Auslegung ausgegangen werden. Dies hat zur Folge, dass etwa schon durch die faktische Beherrschung eines Unternehmens oder auch nur das Halten von Geschäftsanteilen einer Gesellschaft im Land des Amtsträgers durch ein ausländisches Unternehmen das Kriterium des auslandsbezogenen Sachverhalts begründet sein kann, wenn das wirtschaftliche Ergebnis des Unternehmens oder der Gesellschaft ins Ausland abfließt (z. B. die Aufnahme in eine Konzernbilanz).

VII. Begleitdelikte

252 Korruptionsverfahren berühren regelmäßig weitere Deliktsgruppen, so dass stets zu prüfen ist, welche strafbaren Handlungen noch in Betracht kommen können. Häufig festzustellende Begleitdelikte sind – neben dem Verbot wettbewerbsbeschränkender Absprachen nach § 298 StGB – vor allem Betrug, Untreue und steuerstrafrechtliche Delikte. Daneben sind Delikte zu beachten, welche die Verletzung des Geheimbereichs (Geheimnisverrat) zum Gegenstand haben, insbesondere die Verletzung von privaten oder Geschäftsgeheimnissen nach § 203 StGB, die Verwertung fremder Geheimnisse nach § 204 StGB, das Ausspähen von Daten nach § 202 a StGB sowie im Bereich der Amtsdelikte die Verletzung des Dienstgeheimnisses und der besonderen Geheimnishaltungspflicht nach § 353 b StGB. Relevant sind ferner die Verletzung von Geschäfts- und Betriebsgeheimnissen im Sinne der §§ 17, 18 UWG sowie die Urkundenfälschung (§ 267 StGB), die Verleitung eines Untergebenen zu einer Straftat (§ 357 StGB) und die Erpressung (§ 253 StGB). Im Weiteren stellen u. a. schwerwiegende Korruptionstaten sowie damit zusammenhängende Begleitdelikte, etwa Steuerhinterziehung, Untreue oder Betrug, ggf. Vortaten einer Geldwäsche im Sinne des § 261 StGB dar.

1. Wettbewerbswidrige Absprachen als Submissionsbetrug im Sinne des § 263 StGB

253 Manipulationen in einem Vergabeverfahren oder Absprachen unter den beteiligten Unternehmen mit dem Ziel der Herbeiführung des Zuschlages an einen Bieter aus ihrem Kreis können neben einem Verstoß nach § 298 StGB auch einen Betrug nach § 263 StGB begründen. In Betracht kommt ein Betrug sowohl zum Nachteil des Auftraggebers als auch zum Nachteil des Mitbieters.

254 Als Begleittat zur Korruption finden sich diese Vorgänge insbesondere dann, wenn es Absprachekreisen gelingt, durch Gewährung von Zuwendungen an einzelne Entscheider oder Beauftragte (etwa: das mit dem Vergabeverfahren befasste Ingenieurbüro) privilegierten Zugang zu geschützten Informationen bei der Vorbereitung und Durchführung einer Vergabeentscheidung zu erhalten. Auf Basis solcher Informationen (z. B. über anstehende Bauvorhaben, die

---

[260] BT-Drucks. 13/10 428, S. 6.
[261] *Krause/Vogel* RIW 1999, 488 ff.

Größe des Budgets, den Kreis der angefragten Teilnehmer eines Vergabewettbewerbs, die Bieterliste und die Angebotsdetails) lassen sich Absprachen „punktgenau" planen und umsetzen.

a) Entwicklung in der Rechtsprechung. Die Praxis hatte seit der Entscheidung des BGHSt in Band 16, 367 ff. mangels Feststellbarkeit eines Schadens die Anwendbarkeit des § 263 StGB auf wettbewerbswidrige Absprachen verneint, da mangels belastbarer Kriterien kein „angemessener" Preis als Grundlage einer Schadensberechnung zur Verfügung stehe. Unter Rückgriff auf die Grundsätze des Wettbewerbs- und Preisrechts stellte der BGH mit Urteil vom 8.1.1992[262] bei der Schadensberechnung nun auf den „hypothetischen Wettbewerbspreis" ab, also den Preis, der für den Auftraggeber bei einem fairen und unbeeinflussten Wettbewerb erzielbar gewesen wäre. Diese Entscheidung ist zwar auf Kritik gestoßen,[263] hat aber erstmals Wege aufgezeigt, wie das Problem der Schadensermittlung praktisch gelöst werden kann. Hierzu hat der BGH erläutert, dass die Feststellung des Vermögensschadens vor allem Sache der tatrichterlichen Würdigung des Einzelfalles sei und eine Reihe von Indizien angeführt, aus denen sich ergeben kann, dass der (auf der Vorspiegelung fairen, aber durch Absprachen beeinflusste Angebots-)Preis höher liegt als ein im fairen Wettbewerb erzielbarer Marktpreis gelegen hätte. 255

Mitglieder eines Absprachekreises, die ihrerseits Schutzangebote abgeben, kommen als Mittäter oder Gehilfen eines Betruges in Betracht, da es genügt, den Vermögensvorteil für einen anderen zu erstreben (fremdnütziger Betrug). 256

b) Betrug zum Nachteil des Auftraggebers. Die Abgabe eines Angebotes enthält die (konkludente) oder sogar schriftliche Erklärung,[264] dass dieses ohne eine vorherige Preis- oder sonstige Absprache unter den Bietern zustande gekommen ist;[265] diese Betrachtung soll auch im Rahmen einer freihändigen Vergabe gelten.[266] Diese Täuschungshandlung wird als ursächlich für den Irrtum des Auftraggebers angesehen, der (zu Unrecht) davon ausgeht, dass es sich bei den Angeboten um Wettbewerbspreise bzw. um unbeeinflusste Leistungsinhalte handelt. Die Erteilung des Zuschlags stellt die Vermögensverfügung dar. Der Vermögensschaden wird schon in der Übernahme der rechtsgeschäftlichen Verpflichtung durch den Auftraggeber gesehen (Eingehungsbetrug). 257

Die Berechnung des Vermögensschadens ergibt sich aus der Differenz zwischen der angebotenen und nach Verhandlung vereinbarten Auftragssumme und dem Preis, der bei Beachtung der für das Vergabeverfahren geltenden Regeln hätte erzielt werden können.[267] Der erzielbare Preis ist danach der erzielte Preis abzüglich etwaiger absprachebedingter Preisaufschläge, insbesondere Preisaufschläge bei der Preisbildung im Kartell etwaiger Zuwendungen an Entscheider, Aufwand für Ausgleichszahlungen an nicht berücksichtigte Mitglieder des Preiskartells und die Kosten des Kartells insgesamt.[268] Als „Praxis" derartiger Absprachekreise ist u. a. die sog. „Mittelpreisbildung" bekannt geworden, bei der zunächst jedes Kartellmitglieder intern und vertraulich seinen Preis frei von Wettbewerbseinflüssen im Kartellkreis nannte und aus diesem Preisbild ein sog. „Mittelpreis" errechnet wurde, der sodann die Basis des Angebots desjenigen bildete, der aus dem Kreis „herausgestellt" worden war, also als „Billigster" gegenüber dem Auftraggeber anbieten durfte; alle übrigen Kartellmitglieder boten sodann oberhalb dieses Mittelpreises an, was zeigt, dass selbst der „billigste Bieter" deutlich überhöht anbot. 258

Für die Frage der Strafbarkeit ist es unbeachtlich, ob Dritte (die nicht zum Kartell gehören) höhere Angebote eingereicht hätten.[269] 259

---

[262] BGHSt 38, 186 ff. = NJW 1992, 921 ff.
[263] Siehe hierzu im Einzelnen Wabnitz/Janovsky/*Schubert* Kap. 10 Rdnr. 88; Greeve/Leipold/*Diehl* Baustrafrecht 5. Teil § 23 Rdnr. 4 ff. – jeweils m. w. N.
[264] VOB Teil B § 8 Nr. 4.
[265] Siehe hierzu BGH NStZ 2001, 540 ff.; vgl. auch OLG Hamm NJW 1958, 1151 ff.
[266] BGH, NStZ 2001, 540 ff.
[267] BGH NStZ 2001, 540 ff.; BGH NJW 1997, 3034 ff.; BGH NJW 1995, 737 ff.; BGH NJW 1992, 921 ff.
[268] BGH NStZ 2001, 540 ff.; BGH, NJW 1997, 3034 ff. In Fachkreisen berühmt insoweit die Notiz eines Kartellmitglieds, der die Preisaufschläge des Kartells wie folgt begründete: „3% für Freunde am Bau, 2% für Freude am Bau!" Die Ermittlung des Betrugsschadens war damit recht einfach.
[269] BGH wistra 2001, 295 ff.

260 Im Wege der Schadensschätzung können sachfremde Rechnungsposten, die bei einer wettbewerbskonformen Preisbestimmung nicht in die Angebotssumme einkalkuliert wären, als Mindestschaden des Auftraggebers angesetzt werden.[270]

261 Darüber hinaus kann die Submissionsabsprache auch als Erfüllungsbetrug angesehen werden;[271] dies auch unter dem Gesichtspunkt, dass die Geltendmachung von Schadenersatzansprüchen wegen der Preisabsprache verhindert wird.[272]

262 **c) Betrug zum Nachteil des Mitbieters.** Ein Betrug zum Nachteil eines korrekt handelnden Mitbieters ist unter dem Gesichtspunkt in Betracht zu ziehen, dass auch Erwerbs- und Gewinnaussichten von § 263 StGB geschützt werden, wenn ihnen ein wirtschaftlicher Wert zukommt.[273]

263 Beispiel:
Ein Unternehmer lässt durch einen bestochenen Angestellten einer Vergabestelle die Angebotsunterlagen eines Mitbieters so manipulieren, dass er den Zuschlag erhält.

264 Der entstandene Mindestschaden ist ggf. zu schätzen.[274] Eine Kompensation des Schadens, etwa dadurch, dass ein unterlegener Mitbieter einen anderen Auftrag erhält, bleibt unberücksichtigt.

265 Für die Strafverteidigung ist es in diesem Zusammenhang von großer Bedeutung, wenn für die Schadensfeststellung Sachverständige hinzugezogen werden. Gutachten liegen häufig Listenpreise zugrunde, die gerade nicht die Marktsituation wiedergeben und individuelle, zulässige Kalkulationsgrundlagen außer Acht lassen.

266 **d) Konkurrenzen.** Betrugstaten stehen grundsätzlich in Tatmehrheit zu Bestechungshandlungen. Tateinheit kommt aber dann in Betracht, wenn der Beitrag zum Betrug mit dem Beitrag zur Bestechung bzw. Vorteilsgewährung zusammenfällt.[275]

2. Sonstige Betrugsdelikte

267 Sonstige Betrugsdelikte stehen in engem Zusammenhang mit der Begehung von Korruptionsdelikten. Denn der materielle Aufwand, der mit der Gewährung von Zuwendungen zur Erlangung eines Auftrags verbunden war, wird später bei der Abrechnung der Werkleistung dem Auftraggeber regelmäßig mit in Rechnung gestellt, wodurch der Auftraggeber eines durch Korruption unterlegten Auftrages fast immer mehr bezahlt als er tatsächlich an Leistung erhalten hat.

268 Die Praxis bietet ein buntes Bild solcher betrügerischer Abrechnungspraktiken:[276] Neben „diskreten" Einrechnungen der Zuwendungen in den Rechnungspreis (etwa durch die fingierte Erhöhung einzelner Leistungspositionen, Manipulationen des Ausmaßes oder der Nachträge) werden Leistungen komplett fingiert und dann, ggf. über Beratungsrechnungen – auch unter Mitwirkung weiterer Beteiligter –, abgerechnet. Im Kern geht es stets um folgendes Problem: Die finanziellen Mittel für die gewährten Zuwendungen müssen generiert, d. h. unauffällig „erwirtschaftet" werden. Werden diese Mittel durch Einrechnung in den Ursprungsauftrag erzeugt, wird zumeist ein Betrag eingerechnet, der deutlich höher liegt als der Wert der Zuwendung, da der (manipulierende) Rechnungssteller diesen Geldeingang zunächst versteuern muss und nur den Nettobetrag als Zuwendung einsetzen kann.

---

[270] BGH NStZ 2001, 540 ff.; BGH NJW 1997, 3034 ff.; siehe zum Mindestschaden im Falle der Spiegelung von Preisen zur Ermittlung absprachegemäßer Mittelwerte Wabnitz/Janovsky/*Schubert* Kap. 10 Rdnr. 90.
[271] BGHSt 38, 186 ff. – noch unter Geltung der schon seit langem aufgehobenen Verordnung PR Nr. 1/72 über die Preise für Bauleistungen bei öffentlichen oder mit öffentlichen Mitteln finanzierten Aufträgen vom 6.3.1972 (BGBl. I S. 293), wonach im Falle der Preisabsprache eine Reduzierung auf den Selbstkostenfestpreis die Folge war. Die Preisverordnung gab insbesondere vor, wie Preise zu bilden waren. Nach Aufhebung der Verordnung ist nunmehr der marktübliche Preis zu bestimmen.
[272] BGH NJW 1992, 921 ff., 923 (insoweit nicht in BGHSt 38, 186 ff. abgedruckt).
[273] Siehe hierzu BGHSt 17, 147 ff.; BGHSt 34, 379 ff.; BGH NStZ 1997, 542 ff.
[274] Siehe hierzu unten Rdnr. 342 ff.
[275] Siehe hierzu BGH Beschl. v. 18.5.1998 – 1 StR 198/98 – n.v.
[276] Siehe im Einzelnen zu weiteren mögliche Betrugshandlungen Greeve/Leipold/*Diehl* Baustrafrecht 5. Teil § 23 Rdnr. 2 ff. und 9 ff.

Wird gegenüber dem Auftraggeber in dieser Weise überhöht abgerechnet und die Rechnung bezahlt, liegt ein Betrug zum Nachteil des Auftraggebers vor, der in Tatmehrheit zu den Bestechungsdelikten steht.

3. Untreue (§ 266 StGB)

Im Rahmen der Korruptionsdelikte kommt dem Tatbestand der Untreue nach § 266 StGB große Bedeutung zu,[277] weil Mitarbeiter öffentlicher und privater Einrichtungen, die ihre Entscheidungen unter dem Einfluss von Zuwendungen treffen, häufig dazu neigen, das ihnen anvertrautes Vermögen durch rechtlich nachteilige Verfügungen zu schädigen. Als schwierig erweist sich im Einzelfall die Bestimmung der Vermögensbetreuungspflicht und die Schadensfeststellung. 269

a) *Vermögensbetreuungspflicht. aa) Allgemeine Kriterien der Vermögensbetreuungspflicht.* Der wesentliche Inhalt des Treueverhältnisses muss – bei wirtschaftlicher Betrachtung – gerade die Wahrnehmung fremder Vermögensinteressen sein. Die Anforderungen an die Vermögensbetreuungspflicht werden in Rechtsprechung und Lehre jedoch nicht einheitlich beurteilt. Weitgehende Übereinstimmung besteht zunächst nur für zwei Voraussetzungen. Danach muss zum einen die Vermögensbetreuungspflicht fremdnützigen Charakter aufweisen, zum anderen muss dieser Pflicht im Rahmen der vertraglichen oder gesetzlichen Rechtsverhältnisse eine gewisse Erheblichkeit zukommen. Die Vermögensbetreuungspflicht soll in diesem Sinne bei wirtschaftlicher Betrachtung den typischen und wesentlichen Inhalt des Treueverhältnisses bilden. Sie ist dessen Hauptgegenstand und daher nicht nur bloße Nebenpflicht.[278] 270

Im Weiteren wird vereinzelt verlangt, dass ein Vermögensbetreuungsverhältnis den Charakter einer Geschäftsbesorgung im Sinne des § 675 BGB aufzuweisen habe. Die betreuende Tätigkeit dürfe nicht bis ins Einzelne vorgegeben sein, sondern müsse vielmehr durch Selbständigkeit und eigene Überlegung wirtschaftlicher Art gekennzeichnet sein. Die Dauer der Treupflicht ist hiernach nicht von Bedeutung.[279] Die Rechtsprechung greift hingegen auf eine Gesamtbetrachtung der Umstände des Einzelfalles zurück. Danach sind Indizien heranzuziehen, die sich auf die Art, Dauer und den Umfang der jeweiligen Tätigkeit (Rechtsverhältnisses) sowie den Grad der Selbständigkeit, Bewegungsfreiheit und Verantwortlichkeit, mithin auf den zur Verfügung stehenden Spielraum des Treupflichtigen bei der Erfüllung seiner Obliegenheit beziehen.[280][281] 271

bb) Vermögensbetreuungspflichten aufgrund gesetzlicher Normierung und behördlichen Auftrags. Die Befugnis zur Vermögensbetreuung kann auf Gesetz oder auf behördlichem Auftrag beruhen. Sie muss wirksam eingeräumt sein, d. h., es muss ein wirksamer Bestellungsakt zugrunde liegen.[282] 272

Von Bedeutung ist die Vermögensbetreuungspflicht aufgrund behördlichen Auftrages zur Vertretung der öffentlichen Hand, beispielsweise durch Berufung in ein öffentliches Amt, dem von Gesetzes wegen die Verfügung über fremdes Vermögen oder dessen allgemeine Verwaltung zugewiesen ist. Hierzu gehören generell Ämter des öffentlichen Dienstes, soweit diese typische vermögensrechtliche Aufgaben mit sich bringen (z. B. Amtsdirektoren, Bürgermeister, Finanzbeamte, Kassenverwalter, Landratsämter, Stadtkämmerer). Der Befugnis aufgrund behördlichen Auftrages kann auch ein allgemeiner oder ein spezieller Auftrag zugrunde liegen. Insoweit ist auch auf die Bestimmung, wer als Amtsträger nach § 11 Abs. 1 Nr. 2 StGB angesehen wird, zurückzugreifen. Einem verantwortlichen Bauleiter, der im Auftrag öffentlicher Stellen die Überwachung und Abrechnung von Baumaßnahmen übernimmt, obliegt daher eine Vermögensbetreuungspflicht.[283] 273

---

[277] Die Darstellung beschränkt sich auf ausgewählte Aspekte des § 266 StGB im Zusammenspiel mit Bestechungsdelikten; wg. der Einzelheiten vgl. die Ausführungen im Abschnitt „Untreue".
[278] Siehe hierzu BGHSt 1, 186, 188 ff.; BGHSt 24, 386, 388; BGHSt 33, 244, 250 f.; BGH GA 1977, 18, 19.
[279] Siehe hierzu Schönke/Schröder/*Lenckner/Perron* § 266 Rdnr. 23 f.; SK/*Samson* § 266 Rdnr. 27.
[280] Vgl. BGHSt 3, 289, 293 f.; BGHSt 4, 170, 172; BGHSt 13, 315, 317; BGHSt 41, 224, 228 ff.; OLG Hamm NJW 1972, 298, 301; OLG Köln NJW 1978, 713, 714; OLG Köln NJW 1988, 3219, 3220.
[281] Kritisch hierzu *Dierlamm* NStZ 1997, 534 ff., 536.
[282] *Tröndle/Fischer* § 266 Rdnr. 16.
[283] OLG Frankfurt NJW 1994, 2242.

cc) Vermögensbetreuungspflichten aufgrund Rechtsgeschäftes und vertraglicher Vereinbarung.

- **Auftrag und vertragliche Vereinbarung**

274　Hauptanwendungsfall einer eingeräumten Befugnis durch Rechtsgeschäft ist die Vollmacht, in fremden Namen zu handeln (§§ 166 Abs. 2 BGB, 80 f. ZPO) und die Ermächtigung, in eigenem Namen über fremde Rechte zu verfügen (§ 185 BGB). Als Grundlage hierfür kommen insbesondere ein Auftragsverhältnis sowie ein Dienst- oder Gesellschaftsvertrag – mithin vertraglich begründete Rechtsverhältnisse – in Betracht, die eine Vertretungsermächtigung beinhalten. Davon umfasst sind beispielsweise Handlungsgehilfen (§§ 59 ff. HGB), Handelsvertreter oder Treuhänder.[284] Darüber hinaus ergeben sich Inhalt und Umfang der eingeräumten Befugnis aufgrund gesetzlicher (dispositiver) Regelungen. Solche sind beispielsweise für Prokuristen (§§ 48 ff. HGB), Handlungsbevollmächtigte (§§ 54 ff. HGB), Vorstände (§ 78 AktG), geschäftsführende Gesellschafter und Geschäftsführer (§§ 714 BGB; §§ 125 f., 161 Abs. 2, 125, 170 HGB; § 35 GmbHG) – ebenfalls für den faktischen Geschäftsführer – heranzuziehen.

275　Daneben kann aufgrund vertraglicher Gestaltung eine Vermögensbetreuungspflicht vereinbart werden. Ob eine vertraglich begründete Vermögensbetreuungspflicht gegeben ist, bemisst sich nach der von der Rechtsprechung heranzuziehenden Gesamtbetrachtung der Umstände des Einzelfalles.[285] Inwieweit eine vertragliche Verpflichtung schließlich eine Treuepflicht bedeuten kann, ist danach zu beurteilen, ob es sich hierbei um ein Wesentliche handelt und wie die Modalitäten – als betreuende Tätigkeit – nach Art, Dauer, Umfang und Selbständigkeit sowie Verantwortlichkeit vereinbart sind. Auch die aufgrund Rechtsgeschäfts oder vertraglicher Vereinbarung eingeräumte Vermögensbetreuungspflicht setzt grundsätzlich die Wirksamkeit der Vollmachtserteilung voraus. Umstritten ist jedoch, ob auch das fingierte Fortbestehen bzw. Fortwirken (§§ 168, 170, 674 BGB) der ursprünglich erteilten Vollmacht eine Täterstellung nach § 266 StGB begründen kann.[286]

- **Wesentlicher Gegenstand der Rechtsbeziehung**

276　In der Rechtsprechung war bislang anerkannt, dass es sich bei der Vermögensbetreuungspflicht um einen Hauptgegenstand des vertraglichen Verhältnisses handeln muss. Nebenabreden wurden hingegen nur dann als zu einem Betreuungsverhältnis ausgestaltet angesehen, wenn der Gesetzgeber diese als Treuepflichten vorsieht oder diese geradezu im Mittelpunkt eines gemeinhin anders gearteten Vertragstypus stehen. Dies kann beispielsweise dann der Fall sein, wenn der Vertrag ohne die Nebenabrede erst gar nicht zustande kommt.[287] Dass Nebenabreden ein Betreuungsverhältnis begründen, setzt darüber hinaus die (tatsächliche) Übernahme einer selbständigen Obhutsstellung voraus.

277　Der BGH hatte im Jahre 1995 entschieden, dass die zivilrechtliche Einstufung als Nebenpflicht kein sicheres Erkennungszeichen mehr sei, welches gegen das Vorliegen einer Vermögensbetreuungspflicht spreche.[288] Diese Feststellung steht in deutlichem Widerspruch zu den Kriterien der sonstigen Rechtsprechung. Unklar bleibt, welche konkreten Kriterien für die Unterscheidung zwischen wesentlichen und unwesentlichen Vertragspflichten überhaupt noch herangezogen werden können. Das (ursprünglich) für die Annahme einer Vermögensbetreuungspflicht geforderte Merkmal der Hauptpflicht des vertraglichen Rechtsverhältnisses ist insoweit verblasst.[289] Folge ist, dass die privatrechtliche Vertragsgestaltung im Einzelnen dahin gehend überprüft werden müsste, ob strafbewehrte oder aber straflose Vertragsverletzungen vorliegen.

---

[284] BGH wistra 1991, 266; siehe zum Treuebruch eines Handelsvertreters auch BGH NStZ 1983, 74.
[285] Siehe hierzu KG ZIP 1992, 1109.
[286] Dafür u. a. Schönke/Schröder/*Lenckner/Perron* § 266 Rdnr. 4; LK/*Schünemann* § 266 Rdnr. 41; dagegen u. a. SK/*Samson/Günther* § 266 Rdnr. 13.
[287] Vgl. hierzu BGHSt 1, 186, 188 f.; BGHSt 4, 170, 172; BGHSt 5, 61, 64; BGHSt 6, 314, 318; BGHSt 22, 190, 191; BGHSt 33, 244, 250; BGH StV 1984, 326; BGH wistra 1984, 143; OLG Hamm NJW 1972, 298, 301; LK/*Schünemann* § 266 Rdnr. 88.
[288] BGHSt 41, 224, 228 f.
[289] So u. a. *Sowada* JR 1997, 28, 30.

- **Erheblichkeit der Vermögensbetreuungspflicht**
Ob eine vertraglich begründete Vermögensbetreuungspflicht gegeben ist, bemisst sich nach 278
der von der Rechtsprechung angestellten Gesamtbetrachtung der Umstände des Einzelfalles.
Inwieweit die vertragliche Verpflichtung eine Treuepflicht bedeutet, ist schließlich danach zu
beurteilen, ob es sich hierbei um eine wesentliche Vertragspflicht handelt und wie die Modalitäten – als betreuende Tätigkeit – nach Art, Dauer, Umfang und Selbständigkeit und Verantwortlichkeit des Auftraggebers vereinbart sind.

b) **Vermögensbetreuungspflichten versus Bestechungsdelikte.** Von der Rechtsprechung ist 279
klargestellt worden, dass die Nichtherausgabe empfangener Schmiergelder an den Auftraggeber (Dienstherrn) nach § 675, 667 BGB keinen Pflichtenverstoß im Sinne des § 266 StGB darstellt. Zwar ist der Beamte zur Herausgabe des unlauter Erlangten verpflichtet, dies ist jedoch
keine spezifische Treuepflicht, sie unterscheidet sich nicht von sonstigen Herausgabe- oder Erstattungspflichten.[290]
Dies trifft ebenfalls auf Sachverhalte zu, in denen private Zuwendungen nicht an den
Dienstherrn (z. B. eine Universität) herausgegeben werden. Zwar gehört es etwa zu den
Aufgaben eines Klinikdirektors, Haushalts- und Betriebsmittel zu bewirtschaften. Insoweit
besteht grundsätzlich eine Treuepflicht. Zu seinen Pflichten gehört es allerdings nicht, private
Mittel an den Dienstherrn herauszugeben.[291]
In Betracht kommen kann eine Untreue im Falle von Kick-back-Zuwendungen. Von einer 280
sogen. Kick-back-Untreue wird gesprochen, wenn einem Vertragspartner als Gegenleistung für
den Vertragsschluss eine Rück-Vergütung („Kick-back") versprochen wird, die sich aus einem
entsprechend überhöhten Preis finanziert.[292] Die Frage, wem ein Rückfluss zustehen soll, ist
daher bereits für die Beurteilung relevant, ob eine Vermögensbetreuungspflicht besteht und
wie weit diese reicht. Eine solche kann – nach den allgemeinen Grundsätzen – angenommen
werden, wenn insbesondere herausragende Funktionen bzw. Positionen in einem Unternehmen
übernommen wurden (z. B. Vorstands- und Geschäftsführungsebene etc.).
Eine Untreue kann ferner im privatwirtschaftlichen Bereich gegeben sein, wenn etwa ein 281
Arbeitnehmer, der über Auftragsvergaben bei seiner Firma entscheidet, Zuwendungen für die
Entscheidung entgegennimmt. Der Arbeitnehmer ist aufgrund seines Anstellungsvertrages verpflichtet, den wirtschaftlich größtmöglichen Vorteil für seinen Arbeitgeber zu erzielen. Die arbeitsrechtliche Pflicht eines jeden Arbeitnehmers, die Vermögensinteressen seines Arbeitgebers
nicht vorsätzlich zu schädigen, begründet für sich noch keine spezifische Treuepflicht im Sinne
des § 266 StGB, sondern stellt nur eine Nebenpflicht des Arbeitsvertrages dar.[293] Etwas anderes
kann gelten, wenn der Handelnde gerade damit betraut ist, Verträge auszuhandeln. So ist eine
Untreue bejaht worden, wenn ein mit Prokura versehener Abteilungsleiter Einkäufe vereinbart,
die ihm eine erhebliche Provision einbringen. Ohne Bedeutung soll in diesem Zusammenhang
sein, ob Leistung und Gegenleistung äquivalent sind, da allein die Möglichkeit eines noch vorteilhafteren Vertragsabschlusses für den Nachteil im Sinne des § 266 StGB als genügend angesehen wird.[294] Die Pflichtverletzung – und auch der Schaden – sind jedoch in diesem Fall nicht
in der unterlassenen Auskehrung einer Provision an den Auftraggeber zu sehen, sondern in der
Vereinbarung eines überhöhten Preises.

c) **Schaden.** Nicht jede Schmiergeldzahlung führt zwangsläufig zu einem Schaden im Sinne 282
des Untreuetatbestandes. Da jedoch der Nachteilsbegriff im Rahmen des Untreuetatbestandes
nach herrschender Meinung mit dem Schadensbegriff des Betrugstatbestandes übereinstimmt,
reicht bereits eine schadensgleiche Vermögensgefährdung aus.
Eine konkrete Vermögensgefährdung und damit ein Vermögensnachteil werden bereits darin 283
gesehen, wenn Bieterlisten gegen Annahme von Zuwendungen herausgegeben werden. Hierin
kann bereits ein Vermögensnachteil – in Gestalt einer konkreten Vermögensgefährdung – für

---

[290] Siehe hierzu BVerwG NJW 2002, 1968; BGH NStZ 2002, 648 ff.; sowie BGH NJW 2005, 300 ff.
[291] BGH NStZ 2002, 648 ff.
[292] Siehe hierzu LK/*Schünemann* § 266 Rdnr. 125 d; *Schwaben* NStZ 2002, 636.
[293] BGHSt 5, 187 ff.; *Lackner/Kühl* § 266 Rdnr. 11; *Tröndle/Fischer* § 266 Rdnr. 9.
[294] OLG HH Beschl. v. 26.10.1994 – II Ws 424/94 H – n.v.

den Geschäftsherrn liegen.[295] Eine Saldierung mit zu erwartenden Vorteilen kann nur dann stattfinden, wenn zum Zeitpunkt des Eintritts des Vermögensnachteils dem Treuegeber zugleich ein ausgleichender Vorteil zufließt, eine vage Chance wird hierfür als nicht genügend angesehen.[296] Eine Untreue kommt daher dann in Betracht, wenn bereits in dem Vertragsabschluss eine konkrete Vermögensgefährdung gesehen werden kann. Unbeachtlich ist insoweit, ob die geschlossenen Verträge ggf. gemäß § 138 BGB nichtig sind.[297]

284 Hervorzuheben ist aber, dass § 266 StGB grundsätzlich nicht die Dispositionsbefugnis des Treugebers schützt.[298] Zu vergleichen ist daher der Vermögenstand vor und nach der Verfügung. Dabei ist zu berücksichtigen, dass ein Vermögensschaden dann nicht vorliegt, wenn der Schaden durch gleichzeitige Vorteile ausgeglichen wird. Voraussetzung hierfür ist im Weiteren, dass sich der Vorteil ebenfalls wie ein Nachteil unmittelbar aus dem treuwidrigen Verhalten ergeben muss; nicht ausreichend ist es, wenn der Schadensausgleich durch andere rechtliche selbstständige Handlungen herbeigeführt wird. Nach Ansicht des ersten Strafsenats des BGH[299] scheidet auch dann eine konkrete, schadensgleiche Gefährdung des zu betreuenden Vermögens aus, wenn bei wirtschaftlicher Betrachtung nach einem vernünftigen Gesamtplan mehrere Verfügungen erforderlich sind, um den ausgleichenden Erfolg zu erreichen. Dies kommt beispielsweise in Betracht, wenn Zuwendungen im Rahmen des dienstlichen Aufgabenfeldes verwendet werden und damit auch dem Dienstherrn (Universität) zugute kommen.

285 Ein Schaden kann ferner darin gesehen werden, wenn im Falle so genannter **Kick-Back-Zuwendungen** überhöhte Preise vereinbart werden. Von einer Kick-Back-Untreue wird gesprochen, wenn einem Vertragspartner als Gegenleistung für den Vertragsschluss eine Vergütung (Kick-Back) versprochen wird, die sich aus einem entsprechend überhöhten Preis finanziert.[300] Im Hinblick auf die Schadenskonstellation ist die Kick-Back-Zahlung von der so genannten Schwarzen-Kassen-Untreue zu unterscheiden; bei dieser Schadenskonstellation vereinnahmt der Täter keinen eigenen Vorteil, sondern Gelder, die explizit seinem Treugeber zustehen. Der Bildung solcher „schwarzer Kassen" kommt sowohl im Bereich der öffentlichen Haushalte[301] wie auch im privat-wirtschaftlichem Bereich besondere Bedeutung zu. Diese Sachverhalte sind dadurch gekennzeichnet, dass über Sonderkonten, verschleierte Buchungskonten, der Zuleitung des Geldes an Außenstehende (z. B. über Treuhänder und Beauftragte) Teile des betreuten Vermögens dem Zugriff des Treugebers entzogen werden. Auch hier gilt jedoch, dass nicht allein in der bloßen pflichtwidrigen und eigenmächtigen (Fehl)Leitung der Gelder zugleich ein Vermögensschaden begründet ist; dies insbesondere auch dann, wenn diese Gelder ohnehin hätten verwendet werden müssen und daher notwendige Aufwendungen in gleicher Höhe erspart wurden,[302] unabhängig davon, ob – tatsächlich oder mutmaßlich – eine gebilligte pflichtwidrige Verwendung vorliegt. Ein Schaden kann allerdings dann in Betracht gezogen werden, wenn Mittel zwar im allgemeinen Interesse des Vermögensinhabers eingesetzt werden, diese jedoch Verwendungen darstellen, die der Treugeber nicht hätte vornehmen dürfen (Schmiergeldkassen) und mit denen der treuhänderisch gebundene Zweck nicht erreicht wird oder eine kompensierende Ersparnis von Aufwendungen nicht eintritt.[303]

4. Steuerstrafrechtliche Delikte

286 **a) Vorüberlegungen.** Strafrechtlich relevante Zuwendungen haben regelmäßig auch steuerliche und steuerstrafrechtliche Konsequenzen, und zwar auf Seiten des Zuwendungsempfängers ebenso wie auf Seiten des Zuwenders.[304] Daher werden Korruptionsverfahren häufig auch von

---

[295] BGH wistra 2000, 61 f.
[296] BGH NStZ-RR 2002, 237 ff.
[297] Vgl. Wabnitz/Janovsky/*Schubert* Kap. 10 S. 742.
[298] BGH NJW 1998, 913 ff.
[299] BGHSt 47, 295 ff.
[300] LK/*Schünemann* § 266 Rdnr. 125 d; *Schwaben* NStZ 2002, 636.
[301] Vgl. dazu die Rechtsprechung zu den „Parteispenden", LG Bonn NStZ 2001, 375 ff; LG Wiesbaden NJW 2004, 1510 ff.
[302] BGHSt 40, 295 ff.
[303] BGHSt 19, 37 ff.; BGHSt 43, 293 ff.; BGH NStZ 1991, 143 ff.; BGH NStZ 1986, 455 ff.; LG Bonn NStZ 2001, 377 ff.; *Tröndle/Fischer* § 266 Rdnr. 71 f.
[304] Vgl. jüngst: *Spatscheck*, Die Rolle des Steuer(straf)rechts bei der Korr.bekämpfung, NJW 2006, 641 ff.

Ermittlungen der Finanzbehörden wegen Steuerdelikten begleitet. Da es sich hierbei nicht um einen zwingenden Zusammenhang handelt, muss die Entdeckung eines Korruptionssachverhaltes durch die Strafverfolgungsbehörden nicht zwangsläufig eine Steuerhinterziehung erfassen. Vor diesem Hintergrund muss die Verteidigung die steuerlichen und steuerstrafrechtlichen Aspekte eines Korruptionsverfahrens stets berücksichtigen und die Möglichkeit der **Selbstanzeige** prüfen und mit dem Mandanten erörtern.

b) Steuerdelikte durch Zuwender und Zuwendungsempfänger. *aa) Auf Seiten des Zuwenders.* Die Gewährung strafbarer Vorteile bereitet dem **Zuwender** auch steuerrechtliche Probleme, da derartige Zuwendungen sowie damit zusammenhängende Aufwendungen den Gewinn gemäß § 4 Abs. 5 S. 1 Nr. 10 EStG nicht mindern und nicht als Werbungskosten angesetzt werden dürfen. Der Gesetzgeber hat damit ein eindeutiges Abzugsverbot für die verbotene Zuwendung im EStG formuliert und die Einzelheiten dieser Regelung durch das BMF in einem Schreiben vom 10.10.2002[305] erläutern lassen, das eine Reihe von Hinweisen für die Beurteilung steuerstrafrechtlicher Aspekte enthält. Wer Zuwendungen, die strafrechtlich erheblich sind, als Betriebsausgabe unter Verstoß gegen § 4 Abs. 5 S. 1 Nr. 10 EStG behandelt, verkürzt Steuern und macht sich damit auch wegen Steuerhinterziehung gemäß § 370 Abs. 1 AO strafbar.

Für denjenigen, der im geschäftlichen Kontakt zu Auftraggebern steht, stellt sich damit die Frage, welche Formen der „Kundenbetreuung" eigentlich **steuerlich** noch unbedenklich ist.

§ 4 EStG regelt die Gewinnermittlung (durch Verweisung auch für juristische Personen gültig, die entsprechend ermitteln) und bestimmt in Abs. 5, welche Aufwendungen, die durch den Betrieb veranlasst sind (= Betriebsausgabe / § 4 Abs. 4 EStG) bei der Gewinnermittlung nicht gewinnmindernd, also nicht als Betriebsausgabe geltend gemacht werden dürfen.

§ 4 Abs. 5 S. 1 Nr. 1 EStG beschränkt etwa die Abzugsfähigkeit von Geschenken auf € 35,- je Person und Kalenderjahr. Alles, was darüber hinausgeht, unterliegt der Schenkungssteuer. Abs. 5 S. 1 Nr. 2 beschränkt die Abzugsfähigkeit von betrieblich veranlassten Bewirtungen auf 70% der „angemessenen Aufwendungen". Beide Fälle sagen nichts über die Frage aus, ob und wann eine Einladung aus steuerlicher Sicht (!) in eine strafrechtlich relevante Zuwendung kippt. Für Essenseinladungen, etwa an Chefärzte im Rahmen von Einkaufsverhandlungen, ist aus der Rechtsprechung bekannt, dass unverhältnismäßig großzügige Veranstaltungen leicht den Charakter der strafbaren Vorteilsgewährung bekommen können. Umgekehrt gibt es Regeln der Höflichkeit und der Sozialüblichkeit, die jedenfalls im geschäftlichen Kontakt zu Nichtamtsträgern Beachtung finden müssen. Die Frage, ob etwa eine Konzerteinladung mit Abendessen für Geschäftsfreunde noch betrieblich veranlasst ist oder schon steuerliche Betrachtungen auslösen muss, wird bislang jedenfalls durch die Finanzämter unterschiedlich behandelt, vgl. dazu auch § 38 Abs. 3 S. 1 EStG (Lohnsteuerpflicht für Empfänger, da steuerpflichtiger „geldwerter Vorteil").

Die Tatsache, dass die steuerliche Behandlung derartiger Ausgaben zu einem beliebten Prüfungsfeld der Finanzbehörde geworden ist und § 4 Abs. 5 S. 1 Nr. 10 S. 2 EStG der Finanzbehörde die ausdrückliche Befugnis einräumt, unter **Durchbrechung des Steuergeheimnisses** die Strafverfolgungsbehörden im Verdachtsfalle über auffällige Sachverhalte zu informieren, zeigt, dass es sich hier nicht nur um eine Beratungsaufgabe im Rahmen der Korruptionsverteidigung handelt. Vielmehr muss schon präventiv – etwa bei Vorbereitung einer Außenprüfung – bedacht werden, ob sich unter den Betriebsausgaben Sachverhalte befinden können, die zumindest Nachfragen des Finanzamtes auslösen werden.

Für Verwirrung sorgt das BMF-Schreiben vom 22.8.2005[306] zur ertragsteuerlichen Behandlung von **VIP-Logen in Sportstätten**, das u. a. die steuerliche Behandlung von Kundeneinladungen zu Sportveranstaltungen in sog. VIP-Logen regelt. Danach können jedenfalls die mit der Einladung des Kunden verbundenen Kosten – soweit diese den Wert von € 35,- übersteigen – pauschal durch den Gastgeber versteuert werden, so dass der Gast die erhaltene Zuwendung selbst weder als Betriebseinnahme noch als Arbeitslohn versteuern muss. Dabei kann der Gastgeber sogar auf die sonst nach § 160 AO gebotene Empfängerbenennung verzichten.

---

[305] Gz.: IV – A6 – S 2145 – 35/02, einsehbar unter http://www.bundesfinanzministerium.de.
[306] Gz.: IV – B 2 – S 2144 – 41/05, einsehbar unter http://www.bundesfinanzministerium.de.

293 Mit den strafrechtlichen Grundregeln lässt sich diese Praxis jedenfalls nicht in Deckung bringen. Kundeneinladungen zu sportlichen Großveranstaltungen, wie sie etwa die Fußball-WM 2006 bietet, werden pro Gast und Spiel zwischen € 500,- und 1.500,- kosten, was bei anderer Gelegenheit jeden Außenprüfer sofort zur Einschaltung des Staatsanwaltes veranlassen würde. Ob es sich bei dieser Regelung nur um ein Entgegenkommen des BMF an die Veranstalter der Fußball-WM 2006 handelt oder ob zukünftig Einladungen zu derartigen Veranstaltungen generell steuerlich (und damit faktisch auch strafrechtlich) privilegiert sind, wird die Zukunft zeigen.

294 In allen anderen Fällen gilt jedenfalls seit dem Geschäftsjahr 1999 folgende, durch das BMF-Schreiben vom 10.10.2002 präzisierte Handhabung: Das Abzugsverbot gilt für die Zuwendung von Vorteilen und damit zusammenhängenden Aufwendungen (z. B. Reise-, Transport- und sonstige Transaktionskosten), wenn die Zuwendung des Vorteils eine rechtswidrige Handlung darstellt (es bedarf also keiner Feststellung eines schuldhaften Handelns!), die den Tatbestand eines Strafgesetzes oder einer Ordnungswidrigkeit darstellt.

295 Sofern im Rahmen der Gewährung von Zuwendungen **Umsatzsteuer** angefallen ist (etwa in Scheinrechnungen des Zuwendungsempfängers), die der Zuwender als Vorsteuer geltend gemacht hat, gilt Folgendes: Da keine echte Leistungsbeziehung besteht, darf auch die Umsatzsteuer aus dieser Rechnung nicht geltend gemacht werden. Eine Berücksichtigung im Bereich der Vorsteuer stellt eine Umsatzsteuerhinterziehung dar.[307] Für den Aussteller der Rechnung folgt aus § 14 c UStG, dass er den ausgewiesenen Umsatzsteuerbetrag schuldet, obwohl er zum gesonderten Ausweis der Steuer nicht berechtigt war.

296 *bb) Auf Seiten des Zuwendungsempfängers.* Derjenige, der Zuwendungen **entgegennimmt**, erzielt steuerpflichtige Einkünfte.[308] Handelt es sich beim Zuwendungsempfänger um einen Angestellten oder Beamten, so stehen „sonstige Einkünfte" gemäß § 22 Nr. 3 EStG im Raum. Bei einem freiberuflichen Zuwendungsempfänger handelt es sich entsprechend um Einkünfte aus selbständiger Tätigkeit (§ 18 EStG).[309]

297 Im Weiteren trifft den **Zuwendungsempfänger** dann eine Umsatzsteuerpflicht, wenn er nachhaltig tätig wird, wenn also das Verhalten des Empfängers ein auf die Erzielung von Einnahmen gerichteter Zustand von gewisser Dauer ist. In der Praxis findet dies nur dann Anwendung, wenn Zuwendungsempfänger über Jahre hinweg Scheinrechnungen gestellt und Zuwendungen erhalten haben.

298 § 370 Abs. 1 AO eröffnet für die Steuerhinterziehung einen Strafrahmen von Freiheitsstrafe bis zu 5 Jahren oder Geldstrafe. Gemäß § 370 Abs. 3 AO kann in besonders schweren Fällen auch Freiheitsstrafe von 6 Monaten bis zu 10 Jahren erkannt werden. Hierunter fällt auch der Sachverhalt, dass ein Amtsträger seine Befugnisse oder seine Stellung missbraucht und z. B. auf einen Finanz- oder einen sonst mit Steuerangelegenheiten befassten Sachbearbeiter der Finanzbehörde einwirkt.[310]

299 *cc) „Sonstige Einkünfte".* Bestechungsgelder, die ein Arbeitnehmer von einem Geschäftspartner erhält, sind zwar steuer- und beitragsfrei, aber erklärungspflichtige sonstige Einkünfte gemäß § 22 Nr. 3 EStG und damit zu versteuern.[311] Dem Steuerpflichtigen wird die Erklärung solcher Einkünfte zugemutet, durch deren Offenbarung er in den Verdacht einer Straftat geraten und durch die er sich der Gefahr der Strafverfolgung aussetzen kann. Eine steuerliche Erklärungspflicht im Hinblick auf erhaltene Bestechungsgelder ist verfassungsrechtlich und konventionsrechtlich (Art. 6 Abs. 1 EMRK) aber nur dann hinnehmbar, wenn bei der Rechtsfolgenentscheidung der enge zeitliche und sachliche Zusammenhang zwischen der Bestechlichkeit und der Steuerhinterziehung berücksichtigt wird und dem durch eine straffe Zusammenziehung der zu verhängenden Einzelstrafen Rechnung getragen wird.[312]

---

[307] Siehe hierzu und zur Frage des Unterlassens von Umsatzsteuerjahreserklärungen sowie Umsatzsteuervoranmeldungen bei Einsatz von Scheinfirmen BGH NJW 2005, 374 ff.
[308] Siehe hierzu BFH BStBl. II, 2000 S. 396; BGH BGHR AO § 393 Abs. 1 Erklärungspflicht 4 m. w. N.; BGH NJW 2005, 300 ff., 306.
[309] Siehe hierzu *Schmidt-Seeger* § 18 Rdnr. 170.
[310] Siehe hierzu BGH wistra 1998, 64 ff.
[311] BGHSt 30, 46 ff., 51.; BFH Urt. v. 26.1.2000, BStBl. II S. 396.
[312] Vgl. hierzu BGH wistra 2004, 391 ff.

Nach § 11 Abs. 1 S. 1 EStG sind Einnahmen in dem Jahr bezogen, in dem der Steuerpflichtigen sie erhalten hat. Ausgaben sind hingegen in dem Jahr abzusetzen, in dem sie tatsächlich geleistet wurden. Aus diesem Grund sind erhaltene Bestechungsgelder in den Jahren zu versteuern, in denen sie bezogen worden sind (Zufluss- und Abflussprinzip). Spätere Rückzahlungen, beispielsweise im Rahmen eines Herausgabeverlangens an den Dienstherrn oder aber im Wege des Schadenersatzes an Geschädigte als negative Einkünfte sind daher erst in dem Jahr absetzbar, in dem sie tatsächlich erbracht wurden. 300

Aus diesem Grund kann eine doppelte Inanspruchnahme vorliegen, wenn Schadenersatzansprüche von Geschädigten geltend gemacht werden bei verbleibender Steuerpflicht. Im Gegensatz hierzu ist im Fall der Verfallsanordnung, die dann angeordnet werden kann, wenn Geschädigten keine Ansprüche aus der Tat zustehen (§ 73 Abs. 1 S. 2 StGB), diese steuerrechtlich zu berücksichtigen. 301

dd) Beihilfe zur Steuerhinterziehung. Korruptives Handeln kann Bedeutung für den Vorwurf der Beihilfe zu einer Steuerhinterziehung (des Zuwendungsempfängers) erlangen. Dies ist insbesondere vor dem Hintergrund zu sehen, dass grundsätzlich auch durch äußerlich neutrale Handlungen eine Beihilfe gegeben sein kann.[313] Als Hilfeleistung im Sinne des § 27 StGB ist jede Handlung anzusehen, welche die Herbeiführung des Taterfolges des Haupttäters objektiv fördert, ohne dass sie für den Erfolg selbst ursächlich sein muss.[314] Die Hilfeleistung muss auch nicht zur Ausführung der Tat selbst geleistet werden, es genügt schon die Unterstützung bei einer vorbereitenden Handlung. 302

Vor dem Hintergrund der Rechtsprechung zur Hilfeleistung im Sinne des § 27 StGB kommt eine Beihilfe in Betracht, wenn Unterstützungshandlungen im Rahmen von Schmiergeldzahlungen geleistet werden. 303

So wurde etwa 'durch das LG Bochum die Erteilung von Ratschlägen, wie und wo Schmiergeldzahlungen in der Schweiz angelegt werden können, als Hilfeleistung angesehen. Angeführt wurde, dass dem Angeklagten bewusst gewesen sei, dass Schmiergeldzahlungen schon allein aufgrund ihrer strafrechtlichen Herkunft nicht geeignet seien, in Einkommensteuererklärungen Eingang zu finden, und es deshalb billigend in Kauf genommen werde, dass Gelder – sobald sie in der Schweiz angekommen wären – dem deutschen Fiskus entzogen würden. 304

Nach Ansicht des BGH ist es nicht ausreichend, wenn lediglich ein Hinweis gegeben wird, wie und wo sich Gelder im Ausland anlegen lassen. Dies ist auf jeden Fall eine zu vage Feststellung und trägt eine Verurteilung wegen Beihilfe zur Steuerhinterziehung nicht. Insbesondere fehlt es an hinreichend belegten Feststellungen, dass zumindest auch aufgrund dieser Hinweise die Gelder im Ausland angelegt werden, um diese dem deutschen Fiskus gegenüber nicht zu offenbaren und unter Ausnutzung dieses Umstandes unrichtige Einkommensteuererklärungen abzugeben.[315] 305

c) Verhältnis steuerliches Abzugsverbot und Verfall. Ist für einen dem Verfall unterliegenden Vermögensvorteil die Steuer bestandskräftig festgesetzt worden, so ist dies bei der zeitlich nachfolgenden Anordnung des Verfalls zu berücksichtigen.[316] 306

Beispiel: 307
Der Angeklagte wird wegen Bestechlichkeit in drei Fällen, Vorteilsannahme in zwei Fällen und Steuerhinterziehung zu einer Gesamtfreiheitsstrafe verurteilt. Darüber hinaus wird der Verfall des Wertersatzes angeordnet.

Hervorzuheben ist in diesem Zusammenhang, dass die spätere Absetzbarkeit von Leistungen auf den angeordneten Verfall häufig ein anderes Veranlagungsjahr betreffen wird. Werden beispielsweise Einkünfte aus den gewinnbringenden Geschäften in den Jahren 1994 bis 1996 eingenommen und unterliegen diese auch in diesen Veranlagungsjahren der Besteuerung, so kann ein etwaiger Verfall mit Rechtskraft des Urteils zu einem endgültigen Geldabfluss erst 308

---

[313] BGH v. 23.1.1985 – 3 StR 515/84 – n.v.
[314] Ständige Rechtsprechung, siehe BGHSt 46, 107 ff.
[315] Siehe insgesamt hierzu BGH NStZ 2004, 41 ff.
[316] Siehe hierzu BGH StV 2002, 483 ff.; siehe auch BGH wistra 2004, 391 ff. mit kritischer Anmerkung von *Odenthal* wistra 2004, 427 f.

Jahre später führen. Zwar ist nach § 10 d Abs. 1 EStG ein Verlustrücktrag möglich, dieser ist aber im Höchstbetrag begrenzt und zeitlich beschränkt. Der Verlustrücktrag kompensiert die Steuerlast in der Gesamtbetrachtung nur unzulänglich, wenn die für verfallen erklärten Erlöse weit überdurchschnittlich sind und sich in den Folgejahren nicht wiederholen lassen – von Ausnahmefällen abgesehen, in denen sich die Gesamtsteuerbelastung ausgleicht.

309 Für verfallen erklärte Vermögenswerte können grundsätzlich steuermindernd geltend gemacht werden. Es besteht kein steuerliches Abzugsverbot nach § 12 Nr. 4 EStG. Nach dieser Vorschrift dürfen Geldstrafen und sonstige Rechtsfolgen vermögensrechtlicher Art, bei denen der Strafcharakter überwiegt, sich nicht gewinnmindernd auswirken. Für die Verfallsanordnung nach § 73 Abs. 1 S. 1 StGB, der die gesamten vereinbarten Gelder dem Verfall zu unterwerfen sind, ist der Strafcharakter zu verneinen und grundsätzlich ein Abzug zuzulassen.[317] Es ist insoweit mit Artikel 3 Abs. 1 GG unvereinbar, wenn für eine Abschöpfungsmaßnahme der Bruttobetrag des erlangten Gewinns zugrunde gelegt, umgekehrt aber der volle Bruttobetrag besteuert würde. Diesen Grundsatz hat das Bundesverfassungsgericht für die Mehrerlösabschöpfung (§ 17 Abs. 4 OWiG) ausgesprochen.[318]

310 Steuerrechtlich bleibt zwar der Ahndungsteil nicht abzugsfähig (§ 4 Abs. 5 S. 1 Nr. 8 Satz 1 EStG, der für die Ordnungswidrigkeit dem für Straftaten geltenden § 12 Nr. 4 EStG entspricht), wohl aber der Abschöpfungsteil. Diesem Grundsatz trägt jetzt die Vorschrift des § 4 Abs. 5 S. 1 Nr. 8 S. 4 EStG Rechnung. Danach unterliegen solche finanziellen Vorteile, die durch einen Gesetzesverstoß erlangt und deshalb abgeschöpft wurden, nicht dem Abzugsverbot, sondern können als Betriebsausgaben steuermindernd geltend gemacht werden. Wenn aber eine steuerliche Berücksichtigung im Rahmen des zumindest auch Ahndungszwecken dienenden Bußgeldverfahrens zu erfolgen hat, darf erst recht eine steuerliche Berücksichtigung beim Verfall nicht unterbleiben, der keinen Straf- oder Ahndungscharakter aufweist. Eine Doppelbelastung, die in der Abschöpfung des Erlangten und zugleich in dessen Besteuerung besteht, muss deshalb grundsätzlich auch beim Verfall vermieden werden. Sie kann gleichfalls dann eintreten, wenn steuerliche Abzüge in späteren Veranlagungsjahren die ursprüngliche Steuerlast auf dem jetzt abgeschöpften Erlös nicht einmal annähernd erreichen.

311 Eine steuerliche Lösung des Konfliktes ist jedoch nur möglich, so lange noch keine bestandskräftigen Steuerbescheide vorliegen und soweit der angeordnete Verfall – etwa im Wege einer entsprechenden Rückstellung[319] – noch für denselben Veranlagungszeitraum steuermindernd wirksam werden kann.[320]

312 Ist das Besteuerungsverfahren bereits abgeschlossen, kann eine Berücksichtigung der Steuerzahlungen zur Vermeidung einer verfassungswidrigen Doppelbelastung des Angeklagten nur noch im Strafverfahren im Rahmen der Entscheidung über den Verfall stattfinden. Es ist mit Artikel 3 Abs. 1 GG gleichermaßen unvereinbar, wenn eine Doppelbelastung von der Zufälligkeit abhinge, ob und inwieweit das Besteuerungsverfahren schon zum Abschluss gelangt ist. Auch insoweit hat die in § 12 Nr. 4, § 4, Abs. 5 S. 1 Nr. 8 S. 4 EStG zum Ausdruck kommende Wertentscheidung des Gesetzgebers Bedeutung, als die Doppelbelastung dann durch die Anrechnung im Rahmen des Verfalls durch das Strafgericht ausgeglichen werden muss.[321]

313 Ist die Steuer bereits bestandskräftig festgesetzt, aber noch nicht oder nicht vollständig bezahlt, wird eine entsprechende Steuerschuld bei der Bemessung der Verfallshöhe mindestens zu berücksichtigen sein.

314 Maßgebend dafür, in welchem Verfahren die zur Vermeidung einer Doppelbelastung notwendige Abgleichung stattzufinden hat, ist die zeitliche Abfolge. Ist eine Besteuerung für das jeweilige Jahr noch nicht bestandskräftig erfolgt und eine steuerliche Berücksichtigung des Verfalls noch im entsprechenden Veranlagungszeitraum möglich, braucht das Gericht eine etwaige steuerliche Belastung auf den abzuschöpfenden Erlösen nicht zu berücksichtigen. Wird der Mehrerlös abgeschöpft, ist für eine Besteuerung des Erlöses überhaupt kein Raum

---

[317] Siehe hierzu BFHE 192, 64 ff.; BGH NJW 1995, 2235 ff.; BGH StV 2002, 483 ff.
[318] BVerfGE 81, 228 ff.
[319] Siehe hierzu BFHE 189, 75 ff.
[320] Siehe hinsichtlich der Frage des maßgeblichen Zeitpunkts zur Bildung einer Rückstellung BFHE 192, 64 ff.
[321] Siehe hierzu auch BGHSt 33, 37 ff.; BGH NJW 1989, 2139 ff.

mehr.³²² Vielmehr muss die Finanzverwaltung dann die um den Verfall gekürzten Einkünfte veranlagen.³²³

Ist dagegen eine bestandskräftige Steuerfestsetzung gegeben, braucht sich der Betroffene 315 nicht auf eine eventuell gegebene Möglichkeit der Aufhebung des Steuerbescheides nach § 173 Abs. 1 Nr. 2 AO verweisen lassen. Im Falle einer bestandskräftigen Steuerfestsetzung ist vom Gericht die steuerliche Belastung abzuziehen, die auf dem eigentlichen, dem Verfall unterliegenden Betrag ruht.

Im Ergebnis bleibt daher festzustellen, dass eine Schlechterstellung dann gegeben ist, wenn 316 eine Verfallsentscheidung unterbleibt, weil der Betroffene dann dem Zugriff des Verletzten und zusätzlich der Steuer ausgesetzt ist. Hervorzuheben ist hier, dass eine Verfallsanordnung auch dann möglich ist, wenn ein Heraugabeanspruch besteht, wie es gegenüber dem Dienstherrn im Falle der Erlangung von Bestechungsgeldern der Fall ist. Dies bedeutet im Einzelnen, dass beispielsweise der Staat nur dann Verletzter ist, wenn dem Bestechungserlös ein entsprechender Schaden aus der Verletzung der Dienstpflicht gegenüber steht, mithin der Schaden durch die Verletzung der Dienstpflicht verursacht wurde. Die Verletzteneigenschaft entfällt daher, wenn nur ein Anspruch auf Heraugabe des Erlangten besteht.³²⁴

Hierin zeigt sich, dass die Frage einer Schadensfeststellung von der Verteidigung vielseitig 317 zu berücksichtigen ist. Zu bedenken ist auch, dass der öffentliche Auftraggeber pauschalierten Schadensersatz aufgrund – für rechtswirksam erklärter – entsprechender vertraglicher Klauseln beanspruchen kann, ohne dass hierfür eine Schadensfeststellung im Einzelfall erforderlich ist.³²⁵

d) Konkurrenzen. Die Abgabe jeder einzelnen unrichtigen Steuererklärung ist als selbststän- 318 dige Tat im Sinne von § 53 StGB zu werten. Tatmehrheit kann ferner dann daher angenommen werden, wenn die abgegebenen Steuererklärungen verschiedene Steuerarten, verschiedene Besteuerungszeiträume oder verschiedene Steuerpflichtige betreffen. Tateinheit kommt allerdings dann in Betracht, wenn die Hinterziehungen durch dieselbe Erklärung bewirkt oder wenn mehrere Steuererklärungen durch eine Handlung gleichzeitig abgegeben werden. Entscheidend ist nach der Rechtsprechung des BGH, dass die Abgabe der Steuererklärungen im äußeren Vorgang zusammenfällt und darüber hinaus in den Erklärungen übereinstimmende unrichtige Angaben über die Besteuerungsgrundlagen enthalten sind.³²⁶

Auch bei der Steuerhinterziehung durch Unterlassen (§ 370 Abs. 1 Nr. 2 AO) ist grundsätz- 319 lich im Hinblick auf jede Steuerart, jeden Besteuerungszeitraum und jeden Steuerpflichtigen von selbstständigen Taten gemäß § 53 StGB auszugehen. Allein der einheitliche Tatentschluss, den steuerlichen Pflichten für mehrere Steuerarten und mehrere Besteuerungszeiträume künftig nicht nachzukommen, soll noch keine Tateinheit zwischen den einzelnen Steuerhinterziehungen durch Unterlassen begründen.³²⁷ Tateinheit ist ausnahmsweise dann anzunehmen, wenn die erforderlichen Angaben, die der Täter pflichtwidrig unterlassen hat, durch ein und dieselbe Handlung zu erbringen gewesen wären.³²⁸

Nach diesen Grundsätzen soll nach Ansicht des BGH³²⁹ auch bei Unterbleiben von Um- 320 satzsteuerjahreserklärungen oder Umsatzsteuervoranmeldungen für mehrere Scheinfirmen die Nichtabgabe der gebotenen Erklärungen für jeden Besteuerungszeitraum und jedes Scheinunternehmen eine rechtlich selbstständige Tat darstellen.

e) Belehrungspflichten. Bei dem Verdacht einer Korruptionsstraftat ist der Steuerpflichtige 321 vom prüfenden Finanzbeamten grundsätzlich darüber zu belehren, dass er sich nicht selbst

---

³²² So ausdrücklich BGH StV 2002, 484 ff. entgegen der Ansicht des Kartellsenats des BGH BGHR OWiG § 17 Vorteil 1.
³²³ Siehe zur ähnlichen Problematik bei § 17 Abs. 4 OWiG BFHE 189, 79 ff.
³²⁴ Siehe hierzu BGH wistra 2003, 228 ff., siehe auch BGHZ 39, 1 ff. – noch zu § 12 Abs. 3 OWiG, nunmehr § 299 StGB.
³²⁵ Siehe hierzu auch unten Rdnr. 383 ff.
³²⁶ So jedenfalls BGHSt 36, 163; BGHR AO 370 Abs. 1 Konkurrenzen 6 und 9; BGH wistra 1996, 62.
³²⁷ BGHSt 18, 376.
³²⁸ BGH wistra 1985, 66; BGH NJW 2005, 374 ff.
³²⁹ BGH NJW 2005, 374 ff.

wegen einer Straftat belasten muss. Im Falle des Verdachtes einer Steuerstraftat ergibt sich diese Belehrungspflicht ohnehin aus § 393 Abs. 1 Satz 4 AO.

322 Für die relevanten Veranlagungszeiträume muss der Steuerpflichtige im Falle eines Verdachtes im Einzelnen über die Mitteilungspflicht nach § 4 Abs. 5 S. 1 Nr. 10 EStG, die Möglichkeit der strafrechtlichen Selbstbelastung und auch des Zwangsmittelverbots belehrt werden. Ist eine solche Belehrung unterblieben, darf die Aussage grundsätzlich strafrechtlich nicht verwertet werden (siehe auch Ziff. 134 Abs. 5 AStBV (St)). Daneben kann auch ein steuerliches Verwertungsverbot bestehen, welches jedoch nicht zwingend aus einem strafrechtlichen Verwertungsverbot resultiert.[330]

323 f) Zusammenfassung. Festzuhalten bleibt, dass durch die Regelungen des Steuerentlastungsgesetzes 1999/2000/2002 illegale Zuwendungen an inländische und ausländische Amtsträger sowie an Angestellte und Beauftragte eines geschäftlichen Betriebes ab dem 1.1.1999 nicht mehr als abzugsfähige Betriebsausgaben gelten. Für die Versagung des Betriebsausgabenabzugs reicht bereits die Feststellung einer rechtswidrigen Bestechungshandlung bzw. Vorteilsgewährung aus; auf ein Verschulden des Zuwendenden, auf die Stellung eines Strafantrages oder auf eine tatsächliche Ahndung kommt es insoweit nicht an. Nach § 4 Abs. 5 S. 1 Nr. 10 EStG unterrichten sich die Behörden (Gerichte, Staatsanwaltschaft, Finanzbehörde) gegenseitig über den Verdacht von (Steuer-)Straftaten/ Ordnungswidrigkeiten. Ein Verdacht besteht auch dann, wenn wahrheitsgemäß Zuwendungen als nicht abzugsfähige Betriebsausgaben verbucht werden, mit der Folge, dass eine Mitteilung an die Staatsanwaltschaft erfolgt. Auch privat getätigte Zuwendungen können einen Verdacht begründen, wenn diese das betriebliche Ergebnis beeinflussen. Bestehen Anhaltspunkte für Bestechungsdelikte, sind die Finanzämter angewiesen, die Benennung des Empfängers zu verlangen (§ 160 AO). Dies gilt im Besonderen auch im Falle von Zahlungen an ausländische Empfänger. Werden Betriebsausgaben, die ins Ausland geflossen sind, geltend gemacht, so muss der Steuerpflichtige zur Überprüfbarkeit dieser Angaben ohnehin selbst beitragen (Benennungsverlangen nach § 160 AO).

5. Verletzung des Geheimbereichs

324 Delikte, die die Verletzung des Geheimbereichs (Geheimnisverrat) zum Gegenstand haben, sind im Wesentlichen die Verletzung von privaten oder Geschäftsgeheimnissen nach § 203 StGB, die Verwertung fremder Geheimnisse nach § 204 StGB sowie das Ausspähen von Daten nach § 202 a StGB. Sämtlichen Delikten ist gemeinsam, dass sie nur auf Antrag verfolgt werden (§ 205 StGB).

325 Im Bereich der Amtsdelikte, also bei Beteiligung von Amtsträgern, stehen in Zusammenhang mit Korruptionsdelikten im Wesentlichen die Verletzung des Dienstgeheimnisses und einer besonderen Geheimnishaltungspflicht nach § 353 b StGB in Frage.

Im Rahmen der Verletzung von Geschäftsgeheimnissen sind im Weiteren die Tatbestände der §§ 17, 18 UWG von Bedeutung. Hierbei handelt es sich um relative Antragsdelikte (§ 22 Abs. 1 UWG); diese Taten können grundsätzlich daher ebenfalls nur auf Antrag verfolgt werden, es sei denn, die Strafverfolgungsbehörde hält ein Einschreiten von Amts wegen des besonderen öffentlichen Interesses an der Strafverfolgung für geboten.

326 Manipulationen des Vergabeverfahrens, kartellrechtswidrige Absprachen sowie Bestechungsdelikte gehen oft einher mit der Verletzung von Privatgeheimnissen, namentlich von Betriebs- oder Geschäftsgeheimnissen. Werden von Auftraggeberseite Informationen an Mitbieter über Angebote anderer Bieter weitergeben, können Straftaten aus diesen Bereichen vorliegen, was in jeder Phase der Beratung zu berücksichtigen ist. In Betracht kommen Taten wie die Offenlegung von Angeboten bzw. der Kalkulation oder weiterer, im Vergabeverfahren geschützter Dokumente. Die Angebote der am Ausschreibungsverfahren Beteiligten stellen für die ausschreibenden Stellen Geschäftsgeheimnisse dar.[331] Die VOB/A beinhaltet bezüglich der Geheimhaltung im Rahmen des Vergabeverfahrens eine Reihe von Regelungen. Nach § 17 Nr. 6 VOB/A sind beispielsweise die Namen der Bewerber, die Verdingungsunterlagen erhalten oder eingesehen haben, geheim zu halten. Zur Geheimhaltung im Sinne der VOB/A,

---

[330] Siehe hierzu im Einzelnen *Briehl/Ehlscheid* Steuerstrafrecht § 4 Rdnr. 310 ff.; SG Münster ESG 1997, S. 1278 ff.; BFHE 139, 221 ff.
[331] Vgl. BGH NStZ 1995, 551 ff.

die sich generell an den Auftraggeber richtet, sind damit zur Geheimhaltung Verpflichtete der Auftraggeber bzw. seine Bevollmächtigten oder Erfüllungsgehilfen. Zu beachten ist im Besonderen, dass nach den Bestimmungen der VOB/A (§ 22 VOB/A) dem Eröffnungstermin, der bei der öffentlichen und beschränkten Ausschreibung – nicht jedoch bei der freihändigen Vergabe – durchgeführt werden muss, die Verpflichtung vorausgeht, die auf direktem Wege oder per Post schriftlich zugegangenen Angebote beim Eingang auf den ungeöffneten Umschlag zu kennzeichnen und unter Verschluss zu halten. Digital eingegangene Angebote sind ebenfalls entsprechend zu kennzeichnen und insbesondere verschlüsselt aufzubewahren. Wird ein Angebot versehentlich geöffnet – aus Unachtsamkeit oder weil es als solches nicht gekennzeichnet war – so ist es sofort wieder zu verschließen. Dies ist auf dem Umschlag unter Angabe von Datum und Uhrzeit sowie den Namen der beteiligten Person entsprechend zu vermerken. Die sorgfältige Verwahrung der eingegangenen Angebote soll vor allem einen korrekten Wettbewerb sicherstellen.

Im Bereich der Amtsdelikte, also bei Beteiligung von Amtsträgern, ist der Verrat von Geheimnissen im Wesentlichen die Verletzung des Dienstgeheimnisses und einer besonderen Geheimhaltungspflicht nach § 353 b StGB strafbar. Täter können daher insbesondere Amtsträger oder für den öffentlichen Dienst besonders Verpflichtete (§ 11 StGB) sein. Die Strafverfolgung ist abhängig von der Erteilung einer entsprechenden Strafverfolgungsermächtigung der entsprechenden Bundes- oder Landesbehörde, § 353 b Abs. 4 StGB.

6. Urkundenfälschung (§ 267 StGB)

Bei der Manipulation öffentlicher Aufträge kommt der Tatbestand der Urkundenfälschung in Zusammenhang mit Bestechungsdelikten dann in Betracht, wenn beispielsweise nachträglich Angebotsunterlagen oder das Submissionsprotokoll durch Radieren, Überschreiben, Entfernen von Blättern oder durch späteres Hinzufügen gefälschter oder falscher Unterlagen verändert werden.[332]

§ 267 StGB stellt das Herstellen einer unechten Urkunde, das Verfälschen einer echten Urkunde sowie das Gebrauchen einer unechten oder verfälschten Urkunde zur Täuschung im Rechtsverkehr unter Strafe (§ 267 Abs. 1 StGB). Urkunde ist die verkörperte, allgemein oder für Eingeweihte verständliche, menschliche Gedankenerklärung, die geeignet und bestimmt ist, im Rechtsverkehr Beweis zu erbringen, und die ihren Aussteller erkennen lässt.[333] Die unechte oder verfälschte Urkunde muss zur Täuschung hergestellt oder gebraucht werden und zwar unter Ausnutzung der ihr innewohnenden Beweiskraft. Der Täter muss mittels der Urkunde im Rechtsverkehr täuschen, also einen Irrtum erregen und dadurch ein rechtlich erhebliches Verhalten erreichen wollen. Der Versuch ist strafbar (§ 267 Abs. 2 StGB).

§ 267 Abs. 3 StGB enthält darüber hinaus Regelbeispiele für besonders schwere Fälle der Urkundenfälschung, sofern diese gewerbs- oder bandenmäßig begangen wird, einen hohen Vermögensverlust herbeiführt, die Sicherheit des Rechtsverkehr durch eine große Zahl von unechten oder verfälschten Urkunden erheblich gefährdet oder ein Amtsträger seine Befugnisse oder seine Stellung missbraucht (§ 267 Abs. 1 Nr. 1 bis 4 StGB). Im letztgenannten Fall kann auch eine Bestrafung wegen Falschbeurkundung im Amt gemäß § 348 StGB in Betracht kommen.

7. Verleitung eines Untergebenen zu einer Straftat (§ 357 StGB)

§ 357 StGB beruht auf dem Gedanken, dass der vorgesetzte oder beaufsichtigende Amtsträger verpflichtet ist, in seinem Dienstbereich die Begehung rechtswidriger Taten nachgeordneter Amtsträger zu verhindern. Unter Strafe gestellt sind das Verleiten und das Unternehmen zu verleiten sowie das Geschehenlassen rechtswidriger Taten. Der Täter wird nach der für diese rechtswidrige Tat angedrohten Strafe sanktioniert.

---

[332] Siehe hierzu BGH NStZ 1987, 326 ff.: Taten der Bestechlichkeit, Untreue und Urkundenfälschung; siehe ebenfalls die Anmerkung von *Letzgus* NStZ 1987, 309 ff.
[333] *Tröndle/Fischer* § 267 Rdnr. 2.

8. Strafvereitelung im Amt (§§ 258, 258 a StGB)

332 In den Fällen der Strafvereitelung im Amt in Zusammenhang mit Korruptionstaten kommen als Amtsträger insbesondere diejenigen in Frage, die bei einem Strafverfahren mitwirken (§ 285 a Abs. 1 1. Alt. StGB), in erster Linie Richter, Staatsanwälte und Ermittlungsbeamte und Beamte der Finanzverwaltung.

333 Eine Strafvereitelung kommt insbesondere in Betracht, wenn Beschuldigte über die gegen sie selbst geführten Ermittlungen wegen Korruptionsdelikten aus der eigenen Behörde heraus informiert werden. Aus diesem Grunde werden beispielsweise die Ermittlungen der Internen Dienststellen (DIE)[334] auch innerhalb der Behörde abgeschirmt durchgeführt.

Relevant sind ferner Sachverhalte, in denen Beamte von der Verfolgung strafbarer Handlungen als Gegenleistung dafür absehen, dass illegale Zuwendungen erfolgen.[335]

9. Erpressung (§ 253 StGB)

334 Der Tatbestand der Erpressung gemäß § 253 StGB steht insbesondere in Frage, wenn der Täter seine Entscheidungs- oder Einflussposition durch Drohung mit einer negativen Stellungnahme missbraucht und hiermit die Forderung nach Gewährung eines Vorteils verbindet.

Dies kann beispielsweise in Betracht kommen, wenn die Forderung illegaler Zuwendungen mit der Drohung verknüpft wird, bei Nichterfüllung werde eine bestehende Bindung vertragswidrig aufgekündigt. Bei laufenden Geschäftsbeziehungen, auf deren Fortdauer der Adressat der Zuwendungen wirtschaftlich existenziell angewiesen ist, gilt für die Drohung mit deren Abbruch bei Verweigerung der Zahlung nichts anderes. Zweifelhaft kann allerdings sein, ob eine Erepressung auch in Fällen noch nicht dauerhaft gewachsener Geschäftsbeziehungen ebenfalls gegeben ist. Entgegen steht jedenfalls nicht, dass die tatbestandliche Handlung in der Ankündigung liegt, ein rechtlich nicht gebotenes Handeln zu unterlassen.[336]

335 Bedenklich ist es ferner, die Drohung mit dem Abbruch eines zum Nachteil eines Dritten abgeschlossenen, strafbaren oder mit dem Nichtabschluss entsprechender künftiger drittschädigender Geschäfte als tatbestandliche Drohung mit einem Übel zu verstehen. Hier bedarf es aber ohnehin im Hinblick auf eine zumindest mindere Schutzwürdigkeit des Genötigten sorgfältiger Prüfung der Rechtswidrigkeit im Sinne des § 253 Abs. 2 StGB.[337]

336 Darüber hinaus kann der Vermögensnachteil im Sinne des § 253 Abs. 1 StGB nicht isoliert in einer Schmiergeldzahlung gesehen werden. Vielmehr ist bei der gebotenen wirtschaftlichen Gesamtbetrachtung zu berücksichtigen, was als Gegenleistung zugesagt und auch geleistet wurde.[338]

10. Geldwäsche (§ 261 StGB)

337 Im Rahmen der Korruptionsdelikte kommt dem Geldwäschetatbestand nicht nur für einzelne Täter, die von einem Beschuldigten, dem eine Katalogtat des § 261 StGB vorgeworfen wird, Vermögenswerte entgegennehmen, Relevanz zu, sondern insbesondere für die Strafverteidigung, im Hinblick auf Honorareinnahmen.

338 In dem Vortatenkatalog des § 261 Abs. 1 StGB sind u. a. Vergehen der Bestechlichkeit (§ 332 Abs. 1 und 3 StGB) und der Bestechung (§ 334 StGB) auch in Verbindung mit § 1 IntBEStG aufgeführt. Ebenfalls werden von § 261 Abs. 1 Nr. 1 StGB Verbrechen als Vortat einer Geldwäsche benannt, so dass ein solches nach § 332 Abs. 2 StGB umfasst ist. Vortaten der Geldwäsche sind ferner die Steuerhinterziehung in Form der Gewerblichkeit, Betrug, Untreue und auch Urkundenfälschung, also typische Begleitdelikte der eigentlichen Korruptionstaten.

339 Gemäß § 261 Abs. VIII StGB werden ebenfalls Gegenstände erfasst, die aus Auslandstaten entsprechend dem Katalog des § 261 Abs. 1 StGB herrühren. Voraussetzung ist allerdings, dass die Vortat auch am Tatort mit Strafe bedroht ist.

340 Als Tathandlungen der Geldwäsche kommen gemäß § 261 Abs. 1 StGB das Verbergen von vermögenswerten Gegenständen sowie die Verschleierung ihrer Herkunft und die Vereitelung

---

[334] Siehe hierzu oben Rdnr. 26 ff sowie unten Rdnr. 406.
[335] Vgl. beispielsweise BGH NStZ 1998, 194 ff.
[336] BGHSt 31, 195; BGH NJW 1998, 2612 ff.
[337] Siehe hierzu BGHSt 9, 245 ff.; BGH NJW 1999, 800 ff.; Erbs/Kohlhaas/*Diemer* § 12 a. F. Rdnr. 43.
[338] Siehe BGH NJW 1999, 800 ff., 801.

und Gefährdung des Auffindens solcher Vermögensgegenstände, des Verfalls, der Einziehung oder Sicherstellung in Betracht. In Zusammenhang mit den in § 261 Abs. 1 StGB aufgeführten Bestechungsdelikten steht vor allem die Tatalternative des Verschleierns der Herkunft von Vermögenswerten in Frage, da es insoweit schon ausreicht, den Nachweis, dass die Vermögenswerte aus einer Straftat stammen, zu erschweren.

Der Geldwäschetatbestand des § 261 StGB ist in den letzten Jahren immer stärker ausgedehnt worden. Wenn der Anschlusstäter hinsichtlich der bemakelten Herkunft der Vermögensgegenstände unvorsätzlich, aber leichtfertig gehandelt hat, so ist bereits eine Strafbarkeit begründet. (§ 261 Abs. 5 StGB). Dies hat insbesondere zu dem Problem geführt, ob sich auch ein Rechtsanwalt, der als Wahlverteidiger Honorare oder Honorarvorschüsse entgegennimmt, das aus einer Katalogtat im Sinne von § 261 Abs. 1 Nr. 1 bis 5 StGB stammt, wegen Geldwäsche strafbar machen kann. Die Gefahr besteht, dass durch Hereinnahme solcher Gelder mittelbar oder unmittelbar die Tatbestandsmerkmale der Verschleierung, des Verbergens oder andere Tathandlungen des § 261 StGB erfüllt sein können. Mit Urteil des BVerfG vom 30.3.2004[339] wurde nun festgehalten, dass § 261 Abs. 2 Nr. 1 StGB mit dem Grundgesetz vereinbar ist, soweit Strafverteidiger nur dann mit Strafe bedroht werden, wenn sie im Zeitpunkt der Annahme ihres Honorars sichere Kenntnis von dessen Herkunft hatten. Sichere Kenntnis ist jedoch identisch mit positivem Wissen, weder Leichtfertigkeit noch bedingter Vorsatz genügen daher, um eine Strafbarkeit zu begründen.

VIII. Schadensfeststellung und -schätzung in Zusammenhang mit Korruptionsdelikten

Der Schadensfeststellung bzw. Schätzung kommt im Rahmen der Korruptionsdelikte besondere Bedeutung[340] zu. Im Strafprozess erfolgen Schätzungen zum einen bei der Sanktionenbemessung über gesetzliche Schätzklauseln, wie beispielsweise bei der Bemessung der Geldstrafe oder des Verfalls. Ohne gesetzliche Normierungen erfolgen Schätzungen zum anderen in Zusammenhang mit der Bestimmung des Schuldzusammenhangs. Diese Schätzungen beziehen sich überwiegend auf äußere Umstände,[341] sind nach der Rechtsprechung aber auch zur Ermittlung individuellen Verhaltens, insbesondere zur Konkretisierung von Serienstraftaten, zulässig.[342]

In Zusammenhang mit der Nichtigkeitserklärung hinsichtlich der Vermögensstrafe nach § 43 a StGB aufgrund der Verletzung des Bestimmtheitsgrundsatzes gemäß Art. 103 Abs. 2 GG hat das Bundesverfassungsgericht im Jahr 2002[343] den Spannungsbogen zwischen Schätzungen und der erforderlichen Aufklärungspflicht bei der tatrichterlichen Sachverhaltsfeststellung aufgezeigt. Das Bundesverfassungsgericht führte aus, dass die Vorschriften, die den Richter schätzen lassen, auf Fälle zugeschnitten seien, in denen der zu ermittelnde Wert nicht mit hinreichender Sicherheit festgestellt werden könne. Es werde eine ungenaue Feststellung oder pauschale Berechnung, die für die Entscheidung tragend sei, eingeführt, mithin ein Unsicherheitsfaktor, der mitbestimme. Eine Schätzung führe – auch wenn sie auf hinreichenden Schätzungsgrundlagen beruhe – immer die erhöhte Möglichkeit einer Abweichung von der Realität mit sich.[344]

Aus diesem Grund ist im Rahmen von Schadensfeststellungen bzw. Schätzungen stets höchste Aufmerksamkeit geboten. Besonderes Augenmerk ist bei der Schadensfeststellung auch vor dem Hintergrund möglicher Ansprüche von Verletzten und des Fiskus bzw. der Verfallsanordnung gemäß § 73 StGB angezeigt.

Zu bedenken ist, dass der Tatrichter aufgrund des Amtsermittlungsgrundsatzes (§ 264 StPO) verpflichtet ist, die angeklagte Tat erschöpfend zu untersuchen und die Beweisaufnahme auf alle zur Erforschung der Wahrheit bedeutsamen Tatsachen und Beweismittel zu

---

[339] BVerfG NStZ 2004, 259 ff.
[340] Siehe hierzu auch oben Rdnr. 258 ff. und 282 ff.
[341] BGHSt 36, 320 ff., 326.
[342] BGHSt 40, 437; BGHSt 42, 107 ff.; BGH NStZ 1995, 460; BGH NStZ-RR 1999, 79.
[343] BVerfG Urt. v. 20.3.2002 – 2 BvR 794/95 – BGBl. I S. 1340 – NJW 2002, 1779 ff., 1783.
[344] Siehe hierzu *Krause* StraFo 2002, 249 ff.

erstrecken.[345] Es besteht aber die Gefahr, dass sich durch Rückgriff auf Schätzungen die Aufklärungspflicht darin erschöpft, leicht ermittelbare Schätzungsgrundlagen aufzuklären und andere, vorhandene oder schwerer zu beschaffende Beweismittel nicht ausgeschöpft werden. Die Feststellungen zum Schaden sind regelmäßig mit erheblichem Aufwand verbunden. Schon aus diesem Grund neigen viele Gerichte dazu, im Wege der Schadensschätzung vorzugehen, ohne die erforderlichen Kriterien im Rahmen einer Schätzung in ausreichendem Maße zu berücksichtigen. Diese Gefahr besteht nicht nur in großen Umfangsverfahren, sondern auch in Einzelverfahren, da die Feststellung des Schadens generell mit erheblichen Mühen verbunden sein kann. Hervorzuheben ist daher, dass dem Grundsatz nach eine Schätzung nur dann zulässig ist, wenn sich Feststellungen auf andere Weise nicht treffen lassen.[346]

346 Im Einzelnen gilt, dass das Gericht nach § 244 Abs. 2 StPO zur Erforschung der Wahrheit hinsichtlich der Tatsachen und Beweismittel, die für die Entscheidung von Bedeutung sind, Beweis zu erheben hat (Aufklärungspflicht). Einschränkungen hiervon sind grundsätzlich nur möglich, wenn gesetzliche Vorschriften dies im Einzelfall zulassen. In diesem Zusammenhang ist zunächst § 40 Abs. 3 StGB heranzuziehen, wonach eine Schätzungsbefugnis im Hinblick auf Einkünfte des Täters, seines Vermögens und anderer Grundlagen für die Bemessung eines Tagessatzes eingeräumt ist. Des Weiteren sehen die §§ 73 b, 73 d Abs. 2 sowie 73 c Abs. 3 StGB eine Schätzungsbefugnis für den Umfang des Erlangten und dessen Wert bei Anordnung des Verfalls, beim erweiterten Verfall sowie im Hinblick auf den Gegenstandswert zum Zwecke der Einziehung vor. Diese Vorschriften senken die an die Aufklärungspflicht zu stellenden Anforderungen und gestehen zu, von der Ausschöpfung aller Aufklärungsmöglichkeiten abzusehen. Das Gericht darf hierbei grundsätzlich die Möglichkeit einer Abweichung von der Realität in Kauf nehmen.[347]

347 Die Zulässigkeit von Schätzungen soll die Hauptverhandlung von Beweiserhebungen entlasten, die vom eigentlichen Ziel des Strafverfahrens – der Entscheidung über die Schuld des Angeklagten und die Festsetzung angemessener Rechtsfolgen – ablenken, weil sie Detailfragen im Rechtsfolgenbereich in den Vordergrund der Beweisaufnahmen stellen würden.[348] Die Schätzung ist damit aufgrund materiell-rechtlicher Befugnis nicht nur Ultima Ratio nach erfolgloser Ausschöpfung aller verfügbaren Beweismittel, sondern kann schon dann vorgenommen werden, wenn eine Beweiserhebung nach Umfang, Aufwand oder wegen der damit verbundenen Eingriffe in andere rechtlich geschützte Bereiche außer Verhältnis zur Bedeutung der Sache und der Höhe der zu verhängenden Rechtsfolge steht. Von weiteren Ermittlungen kann daher abgesehen werden, wenn der damit verbundene Aufwand, die eintretenden Verfahrensverzögerungen oder die Belastungen für den Angeklagten als unangemessen gelten.[349]

348 Steht nach der Überzeugung des Tatrichters ein strafbares Verhalten fest, so kann auch die Bestimmung des Schuldumfangs grundsätzlich im Wege der Schätzung erfolgen.[350] Nach der Rechtsprechung ist aber eine Schätzung nur dann möglich, wenn sich die Feststellungen auf andere Weise nicht treffen lassen. Die Schätzung gilt aber beispielsweise dann als zulässig, wenn über die deliktischen Geschäfte keine Belege oder Aufzeichnungen vorhanden sind. In diesem Fall hat der Tatrichter jedoch einen als erwiesen angesehenen Mindestschuldumfang festzustellen.[351]

349 Die Schätzung muss aber auf eine hinreichend gesicherte Grundlage in Form von Ausgangsdaten (festgestellte konkrete Anhaltspunkte) beruhen, von zutreffenden Prämissen ausgehen und diese Daten nachvollziehbar im Urteil niederlegen (so genannte Schätzungselemente[352]). Anderenfalls würde ein Verstoß gegen die Aufklärungspflicht vorliegen.

---

[345] Siehe nur BGHSt 1, 94 ff.
[346] BGH wistra 1996, 21 ff; BGH NJW 1958, 1244.
[347] BVerfG NJW 2002, 1779 ff., 1783.
[348] Löwe/Rosenberg/*Gollwitzer* § 244 Rdnr. 22.
[349] BayObLG DAR 1978, 206 ff.; siehe auch BGHSt 40, 374; BGHSt 36, 320 ff.; kritisch hierzu *Krause* StraFo 2002, 249 ff., 251.
[350] Siehe hierzu BGHSt 36, 320 ff., 328; BGSt 40, 374 ff., 376.
[351] BGH wistra 2004, 391.
[352] Siehe zu den einzelnen Schätzungselementen *Krause* StraFo 2002, 249 ff., 250 ff. m. w. N.

Bei Serienstraftaten kommt eine Schätzung vor allem dann in Betracht, wenn Belege über 350
kriminelle Geschäfte abhanden gekommen sind oder von vornherein fehlen.[353] Eine solche
Schätzung ist im Rahmen der freien Beweiswürdigung nach § 261 StPO möglich.[354] Sicherzustellen ist aber die Begrenzung auf eine Mindestzahl unter Berücksichtigung aller Eventualitäten zwecks Konkretisierung der einzelnen Handlungsabläufe.[355]

Einzelne Taten können nur aufgrund einer sicheren Grundlage hochgerechnet werden; im Zweifel muss selbst bei Serientaten von einer einzigen Einzeltat ausgegangen werden.[356] Anzuführen ist auch, dass eine Hochrechnung nur dann erfolgen darf, wenn diese auf einer gesicherten Tatsachenfeststellung beruht.[357]

Zusammenfassend ist daher zunächst festzuhalten, dass Schätzungen im Strafverfahren einerseits dort zulässig sind, wo besondere Schätzungsbefugnisse gesetzlich normiert sind (insbesondere im Bereich der Geldstrafe und der Gewinnabschöpfung); zum anderen wird eine Schätzung als zulässig erachtet, wenn dies der einzige verhältnismäßige Weg zur Gewinnung von Erkenntnissen ist und eine hinreichend gesicherte Überzeugung gewährleistet ist. Nach der Kasuistik der Rechtsprechung ist letzteres etwa bei Serienstraftaten möglich, insbesondere zur Ermittlung des eingetretenen Schadens. Aber auch dort gilt, dass eine Schätzung bzw. Hochrechnung nur dann zulässig ist, wenn sie eine für eine Verurteilung hinreichende Sicherheit bietet. In Zweifelsfällen darf sie nicht stattfinden. 351

Hervorzuheben ist ferner, dass der Vermögensschaden jeweils gesondert festzustellen und 352
nicht schon in der Annahme eines Vorteils im Sinne der Korruptionsdelikte begründet ist. Unzulässig ist es daher die (pauschale) Unterstellung – wie es in der Praxis nicht selten vorgenommen wird –, dass beispielsweise die vom Geber gezahlte Zuwendung einkalkuliert und daher illegal kompensiert worden sei. Eine solche Mutmaßung ersetzt nicht die erforderlichen Feststellungen zum Schaden bzw. Vermögensnachteil – im Rahmen der einschlägigen Vermögensdelikte.

Ferner ist die Schätzung von strafbarkeitsbegründenden Umständen unzulässig. Voraussetzung jeder Schätzung ist die Feststellung des strafbaren Verhaltens. Die zulässige Schätzung findet ebenfalls ihre Grenze bei der individuellen Feststellung der persönlichen Schuld. Jeder Tatbeteiligte ist allein im Hinblick auf sein individuelles und persönliches Maß an Schuld zu beurteilen, was sich anhand der individuellen Zumessungstatsachen bemisst.[358] Für jeden Tatbeteiligten bedeutet dies, dass sich seine Schuld grundsätzlich ausschließlich anhand des von ihm geleisteten Tatbeitrags (im Falle des Gehilfen des von ihm geförderten Teils der Straftat) bemisst. Zur Ermittlung des individuellen Schuldumfangs eines Teilnehmers darf daher nicht die (ggf. geschätzte bzw. hochgerechnete) Gesamtschädigung angelastet werden. Der Umfang seiner Schuld ist vielmehr durch Herunterbrechen auf diejenigen Tatkomplexe zu ermitteln, welche der Gehilfe tatsächlich fördernd unterstützt hat. 353

Die Feststellung der Zahl der Einzelakte und die Verteilung des Gesamtschadens auf die 354
Einzelakte erfolgt nach dem Grundsatz „in dubio pro reo".[359]

IX. Sonstige Folgen von Korruption

1. Bebußung des Unternehmens und des Aufsichtspflichtigen

Die Korruptionsdelikte im engeren Sinne, wettbewerbswidrige Absprachen und sonstige 355
Umfelddelikte der Korruption können zur Folge haben, dass gegen das Unternehmen als juristische Person unmittelbar eine erhebliche Geldbuße verhängt wird (§ 30 OWiG).[360] Der für die Kriminalstrafe geltende Grundsatz individueller Handlungs- und Schuldfähigkeit gilt

---

[353] BGHSt 40, 374 ff., 376; Meyer-Goßner, § 244, Rdnr. 15 a.
[354] KK/*Schoreit* § 261 Rdnr. 7.
[355] BGH NStZ 1995, 78 ff.; BGHSt 42, 107 ff., 109 ff.
[356] BGH NStZ 1997, 280 ff.; vgl. auch BGH StV 2002, 523 ff.
[357] Siehe BGH NStZ 1990, 197 ff.
[358] Siehe nur *Tröndle/Fischer* § 46 Rdnr. 25.
[359] BGHSt 40, 374 ff., 376.; BGH NStZ 1999, 581 ff.
[360] Siehe etwa zur Unternehmensgeldbuße bei wettbewerbswidrigen Absprachen *Achenbach* WuW 1997, 958 ff.; *ders.* wistra 1998, 168 ff.

nicht, da sich § 30 OWiG unmittelbar an das Unternehmen oder den Verband und nicht an das Individuum richtet.[361] Die vertretungsberechtigten Organe bzw. ihre Mitglieder und weitere Leitungspersonen,[362] die in § 30 OWiG enumerativ aufgezählt sind, treten insoweit lediglich als Akteure einer Anknüpfungstat auf, die sowohl Straftat wie auch Ordnungswidrigkeit sein kann. Ausreichend ist bereits, dass sich Ihre Zugehörigkeit zu dem aufgezählten Kreis sicher feststellen lässt. Feststehen muss allerdings der haftungsbegründende Sachverhalt als solcher.

356 Darüber hinaus ist zu beachten, dass der Inhaber eines Betriebes oder Unternehmens zur Verantwortung gezogen werden kann, selbst wenn er nicht persönlich gehandelt hat. Anknüpfungspunkt für einen derartigen Vorwurf ist, dass er betriebsbezogene Aufsichtspflichten unterlassen hat (**§ 130 OWiG**). Anders als § 30 OWiG orientiert sich diese Norm an dem individuellen Fehlverhalten. Ordnungswidrig im Sinne des § 130 OWiG handelt, wer als Inhaber eines Betriebes oder Unternehmens vorsätzlich oder fahrlässig die Aufsichtsmaßnahmen unterlässt, die erforderlich sind, um in dem Betrieb oder Unternehmen Zuwiderhandlungen gegen Pflichten zu verhindern, die den Inhaber als solchen treffen und deren Verletzung mit Sanktionen bedroht ist und die durch gehörige Aufsicht hätte verhindert oder wesentlich erschwert werden können. Über diese Verantwortung des Inhabers bestehen ebenso Aufsichts- und Kontrollpflichten für (gesetzliche) Vertreter des Betriebsinhabers (§ 9 OWiG). Danach sind beispielsweise Vorstandsmitglieder einer AG wie auch die geschäftsführenden Gesellschafter einer GmbH oder Personengesellschaft (OHG, KG) zur Aufsicht originär verpflichtet. Eine Delegation dieser Verantwortung an leitende Mitarbeiter führt nicht zu einer völligen Entlastung.

357 Ein Verstoß gegen diese Aufsichts- und Kontrollpflicht nach § 130 OWiG kann als Anknüpfungstat im Sinne des § 30 OWiG dazu führen, dass auch gegen die juristische Person eine Geldbuße verhängt wird. Wird nämlich die Aufsichts- und Kontrollpflicht im Unternehmen verletzt, so handelt es sich um eine betriebsbezogene Pflichtverletzung im Sinne des § 30 OWiG.

358 Betriebliche Aufsichts- und Organisationspflichtverletzungen können etwa vorliegen, wenn in einem Unternehmen Bestechungshandlungen sowie damit in Zusammenhang stehende Delikte – insbesondere Kartellabsprachen – nicht unterbunden werden. Ferner können Pflichtverletzungen begründet sein, wenn im Betrieb bzw. Unternehmen weitere, von Mitarbeitern begangene Straftaten nicht verhindert werden.

359 § 30 Abs. 2 Satz 3 OWiG sieht vor, ein Bußgeld nach der Bestimmung für die Ordnungswidrigkeit zu verhängen, wenn das für die Ordnungswidrigkeit angedrohte Höchstmaß der Geldbuße das Höchstmaß in Satz 1 übersteigt. Durch das Gesetz zur Bekämpfung der Korruption,[363] welches am 20.8.1997 in Kraft trat, ist in § 30 Abs. 2 OWiG der Satz 3 neu aufgenommen worden, wonach ein Rückgriff auf den Bußgeldrahmen für die Ordnungswidrigkeit erfolgen kann. Hintergrund hierfür ist, dass der Sanktionsrahmen nicht eingeschränkt werden sollte.[364] Dies kommt allerdings derzeit nur dann in Betracht, wenn es sich bei der Anknüpfungstat um eine nach § 298 StGB oder nach § 263 StGB handelt, so dass der erhöhte Bußgeldrahmen des § 81 Abs. 2 Satz 1 i. V. m. § 81 Abs. 1 Nr. 1 GWB anzuwenden ist, der Geldbußen bis zur dreifachen Höhe des erlangten Mehrerlöses vorsieht.

2. Gewinnabschöpfung

360 Die so genannte Gewinnabschöpfung ist über die Vorschriften des Verfalls (§§ 73, 73 a, 73 d StGB und § 29 a OWiG) möglich, wonach Vermögensvorteile, die aus der Tat erlangt wurden, dem Täter entzogen werden können.

361 Maßgeblich ist die Bestimmung des wirtschaftlichen Wertes des Vorteils, den der Täter durch die Tat erzielt hat. Die Abschöpfung muss in diesem Sinn spiegelbildlich dem Vermögensvorteil unmittelbar entsprechen. Die gesetzliche Regelung unterscheidet zwischen dem eigentlichen „Etwas", das der Täter aus der Tat erlangt hat und den mittelbaren Tatvorteilen, den Nut-

---

[361] Zur Entstehungsgeschichte und Rechtsnatur der Sanktion vgl. BGHSt 46, 207 ff.
[362] § 30 OWiG wurde in Abs. 1 Nr. 5 dahingehend erweitert, dass der für das Unternehmen verantwortliche Personenkreis auch auf solche Personen erstreckt wurde, die zu den für die Leitung des Betriebs oder des Unternehmens verantwortlich handelnden Personen gehören. Durch diese Ausdehnung soll erreicht werden, dass an das Handeln aller Leitungsverantwortlichen ohne Beschränkung auf die Innehabung einer nur formalen Position angeknüpft werden kann, wenn Sanktionen gegen das Unternehmen verhängt werden sollen.
[363] BGBl. I S. 2038.
[364] Vgl. dazu BT-Drucks. 13/8079, S. 36 f.

zungen und Surrogaten, die nach § 73 Abs. 2 StGB ebenfalls dem Verfall unterworfen werden können. Zum Umfang des Erlangten gehören daher beispielsweise auch Spekulationsgewinne bzw. Gewinnchancen, die durch Bestechungsgelder ermöglicht werden.[365]

Nach der bislang ergangenen Rechtsprechung kann festgehalten werden, dass aus der Tat alle Vermögenswerte erlangt werden, die dem Täter unmittelbar aus der Verwirklichung des Tatbestandes selbst in irgendeiner Phase des Tatablaufes zufließen. Um Vorteile für die Tat handelt es sich hingegen, wenn Vermögenswerte dem Täter als Gegenleistung für sein rechtswidriges Handeln gewährt werden, die nicht auf der Tatbestandsverwirklichung selbst beruhen.[366]

Prinzipiell gilt das Bruttoprinzip. Hierzu ist vom BGH eine Grundsatzentscheidung vom 21.8.2002 ergangen.[367] Danach bedeutet das Bruttoprinzip, dass nicht bloß der Gewinn, sondern grundsätzlich alles, was der Täter für die Tat oder aus ihr erlangt hat, für verfallen zu erklären ist. Entscheidend ist, was dem Betroffenen gerade durch die Straftat zugeflossen ist oder was er durch diese erspart hat. Bei der Berechnung sind sämtliche Erlöse ohne Abzug von sonstigen Aufwendungen zugrunde zu legen.

Dem Verfall unterliegt daher der gesamte Taterlös. Der Täter oder auch Teilnehmer kann Gegenleistungen, Aufwendungen oder Unkosten, die er für die Tatausführung aufgewendet hat, nicht gegen rechnen und in Abzug bringen.[368]

Der BGH[369] hatte hierzu im Einzelnen ausgeführt, dass bei Wirtschaftsstraftaten der Staat den gesamten Bruttoerlös einschließlich investierter Gelder einziehen kann. Abzuschöpfen ist nicht nur der Gewinn aus der Straftat, sondern der gesamte Erlös ohne Abzug von Kosten. Nach dem BGH dient die Abschöpfung der Prävention und soll zur Verhinderung gewinnorientierter Straftaten beitragen. Würde nur nach dem Nettoprinzip der Reingewinn eingezogen, wären solche Straftaten für die Täter wirtschaftlich ohne Risiko und der Zweck der Prävention verfehlt. Der erste Strafsenat wies des Weiteren darauf hin, dass die Gewinnabschöpfung keine Strafe, sondern eine Maßnahme eigener Art sei. Aus diesem Grund gelte das Bruttoprinzip auch für juristische Personen, die – im Gegensatz zu Privatpersonen – selbst nicht bestraft (aber bebußt) werden können. Bei der Gewinnabschöpfung findet das Bruttoprinzip daher für Unternehmen Anwendung, wenn beispielsweise Mitarbeiter im Unternehmen rechtswidrig gehandelt haben.

Mit Urteil vom 14. September 2004 hat der BGH[370] diese Rechtsprechung unter Bezugnahme auf die Rechtsprechung des Bundesverfassungsgerichts,[371] wonach der Verfall auch unter der Geltung des Bruttoprinzips keine dem Schuldgrundsatz unterliegende strafähnliche Maßnahme sei, bestätigt.

In seiner Entscheidung vom 2.12.2005 im so genannten „Kölner Müllskandal" hat der BGH sich ausführlich mit der Frage befasst, was als „das Erlangte" im Sinne des § 73 StGB bei Bestechungsvorwürfen anzusehen ist.[372] Die Ansicht der StA, wonach der gesamte Werklohn in Höhe von DM 793 Mio. als „durch Bestechung erlangt" sei, hat der BGH zu Recht verworfen. Denn bei der korruptiven Manipulation einer Auftragsvergabe ist nicht der vereinbarte Preis, sondern der wirtschaftliche Wert des Auftrags erlangt; dieser umfasst den kalkulierten Gewinn und etwaige weitere (ggf. nach § 73 b StGB zu schätzende) wirtschaftliche Vorteile.

3. Eintragungen in das Gewerbezentralregister und Gewerbeuntersagung

Im Gewerbezentralregister, einem Register des Generalbundesanwaltes beim Bundesgerichtshof, das neben dem Bundeszentralregister in Bonn geführt wird, werden rechtskräftige Verwaltungsentscheidungen, Bußgeldbescheide und Strafurteile gegen natürliche und juristische Personen eingetragen, denen Verfehlungen bei oder in Zusammenhang mit der Ausübung eines Gewerbes oder dem Betrieb einer sonstigen wirtschaftlichen Unternehmung zugrunde

---

[365] BGH Urt. v. 21.3.2002 – 5 StR 138/01. Durch Bestechungsgelder wurde erzielt, dass Bebauungspläne in Kraft traten und dadurch wiederum Spekulationsgewinne realisiert werden konnten.
[366] Siehe hierzu auch BGHR StGB § 73 Erlangtes 4.
[367] BGH NStZ 2003, 37 ff.
[368] Vgl. BGH NStZ 1994, 123 f.
[369] BGHSt 47, 369 ff., 372.
[370] BGH wistra 2004, 465 f.
[371] BVerfG NJW 2004, 2073 ff.
[372] BGH NStZ 2006, 210, 211 f.

liegen. Rechtsgrundlage sind die Vorschriften der §§ 149 ff. GewO. Voraussetzung für eine Eintragung ist, dass eine Geldbuße in Höhe mehr als € 200 verhängt wurde.

369 Darüber hinaus kommt auch eine Gewerbeuntersagung wegen Unzuverlässigkeit nach § 35 GewO in Betracht Diese ist eine der möglichen (aber seltenen) Nebenfolgen einer strafgerichtlichen Verurteilung und bleibt nach § 35 GewO neben der Gewerbeuntersagung oder Betriebsschließung durch strafgerichtliches Urteil möglich (§ 35 Abs. 8 Satz 2 GewO). Die Verwaltungsbehörde kann von den Feststellungen im Strafurteil nicht zum Nachteil des Gewerbetreibenden abweichen, wohl aber zu seinen Gunsten (§ 35 Abs. 3 GewO).

4. Berufsverbot (§§ 61 Nr. 6, 70 StGB)

370 Wird jemand wegen einer rechtswidrigen Tat, die er unter Missbrauch seines Berufs oder Gewerbes oder unter grober Verletzung der damit verbundenen Pflichten begangen hat, verurteilt oder nur deshalb nicht verurteilt, weil seine Schuldunfähigkeit erwiesen oder nicht auszuschließen ist, so kann ihm das Gericht die Ausübung des Berufs, Berufszweiges, Gewerbes oder Gewerbezweiges für die Dauer von bis zu fünf Jahren verbieten, wenn die Gesamtwürdigung des Täters und der Tat die Gefahr erkennen lässt, dass er bei weiterer Ausübung des Berufs, Berufszweiges, Gewerbes oder Gewerbezweiges erhebliche Taten der bezeichneten Art begehen wird (§ 70 Abs. 1 Satz 1 StGB). Nach § 70 Abs. 1 Satz 2 StGB kann das Berufsverbot für immer angeordnet werden, wenn zu erwarten ist, dass die gesetzliche Höchstfrist zur Abwehr der von dem Täter ausgehenden Gefahr nicht ausreicht. Solange das Berufsverbot wirksam ist, darf der Täter den Beruf, den Berufszweig, das Gewerbe oder den Gewerbezweig auch nicht für einen anderen ausüben oder durch eine von seinen Weisungen abhängige Person für sich ausüben lassen (§ 70 Abs. 3 StGB). Das Berufsverbot wird mit Rechtskraft des Urteils wirksam (§ 70 Abs. 4 StGB).

371 Der Umfang des Berufsverbots richtet sich nach dem Maßregelzweck und dem Verhältnismäßigkeitsgebot in § 62 StGB.

5. Ausschluss von der Vergabe öffentlicher Aufträge und Korruptionsregister

372 Während die Auftragssperre in der Vergangenheit mangels entsprechender Rechtsgrundlagen eine untergeordnete Rolle spielte, kommt ihr in den letzten Jahren als Instrument der öffentlichen Hand eine wachsende Bedeutung zu. Richtlinien und Weisungen zur Vergabesperre existieren zwar seit längerer Zeit. Hervorzuheben ist unter den älteren Regelungen etwa der Gemeinsame Runderlass der Hessischen Landesregierung über Vergabesperren zur Korruptionsbekämpfung[373] und der Erlass des Bundesbauministeriums für Raumordnung, Bauwesen und Städtebau vom 5. Dezember 1994.

373 Zweck derartigere Erlasse ist der Ausschluss von Unternehmen von der Vergabe öffentlicher Aufträge, bei denen aufgrund strafrechtlicher Verteilungen feststeht, dass sich ihre Mitarbeiter bei der Erlangung und Durchführung von Aufträgen wegen Straftaten aus dem Bereich der §§ 331 ff., 299, 263 StGB, des GWB, der illegalen Beschäftigung und vergleichbarer Deliktsgruppen strafbar und damit als unzuverlässig im Sinne des Vergaberechts gemacht haben.[374] Die praktische Umsetzung erfolgt nach Anhörung des betroffenen Unternehmens zumeist aufgrund verwaltungsinterner Weisung, selten aufgrund gesetzlicher Regelung, mittlerweile aber nicht mehr nur hinsichtlich weiterer Aufträge durch einzelne Vergabestellen, sondern auch überregional und vergabeverfahrensübergreifend koordiniert. Über die Möglichkeiten, derartige Entscheidungen im Rechtsweg anzugreifen, bestehen unterschiedliche Erfahrungen, die in das Vergaberecht hineinführen und den strafrechtlichen Praktiker zumeist überfordern.

374 Gemäß § 55 Abs. 2 BHO – und den entsprechenden Vorschriften der Landeshaushaltsordnungen – haben die Vergabestellen beim Abschluss von Verträgen nach einheitlichen Richtlinien zu verfahren. Als solche einheitlichen Richtlinien schreiben die Verwaltungsvorschriften zu § 55 BHO, Nr. 2 bei der Vergabe von Lieferungen und Leistungen insbesondere die Anwendung der VOB und VOL vor.

---

[373] Abgedruckt bei *Bartsch/Paltzow/Trautner*, Hess. StAnz v. 1.9.1997, S. 2590.
[374] Zur Zulässigkeit der Auftragssperre siehe *Schliepkorte* ZfBR 1992, 251 ff.

Eine einheitliche und bundesweit geltende Rechtsgrundlage für den einfachen oder koordinierten Ausschluss für Unternehmen gibt es bislang noch nicht. Es existieren jedoch zahlreiche Verwaltungsvorschriften auf Bundes- und Landesebene, die das Verfahren und den Umfang der Auftragssperre regeln.[375] Bislang haben acht Bundesländer ein Korruptionsregister errichtet, welche zumeist auf bereits oben genannter Erlassbasis seit 1999 geführt werden und damit nur für die Landesverwaltung verbindlich sind. Demgegenüber sind in Hamburg und in Nordrhein Westfalen gesetzliche Grundlagen geschaffen worden.

Seit dem 1.4.2004 ist das Hamburgische Vergabegesetz in Kraft welches vorsieht, dass ein Korruptionsregister eingeführt wird, in dem Unternehmen aufgelistet werden, deren Mitarbeiter in Zusammenhang mit Vorwürfen wegen Bestechung verurteilt sind. Zum 4.3.2004 trat bereits das Hamburgische Gesetz zur Einrichtung und Führung eines Korruptionsregisters[376] in Kraft. Dieses sieht die Eintragung von Unternehmen vor, die Verfehlungen im Rahmen der wirtschaftlichen Betätigung begangen haben. Das Korruptionsregister hat die Aufgabe, Daten über Verfehlungen zum Zwecke der Prüfung des Ausschlusses von Bietern und Bewerbern von öffentlichen Auftragsverfahren zu beschaffen, zu verarbeiten und an öffentliche Auftraggeber zu vermitteln (§ 1 Abs. 1 HmbKorRegG). Eine Verfehlung soll dann angenommen werden können, wenn eine Straftat u. a. nach den §§ 334, 335, 253, 261, 263, 264, 265 b, 266 a, 267, 298, 299 StGB sowie gegen § 81 GWB, insbesondere wegen Preisabsprachen und Absprachen über die Teilnahme am Wettbewerb, begangen wurde (§ Abs. 1 HmbKorRegG). Eine Verfehlung gilt als begangen im Falle einer strafrechtlichen Verurteilung, bei Erlass eines Strafbefehls, bei Einstellung des Verfahrens nach § 153 a StPO sowie bei Erlass eines rechtskräftigen Bußgeldbescheides (§ 3 Abs. 2 HmbKorRegG). Hervorzuheben ist, dass bereits nach Einleitung eines strafrechtlichen Ermittlungs- oder eines Bußgeldverfahrens bei Vorliegen eines Geständnisses des Beschuldigten oder anderer Tatsachen, die keinen Anlass zu Zweifeln am Vorliegen der Verfehlung geben, eine Verfehlung angenommen werden kann (§ 3 Abs. 2 Nr. 5 HmbKorRegG).

Am 15. Dezember 2004 hat der nordrhein-westfälische Landtag das Korruptionsbekämpfungsgesetz (Gesetz zur Verbesserung der Korruptionsbekämpfung und zur Errichtung und Führung eines Vergaberegisters) verabschiedet, welches die Verbindlichkeit eines Korruptionsregisters für den öffentlichen Bereich vorsieht.[377] Das Vergaberegister („Schwarze Liste") ist also für Kommunen und für privatisierte Betriebe verbindlich. Als Verfehlungen im Rahmen einer unternehmerischen Betätigung gilt auch hier eine Liste von Straftaten wie in Hamburg. Ein Eintrag in das Register erfolgt schon bei Zulassung einer Anklage, bei strafrechtlicher Verurteilung, im Falle des Erlasses eines Strafbefehls, bei Einstellung des Strafverfahrens nach § 153 a StPO, nach Rechtskraft eines Bußgeldbescheides. Ein Eintrag erfolgt zunächst für die Dauer der Durchführung eines Straf- oder Bußgeldverfahrens jedenfalls dann, wenn im Einzelfall angesichts der Beweislage bei der meldenden Stelle kein vernünftiger Zweifel an einer schwerwiegenden Verfehlung besteht und die Ermittlungs- und für das Bußgeldverfahren zuständige Verwaltungsbehörde den Ermittlungszweck nicht gefährdet sieht.

Gemäß § 6 des KorruptionsbG NRW sind u. a. die Staatsanwaltschaften verpflichtet, die in § 7 im Einzelnen festgehaltenen Daten (u. a. Name, Adresse, Aktenzeichen betroffener Personen sowie von juristischen Personen und ihren Vertretern) mitzuteilen, wenn im Rahmen ihrer Aufgabenbereiche Verfehlungen bekannt werden. Sind nur Teile/Filialen eines Unternehmens betroffen, so erfolgt nur die Speicherung der Daten dieses Unternehmensteils (§ 7 Abs. 1 Satz 2 KorruptbG). Wurde eine Verfehlung von einzelnen Personen begangen, die keinen bestimmenden Einfluss auf ihr Unternehmen bzw. auf ihren Unternehmensteil hatten und weist das Unternehmen nach, dass die Verfehlung nicht strukturell bedingt oder auf Unternehmen selbst zurückzuführen ist, so erfolgt nur eine Speicherung der Daten der verantwortlich handelnden Personen (§ 7 Abs. 1 Satz 3 KorruptionsbG).

Nach § 8 Nr. 5 Abs. 1 c VOB/A[378] (und nach dem insofern inhaltsgleichen § 7 Nr. 5 c VOL/A) kann im Weiteren ein Bieter ausgeschlossen werden, der nachweislich eine schwere Verfehlung begangen hat, die seine Zuverlässigkeit als Bewerber in Frage stellt. Zu den in

---

[375] Siehe hierzu die Nachweise bei *Bartsch/Paltzow/Trautner* Kap. 4 Ziff. 4.4 S. 36 ff.
[376] In der Bekanntmachung vom 18.2.2004, HmbGVBl. 04, S. 98.
[377] BT-Drucks. 13/6352, abrufbar unter http://www.nrw.de.
[378] Entsprechendes gilt für die VOL/A und VOF.

Betracht kommenden schweren Verfehlungen zählen insbesondere Korruptionsdelikte und wettbewerbswidrige Absprachen.[379]

380 Bei der Verhängung von Vergabesperren unterliegt die öffentliche Hand grundrechtlichen und rechtsstaatlichen Bindungen, die in der Einhaltung bestimmter Verfahrensstandards sowie der Beachtung des Verhältnismäßigkeitsgrundsatzes ihren Ausdruck finden. Der Staat darf die einzelnen Bieter nicht ungleich behandeln und keine unverhältnismäßigen Sanktionen verhängen. Er muss den Sachverhalt aufklären, dem betroffenen Unternehmen Gelegenheit zur Stellungnahme geben und die Sperrentscheidung zumindest auf Verlangen begründen. Selbstreinigende Maßnahmen der Unternehmen sind angemessen zu berücksichtigen.[380]

381 Hervorzuheben ist, dass es zum Nachweis einer schweren Verfehlung nicht eines rechtskräftigen Bußgeldbescheides oder einer rechtskräftigen Verurteilung bedarf, wenn bei objektiver Beurteilung der zur Verfügung stehenden Beweismittel und Tatsachen keine begründeten Zweifel an der Verfehlung bestehen.[381]

382 Sogenannte Verdachtssperren sehen schließlich auch interne Richtlinien vor. So kann beispielsweise nach Abschnitt 4 der Konzernrichtlinie der Deutschen Bahn AG Bewerber oder Unternehmen bei Verfehlungen im Sinne des Abschnittes 3 – wie z. B. Betrug, Urkundenfälschung, Preisabsprachen und Bestechungsdelikte – konzernweit von der Auftragsvergabe ausgeschlossen werden. Dies gilt nicht nur bei nachgewiesenen Verfehlungen, sondern gemäß Abschnitt 4 Abs. 3 der Konzernrichtlinie auch bei einem dringenden Tatverdacht im Sinne des § 112 StPO.[382]

6. Zivilrechtliche Folgen

383 Die zivilrechtliche Folgen als Konsequenz eines aufgedeckten Bestechungsfalles sind vielfältig und – gemessen an der Zahl der möglichen Rechtsbeziehungen unter den zahlreichen Beteiligten – komplex und unübersichtlich. Zu denken ist etwa an

- das Verhältnis des Zuwendungsempfängers, der einen Auftrag vergeben hat, zu seinem Dienst- oder Geschäftsherrn,[383]
- das Verhältnis des Zuwenders zu seinem eigenen Geschäftsherren, der den Auftrag – begünstigt durch die Korruption – erlangt hat,
- das Verhältnis der beiden Geschäftsherren (Auftraggeber und Auftragnehmer) zueinander,
- das Verhältnis außenstehender Mitbewerber, die aufgrund der Korruption keinen Auftrag erlangt haben, zu Auftraggeber und Auftragnehmer, und schließlich
- das Verhältnis aller Berteiligten gegenüber den Ansprüchen des Staates, etwa des Fiskus oder der Strafverfolgung.

384 Berührt sind damit insbesondere Fragen nach möglichen Ansprüchen auf die gewährte Zuwendung, auf Schadenersatz wegen der gewährten Zuwendung, auf weiter gehenden Schadenersatz wegen möglicher Einrechnungen der Zuwendung, auf den durch Korruption erlangten Auftrag, auf Ersatz des entgangenen Gewinns, weil man selbst sich vergabekonform verhalten hat, usw.

385 Bei der Aufarbeitung dieser Fragen ist viel Sorgfalt erforderlich. Viele dieser Themen sind zivilrechtlich nur umrißartig geklärt und bedürfen weiterer Untersuchung.[384] Wegen der Komplexität dieses Themas seien hier nur einige wichtige Punkte angesprochen:

386 Im Falle von Bestechungsdelikten enthalten die **Zusätzlichen Vertragsbedingungen der öffentlichen Hand** in Nr. 11 ein dem Auftraggeber zustehendes Kündigungsrecht aus wichtigem Grund. Hinsichtlich der Voraussetzungen des Kündigungsrechtes wird auf § 8 Nr. 3, 5, 6 und 7 VOB/B verwiesen. Dem Auftraggeber obliegt die Beweislast für das Vorliegen des Kündigungsgrundes.

---

[379] Siehe hierzu NZBau 2000, 106; LG Frankfurt/Main IBR 2004, 530, abrufbar auch unter http://www.ibr-online.de.
[380] OLG Düsseldorf IBR 2003, 693; siehe insbesondere auch OLG Frankfurt/Main Beschl. v. 20.7.2004 – 11 Verg 6/04-abrufbar unter http://www.ibr-online.de.
[381] OLG Saarbrücken IBR 2004, 162.
[382] Siehe hierzu und zu Fragen des Rechtsschutzes *Wittchen* IBR 2004, 529; zu verfassungsrechtlichen Bedenken siehe auch *Battis/Kersten* NZBau 2004, 303 ff.
[383] Herausgabeanspruch nach § 670 BGB; vgl. BGHZ 39, 1.
[384] Vgl. dazu *Greeve* Korruptionsdelikte Rdnr. 633 ff.

Die schuldhafte und widerrechtliche Verletzung individueller Rechte oder Rechtsgüter (Leben, Körper, Gesundheit, Freiheit, Eigentum oder ein sonstiges Recht) begründet nach § 823 Abs. 1 BGB einen Anspruch auf Schadenersatz. Gemäß § 823 Abs. 2 Satz 1 BGB ist zudem derjenige zum Schadensersatz verpflichtet, welcher gegen ein Schutzgesetz im Sinne des § 823 Abs. 2 BGB verstößt. Als Schutzgesetze im Sinne der §§ 823 Abs. 2 StGB kommen insbesondere die Tatbestände nach den §§ 263, 266 StGB sowie § 298 StGB in Betracht.[385] Ferner kommt ein Anspruch nach § 826 BGB wegen vorsätzlicher, sittenwidriger Schädigung in Betracht.

387

Im Rahmen der Bestechungsdelikte im geschäftlichen Verkehr gemäß § 299 StGB ist im Hinblick auf mögliche Herausgabeansprüche die so genannte Gewinnabschöpfungsvorschrift des § 10 UWG von Bedeutung. Der infolge der UWG-Novelle im Jahr 2004[386] neu aufgenommene § 10 UWG sieht vor, dass derjenige, der dem § 3 UWG vorsätzlich zuwiderhandelt und dadurch auf Kosten einer Vielzahl von Abnehmern einen Gewinn erzielt, auf Herausgabe des Gewinns in Anspruch genommen werden kann. Die Generalklausel des § 3 UWG n. F., die § 1 UWG a. F. sowie 3 UWG a. F., ersetzt, verbietet unlautere Wettbewerbshandlungen und damit alle Handlungen, die den anständigen Gepflogenheiten in Handel, Gewerbe, Handwerk oder selbstständiger beruflicher Tätigkeit zuwiderlaufen.[387] Solche Handlungen können zugleich Bestechungshandlungen des § 299 StGB bedeuten. Mit dieser umstrittenen Vorschrift soll erreicht werden, dass der durch die Rechtsverletzung erzielte Gewinn auch dann entzogen werden kann, wenn bei einer Vielzahl von Abnehmern ein nur kleiner Schaden entstanden oder ein nur geringer Verlust eingetreten ist, der mittels des (vertraglichen) Schadenersatzanspruchs oder des Bereicherungsanspruchs nur in wenigen Fällen geltend gemacht wird (so genannte Streuschäden).

388

Ein Gewinnabschöpfungsanspruch kann von den klagebefugten rechtsfähigen Verbänden, den qualifizierten Verbraucherschutzeinrichtungen, den Industrie- und Handelskammern und den Handwerkskammern geltend gemacht werden. Die Anspruchsteller als Gläubiger des abgeschöpften Gewinns müssen diesen allerdings – nach Abzug der zur Geltendmachung des Anspruchs erforderlichen Ausgaben gemäß § 10 Abs. 4 UWG an den Bundeshaushalt herausgeben. Zielsetzung ist es, dass der Anspruch nicht zur Einnahmeerzielung der anspruchsberechtigten Verbände missbraucht wird.[388]

389

X. Besonderheiten bei Korruptionsverfahren

1. Zusammenarbeit der ermittelnden Behörden

a) **Staatsanwaltschaft.** Bei den Staatsanwaltschaften werden immer häufiger Schwerpunktabteilungen oder besondere Dezernate tätig. Die Ermittlungsverfahren sind gekennzeichnet durch eine enge Zusammenarbeit dieser Schwerpunktabteilung und der Kriminalpolizei, die mit besonders ausgebildeten Beamten/innen ermittelt und ggf. Kollegen hinzuzieht, die für die Finanzabschöpfung zuständig sind. Neuerdings kommt es auch zu gemeinsamen Ermittlungsgruppen von Staatsanwaltschaft, Polizei und Steuerfahndung,[389] um das in den jeweiligen Fachabteilungen vorhandene Spezialwissen zu bündeln und die unterschiedlichen Aspekte eines Verfahrens durch die zuständigen Behörden zeitgleich aufarbeiten zu können.

390

b) **Steuerfahndung.** Korruptionsermittlungsverfahren werden inzwischen regelmäßig unter Beteiligung der Steuerfahndung geführt. Durch die Verschärfung des Jahressteuergesetzes 1996 durch das Steuerentlastungsgesetz 1999/2000/2002 gelten illegale Zuwendungen an in- und ausländische Amtsträger sowie an Angestellte und Beauftragte eines geschäftlichen Betriebes ab dem 1.1.1999 nicht mehr als abzugsfähige Betriebsausgaben. Zudem haben die Empfänger illegale Zuwendungen als sonstige Einkünfte zu versteuern. Nach § 4 Abs. 5 S. 1 Nr. 10 EStG

391

---

[385] Siehe hierzu *Hahn* BauR 1989, 284, 289; BGH NJW 2001, 3718; BGH NJW 1992, 921; *Baumann* NJW 1992, 1661, 1664; BGH NStZ 1997, 542 ff.; BGH NJW 1988, 1397, 1400.
[386] Neufassung vom 3.7.2004, BGBl. I v. 7.7.2004, S. 1414 ff; in Kraft seit dem 8.7.2004.
[387] BT-Drucks. 15/1487, S. 16.
[388] Siehe hierzu im Einzelnen sowie zur Kritik an § 10 UWG und weiteren, bislang offenen Fragen *Münker/Kaestner* BB 2004, 1689 ff., 1699 f. m. w. N.
[389] So in der Zusammenarbeit zwischen der StA Frankfurt und der örtlichen Steuerfahndung.

unterrichten sich die Behörden (Gerichte, Staatsanwaltschaft, Finanzbehörde) gegenseitig über den Verdacht von (Steuer-)Straftaten/Ordnungswidrigkeiten. Die Finanzbehörden geben auf Verlangen der Ermittlungsbehörden Auskünfte über Besteuerungsgrundlagen und Kontoverbindungen.

392 Sowohl gegen die Unternehmen bzw. ihre Verantwortlichen als auch gegen die Nehmer werden daher steuerstrafrechtliche Ermittlungen in Zusammenhang mit Korruptionstaten geführt.

393 **c) Rechnungsprüfungs-/Revisionsämter.** In vielen Korruptionsverfahren im Bereich der Vergabe öffentlicher Aufträge erfolgt eine Zusammenarbeit mit Rechnungsprüfungs- bzw. Revisionsämtern, da ohne die dort vorhandene Sach- und Fachkompetenz (insbesondere auf dem Bausektor) eine Beweisführung nicht möglich erscheint. Rechnungsprüfungs- und Revisionsämter werten vielfach nicht nur fachspezifische behördliche Unterlagen, sondern auch sichergestellte Firmenunterlagen aus.

394 Für die Verteidigung stellt sich hier häufig das Problem, dass die Mitarbeiter als Sachverständige oder sachverständige Zeugen in Frage kommen. Die Klärung der prozessualen Stellung dieser Personen ist frühzeitig zu erreichen, auch vor dem Hintergrund, dass solche Personen zu Vernehmungen hinzugezogen werden.

395 Insbesondere ist der Sachverständige nicht zu Vernehmungen von Auskunftspersonen (Zeugen, Beschuldigte) befugt, es stehen ihm stehen lediglich informatorische Befragungen – in sehr begrenztem Umfang- zu, die beispielsweise einen Antrag auf Vernehmung beinhalten können. Sonst darf er nur der richterlichen Vernehmung beiwohnen und in diesem Rahmen an Zeugen oder Beschuldigte Fragen stellen (§ 80 Abs. 3 StPO), nicht jedoch die gesamte Vernehmung übernehmen.[390] Die Vorschriften der §§ 73 ff. StPO sind zu berücksichtigen.

396 Revisionsämter sind darüber hinaus während und nach der Durchführung des Strafverfahrens deshalb tätig, um sämtliche Aufträge auf überhöhte Abrechnungen oder Scheinrechnungen ohne Leistungsinhalt zu überprüfen und zivilrechtliche Ansprüche geltend zu machen.

397 **d) Kartellbehörde.** Das Bundeskartellamt ist für die Anwendung und Durchsetzung des Gesetzes gegen Wettbewerbsbeschränkungen (GWB) zuständig und verfolgt alle Wettbewerbsbeschränkungen, die sich in der Bundesrepublik Deutschland auswirken. Zu den Aufgaben gehören im Einzelnen die Durchsetzung des Kartellverbotes, die Durchführung der Fusionskontrolle sowie die Ausübung der Missbrauchsaufsicht. Für die Durchsetzung des Kartellverbots und die Missbrauchsaufsicht ist das Bundeskartellamt allerdings nur insoweit zuständig, als die wettbewerbsbeschränkende Wirkung über ein Bundesland hinausreicht. Für die Durchführung der Fusionskontrolle hat das Bundeskartellamt die ausschließliche Zuständigkeit. Darüber hinaus nimmt es als zuständige Behörde alle Aufgaben wahr, die den Mitgliedstaaten der Europäischen Union durch die Wettbewerbsregeln des EG-Vertrages übertragen sind.

398 Um die Verfolgung von Kartellverstößen weiter zu verbessern und wettbewerbsbeschränkende Maßnahmen möglichst schon im Ansatz zu verhindern, hat das Bundeskartellamt im Frühjahr 2002 die Sonderkommission Kartellbekämpfung (SKK) eingerichtet. In dieser Abteilung sind spezifische sachliche und personelle Ressourcen gebündelt, die für die Vorbereitung, Durchführung und Aufbereitung der kartellbehördlichen Ermittlungen erforderlich sind. Da Beweismittel über verbotene Absprachen zunehmend in elektronischer Form vorliegen, legt das Bundeskartellamt in der SKK insbesondere auf informationstechnische Kompetenz wert.

399 Die SKK steht allen Interessierten, die das Amt über verbotene Absprachen unterrichten wollen, als zentraler Ansprechpartner zur Verfügung. Es führt Ermittlungen durch, teilweise behördenübergreifend in enger Kooperation mit den Strafverfolgungsbehörden – auch wegen des Verdachts von Bestechung, Betrug und Erpressung – und anderen Kartellbehörden.

400 Verstöße gegen das Kartellverbot oder missbräuchliche Verhaltensweisen, deren Wirkung auf ein Bundesland begrenzt bleibt, werden von den jeweiligen Landeskartellbehörden verfolgt. Zu den Aufgaben der Landeskartellbehörde nach dem GWB zählen insbesondere: Überwachung und Durchsetzung des Kartellverbotes nach § 1 GWB, Prüfung von Mittelstands-, Rationalisierungs- und Spezialisierungskartellen, Missbrauchsaufsicht über die Preisgestaltung marktbeherrschender Unternehmen sowie Durchsetzung des kartellrechtlichen

---

[390] Siehe hierzu im Einzelnen KK/*Senge* § 80 Rdnr. 2; *Meyer-Goßner* § 80 Rdnr. 2 jeweils m.w.N; siehe auch *Dölp* ZRP 2004, 235 ff.

Diskriminierungs- und Behinderungsverbotes. Auch die Landeskartellbehörden arbeiten in der Regel eng mit den Strafverfolgungsbehörden zusammen; es bestehen allerdings erhebliche regionale Unterschiede.

Zur Durchsetzung des Kartellverbotes haben das Bundeskartellamt sowie die Landeskartellbehörden weit reichende Ermittlungsbefugnisse (§§ 57 – 59 GWB). Sie können von den Unternehmen Auskünfte verlangen, Geschäftsunterlagen einsehen (§ 59 Abs. 2 GWB) sowie nach richterlicher Anordnung Unternehmen durchsuchen (§ 59 Abs. 4 GWB) und Beweismittel beschlagnahmen. Wird ein verbotenes Kartell aufgedeckt, können das Bundeskartellamt sowie die Landeskartellbehörden gegen die beteiligten Unternehmen hohe Geldbußen verhängen.

e) **Europäische Kommission.** In Art. 4 VO Nr. 1/2003 in Verbindung mit Kapitel 4 der VO Nr. 1/2003 (Art. 17 ff.) sind der europäischen Kommission zur Durchsetzung des gemeinschaftlichen Kartellrechts weit reichende Ermittlungsbefugnisse zur Anwendung und Durchsetzung des Art. 81 und 82 EGV eingeräumt worden.[391] Ergänzend gilt hierzu die Verordnung der Kommission über die Durchführung von Verfahren auf der Grundlage von Artikel 81 und 82 EGV.[392] Diese regelt die Einleitung solcher Verfahren sowie die Bearbeitung von Beschwerden und die Anhörung von Parteien. Verfahren finden entweder aufgrund eigener Marktbeobachtungen der Wettbewerbsbehörden oder auf der Grundlage von Beschwerden Dritter statt. Die Erweiterung der Ermittlungsbefugnisse der Kommission soll daher der Sicherstellung einer effektiven, nachträglichen Wettbewerbsaufsicht dienen.

Die Ermittlungsbefugnisse der Kommission, wie Auskunftsverlangen und Nachprüfungen (Art. 18 und 20 VO Nr. 1/2003), sind nunmehr um die Möglichkeit einer Hausdurchsuchung bei den Mitarbeitern und Mitgliedern der Unternehmensführung betroffener Unternehmen (Art. 21 VO Nr. 1/2003) erweitert worden. Ebenso ist es der Kommission möglich, Befragungen durchzuführen (Art. 19 VO Nr. 1/2003). Diese Ermittlungsbefugnisse können teilweise durch Zwangsgelder durchgesetzt und bei Zuwiderhandlungen mit Geldbußen geahndet werden (Art. 23 und 24 VO Nr. 1/2003).

Aufgrund der durch die Verordnung geregelten Ermittlungsbefugnisse ist die Kommission bzw. sind ihre Bediensteten lediglich berechtigt, die in der Verordnung genannten Orte oder Räumlichkeiten zu betreten, sich die geforderten Unterlagen vorlegen zu lassen sowie Befragungen durchzuführen oder Auskunft zu verlangen. Diese Befugnisse übt die Kommission unmittelbar gegenüber den Unternehmen aus. Über die Durchführung der Ermittlungen im Sinne von Art. 17 ff. VO Nr. 1/2003 hat die Kommission die Wettbewerbsbehörde des betroffenen Mitgliedsstaates zu unterrichten. Sie kann diese Behörden auch um Amtshilfe ersuchen. Sofern im Rahmen der Nachprüfungsbefugnisse des Art. 20 VO Nr. 1/2003 Zwangsmaßnahmen, wie zum Beispiel Durchsuchungen, notwendig sind, die im Wege der Vollzugshilfe vorgenommen werden sollen, ist der Zuständigkeitsbereich der nationalen Behörden und Gerichte eröffnet. Bei Durchsetzung der Zwangsmaßnahmen müssen die für die jeweilige Zwangsmaßnahme einschlägigen Vorschriften eingehalten werden. Erforderlich ist beispielsweise die Beantragung der Anordnung der Durchsuchung bei dem nationalen Gericht. Art. 20 Abs. 7 VO Nr. 1/2003 setzt damit die Rechtsprechung des EuGH um (Entscheidung im Fall Höchst[393]). Der EuGH hat entschieden, dass die nationalen (deutschen) Behörden Vollzugshilfe nur aufgrund richterlicher Anordnung leisten dürfen. Insbesondere sieht ferner Art. 21 VO Nr. 1/2003 ausdrücklich für die Durchsuchung in anderen Räumlichkeiten als denen des Unternehmens eine richterliche Anordnung vor (Art. 21 Abs. 3 VO Nr. 1/2003).

Schließlich ist anzuführen, dass die gerichtliche Überprüfung von Auskunfts- oder Nachprüfungsentscheidungen der Kommission durch die nationalen Gerichte, beispielsweise im Rahmen der Erteilung einer Durchsuchungsanordnung, beschränkt ist. Die in der Verordnung sog. „gerichtliche Genehmigung" einer durch nationale Zwangsmaßnahmen vollstreckten Auskunfts- oder Nachprüfungsentscheidung erfolgt gemäß Art. 20 Abs. 8 und Art. 21 Abs. 3 VO Nr. 1/2003 auf der Basis einer Willkür- und Verhältnismäßigkeitsprüfung.[394] Sofern ein

---

[391] Siehe hierzu im Einzelnen auch *Vocke* wistra 2004, 408 ff.
[392] VO (EG) Nr. 773/2004 der Kommission, Abl. EG Nr. L 123 vom 27.4.2004, S. 18.
[393] EuGH Urt. v. 21.9.1989 – Rs. 46/87 u. 227/88 (Höchst/Kommission), NJW 1989, 3080 ff.
[394] Kodifizierung der diesbezüglichen EuGH-Rechtsprechung, vgl. EuGH Urt. v. 22.10.2002 – Rs. C-94/00 (Roquette Frères SA), NJW 2003, 35 ff.

nationales Gericht beispielsweise über die Durchsuchung von Geschäftsräumen zu befinden hat, ist die Beurteilung der beantragten Zwangsmaßnahme darauf beschränkt, ob die Durchsuchung anhand der von der Kommission hierzu erteilten Informationen nicht willkürlich sowie verhältnismäßig ist.[395]

406 f) **Dienststellen Interne Ermittlungen (DIE).** Im Hinblick auf Amtsdelikte sind spezielle Dienststellen in Polizeipräsidien eingerichtet worden, welche die Ermittlung von Amtsdelikten zur Aufgabe haben. In Hamburg wird diese Dienststelle beispielsweise als DIE (Dienststelle Interne Ermittlungen) bezeichnet. Vor dem Hintergrund, dass auch in Korruptionsverfahren Beschuldigte über die gegen sie laufenden Ermittlungen aus der Behörde heraus gewarnt bzw. Informationen nach außen gebracht werden, ermitteln die Dienststellen zumeist innerhalb der Behörde abgeschottet.

407 g) **Betroffene Behörden.** In Teilbereichen erfolgt ggf. eine enge Zusammenarbeit mit betroffenen Behörden. So ist etwa die Übermittlung der der Dienststelle bekannten Daten und Kontoverbindung(en) eines Tatverdächtigen ist wegen der durchzuführenden prozessualen Maßnahmen von Bedeutung. Kontenbeschlagnahmen dienen nicht nur der Beweisführung (Eingang von verdächtigen Zahlungen), sondern auch der Feststellung der Vermögensverhältnisse im Hinblick auf Finanzermittlungen und vermögensabschöpfende Maßnahmen.

2. Besonderheiten des Korruptionsermittlungsverfahrens

408 a) **Anlass für die Einleitung eines Ermittlungsverfahrens.** *aa) Anonyme Anzeige.* Ermittlungen wegen eines Korruptionsverdachts beginnen häufig aufgrund einer anonymen Anzeige. Oft gibt es auch Anzeigen, die von Konkurrenten und ehemaligen Mitarbeitern – veranlasst durch arbeitsrechtsrechtlicher Auseinandersetzungen gestellt werden. Nach Nr. 8 der RiStBV hat die Staatsanwaltschaft bei namenlosen Anzeigen zu prüfen, ob ein Ermittlungsverfahren einzuleiten ist, bei Beachtung der RiStBV jedoch erst dann, wenn ein Verdacht durch andere Ermittlungen eine gewisse Bestätigung gefunden haben. Aufgrund der Bedeutung anonymer Anzeigen speziell im Bereich der Korruptionsdelikte wird in den überwiegenden Fällen anonymer Anzeigen grundsätzlich nachgegangen und versucht, weitere Anhaltspunkte zu finden.

409 Zu erwähnen ist in diesem Zusammenhang die Online-Anzeigenaufnahme, die es Betroffenen oder „aussagewilligen Insidern" ermöglichen soll, entsprechende Hinweise über das Internet anonym abzugeben.[396] Durch eine spezielle Softwareapplikation besteht für die Polizei jedoch die Möglichkeit, mit dem Hinweisgeber in Kontakt zu treten, um so Rückfragen zu klären. Vom 30.10.2003 bis zum 29.2.2004 hatte beispielsweise das Landeskriminalamt Niedersachsen ein erfolgreiches Pilotprojekt zur Online-Anzeigenaufnahme durchgeführt und nunmehr mit Wirkung zum 1.3.2004 als Mittel zur Bekämpfung der Korruption eingeführt.

410 Des Weiteren steht beispielsweise die besondere Einrichtung des Bundeskartellamtes, die SKK, allen Interessierten, die das Amt über verbotene Absprachen unterrichten wollen, als zentraler Ansprechpartner zur Verfügung.

411 *bb) Betriebsprüfungen.* Ermittlungsverfahren resultieren auch aus Betriebsprüfungen der Finanzverwaltung. Dies ist insbesondere darauf zurückzuführen, dass durch die Verschärfung des Jahressteuergesetzes 1996 durch das Steuerentlastungsgesetz 1999/2000/2002 illegale Zuwendungen an inländische und ausländische Amtsträger sowie an Angestellte und Beauftragte eines geschäftlichen Betriebes ab dem 1.1.1999 nicht mehr als abzugsfähige Betriebsausgaben gelten. Für die Versagung des Betriebsausgabenabzugs reicht bereits die Feststellung einer rechtswidrigen Bestechungshandlung bzw. Vorteilsgewährung aus; auf ein Verschulden des Zuwendenden, auf die Stellung eines Strafantrages oder auf eine tatsächliche Ahndung kommt es insoweit nicht an. Nach § 4 Abs. 5 S. 1 Nr. 10 EStG unterrichten sich die Behörden (Gerichte, Staatsanwaltschaft, Finanzbehörde) gegenseitig über den Verdacht von (Steuer-) Straftaten/ Ordnungswidrigkeiten. Ein Verdacht besteht auch dann, wenn – zutreffend – Zuwendungen als nicht abzugsfähige Betriebsausgaben verbucht werden, mit der Folge, dass eine Mitteilung an die Staatsanwaltschaft erfolgen kann.

---

[395] EuGH NJW 2003, 35 ff., 38 f.
[396] Zuletzt: *Lindemann*, Staatlich organisierte Anonymität als Ermittlungsmethode bei Korruptions- und Wirtschaftsdelikten, 2006.

cc) Revisions- bzw. Rechnungsprüfungen. Aus Revisionsprüfungen der Rechnungshöfe sowie Rechnungsprüfungs- und Revisionsämter ergeben sich oftmals Gründe für die Einleitung eines Ermittlungsverfahrens. Zu beachten ist in diesem Zusammenhang, dass dem Auftraggeber ein Rückzahlungsanspruch bei Überzahlung zusteht, den er noch bis zu 7 Jahren nach Eingang der Schlussrechnung geltend machen kann. Eine Revisions- bzw. Rechnungsprüfung kann daher auch noch nach Jahren zu einer Aufdeckung von Straftaten führen. 412

Die Informationsgewinnung über Rechnungsprüfungsämter wird beispielsweise in Zusammenhang mit dem Kölner Müllskandal hervorgehoben. Den Ermittlungen lagen u. a. die Berichte der Rechnungsprüfungsämter zugrunde. Bei der umfassenden Überprüfung der Vergabeverfahren einschließlich der Vertragsabschlüsse wurde darüber hinaus in Pressemeldungen, Beschwerdeverfahren, Zuwendungsverfahren und in Protokollen von Ausschussmitgliedern etc. recherchiert.[397] 413

dd) Anzeigen betroffener Behörden. Das Korruptionsbekämpfungsgesetz vom 13.8.1997 hatte keine allgemeine Anzeigepflicht eingeführt, so dass die Unterrichtung der Staatsanwaltschaft oder der Polizei über einen vermuteten Korruptionsfall grundsätzlich im Ermessen eines Behördenleiters steht. Aufgrund des Hinweises anderer oder betroffener Behörden sind jedenfalls im Jahr 2003 in 166 Fällen Ermittlungsverfahren eingeleitet worden.[398] 414

Viele Bundesländer haben schließlich im Zuge der von ihnen eingeleiteten Maßnahmen zur Korruptionsbekämpfung Verwaltungsvorschriften erlassen, durch die eine Anzeige- bzw. Mitteilungspflicht betroffener Behörden begründet wird.[399] Auch der Bund hat in der neuen „Richtlinie der Bundesregierung zur Korruptionsbekämpfung in der Bundesverwaltung"[400] vom 7.7.2004 unter Ziffer 10 eine Unterrichtungspflicht der Dienststellenleitung sowie generell die Pflicht zumindest zur Einleitung eines behördeninternen Ermittlungsverfahrens niedergelegt. 415

b) Tätigkeit von Korruptionsbeauftragten und Ombudsmännern. Ebenso wurden durch Verwaltungsvorschriften der Bundesländer die Einrichtung spezieller Aufgabenbereiche von Korruptionsbeauftragten eingeführt, die unabhängige Kontrollstellen darstellen und für die Entgegennahme und Überprüfung von Verdachtsmomenten zuständig sind. Die Aufgabe eines solchen Beauftragten ist weiterhin die Unterstützung der Behördenleitung in ihrer Steuerungs- und Entscheidungsfunktion sowie die Verhütung und Aufdeckung von Korruptionsfällen. Hierunter fällt die Entgegennahme und Weiterleitung einschlägiger Mitteilungen und die Beratung der Dienststellen und der Beschäftigten, die sich an sie wenden. Zusätzlich wurden Innenrevisionen eingerichtet, welche die Ordnungsmäßigkeit des Verwaltungshandelns, die Effektivität und Effizienz der internen Kontrollsysteme sowie die Einhaltung von Rechts- und Verwaltungsvorschriften zu überprüfen haben.[401] 416

---

[397] Neukirchen: Verdachtsunabhängige Überprüfung – Eine Maßnahme zur Korruptionsbekämpfung?, abrufbar unter http://www.transparency.de.
[398] Vgl. Lagebild Korruption Bundesrepublik Deutschland 2003 des Bundeskriminalamtes vom 4.8.2004, abrufbar unter http://www.bka.de.
[399] Beispielhaft seien genannt: Bremen: Verwaltungsvorschrift zur Vermeidung und Bekämpfung der Korruption in der öffentlichen Verwaltung der Freien Hansestadt Bremen vom 16.1.2001, Abl. Bremen Nr. 11 2001, S. 103 ff.; Hamburg: Allgemeine Verwaltungsvorschrift über Maßnahmen zur Korruptionsbekämpfung – insbesondere Korruptionsprävention vom 30.8.2001, abrufbar unter http://www.hamburg.de/behoerden/inneres/dezernat-interne-ermittlungen; Nordrhein-Westfalen: Runderlass des Innenministeriums zur Verhütung und Bekämpfung von Korruption in der öffentlichen Verwaltung vom 12.4.1999, zuletzt geändert am 23.1.2004, MBl. NRW 2004, 173 ff.; Thüringen: Richtlinie zur Korruptionsbekämpfung in der öffentlichen Verwaltung des Freistaates Thüringen vom 8.10.2002, abrufbar unter http://www.thueringen.de; Rheinland-Pfalz: Bekämpfung der Korruption in der öffentlichen Verwaltung, Verwaltungsvorschrift der Landesregierung vom 7.11.2000 i. d. F. 29.4.2003, abrufbar unter: http://www.rheinland-pfalz.de; Siehe hierzu auch oben Rdnr. 68 ff.
[400] Richtlinie der Bundesregierung zur Korruptionsbekämpfung in der Bundesverwaltung vom 7.7.2004, abrufbar unter http://www.bmi.bund.de.
[401] Exemplarisch hierfür Hamburg mit beabsichtigter Ausweitung der Befugnisse (verdachtsunabhängige Kontrollen), Senatskonzept zur Bekämpfung der Korruption vom 23.10.2002, abrufbar unter http://www.hamburg.de/behoerden/inneres/dezernat-interne-ermittlungen; Bremen: Empfehlungen für die Einrichtung von Innenrevisionen der Freien Hansestadt Bremen vom 19.12.2000, abrufbar unter http://www.bremen.de/finanzsenator/antikorruptionsstelle.

417 **c) Durchführung von Durchsuchungen.** Die Ermittlungsmaßnahme der Durchsuchung erfordert im Rahmen von Korruptionsdelikten einen hohen Grad an Organisation, da Durchsuchungen – zumal häufig von mehreren Firmen zeitgleich – in der Vorbereitung und Durchführung einen großen Aufwand verursachen. Strafverfahren gegen einzelne Täter haben darüber hinaus einen „Domino-Effekt". Die im Laufe der Ermittlungen gewonnenen Erkenntnisse zu weiteren Korruptionssachverhalten mit neuen Tatverdächtigen weiten das ursprüngliche Verfahren aus und führen zur Einleitung neuer Ermittlungsverfahren. Bei jeder Durchsuchung können sich Anhaltspunkte für weitere Korruptionsstraftaten von anderen Firmen und/oder gegen andere Beamte ergeben. Die Auswertung der Durchsuchungsergebnisse dauert entsprechend lang. Zu beachten ist, dass in Zusammenhang mit Korruptionsdelikten auch Bankkonten und alle wichtigen Informationen, die Bankverbindungen und Schließfächer betreffen, von einem Durchsuchungs- und Beschlagnahmebeschluss umfasst sein können.[402] Im Einzelfall ist zu prüfen, ob diese genügend konkretisiert sind und die nach der Rechtsprechung[403] erforderlichen Inhalte aufweisen.

418 **d) Untersuchungshaft.** In Korruptionsverfahren wird seitens der Ermittlungsbehörden häufig versucht, Haftbefehle zu erwirken. Der Verteidigung gegen eine Untersuchungshaft kommt daher besondere Bedeutung zu.

419 Als Haftgrund wird regelmäßig die Verdunkelungsgefahr angenommen. Da die Haftsituation in aller Regel nur schwer erträglich ist – zumal häufig Beschuldigte betroffen sind, die zuvor strafrechtlich nicht in Erscheinung getreten sind – besteht in vielen Fällen unter dem Druck der Untersuchungshaft frühzeitige und kurzfristige Aussagebereitschaft. Ohne die Untersuchungshaft gäbe es sicherlich eine weitaus geringere Aufklärungsquote. In vielen Fällen könnte es sich durchaus um eine unzulässige „Beugehaft" handeln,[404] da der Verdunklungshaftgrund tatsächlich nicht vorhanden ist und nur hypothetisch angenommen wird. Dies ist insbesondere dann der Fall, wenn bereits Durchsuchungen und Beschlagnahmen stattgefunden haben. Der Haftgrund der Verdunkelung wird daher häufig sehr weit ausgelegt. Verdunkelungsgefahr besteht jedoch nur dann, wenn aufgrund bestimmter Tatsachen das Verhalten des Beschuldigten den dringenden Verdacht begründet, er werde Beweismittel vernichten, verändern, beiseite schaffen, unterdrücken oder fälschen oder andere zu solchem Verhalten veranlassen und wenn deshalb die Gefahr droht, dass die Ermittlungen der Wahrheit erschwert werden (§ 112 Abs. 2 Nr. 3 StPO). Es besteht insoweit Einigkeit, dass der dringende Verdacht der Verdunkelung nur dann begründet ist, wenn aufgrund konkreter Tatsachen aus dem Verhalten, den Kontakten und den Lebensumständen oder den persönlichen oder familiären Verhältnissen des Beschuldigten anzunehmen ist, der Beschuldigte werde unlauter auf sachliche oder persönliche Beweismittel unmittelbar einwirken oder diese veranlassen und so die Beweislage zu beeinträchtigen drohen.[405] Nicht ausreichend ist daher das Vorliegen eines Anreizes zu Verdunkelungshandlungen oder die bloße Möglichkeit (Mutmaßungen, Befürchtungen) von Verdunkelungshandlungen. Der dringende Verdacht der Verdunkelung kann aus allen auf konkreten Tatsachen beruhenden Indizien hergeleitet werden, beispielsweise aus Anstrengungen des Beschuldigten, Tatspuren zu beseitigen, belastende Unterlagen zu vernichten, die Sachverhaltsaufklärung durch wahrheitswidrige Absprachen, Einschüchterungen, Bedrohung oder Bestechung von Zeugen zu erschweren. Wenngleich nicht zur vollen Überzeugung des Gerichts bestimmte Tatsachen, die die Verdunkelungsgefahr begründen müssen, feststehen müssen und

---

[402] Siehe hierzu auch Wabnitz/Janovsky/*Knierim* 8. Kap. Rdnr. 358 ff.
[403] Siehe hierzu BVerfG NJW 1991, 690; BVerfG NJW 1995, 2839 (auch zur Durchsuchung bei mehreren Betriebsstätten); BVerfGE 20, 162 ff.; BVerfGE 42, 212 ff.; BVerfGE 59, 95 ff.; siehe ferner *Burhoff* Handbuch S. 271 ff. m. w. N.; siehe auch LG Koblenz wistra 2004, 438 ff. zu den Anforderungen an Durchsuchungsbeschlüsse bei Verdacht der Steuerhinterziehung; siehe BVerfG wistra 2004, 295 ff. zu den Anforderungen an den Durchsuchungsbeschluss im Falle des Verdachts der Geldwäsche eines Rechtsanwaltes sowie des Verdachts einer Straftat nach § 333 StGB.
[404] *Volk* NJW 1996, 879 ff.
[405] Siehe hierzu OLG Hamm StV 1985, 114; OLG München NStZ 1996, 403 f.; KK/*Boujong* § 112 Rdnr. 25 ff.; Löwe/Rosenberg/*Hilger* § 112 Rdnr. 44; *Meyer-Goßner* § 112 Rdnr. 26 f.; OLG Frankfurt/M. NStZ 1997, 200 f.

insoweit derselbe Wahrscheinlichkeitsgrad wie für die Annahme des dringenden Tatverdachts genügt, so muss auf jeden Fall die Annahme der Verdunkelungsgefahr auf bestimmte Tatsachen beruhen und setzt den Nachweis konkreter Tatsachen voraus.[406]

Das OLG Köln[407] hat insoweit deutlich hervorgehoben, dass auch bei umfangreichen Korruptionsvorwürfen nicht notwendig von Verdunkelungsgefahr auszugehen ist. Die Feststellung, dass der Beschuldigte intensiv in ein System der Korruption und in ein enges Beziehungsgeflecht von Tätern eingebunden sei, begründet noch keine hinreichende – aber eben erforderliche(!) – konkrete Gefahr von Verdunkelungshandlungen.[408]

e) **Europäischer Haftbefehl.** Der europäische Haftbefehl ist auf den Rahmenbeschluss des Rates[409] über den Europäischen Haftbefehl und die Übergabeverfahren zwischen den Mitgliedstaaten der Europäischen Union vom 13.6.2002 zurückzuführen, die durch das Europäische Haftbefehlsgesetz (EuHbG) vom 21.7.2004[410] in deutsches Recht umgesetzt wurden. Gem. Art. 3 EuHbG ist dieses Gesetz zunächst am 23.8.2004 in Kraft getreten. Die Umsetzung erfolgte innerhalb des bis dato das Auslieferungsverfahren regelnden Gesetzes über die internationale Rechtshilfe in Strafsachen (IRG) in einem eigenen Abschnitt. Allerdings wurde das EuHbG vom Bundesverfassungsgericht wegen Unvereinbarkeit mit dem Grundgesetz mit Urteil vom 18.7.2005 für verfassungswidrig erklärt.[411] Die erforderliche Neuregelung des EuHbG wurde mit der Verabschiedung des dem BMJ vorgelegten Entwurfes am 25.1.2006 vom Bundeskabinett vollzogen, im Zeitpunkt der Beendigung dieser Auflage ist der verabschiedete Entwurf jedoch noch nicht in Kraft getreten. Die Änderung beschränkt sich auf die Vorgaben des Bundesverfassungsgerichts zu den §§ 79, 80 und 83 a IRG. 420

Ziel des Rahmenbeschlusses war es, das derzeitige Auslieferungssystem durch einen Europäischen Haftbefehl zu ersetzen und das Verfahren dadurch zu beschleunigen und zu vereinfachen, indem die gesamte politische und administrative Phase hinsichtlich der Entscheidung über ein Auslieferungsersuchen durch ein Gerichtsverfahren ersetzt wird. Alle nationalen Justizbehörden (vollstreckende Justizbehörden) verpflichten sich, das Ersuchen einer Justizbehörde eines anderen Mitgliedstaats (ausstellende Justizbehörde) auf Übergabe einer Person und mit einem Minimum an Kontrollen anzuerkennen. Ausgangspunkt ist daher, dass die EU-Mitgliedstaaten die strafrechtlichen Entscheidungen der nationalen Gerichte grundsätzlich gegenseitig anerkennen. 421

aa) EuHbG vom 21.7.2004. Das EuHbG trägt dem Ziel sowie den inhaltlichen Anforderungen des Rahmenbeschlusses durch eine Neufassung des Achten Teils des Gesetzes über die internationale Rechtshilfe in Strafsachen (IRG)[412] Rechnung. Hervorzuheben ist, dass es durch die Neuregelung auch im Verhältnis zu den anderen EU-Staaten bei dem traditionellen zweistufigen System der Auslieferung mit gerichtlicher Zulässigkeitsprüfung und Prüfung der Bewilligung bleibt. Allerdings enthalten die §§ 78 bis 83 i IRG a. F./n. F. (bisher: Änderungen sonstiger Rechtsvorschriften) unter der Überschrift „Unterstützung von Mitgliedstaaten der Europäischen Union" in vier Abschnitte unterteilt erweiternde Zulässigkeitsregeln, die zu einer Verkürzung des Auslieferungsverfahrens sowie zu Erleichterungen bei der Auslieferung und Durchlieferung an einen anderen EU-Staat führen. 422

---

[406] OLG Hamm StV 1985, 114 ff.; OLG Köln StV 1997, 37 ff.; OLG Hamm Beschl. v. 17.6.2004 – 2 Ws 141/04 OLG Hamm.
[407] OLG Köln StV 1999, 101 ff.
[408] Siehe hierzu auch *Paeffgen* NStZ 2000, 75 ff., 76 f.
[409] Rahmenbeschluss 2002/584/JI des Rates über den Europäischen Haftbefehl und die Übergabeverfahren zwischen den Mitgliedstaaten, Abl. EG Nr. L 190 vom 18.7.2002.
[410] Gesetz zur Umsetzung des Rahmenbeschlusses über den Europäischen Haftbefehl und die Übergabeverfahren zwischen den Mitgliedstaaten der Europäischen Union (Europäisches Haftbefehlsgesetz – EuHbG) vom 21.7.2004, BGBl. I S. 1748.
[411] BVerfG StV 2005, 505 ff.
[412] Gesetz über die internationale Rechtshilfe in Strafsachen vom 23.12.1982, zuletzt geändert durch Art. 12 g Abs. 7 des Gesetzes vom 24.8.2004, BGBl. I S. 2198.

423 §§ 1 Abs. 4 und 78 IRG verdeutlichen, dass der die Auslieferung und Durchlieferung regelnde Achte Teil völkerrechtlichen Regelungen (§ 1 Abs. 3 IRG) vorgeht.[413] Der Europäische Haftbefehl tritt somit an die Stelle des förmlichen Auslieferungsverfahrens.

424 Gemäß der Definition in Art. 1 des Rahmenbeschlusses ist der „Europäische Haftbefehl"[414] eine justitielle Entscheidung, die in einem Mitgliedstaat ergangen ist und die Festnahme und Übergabe einer gesuchten Person durch einen anderen Mitgliedstaat bezweckt im Hinblick auf die Strafverfolgung, die Vollstreckung einer Freiheitsstrafe sowie eine freiheitsentziehende Maßregel der Sicherung. Art. 2 Abs. 1 des Rahmenbeschlusses legt die für eine Auslieferung erforderliche Mindestsanktion fest. Danach kann der Haftbefehl bei einer rechtskräftigen Verurteilung zu einer Haftstrafe oder einer Anordnung einer Maßregel der Sicherung von mindestens vier Monaten (Vollstreckungshaftbefehl) oder einer Straftat, die mit einer Gefängnisstrafe oder einer freiheitsentziehenden Maßregel der Sicherung im Höchstmaß von mindestens zwölf Monaten bedroht ist (Auslieferungshaftbefehl), erlassen werden. Diese Vorschrift wurde in § 81 Nr. 1 und Nr. 2 IRG a. F./n. F. umgesetzt.

Unter der Voraussetzung, dass die Straftaten im Ausstellungsmitgliedstaat mit einer Höchststrafe von mindestens drei Jahren Freiheitsstrafe bedroht sind, kann eine Übergabe des Verfolgten aufgrund des Europäischen Haftbefehls ohne Überprüfung des Vorliegens der beiderseitigen Strafbarkeit erfolgen (Art. 2 Abs. 2 Rahmenbeschluss), also etwa bei Terrorismus, Menschenhandel, **Korruption**, Beteiligung an einer kriminellen Vereinigung, Geldfälschung, Tötung, Rassismus und Fremdenfeindlichkeit, Vergewaltigung, Handel mit gestohlenen Kraftfahrzeugen, Betrugsdelikten, einschließlich Betrug zum Nachteil der finanziellen Interessen der Europäischen Gemeinschaften erfolgen. Die Umsetzung erfolgte in § 81 Nr. 4 IRG a. F./n. F. Hinsichtlich der in der Liste aufgeführten Straftatbestände und Deliktsgruppen weist die Gesetzesbegründung darauf hin, dass diese das Ergebnis eines Kompromisses darstellen und in materieller Hinsicht in allen Mitgliedstaaten weitgehend ähnlich ausgestaltet sind, jedoch keine übereinstimmende Bezeichnung haben.[415] Die Bezeichnungen stimmen deshalb nicht mit den deutschen strafrechtlichen Definitionen überein. Bei anderen als den in Art. 2 Abs. 2 Rahmenbeschluss angeführten Straftaten kann die Übergabe davon abhängig gemacht werden, dass eine Straftat nach dem Recht des Vollstreckungsmitgliedstaats vorliegt (Regel der beiderseitigen Strafbarkeit; Art. 2 Abs. 4 Rahmenbeschluss).

425 Eine wesentliche Neuerung ist der weitgehende Wegfall der Prüfung des Erfordernisses der beiderseitigen Strafbarkeit. § 81 Nr. 4 IRG a. F./n. F. regelt, dass die Strafbarkeit im ersuchten Staat nicht (mehr) zu prüfen ist, wenn die dem Ersuchen zugrunde liegende Tat nach dem Recht des ersuchenden Staates eine Strafbestimmung verletzt, die den in Art. 2 Abs. 2 des Rahmenbeschlusses genannten Deliktsgruppen zugehörig ist.[416] Die mit der Korruption häufig einhergehende Steuerhinterziehung fällt ebenfalls unter § 81 Nr. 3 IRG a. F./n. F., der fiskalische Straftaten für grundsätzlich auslieferungsfähig erklärt.[417]

426 Eine weitere Neuerung liegt im Wegfall des Auslieferungshindernisses der deutschen Staatsangehörigkeit. Die Auslieferung deutscher Staatsangehöriger war gemäß § 80 Abs. 1 IRG a. F. grundsätzlich zulässig, sofern sichergestellt war, dass im Fall der Auslieferung zur Verfolgung auf Wunsch des deutschen Verfolgten die Vollstreckung der im Ausland verhängten Strafe in

---

[413] Der Rahmenbeschluss ist gemäß Art. 31 an die Stelle folgender Regelungen getreten: Europäisches Auslieferungsübereinkommen vom 13.12.1957 mit Erstem und Zweitem Zusatzprotokoll, Auslieferungsbestimmungen des Europäischen Übereinkommens zur Bekämpfung des Terrorismus vom 27.1.1977, Übereinkommen zwischen den Mitgliedstaaten der Europäischen Gemeinschaften über die Vereinfachung der Verfahren zur Übermittlung von Auslieferungsersuchen vom 26.5.1989, Übereinkommen über das vereinfachte Auslieferungsverfahren zwischen den Mitgliedstaaten vom 10.3.1995, Übereinkommen über die Auslieferung zwischen den Mitgliedstaaten vom 27.9.1996 und diesbezügliche Bestimmungen des Schengener Durchführungsübereinkommens.

[414] Ein Muster des Formblattes für den Europäischen Haftbefehl ist dem Rahmenbeschluss als Anhang beigefügt. Der europäische Haftbefehl muss eine Reihe von Informationen enthalten, unter anderem Identität der Person, ausstellende Justizbehörde, rechtskräftiges Urteil, Strafmass (Art. 8 Rahmenbeschluss).

[415] BT-Drucks. 15/1718, S. 18.

[416] Diese sog. Positivliste umfasst 30 Deliktsgruppen, vgl. *Möhrenschlager* wistra 2004, VI ff.; der Strafrechtsausschuss des DAV kritisiert, dass darin konturenlose Vorwürfe enthalten seien, Stellungnahme 30/2002 vom Juni 2002, abrufbar unter http://www.anwaltverein.de. Beachtliche Kritik in dieser Hinsicht üben auch *Schünemann* ZRP 2003, 185 ff. und *Wehnert* StraFo 2003, 356 ff.

[417] BT-Drucks. 15/1718, S. 17.

Deutschland erfolgt. Hintergrund dieser Regelung ist es, die spätere Resozialisierung in die Gesellschaft zu erleichtern. Nach § 80 Abs. 2 a. F. IRG (= § 80 Abs. 3 n. F. IRG) ist die Auslieferung zum Zwecke der Strafvollstreckung nur zulässig, wenn der Verfolgte dieser im Rahmen seiner richterlichen Anhörung zustimmt.[418]

§§ 81, 82 und 83 IRG a. F./n. F. betreffen die Zulässigkeit der Auslieferung und modifizieren insoweit die allgemeinen Vorschriften des IRG, soweit es um die Auslieferung an einen Mitgliedstaat der EU geht. § 83 IRG a. F./n. f. statuiert die Unzulässigkeit der Auslieferung in drei Fällen. § 83 Nr. 1 IRG a. F./n. F. enthält das Verbot des ne bis in idem. § 83 Nr. 2 IRG a. F./n. F. schließt die Auslieferung strafunmündiger Kinder aus. § 83 Nr. 3 IRG a. F./n. F. regelt hinsichtlich der Problematik von Abwesenheitsurteilen,[419] die in manchen europäischen Staaten zulässig sind, dass dem Verfolgten nach seiner Überstellung das Recht auf ein neues Gerichtsverfahren in seiner Anwesenheit eingeräumt wird. Gemäß § 79 Abs. 1 IRG a. F./n. F., der die grundsätzliche Pflicht zur Erledigung statuiert, darf ein zulässiges Ersuchen um Auslieferung nicht abgelehnt werden, sofern kein Ablehnungsgrund vorliegt. Die neben der Zulässigkeit erforderliche Bewilligung kann aber unter den Voraussetzungen des § 83 b IRG a. F./n. F. abgelehnt werden. Allerdings sind die Bewilligungshindernisse nicht im Zulässigkeitsverfahren zu prüfen.[420]

Von erheblicher praktischer Bedeutung – insbesondere hinsichtlich des Ersuchens um Auslieferung eines Deutschen – sind § 83 b Nr. 1 und 2 IRG a. F./n. F. Danach kann die Auslieferung abgelehnt werden, wenn gegen den Verfolgten wegen derselben Tat in Deutschland ein strafrechtliches Verfahren geführt wird, die Einleitung eines strafrechtlichen Verfahrens abgelehnt oder ein eingeleitetes Verfahren bereits eingestellt wurde.

Der deutsche Gesetzgeber hat die in Art. 32 Rahmenbeschluss eingeräumte Möglichkeit, die Umsetzung des Rahmenbeschlusses hinsichtlich des zeitlichen Anwendungsbereichs zu beschränken, nicht wahrgenommen. Die neuen Regeln der §§ 78 ff. IRG, die am 1. Januar 2004 in Kraft getreten sind bzw. am 25. Januar 2006 in teilweise abgeänderter Form vom Bundeskabinett verabschiedet wurden, finden daher auch auf noch nicht abgeschlossene, anhängige Aus- und Durchlieferungsverfahren Anwendung. Jede Entscheidung in Aus- und Durchlieferungsverfahren ab dem 1. Januar 2004 hat das neue Recht zu berücksichtigen, vor dem 1. Januar 2004 getroffene ablehnende Zulässigkeitsentscheidungen müssen erneut überprüft werden, wenn das abgelehnte Auslieferungsersuchen erneut unter Berufung auf das neue Recht gestellt wird. Das neue Recht findet ferner Anwendung, wenn das Ersuchen nach dem 1. Januar 2004 eingeht und sich auf Taten bezieht, die vor diesem Zeitpunkt begangen worden sein sollen. Auch die Auslieferung Deutscher ist daher nach dem 1. Januar 2004 für Taten in der Vergangenheit grundsätzlich zulässig.[421]

bb) Die Neuregelungen des IRG aufgrund der Entscheidung des BVerfG vom 18.7.2005.
Der vom Kabinett verabschiedete Gesetzesentwurf weicht von dem EuHbG vom 21. Juli 2004 nur insoweit ab, als das Urteil des Bundesverfassungsgerichts vom 18. Juli 2005 Änderungen oder Ergänzungen gebietet. Er beschränkt sich unter Beibehaltung aller übrigen Regelungen des alten Gesetzes auf Änderungen der §§ 79, 80 und 83 a IRG.

Eine Ausnahme gilt für § 80 Abs. 3 EuHbG a. F. Der Entwurf sieht in § 80 Abs. 4 IRG n. F. – da sich die in § 80 Abs. 3 IRG a. F. eröffnete Gleichstellung im Inland wohnhafter Ausländer mit Deutschen nach den gesammelten Erfahrungen (u. a. erheblicher Ermittlungsaufwand, der zu einer Gefährdung des strengen Fristenregimes des Art. 17 RbEuHb führe) nicht bewährt habe – eine dem Schutzbereich des Art. 6 GG entsprechende Gleichstellung nur für solche im Inland wohnhaften Ausländer vor, die
- mit einem deutschen Staatsangehörigen verheiratet sind (1) oder
- mit einem deutschen Staatsangehörigen eine Lebenspartnerschaft führen (2) oder
- in familiärer Lebensgemeinschaft mit einem deutschen Familienangehörigen leben (3).

---

[418] OLG Celle StraFo 2005, 36 f.
[419] Siehe hierzu beispielsweise OLG Karlsruhe StV 2004, 547 ff.
[420] OLG Stuttgart NStZ 2004, 47 ff.
[421] Siehe hierzu BT-Drucks. 15/1718, S. 26.

431 Nichteheliche Lebensgemeinschaften oder nicht eingetragenen Lebenspartnerschaften fallen nicht (mehr) unter die Privilegierung zu (1) und (2). Bei den unter (3) fallenden Personen wird es sich in aller Regel um personensorgeberechtigte Elternteile eines minderjährigen ledigen Deutschen handeln. Die Formulierung des § 80 Abs. 4 IRG n. F. bedeutet im Übrigen einen Gleichklang zu § 56 Abs. 1, Nr. 4 AufenthG.

432 Hervorzuheben ist indes Folgendes: § 80 IRG n.F regelt **die Auslieferung deutscher Staatsangehöriger,** denen in § 80 Abs. 4 IRG n. F. bestimmte im Inland lebende Ausländer gleichgestellt werden.[422] Diese Vorschrift setzt in ihren Absätzen 1 und 2 eine der wesentlichen Neuerungen des RbEuHb in das geltende Recht um. Dort wird im Wesentlichen das vom Bundesverfassungsgericht geforderte Prüfprogramm (bzw. die tatbestandliche Konkretisierung der dem Gesetzgeber in Art. 4 Nr. 7 a RbEuHb eröffneten Spielräume) gesetzlich festgeschrieben. Die Auslieferung des genannten Personenkreises ist zulässig, wenn neben den sonstigen Zulässigkeitsvoraussetzungen auch die des § 80 IRG n. F. vorliegen. Hinsichtlich der Zulässigkeitsvoraussetzungen bei der Auslieferung eigener Staatsangehöriger und gleichgestellter Ausländer unterscheidet § 80 IRG n. F. zwischen der Auslieferung zur Vollstreckung in den Absätzen 1 und 2 und der Auslieferung zur Strafvollstreckung in Absatz 3, die nur zulässig ist, wenn der Betroffene zu richterlichem Protokoll zustimmt.

433 Nach § 80 Abs. 1 und 2 IRG n. F. ist die Auslieferung zur Strafvollstreckung nur zulässig, wenn,
- grundsätzlich die spätere Rücküberstellung zur Vollstreckung einer verhängten freiheitsentziehenden Sanktion gesichert ist (§ 80 Abs. 1 S. 1 Nr. 1 IRG n. F.) und die Tat
- keinen maßgeblichen Inlandsbezug aufweist (diese Voraussetzung wird nicht explizit normiert, da der in § 80 Abs. 1 S. 1 Nr. 2 IRG n. F. enthaltene maßgebliche Bezug zum ersuchenden Mitgliedstaat einen maßgeblichen Bezug zum Inland denknotwendig ausschließt) und
- entweder einen maßgeblichen Bezug zum ersuchenden Staat aufweist (§ 80 Abs. 1 Nr. 2 IRG n. F.) oder
- die beidseitige Strafbarkeit gegeben ist und bei konkreter Abwägung der widerstreitenden Interessen kein schutzwürdiges Vertrauen des Verfolgten in seine Nichtauslieferung besteht (§ 80 Abs. 2 n. F., „Mischfälle").

434 Bei Straftaten mit maßgeblichem Inlandsbezug ist die Auslieferung Deutscher nicht zulässig. Ein maßgeblicher Inlandsbezug liegt nach § 80 Abs. 2 S. 2 IRG n. F. in der Regel vor, wenn sämtliche oder wesentliche Teile des Handlungs- und Erfolgortes (§ 9 StGB) im Inland liegen.

435 Ein maßgeblicher Bezug zum ersuchenden Staat, bei dessen Vorliegen die Auslieferung nach § 80 Abs. 1 S. 1 Nr. 2 IRG n. F. zulässig ist, liegt gemäß § 80 Abs. 1 S. 2 IRG n. F. in der Regel vor, wenn Handlungs- und Erfolgsort vollständig oder in wesentlichen Teilen auf seinem Hoheitsgebiet liegen.

---

[422] S. oben Rdnr. 430 ff.

§ 20 Geldwäsche

Übersicht

	Rdnr.
I. Geldwäsche als Problem der anwaltlichen Beratung	1–4
II. Geldwäsche als rechtspolitisches Phänomen	5–19
1. Geschichte der Geldwäschegesetzgebung	5–15
2. Institutionen zur Bekämpfung der Geldwäsche	16–19
a) Europäische Union	17
b) Financial Action Task Force (FATF)	18
c) Zentralstelle für Verdachtsanzeigen (FIU)	19
III. Geldwäsche und Wirtschaft	20–28
1. Definition der Geldwäsche	20–22
2. Erscheinungsformen der Geldwäsche	23–28
a) Placement stage	25
b) Layering stage	26
c) Integration stage	27/28
IV. Sanktionen und Maßnahmen	29–118
1. Ordnungswidrigkeiten	31
2. Der Geldwäschestraftatbestand (§ 261 StGB)	32–108
a) Zweck des Gesetzes	33–37
b) Täter einer Geldwäsche	38
c) Taugliche Vortaten einer Geldwäsche	39–44
d) Der Begriff des „Gegenstandes"	45
e) Steuerhinterziehung	46–51
f) Das „Herrühren" aus der Vortat	52–79
g) Tathandlungen	80–94
h) Vorsatz	95–101
i) Fahrlässigkeit	102/103
j) Strafbefreiung durch freiwillige Anzeige	104–106
k) Schnittstellen zu anderen Delikten	107/108
3. Mögliche Konsequenzen eines Verstoßes gegen § 261 StGB	109–118
a) Strafrahmen	110
b) Verfall und Einziehung	111–113
c) Vermögensstrafe (§ 43 a StGB)	114/115
d) Einstellung (§ 153 a StPO)	116
e) Geldbuße (§§ 30, 130 OWiG)	117/118
V. Geldwäschegesetz und Geldwäschetatbestand	119–164
1. Normadressaten	120–125
a) Institute	121/122
b) Sonstige	123–125
2. Identifizierungspflichtige Finanztransaktionen	126–133
3. Feststellung des wirtschaftlich Berechtigten	134/135
4. Aufzeichnungs- und Aufbewahrungspflichten	136–139
5. Anzeige von Verdachtsfällen	140–147
a) Allgemeines	140
b) Stillhaltefristen	141
c) Meldepflichten bei rechtsberatend Tätigen	142/143
d) Das Hinweisverbot	144
e) Sanktionen bei Verstoß gegen die Verdachtsanzeigepflicht	145
f) Freistellung von der Verantwortlichkeit	146
g) Anzeigepflicht durch die Finanzbehörden	147
6. Interne Sicherungsmaßnahmen	148–161
a) Adressaten	149
b) Bestellung eines Geldwäschebeauftragten	150–154
c) Interne Grundsätze und Kontrollen	155–157
d) Zuverlässigkeit der Mitarbeiter	158/159
e) Regelmäßige Unterrichtung der Mitarbeiter	160
f) Einhaltung der Verpflichtung durch Zweigstellen im Ausland	161

7. Verhältnis zum Bankaufsichtsrecht		162
8. Mögliche Sanktionen bei Verstößen gegen das Geldwäschegesetz		163/164
VI. Besonderheiten in Ermittlungsverfahren wegen Geldwäsche		165–193
1. Vermögensbeschlagnahme und vorläufige Sicherungsmaßnahmen (§§ 111 b – 111 d, 111 p StPO)		167–170
a) Allgemeines		167/168
b) Beschlagnahme		169
c) Dinglicher Arrest		170
2. Datenrasterfahndung (§§ 98 a, 98 b StPO)		171/172
3. Telefonüberwachung (§ 100 a StPO)		173–176
a) Allgemeines		173
b) Telefonüberwachung trotz Straflosigkeit nach § 261 Abs. 9 S. 2 StGB?		174
c) Die besondere Stellung des Rechtsanwalts		175
d) Zuständigkeit		176
4. Lauschangriff (§§ 100 c ff. StPO)		177–183
a) Allgemeines		177–179
b) Sonderregelungen		180/181
c) Rechtsschutz		182/183
5. Möglichkeit der Verwertung von Anzeigedaten nach § 10 Abs. 2 GwG für steuerliche Zwecke		184–187
6. Kontrolle des grenzüberschreitenden Bargeldverkehrs		188
7. Zentralstelle für Verdachtsanzeigen		189
8. Zusammenfassung und Wertung		190–193
VII. Das Problem der Geldwäsche in der Praxis		194–240
1. Vorfeldberatung		195–203
a) Auswirkungen auf den Umgang mit Geschäftspartnern		195–202
b) Auswirkungen von kontaminiertem Geld		203
2. Ansätze für eine erfolgreiche Verteidigungsstrategie bei Geldwäscheverdacht		204–206
3. Hinweise für einzelne Branchen		207–240
a) Banken		207–215
b) Finanzdienstleister		216/217
c) Wirtschaftsprüfer		218/219
d) Steuerberater		220–222
e) Rechtsanwälte		223–231
f) Notare		232–234
g) Automobil- und Schmuckhändler		235/236
h) Spielbanken		237/238
i) Gastronomiebetriebe		239
j) Wechselstuben		240
VIII. Ausblick		241–245

Schrifttum: *Altenhain*, Das Anschlußdelikt, 2003; *Altenkirch*, Techniken der Geldwäsche und ihre Bekämpfung, 2004; *Arzt*, Geldwäscherei – Eine neue Masche zwischen Hehlerei, Strafvereitelung und Begünstigung, NStZ 1990, 1; *ders.*, Geldwäsche und rechtsstaatlicher Verfall, JZ 1993, 913; *ders.*, Das mißglückte Strafgesetz – am Beispiel der Geldwäschegesetzgebung, in: Diederichsen/Dreier, Das mißglückte Gesetz, 1997, S. 18; *Balzer*, Die berufstypische Strafbarkeit des Verteidigers unter besonderer Beachtung des Problems der Begehung von Geldwäsche durch Honorarannahme, 2004; *Barton*, Sozial übliche Geschäftstätigkeit und Geldwäsche, StV 1993, 156; *ders.*, Das Tatobjekt der Geldwäsche: Wann rührt ein Gegenstand aus einer der im Katalog des § 261 I Nr. 1-3 StGB bezeichneten Straftaten her?, NStZ 1993, 159; *Bernsmann*, Die Geldwäscheentscheidung des BGH – Eine (polemische) Analyse, StraFo 2001, 344; *ders.*, Geldwäsche (§ 261 StGB) und Vortatkonkretisierung, StV 1998, 46; *ders.*, Der Rechtsstaat wehrt sich gegen seine Verteidiger, Festschrift für Lüderssen, 2002, S. 683; *Bittmann*, Die gewerbs- oder bandenmäßige Steuerhinterziehung und die Erfindung des gegenständlichen Nichts als geldwäscherelevante Infektionsquelle, wistra 2003, 161; *Bockelmann*, Das Geldwäschegesetz – Zur Effizienz des GwG in der Praxis, 2001; *Bottermann*, Untersuchung zu den grundlegenden Problematiken des Geldwäschetatbestandes, auch in seinen Bezügen zum Geldwäschegesetz, 1994; *Bottke*, Teleologie und Effektivität der Normen gegen Geldwäsche, wistra 1995, 87, 121; *Bruchner*, Geldwäsche, in: Schimansky/Bunte/Lwowski (Hrsg.), Bankrechts-Handbuch, 2001, § 42; *Burger*, Die Einführung der gewerbs- und bandenmäßigen Steuerhinterziehung sowie aktuelle Änderungen im Bereich der Geldwäsche, wistra 2002, 1; *Bürgle*, Geldwäsche § 261 StGB, in: Cramer/Cramer (Hrsg.), Anwalts-Handbuch Strafrecht, 2003; *Busch/Teichmann*, Das neue Geldwäscherecht, 2003; *Bussenius*, Geldwäsche und Strafverteidigerhonorar, 2004; *Dahm/Hamacher*, Geldwäschebekämpfung und strafrechtliche Verfahrensgarantien, wistra 1995, 206; *Dittrich/Trinkaus*, Die gesetzlichen Regelungen der Geldwäsche und ihre Reform – eine Praxisanalyse, DStR 1998, 342; *Dombek*, Rechtsberatende Tätigkeit und Geldwäsche – Pflichten und Risiken des Rechtsanwalts bei Verdacht der Geldwäsche, ZAP 2000, 683; *Egger Tanner*, Die strafrechtliche Erfassung der Geldwäscherei. Ein Rechtsvergleich zwischen der Schweiz und der Bundesrepublik Deutschland, 1999; *Erdinger*, Geldwäsche – ein

§ 20 Geldwäsche § 20

internationales Problem, DRiZ 1997, 350 f.; *Findeisen*, Deliktsspezifische Strukturprävention gegen Geldwäsche im Finanzsektor, WM 1998, 2410; *Froschauer*, Erfahrungen mit dem Gesetz über das Aufspüren von Gewinnen aus schweren Straftaten (Geldwäschegesetz – GWG) vom 25. Oktober 1993, Festschrift für Odersky 1996, S. 351; *Fülbier/Aepfelbach*, GwG – Kommentar zum Geldwäschegesetz, 4. Auflage, 1999; *Gräfin von Galen*, Die reduzierte Anwendung des Geldwäschetatbestands auf die Entgegennahme von Strafverteidigerhonorar – Drahtseilakt oder Rechtssicherheit?, NJW 2004, 3304; *Geurts*, Die Strafbarkeit der Geldwäsche – Metastasen politischen Willens, ZRP 1997, 250; *Gotzens/Schneider*, Geldwäsche durch Annahme von Strafverteidigerhonoraren, wistra 2002, 121; *Gradowski/Ziegler*, Geldwäsche, Gewinnabschöpfung. Erste Erfahrungen mit den neuen gesetzlichen Regelungen, 1997; *Grüner/Wasserburg*, Geldwäsche durch Annahme eines Verteidigerhonorars?, GA 2000, 430; *Hamm*, Geldwäsche durch die Annahme von Strafverteidigerhonorar, NJW 2000, 636; *Hartmann*, Der Strafverteidiger und sein Handeln – oftmals Strafvereitelung und Geldwäsche? – Ein Überblick, AnwBl. 2002, 330; *Heerspink*, Geldwäsche des Steuerberaters durch Honorarannahme – Vorsichtsmaßnahmen gegen eine Inkriminierung, AO-StB 2001, 205; *Herzog*, Geldwäschebekämpfung – quo vadis? – Rechtsstaatliche Grenzen der Geldwäschebekämpfung durch Aufsichtshandlungen des Bundesaufsichtsamtes für das Kreditwesen, WM 1999, 1905; *Hetzer*, Der Geruch des Geldes – Ziel, Inhalt und Wirkung der Gesetze gegen Geldwäsche, NJW 1993, 3298; *ders.*, Geldwäsche im Schnittpunkt von Wirtschaft und Kriminalität, ZfZ 1993, 258; *ders.*, Vermögenseinziehung, Geldwäsche, Wohnraumüberwachung – Neue Ansätze zur Prävention und Repression der Mafia, wistra 1994, 176; *ders.*, Geldwäschebekämpfung oder Staatsbankrott, Kriminalistik 1999, 218; *ders.*, Finanzbehörden im Kampf gegen Geldwäsche und organisierte Kriminalität, JR 1999, 141; *ders.*, Magna Charta der Mafia? Unschuldsvermutung, Gewinnabschöpfung und Geldwäschebekämpfung, ZRP 1999, 471; *ders.*, Systemgrenzen der Geldwäschebekämpfung, ZRP 1999, 245; *ders.*, Geldwäsche und Strafverfolgung, wistra 2000, 281; *ders.*, Beweisprobleme bei Geldwäsche und Gewinnabschöpfung, ZfZ 2001, 7; *ders.*, Organisierte Kriminalität, Geldwäsche und Steuerhinterziehung – Planwidrige Lücke im Geldwäschetatbestand?, Der Kriminalist 2001, 23; *ders.*, Gewinnabschöpfung und Rückgewinnung. Rechtliche Voraussetzungen und praktische Anwendungen, Kriminalistik 2003, 152; *Hoyer/Klos*, Regelungen zur Bekämpfung der Geldwäsche und ihre Anwendung in der Praxis, 2. Auflage 1998; *Hund*, Ist die Sicherung illegaler Gewinne die „Achillesferse" der Organisierten Kriminalität?, ZRP 1996, 1; *ders.*, Der Geldwäschetatbestand – mißglückt oder mißverstanden?, ZRP 1996, 163; *Janovsky*, Telekommunikationsüberwachung wegen Geldwäsche?, Kriminalistik 2003, 453; *Johnigk*, Anwaltstätigkeit unter dem Geldwäschegesetz, BRAK-Mitt. 1994, 58; *Kaiser*, Möglichkeiten zur Verbesserung des Instrumentariums zur Bekämpfung von Geldwäsche und zur Gewinnabschöpfung, wistra 2000, 121; *Kargl*, Probleme des Tatbestandes der Geldwäsche, NJ 2001, 57; *Keidel*, Finanzermittlungen – Zur Strafbarkeit von Bankangestellten bei der Geldwäsche, Kriminalistik 1996, 406; *Keppeler*, Geldwäsche durch Strafverteidiger, DRiZ 2003, 978; *Kilchling*, Die vermögensbezogene Bekämpfung der organisierten Kriminalität – Recht und Praxis der Geldwäschebekämpfung und Gewinnabschöpfung zwischen Anspruch und Wirklichkeit, wistra 2000, 241; *Krey/Dierlamm*, Gewinnabschöpfung und Geldwäsche, JR 1992, 353; *Langweg u. a.*, Leitfaden zur Bekämpfung der Geldwäsche, hrsg. vom Zentralen Kreditausschuss, 2001; *Leip*, Der Straftatbestand der Geldwäsche. Zur Auslegung des § 261 StGB, 2. neub. Aufl. 1999; *Löffelmann*, Die Neuregelung der akustischen Wohnraumüberwachung, NJW 2005, 2033; *Löwe-Krahl*, Die Strafbarkeit von Bankangestellten wegen Geldwäsche nach § 261 StGB – Eine kritische Analyse des neuen Straftatbestandes, wistra 1993, 123; *Lütke*, Geldwäsche bei Auslandsvortat und nachträgliche Gewährung rechtlichen Gehörs, wistra 2001, 85; *Mack*, Neue Entwicklungen in „Banken-Strafverfahren" – Selbstanzeige, Geldwäsche, Flächenfahndung –, StraFo 1999, 260; *Maiwald*, Auslegungsprobleme im Tatbestand der Geldwäsche, Festschrift für Hirsch 1999, S. 631; *Marx*, Ausweitung der Verpflichtungen bei Geldwäscheverdacht auf Rechtsanwälte, Steuerberater und Wirtschaftsprüfer, PStR 2000, 104; *ders.*, Steuerhinterziehung und Geldwäsche, Steueranwaltsmagazin 2002, 26; *ders.*, Geldwäsche als „Vortat" der Steuerhinterziehung, DStR 2000, 2045; *Matt*, Strafverteidigerhonorar und Geldwäsche, Festschrift für Rieß 2002, S. 739; *Meyer/Hetzer*, Neue Gesetze gegen die Organisierte Kriminalität, NJW 1998, 1017; *Müssig*, Strafverteidiger als „Organ der Rechtspflege" und die Strafbarkeit wegen Geldwäsche, wistra 2005, 201; Nelles (Hrsg.), Money, money, money, 2004; *Oswald*, Die Implementation gesetzlicher Maßnahmen zur Bekämpfung der Geldwäsche in der Bundesrepublik Deutschland, 1997; *Otto*, Das strafrechtliche Risiko der gesetzlichen Vertreter und Geldwäschebeauftragten der Kreditinstitute nach dem Geldwäschegesetz, wistra 1995, 232; *ders.*, Geldwäsche § 261 StGB – Examinatorium, Jura 1993, 329; *Roßmüller*, Telefonüberwachung bei Geldwäscheverdacht, wistra 2004, 52; *Salditt*, Der Tatbestand der Geldwäsche, StraFo 1992, 121; *Scherp*, Gesetze gegen die Geldwäsche und gegen die Finanzierung des Terrorismus – eine stille Verfassungsreform?, WM 2003, 1254; *Schily*, Gesetze gegen die Geldwäsche und gegen die Finanzierung des Terrorismus – eine stille Verfassungsreform?, WM 2003, 1249; *Schittenhelm*, Alte und neue Probleme der Anschlußdelikte im Lichte der Geldwäsche, Festschrift für Lenckner 1998, S. 519; *Schmid/Winter*, Vermögensabschöpfung in Wirtschaftsstrafverfahren – Rechtsfragen und praktische Erfahrungen, NStZ 2002, 8; *Schmidt*, Die Rechtslage nach der Geldwäscheentscheidung des BGH, StraFo 2003, 2; *Schmitt*, Arbeitsauftrag: Geldwäscheverhinderung! Verdacht, Strafen und Pflichten, 2002; *Sommer*, Das Geldwäschebekämpfungsgesetz, PStR 2002, 220; *ders.*, Geldwäschemeldungen und Strafprozess, StraFo 2005, 327; *Stolpe*, Strategien gegen das organisierte Verbrechen, 2004; *Suendorf*, Geldwäsche. Eine kriminologische Untersuchung, 2001; Vogel, Geldwäsche – ein europaweit harmonisierter Tatbestand?, ZStW 109, 335; *Werner*, Wachstumsbranche Geldwäsche – Die Ökonomisierung der Organisierten Kriminalität, 1996.

I. Geldwäsche als Problem der anwaltlichen Beratung

1 Der Geldwäschetatbestand des § 261 StGB wurde durch das Gesetz **zur Bekämpfung des illegalen Rauschgifthandels und anderer Erscheinungsformen der Organisierten Kriminalität** (OrgKG) vom 15.7.1992 (BGBl. I, 1304) in das StGB aufgenommen und führte in den ersten Jahren nach seinem In-Kraft-Treten in der Gerichtspraxis und deshalb auch in der anwaltlichen Beratung ein Schattendasein. Erst durch den Aufsehen erregenden **Beschluss des OLG Hamburg**[1] und vor allem durch die nachfolgende **Entscheidung des BGH**,[2] in welcher die Strafbarkeit der Verteidiger des European Kings Club („EKC") durch die Annahme des Honorars festgestellt wurde, rückte § 261 StGB stärker in das Bewusstsein vor allem der Strafverteidiger. Ihren vorläufigen Höhepunkt erreichte die sich anschließende Debatte mit der Entscheidung des Bundesverfassungsgerichts[3] über die Verfassungsbeschwerden gegen das Urteil des BGH[4] und die Urteile des Landgerichts Frankfurt a. M.[5]

2 Allerdings fokussierte sich hierbei die Diskussion im Wesentlichen nicht auf die Frage, wie **der Mandant** sich bei einem Vorwurf der Geldwäsche verhalten sollte; vielmehr wurde fast ausschließlich die Frage erörtert, inwieweit der Verteidiger selbst es vermeiden kann, in den Focus der Strafverfolgungsbehörden zu gelangen.[6] Dieser Ansatz war – vor allem direkt nach Veröffentlichung der genannten Entscheidungen – verständlich, verengte aber den Blickwinkel und führte dazu, dass § 261 StGB und die dazu gehörenden Normen des Geldwäschegesetzes (GwG) mitunter nur selektiv wahrgenommen wurden. Die Geldwäsche stellt aber nicht nur für den Strafverteidiger, sondern für fast alle Bereiche des Wirtschaftslebens ein Problem dar, dessen Unterschätzung schwerwiegende (strafrechtliche und haftungsrechtliche) Konsequenzen haben kann. Für eine Beratung und Verteidigung lege artis sind deshalb die nachfolgend dargestellten Besonderheiten in allen Stadien der anwaltlichen Begleitung zu berücksichtigen.

3 Um die Geldwäsche und die Strategien ihrer Bekämpfung besser zu verstehen, ist diese zunächst aus **verschiedenen Blickwinkeln**, d.h. sowohl rechtspolitisch, ökonomisch, als auch rechtswissenschaftlich zu betrachten. Es wird zu zeigen sein, dass insbesondere der Geldwäschestraftatbestand in erster Linie **rechtspolitisch** motiviert, **ökonomisch** aber diffus und **juristisch** nur unbefriedigend umgesetzt ist.

4 Die verschiedenen Perspektiven auf das Phänomen der Geldwäsche sind näher zu beleuchten, wobei natürlich der **juristischen Perspektive** – und hier vor allem dem § 261 StGB – der **Schwerpunkt des Beitrags** zukommt. Dabei wird zunächst in einem kurzen Überblick die rechtspolitische Grundlage der Geldwäsche historisch und institutionell beschrieben (Abschnitt II). Danach wird aus einer ökonomischen Perspektive erörtert, wie die Geldwäsche „funktioniert" und welche wirtschaftlichen Abläufe regelmäßig dahinter stehen (Abschnitt III). In Abschnitt IV werden dann die möglichen Sanktionen und Maßnahmen erläutert, die ein Verstoß gegen die Vorschriften der Geldwäsche nach sich ziehen kann, um dann in Abschnitt V das Geldwäschegesetz näher zu betrachten. Es folgt in Abschnitt VI eine Darstellung der Instrumentarien, die den Strafverfolgungsbehörden zur Verfügung stehen, wenn der Verdacht der Geldwäsche existiert. In Abschnitt VII werden konkret die Probleme erläutert, die der Vorwurf der Geldwäsche in der Praxis mit sich bringen kann. In diesem Abschnitt werden auch Hinweise gegeben, wie ein möglicher Geldwäschevorwurf präventiv zu bekämpfen ist. Im letzten Abschnitt wird die Gesetzgebung der letzten zehn Jahre hinsichtlich der Bekämpfung der Geldwäsche einer kritischen Wertung unterzogen.

---

[1] OLG Hamburg Beschl. v. 6.1.2000 – 2 Ws 185/99 – NJW 2000, 673, m. Anm. *Hamm* NJW 2000, 636 und m. Anm. *Lüderssen* StV 2000, 205.
[2] BGH Urt. v. 4.7.2001 – 2 StR 513/00 – NJW 2001, 2891.
[3] BVerfG Urt. vom 30.3.2004 – 2 BvR 1520/01 – NJW 2004, 1305 ff.
[4] Vgl. Fn. 2.
[5] Urteile v. 15.1.2003 – 5/4 KLs 74/92 Js 33628.7/96 (St 1/01) und v. 4.5.2000 – 5/17 KLs 92 Js 33628.7/97.
[6] Z.B. *Balzer*, Die berufstypische Strafbarkeit des Verteidigers unter besonderer Beachtung des Problems der Begehung von Geldwäsche durch Honorarannahme; *Bernsmann* StraFo 2001, 344; *Bussenius*, Geldwäsche und Strafverteidigerhonorar; *Gotzens/Schneider* wistra 2002, 121; *dies.* PStR 2001, 265; *Hartmann* AnwBl. 2002, 330; *Keppeler* DRiZ 2003, 97; *Kulisch* StraFo 1999, 337; *Matt*, FS Rieß, S. 739; *Scherp* NJW 2001, 3242.

II. Geldwäsche als rechtspolitisches Phänomen

1. Geschichte der Geldwäschegesetzgebung

Geldwäsche ist kein deutsches oder lediglich europäisches Phänomen, die Motivation für die Bekämpfung der Geldwäsche wurde vielmehr zunächst international festgeschrieben. Nicht nur das: Die Idee der Verfolgung der Geldwäsche ist sowohl ideologisch als auch faktisch eine sehr **amerikanische:**

Der **Leiter der U.S. Zollverwaltung forderte** „mit großem Nachdruck" bereits im **November 1988** die Bundesregierung auf, gesetzgeberische Initiativen zu unternehmen, mit denen das Waschen von Drogengewinnen durch die Banken unterbunden werden sollte. Und nur einen Monat später erkundigte sich der Leiter der U.S. Zollverwaltung dann nach dem Fortgang der inzwischen veranlassten Maßnahmen![7] Folge dieses intensiven Nachfragens war, dass bereits am 13.12.1988 durch die Bundesregierung eine Arbeitsgruppe zum Thema „Geldwäsche" eingesetzt wurde.

Zwar hatte sich schon früher, nämlich im Juni 1980, der **Ministerausschuss des Europarates** dafür ausgesprochen, dem Bankensystem eine wichtige Rolle bei der Bekämpfung organisierter Kriminalität zukommen zu lassen.[8] Die Banken sollten verpflichtet werden, die Finanzströme besser – vor allem im Hinblick auf die Rechtmäßigkeit der erlangten Gelder – zu überwachen. Aber erst im Dezember des Jahres 1988 (also in etwa zeitgleich mit der Einsetzung der Arbeitsgruppe der Bundesregierung) kam es zur sog. **Wiener Konvention**, dem „**Übereinkommen des Wirtschafts- und Sozialrates der Vereinten Nationen gegen den Verkehr mit Suchtstoffen und psychotropen Stoffen**".[9] Dieses Übereinkommen enthielt unter anderem eine Aufforderung an die Mitgliedstaaten zur Einführung des Straftatbestandes der Geldwäsche. Gegenstand dieses Übereinkommens war aber nur die Geldwäsche hinsichtlich der Einnahmen aus dem illegalen Drogenhandel; auch sah das Übereinkommen lediglich die Strafbarkeit **vorsätzlichen Handelns** vor.

Im Juni 1989 setzten die G7-Staaten einschließlich des Präsidenten der EG-Kommission auf dem Weltwirtschaftsgipfel in Paris die Arbeitsgruppe „**Financial Action Task Force**" (FATF) ein. Diese Task Force veröffentlichte bereits ein knappes Jahr darauf, im April 1990, die Urfassung der „40 Empfehlungen zur Verhinderung der Geldwäsche".[10] Diese Empfehlungen setzten sich vor allem mit der Behandlung von Drogengeldern auseinander und verlangten, wie bereits die Wiener Konvention, die vorsätzliche Geldwäsche unter Strafe zu stellen.

Ein halbes Jahr später, im November 1990, verabschiedete der **Europarat** das „**Übereinkommen über Geldwäsche sowie Ermittlung, Beschlagnahme und Einziehung von Erträgen aus Straftaten**".[11] Im Gegensatz zu den anderen oben beschriebenen internationalen Bemühungen in der Bekämpfung der Geldwäsche war dieses Übereinkommen nicht auf Drogendelikte beschränkt, sondern allgemein gegen die Erträge aus „Schwerkriminalität" gerichtet.[12]

Wiederum ein gutes halbes Jahr später, im Juni 1991 erließ die EG die **Richtlinie zur Bekämpfung der Geldwäsche** auf der Grundlage der bereits genannten Empfehlungen der FATF.[13] Wesentlicher Zielpunkt dieser Richtlinie waren kriminelle Handlungen im Sinne des Wiener Übereinkommens von 1988, also vor allem das Waschen von Drogengeldern. Die Richtlinie enthielt aber auch eine Öffnungsklausel, die es den Staaten nahe legte, weitere „kriminelle Tätigkeiten" geldwäschetauglich zu machen. Ebenfalls Gegenstand der Richtlinie

---

[7] *Arzt* NStZ 1990, 1.
[8] Maßnahmen gegen die Überweisung und Verwahrung von Geldern krimineller Herkunft, Empfehlung Nr. R (80) 10 des Ministerausschusses des Europarates vom 27.6.1980.
[9] Dokument D/CONF, 82/15 vom 19.12.1988.
[10] Abgedruckt u.a. in: *Hoyer/Klos* Geldwäsche S. 551 ff.
[11] „Convention on Laundering, Search, Seizure and Confiscation of the Proceeds from Crime" des Europarates vom 8.11.1990.
[12] *Hoyer/Klos* Geldwäsche S. 38.
[13] Richtlinie des Rates zur Verhinderung der Nutzung des Finanzsystems zum Zwecke der Geldwäsche vom 10.6.1991 – 91/308/EWG – (ABl. v. 28.6.1991 Nr. L 166/77).

war die Festlegung begleitender Maßnahmen. Diese Maßnahmen waren im Wesentlichen gegen Finanz- und Kreditinstitute gerichtet, um die Herkunft aller relevanten Vermögenswerte transparenter zu machen.

11 Am 22.9.1992 trat dann das **Gesetz zur Bekämpfung des illegalen Rauschgifthandels und anderer Erscheinungsformen der organisierten Kriminalität** (OrgKG)[14] in Kraft. Entsprechend den Vorgaben der Richtlinie der EG, aber auch des Übereinkommens des Europarates, wurden hier zum einen der § 261 StGB ins Leben gerufen und zum anderen das Geldwäschegesetz geschaffen, welches schon in der damaligen Fassung umfassende Informationspflichten durch die Kredit- und Finanzinstitute vorsah.

12 Sowohl das **Geldwäschegesetz als auch der § 261 StGB wurden seitdem mehrfach verändert.** Dabei wurde vor allem der Vortatenkatalog erheblich erweitert; außerdem wurden Beweiserleichterungen und die von da an grundsätzlich auch gegebene Strafbarkeit des Vortäters mit dem Ziel eingeführt, die Bekämpfung der Geldwäsche effektiver zu gestalten.[15]

13 Die so genannte „**Palermo Convention**" wurde am 15.11.2000 durch die UN verabschiedet. Gegenstand dieser Konvention war die Bekämpfung der grenzüberschreitenden Kriminalität. In dieser Konvention wurden bestimmte Minimalstandards festgeschrieben, die in einem nicht unerheblichen Umfang auch die Bekämpfung der Geldwäsche betreffen. Nach der Konvention sollte prinzipiell – wie bereits in der Wiener Konvention – vorrangig vorsätzliches Geldwaschen unter Strafe gestellt werden. Der Vorsatz sollte aber auch dann zu unterstellen sein, wenn objektive Kriterien vorliegen, anhand derer auf Vorsatz zu schließen sei (Art. 6 Ziffer 2 lit. f der Palermo Convention).

14 Ein weiteres Jahr später, im Dezember 2001, erließ die Europäische Union eine zweite „**Geldwäscherichtlinie**".[16] In dieser Richtlinie wurden Angleichungen an die Vorgaben des Europarates vorgenommen, so dass nun jeder Vorteil einer „schweren" kriminellen Tat unter die europarechtliche Definition der Geldwäsche fiel. Zu diesen kriminellen Taten gehörten jetzt auch der Betrug (im schweren Fall), jede Handlung einer kriminellen Vereinigung, Bestechung sowie jede andere Straftat, die beträchtliche Erträge hervorbringen und mit einer empfindlichen Freiheitsstrafe geahndet werden konnte.[17] Auch diese Richtlinie eröffnete dem nationalen Gesetzgeber die Möglichkeit, den Vortatenkatalog entsprechend zu erweitern. Die **Verdachtsmeldepflichten**, welche bisher vornehmlich gegenüber Kredit- und Finanzinstituten galten, wurden durch diese Richtlinie auch auf Abschlussprüfer, externe Buchprüfer, Steuerberater, Immobilienmakler, Notare, Rechtsanwälte, Händler von hochwertigen Sachgütern (z. B. Edelsteinen) und Spielkasinos erweitert. Eine Informationspflicht sollte sich aber nach Art. 6 Abs. 3 der Richtlinie nicht zwingend auf Informationen erstrecken, die im Rahmen einer Rechtsbeurteilung oder eines Gerichtsverfahrens erhalten oder erlangt wurden.

15 Folge dieser Richtlinie war, dass der deutsche Gesetzgeber am 8.8.2002 das „Gesetz zur Verbesserung der Bekämpfung der Geldwäsche und der Bekämpfung der Finanzierung des Terrorismus (**Geldwäschebekämpfungsgesetz**) erließ.[18] Dieser Gesetzesentwurf setzte weit gehend wörtlich die Richtlinie der EU in geltendes deutsches Recht um.

2. Institutionen zur Bekämpfung der Geldwäsche

16 Für eine Einordnung der jeweiligen Rechtsakte, Empfehlungen, Ratschläge und Hinweise, die im Rahmen der Geldwäschegesetzgebung publiziert wurden, ist es unabdingbar, sich wenigstens in Grundzügen mit den **Institutionen** zu beschäftigen, die Urheber dieser Publikationen sind. Im Folgenden soll daher ein kurzer Überblick gegeben werden, welche Institutionen im Bereich der Geldwäschebekämpfung Einfluss haben. Dabei ist darauf hinzuweisen, dass die Aufzählung nicht vollständig ist. Sie kann nur die wichtigsten Gremien umfassen:

---

[14] BGBl. I 1992 S. 1302 ff.
[15] Z.B.: BGBl. I 1998 S. 845 ff.
[16] Richtlinie 2001/97/EG des Europäischen Parlamentes und des Rates vom 4.12.2001 zur Änderung der Richtlinie 91/308/EWG des Rates zur Verhinderung der Nutzung des Finanzsytems zum Zwecke der Geldwäsche (ABl. v. 28.12.2001 Nr. L 344/76).
[17] Art. 1 lit. E der Richtlinie.
[18] BGBl. I 2002 S. 3105; vgl dazu: *Sommer* PStR 2002, 220.

a) **Europäische Union.** Die Europäische Union hat mittlerweile zwei Richtlinien erlassen, die bereits oben kurz dargestellt wurden.[19] Diese Richtlinien stellen zwar kein unmittelbar geltendes Recht dar, sie verpflichten aber den jeweiligen nationalen Gesetzgeber dazu, sie durch einen Umsetzungsakt in nationales Recht zu transformieren. Auch bei der Interpretation der jeweiligen nationalen Normen ist gelegentlich die zu Grunde liegende Richtlinie heranzuziehen, um eine „richtlinienkonforme" Auslegung zu gewährleisten. In der aktuellen Arbeit an weiteren Reformen der Geldwäschebekämpfung kommt der Europäischen Union eine **wichtige Rolle** zu; wie groß der Stellenwert ist, kann man beispielhaft an der Richtlinienerfüllung im Rahmen der Geldwäschebekämpfung in Deutschland erkennen.

b) **Financial Action Task Force (FATF).** Die FATF ist auf Initiative aller G7-Staaten einschließlich des Präsidenten der EU im Jahre 1989 während des Weltwirtschaftsgipfels in Paris ins Leben gerufen worden.[20] Wichtigste Publikation der FATF sind die **vierzig Empfehlungen zur Bekämpfung der Geldwäsche,**[21] deren wesentlicher Inhalt die Einbindung der Banken und anderer Finanzinstitute bei der Bekämpfung der Geldwäsche ist. So wird beispielsweise empfohlen, auf anonyme Konten zu verzichten und Identifizierungsmaßnahmen einzuleiten, um sicherzustellen, dass finanzielle Transaktionen jederzeit juristischen oder natürlichen Personen zugeordnet werden können. Auch eine bessere internationale Zusammenarbeit wird angemahnt. Die Empfehlungen der FATF sind regelmäßig Grundlage der Initiativen der Europäischen Union. Die FATF hat durch die Möglichkeit, einzelne Länder an den Pranger zu stellen (sog. „Liste nicht-kooperativer Staaten") ein erhebliches Druckmittel, diese dazu zu bewegen, effektiver gegen Geldwäsche vorzugehen.[22]

c) **Zentralstelle für Verdachtsanzeigen (FIU).** Gegenstand der Richtlinienumsetzung in Deutschland vom August 2002 war unter anderem die Schaffung einer „Zentralstelle für Verdachtsanzeigen" (§ 5 Abs. 1 GwG). Diese als FIU (Finance Intelligence Unit) bekannte Einrichtung, die dem Bundeskriminalamt angegliedert ist, soll als Zentralstelle alle Verdachtsanzeigen sammeln und diese in einer neu geschaffenen Datenbank speichern.[23] Dabei bleiben die Finanzermittlungsstellen der Landeskriminalämter weiterhin originär für das so genannte Clearingverfahren (also die Bereinigung der Daten) zuständig.[24] Ähnlich wie international die FATF hat die FIU darüber hinaus die Aufgabe, Typologien und Methoden zu analysieren und so die Grundlage für eine verbesserte Geldwäschebekämpfung zu schaffen. Es ist zu erwarten, dass die FIU einen herausragenden Platz bei der Bekämpfung der Geldwäsche in Deutschland einnehmen wird.

III. Geldwäsche und Wirtschaft

1. Definition der Geldwäsche

Häufig besteht nur eine unzureichende Vorstellung darüber, wie Geldwäsche wirtschaftlich funktioniert. Wie bereits im historischen Abriss gezeigt, ging es bei der Bekämpfung der Geldwäsche zunächst um die Bekämpfung der organisierten Kriminalität, später (seit dem 11.9.2001) auch um die Bekämpfung des internationalen Terrorismus.[25] Auch der BGH hat in seinem Urteil vom 4.7.2001[26] beispielsweise Folgendes festgestellt:

---

[19] Vgl. Rdnr. 10, 14.
[20] Zur Entstehungsgeschichte der FATF: http://www1.oecd.org/fatf/AboutFATF_en.htm.
[21] Die vierzig Empfehlungen wurden zuletzt im Juni 2003 unter der Präsidentschaft Deutschlands aktualisiert (und sind seit dem 22.10.2004 mit einem die 40 Empfehlungen interpretierenden Anhang versehen). Sie können unter http://www.fatf-gafi.org/40Recs_en.htm abgerufen werden.
[22] Als Beispiel möge die Presseerklärung der FATF vom 20.12.2002 (abrufbar unter http://www.oecd.org/fatf) dienen, in welcher „Gegenmaßnahmen" gegen die Ukraine eingeleitet und gegen Nigeria auf solche verzichtet wurde. Aktuell (25.7.2005) sind auf der Liste der Nonkooperativen Staaten drei Länder: Myanmar, Nauru und Nigeria.
[23] Vgl. die Jahresberichte der FIU 2002 bis 2004; http://www.bka.de unter der Rubrik „Berichte und Statistiken".
[24] Vgl. das Vorwort des Präsidenten des Bundeskriminalamtes *Ulrich Kersten* im FIU Jahresbericht (2002).
[25] Mit wenig Erfolg, wie auch dem FIU-Jahresbericht 2004, S. 34 zu entnehmen ist.
[26] BGH Urt. v. 4.7.2001 – 2 StR 513/00 – NJW 2001, 2891, 2893.

„Wäre es im übrigen so, daß die wirtschaftliche Existenz der Strafverteidiger weitgehend davon abhinge, auch inkriminierte Honorargelder anzunehmen, wäre die Unabhängigkeit der Anwaltschaft schon heute aus einer ganz anderen Richtung, nämlich durch ihre wirtschaftliche Abhängigkeit vom organisierten Verbrechen gefährdet."

21 Nicht nur in diesem Zitat, sondern auch in der sonstigen Diskussion über § 261 StGB und nicht zuletzt in den entsprechenden Gesetzesbegründungen kommt immer wieder zum Ausdruck, dass das Menetekel der Bedrohung durch die Organisierte Kriminalität permanent genutzt wird, um die Strafnorm des § 261 StGB und seine Ausweitungen zu rechtfertigen. Tatsächlich hat sich aber die Geldwäsche immer mehr weg von der Bekämpfung der Organisierten Kriminalität hin zur allgemeinen **Abschöpfung von Vorteilen durch Straftaten** entwickelt.[27]

22 So wird Geldwäsche nach heute gängiger Definition, ohne Zuhilfenahme des Begriffes der Organisierten Kriminalität, als ein Prozess definiert,[28] „durch den Erlöse, die aus kriminellen Tätigkeiten stammen, transportiert, transformiert, überwiesen, konvertiert oder mit legalen Geschäften vermischt werden, in der Absicht, die wahre Herkunft, die Beschaffenheit, die Verfügung über oder das Eigentum an solchen Erlösen zu verschleiern oder zu verheimlichen". Kurzum: Geldwäsche ist die Transformation illegal erwirtschafteter Gelder in Vermögenswerte mit dem Ziel, den Anschein des legalen Erwerbs zu erwecken.

2. Erscheinungsformen der Geldwäsche

23 Geldwäsche ist sehr vielfältig und es existieren unterschiedliche Modelle, diese wirtschaftlich zu erklären. Am gängigsten ist dabei ein Modell der amerikanischen Zollbehörden:[29] Danach vollzieht sich die Geldwäsche in drei Schritten, die durchaus in unterschiedlicher Reihenfolge vorkommen können, der „placement stage", der „layering stage" und der „integration stage". Dieses Modell wird vor allem benutzt, um das Waschen von Drogengeldern, also den ursprünglichen Angriffspunkt der Geldwäsche, zu beschreiben, ist jedoch im Grundsatz auf jede Geldwäsche, die durch organisierte Kriminalität erfolgt, übertragbar.

24 Die einzelnen Stufen stehen dabei nicht fest; weder ist die Reihenfolge der Stadien zwingend, noch der Umstand, dass alle drei Schritte vollzogen werden. Die Beschreibung der Schritte ist dennoch sinnvoll, schon um eine Vorstellung der Geldwäscheabläufe im Bereich der Organisierten Kriminalität zu vermitteln:

25 a) **Placement stage.** In einem ersten Schritt werden die durch den Handel mit Betäubungsmitteln gewonnenen Bargeldbestände in leichter handhabbare Aktiva, also bevorzugt Bankguthaben umgewandelt. Zu diesem Zeitpunkt hat der Geldwäscher ein großes logistisches Problem und ein erhebliches Risiko, seinerseits Opfer einer Unterschlagung oder eines Diebstahls zu werden. Um das Geld unerkannt in den Wirtschaftskreislauf einzuspeisen, wird die Gesamtsumme meist in kleinere Teilmengen aufgeteilt (sog. **smurfing**), welches im Wesentlichen dazu dient, unter die Schwellenwerte für die obligatorischen Geldwäschemeldungen zu gelangen, um es dann in Banken, Geldwechselstuben, u.s.w. unterzubringen. In dieser Phase ist das Entdeckungsrisiko am größten,[30] so dass die Bekämpfung der Geldwäsche vor allem in dieser Phase ansetzt.

26 b) **Layering stage.** Bei der Einspeisung der schmutzigen Gelder in den Wirtschaftskreislauf entsteht eine Papierspur („**paper trail**"). In der zweiten Phase, der „layering stage", wird daher versucht, diese Papierspur möglichst geschickt zu verwischen. Dies geschieht, indem durch eine verwirrende Vielzahl von Transaktionen das Geld solange hin- und hergeschoben wird, bis die Herkunft nicht mehr nachzuvollziehen ist.

27 c) **Integration stage.** Anschließend werden die illegal erzielten Erträge wieder in den regulären Wirtschaftskreislauf zurückgeführt, so dass der nicht mehr widerlegbare Eindruck entsteht, das Geld sei auf regulärem Wege erworben worden. Mit den – in dieser Phase bereits weißgewa-

---

[27] Beispielhaft ist hier der Fall OLG Frankfurt NJW 2005, 1727. Der Sachverhalt (gewerbsmäßiger Betrug durch den unberechtigten Ankauf von Studentenversionen einer bekannten Office-Software) gibt nur wenig Anlass, an Organisierte Kriminalität zu denken.
[28] *Hoyer/Klos* Geldwäsche S. 8 f. m.w.N. Nicht nur in diesem Buch wird – obwohl die Organisierte Kriminalität ausführlich beschrieben wird – auf die Einbeziehung derselben in die Definition der Geldwäsche verzichtet.
[29] Im Einzelnen: *Hoyer/Klos* Geldwäsche S. 9 ff.
[30] *Hoyer/Klos* Geldwäsche S. 12.

schenen – Geldern können dann wieder neue Unternehmen gegründet werden, die häufig dazu genutzt werden, wiederum frische schwarze Gelder in den Wirtschaftskreislauf einzuspeisen. Beliebt sind vor allem Hotellerie, Gastronomie, Druckereien, Wechselstuben, Immobiliengesellschaften, Reiseunternehmen und allgemein alle Unternehmensformen, in denen regelmäßig größere Bargeldmengen bewegt werden.

Insgesamt ist die Einbringung von Schwarzgeldern in den Wirtschaftskreislauf von den Möglichkeiten her so vielfältig wie die legale Wirtschaft auch. **Jede wirtschaftlich sinnvolle, legale Tätigkeit kann auch dazu genutzt werden, Geldwäsche zu betreiben.** Gerade dieser Umstand gestaltet die Aufdeckung von Geldwäschehandlungen so schwierig. 28

IV. Sanktionen und Maßnahmen

Für eine erfolgreiche Beratung und Verteidigung im Bereich der Geldwäsche ist es unabdingbar, sich mit den Problemen des Straftatbestandes vertieft auseinander zu setzen. Ein stetes Problem ist dabei die häufige Änderung und der kurze Zeitraum seit dem In-Kraft-Treten der Sanktionsnorm. In vielen Problembereichen ist daher der Hinweis auf eine herrschende Meinung oder gar auf eine gefestigte Rechtsprechung unmöglich. Im Folgenden soll daher ein Ariadne-Faden durch das Labyrinth des Geldwäschetatbestandes gelegt werden. Sicherheit gibt es in nahezu allen hier auftauchenden Fragestellungen aber nicht; sie kann es, auf Grund der sehr geringen Anzahl von Leitentscheidungen, auch nicht geben. 29

Außerhalb des StGB finden sich verschiedene direkte, aber auch mittelbare Sanktionen und Maßnahmen im Bereich der Geldwäsche. Zum einen beinhaltet das GwG selbst einige Tatbestände, die als **Ordnungswidrigkeit** ausgestaltet und in § 17 GwG festgeschrieben sind. Die zentrale Norm ist aber § 261 StGB, welche in Form eines „modernen" Gesetzes, also mit kommentarähnlichen Ausführungen zum Tatbestand auf der einen Seite und einer Fülle von ausfüllungsbedürftigen Rechtsbegriffen auf der anderen Seite, die Geldwäsche unter bestimmten Voraussetzungen unter Strafe stellt. Hinzu kommen weitere Konsequenzen, die sich aus Sicht des Betroffenen (aber nicht immer aus Sicht der Rechtsprechung) als Sanktionen darstellen. Dazu zählen der (erweiterte) Verfall, die Einziehung und früher auch die – inzwischen durch das Bundesverfassungsgericht als verfassungswidrig[31] erkannte – Vermögensstrafe. 30

1. Ordnungswidrigkeiten

Ordnungswidrigkeiten nach § 17 GwG werden aus Gründen des Sachzusammenhangs bei den jeweiligen Pflichten aus dem GwG noch näher erörtert.[32] Bereits an dieser Stelle ist allerdings darauf hinzuweisen, dass nach § 17 Abs. 3 GwG Geldbußen bis zu einer Höhe von € 100.000,– bzw. € 50.000,– verhängt werden können. Auch die Frage, wer Adressat der jeweiligen Verpflichtung und damit der Bebußung ausgesetzt ist, wird unten näher erörtert.[33] 31

2. Der Geldwäschestraftatbestand (§ 261 StGB)

Zentrale Norm im Zusammenhang mit der Geldwäschebekämpfung ist – zumindest nach der erklärten Vorstellung des Gesetzgebers – § 261 StGB: 32

a) **Zweck des Gesetzes.** Schon die Genese des Geldwäschetatbestandes bedingt, dass über die geschützten Rechtsgüter und damit den Schutzzweck weitgehende Unklarheit herrscht. Denn zum einen wurde und wird zwar immer wieder die **Bekämpfung der Organisierten Kriminalität (OK)** in den Vordergrund gestellt.[34] Zum anderen findet sich aber weder im Geldwäschegesetz noch in § 261 StGB ein konkreter Hinweis darauf, dass gerade die Organisierte Kriminalität vorrangiges Ziel dieser Norm ist. So wird im Rahmen der Begründung des § 261 StGB immer wieder auf die Organisierte Kriminalität als ausschlaggebenden Faktor für die Geldwäschebekämpfung verwiesen, so z.B. *Hetzer*, einer der eifrigsten Verfechter des Geldwäschetatbestandes in Deutschland: 33

---

[31] BVerfG Urt. v. 20.3.2002 – 2 BvR 794/95 – NJW 2002, 1779.
[32] Vgl. Rdnr. 163.
[33] Vgl. Rdnr. 120 ff.
[34] Vgl. *Bottermann*, Grundlegende Problematiken des Geldwäschetatbestandes, S. 35.

„,Unterwelt' und ‚Oberwelt' bilden Allianzen, um die Ordnungsfunktion des demokratischen Rechtsstaates außer Kraft zu setzen."[35]

34 Hier wird ein enormes Bedrohungsszenario aufgebaut, welches dazu dienen soll, nahezu alle Maßnahmen in diesem Bereich zu rechtfertigen. Richtet man sich allerdings am Wortlaut der § 261 StGB aus, dann hat diese Norm nicht mehr zur Bekämpfung der OK beizutragen als jede andere Norm des StGB auch. Hinzu kommt, dass der Vortatenkatalog des § 261 Abs. 1 Satz 2 StGB **auch Delikte umfasst, die gerade nicht typisch für eine OK sind.** Denn es zählen auch die Unterschlagung, der Betrug, der Diebstahl und die gewerbsmäßige Steuerhinterziehung zu den möglichen Vortaten. Natürlich **können** diese Delikte im Zusammenhang mit organisierter Kriminalität entstehen, typisch sind sie dafür jedoch nicht.[36]

35 § 261 StGB verfolgt in erster Linie ein präventives Ziel, nämlich zu verhindern, dass die Täter der Vortat ihre Einkünfte wieder in den Wirtschaftskreislauf einspeisen können.[37] Neu ist, dass mit dem Geldwäschegesetz eine Strafnorm eingeführt wurde, die, sozusagen sekundierend, die Durchsetzung anderer Strafnormen erleichtern soll. Mit „Verbrechen darf sich nicht lohnen" ist hier eines der vielen obligatorischen „Aushängeschilder" in der politischen Diskussion beschriftet.[38] Diesem Ziel ist auch die Erhaltung einer so genannten Papierspur zum Vortäter gewidmet.[39] Die vollständige Dokumentation der gesamten Transaktionen soll dabei eine „Papierspur" bis zum ursprünglichen Täter zurücklegen und so Straftaten unattraktiv machen („**Strafbarkeit des wirtschaftlichen Bannbruchs**").[40]

36 Man kann aber sagen, dass die **Bekämpfung der OK ein sekundäres Rechtsgut** der Geldwäsche darstellt. Immerhin ist die Erhaltung der Papierspur selbst nur durch die Bekämpfung der Organisierten Kriminalität – durch Offenlegung der Strukturen – zu rechtfertigen.[41]

37 Fest steht aber, dass das Motiv „Bekämpfung der Organisierten Kriminalität" in effektiver Weise dazu dient, jeden Widerspruch gegen die Einführung und den Bestand der Norm im Keim zu ersticken. Denn wer kann schon etwas gegen das hehre Ziel der Bekämpfung der Organisierten Kriminalität sagen?[42] Wer möchte sich sagen lassen, dass nicht genügend gegen die Organisierte Kriminalität getan wurde?[43] Bezeichnend ist in diesem Zusammenhang, dass die politische Unterfütterung der Geldwäschebekämpfung seit dem 11. September 2001 auch mit Hilfe des Argumentes der „Bekämpfung der Finanzströme terroristischer Gruppierungen" geschieht.[44] Die trotz großer Anstrengungen fast vollständig fehlenden Erfolge in diesem Bereich[45] sprechen hier jedoch Bände.

38 **b) Täter einer Geldwäsche.** Täter einer Geldwäsche kann jeder sein. Im Gegensatz zur Rechtslage bis 1998 ist nun auch der Täter der Vortat selbst möglicher Adressat des § 261 StGB, wenn er auch gem. § 261 Abs. 9 S. 2 StGB dann nicht strafbar ist, wenn er wegen Beteiligung an der Vortat bestraft wird. Eine Ausnahme für bestimmte Berufsgruppen gibt

---

[35] Auch NK/*Altenhain* § 261 Rdnr. 35 hält es für zweifelhaft, ob der Vortatenkatalog eine Beschreibung der OK-Straftaten gibt.
[36] Daraus zieht z.B. *Schittenhelm* den Schluss, dass nur bei Vorliegen einer OK-Struktur auch Geldwäsche gegeben sei: FS Lenckner, S. 519, 529.
[37] *Maiwald*, FS Hirsch, S. 631, 633; SK-StGB/*Hoyer* § 261 Rdnr. 2; vielfach wird die Auffassung geäußert (z.B.: *Lackner/Kühl* § 261 Rdnr. 1; Schönke/Schröder/*Stree* § 261 Rdnr. 1), dass § 261 Abs. 1 StGB die inländische Rechtspflege schütze, während § 261 Abs. 2 StGB die durch die Vortat Verletzten schütze. Ich kann dem Wortlaut eine solche Differenzierung nicht entnehmen.
[38] Vgl. *Leip*, Der Straftatbestand der Geldwäsche, S. 54.
[39] Häufig wird gesagt, dass gerade die Erhaltung dieser Papierspur das eigentliche Rechtsgut der Geldwäsche sei; vgl. dazu: *Leip*, Der Straftatbestand der Geldwäsche, S. 51 ff.; NK/*Altenhain* § 261 Rdnr. 6.
[40] Vgl. *Salditt* StraFo 1991, 121.
[41] Darauf weist auch *Maiwald*, FS Hirsch, S. 631, 633 f. hin. *Neuheuser* (in MünchKommStGB § 261 Rdnr. 2 f.) unterscheidet zwischen unmittelbaren und mittelbaren Zwecken. Vgl. auch NK/*Altenhain* § 261 Rdnr. 5.
[42] Ähnliche Überlegungen stellt auch *Herzog*, FS Lüderssen, S. 241, 242 an.
[43] So spricht z.B. *Hetzer* ZfZ 1993, 258, 264 von „seltsamen Koalitionen" und der „Bigoterie von Steuerhinterziehern".
[44] BT-Drucks. 14/8739, S. 1.
[45] In der Ausgabe des Spiegel 2003/22, S. 47 ist davon die Rede, dass seit dem 11. September 2001 € 4.935,75 im Zuge der vollmundig angekündigten Schleppnetzfahndung in Deutschland sichergestellt wurden.

es dabei nicht.⁴⁶ Auch Strafverteidiger⁴⁷ und andere rechtliche und steuerliche Berater sind damit mögliche Täter des § 261 StGB. In seiner Entscheidung vom 30.3.2004 hat das Bundesverfassungsgericht die Bedenken von Vertretern der Literatur,⁴⁸ die wegen befürchteter Gefahren für die Freiheit der Advokatur und für die Effektivität der Strafverteidigung eine Einschränkung der Anwendbarkeit des Tatbestandes des § 261 StGB fordern, zwar geteilt, jedoch keinen Anlass zu einer restriktiven Auslegung des objektiven Tatbestandes im Hinblick auf Strafverteidiger und strafrechtlich beratende Unternehmensanwälte gesehen. Weder der Wille des Gesetzgebers noch der Wortlaut, die Entstehungsgeschichte oder der Sinn und Zweck der Vorschrift würden eine solche Privilegierung fordern.⁴⁹ Zwar bedeute die Vorschrift des § 261 Abs. 2 Nr. 1 StGB für den Strafverteidiger einen Eingriff in sein Grundrecht auf freie Berufsausübung (Art. 12 Abs. 1 S. 1 GG), der mit dem Grundgesetz unvereinbar wäre, wenn er die Berufsfreiheit unverhältnismäßig einschränkte und dadurch das Institut der Wahlverteidigung gefährdete. Jedoch könne die Vorschrift verfassungskonform einengend dahin gehend ausgelegt werden, dass die Honorarannahme durch einen Strafverteidiger nur bei positiver Kenntnis der Herkunft des Honorars strafbare Geldwäsche ist.⁵⁰

c) Taugliche Vortaten einer Geldwäsche. Taugliche Tatobjekte sind nur Gegenstände, welche aus einer in § 261 Abs. 1 S. 2 StGB genannten Vortat herrühren. Der Gesetzgeber hat sich damit zum so genannten „**Enumerationsprinzip**" bekannt.⁵¹ Dies bedeutet andererseits, dass Gegenstände, die nicht aus einer dort benannten Vortat stammen, auch nicht „geldwäschetauglich" sind.

aa) Gemeinsame Voraussetzungen einer Vortat. Gemeinsame Voraussetzung aller Vortaten ist, dass die Tat tatsächlich begangen worden sein muss.⁵² Es reicht nicht, wenn beispielsweise das erkennende Gericht davon ausgeht, dass „vermutlich" irgendeine Katalogtat begangen wurde. Entscheidend ist, dass das Gericht feststellt, **welche der Katalogtaten tatsächlich begangen wurde.**⁵³ So hatte das OLG Köln⁵⁴ im Rahmen einer Haftbeschwerde zu entscheiden, wie konkret der Tatvorwurf der Geldwäsche auch hinsichtlich der Vortat sein muss. Die Staatsanwaltschaft konnte feststellen, dass mehrere Überweisungen von Personen (im Wert von insgesamt ca. US $ 900.000,-) auf Konten in der Türkei durchgeführt wurden, die wirtschaftlich dazu gar nicht in der Lage sein sollten. Das OLG Köln meinte dazu:⁵⁵

„Der Haftbefehl ordnet die jeweiligen Geldbeträge keinem bestimmten Rauschgiftgeschäft zu. Er führt eine Reihe von Indizien an, aus denen die Schlußfolgerung gezogen wird, die Gelder könnten nur ‚aus Rauschgiftgeschäften' stammen. Die hierzu geschilderte Indizienkette ist diffus und lückenhaft. (...) Für eine Verurteilung ausreichende Feststellungen lassen sich nach dieser Darstellung nicht erwarten. Die Staatsanwaltschaft will die Herkunft ‚aus Rauschgiftgeschäften' offenbar daraus ableiten, dass
(1.) Die ‚Organisation' im Rauschgifthandel tätig ist,
(2.) die Ermittlungen bisher kein legales Einkommen des Beschuldigten, seines Bruders oder der Einzahler in Höhe der Einzahlungen ergeben haben. Aus den hierzu wiedergegebenen Erkenntnissen läßt sich keine tragfähige Indizienkette ableiten."

---

⁴⁶ Vgl. für die parallele Frage der Beihilfe durch Alltagshandlungen: BGH Urt. v. 4.7.2001 – 2 StR 513/00 – NJW 2001, 2891; Beschl. v. 20.9.1999 – 5 StR 729/98 – NStZ 2000, 34; s.a. Müller-Gugenberger/Bieneck/ *Hecker* § 94 Rdnr. 12 m.w.N.
⁴⁷ Vgl. BVerfG Urt. v. 30.3.2004 – 2 BvR 1520/01 – NJW 2004, 1305, 1306; BGH Urt. v. 4.7.2001 – 2 StR 513/00 – NJW 2001, 2891 und für die wohl überwiegende Lehre: NK/*Altenhain* § 261 Rdnr. 126 ff.; *Tröndle/Fischer*, § 261 Rdnr. 32 jeweils m.w.N.
⁴⁸ Vgl. *Bauer* in: Fragmentarisches Strafrecht, 2003, S. 127, 143; SK-StGB/*Hoyer* § 261 Rdnr. 21; LK/*Laufhütte/Kuschel* § 261 Rdnr. 8.
⁴⁹ BVerfG Urt. v. 30.5.2004, NJW 2004, 1305, 1306.
⁵⁰ Siehe dazu unten Rdnr. 95
⁵¹ *Maiwald*, FS Hirsch, S. 631, 634; NK/*Altenhain* § 261 Rdnr. 35; zur Kritik am Prinzip der Enumeration: *Hetzer* WM 1999, 1306.
⁵² NK/*Altenhain* § 261 Rdnr. 29.
⁵³ Dies ist streitig: vgl. NK/*Altenhain* § 261 Rdnr. 51 m.w.N; so wie hier: *Bernsmann* StV 1998, 46, 51.
⁵⁴ OLG Köln Beschl. v. 27.4.1999 – He 59/99 – 79 – StraFo 1999, 214.
⁵⁵ OLG Köln Beschl. v. 27.4.1999 – He 59/99 – 79 – StraFo 1999, 214, 215.

41 Insgesamt hob das OLG Köln daher den Haftbefehl wieder auf. Es reicht demnach also nicht, anzunehmen, dass das entsprechende Geld aus einer entsprechenden Vortat stammt, vielmehr muss die Vortat auch hinreichend präzisiert werden.[56]

42 *bb) Auslandsvortaten.* § 261 Abs. 8 StGB verweist darauf, dass auch eine Auslandstat als Vortat in Betracht komme. Damit diese Norm greift, sind nach herrschender Meinung zwei Voraussetzungen erforderlich:[57]
1. Es müsste sich bei der Tat auch im Inland um eine rechtswidrige Tat handeln.
2. Die Tat muss im Ausland nach dem Recht des dortigen Standorts tatbestandsmäßig und rechtswidrig einen Straftatbestand erfüllen. Nicht entscheidend ist dagegen, ob auch die Geldwäsche am dortigen Standort strafbar ist.

43 *cc) Vortaten der Geldwäsche.* Der Katalog an Delikten, die eine Geldwäsche nach sich ziehen können, ist ausgesprochen heterogen; die Zielrichtung und/oder eine Systematik sind nicht erkennbar.[58] Auffällig ist, dass sehr häufig auf eine bandenmäßige oder eine gewerbsmäßige Begehung Bezug genommen wird. Vom Gesetzgeber gewollt war, dass die bisher schon für andere Delikte geltende Definition und Ausformung dieser Begriffe durch die Rechtsprechung auch hier gelten sollte.

44 Danach handelt **gewerbsmäßig**, wer sich aus wiederholter Tatbegehung eine nicht nur vorübergehende Einnahmequelle von einigem Umfang verschaffen möchte; die Schaffung eines kriminellen „Gewerbes" soll dagegen nicht Voraussetzung sein.[59] Eine **Bande** ist nach der Rechtsprechung des Bundesgerichtshofes[60] dann gegeben, wenn eine lose Gruppe von mindestens drei Personen sich ausdrücklich oder stillschweigend zur Verübung fortgesetzter, im Einzelnen noch ungewisser Straftaten verabredet hat.[61] Die Definition einer Bande fällt also hinter die herkömmlichen Definitionen einer kriminellen Vereinigung zurück.[62] Gerade im Unternehmensbereich (beispielsweise bei Kapitalanlagegesellschaften) wird daher sehr häufig sowohl das Merkmal der Bande als auch dasjenige des gewerbsmäßigen Handelns vorliegen.[63]

45 *d) Der Begriff des „Gegenstandes".* Entgegen der abzulehnenden Auffassung von *Geurts*[64] ist Gegenstand der Geldwäsche jeder für die Tat geeignete Vermögenswert.[65] Dazu zählen insb. Bargeld,[66] Buchgeld,[67] Forderungen, Wertpapiere,[68] bewegliche[69] und unbewegliche Sachen (auch Anteile an Grundstücken und Rechte daran), Beteiligungen an Gesellschaften und Anteile an Gemeinschaftsvermögen.[70] Vor allem illegal erworbene Gegenstände gehören zu den von § 261 StGB umfassten Vermögenswerten, jedenfalls soweit sie einen – rein wirtschaftlich zu betrachtenden – Wert haben.[71]

---

[56] Dazu s. auch: BGH Beschl. v. 10.11.1999 – 5 StR 472/99 – StV 2000, 67.
[57] Vgl. dazu: *Lütke* wistra 2001, 85 ff.; *NK/Altenhain* § 261 StGB Rdnr. 29.
[58] Vgl. *Maiwald*, FS für Hirsch, S. 631, 634.
[59] *Tröndle/Fischer* Vor § 52 Rdnr. 37; vgl. auch zum Begriff der „Gewerbsmäßigkeit" im Rahmen der Geldwäsche: BGH Urt. v. 1.7.1998 – 1 StR 246/98 – NStZ 1998, 622.
[60] BGHSt 46, 321.
[61] *Tröndle/Fischer* § 244 Rdnr. 17 ff.
[62] Vgl. dazu die Definition z.B. bei *Tröndle/Fischer* § 129 Rdnr. 6: „Vereinigung ist der auf Dauer angelegte Zusammenschluss von mindestens drei Personen, die bei Unterordnung des Willens des einzelnen unter den Willen der Gesamtheit gemeinsame Zwecke verfolgen und untereinander derart in Beziehung stehen, dass sie sich untereinander als einheitlichen Verband fühlen". Vgl. dazu auch: *NK/Altenhain* § 261 Rdnr. 45.
[63] Darauf weist auch *Tröndle/Fischer* § 261 Rdnr. 16 b hin.
[64] *Geurts* ZRP 1997, 250, 252. Nach *Geurts* handelt es sich bei Rechten (insbes. Forderungen) nicht um Gegenstände i.S.v. § 261 StGB. Dass diese Interpretation den Anwendungsbereich von § 261 StGB auf ein faktisches „Nullum" reduziert, liegt auf der Hand.
[65] *Bottermann*, Grundlegende Problematiken des Geldwäschetatbestandes, S. 15; *MünchKommStGB/Neuheuser* § 261 Rdnr. 29; ähnlich auch *SK/Hoyer* § 261 Rdnr. 5 („jeder Bezugspunkt eines Anspruchs"). Ausführlich zum Begriff des Gegenstandes: *Cebulla* wistra 1999, 281; BT-Drucks. 12/989, S. 27.
[66] BGH Beschl. v. 20.1.2004 – 5 StR 569/03; BGH Urt. v. 4.7.2001 – 2 StR 513/00.
[67] BGH Urt. v. 17.7.1997 – 1 StR 791/96.
[68] BGH Urt. v. 28.1.2003 – 1 StR 393/02.
[69] BGH Urt. v. 20.9.2000 – 5 StR 252/00 (Zigaretten); BGH Beschl. v. 19.6.2002 – 3 Ws 70/02 (Zigaretten).
[70] MünchKommStGB/*Neuheuser* § 261 Rdnr. 29 m.w.N.; *Tröndle/Fischer* § 261 Rdnr. 6 m.w.N.
[71] NK/*Altenhain* § 261 Rdnr. 26.

e) **Steuerhinterziehung.** Ein vieldiskutiertes Problem ist die Frage, worin der „Gegenstand" 46 zu sehen ist, wenn die **Vortat in einer Steuerhinterziehung** liegt. Dies kann bei den bereits erwähnten §§ 373, 374 AO virulent werden, aber auch – dort wurde es ausgiebig diskutiert[72] – im Bereich der gewerbsmäßigen und bandenmäßigen Steuerhinterziehung gemäß § 370 a AO.[73] Erklärtes Ziel der „Hochzonung" einiger Steuerhinterziehungstatbestände zu einem Verbrechen war es, die Vorteile aus der Steuerhinterziehung der Geldwäschestraftatbestände zu unterwerfen, in diesen Fällen die gesamte Palette an Ermittlungsmöglichkeiten ausnutzen zu können und damit die Steuerhinterziehung wirtschaftlich unattraktiv zu machen.[74]

Zunächst ist zwischen den Steuerstraftatbeständen der §§ 373, 374 AO auf der einen Seite 47 und § 370 a AO auf der anderen Seite nach der letzten Gesetzesreform streng zu differenzieren: Denn seit der letzten Gesetzesänderung ist nur bei einem Verstoß gegen die §§ 373, 374 AO auch der Tatgegenstand der Geldwäsche unterworfen. So hat beispielsweise ein begangener Zigarettenschmuggel zur Folge, dass auch die Zigaretten selbst tauglicher Tatgegenstand einer Geldwäsche sind.

Bei einer Steuerhinterziehung gemäß § 370 a AO liegt der Fall komplizierter: In einigen Fäl- 48 len kann der Gegenstand zwar unproblematisch festgestellt werden,[75] nämlich dann, wenn die hinterzogene Steuer selbst abgrenzbares Produkt der Straftat ist (z. B. bei der **Vorsteuererstattung** als Ergebnis eines **Umsatzsteuer-Warenkarussells**). In den meisten Fällen aber besteht der **Vorteil einer Steuerhinterziehung** lediglich in **ersparten Aufwendungen**, die gerade **keinen konkreten Vermögenswert** darstellen. Trotzdem geht der Gesetzgeber davon aus, dass hierin ein tauglicher Gegenstand der Geldwäsche liegen kann, wie sich aus § 261 Abs. 1 S. 3 1. Hs. StGB ergibt.

Welche Folgerung ergibt sich aber aus dieser wenig stringenten Gesetzeslage? Denkbar 49 ist zunächst, **sämtliche einzelnen Vermögensgegenstände** des Täters **als kontaminiert** anzusehen[76] mit der Folge einer sehr effektiven wirtschaftlichen Austrocknung des Täters. Eine andere Möglichkeit wäre, jeden beliebigen, zufällig den Ermittlungsbehörden zur Kenntnis gelangten Vermögenswert, der als beschlagnahmefähig angesehen wird, auch dem Tatbestand der Geldwäsche zu unterwerfen. Beide Alternativen wären verfassungswidrig: Die letztere Variante wäre offensichtlich willkürlich, denn sie würde nur vom Verhalten der Ermittlungsbehörden abhängen, welches zum Zeitpunkt der strafbaren Handlung aber noch gar nicht absehbar ist. Der Betroffene, dem möglicherweise eine Geldwäsche vorgeworfen würde, könnte zum Zeitpunkt der Tatbegehung nie wissen, ob seine Handlung tatsächlich eine Geldwäsche darstellt oder nicht. Die erstgenannte Variante wäre dagegen unverhältnismäßig: Dann wäre das Vermögen **jedes Täters** des § 370 a AO einer Totalkontamination unterworfen; somit würde jedes Geschäft mit diesem Steuerhinterzieher den Tatbestand der Geldwäsche erfüllen.

Lehnt man dagegen eine Vollkontamination des Vermögens des Steuerhinterziehers ab, so 50 bleibt als verfassungsgemäße Lösung nur der Weg, eine geldwäschetaugliche Transaktion mit dem § 370 a AO-Täter erst dann anzunehmen, wenn das **getätigte Geschäft voluminöser** ist **als das gesamte legitim erworbene Vermögen des Täters**.[77] Denn nur in einem solchen Fall ist unter Anwendung des Grundsatzes in dubio pro reo sichergestellt, dass die fragliche Transaktion auch, zumindest teilweise, den hinterzogenen Betrag umfasst.

Dies schränkt den Anwendungsbereich der Geldwäsche auf § 370 a AO erheblich ein, da 51 der jeweilige Vermögensbestandteil auch dann unbemakelt ist, wenn nur nicht nachgewiesen werden kann, dass er aus einer geldwäschetauglichen Straftat stammt. Hinzu kommen die Fälle der Straflosigkeit, wenn der Täter der Geldwäsche nur annimmt, dass das getätigte Geschäft noch vom unbemakelten Vermögen des § 370 a AO-Täters gedeckt ist. Dieses Ergebnis

---

[72] Z.B.: *Marx* steueranwaltsmagazin 2002, 26; *Schiffer* BB 2002, 1174; *Seer* BB 2002, 1677; *Spatscheck/Wulf* NJW 2002, 2983; *Wessing* steueranwaltsmagazin 2002, 56.
[73] Dazu bereits *Hetzer* Kriminalistik 1999, 218, 222.
[74] Vgl. *Meyer* DStR 2002, 879, 880.
[75] *Hetzer* Kriminalistik 1999, 218, 222.
[76] So *Spatscheck/Wulf* NJW 2002, 2983, 2987; nach der alten Rechtslage auch *Meyer* DStR 2002, 879, 882.
[77] Zu diesem Ergebnis kommt auch: *Bittmann* wistra 2003, 161, 168. *Bittmann* ist Oberstaatsanwalt in Halle/Saale.

reduziert den Anwendungsbereich des § 261 StGB bei der Steuerhinterziehung zwar faktisch erheblich. Anders lässt sich eine Verfassungsmäßigkeit der gesamten Regelung aber kaum erreichen.[78]

52 f) Das „Herrühren" aus der Vortat. Die Frage, ob ein Gegenstand aus einer Vortat herrührt oder nicht, ist in der noch jungen Diskussion über die Geldwäsche immer ein zentraler Punkt gewesen, der gerade durch die Unbestimmtheit und Neuartigkeit des Begriffs verursacht wurde.[79] In diesem Bereich wurden verschiedene Vorschläge gemacht, die Geldwäsche durch eine klare Definition des Begriffes „Herrührens" sinnvoll zu begrenzen:[80]

53 aa) Kausalität. „Herrühren" kann etwas aus einer Vortat nur dann, wenn die Vortat kausal für den Geldwäsche-Gegenstand ist. Dies trägt aber – wie jede naturalistische Kausalitätsdefinition – nur wenig zur Klarheit bei.[81] Denn kausal aus der Vortat entstanden ist sowohl das Surrogat („**Verlängerung**") als auch – ohne den eigentlichen Gegenstand aus der „Verstrickung" zu befreien – der eingetauschte bzw. -gekaufte Gegenstand („**Vervielfachung**"). Hinzu kommt die Möglichkeit, den Gegenstand der Vortat, beispielsweise eine Forderung, mit anderen legal erworbenen Gegenständen zu vermengen („**Verdünnung**"). Nicht aus der Tat herrühren können dagegen die sog. „instrumenta sceleris", also die Gegenstände, die zur Tatbegehung eingesetzt wurden,[82] sie sind schon vorhanden, bevor die Tat begangen wurde.

54 bb) Das Problem der Kontamination; Verdünnung. Es wurden einige Versuche unternommen, das „Herrühren" aus der Vortat namentlich bei dem Problem der „**Verdünnung**" einzuschränken.[83] Nach dem **Willen des Gesetzgebers** sollten in den Fällen einer Vermischung die vom BGH zur Hehlerei entwickelten Grundsätze gelten.[84] In einer älteren Entscheidung hatte der BGH bei einer **Vermischung von legalem und unrechtmäßig erworbenem Geld** eine Hehlerei nur für den Fall angenommen, dass der Erwerber mehr Geld erhält, als das entsprechende Konto an legalem Geld beinhaltet.[85] Ein Beispiel: Hat jemand € 100.000,– auf seinem Konto, von denen € 30.000,– aus einer Katalogtat stammen, macht sich ein bösgläubiger Dritter bei entsprechender Anwendung der Rechtsprechung des BGH zur Hehlerei nur dann strafbar, wenn er über die € 70.000,– hinaus Geld von diesem Konto entgegennimmt.[86] Dass diese Konstellation eine relativ leicht zu verwirklichende Umgehungsmöglichkeit schafft, liegt auf der Hand. Wenn beispielsweise zwei Bösgläubige sich aus dem erwähnten Konto jeweils € 50.000,– auszahlen lassen, dürfte keiner – gemäß dem „in dubio pro reo"-Grundsatz bestraft werden können. Allgemein kann man diese Auffassung als die „**Lehre von der Teilkontamination**" bezeichnen.[87]

55 Nach der „**Lehre von der Totalkontamination**" dagegen ist durch die Einzahlung des genannten Betrags das gesamte Konto „kontaminiert".[88] In dem erwähnten Beispiel hätte das zur Folge, dass beide bösgläubige Dritte sich durch die Annahme des Geldes in Höhe von € 50.000,– strafbar machen würden.

---

[78] So auch *Bittmann* wistra 2003, 161, 168.
[79] Vgl dazu: *Barton* NStZ 1993, 159; *Lackner/Kühl* § 261 Rdnr. 5; *Leip/Hardtke* wistra 1997, 281. Auch die Gesetzesbegründung zeigt, dass die Unbestimmtheit des Begriffes durchaus gewollt war: Vgl. BT-Drs. 12/989 S. 27.
[80] Z.B.: *Maiwald*, FS für Hirsch, S. 631, 635 ff.
[81] So auch NK/*Altenhain* § 261 Rdnr. 54.
[82] NK/*Altenhain* § 261 Rdnr. 65; *Arzt/Weber* § 29 Rdnr. 12.
[83] Schönke/Schröder/*Stree* § 261 Rdnr. 8: „Uferlose Reichweite"; *Arzt* JR 1999, 79: „kaum noch erträgliche Spannweite".
[84] BT-Drucks. 12/3533, S. 12; *Maiwald*, FS Hirsch 1999, S. 631, 641.
[85] BGH Urt. v. 22.5.1958 – 4 StR 112/58 – NJW 1958, 1244; MünchKommStGB/*Neuheuser* § 261 Rdnr. 55 liest die Entscheidung des BGH fälschlich in dem Sinne, dass sie für eine Totalkontamination spricht; eine Hehlerei soll nach dieser Entscheidung aber nur vorliegen, wenn sie den Anteil des „unbemakelten" Geldes überschreitet; wie hier: *Maiwald*, FS Hirsch, S. 631, 641.
[86] *Leip*, Der Straftatbestand der Geldwäsche, S. 112; *Maiwald*, FS Hirsch, S. 631, 641.
[87] Egger *Tanner*, Die strafrechtliche Erfassung der Geldwäscherei, S. 107 ff.; NK/*Altenhain* § 261 Rdnr. 77; Schönke/Schröder/*Stree* § 261 Rdnr. 9.
[88] Vgl. *Leip/Hardtke* wistra 1997, 281.

Für die letztgenannte Auffassung spricht der Zweck der Geldwäsche, da so die **Papierspur** 56
erhalten bleibt und die gewünschte **wirtschaftliche Austrocknung des Vortäters** nur auf diesem
Weg konsequent durchgesetzt werden kann.[89]

Die Rechtsprechung hat sich zu diesem Problem im Rahmen der Geldwäsche bisher nur ver- 57
einzelt geäußert; der BGH hat aber eine Entscheidung zur Begünstigung getroffen, die eher zu
der Lehre von der Totalkontamination weisen könnte[90] und auf die vereinzelt zurückgegriffen
wird, um Anhaltspunkte für eine mutmaßliche höchstrichterliche Entscheidung zur Geldwäsche zu gewinnen. In der Entscheidung des Bundesgerichtshof ging es aber um das Festhalten
an ungesetzlichen Erträgen durch eine Steuerhinterziehung, insofern einem nicht vergleichbaren Sachverhalt: Die hier strafbare Begünstigung lag darin, dass aus dem gesamten Vermögen
des Steuerhinterziehers eine eigentlich fällige Steuerschuld nicht beglichen wurde. Es ging hier
also nicht um einen konkreten Vermögensteil, der andere Teile des Vermögens kontaminierte,
sondern um die schlichte Nichtbegleichung einer Steuerschuld. Für den Grundsatz „in dubio
pro reo" war daher kein Raum.

Dagegen hat sich das OLG Frankfurt in einer neuen Entscheidung bereits festgelegt:[91] Auf
jeden Fall soll es nach Auffassung des Gerichtes ausreichen, wenn ein „nicht unwesentlicher
Teil" des Geldes aus geldwäscherelevanten Quellen stammen soll. Im zitierten Fall ging es
um die Gewinnausschüttung an den Gesellschafter einer GmbH in Höhe von ca. € 4,1 Mio.
Insgesamt betrug der Gewinn in dem Geschäftsjahr € 7,1 Mio. Davon stammten nach Ansicht
des Gerichts ca. € 1 Mio. aus gewerbsmäßig begangenem Betrug. Dies reichte dem Gericht, um
die gesamte Gewinnausschüttung als geldwäscherelevant anzusehen.

Weitere Zweifel an dem Ergebnis, dass sich die Rechtsprechung an ihre Entscheidung aus 58
dem Jahre 1958 zur Hehlerei halten wird, werden genährt durch ein Interview, welches der
Vorsitzende des Rechtsausschusses und maßgebliche Befürworter für die Einbeziehung der
Steuerhinterziehung, MdB *Meyer*, gehalten halt.[92] Dieser redet nämlich der **Lehre von der Totalkontamination** das Wort und hält einen Vortäter, der die illegalen Geldmittel eingenommen
hat, für „unintelligent", wenn er die illegalen mit seinen legalen Geldmitteln vermischt (wobei
jedoch „unintelligent" genau genommen nur derjenige ist, der mit diesem Katalogstraftäter
Geschäfte macht). Mit dem Gesetzeswortlaut alleine ist dieses Problem nicht lösbar: Schon die
Aussage eines führenden Mitglieds des Rechtsausschusses und die Begründung des Gesetzes
(vgl. oben) führen hier zu diametral unterschiedlichen Ergebnissen und es ist bisher bestenfalls
zu ahnen, wie die Gerichte entscheiden werden. Einstweilen wirft diese Rechtsunsicherheit gerade im Ermittlungsverfahren Fragen auf, die man guten Gewissens dem Mandanten gegenüber nicht abschließend beantworten kann.

Darüber hinaus ist auch nach der Ansicht einer möglichen „Totalkontamination" vielleicht 59
dann die Grenze erreicht, **wo eine Kontamination des Gesamtvermögens beruhend auf der
ursprünglichen Katalogtat nicht mehr gegeben ist.** Wo diese so genannte „Bagatellgrenze" zu
ziehen ist, wird unterschiedlich beantwortet. Zum Teil wird auf § 74 Abs. 2 AO rekurriert und
eine 25%-Grenze[93] (die Stimmen mehren sich, welche diese Grenze befürworten) gezogen. Andere sprechen von einer 1%-Grenze,[94] einer 5%-Grenze[95] (die allerdings nicht für Luxusgüter
gelten soll) oder sogar von einer 50%-Grenze.[96]

Eine Ansicht in der Literatur[97] verzichtet daher – konsequent – auf eine solche Bagatell- 60
grenze: Die Gegenmeinung hätte nämlich zur Folge, dass eine erfolgreiche Geldwäsche die
Waschung weiterer Geldbestände ermöglichen würde. Dieser Verzicht auf eine Bagatellgrenze

---

[89] NK/*Altenhain* § 261 Rdnr. 78.
[90] BGH Urt. v. 26.10.1998 – 5 StR 746/97 – wistra 1999, 103 ff.
[91] OLG Frankfurt Beschl. v. 10.3.2005 – 2 Ws 66/04 – NJW 2005, 1727, 1732.
[92] *Meyer* DStR 2002, 879, 882.
[93] *Leip*, Der Straftatbestand der Geldwäsche, S. 114 ff.; Schönke/Schröder/*Stree* § 261 Rdnr. 8.
[94] *Wessels*/*Hillenkamp* BT/2 Rdnr. 900; das OLG Frankfurt (Beschl. v. 10.3.2005 – 2 Ws 66/04 – NJW 2005, 1727, 1732) bejahte die Kontaminierung, sobald der Anteil an inkriminiertem Geld „nicht ganz unbeträchtlich" sei.
[95] *Barton* NStZ 1993, 159, 163.
[96] SK/*Hoyer* § 261 Rdnr. 14 („überwiegend"); noch weiter: *Salditt* StraFo 1992, 121, 124 („weit überwiegend").
[97] NK/*Altenhain* § 261 Rdnr. 79.

ist vom Gesetzeszweck her sicher folgerichtig, zeigt aber vor allem, dass der Gesetzeszweck nur „cum grano salis" zu nehmen ist: Vor allem ist die Konsequenz der „Totalkontamination" nämlich ein **verfassungsrechtliches Problem**. Denn das gesamte Eigentum des Vortäters, also einschließlich seiner legal erworbenen Güter, wird auf diese Weise einer normativen Vollentziehung unterworfen. Es handelt sich insofern nicht mehr um eine bloße Schrankenbestimmung des Eigentums, sondern um eine **faktische Enteignung** (eine möglicherweise fehlende Kenntnis der Geschäftspartner ist dafür unerheblich). Der „Sinn" der Geldwäsche, also die **wirtschaftliche Austrocknung des Vortäters**, erweist sich dann als **verfassungswidrig**, wenn eine vollständige „wirtschaftliche Austrocknung" des Vortäters nur zu erreichen ist, wenn gleichzeitig sein – im Übrigen legal erworbenes – Eigentum vollständig beschränkt wird.[98] Nebenbei: **Diese Kritik gilt für die gesamte Lehre von der Totalkontamination**, da hier stets auf unzulässige Weise legal erworbenes Eigentum übermäßig beschränkt wird.[99]

61   *cc) Verlängerung.* Vom Gesetzgeber gewollt war auch die Erfassung einer Kette von Verwertungshandlungen;[100] der Zugriff auf die vom Täter erlangten Surrogate, mit denen der Hehlereitatbestand gerade nicht möglich ist, war mitbestimmender Zweck der Einführung des § 261 StGB.[101] Wie sich aus der Gesetzesbegründung ergibt, war aber nicht gewollt, eine unendliche Kette von Transaktionen zu inkriminieren. Hier überlässt es der Gesetzgeber der Rechtsprechung, einen Weg zwischen den beiden Extremen zu finden.[102] Der Gesetzgeber wollte aber grundsätzlich, dass bei dem Waschvorgang „**der wirtschaftliche Wert**", der durch die Tat widerrechtlich erlangt wurde,[103] abgrenzbar bleiben sollte. Das Produkt der Tat sollte nicht durch Weiterverarbeitungen oder eine Anzahl von mehreren Transaktionen aus Sicht des Katalogtäters legalisiert werden können. Es handelt sich hierbei um eine lediglich **zielorientierte Definition** und es ist mit guten Gründen zu bezweifeln, dass der Gesetzgeber seinem verfassungsmäßigen Auftrag hier noch gerecht wird. Die Möglichkeit ist nicht von der Hand zu weisen, dass die bewusst einen Auftrag an die Rechtsprechung erteilende[104] Definition des „Herrührens" gegen den Grundsatz des „**nulla poene sine lege**" bzw. den „**Bestimmtheitsgrundsatz**" verstößt.[105]

62   Wenigstens kann aus dem Wortsinn des Begriffes „Herrühren" der Wunsch des Gesetzgebers in Ansätzen wieder erkannt werden. Der Begriff gibt eine Art wertende Kausalität vor, die durchaus den wirtschaftlichen Vorgang berücksichtigen kann. Als Beispiel mag auf das Märchen vom „Hans im Glück" zurückgegriffen werden, der zunächst einen Klumpen Gold erhält (im Märchen für seine geleisteten Dienste; in dem Beispiel als Produkt einer Straftat), diesen dann gegen ein Pferd umtauscht (= „**direktes Surrogat**") und das Pferd dann gegen eine Kuh (= „**ersetztes Surrogat**"). Auch die Kuh – in den Händen des Katalogtäters – sollte nach dem Willen des Gesetzgebers immer noch aus der ursprünglichen Katalogtat herrühren.[106]

63   Im Ergebnis rührt daher ein Vermögenswert auch aus der Vortat her, wenn er mehrfach vom Täter der Katalogtat umgetauscht wurde.[107] Gleiches gilt auch für gezogene Nutzungen des

---

[98] Diesen Aspekt hat das OLG Frankfurt (Beschl. v. 10.3.2005 – 2 Ws 66/04 – NJW 2005, 1727 ff.) vollkommen unbeachtet gelassen. Der Umstand € 8 Mio. Gewinnausschüttung, 1 Mio. Schaden reichte dem Gericht vollkommen aus. Im Übrigen wurde schon der Umstand, dass – jedenfalls nach dem Sachverhalt – wesentliche Teile des Schadens von € 1 Mio. erst nach der Gewinnausschüttung generiert wurden, außer Acht gelassen (das Gericht musste allerdings auch nur die Frage klären, ob die Hauptverhandlung überhaupt zu eröffnen sei).
[99] Zum gleichen Ergebnis kommt auch *Egger Tanner*, Die Strafrechtliche Erfassung der Geldwäscherei, S. 106, mit der Überlegung, dass ansonsten eine rasante Mulitplikation aller kontaminierter Gegenstände die Folge wäre.
[100] BT-Drucks. 12/989, S. 27; 12/3533 S. 12; NK/*Altenhain* § 261 Rdnr. 5, 56; *ders.*, Das Anschlußdelikt, S. 419.
[101] SK/*Hoyer* § 261 Rdnr. 9.
[102] *Bottermann*, Grundlegende Problematiken des Geldwäschetatbestandes, S. 21.
[103] *Bottermann*, Grundlegende Problematiken des Geldwäschetatbestandes, S. 21; *Egger Tanner* geht davon aus, dass auch typische Wertsteigerungen vom Geldwäschetatbestand umfasst sind (Die strafrechtliche Erfassung der Geldwäscherei, S. 112).
[104] NK/*Altenhain* § 261 Rdnr. 57.
[105] So auch *Salditt* StraFo 1991, 121, 124; ausführlich: *Leip*, Der Straftatbestand der Geldwäsche, S. 68 ff.
[106] So auch: *Leip*, Der Straftatbestand der Geldwäsche, S. 100 ff.; *Leip/Hardtke* wistra 1997, 281, 282.
[107] Anderer Ansicht („Gesetzgeberische Intention wurde nicht erreicht"): *Bottermann*, Grundlegende Problematiken des Geldwäschetatbestandes, S. 26 ff.

Katalogtäters,[108] aber wohl nicht für eventuelle Lotteriegewinne aus Losen, die aus inkriminiertem Geld gewonnen wurden.[109]

dd) Vervielfachung. Damit ist aber noch nicht die Fallkonstellation geklärt, ob der ursprünglich inkriminierte Gegenstand, wenn er zu einem Anderen durch Rechtsgeschäft transferiert wird, seine Kontamination behält und was mit den Surrogaten geschieht, die einmal kontaminiert waren. **64**

Dabei sind im Wesentlichen folgende Lösungen denkbar: **65**
1. Der direkt aus der geldwäscherelevanten Tat stammende Gegenstand bleibt kontaminiert. Bei einem Rechtsgeschäft wird dann auch der neu erworbene Gegenstand kontaminiert und kann seinerseits wieder Objekt einer Geldwäsche sein.[110]
2. Der direkt aus der geldwäscherelevanten Tat stammende Gegenstand bleibt kontaminiert. Bei einem Rechtsgeschäft mit diesem Gegenstand wird der neu erworbene Gegenstand zwar kontaminiert, dieser wird jedoch bei einem weiteren Rechtsgeschäft wieder dekontaminiert („verspätete Dekontamination des Surrogates").[111]
3. wie 2. Nur wird nicht das Surrogat wieder dekontaminiert sondern erst das Surrogat des Surrogates („Dekontamination des surrogierten Surrogates").[112]
4. Der direkt aus der Tat stammende Gegenstand wird in einem Rechtsgeschäft dekontaminiert. Der neu hinzugenommene Gegenstand nimmt wirtschaftlich betrachtet seinen „kontaminierten" Platz ein und kann wiederum Gegenstand einer Geldwäsche werden („wirtschaftliche Betrachtungsweise").[113]
5. Sowohl der aus der Tat stammende Gegenstand als auch dessen Surrogat werden durch das Rechtsgeschäft – welches tatbestandlich eine Geldwäsche darstellt – dekontaminiert.[114]

Die möglichen Konsequenzen der einzelnen Lösungsvorschläge mag man sich an einem ganz einfachen Beispiel verdeutlichen: **66**

Ein Drogendealer hat seine Einnahmen von € 10.000,– aus BtM-Delikten bei seiner Bank eingezahlt. Dieser Einzahlungsvorgang stellt nach allen vorgestellten Lösungen objektiv tatbestandlich eine Geldwäsche dar. Dafür erhält der Täter ein Surrogat, nämlich eine Forderung gegen seine Bank auf Rückzahlung der € 10.000,–. Eine Rentnerin geht kurz danach an den Schalter und möchte ihre Rente (€ 2.000,–) ausgezahlt bekommen. Die Rentnerin erhält einen Teil der Scheine, die der Drogendealer kurz vorher eingezahlt hat. Die Rentnerin begleicht mit dem erhaltenen Geld unter anderem ihre Miete. Der Drogendealer kauft sich von den € 10.000,– Guthaben bei der Bank ein Auto beim Händler, die entstandene Forderung wird durch ec-Karte beglichen. Der Autohändler finanziert mit dem erhaltenen Guthaben bei der Bank seine nächste Urlaubsreise. Der Drogendealer schenkt das Auto seiner Freundin. **67**

Nach Lösung 1) würden alle in diesem Fallbeispiel genannten Rechtsgeschäfte den objektiven Tatbestand der Geldwäsche erfüllen. Dies gilt auch für alle Rechtsgeschäfte, welche die Rentnerin vorgenommen hat. § 261 Abs. 6 StGB kann hier nicht helfen. Die Annahme des Geldes durch die Rentnerin stellt nämlich nicht nur ein „sich verschaffen" im Sinne des § 261 Abs. 2 StGB dar, sondern ist objektiv betrachtet geeignet, die Sicherstellung des Geldes zu gefährden.[115] Auch die Rechtsgeschäfte des Autohändlers sind Geldwäsche (auch wenn der Vorsatz fehlen mag). **68**

Nach Lösung 2) ändert sich für die Rentnerin nichts. Alle Rechtsgeschäfte von ihr bleiben Geldwäsche (auch wenn es vielleicht am Vorsatz mangeln mag). Bei dem Guthaben des Täters gegen die Bank handelt es sich bereits um ein Surrogat. Dementsprechend ist der Autokauf **69**

---

[108] SK/*Hoyer* § 261 Rdnr. 10.
[109] Schönke/Schröder/*Stree* § 261 Rdnr. 8; *Barton* NStZ 1993, 159, 162; NK/*Altenhain* § 261 Rdnr. 74; anders jedoch SK/*Hoyer* § 261 Rdnr. 13; dass dieser Fall nicht völlig aus der Luft gegriffen ist, wie man meinen mag, verdeutlicht der Pressebericht in http://www.rp-online.de vom 16.6.2003, wo es um einen Drogendealer ging, der in einer Lotterie US $ 5,5 Mio. gewonnen hatte. Das gewonnene Geld wurde durch Gerichtsurteil beschlagnahmt.
[110] Vgl. MünchKommStGB/*Neuheuser* § 261 Rdnr. 48, 57.
[111] So beispielsweise: NK/*Altenhain* § 261 Rdnr. 81.
[112] *Egger Tanner*, Die strafrechtliche Erfassung der Geldwäscherei, S. 118.
[113] Vgl. *Leip*, Der Straftatbestand der Geldwäsche, S. 122 ff.
[114] Zumindest diese Konsequenz ist bei *Geurts* ZRP 1997, 250 ff. abzuleiten.
[115] So jedenfalls die Rechtsprechung: BGH Urt. v. 8.10.1998 – 1 StR 356/98 – NJW 1999, 436; vgl. Rdnr. 82.

durch den Täter bereits keine Geldwäsche mehr, da es sich hier um das Ersetzen eines Surrogates handelt.

70 Nach Lösung 3) wäre dagegen zwar der Autokauf noch Geldwäsche i.S.v. § 261 StGB, nicht jedoch die Weitergabe des Autos an die Freundin und die Finanzierung der Urlaubsreise durch den Autohändler. Für die Rentnerin ändert sich wiederum nichts.

71 Nach Lösung 4) wären dagegen nur die Rechtsgeschäfte des Täters Geldwäsche. Alle anderen Rechtsgeschäfte jedoch wären keine Geldwäsche mehr.

72 Schließlich wäre nach Lösung 5) nur die Einzahlung auf dem Konto durch den Drogendealer Geldwäsche. Alle anderen Transaktionen würden keine Geldwäsche mehr darstellen.

73 Eine – wie auch immer geartete – Vervielfältigung der Bemakelung hätte eine schleichende Vollkontamination aller Bargeldbestände und vieler Vermögenswerte zur Folge. Neuere Untersuchungen haben gezeigt, dass nahezu 90% aller in Deutschland im Umlauf befindlichen Geldscheine Kokainspuren haben.[116] Da der Weg der Geldscheine regelmäßig in die Hände eines Drogendealers – als Geld für seine Ware – führt, bedarf es keiner großen Fantasie sich vorzustellen, dass nahezu alle im Umlauf befindlichen Geldscheine in kürzerer Zeit wenigstens einmal in ein Betäubungsmitteldelikt und damit auch in eine Geldwäschehandlung verwickelt waren. Eine Dekontamination über die Vorschrift des § 261 StGB zu erreichen, ist aus bereits gezeigten Gründen nicht haltbar. Warum sollte im obigen Beispiel die Rentnerin Geldwäsche begehen, wenn sie weiß (oder billigend in Kauf nimmt), woher das Geld ursprünglich stammt? Immerhin hat die Rentnerin für das erhaltene Geld auch etwas hergegeben, nämlich eine entsprechende Reduzierung ihres Bankguthabens.

74 Dogmatisch lässt sich die hier beschriebene Dekontaminierung der Gegenstände so begründen, dass der entsprechende Gegenstand nach dem Eigentumswechsel nicht mehr aus der Vortat herrührt, sondern **nur noch aus dem entsprechenden Rechtsgeschäft**. Im Rahmen des Drittverfalls (§ 73 Abs. 3 StGB) hatte der Bundesgerichtshof darüber zu befinden, ob die Erfüllung legitimer Forderungen durch bemakeltes Geld dazu führen kann, dass das bemakelte Geld beim Gläubiger eingezogen werden kann,[117] u.a. mit der Folge, dass die durch das bemakelte Geld befriedigte Gläubiger als Verfahrensbeteiligte heranzuziehen gewesen wären. In dieser noch recht jungen Entscheidung befand der Bundesgerichtshof, dass die Gelder, die in Erfüllung der unbemakelten Forderung hingegeben wurden, **nicht durch die Tat erlangt** wurden, sondern dass das entsprechende Rechtsgeschäft eine **Zäsur** bewirkt; das Geld also in diesem Fall nicht mehr aus der Tat stammt, sondern aus einem Rechtsgeschäft. Die Geldwäsche selbst stellt insofern keine taugliche Vortat einer anderen Geldwäsche dar.

75 Dieses Ergebnis der Dekontamination wird auch nicht durch § 261 Abs. 6 StGB erschüttert. Diese Vorschrift erwähnt zwar nicht den § 261 Abs. 1 StGB, so dass daraus der Schluss gezogen wird, dass in den Fällen von § 261 Abs. 1 StGB eine Dekontamination nicht möglich sei. Dieser Schluss ist aber nicht zwingend, da § 261 Abs. 6 StGB nicht abschließend verstanden werden muss, weitere Dekontaminationsmöglichkeiten also durchaus in Betracht zu ziehen sind.[118]

76 Eine Ausnahme kommt lediglich dann in Betracht, wenn der „Ur"-Täter den erlangten wirtschaftlichen Wert des Gegenstandes durch eine Schenkung quasi vernichten will.[119] So lag der Fall in der Entscheidung des OLG Karlsruhe.[120] Dort hatte der ursprüngliche Täter Gelder, die er aus „banden- und gewerbsmäßigen Betrugstaten im FlowTex-Komplex" erlangt hatte, dazu genutzt, um u.a. eine Immobilie und ein Motorboot zu erwerben. Diese hatte er an seine – zu dieser Zeit gutgläubige – Frau und seine Tochter verschenkt. Nachdem die Herkunft der Gelder bekannt wurde, hatte zumindest die Ehefrau versucht, diese Gegenstände (und das Bankguthaben) dem Zugriff der Gläubiger zu entziehen. Das OLG Karlsruhe ging hier

---

[116] Vgl. den Bericht in http://www.rp-online.de vom 24.6.2003: „Fast alle deutschen Euro-Noten haben Kokainspuren".
[117] BGHSt 45, 235, 247.
[118] Im Gegensatz zu hier resignierend, was die Multiplikation von kontaminierten Gegenständen betrifft: *Egger Tanner*, Die strafrechtliche Erfassung der Geldwäscherei, S. 117.
[119] *Salditt* StV 1992, 121 begründet dieses Ergebnis damit, dass nur bei geschäftsüblichen Transaktionen eine Dekontamination eintreten könne.
[120] OLG Karlsruhe Beschl. v. 20.1.2005 – 3 Ws 108/04 – NJW 2005, 767.

davon aus, dass die Schenkung keine Dekontamination zur Folge hatte.[121] Dafür spricht, dass ansonsten eine Schenkung durch den Täter leicht eine Sicherung der Erträge zur Folge haben könnte, etwas, was durch § 261 StGB gerade nicht gewollt ist.

In einem obiter dictum stellte das OLG Karlsruhe aber auch dar, dass auch bei einem entgeltlichen Erwerb eine Dekontamination nicht die Folge sein könne.[122] Insoweit kann diesem Urteil aus den bereits erwähnten Gründen nicht gefolgt werden.

Vom Gesetzessinn ist eine wie auch immer geartete Vervielfachung der durch den § 261 StGB geschützten Gegenstände auch nicht erforderlich. Die wirtschaftliche Austrocknung des Vortäters gebietet es lediglich, dem **Katalogtäter** die Rechtsgeschäfte schwierig zu machen. Weitere, entferntere Geschäfte zu kontaminieren, ist dagegen nicht erforderlich.

ee) Conclusio. Eine Vermischung bemakelter und unbemakelter Gegenstände beim Täter führt dazu, dass er eine Geldwäschehandlung nur dann begeht, wenn sicher feststeht, dass – zumindest auch – bemakeltes Geld den Gewahrsamsinhaber wechselt. Dies ist regelmäßig nur der Fall, wenn der Wert der fraglichen Transaktion den Wert des unbemakelten Geldes übersteigt. Wenn der Täter aber nicht Geld, sondern einen unvermischbaren Gegenstand aus der Tat erhält, oder er nur noch bemakelte Mittel zur Verfügung hat, oder aus sonstigen Gründen eine Vermischung nicht stattgefunden hat, dann kann er sich des bemakelten Gegenstandes jedenfalls durch Tausch bzw. Weiterveräußerung nicht entledigen. Denn jeder weitere Transformationsakt führt bei ihm dazu, dass der ertauschte (oder erkaufte) Gegenstand seinerseits wieder aus der Vortat herrührt.[123] Betroffene, die einen solchen inkriminierten Gegenstand vom Katalogtäter erhalten, machen sich ggf. wegen Geldwäsche strafbar. Die Gegenstände, welche die Betroffenen erhalten haben, sind aber nicht mehr aus einer Vortat herrührend; weitere Geschäfte mit diesen Gegenständen sind damit nicht gemäß § 261 StGB zu sanktionieren.

g) Tathandlungen. Die Geldwäsche kann durch verschiedene Tathandlungen begangen werden, die im Einzelnen in den § 261 Abs. 1 und Abs. 2 StGB aufgezählt werden. Die möglichen Handlungen können in drei Fallgruppen gegliedert werden:[124] Zum einen den Verschleierungstatbestand des § 261 Abs. 1 1. Fall StGB, die Vereitelung nach § 261 Abs. 1 2. Fall und den Erwerbstatbestand gem. § 261 Abs. 2 StGB.

aa) § 261 Abs. 1 1. Fall StGB (Verschleierung). § 261 Abs. 1 StGB zählt eine Reihe von Tathandlungen auf, die auf das **Verschleiern des Tatgegenstandes** angelegt sind. Sowohl das „Verbergen" als auch das „Verschleiern" des jeweiligen Gegenstandes bedeuten, dass mit direktem Vorsatz **zielgerichtete Vorkehrungen** vorgenommen werden müssen, um den behördlichen Zugriff zu erschweren.[125] Die Tathandlung der Verschleierung ist relativ unproblematisch; sie entspricht weitgehend dem Ziel Bekämpfung der organisierten Kriminalität, so wie sie bereits aus ökonomischer Sicht beschrieben wurde.[126]

bb) § 261 Abs. 1 2. Fall StGB (Vereitelung/Gefährdung). **Vereiteln** bedeutet, dass das Auffinden des Gegenstandes unmöglich gemacht wird.[127] Das Auffinden des Tatgegenstandes ist **gefährdet**, wenn eine entsprechende **konkrete Gefahr** besteht.[128] Das Vereiteln zu erwähnen ist streng genommen pleonastisch, da in der konkreten Vereitelung immer auch eine Gefährdung steckt.[129] Insgesamt erfasst § 261 Abs. 1 2. Fall StGB daher alle Aktivitäten, die den Zugriff der Strafverfolgungsbehörden auf den zu waschenden Gegenstand erschweren.[130] Eine mittäter-

---

[121] OLG Karlsruhe Beschl. v. 20.1.2005 – 3 Ws 108/04 – NJW 2005, 767, 769.
[122] OLG Karlsruhe Beschl. v. 20.1.2005 – 3 Ws 108/04 – NJW 2005, 767, 769.
[123] So auch SK/*Hoyer* § 261 Rdnr. 14.
[124] Wie hier den § 261 StGB in drei Tatbestände aufteilend: *Altenhain,* Das Anschlußdelikt, S. 391 f.
[125] *Lackner/Kühl* § 261 Rdnr. 6; *Leip,* Der Straftatbestand der Geldwäsche, S. 128.
[126] Vgl. Rdnr. 33 ff.
[127] MünchKommStGB/*Neuheuser* § 261 Rdnr. 64; NK/*Altenhain* § 261 Rdnr. 112.
[128] *Lackner/Kühl* § 261 Rdnr. 7; Schönke/Schröder/*Stree* § 261 Rdnr. 11.
[129] Schönke/Schröder/*Stree* § 261 Rdnr. 11.
[130] Schönke/Schröder/*Stree* § 261 Rdnr. 11; nach der Auffassung des OLG Frankfurt (Beschl. v. 10.3.2005 – 2 Ws 66/04 – NJW 2005, 1727, 1733) soll es für eine Gefährdung der Sicherstellung bereits ausreichen, wenn das entsprechend inkriminierte Geld als Kaution für eine Haftverschonung bei der Hinterlegungsstelle der Staatsanwaltschaft im Namen des Verteidigers hinterlegt wird (und dies, obwohl die Staatsanwaltschaft über den Vorgang der Hinterlegung informiert war und den Zugriff genau auf dieses Geld auch bezweckte!). Die Vorinstanz stellte

schaftliche (versuchte) Gefährdung hat der BGH schon in dem Fall angenommen,[131] wo Hilfe dabei geleistet wurde, DM 12,5 Mio. alter Prägung aus einer Erpressung (im vorliegenden Fall war es das Geld aus der Oetker-Entführung) an einen Abnehmer weiterzuleiten. Eine Vollendung schied hier nur deshalb aus, weil der Abnehmer in Wahrheit ein Scheinaufkäufer der englischen Polizei war. Der BGH setzte hier das Gefährden des Auffindens mit der Absatzhilfe gemäß § 259 StGB gleich. Dieses Urteil wurde mit gutem Grund kritisch diskutiert.[132] Schon das Faktum, dass die Gelder nach der Tathandlung leichter aufzufinden waren als vorher in ihrem Waldversteck, weckte Bedenken. Hier von einer Gefährdung des Auffindens zu sprechen, dehnt den ohnehin schon sehr weit gefassten Wortlaut des § 261 StGB über die Schmerzgrenze hinaus aus.[133]

83 Wie weit die **Gerichte** den **Gefährdungstatbestand interpretieren** können, zeigt diese Entscheidung:[134] Ein Mitarbeiter der Steuerfahndung erzählte einem Jugendfreund von einer bevorstehenden Durchsuchung in dessen illegaler Glücksspielhalle und erwähnte auch den genauen Termin. Der Jugendfreund nutzte diese Information dann, um bis zum erwähnten Termin zusätzliche Einnahmen zu erwirtschaften (€ 40.000,– bis € 50.000,– Wocheneinnahmen) und dann in Ruhe sein Haus von belastendem Material zu säubern. Sowohl das AG Bottrop als auch die Berufungsinstanz (LG) verurteilten den (ehem.) Steuerfahnder u. a. wegen Geldwäsche gem. § 261 Abs. 1 StGB. Erst das OLG Hamm hatte erhebliche Bedenken wegen des objektiven Tatbestandes und stellte jedenfalls in diesem Fall fest, dass zumindest die Feststellungen für den subjektiven Tatbestand nicht ausreichen würden.[135]

84 Zusätzlich zu dieser „Gefährdung" des Auffindens, die der BGH postulierte, ist darüber hinaus zu bedenken, dass schon der Versuch der Gefährdung nach § 261 Abs. 3 StGB i.V.m. § 261 Abs. 1 2. Fall StGB strafbar ist.[136] Eine kaum greifbare Verhaltensmodalität.

85 *cc) Die Tathandlung nach § 261 Abs. 2 StGB (Erwerb; Besitz; Verwendung).* Diese Tathandlung des § 261 Abs. 2 StGB wird auch als „**Isolierungstatbestand**" bezeichnet und erfasst als abstraktes Gefährdungsdelikt[137] alle wirtschaftlich relevanten Handlungen.

86 Der Erwerbstatbestand („**Sich oder einem Dritten verschaffen**") ist an die Hehlerei gemäß § 259 StGB angelehnt. Der Gesetzgeber wollte insofern die gleichen Tathandlungen bestraft wissen.[138] Die vorübergehende Nutzung eines Gegenstandes (z. B. Miete) ist demzufolge kein Verschaffen.[139]

87 **Verwahren** setzt voraus, dass der Täter etwas bewusst in Gewahrsam nimmt, um es für sich oder einen Dritten zur Verfügung zu halten.[140] Nach Auffassung des OLG Frankfurt reicht es für die Bejahung dieser Vorschrift bereits aus, wenn das entsprechende Geld für drei Tage auf einem Konto in eigenem Namen behalten wird, um es dann als Kaution an die Hinterlegungsstelle weiterzuleiten.[141] Eine solche Interpretation geht sicher über den Wortlaut von § 261 Abs. 2 Nr. 2 StGB hinaus. Von einem Verwahren kann dann nicht mehr gesprochen werden, wenn die Annahme des Gegenstandes nur dazu dient, diesen unverzüglich bestimmungsgemäß weiterzuleiten.[142]

---

noch maßgeblich darauf ab, dass die Herkunft des Geldes gerade nicht verschleiert worden sei (LG Gießen Beschl. v. 23.4.2004 – 7 KLs 701 Js 4820/03 – NJW 2004, 1966, 1967).
[131] BGH Urt. v. 8.10.1998 – 1 StR 356/98 – NJW 1999, 436.
[132] Z.B.: *Krack* JR 1999, 472, 473.
[133] *Salditt* StraFo 1991, 121, 126 geht daher insoweit von einem Verstoß gegen das Bestimmtheitsgebot aus; auch *Leip*, Der Straftatbestand der Geldwäsche, S. 136 ff. hält den „Gefährdungstatbestand" für bedenklich und erwägt die ersatzlose Streichung dieser Verhaltensalternative.
[134] OLG Hamm Beschl. v. 31.7.2003 – 3 Ss 388/03 wistra 2004, 73 ff.
[135] OLG Hamm Beschl. v. 31.7.2003 – 3 Ss 388/03 wistra 2004, 73, 74.
[136] *Kargl* NJW 2001, 57, 59 spricht insofern von einer „Sanktionierung der Gefährdung einer Rechtsgutsgefährdung".
[137] *Tröndle/Fischer* § 261 Rdnr. 23 m.w.N.
[138] *Schönke/Schröder/Stree* § 261 Rdnr. 13; *Lackner/Kühl* § 261 Rdnr. 8.
[139] BT-Drucks. 12/3533, S. 13.
[140] *Schönke/Schröder/Stree* § 261 Rdnr. 13; *Lackner/Kühl* § 261 Rdnr. 8.
[141] OLG Frankfurt Beschl. v. 10.3.2005 – 2 Ws 66/04 – NJW 2005, 1727, 1733.
[142] *Schönke/Schröder/Stree* § 261 Rdnr. 13 geht davon aus, dass eine Annahme, um den Gegenstand bei einer Behörde „abzuliefern", kein Verwahren darstelle.

Der Täter **verwendet** den Gegenstand, wenn er das Tatobjekt bestimmungsgemäß in Gebrauch nimmt. Damit sollten vor allem Geldgeschäfte umfasst werden.[143] **88**

dd) Das Verhältnis der Tatbestandsalternativen untereinander. § 261 Abs. 1 2. Fall („gefährden" und „vereiteln") umfasst seinem Wortlaut nach auch Fälle, die rein objektiv zu bewerten sind. Demnach reicht jede Handlung, die aus objektiver Sicht eine Erschwerung des Zugriffs der Ermittlungsbehörden zum Gegenstand hat. § 261 Abs. 2 StGB umfasst dagegen alle Fälle, in denen der Gegenstand einer Katalogtat sich oder einem Dritten verschafft oder auch verwahrt wird. Wer aber eine Handlung nach § 261 Abs. 2 StGB begeht, der wird nahezu immer auch den Zugriff der Ermittlungsbehörden unwahrscheinlicher machen, also wenigstens „gefährden" im Sinne des § 261 Abs. 1 StGB. Im Ergebnis heißt das, dass nahezu jede Handlung nach § 261 Abs. 2 StGB auch eine Handlung nach § 261 Abs. 1 StGB darstellt; § 261 Abs. 1 StGB ist damit faktisch weiter als § 261 Abs. 2 StGB. **89**

Probleme wirft diese – wahrscheinlich in dieser Konsequenz unbeabsichtigte – Gesetzesfassung auf, wenn man § 261 Abs. 6 StGB hinzunimmt. Danach sind nur bestimmte Handlungen gemäß § 261 Abs. 2 StGB, nicht aber gemäß § 261 Abs. 1 StGB straffrei. *Salditt* hat gezeigt,[144] dass dieser gesetzgeberische Fehlgriff auf einer Annäherung des schweizerischen Geldwäsche-Tatbestandes mit der EG-Richtlinie vom 10.6.1991 beruht. Der Gesetzgeber wollte hier sicher sein, auch wirklich alle relevanten Tatbestände zu erfassen. Folge dieser Annäherung ist, dass § 261 Abs. 6 StGB weit gehend wirkungslos ist. Allen Versuchen, der Norm Leben einzuhauchen, indem entweder § 261 Abs. 1 StGB einschränkend interpretiert wird oder § 261 Abs. 6 StGB auch auf die Fälle des § 261 Abs. 1 StGB Anwendung findet, zeigen im Ergebnis größere Verwerfungen, als die Lösung, § 261 Abs. 6 StGB als faktisch ohne Anwendungsbereich aufzufassen.[145] **90**

ee) Weitere Einschränkungen. Weitere Einschränkungen wurden vorgeschlagen, um den – offensichtlich zu weiten – Anwendungsbereich des § 261 Abs. 1 und Abs. 2 StGB zu begrenzen: Zum einen soll § 261 Abs. 2 StGB nur subsidiäre Wirkung entfalten; d.h. gerade wenn der **Erwerb des Gegenstandes selbst** schon unter Strafe gestellt ist, soll die Geldwäsche nicht zusätzlich bestraft werden.[146] Dies soll z. B. bei dem Erwerb von Betäubungsmitteln zum Eigenverbrauch der Fall sein.[147] Warum dies jedoch nicht gelten soll, wenn die Betäubungsmittel nicht zum Eigenverbrauch, sondern zur Weiterveräußerung erworben wurden, ist nicht klar, da auch diese Konstellation in § 29 BtMG erfasst ist und mit § 29 a BtMG sogar als Verbrechen geahndet wird, wenn es in nicht geringer Menge geschieht. Auf der anderen Seite besteht für eine Einschränkung in diesem Zusammenhang keine Veranlassung, da das Unrecht der Tat in solchen Fällen auch durch die Geldwäsche definiert wird, so dass in allen diesen Fällen Tateinheit anzunehmen sein wird. **91**

Lebhaft wurde diskutiert, ob **Geschäfte zur Deckung des täglichen Lebensbedarfs** (des Katalogtäters) aus der Strafbarkeit der Geldwäsche herausgenommen werden sollten.[148] In der Tat kann man mit guten Gründen fragen, ob die wirtschaftliche Austrocknung des Vortäters wirklich so weit gehen soll, dass selbst die Deckung des täglichen Lebensbedarfs Geldwäsche darstellen soll. Bis jetzt hat die Rechtsprechung immer wieder betont, dass es eine Privilegierung einzelner Berufsgruppen oder einzelner Geschäftstypen nicht gibt. Eine solche Auffassung im Rahmen der Geldwäsche wäre daher gefährliches Neuland für die Rechtsprechung; es gibt im Moment erfreulicherweise keine Anzeichen dafür, dass die Rechtsprechung einen solchen Weg gehen will. Hinzu kommt, dass es sehr unwahrscheinlich ist, dass Fälle der Deckung des **92**

---

[143] BT-Drucks. 12/989, S. 24; *Tröndle/Fischer* § 261 Rdnr. 26.
[144] *Salditt* StraFo 1992, 121, 126.
[145] So im Ergebnis auch: *Tröndle/Fischer* § 263 Rdnr. 28 m.w.N.
[146] Schönke/Schröder/*Stree* § 261 Rdnr. 28.
[147] Schönke/Schröder/*Stree* § 261 Rdnr. 28.
[148] *Barton* StV 1993, 156; *Hartung* AnwBl. 1994, 440; *Kulisch* StraFo 1999, 337; a.A.: *Gotzens/Schneider* wistra 2002, 121, 124. Nach Schönke/Schröder/*Stree* § 261 Rdnr. 17 sind diese Fälle über den fehlenden Vorsatz des Geschäftspartners zu lösen.

täglichen Lebensbedarfs vor Gericht kommen. Dies ist aber nur ein kleiner Trost angesichts der dogmatischen Brüche, die § 261 StGB aufweist.

93 Das OLG Hamburg[149] hatte versucht, den § 261 StGB verfassungskonform dahin gehend auszulegen, dass die **Honorarzahlungen an einen Strafverteidiger** nicht von § 261 StGB umfasst sind. Zu Recht wurde dem entgegen gehalten, dass diese Einschränkung nicht vom Gesetzgeber gewollt war und sich leicht auf andere freie Berufe erstrecken ließe, mit der Folge einer Aushöhlung des § 261 StGB.[150] Der BGH[151] hat die Argumentation des OLG Hamburg dann auch verworfen und festgestellt, dass eine verfassungsrechtliche Reduktion des § 261 StGB in diesem Fall nicht angezeigt sei. Insoweit wurde das Urteil durch das Bundesverfassungsgericht bestätigt.[152]

94 Bisher bleibt damit allen Versuchen, den § 261 StGB im Bereich der Handlungen tatbestandlich einzugrenzen, der Erfolg versagt. Es ist weiter damit zu rechnen, dass auch sozialadäquate Handlungen für verfolgungswürdig gehalten werden.[153]

95 **h) Vorsatz.** Im Bereich des subjektiven Tatbestandes gibt es grundsätzlich keinerlei Besonderheiten zur allgemeinen Strafrechtsdogmatik. Dies bedeutet insbesondere, dass auch **bedingter Vorsatz** ausreicht, um den Tatbestand der vorsätzlichen Geldwäsche zu erfüllen.[154] Häufig wird aber betont, dass im „üblichen" Rechtsverkehr davon auszugehen ist, dass der Vertragspartner seine Verpflichtungen nicht mit kontaminierten Gegenständen erfüllt, sondern vielmehr mit legal erworbenem Geld etc. bezahlt.[155] In dem „Strafverteidigergeldwäsche"-Urteil vom 4.7.2001[156] hatte der BGH ausgeführt, dass es

„(...) dem Berufsbild des Strafverteidigers nicht entspricht, Honorar entgegenzunehmen, **vom dem er weiß**, daß es aus schwerwiegenden Straftaten herrührt."

96 In dem genannten Urteil sprach der BGH mehrfach die wissentliche Begehung an und verband mit dieser eine Strafbarkeit, während ein Handeln mit bedingtem Vorsatz nie erwähnt wurde. Trotzdem scheidet ein bedingter Vorsatz hier nicht per se aus. Es ist vielmehr so, dass der BGH davon ausgeht, dass derjenige, der den objektiven Tatbestand der Geldwäsche erfüllt, **grundsätzlich eine illegale Herkunft der erhaltenen Gegenstände nicht billigt**.[157] Die Thematik unterscheidet sich hier nicht wesentlich von dem Problem der Beihilfe durch Alltagshandlungen:[158] Weiß der Täter, dass das Geld inkriminiert ist, so ist sein Handeln immer auch Geldwäsche. Rechnet er dagegen lediglich damit, dass das Geld aus einer Katalogtat stammt, so ist Vorsatz im Regelfall nach dem „Vertrauensgrundsatz" zu verneinen. Nach diesem Grundsatz darf jeder darauf vertrauen, dass andere keine vorsätzlichen Straftaten begehen (bzw. hier: begangen haben), solange nicht handfeste Indizien, zu denen ein verdächtiges Aussehen alleine aber nicht zählen soll, eine Herkunft aus einer Vortat nahe legen.[159] Die Rechtsprechung hatte danach diesen Standpunkt – wenn auch nicht mit denselben Worten, so doch im Ergebnis – in mehreren Entscheidungen bekräftigt.[160]

---

[149] OLG Hamburg Beschl. v. 6.1.2000 – 2 Ws 185/99 – NJW 2000, 673; *Lüderssen* StV 2000, 205; *Hamm* NJW 2000, 636.
[150] Schönke/Schröder/*Stree* § 261 Rdnr. 17.
[151] BGH Urt. v. 4.7.2001 – 2 StR 513/00 – wistra 2001, 379; vgl. dazu: *Bernsmann*, FS Lüderssen, S. 683; *Gotzens/Schneider* wistra 2002, 121.
[152] BVerfG Urt. v. 30.3.2004 – 2 BvR 1520/01 – NJW 2004, 1305, 1306.
[153] So auch: NK/*Altenhain* § 261 Rdnr. 122 ff.
[154] Entgegen der Aussage der Überschrift „Geldwäsche durch Honorarannahme nur bei direktem Vorsatz des Beraters" in *Heerspink* PStR 2003, 149.
[155] Schönke/Schröder/*Stree* § 261 Rdnr. 17; ausdrücklich auch *Heerspink* PStR 2003, 149, 154.
[156] Vgl. auch: BGH Urt. v. 4.7.2001 – 2 StR 513/00 – NJW 2001, 2891, 2893.
[157] So für die Frage der Beihilfe durch Alltagshandlungen: BGH Urt. v. 26.10.1998 – 5 StR 746/97 – NStZ-RR 1999, 184; Beschl. v. 20.9.1999 – 5 StR 729/98 – NStZ 2000, 34; Urt. v. 8.3.2001 – 4 StR 453/00.
[158] Dazu eingehend: *Roxin* AT/II § 26 Rdnr. 218 ff.
[159] So für die Beihilfe: *Roxin* AT/II § 26 Rdnr. 241; s. auch: Schönke/Schröder/*Stree* § 261 Rdnr. 19; für Strafverteidiger auch: *Matt*, FS Rieß, S. 739, 769; in diese Richtung geht auch *Schäfer* StraFo 2003, 2, 4.
[160] Vgl. dazu: BGH Urt. v. 26.10.1998 – 5 StR 746/97 – NStZ-RR 1999, 184; BGH Beschl. v. 20.9.1999 – 5 StR 729/98 – NStZ 2000, 34; BGH Urt. v. 8.3.2001 – 4 StR 453/00.

Für den Strafverteidiger postuliert das Bundesverfassungsgericht[161] nunmehr eine einschrän- 97
kende Auslegung des subjektiven Tatbestandes. Zu dessen Erfüllung ist es demnach erforderlich, dass der Verteidiger im Zeitpunkt der Annahme seines Honorars sicher weiß, dass das Geld aus einer Katalogtat stammt. Nicht ausreichend ist demzufolge Vorsatz in der Form des dolus eventualis.

Ansonsten würde die vom Gesetzgeber durch strafprozessuale und materiellrechtliche Rege- 98
lungen bestimmte Tätigkeit des Strafverteidigers, die sich insbesondere durch das Gebot umfassender und ausschließlicher Wahrnehmung der Interessen der Mandanten und durch die absolute Pflicht zur Verschwiegenheit auszeichnet, durch die Vorwirkungen des Straftatbestandes der Geldwäsche nachhaltig verändert, das berufliche Leitbild des Strafverteidigers würde erschüttert werden.

Die uneingeschränkte Anwendung der Strafandrohung des § 261 Abs. 2 Nr. 1 StGB bedeu- 99
tet also einen Verstoß gegen das Übermaßverbot und wäre demzufolge unverhältnismäßig. Die Erfüllung des Tatbestandes bereits durch bedingt vorsätzliches Handeln würde den anwaltlichen Vergütungsanspruch schon in Verdachtsfällen gefährden, wodurch die freie Entscheidung des Strafverteidigers für oder gegen die Übernahme eines Mandates durch die mögliche und schwer zu prognostizierende Gefahr eigener Strafbarkeit spürbar beeinträchtigt wäre. Dies führe zu einer Behinderung des Entstehens des Vertrauensverhältnisses zwischen dem Strafverteidiger und dem Mandanten, mit der Folge, dass das Institut der Wahlverteidigung gefährdet sei. Eine solche Gefährdung bestünde ansonsten auch für das Recht des Beschuldigten auf wirksamen Beistand seines Verteidigers.[162]

Das OLG Frankfurt hat in einer aktuellen Entscheidung[163] für diese Privilegierung der Straf- 100
verteidigung einen wichtigen **Ausnahmetatbestand** postuliert: Der Verteidiger soll sich nach Auffassung des Gerichtes nur dann auf die Privilegierung des Bundesverfassungsgerichtes berufen dürfen, solange er seine anwaltlichen Pflichten vollständig und umfassend beachtet. Im vorliegenden Fall hatte der Strafverteidiger nach Auffassung des OLG die Pflicht aus § 43 a Abs. 5 BRAO zur Führung von Anderkonten (nach Absprache mit dem Mandanten) nicht erfüllt. Daher verdiene der Rechtsanwalt, der damit aus seiner Rolle als Organ der Rechtspflege heraustrete, vor der Verfassung keinen Schutz mehr.[164] Diese Auffassung des OLG Frankfurt verdient keine Zustimmung: § 43 a Abs. 5 BRAO ist eine Norm, die in erster Linie dazu dient, die finanzielle Integrität des Mandanten zu schützen.[165] Ob der Rechtsanwalt daher überhaupt gegen seine Berufspflichten verstößt, wenn das gewählte Vorgehen dem Willen des Mandanten entspricht, ist schon sehr fragwürdig. Außerdem steht in § 43 a Abs. 5 BRAO ausdrücklich, dass eine unverzügliche Weiterleitung der Gelder die Pflicht zur Einzahlung auf ein Anderkonto entfallen lässt. Diese Frist hat der Verteidiger aber eingehalten: Schon drei Tage nach Erhalt der Überweisung transferierte dieser das Geld an die Hinterlegungsstelle.

Irrtümer sind im Rahmen der üblichen Strafrechtsdogmatik zu lösen und bedürfen insoweit 101
keiner Korrektur vor dem Hintergrund des Tatbestandes der Geldwäsche.

i) **Fahrlässigkeit.** Grundsätzlich ist fahrlässige Geldwäsche nicht strafbar. § 261 Abs. 5 StGB 102
macht insofern eine Ausnahme, als dass hinsichtlich der Herkunft des Tatobjekts leichtfertiges Handeln ausreicht. Diese Strafbarkeit wurde gerade aus den Gründen der fehlenden Beweisbarkeit bei Vorliegen des bedingten Vorsatzes eingeführt und entspricht den internationalen Vorgaben.[166] Auf diese Weise sollte das „Verschließen vor der Herkunft des Tatgegenstandes" ebenfalls unter Strafe gestellt werden. Der BGH nennt die Leichtfertigkeit eine „vorsatznahe Schuldform"[167] und versucht so zu begründen, warum § 261 StGB nicht gegen Art. 103 Abs. 2 GG („Bestimmtheitsgrundsatz") verstößt. Der BGH hat daher folgende Definition der Leicht-

---

[161] Urt. v. 30.3.2004 – 2 BvR 1520/01 – NJW 2004, 1305 = BVerfGE 110; 226; bestätigt in: BVerfG Beschl. v. 14.1.2005 – 2 BvR 1975/03 – NJW 2005, 1707. Vgl. auch die Urteilsanmerkungen zu BVerfGE 110, 226: *Müssig* wistra 2005, 201 ff.; *Gräfin v. Galen* NJW 2004, 3304.
[162] BVerfG Urt. v. 30.3.2004 – 2 BvR 1520/01 – NJW 2004, 1305, 1307 f.
[163] OLG Frankfurt Beschl. v. 10.3.2005 – 2 Ws 66/04 – NJW 2005, 1727 ff.
[164] OLG Frankfurt Beschl. v. 10.3.2005 – 2 Ws 66/04 – NJW 2005, 1727, 1733.
[165] Vgl. *Feuerich/Weyland* BRAO (6. Auflage 2003) § 43 a BRAO Rdnr. 84.
[166] Vgl. Rdnr. 13 („Palermo Convention").
[167] BGH Urt. v. 17.7.1997 – 1 StR 791/96 – NStZ 1998, 42.

fertigkeit gefunden: „**Leichtfertig** handelt derjenige, der in grober Fahrlässigkeit nicht bedenkt, dass der betreffende Gegenstand aus einer Katalogtat stammt, obwohl sich die wahre Herkunft nach der Sachlage geradezu aufdrängt".[168] Die Fälle, in denen es zu einer Verurteilung kommen kann, sind nach dieser Definition rein faktisch auf die Konstellationen beschränkt, in denen der Täter der Geldwäsche zwar die deliktische Herkunft des Geldes kennt, aber irrtümlich eine Nicht-Katalogtat als Ursprung annimmt.[169]

103 Für die Entgegennahme von Honoraren durch den Strafverteidiger findet aufgrund der obigen[170] Erläuterungen § 261 Abs. 5 StGB keine Anwendung. Möglicherweise gilt § 261 Abs. 5 StGB für einen Strafverteidiger aber dann, wenn es um die Weiterleitung von Mandantengeldern geht; dies ist vielleicht aus der bereits mehrfach zitierten Entscheidung des OLG Frankfurt abzuleiten.[171]

104 j) **Strafbefreiung durch freiwillige Anzeige.** Gemäß § 261 Abs. 9 S. 1 StGB[172] kann der Täter einer Bestrafung entgehen, indem er zum einen **freiwillig** eine **Selbstanzeige** initiiert **und** zum anderen die **Sicherstellung** des inkriminierten Gegenstandes bewirkt. Die Strafbefreiung greift allerdings nur, wenn die Tat (also die Geldwäsche, nicht etwa die Vortat!) nicht bereits entdeckt war und der Täter dies wusste oder doch zumindest wissen musste („verständige Würdigung"). Eine Anzeige ist auch dann noch freiwillig, wenn gleichzeitig die Pflicht zur Meldung einer Verdachtsanzeige besteht (§ 11 Abs. 6 GwG).

105 § 261 Abs. 9 S. 1 StGB ist ein **persönlicher Strafaufhebungsgrund**, er wirkt damit nicht auf die gesamte Tat, sondern nur für den einzelnen Täter. Wenn es mehrere Täter gibt, ist es daher sinnvoll, bei einer beabsichtigten Selbstanzeige die Anzeigen so zu koordinieren, dass alle gleichzeitig Selbstanzeige erstatten, da ansonsten nur Einzelne in den Genuss der Strafbefreiung kommen.

106 Die Sicherstellung des Tatobjektes ist dann nicht erforderlich, wenn leichtfertig nicht erkannt wurde, dass es sich um einen inkriminierten Gegenstand handelt. In einem solchen Fall reicht daher die strafbefreiende Anzeige aus.

107 k) **Schnittstellen zu anderen Delikten.** Geldwäsche ist ein Anschlussdelikt, das heißt, die Geldwäsche wird erst dadurch zu einer solchen, das eine Katalogtat begangen wurde, aus der der Gegenstand herrührt. Der Vortäter handelt hier zwar tatbestandsmäßig und rechtswidrig, wenn er versucht, die Produkte seiner Tat weiterzugeben; er wird aber nicht wegen der Geldwäsche bestraft, sondern nur wegen der Vortat, jedenfalls, wenn ihm diese nachgewiesen werden kann (§ 261 Abs. 9 S. 2 StGB).[173] Dies gilt im Übrigen nicht nur für einen (Mit-)Täter, sondern auch für jeden anderen Beteiligten an der Vortat, wie sich schon aus dem Wortlaut („Beteiligung") ergibt. Dies kann zu Wertungswidersprüchen führen,[174] wenn der Beteiligte an einem vergleichsweise milde bestraften Delikt (z.B. Beihilfe zur „bandenmäßigen" Unterschlagung) deren Strafrahmen gegebenenfalls höher ist, als derjenige der Vortat wegen Geldwäsche nicht bestraft werden kann, der an der Vortat unbeteiligte Abnehmer aber wegen Geldwäsche verurteilt wird, dessen Strafrahmen gegebenenfalls höher ist als derjenige der Vortat. In der Praxis wird in solchen Fällen der Strafrahmen wohl akzessorisch anzugleichen sein, um dem regelmäßig höheren Unrechtsgehalt der Vortat gerecht werden zu können.

108 Durch die Handlung, welche die Geldwäsche verwirklicht, kann eine weitere Straftat begangen werden. Oben wurde schon kurz angerissen, dass nach einer Ansicht die Geldwäsche zurücktritt,[175] wenn gleichzeitig durch die Handlung auch ein anderes Delikt verwirklicht wurde (z.B. Handel mit Betäubungsmitteln). Für eine solche Einschränkung besteht aber keine Veranlassung. Die Geldwäsche hat den Zweck, den Vortäter wirtschaftlich „auszutrocknen". Dieser Zweck ist aber nicht deckungsgleich mit dem Zweck des Verbotes des Handels mit Betäu-

---

[168] BGHSt 43, 168; Schönke/Schröder/*Stree* § 261 Rdnr. 19.
[169] Vgl.: *Tröndle/Fischer* § 261 Rdnr. 42.
[170] Siehe oben Rdnr. 97 ff.
[171] OLG Frankfurt Beschl. v. 10.3.2005 – 2 Ws 66/04 – NJW 2005, 1727 ff.
[172] Zu den Schwierigkeiten bei der Auslegung des § 261 Abs. 9 siehe insbesondere: *Maiwald*, FS Hirsch, S. 631, 646 ff.
[173] BGH Urt. v. 20.9.2000 – 5 StR 252/00; Schönke/Schröder/*Stree* § 261 Rdnr. 5.
[174] Für den BGH ist dies unproblematisch: BGH Urt. v. 20.9.2000 – 5 StR 252/00 – NStZ 2000, 653.
[175] Vgl. Rdnr. 91.

bungsmitteln oder dem Betrug etc. Es sind daher unterschiedliche Schutzgüter mit eigenem Unrechtsgehalt betroffen. In einem solchen Fall[176] handelt es sich daher **nicht um einen Fall der Subsidiarität oder Konsumption**, sondern um eine Frage der **Tateinheit**.[177] Nur so kann der Unrechtsgehalt der Tat vollständig erfasst werden.

3. Mögliche Konsequenzen eines Verstoßes gegen § 261 StGB

Eine Verurteilung nach § 261 StGB kann weit reichende Konsequenzen haben, die sich nicht in Geld- oder Freiheitsstrafen erschöpfen. In der Tätigkeit als Verteidiger ist es dringend geboten, schon frühzeitig mögliche Konsequenzen einer Verurteilung zu bedenken und die Strategie der Verteidigung und die Beratung darauf abzustimmen.

a) **Strafrahmen.** § 261 StGB weist als Strafrahmen Freiheitsstrafe von drei Monaten bis fünf Jahren, in besonders schweren Fällen von sechs Monaten bis zu zehn Jahren und bei Leichtfertigkeit Geldstrafe oder Freiheitsstrafe bis zu zwei Jahren auf. Hinzuweisen ist in diesem Zusammenhang auf den häufig übersehenen § 41 StGB, der es ermöglicht, bei Wirtschaftsstrafsachen Freiheitsstrafe und Geldstrafe kumulativ auszusprechen. Bedeutung erlangt diese Norm vor allem dadurch, dass die Verhängung einer Geldstrafe sich auf die zu verhängende Freiheitsstrafe mildernd auswirken muss.[178] Auf diese Weise kann eventuell eine sonst unerreichbare Bewährungsstrafe erreicht werden.

b) **Verfall und Einziehung.** An anderer Stelle wird in diesem Handbuch ausführlich zu Fragen von Verfall und Einziehung Stellung genommen,[179] so dass es hier bei einer Erwähnung der Besonderheiten bei einer Geldwäsche bleiben kann. Prototyp der Geldwäsche ist die Entgegennahme von zu waschendem Geld gegen Ware oder Forderung. Der entgegengenommene **inkriminierte** Gegenstand unterliegt dem (ggf. erweiterten) Verfall. Die eingesetzten Mittel, also das was zur Erlangung dieses Gegenstandes aufgewendet wurde, dürfen aber nicht in Abzug gebracht werden (sog. „**Bruttoprinzip**"). Lediglich im Härtefall kann gem. § 73 c StGB von einem Verfall abgesehen werden. § 73 c StGB hat jedoch Ausnahmecharakter[180] und wird vor allem dann angewendet, wenn ansonsten der Verfall existenzgefährdend wäre und die Schwere der Schuld vergleichsweise gering.[181]

aa) **Drittverfall.** Adressat des Verfalls kann regelmäßig gem. § 73 Abs. 3 StGB auch ein **Dritter** sein. Das ist dann der Fall, wenn der handelnde Täter nicht für sich, sondern für einen anderen, der **auch eine juristische Person** sein kann,[182] handelt. Diese **Konstellation wird regelmäßig bei Banken auftauchen**, wenn ein Bankangestellter leichtfertig geldwäschetaugliche Gegenstände für die Bank entgegennimmt. Gerade nach Einführung des Bruttoprinzips[183] besteht die Gefahr, das inkriminierte Geld, welches durch die Geldwäsche erlangt wurde, ersatzlos – d.h. **ohne Berücksichtigung möglicher nachfolgender Kontobewegungen!** – zu verlieren.[184]

bb) **Erweiterter Verfall.** Eine weitere zu berücksichtigende Rechtsfolge ist die Möglichkeit der Anordnung des erweiterten Verfalls gemäß § 73 d StGB. Nach dieser Vorschrift kann das Gericht den Verfall von Gegenständen des Täters oder Teilnehmers auch dann anordnen, wenn „**Umstände die Annahme rechtfertigen**", dass diese Gegenstände für rechtswidrige Taten oder aus ihnen erlangt wurden". Gem. § 261 Abs. 7 S. 2, 3 StGB ist diese Norm im Rahmen einer Bestrafung einer Geldwäsche anwendbar. § 73 d StGB unterliegt schwerwiegenden verfassungsrechtlichen Bedenken[185] auf Grund des (möglichen) Verstoßes gegen die Eigentumsgarantie, das Schuldprinzip und die Unschuldsvermutung. Der BGH versucht bis zum heutigen Zeitpunkt diese Bedenken dadurch zu zerstreuen, dass das Gericht immerhin die uneingeschränkte

---

[176] Allgemein zur Frage unterschiedlicher Schutzgüter bei den Konkurrenzen: *Roxin* AT/II § 33 Rdnr. 170 ff.
[177] *Tröndle/Fischer* § 261 Rdnr. 54; *Lackner/Kühl* § 261 Rdnr. 19.
[178] Schönke/Schröder/*Stree* § 41 StGB Rdnr. 8.
[179] S.o. § 12.
[180] Schönke/Schröder/*Eser* § 73 c StGB Rdnr. 4.
[181] *Tröndle/Fischer* § 73 c Rdnr. 3.
[182] *Tröndle/Fischer* § 73 Rdnr. 20; *Lackner/Kühl* § 73 Rdnr. 9.
[183] Siehe dazu § 12 Rdnr. 41 ff.
[184] Vgl. dazu: *Tröndle/Fischer* § 73 Rdnr. 24 ff. m.w.N.; auch mit einer Auseinandersetzung zu BGHSt 45, 235; in dieser Entscheidung wird bei Erfüllung einer Rechtspflicht keine Bemakelung gesehen.
[185] Vgl. dazu: *Tröndle/Fischer* § 73 d Rdnr. 4 m.w.N.

Überzeugung von der rechtswidrigen Herkunft des Geldes gewonnen haben muss,[186] wobei die Herkunft nicht im Einzelnen festgestellt werden muss. Damit wird § 73 d StGB im Rahmen von § 261 StGB nur dann zur Anwendung kommen können, wenn die Geldwäsche professionell organisiert wurde und die Organisationsstruktur dies auch erkennen lässt.[187]

114   c) **Vermögensstrafe (§ 43 a StGB).** Nach § 43 a StGB (der über § 261 Abs. 7 S. 2 StGB anwendbar ist) kann das Gericht neben einer Freiheitsstrafe von mehr als zwei Jahren auf Zahlung eines Geldbetrages erkennen, „dessen Höhe durch den Wert des Vermögens des Täters begrenzt ist."

115   Das Bundesverfassungsgericht hat dazu im März 2002 festgestellt, dass § 43 a StGB nicht mit der Verfassung zu vereinbaren ist.[188] Damit ist auch der Verweis des § 261 StGB auf die Norm des § 43 a StGB zunächst gegenstandslos geworden.

116   d) **Einstellung (§ 153 a StPO).** Für die Verurteilung wegen Geldwäsche sind regelmäßig aufwändige und schwierige Ermittlungen erforderlich. Zwar ist häufig die Tathandlung an sich relativ klar und fest umrissen. Umfangreiche Ermittlungen sind jedoch speziell im Rahmen eines Geldwäscheverdachts erforderlich, um festzustellen, dass der inkriminierte Gegenstand tatsächlich aus einer geldwäschetauglichen Vortat stammt. Meist müssen außerdem sehr schwierige und zeitaufwändige Nachforschungen zum subjektiven Tatbestand getroffen werden, was häufig dazu führt, dass – oft schon im Ermittlungsverfahren – die Ermittlungsbehörden mit dem Angebot an den Betroffenen herantreten, das Verfahren gemäß § 153 a StPO gegen Zahlung einer Geldbuße einzustellen.

117   e) **Geldbuße (§§ 30, 130 OWiG).** Geldwäsche ist eine Straftat, die häufig in einem wirtschaftlichen Kontext steht. Dieser Kontext betrifft vor allem Unternehmen, beispielsweise Banken, die die Infrastruktur für Geldwäsche – manchmal sogar billigend – zur Verfügung stellen. Der Gewinn des Unternehmens wird – gerade in Fällen der mutmaßlichen oder auch expliziten Billigung – dabei häufig nicht aus dem Einzelfall, sondern aus der Vielzahl der Transaktionen heraus generiert. Ein Beispiel dafür sind die Vorkehrungen einzelner Banken, die getroffen wurden, um Gelder anonym nach Luxemburg zu transferieren.[189] Wenn nun ein leitendes Mitglied eines derart agierenden Unternehmens in eine Geldwäsche verwickelt ist, so kann das Unternehmen dadurch empfindlich getroffen werden, dass eine Geldbuße gegen das Unternehmen nach § 30 OWiG angeordnet wird.[190] Nach dieser Vorschrift kann die Geldbuße bei einer vorsätzlichen Geldwäsche bis zu € 1 Million und bei einer fahrlässigen Geldwäsche immerhin noch bis zu € 500.000,– betragen. Dies auch dann, wenn die Ermittlungen in der Sache selbst eingestellt werden, wobei die Höhe der Geldbuße regelmäßig nach den Rahmenbedingungen im Unternehmen bestimmt wird.[191]

118   Die Geldbuße kann aber auch aus einer anderen Richtung drohen: Vernachlässigt ein Unternehmen seine Pflicht, die Mitarbeiter auf ihre Zuverlässigkeit hin regelmäßig zu überprüfen (z.B. nach § 14 GwG) kann dies ähnliche Konsequenzen wie bei § 30 OWiG – Geldbuße bis zu € 1 Million – nach sich ziehen.[192] Trotz der auch vom Gesetzgeber getroffenen Aussage, dass eine Verletzung der Pflichten nach § 14 GwG nicht bußgeldbewehrt sei, hindert das nicht, den § 130 OWiG dann anzuwenden, wenn tatsächlich eine Geldwäschehandlung im Unternehmen begangen wurde.

---

[186] BGHSt 40, 371 f.
[187] Bis zum Jahre 1997 wurde laut einer Studie, die vom BKA in Auftrag gegeben wurde, nicht in einem einzigen Fall § 73 d StGB im Zusammenhang mit einer Geldwäsche angewandt (*Gradowski/Ziegler*, Geldwäsche, Gewinnabschöpfung, S. 82 ff.).
[188] BVerfG Urt. v. 20.3.2002 – 2 BvR 794/95 – NJW 2002, 1779.
[189] Siehe dazu BGH Urt. v. 1.8.2000 – 5 StR 624/99.
[190] Siehe dazu § 5.
[191] Vgl. dazu: *Wegner* wistra 2000, 361.
[192] Entgegen der Auffassung von *Bottermann*, Grundlegende Problematiken des Geldwäschetatbestandes, S. 170.

V. Geldwäschegesetz und Geldwäschetatbestand

Als im Jahre 1993 das Geldwäschegesetz in Kraft trat, versprach man sich damit, bessere Rahmenbedingungen zur Bekämpfung der Organisierten Kriminalität zu schaffen. Inwieweit die Vorschriften des Geldwäschegesetzes hier tatsächlich Erfolg hatten, kann nicht sicher festgestellt werden, da sie in erster Linie präventiv wirken sollten. Feststellen lässt sich aber, dass das Geldwäschegesetz die Entdeckungswahrscheinlichkeit und Überführungswahrscheinlichkeit von Geldwäschestraftaten und Katalogtaten erhöht. Dies gilt sowohl für den Vortäter, der möglicherweise entdeckt wird, da die Regeln für die Geldwäsche greifen, als auch für den eventuellen Täter einer Geldwäsche selbst, dessen fehlende Arglosigkeit dadurch indiziert wird, dass er **keine** Verdachtsanzeigen macht und **keine** Identifizierung vornimmt. Verstöße gegen das Geldwäschegesetz erwecken daher zumindest den Verdacht der Ermittlungsbehörden; eine Beschäftigung mit dem Geldwäschegesetz ist daher auch für den beratenden Verteidiger indiziert. Hinzu kommt, dass nach der letzten Novelle des Geldwäschegesetzes auch der Rechtsanwalt, ungeachtet eines bestehenden Mandatsverhältnisses gewisse Pflichten nach dem Geldwäschegesetz zu erfüllen hat.[193]

1. Normadressaten

Das Geldwäschegesetz basiert auf der Identifizierungspflicht und legt damit den Normadressaten fest. Diese Pflicht zur Identifizierung („**Know your Customer**") transportiert – gleichsam als Begleiterscheinung – auch alle anderen wesentlichen Pflichten des Geldwäschegesetzes, so dass die Bejahung der Identifizierungspflicht regelmäßig zur Folge hat, dass auch andere Pflichten des Geldwäschegesetzes erfüllt werden müssen.

a) Institute. Primäre Normadressaten sind so genannte „Institute" gemäß § 2 GwG. Was ein Institut im Sinne des Geldwäschegesetzes ist, richtet sich nach § 1 Abs. 4 GwG. Zu den Instituten zählen zunächst einmal alle mit **Finanzdienstleistungen** beschäftigten Unternehmen, welche auch dem **Kreditwesengesetz** unterliegen. Der Kreis ist aber weiter gesteckt, da zahlreiche Ausnahmen des Kreditwesengesetzes nicht für das Geldwäschegesetz gelten. Dazu zählen:
- die Deutsche Bundesbank
- die Kreditanstalt für Wiederaufbau
- Sozialversicherungsträger und die Bundesagentur für Arbeit
- öffentliche Sondervermögen und Schuldnerverwaltung von Ländern, Bund und EU
- Pfandleiher
- Unternehmensbeteiligungsgesellschaften

Diese Unternehmen sind trotz des Umstandes, dass sie nicht dem Kreditwesengesetz unterliegen, Institute im Sinne des Geldwäschegesetzes und unterliegen insoweit dessen Vorschriften.

b) Sonstige. Zu den „Instituten" im Sinne des Geldwäschegesetzes kommen noch **weitere Verpflichtete**, welche sich nach § 3 GwG bestimmen. Gerade der Kreis dieser Personen ist durch die letzte Gesetzesnovelle deutlich ausgeweitet worden. So sind jetzt auch Rechtsanwälte,[194] Rechtsbeistände, Patentanwälte und praktisch fast immer Notare (sofern sie im Rahmen ihrer beruflichen Tätigkeit mit der Planung oder Durchführung der in § 3 Abs. 1 Nr. 1 GwG aufgeführten Tätigkeiten betraut sind) Verpflichtete im Sinne des Geldwäschegesetzes. Jedoch entfällt im Interesse eines hinreichenden Grundrechtsschutzes[195] gem. § 11 Abs. 3 GwG eine Anzeigepflicht bei Geldwäscheverdacht dann, wenn die diesen Verdacht begründenden Informationen bei gerichtlicher Vertretung oder in Ausübung einer rechtsberatenden Tätigkeit gewonnen worden sind, es sei denn, dass der beruflich in Anspruch genommene positiv weiß, dass er bewusst zum Zweck einer künftigen Geldwäschehandlung in Anspruch genommen

---

[193] Vgl. Rdnr. 123.
[194] Der bundesdeutsche Gesetzgeber war im Übrigen europarechtlich nicht gehalten, die Identifizierungsvorschriften auch auf rechtsberatende Berufe auszudehnen (vgl. dazu Richtlinie 91/308/EWG Art. 2 a Nr. 3-5).
[195] BVerfG Urt. v. 30.3.2004 – 2 BvR 1520/01 – NJW 2004, 1305, 1307.

wird; in diesen Ausnahmefällen bestünde kein schützwürdiges Vertrauensverhältnis zwischen Anwalt und Mandant.[196]

124 Hinzu kommen noch Wirtschaftsprüfer, vereidigte Buchprüfer, Steuerberater und Steuerbevollmächtigte, Immobilienmakler und Spielbanken. Zu beachten ist auch, dass **jeder** Unternehmer und seine Beauftragten, welche Bargeld in einer Höhe ab € 15.000,– entgegennehmen, den Identifizierungspflichten des Geldwäschegesetzes unterliegen und daher feststellen müssen, wer ihnen das Geld gegeben hat.

125 Damit ist **faktisch jeder am Wirtschaftsleben Beteiligte auch möglicher Adressat** des Geldwäschegesetzes.[197]

2. Identifizierungspflichtige Finanztransaktionen

126 Eine Identifizierungspflicht – was eine Identifizierung ist, richtet sich nach § 1 Abs. 5 GwG – besteht nach der letzten Gesetzesnovelle zunächst dann, wenn eine neue **auf Dauer angelegte Geschäftsbeziehung** begründet wird (§ 2 Abs. 1 S. 1 GwG). Dabei ist das Kriterium „auf Dauer" großzügig zu interpretieren, da es ansonsten der Richtlinie der EU widersprechen würde („**richtlinienkonforme Auslegung**"), auf Grund derer das Geldwäschegesetz geändert wurde. Dort wird eine Dauerhaftigkeit der Geschäftsbeziehung gerade nicht verlangt.[198]

127 Adressaten des Geldwäschegesetzes sind auch dann verpflichtet, die ihnen gegenüber Auftretenden zu identifizieren, wenn **Wertsachen verwahrt** werden sollen, diese in Pfand genommen werden sollen oder ein **Schließfach zu überlassen** ist (§ 2 Abs. 1 S. 2 GwG i.V.m. § 154 Abs. 2 S. 1 AO).

128 Eine Identifizierungspflicht ist gegenüber dem Auftretenden weiter gegeben, wenn dieser Bargeld, Wertpapiere oder Edelmetalle im Werte ab € **15.000,–** übergibt (§ 2 Abs. 2 GwG evtl. i.V.m. § 3 Abs. 1 GwG; bei sonstigen Gewerbetreibenden: § 3 Abs. 2 GwG). Dazu zählen aber nicht die Deponierung in einem Bankschließfach, reine Buchtransaktionen (z. B. Überweisungen) oder auch die Übergabe von Wechseln und Schecks (nur zur Verrechnung), da diese keine Wertpapiere sind.[199] Um dem bereits oben beschriebenen „smurfing" – also der Stückelung von Werten derart, dass sie unter die € 15.000,– -Grenze fallen – zu entgehen, gebietet § 2 Abs. 3 GwG, dass im Falle von mehreren Finanztransaktionen die Transaktionen zusammenzurechnen sind, sobald tatsächliche Anhaltspunkte dafür bestehen, dass eine Verbindung besteht. Die Kreditinstitute sind im Übrigen durch die Bundesanstalt für Finanzdienstleistungsaufsicht (BaFin) gehalten,[200] zumindest durch Stichproben ihrer „allgemeinen Überwachungspflicht" nachzukommen.[201] Eine Pflicht der Identifikation bei der Abgabe von Bargeld durch das jeweilige Institut existiert seit der letzten Reform nicht mehr.[202]

129 Stellt das Institut bzw. ein sonstiger Verpflichteter fest, dass Tatsachen vorliegen, die darauf schließen lassen, dass die vereinbarte Finanztransaktion der Geldwäsche oder der Finanzierung einer terroristischen Vereinigung dient, dann besteht diese Identifizierungspflicht auch dann, wenn der Betrag von € 15.000,– unterschritten wird („**Identifizierung in Verdachtsfällen**", § 6 GwG). Hinzu kommt hier noch eine **Ermächtigung an den Bundesminister des Innern**, im Einvernehmen mit dem Wirtschaftsminister weitere Gewerbetreibende zur Identifizierungspflicht anhalten zu können, wenn es Anhaltspunkte dafür gibt, dass diese vermehrt zur Geldwäsche genutzt werden (§ 6 S. 2 GwG).

130 **Versicherungsunternehmen** sind insofern **privilegiert**, als sie nur unter den Voraussetzungen des § 4 GWG eine Identifizierung vornehmen müssen. Danach lösen alle Lebensversicherungsverträge und Unfallversicherungsverträge mit Prämienrückgewähr ab einer gewissen wirtschaftlichen Relevanz (periodische Prämie vom mehr als € 1.000,–, einmalige Prämie von

---

[196] BVerfG a.a.O.
[197] Vgl. z.B. die Anzeige gegen die Deutsche Telekom wegen Geldwäsche auf Grund der Inkasso-Tätigkeit für 0190er Nummern (http://www.heise.de/newsticker/meldung/33515).
[198] Es ist lediglich von der „Anknüpfung einer Geschäftsbeziehung" die Rede (EU-Richtlinie L 344/76 Art. 3 (1)).
[199] Vgl. „Leitfaden zur Bekämpfung der Geldwäsche" hrsg. vom Zentralen Kreditausschuss, Rdnr. 13, 14, 16.
[200] Ziffer 18 der Verlautbarungen vom 30.3.1998 vom BAKred (jetzt BaFin).
[201] Vgl. „Leitfaden zur Bekämpfung der Geldwäsche" hrsg. vom Zentralen Kreditausschuss, Rdnr. 71 b.
[202] Vgl. dazu: *Busch/Teichmann*, Das neue Geldwäscherecht, S. 30.

mehr als 5.000,– DM (nicht Euro!) oder eine Einzahlung von mehr als € 2.500,– eine Pflicht zur Identifizierung des wirtschaftlich Berechtigten aus (dazu gleich).

Auch Rechtsanwälte sind privilegiert; sie sind nur dann verpflichtet, die Vorgaben der Identifizierung zu beachten, wenn die Annahme von Bargeld im Rahmen einer Vermögensverwaltung geschieht. Als Honorarforderung ist die Annahme von Bargeld dagegen nicht identifizierungspflichtig.[203] **131**

Von der Identifizierung kann abgesehen werden, wenn der Mandant bereits persönlich bekannt ist **und** die Feststellung der persönlichen Angaben zu einem früheren Zeitpunkt vorgenommen wurde (§ 7 1. Fall GwG). Eine weitere Ausnahme existiert – aus rein praktischen Gesichtspunkten – für Personen, die für ein gewerbliches Geldbeförderungsunternehmen auftreten (§ 7 2. Fall GwG). **132**

Die regelmäßige Einzahlung von Geldern ist ebenfalls nicht identifizierungspflichtig (§ 2 Abs. 5 S. 1 GwG). Betreibt das Institut einen Nachttresor, sind die Benutzer durch das Institut vertraglich zu verpflichten, den Nachttresor nur auf eigene Rechnung zu nutzen. **133**

3. Feststellung des wirtschaftlich Berechtigten

Gemäß § 8 GwG reicht es in den meisten Fällen nicht aus, den formal Auftretenden zu identifizieren. Vielmehr ist bei den meisten Transaktionen der „wirtschaftlich Berechtigte" festzustellen. Das bedeutet, dass vor allem bei der Aufnahme von Geschäftsbeziehungen das Institut bzw. ein sonstiger Verpflichteter den Auftretenden fragen muss, ob dieser für eigene Rechnung handelt. Wird diese Frage verneint, so sind die Identifizierungspflichten **auch** auf denjenigen zu erstrecken, auf dessen Rechnung gehandelt wird (§ 8 Abs. 1 S. 2 GwG). Sollte ein Institut auf Grund äußerer Umstände **den Verdacht haben, dass jemand nicht auf eigene Rechnung handelt,** dann ist es weiter verpflichtet, „angemessene" Maßnahmen zu ergreifen, um den wirtschaftlich Berechtigten festzustellen. **134**

Für Institute untereinander ist grundsätzlich keine Identifizierungspflicht gegeben (§ 8 Abs. 2 GwG). Eine Ausnahme von dieser Ausnahme kann aber dann durch Bundesinnenminister und -finanzminister ausgesprochen werden, wenn das andere Institut aus einem Land stammt, dessen Anforderungen nicht den deutschen Vorschriften weit gehend entsprechen. **135**

4. Aufzeichnungs- und Aufbewahrungspflichten

Die vorgenommenen Identifizierungen sind **aufzuzeichnen.**[204] Wie dies zu geschehen hat, wird in § 9 GwG ausführlich dargestellt: Der Ausweis ist entweder zu kopieren oder die Angaben sind aufzuzeichnen. Wird von einer Identifizierung auf Grund des persönlichen Kennens abgesehen, muss in diesem Fall dieser Umstand aufgezeichnet werden (§ 9 Abs. 1 S. 3 GwG). **136**

Die aufgezeichneten Daten sind **sechs volle Kalenderjahre** (Stichtag: 31.12.) aufzubewahren, gerechnet von der Auflösung der eingegangenen Geschäftsbeziehung, wenn nach § 2 Abs. 1 GwG identifiziert werden musste, bzw. nach Aufzeichnung in den anderen Fällen (§ 9 Abs. 3 GwG). **137**

Die gemachten Aufzeichnungen dürfen „nur" zur Verfolgung einer Straftat gem. § 261 StGB oder einer der dort genannten Vortaten herangezogen und verwendet werden (§ 10 Abs. 1 GwG). Diese Norm ist aber nur scheinbar von Wert: Ist einmal festgestellt, wer die entsprechende Handlung vorgenommen hat, kann diese Feststellung jederzeit wieder durch andere Belege, die nicht unter diese Vorschrift fallen (die Identifizierungsvorschriften der StPO bieten hier einen breiten Spielraum), verifiziert werden. Das die Verfolgung irgendeiner „Tat" an § 10 Abs. 1 GwG scheitern könnte, erscheint daher unwahrscheinlich. **138**

Bei einem vorsätzlichen oder leichtfertigen Verstoß gegen die Aufzeichnungs- und Aufbewahrungspflichten droht ein Bußgeld, welches – je nach Sachlage – bis zu € 100.000,– (bzw. € 50.000,–) betragen kann. **139**

---

[203] Vgl. *Dombek* ZAP 2001, 683, 684.
[204] Zur Frage, welche Daten aufzuzeichnen und aufzubewahren sind: BayObLG Beschl. v. 3.4.1997 – 3 ObOWi 28/97 – StV 1997, 531.

5. Anzeige von Verdachtsfällen

140   a) **Allgemeines.** Die Identifizierung des „wirtschaftlich Berechtigten" und die Aufbewahrung der Daten sind nicht die einzigen Verpflichtungen des Geldwäschegesetzes; vielmehr korrespondiert in den meisten Fällen die Pflicht zur Identifizierung mit der Pflicht, **Verdachtsfälle** den „zuständigen Strafverfolgungsbehörden" sowie – in Kopie – dem Bundeskriminalamt anzuzeigen (§ 11 GwG).[205] Dieser Pflicht kann grundsätzlich mündlich, fernmündlich, fernschriftlich (beispielsweise per Fax) und auch durch elektronische Datenübermittlung (§ 11 Abs. 1 S. 1 2. Hs. GwG) nachgekommen werden, die Verdachtsanzeige muss aber gegebenenfalls schriftlich wiederholt werden (§ 11 Abs. 2 GwG). Die **Pflicht zur Anzeige** besteht dann, wenn Tatsachen festgestellt werden, die darauf schließen lassen, dass eine Finanztransaktion der Geldwäsche dienen könnte, aber auch dann, wenn diese Tatsachen darauf deuten, dass die Transaktion der Finanzierung einer terroristischen Vereinigung dienen könnte (§ 11 Abs. 1 S. 1 1. Hs., S. 2 GwG).

141   b) **Stillhaltefristen.** Zu der Anzeige kommt eine Frist, in welcher die „angetragene Finanztransaktion" nicht durchgeführt werden darf (**Stillhaltefrist**): Danach muss nach der Anzeige zwei volle Werktage (dabei zählt der Samstag nicht als Werktag) gewartet werden, wenn nicht vorher die Staatsanwaltschaft ihre Zustimmung zur Ausführung der Transaktion gegeben hat. Sollte der Aufschub der Finanztransaktion jedoch nicht möglich sein, so darf diese durchgeführt werden (**Eilfallregelung**; § 11 Abs. 1 S. 4 GwG). Nach der gesetzlichen Begründung soll ein Eilfall dann gegeben sein, wenn der Kunde die sofortige Ausführung ausdrücklich wünscht.[206] Auch der Wechsel von Jetons in der Spielbank soll regelmäßig einen Eilfall begründen.[207] Dem Institut verbleibt so ein erheblicher – im Einzelnen nicht nachprüfbarer – Handlungsspielraum; so verweisen *Fülbier/Apfelbach* in diesem Zusammenhang darauf, dass **im Regelfall immer** von der Möglichkeit zur sofortigen Ausführung Gebrauch gemacht werden sollte.[208] Der gesetzliche Ausnahmefall wird so zum faktischen Regelfall. Der Gesetzeswortlaut verhält sich nicht zu der Frage, wie sich vor allem Banken verhalten sollen, wenn der dringende Verdacht einer Geldwäsche gegeben ist. In solchen Fällen wird die Bank die fragliche Transaktion auch länger als die gesetzliche Sperrfrist anhalten müssen, alleine schon um der Gefahr zu entgehen, sich selbst wegen – zumindest leichtfertiger – Geldwäsche strafbar zu machen.

142   c) **Meldepflichten bei rechtsberatend Tätigen.** Es besteht **keine Meldepflicht**, wenn Rechtsanwälte, Rechtsbeistände, Patentanwälte, Notare (bei den unter § 3 Abs. 1 Nr. 1 a) – e) GwG genannten Transaktionen), Wirtschaftsprüfer, vereidigte Buchprüfer, Steuerberater und Steuerbevollmächtigte (also die in § 3 Abs. 1 Nr. 1 und 2 GwG genannten Berufsgruppen) Informationen, die den Geldwäscheverdacht wecken, im Rahmen der Mandatierung erhalten haben (§ 11 Abs. 3 S. 1 GwG). Eine Ausnahme von der Ausnahme besteht aber dann, wenn der Anzeigepflichtige **weiß**, dass seine Rechtsberatung für Zwecke der Geldwäsche in Anspruch genommen wird (§ 11 Abs. 3 S. 2 GwG). In diesem Fall muss die Meldung an die jeweilige Berufskammer gegeben (§ 11 Abs. 4 S. 1 GwG) werden, welche zur Anzeige Stellung nehmen darf und diese dann weiterleiten soll.

143   Im Übrigen: Das grundsätzliche **Entfallen der Meldepflicht** bei rechtsberatenden Berufen i.w.S. **entbindet** (zumindest theoretisch) **nicht** von der Aufzeichnungs- und Aufbewahrungspflicht; die 6-Jahresfrist des § 9 GwG wird so zur faktischen neuen Aufbewahrungsfrist für Akten, die im Rahmen von Finanztransaktionen angelegt werden.

144   d) **Das Hinweisverbot.** Von besonderer Bedeutung ist das sog. „Hinweisverbot" gemäß § 11 Abs. 5 GwG. Danach ist es dem Erstatter einer Verdachtsanzeige untersagt, den „Geldwäscher" von seiner Anzeige an die zuständigen Behörden zu unterrichten. Bei einem Verstoß droht ein Bußgeld gem. § 17 Abs. 2 GwG in Höhe von bis zu € 50.000,–. Dieses Hinweisverbot ist bei der letzten Gesetzesnovelle im Bundestag vor allem für Rechtsanwälte diskutiert worden. Ein vom Bundestagsabgeordneten Ströbele eingebrachter Entwurf sah

---
[205] Verfassungsrechtliche Bedenken dazu äußern: *Dahm/Hamacher* wistra 1995, 206, 207.
[206] BT-Drucks. 12/2704, S. 18.
[207] BT-Drucks. 12/2704, S. 18.
[208] *Fülbier/Apfelbach* GwG § 11 Rdnr. 152.

vor, das Hinweisverbot zumindest für Rechtsanwälte auszuschließen;[209] dies hätte den EU-rechtlichen Vorgaben nicht widersprochen. Dieser Änderungsantrag wurde jedoch auf Empfehlung des Innenausschusses mit knapper Mehrheit abgelehnt,[210] so dass es nun **auch Rechtsanwälten untersagt** ist, den Mandanten von der Verdachtsanzeige (genauer: Kenntnisanzeige) zu unterrichten. Diese bußgeldbewehrte „Kenntnisanzeige"-Pflicht besteht aber nicht, jedenfalls nicht dem Gesetzeswortlaut nach, für die jeweilige Berufskammer.

e) **Sanktionen bei Verstoß gegen die Verdachtsanzeigepflicht.** Ein Verstoß gegen die Verdachtsanzeigepflicht ist – im Gegensatz zu den Aufzeichnungs- und Aufbewahrungspflichten – **nicht mit einem Bußgeld gem. § 17 GwG** bedroht. Bei dem unmittelbar mit dem Kunden in Kontakt Tretenden wird das Unterlassen einer Verdachtsanzeige regelmäßig aber den Anfangsverdacht einer (zumindest leichtfertig begangenen) Geldwäsche, einer Begünstigung (§ 257 StGB) oder einer Strafvereitelung (§ 258 StGB) begründen. Bemerkenswert ist, dass sich schon nach altem Recht 98 % aller Verdachtsanzeigen bei näherem Hinsehen als gegenstandslos erwiesen haben.[211] Die Erweiterung der Verdachtsanzeigepflicht durch die Aufnahme weiterer Berufsgruppen wird diese Tendenz der Datenflut noch vertiefen und es wird sich zeigen müssen, ob diese nicht sogar kontraproduktiv für die Strafverfolgung wirkt. 145

f) **Freistellung von der Verantwortlichkeit.** Die Verantwortlichkeit für eine fehlerhafte Anzeige ist auf die Fälle beschränkt, in denen sie vorsätzlich oder grob fahrlässig unwahr erstattet wurde (§ 12 GwG). Im **Zweifelsfall** wird daher eine Verdachtsanzeige zu erstatten sein, alleine um seiner eigenen Exkulpation nicht entgegenzuwirken. Hier ist aber darauf hinzuweisen, dass § 12 GwG nur hinsichtlich der Verdachtsanzeige wirkt. Eine **Freistellung der Verantwortlichkeit** erfolgt dagegen offensichtlich **nicht, wenn die Stillhaltefrist des § 11 Abs. 1 S. 3 GwG irrtümlich angenommen wird.** Hier wird daher im Zweifel ein Eilfall anzunehmen sein, um die Haftungsrisiken – vor allem zivilrechtlicher Natur – zu minimieren. 146

g) **Anzeigepflicht durch die Finanzbehörden.** Ein gravierendes, stets zu beachtendes Faktum im Rahmen der Anzeigepflichten stellt der neu in die Abgabenordnung aufgenommene § 31 b AO dar.[212] Danach müssen die Finanzbehörden jeden Verdacht der Geldwäsche, der sich auf Grund ihrer Tätigkeit ergibt, den zuständigen Strafverfolgungsbehörden mitteilen. 147

6. Interne Sicherungsmaßnahmen

Um zu verhindern, dass der Verteidiger oder strafrechtlich beratende Unternehmensanwalt selbst – oder der Mandant – in den Verdacht der Geldwäsche kommt, reicht es nicht, jeden Vorfall für sich zu betrachten und dementsprechend gesetzmäßig vorzugehen. Im jeweiligen – der Geldwäschegefahr konkret ausgesetzten – Unternehmen sind vielmehr **Sicherungsmaßnahmen** vorzunehmen, welche die Möglichkeiten der Begehung einer Geldwäsche von vornherein minimieren. Zum großen Teil sind diese Sicherungsmaßnahmen gesetzlich vorgesehen (§ 14 GwG). Ein Unterlassen dieser Sicherungsmaßnahmen kann schwerwiegende Konsequenzen haben: Zum einen begründen unzureichende Sicherungsmaßnahmen per se den Anfangsverdacht einer – zumindest leichtfertigen – Geldwäsche. Außerdem wird bei der Bemessung von Bußgeldern die Frage der vorgenommenen Sicherungsmaßnahmen häufig entscheidendes Kriterium sein.[213] Wer hier zurückhaltend agiert, tut dies an der falschen Stelle. 148

a) **Adressaten.** Adressat der gesetzlichen Sicherungsmaßnahmen sind gem. **§ 14 Abs. 1 GwG** alle Kreditinstitute, Versicherungsunternehmen, Versteigerer, Finanzdienstleistungsunternehmen, Edelmetallhändler, Spielbanken, Wirtschaftsprüfer, Steuerberater und Immobilienmakler. Darüber hinaus sind auch alle sonstigen Gewerbetreibenden, Rechtsanwälte und Notare, die regelmäßig „geldwäscheverdächtige" Transaktionen ausführen, verpflichtet, geeignete Vorkehrungen zu treffen, um zu verhindern, dass sie zur Geldwäsche missbraucht werden. Aus Präventionsgesichtspunkten ist es dagegen nicht erforderlich, z.B. bei Anwälten, die 149

---

[209] BT-Drucks. 14/9326.
[210] BT-Drucks. 14/24343; *Zuck* hält diese Indienstnahme der Rechtsanwälte für verfassungswidrig (NJW 2002, 1397). Vgl. auch die Stellungnahme des Deutschen Anwaltvereins vom Februar 2002 zu diesem Problem.
[211] *Fischer*, FAZ vom 16.10.2002, S. 19.
[212] Vgl. *Löwe-Krahl* PStR 2003, 78. Inzwischen sind die Finanzbehörden auch verstärkt dabei, Meldungen nach § 31 b AO vorzunehmen (vgl. FIU-Jahresbericht 2003, S. 12).
[213] *Wegner* wistra 2000, 361.

nur ausnahmsweise eine Barzahlung von € 15.000,– oder mehr erhalten, die in § 14 GwG genannten Sicherungsmaßnahmen zu installieren.[214]

150 **b) Bestellung eines Geldwäschebeauftragten.** Obligatorisch für jede Institution, die Adressat des Geldwäschegesetzes ist, ist die Einrichtung eines **Geldwäschebeauftragten**. Dieser muss der Geschäftsleitung unmittelbar nachgeordnet sein (§ 14 Abs. 2 Nr. 1 GwG). Die Bundesanstalt für Finanzdienstleistungsaufsicht (BaFin) hat von der Möglichkeit, gem. § 14 Abs. 4 GwG einzelne Gruppen von der Bestellung eines Geldwäschebeauftragten freizustellen, Gebrauch gemacht,[215] so dass Finanzdienstleister mit weniger als 10 Mitarbeitern von der Pflicht zur Bestellung eines Geldwäschebeauftragten freigestellt sind. Hinzuweisen ist hier auf den Umstand, dass nach Festlegungen des BaFin[216] Mitarbeiter der Innenrevision nicht gleichzeitig die Funktion eines Geldwäschebeauftragten ausfüllen dürfen.

151 *aa) Bestellung eines Geldwäschebeauftragten.* Eine Alleinvertretungsberechtigung ist nicht erforderlich, um den gesetzlichen Vorgaben hinsichtlich der Stellung des Geldwäschebeauftragten gerecht zu werden;[217] er muss aber mindestens mit **Prokura** oder einer **Einzelvertretungsvollmacht** ausgestattet sein.[218]

152 *bb) Aufgaben des Geldwäschebeauftragten.* Der Geldwäschebeauftragte muss in jeden Fall mit **umfassenden Kompetenzen** ausgestattet und mit sämtlichen Angelegenheiten, die die Einhaltung des Geldwäschegesetzes betreffen, betraut sein. Er nimmt insofern eine zentrale Stellung im Unternehmen ein.[219] Unmittelbar aus dem Gesetz ergibt sich bereits, dass er **Ansprechpartner** für Mitarbeiter, Aufsichtsbehörde und Ermittlungsbehörden ist (§ 14 Abs. 2 S. 1 GwG).

153 Darüber hinaus muss der Geldwäschebeauftragte alle bankinternen Verdachtsfälle bearbeiten (dazu gehört auch das so genannte „**Monitoring**",[220] welches im Vorfeld zur Beantwortung der Frage benötigt wird, ob überhaupt ein Verdachtsfall vorliegt). Dagegen besteht für den Geldwäschebeauftragten keine Pflicht, aktiv nach Fällen einer bereits geschehenen Geldwäsche zu suchen.[221]

154 Der Geldwäschebeauftragte ist auch derjenige, welcher die organisatorischen Maßnahmen, welche zur Unterbindung der Geldwäsche erforderlich sind, entwickeln, aktualisieren und durchführen soll.[222] Weiter gehört es zu seinen Aufgaben, für eine umfassende Schulung der Mitarbeiter zu sorgen.

155 **c) Interne Grundsätze und Kontrollen.** Wie bereits erwähnt, ist die Schaffung interner Regeln und die Durchführung von Kontrollen eine wesentliche Aufgabe des Geldwäschebeauftragten. Obligatorisch und rechtlich unproblematisch ist dabei die Erstellung eines Katalogs von Verhaltensmaßregeln: Dazu zählen Organisationsrichtlinien und Arbeitsablaufbeschreibungen, die den jeweiligen Geschäftsbereichen des Unternehmens Rechnung tragen. Offene Unternehmensstrukturen sollen die Möglichkeiten der Geldwäsche minimieren.

156 Rechtlich problematisch ist dagegen das – vor allem für Banken wichtige – sog. „**EDV-Monitoring**". Darunter versteht man allgemein die Analyse und Kontrolle von Datenbeständen auf EDV-Basis.[223] Das Bundesaufsichtsamt für das Kreditwesen verfolgte in früheren Jah-

---

[214] So ausdrücklich die Gesetzesbegründung: BT-Drucks. 14/8739, S. 17.
[215] BAKred, Verlautbarung Nr. 35 vom 30.12.1997.
[216] BAKred, Verlautbarung v. 30.3.1998, Nr. 36 und BAV, Anordnungen und Verwaltungsgrundsätze 1993, Anm. 5. 1, VerBAV 1993, 355 ff.
[217] So schon für das alte Recht: *Fülbier/Aepfelbach* GwG § 14 Rdnr. 19.
[218] So jedenfalls die Gesetzesbegründung: BT-Drucks. 14/8739, S. 17 sowie BT-Drucks. 14/9043, S. 10 f.; schon nach altem Recht war das BAKred der Auffassung, dass eine Einzelprokura „nicht dringend notwendig" sei (BAKred, Verlautbarung v. 26.10.1994), während das Bundesaufsichtsamt für das Kreditwesen eine Einzelprokura verlangte (BAV, Anordnungen und Verwaltungsgrundsätze 1993, Anm. 5. 1, VerBAV 1993, S. 355 ff.).
[219] *Fülbier/Aepfelbach* GwG § 14 Rdnr. 11.
[220] *Fülbier/Aepfelbach* GwG § 14 Rdnr. 13.
[221] *Fülbier/Aepfelbach* GwG § 14 Rdnr. 14.
[222] Allgemein zum strafrechtlichen Risiko, welchem der Geldwäschebeauftragte unterliegt, vgl.: *Otto* wistra 1995, 323.
[223] *Fülbier/Aepfelbach* GwG § 14 Rdnr. 127; vgl. auch: Der Spiegel, 47/2003, S. 108 f.: „Geldwäsche: Virtuelle Rasterfahndung. Mit komplexer Software fahnden immer mehr Banken nach dubiosen Zahlungsströmen. Bald soll die Technik auch kriminelle Ärzte entlarven.".

ren das Ziel, das EDV-Monitoring flächendeckend einzuführen; zwischenzeitlich wurde dieses Ziel aber aufgegeben.[224] Eine staatliche Weisung, ein EDV-Monitoring[225] einzuführen, wäre wohl ein Verstoß gegen die jeweilige informationelle Selbstbestimmung der Betroffenen. Entgegen vereinzelt geäußerter Auffassungen,[226] ist aber ein auf unternehmerischer Initiative beruhendes EDV-Monitoring durchaus zulässig und verstößt nicht gegen das Bundesdatenschutzgesetz. Denn das Monitoring ist durch § 28 Abs. 1 S. 1 Nr. 2 BDSG gerechtfertigt.[227] Die Bank setzt das Monitoring ein, um systematisch Verdachtsfälle der Geldwäsche aufzudecken und dadurch einer eigenen Strafbarkeit vorzubeugen. Dass die Bank dadurch mittelbar andere Straftaten aufdeckt, entspricht wohl insgesamt der Zielrichtung des Geldwäschegesetzes und soll von daher nicht zu beanstanden sein.[228] Vor allem verspricht man sich durch ein EDV-Monitoring eine **verbesserte Aufdeckung von „Smurfing"-Aktionen.**

Der Geldwäschebeauftragte ist auf jeden Fall dazu verpflichtet, ein internes Kontrollverfahren zu **entwickeln** und die Kontrollen (dies werden regelmäßig nur Stichproben sein) **durchzuführen oder durchführen zu lassen.** Es reicht daher nicht, wenn entsprechende Grundsätze nur aufgestellt werden, vielmehr ist es erforderlich, dass auf die Einhaltung der Grundsätze geachtet wird. Die Art und die Häufigkeit der Kontrollen steht jedoch im Ermessen des Geldwäschebeauftragten. Eine genaue Dokumentation der Kontrollverfahren und der Kontrollen ist hier auf jeden Fall anzuraten, um im Ernstfall gegenüber den Ermittlungsbehörden belegen zu können, dass alles Gebotene unternommen wurde, um Geldwäsche-Transaktionen zu vermeiden und Verdachtsfälle zu erkennen.

d) Zuverlässigkeit der Mitarbeiter. § 14 Abs. 2 Nr. 3 GwG legt fest, dass das Unternehmen selbst (§ 14 Abs. 3 GwG) sicherstellen muss, dass die Mitarbeiter, welche bare und unbare Finanztransaktionen durchführen dürfen, zuverlässig sind. Der Begriff der „Zuverlässigkeit" entspricht hier dem des Gewerberechts.[229] Es handelt sich demzufolge um einen **unbestimmten Rechtsbegriff ohne Beurteilungsspielraum:** Die betreffenden Mitarbeiter müssen daher für ihre Arbeit fachlich geeignet sein und „zusätzlich nach ihrer Persönlichkeit Gewähr dafür bieten, dass sie die Vorschriften des Geldwäschegesetzes und die internen Grundsätze zur Bekämpfung der Geldwäsche beachten und sich nicht aktiv oder passiv an derartigen Geschäften beteiligen."[230] Unzuverlässig ist ein Mitarbeiter in der Regel, wenn er Straftaten begangen hat, die einen Bezug zur auszuübenden Gewerbetätigkeit haben. In diesem Zusammenhang (bare und unbare Finanztransaktionen) ist dies regelmäßig bei Eigentums- und Vermögensdelikten der Fall. Die Beschäftigung eines derartigen Mitarbeiters an einer „geldwäscheempfindlichen" Stelle bedeutet daher regelmäßig einen Verstoß gegen § 14 Abs. 2 S. 3 GwG und kann im Schadensfall eine Ordnungswidrigkeit gemäß § 130 OWiG (Verletzung der Aufsichtspflicht in Betrieben und Unternehmen) darstellen.[231]

Auch hier gilt, dass Dokumentation alles, Nachlässigkeit nichts ist. Dabei sind die Zuverlässigkeitsprüfungen, die sich allein auf Grundlage des Geldwäschegesetzes ergeben, idealiter bis zu einem endgültigen Ergebnis der Nachprüfungen von den Personalakten zu trennen, um arbeitsrechtliche Konsequenzen zu umgehen.[232]

---

[224] *Fülbier/Aepfelbach* GwG § 14 Rdnr. 127.
[225] Die sogenannte „Wolfsberg-Group" von 11 großen Banken (u.a. ABN Amro, Citigroup, Deutsche Bank und Société Générale) hat sich beispielsweise selbstverpflichtet, Programme zum Monitoring einzusetzen (vgl. die „Global Anti-Money-Laundering Guidelines for Private Banking" Ziffer 5; einzusehen unter: http://www.wolfsberg-principles.com).
[226] *Fülbier/Aepfelbach* GwG § 14 Rdnr. 141; Herzog WM 1999, 1905, 1906.
[227] So auch *Findeisen*, Die Effektivierung des bankinternen Sicherungssystems zur Verhinderung der Geldwäsche, S. 5 ff., 26 f.
[228] *Fülbier/Aepfelbach* GwG § 14 Rdnr. 141 meinen dagegen, das Monitoring diene **nur** der Strafverfolgung und nicht der Wahrung eigener Interessen; als Beispiel für diese „Nebenerträge" des Monitoring (hier: Abrechnungsbetrug bei Ärzten) vgl. auch: Der Spiegel, 47/2003, S. 108 f.: „Geldwäsche: Virtuelle Rasterfahndung. Mit komplexer Software fahnden immer mehr Banken nach dubiosen Zahlungsströmen. Bald soll die Technik auch kriminelle Ärzte entlarven.".
[229] *Fülbier/Aepfelbach* GwG § 14 Rdnr. 104.
[230] Vgl. BAKred Verlautbarung v. 30.3.1998 X. Nr. 39 (abgedr. in *Fülbier/Aepfelbach* GwG S. 512).
[231] Dabei sind die arbeitsrechtlichen Konsequenzen zu bedenken, die sich aus einer ungerechtfertigten Annahme einer Unzuverlässigkeit ergeben können: Vgl. *Fülbier/Aepfelbach* GwG § 14 Rdnr. 112 ff.
[232] So jedenfalls der Vorschlag von *Fülbier/Aepfelbach* GwG § 14 Rdnr. 114.

160 **e) Regelmäßige Unterrichtung der Mitarbeiter.** Die Mitarbeiter müssen – regelmäßig geschieht dies durch den Geldwäschebeauftragten – über aktuelle Methoden der Geldwäsche unterrichtet werden. Bei Einhaltung dieser Maßgabe ist gleichzeitig sichergestellt, dass der als Schaltstelle zwischen Unternehmen und Ermittlungsbehörde fungierende Geldwäschebeauftragte seine Kenntnisse regelmäßig an die jeweiligen Mitarbeiter weitergibt. Auch hier empfiehlt sich eine lückenlose Dokumentation der Vorgänge. In der letzten Gesetzesnovelle wurde der Wortlaut dahin gehend erweitert, dass nun auch die Verpflichtung besteht, die Mitarbeiter über ihre gesetzlichen Pflichten zu unterrichten. Eine tatsächliche Erweiterung der Schulungsmaßnahmen ist damit aber nicht verbunden, da auch schon bisher eine Schulung der Mitarbeiter unter dem Gesichtspunkt der Zuverlässigkeit des Mitarbeiters unerlässlich war. Hier stellt der Gesetzgeber höchste Anforderungen an die interne Organisation der Institute;[233] der Kreis der in Frage kommenden Mitarbeiter ist hier möglichst groß zu stecken, auch wenn manche Mitarbeiter hierfür nur wenig Verständnis haben.[234]

161 **f) Einhaltung der Verpflichtung durch Zweigstellen im Ausland.** § 15 GwG will verhindern, dass Geldwäscher auf eine Tochterunternehmung im Ausland ausweichen können, um die Vorschriften des GwG zu umgehen. Aus diesem Grund wird jedes deutsche Unternehmen verpflichtet, für die Einhaltung der Normen des GwG auch in den ausländischen Zweigniederlassungen zu sorgen. Auch hier empfiehlt es sich sehr, eine lückenlose und vollständige Dokumentation der vorgenommenen Maßnahmen stets parat zu haben, um dem Eindruck einer nur widerwilligen oder nachlässigen Umsetzung des GwG vorzubeugen. Diese Verpflichtung zur Einhaltung des Geldwäschegesetzes beruht im Übrigen nicht auf einer Umsetzung einer EU-Richtlinie, war also europarechtlich nicht erforderlich. Sie ist aber in einigen Ländern (z. B. Frankreich und Luxemburg) in die jeweiligen Gesetze aufgenommen worden.[235]

7. Verhältnis zum Bankaufsichtsrecht

162 Im Bereich des Bankwesens können sich weit reichende Überschneidungen hinsichtlich der Frage ergeben, welches Gremium für die Kontrolle eigentlich zuständig ist. Zum einen gibt es hier die bereits mehrfach angesprochene BaFin,[236] welche im großen Maßstab Richtlinien, Empfehlungen und Verordnungen erlässt. Zum anderen existieren aber auch die **Abschlussprüfer**, welche nach der **Prüfungsberichtsverordnung** (§ 17 PrüfBV) verschiedene Checklisten „abzuhaken" haben. Diese Checklisten behandeln zu einem großen Teil die Frage, inwieweit das jeweilige Finanzinstitut die Vorgaben aus dem Geldwäschegesetz einhält und umsetzt. Hinzu kommen noch Prüfungen, die durch die BaFin vorgenommen werden, die auf § 44 KWG beruhen. Auch während dieser Prüfungen kann nach geldwäscheverdächtigen Transaktionen gefahndet werden.

8. Mögliche Sanktionen bei Verstößen gegen das Geldwäschegesetz

163 Nicht alle Vorschriften des Geldwäschegesetzes sind per se straf- oder bußgeldbewehrt. Der Gesetzgeber hat vielmehr in § 17 GwG eine Auswahl an Normen getroffen, bei denen ein Verstoß als Ordnungswidrigkeit verfolgt werden kann. So ist beispielsweise ein Verstoß gegen die **Anzeigepflichten des GwG nicht unmittelbar bußgeldbewehrt.**[237] Trotzdem muss davor gewarnt werden, die Maßgaben des GwG nicht ernst zu nehmen. Denn ein Verstoß gegen die Vorschriften des GwG erweckt regelmäßig den Verdacht der Ermittlungsbehörden und hat daher zur Folge, dass **zumindest der Anfangsverdacht einer Geldwäsche** durch die Strafverfolgungsbehörden angenommen wird; das Damoklesschwert der leichtfertigen Geldwäsche schwebt dann schnell über den Köpfen der Verantwortlichen.

164 Das im Rahmen eines möglichen Drittverfalls bereits kurz angesprochene „**Bruttoprinzip**" stellt – rein faktisch – eine enorme Bedrohung des jeweiligen Unternehmens dar. Dieser Be-

---

[233] *Schmitt*, Arbeitsauftrag: Geldwäscheverhinderung!, S. 30.
[234] *Schmitt*, Arbeitsauftrag: Geldwäscheverhinderung!, S. 31.
[235] *Fülbier/Aepfelbach* GwG § 15 Rdnr. 2.
[236] Früher BAKred bzw. BAV.
[237] *Suendorf* Geldwäsche S. 301, hält eine entsprechende Regelung auch nicht für bestimmt genug und verweist auf die ihrer Ansicht nach ausreichenden Regelungen des § 261 StGB!

drohung kann aber zum großen Teil dadurch zuverlässig entgegenwirkt werden, dass die Vorschriften des GwG – und nicht nur die bußgeldbewehrten – eingehalten werden.

VI. Besonderheiten in Ermittlungsverfahren wegen Geldwäsche

Im Folgenden wird erörtert, wie breit der Rahmen angelegt ist, in welchem sich die Ermittlungsbehörden bewegen können, wenn sie den Verdacht einer Geldwäsche hegen. Dabei kann es sich um Maßnahmen handeln, welche gegen den Gegenstand der Geldwäsche gerichtet sind und Maßnahmen, die den jeweiligen Mandanten persönlich betreffen. 165

Aus rechtsstaatlicher Sicht ist hier ein **bedenkliches Einfallstor** gegen die individuellen Rechte jedes Einzelnen gegeben: Die Bekämpfung der Geldwäsche als legitimes Ziel, wird dazu genutzt, möglichst unproblematisch und umfassend Erkenntnisse zu gewinnen. Die so gewonnenen Daten können dann auf einfachste Art und Weise genutzt werden, um ganz andere Delikte (beispielsweise eine Steuerhinterziehung nach § 370 AO, nachdem zunächst ein Verdacht wegen § 370 a AO bestand), die eigentlich den Ermittlungsaufwand nicht rechtfertigen würden, verfolgen zu können.[238] Die Strafverfolgungsbehörden werden förmlich dazu gezwungen, das ursprüngliche Verdacht erregende Verhalten zu dramatisieren. Denn so eröffnen sich ihnen Möglichkeiten, welche sonst nur unter erheblichen Schwierigkeiten offen stehen würden. Auf diese Art und Weise wird das empfindliche System der Beweiserhebungsverbote, denen ja nur wenige Beweisverwertungsverbote gegenüber stehen, aufgehoben. Umso wichtiger ist es, sich möglichst frühzeitig über die möglichen Konsequenzen eines Anfangsverdachtes einer Geldwäsche im Rahmen des Ermittlungsverfahrens klar zu werden, um aktiv geeignete Verteidigungsstrategien entwickeln zu können. 166

1. Vermögensbeschlagnahme und vorläufige Sicherungsmaßnahmen (§§ 111 b – 111 d, 111 p StPO)

a) **Allgemeines.** Die Möglichkeiten des (Dritt-)Verfalls und der Einziehung wurden bereits kurz dargestellt.[239] Damit korrespondiert die Möglichkeit der Ermittlungsbehörden, dafür zu sorgen, dass bereits vor einer endgültigen Entscheidung Vermögensgegenstände zur Sicherung des Verfalls/der Einziehung oder im Falle des § 73 Abs. 1 S. 2 StGB zur Rückgewinnungshilfe beschlagnahmt oder arrestiert werden. 167

Sowohl der **Verfall im engeren Sinne** (§ 73 Abs. 1 S. 1 StGB) als auch der **Drittverfall** (§ 73 Abs. 3 StGB) – beides auch in der Ausprägung des **Wertersatzverfalls** gem. § 73 a StGB – über § 261 Abs. 7 S. 2 StGB aber auch der **erweiterte Verfall** gem. § 73 d StGB kommen in Betracht. 168

b) Beschlagnahme.

- Der inkriminierte Gegenstand muss für eine Beschlagnahme **im konkreten Fall dem Verfall oder der Einziehung unterliegen können**, wie sich aus § 111 b Abs. 1 S. 1 StPO ergibt. Eine Ausnahme existiert bei Gegenständen, die der Rückgewinnungshilfe unterliegen (§ 111 b Abs. 5 StPO). 169
- Es müssen „einfache" – aber konkrete[240] – Gründe für die Annahme vorliegen, dass Verfall und Einziehung Resultate des sich anschließenden Strafverfahrens sein können.[241] Da § 111 b StPO zur **Sicherung von Verfall und Einziehung** dient, muss zu befürchten sein, dass ein späteres Urteil, welches Verfall und Einziehung anordnet, auf Grund einer zwischenzeitlichen Verfügung über den Vermögensgegenstand leer laufen könnte;[242] anderenfalls verstößt die Maßnahme gegen den auch hier geltenden **Verhältnismäßigkeitsgrundsatz**. Bei Unternehmen und insbesondere Kreditinstituten wird eine Sicherstellung daher in den meisten Fällen wegen dieser Einschränkung nicht zu rechtfertigen sein.
- Die Sicherstellung darf nur durch eine **förmliche Beschlagnahme** angeordnet werden (§ 111 c StPO). Sollte die Sicherstellung fälschlicherweise formlos vorgenommen worden

---

[238] Darauf weist auch hin: *Sommer* StraFo 2005, 327 ff.
[239] Vgl. Rdnr. 111 ff.; vgl. dazu auch umfassend: *Schmid/Winter* NStZ 2002, 8.
[240] *Burhoff*, Handbuch für das strafrechtliche Ermittlungsverfahren, 4. Auflage, Rdnr. 1484 ff.
[241] Die früher vorausgesetzten „dringenden Gründe" sind seit 1998 nicht mehr erforderlich (vgl. BT-Drucks. 13/8651, S. 9).
[242] LG Kiel wistra 1998, 363.

sein, kann sie aber nach § 111 e StPO auch nachträglich noch angeordnet werden. Die getroffene Maßnahme ist im Einzelnen zu begründen, damit klar wird, dass sie dem Veräußerungsverbot des § 136 BGB gemäß § 111 c Abs. 5 StPO unterliegt.[243]

- Grundsätzlich ist nur der Richter zu einer **Anordnung der Beschlagnahme** befugt (§ 111 e Abs. 1 S. 1 StPO); nur bei Gefahr im Verzug dürfen ausnahmsweise die Staatsanwaltschaft (§ 111 e Abs. 1 S. 1 StPO) und ihre Hilfsbeamten (§ 111 e Abs. 1 S. 2 StPO) eine solche Anordnung treffen. Eine vorherige Anhörung des Betroffenen ist regelmäßig untunlich gem. § 33 Abs. 4 StPO.
- Für eine Anordnung der Beschlagnahme reicht bereits der einfache Tatverdacht aus. Ein dringender Tatverdacht, wie er beispielsweise bei der Untersuchungshaft verlangt wird, wird hier also nicht gefordert.[244]
- Grundsätzlich gilt eine Frist von sechs Monaten für die Anordnung der Beschlagnahme (§ 111 b Abs. 3 S. 1 StPO). Unter bestimmten Voraussetzungen (§ 111 b Abs. 3 S. 2 StPO) darf der Richter auf Antrag der Staatsanwaltschaft die Maßnahme um drei Monate verlängern (§ 111 b Abs. 3 S. 2 StPO). Spätestens ab dem neunten Monat darf die Maßnahme nur noch bei Vorliegen dringender Gründe aufrechterhalten werden.
- Ein rechtskräftiges Urteil beendet – auf Grund des nur zur Sicherung des Gegenstandes dienenden Charakters der Sicherstellung – ohne weiteres die Beschlagnahme. Dies gilt auch für den Fall, dass weitere Maßnahmen im Urteil nicht vorgesehen sind.[245]
- Ein Rückgabeanspruch ist, wenn die fraglichen Gegenstände nicht ohnehin herausgegeben werden, auf dem Zivilrechtsweg zu verfolgen.[246]

c) Dinglicher Arrest.

170
- Der dingliche Arrest ist demjenigen des Zivilprozesses ähnlich. Das bedeutet vor allem, dass ein **Arrestgrund** (§ 917 Abs. 1 ZPO i.V.m. § 111 d Abs. 2 StPO) vorhanden sein muss.
- Bezogen auf die Zuständigkeit bestehen für die Anordnung eines dinglichen Arrests keine Besonderheiten gegenüber der Beschlagnahme, da hier auf die selben Normen Bezug genommen wird. Jedoch muss der Arrestgrund nach § 920 Abs. 1 ZPO genannt werden und es muss der Geldbetrag festgelegt werden, durch dessen Hinterlegung die Vollziehung des Arrestes gehemmt werden kann (§ 923 ZPO).
- Der dingliche Arrest wird regelmäßig durch Pfändung vollzogen (§ 930 ZPO).[247]
- Der dingliche Arrest kann wieder aufgelöst werden durch die Einzahlung des Hinterlegungsbetrages (§ 934 Abs. 1 ZPO) und wenn die Voraussetzungen des § 111 d Abs. 3 StPO vorliegen; die Kosten der Verteidigung, des Unterhalts oder des Unterhalts der Familie genießen insoweit Vorrang.

2. Datenrasterfahndung (§§ 98 a, 98 b StPO)

171
Der Grundrechtseingriff droht im Rahmen eines Verdachts der Geldwäsche auch von nicht so offensichtlicher Seite. Die entsprechende Vortat bei der Geldwäsche ist regelmäßig banden- oder gewerbsmäßig begangen. Damit sind gleichzeitig die Voraussetzungen für eine Rasterfahndung nach § 98 a StPO hinsichtlich der Vortat erfüllt. Zwar ist hier Zielobjekt in erster Linie der Vortäter selbst, jedoch stellt sich der Umstand, dass ein – vermuteter – Täter einer Geldwäsche in das Visier der Rasterfahndung gerät, gleichsam als Kollateralschaden dar. Darüber hinaus ist es gängige Praxis, bei dem Anfangsverdacht einer Geldwäsche zunächst auch eine Beihilfe zu der Vortat anzunehmen. Dies ermöglicht, die „Waffe" der Rasterfahndung auch gegen den – mutmaßlichen – Täter einer Geldwäsche einzusetzen. Sind die Daten abgeglichen, stellt sich die Frage nach Beweisverwertungsverboten in diesem Rahmen nicht mehr, da gefundene Korrelationen in den Daten immer wieder „neu" festgestellt werden können.

---

[243] KK-StPO-*Nack* § 111 b Rdnr. 14.
[244] *Meyer-Goßner* § 100 a StPO Rdnr. 6.
[245] *Burhoff*, Handbuch für das strafrechtliche Ermittlungsverfahren, 4. Auflage, Rdnr. 1489.
[246] OLG Oldenburg Beschl. v. 19.12.1994 – VAs 6/94 – StV 1996, 534; *Burhoff*, Handbuch für das strafrechtliche Ermittlungsverfahren, 4. Auflage, Rdnr. 1489.
[247] Vgl. OLG Düsseldorf Beschl. v. 20.3.1995 – 1 Ws 135/95 – NJW 1995, 2239.

Im Einzelnen läuft die Rasterfahndung so ab,[248] dass anhand einer vorformulierten Suchanfrage **Datenbestände** nach bestimmten **Zeichenketten** durchsucht werden. Die hierbei gewonnenen Daten werden – ggf. mehrfach – gefiltert, um die Personen, die bestimmte Kriterien erfüllen (oder auch nicht erfüllen), aus dem Datenpool herausnehmen zu können. Der Tatverdacht gegen die übrig bleibenden Personen wird dann nach herkömmlichen Methoden weiterverfolgt.

3. Telefonüberwachung (§ 100 a StPO)

a) **Allgemeines.** Telefonüberwachungen (§ 100 a StPO) sind in Deutschland ein häufig angewandtes Mittel, um einen mutmaßlichen Täter überführen zu können.[249] So ist es nicht verwunderlich, dass die Geldwäsche – unter der Flagge der Bekämpfung der Organisierten Kriminalität – ein Delikt ist, welches unter den Katalog des § 100 a StPO fällt. Die Gesetzeslage scheint hier nicht vollständig durchdacht worden zu sein: Dies zeigt sich vor allem dann, wenn zwar die Geldwäsche ein Delikt ist, welches nach § 100 a S. 1 Nr. 2 StPO Grundlage einer Telefonüberwachung sein kann, nicht aber das entsprechende Grunddelikt.[250]

b) **Telefonüberwachung trotz Straflosigkeit nach § 261 Abs. 9 S. 2 StGB?** Den gleichen Sachverhalt hatte das LG Hamburg zweimal zu entscheiden:[251] Die Vortäter waren verdächtig, Straftaten gemäß §§ 373, 374 AO (gewerbsmäßiger Schmuggel bzw. gewerbsmäßige Steuerhehlerei) begangen zu haben. Ein Verdacht hinsichtlich dieser Delikte reicht aber nicht, um eine Telefonüberwachung anordnen zu können. Sie sind jedoch geeignet, Vortaten einer Geldwäsche zu sein. Aus diesem Sachverhalt entwickelte sich die Frage, ob trotz des Strafbarkeitsausschlusses nach § 261 Abs. 9 S. 2 StGB (Straflosigkeit bei Beteiligung an der Vortat) die Möglichkeit der Anordnung einer Telefonüberwachung gem. § 100 a StPO bestand. Das LG Hamburg bejahte diese Frage[252] mit dem Hinweis darauf, dass es für den Verdacht einer Katalogtat lediglich eines tatbestandsmäßigen, rechtswidrigen und schuldhaften Verhaltens des Beschuldigten bedürfe, nicht jedoch, dass auch eine Verurteilung wegen Verstoßes gegen § 261 StGB erfolge. Dieser Auffassung kann nicht gefolgt werden; sie hat zur Folge, dass der Katalog des § 261 StGB den Katalog des § 100 a S. 2 StPO ergänzt, der gesetzgeberische Wille aber doch gerade nicht darauf ausgelegt war, Taten wie Schmuggel und Steuerhehlerei in den Katalog, die eine Telefonüberwachung ermöglichen sollten, aufzunehmen.[253] Außerdem: Im vorliegenden Fall kann es nie zu einer Verurteilung wegen Geldwäsche kommen, jedenfalls dann nicht, wenn sicher feststeht, dass der Betroffene nach § 261 Abs. 9 S. 2 StGB straffrei ist. Wenn die Verurteilungsprognose aber negativ ist, dann dürfen auch keine Ermittlungsmaßnahmen durchgeführt werden;[254] diese wären als staatlicher Eingriff **immer** unverhältnismäßig, da sie nie zu einer Verurteilung wegen einer Katalogtat führen könnten. Bestätigt wird dieses Ergebnis auch durch § 100 a Abs. 5 StGB, wonach die gewonnenen Erkenntnisse nur zu Beweiszwecken hinsichtlich einer Straftat verwendet werden dürfen, die in § 100 a StGB Erwähnung findet. In einer aktuellen Entscheidung hat der BGH diese Auffassung bestätigt;[255] es finden sich jedoch in diesem Urteil ausreichend Hinweise, wie dieses Problem durch die Ermittlungsbehörden umgangen werden kann: Häufig wird gleichzeitig, gerade bei konzentrierten Aktionen eine kriminelle Vereinigung vorliegen, die ihrerseits wieder Abhörtätigkeiten legitimiert.[256]

---

[248] Nach: KK-StPO/*Nack* § 98 a Rdnr. 2, 14 (dort auch weitere Nachweise).
[249] In Deutschland wurden im Jahre 1992 3.499 Überwachungen richterlich beantragt; in den USA waren es im selben Zeitraum lediglich 821 (Zahlen nach *Hetzer* wistra 1994, 178). Ob diese Diskrepanz vielleicht wenigstens teilweise auf einem anderen Anmeldeverhalten der Ermittlungsbehörden beruht, konnte so nicht festgestellt werden.
[250] Vgl. dazu: BGH NStZ 2003, 499 und die Urteilsanmerkung dazu: *Roßmüller* wistra 2004, 52 ff.
[251] LG Hamburg jeweils Beschl. v. 30.11.2000 – 620 Qs 80/00 und 618/00; zitiert nach: *Meyer-Abich* NStZ 2001, 466.
[252] Auch das KG folgte dieser Entscheidung: Beschl. v. 11.9.2002 – (4) 2 Hes 18/02 (113-115/02) – NStZ 2003, 326 f.; ebenso: LG Hildesheim Beschl. v. 17.9.2002 – 25 Qs 3/02 – NStZ 2003, 327; anderer Ansicht: *Meyer-Abich* NStZ 2001, 465 ff.; *Meyer-Abich* war bis Ende 2000 Haft- und Ermittlungsrichter in Hamburg.
[253] So auch M*eyer-Abich* NStZ 2001, 466.
[254] Vgl. OLG Hamburg Beschl. v. 19.6.2002 – 3 Ws 70/02 – StV 2002, 590.
[255] BGH Beschl. v. 26.2.2003 – 5 StR 423/02 – NStZ 2003, 499; vgl. auch die kritischen Anmerkungen dazu: *Janovsky* Kriminalistik 2003, 454 ff.
[256] BGH Beschl. v. 26.2.2003 – 5 StR 423/02 – NStZ 2003, 499, 500.

175 **c) Die besondere Stellung des Rechtsanwalts.** Auch die **Stellung als Rechtsanwalt** schützt im Übrigen nicht davor, Objekt einer Telefonüberwachung zu werden. Jedenfalls dann, wenn der Rechtsanwalt selbst Verdächtiger einer Katalogtat des § 100 a Abs. 2 S. 1 ist,[257] ist in der Stellung als Rechtsanwalt kein rechtliches Hindernis einer Überwachung zu sehen.

176 **d) Zuständigkeit.** Das Richterprivileg gilt auch hier zur Regelung der Zuständigkeit (§ 100 b Abs. 1 StPO). Wie sonst auch, hat die Staatsanwaltschaft die Möglichkeit, bei Gefahr im Verzug selbst eine Anordnung zu treffen. Binnen drei Tagen ist die Entscheidung der Staatsanwaltschaft durch den Richter zu bestätigen. Die Anordnung der Telefonüberwachung gilt für maximal drei Monate; sie kann um jeweils drei Monate verlängert werden, wenn die Voraussetzungen des § 100 a StPO weiterhin vorliegen. In der Natur der Sache liegt es begründet, dass der Betroffene nicht vorher über die Überwachungsmaßnahme informiert wird. Die Erkenntnisse, welche im Rahmen der Telefonüberwachung gewonnen wurden, können nur dann verwendet werden, wenn sie zur Verfolgung einer Katalogtat des § 100 a StPO genutzt werden; Bagatelldelikte sollen so aus der Telefonüberwachung wenigstens nachträglich ausgefiltert werden.

4. Lauschangriff (§§ 100 c ff. StPO)

177 **a) Allgemeines.** Die Regelungen zur akustischen Überwachung innerhalb und außerhalb von Wohnungen haben in den letzten Jahren umfassende Änderungen erfahren. Dabei wurden erst jüngst (seit 1.7.2005) – um einer Vorgabe des Bundesverfassungsgerichtes Rechnung zu tragen[258] – die Voraussetzungen für die Zulässigkeit der Wohnraumüberwachung verschärft.

178 Seit der neuesten Gesetzesänderung findet sich die akustische Überwachung außerhalb von Wohnräumen in § 100 f StPO wieder; an den tatbestandlichen Voraussetzungen hat sich hier allerdings nichts geändert. Es müssen hier bestimmte Tatsachen vorliegen, die den Verdacht begründen, dass jemand eine der in § 100 a StPO bezeichneten Taten begangen hat (§ 100 f Abs. 2 S. 1 StPO). Zu diesem Tatenkatalog gehört – wie bereits oben erwähnt – auch die Geldwäsche (§ 100 a Abs. 2 StPO).

179 Dagegen erfuhr die Wohnraumüberwachung hinsichtlich des Verdachts der Geldwäsche eine erhebliche Einschränkung: Nur noch im besonders schweren Fall der Geldwäsche, der zudem gewerbs- oder bandenmäßig begangen worden sein muss, kommt nunmehr eine Wohnraumüberwachung überhaupt in Betracht.[259] Darüber hinaus wurden bei der Wohnraumüberwachung erhebliche Einschnitte insofern vorgenommen, als dass die Aufzeichnungen unverzüglich zu unterbrechen sind, sobald es Anhaltspunkte dafür gibt, dass Äußerungen dem Kernbereich privater Lebensgestaltung zuzurechnen sind (§ 100 c Abs. 5 StPO).

180 **b) Sonderregelungen.** Nach § 100 c Abs. 6 StPO unterliegen Gespräche mit einem Zeugnisverweigerungsberechtigten (z.B. Angehörige, Berufsgeheimnisträger) grundsätzlich einem Verwertungsverbot und dürfen auch nicht aufgezeichnet werden. Eine Ausnahme gilt aber für den Fall, dass der Zeugnisverweigerungsberechtigte einer Beteiligung oder einer Strafvereitelung, Begünstigung oder auch Hehlerei verdächtig ist (§ 100 c Abs. 6 S. 3 StPO). Anzumerken ist hier, dass eine eventuelle Geldwäschehandlung hier nicht aufgezählt ist, der Tatverdacht hinsichtlich einer einfachen Geldwäsche also auch nicht als Grundlage für eine Wohnraumüberwachung dienen kann.

181 Eine Besonderheit besteht im Richterprivileg: Selbst bei Gefahr im Verzug muss die Staatsanwaltschaft die Zustimmung des Vorsitzenden einholen (§ 100 d Abs. 1 S. 2 StPO). Aber auch diese Zustimmung muss innerhalb von drei Tagen durch das erkennende Gericht bestätigt werden.

182 **c) Rechtsschutz.** Eine Besonderheit der Wohnraumüberwachung ist darin zu sehen, dass der Betroffene gem. § 100 d Abs. 8 StPO von den getroffenen Maßnahmen zu unterrichten ist, sobald dies ohne Gefährdung des Untersuchungszweckes oder einzelner Rechtsgüter (Leben, Freiheit, bedeutende Vermögenswerte) geschehen kann. An diese Unterrichtungspflicht wird bei der Wohnraumüberwachung auch die Möglichkeit des Rechtsschutzes geknüpft: Betrof-

---

[257] BVerfGE 30, 1, 32 f.: Ein Strafverteidiger ist nicht schlechthin von der Telefonüberwachung ausgenommen; vgl. auch: BGHSt 33, 347.
[258] BVerfGE 109, 274, 314.
[259] Zu den Einzelheiten s. BT-Drucks. 14/4533, 15/5486 sowie *Löffelmann* NJW 2005, 2033 m.w.N.

fene können bis zu zwei Wochen nach ihrer Benachrichtigung die Überprüfung der Rechtmäßigkeit durch das schon vorher zuständige Gericht verlangen. Gegen diese Entscheidung ist die sofortige Beschwerde statthaft (§ 100 d Abs. 10 StPO).

Dagegen richtet sich der Rechtsschutz gegen eine Überwachung außerhalb des Wohnraums nach den allgemeinen Regeln. Dabei ist vor allem an das Stichwort „Prozessuale Überholung"[260] zu denken. Ein „Rechtsinstitut", welches inzwischen durch die Rechtsprechung des Bundesverfassungsgerichtes erhebliche Einschränkungen erfahren hat.[261]

5. Möglichkeit der Verwertung von Anzeigedaten nach § 10 Abs. 2 GwG für steuerliche Zwecke

Die Ermittlungsbehörden haben die Möglichkeit, **alle** im Rahmen einer Verdachtsanzeige nach § 11 GwG gewonnenen Daten an die entsprechenden Steuerbehörden zu übermitteln (§ 10 Abs. 2 GwG). Die zuständigen Steuerbehörden dürfen dann ohne weitere Einschränkungen die gewonnenen Fakten heranziehen, um **Besteuerungsverfahren** und **Strafverfahren wegen Steuerstraftaten** einzuleiten.

Die **Ineffizienz der Kontrollmitteilungen** hinsichtlich des Geldwäscheverdachtes[262] wird hier aus Verfolgersicht mehr als aufgewogen: Häufig ist die Geldwäschemitteilung daher ein **Deckmantel** einer möglichen Verfolgung von – vornehmlich – Steuerstraftaten.[263]

Bestätigt wird diese Sicht durch einen Blick in die Tagespresse. Zwischenzeitlich wurden fast im wöchentlichen Rhythmus Meldungen nach dem Geldwäschegesetz dazu genutzt, um Verfahren wegen Steuerhinterziehungen oder auch anderer Delikte zu eröffnen. Dabei sind gerade **Prominente häufig Objekt der Verfolgungsbehörden**, dazu einige Beispiele:

Die Anklage wegen des Verdachts der Geldwäsche wurde in Frankreich gegen den ehem. **Vorstandschef der Société Générale** Daniel Bouton und zwei seiner Spitzenmanager erhoben.[264]

Der Verdacht der Geldwäsche spielte auch beim **Schweizer Botschafter in Luxemburg,** Peter Friedrich, eine Rolle.[265]

Gegen Eckhard Spoerr, **Vorstandvorsitzender der Mobilcom-Tochter Freenet**, wurde der Verdacht der Geldwäsche geäußert.[266]

Dem **US-Schauspieler Don Johnson** wurde im Jahr 2002 unterstellt, Geldwäsche begangen zu haben.[267]

Der **US-Tabakkonzern Reynolds** war auch Gegenstand von Verdächtigungen wegen Geldwäsche[268] im Zusammenhang mit Zigarettenschmuggel.

Die Affäre um den ehem. **Brandenburger Wirtschaftsminister** Wolfgang Fürniß nahm ihren Anfang in einer Mitteilung wegen Geldwäsche.[269]

Auch das Verfahren gegen den inzwischen verstorbenen **ehemaligen Bundeswirtschaftminister** Möllemann hatte eine Anzeige wegen Geldwäscheverdacht einer Luxemburger Bank zum wesentlichen Gegenstand.[270] In diesem Zusammenhang war auch die Rede davon, dass 180 Banken aus Luxemburg gerade die Konten von Prominenten auf geldwäscheverdächtige Transaktionen hin durchsucht hätten.[271]

---

[260] *Meyer-Goßner* Vor § 296 StPO Rdnr. 17 ff. m.w.N.
[261] BVerfGE 96, 27 = NJW 1997, 2163.
[262] Vgl. dazu die Zahlen aus dem „Lagebild 2001" der „Zentrale Finanzermittlungen Polizei/Zoll Baden-Württemberg", abrufbar unter: http://www.polizei-bw.de/. Danach standen 1.435 Verdachtsanzeigen im Jahre 2001 immerhin 5 Verurteilungen wegen Geldwäsche, aber immerhin 34 Verurteilungen wegen anderer Straftaten entgegen (S. 9, 21).
[263] Aber nicht nur: vgl. http://www.spiegel.de v. 15.11.2002 wegen eines Börsenmillionärs, der jahrelang den Bafög-Höchstsatz beanspruchte.
[264] http://www.manager-magazin.de vom 15.1.2002: „Société Générale: Geldwäscheskandal erschüttert die französische Finanzwelt."
[265] http://www.manager-magazin.de vom 16.7.2002 („Peter Friedrich: Schweizer Botschafter in Luxemburg festgenommen") und FAZ v. 12.7.2002, S. 2.
[266] http://www.manager-magazin.de vom 23.12.2002.
[267] http://www.rp-online.de/ vom 13.3.2003.
[268] Der Spiegel, 45/2002, S. 112.
[269] http://www.faz.net v. 11.11.2002; Der Spiegel, 46/2002, S. 186.
[270] Der Spiegel, 46/2002, S. 174.
[271] http://www.faz.net.de v. 23.11.2002.

6. Kontrolle des grenzüberschreitenden Bargeldverkehrs

188   Im Zusammenhang mit der Geldwäsche von ebenfalls großem Interesse ist die Möglichkeit der Bundeszollverwaltung, gem. § 12 a Zollverwaltungsgesetz (ZollVerwG)[272] den grenzüberschreitenden Bargeldverkehr überwachen zu können, indem nach dem Vorhandensein von Bargeldbeständen über € 15.000,– gefragt wird. Wenn hierbei Umstände vorliegen, die die Annahme rechtfertigen, dass Zahlungsmittel zum Zweck der Geldwäsche über die Grenzen der Bundesrepublik Deutschland verbracht werden, können die Geldbestände zeitweilig sichergestellt werden (§ 12 a Abs. 2 ZollVerwG). Außerdem werden diese Fälle an das Zollkriminalamt und die Finanzbehörden weitergeleitet (§ 12 a Abs. 3 ZollVerwG).[273]

7. Zentralstelle für Verdachtsanzeigen

189   Das Geldwäschebekämpfungsgesetz vom 8.8.2002[274] ermöglichte dem Bund die Schaffung der Zentralstelle für Verdachtsanzeigen (kurz „FIU" als Abkürzung für das international übliche: „Financial Intelligence Unit"). Dort werden alle gem. § 11 GwG erkannten Verdachtsfälle zusammengetragen und technisch ausgewertet. Die Zentralstelle für Verdachtsanzeigen ist dem Bundeskriminalamt organisatorisch angegliedert und soll eine Verbesserung der Informationslage gewährleisten.[275]

8. Zusammenfassung und Wertung

190   Gefahren aus einem Verdacht der Geldwäsche gegen eine einzelne Person oder ein gesamtes Unternehmen drohen aus verschiedenen Richtungen. Zum einen ist der potenziell inkriminierte Gegenstand der Gefahr ausgesetzt, einem vorläufigen dinglichen Arrest oder auch einer Beschlagnahme zu unterliegen.

191   In Datenrasterfahndung, Telefonüberwachung und Lauschangriff liegen weitere Gefahren für die persönliche Integrität der Betroffenen.

192   Diese Fakten sind im Zusammenhang mit der Einrichtung der „FIU Deutschland" als zentraler Sammelstelle für Geldwäscheverdachtsanzeigen, der Kontrolle des grenzüberschreitenden Verkehrs und der Möglichkeit, die im Rahmen eines Geldwäscheverdachts gewonnenen Daten für eine steuerliche Überprüfung zu beurteilen.

193   Es zeigt sich dabei, dass es bei dem Thema Geldwäsche nicht nur um § 261 StGB geht. Vielmehr ist das Zusammenspiel von Normen verschiedener Gesetze dazu geeignet, umfassende Kontrolle von wirtschaftlichen Abläufen zu gewährleisten und erhebliche grundrechtsrelevante Eingriffe in die persönliche Integrität aller am Wirtschaftsleben Beteiligter zu ermöglichen.

VII. Das Problem der Geldwäsche in der Praxis

194   Bisher wurde eine Analyse der bestehenden Gesetzes- und Rechtsprechungslage vorgenommen. In diesem Abschnitt werden Hinweise für eine umfassende anwaltliche Beratung aus praktischer Sicht gegeben, die dazu dienen sollen, Orientierungspunkte in den Untiefen der gesetzlichen Regelungen zu setzen.

1. Vorfeldberatung

195   **a) Auswirkungen auf den Umgang mit Geschäftspartnern.** Wie sollen sich der rechtstreue Bürger oder das rechtstreue Unternehmen beziehungsweise dessen Organe verhalten? Ist es besser, konkrete Fragen nach der Herkunft von Geld zu stellen? Oder soll man besser gar nicht erst nachfragen, um sich nicht selbst bösgläubig hinsichtlich der Herkunft des Geldes zu machen?[276]

---

[272] Die Vorschrift wurde mit Wirkung vom 21.12.2001 vom Finanzverwaltungsgesetz in das Zollverwaltungsgesetz übertragen; s.a.: http://www.zollkriminalamt.de/organisation/bargeldkontrolle.htm.
[273] Zur Frage, ob in solchen Fällen eine Selbstanzeige die Lösung sein kann: *Bornheim* AO-StB 2001, 276.
[274] BGBl. I 3105.
[275] Vgl. dazu *König* Finanzkriminalität S. 108. Die Jahresberichte der FIU geben einen guten Einblick in die Art und Weise der Tätigkeit der FIU. Diese sind unter http://www.bka.de („Berichte und Statistiken") abrufbar.
[276] Vgl. zu diesen Fragestellungen auch die Checkliste bei: *Gotzens/Schneider* PStR 2001, 265, 270.

Vorweg: Es geht hier nicht um die Beratung von Beteiligten an einer wie auch immer gearteten Vortat. Es geht an dieser Stelle „lediglich" um eine Beratung desjenigen, der im geschäftlichen Verkehr den Verdacht der Geldwäsche vermeiden will:

aa) Die Behandlung von Bargeld. Um jeden Geldwäscheverdacht zu vermeiden, wenn es um die Behandlung von Bargeldeinnahmen geht, ist es geboten, als „Mindeststandard" die Vorgaben des Geldwäschegesetzes penibel zu beachten. Denn hier hat der Gesetzgeber nicht nur Vorschriften gemacht, um der Geldwäsche Herr zu werden. Vielmehr können die **Handlungsanweisungen des GwG auch als Leitlinien für eine Behandlung potenzieller Geschäftspartner** dienen. Im Geldwäschegesetz ist insofern eine Grenze normiert, nach welcher der Vertrauensgrundsatz – jedenfalls soweit das GwG greift – zurücktritt. Während bei einem betragsmäßig geringfügigen Alltagsgeschäft darauf vertraut werden darf, dass die finanziellen Mittel meines Geschäftspartners aus legalen Quellen stammen, ist dies nicht der Fall, wenn die Vorschriften des Geldwäschegesetzes greifen. Hier ist die € 15.000,- Bargeld-Grenze maßgebend: Wenn § 3 Abs. 1 S. 2 GwG eine Pflicht zur Identifizierung bei einer Transaktion von mehr als € 15.000,- statuiert – offensichtlich ist dem Gesetzgeber eine Bargeld-Transaktion über diese Summe hinaus generell suspekt – so heißt das umgekehrt auch, dass unterhalb dieser Grenze eine Identifizierung des Geschäftspartners nicht notwendig ist.[277] Diese Alltags- und Kleingeschäfte wollte der Gesetzgeber offensichtlich nicht konsequent verfolgt wissen; denn ohne eine entsprechende Identifizierung ist ein trotzdem bestehender betragsunabhängiger Verdacht gar nicht verfolgbar.

Dabei haben Unternehmen – im Gegensatz zu Banken (vgl. § 2 Abs. 3 GwG) – nicht die Pflicht, mehrere Teilbetragsgeschäfte zusammenzurechnen (um so das sog. „Smurfing" entdecken zu können). Trotzdem ist es ratsam, wenn sich offensichtliche Zusammenhänge zwischen den (Teil-)Geschäften ergeben, weitere Nachforschungen anzustellen und auf einer Identifizierung zu bestehen, um so jeden Verdacht der Geldwäsche von sich weisen zu können. Denn im Zweifelsfall werden die Ermittlungsbehörden, wenn es zu einem Anfangsverdacht kommt, eine nicht erfolgte Identifizierung des Geschäftspartners als Indiz für eine Geldwäsche werten, mit der Folge, dass Beschlagnahmen, Durchsuchungen etc. unmittelbar drohen.

Auch unter der Grenze von € 15.000,- ist immer an die Verpflichtung des § 11 Abs. 1 GwG zu denken, einen Geldwäscheverdacht bei den Ermittlungsbehörden zu melden.

bb) Einnahmen über Buchgelder (Überweisungen, Kreditkartenzahlungen). Einnahmen von Buchgeldern unterscheiden sich von einer Bargeldeinnahme unter dem Aspekt der Geldwäsche im Wesentlichen dadurch, dass hier eine **Identifizierungspflicht nach dem GwG nur für Banken und andere Finanzinstitutionen** besteht. Trotzdem besteht weiterhin die Gefahr einer Geldwäsche. Die Überweisung führt zu einer Bewegung von Vermögensmassen. Wenn diese Vermögensmasse inkriminiert ist, dann erfüllt die Entgegennahme einer Überweisung von einer solchen Masse den Tatbestand der Geldwäsche.

Der Geldwäscheproblematik kann man in diesem Fall auch nicht dadurch beggnen, dass man auf einer **Kreditkartenzahlung** besteht: Die Geldwäsche besteht dann nicht in dem Erhalt der Überweisung durch die kreditkartenführende Bank, da ein inkriminierter Vermögenswert bei dieser Bank gar nicht entstehen konnte. Sie ist jedoch insofern akut, als es durch das Eingehen des Geschäftes dem Katalogtäter ermöglicht wird, den Betrag wirtschaftlich zu nutzen. Das stellt einen Verstoß sowohl gegen § 261 Abs. 1 StGB als auch gegen § 261 Abs. 2 StGB dar. Indem das Kreditkartenunternehmen das inkriminierte Geld entgegennimmt, wird dieser Gegenstand einem Dritten verschafft. Darüber hinaus besteht in solchen Fällen immer auch das Problem, dass eine Beihilfe an der folgenden Geldwäschehandlung, nämlich dem Ausgleich des Kontos der kreditkartenführenden Bank, möglich ist.

Beruhigend kann hier allerdings wirken, dass bei der **Einnahme von Buchgeldern keine Vorschrift im GwG** existiert, die ein bestimmtes Verhalten verlangt. Grundsätzlich müssen daher auch keine besonderen Vorkehrungen getroffen werden, um Geldwäsche zu verhindern. Trotzdem kann man es im Einzelfall gegebenenfalls nicht bei einer bloßen Untätigkeit belassen: Wenn bestimmte – nahe liegende – Anhaltspunkte dafür bestehen, die auf einen Geldwäsche-

---

[277] *Lackner/Kühl* § 261 Rdnr. 2 a weisen zu Recht darauf hin, dass die Effektivität von § 261 StGB maßgeblich von den Rahmenverpflichtungen des Geldwäschegesetzes abhängt; so auch: *Heerspink* PStR 2003, 149, 154.

tatbestand konkret hindeuten, trifft die Meldepflicht des § 6 GwG zu, so dass hier Handlungsbedarf besteht. Vor allem sind in einem solchen Fall – schon zur Vermeidung von Ermittlungen gegen die eigene Person – unverzüglich die Ermittlungsbehörden in geeigneter Weise in Kenntnis zu setzen.

202 Insgesamt ist die Zahlung mittels Überweisungen und Kreditkarten[278] **unproblematischer.** Zum einen drängt sich bei Buchgeldern – im Gegensatz zu Bargeld[279] – nicht sofort der Verdacht auf, dass es sich um inkriminiertes Geld handeln könnte. Eine Strafbarkeit wegen grober Fahrlässigkeit wird so regelmäßig nicht zu bejahen sein. Zum anderen kann man bei **Buchgeldern** davon ausgehen, dass der **Kontrollmechanismus der Banken** greift. Das Vertrauen in den Geschäftspartner kann auf diese Art und Weise legitim gefestigt werden; dies stellt einen weiteren Weg dar, um grobe Fahrlässigkeit oder gar Vorsatz ausschließen zu können.

203 **b) Auswirkungen von kontaminiertem Geld.** Wer wissentlich oder grob fahrlässig kontaminiertes Geld entgegennimmt, welches aus einer ihm bekannten Straftat herrührt, und dieses Geld beispielsweise auf ein eigenes Konto platziert, der „verseucht" damit – jedenfalls nach einer starken Literaturmeinung – auch seine sonstigen gesamtem Geldbestände.[280] Eine spätere Kenntnis von der Herkunft ist nach der hier vertretenen Auffassung dagegen grundsätzlich unschädlich, da die entsprechenden Vermögenswerte nicht aus der Katalogtat, sondern aus dem entsprechenden Rechtsgeschäft herrühren. Allerdings wurde vereinzelt schon **Rechtsanwälten mit standesrechtlichen Konsequenzen gedroht,** wenn die eingenommenen Gelder – von deren zweifelhafter Herkunft man erst nachher Kenntnis erlangte – nicht umgehend der Staatskasse zugeführt wurden.

2. Ansätze für eine erfolgreiche Verteidigungsstrategie bei Geldwäscheverdacht

204 Wie bereits mehrfach betont: Das eigentliche Problem ist häufig nicht der Geldwäscheverdacht selbst. Vielmehr ist der Geldwäscheverdacht mitunter ein Vehikel für die Ermittlungsbehörden, um eine effektive Strafverfolgung (nicht nur der Vortaten!) zu gewährleisten, die anscheinend ohne den Geldwäscheverdacht und dessen Konsequenzen nicht geleistet werden kann. Dabei ist der grundsätzliche Ansatz, Geldwäsche als Instrument der Strafverfolgung der Vortäter, prinzipiell ungeeignet. Das hat nicht zuletzt mit dem Umstand zu tun, dass der Vortäter selbst gar nicht wegen einer Geldwäsche bestraft wird. Wie ein aktuelles Urteil des BGH[281] gezeigt hat, kann eine **Ermittlungsmaßnahme** nämlich **nicht auf einen Geldwäscheverdacht** gegründet werden, wenn mehr oder weniger sicher feststeht, dass der Betroffene **Teilnehmer an der Vortat** war. Trotzdem: Diese Konstellation macht es für die Ermittlungsbehörden verlockend, zunächst von einer Geldwäsche auszugehen und von diesem, **maximale Eingriffsmöglichkeiten bietenden, Standpunkt** aus den wahren Sachverhalt zu ermitteln.

205 Dagegen wird sich der reine **Geldwäscheverdacht,** der regelmäßig dann entsteht, wenn **Kontrollmitteilungen** durch Banken vorgenommen werden, **meist nicht erhärten lassen.**[282] Geld als neutralem Zahlungsmittel ist es nun einmal nicht anzusehen, ob es aus Organisierter Kriminalität, Terrorvereinigungen, Anlagebetrügereien, Steuerhinterziehungen in großem Maße oder doch aus einer legalen Geschäftstätigkeit herrührt. Ausgesprochen hart kann aber die häufig am Anfang stehende Beschlagnahme durch die Ermittlungsbehörden sein, die ein sehr geeignetes Druckmittel ist, um am Ende eine rechtsstaatlich dubiose Einstellung – womöglich sogar vor Gewährung einer Akteneinsicht – nach § 153 a StPO zu erreichen. Der Mandant wird sich in einer solchen Situation vor eine sehr problematische Wahl gestellt sehen: Zum einen kann er, möglicherweise sogar vor Gericht, feststellen lassen, dass die Herkunft seiner Geldmittel legal ist und auf rechtmäßigen Geschäften beruht. Die Konsequenz ist aber eine große Presse, ein möglicherweise jahrelanges Verfahren und die auf einen langen Zeitraum hin zu kalku-

---

[278] Zur Problematik der berufsrechtlichen Zulässigkeit (Vereinbarkeit mit § 49 b Abs. 4 BRAO) und der Entgegennahme von Kreditkartenzahlungen durch Rechtsanwälte: *Möller* ZAP 2002, 579.

[279] Beispielsweise wurde das Geld, welches zu der Verurteilung der Rechtsanwälte des EKC führte (vgl. BGH Urt. v. 4.7.2001 – 2 StR 513/00 – NJW 2001, 2891), in bar übergeben. Vgl. zur Frage der Geldwäsche durch Annahme des Honorars bei Steuerberatern: *Heerspink* AO-StB 2001, 205.

[280] Jedenfalls nach der „Lehre von der Totalkontamination"; vgl. Rdnr. 55.

[281] BGH Beschl. v. 26.2.2003 – 5 StR 423/02.

[282] *Schmitt,* Arbeitsauftrag: Geldwäscheverhinderung!, S. 73; *Suendorf* Geldwäsche S. 400 f.

lierende Unmöglichkeit, an die beschlagnahmten Werte zu gelangen. Zum anderen kann sich der Mandant auch mit § 153 a StPO und der Erfüllung der Auflage abfinden. Dies kommt ihn möglicherweise wirtschaftlich günstiger als das Beharren auf seinem Recht.

Bevor einer solchen Einstellung nach § 153 a StPO zugestimmt werden kann, ist aber auf jeden Fall auf eine **vorherige Akteneinsicht** zu bestehen. Es wäre misslich, wenn der Verteidiger nach Erfüllung der Auflage durch den Mandanten feststellen müsste, dass die Staatsanwaltschaft überhaupt keine ausreichenden Anhaltspunkte für einen Geldwäscheverdacht und weitere Ermittlungen hatte. Im Nachhinein wird es nur selten mit Erfolg gekrönt sein, die Auflagenerfüllung rückgängig zu machen oder im Wege der Amtshaftung die Ermittlungsbehörde in Regress zu nehmen.

3. Hinweise für einzelne Branchen

a) Banken. Banken und Sparkassen sind die Hauptadressaten, wenn es um die Bekämpfung der Geldwäsche geht. Geldwäsche von Bargeld ohne Banken ist kaum möglich.[283] In diesem Zusammenhang sei noch einmal auf die **umfassenden rechtlichen Pflichten** hingewiesen, die das Geldwäschegesetz statuiert. Positiv dabei ist, dass jede Bank und Sparkasse auf einen eigenen gesetzlich vorgeschriebenen **Geldwäschebeauftragten** (§ 14 Abs. 2 Nr. 1 GwG) zurückgreifen kann, der umfassend und tief gehend in die Problematik der Geldwäsche eingebunden sein muss. Hinzu kommt, dass im Bereich der Finanzdienstleister die Thematik der Geldwäsche eine zureichende Sensibilisierung erfahren hat, da dieses Thema dort schon seit mehreren Jahren virulent ist. In der Bankenpraxis hat es schon einige Fälle gegeben, in denen Mitarbeiter von Banken per Strafbefehl zu Geldstrafen verurteilt wurden;[284] dadurch ist ein Problembewusstsein bei den allermeisten Banken entstanden, welches für die Situation hinreichend sensibilisiert.

Trotzdem: Banken sind einem enormen wirtschaftlichen Druck und Wettbewerb (vor allem im internationalen Vergleich zu Banken in der Schweiz und Luxemburg[285]) ausgesetzt, der viele Mitarbeiter dazu verleitet, nicht „so genau" hinzuschauen. So sind Fälle bekannt geworden, in denen Banken Anweisungen für die Mitarbeiter bei Nachfragen der Staatsanwaltschaft in der Schublade hatten, die einseitig darauf ausgerichtet waren, den Kunden und sein vermeintliches Schwarzgeld zu schützen.[286] Vor einer solchen falsch verstandenen Kundenorientierung[287] kann aus strafrechtlicher Sicht nur gewarnt werden: Gerade die letzten Jahre haben gezeigt, dass die Ermittlungsbehörden diese Form des Verhaltens nicht tolerieren; vielfach herrscht dort die Auffassung vor, dass es gerade im Bereich der Bankenwirtschaft viele schwarze Schafe gibt.[288]

aa) Zivilrechtliche Haftungsprobleme. Nur die wenigsten Bankmitarbeiter denken zuerst an die strafrechtlichen Folgen ihres Handelns. Viel konkreter und fassbarer sind vor allem die zivilrechtlichen Folgen des eigenen Handelns und hierbei vor allem die Gefahr der zivilrechtlichen Haftung. Die zivilrechtliche Haftung ist aber nicht so akut, wie es auf den ersten Blick scheinen mag: Hier ist zunächst auf § 12 GwG hinzuweisen, der eine grundsätzliche zivilrechtliche Haftungsfreistellung für Anzeigen im Verdachtsfall vorsieht. Nur grobe Fahrlässigkeit und Vorsatz können in einem solchen Fall noch eine zivilrechtliche Haftung durch Anzeigeerstattung begründen. Allerdings kann eine zivilrechtliche Haftung – abgesehen vom grobfahrlässigen Handeln – immer noch dann entstehen, wenn ein Konto aufgelöst wird, weil z. B. eine ordnungsgemäße Identifizierung nicht erfolgte. In diesen Fällen greift das Haftungsprivileg des § 12 GwG nicht, so dass hier einfache Fahrlässigkeit ausreichen kann, eine Haftung zu begründen. Auch die Sperrfrist des § 11 Abs. 1 S. 2 GwG wird in den meisten Fällen durch die Banken schlicht deswegen nicht eingehalten,[289] weil die nicht unberechtigte Angst besteht,

---

[283] Darauf weist auch *Suendorf* Geldwäsche S. 162 hin.
[284] Z.B. sog. „Mozart"-Fall: *Schmitt*, Arbeitsauftrag: Geldwäscheverhinderung!, S. 85; ausführlich dokumentiert in: *Suendorf* Geldwäsche S. 173; BGH Urt. v. 17.7.1997 – 1 StR 791/96 – wistra 1998, 22; s.a. das Verfahren gegen drei hohe Mitarbeiter der Bayerischen Landesbank wegen des Verdachts der leichtfertigen Geldwäsche; FASZ v. 4.11.2001, S. 37.
[285] *Suendorf* Geldwäsche S. 151.
[286] Vgl. *Suendorf* Geldwäsche S. 151.
[287] *Suendorf* Geldwäsche S. 150.
[288] Vgl. z.B.: *Hetzer* Kriminalistik 1999, 218, 222; *Keidel* Kriminalistik 1996, 406.
[289] *Hoyer/Klos* Geldwäsche S. 277.

dass der verdächtigte Kunde nachher einen Zivilprozess anstrengt, um seinen Schaden zu begrenzen. Dies ist möglich, weil § 11 Abs. 1 S. 4 GwG die Durchführung „unaufschiebbarer" Finanztransaktionen ermöglicht und die Durchführung der Finanztransaktion nicht unter die Bußgeldvorschriften des § 17 GwG fällt. Auch der Verdacht der Geldwäsche wird nur schwer zu begründen sein, wenn die Anzeige an die zuständige Stelle unverzüglich nachgeholt wird (vgl. § 11 Abs. 1 S. 4 GwG).[290] Ebenfalls in Richtung einer Durchführung der verdächtigen Finanztransaktion und einer nachherigen Meldung an die Ermittlungsbehörden geht die Überlegung, dass gerade durch die Weigerung der Durchführung der Transaktion der Verdächtige informiert werden könnte, eine solche Information aber nach § 11 Abs. 5 i.V.m. § 17 Abs. 2 Nr. 2 GwG bußgeldbewehrt ist.[291] Die Eilfallregelung läuft auch nicht ins Leere, entgegen vereinzelt geäußerter Ansicht,[292] denn ein solches Leerlaufen würde voraussetzen, dass dem jeweiligen Bankangestellten bedingter Vorsatz hinsichtlich der Geldwäsche bzw. einer Beihilfe zu einer Geldwäsche vorzuwerfen wäre. Ein solcher Vorsatz aber kann den Bankmitarbeitern regelmäßig nicht unterstellt werden.[293] Die Eilfallregelung setzt voraus, dass der Bankangestellte immer noch darauf vertrauen darf, dass die gewünschte Transaktion einen legalen Hintergrund hat; fehlt dieses Vertrauen aber, weil z. B. handfeste Tatsachen bekannt sind, die eine Illegalität sehr nahe legen, dann kann auch die Eilfallregelung nicht mehr helfen.

210 bb) *Verdachtsmomente.* Die BaFin hat den Finanzinstituten schon wiederholt Verdachtsmomente an die Hand gegeben, die darauf hindeuten können, dass eine Geldwäsche vorliegt:[294] Dazu zählen **suspekte Vorgänge jeder Art,** wie beispielsweise eine Rangelei mit einer dritten Person um einen Ausweis,[295] kurz vorher durchgeführte **konspirative Geldübergaben, rapide Vermögenszuwächse** auf Konten, die bisher nur selten benutzt wurden und vor allem **Zahlungen und Geldtransfers ohne wirtschaftlich erkennbaren Zusammenhang.**[296] Bezeichnend ist in diesem Zusammenhang, dass in den meisten dokumentierten Fällen[297] zwar ein Verdacht auf Geldwäsche durchaus berechtigt ist,[298] die Herkunft des Geldes aber regelmäßig nicht zu klären ist, da es an ermittlungstauglichen Anhaltspunkten fehlt, um die Herkunft belegen zu können. Vorsicht ist auch geboten bei dem Umgang mit möglicherweise gefälschten Handelsregisterauszügen oder Reisepässen[299] sowie bei finanziellen Transaktionen im Zusammenhang mit Offshore-Banken.[300]

211 Insgesamt ist zu empfehlen, dass alle Mitarbeiter mit offenen Augen arbeiten sollen und vor allem ihrem – geschulten – Gefühl trauen sollen.[301] Dabei sollte die Priorität bei dem Verhalten der Mitarbeiter das Informationsverbot des Kunden sein; denn dieses ist bußgeldbewehrt und somit vom Gesetzgeber als besonders wichtig eingestuft.[302]

212 cc) *Spätere Kenntnis.* Banken können durch ihre intensive Tätigkeit im Rahmen der Kreditvergabe (hier ist vor allem an § 18 KWG zu denken) auch später noch Kenntnis von den Hin-

---

[290] Die Banken sind allerdings gehalten, bei „verdichtetem Verdacht" der Geldwäsche die fragliche Transaktion abzulehnen (Verlautbarung des BAKred vom 30.3.1998, Ziff. 29 Abs. 2).
[291] *Schmitt,* Arbeitsauftrag: Geldwäscheverhinderung!, S. 24; *Bruchner* Bankrechts-Handbuch § 42 Rdnr. 114.
[292] *Suendorf* Geldwäsche S. 292.
[293] Vgl. Rdnr. 95 zur Frage des bedingten Vorsatzes bei der Durchführung einer geldwäscheverdächtigen Transaktion.
[294] Vor allem ist auf die „Anhaltspunkte, die auf Geldwäsche gemäß § 261 StGB hindeuten können", hinzuweisen, die das ZKA in Zusammenarbeit mit dem LKA Nordrhein-Westfalen und dem BAKred erlassen hat. Sie sind abgedruckt in: *Hoyer/Klos* Geldwäsche S. 414 und in: „Leitfaden zur Bekämpfung der Geldwäsche" hrsg. vom Zentralen Kreditausschuss, Anhang 10; erhellend sind auch die Beispiele in: *Schmitt,* Arbeitsauftrag: Geldwäscheverhinderung!, S. 61 ff.
[295] Vgl. auch die Aufstellung bei: *Schmitt,* Arbeitsauftrag: Geldwäscheverhinderung!, S. 37 f.; *Suendorf* Geldwäsche S. 155 f.; *Bergles/Schirnding* ZBB 1999, 58.
[296] Dies gilt auch und vor allem für Bewegungen auf Online-Konten; vgl. *Hetzer* ZfZ 2001, 298.
[297] Vgl. dazu das bereits in Fn. 294 genannte Dokument und die dortigen dokumentierten Fälle.
[298] Dies muss aber nicht so sein, vgl. dazu: „Leitfaden zur Bekämpfung der Geldwäsche" hrsg. vom Zentralen Kreditausschuss, Rdnr. 78.
[299] Vgl. *Suendorf* Geldwäsche S. 153.
[300] Auf die Bedeutung von Offshore-Zentren im Bereich der Geldwäsche verweist auch: *Bruchner* in Bankrechts-Handbuch § 42 Rdnr. 8.
[301] *Schmitt,* Arbeitsauftrag: Geldwäscheverhinderung!, S. 32; ähnlich auch *Suendorf* Geldwäsche S. 347 f.
[302] *Schmitt,* Arbeitsauftrag: Geldwäscheverhinderung!, S. 44 ff.

tergründen einzelner Finanztransaktionen erlangen. Dies ist deshalb kritisch, weil die Transaktionen, die vor Kenntnis von der Herkunft des Geldes durchgeführt wurden, alle als objektiv tatbestandliche Geldwäsche gedeutet werden können, sich aber die fehlende Kenntnis erst im langwierigen Ermittlungsverfahren herausstellt. In einem solchen Fall ist im Einzelfall zu entscheiden, ob möglicherweise **offensiv an die Ermittlungsbehörden** herangegangen wird, um den Sachverhalt vollumfänglich zu schildern. Ein solches Verhalten dokumentiert das reine Gewissen der Bank und ermöglicht es, jeden Verdacht der Geldwäsche von sich weisen zu können. Zumindest sollte in Fällen verspäteter Kenntnis genauestens überprüft werden, ob die einzelnen **Mitarbeiter noch zuverlässig** im Sinne des § 14 Abs. 2 Nr. 3 GwG sind. Darüber hinaus sollte den Mitarbeitern eindringlich empfohlen werden, schon bei der Eingehung der Transaktionen nicht aus Überarbeitung oder fehlendem Interesse auf eine Information an den Geldwäschebeauftragten zu verzichten. Eine frühzeitige Information des Geldwäschebeauftragten kann dem Mitarbeiter einen späteren Vorwurf der leichtfertigen Geldwäsche ersparen.[303]

dd) Durchführung der Transaktion unter Aufsicht der Ermittlungsbehörden. Eine Frage, mit welcher Geldwäschebeauftragte häufiger zu tun haben, ist, ob eine Transaktion auch dann eine tatbestandsmäßige und rechtswidrige Geldwäsche darstellt, wenn sie **unter Aufsicht der Ermittlungsbehörden** geschieht. Der Hintergrund dieser Fragestellung ist, dass Ermittlungsbehörden sehr oft nach einer Geldwäscheanzeige die entsprechende Bank bitten, die Transaktion durchzuführen, um so die Hintergründe der Transaktion aufdecken zu können.[304]

Hätte die entsprechende Bank die Ermittlungsbehörden nicht informiert, so hätte eine Durchführung der Transaktion trotz eines akuten Geldwäscheverdachts mit Sicherheit zur Folge, dass die Bank bzw. ihre Angestellten eine Geldwäsche begangen hätten. Es würde sich dann geradezu um einen klassischen Anwendungsfall des § 261 StGB handeln. Jedoch hat die betroffene Bank sich durch die Meldung des Verdachtes und dem zumindest zeitweiligen Stopp der Transaktion (anderenfalls könnte die Ermittlungsbehörde eine solche Bitte auf Durchführung gar nicht mehr äußern) strikt an die Vorgaben des Geldwäschegesetzes gehalten. Nach der hier vertretenen Ansicht[305] ist es in einem solchen Fall aber so, dass eine Einhaltung der Vorgaben durch das Geldwäschegesetz auch präjudizierend auf eine Straflosigkeit nach § 261 StGB wirken muss. Schon dies spricht dafür, die hier beschriebenen Fälle aus der Strafbarkeit herauszunehmen.

Hinzu kommt, dass der Fall der Transaktion unter Aufsicht der Ermittlungsbehörde sich von den viel diskutierten Fällen des „**agent provocateur**" vor allem dadurch unterscheidet, dass hier die Ermittlungsbehörde auch **als öffentliche Behörde** auftritt.[306] Alleine dadurch dürfte das Plazet der Straflosigkeit zwingend sein. Unabhängig von der Begründung ist es schlicht rechtsstaatswidrig, in einem solchen Fall eine Strafbarkeit der Bankangestellten annehmen zu können.

b) Finanzdienstleister. Im Prinzip gelten die Besonderheiten, unter denen die Banken zu sehen sind, auch für die anderen Finanzdienstleister. Diese können jedoch häufig nicht auf solch ausgereifte Strukturen zurückgreifen, wie es die Banken tun. Die Geldwäscheproblematik ist daher dort faktisch **kritischer als bei den Banken**, auch wenn die Problematiken weitgehend deckungsgleich sind.

Versicherungen und die meisten anderen Finanzdienstleister sind für Geldwäsche auch deshalb anfällig, weil sie freie Mitarbeiter haben, deren Interessen teilweise sehr einseitig wirtschaftlich und sehr wenig auf strafrechtliche Aspekte ihrer Arbeit ausgerichtet sind.

c) Wirtschaftsprüfer. Die Berufsgruppe der Wirtschaftsprüfer ist hinsichtlich der Geldwäsche einem besonders starken Risiko ausgesetzt, da sich Wirtschaftsprüfer kaum damit rechtfertigen können, nichts von der Herkunft des Geldes, das sie möglicherweise als Honorar bekommen haben, gewusst zu haben. Es ist ja geradezu Aufgabe der Wirtschaftsprüfer, diese Kenntnis zu haben. Wirtschaftsprüfer können sich auch regelmäßig nicht darauf berufen, gemäß § 11 Abs. 3 GwG aus der Anzeigeverpflichtung herausgenommen worden zu sein.

---

[303] *Schmitt,* Arbeitsauftrag: Geldwäscheverhinderung!, S. 57.
[304] Dazu: *Kraushaar* wistra 1996, 168 ff.
[305] Vgl. Rdnr. 119 ff.
[306] Vgl. zu diesen Fällen: *Tröndle/Fischer* § 46 Rdnr. 68 f.

§ 11 Abs. 3 GwG bezieht sich ausschließlich auf Rechtsberatung und Prozessvertretung, beides keine Aufgaben der Wirtschaftsprüfer, die vielmehr regelmäßig öffentliche Aufgaben zu erfüllen haben.

219 Wenn sich daher der Verdacht einer Geldwäsche für einen Wirtschaftsprüfer aufdrängt, muss dieser gem. § 11 Abs. 4 GwG die Verdachtsanzeige an die Wirtschaftsprüferkammer weiterleiten. Die Kammer kann ihrerseits Stellung zu der Anzeige nehmen (§ 11 Abs. 4 S. 2 GwG).

220 **d) Steuerberater.** Ist die Tätigkeit des Wirtschaftsprüfers im Hinblick auf die Problematik der Geldwäsche schon kritisch zu nennen, gilt dies besonders für Steuerberater. Vor allem seit der Einführung des § 370 a AO (gewerbsmäßige oder bandenmäßige Steuerhinterziehung) eröffnet sich hier ein Feld voller Gefahren für den gesamten Berufsstand. Unabhängig von der Frage der Beihilfe zu einer Steuerhinterziehung[307] besteht doch immer die latente Gefahr, dass der Steuerberater sich alleine durch die **Entgegennahme seines Honorars bei Kenntnis der rechtswidrigen Herkunft** des Geldes nach § 261 StGB strafbar macht. Wenigstens begründet eine solche Konstellation ausreichendes Misstrauen durch die Ermittlungsbehörden hinsichtlich einer möglichen Geldwäsche (und sei es nur durch die Annahme des Honorars![308]), mit der daraus resultierenden Möglichkeit des Einsatzes aller geeigneten Ermittlungsinstrumentarien.

221 Immerhin kann sich ein Steuerberater auf den Standpunkt zurückziehen, dass er regelmäßig eine **Rechtsberatung** leistet. Daher unterfällt der Aufgabenbereich des Steuerberaters **meist nicht der Anzeigepflicht.** Gerade bei einem Steuerberater wird es aber regelmäßig so sein, dass seine Auskünfte und Hilfestellungen für eine Geldwäsche genutzt werden. Daher müssen Steuerberater immer sehr genau prüfen, ob ihre Tätigkeit durch den Mandanten bewusst für solche Zwecke in Anspruch genommen wird. In diesem Fall muss der Steuerberater, will er sich nicht seinerseits dem Vorwurf der Geldwäsche aussetzen, seine **Meldung des Verdachts an die Bundesberufskammer** gem. § 11 Abs. 4 GwG übermitteln.

222 Durch die Einführung des § 370 a AO und die Hochzonung weiter Teile der Steuerhinterziehung zu Verbrechenstatbeständen, setzt sich der Steuerberater jetzt in einem sehr hohen Maße der **Gefahr von Nachforschungstätigkeiten durch die Ermittlungsbehörden** aus. Er muss nun jederzeit damit rechnen, dass eine groß angelegte Durchsuchungsaktion in seinen Büroräumen durchgeführt wird. In diesem Zusammenhang ist schon vorher eine Grundentscheidung zu treffen: ordnet man seine Unterlagen möglichst übersichtlich und für Dritte sehr transparent, oder sind sie so zu halten, dass Dritte eine Systematik nicht erkennen können, und sind Datenverschlüsselungstechniken anzuwenden?[309] Auf jeden Fall sollten aber die **Unterlagen zur Identifizierung der Kunden** und die sonstigen Unterlagen, die in unmittelbarem Zusammenhang mit den Pflichten aus dem Geldwäschegesetz stehen, **gesondert aufbewahrt** werden, um so den Aufbewahrungspflichten gerecht werden zu können.

223 **e) Rechtsanwälte.** Mit der Entscheidung des BGH[310] im EKC-Verfahren gegen die Strafverteidiger wurde die Strafverteidigung zu einem **gefährlichen Terrain, die sich anschließende Entscheidung des Bundesverfassungsgerichts**[311] entschärfte dieses jedoch wieder etwas. Aber nicht nur eine strafrechtliche Beratung, sondern auch eine zivilrechtliche Beratung ist einem permanenten Geldwäscheverdacht unterlegen:[312]

224 *aa) Strafverteidigung.* Für Strafverteidiger existierten bis zur bereits dargestellten Entscheidung des Bundesverfassungsgerichts mannigfaltige Geldwäscherisiken.[313]

---

[307] Vgl. dazu *Wessing* NJW 2003, 2265 ff.
[308] Vgl. dazu *Heerspink* AO-StB 2001, 205.
[309] Vgl. dazu den Bericht über den 4. IWW-Kongress in Düsseldorf vom 11.10.2002 und den Bericht dazu von *Krieger/Oßenbrügge* in: steueranwaltsmagazin 2002, 82.
[310] BGH Urt. v. 4.7.2001 – 2 StR 513/00 – NJW 2001, 2891.
[311] Urt. v. 30.3.2004 – 2 BvR 1520/01 – NJW 2004, 1305 ff.
[312] Allgemein dazu: *Dombek* ZAP 2000, 683; *Götz/Windholz* AnwBl. 2001, 642; *Sommer* StraFo 2005, 327.
[313] Ausführlich zum Problem der Geldwäsche durch Strafverteidiger: *Hombrecher* Geldwäsche (§ 261 StGB) durch Strafverteidiger; *Bernsmann* StraFo 2001, 344, 348; *Balzer*, Die berufstypische Strafbarkeit des Verteidigers; *Bussenius*, Geldwäsche und Strafverteidigerhonorar.

Der Bundesgerichtshof hat in seiner Entscheidung vom 4.7.2001 darauf hingewiesen,[314] dass 225 zur Vermeidung dieser Risiken immer die Möglichkeit besteht, sich als **Pflichtverteidiger** bestellen zu lassen. Das birgt allerdings die Gefahr, dass die Strafverfolgungsorgane davon ausgehen könnten, dass auch der Strafverteidiger die Möglichkeit der Geldwäsche sieht.[315]

Wie jedoch schon oben[316] ausgeführt, ist das Bundesverfassungsgericht der Entscheidung des 226 BGH entschieden entgegengetreten, als es nunmehr vor dem Hintergrund der hohen Bedeutung des Institutes der Strafverteidigung durch Wahlverteidigung zur Erfüllung des subjektiven Tatbestandes mindestens direkten Vorsatz fordert. Nur dann, wenn der Strafverteidiger im Zeitpunkt der Annahme des Honorars für die Verteidigung sichere Kenntnis von der Herkunft des Geldes aus einer Katalogtat hat, kommt damit eine Bestrafung wegen Geldwäsche in Betracht.

Gefahr kann aber hier – jedenfalls nach einer aktuellen Entscheidung des OLG Frankfurt[317] – 227 drohen, wenn es um die Gestellung von Kautionen geht. Hier muss vor allem darauf geachtet werden, dass die Gelder, die als Kaution gestellt werden, nicht aus möglicherweise geldwäscherelevanten Quellen abgeflossen sind. Sollte dies nicht möglich sein (z. B. wegen Vermischung beim Mandanten), muss der Betrag zwingend als Fremdgeld ausgewiesen werden, da ansonsten der Verlust der vom Bundesverfassungsgericht aufgestellten Privilegien drohen kann.[318] Jedenfalls reicht es nicht, hier mit der Staatsanwaltschaft entsprechende Absprachen zu treffen; Straflosigkeit ist so nicht zu erreichen.[319]

bb) Zivilrechtlich tätige Rechtsanwälte. In den letzten Jahren sind vermehrt Fälle bekannt 228 geworden, in denen Rechtsanwälte zur Geldwäsche missbraucht wurden.[320] Es sollen hierbei **Angebote an verschiedene Rechtsanwälte** ergangen sein, **Mithilfe bei der Verschiebung von Geldern** zu leisten; vor allem stand dabei die Bitte im Raum, Konten bereitzustellen, um Gelder zu verschieben. Diesen Angeboten ist mit einem großen Misstrauen zu begegnen; sie anzunehmen, ohne die genauen wirtschaftlichen Hintergründe zu kennen, ist ausgesprochen gefährlich. Zu den strafrechtlichen Konsequenzen einer Geldwäsche gesellen sich hier die **berufs- und standesrechtlichen Gefahren**. Alleine die Verwicklung in dubiose finanzielle Transaktionen kann hier – unabhängig von der Frage einer Geldwäsche – schnell den Ruf und vielleicht auch die Zulassung kosten.[321]

Jedoch können gerade zivilrechtlich tätige Rechtsanwälte in die Verlegenheit kommen, fest- 229 zustellen, dass der **eigene Rechtsrat zur Durchführung einer Geldwäsche genutzt** wird. Wenn der Rechtsanwalt sich hier sicher ist, muss er diesen Sachverhalt seiner Kammer melden, um jeden Verdacht der Geldwäsche oder einer Teilnahme daran von sich weisen zu können. Bei einem Strafverteidiger wird sich dieses Problem meist deshalb nicht ergeben, da seine Beratung nicht der Geldwäsche dienen soll, sondern der ordnungsgemäßen, im Übrigen auch rechtsstaatlich gebotenen Verteidigung des Mandanten. Die Behandlung von Kautionen muss allerdings unter großer Vorsicht geschehen; jedenfalls sind Fremdgelder unbedingt als solche auszuweisen, eine „taktische" Buchung auf eigenen Namen aus welchen Gründen auch immer verbietet sich hier strikt.[322]

cc) Sammelanderkonten. Gerade zivilrechtlich tätige Rechtsanwälte greifen häufig auf so ge- 230 nannte **Sammelanderkonten** oder auch **Fremdgeldkonten** zurück. Bei diesen Konten ist häufig zu Beginn gar nicht feststellbar, wem die Beträge wirtschaftlich zuzuordnen sind. Nach § 4 Abs. 2 der Berufsordnung für Rechtsanwälte sind diese Sammelanderkonten ausnahmsweise dann zulässig, wenn Beträge über € 15.000,– **nicht länger als einen Monat** verwaltet werden.

---

[314] BGH Urt. v. 4.7.2001 – 2 StR 513/00 – NJW 2001, 2891.
[315] Dazu ausführlich: *Bernsmann*, FS Lüderssen, S. 683, 687.
[316] Siehe oben Rdnr. 97.
[317] OLG Frankfurt Beschl. v. 10.3.2005 – 2 Ws 66/04 – NJW 2005, 1727 ff.
[318] OLG Frankfurt Beschl. v. 10.3.2005 – 2 Ws 66/04 – NJW 2005, 1727, 1733.
[319] Wie sich bereits aus der Entscheidung OLG Frankfurt Beschl. v. 10.3.2005 – 2 Ws 66/04 – NJW 2005, 1727 zeigt, bei dem gesamte Verhalten mit der Staatsanwaltschaft abgesprochen war und trotzdem in der Folge eine Anklage gegen den Verteidiger erhoben wurde.
[320] Vgl. *Suendorf* Geldwäsche S. 154, 156 f.
[321] Vgl. dazu die Dokumentation von *Illi*, Die Akte S., in dem die Gefahren der Durchführung von geldwäscheverdächtigen Transaktionen und das Dilemma, in dem man sich als Wirtschaftsanwalt befinden kann, lehrreich dargestellt ist; s.a. *Wessing* NJW 2003, 2265 ff.
[322] Vgl. OLG Frankfurt Beschl. v. 10.3.2005 – 2 Ws 66/04 – NJW 2005, 1727 ff.

Zur Vermeidung eines Geldwäschevorwurfs ist es hier sehr ratsam, sich penibel an die Monatsfrist zu halten, oder, wenn dies nicht möglich ist, die Gelder auf einem gesonderten Anderkonto vorzuhalten.

231 dd) *Aufbewahrungspflichten.* Nach dem Geldwäschegesetz müssen alle Dokumente sechs volle Kalenderjahre aufbewahrt werden. Diese Frist entspricht nicht den Fristen, die die BRAO vorsieht, sondern ist ein Jahr länger (vgl. § 50 Abs. 2 S. 1 BRAO). Es ist schon deswegen ratsam, alle mit den Pflichten des Geldwäschegesetzes zusammenhängenden Dokumente **gesondert aufzubewahren**.[323]

232 f) **Notare.** Die Tätigkeit der Notare besteht zu einem großen Teil in der Transferierung von Vermögensgegenständen, die meist einen erheblichen Wert besitzen. Gerade in diesem Bereich ist die **Gefahr der Geldwäsche sehr groß**. Schnell wechseln Grundstücke mit einem anderen als dem notariell beglaubigten Wert den Eigentümer. Geschieht dies mit Wissen des Notars, dann kann zusätzlich zu der ohnehin schon gegebenen Problematik der Beihilfe zu einer Steuerhinterziehung, Bilanzfälschung, Untreue u. s. w. auch noch der Vorwurf der täterschaftlichen Geldwäsche gem. § 261 Abs. 2 StGB hinzukommen. Selbst wenn dem Notar im konkreten Fall keine Kenntnis von der genauen Herkunft des Geldes nachgewiesen werden kann, besteht doch immer die akute Gefahr, dass die Herkunft nur leichtfertig nicht erkannt wurde.

233 Manchmal werden eingerichtete **Anderkonten** durch den Notar nach einer Sperrfrist für andere Zwecke „**wieder verwendet**". In einem solchen Fall muss der Notar, will er sich nicht dem Verdacht der Geldwäsche ausgesetzt sehen, die neue Nutzung und den daraus meist Folgenden neuen „wirtschaftlich Berechtigten" benennen.[324]

234 Weit gehend schützen vor einem Geldwäscheverdacht kann sich der Notar – ähnlich wie Banken und deren Angestellte – dadurch, dass er mit offenem und distanziertem Verhalten verdächtigen Transaktionen aus dem Weg geht. Vor allem wird ihm helfen, wenn er immer genau den jeweiligen Kenntnisstand dokumentiert, so dass ein entsprechender Geldwäschevorwurf schnell entkräftet werden kann.

235 g) **Automobil- und Schmuckhändler.** Einzelhändler, denen eine **Barzahlung** über € 15.000,– nicht suspekt vorkommt, handeln schon **per se leichtsinnig**. Schon aus diesem Grund sollte eine Barzahlung nur dann akzeptiert werden, wenn auch die Personalien des Kunden gewissenhaft festgestellt werden und der Vorgang als solcher den Ermittlungsbehörden zur Kenntnis gebracht wird. Wenn sich der Einzelhändler an diese Vorgaben hält, dann kann ihm geldwäschetechnisch kein Vorwurf gemacht werden, da er keine Verpflichtung besitzt, die Herkunft der Gelder, mit denen bezahlt wird, festzustellen. Sollte er aber tatsächlich einmal Kenntnis haben, dann muss er die Annahme ablehnen und womöglich auch auf die Erfüllung des Geschäftes verzichten, will er sich nicht einem unwiderlegbaren Verdacht der Geldwäsche aussetzen.[325]

236 Schmuckhändler haben hier noch eine besondere Aufmerksamkeitspflicht insofern, als Schmuck sehr **leicht zu transportieren** und daher ein **ideales Tatobjekt** ist, um grenzüberschreitend Vermögenswerte verbringen zu können.[326]

237 h) **Spielbanken.** Spielbanken gehören zu den Orten, die eigentlich sehr gut geeignet sind, im kleineren Maßstab Geld zu waschen.[327] Zwar gibt es mittlerweile umfangreiche Identifizierungspflichten schon bei kleineren Beträgen (ab € 1.000,–). Aber: So wahrscheinlich es ist, dass Spielbanken dazu missbraucht werden, so unwahrscheinlich ist es, dass die Geldwäsche auffällt oder gar im Umfeld der Spielbank verfolgbar ermittelt werden kann.[328] Hier dominiert das – **völlig legitime** – Desinteresse der Spielbanken an der Herkunft des Geldes: Das Geld wird in Jetons getauscht und in den allermeisten Fällen am selben Tag wieder zurückgetauscht. Es

---

[323] So auch: *Dombek* ZAP 2000, 683, 688.
[324] Vgl. „Leitfaden zur Bekämpfung der Geldwäsche" hrsg. vom Zentralen Kreditausschuss, Rdnr. 49 a.
[325] Vgl. *Suendorf* Geldwäsche S. 141 zu einem Fall, in dem ein Autohändler in Geschäften mit dem kolumbianischen Drogenkartell verwickelt gewesen sein soll.
[326] *Suendorf* Geldwäsche S. 200.
[327] Vgl. *Altenkirch*, Techniken der Geldwäsche und ihre Bekämpfung, S. 48 f.; *Stolpe* Kriminalistik 2000, 99, 104.
[328] Vgl. auch den Jahresbericht der FIU 2003, S. 12, in dem ausdrücklich beklagt wird, dass es im gesamten Berichtsjahr nur zu einer einzigen Verdachtsanzeige gekommen sei.

besteht daher keinerlei – wirtschaftlich motivierter – Anlass, nach der Herkunft des Geldes zu fragen.

Es ist daher relativ **unwahrscheinlich, dass eine Spielbank einmal Gegenstand eines Ermittlungsverfahrens** wegen Geldwäsche wird. Der Anfangsverdacht müsste sich insofern auch darauf beziehen, dass die Spielbank Kenntnis von der Herkunft des Geldes gehabt haben könnte. Solange also die jeweilige Spielbank sich sorgfältig an die Vorgaben des GwG hält, sollte § 261 StGB und das GwG bei einer Spielbank keine allzu großen Sorgen verursachen. 238

i) **Gastronomiebetriebe.** Wenn Gastronomiebetriebe zur Geldwäsche missbraucht werden, dann meist in der Form, dass sie in den „Unrechts"-Apparat der Organisierten Kriminalität **eingebunden** sind.[329] In diesem Fall können – fiktive – Einnahmen verbucht werden, und ebensolche Kosten generiert werden, die dann an andere, auf Scheingewinne ausgerichtete Unternehmen transferiert werden können. Gastronomiebetriebe sind insofern **Leitbilder für die Erstellung des Geldwäschetatbestandes § 261 StGB** gewesen.[330] 239

j) **Wechselstuben.** Häufiger in Ermittlungen wegen Geldwäscheverdachts verwickelt sind – vor allem international betrachtet – Wechselstuben. Das hängt damit zusammen, dass dort schnell und unverdächtig große Geldbeträge zusammenkommen. Darüber hinaus werden Wechselstuben im Verhältnis zu Banken als Gegenstand des Bankenzahlungsverkehrs betrachtet, so dass hier **nur geringe Kontrollen** greifen. In Einzelfällen wurden Wechselstuben dabei ertappt, mit organisierten Tätergruppen zusammengearbeitet zu haben oder sogar Teil der Tätergruppe gewesen zu sein.[331] Viele Wechselstuben legen nur geringen Wert auf eine umfangreiche Identifizierung ihrer Kunden. Die Möglichkeit der Geldwäsche durch Wechselstuben in Deutschland wurde weitgehend dadurch eingedämmt, dass diese seit der 6. KWG-Novelle aus dem Jahre 1997[332] der **Aufsicht durch die BaFin** unterliegen; ihre Attraktivität als „Geldwäscheanlagen" ist damit erheblich gesunken. 240

VIII. Ausblick

Die Möglichkeiten, den Geldwäschetatbestand noch weiter auszudehnen, sind noch nicht ausgeschöpft und es ist zu erwarten, dass jeweils erst das Bundesverfassungsgericht weiterer **Expansion** Einhalt gebieten kann: So ist geplant, im Rahmen der Geldwäscheermittlungen eine **Beweislastumkehr** derart herbeizuführen, dass bei fehlendem Nachweis der Herkunft des Geldes, das Geld als inkriminiert betrachtet wird und daher eingezogen werden kann. Schon im Jahre 1998 wurde eine solche Beweislastumkehr angeregt.[333] Auch der Gedanke einer möglichen **Ersatzpflicht bei einer Unterlassung einer Verdachtsanzeige**[334] ist längst schon aufgetaucht und kann jederzeit wieder aktuell werden.[335] 241

Immerhin: Die Meldepflichten haben sich im Rahmen des **Geldwäschegesetzes durchaus bewährt.** Zwar sind auch hier die Erfolge bei der Ermittlung der Vortaten durchaus fragwürdig. Aber das GwG erhöht die Kosten der Geldwäsche durch die Organisierte Kriminalität.[336] So oder so führt an den Regelungen des GwG aber auch kein Weg vorbei, da sie weitgehend international vorbestimmt sind. 242

Die Regelung des § 261 StGB wirkt auch auf die **rechtsberatend Tätigen** ein. Denn gerade diese kommen in die Verlegenheit, Kenntnis von der Herkunft des Geldes zu erhalten. Die Zuhilfenahme der fahrlässigen Falscheinschätzung der Herkunft ändert an diesem Ergebnis dabei nichts Gravierendes, da es unzumutbar wäre, die Herkunft des entgegengenommenen 243

---
[329] Vgl. *Suendorf* Geldwäsche S. 184.
[330] Vgl. FAZ v. 24.10.2002, S. 45: „Fische versprechen kein Schutzgeld, sondern langes Leben".
[331] Vgl. den „Bosporus-Fall" und den „Mozart-Fall" ausführlich dokumentiert in: *Suendorf* Geldwäsche S. 171, 173.
[332] BT-Drucks. 13/7142.
[333] Vgl. den SPD-Vorschlag BT-Drucks. 12/6784, den Vorschlag des Landes Baden-Württemberg BR-Drucks. 695/95 und die Darstellung in: *Hoyer/Klos* Geldwäsche S. 190; allgemein zur Beweislastumkehr: *Feigen*, Die Beweislastumkehr im Strafrecht.
[334] BT-Drucks. 12/6784, S. 22.
[335] Zu den Problemen einer solchen Norm vgl.: *Dahm/Hamacher* wistra 1995, 206, 209 ff.
[336] Vgl. beispielsweise die Ermittlungen im Fall der St. Petersburger Immobilien- und Beteiligungs AG (SPAG): http://www.spiegel.de/wirtschaft/0,1518,248615,00.html.

Geldes (oder anderer Werte) routinemäßig zu überprüfen. Es ist daher vor allem der beratende Rechtsanwalt und besonders der Strafverteidiger, der sich Gedanken um § 261 StGB machen muss. Nach dem aus Strafverteidigersicht überaus erfreulichen Urteil des Bundesverfassungsgerichts ist jedoch die Gefahr, dass jedes **Mandat des Strafverteidigers** insbesondere im Wirtschaftsstrafrecht gleichzeitig ein **Risikogeschäft** wird, weit gehend gebannt. **Probleme** können hier jedoch wieder entstehen, sobald es um die **Weiterleitung von Kautionsgeldern** geht. Die aktuelle Entscheidung des OLG Frankfurt zeigt, dass hier noch Klärungsbedarf besteht.[337] Jedenfalls ist äußerste Vorsicht angebracht, zumal die Entscheidung gezeigt hat, dass auch ein entsprechendes Ansinnen der Staatsanwaltschaft (diese wusste, woher das Geld stammte und billigte vorher weite Teile der Transaktion) keine Straffreiheit per se garantiert.

244   Es bleibt dabei, dass § 261 StGB insgesamt **problematisch in der Handhabung ist**.[338] Nahezu jedes Tatbestandsmerkmal beinhaltet einen unbestimmten Rechtsbegriff, der es nahezu unmöglich macht, zu prognostizieren, wann eine strafbare Geldwäsche vorliegt und wann nicht. Bezeichnend ist in diesem Zusammenhang der Auftrag an die Rechtsprechung, hier die richtigen Grenzen zu finden.[339] Ob die **Einbeziehung der Steuerhinterziehung in die Geldwäsche** vernünftig war, ist fraglich,[340] die Konsequenzen scheinen nicht annähernd durchdacht worden zu sein. Der gewählte Weg, die faktische Einbeziehung der Steuerhinterzieher in die Organisierte Kriminalität, mag die Statistiken aufbessern, eine effektivere Bekämpfung der Organisierten Kriminalität ist damit allerdings nicht zu erwarten. Die Bekämpfung der vornehmlich ins Visier genommenen Umsatzsteuerkarusselle erforderte dies jedenfalls nicht.

245   Der Geldwäschestraftatbestand hat sich aber auch als **strukturell unzureichend** erwiesen:[341] Geld ist ein Wirtschaftsfaktor, dessen Qualität gerade auf seiner Anonymität und Viskosität beruht. Der Versuch, gerade diese Funktion des Geldes dadurch einzuschränken, dass mittels umfangreicher Identifizierungspflichten „Papierspuren" gelegt werden, kann daher nur unzureichend sein,[342] entweder wegen der Ineffektivität hinsichtlich der Verhinderung der Organisierten Kriminalität oder als strukturelle Behinderung der freien Marktwirtschaft.[343]

---

[337] OLG Frankfurt Beschl. v. 10.3.2005 – 2 Ws 66/04 – NJW 2005, 1727.
[338] *Bittmann/Rosner* wistra 1995, 166 („Flop"); *Hund* ZRP 1996, 163, 166 („missglückt"); *Scherp* WM 2003, 1254, 1255; bezeichnend ist in diesem Zusammenhang, dass Bundesinnenminister *Schily* WM 2003, 1249 zwar das Geldwäschegesetz sehr lobt, aber über § 261 StGB kein Wort verliert.
[339] Vgl. dazu das Interview mit MdB *Meyer*, dem maßgeblichen Mit-Initiator der Einbeziehung von § 370 a AO in die Geldwäsche: DStR 2002, 879, 884; ob es überhaupt möglich ist, eine klare Grenze zwischen legaler und illegaler Ordnung zu ziehen, bezweifelt *Fischer*, FAZ vom 16.10.2002, S. 19.
[340] Auch *Reiner* Kriminalistik 2002, 443, 445 bezeichnet die Einführung des § 370 a AO als „vermeintlich genialen Schachzug"; s.a. die sehr dezidierte Kritik zum Aktionismus des Gesetzgebers von *Kirchhof* FAZ vom 4.9.2002.
[341] Das Unbehagen hinsichtlich des § 261 StGB zeigt sich auch an Artikeln aus der Sicht der Ermittlungsbehörden, vgl.: *Bittmann* wistra 2003, 161; *Burger* wistra 2002, 1. Vgl. auch *Arzt* JR 1999, 79 („Bei der Geldwäsche steckt der Teufel im Prinzip").
[342] Vgl. dazu bereits: *Arzt* NStZ 1990, 1 und *Bottke* wistra 1995, 87, 89.
[343] *Fischer* FAZ vom 16.10.2002, S. 19 („Die Bilanz der Geldwäscheverfolgung ist jämmerlich") und *Bittmann/Rosner* wistra 1995, 166.

§ 21 Banken und Kreditwesen

Übersicht

	Rdnr.
I. Verteidigungspraxis	1–29
1. Aufgaben und Interessen	1–9
a) Vertretungs- und Verteidigungskonstellationen	1
b) Funktionsweise des Bank- und Kreditwesens	2/3
c) Normstrukturen im Bankgewerbe	4/5
d) Verteidigung der persönlichen Interessen von Bankmanagern	6–8
e) Organisation der Aufgaben	9
2. Mandatsannahme und Beratung	10–19
a) Mandatsannahme	10
b) Beratungsinhalte	11/12
c) Auswirkungen des Verfahrens auf die berufliche Stellung	13
d) Erarbeiten einer Verteidigungsstrategie	14–19
3. Verteidigungshandeln	20–29
a) Informationsbeschaffung	20–23
b) Hinzuziehung von Spezialisten	24/25
c) Einwirken auf den Tatsachenstoff	26/27
d) Einwirken auf die rechtliche Beurteilung	28/29
II. Geld- und Zahlungsverkehr	30–142
1. Einführung	30–32
2. Schutz des Geldverkehrs vor falschen Zahlungsmitteln	33–55
a) Übersicht	33/34
b) Geltungsbereich	35
c) Geschützte Zahlungsmittel	36–47
d) Tathandlungen	48
e) Subjektive Tatseite	49
f) Versuch, Vorbereitung	50
g) Strafmaß	51
h) Qualifikation	52
i) Einziehung und Verfall	53
k) Anzeigepflicht	54
l) Ermittlungsbefugnisse	55
3. Kassengeschäfte und Geldwäsche	56–91
a) Einführung	56/57
b) Strafrechtliche Sanktionierung	58–67
c) Geldwäscheprävention	68–83
d) Bankenaufsicht, Berichterstattung und andere Prüfungen	84–91
4. Edelmetall- und Devisengeschäfte	92–94
a) Kassengeschäfte	92/93
b) Tafelgeschäfte	94
5. Unerlaubte Bargeldverfügungen	95–102
a) Bargeldverfügungen an der Personenkasse	95/96
b) Entwendung des Sparbuchs und Verfügung über das Guthaben	97
c) Entwendung der Geldkarte und der Geldautomatenkarte	98
d) Bargeldverfügungen mit Geldautomatenkarte	99–101
e) Bargeldauszahlungen per Kreditkarte	102
6. Unerlaubte Überweisungen	103–114
a) Einrichtung von Konten	103–107
b) Missbräuchliche Erlangung der Kontendaten (Phishing)	108/109
c) Betrug durch konkludente Täuschung	110–113
d) Betrug durch Unterlassen	114
7. Unerlaubte Lastschriften	115–118
a) Einführung und Fallgruppen	115
b) Betrug durch Einreichung von Lastschriften bei der Inkassostelle	116/117
c) Zur Untreue von Bankmitarbeitern	118
8. Wechsel- und Scheckbetrug	119–135

a) Einführung	119/120
b) Täuschung	121–128
c) Irrtum	129
d) Vermögensverfügung	130
e) Vermögensschaden	131–133
e) Vorsatz	134
f) Untreue durch Tolerierung einer Scheck- oder Wechselreiterei	135
9. Scheckkarten- und Kreditkartenmissbrauch	136–142
a) Einführung, Übersicht	136/137
b) Missbräuchliche Erlangung einer Kreditkarte	138
c) Missbräuchliche Verwendung der Kreditkarte	139–141
d) Vorsatz	142
III. Finanzierungsgeschäfte der Banken	143–269
1. Einführung	143/144
2. Kundentäuschungen bei Finanzierungsgeschäften	145–184
a) Verteidigungskonzeption	146/147
b) Besonderheiten des Deliktstyps	148–153
c) Verteidigung gegen Ausweitungsansätze	154–158
d) Anwendungsbereich des § 265 b StGB	159–164
e) Prüfungsschema und Vorgehensweise	165–175
f) Betrug bei Finanzierungsgeschäften	176–184
3. Untreue durch Kreditvergabe, § 266 StGB	185–269
a) Entwicklung der Rechtsprechung	187/188
b) Strafrechtlicher Kreditbegriff	189–201
c) Pflichtwidrigkeit und Handlungsspielräume	202–230
d) Beteiligung von Aufsichtsgremien	230–235
e) Vermögensnachteil	236–255
f) Kausalität und Zurechnung	256–266
g) Vorsatz	267/268
h) Versuch, Vollendung, Beendigung, Verjährung	269
IV. Bankspezifische Strafnormen	270–312
1. Einführung	270–278
2. Unerlaubte Bankgeschäfte, § 54	279–285
a) Verbotene Bankgeschäfte (§ 3 KWG)	280
b) Betreiben unerlaubter Bankgeschäfte (§ 32 Abs. 1 Nr. 1 1. Fall KWG)	281–284
c) Betreiben unerlaubter Finanzdienstleistungsgeschäfte (§ 32 Abs. 1 Nr. 1 2. Fall KWG)	285
3. Unbefugte Offenbarung §§ 55 a-55 b KWG	286–294
a) Preisgabe vertraulicher Informationen	286
b) Kein Bankgeheimnis im Strafverfahren	287–289
c) Kein Postgeheimnis für die Postbank	290
d) Mitteilungen und Auskünfte des BaFin	291–294
4. Ordnungswidrigkeiten, §§ 56, 59 KWG	295–299
a) Systematik, Zweck	295
b) Gruppierung der Tatbestände	296–298
c) Anwendung des § 30 OWiG durch § 59 KWG	299
5. Depotunterschlagung und falsche Depotanzeigen	300–304
a) Systematik, Zweck	300
b) Depotunterschlagung, § 34 DepotG	301–303
c) Falsche Depotanzeige, § 35 DepotG	304
6. Ungedeckte Pfandbriefemissionen	305–308
a) Systematik, Zweck	305
b) Ausgabe ungedeckter Hypothekenbriefe, §§ 37, 38 HBG	306
c) Ausgabe ungedeckter Pfandbriefe, §§ 38, 39 PBG	307/308
7. Insolvenz von Finanzinstituten, § 55 KWG	309–312
a) Strafzweck, Rechtsgut	309
b) Finanzinstitute und Finanzdienstleistungsinstitute	310
c) Versicherungsunternehmen, Pensionsfonds	311
d) Depotbanken	312

Literatur: *Abendroth*, Bankenrevision, Diss. Berlin 2005; *Achenbach/Ransiek*; Wirtschaftsstrafrecht, 2004; *Bauer/Brinkmann*, Compliance in der Kreditwirtschaft, 2004; *Bockelmann*, Kriminelle Gefährdung und strafrechtlicher Schutz des Kreditgewerbes, ZStW 79 (1967), 28 ff.; *Boos/Fischer*, KWG-Kommentar, 2. Aufl. 2004; *Büschgen*, Bankbetriebslehre, 5. Aufl. 1998; *Canaris*, Bankvertragsrecht, 2. Aufl. 1981; *Claussen*, Bank- und Börsenrecht, 2. Aufl. 2000; *Dahm/Hamacher*, Identitätsprüfung bei Tafelgeschäften, WM 1993, 445;

Deimel/Messner, Steuerfahndung bei Banken, 1998; *Dicken,* Bankenprüfung, 2003; *Ehlers,* Durchsuchung Beschlagnahme Bankgeheimnis, BB 1978, 1513 ff.; *Everding,* Früherkennung von Kreditbetrug mit Hilfe bankmäßiger Kreditwürdigkeitsprüfungen, 1996; *Fischer/Klanten,* Bankrecht, 3. Aufl. 2000; *Hellmann/Beckemper,* Wirtschaftsstrafrecht, 2004; *Kaup/Schäfer-Band/Zawilla,* Unregelmäßigkeiten im Kreditgeschäft, 2005; *Keller/Sauer,* Zum Unrecht der sog. Bankenuntreue, wistra 2002, 365; *Kiethe,* Die zivil- und strafrechtliche Haftung von Vorstandsmitgliedern einer Sparkasse für riskante Kreditgeschäfte, BKR 2005, 177; *Knauer,* Die Strafbarkeit der Bankvorstände für missbräuchliche Kreditgewährung, NStZ 2002, 399; *Krekeler/Werner,* Unternehmer und Strafrecht, 2006; *Martin,* Bankenuntreue, 2000; *Nack,* in: *Müller-Gugenberger/Bieneck* (Hrsg.), Wirtschaftsstrafrecht, 3. Aufl. 2000; *Neuhof,* Sanierungsrisiken der Banken: Vor-Sanierungsphase und Sanierungsphase, NJW 1998, 3225 u. NJW 1999, 20 ff.; *Nobbe,* Bankrecht, 1999; *Otto,* Bankentätigkeit und Strafrecht, 1983; *Prost,* Verbotene Geschäfte und strafbare Handlungen nach dem KWG, NJW 1977, 227 ff.; *Schröder/Brettel,* Der neue Anlegerschutz in der Praxis, 2006; *Struwe* (Hrsg.), § 18 KWG-Verstöße, 2004; *Struwe/Koch,* § 18 KWG – gibt es Handlungsbedarf?, BankPraktiker 2005, 84; *Theewen,* Intensiv- und Problemkreditmanagement, 2004; *Vollmuth,* Veruntreuungen bei Banken, ZfK 1977, 324; *Vortmann,* Aufklärungs- und Beratungspflichten der Banken, 7. Aufl. 2002; *Wabnitz/Janovsky* , Handbuch des Wirtschafts- und Steuerstrafrechts, 2. Aufl. 2003; *Weber,* Recht des Zahlungsverkehrs, 4. Aufl. 2005.

I. Verteidigungspraxis

1. Aufgaben und Interessen

a) **Vertretungs- und Verteidigungskonstellationen.** Strafrechtliche Bedeutung gewinnt das 1 Handeln von Bankmitarbeitern und Bankmanagern für den Anwalt aus unterschiedlichen Richtungen:
- Bankendienstleistungen werden zur Umsetzung krimineller Handlungen ausgenutzt (das können sein: z.B. Geld- und Kreditkartenfälschung, Scheck- und Wechselreiterei, Geldwäsche, Steuerhinterziehung),
- Banken können selbst Ziel der schädigenden Handlungen Dritter sein (z.B. bei Betrug, Kreditbetrug, Bankautomatenbetrug, EC- und Kreditkartenbetrug),
- Banken können durch eigene Mitarbeiter und Organe geschädigt worden sein (z.B. durch Unterschlagung und Untreue oder Steuerhinterziehung).

b) **Funktionsweise des Bank- und Kreditwesens.** Wer von Banken mandatiert wird oder sich 2 mit der Strafbarkeit von Bankmanagern zu befassen hat, muss die **Funktionsweise** des Bank- und Kreditwesens erfassen, das Zusammenspiel der verschiedenen Kontrolleinrichtungen in Theorie und Praxis verstehen um aus den sich daraus ergebenden Folgerungen praktischen Nutzen ziehen zu können. Die praktischen Abläufe des Bankgeschäftes selbst müssen in den Grundzügen verstanden werden. Zu nennen sind:
- Bankwesen, Aufbau, interne Organisation, Verbandsstrukturen,
- Praxis der Bankgeschäfte, Finanzgeschäfte und Finanzvermittlungsgeschäfte,
- Finanzaufsicht (BaFin), Währungsaufsicht (BBank), Börsenaufsicht (Staatsverwaltung).

Die folgenden **KWG-Begriffe** liegen diesem Abschnitt zugrunde: 3
- **Bankgeschäfte** sind nach der Legaldefinition des § 1 Abs. 1 KWG das Einlagengeschäft, das Kreditgeschäft, das Diskontgeschäft, das Finanzkommissionsgeschäft, das Depotgeschäft, das Investmentgeschäft, das Darlehenserwerbsgeschäft, das Garantiegeschäft, das Girogeschäft, das Emissionsgeschäft und das E-Geld-Geschäft.
- **Eigenmittel** werden definiert in §§ 10, 10 a KWG i.V.m. GS I; § 10 Abs. 1 KWG. Die Institute müssen danach im Interesse der Erfüllung ihrer Verpflichtungen gegenüber ihren Gläubigern, insbesondere zur Sicherheit der ihnen anvertrauten Vermögenswerte, angemessene Eigenmittel haben. Die Bundesanstalt stellt im Einvernehmen mit der Deutschen Bundesbank Grundsätze auf, nach denen es für den Regelfall beurteilt, ob die Anforderungen des Satzes 1 erfüllt sind. Das haftenden Eigenkapital errechnet sich aus der Summe von Kernkapital und Ergänzungskapital 1.+2. Klasse abzgl. Abzugspositionen zzgl. Drittrangmittel.
- **Einlagenkreditinstitute** sind Kreditinstitute mit Einlagengeschäft und Kreditgeschäft (§ 1 Abs. 3 d KWG).
- Die **Finanzaufsicht** wird wahrgenommen durch die BaFin (Bundesanstalt für Finanzdienstleistungsaufsicht), eine bundesunmittelbare Behörde im Geschäftsbereich des Bundesfinanzministeriums. Die Bundesanstalt hat Missständen im Kredit- und Finanzdienstleistungswesen entgegenzuwirken, welche die Sicherheit der den Instituten anvertrauten Vermögens-

werte gefährden, die ordnungsmäßige Durchführung der Bankgeschäfte oder Finanzdienstleistungen beeinträchtigen oder erhebliche Nachteile für die Gesamtwirtschaft herbeiführen können.(§ 6 Abs. 2 KWG). Sie ist befugt, bei Überschuldung (§ 46 KWG) oder zur Abwendung der Insolvenzgefahr bei Kredit-, Finanz-, und Finanzdienstleistungsinstituten einzuschreiten (§ 46 a KWG), Sonderprüfungen durchzuführen (§ 44 KWG), und sonstige Meldungen der Institute entgegen zu nehmen. Die BaFin ist Verwaltungsbehörde zur Verfolgung von Ordnungswidrigkeiten (§ 67 KWG).

- **Finanzdienstleistungen** im Sinne des KWG sind die Anlagevermittlung, die Abschlussvermittlung, die Finanzportfolioverwaltung, der Eigenhandel, die Drittstaateneinlagenvermittlung, das Finanztransfergeschäft, das Sortengeschäft und das Kreditkartengeschäft.
- **Finanzdienstleistungsinstitute** sind Unternehmen, die Finanzdienstleistungen für andere gewerbsmäßig oder in einem Umfang erbringen, der einen in kaufmännischer Weise eingerichteten Geschäftsbetrieb erfordert, und die **keine** Kreditinstitute sind (§ 1 Abs. 1 a KWG).
- **Finanzholdinggesellschaften** sind Finanzunternehmen, deren Tochterunternehmen ausschließlich oder hauptsächlich Institute oder Finanzunternehmen sind und die mindestens ein Einlagenkreditinstitut oder ein Wertpapierhandelsunternehmen als Tochterinstitut haben (§ 1 Abs. 3 a KWG).
- **Finanzunternehmen** sind keine Institute, aber anzeige- und meldepflichtige Gewerbetreibende mit folgenden Geschäften:
  1. Erwerb von Beteiligungen,
  2. Erwerb von Geldforderungen,
  3. Abschluss von Leasingverträgen,
  4. Handel mit Finanzinstrumenten für eigene Rechnung,
  5. Anlageberatung,
  6. Unternehmensberatung über Kapitalstruktur und Strategie,
  7. Geldmaklergeschäfte.
- **Gemischte Unternehmen** sind Unternehmen, die keine Finanzholdinggesellschaften oder Institute sind und die mindestens ein Einlagenkreditinstitut oder ein Wertpapierhandelsunternehmen zum Tochterunternehmen haben (§ 1 Abs. 3 b KWG).
- **Institute i. S. d. KWG** sind Kreditinstitute und Finanzdienstleistungsinstitute (§ 1 Abs. 1 b KWG).
- **Kreditinstitute** sind Unternehmen, die Bankgeschäfte gewerbsmäßig oder in einem Umfang betreiben, der einen in kaufmännischer Weise eingerichteten Geschäftsbetrieb erfordert (§ 1 Abs. 1 KWG).
Das **Kreditrisiko eines Kreditinstitutes** wird (dem Rahmen nach) begrenzt durch §§ 13, 13 a, 13 b, 14, 15 KWG:
Regelungen zu den Großkrediten (§ 13 KWG)
  - Großkredit: Kredite an einen Kreditnehmer, die insgesamt 10% des haftenden Eigenkapitals des Kreditinstituts erreichen oder übersteigen.
  - Höchstgrenze I: Ein Großkredit darf 25% des haftenden Eigenkapitals nicht übersteigen.
  - Höchstgrenze II: Die Summe aller Großkredite eines Kreditnehmers darf höchstens das 8-fache des haftenden Eigenkapitals betragen.
Regelungen zu den Millionenkrediten (§ 14 KWG)
Kreditnehmer, deren Verschuldung zu irgendeinem Zeitpunkt des Meldezeitraumes mehr als 1,5 Mio. Euro betragen hat, sind der Deutschen Bundesbank zu melden.
Regelungen zu den Organkrediten (§ 15 KWG)
Kredite an Geschäftsleiter, Mitarbeiter der Bank und an weitere Personen oder Institutionen dürfen nur aufgrund eines einstimmigen Beschlusses der Geschäftsleiter und nur mit ausdrücklicher Zustimmung des Aufsichtsorgans gewährt werden.
- **Liquidität** wird definiert in § 11 KWG i.V.m. GS II; § 11 Abs. 1 KWG:
Die Institute müssen ihre Mittel so anlegen, dass jederzeit eine ausreichende Zahlungsbereitschaft gewährleistet ist. Die Bundesanstalt stellt im Einvernehmen mit der Deutschen Bundesbank Grundsätze auf, nach denen es für den Regelfall beurteilt, ob die Liquidität eines Instituts ausreicht.

- **Unternehmen mit bankbezogenen Hilfsleistungen** sind Unternehmen, die keine Finanzholdinggesellschaften oder Institute sind und die mindestens ein Einlagenkreditinstitut oder ein Wertpapierhandelsunternehmen zum Tochterunternehmen haben (§ 1 Abs. 3 c KWG).
- Die **Wertpapieraufsicht** wird wahrgenommen von der BaFin (Bundesanstalt für Finanzdienstleistungsaufsicht). Die Bundesanstalt hat Missständen entgegenzuwirken, welche die ordnungsgemäße Durchführung des Wertpapierhandels oder von Wertpapierdienstleistungen oder Wertpapiernebendienstleistungen beeinträchtigen oder erhebliche Nachteile für den Wertpapiermarkt bewirken können (§ 4 WpHG).

Einzelne Aufgaben sind:
– Bekämpfung von Insidergeschäften
– Überwachung der Ad hoc-Publizität
– Überwachung der Veröffentlichungspflichten
– Überwachung der gesetzlichen Verhaltensregeln
– Kontrolle von Unternehmensübernahmen
– Aufsicht über Kapitalanlagegesellschaften
– Vertriebsaufsicht für Investmentfonds
– **Wertpapierhandelsbanken** sind keine Einlagenkreditinstitute, aber **Kreditinstitute** mit einem Finanzkommissionsgeschäft, einem Emissionsgeschäft, der Anlagevermittlung, der Abschlussvermittlung, der Finanzportfolioverwaltung oder dem Eigenhandel (§ 1 Abs. 3 d KWG).
– **Wertpapierhandelsunternehmen** sind **Institute** mit einem Finanzkommissionsgeschäft, dem Emissionsgeschäft, der Anlagevermittlung, der Abschlussvermittlung, der Finanzportfolioverwaltung oder dem Eigenhandel (§ 1 Abs. 3 d KWG).

c) **Normstrukturen im Bankgewerbe.** Um ein bestimmtes Verhalten unter strafrechtliche Normen einordnen zu können, ist es weiter erforderlich, die durch den einheitlichen europäischen Wirtschaftsraum entwickelten **Normstrukturen** zu beherrschen. Es greifen ineinander (nicht abschließend):
- die wirtschaftsverwaltungsrechtlichen Normen des KWG, des BBankG, des Gesetzes über die EZB, auch soweit sie durch europarechtliche Vorgaben geprägt sind;[1]
- die öffentlich-rechtlichen Landesbank- und Sparkassengesetze und -verträge neben oder vorrangig zum privaten Gesellschaftsrecht, das vom Aktien- und Genossenschaftsrecht beherrscht wird;
- die für einzelne Bankgeschäfte spezifischen bankenrechtlichen Regelungen wie z. B. das DepotG, das BausparkG, das PfandbriefG v. 22.5.2005[2] (welches das HypBankG, das SchiffsBkG und das ÖPfandbriefG abgelöst hat);
- die besonderen kapitalmarktrechtlichen Regelungen, z.B. das InvestmentG v. 22.12.2003[3] (welches das AuslInvG und das KAGG abgelöst hat);
- die besonderen Bilanzierungsnormen in §§ 340 a ff. HGB und der RechKredV, die wiederum durch Grundsätze und Praxis der Bankenverbände ergänzt und ausgelegt werden.

Selbst steuerliche Gestaltungsfragen, außenwirtschaftliche Regelungen und europäische Richtlinien (als Auslegungs- und Begrenzungsnormen für das innerstaatliche Umsetzungsrecht) spielen eine Rolle. Solche Problemkreise sind strikt von strafrechtlichen zu trennen, können aber im Einzelfall große Bedeutung für das Verständnis und die Beurteilung des konkreten Geschehens haben.

d) **Verteidigung der persönlichen Interessen von Bankmanagern.** Um eine vertiefte **psychologische Dimension** muss der Verteidiger besorgt sein, wenn er einen Bankangestellten oder Bankmanager gegen einen strafrechtlichen Vorwurf verteidigt. In der Öffentlichkeit und bei Ermittlungspersonen herrscht das Bild vor, dass Bankmanager Treuhänder für das Geld der „kleinen Leute" sein sollen. Wer sich daran vergreift, so das Vorurteil, soll „zur Verantwortung gezogen werden". Die Betroffenen reagieren manchmal auch so, als ob dieses Zerrbild der Bankentätigkeit von ihnen verinnerlicht worden wäre. Tatsächlich stellt Bankentätigkeit eine

---
[1] *Wehnert* NJW 2005, 3762.
[2] BGBl. I S. 1373, in Kraft seit dem 19.7.2005.
[3] In Kraft seit dem 1.1.2004; dazu *Köndgen/Schmies* WM 2004, Sonderbeilage 1; *Lang* WM 2004, 53.

traditionsreiche gewerbliche, auf Gewinnerzielung für das Unternehmen ausgerichtete Tätigkeit dar. Zwar kann man den Kreditinstituten die gesamtwirtschaftliche Verantwortung nicht absprechen, bezogen auf ein einzelnes Institut tritt diese aber kaum in Erscheinung. Zudem verschärft die Finanzaufsicht seit der Neuausrichtung durch das 4. Finanzmarktförderungsgesetz 2002 ihre Kontrollen, regiert in die Bankenorganisation, deren Reservenbildung und deren Bilanzierung hinein und stellt als solche bereits den staatlichen Auftrag sicher, das Bankensystem nach dem Zusammenbruch der deutschen Kreditwirtschaft 1933 vor einem erneuten Kollaps zu bewahren. Die Behauptung, das Finanz- oder Kreditinstitut sei dazu da, die Gelder der Sparer zu betreuen,[4] ist immer wieder in der Kriminalpraxis anzutreffen, betriebswirtschaftlich und rechtlich aber unhaltbar.

7 Die **Interessen** der persönlich von einem Ermittlungsverfahren Betroffenen können sich von den unternehmenseigenen Interessen grundlegend unterscheiden. Mitunter wird sich eine Interessendiskrepanz erst im Laufe der Ermittlungen abzeichnen. Ferner können Divergenzen zwischen persönlich betroffenen Vorständen und/oder Aufsichtsräten bestehen, außerdem zwischen Unternehmensorganen und Unternehmensmitarbeitern oder auch zu Außenstehenden (z. B. Beratern, Dienstleistungsunternehmer). Der Verteidiger steht hier vor der Aufgabe, rechtzeitig und in angemessener Form die persönlichen Interessen seines Mandanten von denen des Unternehmens zu trennen, Entlastungsargumente zu sammeln und durch geeignete Maßnahmen sicherzustellen, dass neben den Informationen aus dem Ermittlungsverfahren auch ausreichende Informationen aus bankinternen oder verbandsinternen Untersuchungen zur Verfügung stehen.

8 Der Verteidiger wird auch zu beachten haben, dass ein etwaiges rechtswidriges Verhalten seines Mandanten **Schadenersatzansprüche** des Unternehmens auslösen kann. Die Wahl der geeigneten Verteidigungskonzeption wird wesentlich auch durch die konkrete Befassung des verteidigten Mandanten mit dem vorgeworfenen Sachverhalt im Vergleich zu einer nur abstrakten oder entfernten Befassung der Unternehmensleitung bestimmt werden.

9 **e) Organisation der Aufgaben.** Verteidigung in Bankenfällen erfordert organisatorische Vorkehrungen, die in verschiedene Richtungen zielen:
- **telefonische Erreichbarkeit des Anwaltes** ist ein wesentliches Kriterium der Professionalität; diese vom Mandanten erwartete Dienstleistung wird z.B. auch bei Steuerberatern und Wirtschaftsprüfern groß geschrieben;
- da Kontaktaufnahmen mit Unternehmens- und Medienvertretern nicht selten sind, sollten Kanzleimitarbeiter darauf **vorbereitet** sein;
- für die fachliche Aufarbeitung der Vorwürfe bedarf es einer Grundausstattung an bankenrechtlicher **Fachliteratur**;
- **für Besprechungen im Unternehmen sollte stets Zeit** vorhanden sein; spürt der Mandant das Desinteresse an solchen Besprechungen, wird er sich nach einem anderen, „servicebereiteren" Berater umschauen;
- die **Akten** müssen angesichts einer gewöhnlich umfangreichen Sammlung an Dokumenten nach Einzelvorgängen untergliedert werden;
- für die **Honorierung** der anwaltlichen Tätigkeit abweichend von dem RVG sollten geeignete Zeiterfassungssysteme und Mustervereinbarungen vorhanden sein;
- auch sollte frühzeitig an eine Haftungsbeschränkung bei umfassenden Spezialfragen gedacht werden, die natürlich nur schriftlich vereinbart werden kann.

2. Mandatsannahme und Beratung

10 **a) Mandatsannahme.** Die Bestimmung von Zeit und Ort der ersten Kontaktaufnahme sind dem Rechtsanwalt oder dem Mandanten selbst überlassen. Es empfiehlt sich, in einer ersten Begegnung mit dem Mandanten nur die konkrete Problematik des Falles anzusprechen. Wird der Rechtsanwalt zur Durchsuchung, zu einer Verhaftung oder zu einem bereits inhaftierten Mandanten gerufen, dann sollte das erste Gespräch dazu dienen, dem Mandanten eine Orientierung über die strafverfahrensrechtliche Situation, Ermittlungsvorgehen und Eingriffsgrundlagen zu

---

[4] Bspw. in einem polizeilichen Gutachten v. Dez. 2004, StA Würzburg, 871 Js 17853/02.

verschaffen. Honorardiskussionen sollten in Situationen, in denen der Mandant unmittelbar unter dem Eindruck einer staatlichen Zwangsmaßnahme steht, vermieden werden.

b) Beratungsinhalte. Kaum ein Bankenmitarbeiter wird bereits Erfahrungen mit Ermittlungsbehörden gemacht haben. Eine der ersten Aufgaben des Verteidigers ist daher die Aufklärung des Mandanten über die wesentlichen Abschnitte des deliktstypischen Verfahrensgangs:
- die abstrakte oder konkrete Möglichkeit des Einsatzes von strafprozessualen Zwangsmaßnahmen (Durchsuchung, Mehrfachdurchsuchung, evtl. Überwachung, Arrest, Haft) das Verhalten während der Durchführung einer Zwangsmaßnahme sowie potentielle geeignete Reaktionen darauf;
- die Konsequenzen (insbes. Rechtsmittel) aus einer bereits durchgeführten Zwangsmaßnahme und mögliche Reaktionen der Verteidigung;
- bevorstehende oder bereits eingetretene Öffentlichkeit;
- ermittlungstaktische Vorgehensweise der Ermittlungsbehörden;
- mögliche Erweiterung des Beschuldigtenkreises, Möglichkeit von Beschuldigten-, Zeugen- und Sachverständigenvernehmungen;
- Bedeutung von Unterlagen und Daten, Vorhandensein oder Anfertigung eines Aktendoppels für den Verteidiger;
- Möglichkeit der Unternehmensentlastung bei gleichzeitiger Belastung eines persönlich Betroffenen oder umgekehrt;
- mögliche Initiierung einer verwaltungsrechtlichen Prüfung der Finanzaufsicht (bspw. eine Sonderprüfung nach § 44 KWG), die Erkenntnisse für die Ermittlungsbehörden aufgreifen soll, aber auch den Effekt hat, dass das Schweigerecht umgangen wird.[5]

Mandanten erwarten von dem Verteidiger im Verlauf der Tätigkeit eine intensive Beratung über den Inhalt des Vorwurfes (d.h. der strafrechtlichen Norm und den dem Vorwurf zugrunde liegenden Tatsachen), die Risiken eines Hauptverhandlungsverfahrens und die Möglichkeiten der Einflussnahme auf die Handlungen der Ermittlungsbehörden. Wird das Ermittlungsverfahren von einem Zivilprozess (z.B. einer Schadenersatzklage) oder einem verwaltungsrechtlichen Verfahren flankiert, wird der Verteidiger den dortigen Prozessvortrag untersuchen, um die Folgen für das Strafverfahren einzuschätzen. Um die Konsequenzen aus einem extensiven oder gar abweichenden Prozessvortrag abzuwenden bzw. zu begrenzen, sollte daher der Gedanken- und Informationsaustausch mit dem zivilrechtlichen Kollegen gesucht werden. Der Verteidiger muss nötigenfalls im Strafverfahren gegen eine negative zivilprozessuale Beweislage gegensteuern. Die Beratung muss sich in der Regel auch auf Strategien für den Umgang mit den Kontrollorganen der Gesellschaft erstrecken. Die gleiche Aufmerksamkeit ist bei etwaigen aufsichtsbehördlichen Verfahren, insbes. bei Sonderprüfungen geboten.

c) Auswirkungen des Verfahrens auf die berufliche Stellung. Der typische Mandantenkreis besteht regelmäßig aus – mehr oder weniger exponierten – Personen mit Leitungsfunktionen in mittelgroßen und großen Finanzunternehmen. Schon die Einleitung oder Bekanntgabe eines Ermittlungsverfahrens kann im schlimmsten Fall sowohl wegen unternehmensexternen als auch -internen Auswirkungen die Beendigung oder eine Suspendierung der Leitungsfunktion nach sich ziehen. Diese Gefahr sollte möglichst frühzeitig in die Überlegungen und Erörterungen mit dem Mandanten einbezogen werden. Ein Ermittlungsverfahren kann dramatische Folgen für Aktienkurse und Beziehungen zu Geschäfts- und Finanzierungspartnern auslösen. Unternehmensintern kann ein Vertrauensverlust des Aufsichtsorgans drohen. Mit der Erhebung einer Anklage wird die Basis für eine weitere Zusammenarbeit häufig als entfallen angesehen werden, spätestens bei einer Verurteilung ist die berufliche Stellung kaum noch haltbar oder in der Öffentlichkeit vermittelbar.[6]

---

[5] Zu den dadurch entstehenden Problemen auch für die Verwertbarkeit von Erkenntnissen vgl. *Bärlein/Pananis/Rehmsmeier* NJW 2002, 1825.

[6] Seit dem Strafverfahren der StA Düsseldorf gegen Ex-Vorstände und Aufsichtsräte der früheren Mannesmann AG (vgl. BGH Urt. v. 21.12.2005 – 3 StR 470/04; Vorinstanz LG Düsseldorf Urt. v. 27.7.2004 – XIV 5/03, NJW 2004, 3275; 28 Js 159/00 StA Düsseldorf; dazu auch *Achenbach* NStZ 2005, 623) wegen des Verdachts der Untreue scheint dieses Schreckgespenst allerdings abgemildert worden zu sein. Keiner der angeklagten Topmanager verlor bisher seine Funktion innerhalb seiner Gesellschaft.

14 **d) Erarbeiten einer Verteidigungsstrategie.** Unternehmer sind es gewohnt, sich Handlungsgrundsätze und Strategien zurecht zu legen, deren Umsetzung kontrollierbar und deren Ergebnisse messbar sind. Auch vom Verteidiger wird regelmäßig eine solche transparente Strategie erwartet. Der Verteidiger wird diesen Erwartungen am ehesten gerecht, indem er zunächst Handlungsschritte aufzeigt, von deren Resultaten das weitere Vorgehen abhängig gemacht wird. Wegen der gesellschaftsinternen Informationspflichten wird eine Verteidigungsstrategie zwischen dem verfahrensrechtlichen Schweigerecht und einer Kooperation abzuwägen haben.

15 Die Grundkonzeption eines Handlungskataloges könnte dann bspw. die in Kapitel 7 dieses Handbuches beschriebene Konzeption einer Stoffsammlung, der fachkundigen Erläuterung durch bankinternes Wissen und einer vom Strafverteidiger verantworteten Anpassung an den Verfahrensstoff sein.

16 Je nach Konstellation kann sich eine frühe Sachdarstellung als geeignete Gegenmaßnahme zu falschen Ermittlungsansätzen anbieten. Sind Ermittlungen kompliziert, neigen Ermittlungsbehörden angesichts z. B. einer drohenden Verjährung eher zu einer (durch rechtzeitigen Gesprächskontakt u.U. vermeidbaren) Anklageerhebung als zu einer Einstellung (und dem „Eingeständnis" fruchtloser langwieriger Ermittlungen). Mitunter wird daher bereits mit dem frühzeitigen Aufzeigen der Schwachstellen oder Fehlschlüsse der Argumentation der Ermittlungsbehörden ein Erfolg zu erzielen sein. In solchen Verfahren ist es deshalb (fast) ein Kunstfehler, als frühzeitig mandatierter Verteidiger nicht mit den Ermittlungsbehörden zu sprechen und Sachdarstellungen abzugeben.

17 Aber auch sonst zahlt sich eine frühzeitige Sacharbeit in der Regel aus. Ist ein kreditwirtschaftlicher Verstoß offen zutage getreten und bleiben auch bei Fragen des Vorsatzes und des Irrtums keine nachhaltigen Zweifel, dann sollte frühzeitig eine geständige, einvernehmliche Lösung gesucht werden. Die Abkürzung der Ermittlungsarbeit wirkt sich ganz erheblich zugunsten des Beschuldigten aus.

18 Von der konkreten Situation und Beweislage muss es abhängen, ob von **Rechtsmitteln** Gebrauch gemacht wird oder nicht. In Verfahren mit umfangreichen Vorwürfen und einer mehrheitlich auf Urkunden gestützten Beweisführung ist dies meist nicht ratsam. Die Justiz neigt in solchen Verfahren dazu, unausgesprochen die knappen personellen und fachlichen Ressourcen als „Ersatzgrund" für die Aufrechterhaltung eines einfachen, hinreichenden oder dringenden Tatverdachts zu benutzen. Wird das Verfahren zudem durch richterliche nachteilige Entscheidungen „zementiert", bestärkt dies die Ermittlungsorgane in der Weiterverfolgung eines möglicherweise falschen Weges. Daher ist der Appell an das Verantwortungsbewusstsein der Ermittler oft Erfolg versprechender als der Gang zum Beschwerdegericht.

19 Hat die Verteidigungsarbeit erst kurz vor Beginn der **Hauptverhandlung** begonnen, wird ein Abwarten auf das Beweisergebnis und das geschickteste und überzeugendste Plädoyer an einer auf Verurteilung ausgerichteten Beweisaufnahme selten etwas ändern (können). Daher müssen auch die Vorbereitung und Durchführung der Hauptverhandlung vom Verteidiger früh geplant und initiiert werden. Vorgespräche mit allen Verfahrensbeteiligten sind nötig, um Klarheit über mögliche Reaktionen von Gericht und Staatsanwaltschaft auf umfangreiche Einlassungen und Beweisanträge zu gewinnen.

3. Verteidigungshandeln

20 **a) Informationsbeschaffung.** Nach der **Herkunft** der Information kann unterschieden werden in
- Informationssammlungen der Justiz und der Polizei,
- Informationssammlungen von Verwaltungsbehörden und Gerichten,[7]
- Informationssammlungen des Mandanten oder des Unternehmens, bspw. aus Abschlussprüfungen und Sonderprüfungen,
- Informationen in öffentlichen Datenbanken,
- Eigene Erhebungen/Recherchen der Verteidigung.

Wegen weiterer Einzelheiten wird auf Kapitel 7 dieses Handbuches verwiesen.

---

[7] Zum Informationsfreiheitsgesetz (IFG) v. 5.9.2005 (BGBl. I. 2722): *Kugelmann* NJW 2005, 3609.

aa) Unternehmenskontrollen. Aufgrund der häufig unauffälligen **Abschlussprüfungen** 21
und anderen unternehmensinternen und externen Kontrollen (z.B. einer internen Revision
oder einer Sonderprüfung nach § 44 KWG) fehlt den Betroffenen regelmäßig das Verständnis für und die Vorstellung von dem gegen sie persönlich gerichteten Schuldvorwurf. Ein uneingeschränktes (oder nur in anderen Punkten eingeschränktes) Wirtschaftsprüfertestat für den Jahresabschluss wird von Mandanten regelmäßig als Entlastungsbeweis und Entschuldigungsgrund angesehen. Dies ist jedoch nur dann der Fall, wenn Prüfungssachverhalt, Prüfungsrichtung und Prüfungsintensität mit denen der Ermittlungsbehörde übereinstimmen und das Ergebnis aus aufsichtsrechtlicher Sicht nicht zu Beanstandungen geführt hat. Manche Revisionsuntersuchung führt jedoch auch auf Abwege und stellt Überlegungen an, die dem Mandanten schaden könnten. Hier kann es Aufgabe des Verteidigers sein, auf die Einhaltung von Qualitätsrichtlinien für die interne Revision hinzuwirken.[8]

bb) Internes Berichtswesen. Die von der Finanzaufsicht geforderte arbeitsteilige Organisa- 22
tion und **Aufgabendelegation** auf nachgeordnete Abteilungen und Referate im Finanzinstitut führt dazu, dass der von dem Ermittlungsverfahren Betroffene oftmals zu den Vorwürfen nicht unmittelbar selbst Stellung beziehen kann, sondern auf das **Berichtswesen** und die Auskunft der Mitarbeiter aus Fachabteilungen verweisen muss. Der Verteidiger muss daher selbst initiativ werden und die nötigen Informationen (natürlich mit Zustimmung des Mandanten und ihm Rahmen des gesetzlich Zulässigen) beschaffen.

cc) Externe Unternehmensinformation. Anlass für die **Veröffentlichung von Unternehmens-** 23
informationen sind zumeist entweder eine gesetzliche Pflicht oder Werbungs- und Akquisezwecke sowie eine laufende Geschäftsbeziehung. Unternehmensrelevante Informationen werden teils planmäßig, teils wahllos wahrgenommen, in eigene Informationsprozesse eingebaut oder edv-technisch verarbeitet. Daher können benötigte Informationen selbst nach einer umfassenden ermittlungsbehördlichen Durchsuchung im Unternehmen noch vorhanden sein. Die Quellen für veröffentlichte Informationen können sein:
- veröffentlichte Unternehmensinformationen in Berichtsform (Geschäftsberichte, HV-Berichte, Presseerklärungen, Homepages etc.);
- Presseveröffentlichungen, Internet-Berichte;
- Handelsregister und Bundesgesetzblatt;
- Ad-Hoc-Verzeichnis des BaFin;

b) Hinzuziehung von Spezialisten. Wie in anderen Wirtschaftsstrafverfahren auch ist der 24
Rückgriff auf Spezialisten für bestimmte Fach- oder Rechtsgebiete üblich:
- wenn bankübliches Verhalten („Handelsbrauch") von den Ermittlungsbehörden in Frage gestellt wird, ist die Einholung einer Verbandsstellungnahme, bei internationalen Regeln auch der ICC ratsam;
- wenn Buchführungs-, Bilanzierungs- und Prüfungsregeln in Frage gestellt werden, ist die Einholung eines Gutachtens eines Buch- oder Wirtschaftssachverständigen (meist eines Wirtschaftsprüfers) geeignet;
- bei Bewertungsfragen von Forderungen, Anlage- oder Umlaufvermögen, Immobilien und Unternehmensbeteiligungen kommen Gutachten der jeweiligen Fachrichtung in Betracht;

Um die Beschlagnahmefreiheit der Unterlagen und Recherchen des vom Anwalt beauf- 25
tragten Spezialisten zu sichern (§§ 53 a, 97 Abs. 1 StPO), ist die Auftragserteilung durch den Anwalt selbst wie auch eine regelmäßige Begleitung der Exploration angezeigt und erforderlich. Unmittelbare Kontakte (Befragungen, Erläuterungen) zwischen dem Sachverständigen der Verteidigung und einem Beschuldigten oder Zeugen darf der Verteidiger vermitteln.

c) Einwirken auf den Tatsachenstoff. Kreditakten, Kundenakten, sonstige Handelsbücher 26
und Kontenzusammenfassungen wie auch Buchungsübersichten sind zunächst eine wichtige **Erkenntnisquelle** für Ermittlungsbehörden und Verteidigung. Auch Unterlagen des betrieblichen Rechnungswesens können Erkenntnisse über Auffassung und Ermessensausübung des jeweils verantwortlichen Kaufmanns geben. Daraus ergeben sich für die Verteidigung Einblicke in die Sachzusammenhänge, die sich einem Außenstehenden, insbesondere einer Ermittlungs-

---

[8] Vgl. sehr instruktiv: *Krey* BB 2001, 2460.

behörde nicht ohne weiteres erschließen. Kaum eine Steuerstraftat, eine Unternehmensinsolvenz, ein Kredit- oder Kapitalanlagebetrug, eine Veruntreuung oder ein falscher Bericht eines Abschlussprüfers können ohne eine Würdigung der den einzelnen Akten zugrunde liegenden Tatsachen, geschäftspolitischen Entscheidungen und rechtlichen Wertungen nachhaltig verteidigt werden. Daher sollte der Verteidiger sich um eine Aufklärung der Sachverhalte eigenständig bemühen.

27   Eine frühzeitige aktive Mitwirkung der Verteidigung im Ermittlungsverfahren kann für den Mandanten wesentliche Vorteile erzwingen. Zwar kann die „Papierlage" der Ermittlungsbehörden, d. h. die durch Sachbeweise gestützte Verdachtslage selten bestritten, das Gesamtbild oder die Verdachtslage können aber durch die Einführung neuer Tatsachen und sachverständiger Beurteilungen relativiert werden. Das gilt besonders auch für Fragen der Unternehmenspolitik, des unternehmerischen Verhaltens und der betriebswirtschaftlich oder institutsspezifischen Gründe für ein bestimmtes Verhalten.

28   d) **Einwirken auf die rechtliche Beurteilung.** Die Prüfung eines strafrechtlichen Verstoßes folgt einem deliktstypischen individuellen Aufbau. Eine wesentliche Aufgabe des Verteidigers liegt in der sachgerechten Einordnung des vorgeworfenen Verstoßes. Die frühzeitige Diskussion der rechtlichen Grenzen bietet sich an, damit der Ermittlungsbehörde die Schwierigkeit der einschlägigen fachgesetzlichen Normen und ein etwaiges normgerechtes Verhalten verdeutlicht werden.

29   Beschwerdeverfahren (insbes. gegen Durchsuchungen, Beschlagnahmen, Haft) eigenen sich bei klaren Rechtsverletzungen dazu, eine für den Beschuldigten günstige rechtliche Position durchzusetzen. Die Rechtsprechung, insbes. des BVerfG, hat die Anforderungen an Zwangsmaßnahmen neu konturiert und einer allzu ermittlerfreundlichen Justizpraxis eine Absage erteilt.[9]

II. Geld- und Zahlungsverkehr

1. Einführung

30   In den folgenden Abschnitten werden die wichtigsten Bankentätigkeiten im Bargeld- und sonstigen Zahlungsverkehr aus **strafrechtlicher Sicht** behandelt:

31   Durch die verbraucherorientierten europäischen Richtlinien zu Bankdienstleistungen, zum Überweisungsverkehr und zum Verbraucherkredit, durch die Neuordnung des Zentralbankensystems und die Vereinheitlichung der Zahlungsverkehrsabwicklung in Europa sind seit dem 1.1.2002 zahlreiche Rechtsgrundlagen neu oder erstmals gesetzlich ausgestaltet worden. Die im nationalen und internationalen Zahlungsverkehr eingeräumten Verfügungsmöglichkeiten eröffnen nicht nur dem redlichen Kunden, sondern auch dem unredlichen, ja kriminellen Nutzer den Zugang zum Bankensystem und dem Geldkreislauf. Die Komplexität eines zunehmend von Maschinen (Computern) statt von Menschen bedienten Systems wird (noch) verkannt.

32   In einem auf freien Kapitalverkehr angelegten marktwirtschaftlichen System ist die Funktionsfähigkeit des Geld-, Bank- und Börsenwesens unverzichtbar. Neben der Eigenprävention der Kreditinstitute, der Kontrolle und Einwirkungsmöglichkeit der Finanzaufsicht muss die strafrechtliche Normgestaltung und -anwendung nur darauf angelegt sein, die für eine Universal- oder eine Spezialbank nicht beherrschbaren Risiken
- für ihre Funktion als Zahlungsvermittler, Einlageninstitut und Kreditgeber,
- für eine etwaige Existenzbedrohung oder
- für einen systematischen Missbrauch der automatisierten Systeme

abzudecken. Eines strafrechtlichen Schutzes bedarf es dort, wo Sicherungssysteme nicht greifen, bewusst manipuliert werden oder zur Erhaltung des Bankenvermögens unabdingbar sind.

---

[9] Zusammenfassend: BVerfG Beschl. v. 12.4.2005 – 2 BvR 1027/02 – wistra 2005, 205.

Bankentätigkeit	Missbrauch bei	Strafnomen
Bargeld-, Kassenverkehr	Geld-, Wertzeichen-, Wertkarten--fälschung und –gebrauch	§§ 146-152 a StGB §§ 127, 128 OWiG
	Geldwäsche	§ 261 StGB
	Edelmetall- und Devisenvergehen	§ 370 AO, AWG
	Unerlaubte Bargeldverfügungen am Schalter und Automaten	§§ 263, 263 a StGB
Unbare Zahlungsmittel	Unerlaubte Beschaffung von Kontodaten (Pfishing)	§§ 202 a, 263 StGB
	Überweisungen	§ 263 StGB
	Lastschriftinkasso	§ 263 StGB
	Wechsel- und Scheckverkehr	§ 263 StGB
	Kreditkarten	§ 266 b StGB

2. Schutz des Geldverkehrs vor falschen Zahlungsmitteln

a) **Übersicht.** Die gesetzlichen Regelungen zum Schutz des Geldverkehrs vor umlaufenden falschen Zahlungsmitteln und Wertpapieren bzw. Zahlungs- und Wertkarten sind durch Art. 1 § 1 des Dritten Euro-Einführungsgesetzes vom 16.12.1999 (BGBl. I 2402) von DM auf EURO übergeleitet worden. Grundlage der geltenden Regelungen sind die verschiedenen Beschlüsse, Verordnungen und Rahmenbeschlüsse des EU-Rates (zuletzt vom 6.12.2001),[10] umgesetzt durch das 35. StÄG v. 25.12.2003 (BGBl. I 2838), in Kraft seit 28.12.2003.

Die **Struktur** der gesetzlichen Normen ergibt sich aus der folgenden Übersicht:

Zahlungsmittel	Strafbare Handlung	Norm (StGB)
Geld	Nachmachen und Verfälschen	§ 146 Abs. 1 Nr. 1
	Sich Falschgeld verschaffen oder Feilhalten	§ 146 Abs. 1 Nr. 2
	In-Verkehr-Bringen von nachgemachtem oder gefälschten Geld	§ 146 Abs. 1 Nr. 3
	In-Verkehr-Bringen falschen Geldes	§ 147
	Vorbereitung der Geldfälschung durch Beschaffung von techn. Ausrüstung, Papier, Hologramme	§ 149 Abs. 1
	Herstellen von Gegenständen, die zur Geldfälschung benutzt werden können	§ 127 OWiG
	Herstellung oder Verbreiten von papiergeldähnlichen Drucksachen ohne Genehmigung	§ 128 OWiG
Wertzeichen	Nachmachen oder Verfälschen	§ 148 Abs. 1 Nr. 1
	Sich Verschaffen falscher Wertzeichen	§ 148 Abs. 1 Nr. 2
	Feilhalten oder In-Verkehr-Bringen	§ 148 Abs. 1 Nr. 3
	Vorbereitung der Wertzeichenfälschung durch Beschaffung von techn. Ausrüstung, Papier, Hologramme	§ 149 Abs. 1
Wertpapiere	Gleichstellung zu Geld, wenn die Papiere besonders gegen Nachahmung gesichert sind	§ 151
Zahlungskarten, Schecks, Wechsel	Nachmachen oder Verfälschen von Zahlungskarten, Schecks, Wechseln	§ 152 a Abs. 1 Nr. 1
	Verschaffen, Feilhalten, anderen Überlassen, Gebrauchen	§ 152 a Abs. 1 Nr. 2

---

[10] Dazu *Vogel* ZRP 2002, 7, 8 f.

Zahlungsmittel	Strafbare Handlung	Norm (StGB)
	Fälschen von Karten mit Garantiefunktion	§ 152 b Abs. 1
	Verschaffen von Automatenprogrammen zum Auslesen von Zahlungskarten	§ 263 a Abs. 3

35 **b) Geltungsbereich.** Nach dem **Geltungsbereich** ist zu unterscheiden: Geld, Wertzeichen und Wertpapiere ausländischer Währungsgebiete sind inländischen nach § 152 StGB gleichgestellt. Für die Geld- und Wertpapierfälschung nach §§ 146, 149, 151, 152 StGB gilt das Weltrechtsprinzip (§ 6 Nr. 7 StGB; ebenso § 127 Abs. 3 OWiG). Für § 147 und Wertzeichen im Sinne der §§ 148, 149 und 152 StGB gilt das Inlandsprinzip.

36 **c) Geschützte Zahlungsmittel.** Die **Einzelnen geschützten Zahlungsmittel** sind durch regelmäßig gesetzlich vorgegebene Begriffe umschrieben. Daraus ergibt sich zum einen eine Verzahnung mit dem speziellen Recht der Kreditwirtschaft, zum anderen aber auch eine Abgrenzung zu neu eingeführten, nicht von den Tatbeständen erfassten Zahlungsformen und -instrumenten. Im Einzelnen ist zu unterscheiden:

37 • **Geld** i.S.v. § 146 StGB sind die von der Deutschen Bundesbank gem. § 14 BBankG ausgegebenen, zum Umlauf bestimmten in- und ausländischen Zahlungsmittel, unabhängig von einem Annahmezwang.[11] Erfasst ist Metall- und Papiergeld, auch Geld aus sonstigen Stoffen und auch für fremde Währungsgebiete. Ebenso erfasst ist auch Geld, das zum Umlauf bestimmt, aber noch nicht ausgegeben wurde.[12] Auf DM und Pfennig lautende Münzen und Scheine waren bis zum 30.6.2002 umlaufende Zahlungsmittel, für die Zeit danach sind sie durch Art. 1 §§ 4, 6 Drittes Euro-Einführungsgesetz vom 16.12.1999 und Art. 2 (Neufassung von §§ 11, 12 MünzG) geschützt. Seinen Charakter als Zahlungsmittel verliert das Geld, wenn es nicht vom Staat ausgegeben wurde oder nicht im Umlauf befindlich ist. Sammlermünzen, die vom Staat ausgegeben werden, sollen allerdings noch Zahlungsmittel sein, wenn der Umlauf gewährleistet ist.[13]

38 • **Amtliche Wertzeichen** i.S.v. § 148 StGB sind die von staatlichen, kommunalen Stellen oder Körperschaften des öffentlichen Rechts herausgegebenen oder zugelassenen Marken oder ähnlichen Zeichen, die eine Zahlung von Gebühren, Beiträgen oder sonstigen öffentlich-rechtlichen Geldschulden vereinfachen oder sicherstellen oder nachweisen sollen.[14] In diese Kategorie gehören Steuerzeichen, Versicherungsmarken, Gebührenmarken, Stempelmarken, Gerichtskostenmarken. Nicht dazu gehören Postwertzeichen (nach der Privatisierung der Dt. Bundespost), private Sammler-, Rabattmarken, Sammlerbriefmarken oder außer Kraft gesetzte Zeichen.[15]

39 • **Wertpapiere** i.S.v. § 151 StGB sind die dort abschließend aufgeführten, massenhaft im Geschäftsverkehr vorkommenden und aufgrund ihrer besonderen, gegen Nachahmung und Fälschung gesicherten Ausstattung Vertrauen genießende Papiere.[16] Die Fälschungssicherheit muss durch ein über das übliche Urkundenmaß hinausgehende Druckverfahren, die Wahl und Ausstattung, die Papierart gewährleistet sein.[17] Im Einzelnen sind erfasst

40 • **Inhaberschuldverschreibungen** (Nr. 2) sind Wertpapiere des Bundes, der Länder und Kommunen, Pfandbriefe, nicht aber Ausweispapiere.

41 • **Aktien** (Nr. 2) sind Inhaber- und Namensaktien, nicht aber Zwischenpapiere oder Quittungen für die Ausgabe von Aktien.

---

[11] BGHSt 12, 344; 23, 231; 32, 198; *Tröndle/Fischer* § 146 Rdnr. 2; *Prittwitz* NStZ 1989, 8; *Puppe* JZ 1986, 992; *dies.* JZ 1991, 442; 550; 611; *dies.* JZ 1997, 490.
[12] *Schröder*, NJW 1998, 3179; *Westphal* NStZ 1998, 555.
[13] Einzelheiten sind streitig, vgl. BGHSt 27, 259 (Sammlermünze), BGHSt 31, 382 (außer Kurs gesetzte Währung), BGHSt 32, 199 (Krügerrand als ungeeignetes Zahlungsmittel).
[14] BGHSt 32, 68, 75 f.; RGSt. 63, 381; *Bohnert* NJW 1998, 2879; *Schmidt* ZStW 111 (1999), 388.
[15] *Tröndle/Fischer* § 148 Rdnr. 2, 2 a m.w.N.
[16] BGH NStZ 1987, 504.
[17] BGHSt 30, 71 m. Anm. *Stree* JR 1981, 472; *Otto* NStZ 1981, 428.

- **Anteilsscheine** (Nr. 3) von Kapitalanlagegesellschaften (Investmentgesellschaften) sind In- 42
vestmentzertifikate.
- **Zins-, Gewinnanteil- und Erneuerungsscheine** (Nr. 4) sind Scheine zu den Papieren gem. 43
Nrn. 1-3, die zur Teilnahme an einer Ergebnisauszahlung berechtigen.
- **Reiseschecks** (Nr. 5) beliebiger Aussteller müssen seit dem 35. StÄG vom 22.12.2003 (§ 2 44
Abs. 3 StGB) nicht mehr auf einen bestimmten, vorgedruckten Geldbetrag lauten. Daher
entfällt im Gegensatz zur früheren Rechtslage auch der Rückgriff auf § 267 StGB, wenn nur
ein Betrag verändert wird.
- **Zahlungskarten** i.S.v. § 152 a StGB sind nach der Legaldefinition in § 152 Abs. 4 Nr. 1 45
StGB nur solche Karten **ohne** Garantiefunktion, die von Kreditinstituten (§ 1 Abs. 1
KWG) oder Finanzdienstleistungsinstituten (§ 1 Abs. 1 a KWG) oder einem vergleichbaren ausländischen Institut herausgegeben wurde.[18] Zahlungskarten **mit** Garantiefunktion
i. S. v. § 152 b StGB sind dagegen solche Karten, die bei bestimmungsgemäßem Gebrauch
eine Bargeldzahlung ersetzen, also die Zahlung eines am Grundgeschäft nicht beteiligten
Dritten auslösen.[19] Der Tatbestand des § 152 a StGB erfasst damit Chipkarten mit Geldspeicher (vgl. § 1 Abs. 1 Nr. 11 KWG), Bankkarten mit der Berechtigung, beim kontoführenden Institut über ein Kontoguthaben zu verfügen, und andere Kundenkarten (sog. „Zwei-Partner-System"). Kundenkarten, die nicht von Kredit- oder Finanzdienstleistungsinstituten herausgegeben werden (z. B. Bonuskarten, Rabattkarten), sind nicht vom Tatbestand
erfasst.[20] Zahlungskarten müssen nach § 152 a Abs. 4 Nr. 2 StGB besonders durch Ausgestaltung oder Codierung gegen Nachahmung gesichert sein.
- **Schecks** (Art. 1, Art. 3 ScheckG) werden in der Form der nicht bankbestätigten Schecks 46
durch § 152 a StGB geschützt, wenn sie bereits auf ein bestimmtes bezogenes Institut
ausgestellt sind (mindestens Bankname und Bankleitzahl). Reine Blankette sind nicht
erfasst.[21] Der sog. (bis 31.12.2001 gültige) Eurocheck ist kein garantiertes Zahlungsmittel
im Sinne des § 152 b StGB, weshalb er in § 138 Abs. 1 Nr. 4 StGB gesondert genannt ist. Da
Vorbereitungshandlungen durch § 152 a Abs. 5 StGB erfasst werden, ist die in der Literatur
angestoßene Diskussion, ob der Tatbestand ausschließlich einen bereits ausgefüllten Scheck
meint, für die Praxis ohne Bedeutung.
- **Wechsel** i.S.v. § 152 a StGB sind die nach Art. 1 WechselG ausgestellten Urkunden. Sie haben 47
keine dem Geld gleichgestellte Vertrauensfunktion, erfüllen nur eingeschränkte Garantien
(Art. 15 I, 43 ff WechselG) und nehmen allenfalls an der Refinanzierung teil. Der Rechtsgüterschutz bezieht sich nicht auf den (industriell vorgefertigten) Vordruck, sondern nur auf
das indossierte Papier.[22]

d) **Tathandlungen.** Als **Tathandlungen** nennen die §§ 146 bis 152 b StGB, §§ 127, 128 48
OWiG in unterschiedlichen Abstufungen die Beschaffung von Materialien, technischer Ausrüstung, die Vorbereitung, den Druck, die Nachahmung (also Herstellen),[23] die Fälschung (also
Veränderung), das Bevorraten, das Feilhalten (Transport und Besitz),[24] das Sich-Verschaffen
(nicht nur zur Verteilung, sondern mit eigener Verfügungsgewalt),[25] das Verbreiten und das
In-Verkehr-Bringen solcher nicht lizenzierter Zahlungsinstrumente. Maßgeblich ist der Schutz
des Rechtsverkehrs in die Vertrauenswürdigkeit der Herstellung durch ein staatlich (z.B. Bundesdruckerei GmbH) oder kreditwirtschaftlich lizenziertes Unternehmen. Im Einzelfall werden
Diskussionen darüber entstehen, ob das nachgeahmte Zahlungsinstrument dem echten noch so
ähnlich ist, dass eine Verwechslungsgefahr besteht. Die Rechtsprechung stellt darauf ab, dass

---

[18] Das Urt. d. BGH v. 21.9.2000 – 4 StR 284/00 – NJW 2001, 163, das sich mit EC-Kartenfälschung und deren Verwendung im Drei-Partner-System zu § 152 a a.F. befasst, dürfte durch die Neufassung der gesetzlichen Regelungen der §§ 152 a, 152 b StGB nur noch für Handlungen nach § 152 b StGB gelten.
[19] Vgl. zum POZ-System BGH Urt. v. 21.9.2000 – 4 StR 284/00 – BGHSt 46, 146, 148 = NJW 2001, 163; *Altenhain* JZ 1997, 752.
[20] MünchKommStGB/*Erb* § 152 a Rdnr. 4; *Tröndle/Fischer* § 152 a Rdnr. 4 a, 4 b.
[21] MünchKommStGB/*Erb* § 152 a Rdnr. 7; *Tröndle/Fischer* § 152 a Rdnr. 6, 7.
[22] *Tröndle/Fischer* § 152 a Rdnr. 9 mit Hinweis auf die Gesetzesbegründung zum 35. StÄG.
[23] Z.B. BGHSt 46, 146, 152.
[24] Eingeführt durch das 35. StÄG v. 22.12.2003.
[25] BGHSt 44, 62 m. Anm. *Puppe* NStZ 1998, 459.

die Nachahmung oder Fälschung zur Täuschung eines Arglosen geeignet ist.[26] Die Beschaffung bildet mit dem Gebrauch i.d.R. eine einzige Tat, wenn bei Erwerb bereits der alsbaldige Einsatz beabsichtigt war.[27]

49 e) **Subjektive Tatseite.** Für die **subjektive Seite** ist mindestens Vorsatz erforderlich. Absicht erfordern das Nachahmen, Fälschen oder das Sich-Verschaffen i.S.d. §§ 146, 148, 149, 151 StGB.

50 f) **Versuch, Vorbereitung.** Der **Versuch** ist bei allen Verbrechenstatbeständen (§§ 146, 151, 152 b) und bei den Vergehen nach §§ 147 Abs. 2, 148 Abs. 3, 152 a Abs. 2 StGB strafbar. Das Versuchsstadium bei einer Fälschung beginnt (in Abgrenzung zu den Vorbereitungshandlungen des § 149 StGB und § 127 OWiG), wenn der Handelnde in der Absicht des späteren In-Verkehr-Bringens oder anderer Ersatzhandlungen die Herstellung von Falsifikaten beginnt. Beim Sich-Verschaffen wird das unmittelbare Ansetzen zur Erlangung als Beginn angesehen.[28]

51 g) **Strafmaß.** Es ist kein einheitliches **Strafmaß** vorgesehen:
- Freiheitsstrafe nicht unter einem Jahr: §§ 146 Abs. 1, 151, 152 StGB
- Freiheitsstrafe nicht unter zwei Jahren: §§ 146 Abs. 2, 151, 152, 152 a Abs. 3 (FS ab 6 Monate), 152 b Abs. 2 StGB (gewerbs- oder bandenmäßige Begehung)
- Freiheitsstrafe von drei Monaten bis fünf Jahren: §§ 146 Abs. 3, 151, 152, 152 b Abs. 3 (FS nicht unter 1 Jahr) StGB (Minder schwere Fälle)
- Freiheitsstrafe bis zu fünf Jahren oder Geldstrafe: §§ 147, 148, 149 Abs. 1 1. Var., §§ 151, 152, 152 a Abs. 1 StGB
- Freiheitsstrafe bis zu zwei Jahren oder Geldstrafe: § 148 Abs. 1 2. Var. StGB
- Freiheitsstrafe bis zu einem Jahr oder Geldstrafe: § 148 Abs. 2 StGB

52 h) **Qualifikation. Qualifikationstatbestände** enthalten die §§ 146 Abs. 2, 152 a Abs. 3, 152 b Abs. 2 StGB mit Freiheitsstrafe ab zwei Jahren für die gewerbs- oder bandenmäßige Begehung. Minder schwere Fälle sind in den §§ 146 Abs. 3, 152 b Abs. 3 StGB mit niedrigerem Strafrahmen bedacht. Besondere Minderungsgründe sind nicht normiert.

53 i) **Einziehung und Verfall. Einziehung** und **Verfall** sind gem. § 150 StGB erlaubt. Bankmitarbeiter sind nach dem § 36 BBankG verpflichtet, Falschgeld einzubehalten und dem Kunden darüber eine Quittung auszustellen.

54 k) **Anzeigepflicht. Anzeigepflicht** besteht gem. § 138 Abs. 1 Nr. 4 StGB bei glaubhafter Kenntnis einer Geld- oder Wertpapierfälschung in den Fällen des §§ 146, 151, 152 StGB oder einer Fälschung von Zahlungskarten mit Garantiefunktion in Fällen des § 152 b StGB und von (mittlerweile abgeschafften) Euroscheckvordrucken in einem Zeitpunkt, in dem die Tat noch abgewendet werden kann. Mit Ausnahme von Geistlichen sind die nach § 139 Abs. 3 StGB privilegierten Personen (Angehörige und Berufsgeheimnisträger) nicht von der Anzeigepflicht befreit.

55 l) **Ermittlungsbefugnisse.** Heimliche Überwachungsmaßnahmen sind möglich gem. § 100 a Nr. 2 StPO.

3. Kassengeschäfte und Geldwäsche

56 a) **Einführung.** Zu allen Zeiten haben Geschäfts- und Privatleute Bargeld zuhause, im Unternehmen oder bei Banken verwahrt. Die Aufbewahrung von Bargeld bei Banken ist in der Form der Einzahlung an der Barkasse oder per Nachttresor möglich; Bargeld und andere Vermögenswerte lassen sich auch in Schließfächern oder Banktresoren aufbewahren. Mit der Einzahlung ist die Kontoeröffnung und Kontoführung in der Regel verbunden. Seltener stellt die Bargeldeinzahlung auch der Beginn einer Überweisung dar.

57 Diese üblichen, unauffälligen und legalen Arten der Bargeldtransaktionen können durch kriminelle Machenschaften missbraucht werden. Daher ist es erklärtes Ziel der Geldwäsche-Gesetzgebung, Geldwäsche im Geschäftsleben, insbesondere bei Banken, zu verhindern. Auf die internationalen Bemühungen der 1998 ins Leben gerufenen FATF (Financial Action Task

---

[26] BGHSt 23, 231; BGH NStZ 2003, 368; BGH NJW 1995, 1844; OLG Düsseldorf NJW 1995, 1846; BGH NStZ 1994, 124; BGHSt 30, 71.
[27] BGH NStZ 2005, 329.
[28] *Tröndle/Fischer* § 146 Rdnr. 27.

§ 21 Banken und Kreditwesen 58–61 § 21

Force on Money Laundering) sind die Europäischen Geldwäscherichtlinien, der Straftatbestand des § 261 StGB, das GwG, die Ausführungsbestimmungen der Allfinanzaufsicht in KWG, VAG und anderen finanzaufsichtsrechtlichen Gesetzen (KAGG, PrüfBV) zurückzuführen. Durch neu definierte Anforderungen an die Prüfung von Kundenbeziehungen und Geschäftsverbindungen durch Kreditinstitute, Finanzdienstleistungsinstitute, Versicherungsunternehmen und sonstige, mit Geld- und Wertsachen befasste Gewerbetreibende soll illegal erworbenes Vermögen aufgedeckt und Verschleierungen enttarnt werden.[29] In den Grenzen des Bestimmtheitsgrundsatzes (Art. 103 Abs. 2 GG, § 1 StGB) kann gegen alle Personen vorgegangen werden, die von einer Vortat Kenntnis hatten oder haben mussten, dem Täter, seinen Helfern oder Abnehmern aber bei der Verwischung der Tatspuren geholfen haben. Die rechtliche Entwicklung ist sehr breit gefächert,[30] so dass im Rahmen der folgenden Darstellung nur auf den aktuellen Stand eingegangen werden kann.

b) Strafrechtliche Sanktionierung. *aa) Übersicht.* Der **Geldwäschetatbestand** in § 261 StGB 58 folgte in seiner ersten Fassung der EU-Geldwäscherichtlinie vom 10.6.1991.[31] Die Regelung sollte Lücken im Strafrecht schließen.[32] Von Anfang an standen Banken im Brennpunkt der internationalen Kritik, weil sowohl die ungeprüfte Annahme als auch die ungeprüfte laufende Verwaltung von Geldern eine Verschleierung oder sogar eine Verdeckung von illegalem Vermögen ermögliche.[33] Kerngedanke der gesetzlichen Regelungen war das Ziel, den Täter der Vortat zu isolieren. Wenn es bei Strafe verboten ist, vom Verbrecher illegal erworbene Gegenstände anzunehmen oder bei deren Verschleierung behilflich zu sein, kann dieser den Vorteil aus der Tat nicht mehr nutzen. Er wurde grundlegend im Mai 1998 und im August 2002 überarbeitet. In der gegenwärtigen Fassung entspricht er auch der 3. Geldwäsche-Richtlinie der EU vom Dezember 2005.

bb) Tatgegenstand. **Gegenstand** einer Tathandlung im Sinne des § 261 StGB kann neben Bar- 59 und Buchgeld auch ein anderer Vermögenswert sein, so bspw. Mobilien, Immobilien, Beteiligungen, Forderungen, Wertpapiere etc.[34] Hier besteht für Vermögensverwalter, insbes. Banken stets das Risiko, mit banküblichen Handlungen bereits durch den Straftatbestand erfasst zu werden, also beispielsweise durch Scheckeinziehungen, Lastschriften, Depoteintragungen, Auslandsüberweisungen bei vorhergehender Bareinzahlung im Ausland etc. Die Ausübung von Treuhandrechten, z. B. die Verwahrung von Kontoguthaben auf einen fremden Namen oder die Verwaltung von eingelieferten Wertpapieren über ein Handdepot konnte bereits unter diesen Tatbestand fallen.

cc) Vortatenkatalog. Der Schutz des legalen Geld- und Wirtschaftskreislaufes vor illegal er- 60 worbenem oder transportiertem und umgewandeltem Geld soll durch einen möglichst umfangreichen **Vortatenkatalog** sichergestellt werden. Zu den Vortaten gehören
- alle Verbrechen (Nr. 1),
- Bestechungs- und Korruptionsdelikte, Btm-Verstöße (Nr. 2),
- Bannbruch und Verstöße gegen § 12 Abs. 1 MOG (Nr. 3),
- Ausgewählte Eigentums-, Vermögens-, Urkunden-, Fälschungs-, Glücksspiel- und Umweltdelikte (Nr. 4 a), Ausländerdelikte nach § 96 AufenthaltsG, § 84 AsylVfG (Nr. 4 b), wenn sie gewerbsmäßig oder bandenmäßig begangen werden;
- Organisationsdelikte i. S. d. §§ 129, 129 a StGB

Die **Herkunft aus einer Vortat** ist positiv zu ermitteln. Dabei kann auch die Herkunft 61 aus einer Auslandstat genügen (§ 261 Abs. 8 StGB).[35] Die Verfolgung von Straftaten nach § 261 StGB scheiterte in der Praxis bis zur Gesetzesänderung im Mai 1998 meistens daran, dass die Ermittlungsbehörden das Tatbestandsmerkmal „Vortat eines Anderen" nicht nach-

---

[29] Vgl. dazu z.B. *Arzt* NStZ 1990, S. 1 ff.; *Hetzer*, Der Geruch des Geldes, NJW 1993, S. 3298 ff.; *Bottke*, Teleologie und Effektivität der Normen gegen Geldwäsche, wistra 1995, 87 ff, 121 ff.
[30] Anhaltspunkte für die historische Einordnung gibt der Geldwäscheleitfaden des BDB v. Jan. 2005.
[31] Richtlinie 91/308/EWG v. 10.6.1991, Amtsblatt EG Nr. L 166, 77.
[32] Z.B. aufgezeigt von *Arzt* NStZ 1990, 1 ff.
[33] SPIEGEL Nr. 9/92, 130 ff.; *Hetzer* NJW 1993, 3298; BT-Drucks. 12/989, 27 und BT-Drucks. 12/3533, 12; *Müller/Wabnitz/Janovsky* Wirtschaftskriminalität S. 4.
[34] *Tröndle/Fischer* § 261 Rdnr. 6.
[35] LG Stuttgart NJW 1995, 670; *Carl* NStZ 1995, 167.

weisen konnten. Wenn die fremde Vortat geklärt werden konnte, war der Tatbestand nicht erfüllt.[36] Erst durch das Gesetz vom 4.5.1998 wurden auch Fälle erfasst, in denen der Vortäter selbst tätig geworden ist. Das Gesetz ordnet lediglich seine Straflosigkeit an (§ 261 Abs. 9 S. 2 StGB).

62 *dd) Tathandlung.* **Tathandlung** im Sinne des § 261 Abs. 1 StGB ist das Verbergen, die Verschleierung der Herkunft oder die Vereitelung oder Gefährdung der Herkunftsfeststellung, des Auffindens, des Verfalls oder der Einziehung oder Sicherstellung. Durch § 261 Abs. 2 StGB wird ebenso unter Strafe gestellt, wer sich oder einem Dritten einen Gegenstand, der aus einer Vortat herrührt, verschafft, verwahrt oder verwendet, wobei die Herkunft zur Zeit der Gewahrsamserlangung bekannt sein musste.[37]

63 *ee) Subjektive Tatseite.* Strafbar ist die **vorsätzliche** Handlung in Kenntnis der illegalen Herkunft. Aber auch die **leichtfertige Unkenntnis** der Herkunft kann nach § 261 Abs. 5 StGB für den gewöhnlichen Geschäftsverkehr ein erhebliches Strafbarkeitsrisiko bedeuten. Leichtfertig handelt derjenige Berufstätige, der die Kundenverhältnisse kennt und die sich aus äußeren Anzeichen (abweichende Handhabung, ungewöhnliche Kundenwünsche) ergebenden Hinweise einer illegalen Herkunft von Geldern oder Vermögenswerten missachtet. Besonderheiten bei den Zahlungsmodalitäten oder sonst vom üblichen Geschäftsverkehr abweichende Umstände sind von der Kriminalpraxis als Indizien betrachtet worden.[38]

64 Der für die Leichtfertigkeit („bewusste Fahrlässigkeit") im Sinne des § 261 Abs. 5 StGB anzulegende Maßstab ergibt sich aus den Anforderungen an
- die **branchenübliche Sorgfalt** im (geldwäscheanfälligen) Kassen-, Depot-, und Vermögensverwaltungsgeschäft (bes. § 25 a KWG und Rundschreiben/ Verlautbarungen des BAKred und der BaFin)[39] und
- die **unternehmensbezogene Sorgfalt** bei der Abwehr von schädlichen Handlungen, die allein das Bankensystem ausnutzen (institutseigenes, konzernweites Abwehrsystem, Geldwäschebeauftragter, standardisiertes Meldewesen, rasterartige Beachtung von Typologien etc),[40]
- die **persönliche Sorgfalt** eines Handlungsverantwortlichen im eigenen Zuständigkeits- und Arbeitsumfeld der Bank (Abteilung, Leitungsfunktionen, Vorstandsaufgaben etc.).

Sind die nach der persönlich-betrieblichen Funktion des Handelnden, den Vorgaben der Bankenfachaufsicht an die Geldwäscheprävention und den konzerninternen Leitlinien geforderten Abwehrmaßnahmen veranlasst worden, kann keine Leichtfertigkeit festgestellt werden.

65 *ff) Einschränkungen.* **Einschränkungen** des gesetzlichen Tatbestandes sind vielfältig diskutiert worden. Als einzige Einschränkung sieht § 261 Abs. 6 StGB vor,[41] dass die Strafbarkeit entfällt, wenn ein legaler Zwischenerwerb (also keine Geldwäsche bei der Vortat) stattfand.[42] Eine Einschränkung des Anwendungsbereiches durch „**berufstypische Handlungen**" hat der BGH abgelehnt.[43] Allerdings muss ein solches Wissen über die Herkunft aus einer Vortat im Zeitpunkt der Besitzerlangung vorgelegen haben, ein späteres Wissen führt nicht zu einer nachträglichen Strafbarkeit.[44]

66 *gg) Tätige Reue.* Die Möglichkeit der **tätigen Reue** nach § 261 Abs. 9 S. 1 StGB sollten denjenigen zugute kommen, die das Geschäft zwar aus wirtschaftlichem Eigeninteresse heraus durchgeführt haben (z.B. auch Bankmitarbeitern), die aber **vor Entdeckung der Tat** Melde-

---

[36] BGH Urt. v. 17.7.1997, 1 StR 791/96 (LG München I) StV 1997, 589; Urt. v. 17.7.1997, 1. StR 208/97 (LG München I) –EKC-StV 1997, 588; Urt. v. 17.7.1997, 1 StR 230/97 (LG Heilbronn) wistra 1998, 25; *Bernsmann* StV 1998, 46/49 f; BayObLG StV 1998, 206 unvollständige Aufzeichnungen bei einem Wechselgeschäft.
[37] Achenbach/Ransiek/*Löwe-Krahl*, Handbuch Wirtschaftsstrafrecht Kap. XIII Rdnr. 33.
[38] Wabnitz/Janovsky/*Müller* S. 6 Rdnr. 15; LG Saarbrücken wistra 1995, 32.
[39] *Salditt* StraFo 1992, 121/129 f.
[40] Z.B. BayObLG StV 1997, 531; *Bittmann/Rosner* wistra 1995, 166; *Körner* NStZ 1996, 64/66, z.B. dort zur Vermögensverwaltung, die durch Auslandsüberweisungen über mehrere Konten bedient wurde.
[41] BT-Drucks. 12/989, S. 28.
[42] Das ist streitig, so die h.M. bei *Tröndle/Fischer* § 261 Rdnr. 27 mit Krit.
[43] BGHSt 46, 107/113 (Steuerhinterziehung durch Bankangestellte); BGH wistra 2001, 379 = BGHSt 47, 68 (Geldannahme durch Strafverteidiger); einschränkend: BVerfG NJW 2004, 1305.
[44] *Bottke* wistra 1995, 87 ff., 121 ff.

pflichten erfüllt oder solche Pflichten entsprechend gehandelt haben.[45] Die Norm stellt vor allem auf die Verdachtsmeldungen nach § 11 GwG ab, die weitaus überwiegend von Banken genutzt worden sind.

bb) Änderungsgesetze. **Änderungsgesetze:** Seit dem Verbrechensbekämpfungsgesetz vom 28.10.1994 ist die banden- und gewerbsmäßige Untreue geeignete Vortat im Sinne des § 261 StGB.[46] Mit dem 34. StÄG vom 22.8.2002 wurde der § 261 Abs. 1 S. 2 Nr. 5 ausgedehnt auf die §§ 129, 129 a StGB. Die gewerbliche oder bandenmäßige schwere Steuerhinterziehung wurde zur Vortat im Sinne des § 261 Abs. 1 S. 2 Nr. 1 StGB. Der umstrittene Verbrechenstatbestand des § 370 a AO ist ohnehin nach § 261 Abs. 1 S. 2 Nr. 1 StGB geeignete Vortat. 67

c) **Geldwäscheprävention.** *aa) Überblick.* Durch das Geldwäschegesetz (GwG) vom 25.10.1993, in Kraft seit dem 29.11.1993, sollte der legale Geldkreislauf vor illegalen Geldern und sonstigen Vorteilen aus Straftaten bewahrt werden. Obwohl die Trennung von repressiven und präventivem Geldwäsche-Schutz in der ersten Europäischen Geldwäscherichtlinie von 1991 nicht so vorgesehen war, verweisen die Quellen darauf, dass die Trennung in Deutschland erforderlich gewesen sei, weil durch die Einführung der Kapitalertragssteuer zum 1.1.1993 und die damit einsetzende Kapitalflucht aus Deutschland keine legalen Bargeldtransaktionen in die Illegalität fallen sollten.[47] Ziel des GwG ist es von Anfang an gewesen, zu verhindern, dass das Banken-, Versicherungs- und Geldverkehrswesen zur Waschung illegaler Gelder missbraucht wird. Dazu sollten eine Abwehr-Organisation aufgebaut, Dokumentationen angelegt sowie Verdachtsfälle angezeigt werden. Banken sollten bereits nach den Beschlüssen des **Baseler Ausschusses für Bankenaufsicht** vom Oktober 1997 strenge Organisationsvorschriften zur Durchsetzung des „Know-Your-Customer-Prinzips" (=KYC) erlassen. Die **deutsche Bankenaufsicht** hat durch die Verlautbarung des BAKred vom 30.12.1997 an Finanzdienstleistungsinstitute (für die die Bankenaufsicht nach der 6. KWG-Novelle ab 1.1.1998 zuständig war) im Abschnitt I.6. zum KYC Stellung genommen, wenn es dort heißt, dass die Institute verpflichtet sind, „sich bei der Anknüpfung der Geschäftsbeziehung über die Identität des Kunden zu vergewissern. ... Vor allem im Bereich der Drittstaateneinlagenvermittlung und der Finanzportfolioverwaltung sollte sich das pflichtige Institut darüber hinaus im Rahmen des Zumutbaren auch Kenntnis über die Herkunft der Vermögenswerte verschaffen." 68

Durch **Gesetz vom 4.5.1998** ist § 2 GwG geändert worden. Erhalten blieb aber die Identifizierung von Bargeld-, Tresor- und Wertpapiertransaktionen. Die identifizierungspflichtigen Geschäfte blieben unverändert. Durch das 6. Euro-Einführungsgesetz vom 3.12.2001 (BGBl I S. 3306) sind im GwG die Beträge angepasst worden, materielle Änderungen sind nicht vorgenommen worden. 69

Durch das **GwG vom 8.8.2002**, mit Wirkung ab 15.8.2002 ist erstmals eine Identifizierungspflicht für die allgemeine Geschäftsverbindung in § 2 Abs. 1 S. 1 GwG eingeführt worden. Die seit 1998 gültigen § 2 Absätze 1 bis 4 wurden in der neuen Fassung zu § 2 Absätze 2 bis 5. Die Identifizierungspflicht nach § 6 Abs. 1 GwG n. F. orientiert sich allein an den neuen § 2 Abs. 2 und 3 GwG. Daraus darf nicht geschlossen werden, dass sich die Identifizierungspflicht ausschließlich auf die in § 2 Abs. 2 GwG genannten Bargeld- und Wertpapiertransaktionen bezieht. Vielmehr sind nach § 2 Abs. 2 die handelnden Personen zu identifizieren, eine Eingrenzung auf verschiedene Geschäfte besteht – wie bisher auch – nicht. Die Nachfrage- und Aufzeichnungspflicht nach § 8 Abs. 1 GwG wurde ausgeweitet. Nach § 8 Abs. 1 S. 1 hat sich das Institut nunmehr in allen Geschäftsverbindungen nach einer wirtschaftlich berechtigten Person zu erkundigen. Wird eine andere Person genannt, bestehen Feststellungs- und Aufzeichnungspflichten von Namen und Anschrift. Wird keine andere Person genannt und hat das Institut im Rahmen der Geschäftsbeziehung oder bei der Durchführung einer Transaktion im Sinne des § 2 Abs. 2, 3 GwG Zweifel aufgrund der äußeren Umstände, dann müssen angemessene Maßnahmen zur Feststellung des wB ergriffen werden. Für die Beziehungen zu anderen Instituten gilt das nicht. 70

---

[45] Wabnitz/Janovsky/*Müller* S. 5 Rdnr. 13; *Carl* wistra 1994, 161; *Krack* NStZ 2001, 505.
[46] *Körner* NStZ 1996, 64.
[47] Achenbach/Ransiek/*Löwe-Krahl* Kap. XIII Rdnr. 8.

71 Zuletzt wurde das GwG durch das **Gesetz zur Modernisierung des Investmentwesens und zur Besteuerung von Investmentvermögen (Investmentmodernisierungsgesetz)** vom 15.12.2003 (BGBl I. S. 2676) geändert. Von den Änderungen betroffen waren die §§ 1, 2, 4, 6, 8, 9, 14, 16. Gem. §§ 99 Abs. 2 des Investmentgesetzes wird das GwG auf Investmentgesellschaften angewendet, da diese als Institut im Sinne des § 1 Abs. 4 GwG gelten. Gem. § 112 Abs. 4 des Investmentgesetzes darf eine Kapitalanlagegesellschaft nicht in ausländische Zielfonds aus Staaten investieren, die bei der Bekämpfung der Geldwäsche im Sinne internationaler Vereinbarung nicht kooperieren. Damit sind auch Fonds aus NCCT – Staaten gemeint.

72 *bb) Identifizierungspflichten.* **Identifizierungspflichten** für Kreditinstitute ergeben sich aus § 2 GwG und zwar zum einen bezogen auf die Art der Transaktion, zum anderen bezogen auf die Person des Vertragspartners. Nach der Transaktion nennt § 2 Abs. 1 GwG in der Fassung seit dem 15.8.2002 nicht mehr ein bestimmtes Einzelgeschäft, sondern stellt auf den Beginn der Geschäftsbeziehung ab. Bestehende Kundenverhältnisse und sonstige Vertragsgestaltungen mit Kunden waren bereits durch das GwG i. d. F. von 1993 nicht erfasst. Der Gesetzgeber ging davon aus, dass die bisherigen Angaben zu Kontoverbindungen entsprechend den § 154 AO bereits aufgezeichnet waren. Anzuwenden sind die Identifizierungspflichten daher nur auf neue Geschäftsverbindungen.

73 *cc) Erläuterungen der Finanzaufsicht.* Das BAKred hat mit den **Verlautbarungen** vom 30.12.1997[48] und 30.3.1998[49] Erläuterungen für identifizierungspflichtige Geschäfte gegeben. Beispielsweise für:
- Bareinzahlungen im Inland, Weiterleitung an eine ausländische Tochter des gleichen Konzerns als Fall der Ziff. 41 ff der Verlautbarung;[50]
- Identifizierung von Problemfällen anhand des Berichts der FATF vom Febr. 1998;[51]
- Anonymisiertes Kontenabrufverfahren nach § 24 c KWG sollte u. a. auch der Bekämpfung der Geldwäsche dienen.[52]

74 *dd) Identifizierung des Kunden.* **Identifizierung handelnder Personen:** Während das KYC-Prinzip bereits bei Beginn der Kontenbeziehung die Identität des Kunden sicherstellen sollte, sollten Banken auch über die Herkunft der wesentlichen Finanzquellen und Finanzmittel unterrichtet sein („Know the Source of Money"). Vor allem im Bereich der Drittstaateneinlagenvermittlung und der Finanzportfolienverwaltung sollten Identifizierungs- und Legitimationsprozeduren eingeführt werden. Gemeint waren damit allerdings nicht jede Art geschäftlicher Bankentätigkeit, sondern die Konten-, Zahlungs- und Überweisungsvorgänge im In- und mit dem Ausland. Das BAKred. hat in der Verlautbarung die Identifizierungs- und Legitimationspflichten aus § 154 AO abgeleitet.

75 Gewissheit über die **Identität einer natürlichen Person** bestand, wenn der vollständige Name des Kontenkunden oder Einzahlers bzw. Einlegers anhand eines gültigen Personalausweises oder Reisepasses festgestellt worden ist. Die zu identifizierende natürlichen Person sollte persönlich anwesend sein. Sollte sich das Institut bei der Anknüpfung der Kontoverbindung oder des Kassenvorgangs/Depoteinlieferung eines Dritten bedienen, so hat sich das Finanzdienstleistungsinstitut bei Beginn der Zusammenarbeit mit dem „Dritten" von dessen Zuverlässigkeit und dessen System der Mitarbeiterinformation bzw. der Überprüfung der Mitarbeiterzuverlässigkeit für die interne und externe Revision zu überzeugen.

76 Für **juristische Personen** des privaten oder öffentlichen Rechts als Kunden sollte die Bezugnahme auf ein amtliches deutsches Register oder eine amtliche deutsche Veröffentlichung ausreichend sein. Das Institut hatte sich daher von der Existenz der juristischen Person durch Vorlage von Auszügen aus dem Handelsregister, dem Vereinsregister o.ä. zu überzeugen. Die Identifizierung der für die juristische Person handelnden natürlichen Personen musste nicht

---

[48] Verlautbarung über Maßnahmen der Finanzdienstleistungsinstitute zur Bekämpfung und Verhinderung der Geldwäsche, v. 30.12.1997 bei *Consbruch/Möller* Tz. 11.01A, S. 20c[11].
[49] Verlautbarung über Maßnahmen der Kreditinstitute zur Bekämpfung und Verhinderung der Geldwäsche vom 30.3.1998, bei *Consbruch/Möller* Tz. 11.01A, S. 20 d.
[50] Schreiben v. 4.6.1998, bei *Consbruch/Möller* Tz. 11.01 S. 20 a.
[51] Schreiben v. 11.3.1998, bei *Consbruch/Möller* Tz. 11.44 S. 84.
[52] Schreiben v. 4.11.2002, bei *Consbruch/Möller* Tz. 11.80.

nach § 2, 9 GwG durchgeführt, sondern war im Rahmen von Nummer 7 des damals geltenden AEAO vereinfacht. Die in Ziffer 7 Buchstaben I, J und K des AEAO vorgesehenen Erleichterungen erfassen Fälle
- der Vertretung von Kreditinstituten und Versicherungsunternehmen (Nummer 7 I),
- der als Vertreter eingetragenen Personen, die für die in öffentlichen Registern (Handelsregister, Vereinsregister) eingetragenen Firmen oder Personen auftreten (Nummer 7 J), sowie
- der weiteren Vertreter einer juristischen Person, wenn für diese schon mindestens 5 Personen in öffentliche Register eingetragen sind bzw. bei diesen Personen eine Legitimationsprüfung stattgefunden hat, oder eine Verfügungsbefugnis anderweitig nachgewiesen ist (Nummer 7 K).

Die kodifizierten Ausnahmen gelten dabei nur für diejenigen juristischen Personen bzw. Verfügungsberechtigten, die in deutschen Registern eingetragen sind. Für Verfügungsberechtigte, die nicht unter die Identifizierungserleichterungen des AEAO fallen, galten nach Auffassung des BAKred die Pflichten zur Identifizierung natürlicher Personen entsprechend.

ee) Identifizierung durch Dritte. **Identifizierung durch „zuverlässige Dritte":** Die Fernidentifizierung eines Kunden durch einen Notar als „zuverlässiger Dritter" wird vom BAKred bereits im Schreiben vom 26.10.1994, Ziff. 7 Abs. 5) für zulässig erachtet. Im Schreiben vom 30.3.1998 (Abschnitt 10 a) wird diese Auffassung bekräftigt. Bestätigt hat das BAKred. diese Praxis mit Schreiben vom 2.12.1999 (Identifizierung durch eine Drittbank),[53] Schreiben vom 6.12.1999 (Identifizierung durch Finanzdienstleister, Notare oder PostIdent),[54] Schreiben vom 3.5.2000 (Identifizierung durch Konzerngesellschaften und Rückgriff darauf),[55] Schreiben vom 22.5.2000 (Anforderungen an die Zuverlässigkeitsprüfung von Freiberuflern, Gewerbetreibenden).[56]

ff) Aufzeichnungspflichten. Die **Nachfrage nach und Aufzeichnung** von Namen und Anschrift des **wirtschaftlich Berechtigten** (wB) ist nach § 8 Abs. 1 GwG nicht nur für die Aufnahme von Kontobeziehungen im Sinne des § 154 AO geboten, sondern in allen Fällen des § 2 Abs. 1, Abs. 2 und § 6 Abs. 1 GwG. Das bedeutet auch die Erfassung von Bargeldzahlungen und Bargeld- und Wertpapiereinlieferungen und alle konkreten Verdachtsfälle. Das Institut hat danach zu fragen, ob der Kunde für eigene oder fremde Rechnungen, d. h. für einen Dritten etwa als Treuhänder handelt. Diese Frage sollte vor allem für die Klärung des zukünftigen Forderungsinhabers aus der Kontobeziehung dienen. Allerdings bestand bis 2002 lediglich die Verpflichtung, den Vertragspartner zu befragen und dessen Angaben ungeprüft zu übernehmen.[57] In Umsetzung von Artikel 3 Abs. 5 der EG Richtlinie soll § 8 GwG Strohmanngeschäften entgegenwirken und den wahren Gläubiger der Bank sichtbar machen. Dieses Ziel ist aber nicht zu erreichen, wenn eine rein formale Frage nach dem wirtschaftlich Berechtigten gestellt wird. Die Institute müssen daher in den Fällen, in denen sie Zweifel hegen oder in denen sie Gewissheit haben, dass die nach §§ 8, 2 GwG zu identifizierende Person nicht für eigene Rechnung handelt, Informationen über die tatsächliche Identität derjenigen anderen Person einzuholen, für deren Rechnung der Kunde handelt. Falls sich Zweifel an der Identität des wB nicht ausräumen lassen, sollte die Eröffnung eines Kontos abgelehnt werden.

Auch hier sollte das „Know-your-Customer-Prinzip" durchgesetzt werden.[58] Das BAKred bzw. die BaFin haben für **folgende Geschäfte** auf der Verlautbarung vom 30.3.1998 aufbauend Erläuterungen für diese Erkundigung gegeben:
- In Ziff. 19 ff, 20 der Verlautbarung vom 30.3.1998 wird betont, dass Strohmanngeschäften entgegen gewirkt werden soll; in Ziff. 21 wird auf die Bedeutung der Nutzung von Treuhand- und Sammelkonten hingewiesen. Eine Befreiung nach § 8 Abs. 2 GwG ist nur möglich, wenn das selbständige Institut im Ausland vergleichbaren Pflichten unterliegt.

---

[53] Schreiben v. 2.12.1999 bei *Consbruch/Möller* Tz. 11.61 S. 106.
[54] Schreiben v. 6.12.1999 bei *Consbruch/Möller* Tz. 11.62 S. 107.
[55] Schreiben v. 3.5.2000 bei *Consbruch/Möller* Tz. 11.67 S. 113.
[56] Schreiben v. 22.5.2000 bei *Consbruch/Möller* Tz. 11.69 S. 119.
[57] Achenbach/Ransiek/*Löwe-Krahl* a.a.O. Kap. XIII Rdnr. 67 und Fn. 78 unter Verweis auf *Hoyer/Klos* GwG, S. 269.
[58] *Consbruch/Möller* Tz. 11.01 S. 10 a und 20c^3.

- Bes. Anforderung an die Feststellung des wB bei Zweifeln u. a. bei der Struktur der Geschäfte (Treuhandkonten, Poolkonten usw.), ergibt sich aus dem Schreiben vom 2.2.1999 zur Prüfung des Geldwäsche-Abwehrsystems der Bank.[59]
- Monitoring (Art. 34 e der Verlautbarung vom 30.3.1998) auffälliger Konten- und Kundenbeziehungen soll verpflichtend eingerichtet werden.[60]
- Ein aktives Research verlangt Ziff. 34 d (erst in Kraft ab 1.10.1998) für die gesamte Geschäftsbeziehung zum Kunden ohne besonderen Anlass auf der Grundlage von Typologien, Fallbeispielen der Ermittlungsbehörden, der Verbände der Kreditwirtschaft oder des BAKred.[61] Die ordnungsgemäße Durchführung ist berichtspflichtig gewesen.
- Akkreditive, Avale, Diskontwechsel und Forfaitierungen, nicht aber einfache Vertragsforderungen sind im Schreiben vom 3.8.1998 behandelt.[62]

80 Dabei besteht die **Pflicht zur Feststellung** des wB auch dann, wenn gem. § 7 GwG von einer Identifizierung nach § 1 Abs. 5 GwG abgesehen werden kann. Besonders hervorgehoben wurde die Pflicht zur Feststellung des wB für die Fälle, in denen ein Berufsgeheimnisträger (Rechtsanwälte, Notare, Wirtschaftsprüfer, Steuerberater etc.) gegenüber dem Kreditinstitut auftritt bzw. wenn Treuhänder oder Vermögensverwalter auf Rechnung verschiedener Kunden Sammelkonten oder- Depots einrichteten.

81 *gg) Geldwäscheverdacht.* Die Pflicht, **alle Finanztransaktionen** des jeweiligen Kunden, Einzahlers oder Einlegers zu vermerken und zu identifizieren, besteht nach § 6 GwG dann, wenn ein Geldwäscheverdacht besteht, weil die vereinbarte Finanztransaktion der Geldwäsche im Sinne des § 261 StGB dienen kann oder würde. Finanztransaktion i. S. d. § 1 Nr. 5 GwG ist jede Handlung, die eine Vermögensverschiebung bezweckt oder bewirkt. Das war auch erkennbar an den Vermögensverwaltungsgeschäften nach § 3 Abs. 1 GwG. Das BAKred bzw. die BaFin haben Erläuterungen für die Erkundigungen und die Behandlung von Verdachtsfällen in den Ziff. 12ff, 14, 26 der Verlautbarung vom 30.3.1998, dem Schreiben vom 28.5.1999 und dem Schreiben des BAKred vom 27.11.1996[63] gegeben.

82 *hh) Interne Sicherungsmaßnahmen.* **Interne Sicherungsmaßnahmen** sollen nach § 14 Abs. 2 GwG darin bestehen, dass
- ein Geldwäschebeauftragter benannt,
- interne Grundsätze, Verfahren und Kontrollen zur Verhinderung von Geldwäsche entwickelt,
- die Zuverlässigkeit von Beschäftigten, die bare und unbare Finanztransaktionen durchführen dürfen, sichergestellt sowie
- die Beschäftigten regelmäßig über Methoden, Auffälligkeiten, Typologien und Abwehrmechanismen der Geldwäsche unterrichtet werden.

Mit Rundschreiben vom 11.3.1998 hat das BAKred auf den Bericht der FATF aus dem Februar desselben Jahres verwiesen und diesen als geeignet für die Schulung der Mitarbeiter im Sinne von § 14 Abs. 2 Nr. 4 GwG sowie zur Verfeinerung der institutsinternen Sicherungssysteme gegen Geldwäsche empfohlen. In Abschnitt 34 d in der Verlautbarung vom 30.3.1998 wird abermals deutlich, dass Kredit- und Finanzdienstleistungsinstitute interne Strukturen zu schaffen haben, die gewährleisten, dass Transaktionen, die bereits in der Vergangenheit unter Geldwäschegesichtspunkten auffällig geworden sind mit besonderer Aufmerksamkeit behandelt werden. Durch die Schaffung interner Organisationsanweisungen sollte den Besonderheiten der Geschäfts- und Kundenstruktur, der Größe Rechnung tragend- auffällige Transaktionen besser erkannt und überprüft werden. Die Verlautbarung galt gem. § 15 GwG für inländische Institute und deren in- und ausländische Töchter. Auch hier wird der Leichtfertigkeitsmaßstab durch die Beobachtung der aufsichtsrechtlichen und branchenüblichen Abwehrsysteme umschrieben.

---

[59] Schreiben v. 2.2.1999, bei *Consbruch/Möller*, Tz. 11.01 S. 20c³, Schreiben v. 15.8.1996, *Consbruch/Möller* Tz. 11.28 S. 57.
[60] Schreiben v. 30.3.1998 unter Ziff. 34 e, im Schreiben v. 2.2.1999 S. 20c⁴.
[61] Schreiben v. 2.2.1999 S. 20c⁴, dazu auch das Schreiben v. 21.5.1999, S. 20c⁷.
[62] Schreiben v. 3.8.1998 *Consbruch/Möller* Tz. 11.48, S. 89.
[63] Abgedruckt bei *Consbruch/Möller* Tz. 11.29, S. 58.

ii) Konzernweite Kontrolle. Nach § 15 GwG besteht für ein dem KWG unterliegendes 83 inländisches Kreditinstitut die Pflicht, dafür Sorge zu tragen, dass ausländische Zweigstellen und von ihm abhängige Unternehmen das GwG und dessen Ausführungsbestimmungen einhalten, wobei die Konzernvermutung des § 18 Abs. 1 Satz 3 AktG für anwendbar erklärt wird.[64] Durch Verlautbarung vom 6.11.2000 (Korrespondenzbanken) wird § 14 Abs. 2 Nr. 2 GwG dahin gehend konkretisiert, dass für den Fall der Korrespondenzbankbeziehungen zu Kreditinstituten mit Sitz im Ausland adäquate Sicherungsmaßnahmen gegen Geldwäsche nur dann angenommen werden können, wenn entsprechende Sorgfaltspflichten im Rahmen der Korrespondenzbankenbeziehungen eingehalten werden. Bei Kreditinstituten, die ihren Sitz in einem EU-Staat haben oder einem Staat, der Mitgliedstaat des Baseler Ausschusses für Bankenaufsicht ist, musste sich das Institut über das Bestehen einer für das Korrespondenzinstitut von der jeweils örtlich zuständigen Aufsichtsbehörde erteilten Lizenz zur Abwicklung des Zahlungsverkehrs vergewissern. Bei allen übrigen Kreditinstituten sollte eine Erfüllung dieser Sorgfaltspflicht angenommen werden, wenn sich die Bank zusätzlich über die personelle Struktur der Organe und Eigentümer des Institutes auf Grundlage der für das Institut landesüblichen Unterlagen einen Eindruck verschaffte und sich gegebenenfalls zusätzlich Bilanzen und Statuten durch dieses Institut vorlegen ließ. Zusätzliche Sorgfaltspflichten galten während der bestehenden Korrespondenzbankbeziehungen immer dann, wenn die Korrespondenzbank ihren Sitz in einem Land hatte, das in den FATF Listen als sog. „nicht kooperierendes Land" – NCCT (Non-Cooperative-Countries or Territories)- bezeichnet worden ist.

d) Bankenaufsicht, Berichterstattung und andere Prüfungen. aa) *Geldwäscheprävention* 84 *nach § 24c KWG.* Die Geldwäscheprävention ist durch die Einführung des **§ 24 c KWG**, der am 1.4.2003 in Kraft getreten ist, verstärkt worden. Nach § 24 c KWG Abs. 1 Nr. 1 hat jedes Kreditinstitut eine Datei zu führen, in der alle Daten zu einem Konto oder einem Depot gespeichert werden, das der Verpflichtung zur Legitimationsprüfung im Sinne des § 154 Abs. 2 Satz 1 der Abgabenordnung unterliegt. Außerdem sind der Tag der Errichtung und der Tag der Auflösung (§ 24 c Abs. 1 Nr. 1 KWG) in der Datei zu erfassen. Das Kreditinstitut hat zudem eine Datei zu führen, in der alle in § 8 Abs. 1 des GwG enthaltenen Daten (Name, Tag der Geburt, Inhaber, Verfügungsberechtigte sowie wirtschaftlich Berechtigte) genannt werden. Nach § 24 c Abs. 5 Satz 1 KWG wurde das Kreditinstitut verpflichtet, den automatischen Abruf dieser Daten zu ermöglichen. Mit § 24 Abs. 6 KWG verpflichtete die Bank zur Sicherung dieser Daten zum Zwecke des Datenschutzes und der Datensicherheit insbesondere der Vertraulichkeit und der Unversehrtheit der abgerufenen weiter übermittelten Daten.

Ausdrücklich statuiert **§ 25 a Abs. 1 S. 3 Nr. 6 KWG** Organisations-, Kontroll- und Über- 85 wachungspflichten für die Geldwäscheprävention. Die BaFin erhielt darüber hinaus eine Anordnungsbefugnis in § 25 a Abs. 1 S. 4 KWG. Die besonderen organisatorischen Pflichten in grenzüberschreitenden bargeldlosen Zahlungsverkehr verdeutlicht § 25 b KWG.

bb) Abschlussprüfung: Zu den Konkretisierungen der Geldwäschebekämpfung gehören 86 auch die Erläuterungen in den Prüfungsberichten aufgrund der Verordnung über die Prüfung der Jahresabschlüsse und Zwischenabschlüsse der Kreditinstitute und Finanzdienstleistungsinstitute und über die Prüfung nach § 12 Abs. 1 Satz 3 des Gesetzes über Kapitalanlagegesellschaften sowie die darüber zu erstellenden Berichte (PrüfBV). In § 17 der PrüfBV wird der Abschlussprüfer verpflichtet, über die Einhaltung der Pflichten nach § 14 Abs. 2 GwG, § 25 a KWG vertieft zu berichten. Der Abschlussprüfer hat zu berichten, ob sich die Kontrollmechanismen und Sicherungssysteme im Sinne des § 14 Abs. 2 Nr. 2 GwG sowohl auf Bargeldtransaktionen als auch auf unbare Transaktionen beziehen.[65]

Ob sich ein Geschäft als risikobehaftet im Sinne des GwG einordnen lasse, ließ sich nach Auf- 87 fassung des BAKred anhand von Typologiekatalogen der Kreditwirtschaft, der Ermittlungsbehörden (z. B. der Jahresberichte des Landeskriminalamtes NRW zum Thema Geldwäsche) und der FATF beurteilen. Die Abschlussprüfer sind aufgefordert, die institutsinternen Kontrollund Prüfungssysteme daraufhin zu untersuchen, ob diese Typologien bekannt und verarbeitet worden sind.

---

[64] Schreiben BAKred v. 30.3.1998.
[65] *Dicken* Bankenprüfung S. 74.

88 cc) *Interne Revision*. Die **Interne Revision** hat mindestens einmal jährlich die Funktionsfähigkeit der bankinternen Einrichtungen und Kontrollmechanismen, die Einhaltung der Geschäftsgrundsätze, die Aufzeichnungen und die Erfüllung von Meldepflichten zu kontrollieren. In den „Mindestanforderungen an eine Interne Revision (MaIR)" hat die Bankenaufsicht im Jahr 2000 ihre Auffassung der Wirksamkeit solcher Prüfungen niedergelegt.

89 dd) *Sorgfaltsanforderungen*. Der **Basler Ausschuss für Bankenaufsicht** hat aufgrund der Terroranschläge in den USA am 11.9.2001 die Anstrengungen bei der Aufspürung und Abschöpfung von unlauteren Vorteilen intensiviert. Im Oktober 2001 veröffentlichte er Beschlüsse der Vertreterversammlung von 120 Aufsichtsvertretern in Kapstadt vom 12.9.2001 über die „Sorgfaltspflicht der Banken bei der Feststellung der Kundenidentität". Darin werden Anforderungen an die Organisation der Banken in allen möglichen Fällen der Kundenidentifikation aufstellt. U. a. gehören dazu Sorgfaltsregeln bei der Verwaltung von Trust-, Treuhand- und ähnlichen Konten, bei Reputationsrisiken aus der Geschäftsbeziehung, bspw. im Private Banking, bei Geschäften mit professionellen Vermittlern und bei politisch exponierten Personen (PEP). Zwar stellt die Verlautbarung überwiegend auf die Eröffnung und Führung von Konten oder die Abwicklung von Finanztransaktionen ab, da es aber auch regelmäßig um „die Geschäftsbeziehung" geht, darf nicht missverstanden werden, dass es dem Ausschuss auch um die Vermögensverwaltung als solche ging. Das Papier ist in der offiziellen deutschen Fassung dem ZKA und den Banken mit Rundschreiben der BaFin vom 6.11.2002, Nr. 25/2002, übermittelt worden.[66] Die Finanzaufsicht teilte in dem Übersendungsschreiben, dass die Grundsätze des Papiers den Anforderungen des § 25 a Abs. 1 Nr. 4 KWG, § 14 Abs. 2 Nr. 2 GwG i. V. m. der Verwaltungspraxis der BaFin entsprechen.

90 Der Ausschuss verweist in Grundsatz 31 auf die 40 Empfehlungen der FATF. Banken werden nach Grds. 32, 33 angehalten, alle Möglichkeiten zu ergreifen, die Herkunft von Geldmitteln und die wahren wirtschaftlich Berechtigten zu identifizieren. Auf die Bedeutung von politisch exponierten Personen (PEP) für die Kundenbeziehung wird in den Grundsätzen 41, 42 hingewiesen. Die Position solcher Personen wird dann für eine Bank als erheblich riskant und schadensgeneigt angesehen, wenn von solchen Personen Gelder eingezahlt oder verwaltet werden, auch wenn sich die Herkunft der Gelder nicht oder nur schwierig nachweisen lasse.

91 ee) *Grenzkontrollen*. Die **Sondervorschriften des § 12 a ZollVG, § 39 AWG** über den grenzüberschreitenden Bargeldtransfer sollen der Vollständigkeit halber erwähnt werden, weil Banken oder andere Unternehmen zunehmend als Dienstleistung auch den Geldtransport für Kunden übernehmen.[67] Neben der bußgeldsanktionierten Missachtung der Deklarationspflichten sind Vergehen gem. §§ 373, 374 AO denkbar. Solange der Geldtransport nicht zu einer Art Geldverwaltung für Kunden (dann u. U. Einlagengeschäft!) führt, ist die Dienstleistung für sich gesehen nicht unter § 1 Abs. 1 KWG zu fassen.

4. Edelmetall- und Devisengeschäfte

92 a) *Kassengeschäfte*. Universalbanken, die dem Allfinanzkonzept[68] verpflichtet sind, unterhalten in der Regel vier **verschiedene Kassen**, in denen Vermögenswerte bar ein- und ausgezahlt werden: die Bar- (oder Schalter-)kasse, die Sortenkasse (Fremdwährungen), die Münz- und Edelmetallkasse sowie die Wertpapierkasse. Für die Barkassen werden zusätzliche Dienstleistungen, wie zum Beispiel der sog. Nachttresor, der Banksafe und mehr oder weniger große Spardosen angeboten. Zu den Kassen zählen auch die sog. Wertkassen, in denen vorbereitete Wertdokumente, z. B. Sparbuchblanketten, Scheckbücher, Zahlungskarten etc. verwahrt werden.

93 An den Kundenschaltern werden neben den Bargeldgeschäften auch Edelmetall-, Wertpapier- und Devisengeschäfte abgewickelt. Der An- und Verkauf von Edelmetallen, Wertpapieren und Devisen kann anonym, in der Form sog. Tafelgeschäfte erfolgen. Der Kunde muss sich grundsätzlich nicht ausweisen und darf auch effektive Stücke (Wertpapiere, Edelmetalle, Devisen) mitbringen oder mitnehmen. Eine Täuschung über die Berechtigung zur Einlösung

---

[66] *Consbruch/Möller* Tz. 11.81, S. 170.
[67] *Dannecker/Burger* wistra 2004, 85.
[68] Dazu *Gehrke/Kölbl*, Alles über Bankgeschäfte, 3. Aufl. 2003, S. 17.

des Gegenstandes kommt grundsätzlich nicht in Betracht. Sollte auf diese Weise Raub- oder Diebstahlsgut, Erträge aus illegalen Geschäften reingewaschen oder verschleiert werden, erfüllt der Täter den Tatbestand des § 261 Abs. 1 StGB. Für den gutgläubigen Bankangestellten kann der Eintausch von Zahlungsmitteln und Inhaberpapieren aber einen legalen Zwischenerwerb im Sinne der §§ 932, 935 Abs. 2 BGB darstellen. Wenn die Pflichten nach dem GwG verletzt werden, kann das aber ein Indiz für ein zumindest leichtfertiges Verhalten des Bankmitarbeiters sein.

b) Tafelgeschäfte. Tafelgeschäfte können den Anfangsverdacht einer Steuerhinterziehung begründen.[69] Ende der achtziger Jahre traten im Bereich der Edelmetallgeschäfte vermehrt Fälle auf, in denen die Täter im Ausland ohne Umsatzsteuer erworbene Münzen in großen Mengen über die Grenze nach Deutschland schmuggelten. Die Münzen setzten sie teilweise bei Münzgroßhändlern, teilweise bei Münzaufkäufern von Banken ab, wobei sie deutlich geringere Preise verlangten, als die Händler sie im Inland auch im Interbankenverkehr erstehen konnten. Wesentliche Indizien für den Käufer von Edelmetallen oder Schmuck, dass es sich um unlauter erworbene oder unversteuerte Ware handelt, sind nach wie vor der unter dem jeweiligen heimischen Marktwert liegende Preis und das Fehlen eines Herkunftsnachweises.

5. Unerlaubte Bargeldverfügungen

a) Bargeldverfügungen an der Personenkasse. Auch an der Bargeldkasse kann der Kassierer über die Berechtigung des Verfügenden getäuscht werden. In der Vorlage einer Auszahlungsanweisung mit nachgeahmter oder gefälschter Unterschrift des Kontoinhabers liegt zweifellos eine Täuschung. Allerdings irrt die Bank nicht in jedem Fall über die Berechtigung. Kommt es nämlich wegen der Art der Forderung auf einen formalisierten Legitimationsnachweis an (bspw. Sparbuch oder Dividendenschein), dann irrt der Bankangestellte nicht über die fehlende Berechtigung. Er macht sich regelmäßig keine Gedanken über diesen Umstand.

Die Medien berichten von Zeit zu Zeit über Trickbetrüger, die sich die Erlaubnis erschleichen, über ein Konto durch eine erschlichene (und damit anfechtungsbelastete) Unterschrift oder einen erschlichenen telefonischen Auftrag zu verfügen. Wenn solche Anweisungen tatsächlich vom Kontoinhaber stammen und lediglich der Anfechtung unterliegen, aber nicht erkennbar unwirksam sind, kann schon eine (auch konkludente) Täuschung der Bank nicht angenommen werden. Allerdings täuscht der Trickbetrüger den Kontoinhaber über seine Absicht, die Absprache nicht zu erfüllen (Eingehungsbetrug), so dass der Kontoinhaber selbst irrt und über sein Vermögen verfügt.

b) Entwendung des Sparbuchs und Verfügung über das Guthaben. Sparbücher sind qualifizierte Legitimationspapiere i. S. d. § 808 BGB, in denen der Gläubiger der Bank namentlich genannt ist. Die Bank muss nur bei Vorlage des Sparbuches leisten, ohne dass der Inhaber berechtigt ist, die Leistung zu fordern (sog. „hinkendes Inhaberpapier"). Das Eigentum am Sparbuch folgt gem. § 952 BGB dem Recht an dem Papier, es folgt also immer der Gläubigerposition gegenüber der Bank.[70] Objekt eines Diebstahls ist das Sparbuch, weshalb der Täter sich nicht nur den Gebrauch anmaßt, wenn er das Sparbuch zur Vorlage bei der Bank mitnimmt, danach aber zurücklegt.[71] Das dem Diebstahl nachfolgende Abheben des Geldes ist eine Ausnutzung der Vorteile der Wegnahmehandlung, sodass es nicht auf die Frage nicht ankommt, ob sich der Bankmitarbeiter bei Vorlage des Sparbuchs Gedanken über die Berechtigung macht und betrügerisch getäuscht werden kann.[72] Eine eigenständige Täuschung liegt vor, wenn der Vorleger einen etwaigen Sperrvermerk beseitigt oder den Bankmitarbeiter veranlasst, diese in der Regel im Computer eingegebene Sperre zu löschen.[73]

---

[69] BFH Beschl. v. 15.6.2001 – VII B 11/00, BB 2001, 2254 = wistra 2002, 27.
[70] Wobei ein Sparkonto kein Darlehen des Kunden an die Bank ist, unrichtig deshalb bei *Wessels/Hillenkamp* Strafrecht BT Rdnr. 160.
[71] RGSt. 26, 151/154; 39, 239/242 ff.; *Wessels/Hillenkamp*, a.a.O., Rdnr. 160; a. A. MünchKommStGB/ *Schmitz* § 242 Rdnr. 122.
[72] RGSt. 39, 239/243; BGH StV 1992, 272; *Tröndle/Fischer* § 242 Rdnr. 37, 59; LK/*Ruß* § 242 Rdnr. 60; *Wessels/Beulke* Strafrecht AT Rdnr. 795; *Wessels/Hillenkamp* a.a.O. Rdnr. 161.
[73] BGH GA 1969, 306.

98 c) **Entwendung der Geldkarte und der Geldautomatenkarte.** Zwischen Geldkarte und Geldautomatenkarte muss auch eigentumsrechtlich unterschieden werden. Die aufgeladene Geldkarte gewährt Zugang zu einem auf der Karte gespeicherten Netzgeld. Ihre Wegnahme und ihr Auslesen führen daher zu einem Wertverlust und damit nach der Substanz- und der Sachwerttheorie zu einem Diebstahl.[74] Die Mitnahme, Benutzung und Rückgabe einer Geldautomatenkarte führen hingegen weder zu einem Substanz- oder Sachwertverlust. Dagegen nimmt der BGH Tatmehrheit zwischen einem Diebstahl der Automatenkarte und einem Computerbetrug an.[75] Die Geldautomatenkarte ist anders als ein Sparbuch oder eine Geldkarte kein eigenständiger wirtschaftlicher Wert, sondern ein Automatenschlüssel. Die Wegnahme und Verwendung stellen daher nur eine Gebrauchsanmaßung dar, wenn sie vorübergehend sind.[76] Die Folge der Verfügung über die Karte war bis zur Einführung des Computerbetrugs nach § 263 a StGB ab dem 1.8.1986 streitig. Der BGH hatte eine Unterschlagung des nach der Wegnahme und der Verwendung am Automaten erlangten Geldes angenommen.[77] Seitdem die missbräuchliche Verwendung der Geldautomatenkarte unter § 263 a Abs. 1 Nr. 3 StGB subsumiert werden kann, wird davon ausgegangen, dass eine Bargeld-Unterschlagung durch diesen Tatbestand verdrängt wird.[78] Die Norm übernimmt die subjektive Seite des § 263 Abs. 1 StGB und tauscht die dort vorgesehene Täuschungshandlung durch eine Anzahl von weit gefassten Computermanipulationen aus. Geschütztes Rechtsgut ist das Vermögen. Deshalb wird gefordert, dass die Norm betrugsnah ausgelegt wird.[79] Geschützt wird vor der unbefugten Beeinflussung des Ergebnisses eines Datenverarbeitungsvorgangs durch unrichtige Gestaltung des Programms, durch Verwendung unrichtiger oder unvollständiger Daten oder sonst unbefugte Einwirkung auf den Ablauf.[80] Der Versuch ist strafbar (§ 263 a Abs. 2 StGB). Durch das 35 StrÄG (in Kraft ab 28.12.2003) ist auch die Programmierung oder Beschaffung eines solchen Programms mit dem Ziel einer Automatenmanipulation nach Abs. 1 strafbar (§ 263 a Abs. 3 StGB). Tätige Reue ist möglich (§ 263 a Abs. 3 StGB).[81]

99 d) **Bargeldverfügungen mit Geldautomatenkarte.** *aa)* **Verfügungen des Berechtigten.** Die Bargeldverfügung des **berechtigten Karteninhabers** am Geldausgabeautomaten ist nicht von § 263 a StGB und auch nicht von § 266 b StGB erfasst. Der Berechtigte täuscht weder den Kontoführer noch einen Automaten; er nimmt auch keinen Einfluss auf die Datenverarbeitungsvorgänge. Auch dann, wenn der Kontostand eine Bargeldabhebung nicht erlaubt, wird durch die Anweisung an den Automaten, Geld auszuzahlen, eine Situation geschaffen, die der der Vorlage der Auszahlungsanweisung gegenüber dem Kassierer vergleichbar ist.[82] Für die Beurteilung, was in diesem Fall „unerlaubt" sein soll, muss auf das jeweilige Prüfprogramm des Automaten bzw. auf eine Person abgestellt werden, die die gleichen Merkmale prüft.[83] Nur durch diese „betrugsnahe" Auslegung werden die vom Gesetz bezweckten, von § 263 StGB nicht erfassten, Automatentäuschungen tatbestandsmäßig. Ansonsten wäre selbst die einfachsten Vertragsverstöße strafbar, was selbst der Betrugstatbestand nicht bezweckt.[84]Nach anderer Auffassung sind alle Verhaltensweisen unerlaubt, bei denen ein (als Vergleichsperson vorgestellter) Kontoführer bei Vorlage der Auszahlungsanweisung eine Überprüfung veranlasst hätte (z. B. bei Überziehungen), diese jedoch infolge einer Täuschung unterließ.[85]

---

[74] So auch für die Telefon-, Geld-, Prepaid-Karte und Sparcard: *Schnabel* NStZ 2005, 18.
[75] BGH NJW 2001, 1508 = NStZ 2001, 316 mit zust. Anm. *Wohlers* NStZ 2001, 539.
[76] BGHSt 35, 152/156.
[77] BGHSt 35, 152/161; ebenso OLG Stuttgart NJW 1987, 666; *Lackner/Kühl* § 242 Rdnr. 23. a. A. straflos: OLG Hamburg NJW 1987, 815; *Krey/Hellmann* Strafrecht BT II Rdnr. 514, 516; *Otto* JR 1987, 221.
[78] BGHSt 38, 120/124 f.; *Wessels/Hillenkamp* a.a.O. Rdnr. 171.
[79] OLG Düsseldorf NStZ-RR 98, 137.
[80] Vgl. dazu *Meier*, Strafbarkeit des Bankautomatenmißbrauchs, JuS 1992, 1017.
[81] Vgl. dazu *Krack* NStZ 2001, 505.
[82] BGHSt 47, 160 = NStZ 2002, 544 = NJW 2002, 905 = wistra 2002, 139; dazu *Achenbach*, Rechtsprechungsübersicht, NStZ 2002, 523/526 f.
[83] BGHSt 47, 160/163 m. Bespr. *Kudlich* JuS 2003, 537; *Altenhain* JZ 1997, 752/758.
[84] Dazu OLG Düsseldorf NStZ-RR 98, 137; *Wessels/Hillenkamp* Rdnr. 600, 609 jeweils m.w.N; *Hilgendorf* JuS 99, 542; ablehnend *Ranft* NJW 94, 2574.
[85] OLG Schleswig NJW 1986, 2652; OLG Stuttgart NJW 1988, 981; LG Karlsruhe NStZ 1986, 71.

bb) Fehlendes Guthaben. Die Bargeldverfügungen des berechtigten Karteninhabers **bei ei-** 100 **nem nicht ausreichenden Kontoguthaben** an einem institutsfremden Geldausgabeautomaten sind von dem § 266 b StGB erfasst.[86] Da mit der EC-Karte seit dem 1.1.2002 keine Garantie verbunden ist, ist nach den Kontrollleistungen im Authentifizierungssystem der jeweiligen Bankengruppe zu fragen.[87] Stellt das Authentifizierungssystem des kartenausgebenden Instituts eine Online-Abfrage des Kontostandes zur Verfügung und versagt dieses, kann dem Karteninhaber zwar vorgeworfen werden, den Tatbestand nach eigenen Vorstellungen verwirklicht zu haben (Wahndelikt), indessen ist eine institutseigene Kontrolle nicht überwunden worden. Das Versagen des Kontrollmechanismus kann nicht vorgeworfen werden. Gerät der Kunde unerwartet ins Soll, muss die Bank sogar die Überziehungszinsen erstatten.[88] Nach einigen Literaturmeinungen soll auf diese Verfügungen ebenfalls der § 263 a StGB mit seinem höheren Strafrahmen anwendbar sein.[89]

cc) Verfügung eines Nichtberechtigten. Die Verfügung des **Nichtberechtigten** am institutsei- 101 genen Automaten oder einem fremdem Geldausgabeautomaten ist nach § 263 a Abs. 1 StGB strafbar.[90] Wer dagegen durch Täuschung in den Besitz der Karte und der PIN gelangt, ist nicht unerlaubter Nutzer. Allenfalls täuscht er i. S. v. § 263 StGB über den Willen zur Auszahlung des erlangten Geldes.[91] Die Rechtsprechung stellt bei dem Merkmal „unbefugt" darauf ab, dass die Verfügung dem wirklichen oder mutmaßlichen Willen des Betreibers widerspricht.[92] Vereinzelt wird die Auffassung vertreten, für die Erfüllung des Tatbestands genüge ein einfacher Vertragsverstoß.[93] Diese Auffassung wird der Tatbestandsparallele zum Betrug nicht gerecht. Die Handlung muss wenigstens Täuschungscharakter haben.[94] Daher ist die Ausnutzung eines bereits bestehenden Irrtums oder eines technischen Defekts nicht vom Tatbestand erfasst.[95] Tatbestandsirrtum liegt vor, wenn der Kartennutzer glaubt, aufgrund eines Auftrages oder einer sonstigen Berechtigung zu handeln, der Automatenbetreiber damit aber nicht einverstanden ist, oder die Berechtigung unwirksam ist.

e) **Bargeldauszahlungen per Kreditkarte.** Ob Bargeldauszahlungen bei Vorlage einer Kredit- 102 karte durch den Berechtigten den vertraglichen Vereinbarungen der Kartenausgeber mit den Partnerunternehmen entsprechen, hängt von den Vereinbarungen im jeweiligen Einzelfall ab. Das Partnerunternehmen erlaubt zuweilen, Bargeld gegen Vorlage der Kreditkarte auszahlen (z. B. Hoteliers). Da der Tatbestand des § 266 b StGB nicht dazu dient, vor dem Missbrauch aller vertraglichen Regelungen zu schützen, sondern eine untreueähnliche, durch Missbrauch geprägte Verhaltensweise voraussetzt,[96] handelt ein Karteninhaber nur dann tatbestandsmäßig, wenn aus dem Geschäft eine (ungedeckte) zivilrechtliche Verpflichtung des Kartenausgebers erwächst, nicht aber, wenn er nur über die Art der zugrunde liegenden Geschäfts getäuscht wird. Der Karteninhaber, der sich vertragswidrig Bargeld auszahlen lässt und damit das Partnerunternehmen, das nach den vertraglichen Grundlagen mit dem Kartenherausgeber kein Bargeld auszahlen darf, zur falschen Abrechnung eines Warenbezugs gegenüber dem Kartenausgeber veranlasst, macht sich wegen versuchten Betruges strafbar; das Gleiche gilt für das Partnerunternehmen.[97] Das Betreiben eines erlaubnispflichtigen Bankgeschäftes (§ 54 Abs. 1 Nr. 2,

---

[86] BGH Beschl. v. 21.11.2001 – 2 StR 260/01- NJW 2002, 905 = NStZ 2002, 262 = StV 2002, 135 = BGHSt 47, 160/164; *Beckemper* JA 2002, 545; *Kudlich* JuS 2003, 538; zust. *Tröndle/Fischer* § 263 a Rdnr. 14; *Zielinski* JR 2002, 342; a.A. *Wessels/Hillenkamp* BT/2 Rdnr. 794 f.
[87] Vgl. dazu *Gehrke/Kölbl*, Alles über Bankgeschäfte, 3. Aufl. 2003, S. 71 ff.
[88] BGH Urt. v. 27.6.2002, 1 ZR 86/00; dazu *Gehrke/Kölbl* S. 74.
[89] *Wessels/Hillenkamp* Rdnr. 611.
[90] *Wessels/Hillenkamp* Rdnr. 608.
[91] *Mühlbauer* NStZ 2003, 650 zu BGH Urt. v. 17.12.2002.
[92] BGHSt 40, 331/335; BayObLG JR 1994, 289.
[93] *Maurach/Schroeder/Maiwald* Strafrecht BT I § 41 Rdnr. 233; *Mitsch* Strafrecht BT II § 3 Rdnr. 23.
[94] BGHSt 38, 120/121; BGHST 47, 160; OLG Köln NJW 1992, 126.
[95] OLG Karlsruhe wistra 2003, 116 f.
[96] *Hellmann/Beckemper* Wirtschaftsstrafrecht § 2 Rdnr. 229; a. A. *Küpper* NStZ 1988, 60 f.
[97] BGHSt 33, 244/247; *Tröndle/Fischer* § 266 b Rdnr. 9; *Ranft* JuS 1988, 673/678; *Hellmann/Beckemper* § 2 Rdnr. 228, 230.

§ 32 Abs. 1 S. 1 KWG) kann nur bei gewerblicher Tätigkeit des Partnerunternehmens auf dem Gebiet der Bargeldannahme und -ausgabe angenommen werden.[98]

6. Unerlaubte Überweisungen

103 **a) Einrichtung von Konten.** Die Geschäftsverbindung einer Bank mit ihren Kunden beruht in der Regel auf Geschäftsbesorgungsverträgen i. S. d. § 675 BGB. Aufgrund eines Kontovertrages kann der Kontoinhaber oder ein sonstiger Verfügungsberechtigter über das auf dem Konto verbuchte Guthaben (rechtstechnisch: eine Forderung des Kontoinhabers gegen die Bank) oder den auf dem Konto eingeräumten Kredit (i. d. R. ein Dispositionskredit) durch Überweisungen, Lastschrifteinlösungen oder Scheckziehungen **unbar verfügen.**

104 Für die strafrechtliche Beurteilung eines Sachverhaltes ist **zuerst** danach zu fragen, ob und inwieweit die Geschäftsverbindung tatsächlich zur Einrichtung eines Kontos geführt hat. Wenn z. B. beim Eingehungsbetrug behauptet wird, der Kunde habe sich ein bestimmtes ihn begünstigendes Verhalten der Bank erschlichen, kommt es für die Beurteilung eines Irrtums auf die Kenntnis der Bank von den Kundenverhältnissen an. Wurde ein Konto eröffnet, dann bestehen meistens sichere Grundlagen dafür, was die Bank bereits anhand eines standardisierten Formulars an Informationen erhoben und auf Richtigkeit geprüft hat. Nicht immer ist der Geschäftsverbindung einer Bank zu einem Kunden ein Konto zugeordnet. So unterhalten bspw. Investmentbanken oder andere Institute, die sich im Schwerpunkt um die Begleitung institutioneller Investoren oder die Verwaltung von Gesellschaftsbeteiligungen kümmern, nicht automatisch auch Konten für ihre Kunden. Ein dem Kundenverhältnis zugeordnetes Konto wird nach den Grundsätzen ordnungsmäßiger Buchführung im kaufmännischen Geschäftsverkehr stets dann eingerichtet, wenn Forderungen und Verbindlichkeiten aus der Geschäftsbeziehung in einer aufzeichnungs- oder buchführungspflichtigen Weise entstehen (§§ 237, 238 HGB). Der Kontovertrag (§ 675 BGB) kommt durch formlose Einigung zustande. Die Bank zeichnet lediglich aus Beweisgründen Informationen auf, deren Erfassung durch Gesetze und Richtlinien vorgegeben sind.

105 Die Beurteilung erstreckt sich **zweitens** auf den **Inhalt** der mit der Kontoeinrichtung verbundenen Informationen. Zu unterscheiden ist nach den (steuer-)gesetzlichen Pflichtangaben (Vorname, Nachname, Anschrift, Vertretungsverhältnisse; Identitätsprüfung i. S. d. § 154 Abs. 2 AO, § 2 GwG), den banktechnischen Informationen (Kontoart, Kontenbezeichnung, Rechenschaftspflichten (Kontoauszug)) und den (sonstigen) zivilvertraglichen Informationen (Kündigungsfristen, Verfügungsberechtigung, Unterschriftsprobe, Anerkennung der AGB, Schufa-Klausel, Gerichtsstandsvereinbarung). Dazu kommen i. d. R. eigene Prüfvermerke der Bank über die Identitätsprüfung, die devisenrechtliche Stellung (Gebietsansässiger) und Aufzeichnungen nach §§ 2, 8 GwG. Wenn Unternehmen, insbes. Gesellschaften oder Personengemeinschaften als Gläubiger/Schuldner gegenüber der Bank auftreten, muss sich die Bank über die Existenzgrundlagen (Registereinträge, Gesellschaftsverträge, Ausweise und Unterschriften für die Unterzeichnungsberechtigten) vergewissern.

106 **Drittens** sollte man sich Klarheit über den **Kontenplan der Bank** verschaffen. Aus der Zuordnung des konkret eingerichteten Kontos zu dem externen Kontenplan (Kundennummernkreis) ergibt sich nämlich die (standardisierte) Einordnung der Kundenbeziehung zum Bankbetrieb durch den Kundenbetreuer. Der externe Kontenplan wiederum ist Bestandteil des internen Kontorahmenplans, der Grundlage der betriebswirtschaftlichen Erfolgsrechnung des Bankbetriebes ist. Aus ihr ergeben sich Informationen für das Controlling und den Jahresabschluss der Bank. Nach dem internen Kontenplan verbuchen die Mitarbeiter der Buchhaltungsabteilung die laufenden Bestandsveränderungen des Anlage- und Umlaufvermögens, die Umsätze bei Forderungen und Verbindlichkeiten, die Erträge und Aufwendungen des Bankbetriebs. Für die Rechnungslegung der Banken ist abweichend von den allgemeinen Vorschriften die gem. § 330 Abs. 2 HGB erlassene Verordnung über die Rechnungslegung der Kreditinstitute (RechKredV)[99] anzuwenden.

---

[98] KG WM 1992, 219 f.
[99] RechKredV i. d. F. der Bekanntmachung v. 11.12.1998 (BGBl. I S 3658), zuletzt geändert durch Gesetz v. 22.5.2005 (BGBl I S. 1373).

Eine **Kontoverfügung** führt zu einer Änderung des Bestandes an Forderungen oder Verbindlichkeiten auf dem Kundenkonto. Die Verfügung stellt entweder eine Anweisung des Kontoinhabers oder sonst Verfügungsberechtigten an die Bank dar (z. B. bei Geldabhebungen oder -einzahlungen, Überweisungen) oder die Bank veranlasst die Änderung als Nichtberechtigter (z. B. bei der Belastung des Kontos mit Lastschriften, Gebühren, AGB-Pfandrechten), denen der Kontoinhaber zustimmen kann, ja i. d. R. sogar aus vertraglichen Gründen zustimmen muss. Mit dem Rechnungsabschluss gehen allerdings alle Einzelposten einer Buchungsperiode unter, was zum Nachteil des Kunden eine Beweislastumkehr für einen etwaigen späteren Widerspruch bewirkt.

b) Missbräuchliche Erlangung der Kontendaten (Phishing).[100] Die Daten über eine Kontobeziehung kann ein „Datendieb" angesichts der im Geschäftsverkehr üblichen, bei Privatpersonen im Brief- und elektronischen Verkehr zunehmend häufigeren Verwendung solcher Daten zunehmend einfacher erlangen. Die leichtsinnige Verwendung der Daten durch den berechtigten Nutzer in einer unverschlüsselten elektronischen Korrespondenz per E-Mail oder sogar auf der unverschlüsselten Internet-Seite eines Anbieters führt noch nicht einmal zu einem Straftatbestand. Ein Ausspähen von Daten im Sinne des § 202 a StGB liegt nicht vor, wenn solche Daten auf einem ungesicherten Weg über das Internet eingegeben werden.[101] Anders dürfte es sich bei der Erlangung von Kontendaten mittels „Pharming", „Keylogging" oder sonstige aktive Angriffe um Datenausspähung handeln.[102] Obwohl die Nutzung des Internet Teil der Telekommunikation ist, wird man schwerlich eine Verletzung des Postgeheimnisses annehmen können, weil das Internet frei zugänglich ist.

Allerdings stellt die zum Zweck der Täuschung an den Kontoinhaber übersandte Aufforderung, die Kontodaten auf der Mail-Antwort einzugeben und dem (vermeintlich) berechtigten Institut zu schicken, eine Täuschung dar, die bei dem Empfänger zu einer irrtumsbedingten Verfügung des Kontoinhabers führt.[103] Indessen ist der Kontoinhaber nicht durch die Preisgabe seiner Kontodaten (PIN und TAN) geschädigt, weil es sich dabei nur um die „Automatenschlüssel" für den Kontozugang per Internet handelt.[104] Zu differenzieren ist nämlich zwischen der Versendung der „Phishing"-Mail,[105] der Übersendung von Daten infolge der Täuschung und der – auf einem eigenem, neuem Willensentschluss beruhenden Kontoverfügung mittels der so erlangten Daten.[106] Erst die von dem Täter verursachte Belastung des Kontos durch eine Abhebung oder Überweisung führt zum Schaden. Da auch der Täter in der Regel die Daten online, d. h. gegenüber einem Bankcomputer einsetzt, erfüllt die unerlaubte Datenverwendung wie bei einer Geldkarte auch, den Tatbestand des § 263 a StGB.

c) Betrug durch konkludente Täuschung. *aa) Verfügung des Nichtberechtigten.* Beim Betrug ist zu unterscheiden zwischen der Verfügung des Nichtberechtigten zum Nachteil des Kontoinhabers und der Verfügung des Berechtigten zum Nachteil der Bank. Wer als **Nichtberechtigter** wie der Kontoinhaber auftritt, täuscht über das Zugangs- und Verfügungsrecht über die Kundenforderung gegenüber der Bank. Eine solche Täuschung kann dann zu einem Irrtum des Kontoführers, d. h. des Bankangestellten, der das Konto verwaltet oder über dessen Guthaben verfügt, führen, wenn er sich Gedanken über die Berechtigung macht oder typischerweise machen muss. Das ist bei einer Bargeldabhebung regelmäßig der Fall.

Bei einer Belastung des Kontos durch die Bank oder einen Lastschriftgläubiger liegt hingegen nicht automatisch eine Täuschung des Verfügenden vor. Zwar wird die Kontobelastung durch

---

[100] Grundsätzlich dazu: *Popp* NJW 2004, 3517; *Gercke* CR 2005, 606; *Marbeth-Kubicki*, Computer- und Internetstrafrecht, Rdnr. 118 ff.
[101] Die irrtumsbedingte freiwillige Preisgabe kann nicht mit der Überwindung eines Zugangsschutzes i.S.d. § 202 a StGB verglichen werden; a. A. *Gercke* CR 2005, 606/611; *Knupfer* MMR 2004, 641.
[102] Zur zivilrechtlichen Bedeutung im Vertragsverhältnis des geschädigten Kunden zu Banken und Auktionshäusern: *Borges* NJW 2005, 3313.
[103] *Gercke* CR 2005, 606 f.
[104] A. A. *Tröndle/Fischer* § 263 Rdnr. 94; *Hilgendorf/Frank/Vallerius*, Computer- und Internetstrafrecht Rdnr. 765.
[105] Strafbarkeit nach § 269 StGB bejaht von *Gercke* CR 2005, 606/610; verneint von *Marbeth-Kubicki* a.a.O., Rdnr. 118.
[106] *Marbeth-Kubicki* Rdnr. 120.

einen Nichtberechtigten veranlasst, indessen stellen die Einzugsermächtigung und das AGB-Regelwerk der Banken oder Sparkassen Ermächtigungen dar, das Konto des Verpflichteten anzusprechen. Ob der Kontoinhaber die ihm gegenüber bestehenden vertraglichen Pflichten erfüllt, indem er die Belastungen zulässt, oder ob er den Belastungen widerspricht und damit seinen Leistungsvertrag nicht erfüllt, ist Sache des Kontoinhabers und im Normalfall (außer beim Erfüllungsbetrug) strafrechtlich nicht erfassbar (vgl. dazu auch den Abschnitt über Lastschriften). Daher sind Belastungen der Konten von Privatkunden durch unzulässige Entgelte von Banken (bspw. Buchungspostengebühren ohne Freiposten) grds. nicht strafrechtlich sanktioniert.

112 *bb) Verfügung des Berechtigten.* Die **Verfügung des Berechtigten** über das Konto ist hingegen nicht täuschungsgeeignet. Der Erklärungsinhalt einer solchen Verfügung ist nicht falsch, bei einem Bankangestellten kann kein Irrtum eintreten. Ob der jeweils Auftretende im Verhältnis zum Forderungsinhaber (bspw. eine juristische Person) zur Verfügung aufgrund der internen Geschäftsverteilung oder aufgrund einer entzogenen Vollmacht nicht mehr berechtigt ist, ist keine Frage des Verfügungsrechts. Bei Kontoverfügungen kommt es nicht auf die Organstellung oder allgemeine Vertretungsmacht an, sondern auf die dem Kontoführer gegenüber erklärten Vertretungsverhältnisse. Verfügungsberechtigt ist also jeder, dem (bis zum Eingang eines Widerrufs) Kontovollmacht erteilt wurde.

113 Die **Herkunft des Kontoguthabens** gehört nicht zum Erklärungsinhalt der konkreten Verfügung. Wer durch Vorlage einer Auszahlungsanweisung oder eines Schecks eine ihm tatsächlich nicht zustehende Zahlung aus dem Kontoguthaben fordert, hat nach der früheren Rechtsprechung betrugsrelevant getäuscht.[107] Die Gerichte waren der Auffassung, dass derjenige, der Geld einfordert, das ihm wissentlich nicht zusteht, den Eindruck erweckt, dass das Guthaben ihm auch materiell-rechtlich zusteht. Allerdings sollte in Fällen der irrtümlichen Fehlüberweisung eines Dritten der Verfügende nicht strafbar sein.[108] Diese Rechtsprechung ist mittlerweile aufgegeben.[109] Da die Führung des Kontos und die Buchung von Last- und Gutschriften generell in den Pflichten- und Risikokreis der Bank fallen, trägt diese auch das Risiko, dass eine Kontoführung fehlerfrei erfolgt. Das bloße Auszahlungsbegehren des Verfügungsberechtigten durch Vorlage eines Auszahlungsscheins ist daher von vornherein nicht geeignet, beim Bankangestellten eine für einen Betrug kennzeichnende Fehlvorstellung über die tatsächliche Forderungsberechtigung zu bewirken (der – wenn auch irrtümlich – an die Kontoadresse gerichtete Auftrag war dem Konto gutzuschreiben, § 676 f BGB). Erklärungs- und Beweiswert eines Überweisungsauftrags ist damit nur die gewollte Transaktion.

114 *d) Betrug durch Unterlassen.* Eine Garantenpflicht besteht grundsätzlich nicht bei Rechtsgeschäften des täglichen Lebens, so u. a. auch nicht bei der Unterhaltung eines Girokontos. In aller Regel bestehen noch keine über das bloße Vertragsverhältnis hinausgehende Vertrauensbeziehung gegenüber der Bank.[110] Eine Garantenpflicht entsteht nicht aufgrund des einfachen Geschäftsbesorgungsvertrages und der einbezogenen AGB.

7. Unerlaubte Lastschriften

115 *a) Einführung und Fallgruppen.* Der Lastschriftverkehr (teilw. auch als rückläufige Überweisung bezeichnet), leitet seine Besonderheiten aus dem Umstand ab, dass der Lastschriftschuldner seiner Hausbank (Zahlstelle) weder eine Anweisung noch einen Auftrag erteilt hat, die vom Gläubiger über seine Hausbank (Inkassostelle) abgeschickte Zahlungsanforderung (Lastschrift) zu zahlen. Die Lastschrift stellt auch kein abstraktes Zahlungspapier dar. Die Folgen einer missbräuchlichen Lastschriftvorlage lassen sich deshalb nicht mit denen der falschen Scheckvorlage oder der Scheckreiterei vergleichen. Auch das Risiko der Banken bei Durchführung des Lastschriftabkommens (LSA) liegt hier anders als bei dem Inkasso von Zahlungs- oder

---

[107] OLG Köln Urt. v. 5.2.1980 – 1 Ss 1134/79 – NJW 1980, 2366; OLG Celle Urt. v. 21.7.1992 – 1 Ss 168/92 – StV 1994, 188 (189).
[108] OLG Celle Urt. v. 21.7.1992 – 1 Ss 168/92 – StV 1994, 188 (189).
[109] BGH Beschl. v. 8.11.2000 – 5 StR 433/00 – BGHSt 46, 196 (199) = wistra 2001, 20 = StraFo 2001, 68 m. Anm. *Hefendehl* NStZ 2001, 281.
[110] BGH Beschl. v. 8.11.2000 – 5 StR 433/00 – BGHSt 46, 196 (202 f).

Orderpapieren. Anhand der Rechtsprechung lassen sich drei Fallgruppen einer missbräuchlichen Verwendung von Lastschriften unterscheiden:
- die Täuschung über das (Fort-)Bestehen einer Einzugsermächtigung;[111]
- die Täuschung über das Bestehen einer Forderung;[112]
- die sog. „Lastschriftreiterei", d. h. die Täuschung über die Verabredung eines Widerspruchs unter Ausnutzung der Sechs-Wochen-Frist des Lastschriftabkommens der Banken bei gleichzeitigem erhöhtem Ausfallrisiko der Einzugsstelle.[113]

b) Betrug durch Einreichung von Lastschriften bei der Inkassostelle. In den ersten beiden **116** Fallgruppen besteht weitgehende Einigkeit darüber, dass mit der Lastschrifteinreichung konkludent erklärt wird, dass eine Einzugsermächtigung und/oder eine Forderung bestehen. Getäuscht wird dabei die Inkassostelle, d. h. die Hausbank des Lastschriftgläubigers, bei der die Lastschriften eingereicht werden. Im Schalterverkehr irrt der Angestellte daher über diese Voraussetzungen des Lastschrifteinzuges. Das ist im Online-Banking umstritten, da dort in der Regel kein Bankmitarbeiter eine Prüfung über die standardisierten Lastschriftmerkmale hinaus vornimmt.[114] Einen Betrug durch Abschluss der Inkassovereinbarung anzunehmen ist jedenfalls dann problematisch, wenn über die Abwicklung des Lastschriftverkehrs und die Vermögensverhältnisse des Lastschriftgläubigers nicht getäuscht wird.[115]

Die sog. **Lastschriftreiterei** als dritte Fallgruppe wird von der Rechtsprechung als konklu- **117** dente Täuschung angesehen, weil der Lastschriftgläubiger mit dem Lastschriftschuldner die Rückgabe der Lastschrift vor Ablauf der Sechs-Wochen-Frist nach dem Lastschriftabkommen der Banken (LSA) verabredet hat und in der Regel die Vermögensverhältnisse des Lastschriftgläubigers keine ausreichende Gewähr für den AGB-Stornoanspruch der Hausbank des Lastschriftgläubigers (Inkassostelle) bieten. Der BGH stellt diese Fallkonstellation der unberechtigten Bargeldverfügung bei der EC-Karte gleich. Diese strafrechtliche Einordnung ist indessen nicht gerechtfertigt. Das Risiko der Rückbelastung ist nämlich ein von den Banken im LSA einkalkuliertes, bekanntes Risiko, weil das Schuldnerkonto bei der Zahlstelle nicht aufgrund einer Anweisung oder Einwilligung des Kontoinhabers, sondern durch einen Nichtberechtigten belastet wird. Mit der Zurückweisung einer solchen Verfügung müssen alle Beteiligten rechnen. Da die beteiligten Banken auch generell keine Angaben über das zwischen Gläubiger und Schuldner bestehende Schuldverhältnis in die Prüfung des Lastschriftinkassos einbeziehen, muss das Verhalten des Lastschriftgläubigers straflos bleiben.[116]

c) Zur Untreue von Bankmitarbeitern. Das Verhalten von Bankmitarbeitern, die eine sol- **118** che „Lastschriftreiterei" tolerieren, wird vereinzelt als Kredituntreue angesehen.[117] Dies würde voraussetzen, dass die dem Lastschriftgläubiger zwei Tage nach Lastschrifteingang unter Eingangsvorbehalt erteilte Gutschrift eine Kreditforderung begründet. Ein Kreditvertrag ist in der Abwicklung des Zahlungsverkehrs weder gewollt, noch entsteht eine Kreditforderung durch die Vorbehaltsgutschrift. Auch die sechswöchige Widerspruchsfrist macht die Gutschrift nicht zu einem kreditähnlichen Geschäft. Geschäfte mit hinausgeschobener Fälligkeit des Rückzahlungsanspruches werden üblicherweise erst ab einer Zeitdauer von drei Monaten als Kreditgeschäfte angesehen (§ 491 Abs. 1 BGB).[118] Allen Zahlungsverkehrsmitteln ist nämlich gemeinsam, dass sie keine entgeltlichen Finanzierungsgeschäfte mit hinausgeschobener Fälligkeit dar-

---

[111] LG Oldenburg Urt. v. 26.3.1979 NJW 1980, 1176, 1177; *Lackner/Kühl* § 263 Rdnr. 11.
[112] OLG Hamm Urt. v. 15.6.1977 – 4 Ss 363/76 – NJW 1977, 1834 (1836).
[113] BGH Urt. v. 15.6.2005 -2 StR 30/05- NStZ 2005, S. 634 =StV 2005, S. 607; BGH Beschl. v. 24.8.2005 -5 StR 221/04- wistra 2006, 20; dazu auch AG Gera Urt. v. 10.11.2004, NStZ-RR 2005, 213; unveröffentlichte Haftentscheidungen des OLG München Beschl. v. 18.11.2004 -2 Ws 1110/04- und des OLG Stuttgart Beschl. v. 25.1.2005 -5 HEs 149/04, zit. bei *Heinze* hrrs-online 10/2005, S. 349; *Hadamitzky/Richter* (StA Stuttgart) NStZ 2005, 636; *dies.* wistra 2005, S. 441; *Heinze* (StA Hanau) hrrs-online 10/2005, 349; *Lang* in EWiR § 263 StGB 1/05, 741; a.A. nur: *Soyka* (StA Kiel) NStZ 2005, 637; *ders.* NStZ 2004, 538.
[114] AG Gera Urt. v. 10.11.2004, NStZ-RR 2005, 213.
[115] *Soyka* NStZ 2005, 637; *ders.* NStZ 2004, 538.
[116] Zutreffend daher *Soyka* NStZ 2004, 538.
[117] *Hadamitzky/Richter* wistra 2005, 441.
[118] Palandt/*Putzo* Vor § 488 BGB Rdnr. 2, § 491 BGB Rdnr. 5; MünchKommBGB/*Ulmer* § 491 Rdnr. 54, 56; *Martis/Meinhof* Verbraucherschutzrecht 2. Aufl. 2005 S. 48.

stellen (vgl. dazu die §§ 488, 491, 499 BGB).[119] Da dem Konto des Lastschriftgläubiger nur der Lastschriftgegenwert gutgeschrieben wird, den die Inkassostelle von der Zahlstelle erhält, verfügt der Kontoinhaber berechtigt über das dadurch entstandene Kontoguthaben. Erst durch die Stornierung, die durch die Rückbelastung der Inkassostelle von der Zahlstelle ausgelöst wird, kann eine Kontoüberziehung entstehen, falls das Konto des Lastschriftgläubigers keine oder keine ausreichende Deckung aufweist. Eine Untreue der Bankmitarbeiter, die solche Lastschriftgeschäfte tolerieren, wäre – unterstellt andere Voraussetzungen des § 266 StGB könnten bejaht werden- nur denkbar, wenn sie bei Lastschrifteinreichung fest davon ausgehen würden, dass der Stornoanspruch der Inkassostelle gegen den Kunden wegen einer kurzfristig eintretenden oder bereits eingetretenen Zahlungsunfähigkeit des Lastschriftgläubigers nicht verwirklicht werden kann.

8. Wechsel- und Scheckbetrug

119 a) **Einführung.** Der zunehmende **Dokumentenbetrug** im Rechts- und Zahlungsverkehr hat in der strafrechtlichen Rechtsprechung zu einem strikten Kurs gegen jegliche Art der vorgetäuschten Inhaberschaft oder der vorgespiegelten Zahlungsfähigkeit und -willigkeit geführt. Der Schutz des gutgläubigen Empfängers von Urkunden dominiert diese Rechtsprechung. Da abstrakte Zahlungspapiere wie Scheck und Wechsel von der konkreten schuldrechtlichen Forderung unabhängig sind, gefährden bereits unrichtige Angaben über den Inhaber, den Aussteller, die Zahlstelle oder die Zahlungsfähigkeit/-willigkeit das Vermögen des entgegennehmenden Geschäftspartners.[120] Dem Grundtypus nach handelt es sich um einen **Eingehungsbetrug**.[121]

120 So sind zwar weder Wechsel noch Scheck Zahlungsmittel, die unmittelbar zum Bezug von Geld berechtigen. Wechsel oder Schecks dienen im Wirtschaftsverkehr dem u. U. auch hinausgeschobenen Ausgleich einer schuldrechtlichen Forderung, deren Grundlage meist ein Warenbezugs- oder Dienstleistungsvertrag (sog. Grundgeschäft) ist. Aufgrund der Begebungsabrede wird eine verkehrsfähige, standardisierte Urkunde ausgestellt, der der Rechtsverkehr allein aufgrund ihrer Existenz und Vollständigkeit Vertrauen in die Richtigkeit und Verbindlichkeit entgegenbringt. Dritte, i. d. R. die bezogene Bank als Zahlstelle, aber auch andere Inhaber, Indossanten und Ankäufer (z. B. bei Diskontierung) gehen eigene Verpflichtungen ein, die die Unterzeichnung der Urkunde nach dem Wechselgesetz oder dem Scheckgesetz auslösen. Die schuldrechtliche Situation ist nicht mit dem Lastschriftinkasso vergleichbar, weil hier der Schuldner des Grundgeschäfts durch Ausstellung oder Akzeptanz der Urkunde eine Anweisung an seine Hausbank (Zahlstelle) zur Einlösung erteilt hat.

121 b) **Täuschung.** Es sind mehrere Konstellationen denkbar:

122 *aa) Berechtigung zur Ausstellung.* Der Aussteller eines abstrakten Zahlungspapiers (Scheck, Wechsel, sonstiges kfm. Orderpapier) täuscht über seine Berechtigung zur Ausstellung, d. h. zur Begründung der Zahlungsforderung; hier liegt normalerweise eine betrugsrelevante Täuschung vor.

123 *bb) Zahlungsfähigkeit und -willigkeit.* Der Aussteller täuscht über seine Zahlungsfähigkeit und -willigkeit (eine innere Tatsache): normalerweise liegt bei kurzfristig fällig werdenden Forderungen eine betrugsrelevante Täuschung bereits in der Hingabe des Zahlungspapiers vor;[122] ob auch schon vorhandene Deckung zugesichert wird, ist umstritten und hängt nach h. M. von den Umständen des Einzelfalls ab.[123] Ein **garantierter Scheck** ist nach Auffassung der Rechtsprechung auch täuschungsgeeignet.[124] Das Schrifttum weist dagegen zutreffend darauf

---

[119] *Büschgen* Bankbetriebslehre 5. Aufl. 1998 S. 418 ff. S. 432 zu Liquiditätseffekten verschiedener Instrumente des Zahlungsverkehrs; *Martis/Meinhof* a.a.O. S. 48 zu Darlehen, S. 49 f zu Kreditkarten, S. 51 f zu Zahlungskarten.
[120] RGZ 158, 317; BGHZ 3, 238/242.
[121] OLG Stuttgart WM 1994, 423; allg. zum Eingehungsbetrug: Kap. 7 Rdnr. 223; LK/*Tiedemann* § 263 Rdnr. 38.
[122] BGHSt 3, 69; BGH wistra 1994, 223; *Lackner/Kühl* § 263 Rdnr. 11; Schönke/Schröder/*Cramer* § 263 Rdnr. 29; *Tröndle/Fischer* § 263 Rdnr. 14 a; LK/*Tiedemann* § 263 Rdnr. 46.
[123] OLG Köln Beschl. v. 19.10.1990 – Ss 476/90 – NJW 1991, 1122.
[124] BGHSt 24, 386/389; 33, 244/247; BGH wistra 1986, 171; OLG Köln NJW 1978, 713.

hin, dass die Frage der Deckung nicht mehr Gegenstand der Erklärung ist, wenn die Einlösung von einem Dritten garantiert wird.[125]

cc) Forderungsverkauf. Der nicht berechtigte Inhaber verkauft die Forderung aus dem Zahlungspapier an einen Käufer (**Diskontierer**), der es gutgläubig erwirbt: hier liegt das strafrechtliche Verhalten bereits in der Erlangung des Papiers zur Weiterveräußerung (z. B. Scheck-/Wechseldiebstahl oder -unterschlagung). Die Weitergabe (Verkauf) stellt dann eine Verwertung des Tatererfolgs dar und wird – bei unterstelltem Vorsatz – von der Vortat erfasst. **124**

dd) Inkasso. Der nicht berechtigte Inhaber gibt ein Zahlungspapier an seine Bank zum **Inkasso**, diese zieht den Gegenwert ein und schreibt ihn erst nach Einzug gut; ein solches Verhalten wird mit der rechtswidrigen Erlangung des Zahlungspapiers zusammen bestraft. Wenn die Inhaberschaft durch eine strafbare Handlung zum Nachteil eines Dritten erlangt wurde, stellt die Weitergabe zum Inkasso eine eigenständige strafbare Täuschung dar. Mit der Einlösung und der Gutschrift des Gegenwertes ist der Tatbestand erfüllt. Die Inkassostelle selbst ist nicht gefährdet, solange sie den Gegenwert des Zahlungspapiers nicht dem Einreicherkonto gutschreibt, bevor sie selbst ihn von der Zahlstelle erlangt hat. **125**

ee) Geldbeschaffung ohne Grundgeschäft. Wenn das Zahlungspapier **ohne Grundgeschäft** ausgestellt wurde (z. B. beim Finanzwechsel, Art. 75 WG), es also ausschließlich der Geldbeschaffung dient, dann wird gegenüber jedem Empfänger dieses Papiers der unzutreffende Eindruck erweckt, dem Zahlungspapier lägen werthaltige Forderungen aus Waren- oder Dienstleistungsgeschäften zugrunde (**Scheck-, Wechselreiterei**).[126] Für den Indossanten wie auch für den Diskontierer liegen hier nicht erkennbare Risiken in dem i. d. R. nicht bestehenden Erfüllungsinteresse des Ausstellers, einer Beteiligung vermögensloser Akzeptanten (Gefälligkeitswechsel) oder gar einer Vortäuschung eines real nicht existierenden Akzeptanten.[127] **126**

ff) Stundung, Prolongation. Die **Stundung oder Prolongation** einer Forderung aus einem Zahlungspapier (i. d. R. durch Neuausstellung eines weiteren Schecks oder Wechsels) kann ebenfalls eine (zusätzlich) Täuschung und Vermögensgefährdung sein, wenn auch im hinausgeschobenen Fälligkeitszeitpunkt nicht mit einer Deckung zu rechnen ist.[128] Allerdings muss die Chance für den Erwerber, einen Ausgleich dauerhaft zu erlangen, im Zeitpunkt der Prolongation spürbar verschlechtert werden.[129] War der Schaden aber bereits beim ursprünglichen Akzept eingetreten, stellt die Prolongation nur eine mitbestrafte Nachtat dar.[130] **127**

gg) Auftreten unter falschem Namen. **Keine Täuschung** kann angenommen werden, wenn der Aussteller der Berechtigte ist, auch wenn er unter falschem Namen auftreten sollte. die Auch eine nur langfristig avisierte Zahlung kann die Eignung der Erklärung als (gegenwärtige) Tatsachenangabe entfallen lassen.[131] Das Gleiche gilt, wenn die Zahlungsfähigkeit des Ausstellers im Fälligkeitszeitpunkt lediglich zweifelhaft ist. Der Aussteller begibt das Zahlungsdokument, das die Fälligkeit der Forderung in die Zukunft verschiebt, ja gerade deshalb, weil er die Zahlungsfristen ausnutzen, die Ware weiterveräußern und dadurch Geld einnehmen oder einen anderweitigen Geldeingang abwarten will. **128**

c) **Irrtum.** Der Meinungsstreit um garantierte oder nicht garantierte Einlösungszusagen Dritter setzt sich auch bei der Feststellung des Irrtums fort. Kann aus Sicht des Irrenden davon ausgegangen werden, dass dieser das Zahlungspapier nicht entgegengenommen hätte, wenn ihm Nichtberechtigung oder Zahlungsunwilligkeit bekannt gewesen wären (oft bei Vergleichen oder abgekürzten Zahlungen), dann muss von einem Irrtum ausgegangen werden. Kommt es dem Empfänger des Zahlungspapiers aber allein auf die Deckungszusage des Dritten an (z. B. Bundesbankscheck), dann ist eine unrichtige Erklärung bei der Übergabe nicht strafrechtlich relevant. **129**

---

[125] *Gössel* JR 1978, 469/470; *Vormbaum* JuS 1981, 18/23; *Krekeler/Werner*, Unternehmer und Strafe, 2006 Rdnr. 1276, 1283.
[126] BGH Urt. v. 17.8.1976 – 1 StR 371/76 – NJW 1976, 2028; *Lackner/Kühl* § 263 Rdnr. 11.
[127] RGSt. 25, 14; 36, 368; BGH NJW 1976, 2028; *Obermüller* NJW 1958, 655 f.
[128] BGH StV 1994, 185; BGH NStZ 2005, 160; LK/*Tiedemann* § 263 Rdnr. 47.
[129] BGH NStZ 2005, 160.
[130] BGH wistra 1986, 170.
[131] *Krekeler/Werner* Rdnr. 1277.

130 **d) Vermögensverfügung.** Die Verfügung über das eigene Vermögen liegt nicht in der Annahme des Schecks oder des Wechsels, sondern entweder in der Zahlung eines Gegenwertes (so beim Diskonieren) oder im Verzicht auf die schnelle Durchsetzung des aus dem Grundgeschäft resultierenden Anspruchs.

131 **e) Vermögensschaden.** Für die Beurteilung einer Vermögensminderung der jeweiligen Empfänger des Zahlungspapiers ist der Vermögensbestand im Zeitpunkt der Einlösung des Schecks oder Wechsels maßgeblich. Ein Minderwert entsteht bereits dann, wenn das Zahlungspapier nicht eingelöst wird, da ein Ersatzanspruch gegen den Aussteller oder Indossanten nach dem WG oder ScheckG nur mit zusätzlichem Aufwand, u. U. auch einem Haftungsprozess oder gar nicht durchsetzbar ist.[132] Es wird angenommen, dass eine schadensgleiche Vermögensgefährdung bereits eingetreten ist, wenn nach vernünftiger Prognose eine Deckung nicht zu erreichen ist.[133] Wird nur ein Dokumenteninkasso betrieben, zahlt die Inkassostelle den Gegenwert aber vor dessen Eingang an den Einreicher aus, ist das Vermögen der Inkassostelle gefährdet, wenn sie den AGB-Stornoanspruch (Nr. 47 AGB-Banken) nicht durchsetzen kann.

132 Weist das bezogene Konto hingegen (dauerhafte) Deckung auf, stellt sich kein Minderwert ein. Das ist auch bei dem garantierten Papier der Fall, weil die Einlösung des Zahlungspapiers allein von der Zusage des Garantiegebers, nicht aber vom Kontostand des Ausstellers abhängig ist.[134] Für den garantierten Scheck ergibt sich in der Regel auch, dass nicht das Vermögen des Schecknehmers gefährdet wird, sondern das des Einlösungsgaranten. Hier scheidet ein Betrug aus und der Tatbestand des § 266 b StGB ist zu prüfen.[135]

133 Wenn man einen **kompensierenden Umstand** anführen kann, kann der Schaden entfallen. Das setzt allerdings voraus, dass die Vermögensverfügung selbst Vorteil und Nachteil zugleich auslöst. Eine Kompensation scheidet deshalb regelmäßig aus, wenn sich die Vermögensmehrung nicht aus der Verfügung selbst ergibt, sondern erst durch eine andere, rechtlich selbständige Handlung hervorgebracht wird,[136] so z. B. wenn das Konto, auf das ein ungedeckter Scheck gezogen ist, zu einem späteren Zeitpunkt Deckung aufweist.[137] Auch eine nachträgliche Schadensbeseitigung ändert an dem einmal eingetretenen Vermögensschaden nichts.[138] Allerdings hat sich der BGH bei einer Umbuchung eines Kreditbetrages vom Konto des Kreditkunden auf ein Konto eines anderen Firmenkunden, über die die Bank selbst verfügte, gegen die Annahme eines Vermögensschadens entschieden.[139]

134 **e) Vorsatz.** Jede der beschriebenen Handlungen ist nur strafbar, wenn sie vorsätzlich verwirklicht wird. Beim Betrug mittels Zahlungspapieren spielt hauptsächlich neben der Wahrscheinlichkeit, dass das bezogene Konto Deckung aufweist eine Rolle, dass der Aussteller nicht mit einer Deckung rechnen konnte.[140] Das bloße (ungewisse) Hoffen auf Zahlungseingänge kann einen Vorsatz nicht entfallen lassen,[141] auch wenn es sich nicht notwendig um dokumentierte Ansprüche handeln muss.

135 **f) Untreue durch Tolerierung einer Scheck- oder Wechselreiterei.** Wer als Bankmitarbeiter Absprachen zwischen dem Aussteller und dem Empfänger über ein nicht bestehendes Grundgeschäft (Finanzwechsel, Finanzschecks) kennt und sie entgegen den institutsinternen oder gesetzlichen Regelungen duldet, gefährdet das Vermögen der Zahlstelle und kann dadurch eine Untreue begehen.[142] Das Gleiche dürfte bei Bankmitarbeitern der Fall sein, die Zahlungspapiere zum Inkasso annehmen, aber im Wissen um deren Deckungsproblematik den Gegenwert bereits vor Eingang des Geldes von der Zahlstelle dem Einreicherkonto gutschreiben. Weist das Einreicher-Konto oder die sonstigen Vermögensverhältnisse des Einreichers eine ausreichende

---

[132] BGHSt 24, 386.
[133] LK/*Tiedemann* § 263 Rdnr. 220.
[134] BGHSt 3, 69; BGH wistra 1986, 170 f.
[135] BGH wistra 1987, 64; wistra 1987, 136; *Lackner/Kühl* § 266 b Rdnr. 9; LK/*Tiedemann* § 263 Rdnr. 219.
[136] BGH Urt. v. 4.3.1999 – 5 StR 355/98 – NStZ 1999, 353 (354).
[137] Müller-Gugenberger/Bieneck/*Nack* § 47 Rdnr. 51.
[138] BGH Urt. v. 3.11.1987 – 1 StR 292/87 – wistra 1988, 188 (190).
[139] BGH NStZ 1995, 232.
[140] BGHSt 3, 69; *Krekeler/Werner* a.a.O. Rdnr. 1282, 1285, 1290.
[141] BGH MDR 1955, 528; Schönke/Schröder/*Cramer* § 263 Rdnr. 29.
[142] BGH Urt. v. 13.2.2001 – 1 StR 448/00 – wistra 2001, 218.

Deckung für den Storno-Anspruch nach Nr. 47 AGB-Banken auf, tritt allerdings kein Vermögensnachteil der Bank ein.

9. Scheckkarten- und Kreditkartenmissbrauch

a) Einführung, Übersicht. Die in Deutschland im Umlauf befindlichen Zahlungs- oder Kreditkarten beruhen auf unterschiedlichen vertraglichen Vereinbarungen. In der Wirtschaft sind beispielsweise das Electronic-Cash-System (z. B. Cashpool, Point-of Sale (POS)),[143] verschiedene Debitkartensysteme (Maestro, Mastercard), das Point-of-Sale-Verfahren ohne Zahlungsgarantie (POZ-Verfahren) oder das klassische Kreditkartenangebot (z. B. Visa, Eurocard) erhältlich. Den normalen Kreditkartenvereinbarungen liegen keine Kreditverträge zugrunde, da die besonderen Anforderungen an Entgeltlichkeit und hinausgeschobene, mindestens dreimonatige Fälligkeit des Rückzahlungsanspruches nicht erfüllt sind (§§ 488, 491, 499 BGB).[144]

Es kommt für die strafrechtliche Betrachtung nicht darauf an, dass eine Karte als solche bestimmte Funktionen abstrakt gewährleistet. Entscheidend für die Anwendung von Straftatbeständen ist die konkrete Verwendung der Karte. Die folgende Übersicht zeigt das:

Kartenfunktion	Vertragslage	Strafrechtlicher Tatbestand
Geldkarte mit Netzgeld ist auf der Karte gespeichert	Keine Garantie für Dritte	§ 242 StGB bei Entwendung, § 246 StGB bei sonstigem Missbrauch
Bankautomatenkarte am bankeigenen Automaten	Keine Garantie für Dritte	§ 263 a StGB bei Verfügungen Nichtberechtigter, § 266 b bei Verfügungen Berechtigter
Geldautomatenkarte an beliebigen Automaten ohne online-Zugang zum Kartenausgeber	Betragsmäßig begrenzte Garantie für Dritte	§ 263 a StGB bei Verfügungen Nichtberechtigter, § 266 b bei Verfügungen Berechtigter
Point-of-Sale Zahlung mit online-Abgleich der Kontodaten	Eine Garantie besteht nicht, die online-Funktion ersetzt die Deckungsprüfung	§ 263 a StGB bei Verfügungen Nichtberechtigter
Point-of-Sale Zahlung ohne online-Abgleich	Eine Garantie besteht nicht, die Kartendaten dienen dem Lastschriftinkasso	§ 263 StGB bei Verfügungen Nichtberechtigter § 266 b StGB bei Verfügungen Berechtigter
Kreditkarteneinsatz für Warengeschäft	Eine Einlösungsgarantie des Kartenausgebers besteht	§ 266 b bei Verfügungen des Nichtberechtigten und des Berechtigten

b) Missbräuchliche Erlangung einer Kreditkarte. Wenn durch Täuschung über die Vermögensverhältnisse erreicht wird, dass die Bank eine Zahlungs- oder Kreditkarte übergibt und dadurch das Vermögen mindestens schadensgleich gefährdet, so steht ein solcher Betrug nach Auffassung des BGH in Tateinheit zum Missbrauch von Scheck- und Kreditkarten nach § 266 b StGB. Auch mehrfache Missbräuche werden dadurch zur Tateinheit verklammert, wenn die vertragswidrige Verwendung der Karte schon bei Antragstellung beabsichtigt wurde.[145]

---

[143] Gehrke/Kölbl a.a.O. S. 77.
[144] MünchKommBGB/*Ulmer* § 491 BGB Rdnr. 67; MünchKommBGB/*Habersack* § 499 Rdnr. 18; *Martis/Meinhof* a.a.O. S. 49.
[145] BGH Beschl. v. 21.11.2001 – 2 StR 260/01 – BGHSt 47, 160 (169, 170); *Tröndle/Fischer* § 266 b Rdnr. 24 mit Hinweis darauf, dass aus täuschenden Angaben bei der Kartenbeantragung nicht schon regelmäßig

Das Gleiche gilt, wenn die Karte mit dem Ziel der Ausnutzung der durch sie eröffneten Möglichkeiten (nämlich als „Automatenschlüssel") entwendet oder unterschlagen wurde.[146]

139 c) **Missbräuchliche Verwendung der Kreditkarte.** Die durch das 2. WiKG 1986 eingeführte Vorschrift soll die missbräuchliche Verwendung der Scheck- und Kreditkarten unter Strafe stellen. Bis dahin hatte der BGH eine Strafbarkeitslücke für missbräuchliche Verfügungen angenommen, sofern nur der Karteninhaber die Karte einsetzte.[147] Nach der Abschaffung der EC-Kartengarantie zum 1.1.2002 ist der Anwendungsbereich für das EC-Scheck- und Scheckkartensystem entfallen. Der Straftatbestand schützt das Vermögen des Kartenausstellers. Der Schutz des Zahlungsverkehrs ist allenfalls mittelbar bezweckt.[148] Die Strafvorschrift ist nur auf den berechtigten Karteninhaber anwendbar, weil nur er den Aussteller zur Zahlung „veranlassen" kann.[149]

140 Bei den pflichtwidrigen **Handlungen** des **Berechtigten** im Sinne des § 266 b StGB handelt es sich um die Vorlage der Kreditkarte beim Einkauf oder zur Bezahlung von Dienstleistungen in dem Wissen, dass die finanzielle Lage den Kontoausgleich nicht gestattet. Die eingesetzte Karte muss für die Verwendung im sog. „Drei-Partner-System" vorgesehen sein,[150] d. h. zwischen dem Kartenaussteller, dem Karteninhaber und dem Gewerbetreibenden bestehen eigenständige, voneinander unabhängige Vereinbarungen mit eigenen Vertragspflichten. Der Missbrauch im Sinne des § 266 b StGB bezieht sich dabei auf den Vertrag des Kartenausstellers und dem Karteninhaber.

141 Die Verwendung der Kreditkarte durch einen Nichtberechtigten – unabhängig von der Strafbarkeit der Erlangung – stellt sich problematisch dar. Der Nichtberechtigte kann den Kartenaussteller nicht zu einer Zahlung veranlassen, er kann auch das Partnerunternehmen nicht dazu bewegen, die Zahlung zu akzeptieren. Täuscht der Nichtberechtigte also über seine Inhaberschaft und die Berechtigung zur Unterschrift, dann begeht er einen Betrug zum Nachteil des Partnerunternehmens, das keinen Anspruch gegen den Kartenaussteller erlangt.

142 d) **Vorsatz.** Die Annahme eines vorsätzlichen Handelns des Berechtigten begegnet Schwierigkeiten, wenn zwar das dem Kartenaussteller gegenüber angegebene Belastungskonto überzogen ist, der Karteninhaber aufgrund seines sonstigen Vermögens aber jederzeit willens und in der Lage ist, das Konto auszugleichen.[151] In einem solchen Fall ist schon zweifelhaft ob der Karteninhaber pflichtwidrig handelt. Jedenfalls fehlt es aber am Vorsatz.

III. Finanzierungsgeschäfte der Banken

1. Einführung

143 Strafrechtliche Grenzen von Finanzierungsgeschäften der Banken ergeben sich mit unterschiedlicher Schutzrichtung aus den §§ 263, 265 b, 266 StGB. Betrug und Kreditbetrug bezwecken den Schutz des Finanzierungsinstitutes vor falschen Angaben des Kunden vor und während eines Kreditverhältnisses. Gegen Angriffe von Bankmitarbeitern gegen das Vermögen des Kredit- und Finanzinstitutes schützen Unterschlagungs- und Untreuetatbestand. Daneben helfen die Beihilfevorschriften zur Begrenzung unrechtmäßigen Verhaltens auf dem Finanzierungssektor.

---

auf die Absicht späterer missbräuchlicher Verwendung geschlossen werden könne und für die Praxis mangels Strafanzeigen wegen „Vermögensgefährdung" bei Kartenüberlassung gegen Kunden, die fällige Forderungen trotz schlechter Vermögenslage begleichen, ohnehin nur offensichtliche Fälle eine Rolle spielten; für Tatmehrheit NK/*Kindhäuser* § 263 Rdnr. 472; *Lackner/Kühl* § 266 b Rdnr. 9; für eine mitbestrafte Nachtat Schönke/Schröder/*Lenckner/Perron* § 266 b Rdnr. 14; für § 263 als mitbestrafte Vortat LK-*Gribbohm* § 266 b Rdnr. 55-57.
[146] BGH wistra 2006, 20.
[147] BGHSt 33, 244.
[148] Achenbach/Ransiek-*Hellmann* Kap. IX. 2 Rdnr. 5; *Wessels/Hillenkamp* BT/2 Rdnr. 792; a. A. BGH NStZ 1993, 283; *Schnauder* NJW 2003, 849.
[149] *Tröndle/Fischer* § 266 b Rdnr. 21.
[150] BGHSt 38, 281/282; Anm. *Otto*, JZ 1992, 1139; *Ranft* NStZ 1993, 185; Achenbach/Ransiek-*Hellmann* Kap. IX.2 Rdnr. 55; *Lackner/Kühl* § 266 b Rdnr. 4; *Tröndle/Fischer* § 266 b Rdnr. 10.
[151] *Lackner/Kühl* § 266 b Rdnr. 6; *Wessels/Hillenkamp* BT/2 Rdnr. 796.

Die verschiedenen in Rechtsprechung und Literatur diskutierten Fälle zeigen, dass zu- **144** nehmend das bankeigene Präventionssystem gegen dolose Handlungen der Kunden und Mitarbeiter in den Mittelpunkt der Diskussionen rückt. Immer wieder sind die Ausgestaltung bankinterner Abwehrsysteme, die Analysemöglichkeiten im Risikocontrolling und Risikomanagement und die Reaktionseinrichtungen bei Ablaufschwierigkeiten oder Ausfallanzeichen Gegenstand der Diskussionen zwischen Verteidigung und Strafverfolgungsorganen Zum einen hat die Allfinanzaufsicht den Bankbetrieb stark durch Mindestanforderungen an das Kreditgeschäft (MAK), an das Handelsgeschäft (MaH), an das Risikomanagement (MARisk), an die Arbeit der Innenrevision (MaIR) u. a. Vorgaben im Sinne der §§ 24 c, 25 a KWG reglementiert. Auch die Organisation der Kreditabteilungen, die Verstärkung institutsinterner Kontrollen, die Verbands- und Abschlussprüfungen stellen bedeutsame Hürden für einen dolos Handelnden auf beiden Vertragsseiten dar. Diese Entwicklung muss weiter beobachtet werden. Jedenfalls sollte in der Verteidigung großen Wert darauf gelegt werden, dass schon während der Ermittlungsarbeit die bankinternen Sicherungssysteme in die Ermittlungen einbezogen werden.

2. Kundentäuschungen bei Finanzierungsgeschäften

Den Finanzierungsgeschäften der Banken gehen immer Verhandlungen mit Kunden voraus. **145** Während § 265 b StGB rein gewerbliche Finanzierungsgeschäfte erfasst und auf schriftliche Erklärungen beschränkt ist, kann nach § 263 StGB jede Verhaltensweise, die zu einem Irrtum und einem Vermögensnachteil führt, verfolgt werden. Nicht nur die Anforderungen an die Tatbestände sind unterschiedlich. Da § 265 b StGB Wirtschaftsstraftat im Sinne des § 74 c Abs. 1 GVG ist, sind für die Verfolgung gewerblicher Kreditverhältnisse (auch wenn sie auf § 263 StGB ausgeweitet werden), die Strafverfolgungsorgane für Wirtschaftsstrafsachen zuständig.

a) **Verteidigungskonzeption.** Der Vorwurf des Betruges oder Kreditbetruges kann de- **146** liktstypisch nur Personen treffen, die von einem Finanzierungsinstitut oder einem anderen Gewerbetreibenden für kreditwürdig gehalten wurden, meistens also Unternehmer von kleiner und mittlerer Größe. Da einem strafrechtlichen Großverfahren wie beispielsweise dem „Balsam/Procedo-Fall", dem Fall „Schneider" oder dem Fall „FlowTex" regelmäßig ein betrügerisches Komplott mit Scheinumsätzen, Scheinverträgen und Schneeballsystemen mit großen Schadenssummen zugrunde liegt, spielt in solchen Verfahren der § 265 b StGB praktisch keine Rolle, weil er durch § 263 StGB verdrängt wird. Die staatsanwaltschaftliche Praxis bemüht den Tatbestand des § 265 b StGB regelmäßig als Einstieg in das Verfahren, um einen schnellen Ermittlungsansatz zu haben.[152] Stellen sich stärkere Manipulationen heraus, die als Täuschungshandlungen im Sinne des § 263 StGB zu einer Vermögensverfügung und damit zu einem (stoffgleichen) Schaden führen können, wird das Verfahren regelmäßig fortan nur noch unter dem Aspekt des Betruges fortgeführt. Geht der Vorwurf von vornherein oder nachträglich auf § 265 b StGB zurück, dann ist dies ein deutliches Zeichen geringerer Strafwürdigkeit und geringer Beweismöglichkeiten der Staatsanwaltschaft. Daraus ergeben sich **zwei Grundaufgaben** der Verteidigung: Der Verteidiger hat zunächst die Aufgabe, seinem Mandanten in der strafrechtlichen Verfolgung Beistand gegen den Vorwurf eines Kreditbetruges als solchem zu leisten. Als Zweites wird der umsichtige Verteidiger seine Strategie so zu gestalten, dass er den Mandanten vor einem weiter gehenden Vorwurf, z. B. nach § 263 StGB, nach Kräften bewahrt. In beiden Fällen ist es seine Aufgabe, Schwachstellen der rechtlichen oder tatsächlichen Argumentationskette aufzudecken.

Die Verteidigung umfasst die Beratung des Mandanten, die vom Verteidiger zu leistende **147** tatsächliche und rechtliche Prüfung des Vorwurfes und – je nach dem Ergebnis der Prüfung und Beratung – der Einsatz geeigneter Mittel zur Widerlegung des Vorwurfes oder zu einer adäquaten Begrenzung des Verfahrens und des Verfahrensendes.

Besonderheiten der Deliktsstruktur sind:
- die Verfolgung obliegt den Polizei- und Justizbehörden für Wirtschaftsstrafsachen
- ein Strafantrag ist nicht erforderlich,
- nur inländische Rechtsgüter sind geschützt,

---

[152] So auch *Krekeler/Werner*, Unternehmer und Strafrecht, Rdnr. 206; in: Wabnitz/Janovsky/*Dannecker*, Hdb. des Steuer- und Wirtschaftsstrafrechts, Kap. 1 Rdnr. 70.

- ein konkreter Schaden muss nicht festgestellt werden,
- Kreditbetrug tritt hinter Betrug zurück (Gesetzeskonkurrenz)

148 b) **Besonderheiten des Deliktstyps.** *aa) Zuständigkeit.* Zuständigkeit der Wirtschaftsstrafkammer: Für die Zuständigkeit von Ermittlungsbehörden und Gerichten bedeutsam ist, dass § 265 b StGB zur Zuständigkeit der Wirtschaftsstrafkammer bzw. des Wirtschaftsstrafrichters gehört (§ 74 c Abs. 1 Nr. 5 GVG). Auf die besondere Bedeutung oder die besondere Schwierigkeit kommt es nicht an. Je nach Landesrecht sind die Ermittlungen daher von den Schwerpunktstaatsanwaltschaften für Wirtschaftskriminalität zu bearbeiten. Wenn im Ermittlungsverfahren zunächst der Kreditbetrug thematisiert wird und danach ein Betrugsvorwurf erhoben wird, sollte überlegt werden, ob auf die Zuständigkeit der Schwerpunktstaatsanwaltschaft gedrängt werden muss.

149 *bb) Offizialdelikt.* **Kein Antragsdelikt:** § 265 b StGB ist – anders als andere Tatbestände des Informationsstrafrechts – kein Antragsdelikt. Auch die §§ 247, 248 a StGB sind nicht anwendbar. In der Beratung des Mandanten ist aber wichtig, dass erfahrungsgemäß wenig Neigung bei Kredit- und Finanzierungsinstituten besteht, Strafanzeige zu erstatten, da sie ansonsten ihre Kreditvergabepraxis zumindest partiell offen legen müssten.[153] Daher eignet sich das Stadium vor der Erstattung der Strafanzeige besonders gut für Verhandlungen mit der Kreditgeberseite. Die Wahrscheinlichkeit, dass nicht am Kreditverhältnis beteiligte Dritte eine Strafanzeige erstatten oder dass von Amts wegen ermittelt wird, ist eher gering.

150 *cc) Inländische Rechtsgüter.* Nur **inländische Rechtsgüter** sind durch die Strafnorm geschützt, weil nur die Erfassung des inländischen Kreditwesens[154] deckungsgleich mit dem bankaufsichtsrechtlichen Schutzbereich des § 54 KWG ist. Daher können Angaben von Kreditnehmern gegenüber ausländischen Kreditgebern im Ausland nicht tatbestandsmäßig sein. Angaben eines Inländers gegenüber einem ausländischen Kreditinstitut sind daher nicht erfasst.[155]

151 *dd) Gefährdungslage.* Für den Kreditbetrug ist **keine Schadensfeststellung** erforderlich. Allgemein wird der Tatbestand als abstraktes Gefährdungsdelikt qualifiziert.[156] Der Verteidiger hat daher besonders darauf zu achten, ob die vorgeworfene Handlung tatsächlich geeignet sein kann, eine Gefährdung auszulösen, oder ob es bereits an einer solchen Gefährdung fehlt, weil die Bank keinen Finanzierungswillen hatte oder die Unterlage nicht der Finanzierung, sondern einem anderen Geschäft diente.

152 *ee) Schuldnerinsolvenz.* In der Verteidigung eines insolventen Schuldners muss daran gedacht werden, dass die strafrechtlichen Vorwürfe Anlass für die Versagung der **Restschuldbefreiung** auf Antrag des Gläubigers sein können (§ 291 Abs. 1 Nr. 2 InsO).

153 *ff) Finanzaufsicht.* **Aufsichtsrechtliche Dimensionen** dürfen nicht verkannt werden. Ein Ermittlungsverfahren wegen Verdachts des Kreditbetruges, das auf einer Anzeige des Finanzierungsinstitutes gegen den Kunden beruht, hat mit hoher Wahrscheinlichkeit auch eine aufsichtsrechtliche Dimension. Nicht selten beruht die Strafanzeige auf institutsinternen Querelen, Meinungsverschiedenheiten mit einem Verbandsprüfer (Genossenschaftsbanken oder Sparkassen) oder einem Abschlussprüfer oder auf einer anderen Revisions- oder Sonderprüfung. Ob durch die Kreditvergabe die Pflichten des Kompetenzträgers, der bankintern über die Kreditvergabe zu entscheiden hatte, verletzt wurden oder ob zumindest Kritik laut geworden ist, wird neben einem täuschenden Verhalten des Kreditnehmers auch Gegenstand der Ermittlungen sein (evtl. in einem zweiten Ermittlungsverfahren).

154 c) **Verteidigung gegen Ausweitungsansätze.** Es muss an folgende Ausweitungsansätze der Ermittlungsbehörden gedacht werden:

---

[153] LK/*Tiedemann* § 265 b Rdnr. 125.
[154] OLG Stuttgart NStZ 1993, 545; weiter LK/*Tiedemann* § 265 b Rdnr. 119 (auch EU-Interessen).
[155] OLG Stuttgart a.a.O.; a.A. LK/*Tiedemann* a.a.O. Rdnr. 122.
[156] *Lackner/Kühl* § 265 b Rdnr. 1; krit. dazu *Volk*, FS Tröndle, S. 219 f.

aa) Wechsel zum Betrug. Veränderung von Kreditbetrug **zum Betrug:** Bei der Verteidigung 155
gegen den Vorwurf des Kreditbetruges muss regelmäßig mit einem Wechsel zum Betrugsvorwurf (und zurück) gerechnet werden. Das liegt daran, dass
- die Erfolgsdelikte nach §§ 263, 266 StGB mit einem höheren Strafrahmen und mit Strafschärfungsmöglichkeiten in der Praxis die Bedeutung des § 265 b StGB in den Hintergrund drängen,
- Verfahren, die mit dem Vorwurf des Betruges beginnen, bei Nichterweislichkeit einer Kausalität[157] oder eines Schadens in den (Rest-) Vorwurf des Kreditbetruges münden (Subsidiarität des Kreditbetruges[158]),
- Anzeigen von Kredit- und Finanzierungsinstituten selten sind, weil in einem Strafverfahren die gesamte eigene Kreditvergabepraxis offen gelegt werden müsste (mit Blick auf die Erheblichkeitsprüfung nach § 265 b Abs. 1 S. 2 StGB) und/oder
- die Verteidigung einer angebotenen Verständigungslösung für einen Beschuldigten zustimmt und ein Verfahren ohne Hauptverhandlung (Einstellung gem. §§ 153, 153 a StPO, Strafbefehlslösung) einem langwierigen und den Mandanten belastenden Verfahren vorgezogen wird.

Der Kreditbetrug geht ab dem Versuchsstadium in einem Betrug auf.[159] Für eine Mehrzahl 156
auftretender unrichtiger Angaben gilt, dass natürliche/juristische Handlungseinheit je Kreditantrag angenommen werden kann. Auch wenn sich über einen längeren Zeitraum für mehrere Kreditanträge das identische falsche Verhalten eines Tatbeteiligten ergeben sollte, führt der längere zeitliche Abstand in der Regel zur Auflösung der Handlungseinheit. Das Versuchsstadium kann aber erst angenommen werden, wenn ein rechtswidriger Vorteil erstrebt und dafür substantielle Erklärungen abgegeben werden.[160]

bb) Urkunden- und Bilanzdelikte. Kreditbetrug und **Urkunden- bzw. Bilanzdelikte:** Regel- 157
mäßig in Idealkonkurrenz (§ 52 StGB) zu einem Kreditbetrugsvorwurf stehen Urkunden- und Bilanzdelikte (§§ 331 ff. HGB, 400 AktG, 82 GmbHG).[161] Das gilt natürlich auch für Bankrottdelikte, wenn in einer Phase des drohenden oder tatsächlichen Unternehmenszusammenbruchs falsche schriftliche Angaben über die Verhältnisse des Unternehmens gemacht werden. Eine Verteidigung gegen Kreditbetrugsvorwürfe muss daher auch solche Deliktsvorwürfe im Auge haben.

cc) Kapitalanlagebetrug, Insiderdelikte. Kreditbetrug und **Kapitalanlagebetrug, Insiderde-** 158
likte: Da Kapitalbeschaffungsmaßnahmen nicht durch § 265 b StGB erfasst werden, stehen Kapitalanlagebetrug, Börsen- und Wertpapierdelikte (§ 264 a StGB, §§ 88-89 BörsenG a. F., § 38, 39 WpHG) in Realkonkurrenz. Dreht sich der tatsächliche Vorwurf um eine vorteilhafte Angabe zu den wirtschaftlichen Verhältnissen, bspw. Fusions- oder Übernahmeabsichten, dann muss die Verteidigung beachten, dass sich bei Ausdehnung des Ermittlungsverfahrens eine Vielzahl von Einzeltaten ergeben, die wegen der unterschiedlichen Schutzgüter und Deliktsadressaten nicht als natürliche/juristische Handlungseinheit begriffen werden können.

d) Anwendungsbereich des § 265 b StGB. Die Strafvorschrift ist nicht auf Kredite von und 159
an Private anwendbar. Sie soll im Vorfeld des § 263 die betrügerische Erschleichung von Kreditmitteln bei der **Unternehmensfinanzierung** unter Strafe stellen.[162] Erfasst werden also auch nicht private Teilzahlungs-, Waren- und Lieferantenkredite.

aa) Unternehmer. Im Sinne des § 265 b Abs. 1 StGB sind Betriebe und Unternehmen un- 160
abhängig von ihrem Gegenstand solche, die nach Art und Umfang einen in kaufmännischer Weise eingerichteten Geschäftsbetrieb erfordern. Die Begriffe „Betriebe" und „Unternehmen" waren bei Einführung der Strafvorschrift nicht näher umschrieben als durch die Anlehnung

---

[157] BGH B.v. 27.3.2003 -5 StR 508/02 in BGHR § 263 StGB Vermögensschaden 63.
[158] BGH – 4.StR 643/88 – BGHSt 36, 130 = StV 1989, 304: Gesetzeskonkurrenz ist nahe liegend.
[159] BGHSt 36, 130; wistra 90, 228; OLG Celle wistra 1991, 359; OLG Stuttgart NStZ 1993, 545; Müller-Gugenberger/Bieneck/*Nack* Kap. 50 Rdnr. 118; *Tröndle/Fischer* § 265 b Rdnr. 3; a. A.: Idealkonkurrenz wg. anderem Rechtsgut LK/*Tiedemann* § 265 b Rdnr. 115; Schönke/Schröder/*Lenckner/Perron* § 265 b Rdnr. 51.
[160] BGH NStZ 2002, 433.
[161] LK/*Tiedemann* § 265 b Rdnr. 116; Schönke/Schröder/*Lenckner/Perron* § 265 b Rdnr. 51.
[162] *Tröndle/Fischer* § 265 b Rdnr. 2.

an die HGB-Regelungen für sog. Minderkaufleute. Die h.M versteht die Begriffsdefinition im umfassenden Sinne, vergleichbar zu §§ 11 Abs. 1 Nr. 4 b, 14 Abs. 2, 264 StGB.[163]

161 Die Zweckmäßigkeitserwägungen, die zur Rechtfertigung dieser Meinung herangeführt werden, wollen aus kriminalpolitischen Intentionen die Fehlerhaftigkeit der Formulierung überdecken. Allein nach den strengen Regelungen des § 1 StGB und dem Wortlaut der Vorschrift folgend wäre damit die Einbeziehung freier Berufe (in den unterschiedlichen Rechtsformen), Ideal-Vereine, nicht-gewerbliche, gemeinnützige Einrichtungen, Stiftungen, öffentlich-rechtliche Einrichtungen und alle nicht unter die sog. Handelsgeschäfte (frühere Legaldefinition in § 1 Abs. 1, Abs. 2 HGB a. F.) fallenden Betriebe nicht gerechtfertigt. Das gilt insbesondere für den Vergleich zu § 264 Abs. 6 S. 2 StGB, der öffentliche Betriebe den privatrechtlichen ausdrücklich gleichstellt. Daher kann die h. M.[164] auch nicht rechtfertigen, dass „Behörden mit reiner Aufsichtsfunktion" ausgerechnet von der von ihr favorisierten weiten Auslegung ausgenommen sein sollen. Zwar wird insoweit auf § 14 Abs. 2 StGB verwiesen. Dies überzeugt aber nicht, wenn die gleichen Meinungsvertreter der Bundesrepublik und den einzelnen Bundesländern eine Kreditgebereigenschaft zuerkennen wollen (z. B. für Ausfallbürgschaften und andere „Kreditsubventionen"). Eine hinreichend deutliche Abgrenzung kann allerdings mittlerweile aufgrund der neueren zivilrechtlichen Gesetzgebung gefunden werden. Durch die Legaldefinition des „Unternehmers" in § 14 Abs. 1 BGB durch das Gesetz vom 27.6.2000 (BGBl. I S. 897) wird nunmehr die Konkretisierung erleichtert. Dort wird der Begriff Unternehmer wie folgt definiert:

Unternehmer ist eine natürliche oder juristische Person oder eine rechtsfähige Personengesellschaft, die bei Abschluß eines Rechtsgeschäftes in Ausübung ihrer gewerblichen oder selbständigen beruflichen Tätigkeit handelt.

162 Wendet man diesen Begriff auf § 265 b Abs. 3 Nr. 1 StGB an, so erhält man eine nahezu vollständige Abdeckung der in Betracht kommenden Fälle auf Kreditgeber- wie auf Kreditnehmerseite. Da der Privatkredit und der Kleinunternehmerkredit von vornherein aus der Tatbestandsfassung herausgenommen sind, schadet es auch nicht, wenn Ideal-Vereine, gemeinnützige und nicht gewerbliche Einrichtungen von dem Strafrechtsschutz ausgenommen werden.

163 *bb) Betrieb.* Der Begriff des „**Betriebes**" ist im Sinne der gesetzlichen Intention als Wirtschaftsbetrieb zu verstehen. Wenn also beispielsweise ein (unselbständiger) Abfallwirtschaftsbetrieb eines Landkreises einen Kredit bei einer Bank aufnimmt, kann er tauglicher Beteiligter eines Kreditbetruges sein. Das Gleiche gilt für (rechtlich unselbständige) Wirtschaftsbetriebe von Ideal-Vereinen, gemeinnützigen Einrichtungen, Stiftungen, Betrieben der Land- und Forstwirtschaft etc. Die heutigen Erscheinungsformen des geschäftlichen Auftretens führen dann zu Abgrenzungsschwierigkeiten, wenn die Pflicht zur Einrichtung eines kaufmännischen Geschäftsbetriebes zweifelhaft ist. Die Begriffsdefinition lehnte sich an die alte Fassung der §§ 2 Abs. 1, 4 HGB an, die durch die Neufassung des Kaufmannsrechts mit Gesetz vom 22.6.1998 umgestaltet worden sind. Jetzt findet man die Begrenzung des Kaufmannsbegriffes auf einen Geschäftsbetrieb, der nach Art und Umfang eine kaufmännische Einrichtung erfordert, in den §§ 1 Abs. 2, 3 Abs. 2 HGB.

164 *cc) Strafrechtlicher Kreditbegriff.* Strafrechtlicher und zivilrechtlicher Kreditbegriff stimmen nicht überein. Es gibt schon keinen einheitlichen zivilrechtlichen Kreditbegriff. Auch die §§ 19 Abs. 1, 20 Abs. 1 und 21 Abs. 1 KWG umschreiben jeweils andere Kredite oder Kreditnehmereinheiten. Dagegen wird durch **§ 265 b Abs. 3 Nr. 2 StGB** den Kreditbegriff einheitlich für das Strafrecht normiert. Nach dieser Legaldefinition wird ein Vertragsverhältnis dann als Kredit angesehen, wenn es auf die Gewährung von Gelddarlehen, den entgeltlichen Erwerb und die Stundung von Forderungen, Wechsel- und Scheckdiskontierungen, sowie die Ausstellung von Bürgschaften, Garantien oder sonstigen Gewährleistungen gerichtet ist.[165] Ein Kredit in

---

[163] LK/*Tiedemann* § 265 b Rdnr. 31; *Tröndle/Fischer* § 265 b Rdnr. 7; Schönke/Schröder/*Lenckner* § 265 b Rdnr. 8.
[164] LK/*Tiedemann* § 265 b Rdnr. 31.
[165] Zur Abgrenzung des strafrechtlichen Kreditbegriffes von anderen Finanzierungsformen: *Tiedemann* Wirtschaftsbetrug § 265 b Rdnr. 37 ff.; zum Unterschied zwischen bürgerlich-rechtlichem und KWG-Kreditbegriff: *Fischer/Klanten* Bankrecht S. 187; *Claussen* a.a.O. S. 190.

diesem Sinne ist beispielsweise **nicht** die Verwahrung einer Sicherheit, die Einlage von Geldern, die Gründungsfinanzierung[166] und die gesellschaftsrechtliche Beteiligung,[167] obwohl sie wirtschaftlich gesehen Finanzierungen sind. Die veröffentlichte Rechtsprechung zur Untreue eines mit einer Finanzierung befassten Vorstandes oder Geschäftsleiters[168] hatte sich bislang zumeist mit Betriebsmittelkrediten, Anschaffungs- und Immobilienfinanzierungen zu befassen. Die Vergabe von Investitionsdarlehen, die Verknüpfung gesellschaftsrechtlicher Beteiligungskomponenten mit klassischen Finanzierungsformen, die Problematik von Finanzierungen mit Endfälligkeiten und die Finanzierung konzerneigener Projekte durch eine Bank sind soweit ersichtlich bisher nicht in der strafrechtlichen Rechtsprechung behandelt worden.

Von § 265 b wird erfasst	Von § 265 b wird nicht erfasst
Gelddarlehen von Kredit- und Finanzinstituten einschließlich Factoring	Gelddarlehen unter Privaten; Stundungen, Warenkredite; Kreditleihe
Betriebsmittelkredit i. w. S.	Konsumentenkredit
Gelddarlehen von Unternehmern mit einem kaufmännisch eingerichteten Geschäftsbetrieb	Kapitalbeschaffung am freien oder geregelten Kapitalmarkt, Kapitaleinlagen von privaten Investoren

e) **Prüfungsschema und Vorgehensweise.** Der durch das 1. WiKG 1976 eingeführte Tatbestand schafft eine Vielzahl von Beweiserleichterungen. Er kann nach folgendem Prüfungsschema beurteilt werden: **165**

Checkliste:

1. Schritt   Kreditinformation vom Tatbestand erfasst?
2. Schritt: Informationszusammenhang vom Tatbestand erfasst?
3. Schritt   Informationsinhalt unrichtig?
4. Schritt   Erhebliche/wesentliche Abweichung der Einzelinformation vom tatsächlichen wirtschaftlichen Gesamtbild?
5. Schritt: Vorteilhaftigkeit der Angaben für den Kreditnehmer?
6. Schritt   Erheblichkeit für die Entscheidung über den Kreditantrag?
7. Schritt: Persönliche Verantwortlichkeit?
8. Schritt: Subjektive Seite
9. Schritt: Rechtfertigung, Irrtum, Schuld

1. Schritt: Als **Informationsmittel** kommen in Betracht: **166**
- Berichte des Rechnungswesens: Bilanz, Jahresabschluss, Konzernabschluss;
- andere Übersichten und Darstellungen der Verhältnisse des Unternehmens (Vermögensübersichten, Projektübersichten, Gutachten, Ertragspläne)
- Prüfungsberichte, Verkaufsprospekte, sonstige schriftliche Kreditantragsinformationen über die wirtschaftlichen und finanziellen Verhältnisse des Kreditnehmers.

2. Schritt: Der strafrechtliche Tatbestand erfasst nicht alle **Informationszusammenhänge**. **167** Es muss ein sachlicher, nicht notwendig zeitlicher Zusammenhang mit einem Kreditantrag bestehen.[169] Vorverhandlungen scheiden aus.[170] Daher sind zu unterscheiden:

---

[166] BayObLG NJW 1990, 1677 ff.
[167] Schönke/Schröder/*Lenckner* § 265 b Rdnr. 12; LK/*Tiedemann* § 265 b Rdnr. 37.
[168] BGH Urt. v. 21.3.1985, wistra 1985, 190; BGH Urt. v. 11.1.1955, NJW 1955, 508; BGH Urt. v. 10.2.1988, wistra 1988, 305; BGH Beschl. v. 22.11.1988, wistra 1988,142; BGH Beschl. v. 20.12.1989, wistra 1990,148; zust. Müller-Gugenberger/Bieneck/*Nack* § 54 Rdnr. 87.
[169] *Tröndle/Fischer* § 265 b Rdnr. 17; OLG Frankfurt StV 1990, 213.
[170] *Tröndle/Fischer* § 265 b Rdnr. 18.

- Berichte des Rechnungswesens sind nicht Kreditantragsunterlagen, wenn sie als Rechenschaftsberichte und Information für Gesellschafter, Abschlussprüfer, oder Kontrollorgan dienen, auch wenn der Kreditgeber über diese Personen zu den Unterlagen gelangt sein mag (z. B. bei Joint-Ventures mit Banken!);
- Prüfungsbegleitende Briefe (sog. Management Letter) als Informationsgrundlage für Aufsichtsrat und Vorstand sind nicht Kreditantragsunterlage;
- Prospekt oder sonstige Informationsschrift als Vertriebsmittel einer Kapitalanlage unterfallen nur dann dem § 265 b StGB, wenn sie als Teil der Unternehmensinformation dem Kreditgeber von dem Kreditnehmer zur Verfügung gestellt wurden;
- eigene Besichtigungen, Prüfungen oder Auswertungen des Kreditgebers beim Kreditnehmer sind keine Angaben im Zusammenhang mit dem Kreditantrag;

168 3. Schritt: **Nicht alle Angaben** in den Informationsmitteln sind vom Straftatbestand erfasst. Zu unterscheiden sind:
- Nur schriftliche Informationen werden erfasst, weil sie ein größeres Gefährlichkeitspotential entfalten können.
- Verstöße gegen Einzelvorschriften bei der Bilanzierung genügen nicht.
- Es muss ein unrichtiges Gesamtbild der wirtschaftlichen Verhältnisse, vergleichbar den §§ 264 Abs. 2, 289 Abs. 1 HGB in Jahresabschluss und Lagebericht vermittelt werden.
- Sonstige unrichtige tatsächliche Informationen oder Unterlassungen des Unternehmers gegenüber dem Abschlussprüfer, des Abschlussprüfungsberichts, des Unternehmers im Kapitalanlageprospekt genügen in der Regel nicht. Allerdings ist eine Verschlechterung, die in schriftlichen Kreditunterlagen fehlt, nachträglich mitzuteilen (§ 265 b Abs. 1 Nr. 2 StGB).
- Prognosen und Wertungen, die ein besonderes Maß an Subjektivität in sich bergen, sind einem „Unrichtigkeitsurteil" nicht zugänglich.[171] Die Bewertung eines Postens muss unvertretbar falsch sein, wenn sie für § 265 b relevant sein soll.[172]

169 4. Schritt: Die **Erheblichkeit/Wesentlichkeit** einer unzutreffenden Information für das Gesamtbild der Gesellschaft kann an verschiedenen Maßstäben beurteilt werden:
- am Verhältnis des einzelnen Vorgangs zum Bilanz-/GuV-Posten; Bagatellen scheiden aus;[173]
- am Verhältnis zur Bilanzsumme, zum Eigenkapital oder zum Jahresergebnis;
- am Verhältnis zu sonstigen Prospekt- bzw. Kreditantragsangaben über die wirtschaftlichen Verhältnisse.

170 5. Schritt: Ob eine Angabe in den Informationsmitteln für den Kreditnehmer **vorteilhaft** ist oder nicht, kann man prüfen:
- durch einen Vergleich der Kreditchancen ohne oder mit den beanstandeten Informationen;
- durch einen Vergleich der beanstandeten Angaben mit den sonstigen, in den Antragsunterlagen vorhandenen Angaben.

171 6. Schritt: Die **Erheblichkeit** einer bestimmten Antragsinformation für die Kreditentscheidung zeigt sich erst anhand der Kreditvergabepraxis des Kreditgebers. Daher sind zu prüfen:
- Handelt es sich um eine Angabe gegenüber dem Kreditgeber, d. h. dem Adressaten des Antrages?
- gesetzliche oder satzungsgemäße Beschränkungen des konkreten Kreditverhältnisses lassen eine Gefährdung u. U. aus anderen Gründen entfallen;
- interne Kreditvergaberichtlinien des Kreditgebers können Kreditvergabe im konkreten Fall verbieten;
- interne Anforderungen des Kreditgebers an Sicherheiten können unabhängig von unrichtigen Angaben nicht erfüllt sein;
- die Angabe ist für die Kreditentscheidung aus einem ex-ante Urteil generell nicht geeignet[174] oder wird die Angabe erst bei Auszahlung des Kredites gemacht?[175]

---

[171] *Tröndle/Fischer* § 265 b Rdnr. 27; *Achenbach/Ransiek-Hellmann* Kap. IX.1 Rdnr. 31; BGH StV 2003, 445.
[172] *Lackner/Kühl* § 265 b Rdnr. 5; *Schönke/Schröder/Lenckner/Perron* § 265 b Rdnr. 39; LK/*Tiedemann* § 265 b Rdnr. 76; a. A. Beweisbarkeit genüge: BGHSt 30, 285/288.
[173] *Achenbach/Ransiek-Hellmann* Kap. IX. 1 Rdnr. 28.
[174] *Müller-Emmert/Maier* NJW 1976, 1662; *Lackner/Kühl* § 265 b Rdnr. 5.
[175] BGH StV 2003, 445.

- lässt sich aus der Sicht eines verständigen, durchschnittlich vorsichtigen Dritten die Bedeutung für die Kreditvergabe bejahen?[176]
- erhöht die Angabe potentiell das Risiko des Kreditgebers, mit der Rückzahlungsforderung auszufallen (falls ja kann versuchter Betrug vorliegen)?[177]

7. Schritt: Die **persönliche Verantwortung** lässt sich strafrechtlich gesehen nur anhand der konkreten Aufgabe des Mandanten erfassen: Folgende Fragen sollten beantwortet werden:
- Gehört der Erklärende der Unternehmensleitung oder dem Aufsichtsrat an? Ist er Abwickler? Ist er Abschlussprüfer?
- Trifft den Mandanten eine Verantwortung gem. § 14 StGB?
- Ist der Mandant ressortverantwortlich oder (nur unter bestimmten Voraussetzungen) gesamtverantwortlich?
- Ist der Mandant Teilnehmer gem. §§ 26, 27 StGB?
- Bestand bei unterlassenen Mitteilungen (§ 265 b Abs. 1 Nr. 2 StGB) eine Garantenpflicht? War die Verschlechterung der Unterlageninhalte erheblich für die Entscheidung über die Fortdauer des Kreditvertrages?

8. Schritt: Für die Abgrenzung von **Vorsatz und Fahrlässigkeit** sollte man berücksichtigen:
- bedingter Vorsatz genügt für die Tathandlungen,[178] aber Vorsatz ist auch für die Krediteigenschaften (betriebsbezogener Kredit, Unternehmervertrag etc) erforderlich;
- bei Unterlassungsdelikten muss sich der Vorsatz auch die (subjektive) Vorwerfbarkeit erstrecken.[179]

Die tatbestandsausfüllenden Tatsachen können fast vollständig durch sachliche Beweismittel, nämlich Urkunden (und seltener Augenscheinsobjekte) nachgewiesen werden. Die Begrenzung des Tatbestandes auf schriftliche Angaben für einen Kreditantrag scheint fast ideal. Zur **Verteidigung** bleiben allerdings Auslegungsmöglichkeiten, Einwendungen gegen die Vollständigkeitsannahmen und Einwendungen aus dem Empfängerhorizont. Einwendungen gegen die Wirksamkeit eines Gesellschafterbeschlusses oder eines Jahresabschlusses sind zu beachten. Zwar muss der Antrag selbst nicht die Qualität eines Antrages im Sinne von §§ 145, 488 BGB n. F. haben.[180] Es bleiben die Tatbestandsmerkmale Vorteilhaftigkeit, Erheblichkeit, und Vorsatz, die Ermittlungsbehörden regelmäßig mit eigener Beobachtung und Berufserfahrung in eigener „Sachkunde" beurteilen wollen.

Tätige Reue kann nach § 265 b Abs. 2 StGB zur Straflosigkeit führen. Die Verhinderung der Kausalität einer unrichtigen Angabe für die Kreditausreichung genügt. Auch das Bemühen die Leistungserbringung zu verhindern, kann den Tatbestand entfallen lassen.

f) **Betrug bei Finanzierungsgeschäften.** *aa) Täuschung durch aktives Handeln.* Da der Kreditbetrug im Vorfeld des Betrugstatbestandes gem. § 263 StGB angesiedelt ist, sind Tathandlungen nach § 265 b zugleich immer auch Handlungen nach § 263 Abs. 1 StGB. Dagegen erstreckt sich der Betrugstatbestand auch auf mündliche und konkludente Angaben über Tatsachen, also greifbare, einem Beweis zugängliche Umstände. Werturteile, Prognosen und Zukunftserwartungen sind nicht durch den Betrugstatbestand erfasst.[181] Daher täuscht derjenige, der einen Kredit beantragt und mündlich falsche Angaben über seine Einkommens- und Vermögensverhältnisse (Kreditwürdigkeit) und seine Bereitschaft zur Rückzahlung eines Kredites (Zahlungswilligkeit) macht.[182] Sollte der Antragsteller zwar im Zeitpunkt der Beantragung über keine ausreichenden Geldmittel zur Rückzahlung verfügen, diese aber bei Rückzahlung erwarten,

---

[176] BGH NStZ 2002, 433.
[177] BGHSt 42, 135 = NStZ 1997, 272 = StV 1997, 411; mit Anm. *Roxin* JZ 1997, 297; *Schlehofer* StV 1997, 412.
[178] BGHSt 42, 135 = NStZ 1997, 272 (versuchter Betrug durch wissentliche Vorlage eines falschen Wertgutachtens).
[179] *Knierim* PStR 2002, 5.
[180] *Tröndle/Fischer* § 265 b Rdnr. 18.
[181] RGSt. 56, 227/231 (keine Zukunftserwartungen); BGHSt 2, 325 f.; BGH wistra 1987, 255; BGH GA 1972, 209; BGH NJW 1983, 2827; 2002, 1059; OLG Düsseldorf JR 1982, 343; LK/*Tiedemann* § 263 Rdnr. 9ff.; 38 f; Müller-Gugenberger/Bieneck/*Nack* § 50 Rdnr. 56; *Wessels/Hillenkamp* BT/2 Rdnr. 494 ff.
[182] OLG Stuttgart JZ 1958, 1833; BGH StV 1984, 511.

kommt es nicht auf die persönliche Einschätzung, sondern die objektive Wahrscheinlichkeit eines Geldzuflusses von anderer Seite an. Bei nur vagen Aussichten täuscht der Antragsteller. Der Kreditantragsteller täuscht auch dann, wenn er über das Bestehen, den Wert oder die Verwertbarkeit einer vertraglich vereinbarten Kreditsicherheit falsche Angaben macht.[183] Ein Vermögensnachteil entsteht aber nicht, wenn der Rückzahlungsanspruch aufgrund der allgemeinen Vermögenslage oder anderer werthaltiger Sicherheiten gedeckt ist.

177 Eine **Täuschung durch Unterlassen** kann nicht angenommen werden, wenn kein besonderes Vertrauensverhältnis besteht, aus dem sich eine Handlungspflicht ergibt.[184] Grundsätzlich trifft den Kreditnehmer in einem Erstantrag nur die Verpflichtung, die Fragen zu beantworten, die ihm gestellt werden, und nicht alle Vermögensverhältnisse ungefragt zu offenbaren.[185] Bei länger andauernden Geschäftsbeziehungen soll indessen ein so intensives Vertrauensverhältnis aufgebaut sein, dass eine Offenbarung wesentlicher Änderungen geboten sei.[186] Das kann aber nicht unterschiedslos gelten. Es kommt auf den jeweiligen Einzelfall an. Der BGH hat auch entschieden, dass einen Finanzvermittlung für den Abschluss eines Grundstücksvertrages nur in Ausnahmefällen auf die Zusammensetzung der Kosten[187] oder die Eignung des Grundstückes für die jeweilige Geldanlage[188] eingehen muss. Dagegen sind Verschlechterungen der Vermögensverhältnisse nicht automatisch zu offenbaren.[189]

178 *bb) Irrtum und Kausalität.* Die Bankmitarbeiter und insbes. das Kompetenzorgan der Bank, das über die Kreditbewilligung entscheidet, muss den Angaben vertrauen. Für die Verteidigung liegt hier ein wichtiger Schlüssel, da die bankinternen Kontrollen und Risikoabwägungen zunehmend eine stupide „Leichtgläubigkeit" von Angaben des Antragstellers unmöglich machen.

179 Bei einer erkennbaren Bereitschaft der Bank, ein riskantes Geschäft (bspw. mit einem Kreditnehmer zweifelhafter Bonität) mit Blick auf einen guten Ertrag abzuschließen, muss eine Kausalität zwischen Täuschung und Irrtum thematisieren. Ein Irrtum ist schon auszuschließen, wenn der Kredit in Kenntnis der zweifelhaften Rückzahlungsmöglichkeit gewährt wird.[190] Wenn z. B. nur falsche Angaben über den Verwendungszweck des Kredites gemacht werden, dann kann der Kausalzusammenhang entfallen.[191] Auch kann ein falscher Name bei feststehender Identität des Kreditnehmers keinen Einfluss auf die Kreditgewährung haben.[192] Schließlich sind auch sonstige Angaben des Kreditnehmers (z. B. über Familienstand, Vorstrafen, berufliche Position etc.) keine irrtumsrelevanten Umstände, wenn der Kredit vollständig abgesichert ist oder eine Rückzahlung außer Frage steht.

180 *cc) Vermögensschaden.* Der Vermögensschaden besteht in dem Minderwert des Vermögens des Geschädigten nach der Vermögensverfügung. Für diese Beurteilung kommt es auf den Zeitpunkt der Darlehenshingabe an. Da der Darlehensgeber stets vertraglich einen Rückzahlungsanspruch gegen den Darlehensnehmer erwirbt, ist die Werthaltigkeit dieses Rückzahlungsanspruches im Zeitpunkt der Kreditauszahlung zu beurteilen. Ist der Kreditnehmer leistungsunwillig oder täuscht er Sicherheiten nur vor, ist der Rückzahlungsanspruch schon minderwertig, ein Schaden bereits (durch Gefährdung) eingetreten.[193] Je nach Fallgestaltung kann ein Vermögensvergleich durchaus zu Überraschungen führen. Wichtige Entscheidungen enthält die folgende Übersicht:

---

[183] BGH Beschl. v. 12.6.2001 – 4 StR 402/00- NStZ-RR 2001, 328 =StV 2002, 133.
[184] BGH wistra 1988, 262 f.
[185] BGH wistra 1984, 223; BGH StV 1984, 511.
[186] BGH wistra 1988, 262; OLG Stuttgart JR 1987, 389, m. Anm. *Beulke*; *Tröndle/Fischer* § 263 Rdnr. 26.
[187] BGH NStZ 1999, 555 (Kosten eines Bauträgermodells).
[188] BGH NJW 2000, 3013 (Bebaubarkeit eines Grundstücks).
[189] BGH StV 1984, 511; wistra 1987, 213; wistra 1988, 262.
[190] BGH Beschl. v. 8.3.2001 – 1 StR 28/01- StV 2002, 132.
[191] LK/*Tiedemann* § 263 Rdnr. 122; Täuschung bejaht aber BGH StV 2002, 132.
[192] RGSt. 48, 238.
[193] BGH wistra 1993, 265 f.; 1993, 340 f.; StV 1995, 254 f.; BGHSt 15, 24 ff.

Rechtsprechungsübersicht	
BGH wistra 1992, 142	Eine jederzeitige Realisierung der hingegebenen Sicherheiten schließt die Annahme eines Vermögensschadens aus.
BGH StV 1994, 186	Eine Stundung des Kredites führt nicht zu einem Vermögensschaden, wenn die gestundete Forderung im Zeitpunkt der Stundung wertlos war.[194]
BGH, B.v. 1.9.1994 – 1 StR 468/94 – StV 1995, 254	Betrug ist kein bloßes Vergehen gegen Wahrheit und Vertrauen im Geschäftsverkehr, sondern ein Delikt gegen die vermögensschädigende Täuschung (BGHSt. 16, 220). Maßgeblich ist daher, ob m Zeitpunkt der Darlehenshingabe absehbar war, dass die gegebenen dingl. Sicherheiten nicht ausreichten, um den Rückzahlungsanspruch zu decken. Eine Übersicherung führt nicht zu einem Schaden, solange ausreichende Deckung durch einige Sicherheiten vorhanden ist.[195]
BGH, B. v. 10.1.1995 1 StR 582/94 NStZ 1995, 232	Keine konkrete Vermögensgefährdung tritt durch eine **Umbuchung** ein, wenn die Kreditvergabe als solche mit dem Kunden vereinbart war und auch der Auszahlungsweg über das Kreditkonto des A. an dessen Firma F von der Bank beherrscht worden ist.
BGH NStZ 1998, 570	Ist der Hauptschuldner nicht zur Rückzahlung in der Lage, liegt gleichwohl kein Schaden vor, wenn ein vollwertiger Rückzahlungsanspruch gegen einen Bürgen besteht.
BGH B. v. 12.6.2001 NStZ-RR 2001, 328	Kein Schaden tritt ein bei ausreichender Rückzahlungswahrscheinlichkeit, selbst wenn die vertraglich vereinbarte Sicherheit nicht werthaltig ist.
BGH StV 2002, 133 = wistra 2001, 423	Kein Schaden tritt ein bei einer Zug-um-Zug-Verpflichtung und bei ausreichender Werthaltigkeit des Rückzahlungsanspruches.[196]

dd) Vollendung. Betrug ist schon dann **vollendet**, wenn die täuschungsbedingte Gefahr des endgültigen Verlusts eines Vermögensbestandteils zum Zeitpunkt der Verfügung so groß ist, dass sie schon jetzt eine Minderung des Gesamtvermögens zur Folge hat,[197] so etwa bei der Aushändigung einer Kreditkarte, einer ec-Karte oder eines Euroschecks an einen zahlungsunwilligen Kontoinhaber,[198] bei der Valutierung eines Kredits, falls in diesem Zeitpunkt bereits die Minderwertigkeit des Rückzahlungsanspruchs feststeht[199] (wie es beispielsweise bei einer sog. Überfinanzierung wegen tatsächlich minderwertiger Grundschuldsicherung der Fall ist,[200] ferner schon bei der Gutschrift eines Geldbetrages auf einem Konto des Täters, sofern der Täter in der Lage ist, diesen Geldbetrag jederzeit abzuheben[201]).

---

[194] So schon BGH wistra 1986, 170; wistra 2001, 463; auch Achenbach/Ransiek-*Gallandi* Kap. V.1. Rdnr. 200; Lackner/Kühl § 263 Rdnr. 41 a.E.
[195] BGH NJW 1986, 1183 = NStZ 1986, 218.
[196] BGH wistra 1992, 101; wistra 1998, 59; Achenbach/Ransiek-*Gallandi*, Kap. V.1. Rdnr. 208.
[197] BGH Urt. v. 5.11.2003 – 1 StR 287/03 – wistra 2004, 60.
[198] BGH Beschl. v. 21.11.2001 – 2 StR 260/01 – BGHSt 47, 160 (167, 169 f).
[199] BGH Urt. v. 15.11.2001 – 1 StR 185/01 – BGHSt 47, 148 (156 f).
[200] BGH Urt. v. 14.7.2000 – 3 StR 53/00 – NStZ-RR 2001, 241 (242 f), dort auch zur Berechnung des Schadensumfangs bei Vermögensgefährdung wegen Überfinanzierung.
[201] RG Urt. v. 30.4.1907 – II 2 D 52/07 – GA 54, 414; BGH Urt. v. 6.4.1954 – 5 StR 74/54 – BGHSt 6, 115 (116 f); weitergehend BGH Urt. v. 17.10.1995 – 1 StR 372/94 – NStZ 1996, 203, wonach ein vollendeter Betrug schon dann vorliegen soll, wenn es dem Täter gelingt, seine Bank durch Täuschung zu einer Überweisung auf ein tätereigenes Konto zu veranlassen, dieses aber bei Eingang der Gutschrift wegen Aufdeckung der Manipulationen bereits gesperrt ist.

182 Zum **Versuch des Betruges** setzt an, wer bereits Merkmale des gesetzlichen Tatbestandes verwirklicht hat (z. B. die Erstrebung eines rechtswidrigen Vorteils durch unrichtige Erklärungen). Wer aber mit seiner Erklärung den (potentiellen) Darlehensgeber nicht erreicht, kann i. d. R. keinen Irrtum hervorrufen. Ein Ansetzen zum Versuch kann nur dann angenommen werden, wenn die vom Täter ausgelöste Handlung ohne weiteres Zutun oder Zwischenschritte zu einer irrtumsgeeigneten Handlung führen würde.[202]

183 *ee) Vorsatz.* (auch bedingter) erfordert, dass der Täter die Merkmale des äußeren und inneren Tatbestandes in sein Vorstellungsbild aufgenommen hat. Dazu gehört auch der Kausalzusammenhang, wobei sich der Täter eine Wertminderung des Opfervermögens vorstellen muss.[203]

184 *ff) Besonders schwerer Fall.* Nach § 263 Abs. 2 Nr. 2 1. Alt. StGB stellt die Herbeiführung eines Vermögensverlustes großen Ausmaßes einen besonders schweren Fall des Betruges dar. In Anlehnung an § 264 Abs. 2 Nr. 2 StGB soll ein Verlust von wenigstens 50.000 EUR das Regelbeispiel erfüllen.[204] Allerdings soll das nur für endgültige Ausfallschäden gelten.[205]

3. Untreue durch Kreditvergabe, § 266 StGB

185 Finanzinstitute verwalten nicht nur Gelder ihrer Kunden bzw. finanzieren nicht nur Kundenwünsche. Sie betreiben auch in ganz erheblichem Umfang mit eigenen Mitteln Handelsgeschäfte. Während die Verfügungsmöglichkeiten der Bank über Einlagen von Kunden eng begrenzt sind auf Einzelaufträge, vertragliche oder AGB-mäßige Sicherungsrechte und Vermögensverwaltungsverträge, obliegt es dem Geschäftsleiter/ Vorstandsmitglied einer Bank, mit dem bankeigenen Vermögen wie in jedem anderen Unternehmen auch geschäftlich zu handeln und Gewinne zu erzielen. Sowohl aus der Vergabe von Finanzierungen an Kunden als auch aus der pflichtwidrigen Verfügung über eigene Mittel können strafrechtliche Vorwürfe resultieren.

186 Der Untreue-Tatbestand stellt Handlungen oder Unterlassungen unter Strafe, durch die eine bestehende Verfügungsbefugnis zum Schaden des betreuten Vermögens **missbraucht** oder **treuewidrig** verursacht wird. Nachfolgend wird allerdings nur die Untreue bei oder im Zusammenhang mit Finanzierungsgeschäften, nicht mit anderen Finanz- oder Finanzdienstleistungsgeschäften erörtert. Ob und wann einem Vorstandsmitglied, einem Aufsichtsrat oder einem leitenden Mitarbeiter eines Finanzierungsinstitutes der Vorwurf einer Untreue bei Finanzierungen gemacht werden kann, ist in der Rechtsprechung nicht unumstritten. In der staatsanwaltschaftlichen Praxis wird oft übersehen, dass der Versuch einer Untreue nicht strafbar ist und der Tatbestand nicht dazu dient, das Geschäftsleben von allgemein unseriösen oder anstößigen Handlungen frei zu halten. Stets muss neben einem qualifiziert pflichtwidrigen, vorsätzlichen Verhalten ein kausal verursachter, vorsätzlich herbeigeführter Vermögensnachteil folgen. Die Rechtsprechung zu den sog. „Risikogeschäften"[206] hilft bei einem Finanzierungsgeschäft nicht weiter, weil der Finanzierung immer ein Risiko immanent ist.[207]

187 **a) Entwicklung der Rechtsprechung.** Die **Zivilgerichte** haben seit jeher die unternehmensinterne Entscheidung über die Eingehung eines solchen Geschäftes als Geschäftsführungsaufgabe der Unternehmensleitung bzw. der von dieser mit der Prüfung und Entscheidung legitimierten Mitarbeiter des Institutes angesehen.[208] Die Geschäftsleitung hat bei ihrem Vorgehen und den Entscheidungen neben Gesetz und Satzung die kaufmännische Sorgfalt zu beachten. Dabei steht ihr ein großer Ermessensspielraum zu. Nur eine schlechthin unvertretbare Handlung kann eine Pflichtwidrigkeit (im Sinne der §§ 93 Abs. 1 AktG, 43 Abs. 1 GmbHG, 32 Abs. 1

---

[202] BGH NStZ 2002, 433; BGHSt 37, 294 = JR 1992, 121 mit Anm. *Kienapfel*; BGH NStZ 1997, 31; StV 2001, 272 f.
[203] *Lackner/Kühl* § 263 Rdnr. 57.
[204] BGH StV 2004, 20 = NJW 2004, 169.
[205] BGH NJW 2003; StV 2004, 18.
[206] *Hillenkamp* NStZ 1981, 161; *Müller-Gugenberger/Bieneck* Wirtschaftsstrafrecht § 86 Rdnr. 2 ff.; Achenbach/Ransiek/*Seier* Wirtschaftsstrafrecht S. 372; Schönke/Schröder/*Lenckner/Perron* § 266 StGB Rdnr. 20; *Rose* wistra 2005, 281.
[207] Zur Problematik vgl. *Keller/Sauer* 2002, 365; *Kiethe*, Die zivil- und strafrechtliche Haftung von Vorstandsmitgliedern einer Sparkasse für riskante Kreditgeschäfte, BKR 2005, 177; *Knauer* NStZ 2002, 399.
[208] OLG Naumburg NZG 2000, 380; BGHZ 135, 244/253.

GenG) begründen.[209] Für die Beurteilung der Ordnungsmäßigkeit eines auf das einzelne Finanzierungsgeschäft bezogenen Handelns werden zivilrechtlich verschiedene Kriterien herangezogen, z. B. die Geschäftszwecke nach der Satzung,[210] Eigenart des Geschäftes, die für dessen Vorbereitung und Entscheidung instituts- und branchenüblichen Arbeitsschritte, das Funktionieren und das Ergebnis von Kontrollen innerhalb des Institutes (Vier-Augen-Prinzip, Kontrolle durch Vorstand und Aufsichtsrat oder Gesellschafterausschüsse sowie Ergebnisse der Innenrevision). Von Bedeutung sind auch (nachträgliche) Hinweise externer Prüfungsverbände, sowie die Ergebnisse von Abschluss- oder Sonderprüfern. Eine (zumeist erst nachträglich bekannt gewordene) Auffassung der BaFin zu dem konkreten Geschäft kann ein Indiz für die Zulässigkeit oder Unzulässigkeit darstellen. Die BaFin prüft nicht die allgemeine Sinnhaftigkeit der Finanzierungsentscheidung, sondern nur die Einhaltung aufsichtsrechtlicher Normen des KWG. Das KWG ist überspitzt gesagt nur das im staatlichen Interesse einer Funktionsfähigkeit des Kreditwesens erlassene gewerberechtliche Regulierungsinstrument, nicht aber der Pflichtenkatalog für eine Finanzierungsentscheidung.

Die **Strafgerichte** hatten zunächst abweichend von den Zivilgerichten den Standpunkt vertreten, ein Kreditgeschäft (besonders ein Großkredit) sei ein besonderes Risikogeschäft, dessen Abschluss für das betreute Bankvermögen eine besondere Gefahr darstelle.[211] Aus dem einfachen Verstoß gegen KWG-Normen, internen Beleihungsvorschriften oder Anweisungen der BaFin folge bereits (fast automatisch) die Annahme einer pflichtwidrigen Handlung im Sinne des § 266 StGB.[212] Damit knüpfte die Strafjustiz an die öffentlich-rechtlichen Normen des KWG an, obwohl dieses Gesetz für die Nichteinhaltung der KWG-Vorschriften eigene Straf- und Bußgeldvorschriften enthält[213] und ausdrücklich nicht dem Gläubigerschutz dient.[214] Mit der Entscheidung des 1. Strafsenates des BGH vom 6.4.2000[215] wird eine andere Sichtweise bedeutsam. Vergleichsmaßstab ist danach nicht mehr die Verletzung der öffentlich-rechtlichen Normen, sondern ein wertender Vergleich der betrieblichen Informations- und Risikolage mit den damit einhergehenden Geschäftschancen. Eine Kreditentscheidung stellt nach Auffassung des 1. Strafsenates ein Geschäft des täglichen (Bank-)Lebens dar, das seiner Natur nach mit Risiken behaftet ist. Allein aus einem Ausfall der Forderungen kann beim Kunden kann nicht geschlossen werden, dass die Kreditvergabe pflichtwidrig war. Die Anforderungen an die Feststellung eines pflichtwidrigen Verhaltens werden Allgemeinen kaufmännischen Sorgfaltspflichten für die Kreditvergabe durch Geschäftsleitungmitglieder eines Kreditinstitutes angenähert.[216] Ohne eine umfassende Abwägung der Chancen und Risiken des Geschäftes, der wirtschaftlichen Verhältnisse des Kunden und der Realisierbarkeit des Finanzierungsobjektes kann eine Kreditvergabe nicht als pflichtwidrig gewertet werden. Gleichwohl will der 1. Strafsenat seine Judikatur nicht so verstanden wissen, dass Verstöße gegen KWG-Normen damit nicht mehr geprüft werden. Vielmehr entnimmt er dem KWG nunmehr den Pflichtenkreis und die Gewichtung einzelner Verstöße.[217]

b) Strafrechtlicher Kreditbegriff. Die Untreue erfasst zwar jede negative Beeinflussung eines betreuten Vermögens, nicht jede Art der Finanzierung ist aber bereits ein **Kredit im strafrechtlichen Sinne**. Der strafrechtliche Kreditbegriff ist von den in §§ 19-21 KWG verwendeten Kreditdefinitionen zu unterscheiden. Er ist legaldefiniert in § 265 b Abs. 3 StGB.[218] Wird eine

---

[209] OLG Naumburg a.a.O. S. 381.
[210] Bspw. bei Bausspardarlehen: OLG München Beschl.v. 16.3.05 – 7 U 2857/04- DB 2005, 2685.
[211] BGH NJW 1955, 508; BGH MDR 1979, 636; BGH wistra 1985, 190; krit. Achenbach/Ransiek/*Seier*, Handbuch Wirtschaftsstrafrecht, Kap. V.2 Rdnr. 239, 316.
[212] BGH Urt. v. 14.11.1978; MDR 1979, 636; BGH NJW 1975, 1234.
[213] §§ 54 ff. KWG.
[214] Heute § 6 Abs. 4 KWG, Art. 1 Nr. 3 des 3. Gesetzes zur Änderung des KWG und anderer Vorschriften vom 20.12.1984, zit. bei *Schwark* KWG, 20. Aufl. 1999, Einl. S. 16; in Abkehr von den Entscheidungen BGHZ 74, 144 ff. (Wetterstein-Wertbrief-Fonds); OLG München, WM 1984, 128/131; BGH NJW 1973, 321; BGHZ 75, 120 (Herstatt); *Beck/Samm* KWG § 18 Rdnr. 21 ff.
[215] BGHSt 46, 30 = wistra 2000, 305 = NStZ 2001, 527; fortgeführt durch BGHSt 47,148 = wistra 2002, 101 = NJW 2002, 1211.
[216] Dazu *Nack* a.a.O. Rdnr. 108, 118; OLG Naumburg NZG 2000, 380; BGHZ 135, 244/253.
[217] BGH Urt. v. 15.11.2001 = wistra 2002, 101.
[218] Auf die Darstellung in diesem Abschn. unter Ziff. III.3 wird verwiesen.

Kontoüberziehung mehr als drei Monate geduldet, kann dadurch ein Kredit entstehen. Ob eine Kontoüberziehung infolge von Scheckreiterei ein Kredit sein kann, hängt von den konkreten Umständen des Einzelfalles ab.[219]

190 Die Unterscheidung der jeweils konkreten Finanzierungsform ist eine unabdingbare Voraussetzung für die Beurteilung der bei der Finanzierung zu beachtenden Pflichten. Erst aus dem Vertragtypus, den Vereinbarungen über Umfang, Laufzeit, Fälligkeit, Tilgung und Besicherung der Finanzierung, den Marktchancen des Finanzierungsprojektes und der finanziellen, persönlichen und beruflichen Verhältnisse des Kunden ergibt sich die für die Beurteilung der Ordnungsmäßigkeit der Kreditvergabe notwendige Gesamtschau. Zutreffend betont das Urteil vom 6.4.2000, dass erst dann eine Pflichtwidrigkeit angenommen werden könne, wenn eine umfassende Prüfung der wirtschaftlichen Verhältnisse des Kreditnehmers, der beabsichtigten Verwendung des Kredites und der Einschätzung der Risiken durch die Entscheidungsträger stattgefunden hat und dabei eklatante Defizite aufgetreten sind.

191 *aa) Erstkredite.* **Erst-** und **Folgekredite** werden banküblich auf unterschiedlicher Erkenntnisgrundlage und nach unterschiedlichen Kriterien beurteilt.

192 **Entscheidungskriterien für einen Erstkredit:** Erstkredite zeichnen sich dadurch aus, dass der Kreditnehmer erstmals mit dem finanzierenden Institut einen Kreditvertrag abschließen will. Nach banküblicher Prüfung des Kreditantrages (geprüft werden Kreditfähigkeit und Kreditwürdigkeit mit je Darlehenstypus unterschiedlichen Schwerpunkten) haben die in der internen Kreditorganisation zuständigen Mitarbeiter den Kreditantrag vorzulegen und neben einer Darstellung der Kreditart, des Kreditzwecks, der zu stellenden Sicherheiten und der wirtschaftlichen Verhältnisse des Kreditkunden ein Votum über den Antrag abzugeben. Der zur Entscheidung berufene Kompetenzträger des Finanzierungsinstituts hat sodann unter Würdigung dieses Votums zu entscheiden, ob der Kredit gewährt wird.

193 • Für den Kompetenzträger stehen regelmäßig neben den mitgeteilten Informationen auch Ertrags-, Markt- und Institutsüberlegungen im Vordergrund. Beispielsweise werden banküblich Einschätzungen zu Fragen gesucht, deren positive Beantwortung – aus betriebswirtschaftlicher Sicht[220] – wichtige Äquivalente zu einer im konkreten Fall eher als hoch beurteilten Risikolage darstellen können.

194 • Wenn der beantragte Kredit – einen ausreichenden Kapitaldienst unterstellt – einen für das Finanzierungsinstitut angemessenen, evtl. sogar über den Marktkonditionen liegenden Ertrag z. B. durch Risikozuschläge bei einem Bonitätsrating ergibt, kann die Kreditvergabe gerechtfertigt sein. In der Bankwirtschaft sind solche Überlegungen auch schon vor der Umsetzung der Richtlinien der BaFin für die „Mindestanforderungen an das Kreditgeschäft der Kreditinstitute" (MaK) vom 20.12.2002[221] zum 30.6.2004 anerkannt.

195 • Eine Einflussnahme auf eine spezifische (kundenbezogene) Marktlage (im industriellen Bereich, bei der Finanzierung von Großprojekten, im wirtschaftspolitischen Bereich (z. B. bei der Finanzierung des TollCollect-Projektes, großer Fondsgesellschaften etc), im kommunalen Bereich (z. B. die Finanzierung eines durch Bauträger errichteten kommunalen Schwimmbades) oder auch in der Baubranche (einschließlich der Sanierung kommunaler Haushalte) kann wichtige Steuerungsüberlegung für eine Kreditentscheidung sein. Beispielsweise kann für eine Bank in öffentlicher Trägerschaft eine Verpflichtung aus ihren Satzungszwecken heraus bestehen, die Um- oder Neufinanzierung von kommunalen Sanierungsprojekten zu finanzieren. Das geht einher mit den gesetzgeberischen Absichten und Erleichterungen bei der Städtebau- und Altbausanierung und der Mittelbereitstellung im Erblastenfonds.

196 • Auch die Institutsgröße, -leistungsfähigkeit und der Geschäftszuschnitt, der durch das Regionalprinzip, die Positionierung gegenüber anderen Instituten, Verbandszugehörigkeit etc. geprägt wird, können für die Gewährung eines Kreditantrages maßgeblich sein. Ein spezialisiertes Know How der Bank kann darin bestehen, dass eine Objektfinanzierung als markttypisch und institutspolitisch sinnvoll anerkannt wird, weil man sich dadurch im Wettbewerb

---

[219] BGH wistra 2001, 218.
[220] Struwe/*Carl* § 18 KWG-Verstöße S. 213.
[221] *Theewen* Intensiv- und Problemkreditmanagement S. 11.

der Banken untereinander positioniert. Das institutsbezogene Know How ist keineswegs Gemeingut und muss daher bei der Votierung eines Kredites mitberücksichtigt werden.

Die vorstehenden Überlegungen werden banküblich in jedem größeren Kreditengagement angewandt und stellen zwar nicht immer messbare aber doch mitentscheidende Faktoren für eine konkrete Kreditentscheidung dar.

Das Risiko aus der Rückführung der Darlehensvaluta (Kreditfähigkeit) ist hier stets **197** und unterschiedslos vorhanden, weil die zukünftige Entwicklung nicht beherrscht werden kann.[222] Dieses immanente Risiko ist strafrechtlich irrelevant. Dem Risiko steht allerdings auch eine Gewinnchance gegenüber, die sich in der Verzinsung und in den (u. U. stillen) Reserven der Sicherheiten ausdrückt. Diesen zutreffenden Rechtsgedanken haben entgegen vereinzelten Ansichten im Schrifttum die Senate des BGH in Fortsetzung der reichsgerichtlichen Rechtsprechung stets betont.

bb) Folgekredite. Bei der Folgekreditentscheidung stehen Prolongationen oder Krediterhö- **198** hungen (teilweise auch Kreditreduzierungen oder Umfinanzierungen) an. Bankbetriebswirtschaftlich gesehen wird für solche Entscheidungen ein Bündel neuer Kriterien berücksichtigt.[223] Nur beispielhaft sind zu nennen:
- die Erfahrungen mit dem Kreditnehmer über den bisherigen Kapitaldienst,
- die Erkenntnisse aus der Kreditüberwachung, d. h. der Nachverfolgung von Kreditzahlungen an Käufer, Handwerker etc. bzw. die Zweckerreichung mit Hilfe der Kreditvaluta,
- die Erkenntnisse aus den (erstmaligen oder fortgeführten) Angaben über die wirtschaftlichen Verhältnisse, insbesondere die wirtschaftliche Entwicklung der Kundenbonität und der vertraglich vereinbarten Sicherheiten,
- das Marktumfeld des Kunden oder des Kundenverbandes (z. B. die Überzeugungskraft des Kundenauftrittes gegenüber seinen Geschäftspartnern, etwaige Geschäftsausweitungen oder -reduzierungen, die Umsatz- und Ertragslage, die Vermögensentwicklung, die Finanzierung der geschäftlichen und privaten Aktivitäten durch Dritte etc.,
- das Marktumfeld des Kreditinstitutes, z. B. etwaige Auswirkungen auf das Geschäft mit anderen Kunden, d. h. die Einschätzung einer positiven Marktpositionierung der Bank,
- der bisherige Ertrag aus dem Kreditvertrag (Chancenrealisierung) und schließlich
- etwaige gesetzliche, aufsichtsrechtliche oder verbandsbezogene Auflagen, Weisungen und Regelwerke.

Erst dann, wenn bei Abwägung aller dieser Erkenntnisse – auch unter Berücksichtigung der **199** Qualität der vorhandenen Informationen – sich überdeutlich die signifikante Erhöhung des Risikopotentials gegenüber der Chancenverwirklichung darstellt, kann das ein Indiz für einen Vermögensnachteil sein.

Das Institut ist regelmäßig dann zur Bewilligung des Folgekredits verpflichtet, wenn die Aus- **200** wertung dieser Informationen zu dem Schluss führt, dass bei Ablehnung der Fortsetzungsfinanzierung keine realistische Chance auf die Einbringlichkeit der bisherigen Forderungen besteht oder ein wesentlich höherer Verlust entstehen würde, als er mit der Vergabe neuer Mittel eintreten würde.

In diesem Moment wandelt sich auch die Folgekreditentscheidung in eine Entscheidung **zur** **201** **Sanierung des Kreditengagements** um.[224] Die Vergabe eines solchen Sanierungskredites erfordert in aller Regel die Einholung eines Sanierungsgutachtens eines externen Sachverständigen, durch das die Sanierungsfähigkeit des Unternehmens des Kreditnehmers oder des Kreditverhältnisses bestätigt wird.[225] Für Sanierungskredite ist auch in der strafrechtlichen Rechtsprechung anerkannt,[226] dass hierbei auch dann Geld ausgezahlt werden darf, wenn ein Gesamtengagement dadurch gerettet wird.

---

[222] Struwe/*Carl* § 18 KWG-Verstöße S. 214.
[223] *Keller/Sauer* wistra 2002, 365 f.
[224] Struwe/*Wessing* § 18 KWG-Verstöße, S. 346; *Carl* ebenda S. 232.
[225] *Neuhof*, Sanierungsrisiken der Banken: Vor-Sanierungsphase und Sanierungsphase, NJW 1998, 3225; Achenbach/Ransiek/*Seier* Handbuch Wirtschaftsstrafrecht, Kap. V.2 Rdnr. 329.
[226] *Müller-Gugenberger/Bieneck/Nack* Wirtschaftsstrafrecht § 66 Rdnr. 121 f. unter Hinweis auf BGH NJW-RR 1986, 371; RGSt. 61, 211.

c) Pflichtwidrigkeit und Handlungsspielräume.

	Rechtsprechungsübersicht
BGH, Urt. vom 6.4.2000 – 1 StR 280/99 – BGHSt. 46, 30	Forderungsfinanzierung (Sparkasse Neu-Ulm) Bankkrediten ist ein geschäftliches Risiko immanent; für eine Pflichtwidrigkeit müssen konkrete Indizien vorliegen, die zu sachfremden Motiven führen können; die Kreditvergabe setzt eine umfassende Prüfung der wirtschaftlichen Verhältnisse des Kreditnehmers, der beabsichtigten Verwendung und der Risiken des Geschäfts voraus.
BGH, Urt. vom 15.11.2001 – 1 StR 185/01- BGHSt. 47, 148	Bauträgerkredit (Sparkasse Mannheim): Gravierende Verletzung der banküblichen Informations- und Prüfungspflicht über die wirtschaftlichen Verhältnisse des Kreditnehmers durch Entscheidungsträger; Ansätze ergeben sich aus Verletzung von § 18 KWG für Folgekredite, nicht für Erstkredite; Factoring war nicht strafbefangen

202 Die Formel, dass derjenige, der den ihm vorgegebenen Handlungs- und Pflichtenkreis nicht einhält,[227] pflichtwidrig handelt, ist von der Rechtsprechung entwickelt und trotz einiger Bedenken ist heute Richtschnur der Justiz. Dieser Rahmen bestimmt sich nach dem im Zeitpunkt der Handlung/Unterlassung geltenden Recht. Spätere Gesetzes- oder Satzungsänderungen, die Handlungspflichten nachträglich normieren, können indiziell entlastende Wirkung haben,[228] da aus der späteren Normierung einer Pflicht im Umkehrschluss gefolgert werden kann, dass sie früher nicht bestand.

203 Eine Verletzung der Vermögensbetreuungspflicht kann zwar grundsätzlich durch jedes rechtliche oder tatsächliche Verhalten verwirklicht werden.[229] Erforderlich ist jedoch, dass diese Verletzung in einem inneren Zusammenhang mit dem übertragenen Pflichtenkreis steht,[230] es sich demnach um die Verletzung einer spezifischen Treuepflicht handelt. Bei Kreditvergaben wirken regelmäßig Kundenbetreuer, Kreditsachbearbeiter, Kreditsekretariat, Vorstand und u. U. auch der Kreditausschuss des Aufsichtsrates oder sogar der gesamte Aufsichtsrat mit. Während für Prokuristen und Vorstände i. d. R. die Missbrauchsalternative in Betracht zu ziehen ist, kann für andere Personen ohne Geschäftsleitungsbefugnis nur die Treuebruchsalternative bedeutsam sein.

204 Ob und in welchem Umfang Handlungspflichten und Handlungsspielräume bestehen und/oder verletzt werden, kann anhand des folgenden Schemas geprüft werden:

Checkliste: Pflichten bei der Kreditvergabe
☐ Geschäftsführungsaufgabe nach Gesetz, Satzung und Vertrag ☐ Geschäftsnatur (Kundengeschäfte, Eigengeschäfte) ☐ Informationsgrundlage (Vollständigkeit, bewusste Lückenhaftigkeit) ☐ Chancen- und Risikobeurteilung ☐ Vertretbarkeit der Entscheidung ☐ Einwilligung, Entlastung und unauffällige Kreditprüfung ☐ Verantwortlichkeit im Kollegialorgan

---

[227] BGH wistra 1985, 190; *Nack* NJW 1980, 1599; Müller-Gugenberger/Bieneck/*Nack* Wirtschaftsstrafrecht S. 1243; *Hillenkamp* NStZ 1981, 161/166.
[228] BGHSt 20, 177/181; 37, 320/322.
[229] *Tröndle/Fischer* § 266 Rdnr. 38.
[230] *Große-Vorholt*, Management und Wirtschaftsstrafrecht, Rdnr. 78, 80 für den Fall des nicht ressortzuständigen Mitglieds eines Geschäftsführungsorgans, Rdnr. 87 ff. zum „Widerstand" eines überstimmten Gremienmitglieds.

(aa) Geschäftsführungsaufgabe. Der Handlungs- und Pflichtenkreis eines Geschäftsleitungs- 205
mitgliedes oder Vorstandes ergibt sich aus seinem vertraglichen und gesetzlichen Aufgabengebiet. Vorstände einer Aktiengesellschaft sind aufgrund ihrer organschaftlichen Bestellung (und
i. d. R. auch aufgrund Ihres Anstellungsvertrages) verpflichtet, die Geschäfte der Gesellschaft
sorgfältig zu führen und dabei die Vermögensinteressen der Gesellschaft zu wahren (§§ 76 I, 93
I AktG, §§ 35 I, 43 I GmbHG). Von ihnen wird erwartet, dass sie
- die Geschäfte der Gesellschaft im Rahmen der gesetzlichen, satzungsmäßigen und durch
  Gesellschafterbeschluss vorgegebenen Grenzen mit der Sorgfalt eines ordentlichen Kaufmanns betreiben,
- das Vermögen und den Gewinn der Gesellschaft vermehren und
- die Risiken der durch die Geschäftsführung für die Gesellschaft (in der Vergangenheit, Gegenwart und Zukunft) eingegangenen Verbindlichkeiten weitgehend minimieren.

Der Vorstand hat innerhalb des ihm durch Vertrag, Satzung und Gesetz gezogenen Rahmens 206
die Pflicht und die Freiheit zur Disposition der gesellschaftlichen Mittel (Liquidität und Vermögen). Betreibt der Vorstand ein gesetzlich zulässiges und von der Satzung oder dem Auftrag
der Gesellschafter gedecktes Geschäft, so hat er dabei die im Geschäft erforderliche Sorgfalt zu
beachten. Er muss sich der branchen- und berufsüblichen Handlungsweisen für das konkrete
Geschäft bedienen. Das Ziel seines Handelns soll die Gewinn- und Vermögensmehrung sein.
Tritt aber ein Verlust ein, dann verwirklicht sich grundsätzlich ein dem Handeln immanentes
und damit nicht strafrechtlich isolierbares geschäftliches Risiko. Lediglich die Zulässigkeit eines Geschäftes und die sich aus einer etwaigen Unzulässigkeit ergebenden Rechtsfolgen unterliegen der richterlichen Kontrolle. Eine gerichtliche Prüfung der Angemessenheit und Zweckmäßigkeit einer Geschäftsführungsmaßnahme, ihre Zulässigkeit vorausgesetzt, findet grundsätzlich nicht statt.[231] Nur in Situationen, in denen ein Überschreiten der der Geschäftsführung
vorgegebenen Grenzen unzweifelhaft ist oder die Gesellschaft einen bereits bei der (nachteiligen) Geschäftsführungsmaßnahme offensichtlich vorhersehenden Verlust erleidet, kann eine
gerichtliche Prüfung und Sanktion zivilrechtlich und strafrechtlich eröffnen. Die von Kreditinstituten durchgeführten (Bank- und sonstigen) Geschäfte sind Handelsgeschäfte im Sinne des
§ 1 HGB.[232] Die Vorschriften des KWG füllen den Genehmigungsvorbehalt nach § 1 GewO
aus und beschreiben die der staatlichen Bankaufsicht unterliegenden Handelsgeschäfte. Eine
Beschränkung der Geschäftstätigkeit eines Kreditinstitutes auf nur die nach dem KWG der
Aufsicht unterstellten Geschäfte besteht nicht.[233] Typischerweise nicht der Bankenaufsicht unterstellt sind beispielsweise der Erwerb und die Veräußerung von Beteiligungen einer Bank an
anderen Unternehmen. **Direktionsrichtlinien** des Vorstandes unterliegen dessen Geschäftsfüh-
rungsbefugnis und können geändert oder aufgehoben werden, ohne dadurch gegen Satzungsrecht zu verstoßen.

Die **Geschäftstätigkeit** für Bank- (§ 1 Abs. 1 KWG) und Finanzdienstleistungsgeschäfte (§ 1 207
Abs. 1 a KWG) einer Bank ist gesetzlich durch die Erlaubnispflicht des § 32 KWG begrenzt.
Mit entsprechender Erlaubnis kann ein Universalkreditinstitut sowohl in den klassischen Zah-
lungsverkehrsgeschäften wie auch im Finanzierungsgeschäft und im Spar- und Wertpapiergeschäft tätig sein. Nur für bestimmte Geschäftsarten bestehen gesetzliche Grenzen, zum Beispiel
- gem. §§ 1, 5 HypBankG für (ausschließliche) Hypothekenbanken; ab 19.7.2005 gem. § 1
  PfandbriefG für Institute, die Pfandbriefe ausgeben;
- gem. §§ 1, 4 BausparkassenG für (ausschließliche) Bausparkassen;
- gem. § 1 InvestmentG für Investmentgesellschaften,
- gem. §§ 2 Abs. 2, 3 UBGG für Unternehmensbeteiligungsgesellschaften;

Innerhalb einer dem Kreditinstitut nach § 32 KWG erteilten Erlaubnis darf jedes beliebige
Bank- oder Finanzdienstleistungsgeschäft betrieben werden. Darüber hinaus kann es jedes
sonst rechtlich mögliche Handels- und Rechtsgeschäft durchführen.

(bb) Geschäftsnatur. Finanzierungsinstitute führen **Kundengeschäfte** und **Eigengeschäfte** 208
aus. Für Kundengeschäfte bestehen gesetzliche Bestimmungen, Handelsusancen und hausin-

---

[231] Vgl. dazu *Henze*, Höchstrichterliche Rechtsprechung zum Aktienrecht, 3. Aufl., Tz. 259, 416; *ders.* BB 2000, 209 ff.
[232] Früher in § 1 Abs. 1, 2 Nr. 4 HGB.
[233] Vgl. *Baumbach/Hopt* HGB, 29. Aufl., Bankgeschäfte, Anm. A/3, S. 1128 u. A/4, S. 1129.

ternen Leitlinien, die einzuhalten sind. Die Notwendigkeit einer Risikobegrenzungsmaßnahme ist dabei abhängig von der Art, der Laufzeit, dem Volumen und den Konditionen eines Geschäftes sowie von der Bonität, d. h. der Vertrauenswürdigkeit des Vertragspartners. Es muss eine umfassende Abwägung der Chancen und Risiken des Geschäftes erfolgen. Den Risiken muss Rechnung getragen werden, die Chancen dürfen nicht nur hypothetischer Natur sein.

209 Für **Eigengeschäfte** des Finanzierungsinstitutes[234] gibt es neben der Satzung und Vorgaben der Gesellschafter/des Aufsichtsrates keine allgemein verbindlichen Pflichtenkataloge, die beim Abschluss von Handelsgeschäften zu beachten wären. Im Normalfall ist jedes Eigengeschäft eine vom Wirtschaftsleben anerkannte, normale satzungsgemäße Geschäftstätigkeit. Der Vorstand eines Kreditinstitutes hat nicht nur die Aufgabe, Sparguthaben zu verwalten oder eine Pfandleihe zu betreiben. Er wird vielmehr unternehmerisch tätig mit dem Ziel, möglichst hohe Gewinne bei adäquatem Risiko zu erzielen. Der Handlungs- und Sorgfaltsrahmen für ein Handelsgeschäft ergibt sich beispielsweise aus Vorgaben der Satzung, der Gesellschafter oder des Aufsichtsrates, dem beim Handelnden oder der Bank vorhandenen Know-How über derartige Handelsgeschäfte und evtl. sonstige Gepflogenheiten der Branche.

210 *(cc) Informationsgrundlage.* Eine möglichst umfassende, mindestens aber ausreichende Information über die Reichweite eines Geschäftes, die Bindungswirkung, die vertraglich oder gesetzlich bestehenden Forderungen und Verbindlichkeiten, die Geschäftschancen und deren Risiken (vgl. sogleich (4)) sind wichtige Anhaltspunkte für die geschäftliche Entscheidung. Die sog. unternehmerische Entscheidung (Business Judgement Rule) bedarf einer solchen ausreichenden Informationsgrundlage. Nach diesem Grundsatz erfüllt das Mitglied eines Leitungsorgans seine Sorgfaltspflichten, wenn es bei einer Geschäftsentscheidung, bei der es keinem eigenen Interessenkonflikt unterliegt, eine Entscheidung zum Wohl der Gesellschaft nach pflichtgemäßem Ermessen auf der Grundlage ausreichender Informationen trifft.[235]

211 Nachdem die früheren Rundschreiben des BAKred durch Schreiben der BaFin vom 9.5.2005 aufgehoben worden sind, muss sich die von den Banken zu beschaffende Informationsgrundlage an den jeweiligen Kreditrisiken ausrichten.[236]

212 Gravierende Verstöße gegen § 18 KWG sind nach der Rechtsprechung bislang Teil des Vorwurfes einer pflichtwidrigen Finanzierung.[237] Allerdings ist hier Vorsicht geboten. Zum einen muss der gesetzlich eingeschränkte Anwendungsbereich der Norm (vgl. § 21 Abs. 3 KWG) beachtet werden. Zum anderen besteht der Gesetzeszweck des § 18 KWG nicht in der Kreditverhinderung. Die in der Vergangenheit vom BAKred. konkretisierten Pflichten[238] dienen nur der Einschätzung und Eingrenzung eigener Geschäftsrisiken der Bank. Die Norm soll nur eine ausreichende Informationslage der Bank sicher stellen. Die BaFin, die allein zur Prüfung der Einhaltung des § 18 KWG berufen ist, wird bei ihren Risikoprüfungen und der Auswertung von Kreditberichten nach § 29 KWG nicht zugunsten der Bankgesellschafter oder Gläubiger der Bank tätig. Die im Wetterstein-Wertbrieffonds Fall ergangene BGH-Rechtsprechung[239] zur „gewerbepolizeilichen" Schutzfunktion des KWG und der Bankenaufsicht hat der Gesetzgeber durch die 3. KWG-Novelle 1984 ausdrücklich aufgegeben (§ 6 KWG).

213 *(dd) Chancen-/Risikobeurteilung.* Das Erkennen, Beherrschen und Begrenzen geschäftlicher Chancen und Risiken gehört zum sorgfältigen Handeln eines Geschäftsleitungsmitgliedes. Die

---

[234] Vgl. bspw. die Entscheidungen zu Spekulationsgeschäften von Bankmanagern in BayObLG 65, 88; RGSt. 53, 193; BGH NStZ 2001, 259 prüft hier die Pflichtwidrigkeit anhand möglicher Einwilligungshandlungen oder Begrenzungen der Dispositionsbefugnis.

[235] *Schneider*, „Unternehmerische Entscheidungen" als Anwendungsvoraussetzung für die Business Judgment Rule, DB 2005, 707 ff.

[236] Dazu *Struwe/Koch*, § 18 KWG – gibt es Handlungsbedarf, BankPraktiker 2005, 84; *Clausen*, Offenlegung der wirtschaftlichen Verhältnisse gegenüber Banken bei Kreditaufnahme – Aktuelle Entwicklungen, DB 2005, 1534.

[237] BGH NJW 1979, 1512; BGH wistra 1985, 190 f.; wistra 1990, 148/19; LG München Urt. v. 9.12.1991 (BRZ), S. 33, 303 f.; *Nack* NJW 1980, 1599 f.; dagegen KG Urt.v. 22.3.2005 – 14 U 248/03.

[238] Schreiben des BAKred. Nr. 9/98 v. 7.7.1998, abgedr. bei *Consbruch/Bähre*, KWG, Nr. 4.304 und andere Schreiben sind mit Schreiben der BaFin v. 9.5.2005 aufgehoben worden; zukünftig soll die Einhaltung geeigneter Kontrollen anhand der MAK bzw. der MARisk geprüft werden (www.BaFin.de).

[239] BGHZ 74, 144.

zwei Grundarten von Risiken, allgemeine Geschäftsrisiken und fallbezogene Einzelrisiken sollten innerhalb einer Leitungsorganisation überprüft werden.

Allgemeine Geschäftsrisiken ergeben sich aus der Teilnahme am Geschäftsverkehr, können sich unvorhergesehen verwirklichen (hierzu gehören Fälle höherer Gewalt, Streiks, politische Ereignisse, unternehmerische Misserfolge und Insolvenz) oder durch Versicherungen u.ä. eingegrenzt werden. Der Abdeckung solcher Risiken dienen die gesellschaftsrechtlichen Kapitalaufbringungs- und -erhaltungsvorschriften. Aus strafrechtlicher Sicht bestehen deswegen Publizitäts- und Registerdelikte zum Schutz der Gläubiger (z. B. §§ 82, 84 GmbHG, §§ 399, 400 AktG). Eine Strafbarkeit nach § 266 StGB ist nur dann denkbar, wenn durch das Unterlassen eines funktionierenden Risikomanagements von vornherein offenkundig der Eintritt eines den Bestand des Unternehmens gefährdendes Risiko gebilligt wird (z. B. § 91 Abs. 2 AktG nicht erfüllt wird).

Fallbezogene Risiken sind das Erfüllungs- oder Ausfallrisiko, das Markt- und Preisrisiko, sowie das Insolvenzrisiko des Geschäftspartners. Das Vorhandensein von Einzelrisiken ist normal und geschäftsimmanent. Ein sorgfältig handelnder Unternehmer wird solche Risiken innerhalb der betrieblichen Organisation Rechnung tragen, i. d. R. durch die Einrichtung eines funktionierenden Risikocontrollings. Beispielsweise ist einer Kreditvergabe immer das Risiko des Teilausfalls immanent, bei dem Erwerb einer Option ist der Verfall des Optionsrechtes möglich und ein börsennotiertes Wertpapier kann sehr wohl beim Rückgang der Börsenkurse an Wert verlieren. Je nach Art des konkreten Geschäftes kann es unterschiedliche Handlungsusancen geben. Werden interne Handlungsanweisungen, die der Risikobegrenzung dienen, bei einem an sich zulässigen Einzelgeschäft beachtet, dann kann das Verhalten des Geschäftsleitungsmitgliedes nicht als pflichtwidrig angesehen werden. Die Nichtbeachtung interner Handlungsanweisungen kann andererseits Indiz für einen Sorgfaltsverstoß sein. Qualität und Intensität des allgemeinen Risikomanagements sind Gradmesser dafür, wie sorgfältig oder nachlässig die Geschäftsleitung mit dem Vermögen der Bank umgeht. In der Bankenwelt hat sich daher seit dem Aufkommen des Bankwesens traditionell ein starkes Risikobewusstsein herausgebildet. In der Bankbetriebslehre werden Risikoarten und Risikobewältigungssysteme unterschieden.

Während die strafrechtliche Judikatur die Kreditvergabe nahezu ausschließlich unter dem Aspekt des Ausfallrisikos betrachtet, erfasst die Bankbetriebslehre **interne und externe Risiken** einer Bank. Zu den allgemeinen **internen** betrieblichen Risiken gehören:[240]
- das **materielle Risiko** einer Bank besteht darin, dass sie angesichts der Erfahrungen der Vergangenheit und der Vorsorge für das laufende Jahr (Risikoprämie als Ausgleich für den Erwartungswert) auf die Dauer des gesamten Geschäftes eine höhere Ausfallquote hinnehmen muss, als eingeplant;
- das **formale Risiko** der Bank besteht darin, dass sie in der konkreten Geschäftsabwicklung von Jahr zu Jahr vom Plan abweichende Rückzahlungen entgegen nehmen muss, so dass der Geschäftsausfall nicht mehr durch die anteilige Risikoprämie gedeckt ist.

Die bankbetrieblichen **externen** Erfolgsrisiken werden wie folgt unterteilt:
- (Markt-)Preisrisiken (hierzu zählen Zinsänderungs-, Wechselkurs-. Börsenkurs- und sonstige Marktpreisrisiken)
- Adressausfallrisiken (hierzu zählen Anteilseigner- und Gläubigerrisiko, letzteres wiederum besteht aus Länder- und Bonitätsrisiken, zu den Bonitätsrisiken zählen das Ausfall- und das Eindeckungsrisiko)

Zur Bewältigung dieser Risiken setzt eine Bank risikopolitische Instrumente nämlich Elemente der Risikoanalyse, der Risikosteuerung und der bilanziellen Risikovorsorge (Wertberichtigung) ein. Innerhalb der Risikosteuerung werden zahlreiche Einzelmaßnahmen auf Abteilungs- oder Sachbearbeiterebene durchgeführt, um die Kreditlage zu verbessern oder neue, verbesserte Sicherheiten zu erhalten.

Die Beobachtung der allgemeinen Geschäftsrisiken der Bank und eine rechtzeitige Verhinderungsarbeit stellen wichtige Bereiche des beratenden **Risikocontrollings** dar. Es ist nicht auszuschließen, dass es in der Aufbau- und Ablauforganisation von Banken Mängel gibt, die zur

---

[240] *Büschgen* Bankbetriebslehre S. 865 ff.

Realisierung von Risiken führen können, sie sind aber selten praktischer Ausfluss besonderer Handlungspflichten und darauf bezogener pflichtwidriger Unterlassungen.[241] Die Risiken des Einzelgeschäftes lassen sich erkennen, solange und soweit die Informationsgrundlage der Bank zuverlässig ist und eine sachgerechte **Risikoanalyse** durchgeführt wird. Je weniger Informationen eine Bank zur Verfügung hat, umso tendenziell schlechter ist die Zuverlässigkeit der Risikoanalyse. Das kann unmittelbare Auswirkungen auf die eigentliche Finanzierungsentscheidung haben. Sind beispielsweise bei einer Kreditvergabe an ein Großunternehmen der Filmindustrie nicht alle Voraussetzungen des § 18 KWG erfüllt, mindert das die Zuverlässigkeit der Risikoanalyse für eine Finanzierung. Werden der Bank bei einer Kreditvergabe ausreichende Sicherheiten gewährt, kann dieses Defizit aber ausgeglichen sein. Eine vertretbare Risikoanalyse, Risikosteuerung und Risikovorsorge der gesamten Geschäftstätigkeit und des Einzelgeschäftes sind Hilfsmittel der Geschäftsführung einer Bank. Ihre sorgfältige Anwendung mindert strafrechtliche Risiken, ihre Nichtanwendung kann bereits ein Sorgfaltsverstoß und damit pflichtwidrig im Sinne von § 266 StGB sein.

220 *(ee) Vertretbarkeit der Entscheidung.* Die Vertretbarkeit einer Entscheidung wird vom BGH anhand weiterer Indizien auf eine Pflichtwidrigkeit geprüft. Wenn
- die Entscheidungsträger nicht die erforderliche Befugnis besaßen,[242]
- im Zusammenhang mit der Kreditgewährung unrichtige oder unvollständige Angaben gegenüber Mitverantwortlichen oder zur Aufsicht befugten oder berechtigten Personen gemacht wurden,[243]
- die vorgegebenen Zwecke nicht eingehalten wurden,
- die Höchstkreditgrenzen überschritten wurden[244] oder
- die Entscheidungsträger eigennützig handelten,

soll ein Verstoß gegen Treuepflichten angenommen werden können.

221 Die **Entscheidungskompetenz** für eine Finanzierung kann in einem Kredit- und Finanzinstitut auf unterschiedlichen Sachbearbeiter- und Leitungsebenen angesiedelt sein. Bei großvolumigen Finanzierungen sind vom Firmenkundenbetreuer und Kreditsachbearbeiter an in der Unternehmenshierarchie aufwärts je nach dem Gesamtvolumen der Finanzierung alle Leitungsgremien befasst. Steht eine Finanzierung unter dem Vorbehalt der Zustimmung des Aufsichtsrates oder Gesellschafterausschusses, dann ist die Nichteinholung der Zustimmung pflichtwidrig. Auch trifft nicht jeden an einer Finanzierungsentscheidung Beteiligten eine gesteigerte Vermögensbetreuungspflicht. Die Missachtung schlichter Arbeitnehmerpflichten auf Sachbearbeiterebene führt (noch) nicht zur Strafbarkeit nach § 266 StGB. Erst die Verletzung gesteigerter Vermögensbetreuungspflichten eines Bevollmächtigten oder Leitungsmitgliedes kann zur Pflichtwidrigkeit im Sinne des § 266 StGB führen.[245]

222 Bei **unrichtigen oder unvollständigen Angaben** gegenüber Personen mit Prüfungskompetenz kann indessen nicht in jedem Fall eine Pflichtwidrigkeit angenommen werden. Zu unterscheiden sind bestimmte, für die Beurteilung einer Finanzierungsentscheidung maßgebliche Kriterien von anderen, die keine oder nur geringe Bedeutung für eine solche Entscheidung haben. War eine verschwiegene Information eine für die Entscheidung unwesentliche Information, kann die Pflichtwidrigkeit des Verhaltens nicht indiziert sein.

223 Ob die **vorgegebenen Zwecke** eingehalten wurden, kann ein Kreditgeber nur sehr eingeschränkt und in der Regel erst im Nachhinein prüfen. In der Praxis ist er auf (freiwillige) Angaben des Kunden angewiesen, die entsprechend der arbeitsteiligen Organisation der Kreditinstitute nicht vom Entscheidungsträger entgegengenommen werden. Eine eigene Kontrolle der Mittelverwendung beim Kunden findet wegen der bei Kreditinstituten nicht vorhandenen Kundenrevision[246] nicht statt. Die absprachewidrige Verwendung von Geldern kann deshalb nur

---

[241] Z. B. Devisenspekulationen im Falle der Herstatt Bank (BGH wistra 1985, 190), der Volkswagen AG, der Barings Bank; zu nennen sind aber auch die Schneider-Pleite und die Balsam/Procedo-Konkurse.
[242] BGH Urt. v. 11.1.1955, NJW 1955, 508.
[243] *Nack* NJW 1980, 1599 f.; *Hillenkamp* NStZ 1981, 161.
[244] BGH Urt. v. 21.3.1985 wistra 1985, 190.
[245] BGH NStZ 1986, 361; BGH wistra 1987, 65.
[246] Ausnahmen gelten z. B. für Factoring- und Leasingunternehmen, z. B. *Bette*, Das Factoringgeschäft in Deutschland, S. 75 f.

dann einen Pflichtverstoß indizieren, wenn sie dem Kreditentscheidungsträger von vornherein bekannt war.

Die **Überschreitung der KWG-Höchstkreditgrenzen** stellte nach der bisherigen Rechtsprechung eine „automatische" Pflichtwidrigkeit dar. Auch hier stuft der BGH den Verstoß zum Indiz herab und betont die umfassende Prüfung der Finanzierungsentscheidung. Allgemein gilt für KWG-Pflichten, dass die Bank wie oben dargestellt, sich hieran aus öffentlich-rechtlicher Sicht halten soll, die Sanktionen für ein nicht ordnungsgemäßes Verhalten sind im KWG abschließend geregelt. Allenfalls Indizien im strafrechtlichen Sinne können die durch das KWG festgelegten Grenzen für Großkredite (§ 13 KWG), Millionenkredite (§ 14 KWG) und Organkredite (§ 15 KWG) einschließlich dem Zustimmungserfordernis aller Geschäftsleitungsmitglieder geben. Auch allgemeine, die Gesellschaft als solche betreffende gesetzliche Grenzen sind gemeint, z. B. § 88 AktG. 224

Unter einem auf die Pflichtwidrigkeit hinweisenden **„eigennützigen Verhalten"** ist der persönliche Vorteil aus der konkreten Kreditbewilligung zu verstehen. Sog. kick-backs oder korruptive Zuwendungen im konkreten Zusammenhang mit der Finanzierungsentscheidung belegen sachfremde, unerlaubte Motive bei der Kreditentscheidung. Dagegen sind allgemeine, aus dem Anstellungsverhältnis folgende Vorteile, z. B. Tantiemenansprüche, die an Parametern des Jahresabschlusses gemessen werden, kein Indiz für eine Pflichtwidrigkeit. Derartige arbeitsvertraglich zugesagte „Vorteile" sind Hinweise auf die zwischen Unternehmen und Geschäftsleitung vereinbarte Pflichterfüllung und damit Indizien, die gegen die Pflichtwidrigkeit sprechen. 225

Außerhalb des **Indizienkatalogs** der BGH-Entscheidung vom 6.4.2000 können sich auch Grenzen aus der Satzung ergeben. Es genügt nicht, dass die Staatsanwaltschaft oder das Gericht die Satzung „interpretieren", wenn sich die Unzulässigkeit eines bestimmten Geschäftes nicht aus dem Wortlaut der Satzung ergibt. Geschäfte, die mit dem Satzungszweck in Einklang stehen, dürfen ausgeführt werden. Insbesondere gilt dies für die allgemeine Vermögensverwaltung. Investiert der Vorstand das Vermögen der Gesellschaft in Wertpapiere oder Beteiligungen, so ist dies stets durch die Befugnis zur allgemeinen Geschäftstätigkeit gedeckt. 226

(ff) Einwilligung der Gesellschaftsorgane oder Gesellschafter. Auch eine wirksame Einwilligung kann die Pflichtwidrigkeit entfallen lassen. Die Erfüllung von Weisungen der Gesellschaftsorgane kann über allgemeine Grundsätze hinaus eine Einwilligung darstellen, besonders in Risikogeschäfte.[247] Die Einwilligung der Gesellschafter als Grund für die Pflichterfüllung der Geschäftsleitungsorgane kann aber nicht schrankenlos anerkannt werden. Zum einen gilt das nicht für unwirksame oder nur nachträgliche Einwilligungen. Zum anderen gilt der Grundfall nur für Fälle, in denen die Einwilligung nicht erschlichen oder in anderer Weise durch falsche Unterrichtung herbeigeführt wurde. Schließlich endet die Dispositionsbefugnis, wenn gegen zwingende Gesetze verstoßen oder die Existenzgrundlagen der Gesellschaft gefährdet werden.[248] Zu prüfen ist auch, ob **Einzelweisungen der Gesellschaftsorgane** eingehalten worden sind. Hierzu zählen verbindliche Beschlüsse der Gesellschafterversammlung, Anordnungen des Aufsichtsrates im Rahmen seiner Befugnisse. 227

Gesellschaftsrechtliche **Entlastungen** und **unauffällige Kreditprüfungen** im Rahmen einer Verbandsprüfung (§ 26 Abs. 2 KWG) oder Jahresabschlussprüfung (§ 29 Abs. 1 KWG) stellen nur dann geeignete Rechtfertigungsgründe dar, wenn das konkrete Kreditverhältnis anhand der Kreditakten mit dem Ziel einer Vergabefolgeprüfung untersucht und die Unauffälligkeit oder Vertretbarkeit der Kreditvergabe festgestellt worden ist. Ansonsten reicht das Gesamturteil bei Entlastungen und Kreditprüfungen nur soweit, soweit tatsächliche Untersuchungen angestellt worden sind oder bei sorgfältiger Prüfung hätten angestellt werden konnten.[249] Unter einer Vergabefolgeprüfung ist unabhängig von der Einhaltung aller Pflichten bei der Kreditvergabe die Prüfung zu verstehen, die sich mit dem Bestand und der Werthaltigkeit des Kreditrückzahlungsanspruches bzw. bei Verwertungsreife mit Bestand und Werthaltigkeit der Sicherheiten auseinander setzt. 228

---

[247] BGHSt 3, 23/25; *Tröndle/Fischer* § 266 Rdnr. 49; LK/*Schünemann* § 266 Rdnr. 100; Achenbach/Ransiek/ Seier Kap. V.2. Rdnr. 78.
[248] *Tröndle/Fischer* § 266 Rdnr. 52; BGHSt 35, 333; BGH NStZ 95, 185 f.; 96, 54; NJW 2000, 154 f.
[249] BGH DB 1988, 1007 zu eingetr. Vereinen; BGH Urt. v. 3.12.2001 – II ZR 208/99 DB 2002, 473 zu Genossenschaftsbanken.

229 (gg) *Ressortverantwortung.* Typischerweise sind bei Banken die Geschäftsleitungen mit mehreren Personen besetzt. Die diesen Personen zugewiesenen Aufgaben sind nach Ressorts getrennt. Außerdem sind die typischen Arbeitsaufgaben, wie Sammeln und Auswerten von Informationen, Erarbeitung eines Kreditantrages oder einer Kreditvorlage, dem zuständigen Sachbearbeiter übertragen. Im Vorstandssekretariat werden Vorlagen vorgeprüft, so dass ein Vorstand in der Regel eine Vielzahl verdichteter Informationen zur Prüfung und Weitergabe an seine Kollegen erhält. Für die Mitentscheidung fremder Ressortangelegenheiten können daher nicht die gleichen Anforderungen gestellt werden, wie für eigene Ressortangelegenheiten. In mehrgliedrigen Führungsorganen kann sich ein Geschäftsleitungsmitglied zwar nicht allein einer gesetzlich normierten Gesamtverantwortung entziehen, indem er seine Zuständigkeit in dem konkreten Fall oder ressortbezogen verneint. Aber wenn das vom Vorwurf betroffene Geschäftsleitungsmitglied die ihm obliegenden Informations-, Überwachungs- und Kontrollpflichten beachtet hat, genügt es seiner Geschäftsleitungsaufgabe.[250] Eine Verletzung von Vermögensinteressen des vertretenden Kreditinstitutes kann auch hier im strafrechtlichen Sinne erst dann angenommen werden, wenn eine Entscheidung unter Beachtung der Arbeitsteilung und der Gesamtverantwortung unvertretbar war. Eine (nach objektiven Kriterien) vertretbare Entscheidung liegt innerhalb des Ermessens des Vorstandes und damit innerhalb des gesetzlichen Rahmens, der der Geschäftsleitung durch § 76 AktG oder vergleichbare Vorschriften gezogen ist. Das überstimmte Vorstandsmitglied ist aber für das weitere Geschehen nicht verantwortlich, wenn es nicht mehr in seiner Rechtsmacht steht, das Geschehen zu verhindern.

230 **d) Beteiligung von Aufsichtsgremien.** *aa) Pflichtenkreis.* Als **Gesellschaftsorgan** hat der **Aufsichtsrat** das Vermögen der Gesellschaft – soweit es in seinen begrenzten Möglichkeiten steht[251] – zu betreuen und es vor Nachteilen zu schützen.[252] Am Beispiel der AG wird – auch für andere Gesellschaftsformen – deutlich, dass ein Verhalten des Aufsichtsrates nur in Ausnahmefällen zu einer Strafbarkeit nach § 266 StGB führen kann. Nach § 111 Abs. 1 AktG ist es die originäre Aufgabe des Aufsichtsrates, die Geschäftsführung des Vorstands zu überwachen. Der Aufsichtsrat wird damit als Kontrollorgan innerhalb der Gesellschaft tätig. Seine auf die Ausübung der Kontrollaufgabe bezogene Tätigkeit führt nicht zu einer rechtlichen Bindung der Gesellschaft gegenüber Außenstehenden. Für die Sorgfalts- und Treuepflicht sowie die Verantwortlichkeit der Aufsichtsratsmitglieder gilt nach § 116 AktG sinngemäß auch § 93 AktG, also die Sorgfalt eines ordentlichen und gewissenhaften Überwachers.[253] Sorgfaltspflichten und Verantwortlichkeit von Vorstands- und Aufsichtsratsmitgliedern sind schon gesellschaftsrechtlich nicht deckungsgleich.[254] Vielmehr bestimmt sich der Pflichtenkreis unter Berücksichtigung des besonderen Aufgabenbereiches der Aufsichtsratsmitglieder.[255] Danach muss der Aufsichtsrat mit kaufmännischer Sorgfalt im Rahmen seines Aufgabenkreises halten und sein Handeln am Wohl der Gesellschaft ausrichten. Grundsätzlich hat er die Pflicht, fehlerhaftes eigenes Verhalten zu unterlassen oder einem gesellschaftsschädigendem Verhalten des Vorstands entgegen zu treten.[256]

231 *bb) Treuebruchsalternative.* Überwachungsmaßnahmen, also auch zustimmende Beschlüsse nach § 111 Abs. 4 Satz 2 AktG, sind reine Interna, die weder eine Rechtswirkung nach außen entfalten sollen oder können.[257] Eine Verfügung über das Vermögen der Gesellschaft oder eine andere rechtsgeschäftliche Verpflichtung werden durch dieses Handeln nicht begründet. Hierzu ist vielmehr ein Tätigwerden des Vorstands erforderlich, der im Außenverhältnis einen Vertrag abschließt und dadurch eine Verpflichtung der Bank wirksam begründet. Das Fehlen der für die Missbrauchsalternative erforderliche Verfügungs- und Verpflichtungsbefugnis des Aufsichtsrates zeigt sich weiter daran, dass die Vertretungsmacht des Vorstands wegen

---

[250] BGHSt 37, 106/124ff.; BGH NJW 1980, 650; BGH StV 1988, 251.
[251] Der Aufsichtsrat ist kein Geschäftsleitungsorgan und hat daher nur Beratungs- und Überwachungskompetenzen nach § 111 AktG.
[252] BGH NJW 2002, 1585, 1588.
[253] *Wojtek/Mitzgus* AG-Handbuch Teil 10/3.2.
[254] Heidel-Breuer/*Fraune* § 116 AktG Rdnr. 1.
[255] *Witte/Hrubesch* BB 2004, 725.
[256] BGH NJW 1980, 1631; BGH NJW 2002, 1585 ff.
[257] *Macht* MittBayNot 2004, 81/91.

§ 82 Abs. 1 AktG im Außenverhältnis nicht beschränkbar ist. Damit kann der Vorstand sich sogar über interne Vorgaben und Beschränkungen sowie ablehnende Beschlüsse des Aufsichtsrates hinwegsetzen, ohne dass das vom Vorstand abgeschlossene Rechtsgeschäft unwirksam wäre.[258]

cc) Kausalität. Erst im **zweistufigen Verfahren**, d. h. durch die interne Abstimmung der 232 Aufsichtsratsmitglieder auf der ersten Stufe und die auf der zweiten Stufe festzustellende Vorstandshandlung, kann ein die Gesellschaft bindendes Ereignis zu einem Nachteil führen. Dann wird ein zustimmendes Verhalten der Aufsichtsratsmitglieder auch mitursächlich für die Nachteilsentstehung.[259] Während einzelne Autoren dieses Ergebnis damit begründen, dass jede Einzelne positive Stimme zum Gesamtergebnis beigetragen habe und damit kausalitätsbegründend (mit-)gewirkt habe,[260] lösen andere Autoren dies über die Kausalitätsfigur einer gesetzmäßigen Bedingung.[261] Wieder andere halten die gesamte Kausalitätsfrage für verfehlt und stellen allein auf die strafrechtliche Verantwortlichkeit im Sinne der Tatherrschaft ab.[262] Liegt eine ausdrücklich ablehnende Entscheidung des Kontroll- und Zustimmungsgremiums vor, dann darf der Vorstand eine Geschäftsführungsmaßnahme, die der Zustimmung bedurft hätte, nicht umsetzen. Übergeht er den ablehnenden Beschluss gleichwohl, dann übernimmt er allein die zivil- und strafrechtliche Verantwortung für dieses Geschehen.[263] Die gleiche Folge haben etwaige unwirksame Beschlüsse des Aufsichtsrates.

dd) Zurechnungsfrage. Einzelne Stimmen, die zwar dem Vorstandsvorhaben zugestimmt 233 haben, aber bei der Abstimmung im Aufsichtsgremium überstimmt wurden oder infolge Unwirksamkeit untergegangen sind, können ebenfalls nicht kausal für eine Nachteilszufügung gewertet werden. Eine Zurechnung „kraft Organisationsgewalt"[264] kann nicht erfolgen, da sich die einzelne Stimmabgabe nicht als Handeln eines mittelbaren Täters darstellt, das durch den unmittelbar handelnden Täter nicht ausgeschlossen wird. Aufsichtsgremien „beherrschen" das Geschehen im Normalfall nicht. Die Fallgruppe für „regelhafte Abläufe" in Befehls- und Organisationsstrukturen[265] passt nicht auf das vom Gesellschaftsrecht und der Satzung bestimmte Verhältnis zwischen Aufsichtsrat und Vorstand. Der Aufsichtsrat ist kein ausführendes Organ des Vorstandes, ebenso ist der Vorstand nicht ein solches Organ des Aufsichtsrates.

Die strafrechtliche Zurechnung einer Nachteilszufügung über die Figur der „Geschäftsher- 234 renhaftung"[266] scheitert ebenfalls an den fehlenden Möglichkeiten des Kontrollorgans gegenüber dem Vorstand, in die vom Vorstand in Gang gesetzten Geschehensabläufe einzugreifen. Zu bedenken ist schließlich, dass die Verantwortlichkeit eines Mitglieds eines Geschäftsführungsorgans u. a. auch dadurch begrenzt wäre, dass das Mitglied alles in seiner Macht stehende tut, um eine Nachteilszufügung zu verhindern oder zu beenden. Selbst wenn angenommen würde, die Zustimmung als einzelne Stimmabgabe sei bereits pflichtwidrig, kann eine strafrechtliche Zurechnung deshalb nicht erfolgen, weil die Einzelstimme nicht weiter reicht als eine ablehnende oder unwirksame Zustimmung des Aufsichtsgremiums. Da von einem „Geschäftsherrn" erwartet würde, dass er pflichtwidriges, nachteilsauslösendes Verhalten unterlässt und entsprechende Gremienbeschlüsse ablehnt, entspricht das genau dieser Erwartung.

---

[258] *Hüffer* § 83 AktG Rdnr. 8.
[259] BGHSt 37, 106 (Lederspray-Fall); *Große-Vorholt*, Management und Wirtschaftsstrafrecht, 2002, S. 13; *Martin*, Bankenuntreue 2000, S. 73 ff.; *Knauer*, Die Kollegialentscheidung im Strafrecht, 2001 S. 60.
[260] So die bei *Knauer* a.a.O. S. 111 zit. Auffassungen: *Samson/Hoyer* sprechen von dem „probabilistischer Kausalitätsbegriff", der davon ausgeht, dass durch ein Ereignis die Wahrscheinlichkeit eines zweiten Ereignisses erhöht wurde (sog. Intensivierungseffekt) und das erste Ereignis auch den Ausschluss anderer (Reserve-)Ursachen bewirkte (sog. Übernahmeeffekt).
[261] *Hilgendorf* NStZ 1994, 564; Schönke/Schröder/*Lenckner* Vor § 13 Rdnr. 83 a.
[262] MünchKommStGB/*Freund* Vor § 13 Rdnr. 319: es sei allein problematisch, ob das singuläre Verhalten selbst gegen eine im Interesse des Güterschutzes legitimierbare Verhaltensnorm verstoße, die Frage der Folgenwirkung sei eine Frage des prozessualen Nachweises.
[263] *Martin* a.a.O. S. 74.
[264] BGHSt 40, 218, 236 f. (Mauerschützen-Fall); BGH NJW 1998, 767 ff.; NJW 2000, 443; BGHSt 43, 219/231 f.
[265] *Große-Vorholt*, Management und Wirtschaftsstrafrecht, S. 12.
[266] BGHSt 37, 106, 124 (Lederspray-Fall).

235 Nach der Theorie der probabilistischen Kausalität könnte eine einzelne Stimme durchaus die Wahrscheinlichkeit eines Gesamtvotums erhöhen und damit eine vom Vorstand beabsichtigte Kreditvergabe positiv unterstützen. Das Risiko ist aber nur dann tatsächlich erhöht und damit zurechenbar, wenn die einzelne Stimme zu einem positiven Beschlussergebnis führt. Ein Ablehnungsbeschluss oder ein unwirksamer Beschluss erlauben aber bei wertender Betrachtung keine Übernahme der Einzelstimme in das spätere Geschehen.[267] Mit dem gleichen Ergebnis muss nach der Theorie der „gesetzmäßigen Bedingung" festgestellt werden, dass die Stimmabgabe alleine die Zustimmung des Kreditausschusses nicht herbeigeführt hat. Notwendige Bedingung der Kreditvergabe war aber die Zustimmung des (mindestens mehrheitlich) beschließenden Kreditausschusses. Die einzelne Stimme, die letztlich durch das ablehnende Gesamtergebnis untergegangen ist, kann sich daher nicht als gesetzmäßige Bedingung darstellen.

236 e) **Vermögensnachteil.** Ein (Vermögens-) Nachteil im Sinn des § 266 StGB ist nach herrschender Meinung in Rechtsprechung und Schrifttum eingetreten, **wenn das Vermögen des Kreditgebers nach einer etwaigen pflichtwidrigen Handlung geringer ist, als vor dieser Handlung**, d. h. die Aktiva per Saldo niedriger sind oder die Passiva per Saldo höher sind.[268] Abzustellen ist auf den Zeitpunkt, in dem die Darlehensvaluta ausgezahlt wurde, nicht auf einen späteren Zeitpunkt.[269] Eine Auswertung der zu Kreditfragen veröffentlichten strafrechtlichen Rechtsprechung und Literatur zeigt, dass viele Fehler der Praxis schon bei der Beurteilung der bankwirtschaftlichen Überlegungen für eine Kreditierung, der Risikoeinschätzung und der Risikoabgeltung gemacht werden. Wie auch bei § 263 StGB kann sich ein Vermögensnachteil im Sinne des § 266 StGB nur dann ergeben, wenn sich die Vermögenslage des Finanzierungsinstituts durch die Erstkredit- und/oder die Folgekreditauszahlung gegenüber dem Rückforderungsanspruch unter Einbeziehung aller vertraglicher Absprachen und Sicherheiten nachteilig verändert hat. Je nach Kreditzwecken und Kreditarten wie auch nach den Auswirkungen verschiedener Sicherheiten sind unterschiedliche Maßstäbe anzusetzen. Nach den Voraussetzungen und Folgen hat die Rechtsprechung die Erst- von Folgekreditentscheidungen (dazu unten 1) und darauf aufbauend die im Kreditvertrag vereinbarten Sicherheiten für die Rückzahlungsforderungen unterschieden (dazu unten 2).

237 Die Rechtsprechung zum Vermögensnachteil im Sinne des § 266 StGB hat sich der nachfolgend dargestellten bankbetriebswirtschaftlichen Beurteilung angenähert, wie die beiden Urteile des BGH vom 6.4.2000[270] und 15.11.2001[271] zeigen. In diesen Entscheidungen wird -allerdings nicht unter dem Aspekt des Vermögensnachteils, sondern bei der Frage der Pflichtwidrigkeit- die notwendige Abwägung von Chancen und Risiken der Kreditvergabe betont. Diese der jeweiligen Entscheidung zugrunde liegende Abwägung spielt gerade auch für die Beurteilung eines Vermögensnachteils eine maßgebliche Rolle. Ein Vermögensnachteil wäre nur dann anzunehmen, wenn nach **wirtschaftlicher Betrachtungsweise** bereits mit der Auszahlung der Kreditvaluta (aber auch erst dann[272]) ein Rückzahlungsanspruch nicht mehr als gleichwertig angesehen werden kann. Bislang ist ein strafrechtlich begründeter Verdacht bejaht worden, wenn im Zeitpunkt der Kreditauszahlung
- eine Einzel-Wertberichtigung erfolgen (als sog. Vermögensgefährdung)[273] oder die Forderung ganz oder teilweise abgeschrieben werden müsste,[274]
- der vertragliche Schuldner nicht existent oder zahlungsunfähig ist,[275]
- die vertraglich vereinbarte Sicherheit von vornherein minderwertig oder nicht existent ist.[276]

---

[267] Knauer a.a.O. S. 111, 113 ff.
[268] Sog. Saldotheorie, vgl. *Tröndle/Fischer* § 263 Rdnr. 70 ff.; Struwe/*Carl*, § 18 KWG-Verstöße, Heidelberg, 2004, S. 204.
[269] BGH Urt. v. 24.8.1999, wistra 2000, 60; dazu *Carl* a.a.O. S. 260 ff.
[270] BGHSt 46, 30 = NStZ 2000, 655 = NJW 2000, 2364 (Sparkasse Neu-Ulm); dazu *Carl* a.a.O. S. 255 ff.
[271] BGHSt 47, 148 = NStZ 2002, 262 (Sparkasse Mannheim); dazu *Carl* a.a.O. S. 243 ff.
[272] Struwe/*Carl* § 18 KWG-Verstöße S. 215.
[273] Struwe/*Carl* § 18 KWG-Verstöße S. 204.
[274] Struwe/*Carl* § 18 KWG-Verstöße S. 204.
[275] Struwe/*Carl* § 18 KWG-Verstöße S. 213 f.
[276] Struwe/*Carl* § 18 KWG-Verstöße S. 205.

Die jüngsten Entscheidungen des BGH und der Instanzgerichte[277] lassen erkennen, dass die 238
Gerichte bestrebt sind, besonders **Fälle der Existenzgefährdung** eines Institutes herauszugreifen, weil darin die besondere Gefährlichkeit einer leichtsinnigen Kreditgewährung gesehen wird. Dass sich aber in solchen Geschäften auch die größten Gewinnchancen realisieren können und eine Bewirtschaftung des Bankvermögens durchaus eine risikobewusste Handlung „verträgt", ist kaum zu lesen.

aa) Vermögensnachteil bei Erstkrediten. Bei der Ermittlung eines Vermögensnachteils von 239
Erstkrediten sind die Kreditchancen den Risiken (vgl. oben b.(1)) gegenüber zustellen. Nur ein krasses Missverhältnis kann Gegenstand einer strafrechtlichen Beurteilung sein. Eine **Saldierung von Risiken und Chancen** verlangten schon das Reichsgericht[278] und im Anschluss daran der Bundesgerichtshof.[279] In der Fortentwicklung der Rechtsprechung wird die Berücksichtigung der wirtschaftlichen Vorteile eines kaufmännischen Geschäfts nachdrücklich gefordert. Ein BGH-Urteil aus dem Jahr 1986[280] markiert diese Entwicklung, indem der BGH darauf abstellt, dass es auf die gesamte, der Bank gewährte Sicherheitenlage ankommt, nicht nur auf die vom Kreditnehmer geleisteten Sicherheiten.

Diese Rechtsprechung zur **konkreten Vermögensgefährdung** bei Finanzierungsgeschäften ist 240
vom BGH konsequent fortgesetzt worden. Im Urteil vom 4.2.2004[281] zur Vorfinanzierung von kaufmännischen Liefergeschäften in das Ausland wird die Revision gegen ein freisprechendes Urteil des LG Darmstadt u. a. mit dem Hinweis zurückgewiesen, dass ein Risikogeschäft im Sinne des § 266 StGB nur dann vorliegen kann, wenn der Täter bewusst und entgegen den Regeln kaufmännischer Sorgfalt eine äußerst gesteigerte Verlustgefahr auf sich nimmt, nur um eine zweifelhafte Gewinnaussicht zu erhalten. Folglich sind für die Beurteilung der Werthaltigkeit des Rückzahlungsanspruches im Sinne von § 266 StGB alle vertragsgemäß vereinbarten und realisierbaren Sicherheiten einzubeziehen, d. h. der Wert der Real- und Personalsicherheiten ist zu ermitteln.[282] Die gegen Saldierungsüberlegungen nur in vereinzelt gebliebenen Entscheidungen und Literaturmeinungen[283] ins Feld geführten Argumente haben angesichts der jeweiligen Fallkonstellationen keine nachhaltige Bedeutung erlangt.

bb) Prolongationsentscheidung. Eine **Prolongationsentscheidung** ohne erneute Kreditva- 241
lutierung wirkt sich in aller Regel nicht kausal auf einen Vermögensnachteil aus. In **Sanierungsfällen** (vgl. oben b.3) reduzieren sich die Handlungsalternativen auf zwei, bestenfalls drei Möglichkeiten. Wird die Finanzierung wegen des dem Kreditnehmer unmöglich gewordenen Kapitaldienstes gekündigt, steht ein Ausfall der Gesamtforderung zu befürchten. Wird die Finanzierung fortgesetzt, „rettet" dies möglicherweise das Engagement, dennoch besteht zumindest für den neu ausgekehrten Kredit eine geringere Rückzahlungswahrscheinlichkeit.[284] Selten besteht die Möglichkeit, durch Hinzutreten eines Investors (auch aus dem Verfügungsbereich der Bank, z.B. durch eine Unternehmensbeteiligungsgesellschaft) eine Teilung der Lasten zu erreichen. Maßgeblich ist eine Gesamtbetrachtung, aus der sich die hypothetische Vermögenslage ergibt, die bestehen würde, wenn das Gesamtengagement ausfallen würde im Vergleich zu der tatsächlichen Vermögensentwicklung des Kreditinstitutes nach Durchführung der Sanierung. Das bei Sanierungskrediten anzuwendende Kompensationsprinzip[285] verlangt neben der Berücksichtigung des aus der Fortführungsentscheidung resultierenden planmäßigen Verlustes auch die Hinzurechnung des Vorteils bei Aufrechterhaltung des Altkredites.

---

[277] Zuletzt OLG Karlsruhe wistra 2005, 40.
[278] RG JW 1934, 2923.
[279] BGH Sparkasse 1960, 393; ebenso *Nack* NJW 1980, 1602; BGH Urt. v. 18.6.1965 – 2 StR 435/64.
[280] BGH NJW 1986, 1183.
[281] BGH StV 2004, 424 = BGHR StGB § 266 StGB Vorsatz I 4.
[282] BGH Beschl. v. 12.6.2001 – 4 StR 402/00 – NStZ-RR 2001, 328; BGH StV 1985, 186; BGH StV 1986, 203; BGH NStZ 1999, 353.
[283] BGH Sparkasse 1960, 147 und BayObLGSt 1965, 88, 90 f.; *Hillenkamp* NStZ 1981, 161.
[284] Vgl. den von *Nack* im Vortrag auf der NStZ-Tagung 2002 in Leipzig geschilderten Fall nach RGSt. 61, 211, berichtet von Struwe/*Carl* § 18 KWG-Verstöße, a.a.O. S. 232 f.
[285] *Nack* a.a.O. Rdnr. 124; BGH NStZ 1995, 92; BGH StV 1995, 73; BGH wistra 1997, 301.

242 cc) *Schadensindikatoren*. **Einzelwertberichtigungen** als Indikator für oder gegen einen Vermögensnachteil: Anknüpfungspunkt für eine Schadensbetrachtung kann zwar eine Einzelwertberichtigung oder eine Abschreibung sein. Schon die Beurteilung einer nach kaufmännischen Gesichtspunkten zu bildenden Einzelwertberichtung wirft allerdings Fragen nach der Durchsetzbarkeit eines Anspruches bezogen auf die Laufzeit des Darlehens, die Verwirklichung der mit der Darlehensgewährung verfolgten Zielsetzungen und nach der weiteren Marktentwicklung für das Projekt des Kunden wie auch für das Finanzierungsinstitut auf. Kann im Zeitpunkt der Kreditvalutierung die Erreichbarkeit des Kreditzweckes unterstellt werden, ist der Rückforderungsanspruch nicht minderwertig und folglich kein Vermögensnachteil im Sinne des § 266 StGB eingetreten.[286] Deshalb ist eine Übernahme von in späteren Jahresabschlüssen gebildeten Wertberichtigungen und Forderungsabschreibungen kein belastendes Indiz für das Vorhandensein eines Vermögensnachteils im Zeitpunkt der Kreditentscheidung. Vielmehr kommt es auf den Inhalt und die wirtschaftlichen Abwägungen bei der Bildung und Auflösung von Einzelwertberichtigung oder Forderungsabschreibung an.[287] Da z.B. auch auf Zinsen und andere Nebenforderungen ebenfalls Einzelwertberichtigungen gebildet werden, stellt es keinen Nachteil im Sinne des § 266 StGB dar, wenn lediglich solche Nebenforderungen wertberichtigt werden, nicht aber ein Rückzahlungsanspruch. Auch wenn eine Umfinanzierung oder eine Neubesicherung stattfindet, kann eine Einzelwertberichtigung nicht unterschiedslos auf den Erstkredit zurückbezogen werden. Bei Sanierungskrediten muss besonders die abgeschriebene Forderung mit der „geretteten" Forderung verglichen werden.

243 Die Annahme eines Schadens ist ausgeschlossen, wenn nach dem übereinstimmenden Urteil der die Kreditforderung beurteilenden bankinternen und bankexternen Fachleute (insbes. die nach § 29 Abs. 1 KWG i. V. m. der PrüfBerichtsVO v. 17.12.1998 an die BaFin berichtenden Abschlussprüfer) für die Rückzahlungsforderung keine Einzelwertberichtigung zu bilden war. Werden keine Einzelwertberichtigungen oder Abschreibungen vorgeschlagen, ist dies für den Geschäftsleiter oder ein Prüfungsgremium ein Zeichen für die von der Fachseite bejahte Werthaltigkeit des Rückzahlungsanspruches. Da im Kreditantrag auch die Bildung von Einzelwertberichtigungen anzugeben ist, ist die einschränkungslos bejahte Werthaltigkeit des Rückzahlungsanspruches ein weiterer Vertrauenstatbestand für die Fortsetzung des Kreditengagements.

244 dd) *Bewertung der Rückzahlungsforderung*. **Wert der Rückzahlungsforderung**: Ob ein Vermögensnachteil eingetreten ist, kann sich erst dann ergeben, wenn weder die Rückzahlungsforderung als solche im Zeitpunkt der Auszahlung des Darlehens teilweise oder ganz nicht mehr einbringlich ist und eine (prognostizierte) Verwertung der der Bank tatsächlich gegebenen Sicherheiten oder sonstigen Verwertungsrechte (z.B. das Aufrechnungsrecht nach den AGB) keine hinreichende Befriedigung mehr erwarten lassen.[288] Strafrechtlich gesehen ist eine etwaige spätere Verwirklichung des der Darlehensgewährung immanenten Risikos unbeachtlich.[289] Der BGH[290] hat die Verrechnung des Wertes der Rückzahlungsforderung durch den Wert der Sicherheiten zugelassen.

245 Noch deutlicher weist der BGH im Beschluss vom 12.6.2001[291] für die sich parallel beim Betrugstatbestand stellende Frage eines Vermögensnachteils bei ausreichenden Sicherheiten darauf hin, dass der Rückzahlungsanspruch dem Darlehensanspruch immer dann gleichwertig ist, wenn auf Grund der Vermögenslage oder sonstiger Umstände, die den Gläubiger vor dem Verlust seines Geldes schützen, eine Gewähr für die Rückführung des Darlehens besteht. Dann schadet es auch nicht, wenn eine konkrete Sicherheit vorgespiegelt worden sein sollte. Eine mehr oder minder pauschale Annahme, dass der Wert eines Darlehensrückforderungsanspruches mit dem Beleihungswert von Sicherheiten angenommen werden könnte, ist damit nicht vereinbar. Es kommt auf den tatsächlichen Wert der Sicherheit unter Marktbedingungen an.

---

[286] BGHSt 46, 30; Struwe/*Carl* § 18 KWG-Verstöße S. 219.
[287] Vgl. mit einem instruktiven Beispiel Struwe/*Carl* § 18 KWG-Verstöße S. 231, 233 f.
[288] So schon RGSt. 74, 129 f.; vgl. *Martin* a.a.O. S. 128; *Nack* a.a.O. § 66 Rdnr. 114.
[289] BGHSt 46, 30, 32.
[290] BGH NJW 1986, 1183.
[291] BGH NStZ-RR, 2001, 328/330.

ee) Bewertung von Realsicherheiten. **Realsicherheiten** sind mit ihrem vollen Wert anzusetzen. Bei einem Erstkredit ist eine Realsicherheit mit ihrem vollen Wert anzusetzen, wenn das Sicherungsobjekt selbst im betrieblichen Zusammenhang genutzt, verwaltet und fortgeführt wird. Steht das Sicherungsobjekt zum Verkauf oder zur Projektentwicklung an, dann sind ebenfalls Wertermittlungen anzuwenden, die diese wahrscheinliche und mit dem Kreditzweck vereinbarte Fortentwicklung einkalkuliert.[292] Zur Bewertung einer bilanzierten Kreditforderung, der ein Immobilienprojektkredit zugrunde liegt, hat sich der Bankenfachausschuss des Instituts der Wirtschaftsprüfer in einer Zeit der Immobilienflaute auseinander gesetzt. Seine Stellungnahme „BFA 1/1974" lässt die Bewertung problematischer Kreditforderungen in einer Bankbilanz mit dem Verkaufswert der Immobilie oder dem nachhaltigen Ertragswert zu. Bei planmäßiger Kreditabwicklung bedeutet das, dass als beizulegender Wert der Forderung im Sinne des § 253 Abs. 1 HGB der volle Wert des ausgereichten Kredites anzusetzen ist, wenn der Ertragswert der zur Absicherung grundpfandrechtlich gesicherten Immobilie abzgl. Kosten der Bewirtschaftung und Sanierung zzgl. Verkaufserlöse und Mietsteigerungen diese Forderung decken. Auf die Anschaffungs- und Herstellungskosten des Objektes kommt es bei der Bewertung der Kreditforderung deshalb nicht an, weil diese Sachkosten nicht den Vermietungserfolg (oder -mißerfolg) repräsentieren und der Zweck der Kreditierung, nämlich einen Abverkauf und eine Mieterhöhung zu erreichen, nicht berücksichtigt wird.

Die Auffassung, im Rahmen der Nachteilsberechnung gem. § 266 StGB habe eine Realsicherheit nur den Wert, den eine externe oder interne **Beleihungswertrichtlinie** vorgebe, ist rechtsirrig.[293] Bereits bei den Verkaufsfällen des täglichen Lebens ist anerkannt, dass die Feststellung eines Vermögensnachteils nicht von dem Willen der Parteien und deren Bemessung eines Wertes des erworbenen oder als Sicherheit gegebenen Gegenstandes abhängig ist, sondern von dem objektiven Marktwert.[294] Die Vorstellung der Parteien darüber, wie ein Wert des Vertragsgegenstandes zu bestimmen ist, ist für die Berechnung des Vermögensnachteils bei einer Kreditvergabe unbeachtlich.[295] Das gilt selbst dann, wenn man die Rechtsprechung zum individuellen Schadenseinschlag berücksichtigt,[296] da nach wirtschaftlichen Gesichtspunkten die Sicherheit einschränkungslos für die Befriedigung der Kreditrückzahlungsansprüche zur Verfügung steht. Anzusetzen ist mithin der gesamte Wert des Sicherheitsobjektes. Auch aus der Tatsache, dass eine erstrangige Grundschuld vereinbart ist und die Bank nicht Eigentümerin des Grundstücks geworden ist, folgt nichts anderes. Die Grundschuld umfasst alle Forderungsrechte aus dem Vertrag einschließlich der dinglichen Zinsen. Außerdem umfasst die Grundschuld die aus dem Objekt resultierenden Mietzinsansprüche (§§ 1192, 1123 BGB).[297] Das dingliche Eigentum ist deshalb nicht mit einem weiteren wirtschaftlichen Wert anzusetzen.

Der **Objektwert einer Immobiliensicherheit** bestimmt sich bei einem planmäßigen Kreditverlauf nach den Grundsätzen der Betriebsfortführung (§ 252 Abs. 1 Nr. 2 HGB).[298] Erst bei einer zwangsweisen Verwertung der dinglichen Sicherheit (und der damit verbundenen Aufgabe des Betriebsfortführungsgrundsatzes) bestimmt sich der Wert eines Grundpfandrechtes nach dem Barwert der Immobilie, einem Liquidationspreis.[299] Bei einem der Preisbindung unterliegendem Objekt ist bei der Wertermittlung auch die Entwicklungschance der Wertermittlung für den Fall der Aufhebung der Preisbindung mit zu berücksichtigen. Eindeutig unvertretbar ist es, einen **Differenzschaden** in Höhe der Differenz zwischen einer Beleihungsgrenze nach §§ 11, 12 HBG a. F., § 14 PfandbriefG[300] und der Kreditausreichung anzunehmen.

---

[292] BFA 1/1974, IDW-Verlag Düsseldorf.
[293] Struwe/*Carl* § 18 KWG-Verstöße S. 229.
[294] Vgl. z.B. OLG Düsseldorf wistra 1995, 276 f.
[295] RGSt. 76, 49/51; BGHSt 15, 342 f.; BGH wistra 1988, 188; wistra 1999, 263/265.
[296] RGSt. 16, 1/7; 73, 382/383; BGHSt 16, 220/222.
[297] *Nobbe* Rdnr. 868 f.; BGH NJW 1996, 259; OLG Köln BB 1996, 1904.
[298] BGHZ 13, 45/47; BGH BB 1963, 209.
[299] Der 10. Zivilsenat des BGH hat die Möglichkeiten der Verwertung und deren Erlöserwartung im Urt. v. 27.10.1998, NJW 1999, 430, in den Vordergrund gestellt und vom Wert der Immobilie abgegrenzt.
[300] Neuregelung in Kraft seit dem 19.7.2005. Der neue § 14 PfandbriefG stellt klar, dass die Beleihungsgrenze nur für die Einbringung einer Sicherheit in den Deckungsstock für Pfandbriefe gilt, was früher aus dem Gesetzeszusammenhang von §§ 10, 11 HBG folgte.

249 Welches **Wertermittlungsverfahren** anzuwenden ist, d. h. Sachwert-, Ertragswert-, Residual- oder Projektentwicklungswertermittlung, hängt von der immobilienwirtschaftlichen Behandlung des Objektes ab. Es kann daher zwar nach den von der BaFin genehmigten Beleihungsrichtlinien der Bank (vgl. §§ 12 HBG a. F., § 16 PfandbriefG) ein Ertragswert zu bestimmen sein, zu dem eine Kreditierung erfolgt. Der Wert des Sicherungsobjektes bestimmt sich aber nach den Marktverhältnissen. Eine Nachteilsberechnung nach § 266 StGB darf keinen niedrigeren Sicherungswert „aus Vorsichtsgründen" unterstellen, da die Kreditforderung unter der Annahme eines planmäßigen Kreditverlaufs zu bewerten ist. Sachverständigengutachten sind nur dann angreifbar, wenn sie über den Streit über Kostenarten oder Ermessensgrößen hinaus ein evident willkürliches Ergebnis ausweisen.[301]

250 Hinzu kommt, dass der am Objektwert orientierten Bewertung ein eigenes, aus dem Marktgeschehen, den individuellen Bewertungskriterien resultierende Ermessen immanent ist. Die Bewertung kann aus Gründen ihrer Individualität nicht als Punktwert angesehen werden. Bei Kostenanschlägen und Sachverständigengutachten darf wenigstens von einem Schätzungsermessen von 15% ausgegangen werden.[302] In der Rechtsprechung der Bundesgerichte (BGH, BVerwG, BFH) ist bei einer Einzelobjektbewertung nach den §§ 194ff BauGB eine Bandbreite von +/- 20-30% für sachverständig ermittelte Werte als angemessen angesehen worden.[303] Daraus folgt, dass eine Ertragswertbewertung, die über dem Kaufpreis eines Immobilienobjektes liegt, durchaus zu einem vertretbaren Ergebnis gelangen kann. Auch sind sachliche Unterschiede zwischen dem Zustandekommen des Kaufpreises und der Bewertung zu beachten, z. B. die Annahme, dass der Kaufpreis bewusst niedrig gehalten wurde, um ein vorzeitiges Jahresergebnis für die Verkäuferin sicherzustellen.

251 *ff) Bewertung von Zweckerklärungen.* Erweiterte **Zweckerklärungen** sind mit dem um Belastungen bereinigten Wert der damit erfassten Objektwerte anzusetzen. Ist im Kreditvertrag die Ausweitung einer Realsicherheit auf mehrere dingliche Objekte vereinbart, dann sind für die Beurteilung der Kreditforderung auch die Werte solcher Sicherheiten zu berücksichtigen. Zu unterscheiden sind dabei Objekte, deren Objektwert bereits für einen anderen Kredit der gleichen Bank als unmittelbare Sicherheit verhaftet ist von solchen Objekten, bei denen die Bank keine Finanzierung bereitgestellt hat. Bei eigenfinanzierten Objekten kann der Objektwert abzüglich der eigenen Kreditforderung zugrunde gelegt werden, bei von Dritten finanzierten Objekten wird die nominale Höhe einer Realsicherheit zu berücksichtigen sein. Allerdings wird man die Mithaftung anderer Finanzierungen anteilig berücksichtigen müssen. Unvertretbar ist es aus strafrechtlicher Sicht, eine solche Mithaftung von verschiedenen Objekten völlig unberücksichtigt zu lassen. Nach §§ 20, 21 KWG wäre eine solche Gesamtschau anzustellen, wenn eine Kreditnehmereinheit besteht. Für die Beurteilung einer Strafbarkeit nach § 266 StGB kann nichts anderes gelten.

252 *gg) Bewertung von Forderungen.* **Forderungsabtretungen** sind mit dem Realisierungswert der Forderung anzusetzen. Viele Sicherungsvereinbarungen sehen Abtretungen von Gehalts- und Lohnforderungen, Forderungen gegen Mieter, Forderungen gegen Debitoren etc. vor. Die jeweiligen Forderungen sind wirtschaftlich gesehen mit dem Wert anzusetzen, den sie bei einem Einzug durch die Bank oder einer Beitreibung hätten. Hierzu sind Feststellungen im Einzelnen zu treffen. Beispielsweise wird im bankmäßigen Factoringgeschäft eine Nominalforderung abhängig von Branche, Markteinführung des Debitors, Sitz, Nationalität usw. des Debitors mit 60-80% vorfinanziert. Der Wert der Forderung bemisst sich aber nicht nach diesem Beleihungswert, sondern nach dem Nominalwert unter Beachtung der Realisierungschance. Bei einer Objektfinanzierung wird man für die Bewertung der Mietforderung die Laufzeit eines Mietvertrages zugrunde legen. Die Mieterforderung erlangt auch dann eine eigenständige Bedeutung, wenn das Objekt bereits im Ertragswertverfahren bewertet wurde. Die (Brutto-)-Miete stellt einen direkten Liquiditätszufluss dar und ist daher im Zweifel besser zu realisieren, als eine dingliche Sicherheit. Wird die Miete von dem Finanzierungsinstitut eingezogen, dann

---

[301] BGH BB 1963, 209; BGHSt 30, 285 (unrichtiges Sachverständigengutachten) stellt auf eine Beweisbarkeit der Berechnungsannahmen des Sachverständigen ab.
[302] LG Berlin Urt. v. 22.11.1995, 4 O 3338/94.
[303] StRspr., Nachweise bei *Kleiber* BauGB 3. Aufl. 1998 § 194 Rdnr. 32; 4. Aufl. ebenda Rdnr. 118 ff.

sind außerdem zunächst keine Bewirtschaftungskosten zu tragen, weil der Zedent der Mietforderung nicht in den Mietvertrag eintritt. Wenn das Mietverhältnis allerdings fortbestehen soll, sind die Kosten einer angemessenen Betriebsführung abzusetzen. In welcher Höhe genau sich derartige angemessene Betriebsführungskosten ergeben, lässt sich regelmäßig nur durch immobilienwirtschaftlich erfahren Sachverständige ermitteln. Auch hier darf eine Schätzungsbandbreite von bis zu 30% angenommen werden.

bb) Bonitätsbeurteilung. **Personalsicherheiten** sind mit einem angemessenen Bonitätsfaktor zu berücksichtigen. Allein die Bonität des Kreditnehmers kann den Rückzahlungsanspruch stützen. Stellt der Kreditzweck teilweise auf die Bonität des Kreditnehmers oder eines Bürgen ab (sog. Personal- oder Blankokredit), dann kommt es für die Beurteilung der Werthaltigkeit des Rückforderungsanspruches auf die Allgemeine wirtschaftliche Situation, d. h. Vermögens-, Liquiditäts- und Ertragslage des Kreditnehmers an. Man muss sich dabei vergegenwärtigen, dass in der Bankenpraxis häufig Konzernkredite an börsennotierte Gesellschaften ohne konkrete Real- oder Personalsicherheit gewährt werden. Der sog. Blankoanteil, d. h. der nur mit der persönlichen Haftung des Darlehensnehmers abgesicherte Kreditanteil ist einer Beurteilung zugänglich.[304] Auch dann, wenn neben den Darlehensnehmer weitere Schuldner treten, sind die wirtschaftlichen Verhältnisse aller Schuldner für die Entscheidung von Bedeutung. Dieser von der Rechtsprechung anerkannte bankwirtschaftliche Grundsatz wird seit dem Zusammenbruch der RGZ-Bank Bayern zu Anfang der 90er Jahre zunehmend dahin gehend gedeutet, dass die Nichterfüllung der nach § 18 KWG auferlegten Pflichten zu einer unzureichenden Bonitätsbeurteilung führen müsse.[305] Im Rahmen der Vermögensnachteilsberechnung kann aber auf die Frage der Pflichterfüllung nicht abgestellt werden. Es ist vielmehr zu beweisen, welche Einkommens- und Vermögensverhältnisse der oder die Darlehensnehmer im Zeitpunkt der Kreditausreichung tatsächlich hatten und ob diese – wären sie bekannt gewesen – für eine Bonitätsbeurteilung ausreichend gewesen wären.

Unterschiedliche **Konstellationen** können sich aus dieser Analyse der tatsächlichen Einkommens- und Vermögenssituation ergeben:
- Der Wert von Personalsicherheiten kann zur Vereinfachung mit dem Blanko-Kreditanteil angesetzt werden, wenn das Vermögen der haftenden Person vollständig ausreicht, um den Blankoanteil zu decken;
- Der Wert einer Personalsicherheit deckt auch dann (mathematisch gesehen) den Blankoanteil, wenn nach der Ertragslage im Zeitpunkt der Kreditauszahlung eine auf die Laufzeit berechnete begründete Erwartung besteht, dass der Blankoanteil ausgeglichen ist.
- Besonders bei der Erwartung von öffentlichen Subventionen und Abverkaufserfolgen nach einer sog. „Anschubfinanzierung" ist der Blankoanteil in der Erwartung begründet, dass die betriebswirtschaftlich nachgewiesenen Einkünfte zur Abdeckung der Kredite verwendet werden.

Beispielsweise eignet sich der schematische Ausweis eines steuerlichen Einkommens nicht für die Beurteilung einer mangelhaften Bonität. Steuerliche Effekte wie z. B. Sonderabschreibungen, allgemeine Abschreibungen, Wertberichtigungen und Rückstellungen sind nicht bonitätsschädlich. Die Einkommensteuererklärung ist vielmehr zu analysieren und neben den Einkünften aus unselbständiger oder selbständiger Arbeit die positiven Einkünfte aus anderen Einkommensarten zu berücksichtigen.

f) **Kausalität und Zurechnung.** Zwischen einer pflichtwidrigen Handlung und einem etwaigen Vermögensnachteil muss ein Ursachenzusammenhang bestehen.[306] Wenn unterstellt würde, der behauptete Pflichtverstoß hätte nicht stattgefunden, dann muss mit hinreichender Wahrscheinlichkeit auch der behauptete Nachteil entfallen können. Bliebe dieser aber bestehen, weil das sog. rechtmäßige Alternativverhalten letztlich auch zur Bewilligung der Kredite gelangt wäre, dann fehlt es an einer Kausalität. Der erforderliche innere Zusammenhang zwischen pflichtwidrigem Verhalten und Erfolg besteht beispielsweise nicht, wenn die Bank

---

[304] Struwe/*Carl* § 18 KWG-Verstöße S. 231 f.
[305] Statt aller vgl. *Nack* a.a.O. § 66 Rdnr. 36 ff.
[306] BGH wistra 2000, 60 f.

keine vertraglichen Sicherungsrechte hat und vorgeworfen wird, dass sich die Kompetenzträger keine Grundsicherheiten verschafft haben.[307]

257 Die Prüfung dieses „inneren Zusammenhangs" besteht aus zwei Komponenten. Zum einen besagt der sog. Pflichtwidrigkeitszusammenhang, dass es eine kausale Verknüpfung zwischen der Handlung und dem eingetretenen Vermögensnachteil geben muss.[308] Der Nachteil darf nicht nur einfach gelegentlich oder anlässlich des Verhaltens eingetreten sein, sondern er muss seinen Grund gerade in der etwaigen pflichtwidrigen Handlung haben (dazu 1.). Zum anderen muss ein Schutzzweckzusammenhang bestehen. Das heißt, dann wenn der Schutzzweck einer verletzten Norm wie z. B. § 18 KWG oder eine satzungsgemäße Vorgabe nicht den Schutz des Vermögensinhabers vor Vermögensverlusten bezwecken, sondern beispielsweise der Aufrechterhaltung einer vertrauenswürdigen Kreditwirtschaft dienen, kann kein kausal verursachter Nachteil gefolgert werden[309] (dazu 2.).

258 *aa) Pflichtwidrigkeitszusammenhang.* Ein **Pflichtwidrigkeitszusammenhang** besteht, wenn der Nachteil sich aus dem pflichtwidrigen Verhalten „entwickelt", wenn er auf diesem beruht. Wäre der Schaden auch bei pflichtgemäßem Verhalten eingetreten, ist der objektive Tatbestand nicht erfüllt. Wie bei der Nachteilsberechnung selbst erlaubt nur eine genauere Analyse der einzelnen Tatumstände zutreffende Feststellungen.

259 Es sind mehrere Fallgestaltungen denkbar. Wenn der Entscheidungsträger den ihm von der Kreditabteilung vorgelegten Kreditantrag ablehnt, der Geldbetrag aber dennoch ausgezahlt wird, fehlt es an einem ursächlichen Verhalten einzelner Vorstandsmitglieder, die positiv votiert hatten, wenn dieses Votum pflichtwidrig gewesen wäre. Das Gleiche gilt, wenn der Kreditausschuss des Aufsichtsrates eine Mehrheit von drei Stimmen für die Befürwortung benötigt, aber nur zwei Stimmen abgegeben werden. In einem Kreditausschuss eines Aufsichtsrates führt dies zu einer Nichtannahme durch das Entscheidungsgremium (§§ 108 Abs. 2 AktG, 32 Abs. 1 S. 3, 133 Abs. 1 BGB).[310] Die einzelne Stimme ist unwirksam geworden.

260 Ebenso fehlt es an einem solchen Pflichtwidrigkeitszusammenhang, wenn zwar der Kredit unter Verstoß gegen § 18 KWG genehmigt wird, der Kreditnehmer aber ausreichende Bonität besitzt oder die Sicherheiten völlig ausreichend sind.[311]

261 Verzichtet ein Bankmitarbeiter vorsätzlich darauf, sich den Feuerversicherungsschutz für das Beleihungsobjekt nachweisen zu lassen und zündet der Kreditnehmer das Beleihungsobjekt später vorsätzlich an, so ist das besicherte Objekt untergegangen. Das pflichtwidrige Verhalten des Mitarbeiters hat sich aber nicht kausal ausgewirkt, da auch dann, wenn ein Hypothekenversicherungsschein (§ 107 VVG) vorgelegen hätte, die Versicherung gem. § 61 VVG von der Leistung frei geworden wäre.[312]

262 An einem Pflichtwidrigkeitszusammenhang fehlt es auch, wenn ein kritischer Revisionsbericht pflichtwidrig nicht an den Entscheidungsträger weiter berichtet wird. Revisionsberichte haben sich an den formalen Regelungen, die für das Institut gelten, auszurichten. Sie behandeln üblicherweise weder die Gründe einer Kreditbewilligung aus der Sicht des Entscheidungsträgers noch stellen sie eine objektivierte Beurteilung des Engagements aus strafrechtlicher Sicht dar.[313] Allein auf einen solchen Bericht kann daher ein hinreichender Tatverdacht im Sinne von § 203 StPO nicht gestützt werden. Vielmehr muss der Frage nachgegangen werden, welche Handlungsalternativen bestanden hätten, wenn angesichts der Kenntnis eines kritischen Berichts über die Fortsetzung eines Kreditengagements entschieden worden wäre. Wäre der Kredit dann ebenso gewährt worden – bspw. weil es sich um einen Sanierungskredit handelte –, dann fehlt es am Pflichtwidrigkeitszusammenhang.

263 Schließlich kann eine Folgekreditentscheidung einen Schaden nicht kausal verursachen, wenn eine bisher offen oder stillschweigend geduldete Überziehung oder eine evtl. auch pflichtwidrig unter Verstoß gegen die bankinterne Kompetenzordnung gewährte Kreditierung

---

[307] BGH Beschl. v. 27.3.2003 – 5 StR 508/02 – BGHR § 263 StGB Vermögensschaden 63.
[308] *Martin* Bankuntreue, 2000, S. 136 ff.
[309] *Martin* a.a.O. S. 135, 140ff.; Struwe/*Carl* § 18 KWG-Verstöße S. 223 ff.
[310] Heidel/*Breuer/Fraune* § 108 AktG Rdnr. 7: bei Stimmengleichheit gilt der Antrag als abgelehnt.
[311] BGHSt 46, 30.
[312] Beispiel bei Struwe/*Carl* § 18 KWG-Verstöße S. 216 f.
[313] Struwe/*Carl* § 18 KWG-Verstöße S. 218 ff.

ordnungsgemäß genehmigt wird. Ein Vermögensnachteil ist dann zu verneinen, weil der Bank durch die (erneute) Entscheidung allein kein neuer Nachteil zugefügt wird.

bb) Fehlender Schutzzweckzusammenhang. Es ist in der strafrechtlichen Diskussion anerkannt, dass die Pflicht, deren Verletzung diskutiert wird, dem Schutz des fremden Vermögens dienen muss.[314] Das KWG ist ein Gesetz zur Wirtschaftslenkung. Die BaFin wird im staatlichen Auftrag tätig, nicht zum Schutz privater Interessen. Das KWG verfolgt daher zunächst den Zweck, das Vertrauen in das staatlich beaufsichtigte Kreditwesen aufrecht zu erhalten. Normen wie die §§ 13-15 KWG, teilweise auch § 18 KWG oder interne Kompetenzvorschriften und Beleihungsrichtlinien bezwecken nicht stets den Vermögensschutz des Kreditinstitutes.[315] Das bedeutet, es ist in jedem Einzelfall zu bestimmen, ob der festgestellte Pflichtenverstoß[316] auch die Vermeidung eines Schadens bezweckt hat.

Der Schutzzweck des **§ 18 KWG** liegt nicht darin, die Bank im Verlauf eines Kreditengagements vor jeglichem Forderungsausfall zu schützen. Werden die Anforderungen der Norm erfüllt, kann es trotzdem passieren, dass der Kreditnehmer in Insolvenz gerät und die Bank mit ihrer Forderung ausfällt. Werden dagegen die wirtschaftlichen Verhältnisse entgegen § 18 KWG nicht genau geprüft, verliert der Kreditnehmer aber das Beleihungsobjekt aufgrund eines Brandschadens oder einer Unterversicherung (z. B. bei einer gescheiterten Schiffs- oder ein Filmprojektfinanzierung), dann wirken sich Pflichtverletzungen nach § 18 KWG nicht auf den Vermögensschaden aus. Obwohl nach banküblichen Sorgfaltsmaßstäben die Vermögens- und Einkommenssituation eines Kreditnehmers oder eines persönlich Haftenden Zweitschuldners laufend zu prüfen sind,[317] kann die Prüfung eines Erstkredites für eine neu gegründete Gesellschaft nicht durch Vorlage der Jahresabschlüsse vorgenommen werden. Die Bank kann hier lediglich auf andere Informationen abstellen und tut dies regelmäßig auch. Die formale Nichterfüllung des § 18 KWG kann hier nicht unter den Straftatbestand des § 266 StGB subsumiert werden, weil die (sonst) üblichen Anforderungen nicht erfüllt werden konnten.[318]

Der Schutzzweck der **§ 11 HypBankG a. F.**, **§ 14 PfandbriefG** besteht in der Begrenzung der pfandbrieffähigen Sicherheiten für die Pfandbriefgläubiger.[319] Der Deckungsstock für die Pfandbriefe und Kommunalschuldverschreibungen soll nur solche erstklassigen Sicherheiten enthalten, was von einem von der BaFin bestellten Treuhänder überwacht wird (§ 34 HypBankG a. F.). An diesen Sicherheiten besteht ein Befriedigungsvorrecht der Pfandbriefgläubiger (§ 35 HypBankG a. F.). Der Deckungsstock durfte gem. § 22 HypBankG sogar mit zweitrangigen Realsicherheiten bis zu 80 % des Beleihungswertes ergänzt werden. Die Vorschrift bedeutet nicht, dass ein Kredit darüber hinaus nicht gewährt werden dürfte (§ 5 Abs. 2 HypBankG a. F.). Der Verstoß gegen §§ 10ff HypBankG bzw. §§ 14ff PfandbriefG hat daher nur Bedeutung für die Strafvorschriften in § 37 HypBankG, § 38 PfandbriefG.[320]

g) Vorsatz. Alle Tatbestandsmerkmale des Missbrauchs- oder Treuebruchtatbestandes müssen bedingt vorsätzlich begangen werden. Eine Bereicherungsabsicht ist nicht erforderlich. Allerdings sind gerade wegen der Weite des Tatbestandes und der praktisch vollständigen Erfassung aller Geschäfte des täglichen Lebens ohne Rücksicht auf Abstufungen besonders strenge Anforderungen an die Feststellungen zu stellen.[321] Die Motivlage muss sorgfältig ermittelt werden, da kein Schädigungsvorsatz anzunehmen ist, wenn keine unternehmensfremden Absichten verfolgt worden sind, der Handelnde sich also an den Rahmen des Geschäftszwecks und seines Auftrages gehalten hat. Etwaige Vorteile, die dabei für das Unternehmen zu erzielen sind, sind bei der Beurteilung eines Schädigungsvorsatzes zu berücksichtigen.

---

[314] BGH wistra 1986, 256; BGH § 266 I Vermögensbetreuungspflicht 9; OLG Hamm NJW 1973, 1809 ff.; *Kubiciel* NStZ 2005, 353; *Knauer* NStZ 2002, 399; *Rönnau/Hohn* NStZ 2004, 113 f.
[315] *Nack* a.a.O. Rdnr. 85 ff.; *Struwe/Carl* § 18 KWG-Verstöße S. 225.
[316] BGH wistra 1985, 190, sog. „Verstoß gegen den ihm gezogenen Rahmen".
[317] *Nack* a.a.O. § 66 Rdnr. 45 ff.
[318] BGHSt 46, 30, 33; *Struwe/Carl* § 18 KWG-Verstöße S. 257.
[319] *Fischer/Klanten* a.a.O. Rdnr. 1.65; *Achenbach/Ransiek/Schröder*, Handbuch Wirtschaftsstrafrecht, X.3 Rdnr. 172 f.
[320] *Achenbach/Ransiek/Schröder* X.3. Rdnr. 181 f.
[321] *Tröndle/Fischer* § 266 Rdnr. 78.

268 Ein Irrtum über ein Einverständnis des Vermögensinhabers soll den Vorsatz ausschließen.[322] Allerdings ist ein solcher Irrtum selten festzustellen. Daher ist die mutmaßliche Einwilligung ein oft verwendetes Verteidigungsargument. Das nur mutmaßliche Einvernehmen mit dem Vermögensinhaber schließt den Vorsatz nicht aus,[323] sondern ist unbeachtlich.

269 **h) Versuch, Vollendung, Beendigung, Verjährung.** Eine nur versuchte Nachteilszufügung ist nicht unter Strafe gestellt. Eine Tat ist vollendet und regelmäßig auch beendet, wenn der Nachteil eingetreten ist.[324] Wenn nach einer Vermögensgefährdung eine Schadensvertiefung oder ein endgültiger Verlust eintreten, wird eine Beendigung erst mit diesem nachfolgenden Ereignis angenommen.[325] Für die schwere Untreue nach §§ 266 Abs. 2, 263 Abs. 3 StGB folgt daraus, dass sie erst dann angenommen werden kann, wenn ein endgültiger Schaden eingetreten ist.

IV. Bankspezifische Strafnormen

1. Einführung

270 Die Strafnormen in §§ 54 bis 55 b KWG sowie die Bußgeldtatbestände in § 56 KWG[326] sollen sowohl die Funktionsfähigkeit der Bankenaufsicht wie auch das Vertrauen in die Leistungsfähigkeit der Kreditwirtschaft sicherstellen. Allerdings dient nicht jeder Tatbestand dem Gläubigerschutz. Die Erlaubnis-, Anzeige- und Verhaltenspflichten der Kredit- und Finanzdienstleistungsinstitute, der Kreditkartengesellschaften und der Wertpapierdienstleistungsunternehmen sind durch das 4. Finanzmarktförderungsgesetz (FinMFG) nochmals ausgeweitet worden. Das Gleiche gilt für die Bußgeldtatbestände des § 56 KWG. Ziel der Maßnahmen war es vor allem, internationale Standards zur Bekämpfung von Geldwäsche zu installieren. Da sich präventive Bankenaufsicht und repressive Straf- und OWi-Verfolgung überschneiden, soll zunächst ein Überblick über die Regelungsbreite gegeben werden.

271 Die Unterscheidung zwischen
- Gründungsvorschriften,
- Kapitalerhaltungs- und Betriebsführungsvorschriften,
- Normen über die Bilanzierung und den Jahresabschluss sowie
- Normen, die die Funktionsfähigkeit der Aufsicht sicherstellen sollen,

hat unmittelbare Bedeutung für die aufsichtsrechtlichen Regelungen als Ausfüllungsnorm für Blankettnormen oder zumindest auslegungsbedürftige Tatbestände des besonderen Strafrechts. Normen der ersten, dritten und vierten Kategorie eignen sich nicht für die Ausfüllung anderer Tatbestände, namentlich nicht für § 266 StGB, der nur einen Individualrechtsgüterschutz bezweckt. Das KWG hat daher einen eigenen Sanktionskatalog geschaffen, durch den die Allfinanzaufsicht funktionsfähig und effizient arbeiten kann. Die Konzentration der gesamten Finanzaufsicht bei dem BaFin hat darüber hinaus die Möglichkeiten des Zugriffs auf zuverlässige Informationen erhöht. Dazu kommen die durch das 4. FinMFG eingeführten Zugriffs- bzw. Abrufrechte des BaFin. nach § 24 c KWG. Welche Wirkung die ausdrückliche Organisationspflichtenregelung in § 25 a KWG auf das allgemeine Strafrecht haben wird, ist noch nicht absehbar.

272 *aa) Gründungsnormen:* Gründung von Instituten, Zweigstellen, Niederlassungen, Verlegung des Betriebssitzes, Beteiligungen[327].

---

[322] BGHSt 3, 25; *Tröndle/Fischer* § 266 Rdnr. 77.
[323] BGH NStZ 1986, 456.
[324] BGHSt 47, 27.
[325] BGH StraFo 2004, 359.
[326] Übersichten bei *Moosmayer*, Straf- und bußgeldrechtliche Regelungen im Entwurf eines 4. Finanzmarktförderungsgesetzes, wistra 2002, 161; *Zerwas/Hanten*, Zulassung zum Geschäftsbetrieb für Kredit- und Finanzdienstleistungsinstitute – Im Überblick: die Rechtslage nach der 6. KWG-Novelle, BB 1998, 2481.
[327] Paragrafenangaben in der Tabelle beziehen sich auf das KWG.

Pflichten der Institute (inländische und ausländische, §§ 53 a, 53 b KWG)	Prüfungs- und Anordnungskompetenz	Straftat oder Bußgeldtatbestand
Einholung der Erlaubnis für die Führung von (genehmigungsfähigen (§ 3)) Bankgeschäften und Finanzdienstleistungen, eines inländischen Institutes § 32;[328]	BaFin nach § 32-35; Einscheiten gegen Geschäftsleiter nach § 36, gegen Institute nach § 37, allg. Folgen: § 38	Straftatbestände: Betreiben unerlaubter u. ungenehmigter Bankgeschäfte, § 54 I 1 und 2; Bußgeldtatbestände: Verstoß gegen Anordnungen i. S.v §§ 36, 56 I, Nichtbeachtung von Auflagen i. S.v §§ 32 II, 56 III Nr. 8
Anzeige des Erwerbs bedeutender Beteiligungen (Begriff: § 1 Abs. 9) oder der Erhöhung einer solchen an einem Institut, § 2 b I	BaFin nach § 2 b Ia, Ib, II, III, Untersagungsrechte, Beschränkungsrechte	Bußgeldtatbestände: Unterlassen, § 56 II Nr. 1-4 (nicht, nicht richtig, nicht vollständig, nicht rechtzeitig)
Anzeige der Geschäftsleitertätigkeit, der AR- oder VR-Tätigkeit bei anderen Unternehmen, Übernahme oder Aufgabe unmittelbarer Beteiligungen (mind. 25% Kap.Anteile), § 24 III	BaFin BBank	Bußgeldtatbestände: Unterlassen, § 56 II Nr. 4 (nicht, nicht richtig, nicht vollständig, nicht rechtzeitig)
Anzeige der Verlegung des Sitzes oder der Niederlassung, § 24 I 6; Errichtung, Verlegung, Schließung einer Zweigstelle in Drittstaaten, § 24 I Nr. 7; Aufnahme und Beendigung grenzüberschreitender Dienstleistungen, § 24 I Nr. 7;	BaFin BBank	Bußgeldtatbestände: Unterlassen, § 56 II Nr. 4 (nicht, nicht richtig, nicht vollständig, nicht rechtzeitig)
Anzeige der Einstellung des Geschäftsbetriebes oder von Teilen davon oder einzelner Geschäftszweige, § 24 I Nr. 8, 9	BaFin BBank	Bußgeldtatbestände: Unterlassen, § 56 II Nr. 4 (nicht, nicht richtig, nicht vollständig, nicht rechtzeitig)
Beteiligungskontrolle, § 12 I; Anzeige des Erwerbs, Zuerwerbs, Minderung oder Aufgabe wesentlicher Beteiligungen sowie Kapitalveränderungen, Beherrschungsverhältnisse, § 24 I Nr. 11; qualifizierte Beteiligungen an anderen Unternehmen, § 24 I Nr. 14; ebenso mittelbare Beteiligungsverhältnisse, § 24 Ia;	BaFin BBank	Bußgeldtatbestände: Überschreiten einer qualifizierten Beteiligung, § 56 III Nr. 2-3 Unterlassen der Anzeige, § 56 II Nr. 4 (nicht, nicht richtig, nicht vollständig, nicht rechtzeitig)
Errichtung von Zweigniederlassungen in EWR-Staaten, § 24 a I; Erbringung von Dienstleistungen ohne Zweigstelle, § 24 a III	BaFin BBank	Bußgeldtatbestände: Unterlassen, § 56 II Nr. 4 (nicht, nicht richtig, nicht vollständig, nicht rechtzeitig)

---

[328] Übergangsvorschriften in §§ 61 ff. beachten; insbes: zur 6. KWG-Novelle § 64 e; zum 4. FinMFG § 64 f.: Wer am 1.7.2002 über eine Erlaubnis als Einlagenkreditinstitut verfügt, gilt die Erlaubnis für das Kreditkartengeschäft zu diesem Zeitpunkt als erteilt, § 64 f. Abs. 1; Finanzdienstleistungsinstitute und Wertpapierhandelsbanken, die am 1.7.2002 noch keine Erlaubnis zur Führung von Geschäften nach § 1 Abs. 1 S. 2 Nr. 8 hatten, mussten die Absicht der Fortsetzung dieser Geschäfte bis zum 1.11.2002 anzeigen, § 64 f. Abs. 2.

Pflichten der Institute (inländische und ausländische, §§ 53 a, 53 b KWG)	Prüfungs- und Anordnungskompetenz	Straftat oder Bußgeldtatbestand
Anzeige einer Übertragung oder Auslagerung von Bereichen, die für die Führung von Bankgeschäften oder Finanzdienstleistungen wesentlich sind, § 25 a II	BaFin BBank	Bußgeldtatbestände: Unterlassen, § 56 II Nr. 4 (nicht, nicht richtig, nicht vollständig, nicht rechtzeitig)
Anzeigepflicht für Repräsentanzen ausländischer Institute im Inland, § 53 a S. 2 (Aufnahme), S. 5 (Verlegung, Schließung)	BaFin. nach § 53 a S. 4 BBank	Bußgeldtatbestände: Aufnahme von Tätigkeiten ohne Genehmigung, § 56 II Nr. 8

273 Damit sind bei weitem nicht alle Anzeige- und Mitteilungspflichten nach dem KWG und der Anzeigenverordnung durch Straf- oder Bußgeldnormen sanktioniert. So fehlen beispielsweise Anzeigen über unmittelbare Beteiligungen iHv 10% oder mehr (§ 24 I Nr. 3) oder auch die Mitteilungen über Pensionsgeschäfte (§ 24 I Nr. 12). Die Mitteilungen über Fusionsabsichten, die immerhin wichtigen Einfluss auf Börsenteilnehmer haben können, werden nicht gesondert sanktioniert. Hier wird man bei börsennotierten Unternehmen ohnehin von Ad-hoc-Mitteilungspflichten nach dem WpHG auszugehen haben.

274 *bb) Kapitalerhaltung, Betriebsgefährdung, Insolvenz.*

Pflichten der Institute (inländische und ausländische, §§ 53 a, 53 b)	Prüfungs- und Anordnungskompetenz	Straftat oder Bußgeldtatbestand
Anzeigen über die Eigenmittelausstattung nach § 10 I 5, Abzugsposten, § 10 IIa, Genussrechtskapital und Marktpflege, § 10 V	BaFin Bbank	Bußgeldtatbestände: Unterlassen von EK-Minderungen durch Kredite, § 56 II Nr. 4; Unterlassen der Anzeige von Marktpflegeaktionen, § 56 III Nr. 1 (nicht, nicht richtig, nicht vollständig, nicht rechtzeitig)
Kreditgewährung innerhalb der Obergrenzen der §§ 13, 13 a	BaFin	Bußgeldtatbestände: Überschreiten oder nicht ausreichende Sicherstellung der Grenzeinhaltung § 56 II Nr. 6-7
Zugehörigkeit zu einer Sicherungseinrichtung, § 23 a		Bußgeldtatbestände: Verletzung der Informationspflicht, § 56 III Nr. 5-7
Anzeige eines Verlustes iHv 25% des haftenden Eigenkapitals, § 24 I Nr. 5;	BaFin BBank	Bußgeldtatbestände: Unterlassen, § 56 II Nr. 4 (nicht, nicht richtig, nicht vollständig, nicht rechtzeitig)
Anzeige des Absinkens von Eigenkapital, Wegfall einer Versicherung §§ 24 I Nr. 10, 33	BaFin nach § 35 II 1 Nr. 3; BBank	Bußgeldtatbestände: Unterlassen, § 56 II Nr. 4 (nicht, nicht richtig, nicht vollständig, nicht rechtzeitig)
Umsetzung und Duldung von Maßnahmen der Bankenaufsicht zum Erhalt von Eigenmitteln oder Liquidität, §§ 45-46 a	BaFin nach §§ 45-46 a	Bußgeldtatbestände: nach § 56 III Nr. 12-13

Pflichten der Institute (inländische und ausländische, §§ 53 a, 53 b)	Prüfungs- und Anordnungskompetenz	Straftat oder Bußgeldtatbestand
Unverzügliche Anzeige der Zahlungsunfähigkeit oder Überschuldung (§ 46 b S. 1) (ersetzt Anzeigepflichten nach anderen Rechtsvorschriften!) Versicherungen und Pensionsfonds: (§§ 88 Abs. 1, 113 VAG) Bausparkassen: § 15 Abs. 2 BausparkG	BaFin nach §§ 46 b, 47; Rettungsmaßnahmen, alleiniges Insolvenzantragsrecht,	Straftatbestände: § 55 bei vorsätzlichem (Abs. 1) oder fahrlässigem (Abs. 2) Unterlassen der Anzeige § 141 VAG § 37 DepotG

cc) Betriebsführung, Jahresabschluss.

Pflichten der Institute (inländische und ausländische, §§ 53 a, 53 b)	Prüfungs- und Anordnungskompetenz	Straftat oder Bußgeldtatbestand
Rechtzeitige Erstellung und Vorlage vollständiger, richtiger Zwischen- und Jahresabschlüsse für Einzelgesellschaft und Konzern, einschl. Prüfungsberichten §§ 10 III, 26-29;	BaFin BBank	Bußgeldtatbestände: Unterlassen oder nicht rechtzeitige oder unvollständige Vorlage nach § 56 II Nr. 5
Ansatz, Bewertung und Gliederung von Einzelposten des Rechnungsabschlusses, RechKredV	BaFin	Bußgeldtatbestände: nach § 38 RechKredV
Auskunft und Duldung von Prüfungshandlungen, Befolgung von Anordnungen	BaFin nach §§ 44-44 c	Bußgeldtatbestände: nach § 56 III Nr. 9-11

Die Organisation der Risikosteuerung, -überwachung und -kontrolle, die Einrichtung interner Kontrollsysteme, von EDV-Sicherungen, die Erfüllung von Dokumentations- und Aufzeichnungenpflichten wie auch die 10-jährige Aufbewahrung solcher Dokumentationen, die Einrichtung und Unterhaltung von Sicherungssystemen gegen Geldwäsche nach § 25 a I KWG sind nicht straf- oder bußgeldrechtlichrechtlich abgesichert. Daher kann die Bankenaufsicht lediglich durch Anordnungen oder Maßnahmen nach den §§ 44ff KWG gegen die Nichterfüllung solcher Pflichten vorgehen. Das Fehlen von Bußgeld- und Straftatbeständen im KWG kann allerdings durch §§ 30, 130 OWiG, § 266 StGB aufgefangen werden. In Geldwäschefällen ist die Bundesanstalt nach § 13 i. V. m. § 16 GWG zur Erstattung von Verdachtsanzeigen verpflichtet, das einzelne Institut hingegen muss nach § 11 GWG Verdachtsanzeigen erstatten.

dd) Funktionsfähigkeit der Bankenaufsicht.

Pflichten der Institute (inländische und ausländische, §§ 53 a, 53 b)	Prüfungs- und Anordnungskompetenz	Straftat oder Bußgeldtatbestand
Sicherstellung der Eigenmittel,[329] §§ 10, 10 a unter Verweis auf die Europ. Solvabilitätsrichtlinie	BaFin nach § 10	Bußgeldtatbestände: Verstreute Einzelvorschriften bereits in Rz. 25 a-25 c berichtet

---

[329] Zur Eigenmittelausstattung instruktiv *Matzke/Seifert* ZBB 1998, 152.

Pflichten der Institute (inländische und ausländische, §§ 53 a, 53 b)	Prüfungs- und Anordnungskompetenz	Straftat oder Bußgeldtatbestand
Großkreditmeldungen nach § 13, 13 a i. V. m. der nach § 22 erlassenen GroMiKV[330]	BaFin BBank	Bußgeldtatbestände: Unterlassen oder nicht rechtzeitige oder unvollständige Vorlage nach § 56 II Nr. 4; Kreditgewährung entgegen der Höchstgrenzen, § 56 II Nr. 6-7
Millionenkreditmeldungen nach § 14 und der nach § 22 erlassenen GroMiKV	BaFin, Bbank	Bußgeldtatbestände: nach § 56 III Nr. 4
Unbefugte Verwertung mitgeteilter oder angeforderter Daten über Millionenkredite von Kunden (§ 14 II 5)	BaFin prüft nach § 44 die Einhaltung der Pflichten über die Mitteilung von Millionenkrediten nach § 14	Straftatbestände: Vorsätzliche Verwertung, § 55 a; Antragsdelikt (Abs. 2)
Unbefugte Offenbarung mitgeteilter oder angeforderter Daten über Millionenkredite von Kunden (§ 14 II 5)	BaFin prüft nach § 44 die Einhaltung der Pflichten über die Mitteilung von Millionenkrediten nach § 14	Straftatbestände: Vorsätzliche Offenbarung, § 55 b I; Strafschärfung bei Bereicherungs- oder Schädigungsabsicht (Abs. 2); Antragsdelikt (Abs. 3)
Organkreditanzeigen nach § 15 Abs. 4 S. 5	BaFin erhält Meldungen	Bußgeldtatbestand: Unterlassen oder nicht rechtzeitige oder unvollständige Vorlage nach § 56 II Nr. 4
Kreditgewährung nur bei Offenlegung der wirtschaftlichen Verhältnisse des Kreditnehmers, § 18 S. 1	BaFin prüft im Rahmen der Jahresabschlussprüfungen und durch Sonderprüfungen nach § 44	Bußgeldtatbestände: Kreditgewährung entgegen § 18 S. 1, § 56 III Nr. 4
Vorhalten eines Abrufsystems für Kundendaten mit den in § 24 c vorgeschriebenen Datenangaben	BaFin	Bußgeldtatbestände: Keine oder unzureichende Vorhaltung, Verhinderung eines Datenabrufes, § 56 III Nr. 7 a-7 b
Vollständige, rechtzeitige und richtige Mitteilung von Monatsausweisen, § 25	BaFin BBank	Bußgeldtatbestände: Unterlassen oder nicht rechtzeitige oder unvollständige Vorlage nach § 56 II Nr. 5

278 Es fehlt damit an Sanktionen für einen Verstoß gegen Liquiditätsgrundsätze des zum 1.7.2002 geänderten § 11 KWG. Organkreditbewilligungen (§ 15) sind bis auf eine seltene Ausnahme von der Bußgeldsanktion ausgenommen.

---

[330] Vom 29.12.1997, in Kraft ab 1.1.1998, Erläuterungen des BAKred. dazu vom 5.5.1998 RS Nr. 6/98.

2. Unerlaubte Bankgeschäfte, § 54

Das kriminelle Betreiben eines verbotenen Bankgeschäftes (§ 54 Abs. 1 Nr. 1, § 3 KWG) ist weitaus häufiger anzutreffen als der Verstoß gegen die Erlaubnispflicht (§ 54 Abs. 1 Nr. 2 § 32 KWG) an sich. Die gesetzgeberische Verweisungstechnik zwingt zur Ausfüllung der Strafnorm durch die KWG-Vorschriften. Eine besondere „Ultima Ratio" für das Strafrecht ergibt sich dabei nicht. Lediglich die fehlende Feststellung eines vorsätzlichen oder fahrlässigen Verhaltens bildet die Grenze zum reinen Verwaltungsunrecht. Die Gesetzesfassung beruhte auf § 46 KWG 1939,[331] ist durch das 2. WiKG vom 15.5.1986 (BGBl. I S. 721) neu gefasst und durch die 6. KWG-Novelle auf Finanzdienstleistungen erweitert worden.[332] Zwar sind Finanzdienstleistungen in § 1 a KWG legal definiert, durch die Erweiterung ergeben sich aber Abgrenzungsschwierigkeiten zu den Kreditgeschäften im konkreten Einzelfall. Durch die Nebengesetze zur 6. KWG-Novelle können ab dem 1.1.1998 Finanzdienstleistungsinstitute zur Teilnahme am Börsenhandel zugelassen werden (§ 30 Abs. 2 BörsG), das Emissionsmonopol der Kreditinstitute (§ 36 Abs. 2 BörsG) wurde abgeschafft,[333] Emissionen und Platzierungen mit geringerem Mindestkapital wurden ermöglicht und Kapitalanlagegesellschaften können als Nebengeschäfte u. a. Vermögensverwaltung und Beteiligungserwerbe durchführen (§ 1 Abs. 6 KAGGa. F.). Durch Unternehmensgründungen und -ausgründungen/ -umwandlungen ergaben und ergeben sich somit Verlagerungsmöglichkeiten. 279

a) **Verbotene Bankgeschäfte (§ 3 KWG).** Strafbar macht sich, wer gewerbsmäßig, d. h. auf Dauer mit Erwerbsabsicht, eines der in § 3 KWG beschriebenen Geschäfte fördert, nämlich das Betreiben von „Werkssparkassen", Zwecksparunternehmen oder den Ausschluss oder die Erschwerung des bargeldlosen Verkehrs bei Kredit- und Einlagegeschäften. Zum Abschluss eines konkreten Geschäftes muss es noch nicht gekommen sein, es genügt eine einmalige Tätigkeit mit Wiederholungswillen.[334] 280

b) **Betreiben unerlaubter Bankgeschäfte (§ 32 Abs. 1 Nr. 1 1. Fall KWG).** Ungenehmigte und damit unerlaubte Bankgeschäfte betreibt gewerbsmäßig, wer einen kaufmännisch eingerichteten Geschäftsbetrieb benötigt und auf Dauer mindestens mit Wiederholungs- und Förderungswillen Bankgeschäfte im Sinne des § 1 Abs. 1 S. 2 KWG führt. Die Rechtsprechung hat konkrete Maßstäbe dazu entwickelt. Die Norm ist Schutzgesetz im Sinne des § 823 Abs. 2 BGB.[335] 281

Ein kaufmännischer Geschäftsbetrieb ist erforderlich, wenn eine kaufmännische Buchführung, eine geordnete Ablage des Schriftverkehrs, eine geregelte Kassenführung und Inventur erforderlich sind, um die Geschäfte ordnungsgemäß führen zu können. Das ist etwa dann der Fall, wenn 282
- mindestens 25 angenommene Einlagen vorhanden sind oder ein Einlagenvolumen von EUR 15.000, wenn sich dieses aus mindestens 25 Einlagen zusammensetzt,
- mindestens 100 Kreditgewährungen, im Bestand befindliche Schecks oder Wechsel oder 100 übernommene Gewährleistungen oder jeweils ein Gesamtvolumen von 500 TEUR, sofern dieses aus mindestens 21 Einzelfällen besteht, vorhanden sind,
- die Führung von fünf Depots oder die Verwahrung von wenigstens 25 Effekten für Dritte festgestellt werden, oder
- mehrere nebeneinander betriebene Geschäfte in entsprechend geringerem Umfang abgewickelt werden.[336]

Wer keine Erlaubnis beantragt hat, handelt ebenso unerlaubt wie derjenige, der die Geschäfte beginnt, bevor die Erlaubnis erteilt ist, der eine beschränkte Erlaubnis überschreitet oder dessen Erlaubnis erloschen oder unanfechtbar oder sofort vollziehbar aufgehoben worden ist. Eine zu Unrecht versagte oder zu Unrecht aufgehobene Erlaubnis befreit nicht von der Strafbarkeit.[337] Hingegen sind Erben (§ 34 KWG) oder Abwickler[338] befugt, im Rahmen 283

---

[331] Erbs/Kohlhaas/*Fuhrmann* § 54 KWG Anm. 1.
[332] *Schork* KWG, 20. Aufl. 1999 § 54 KWG S. 452; in Kraft seit dem 1.1.1998.
[333] *Jung/Schleicher*, Neue gesetzliche Regelungen für Finanzdienstleister, 1998, S. 23.
[334] Erbs/Kohlhaas/*Fuhrmann* § 54 KWG Anm. 3.
[335] OLG Celle Urt. v. 14.10.2004 – 4 U 147/04 – BKR 2005/65 (LS).
[336] BVerwG, 25.6.1980, bei *Beckmann/Bauer* Nr. 33 zu § 1 KWG.
[337] Erbs/Kohlhaas/*Fuhrmann* § 54 KWG Anm. 4.
[338] *Schork* a.a.O. § 54 KWG Anm. 1 S. 452.

der Abwicklung Bankgeschäfte durchzuführen. Der Verstoß gegen Auflagen (§ 32 Abs. 2 S. 1 KWG) ist keine Straftat, sondern Ordnungswidrigkeit nach § 56 Abs. 3 Nr. 8 KWG.

284 Vorsätzlich handelt, wer weiß oder zumindest damit rechnet, durch die Tätigkeit mit fremdem Vermögen Gewinn zu erzielen. Auf die Kenntnis des Begriffes der Bankgeschäfte oder der Finanzdienstleistungen kommt es nicht an.[339] Wer seine Tätigkeit irrtümlich nicht für erlaubnispflichtig hält, befindet sich im Verbotsirrtum. Dieser ist vermeidbar, wenn sich der Täter nicht bei der zuständigen Stelle über die anzuwendenden Normen und Voraussetzungen informiert. Die Taten sind vollendet mit einer auf den wiederholten Abschluss von unerlaubten Geschäften gerichteten Tätigkeit. Es kann Tateinheit mit § 263 StGB oder § 4 UWG bestehen.[340]

285 c) Betreiben unerlaubter Finanzdienstleistungsgeschäfte (§ 32 Abs. 1 Nr. 1 2. Fall KWG). Nicht alle denkbaren Finanzdienstleistungsgeschäfte stehen unter einer materiellen Staatsaufsicht (z. B. fehlen die Vermittlung von Immobilien, von Versicherungen und Gesellschaftsanteilen, die nicht unter den Wertpapierbegriff des § 1 Abs. 11 KWG fallen (z. B. GbR-, KG-, GmbH-Anteile, Immobilienfonds, Leasingfonds[341]). Daher ist der Straftatbestand nur erfüllt, wenn der Betrieb auf Dauer angelegt und Gewinnerzielungsabsicht die in § 1 Abs. 1 a, Abs. 11 KWG legal definierten Geschäfte zum Gegenstand hat. Von größerer Bedeutung sind lediglich die Anlage- und Abschlussvermittlung, das Finanzportfoliogeschäft und das Eigengeschäft. Die jeweiligen Finanzdienstleistungen müssen sich auf Finanzinstrumente i. S. v. § 1 Abs. 11 KWG beziehen, der vier Kategorien nennt: handelbare Wertpapiere, Geldmarktinstrumente, Devisen oder Rechnungseinheiten und Derivate.[342] Ausnahmen von der Erlaubnispflicht bestehen nach § 2 Abs. 6 KWG für Fondsvermittler. Unerlaubt ist – wie bei Bankgeschäften – jede Tätigkeit, die nicht durch eine förmliche Genehmigung gedeckt ist.

3. Unbefugte Offenbarung §§ 55 a-55 b KWG

286 a) Preisgabe vertraulicher Informationen. Nachdem die Verletzung von Verschwiegenheitspflichten im früheren § 55 KWG durch das 2. WiKG 1986 aufgehoben wurde, die §§ 203, 204 StGB keinen Schutz des Bankkunden gewähren, hat die 6. KWG-Novelle einen kleinen Ausschnitt der Preisgabe von vertraulichen Informationen mit den §§ 55 a und 55 b KWG wieder unter strafrechtlichen Schutz gestellt. Die unbefugte Verwertung und Offenbarung von Informationen, die das Kredit- oder Finanzdienstleistungsinstitut im Rahmen der Teilnahme am Millionenkreditverfahren erhält, soll danach mit Freiheitsstrafe bis zu zwei bzw. einem Jahr oder Geldstrafe bestraft werden können. Da beide Vorschriften Antragsdelikte sind und Antragsberechtigter lediglich der betroffene Kunde ist, ist bislang kein Verfahren wegen Verstoßes bekannt geworden. Ob ein Antrag nicht gestellt wird, weil sich der Kunde gegen die Marktmacht einer Bank oder angesichts der Abhängigkeit vom Wohlwollen der Bank nicht zu einem Strafantrag entschließen kann, vermag man allenfalls zu spekulieren.

287 b) Kein Bankgeheimnis im Strafverfahren. Seit Einführung des § 161 a StPO hat sich die Zahl der gegen Kreditinstitute gerichteten Durchsuchungs- und Beschlagnahmebeschlüsse wesentlich verringert. Im Strafprozess (§§ 53, 161 a StPO) kann sich der Bankmitarbeiter oder -vorstand nicht wie im Zivilprozess auf das Bankgeheimnis und damit auf ein Zeugnisverweigerungsrecht (§ 383 Abs. 1 Nr. 6 ZPO) berufen. Von öffentlich-rechtlichen Kreditinstituten kann der Staatsanwalt bereits nach § 161 StPO eine schriftliche Auskunft fordern.[343] Privatbanken sind zur Auskunft im Strafverfahren nicht verpflichtet. Bei ihnen muss – wenn ausreichender Anlass besteht, durch die Anordnung von Zeugenvernehmungen und Durchsuchungen/Sicherstellungen nach §§ 103, 94 StPO ermittelt werden. Dabei ist in der Rechtsprechung anerkannt, dass die Auskunft in einem solchen Fall als Mittel zur Abwendung von Zwangsmaßnahmen erlaubt ist.[344]

288 Grundsätzlich haben Banken die (vertragliche) Pflicht, die Vermögensverhältnisse ihrer Kunden jenen Personen und Behörden gegenüber geheim zu halten, die gesetzlich nicht zur Einho-

---

[339] BGHSt 4, 347/352.
[340] BGH Urt. v. 26.3.1953 – 3 StR 668/51.
[341] Jung/Schleicher a.a.O. S. 53 f.
[342] Im Einzelnen vgl. Schork a.a.O. § 1 KWG Begr. zu Abs. 11 S. 82ff.; Jung/Schleicher a.a.O. S. 48 ff.
[343] OLG Bamberg JurBl. 1979, 1686; LG Hof NJW 1968, 65; Meyer-Goßner § 161 Rdnr. 4.
[344] LG Hof NJW 1968, 65; Löwe/Rosenberg/Rieß § 161 Rdnr. 28 a; Probst NJW 1976, 214.

lung von Bankauskünften berechtigt sind. Das Vertrauensverhältnis zwischen Kreditinstituten und dem Kunden soll ungestört bleiben. Der Gesetzgeber hat aber in weiten Bevölkerungskreisen durch die Übernahme des früheren Bankenerlasses vom 31. August 1979[345] und die Einfügung des § 30 a AO zu Verwirrung und Missverständnissen beigetragen. Im Rahmen der Einführung der Zinsabschlagssteuer sollte den Steuerpflichtigen verdeutlicht werden, dass eine Allgemeine finanzamtliche Überwachung der Kreditinstitute ausgeschlossen sei. Durch diese Bestimmung ist aber weder gegenüber den Finanzbehörden noch gegenüber den Strafverfolgungsbehörden ein Bankgeheimnis institutionalisiert worden.

Die Ermittlungsbefugnisse sind durch die vertragliche Bindung der Banken zu ihren Kunden im Strafverfahren in keiner Weise eingeschränkt. Der § 30 a AO normiert kein Verwertungsverbot von Beweismitteln, selbst wenn diese unter Missachtung dieser Vorschrift erlangt worden sein sollten. Der von § 30 a AO bezweckte Schutz des redlichen Bankkunden soll einem Straftäter nicht zugute kommen.[346]

c) **Kein Postgeheimnis für die Postbank.** Das durch Art. 10 GG geschützte Post- und Fernmeldegeheimnis wird konkretisiert durch §§ 39, 41 PostG[347] i. V. m. der im Juli 2002 in Kraft getretenen PDSV, §§ 85, 90 TKG[348] i. V. m. der TDSV, §§ 206, 354 StGB und den sonstigen Bestimmungen über den Datenschutz (§ 41 BDSG). Durch die Umwandlung der Postbank in eine selbständige Aktiengesellschaft (seit 1995) ist die frühere Erstreckung des Postgeheimnisses auf die Postbank entfallen. Wenn dennoch die Postbankniederlassungen in den Postämtern das Postgeheimnis (§ 39 PostG) auf ein Postgiro- und Postsparkassengeheimnis ausweiten, dann ist das unzulässig. Die Postbank unterliegt lediglich dem allgemeinen Bankgeheimnis.[349] Beschäftigte der Postbank unterliegen keinen Beschränkungen aus dem Postrecht.

d) **Mitteilungen und Auskünfte des BaFin.** Den Strafverfolgungsbehörden wird nur ein kleiner Bruchteil der Straftaten im Bankenbereich bekannt, weil eine Bank zur Wahrung „ihres guten Rufes" die kriminellen „Interna" Dritten gegenüber abschirmt und die für die Überwachung der Kreditinstitute zuständigen Aufsichtsbehörden keine Mitteilung machen. Das Geldwäschebekämpfungsgesetz ist die einzige gesetzliche geregelte Durchbrechung, weil es hier zu einer Verdachtsanzeige des Kreditinstitutes kommen muss. Nicht auf der gesetzlichen Ebene, wohl aber durch Medienberichte können riskante Kreditvergaben, Aktiv- oder Passivrisiken der Banken den Ermittlungsbehörden bekannt werden. Hier sollte man durchaus Vorermittlungsverfahren einleiten, diese allerdings bei fehlendem konkretem Verdacht wieder einstellen. Vorermittlungen, die der Bank bekannt werden, haben Berichtspflichten an die BaFin zur Folge, so dass der Staatsanwaltschaft u. U. innerhalb kurzer Zeit eine Stellungnahme der Fachaufsichtsbehörde vorliegen kann.

Die **Geheimhaltungsvorschrift** des § 9 Abs. 1 S. 1 KWG untersagt grundsätzlich die Weitergabe dienstlich erlangter Informationen für Bedienstete der Deutschen Bundesbank, der BaFin und weitere dort genannte Personen.

Eine uneingeschränkte **Mitteilungspflicht der BaFin an Ermittlungsbehörden** besteht für die Bankaufsichtsbehörden nur gem. § 6 Subventionsgesetz. Obwohl die Problematik der Untreuehandlungen im Bankenbereich dem Gesetzgeber bekannt ist, hat er sich auch in der 6. KWG-Novelle nicht zu einer allgemeinen Anzeigepflicht durchringen können. Ausdrücklich regelt § 9 Abs. 1 S. 3 Nrn. 16 KWG nur eine Befugnis, geheime Informationen an Dritte, insbesondere Ermittlungs- und Strafverfolgungsbehörden weiterzugeben (Nr. 1). Die Empfänger derartiger Informationen unterliegen der gleichen Verschwiegenheit.

In umgekehrter Richtung hat der Gesetzgeber **Mitteilungspflichten der Ermittlungsbehörden** in § 60 a Abs. 1 KWG normiert und in § 60 a Abs. 2 KWG bestimmt, dass Missstände in einer Bank, die in einem Strafverfahren bekannt werden, an die BaFin mitgeteilt werden sollen. § 8 Abs. 2 KWG bestimmt ausdrücklich, dass eine Mitteilung der Finanzbehörde an die BaFin über

---

[345] BStBl. I S. 590.
[346] *Schumann* § 30 a AO Schutz von Bankkunden, wistra 1995, 336 ff. m.w.N.
[347] PostG v. 22.12.1997, BGBl I. S. 3294, i.d.F. v. 25.11.2003, BGBl. I. S. 2304.
[348] TKG v. 22.6.2004, BGBl I Nr. 90 S. 1190.
[349] *Meyer-Goßner* § 161 Rdnr. 3.

die Einleitung eines Steuerstrafverfahrens gegen den Geschäftsleiter oder Vorstand einer Bank keine unbefugte Offenbarung im Sinne von § 30 AO darstellt.

4. Ordnungswidrigkeiten, §§ 56, 59 KWG

295 a) **Systematik, Zweck.** Das System der Ordnungswidrigkeiten im KWG unterlag zahlreichen Änderungen, zuletzt durch das 4. FinMFG. Dieses hat besonders die Bußgeldbewehrung der Anzeigepflicht nach § 24 Abs. 1 Nr. 10 (Absinken des Anfangskapitals) und die Pflichten zur Vorhaltung eines automatisierten Abrufverfahrens nach § 24 c normiert. Als Teil des Maßnahmenkataloges zur Bekämpfung von organisierter Steuer- und Geldwäschekriminalität (u. a. durch die Erweiterungen in §§ 370 a, 31 b AO, § 261 StGB) ist es heftig kontrovers diskutiert worden.[350] Im Rahmen dieses Handbuches ist es nicht möglich, die Tatbestände im Einzelnen zu erläutern. Letztlich resultieren die Normen aus Erfahrungen mit den eingangs aufgeführten Fällen missbräuchlichen Verhaltens innerhalb einzelner Institute. Alle Bußgeldtatbestände sind Blankettnormen. Zu der objektiven Erfüllung der Norm muss daher die Feststellung des Normadressaten (Inhaber, Geschäftsleiter, Organmitglieder etc.) hinzutreten. Da durch § 56 KWG lediglich Verwaltungsunrecht normiert wird, kann Täter einer Pflichtverletzung jeder sein, der an der Pflichterfüllung im normalen Geschäftsgang des Institutes hätte mitwirken müssen.[351]

296 b) **Gruppierung der Tatbestände.** Sinnvoll ist eine Unterscheidung nach vier Gruppen von Pflichten, die zwar in ihrer Gesamtheit ein funktionsfähiges Finanzwesen sicherstellen sollen, aber nur zum Teil auch als Gläubigerschutzvorschriften ausgelegt werden können.
- Pflichten bei Gründung, Erweiterung oder Beschränkung des Geschäftsbetriebes, bei der Übernahme von Beteiligungen an Dritten oder der Kapitalbeteiligung Dritter;
- Pflichten im Zusammenhang mit der Kapitalerhaltung und der Insolvenz;
- Pflichten für Betriebsführung und Jahresabschluss;
- Pflichten zur Sicherstellung der Funktionsfähigkeit des Kreditwesens;

297 So sind beispielsweise die statistischen Verpflichtungen nicht individualrechtsschützend, ebenso die Anzeigen nach der GroMiKV (und damit nach §§ 13, 14 KWG). Sie stellen nur die Funktionsfähigkeit der Aufsicht sicher und gelten daher im öffentlichen Interesse. Das Gleiche wird man von den Anzeigepflichten bei eigenen Zweigstellen, Niederlassungen, Beteiligungsveränderungen etc. sagen können. Hingegen dienen die Erlaubnispflichten für den Betrieb eines Kredit- oder Finanzdienstleistungsinstitutes, die Sicherstellung von Eigenmitteln, Verlustanzeigen, Insolvenzmeldungen und Informationen über die Beteiligung an einem Sicherungsfonds unmittelbar (auch) dem Schutz der Gläubiger. Die vorgenommene Gruppierung erlaubt zugleich für den Ermittler eine Einschätzung der „Schwere" eines Pflichtenverstoßes, wenn beispielsweise sowohl ein Bußgeldtatbestand in Frage steht wie auch ein Untreueverdacht bestehen könnte.

298 Besonders auf § 18 KWG ist in diesem Zusammenhang hinzuweisen. Der 1. Strafsenat BGH hat in zwei wichtigen Entscheidungen[352] zur Untreue in Anlehnung an Nack[353] die zentrale Bedeutung des § 18 KWG für die Kreditvergabe hervorgehoben. Nicht geklärt wurde durch diese Entscheidungen die Konkurrenz zwischen § 266 StGB und § 56 III Nr. 4 KWG. Angesichts der Einfügung dieser Norm durch die 6. KWG-Novelle bestehen Zweifel daran, ob der BGH sich der Priorität des neueren Gesetzes und der darin liegenden Wertung eines eher gering zu gewichtenden Verstoßes bewusst war. Angesichts der Aufhebung der bisherigen Verfügungen des BAKred und der BaFin zu § 18 KWG durch das Schreiben vom 9.5.2005 und der geplanten Anhebung der Prüfungsgrenze nach § 18 KWG auf 750.000 EUR nimmt die Bedeutung des § 18 KWG für die Begründung strafrechtlich relevanter Pflichtverstöße jedenfalls ab.

299 c) **Anwendung des § 30 OWiG durch § 59 KWG.** Zu erwähnen ist schließlich noch die Ausdehnung des § 30 OWiG auf sog. „gekorene" Geschäftsleiter durch § 59 KWG. Die Möglich-

---

[350] Zuletzt vor allem durch die ab 1.4.2005 möglichen bundesweiten Abrufe von Kontendaten bei dem Bundesamt für Finanzen, vgl. dazu die Ablehnung einer einstw. Anordnung durch das BVerfG im Beschl. v. 22.3.2005- 1BvR 2357/04, 2/05. Ebenso haben die Ermittlungen gegen BaFöG-Empfänger wegen Betruges aus diesem Grund Aufsehen erregt, vgl. *Rau/Zieschack* StV 2004, 669; *Krapp* ZRP 2004, 261.
[351] Erbs/Kohlhaas/*Fuhrmann* a.a.O. § 56 KWG Anm. 1.
[352] BGHSt 46, 30 = NStZ 2000, 655; BGH NStZ 2002, 262.
[353] Müller-Gugenberger/*Bieneck* Wirtschaftsstrafrecht 3. Aufl. 2000, § 66.

§ 21 Banken und Kreditwesen

keit, bei Verstößen gegen §§ 54, 55, 56 KWG damit eine Geldbuße gegen das Kredit- oder Finanzdienstleistungsinstitut zu verhängen, werden aber kaum praktischer.

5. Depotunterschlagung und falsche Depotanzeigen

a) Systematik, Zweck. Die Straftatbestände des Depotgesetzes[354] sind Sondervorschriften, die kaum praktisch bedeutsam geworden sind. Das liegt zum einen daran, dass die §§ 246, 266 StGB im Wege formeller Gesetzeskonkurrenz vorgehen,[355] und zum anderen daran, dass die Aufdeckung von Fehlern als Verstoß gegen Normen, die das Bankaufsichtsrecht schützt, bereits zu einem Eingreifen der BaFin führt. Die Finanzaufsicht hat aber weniger Interesse an der Verfolgung des strafrechtlichen Unrechtsgehaltes an sich als an der schnellstmöglichen Abstellung eines Missstandes.[356] Auch steht bei der Nichtverfolgung die Überlegung im Vordergrund, dass die Öffentlichkeit in ihrem Vertrauen in die Ordnungsfunktion nicht beeinträchtigt wird.

b) Depotunterschlagung, § 34 DepotG. Wertpapiere, auf die das Depotgesetz Anwendung findet, sind Aktien, Kuxe, Zwischenscheine, Anteilsscheine der Reichs- oder Bundesbank, Zinsscheine, Gewinnanteilsscheine, Erneuerungsscheine, Inhaberpapiere oder Schuldverschreibungen, die durch Indossament übertragen werden, andere vertretbare Wertpapiere mit Ausnahme von Banknoten und anderem Papiergeld.

Das DepotG schützt die Anschaffung und bankmäßige Verwahrung von Wertpapieren für einen Kunden auch durch die Strafnormen in §§ 34-36 DepotG.[357] Als Form der Verwahrung ist die früher übliche Sonderverwahrung einzelner Stücke ist in der Praxis weitgehend durch die Wertpapiersammelverwahrung abgelöst (§§ 2, 5 DepotG). Daher ist tatbestandsmäßig in der Praxis wohl noch die Verfügung über das Bruchteilseigentum eines Käufers an Globalurkunden (§§ 9 a Abs. 2, 6 Abs. 1 DepotG). Die Verwahrung von Wertpapieren als Einzelstücke im Schließfach (Tafelgeschäfte und auch der Erwerb namentlicher Stücke) wird hingegen nicht durch die Norm erfasst,[358] ebenso sind Derivate nicht erfasst, die nur in der Form von elektronischen Rechten gehandelt werden.

Der **Täterkreis** erstreckt sich auf Verwahrer, Pfandgläubiger und Kommissionäre. Es können aber nur solche Personen faktisch verfügen, die auch Zugriffsrechte haben, mithin die Verwahrung mindestens eigenständig betreiben. Als **Verfügung** ist jede Beeinträchtigung des Eigentumsverschaffungsanspruches anzusehen,[359] d. h. über die zivilrechtliche Eigentumsübertragung hinaus jede Belastung, Besitzrechtsveränderung und auch Gebrauchsanmaßungen.[360] Die Tat ist **Vorsatzdelikt**.

c) Falsche Depotanzeige, § 35 DepotG. Nach § 4 DepotG werden die bürgerlich-rechtlichen Vorschriften über den gutgläubigen Erwerb (§§ 929ff BGB) von verwahrten Wertpapieren modifiziert. Führen die von dem Einreicher gegenüber der Depotbank oder einem Dritten abzugebenden Eigenanzeigen (§ 4 Abs. 2) oder Fremdanzeigen (§ 4 Abs. 3) zu einer falschen Zuordnung des Berechtigten wird der Tatbestand erfüllt. Die Anzeigen müssen vorsätzlich falsch sein. Eine konkrete Gefährdung der Eigentumslage ist nicht verlangt. Die Tat ist Antragsdelikt nach § 36 DepotG.

6. Ungedeckte Pfandbriefemissionen

a) Systematik, Zweck. Die bis zum 18.7.2005 geltenden Vorschriften des Hypothekenbankgesetzes (HBG),[361] des Schiffsbankgesetzes (SchiffsBkG) und des Gesetzes über die öffentlichen Pfandbriefe (ÖPfandBG) sind seit dem 19.7.2005 im Zuge der Reform des Sparkassen-

---

[354] Gesetz über die Verwahrung und Anschaffung von Wertpapieren (DepotG) v. 4.2.1937, Neubekanntmachung der ab 1.8.1995 geltenden Fassung BGBl I 1995 S. 35-42.
[355] Achenbach/Ransiek /*Schröder*, Handbuch des Wirtschaftsstrafrechts, X.3. Rdnr. 138.
[356] Die BaFin hat nach § 60 KWG i.V.m. § 36 Abs. 1 Nr. 1 OWiG die Ermittlungen wegen Ordnungsverstößen zu führen.
[357] Ausführlich zum Depotgeschäft: *Kümpel*, Bank- und Kapitalmarktrecht, Rdnr. 11.1 ff.; zu den Strafnormen Achenbach/Ransiek/*Schröder* X.3. Rdnr. 138 ff.
[358] Achenbach/Ransiek/*Schröder* X.3. Rdnr. 141.
[359] RGSt. 46, 144; RGSt. 66, 155 ff.
[360] *Schröder* a.a.O. Rdnr. 153 f.
[361] HBG v. 9.9.1998, BGBl. I S. 2674, zuletzt geändert durch Art. 8 d. Gesetzes v. 5.4.2004 (Verkaufsprospekttrichtlinie).

rechts und anderer Sondervorschriften des deutschen Bankenrechts abgelöst worden durch das Pfandbriefgesetz,[362] das ein einheitliches Refinanzierungsregister in Deutschland einführt. Die Refinanzierung der Banken und Sparkassen musste aufgrund von Art. 87 EU-Vertrag (Wettbewerbsfreiheit) neu geregelt werden, weil die EU-Kommission die Anstaltslast und Gewährträgerhaftung für Sparkassen und Landesbanken als unzulässigen Wettbewerbsvorteil gegenüber den in- und ausländischen Genossenschaftsbanken und Privatbanken ansah.[363]

306   b) **Ausgabe ungedeckter Hypothekenbriefe, §§ 37, 38 HBG.**[364] Das Hypothekengeschäft ist ein Bankgeschäft im Sinne des § 1 Abs. 1 KWG. Allerdings sind die Hypothekenbanken (seit Juli 2005 organisiert im Verband der Pfandbriefbanken) früher in ihrem Geschäftskreis beschränkt gewesen (§§ 1, 5 HypBankG). Sie gaben vorwiegend Kommunal- und Realkredite aus, die sie über die Ausgabe von Kommunal- und Pfandbriefen refinanzierten.[365] Die ausgegebenen Hypothekenpfandbriefe erhielten ihre besondere Sicherheit durch erhöhte Anforderungen an die Bewertung der Realsicherheiten und die Indeckungnahme solcher Sicherheiten nach den §§ 10ff HypBankG. Die sog. Deckungsgrenze in § 11 HGB und die Ermittlung des Beleihungswertes nach § 12 HypBankG haben Staatsanwaltschaften veranlasst, Ermittlungsverfahren wegen Kredituntreue einzuleiten und anzuklagen.[366] Die Deckungsvorschriften dienen indessen nicht der Beschränkung der Kreditvergabe, was sich aus §§ 22, 5 Abs. 1 Nr. 2 HypBankG ergibt. Sie sollen nur die Kongruenz der im Deckungsstock für Hypothekenpfandbriefe liegenden Realsicherheiten mit dem Wert der ausgegebenen Pfandbriefe sicherstellen (§§ 10, 22, 35 HypBbankG). Der Deckungsstock nach § 41 HypBankG war von einem von der BaFin bestellten Treuhänder nach § 30 zu überwachen. Die strafrechtlichen Vorschriften sanktionieren daher auch nur die Verfehlung des Gesetzeszweckes, nämlich die Sicherstellung einer ausreichenden Deckung der ausgegebenen Hypothekenpfandbriefe und Kommunalschuldverschreibungen (§ 41 HypBankG).[367]

307   c) **Ausgabe ungedeckter Pfandbriefe, §§ 38, 39 PBG.** Die neue Strafvorschrift stellt wie die Vorgängervorschrift in § 37 HypBankG auf den vorsätzlichen Verstoß gegen § 4 Abs. 7 PBG ab. In § 4 Abs. 7 PBG wird das Verbot ausgesprochen, Pfandbriefe in den Verkehr zu bringen, die nicht durch ausreichende Gegenwerte im Register gedeckt sind. Satz 2 dieser Norm enthält das Verbot, den im Deckungsregister eingetragenen Wert anderweitig zu belasten oder zu veräußern und dadurch einen Nachteil für die Pfandbriefgläubiger herbeizuführen. § 5 Abs. 1 S. 3 PBG stellt sicher, dass dann, wenn ein Deckungswert zurückgezahlt wird, der für die Eintragung Verantwortliche eine gleichwertige Ersatzdeckung zu beschaffen hat.

308   Schutzzweck der Strafvorschriften für Deckungsregister ist demnach allein der auf die Deckung der ausgegebenen Schuldverschreibung (Pfandbrief, Kommunalobligation, Hypothekenpfandbrief etc.) vertraut. Kann die ausreichende Deckung der Schuldverschreibung anderweitig sichergestellt werden, z. B. weil mehr Sicherheiten im Deckungsregister eingetragen sind, als der Nominalwert der ausgegebenen Papiere beträgt, sind Gläubigerinteressen nicht betroffen.

7. Insolvenz von Finanzinstituten, § 55 KWG

309   a) **Strafzweck, Rechtsgut.** Ziel der Strafvorschrift in § 55 KWG ist es, die für die Geschäftsleiter von Kredit- und Finanzdienstleistungsinstituten nach § 46 b KWG im Wege der Gesetzeskonkurrenz verdrängten Insolvenzantragspflichten nach §§ 92 Abs. 2 AktG, 64 Abs. 1 GmbHG, 99 Abs. 2 GenG durch die 1986 eingeführte Strafnorm zu ersetzen. Der strafrechtliche Schutz der Gläubiger eines Institutes wird dabei auf die Anzeige gegenüber dem BaFin verlagert, damit dieses Gelegenheit erhält, noch Sicherungsmaßnahmen durch-

---

[362] PBG v. 22.5.2005, BGBl I. S. 1373.
[363] Bescheid der EU-Kommission v. 27.3.2003, C(2002) 1286.
[364] *Bellinger/Kerl* Hypothekenbankgesetz § 37; aus strafrechtlicher Sicht: Achenbach/Ransiek/*Schröder* X.3. Rdnr. 172 ff.
[365] Zur Refinanzierung vgl. *Herpfer*, Der Pfandbrief, 2004; *Gebhard*, Refinanzierung der Sparkassen nach Wegfall von Anstaltslast und Gewährträgerhaftung, 2005.
[366] LG Berlin 536-13/04 (Berliner Hypothekenbank AG).
[367] Achenbach/Ransiek/*Schröder* X.3 Rdnr. 175 bezeichnet die Vorschrift zutreffend deswegen als Anlegerschutzvorschrift.

zuführen.[368] Als Sonderdelikt trifft § 55 KWG nur Geschäftsleiter, auch etwaige faktische Geschäftsleiter. Beihilfe und Anstiftung sind möglich. Die nach allgemeinen Vorschriften bestehende Überlegungsfrist von 3 Wochen steht den Geschäftsleiter eines Institutes nicht zu. Die innere Tatseite verlangt Vorsatz oder Fahrlässigkeit. Auf die nach anderen Vorschriften begründete Kenntnis der Bankenaufsicht kann sich der Anzeigepflichtige nicht berufen, da eine anderweitig erlangte Kenntnis die Garantenpflicht dieses echten Unterlassungsdeliktes nicht beseitigt. Tatmehrheit kann Delikten im Umfeld von Insolvenzstraftaten bestehen, z. B. §§ 266, 283ff StGB.

b) **Finanzinstitute und Finanzdienstleistungsinstitute.** Nach § 46 b Abs. 1 S. 4 KWG hat die BaFin das alleinige Recht, für ein Finanzinstitut Insolvenz anzumelden. Der Insolvenzgrund ist von dem Institut unverzüglich mitzuteilen (§ 46 b Abs. 1 S. 1 KWG. Bei Nichterfüllung dieser Pflicht durch den Geschäftsleiter oder den Inhaber (bei einzelkfm. Institut) macht sich der Verpflichtete wegen Verstoßes gegen die Anzeigepflicht strafbar (§ 55 KWG).

c) **Versicherungsunternehmen, Pensionsfonds.** Eine gleichartige Anzeigepflicht trifft Versicherungsunternehmen und Pensionsfonds (§ 88 Abs. 1 i. V. m. § 113 VAG). Auch deren Geschäftsführer bzw. Geschäftsleiter sind verpflichtet, den Eintritt der Zahlungsunfähigkeit oder Überschuldung unverzüglich zu melden, da sie ansonsten bestraft werden können (§ 141 VAG).

d) **Depotbanken.** Depotbanken haben nach dem DepotG bestimmte Pflichten, z. B. die Pflicht zur getrennten Aufbewahrung nach § 2 DepotG, zu erfüllen. Die Verletzung dieser und anderer gesetzlicher Verpflichtungen kann nach § 37 DepotG zu einer Geld- oder Freiheitsstrafe verurteilt werden. Die Vorschrift ist § 283 StGB nachgebildet.[369] Zwei objektive Bedingungen der Strafbarkeit müssen eintreten:
- das Institut muss seine Zahlungen eingestellt oder über sein Vermögen muss das Insolvenzverfahren eröffnet worden sein und
- der Anspruch des Berechtigten auf Aussonderung der Wertpapiere muss vereitelt oder die Durchführung eines solchen Anspruches muss erschwert worden sein.

---

[368] Erbs/Kohlhaas/*Fuhrmann*, Strafrechtliche Nebengesetze, § 55 KWG Anm. 1.
[369] *Hellmann/Beckemper* Wirtschaftsstrafrecht § 3 Rdnr. 358; Achenbach/Ransiek/*Schröder* X.3 Rdnr. 167 ff.

§ 22 Kapitalmarktrecht

Übersicht

	Rdnr.
I. Kapitalmarktstrafrecht	1–64
1. Kapitalmarktstrafrecht – eine neue Dimension	1–9
2. Das Beratungsfeld	10–13
3. Achtung: ständig geändertes Recht	14/15
4. Einfluss auf den Inhalt von Ermittlungsakten	16/17
5. Das Kapitalmarktmandat	18–25
a) Überraschung und Unerfahrenheit	19/20
b) Vorläufig vollstreckbare Presseurteile	21/22
c) Die Bedrohung mit Reputationsschäden	23–25
6. Kapitalmarktstrafrecht, (k)eine Randerscheinung	26–30
7. Die Regulierung des Wertpapierhandels	31–36
8. Die EU-Richtliniengesetzgebung	37/38
9. Das Komitologieverfahren (Lamfalussy-Verfahren)	39/40
10. Über die Umsetzung der Richtlinien	41–48
11. Regulierung durch die BaFin / Der Emittentenleitfaden	49–51
12. Entwicklungen in der Regulierung	52–55
13. Straftaten mit Kapitalmarktbezug	56–59
14. Zivilrechtliche Aspekte in der Verteidigungsstrategie	60–64
II. Die Kapitalmarktaufsicht	65–269
1. Die Erforderlichkeit anwaltlichen Rates	65–68
2. Die Informationsbestände der Aufsichtsbehörden	69–71
3. Die Mitwirkungspflichten der Beteiligten	72–79
a) Emittentenauskunft durch die BaFin	73
b) Auskunftsersuchen gegen Beteiligte am Wertpapierhandel	74/75
c) Auskunftsersuchen der Handelsüberwachungsstelle	76/77
d) Auskunftsersuchen der Börsenaufsichtsbehörde	78/79
4. Vorerwägungen bei der Mandatsaufnahme	80–82
5. Die Struktur des deutschen Kapitalmarktes	83–86
6. Fremder Sachverstand	87–90
7. Warnhinweis	91
8. Nachweis einer Einwirkung auf den Börsenpreis	92–95
9. Die Börsen in Deutschland	96/97
10. Terminals von Auslandsbörsen in Deutschland	98–100
11. Erreichbarkeit der Länderaufsichtsbehörden	101–106
12. Aufbau der Wertpapier- und Finanzmarktaufsicht	107–119
a) Die Definition der regulierten Märkte in der EU	108
b) Marktbetreiber	109
c) Die regulierten Märkte in der EU	110
d) Die Regulierung der Märkte in Deutschland	111/112
e) Das Regelwerk der Börsen	113–115
f) Handelsdaten im Massengeschäft	116
g) Wandel im Handel	117/118
h) Wandel der Bedeutung des Handels	119
13. Schutzgutdiskussion	120/121
14. Die Rechtsnatur deutscher Börsen	122–137
a) Der Primärmarkt	124/125
b) Der Sekundärmarkt	126
c) Amtlicher und geregelter Markt im Präsenzhandel	127
d) Der Freiverkehr im Präsenzhandel	128/129
e) Pflichten des Antragstellers im Freiverkehr	130–132
f) Prospekte im Freiverkehr	133
g) Börsenpreisfeststellung im Präsenzhandel	134
h) Zugelassene Handelsteilnehmer	135/136
i) Terminhandel auf dem Parkett	137
15. Computerunterstützte Wertpapierhandelssysteme	138–156

a) Die computerunterstützte Präsenzbörse 139/140
b) Computerbörsen 141–143
c) Außerbörsliche elektronische Handelssysteme 144
d) Außerdeutsche Börsen und Handelssysteme mit Terminals in Deutschland .. 145
e) Börsenähnliche Einrichtungen 146–150
f) Multilaterale Handelssysteme (MTF) 151
g) Internethandel 152
h) Der EDV-gesteuerte OTC (Over The Counter) Markt 153/154
i) OTC an der Börse 155/156
16. Die Aufsicht über den Wertpapierhandel 157–161
17. Die Aufgaben der Bundesanstalt für Finanzdienstleistungsaufsicht 162–167
18. Der kurze Rechtshilfeverkehr der BaFin 168–172
19. Aufbewahrung von Verbindungsdaten (§ 16 b WpHG) 173/174
20. Die Kompetenzen der BaFin im Vergleich 175/176
21. Börsenaufsichtsbehörden der Bundesländer 177–180
22. Handelsüberwachungsstellen an den Börsen 181–185
23. Deutsche Prüfstelle für Rechnungslegung 186/187
24. Complianceorganisationen (Compliance Officer) 188–194
25. Insiderverzeichnisse 195–202
26. Die Verdachtsanzeige nach § 10 WpHG 203–221
a) Der Gesetzestext 204/205
b) Die Anzeigepflichten 206–208
c) Inhalt und Form der Verdachtsanzeige 209–214
d) Das Recht auf Verdachtsanzeige 215/216
e) Achtung OWi 217–221
27. Das Datenmaterial der Börsen 222–250
a) Daten über den Börsenhandel 222–236
b) Daten über die zugelassenen Handelsteilnehmer 237/238
c) Daten über die Skontroführer 239
d) Daten über Einzelaktionen im System 240
e) Daten über das Zulassungsverfahren handelbarer Produkte 241/242
f) Wertpapierkennnummer (WKN / I. S.IN) 243–246
g) Weitere Daten des WM Datenservice 247
h) Daten über handelbare Produkte 248–250
28. Das Datenmaterial der BaFin §§ 9, 15 WpHG 251–256
29. Dokumentation von Telefongesprächen („getapte Telefone") 257–263
a) Aufzeichnung im Bankenbereich 258
b) Aufzeichnung im Börsenbereich 259/260
c) Probleme bei vergleichender Auswertung 261–263
30. Börsenusancen 264/265
31. Bekanntmachungen der Geschäftsführung der Börse 266–268
32. Börsenregulierung als anerkannte Marktpraxis 269
III. Der Sanktionsausschuss der Börsen 270–339
1. Die Drohung mit dem Sanktionsausschuss 270/271
2. Der Sanktionsausschuss an der Grenze zum Strafrecht 272–274
3. Vom Ehrenausschuss zum Sanktionsausschuss 275–278
4. Der Sanktionsausschuss im Börsengesetz 279
5. Vereinbarkeit mit Art. 92 GG 280–283
6. Die Praxis der Veröffentlichung von Entscheidungen 284–286
7. Verzicht auf Einrichtung eines Sanktionsausschusses 287–289
8. Die Sanktionsausschussverordnungen 290/291
9. Die Besetzung des Sanktionsausschusses 292
10. Einleitung eines Verfahrens vor dem Sanktionsausschuss 293–295
11. Der Sanktionsrahmen 296–304
12. Das Verfahren vor dem Sanktionsausschuss 305–312
13. Die Verletzung des Anspruchs auf kaufmännisches Vertrauen 313–316
14. Die Spruchpraxis der Sanktionsausschüsse der FWB und der EUREX 317–333
15. Der Sanktionsausschuss im Sanktionensystem 334–338
16. Der Sanktionsausschuss im Schrifttum 339
IV. Manipulation von Börsen- und Marktpreisen 340–516
1. Abschied von einer deutschen Strafrechtskultur 340–346
2. Unrechtskontinuität in der Reform 347–353
3. Das gesetzliche Manipulationsverbot nach dem WpHG 354
4. Präventive und repressive Kompetenzen der BaFin 355
5. Tathandlungen nach der Marktmissbrauchsrichtlinie 356–361

6. Konkretisierung durch die MaKonV	362/363
7. Einwirken auf den Markt	364–366
8. Terminologie in Sachverständigengutachten	367–372
9. Börsenpreis und Marktpreis	373–384
a) Die gesamtgesetzliche Bedeutung des Börsenpreises	374–377
b) Die kapitalmarktbezogene Bedeutung der Preisfeststellung	378/379
c) Legaldefinition und Ermittlung des Börsenpreises	380/381
d) Zustandekommen von Börsenpreisen im elektronischen Handel	382/383
e) Feststellung von Börsenpreisen im Präsenzhandel	384
10. Täuschung über Bewertungserhebliche Umstände	385/386
11. Sonstige Täuschungshandlungen	387–411
a) Sonstige Täuschungshandlungen nach AnsVG und MaKonV	390–394
b) Der verständige Anleger	395
c) Tatsächliche Geschäfte als sonstige Täuschungshandlungen	396
d) Cross-Geschäfte als sonstige Täuschungshandlungen?	397
e) Fehlende wirtschaftliche Relevanz	398
f) Die erlaubten Cross-Geschäfte	399/400
g) Vortäuschung regelkonformen Verhaltens	401/402
h) „Cornern" und „Squeeze" nach der MaKonV	403–407
i) Sonstige Täuschungshandlungen als Anfangsverdacht	408–411
12. Maßnahmen gegen Manipulationsversuche	412–419
a) Die Regulierung des Börsenhandels	413–416
b) Bedeutung der Marktüberwachung	417
c) Drohung mit dem Sanktionsausschuss	418
d) Die Iceberg-Order in Xetra	419
13. Einwirken auf den Börsenpreis	420–431
a) Informationsbezogene Einflussnahme auf die Börsenpreisbildung	422/423
b) Der manipulative Eingriff durch Ad-hoc-Mitteilungen	424
c) Die Bedeutung des Informationsmanagements nach § 15 WpHG	425–428
d) Auswirkung im elektronischen Handel	429
e) Auswirkung im Präsenzhandel	430/431
14. Die Handlungspflichten der Börsengeschäftsführung	432–440
a) Notierungsaussetzung wegen Ad-hoc-Mitteilungen	433–436
b) Die Veröffentlichung außerhalb der Handelszeit	437–440
15. Informationsgestützte Manipulation und presserechtliche Verjährung	441–446
16. Einwirken auf den Börsenpreis durch tatsächliches Handeln	447–460
a) Einwirken auf den Börsenpreis durch manipulierte Aufträge	448
b) Crossgeschäfte im Eigenhandel	449–453
c) Ziele der verdeckten In-Sich-Geschäfte	454–460
17. Manipulation des Derivatenkurses	461
18. Beeinflussung durch Medien	462
19. Gerüchte	463/464
20. Preisbewegung durch Finanzanalysen	465–476
a) Von der Analyse zum Rating	466
b) Bewertung durch Analysten als Insidertatsache	467
c) Offenlegungspflicht von Interessenkonflikten	468
d) Interessenkonflikte bei Eigenhandel	469/470
e) Die Analyse in der Marktmissbrauchsrichtlinie	471
f) Richtlinie zur sachgerechte Darbietung von Anlageempfehlungen	472/473
g) Die Analyse von Finanzinstrumenten nach dem WpHG	474–476
21. Market Corner als Missbrauch	477–480
22. Safe Harbour Regeln	481–485
a) Befreiung von der Veröffentlichungspflicht nach § 15 WpHG	482
b) Abweichung vom Meistausführungspreis bei der Preisfeststellung	483/484
c) Geld- oder währungspolitische Ausnahmen	485
23. Stabilisierungsmaßnahmen	486–488
24. Safe Harbours nach der MaKonV	489–503
a) In keinem Fall strafbar?	492
b) Straftat versus Verwaltungsverstoß	493/494
c) Preisbezogene Grenzen der Stützung	495
d) Stabilisierungsberechtigte	496
e) Zeitliche Befristung der Maßnahmen	497
f) Hinweispflichten	498–501
g) Dokumentationspflichten	502/503
25. Grenzen der Strafbarkeit der Kurspflege	504/505
26. Mehrzuteilungsoption und Greenshoe-Vereinbarung	506–509

27. Aktienrückkaufprogramme	510/511
28. Anerkannte Marktpraxis/Legitime Gründe/Usancen	512–515
29. Kursmanipulation und Insiderhandel	516
V. Insiderstraftaten	517–649
1. Insiderstrafrecht und Marktüberwachung	517–521
2. Die Rückausnahmen von den Verboten (Safe Harbour)	522/523
3. Die Arbeitshypothese der Marktüberwachung	524–528
4. Die Verdachtsstufen bei Insiderermittlungen	529
5. Verdacht einer Insiderstraftat	530–532
6. Besonderheit eines Insiderauftrages	533–535
7. Der Insider und die Information aus der Straftat	536–541
8. Insiderpapiere	542–549
9. Handeln mit Insiderpapieren, Daytrading	550–557
10. Beispielsfälle Insider	558–568
11. Scalping durch Börsenjournalisten	569–572
12. Insiderinformation	573–578
13. Insidereigenschaft und Bekanntwerden	579–581
14. Die Insiderinformation aus der Emittentensphäre	582/583
15. Erheblichkeit der sofort mitzuteilenden neuen Insiderinformation	584–589
16. Die Insiderinformation aus der Händlersphäre	590
17. Die Insiderinformation im Wirkungsbereich des Skontroführers	591–593
18. Die Orderlage als Insiderinformation	594–596
19. Frontrunning	597–606
20. Beispielsfälle	607–611
21. Prognosen als Insiderinformation	612
22. Öffentliches Bekanntwerden	613–620
23. Erheblichkeit der Insidertatsache	621–624
24. Kursbeeinflussungspotential	625
25. Beispiel: Volatile Optionsscheine (aus dem Geld)	626/627
26. Ursachen für Kursschwankungen	628–633
27. Ausnutzen oder Verwenden	634–639
28. Anzeigepflicht bei Insiderverdacht, Verdachtsanzeige	640–643
29. Strafbarkeit des Versuches nach § 38 Abs. 3	644–646
30. Strafbarkeit bei leichtfertiger Unkenntnis nach § 38 Abs. 4	647/648
31. Insiderhandel auch durch Unterlassen?	649
VI. Straftaten nach dem Börsengesetz	650–679
1. Die Verleitung Unerfahrener zu Börsenspekulationsgeschäften	650–652
2. Bedeutung der Strafvorschrift	653–655
3. Der Begriff Unerfahrenheit	656–659
4. Information und Unerfahrenheit	660–663
5. Information und Qualität	664–666
6. Direkt Broker oder „Execution only"	667
7. Verträge über Indexzertifikate und Investmentfondsanteilen	668/669
8. Verhaltensregeln und Organisationspflichten	670/671
9. Verdachtsanzeigen nach § 10 WpHG und Börsenstraftaten	672–674
10. Unerfahrenheit und Cold Calling	675–677
11. Vorsatz	678
12. Die Überwachung der Dienstleister	679
VII. Straftaten nach dem Kreditwesengesetz	680–728
1. Erbringen von Finanzdienstleistungen ohne Erlaubnis	680/681
2. Der Straftatbestand	682–686
3. Erlaubnis für die Erbringung von Finanzdienstleistungen	687/688
4. Erlaubnispflichtige Finanzdienstleistungen	689–693
a) Finanzdienstleidtungen gem. § 1 Abs. 1 a S. 2 KWG	690
b) Grenzziehung zur Erlaubnispflicht	691–693
5. Finanzinstrumente	694–697
6. Die Geschäftstätigkeit	698–710
7. Exkurs: Unerlaubte Bankgeschäfte	711/712
8. Gewerbsmäßigkeit	713/714
9. Achtung: Steuerrecht	715
10. Orderroutingsysteme	716
11. Überwachung durch die BaFin	717
12. Wertpapierdienstleistungs-Prüfungsverordnung	718
13. Vorsatz und Fahrlässigkeit	719
14. Verfolgung unerlaubter Bankgeschäfte und Finanzdienstleistungen	720–723

15. Bankgeheimnisse 724–728
VIII. Kapitalanlagebetrug und sonstige Informationsdelikte 729–811
1. Vorbemerkung 729/730
2. Kapitalmarktstrafrecht im Strafgesetzbuch 731/732
3. Prospektbetrug 733–741
4. Bilanzdelikte in der Praxis und das 10-Punkte-Papier 742–745
5. Strafvorschriften in Zusammenhang mit Marktinformationen 746
6. Besonderheiten der Börse 747–751
7. Falsche Angaben gem. § 399 AktG 752–759
8. Unrichtige Darstellung nach § 400 AktG 760
9. Schutzgut 761
10. Verhältnisse der Gesellschaft 762/763
11. Unrichtigkeit der Wiedergabe 764/765
12. Darstellung oder Übersicht über den Vermögensstand 766–768
13. Täterkreis 769/770
14. Unrichtigkeit und Verschleierung 771/772
15. Bilanzierung in der Praxis 773–779
 a) Bewertung des Vermögens 774
 b) Rückstellungen 775–778
 c) Wert der Gesellschaft 779
16. Verhältnisse der Gesellschaft 780–788
17. Darstellungen und Übersichten 789
18. Das Vorsatzerfordernis 790/791
19. Auswirkungen auf Mitglieder des Vorstands 792
20. Auswirkungen auf Mitglieder des Aufsichtsrates 793
21. Strafrechtliche Verantwortlichkeit des Prüfers 794–796
22. Verletzung der Berichtspflicht 797–799
23. Bedeutung des Prüfauftrages 800–805
24. Verantwortung des Wirtschaftsprüfers 806/807
25. Verschwiegenheitspflicht des Wirtschaftsprüfers 808/809
26. Schlussbemerkung 810/811

Schrifttum: *Achenbach,* Aus der 1999/2000 veröffentlichten Rechtsprechung zum Wirtschaftsstrafrecht, NStZ 2000, 524; *ders.,* Aus der 2003/2004 veröffentlichten Rechtsprechung zum Wirtschaftsstrafrecht, NStZ 2004, 549; *ders.,* Zum Insiderhandelsmissbrauch durch Scalping (§§ 38 I, 14 I Nr. 1, 13 I Nr. 3 WpHG), LG Frankfurt a. M., NJW 2000, 301; *ders.,* Aus der 2003/2004 veröffentlichten Rechtsprechung zum Wirtschaftsstrafrecht, NStZ 2004, 549; *ders./Schröder,* Straflosigkeit des Offenbarens und Verwertens von Millionenkrediten (§§ 55 a, 55 b i. V. m. § 14 KWG, Z. B.B 205, 235; *Altenhain,* Die Neuregelung der Marktpreismanipulation durch das Vierte Finanzmarktförderungsgesetz, BB, 2002, 1874; 310; *Alwart,* Über „Unternehmensstrafrecht", Humboldt Forum Recht, HFR 2000 Beitrag 5, 1; *Assmann,* Das neue deutsche Insiderrecht, ZGR 1994, 494; *ders.,* Insiderrecht und Kreditwirtschaft, Rechtsanwendungsprobleme des Insiderrechts in bezug auf die Organisation und die Geschäfte von Kreditinstituten, WM 1996, 1337; *ders.,* Rechtsanwendungsprobleme des Insiderrechts, AG 1997, 50; *ders.,* Die Mitteilung von Insiderinformationen durch Emittenten gegenüber Analysten und deren Qualifikation als Primär- oder Sekundärinsider, 1997, 54; *ders./Schneider,* Wertpapierhandelsgesetz – Kommentar –2003, 3. Auflage; *ders./Schütze,* Handbuch des Kapitalanlagerechts, 2003; *Bärlein/Pananis/Rehmsmeier,* Spannungsverhältnis zwischen Aussagefreiheit im Strafverfahren und den Mitwirkungspflichten im Verwaltungsverfahren, NJW 2002, 1825; *Barnert,* Deliktischer Schadenersatz bei Kursmanipulation de lege lata und de lege ferenda, WM 2002, 1473; *Beck,* Das neue elektronische Handelssystem Xetra der Frankfurter Wertpapierbörse WM 1998, 417; *Benner,* Konsequenzen der Zentralisierungsbestrebungen der Wertpapiermarktaufsicht, ZRP 2001, 450; *Benner,* Kriminalität im Wertpapierhandel in *Wabnitz/Janovsky* (Hrsg.), Handbuch des Wirtschafts- und Steuerstrafrechts, 2004; *ders.,* Umfangreiche Ermittlungsverfahren in Wirtschaftsstrafsachen, Kriminalistik 2001, 563; *ders.,* Tat-Ort Börse, Wirtschaftsentwicklung im deutschen Rechtsraum, in Bauer, Felder der Rechtsentwicklung, Berlin 2003; *ders.,* Tatort Börse- Eine Bestandsaufnahme in Hinblick auf das Vierte Finanzmarktförderungsgesetz, in BKA, Wirtschaftskriminalität und Korruption, München 2003; *Brandi/Süßmann,* Neue Insiderregeln und Ad-hoc-Publizität – Folgen für Ablauf und Gestaltung von M&A-Transaktionen, AG 2004, 642; *Breitkreuz,* Die Ordnung der Börse – Verwaltungsrechtliche Zentralfragen des Wertpapierhandelswesens-Grundlagen und Praxis des Bank- und Börsenwesens, 2000; *Boos/Fischer/Schulte-Mattler,* Kreditwesengesetz, Kommentar 2000; *Brockhausen,* Kapitalmarktaufsicht in Selbstverwaltung – Voraussetzungen und Bedingungen am Beispiel der Handelsüberwachungsstellen gemäß § 1 Börsengesetz –, WM 1997, 1924; *Brockhausen,* Kapitalmarktaufsicht in Selbstverwaltung – Voraussetzungen und Bedingungen am Beispiel der Handelsüberwachungsstellen gemäß § 1 Börsengesetz –, WM 1997, 1924; *Bücklers,* Bilanzfälschung nach § 331 HGB, Ein Beitrag zu Möglichkeiten und Grenzen des Bilanzstrafrechts, Aachen, 2002; *Büschgen,* Das kleine Börsenlexikon, 2001; *Carrington,* Punitive Damages, The American Tradition Of Private Law Enforcement; auch: Beschluss des Bundesverfassungsgericht vom 25.7.2003, 2 BVR 1198/03, Humboldt Forum Recht, Berlin 2004; *Bundesregierung,* Begründung der Bundesregierung zum Gesetzesentwurf des Zweiten Finanzmarktförderungsgesetzes, BT Drucksache 12/6697, Besonderer Teil zu Art. 2 (Börsengesetz), § 11 (zu § 9); *dies.*, Begründung der Bundesregierung zum Entwurf eines Gesetzes zur weiteren Fortentwicklung des Finanzplatzes Deutschland (Viertes Finanzmarktförderungsgesetz) BT-Drucksache 14/8017, Besonderer Teil zu Art. 1, zu § 20; *Bundestag*, Bericht des Finanzausschusses BT Drucksache 14/8601 zu dem Gesetzentwurf der Bundesregierung eines Gesetzes zur weiteren Fortentwicklung des Finanzplatzes Deutschland (Viertes Finanzmarktförderungsgesetz), Einzelbegründung zu Art. 1, zu § 20 Abs. 2 (neu); *Chan*, Grenzen des Markt- und Anlegerschutzes durch das WpHG, ZHR 1998, 1; *Claussen*, Bank- und Börsenrecht, 2000; *ders./Schwark*, Insiderrecht für Finanzanalysten, 1997; C & L Deutsche Revision (Hrsg.), 6. KWG-Novelle und neuer Grundsatz I, Kommentierung und Originaltexte, 1996; *Cohn*, Alternative Handelssysteme – Ein Beitrag zur Neufassung der §§ 58 ff. BörsG, Z. B.B, 2002, 365; *Cramer*, Strafrechtliche Probleme des Insiderhandelsverbots, insbesondere Beihilfe zur fremden Insiderstraftat, AG 1997, S. 59; *Cramer/Cramer*, Anwaltshandbuch-Strafrecht, 2002; *Diekmann/Sustmann*, Gesetz zur Verbesserung des Anlegerschutzes (Anlegerschutzverbesserungsgesetz – AnSVG), NZG 2004, 929; *Dixon/Kroeger*, Der Sarbanes-Oxly Act of 2002, Der Syndikus 2002, 7; *Doster*, Strafrechtliche Ermittlungsverfahren gegen Bankmitarbeiter wegen des Verdachts der Untreue, WM 2001, 333; *Dreyling*, Die Erfahrungen des Bundesaufsichtsamtes für den Wertpapierhandel bei der Verfolgung von Insidern, 1997; *Dreyling/Schäfer*, Insiderrecht und Ad-hoc-Publizität, 2001; *Edelmann*, Haftung von Vorstandsmitgliedern für fehlerhafte Ad-hoc-Mitteilungen – Besprechung der Infomatec-Urteile des BGH, DB 2004, 2031; *Eichelberger*, Anmerkung zu LG München I, Urteil vom 21.11.2002 – 6 KLs 305 Js 34 066/02; EuZW 2004, 291; *Eichelberger*, Zur Verfassungsmäßigkeit von § 20 a WpHG, Z. B.B 2004, 296; *ders.*, Scalping – ein Insiderdelikt? WM 2003, 2121; *ders.*, Scalping – ein Insiderdelikt? WM 2003, 2121; *Eichele*, Finanzanalysten und Wirtschaftsjournalisten als Primärinsider, WM 1997, 501; *Ekkenga*, Kurspflege und Kursmanipulation nach geltendem und künftigem Recht, WM 2000, 317; *von Falkenhausen/Widder*, Die Weitergabe von Insiderinformationen innerhalb einer Rechtsanwalts-, Wirtschaftsprüfer- oder Steuerberatersozietät, BB 2004, 165; *dies.*, Die befugte Weitergabe von Insiderinformationen nach dem Anlegerschutzverbesserungsgesetz, BB 2005, 225; *Fett*, Rechtsschutz gegen schlicht-hoheitliches Verwaltungshandeln am Beispiel der Bank- und Versicherungsaufsicht, WM 1999, 613; *Feigen/Livonius*, Wenn strafrechtliche Ermittlungen drohen – Ein Kurzbericht aus der Praxis, ZIP 2004, 889; *Ferlings/Lanfermann*, Unabhängigkeit von deutschen Abschlussprüfern nach Verabschiedung des Sarbanes-Oxley Acts, DB 2002, 2117; *Fleischer*, Kapitalmarktrechtliche Schadensersatzhaftung und Kurseinbrüche an der Börse, AH 2002, 329; *ders.*, Marktschutzvereinbarungen beim Börsengang – Eine Bestandsaufnahme nach dem Vierten Finanzmarktförderungsgesetz –, WM 2002, 2305; *ders.*, Das Haffa-Urteil: Kapitalmarktstrafrecht auf dem Prüfstand, NJW 2003, 2584; *ders.*, Scalping zwischen Insiderdelikt und Kursmanipulation – Zugleich Anmerkung zum BGH-Urteil vom 6.11.2003 – 1 StR 24/03, Der Betrieb 2004, 51; *ders.*, Bestellungshindernisse und Tätigkeitsverbote von Geschäftsleitern im Aktien-, Bank- und Kapitalmarktrecht WM 2004, 157; *ders.*, Die persönliche Haftung der Organmitglieder für kapitalmarktbezogene Falschinformation BKR 2003, 608; *ders.*, Prospektpflicht und Prospekthaftung für Vermögensanlagen des Grauen Kapitalmarkts nach dem Anlegerschutzverbesserungsgesetz, BKR 2004, 339; *ders.*, Zur Haftung bei fehlendem Verkaufsprospekt im deutschen und US-amerikanischen Kapitalmarktrecht, WM 2004, 1897; *ders./Merkt*, Empfiehlt es sich, im Interesse des Anlegerschutzes und zur Förderung des Finanzplatzes Deutschland das Kapitalmarkt- und Börsenrecht neu zu regeln?, 2002; *Franzheim*, Beweisverbote bei Erkenntnissen der Eigenüberwachung, NJW 1990, 2049; *Fuchs/Dühn*, Deliktische Schadensersatzhaftung für falsche Ad-hoc-Mitteilungen, BKR 2002, 1063; *Fülbier*, Regulierung der Ad-hoc-Publizität, Ein Beitrag zu ökonomischen Analyse des Rechts, Bochumer Beiträge zur Unternehmensführung und Unternehmensforschung, Band 55 (Gabler); *Fürhoff*, Insiderrechtliche Behandlung von Aktienoptionsprogrammen und Management Buy-Outs, AG 1998, 83; *ders./Schuster*, Entwicklung des Kapitalmarktaufsichtsrechts im Jahr 2002, BKR 2003, 134; *Gaede/Mühlbauer*, Wirtschaftsstrafrecht zwischen europäischem Primärrecht, Verfassungsrecht und der richtlinienkonformen Auslegung am Beispiel des Scalping, wistra 2005, 9; *Ganzer/Borsch*, Quartalsberichte und die Zulassung zum „Prime-Standard" des amtlichen Markts, BKR 20038 *Geerlings*, Staatshaftung und Bankenaufsicht in Deutschland – Ein Rechtsvergleich mit England und den Vereinigten Staaten –, BKR 2003, 889; *Geiger*, Strafrechtsharmonisierung aus Luxemburg? EuZW 2002, 705; *Gehrke*, Erste Erfahrungen mit der KuMaKV aus der Sicht der Praxis, in: *von Rosen, Rüdiger* (Hrsg.): Aktienmarkt und Marktmanipulation, Studien des Deutschen Aktieninstituts, Heft 27, S. 50; *Geibel*, in *Schäfer* (Hrsg.), Wertpapierhandelsgesetz, Börsengesetz mit BörsZulV, Verkaufsprospektgesetz mit VerkProspV, 1999; *Glebovskiy*, Wirtschaftskriminalität: Nutzung von derivaten Finanzinstrumenten (Derivate) zur Geldwäsche in Deutschland (Diplomarbeit), Hamburg 2004; *Grimme/v. Buttlar* Neue Entwicklungen in der Ad-hoc-Publizität – Vom Vierten Finanzmarktförderungsgesetz zur Marktmissbrauchsrichtlinie–, WM 2003, 901; *Groß*, Bookbuilding, ZHR 1998, 318; *ders.*, Kapitalmarktrecht – Kommentar zum Börsengesetz, zur Börsenzulassungs-Verordnung, zum Verkaufsprospektgesetz und zur Verkaufsprospekt-Verordnung, 2000; *Groß*, Kapitalmarktrecht – Kommentar zum Börsengesetz, zur Börsenzulassungs-Verordnung, zum Verkaufsprospektgesetz und zur Verkaufsprospekt-Verordnung, 2002; *Große Vorholt*, Management und Wirtschaftsstrafrecht, 2001; *Grub*, Börsenzulassung und Insolvenz, BB 2004, 1397; *Gruson/Wiegmann*, Die Ad-hoc-Publizitätspflicht nach amerikanischem Recht und die Auslegung nach § 15 WpHG, AG 1995, 173; *Hafke*, Schadensersatzansprüche gegen die Bankenaufsicht?, ZfgKW 2002, 1000; *Hagemeister*, Die neue Bundesanstalt für Finanzdienstleistungsaufsicht, WM 2002, 1773; *Hammen*, Börsen- und kreditwesengesetzliche Aufsicht über börsenähnliche Handelssysteme, Wertpapierbörsen und Börsenträger, WM 2001, 929; *ders.*, Pakethandel und Insiderhandelsverbot, WM 2004, 1753; *Haouache*, Börsenaufsicht durch Strafrecht, 1996; *Harrer/Grimm*, Zulässigkeit von Kursstabilisierungsmaßnahmen beim Accelerated Bookbuilding, Finanz Betrieb 2006, 178; *Hasselbach*, Die Weitergabe von Insiderinformationen bei M&A-

Transaktionen mit börsennotierten Aktiengesellschaften – Unter Berücksichtigung des Gesetzes zur Verbesserung des Anlegerschutzes vom 28.10.2004, NZG 2004, 1087; *Heilmann/Läger/Oehler,* Informationsaggregation, Insiderhandel und Liquidität in experimentellen Call Markets, Z. B.B, 2000, 361; *Hettinger* (Hrsg.), Reform des Sanktionenrechts, Band 3 Verbandsstrafe, 2002; *Hellgardt,* Fehlerhafte Ad-hoc-Publizität als strafbare Marktmanipulation, ZIP 2005, 2000; *Hetzer,* Wirtschaft und Kriminalität – Kriminalpolitische Betrachtungen zu Unternehmerschaft und Täterschaft, Kriminalistik 1999, 570; *ders.,* Schuldlose Sanktionssubjekte? – Unternehmenskriminalität und Verbandsstrafe – wistra, 1999, 361; *ders.,* Verbandsstrafe: Dogma und Defizit, ZFIS 1999, 212; *Hild,* Grenzen einer strafrechtlichen Regulierung des Kapitalmarktes – eine kriminalrechtliche Untersuchung von Börsengängen und Aktienhandel am Neuen Markt und der Nasdaq, Frankfurt, 2003; *Hildner,* Aspekte des Anlagebetruges im staatsanwaltschaftlichen Ermittlungsverfahren WM 2004, 1068; *Hippel,* Live from the SEC – Zur Umsetzung des Sarbanes-Oxley Act BKR 2002, 929; *Hirte,* Zusammenfassung des GRÜNBUCHS zum strafrechlichen Schutz der finanziellen Interessen der Europäischen Gemeinschaft und zu Schaffung einer Europäischen Staatsanwaltschaft KOM (2001) 715 Brüssel, 2001; *Holzborn/Israel,* Das Anlegerschutzgesetz – Die Veränderungen im WpHG, VerkProspG und BörsG und ihre Auswirkungen in der Praxis –, WM 2004, 1948; *Hoppmann,* Europäische Börsenaufsicht, EWS Heft 1999, 204; *Hüffer,* Aktiengesetz, 1999; *Kaiser,* Die Sanktionierung von Insiderverstößen und das Problem der Kursmanipulation, WM 1997, 1557; *Kempf,* Sanktionen gegen juristische Personen und Gesellschaften, KJ 2003, 462; *von Keussler,* Vom Grauen zum Weißen Kapitalmarkt, 2001; *Klaffke,* Anlagebetrug am Grauen Kapitalmarkt, 2002; *Kiehte,* Strafrechtlicher Anlegerschutz durch § 400 I Nr. 1 AktG – Zugleich Besprechung von LG München I, Urteil vom 8.4.2003 – 4 KLs 305 Js 52 373/00 (EM.TV), NStZ 2004, 73; *ders.,* Die zivil- und strafrechtliche Haftung von Aufsichtsräten für Geschäftsrisiken, WM 2005, 2122; *ders./Groeschke/Hohmann,* Die Vermögenszurückgewinnung beim Anlagebetrug im Spannungsverhältnis zu Insolvenzverordnung ZIP 2003, 185; *Knabe/Mika/Müller/Rätsch/Schruff/Wienand,* Zur Beurteilung des Fraud-Risikos im Rahmen der Abschlussprüfung, WP 2004, 1057; *Knauth,* Kapitalanlagenbetrug und Börsendelikte im zweiten Gesetz zur Bekämpfung der Wirtschaftskriminalität, NJW 1987, 28; *Koch,* Die „fahrlässigen Falschanzeige" – oder: Strafrechtliche Risiken der Anzeigeerstattung, NJW 2005, 943; *Kondring,* Zur Anwendung deutschen Insiderstrafrechts auf Sachverhalte mit Auslandsberührung, WM 1998, 1370; *Koslowski,* Ethik der Banken und der Börsen, 1997; *Kramer,* Strafbewehrte Vermögensbetreuungspflicht des Alleingesellschafters und seiner Organe zu Gunsten der abhängigen GmbH? – Zugleich Anmerkung zu BGH, Urteil vom 17.9.2001 = WM 2001, 2062 (Bremer Vulkan) – WM 2004, 305; *Krammig/Gramlich,* Modelle (teil)integrierter Finanzmarktaufsicht in Europa – in der Schweiz und anderswo, WM 2004, 1657; *Kümpel,* Zur öffentlichrechtlichen Organisation der deutschen Wertpapierbörsen, BKR 2003, 3; *ders.,* Bank- und Kapitalmarktrecht, 1995; *ders.,* Zum Begriff der Insidertatsache, WM 1994, 2137; *ders.,* Insiderrecht und Ad hoc-Publizität aus Bankensicht, WM 1996, 653; *ders.,* Zum Begriff der Insidertatsache, WM 1994, 2137; *ders.,* Insiderrecht und Ad hoc–Publizität aus Bankensicht, WM 1996, 653; *ders./Hammen/Ekkenga,* Kapitalmarktrecht – Handbuch für die Praxis, Band I und Band II, 1971; *Küting,* Wer wacht über die Wächter? BB, 2002, 1; *Kurth,* Erläuterungen zur Sanktionsausschussverordnung, in: *Kümpel/Hammen/Ekkenga* (Hrsg.), Kapitalmarktrecht, 455; *ders.,* Überregionalität des deutschen Börsenhandels und die Kompetenzen der Aufsichtsbehörden der Länder, ZfgKW 1998, 553; *ders.,* Handlungsbefugnisse der Landesverwaltung bei Börsenaufsicht und -zulassung, ZfgKW 1998, 618; *Kümpel,* Bank- und Kapitalmarktrecht, 1995; *Kurth,* Erläuterungen zur Sanktionsausschussverordnung in *Kümpel/Hammen/Ekkenga,* Kapitalmarktrecht, 515; *Kuthe,* Änderungen des Kapitalmarktrechts durch das Anlegerschutzverbesserungsgesetz, ZIP 2004, 883; *Lamberti,* Anforderungen an Börsen aus Sicht einer internationalen Bank, Kreditwesen 2003, 506; *Lange,* Neue Entwicklung im US-amerikanischen Insiderrecht – Supreme Court bestätigt misappropriation theory – WM 1998, 525; *Leisch,* Vorstandshaftung für falsche Ad-hoc-Mitteilungen – ein höchstrichterlicher Beitrag zur Stärkung des Finanzplatzes Deutschland, ZIP 2004,1573; *Lenenbach,* One-Digit-damages: U. S. Supreme Court präzisiert und verschärft verfassungsrechtliche Schranken von punitive damages, WM 2003, 2398; *ders.,* Kapitalmarkt- und Börsenrecht, Köln, 2002; *Lenenbach,* Kapitalmarkt- und Börsenrecht, 2002; *Lenzen,* Unerlaubte Eingriffe in die Börsenkursbildung, 2000; *ders.,* Das neue Recht der Kursmanipulation, Z. B.B 2002, 279; *ders.,* Verbot der Kurs- Marktpreismanipulation im Referenten-Entwurf für das 4. Finanzmarktförderungsgesetz, FB2001, 603; *Leppert/Stürwald,* Die insiderrechtlichen Regelungen des Vorschlags für eine Marktmissbrauchsrichtlinie und der Stand der Umsetzung im deutschen Wertpapierhandelsrecht, Z. B.B 2002, 90; *Liebel,* Täter-Opfer-Interaktion bei Kapitalanlagebetrug, 2002; *Loesche,* Die Eignung zur erheblichen Kursbeeinflussung in den Insiderverboten des Wertpapierhandelsgesetzes, 1998; *ders.,* Die Erheblichkeit der Kursbeeinflussung in den Insiderhandelsverboten des Wertpapierhandelsgesetzes, WM 1998, 1849; *Loistl* Finanzanalysten als Investorenvertreter und Insiderproblematik. Kurserheblichkeit als essentielles Tatbestandsmerkmal, 1997; *Loritz,* Haftung im Medienbereich bei vorsätzlich falsche Berichterstattung über Kapitalanlageprodukte, WM 2004, 957; *Ludwig,* Alternative-Trading-Systems als Zukunftsvision?, Kreditwesen 2003, 515; *Lücker,* Der Straftatbestand des Missbrauchs von Insiderinformationen nach dem Wertpapierhandelsgesetz (WpHG), 1998; *Lutter,* Corporate Governance und ihre unerlaubten oder schwerwiegenden Probleme, vor allem: Vorstandsvergütung und ihre Schranken, ZIP 2003, 737; *Magnus,* Ein einheitliches Deliktsrecht für Europa?, EWS 2004, 105; *Merkt/Rossbach,* Zur Einführung: Kapitalmarktrecht, JuS 2003, 217; *Meitner/Hüfner/Kleff/Lehmann/Lüders,* Bilanzskandale und Börsencrashs: Neue Herausforderungen an die Aktienanalyse, FB 2002, 537; *Meixner,* Neuerungen im Bankenaufsichts- und Kapitalmarktrecht, NJW 1998, 862; *Meyer,* Der „Greenshoe" und das Urteil des Kammergerichts – Neue Erkenntnissen bei der Ausgestaltung von Aktienplatzierungen, 2002, 1106; *Michalke,* Die Verwertbarkeit von Erkenntnissen der Eigenüberwachung zu Beweiszwecken im Straf- und Ordnungswidrigkeitenverfahren, NJW 1990, 417; *Minoggio,* Das Wirtschaftsunternehmen als Nebenbeteiligter im

Ermittlungsverfahren, 2003; *ders.*, Firmenverteidigung, Die Vertretung von Unternehmensinteressen im Straf- und OWi-Verfahren, Bonn, 2005; *Möller,* Die Neuregelung des Verbots der Kurs- und Marktpreismanipulation im Vierten Finanzmarktförderungsgesetz, WM 2002, 309; *Möllers/Leisch,* Haftung von Vorständen gegenüber Anlegern wegen fehlerhafter Ad-hoc-Meldungen nach § 826 BGB, WM 2001, 1648; *dies.,* Schaden und Kausalität im Rahmen der neu geschaffenen §§ 37 b und 37 c WpHG, BKR 2002, 1071; *dies./Franz,* Schadensersatzansprüche wegen fehlerhafter Ad-hoc-Mitteilungen, BKR 2001, 78; *Moosmayer,* Straf- und bußgeldrechtliche Regelungen im Entwurf eines Vierten Finanzmarktförderungsgesetzes, wistra 2002, 161; *Müller,* Insiderrechtliche Mitwirkungspflichten der Kreditinstitute im Lichte des nemo-tenetur-Grundsatzes, wistra, 2001, S. 67; *Müller-Guggenberger* (Hrsg.)Wirtschaftsstrafrecht, 3. Auflage, 2000; *Mues,* Die Börse als Unternehmen, 1999; *Newkirk,* Aktuelle Fälle für die Börsenaufsicht, in BKA, Wirtschaftskriminalität und Korruption, München 2003; *Pananis,* Zur Abgrenzung von Insidertatsache und ad-hoc-publizitätspflichtigem Sachverhalt bei mehrstufigen Entscheidungsprozessen, WM 1997, 460; *Pananis,* Wertpapierhandelsgesetz, Insiderhandelsverbote, in Cramer/Cramer, Anwaltshandbuch-Strafrecht, 2002; *ders.,* Insidertatsache und Primärinsider, Eine Untersuchung zu den Zentralbegriffen des § 13 WpHG, 1998; *ders.,* Anmerkung zu BGH, Urteil vom 6.11.2003 – 1 StR 24/03; Kurs- und Marktpreismanipulation durch „Scalping", NStZ 2004, 285; *Park,* Kapitalmarktstrafrechtliche Neuerungen des Vierten Finanzmarktförderungsgesetzes, BB 2003, 1513; *ders.* (Hrsg.), Kapitalmarktstrafrecht, 2004; *Pluskat,* Der Schutz des Anlegerpublikums bei Veröffentlichung unwahrer Tatsachen, FB2002, 235; *Quick,* Geheimhaltungspflicht des Abschlussprüfers: Strafrechtliche Konsequenzen bei Verletzung, Betriebs-Berater 2004, 1490; *Reiner,* Daytrading im Niemandsland zwischen Kassa- und Termingeschäft, Z. B.B 2002, 211; *Reischauer/Kleinhans,* Kreditwesengesetz Kommentar; Lose Blatt Sammlung, 2004; *Repplinger,* Stand der Durchführungsbestimmungen der Marktmissbrauchsrichtlinie, in: *von Rosen, Rüdiger (Hrsg.):* Aktienmarkt und Marktmanipulation, Studien des Deutschen Aktieninstituts, Heft 27, S. 102; *Rochus,* Betrügerischer Handel mit Rohstoffoptionen, NJW 1981, 736; *Rössner/Bolkart,* Schadensersatz bei Verstoß gegen Ad-hoc-Publizitätspflichten nach dem 4. Finanzmarktförderungsgesetz, ZIP 2002, 1471; *von Rosen,* Allfinanzaufsicht – die reorganisierte Wacht an Rhein und Main als Garant für neues Anlegervertrauen, ZfgKW 2002, 634; *ders.,* Aktienoptionen für Führungskräfte und Insiderrecht, WM 1998, 1810; *Rückert/Kuthe,* Entwurf einer Verordnung zur Konkretisierung des Verbotes der Kurs- und Marktpreismanipulation BKR 2003, 647; *Rudolph,* Viertes Finanzmarktförderungsgesetz – ist der Name Programm? Bilanzrecht und Betriebswirtschaft, 2002, 1036; *Schäfer,* Wertpapierhandelsgesetz, Börsengesetz mit BörsZulV, Verkaufsprospektgesetz mit VerkProspV, 1999; *Scheu,* Das Börsenstrafrecht und seine Reform, 1974; *Schleicher,* Eurex-Geschäfte – aufsichtsrechtliche Anforderungen, ZfgKW 2001, 118; *Schlüter,* Wertpapierhandelsrecht – Handbuch für Banken und Finanzdienstleistungsinstitute, 2000; *Schmidt-Diemitz,* Pakethandel und das Weitergabeverbot von Insiderwissen, DB, 1996, 1809; *Schmitz,* Aktuelles zum Kursbetrug gemäß § 88 BörsG, wistra 2002, 208; *Schneider,* Compliance als Aufgabe der Unternehmensleitung, ZIP 2003, 645; *Schneider/Burgard,* Scalping als Insiderstraftat, ZIP 1999, 381; *ders./v. Buttlar,* Die Führung von Insiderverzeichnissen: Neue Compliance Verpflichtungen für Emittenten, ZIP 2004, 1621; *Scholz,* Strafbarkeit juristischer Personen? ZRP 2000, 435; *Schröder,* Aktienhandel und Strafrecht, 1994; *ders.,* Aktienhandel und Strafrecht: Börseneinführung und Handel von Aktien und Optionsscheinen auf Aktien aus strafrechtlicher Sicht, Die Deutsche Bibliothek, 129; *ders.,* Europäische Richtlinien und deutsches Strafrecht, Berlin 2002; *ders.,* Strafbares Insiderhandeln von Organvertretern einer AG nach geltendem und neuem Recht, NJW 1994, 2879; *ders./Hansen,* Die Ermittlungsbefugnisse der BaFin nach § 44 c KWG und ihr Verhältnis zum Strafprozessrecht, Z. B.B 2/03, 113; *Schwark,* Börsengesetz – Kommentar, 1994; *Schwark* (Hrsg.), Kapitalmarktrechtskommentar, 2004; *ders.,* Kurs- und Marktpreismanipulation, in Bankrecht und Kapitalmarktrecht in der Entwicklung, Festschrift für Kümpel, 2003; *ders./Claussen,* Insiderrecht für Finanzanalysten, 1997; *Schwark* (Hrsg.), Kapitalmarktrechtskommentar, 2004; *Schwarze,* Die Orderlage im Skontro eines Börsenmaklers als Insidertatsache, WM 1997, 1564; *Schwintek,* Die Anzeigepflicht bei Verdacht von Insidergeschäften und Marktmanipulation nach § 10 WpHG, WM 2005, 861; *Seeger,* Insiderhandel am deutschen Aktienmarkt – Eine empirische Untersuchung von Existenz und Erkennbarkeit, 1998; *Segna,* Die Rechtsform deutscher Wertpapierbörsen, Z. B.B 1999, 144; *Seifert/Voth,* Krise des Kapitalismus und Neuorientierung der Wirtschaftspolitik, FAZ Institut 9/2002; *Siebel,* Insidergeschäfte mit Anleihen BKR 2002, 795; *Siebold,* Das neue Insiderrecht: von der freiwilligen Selbstkontrolle zum internationalen Standard, Die Deutsche Bibliothek, 102; *ders.,* Das neue Insiderrecht – Von der freiwilligen Selbstkontrolle zum internationalen Standard, 1994; *Sorgenfrei,* Zum Verbot der Kurs- oder Marktpreismanipulation nach dem 4. Finanzmarktförderungsgesetz, wistra 2002, 321; *Spindler,* Kapitalmarktreform in Permanenz – Das Anlegerschutzverbesserungsgesetz, NJW 2004, 3449; *ders.,* Persönliche Haftung der Organmitglieder für Falschinformation des Kapitalmarktes – de lege lata und de lege ferenda –, WM 2004, 2089; *ders./Christoph,* Die Entwicklung des Kapitalmarktrechts in den Jahren 2003/2004 BB 2004, 2197; *Steidle/Waldeck,* Die Pflicht zur Führung von Insiderverzeichnissen unter dem Blickwinkel der informationellen Selbstbestimmung, WM 2005, 868; *Stein,* Die rechtsmissbräuchliche Strafanzeige, Betriebs-Berater 2004, 1961; *Steinhauer,* Insiderhandelsverbot und Ad-hoc-Publizität, 1999; *Steinherr/Steinmann Olbrich,* Die U.S.-Sentencing Commission Guidelines – Eine Dokumentation, 1997; *Streinz/Ohler,* § 20 a WpHG in rechtsstaatlicher Perspektive – Europa- und verfassungsrechtliche Anforderungen an das Verbot von Kurs- und Marktpreismanipulationen, WM 2004, 1309; *Süßmann,* Insiderhandel – Erfahrungen aus der Sicht des Bundesaufsichtsamtes für den Wertpapierhandel, AG 1997, S. 63; *Szagunn/Haug,* Gesetz über das Kreditwesen, 1996; *Tiedemann,* Strafbarkeit des Offenbarens und Verwertens von Bundesbankangaben nach § 55 a, 55 b KWG, Z. B.B 2005, 190; *Trüstedt,* Das Verbot von Börsenkursmanipulationen vor und nach Erlass des 4. Finanzmarktförderungsgesetzes, 2004; *Vaupel,* Zum Tatbestand der erheblichen Kursbeeinflussung bei der Ad-hoc Publizität, WM 1999, 521; *ders./Uhl,* Insiderrechtliche Aspekte bei der Übernahme börsennotierter Unternehmen, WM 2003, 2126; *Verrel,* Nemo tenetur – Rekonstruktion eines Verfahrensgrundsatzes, NStZ 1997, 361 (1. Teil) und 415 (2. Teil); *Vogel,* Kurspflege: Zulässige Kurs- und Marktpreisstabilisierung oder straf- bzw. ahndbare Kurs- und Marktpreismanipulation? WM 2003, 2437; *ders.,* Safe Harbour: Abgrenzung von zulässiger Kurs- und Marktpreisstabilisierung zu straf- bzw. ahndbarer Kurs- und Marktpreismanipulation, in: *von Rosen* (Hrsg.): Aktienmarkt und Marktmanipulation, Studien des Deutschen Aktieninstituts, Heft 27, S. 22; *ders.,* Scalping als Kurs- und Marktpreismanipulation – Besprechung von BGH, Urteil vom 6.11.2003 – 1 StR 24/03, NStZ 2004, 252; *Volk,* Die Strafbarkeit von Absichten im Insiderhandelsrecht, Betriebs-Berater, 54, 66; *ders.,* Scalping strafbar? ZIP 1999, 787; *von Hagen/von Stein,* Geld-, Bank- und Börsenwesen, 2000; *von Keussler,* Vom Grauen zum Weißen Kapitalmarkt, 2001; *Wagner,* Beeinflusste Presseberichterstattungen der Branchen- und Wirtschaftspresse und ihre Folgen am Kapitalanlagemarkt – Haftungs- und strafrechtliche Risiken als Kehrseite der Pressefreiheit? –, WM 2003, 1158; *Wallau,* Anmerkung zu LG München I, Urteil vom 8.4.2003 – 4 KLs 305 Js 53 373/00 (EM.TV); Abgabe unrichtiger Ad-hoc-Mitteilungen, NStZ 2004, 289; *Walter,* Die Terminspekulation mit Optionen auf Waren, Devisen, Indices und Finanzkontrakte, 1989; *Weber,* Die Entwicklung des Kapitalmarktrechts 1998-2000: Organisation, Emission und Vertrieb, NJW 2000, 2061; *ders.,* Die Entwicklung des Kapitalmarktrechts 1998-2000: Publizität, Insiderrecht und Kapitalmarktaufsicht, NJW 2000, 3461; *ders.,* Kursmanipulation am Wertpapiermarkt, NGZ 2000; *Weber,* Die Entwicklung des Kapitalmarktrechts 2001/2002, NJW 2003, 18; *ders.,* Die Entwicklung des Kapitalmarktrechts im Jahre 2003, NJW 2004, 28; *ders.,* Die Entwicklung des Kapitalmarktrechts im Jahre 2004, NJW 2004, 3674; *ders.,* Konkretisierung des Verbotes der Kurs- und Marktpreismanipulation NZG 2004, 23; *Wegner,* Ist § 30 OWIG tatsächlich der „Königsweg" in den Banken-Strafverfahren? NJW 2001, 1979; *Weisgerber/Jütten,* Das Zweite Finanzmarktförderungsgesetz, 1995; *ders./Baur,* Das Dritte Finanzmarktförderungsgesetz, 1998; *ders./Baur/Wagner,* Das Vierte Finanzmarktförderungsgesetz, 2002; *Weiß,* Aktienoptionsprogramme nach dem KonTraG, WM 1999, 353; *Wessing,* Strafbarkeitsgefährdung für Berater, NJW 2003, 2265; *Widder,* Scalping, BB 2004, 15; *Wölk,* Ad hoc-Publizität – Erfahrungen aus der Sicht des Bundesaufsichtsamtes für den Wertpapierhandel, AG 1997, S. 73; *Wolf, Margaretha,* Anlegerschutz und Förderung des Finanzplatzes Deutschland – Notwendigkeit der Reform des Kapitalmarkt- und Börsenrechts? WM 2001, 557; *Wolf, Tatjana,* Rechtsanwendungsprobleme des neuen Insiderstraftatbestandes mit Vergleichen zu US-amerikanischen und Schweizer Lösungsansetzen, Konstanz 1999; *Worms,* Anlegerschutz durch Strafrecht, 1987; *Ziemons,* Neuerungen im Insiderrecht und bei der Ad-hoc-Publizität durch die Marktmissbrauchsrichtlinie und das Gesetz zur Verbesserung des Anlegerschutzes, NZG 2004, 537; *Ziouvas,* Vom Börsen- zum Kapitalmarktstrafrecht? – Zur Strafschutzbedürftigkeit des außerbörslichen Kapitalmarktes auf der Grundlage der Neuregelung des Kursmanipulationsverbots – wistra 2003, 13; *ders.,* Das neue Recht gegen Kurs- und Marktpreismanipulation im 4. Finanzmarktförderungsgesetz, ZGR 2003, 113; *ders./Walter,* Das neue Börsenstrafrecht mit Blick auf das Europarecht – zur Reform des § 88 BörsG -WM 2002, 1483.

I. Kapitalmarktstrafrecht

1. Kapitalmarktstrafrecht – eine neue Dimension

1   Und wieder greift der Gesetzgeber zum Strafrecht, um sanktionierend in wirtschaftliche Vorgänge einzugreifen. Erst schafft er Märkte und umschreibt die notwendigen und zulässigen wirtschaftlichen Abläufe, dann reguliert er die Nutzung der Märkte und definiert verbotene Eingriffe. Verstöße gegen diese Verbote nennt er Marktmissbrauch und schafft zu dessen Bekämpfung eigenständiges Sanktionenrecht, hochdotiertes Ordnungswidrigkeitenrecht und Strafandrohungen. Nicht aus eigener Rechtskultur und Überzeugung, die Europäische Union plant Großes.[1] Europa soll für den interkontinentalen Wettbewerb um das Kapital gerüstet werden. In immer schnellerem Takt folgen kapitalmarktbezogene EU-Richtlinien, für deren Einhaltung die Mitgliedstaaten Sorge tragen sollen. Die Mitgliedstaaten werden verpflichtet Sanktionen vorzusehen, die **„wirksam, verhältnismäßig und abschreckend"**[2] sein sollen.

2   Das ineinander greifende Sanktionenrecht hat noch keine eindeutigen Grenzen herausgebildet. Verwaltungsrechtliche Pflichten aus Zulassungsbescheiden, gesetzliche Datensammlungs- und Auskunftspflichten sowie Gesprächsaufzeichnungspflichten stehen dem Grundsatz gegenüber, dass niemand verpflichtet ist, sich selbst anzuklagen (nemo tenetur se ipsum

---

[1] Mitteilung der Kommission an den Rat und das Europäische Parlament über die Verhütung und Bekämpfung von Unternehmens- und Finanzdelikten v. 27.9.2004, KOM (2004)611; Grünbuch v. 3.5.2005, Weißbuch v. 6.12.2005 KOM (2005) 629 endg.; Ratsdok. 15345/05; BR Drs. 875/05. zur Finanzdienstleistungspolitik.
[2] Siehe unten, I,9.

accusare).³ Selbstständige Überwachungsorgane innerhalb der Börsen, Compliance Officer in den finanzdienstleistenden Unternehmen, die Einrichtung und Aufrüstung der Bundesanstalt für Finanzdienstleistungsaufsicht sollen die Durchsetzung der Regeln sicherstellen. Federführend ist überwiegend das Bundesfinanzministerium, teilweise das Wirtschaftsministerium – die Strafvorschriften sind daher mit besonderer Sorgfalt zu genießen!

Bei „Verdachtsfällen" ist mit § 10 WpHG eine Anzeigepflicht für Wertpapierdienstleistungsunternehmen bußgeldgestützt normiert worden.⁴

Wertpapierdienstleistungsunternehmen, andere Kreditinstitute und Betreiber von außerbörslichen Märkten, an denen Finanzinstrumente gehandelt werden, haben bei der Feststellung von Tatsachen, die den Verdacht begründen, dass mit einem Geschäft über Finanzinstrumente gegen ein Verbot oder Gebot des WpHG nach § 14 (Insiderhandel) oder § 20 a (Marktmanipulation) verstoßen wird, diese unverzüglich der Bundesanstalt mitzuteilen. Wer die Anzeigepflicht verletzt, muss mit einem Bußgeld bis zu € 50.000,- rechnen (§ 39 Abs. 4, letzter Teilsatz WpHG). Die verdächtigen Personen dürfen von der Anzeige oder von einer daraufhin eingeleiteten Untersuchung nicht in Kenntnis gesetzt werden.

Der Inhalt einer Anzeige darf von der BaFin nur zum Zweck der Verfolgung von Straftaten nach § 38 WpHG sowie für Strafverfahren wegen einer Straftat, die im Höchstmaß mit einer Freiheitsstrafe von mehr als drei Jahren bedroht ist,⁵ verwendet werden. Wer eine Anzeige nach Absatz 1 erstattet, darf wegen dieser Anzeige nicht verantwortlich gemacht werden, es sei denn, die Anzeige ist vorsätzlich oder grob fahrlässig unwahr erstattet worden. Zu dem anzeigepflichtigen Finanzdienstleistern kommt die Pflicht der Handelsüberwachungsstellen, Erkenntnisse, die für die Erfüllung der Aufgaben der BaFin von Bedeutung sind, dieser mitzuteilen.

Die EU-Kommission soll bei der Ausübung ihrer Durchführungsbefugnisse nach der Marktmissbrauchsrichtlinie die Notwendigkeit beachten, das Vertrauen der Investoren in die Finanzmärkte durch Förderung eines hohen Maßes an Transparenz auf den Finanzmärkten sicherzustellen.⁶ Dazu gehört die Notwendigkeit, dafür zu sorgen, dass unabhängige Aufsichtsbehörden die Vorschriften, insbesondere bei der Bekämpfung von Wirtschaftskriminalität,⁷ konsequent anwenden. Damit der gemeinschaftliche Rechtsrahmen zur Bekämpfung von Marktmissbrauch hinreichende Wirkung entfaltet, müssen alle Verstöße gegen die gemäß dieser Richtlinie erlassenen Verbote und Gebote unverzüglich aufgedeckt und geahndet werden.⁸ Deshalb sollten die Sanktionen abschreckend genug sein, im Verhältnis zur Schwere des Verstoßes und zu den erzielten Gewinnen stehen und sollten konsequent vollstreckt werden.

Die Transparenz erfordert auch, dass die zuständige Behörde Maßnahmen oder Sanktionen, die wegen Verstößen gegen aufgrund dieser Richtlinie erlassene Vorschriften ergriffen bzw. verhängt werden, öffentlich bekannt geben kann, es sei denn, diese Bekanntgabe würde Finanzmärkte erheblich gefährden oder zu einem unverhältnismäßigen Schaden bei den Beteiligten führen (Art. 14 (4)).

---

³ *Müller*, Insiderrechtliche Mitwirkungspflichten der Kreditinstitute im Lichte des nemo-tenetur-Grundsatzes; *Bärlein/Pananis/Rehmsmeier* NJW 2002, 1825. Zum alten Streit im Umweltstrafrecht: *Michalke* NJW 1990, 417; *Franzheim* NJW 1990, 2049; grundsätzlich: *Verrel* NStZ 1997, 361 (1. Teil) und 415 (2. Teil), Schröder/Hansen Z. B.B 2/03.

⁴ Siehe unten: Verordnung zur Konkretisierung von Anzeige-, Mitteilungs- und Veröffentlichungspflichten sowie der Pflicht zur Führung von Insiderverzeichnissen nach dem WpHG. ((folgende 2 Zeilen auf jeder Seite streichen usw ...))

⁵ Damit hat der Gesetzgeber Kapitalmarktdelikte wie Verleitung Unerfahrener zu Börsenspekulationsgeschäften (§§ 23, 61 BörsG), die Erbringung von Finanzdienstleistungen ohne Erlaubnis (§§ 32 Abs. 1, 54 Abs. 1 Nr. 2 KWG), Kapitalanlagebetrug nach § 264 a StGB sowie Bilanzdelikte nach dem Aktiengesetz und dem HGB aus dem Katalog herausgenommen.

⁶ Marktmissbrauchsrichtlinie, Erwägungsgründe Nr. 43.

⁷ Marktmissbrauchsrichtlinie, Erwägungsgründe Nr. 43.

⁸ Marktmissbrauchsrichtlinie, Erwägungsgründe Nr. 38.

8 In einem Papier der Kommission vom 27.9.2004 über die Verhütung und Bekämpfung von Unternehmens- und Finanzdelikten[9] wird ein konzeptioneller Rahmen festgelegt, der Praktiken, die von den Konzernen Enron und Parmalat angewendet wurden, Einhalt gebieten soll. Der vierte „Schutzwall" betrifft den Gesetzesvollzug, umfasst die Strafverfolgung und besteht im Wesentlichen aus den Polizeibehörden, Organen der Strafrechtspflege und anderen öffentlichen Einrichtungen. Unter langfristigen Maßnahmen ist u. a. vermerkt: „Haftung juristischer Personen – Aufstellung einer EU-Politik bezüglich der verwaltungs-, zivil- und strafrechtlichen Haftung juristischer Personen".

9 Neu ist bei dem Druck der Kommission, dass zwar die Richtlinien wie immer mit einem festen Zeitziel zur Umsetzung „an die Mitgliedstaaten gerichtet" sind, die Verordnungen jedoch „in allen Teilen verbindlich" sein können und „in den Mitgliedstaaten unmittelbar gelten".[10]

2. Das Beratungsfeld

10 Im Bereich eines kapitalmarktorientierten Mandates ist daher die Grenze zwischen Beratung, Vertretung im Verwaltungsverfahren, in Verfahren vor dem Sanktionsausschuss und vor dem Verwaltungsgericht einerseits und zwischen Verteidigung in Bußgeld-, Ermittlungs- und Strafverfahren andererseits eher fließend. Das Sanktionenrecht wird darüber hinaus mehr und mehr ergänzt durch ziviles Haftungsrecht, nicht nur im Rahmen der umstrittenen Anwendung von §§ 832 Abs. 2, 826 BGB, sondern auch durch Spezialhaftungsnormen wie die Prospekthaftung nach dem Börsengesetz und die Haftung für Schäden durch unterlassene oder falsche Ad-hoc-Mitteilungen nach § 37 b, c WpHG. Das 10-Punkte-Programm der Bundesregierung[11] kündigte weitere Haftungsnormen auch in Bezug auf den direkten Zugriff auf Organe an.

11 Diese Entwicklung ist zumindest in Hinblick auf die Strafnormen umstritten. Während 1996 angesichts der Einführung des Insiderstrafrechts im WpHG der Ruf laut wurde: „Diese Entwicklung gilt es zu stoppen!"[12], wurde der Straftatbestand der Bilanzfälschung nach § 331 HGB als eine gewagte Norm, die grundlegende Normen des Verfassungsrechts außer Acht lasse, beschrieben[13] und im Schlagschatten des 4. Finanzmarktförderungsgesetzes die seinerzeitige strafrechtliche Regulierung des Kapitalmarktes als im „Widerspruch zu Verfassungswerten und grundlegenden Prinzipien des deutschen Strafrechts stehend" bezeichnet, mit der Folge, dass sie deshalb abzulehnen sei. „Die staatliche Interventionsmöglichkeit am Kapitalmarkt durch das Strafrecht aus den Gesetzen zu entfernen, ist deshalb zu fordern."[14]

12 Eine Verschärfung der Strafvorschriften für Delikte im Kapitalmarktbereich kündigt die Bundesregierung in Punkt 10 des Programms an: „Die Straftatbestände im Zusammenhang mit Falschangaben des Vorstandes und des Abschlussprüfers zur Lage der Gesellschaft oder in der Bilanz (insbes. §§ 400, 403 AktG und §§ 331, 332 HGB) sind zu überprüfen; dabei ist vor allem folgenden Fragen nachzugehen: Überprüfung der Fassung der Tatbestandsmerkmale auf Lücken oder Unschärfen; Überprüfung der Abgrenzung des Anwendungsbereichs der Vorschriften zueinander und etwaiger Überschneidungen; Anhebung des Strafrahmens für den Grundtatbestand für den Fall der Gewinnerzielungsabsicht; Absenkung des Verschuldensmaßstabs in bestimmten gravierenden Fällen auf Leichtfertigkeit, auch wegen der praktischen Schwierigkeit, Vorsatz nachzuweisen.

---

[9] Website der Kommission der Europäischen Gemeinschaften, KOM (2004) 611 endg. Mitteilung der Kommission an den Rat und das Europäische Parlament vom 27.11.2004 über die Verhütung und Bekämpfung von Unternehmens- und Finanzdelikten.
[10] Beispiele für unmittelbare Verbindlichkeit: VO (EG) Nr. 2273/2003 v. 22.12.2003 zur Durchführung der Marktmissbrauchsrichtlinie, betreffend Ausnahmeregelungen für Rückkaufprogramme und Kursstabilisierungsmaßnahmen, ABl. L 336/33 nach Art. 22; VO (EG) Nr. 809/2004 v. 29.4.2004 zur Umsetzung der Prospektrichtlinie, ABl. L 215/3 vom 16.6.2004 nach Art. 36 (Achtung: dies ist bereits die Korrektur der VO vom 29.4.2004 und es ist derzeit eine weitere Korrektur wegen Fehlübersetzungen in Arbeit!!).
[11] Abzurufen über die Website des BMJ: www.bmj.de.
[12] *Haouache* S. 153.
[13] *Bückers* S. 243.
[14] *Hild* S. 204.

Aus dem Bundesministerium der Justiz kommt dazu folgende Erläuterung: 13

„Gedacht werden kann insbesondere an Fälle, in denen ein erheblicher Vermögensvorteil als Folge des leichtfertig begangenen Vergehens eingetreten ist (objektive Strafbarkeitsbedingung). Dabei ist auch der Vorschlag, ergänzende europaweite Berufsverbote für Organe bei Fehlverhalten einzubeziehen, zu beachten."[15]

3. Achtung: ständig geändertes Recht

Sowohl die europäischen Richtlinien- und Verordnungsgeber als auch die der Bundesrepublik Deutschland überschlagen sich in der ständigen Änderung strafrechtlicher Normen und deren verwaltungsrechtlicher Gebote und Verbote. Daher ist es unabdingbar, nicht nur die aktuellsten deutschen Strafnormen zur Hand zu haben, sondern auch diejenigen der EU (Binnenmarkt)-Kommission und vor allem die zwischenzeitlich Geltung gehabt habenden Richtlinien, Gesetze und Verordnungen. Neben dem später beschriebenen Beispiel der Unrechtskontinuität zwischen dem § 88 BörsG (alt) und dem § 22 a WpHG (zwischen 2002 und 2004) ist mit den Finanzmarktförderungsgesetzen, dem Anlegerschutzverbesserungsgesetz sowie den dazu gehörenden Verordnungen, insbesondere unmittelbar geltende EU Verordnungen, ein katastrophales historisches Chaos entstanden, welches sich zu Lasten von Marktteilnehmern auszuwirken droht. 14

Eine umfassende Sammlung von kapitalmarktrechtlichem Regelwerk, teilweise mit Erläuterungen, ist veröffentlicht in der Lose-Blatt-Sammlung von *Kümpel/Hammen/Ekkenga*, Kapitalmarktrecht – Handbuch für die Praxis. Der Bundesverband Deutscher Banken bringt regelmäßig zu den Wesentlichen neuen Kapitalmarktgesetzen Erläuterungsveröffentlichungen heraus, in welchen die wesentlichen Schritte des Gesetzgebungsverfahrens vom Regierungsentwurf über die Ausschüsse bis zum Bundesrat dokumentiert sind. Bei den beteiligten Sachverständigen müssten darüber hinaus die Referentenentwürfe und gegebenenfalls auch die Stellungnahmen der Verbände vorliegen. In die Protokolle der Sitzungen der beteiligten Ausschüsse sind über den Bundestag oder Bundesrat Einblick zu erhalten. 15

4. Einfluss auf den Inhalt von Ermittlungsakten

Mit der Verbesserung – in weiten Bereichen der ersten Einführung – eines Klagerechts und der verstärkten Information über Klagerechte wird potentiellen Opfern ein Einwirkungsrecht auf Ermittlungs- und Strafverfahren zugebilligt, die zu einem erhöhten Druck auf die Ermittlungsbehörden führen werden. Die Verfassungsbeschwerde von Beschuldigten eines Ermittlungsverfahrens wegen Verdachts der Kursmanipulation und des Insiderhandels zur Verhinderung der Akteneinsicht von Aktionären vom 24.9.2002 hatte für die bisherige Rechtslage noch die Kläger aus dem Ermittlungs- und Strafverfahren herausgehalten.[16] Die Perspektive, mit Beweisen aus Ermittlungsverfahren Schadensersatzklagen begründen zu können, wird dann eher zu Klageerzwingungsverfahren führen, wie in dem Beispiel einer Strafanzeige wegen der Bahauptung eines Verstoßes nach § 400 AktG, den der Kläger bis zum Oberlandesgericht trieb.[17] 16

Mit der Erweiterung der schadensersatzrechtlichen Zugriffsmöglichkeiten kommt dem Inhalt von Ermittlungsakten eine größer werdende Bedeutung zu.[18] Ziel einer Vertretung muss es daher sein, die Strafverfolgungsbehörden zu zwingen, sich bei Sicherstellung und Beschlagnahme auf die Dokumente zu beschränken, die den Tatvorwurf abdecken und im Übrigen nicht nur die Herausgabe aller nicht zwingend notwendig zu beschlagnahmenden Unterlagen zügig zu betreiben, sondern auch eventuelle Auswertungsvermerke, die freizugebende Unterlagen betreffen, unverzüglich aus den Akten zu entfernen, bestmöglich zu vernichten. 17

---

[15] *Seibert* BB 2003, 693; der Verfasser ist Ministerialrat im Bundesministerium der Justiz.
[16] BVerfG, Beschl. v. 24.9.2002 – 2 BVR 742/02 – www.bverfg.de
[17] OLG Frankfurt, Beschl. v. 19.6.2002 – 2 Ws 36/02.
[18] BGH II ZR 217/03: Persönliche Haftung der Vorstandmitglieder einer Aktiengesellschaft für fehlerhafte Ad-hoc-Mitteilung nach § 826 BGB auf Naturalrestitution!; BGH II ZR 218/03; kein Schadensersatz bei zu langem Zeitablauf zwischen Ad-hoc-Mitteilung und Disposition.

5. Das Kapitalmarktmandat

18 Das (Verteidiger-) Mandat in einer Kapitalmarktsache muss nicht von Beginn an eine Strafsache sein, der Auftraggeber ist nicht notwendigerweise eine natürliche Person. Das Mandat kann auch über das Compliance Office[19] eines Wertpapierdienstleistungsunternehmens herangetragen werden, wenn in einer Sache Auskunft erteilt oder Unterlagen vorgelegt werden sollen. Auskunftsersuchen der Börsenorgane oder der Aufsichtsbehörden sind sofort vollziehbare Verwaltungsakte, bei denen Widerspruch (Börsenorgane) oder Klage keine aufschiebende Wirkung haben. Vollziehbare Anordnungen sind regelmäßig mit Bußgeldandrohungen verbunden. Die Antwort kann auch strafrechtliche Brisanz für Mitarbeiter oder bußgeld- und sanktionsrechtliche Auswirkung für das Unternehmen entwickeln. Auch börsennotierte Unternehmen werden regelmäßig von der Bundesanstalt für Finanzdienstleistungsaufsicht (BaFin), einer Börsenaufsichtsbehörde oder einem Organ der Börse im Verwaltungsverfahren um Auskunft in Sachverhalten ersucht, die in einem späteren Strafverfahren als Beweismittel verwendet werden können.[20]

19 a) **Überraschung und Unerfahrenheit.** Die Mandanten sind meist nicht nur sozial voll integriert, sie gehören darüber hinaus einer Community an, in welcher geringe Erfahrungen mit den Machtmitteln der Strafverfolgungsbehörden bestehen. Umfangreiche Polizeieinsätze, spektakuläre Durchsuchungen und pressewirksame Verhaftungen sind Situationen, die (noch) nicht auf dem Schulungsangebot von Führungsseminaren stehen; die Selbstverständlichkeit des Rechts auf das letzte Wort eines Vorstandsmitgliedes macht auf den Kriminalkommissar keinen Eindruck. Den Justiz- oder Innenminister persönlich zu kennen, Arbeitsplätze geschaffen zu haben und Spitzensteuerpflichtiger zu sein, mag in vielen Bereichen der Wirtschaft förderlich sein, der laufende Ermittlungsapparat im direkten Zugriff wird dadurch nicht gestoppt

20 Insbesondere der Mandant wird einfachste Sachverhalte im „Wording" der „Banker" virtuos verkleiden und in dem Definitionschaos der Gesetzgeber auch in der Lage sein, seinen Strafverteidiger von Sachverhalten zu überzeugen, die weder er selbst verstanden hat, noch die tatsächlich so existieren. Zwar hat selbst der Gesetzgeber von dem heiligen Gebot: „Gerichts- und Verwaltungssprache ist Deutsch" Abstand genommen und im Anlegerschutzgesetz den Begriff „Website[21]" in den Gesetzestext aufgenommen, nachdem sich bereits der „Insider" 1994 eingeschlichen hatte, jedoch sind die wesentlichen Begriffe legal definiert. Im WpHG finden Sie ebenso wie im KWG die Begriffe der Wertpapier- und Finanzdienstleistung, auch die EU-Kommission lässt kein regulierbares Phänomen ohne Legaldefinition.

21 b) **Vorläufig vollstreckbare Presseurteile.** Dazu ist eine noch aggressivere Öffentlichkeitsarbeit der Aufsichts- und der Verfolgungsbehörden zu erwarten. Zwar sind Geldstrafen, Bewährungsauflagen, Ordnungsgelder, Bußgelder oder Zahlungen an gemeinnützige Vereinigungen zur Beseitigung des Öffentlichen Interesses an der Strafverfolgung meist für die Mandanten nicht wirklich eine Existenzbedrohung, letztere wird vielmehr durch die Sensations-Gerichts-Berichterstattung bewirkt, die in der Zeit des Booms der TV-Reality-Shows mit Kamera und Mikrophon schon bei der Straftat zugegen sein wollen.

22 Die Vorgabe der Marktmissbrauchsrichtlinie[22] zur Veröffentlichung von Sanktionen nach Art. 14 Abs. 4[23] wurde im Anlegerschutzverbesserungsgesetz in § 40 b WpHG wie folgt umgesetzt:

---

[19] Zwar ist die Gerichts- und Verwaltungssprache deutsch, jedoch hat sich im Kapitalmarktsektor des EU-Binnenmarktes längst ein Englisch eingebürgert, welches in weiten Bereichen unmittelbar adaptiert worden ist. Der Begriff Compliance ermangelt einer deutschen Übersetzung ebenso, wie die Bezeichnung des Insiders.
[20] *Wessing* NJW 2003, 2265 beschreibt das „größer werdende Arbeits- und Aquisitionsfeld Beratung, dessen Konturen nach Innen und Außen verschwommener denn je" sind.
[21] Im Folgenden wird daher auf die Begriffe „Internetauftritt" oder „Homepage" verzichtet werden können.
[22] Richtlinie des Rates v. 28.1.2003, Abl. L 124/8 v. 5.5.1985 über Insider-Geschäfte und Marktmanipulation (Marktmissbrauch), 2003/06/EG EG-Abl. Nr. L 96/16 v. 12.4.2003.
[23] Art. 14 Abs. 4: Die Mitgliedstaaten sehen vor, dass die zuständige Behörde Maßnahmen oder Sanktionen, die wegen Verstößen gegen aufgrund dieser Richtlinie erlassener Vorschriften ergriffen bzw. verhängt werden, öffentlich bekannt geben kann, es sei denn, diese Bekanntgabe würde Finanzmärkte erheblich gefährden oder zu einem unverhältnismäßigen Schaden bei den Beteiligten führen.

§ 40 b WpHG Bekanntmachung von Maßnahmen
Die Bundesanstalt kann unanfechtbare Maßnahmen, die sie wegen Verstößen gegen Verbote oder Gebote dieses Gesetzes getroffen hat, auf ihrer Website öffentlich bekannt machen, soweit dies zur Beseitigung oder Verhinderung von Missständen nach § 4 Abs. 1 Satz 2 WpHG geeignet und erforderlich ist, es sei denn, diese Veröffentlichung würde die Finanzmärkte erheblich gefährden oder zu einem unverhältnismäßigen Schaden bei den Beteiligten führen.

c) Die Bedrohung mit Reputationsschäden. Die Androhung, unanfechtbar gewordene Maßnahmen zu veröffentlichen, wird vom Verteidiger bei jeder Prüfung, ob Maßnahmen akzeptiert werden können oder ob der Eintritt einer Bestandskraft oder Rechtskraft von Anordnungen oder Urteilen bis zum spätesten möglichen Zeitpunkt hinausgezögert werden muss, berücksichtigt werden müssen.

Meist sind die Mandanten als Betroffene, Beschuldigte, Angeklagte oder Verurteilte und nicht zuletzt deren Arbeitgeber sozial fest in die Gesellschaft integriert, so dass ein unverhältnismäßiger Schaden bei ihm entstehen kann, der von der veröffentlichenden Aufsicht nicht richtig eingeschätzt wird.

Vor einem Rechtsmittelverzicht wird auch die Wirkung dieser Reputationsschäden zu berücksichtigen sein. Ein Rechtsmittelverzicht hat zur Folge, dass sich der Mandant nicht mehr in der Öffentlichkeit als unschuldig bezeichnen kann, er nicht mehr mit einer Korrektur eines falschen Urteils in der nächsten Instanz argumentieren kann und somit der Presseverurteilung ungeschützt ausgeliefert ist. Wenn nach gründlicher Prüfung und reiflicher Überlegung ein Rechtsmittel zurückgenommen wird, ist der Fall längst aus den Schlagzeilen und dem Interesse der Presse verschwunden.

6. Kapitalmarktstrafrecht, (k)eine Randerscheinung

Die bisherige Beurteilung der Aufsicht als zahnloser Tiger ist ebenso falsch, wie die Behauptung völliger Wirkungslosigkeit der nunmehr reformierten Strafnormen. Serien von Strafverfahren waren in jüngster Zeit zu beobachten, überraschende erste Verurteilungen wegen Kursmanipulation, Insiderhandel und gar, zum Erstaunen Vieler, Anklagen und Verurteilungen wegen Verstößen gegen Bilanzierungspflichten.

Nach den Fehlschlägen in der Entwicklung der so genannten Aktienkultur seit Mitte 2000 ist der Ruf sowohl der Bundesregierung,[24] der die Regierung bildenden Parteien[25] und der Opposition CDU/CSU[26] und FDP[27] nach „dem Staatsanwalt"[28] ebenso laut geworden, wie nach der Verschärfung und Novellierung der Gesetze zum Schutz des Kapitalmarktes. Der mit absoluter Mehrheit in Hessen regierende Ministerpräsident hat die Einrichtung einer bundesweit zuständigen Schwerpunktstaatsanwaltschaft in das Regierungsprogramm 2003 aufgenommen.

Die Bundesländer Baden-Württemberg, Bayern, Bremen, Mecklenburg-Vorpommern, Niedersachsen, Rheinland-Pfalz, Schleswig-Holstein und Thüringen haben bereits zur sachdienli-

---

[24] Maßnahmekatalog der Bundesregierung zur Stärkung der Unternehmensintegrität und des Anlegerschutzes.
[25] BT-Drucks. 15/930 v. 7.5.2003 (SPD/Bündnis90/Die Grünen): „Anzustreben ist die Einrichtung einer zentralen Schwerpunktstaatsanwaltschaft zur Verfolgung von Finanz- und Kapitalmarktdelikten. Durch die Einrichtung einer solchen Verfolgungszentrale soll das für eine erfolgreiche Prävention und Repression im Kapitalmarktbereich erforderliche umfangreiche Know-how an einer Stelle gebündelt werden. Eine effektive und wirksame Strafverfolgung bei Finanz- und Kapitalmarktdelikten leidet gegenwärtig auch an der Zersplitterung der Zuständigkeiten. Dies hat in der Vergangenheit zu einer großen Zahl von Verfahrenseinstellungen geführt. Diesem Missstand könnte durch die Einrichtung einer Schwerpunktstaatsanwaltschaft begegnet werden."
[26] BT-Drucks. 15/748 v. 1.4.2003 (CDU/CSU): „Der Deutsche Bundestag solle die Bundesregierung auffordern, (Nr. II. 12.) gemeinsam mit den Ländern festzulegen, inwieweit die Effektivität u. a. der vorhandenen Anlegerschutzgesetzgebung durch die Schaffung einer Schwerpunktstaatsanwaltschaft für Finanzdelikte gestärkt werden sollte, und somit voraussichtlich mehr Fälle zum Abschluss gebracht werden könnten."
[27] BT-Drucks. 15/369 v. 29.1.2003 (FDP): „Das Vertrauen der Investoren in den Finanzplatz Frankfurt hängt nicht zuletzt davon ab, dass es eine funktionierende Aufsicht und eine effektive Verfolgung von Finanzmarktdelikten bzw. Wirtschaftskriminalität gibt. Aus diesem Grund ist es zu überlegen, ob für diese Delikte nicht die zentrale Zuständigkeit einer Zentralstaatsanwaltschaft mit Sitz in Frankfurt geschaffen werden sollte."
[28] So der Frankfurter Börsenchef *Seifert/Werner/Voth*, Krise des Kapitalismus und Neuorientierung der Wirtschaftspolitik, 2 – 10, Frankfurt 2002 sowie gemeinsam mit dem Geschäftsführer der FWB (zugleich Vorstand der DBAG) *Potthoff*, der in einer Zwischenbilanz zum Neuen Markt zunächst klarstellt, dass dort keine „Wertvernichtung" sondern lediglich ein „Umverteilungseffekt" zu charakterisieren sei: „Bei kriminellen Machenschaften und Manipulation war und ist der Ruf nach dem Staatsanwalt begründet.".

chen Förderung und schnelleren Erledigung durch Rechtsverordnung nach § 142 GVG einem Landgericht für die Bezirke mehrerer Landgerichte ganz oder teilweise die Bearbeitung der Katalogstraftaten zugewiesen[29] und damit Schwerpunktabteilungen bei den Staatsanwaltschaften eingerichtet.[30] Der Generalstaatsanwalt des Landes Hessen hat mit einer Anordnung die zentrale Zuständigkeit der Staatsanwaltschaft in Frankfurt für Straftaten nach dem WpHG und dem Börsengesetz festgelegt,[31] die Landesregierung hat die Einrichtung eines Kompetenzzentrums versprochen und die mobile Eingreifreserve der Staatsanwaltschaft bei dem Oberlandesgericht zur Verstärkung der Staatsanwaltschaft Frankfurt angeboten.[32]

29   Der New Yorker Staatsanwalt *Elliot Spitzer*[33] mit seinem harten und kompromisslosen Vorgehen gegen die Finanzindustrie an der Wall Street[34] könnte für manchen Staatsanwalt in Deutschland ein ansporndes Beispiel geben.

30   Der Präsident des hessischen Landeskriminalamtes in Wiesbaden hat die Bekämpfung der Kriminalität zur Chefsache erklärt und die Einrichtung einer letztlich bis auf 20 Beamte ausbaubare Sondereinheit angeordnet. Diese wurde am Finanzplatz Frankfurt im Gebäude der Staatsanwaltschaft, Abteilungen für Wirtschaftsstrafsachen, angesiedelt.

7. Die Regulierung des Wertpapierhandels

31   Die Entwicklung des deutschen Kapitalmarktrechtes[35] erfolgte in erster Linie durch vier so genannte Finanzmarktförderungsgesetze (FinMFG),[36] die letztlich durch die Entwicklung des europäischen Binnenmarktes angestoßen worden waren. Die zusammenwachsende Europäische Union verordnet dort, wo Erbhöfe moderne Gesetzgebung verhindern, Einheitlichkeit.[37]

32   Dabei schreckt die EU nicht davor zurück, auch hinsichtlich der Sanktionen Druck auf die Mitgliedstaaten auszuüben. In den Erwägungsgründen (Nr. 38) zur Marktmissbrauchsrichtlinie wird kein Zweifel an der Tendenz gelassen:

„Damit der gemeinschaftliche Rechtsrahmen zur Bekämpfung von Marktmissbrauch hinreichende Wirkung entfaltet, müssen alle Verstöße gegen die gemäß dieser Richtlinie erlassenen Verbote und Gebote unverzüglich aufgedeckt und geahndet werden. Deshalb sollten die Sanktionen abschreckend genug sein, im Verhältnis zur Schwere des Verstoßes und zu den erzielten Gewinnen stehen und sollten konsequent vollstreckt werden."

33   Art. 14 (1) lautet dementsprechend:

„Unbeschadet des Rechts der Mitgliedstaaten, strafrechtliche Sanktionen zu verhängen, sorgen die Mitgliedstaaten entsprechend ihrem jeweiligen innerstaatlichen Recht dafür, dass bei Verstößen gegen die gemäß dieser Richtlinie erlassenen Vorschriften gegen die verantwortlichen Personen geeignete Verwaltungsmaßnahmen ergriffen oder im Verwaltungsverfahren zu erlassende Sanktionen verhängt werden können. Die Mitgliedstaaten sorgen dafür, dass diese Maßnahmen wirksam, verhältnismäßig und abschreckend sind."[38]

---

[29] *Meyer-Goßner* 44. Auflage 1999 § 74 c Rdnr. 9.
[30] Diese werden häufig fälschlich als „Schwerpunktstaatsanwaltschaft" bezeichnet.
[31] Vielfach wird in diesem Zusammenhang der Europäische Staatsanwalt angesprochen; dieser soll jedoch nur eine Zuständigkeit bei Vermögensstraftaten zum Nachteil der Vermögensinteressen der EU zugewiesen bekommen.
[32] Presseinformation 105/2003 der Hessischen Ministerien für Justiz und für Wirtschaft, Verkehr und Landesentwicklung v. 27.8.2003.
[33] *Gutowski*, Schärferer Wind, Wirtschaftswoche v. 5.6.2003, S. 102 ff.
[34] Eine beeindruckende Bilanz zieht *Seibel*, Die Welt v. 30.12.2003, S. 17 mit dem Titel: „Großes Aufräumen auf dem Parkett".
[35] Die Übersicht ist insofern von Bedeutung, als dass die Regulierung und damit auch die Strafverfolgung nicht aus der originären deutschen Rechtskultur stammt und das Verständnis der Normen aus den Richtlinien zu gewinnen ist. Details zum Grünbuch http://europa.eu.int/olaf/livre_vert, POST: Europäische Kommission, Europäisches Amt für Betrugsbekämpfung (Ref. A.2), Grünbuch „Europäische Staatsanwaltschaft", Rue Joseph II, 30, 1049 Brüssel.
[36] Die ständig in Änderung befindlichen Gesetze sind regelmäßig über die Website der Aufsichtsbehörden zugänglich.
[37] Den „europarechtlichen Hintergrund der Insidervorschriften" zieht der BGH zur „richtlinienkonformen Auslegung" des Begriffs Insidertatsache, Urt. v. 6.11.2003 – 1 StR 24/03 – Scalping-Urteil- heran.
[38] Wortgleich Art. 25 Abs. 1 der Prospektrichtlinie 2003/71/EG v. 4.11.2003; ähnlich Art. 47 des Entwurfes der (neuen) Wertpapierdienstleitungsrichtlinie Stand 1.1.2004.

§ 22 Kapitalmarktrecht   34–37 § 22

Seit dem 4. FinMFG ist die Bundesregierung dazu übergegangen, anstelle eines 5., ein- 34
zelne Gesetzgebungsvorhaben mit den jeweiligen Sonderbegriffen vorzulegen. Dazu gehören
u. a. das Anlegerschutzverbesserungsgesetz (AnSVG), das Bilanzkontrollgesetz (BilKoG),
das Bilanzrechtsänderungsgesetz (BilRÄG), das Kapitalanleger- Musterverfahrensgesetz
(KapMuG), das Kapitalmarktinformationshaftungsgesetz (KapInHaG) und das Gesetz zur
Unternehmensintegrität und Modernisierung des Anfechtungsrechts (UMAG).

Unter Nutzung der Verordnungsermächtigung in § 20 a Abs. 2 S. 1 WpHG hatte das 35
Bundesministerium für Finanzen die Verordnung zur Konkretisierung des Verbotes der Kurs-
und Marktpreismanipulation (KuMaKV) erlassen (BR-Drucksache 639/03). Mit der durch die
Marktmissbrauchrichtlinie geforderten Reform des Kapitalmarktrechtes musste die KuMaKV
sofort wieder aus dem Verkehr gezogen werden.

Derzeit sind über die Website der BaFin folgende Verordnungen[39] nach dem AnSVG abruf- 36
bar:
- Verordnung zur Konkretisierung von Anzeige-, Mitteilungs- und Veröffentlichungspflichten
  sowie der Pflicht zur Führung von Insiderverzeichnissen nach dem Wertpapierhandelsgesetz
  vom 13.12.2004 (Wertpapierhandelsanzeige- und Insiderverzeichnisverordnung – WpAIV)
  (BGBl. 3376
- Verordnung über die Analyse von Finanzinstrumenten vom 17.12.2004 (Finanzanalysever-
  ordnung – FinAnV) (BGBl. 3522)
- Verordnung zur Konkretisierung des Verbotes der Marktmanipulation vom 1.3.2005
  (Marktmanipulations-Konkretisierungsverordnung – MaKonV) (BGBl. 515)

8. Die EU-Richtliniengesetzgebung

Die wichtigsten Richtlinien[40] der EU sind: 37
- EG-Transparenz-Richtlinie, Richtlinie des Rates vom 12.12.1988 über die bei Erwerb und
  Veräußerung einer bedeutenden Beteiligung an einer börsennotierten Gesellschaft zu veröffentlichenden Informationen 88/627/EWG, EG-Abl. Nr. L 384/62 vom 17.12.1988.
- „OGAW-Richtlinie", Richtlinie des Rates vom 20.12.1985 zur Koordinierung der Rechts-
  und Verwaltungsvorschriften betreffend bestimmte Organismen für gemeinsame Anlagen
  in Wertpapieren (OGAW) (85/611/EWG) in der am 4.12.2001 verabschiedeten Fassung
  der Änderungsrichtlinien 2001/107/EG und 2001/108/EG vom 21.1.2002, EG-Abl. vom
  13.2.2002, S. 20 ff.
- „Marktmissbrauchs-Richtlinie",[41] Richtlinie des Rates vom 28.1.2003, Abl. L 124/8 vom
  5.5.1985 über Insider-Geschäfte und Marktmanipulation (Marktmissbrauch), 2003/06/EG
  EG-Abl. Nr. L 96/16 vom 12.4.2003.
- „Prospektrichtlinie", Richtlinie 2003/71/EG des Europäischen Parlaments und des Rates
  vom 4.11.2003, betreffend den Prospekt, der beim öffentlichen Angebot von Wertpapieren
  oder bei deren Zulassung zum Handel zu veröffentlichen ist, und zur Änderung der Richtli-
  nie 2001/34/EG, EG Abl. 345/64 vom 31.12.2003.[42]
- Richtlinie 2004/39/EG des Europäischen Parlaments und des Rates vom 21.4.2004 über
  Märkte für Finanzinstrumente, EG Abl. L 145/1 vom 30.4.2004.[43]

---

[39] Meist sind auch die Entwürfe zur Diskussion dort mit Begründung erhältlich, soweit das BMF die Verordnungen selbst erlässt, sind die konkreten Daten über die Website des BMF abrufbar.
[40] Die Richtlinien sowie eventuelle Entwürfe solcher, die sich jeweils im Entwicklungsstadium befinden, stehen
auf der Website der Kommission Binnenmarkt zur Verfügung. Siehe auch: Kümpel/Hammen/Ekkenga, Kapitalmarktrecht, Handbuch für die Praxis, Loseblatt. Sammlung
[41] Die „Marktmissbrauchsrichtlinie" ersetzt die EG-Insider-Richtlinie – Richtlinie des Rates vom 13.11.1989
zur Koordinierung der Vorschriften betreffend Insidergeschäfte 89/592/EWG, EG-Abl. Nr. L 334/30 vom
18.11.1989.
[42] Abl. vom 31.12.2003, L 345/64, die Richtlinie muss grundsätzlich bis zum 1.7.2005 umgesetzt werden;
für die Bundesrepublik Deutschland ist die Umsetzungsfrist für die Übertragung der Prospektzulassung aus der
Sphäre der Börsen (Zulassungsstellen) auf eine einheitliche Behörde, hier wohl die BaFin, bis zum 31.12.2008
verlängert worden (Art. 10 Abs. 3).
[43] Sog. MIFID, Abl. v. 30.4.2004, L 145 (Nachfolgerichtlinie zur „Wertpapierdienstleistungsrichtlinie" I. S.D).

38 Zur Durchführung der Richtlinie 2003/6/EG des europäischen Parlamentes und des Rates sind in kurzen Abständen weitere Rechtsakte verabschiedet worden:
- Verordnung (EG) Nr. 2273/2003 der Kommission vom 22.12.2003 zur Durchführung der Richtlinie 2003/6/EG des europäischen Parlamentes und des Rates – über Ausnahmeregelungen für Rückkaufprogramme und Kursstabilisierungsmaßnahmen (Abl. L 336/33)
- Richtlinie 2003/125/EG der Kommission vom 22.12.2003 zur Durchführung der Richtlinie 2003/6/EG des europäischen Parlamentes und des Rates – in Bezug auf die sachgerechte Darbietung von Anlageempfehlungen und die Offenlegung von Interessenkonflikten (Abl. L 339/73)
- Richtlinie 2003/124/EG der Kommission vom 22.12.2003 zur Durchführung der Richtlinie 2003/6/EG des europäischen Parlamentes und des Rates – betreffend die Begriffsbestimmung und die Veröffentlichung von Insider-Informationen und die Begriffsbestimmung der Marktmanipulation (Abl. L 339/70)
- Richtlinie 2004/72/EG der Kommission vom 29.4.2004 zur Durchführung der Richtlinie 2003/6/EG des europäischen Parlamentes und des Rates – betreffend zulässige Marktpraktiken, Definition von Insiderinformationen in Bezug auf Warenderivate, Erstellung von Insiderverzeichnissen, Meldung von Eigengeschäften und Meldung verdächtiger Transaktionen (Abl. L 162/70)

9. Das Komitologieverfahren (Lamfalussy-Verfahren)

39 Das nach dem Vorsitzenden der vom Europarat eingerichteten sog. Weisen-Gruppe zur Regulierung des Europäischen Wertpapiermarktes benannte Verfahren sieht vor, dass EU-Rat und -Parlament in dem ihnen übertragenen Bereich nur noch Rahmenrichtlinien beschließen. Die technischen Details werden dagegen von Regelungsausschüssen ausgearbeitet, von der EU-Kommission vorgeschlagen und von Vertretern der Mitgliedstaaten in einem so genannten Komitologie-Ausschuss beschlossen.

Das Lamfalussy-Verfahren soll gewährleisten, dass zukünftig die rechtlichen Rahmenbedingungen rascher an aktuelle Entwicklungen auf den Wertpapiermärkten angepasst werden können.[44]

40 Der Bereich, für den das Lamfalussy-Verfahren ursprünglich eingeführt wurde, war der Wertpapierbereich. Seit 2001 sind der Europäische Wertpapierausschuss (ESC) und der Ausschuss der EU-Wertpapierregulierungsbehörden (CESR) eingerichtet. Die erste Richtlinie, die in Hinblick auf das neue Verfahren beschlossen wurde, ist die Marktmissbrauchsrichtlinie (2003/6/EG).[45] Mittlerweile wurde vorgeschlagen, dieses Verfahren auf die Bereiche Banken und Versicherungen einschließlich Pensionsfonds sowie Finanzkonglomerate und damit auf die gesamte EU-Finanzmarktrechtsetzung auszudehnen.[46]

10. Über die Umsetzung der Richtlinien

41 Vor dem Hintergrund der europäischen Entwicklung gab es seit 1986 im Bereich des Wertpapierhandels erhebliche (nicht immer freiwillige) Aktivitäten des Gesetzgebers, um den sich rasant wandelnden Märkten einen adäquaten ordnungspolitischen Rahmen zu geben und um dem Regelungsbedarf zu vielen Einzelsachverhalten nachzukommen. Die Masse der Regelungen im Aufsichtsrecht ist auf die folgenden Gesetze verteilt:

42 Mit der Börsengesetznovelle von 1986 wurden die Zulassungs-, die Prospekt- und die Zwischenberichtsrichtlinie in deutsches Recht umgesetzt. Der bis dahin nicht geregelte Freiverkehr an der Börse wurde gesetzlich legitimiert; dort festgestellte Preise sind Börsenpreise (§ 57 Abs. 1 BörsG), auch in Hinblick auf das Verbot der manipulativen Einwirkung auf Börsenpreise (§ 20 a WpHG). Mit dem 1. Finanzmarktförderungsgesetz (FinMFG) von 1989 kam es im Börsenrecht zur Einführung des sog. Informationsmodells zur Herstellung der Termingeschäftsfähigkeit (Bedeutung für die Verleitung Unerfahrener zu Börsenspekulationsgeschäften

---

[44] Österreichisches Bundesministerium für Finanzen, Website, URL: http://www.bmf.gv.at/wirtschaftspolitik/wirtschaftspolitiki510/integrationderfinan675/lamfalussyverfahren2474/lamfalussyverfahren2537/_start.htm.
[45] Zu den sogenannten Level 2 und Level 3 Richtlinien siehe unten.
[46] hib-Meldung 077/2003, Website der Pressestelle des Deutschen Bundestags, URL http://www.bundestag.de/bic/hib/2003/2003_077/11.html.

(§§ 23, 61 BörsG), zur Verstärkung der Aufsicht über Börsenmakler (Bedeutung für Beweissicherung) sowie zur Öffnung der Börse für den elektronischen Handel. 1990 wurde das Verkaufsprospektgesetz (VerkProspG) verkündet, das eine Prospektpflicht für solche Wertpapieremissionen vorsieht, die im Inland öffentlich angeboten werden und die nicht zum Handel an einer inländischen Börse zugelassen sind (Bedeutung für Prospektbetrug nach § 264 a StGB). Der Prospekt ist zu hinterlegen, und zwar seit 1994 beim Bundesaufsichtsamt für den Wertpapierhandel (BAWe, heute BaFin).

Das Zweite FinMFG von 1994 setzte wiederum verschiedene EG-Richtlinien um wie die Insider-, die Transparenz- und zum Teil die Wertpapierdienstleistungsrichtlinie (WpDL-Rili). Das Wertpapierhandelsgesetz (WpHG) und eine neue Aufsichtsstruktur wurden geschaffen. Die Börsenorganisation wurde modernisiert, Rahmenbedingungen für elektronische Handelssysteme und die Voraussetzungen für eine funktionsfähige Warenterminbörse sowie eine Überarbeitung des Rechts der Kursmakler (nunmehr fortgeführt als Skontroführer) waren wesentliche Bestandteile der Börsengesetznovelle.

Zur endgültigen Umsetzung der WpDL-Rili einschließlich der Kapitaladäquanzrichtlinie kam es durch das „Gesetz zur Umsetzung von EG-Richtlinien zur Harmonisierung bank- und wertpapieraufsichtsrechtlicher Vorschriften" (UmsetzungsG), das im Oktober 1997 verkündet wurde. Durch dieses Gesetz wurden wesentliche Teile des Kreditwesengesetzes (KWG), des Wertpapierhandelsgesetzes (WpHG) und des Börsengesetzes (BörsG) neu gefasst. Zum 1.4.1998 trat das Dritte FinMFG in Kraft. Unter aufsichtsrechtlichen Gesichtspunkten sind hier Ergänzungen zum WpHG, zum BörsG und die Überarbeitung des VerkProspG hervorzuheben. Mit dem Wertpapiererwerbs- und Übernahmegesetz hat der Gesetzgeber einen weiteren deutlichen Schritt nach vorne getan, obwohl die entsprechende Richtlinie der EU gerade gescheitert war, jedoch beinhaltet das Gesetz immer noch nationale Beschränkungen (sog. Vorratsbeschlüsse), die letztlich vielfach als nicht hinnehmbar bezeichnet werden.

Das Gesetz über die Bundesanstalt für Finanzdienstleistungsaufsicht (BaFin) vom 22.4.2002 zur Zentralisierung der Aufsicht über den Finanzmarkt soll die Aufsicht in Deutschland auf einen internationalen Level heben. Die BaFin als Zusammenschluss der Bundesaufsichtsämter für das Kreditwesen (BAKred) und den Wertpapierhandel (BAWe) sowie das Versicherungswesen wurde durch das Vierte FinMFG (in Kraft seit dem 1.6.2002) nicht nur mit den gebündelten Kompetenzen, sondern auch mit zusätzlichen Aufgaben, die bislang durch die Börsenaufsichtsbehörden der Länder bewältigt wurden, ausgestattet. Die Strukturen der Wertpapiermärkte in Deutschland wurden nochmals grundlegend geändert, ohne jedoch trotz erheblich gesteigertem Personalaufwand auch nur annähernd den mittlerweile (2002) zusammengebrochenen deutschen Kapitalmarkt wieder auf die Beine bringen zu können.

Umstritten ist weiterhin die Frage, ob bei Schäden, die auch wegen der verspäteten Umsetzung von Richtlinien entstanden sind oder fortdauern, die Bundesrepublik Deutschland auf Schadensersatz in Anspruch genommen werden kann. Nach dem vom Gerichtshof der Europäischen Gemeinschaften entwickelten gemeinschaftsrechtlichen Staatshaftungsanspruch für Verstöße der Mitgliedstaaten gegen das Gemeinschaftsrecht kommt eine Haftung des Mitgliedstaates dann in Betracht, wenn die verletzte Gemeinschaftsnorm bezweckt, dem einzelnen Rechte zu verleihen, der Verstoß hinreichend qualifiziert ist und zwischen diesem Verstoß und dem, dem Einzelnen entstandenen Schaden ein unmittelbarer Kausalzusammenhang besteht.[47] Hinsichtlich der aktuellen Richtlinien wird auf die künftigen Entscheidungen zu achten sein.

Die gewaltig gestiegene personelle Ausstattung der BaFin lässt einen deutlichen Anstieg von Untersuchungen bereits im Vorfeld von Ermittlungsverfahren und Strafverfahren erwarten.

So wurde mit der Steigerung des Sanktionsrahmens im börsengesetzlichen Sanktionsausschussverfahren von € 25.000,- auf € 250.000,- dem Börsenorgan Sanktionsausschuss eine Kompetenz eingeräumt, die eher im Ordnungswidrigkeitenverfahren mit dessen rechtsstaatlicher Ausgestaltung verankert sein müsste.

---

[47] Für die Umsetzung der Richtlinie 94/19/EG v. 30.5.1994 über Einlagensicherungssysteme (Abl EG Nr. L 135 S. 5) siehe BGH Urt. v. 20.1.2005 – III ZR 48/01.

11. Regulierung durch die BaFin / Der Emittentenleitfaden

49 Zu den Kernvorschriften des Kapitalmarktstrafrechts nimmt die BaFin auch selbstbindend Stellung.

50 Zur „Erläuterung" der Verwaltungspraxis hilft die BaFin den börsennotierten Emittenten (derzeit sind gerade 800 Unternehmen in Deutschland börsennotiert, von weiteren 6.000 Emittenten werden die Aktien im Freiverkehr gehandelt) mit einem Leitfaden, in dem die Regelungskomplexe:
- Insiderpapiere
- Insiderhandelsverbote (einschließlich der hiervon betroffenen Finanzinstrumente)
- Ad-hoc-Publizität
- Geschäfte von Führungspersonen (Director's Dealings)
- Marktmanipulation (soweit ein entsprechender Emittentenbezug besteht)
- Insiderverzeichnisse

erläutert werden.

51 Der Leitfaden ist auf der Website der BaFin abrufbar. Zwar ist der Inhalt des Leitfadens nicht rechtsbegründend, jedoch schließt eine Beachtung der Vorschläge praktisch die Strafbarkeit aus.

12. Entwicklungen in der Regulierung

52 Die problematische Entwicklung auf den Wertpapiermärkten und die Aktivitäten in den Gremien der EU zur Richtliniengesetzgebung werfen ihren Schatten auf eine weiter gehende Regulierung. Zuletzt waren umfangreiche Neufassungen der wesentlichen Richtlinien auf dem Wege; zunächst wurde unter Ablösung der Insiderrichtlinie eine Marktmissbrauchsrichtlinie verabschiedet, die neben den insiderrechtlichen Bestimmungen auch die Bekämpfung der Marktmanipulation zum Gegenstand hat. Gleichzeitig wurden die Wertpapierdienstleistungsrichtlinie und die Prospektrichtlinie modernisiert. Nach einem Grünbuch[48] und einem Weißbuch[49] zur Finanzdienstleistungspolitik bis zum Jahre 2010 droht nunmehr auch der Zugriff auf die Nationale Strafrechtsgesetzgebung.[50] Zwar hat der Europäische Gerichtshof einen Rahmenbeschluss, mit welchem auch strafrechtliche Vorgaben gemacht werden sollten aufgehoben, jedoch stellt er unmissverständlich fest, dass eine Richtlinienkompetenz im Bereich Strafrecht nicht ausgeschlossen ist und treibt sogar die heilige Kuh des Verbands- oder Unternehmensstrafrecht wieder durch das „deutsche Dorf".[51] Dabei ist auf den Umstand zu verweisen, dass die Richtliniengesetzgebung der EU Strafrecht nicht umfasst.[52] Im Bereich der Strafverfolgung haben die Mitgliedstaaten ihre Selbstständigkeit bewahrt. Zwar können in einer Richtlinie die Mitgliedstaaten aufgefordert werden, Maßnahmen zur Einhaltung der Richtlinienvorgabe vorzusehen, die wirksam und verhältnismäßig sein sollen, jedoch fanden Vorstellungen der Kommission im ersten Vorschlag der Marktmissbrauchsrichtlinie, dass strafrechtliche Konsequenzen auch auf juristische Personen ausgedehnt werden sollen, ihre Grenzen bei dem Mitglied Deutschland, das Verbandsstrafrecht derzeit noch als mit der Strafrechtskultur Deutschlands nicht vereinbar ablehnt.[53]

53 Letztlich wird sich die binneneuropäische Entwicklung auf die Praxis der Strafverfolgung in Deutschland auswirken. Der Import kapitalmarktrechtlicher Vorschriften wird nicht ohne gleichzeitigen Import aufsichtrechtlicher und strafrechtlicher Komponenten stattfinden. Eine nur teilweise Anpassung bei Aufhebung nationaler Grenzen für Kapitalströme wird den deutschen Kapitalmarkt zum Nachteil der (deutschen) Volkswirtschaft behindern, betriebswirtschaftlich wird Deutschland für die Kapitalmarktakteure uninteressant, mit spürbaren Folgen für die Realwirtschaft. Solange die Anpassung der deutschen Rechtskultur an die Erfordernisse einer modernen Volkswirtschaft nicht offen durch den Gesetzgeber erfolgt, ist zu befürchten

---

[48] V. 3.5.2005.
[49] KOM(2005) 629 endg.; Ratsdok. 15345/05; BR-Drucks. 875/05 v. 6.12.2005.
[50] Rahmenbeschluss 2003-80-JI des Rates vom 27.1.2003; Strafbarkeit juristischer Personen: Erwägungsgründe 8 und 9.
[51] EuGH Urt. v. 13.9.2005 Az. – C176/03, Begründung, Rdnr. 44 – 51.
[52] *Schröder*, Europäische Richtlinien und deutsches Strafrecht, Berlin 2002.
[53] *Hettinger* (Hrsg.), Reform des Sanktionenrechts, Band 3. S. 351 ff.

(und teilweise zu beobachten), dass Aufsichtsbehörden mindestens im internationalen Kontext auf kaltem Weg „modernes" Kapitalmarktstrafrecht zu adaptieren versuchen.[54]

In verfassungsrechtlichen Anmerkungen hatte der seinerzeitige Vizepräsident des BAWe, Georg Dreyling, das Insiderstrafrecht als neues Recht bezeichnet, welches nicht der deutschen Rechtstradition folge, jedoch eine im internationalen Kontext unausweichliche Entscheidung gewesen sei, wenn man nicht den Finanzplatz Deutschland der Drittklassigkeit überantworten wolle.[55] Insoweit scheint sich die Bereitschaft zu entwickeln, Strafrecht und Strafverfolgung als Wettbewerbsaspekt zu begreifen, die Qualität des Schutzes von Anlagekapital durch die Strafrechtspflege zu messen und den Wirkungsvergleich mit dem „Binnenmarktausland" zu wagen. Offensichtlich ist an den Finanzplätzen London und Paris die Bereitschaft, Wettbewerb auch mit dem (von den Gemeinschaftsverträgen nicht erfassten) Strafrecht zu führen, vorhanden. Da die bisherige Tendenz Deutschlands, im Binnenmarkt rechtswissenschaftliche Insellösungen aus Rechtstradition zu favorisieren, zu schwerwiegenden wirtschaftlichen Einbrüchen führen kann, ist mit einem anderen Wind in der kapitalmarktrechtlichen Sanktionierung und Strafverfolgung zu rechnen.

In der praktischen Arbeit wird man weit öfter als üblich auf die Rechtsquellen zurückgreifen müssen, zumal der Gesetzgeber in weiten Bereichen der neueren Reformen keine glückliche Hand bewiesen hat.

13. Straftaten mit Kapitalmarktbezug

Zu den Gesetzen über das Bank-, Depot-, Börsen- und Kreditwesen, das Versicherungs- und Wertpapierhandelswesen nach § 74 c Abs. 1 Nr. 1, 2 und 5 GVG gehören nachfolgende Gesetze:
- **Wertpapierhandelsgesetz (WpHG)**
  - Verbot der Börsen- und Marktpreismanipulation (**IV**)
  - Verbot des Insiderhandels (**V**)
- **Börsengesetz (BörsG)**
  - Verbot der Verleitung Unerfahrener zu Börsenspekulationsgeschäften (**VI**)
- **Kreditwesengesetz (KWG)**
  - Verbot der Erbringung von Finanzdienstleistungen ohne Erlaubnis (**VII**)
- **Aktiengesetz (AktG)**
- **Handelsgesetzbuch (HGB)**
- **Kapitalanlagebetrug (§ 264 a StGB) (VIII)**
  sowie gem. § 74 c Abs. 1 Nr. 6 GVG
- Betrug (§ 263 StGB), Untreue (§ 266 StGB), soweit zur Beurteilung des Falles besondere Kenntnisse des Wirtschaftslebens erforderlich sind.

Hinzu kommen Ordnungswidrigkeitentatbestände aus den vorgenannten und aus folgenden Gesetzen: Wertpapiererwerbs- und Übernahmegesetz (WpÜG), Depotgesetz (DepotG), Hypothekenbankgesetz (HypBankG), Einlagensicherungs- und Anlegerentschädigungsgesetz, Gesetz über Kapitalanlagegesellschaften (KAGG), Auslandsinvestmentgesetz (AuslInvestmG), Gesetz über Unternehmensbeteiligungsgesellschaften (UBGG), Verkaufsprospektgesetz (VerkProspG), Geldwäschegesetz (GWG), Gesetz über die Deutsche Bundesbank (BBankG) und das Versicherungsaufsichtsgesetz (VAG).

---

[54] „... und dabei Unterstützung von Börsenchef Seifert erhalten. In: Die heimliche Abkehr von der Aktie: Realwirtschaftliche Ursachen der Kapitalmarktkrise, Frankfurt 2002, berichtet er: „Nur in wenigen Ländern wurden die Märkte (nach dem Börsencrash 1929) nicht an den Rand gedrängt – und dort gelang es mit Hilfe neuer Institutionen, der kriminellen Machenschaften Herr zu werden und begründetes Vertrauen in die Spielregeln und Spieler sowie den Schiedsrichter aufzubauen. Unter Franklin D. Roosevelt wurde Joseph Kennedy zum ersten Chairman der SEC ernannt – und der im Alkohohlschmuggel reich gewordene Vater von JFK räumte tatsächlich auf. Wie die Amerikaner sagen – „it takes a thief to catch one". Mit Prozessen gegen Insiderhandel und hohen Strafgebühren wurde der Sumpf fragwürdiger Machenschaften trockengelegt. ... In den entwickelten Ländern muss heute ein ähnlich radikaler Sprung nach vorn bei der Regulierung und Stärkung der staatlichen Aufsicht gelingen." Welcher Polizist, Staatsanwalt oder Richter, der selbst Opfer des Crashs geworden ist, kann sich der vorausgeführten These entziehen? Andererseits: Auch Ihr Mandant könnte der zukünftige Chef der Wertpapieraufsicht werden!..."

[55] Assmann/Schneider/*Dreyling* § 16 Rdnr. 11.

58 Der Kreis der für den Kapitalmarkt mit besonderer Bedeutung beachteten Strafvorschriften ist beispielsweise in § 1 Abs. 2 Nr. 3 der Hessischen Verordnung über das Zulassungsverfahren und die Pflichten des Skontroführers (Skontroführerverordnung)[56] weit gezogen. Dort ist es von Bedeutung, ob gegen einen Geschäftsleiter einer Skontroführergesellschaft oder den mit der Skontroführung betrauten Personen wegen eines Verbrechens oder Vergehens nach den nachfolgend aufgeführten Straftatbeständen aus dem StGB oder den Straf- und Ordnungswidrigkeitentatbestände der weiter aufgeführten Spezialgesetze Kreditwesengesetz, Wertpapierhandelsgesetz, Börsengesetz, Depotgesetz, Geldwäschegesetz und Investmentgesetz ein Strafverfahren anhängig oder ein Bußgeldverfahren eingeleitet ist:

§ 261 StGB	Geldwäsche
§ 263 StGB	Betrug
§ 263a StGB	Computerbetrug
§ 264a StGB	Kapitalanlagebetrug
§ 265b StGB	Kreditbetrug
§ 266 StGB	Untreue
§ 266a StGB	Vorenthalten und Veruntreuung von Arbeitsentgelt
§ 266b StGB	Missbrauch von Scheck und Kreditkarten
§ 267 StGB	Urkundenfälschung
§ 268 StGB	Fälschung von technischen Aufzeichnungen
§ 269 StGB	Fälschung von beweiserheblichen Daten
§ 270 StGB	Täuschung im Rechtsverkehre bei Datenverarbeitung
§ 271 StGB	Mittelbare Falschbeurkundung
§ 274 StGB	Urkundenunterdrückung
§ 283 StGB	Bankrott
§ 283a StGB	Besonders schwerer Fall des Bankrott
§ 283b StGB	Verletzung der Buchführungspflicht
§ 283c StGB	Gläubigerbegünstigung
§ 283d StGB	Schuldnerbegünstigung
§ 299 StGB	Bestechlichkeit und Bestechung im geschäftlichen Verkehr
§ 300 StGB	Besonders schwere Fälle der Bestechlichkeit und Bestechung im geschäftlichen Verkehr

59 Für die Beratung ist von Bedeutung, dass die Anzeigepflichtig **nicht** mit der Kenntnis von der Einleitung eines Ermittlungsverfahrens (§ 160 StPO) entsteht, auch wenn innerhalb diesem gerichtliche Entscheidungen vollstreckt werden. Aus der Sicht des Mitteilungspflichtigen ist das Strafverfahren erst anhängig, wenn ihm gem. § 203 StPO die Anklageschrift mitgeteilt wurde.

14. Zivilrechtliche Aspekte in der Verteidigungsstrategie

60 Die Beschränkung eines auszuermittelnden und anzuklagenden Sachverhaltes auf Straftatbestände, die allein kapitalmarktschützend und nicht anlegerschützend ausgestaltet sind, kann für den Mandanten eine größere Bedeutung haben, als die Höhe des auszuhandelnden Tagessatzes. Während Manipulations- und Insiderhandelsdelikte keinen Schadensersatzanspruch nach § 823 Abs. 2 BGB auslösen, kann dies bei den Bilanzdelikten durchaus der Fall sein. Da Bilanzdelikte vermutlich auch der Manipulation von Börsenpreisen dienen und diese wiederum das Sprungbrett für lohnende Insidergeschäfte darstellen können, wäre eine Beschränkung des Gesamtvorwurfes auf nicht haftungsauslösende Straftatbestände ein Teilerfolg. Ähnliches gilt für die Beurteilung der Bedeutung des Adhäsionsverfahrens nach § 403 ff. StPO in der zu erwartenden verschärften Fassung nach dem Opferschutzreformgesetz. Auch hier kann die Strategie ebenso in einer Lahmlegung der Strafverfolgungsbehörden gesehen werden, wie in einer zielgerichteten Beschränkung des Verfahrensstoffes auf solche Einzelfälle, bei denen die geringsten Nebenwirkungen zu erwarten sind.

61 In Hinblick auf sichergestellte Vermögenswerte wirkte sich in dem Verfahren ComRoad die Beschränkung auf lediglich kapitalmarktschützende Delikte dergestalt aus, dass der Verfallsanordnung im Urteil keine Schadensersatzansprüche aus Kursmanipulation oder verbotenem

---

[56] V. 10.9.2005, GVBl. I S. 646.

Insiderhandel entgegenstanden. Das LG München hat im Nachverfahren durch Beschluss[57] die Anträge einer Vielzahl von Aktionären, ihnen gegenüber die Verfallsentscheidung aufzuheben, als unzulässig zurück gewiesen, da sich die Verfallsanordnung nicht gegen die antragstellenden Aktionäre richtet. Den allein kapitalmarktschützenden Charakter der Missbrauchsstrafvorschriften unterstreicht das Bundesverfassungsgericht, 2. Senat, in seiner Entscheidung zur Akteneinsicht in Ermittlungsakten wegen des Verdachts der Kursmanipulation durch möglicherweise falsche Ad-hoc-Mitteilungen.[58]

Wertpapierhandelsbanken und sonstige Wertpapierhandelsunternehmen sind Mitglieder im EuZW
Entschädigungseinrichtung der Wertpapierhandelsunternehmen
Postfach 040347
10062 Berlin

Ob ein Entschädigungsfall vorliegt hat die Bundesanstalt für Finanzdienstleistungsaufsicht nach § 5 Abs. 1 des Einlagensicherungs- und Anlegerentschädigungsgesetzes zu entscheiden. Die Entscheidung wird bekannt gemacht, die Bekanntmachungen sind auf der Website der BaFin abzurufen.

Im Regelfall hat die BaFin – wenn nicht schon ein Dritter tätig war – Antrag auf Eröffnung eines Insolvenzverfahrens gestellt. Entsprechende Informationen, z. B. wer als Konkursverwalter bestellt ist, liegen ebenfalls bei der BaFin vor.

II. Die Kapitalmarktaufsicht

1. Die Erforderlichkeit anwaltlichen Rates[59]

Die Befürchtung, „immer mit einem Bein im Gefängnis zu stehen", ist die einfache Zusammenfassung der Unsicherheit der Marktteilnehmer, die durch die ständige Diskussion über Kriminalität im Wertpapierhandel und die Berichterstattung über laufende Strafprozesse hervorgerufen wird. Sicherlich muss es Grenzen geben; niemand schätzt es, Opfer eines Regelverstoßes oder gar einer Straftat zu werden. Klarheit und Eindeutigkeit in der Auslegung der Regeln[60] und Konkretisierung der Grenzen zulässigen Handelns ist der Beratungsauftrag auch des Strafrechtlers im Kapitalmarktrecht. Unsicherheit führt zur Angst vor der Grenzüberschreitung und veranlasst, einen Sicherheitsabstand zu wahren – und dieser kostet Geld (meist Geld des vertretenen Kunden).

Angesichts der geringen Zahl von Strafurteilen und der großen Zahl wenig erhellender Veröffentlichungen wird nachfolgend der Schwerpunkt auf ein Kennen lernen des wertpapier- und börsenrechtlichen Umfeldes, der Kompetenzen und Funktionen der Aufsicht und des neuen materiellen Rechts gelegt werden.

Das Strafverteidigermandat wird üblicherweise nach Bekannt werden eines Ermittlungsverfahrens, meist nach der Durchführung strafprozessualer Zwangsmaßnahmen, begründet. Ein Betroffener bzw. Beschuldigter oder ein Opfer (sowohl einer Straftat als auch einer unberechtigten strafprozessualen Zwangsmaßnahme) sucht um anwaltlichen Rat, um anwaltliche Hilfe nach. Meist ist der Strafvorwurf nicht nur mündlich eröffnet, es befinden sich oft Dokumente wie Ladungen zu polizeilichen, staatsanwaltschaftlichen oder gar gerichtlichen Vernehmungen (als Beschuldigter oder Zeuge), Durchsuchungs- und Beschlagnahmebeschlüsse oder Haftbefehle, die den Sachverhalt zu konstruieren vermögen, im Besitz des Rechtsuchenden.

In den Ermittlungsverfahren wegen des Verdachts von Straftaten nach dem WpHG ist die Einleitung eines strafrechtlichen Ermittlungsverfahrens meist das Ergebnis eines abgeschlosse-

---

[57] LG München I Beschl. v. 7.5.2003 – 6 KLs 34066/02.
[58] BVerfG, 2. Senat, Beschl. v. 24.9.2002 – 2 BvR 742/02.
[59] Der Verfasser war bis 12.1996 als Staatsanwalt für Wirtschaftskriminalität, insbesondere Kapitalanlagebetrug und Insiderkriminalität in Frankfurt tätig. Die Erfahrung zeigte, dass die meisten Beschuldigten aus der Community anwaltlichen Rat bislang allenfalls im Rahmen ihrer Scheidung oder zum Erhalt ihrer Fahrerlaubnis benötigt hatten und auf diese Connection zurückgriffen. Ein wegen Insiderverdacht vorläufig festgenommener Bankmanager rief aus dem PP seinen Anwalt an, der kurz darauf mit einem noch eingeschweißten Tröndle/Fischer erschien. Die schnelle Erledigung war aus Sicht der Strafverfolgung gesichert.
[60] Die Forderung nach Klarheit und Eindeutigkeit bei der Formulierung der Regeln selbst verhallt ungehört.

nen ersten wesentlichen Untersuchungsabschnittes. Der Gesetzgeber hat keinen Zweifel daran gelassen, dass schon in einem rechtlich als Verwaltungsverfahren ausgelegten Untersuchungsverfahren der Schwerpunkt im Bereich der auf den Untersuchungsergebnissen basierenden Strafverfolgung liegen kann. Die kapitalmarktorientierte Betreuungs- und Beratungskanzlei wird oft mit Auskunftsersuchen konfrontiert, die einen strafrechtlichen Haken haben.

2. Die Informationsbestände der Aufsichtsbehörden

69   Der Strafverfolgung hat der Gesetzgeber eine weitgehend lückenlose und systematische Überwachung des Wertpapierhandels vorangestellt, die ihrerseits mit umfangreichen Meldepflichten der Kapitalmarktakteure verbunden ist. Teilweise sind die Dokumentationspflichten auf die Marktteilnehmer übertragen worden, teilweise sammeln die Aufsichtsbehörden die Informationen, die grundsätzlich vertraulich sind, selbst. Da die Teilnahme am Wertpapiermarkt nahezu ausnahmslos von der Zulassung des Teilnehmers abhängig ist, können im (öffentlich-rechtlichen) Zulassungsverfahren entsprechende Pflichten verankert werden. Soweit der Gesetzgeber eine Verordnungsermächtigung verabschiedet hat, ist nachfolgend gesondert darauf verwiesen. Die Verordnungen werden im Regelfall auf der Website der BaFin veröffentlicht.

70
- Prospekthinterlegungspflicht bei außerbörslichen oder vorbörslichen erstem Angebot (VerkProspG); **Achtung: aktuelle Rechtsverordnung heranziehen!**
- Prospektsinhaltsregeln (Börsengesetz, Börsenzulassungsverordnung) **Achtung: Mit der Prospektrichtlinie soll die Prospektprüfung auf die BaFin übertragen werden, wann dies geschieht ist unklar.**
- Berichtspflichten (HGB)
- Zwischenberichtspflichten (§ 40 BörsG)
- Quartalsberichte (BörsO FWB)
- Meldepflichten über Wertpapiergeschäfte (§ 9 WpHG); **Achtung: aktuelle Rechtsverordnung heranziehen!**
- Ad-hoc-Mitteilungspflicht (§ 15 WpHG); **Achtung: aktuelle Rechtsverordnung und Emittentenleitfaden heranziehen!**
- Veröffentlichung und Mitteilung von Geschäften in Insiderpapieren „Directors Dealing" (§ 15 a WpHG); **Achtung: aktuelle Rechtsverordnung und Emittentenleitfaden heranziehen!**
- Führung von Insiderverzeichnissen (§ 15 b WpHG); **Achtung: aktuelle Rechtsverordnung und Emittentenleitfaden heranziehen!**
- Aufzeichnungspflichten bei Geschäften mit Insiderpapieren (§ 16 WpHG)
- Mitteilungs- und Veröffentlichungspflichten bei Veränderungen des Stimmrechtsanteils an börsennotierten Gesellschaften (§ 21 WpHG); **Achtung: aktuelle Richtlinien nach § 29 Abs. 2 WpHG heranziehen!**
- Aufzeichnungs- und Aufbewahrungspflichten der Wertpapierdienstleister bei der Erbringung von Wertpapierdienstleistungen (§ 34 WpHG); **Achtung: aktuelle Rechtsverordnung heranziehen!**
- Datenerfassung im Börsenhandel (§ 4 BörsG)
- Gesprächsaufzeichnungspflichten (Fundstellen: Verlautbarung BaFin, Skontroführerverordnung)

71   Sowohl die Bundesanstalt für Finanzdienstleistungsaufsicht (BaFin), als auch die Börsenaufsichtsbehörden und die Handelsüberwachungsstellen an den Börsen haben von dem Gesetzgeber umfangreiche Auskunfts- und Unterlagenvorlagerechte sowie Prüfungskompetenzen eingeräumt bekommen, die – gegebenenfalls – in Form von schriftlichen Auskunftsersuchen bei den jeweiligen Normadressaten Pflichten auslösen (BaFin: §§ 4, 15 Abs. 4, 16, 16 b, 29, 35 WpHG, § 8 c Verkaufsprospektgesetz; Börsenaufsichtsbehörde: §§ 2, 3, 60 BörsG; Handelsüberwachungsstelle: § 4 BörsG).[61]

---

[61] Zu den Ermittlungsbefugnissen der BaFin im Verhältnis zum Strafprozessrecht siehe: *Schröder/Hansen*, Die Ermittlungsbefugnisse der BaFin nach § 44 c KWG und ihr Verhältnis zum Strafprozessrecht, Z.B.B 2003, 113 ff. und *Bärlein/Pananis/Rehmsmeier* NJW 2002, 1825.

3. Die Mitwirkungspflichten der Beteiligten

Als Auskunftsverpflichtete kommt „Jedermann" (§ 4 Abs. 3 WpHG) ebenso in Betracht, 72
wie zugelassene Handelsteilnehmer und Wertpapierdienstleistungsunternehmen, Emittenten
von börsennotierten oder außerbörslich öffentlich angebotenen Wertpapieren, Börsengeschäftsführungen, Börsenträger, Betreiber elektronischer Handelssysteme und außerbörsliche Einrichtungen.

a) Emittentenauskunft durch die BaFin.
Auskunftsersuchen bei Insiderhandelsverdacht gegen Emittenten von börsennotierten Wertpapieren können folgendes Aussehen haben: 73

Beispiel:
Laufende Überwachung gemäß § 16 WpHG[62]
Sehr geehrte Damen und Herren,
gemäß § 16 WpHG obliegt mir die laufende Überwachung des börslichen sowie außerbörslichen Geschäftes in Insiderpapieren, um verbotenen Insidergeschäften (§ 14 WpHG) entgegenzuwirken. Hierzu gehört in Insiderverdachtsfällen u. a. die Ermittlung des Sachverhaltes, d. h. die Feststellung, welche Personen aufgrund welcher Vorgänge Kenntnis einer Insidertatsache erlangten und welche Personen Wertpapiere oder Derivate ge- oder verkauft haben.
Gemäß § 16 Abs. 4 WpHG kann die BaFin im Insiderverdachtsfall von den Emittenten von Insiderpapieren sowie den Personen, die auf Grund zureichender tatsächlicher Anhaltspunkte den Anschein erwecken, Kenntnis von einer Insidertatsache zu haben, Auskünfte sowie die Vorlage von Unterlagen über diese Insidertatsachen und über andere Personen verlangen, die von solchen Tatsachen Kenntnis hatten. Ziel dieser Auskünfte ist einerseits eine umfassende Sachverhaltsaufklärung und andererseits die möglichst vollständige Erfassung der Personen, die vor dem Bekanntwerden einer Insidertatsache Kenntnis derselben besaßen.
Darstellung der verdachtsbegründenden Tatsache
In diesem Zusammenhang liegen mir zureichende tatsächliche Anhaltspunkte für einen Verstoß gegen das Verbot von Insidergeschäften gemäß § 14 WpHG vor.
Ich bitte Sie daher gemäß § 16 Abs. 4 WpHG um eine detaillierte Darlegung des Geschehensablaufes (der zu diesen Ad-hoc-Mitteilungen führte). Darüber hinaus wäre ich für alle weiteren Auskünfte dankbar, die mir eine umfassende Beurteilung des Sachverhaltes ermöglichen.
Bei der Darstellung des Geschehensablaufes bitte ich um eine möglichst genaue Nennung von Daten und Zeiträumen, um Vorlage entsprechender Unterlagen (Vermerke, Berichte, Schriftwechsel, Bewertungen, Vorträge und Entwürfe, Protokolle, Teilnehmerlisten etc.), die Ihre Ausführungen belegen sowie um die Angabe aller Personen (interne und externe Mitarbeiter, auch Sekretärinnen und Organmitglieder, Berater, Wirtschaftsprüfer, Steuerberater, Rechtsanwälte, Vertreter von Kreditinstituten, Institutionelle Anleger, Analysten, Pressevertreter etc.) die Ihres Wissens vor der Veröffentlichung zu den verschiedenen Zeitpunkten von dem Sachverhalt Kenntnis hatten bzw. an den Gesprächen, Verhandlungen oder in anderer Weise am Vorgang beteiligt waren.
Im Zusammenhang mit der Benennung von Personen bitte ich um die Mitteilung der Privatadressen – soweit bei Unternehmensfremden bekannt, andernfalls die geschäftlichen Anschriften – sowie der Funktionen, aufgrund derer die Personen von der Finanzlage des Unternehmens Kenntnis erhielten. Für die Angabe einer Telefonnummer, unter der die genannten Personen erreichbar sind, wäre ich dankbar.
Weiterhin bitte ich Sie um Entbindung von etwaigen gesetzlichen und vertraglichen Schweigepflichten aller Personen (Rechtsanwälte, Notare, Wirtschaftsprüfer, etc.), die für Sie im Zusammenhang mit dem oben genannten Sachverhalt tätig waren oder bereits im Vorfeld Kenntnis hiervon hatten. Die von Ihnen erbetenen Auskünfte und Unterlagen werden nach Abschluss der Prüfungen – soweit diese nicht mehr erforderlich sind – unverzüglich gelöscht bzw. vernichtet (§ 17 WpHG).
Auskunftsverweigerungspflicht
Nach § 16 WpHG können Sie die Auskunft auf solche Fragen verweigern, deren Beantwortung Sie selbst oder einen der in § 383 Abs. 1 Nr. 1 bis 3 der Zivilprozessordnung bezeichneten Angehörigen der Gefahr strafrechtlicher Verfolgung oder eines Verfahrens nach dem Gesetz über Ordnungswidrigkeiten aussetzen würde.
Rechtsbehelfsbelehrung
Gegen diesen Bescheid kann innerhalb eines Monats nach Bekanntgabe Widerspruch erhoben werden. Der Widerspruch ist bei der Bundesanstalt für Finanzdienstleistungsaufsicht, Lurgiallee 12, 60439 Frankfurt am Main oder Graurheindorfer Str. 108, 53117 Bonn schriftlich oder zur Niederschrift einzulegen.

---

[62] Die aufgeführten Bespiele enthalten noch die §§ des WpHG vor in Krafttreten des Anlegerschutzverbesserungsgesetzes.

Widerspruch und Anfechtungsklage haben gem. § 16 Abs. 7 WpHG i. V. m. § 80 Abs. 2 Nr. 3 VwGO keine aufschiebende Wirkung.

74 **b) Auskunftsersuchen gegen Beteiligte am Wertpapierhandel.** Ähnliche Auskunftsersuchen werden auch an die Unternehmen, die nach § 9 WpHG meldepflichtig sind, gerichtet. Dies sind Kreditinstitute und Finanzdienstleitungsinstitute mit der Erlaubnis zum Betreiben des Eigenhandels sowie Unternehmen, die ihren Sitz im Inland haben und an einer inländischen Börse zur Teilnahme am Handel zugelassen sind. Weiterhin sind es die nach 53 Abs. 1 Satz 1 des KWG tätigen Unternehmen mit Sitz in einem Staat, der nicht Mitglied der Europäischen Union und auch nicht Vertragsstaat des Abkommens über den europäischen Wirtschaftsraum ist.

Beispiel:
75 Laufende Überwachung gemäß § 16 Wertpapierhandelsgesetz (WpHG)
Anlage: Übersicht der gemeldeten Geschäfte nach IM- und BaFin-Geschäftsnummer
Sehr geehrte Damen und Herren,
gemäß § 16 Abs. 1 WpHG[63] obliegt mir die laufende Überwachung des börslichen sowie außerbörslichen Geschäftes in Insiderpapieren. In diesem Zusammenhang liegen mir Anhaltspunkte für einen Verstoß gegen das Verbot von Insidergeschäften vor.
Ich bitte daher gemäß § 16 Abs. 2 WpHG um Auskunft über die in einer beiliegenden Übersicht ausgewählten gemeldeten Kundengeschäfte nicht meldepflichtiger Kunden in den folgenden Gattungen:
... ...
die Ihr Institut in der Zeit vom ... bis zum ... getätigt hat.
Sollten Sie darüber hinaus im o.g. Zeitraum noch weitere derartige Geschäfte getätigt haben, bitte ich, diese zu ergänzen. In diesem Fall benennen Sie bitte zusätzlich Börse, Handelstag und -zeit, Abschlusskurs/-preis, bei außerbörslichen Geschäften den Kontrahenten und bei Geschäften mit Derivaten den Basispreis und die Fälligkeit.
Die Auskunft muss zu allen Geschäften genaue Angaben über die Identität (Vor- und Zuname, ggf. abweichender Geburtsname, Geburtsdatum, aktuelle private Anschrift [keine Postfachadresse]) der berechtigten oder verpflichteten Personen sowie ggf. der abweichenden Auftraggeber enthalten. Geschäfte von Mitarbeitern Ihres Hauses, die im fraglichen Zeitraum in den Vertraulichkeitsbereichen (Mitarbeiter mit besonderen Funktionen nach Teil A, IV. „Anforderungen an Verhaltensregeln für Mitarbeiter der Kreditinstitute und Finanzdienstleistungsinstitute in Bezug auf Mitarbeitergeschäfte" Leitsätze für Mitarbeitergeschäfte BAKred und BAWe) tätig waren, sind zu kennzeichnen.
Die Angaben sollten in eine tabellarische Übersicht in folgender Reihenfolge eingestellt werden: (Felder nach der Meldeverordnung)
Ich weise Sie darauf hin, dass die Auftraggeber oder die berechtigten oder verpflichteten Personen gemäß § 16 Abs. 8 WpHG nicht von meinem Auskunftsverlangen in Kenntnis gesetzt werden dürfen.
Auskunftsverweigerungspflicht
Nach § 16 WpHG können Sie die Auskunft auf solche Fragen verweigern, deren Beantwortung Sie selbst oder einen der in § 383 Abs. 1 Nr. 1 bis 3 der Zivilprozessordnung bezeichneten Angehörigen der Gefahr strafrechtlicher Verfolgung oder eines Verfahrens nach dem Gesetz über Ordnungswidrigkeiten aussetzen würde.
Rechtsbehelfsbelehrung
Gegen diesen Bescheid kann innerhalb eines Monats nach Bekanntgabe Widerspruch erhoben werden. Der Widerspruch ist bei der Bundesanstalt für Finanzdienstleitungsaufsicht, Lurgiallee 12, 60439 Frankfurt am Main oder Graurheindorfer Str. 108, 53117 Bonn schriftlich oder zur Niederschrift einzulegen.
Widerspruch und Anfechtungsklage haben gem. § 16 Abs. 7 WpHG i. V. m. § 80 Abs. 2 Nr. 3 VwGO keine aufschiebende Wirkung.

76 **c) Auskunftsersuchen der Handelsüberwachungsstelle.** Vergleichbare Auskunftsbescheide versendet die Börsenaufsichtsbehörde oder die Handelsüberwachungsstelle der Börse, letztere auch gegebenenfalls auf Grund einer Beauftragung durch die Börsenaufsichtsbehörde.[64]

---

[63] Die aufgeführten Beispiele enthalten noch die §§ des WpHG vor in Krafttreten des Anlegerschutzverbesserungsgesetzes.
[64] VGH Kassel Urt. v. 4.7.1998 – 8 TG 4000/97; VG Frankfurt – 15 G 323/97.

Beispiel:
Sehr geehrter Herr (Skontroführer)[65]
Bitte teilen Sie uns mit, welche Vereinbarungen Sie mit Ihrem Angestellten A. in 1995 getroffen hatten hinsichtlich der Verrechnung angefallener Kursdifferenzen aus Aufgabegeschäften für Werte Ihres Skontros
a) während der Zeit einer Abwesenheitsvertretung
b) während der Zeit einer Anwesenheitsvertretung zu Ausbildungszwecken bzw. in sog. „Spitzenzeiten",
c) während ihrer Anwesenheit ohne die Übertragung von Vertreterfunktionen.
<Es folgt Begründung>
Belehrung über Auskunftsverweigerungsrecht
Gem. § 1 a Abs. 1 BörsG haben Sie das Recht, die Erteilung einer Auskunft auf solche Fragen zu verweigern, deren Beantwortung Sie selbst oder einen der in § 383 Abs. 1 Nr. 1-3 der ZPO bezeichneten Angehörigen der Gefahr strafrechtlicher Verfolgung oder eines Verfahrens nach dem Gesetz über Ordnungswidrigkeiten aussetzen würde.
Rechtsbehelfsbelehrung
Gegen diesen Bescheid kann innerhalb eines Monats nach Bekanntgabe Widerspruch erhoben werden. Der Widerspruch ist bei der Frankfurter Wertpapierbörse – Handelsüberwachungsstelle – Börsenplatz 4 schriftlich oder mündlich zur Niederschrift einzulegen.
Widerspruch und Anfechtungsklage haben keine aufschiebende Wirkung (§ 1 a Abs. 3 BörsG).

d) **Auskunftsersuchen der Börsenaufsichtsbehörde.** Bei Auskunftsbescheiden der Börsenaufsichtsbehörde entfällt das Widerspruchsverfahren, da sie als Teil des jeweiligen Länderministeriums oberste Landesbehörde ist.

Beispiel:
Sehr geehrte Damen und Herren,
im Rahmen unserer Ermittlungen gemäß § 88 BörsG bezüglich des Verdachtes der Kursmanipulation in Aktien der A AG haben wir festgestellt, dass am 10.5.2001 über Ihr Institut größere Stückzahlen über das Parkett – FWB und über Xetra verkauft wurden.
Ich bitte Sie, mir gemäß § 1 a Abs. 1 Satz 2 BörsG die Auftraggeber der in der Anlage beigefügten Liste der Verkaufsgeschäfte mitzuteilen.
Belehrung über Auskunftsverweigerungsrecht:
Gem. § 1 a Abs. 1 BörsG haben Sie das Recht, die Erteilung einer Auskunft auf solche Fragen zu verweigern, deren Beantwortung Sie selbst oder einen der in § 383 Abs. 1 Nr. 1-3 der ZPO bezeichneten Angehörigen der Gefahr strafrechtlicher Verfolgung oder eines Verfahrens nach dem Gesetz über Ordnungswidrigkeiten aussetzen würde.
Rechtsmittelbelehrung:
Gegen diesen Bescheid kann innerhalb eines Monats nach Zustellung Klage beim Verwaltungsgericht Frankfurt am Main, Adalbertstr. 44 – 48, 60486 Frankfurt am Main, schriftlich oder zur Niederschrift des Urkundsbeamten erhoben werden. Die Klage muss den Kläger, den Beklagten und den Gegenstand des Klagebegehrens bezeichnen. Sie soll einen bestimmten Antrag enthalten. Die zur Begründung dienenden Tatsachen und Beweismittel sollen angegeben werden. Der Klage nebst Anlagen sollen so viele Abschriften beigefügt werden, dass alle Beteiligte eine Ausfertigung erhalten können. Dieser Bescheid soll in Urschrift oder Abschrift beigefügt werden.
Widerspruch und Anfechtungsklage haben keine aufschiebende Wirkung (§ 1 a Abs. 3 BörsG).[66]

4. Vorerwägungen bei der Mandatsaufnahme

Das Dokument des Mandanten gibt für sich keine eindeutige Beratungslinie vor. Möglich ist ebenso der Beginn eines **Ordnungswidrigkeitenverfahrens** oder die spätere Einleitung eines **Strafverfahrens** oder beides gegen verschiedene Adressaten. Möglich ist auch ein **Sanktionsverfahren** nach dem Börsengesetz. Während Ermittlungsverfahren in Strafsachen nur gegen natürliche Personen gerichtet sein können, ist in Sanktionsverfahren ebenso wie in Ordnungswidrigkeitenverfahren auch mit der Verfolgung und Sanktionierung juristischer Personen zu rechnen. Weiterhin sind **verwaltungsrechtliche Statusmaßnahmen** wie Lizenzentzug möglich.

---

[65] Das Beispiel ist dem Urteil AG Ffm v. 10.5.1999 – 9 E 3227/97 – entnommen. Die Kompetenzen der Handelsüberwachungsstelle sind nach der Reform des BörsG zum 1.7.2002 nicht mehr in § 1 b BörsG sondern in § 4 BörsG normiert.

[66] Die Ermächtigungsnormen nach der Reform des BörsG zum 1.7.2002 lauten: § 2 (Befugnisse der Börsenaufsichtsbehörde), insbesondere § 2 Abs. 4 BörsG.

Auswirkungen auf zivilrechtliche **Haftungsansprüche** sowohl gegen juristische Personen als auch gegen Organe selbst sind zu beachten.

81 Daraus ergibt sich folgendes Spektrum:
- Sanktionsverfahren vor dem Sanktionsausschuss der Börse (§ 20 BörsG)
- Widerruf der Zulassung zur Teilnahme am Börsenhandel (§ 16 Abs. 8 BörsG)[67]
- Sofortige Anordnung des Ruhens einer Händlerzulassung[68]
- Widerruf der Zulassung (zur Notierung) zum Börsenhandel (§§ 38, 56 Abs. 3 BörsG)
- Bußgeldverfahren nach dem Gesetz über Ordnungswidrigkeiten (§ 62 BörsG, § 39 WpHG etc.)
- „Vorermittlungen" bei Verdacht von Straftaten (§ 4 WpHG)
- In zweiter Linie sind Schadensersatzansprüche möglich.

82 Im privatrechtlichen Bereich des Börsenhandels sind aus den Vereinbarungen mit dem Börsenträger Vertragsstrafen möglich.

5. Die Struktur des deutschen Kapitalmarktes

83 Für eine sachgerechte Beratung und/oder Verteidigung sind zunächst Grundkenntnisse über das spezifische Rechtsgebiet und die Aufsichtsstruktur in Deutschland und dem europäischen Wirtschaftsraum erforderlich.

84 Als Absender eines Verwaltungsaktes können in Frage kommen:
- Bundesanstalt für Finanzdienstleistungsaufsicht
- Börsenaufsichtsbehörde
- Handelsüberwachungsstelle der Börse
- Geschäftsführung der Börse
- Zulassungsstelle der Börse
- Sanktionsausschuss der Börse
- Deutsche Prüfstelle für Rechnungslegung

85 Die Eingangs beschriebenen gesetzgeberischen Aktivitäten, meist auf der Basis von EU-Richtlinien, ergänzt durch Verordnungen, Sonderbedingungen, Anordnungen und Verlautbarungen, die ihrerseits ständigen Änderungen unterworfen sind, leben von den modernen Veröffentlichungsmethoden über das Internet. Fundstellen für aktuelles Recht sind die Website der Bundesregierung, insbesondere des Finanzministeriums, Bundesanstalt für Finanzdienstleistungsaufsicht, Börsenaufsichtsbehörden, Börsen und Gerichte.

86
- Wählen Sie sich in www.boersenaufsicht.de ein und suchen Sie von dort über die Links alle weiteren in Frage kommenden Websites.
- Hinsichtlich des Regelwerks – auch in Englisch – bietet **www.deutsche-boerse.com** das überzeugendste Angebot.
- Die jeweiligen Regelwerke den Präsenzhandel/XETRA betreffend finden Sie auf der Website der Deutsche Börse AG www.deutsche-boerse.com unter der Rubrik: »Services » Veröffentlichungen/Downloads » Handel » FWB-Regelwerk (gesamt).
- Die Regelwerke, die den Handel an der Terminbörse EUREX betreffen, finden Sie auf der Website der EUREX **www.Eurexchange.com** unter der Rubrik: »market place »rules and regulations.
- Das Marktmodell des elektronischen Handelssystems XETRA finden Sie auf: **www.Xetra.de** unter der Rubrik: »Handel » Aktien » Marktmodell.
- **www.bafin.de** stellt die umfangreichste Sammlung von Normen des Kapitalmarktes zur Verfügung. Im Angebot sind Listen der zugelassenen Finanzdienstleister und auch Listen von Maßnehmen, die gegen Finanzdienstleister angeordnet wurden.
- Entscheidungen der Sanktionsausschüsse werden gekürzt, anonymisiert und in der Auswahl nicht überprüfbar vollständig auf der Website der Hessischen Börsenaufsichtsbehörde wiedergegeben: www.boersenaufsicht.de.

---

[67] VG Frankfurt Beschl. v. 3.3.1995 – 15 G 436/95 – r.k.; VG Frankfurt Beschl. v. 28.9.1999 – 9 G 2926/99 – nicht r.k. (bei VGH wurde ein Vergleich geschlossen).
[68] VGH Kassel 6 G 1242/97 (1) Beschl. v. 21.1.1997 (VG Wiesbaden Beschl. v. 12.12.1996 – 6 E 1271/97).

6. Fremder Sachverstand

Oft fehlen in einer auf Strafverteidigung spezialisierten Kanzlei die Voraussetzungen zur ökonomischen Beurteilung bank- und börsenspezifischer Abläufe. In den kapitalmarktorientierten Instituten der Universitäten hat sich der entsprechende Sachverstand herangebildet, bei der Auswahl wird allenfalls offen zu legen sein, ob drittmittelfinanzierte Lehrstühle in Zielführungskonflikt geraten könnten. Das gilt auch für jene, die mehr als nur im zufälligen Einzelfall für ein Institut tätig sind oder an angeschlossenen Akademien gut dotierte zusätzliche Lehraufträge bedienen.

Die Zeitschrift für das gesamte Kreditwesen (ZfgKW) veröffentlicht als „traditionellen Service" zu Beginn des Wintersemesters einen detaillierten Überblick über die Vorlesungen, Seminare und Übungen sowie die zuständigen Professoren, Lehrbeauftragten und wissenschaftlichen Mitarbeiter im Bereich der Bankwissenschaften an Universitäten.[69]

Nachfolgende **Sachverständige** sind in den Jahren seit 2000 im Kapitalmarktbereich aufgetreten:

Professor Dr. Wolfgang Bessler
Justus-Liebig-Universität Gießen
Licher Straße 74, 35394 Giessen
Professur für Finanzierung und Banken
Telefon: 0641 / 9922461, Fax: 0641 / 9922469, http://wiwi.uni-giessen.de/home/bessler/

Professor Dr. Hans-Peter Burghof
Universität Hohenheim
Schloss Hohenheim, 70599 Stuttgart – Hohenheim
Fg. BWL insbesondere Bankwirtschaft und Finanzdienstleistungen
Telefon: 0711/459-2901, Fax: 0711/459-3448, http://www.uni-hohenheim.de/

Professor Dr. Jan Pieter Krahnen
Johann Wolfgang Goethe-Universität
Fachbereich Wirtschaftswissenschaften
Mertonstr. 17 / PF 055
60054 Frankfurt am Main
Lehrstuhl für Betriebswirtschaftslehre, insbes. Kreditwirtschaft und Finanzierung
Telefon: 069/798-22568, Fax: 069/798-28951, http://www.wiwi.uni-frankfurt.de/

Professor Dr. Andreas Oehler
Otto-Friedrich-Universität Bamberg
Kirschäckerstrasse 39, 96045 Bamberg
Lehrstuhl für Betriebswirtschaftslehre, insbesondere Finanzwirtschaft
Telefon: 0951/863-2537, Fax; 0951/863-2538, http://www.uni-bamberg.de/sowi/finanz

Professor Dr. Klaus Röder
Universität Regensburg
Universitätsstraße 31, 93053 Regensburg
Lehrstuhl für Betriebswirtschaftslehre, insbesondere Finanzdienstleistungen
Tel: 0941/943-2731, Fax: 0941/943-4979,
http://www-cgi.uni-regensburg.de/Fakultaeten/WiWi/roeder/

Professor Dr. Bernd Rudolph
Ludwig-Maximilians-Universität-München
Schackstrasse 4, 80539 München
Fakultät für Betriebswirtschaft, Institut für Kapitalmarktforschung und Finanzierung
Telefon: 089/2180-2211, Fax: 089/2180-2016, http://www.kmf.bwl.uni-muenchen.de/

---

[69] Letzte Liste: Heft 21, S. 42, 2003.

Professor Dr. Dirk Schiereck
EUROPEAN BUSINESS SCHOOL
International University
Schloss Reichartshausen, 65375 Oestrich-Winkel
Tel: 06723/69-213, Fax: 06723/69-216, http://wwwfl.ebs.de/Lehrstuehle/Bank_und_Finanzmanagement

Dietmar Vogelsang
ö.b.u.v. SV für Kapitalanlagen und private Finanzplanung, Wertpapiere und Derivate
Sachverständigen-Societät Vogelsang & Sachs
Hessenring 71, 61348 Bad Homburg vor der Höhe
Telefon: 06172/920000, Fax: 06172/920011, www.vogelsang-sachs.de

Prof. Dr. Mark Wahrenburg
Johann Wolfgang Goethe-Universität
Fachbereich Wirtschaftswissenschaften
Mertonstr. 17 / PF 055, 60054 Frankfurt am Main
Lehrstuhl für Betriebswirtschaftslehre, insbesondere Bankbetriebslehre
Telefon: 069/798-22142, Fax: 069/798-22143, http://www.wiwi.finance.uni-frankfurt.de/

Dr. Jürgen Brockhausen
(Ehemals Leiter der HÜSt Düsseldorf, GeschF. der Börse Düsseldorf, Leiter Ref. Börsenaufsicht, Finanzministerium Nordrhein-Westfalen)
Brockhausen Beratung und Compliance GmbH
Mauerbrecherstraße 27, 40239 Düsseldorf
Telefon 0211 6415087, Fax: 0211 6415089, brockhausen@t-online.de

Prof. Dr. Christian Schröder, Richter am Kammergericht Berlin
Martin-Luther-Universität Halle-Wittenberg
Lehrstuhl für Strafrecht und Strafprozessrecht
Franz-von-Liszt-Haus, 1. Etage Universitätsplatz 6, 06108 Halle (Saale)
Telefon 0345 55 23120, Fax 0345 55 27289 schroeder@jura.uni-halle.de

90   Bewertungen der Handelsüberwachungsstelle und der BaFin sind kritisch zu betrachten. Grundsätzlich sollten diese Sachverständige mit der Beibringung der Fakten und Daten betraut werden, die sich in ihrer Hoheit befinden. Auf die Vollständigkeit der Daten ist besonderer Wert zu legen, gegebenenfalls sollten die Sachverständigen auf die Vollständigkeit der Daten vereidigt werden. Für die Bewertung dieser Daten kann es angezeigt sein, unabhängigen Sachverstand einzufordern. Sachverständige der Handelsüberwachungsstellen sollten nach ihren finanziellen Verflechtungen mit dem Träger der Börse gefragt werden, insbesondere ob sie am Erfolg des Trägers in irgendeiner Form beteiligt werden.

7. Warnhinweis

91   Kapitalmarktrechtler sind hervorragend bezahlte Spezialisten mit einem Hang zur Überheblichkeit gerade den Strafrechtlern gegenüber. Das erleichtert im (seltenen) Falle eines negativen Verfahrensausganges zwar die Rechtfertigung: „Der Richter, der Staatsanwalt oder der Polizist hat halt keine Ahnung, deswegen haben sie alle falsch entschieden"; jedoch wäre es nicht nachsehbar, den Mandanten nicht über das Risiko aufzuklären, das dieser eingeht, wenn im Ermittlungsverfahren auf die Stärken des Strafrechtlers und letztlich im Strafverfahren auf die zusätzliche Erfahrung des Strafverteidigers verzichtet wird.

8. Nachweis einer Einwirkung auf den Börsenpreis

92   Im konkreten Bereich der Börsen- und Marktpreismanipulation kommt dem Tatbestandsmerkmal der Einwirkung auf den Preis besondere Bedeutung zu. Die Auswertung der Daten über den Börsenhandel, die nach § 4 BörsG erfasst und systematisch gespeichert wurden, sind geeignet, Aussagen über die Tatbestandserfüllung zu machen.

93   Als Sachverständige oder sachverständige Zeugen sind hier neben den oben genannten Bessler, Rudolph und Burghof die (unabhängigen) Leiter der Handelsüberwachungsstellen an den Börsen oder die Börsenaufsichtsbehörden geeignet. Auf der Basis eines entsprechenden Beweis-

beschlusses und einem korrespondierenden Ersuchen des Gerichtes gibt die Börse die Daten auch an bestellte Sachverständige heraus.

In den Bereichen der Bundesanstalt für Finanzdienstleistungsaufsicht werden ebenfalls Auswertungen von Börsenpreisbewegungen mit Gutachtensqualität erstattet. Seit 2002 gehört die Bekämpfung der Marktmanipulation zu den Aufgaben der BaFin. In der Abteilung WA 2, Insiderüberwachung; Ad-hoc-Publizität; Marktüberwachung und -analyse, bedeutende Stimmrechtsanteile werden im Referat Marktanalyse (Leiter: Herr Oberfrank) Gutachten zur Einwirkung auf den Börsenpreis erstellt.

Besondere Bedeutung hat bei der Bundesanstalt für Finanzdienstleistungsaufsicht die Kenntnis ausländischen Kapitalmarktrechtes.

9. Die Börsen in Deutschland

Folgende Aktienmärkte, auch Kassamärkte genannt, bieten in der Bundesrepublik Deutschland Wertpapierhandel an (in Klammer das jeweilige elektronische Handelssystem):
- Frankfurter Wertpapierbörse (Xetra)
- Börse Berlin-Bremen, bestehend aus:
  - Berliner Wertpapierbörse (Nasdaq Deutschland AG)[70] und
  - Bremer Wertpapierbörse (Nasdaq Deutschland AG)
- Rheinisch-Westfälische Börse zu Düsseldorf (Quotrix)
- Baden-Württembergische Wertpapierbörse in Stuttgart (Euwax)
- Hanseatische Wertpapierbörse zu Hamburg
- Niedersächsische Börse zu Hannover[71]
- Münchner Börse (Max Blue)
- Terminbörsen stehen zur Verfügung in Frankfurt, Hannover und Leipzig
- EUREX Deutschland in Frankfurt und EUREX Zürich, eine deutsch-schweizerische Börse
- Warenterminbörse Hannover
- Leipzig Power Exchange (Energiebörse Leipzig[72]).

Die Börsen haben jeweils eine eigene Website. Die jeweiligen Adressen sowohl der Börsen als auch der Börsenaufsichtsbehörden sind der Website der Hessischen Börsenaufsichtsbehörde zu entnehmen.

10. Terminals von Auslandsbörsen in Deutschland

Ausländische organisierte Märkte in einem anderen Mitgliedstaat der EU oder des EWR haben der BaFin anzuzeigen, wenn sie Handelsteilnehmern mit Sitz in Deutschland über ein elektronisches Handelssystem einen unmittelbaren Marktzugang gewähren (Remote Membership). Wegen der Einzelheiten bitte die aktuelle Rechtsverordnung nach § 37 i WpHG beachten.

Andere ausländische organisierte Märkte können Handelsteilnehmern, die ihren Sitz in Deutschland haben, unmittelbaren Marktzugang, also von Deutschland aus gewähren. Eine nach § 37 i WpHG erteilte Erlaubnis der BaFin ist im elektronische Bundesanzeiger zu veröffentlichen.

Die Börsen in Deutschland haben den Zugang der Handelsteilnehmer zu den Handelsplattformen auch solchen Handelsteilnehmern eröffnet, die keinen Sitz im Geltungsbereich des Börsengesetzes haben. Erforderlich ist jedoch eine Zustelladresse in Deutschland. Für Handelsteilnehmer, die ihren Sitz außerhalb der EU oder des EWR haben gilt die Sonderregelung, dass ihr Börsenzugang auch ohne deren Verschulden vorübergehend oder dauernd gekappt werden kann, wenn die Zusammenarbeit der Aufsichtsbehörden nicht sichergestellt ist (§ 16 Abs. 9 BörsG).

---

[70] Die Nasdaq Deutschland hat ihr Vermittlungsgeschäft kurz nach dem Beginn des Handels wieder eingestellt; ob der Versuch abschließend beendet ist, oder eine Wiederaufnahme des Handels erfolgt, kann derzeit nicht vorhergesehen werden.
[71] Die Börsen Hamburg und Hannover werden von der gemeinsamen Trägergesellschaft BÖAG Börsen AG betrieben.
[72] Die frühere EEX Europäische Energie Börse in Frankfurt, Träger Deutsche Börse AG, fusionierte 2002 mit der LPX und gab ihren Sitz in Frankfurt auf.

11. Erreichbarkeit der Länderaufsichtsbehörden

101 Zwar nehmen die Börsenaufsichtsbehörden die ihnen nach dem Börsengesetz zugewiesenen Aufgaben und Befugnisse nur im öffentlichen Interesse war (§ 1 Abs. 8 BörsG), jedoch steht sie jedem Bürger als Teil der öffentlichen Verwaltung für Auskünfte zur Verfügung, soweit die gesetzliche Verschwiegenheitspflicht nach § 7 BörsG dies zulässt. In Straf- oder Bußgeldsachen ist diese Verschwiegenheitspflicht den Gerichten gegenüber durchbrochen. Da die Aufzählung der Varianten, in denen die Verschwiegenheitspflicht nach § 7 Abs. 1 BörsG aufgehoben ist, nicht abschließend normiert sind, sondern die mit der Vokabel „insbesondere" als Regelbeispiele qualifiziert wurden, dürften daneben sowohl Untersuchungen im Rahmen des Sanktionsausschussverfahrens betroffen sein als auch Zivilklagen wegen deliktsrechtlicher Ansprüche, die auf kapitalmarktspezifische Interventionen zurückgeführt werden.

102 Die Adressen:
- Hessisches Ministerium für Wirtschaft, Verkehr und Landesentwicklung – Börsenaufsichtsbehörde – Kaiser-Friedrich-Ring 75, 65185 Wiesbaden
- Bayerisches Staatsministerium für Wirtschaft, Verkehr und Technologie – Referat IV/6 – Prinzregentenstr. 28, 80525 München
- Wirtschaftsministerium Baden-Württemberg, – Referat 34 – Theodor-Heuss-Str. 4, 70174 Stuttgart,
- Freie und Hansestadt Hamburg, – Behörde für Wirtschaft und Arbeit – Alter Steinweg 4, 20459 Hamburg
- Sächsisches Staatsministerium für Wirtschaft und Arbeit Postfach 10 03 29, 01073 Dresden
- Freie Hansestadt Bremen, Der Senator für Wirtschaft und Häfen, – Referat 13 -Zweite Schlachtpforte 3, 28195 Bremen
- Senatsverwaltung für Wirtschaft, Arbeit und Frauen, – Referat I D – Martin-Luther-Str. 105, 10825 Berlin
- Finanzministerium des Landes Nordrhein-Westfalen, – Börsenaufsicht -Jägerhofstr. 6, 40479 Düsseldorf

103 Die Bundesanstalt für Finanzdienstleistungsaufsicht ist dezentral in Bonn und in Frankfurt untergebracht:
Der Bereich des früheren BAWe, nunmehr:
- Bundesanstalt für Finanzdienstleistungsaufsicht Wertpapieraufsicht/Asset Management, Lurgiallee 12, 60439 Frankfurt, Telefon: 0228/4108-0 Postfach 50 01 54 60391 Ffm.

104 Der Bereich des früheren Bundesaufsichtsamtes für das Kreditwesen und des Bundesaufsichtsamtes für das Versicherungswesen, nunmehr
- Bundesanstalt für Finanzdienstleistungsaufsicht Bankenaufsicht & Versicherungsaufsicht, Graurheindorfer Str. 108, 53117 Bonn, Tel. 0228/4108-0 Postfach 13 08, 53003 Bonn

105 Sitz der Anstalt ist für Rechtsstreitigkeiten Frankfurt, so dass das AG Frankfurt auch für Einsprüche gegen Bußgeldbescheide der Bankenaufsicht zuständig ist.

106 Achtung: Für die Anfragen nach § 4 Abs. 2 WpHG (Insideruntersuchung) gilt:
Die Auskunftsverpflichteten dürfen die Auftraggeber oder die berechtigten oder verpflichteten Personen oder Unternehmen nicht von einem Auskunftsverlangen der BaFin oder einem daraufhin eingeleiteten Ermittlungsverfahren in Kenntnis setzen (§ 4 Abs. 8 WpHG). Ein Verstoß gegen dieses Verbot ist mit Bußgeld bedroht (§ 39 Abs. 2 Nr. 1 WpHG).

12. Aufbau der Wertpapier- und Finanzmarktaufsicht

107 Die Finanzmärkte in Deutschland werden durch die Bundesanstalt für Finanzdienstleistungsaufsicht, die Börsenaufsichtsbehörden der Bundesländer und die Überwachungsorgane der (öffentlich-rechtlichen)[73] Börsen reguliert und überwacht. Die Überwachung setzt sich aus Regulierungsbefugnis, Zugriff auf Informationen, Untersuchungsbefugnis und Sanktionsbefugnis zusammen. Bei dem Verdacht von Straftaten sind die Ergebnisse der Untersuchungen an die Strafverfolgungsbehörden abzugeben. Die Informationsbeschaffungskompetenzen der

---

[73] Daher auch Amtshaftungsansprüche gegen das Land Hessen möglich: OLG Frankfurt Urt. v. 18.1.2001 – 1 U 209/99 – NZG 1999, 1072 und LG Frankfurt Urt. v. 3.9.2004 – 2/4 O 435/02 – NJW 2005,1055.

Aufsichtsbehörden (nicht der Handelsüberwachungsstellen) sind mit Bußgeldandrohungen (OWi) gestärkt. Gegen Anordnungen und Entscheidungen der Aufsichtsbehörden kann das Verwaltungsgericht angerufen werden. Bei Einsprüchen gegen Bußgeldbescheide der BaFin nach dem WpÜG ist (in erster Instanz) das Oberlandesgericht Frankfurt zuständig.

a) Die Definition der regulierten Märkte in der EU. Ein geregelter Markt ist ein von einem Marktbetreiber betriebenes und/oder verwaltetes multilaterales System, das die Interessen einer Vielzahl Dritter am Kauf oder Verkauf von Finanzinstrumenten innerhalb des Systems und nach seinen nicht diskretionären Regeln in einer Weise zusammenführt, oder das Zusammenführen fördert, die zu einem Vertrag in Bezug auf Finanzinstrumente führt, die gemäß den Regeln und/oder Systemen des Marktes zum Handel zugelassen wurden, sowie eine Zulassung erhalten hat und ordnungsgemäß funktioniert (Art. 4 Ziff. 14 MIFID). 108

b) Marktbetreiber. Der Betreiber eines geregelten Marktes ist eine Person oder sind Personen, die das Geschäft eines geregelten Marktes verwalten und betreiben. Marktbetreiber kann der geregelte Markt selbst sein (Art. 14 Ziff. 13 MIFID). Bei der Verwendung des Begriffs: Person in der MIFID weist die Kommission darauf hin, dass damit sowohl natürliche als auch juristische Personen gemeint sind (Erwägungsgründe Nr. 9). 109

c) Die regulierten Märkte in der EU. Titel III (Art. 36-47) der Richtlinie[74] über Märkte für Finanzinstrumente formuliert die Voraussetzungen an einen regulierten Markt,[75] diese werden in Deutschland bislang nur von den öffentlich-rechtlichen Börsen erfüllt, wobei diese neben dem nicht anerkannten Freiverkehr weitere Handelsmöglichkeiten schaffen können, die auch nicht den Anforderungen der MIFID entsprechen müssen. Die EU-Kommission führt ein Verzeichnis der gemeldeten geregelten Märkte. Jeder Mitgliedstaat soll ein Verzeichnis der geregelten Märkte erstellen, für die er der Herkunftsmitgliedstaat ist. Dieses Verzeichnis übermittelt er den übrigen Mitgliedstaaten und der Kommission. Die gleiche Mitteilung soll bei jeder Änderung dieses Verzeichnisses erfolgen. Die Kommission veröffentlicht ein Verzeichnis aller geregelten Märkte im **Amtsblatt der Europäischen Union** und aktualisiert es mindestens einmal jährlich. Die Kommission veröffentlicht dieses Verzeichnis ferner auf ihrer Website und aktualisiert es dort nach jeder von den Mitgliedstaaten mitgeteilten Änderung. 110

d) Die Regulierung der Märkte in Deutschland. Eher geringfügige Bedeutung wird in Deutschland bisher der Regulierungskraft des Schadensersatzrechts beigemessen.[76] Die Regulierung erfolgt nach den Vorgaben der EU vermittels der Gesetzgebung und der Verordnungsgebung des Bundes und der Länder. Anordnungen als Allgemeinverfügungen oder Verwaltungsakte der Aufsichtsinstitutionen sowie das öffentlich-rechtliche Regelwerk der Börsen sowie deren privatrechtliche Regelungsversuche sind weitere Bestandteile eines regulierten Marktes. 111

- Richtlinien der EU
- Fortgeführt im Komitologie-Verfahren der EU
- Gesetzgebung des Bundes und der Länder
- Verordnungsgebung des Bundes und der Länder
- Anordnungen als Allgemeinverfügungen der Aufsichtsbehörden
- Verwaltungsakte der Aufsichtsinstitutionen
- öffentlich-rechtliches Regelwerkes der Börsen
- privatrechtlichen Regelungsversuche der Börsen

112

---

[74] Richtlinie 2004/39/EG des Europäischen Parlamentes und Rates v. 21.4.2004 über Märkte für Finanzinstrumente, Abl. L 145 v. 30.4.2004; Sachgebietskode gem. Fundstellennachweis: 6.20.20.25; Stichworte: Niederlassungsfreiheit und freier Dienstleistungsverkehr – Sektorale Anwendung – Dienstleistungstätigkeiten – Börsen und sonstige Wertpapiermärkte; http://europa.eu.int/.

[75] Die Bedeutung dieser anerkannten regulierten Märkte ergibt sich unter anderem auch aus der Definition des richtlinienkonformen Sondervermögens nach Abschnitt 2 des Investmentgesetzes.

[76] Obwohl gerade dieser Komponente verschiedentlich der Vorrang vor der Strafverfolgung gegeben wird; siehe *Hild* S. 206 ff.; *Haouache* S. 84 ff.; *Bücklers* geht noch weiter: In „Bilanzfälschung nach § 331 Nr. 1 HGB, Ein Beitrag zu Möglichkeiten und Grenzen des Bilanzstrafrechts" kommt er in der Zusammenfassung zu dem Ergebnis, dass der Gesetzgeber mit § 331 HGB, einer „gewogenen Norm, im Sinne eines vermeintlich effektiven Vorfeldschutzes", die strafrechtliche Rechnungslegung der Kapitalgesellschaften unter eine erweiterte Strafandrohung gestellt hat. „Dabei sind grundlegende Anforderungen des Verfassungsrechts unbeachtet geblieben".

113 **e) Das Regelwerk der Börsen.** Am Beispiel der Frankfurter Wertpapierbörse kann ein Überblick über das Regelwerk (Stand 2003) in seinem Gesamtumfang gezeigt werden:
- Börsenordnung für die Frankfurter Wertpapierbörse
- Durchführungsbestimmungen zu § 13 der Börsenordnung der Frankfurter Wertpapierbörse
- Durchführungsbestimmungen der Frankfurter Wertpapierbörse über technische Einrichtungen betreffend das elektronische Handelssystem
- Bedingungen für Geschäfte an der Frankfurter Wertpapierbörse
- BOSS-CUBE-Regelwerk
- Ausführungsbestimmung zu § 12 a Absatz 2 und § 40 der Bedingungen für Geschäfte an der Frankfurter Wertpapierbörse (Mistrade-Regel)
- Ausführungsbestimmung zu § 42 Abs. 2 der Börsenordnung der Frankfurter Wertpapierbörse (Referenzpreisbestimmung im elektronischen Handel an der Frankfurter Wertpapierbörse)
- Regeln für die Börsenpreisfeststellung im Präsenzhandel an der Frankfurter Wertpapierbörse
- Richtlinien für den Freiverkehr an der Frankfurter Wertpapierbörse
- Gebührenordnung für die Frankfurter Wertpapierbörse[77]
- Ordnung zur Prüfung der beruflichen Eignung als Börsenhändler an der Frankfurter Wertpapierbörse
- Schiedsgerichtsordnung der Frankfurter Wertpapierbörse
- Geschäftsordnung für die Zulassungsstelle der Frankfurter Wertpapierbörse
- Verordnung über die Wahl des Börsenrats der Frankfurter Wertpapierbörse und der EUREX Deutschland
- Verordnung über die Errichtung, die Zusammensetzung und das Verfahren der Sanktionsausschüsse an den Börsen (Sanktionsausschussverordnung)
- Entgeltordnung für die Tätigkeit der Skontroführer an der Frankfurter Wertpapierbörse
- Eingabemöglichkeit der von Maklern Platz überschreitend vermittelten Geschäfte („Makler-PÜEV")
- Gemeinsame Grundsätze der deutschen Wertpapierbörsen für den Druck von Wertpapieren
- Richtlinien für die Lieferbarkeit beschädigter, amtlich notierter Wertpapiere
- Ausführungsbestimmung zu §§ 35 Abs. 2, 36 Abs. 3 der Bedingungen für Geschäfte an der Frankfurter Wertpapierbörse
- Teilnahmebedingungen für XTF – Exchange Traded Funds
- Geschäftsordnung für das Primary Markets Arbitration Panel.

114 Im Rahmen der Abarbeitung der Neue-Markt-Fälle kann das auslaufende Regelwerk Neuer Markt an der Frankfurter Wertpapierbörse von Bedeutung sein. (Zum Zugriff auf das Regelwerk siehe oben bei den Internetadressen.)

115 Die Börsenordnungen sind nach § 13 BörsG Satzungen, die durch den Börsenrat zu erlassen und von der Börsenaufsichtsbehörde zu genehmigen sind. Aber auch als Satzung kommt der Börsenordnung eine besondere Stellung zu. Eine ausführliche Auseinandersetzung mit dieser Sonderposition ist allein deswegen erforderlich, weil die besonderen Kompetenzen nicht mehr ausschließlich Börsenträgern zu Gute kommen, die dem Non-Profit-Bereich einzuordnen sind (IHK oder Börsenvereine), sondern derzeit der Gewinnzielungsverantwortlichkeit von Kapitalgesellschaften (Deutsche Börse AG) zur Verfügung stehen. Eine ausführliche Darstellung gibt Kümpel/Hammen/Ekkenga/*Kurth*, Kapitalmarktrecht, 455 XXXXXX, Rdnr. 6 – 12.

116 **f) Handelsdaten im Massengeschäft.** Die kontinuierliche Aufsicht wird über die Sammlung von Informationen über Handelsteilnehmer und von Handelsdaten durch die Aufsichtsinstitutionen praktiziert. Die Durchsetzung von Aufsichtsaufgaben erfolgt durch Verwaltungshandeln oder förmliche Verwaltungsakte. Bei regelwidrigem Verhalten können Sanktionen verhängt oder Zulassungen widerrufen werden; es können in Ordnungswidrigkeitenverfahren Bußgelder verhängt werden. Bei dem Verdacht von Straftaten müssen bzw. können die Untersuchungsergebnisse an die Strafverfolgungsbehörden abgegeben werden.

---

[77] Zur Einordnung der Gebührenordnung und zum Rahmen, in welchem Gebühren festgesetzt werden dürfen siehe: VG Frankfurt am Main Urt. v. 8.11.2004 – 9 E 911/04.

g) **Wandel im Handel.** Die jüngste Entwicklung des Wertpapierhandels im letzten Jahrzehnt zeigte eine Änderung der Anlegerstruktur mit dem Schritt von der „Finanzelite" zum Massengeschäft. Gleichzeitig fand eine Erweiterung der Produktstruktur mit dem Schritt von Aktien und Schuldverschreibungen zu komplexen Derivaten und eine Änderung der Handelsstruktur mit dem Schritt vom nationalen zum internationalen Geschäft mit seinen speziellen Risiken statt. Der Sekundärhandel verlagerte seinen Schwerpunkt im Handel mit Aktien großer Unternehmen von dem elektronisch unterstützten Präsenzhandel zum elektronischen Handel ohne personengestützte Preisfeststellung. Der Kleinanleger (Retailer) wendet sich gezielt den derivativen Instrumenten an den Optionsscheinemärkten beispielsweise der EUWAX an der Stuttgarter Börse oder „Smart Trading" an der Frankfurter Wertpapierbörse zu. Hier findet der Opfertyp früherer Kapitalanlagevermittler, der Optionen aus Chicago oder London zu erwerben glaubte, in einem deutschen Spielkasino wieder. 117

Die EU-Kommission glaubt in diesen Entwicklungen gefährliche Anreize zu Regelverstößen erkannt zu haben und versucht, dieser Entwicklung mit einer einheitlichen Richtliniengesetzgebung entgegenzuwirken. 118

h) **Wandel der Bedeutung des Handels.** Im Gegensatz zu Finanzplätzen wie New York oder London hat Deutschland im Wertpapierhandel eine wesentlich schwächer ausgeprägte aufsichtsrechtliche Tradition.[78] Es gibt praktisch keine Rechtsprechung und einen nicht so deutlichen Konsens darüber, wie eine Aufsichtsbehörde vorgehen soll, mit welchen Mitteln sie eingreifen darf und wo die Grenzen des Erlaubten im Handel liegen. Aus diesen Gründen sind ins Einzelne gehende Regelungen erforderlich, aber auch deshalb, weil regelmäßig der Aufsicht die Eingriffsmöglichkeit nachhaltig bestritten wird, wenn ein Sachverhalt nicht ausdrücklich im Gesetz geregelt ist. 119

13. Schutzgutdiskussion

Schutzgut[79] der Kapitalmarktdelikte ist im Regelfalle nicht das Vermögen der Investoren, sondern das Vertrauen in die Funktionsfähigkeit der Kapitalmärkte. Für den Liebhaber des Kernstrafrechts ist dieses Rechtsgut schwammig und liegt auf, wenn nicht gar jenseits der Grenze des Bestimmtheitsgrundsatzes nach Art. 103 Abs. 2 GG.[80] Die gerade erfolgte Änderung der Strafvorschriften durch das 4. FinMFG hat bei dem Gesetzgeber diesbezüglich jedoch keine Bedenken erkennen lassen. Es wird abzuwarten sein, ob in den folgenden Jahren das Bundesverfassungsgericht diese Frage entscheiden wird. Angesichts der binneneuropäischen Verpflichtungen und der offensichtlichen Übereinstimmung mit den Richtlinien ist von der Strafverfolgungsbehörde keine Zurückhaltung zu erwarten. 120

Die Verteidigung sollte **jedenfalls auch** den Bestimmtheitsgrundsatz nach Art. 103 Abs. 2 GG diskutieren, aber nicht darauf vertrauen, dass von „Höchster Stelle" Selbstbeschränkung 121

---

[78] Dies wird vielfach darauf zurückgeführt, dass die Bereiche der Altersversorgung und sonstige Sozialversicherungen im Umlageverfahren reguliert ist, so dass keine besonderen Vermögen entstehen, die ihrerseits wieder der kapitalsuchenden Industrie zur Verfügung gestellt werden müssen. In den Gesellschaften, die in der Vergangenheit an der Stelle des Umlageverfahrens das Erfordernis strukturiert haben, durch Ansparen selbst Altersversorgung oder Pflegeversicherung auf dem Kapitalmarkt sicherzustellen, wurde die Notwendigkeit, dieses Vermögen gegen regelwidrige Zugriffe zu schützen eher erkannt und regulatorisch umgesetzt. In Deutschland stehen wir am Beginn dieses Weges.
[79] Zur Schutzgutdiskussion bei § 38 WpHG (Insiderhandel) siehe *Wolf, Tatjana*, Rechtsanwendungsprobleme des neuen Insiderstraftatbestandes mit Vergleichen zu US-amerikanischen und Schweizer Lösungsansätzen, S. 13 ff.; Begründung der Bundesregierung zu § 38 (31) WpHG im 2. FinMFG „Insidervergehen sind geeignet , das Vertrauen in den Kapitalmarkt zu erschüttern und damit das Funktionieren eines wesentlichen Bereiches der geltenden Wirtschaftsordnung zu gefährden."; Begründung der Bundesregierung zu § 38 WpHG im 4. FinMFG „Kurs- und Marktpreismanipulationen sind genauso wie Verstöße gegen das Insiderhandelsverbot geeignet, das Vertrauen in den Kapitalmarkt zu erschüttern und damit das Funktionieren eines wesentlichen Bereiches der geltenden Wirtschaftsordnung zu gefährden." Insoweit indirekt auch BGH 1 StR 420/03 Urt. v. 16.12.2004, (Haffa-Urteil) S. 18: Im Gegensatz zu den Strafvorschriften des WpHG sieht der BGH § 400 Abs. 1 AktG als Schutzgesetz im Sinne des § 823 Abs. 2 BGB an.
[80] Siehe auch *Haouache* S. 153; *Bückers* S. 243.; *Hild* S. 204.

verordnet wird.[81] Vor allem sollte sich auch der schärfste Kritiker des Wirtschaftsstrafrechts in den Wertpapierhandel einarbeiten.[82]

14. Die Rechtsnatur deutscher Börsen

122 Der Wertpapiermarkt insgesamt besteht aus dem Handel an regulierten und überwachten Märkten (Börsen), dem außerbörslichen regulierten Markt und dem nicht gesondert regulierten Grauen Kapitalmarkt.[83]

123 Die deutschen Börsen sind Anstalten des öffentlichen Rechts mit öffentlich-rechtlicher Organisationsstruktur. Den Organen der Börse stehen hoheitliche Handlungsbefugnisse zu; die Entscheidungen sind Verwaltungsakte; vorrangige Aufgabe der Börse, vertreten durch ihre Organe, ist letztlich, der im öffentlichen Interesse liegenden Funktionsfähigkeit des Kapitalmarktes zu dienen. Die Mitglieder der Organe sind Beamte im haftungsrechtlichen Sinne.[84] Von der Anstalt zu unterscheiden ist der Träger der Börse; bei den Börsen in Frankfurt ist Börsenträger, also Inhaber der Erlaubnis zum Betreiben der Börsen gem. § 1 BörsG, die Deutsche Börse AG. Der Träger erhält durch die Erlaubnis den Status eines beliehenen Unternehmens.

124 **a) Der Primärmarkt.** Der Wertpapiermarkt wird der Bedeutung und dem Zweck nach unterschieden in Primärmarkt und Sekundärmarkt gerecht. Der Primärmarkt ist der Bereich der Kapitalaufnahme, das emittierende Unternehmen sucht Kapital und bietet den Verkauf des Unternehmens in Bruchteilen auf dem Kapitalmarkt an. Der Investor beteiligt sich an dem Unternehmen durch Erwerb der Beteiligung. Die vielfältigen Formen der Beteiligungen und die davon abgeleiteten Instrumente werden unten nach der jeweiligen Legaldefinition aufgeführt. Der Primärmarkt ist die Wesentliche volkswirtschaftliche Komponente der Börsen. Die Börse ist der Marktplatz, auf welchem Angebot und Nachfrage nach haftendem Eigenkapital zusammengeführt werden, und gegebenenfalls ein eigenständiger Handel mit den Wertpapieren organisiert wird. Haftendes Eigenkapital wird durch den ersten Börsengang (IPO)[85] oder durch eine Kapitalerhöhung aufgenommen.

125 Der Primärmarkt sollte nicht mit dem Prime Standard der Frankfurter Wertpapierbörse[86] verwechselt werden. Der Prime Standard ist ein Marktsegment, also ein Teilbereich des amtlichen und/oder des geregelten Marktes, für welchen die Börsenordnung nach § 42 BörsG (Weitere Zulassungsfolgepflichten) ergänzend zu den Vorgaben des Börsengesetzes und der Börsenzulassungsordnung weitere Unterrichtungspflichten vorsieht. Neben dem Prime Standard wird der General Standard ausgewiesen.[87]

126 **b) Der Sekundärmarkt.** Damit der Investor sein Kapital nicht dauerhaft mit der erstmalig erworbenen Beteiligung binden muss und ihm die Möglichkeit gegeben wird, seinen Anteil am Unternehmen in Barkapital umzusetzen, ohne dass das Unternehmen nach Kündigung investiertes Kapital wieder freimachen muss, sorgt der Sekundärmarkt für eine Handelbarkeit der Unternehmensbeteiligung. Insoweit hat der Sekundärmarkt eine nachgeordnete Unterstützungsfunktion, er bietet den Investoren und den Anlegern ein Freiheitspotential, welches umso höher ist, je liquider der Handel auf dem Kassamarkt sich zeigt.

127 **c) Amtlicher und geregelter Markt im Präsenzhandel.** Die Börse bietet die Plattform für den Handel mit solchen Papieren. Sie ist nach dem Börsengesetz aufgeteilt in zwei grundsätzliche Segmente, den amtlichen Markt und den nichtamtlichen Markt, zu welchem der geregelte

---

[81] Siehe oben, Rdnr. 3, 4 mit dem Hinweis auf die wissenschaftlichen Arbeiten von *Haouache*, *Bückers* und *Hild*.
[82] Auch für Verteidigungen im Bereich des Grauen Kapitalmarktes sollte der Verteidiger mehr Kenntnisse über den Wertpapierhandel haben, als von des Betruges verdächtiger Mandant.
[83] Siehe unten, Straftaten nach § 54 KWG.
[84] Daher auch Amtshaftungsansprüche gegen das Land Hessen möglich: OLG Frankfurt, Urt. v. 18.1.2001, 1 U 209/99 sowie LG Frankfurt, Urt. v. 3.9.2004, 2 / 4 O 435/02.
[85] Initial Public Offering, erster Börsengang – im Gegensatz zur Kapitalerhöhung.
[86] *Gebhardt*, Prime and General Standard, Die Neusegmentierung des Aktienmarkts an der Frankfurter Wertpapierbörse, WM, Sonderbeilage 2/2003.
[87] Eine genaue Beschreiben ist derzeit veröffentlicht unter www.boersenaufsicht.de, *Hiestermann*, Anforderungen an eine öffentlich-rechtliche Börsensegmentierung.

Markt und der Freiverkehr (sowie bislang der Zwitter Neuer Markt[88]) gehört. Der amtliche Markt findet in den von der Zulassungsstelle der Börse[89] zum amtlichen Handel zugelassenen Werten an der Börse statt (§ 30 BörsG). Der geregelte Markt (§§ 49 ff. BörsG) ist ein Kassahandel in Werten, für deren Zulassung durch den Zulassungsausschuss geringere Anforderungen im Vergleich zur Zulassung im amtlichen Markt bestehen. Für die Preisfeststellung gelten die Regeln des amtlichen Marktes. Er ist als organisierter Markt im Sinne der Wertpapierdienstleistungsrichtlinie anerkannt. Neben der bisherigen Zulassung von Wertpapieren zum geregelten Markt sieht das neue Gesetz auch die Einbeziehung von Wertpapieren vor. Wertpapiere, die bereits an anderen organisierten und anerkannten Märkten in Deutschland oder der EU zum Handel zugelassen sind, können vereinfacht ohne Zulassungsverfahren notiert werden. Dabei wird auf die Sicherstellung der Einhaltung der Zulassungsfolgepflichten durch die zulassende Börse (Deutschland) oder die zulassenden Behörden (andere europäischen Mitgliedstaaten) zurückgegriffen.

d) Der Freiverkehr im Präsenzhandel. Eine Börse kann für Wertpapiere, die weder zur amtlichen Notierung, noch zum geregelten Handel zugelassen oder einbezogen sind (§ 57 BörsG) Handel zulassen, dieser wird als Freiverkehr bezeichnet. Voraussetzung ist, dass durch Handelsrichtlinien eine ordnungsgemäße Durchführung des Handels und der Geschäftsabwicklung erscheint. Eine Begründung, warum der „Schein" bereits ausreicht, ist den Kommentierungen nicht zu entnehmen. Eine zur Skontroführung berechtigte Gesellschaft kann ein Wertpapier, welches an einem anderen organisierten Markt bereits zugelassen ist, ohne Zustimmung der jeweiligen Börse oder des Emittenten zum Handel in den Freiverkehr einer Börse einführen.[90] Die Börsenpreise müssen die Anforderungen an die Preisfeststellung nach dem Börsengesetz erfüllen. Die für die Einrichtung des Freiverkehrs erforderliche Regulierung erfolgt durch die Richtlinien für den Freiverkehr an der (hier: Frankfurter) Wertpapierbörse.

Die Emittenten stellen selbst keinen Antrag auf Zulassung zum Handel, bei welchem der zulassende Bescheid dann mit Bedingungen und Folgepflichten verbunden werden kann. Die Emittenten haben überwiegend nicht einmal ein Recht, die Einbeziehung in den Handel zu unterbinden. Zwar räumt § 5 der Freiverkehrsrichtlinien der FWB den Emittenten ein Widerspruchsrecht ein, jedoch gilt dies nur für Länder, deren Marktstrukturen „rückständig" sind. Emittenten aus dem Bereich der EU (EWR) sowie Australien, USA, Kanada, Japan, Liechtenstein und Schweiz (zum Beispiel) haben kein Widerspruchsrecht. Eine Liste der Länder, für die das Widerspruchsrecht nach § 5 der Freiverkehrsrichtlinien entfällt, ist den Freiverkehrsrichtlinien als Anlage beigefügt.

e) Pflichten des Antragstellers im Freiverkehr. Den Antrag auf Einbeziehung kann jeder zum Handel an der FWB zugelassene Handelsteilnehmer (§ 16 BörsG), der zum Skontroführer[91] zugelassen ist (§ 26 BörsG), beim Freiverkehrsträger stellen. Die Gewährleistung des ordnungsgemäßen Börsenhandels (§ 6 Freiverkehrsrichtlinien FWB) hat der Skontroführer, der den Einbeziehungsantrag gestellt hat, zu übernehmen. Er ist beispielsweise verpflichtet, alle den Emittenten betreffende Informationen, die geeignet sind, eine ordnungsgemäße Preisfeststellung zu stören, dem Freiverkehrsträger der Börse unverzüglich mitzuteilen.

Dazu gehören:
- Bevorstehende Hauptversammlungen
- Dividendenzahlungen

---

[88] Der Neue Markt (an der Frankfurter Wertpapierbörse) ist dem Freiverkehr zuzuordnen gewesen, wobei die Zulassung nach den verschärften Voraussetzungen des geregelten Marktes zu erfolgen hatte, und weitere Bedingungen wie international anerkannte Rechnungslegung und die Bestellung eines Betreuers, der sich liquiditätsfördernd in den Handel einschaltet, zu erfüllen waren. Dieses Segment war zugeschnitten auf schnell wachsende innovative junge Unternehmen mit entsprechend hohem Risiko (Venture Capital). Mittlerweile ist mit der Begründung einer Änderung des Börsengesetzes der Neue Markt abgeschafft worden und die noch in ihm verbliebenen Unternehmen in den Geregelten Markt überführt worden.
[89] Die Zulassungsstelle ist ein Organ der Börse; dort befinden sich die Unterlagen, die die Zulassungsvoraussetzungen beinhalten und gegebenenfalls für den Nachweis von Prospektbetrug von Bedeutung sein können.
[90] Im Zweifel prüft bei ausländischen Börsen die BaFin die Eigenschaft: Regulierter Markt. Eine Veröffentlichung von (OTC-)Preisen am NASDAQ Bulletin Board erfüllt diese Voraussetzungen nicht.
[91] Zum Zulassungsverfahren siehe: *Beck*, in Schwark, Kapitalmarktrechtskommentar, 3. Aufl. § 26 BörsG.

- Kapitalveränderungen
- Aktiensplits
- sonstige Umstände, die für die Bewertung des Wertpapiers oder des Emittenten von wesentlicher Bedeutung sein können.

132 Es handelt sich um Informationen, die in Deutschland, der EU, dem EWR und den sonstigen im Anhang zu § 5 der Freiverkehrsrichtlinien aufgeführten Ländern, bei denen ein Widerspruch des Emittenten nicht beachtlich ist, nach deren Regulierungslage dort zu veröffentlichen sind und der Skontroführer sich über diese Veröffentlichungswege Kenntnis verschaffen kann.

133 **f) Prospekte im Freiverkehr.** Da im Freiverkehr, abweichend von den regulierten Segmenten des amtlichen und des geregelten Marktes, keine Prospektzulassung bzw. Billigung erfolgt und die Vorgaben des Börsengesetzes und der Börsenzulassungsverordnung nicht anzuwenden sind, liegt regelmäßig kein transparenzgeeignetes Prospekt bei der Einbeziehung vor. Der Skontroführer muss daher nach § 4 der Freiverkehrsrichtlinien solche Angaben über den Emittenten in einem Exposé machen, die eine zutreffende Beurteilung des Emittenten ermöglichen. Im Rundschreiben 7/2003 hat die Frankfurter Wertpapierbörse die Mindestangaben im Exposé festgeschrieben. Diese Mindestangaben entsprechen den Prospektinhalten nach dem Verkaufsprospektgesetz.

134 **g) Börsenpreisfeststellung im Präsenzhandel.** Die Feststellung von Börsenpreisen ist den Skontroführergesellschaften (§ 26 BörsG) zur Ausführung durch Skontroführer (§ 27 BörsG), die dazu eigens von der Geschäftsführung der Börse bestellt werden, übertragen.[92] Im Einzelnen wird auf die Regeln für die Feststellung von Börsenpreisen im Kapitel Marktmanipulation eingegangen werden.

135 **h) Zugelassene Handelsteilnehmer.** Die Handelsteilnehmer werden durch die Geschäftsführung der Börse zugelassen. Da sie überwiegend nicht mehr vor Ort präsent sind, sondern von allen Ecken der Welt auf die Plattformen zugreifen können,[93] kommt der Berechtigung eine große Bedeutung zu. Zugelassene Börsenhändler identifizieren sich über eine persönliche Benutzerkennung (ID-Nummer), die automatisch in die Maske des Händlerbildschirms aufgenommen und auf Berechtigung geprüft wird. Sie wird den Datensätzen für alle Aufträge oder sonstige Aktionen, die von diesem Terminal ausgehen, angehängt.[94] Der Missbrauch solcher Kennungen wird sanktioniert.[95]

136 Der Sanktionsausschuss der EUREX hat am 10.11.2003 ein zugelassenes französisches Unternehmen mit einem Ordnungsgeld in Höhe von € 10.000,- zuzüglich der angefallenen Verfahrenskosten belegt.[96] Die betroffene Handelsteilnehmerin hatte gegen Ziff. 3.6. der Börsenordnung für die EUREX Deutschland verstoßen, wonach jeder Börsenteilnehmer verpflichtet ist, für jede Person, die berechtigt sein soll, über das System der EUREX Termingeschäfte abzuschließen (Börsenhändler) eine persönliche Benutzerkennung zu beantragen. Der Sanktionsausschuss begründet die Entscheidung damit, dass ebenso, wie in der Börsenversammlung im

---

[92] Mit dem 4. FinMFG wurde den Bundesländern Kompetenz übertragen, die Bestellung sowie die Rechte und Pflichten der Skontroführer in einer Rechtsverordnung zu regeln. Derzeit sind solche Verordnungen in den „Börsenländern" in Vorbereitung, wobei verschiedentlich die Auffassung vertreten wird, dass diese Bereiche bereits durch die Börsenordnungen geregelt seien. Sollte sich diese Auffassung durchsetzen, wird zu prüfen sein, ob eine von einem Börsenrat verabschiedete Börsenordnung wirksam Bereiche regeln kann, die den Ländern zugewiesen sind, während die in der Zuständigkeit des Börsenrates stehenden Regelungsbereiche vollständig und abschließend geregelt sind. Dies wird insbesondere bei der Regulierung von Safe Harbours Bedeutung erlangen.
[93] Mehr als die Hälfte der zugelassenen Handelsteilnehmer führen ihre Börsengeschäfte von Terminals mit direktem Zugriff auf die Handelsplattformen der deutschen Börsen aus, die außerhalb des Geltungsbereichs der deutschen Gesetze stehen; siehe auch Rdnr. 61.
[94] Benutzung des Systems BOSS-CUBE, § 1 Systemzugang: Die das System BOSS-CUBE an der Frankfurter Wertpapierbörse nutzenden Handelsteilnehmer sowie deren hierzu befugte Mitarbeiter müssen für den Zugang zum System und die Benutzung eine persönliche Identifikationsnummer haben und ein geheimes Passwort verwenden. Identifikationsnummer und erstes Passwort werden den Handelsteilnehmern von der Frankfurter Wertpapierbörse zugeteilt. Jeder Benutzer muss sein Passwort spätestens nach drei Monaten selbst ändern. Passwörter sind unbefugten Dritten gegenüber geheim zuhalten.
[95] Siehe III Sanktionsausschussverfahren.
[96] Die Entscheidungen des Sanktionsausschusses werden von diesem nicht veröffentlicht. Daher veröffentlicht die hessische Börsenaufsichtsbehörde die wesentlichen Entscheidungen anonymisiert (inklusive Aktenzeichen) in der Website www.boersenaufsicht.de.

Börsensaal der Präsenzbörse Unbefugten kein Zugang gewährt werden darf, im elektronischen Handel verhindert werden muss, dass nicht legitimierte Personen über ihre Computerterminals in den Markt eingreifen. Die persönliche Benutzerkennung, so der Sanktionsausschuss, weise die betreffende Person für den Börsenhandel aus. Für den Handel an der Börse sei außerdem zwingend erforderlich, dass derjenige, der für eine Handelsaktivität verantwortlich ist, von vornherein feststeht und erkennbar ist. Die Benutzerkennung ermögliche gerade diese Zuordnung ohne weitere Nachforschungen.

i) Terminhandel auf dem Parkett. Der (Termin-) Handel in Optionsscheinen findet am Kassamarkt statt. Optionsscheine sind sowohl zum amtlichen Markt zugelassen, als auch in den Freiverkehr einbezogen. Der Terminhandel mit Terminkontrakten (Futures) und Optionen findet an der Terminbörse statt. Die frühere Deutsche Terminbörse (DTB) wird derzeit als deutschschweizerische Terminbörse EUREX betrieben. Sie ist seit einigen Jahren die umsatzstärkste Terminbörse der Welt (in einigen der dort handelbaren Produkte). Für den Terminhandel auf Waren ist in Hannover die Deutsche Warenterminbörse begründet worden. In Leipzig wird an der Energiebörse der Handel mit Strom sowohl als Terminhandel als auch als „Spot Markt" betrieben.

15. Computerunterstützte Wertpapierhandelssysteme

Computerbörsen gibt es nicht nur in den Werbebroschüren des Grauen Kapitalmarktes. Computer haben in den Börsenmärkten nahezu vollständig Einzug gehalten und unterliegen einer immer umfassender werdenden Aufsicht. Wir begegnen ihnen ständig im Wertpapierhandel:
- Computerunterstützte Präsenzbörse
- Computerbörsen
- außerbörsliche elektronische Handelssysteme
- Außerdeutsche Börsen mit Terminals in Deutschland
- Börsenähnliche Einrichtungen
- Multilateral Trading Facilities (MTF)
- Internethandel
- EDV-gesteuerter OTC (Over The Counter) Markt

a) Die computerunterstützte Präsenzbörse. Der Kassamarkt (der Handel mit Wertpapieren) wird bundesweit als computerunterstützte Präsenzbörse betrieben. EDV-Unterstützung findet nicht nur auf dem Arbeitsplatz des Maklers und der sonstigen Handelsteilnehmer statt. Der Computer ersetzt im Präsenzhandel die körperliche Präsenz der Börsenhändler auf dem Parkett. Sowohl die Auftragsübermittlung zum skontroführenden Makler als auch die Zusammenführung von ausführbaren Aufträgen sowie die Erstellung der Abrechnungen in der Form von Schlussnoten bis hin zur Lieferung der Aktien und der Einziehung bzw. der Gutschrift der Kaufpreise zuzüglich Entgelte läuft über ein perfektioniertes Orderübermittlungs- und Bearbeitungssystem (BOSS CUBE oder Xontro Order) sowie über ein Börsengeschäftsabwicklungssystem (BOEGA oder Xontro Trade).[97] Das Orderbuchmodell wird mit dem Begriff Xontro bezeichnet.[98]

Im März 2003 waren insgesamt 338 Handelsteilnehmer an der FWB im Präsenzhandel zugelassen; davon waren 181 nicht im Geltungsbereich des Börsengesetzes (in Deutschland) ansässig.[99] Seit 2000 ist unter der strengen Voraussetzung der Aufrechterhaltung der Sicherheit des Börsenhandels auch an Stelle des Anschlusses über Festleitungen ein Teil- oder Vollanschluss

---

[97] Der Blick auf das „verwaiste" Parkett täuscht über das Ausmaß des Orderaufkommens und die tatsächlichen Umsätze in den Orderbüchern der Skontroführer.

[98] Eine überzeugende Darstellung der Handelsarten verfasst von Schwark/*Dr. Heiko Beck*, Kommentierung zu § 25 BörsG, 3. Aufl. Die Qualifizierung der Darstellung ergibt sich aus der langjährigen Tätigkeit als Leiter der Rechtsabteilung (Legal Affairs) und Mitglied der Geschäftsführung der FWB. Der leicht ideologische Drall zum elektronischen Handelssystem Xetra sei ihm als Mitgestalter ebenso nachgesehen, wie der Versuch über amerikanisierte Bezeichnungen von Skontroführer und deren Tätigkeiten (Market Maker, Specialist, Designated Sponsor) den Eindruck zu erwecken, es würde dadurch eine neue Qualität entstehen.

[99] Der Umstand, dass im Präsenzhandel mehr ausländische Handelsteilnehmer direkt aus dem Ausland handeln, ist dadurch bedingt, dass viele nichtdeutsche Emittenten zum Handel zugelassen oder in die Preisfeststellung einbezogen sind, und für die ausländischen Handelsteilnehmer faktisch Heimatwerte darstellen.

über Internet möglich.[100] Die Bundesanstalt für die Sicherheit der Informationsdienstleistungen (BSI) hat in einem Gutachten für die Hessische Börsenaufsichtsbehörde die Sicherheit des angebotenen Übermittlungsweges festgestellt. Lediglich dem Skontroführer wird an der FWB körperliche Präsenz während der Börsenhandelszeit im Börsensaal „auf dem Parkett" vorgeschrieben.[101]

141 b) **Computerbörsen.** Das Marktmodell eines vollcomputerisierten Handelssystems ersetzt lediglich die Vermittlungs- und Preisfeststellungstätigkeit des Skontroführers durch ein automatisches Zusammenführen ausführbarer Aufträge nach Zeitpriorität. Auch hier können die Aufträge von jedem Ort der Welt per Bildschirm online unabhängig vom Standort des Computers erteilt werden. Im Zentralrechner treffen die Aufträge aufeinander; soweit sie ausführbar sind, werden sie „gematcht".[102] Das Marktmodell (die Handelsart) muss den Anforderungen des Börsengesetzes entsprechen und sich in der Börsenordnung wieder finden. Die so entstehenden Preise sind per Legaldefinition Börsenpreise.

142 Vom Zentralrechner werden die Auftraggeber über die Ausführung ihres Auftrags praktisch zeitgleich online informiert. Die EUREX (vormals Deutsche Terminbörse (DTB)) in Frankfurt war die erste vollcomputerisierte deutsche Börse. Die Warenterminbörse (Hannover) und die Leipziger Energiebörse sind ebenfalls als Computerbörsen ausgerichtet. Die Frankfurter Wertpapierbörse hat als Handelsplattform das elektronische Handelssystem Xetra eingerichtet, welches geeignet ist, nicht nur den derzeitigen deutschen Handel, sondern künftig über die Grenzen hinaus international den Wertpapierhandel abzudecken. Die gemeinsame Börse Berlin/Bremen hat mit der NASDAQ Deutschland eine elektronische Börse aufgebaut, die Anfang 2003 den Handel aufgenommen hat.[103] Hingegen sind die elektronischen Handelssysteme der Nordrheinwestfälischen Börse zu Düsseldorf (Quotrix) und der bayerischen Börse in München (MaxOne) Komponenten des jeweiligen Präsenzhandels.

143 Die ordergetriebene Preisfeststellung setzt jedoch für einen qualitativ hochwertigen Börsenpreis nicht nur eine große Zahl von Aktien im Freefloat voraus, sondern auch die Bereitschaft, diese Aktien ständig zu kaufen und zu verkaufen.[104] Bis zu 98 % des Aktienhandels in den 30 DAX-Werten wird über Xetra abgewickelt. Die kleineren Gesellschaften finden höhere Umsätze im Präsenzhandel.

144 c) **Außerbörsliche elektronische Handelssysteme.** Seit dem 1.2.2003 sind elektronische Handelssysteme und börsenähnliche Einrichtungen einer gesetzlichen Regelung unterworfen. Wer im Inland ein elektronisches Handelssystem für den Handel in börsenmäßig handelbaren Wirtschaftsgütern betreiben will (und dieses nicht als Börse genehmigen lassen will) muss dies vor Beginn des Handels der Börsenaufsichtsbehörde anzeigen (§ 58 BörsG).[105]

145 d) **Außerdeutsche Börsen und Handelssysteme mit Terminals in Deutschland.** Mittlerweile eröffnen auch ausländische Börsen und Märkte an deren Handel bislang noch körperliche Anwesenheit erforderlich ist, den Handel über Remote Membership. Der direkte Zugang zu deutschem Kapital durch Einrichtung von Handelssystemen, für die ein unmittelbarer Marktzugang gewährt werden soll, ist jedoch von einer schriftlichen Erlaubnis (Sitz außerhalb der EU und es EWR) oder einer Anzeige (Sitz innerhalb der EU und es EWR) der BaFin nach § 37 i ff. WpHG abhängig. Die Einzelheiten regelt die Marktzugangsangabenverordnung (MarktAngV). Nach § 37 l WpHG kann die BaFin Handelsteilnehmern im Inland die Ausführung von Aufträgen an ausländischen Märkten untersagen. Ein Verstoß gegen dieses Verbot ist jedoch nicht mit Sanktionen bedroht. Die Bundesanstalt für Finanzdienstleistungsaufsicht hat

---

[100] Durchführungsbestimmungen der Frankfurter Wertpapierbörse über technische Einrichtungen betreffend das elektronische Handelssystem, § 1 Abs. 3 : Anbindungsalternativen: Combined, iAccess und @Xetra.
[101] Einige Regionalbörsen haben unter dem Begriff Fernkontroführung auch die Preisfeststellung im Präsenzhandel aus dem angestammten Börsensaal in die Handelsräume der skontroführenden Gesellschaft verlegt.
[102] Schwark/*Beck* Kapitalmarktrechtskommentar § 25 BörsG Rdnr. 31 ff.
[103] Aktuell (8.2003) wird die Stilllegung des Systems diskutiert.
[104] So bieten die elektronischen Handelssysteme einen großen Anreiz für Day Trader, die kein Interesse am Erwerb von Wertpapieren zum Zwecke des Besitzes haben, sondern kurzfristige Kursdifferenzgewinne zu erzielen hoffen; am Ende des Handelstages sollen die Positionen wieder glattgestellt sein, so dass weder Aktien geliefert werden, noch solche gegen Bezahlung angenommen werden müssen.
[105] Zemke/Ellwanger/*Hagena* Rdnr. 1025 ff.

beispielsweise mit Bekanntmachung über eine Erlaubnis nach § 37 i Wertpapierhandelsgesetz (WpHG) vom 28.9.2004 mitgeteilt, dass einem Antrag des Board of Trade of the City of Chicago, Inc. (CBOT) mit Sitz in Chicago, Illinois, USA auf Erlaubnis gemäß § 37 i WpHG am 28.9.2004 stattgegeben wurde. „Damit erhält der ausländische organisierte Markt CBOT die Erlaubnis, über ein elektronisches Handelssystem Handelsteilnehmern mit Sitz im Inland unmittelbaren Marktzugang zu gewähren."[106]

e) Börsenähnliche Einrichtungen. Wenn dieses Handelssystem einen börsenähnlichen Handel betreibt, in dem Angebot und Nachfrage mit dem Ziel zusammengeführt werden, Vertragsabschlüsse unter mehreren Marktteilnehmern innerhalb des Systems zu ermöglichen, betreffen den Betreiber folgende Pflichten: **146**

Er muss organisatorische Vorkehrungen zur Gewährleistung des Betriebs der börsenähnlichen Einrichtung treffen. Regeln für eine ordnungsmäßige Durchführung des Handels und der Preisermittlung, für die Verwendung von Referenzpreisen, sofern diese einbezogen werden, und für eine vertragsgemäße Abwicklung der abgeschlossenen Geschäfte sind festzulegen und Vorkehrungen zu treffen, welche die Einhaltung der Regeln sicherstellen. **147**

Der Betreiber muss über angemessene Kontrollverfahren zur Verhinderung von Marktpreismanipulationen verfügen und sicherstellen, dass die Preise in der börsenähnlichen Einrichtung entsprechend den Regelungen des § 24 Abs. 2 S. 1 bis 3 (BörsG) zustande kommen. **148**

Er hat dafür Sorge zu tragen, dass die Aufzeichnungen über die erteilten Aufträge und abgeschlossenen Geschäfte in der börsenähnlichen Einrichtung eine lückenlose Überwachung durch die Börsenaufsichtsbehörde gewährleisten und muss die erforderlichen Aufzeichnungen sechs Jahre aufbewahren. **149**

Er hat Regeln über die Veröffentlichung der Preise und der ihnen zu Grunde liegenden Umsätze festzulegen sowie den Marktteilnehmern alle die für die Nutzung der börsenähnlichen Einrichtung zweckdienlichen Informationen bekannt zu geben.[107]

Preise in der börsenähnlichen Einrichtung unterliegen als Marktpreise dem Manipulationsschutz des § 20 a WpHG. **150**

f) Multilaterale Handelssysteme (MTF). Im Art. 4 Nr. 15 der Richtlinie über Märkte und Finanzinstrumente (früher Wertpapierdienstleistungsrichtlinie) werden solche außerbörsliche und börsenähnliche Systeme als Multilateral Trading Facilities (MTF) bezeichnet. Diese Systeme spielen bislang in Deutschland keine große Rolle, da im Gegensatz zu den USA frühzeitig der vollelektronische Börsenhandel gesetzlich geregelt wurde und auch der Einsatz elektronischer Unterstützung im Präsenzhandel als Abkehr von der körperlichen Anwesenheit des Parketthandels gefördert wurde. Derzeit erhalten solche Handelsplattformen als „Inhouse Netting Systeme" Bedeutung; diese beschränkt sich jedoch lediglich auf den Anreiz, Privatkundenaufträge vom Eigenhandel bedienen zu lassen und eventuell günstige Aufträge damit nicht dem gesamten Markt zur Auktion zur Verfügung zu stellen. Da die gesetzliche Vorgabe des Handels an der Präsenzbörse (skontroführergestütztes Auktionsmarktmodell[108]) für den Anleger durch das Auktionsmodell die bestmögliche Ausführung garantiert, ist bei einer Ausschaltung des Wettbewerbs eine möglicherweise strafrechtlich relevante Übervorteilung des Privatkunden zu befürchten (§ 266 StGB, § 61 BörsG). **151**

g) Internethandel. Der Wertpapierhandel im Internet ist derzeit keine Börsenveranstaltung. Insbesondere ist eine Erfüllung der im Internet abgeschlossenen (schuldrechtlichen) Verträge nicht gewährleistet. Eine zulassungspflichtige Börse bietet derzeit keinen Börsenhandel im Internet an. Die Nutzung des Internet als Medium zur Weiterleitung von Aufträgen wird oft fälschlich als Aktienhandel im Internet bezeichnet. In diesen Fällen wird das Wertpapiergeschäft jedoch an einer zugelassenen und überwachten Börse getätigt. Die Erfüllung des Geschäftes erfolgt nach den Regeln der Börse. **152**

h) Der EDV-gesteuerte OTC (Over The Counter) Markt. Wertpapiere werden nicht nur an der Börse, sondern auch an jedem sonstigen Ort gehandelt. Dieser übliche Handel ist der OTC **153**

---

[106] Website der BaFin, Veröffentlichungen der BaFin 2004.
[107] Zemke/Ellwanger/*Hagena* Zemke/Ellw Rdnr. 1033 ff.
[108] Die Börsenpreisfeststellung findet in einer „Doppelten Auktion" statt, die einen Markt herstellt und damit die wirkliche Marktlage des Börsenhandels nach § 24 Abs. 1 S. 1 BörsG abbildet.

Handel, dem jedoch nicht die Qualität eines Handels an einer organisierten Börse zugebilligt wird. Er ist weder organisiert, noch überwacht. Wenn Wertpapiere, die an einem organisierten Markt zugelassen sind, OTC gehandelt werden, sind diese Geschäfte nach § 9 WpHG meldepflichtig. Zu diesem Markt zählen auch die Handelssysteme der Banken, soweit sie keine Börsen sind.

154 Da weiterhin der „Börsenzwang" nach § 22 BörsG verlangt,[109] dass Aufträge für den Kauf oder Verkauf von Wertpapieren, die zum Handel an einer inländischen Börse zugelassen sind oder in den Freiverkehr einbezogen sind, über den Handel an einer Börse auszuführen sind, verbleibt den genehmigten Börsen in Deutschland ein ihnen geneidetes Monopol, welches den großen Handelsteilnehmern ein Bedienen der Kundenaufträge aus dem eigenen Bestand verbietet. Das offensichtlich lukrative „Inhousenetting" wird von der FWB als „Handel an der Börse" den Handelsteilnehmern über „Xetra Best"[110] angeboten; ein ähnliches Angebot sieht Nasdaq Berlin/Bremen vor. Der Xetra Best Handel an der Börse führt jedoch nicht zu Börsenpreisen, da die Voraussetzungen für das ordnungsgemäße Zustandekommen von Börsenpreisen nach § 24 Abs. 2 BörsG nicht erfüllt werden. Die Trennung der Vorschrift über die Ausführung von Aufträgen über den Handel an der Börse (§ 22 BörsG) in einen solchen, der gem. § 24 Abs. 1 BörsG zu Börsenpreisen führt und einen, der nicht zu Börsenpreisen führt, wird von der für die FWB zuständigen Börsenaufsichtsbehörde und durch die BaFin zumindest nicht beanstandet.

155 i) OTC an der Börse. Die Deutsche Börse AG betreibt auf den Systemplattformen Xetra der FWB und der EUREX auch einzelne Handelsangebote mit verbrieften Forderungen, die nicht als Finanzinstrumente dem Börsenhandel nach § 21 BörsG (Börsenzwang) zugeschrieben werden. Dazu gehören beispielsweise Blockhandelsangebote, in welchen große Einheiten gehandelt werden oder handelbare Beteiligungen an Fonds. Derartige Marktsegmente werden mittlerweile auch an anderen deutschen Börsen eingerichtet. Die überwachungsrelevanten Regeln für die Börsenpreisfeststellungen gelten für diese Segmente nicht, gleichwohl werden die publizierten Handelsregeln von den Handelsüberwachungsstellen überwacht.

156 Ebenfalls nicht zu Börsenpreisen führen die Wertpapiergeschäfte in Xetra unter der „Bezeichnung: „Xetra Best". Mit der Besonderheit dieser in der Börsenordnung der FWB fixierten Regeln wird unter dem Tatbestandsmerkmal „über den Handel an der Börse" dem Börsenzwang nach § 21 BörsG Rechnung getragen und damit für höchste Liquidität gesorgt. Andererseits sind die Aufträge in Xetra Best den anderen Handelsteilnehmern nicht zugänglich und deren Annahme nicht möglich, so dass die in Xetra Best generierten Preise keine Börsenpreise nach § 24 BörsG sein können. Damit nähern auch solche Plattformen eher dem OTC Bereich.

16. Die Aufsicht über den Wertpapierhandel

157 Der Wertpapierhandel wird in der Bundesrepublik Deutschland bereichsorientiert überwacht.
- Die Geschäftsführung als Organ der Börse übt die unmittelbare Aufsicht über die zum Börsenhandel zugelassenen Handelsteilnehmer aus.
- Die Handelsüberwachungsstelle kontrolliert direkt den Börsenhandel als unabhängiges Organ der Börse und in Zusammenarbeit mit der Börsenaufsichtsbehörde.
- Die BaFin (früher: BaKred) entscheidet über die Zulassung von Wertpapierdienstleistern und überwacht deren Solvenz.
- Die BaFin (früher: BAWe) überwacht den Wertpapierhandel außerhalb der Börse.
- Die Zulassungsstellen der Börsen entscheiden über die Zulassung von Wertpapieren zum Börsenhandel und überwachen die Einhaltung der Zulassungsfolgepflichten.
- Die BaFin (früher: BAWe) überwacht außerbörsliche erste öffentliche Angebote.
- Die Börsenaufsichtsbehörden überwachen als Letztaufsicht die Börsenorgane und den börslichen Markt.

---

[109] Ausgenommen sind festverzinsliche Schuldverschreibungen, die Gegenstand einer Emission sind, deren Gesamtnennbetrag weniger als eine Milliarde Euro beträgt.
[110] Schwark/*Beck* Kapitalmarkrechtskommentar § 25 BörsG Rdnr.38.

Alle arbeiten **ausschließlich** im öffentlichen Interesse[111] und stehen mit ihren Erkenntnissen und Informationen im Einzelfall den Investoren auch dann nicht zur Verfügung, wenn diesen Schäden aus offensichtlich kriminellen Interventionen entstanden sind. 158

Sollten im Zusammenhang mit dem Vorwurf strafrechtlicher Handlungen oder der Geltendmachung deliktsrechtlicher Schadensersatzansprüche wegen einer möglichen fehlerhaften Kursfeststellung Anfragen an eine Aufsichtsbehörde gerichtet werden, ist mit folgender Antwort zu rechnen: 159

Beispiel:
Für Ihren Hinweis vom ___ danke ich Ihnen.
Ihren Hinweis werde ich bei der Durchführung meiner Untersuchungen berücksichtigen. Die Bundesanstalt für Finanzdienstleistungsaufsicht (BaFin) ist u. a. zuständig für die Überwachung des Wertpapierhandels. Hierbei geht es u .a. um das Verbot der Kurs- und Marktpreismanipulation. Eine Manipulation im Sinne des Wertpapierhandelsgesetz liegt insbesondere vor, wenn jemand unrichtige Angaben über Umstände macht, die für die Bewertung von Wertpapieren erheblich sind, oder solche Umstände entgegen bestehenden Rechtsvorschriften verschweigt, wenn die Angaben oder das Verschweigen geeignet sind, auf den Börsen- oder Marktpreis dieses Wertpapiers einzuwirken. Derartige Handlungen sind bußgeldbewehrt. Für die Ahndung dieser Verstöße ist die BaFin zuständig. Falls der Verdacht auf eine derartige Ordnungswidrigkeit erhärtet werden kann, werde ich ein Bußgeldverfahren einleiten und bei festgestellten Gesetzesverstößen auch eine Geldbuße festsetzen.
Sollten die oben beschriebenen Handlungen tatsächlich zu einer Einwirkung auf den Börsen- oder Marktpreis dieses Wertpapiers führen, so stellt dies ebenfalls eine Straftat dar. Auch in diesem Falle werde ich mangels eigener Zuständigkeit die Staatsanwaltschaft einschalten.
Weitere Informationen zu Aufgaben und Tätigkeit der BaFin entnehmen Sie bitte dem Internet unter der Adresse www.BaFin.de.
Bei der Wahrnehmung ihrer Aufgaben sind die Mitarbeiter der BaFin (durch das Wertpapierhandelsgesetz) zur Verschwiegenheit verpflichtet. Deshalb kann ich Sie nicht über Einzelheiten und Ergebnis unserer Untersuchungen unterrichten. Hierfür bitte ich Sie um Verständnis. Sie können dennoch versichert sein, dass ich Ihrem Hinweis nachgehen werde.

Die Antworten der anderen Aufsichtsbehörden sind in gleicher Weise inhaltsleer.

Die gesetzlich normierte Verschwiegenheitspflicht ist lediglich durchbrochen für die Weitergabe von Tatsachen an Strafverfolgungsbehörden oder an für Straf- und Bußgeldsachen zuständige Gerichte (§ 7 BörsG sowie § 8 WpHG und § 9 KWG in Verbindung mit § 11 FinDAG). 160

Ob die Praxis verschiedener Behörden, auch gegenüber Zivilgerichten in privatrechtlichen Streitigkeiten Erkenntnisse offen zu legen oder auf Basis der Börsengeschäftsdaten Auswertungsberichte oder Gutachten zu erstatten, gegen das Verschwiegenheitsgebot verstößt, ist bislang nicht durch ein Gericht beurteilt worden. Strafrechtliche Relevanz hat die Verletzung der Verschwiegenheitspflicht in § 55 b KWG. 161

17. Die Aufgaben der Bundesanstalt für Finanzdienstleistungsaufsicht

Aufgabe der BaFin, Sektor Wertpapieraufsicht/Asset Management, ist die Sicherstellung der Funktionsfähigkeit der Märkte für Wertpapiere und Derivate. Daraus ergeben sich die Ziele: 162
- Schutz der Anleger,
- Markttransparenz,
- Marktintegrität.

Diesen Zielen sind alle Aufgaben dieses Sektors der BaFin, die im Wertpapierhandelsgesetz, im Wertpapier-Verkaufsprospektgesetz und im Wertpapiererwerbs- und Übernahmegesetz (WpÜG) geregelt und, untergeordnet: 163
- Verfolgung und präventive Bekämpfung von Insidergeschäften,
- Überwachung der Pflicht, alle Transaktionen in Wertpapieren und Derivaten zu melden (Stock Watch),

---

[111] Vgl. hingegen LG Frankfurt, 2/4 O 163/01; „Das BAWe erledigt seine Aufgaben zwar nur im öffentlichen Interesse, es ist aber dennoch zu rechtmäßigem Verhalten gegenüber den von Aufsichtsmaßnahmen unmittelbar betroffenen Personen und Unternehmen verpflichtet, bei Verstößen haftet der Bund nach den allgemeinen Grundsätzen gem. 839 BGB, Art. 34 GG." Zur Vereinbarkeit dieser Grundsätze mit Europäischem Gemeinschaftsrecht und dem Grundgesetz vgl. BGH Urt. v. 20.1.2005 – III ZR 48/01; EuGH Urt. v. 12.10.2004 – Rs.C-222/02 – NJW 2004, 3479; BGH Urt. v. 20.1.2005 – III ZR 48/01 – WM 2005, 369; ZIP 2005, 287, Vorinstanz OLG Köln WM 2001, 1372, NJW 2001, 2724, LG Köln.

- Überwachung der Ad-hoc-Publizität börsennotierter Unternehmen,
- Überwachung der Publizität bei Veränderungen der Stimmrechtsanteile bei im Amtlichen Markt notierten Unternehmen (§ 21 WpHG),
- Überwachung der Verhaltensregeln und Organisationspflichten der Wertpapierdienstleistungsunternehmen,
- Hinterlegungsstelle für Wertpapierverkaufsprospekte (VerkProspG),
- Kontrolle von Wertpapiererwerbsangeboten, Übernahmeangeboten und Pflichtangeboten nach dem WpÜG,
- Zusammenarbeit in der Bundesrepublik Deutschland,
- Internationale Zusammenarbeit bei der Beaufsichtigung des Wertpapierhandels,
- Erlaubnis der Errichtung von Zugängen zu ausländischen organisierten Märkten, Aufstellung von Terminals (§ 37 i WpHG).

164 Die Aufgaben werden durch Verordnungen konkretisiert, die wichtigsten Verordnungen sind:
- Verordnung über die Satzung der BaFin vom 29.4.2002,
- Verordnung über den Inhalt der Angebotsunterlagen, die Gegenleistung bei Übernahmeangeboten und Pflichtangeboten und die Befreiung von der Verpflichtung zur Veröffentlichung und zur Abgabe eines Angebots (WpÜG-Angebotsverordnung), zuletzt geändert durch die Erste Verordnung zur Anpassung von Bezeichnungen nach dem Finanzdienstleistungsaufsichtsgesetz vom 29.4.2002 (BGBl. I S. 1495),
- Verordnung über die Anlage des gebundenen Vermögens von Pensionsfonds gemäß § 115 Abs. 2 des Versicherungsaufsichtsgesetzes (Pensionsfonds-KapitalanlagenVO) vom 21.12.2001 (BGBl. I S. 4185),
- Verordnung über die Anlage des gebundenen Vermögens von Versicherungsunternehmen (Anlageverordnung – AnlV) vom 20.12.2001 (BGBl. I S. 3913),
- Verordnung über Wertpapier-Verkaufsprospekte, Verkaufsprospekt-Verordnung (VerkProspV), zuletzt geändert durch Art. 21 des Gesetzes vom 21.6.2002 (BGBl. I S. 2010),
- Verordnung über die Prüfung der Wertpapierdienstleistungsunternehmen nach § 36 des Wertpapierhandelsgesetzes (Wertpapierdienstleistungs-Prüfungsverordnung – WpDPV), zuletzt geändert durch Art. 20 des Gesetzes vom 24.4.2002 (BGBl. I S. 1310),
- Verordnung zur Konkretisierung des Verbotes der Kurs- und Marktpreismanipulation (KuMaKV)[112] vom 28.11.2003 (BGBl. 2003 I, S. 2300 ff.).

165 Auch im Rahmen der Erfüllung der weiteren Aufgaben wie:
- Überwachung der Verhaltensregeln und Organisationspflichten der Wertpapierdienstleistungsunternehmen (§§ 31 ff. WpHG auch in Verbindung mit § 61 BörsG),
- Führung der Hinterlegungsstelle für Wertpapierverkaufsprospekte (außerbörsliche Angebote) nach dem Verkaufsprospektgesetz,
- die Kontrolle von Wertpapiererwerbsangeboten, Übernahmeangeboten und Pflichtangeboten nach dem WpÜG,
- die Kontrolle des zulässigen Handels mit Insiderpapieren (Directors Dealings),
- die Zusammenarbeit der Wertpapieraufsichtsinstitutionen in der Bundesrepublik Deutschland und
- die Internationale Zusammenarbeit bei der Beaufsichtigung des Wertpapierhandels (§ 19 WpHG)

wachsen der BaFin wesentliche Erkenntnisse zu, die für die Aufklärung von Kapitalmarktdelikten von Bedeutung sein können. Die Weitergabe von Tatsachen an Strafverfolgungsbehörden oder an für Straf- und Bußgeldsachen zuständige Gerichte ist für die BaFin kein Verstoß gegen die Verschwiegenheitspflicht nach § 8 WpHG.[113]

---

[112] In Zusammenhang mit der zeitgleich in Kraft getretenen Marktmissbrauchsrichtlinie und in dem darauf beruhenden Anlegerschutzverbesserungsgesetz ist davon auszugehen, dass noch im Jahre 2004, spätestens 2005, die KuMaKV an die Richtlinie angepasst werden wird. Insoweit beschränken sich die Ausführungen auf grundsätzliche Darstellungen.
[113] Vgl. LG Frankfurt Urt. v. 31.10.2001 – 2/4 O 163/01, zur Verschwiegenheitspflicht in Zusammenhang mit (k)einer Schadensersatzpflicht der Bundesrepublik Deutschland.

Rechts- und Fachaufsicht über die BaFin werden durch das Bundesministerium für Finanzen ausgeübt. Die Grundsätze für die Ausübung der Rechts- und Fachaufsicht sind veröffentlicht und stehen auf der Website der BaFin zur Verfügung.

Informationsgewinnung der BaFin
- Meldung aller Ad-hoc-Mitteilungen (§ 15 Abs. 2 Nr. 3 WpHG),
- Meldepflicht aller Wertpapiertransaktionen (§ 9 WpHG),
- Zulassung aller Wertpapierdienstleiter,
- Überwachung von Verhaltenspflichten,
- Überwachung von Organisationspflichten,
- Überwachung von Stimmrechtsanteilen,
- Überwachung Director's Dealing (§ 15 a WpHG),
- Aufbewahrungsanordnung für Verbindungsdaten bei Wertpapierdienstleistern (§ 16 b WpHG),
- Anordnung der Gesprächsaufzeichnung und deren Aufbewahrung bei Handelsgeschäften von Kreditinstituten (Verlautbarung über Mindestanforderungen),
- Führen von Insiderlisten durch Emittenten,

18. Der kurze Rechtshilfeverkehr der BaFin

Das BAWe und später die BaFin haben in Hinblick auf die zunehmenden internationalen Aktivitäten auf den Wertpapiermärkten und der damit zusammenhängenden Notwendigkeit einer gegenseitigen Unterstützung als Mittel zur Verbesserung der Effektivität bei der Handhabung und Durchsetzung der Wertpapiergesetze mit den Wertpapieraufsichten anderer Staaten Vereinbarungen über die Zusammenarbeit[114] getroffen.[115]

Die BaFin darf die auf Grund der Vereinbarung erhaltenen „nicht-öffentlichen" Informationen für die Unterstützung bei der Strafverfolgung und der Durchführung von damit in Zusammenhang stehenden Untersuchungen auf Grund eines allgemeinen Strafvorwurfes weitergeben.[116]

Derartige Vereinbarungen bilden die Grundlage für gegenseitige Anerkennungen und bieten damit erhebliche Erleichterungen und Verbilligungen des internationalen Geldverkehrs. Insofern besteht das überwiegende Interesse an dem reibungslosen Funktionieren der Zusammenarbeit außerhalb der Strafverfolgung.

Die Verteidigung sollte bereits im ersten Untersuchungsstadium – vor Einleitung des justiziellen Ermittlungsverfahrens (gem. § 4 Abs. 5 WpHG) – Einfluss auf die internationale Beweismittelerlangungs-Schnellstrecke zu nehmen versuchen.

Für Klagen gegen die BaFin ist Frankfurt am Main als Sitz der Behörde normiert; Frankfurt am Main ist auch Sitz der Verwaltungsbehörde nach dem Gesetz über Ordnungswidrigkeiten (§ 1 Abs. 3 FinDAG). Das WpÜG weist dem Oberlandesgericht Frankfurt eine bundesweite örtliche und sachliche (erstinstanzliche) Zuständigkeit zu (§ 62 WpÜG). Auch die Hessische Börsenaufsichtsbehörde als Teil des Hessischen Ministeriums für Wirtschaft, Verkehr und Landesentwicklung hat einen wesentlichen Teil der Aufsichtsaufgaben in ein Referat nach Frankfurt am Main verlegt und im Geschäftsverteilungsplan als Sitz der Verwaltungsbehörde nach dem Gesetz über Ordnungswidrigkeiten festgelegt.

---

[114] Memoranda of Understanding (MoU) zwischen Aufsichtsbehörden enthalten bilaterale Absichtserklärungen über den Austausch vertraulicher Informationen, um die grenzüberschreitende Zusammenarbeit zu erleichtern. Darin vereinbaren die Aufsichtsbehörden, Auskunftsersuchen bei Untersuchungen in Insiderfällen, bei Marktmanipulationen oder anderen Verstößen im Rahmen ihrer nationalen Gesetze nachzukommen. Die erhaltenen Informationen dürfen nur für den jeweils festgelegten Zweck verwendet werden, wobei die Vertraulichkeit sichergestellt wird.

[115] Wesentlicher Inhalt der Präambel der Vereinbarungen, hier zitiert aus der Vereinbarung zwischen dem BAWe und der United States Securities and Exchange Commission (SEC) vom 17.12.1997, Dreyling Schäfer, Insiderrecht und Ad-hoc-Publizität, Anhang. Die Liste der Vereinbarungen (Memorandum of Understanding – MOU) ist der Website der BaFin zu entnehmen.

[116] Art. III § 5 der Vereinbarung BAWe / SEC (als Beispiel).

19. Aufbewahrung von Verbindungsdaten (§ 16 b WpHG)[117]

173 Mit dem 4. Finanzmarktförderungsgesetz wurde für die Bekämpfung des Insiderhandels und der Kursmanipulation der § 16 b WpHG eingefügt. Der Zugriff auf Verbindungsdaten im Handyverkehr durch Auswertung von Abrechnungen im Bereich der Beschuldigten hatte in einigen Fällen den Nachweis für Kontakte zwischen Primär- und Sekundärinsider ermöglicht. In anderen Fällen hätte bei umfangreichen Nebenstellenanlagen für das betroffene Unternehmen die Möglichkeit bestanden, Verdachtsmomente auszuräumen.[118] Die bei Betrieb eines Nebenstellennetzes anfallenden Daten fallen unter das Fernmeldegeheimnis nach § 85 TKG, wenn aus diesem Telefonnetz auch Privatgespräche geführt werden dürfen. Das Fernmeldegeheimnis führt in diesen Fällen dazu, dass die Verbindungsdaten nur zu Abrechnungszwecken für 6 Monate archiviert werden dürfen und dann, wenn sie nicht mehr zu Entgeltberechnung notwendig sind, unverzüglich zu löschen sind (§ 7 Abs. 3 Telekommunikations-Datenschutzverordnung –TDSV). Die BaFin hat keine eigene Zugriffsbefugnis; eigentlich zu löschende Daten sind bis zu 6 Monate für den Zugriff der Strafverfolgungsbehörden zur Verfügung zu halten.

Die Anordnung der BaFin, noch nicht erhobene Daten zukünftig zu speichern, ist auf diesem Wege **nicht** zulässig.[119]

174 Zu den inhaltlichen Aufzeichnungen der Telefongespräche siehe unten Nr. 27.

20. Die Kompetenzen der BaFin im Vergleich

175 Das Befugnisregister der BaFin in § 16 WpHG zeigt, dass das vom Rat der Europäischen Gemeinschaft angestrebte Verbot von Insiderhandel nur über die bereits existierenden Eingriffsbefugnisse der Strafverfolgungsbehörden (Staatsanwaltschaft in notwendigem Zusammenwirken mit dem Gericht) realisiert wird. Dies könnte in Deutschland, vergleichbar mit den Kompetenzen der Aufsichten in den USA, der SEC und der CFTC, durch Nachbildung der ähnlich ausgestalteten Befugnisse der Steuerstrafsachenstelle nach §§ 385 ff. AO realisiert werden. Die hessische Landesregierung hat in der Verantwortung für den Finanzplatz Frankfurt einen entsprechenden Vorschlag in die Regierungserklärung 2003 aufgenommen. Eine Verschärfung ist also möglich.

176 Im Bereich des KWG ist eine verschärfte Untersuchungskompetenz bereits Realität, jedenfalls soweit es „Underground Banking" betrifft, also nicht innerhalb der „Community" anzuwenden ist.

21. Börsenaufsichtsbehörden der Bundesländer

177 In der Bundesrepublik besteht ein zweistufiges Aufsichtssystem über die deutschen Wertpapiermärkte, bei welchem die Aufsichtsaufgaben der Länder in großen Bereichen bereits an die BaFin übertragen worden sind. In absehbarer Zeit werden die Aufgaben der Börsenaufsichtsbehörden vollständig auf den Bund übertragen werden.

178 Die Börsenaufsichtsbehörden der Länder greifen, soweit es für die Durchführung ihrer Aufgaben erforderlich ist, auf die Daten zurück, die von den Handelsüberwachungsstellen der Börsen erfasst und gespeichert werden. Noch ist die Zulassung von börsenhandelbaren Produkten außerhalb des Zugriffs der BaFin bei den Zulassungsstellen der Börsen und in der Letztaufsicht der Länder organisiert, jedoch wird dieser Bereich nach dem derzeitigen Entwurf der neuen Prospektrichtlinie in absehbarer Zeit auch der BaFin übertragen werden. Eine weitere Aufgabe ist die Überwachung der zur Teilnahme am Börsenhandel zugelassenen Handelsteilnehmer. Hierzu gehört auch die Sicherstellung der Qualifikation der Skontroführer (Skontroführerverordnung nach § 28 BörsG).

179 **Informationsgewinnung der Börsenaufsichtsbehörde**
Die Börsenaufsichtsbehörde kann ohne besonderen Anlass
- von der Börse
- von den zur Teilnahme am Börsenhandel zugelassenen Unternehmen und Börsenhändlern,
- von den skontroführenden Gesellschaften und

---

[117] Zu den Voraussetzungen siehe BVerfG Urt. v. 12.3.2003 – 1 BvR 330/96, 1 BvR 348/99 – wistra 2003, 217.
[118] Vgl. Wabnitz/Janowski/*Benner* (2. Aufl.) Kapitel 9 Rdnr. 142.
[119] Bericht des Finanzausschusses BT-Drucks. 14/8601; WpHG, Nr. 11 (§ 16 b).

- von den Emittenten der zum amtlichen oder geregelten Markt zugelassenen Wertpapiere Auskünfte und die Vorlage von Unterlagen verlangen, sowie Prüfungen vornehmen.

Wenn Anhaltspunkte vorliegen, welche die Annahme rechtfertigen, dass börsenrechtliche Vorschriften oder Anordnungen verletzt werden oder sonstige Missstände vorliegen, welche die ordnungsgemäße Durchführung des Handels an der Börse oder die Börsengeschäftsabwicklung beeinträchtigen können, kann von den Handelsteilnehmern die Angabe der Identität der Auftraggeber und der aus den getätigten Geschäften berechtigten und verpflichteten Personen sowie der Veränderung der Bestände in an der Börse gehandelten Wertpapieren oder Derivaten verlangt werden.

22. Handelsüberwachungsstellen an den Börsen

Die HÜSt[120] ist ein Börsenorgan. Als solches ist sie unabhängig und keinem anderen Börsenorgan wie etwa der Geschäftsführung unterstellt. Sie ist unter Beachtung der Maßgaben der Börsenaufsichtsbehörde an jeder Börse einzurichten (§ 4 BörsG). Ihr Leiter (an der FWB auch sein Stellvertreter) kann nur im Einvernehmen mit der Börsenaufsichtsbehörde bestellt und entlassen werden. Die Bestellung erfolgt durch den Börsenrat auf Vorschlag der Börsengeschäftsführung. Er und das weitere Personal der HÜSt sind nur mit Zustimmung der Börsenaufsichtsbehörde gegen ihren Willen versetzbar. Damit ist eine weitgehende Unabhängigkeit möglich. Angesichts des Umstandes, dass die Mitarbeiter der HÜSt in das Gehaltsgefüge des gewinnorientierten Börsenträgers[121] eingebunden sind, und daher in Zusammenhang mit der Bezahlung und Zusatzleistungen wie Tantiemen doch in eine wirkungsvolle Abhängigkeit geraten können, kommt den Pflichten und Kompetenzen der Börsenaufsichtsbehörde besondere Bedeutung zu.

Gegenüber der Börsenaufsichtsbehörde besteht Unterrichtungspflicht; diese kann der HÜSt Weisungen erteilen. Die HÜSt kann Untersuchungen durchführen, die auch die Aufsichtsbehörde an sich ziehen kann (Substitutionsrecht). Die HÜSt übt keine eigenständige Insider- oder Manipulationsaufsicht aus. Hierfür ist allein die BaFin zuständig. Falls jedoch die HÜSt im Rahmen ihrer Kompetenzen durch Untersuchungen auf Sachverhalte stößt, die ein Insiderverhalten oder eine Kursmanipulation vermuten lassen, unterrichtet sie die BaFin.

Die HÜSt hat als eigenständiges Börsenorgan den gesetzlichen Auftrag, den Börsenhandel und die Börsengeschäftsabwicklung zu überwachen:
- Sie überwacht die Preisfeststellungen an der Börse.
- Sie überwacht das Handelsverhalten von Börsenteilnehmern.
- Sie stellt die Einhaltung der börsenrechtlichen Regelwerke, Vorschriften und Anordnungen sicher.
- Sie kontrolliert den Handel auf sonstige Missstände, die eine ordnungsgemäße Durchführung des Handels an der Börse oder die Börsengeschäftsabwicklung beeinträchtigen können.
- Sie erfasst systematisch und lückenlos die Daten über den Börsenhandel und die Börsengeschäftsabwicklung.
- Sie wertet die Daten, teilweise sofort,[122] aus.
- Sie ermittelt bei Zweifeln an der richtigen Feststellung von Börsenpreisen den Sachverhalt unter Beachtung der Maßgaben der Börsenaufsichtsbehörde.
- Sie legt die Ergebnisse der Börsengeschäftsführung und der Börsenaufsichtsbehörde zur Prüfung der Einleitung eines Sanktionsverfahrens vor.

---

[120] Die beste Darstellung der Aufgaben der HÜSt ist zu finden bei: Schwark/*Beck* Kapitalmarktrechtskommentar § 4 BörsG, Beck war als Leiter der Rechtsabteilung der Deutsche Börse AG auch an der Ausgestaltung der Handelsüberwachungsstellen der FWB und der EUREX, sowie fachlich am Gesetzgebungsverfahren für das Börsengesetz beteiligt.
[121] Die ehemals als Börsenträger aufgetretenen non-profit-Organisationen wie Börsenvereine oder Industrie- und Handelskammern sind mittlerweile deutschlandweit von Aktiengesellschaften oder GmbHs abgelöst worden.
[122] Über eine Schnittstelle kann sich die HÜSt in den Datenstrom einklinken und sog. Auffälligkeiten sofort zur Überprüfung anzeigen. Mit den Programmen SIMA (System for Integrated Market Supervision) für den Präsenzhandel und Observer für den elektronischen Handel hat die HÜSt Werkzeuge, welche auch ständig den sich ändernden Anforderungen angepasst werden können.

- Sie leitet die Daten bei Verdacht des Insiderhandels oder der Kursmanipulation an die BaFin weiter.
- Sie ist befugt, Daten über Geschäftsabschlüsse auch den zur Überwachung des Handels an ausländischen Börsen zuständigen Stellen zu übermitteln und von diesen Stellen Daten zu empfangen.

184 Informationsgewinnung der Handelsüberwachungsstelle
- Direkter Zugriff auf alle Börsendaten nach § 4 BörsG
- Für die Erfüllung des Untersuchungsauftrages stehen der HÜSt die Befugnisse der Börsenaufsichtsbehörde nach § 2 BörsG zu.

185 Im Einzelnen siehe unten unter Rdnr. 222 ff.: Das Datenmaterial der Börsen.

23. Deutsche Prüfstelle für Rechnungslegung

186 Über das Bilanzkontrollgesetz (BilKoG) vom 29.10.2004 soll die Sicherstellung der Qualität von Bilanzen gefördert werden, indem die Rechtmäßigkeit konkreter Unternehmensabschlüsse durch eine unabhängige Stelle geprüft wird („Enforcement"). Durch das BilKoG wurde in erster Linie das WpHG reformiert, indem den §§ 37 bis 37 m, die §§ 37 n bis 37 u als Abschnitt 11 angehängt wurden.

187 In Zusammenarbeit mit der Standesorganisation der Wirtschaftsprüfer und der Wirtschaftsprüferkammer wurde in Berlin die Deutsche Prüfstelle für Rechnungslegung e. V. (DPR e. V.) gegründet. Der Verein soll – unabhängig von der Abschlussprüfung durch die WP oder einer gerichtlichen Überprüfung – bekannt gewordenen Zweifeln an der Richtigkeit der Jahres- und Konzernabschlüsse kapitalmarktorientierter Unternehmen nachgehen. Auch kann sie von sich aus stichprobenweise Abschlüsse kapitalmarktorientierter Unternehmen in Einzelpunkten nachprüfen.

Deutsche Prüfstelle für Rechnungslegung e. V. (DPR e. V.)
Frau Geschäftsführerin WP/StB Dipl. – Kfm. Liesel Knorr
Zimmerstraße 30
10696 Berlin
Tel. 030 20 64 122-11
Fax 030 20 64 122-15
E-Mail: Liesel-Knorr@frep.info

24. Complianceorganisationen (Compliance Officer)

188 Complianceorganisationen sind nach § 33 WpHG als unabhängiger Bestandteil von Wertpapierdienstleistungsunternehmen mit Organisations-, Aufzeichnungs- und Aufbewahrungspflichten zu errichten. Sie kontrollieren die Übereinstimmung der Tätigkeiten im Unternehmen mit den Regeln und sollen Regelverstößen entgegenwirken. Sie sorgen für die Herstellung von vertraulichen Bereichen (Chinese Walls) und erstellen Beobachtungslisten (Watch Lists) und Sperrlisten (Restricted Lists) für den Handel von Mitarbeitern mit Wertpapieren.

189 Im Bereich Compliance werden die gesetzlichen Pflichten der Wertpapierdienstleistungsunternehmen nach § 34 WpHG erfüllt. Der Wertpapierdienstleister hat bei der Erbringung von Wertpapierdienstleistungen folgende Daten aufzuzeichnen:
- den Auftrag und hierzu erteilte Anweisungen des Kunden sowie die Ausführung des Auftrags,
- den Namen des Angestellten, der den Auftrag des Kunden angenommen hat, sowie die Uhrzeit der Erteilung und Ausführung des Auftrags,
- die dem Kunden für den Auftrag in Rechnung gestellten Provisionen und Spesen,
- die Anweisungen des Kunden sowie die Erteilung des Auftrags an ein anderes Wertpapierdienstleistungsunternehmen, soweit es sich um die Verwaltung von Vermögen im Sinne des § 2 Abs. 3 Nr. 6 WpHG handelt,
- die Erteilung eines Auftrags für eigene Rechnung an ein anderes Wertpapierdienstleistungsunternehmen, sofern das Geschäft nicht der Meldepflicht nach § 9 WpHG unterliegt; Aufträge für eigene Rechnung sind besonders zu kennzeichnen.

Die Aufzeichnungen nach den Absätzen 1 und 2 sind mindestens sechs Jahre aufzubewahren. 190
Für die Aufbewahrung gilt § 257 Abs. 3 und 5 des Handelsgesetzbuchs entsprechend.[123]

Weitere Aufzeichnungspflichten können durch Rechtsverordnung des Bundesministeriums 191
der Finanzen (dieses kann die Ermächtigung durch Rechtsverordnung auf das BaFin übertragen) festgelegt werden.

Die Richtlinie zur Konkretisierung der Organisationspflichten von Wertpapierdienstleistungsunternehmen gem. § 33 Abs. 1 WpHG vom 25.10.1999 (Bundesanzeiger 210, S. 18, 192
453) beschreibt beispielsweise die Informationsinhalte der Watch List[124] und der Restricted List.[125]

Zur Erfüllung der Pflicht der BaFin, die Einhaltung der Meldepflichten und Verhaltensregeln 193
zu überwachen, sind ihr umfassende Zugriffskompetenzen zugebilligt worden. Nach § 35 WpHG können Prüfungen auch ohne Anlass durchgeführt werden. Die Vernachlässigung (Nichteinhaltung) dieser Datenerfassungs- und Aufbewahrungspflichten ist als Ordnungswidrigkeit mit Bußgeld bedroht.

Für die Verteidigung kann es durchaus von Bedeutung sein, festzustellen, wann ein Instrument auf die Listen genommen bzw. wann es wieder gestrichen wurde. Der Zugriff kann daher 194
wieder nur über eine Antragstellung bei dem Gericht realisiert werden.

25. Insiderverzeichnisse

Eine weitere Beweisquelle wurde durch das Anlegerschutzverbesserungsgesetz geschaffen. 195
Emittenten müssen selbst Listen über Insider erstellen und diese aufbewahren.

Mit dem im Jahre 2004 eingeführten § 15 b WpHG werden Emittenten verpflichtet, Verzeichnisse über solche Personen zu führen, die für sie tätig sind und bestimmungsgemäß Zugang zu Insiderinformationen haben. Dies gilt auch für Personen, die im Auftrag oder für 196
Rechnung des Emittenten handeln.[126] Durch die Pflicht zur Führung von Insiderverzeichnissen soll die Überwachung von Insidergeschäften erleichtert werden, indem in konkreten Fällen der Kreis der Insider durch die BaFin schneller ermittelt werden kann.

In die Liste aufzunehmen sind die Primärinsider nach § 38 Abs. 1 WpHG, also zumindest 197
solche Personen, die i. S. d. § 38 Abs. 1 Nr. 3 WpHG entsprechend der ihnen zugewiesenen professionellen Aufgabe bestimmungsgemäß Zugang zu Insiderinformationen haben.

Die Verzeichnisse sind ständig auf dem aktuellsten Stand zu halten und der BaFin auf Verlangen zu übermitteln. Satz 3 enthält die Pflicht des Emittenten, die in der Liste aufgenommenen 198
Personen über ihre Pflichten im Umgang mit Insiderinformationen und die Rechtsfolgen bei Verstößen zu belehren. Die Vorschrift enthält eine Ausnahmebestimmung für den Abschlussprüfer nach § 323 HGB. Das Recht der BaFin, die Vorlage der Liste zu verlangen, lässt die allgemeinen Auskunftsbefugnisse des § 4 WpHG unberührt.

Wie bei der Umsetzung aller Richtlinien, die dem Komitologie-Verfahren zugänglich sind, 199
hat der Gesetzgeber dem beschleunigten Regulierungsverfahren in Brüssel das ebenfalls schneller handhabbare Verordnungsverfahren in Berlin nachgeschaltet. Durch die Subdelegation auf

---

[123] Im Entwurf zum Anlegerschutzverbesserungsgesetz sind folgende weitere Aufzeichnungspflichten vorgesehen: § 16 Aufzeichnungspflichten
Wertpapierdienstleistungsunternehmen sowie Unternehmen mit Sitz im Inland, die an einer inländischen Börse zur Teilnahme am Handel zugelassen sind, haben vor Durchführung von Aufträgen, die Insiderpapiere im Sinne des § 12 zum Gegenstand haben, bei natürlichen Personen den Namen, das Geburtsdatum und die Anschrift, bei Unternehmen die Firma und die Anschrift der Auftraggeber und der berechtigten oder verpflichteten Personen oder Unternehmen festzustellen und diese Angaben aufzuzeichnen. Die Aufzeichnungen nach Satz 1 sind mindestens sechs Jahre aufzubewahren. Für die Aufbewahrung gilt § 257 Abs. 3 und 5 des Handelsgesetzbuchs entsprechend.
[124] Die Beobachtungsliste (Watch List) ist eine nicht öffentliche, laufend aktualisierte Liste von Wertpapieren oder Derivaten, zu denen im Wertpapierdienstleitungsunternehmen Informationen über compliancerelevante Tatsachen vorliegen (Nr. 3.3.3.1 RiLi).
[125] Zusätzlich zur Watch List können eine oder mehrere Sperrlisten geführt werden, die nicht geheim sind, sondern dazu dient, den betroffenen Mitarbeitern und Bereichen des Unternehmens etwaige Beschränkungen für Mitarbeiter- und Eigenhandelsgeschäfte sowie Kunden- und Beratungsgeschäfte mitzuteilen (Nr. 3.3.3.2 RiLi).
[126] Mit der gesetzlichen Pflicht, Insiderverzeichnisse zu führen, setzt der Gesetzgeber Art. 6 Abs. 3 Satz 3 und 4 der Marktmissbrauchsrichtlinie sowie Art. 5 des Richtlinienvorschlags der Kommission für die Durchführungsrichtlinie zu Art. 6 Abs. 10, 5. Spiegelstrich der Marktmissbrauchsrichtlinie um.

die Bundesanstalt besteht zudem die Möglichkeit, noch schneller auf entsprechende Entwicklungen reagieren und entsprechende Anpassungen an die europäischen Standards vornehmen zu können. Auch zukünftige Rechtsverordnung von der Europäischen Kommission mit Durchführungsmaßnahmen nach der Marktmissbrauchsrichtlinie[127] zu den Modalitäten, nach denen Emittenten oder in ihrem Auftrag oder für ihre Rechnung handelnde Personen das Verzeichnis gemäß Absatz 1 der für sie tätigen Personen mit Zugang zu Insider-Informationen zu erstellen und zu aktualisieren haben, können schneller umgesetzt werden.

200 Durch Rechtsverordnung können nähere Bestimmungen festgelegt werden über
1. Umfang und Form der Verzeichnisse,
2. die in den Verzeichnissen enthaltenen Daten,
3. die Aktualisierung und die Datenpflege bezüglich der Verzeichnisse,
4. den Zeitraum, über den die Verzeichnisse aufbewahrt werden müssen und
5. Fristen für die Vernichtung der Verzeichnisse.

201 Wer ein Insiderverzeichnis nicht, nicht richtig oder nicht vollständig führt, gegebenenfalls nicht oder nicht rechtzeitig übermittelt, verhält sich nach § 39 Abs. 2 Nr. 8 und 9 WpHG ordnungswidrig und kann nach § 39 Abs. 4 letzter Teilsatz mit einer Geldbuße bis zu € 50.000,- belegt werden.

202 Zu den Insiderlisten, die grundsätzlich bei dem Emittenten zu führen und dort auch aufzubewahren sind, hat nur die BaFin Zugang. Ein Zugriff der Verteidigung kann daher lediglich über die Einschaltung der Strafverfolgungsbehörden oder des Gerichts erfolgen.

26. Die Verdachtsanzeige nach § 10 WpHG

203 In Ausführung der Marktmissbrauchsrichtlinie[128] und der Level 2 Richtlinie über (u. a.) Meldung verdächtiger Transaktionen[129] wurde durch das Anlegerschutzverbesserungsgesetz die Pflicht zu Erstattung von Verdachtsanzeigen ähnlich dem Modell der Geldwäschedachtsanzeigen gesetzlich verankert. Die Begründung des Gesetzgebers ist entsprechend dürftig.

204 a) Der Gesetzestext.

§ 10 Anzeige von Verdachtsfällen
(1) Wertpapierdienstleistungsunternehmen und sonstige Personen, die beruflich Geschäfte über Finanzinstrumente abschließen oder vermitteln, Betreiber von Märkten, an denen Finanzinstrumente gehandelt werden und die Börsengeschäftsführung, haben bei Feststellung von Tatsachen, die darauf schließen lassen, dass mit einem Geschäft über Finanzinstrumente gegen ein Verbot oder Gebot nach § 14 oder § 20 a verstoßen wird, diese unverzüglich der Bundesanstalt anzuzeigen. Sie dürfen die an dem Geschäft Beteiligten, deren Auftraggeber oder andere Personen als staatliche Stellen von der Anzeige oder von einer daraufhin eingeleiteten Untersuchung nicht in Kenntnis setzen.
(2) Der Inhalt einer Anzeige nach Absatz 1 darf von der Bundesanstalt nur zur Erfüllung ihrer Aufgaben verwendet werden. Im Übrigen darf er nur zum Zweck der Verfolgung von Straftaten nach § 38, sowie für Strafverfahren wegen einer Straftat, die im Höchstmaß mit einer Freiheitsstrafe von mehr als drei Jahren bedroht ist, verwendet werden.

205 Die Ausführung blieb der Verordnung zur Konkretisierung von Anzeige-, Mitteilungs- und Veröffentlichungspflichten sowie der Pflicht zur Führung von Insiderverzeichnissen nach dem WpHG (Wertpapierhandelsanzeige- und Insiderverzeichnisverordnung – WpAIV) vorbehalten.

206 b) Die Anzeigepflichtigen. Zum Kreis der Anzeigepflichtigen gehörte zunächst auch die Börsengeschäftsführung (BT-Drucks. 15/3355, S. 2). Die Länder kritisierten im Bundesrat die Einbeziehung der Börsengeschäftsführungen in Hinblick auf die Pflichten der Handelsüberwachungsstellen. Die Bundesregierung ging auf diese Anregung ein (S. 6) und strich die Börsengeschäftsführung ohne weiter gehende Begründung, insbesondere ohne Hinweis darauf, dass die Handelsüberwachungsstellen nunmehr konkret zur Überwachung des Marktes auch in Hin-

---

[127] Art. 6 Abs. 10, 4. Spiegelstrich.
[128] Richtlinie 2003/6/EG v. 28.1.2003 Abl. L 96/16 v 12.4.2003.
[129] Richtlinie 2004/72/EG v. 29.4.2004 zur Durchführung der Richtlinie 2003/6/EG – Zulässige Marktpraktiken, Definition von Insiderinformationen in Beug auf Warenderivate, Erstellung von Insiderverzeichnissen, Meldung von Eigengeschäften und Meldung verdächtiger Transaktionen, Abl. L 162/70 v. 30.4.2004.

blick auf Straftaten tätig werden muss (nicht lediglich wegen Verstößen gegen die Börsenregeln).

Da insofern lediglich die Finanzdienstleister als anzeigepflichtigen Unternehmen verbleiben, muss der Gesetzgeber von der Vision ausgegangen sein, dass diese als Täter von Kursmanipulationen oder Insiderhandel selbst offenbar nicht in Frage kommen. Das Vertrauensverhältnis innerhalb der Financial Community wurde so durch eine mit der Androhung von Ordnungswidrigkeitenverfahren bestärkten Pflicht der Erstattung von Verdachtsanzeigen nicht getrübt. In Hinblick auf die überwiegend automatisierte Überwachung des Handels an den elektronischen Plattformen wurden die Börsengeschäftsführung und die Handelsüberwachungsstelle nicht verpflichtet, Überwachungsprogramme zur Entdeckung von Insiderhandel oder Kursmanipulation zu entwickeln.

Nach § 4 Abs. 5 S. 4 BörsG unterrichtet die Handelsüberwachungsstelle zwar unverzüglich die BaFin, wenn sie Tatsachen feststellt, die für die Erfüllung der Aufgaben der BaFin erforderlich sind. Sie muss jedoch den Handel nicht in Hinblick auf solche Abläufe untersuchen, betroffen sind lediglich Tatsachen, die der HÜSt gelegentlich der Überwachung der Einhaltung von Börsenregeln oder der Bekämpfung sonstiger Missstände[130] zuwachsen.

c) **Inhalt und Form der Verdachtsanzeige.** In der Verordnung zur Konkretisierung von Anzeige-, Mitteilungs- und Veröffentlichungspflichten sowie der Pflicht zur Führung von Insiderverzeichnissen nach dem Gesetz über den Wertpapierhandel (Wertpapierhandelsanzeige- und Insiderverzeichnisverordnung – WpAIV) und Erläuterungen zur Wertpapierhandelsanzeige- und Insiderverzeichnisverordnung (WpAIV) nach §§ 10 Abs. 4 Satz 1, 15 Abs. 7 Satz 1, 15 a Abs. 5 Satz 1, 15 b Abs. 2 Satz 1 des Wertpapierhandelsgesetzes wird der Verordnungsgeber genau:

§ 2 WpAIV Inhalt der Anzeige
(1) Eine Anzeige nach § 10 Abs. 1 Satz 1 des Wertpapierhandelsgesetzes an die Bundesanstalt für Finanzdienstleistungsaufsicht (Bundesanstalt) hat zu enthalten, soweit die Daten verfügbar sind,
1. a) den vollständigen Namen der anzeigenden Person, bei Namenswechsel auch alle zuvor geführten Namen,
   b) ihre geschäftliche Anschrift,
   c) die Bezeichnung ihres Aufgabenbereichs und ihrer Position sowie
   d) die Angabe, in wessen Namen und Auftrag die anzeigende Person die Anzeige vornimmt,
2. eine Beschreibung des getätigten Geschäfts mit Angaben zu
   a) Name und Ort der Börse oder des außerbörslichen Marktes,
   b) Art des Handels (Präsenz- oder elektronischer Handel),
   c) Art des Geschäfts (z. B. An- oder Verkauf),
   d) Datum und Uhrzeit der Auftragserteilung und der Geschäftsausführung sowie Gültigkeit des Auftrags, Orderlimits und sonstigen Auftragsmerkmalen,
   e) Finanzinstrument einschließlich der Wertpapierkennnummern (WKN und I. S.IN),
   f) Preis, Währung, Stückzahl und Geschäftsvolumen sowie
   g) Basisinstrument und -preis sowie Preismultiplikator und Fälligkeit bei Geschäften in Derivaten,
3. eine Angabe der Tatsachen, auf die sich die Annahme eines Verstoßes gegen ein Verbot oder Gebot nach § 14 oder § 20 a des Wertpapierhandelsgesetzes stützt,
4. eine Begründung, aus der ersichtlich wird, warum angesichts dieser Tatsachen der Verdacht begründet sein soll, dass mit dem Geschäft gegen ein Verbot oder Gebot nach § 14 oder § 20 a des Wertpapierhandelsgesetzes verstoßen wird,
5. die zur Identifizierung der Person und Klärung ihrer Rolle bei dem Geschäft erforderlichen Angaben des Auftraggebers und der aus dem getätigten Geschäft berechtigten oder verpflichteten Person sowie aller sonstigen am Geschäft beteiligten Personen, insbesondere
   a) den vollständigen Namen, bei Namenswechsel auch alle zuvor geführten Namen,
   b) die private und geschäftliche Anschrift,
   c) Geburtsort und -datum,
   d) die Depotnummer und die Kundenidentifikationsnummer des betroffenen Depots,
   e) eine geschäftsbezogene Auftragsnummer sowie
   f) eine Beschreibung des persönlichen und geschäftlichen Verhältnisses aller Personen zueinander und ihrer Rolle bei dem Geschäft,

---

[130] Zu den Aufgaben der HÜSt siehe: Schwark/*Beck* Kapitalmarktrechtskommentar § 4 BörsG Rdnr. 10,11 und 19.

6. alle sonstigen Angaben, die für die Prüfung des Vorgangs von Belang sein können, sowie
7. bei einer bereits erfolgten Anzeige an eine Aufsichtsbehörde in den Mitgliedstaaten der Europäischen Union oder des Europäischen Wirtschaftsraumes eine Angabe zur Bezeichnung der Behörde, zum Datum der Anzeige und zum Geschäftszeichen des Vorgangs.

210 Die Anzeige soll der Bundesanstalt die Identifizierung und Kontaktaufnahme mit der anzeigenden Person sowie mit den am verdächtigen Geschäft beteiligten Personen ermöglichen, die Rolle dieser Personen bei der Anzeige bzw. dem auffälligen Geschäft aufzeigen, das Geschäft exakt beschreiben und die Tatsachen benennen, auf die die Annahme eines Marktmissbrauches nach § 14 oder § 20 a WpHG gestützt wird. Sie ist nach § 3 WpAIV postalisch oder mittels Telefax oder PC-Fax zu übersenden. Auf Verlangen der Bundesanstalt ist sie vom Anzeigenden eigenhändig zu unterschreiben und den alternativen 2 und 3 postalisch nachzureichen. Hinsichtlich der Pflicht zur Aufnahme von Untersuchungen dürften jedoch auch „namenlose Verdachtsanzeigen" in gleicher Weise Beachtung finden müssen, wie solche bei der Staatsanwaltschaft nach Nr. 8 RiStBV, zumal der Verordnungsgeber zum Begründungserfordernis auf die im Vergleich zu § 152 StPO geringeren Anforderungen an den Anfangsverdacht hinweist.

211 Die Anzeige soll darüber hinaus eine Begründung enthalten, aus der ersichtlich wird, warum die Tatsachen den Verdacht eines Verstoßes gegen ein Verbot oder Gebot nach § 14 oder § 20 a WpHG begründen. Diese Begründungspflicht soll eher abschreckende Wirkung entfalten und den Anzeigeerstatter dazu anhalten, nochmals zu überprüfen, ob die Umstände des Geschäfts tatsächlich den Verdacht rechtfertigen. Der Verordnungsgeber will Anzeigen von Transaktionen verhindern, bei denen nur entfernte Verdachtsmomente bestehen. Andererseits sind an den Verdacht nicht die gleichen hohen Anforderungen zu stellen wie an einen Anfangsverdacht im Sinne des § 152 Abs. 2 StPO.

212 Die Aufzählung der anzugebenden Daten der aus dem Geschäft berechtigten oder verpflichteten Person sowie bei Personenverschiedenheit auch des Auftraggebers und aller sonst am Geschäft beteiligten Personen soll der Identifikation der entsprechenden Personen dienen.

213 Die VO nennt mit Blick auf die Betreiber von außerbörslichen Märkten etwa die Auftragsnummer, mit der die Bundesanstalt bei den Finanzdienstleistungsinstituten die hinter der Nummer stehenden Personen ermitteln kann. Die Angabe der Aufsichtsbehörde in der Europäischen Union oder im Europäischen Wirtschaftsraum, bei der bereits eine Anzeige erfolgt ist, soll die internationale Zusammenarbeit erleichtern und im Rahmen der Weiterleitung der Anzeige nach § 10 Abs. 2 S. 1 WpHG dienlich sein.

214 Die Pflicht zur Angabe der verlangten Daten steht unter dem Vorbehalt, dass diese Daten originär verfügbar sind; es besteht keine Pflicht zur Ermittlung dieser Angaben. Sobald die fehlenden Daten vorliegen oder Änderungen hinsichtlich der bereits angezeigten Daten bekannt werden, sind sie nach Abs. 2 unverzüglich nachzureichen.

215 d) **Das Recht auf Verdachtsanzeige.** Damit sammelt die BaFin eine Vielzahl von Informationen, die auch für den Verteidiger von großer Bedeutung sein können. Zwar wird gegen die Ausführlichkeit der anzuzeigenden Daten heftig geschimpft, vereinzelt wird der regulatorische Overkill beschworen, jedoch ist bei einer Vielzahl der Einzelinformationen nicht von einer Pflicht zur Darlegung im Sinne der nachfolgenden OWi-Tatbestände auszugehen.

216 Für die Vertretung des Anzeigenden ist jedoch eine große Sicherheit dahin gehend gegeben, welche Daten er weitergeben darf, ohne mit vertraglichen oder regulatorischen Verschwiegenheitspflichten in Kollision zu kommen. Die Komplexität der Aufzählung bestimmt den Umfang der Anzeige im Sinne des Abs. 3, also den Bereich der Freistellung von Verantwortlichkeit im Sinne des Verrates von Geschäftsgeheimnissen.

217 e) **Achtung OWi.** Ordnungswidrig handelt, wer vorsätzlich oder leichtfertig entgegen § 10 Abs. 1 Nr. 1 WpHG eine Mitteilung nicht, nicht richtig, nicht vollständig, nicht in der vorgeschriebenen Weise oder nicht rechtzeitig macht (§ 39 Abs. 2 Nr. 2 b WpHG); die Ordnungswidrigkeit kann mit einer Geldbuße bis zu € 50.000,- geahndet werden.

218 Ordnungswidrig handelt auch, wer vorsätzlich oder leichtfertig entgegen § 10 Abs. 1 S. 2 WpHG die verdächtige Person von der Anzeige in Kenntnis setzt (§ 39 Abs. 2 Nr. 1 WpHG); die Ordnungswidrigkeit kann mit einer Geldbuße bis zu € 50.000,- geahndet werden.

Wer vorsätzlich oder leichtfertig eine Verdachtsanzeige falschen Inhalts gegen einen Vorgesetzten erstattet oder eine inhaltlich zutreffende Anzeige aus sachfremden Motiven erstattet, kann seinen Arbeitsplatz verlieren.
Interessant wird insoweit die Anwendung von § 10 Abs. 3:

(3) Wer eine Anzeige nach Absatz 1 erstattet, darf wegen dieser Anzeige nicht verantwortlich gemacht werden, es sei denn, die Anzeige ist vorsätzlich oder grob fahrlässig unwahr erstattet worden.[131]

Wegen des Problems der Verdachtsanzeige bei gleichzeitiger Ausführung des verdächtigen Auftrages unter dem Gesichtspunkt der Beihilfe zur angezeigten Straftat siehe unten, Kapitel V Nr. 38.

27. Das Datenmaterial der Börsen

a) Daten über den Börsenhandel. Alle Daten über den Handel mit Wertpapieren werden lückenlos und systematisch erfasst.

Die Vollständigkeit der Daten wird durch das Börsengesetz und die Börsenordnung sichergestellt.

Für Skontroführer, die nach § 27 BörsG Börsenpreise zu ermitteln und festzustellen haben, gilt darüber hinaus, dass sie ihre Pflichten aus der Skontroführung so wahrnehmen müssen, dass eine wirksame Überwachung der Einhaltung der Pflichten gewährleistet ist (§ 27 Abs. 1 S. 5 BörsG).

Mit § 37 BörsO der FWB wird die Vollständigkeit der Daten abgesichert. Danach sind alle dem Skontroführer erteilten Aufträge sowie die abgeschlossenen Börsengeschäfte unverzüglich in die EDV-Anlage einzugeben. Dazu gehören auch die Aufgabegeschäfte. Soweit ein Makler das Börsengeschäft vermittelt oder abgeschlossen hat, ist er zur Eingabe verpflichtet, in allen anderen Fällen im Zweifel der Verkäufer von Wertpapieren.

Diese Daten wertet die Handelsüberwachungsstelle an der Börse aus. Neben der zeitgleichen programmgestützten Untersuchung des Datenstromes nach Auffälligkeiten ist die Handelsüberwachungsstelle in der Lage, gezielt Orderlagen zu rekonstruieren und den Weg von Aufträgen durch die einzelnen Stationen der Börsengeschäftsabwicklung teilweise zeitgenau bis zu einer hundertstel Sekunde nachzuvollziehen (Orderflow). Über Auffälligkeiten, die die Annahme rechtfertigen, dass börsenrechtliche Vorschriften oder Anordnungen verletzt wurden oder sonstige Missstände vorliegen, welche die ordnungsmäßige Durchführung des Handels an der Börse oder die Börsengeschäftsabwicklung beeinträchtigen können, hat die Handelsüberwachungsstelle die Geschäftsführung der Börse und die Börsenaufsichtsbehörde zu unterrichten. Stellt die HÜSt während dieser Überwachungsarbeit Tatsachen fest, die den Verdacht des Insiderhandels oder der Kursmanipulation begründen ist zusätzlich die BaFin zu unterrichten (§ 4 Abs. 5 BörsG).[132]

Der Börsenhandel wird – auch im so genannten Parketthandel – elektronisch unterstützt. Die Handelsteilnehmer übermitteln ihre Aufträge nahezu ausschließlich elektronisch. Da diese Übermittlung nicht mehr die Anwesenheit auf dem Parkett erfordert, kann der Arbeitsplatz (Terminal) zur Eingabe des Auftrages zum Kauf oder Verkauf eines Finanzinstrumentes überall auf der Welt stehen.[133] Die Sicherstellung eines ordnungsgemäßen Börsenhandels erfordert daher ein kontrollierbares Netz. Eingabeterminals sind daher ein wesentlicher Bestandteil der Börse. Jedem zugelassenen Handelsteilnehmer wird eine Nummer (früher KV- Nummer = Nummer beim Kassenverein) über den die Abwicklung der Wertpapiergeschäfte durchgeführt wird, zugeteilt. Heute werden die Depots der Handelsteilnehmer bei der Clearstream Banking, der Nachfolgerin der Kassenvereine, geführt. Da die einzelnen Handelsteilnehmer meist mehrere Terminals betreiben, wird auch jedem einzelnen Terminal eine Nummer zugeordnet. Dazu dürfen nur zugelassene Börsenhändler tätig werden, die bei der Zulassung eine persönliche Identifikationsnummer erhalten, einen Terminal „hochfahren".[134]

---

[131] Zur fahrlässigen Falschanzeige im Allgemeinen siehe Koch, Die „fahrlässigen Falschanzeige" – oder: Strafrechtliche Risiken der Anzeigeerstattung, NJW 2005, 943.
[132] Schwark/Beck Kapitalmarktrechtskommentar § 4 BörsG Rdnr. 10,11 und 19.
[133] Zu Orderroutingsystemen in den Terminals s. u. VII Nr. 11.
[134] Zur Frage des Missbrauchs der ID s. u. III Sanktionsausschuss.

228 Da für jeden Börsenauftrag ein Satz in der Datenbank in Anspruch genommen wird, versieht der aktive, am System angeschlossene, automatisch die Felder mit den Daten des Handelsteilnehmers, des Händlers und des Terminals. In die Maske gibt der Händler nach den Vorgaben die Daten über den Auftrag ein, also das Finanzinstrument, die Anzahl der Stücke, Kauf oder Verkauf, gegebenenfalls das Limit und die Börse oder die Plattform, auf der der Auftrag ausgeführt werden soll. Mit dem „Abdrücken" des Auftrages wird auch der genaue Zeitpunkt in den Datensatz aufgenommen.

229 Dieser Datensatz wird sodann ergänzt, wenn der Auftrag im Präsenzhandel in dem Orderbuch des Skontroführers eingeht. Da die Vermittlung von Börsengeschäften in den gehandelten Finanzinstrumenten bei den Skontroführern einer Börse monopolisiert ist, gehen alle Aufträge über ein Finanzinstrument auch in einem Orderbuch ein. Auch hier hat eine skontroführende Person den Terminal hochgefahren, so dass alle aktivierten Datensätze die den Skontroführer betreffende Felder ausfüllt. Für jede mögliche Aktion des Skontroführers bei der Preisfeststellung wird wiederum ein Feld beschrieben, so dass aus der Gesamtmenge der Datensätze jederzeit jede Orderlage rekonstruiert werden kann.

230 Nach dem vorgenannten Modell werden die Daten des Handels an allen Börsen in Deutschland verwaltet, also auch der EUREX in Frankfurt und der WTB in Hannover.

231 Nicht alle Daten über Aktionen, die zu Börsengeschäften führen, sind öffentlich zugänglich. Soweit die beteiligten Handelsteilnehmer identifiziert werden können, unterliegen die Informationen der Verschwiegenheitspflicht. Soweit Börsengeschäfte im Sinne von Börsenpreisen und Umsätzen sowie Zeitpunkte der Preisfeststellung interessant sind, werden diese anonymisierten Daten nicht nur veröffentlicht, sie werden zur fachlichen Verwendung von der Trägergesellschaft der Börsen verkauft.[135]

232 Die erfassten Daten beschränken sich nicht auf die abgewickelten Börsengeschäfte (die zu Börsenpreisen im Sinne des § 24 BörsG führen), sondern erstrecken sich auch auf die Geschäfte, für die ein „börslicher" Handel angeboten wird (Handel mit Fond-Anteilen etc.), auf Handel über die Börse, der nicht zu Börsenpreisen führt wie Xetra Best[136] und auf solche außerbörslichen Geschäfte, für deren Abwicklung das Börsengeschäftsabwicklungssystem der Deutschen Börse AG genutzt wird. Eine solche Nutzung bietet auch die vollelektronische Handelsplattform Xetra an. Nachvollziehbar sind auch die Aufgabegeschäfte der Handelsteilnehmer mit der Berechtigung zur Vermittlung von Wertpapiergeschäften, bei denen zunächst nur ein Vertragspartner bekannt ist und der Makler sich vorbehält, den anderen Vertragspartner später zu benennen.

233 Die Börse ist eher zurückhaltend mit der Herausgabe von Daten. Die Anonymität des Börsenhandels wird als Wert an sich hoch eingeschätzt. Die Datenbanken hingegen sind eine wahre Fundgrube für Informationen, auch in Hinblick auf die spätere Erfüllung der Geschäfte (Börsengeschäftsabwicklung). Über die aktuellen Felder der Datensätze, die ständig geändert, meist ergänzt werden, sollte Kenntnis bestehen. Bei der Herausgabe sollte die verwaltende Behörde zu der Erklärung verpflichtet werden, dass alle Daten zur Verfügung gestellt worden sind oder zumindest, welche Daten noch nicht herausgegebene wurden und welche Bedeutung diese Daten haben.

Die Vollständigkeit soll daher zunächst versichert werden, in der Hauptverhandlung zu Protokoll genommen und gegebenenfalls durch Eidesleistung bestärkt werden. Dazu ist es erforderlich, die Datenbank insgesamt zu erklären und alle Felder im Einzelnen zu bezeichnen. Dabei ist Zurückhaltung bei der Verwendung nicht deutscher Begriffe am falschen Platz.

234 Oft sind Daten nicht „lesbar". Sachverständige und Zeugen sind daher anzuhalten, die Daten auch in lesbarer Form vorzulegen, gegebenenfalls als Chart.

Bei Kurven (Charts) ist dringend auf die Skalierung zu achten. Im Börsenhandel sind die einzelnen Geschäfte über den Handelstag in schwankender Dichte verteilt, meist wird jedoch

---

[135] Diese Daten werden von der Gruppe Deutsche Börse – Market Data und Analytics – auf der Web Site zum Kauf angeboten.
[136] Über Xetra Best wird einem Handelsteilnehmer die Gelegenheit eingeräumt, unter strengen Voraussetzungen in einem engen Rahmen die Aufträge seiner Kunden zur Ausführung von Börsengeschäften selbst zu bedienen.

auf der X Achse nicht die Zeit, sondern der Akt der Preisfeststellung eingetragen, so dass teilweise extrem verfälschte Bilder entstehen.

Grundsätzlich sind die Organe der Börse und die Börsenaufsichtsbehörde nur im öffentlichen Interesse tätig und in Hinblick auf ihre Verschwiegenheitspflicht nicht bereit, Daten herauszugeben. Da eine Weitergabe an die Strafverfolgungsbehörden oder Gerichte, die für Straf- und Bußgeldsachen zuständig sind, kein unbefugtes Offenbaren im Sinne der Verschwiegenheitspflicht darstellen (§ 7 BörsG), kann über einen entsprechenden Antrag auf diese Beweismittel zugegriffen werden.

Dies gilt auch für die Herausgabe von Daten an (vereidigte oder zu vereidigende) Sachverständige, die von Gerichten mit der Erstellung eines Gutachtens beauftragt werden.

b) **Daten über die zugelassenen Handelsteilnehmer.** Nach § 16 BörsG entscheidet die Geschäftsführung der Börse über die Zulassung zum Handel an der Börse. Zulassungsberechtigt sind zunächst Unternehmen/juristische Personen (§ 16 Abs. 4 BörsG), die eine Reihe von Voraussetzungen zu erfüllen haben, über die bei der Geschäftsführung die entsprechenden Daten vorliegen.

Börsenhändler sind natürliche Personen, die auch zunächst durch die Geschäftsführung zuzulassen sind, wenn die gesetzlichen Voraussetzungen nach § 16 Abs. 6 BörsG in Verbindung mit der Börsenordnung vorliegen. Die vorgenannten Gruppen können nach § 26 BörsG als skontroführende Gesellschaft oder als für diese Gesellschaft handelnde Person von der Geschäftsführung zugelassen werden. Auch diese Informationen sind bei der Geschäftsführung abzurufen.

Dazu gehören die Kassenvereinsnummern (KV), unter denen die Börsengeschäfte der Handelsteilnehmer, Makler oder Skontroführer ihre Geschäfte abwickeln, ebenso, wie die ID-Nummern, also die persönlichen Identifizierungscodes, mit denen sich der jeweilige Zugangsberechtigte in das Börsenhandels- oder das Börsengeschäftsabwicklungssystem eingeloggt hat. Selbst die Identifizierung des jeweiligen Bildschirms nebst Tastatur (Terminal), von denen mehrere einem Anschluss an das Börsensystem zugeordnet sind, ist der Geschäftsführung möglich.

c) **Daten über die Skontroführer.** Nach den gem. § 28 BörsG von den Ländern zu erlassenden Skontroführerverordnungen haben die zur Skontroführung nach § 26 Abs. 1 S. 1 und 2 BörsG zugelassenen Gesellschaften (Skontroführer) und die nach § 26 Abs. 1 S. 3 BörsG zur Ausführung des Handwerks der Preisfeststellung bestellten Personen (meist auch nur Skontroführer genannt) eine Reihe von Voraussetzungen zu erfüllen, die durch Urkunden zu belegen sind. Da bestellendes Organ der Börse die Geschäftsführung ist, sind diese Informationen dort vorhanden.

d) **Daten über Einzelaktionen im System.** Nicht in die Datensicherungspflicht der Börsengeschäftsführung und der Handelsüberwachungsstelle fallen Tätigkeiten, die keinen Börsenhandelsakt ausführen. Jedoch für die Beurteilung der Kenntnis der Skontroführer und sonstigen Nutzer der Systeme von Bedeutung sein können. Informiert sich beispielsweise der Skontroführer über die Stopp-Loss-Aufträge in seinem Orderbuch, so wird das Öffnen dieser Maske nicht als Datum des Börsenhandels gespeichert. Gleichwohl sind derartige Informationen kurzfristig in einem engen Zeitkorridor rekonstruierbar. Bei schweren Verstößen kann davon ausgegangen werden, dass derartige Informationen erhoben werden, wenn die Daten für den Nachweis von Bedeutung sind. Nicht sicher ist, ob diese Daten auch zu den Akten gelangen, da sie nicht im Überwachungs- und Herrschaftsbereich der Handelsüberwachungsstelle entstehen, sondern im Bereich des Dienstleisters für die Technik der Börsengeschäftsabwicklung; bislang ist dies für die Deutsche Börse AG und die von ihr betriebenen Börsen FWB und EUREX die Tochterfirma „Deutsche Börse Systems AG". Mit diesen Informationen kann der Nachweis von Kenntnis sonst im Hintergrund vorhandener Daten versucht werden, es ist jedoch bereits vorgekommen, dass der Verdächtige zwar eine Tastenkombination gedrückt hat, die ihm Hintergrunddaten auf den Bildschirm gebracht hat, er hat jedoch nicht auf die Information geachtet, da er irrtümlich diese Kombination gewählt hat und ohne Kenntnisnahme umgehend die angestrebte Maske unter Schließung der irrtümlich geöffneten anklickte.

241 e) **Daten über das Zulassungsverfahren handelbarer Produkte.** Für Wertpapiere, die in den Zulassungssegmenten amtlicher und geregelter Markt notiert werden, existieren bei der Zulassungsstelle der Börse die Unterlagen über den gesetzlich im Einzelnen vorgeschriebenen Zulassungsvorgang. Die Daten umfassen den Zulassungsantrag des Emittenten, das zu billigende Prospekt, die Stellungnahmen der Mitglieder des Zulassungsausschusses und den Verwaltungsakt, mit welchem unter Billigung des Prospektes die Zulassung beschlossen wird. Die Notierungsaufnahme und gegebenenfalls Notierungsaussetzungen hingegen sind Handlungsweisen, deren Daten bei der Geschäftsführung der Börse dokumentiert sind.

242 Seit dem 1.7.2005 wird nach dem Prospektrichtlinienumsetzungsgesetz die Zulassung von Prospekten auch bei beabsichtigten Börsenhandel nicht mehr von den Börsen selbst, sondern von der BaFin durchgeführt. Demzufolge ist bei Prospektbilligungen und Zulassungen nach dem 30.6.2005 die Auskunft bei der BaFin einzuholen. Soweit sich die Informationen aber auf die Zuordnung verschiedener Marktsegmente oder Indexgruppen beziehen, liegen die Daten weiter bei der Börsengeschäftsführung oder bei dem Träger der Börse.

243 f) **Wertpapierkennnummer (WKN / I. S.IN).** Die Kreditwirtschaft hat zwecks Rationalisierung ihres Depotgeschäftes und der damit zusammenhängenden Dienstleistungen ein „Veröffentlichungsorgan" mit dem Namen Wertpapier-Mitteilungen etabliert.[137] Dort werden alle Änderungen der Stammdaten und gegebenenfalls die damit verbundenen Aktivitäten des Emittenten veröffentlicht.

244 Der Finanz-Informationsdienstleister WM Datenservice[138] wurde 1947 mit dem Auftrag gegründet, das Bankwesen bei der Reorganisation des Wertpapiergeschäftes zu unterstützen. Heute betreibt WM Datenservice eine umfassende Finanz-Datenbank mit integrierten Daten/Informationen zu über 300.000 Finanzinstrumenten. Der WM Datenservice vergibt die nationale Wertpapier-Kenn-Nummer (WKN)/ISIN für ihren Zuständigkeitsbereich.

245 WM Datenservice ist die verantwortliche Stelle für die Vergabe der WKN/ISIN in Deutschland und Mitglied bei ANNA Association of National Numbering Agencies (**www.annaweb.com**). WM vertritt in enger Abstimmung mit dem Finanzmarkt gemeinschaftlich die Interessen bei nationalen und internationalen Standardisierungsgremien, z. B. DIN (Deutsches Institut für Normung) und I. S.O (International Standard Organisation), um den Markt durch allgemein gültige Konventionen (Standards) beim globalen STP zu unterstützen.

246 Eine WKN-Nummer wird auf Antrag von der WM vergeben, sie enthält keine Aussage über die Handelbarkeit oder gegebenenfalls die Börse oder Handelsplattform, auf welcher eine Notierung erfolgt. Sie ist kein Qualitätsmerkmal. Die nunmehr international verwendete I. S.IN-Nummer (in Deutschland neben der WKN-Nummer) hat eine vergleichbare Bedeutung.

247 g) **Weitere Daten des WM Datenservice.** Im vorgenannten Service enthalten sind auch die Veröffentlichung von Änderungsdaten über Umtauschangebote, Umtauschfristen oder Handelseinstellungen etc. Auf diese Daten greifen die Sonderbedingungen über Wertpapiergeschäfte in Punkt 16 zu: „Werden in den Wertpapiermitteilungen Informationen veröffentlicht, die die Wertpapierkunden betreffen (...) so wird die Bank dem Kunden diese Informationen zur Kenntnis geben, (...)".[139]

248 h) **Daten über handelbare Produkte.** Auch alle Informationen über die handelbaren Produkte sind in einer Datenbank im Herrschaftsbereich der Geschäftsführung zusammengefasst. Das Wertpapier Service System (WSS) enthält über alle am Kassamarkt notierten Produkte sämtliche notwendigen Informationen.

---

[137] *Kümpel* Bank- und Kapitalmarktrecht 11.93 und 11.104.
[138] www.wmgruppe.de, Herausgebergemeinschaft WERTPAPIER-MITTEILUNGEN Keppler, Lehmann GmbH & Co. KG.
[139] Ein Verstoß gegen diese Pflicht zur Weitergabe von Informationen der Wertpapiermitteilung kann zu Schadensersatz führen; BGH Urt. v. 23.11.2004 – XI ZR 137/03.

Dazu gehören die Stammdaten, die Handelsdaten und die Emittentendaten (Termindaten):
- Wertpapierkennnummer (WKN),
- internationale I. S.IN Kennnummer (bei Auslandsnotierung auch Cusip-Nr. und Common Code),
- Börsenkürzel des Wertpapiers,
- Angaben zur Wertpapierart,
- Angaben zur Wertpapiergruppe,
- Angaben zur Verwahrart,
- Angaben zur Verbriefung,
- zum Wertpapierleihestatus,
- Tag der Notierungsaufnahme,
- gegebenenfalls letzter Handelstag,
- Notierungsart (Einheitspreisfeststellung, variabler Handel, Continuous Trade, Auction Only),
- Börsenplätze und die dortigen Marktsegmente, Handelsplattformen,
- die jeweilige Skontroführer,
- Größe des Emissionsvolumen,
- Anzahl der umlaufenden Stücke,
- Anzahl der zugelassenen Stücke,
- Anzahl der in Deutschland notierten Stücke,
- Kursdaten (aktuelle Tagesdaten) Präsenzhandel, alle Börsen und Xetra,
- Zeitreihen (historische Umsätze),
- Datum der Hauptversammlung,
- Kapitalerhöhung,
- Umtausch,
- Ausschüttungen und Abrechnungen.

Bei Derivaten oder Bezugswerte (Underlying) ist eine Terminüberwachung möglich.

28. Das Datenmaterial der BaFin §§ 9, 15 WpHG

Alle im Wertpapierhandel tätigen Unternehmen sind verpflichtet, der BaFin jedes Geschäft in Wertpapieren oder Derivaten, die zum Handel an einem organisierten Markt zugelassen sind, mitzuteilen (§ 9 Abs. 1 WpHG). Der Inhalt der Mitteilung, die auch elektronisch erfolgen kann, ist gesetzlich festgelegt (§ 9 Abs. 2 WpHG) und in einer Verordnung nach § 9 WpHG konkretisiert.[140] Die BaFin ist berechtigt, diese Tatsachen an die Strafverfolgungsbehörden weiterzugeben (§ 8 Abs. 1 Nr. 2 WpHG). Die Wertpapierhandel-Meldeverordnung orientiert sich streng an § 9 Abs. 2 WpHG; eine Erweiterung unter Ausschöpfung der Befugnisse nach § 9 Abs. 3 Nr. 2 WpHG[141] ist in Hinblick auf die Kundendaten zu erwarten.

Mit der Meldepflicht nach § 9 WpHG sichert die BaFin umfangreiches Beweismaterial. Die Informationen geben wichtige Anhaltspunkte für Wertpapier- und Derivategeschäfte und bilden die Grundlage für weitere Beweisführungen.[142]

Die wesentlichen Daten umfassen:
- Gattung der Wertpapiere
- Derivate unterschieden nach Call, Put und Future
- internationale Kennnummer (gegebenenfalls deutsche Wertpapierkennnummer)
- Kalenderdatum des Geschäftsabschlusses oder der maßgeblichen Kursfeststellung

---

[140] Wertpapierhandel- Meldeverordnung vom 21.12.1995 (WpHMV).
[141] Das BMF kann durch Rechtsverordnung zusätzliche Angaben vorschreiben, soweit diese zur Erfüllung der Aufsichtsaufgaben des BAWe erforderlich sind.
[142] Die Mitteilungen werden der BaFin mit einer Übertragungsdatei im ASCII-Format übermittelt.

- Uhrzeit des Geschäftsabschlusses oder der maßgeblichen Kursfeststellung
- Die Menge, auf die der ausgeführte Auftrag oder das Geschäft lautet
- Bei Wertpapieren wird der auf das gemeldete Geschäft bezogene Kurs unter Angabe der Einheit der Effektennotiz und der Handelswährung angegeben
- Bei Optionen wird der auf das gemeldete Geschäft bezogene Preis unter Angabe der Handelswährung, des Basispreises der Option, der Notierungsart des Basispreises und der Währung des Basispreises angegeben
- Die Finanzdienstleister melden der Bundesanstalt
  - Namen und Anschrift
  - bei zugelassenen Handelsteilnehmern deren Kassenvereinsnummern
  - die deutsche Bankleitzahl
  - den Member-ID-Code eines elektronischen Börsenhandelssystems (EBHS)
  - und die von der Clearstream Banking AG (CBAG) vergebene Identifikationsnummer.
- Die Finanzdienstleister melden bei Geschäften, die sie für einen selbst nicht meldepflichtigen Depotinhaber tätigen, deren Identifikation (nicht jedoch persönliche Daten)
- Die Angabe muss eine Identifikation des Depotinhabers oder des Depots enthalten; die gewählte Art der Identifikation ist durchgängig zu verwenden
- Zu melden ist auch ein von dem Depotinhaber abweichender Auftraggeber (Verfügungsberechtigter)
- Depotinhaber oder Depot werden mit einer Ziffern- oder Buchstabenfolge gekennzeichnet
- Dabei muss eine eindeutige Zuordnung des verwendeten Kennzeichens zu einem bestimmten Depotinhaber oder Depot gewährleistet sein
- Es ist anzugeben, ob das Geschäft zu einem Börsenpreis abgeschlossen wurde
- Außerdem ist anzugeben, in welchem Handelssegment (amtlicher Markt, geregelter Markt oder Freiverkehr) das Geschäft abgeschlossen wurde
- der Staat, in dem das Geschäft abgeschlossen wurde
- zur eindeutigen Identifikation des Geschäfts dienen folgende Angaben:
  - eine vom Meldepflichtigen für jedes Geschäft selbst vergebene interne Meldenummer
  - die Angabe, ob es sich aus Kundensicht um einen Kauf oder um Verkauf handelt
  - bei maklervermittelten und über die Börse abgewickelten Geschäften die Angabe, ob es sich um ein Aufgabegeschäft handelt, sowie die Geschäftsnummer
  - die Emittentennummer
  - der Zinssatz des gehandelten Wertpapiers
  - der Kalendertag der Endfälligkeit des Wertpapiers, bei Derivaten derjenige der Endfälligkeit des Underlyings
  - das Valutadatum durch Bezeichnung des Kalendertages
  - bei Derivaten der Kalendertag der Fälligkeit.

254 Auch die vorlagepflichtigen Daten in Zusammenhang mit Ad-hoc-Mitteilungen sowie alle Auskünfte in diesem Zusammenhang liegen bei der BaFin vor. Da für die Richtigkeit der publizistisch verbreiteten Inhalte regelmäßig keine Verantwortung übernommen wird, muss auf **die Originale bei der BaFin** zurückgegriffen werden. Informationen über eine Befreiung von der Veröffentlichungspflicht nach § 15 Abs. 1, S. 2 WpHG, insbesondere die Informationen über den Zeitpunkt des Entstehens einer nicht veröffentlichten Insiderinformation, liegen bei der BaFin vor. Mit dem Anlegerschutzverbesserungsgesetz wurde das Befreiungserfordernis durch die BaFin abgeschafft, so dass ab 2005 diese Daten dort nicht mehr vorhanden sind.

255 Hingegen liegen die Daten über die Prüfung einer Handelsaussetzung bei der Geschäftsführung der Börsen, an welcher das Insiderpapier notiert ist. Soweit der Mitteilungspflichtige einen Dienstleister eingeschaltet hat, wie z. B. die Deutsche Gesellschaft für Ad-hoc-Publizität mbH (DGAP) in Frankfurt/Main-Hausen, Neue Börsenstraße 1, sind die Daten für die Verbreitung der Insiderinformation dort zu erlangen.

Grundsätzlich werden die Behörden nur im öffentlichen Interesse tätig und sind in Hinblick 256
auf ihre Verschwiegenheitspflicht nicht bereit Unterlagen herauszugeben. Da die BaFin nach
§ 15 Abs. 5 WpHG von dem Emittenten Auskünfte und die Vorlage von Unterlagen verlangen kann und deren Vertretern das Betreten der Geschäftsräume zu gestatten ist, ist davon auszugehen, dass auch bislang vertrauliche Unterlagen bei der BaFin vorhanden sind. Da eine Weitergabe an die Strafverfolgungsbehörden oder Gerichte, die für Straf- und Bußgeldsachen zuständig sind, kein unbefugtes Offenbaren im Sinne der Verschwiegenheitspflicht darstellt, kann über einen entsprechenden Antrag auf diese Beweismittel zugegriffen werden.

29. Dokumentation von Telefongesprächen („getapte Telefone")

Neben den Daten nach dem Telekommunikationsgesetz (früher Fernmeldeanlagengesetz) 257
bietet der Wertpapierhandel eine weitere Beweisquelle durch die Verpflichtung zur Aufzeichnung aller Telefongespräche von Wertpapierhändlern und skontroführenden Börsenmaklern.[143]

a) **Aufzeichnung im Bankenbereich.** Die Aufzeichnung von Gesprächsinhalten und deren 258
Aufbewahrung bei den Kreditinstituten geht zurück auf die „Verlautbarung über Mindestanforderungen an das Betreiben von Handelsgeschäften der Kreditinstitute" des BAKred vom 23.10.1995 – I 4 – 42-3/86. In der Anlage zur Verlautbarung ist unter 3.3 vorgegeben:

„Handelsgeschäfte sowie sämtliche Nebenabreden sind auf der Grundlage eindeutiger und korrekt dokumentierter Vereinbarungen abzuschließen, es sei denn, dass dies durch entsprechende Börsenbedingungen bereits gewährleistet ist.
Die Geschäftsgespräche der Händler sollen auf Tonträger aufgezeichnet werden; diese Aufzeichnungen sind mindestens **3 Monate** aufzubewahren."

b) **Aufzeichnung im Börsenbereich.** Im gesamten Börsenhandel an der FWB wird der gere- 259
gelte Telefonhandel über eine freiwillige Aufzeichnung der Telefongespräche der Skontroführer und deren Mitarbeiter erfasst,[144] die Benutzung von Handys in der Schranke[145] ist untersagt. Die Datenträger sind **3 Monate** aufzubewahren. Daten über die Nutzung interner Telefonanlagen nach angewählter Nummer und Dauer des Gespräches – jedoch ohne Inhalt der Gespräche – werden im Regelfalle intern zu Kontroll- und Abrechnungszwecken erfasst. Bei Nutzung von Handys ist damit zu rechnen, dass der Nutzer die Detailabrechnung mit seinem Provider vereinbart hat und damit diese Abrechnung mit der Aufzeichnung der angewählten Nummern oder Teilnehmernummern nebst Dauer des Gespräches als Beweismittel regelmäßig in den Steuerunterlagen zu finden ist.

Seit September 2005 ist mit der Skontroführerverordnung des Hessischen Wirtschaftsminis- 260
teriums eine Rechtsgrundlage auf Verordnungsbasis geschaffen.

c) **Probleme bei vergleichender Auswertung.** Bei der vergleichenden Auswertung der Auf- 261
zeichnungen kann es vorkommen, dass die Aufzeichnungen des Skontroführers an der Börse nicht mit den Aufzeichnungen des Händlers bei der Bank übereinstimmen. Bei mehreren aufeinander folgenden Gesprächen mit wechselnden Anrufern kann durch die Nutzung verschie-

---

[143] Zur Verwertbarkeit der Aufzeichnungen siehe die Literaturangaben über den grundsätzlichen Meinungsstreit über Beweisverwertungsverbote in Fn. 1.
[144] § 3 Abs. 1 Bedingungen für Geschäfte an der Frankfurter Wertpapierbörse.
[145] Mit Schranke wird der unmittelbare Arbeitsplatz des Skontroführers bezeichnet. Der Arbeitsplatz ist so ausgestattet, dass nur der Skontroführer selbst, seine Mitarbeiter, gegebenenfalls Mitarbeiter der Börsengeschäftsführung, der Handelsüberwachungsstelle und der Börsenaufsichtsbehörde Zutritt zu diesem Bereich haben. Da am Arbeitsplatz viele Geschäftsgeheimnisse mit großem wirtschaftlichen Wert vorhanden sind, ist die Trennung und Abschottung ebenso geboten, wie die Nutzung der „getapten" Telefongeräte ausschließlich für geschäftliche Gespräche. Da der Skontroführer zwischen den zugelassenen Handelsteilnehmern vermitteln darf und diesen die Bedingungen für Geschäfte an der Frankfurter Wertpapierbörse bekannt sind, bestehen keine Bedenken gegen die „freiwillige" Aufzeichnung und gegebenenfalls Aushändigung des Datenträgers als Beweismittel des Augenscheins. Bis in das Jahr 2003 und voraussichtlich noch längere Zeit) findet im Bereich der festverzinslichen Wertpapiere (Rentenhandel) noch ein reger (Zuruf-)Handel auf dem Parkett statt; zur Unterstützung dieses Handels pflegen die Skontroführer den Einsatz von Gesprächsaufzeichnungsanlagen, deren Betrieb jedoch nicht im Regelwerk festgelegt ist. Ob solche Aufzeichnungen aufbewahrt werden und gegebenenfalls längere Zeit als Beweismittel zur Verfügung stehen ist daher nicht bestimmbar.

dener Nebenstellen die Abfolge der Aufzeichnungen variieren. Da die einzelnen Nebenstellen jeweils gesondert aufgezeichnet werden, kann der Eindruck entstehen, dass einzelne Gespräche, die bei der Händleraufzeichnung nacheinander folgen in der Börsenaufzeichnung unterdrückt oder gelöscht erscheinen. In diesen Fällen kann es passiert sein, dass die korrespondierende Aufzeichnung in der Abfolge der anderen Nebenstelle, also auf einem anderen Aufzeichnungsmedium zu finden ist.

262 Auch die Gespräche über die Anschlüsse der Marktsteuerung für die elektronischen Handelssysteme Xetra und EUREX werden aufgezeichnet. Insoweit ist jedoch auf die gesetzliche Einschränkung hinzuweisen, dass die Organe der Börse sowie die Börsenaufsicht und die Wertpapierhandelsaufsicht nur im öffentlichen Interesse tätig sind.

263 Bislang noch nicht entschieden ist die Frage, ob die Aufzeichnungen auch im Strafverfahren verwertet werden dürfen. Für keine der Aufzeichnungsformen existiert eine gesetzliche Ermächtigung, die für die Einschränkung des Grundrechts nach Art. 10 GG erforderlich ist.[146] Zwar erfolgen die Aufzeichnungen freiwillig, so dass gegen die Zulässigkeit grundsätzlich keinen Bedenken bestehen. Die Freiwilligkeit ergibt sich bereits aus der Formulierung der Geschäftsbedingungen der FWB, bzw. aus der Verlautbarung der BaFin (BaKred) und der Tatsache, dass die Beteiligten an den Gesprächen Kenntnis von der Aufzeichnung haben und die Anschlüsse nur für geschäftliche Kontakte zu nutzen sind.

30. Börsenusancen

264 Börsenusancen sind sanktionsrechtlich von widersprüchlicher Bedeutung. 1993 wurde an der Frankfurter Wertpapierbörse der Arbeitskreis „Usancen und Regeln für die Preisfeststellung" kurz: „Usancenausschuss" eingerichtet, dessen Aufgabe in der Präambel der am 19.12.1995 erstmals veröffentlichten „Norminterpretierenden Verwaltungsvorschrift betreffend die Regeln für die Börsenpreisfeststellung im Präsenzhandel an der Frankfurter Wertpapierbörse" formuliert ist:[147]

„In dem Börsengesetz, der Börsenordnung und anderen börsenrelevanten Regelungen sind nur globale und teilweise unvollständige Regelungen über die Börsenpreisfeststellung enthalten. Dies hat dazu geführt, dass in der Vergangenheit nicht eindeutig bestimmt werden konnte, welcher Börsenpreis in einer konkreten Situation festzustellen ist.
Diese Verwaltungsvorschrift fasst die erarbeiteten Regelungen für die Börsenpreisfeststellung zusammen. Alle darüber hinaus verabschiedeten Regeln und Usancen werden sukzessive in die börsenrelevanten Regelungen einfließen.
Die Geschäftsführung der Frankfurter Wertpapierbörse präzisiert und ergänzt folglich durch diese Verwaltungsvorschrift diejenigen Regelungen in der Börsenordnung und den Geschäftsbedingungen, welche die Feststellung von Börsenpreisen betreffen. Alle Definitionen und Regeln sind demzufolge ausschließlich im Kontext zur Börsenpreisfeststellung im Präsenzhandel zu verstehen und nicht auf andere Regelungsbereiche übertragbar."

265 Im Jahre 2003 hat der „Usancenausschuss" seine kontinuierliche Arbeit abgeschlossen, so dass nur noch dann von einem Vorhandensein (nicht niedergeschriebener) Usancen ausgegangen werden kann, wenn ein Handelsteilnehmer über die Geschäftsführung der Börse den (ehemaligen) Usancenausschuss angerufen hat, über das Vorhandensein einer Usance unter schriftlicher Niederlegung der Regel in der Norminterpretierenden Verwaltungsvorschrift zu entscheiden.

31. Bekanntmachungen der Geschäftsführung der Börse

266 Regulatorisch unterhalb der geschriebenen Usancen, der Norminterpretierenden Verwaltungsvorschrift, wird den Rundschreiben der Geschäftsführung der Börse eine eigene Bindungswirkung zugemessen. Zunächst wird mittels der Rundschreiben jeder Einzelne zugelassene Handelsteilnehmer auf Änderungen im Regelwerk der Börse aufmerksam gemacht;

---

[146] Zu den Anforderungen gem. Art. 19 Abs. 1 Nr. 2 GG siehe: BVerfGE 28, 36, 46.
[147] Die Fassung vom 1.7.2003 ist abgedruckt in *Kümpel/Hammen/Ekkenga*, Kapitalmarktrecht Kennzahl 443; die jeweils aktuelle Fassung ist über die Website der Hessischen Börsenaufsicht als Link zur Gruppe Deutsche Börse abrufbar.

der Handelsteilnehmer seinerseits ist verpflichtet, innerhalb seines Herrschaftsbereichs, also bei seinen Mitarbeitern, die Kenntnisnahme von Regelwerksänderungen sicherzustellen.

Die Geschäftsführung der Frankfurter Wertpapierbörse nutzt die Rundschreiben auch für Informationen betreffend Entscheidungen des Sanktionsausschusses. So wurden mit Rundschreiben vom 24.3.1999 die Warrant-Emittenten darauf hingewiesen, dass der Sanktionssauschuss einen Emittenten sanktioniert hat, weil dieser bei der Auflösung seiner Hedge-Positionen, d. h. bei dem Verkauf der Aktien, die der Emittent als Stillhalter zur Absicherung seines Risikos aus den begebenen Optionen erworben hatte, den Kurs beeinflusste, auf Grund dessen die Berechnung des Wertes der Optionen erfolgte. Nach Auffassung der Geschäftsführung der Börse, die von der Börsenaufsichtsbehörde geteilt wurde, könnte damit der Anspruch der Anleger auf kaufmännisches Vertrauen verletzt worden sein.[148]

Die Bekanntmachung solcher Rundschreiben erfolgt wie alle Bekanntmachungen der Börsenorgane nach § 94 BörsO durch Aushang im Börsensaal und durch elektronische Veröffentlichung. Die Geschäftsführung bestimmt das elektronische Medium; die Website der Frankfurter Wertpapierbörse incl. Xetra und der EUREX AG lautet www.deutsche-boerse.com.

32. Börsenregulierung als anerkannte Marktpraxis

Das von der EU mit der Marktmissbrauchsrichtlinie vorgegebene, mit dem Anlegerschutzverbesserungsgesetz eingeführte und durch die Verordnung zur Konkretisierung des Verbotes der Marktmanipulation (MaKonV) spezifizierte Institut der „zulässigen Marktpraxis" wird diese börsenspezifischen, Regulierungen wahrscheinlich mit erfassen. Zu den Besonderheiten der „Legitimen Gründe" durch eine anerkannte Marktpraxis auf Börsenpreise straflos einwirken zu dürfen siehe unten, Abschnitt 4.

III. Der Sanktionsausschuss der Börsen

1. Die Drohung mit dem Sanktionsausschuss

Seit dem 1.7.2002 muss damit gerechnet werden, dass der Mandant, ein Vorstand eines börsennotierten Unternehmens, vielleicht ein Compliance Officer, wenn das Unternehmen in der Kapitalmarktbranche beheimatet ist, ein Auskunftsersuchen der Börse, deren Handelsüberwachungsstelle, deren Zulassungsstelle oder der Börsenaufsichtbehörde in den Händen hält, welches ein Risikopotential bis zu € 250.000,- entfalten kann. Es kann ebenso die Einleitung eines Ermittlungsverfahrens wegen eines Kapitalmarktdeliktes zu Folge haben, wie die Einleitung eines Bußgeldverfahrens nach dem OWIG. Sowohl im Sanktionsausschussverfahren wie bei einer OWi kann das Ordnungs- oder das Bußgeld gegen das Unternehmen verhängt werden. Gleichzeitig ist das Risiko abzuschätzen, die Zulassung zum Handel der Wertpapiere des Emittenten zu riskieren; dieses Risiko besteht auch bei der Zulassung als Handelsteilnehmer. Eine wirkungsvolle Vertretung setzt daher die Kenntnis des jungen Sanktionsverfahrens vor dem Sanktionsausschuss voraus.

In der Phase des Niedergangs des Neuen Marktes an der Frankfurter Wertpapierbörse fiel der Börsenwert vieler Unternehmen auf einen Börsenkurs stark gegen Null. Nach anfänglicher inhaltlich stark übertriebener Darstellung des Wertes der Unternehmen praktisch mit dem Börsengang sank die Bereitschaft, den Aktionären Rechnung zu legen, je mehr die Diskrepanz zwischen Prognosen und deren Tatsachengrundlagen gegenüber der Realität nicht mehr zu verheimlichen war. Verspätete Zwischen- und Quartalsberichte, verbindlich nur nach den privatrechtlichen Vereinbarung in der Zulassung der Notierung im Neuen Markt konnten lediglich auf der Basis von Vertragsstrafen liquidiert werden, die Verhängung dieser war ebenso wie die Beitreibung nicht geeignet das vertrauensvolle Verhältnis des Betreibers des Neuen Marktes mit seinen Emittenten zu fördern. Da schien der unabhängige Sanktionsausschuss als Buhmann besser geeignet.

---

[148] Vor dem 1.7.2002, der Abschaffung der Institution des amtlich bestellten Kursmaklers und der verkammerten Kursmaklerschaft, hatten die Rundschreiben der Kursmaklerkammer eine ähnliche, pflichtbegründende Bedeutung. Bis zu diesem Zeitpunkt war an Stelle des Sanktionsausschusses die Börsenaufsichtsbehörde für Sanktionierung von Kursmaklern und Kursmaklerstellvertretern zuständig (§ 9 Abs. 2 S. 2 a. F. BörsG).

2. Der Sanktionsausschuss an der Grenze zum Strafrecht

272 Entsprechend einer Entwicklung seit Bestehen des Börsengesetzes werden Ehre und Anspruch auf kaufmännisches Vertrauen innerhalb der Börsengemeinschaft ehrengerichtlich geschützt. Nach § 20 BörsG kann der Sanktionsausschuss einen Handelsteilnehmer mit Verweis, mit Ordnungsgeld bis zu zweihundertfünfzigtausend Euro oder mit Ausschluss von der Börse bis zu 30 Sitzungstagen belegen, wenn der Handelsteilnehmer vorsätzlich oder leichtfertig im Zusammenhang mit seiner Tätigkeit den Anspruch auf kaufmännisches Vertrauen oder die Ehre eines anderen Handelsteilnehmers verletzt. In der Zeit vor dem 2. FinMFG (bis 1994) war bei vorsätzlicher Verletzung der Ehre von Handelsteilnehmern oder bei einer vorsätzlichen Verletzung des Anspruches auf kaufmännisches Vertrauen ein Ehrenausschuss befugt, einen Verweis oder ein Ordnungsgeld bis zu DM 2.000,- zu verhängen, schärfste Sanktion war der Ausschluss vom Börsenbesuch bis zu 10 Handelstagen.

273 Seit der großen Kapitalmarktrechtsreform mit dem 2. FinMFG im Jahre 1994 kann der zum Sanktionsausschuss umfirmierten Ehrenausschuss Handelsteilnehmer sanktionieren, wenn diese gegen börsenrechtliche Vorschriften oder Anordnungen verstoßen, die eine ordnungsmäßige Durchführung des Handels an der Börse oder der Börsengeschäftsabwicklung sicherstellen sollen. Die Sanktionsgewalt des zum Sanktionsausschuss umfirmierten Ehrenausschusses auf Ordnungsgelder bis zu DM 50.000,- und der Ausschluss vom Börsenbesuch bis zu 30 Handelstagen ausgeweitet. Das VG Frankfurt am Main sieht in diesem Sanktionsrahmen bereits eine Bestrafungsgewalt, die „in der Nähe strafrechtlicher Maßnahmen steht".[149]

274 Mit der Börsenrechtsreform durch das 4. FinMFG im Jahre 2002 wurde der Kreis derer, die der Sanktionsgewalt des Sanktionsausschuss unterworfen sind, erweitert. Der Sanktionsausschuss kann auch einen Emittenten mit einem Ordnungsgeld bis zu zweihundertfünfzigtausend Euro belegen, wenn dieser vorsätzlich oder leichtfertig gegen seine Pflichten aus der Zulassung verstößt.[150] Der Ordnungsgeldrahmen wurde auch für die Handelsteilnehmer auf bis zu € 250.000,- erhöht.

3. Vom Ehrenausschuss zum Sanktionsausschuss[151]

275 Bis zum 2. Finanzmarktförderungsgesetz 1994 wurden verfassungsrechtliche Bedenken gegen die Sanktionsgewalt des Ehrenausschusses zwar publiziert, jedoch sind keine Gerichtsentscheidungen greifbar, die sich mit Entscheidungen des Ehrenausschusses befasst haben.[152] Der in diesem Kontext regelmäßig als kritisch angesehene Art. 92 GG wurde mit einer Entscheidung des Bundesverfassungsgerichtes aus dem Jahre 1974 betreffend Bußgeldbescheide bei Ordnungswidrigkeiten neutralisiert. Nachdem die Entscheidung für den Ehrenausschuss bei dessen Sanktionsgewalt und dessen Anwendungsbereich erstmals herangezogen wurde, fehlt in der Folgezeit die bei wesentlichen Änderungen erforderliche neue Prüfung.

276 Eine erste Überprüfung wäre schon 1975 geboten, als die Übertretungen aus dem Kontext der Kriminalstrafen herausgenommen wurden. Die massive Neubewertung des Ordnungswidrigkeitenrechts könnte zumindest die Grenzen neu ziehen: wenn kein Kriminalstrafrecht, dann doch das Ordnungswidrigkeitenrecht.

277 Auch nach dem 2. FinMFG im Jahre 1994 wurden die Sanktionen nicht als Strafgewalt unter dem Gesichtspunkt des Art. 92 GG gesehen,[153] obwohl zu den Schutzgütern Ehre und kaufmännisches Vertrauen die Einhaltung des Regelwerkes hinzugefügt wurde. Der Anwendungsbereich erstreckte sich seit dem auch auf Verstöße gegen börsenrechtliche Vorschriften oder Anordnungen, die eine ordnungsgemäße Durchführung des Handels an der Börse oder

---

[149] VG Frankfurt am Main Urt. v. 5.4.2004 – 9 E 707/03 – veröffentlicht auf – www.vg-frankfurt.justiz.hessen.de.
[150] Die Genese dieser Erweiterung erschließt sich nicht vollständig aus den Materialien. Diese Erweiterung taucht erstmals im Bericht des Finanzausschusses auf und wird dort wie folgt begründet: „Die Ergänzung in § 20 Abs. 2 schafft die notwendige Rechtsgrundlage dafür, dass die Börse im Rahmen der Selbstverwaltung auch Verstöße von Emittenten gegen deren Pflichten aus der Zulassung unterhalb der Schwelle des Widerrufs der Zulassung als Ultima Ratio angemessen sanktionieren kann."
[151] *Schwark* Kapitalmarktrechts-Kommentar § 20 BörsG Rdnr. 1.
[152] *Schwark*, Kommentar zum Börsengesetz, 2. Auflage, Rdnr. 2 zu § 9,
[153] Kümpel/Hammen/Ekkenga/*Kurth* Kapitalmarktrecht, 515 Rdnr. 22, jedoch ohne zu prüfen, ob die auch von ihm festgestellte Wandlung einen Verweis auf eine veraltete Fundstelle zulässt.

der Börsengeschäftsabwicklung sicherstellen sollen. Sanktioniert werden konnten jetzt auch leichtfertige Tathandlungen.[154]

Dem Sanktionsausschuss soll eine wichtige Aufgabe bei dem Bemühen des Gesetzgebers und der Börsenteilnehmer, an der Börse Transparenz, Fairness und Chancengleichheit sicherzustellen und damit das Vertrauen der Anleger, Emittenten und unmittelbaren Börsennutzern in die Funktionsfähigkeit der Börse zu schützen[155] zukommen. Die Sanktionskompetenz wurde mit dem 4. Finanzmarktförderungsgesetz zum 1.7.2002 im Ordnungsgeldrahmen auf bis zu € 250.000,- (Faktor 10) erhöht und auf die Emittenten von Finanzmarktinstrumenten ausgeweitet.

4. Der Sanktionsausschuss im Börsengesetz

§ 20 Sanktionsausschuss
(1) Die Landesregierung wird ermächtigt, durch Rechtsverordnung Vorschriften über die Errichtung eines Sanktionsausschusses, seine Zusammensetzung, sein Verfahren einschließlich der Beweisaufnahme und der Kosten sowie die Mitwirkung der Börsenaufsichtsbehörde zu erlassen. Die Vorschriften können vorsehen, dass der Sanktionsausschuss Zeugen und Sachverständige, die freiwillig vor ihm erscheinen, ohne Beeidigung vernehmen und das Amtsgericht um die Durchführung einer Beweisaufnahme, die er nicht vornehmen kann, ersuchen darf. Die Landesregierung kann die Ermächtigung nach Satz 1 durch Rechtsverordnung auf die Börsenaufsichtsbehörde übertragen.
(2) Der Sanktionsausschuss kann einen Handelsteilnehmer mit Verweis, mit Ordnungsgeld bis zu zweihundertfünfzigtausend Euro oder mit Ausschluss von der Börse bis zu 30 Sitzungstagen belegen, wenn der Handelsteilnehmer vorsätzlich oder leichtfertig
1. gegen börsenrechtliche Vorschriften oder Anordnungen verstößt, die eine ordnungsgemäße Durchführung des Handels an der Börse oder der Börsengeschäftsabwicklung sicherstellen sollen, oder
2. im Zusammenhang mit seiner Tätigkeit den Anspruch auf kaufmännisches Vertrauen oder die Ehre eines anderen Handelsteilnehmers verletzt.
Mit einem Ordnungsgeld bis zu zweihundertfünfzigtausend Euro kann der Sanktionsausschuss auch einen Emittenten belegen, wenn dieser vorsätzlich oder leichtfertig gegen seine Pflichten aus der Zulassung verstößt. Der Sanktionsausschuss nimmt die ihm nach diesem Gesetz zugewiesenen Aufgaben und Befugnisse nur im öffentlichen Interesse wahr.
(3) In Streitigkeiten wegen der Entscheidungen des Sanktionsausschusses nach Absatz 2 ist der Verwaltungsrechtsweg gegeben. Vor Erhebung einer Klage bedarf es keiner Nachprüfung in einem Vorverfahren.
(4) Haben sich in einem Verfahren vor dem Sanktionsausschuss Tatsachen ergeben, welche die Rücknahme oder den Widerruf der Zulassung rechtfertigen, so ist das Verfahren an die Geschäftsführung abzugeben. Sie ist berechtigt, in jeder Lage des Verfahrens von dem Sanktionsausschuss Berichte zu verlangen und das Verfahren an sich zu ziehen. Hat die Geschäftsführung das Verfahren übernommen und erweist sich, dass die Zulassung nicht zurückzunehmen oder zu widerrufen ist, so verweist sie das Verfahren an den Sanktionsausschuss zurück.

5. Vereinbarkeit mit Art. 92 GG

In der Erläuterung zur hessischen Sanktionsausschussverordnung vom 19.8.2003 (GVBl. I 2003, S. 234 ff.) wird der Weg „vom „Ehrenausschuss" zum Sanktionsausschuss neuerer Prägung als Ausdruck einer völligen Wandlung zum einen des Handels an der Börse, aber zum andern auch des Selbstverständnisses zu Aufsichts- und Ordnungsmaßnahmen" bezeichnet.[156]

Unter Berücksichtigung
- der Ausweitung des Kompetenzrahmens auf Verstöße gegen das Regelwerk,
- der Erstreckung der Sanktionskompetenz auf Emittenten, die nicht der Gruppe der Handelsteilnehmer angehören,
- die Erhöhung des Sanktionsrahmens dessen oberes Ende höher angesiedelt ist, als die überwiegende Zahl der Bußgeldtatbestände nach § 62 Abs. 3 und
- der gesetzlichen Eingriffsbefugnisse der Börsenaufsichtsbehörde

---

[154] Bis 6.2002 war für die Sanktionierung der amtlich bestellten Kursmakler und Kursmaklerstellvertreter die Börsenaufsichtsbehörde zuständig.
[155] Begründung der Bundesregierung zur Reform des Sanktionsausschuss, § 9 BörsG im 2 FinMFG BT-Drucks. 12/6679.
[156] Kümpel/Hammen/Ekkenga/*Kurth* Kapitalmarktrecht 455 Rdnr. 1.

verlangen die oben Genannten verfassungsrechtlichen Argumente, dass die Sanktionen nicht als Strafgewalt unter dem Gesichtspunkt des Art. 92 GG gesehen werden können, dringend einer neuen Überprüfung.

282 Ebenso kritisch zu betrachten ist die Einwirkungsmöglichkeit der Börseaufsichtsbehörde. Da sie nach § 1 Abs. 5 BörsG an den Beratungen des Sanktionsausschuss teilnehmen kann, ist ihr die Möglichkeit eröffnet, auf die Entscheidung unmittelbar im Entscheidungsfindungsprozess Einfluss zu nehmen, ohne dass dieses Recht auch den anderen Beteiligten, insbesondere nicht dem Betroffenen zusteht.

283 Die Verlagerung des Normschwerpunktes auf den Tatbestand der Verletzung börsenrechtlicher Bestimmungen[157] führt auch zu einer Veränderung des Charakters der Sanktion.

6. Die Praxis der Veröffentlichung von Entscheidungen

284 Der Sanktionsausschuss nimmt, wie alle Börsenorgane und Aufsichtsbehörden, seine ihm nach dem Börsengesetz zugewiesenen Aufgaben und Befugnisse nur im öffentlichen Interesse wahr.[158] Seine Mitglieder unterliegen daher der Verschwiegenheitspflicht nach § 7 BörsG. Daher werden die Entscheidungen des Sanktionsausschusses auch nicht veröffentlicht. Eine Veröffentlichung ist jedoch indirekt möglich, wenn die Entscheidung des Sanktionsausschusses bei dem Verwaltungsgericht angefochten wird, da die Verwaltungsgerichtsverfahren ebenso öffentlich sind, wie deren Entscheidungen veröffentlicht werden können. Daher teilt die hessische Börsenaufsichtsbehörde die wesentlichen Inhalte der Sanktionsausschussentscheidungen auf ihrer Website mit.

285 Auch die Umsetzung der Marktmissbrauchsrichtlinie wird in absehbarer Zeit keine Änderung im Umfeld der Börsenaufsicht herbeiführen. Art. 14 (4) befasst sich mit der Transparenz von Aufsichtstätigkeit: Danach sollen die Mitgliedstaaten vorsehen, dass die zuständige Behörde Maßnahmen oder Sanktionen, die wegen Verstößen gegen aufgrund dieser Richtlinie erlassene Vorschriften ergriffen bzw. verhängt werden, öffentlich bekannt gegeben werden können, es sei denn, diese Bekanntgabe würde Finanzmärkte erheblich gefährden oder zu einem unverhältnismäßigen Schaden bei den Beteiligten führen.[159]

286 Die Umsetzung erfolgte bislang jedoch ausschließlich für Maßnahmen der BaFin,[160] der Gesetzgeber hat die Börsenaufsicht und die Aufsichtsorgane der Börsen bei der Umsetzung nicht berücksichtigt. Streitig wird sein, wie weit die Missbrauchsrichtlinie insoweit direkt gilt und das Verschwiegenheitsgebot des Börsengesetzes aufhebt. Dabei wird jedoch die Grenze des WpHG zu beachten sein, die eine Veröffentlichungskompetenz in einem deutlich engeren Rahmen einräumt.

7. Verzicht auf Einrichtung eines Sanktionssausschusses

287 Nicht alle „Börsenländer" haben Sanktionsausschussverordnungen erlassen. Nach dem Wortlaut des § 20 BörsG besteht offenbar auch keine gesetzliche Pflicht, an jeder Börse einen Sanktionsausschuss einzurichten.[161] Kritisch könnte es sein, wenn die Börsengeschäftsführung in einem Falle, der in Abs. 4 geregelt wäre, und der eine Rücknahme oder einen Widerruf der Zulassung rechtfertigen würde, eine Rücknahme oder einen Widerruf der Zulassung durchsetzen wollte. In diesen Fällen besteht immer das Risiko eines Ermessensfehlers.[162] Anstelle des Widerrufs könnte grundsätzlich auch eine Sanktion nach § 20 BörsG verhängt werden, dies ist jedoch mangels eines Sanktionsausschusses objektiv unmöglich. Der Verzicht auf die

---

[157] Kümpel/Hammen/Ekkenga*Kurth* Kapitalmarktrecht, 455 Rdnr. 1.
[158] *Schwark* Kapitalmarktrechts-Kommentar § 20 BörsG Rdnr. 2, 24.
[159] Art. 18: Die Mitgliedstaaten setzen die erforderlichen Rechts- und Verwaltungsvorschriften in Kraft, um der Richtlinie bis zum 12.10.2004 nachzukommen.
[160] § 40 b (WpHG) Bekanntmachung von Maßnahmen: Die Bundesanstalt kann unanfechtbare Maßnahmen, die sie wegen Verstößen gegen Verbote oder Gebote dieses Gesetzes getroffen hat, auf ihrer Website öffentlich bekannt machen, soweit dies zur Beseitigung oder Verhinderung von Missständen nach § 4 Abs. 1 S. 2 WpHG geeignet und erforderlich ist, es sei denn, diese Veröffentlichung würde die Finanzmärkte erheblich gefährden oder zu einem unverhältnismäßigen Schaden bei den Beteiligten führen.
[161] *Schwark* Kapitalmarktrechts-Kommentar § 20 BörsG Rdnr. 2.
[162] *Schwark* Kapitalmarktrechts-Kommentar § 16 BörsG Rdnr. 45; die Entscheidung über Rücknahme oder Widerruf ist eine Ermessensentscheidung.

Einrichtung eines Sanktionsausschusses könnte dazu führen, dass an Stelle eines Verweises, eines Ordnungsgeldes oder eines vorübergehenden Ausschlusses von der Teilnahme am Handel sogleich ein Widerruf erfolgt, da mildere Mittel nicht zur Verfügung stehen. Andererseits entspricht es nicht den Anforderungen einer öffentlich-rechtlichen Anstalt, den Bereich von Regelverstößen, der mit dem Sanktionsrahmen des § 20 abgedeckt ist, nicht zu sanktionieren.

Mit der Umsetzung der Marktmissbrauchsrichtlinie werden dort aufgeführte Marktpraktiken, die noch nicht die Straf- oder Bußgeldnormen des WpHG abdecken, durch das Regelwerk der jeweiligen Börse erfasst werden. Die Einhaltung des Regelwerkes kann dann nur mit den Maßnahmen des Sanktionsausschusses sichergestellt werden.

Bei einem Verzicht auf den Erlass einer Sanktionsausschussverordnung durch ein börsenaufsichtsführendes Bundesland droht daher die Gefahr, dass die Börsengeschäftsführung bereits zum Widerruf der Zulassung greift, obwohl nach dem gesetzlichen Rahmen eine Sanktion aus § 20 BörsG angemessen gewesen wäre.

8. Die Sanktionsausschussverordnungen

Die Landesregierungen haben auf Grund einer gesetzlichen Ermächtigung durch Rechtsverordnungen[163] an den Börsen Sanktionsausschüsse errichtet (§ 20 Abs. 1 BörsG). .[164] Der Sanktionsausschuss ist Organ der Börse. Er übt seine Tätigkeit frei von Weisungen anderer Börsenorgane und erst recht des Börsenträgers aus. Er unterliegt der Rechtsaufsicht durch die Börsenaufsichtsbehörde.[165] Die Rechtsverordnungen regeln seine Zusammensetzung, sein Verfahren einschließlich der Beweisaufnahme und die Verteilung der Kosten sowie die Mitwirkung der Börsenaufsichtsbehörde.[166] Während in der früheren Sanktionsausschussverordnung des Landes Hessen das Verfahren noch als antragsinitiiertes Verfahren ausgestaltet war, sieht die aktuelle hessische VO Anträge der Beteiligten nicht mehr vor.

Von Bedeutung ist dies bei Entscheidungen mit denen nach Vorlage von Unterlagen, die den Nachweis eines Verstoßes gegen Börsenregeln beinhalten sollen, die Einleitung eines Sanktionsausschussverfahrens abgelehnt wird.[167] Das nunmehr geltende Recht sieht keine, einen Antrag ablehnende rechtsmittelfähige Entscheidung mehr vor. Das nunmehr als Verwaltungsverfahren ausgestaltete Vorgehen kann nur noch von der Börsenaufsichtsbehörde im Wege der Rechtsaufsicht nach § 1 Abs. 5 BörsG weiter betrieben werden. Eine Anordnungskompetenz der Börsenaufsichtsbehörde nach § 20 Abs. 3 BörsG ist zwar formalgesetzlich gegeben, ihre Zulässigkeit ist jedoch umstritten.[168] Da die Börsenaufsichtsbehörde und die Geschäftsführung der Börse „Beteiligte" sind, wird sich letztlich doch ein antragsgesteuertes Verfahren herausbilden, da Anordnungsbefugnis und Beteiligtenstatus an einem unabhängigen Spruchkörperverfahren nicht kompatibel sind.

9. Die Besetzung des Sanktionsausschusses

Die Sanktionsausschüsse (nach der hessischen Sanktionsausschussverordnung) der FWB und der EUREX setzen sich zusammen aus dem Vorsitzenden sowie aus beisitzenden Mitgliedern. Die vorsitzenden Mitglieder und ein zur Stellvertretung bestelltes Mitglied müssen die Befähigung zum Richteramt oder zum höheren Verwaltungsdienst im Sinne von §§ 5, 110 des Deutschen Richtergesetzes haben. Als beisitzende Mitglieder des Sanktionsausschusses werden aus dem Kreis der nach § 16 des Börsengesetzes zugelassenen Handelsteilnehmer und

---

[163] Verordnung über die Errichtung, die Zusammensetzung und das Verfahren der Sanktionsausschüsse an den Börsen (Sanktionsausschussverordnung) vom 19.8.2003 nach § 20 Abs. 1 S. 1 des Börsengesetzes v. 21.6.2002 (BGBl. I S. 2010) in Verbindung mit § 2 Nr. 3 der Verordnung über Zuständigkeiten nach dem Börsengesetz v. 6.8.2002 (GVBl. I S. 539).

[164] Der Text ist der Website der Börsenaufsichtsbehörde des Landes Hessen zu entnehmen. www.boersenaufsicht.de; die weiteren börsenaufsichtsführenden Bundesländer haben die Sanktionsausschussverordnungen jeweils in den Landesgesetzblättern, jedoch auch auf der jeweiligen Website veröffentlicht; die Website sind alle über den Zugang www.boersenaufsicht.de erreichbar.

[165] *Schwark* Kapitalmarktrechts-Kommentar § 20 BörsG Rdnr. 2.

[166] Die erste, nunmehr ersetzte Verordnung ist erläutert durch Kümpel/Hammen/Ekkenga/*Kurth* Kapitalmarktrecht 445.

[167] Zum alten Recht: *Schwark* Kapitalmarktrechts-Kommentar § 20 BörsG Rdnr. 5.

[168] *Schwark* Kapitalmarktrechts-Kommentar § 20 BörsG Rdnr. 6.

dem Kreis der Emittenten von an der Börse zum Handel zugelassenen Wertpapieren bestellt (§ 3 SanktionsausschussVO).

10. Einleitung eines Verfahrens vor dem Sanktionsausschuss

293 Der Sanktionsausschuss wird tätig,
- aufgrund der Abgabe eines Verfahrens durch die Börsenaufsichtsbehörde,
- in den Fällen des § 20 Abs. 2 S. 1 des Börsengesetzes aufgrund der Abgabe eines Verfahrens durch die Börsengeschäftsführung,
- in den Fällen des § 20 Abs. 2 S. 2 des Börsengesetzes aufgrund der Abgabe eines Verfahrens durch die Zulassungsstelle (§ 4 SanktionsausschussVO).

294 Nach der SanktionsausschussVO wird er nicht auf Antrag eines Marktteilnehmers (Investors, der nicht zugelassener Handelsteilnehmer ist oder Privatanleger) oder eines sonstigen Dritten tätig. Ob dies bei der rein verwaltungsrechtlich ausgelegten Positionierung so haltbar sein wird, oder ob über eine Untätigkeitsklage oder Verpflichtungsklage bei dem Verwaltungsgericht ein Tätigwerden eingeklagt werden kann, wird zu prüfen sein. Ein Ausschluss des Verwaltungsrechtsweges, der nach § 20 Abs. 3 für Streitigkeiten wegen der Entscheidungen des Sanktionsausschusses gegeben ist, für sonstige Marktteilnehmer, ist jedenfalls nicht ausdrücklich normiert.

295 Der Sanktionsausschuss kann sowohl im schriftlichen als auch im mündlichen Verfahren tätig werden und entscheiden, wobei nach § 7 Abs. 1 SanktionsausschussVO das schriftliche Verfahren als Regelverfahren gedacht ist, sofern nicht eine mündliche Verhandlung auf Grund der besonderen Bedeutung des Verfahrensgegenstandes geboten erscheint.[169]

11. Der Sanktionsrahmen

296 Der Sanktionsausschuss kann einen Handelsteilnehmer mit
- Verweis,
- Ordnungsgeld bis zu Zweihundertfünfzigtausend Euro oder mit
- Ausschluss von der Börse bis zu 30 Sitzungstagen belegen,

wenn der Handelsteilnehmer vorsätzlich oder leichtfertig gegen börsenrechtliche Vorschriften oder Anordnungen verstößt, die eine ordnungsmäßige Durchführung des Handels an der Börse oder der Börsengeschäftsabwicklung sicherstellen sollen, oder im Zusammenhang mit seiner Tätigkeit den Anspruch auf kaufmännisches Vertrauen oder die Ehre eines anderen Handelsteilnehmers verletzt.

297 Wer in diesem Zusammenhang Handelsteilnehmer ist, wird vom Verwaltungsgericht Frankfurt am Main differenziert beurteilt.

298 Soweit der Gesetzgeber das Sanktionenrecht als Sonderdeliktsrecht gegen Handelsteilnehmer normiert hat, zieht er die Grenzen eng und orientiert sich an der formellen Zulassung nach dem Börsengesetz.
Als Handelsteilnehmer kommen die in § 16 Abs. 1 BörsG genannten Personen in Betracht. Unklar ist jedoch, ob der § 16 Abs. 1 BörsG mit der Formulierung „**zur Teilnahme am Börsenhandel ist eine Zulassung ... erforderlich**" eine Legaldefinition für den „Handelsteilnehmer" dergestalt abgibt, dass der Zulassungsakt durch die Börsengeschäftsführung für die Eigenschaft als Handelsteilnehmer konstitutiv wirkt. Dann wären alle Hilfspersonen derer sich ein Handelteilnehmer bedient (so z. B. die so genannten Handelsassistenten), gleichsam keine Handelsteilnehmer i. S. d. BörsG, obwohl sie dennoch am Handel für ihren Dienstherren „teilnehmen". Handelsassistenten sind zur Eingabe von Aufträgen im Auftrag und unter Aufsicht des zugelassenen Börsenhändlers berechtigt, an der EUREX zur Ausübung von Hilfstätigkeiten oder für einen begrenzten Zeitraum. Obwohl sie zwar nur im Auftrag ihres Vorgesetzten tätig werden, ist es ihnen dennoch möglich gegen das Regelwerk der Börse zu verstoßen und das Vertrauen der Anleger in die Börse zu schwächen.

299 Da es gerade Aufgabe des Sanktionsausschusses ist, die Einhaltung des Regelwerks durch die am Handel „Teilnehmenden" sicherzustellen, und so gemäß der Regierungsbegründung

---

[169] Kümpel/Hammen/Ekkenga/*Kurth* Kapitalmarktrecht 455 Rdnr. 50.

das Vertrauen der Anleger in die Börse zu schützen, muss wohl die Frage aufgeworfen werden, wie weit der Adressatenkreis des § 20 Abs. 2 BörsG nach dem Willen des Gesetzgebers auszulegen ist. Das Verwaltungsgericht Frankfurt am Main ist jedenfalls in seinem Urteil vom 5.4.2004[170] einer strikten Auslegung des Begriffs gefolgt und hat eine vom Sanktionsausschuss verhängte Sanktion gegen drei Handelsassistenten, die sich nicht weniger als 952 Verstöße gegen das Regelwerk der Frankfurter Wertpapierbörse haben zu schulden kommen lassen, aufgehoben, weil die Handelsassistenten mangels konstitutivem Zulassungsakt gemäß § 16 Abs. 1 BörsG nicht zu „Handelsteilnehmern" geworden seien, obwohl sie rege am Handel teilnahmen. Das VG hat damit den § 16 Abs. 1 BörsG als Legaldefinition gewertet.

Bei der Auslegung des Tatbestandsmerkmales „Handelsteilnehmer" bei der zweiten Tatvariante, der Verletzung des Anspruchs auf kaufmännisches Vertrauen oder die Ehre eines anderen Handelsteilnehmers, erweitert er den geschützten Personenkreis auf alle am Börsenhandel beteiligten Personen.[171] 300

Der Sanktionsausschuss kann auch Emittenten von börsennotierten Wertpapieren mit Ordnungsgeld bis zu Zweihundertfünfzigtausend Euro belegen, wenn der Emittent vorsätzlich oder leichtfertig gegen seine Pflichten aus der Zulassung verstößt. Damit wird den strafrechtlichen Sanktionen nach § 264 a StGB, § 331 HGB und § 400 AktG nebst den aktiengesetzlichen OWi Tatbeständen eine weitere Sanktionsnorm bei fehlerhafter Kapitalmarktinformation hinzugefügt.[172] 301

Das Sanktionsverfahren wird in diesem Bereich wesentlich gegen die Unternehmen selbst geführt werden.[173] 302

Im Grenzbereich zwischen Fahrlässigkeit und Leichtfertigkeit können die Betroffenen von der Geschäftsführung förmlich abgemahnt werden, es erfolgt dann kein Verfahren vor dem Sanktionsausschuss.[174] Welche Qualität eine derartige Form eines Verfahrensabschlusses inne hat, ist bislang ungeklärt. Die Qualifizierung eines, eine förmliche Untersuchung zur Vorbereitung eines Antrages bei dem Sanktionsausschuss abschließende Entscheidung als „Abmahnung" ist jedenfalls verwaltungsrechtlich nicht nachvollziehbar. Eine solche Abmahnung ist jedenfalls ein Verwaltungsakt, gegen den Widerspruch zulässig ist. 303

Laut Veröffentlichung auf der Website der Börsenaufsichtsbehörde hat die Geschäftsführung der FWB einen Xetra-Handelsteilnehmer, der selbst als Emittent von börsennotierten Optionsscheinen an der FWB tätig ist, mit Bescheid vom 3.6.2004 wegen Verletzung des kaufmännischen Vertrauens nach § 20 Abs. II S. 1 Nr. 2 Börsengesetz abgemahnt. In dem Fall hatte der Handelsteilnehmer durch die Einstellung größerer unlimitierter Basket-Orders in Dax-Werten auf die Indexfeststellung Einfluss genommen, um einen Indexstand über bzw. unter einem 304

---

[170] Vgl. VG Frankfurt Urt. v. 5.4.2004 – 9 E 707/03 – abrufbar unter – www.vg-frankfurt.justiz.hessen.de
[171] VG Frankfurt Urt. v. 8.11.2003 – 9 E 3418/03; dazu siehe Rdnr. 299.
[172] Mit der Umsetzung der Prospektrichtlinie durch das gleichnamige Gesetz wurde zum 1.7.2005 die Prospektzulassung in den Aufgabenbereich der BaFin übertragen. Es ist zu erwarten, das damit erneut in den Kompetenzrahmen eingegriffen werden wird, da die Pflichten der Zulassung zum großen Teil dann in der Bundesebene entschieden werden. In der Kompetenz der Zulassungsstellen verbleiben (neben der Zulassung des Finanzinstrumentes zum Handel an der Bösre) dann lediglich Sonderbedingungen, die mit spezifischen Ausgestaltungen von Marktsegmenten verbunden sind.
[173] Kümpel/Hammen/Ekkenga/*Kurth* Kapitalmarktrecht 455 Rdnr. 4.
[174] Wegen der Schwerfälligkeit des Verfahrens wird diese Form des gesetzlich nicht geregelten Vorverfahrens mit Billigung der Börsenaufsichtsbehörde an den Börsen in Frankfurt am Main praktiziert. Zweifelhaft ist insoweit, dass trotz dem von dem hessischen Ministerium für Wirtschaft Verkehr und Landesentwicklung geduldeten außergesetzlichen Verfahrens die aktuelle Sanktionsausschussverordnung keinen Hinweis auf diesen formellen Abschluss einer eingeleiteten Untersuchung wegen eines Regelverstoßes enthält. Dies könnte such so verstanden werden, dass sowohl BörsG als auch Sanktionsausschussverordnung die verfahrensbeendenden Entscheidungen abschließend geregelt hat und für die Abmahnungen daher kein Raum besteht (unter dem Az. 1 E 6992/04 hat das VHG Frankfurt mit Urt. v. 25.8.2005 die Abmahnung wegen § 20 BörsG gleichgestellt und der Geschäftsführung der Sanktionsbefugnis abgesprochen. Hierbei greift das VG auf § 20 Abs. 4 S. 2 und 3 BörsG zurück mit der Maßgabe, dass dort die Befugnisse der Geschäftsführung für den Fall der Rückübernahme dort explizit geregelt sind. Die detaillierte Regelung zeige, dass die Zuständigkeit der Geschäftsführung im Rahmen der börsenrechtlichen Disziplinarverfahren genau begrenzt und die Überschreitung dieser Grenzen immer unzulässig ist).

bestimmten Level zu erreichen.[175] Durch diese Ordereinstellungen kam es in der Folge zum Verfall vom Handelsteilnehmer begebener Knock-Out-Zertifikate.[176]

12. Das Verfahren vor dem Sanktionsausschuss

305 Das Verfahren unterliegt gem. § 1 Abs. 1 Nr. 3 HVwVfG den Vorschriften des Hessischen Verwaltungsverfahrensgesetzes, die Sitzung ist nicht öffentlich.[177] Die Verordnung gem. § 20 Abs. 1 BörsG ermöglicht den Erlass abweichender Verfahrensvorschriften.[178]

306 Der Sanktionsausschuss kann zur Ermittlung des Sachverhaltes
- Auskünfte jeder Art einholen,
- Beteiligte anhören,
- Zeuginnen und Zeugen (ohne Beeidigung[179]) vernehmen
- Sachverständige anhören oder deren schriftliche Äußerung einholen,
- Urkunden und Akten beiziehen und
- den Augenschein einnehmen.

307 Von dem Sanktionsausschuss können nicht nur Einzelne natürliche Personen, sondern auch juristische Personen, also GmbHs oder AGs sanktioniert werden.[180] In diesen Fällen wird das Verschulden der Einzelnen handelnden Personen (z. B. der Börsenhändler etc.) der Sanktionierung der juristischen Person direkt zu Grunde gelegt. Der Sanktionsausschuss kann Zeugen und Sachverständige, die freiwillig vor ihm erscheinen, ohne Beeidigung vernehmen oder das Amtsgericht am Sitz der Börse um die Durchführung einer Beweisaufnahme ersuchen. In Streitigkeiten wegen der Entscheidungen des Sanktionsausschusses nach Absatz 2 ist der Verwaltungsrechtsweg gegeben (§ 20 Abs. 3 BörsG). Ein eigenes Recht, Informationen zu erlangen, steht dem Sanktionsausschuss nach der jeweiligen Sanktionsausschussverordnung zu.

308 Der Sanktionsausschuss darf Zeuginnen und Zeugen, die freiwillig vor ihm erscheinen, vernehmen oder Sachverständige um die Erstattung von Gutachten bitten. Ein Gutachten soll den Beteiligten zugänglich gemacht werden. Die Vorschriften der Zivilprozessordnung über die Ablehnung von Sachverständigen und über die Vernehmung von Angehörigen des öffentlichen Dienstes als Zeuginnen, Zeugen oder Sachverständige gelten entsprechend.

309 Verweigern Zeuginnen, Zeugen oder Sachverständige ohne Vorliegen einer der in den §§ 376, 383 bis 385 und 408 der Zivilprozessordnung bezeichneten Gründe die Aussage oder die Erstattung eines Gutachtens, so kann der Sanktionsausschuss das für den Wohnsitz oder den Aufenthaltsort der Zeuginnen, Zeugen oder der Sachverständigen zuständige Amtsgericht um die Vernehmung ersuchen. In dem Ersuchen hat der Sanktionsausschuss den Gegenstand der Vernehmung darzulegen sowie die Namen und Anschriften der Beteiligten anzugeben.

310 Hält der Sanktionsausschuss mit Rücksicht auf die Bedeutung einer Zeugenaussage oder eines Sachverständigengutachtens oder zur Herbeiführung einer wahrheitsgemäßen Aussage die Beeidigung für geboten, so kann er das nach Abs. 2 zuständige Gericht um die eidliche Vernehmung ersuchen.

311 Sollten sich im Verfahren neue Tatsachen ergeben, deren Berücksichtigung den Sanktionsrahmen sprengen würde, sind diese Tatsachen an die Geschäftsführung der Börse weiterzugeben. Die Börsenaufsichtsbehörde ist berechtigt, an den Beratungen des Sanktionsausschusses

---

[175] Hier zeigt sich, dass die Börsengeschäftsführung diese Manipulation des Börsenpreises nicht als Straftat ansieht. Gleiches gilt für eine Vielzahl sonstiger Handelsweisen der zugelassenen Handelsteilnehmer. Siehe auch unten die Verhaltensweise bei Cross Geschäften.
[176] Nach § 40 b WpHG kann die BaFin unanfechtbare Maßnahmen, die sie wegen Verstößen gegen Verbote oder Gebote des WpHG getroffen hat, auf ihrer Website öffentlich bekannt machen, soweit dies zur Beseitigung oder Verhinderung von Missständen nach § 4 Abs. 1 S. 2 geeignet und erforderlich ist, es sei denn, diese Veröffentlichung würde die Finanzmärkte erheblich gefährden oder zu einem unverhältnismäßigen Schaden bei den Beteiligten führen. Zwar hat hier die Börsenaufsichtsbehörde gehandelt, jedoch ist ein Fall betroffen, der nach der Marktmissbrauchsrichtlinie unter die zu veröffentlichen Verstöße zu zählen ist (Marking The Close). Die Marktmissbrauchsrichtlinie beschränkt sich nicht auf Strafverfahren, so dass auch vergleichbare Verwaltungsakte von der Veröffentlichung erfasst werden können.
[177] Kümpel/Hammen/Ekkenga/*Kurth* Kapitalmarktrecht, 455 Rdnr. 66.
[178] Zum Verwaltungsverfahren nach dem HVwVfG, vgl. *Kurth* a. a. O. Rdnr. 57 ff.
[179] Zur Vereidigung siehe Rdnr. 232 (§ 10 Abs. 3 SanktionsausschussVO).
[180] VG Frankfurt, Urteil vom 28.10.2002, Az. 9 E 551/02 (2); Wabnitz/Janovsky/*Benner* Kapitel 9 Rdnr. 35.

teilzunehmen, dieser ist verpflichtet, die Börsenaufsichtsbehörde bei der Erfüllung ihrer Aufgaben zu unterstützen.

Die sanktionierenden Entscheidungen des Ausschusses sind schriftlich abzufassen und ermöglichen dadurch die Nachprüfbarkeit.[181] Sie können vor dem Verwaltungsgericht angefochten werden; vor Erhebung einer Klage bedarf es keiner Nachprüfung in einem Vorverfahren.

13. Die Verletzung des Anspruchs auf kaufmännisches Vertrauen

In der Spruchpraxis ist diese Rechtsverletzung mehrfach als Anlass für eine Sanktion herangezogen worden. Problematisch dabei war, das die Träger des Schutzgutes, also diejenigen, deren Anspruch jeweils verletzt worden sein sollte, keine Handelsteilnehmer an der Börse waren, sondern nicht näher ermittelte Marktteilnehmer, Privatanleger. Aus dem Wortlaut des § 20 Abs. 2 Nr. 3 BörsG soll sich ergeben, dass allgemein der Anspruch auf kaufmännisches Vertrauen gemeint sei, aus Sinn und Zweck der Norm, die generell das Vertrauen in den Börsenhandel sichern solle, ergebe sich keine Beschränkung auf allein die Handelsteilnehmer.[182] Dem wird entgegengehalten,[183] dass der Wortlaut nur die Beziehungen der Handelsteilnehmer untereinander regeln soll: „...wenn der Handelsteilnehmer vorsätzlich oder fahrlässig 1. ... 2. im Zusammenhang mit seiner Tätigkeit den Anspruch auf kaufmännisches Vertrauen (oder die Ehre) eines anderen Handelsteilnehmers verletzt." Nr. 2 des Abs. 2 betrifft offenbar nur das Verhältnis der Handelsteilnehmer untereinander.

Diese Überlegung passt auch in den Kontext des § 346 HGB (Handelsbräuche), der unter Kaufleuten eine besondere Bedeutung auf die im Handelsverkehr geltenden Gewohnheiten und Gebräuche statuiert. Gerade die Usancen im Börsenhandel, die den Handel zwischen den zugelassenen Handelsteilnehmern beschleunigen, erleichtern und verbilligen, verleiten zum Missbrauch. Diese Gebräuche sind für Außenstehende ohne jede rechtliche Bedeutung, so dass eine Regelung im – zunächst – „Ehrenausschuss" geboten war.

Das VG Frankfurt[184] legt den Begriff des Handelsteilnehmers nach § 9 BörsG a. F. jedoch weiter aus. Aus der Begründung der Bundesregierung zu § 9 BörsG a. F.[185] entnimmt das VG die Bedeutung des Sanktionsausschusses, an der Börse Transparenz, Fairness und Chancengleichheit sicherzustellen und damit das Vertrauen der Anleger, Emittenten und unmittelbaren Börsennutzern in die Funktionsfähigkeit der Börse zu schützen.[186]

In den nachfolgend zitierten Entscheidungen, die auf diese Rechtsverletzungen gestützt waren, hatte diese Differenzierung letztendlich keine entscheidende Bedeutung, weil unter den betroffenen Erwerbern der Optionsscheine regelmäßig ausreichend viele Handelsteilnehmer zu finden waren.

14. Die Spruchpraxis der Sanktionsausschüsse der FWB und der EUREX

In der ständigen Entscheidungspraxis haben die Sanktionsausschüsse der Frankfurter Wertpapierbörse und der EUREX wegen Verstößen gegen die Regeln für das Crossen von Aufträgen Sanktionen gegen zum Handel zugelassene Unternehmen, Börsenhändler und Handelsassistenten Ordnungsgelder verhängt oder Verweise ausgesprochen, wenn nicht bereits in

---

[181] Kümpel/Hammen/Ekkenga/*Kurth* Kapitalmarktrecht, 455 Rdnr. 68.
[182] *Schwark* Kapitalmarktrechts-Kommentar § 20 BörsG Rdnr. 19.
[183] So im Ergebnis auch Schäfer/*Geibel* § 9 BörsG Rdnr. 18, der zutreffend auch darauf verweist, dass bei einer Einbeziehung der Marktteilnehmer, diese auch Antragsrechte im Sanktionsausschuss verfahren nach § 20 BörsG haben müssten; dies ist jedoch in der aktuellen Fassung der Sanktionsausschussverordnung nicht vorgesehen. Demzufolge wäre es widersprüchlich, Anleger zu schützen, ihnen das vorhandene Werkzeug zum Schutz jedoch zu verweigern. Letztlich würde eine Einbeziehung der Verletzung des Anspruchs auf kaufmännisches Vertrauen als ein Schutzgut des Privatanlegers nicht mit § 20 Abs. 1 S. 3 BörsG in Einklang stehen, wonach der Sanktionsausschuss die ihm nach dem Börsengesetz zugewiesenen Aufgaben und Befugnisse nur im öffentlichen Interesse wahrnimmt.
[184] VG Frankfurt Urt. v. 8.11.2004 – 9 E 3418/03.
[185] BT-Drucks. 12/6679, S. 68.
[186] Differenzierter aber nicht grundsätzlich anders formuliert der Regierungsentwurf, Begründung zu § 20 BörsG im 4. Finanzmarktförderungsgesetz: „Der Sanktionsausschuss muss in die Lage versetzt werden, seiner Aufgabe, den Gesetzgeber und die Börsenteilnehmer zu unterstützen, an der Börse Transparenz, Fairness und Chancengleichheit herzustellen und damit das Vertrauen der Anleger, Emittenten und unmittelbaren Börsennutzer in die Funktionsfähigkeit der Börse zu schützen, nachkommen zu können." BT-Drucks. 14/8017, S. 75.

einem „Vorverfahren" die Verstöße abgemahnt wurden. In der Abgrenzung zu den Strafnormen überschneiden sich die Sanktionsfelder sehr flächendeckend im Bereich des vorsätzlichen Handelns, während bei Leichtfertigkeit Überschneidungen zu Ordnungswidrigkeiten möglich sind.

318   Crossgeschäfte:[187] Obwohl Scheingeschäfte, also Geschäfte, bei denen auf beiden Seiten wirtschaftlich identische Personen stehen und die keine wirtschaftliche Bedeutung haben, dann wenn die Geschäfte zu Börsenpreisen führen, schon immer als mögliche strafbare[188] Börsenpreismanipulation angesehen wurden,[189] sind Crossgeschäfte bislang ausschließlich vor dem Sanktionsausschuss verhandelt worden.

319   Eine Verletzung der Crossing-Regel ist dann gegeben, wenn Handelsteilnehmer (der EUREX AG) bei der Eingabe von Cross-Trades zuvor keinen den Cross-Trade anzeigenden Cross-Request in das Handelssystem eingeben oder die Eingabe unter Verletzung des in der Crossing-Regelung vorgegebenen Zeitintervalls erfolgt. Sinn und Zweck dieser Crossing-Regelung ist die Vorgabe des § 24 Abs. 2 BörsG. Danach müssen Börsenpreise ordnungsgemäß zustande kommen und der wirklichen Marktlage des Börsenhandels entsprechen. Insbesondere müssen den Handelsteilnehmern Angebote zugänglich und die Annahme der Angebote möglich sein. Durch die Crossing-Regelung, die Cross-Trades nur unter bestimmten Voraussetzungen erlaubt, wird der einzelne Handelsteilnehmer im Ergebnis gezwungen, sein Angebot dem Markt zumindest kurzzeitig zur Verfügung zu stellen und eine Annahme durch andere Handelsteilnehmer möglich zu machen.[190]

320   Nicht erfasst werden jedoch die Cross-Geschäfte, die von Privatanlegern oder professionellen Investoren, die selbst nicht börsenzugelassene Handelsteilnehmer sind, in den elektronischen Systemen durchgeführt werden. Nach § 1 Nr. 12 in Verbindung mit § 2 Nr. 5 der Durchführungsbestimmungen der FWB über technische Einrichtungen betreffend das elektronische Handelssystem können die dort definierten Order-Routing-Systeme zur Eingabe von Aufträgen eingesetzt werden. Diese Dritten unterliegen nicht dem Verletzungsverbot nach § 20 Abs. 2 Nr. 1 BörsG und damit auch nicht der Spruchgewalt des Sanktionsausschusses. In der automatischen Überwachung tauchen sie nicht auf, da sie sich in der Bezeichnung der Geschäfte in der anonymen Masse der Kunden des Handelsteilnehmers verlieren.

321   Missbrauch des Zugangs zu den Handelsplattformen: Der Sanktionsausschuss der EUREX hat am 10.11.03 ein zugelassenes französisches Unternehmen mit einem Ordnungsgeld in Höhe von € 10.000 zuzüglich der angefallenen Verfahrenskosten belegt.[191] Die betroffene Handelsteilnehmerin hatte gegen Ziff. 3.6. der Börsenordnung für die EUREX Deutschland verstoßen, wonach jeder Börsenteilnehmer verpflichtet ist, für jede Person, die berechtigt sein soll, über das System der EUREX Termingeschäfte abzuschließen (Börsenhändler) eine **persönliche Benutzerkennung** zu beantragen. Der Sanktionsausschuss begründet die Entscheidung damit, dass ebenso, wie in der Börsenversammlung im Börsensaal der Präsenzbörse Unbefugten kein Zugang gewährt werden darf, im elektronischen Handel verhindert werden muss, dass nicht legitimierte Personen über ihre Computerterminals in den Markt eingreifen. Die persönliche Benutzerkennung, so der Sanktionsausschuss, weise die betreffende Person für den Börsenhandel aus. Für den Handel an der Börse sei außerdem zwingend erforderlich, dass derjenige, der für eine Handelsaktivität verantwortlich ist, von vornherein feststeht und erkennbar ist. Die Benutzerkennung ermögliche gerade diese Zuordnung ohne weitere Nachforschungen.

322   Überschreitung der Positionslimite: In einem schriftlichen Verfahren hat der Sanktionsausschuss der EUREX am 6.5.2004 einen Handelsteilnehmer wegen Überschreitung der Positions-

---

[187] Als Wash-Sales beschrieben in Lenzen Unerlaubte Eingriffe in die Börsenkursbildung, Kapitel 2, „Manipulationstechniken" auf S. 10 f. und S. 189 ff.; *Trüstedt* S. 195.
[188] Die strafbare Manipulation von Börsen- und Marktpreisen wird hier nur gestreift, soweit Überschneidungen zur Tätigkeit des Sanktionsausschusses möglich sind; die Behandlung der Strafnorm erfolgt im Kapitel IV.
[189] So schon *Schwark* (1976) § 88 Rdnr. 2.
[190] Einzelentscheidungen der Sanktionsausschüsse zu regelwidrigen Cross Geschäften siehe unten bei Kursmanipulation III/11.
[191] Die Entscheidungen des Sanktionsausschusses werden nicht veröffentlicht. Daher veröffentlicht die hessische Börsenaufsichtsbehörde die wesentlichen Entscheidungen anonymisiert (inklusive Aktenzeichen) in der Website www.boersenaufsicht.de.

limite in 3 Fällen mit einem Ordnungsgeld in Höhe von € 10.000 zuzüglich der angefallenen Verfahrenskosten belegt.[192]

Die Geschäftsführung der EUREX Deutschland beziehungsweise der EUREX Zürich kann Positionslimite festsetzen, um den ordnungsgemäßen Terminhandel zu sichern und um Gefahren für die Kassamärkte abzuwenden. Ein Positionslimit ist eine Höchstzahl von Kontrakten, die von einem Börsenteilnehmer oder einem Kunden für eigene Rechnung gehalten werden darf. Auf Positionslimite werden auch solche Positionen angerechnet, die aufgrund von Absprachen mit anderen zu einem gemeinsamen Zweck gehalten werden. 323

Ein Börsenteilnehmer darf nicht für eigene Rechnung oder für Rechnung eines Kunden Transaktionen an den EUREX-Börsen tätigen, wenn Anhaltspunkte dafür vorliegen, dass er oder sein Kunde, ob allein oder zusammen mit anderen, als Folge der Transaktionen eine Gesamtposition halten oder kontrollieren würde, die über die von der Geschäftsführung der EUREX Deutschland beziehungsweise der EUREX Zürich festgesetzten Positionslimite hinausgeht. 324

Die Geschäftsführung der EUREX kann Positionslimite ändern, um einen geordneten Markt aufrechtzuerhalten. Änderungen treten frühestens am sechsten Börsentag nach ihrer Bekanntgabe gegenüber den Börsenteilnehmern in Kraft. Die Handelsüberwachungsstelle der EUREX überprüft alle Positionen eines Börsenteilnehmers einschließlich der Kundenpositionen auf die Einhaltung der Positionslimite. Hierzu kann sie einen geeigneten Wirtschaftsprüfer beauftragen. 325

Im Future-Handel werden Positionslimite für jedes Produkt als Höchstgesamtzahl von gekauften und verkauften Kontrakten festgelegt. Im Aktienoptionshandel werden Positionslimite für jedes nicht bar auszugleichende Produkt als Bruchteil des für den Handel frei verfügbaren Kapitals bestimmt, wie es sich aufgrund der gesetzlich vorgeschriebenen Veröffentlichungen ergibt. Die Anzahl der Lieferpositionen (gekaufte Verkaufs- und verkaufte Kaufkontrakte) einerseits und die Anzahl der Bezugspositionen (gekaufte Kauf- und verkaufte Verkaufskontrakte) andererseits werden jeweils für sich betrachtet. 326

Im Handel mit Optionen auf Zins-Futures werden die Positionslimite für jedes Produkt als Höchstgesamtzahl der Lieferpositionen (gekaufte Verkaufs- und verkaufte Kaufkontrakte) und Bezugspositionen (gekaufte Kauf- und verkaufte Verkaufskontrakte) festgelegt. Die so ermittelte Höchstgesamtzahl darf die für den der jeweiligen Option zu Grunde liegenden Basiswert festgesetzte Positionslimite nicht übersteigen; zudem dürfen die Positionen in dem Optionskontrakt zuzüglich der Positionen in dem der Option zu Grunde liegenden Future-Kontrakt nach oben dargelegten Berechnungskriterien nicht die Positionslimite für den betreffenden Future-Kontrakt übersteigen. 327

In den Bereich der Verletzung des Anspruches auf kaufmännisches Vertrauen wurde auch die Entscheidung des Sanktionsausschusses zum „Bobl-Squeeze" gerückt. Ein einzelner Eurex-Handelsteilnehmer hatte durch den Aufbau einer großen Long-Position (einfach: er hat Bond-Future gekauft!!) im Bond-Future und dem parallelen Aufbau von Wertbeständen im Basiswert eine signifikante Marktverengung herbeigeführt , so dass etliche Handelsteilnehmer Mühe hatten, ihre Lieferverpflichtungen erfüllen zu können.[193] 328

Erstaunlich ist die Bewertung der Entscheidung des Sanktionsausschusses durch *Schwark*: „Der Tatbestand taugt indes nicht für die Sanktionierung von Verhaltensweisen, die sich als Einzelverstoß gegen andere Vorschriften, insbesondere die des WpHG darstellen".[194] Zu Recht weist *Schwark* in der Fußnote darauf hin, dass dieses Verhalten mittlerweile unter den Tatbestand des § 20 a Abs. 1 Nr. 2 WpHG falle.[195] Der Hinweis auf fehlende Tauglichkeit gilt indes nicht nur für den Bobl-Squeeze, sondern für nahezu alle Sanktionen, die auf Regelverstöße ergangen sind (siehe Unten). 329

---

[192] Nach der Marktmissbrauchsrichtlinie könnten diese Fälle als Cornering eingestuft werden.
[193] Zitiert nach *Schwark* Kapitalmarktrechts-Kommentar § 20 BörsG Rdnr. 20.
[194] *Schwark* Kapitalmarktrechts-Kommentar § 20 BörsG Rdnr. 20.
[195] Siehe auch Wabnitz/Janowski/*Benner* Kapitel 9 Rdnr. 92.

330 Ausknocken von Barrior Optionsscheinen:[196] In den Fällen der Beeinflussung der Preisbildung von Knock-out-Zertifikaten, von Optionsscheinen, die bei Erreichen eines bestimmten Kursniveaus für den Käufer wertlos verfallen, wurde bislang von einer Verletzung kaufmännischen Vertrauens nach § 9 Abs. 2 Nr. 2 BörsG alt (§ 20 Abs. 2 Nr. 2 BörsG neu) ausgegangen. Gelegentlich kommen diese auch in der Variante einer zusätzlichen Prämie zu dem Wert des einfachen Optionsscheines vor. Diese Knock-out oder Barriere Scheine räumen den Privatanlegern einen zusätzlichen Prämienanspruch ein, wenn der tägliche Schlusspreis des Basiswertes während der Laufzeit des Scheins nicht auf oder unter einen bestimmten Schwellenwert fällt.[197] Der Sanktionsausschuss sieht die Verletzung des Anspruchs auf kaufmännisches Vertrauen in diesen Fällen jedoch nur dann, wenn im Emissionsprospekt nicht ausdrücklich darauf hingewiesen wurde, dass der Emittent oder der Anbieter im Bezugskurs selbst handeln kann:

„Wenn im Emissionsprospekt darauf hingewiesen wird, dass dann, wenn es im wirtschaftlichen oder kaufmännischen Interesse des Emittenten bzw. des Anbieters liegen sollte, Handlungen vorzunehmen, die die „knock-out-Schwelle" herbeiführen würden, man solche Handlungen auch vornehmen würde."[198]

331 Wenn sich das Niveau des Bezugspreises der Knock-out-Schwelle nähert, reduziert sich das Erfordernis, das Leistungsrisiko abzusichern. Die zur Absicherung der Zahlungspflicht gehedgten Aktien des Bezugswertes können dann verkauft werden, was risikoneutral in der Bezugsauktion stattfinden kann.[199] Durch diesen Verkauf gelingt es dem Emittenten wiederum die Schwelle auch sicher zu erreichen und damit den Optionsschein „auszuknocken".

332 Bereits 1998 verhängte der Sanktionsausschuss ein Ordnungsgeld gegen einen Handelsteilnehmer, der seinerzeit im elektronischen Handelssystem IBIS den Bezugspreis, in dem Fall der Durchschnittspreis der letzten Handelsminute, durch geschickte Verkäufe zu niedrigen Preisen so drückte, dass die Scheine wertlos verfielen. Der Einsatz, Verluste durch billige Verkäufe war berechenbar geringer, als der Gewinn nicht zu bezahlender Differenzen an die Optionsscheininhaber.

333 Die Pflicht, den Anspruch auf kaufmännisches Verhalten nicht schuldhaft zu verletzen, kann jedoch auch mit anderen Pflichten des Handelsteilnehmers kollidieren. Gerade die Emittenten von Optionsscheinen haben einer Vielzahl rechtlicher Regelungen Rechnung zu tragen, aus denen sich widersprechende Anforderungen ergeben. Insbesondere müssen die Emittenten von Wertpapieren, soweit ihre Tätigkeit den Regelungen des KWG unterliegen die Anforderungen der Bankenaufsicht (BaFin) bei ihren geschäftlichen Tätigkeiten berücksichtigen. Marktrisiken sind zu kontrollieren und nach Möglichkeit zu minimieren, das kann auch die Pflicht auslösen, offene Positionen zum jeweiligen Handelsschluss nach Möglichkeit glattzustellen oder zumindest so gering wie möglich zu halten.[200]

15. Der Sanktionsausschuss im Sanktionensystem

334 Sowohl bei der Beurteilung des Positionslimite-Falls, als auch bei den Cross-Geschäften und den Einwirkungen auf den Bezugspreis für Derivateabrechnung zeigt sich in der Entwicklung nach der Marktmissbrauchsrichtlinie, dass die jeweiligen Verhaltensweisen nicht nur mehrere Verbotsnormen eines Sanktionsniveaus, sondern solche sowohl des § 20 BörsG als auch der Ordnungswidrigkeiten und der Strafnormen des WpHG entsprechen können.

335 Strafbarkeit des „Ausknockens":[201] Mit der Konkretisierung des Tatbestandsmerkmales „Sonstige Täuschungshandlungen" in § 20 a Abs. 1 Nr. 2 WpHG durch § 3 Abs. 2 Nr. 4 KuMaKV[202] wurden auch derartige Geschäfte erfasst. Danach können „sonstige Täuschungs-

---

[196] *Lenzen* bringt in Unerlaubte Eingriffe in die Börsenkursbildung, Kapitel 2, „Manipulationstechniken" eine praktische Darstellung dieser Modelle auf S. 23 f. und „Regulierung der einzelnen Manipulationstatbestände" S. 219 die Darstellung des Problems der Nachweisbarkeit in der Praxis.
[197] *Schwark* Kapitalmarktrechts-Kommentar § 20 BörsG Rdnr. 20.
[198] Diese zusätzliche Bedingung fehlt in der Kommentierung bei *Schwark*, da sie in der auszugsweisen Wiedergabe auf der Website der Börsenaufsichtsbehörde nicht mit veröffentlicht wurde.
[199] Der Handel im Bezugspreis wird auch „Marking the Close" genannt; *Trüstedt* S. 203.
[200] VG Frankfurt Main, Urt. v. 8.11.2004, 9 E 3418/03.
[201] So Wabnitz/Janowski/*Benner* Kapitel 9 Rdnr. 83.
[202] Verordnung zur Konkretisierung des Verbotes der Kurs- und Marktpreismanipulation v. 5.9.2003, BR-Drucks. 639/03, (weitere Bearbeitung in Kapitel IV).

handlungen insbesondere Geschäfte oder einzelne Kauf- oder Verkaufsaufträge über Vermögenswerte sein, die geeignet sind, über Angebot und Nachfrage bei einem Vermögenswert im Zeitpunkt der Feststellung eines bestimmtem Börsen- oder Marktpreises, der als Referenzpreis für einen Vermögenswert dient, zu täuschen."

Diese Bewertung geht zurück auf die Aufstellung der manipulativen Verhaltensweisen bei tatsächlichem Handeln in der Anlage zum Entwurf der Marktmissbrauchsrichtlinie aus dem Jahre 2002, sie wurde fortgeführt in der Richtlinie 2003/124/EG zur Durchführung der Marktmissbrauchsrichtlinie betreffend die Begriffsbestimmung der Marktmanipulation Art. 4 b.[203] 336

„Marking the Close" als zulässige Marktpraxis?: Der Strafbarkeit steht jedoch die zulässige Marktpraxis der deltaneutralen Absicherung von Optionsgeschäften durch den Stillhalter entgegen. Das Manipulationsverbot nach § 20 a WpHG „gilt nicht, wenn die Handlung mit der zulässigen Marktpraxis vereinbar ist und der Handelnde hierfür ein legitimes Interesse hat". Beides könnte aus dem Absicherungserfordernis hergeleitet werden. Dem Emittenten oder einem Rechtsnachfolger, der als Stillhalter die Risiken aus der Optionsbegebung erworben hat und durch Hedgegeschäfte abdecken muss, würde ein zusätzliches Risiko der Börsenpreisänderung sowohl bei einer Glattstellung der Hedgepositionen vor dem – wie auch nach dem Bezugspreis entstehen.[204] Nur dann, wenn die Glattstellung der Hedgepositionen genau im Bezugspreis erfolgt, erzielt der Stillhalter den Nettoerlös, den er den Optionsscheininhabern schuldet. 337

Ne bis in idem und Konkurrenzen: In den voraufgeführten Fällen wurde bislang lediglich ein sanktionierbarer Verstoß gegen § 20 Abs. 2 BörsG angenommen. Nunmehr könnte in derselben Handlung auch eine Ordnungswidrigkeit nach § 39 i. V. m. 20 a WpHG oder eine Straftat nach § 38 i. V. m. § 20 a WpHG. Das Verhältnis zwischen OWI und Straftat wird anhand der Nachweisbarkeit einer Einwirkung auf den Börsen- oder Marktpreis alternativ zu klären sein. So lange vom Sanktionsausschuss lediglich die Verletzung des Anspruches auf kaufmännisches Vertrauen bewertet wird und verstoßgeeignete Regeln für das Verhalten nicht existieren (das kann sich ändern, wenn eine zulässige Marktpraxis bestimmt wird) muss wegen der Nähe zum ehrengerichtlichen Anteil des Sanktionsausschusses mit einer Doppelverfolgung gerechnet werden. Bei einer Sanktion wegen Verletzung von Börsenregeln befinden wir uns in einem Bereich zwischen Ordnungswidrigkeiten- und Strafrecht, so dass das Verbot der Doppelverfolgung durchaus thematisiert werden kann. 338

16. Der Sanktionsausschuss im Schrifttum

Da das gesamte Sanktionsverfahren der Vertraulichkeit nach § 7 BörsG unterliegt, werden auch solche Entscheidungen der Geschäftsführung oder des Sanktionsausschusses, die grundlegende Bedeutung haben, nicht, auch nicht in der justizüblichen anonymisierten Form veröffentlicht. Damit befassen sich auch die üblichen Kommentatoren wenig mit dessen Tätigkeit, obwohl die Kompetenzen umfassend ausgeweitet wurden. 339

Mit möglichen Sanktionsverfahren werden betroffene Unternehmen oder Personen meist durch die Handelsüberwachungsstellen, Die Börsenaufsichtsbehörden oder die Zulassungsstellen (Zulassungsausschüsse) konfrontiert. Von der derzeitig vorliegenden Literatur sind daher die Erläuterungen zur Sanktionsausschussverordnung in Kümpel/Hammen/Ekkenga, Kapitalmarktrecht, 515 von Ministerialdirigent a.D. Dr. Ekkehard Kurth, der mehr als 10 Jahre die Abteilung des Hessischen Ministeriums für Wirtschaft, Verkehr und Landesentwicklung, in

---

[203] „Für die Anwendung von Art. 1 Absatz 2 Buchstabe a) der Richtlinie 2003/6/EG und unbeschadet der Beispiele, die im zweiten Absatz von Absatz 2 genannt werden, sorgen die Mitgliedstaaten dafür, dass bei der Prüfung bestimmter Verhaltensweisen auf den Tatbestand oder das mögliche Entstehen einer Marktmanipulation hin sowohl den zuständigen Behörden als auch den Marktteilnehmern Anhaltspunkte an die Hand gegeben werden, mittels deren insbesondere Folgendes zu prüfen ist: a. ... b. der Umfang, in dem von Personen mit einer starken Kauf- oder Verkaufsposition bei einem Finanzinstrument erteilte Geschäftsaufträge oder abgewickelte Geschäfte zu spürbaren Veränderungen des Kurses dieses Finanzinstruments bzw. eines damit verbundenen derivativen Finanzinstruments oder aber des Basisvermögenswertes führen, die zum Handel auf einem geregelten Markt zugelassen sind;..."
[204] Da dieses Problem bekannt ist, wird im Falle einer Anerkennung als Marktpraxis die zuständige Bundesanstalt in Kürze diese Qualifizierung im Sinne eines Safe Harbours vornehmen. Eine entsprechende Entscheidung wird auf der Website der BaFin abzurufen sein.

welcher die Hessischen Börsenaufsichtsbehörde angesiedelt ist, leitete, von besonderer Bedeutung.

IV. Manipulation von Börsen- und Marktpreisen

1. Abschied von einer deutschen Strafrechtskultur

340 Die Entwicklung der Strafvorschriften im Kontext mit Marktmissbrauch wird von der EU mit Richtlinien vorgegeben, obwohl in den Gründungsverträgen keine originäre Strafrechtssetzungskompetenz vorgesehen ist[205] und die Verträge die Erstreckung der Richtlinienkompetenz auf das Strafrecht der Mitgliedstaaten nicht vorsehen.[206] Ob die Anweisungskompetenz gegenüber den Mitgliedstaaten über den Schutz der Interessen der europäischen Gemeinschaft hinausgeht, bedarf einer Prüfung, nachdem der 1. Senat des BGH im „Scalping-Urteil" aus noch nicht verabschiedeten (und umgesetzten) „Level 2" Richtlinien wesentliche Argumente zum Nachteil der Angeklagten herangezogen hat.[207] Deutsche Strafrechtskultur wird auf Kompatibilität getrimmt.

341 Art. 14 Abs. 1 der Marktmissbrauchsrichtlinie vom 28.1.2003[208] zeigt die Richtung für das Sanktionenrecht an.

„Unbeschadet des Rechts der Mitgliedstaaten, strafrechtliche Sanktionen zu verhängen, sorgen die Mitgliedstaaten entsprechend ihrem jeweiligen innerstaatlichen Recht dafür, dass bei Verstößen gegen die gemäß dieser Richtlinie erlassenen Vorschriften gegen die verantwortlichen Personen geeignete Verwaltungsmaßnahmen ergriffen oder im Verwaltungsverfahren zu erlassende Sanktionen verhängt werden können. Die Mitgliedstaaten sorgen dafür, dass diese Maßnahmen wirksam, verhältnismäßig[209] und abschreckend sind."

342 Mit der Marktmissbrauchsrichtlinie fasst die Kommission die bislang getrennt behandelten Bereiche der Bekämpfung der unzulässigen Einwirkung auf Börsen- und Marktpreise und des Missbrauchs von Insiderinformationen zusammen. Beide Bereiche knüpfen an das Phänomen einer Diskrepanz zwischen tatsächlich bilanziertem Unternehmenswert und dessen Börsenwert an. Während das Manipulationsverbot gegen das vorsätzlich herbeigeführte Auseinanderlaufen der Wertansätze durch Einwirkung auf den Börsenpreis schützen soll, untersagt das Insiderhandelsverbot einem Insider die Ausnutzung von Differenzen, die auf Grund nicht öffentlich bekannter Tatsachen in der Emittentensphäre entstanden sind, so dass bei gleich bleibendem Börsenwert sich der Unternehmenswert geändert hat.

343 Die Vorschriften zur Bekämpfung der Marktmanipulation und des verbotenen Insiderhandels sollen die Integrität der Finanzmärkte (der Gemeinschaft) sicherstellen und das Vertrauen der Anleger in diese Märkte stärken.[210]

344 Mit dem Anlegerschutzverbesserungsgesetz[211] sollen die nachfolgende EU Richtlinien und Verordnungen umgesetzt werden:
- Richtlinie 2003/6/EG des Europäischen Parlaments und des Rates über Insider-Geschäfte und Marktmanipulation (Marktmissbrauch),
- Richtlinie 2003/124/EG der Kommission zur Durchführung der Richtlinie 2003/6/EG des Europäischen Parlaments und des Rates betreffend die Begriffsbestimmung und die Veröf-

---

[205] Wabnitz/Janowski/*Dannecker*, (2. Auflage) Rdnr. 63 ff.
[206] Umfassende Darstellung des Konfliktes bei *Schröder*, Europäische Richtlinien und deutsches Strafrecht, Berlin 2002.
[207] BGH Urt. v. 6.11.2003 – 1 StR 24/03 – UA Bl. 11 ff.
[208] Richtlinie 2003/6/EG des Europäischen Parlaments und des Rates v. 28.1.2003 über Insider-Geschäfte und Marktmanipulation (Marktmissbrauch), Abl. L 96/16 ff., in Kraft seit 12.4.2003; gem. Art. 18 ist den Mitgliedstaaten eine Frist bis zum 12.10.2004 gesetzt, die erforderlichen Rechts- und Verwaltungsvorschriften in Kraft zu setzen, um der Richtlinie nachzukommen.
[209] Der Erwägungsgrund Nr. 38 der Marktmissbrauchsrichtlinie definiert den Begriff „verhältnismäßig" wie folgt: „Deshalb sollten die Sanktionen abschreckend genug sein, im Verhältnis zur Schwere des Verstoßes und zu den erzielten Gewinnen stehen und sollten konsequent vollstreckt werden."
[210] Marktmissbrauchrichtlinie, Erwägungsgründe Nr. 20.
[211] Der Entwurf mit Begründung ist unter BT-Drucks. 15/3174 v. 24.5.2004 veröffentlicht.

fentlichung von Insider-Informationen und die Begriffsbestimmung von Marktmanipulation,[212]
- Richtlinie 2003/125/EG der Kommission zur Durchführung der Richtlinie 2003/6/EG des Europäischen Parlaments und des Rates in Bezug auf die sachgerechte Darbietung von Anlageempfehlungen und die Offenlegung von Interessenkonflikten,[213]
- Richtlinie 2004/72/EG der Kommission zur Durchführung der Richtlinie 2003/6/EG des Europäischen Parlaments und des Rates – Zulässige Marktpraktiken, Definition von Insider-Informationen in Bezug auf Warenderivate, Erstellung von Insider-Verzeichnissen, Meldung von Eigengeschäften und Meldung verdächtiger Transaktionen vom 29.4.2004[214] und der
- Verordnung (EG) Nr. 2273/2003 der Kommission zur Durchführung der Richtlinie 2003/6/EG des Europäischen Parlaments und des Rates vom 22. Dezember 2003 – Ausnahmeregelungen für Rückkaufprogramme und Kursstabilisierungsmaßnahmen.[215]

Der Gesetzgeber wollte bereits mit der Neuregelung des Manipulationsverbotes (durch das 4 FinMFG) den strafrechtlichen Anlegerschutz verbessern; „dass dies nicht gelungen ist, liegt auf der Hand" (Zitat Vors. Richterin 4. Strafkammer, Landgericht München I).[216] Zunächst entbrannte ein Streit um einen lückenlosen Übergang im Rahmen der Reform bei dem Übergang vom Börsengesetz (§ 88 alt) zum Wertpapierhandelsgesetz. Es wird in künftigen Verfahren zu entscheiden sein, ob durch die Entkriminalisierung der einwirkungslosen Tathandlungen nicht eine vollständige Entkriminalisierung einhergeht.[217] 345

Mit der Neukonzeption ist hinsichtlich der vor dem 30.6.2002 eingeleiteten Ermittlungsverfahren und anhängigen sowie rechtshängigen Strafverfahren die verfassungsrechtliche Frage des Grundsatzes nulla poena sine lege und des Rückwirkungsverbotes ausgelöst worden.[218] Bislang sind diese Fragen in Urteilen des Landgerichts München widerstreitend entschieden und nunmehr auch vom BGH angesprochen worden. 346

2. Unrechtskontinuität in der Reform

Die vorübergehenden Zweifel an der Unrechtskontinuität zwischen den Strafnormen des Börsengesetzes (§ 88 BörsG alt) und des Wertpapierhandelsgesetzes (§ 38 i. V. m. § 39 und § 20 a Abs. 1 WpHG) hat der BGH nicht geteilt. 347

Die 6. Strafkammer des Landgerichts München (Verfahren gegen Verantwortliche des „Neue Markt" Unternehmens ComRoad, 6 KLs 305 Js 34066/02) hatte keinen Verstoß gegen das Rückwirkungsverbot bei der Annahme einer Strafbarkeit nach § 38 WpHG gesehen, auch wenn die Tat vor dem 1.7.2002 begangen worden war. 348

Die Richter sahen keinen tief greifenden Wesensunterschied zwischen der alten und der neuen Strafvorschrift. § 38 Abs. 1 Nr. 4 WpHG stelle nur insoweit strengere Anforderungen an die Strafbarkeit einer falschen Angabe, als er sie vom Eintritt eines Erfolges, nämlich der Einwirkung auf den Börsenpreis, abhängig macht. § 88 Nr. 1 BörsG stellte hingegen schon die falsche Angabe mit dem Ziel der Einwirkung auf den Börsenpreis unter Strafe, auch wenn dieses Ziel nicht erreicht wurde. Der damalige Straftatbestand wurde mit der Übernahme in das WpHG vom 21.6.2002 aufgespalten in einen erfolgsqualifizierten Tatbestand, der nach wie vor strafbar ist, und einen Tatbestand ohne Erfolgsqualifikation, der nur noch eine Ordnungswidrigkeit ist. Eine unterschiedliche Zielrichtung des neuen Gesetzes ist nicht erkennbar. Sowohl nach der alten wie nach der neuen Strafvorschrift muss sich der Vorsatz auf die Einwirkung auf den Börsenpreis beziehen. Die alte Vorschrift unterscheidet sich von der neuen nur dadurch, dass sie schon eine quasi im Versuchsstadium stecken gebliebene Tat für strafbar und vollendet erklärt. Auch aus den Materialien zur Gesetzgebung (BT-Drs. 14/8017, S. 89) ergibt sich nichts anderes. Danach soll § 88 BörsG, soweit auf den Börsenpreis 349

---

[212] ABl. EU Nr. L 96 S. 16 v. 12.4.2003.
[213] ABl. EU Nr. L 339 S. 73 v. 24.12.2003.
[214] ABl. EU Nr. L 162 S. 70 v. 30.4.2004.
[215] ABl. EU Nr. L 336 S. 33 v. 23.12.2003; diese VO gilt direkt.
[216] Ziel des Vierten Finanzmarktförderungsgesetz war unter anderem, den Anlegerschutz zu stärken, indem die Transparenz auf den Wertpapiermärkten erhöht und die rechtlichen Voraussetzungen dafür geschaffen werden, das Verbot der Kurs- und Marktpreismanipulation wirksam durchzusetzen; BT-Drucks. 14/8017, S. 62 f.
[217] Diese Befürchtung ist nachzulesen bei *Trüstedt* S. 217, wenn auch nicht so deutlich.
[218] Einen guten Überblick gibt *Trüstedt* Kapitel 8 S. 207.

tatsächlich eingewirkt wird, durch den Straftatbestand § 20 a Abs. 1, § 38 Abs. 1 Nr. 4 WpHG ersetzt werden (UA S. 26, 27).

350 Die 4. Strafkammer des Landgerichts München I kam in dem Verfahren gegen die Vorstände des Unternehmens EM.TV (305 Js 52373/00) zu einem anderen Ergebnis.[219]

351 Die Kammer kam zu dem Schluss, dass die Veränderung eines Tatbestandes vom Gefährdungs- zum Erfolgsdelikt ein gegenüber dem früheren Recht wesensmäßig verschiedener Tatbestand ist, der dem Täter bei Begehung der Tat nicht bekannt sein konnte (BGHMDR 1977, 858), weshalb eine Strafbarkeit gemäß § 38 Ab. l Nr. 4 WpHG n. F. ausscheidet. Für die Anwendung des § 39 Abs. 1 Nr. 1 WpHG n. F. spricht nach Auffassung der Kammer, dass der Deliktstyp als Gefährdungsdelikt beibehalten wurde. Ziel des 4. FinMFG sei unter anderem, den Anlegerschutz zu stärken, indem die Transparenz auf den Wertpapiermärkten erhöht und die rechtlichen Voraussetzungen dafür geschaffen werden, das Verbot der Kurs- und Marktmanipulation wirksam durchzusetzen (BT-Drucks. 14/8017, S. 62 t). Dabei sollte die bisherige Regelung des Verbots der Kurs- und Marktmanipulation des § 88 BörsG stärker den veränderten Erfordernissen der Praxis angepasst werden (BT-Drucks. a. a. O. S. 64). Die Überwachung der Einhaltung des Verbots wird nunmehr auf die Bundesanstalt für Finanzdienstleistungsaufsicht übertragen. Deshalb wurde die bisherige Regelung des § 88 BörsG als Ordnungswidrigkeit ausgestaltet, um eine wirksame Bekämpfung durch die neue Behörde zu ermöglichen (BT-Drucks. a. a. O. S. 64; s.a. Bericht des Finanzausschusses vom 21.3.2002, BT-Drucks. 14/8601, S. 20). Der Gesetzgeber sei sich bewusst gewesen, dass die Tathandlung der bisherigen Regelung des § 88 BörsG nunmehr lediglich als Ordnungswidrigkeit ausgestaltet ist (BT-Drucks. a. a. O. S. 89). Lediglich bei Hinzutreten einer tatsächlichen Einwirkung liegt eine Straftat vor (BT-Drucks. a. a. O. S. 89 t). Diese ist somit das qualifizierende Merkmal (BT-Drucks. a. a. O. S. 98).[220]

352 Der BGH entschied:

„Lässt sich eine Einwirkung auf den Kurs nicht feststellen, handelt es sich nach neuem Recht nunmehr im Grundtatbestand nur noch um eine Ordnungswidrigkeit gemäß § 39 Abs. 1 Nr. 2 WpHG. Diese Vorschrift entspricht in ihren tatbestandlichen Voraussetzungen § 88 Nr. 2 BörsG a. F.; § 38 Abs. 1 Nr. 4 WpHG ist damit eine Erfolgsqualifikation des § 39 Abs. 1 Nr. 2 WpHG (vgl. zu alledem im einzelnen BTDrucks. 14/8017 S. 89 und S. 98 f.; Moosmayer a. a. O. S. 163). Die im Hinblick auf Art. 103 Abs. 2 GG, § 1 StGB erforderliche Unrechtskontinuität ist gewahrt. Die Verwirklichung des tatbestandlichen Erfolges im Sinne von § 38 Abs. 1 Nr. 4 WpHG war auch nach altem Recht strafbar, weil der Tatbestand des Gefährdungsdeliktes (§ 88 Nr. 2 BörsG a. F.) erst recht dann erfüllt ist, wenn das geschützte Rechtsgut nicht nur gefährdet, sondern verletzt worden ist." .[221]

353 In gleicher Weise hat der BGH auch auf die Revision im Fall der Revision der Verteidigung gegen das Urteil der 4. Strafkammer des Landgerichts München I gegen die Vorstände des Unternehmens EM.TV (305 Js 52373/00) angemerkt. Da die Staatsanwaltschaft keine Revision gegen die Verurteilung lediglich wegen einer OWi eingelegt hatte, war insoweit auch nicht zu entscheiden. Im Zusammenhang mit der Strafzumessung kam der BGH jedoch auf die Unrechtskontinuität zurück.[222]

3. Das gesetzliche Manipulationsverbot nach dem WpHG

354 § 20 a Verbot der Marktmanipulation
(1) Es ist verboten,
1. unrichtige oder irreführende Angaben über Umstände zu machen, die für die Bewertung eines Finanzinstruments erheblich sind, oder solche Umstände entgegen bestehenden Rechtsvorschriften zu verschweigen, wenn die Angaben oder das Verschweigen geeignet sind, auf den inländischen Börsen- oder Marktpreis eines Finanzinstruments oder auf den Preis eines Finanzinstruments an einem organisierten

---

[219] BKR 2003, 681 ff., 683.
[220] *Schwark* Kurs- und Marktpreismanipulation, S. 487 f.
[221] BGH Urt. v. 6.11.2003 – 1 StR 24/03 – ZIP 2004, 2354; BGH BB 2004, 11; *Widder* S. 15 : „BGH ordnet Scalping als Kurs- und Marktpreismanipulation ein".
[222] BGH Urt. v. 16.12.2004 – 1 StR 420/03 – NJW 2005, 445. Nach der Anmerkung der Schriftleitung haben die Angeklagten Verfassungsbeschwerde erhoben und diese insbesondere mit einer falschen Anwendung des § 400 AktG durch das Gericht begründet.

Markt in einem anderen Mitgliedstaat der Europäischen Union oder in einem anderen Vertragsstaat des Abkommens über den Europäischen Wirtschaftsraum einzuwirken,
2. Geschäfte vorzunehmen oder Kauf- oder Verkaufaufträge zu erteilen, die geeignet sind, falsche oder irreführende Signale für das Angebot, die Nachfrage oder den Börsen- oder Marktpreis von Finanzinstrumenten zu geben oder ein künstliches Preisniveau herbeizuführen oder
3. sonstige Täuschungshandlungen vorzunehmen, die geeignet sind, auf den inländischen Börsen- oder Marktpreis eines Finanzinstruments oder auf den Preis eines Finanzinstruments an einem organisierten Markt in einem anderen Mitgliedstaat der Europäischen Union oder in einem anderen Vertragsstaat des Abkommens über den Europäischen Wirtschaftsraum einzuwirken.
Satz 1 gilt für Finanzinstrumente, die
1. an einer inländischen Börse zum Handel zugelassen oder in den geregelten Markt oder in den Freiverkehr einbezogen sind, oder
2. in einem anderen Mitgliedstaat der Europäischen Union oder einem anderen Vertragsstaat des Abkommens über den Europäischen Wirtschaftsraum zum Handel an einem organisierten Markt zugelassen sind.
Der Zulassung zum Handel an einem organisierten Markt oder der Einbeziehung in den geregelten Markt oder in den Freiverkehr steht es gleich, wenn der Antrag auf Zulassung oder Einbeziehung gestellt oder öffentlich angekündigt ist.
(2) Das Verbot des Absatzes 1 Satz 1 Nr. 2 gilt nicht, wenn die Handlung mit der zulässigen Marktpraxis auf dem betreffenden organisierten Markt oder in dem betreffenden Freiverkehr vereinbar ist und der Handelnde hierfür legitime Gründe hat. Als zulässige Marktpraxis gelten nur solche Gepflogenheiten, die auf dem jeweiligen Markt nach vernünftigem Ermessen erwartet werden können und von der Bundesanstalt als zulässige Marktpraxis im Sinne dieser Vorschrift anerkannt werden. Eine Marktpraxis ist nicht bereits deshalb unzulässig, weil sie zuvor nicht ausdrücklich anerkannt wurde.
(3) Der Handel mit eigenen Aktien im Rahmen von Rückkaufprogrammen sowie Maßnahmen zur Stabilisierung des Preises von Finanzinstrumenten stellen in keinem Fall einen Verstoß gegen das Verbot des Absatzes 1 Satz 1 dar, soweit diese nach Maßgabe der Verordnung (EG) Nr. 2273/2003 der Kommission vom 22. Dezember 2003 zur Durchführung der Richtlinie 2003/6/EG des Europäischen Parlaments und des Rates – Ausnahmeregelungen für Rückkaufprogramme und Kursstabilisierungsmaßnahmen (ABl. EU Nr. L 336 S. 33) erfolgen. Für Finanzinstrumente, die in den Freiverkehr oder in den geregelten Markt einbezogen sind, gelten die Vorschriften der Verordnung (EG) Nr. 2273/2003 entsprechend.
(4) Die Absätze 1 bis 3 gelten entsprechend für Waren und ausländische Zahlungsmittel im Sinne des § 63 Abs. 2 des Börsengesetzes, die an einem organisierten Markt gehandelt werden.
(5) Das Bundesministerium der Finanzen kann durch Rechtsverordnung, die der Zustimmung des Bundesrates bedarf, nähere Bestimmungen über
1. Umstände, die für die Bewertung von Finanzinstrumenten erheblich sind,
2. falsche oder irreführende Signale für das Angebot, die Nachfrage oder den Börsen- oder Marktpreis von Finanzinstrumenten oder das Vorliegen eines künstlichen Preisniveaus,
3. das Vorliegen einer sonstigen Täuschungshandlung,
4. Handlungen und Unterlassungen, die in keinem Fall einen Verstoß gegen das Verbot des Absatzes 1 Satz 1 darstellen und
5. Handlungen, die als zulässige Marktpraxis gelten und das Verfahren zur Anerkennung einer zulässigen Marktpraxis.
Das Bundesministerium der Finanzen kann die Ermächtigung durch Rechtsverordnung auf die Bundesanstalt für Finanzdienstleistungsaufsicht übertragen. Diese erlässt die Vorschriften im Einvernehmen mit den Börsenaufsichtsbehörden der Länder.
(6) Bei Journalisten, die in Ausübung ihres Berufes handeln, ist das Vorliegen der Voraussetzungen nach Absatz 1 Nr. 1 unter Berücksichtigung ihrer berufsständischen Regeln zu beurteilen, es sei denn, dass diese Personen aus den unrichtigen oder irreführenden Angaben direkt oder indirekt einen Nutzen ziehen oder Gewinne schöpfen.

§ 39 Bußgeldvorschriften
(1) Ordnungswidrig handelt, wer
1. entgegen § 20 a Abs. 1 Satz 1 Nr. 2, auch in Verbindung mit Absatz 4, jeweils in Verbindung mit einer Rechtsverordnung nach Absatz 5 Satz 1 Nr. 2 oder 5 ein Geschäft vornimmt oder einen Kauf- oder Verkaufauftrag erteilt,
2. entgegen § 20 a Abs. 1 Satz 1 Nr. 3, auch in Verbindung mit Absatz 4, oder einer Rechtsverordnung nach Absatz 5 Satz 1 Nr. 3, eine Täuschungshandlung vornimmt,
(2) Ordnungswidrig handelt, wer vorsätzlich oder leichtfertig

11. entgegen § 20 a Abs. 1 Satz 1 Nr. 1, auch in Verbindung mit Absatz 4, oder einer Rechtsverordnung nach Absatz 5 Satz 1 Nr. 1, eine Angabe macht oder einen Umstand verschweigt,
(4) Die Ordnungswidrigkeit kann in den Fällen des Absatzes 1 Nr. 1 und 2 und des Absatzes 2 Nr. 5 Buchstabe a, Nr. 6 und 11 mit einer Geldbuße bis zu einer Million Euro, in den Fällen des Absatzes 1 Nr. 3 und 4 und des Absatzes 2 Nr. 2 Buchstabe c und e, Nr. 3 und 4 mit einer Geldbuße bis zu zweihunderttausend Euro, in den Fällen des Absatzes 2 Nr. 2 Buchstabe d, Nr. 5 Buchstabe b und Nr. 13 und des Absatzes 3 Nr. 1 Buchstabe b mit einer Geldbuße bis zu hunderttausend Euro, in den übrigen Fällen mit einer Geldbuße bis zu fünfzigtausend Euro geahndet werden.

§ 38 Strafvorschriften[223]
(1) Mit Freiheitsstrafe bis zu fünf Jahren oder mit Geldstrafe wird bestraft, wer
1. ...
(2) Ebenso wird bestraft, wer eine in § 39 Abs. 1 Nr. 1 oder 2 oder Abs. 2 Nr. 11 bezeichnete vorsätzliche Handlung begeht und dadurch auf den inländischen Börsen- oder Marktpreis eines Finanzinstruments oder auf den Preis eines Finanzinstruments an einem organisierten Markt in einem anderen Mitgliedstaat der Europäischen Union oder in einem anderen Vertragsstaat des Abkommens über den Europäischen Wirtschaftsraum einwirkt.
(5) Einer in Absatz 1 Nr. 1 oder Nr. 2 in Verbindung mit § 39 Abs. 2 Nr. 3 oder 4 oder in Absatz 2 in Verbindung mit § 39 Abs. 1 Nr. 1 oder 2 oder Abs. 2 Nr. 11 genannten Verbotsvorschrift steht ein entsprechendes ausländisches Verbot gleich.

4. Präventive und repressive Kompetenzen der BaFin

§ 4 WpHG Aufgaben und Befugnisse[224]
(1) Die Bundesanstalt für Finanzdienstleistungsaufsicht (Bundesanstalt) übt die Aufsicht nach den Vorschriften dieses Gesetzes aus. Sie hat im Rahmen der ihr zugewiesenen Aufgaben Missständen entgegenzuwirken, welche die ordnungsgemäße Durchführung des Handels mit Finanzinstrumenten oder von Wertpapierdienstleistungen oder Wertpapiernebendienstleistungen beeinträchtigen oder erhebliche Nachteile für den Finanzmarkt bewirken können. Sie kann Anordnungen treffen, die geeignet und erforderlich sind, diese Missstände zu beseitigen oder zu verhindern.
(2) Die Bundesanstalt überwacht die Einhaltung der Verbote und Gebote nach den Vorschriften dieses Gesetzes und kann Anordnungen treffen, die zu ihrer Durchsetzung geeignet und erforderlich sind. Sie kann insbesondere den Handel mit Finanzinstrumenten vorübergehend untersagen, soweit dies zur Durchsetzung dieser Vorschriften oder zur Beseitigung von Missständen nach Absatz 1 geeignet und erforderlich ist.
(3) Die Bundesanstalt kann von jedermann Auskünfte, die Vorlage von Unterlagen und die Überlassung von Kopien verlangen sowie Personen laden und vernehmen, soweit dies für die Überwachung der Einhaltung eines Verbots oder Gebots nach den Vorschriften dieses Gesetzes erforderlich ist. Sie kann insbesondere die Angabe von Bestandsveränderungen in Finanzinstrumenten sowie der Identität weiterer Personen, insbesondere von Auftraggebern und der aus Geschäften berechtigten oder verpflichteten Personen, verlangen.
(4) Während der üblichen Arbeitszeit ist Bediensteten der Bundesanstalt und den von ihr beauftragten Personen, soweit dies zur Wahrnehmung ihrer Aufgaben erforderlich ist, das Betreten der Grundstücke und Geschäftsräume der nach Absatz 3 Auskunftspflichtigen zu gestatten. Das Betreten außerhalb dieser Zeit, oder wenn die Geschäftsräume sich in einer Wohnung befinden, ist ohne Einverständnis nur zulässig und insoweit zu dulden, wenn dies zur Verhütung von dringenden Gefahren für die öffentliche Sicherheit und Ordnung erforderlich ist und bei dieser Person Anhaltspunkte für einen Verstoß gegen ein Verbot oder Gebot nach den Vorschriften dieses Gesetzes vorliegen. Das Grundrecht des Art.s 13 des Grundgesetzes wird insoweit eingeschränkt.

---

[223] § 88 BörsG Kursmanipulation alte Fassung bis zum 30.6.2002 lautete: „Wer zur Einwirkung auf den Börsen- oder Marktpreis von Wertpapieren, Bezugsrechten, ausländischen Zahlungsmitteln, Waren, Anteilen, die eine Beteiligung am Ergebnis eines Unternehmens gewähren sollen, oder von Derivaten im Sinne des § 2 Abs. 2 des Wertpapierhandelsgesetzes unrichtige Angaben über Umstände macht, die für die Bewertung der Wertpapiere, Bezugsrechte, ausländischen Zahlungsmittel, Waren, Anteile oder Derivate erheblich sind, oder solche Umstände entgegen bestehenden Rechtsvorschriften verschweigt oder sonstige auf Täuschung berechnete Mittel anwendet, wird mit Freiheitsstrafe bis zu drei Jahren oder mit Geldstrafe bestraft."
[224] Zwischen dem 1.7.2002 und dem 30.10.2004 waren die Kompetenzen zur Bekämpfung der Kursmanipulation in § 20 a WpHG, diejenigen zur Bekämpfung des verbotenen Insiderhandels seit 1.7.1994 in § 16 WpHG normiert.

(5) Die Bundesanstalt hat Tatsachen, die den Verdacht einer Straftat nach § 38 begründen, der zuständigen Staatsanwaltschaft unverzüglich anzuzeigen. Sie kann die personenbezogenen Daten der Betroffenen, gegen die sich der Verdacht richtet oder die als Zeugen in Betracht kommen, der Staatsanwaltschaft übermitteln, soweit dies für Zwecke der Strafverfolgung erforderlich ist. Die Staatsanwaltschaft entscheidet über die Vornahme der erforderlichen Ermittlungsmaßnahmen, insbesondere Durchsuchungen, nach den Vorschriften der Strafprozessordnung.
(6) Die Bundesanstalt kann eine nach den Vorschriften dieses Gesetzes gebotene Veröffentlichung oder Mitteilung auf Kosten des Pflichtigen vornehmen, wenn die Veröffentlichungs- oder Mitteilungspflicht nicht, nicht richtig, nicht vollständig oder nicht in der vorgeschriebenen Weise erfüllt wird.
(7) Widerspruch und Anfechtungsklage gegen Maßnahmen nach den Absätzen 1 bis 4 und 6 haben keine aufschiebende Wirkung.
(8) Adressaten von Maßnahmen nach den Absätzen 2 bis 4 dürfen andere Personen als staatliche Stellen von diesen Maßnahmen oder von einem daraufhin eingeleiteten Ermittlungsverfahren nicht in Kenntnis setzen.
(9) Der zur Erteilung einer Auskunft Verpflichtete kann die Auskunft auf solche Fragen verweigern, deren Beantwortung ihn selbst oder einen der in § 383 Abs. 1 Nr. 1 bis 3 der Zivilprozessordnung bezeichneten Angehörigen der Gefahr strafgerichtlicher Verfolgung oder eines Verfahrens nach dem Gesetz über Ordnungswidrigkeiten aussetzen würde. Der Verpflichtete ist über sein Recht zur Verweigerung der Auskunft zu belehren.
(10) Die Bundesanstalt darf ihr nach Absatz 3 oder § 16 a Abs. 2 Satz 1 oder 3 mitgeteilte personenbezogene Daten nur zur Überwachung der Einhaltung der Verbote und Gebote nach den Vorschriften dieses Gesetzes und für Zwecke der internationalen Zusammenarbeit nach Maßgabe des § 7 weitergeben, speichern, verändern und nutzen.

5. Tathandlungen nach der Marktmissbrausrichtlinie

Im Verlauf der Diskussion um die Marktmissbrausrichtlinie wurden zur Veranschaulichung 356
dienende Beispiele für Methoden der Marktmanipulation thematisiert, die als Interpretation der allgemeinen Definition des Art.s 1 Abs. 2 des Richtlinienentwurfes dienen sollte. Die nicht abschließende Aufzählung diente auch als Grundlage der Verordnungen des Bundesministeriums der Finanzen nach § 20 b Abs. 2 WpHG zur Konkretisierung der Kurs- und Marktpreismanipulation (KuMaKV) vom 18.11.2003, BR-Drucks. 639/03 und der Marktmanipulations-Konkretisierungsverordnung (MaKonV) vom 1.3.2005 (BGBl. 515).

Die Kommission bildete nachfolgende Gruppen, die schon wegen der Begriffssprache nicht 357
aus der deutschen Börsenhandelskultur stammen können:

Geschäftliche Handlungen die den – falschen – Eindruck einer Aktivität erwecken sollen: 358
- Geschäfte, mit denen kein wirklicher Wechsel des Eigentums an dem Finanzinstrument verbunden ist *(„wash sales")*;
- Geschäfte, bei denen gleichzeitig ein Kauf- und Verkaufsauftrag zum gleichen Kurs und in gleichem Umfang von verschiedenen Parteien, die sich abgesprochen haben, erteilt wird („improper matched orders");
- Vornahme einer Reihe von Geschäften, die auf einer öffentlichen Anzeigetafel erscheinen, um den Eindruck lebhafter Umsätze oder Kursbewegungen bei einem Finanzinstrument zu erwecken („**Painting the Tape**");
- Aktivitäten einer Person oder mehrerer in Absprache handelnder Personen mit dem Ziel den Kurs eines Finanzinstruments künstlich hochzutreiben und anschließend die eigenen Finanzinstrumente in großen Mengen abzustoßen („**Pumping and dumping**");
- Erhöhung der Nachfrage nach einem Finanzinstrument, um den Kurs nach oben zu treiben (indem der Eindruck der Dynamik erweckt oder vorgetäuscht wird, dass der Kursanstieg durch lebhafte Umsätze verursacht wurde) („**Advancing the bid**").

Geschäftliche Handlungen, die eine Verknappung beabsichtigen: 359
- Der Manipulator verschafft sich beim Derivat oder beim Basiswert die Kontrolle über die Nachfrage, so dass er eine beherrschende Stellung gewinnt, die er zur Manipulation des Kurses des Derivats oder des Basiswerts ausnutzen kann („**Cornering**");
- Wie beim „**Cornering**" wird die Verknappung eines Wertes durch Kontrolle der Nachfrageseite und Ausnutzung der Stauung auf dem Markt ausgenutzt, um die Kurse künstlich hochzutreiben; Besitz eines erheblichen Einflusses auf das Angebot oder die Lieferung eines

Wertes; Nutzung des Rechtes, Erfüllung zu verlangen, um willkürliche und anormale Preise zu diktieren („**Abusive squeezes**").

360 **Zeitspezifische geschäftliche Handlungen:**
- Kauf oder Verkauf von Finanzinstrumenten bei Börsenschluss, um die Schlussnotierung des Finanzinstrumentes zu beeinflussen und damit diejenigen Marktteilnehmer irrezuführen, die aufgrund des Schlusskurses handeln („**Marking the close**");
- Geschäfte eigens zu dem Zweck, den Kassakurs oder den Abrechnungskurs von Derivatekontrakten zu beeinflussen;
- Geschäfte zur Beeinflussung des speziellen Kassakurses, eines Finanzinstruments, der als Grundlage zur Bestimmung des Werts einer Transaktion vereinbart wurde.

361 **Informationsbezogene Handlungen:**
- Kauf eines Finanzinstruments auf eigene Rechnung, bevor man es anderen empfiehlt, und anschließender Verkauf mit Gewinn bei steigendem Kurs infolge der Empfehlung („**Scalping**");
- Verbreitung falscher Gerüchte, um andere zum Kauf oder Verkauf zu veranlassen;
- Verbreitung unrichtiger Behauptungen über wesentliche Tatsachen;
- Verschweigen wesentlicher Tatsachen oder wesentlicher Interessen.

6. Konkretisierung durch die MaKonV

362 Die Verordnung des Bundesministeriums der Finanzen zur Konkretisierung des Verbotes der Marktmanipulation (Marktmanipulations-Konkretisierungsverordnung MaKonV) vom 1.3.2005 (BGBl. I, S. 515) soll bei dem Verständnis des Umfanges des Verbotes helfen.

§ 1 Anwendungsbereich
Die Vorschriften dieser Verordnung sind anzuwenden auf
1. die Bestimmung von Umständen, die für die Bewertung von Finanzinstrumenten im Sinne des § 20 a Abs. 1 Satz 1 Nr. 1 des Wertpapierhandelsgesetzes erheblich sind,
2. die Bestimmung falscher oder irreführender Signale für das Angebot, die Nachfrage oder den Börsen- oder Marktpreis von Finanzinstrumenten sowie des Vorliegens eines künstlichen Preisniveaus im Sinne des § 20 a Abs. 1 Satz 1 Nr. 2 des Wertpapierhandelsgesetzes,
3. die Feststellung des Vorliegens sonstiger Täuschungshandlungen im Sinne des § 20 a Abs. 1 Satz 1 Nr. 3 des Wertpapierhandelsgesetzes,
4. die Bestimmung von Handlungen, die in keinem Fall einen Verstoß gegen das Verbot der Marktmanipulation nach § 20 a Abs. 1 Satz 1 des Wertpapierhandelsgesetzes darstellen, und
5. die Bestimmung von Handlungen, die als zulässige Marktpraxis gelten, und das Verfahren zur Anerkennung einer zulässigen Marktpraxis im Sinne des § 20 a Abs. 2 des Wertpapierhandelsgesetzes.

363 Die in der Diskussion gesammelten Tathandlungen, die als Täuschungsakte in Frage kommen sind in Teil 2 der MaKonV, Bewertungserhebliche Umstände, falsche oder irreführende Signale oder künstliches Preisniveau und sonstige Täuschungshandlungen, aufgeführt:

§ 2 Bewertungserhebliche Umstände
(1) Bewertungserhebliche Umstände im Sinne des § 20 a Abs. 1 Satz 1 Nr. 1 des Wertpapierhandelsgesetzes sind Tatsachen und Werturteile, die ein verständiger Anleger bei seiner Anlageentscheidung berücksichtigen würde. Als bewertungserhebliche Umstände gelten auch solche, bei denen mit hinreichender Wahrscheinlichkeit davon ausgegangen werden kann, dass sie in Zukunft eintreten werden.
(2) Insiderinformationen, die nach § 15 Abs. 1 Satz 1 des Wertpapierhandelsgesetzes, sowie Entscheidungen und Kontrollerwerbe, die nach § 10 oder § 35 des Wertpapiererwerbs- und Übernahmegesetzes zu veröffentlichen sind, sind regelmäßig bewertungserhebliche Umstände im Sinne des Absatzes 1.
(3) Bewertungserhebliche Umstände im Sinne des Absatzes 1 sind insbesondere: bedeutende Kooperationen, der Erwerb oder die Veräußerung von wesentlichen Beteiligungen sowie der Abschluss, die Änderung oder die Kündigung von Beherrschungs- und Gewinnabführungsverträgen und sonstigen bedeutenden Vertragsverhältnissen; Liquiditätsprobleme, Überschuldung oder Verlustanzeige nach § 92 des Aktiengesetzes; bedeutende Erfindungen, die Erteilung oder der Verlust bedeutender Patente und Gewährung wichtiger Lizenzen; Rechtsstreitigkeiten und Kartellverfahren von besonderer Bedeutung; Veränderungen in personellen Schlüsselpositionen des Unternehmens; strategische Unternehmensentscheidungen, insbesondere der Rückzug aus oder die Aufnahme von neuen Kerngeschäftsfeldern oder die Neuausrichtung des Geschäfts.
(4) Bewertungserhebliche Umstände im Sinne des Absatzes 1 können insbesondere auch sein: Änderungen in den Jahresabschlüssen und Zwischenberichten und den hieraus üblicherweise abgeleiteten Unternehmenskennzahlen; Änderungen der Ausschüttungen, insbesondere Sonderausschüttungen, eine Dividen-

denänderung oder die Aussetzung der Dividende; Übernahme-, Erwerbs- und Abfindungsangebote, soweit nicht von Absatz 2 erfasst; Kapital- und Finanzierungsmaßnahmen.

§ 3 Falsche oder irreführende Signale oder künstliches Preisniveau
Anzeichen für falsche oder irreführende Signale oder die Herbeiführung eines künstlichen Preisniveaus im Sinne des § 20 a Abs. 1 Satz 1 Nr. 2 des Wertpapierhandelsgesetzes können insbesondere auf Finanzinstrumente bezogene Geschäfte oder Kauf- oder Verkaufsaufträge sein, die an einem Markt einen bedeutenden Anteil am Tagesgeschäftsvolumen dieser Finanzinstrumente ausmachen, insbesondere wenn sie eine erhebliche Preisänderung bewirken; durch die Personen erhebliche Preisänderungen bei Finanzinstrumenten, von denen sie bedeutende Kauf- oder Verkaufspositionen innehaben, oder bei sich darauf beziehenden Derivaten oder Basiswerten bewirken; mit denen innerhalb kurzer Zeit Positionen umgekehrt werden und die an einem Markt einen bedeutenden Anteil am Tagesgeschäftsvolumen dieser Finanzinstrumente ausmachen und die mit einer erheblichen Preisänderung im Zusammenhang stehen könnten; die durch ihre Häufung innerhalb eines kurzen Abschnitts des Börsentages eine erhebliche Preisänderung bewirken, auf die eine gegenläufige Preisänderung folgt; die nahe zu dem Zeitpunkt der Feststellung eines bestimmten Preises, der als Referenzpreis für ein Finanzinstrument oder andere Vermögenswerte dient, erfolgen und mittels Einwirkung auf diesen Referenzpreis den Preis oder die Bewertung des Finanzinstruments oder des Vermögenswertes beeinflussen; Kauf- oder Verkaufsaufträge sein, die auf die den Marktteilnehmern ersichtliche Orderlage, insbesondere auf die zur Kenntnis gegebenen Preise der am höchsten limitierten Kaufaufträge oder der am niedrigsten limitierten Verkaufsaufträge, einwirken und vor der Ausführung zurückgenommen werden; Geschäfte sein, die zu keinem Wechsel des wirtschaftlichen Eigentümers eines Finanzinstruments führen.
(2) Irreführende Signale im Sinne des § 20 a Abs. 1 Satz 1 Nr. 2 des Wertpapierhandelsgesetzes werden insbesondere auch durch Geschäfte oder einzelne Kauf- oder Verkaufsaufträge über Finanzinstrumente gegeben, die geeignet sind, über Angebot oder Nachfrage eines Finanzinstruments im Zeitpunkt der Feststellung eines bestimmten Börsen- oder Marktpreises, der als Referenzpreis für ein Finanzinstrument oder andere Produkte dient, zu täuschen, insbesondere wenn durch den Kauf oder Verkauf von Finanzinstrumenten bei Börsenschluss Anleger, die aufgrund des festgestellten Schlusspreises Aufträge erteilen, über die wahren wirtschaftlichen Verhältnisse getäuscht werden, die zu im Wesentlichen gleichen Stückzahlen und Preisen von verschiedenen Parteien, die sich abgesprochen haben, erteilt werden, es sei denn, diese Geschäfte wurden im Einklang mit den jeweiligen Marktbestimmungen rechtzeitig angekündigt, oder die den unzutreffenden Eindruck wirtschaftlich begründeter Umsätze erwecken.

§ 4 Sonstige Täuschungshandlungen
(1) Sonstige Täuschungshandlungen im Sinne des § 20 a Abs. 1 Satz 1 Nr. 3 des Wertpapierhandelsgesetzes sind Handlungen oder Unterlassungen, die geeignet sind, einen verständigen Anleger über die wahren wirtschaftlichen Verhältnisse, insbesondere Angebot und Nachfrage in Bezug auf ein Finanzinstrument, an einer Börse oder einem Markt in die Irre zu führen und den inländischen Börsen- oder Marktpreis eines Finanzinstruments oder den Preis eines Finanzinstruments an einem organisierten Markt in einem anderen Mitgliedstaat der Europäischen Union oder einem anderen Vertragsstaat des Abkommens über den Europäischen Wirtschaftsraum hoch- oder herunterzutreiben oder beizubehalten.
(2) Anzeichen für sonstige Täuschungshandlungen sind auch Geschäfte oder einzelne Kauf- oder Verkaufsaufträge, bei denen der Vertragspartner oder Auftraggeber mit diesen in enger Beziehung stehende Personen vorab oder im Nachhinein unrichtige oder irreführende Informationen weitergeben oder unrichtige, fehlerhafte, verzerrende oder von wirtschaftlichen Interessen beeinflusste Finanzanalysen oder Anlageempfehlungen erstellen oder weitergeben
(3) Sonstige Täuschungshandlungen sind insbesondere auch die Sicherung einer marktbeherrschenden Stellung über das Angebot von oder die Nachfrage nach Finanzinstrumenten durch eine Person oder mehrere in Absprache handelnde Personen mit der Folge, dass unmittelbar oder mittelbar Ankaufs- oder Verkaufspreise dieser Finanzinstrumente bestimmt oder nicht marktgerechte Handelsbedingungen geschaffen werden; die Nutzung eines gelegentlichen oder regelmäßigen Zugangs zu traditionellen oder elektronischen Medien durch Kundgabe einer Stellungnahme oder eines Gerüchtes zu einem Finanzinstrument oder dessen Emittenten, nachdem Positionen über dieses Finanzinstrument eingegangen worden sind, ohne dass dieser Interessenkonflikt zugleich mit der Kundgabe in angemessener und wirksamer Weise offenbart wird.

7. Einwirken auf den Markt

Mit der Reform des Manipulationsstrafrechts durch Übertragung aus dem Börsengesetz (§ 88) in das Wertpapierhandelsgesetz erfolgte eine Entkriminalisierung der „Versuchshandlungen", also der Tathandlungen, die keine Einwirkungen auf den Börsen- oder Marktpreis erzielten. In den zum Zeitpunkt der Gesetzesänderung anhängigen Ermittlungs- und Strafverfahren stellte sich nunmehr die Tatsachenfrage nach der Einwirkung. Vor der Einwirkung war das Einwirkungsobjekt festzulegen. Die aus der Vergangenheit des Manipulationsverbotes stammende Formulierung „Kursbetrug" hatte sich in der Literatur gehalten, obwohl seit 1994 (2. FinMFG) der Begriff „Kurs" nicht mehr im Börsengesetz verwendet wurde und mit dem 2. Gesetz zur Bekämpfung der Wirtschaftskriminalität die „Betrugsvariante" des alten § 88 BörsG in der Fassung des § 264 a StGB aus dem Börsengesetz herausgenommen war. Obwohl dies dem Gesetzgeber bekannt war, hat er in der neuen Fassung nach dem WpHG sowohl in der Abschnittübersicht, als auch in der Überschrift des § 20 a WpHG wieder den Begriff „Kursmanipulation" verwendet. Im Wortlaut der Verbotsnorm ist zwar der Begriff „Börsenkurs" nicht mehr aufzufinden, hingegen wird durch die nicht näher begründete Einbeziehung des ebenfalls gegen Manipulation geschützten „Marktpreises" der Schutzbereich nicht klarer bestimmt. Wenn der Gesetzgeber tatsächlich den Börsenkurs strafbewehrt gegen Einwirkungen schützen will, muss der nicht legal definierte Begriff **Kurs** eindeutig bestimmt werden.

365 In nahezu allen Strafverfahren wegen des Vorwurfes der Manipulation von Börsenpreisen durch (wegen der Richtigkeit des Inhalts streitige) Ad-hoc-Mitteilungen, werden wirtschaftswissenschaftliche Gutachten über Einwirkungen auf Börsenkurse erstattet, die, soweit der Börsenkurs ökonometrisch langfristig untersucht wird, zu dem Ergebnis kommen, dass diese Tatbestandsvoraussetzung der Strafnorm nicht vorliegt und somit allenfalls eine Ordnungswidrigkeit vorliegen kann.

366 Mit dem Anlegerschutzverbesserungsgesetz wurde schlussendlich zwar die noch irreführende Überschrift über den (früheren) Abschnitt 4 „Überwachung des Verbots der Kurs- und Marktpreismanipulation" belassen, jedoch die redaktionelle Überschrift über § 20 a WpHG „Verbot der Kurs- und Marktpreismanipulation" beseitigt.[225]

8. Terminologie in Sachverständigengutachten

367 Ökonometrische Modelle arbeiten mit empirischen Untersuchungen (Kapitalmarktforschung) über Auftreten von Ereignissen bzw. Informationen (unternehmensinterne und unternehmensexterne), die zu erheblichen Bewertungseffekten führen können. Die Bewertungseffekte werden als Merkmal der Kurseinwirkung herangezogen.

368 Ökonometrische Untersuchungsmethoden anhand von Ereignisstudien (Event studies) führen durch die Auswirkung überlappender Ereignisse (confounding events) nicht zu einer messbaren Einwirkung. (Auch das Vermeidungsmodell durch Bewertung bereinigter Stichproben führt regelmäßig zu dem Ergebnis, dass eine Einwirkung langfristig nicht (mehr!) nachweisbar ist.

369 Eine Renditeberechnung der Preisentwicklung auf der Basis der diskreten Rendite (oder der stetigen Rendite, die Wahl der Rendite hängt vom Untersuchungsansatz ab), greift auf jeweils einen Börsenpreis pro Tag im gesamten Untersuchungszeitraum zu. In der Regel war dies der Kassakurs, später der Schlusspreis im Präsenzhandel oder die Schlussauktion im elektronischen Handel der FWB: Xetra. Berechnet wird eine mögliche abnormalen Rendite (abnormal return = AR) = Rendite (R) der Aktie abzüglich einer erwarteten Rendite (Erwartungswert= E(R)), die durch das Ereignis hervorgerufen sein könnte.

370 Erwartungswert ist die Rendite des Vergleichsportfolios (Benchmark meistens Index). Formel AR = R − E(R) [R des Marktes]. Kumulierte abnormale Rendite ist die Addition der AR vom Zeitpunkt des Ereignisses an über einen definierten Zeitraum. Das Signifikanzniveau der Rendite wird unter Anwendung der Teststatistik t-Test oder bei kleineren Stichproben (kleiner 30) mit dem nichtparametrischen Wilcoxon-Vorzeichen-Rang Test ermittelt.

---

[225] Dem Gesetzgeber war es zwar nicht entgangen, dass im Text des § 20 a WpHG der Begriff Kurs gestrichen wurde, so hat er in der Begründung zu § 6 Abs. 3 ausdrücklich gesagt: „Das Wort „Kurs-„ wurde als Folgeänderung zu § 20 gestrichen", jedoch diese redaktionelle Änderung nicht auch in der Abschnittsüberschrift fortgesetzt. Es wird im Einzelfall zu prüfen sein, ob sich daraus für die Tatbestandsmerkmale des § 20 a WpHG „Folgeänderungen" bei deren Auslegung ergeben. Die schwierige und uneindeutige Bestimmung einer „Kurseinwirkung" könnte damit auch weiterhin Vorraussetzung für eine Strafbarkeit sein mit der Folgediskussion über den zu untersuchenden Zeitraum; siehe nachfolgendes Kapitel.

Klar äußert sich die Staatsanwaltschaft Frankfurt:[226]

"Für die Ermittlung des Wertes von Aktien, die im Zeitpunkt des Geschäftes am geregelten Markt oder im Freiverkehr gehandelt werden, und mithin zur Klärung der Frage, ob ein Anleger bezogen auf den Zeitpunkt des Erwerbs einen Vermögensschaden erlitten hat, ist allein der Börsenkurs maßgebliche Größe. Weitergehende Prüfungen, ob der Kurswert dem „wahren" Wert entsprochen hat, erübrigen sich selbst dann, wenn die Voraussetzungen einer Kursmanipulation gem. § 20 a WpHG festgestellt werden können".

Hingegen bezieht sich das OLG Frankfurt (in einer Zivilsache) bei der Berechnung des Schadens aus einer Manipulation auf den BGH,[227] danach ist nicht der Börsenkurs, sondern der tatsächliche Wert des Unternehmens maßgebend.

9. Börsenpreis und Marktpreis

Der Börsenpreis ist wesentlicher Teil des öffentlich-rechtlichen Umfelds der deutschen Börsenlandschaft. Er ist nicht das Ergebnis von Vertragsverhandlungen und unterliegt nicht der Dispositionsbefugnis der Parteien des Kaufvertrages über Wertpapierpapiere. Der Börsenpreis und seine Entstehungsvoraussetzungen sind legaldefiniert (§§ 24, 25 und 27 BörsG). Um ein Einwirken auf den Börsenpreis feststellen zu können, ist zunächst die Rechtsnatur von Börsen nach dem deutschen Börsengesetz zu klären, sodann sind die gesetzlichen Voraussetzungen und das Zustandekommen von Börsenpreisen zu untersuchen. Von einem Marktpreis ist auszugehen, wenn dieser auf einem regulierten Markt festgestellt wurde, ohne ein Börsenpreis zu sein. Dies ist dann der Fall, wenn der Preis auf einem Markt, der nicht nach dem deutschen Börsengesetz reguliert ist, jedoch nach der Marktmissbrauchsrichtlinie anerkannt ist, festgestellt wird; weiterhin sind Preise, die auf der Internalisierungsplattform Xetra Best der FWB unter Überwachung nach den veröffentlichten Regeln entstehen, Marktpreise. Gleiches wird auch auf Preise von börsenähnlichen Einrichtungen nach §§ 58 ff. BörsG zutreffen.

a) Die gesamtgesetzliche Bedeutung des Börsenpreises. Der Börsenpreis hat in mehreren anderen Gesetzen eine privilegierende Bedeutung.[228] So hat das BVerfG in seinem DAT/Altana-Beschluss vom 27.4.1999[229] entschieden, dass es mit Art 14 Abs. 1 GG unvereinbar ist, bei der Bestimmung der Abfindung oder des Ausgleichs für Außenstehende oder ausgeschiedene Aktionäre nach den §§ 304, 305 bzw. 302 b AktG den Börsenkurs der Aktien der abhängigen Gesellschaft außer Betracht zu lassen.

Im Bürgerlichen Gesetzbuch finden sich Bezugnahmen unter anderem in § 385 BGB. Hat die Sache einen Börsen- oder Marktpreis, so kann der Schuldner den Verkauf aus freier Hand durch einen zu solchen Verkäufen öffentlich ermächtigten Handelsmakler[230] oder durch eine zur öffentlichen Versteigerung befugte Person zum laufenden Preise bewirken. Wird eine Sache an der Börse gehandelt und ein entsprechender Preis festgestellt, so ist die Pfandverwertung im Wege des freihändigen Verkaufes oder durch öffentliche Versteigerung zulässig (s. §§ 1221, 1235 Abs. 2, 1295 BGB, 821 ZPO). Ein freihändiger Verkauf kann, wenn eine Ware einen Börsen- oder Marktpreis hat, auch dann bewirkt werden, wenn der Handelskäufer sich im Annahmeverzug befindet (§ 373 Abs. 2 S. 1 HGB). Nach dem Recht des Fixhandelskaufes kann Schadensersatz als Differenz zwischen dem Kaufpreis und dem Börsenpreis zurzeit und am Ort der geschuldeten Leistung berechnet werden (§ 376 Abs. 2 und 3 HGB). War für Finanzleistungen, die einen Markt- oder Börsenpreis haben, eine bestimmte Zeit oder eine bestimmte Frist vereinbart und tritt die Zeit oder der Ablauf der Frist erst nach der Eröffnung eines Insolvenzverfahrens ein, so kann nicht die Erfüllung verlangt, sondern nur eine Forderung wegen der Nichterfüllung geltend gemacht werden. Diese Forderung richtet sich auf die Differenz zwischen dem vereinbarten Preis und dem Markt- oder Börsenpreis, der am zweiten Werktag

---

[226] *Hildner* WM 2004, 1068.
[227] OLG Frankfurt, Urt. v. 14.2.2005, 1 U 149/04, mit Hinweis auf BGH NJW 1982, 2827.
[228] *Schwark* § 29 Rdnr. 28 m. w. N.; *Paschos*, mit umfangreicher Rechtssprechung zum Spruchverfahren nach dem AktG.
[229] BVerfG, Beschl. v. 27.4.199,9ZIP 1999, 1436.
[230] Bis zum 30.6.2002 war dies per Gesetz der Kursmakler.

nach der Eröffnung des Verfahrens am Erfüllungsort für einen Vertrag mit der vereinbarten Erfüllungszeit maßgeblich ist. Die Feststellung von Börsenpreisen für Wertpapiere eröffnet bestimmten institutionellen Anlegern im Übrigen entsprechende Anlagemöglichkeiten (s. §§ 54 a Abs. 2 VAG, 8 Abs. I KAGG).

376 Aus der Qualität eines Börsenpreises resultiert daneben seine über den Börsenverkehr hinausgehende Bedeutung. So unterstützt er wichtige Kalkulations- und Investitionsentscheidungen in der Wirtschaft. Kommt es auf aktuelle Ansätze bei einer Unternehmensbewertung an, wird er auch außerbörslichen Vorgängen zu Grunde gelegt, etwa der Auseinandersetzung, Bilanzierung oder Besteuerung von Vermögen (s. etwa §§ 25 Abs. 3 HGB; § 155 Abs. 2 AktG; 19 a Abs. 3 Nr. 1, Abs. 6 EStG; 11 BewG). In bestimmten Fällen dient der Börsenpreis überdies als Anknüpfungsgröße bei der Berechnung der Höhe von Erstattungsansprüchen nach § 44 BörsG.

§ 11 Abs. 2 Bewertungsgesetz nimmt bei der Feststellung des Wertes Bezug auf die Zulassung der Objekte zum Börsenhandel. Wertpapiere und Schuldbuchforderungen, die am Stichtag an einer deutschen Börse zum amtlichen Handel zugelassen sind, werden mit dem niedrigsten am Stichtag für sie im amtlichen Handel notierten Kurs angesetzt. Liegt am Stichtag eine Notierung nicht vor, so ist der letzte innerhalb von 30 Tagen vor dem Stichtag im amtlichen Handel notierte Kurs maßgebend. Entsprechend sind die Wertpapiere zu bewerten, die zum geregelten Markt zugelassen oder in den geregelten Freiverkehr einbezogen sind.[231]

377 Da sich nicht nur die Investoren, Finanzdienstleister und Kleinanleger in besonderer Weise auf den Börsenpreis verlassen, sondern der Gesetzgeber diesen in vielfältiger Weise als Bezugsgröße definiert hat, ist auf der einen Seite Vertrauen für die Funktionsfähigkeit zu schützen, auf der anderen Seite der Versuchung, Vertrauen zu missbrauchen, entgegenzuwirken. Zusammenfassend ist dem deutschen Gesetzeswerk eine herausragende Bedeutung des Börsenpreises als zeitpunktbezogene Größe zu entnehmen, dem „Kurs" als zeitraumbezogene Entwicklung oder Vergleichsgröße kommt hingegen keine Bedeutung zu.

378 b) Die kapitalmarktbezogene Bedeutung der Preisfeststellung. Der Börsenpreis hat die Qualität einer Tatsachenentscheidung, die nur unter ganz engen Bedingungen nachträglich korrigiert oder aufgehoben werden kann.[232] Unmittelbare Folgen wie der direkte Einfluss auf die Berechnung von Indices, das Auslösen von bedingten Wertpapieraufträgen wie Stopp-Loss-Order, direkte Einflüsse auf Börsenpreise von Derivaten bis hin zu totalen Rechtsverlusten bei Erreichen von Knock-out-Schwellen von Optionsscheinen[233] können nicht wieder korrigiert oder zurückgedreht werden. Von Preisveröffentlichungen ausgelöste Verkaufsentscheidungen anderer Marktteilnehmer bleiben selbst dann wirksam und verbindlich, wenn das Geschäft, welches zum auslösenden Börsenpreis geführt hat, zulässig storniert wird. Die Stornierung betrifft lediglich die schuldrechtliche Seite, der Preis selbst wird nicht gelöscht.

379 Die Preisbildung in elektronischen Handelssystemen[234] erfolgt in der Regel ohne menschliches Zutun. Wertpapieraufträge werden direkt über elektronische Orderleitsysteme in das Handelssystem geleitet. Die Auftragserteilung kann durch Quote Machines[235] erfolgen, welche ihre Aufträge auf Basis von Electronic Eyes[236] generieren.

---

[231] Vgl. StA Ffm, 92 Js 5674.6/99.
[232] Vgl. Norminterpretierende Verwaltungsvorschrift der FWB, Nr. 3.4.
[233] Bei Erreichen der Knock-out-Schwelle wird der Optionsschein wertlos, die Einbeziehung in den Freiverkehr an der Frankfurter Wertpapierbörse widerrufen und die Preisfeststellung eingestellt.
[234] FWB: Xetra; EUREX.
[235] Quote Machines sind automatische Quotierungssysteme für Wertpapiere. Auf der Basis von Preisinformationen und zusätzlicher Parameter, die der Teilnehmer festlegt, werden automatisch Aufträge erzeugt und in das elektronische Handelssystem geleitet (Nr. 1.11 der Durchführungsbestimmungen der Eurex Deutschland und der Eurex Zürich über Technische Einrichtungen).
[236] Electronic Eyes sind Computerprogramme, die fortlaufend Preise von im elektronischen Handelssystem gehandelten Wertpapieren empfangen und auswerten. Sobald sich der Preis eines von einem Electronic Eye empfangenen Auftrags innerhalb einer vorher vom Teilnehmer bestimmten Bandbreite befindet, erzeugt das Electronic Eye automatisch einen Auftrag, der über die programmierbare Schnittstelle in das elektronische Handelssystem geleitet wird, damit dieser zur Ausführung gelangt (Nr. 1.10 der Durchführungsbestimmungen der Eurex Deutschland und der Eurex Zürich über Technische Einrichtungen).

c) **Legaldefinition und Ermittlung des Börsenpreises.** Im Gegensatz zu dem landläufig gebrauchten und in seiner Bedeutung unklaren Begriff Börsen*kurs* hat der Gesetzgeber den Begriff Börsenpreis im Börsengesetz definiert. Preise für Wertpapiere, die während der Börsenzeit an einer Wertpapierbörse im amtlichen Markt oder im geregelten Markt oder Preise, die an einer Warenbörse ermittelt werden, sind Börsenpreise. Börsenpreise sind auch Preise, die für Derivate an einer Börse ermittelt werden (§ 24 Abs. 1 BörsG). Auch Preise für Wertpapiere, die während der Börsenzeit an einer Wertpapierbörse im Freiverkehr ermittelt werden, sind Börsenpreise. Die Börsenpreise müssen den Anforderungen nach § 24 Abs. 2 BörsG entsprechen (§ 57 Abs. 2 BörsG). Die Ermittlung des Börsenpreises erfolgt an Wertpapierbörsen im elektronischen Handel oder durch zur Feststellung des Börsenpreises zugelassene Unternehmen (Skontroführer) (§ 25 S. 1 BörsG). 380

Börsenpreise müssen ordnungsgemäß zustande kommen und der wirklichen Marktlage des Handels an der Börse entsprechen. Insbesondere müssen den Handelsteilnehmern Angebote zugänglich und die Annahme der Angebote möglich sein (§ 24 Abs. 2 Sätze 1 und 2 BörsG). Die Börsenpreise und die ihnen zu Grunde liegenden Umsätze sind den Handelsteilnehmern unverzüglich bekannt zu machen (§ 24 Abs. 2 S. 3 BörsG). Der Skontroführer hat die Vermittlung und den Abschluss von Börsengeschäften in den zur Skontroführung zugewiesenen Wertpapieren zu betreiben und auf einen geordneten Marktverlauf hinzuwirken (§ 27 Abs. 1 S. 1 BörsG). Er hat seine Tätigkeit neutral auszuüben und die Einhaltung der ihm obliegenden Pflichten sicherzustellen (§ 27 Abs. 1 Satz 3 BörsG) und alle zum Zeitpunkt der Feststellung vorliegenden Aufträge bei ihrer Ausführung unter Beachtung der an der Börse bestehenden besonderen Regelungen gleich zu behandeln (§ 27 Abs. 2 S. 1 BörsG).[237] 381

d) **Zustandekommen von Börsenpreisen im elektronischen Handel.** Der Gesetzgeber hatte die Modalitäten für die Bestimmung der Börsenpreise ursprünglich für den Präsenzhandel festgelegt. Ausgehend von der Feststellung der Börsenpreise im amtlichen Handel durch Kursmakler, die von der Börsenaufsichtsbehörde bestellt worden waren und einer konsequenten Überwachung unterlagen, hat der Gesetzgeber auch die Preise im elektronischen Börsenhandel, wenn dieser in der Börsenordnung bestimmt ist, als Börsenpreise anerkannt. Diese Preise werden jedoch nicht durch dafür bestellte Personen ermittelt. Sie kommen dann zustande, wenn ausführbare Aufträge aufeinander treffen (Matching). 382

Über die zugelassenen Handelsteilnehmer werden Wertpapieraufträge direkt in das elektronische Handelssystem (hier: Xetra) eingegeben. Die zehn besten (teuersten) Kaufaufträge bzw. billigsten Verkaufsaufträge (die bislang nicht ausgeführt werden konnten) stehen für alle Handelsteilnehmer sichtbar im offenen Auftragsbuch (Orderbuch). Trifft ein neuer Kaufauftrag auf einen preislich passenden Verkaufsauftrag werden diese beiden – zueinander passenden – Wertpapieraufträge gegeneinander ausgeführt, der schuldrechtliche Vertrag gilt als geschlossen und der Kaufpreis, zu welchem die Vermittlung erfolgte, wird als Börsenpreis veröffentlicht.[238] Bei der Ermittlung des ersten und des letzten Preises eines Handelstages (Eröffnungspreis und Schlusspreis) und in besonderen Ausnahmefällen (z. B. Volatilitätsunterbrechungen[239] des fortlaufenden Handels bei starken Kursschwankungen) ist das Orderbuch geschlossen und die Aufträge sind nicht sichtbar. Die Vermittlung ausführbarer Aufträge erfolgt nach den Grundsätzen einer Auktion, der so errechnete Preis ist der Börsenpreis. Bei Auktionen werden Aufträge ohne Kenntnis der Orderlage in das System eingestellt. Anstelle der Aufträge wird der Preis angezeigt, welcher bei der aktuellen Orderlage vom System generiert werden würde, wenn in diesem Augenblick die Auktion beendet würde und ein Preis zustande käme (indikativer Preis). Während der Auktion können weitere Aufträge in das System eingegeben oder eingegebene Aufträge gelöscht werden. Nach einem in der Endphase durch einen Zufallsgenerator bestimmten Zeitraum generiert das Handelssystem den Börsenpreis, führt die ausführbaren Aufträge zu diesem Preis aus und leitet in den fortlaufenden Handel mit offenem Orderbuch über. 383

---

[237] VG Frankfurt, Urt. v. 18.9.1997, (15 E 426/96), S. 10.
[238] Einzelheiten sind dem Regelwerk der FWB, hier für Xetra und der EUREX AG, sowie dem Internetauftritt www.Xetra.de zu entnehmen.
[239] Schwark/*Beck* Kapitalmarkrechtskommentar § 25 BörsG Rdnr.36.

384 **e) Feststellung von Börsenpreisen im Präsenzhandel.** Der Präsenzhandel[240] beginnt mit der Eröffnungs- und endet mit der Schlussauktion.[241] Der zwischen den Auktionen liegende fortlaufende Handel wird ebenfalls grundsätzlich nach dem Auktionsprinzip veranstaltet, sofern nicht fehlende Liquidität zu market-maker-ähnlichen Veranstaltungen führt, bei denen an Stelle des Marktausgleichs durch hohe Liquidität „Best Price-Grundsätze" nach den jeweiligen Börsenordnungen treten. Der Handelsteilnehmer leitet Kaufaufträge (oder Eigenaufträge) per Telefon,[242] mündlich, schriftlich oder in elektronischer Form an die Börse weiter (vgl. § 3 Bedingungen für Geschäfte an der FWB). Der Kaufauftrag wird in das Orderbuch des mit der jeweiligen Preisfeststellung monopolistisch beauftragten Skontroführers geleitet. Der Skontroführer hat sich um die Vermittlung von Kauf- und Verkauforders zu bemühen (Bemühenspflicht) und im Falle zusammenführbarer Kauf- und Verkauforders dieselben grundsätzlich auszuführen (Ausführungspflicht, vgl. § 27 Abs. 1 S. 1 BörsG).[243]

10. Täuschung über Bewertungserhebliche Umstände[244]

385 Bewertungserhebliche Umstände[245] im Sinne von § 20 a Abs. 1 Satz 1 Nr. 1 des Wertpapierhandelsgesetzes sind Tatsachen und Werturteile, die geeignet sind, auf die Anlageentscheidung eines vernünftigen Anlegers mit durchschnittlicher Börsenkenntnis Einfluss zu nehmen. Bewertungserhebliche Umstände können insbesondere sein:
- Informationen, die gemäß § 15 Abs. 1 S. 1 des Wertpapierhandelsgesetzes zu veröffentlichen sind;
- Entscheidungen und Kontrollerwerbe, die gemäß § 10 oder § 35 des Wertpapiererwerbs- und Übernahmegesetzes zu veröffentlichen sind;
- Änderungen in den Jahresabschlüssen und Zwischenberichten und den hieraus üblicherweise abgeleiteten Unternehmenskennzahlen;
- Änderungen der Ausschüttungen, insbesondere Sonderausschüttungen, eine Dividendenänderung oder die Aussetzung der Dividende;
- Bedeutende Kooperationen, Erwerb oder Veräußerung von wesentlichen Beteiligungen sowie der Abschluss, die Änderung oder die Kündigung von Beherrschungs- und Gewinnabführungsverträgen und sonstigen bedeutenden Vertragsverhältnissen;
- Übernahme-, Erwerbs- und Abfindungsangebote, soweit nicht von Absatz 2 erfasst;
- Kapital- und Finanzierungsmaßnahmen;
- Liquiditätsprobleme, Überschuldung oder Verlustanzeige nach § 92 des Aktiengesetzes;
- Bedeutende Erfindungen, Erteilung oder Verlust bedeutender Patente und Gewährung wichtiger Lizenzen;
- Rechtsstreitigkeiten und Kartellverfahren von besonderer Bedeutung;
- Veränderungen in personellen Schlüsselpositionen des Unternehmens;
- Strategische Unternehmensentscheidungen, insbesondere der Rückzug aus oder die Aufnahme von neuen Kerngeschäftsfeldern oder die Neuausrichtung des Geschäfts.

386 **Achtung:** Die Tathandlung im Kontext mit bewertungserheblichen Umstände im Sinne von § 20 a Abs. 1 Satz 1 Nr. 1 kann auch leichtfertig begangen werden, dann liegt jedoch keine Straftat, sondern lediglich eine Ordnungswidrigkeit vor. In diesem Zusammenhang ist der Emittentenleitfaden der BaFin von erheblicher Bedeutung, da dort Bewertungen Einzelner unternehmensbezogener Umstände vorgegeben sind, die eine sichere Handhabung ermöglichen.

---

[240] Schwark/*Beck* Kapitalmarkrechtskommentar § 25 BörsG Rdnr. 41 ff.
[241] Anfang 2003 begann der Börsenhandel um 9:00 Uhr; er endete nach 19:30 Uhr mit der Schlusskursfeststellung; bis um 19:30 Uhr fand variabeler Handel statt, nach dem Klingeln um 19:30 Uhr durfte nur noch der Schlusskurs festgestellt werden. Der Kassakurs als Auktion um 12:00 Uhr wurde deutschlandweit abgeschafft; er hat seine Bedeutung durch die Handelbarkeit auch einzelner Stücke (Aktien) während des gesamten Handelstages verloren. An der Frankfurter Wertpapierbörse ist der „Schlusskurs" durch eine „Schlussnotierung ersetzt worden, die jedoch nicht den Voraussetzungen eines errechneten Kurses entsprechen muss. Der Einheitspreisfeststellungen kommt in Aktien keine Bedeutung mehr zu;, hingegen ist sei bei der Feststellung der Preise von Rentenpapieren von weiterhin großer Bedeutung im Präsenzhandel.
[242] Beide Telefone sind an Gesprächsaufzeichnungsanlagen angeschlossen (siehe oben).
[243] Zu den Pflichten des Skontroführers (Kursmakler) VG Frankfurt, Urt. v. 18.9.1997, 15 E 426/96.
[244] In der Definition der KuMaKV.
[245] Zur Abgrenzung Angaben/Umstände/Tatsachen siehe Trüstedt S. 135 ff.

Wer sich im Rahmen des Leitfadens bewegt, sollte grundsätzlich sanktionslos bleiben. Der Leitfaden ist auf der Website der BaFin abrufbar.

11. Sonstige Täuschungshandlungen.

Eine sonstige Täuschungshandlung im Sinne des § 20 a Abs. 1 Nr. 3 WpHG ist die Vorspiegelung falscher sowie die Entstellung oder Unterdrückung wahrer Tatsachen oder sonstiger Umstände, soweit diese geeignet sind, den inländischen Börsen- oder Marktpreis hoch- oder herunter zutreiben oder beizubehalten.[246]

- Sonstige Täuschungshandlungen sind insbesondere Geschäfte oder einzelne Kauf- oder Verkaufaufträge über den Kauf von Vermögenswerten, bei denen Käufer und Verkäufer wirtschaftlich identisch sind (Cross-Geschäfte, Wash sales), es sei denn, diese Geschäfte wurden nicht wissentlich zwischen identischen Vertragspartnern abgeschlossen oder sie wurden den anderen Marktteilnehmern im Einklang mit den gesetzlichen Regeln und den Marktbestimmungen angekündigt;[247]
- bei denen ein Kauf- und ein Verkaufauftrag zu im Wesentlichen gleichen Stückzahlen und Preisen von verschiedenen Parteien, die sich abgesprochen haben, erteilt wird (Pre Arranged Trades), es sei denn, diese Geschäfte wurden den anderen Marktteilnehmern im Einklang mit den gesetzlichen Regeln und den Marktbestimmungen angekündigt;
- die den unzutreffenden Eindruck wirtschaftlich begründeter Umsätze erwecken;
- die aufgrund ihres Zeitpunktes geeignet sind, über Angebot und Nachfrage im Zeitpunkt der Feststellung eines bestimmten Börsen- oder Marktpreises zu täuschen, der als Referenzpreis für einen Vermögenswert dient.

Eine Täuschungshandlung liegt auch vor, wenn

- eine marktbeherrschenden Stellung über das Marktangebot zu einer nicht marktgerechten Preisbildung ausgenutzt wird und
- wenn Gerüchten oder Empfehlungen bei Bestehen eines möglichen Interessenkonflikts verbreitet werden, ohne dass dieser zugleich in adäquater Weise offenbart wird.

a) Sonstige Täuschungshandlungen nach AnsVG und MaKonV. Die scharfe Kritik an der unscharfen Formulierung der 2. Variante des alten § 88 BörsG, der **Anwendung sonstiger auf Täuschung berechneter Mittel** hat kein wirkliches Gehör gefunden.

Der § 20 Abs. 1 Nr. 2 der Fassung vom 1.7.2002 formulierte in vergleichbar unklarer Weise dass Verbot, **sonstige Täuschungshandlungen vorzunehmen, um ... einzuwirken.**

Die aktuelle Fassung nach dem AnSVG teilt diese Variante nochmals auf in die Verbote:
2. Geschäfte vorzunehmen oder Kauf- oder Verkaufaufträge zu erteilen, die geeignet sind, falsche oder irreführende Signale für das Angebot, die Nachfrage oder den Kurs von Finanzinstrumenten zu geben oder ein künstliches Preisniveau herbeizuführen oder
3. sonstige Täuschungshandlungen vorzunehmen, die geeignet sind ... einzuwirken.

Mit den sonstigen Täuschungshandlungen sollen die Ereignisse erfasst werden, die nicht mit dem inneren Wert des Emittenten in Verbindung stehen, sondern solche Handlungen und Unterlassungen, die sich auf den Handel mit den Finanzinstrument selbst beziehen. Zurückzuführen ist diese Gruppe auf die, mit der Bezeichnung Painting the Tape umschriebenen irreführenden Marktaktivitäten.

Mit dem Begriff: „Sonstige Täuschungshandlungen" sollen Handlungen oder Unterlassungen erfasst werden, die geeignet sind, über die wahren wirtschaftlichen Verhältnisse, insbesondere Angebot und Nachfrage in Bezug auf ein Finanzinstrument, an einer Börse oder einem Markt in die Irre zu führen und den inländischen Börsen- oder Marktpreis eines Finanzinstruments oder den Preis eines Finanzinstruments an einem organisierten Markt in einem anderen Mitgliedstaat der Europäischen Union oder einem anderen Vertragsstaat des Abkommens über den Europäischen Wirtschaftsraum hoch- oder herunter zutreiben oder beizubehalten.

b) Der verständige Anleger. Hier wird zur näheren Erläuterung wieder der „verständige Anleger" als Messinstrument für die Geeignetheit der Handlung, einen Irrtum zu erregen, bemüht.

---

[246] Weitere Daten sind der KuMaKV und der MaKonV zu entnehmen.
[247] Cross Request im Eurex Handel oder Kompensationsgeschäfte im Präsenzhandel; für die sonst derzeit betriebenen elektronischen Handelsplattformen wird eine ähnliche Ankündigungsstruktur zu entwickeln sein.

Der verständige Anleger ist das Kind des Anlegerschutzverbesserungsgesetzes. Insiderinformation sind nach § 13 WpHG geeignet, im Falle ihres öffentlichen Bekanntwerdens den Börsen- oder Marktpreis der Insiderpapiere erheblich zu beeinflussen, wenn ein verständiger Anleger die Information bei seiner Anlageentscheidung berücksichtigen würde.

396 c) **Tatsächliche Geschäfte als sonstige Täuschungshandlungen.** Dies können Geschäfte oder einzelne Kauf- oder Verkaufsaufträge über Finanzinstrumente sein, bei denen ein Kauf- und ein Verkaufsauftrag zu im Wesentlichen gleichen Stückzahlen und Preisen von verschiedenen Parteien, die sich abgesprochen haben, erteilt wird; es sei denn, diese Geschäfte wurden im Einklang mit den jeweiligen Marktbestimmungen (Beispiel: Cross Request an der Eurex oder Kompensationsankündigung im Präsenzhandel) rechtzeitig angekündigt. „Cross Sales" oder „Wash Sales" zählen zu den Geschäften, die den unzutreffenden Eindruck wirtschaftlich begründeter Umsätze erwecken und damit geeignet sind, über die tatsächliche Geschäftslage in dem Handel mit dem Finanzinstrument zu täuschen.

397 d) **Cross-Geschäfte als sonstige Täuschungshandlungen?** Achtung: Im Markt hat sich eine „Kurzfassung" verbreitet, bei der es offenbar ausreicht, die amerikanischen Begriffe zu verwenden, um eine strafbare Manipulation zu begründen. Weder ein Cross-Geschäft noch ein Wash Sale alleine erfüllt den Straftatbestand des § 38 Abs. 1 Nr. 4 in Verbindung mit § 20 a Abs. 1 Nr. 2 WpHG. Gegen das Manipulationsverbot wird nur dann verstoßen, wenn die Tathandlung (zusätzlich) eine sonstige „Täuschungshandlung" enthält. Einzelne Cross-Geschäfte im Rahmen der üblichen Volatilität und den üblichen Umsatzgrößen täuschen nicht über die tatsächliche Geschäftslage in einem Finanzinstrument.

398 e) **Fehlende wirtschaftliche Relevanz.** Im Regierungsentwurf werden diese Geschäftstypen als fiktive Geschäfte bezeichnet, die dadurch gekennzeichnet seien, dass ihnen die wirtschaftliche Relevanz fehle, die ansonsten Wertpapiertransaktionen zukomme.[248] Dabei bezieht sich die Bundesregierung offenbar nur auf die unmittelbare wirtschaftliche Relevanz, ohne mittelbare wirtschaftliche Interessen zu beachten. Damit zieht sie die anerkannten Formen der wirtschaftlich neutralen Geschäfte wie „Cross Request" (Eurex) oder „Kompensation" (Präsenzhandel)[249] in Zweifel. In beiden Fällen sind Funktionalitäten geschaffen worden, gerade weil ein wirtschaftliches Interesse an solchen „neutralen" Geschäften ohne „wirtschaftlicher Relevanz" anerkannt wird.[250]

399 f) **Die erlaubten Cross-Geschäfte.** Das börsenrechtlich regulierte Verbot derartiger Geschäfte ist auf § 24 BörsG, dem Marktmodell für die Qualifikation als „Börsenpreis", zurück zu führen. So sind Cross-Geschäfte und Kompensationsgeschäfte grundsätzlich erlaubt. Gem. § 33 Abs. 2 Nr. 20 BörsO FWB ist einer Börsenpreisfeststellung, zu der ausschließlich Aufträge ausgeführt wurden, bei denen Käufer und Verkäufer identisch waren, der Hinweis C hinzuzufügen. Eine solche Regelung in der BörsO wäre überflüssig, wenn solche Geschäfte Preisfeststellungen auf der Basis strafrechtlich verbotener Geschäfte ohne wirtschaftliche Relevanz erfolgten. Die wirtschaftliche Bedeutung derartiger Kompensationsgeschäfte wird mit der Ausführungsregel nach § 4 Abs. 3 der Geschäftsbedingungen unterstützt.

400 Ein grundsätzliches Verbot solcher Geschäfte gibt es nicht. Lediglich den zum Börsenhandel nach § 16 BörsG zugelassenen Handelsteilnehmern sind wissentliche Cross Sales und Pre Arranged Trades nach § 38 GeschBed FWB im Xetra-Handel und nach 2.3 der Geschäftsbedingungen an der Eurex im Terminhandel untersagt. Dieses Verbot erstreckt sich nicht auf Marktteilnehmer, die selbst nicht der Anstaltsordnung unterworfen sind. Im Terminhandel an der Eurex sind Cross-Geschäfte trotz fehlender wirtschaftlicher Relevanz zulässig, wenn die in 2.3 vorgegebenen Abläufe eingehalten werden. Daraus ergibt sich, dass allein die fehlende wirtschaftliche Relevanz nicht Anhaltspunkt für die Strafbarkeit sein kann.

401 g) **Vortäuschung regelkonformen Verhaltens.** Die mehrfach bemühte Formel der „Vortäuschung regelkonformen Verhaltens" kann demnach als sonstige Täuschungshandlung auch

---

[248] Regierungsentwurf zum 4. FinMFG, Begründung zu Nr. 14 (§§ 20 a, 20 b).
[249] Kompensationsgeschäfte sollen verboten werden; falls diese von Bedeutung sind, sollte bei allen Börsen, insbesondere bei den Regionalbörsen nachgefragt werden; dazu käme eine Rückfrage bei der BaFin.
[250] Umfassend zu der Usance der Kompensationsgeschäfte an den deutschen Präsenzbörsen Schäfer/*Peterhoff* Börsengesetz § 4 Rdnr. 14.

nur für die Handelsteilnehmer gelten, auf die sich das Verbot erstreckt. Streitig ist insofern, ob die anstaltsinternen Regeln nur nach § 20 BörsG durch den Sanktionsausschuss verfolgbar sind oder ob darüber hinaus auch eine Strafbarkeit anzunehmen ist. Hinsichtlich der Fälle, die bislang im Sanktionsausschussverfahren behandelt wurden, war nicht von einem Verstoß gegen das Manipulationsverbot des § 88 BörsG bzw. des § 20 a WpHG ausgegangen worden (zu den Einzelfällen siehe oben Abschnitt III).

Wesentliches Kriterium bei tatsächlichen Geschäften ist die Bewertung im Marktmodell der 402 öffentlich-rechtlichen Börse. Geschäftliche Aktivitäten, die zu Preisen führen, die die Qualität von Börsenpreisen im Sinne des § 24 BörsG haben, sind jedenfalls in ihrer Entstehung keine verbotenen Geschäfte. Verbotene Geschäfte können nicht die Qualität von Börsenpreisen haben (§ 38 abs. 2 S. 2 GeschBed FWB), sofern der Handelsteilnehmer für eigene Rechnung handelt. Der Preis geht nicht in die Indexberechnung ein und löst auch keine Stopp-Aufträge aus.

h) „Cornern" und „Squeeze" nach der MaKonV. Als sonstige Täuschungshandlungen wird 403 auch die Sicherung einer marktbeherrschenden Stellung über das Angebot von oder die Nachfrage nach Finanzinstrumenten durch eine Person behandelt. Eine marktbeherrschende Stellung liegt dann vor, wenn unmittelbar oder mittelbar die Ankaufs- oder Verkaufspreise dieser Finanzinstrumente bestimmt werden können oder nicht marktgerechte Handelsbedingungen geschaffen werden können. Mit erfasst werden sollen auch die Fälle bei denen mehrere in Absprache handelnde Personen solche Stellungen aufbauen.

Das frühere Erfordernis des Ausnutzens der marktbeherrschenden Stellung ist nicht mehr 404 Vorraussetzung. Vielmehr reicht es aus, wenn eine marktbeherrschende Stellung gesichert wird, aufgrund derer faktisch die Preisbildung kontrolliert wird, ohne dass dies bezweckt worden sein müsste.

Die Sicherung einer marktbeherrschenden Stellung liegt in der Regel nicht vor, wenn der 405 Emittent selbst oder ein mit ihm verbundenes Unternehmen von ihm ausgegebene Finanzinstrumente an einem Markt durch das Einstellen von Kauf- oder Verkaufsaufträgen betreuen muss, um einen Handel zu ermöglichen (z. B. im Optionsscheinhandel).

Wohl in Hinblick auf Market-Maker-Börsen reicht die Bestimmung von Angebots- oder 406 Nachfragepreisen aus. Neben der Kontrolle der Preisbildung soll für die Annahme des Tatbestandsmerkmals auch das Hervorrufen unfairer Handelsbedingungen durch die marktbeherrschende Stellung ausreichen.

Die Kundgabe von Gerüchten oder Meinungen, insbesondere Empfehlungen zu Finanzin- 407 strumenten oder deren Emittenten bei Bestehen eines verdeckten möglichen Interessenkonflikts, der zugleich in adäquater Weise offenbart wird, ist dieser Gruppe zuzuordnen.[251]

i) Sonstige Täuschungshandlungen als Anfangsverdacht. Anzeichen für sonstige Täu- 408 schungshandlungen sollen beispielsweise Geschäfte oder einzelne Kauf- oder Verkaufsaufträge sein, bei denen vorab oder im Nachhinein unrichtige oder irreführende Informationen weitergeben oder unrichtige, fehlerhafte verzerrende oder von wirtschaftlichen Interessen beeinflusste Finanzanalysen oder Anlageempfehlungen erstellen oder weitergeben werden.[252] Die Vertragspartner oder Auftraggeber oder mit diesen in enger Beziehung stehende Personen.

Die Kundgabe von Gerüchten oder Meinungen, insbesondere Empfehlungen zu Finanzin- 409 strumenten oder deren Emittenten bei Bestehen eines verdeckten möglichen Interessenkonflikts, der zugleich in adäquater Weise offenbart wird, ist dieser Gruppe zuzuordnen.[253]

Die als weitere zu beachtende Verhaltensgruppe definierten tatsächlichen Handelsak- 410 tivitäten, die **Anzeichen für sonstige Täuschungshandlungen** bieten zunächst einmal den Untersuchungs- und Ermittlungsbehörden Sicherheit bei der Begründung eines Anfangsverdachtes für Untersuchungen nach § 4 WpHG oder der Einleitung eines Ermittlungsverfahrens nach § 152 StPO Argumentationshilfen und Entscheidungssicherheit.

Klargestellt wird bei der Überprüfung eines Anfangsverdachtes auch, dass sonstige Täu- 411 schungshandlungen nach § 20 a Abs. 1 S. 1 Nr. 3 WpHG keinen kommunikativen Erklärungs-

---

[251] Siehe Begründung des BGH im Scalping Urteil.
[252] Begründung zum Entwurf § 3 MaKonV (BMF).
[253] Siehe Begründung des BGH im Scalping Urteil.

wert zu haben brauchen.²⁵⁴ Die Handlung oder das Unterlassen muss lediglich geeignet sein, bei einem verständigen Anleger eine Fehlvorstellung über die wahren wirtschaftlichen Verhältnisse an einer Börse oder einem Markt, etwa Angebot und Nachfrage in Bezug auf ein Finanzinstrument, hervorzurufen. Eine derartige Irreführung umfasst auch die Fehlvorstellung, beide Vertragspartner effektiver Geschäfte beabsichtigten die Übertragung von Finanzinstrumenten, während sie in Wirklichkeit die Ausführung ihrer Geschäfte nur in Kauf nehmen, um ihr eigentliches Ziel der Preiseinwirkung zu erreichen.

12. Maßnahmen gegen Manipulationsversuche

412 Als öffentlich-rechtliche Anstalt trifft die Börse die Pflicht, durch Regulierung, Programmierung und durch systematische Überwachung möglichen Manipulationen vorzubeugen. Strafrecht bleibt Ultima Ratio, so bequem eine derartige Übertragung von Verantwortlichkeit vom Börsenträger auf die Gesellschaft auch sein mag.

413 a) Die Regulierung des Börsenhandels. Absichtlich marktfern eingestellte Wertpapieraufträge, welche auf den Börsenpreis einwirken würden, sollen nicht zur Ausführung gelangen; daher hat der Skontroführer unter genau festgelegten Bedingungen die Möglichkeit, selbst einzutreten, d. h. Käufer oder Verkäufer zu sein. Die Taxenbildung und ihre Änderungen dienen u. a. dem Zweck, die Handelsteilnehmer über bevorstehende Preisänderungen zu informieren, sie gegebenenfalls zu gegenläufigen Aufträgen zu veranlassen und „Marktelastizität" auszugleichen. Aus der Betriebspflicht einerseits und der Monopolstellung, Preise feststellen zu können andererseits folgt die Pflicht, sich um die Vermittlung von Kauf- und Verkauforders zu bemühen (Bemühenspflicht) und im Falle zusammenführbarer Kauf- und Verkauforders dieselben grundsätzlich auszuführen (Ausführungspflicht, vgl. § 27 Abs. 1 Satz 1 BörsG). Hierbei unterliegt der Skontroführer der Neutralitätspflicht gegenüber allen Marktteilnehmern (vgl. §§ 27 Abs. 1 Satz 3, 1. Halbsatz, 27 Abs. 2 Satz 1 BörsG).

414 Das Meistausführungsprinzip basiert auf § 27 Abs. 2 S. 1 Börsengesetz und ist in § 32 Abs. 2 Satz 2 BörsO FWB sowie den Nummern 3.3.1 und 3.3.2 der Regeln für die Börsenpreisfeststellung im Präsenzhandel an der Frankfurter Wertpapierbörse konkretisiert: „Es ist derjenige Preis festzustellen, zu dem der größte Umsatz bei größtmöglichem Ausgleich der dem Skontroführer vorliegenden Aufträge stattfindet." „Die Feststellung eines Börsenpreises erfolgt auf der Basis der Auftragslage und stets unter Einhaltung des Meistausführungsprinzips. Als Börsenpreis ist derjenige Preis festzustellen, zu dem sich der größtmögliche Umsatz bei minimalem Überhang ergibt." Aus § 27 Abs. 1 Satz 2 BörsG ergibt sich für einen Skontroführer die Möglichkeit zulässiger Eigen- und Aufgabegeschäfte. Sie dürfen nicht tendenzverstärkend wirken. Diese Einschränkung folgt aus dem Gebot der Entsprechung der wirklichen Geschäftslage des Handels an der Börse (§ 24 Abs. 2 S. 1 BörsG). Eine Tendenzverstärkung durch Selbsteintritt wäre eine Verfälschung der wirklichen Geschäftslage, da das Aufgabegeschäft gerade die Überbrückung einer zur Umsatzerhöhung fehlenden Order darstellt.

415 Der Vorrang der dem skontroführenden Makler erteilten Aufträge bedeutet, dass der Skontroführer bei der Feststellung gerechneter Kurse nur beim Fehlen marktnah emittierter Aufträge, bei unausgeglichener Marktlage oder beim Vorliegen unlimitierter Aufträge, die nur zu nicht marktgerechten Kursen zu vermitteln wären, Eigen- und Aufgabegeschäfte tätigen darf (§ 36 BörsO FWB).

416 Achtung:
Grundsätze wie das Meistausführungsprinzip werden von der Praxis zurückgedrängt, obwohl der Gesetzestext noch eindeutig und zweifelsfrei die Qualität des Börsenpreises als der wirklichen Marktlage entsprechend vorschreibt. Die vielfältigen Eingriffe in die Preisfeststellung sind damit jeweils von der BaFin als zulässige Marktpraxis zu bestätigen. So ist nicht ausgeschlossen, dass ein Börsenpreis, der durch Privatkunden generiert wird auf Grund von Zeitprioritäten und dem schnellen Profihandel nicht mehr in die Folge der Profipreise passt.

417 b) Bedeutung der Marktüberwachung. Diese Aufgabe hat der Gesetzgeber den Handelsüberwachungsstellen als unabhängiges Organ übertragen. Wegen deren Kompetenzen siehe Teil 2.

---

²⁵⁴ Begründung zum Entwurf § 4 MaKonV (BMF).

Die Handelsüberwachungsstellen arbeiten zwar ausschließlich in öffentlichem Interesse, einer Bestellung des Leiters als Sachverständigen oder sachverständigen Zeugen steht jedoch nichts entgegen. Neben den Daten, die den Börsenhandel lückenlos und systematisch abbilden und nach § 4 Abs. 1 BörsG erfasst werden, existieren kurzfristige weitere Daten in der Datenverarbeitung, die auch Aktionen außerhalb des puren Börsenhandels betreffen. Wichtig sind dabei rein visuelle Zugriffe auf Informationsbildschirme, z. B. der kurze Blick auf die Liste der Stopp-Order vor einem Selbsteintritt des Skontroführers, der sich Klarheit über die möglichen Folgen einer Abweichung vom Meistausführungspreis verschaffen will. Diese Information darf nicht überbewertet werden, da Skontroführer auch ohne dies zu planen, entsprechende Tasten drücken um dann sofort weitere Tasten, je nach Marktbedarf zu bedienen.

c) **Drohung mit dem Sanktionsausschuss.** Die Fälle illegaler Cross-Geschäfte, bei denen durch wirtschaftlich nicht sinnvolle In-Sich-Geschäfte Börsenpreise produziert werden, sind Verstöße gegen das Regelwerk der Börse[255] und wurden regelmäßig gem. § 20 BörsG dem Sanktionsausschuss vorgelegt oder wurden zumindest als regelwerkswidrig von der Geschäftsführung der Börse abgemahnt. Über die Durchführung von Sanktionsverfahren können die Mitarbeiter der Rechtsabteilung der Börse oder der Börsenaufsichtsbehörde als Zeugen Auskunft erteilen.

d) **Die Iceberg-Order in Xetra.** Die Iceberg-Order ist ein limitierter Auftrag, der mit einem bestimmten Gesamtvolumen in das Handelssystem Xetra eingegeben, jedoch nur sukzessive mit einem bestimmten Teil des Volumens zu dem festgelegten Preislimit in das Auftragsbuch eingestellt wird. Damit wird der viel beschworene Transparenzvorteil des offenen Orderbuches durchbrochen, ohne dass eine Kontrolle entsprechend der IW-Order Regel besteht. Die Geschäftsführung der FWB legt das minimale Gesamtvolumen und das minimale Teilvolumen, dass aus diesem Auftrag jeweils in das offene Orderbuch einzustellen ist, für jedes einzelne Wertpapier fest (§ 33 Abs. 1 der GeschBedFWB). Die Iceberg-Order kann marktschützende Wirkung entfalten, wenn ein Marktteilnehmer die Tiefe im offenen Orderbuch dahin gehend auswertet, wie hoch sein Einsatz sein müsse, um ein bestimmtes Preisniveau zu erreichen, welches gegebenenfalls Änderungen in Derivaten bewirken kann, deren Ertrag höher wäre als der Einsatz zur Erreichung der Änderung.

13. Einwirken auf den Börsenpreis

Auf einen Börsenpreis kann sowohl unmittelbar als auch mittelbar eingewirkt werden.[256] Die **mittelbare** Einflussnahme auf die Orderlage, auf deren Basis der Preis festgestellt wird, erfolgt durch die Einwirkung auf die Entscheidungsbildung des Investors oder im Bereich des Ermessens durch Einwirkung auf die Tatsachengrundlage für die Börsenpreisrechnung des Skontroführers.

Verstöße des Skontroführers gegen die Regeln der Feststellung von Börsenpreisen sind ebenso **unmittelbare** Einwirkungen auf die Börsenpreisfeststellung, wie der manipulative Eingriff in die elektronischen Rechnerabläufe (Hacking) oder der durch den Skontroführer nicht erkennbare Missbrauch von Auftragstypen (siehe „Marktpflege" durch Aufträge „zum Aussuchen" (AG Düsseldorf, Anklage vom 8.4.2002, Az. 28 Js 122/01)). Die Einflussnahme auf die Orderlage kann durch die Generierung von (geschäftlich sinnvollen) Aufträgen, die der Skontroführer nach den gesetzlichen Vorgaben und den jeweiligen Regeln der Börse auszuführen hat, erfolgen.

a) **Informationsbezogene Einflussnahme auf die Börsenpreisbildung.** Aufträge zum Kauf oder Verkauf von Wertpapieren (Investitionsentscheidungen oder Spekulation auf schnelle Kursgewinne) basieren überwiegend auf der Informationslage der Entscheidungsträger. Neben den börsengesetzlichen Vorgaben für Prospektinhalte bei Börsengängen (§ 30 ff. BörsG und Börsenzulassungs-Verordnung – BörsZulV) und Kapitalerhöhungen sowie den Regelpublizitäten der Jahresabschlüsse, (AktG, HGB), Lage- und Zwischenberichte (§ 40 BörsG) soll

---

[255] Siehe Rdnr. 270 ff.
[256] Ausführlich über Geeignetheit zur Preiseinwirkung: *Trüstedt* S. 151.

die anlassbezogene zusätzliche Transparenz der Ad-hoc-Publizität nach dem WpHG eine weitere Voraussetzung für den funktionierenden Kapitalmarkt in Deutschland bieten. Fast jede Information, welche in Zusammenhang mit einem börsennotierten Wertpapier steht, ist für einen Investor von Interesse. Die klassischen Fälle der Informationen, welche Einfluss auf die Investitionsentscheidung eines Investors haben können, sind allgemeine Unternehmensnachrichten, Gerüchte und Ad-hoc-Mitteilungen.

423   Es ist verboten, unrichtige Angaben über Umstände zu machen, die für die Bewertung von Wertpapieren erheblich sind. Der Begriff „Angaben" umfasst – anders als etwa die Regelung in § 263 StGB – nicht nur Tatsachen, sondern ist weiter auszulegen. Genauso wie in § 264 a StGB sind darunter auch Werturteile wie Schätzungen, Bewertungen oder Prognosen zu fassen, sofern diese einen tatsächlichen Kern haben. Bloße Werturteile, Anpreisungen oder schönfärberische Darstellungen sind von der Strafnorm (§ 88 Nr. 1 BörsG alt) nicht umfasst.[257] Die Angaben müssen für die Bewertung der Aktien erheblich sein. Die Erheblichkeit richtet sich nach der Verkehrsauffassung (BT-Drucks. 10/318, S. 46; *Knauth* NJW 1987,32). Angaben in Jahresberichten, Zwischenberichten, Halbjahreszahlen, Quartalsberichten und Ad-hoc-Mitteilungen, soweit diese in Gesetzen, Verordnungen oder im Regelwerk öffentlich-rechtlicher Börsen verankert sind, sind in jeder Hinsicht für die Bewertung der Aktie einer Firma erheblich.[258] Typische Fallgruppen sind zusammengestellt bei Schäfer in Dreyling Schäfer, Insiderrecht und Ad-hoc-Publizität.

424   **b) Der manipulative Eingriff durch Ad-hoc-Mitteilungen.** Der Gesetzgeber hat mit der Regelung des Umgangs mit Unternehmensinformationen, die geeignet sind im Falle ihres Bekanntwerdens, den Börsenpreis erheblich zu beeinflussen, mit der Vorgabe des § 15 WpHG den klassischen Manipulationsfall beschrieben. Die Anzahl der Veröffentlichungen nach § 15 WpHG stieg von 1998 mit 1.805 über 1999 mit 3.219 auf 5.057 im Jahr 2000, um dann in 2001 auf 4.065 zu sinken und dem einsetzenden Abwärtstrend zu folgen (BAWe Jahresbericht 2001, S. 31). Bereits im Jahresbericht 2000 sah sich das Amt veranlasst, auf gehäuften Missbrauch des Instrumentes zu Werbezwecken hinzuweisen (BAWe Jahresbericht 2000, S. 27).

425   **c) Die Bedeutung des Informationsmanagements nach § 15 WpHG.** Da der Gesetzgeber unter Androhung von Bußgeldern bis zu 1,5 Mio. EURO bei Verstößen gegen die Ad-hoc-Mitteilungspflichten, auch bei Verstößen gegen die Formvorschriften, den Investoren das legislative Signal der Bedeutung des Informationsmanagements gegeben hat, spricht bei jeder Information, die als Ad-hoc-Mitteilung veröffentlicht wird, allein der Veröffentlichungsweg bereits für die Preisbeeinflussungsqualität der veröffentlichten Information. Die unternehmensspezifischen Informationen einer Ad-hoc-Mitteilung enthalten Bestandteile, von denen der Investor annimmt, dass sie ihm als Hilfsmittel für seine Investitionsentscheidung dienen. Daher achtet er verstärkt auf die Bekanntmachung solcher Informationen, damit seine Investitionsentscheidung dem aktuellen Stand der Marktlage entspricht. Andernfalls müsste er mit unkalkulierbaren Risiken und/oder Verlusten rechnen.

426   Durch die Nutzung elektronischer Informationssysteme wird eine zeitnahe Verbreitung der Information ermöglicht. Diese läuft bei den interessierten Investoren und Vermögensverwaltern in einem engen Zeitkorridor auf. Eventuelle Investitionsentscheidungen werden in diesem engen Korridor getroffen und über die elektronischen Anschlüsse an die modernen Handelssysteme der Börsen in Deutschland ohne Zeitverzug weitergeleitet. In den Auktionen wird damit das Auftraggleichgewicht mit der Folge von Börsenpreiseinwirkungen verändert. Vereinzelt wurde in Manipulationsfällen beobachtet, dass die Initialzündung zur Preisänderung aus der „gleichen Ecke" wie die falsche Information kam. Auf Grund erster Reaktionen hatten sich dann unschlüssige Investoren der Marktbewegung angeschlossen, von der sie glaubten, es sei eine Reaktion des Marktes auf die Ad-hoc-Mitteilung.

427   Sind diese Informationen manipuliert, wird die Entscheidung des Anlegers, ob und gegebenenfalls wie er anlegen soll, in die von dem Manipulator gewünschte Richtung gelenkt. Die

---

[257] *Schwark* BörsG § 88 Rdnr. 5; Schäfer/*Ledermann* WpHG § 88 BörsG Rdnr. 8.
[258] Vgl. Begründung zu § 15 Abs. 1 S. 2 WpHG, BT-Drucks. 14/8017, S. 87.

falschen Informationen werden in die Anlageentscheidung des Investors mit einbezogen. Beispielhaft sind Gerüchte über ein bevorstehendes Übernahmeangebot eines börsennotierten Unternehmens. Die Aussicht, die Papiere wieder bei einem Übernahmeangebot zu einem höheren Preis zu verkaufen, als sie gekauft worden sind, ist geeignet auf die Anlageentscheidung von Investoren einzuwirken und Kaufaktionen auszulösen. Finden dann tatsächlich wegen dieses Gerüchts Käufe statt, ist der Börsenpreis des Unternehmens hierdurch manipuliert worden.[259]

Die Bewertung einer inhaltlich falschen Ad-hoc-Mitteilung hat für einen möglichen zivilrechtlichen Anspruch eine große Bedeutung. Nachdem auch das BVerfG die Einstufung von Kursmanipulation als Schutzgesetz nach § 823 Abs. 2 BGB abgelehnt hat, wurden Klagen auf die Verletzung des § 826 BGB gestützt. Führend waren dabei die Klagen eggen die Fa Com-Road AG sowie Infomatec AG und EM.TV AG. Die Anerkennung eines Anspruchs hat sich mittlerweile durchgesetzt.[260]

d) **Auswirkung im elektronischen Handel.** Nimmt ein Anleger eine Ad-hoc-Mitteilung zur Kenntnis und entscheidet er sich wegen der in ihr enthaltenen Information für einen Wertpapierauftrag an die Börse zur Ausführung im elektronischen Handel, so wird dieser Auftrag unverzüglich in das offene Orderbuch von Xetra geleitet und verändert die bis dahin bestehende, für die übrigen Anleger sichtbare Orderlage. Trifft der Auftrag auf ein ausführbares Gegenangebot, erfolgt unmittelbar die Börsenpreisfeststellung (Matching). Diese Ausführung führt zu einem Börsenpreis. Der Auftrag hat auf die Börsenpreisfeststellung eingewirkt. Kommt er nicht (sofort) zur Ausführung, hat er auf die aktuelle Orderlage eingewirkt, indem er sie verändert hat. Die entsprechend veränderte Quote bestehend aus dem höchsten Kaufangebot und dem niedrigsten Verkaufsangebot und wird über die Information des offenen Orderbuches hinaus publiziert.

e) **Auswirkung im Präsenzhandel.** Im Präsenzhandel führt ein durch eine Ad-hoc-Mitteilung initiierter Auftrag zu einer veränderten Orderlage im (geschlossenen) Orderbuch des Skontroführers. Dieser hat von wenigen Ausnahmen abgesehen, den Meistausführungspreis festzustellen. Der Auftrag wirkt unmittelbar auf die Orderlage ein, er verändert durch seine Anzahl der zu (ver-) kaufenden Stücke den Umsatz und damit den Meistausführungspreis. Gleiches gilt für die Art des erteilten Auftrages, limitiert oder unlimitiert. Jedes Limit führt zu einer Veränderung der Orderlage und zu einer Veränderung des Meistausführungspreises. Damit führt jeder Auftrag zu einer Einwirkung auf die Orderlage – unabhängig ob im elektronischen Handel oder im Präsenzhandel ausgeführt. Wurde der entsprechende, durch die Ad-hoc-Mitteilung initiierte Auftrag ausgeführt, hat die Ad-hoc-Mitteilung unmittelbar auf den Börsenpreis eingewirkt.

Hat der Skontroführer Zweifel an der Ernsthaftigkeit der eingestellten Aufträge, insbesondere bei Aufträgen, bei deren Ausführung marktferne Preise festgestellt werden müssten, die die Vermutung einer Preismanipulation begründen, kann er zunächst durch Eigen- und/oder Aufgabegeschäfte vom Meistausführungspreis abweichen und einen Preis feststellen, der sich deutlich näher am Vorkurs orientiert. Er kann bei gerechneten Preisen, hier Einheitspreis oder Schlusskurs von der Feststellung des Preises absehen und den „Preis streichen". Dieser ist entsprechend als „gestrichen: Ein Kurs konnte nicht festgestellt werden" mit dem Hinweis – ¡ zu kennzeichnen (§ 33 II Nr. 3 BörsO). Auch in diesen Fällen könnte von einer Einwirkung auf den Börsenpreis ausgegangen werden. Jedoch ist der gestrichene Preis eben kein Börsen- oder Marktpreis, so dass der Tatbestand der Straftat nicht erfüllt ist, es verbleibt bei einer OWI oder einem sanktionsfähigen Regelverstoß.

---

[259] Vgl. hierzu die umfassende Darstellung bei: *Lenzen*, Unerlaubte Eingriffe in die Börsenkursbildung, 2000, S. 31 f.
[260] Zuletzt siehe OLG Frankfurt, Urt. v. 17.3.2005 – 1 U 149/04 (n.r.) mit folgenden Leitsätzen: 1. Die Grundsätze zur „Anlagestimmung" finden im Rahmen der deliktischen Haftung für falsche Ad-hoc-Mitteilungen keine Anwendung. Die Ursächlichkeit der falschen Meldung für den Anlageentschluss muss anhand der Umstände des Einzelfalls festgestellt werden. 2. Die sich aus §§ 826, 31 BGB ergebende Haftung der AG für falsche Ad-hoc-Mitteilungen geht dem Grundsatz der Kapitalerhaltung (§ 57 Abs. 1 AktG) vor. Die Haftung der AG ist nicht auf ihr freies Kapital beschränkt. 3. Derartige Ansprüche sind nicht allein deshalb wegen Mitverschulden (§ 254 BGB) zu kürzen, weil der Anleger ein „hochspekulatives Papier" erworben hat, ZIP 2005, 710.

14. Die Handlungspflichten der Börsengeschäftsführung

432 Der Emittent[261] ist nach § 15 Abs. 4 WpHG verpflichtet, die zur Veröffentlichung anstehende Tatsache vor ihrer Veröffentlichung der Geschäftsführung der Börse, an der das Wertpapier zum Handel zugelassen ist, mitzuteilen. Eine solche Mitteilung ist auch an die Geschäftsführung der Derivatebörse (z. Zt. nur die Eurex) zurichten, wenn dort ein Derivat des Kassamarktpapieres gehandelt wird. Die Geschäftsführung hat als Organ der öffentlich-rechtlichen Anstalt Börse zu prüfen, ob im Falle der Veröffentlichung der vom Emittenten als kurserheblich eingestuften Tatsache der ordnungsgemäße Börsenhandel zeitweise gefährdet ist oder eine Aussetzung der Preisfeststellung zum Schutze des Publikums geboten erscheint. Sie darf die so mitgeteilte Tatsache vor ihrer Veröffentlichung nur zum Zwecke der Entscheidung verwenden, ob die Feststellung des Börsenpreises auszusetzen oder einzustellen ist. Im Falle der Aussetzung des Handels darf sie den Inhalt der zu erwartenden Ad-hoc-Mitteilung nicht gleichzeitig mit der Aussetzungsentscheidung bekannt geben.

433 a) Notierungsaussetzung wegen Ad-hoc-Mitteilungen.[262] Die Geschäftsführung kann die Notierung im Amtlichen Markt aussetzen, wenn auch nach ihrer Beurteilung die vor der Veröffentlichung stehende Information die Investitionsentscheidungen so stark beeinflussen kann, dass ein ordnungsgemäßer Börsenhandel zeitweilig gefährdet ist oder wenn das Börsenpublikum zu schützen ist (§ 38 Abs. 1 BörsG). Gleiches gilt gem. § 56 Abs. 3 BörsG für den Geregelten Markt. Die Entscheidung der Geschäftsführung ist ein Verwaltungsakt, hinsichtlich dessen Widerspruch und Anfechtungsklage keine aufschiebende Wirkung haben (§ 38 Abs. 2 BörsG). Die Geschäftsführung prüft zusätzlich zur gesetzlichen Vermutung des Gesetzgebers über die Börsenpreisbeeinflussungsqualität der Information noch die Eintrittswahrscheinlichkeit der Voraussetzung der Aussetzung auf Grund der bei ihr optimal vorhandenen Erfahrungen über den störungsfreien Ablauf der Börsenpreisfeststellung.

434 Im Falle der erfolgten Aussetzung des Handels könnte eine Einwirkung auf den Börsenpreis angenommen werden. Diese Annahme ist jedoch widerlegbar, wenn der Handel derart illiquide ist, dass weder vor der Aussetzung noch danach irgendwelche Handelaktivitäten zu beobachten sind (mit Ausnahme der Manipulationsverdächtigen Aufträge). Da bei der Aussetzung der Notierung alle bis zu diesem Zeitpunkt eingestellten Aufträge aus dem Orderbuch gelöscht werden, wird die Orderlage radikal beeinflusst, sie ist nicht mehr rekonstruierbar. Der wirklichen Marktlage an der Börse werden alle bislang eingestellten und nicht ausgeführten Aufträge entzogen.

435 Die Wiederaufnahme der Notierung erfolgt üblicherweise nach einer Stunde auf der Basis der Aufträge, die nach der Veröffentlichung in das Orderbuch eingestellt worden sind. Da die alten Limite gelöscht wurden, findet nach der Wiederaufnahme nur ein Handel unter Gleichinformierten Marktteilnehmern statt, die den Inhalt der Veröffentlichung in ihr Limit „eingepreist" haben und der ordnungsgemäße Börsenhandel nicht mehr gefährdet ist. Bereits mit der Aussetzung der Notierung durch die Geschäftsführung (als undoloses Werkzeug) hat der Verantwortliche für eine Falschdarstellung in einer Ad-hoc-Mitteilung auf den Börsenpreis eingewirkt. Entgegen seiner Betriebspflicht kann der Skontroführer während der Aussetzung die Vermittlung und den Abschluss von Börsengeschäften nicht betreiben, insbesondere kann er neu übermittelte unlimitierte Aufträge nicht unverzüglich ausführen, da dem Anspruch auf Sofortigkeit der Ausführung nicht nachgekommen werden kann.

436 Die Einwirkung wird verstärkt durch die Streichung aller bisherigen Limite und durch die Tatsache, dass während des Zeitraumes von einer Stunde auch bei Vorliegen ausführbarer Aufträge keine Börsenpreise festgestellt werden. Die regelmäßig entsprechend der Prognose der Geschäftsführung bei der Aussetzungsentscheidung nach der Aussetzung auf einem anderen

---

[261] Die Verpflichtung trifft nur die Emittenten, die einen Antrag auf Zulassung zum Handel im amtlichen oder im geregelten Markt gestellt haben. Zwar sind auch die Preise, die im Freiverkehr festgestellt werden, oder die in lediglich Freiverkehrswerten im elektronischen Handel festgestellt werden, von Gesetzes wegen Börsenpreise, diese Qualität beschränkt sich jedoch nur auf den Preisfeststellungsvorgang, alle sonstigen preiseinwirkenden Umstände, insbesondere Insiderinformationen, sind für die Freiverkehrswerte nicht reguliert, Emittentenpflichten existieren nicht.

[262] Übersichtliche Darstellung bei Assmann/Schneider/*Kümpel* Wertpapierhandelsgesetz § 15 Rdnr. 108 ff.

Preisniveau fortgeführte Preisfeststellung lassen eine Einwirkung auch anhand der vorliegenden Daten vermuten.

b) Die Veröffentlichung außerhalb der Handelszeit. Da bei Veröffentlichung außerhalb der Handelszeiten eine Aussetzung regelmäßig nicht in Betracht kommt, ist die Preiseinwirkung gesondert zu prüfen. Aus der Erfahrung der Aussetzungszeiträume (die sich an der FWB üblicherweise bei ca. einer Stunde einpendelten), ist daher eben dieser Zeitraum vor dem Beginn der nächsten Handelsperiode zu untersuchen. Der Vergleich des Auftragsaufkommens in der Stunde vor Handelsbeginn mit dem vergleichbaren Zeitraum an mehreren Tagen vor der Veröffentlichung gibt Aufschluss über eine erfolgte Preiseinwirkung.

Veränderungen der Umsatzgrößen in den Eröffnungspreisfeststellungen (und Eröffnungsauktionen in Xetra) begründen einen Anfangsverdacht, der sodann anhand einer Qualitätsuntersuchung verifiziert werden kann. Die Mengenentwicklung unlimitierter Aufträge lässt einen Rückschluss auf das Verhalten von Investoren und Eigenhändlern (Daytrader) nach der Veröffentlichung zu. Der unlimitierte Auftrag beinhaltet den Anspruch auf Sofortigkeit der Ausführung, zu welchem Börsenpreis auch immer. Der Investor weicht damit dem Risiko der Nichtausführung eines limitierten Auftrages wegen der Preisentwicklungsdynamik aus, die gerade bei Ad-hoc-Mitteilungen gesetzlich vermutet wird.

Da alle Daten über die nach der Veröffentlichung eingestellten Aufträge von der Handelsüberwachungsstelle erfasst werden und der Börsenaufsichtsbehörde die Möglichkeit eröffnet ist, den jeweiligen Handelsteilnehmer um Auskunft über seinen Auftraggeber zu ersuchen, können die Investoren identifiziert werden und gegebenenfalls Auskunft über ihr Handelsmotiv geben.

Ob die Betrachtung weiterer Zeiträume bei der Prüfung des Tatbestandsmerkmales einer Einwirkung auf den Börsenpreis von Bedeutung ist, bleibt umstritten. Hypothetische Differenzentwicklungsbetrachtungen werden in Zukunft eine Bedeutung haben, wenn der durch verbotene Börsenpreiseinwirkungen verursachte Vermögensschäden einer Schadensersatzforderung zugänglich gemacht werden und mit der Differenzbetrachtung einer Event-Studie[263] der Schaden berechnet werden könnte. Jedenfalls begründet die Anerkennung dieser Untersuchungsmethoden ein über das manipulationsfreie Zustandekommen von Börsenpreisen hinausgehendes Schutzgut. Dieses würde auch auf den Wert einer Anlageposition erstreckt werden.

15. Informationsgestützte Manipulation und presserechtliche Verjährung

Nach den allgemeinen Vorschriften des StGB verjährt die Strafverfolgung nach 5 Jahren (einfache Verjährung) oder maximal 10 Jahren (absolute Verjährung). Bei der Eröffnung eines Hauptverfahrens nach Zulassung einer Anklageschrift bei einer Wirtschaftsstrafkammer kann sich der Zeitpunkt des Ablaufs auch der absoluten Verjährung durch ein Ruhen des Verfahrens über höchstens 5 Jahre auf bis zu 15 Jahre verlängern.

Achtung: Die in Wirtschaftsstrafverfahren oft in Anspruch genommene Einstellung nach Erfüllung von Auflagen nach § 153 a StPO führt – bei Scheitern – der Erfüllung dazu, dass im Zeitraum, in welchem die Erfüllung der Auflagen erfolgen soll, die Verjährung ruhte (§ 153 a Abs. 3 StPO) und damit der Eintritt der (absoluten) Verjährung hinausgeschoben wird.[264]

Soweit jedoch die manipulative Information in Form einer Presseveröffentlichung verbreitet wird, kann auch die kurze Verjährung eines Presseinhaltsdeliktes nach den Länderpressegesetzen in Frage kommen. So wird bei jeder Ad-hoc-Mitteilung wie bei jeder Pressekonferenz immer auch die kurze presserechtliche Verjährung zu prüfen sein.[265]

In einer Entscheidung der Staatsanwaltschaft bei dem OLG Frankfurt wird dies wie folgt ausgeführt:

„Soweit sich die Beschwerdeführerin (HÜSt) mit allgemeinen Erwägungen gegen die Annahme des Eintritts der kurzen presserechtlichen Verjährung nach § 12 Hessisches Pressegesetz wendet, verkennt sie, dass gerade verfassungsrechtliche Bedenken gegen eine an den Vorschriften des Strafgesetzbuches orien-

---

[263] So Gutachten Prof. *Rudolph*, München im Strafverfahren gegen die Verantwortlichen der EM.TV AG München.
[264] *Tröndle/Fischer* § 78 b Rdnr. 2.
[265] Sehr ausführlich unter Berücksichtigung des Bayerischen Pressegesetzes (BayPrG): *Trüstedt* S, 64.

tierte Verjährungsfrist von 5 Jahren bei einem durch Verbreitung von Druckschriften begangenen Kursbetrug zur ersatzlosen Streichung des diese Verjährung durch anordnenden § 88 Abs. 2 BörsG durch das zweite Gesetz zur Bekämpfung der Wirtschaftskriminalität vom 15.5.1986 (BGBl. 1986, 725) geführt haben (vgl. SS Presserecht 1. Auflage 1984, S. 194 m. w. N.). Es entspricht deshalb der einhelligen Auffassung, dass der hier angezeigte Kursbetrug als Presseinhaltsdelikt der kurzen Verjährung des § 12 Hessisches Pressegesetz unterliegt (*Schwark*, BörsG, 2. Aufl. 1994, § 88 Rdnr. 14; Erb/Kohlhaas/*Fuhrmann* BörsG § 88 Rdnr. 25). Diese Privilegierung erstreckt sich auch auf Mittäter und Teilnehmer an dem Presseinhaltsdelikt, die selbst nicht verantwortliche Personen im Sinne des Landespressegesetzes sind (*Löffler*, Presserecht, 3. Aufl., § 24 LPG Rdnr. 25; BGH MDR 1981, 1032 m. w. N.). Die Staatsanwaltschaft hat deshalb auch zu Recht hinsichtlich des Beschuldigten, dem nach der Anzeige ein kollusives und damit mittäterschaftliches Zusammenwirken mit dem Beschuldigten P. vorgeworfen wird, ebenfalls den Eintritt der Strafverfolgungsverjährung bejaht.[266]"

445 Das Landgericht Augsburg[267] sah sich an einer Verurteilung der Vorstände der Infomatec AG nicht durch das Bayrische Pressegesetz in der Fassung der Bekanntmachung vom 19.4.2000 (GVBl. 2000, 340) gehindert, da die Ad-hoc-Mitteilung nur über elektronische Medien verbreitet worden war und eine stoffliche Verkörperung (und sei es nur auf einer Diskette) nicht stattgefunden hatte. Insbesondere erfolgte keine Veröffentlichung in einem Printmedium. Mangels stofflicher Verkörperung stellte die konkrete Ad-hoc-Mitteilung kein Druckwerk im Sinne von Art. 6 des Bayr. Pressegesetzes dar.

446 Eine grundsätzliche Klärung, ob die kurze (bayrische) Verjährungsfrist auch bei Manipulationsstraftaten anwendbar ist, ließ die Kammer offen.

16. Einwirken auf den Börsenpreis durch tatsächliches Handeln

447 Einwirkungen auf den Börsenpreis sind durch Eigen- und Aufgabegeschäfte der skontroführenden Person im Rahmen der gesetzlichen Vorgaben und der speziellen Regeln für die Preisfeststellung an der jeweiligen Börse möglich. An der Frankfurter Wertpapierbörse besteht unter bestimmten Voraussetzungen, die in der Börsenordnung und in dem Regelwerk für die Börsenpreisfeststellung im Präsenzhandel festgelegt sind, die Möglichkeit, einen Börsenpreis festzustellen, welcher nicht dem Meistausführungspreis entspricht, d. h. dem Preis, der (eigentlich) nach der Orderlage festzustellen wäre. Eine vom Meistausführungspreis abweichende Preisfeststellung ist immer auch ein Einwirken auf den Börsenpreis. Diese Möglichkeit hat ausschließlich die skontroführende Person.

448 **a) Einwirken auf den Börsenpreis durch manipulierte Aufträge.** Ein Anleger gibt gleichzeitig kongruent voluminierte Kauf- und Verkaufsaufträge für dasselbe Wertpapier für denselben Preis auf. Im Falle der Ausführung dieser beiden Aufträge ist der hierzu generierte Preis „künstlich", weil kein Wechsel des wirtschaftlichen Eigentums stattfindet und der Preis nicht aus Angebot und Nachfrage zustande gekommen ist.[268] Diese Art der Manipulation hat insbesondere Bedeutung für vollelektronische Handelssysteme, da z. B. auf der vollelektronischen Börsenhandelsplattform Xetra die besten zehn Kauf- und Verkaufsgebote für jedermann sichtbar sind und diese Möglichkeit der manipulierten Auftragserteilung leicht möglich ist. Im Präsenzhandel birgt diese Art der Manipulation das Risiko der Nichtkenntnis der aktuellen Orderlage, weil das Orderbuch geschlossen ist und ausschließlich der Skontroführer Kenntnis über sie hat. Ähnlich verhält es sich, wenn sich Käufer und Verkäufer vor Abgabe ihrer Aufträge abgesprochen haben (Pre arranged Trades) und dann gleichzeitig mit gleicher Stückzahl und gleichem Preis gegenläufige Wertpapieraufträge (Kauf- und Verkaufsauftrag) abgeben.

449 **b) Crossgeschäfte im Eigenhandel.** Der Handelsteilnehmer, der verdeckt eine marktfern limitierte Order erteilt, die er dann selbst durch eine unlimitierte Gegenorder zur Ausführung bringt,[269] ohne dem Skontroführer die Kompensation anzuzeigen (wash sales, cross sales), manipuliert den Kurs des Papiers.[270] Der Abschluss von Scheingeschäften zählte schon in der alten Literatur zu den Varianten der Anwendung auf Täuschung berechneter Mittel. Mit dem Ver-

---

[266] StA b. d. LG Ffm: 92 Js 21524.6/99, GeStA b. d. OLG Ffm Zs31388/99.
[267] LG Augsburg, 3 KLs 502 Js 127369/00, S. 285, 286, rechtskräftig; BGH Beschl. v. 30.3.2005 – 1 StR 537/04.
[268] *Schwark* Börsengesetz (1976) § 88 Rdnr. 2.
[269] *Trüstedt* S. 195.
[270] Amtsgericht München Strafbefehl v. 23.8.1996 – 1138 Cs 302 Js 23676/95.

bergen des In-sich-Geschäfts bei dem weder die billig erworbenen Papiere verloren gehen oder ebenso wenig ein überhöhter Preis an Dritte zu zahlen ist, verstößt der Freimakler gegen seine Pflicht, die Kompensation anzuzeigen.[271] Er verhindert damit, dass der Skontroführer die Kompensation bekannt macht und dem Markt die Gelegenheit gibt, in das Geschäft einzusteigen. Der veröffentlichte und mit dem Kurszusatz C versehene Kompensationskurs zeigt dem Handelsteilnehmer und dem informierten Anleger an, dass dieser Kurs jedenfalls nichts mit einem eigenen Geschäft zu tun haben kann.[272] Der kompensierende Handelsteilnehmer reduziert mit dem verdeckten Kompensieren das Verlustrisiko und generiert einen Preis, der bei Einhaltung der Regeln so nicht zustande gekommen wäre. Dieser simultane Kauf und Verkauf zu gleichen Preisen, bei dem kein Eigentumswechsel stattfindet, ist ein fiktives Geschäft, welches allenfalls bei Kurskontinuität lediglich den Umsatz aufbläht (Painting the Tape). Welcher Kurs entstanden wäre, wenn der Markt einbezogen worden wäre, lässt sich nicht einfach nachvollziehen.

Dazu gehören in der deutschen Börsenhandelspraxis die Kompensationsgeschäfte im Präsenzhandel sowie die Crossgeschäfte und Pre arranged Trades auf der elektronischen Plattform. Das Verbot dieser Geschäfte bzw. die erlaubte Variante ist in den Börsenordnungen festgelegt. Sie sind nicht grundsätzlich verboten, sondern lediglich nur dann, wenn dem Markt die Besonderheit verschwiegen und allgemeine Geschäftstätigkeit vorgetäuscht wird.[273] Sie entsprechen der Gruppe: Geschäftliche Handlungen, die den – falschen – Eindruck einer Aktivität erwecken sollen. Dazu gehören die Fälle der Einstellung eines Kaufauftrages im Präsenzhandel über BOSS CUBE und Übermittlung des passenden Gegenauftrages über einen anderen Freimakler. Der Skontroführer vermittelt die von verschiedenen Adressen eingestellten Aufträge und stellt den Meistausführungspreis fest. Dieser entspricht dem Limit des marktteilnehmenden Manipulateurs.[274]

Als Kompensation[275] mit entsprechender Ankündigung und Kennzeichnung der Preisfeststellung mit dem Zusatz K ist diese Verfahrensweise im Präsenzhandel zulässig. Ebenso bei einem „Cross-Request" im elektronischen Handel; der Cross wird dem Markt angekündigt und kann nach Ablauf einer Wartefrist, die vom Markt zu einem entsprechenden Gegenauftrag genutzt werden kann, ausgeführt werden.

Diese früher nur den zugelassenen Handelsteilnehmern (§ 16 BörsG) zugängliche Handelsweise kann mittlerweile auch durch Marktteilnehmer („Retailer"), die über Orderroutingsysteme direkt an den Plattformen angeschlossen sind, genutzt werden. Sie sind im Gegensatz zu den zugelassenen Handelsteilnehmern nicht Adressat der Börsenregeln.[276]

Die börsenrechtliche Regulierung der Crossgeschäfte führt zunächst dazu, dass bei Einhaltung der Regeln keine Täuschungshandlung im Sinne des § 20 a WpHG mehr vorliegt. Kompensationsanfrage und Cross Request führen zur Information der Marktteilnehmer, die Aufträge sind allen Handelsteilnehmern zugänglich, sie können von allen Handelsteilnehmern angenommen werden. Bei Verstößen gegen diese Regeln kommt es zunächst zu einem Sanktionsverfahren nach § 20 BörsG. Diese Sanktionsform entwickelt Wirksamkeit durch die Sanktionierung der juristischen Person.

c) **Ziele der verdeckten In-Sich-Geschäfte.** Ein derart nachträglich produzierter von der wirklichen Geschäftslage an der Börse abweichender Kurs könnte verwendet werden, um damit Abrechnungen gegenüber Kunden auf dem produzierten Niveau zu steuern.

---

[271] Der Erwerb des wirtschaftlichen Eigentums von Wertpapieren auch bei „sofortiger Glattstellung" ist unter dem Stichwort Dividendenstripping durch den Bundesfinanzhof aus steuerlicher Sicht für die Fälle des Tausches von Aktien mit Dividendenanspruch (cum) gegen solche ohne Dividendenanspruch (ex) am Dividendenstichtag konkretisiert worden; BFH Urt. v. 15.12.1999 Az. – I R 29/97.
[272] § 33 Abs. 2 Nr. 20 BörsO FWB: C = Kompensationsgeschäft: Zu diesem Kurs wurden ausschließlich Aufträge ausgeführt, bei denen Käufer und Verkäufer identisch waren.
[273] So wird in der Szene Nachsicht für und Verständnis mit Wertpapierhändlern geübt, die sich aus „nachvollziehbaren" Gründen durch ein schnelles Cross einen „Print" verschaffen wollen, um ein außerbörsliches Geschäft mit einem Börsenpreis zu etikettieren.
[274] AG München Strafbefehl v. 23.8.1996 – 1138 Cs 302 Js 23676/95, Abdruck in *Wabnitz/Janowski* Kapitel 4 Rdnr. 31.
[275] Schäfer/*Peterhoff* Börsengesetz § 4 Rdnr. 14.
[276] Weitere Beispiele in *Wabnitz/Janowski*, Kapitel 4 Rdnr. 30-34.

455 Die Transaktionen sind weiterhin geeignet, Transfers von Guthaben von Firmenkonten auf Privatkonten durchzuführen. Die jeweils positive Seite der Geschäfte wird auf dem Privatkonto verbucht, die ungünstige Ausführungsseite geht zu Lasten des Firmenkontos, das jeweilige Geschäft muss doppelt gespiegelt abgewickelt werden, damit die Papiere nicht geliefert und der Kaufpreis nicht geleistet werden muss. Lediglich die Differenz wird verbucht. Sie eignen sich besonders gut zur Geldwäsche, da Vermögenswerte auf Spekulationskonten, die über Börsenspekulationen verloren gehen, nicht mehr dem „Verlierer" zugeordnet werden. Geldwäscheermittlungen wurden bislang wegen des festgestellten Verlustes abgeschlossen. Durch die lückenlose Überwachung des Börsenhandels ist jedoch eine Geldwäsche durch gezielte Verluste auf einem Spekulationskonto, die geplant als Gewinn auf einem anderen (eigenen) Konto auftauchen, eindeutig zu identifizieren.

456 Geldwäsche kann auch dann vermutet werden, wenn ein Händler (im Auftrag eines Interessierten) 2 Konten und 2 Depots anlegt und gleichartige gegenläufige Derivategeschäfte abschließt. Mit Abzügen von Transaktionskosten sowie Preisdifferenzen macht ein Geschäft in gleicher Weise Gewinn wie das andere Verlust erbringt. Nach Glattstellung weist der Händler das Verlustgeschäft dem Konto/Depot mit dem kritischen Geld zu und das Gewinngeschäft dem „sauberen" Konto/Depot.[277]

457 Der durch ein Cross-Geschäft generierte Kurs kann auch geeignet sein, zum Steuerstichtag einen Referenzkurs für die Finanzbehörde zu produzieren. Die Abrechnung von Fondsanteilen im Falle der Kündigung eines Anlegers kann bei Bezug auf Börsenkurse Anstoß für die Schaffung eines günstigen Börsenpreises sein, der durch Cross-Geschäfte produziert wird. Mit verdeckten Cross-Geschäften können Kurssprünge in mehrere Stufen unterteilt und damit die Pflicht des Skontroführers erhebliche Kursänderungen anzuzeigen[278] und mit der Kursbildung zu warten, ausgehebelt werden.

458 Verdeckte Crossings können auch das Ziel verfolgen, Stopp-Orders auszulösen. Die elektronische Unterstützung der Orderübermittlung durch Handelsteilnehmer mit Electronic Eyes,[279] Orderrouting Systemen,[280] Abräumfunktionen und Quote Machines,[281] verbunden mit der Praxis des Basket Handels[282] kann die Vervielfältigung der Wirkung einer Stopp-Los-Order hervorrufen. Ablaufunterbrechungen durch +/- Ankündigungen (im Parketthandel) oder Volatilitätsunterbrechungen (auf der elektronischen Plattform Xetra[283]) können starke Bewegungen zwar abbremsen, es entstehen jedoch künstliche Kurse, die die wirkliche Marktlage nicht wiedergeben.

459 Im vollelektronischen Handel auf der Plattform Xetra oder nach den Regeln der Eurex ist ein Cross-Geschäft anzuzeigen und darf erst nach einer angemessenen Wartezeit ausgeführt werden. Das verdeckte Crossing ist wiederum geeignet, den Markt von einer Beteiligung am Geschäft fern zu halten. Der so generierte Kurs kann bei Abweichung vom Vorkurs als manipulierter Kurs bezeichnet werden. Gleiches gilt für Geschäfte, die zwischen verschiedenen Handelsteilnehmern vorher abgesprochen sind.

460 Auch bei Pre-arranged Trades sind die Handelsteilnehmer zur Anzeige und zur Einhaltung einer Wartezeit verpflichtet. Derartige zwischen zwei Parteien abgesprochene Geschäfte[284] kom-

---

[277] *Glebovskiy* Wirtschaftskriminalität S. 60.
[278] Zum Beispiel die + oder − Ankündigung nach § 10 der Geschäftsbedingungen der FWB.
[279] § 1 Abs. 10 der Durchführungsbestimmungen der FWB über technische Einrichtungen betreffend das elektronische Handelssystem, § 1 Abs. 10 der Durchführungsbestimmungen der DTB über technische Einrichtungen.
[280] Punkt 3.4 der Börsenordnung der Eurex Deutschland und der Eurex Zürich: Technische Einrichtungen.
[281] § 1 Abs. 9 der Durchführungsbestimmungen der FWB über technische Einrichtungen betreffend das elektronische Handelssystem, § 1 Abs. 10 der Durchführungsbestimmungen der DTB über technische Einrichtungen.
[282] Der in der Praxis häufig verwendete Begriff Basket ist nicht legal definiert. Der Begriff Basket begegnet uns in Zusammenhang mit Indexkontrakten. (Die genaue Erläuterung über Indizes der Deutsche Börse AG ist als „Leitfaden zu den Aktienindizes der Deutschen Börse" (derzeit Version 5.3) von dem Internetauftritt www.deutsche-boerse.com herunterladbar.) Ein Basket auf den Dax 30 Index setzt sich entsprechend der Gewichtung der einzelnen im Dax enthaltenen Aktien zusammen. Das „Losschiessen" eines Basket wirkt sich auf den Index und auf das entsprechende Derivat merkbar und gut prognostizierbar aus.
[283] Zur Erläuterung Schwark/*Beck* Kapitalmarkrechtskommentar § 25 BörsG Rdnr. 36.
[284] *Trüstedt* S. 196.

men dem Inhalt und der wirtschaftlichen Bedeutung den Cross-Geschäften gleich.[285] Die Überwachungssysteme der Handelsüberwachungsstellen sind für derartige Auffälligkeiten programmiert.[286]

17. Manipulation des Derivatenkurses

Eine Manipulation eines Kurses kann auch dann vorliegen, wenn, durch gezielte Kauf- oder Verkaufsaktivitäten eines Wertes (Underlyings) der Kurs des Derivates zu diesem Wert verstärkt durch die Hebelwirkung verändert wird. Derartige Aktivitäten sind bei Emittenten von Optionsscheinen zu beobachten, die in Fällen von Barrior Optionen die Durchschreitung einer Schranke hervorrufen oder zum Fälligkeitsbezugskurs dieses durch gesonderte Aktivitäten zu Gunsten des Emittenten manipulieren. Im Standardfall erfolgen diese Maßnahmen offen, so dass der Einsatz von zur Täuschung geeigneten Mitteln nicht vorliegt. In diesen Fällen wird derzeit allenfalls ein Verstoß gegen den gesetzlich normierten Anspruch des Handelsteilnehmers auf kaufmännisches Vertrauen angesehen,[287] der vom Sanktionsausschuss an der jeweiligen Börse zu ahnden ist. Wenn die Aktivitäten, wie Kompensationen unter Verstoß gegen Pflichten jedoch verdeckt abgewickelt werden, ist von einer Strafbarkeit nach § 38 WpHG auszugehen.

461

18. Beeinflussung durch Medien

Das sich steigernde Interesse an den Wertpapiermärkten führte seit dem Zweiten Finanzmarktförderungsgesetz nicht nur zu einer vorübergehenden Steigerung der Beteiligung der Bevölkerung an Wertpapieranlagemöglichkeiten, sondern auch an einem schnellen Zuwachs der Fachpublikationen und der Sendungen im Fernsehen. Die Möglichkeit einer gezielten Beeinflussung eines Börsenkurses durch Medien folgt aus der Tatsache, dass schon relativ kleine Verschiebungen im Ordergleichgewicht zu deutlichen Schwankungen führen können. Dies gilt insbesondere für marktenge Werte jenseits des DAX 30. Die Aufteilung der Liquidität auf die Regionalbörsen sowie zwischen dem Parkett der FWB und der elektronischen Handelsplattform Xetra kann auch bei mittlerer Liquidität zu Ausdünnungen führen, die durch geschickte Medientätigkeit ausgenutzt werden können.[288]

462

19. Gerüchte

Das nicht existierende, vorgetäuschte Faktum, die Phantomtatsache, ist keine Tatsache im Sinne des Insiderhandelsverbots. Die einzelnen Marktteilnehmer, die durch das Gerücht erfolgreich getäuscht werden und als Folge des ausgelösten Irrtums Orders platzieren und damit den Kurs bewegen, werden zum ausführenden Werkzeug der Kursmanipulation. Das geschickt platzierte Gerücht ist also taugliches Tatmittel einer Kursmanipulation. Ein Vortäuschen von Tatsachen durch Veröffentlichung von mittelbaren Fakten kann ebenfalls eine Kursmanipulation nach sich ziehen.

463

Der Journalist, der in einer TV-Livesendung eine Kurssteigerung eines Wertes ankündigt und auf Nachfrage (wahrheitswidrig) erklärt, er habe vom Vorstandsvorsitzenden vertrauliche Informationen erhalten, die er nicht konkretisieren könne, weil er den Informanten nicht ins Gefängnis bringen wolle, diese Tatsachen würden jedoch eine Kurssteigerung nach sich ziehen, erfüllt die Voraussetzungen der 2. Variante, da er sonstige auf Täuschung berechnete Mittel anwendet, wenn er das Gespräch nicht geführt hat.[289]

464

20. Preisbewegung durch Finanzanalysen

Die Finanzanalyse dient der Erarbeitung von Entscheidungsgrundlagen für Finanzdispositionen am Kapitalmarkt. Sie berücksichtigt neben fundamentalen und charttechnischen auch

465

---

[285] Solche Geschäfte werden in der aus Brüssel kommenden Begriffswelt auch als (Improper) Matched Order bezeichnet.
[286] Das Niveau an den verschiedenen Börsen ist unterschiedlich, obwohl allen Börsen die gleichen Möglichkeiten zur Verfügung stehen.
[287] § 9 Abs. 1 Nr. 2 BörsG.
[288] Die besondere, auch strafrechtliche Bedeutung einer Werbung als „Pflichtlektüre" untersucht *Wagner* in WM 2003, 1158 ff., schiebt sie jedoch auf die Verordnung zu § 20 a WpHG.
[289] AG Mainz/Staatsanwaltschaft Koblenz – 2050 Js 010929/99.

marktpsychologische Aspekte der Finanzinstrumentenanlage.[290] Bei Streitigkeiten in Zusammenhang mit der Tätigkeit von Finanzanalysten eignet sich für sachverständige Stellungnahmen insbesondere bei grenzüberschreitendem Bezug die

DVFA
Deutsche Vereinigung für Finanzanalyse und Asset Management GmbH Einsteinstraße 5
63303 Dreieich
Postfach 101030
Telefon 06103 / 583320, Telefax 06103 / 583333
Website: www.dvfa.de

466 **a) Von der Analyse zum Rating.** Vergleichende Analysen führen zum Rating. Darunter versteht man die Beurteilung und Klassifizierung der relativen und absoluten Bonität von Schuldtiteln und deren Emittenten anhand einheitlicher Maßstäbe. Durch ein Symbol oder eine semantische Verkettung von Zeichen einer festgelegten Skala ausgedrückte Meinung darauf spezialisierter Institutionen (Rating Agenturen) über die wirtschaftliche Fähigkeit und rechtliche Bindung eines Emittenten, die mit einem bestimmten Finanztitel verbunden zwingend fälligen Zahlungsverpflichtungen vollständig und rechtzeitig zu erfüllen. Die Bonitätseinschätzung erfolgt anhand verschiedener Kriterien. Neben Unternehmens- und branchenspezifischen Besonderheiten finden auch Länderrisiken Berücksichtigung. Die auf dem Weltmarkt aktiven Unternehmen wie Standard and Poor's oder Moody's benutzen jedoch keinen einheitlichen Einstufungen weder als Begriff, noch als Buchstaben- oder Zahlenkombination. Letztlich wirkt sich ein Up- oder Down-Rating durch eine renommierte internationale Agentur immer auf die Entwicklung des Börsen- oder Marktpreises des beurteilten Unternehmens (oder auch Körperschaft) aus.

467 **b) Bewertung durch Analysten als Insidertatsache.** Bewertungen von Unternehmen durch Finanzanalysten sind je nach Ergebnis der Bewertung geeignet, auf den Börsen- oder Marktpreis eines Finanzinstrumentes einzuwirken. Eine zutreffende Bewertung, die aus öffentlich zugänglichen Informationen zusammengestellt wurde, ist nie eine Insiderinformation, auch wenn bei Veröffentlichung der Analyse der Börsenpreis[291] erheblich reagiert (§ 13 Abs. 2 WpHG). Werden hingegen Insiderinformationen, die nicht auf dem gesetzlich vorgeschriebenen Weg veröffentlicht worden sind, über ein Analystengespräch in die Bewertung eingearbeitet, entfällt das gesetzliche Privileg des § 13 Abs. 2 WpHG. (Zur insiderrelevanten Bewertung für die Beteiligten siehe unten.) Da eine derartige Analyse weder unrichtig noch irreführend ist (§ 20 a Abs. 1 Nr. 1 WpHG) und auch nicht als sonstige Täuschungshandlung bewertet werden kann (§ 20 a Abs. 1 Nr. 3 WpHG), liegt in diesem Falle kein Verstoß gegen das Manipulationsverbot des § 20 a WpHG vor.

Eine falsche Information selbst ist wie die Bewertung, die durch die falsche Information geprägt wurde, ist geeignet, den Börsenpreis des Finanzinstrumentes zu manipulieren. Dieser Bereich war bislang bei der Untersuchung einer Strafbarkeit eines Finanzanalysten nach Insidernormen interessant. Während in der Vergangenheit der manipulative Charakter einer falschen Analyse hinter dem als Insiderhandel qualifizierten Scalping zurückblieb, hat der BGH mit seiner Scalping-Entscheidung eine andere rechtliche Beurteilung gewagt.[292]

468 **c) Offenlegungspflicht von Interessenkonflikten.** Der Gesetzgeber hat mit dem 4. FFG eine konkretisierende Regelung für Wertpapieranalyse in das WpHG eingefügt. Dabei wird Analysten bzw. den Unternehmen, für welche die Analysten arbeiten, gesetzlich vorgegeben, Interessenkonflikte offen zu legen. Die Verpflichtung zur Offenlegung besteht insbesondere dann, wenn das Wertpapierdienstleistungsunternehmen an der Gesellschaft, deren Wertpapiere Gegenstand der Analyse sind, eine Beteiligung in Höhe von mindestens 1 % hält

---

[290] So jedenfalls *Büchgens*, das kleine Börsenlexikon, 22. Auflage zu Finanzanalyse und im Folgenden zum Rating.
[291] Redaktionelle Unsicherheiten führen dazu, hier wieder mit dem Begriff Kurs umzugehen, obwohl dieser Begriff mit dem Vierten FinMFG einheitlich weggefallen war – so jedenfalls begründet der Finanzausschuss seine Korrektur des Regierungsentwurfes zum Anlegerschutzverbesserungsgesetz zu Nr. 7 (§ 20 a WpHG), BT-Drucks. 15/3493, S. 65.
[292] BGH Urt. v. 6.11.2003 – 1 StR 24/03 – ZIP 2004, 2354, BB 2004, 11; *Widder* S. 15: „BGH ordnet Scalping als Kurs- und Marktpreismanipulation ein".

(§ 34 b Abs. 1 Nr. 1 WpHG), einem Konsortium angehörte, das die innerhalb von 5 Jahren zeitlich letzte Emission von Wertpapieren der Gesellschaft übernommen hat (Nr. 2) oder die analysierte Wertpapiere auf Grund eines mit dem Emittenten abgeschlossenen Vertrages an der Börse oder am Markt betreut (Nr. 3). Zur Sicherstellung der Erfüllung dieser Pflichten sind die Organisationspflichten nach § 33 WpHG zu beachten. Der Verstoß gegen die Offenlegungspflicht führt zwar nicht dazu, dass die Rückausnahme des § 13 Abs. 2 WpHG entfällt.

d) Interessenkonflikte bei Eigenhandel. Auch vor dem 4. FFG wurde in einzelnen Fällen bekannt, dass das Marktverhalten einzelner Handelsteilnehmer nicht mit ihren öffentlichen Analyseempfehlungen übereinstimmt. Lediglich im Fall Deutsche Bank / Telekom führte dieser Verdacht zu der Einleitung eines Ermittlungsverfahrens der Staatsanwaltschaft Frankfurt/Main.[293] Da das Ergebnis der Überprüfung des Falles weder bei der Börsenaufsichtsbehörde noch bei dem BAWe einen Verdacht der Manipulation von Investorenverhalten bestätigt hatte, wurde das Ermittlungsverfahren nach § 170 Abs. 2 StPO eingestellt.[294]

Da sich die Berichterstattung, die die Untersuchungen auslöste und damit auch einen massiven Kurssturz der Telekom Aktie verursachte, als offensichtlich vorsätzlich falsch erwies, ist auch diese Form der Manipulation von Börsenpreisen von der Staatsanwaltschaft Frankfurt, jedoch ohne Erfolg,[295] untersucht worden.

e) Die Analyse in der Marktmissbrauchsrichtlinie. In den Erwägungsgründen der Marktmissbrauchsrichtlinie 2003/6/EG vom 28.1.2003 hatte die Kommission noch in Nr. 22 den Mitgliedstaaten selbst die Entescheidungskompetenz eingeräumt, „welche Regelungen, einschließlich Mechanismen der Selbstregulierung, am zweckmäßigsten sind für Personen, die Analysen von Finanzinstrumenten oder von Emittenten von Finanzinstrumenten oder sonstige Informationen mit Empfehlungen oder Anregungen zu Anlagestrategien erstellen oder verbreiten; diese Regelungen sind der Kommission mitzuteilen." Dieses Ansinnen hat sie umgesetzt in Art. 6 Nr. 5 und Nr. 10, 7. Spiegelstrich.

f) Richtlinie zur sachgerechte Darbietung von Anlageempfehlungen. Zur Durchführung der Marktmissbrauchsrichtlinie hat die Kommission die Richtlinie 2003/125/EG von 22. Dezember verabschiedet. Entgegen den vorgenannten Ankündigungen, die Regulierung den Mitgliedstaaten selbst zu überlassen, ist die vorgelegte Durchführungsrichtlinie umfangreich, detailliert und erstaunlich vollständig.[296] Die Kommission beglückt uns in Art. 1 nicht nur mit der Definition der Begriffe „Empfehlung" (Nr. 3) und „Analyse oder sonstige Information mit Empfehlungen oder Anregungen zu Anlagestrategien" (Nr. 4), sondern beschreibt auch den „Informationsverbreitungskanal" (Nr. 7).

Die Richtlinie formuliert in dem Kapitel „II die Identität der Empfehlung erstellenden Person" (Art. 2), ein „allgemeines Muster für die sachgerechte Darbietung der Empfehlung" (Art. 3), „zusätzliche Bedingungen für die sachgerechte Darbietung der Empfehlung" (Art. 4), ein „allgemeines Muster für die Offenlegung von Interessen und Interessenkonflikten" (Art. 5) und „zusätzliche Bedingungen für Offenlegung von Interessen und Interessenkonflikten" (Art. 6). In Kapitel III wird die „Identität der Anlegeempfehlung Dritter weitergebende Personen" (Art. 7), ein „Allgemeines Muster für die Weitergabe der Empfehlungen" (Art. 8) und „zusätzliche Verpflichtungen für Wertpapierhäuser und Kreditinstitute" (Art. 9) zur Umsetzung bis zum 12. Oktober 2004 (Art. 10) vorformuliert.

g) Die Analyse von Finanzinstrumenten nach dem WpHG. In Zusammenhang mit der Einwirkung auf Börsenpreise werden die gesetzlichen Vorgaben des zu erwartenden § 34 b WpHG, Analyse von Finanzinstrumenten, Bedeutung erlangen.[297]

---

[293] Vgl. Financial Times Deutschland v. 24.8.2001, S. 25.
[294] StA Frankfurt am Main 7410 Js 226291/01 WI.
[295] Der ausgenutzte Interessenkonflikt zwischen Analyse und eigenen Handelsaktivitäten wurde auch von der Staatsanwaltschaft in New York untersucht. Einigen großen Wertpapierhäusern wurden Strafen in Millionenhöhe (Unternehmensstrafrecht) auferlegt.
[296] Dies dürfte in erster Linie auf den fachlichen Input des Ausschusses der europäischen Wertpapierregulierungsbehörden (CESR) zurückzuführen sein.
[297] In der Fassung des Anlegerschutzverbesserungsgesetzes. In den Erwägungsgründen der Marktmissbrauchsrichtlinie 2003/6/EG v. 28.1.2003 hatte die Kommission noch in Nr. 22 die Mitgliedstaaten selbst die Entescheidungskompetenz eingeräumt, „welche Regelungen, einschließlich Mechanismen der Selbstregulierung, am

475 **§ 34 b Analyse von Finanzinstrumenten**
(1) Personen, die im Rahmen ihrer Berufs- oder Geschäftstätigkeit eine Information über Finanzinstrumente oder deren Emittenten, die direkt oder indirekt eine Empfehlung für eine bestimmte Anlageentscheidung enthält und für Dritte oder zur Veröffentlichung bestimmt ist (Finanzanalyse), erstellen oder weitergeben, sind zu der erforderlichen Sachkenntnis, Sorgfalt und Gewissenhaftigkeit verpflichtet. Die Finanzanalyse darf anderen nur zugänglich gemacht oder öffentlich verbreitet werden, wenn Umstände oder Beziehungen, die bei den Erstellern oder mit diesen verbundenen Unternehmen Interessenkonflikte begründen können, zusammen mit der Finanzanalyse offen gelegt werden.
(2) Eine Zusammenfassung einer von einem Dritten erstellten Finanzanalyse darf nur weitergegeben werden, wenn ihr Inhalt der Finanzanalyse klar und nicht irreführend wiedergegeben wird und in der Zusammenfassung auf das Ausgangsdokument sowie auf den Ort verwiesen wird, an dem die mit dem Ausgangsdokument verbundene Offenlegung nach Absatz 1 Satz 2 unmittelbar und leicht für die Öffentlichkeit zugänglich ist, sofern diese Angaben der Öffentlichkeit zur Verfügung stehen.
(3) Finanzinstrumente im Sinne des Absatzes 1 sind nur solche, die 1. an einem inländischen organisierten Markt zum Handel zugelassen oder in den geregelten Markt oder in den Freiverkehr einbezogen sind, oder 2. in einem anderen Mitgliedstaat der Europäischen Union oder einem anderen Vertragsstaat des Abkommens über den Europäischen Wirtschaftsraum zum Handel an einem organisierten Markt zugelassen sind. Der Zulassung zum Handel an einem organisierten Markt oder der Einbeziehung in den geregelten Markt oder in den Freiverkehr steht es gleich, wenn der Antrag auf Zulassung oder Einbeziehung gestellt oder öffentlich angekündigt ist.
(4) Die Bestimmungen des Absatzes 1 gelten nicht für Journalisten, die Finanzanalysen erstellen, sofern die Bundesanstalt feststellt, dass diese einer mit den Regelungen dieses Abschnitts vergleichbaren Selbstregulierung einschließlich wirksamer Kontrollmechanismen unterliegen.
(5) Unternehmen, die Finanzanalysen nach Absatz 1 Satz 1 erstellen oder weitergeben, müssen so organisiert sein, dass Interessenkonflikte im Sinne von Absatz 1 Satz 2 möglichst gering sind. Sie müssen insbesondere über angemessene Kontrollverfahren verfügen, die geeignet sind, Verstößen gegen Verpflichtungen nach diesem Abschnitt entgegenzuwirken.
(6) Die Befugnisse der Bundesanstalt nach § 35 gelten hinsichtlich der Einhaltung der in den Absätzen 1, 2 und 5 genannten Pflichten entsprechend. § 36 gilt entsprechend, wenn die Finanzanalyse von einem Wertpapierdienstleistungsunternehmen erstellt, anderen zugänglich gemacht oder öffentlich verbreitet wird.
(7) (Rechtsverordnungsermächtigung)

476 Die Rechtsverordnung berücksichtigt die Richtlinie 2003/125/EG der Kommission vom 22. Dezember 2003 zur Durchführung der Richtlinie 2003/6/EG des europäischen Parlamentes und des Rates – in Bezug auf die sachgerechte Darbietung von Anlageempfehlungen und die Offenlegung von Interessenkonflikten (Abl. L 339/73) zu Grunde gelegt werden, die wohl bereits in den Gesetzestext eingeflossen ist.

21. Market Corner als Missbrauch

477 Die Wertpapieraufsichten der USA und Englands haben Formen von handelsbezogenen Marktmanipulationen aufgedeckt, die in dieser Form in Deutschland möglich, jedoch noch nicht festgestellt worden sind. Ein Market Corner wird dann aufgebaut, wenn ein Handelsteilnehmer/Marktteilnehmer mehr als 100 % der verfügbaren Papiere aufkauft oder die verfügbaren Terminpositionen erwirbt. Der Bereich über 100% resultiert aus Leerverkäufen, die der Verkäufer mangels Papiere nicht erfüllen kann. Der Käufer bestimmt dann den Preis für die Papiere, die nur er liefern kann. Die über 100% liegende Menge kann er auch über Optionen konstruieren, wenn der/die Verpflichtete(n) aus den Optionen liefern müssen und sich am Kassamarkt nur bei dem Cornerer eindecken können.

478 Long-Corner und Short-Corner sind Manipulationen in vergleichbarer Art. Der Manipulateur deckt sich entweder am Kassamarkt oder am Terminmarkt monopolisierend ein, überkauft die Terminposition oder die Kassapositionen und zwingt die Gegenseite zur Eindeckung bei ihm zu diktierten Preisen. Das Auskaufen der Terminpositionen wird auch Sqeeze genannt, je nach Richtung Long- oder Short-Sqeeze. Creating a Price-Trend and Trading Against It ist eine Kursmanipulation, die verstärkt wird durch Stopp-Orders, Electronic Eyes, Quote Machines und Orderroutingsysteme. Wenn der Markt auf den gezielten Anstoß reagiert, kann der

zweckmäßigsten sind für Personen, die Analysen von Finanzinstrumenten oder von Emittenten von Finanzinstrumenten oder sonstige Informationen mit Empfehlungen oder Anregungen zu Anlagestrategien erstellen oder verbreiten; diese Regelungen sind der Kommission mitzuteilen." – umgesetzt in Art. 6 Nr. 5 und Nr. 10, 7. Spiegelstrich.

Anstoßende die für ihn vorhersehbare, weil verursachte Bewegung nutzen. Der so genannte Bobl-Squeeze an der Eurex wurde lediglich als Verstoß gegen den gegenseitigen Anspruch der Handelsteilnehmer auf kaufmännisches Vertrauen vom Sanktionsausschuss sanktioniert.[298]

Nach dem Entwurf der Marktmissbrauchsrichtlinie war die Manipulationsvariante des Cornern wie folgt dargestellt: „Der Manipulator verschafft sich beim Derivat oder beim Basiswert die Kontrolle über die Nachfrage, so dass er eine beherrschende Stellung gewinnt, die er zur Manipulation des Kurses des Derivats oder des Basiswerts ausnutzen kann („**Cornering**").[299] 479

Wie beim Cornering wird in der Variante der „**Abusive squeezes**" die Verknappung eines Wertes durch Kontrolle der Nachfrageseite und Ausnutzung der Stauung auf dem Markt ausgenutzt, um die Kurse künstlich hochzutreiben; Besitz eines erheblichen Einflusses auf das Angebot oder die Lieferung eines Wertes; Nutzung des Rechtes, Erfüllung zu verlangen, um willkürliche und anormale Preise zu diktieren. 480

22. Safe Harbour Regeln[300]

Dem Ruf nach Safe Harbour Regeln zur Legalisierung von Einwirkungen auf Börsen- und Marktpreise kommt die EU mit einer Durchführungsverordnung[301] der Missbrauchsrichtlinie und der Deutsche Gesetzgeber mit der Verordnung zur Konkretisierung des Verbotes der Marktpreismanipulation (MaKonV)[302] gem. § 20 a Abs. 2 Nr. 3 WpHG nach. 481

a) Befreiung von der Veröffentlichungspflicht nach § 15 WpHG.[303] Im Gesetz sind bereits Safe Harbours verankert. § 15 Abs. 1 S. 5 WpHG erlaubt nach Antrag bei der BaFin und deren Genehmigung[304] das Verschweigen von Tatsachen, die geeignet sind, im Falle ihrer Veröffentlichung die Notierung zum Nachteil des befreiten Emittenten erheblich zu beeinflussen.[305] Für die Dauer der Befreiung steht das Informationsinteresse der Anleger hinter den Interessen des Unternehmens zurück. Während des Befreiungszeitraums wird also am Markt zu unrichtigen Kursen gehandelt.[306] Die Befreiung kann erteilt werden, wenn die Veröffentlichung der Tatsache geeignet ist, den berechtigten Interessen des Emittenten zu schaden. Mit der Aufhebung der Veröffentlichungspflicht nach § 15 WpHG entfällt die Erfüllung des Tatbestandsmerkmals: „... solche Umstände entgegen bestehenden Rechtsvorschriften zu verschweigen ... " nach § 20 a Abs. 1 Nr. 1 2. Alt. WpHG. Obwohl auf den Börsenpreis mit Zustimmung der Aufsicht eingewirkt wird ist die Tatbestandserfüllung ausgeschlossen, wenn der entsprechende Bescheid ergangen ist.[307] Erfasst wird auch der Zeitraum, in welchem zwar die Veröffentlichungspflicht besteht, ein Befreiungsbescheid noch nicht ergangen ist, jedoch der Antrag bereits ohne schuldhaftes Zögern gestellt ist. Kritisch wird in diesem Zusammenhang die Frage zu prüfen sein, ob bei einem genehmigungsfähigen Sachverhalt das Unterlassen der Antragstellung zur Strafbarkeit wegen Verstoßes gegen das Verbot der Kursmanipulation führt oder ob lediglich ein Verwaltungsunrecht begangen wurde, welches vergleichbar mit der verspäteten Ad-hoc-Mitteilung lediglich eine (nicht sanktionierte) Ordnungswidrigkeit (§ 39 Abs. 2 Nr. 1 WpHG) darstellt. 482

b) Abweichung vom Meistausführungspreis bei der Preisfeststellung. Gleiches gilt für Eigen- und Aufgabengeschäfte mit denen der Skontroführer vom Meistausführungspreis abweichende Preise feststellen darf, wenn unlimitierte Aufträge nur zu nicht marktgerechten Kursen 483

---

[298] Siehe Bericht auf der Homepage der Hessischen Börsenaufsichtsbehörde www.boersenaufsicht.de.
[299] *Trüstedt* S. 201.
[300] Der Verordnungsgeber benutzt in der BT Drucksache die Formulierung: „notwendige Safe-Harbour-Regelung".
[301] Verordnung (EG) Nr. 2273/2003 v 22.12.2003, Abl. L 336/33.
[302] BR-Drucks. 639/03 v. 28.11.2003.
[303] Dieser Aspekt wird durch die geplante Neuregelung durch das Anlegerschutzverbesserungsgesetz wahrscheinlich vollständig geändert, da beabsichtigt ist, die Verantwortung bei Nichtveröffentlichung dem Emittenten zu übertragen.
[304] Nach dem Jahresbericht 2001 der BaFin wurden im Jahre 2001 insgesamt 26 (Vorjahr 36) Anträge auf Befreiung gestellt. 18 Anträgen wurde stattgegeben.
[305] Eine ähnliche Interessenabwägung wird in § 34 StGB bei dem rechtfertigenden Notstand vorgegeben.
[306] *Fürhoff*, Kapitalmarktrechtliche Ad-hoc-Publizität zur Vermeidung von Insiderkriminalität, S. 201.
[307] Überzeugende und umfassende Darstellung bei Fürhoff, S. 201 ff. mit konkreten Einzelfällen.

zu vermitteln wären und er einen durch den Meistausführungspreis vorgegebenen marktfernen Preis verhindert.[308] Der Meistausführungspreis ist wesentlicher Bestandteil aller Marktmodelle für die Ermittlung und Feststellung von Börsenpreisen an deutschen Börsen.[309] Die Preisfeststellungshoheit des Skontroführers ist verbunden mit dem grundsätzlichen Vorrang der Vermittlungspflicht und der Bindung an die Preisfeststellungsregeln. Der Verstoß gegen diese gesetzlichen Vorgaben unter Vortäuschung regelkonformen Verhaltens wirkt unmittelbar auf den Börsenpreis der zur Feststellung zugewiesenen Werte ein, eine mittelbare Einwirkung kann auf Derivate und Indizes erfolgen.

484   Die nach § 32 BörsG a. F. gesetzlich eingeräumte Möglichkeit des Abweichens vom Meistausführungspreis durch Selbsteintritt ist mit der Novellierung des Börsengesetzes nicht wieder aufgenommen worden. Den Ländern ist anheim gestellt, in einer Skontroführerverordnung nach § 28 BörsG im Rahmen der Rechte und Pflichten der Skontroführer eine vergleichbare Safe Harbour Regelung zu schaffen. Bis dahin ist die sich noch auf den früheren Gesetzestext beziehende und diesen wiederholende Formulierung in der Börsenordnung der FWB[310] als Rechtfertigungsgrund anzusehen. Grundsätzlich wirkt sich dieser Safe Harbour auf die sonstige Täuschungshandlung nach § 20 a Abs. 1 Nr. 2 WpHG tatbestandsausschließend aus.

485   c) Geld- oder währungspolitische Ausnahmen. Weitere Ausnahmen hat der Gesetzgeber in § 20 b Abs. 7 i. V. m. § 20 WpHG für Geschäfte von Trägern hoheitlicher Gewalt im Rahmen der ihnen zugewiesenen gesetzlichen Aufgaben normiert. Vom Verbot der Kurs- und Marktpreismanipulation sind Geschäfte ausgenommen, die aus geld- oder währungspolitischen Gründen oder im Rahmen der öffentlichen Schuldenverwaltung vom Bund, einem seiner Sondervermögen, einem Land, der Deutschen Bundesbank, einem ausländischen Staat oder dessen Zentralbank oder einer anderen mit diesen Geschäften beauftragten Organisation oder mit für deren Rechnung handelnden Personen getätigt werden.

23. Stabilisierungsmaßnahmen

486   Trotz der fälschlicherweise bis zum 4. FinMFG verbreiteten Behauptung, Kurspflege sei erlaubt (gewesen)[311] wurde übereinstimmend die Forderung erhoben, Kurs- und Marktpflege aus dem Verbot der Kursmanipulation auszunehmen und eine entsprechende Safe Harbour Regel zu schaffen. Als Kurspflege bezeichnet man tatsächliche Geschäfte mit anonymen Dritten im Markt. Aktien werden zu höheren als den Marktpreisen nachgefragt oder günstiger angeboten. Grundsätzlich ist davon auszugehen, dass eine Stabilisierung wirtschaftlich für den Handelnden ein Nachteil ist. Im Wert nachlassende Papiere werden – über dem ungepflegten Marktpreis liegend – aufgekauft oder bei steigendem Kurs die im Wert wachsenden Papiere abgestoßen, jeweils um den Kurs zu stabilisieren.

487   Eine an sich zulässige Marktpflege könnte aber für das Derivat manipulative Bedeutung entwickeln. Die Betrachtung darf daher nicht bei einer zulässigen Marktpflege stehen bleiben. Anreize zur Marktpflege bestehen regelmäßig in einer Phase kurz vor und nach einer Kapitalerhöhung bzw. nach einer Erstemission.

488   Die bislang für den Pflegenden günstige unsichere Rechtslage änderte sich jedoch schrittweise mit der Reform des Verbotes der Kursmanipulation 2002 (4. FinMFG) und der weiteren Reform durch das Anlegerschutzverbesserungsgesetz. Nunmehr können auch tatsächliche Geschäfte, die zu künstlichen Preisen führen insbesondere dann verbotene Manipulationen darstellen, wenn die zu Grunde liegenden Geschäfte wirtschaftlich unsinnig sind und einen Börsenpreis generieren, die bei unbeeinflussten Marktkräften so nicht zustande gekommen wären.

---

[308] § 36 BörsO FWB.
[309] Sie oben III Nr. 8 bei den Ausführungen zur Einwirkung auf den Börsenpreis.
[310] Und den konkretisierenden Regeln für die Preisfeststellung im Präsenzhandel der FWB.
[311] Siehe Fall Gildemeister, AG Düsseldorf, 412 Ds 28 Js 122/01, Einstellung durch das Amtsgericht Düsseldorf nach § 153 a StPO – der Verfahrensabschluss erfolgte nach dem EM.TV Urteil des LG München, in welchem festgestellt worden war, dass strafbare Verstöße gegen das Alte Manipulationsverbot nach § 88 BörsG auch dann nicht nach § 38 WpHG bestraft werden können, wenn eine Einwirkung durch die Tathandlung nachgewiesen ist.

24. Safe Harbours nach der MaKonV

Der Gesetzgeber hat das Bundesministerium der Finanzen ermächtigt, das Kurs- und Manipulationsverbot durch eine Rechtsverordnung zu konkretisieren und nähere Bestimmungen zu erlassen über [...] Handlungen und Unterlassungen, die in keinem Fall einen Verstoß gegen das Verbot des Absatzes 1 Satz 1 darstellen.

Die MaKonV beschränkt sich auf eine direkte Übernahme (überflüssig, da diese VO direkt gilt!) des Textes der Verordnung Nr. 2273/2003 der Kommission vom 22.12.2003 – Ausnahmeregelungen für ... und Kursstabilisierungsmaßnahmen, Kapitel III, die im Lamfalussy-Verfahren[312] auf der Basis der Marktmissbrauchsrichtlinie erlassen wurde. Zur Frage des Verständnisses sollte dabei auch auf die Entwürfe zu dieser Richtlinie Bezug genommen werden, soweit auf diese noch zugegriffen werden kann. Sie müssen sowohl im BMF als auch bei der BaFin und der Kommission Binnenmarkt zur Verfügung stehen. Soweit der Text nicht ausdrücklich von der Fassung der KuMaKV abweicht, kann zum Verständnis auf diese nebst ihrer Begründung zurückgegriffen werden, auch wenn sie nicht mehr in Kraft ist.

§ 5 Handlungen im Einklang mit europäischem Recht
Der Handel mit eigenen Aktien im Rahmen von Rückkaufprogrammen sowie Maßnahmen zur Stabilisierung des Preises von Finanzinstrumenten nach § 20 a Abs. 3 des Wertpapierhandelsgesetzes in Verbindung mit der Verordnung (EG) Nr. 2273/2003 der Kommission vom 22. Dezember 2003 zur Durchführung der Richtlinie 2003/6/EG des Europäischen Parlaments und des Rates – Ausnahmeregelungen für Rückkaufprogramme und Kursstabilisierungsmaßnahmen (ABl. EU Nr. L 336 S. 33) – stellen in keinem Fall einen Verstoß gegen das Verbot der Marktmanipulation dar.
§ 6 Anerkennung ausländischer Stabilisierungsregeln
Zulässig sind auch im Ausland getätigte Maßnahmen zur Stabilisierung des Preises von Finanzinstrumenten, die nicht zum Handel an einem organisierten Markt in einem Mitgliedstaat der Europäischen Union oder einem anderen Vertragsstaat des Abkommens über den Europäischen Wirtschaftsraum zugelassen sind und für die eine solche Zulassung nicht beantragt ist, wenn sie den Anforderungen der Verordnung (EG) Nr. 2273/2003 genügen oder im Rahmen der an den betreffenden ausländischen Märkten bestehenden Regeln über zulässige Stabilisierungsmaßnahmen getätigt werden, sofern diese Regeln den Regeln dieser Verordnung gleichwertig sind.

Die EU Verordnung definierte zulässige Marktpflege als Maßnahmen zur Kursstabilisierung im Zusammenhang mit Emissionen.[313] Solche Stabilisierungsmaßnahmen unterliegen jedoch Beschränkungen; insbesondere sind sie an umfangreiche Bekanntgabe- und Dokumentationspflichten geknüpft. Werden diese Beschränkungen eingehalten, befindet man sich im Bereich eines „safe harbours", der Rückgriff auf § 20 a Abs. 1 WpHG ist zwingend verwehrt. Da der Safe Harbour bereits bei dem Verbot des § 20 a Abs. 1 WpHG ansetzt, scheidet nicht nur die Strafbarkeit, sondern auch die Verhängung eines Bußgeldes nach § 39 WpHG aus. Soweit Dokumentations- und Aufbewahrungspflichten als Pflichten aus der Emission verletzt sind, steht gegebenenfalls eine Ahndung nach § 20 BörsG durch den Sanktionsausschuss im Raume.

a) In keinem Fall strafbar? Wenn der Gesetzgeber jedoch vorgibt, was der Verordnungsgeber getreu auch in der MaKonV nachformuliert, dass[314] Marktpflege eine Handlung sei, die in **keinem Fall**[315] einen Verstoß gegen das Verbot des § 20 a Abs. 1 WpHG sei, dürfte über Stabilisierungsmaßnahmen, die die Voraussetzungen Verordnung nicht erfüllen, kein pauschales Unwerturteil getroffen werden. Dies gilt insbesondere im Lichte des Gesetzesvorbehalts des Art. 103 Abs. 2, 104 Abs. 1 S. 1 GG. Danach ist im Strafrecht, soweit Freiheitsstrafen verhängt werden können, zwingend ein formelles Gesetz erforderlich. Eine Verordnung kann demnach

---

[312] Siehe oben Kapitel I, Überblick, Nr. 11.
[313] Dabei handelt es sich vor allem um Maßnahmen wie den Kauf der Wertpapiere, die Gegenstand der Emission sind. Einen der Fallgruppen der Kurspflege: *Vogel* WM 2003, 2437, 2439 (zur KuMaKV).
[314] Bundesrats-Drucksache 639/03, S. 13; Assmann/Schneider/*Vogel*, Wertpapierhandelsgesetz, 3. Auflage 2003, § 20 a Rdnr. 124.
[315] Art. 8 der Marktmissbrauchsrichtlinie lautet weniger konsequent: Die in dieser Richtlinie ausgesprochenen Verbote gelten nicht für den Handel mit eigenen Aktien im Rahmen von Rückkaufprogrammen und die Kursstabilisierungsmaßnahmen für ein Finanzinstrument, wenn derartige Transaktionen im Einklang mit den nach dem Verfahren des Art. 17 Abs. 2 erlassenen Durchführungsmaßnahmen erfolgen. Auch in der angesprochenen Verordnung ist nicht von: „In keinem Fall" die Rede.

nur „gewisse Spezifizierungen" vornehmen.[316] Eine Strafbarkeitsbegründung durch die MaKonV in Verbindung mit der EU Verordnung ist vor diesem Hintergrund jedenfalls ausgeschlossen, auch wenn an anderer Stelle behauptet wurde, Stabilisierung sei nur in den Grenzen der Vorschriften zulässig. Es wird also immer dann, wenn einzelne Voraussetzungen der „safe harbours" nicht erfüllt sind, im Einzelfall zu prüfen sein, ob eine unzulässige und strafbewehrte Kursmanipulation vorliegt. Fraglich ist, was die zur Beurteilung dieser Frage maßgeblichen Kriterien sind.

493   b) **Straftat versus Verwaltungsverstoß.** In einer Entscheidung zum Umweltstrafrecht hat das OLG Frankfurt am Main[317] festgestellt, dass ein Verstoß gegen dokumentierende Aufzeichnungspflichten strafrechtlich irrelevant sei, da es sich hierbei um eine Auflage handele, die nicht unmittelbar dem Gewässerschutz diene. Ein Verstoß würde sich folglich nicht unmittelbar auf das Schutzgut des maßgeblichen § 324 StGB, die Beschaffenheit des Gewässers, auswirken. Übertragen hieße dies, dass nur die Missachtung solcher Auflagen zu einer Strafbarkeit nach § 20 a WpHG führen können, die unmittelbar das Schutzgut des § 20 a WpHG betreffen. Was Schutzzweck des § 20 a WpHG ist, ist jedoch umstritten. Zum früheren § 80 BörsG wurde überwiegend die Auffassung vertreten, er diene dem Schutz der Zuverlässigkeit und Wahrheit der Preisbildung an den Börsen und Märkten im Interesses ihrer Funktionsfähigkeit.[318] Obgleich hieran zum Teil auch für § 20 a WpHG festgehalten wird,[319] formuliert eine Gegenmeinung, die neue Vorschrift diene nur oder zumindest auch dem Schutz des Vermögens des Anlegers.[320]

494   Es ist daher zu klären, inwiefern dies den einzelnen Voraussetzungen der EU-Verordnung einen preisbildungsprozess-, bzw. anlegervermögensschützende Funktion zu kommt, es also bei einer Marktpflege bei Nichteinhaltung der Vorgaben zu einer Verletzung des § 20 a Abs. 1 WpHG kommt.

495   c) **Preisbezogene Grenzen der Stützung.** Stabilisierungsmaßnahmen bei Aktien dürfen nur zur Stützung des Börsen- oder Marktpreises unter Berücksichtigung der Marktlage durchgeführt werden; der Preis zu dem die Stabilisierungsmaßnahme durchgeführt wird, darf den Emissionspreis nicht übersteigen. Bei Schuldverschreibungen dürfen Stabilisierungsmaßnahmen nur zur Stützung des Börsen- oder Marktpreises durchgeführt werden.

Bei der Stabilisierung von Wandel- oder Optionsanleihen darf auch eine Stützung der zu Grunde liegenden Aktien („underlying") unter Berücksichtigung der Marktlage erfolgen.

Dies darf jedoch nicht zu einem Börsen- oder Marktpreis führen, der höher als der im Zeitpunkt der Veröffentlichung der endgültigen Angebotsbedingungen für die Wandel- oder Optionsanleihen liegenden Preises ist. Die vorgegebenen Preisobergrenzen sind dabei um die Auswirkungen von Zins- und Dividendenberechtigungen, der Ausgabe von Berichtigungsaktien und der Durchführung von Aktiensplits zu bereinigen.

496   d) **Stabilisierungsberechtigte.** Die Stabilisierungsmaßnahmen dürfen nur durchgeführt werden von Wertpapierdienstleistungsunternehmen i. S. v. § 2 Abs. 4 WpHG oder von Unternehmen, die Wertpapierdienstleistungen erbringen und ihren Sitz in einem anderen EU-Mitgliedsbzw. einem Vertragsstaat des Abkommens über den europäischen Wirtschaftsraum haben. Das durchführende Unternehmen muss gegenüber dem Publikum als Stabilisierungsmanager benannt werden.

497   e) **Zeitliche Befristung der Maßnahmen.** Stabilisierungsmaßnahmen dürfen nach Art. 8 der Verordnung bei erstmaligen öffentlichen Angeboten grundsätzlich ab Notierungsaufnahme

---

[316] BVerfGE 14, 174, 185 f.; BVerfGE 14, 248, 251; BVerfGE 75, 329, 342.
[317] Vgl. OLG Frankfurt am Main NJW 1987, 2753, 2755.
[318] BVerfG NJW 2003, 501; BT-Drucks. 10/318, S. 45, Erbs/Kohlhaas/*Fuhrmann*, Strafrechtliche Nebengesetze, § 88 BörsG Rdnr. 2; Schäfer/*Ledermann*, Wertpapierhandelsgesetz, Börsengesetz mit BörsZulV, Verkaufsprospektgesetz mit VerkProspV, 1999, § 88 BörsG Rdnr. 1; *Schwark*, Börsengesetz, 2. Auflage 1994, § 88 Rdnr. 1.
[319] Vgl. *Möller* WM 2002, 310, 313; *Altenhain* BB 2002, 1874, 1875.
[320] *Altenhain* BB 2002, 1874, 1875; *Lenzen* Z. B.B 2002, 279, 284; *Sorgenfrei* wistra 2002, 321, 322; *Tripmaker* wistra 2002, 288, 291; *Ziouvas* ZGR 2002, 113, 143 f.; differenzierend Assmann/Schneider/*Vogel*, Wertpapierhandelsgesetz, 3. Auflage 2003, § 20 a Rdnr. 15 f.

und bis zu 30 Kalendertage danach durchgeführt werden. Ist schon vor Notierungsaufnahme ein Handel zugelassen, der den Regeln des organisierten Marktes unterworfen ist, so dürfen Stabilisierungsmaßnahmen ab Veröffentlichung des endgültigen Emissionspreises und bis zu 30 Kalendertage danach durchgeführt werden. Die VO differenziert weiterhin die Zweitplatzierung (Art. 8 Abs. 3), Schuldverschreibungen und andere verbriefte Schuldtitel (Abs. 4 und 5).

Diese zeitlichen Grenzen dienen zumindest auch dem Schutz des Kapitalmarktes, jedoch überwiegend dem Schutz des Investors.

f) Hinweispflichten. Gem. Art. 9 der VO obliegen dem Emittenten, Bieter oder Unternehmen Hinweispflichten (Bekanntgabe und Meldungen). So müssen Maßnahmen zur Kursstabilisierung vor Beginn der Zeichnungsfrist in Verkaufs- oder Börsenzulassungsprospekten angekündigt werden. Darüber hinaus ist auf die geplanten Maßnahmen zur Kursstabilisierung mittels einer Pressemitteilung und einer Bekanntgabe im Internet unter der Adresse des Emittenten in einem deutlich gekennzeichneten Abschnitt hinzuweisen.[321]

Hinzuweisen ist auf

- die Möglichkeit der Durchführung von Stabilisierungsmaßnahmen sowie auf die Tatsache, dass keine Verpflichtung zur Durchführung der Stabilisierungsmaßnahmen besteht,
- den Beginn und das Ende des Stabilisierungszeitraums
- die befugten Stabilisierungsmanager,
- die Möglichkeit, dass Stabilisierungsmaßnahmen einen höheren Marktpreis für das betroffene Wertpapier herbeiführen können, als dies ohne die Maßnahmen der Fall wäre,
- die Risiken, die Stabilisierungsmaßnahmen mit sich bringen,
- ob die Möglichkeit einer Überzeichnung oder Greenshoe Option besteht sowie andere,
- Umstände, die für die Anlageentscheidung wesentlich sein können.

Nach dem Ende des Stabilisierungszeitraums ist innerhalb von einer Woche bekannt zu geben:
- ob eine Stabilisierungsmaßnahme durchgeführt wurde oder nicht;
- zu welchem Termin mit der Kursstabilisierung begonnen wurde;
- zu welchem Termin die letzte Kursstabilisierungsmaßnahme erfolgte;
- innerhalb welcher Kursspanne die Kursstabilisierung erfolgte (für jeden Termin, zu dem eine Kursstabilisierungsmaßnahme durchgeführt wurde).

g) Dokumentationspflichten.
- Emittenten, Bieter oder Unternehmen, die die Stabilisierungsmaßnahme durchführen (gleich ob sie im Namen Ersterer handeln oder nicht), zeichnen alle Kursstabilisierungsaufträge und -transaktionen auf und halten dabei zumindest die in Art. 20 Absatz 1 der Richtlinie 93/22/EWG genannten Informationen fest, einschließlich für Finanzinstrumente, die weder zu diesem noch zu einem künftigen Zeitpunkt zum Handel auf einem geregelten Markt zugelassen sind.
- Führen mehrere Wertpapierhäuser oder Kreditinstitute die Stabilisierungsmaßnahme durch (gleich ob sie im Namen des Emittenten oder Bieters handeln), so übernimmt eines von ihnen die Funktion einer zentralen Auskunftsstelle, an die die für den geregelten Markt, auf dem die relevanten Wertpapiere zum Handel zugelassen wurden, zuständige Behörde alle Anfragen richten kann.

Stabilisierungsmaßnahmen sind danach intern als solche zu kennzeichnen; alle wesentlichen Informationen über die Stabilisierungsmaßnahmen sind aufzuzeichnen. Weitere Stabilisierungsmanager haben ihre Unterlagen über Stabilisierungsmaßnahmen dem führenden Manager unverzüglich zuzuleiten. Die Unterlagen sind vom führenden Stabilisierungsmanager fünf Jahre aufzubewahren.

---

[321] Die neuen Gesetze im Bereich des Kapitalmarktrechts greifen die Rolle des Internets als Informationsmedium zunehmend auf. Beispielsweise soll nach Art. 6 Abs. 1 Marktmissbrauchsrichtlinie (RL 2003/6/EG) der Emittent von Wertpapieren in Zukunft dazu verpflichtet werden, alle Ad-hoc-Mitteilungen des Unternehmens gesammelt für eine angemessene Zeit (unbeschadet einer Verpflichtung zu anderen Formen der Veröffentlichung) auf der Internetseite des Unternehmens bekannt zu geben.

503 Mindestens muss die Dokumentation enthalten:

> **Checkliste:**
>
> ☐ Die Benennung anderer beteiligter Stabilisierungsmanager,
> ☐ die Bezeichnung der Wertpapiere oder Derivate,
> ☐ die Stückzahl der Wertpapiere oder Derivate, die Gegenstand der Stabilisierungsmaßnahme sind, sowie ggf. das Preislimit der Stabilisierungsmaßnahme,
> ☐ das Datum und die Uhrzeit der Durchführung der Stabilisierungsmaßnahme und
> ☐ den Stabilisierungspreis.

25. Grenzen der Strafbarkeit der Kurspflege

504 Ein Verstoß gegen die Dokumentationspflichten führt nicht zu einem Verstoß gegen § 20 a WpHG, wenn gleichzeitig die personellen und materiellen Voraussetzungen einer zulässigen Kurs- oder Marktpreismanipulation vorliegen. Es handelt sich bei den Dokumentationspflichten um reine Verwaltungsvorschriften, deren Nichteinhaltung allenfalls eine Ordnungswidrigkeit darstellen können. (Entsprechende Bußgeldvorschriften sind jedoch nicht vorgesehen.)

Bei einer Verletzung der Hinweispflichten kann eine Strafbarkeit nur dann angenommen werden, wenn im Einzelfall festgestellt wird, dass die Verletzung der Hinweispflicht bei einer materiell zulässigen Kurspflege eine Einwirkung auf den Börsenpreis verursacht.

505 Entgegen der formulierten Vorgabe: „in keinem Fall" kann von einer Strafbarkeit ausgegangen werden, wenn die Preise, die durch Kurspflegemaßnahmen generiert werden, den Emissionskurs übersteigen. Dabei müsste geklärt werden, ob auf den Emissionskurs abzustellen ist oder ob das obere Ende der Bookbuildingspanne die Grenze darstellt. Ebenfalls verfolgbar ist eine Kurspflege durch ein Unternehmen, das überhaupt nicht mit der Emission betraut ist. Streiten könnte man über die Strafbarkeit einer Kurspflegemaßnahme durch ein Konsortialmitglied, welches die materiellen Voraussetzungen für die Benennung als Stabilisierungsmanager erfüllt.

26. Mehrzuteilungsoption und Greenshoe-Vereinbarung

506 Für eine Mehrzuteilung und deren Absicherung im Verlaufe einer Emission (Greenshoe) ist ein weiterer Safe Harbour formuliert worden. Das emissionsbegleitende Wertpapierdienstleistungsunternehmen kann vom Emittenten oder von abgebenden Aktionären weitere ausstattungsgleiche Wertpapiere während oder nach dem Stabilisierungszeitraum zum Emissionspreis erwerben (Greenshoe-Vereinbarung). Das erhöhte Angebot durch eine Zuteilung einer größeren Anzahl an Wertpapieren zum Emissionspreis als zum Zwecke des Angebotes zur Verfügung stehen(Mehrzuteilung), kann die Preisbildung nachhaltig beeinflussen. Sie ist jedoch keinen Verstoß gegen das Verbot der Kurs- und Marktpreismanipulation im Sinne des § 20 a Abs. 1 Satz 1 des Wertpapierhandelsgesetzes, sofern diese Mehrzuteilung durch Abschluss einer entsprechenden Vereinbarung abgesichert ist.

507 Eine Greenshoe-Vereinbarung ist nur zur Absicherung einer Mehrzuteilung zulässig. Die Mehrzuteilung und die Absicherung durch eine Greenshoe-Vereinbarung dürfen jeweils 15 Prozent des ursprünglichen Angebotes nicht überschreiten.

508 Die Strafbarkeit scheidet jedoch nur dann aus, wenn auf den Umfang und die Bedingungen, unter denen die Mehrzuteilung ausgeführt werden kann, im Verkaufs- oder Börsenzulassungsprospekt hingewiesen wurde. Der Hinweis in der Formulierung der Verordnung auf den „zulässigen" Umfang (15 %) könnte so verstanden werden, dass eine Strafbarkeit nur dann in Frage steht, wenn die formelle Pflicht des Hinweises verletzt wurde und auch materiell wegen Überschreitung der Beschränkung die Mehrzuteilung nicht zulässig ist. Weiter wird zu klären sein, ob bei der Prüfung der Einwirkung auf den Börsenpreis lediglich die die zulässige Menge übersteigende Stückzahl oder die gesamte Mehrzuteilung zu untersuchen ist.

509 Keine rückwirkende Strafbarkeit kann jedoch die Verletzung der nachträglichen Veröffentlichungspflicht auslösen. Die Ausführung einer Greenshoe-Vereinbarung und die Ausübung der Mehrzuteilungsoption sind unverzüglich und unter Angabe des Ausführungs- und Aus-

übungsdatums sowie der Menge und der Art der betroffenen Wertpapiere nach Maßgabe des § 9 Abs. 2 zu veröffentlichen. Diese Pflicht kann allenfalls als Verwaltungsunrecht qualifiziert werden.

27. Aktienrückkaufprogramme[322]

Grundsätzlich ist nach dem Aktiengesetz der Eigenerwerb, auch soweit er der kontinuierlichen Kurspflege und dem Handel in eigenen Aktien dient verboten. Da mit dem verbotswidrigen Erwerb eine unzulässige Nachfrage generiert wird, kann von einer Einwirkung ausgegangen werden.

Die Aktiengesellschaft darf nach § 71 Aktiengesetz eigene Aktien nur erwerben,
- wenn der Erwerb notwendig ist, um einen schweren, unmittelbar bevorstehenden Schaden von der Gesellschaft abzuwenden,
- wenn die Aktien Personen, die im Arbeitsverhältnis zu der Gesellschaft oder einem mit ihr verbundenen Unternehmen stehen oder standen, zum Erwerb angeboten werden sollen,
- wenn der Erwerb geschieht, um Aktionäre nach § 305 Abs. 2, § 320 b oder nach § 29 Abs. 1, § 125 S. 1 in Verbindung mit § 29 Abs. 1, § 207 Abs. 1 S. 1 des Umwandlungsgesetzes abzufinden,
- wenn der Erwerb unentgeltlich geschieht oder ein Kreditinstitut mit dem Erwerb eine Einkaufskommission ausführt,
- durch Gesamtrechtsnachfolge,
- auf Grund eines Beschlusses der Hauptversammlung zur Einziehung nach den Vorschriften über die Herabsetzung des Grundkapitals,
- wenn sie ein Kreditinstitut, Finanzdienstleistungsinstitut oder Finanzunternehmen ist, auf Grund eines Beschlusses der Hauptversammlung zum Zwecke des Wertpapierhandels. Der Beschluss muss bestimmen, dass der Handelsbestand der zu diesem Zweck zu erwerbenden Aktien fünf vom Hundert des Grundkapitals am Ende jeden Tages nicht übersteigen darf; er muss den niedrigsten und höchsten Gegenwert festlegen. Die Ermächtigung darf höchstens 18 Monate gelten; oder
- auf Grund einer höchstens 18 Monate geltenden Ermächtigung der Hauptversammlung, die den niedrigsten und höchsten Gegenwert sowie den Anteil am Grundkapital, der zehn vom Hundert nicht übersteigen darf, festlegt.

Der Erwerb eigener Aktien stellt keinen Verstoß gegen das Verbot der Kurs- und Marktpreismanipulation im Sinne des § 20 a Abs. 1 Satz 1 des Wertpapierhandelsgesetzes dar, soweit er in Einklang mit § 71 des Aktiengesetzes erfolgt.

28. Anerkannte Marktpraxis/Legitime Gründe/Usancen

Neu eingeführt wird mit dem Anlegerschutzverbesserungsgesetz die Ausnahme vom Verbot vom § 20 a Abs. 1 WpHG, wenn der Handelnde legitime Gründe für sein Handeln hatte und die Vereinbarkeit mit einem von der Bundesanstalt nach Art. 1 Nr. 5 der Marktmissbrauchsrichtlinie auf Grundlage einer Durchführungsmaßnahme aufzustellenden Katalog zulässiger Marktpraxis gegeben ist.

Die Abläufe sind in der MaKonV detailliert:

Teil 4 Zulässige Marktpraxis
§ 7 Verfahren zur Anerkennung einer zulässigen Marktpraxis
(1) Erhält die Bundesanstalt für Finanzdienstleistungsaufsicht (Bundesanstalt) im Rahmen ihrer Aufsichtstätigkeit Kenntnis von einer Gepflogenheit, die geeignet sein könnte, falsche von Finanzinstrumenten zu geben oder ein künstliches Preisniveau herbeizuführen, so entscheidet sie über die Anerkennung dieser Gepflogenheit als eine zulässige Marktpraxis im Sinne des § 20 a Abs. 2 des Wertpapierhandelsgesetzes nach Maßgabe des Absatzes 2 und der §§ 8 und 9. Sie überprüft die zulässige Marktpraxis regelmäßig und berücksichtigt dabei insbesondere wesentliche Änderungen des Marktes, wie geänderte Handelsregeln oder eine Änderung der Infrastruktur des Marktes. Sie kann die Anerkennung mit Wirkung für die Zukunft ändern oder widerrufen. Für die Änderung oder den Widerruf gelten die §§ 8 und 9 entsprechend.
(2) Wurde bereits ein Verfahren wegen des Verdachts auf Marktmanipulation eingeleitet, so kann die Bundesanstalt für den Einzelfall bei besonderer Eilbedürftigkeit ohne die in § 9 vorgesehene Beteiligung

---

[322] Konkretisierung zu erwarten in Hinblick auf die Verordnung Nr. 2273/2003 der Kommission vom 22.12.2003 – Ausnahmeregelungen für Rückkaufprogramme und Kursstabilisierungsmaßnahmen, Kapitel II.

von Marktteilnehmern, anderen Behörden und zuständigen ausländischen Stellen nur nach Maßgabe des § 8 Abs. 1 entscheiden. Die Beteiligung von Marktteilnehmern, anderen Behörden und zuständigen ausländischen Stellen nach § 9 sowie gegebenenfalls die Bekanntgabe der Anerkennung nach § 10 sind nachzuholen. Die Befugnisse der Staatsanwaltschaft bleiben unberührt.

§ 8 Kriterien
(1) Bei der Anerkennung von Gepflogenheiten als zulässige Marktpraxis im Sinne des § 20 a Abs. 2 Satz 2 des Wertpapierhandelsgesetzes berücksichtigt die Bundesanstalt insbesondere, ob die Gepflogenheit für den gesamten Markt hinreichend transparent ist, die Liquidität und Leistungsfähigkeit des Marktes beeinträchtigt, das Funktionieren der Marktkräfte und das freie Zusammenspiel von Angebot und Nachfrage unter Berücksichtigung wesentlicher Parameter, insbesondere der Marktbedingungen vor Einführung der Marktpraxis, des gewichteten Durchschnittskurses eines Handelstages und der täglichen Schlussnotierung, beeinträchtigt mit dem Handelsmechanismus auf dem Markt vereinbar ist und den anderen Marktteilnehmern eine angemessene und rechtzeitige Reaktion erlaubt, den Strukturmerkmalen des Marktes, insbesondere dessen Regulierung und Überwachung, den gehandelten Finanzinstrumenten und der Art der Marktteilnehmer gerecht wird und die Integrität anderer Märkte, auf denen dasselbe Finanzinstrument gehandelt wird, gefährdet.
(2) Die Bundesanstalt berücksichtigt die Erkenntnisse anderer inländischer Behörden sowie zuständiger Stellen anderer Mitgliedstaaten der Europäischen Union und anderer Vertragsstaaten des Abkommens über den Europäischen Wirtschaftsraum aus Ermittlungstätigkeiten im Zusammenhang mit der betreffenden Marktpraxis, insbesondere zur Vereinbarkeit der Gepflogenheit mit Marktmissbrauchsrecht und den Verhaltensregeln des betreffenden Marktes oder mit diesem in Beziehung stehenden Märkten innerhalb der Europäischen Union und dem Europäischen Wirtschaftsraum.

§ 9 Beteiligung von Marktteilnehmern, Behörden und ausländischen Stellen
(1) Soweit für eine sachgerechte Entscheidung erforderlich, sind vor der Anerkennung einer zulässigen Marktpraxis Spitzenverbände der betroffenen Wirtschaftskreise, insbesondere der Emittenten und der Wertpapierdienstleistungsunternehmen, Betreiber von Märkten, auf denen Finanzinstrumente gehandelt werden, Verbraucherverbände oder Behörden, deren Aufgabenbereiche von der Anerkennung der Marktpraxis berührt werden, anzuhören. Zuständige Stellen anderer Mitgliedstaaten der Europäischen Union und anderer Vertragsstaaten des Abkommens über den Europäischen Wirtschaftsraum, die den Handel mit Finanzinstrumenten überwachen, sollen angehört werden, insbesondere wenn sie für die Überwachung von mit dem jeweiligen Markt vergleichbaren Märkten zuständig sind
(2) Die Bundesanstalt setzt eine angemessene Frist für die Abgabe von Stellungnahmen nach Absatz 1. Fristgemäß abgegebene Stellungnahmen werden bei der Entscheidung über die Anerkennung berücksichtigt.

§ 10 Bekanntgabe
(1) Die Bundesanstalt gibt die Anerkennung einer zulässigen Marktpraxis durch Veröffentlichung im elektronischen Bundesanzeiger und auf ihrer Website bekannt. In der Bekanntgabe beschreibt sie das Verhalten, welches die zulässige Marktpraxis kennzeichnet, und nennt die der Anerkennung zu Grunde liegenden Erwägungen. Abweichungen der zulässigen Marktpraxis auf anderen, mit dem jeweiligen Markt vergleichbaren Märkten, sind gesondert zu begründen.
(2) Die Bundesanstalt übermittelt die Bekanntgabe nach Absatz 1 unverzüglich dem Ausschuss der Europäischen Wertpapierregulierungsbehörden zum Zweck der Veröffentlichung auf dessen Website.

514 Eine Anerkennung der BaFin soll auch ex post möglich sein, es wird sich also lohnen, eine solche Anerkennung auch noch im Rahmen des Strafverfahrens anzustreben, gegebenenfalls mit einem Verwaltungsstreitverfahren eine vorläufige Einstellung des Ermittlungsverfahrens nach § 154 d StPO bis zur abschließenden Entscheidung über die Anerkennung legitimer Gründe zu erzwingen. Entsprechend der Formulierung in Art. 1 Nr. 5 der Richtlinie können nur solche Gepflogenheiten anerkannt werden, die auf dem jeweiligen Markt nach vernünftigem Ermessen von einem Marktteilnehmer erwartet werden können.[323] Soweit der Börsenhandel betroffen ist, kann über die Börsengeschäftsführung der Arbeitskreis Usancen und Regeln für die Preisfeststellung (Usancenausschuss[324]) angerufen werden, die die Anerkennung „legitimer Gründe" erteilen kann. Gegen derartige Entscheidungen kann wiederum die Börsenaufsichtsbehörde eingeschaltet werden oder ein rechtsmittelfähiger Bescheid beantragt werden.

---

[323] Die Anerkennung als zulässige Marktpraxis erfolgt gem. der RL 2004/72/EG (gem. Art. 1 Nr. 5 der Marktmissbrauchsrichtlinie). Die Entscheidungskriterien sind in Art. 2 der RL 2004/72/EG ausführlich dargelegt.
[324] Zum Usancenausschuss siehe Kap. Rdnr 92.

Da die jeweilig auf der Website der BaFin veröffentlichten Praktiken nicht abschließend sind, ist diese Liste für den Marktteilnehmer nicht zwingend. Eine solche bindende Wirkung hätte der Gesetz- oder Verordnungsgeber nur dann erreichen können, wenn auch alle abgelehnten Anerkennungen veröffentlicht würden und der aktuelle Einzelfall eine solche Praxis betrifft. Nur dann kann der Marktteilnehmer vorsätzlich gegen das Verbot verstoßen, wenn er von einer Marktpraxis ausgeht.

29. Kursmanipulation und Insiderhandel

Der Täter einer erfolgreichen Manipulation von Börsenpreisen ist Insider im Sinne des Insiderhandelsverbotes, auch in Bezug auf das Verbot der Weitergabe der Information. Für die Adressaten der Ad-hoc-Mitteilungspflicht gilt seit dem 1.7.2002, dass sie im Falle einer falschen Marktinformation verpflichtet sind, diese unverzüglich richtig zu stellen, sollte die falsche Information als Ad-hoc-Mitteilung verbreitet worden sein, ist die Richtigstellung auf dem selben Wege durchzuführen. Diese Pflicht gilt unabhängig davon, ob die Adressaten die Falschinformation zu vertreten haben, es reicht die Kenntnis. Im Verfahren ComRoad war zu entscheiden gewesen, ob Insiderhandel auf der Basis der vorherigen Manipulation des Börsenpreises von der Straftat der Manipulation konsumiert wird, mitbestrafte Nachtat oder Verwertungshandlung ist. Das Gericht hat Kursmanipulation und die auf der Basis der manipulierten Börsenpreise durchgeführten Verkäufe als verbotenen Insiderhandel in Tatmehrheit ausgeurteilt.

V. Insiderstraftaten
1. Insiderstrafrecht und Marktüberwachung

Das geltende Insiderstrafrecht geht auf die Marktmissbrauchsrichtlinie nebst den dazugehörigen Verordnungen zurück. Die Umsetzung der EU Normen erfolgte 2004 mit dem WpHG sowie den auf dieser Grundlage ergangenen Verordnungen. Weitergehende Erklärungen enthält der Emittentenleitfaden der BaFin. Alle genannten Regulierungen sind auf der Website der BaFin abrufbar.

Die (Insider-) Strafvorschrift des § 38 WpHG[325] ist als mehrstufige Blankettnorm ausgestaltet.[326] Sie greift auf das Insiderhandelsverbot (§ 14 Abs. 1 Nr. 1), das Insiderempfehlungsverbot (§ 14 Abs. 1 Nr. 3) und auf das (verwaltungsakzessorische) Verschwiegenheitsgebot (§ 14 Abs. 1 Nr. 2) zurück.[327] Die verwaltungsrechtliche Verbotsnorm im Wertpapierhandelsgesetz wendet sich an alle Personen, die Kenntnis von einer Insiderinformation haben. Die Unterscheidung nach dem Kriterium, auf welche Weise die Information erlangt wurde, üblicherweise mit dem Begriffspaar Primär- und Sekundärinsider verbunden, wurde mit dem Anlegerschutzverbesserungsgesetz mit den Rechtsfolgen der Strafnorm selbst verknüpft.

§ 14 Verbot von Insidergeschäften
(1) Es ist verboten,
1. unter Verwendung einer Insiderinformation Insiderpapiere für eigene oder fremde Rechnung oder für einen anderen zu erwerben oder zu veräußern,
2. einem anderen eine Insiderinformation unbefugt mitzuteilen oder zugänglich zu machen,
3. einem anderen auf der Grundlage einer Insiderinformation den Erwerb oder die Veräußerung von Insiderpapieren zu empfehlen oder einen anderen auf sonstige Weise dazu zu verleiten.
(2) ... (Ausnahmen) ...

---

[325] §§ in diesem Abschnitt ohne Gesetzesangabe sind grundsätzlich solche des Wertpapierhandelsgesetzes (WpHG) in der Fassung des Anlegerschutzverbesserungsgesetzes – dies gilt jedoch nicht für kenntlich gemachte Zitate.
[326] Cramer/Cramer/*Pananis*, Anwaltshandbuch Strafrecht, Wertpapierhandelsgesetz Rdnr. 7.
[327] Zur Entwicklung siehe *Schwark* Kapitalmarktrechtskommentar Vorbem, § 12 WpHG; *Assmann* Wertpapierhandelsgesetz Vorbem. § 12 WpHG; *Schäfer* Wertpapierhandelsgesetz Vorbem. § 12 WpHG; Überzeugend positiv: *Seifert/Voth*, Die heimliche Abkehr von der Aktie – realwirtschaftliche Ursachen der Kapitalmarktkrise, in: Krise Kapitalismus und Neuorientierung der Wirtschaftspolitik, letzter Abschnitt („Mehr Staat, weniger Politik").

§ 38 Strafvorschriften
(1) Mit Freiheitsstrafe bis zu fünf Jahren oder mit Geldstrafe wird bestraft, wer
1. entgegen einem Verbot nach § 14 Abs. 1 Nr. 1 ein Insiderpapier erwirbt oder veräußert oder
2. a). als Mitglied des Geschäftsführungs- oder Aufsichtsorgans oder als persönlich haftender Gesellschafter des Emittenten oder eines mit dem Emittenten verbundenen Unternehmens,
b) aufgrund seiner Beteiligung am Kapital des Emittenten oder eines mit dem Emittenten verbundenen Unternehmens,
c) auf Grund seines Berufs oder seiner Tätigkeit oder seiner Aufgabe bestimmungsgemäß oder
d) aufgrund der Vorbereitung oder Begehung einer Straftat
über eine Insiderinformation verfügt und unter Verwendung dieser Insiderinformation eine in § 39 Abs. 2 Nr. 3 oder 4 bezeichnete Handlung begeht.
(2) ... ... (Strafbarkeit der Manipulation) ... .
(3) In den Fällen des Absatz 1 ist der Versuch strafbar.
(4) Handelt der Täter in den Fällen des Abs. 1 Nr. 1 leichtfertig, so ist die Strafe Freiheitsstrafe bis zu 1 Jahr oder Geldstrafe.
(5) Einer in Absatz 1 Nr. 1 oder 2 in Verbindung mit § 39 Abs. 2 Nr. 3 oder 4 oder in Abs. 2 in Verbindung mit § 39 abs. 1 Nr. 1 oder 2 oder Abs. 2 Nr. 11 genannten Verbotsvorschrift steht ein entsprechendes ausländisches Verbot gleich.

§ 39 Bußgeldvorschriften
(1) ... .(Manipulationsverbot)
(2) Ordnungswidrig handelt, wer vorsätzlich oder leichtfertig
1. und 2 ... ...
3. entgegen § 14 Abs. 1 Nr. 2 eine Insiderinformation mitteilt oder zugänglich macht,
4. entgegen § 14 Abs. 1 Nr. 3 den Erwerb oder die Veräußerung eines Insiderpapiers empfiehlt oder auf sonstige Weise dazu verleitet,
5. bis 15 ... ...
(3) ... .
(4) Die Ordnungswidrigkeit kann in den Fällen des Absatzes 2 Nr. 3 und 4 mit einer Geldbuße bis zu zweihunderttausend Euro geahndet werden.

520 Grundsätzlich ist nach § 38 Abs. 1 Nr. 2 Insider, wer
a) als Mitglied des Geschäftsführungs- oder Aufsichtsorgans oder als persönlich haftender Gesellschafter des Emittenten oder eines mit dem Emittenten verbundenen Unternehmens,
b) aufgrund seiner Beteiligung am Kapital des Emittenten oder eines mit dem Emittenten verbundenen Unternehmens,
c) auf Grund seines Berufs oder seiner Tätigkeit oder seiner Aufgabe bestimmungsgemäß oder
d) aufgrund der Vorbereitung oder Begehung einer Straftat
über eine Insiderinformation verfügt.

§ 12 Insiderpapiere
Insiderpapiere sind Finanzinstrumente,
1. die an einer inländischen Börse zum Handel zugelassen oder in den geregelten Markt oder in den Freiverkehr einbezogen sind,
2. die in einem anderen Mitgliedstaat der Europäischen Union oder einem anderen Vertragsstaat des Abkommens über den Europäischen Wirtschaftsraum zum Handel an einem organisierten Markt zugelassen sind oder
3. deren Preis unmittelbar oder mittelbar von Finanzinstrumenten nach Nummer 1 oder Nummer 2 abhängt.
Der Zulassung zum Handel an einem organisierten Markt oder der Einbeziehung in den geregelten Markt oder in den Freiverkehr steht gleich, wenn der Antrag auf Zulassung oder Einbeziehung gestellt oder öffentlich angekündigt ist.

521 Der Begriff Finanzinstrumente ist legaldefiniert (§ 2 Abs. 2 b):
„Finanzinstrumente im Sinne dieses Gesetzes sind Wertpapiere im Sinne des Absatzes 1,[328] Geldmarktinstrumente im Sinne des Absatzes 1 a, Derivate im Sinne des Absatzes 2 und Rechte auf Zeichnung von Wertpapieren. Als Finanzinstrumente gelten auch sonstige Instrumente, die zum Handel an einem organisierten Markt im Sinne des Absatzes 5 im Inland oder in einem anderen Mitgliedstaat der Europäischen Union zugelassen sind oder für die eine solche Zulassung beantragt worden ist."

---

[328] Die genauere Darstellung folgt unten.

§ 13 Insiderinformation

(1) Eine Insiderinformation ist eine konkrete Information über nicht öffentlich bekannte Umstände, die sich auf einen oder mehrere Emittenten von Insiderpapieren oder auf die Insiderpapiere selbst beziehen und die geeignet sind, im Falle ihres öffentlichen Bekanntwerdens den Börsen- oder Marktpreis der Insiderpapiere erheblich zu beeinflussen.
Eine solche Eignung ist gegeben, wenn ein verständiger Anleger die Information bei seiner Anlageentscheidung berücksichtigen würde. Als Umstände im Sinne des Satzes 1 gelten auch solche, bei denen mit hinreichender Wahrscheinlichkeit davon ausgegangen werden kann, dass sie in Zukunft eintreten werden.
Eine Insiderinformation ist insbesondere auch eine Information über nicht öffentlich bekannte Umstände im Sinne des Satzes 1, die sich
1. auf Aufträge von anderen Personen über den Kauf oder Verkauf von Finanzinstrumenten bezieht, oder
2. auf Derivate nach § 2 Abs. 2 Nr. 4 bezieht und bei der Marktteilnehmer erwarten würden, dass sie diese Information in Übereinstimmung mit der zulässigen Praxis an den betreffenden Märkten erhalten würden.

(2) Eine Bewertung, die ausschließlich aufgrund öffentlich bekannter Umstände erstellt wird, ist keine Insiderinformation, selbst wenn sie den Kurs von Insiderpapieren erheblich beeinflussen kann.

2. Die Rückausnahmen von den Verboten[329] (Safe Harbour)

Mit § 14 Abs. 2 wird die Marktmissbrauchsrichtlinie und die hierzu erlassene EU-Verordnung (EG) Nr. 2273/2003 umgesetzt. Unter den dort genannten Voraussetzungen unterliegt der Handel mit eigenen Aktien im Rahmen von Rückkaufprogrammen und Stabilisierungsmaßnahmen nicht dem Verwertungsverbot von Insiderinformationen. Ungeachtet dessen sind solche Informationen nach § 15 WpHG mitteilungspflichtig. Da die EU-Verordnung unmittelbar nur für organisierte Märkte gilt, wird in Satz 2 eine entsprechende Regelung für den Freiverkehr erwirkt, um Wertungswidersprüche zu verhindern.

§ 14
(1) (siehe oben)
(2) Der Handel mit eigenen Aktien im Rahmen von Rückkaufprogrammen und Maßnahmen zur Stabilisierung des Preises von Finanzinstrumenten stellen in keinem Fall einen Verstoß gegen das Verbot nach Absatz 1 dar, soweit diese nach Maßgabe der Vorschriften der Verordnung (EG) Nr. 2273/2003 der Kommission vom 22. Dezember 2003 zur Durchführung der Richtlinie 2003/6/EG des Europäischen Parlaments und des Rates – Ausnahmeregelungen für Rückkaufprogramme und Kursstabilisierungsmaßnahmen (Abl. EU Nr. L 336 S. 33) – erfolgen. Für Finanzinstrumente, die in den Freiverkehr oder in den geregelten Markt einbezogen sind, gelten die Vorschriften der Verordnung (EG) Nr. 2273/2003 entsprechend.

3. Die Arbeitshypothese der Marktüberwachung

Da der Insiderhandel in der gewollten und gezielt geförderten Anonymität stattfindet und Schutzgut nicht das Vermögen eines Marktteilnehmers ist, sondern allein das Funktionieren des Kapitalmarktes, kann eine Strafverfolgung (oder Verfolgung wegen einer OWI) nicht auf Grund einer Anzeige eines betroffenen Aktionärs erfolgen. Die (ausschließlich) im öffentlichen Interesse arbeitende Kapitalmarktaufsicht kann die Bekämpfung des Insiderhandels und die dafür erforderliche Überwachung des Marktes nur anhand einer Arbeitshypothese durchführen.

Diese Hypothese knüpft
- an eine ungewöhnliche Schwankung der Abfolge der Börsenpreise an,
- sie sucht in der Ursache dieser Schwankung einen Geschehensablauf, der einer Information zugänglich sein kann,
- sie behauptet, dass der Kenner der Kapitalmarktabläufe die Auswirkung der Information im Falle ihres Bekanntwerdens prognostizieren kann,
- sie unterstellt, dass der Inhaber der Information diese Kenntnis auch nutzen wird.

Daraus folgt der Überwachungsansatz (für Informationen aus der Sphäre der Emittenten):

---

[329] Im Einzelnen siehe oben Rdnr. 262 ff. in Zusammenhang mit der KuMaKV insbesondere der Bedeutung des Legalbegriffes: „In keinem Fall".

- Zweck: Der Markt soll für preisentwicklungserhebliche Informationen transparent gemacht werden (Mittel: Informationsmanagement durch Ad-hoc-Mitteilungspflicht § 15, Sammlung bei der BaFin).
- Zweck: Alle Daten über Wertpapierhandelsgeschäfte sollen zur Verfügung stehen (Mittel: Meldepflicht nach § 9 WpHG, alle Geschäfte müssen der BaFin gemeldet werden).
- Zweck: Alle Insider sollen im Bereich des Emittenten und seiner Dienstleister erfasst werden (Mittel: Führen von Insiderverzeichnissen nach § 15 b WpHG, auch bei Dienstleistern wie beratende Anwaltskanzleien).
- Zweck: Mögliche Insider dürfen keine geheimen Geschäfte in „Insiderpapieren" tätigen (Mittel: Veröffentlichungspflicht nach § 15 a WpHG).
- Zweck: Insider sollen nicht unter dem Deckmantel des Bankgeheimnisses handeln dürfen (Mittel: Anzeigepflicht bei Verdachtsfällen nach § 10 WpHG).

527 Und neu: der strafbare **Versuch des Insiderhandels**
- Zweck: Erfassung erteilter Aufträge, die nicht – z. B. wegen nicht marktgerechter Limitierung – ausgeführt werden (Zugriff der Aufsicht auf die Börsenhandelsdaten nach § 4 Abs. 1 Nr. 2 BörsG).

528 Hier werden Beweise gesammelt, die Auswahl wird allein von der Aufsicht beherrscht.

4. Die Verdachtsstufen bei Insiderermittlungen

529 Den in der Strafverfolgung üblichen Verdachtsstufen hat das WpHG für die Überwachung eine Vorverdachtsstufe zugefügt. Die BaFin überwacht das börsliche und außerbörsliche Geschäft in Insiderpapieren, um Verstößen gegen die Verbote des § 14 WpHG entgegenzuwirken. Dazu steht ihr der verwaltungsrechtlich ausgerichtete Maßnahmenkatalog nach § 4 zur Verfügung. Die Überwachung ist nicht an eine Voraussetzung geknüpft, sie ist dauerhaft und umfassend zu leisten. Von den Ermittlungsbefugnissen des WpHG kann die Anstalt Gebrauch machen, wenn Anhaltspunkte für einen Insiderverstoß vorliegen (§ 4 Abs. 3). Die Eingriffsbefugnisse werden in den Absätzen 2 bis 6 des § 16 WpHG normiert. Diese Ermittlungsbefugnisse sind jedoch nicht geeignet, den Nachweis einer Insiderstraftat zu erbringen. Sie dienen nur der „Vorermittlung" von Tatsachen, die den Verdacht einer Insiderstraftat begründen können.

5. Verdacht einer Insiderstraftat

530 Wenn die Untersuchungen der BaFin die Anhaltspunkte nicht entkräften, also wenn die Verdachtslage bleibt, so hat die BaFin die festgestellten Tatsachen nach § 4 Abs. 5 der Staatsanwaltschaft anzuzeigen. Die Entscheidung über den Anfangsverdacht trifft sodann die Staatsanwaltschaft[330] nach den Regeln der Strafprozessordnung.[331] Hier zeigt sich bereits eine der rechtsstaatlich bedeutsamen Differenzen zu den Aufsichtskompetenzen im US-amerikanischen Rechtsraum (auch GB). Vergleichbar ist diese Konstruktion mit den **Gemeinsamen Bußgeld- und Strafsachenstellen** bei den Finanzämtern, die nicht nur hoheitliche Eingriffskompetenz, sondern auch die Berechtigung haben, Anträge auf Erlass von Strafbefehlen bei Amtsgerichten zu stellen.[332] Sie haben die Rechte und Pflichten des Polizeidienstes sowie die Befugnisse zu Durchsuchungen und Beschlagnahmen. Die Wertpapieraufsichtsinstitutionen in der Bundesrepublik Deutschland sind auf das Verwaltungsrecht beschränkt. Mit den in § 16 WpHG aufgeführten Werkzeugen kann im Regelfall ein Tatverdacht zumindest in der Dichte ermittelt werden, der nach Vorlage bei der Staatsanwaltschaft strafprozessuale Maßnahmen zulässt.

531 Eine klare Trennung ist innerhalb der BaFin bei der Frage der Durchsuchungs- und Sicherstellungskompetenz zu ziehen. Während im Bereich des so genannten „Undergroundbankings" nach § 44 c Abs. 3 und 4 KWG sowohl Durchsuchungen als auch Beschlagnahmen gesetzlich verankert sind, ist nach § 4 Abs. 3 WpHG lediglich das Betreten der Räume zu gestatten. Hier

---

[330] Hildner WM 2004, 1068.
[331] Entscheidung des Generalstaatsanwalts bei dem OLG Frankfurt v. 12.12.2001, Zs 40129/01 zur Frage des fehlenden Anfangsverdachtes einer Vorlage des BAWe, die das Handelsverhalten des Verdächtigen nach dem WpHG als vorlagepflichtig gem. § 18 WpHG verneinte. „Im Übrigen sei vermerkt, dass der Gesetzgeber mit der Schaffung des Wertpapiergesetzes kein Sonderrecht für „Sekundärinsider" in dem Sinne schaffen wollte, dass die Anforderungen an einen Anfangsverdacht im Sinne des § 152 Abs. 2 StPO herabgesetzt werden sollten."
[332] §§ 385 bis 408 AO.

ist die Begründung des Gesetzgebers nicht gänzlich einleuchtend, der von einer Nachbildung des § 44 c Abs. 3 KWG spricht,[333] die jedoch im Gesetzestext nicht zu entdecken ist.

So hat die Staatsanwaltschaft Frankfurt in einer Stellungnahme auf eine Beschwerde des BAWe gegen die Ablehnung der Einleitung eines Ermittlungsverfahrens unter anderem wie folgt argumentiert: „Die zur Überprüfung gestellte Entscheidung liegt auf der Linie einer langjährig – im Einvernehmen mit dem Bundesaufsichtsamt – geübten Praxis, die im Rahmen von möglichen Sekundärinsidergeschäften jedenfalls außer den bloßen äußersten Modalitäten des Geschäftes weitere engere Beziehungen zum Unternehmen und/oder Primärinsidern zur Begründung des Anfangsverdachts forderte, und zwar prima facie und nicht erst im Wege der Ausforschung durch strafprozessuale Zwangsmaßnahmen."[334]

6. Besonderheit eines Insiderauftrages

Insiderhandel mit Informationen aus der Sphäre des Emittenten ist grundsätzlich ein Handel gegen den Markt. Der Finanzdienstleister /-berater des Insiders, der die Insiderorder entgegen nimmt, kennt nicht die Hintergründe der Entscheidung, die nicht öffentlich bekannte Insiderinformation. Er kann demnach nur die ihm bekannten Informationen bei der Prüfung der Order in Betracht ziehen. Wenn der Berater das Geschäft eher als Verlustgeschäft beurteilt, wird er den Kunden entsprechend beraten. Er wird versuchen, den Kunden von seinem, aus seiner Sicht offensichtlich schlechtem Geschäft abzubringen, um späteren Vorwürfen oder gar Ersatzansprüchen zu entgehen. Er wird insbesondere den verlustgeneigten Auftrag, auf dessen Ausführung der Kunde trotz Beratung besteht, mit seiner entgegenstehenden Beratungsleistung dokumentieren.

Bei telefonisch übermittelten Aufträgen werden derartige Beratungsgespräche aufgezeichnet. Die verschiedenen Aufzeichnungsbereiche mit den Aufbewahrungsfristen sind oben unter Randnummer 127 ff. aufgeführt.

In dem ersten Fall von Freiheitsstrafen wegen Insiderhandels erbrachte die Auswertung der Berateraktien bei der Bank eine Beschreibung des Kunden, die eindeutig auf Handeln, motiviert aus Insiderkenntnissen, hinwies.[335] Wenn der Berater sodann in Folgezeit bemerkt, dass der beratungsresistente Kunde offenbar richtig „spekuliert" hat, trifft ihn die Pflicht zur Anzeige von Verdachtsfällen gem. § 10 WpHG.

7. Der Insider und die Information aus der Straftat

Nunmehr ist auch derjenige Primärinsider, der im Zuge der Begehung oder der Vorbereitung einer Straftat eine Insiderinformation erlangt hat.[336] In Betracht kommen hierbei insbesondere Eigentumsdelikte nach den §§ 242 ff. StGB oder auch Datenschutzdelikte nach den §§ 201 ff. StGB. Bei dieser Gruppe sind offensichtlich solche Delikte angesprochen, die unmittelbar auf die Erlangung der Insiderinformationen zielen. Da keine abschließende Aufzählung erfolgte, können auch Straftaten wie die Manipulation von Börsenpreisen oder auch die verbotene Weitergabe von Insiderinformationen selbst in Frage kommen. Der Gesetzgeber differenziert auch nicht dahin gehend, ob der Primärinsider nur selbst Täter sein muss oder ob die Täterschaft lediglich tatbestandsmäßig oder auch rechtswidrig oder schuldhaft sein muss.

Eine Beschränkung auf solche Delikte, die unmittelbar der Erzielung von Kenntnissen über Insiderinformationen dienen, ist jedoch geboten. Dies entspräche der Gruppe der Delikte, die der Gesetzgeber beispielhaft aufgezählt hat.

Kritischer wird zu hinterfragen sein, ob Kenntnis über Anschläge, wie am 11.9.2001 auf das World Trade Center oder im März 2004 auf den Bahnverkehr in Madrid, auch eine Kenntnis einer Insiderinformation darstellen kann, obwohl sie in die oben bezeichnete Arbeitshypothese

---

[333] Begründung Besonderer Teil zu § 4 abs. 3 WpHG: „Der Bundesanstalt wird durch diese Befugnis die nach der Marktmissbrauchsrichtlinie geforderte Ermittlung vor Ort ermöglicht, indem ihren Bediensteten das Betreten von Geschäfts- und Wohnräumen unter bestimmten Voraussetzungen gestattet wird. Satz 3 ist § 44 c Abs. 3 KWG nachgebildet und beinhaltet den verfassungsrechtlich notwendigen Hinweis auf die Einschränkung des Grundrechts aus Art. 13 GG."
[334] Zitat aus der Entscheidung des Generalstaatsanwalts bei dem OLG Frankfurt v. 12.12.2001, Zs 40129/01.
[335] Amtsgericht Frankfurt, 92 Js 31532.2/96.
[336] Mit § 38 Abs. 1 Nr. 2 d wird Artikel 2 Abs. 1 Satz 2 Buchstabe d der Marktmissbrauchsrichtlinie umgesetzt.

passt und im Rahmen des Anschlages auf das World Trade Center auch so öffentlich diskutiert und weltweit ermittelt wurde.

538 Ebenfalls nicht zum Primärinsider wird der zufällige Zuhörer, der Ohrenzeuge einer Informationsstraftat eines Primärinsiders wird. Durch die Straftat eines Primärinsiders nach § 38 Abs. 1 Nr. 2 a-d in Verbindung mit § 39 Abs. 2 Nr. 3 wird einem Dritten eine Insiderinformation aufgedrängt, deren Wissen nicht angestrebt ist. Sicher ist, dass der Dritte nunmehr zum Sekundärinsider wird, da er Kenntnis von der Insiderinformation hat, ihn trifft das Verbot nach § 14 Abs. 1 Nr. 1, er wird jedoch nicht zum Primärinsider nach § 38 Abs. 1 Nr. 2 d erhöht.

539 Alle Delikte, bei denen die Kenntnis der Insiderinformation eher zufällig „Beute" der auf ein anderes Rechtsgut ausgerichteten Straftat ist, dürften nicht dazu führen, dass der Insider zum Primärinsider wird. Dazu gehört auch – entgegen der Aufzählung in der Begründung – der Einbruchsdiebstahl, der auf die Portokasse zielt, und der bei späterem Aufbrechen des (abtransportieren) Tresors im Versteck der Täter auch Dokumente zu Tage fördert, aus denen sich Insiderinformationen ergeben. Gleiches gilt für den Hehler des Tresors oder den Täter einer Fundunterschlagung an der im Bahnhof vergessenen Aktentasche. Ebenso zu beurteilen ist das von einer Anwaltskanzlei an die Staatsanwaltschaft übermittelte Fax, welches irrtümlich in einer Pizzeria aufläuft. Die Straftat wäre die tatbestandsmäßige Verletzung von Privatgeheimnissen § 203 Abs. 1 Nr. 3 StGB.

540 Fraglich ist die Bewertung folgendes Sachverhaltes: Ein entlassener Ingenieur eines börsennotierten kleinen Unternehmens bereitet ein Fax mit frei erfundenem positiven Inhalt, adressiert an die Hausbank seiner früheren Arbeitgeberin, vor. Dieses Fax sendet er vermeintlich irrtümlich an solche kapitalmarktorientierte Adressaten, die den Inhalt als Insiderinformation erkennen und die Kenntnis aus dem Irrläufer auch für Kaufaufträge nutzen werden. Die so generierten Aufträge führen zu einer Steigerung der Börsenpreise. Diese prognostizierte Steigerung nutzt der entlassene Ingenieur aus, indem er bereits vor der Versendung des Faxes günstig erworbene Aktien mit einem deutlich höher limitierten Verkaufsangebot wieder zum Kaufe anbietet.

541 Beteiligte an einer Straftat, die nicht explizit auf die Erlangung einer Insiderinformation abzielt, bleiben Sekundärinsider, die auf sonstige Weise eine Insiderinformation erlangt haben. Die Weitergabe von Insiderinformationen und das Verleiten zum Handel mit Insiderpapieren durch Sekundärinsider, bei denen keines der in Buchstaben a) bis d) aufgeführten Merkmale vorliegt, und die die Insiderinformation auf sonstige Weise erlangt haben, wird wegen des geringeren Unrechtsgehalts gemäß § 39 Abs. 1 Nr. 1 und 2 als Ordnungswidrigkeit geahndet. Der geringere Unrechtsgehalt ergibt sich aus der geringeren Gefahr durch die Tat. Während ein Hinweis auf eine insiderrelevante Preisentwicklung durch einen Finanzvorstand oder den Inhaber eines Unternehmens die Gefahr des Insiderhandels nahe legt, ist eine Kaufanregung durch eine Putzfrau eher nicht geeignet, Vermögen in Spekulationsgeschäften zu riskieren. Bislang waren die Informationsdelikte für Sekundärinsider straflos, mit dem Anlegerschutzverbesserungsgesetz sind sie als Ordnungswidrigkeiten in die Gruppe der verbotenen Insidertathandlungen aufgenommen worden.

8. Insiderpapiere

542 Die für die Vorschriften des WpHG geltenden Begriffsbestimmungen sind in § 2 definiert. Dazu gehören auch die Finanzinstrumente des § 12, die von den Insiderhandelsgeboten und -verboten betroffen sind. Grundsätzlich sind nur solche Finanzinstrumente betroffen, die an einem organisierten Markt gehandelt werden,[337] deren Handelbarkeit an einem solchen Markt

---

[337] Der Zugang zur Notierung erfolgt im amtlichen Markt und teilweise im geregelten Markt über eine Zulassung. Wenn Finanzinstrumente bereits an einem regulierten Markt zugelassen sind, können sie in einem vereinfachten Verfahren in die Notierung in dem geregelten Markt einbezogen werden. Die Freiverkehrsnotierung sieht keine Beteiligung des Emittenten mehr, hier obliegt es dem Skontroführer unter Beachtung der Handelsrichtlinien in den Finanzinstrumenten einen Handel anzubieten. Dabei hat er die die Regeln über die Feststellung von Börsenpreisen zu beachten. Soweit die Wertpapiere an einem anderen anerkannten regulierten Markt gehandelt werden, an welchem die Einhaltung der Zulassungsfolgepflichten sichergestellt ist und die Aufsichtsbehörden eine Vereinbarung über die Zusammenarbeit (MOU) unterzeichnet haben, ist selbst ein Widerspruch des Emittenten unbeachtlich. Die Liste der Staaten, die die vorgenannten Vorraussetzungen erfüllen, ist als Anlage den Freiverkehrsrichtlinien nachgeheftet.

festgestellt worden ist, oder zumindest ein Antrag auf Feststellung der Handelbarkeit, Zulassung zum Handel oder Aufnahme der Notierung an einem solchen Markt gestellt wurde. Ein organisierter Markt im Sinne des WpHG ist ein Markt, der von staatlich anerkannten Stellen geregelt und überwacht wird, regelmäßig stattfindet und für das Publikum unmittelbar oder mittelbar zugänglich ist. Als organisierten Markt sind auch solche in anderen Mitgliedstaaten der Europäischen Union und des EWR anerkannt.

Finanzinstrumente im Sinne des § 12 WpHG können danach sein: 543
- Wertpapiere
- Derivate
- Rechte auf Zeichnung von Wertpapieren.

Wertpapiere sind 544
- Aktien
- Zertifikate, die Aktien vertreten
- Schuldverschreibungen
- Genussscheine
- Optionsscheine
- andere Wertpapiere, die mit Aktien oder Schuldverschreibungen vergleichbar sind
- Anteile an Investmentvermögen, die von einer Kapitalanlagegesellschaft oder einer ausländischen Investmentgesellschaft ausgegeben werden

Derivate sind als Festgeschäfte oder Optionsgeschäfte ausgestaltete Termingeschäfte, deren 545
Preis unmittelbar oder mittelbar abhängt von
- dem Börsen- oder Marktpreis von Wertpapieren
- dem Börsen- oder Marktpreis von Geldmarktinstrumenten
- Zinssätzen oder anderen Erträgen
- dem Börsen- oder Marktpreis von Waren oder Edelmetallen
- dem Preis von Devisen.

Als **Finanzinstrumente** gelten auch sonstige Instrumente, die zum Handel an einem orga- 546
nisierten Markt im Sinne des Absatzes 5 im Inland oder in einem anderen Mitgliedstaat der Europäischen Union zugelassen sind oder für die eine solche Zulassung beantragt worden ist.

Wertpapiere oder Finanzinstrumente, die ausschließlich am Grauen Kapitalmarkt gehandelt 547
werden, sind daher von § 12 nicht erfasst.[338]

Entgegen der Vorstellung, dass Wertpapiere zumindest in bedruckter Papierform vorliegen 548
müssen, sind solche vermehrt auch als Globalurkunde erstellt: es existieren also keine Urkunde für die einzelne Aktien oder für mehrere als Sammelurkunde. Das Insiderhandelsverbot erstreckt sich also auch auf solche Aktien, die nicht als Urkunde existieren, also nicht physisch erworben oder verkauft (Übertragung des Gegenstandes) werden können (§ 2 Abs. 1 S. 1).

Der Beginn des Zeitraums einer Insiderpapierqualität ist bestimmt mit der Stellung des An- 549
trags auf Zulassung zum Börsenhandel oder dessen öffentlicher Ankündigung (§ 12 S. 2). Ein solcher Antrag ist öffentlich angekündigt, wenn in einer Erklärung des Emittenten oder derjenigen Person, die Wertpapiere öffentlich anbietet, gegenüber einem unbestimmten Personenkreis darauf hingewiesen wird, dass eine Antragstellung auf Notierung der betreffenden Wertpapiere im amtlichen oder geregelten Markt einer zugelassenen Börse beabsichtigt ist.[339] Das könnte bereits dann gegeben sein, wenn der Emittent sich öffentlich um Risikokapital für den Börsengang bemüht.

9. Handeln mit Insiderpapieren, Daytrading

Das Handelsverbot des Insiders erstreckt sich auf Kaufen oder Verkaufen, nicht jedoch auf 550
Halten oder Abraten vom beabsichtigten Kauf oder Verkauf. Dies gilt auch dann, wenn der Insider eigentlich vorhatte, Wertpapiere zu erwerben und auf Grund gerade erfahrener Insiderinformationen von dem Kauf Abstand nimmt. Der Aktionär, der ein größeres Paket zu verkaufen beabsichtigt, sich jedoch auf Grund von Insiderinformationen, die ihm der Vorstand

---

[338] Gleichwohl kann auch durch nicht zur Notierung zugelassene Privatoptionen mittelbar mit Insiderpapieren gehandelt werden, insoweit siehe unten Punkt 8 e.
[339] Regierungsbegründung 2. FinMFG, BT-Drucks. 12/ 6679, S. 45.

zur Vermeidung des durch den Verkauf zu erwartenden Kursniedergangs mitgeteilt hat, anders entscheidet, verstößt nicht gegen das Insiderhandelsverbot. Wenn jedoch die entscheidungserhebliche Insiderinformation falsch ist, könnte der Vorstand sich wegen einer Kursmanipulation verantworten müssen.

551 Der Sekundärhandel mit Aktien an der Börse befasst sich nicht mit dem Schicksal der dem Einzelgeschäft zugrunde liegenden Wertpapiere, sofern solche überhaupt als Einzelstücke ausgestellt sind und nicht lediglich als Globalurkunde bestehen. Mit Änderung des Depotgesetzes im Jahre 1994 erfolgte die Verbriefung von Aktien zunehmend in Form der Girosammelverwahrung in einer Urkunde und nicht mehr in einzelnen Stücken (Streifbandverwahrung). Entsprechend wird die Eigentumsverschaffung von Aktien/Optionsscheinen am Kassamarkt nicht durch Übergabe und Verschaffung des Eigentums an der Aktie (der Urkunde) bei der Übergabe bewirkt. Das am Kassamarkt abgeschlossene Wertpapiergeschäft „zieht" den Übergang des Eigentums des Wertpapiers innerhalb einer Frist von zwei Tagen nach dem Handelstag nach sich. Somit erfolgt die Übertragung des Eigentums durch einfachen Buchungsvorgang und der Käufer erhält durch einen entsprechenden Hinweis auf der Kaufabrechnung mitgeteilt, dass ein Miteigentum am Sammelbestand erworben wurde.[340]

552 Innerhalb der Belieferungsfrist besitzt der Käufer also lediglich ein Recht auf Verschaffung des Miteigentums an dem Unternehmen, welches er bereits vor der Belieferung wieder verkaufen kann.[341] Der Verkaufsauftrag wird dann zwar auf den Verkauf von einer bestimmten Anzahl von Aktien formuliert, der Verkauf selbst benennt aber keine konkreten Einzelstücke. Die durch die Elektronisierung des Präsenzhandels erreichte Beschleunigung von Auftragsübermittlungen (und Bestätigungen) in Verbindung mit der Verlängerung der Handelszeiten ermöglicht das Daytrading, bei welchem auch durch Privatanleger im Rahmen ihrer der Bank zu leistenden Sicherheit an der Börse gehandelt werden kann. Daytrading setzt voraus, dass zum Handelsschluss alle Positionen wieder glattgestellt sind und nur die Differenz zwischen Gesamtkaufaufwand und Gesamtverkaufserlös abzurechnen ist. Aktien sind nicht zu liefern.

553 Für den Erwerb oder die Veräußerung von Insiderpapieren genügt bereits der Abschluss eines auf die Übertragung des Eigentums an den Insiderpapieren gerichtetes Verpflichtungsgeschäfts, welches dem Insider eine gesicherte Rechtsposition verschafft. Eine Veränderung der dinglichen Rechtslage ist nicht erforderlich.[342]

554 Da die Börsengeschäfte nicht den Abschluss der Verträge durch Zugang einer Willenserklärung versus Zugang der Annahme derselben zwischen den Vertragsparteien, die gegeneinander anonym bleiben, erfolgt, könnte aus der Tatsache eines Wertpapierverkaufsauftrages, der die identische Zahl an Stücken des zuvor platzierten Kaufauftrages beinhaltet, die mangelnde Ernstlichkeit des Kaufauftrages hergeleitet werden, da aus dem Folgeauftrag erkennbar wird, dass der Käufer den Besitz der Aktien nicht anstrebt.

555 Mit der Zulassung des Daytradings[343] auch durch Privatanleger steigern die Börsen ihre Umsätze.[344] Obwohl nicht wirklich Aktienhandel stattfindet, werden diese Umsätze immer als Umsätze im Aktienhandel gezählt und veröffentlicht. Die Daytrading Dienstleistungsanbieter ermöglichen ihren Kunden, was bislang nur für die zugelassenen Handelsteilnehmer möglich

---

[340] Auch durch den aktuell eingeführten Zentralen Kontrahenten (CCP) wird die grundsätzliche Abfolge nicht berührt.
[341] Auf folgende Feinheiten wird hier nicht gesondert eingegangen: Bei festverzinslichen Wertpapieren kommt wegen der Berechnung der Tagesstückzinsen dem Übergangszeitpunkt eine besondere Bedeutung zu; unter dem Stichwort „Dividendenstripping" sind taggleiche, meist als „Tausch" von „cum" (Aktie mit Dividendenanspruch) gegen „ex" (Aktie ohne Dividendenanspruch) Geschäfte unter steuerlichen Gesichtspunkt in Hinblick auf Scheingeschäfte problematisiert worden; Bedeutung hat der Zeitpunkt auch für den Übergang sonstiger Aktionärsrechte.
[342] OLG Karlsruhe, Beschl. v. 4.2.2004 – 3 Ws 195/03 – ZIP 2004,1360.
[343] Das Daytrading wird gefördert durch 1. Verlängerung der Handelszeit von 3 Stunden (bis 1998) auf 11 Stunden (Präsenzhandel) und 7,5 Stunden (Xetra), 2. die elektronische Übermittlung der Aufträge an die Börse, 3. die sofortige Veröffentlichung der Börsenpreise mit der Rückschlussmöglichkeit auf das eigene Geschäft bzw. die elektronische Mitteilung über die Ausführung, 4. die Förderung der Sofortigkeit der Ausführung durch entsprechende Regeln an den Präsenzhandelsbörsen.
[344] *Lenebach*, Kapitalmarkt- und Börsenrecht, IX, § 4 Abschnitt 4 Rdnr. 4.95 bis 4.100.

war, weit über ihre eigenen Wertpapier- und Barbestände hinaus Verträge abzuschließen, ohne dass die Erfüllung der Liefer- und Zahlungsverpflichtungen beabsichtigt ist.[345]

Obwohl bei dieser Praxis der Daytrader die Aktien zum Zeitpunkt des Insiderhandels nicht wirklich erwerben will, sie nicht in seinen Bestand aufnehmen will, kann er mit einem kurz danach wieder durch Verkauf neutralisierten („Glattstellung der offenen Position innerhalb der Lieferfrist") Geschäft gegen das Insiderhandelsverbot verstoßen.

Gleiches gilt für Verkaufsgeschäfte, bei denen der Verkäufer die Aktien weder zum Zeitpunkt des Geschäftsabschlusses noch zum Lieferzeitpunkt besitzt (Leerverkäufe oder short selling), der Verkäufer aber zur Erfüllung seiner Lieferverpflichtung im Wege der Wertpapierleihe[346] sich die Aktien verschafft, die er zu liefern sich verpflichtet hat. Beispiel: Der Verkäufer kennt die tatsächliche schlechte Lage seines Unternehmens und den Umstand, dass die bisherigen falschen Darstellungen in Bilanzen, Zwischenberichten und Ad hoc-Mitteilungen nicht mehr lange aufrechterhalten werden können. Die Rückgabe der gelieferten Aktien an den Verleiher erfolgt nach der Veröffentlichung der (in dieser Konstellation negativen) Ad hoc-Information. Der erwartete Kursverfall ermöglicht einen entsprechenden günstigen Erwerb am Markt. Auch in dieser Konstellation wird gegen das Insiderhandelsverbot verstoßen, obwohl wirtschaftlich gesehen der tatsächliche Handel erst nach der Veröffentlichung der Tatsache erfolgte.

10. Beispielsfälle Insider

Primärinsider bleibt auch nach der Verschiebung der Beschreibung der Insidergruppe „Primärinsider" in die Strafvorschrift wie bisher, wer als Mitglied der Gesellschaftsorgane (Vorstand, Aufsichtsrat) auf Grund seiner Kapitalbeteiligung, auf Grund seines Berufes oder Wahrnehmung seiner Aufgabe bestimmungsgemäß Kenntnis einer Insidertatsache hat. Ergänzt hat der Gesetzgeber die Gruppe der Insiderinformationsträger durch die Personen, die die Insiderinformation auf Grund der Vorbereitung oder der Begehung einer Straftat erlangt haben. Zu den möglichen künftigen Einzelfällen aus der neuen Untergruppe der Primärinsider siehe oben, Ziff. 12.

Der Vorstand, der durch (positive) Fälschung der Bilanzzahlen des Unternehmens den Börsenpreis manipuliert, ist Insider, denn die erfolgreiche Manipulation durch falsche Zahlen ist eine Tatsache, die geeignet ist, im Falle des Bekanntwerdens den Börsenpreis erheblich zu beeinflussen (Fall ComRoad).[347] Die Vorsitzende des Aufsichtsrates (und frühere Vorstandvorsitzende), die eigenhändig „Scheinrechnungen" ausgefertigt hatte, ist ebenfalls Primärinsiderin hinsichtlich der erfolgreichen Manipulation.[348] Gleiches gilt für die geschäftsführende Gesellschafterin, die in Kenntnis einer Kooperationsvereinbarung Aktien erwirbt,[349] den Mitarbeiter eines Medienverlages, der Kenntnis von einer positiven Bewertung eines börsennotierten Unternehmens in der nächsten Auflage als mittelbarer Täter für die Geschäfte der unmittelbaren Täter ausnutzt[350] und den Prokuristen einer Aktiengesellschaft.[351]

Ein Aktionär einer Gesellschaft, der wegen Übernahme seiner Gesellschaft im Spruchstellenverfahren beteiligt ist, ist nach Auffassung des Amtsgerichts Frankfurt ebenso Primärinsider wie sein Prozessvertreter und dessen Anwaltsgehilfin.[352]

Der Leiter der Betriebsabrechnung eines börsennotierten Unternehmens, welches Ziel einer Übernahmeofferte war und der diesbezüglich an einer hierfür anberaumten due diligence mitzuwirken hatte, ist bezüglich der Tatsachen, von denen er in diesem Zusammenhang Kenntnis

---

[345] Obwohl *Lenebach* das Daytrading Geschäft überzeugend offen legt, benutzt er für diese Form des Differenzgeschäftes den Begriff: „Transaktionen tätigen". Genau das wollen die Daytrader gerade nicht.
[346] Die Verwendung des Begriffs „Wertpapierleihe" ist juristisch zumindest unsauber, es handelt sich wohl um ein Sachdarlehen.
[347] LG München I Urt. v. 21.11.2002 – 6 KLs 305 Js 34066/02.
[348] LG München I Urt. v. 21.11.2002 – 6 KLs 305 Js 34066/02.
[349] Staatsanwaltschaft/Amtsgericht Düsseldorf – 18 Js 2269/01.
[350] Staatsanwaltschaft/Amtsgericht Stuttgart – 150 Js 17004/02.
[351] Landgericht Köln Urt. v. 12.11.2001, – B 114-13/01 (112 Js 14/00), StA/AG Bielefeld Strafbefehl 46 Js 310/00.
[352] Amtsgericht Frankfurt 92 Js 22056.0/97.

erlangt hat, Primärinsider.[353] Dazu gehört im Tatzeitraum die Kenntnis, dass eine Übernahmeofferte bei dem Zielunternehmen regelmäßig zu einer Börsenpreissteigerung führt. In Sondersituationen kann auch eine Übernahmeofferte für das angreifende Unternehmen zu einer Börsenpreissteigerung führen.[354] Der Sachgebietsleiter bei dem Finanzamt, zuständig für Körperschaften, ist Primärinsider, wenn er Kenntnis von einer beabsichtigten Fusion erlangt.[355]

562 Mitglieder des Arbeitskreises Aktienindex der Deutschen Börse AG (Träger der FWB) sind Primärinsider. Der AK entscheidet turnusmäßig über die Zusammensetzung der 30 Unternehmen, die zur Berechnung des DAX 30 herangezogen werden. Die Aufnahme eines Unternehmens in den DAX 30 Index ist nach der bisherigen Erfahrung geeignet, eine positive Marktbewertung hervorzurufen. Somit ist die Entscheidung vor ihrer Bekanntgabe Insidertatsache. Der Oberstadtdirektor einer deutschen Großstadt war Aufsichtsratsmitglied der Mehrheitsaktionärin des Zielunternehmens und als solcher über die Übernahmeverhandlung zeitnah und diskret eingeweiht. Als Primärinsider war ihm in Kenntnis der Entscheidung über die bevorstehenden Übernahmen der Erwerb der Aktien des Zielunternehmens verboten.[356] Ein Kursmakler,[357] insoweit nach der Gesetzesänderung[358] ein Skontroführer, ist ebenso wie ein Fondsmanager Primärinsider.[359]

563 Sekundärinsider, der seine Kenntnisse von einer Insidertatsache von einem anderen Insider ableitet, kann auf diese Weise praktisch jeder sein (der nicht schon Primärinsider ist).

564 Auch der Sekundärinsider von dem Verbot der Mitteilung, des zugänglich Machens, der Empfehlung oder des Verleitens betroffen, jedoch führt der Verstoß gegen diese Verbote nicht zur Strafbarkeit. Der Verstoß gegen das Verbot ist als Verwaltungsunrecht nach § 39 Abs. 2 Nr. 3 oder 4 mit einer Geldbuße bedroht. Diese Qualifizierung hat wesentliche Folgen für die neu durch § 10 eingeführte Anzeigepflicht bei Verdachtsfällen, da die entsprechenden Informationen nach § 10 Abs. 2 nur zum Zweck der Verfolgung von Straftaten verwendet werden dürfen.

Achtung: die fahrlässige Unkenntnis

565 Der Sekundärinsider kann meist nicht erkennen, dass die Information eine Insiderinformation ist: dass sie nicht öffentlich bekannt ist. Da er sie ja erfährt, sie ihm gesagt wird, sie in „Kreisen" diskutiert wird, kann der Mitwisser davon ausgehen, dass nicht nur er, sondern auch die anderen um ihn herum etwas wissen und damit die Information öffentlich bekannt ist. Er selbst ist der Beweis für die Bekanntheit über den Kreis der Primärinsider hinaus.

566 Er wird darlegen müssen, dass er die Qualität der Information: „nicht öffentlich bekannt" aus den Umständen heraus nicht kennen konnte.

567 Der Taxifahrer, der ein Gespräch mithört, ist in gleicher Weise unproblematisch, wie die Barfrau oder der zufällige Gast im Restaurant. Der Psychoanalytiker, der dem Primärinsider auf der Couch zuhört, dürfte jedoch bei einer Weitergabe einer Information gegen seine strafrechtlich abgesicherte Verschwiegenheitspflicht verstoßen und damit im Falle der Weitergabe der gehörten Insiderinformation wie ein Primärinsider zu behandeln sein. Die Putzfrau, die den Papierkorbinhalt liest, bevor sie ihn entsorgt, bleibt Sekundärinsider, so lange sie nicht im Auftrage Dritter den Papierkorb vor dem Entleeren durchsucht, um Insiderinformationen an die Auftraggeber weiterzugeben.[360]

568 Der Ehemann der Mitarbeiterin im Controlling eines Unternehmens ist Sekundärinsider, während die Mitarbeiterin selbst Primärinsiderin ist. Auch diese Entscheidung könnte nunmehr dann anders getroffen werden, wenn die Informationsweitergabe selbst als Straftat im Sinne des § 38 Abs. 1 Nr. 2 d zu werten ist.

---

[353] Staatsanwaltschaft/Amtsgericht Stuttgart Strafbefehl, Az. – 150 Js 48690/01.
[354] Amtsgericht Frankfurt, Strafbefehl v. 11.1.2001 – 74/92 Js 3852.5/00 Cs1021, rechtskräftig durch den Inhalt bestätigendes Urteil des AG Frankfurt Main v. 20.4.2001.
[355] Amtsgericht München – 302 Js 40985/98.
[356] StA Köln 110 Js 102/00; AG Köln Urt. v. 20.3.2002 – 583 Ds 369/99.
[357] Amtsgericht Frankfurt – 92 Js 34146.8/95, 92 Js 15763.2/96.
[358] Mit dem 4. FinMFG wurden Kursmakler und Staatskommissare schlicht „abgeschafft".
[359] Amtsgericht Frankfurt – 92 Js 31532.2/96 – 96 Cs 110.
[360] Die üblichen SEC Beispiele.

Der persönliche Bekannte des Primärinsiders, der die Kenntnis von einer geplanten größeren Kaufaktion, erlangt und ausnutzt, ist nach der bisherigen Rechtsprechung Sekundärinsider.[361] Da jedoch die Insiderstraftat des Primärinsiders auf die Weitergabe der Insiderinformation zielt, wird in Zukunft möglicherweise anders entschieden werden. Insoweit muss der Empfänger der strafbar weitergegebenen Insiderinformation nicht selbst an der Straftat beteiligt sein. Der früher vielfach zitierte Kriminelle, der sich im Verlaufe eines Einbruchs Unterlagen über Insiderinformationen gezielt verschafft, ist nunmehr in die Gruppe der Primärinsider eingereiht (§ 38 Abs. 1 Nr. 2 d), hingegen führt der „Zufallsfund" bei dem auf Wertgegenstände ausgerichteten Einbruch nicht zur Primärinsidereigenschaft.

11. Scalping durch Börsenjournalisten

Das Landgericht Frankfurt hatte eine Anklageschrift der Staatsanwaltschaft wegen Verdachts des Insiderhandels (92 Js 23140.2/98) nicht zugelassen,[362] auch das Oberlandesgericht verwarf die Beschwerde,[363] weil bei dem Erwerb der später in der Fernsehsendung positiv beurteilten Papiere dem Journalisten noch nicht bekannt gewesen sein soll, dass er dieses Unternehmen positiv bewerten würde. Mittlerweile sind Mitarbeiter einer Börsenzeitschrift wegen Insiderhandels verurteilt worden.[364] Die Tatsache ist hier – ohne materielle Beurteilung der Richtigkeit des Inhaltes – die Kenntnis der Wirkung veröffentlichter „Börsentipps" auf die Entscheidungsbildung der Leser der Publikation oder die Zuschauer des Börsenmagazins. Als Insidertatsache gilt weiter die Absicht, Insiderpapiere privat zu erwerben und diese zeitnah an betreute Aktienfonds zu empfehlen, um aus den hieraus entstehenden Kurssteigerungen kurzfristig Gewinne zu erzielen.[365] Der Begriff Insidertatsache umfasst auch innere Tatsachen wie Absichten,[366] denn die Absicht als solche ist wertungsfrei als innerer Zustand grundsätzlich beweisbar und stellt damit eine „Tatsache" dar.

In einem vergleichbaren Fall hatte das LG Stuttgart wegen Insiderhandels verurteilt, jedoch hat sich der BGH auf die Seite der Kritiker gestellt und unter Hinwies auf eine Bewertung durch die EU-Kommission Insiderhandel verneint. Entsprechend der zitierten Vorgabe nahm der BGH jedoch Kursmanipulation dadurch an, dass der Journalist nicht darüber aufgeklärt hat, dass er selbst in dem Produkt engagiert ist und durch seine Empfehlung einen direkten Vorteil erlangen werde.

Den amtlichen Leitsatz: „Der Erwerb von Insiderpapieren in der Absicht, sie anschließend einem anderen zum Erwerb zu empfehlen, um sie dann bei steigendem Kurs – infolge der Empfehlung – wieder zu verkaufen (sog. Scalping), ist kein Insidergeschäft, sondern eine Kurs- und Marktpreismanipulation im Sinne von § 20 a Abs. 1 S. 1 Nr. 2 WpHG" begründet der Senat in seiner Entscheidung vom 6. November 2003, 1 StR 24/03 wie folgt:

Die Annahme, beim „Scalping" sei das Wissen des Täters, dass er die selbst erworbenen Aktien anschließend empfehle, eine Insidertatsache, trägt dem europarechtlichen Hintergrund der Insidervorschriften des WpHG nicht hinreichend Rechnung. Die mit dem 2. Finanzmarktförderungsgesetz eingeführten Regelungen dienten der Umsetzung der EG-Insiderrichtlinie vom 13. November 1989 (ABl. EG L 334 S. 30; vgl. Begründung zum Gesetzentwurf der Bundesregierung, BT-Drucks. 12/6679 S. 34). Die Vorschriften über verbotene Insidergeschäfte sind daher „richtlinienkonform" auszulegen (vgl. Hopt in: Bankrechtshandbuch, § 197 Rdnr. 3; *Weber* NJW 2000, 562, 563). Schon der Wortlaut der EG Richtlinie spricht dagegen, selbst geschaffene „Tatsachen", wie sie hier vorliegen, als Insidertatsachen einzustufen. Die Richtlinie verwendet in der entsprechenden Passage nicht das Wort „Tatsache", sondern den Begriff der Insiderinformation, der in Art. 1 der Richtlinie als „präzise Information" definiert ist. Danach reicht eine selbst geschaffene innere Tatsache – hier: Kauf und anschließende Empfehlung von Aktien zum Zwecke der Kursmanipulation – nicht aus, weil eine „Information" regelmäßig einen Drittbezug aufweist. Eine Verwendung des Begriffs der Information in dem Sinne, dass eine Person sich über einen von ihr selbst gefassten Gedanken „informiert", ist dem Sprachgebrauch fremd. Die Gesetzesmaterialien bieten keinen Anhalt dafür, dass der deutsche Gesetzgeber bei der Umsetzung der Richtlinie mit der Verwendung des

---

[361] Amtsgericht München – 302 Js 40727/96.
[362] LG Frankfurt, Beschl. v. 9.11.1999.
[363] OLG Frankfurt Beschl. v. 15.3.2000 – 1 Ws 22/00.
[364] AG Stuttgart – 150 Js 17004/02 (Geldstrafe im Strafbefehlswege).
[365] LG Stuttgart Urt. v. 30.8.2002 – 6 KLs 150 Js 77452/00, s. Fn. 446.
[366] LG Stuttgart Urt. v. 30.8.2002 – 6 KLs 150 Js 77452/00, s. Fn. 446.

Begriffs der Tatsache anstelle des Begriffs der Information bewusst von der Richtlinie abweichen wollte und von einem anderen Verständnis ausging.

12. Insiderinformation

573 Der Kern des Insiderhandelsverbots ist die Insiderinformation. Im internationalen Sprachgebrauch, insbesondere auch im EU Binnenmarkt, wurde bereits in der Insiderrichtlinie der Begriff: „Präzise Information" verwendet. In der Richtlinie zur Durchführung der Marktmissbrauchsrichtlinie vom 28.1.2003 wird dieser Begriff konkretisiert. Die Kommission sieht danach „jede Verkettung von Umständen oder jedes Ereignis, die oder das es gestattet, die mögliche Auswirkung auf die Kurse abzuschätzen" als Insiderinformation an.[367] Diese ist als präzise anzusehen, wenn damit eine Reihe von Umständen gemeint sind, die bereits existieren oder bei denen man vernünftigerweise davon ausgehen kann, dass sie in Zukunft existieren werden, oder ein Ereignis, dass bereits eingetreten ist oder in Zukunft eintreten dürfte, und sofern diese Informationen spezifisch genug sind, dass sie einen Schluss auf die mögliche Auswirkung dieser Reihe von Umständen oder dieses Ereignisses auf die Kurse zulassen.[368]

574 Die mit dieser Prognose verbundene Einschätzung haben Täter und später die Strafverfolgungsbehörden insoweit in die Einschätzung des „verständigen Anlegers" zu stellen, als das ein solcher die Informationen wahrscheinlich als Teil der Grundlage seiner Anlageentscheidung nutzen würde, um seine Interessen zu optimieren.[369]

Das Gesetz unterscheidet zwei Gruppen von Insiderinformationen nach den Bereichen, aus denen sie stammen. Emittentenbezogene Insiderinformationen haben die Eigenheit, außerhalb des Handels zu entstehen und durch Veröffentlichung Wirkung auf den Marktpreis zu zeigen. Die Veröffentlichung der Insiderinformationen aus der Sphäre des Emittenten kann kursbeeinflussend sein.

575 Die Geeignetheit zur Preisbeeinflussung ist als eigenständige Insiderinformationen aus den Kursänderungen zu schließen, die auf die Veröffentlichung folgen. Die Informationen aus der Veröffentlichungspflicht nach § 15 WpHG können in der BaFin unmittelbar auch für die Anhaltspunktsprüfung nach § 4 WpHG herangezogen werden.

576 Diese Insiderinformationen aus der Sphäre des notierten Unternehmens sind die in der Literatur klassisch und behandelten Fälle. Die Bewertung des Tatbestandsmerkmales Erheblichkeit wird durchgängig in der gesamten gesichteten Literatur an diesen Insiderinformationen versucht.[370] Diese Beschränkung in den Untersuchungen führt zu den später noch zu beschreibenden Problemen.

577 Papierbezogene Insiderinformationen sind solche, die sich aus dem Handel mit dem Papier ergeben. Solche Insiderinformationen sind nicht mit denen aus der Sphäre des Emittenten zu vergleichen. Die Kurserheblichkeit und deren Konkretisierung in der Kursänderung haben bei der BaFin keinen Indikator. Sie sind weder im Bereich der Datenerfassung nach § 9 WpHG ablesbar noch stehen sie in einem messbaren Verhältnis zu den Ad hoc-Mitteilungen nach § 15 WpHG. Die HÜSt und die Marktaufsicht der Börsenaufsichtsbehörde sind jedoch in der Lage, in der unmittelbaren Überwachung des Börsenhandels Fälle der insiderrelevanten Ausnutzung von Kenntnissen der Insiderinformationen aus dem Handel, beispielsweise die Orderlage des Skontroführers oder das Verhältnis von Kundengroßorder zur Eigenorder bei verbotenem Frontrunnig, aufzudecken.

578 Versierte Handelsteilnehmer können anhandelsmustern ebenfalls erkennen, ob möglicherweise Insider agieren. Dies gilt insbesondere dann, wenn platzierte Aufträge im Präsenzhandel bei der Preisfeststellung ausfallen, auch dann, wenn der Marktteilnehmer sein Limit an die letzten Preisfeststellungen angeglichen hat und er trotzdem weiterhin gerade um einen Tick ausfällt.[371]

---

[367] RL 2003/6/EG Erwägungsgründe Nr. 16. zu Artikel 1 Abl. L 96/17.
[368] RL 2003/6/EG Artikel 1 Nr. 1. Abl. L 96/20.
[369] RL 2003/6/EG Vorschlag Begriffsbestimmungen, Artikel 1 Nr. 2.
[370] Ausführlich *Loesche*, Die Eignung zur erheblichen Kursbeeinflussung in den Insiderhandelsverboten des Wertpapierhandelsgesetzes, 1998.
[371] In diesen Fällen nehmen die nicht zum Zuge kommenden Handelsteilnehmer Kontakt mit der Handelsüberwachungsstelle oder der Marktaufsicht auf. Diese stützen dann die Untersuchungen auf die erfassten Daten, aus denen die jeweiligen Orderlagen rekonstruiert werden (Erstellung eines „Fixierten Orderbuchs"). In Verbindung

13. Insidereigenschaft und Bekanntwerden

Nur eine nicht öffentlich bekannte Tatsache kann eine Insiderinformation sein. Dies ist die Nahtstelle zu der Veröffentlichungspflicht nach § 15 WpHG. Der Emittent von Wertpapieren, die zum Handel an einer inländischen Börse zugelassen sind, muss unverzüglich eine neue Insiderinformation veröffentlichen, die in seinem Tätigkeitsbereich eingetreten und nicht öffentlich bekannt ist, wenn sie wegen der Auswirkungen auf die Vermögens- und Finanzlage oder auf den allgemeinen Geschäftsverlauf des Emittenten geeignet ist, den Börsenpreis der zugelassenen Wertpapiere erheblich zu beeinflussen.[372]

Mit der Veröffentlichung ist die Ausnutzung der Insiderinformation nicht mehr verboten, weil sie nun nicht mehr „nicht öffentlich bekannt" ist. Die Lebensdauer einer Insiderinformation bestimmt das Risiko des verbotenen Insiderhandels. Die allen zugängliche kurserhebliche Insiderinformation wird in Angebot und Nachfrage auf den organisierten Märkten berücksichtigt, es gibt keine Informationsnachteile einzelner Handelsteilnehmer.

Die Geeignetheit einer Insiderinformation, im Falle ihres öffentlichen Bekanntwerdens den Börsen- oder Marktpreis erheblich zu beeinflussen, ist durch eine objektiv-nachträgliche, auf den Zeitpunkt des Insiderhandels bezogene und die Umstände des Einzelfalls berücksichtigende Prognose zu ermitteln. Entscheidend ist dabei nicht, wie der Insider die Kurserheblichkeit der von ihm benutzten Insiderinformation bewertet, sondern die anhand objektiver Maßstäbe nachträglich unter Berücksichtigung aller Umstände des Einzelfalles zu ermittelnde Kurserheblichkeit.[373]

14. Die Insiderinformation aus der Emittentensphäre

Die oben aufgeführte gesetzliche Unterteilung in zwei Informationsgruppen verlangt notwendig zu einer differenzierten Betrachtung. Das Problem lässt sich zunächst ablesen an einem Zeitfaktor, der vom Gesetzgeber so nicht erörtert wurde. Die Bedeutung der Zeit wird erkennbar, wenn man berücksichtigt, dass täglich in einem Wert im variablen Handel nicht nur eine Preisfeststellung erfolgt (wie bei Werten zur Einheitskursfeststellung), sondern eine Vielzahl von solchen.

Eine Kurssteigerung von 100 %, also auf das Doppelte, verteilt auf den ganzen Tag, erbringt von Preisfeststellung zu Preisfeststellung eine Einzelsteigerung von einem Zehntel Prozent. Um jeweils unter 5 % zu bleiben, reichen 25 Kurse, eine übliche Frequenz. Bei der Fläche der Wirkung einer kursfeststellungsfernen Insidertatsache, die nach § 15 WpHG ordnungsgemäß veröffentlicht wird, wird die Tatsache nur über einen längeren Zeitraum die Preisfeststellungsänderung verursachen. Die wirtschaftliche Bedeutung für den Insider ist von den Kursänderungen der Einzelschritte unabhängig. Bei den seit Mitte 1998 üblichen Volatilitäten auch im amtlichen Handel ist es für den Insider Glückssache, ob er die avisierten 6 % auch realisieren kann, oder ob sein Glattstellungsauftrag nicht von der Schwankung erfasst wird. Selbst wenn der Insider die Tagesspitze der Schwankung mitnimmt, streicht er einen Insidergewinn ein, ohne dass dies aus einem später veröffentlichten Chart zu entnehmen sein wird.

15. Erheblichkeit der sofort mitzuteilenden neuen Insiderinformation.

Die heftige und umfangreiche Diskussion zu dem Tatbestandsmerkmal der Geeignetheit „erheblich zu beeinflussen" dürfte mit dem Anlegerschutzverbesserungsgesetz entschieden sein.[374] Die graduelle Unterscheidung zwischen der ad-hoc-pflichtigen Tatsache nach § 15 a. F. und der Insidertatsache nach § 13 Abs. 1 a. F. ist mit dem Anlegerschutzverbesserungsgesetz aufgehoben worden.

---

mit den Aufzeichnungen der Händlergespräche lässt sich eine mögliche Weitergabe von Orderbuchinhalten feststellen.

[372] Im einzelnen zu § 15 WpHG siehe oben.
[373] LG Stuttgart Urt. v. 30.8.2002 – 6 KLs 150 Js 77452/00, s. Fn. 446.
[374] Einen guten Überblick über die streitige Entwicklung bis zu der von dem Gesetzgeber übernommenen Lösung gibt *Schwark* (3. Auflage) § 13 Rdnr. 43 bis 59, insbesondere 57 ff. Nachdem sich Rechtsprechung und Lehre auf dieser Position getroffen hatten, folgte der Gesetzgeber mit § 13 Abs. 1 S. 2: „Eine solche Eignung ist gegeben, wenn ein verständiger Anleger die Information bei seiner Anlageentscheidung berücksichtigen würde." Obwohl angesichts der Fachdiskussion diesem Text allenfalls deklaratorische Bedeutung beikommt, begründet der Gesetzgeber diese Änderung mit der Umsetzung von Richtlinien.

585 Eine Insiderinformation muss geeignet sein, im Falle ihres öffentlichen Bekanntwerdens den Börsen- oder Marktpreis der Insiderpapiere erheblich zu beeinflussen. Diese Eigenschaft ist nunmehr aus der Entscheidungssituation des Anlegers zu beurteilen.

Eine solche Eignung ist gegeben, wenn ein verständiger Anleger die Information bei seiner Anlageentscheidung berücksichtigen würde. Als Umstände im Sinne des Satzes 1 gelten auch solche, bei denen mit hinreichender Wahrscheinlichkeit davon ausgegangen werden kann, dass sie in Zukunft eintreten werden. Eine Insiderinformation ist insbesondere auch eine Information über nicht öffentlich bekannte Umstände im Sinne des Satzes 1, die sich auf Aufträge von anderen Personen über den Kauf oder Verkauf von Finanzinstrumenten oder auf Derivate bezieht und bei der Marktteilnehmer erwarten würden, dass sie diese Information in Übereinstimmung mit der zulässigen Praxis an den betreffenden Märkten erhalten würden.

586 Die bewertungserheblichen Umstände im Sinne der MaKonV zu § 20 a Abs. 1 Satz 1 Nr. 1 erfüllen auch die Voraussetzungen der Erheblichkeit von Insiderinformationen nach § 13 Abs. 1. Sie gehören auch in den Bereich des Insiderhandelsverbotes und der Ad hoc-Mitteilungspflicht. Eine solche Eignung ist gegeben, wenn ein verständiger Anleger die Information bei seiner Anlageentscheidung berücksichtigen würde bzw. wenn die Kenntnis auf die Anlageentscheidung eines vernünftigen Anlegers mit durchschnittlicher Börsenkenntnis Einfluss nehmen kann.

587 **Checkliste:**

Bewertungserhebliche Umstände können insbesondere sein:
☐ Tatsachen, die gemäß § 15 Abs. 1 Satz 1 zu veröffentlichen sind;
☐ Entscheidungen und Kontrollerwerbe, die gemäß § 10 oder § 35 des Wertpapiererwerbs- und Übernahmegesetzes zu veröffentlichen sind;
☐ Änderungen in den Jahresabschlüssen und Zwischenberichten und den hieraus üblicherweise abgeleiteten Unternehmenskennzahlen;
☐ Änderungen der Ausschüttungen, insbesondere Sonderausschüttungen, eine Dividendenänderung oder die Aussetzung der Dividende;
☐ Bedeutende Kooperationen, Erwerb oder Veräußerung von wesentlichen Beteiligungen sowie der Abschluss, die Änderung oder die Kündigung von Beherrschungs- und Gewinnabführungsverträgen und sonstigen bedeutenden Vertragsverhältnissen;
☐ Übernahme-, Erwerbs- und Abfindungsangebote, soweit nicht von Absatz 2 erfasst;
☐ Kapital- und Finanzierungsmaßnahmen;
☐ Liquiditätsprobleme, Überschuldung oder Verlustanzeige nach § 92 des Aktiengesetzes;
☐ Bedeutende Erfindungen, Erteilung oder Verlust bedeutender Patente und Gewährung wichtiger Lizenzen;
☐ Rechtsstreitigkeiten und Kartellverfahren von besonderer Bedeutung;
☐ Veränderungen in personellen Schlüsselpositionen des Unternehmens;
☐ Strategische Unternehmensentscheidungen, insbesondere der Rückzug aus oder die Aufnahme von neuen Kerngeschäftsfeldern oder die Neuausrichtung des Geschäfts.

588 Die Argumente aus der Begründung zu § 15 WpHG sind bei den Insiderinformationen aus der Sphäre der Emittenten eingeschränkt verwendbar. In diesem Zusammenhang hatte der Regierungsentwurf die Plus/Minus-Ankündigung nach § 8 der Bedingungen für die Geschäfte an der FWB erwähnt, die bei festverzinslichen Wertpapieren eine Abweichung von 1,5 % vom Nennwert und bei Aktien eine Abweichung von 5 % vom Kurswert als Grenze ansieht, bei deren Überschreiten der Skontroführer die Börsenteilnehmer auf die Tendenz aufmerksam machen muss. Dieser Vergleich mag herangezogen werden für die Veröffentlichungspflicht nach § 15 WpHG. Diese Vorschrift dient der Steigerung der Markttransparenz und als Reflex der Vorbeugung von Insiderstraftaten.

589 Eine Fehlbeurteilung des Preisbeeinflussungspotentials hat zunächst keinen wirtschaftlichen Vorteil, sie führt auch zu keinem wirtschaftlichen Nachteil anderer Marktteilnehmer und

könnte allenfalls für den Pflichtigen das Risiko eines Bußgeldverfahrens nach sich ziehen. Für die Auslegung des Begriffes Erheblichkeit der Geeignetheit einer künftigen Preisänderung als Tatbestandsmerkmal für eine Kriminalstraftat hat jedoch weder das Gesetz, noch der Regierungsentwurf diese oder eine andere Zahl vorgegeben. Dem Emittenten ist gegebenenfalls zuzumuten, sich eines Finanzanalysten zu bedienen, um das Preisänderungspotenzial einer Insiderinformation zu bewerten. Was preisbildungsfern möglich ist und von der BaFin gefordert werden kann, wird im Handel, auf dem Parkett, auf den Bildschirmen und im Handelsbuch des Skontroführers absurd. Dennoch wird das Beispiel der Regelung zur Plus/Minus-Ankündigung auch als konkreter Zahlenwert für die erhebliche Preisbeeinflussung nach § 13 WpHG herangezogen.

16. Die Insiderinformation aus der Händlersphäre

Ähnlich wirken die Insiderinformationen, die unmittelbar aus dem Handel mit dem Wertpapier entstehen. Insiderhandel durch Handelsteilnehmer im Bereich des Handels mit den Wertpapieren bezieht sich auf Informationen, deren kursbildungsnahe Auswirkung der Insider abschätzen und zeitnah ausnutzen kann. Der Händler befindet sich nicht nur in der Nähe zur Kursbildung, sondern auch in Besitz aller handelsbedingten Möglichkeiten und Kenntnissen, die ihn in die Lage versetzen, seine insidermotivierten Handelstransaktionen mit dem erwarteten Gewinn abzuschließen. Auch in diesem Bereich sind jeweils mehrere einzelne Börsenpreise in der Abfolge der Bereich, den der Händler abdecken kann.[375] Der Frankfurter Insiderskandal Anfang 1991, damals noch ohne Strafnorm, beschreibt die steuerstrafrechtlich relevanten Fälle des Insiderhandels im Händlerbereich der Banken. Die bekannten Einzelfälle in den Ermittlungsverfahren der Staatsanwaltschaft Frankfurt hatten sechsstellige Zahlen überschritten.[376]

17. Die Insiderinformation im Wirkungsbereich des Skontroführers

Informationen die unmittelbar im Ablauf der Preisfeststellung entstehen und dem mit der Feststellung der Preise beauftragten Skontroführer allein bekannt sind, können von diesem in ihrer Wirkung von Preisfeststellung zu Preisfeststellung in ihrer Preisänderungsrelevanz genau beurteilt werden. Der Insiderhandel auf Grund dieser Insiderinformationen ist dem Skontroführer auch risikolos möglich, da in seinem Bereich keine anderen Wirkungen die Vorsehbarkeit beeinträchtigen können. Lediglich ein Bekanntwerden bei anderen Profis würde dem Skontroführer den wirtschaftlichen Erfolg nehmen.

Sowohl bei dem Skontroführer wie bei dem Händler wirkt ein weiterer Faktor auf die wirtschaftliche Bewertung des Insiderrisikos. Das taggleich oder annähernd taggleich glattgestellte Wertpapiergeschäft ist erst am zweiten Börsentag nach dem Handelstag zu erfüllen. Kauf und Verkauf in dieser Frist bedeutet, dass Papiere auch leerverkauft und rechtzeitig zurückgekauft oder gekauft und rechtzeitig wieder verkauft werden können, damit eine Lieferung und eine Bezahlung nicht stattzufinden braucht. Damit bedarf es nicht einmal eines Einsatzes von Vermögen. Wertpapierhandel im Rahmen des Engagementrahmens erlaubt dem Skontroführer (und dem aufgabebildungsberechtigten Freimakler) das Geschäft auf der Basis des Endsaldos.

Die Wirkung der Ausnutzung von Insiderkenntnissen, die unmittelbar der Börsenpreisbildung zugrunde liegen (preisunmittelbare Insiderinformationen), ist durch die risikomindernde Nähe zur Preisbildung auch bei Kleinstschwankungen erheblich. Zwar ist der kriminelle Erfolg nicht Teil des Tatbestandes des Insiderhandelns, der Tatbestand ist erfüllt, die Tat beendet und vollendet, bevor der wirtschaftliche Erfolg eintritt (wenn er denn eintritt). Ist der wirtschaftliche Erfolg jedoch eingetreten, beweist dies die Erheblichkeit der Kursänderung. Die Strafbarkeit des Insiderhandels soll den durch Insiderhandel bewirkten Erfolg, der als Schaden bei anderen Börsenteilnehmern eintritt, verhindern. Ein Insider nutzt Insiderwissen aus, wenn er für sich oder einen anderen seinen Wissensvorsprung in der Hoffnung und mit der Zielrichtung zunutze macht, für sich oder einen Dritten einen wirtschaftlichen Vorteil zu erlangen.[377]

---

[375] Vgl. oben, Fondsmanagerfall AG Frankfurt.
[376] *Junker*, Insidergeschäfte an der Börse, 1993.
[377] Begründung der Bundesregierung, zitiert aus Weisgerber/Jütten, Das Zweite Finanzmarktförderungsgesetz, Bundesanzeiger 1995, S. 237.

18. Die Orderlage als Insiderinformation

594 Die Orderlage im Skontro eines Börsenmaklers kann eine Insiderinformation sein.[378] In zwei Strafverfahren sowie in weiteren staatsanwaltschaftlichen Ermittlungsverfahren in Zusammenhang mit insiderrelevantem Missbrauch der Kenntnis der Orderlage von Skontropapieren wurde die Orderlage als Insidertatsache gewertet.[379] Die Orderlage kann auch eine systemübergreifende Ordersituation beinhalten. Neben dem elektronischen Orderbuch des Skontroführers hat dieser auch unmittelbar Zugriff auf den Xetra-Handel. Zum Beginn des Präsenzhandels kann die Situation entstehen, dass unmittelbar vor der ersten Kursfestsetzung der Skontroführer sein elektronisches Orderbuch sperrt (zur Festsetzung), sodann eventuell im Xetra-Handel eingehende Order bedient, soweit diese günstiger aus der Orderlage im elektronischen Orderbuch auszugleichen sind. Der unmittelbare Einblick in beide Systeme, der nach Sperrung allein dem Skontroführer möglich ist, versorgt ihn mit Insiderinformationen, die er allein unmittelbar risikolos und ohne nennenswerten Einsatz in Gewinne umsetzen kann. Diese kombinierte Orderlage beinhaltet eine Insiderinformation.[380]

595 Bedingte Aufträge, wie Stop-Loss-Order oder Stop-Buy-Orders[381] sind in Zusammenhang mit der gesamten Orderlage und der Möglichkeit, Eigen- und Aufgabegeschäfte zu tätigen, Insidertatsachen im Arbeitsbereich der Skontroführer. Auch für sonstige professionelle Handelsteilnehmer kann die Kenntnis der Funktion in Zusammenhang mit weiteren Informationen eine Insiderinformation darstellen.

596 **Beispiel:** Ein Mitarbeiter der Sparkasse L hatte im Bereich Vermögensverwaltung auch die Bestände bezüglich der Drittfirma T AG zu verwalten. Er hatte selbst privat Aktien dieses Unternehmens erworben und einen bedingten Verkaufsauftrag (Stop Loss Order) über Stücke platziert. Auf Grund der Kenntnis über umfangreiche Verkaufsaktivitäten seiner Sparkasse in diesem Papier befürchtet er einen durch diese Verkäufe zu verursachenden erheblichen Preisrückgang. Zur Vermeidung der von ihm erwarteten Verluste strich er den Verkaufsauftrag im Präsenzhandel und verkaufte seine eigenen Aktien vor den Verkäufen seines Arbeitsgebers zu einem insoweit relativ günstigen Preis auf der Elektronischen Handelsplattform Xetra.[382]

19. Frontrunning

597 Nach § 32 Abs. 1 Nr. 3 WpHG ist es einem Wertpapierdienstleistungsunternehmen verboten, Eigengeschäfte auf Grund der Kenntnis von einem Auftrag eines Kunden zum Kauf oder Verkauf von Wertpapieren abzuschließen, die Nachteile für den Auftraggeber zur Folge haben können.[383] An einen Verstoß gegen dieses Verbot nach § 32 Abs. 1 Nr. 3 WpHG war bis zum 4. FinMFG keine unmittelbare Sanktion geknüpft. Daraus wurde vielfach geschlossen, dass diese Verhaltensweisen nicht sanktioniert werden können, wenn einzelne Personen ihre Kenntnis von der Wirkung von Kundenaufträgen zu eigenen Geschäften ausnutzen, auch nicht als Insiderdelikt, da § 38 WpHG oder das Verbot des § 14 WpHG keinen Bezug auf § 32 WpHG nahm.

598 Seit dem 1. Juli 2002, dem 4. FinMFG, ist der Verstoß gegen das Frontrunningverbot eine Ordnungswidrigkeit nach § 39 Abs. 1 Nr. 3, die Geldbuße kann bis zu € 250.000,- betragen.

599 Beim „Frontrunning"[384] erlangt, anders als beim Scalping, der Täter typischerweise tatsächlich Kenntnis von einer „präzisen Information", nämlich einer Kauf- oder Verkaufsorder, die er, bevor diese ausgeführt wird, zu eigenen An- oder Verkäufen des betreffenden Wertpapiers

---

[378] *Schwarze* a. a. O.
[379] Staatsanwaltschaft Frankfurt, 92 Js 34146.8/95.
[380] Ein entsprechendes Verfahren ist von der Staatsanwaltschaft Frankfurt gem. § 153 a StPO eingestellt worden.
[381] § 2 der Bedingungen für Geschäfte an der Frankfurter Wertpapierbörse: Aufträge können mit der Maßgabe erteilt werden, dass sie bei Erreichen eines bestimmten Preises (Limit) zu Billigst- oder Bestensorders werden, gleichgültig, ob der nächstfolgende Preis unter oder über dem bestimmten Preis liegt (Stop-Loss oder Stop-Buy-Order. Bei dem bestimmten Preis (Limit) darf es sich nicht um einen Preis handeln, dem ein Hinweis nach § 33 Abs. 2 Ziff 1-8 der Börsenordnung beigefügt worden ist.
[382] AG Leipzig, Strafbefehl 205 Js 33443/01.
[383] *Schwark* Kapitalmarktrechtskommentar § 32 Rdnr. 14 und 15.
[384] Eigengeschäfte in Kenntnis von Kundenaufträgen – vgl. Erwägungsgrund Nr. 19 der EG-Richtlinie 2003/6/EG v. 28.1.2003 – ABl. EG v. 12.4.2003 Nr. L 096, S. 16 ff.)

ausnutzt.[385] Mit der wortähnlichen Formulierung in § 13 Abs. 1 S. 3 Nr. 1 wird nunmehr ausdrücklich klargestellt, dass „Frontrunning" einen Verstoß gegen das Verbot des Insiderhandels darstellen kann. Diese Argumentation entbindet jedoch nicht von der Voraussetzung der Erheblichkeit der prospektiven Änderung des Börsenpreises im Falle des Bekanntwerdens des Bezugsauftrages für ein „Frontrunning".

Das seit 1996 vom AG Frankfurt begonnene und in der Folgezeit sich offenbar durchgesetzt habende Kriterium der wirtschaftlichen Betrachtungsweise, ist derzeit von der Staatsanwaltschaft Frankfurt wieder eingeschränkt worden. 600

In neueren – nicht veröffentlichten – Entscheidungen nach § 170 Abs. 2 StPO stellt die Staatsanwaltschaft Frankfurt[386] wieder erhöhte Anforderungen an die anzunehmende Folge des „Öffentlich Bekannt Werdens" und verlässt die bisherige Bewertung nach dem Kriterium der wirtschaftlichen Betrachtungsweise.[387] Die Staatsanwaltschaft lässt es dahingestellt sein lassen, ob die Orderlage im geschlossenen Orderbuch eine nicht öffentlich bekannte Tatsache sein kann, sie stellt ihre Entscheidung auf die Feststellung, dass die Orderlage nicht geeignet gewesen sei, im Falle ihres Bekanntwerdens, den Kurs der Aktie erheblich zu beeinflussen. Sie stellt in der Begründung nicht darauf ab, woher der Vermögenszuwachs bei dem Handelnden resultiert, sondern vergleicht die nachgerechnete Kursbewegungen mit der üblichen Volatilität. 601

Damit nimmt die Staatsanwaltschaft wieder Abschied von der subjektiver Bewertungsseite, die zuletzt im Kapitalmarktstrafrechtskommentar so formuliert wurde: Das Merkmal der Erheblichkeit dient dem Ausschluss von Bagatellfällen, in denen der Insider nur unbedeutende Sondervorteile erlangen kann.[388] 602

Sie entfernt sich in der Beurteilung von der gesetzlichen Vorgabe in § 32 Abs. 1 Nr. 3 WpHG, dass Frontrunning, also die Ausnutzung der Kenntnis von einem Kundenauftrag als Sonderfall des Insiderhandels verboten ist, so lange daraus dem Kunden ein Schaden entstehen kann. Geschickt umgeht sie eine Auseinandersetzung mit den Grundüberlegungen des BGH im „Scalping Urteil", der bei der Prüfung des Merkmals „Insiderinformation" die Drittwirkung bei dem Frontrunning ausdrücklich bestätigte.[389]

Es wird sich erweisen, ob der nunmehr von dem Gesetzgeber bemühte „Verständige Anleger" für mehr Rechtssicherheit sorgen wird, da so die wirtschaftliche Betrachtungsweise wieder Bedeutung erlangen kann. Gem. Nr. 19 der Erwägungsgründe der Marktmissbrauchsrichtlinie sollten Mitgliedstaaten gegen Eigengeschäfte in Kenntnis von Kundenaufträgen („Frontrunning"), auch bei Warenderivaten, vorgehen, sofern es sich dabei um Marktmissbrauch handelt. Hier könnte die seit 2002 erfolgte Qualifizierung als Ordnungswidrigkeit bereits richtlinienkonform ausreichen. 603

Der verständige Anleger wird jedoch die Information, die dem Skontroführer einen sicheren Gewinn verschaffen kann, selbst nicht zu Grundlage seiner Entscheidung machen können, weil seine Transaktionskosten, insbesondere die Gebühren, die er seinem Dienstleister zu entrichten hat, die Information für ihn wertlos macht. Hinzu kommt, dass die Distanz zu der Information und seiner Nutzungsmöglichkeit eine Verwertbarkeit für den verständigen Anleger unmöglich macht. Eine enge Auslegung dieses Tatbestandsmerkmales könnte damit zur Straflosigkeit der Ausnutzung von Ordersituationen führen. 604

Daten über Geschäfte, die Frontrunning sein können, ergeben sich aus den Aufzeichnungen, zu denen die Wertpapierdienstleister (Kreditinstitute) nach § 34 Abs. 1 WpHG verpflichtet sind und die eine Kennzeichnung von Eigengeschäften verlangt. In Ergänzung dazu laufen bei der Handelsüberwachungsstelle die Daten über den Börsenhandel auf, deren systematische Überwachung so konstruiert ist, dass Auftragsabfolgen, die dem Muster eines Frontrunninggeschäfts entsprechen, angezeigt werden. 605

---

[385] BGH Urt. v. 3.11.2003 – 1 StR 24/03 – sog. Scalping-Urteil.
[386] Die Entscheidungen sind bislang nicht veröffentlicht.
[387] Staatsanwaltschaft Frankfurt am Main, Einstellungsverfügung v. 22.4.2004, Az. 7420 Js 237157/02 Wi.
[388] Park/*Hilgendorf* Kapitalmarktstrafrecht, Insiderdelikte Rdnr. 98. Zusammenfassend: *Schwark* Kapitalmarktrechtskommentar § 13 WpHG Rdnr. 43 ff.
[389] BGH, Urt. v. 6.11.2004, 1 StR 24/03 – sog. Scalping-Urteil.

606 Eine Verletzung der Aufzeichnungspflicht nach dem WpHG ist wiederum eine Ordnungswidrigkeit nach § 39 Abs. 2 Nr. 5 WpHG.

20. Beispielsfälle

607 Ein Bewertungsgutachten im Abfindungsverfahren gem. §§ 304, 305 AktG kann eine Insidertatsache sein, wenn es den entsprechenden Inhalt hat. Gegen den zweiten Insider wurde das Verfahren gem. § 153 a StPO eingestellt.[390] Eine Kapitalerhöhung im Wege des „Schütt-aus-hol-zurück-Verfahrens" mit erheblichen Sonderausschüttungen auf die vorhandenen Aktien ist eine Insidertatsache.[391] Der Beschluss des Aufsichtsrates und des Vorstands einer börsennotierten Aktiengesellschaft, die Vorzugsaktien in Stammaktien umzuwandeln, ist eine Insidertatsache.[392]

608 Auch Gerüchte können die Qualität einer Tatsache entfalten. Selbstverständlich ist der Inhalt eines Gerüchtes keine Tatsache.[393] Wenn aber ein Journalist, ausgestattet mit den modernen Medienmöglichkeiten, mit Gerüchten einen Kurs zu manipulieren beabsichtigt, ist die Kenntnis eines Dritten über diesen Umgang mit Gerüchten und die zu erwartenden Kursmanipulation die Kenntnis eines Insiders über die Insidertatsache.

609 Das Unternehmen L AG befand sich im Insolvenzverfahren. Der Vergleichsverwalter sah eine Rettung bei einer Finanzspritze in Höhe von 4 Mio. als möglich an, bis zu 2,85 Mio. waren bereits zugesagt, als sich der V entschloss mit der Investition des Restes die AG zu retten. Er wusste, dass dann, wenn die Veröffentlichung der durch ihn gesicherten Rettung bekannt wird, der Kurs der Aktie erheblich steigen wird, bzw. das Kaufinteresse der Investoren gesteigert wird und durch die zusätzlichen Aufträge das Orderbuchgleichgewicht zu Gunsten einer deutlichen nachfragegesteuerten Preiserhöhung führen würde. Unmittelbar nach dieser Entscheidung für die Beteiligung an der Sanierung erwarb er Aktien zu dem seinerzeitigen niedrigen Wert. Erwartungsgemäß stieg der Preis nach Bekanntwerden der Sanierung.

610 Wegen verbotenen Insiderhandels wurde V zu einer Freiheitsstrafe von 1 Jahr und 8 Monaten verurteilt. Die in mehrere Teilaufträge zersplitterte Ausführung eines Einzelnen großen Auftrages trotz mehrerer Börsengeschäfte hat das Gericht nur als eine einzige Tathandlung gewürdigt. Das Gericht hat festgestellt, dass auch die selbst verursachte Insiderinformation für den Verursacher zu einem Insiderhandelsverbot führt.[394] Der geschäftsführende Gesellschafter eines Unternehmens für Beratung in Fragen der Öffentlichkeits- und Pressearbeit ist Primärinsider, wenn er positive, noch nicht öffentlich bekannte Daten über Geschäftsabschlüsse eines seiner börsennotierten Kunden erfährt.[395]

611 Anderes gilt bei der Kenntnis eines Manipulateurs, der weiß, wann er seine Manipulation durchführen wird und entsprechend der erwarteten Wirkung dieser Manipulation unter Ausnutzung dieser Kenntnis Handel betreibt. Einer derartigen Kenntnis spricht der BGH im „Scalping Urteil" die Informationsqualität in Bezug auf die Außenwirkung einer Information ab. Die selbst geschaffene Insidertatsache ist noch keine Insiderinformation, da eine Information immer einen Drittbezug haben muss.

21. Prognosen als Insiderinformation

612 Bisher hat der Gesetzgeber zukünftige Ereignisse oder Erwartungen, zum Beispiel in dem Tatbestandsmerkmal **Tatsache** des Betruges in Zusammenhang mit Spekulationsgeschäften eine „künftige Kursentwicklung" rigoros aus der Justiziabilität herausgenommen.[396] Mit dem Wertpapierhandelsgesetz wurde eine hypothetische Zukunftserwägung für die Bewertung einer Tatsache als Insidertatsache normiert. Die Prognose des Täters über den künftigen, durch die Insiderinformation ausgelösten Kursverlauf kann mit den der Aufsicht und der Justiz zur Verfügung stehenden Instrumenten nicht ermittelt werden. Die einzige erkennbare Auswirkung ist das Geschäft, welches nur durch die Prognose des Täters zum Insiderge-

---

[390] Amtsgericht Frankfurt – 92 Js 22056.0/97 – vgl. Rdnr. 72.
[391] Landgericht Köln Urt. v. 12.11.2001 B 114-13/01 (112 Js 14/00).
[392] Amtsgericht München, Strafbef. 302 Js 30195/96.
[393] *Assmann* § 14 Rdnr. 34 ff. für alle weiteren Veröffentlichungen.
[394] AG München Urt. v. 27.5.2002 – 1124 Ls 302 Js 50240/01.
[395] Staatsanwaltschaft Düsseldorf – 18 Js 2269/01.
[396] Schon RGSt 56, 227 „...grundsätzlich ist keine Tatsache, was in der Zukunft liegt."

schäft wird. Das handlungsauslösende Moment, das Motiv für die Tat, die Einschätzung des Kurspotentials einer Tatsache durch den Täter, kann nicht objektiv festgestellt werden. Dem schweigenden oder bestreitenden Verdächtigen können nur Indizien entgegengehalten werden, aus den späteren Fakten kann auf die Bewertung durch den Verdächtigen zum Handelszeitpunkt (Tatzeitpunkt) rückgeschlossen werden. Soll die Tat, wie sie sich nach der erheblichen Kursänderung dem Ermittler darstellt, die Bewertung des Kursänderungspotentials durch den Verdächtigen zum Tatzeitpunkt indizieren? Indiziert die Kursänderung den Tatplan?

22. Öffentliches Bekanntwerden

Nur eine **nicht öffentlich bekannte** Information (Information über nicht öffentlich bekannte Umstände) kann Insiderinformation sein. Wird sie jedoch öffentlich bekannt, so kommt es nicht darauf an, ob sie im gesetzlich zulässigen Wege nach § 15 WpHG bekannt gemacht wurde. An dieser Stelle herrscht eine nur wenig erträgliche Unsicherheit. Diskussionen über den Verbreitungsgrad, den Verbreitungsort oder das Verbreitungsmedium sind ebenso strafrechtlich problematisch wie die Frage, ob die Verbreitung legal oder unter Verstoß gegen das Verbreitungsverbot stattgefunden hat.

So wurde bereits als ausreichend betrachtet, wenn ein überraschender Gewinneinbruch bei einem sonst aufstrebenden international tätigen Unternehmen „auf den Gängen des Unternehmens" diskutiert wird (und dann über Put Optionen an der Terminbörse für den Markt überraschende Erträge erzielt werden).

Die Nachricht in der Lokalpresse solle nicht ausreichen, wenn die notierende Börse internationalen Anspruch erhebt. Mindestens eine Berichterstattung oder Veröffentlichung in der überregionalen Presse oder den elektronischen Medien, die bundesweit berichten, ist erforderlich.[397]

Auf der sicheren Seite steht der Emittent, wenn er die Information entsprechend den Bestimmungen des WpHG veröffentlicht hat. Die Öffentlichkeit im Sinne des § 13 Abs. 1 WpHG ist schon bei der Herstellung der so genannten Bereichsöffentlichkeit gegeben.[398] Die Bereichsöffentlichkeit ist dann hergestellt, wenn die Information über elektronisch betriebene Informationssysteme wie Reuters, Bloomberg oder dpa, die in Finanzkreisen genutzt werden, verbreitet werden. Die Bedeutung der Bereichsöffentlichkeit liegt jedoch eher bei den Ad hoc Pflichten nach § 15 WpHG, eine begründende Grenze für die Strafbarkeit wird dabei nicht gezogen.

Eine Strafbarkeit wegen eines Verstoßes gegen das Insiderhandelsverbot kann nur dann angenommen werden, wenn jeder Marktteilnehmer in gleicher Weise zu bestrafen wäre. Wenn eine Information in kleinem Kreise einer beliebigen Zahl von Personen (die nicht dem Kreis der Primärinsider nach § 13 WpHG a.F oder § 38 Abs. 1 Nr. 2 a WpHG zuzuordnen sind) zur Verfügung steht, beispielsweise durch Veröffentlichung in einem Privatsender oder einer Lokalzeitung, so bewirkt diese Öffentlichkeit den Fortfall des Tatbestandsmerkmals „nicht öffentlich bekannt". Es kommt nicht darauf an, woher der Beschuldigte seine Information erlangt hat. Dabei ist es unbeachtlich, ob ein „Primärinsider" dem Beschuldigte mit dem Hinweis, es handele sich um einer Insiderinformation dieselbe übermittelt hat oder der Beschuldigte selbst glaubte, es handele sich um eine Insiderinformation.

Wenn der Beschuldigte jedoch irrtümlich davon ausgeht die Information (der Umstand) wäre bereits öffentlich bekannt, wird allenfalls Fahrlässigkeit[399] im Sinne der leichtfertigen Unkenntnis darüber, dass es sich bei der Information um eine Insiderinformation im Sinne des § 13 WpHG handelt, angenommen werden können (§ 38 Abs. 4 WpHG).

Oft werden Handelsaussetzungen über Reuters oder Bloomberg gemeldet, wenn sie als solche bekannt gemacht wird, ohne dass der spezifische Inhalt veröffentlicht ist. Insoweit gibt das Informationsmanagement in Hinblick auf die Aussetzungsprüfung der Börsengeschäftsführung gerade einen zeitlichen Vorlauf der Börse. Die Informationsverbreiter informieren daher wertfrei über die Tatsache der Aussetzung ohne z. B. mitzuteilen, ob der Grund der Aussetzung

---

[397] *Assmann*/Schneider § 13 Rdnr. 38 ff.; *Schwark* Kapitalmarktrechtskommentar § 13 WpHG Rdr. 36 ff.
[398] *Assmann*/Schneider § 13 Rdnr. 42; *Schwark* Kapitalmarktrechtskommentar § 13 WpHG Rdnr. 38.
[399] *Schwark* Kapitalmarktrechtskommentar § 13 WpHG Rdnr. 40: „Geht der Insider fälschlich davon aus, dass bereits eine allgemeine Zugangsmöglichkeit besteht, fehlt ihm der Vorsatz hinsichtlich der Einstufung seiner Information als Insidertatsache.".

eine positive oder negative Information sein wird. Derartige Meldungen sind auf dem Ticker in Großbuchstaben aufgezeigt, im Hintergrund befindet sich keine inhaltliche Meldung. Diese folgt erst nach der Pflichtveröffentlichung, die auch den Informationshändlern zur Verfügung gestellt wird. Allein die wertfreie Ankündung oder Mitteilung einer Handelsaussetzung bewirkt nicht das öffentliche Bekanntwerden. Wenn jedoch bereits Anhaltspunkte für die Qualität des Aussetzungsgrund „kursieren", reicht die Ankündigung der Aussetzung des Handels aus, um die Öffentlichkeit im Sinne des § 13 WpHG herzustellen. Hier lohnt es sich auch, auf die Ursprungsinformation, die zur Ankündigung führte, zurückzugreifen; diese kann auch im Heimatland des Emittenten konkret veröffentlicht worden sein.

620   Gerichte werden sich mit der Frage befassen müssen, ob ein Indiz für die Öffentlichkeit einer Insiderinformation (des Umstandes) bereits dann greift, wenn anhand der Kursbewegung vor der offiziellen Veröffentlichung der Umsatz deutlich steigt und der Kurs sich entsprechend dem Inhalt der Information (des Umstandes) bewegt. Immer wieder wird darauf verwiesen, dass sich Kurse bereits vor der Veröffentlich bewegen und „wohl Insider" am Werk sind. Wenn jedoch der insiderverdächtige Handel vor der Veröffentlichung am Kurs erkennbar ist, „kursierte" die Information über den Umstand bereits vor der offiziellen Veröffentlichung. Daraus kann nur zu Gunsten des Beschuldigten angenommen werden, dass die Information (der Umstand) nicht mehr „nicht öffentlich bekannt" war, obwohl sie noch nicht nach § 15 WpHG veröffentlich wurde.

23. Erheblichkeit der Insidertatsache

621   Große Unsicherheit besteht über die Bewertung einer Tatsache als kurserheblich. Wie bereits dargestellt, ist in der Literatur lediglich die Erheblichkeit in Bezug auf Tatsachen untersucht worden, die aus der Sphäre des Emittenten rühren. Mittlerweile hat sich die Justiz jedoch wiederholt mit Fällen befassen müssen, in denen Insidertatsachen aus dem Handel mit dem Wertpapier resultierten. In diesen Fällen ist für das Merkmal Geeignetheit zur erheblichen Kursbeeinflussung von anderen Parametern auszugehen, als in der Begründung der Bundesregierung zum Gesetz beispielhaft angegeben wird.

622   Der Gesetzgeber führt in der Begründung den Wert einer Kursbewegung an, den der Skontroführer verpflichtet, die zu erwartende Änderung mit einer „Plus oder Minus Ankündigung" zu versehen. Dieser Änderungswert liegt im Präsenzhandel bei der Preisfeststellung von Aktien bei 5 %, wenn der Börsenpreis bei mehr als € 5,- fest zu stellen sein wird.[400]

623   Im elektronischen Handelssystem Xetra die erhebliche Kursabweichung deutlich niedriger angesetzt worden. Im großen Durchschnitt der liquiden (Dax 30) Werte wird, berechnet nach der historischen Volatilität, eine Handelsunterbrechung bereits bei Kursänderungen unter 1 % ausgelöst.[401]

624   Den Skontroführern im Präsenzhandel wird nicht nur bei gerechneten Kursen (§ 32 Abs. 2 BörsG a. F.), sondern grundsätzliche im Variablen Handel das Recht eingeräumt, zu Vermeidung von Kursabweichungen auch unter 5 % durch Selbsteintritt Kundenaufträge unbeachtet zu lassen, weil sonst nach Auffassung des Skontroführers eine erhebliche Kursabweichung produziert würde.[402]

24. Kursbeeinflussungspotential

625   Nicht eine künftige Kursentwicklung kann Tatbestandsmerkmal sein, sondern allein Tatsachen, die zum Handelszeitpunkt bereits reale Tatsachen sind. Der gegenwärtige Aspekt der Geeignetheit, im Falle des öffentlichen Bekanntwerdens eine Kursänderung herbeizuführen,

---

[400] § 8 der Bedingungen für Geschäfte an der FWB, siehe dort auch die weiteren Grenzen für Schuldverschreibungen, Optionsscheinen, Wandelobligationen, Genussscheinen, etc.
[401] Zu den Volatilitätsunterbrechungen im elektronischen Handelssystem Xetra siehe Ausführungsbestimmungen zu §§ 35 Abs. 2, 36 Abs. 3 der Bedingungen für Geschäfte an der FWB.
[402] Auch nach der ersatzlosen Streichung des § 32 BörsG a. F., nach welchem die Eigen- und Aufgabegeschäfte der Skontroführer (Kursmakler) zur Kurskontinuität ausdrücklich legalisiert waren, auch wenn damit ein Kundenauftrag ausfiel, sind diese Grundsätze in den Regeln für die Börsenpreisfestellung im Präsenzhandel an der FWB festgelegt worden. Nach 3.3.4 kann der Skontroführer (durch Selbsteintritt) einen von dem Meistausführungspreis abweichenden Börsenpreis feststellen, wenn sich hierdurch die Abweichung zum vorangegangen Börsenpreis verringert.,

ist das Kursbeeinflussungspotential (Kursänderungspotential) der Tatsache.[403] Jedoch ist auch das Kursbeeinflussungspotential als gegenwärtige Tatsache, als Tatbestandsmerkmal, nicht mit einer konkreten Zahl zu messen. Verschiedentlich wird die Auffassung vertreten, man müsse einen hypothetischen Zukunftswert zur Konkretisierung des Gesetzgebers zahlenmäßig im Einzelfall festlegen. Dieser Zahlenwert müsse dann gemessen werden. Die Zahl der Kursänderung müsse erheblich sein. Da der Gesetzgeber einen Zahlenwert weder als absolute Zahl noch als Verhältniszahl vorgegeben hat, müsse dies am Einzelfall abgewogen werden. Die Erwägungen werden umfassend für Tatsachen aus der Sphäre des Emittenten dargelegt und die Anwendung von Rechenformeln versucht.[404] Wenn der Gesetzgeber für die Strafnorm eine konkrete Zahl hätte festlegen wollen, dann hätte er dies auch getan – wie der Verordnungsgeber bei der Plus/Minus-Ankündigung. Ihm nachträglich eine Zahl unterschieben zu wollen, erscheint deshalb unzulässig. Dies gilt umso mehr, als dass dem Gesetzgeber im Gesetzgebungsverfahren gerade diese Zahlenregelung bekannt war. Sie wurde von ihm im Gesetzgebungsverfahren ausdrücklich erwähnt, diese Zahlen wurden dennoch nicht ins Gesetz aufgenommen. Der Gesetzgeber hat sich damit gegen solche Zahlenregelungen gewendet.

25. Beispiel: Volatile Optionsscheine (aus dem Geld)

Optionsscheine, die vor dem Auslaufen aus dem Geld sind, werden trotz Wertlosigkeit (aus steuerlichen Gründen) von den Emissionshäusern mit 1 Cent zurückgekauft. Kurse werden somit bei Kauf des Emissionshauses wiederholt mit € 0,01,- festgestellt und veröffentlicht. Informationsdienstleister wie Reuters veröffentlichen kontinuierlich den Quote, zu welchem das Emissionshaus zu kaufen und zu verkaufen bereit ist.[405] Am 25.9.1999 veröffentlichte der Emittent Sal Oppenheim Jr. & Cie KGAA für Optionsscheine auf Dax Werte in 8 verschiedenen Scheinen einen Bid von 0,01 zu einem Ask von 0,31. Sollte ein Spekulant gleichwohl eine andere Meinung zu dem Optionsschein haben und kaufen wollen, wird er nicht erstaunt sein, wenn er das Stück für € 0,31,- abgerechnet bekommt. In dieser Phase des Optionsscheines sind derartige Quotierungen der Emissionshäuser üblich. Der nächste Kurs wird 3100 % höher notiert, um dann wieder auf 0,01 zurückzufallen.[406] In diesem Bereich kann mit Prozentzahlen nicht argumentiert werden.

Der Gesetzgeber hat auch kein Votum für differenzierte Zahlenregelungen für unterschiedliche Papiere, gegebenenfalls unter Berücksichtigung deren Volatilität angestrebt, auch hier hätte der Gesetzgeber dies so formuliert, wenn er es gewollt hätte. Wenn dem Gesetzgeber eine solche Regelung klar gewesen wäre, ist kein Grund erkennbar, Klares unklar zu verabschieden. Ein bestimmter legaldefinierter einheitlicher Prozentsatz würde die praktische Handhabung der gesetzlichen Regelung sicherlich erleichtern. Ein solcher starrer Orientierungsmaßstab würde jedoch nach Meinung der von Kümpel befragten Praktiker den Realitäten des Kapitalmarktes nicht angemessen Rechnung tragen.[407]

26. Ursachen für Kursschwankungen

Kursschwankungen können aus einer Vielzahl sonstiger Anlassgründe entstehen, das Kursbeeinflussungspotential muss daher auch in Relation zu der üblichen Schwankungsbreite des Wertpapiers gesehen werden. Angesichts der Vielzahl der Kriterien, die jeweils neben der zu bewertenden Tatsache den Kurs beeinflussen können, erscheint es daher nahe liegend, nicht auf eine absolute Kursänderung abzustellen. Die absolute Veränderung ist für die Felduntersuchungen der Daten nach § 9 WpHG ein akzeptabler Parameter. Jedoch ist damit nur die Teilgruppe erfasst, die ohne weitere Beeinflussung voll auf den Preis durchschlägt.

Einen Orientierungsmaßstab, der die relative Veränderung des Kurses des betroffenen Insiderpapiers zu vergleichbaren Wertpapieren oder Marktindizes zu Grunde legt,[408] kommt auch

---

[403] *Assmann* § 13 Rdnr. 59 ff.
[404] *Loesche* a. a. O. mit umfassender Übersicht.
[405] Zur Quotierungspflicht siehe Richtlinien für den Freiverkehr an der FWB, Besondere Regelungen für den Handel mit Optionsscheinen, Punkt 2.3.
[406] Derartige Beispiele sind täglich neu abfragbar.
[407] *Kümpel* WM 1996, 653, 656.
[408] *Kümpel* a. a. O.

nicht ohne eine im Einzelfall festgelegten Zahl aus. Daher ist die erste Annahme völlig zutreffend: der Markt lässt feste Sätze nicht zu, die Feststellung verbietet die Annahme, der Gesetzgeber habe sich Zahlen oder feste Sätze vorgestellt. Diese von Kümpel ursprünglich gezogene Konsequenz, die weitere Entfernung von klaren Vorgaben, geht ebenfalls den Weg in die falsche Richtung, nur etwas weiter.

630   Nachdem Kümpel den starren Orientierungsmaßstab eines einheitlichen Prozentsatzes („ ... ein solcher würde indessen nach Meinung der Praktiker den Realitäten des Kapitalmarktes nicht angemessen Rechnung tragen ... ") erkannt hat, eröffnet er den Weg zur wirtschaftlichen Betrachtungsweise:

631   Im Zweifelsfall kann darauf abgestellt werden, ob ein Insider zwecks Ausnutzung der Insidertatsache die Wertpapiere trotz des damit verknüpften Kursrisikos kaufen oder verkaufen würde, weil er mit einer dieses Risiko neutralisierenden und auch seine Spesen kompensierenden nicht nur geringfügigen Kursänderung zu seinen Gunsten rechnet, wenn der kurssensible Sachverhalt öffentlich bekannt wird.[409]

632   Ähnlich argumentierte die 6. Strafkammer des Landgerichts Stuttgart, die auf die wirtschaftliche Betrachtungsweise zum Zeitpunkt der Tathandlung abstellt: der Insider entscheidet auf Grund der Erwägung, ob er aus einer der Öffentlichkeit nicht bekannten Tatsache gegenüber den sonstigen Marktteilnehmern einen ungerechtfertigten wirtschaftlichen Sondervorteil erzielen kann.[410]

633   Bei der Prognose hinsichtlich der Erheblichkeit kommt es darauf an, welchen Kauf- oder Verkaufsanreiz das Bekanntwerden der Insidertatsache auf einen die Tatsachen kennenden und rational handelnden, d. h. einen die besonderen Umstände und Verhältnisse des spezifischen Marktes und des fraglichen Insiderpapiers mitberücksichtigenden Anleger ausübt. Es muss mit überwiegender Wahrscheinlichkeit damit zu rechnen sein, das das Bekanntwerden der Insidertatsache zu einem Kursanstieg führen würde, welcher es für einen potentiellen Insider als lohnend erscheinen lässt, die Insidertatsache für eigene Zwecke vorab zu nutzen.[411]

27. Ausnutzen oder Verwenden

634   Bis zum Anlegerschutzverbesserungsgesetz bezog sich das Insiderhandelsverbot nur auf das Ausnutzen der Kenntnis einer Insidertatsache.
   Nunmehr will der Gesetzgeber in § 14 nicht mehr darauf abstellen, dass die Kenntnis einer Insiderinformation ausgenutzt wird, sondern es soll reichen, dass bei der Tathandlung eine Insiderinformation verwendet wird.

635   Der Begriff „Ausnutzen" soll in der Vergangenheit zu erheblichen Schwierigkeiten bei der Beweisführung geführt haben, „weil er als zweckgerichtetes Handeln zu verstehen ist".[412] Zudem soll das „Ausnutzen" als Alleinstellungsmerkmal interpretiert worden sein und bei Hinzutreten weiterer, oft kaum zu widerlegender Motive des Täters, zur Straflosigkeit geführt haben. Der Begriff „Verwendung" soll deutlich machen, dass ein solches subjektiv ausgerichtetes Handeln nicht mehr verlangt wird. Der Zweck des Handelns, zum Beispiel die Erlangung eines wirtschaftlichen Vorteils, findet damit nicht mehr im Tatbestand, sondern nur noch bei der Straf- bzw. Bußgeldzumessung Berücksichtigung.

636   Aus dem neuen Wortlaut ist jedoch nicht zuerkennen, wie die Argumentation in der Begründung umgesetzt werden soll. Sowohl „Ausnutzen" als auch „Verwenden" sind Tatbestandsmerkmale, deren Vorliegen lediglich über eine Einlassung des Beschuldigten nachgewiesen werden kann. Ein „Verwenden" der Kenntnis über eine Insiderinformation anlässlich eines Geschäftes mit Finanzinstrumenten lässt sich von der Ausnutzung der Kenntnis nicht unterscheiden. Vielleicht schwebte dem Gesetzgeber (dem federführenden Ministerium bei der Formulierung des Entwurfes) ein umfassendes Verbot des Handels von Insidern mit Insiderpapieren

---

[409] *Kümpel* Wertpapierhandelsgesetz S. 65, mit Hinweis auf Hopf: „... Nach Sinn und Zweck kommt es allein auf die marktübliche Relevanz an, also ob es sich lohnt zu kaufen oder zu verkaufen...".
[410] LG Stuttgart Urt. v. 30.8.2002 – 6 KLs 150 Js 77452/00, s. Fn. 446.
[411] LG Stuttgart Urt.v. 30.8.2002 – 6 KLs 150 Js 77452/00, s. Fn. 446. „Allein die Anwendung eines solchen flexiblen Erheblichkeitskriteriums ermöglicht die Berücksichtigung aller Umstände des Einzelfalles."
[412] Begründung der Bundesregierung, Seite 19.

vor, also die grundsätzliche Aussage, dass allein die Kenntnis der Insiderinformation schon ausreicht, um unter das Insiderhandelsverbot zu fallen.

Der Hinweis in der Begründung, dass der Zweck für den Tatbestand keine Bedeutung mehr 637 habe, sondern lediglich bei der Strafzumessung zu berücksichtigen sei, erschwert die Schlussfolgerung von der beabsichtigen Gewinnerzeilung auf die Verwendung der Insiderinformation. Bei sich überlagernden Argumenten, bei Zusammentreffen von mehreren öffentlich bekannten Tatsachen, mit Insiderinformationen wird es weiterhin unklar bleiben, ob der Beschuldigte auch ohne Kenntnis der Insiderinformation die Entscheidung über den Kauf oder Verkauf der Insiderpapiere getroffen hätte.

Jedenfalls wird immer zu klären sein, ob beweisbar ist, dass Investitionsentscheidungen bereits 638 vor Erlangung der Insiderinformation getroffen worden waren, jedoch erst später umgesetzt wurden. Nicht ausgeschlossen ist, dass der Beschuldigten eine I-W-Order erteilt, die von dem Mitarbeiter des Finanzdienstleistungsunternehmens über mehrere Schritte eines längeren Zeitraums kursschonend ausgeführt wird und die letzten Teilaufträge in die Phase fällt, in welcher die Insiderinformation bei dem Aktionär ankommt.

In einem Fall hatte der Vorstandsvorsitzende eines kleinen Unternehmens erfolglos bei den 639 Hauptaktionären versucht, eine grundsätzliche Änderung der Produktion durchzusetzen, um von ihm prognostizierte Verluste zu vermeiden. Über die grundsätzlichen Meinungsverschiedenheiten entschlossen sich die Beteiligten unter höchster Verschwiegenheit zur Trennung nach Ablauf von ca. einem Jahr. Der Beschuldigte gab daraufhin seinem Bankberater den Auftrag, seine Aktien des Unternehmens nach und nach zu verkaufen und führte vertrauliche Verhandlungen wegen einer zukünftigen anderweitigen

28. Anzeigepflicht bei Insiderverdacht, Verdachtsanzeige

Die bei der Überwachung der regulierten Märkte durch die Handelsüberwachungsstellen der 640 Börsen (§ 4 Abs. 1 BörsG) festgestellten Tatsachen über verbotenen Insiderhandel sind unverzüglich an die BaFin weiterzuleiten (§ 4 Abs. 5 BörsG). Die BaFin ihrerseits hat Tatsachen, die den Verdacht einer Insiderstraftat begründen, der zuständigen Staatsanwaltschaft anzuzeigen (§ 18 WpHG). Eine entsprechende Ausnahme von der Verschwiegenheitspflicht ist in das jeweilige Gesetz aufgenommen (§ 8 Abs. 1 Nr. 1 WpHG; § 7 Abs. 1 Nr. 1 BörsG).

Wertpapierdienstleister sind nach § 10 WpHG (neu: in der Fassung des AnSVG) verpflichtet, 641 Verdachtsanzeige gegen ihre Kunden zu erstatten, wenn sie tatsächliche Anhaltspunkte für eine Straftat nach § 38 WpHG, also Verstöße gegen die Verbot der Verwendung von Insiderinformationen oder der Manipulation von Börsenpreisen haben.

Wohl als Rückendeckung für die zur Anzeige Verpflichteten ist in der MaKonV eine um- 642 fangreiche Liste der Daten aufgeführt, die eine Verdachtsanzeige enthalten muss (oder soll). Der oft als regulatorischer Overkill bezeichnete Perfektionismus bei der Aufzählung der zu übermittelnde ist jedoch kein Angriff auf den Anzeigeverpflichteten, sondern stärkt ihm den Rücken in der Diskussion, was an persönlichen Daten preisgegeben werden darf, soweit die Daten vorhanden sind.

Soweit sich die Frage der Erstattung einer Verdachtsanzeige auf hausinterne Vorfälle bezieht 643 (Whistleblowing) sind arbeitsrechtliche Fragen zu berücksichtigen, die auch von der Verordnung des BMF nicht abgedeckt werden können. Das kann beispielsweise dann gelten, wenn dem Anzeiger ein eigennütziges Motiv vorgeworfen werden kann.[413]

Kritisch wird diese Pflicht für den Mitarbeiter einer Bank, der den verdächtigen Auftrag entgegennimmt. Da er selbst keine Hinweise auf die von ihm zu erstattende Verdachtsanzeige geben kann, da er andere Personen als die Adressaten der Verdachtsanzeige nicht informieren darf (§ 10 Abs. 1 S. 2 WpHG), muss er den verdächtigen Auftrag, von dem er meint, er könne gegen das Insiderhandelsverbot verstoßen, ausführen. Hier steht er mit beiden Beinen in der strafbaren Beihilfe. Dies wird umso schlimmer, als dass mit dem AnSVG für den Kauf oder Verkauf auch eine Strafbarkeit bei leichtfertiger Unkenntnis der Insiderqualität einer Information normiert wurde (insoweit siehe untern Nr. 39).

---

[413] Aktuell: *Stein* BB 2004, 1961, anlässlich der Entscheidung des BAG v. 3.7.2003 – 2 AZR 235/02 – BB 2004, 1964.

29. Strafbarkeit des Versuches nach § 38 Abs. 3

644 Nachdem die Vollendung der Tat eines Insiderhandels bereits nach bisher geltendem Recht eine Straftat darstellte, wurde unter dem Druck der EU Kommission[414] die Einführung einer Versuchsstrafbarkeit für die betreffenden Delikte als „sachgerecht" bezeichnet. Der versuchte Insiderhandel soll nach Auffassung des Gesetzgebers ebenso wie der erfolgreich abgeschlossene Handel (§ 38 Abs. 1 Nr. 1) geeignet sein, das Vertrauen in den Kapitalmarkt zu erschüttern und damit die Funktionsfähigkeit der Börsen und Märkte zu gefährden. Mit einem Versuch eines verbotenen Insiderhandels wird dann zu rechnen sein, wenn bei einer positiven Insiderinformation der Kaufauftrag zu niedrig limitiert oder bei einer negativen das Limit zu hoch angesetzt war und damit eine Ausführung am Markt nicht erfolgte. Während bislang die Daten der abgeschlossenen Geschäfte in Insiderpapieren von der BaFin aus den Meldungen nach § 9 WpHG untersucht wurden und mit den Daten der Insider (künftig nach der Insiderliste) abgeglichen werden konnten, sind die Versuchhandlungen in den Datentöpfen der BaFin nicht enthalten.

645 Für den Nachweis eines Versuches wird die Untersuchungskompetenz der BaFin erweitert werden und der Zugriff auf die Börsenhandelsdaten ermöglicht. Die BaFin kann damit auch die Aufträge bewerten, die nicht zur Ausführung gekommen sind, weil sie (z. B.) bei einer Verkaufsorder zu hoch oder einer Kauforder zu niedrig limitiert waren.

646 Nicht nachvollziehbar ist die Versuchsstrafbarkeit nach § 38 Abs. 1 Nr. 2 in Verbindung mit § 39 Abs. 2 Nr. 3 oder 4 WpHG. Für Primärinsider soll auch der Versuch des Mitteilens oder zugänglich Machens einer Insiderinformation sowie die Empfehlung des Erwerbs oder der Veräußerung von Insiderpapieren und auch das verleiten auf sonstige Weise strafbar sein. Ob hier auch die Fälle gemeint ein könnten, in denen der Primärinsider irrtümlich glaubt, eine bereits öffentlich bekannte Information sei noch eine Insiderinformation und die Tat deshalb im Versuchsstadium verbleibt, oder er misst irrtümlich einer Information Beeinflussungsqualität zu.

Da diese Tathandlungen nicht nur in der nach außen hin verschlossenen Black Box des Börsenhandels stattfinden sollen, wo sie zumindest von der Börsenaufsichtsbehörde und der Handelsüberwachungsstelle identifiziert werden können, sondern nicht einmal dort qualifizierbar auftauchen, werden sie nicht weder in der Überwachung feststellbar sein, noch sind sie geeignet, das Vertrauen in den Kapitalmarkt zu beeinträchtigen.

30. Strafbarkeit bei leichtfertiger Unkenntnis nach § 38 Abs. 4

647 Ebenfalls mit dem Anlegerschutzverbesserungsgesetz wurde die Strafbarkeit, die bislang vorsätzliches Handeln voraussetzte, wohl wieder auf Druck der EU Kommission auf leichtfertiges Handeln ausgedehnt:[415] „**Handelt der Täter in den Fällen des § 38 Abs. 1 Nr. 1 leichtfertig, so ist die Freiheitsstrafe bis zu einem Jahr oder Geldstrafe.**"

648 Nach der Begründung strebt der Gesetzgeber an, die leichtfertige Unkenntnis über die Qualität der Insiderinformation nicht zu Straflosigkeit führen zu lassen, sondern mit einem milderen Strafrahmen als die vorsätzliche Tat zu versehen: „**Die Verwirklichung des Tatbestandes setzt voraus, dass der Insider leichtfertig nicht erkennt, dass es sich bei der ihm bekannten Information um eine Insiderinformation im Sinne des § 13 handelt.**" Dieses Vorhaben ergibt sich jedoch nicht aus dem Gesetzeswortlaut.[416]

31. Insiderhandel auch durch Unterlassen?

649 Im Zusammenhang mit dem marktschonenden Verkauf größerer Pakete über einen längeren Zeitraum in kleineren, die Marktlage nicht nachhaltige störenden Mengen könnte sich die Situation ergeben, das der Großaktionär seinen Auftrag noch ohne Kenntnis der erst später entstehenden Insiderinformation erteilt, von der Information jedoch Kenntnis erlangt, noch bevor alle Aufträge durch den beauftragten Händler ausgeführt wurden. Eine Pflicht zur Stor-

---

[414] Siehe Artikel 2 Abs. 1 Satz 1 und auf Artikel 14 der Marktmissbrauchsrichtlinie. wonach auch der Versuch eines Insiderhandels zu verbieten und zu sanktionieren ist.
[415] § 38 Abs. 4 setzt Artikel 4 in Verbindung mit Artikel 2 und 3 der Marktmissbrauchsrichtlinie um.
[416] Der Gesetzgeber hat bei der Strafbarkeit der Geldwäsche in § 261 Abs. 5 StGB exakt formuliert: „Wer in den Fällen des Abs. 1 oder 2 leichtfertig nicht erkennt, dass der Gegenstand aus einer in Abs. 1 genannten rechtswidrigen Tat herrührt, wird mit Freiheitsstrafe. ..."

nierung der noch nicht ausgeführten Verkaufsaufträge entsteht mit der Erlangung der Insiderinformation nicht, da der Verkaufsauftrag nicht unter Verwendung der Insiderinformation erteilt worden war.

VI. Straftaten nach dem Börsengesetz

1. Die Verleitung Unerfahrener zu Börsenspekulationsgeschäften

Nachdem der Gesetzgeber 2002 das Manipulationsverbot aus dem Börsengesetz genommen und im WpHG neu gefasst hat, ist im Börsengesetz lediglich der strafrechtliche Schutz Unerfahrener vor der Verleitung zu Börsenspekulationsgeschäften verblieben. Der frühere § 89 BörsG war in der Kapitalmarktfachliteratur regelrecht missachtet worden. Die großen Handbücher und Kapitalmarktrechtsveröffentlichungen befassten sich nicht mit dieser Vorschrift. Lediglich in Kommentaren wird, teilweise beschränkt auf die Wiederholung des Gesetzestextes, auf diese Norm verwiesen.[417] Während sowohl bei den Marktmissbrauchsnormen (§ 4 WpHG) wie auch bei den strafrechtlich geregelten Bereichen des KWG (§ 44 c KWG) umfangreiche Überwachungsstrukturen eingerichtet wurden, die nun auch im Bereich des Bilanzdelikte angekündigt sind (siehe Bilanzkontrollgesetz), hat der Gesetzgeber eine derartige Aufsichtskompetenz zur Durchsetzung des Schutzes Unerfahrener vor der Verleitung zu Börsenspekulationsgeschäften offenbar nicht beabsichtigt.

Für eine sachgerechte Vertretung, sei es Beratung oder Verteidigung, ist bei dieser Strafvorschrift wieder das Problem der zivilrechtlichen Haftung im Auge zu behalten. Nicht nur, dass §§ 23, 61 BörsG als Schutzvorschrift nach § 823 Abs. 2 BGB anerkannt ist, im engen Kontext mit dem Verleitungsverbot stehen auch die Haftungsansprüche aus Beratungsfehlern. Hier wiederum hat die Rechtsprechung einige Stufen verschiedener Beratungsintensitäten bei jeweils verschiedenen Finanzprodukten entwickelt.

Mit dem 4. FinMFG hat der Gesetzgeber diese Strafvorschrift redaktionell neu gefasst und dabei in das System der kapitalmarktrechtlichen Verbote mit Blankettstrafnorm eingereiht:

§ 23 Verleitung zu Börsenspekulationsgeschäften
(1) Es ist verboten, gewerbsmäßig andere unter Ausnutzung ihrer Unerfahrenheit in Börsenspekulationsgeschäften zu solchen Geschäften oder zur unmittelbaren oder mittelbaren Beteiligung an solchen Geschäften zu verleiten.
(2) Börsenspekulationsgeschäfte im Sinne des Absatzes 1 sind insbesondere
1. An- oder Verkaufsgeschäfte mit aufgeschobener Lieferzeit, auch wenn sie außerhalb einer inländischen oder ausländischen Börse abgeschlossen werden,
2. Optionen auf solche Geschäfte, die darauf gerichtet sind, aus dem Unterschied zwischen dem für die Lieferzeit festgelegten Preis und dem zur Lieferzeit vorhandenen Börsen- oder Marktpreis einen Gewinn zu erzielen.
§ 61 Strafvorschriften
Mit Freiheitsstrafe bis zu drei Jahren oder mit Geldstrafe wird bestraft, wer entgegen § 23 Abs. 1 andere zu Börsenspekulationsgeschäften oder zu einer Beteiligung an einem solchen Geschäft verleitet.

2. Bedeutung der Strafvorschrift

Die Bedeutung der ursprünglichen Strafvorschrift hat sich weder in den Jahren ausufernder Kriminalität am Neuen Markt zu Gunsten der neu an den Wertpapiermarkt geführten Bürger geändert, noch ist mit einer nachhaltigen Änderung durch die redaktionelle Neufassung zu rechnen. Das Anlegerschutzverbesserungsgesetz befasst sich nicht mit der letzten im Börsengesetz verbliebenen Strafvorschrift. Auch § 32 WpHG mit den besonderen Verhaltensregeln wird nicht an die Markterfordernisse angepasst.

Zwar wurde der alte § 89 BörsG noch von *Rössner* als wirksame Waffe gegen unseriöse Vermittler gefeiert,[418] jedoch bezog sich diese Beurteilung allein darauf, dass dieser als Schutz-

---

[417] In diesen Kontext passt auch die vom BGH zitierte Äußerung des Landgerichts Oldenburg: „das Verhalten der Angeklagten sei in einer Grauzone jenseits der Strafbarkeitsgrenze angesiedelt" BGH, 3 StR 191/01: „Vom Grauen Kapitalmarkt zur Grauen Zone jenseits des Strafrechts!"
[418] *Rössner* a. a. O. Rdnr. 13.

gesetz i. S. v. § 823 Abs. 2 BGB zivilrechtliche Ansprüche begründen konnte – oder wenigstens sollte. Der graue Kapitalmarkt reagierte unverzüglich auf das Tatbestandsmerkmal Unerfahrenheit. Die Übersendung umfangreichen Prospektmaterials,[419] der Einfachheit halber in der Regel bei seriösen Unternehmen abgeschrieben, mit der schriftlichen Bestätigung des Anlegers, dass er vollumfänglich aufgeklärt sei und die Aufklärung auch verstanden habe, reichte im Regelfall aus, eine Verurteilung nach § 89 BörsG zu umgehen. Wenn nachgewiesen werden konnte, dass die Aufklärung nur vorgetäuscht worden war und der unerfahrene Anleger zu den Spekulationsgeschäften verleitet worden war, stellte sich eine Strafverfolgung nach § 88 BörsG als nicht wesentlich ins Gewicht fallend in Bezug auf den tateinheitlich begangenen, meist schweren Betrug, dar. Dies gilt auch für eine Kombination mit den Strafvorschriften zum Verbot des Insiderhandels und der Börsenpreismanipulation.

655 Die wenigen Fälle der Strafverfolgung beschränken sich auf Vorfälle des Grauen Kapitalmarkts, in der Financial Community scheinen derartige Formen der Beratung nicht vorzukommen. Gesonderte Bedeutung hat diese Vorschrift also weniger in der Ausarbeitung einer Verteidigungsstrategie als in der Abwehr zivilrechtlicher Ansprüche.

In gleichem Maße, wie Anleger regelmäßig bereit sind, große Geldsummen in Hinblick auf vertrauenswürdig versprochene Gewinne auszugeben, wollen sie bei der Rechtsverfolgung sparen, insbesondere dann wenn der Rechtsanwalt ordnungsgemäß über die Risiken belehrt. Der billige Weg zum Schadensersatz führt dann über die Strafanzeige, die Strafverfolgungsbehörde soll die Aufklärungsarbeit kostenlos übernehmen, vielleicht sogar im Adhäsionsverfahren für einen Titel sorgen. **Spätestens hier zeigt sich das Erfordernis, einen kapitalmarktgeschulten Strafverteidiger frühzeitig einzuschalten.**

3. Der Begriff Unerfahrenheit

656 Der Bundesgerichtshof hat in einer Entscheidung über eine Verwarnung mit Strafvorbehalt den Begriff Unerfahrenheit konkretisiert:

„Unerfahren" i. S. v. § 89 Abs. 1 BörsG ist eine zum Abschluss eines Börsenspekulationsgeschäfts verleitete Person dann, wenn sie infolge fehlender Einsicht die Tragweite des konkreten Spekulationsgeschäfts in seiner ganzen Bedeutung nicht verlässlich überblicken kann, wobei es auf die Verhältnisse des Einzelfalls ankommt. Dabei kann aus der Tatsache allein, dass ein Anleger bereits vorher bei Warenterminoptionsgeschäften Kapitalverluste erlitten hatte oder sich allgemein der Möglichkeit von Verlusten bewusst war, nicht auf die Einsicht in deren Funktionsweise und grundlegende Prinzipien geschlossen werden.[420]

657 Nach der Begründung des Gesetzgebers liegt Unerfahrenheit dann vor, wenn der Verleitete infolge fehlender geschäftlicher Einsicht die Tragweite des konkreten Geschäftes im Einzelfall nicht ausreichend zu überblicken vermag.[421] Durchschnittliche Geschäftskenntnisse und Lebenserfahrung seien hierfür nicht ausreichend und die notwendige Erfahrung sei auch nicht aus der Vornahme von Börsenspekulationsgeschäften in der Vergangenheit zu schließen.[422] Dieser Definition der „Unerfahrenheit" haben sich die Rechtsprechung und die Rechtsliteratur[423] größtenteils angeschlossen. Dabei soll das Defizit an Erfahrenheit dadurch ausgeglichen werden können, dass eine Aufklärung des Anlegers durch den Anlagevermittler erfolgt. Welchen Umfang und welchen Inhalt eine solche Aufklärung haben muss, ist vom Einzelfall abhängig und könne nicht pauschal festgelegt werden.

658 Die Unerfahrenheit im Sinne der §§ 23 Abs. 1, 61 BörsG ist objektiv zu beurteilen und liegt dann vor, wenn der Verleitete infolge fehlender geschäftlicher Einsicht die Tragweite des konkreten Geschäftes im Einzelfall nicht ausreichend zu überblicken vermag. Die „Erfahrenheit" im Sinne des § 23 Abs. 1 BörsG ist nicht gleichzusetzen mit der Termingeschäftsfähigkeit ge-

---

[419] *Rössner* a. a. O. Rdnr. 25, unter Hinweis auf ein Fachbuch, welches von einem ehemaligen Rechtsanwalt und Notar im Strafvollzug verfasst worden war. Er verbüßte eine Freiheitsstrafe wegen einer Beteiligung an betrügerischen Aktivitäten von Kapitalanlageunternehmen bei der Vermittlung von US-Optionen und Futures.
[420] BGH, Beschl. v. 22.8.2001 (3 StR 191/01 LG Oldenburg).
[421] BT-Drucks. 10/318, S. 48.
[422] *Rössner/Worms* wistra 1987, 319, 321; BGH, Urt. v. 22.8.2001, wistra 2002, 22.
[423] BGH EWiR 2002, 477 m. w. N.; BGH wistra 2002, 22 und 107; OLG Düsseldorf wistra 1991, 156, ZIP 1989, 220.

mäß § 37 d WpHG (§ 53 BörsG a.F), da letztere zum einen inhaltlich hinter der „Erfahrenheit" im Sinne des § 23 Abs. 1 BörsG zurückbleibt und zum anderen nicht voraussetzt, dass der Anleger die zur Erlangung der Termingeschäftsfähigkeit zu vermittelnden Informationen verstanden hat.[424]

Bemerkenswert[425] ist, dass allein aus der Tatsache, dass ein Anleger womöglich zuvor bei Termingeschäften Kapitalverluste erlitten hat oder sich allgemein der Möglichkeit des Verlustes bewusst war, noch nicht ohne weiteres auf die Einsicht in die Funktionsweise und grundlegenden Prinzipien dieser Geschäfte geschlossen werden kann.

4. Information und Unerfahrenheit

Von der Erfahrenheit im Sinne des § 23 Abs. 1 BörsG wird dann ausgegangen, wenn der Anleger die Kenntnisse besitzt, über die der Wertpapierdienstleister (Berater, Vermittler) gemäß § 31 Abs. 2 Nr. 2 WpHG zu informieren hat.[426]

Der Anleger soll in die Lage versetzt werden, die Tragweite und die Folgen des Geschäftes zu erkennen. Damit entsprechen die dem Anleger gemäß § 31 Abs. 2 Nr. 2 WpHG zu übermittelnden Informationen den Kenntnissen, die der Anleger hinsichtlich Börsentermingeschäfte besitzen muss, um als „erfahren" zu gelten. Die Informationen die nach § 31 Abs. 2 WpHG zu übermitteln sind, entsprechen jedoch nicht spiegelbildlich den Kenntnissen, die für eine „Erfahrenheit" im Sinne des § 23 Abs. 1 BörsG erforderlich sind, sondern gehen darüber hinaus, soweit sie auch andere Anlageformen als Börsentermingeschäfte betreffen.

Andererseits ist das Erfordernis der „Erfahrenheit" im Sinne des § 23 Abs. 1 BörsG weiter als der Umfang der Informationspflicht nach § 31 Abs. 2 Nr. 2 WpHG, da das WpHG eine bloße Information des Anlegers ausreichen lässt, ohne dass der Anleger die Informationen auch verstanden haben muss. § 31 Abs. 2 Nr. 2 WpHG entspricht daher nur inhaltlich der „Erfahrenheit" des § 23 Abs. 1 BörsG. Der Anleger gilt jedoch nicht als erfahren, sofern der Vermittler seiner Informationspflicht nach § 31 Abs. 2 Nr. 2 WpHG nicht genügt.

Die Staatsanwaltschaft Frankfurt geht soweit, dass eine fehlende Risikobelehrung gerade als Indiz dafür angesehen werden kann, dass der Berater von der Erfahrenheit des Anlegers ausgegangen ist. Dadurch kann das Argument fehlender Beratung auch die innere Tatsache (dolus eventualis) ausräumen.[427]

5. Information und Qualität

Nach § 31 Abs. 2 Nr. 2 WpHG hat der Vermittler den Anleger alle zweckdienlichen Informationen zu geben, die der Anleger benötigt, um beurteilen zu können, ob die Anlage in seinem Interesse liegt. Diese lassen sich in anlegergerechte Informationen und anlagegerechte Informationen unterteilen.

Anlegergerecht ist alles dasjenige, was den Interessen des Kunden hinsichtlich seines Anlageziels „Börsentermingeschäft" entspricht.

Anlagegerechte Informationen enthalten die mit der Anlage verbundenen Risiken und die Allgemeinen und speziellen Eigenschaften der Anlageform. Diese lassen sich in Allgemeine, marktbezogene, instrumentenbezogene und transaktionsbezogene Informationen unterteilen:
- Allgemeine Informationen beziehen sich auf den Anlagenanbieter und damit das Beratungsunternehmen selbst.
- Marktbezogene Informationen sind Informationen, die über die allgemeinen Zusammenhänge am Markt informieren.
- Instrumentenbezogene Informationen sollen dem Anleger das notwendige Wissen über das in Betracht kommende Börsentermingeschäft vermitteln.

---

[424] Eine detaillierte Übersicht über Termingeschäfte, die einer Termingeschäftsfähigkeit zugeordnet werden können, gibt Schwark in Kapitalmarktrechtskommentar, 3. Auflage Vorbem. § 37 d WpHG.
[425] Hildner WM 2004, 1068, 1073.
[426] § 31 Abs. 2 Nr. 2 lautet: Ein Wertpapierdienstleistungsunternehmen verpfichtet, 1. ... 2. seinen Kunden alle zweckdienlichen Informationen mitzuteilen, soweit dies zur Wahrnehmung der Interessen der Kunden und in Hinblick auf Art und Umfang der beabsichtigten Geschäfte erforderlich ist.
[427] Hildner WM 2004,1068, 1073.

6. Direkt Broker oder „Execution only"

667 Die neue Form des „Direct-Brokerage", der Handel über einen „Direkt Broker", hat Auswirkungen auf die Information oder Beratung. Der direkte Zugang zu die Handelsplattformen auch für nicht zum Börsenhandel zugelassene natürliche oder juristische Personen ist vermittels so genannter „Orderroutingsysteme"[428] möglich. Bei der Nutzung dieses rechtlich mittelbaren, jedoch handelstechnisch direkten Teilnehmerstatus kann der zugelassene Handelsteilnehmer einen niedrigen Preis für eine Dienstleistung anbieten, weil er keine personalintensive Betreuung und damit auch Beratung leisten muss. Gleiches gilt, wenn die geschäftliche Vereinbarung lediglich die ungeprüfte Ausführung eines Auftrages vorsieht. Da kein Verkaufsgespräch stattfindet, kann auch nicht über eventuelle besondere Risiken einzelner Produkte unzureichend aufgeklärt worden sein.[429]

7. Verträge über Indexzertifikate und Investmentfondsanteilen

668 Geschäfte mit Anteilen von Investmentfonds, die ausschließlich in selbstständige Optionsscheine investiert sind ebenso wenig Börsentermingeschäfte wie Geschäfte über Indexzertifikate.[430] Im Mittelpunkt einer Beratung, die dem Schutzbedürfnis der Unerfahrenheit entsprechen würde, steht die Information über die technische Funktionsweise des Börsentermingeschäftes.

669 Transaktionsbezogene Informationen sind alle Informationen, die in Bezug auf das konkrete Geschäft wichtig sind. Dies umfasst insbesondere die spezifischen Modalitäten des konkret angestrebten Geschäftes. Hierbei ist eine abschließende Aufzählung dessen, was der Anleger wissen muss, um als „erfahren" im Sinne des § 23 Abs. 1 BörsG zu gelten, nicht möglich, sondern vom Einzelfall abhängig. Die „Erfahrenheit" im Sinne des § 23 Abs. 1 BörsG ist objektiv zu betrachten. Dies bedeutet, dass eine ggf. erforderliche Aufklärung des Anlegers nur dann zu dessen „Erfahrenheit" im Sinne des § 23 Abs. 1 BörsG führt, wenn der Anleger die Informationen verstanden hat. Frühere Börsentermingeschäfte sprechen, unabhängig von ihrem wirtschaftlichen Erfolg, weder für eine Erfahrenheit noch für eine Unerfahrenheit im Sinn des § 23 Abs. 1 BörsG.

8. Verhaltensregeln und Organisationspflichten

670 Mit der Richtlinie des BAWe vom 26.5.1997 zur Konkretisierung der §§ 31 und 32 WpHG für das Kommissions-, Festpreis- und Vermittlungsgeschäftes der Kreditinstitute[431] weiß der Anbieter, was er in seinen Prospekten mitzuteilen hat, um angesichts dieses Aufklärungsinhaltes die Unerfahrenheit des Kunden zu beseitigen.

671 Seit dem 1.1.1998 bedarf jeder gewerbliche Wertpapierdienstleister einer Zulassung durch die BaFin (vormals BAKred). Verbunden damit sind die Prüfung der Zuverlässigkeit und Eignung der Geschäftsleiter, die Anteilseignerkontrolle und die Überwachung der wirtschaftlichen Situation der Institute einschließlich der Liquiditäts- und Ertragslage. Nach der Zulassung erfolgt die Überwachung durch die BaFin hinsichtlich der Verhaltensregeln und Organisationspflichten. Die Prüfungen bei Wertpapierdienstleistern erfolgen im jährlichen Rhythmus, die Prüfungsverordnung ist im Internetauftritt der BaFin angeboten. Da gleichzeitig eine umfangreiche Aufklärungswelle zu beobachten ist, werden Straftaten nach § 61 BörsG in Zukunft mangels unerfahrener bzw. unaufgeklärter Anleger keine Bedeutung mehr haben.

9. Verdachtsanzeigen nach § 10 WpHG und Börsenstraftaten

672 Die Verhaltensregeln und Organisationspflichten der Wertpapierdienstleister lassen vermuten, dass die Überwachungsverantwortlichen entweder durch eigene Wahrnehmung oder durch die Korrespondenz mit enttäuschten Kunden ausreichende Informationen für einen Anfangsverdacht eines Verstoßes gegen § 23 BörsG erhalten. Eine Anzeigepflicht einer derartigen

---

[428] Siehe unten, VII 5.
[429] BGH XI ZR 178/03 Zur Pflicht von Direkt-Brokern, Anleger beim Erwerb von Aktien oder Indexzertifikaten des Neuen Marktes auf Abweichungen von zuvor erklärten Zielvorstellungen hinzuweisen.
[430] BGH Urt. v. 13.7.2004 – XI ZR 132/03.
[431] BA Nr. 196, S. 6568.

Verhaltensweise ist jedoch aus § 10 WpHG ausgenommen. Schon in § 10 Abs. 1 beschränkt der Gesetzgeber die Anzeigepflicht bei Verdachtsfällen auf Verstöße gegen Verbote oder Gebote nach §§ 14 oder 20 a WpHG, die nach § 38 WpHG mit Strafe bedroht sein können.

Soweit sich die Frage der Erstattung einer Verdachtsanzeige auf hausinterne Vorfälle bezieht (Whistleblowing) sind arbeitsrechtliche Fragen zu berücksichtigen, die auch von der Verordnung des BMF nicht abgedeckt werden können. Das kann beispielsweise dann gelten, wenn dem Anzeiger ein eigennütziges Motiv vorgeworfen werden kann.[432]

Auch wenn, aus welchem Grund auch immer, eine Verdachtsanzeige bezüglich eines Verstoßes gegen § 23 BörsG (in Zusammenhang mit der Überwachung der Verhaltenspflichten nach §§ 31 ff. WpHG) auf dem Schreibtisch des Mitarbeiters der BaFin landet, ist er durch § 10 Abs. 2 an einer Weiterleitung an die Strafverfolgungsbehörde gehindert, da die Informationen nur zum Zweck der Verfolgung von Straftaten nach § 38 WpHG sowie für Strafverfahren wegen einer Straftat, die im Höchstmaß mit einer Freiheitsstrafe von mehr als drei Jahren bedroht ist, verwendet werden.

10. Unerfahrenheit und Cold Calling

Mit der Allgemeinverfügung gemäß § 36 b Abs. 1 und Abs. 2 WpHG bezüglich der Werbung in Form des „cold calling" vom 27.7.1999[433] hat das BAWe (heute BaFin) den unaufgeforderten Telefonanruf untersagt.

Untersagungsverfügung: Wertpapierdienstleistungsunternehmen wird hiermit die telefonische Kontaktaufnahme mit Kunden, zu denen nicht bereits eine Geschäftsbeziehung in Bezug auf Wertpapierdienst- und -nebendienstleistungen besteht, untersagt, soweit sie nicht durch eine vorhergehende, nachvollziehbare Aufforderung des Angerufenen unmittelbar gegenüber dem Wertpapierdienstleistungsunternehmen veranlasst worden ist („cold calling"). Von der Untersagung nicht betroffen sind unaufgeforderte Anrufe bei Kunden, die in Ausübung ihrer gewerblichen Tätigkeit angerufen werden.

Diese Form der Geschäftsanbahnung, die auch vor der Untersagungsverfügung nach UWG unzulässig war, steht in einem unmittelbaren Kontext zur Verleitung Unerfahrener zu Börsenspekulationsgeschäften. Gerade die Bürger, die eine derartige Kontaktaufnahme hinnehmen, sind der Gruppe der in Kapitalmarktfragen unerfahrenen Bürger zuzurechnen, die Unerfahrenen sind die Zielgruppe der Vermittler im Grauen Kapitalmarkt.

11. Vorsatz

Für die Begehung ist Dolus Eventualis ausreichend.[434] Der Vorsatz muss jedoch die Unerfahrenheit und auch das Ausnutzen derselben umfassen. Eigennützigkeit ist nicht Voraussetzung.

12. Die Überwachung der Dienstleister

Die gebotene Verlagerung der Strafvorschrift in das WpHG fand nicht statt; zwar hat die BaFin mit der Überwachung der Einhaltung der Wohlverhaltensrichtlinien nach §§ 31, 32 WpHG den Zugriff auf die Informationen, die den Anfangsverdacht für einen Verstoß gegen das Verleitungsverbot begründen könnten, jedoch erstreckt sich der gesetzliche Überwachungsauftrag nicht auf § 23 BörsG. Da der BaFin durch den Gesetzgeber die Deliktsbereiche ausdrücklich gesetzlich benannt sind, in welchen Untersuchungen und Abgaben an die Strafverfolgungsbehörden erfolgen müssen, können derartige Verfahrensweisen einen Verstoß gegen das Verschwiegenheitsgebot nach § 8 WpHG darstellen. Während das Manipulationsverbot nach § 20 a WpHG oder das Insiderhandelsverbot nach § 14 WpHG nach § 4 WpHG mit Überwachungsaufgaben an die BaFin gebunden ist, fehlt den Börsenaufsichtsbehörden eine vergleichbare Überwachungskompetenz. Derartige Informationen gehören nicht der Gruppe an, deren Kenntnisse für die Erfüllung der Aufgaben der Börsenaufsichtsbehörde benötigt werden (§ 8 Abs. 1 WpHG).

---

[432] Aktuell: *Stein* BB 2004, 1961 anlässlich der Entscheidung des BAG, v. 3.7.2003 – 2 AZR 235/02 – BB 2004, 1964.
[433] Bundesanzeiger Nummer 149 v. 12.8.1999, S. 13 518.
[434] *Hildner* WM 2004, 1068, 1073.

VII. Straftaten nach dem Kreditwesengesetz

1. Erbringen von Finanzdienstleistungen ohne Erlaubnis

680 Auf dem Höhepunkt des Grauen Kapitalmarktes begegnete man einer großen Zahl von Finanzdienstleistungsunternehmen, die Warenterminoptionen, solche Futures und sonstige Finanztermingeschäfte an Börsen in London, Chicago oder New York sowie US- und kanadische Aktien oder sonstige phantastische Wertpapiere anboten. Seriöse Vermögensverwalter hatten keine Chance, sich von Gaunern zu unterscheiden. Dies sollte mit der 6. KWG Novelle im Jahre 1997 ein Ende haben. Finanzdienstleistungsinstitute wurden reguliert und unter Aufsicht gestellt. Zu dem strafbaren Verbot der Erbringung unerlaubter Bankgeschäfte trat nun das Verbot der Erbringung unerlaubter Finanzdienstleistungen.[435]

681 Die Bundesanstalt für Finanzdienstleistungsaufsicht, hier das frühere BAKred, hat die wesentlichen Begriffe sowie das Zulassungsverfahren in einem „Merkblatt über die Erteilung einer Erlaubnis zum Erbringen von Finanzdienstleistungen gem. § 32 Abs. 1 KWG" zusammengefasst und veröffentlicht.[436]

2. Der Straftatbestand

682 Auch die Überwachung der Finanzdienstleistungsunternehmen ist – unter der Begrifflichkeit Wertpapierdienstleistungsunternehmen dem Inhalte nach in der Wertpapierdienstleistungsverordnung nach § 36 WpHG geregelt; die Überwachung obliegt bei der BaFin dem Bereich der Wertpapieraufsicht (früheres BAWe).

683 Literatur zur erweiterten Strafvorschrift des § 54 KWG liegt praktisch nicht vor. Sie wird in erster Linie von den gängigen Kommentaren zu erwarten sein. So liegt der Beurteilung einerseits die Literatur zur Strafbarkeit der verbotenen oder unerlaubten Bankgeschäfte, andererseits die Begründung der Bundesregierung zur 6. KWG Novelle zu Grunde. Die Rechtsprechung hat sich bislang lediglich in einem Falle – derzeit noch nicht rechtskräftig – mit der neuen Strafvorschrift befasst.[437]

684 § 54 Verbotene Geschäfte, Handeln ohne Erlaubnis
(1) Wer
1. Geschäfte betreibt, die nach § 3, auch in Verbindung mit § 53 b Abs. 3 Satz 1 oder 2, verboten sind, oder
2. ohne Erlaubnis nach § 32 Abs. 1 Satz 1 Bankgeschäfte betreibt oder Finanzdienstleistungen erbringt,
wird mit Freiheitsstrafe bis zu drei Jahren oder mit Geldstrafe bestraft.
(2) Handelt der Täter fahrlässig, so ist die Strafe Freiheitsstrafe bis zu einem Jahr oder Geldstrafe.

685 Für dieses Kapitel ist lediglich die Erstreckung des strafrechtlichen Schutzes gem. § 54 Abs. 1 Nr. 2 KWG auf die Finanzdienstleistungen von Bedeutung. Die Einbeziehung unerlaubter Finanzdienstleistungen wurde für erforderlich erachtet, um das Vertrauen in die Seriosität des Finanzdienstleistungssektors zu stärken. Der Gesetzgeber geht davon aus, dass mit dem ordnungsrechtlichen Rahmen allein nicht sichergestellt werden kann, dass die Unternehmen, die Finanzdienstleistungen erbringen, sich nicht der Aufsicht entziehen. Da die Bundesanstalt weiterhin auf die Unterstützung der Staatsanwaltschaften angewiesen ist, kann auf eine Kriminalisierung unerlaubter Finanzdienstleistungen nicht verzichtet werden.[438]

686 **Achtung**: zivilrechtliche Haftung möglich! Die §§ 32, 54 KWG werden von der Rechtsprechung, zuletzt OLG Celle, Urteil vom 14.10.2004 Az. 4 U 147/04,[439] zugunsten der Anleger als Schutzgesetz i. S. v. § 823 Abs. 2 angesehen.

---

[435] Teil des Gesetzes zur Umsetzung von EG-Richtlinien zur Harmonisierung bank- und wertpapieraufsichtsrechtlicher Vorschriften v. 22.10.1997 (BGBl. I, 2518).
[436] Derzeit Stand August 2002, www.bafin.de.
[437] LG Stuttgart, Urt. v. 30.8.2002, 6 KLs 150 Js 77452/00 (Freiheitsstrafe n.r.), aufgehoben durch BGH „Scalping Urteil" v. 6.11.2003, 1 StR 24/03, in der folgenden Verhandlung gem. § 154 StPO eingestellt.
[438] Begründung der Bundesregierung zur Änderung des § 54 KWG, BR-Drucks. 963/96.
[439] BKR 2005, 65 (LS).

3. Erlaubnis für die Erbringung von Finanzdienstleistungen

Wer im Inland, dem Geltungsbereich des Gesetzes über das Kreditwesen (KWG), gewerbsmäßig oder in einem Umfang, der einen in kaufmännischer Weise eingerichteten Geschäftsbetrieb erfordert, Finanzdienstleistungen erbringen will, bedarf grundsätzlich einer schriftlichen Erlaubnis der BaFin (§ 32 Abs. 1 KWG).[440] Die Erlaubnis muss vor Aufnahme der Geschäftstätigkeit vorliegen; Eintragungen in öffentliche Register (z. B. Handelsregister) dürfen nur vorgenommen werden, wenn dem Registergericht die Erlaubnis nachgewiesen worden ist (§ 43 Abs. 1 KWG). Die BaFin kann die Erlaubnis unter Auflagen erteilen; die Erlaubnis kann darüber hinaus auf einzelne Finanzdienstleistungen beschränkt werden (§ 32 Abs. 2 KWG). § 32 Abs. 1 S. 1 KWG ist Schutzgesetz im Sinne des § 823 Abs. 2 BGB zugunsten des einzelnen Kapitalanlegers.[441]

Streitig ist derzeit die Frage, ob ein Unternehmen mit Sitz außerhalb Deutschlands oder des EWR und ohne Zweigstelle in Deutschland oder einem Mitgliedstaat des EWR im Inland erlaubnispflichtige Bankgeschäfte betreiben kann. Zu einem entsprechenden Rechtsstreit hat das VG Frankfurt mit Beschluss vom 11.10.2004 den EuGH um verbindliche Auslegung ersucht.[442]

4. Erlaubnispflichtige Finanzdienstleistungen

Was als Finanzdienstleistungen anzusehen ist, wird **abschließend**[443] in § 1 Abs. 1 a S. 2 Nr. 1 – 8 KWG normiert.

a) **Finanzdienstleidtungen gem. § 1 Abs. 1 a S. 2 KWG.** Finanzdienstleistungen gem. § 1 Abs. 1 a S. 2 KWG sind

- Vermittlung von Geschäften über die Anschaffung und die Veräußerung von Finanzinstrumenten oder deren Nachweis (Anlagevermittlung)
- Anschaffung und die Veräußerung von Finanzinstrumenten im fremden Namen für fremde Rechnung (Abschlussvermittlung)
- Verwaltung Einzelner in Finanzinstrumenten angelegter Vermögen für andere mit Entscheidungsspielraum (Finanzportfolioverwaltung)
- Anschaffung und die Veräußerung von Finanzinstrumenten im Wege des Eigenhandels für andere (Eigenhandel für andere)
- Vermittlung von Einlagengeschäften mit Unternehmen mit Sitz außerhalb des Europäischen Wirtschaftsraums (Drittstaateneinlagenvermittlung)
- Besorgung von Zahlungsaufträgen (Finanztransfergeschäft)
- Handel mit Sorten (Sortengeschäft)[444]

b) **Grenzziehung zur Erlaubnispflicht.** Erlaubnispflichtig gem. § 1 Abs. 1 a S. 1 in Verbindung mit § 32 Abs. 1 KWG sind die Finanzdienstleistungen dann, wenn sie gewerbsmäßig oder in einem eine kaufmännische Einrichtung erfordernden Umfang erbracht werden. Die wenig brauchbaren Zahlenspielereien des früheren BAKred zur Auslegung der alten Fassung mit Mindestanzahl von Geschäften und mit Mindesteinzel- oder Gesamtvolumen sind durch die gewerbsmäßige Ausgestaltung ersetzt. Die Überschreitung der Grenzwerte für genehmigungspflichtige Bankgeschäfte konnte immer erst zu spät festgestellt werden.[445]

---

[440] Ausnahmen gelten für Unternehmen mit Sitz in einem anderen Staat des Europäischen Wirtschaftsraums (§ 53 b KWG) als Folge des Richtlinienumsetzungsgesetzes von 1997 in der Folge der Wertpapierdienstleistungsrichtlinie.
[441] BGH Urt. v. 21.4.2005 – III ZR 238/03.
[442] VG Frankfurt Main Beschl. v. 11.10.2004 – Az. 9 E 993/04, derzeit nur mit Begründung erhältlich in www.vg-frankfurt.justiz.hessen.de. Entscheidungen im Eilverfahren: VG Frankfurt Beschl. v. 7.5.2004 – 9 G 6496/03 (V) – ZIP 2004, 1259; VGH Kassel Beschl. v. 21.1.2005 – 6 TG 1568/04.
[443] Merkblatt der Bundesbank über die Erteilung einer Erlaubnis zum Erbringen von Finanzdienstleistungen; zu finden über http://www.bafin.de/merkblaetter/buba_merkblatt.pdf – 17-10-2003.
[444] Erläuterung der Finanzdienstleistungen im Informationsblatt des BaKred für Unternehmen im Finanzdienstleistungssektor, abgedruckt im KMR 720.
[445] Das Einlagegeschäft erforderte entweder einen Bestand von 25 angenommenen Einlagen oder ein Gesamteinlagenvolumen von DM 25.000,-, das sich aus der Summe aller angenommenen und nicht restlos zurückbezahlten Einlagen zusammensetzt; die Summe darf überschritten werden, wenn sich das Gesamtvolumen aus weniger als 6 einzelnen Einlagen zusammensetzt.

692 Auch weiterhin wird regelmäßig ein Anfangsverdacht verneint werden, wenn der Umfang der Geschäfte aus der Einzelanzeige nicht ersichtlich ist (und erst nach dem Zusammenbruch der Unternehmen erkannt werden kann). Auch die Existenz eines Prospektes, aus dem sich das allgemeine öffentliche Angebot von Bankgeschäften an eine unbestimmte Vielzahl von Bürgern schließen lässt, reicht für den Beginn der Untersuchungen nicht aus. Die Einzelanzeige eines vorsichtigen Anlegers führt ebenfalls nicht zur Feststellung möglicherweise verbotener Bankgeschäfte.

693 Gedruckte Prospekte, Aufklärungsschriften und Formulare lassen lediglich den Verdacht auf die Planung und das Angebot von Finanzdienstleistungen entstehen, ob auf dieser Grundlage Finanzdienstleistungen erbracht wurden, ist damit nicht festgestellt, so dass jedenfalls im Vorfeld des verbotenen Geschäftes, im Bereich des Angebotes dem ohne spezifische Erlaubnis werbenden Finanzdienstleister keine Beschränkungen auferlegt sind. Die Vorbereitung der strafbaren Handlung selbst ist nicht strafbar. Auf die einfache, verwaltungsrechtlich ausgestaltete Anfrage des BAKred bei dem nicht registrierten Anbieter kann der vermeintlich erlaubnislose Finanzdienstleister „den Irrtum" aufklären und „die Rücknahme der Dokumente" sowie den Verzicht auf solche Geschäfte „die sowieso nur geplant, jedoch wegen mangelnder Erlaubnis nicht realisiert worden waren" zuzusagen.

5. Finanzinstrumente

694 Unter dem Begriff „Finanzinstrumente" werden in § 1 Abs. 11 KWG die vier Gattungen von Finanzprodukten: handelbare Wertpapiere, Geldmarktinstrumente, Devisen oder Rechnungseinheiten und Derivate zusammengefasst. Diese Definitionen finden sich, wenn auch mit unwesentlichen sprachlichen Divergenzen, in § 2 WpHG wieder. Erneut werden die Definitionen festgelegt im „Merkblatt über die Erteilung einer Erlaubnis zum Erbringen von Finanzdienstleistungen nach § 32 KWG".

695 Wertpapiere sind, auch wenn keine Urkunden über sie ausgestellt sind,
1. Aktien, Zertifikate, die Aktien vertreten, Schuldverschreibungen, Genussscheine, Optionsscheine und
2. andere Wertpapiere, die mit Aktien oder Schuldverschreibungen vergleichbar sind, wenn sie an einem Markt gehandelt werden können; Wertpapiere sind auch Anteilscheine, die von einer Kapitalanlagegesellschaft oder einer ausländischen Investmentgesellschaft ausgegeben werden (Satz 2).

696 Geldmarktinstrumente sind Forderungen, die nicht unter Satz 2 fallen und üblicherweise auf dem Geldmarkt gehandelt werden (Satz 3), wie z. B. kurzfristige Schuldscheindarlehen, Deposit Notes oder Finanz-Swaps.

697 Derivate sind als Festgeschäfte oder Optionsgeschäfte ausgestaltete Termingeschäfte, deren Preis unmittelbar oder mittelbar abhängt von
1. dem Börsen- oder Marktpreis von Wertpapieren,
2. dem Börsen- oder Marktpreis von Geldmarktinstrumenten,
3. dem Kurs von Devisen oder Rechnungseinheiten,
4. Zinssätzen oder anderen Erträgen oder
5. dem Börsen- oder Marktpreis von Waren oder Edelmetallen (Satz 4).

6. Die Geschäftstätigkeit

698 Die Anschaffung von Finanzinstrumenten nach § 1 Abs. 11 Nr. 1 KWG u. a. von Aktien, im eigenen Namen für eigene Rechnung, wirtschaftlich aber (auch) für einen anderen, unterfällt § 1 Abs. 1 a S. 2 Nr. 4 KWG.[446]

699 Die Ausgabe von Genussrechten, die in Finanzinstrumente i. S. d. § 1 Abs. 1 KWG abgelegt werden sollen, stellt ein Finanzkommissionsgeschäft dar, wenn die Anlage wirtschaftlich

---

[446] LG Stuttgart Urt. v. 30.8.2002 – 6 KLs 150 Js 77452/00. Nach Aufhebung durch den BGH, Urt. v. 6.11.2003 – 1 StR 24/03 – NJW 2004, 302 = NStZ 2004, 85 wurde der Teilvorwurf nach § 154 StPO vom Landgericht Stuttgart eingestellt.

darauf zielt, dass nur Anteile am Genussrechtskapital, nicht aber am Gesellschaftsvermögen insgesamt erworben werden.[447]

Legaldefinitionen:

Anlagevermittlung (Nr. 1) ist die Tätigkeit eines Nachweismaklers im Sinne von § 34 c Gewerbeordnung, soweit sie sich auf Finanzinstrumente gemäß § 1 Abs. 11 KWG bezieht.

Abschlussvermittlung (Nr. 2) ist die Anschaffung und Veräußerung von Finanzinstrumenten erfolgt in offener Stellvertretung, d. h. im Namen und für Rechnung des Kunden. Sie entspricht der Tätigkeit eines Abschlussmaklers (§ 34 c Gewerbeordnung), sofern er eine Partei bei Abschluss des Geschäfts vertritt.

Finanzportfolioverwaltung (Nr. 3) ist dann anzunehmen, wenn dem Verwalter ein Entscheidungsspielraum bei den zu treffenden Anlageentscheidungen zusteht. Ein Entscheidungsspielraum ist gegeben, wenn die konkreten Anlageentscheidungen im eigenen Ermessen des Verwalters liegen. Wertpapiere hat der Portfolioverwalter in einem Wertpapierdepot des Kunden bei einem Kreditinstitut verwahren zu lassen; andernfalls bedarf er einer Erlaubnis zum Betreiben des Depotgeschäfts und wäre damit selbst Kreditinstitut.

In der Auseinandersetzung mit dem Urteil des LG Stuttgart (Scalping Urteil) definiert der BGH[448] diese wie folgt:

Eine erlaubnispflichtige Finanzportfolioverwaltung im Sinne von § 1 Abs. 1 a S. 2 Nr. 3 KWG liegt vor, wenn der Verwalter einen Entscheidungsspielraum darüber hat, wie er die bereitgestellten Gelder im Interesse der Anleger nach seinem freien Ermessen zu gewinnbringenden Spekulationen mit Wertpapieren verwenden kann. Unschädlich ist dabei, wenn ihm bereits die Erstanlageentscheidung oblieg. § 1 Abs. 1 a S. 2 Nr. 3 KWG erfordert nicht, dass bereits ein Wertpapierpaket vorhanden ist und dieses dem Verwalter überlassen wird (vgl. Reischauer/Kleinhans a. a. O. Anm. 187). Davon zu unterscheiden sind die so genannten „Investmentclubs", die von § 1 Abs. 1 a Satz 2 Nr. 3 KWG erfasst sein können.

Eigenhandel (Nr. 4)

Beim Handel im Auftrag eines Dritten als Eigenhändler tritt das Institut seinem Kunden nicht als Kommissionär, sondern als Käufer und Verkäufer gegenüber. Auch wenn es sich zivilrechtlich um einen reinen Kaufvertrag handelt, ist das Geschäft Dienstleistung im Sinne der Wertpapierdienstleistungsrichtlinie.

Eigenhandel nach § 1 Abs. 1 a Satz 2 Nr. 4 KWG setzt voraus, dass der Erwerb und die Veräußerung des Finanzinstruments für einen anderen erfolgt.[449] Die Abgrenzung führt der BGH wie folgt durch:

Der Handel für einen anderen ist in drei Varianten denkbar:
- Im Wege offener Stellvertretung (im fremden Namen für fremde Rechnung – Abschlussvermittlung § 1 Abs. 1 a S. 2 Nr. 2 KWG),
- im Wege verdeckter Stellvertretung (im eigenen Namen für fremde Rechnung – Kommissionsgeschäft § 1 Abs. 1 S. 2 Nr. 4 KWG) und
- im Wege des Eigenhandels für einen anderen (im eigenen Namen für eigene Rechnung – § 1 Abs. 1 a S. 2 Nr. 4 KWG).

Der Eigenhandel unterscheidet sich von den beiden erstgenannten Alternativen dadurch, dass regelmäßig zwei Kaufverträge vorliegen: Der Finanzdienstleister erwirbt ein Wertpapier im eigenen Namen und verkauft es anschließend an den Kunden weiter. Voraussetzung des Eigenhandels ist daher, dass vor dem Kauf ein konkreter Kundenauftrag zum Erwerb eines bestimmten Wertpapiers – in der Regel zu einem vereinbarten Festpreis – erteilt wurde.

Drittstaateneinlagenvermittlung (Nr. 5)

Unter diese Vorschrift fällt die Vermittlung des Abschlusses von Verträgen über Einlagen an Adressen in Staaten außerhalb des Europäischen Wirtschaftsraumes sowie die Entgegennahme von Einlagen im Inland und das unverzügliche Weiterleiten an solche Adressen. Sofern ein „Treuhänder" offiziell auf Weisung einer ausländischen Firma Gelder einsammelt, liegt ein

---

[447] VG Frankfurt Beschl. v. 7.5.2004 – 9 G 6496/03 – ZIP 27/2004, 1259, wegen eines anderen Entscheidungsgegenstandes nicht rechtskräftig, siehe insoweit VG Kassel, Beschl. v. 21.5.2005, 6 TG 1568/04, ZIP 14/2005, 610.
[448] BGH Urt. v. 6.11.2003 – 1 StR 24/03 – NJW 2004, 302.
[449] BGH Urt. v. 6.11.2003 – 1 StR 24/03 – NJW 2004, 302.

nach § 53 KWG erlaubnispflichtiges Betreiben einer Zweigstelle dieses ausländischen Unternehmens vor.

709 **Finanztransfergeschäft (Nr. 6)**
Das Finanztransfergeschäft umfasst den gewerbsmäßigen, insbesondere nicht kontengebundenen Transfer von Geld als Dienstleistung für andere. Auf die Nähe des Finanztransfergeschäftes zu dem zu den Bankgeschäften zählenden Girogeschäft (§ 1 Abs. 1 Satz 2 Nr. 9 KWG) wird hingewiesen.

710 **Sortengeschäft (Nr. 7)**
Zum Sortengeschäft zählen der Austausch von Banknoten oder Münzen, die gesetzliche Zahlungsmittel darstellen, sowie der An- und Verkauf von Reiseschecks. Wechselstuben sind somit Finanzdienstleistungsinstitute.

7. Exkurs: Unerlaubte Bankgeschäfte

711 Die Annahme fremder Gelder als Einlage (Einlagegeschäft) ist ohne Rücksicht darauf, ob Zinsen vergütet werden, ein Bankgeschäft. Nach Auffassung der BaFin (hier das frühere Ba-Kred) und der Bundesbank liegen „Einlagen in der Regel vor, wenn jemand von einer Vielzahl von Geldgebern, die keine Kreditinstitute sind, fremde Gelder auf Grund typisierter Verträge zur unregelmäßigen Verwahrung, als Darlehen oder in ähnlicher Weise ohne Bestellung banküblicher Sicherheiten laufend annimmt und die Gelder nach Fälligkeit von den Gläubigern jederzeit zurückgefordert werden können.[450]

712 Dazu gehören auch „Kurzeinlagen" unabhängig, wie der Anbieter diese selbst bezeichnet und bewertet. Wenn die Geschäfte mit den Begriffen verbunden werden: „also 100% sicher, so sicher wie bei einer Bank, kurze Laufzeit, fester Zins" wird der Eindruck erweckt, die Einlage sei eher einer Festgeldanlage vergleichbar und habe keinen spekulativen Charakter. Wenn die Anlage dem Zweck dienen sollen, dem Erlaubnispflichtigen (dessen Firma) wie einer Bank als Kapital zur eigenen Verfügung zu stehen, und diesen zur wesentlichen Gewinnerzielung zu dienen, so ist eine Einlage anzunehmen. Wenn mit dem fest vereinbarten Zins nur ein Teil der erzielten Rendite an den Einleger weitergegeben wird und eine weitere Beteiligung der Einleger an den erhofften Gewinnen nicht vertraglich vereinbart ist, liegt ein erlaubnispflichtiges Geschäft vor. Die gilt auch dann wenn, der versprochene Zins über den üblichen Festgeldzinsen liegt; die insoweit überhöhte Rendite wandelt die Einlage nicht in eine rein spekulative Anlage, die der Anlagefirma in der Absicht übergeben worden war, unter der Gefahr des Totalverlustes außergewöhnlich hohe Gewinne zu erzielen.[451]

8. Gewerbsmäßigkeit

713 Der Begriff gewerbsmäßig wird im Strafgesetz mehrfach verwendet, jedoch nicht im Zusammenhang mit erlaubnisfähigen Geschäften, sondern als Erschwerungsmerkmal bei Straftaten. Im Merkblatt definiert die BaFin Geschäfte als gewerbsmäßig betrieben, wenn der Betrieb auf eine gewisse Dauer angelegt ist und sie mit der Absicht der Gewinnerzielung verfolgt werden. Alternativ gilt das Kriterium des Erfordernisses eines in kaufmännischer Weise eingerichteten Geschäftsbetriebes. Entscheidend für das Vorliegen dieses Merkmals ist dabei nicht, dass ein in kaufmännischer Weise eingerichteter Geschäftsbetrieb vorhanden ist, sondern allein, ob die Geschäfte einen derartigen Umfang haben, dass objektiv eine kaufmännische Organisation erforderlich ist.[452]

714 Gewerbsmäßigkeit kennzeichnet die Absicht des Täters sich durch wiederholte Begehung von Straftaten eine fortdauernde Einnahmequelle von einiger Dauer und einigem Umfange zu verschaffen.[453] Die erforderliche Absicht kann sich schon aus der ersten Einzelhandlung ergeben. Es ist kein vernünftiger Grund erkennbar, diese Beurteilung nicht auch auf Fakten zu beziehen, die eine unerlaubte Finanzdienstleistung vorbereitet auf mehrere Einzelfälle erkennen lässt. Die drucktechnische Herstellung von Prospekten und Vertragsformularen, die Anschlüsse für mehrere Telefone, die Beschaffung von Adressenmaterial, die EDV-technische

---

[450] BGH Beschl. v. 24.8.1999 – 1 StR 385/99 (LG München II).
[451] BGH Beschl. v. 24.8.1999 – 1 StR 385/99 (LG München II).
[452] Merkblatt über die Erteilung einer Erlaubnis zum Erbringen von Finanzdienstleistungen.
[453] Schönke/Schröder/*Stree* Vorbem. §§ 52 ff. Rdnr. 95.

Ausstattung für ein Massengeschäft und die Einrichtung von Firmenkonten sowie öffentliche Angebote an eine Vielzahl von potentiellen Anlegern erfüllt jeweils bereits die Anforderung an den Begriff der Gewerbsmäßigkeit. Für die Gewerbsmäßigkeit gilt aber auch, dass der Umfang der Geschäfte nicht nur die bereits getätigten, sondern auch die geplanten Geschäfte mit umfasst. Dass die Täter nicht nur im Interesse der Kapitalanleger, sondern auch in eigenem Interesse handeln, steht der Anwendung des § 1 Abs. 1 a S. 2 Nr. 4 KWG nicht entgegen.[454]

9. Achtung: Steuerrecht

Steuerrechtlich kann die Abgrenzung privater Vermögensverwaltung von gewerbsmäßigem Wertpapierhandel von Bedeutung sein. So hat sich der BFH mit seinem Urteil vom 30.7.2003[455] ausführlich mit der Abgrenzung befasst, als ein „Kanzlei"-Inhaber neben der Kanzleitätigkeit umfangreiche Wertpapierhandelgeschäfte mit Verlust abschloss und diesen Verlust steuerlich geltend zu machen versuchte. Der An- und Verkauf von Wertpapieren überschreitet grundsätzlich nach nicht den Rahmen einer privaten Vermögensverwaltung wenn die entfaltete Tätigkeit dem Bild eines Wertpapierhandelsunternehmens im Sinne des § 1 Abs. 3 d S. 2 KWG bzw. eines „Finanzunternehmens" im Sinne des § 1 Abs. 3 KWG nicht vergleichbar ist. Im Rahmen dieser Entscheidung wurde ausführlich begründet die Grenze für das Wertpapierhandelsgeschäft im Sinne des KWG sehr eng gesetzt, diese Grenzziehungen können im Ermittlungsverfahren von Bedeutung sein. Andererseits kann aus dem Versuch, Steuern zu sparen, das Risiko einer Strafverfolgung entstehen.

10. Orderroutingsysteme

Orderroutingsysteme ermöglichen einzelnen Kunden einen Anschluss an die Terminals von zugelassenen Handelsteilnehmern dergestalt, dass sie von ihrem außerhalb der Geschäftsräume des Handelsteilnehmers stehenden Computern, unter Nutzung beispielsweise des Internet, aus dem Schlafzimmer oder vom Urlaubsort auf den Bahamas Aufträge direkt an die Börse schicken können. Da die Kunden nicht Handelsteilnehmer sind, unterliegen sie nicht dem Sanktionsausschuss. Verstöße gegen die Börsenregeln sind nicht nach § 9 BörsG zu ahnden. Verstöße der Kunden sind auch nicht zuzurechnen, da für eine Sanktion mindesten Leichtfertigkeit Voraussetzung ist und damit der Handelsteilnehmer den möglichen Verstoß kennen muss.

11. Überwachung durch die BaFin

Wertpapierdienstleistungsunternehmen werden durch die BaFin in ihrer Tätigkeit überprüft. Der Überprüfungsumfang ist in der Verordnung über die Prüfung der Wertpapierdienstleistungsunternehmen nach § 36 des Wertpapierhandelsgesetzes (Wertpapierdienstleistungs-Prüfungsverordnung – WpDPV), zuletzt geändert durch Art. 20 des Gesetzes vom 22.4.2002 (BGBl. I S. 1310) konkretisiert. Die Überprüfung bezieht sich auf die Einhaltung der allgemeinen und besonderen Verhaltensregeln wie die Beachtung des Verbotes von Frontrunning und Churning sowie der missbräuchlichen Werbung. Sie betrifft die Organisationspflichten, insbesondere die Sicherstellung der getrennten Vermögensverwaltung und die Einhaltung von Aufzeichnungs-, Aufbewahrungs- und Meldepflichten.

12. Wertpapierdienstleistungs-Prüfungsverordnung

Die Überprüfungsbereiche sind in einem **Fragebogen gemäß § 4 Abs. 6 WpDPV** zusammengestellt:[456]

> **Allgemeine Verhaltensregeln**
> 1. Gibt es Mängel bei der Annahme und Ausführung der Kundenaufträge, insbesondere bei der unverzüglichen Weiterleitung der Kundenaufträge (§ 31 Abs. 1 Nr. 1)?
> 2. Gibt es Anhaltspunkte (z. B. Kundenbeschwerden) dafür, dass Kunden ihre Aufträge nicht erteilen konnten, weil das Unternehmen nicht erreichbar war? (§ 31 Abs. 1 Nr. 1)

---

[454] LG Stuttgart Urt. v. 30.8.2002 – 6 KLs 150 Js 77452/00 (Freiheitsstrafe n.r.).
[455] WM 2004, 1912.
[456] Sowohl Verordnung als auch Fragebogen sind unter www.bafin.de abrufbar.

3. Gibt es Mängel bei der Einholung von Kundenangaben? (§ 31 Abs. 2 Nr. 1)
4. Gibt es Mängel bei der anleger- und anlagegerechten Aufklärung der Kunden (insbesondere Produktrisiken und Entgelte)? (§ 31 Abs. 2 Nr. 2)
5. Gibt es Anhaltspunkte für Gebührenvereinbarungen, auf die nicht hingewiesen wurde? (§ 31 Abs. 2 Nr. 2)

Besondere Verhaltensregeln
6. Gibt es Anhaltspunkte für Eigengeschäfte aufgrund der Kenntnis von Kundenaufträgen, die Nachteile für den Kunden zur Folge haben können (sog. Frontrunning)? (§ 32 Abs. 1 Nr. 3)
7. Gibt es Anhaltspunkte für unverhältnismäßig hohe Gebühren oder nicht durch das Interesse des Kunden gerechtfertigten häufigen Umschlag des Kundenkontos- bzw. Depots (sog. Churning)? (§ 32 Abs. 1 Nr. 1)

Organisationspflichten
8. Gibt es Mängel bei der Ausbildung und Qualifikation entsprechend den Anforderungen? (§ 33 Abs. 1 Nr. 1)
9. Fehlen geeignete organisatorische Vorkehrungen für Vertretungsfälle? (§ 33 Abs. 1)
10. Fehlen geeignete organisatorische Vorkehrungen, um die Ordnungsmäßigkeit von Mitarbeitergeschäften zu gewährleisten? (§ 33 Abs. 1)
11. Gibt es in der Praxis Mängel bei der Einhaltung der Verhaltensregeln für Mitarbeiter in Bezug auf Mitarbeitergeschäfte? (§ 33 Abs. 1)
12. Fehlen wirksame interne Kontrollverfahren, um Verstößen gegen das WpHG entgegenzuwirken, etwa eine unabhängige Compliance-Stelle bei möglichen Interessenkonflikten? (§ 33 Abs. 1 Nr. 3)
13. Gibt es Mängel bei der laufenden Überwachung der Organisationspflichten? (§ 33 Abs. 1 Nr. 3)
14. Wird im Falle der Auslagerung gegen die gesetzlichen Pflichten nach § 33 Abs. 2 WpHG verstoßen (Sicherstellung der Ordnungsmäßigkeit der Dienstleistungen und der Wahrnehmung der Pflichten nach § 33 Abs. 1 WpHG sowie der entsprechenden Prüfungsrechte und Kontrollmöglichkeiten der BaFin im Falle der Auslagerung von wesentlichen Bereichen)? (§ 33 Abs. 2)

Aufzeichnungs- und Aufbewahrungspflichten
15. Liegt die Fehlerquote bei der gezogenen Stichprobe für die Aufzeichnungspflichten höher als 15 %? (§ 34 Abs. 1)
16. Gibt es Mängel bei der Einhaltung der Aufbewahrungspflichten? (§ 34 Abs. 3)

Getrennte Vermögensverwaltung 2
17. Wird die Pflicht nach § 34 a WpHG zur getrennten Verwaltung von Kundengeldern und/oder Kundenwertpapieren verletzt? (§ 34 a Abs. 1 und 2)

Meldepflichten
18. Fehlen geeignete Vorkehrungen des Unternehmens, um die Einhaltung der Meldepflichten für Geschäfte gemäß § 9 WpHG sicherzustellen? (§ 9)
19. Gibt es Mängel bei der Vollständigkeit und Richtigkeit der Meldungen gemäß § 9 WpHG in der Praxis? (§ 9)

Missbräuchliche Werbung
20. Gibt es Anhaltspunkte für eine Werbung privater Kunden durch unaufgeforderte telefonische Kontaktaufnahme (sog. Cold Calling) (§ 36 b)

Prüfungsschwerpunkte
21. Wurden im Rahmen der Prüfung der von der BaFin gesetzten Prüfungsschwerpunkte Mängel festgestellt?

Auch in diesem Kontext laufen bei der BaFin Daten auf, die einer späteren Nutzung in einem Ermittlungsverfahren zugänglich sind.

13. Vorsatz und Fahrlässigkeit

Zwar ist das Bemühen der BaFin zu begrüßen, durch Verordnungen, Merkblätter, Verlautbarungen und Grundsätze den Regelungsbereich der erlaubten Finanzdienstleistungen unterhalb eines definitionswütigen Gesetzgeber, der wiederum selbst die nicht gerade zurückhaltenden Richtlinien und Verordnungen der EU-Kommission umsetzt, zu klären, jedoch werden die Anforderungen dadurch nicht klarer und die Einhaltung der Regelungen nicht einfacher. Bedingter Vorsatz reicht bei § 54 Abs. 1 aus.[457]

14. Verfolgung unerlaubter Bankgeschäfte und Finanzdienstleistungen

Neben den einfachen Auskunftsersuchen und Pflicht zur Vorlage von Unterlagen nach § 42 c Abs. 1 KWG kann die BaFin Prüfungen in Räumen des Unternehmens sowie in den Räumen der auskunfts- und vorlegungspflichtigen Personen und Unternehmen vornehmen. Die Bediensteten der BaFin dürfen hierzu diese Räume innerhalb der üblichen Betriebs- und Geschäftszeiten betreten, besichtigen und durchsuchen.

Zur Verhütung dringender Gefahren für die öffentliche Ordnung und Sicherheit sind sie befugt, diese Räume auch außerhalb der üblichen Betriebs- und Geschäftszeiten sowie Räume, die auch als Wohnung dienen, zu betreten und zu besichtigen; das Grundrecht des Artikels 13 des Grundgesetzes wird insoweit eingeschränkt. Durchsuchungen von Geschäftsräumen sind, außer bei Gefahr im Verzug, durch den Richter anzuordnen. Durchsuchungen von Räumen, die als Wohnung dienen, sind durch den Richter anzuordnen. Die Mitarbeiter der BaFin können Gegenstände sicherstellen, die als Beweismittel für die Ermittlung des Sachverhaltes von Bedeutung sein können.

Gegen die richterliche Entscheidung ist die Beschwerde zulässig; die §§ 306 bis 310 und 311 a der Strafprozessordnung gelten entsprechend. Über die Durchsuchung ist eine Niederschrift zu fertigen. Sie muss die verantwortliche Dienststelle, Grund, Zeit und Ort der Durchsuchung und ihr Ergebnis und, falls keine richterliche Anordnung ergangen ist, auch die Tatsachen, welche die Annahme einer Gefahr im Verzuge begründet haben, enthalten. Da die BaFin gem. § 7 KWG mit der Deutschen Bundesbank zusammenarbeitet, stehen die vorgenannten Befugnisse auch den Mitarbeitern der Bundesbank zu.

Die Befugnisse nach § 42 c KWG stehen der BaFin nicht in Zusammenhang mit der Bekämpfung des Insiderhandels oder der Börsenpreismanipulation zu. Erkenntnisse, die auf Grund der weiterführenden Befugnisse von der BaFin erlangt werden, dürfen daher nicht zur Verfolgung von Insidern oder Manipulationsverdächtigen herangezogen werden.

15. Bankgeheimnisse

Die §§ 55 a und 55 b KWG enthalten einen Strafrechtsschutz für einen gesetzlich begründeten Teil des sog. Bankgeheimnisses. Nach § 14 KWG sind Millionenkredite einer „Evidenzzentrale" der Bundesbank anzuzeigen; diese hat andere Institute, die ihrerseits demselben Schuldner Millionenkredite gewährt hat, zu benachrichtigen und entsprechend § 14 Abs. 2 KWG zu informieren.[458]

§ 55 a Unbefugte Verwertung von Angaben über Millionenkredite
(1) Mit Freiheitsstrafe bis zu zwei Jahren oder mit Geldstrafe wird bestraft, wer entgegen § 14 Abs. 2 Satz 5 eine Angabe verwertet.
(2) Die Tat wird nur auf Antrag verfolgt.
§ 55 b Unbefugte Offenbarung von Angaben über Millionenkredite
(1) Mit Freiheitsstrafe bis zu einem Jahr oder mit Geldstrafe wird bestraft, wer entgegen § 14 Abs. 2 Satz 5 eine Angabe offenbart.
(2) Handelt der Täter gegen Entgelt oder in der Absicht, sich oder einen anderen zu bereichern oder einen anderen zu schädigen, ist die Strafe Freiheitsstrafe bis zu zwei Jahren oder Geldstrafe.
(3) Die Tat wird nur auf Antrag verfolgt.

Eine unbefugte Offenbarung von Angaben gemäß § 55 b Abs. 1 KWG liegt vor, wenn eine in einem anzeigepflichtigen Unternehmen beschäftigte Person solche Angaben einem anderen in der Weise zugänglich macht, dass er die Möglichkeit hat, von ihnen Kenntnis zu nehmen.

Eine unbefugte Verwertung von Angaben gemäß § 55 a Abs. 1 KWG liegt vor, wenn die von der Deutschen Bundesbank übermittelten Informationen in einer von § 14 KWG nicht gedeckten Weise für eigene oder für fremde wirtschaftliche Zwecke nutzbar gemacht werden.

---

[457] Park/*Janssen* Kapitalmarktstrafrecht § 54 KWG Rdnr. 37.
[458] Zum Fall Breuer/Kirch: *Achenbach/Schröder* Z. B.B 2005, 135; *Tiedemann* Z. B.B, 2005, 190; BGH Urt. v. 24.1.2006 – XI ZR 384/03 – NJW 2006, 830.

727 Für die einschränkende Auslegung hat der BGH in Zivilsachen (Fall: Kirch gegen Breuer ausgeführt: Eine unbefugte Verwertung liegt vor, wenn die übermittelten Informationen für eigen oder fremde wirtschaftliche Zwecke nutzbar gemacht werden. Eine Strafbarkeit könnte dann vorliegen, wenn der Täter ein gewinnorientiertes Ziel verfolgt.

728 In der (üblichen) gesetzgeberischen Qualität hat sich bei der Reform des KWG in der Fassung der 6. KWG Novelle von 1998, in welcher die Strafvorschriften eingeführt worden waren und dem 4, Finanzmarktförderungsgesetz im Jahre 2004 ein Verweisungsmangel ergeben. Die bis dahin geltende Bezugsnorm des § 14 Abs. 2 Satz 5 wurde – durch Einfügungen – zu Satz 10, ohne das die Verweisung in der Strafnorm angepasst wurde. Im Gegensatz zu Achenbach/Schröder sieht Tiedemann kein Strafhindernis. Der BGH brauchte dies nicht zu entscheiden, da die Anwendung des (§ 823 Abs. 2 BGB i. V. m. §§ 55, 55 a KWG aus anderen Gründen abgelehnt wurde.

VIII. Kapitalanlagebetrug[459] und sonstige Informationsdelikte

1. Vorbemerkung

729 Die Ausführungen zu der einzigen in das Strafgesetzbuch verirrten Kapitalmarktstrafnorm beschränken sich nicht auf diese in der Praxis kaum bemühte Vorschrift. Sie deckt den Bereich des Kapitalmarktes ab, in welchem sich Investoren oder Anleger sowie Aktionäre mit dem Ziel, für ein Unternehmen Geld zur Verfügung zu stellen über die kapitalsuchenden Unternehmen informiert. Die Norm ist im 22. Abschnitt „Betrug und Untreue" verortet worden, wohl weil sie im Geflecht von Täuschung und Irrtum kausal für Vermögensverfügungen richtig eingeordnet ist, jedoch die unmittelbare Beziehung zwischen Täuschendem und Irrendem nicht gegeben ist. Die Anonymität des Kapitalmarktes bedingt seine eigenen Gesetze.

730 Den Bereich der Kapitalmarktinformation über ein Unternehmen decken jedoch nicht nur die in § 264 a StGB aufgeführten Tathandlungen, sondern auch die Vorschriften über Rechnungslegung nach dem Handelsgesetzbuch und dem Aktiengesetz. In wesentlichen Merkmalen stimmen die Tatbestandsvoraussetzungen überein. Diese Strafvorschriften werden daher im Verständniskontext (kurz) mit angesprochen.

2. Kapitalmarktstrafrecht im Strafgesetzbuch

731 Mit dem 2. Gesetz zur Bekämpfung der Wirtschaftskriminalität[460] war die Manipulationsverbotsnorm des § 88 BörsG (a. F.) aufgeteilt worden, in das im Börsengesetz verbliebene Verbot der Börsen- und Marktpreismanipulation, welches allein dem Schutz der Funktionsfähigkeit des Kapitalmarktes diente und den Prospektbetrug, der das Vermögen von Investoren zu schützen hatte und damit in die Nähe der Vermögensdelikte des 22. Abschnittes des StGB gerückt werden konnte. Die Norm deckt nicht nur den Handel an den öffentlich-rechtlichen Börsen mit börsenhandelsfähigen Produkten ab, sondern die Kapitalaufnahme auf dem gesamten Kapitalmarkt. Da dieser Markt nicht reguliert und funktionsgeschützt ist, muss die Norm auch nicht der Funktionsfähigkeit des Kapitalmarktes dienen.

732 Da es sich bei § 264 a StGB um ein im Vergleich zum Betrug zum selbständigen Tatbestand erhobenes Versuchsdelikt handelt, das in der Regel hinter § 263 StGB zurücktritt, falls dessen Voraussetzungen zugleich erfüllt sind, spielt er in der Rechtsprechung keine große Rolle. Eine Mehrzahl von Taten, die als Betrug angeklagt und eröffnet waren, können – nach rechtlichem Hinweis- auch als Kapitalanlagebetrug verurteilt werden.[461]

Ähnlich aufgebaut sind die Strafvorschriften in Zusammenhang mit Marktinformationen durch (börsennotierte) Aktiengesellschaften nach dem HGB (§§ 331 ff.) und dem Aktiengesetz (§§ 399 f AktG).

---

[459] Der Begriff „Kapitalanlagebetrug" in der redaktionellen Überschrift des § 264 a StGB wird in der Fachliteratur und der Praxis auch für die Sachverhalte verwendet, die allgemein im Kontext mit Kapitalanlagen nach § 263 StGB verfolgt werden.
[460] 2. WiKG vom 15.5.1986, BGBL. I 721.
[461] BGH StR 335/03 Beschl. v. 9.9.2003.

3. Prospektbetrug
§§ 264 a StGB

(1) Wer im Zusammenhang mit
1. dem Vertrieb von Wertpapieren, Bezugsrechten oder von Anteilen, die eine Beteiligung an dem Ergebnis eines Unternehmens gewähren sollen, oder
2. dem Angebot, die Einlage auf solche Anteile zu erhöhen, in Prospekten oder in Darstellungen oder Übersichten über den Vermögensstand hinsichtlich der für die Entscheidung über den Erwerb oder die Erhöhung erheblichen Umstände gegenüber einem größeren Kreis von Personen unrichtige vorteilhafte Angaben macht oder nachteilige Tatsachen verschweigt, wird mit Freiheitsstrafe bis zu drei Jahren oder mit Geldstrafe bestraft.

(2) Absatz 1 gilt entsprechend, wenn sich die Tat auf Anteile an einem Vermögen bezieht, das ein Unternehmen im eigenen Namen, jedoch für fremde Rechnung verwaltet.

(3) Nach den Absätzen 1 und 2 wird nicht bestraft, wer freiwillig verhindert, dass auf Grund der Tat die durch den Erwerb oder die Erhöhung bedingte Leistung erbracht wird. Wird die Leistung ohne Zutun des Täters nicht erbracht, so wird er straflos, wenn er sich freiwillig und ernsthaft bemüht, das Erbringen der Leistung zu verhindern.

Als abstraktes Gefährdungsdelikt ist es ein zum selbstständigen Tatbestand erhobenes Versuchsdelikt, welches weit in das Vorbereitungsstadium hineinreicht jedoch zum tateinheitlich vollendeten Betrug kein lex spezialis ist und deswegen zurücktritt, wenn dieser gegenüber einzelnen Anlegern anzunehmen ist.[462] Die Täuschung eines individuellen Anlegers ist ebenso wenig erforderlich, wie der Nachweis eines kausalen Irrtums, eine irrtumsbedingte Vermögensverfügung und der Eintritt eines Vermögensschadens. Der Tatbestand ist vollendet, wenn der Täter die unrichtigen Angaben gemacht hat. Beendet ist die Straftat jedoch erst mit der angestrebten Erbringung der Leistung des Anlegers. Auch aus Absatz 3 ergibt sich, dass im Vordergrund des Schutzbereiches nicht das Funktionieren des nicht regulierten Kapitalmarkts steht, sondern das Vermögen des angesprochenen Investors.

Die Angaben gegenüber einem größeren Kreis von Personen entspricht dem ersten öffentlichen Angebot nach § 1 Verkaufsprospektgesetz. Urkunden über die Erfüllung des Tatbestandes können bei der BaFin vorhanden sein. In der Zuständigkeit nach dem Verkaufsprospektgesetz sammelt die BaFin alle Verkaufsprospekte bei einem ersten öffentlichen Angebot.

Da die BaFin trotz dieser Zuständigkeit nicht verpflichtet ist, Tatsachen, die einen Verstoß gegen § 264 a StGB begründen, der Staatsanwaltschaft anzuzeigen, bleibt es den Beteiligten überlassen, eventuell vorhandene Beweismittel dort zu beschaffen.

Der nur teilweise regulierte Freiverkehr an den Börsen in Deutschland[463] wird nicht in Zusammenhang mit dem ersten öffentlichen Angebot nach dem Verkaufsprospektgesetz gesehen. Da nicht die Unternehmen, sondern der Skontroführer den Antrag auf Aufnahme der Notierung stellt, wird dies so gewertet, als mache nicht der Emittent das erste öffentliche Angebot. Prospekte oder sonstige Zusammenfassungen, die an der FWB „Exposee"[464] genannt werden, müssen bei dem Freiverkehrsausschuss hinterlegt werden. Wenn also bei einem Freiverkehrswert kein Börsenprospekt nach den §§ 30 ff. BörsG bei der Zulassungsstelle der Börse hinterlegt ist, liegt dies zunächst daran, das diese Hinterlegungspflicht nur die Gesellschaften trifft, die zum amtlichen oder geregelten Markt an der Börse zugelassen sind. Die beweisfähigen Unterlagen befinden sich im Gewahrsam des Freiverkehrsausschusses, einer Einrichtung des Trägers des Freiverkehrs an der Börse, die zwar meist personenidentisch mit den Mitgliedern der Geschäftsführung der Börse oder auch der Zulassungsorgane an der Börse, mindestens jedoch mit den „Sekretariatsmitarbeitern" der Zulassungsorgane sind.

Weiterhin ist der Skontroführer verpflichtet, alle wesentlichen Informationen über den Emittenten der Geschäftsführung der Börse unverzüglich zur Verfügung zu stellen, damit diese eine ordnungsgemäße Feststellung von Börsenpreisen sicherstellen kann. Auch in diesem Bereich, der Angebote bei Kapitalerhöhungen umfasst, liegen Beweismittel vor, die nicht von Amts wegen zur Klärung von Sachverhalten zur Verfügung gestellt werden. Da der Skontroführer auch

---

[462] Die prozessökonomische Beschränkung eines Strafverfahrens bereits im Ermittlungsstadium auf Urkunden, die eine Verfolgung nach § 264 a StGB begründen, ist damit in den Fällen, in welchen bereits über fremdes Vermögen verfügt wurde, demnach nicht zulässig.
[463] Der jedoch „Börsenpreise" generiert und damit öffentlich rechtlich begründetes Vertrauen suggeriert.
[464] Richtlinien für den Freiverkehr der FWB.

im Freiverkehr nach § 57 Abs. 2 BörsG „Börsenpreise" feststellt, ist er mit dieser öffentlich-rechtlichen Aufgabe betraut, er kann also als Beamter bzw. als Behörde im Sinne des § 96 bzw. § 256 StPO in ein Verfahren einbezogen werden.

739 Wie § 399 AktG sichert § 264 a StGB den Bereich des ersten Angebotes, also den Marktzugang öffentlich angebotener Produkte, ab.

740 Während HGB und AktG als Adressaten Vorstand, Aufsichtsrat und Wirtschaftsprüfer benennt, kann jeder, der mit dem Vertrieb der Anlageprodukte befasst ist, Täter des Prospektbetruges sein. Tatmittel sind Angaben, die entweder unrichtig vorteilhaft sind oder bei denen nachteilige Tatsachen verschwiegen werden. Als Empfängerkreis dieser Angaben benennt der Gesetzgeber einen größeren Kreis von Personen, an den sich die Prospekte, Darstellungen und Übersichten richten, in denen die unrichtigen vorteilhaften Angaben enthalten sind oder in deren Inhalt die nachteiligen Tatsachen verschwiegen wurden.

741 Dass die Norm anlegerschützenden Charakter hat und nicht wie verschiedentlich behauptet, allein den Kapitalmarkt schütze, ergibt sich schon aus der Straflosigkeit bei tätiger Reue nach Abs. 3.

4. Bilanzdelikte in der Praxis und das 10-Punkte-Papier

742 Die kapitalmarktrechtlichen Strafvorschriften des Aktiengesetzes befassen sich mit der Sicherstellung einer zutreffenden Information im Bereich der Gründung von Aktiengesellschaften (§ 399 AktG Falsche Angaben bei der Gründung oder einer Kapitalerhöhung), der Sicherstellung der Richtigkeit von Inhalten im Verlaufe der kontinuierlichen Informationspflichten (§ 400 AktG Unrichtige Darstellungen) und der strafrechtlichen Verantwortlichkeit von Wirtschaftsprüfern (§ 403 AktG Verletzung der Berichtspflicht). Hinzukommen die Strafvorschriften §§ 331 bis 334 des HGB.

743 Die aus der Rechtsprechung zu schlussfolgernde Zurückhaltung von Aufsichtsbehörden, der Strafverfolgung und vor allem des Gesetzgebers dürfte nach den Erfahrungen am Markt in den letzten 5 Jahren ein Ende haben. Untersuchungen der Aufsichtsbehörden, Ermittlungsverfahren mit Akteneinsichtsgesuchen für die Vorbereitung zivilrechtlicher Haftungsklagen, Anklageerhebungen sowie Vorbereitung und Durchführung von Hauptverhandlungen werden die Nachfrage nach anwaltlichem Rat ebenso wie Betreuung in Strafverfahren steigern.

744 Der Erfolg wird nicht nur umfangreiche Kenntnis des Faches Wertpapier- und Finanzproduktehandel voraussetzen, er wird Kenntnisse im materiellen Recht ebenso abfordern wie im Verwaltungsrecht. Der Erfolg der anwaltlichen Betreuung wird vor allem aber auf dem Spielfeld der Auswahl von sachverständigen Zeugen und Sachverständigen erzielt werden müssen. Für den Dialog mit Gutachtern sowohl vor der Hauptverhandlung (Achtung: Anhaltspunkte für die Besorgnis der Befangenheit vermeiden) als auch in der Beweisaufnahme ist eigene Sachkunde unverzichtbar. Schon die Formulierung des Auftrages und die Auswahl des Sachverständigen sind Bereiche, die höchste Aufmerksamkeit abfordern, zu viel kann in Hinblick auf zivilrechtliche Haftung schädlich sein.

745 Diese Verlagerung in eine Teamarbeit mit Sachverständigen, die ihrerseits die Grenzen der Befangenheit peinlichst achten müssen, ist mit der Umsetzung des 10-Punkte-Papiers drohende Realität geworden. Der Umgang mit einem Sachverständigengutachten (vorläufig schriftlich) und der Anhörung desselben in der Hauptverhandlung setzt mehr als nur Grundkenntnisse der Abläufe im Wertpapierhandel voraus.

5. Strafvorschriften in Zusammenhang mit Marktinformationen

746 Mit der Einführung der §§ 331 bis 333 und 335 HGB wurde der Druck auf die Richtigkeit von Marktinformationen aller Kapitalgesellschaften, Kreditinstitute und Versicherungsunternehmen durch einen strafrechtlich unterstützten Regelungsbereich erhöht. Zusätzlich gelten insbesondere für börsennotierte Kapitalgesellschaften die Sondervorschriften des Aktiengesetzes, wenn die unrichtigen Wiedergabe oder Verschleierung der Verhältnisse der Kapitalgesellschaft nicht in der Eröffnungsbilanz, im Jahresabschluss oder im Zwischenabschluss (von Kreditinstituten nach § 340 a Abs. 3 HGB, sondern in anderen Darstellungen oder Übersichten über den Vermögensstand erfolgt.

6. Besonderheiten der Börse

Dazu gehören insbesondere der börsengesetzliche Zwischenbericht nach § 40 BörsG im amtlichen Markt (§ 40 BörsG gilt nicht für Unternehmen im geregelten Markt, s. § 54 BörsG). Weiterhin gehören alle Unterrichtungspflichten zu diesem Bereich, die auf Grund der Regulierungskompetenz des § 43 BörsG für den amtlichen Markt und nach § 50 Abs. 3 BörsG für den geregelten Markt in die Börsenordnung aufgenommen wurden. Auch die Quartalsberichtspflichten nach dem Regelwerk Neuer Markt fielen unter § 400 AktG, obwohl das Regelwerk öffentlich als privatrechtliche Vereinbarung bezeichnet wurde (vgl. Verfahren EM.TV). Auch die nach den neuen „Standards" für Marktsegmente an der FWB verlangten Quartalsberichte im „Prime Standard" unterfallen dem strafrechtlichen Schutz, auch dann, wenn die Emittenten zum geregelten Markt zugelassen sind. In Zukunft wird bei allen Zusatztransparenzpflichten der Börsen in Deutschland, die auf dem Regulierungsrecht in der jeweiligen Börsenordnung aufbauen, die Erstreckung anzunehmen sein.

Adressaten der Pflichten zur Information des Marktes und insbesondere der Aktionäre sind der Vorstand und Aufsichtsrat der Aktiengesellschaft, der Prüfer und sein Gehilfe sowie jeder, der öffentliche Angebote zum Erwerb von Wertpapieren oder sonstigen verbrieften Kapitalmarktinstrumenten macht.

Erfasst ist nicht nur die unmittelbare Marktinformation, sondern auch die Weitergabe von Informationen durch Gesellschaftsorgane an den Prüfer, sowie die Veröffentlichung von Informationen, welche bereits durch andere inhaltlich verfälscht worden sind. Für deutsche Unternehmen, die zum Handel an einer US-Börse zugelassen sind, ist nach derzeitigem Stand über die Eidespflicht nach dem Sarbanes-Oxley Act eine strafrechtliche Verantwortlichkeit auch bei Unkenntnis über den falschen Inhalt des mit dem Eid als richtig bekräftigten Inhalt von pflichtigen Marktinformationen zu befürchten.

Geschädigtenanwälte versuchen mit der Drohung, eine Klage in den USA anhängig zu machen, nicht nur Druck auszuüben, sondern mit dem Hinweis auf Partnerkanzleien in den USA auch Mandate einzuwerben. Grundkenntnisse über das US-Haftungsrecht im Kontext mit Unternehmensstrafrecht sind bei Unternehmen mit einem Standbein in den USA daher unverzichtbar.

Das Beweiserhebungs- und Beweissicherungsrecht (Discovery) in Kontext mit der Strafbarkeit der Behinderung der Justiz und der strafrechtlichen Verantwortlichkeit juristischer Personen sollte zumindest nicht gänzlich unbekannt sein, auch wenn es mit der deutschen Rechtskultur unvereinbar zu sein scheint[465] und die Höhen der ausgeurteilten Haftungsansprüche in Sammelverfahren mit der deutschen Verfassung kollidieren.[466]

7. Falsche Angaben gem. § 399 AktG

§ 399 AktG Falsche Angaben
(1) Mit Freiheitsstrafe bis zu drei Jahren oder mit Geldstrafe wird bestraft, wer
1. als Gründer oder als Mitglied des Vorstands oder des Aufsichtsrats zum Zweck der Eintragung der Gesellschaft über die Übernahme der Aktien, die Einzahlung auf Aktien, die Verwendung eingezahlter Beträge, den Ausgabebetrag der Aktien, über Sondervorteile, Gründungsaufwand, Sacheinlagen, Sachübernahmen und Sicherungen für nicht voll einzubezahlte Geldeinlagen,
2. als Gründer oder als Mitglied des Vorstands oder des Aufsichtsrats im Gründungsbericht, im Nachgründungsbericht oder im Prüfungsbericht,
3. in der öffentlichen Ankündigung nach § 47 Nr. 3,
4. als Mitglied des Vorstands oder des Aufsichtsrats zum Zweck der Eintragung einer Erhöhung des Grundkapitals (§§ 182 bis 206) über die Einbringung des bisherigen, die Zeichnung oder Einbringung des neuen Kapitals, den Ausgabebetrag der Aktien, die Ausgabe der Bezugsaktien oder über Sacheinlagen,
5. als Abwickler zum Zweck der Eintragung der Fortsetzung der Gesellschaft in dem nach § 274 Abs. 3 zu führenden Nachweis oder
6. als Mitglied des Vorstands in der nach § 37 Abs. 2 Satz 1 oder § 81 Abs. 3 Satz 1 abzugebenden Versicherung oder als Abwickler in der nach § 266 Abs. 3 Satz 1 abzugebenden Versicherung

---

[465] Behinderung der Justiz durch Vernichtung von Beweisdokumenten im Zivilverfahren der Aktionäre von Enron war der wesentliche Anklagepunkt in dem Strafverfahren gegen die Wirtschaftsprüfungsgesellschaft Arthur Anderson, welche mit der finanziellen Todesstrafe endete.
[466] So jedenfalls die Beschlüsse des BVerfG (25.7.2003, 2 BvR 1198/03) in Zusammenhang mit der Zustellung einer Klage vor einem US Gericht nach den Regeln der Class Action, s. F.n. 19.

falsche Angaben macht oder erhebliche Umstände verschweigt.
(2) Ebenso wird bestraft, wer als Mitglied des Vorstands oder des Aufsichtsrats zum Zweck der Eintragung einer Erhöhung des Grundkapitals die in § 210 Abs. 1 Satz 2 vorgeschriebene Erklärung der Wahrheit zuwider abgibt.

753 Die Strafvorschrift betrifft die Aufbringung des Grundkapitals der Aktiengesellschaft. Geschützt wird das Vertrauen der Gläubiger sowie der Allgemeinheit in die Richtigkeit der Handelsregistereintragungen und ihrer Grundlagen sowie der öffentlichen Ankündigungen. Der Schwerpunkt dieses Delikts liegt bei falschen Angaben im Zusammenhang mit der Eintragung der Gesellschaft ins Handelsregister und bei Kapitalerhöhungen.

754 Adressaten des strafrechtlich hinterlegten Handlungsgebotes sind die Gründer der Aktiengesellschaft, die Mitglieder des Vorstands und des Aufsichtsrats. Diesen wird verboten, zum Zweck der Eintragung der Gesellschaft
- über die Übernahme der Aktien,
- die Einzahlung auf Aktien,
- die Verwendung eingezahlter Beträge,
- den Ausgabebetrag der Aktien,
- über Sondervorteile,
- Gründungsaufwand,
- Sacheinlagen,
- Sachübernahmen und
- Sicherungen für nicht voll einbezahlte Geldeinlagen,
falsche Angaben zu machen oder erhebliche Umstände zu verschweigen.

755 Das Verbot, falsche Angaben zu machen oder erhebliche Umstände zu verschweigen, erstreckt sich auch auf den Gründungsbericht, den Nachgründungsbericht, den Prüfungsbericht und die öffentliche Ankündigung der Einführung der Aktien in den Verkehr (§ 47 Nr. 3 AktG).

756 Im Verlaufe einer Eintragung der Erhöhung des Grundkapitals ist es den Mitgliedern des Vorstandes und des Aufsichtsrates verboten, über die Einbringung des bisherigen, die Zeichnung oder Einbringung des neuen Kapitals, den Ausgabebetrag der Aktien, die Ausgabe der Bezugsaktien oder über Sacheinlagen falsche Angaben zu machen oder erhebliche Umstände zu verschweigen.

757 Es ist weiterhin verboten, zum Zweck der Eintragung einer Erhöhung des Grundkapitals die Erklärung, dass seit dem Stichtag der zu Grunde gelegten Bilanz bis zum Tag der Anmeldung keine Vermögensminderung eingetreten ist, die der Kapitalerhöhung entgegenstünde, wenn sie am Tag der Anmeldung beschlossen worden wäre (§ 210 Abs. 1 S. 2 AktG), der Wahrheit zuwider abzugeben.[467]

758 Auch der Gründungsschwindel hat kapitalmarktrechtliche Bedeutung, seit der Neue Markt an der FWB auch so genannte „Start Ups" zu Börsengängen zugelassen hatte. Aus den oben angesprochenen Ermittlungs- und Strafverfahren ergeben sich weitere Fälle des Gründungsschwindels in Zusammenhang mit Kapitalerhöhungen. Bilanzen extrem junger Unternehmen haben als Teil des Emissionsprospektes eine sehr geringe Aussagekraft, da kein Vergleichsmaterial vorliegt, ist weder eine ernsthafte Prognose möglich, noch liegen frühere Vergleichsdaten für eine Plausibilitätsprüfung vor.

759 Den Kapitalerhöhungen auf Grund falscher Informationen wird strafrechtlich keine besondere Bedeutung mehr zukommen, nachdem das Landgericht München im Falle ComRoad derartige Tathandlungen als (gewerbsmäßigen) Betrug an dem emissionsbegleitenden Institut subsumiert hat.[468] Bei der Kapitalerhöhung hatte der Verurteilte vorgespiegelt, dass die von ihm veröffentlichten Scheinumsätze und -gewinne sowie die Umsatzprognosen und Gewinnprognosen richtig seien, obwohl sie zu 97 % auf erfundenen Luftbuchungen basierten. Die

---

[467] Den Absätzen 5 und 6 kommen keine große Bedeutung in Zusammenhang mit Transparenzgrundsätzen öffentlich notierter Kapitalgesellschaften zu: 5. als Abwickler zum Zweck der Eintragung der Fortsetzung der Gesellschaft in dem nach § 274 Abs. 3 zu führenden Nachweis falsche Angaben macht oder erhebliche Umstände verschweigt. 6. als Mitglied des Vorstands in der nach § 37 Abs. 2 S. 1 oder § 81 Abs. 3 S. 1 abzugebenden Versicherung oder als Abwickler in der nach § 266 Abs. 3 S. 1 abzugebenden Versicherung falsche Angaben macht oder erhebliche Umstände verschweigt.
[468] LG München I – 6 KLs 305 Js 34066/02.

Emissionsbanken H. und C. übernahmen im Rahmen der Kapitalerhöhung sämtliche „junge" Aktien in ihren Bestand und zahlten den jeweiligen Kaufpreis auf ein hierfür eigens eingerichtetes Sonderkonto. Über dieses Sonderkonto hatte der Verurteilte bereits Verfügungsgewalt, als die Emissionsbanken ihrerseits die jungen Aktien an die Zeichner weiterreichten und der Zeichnungs- und/oder Verkaufspreis der Investoren bei den Emissionsbanken einging (Urteilsabschrift, Bl. 24, 27). Aus dem Gesamtkontext entnahm das Gericht die Gewerbsmäßigkeit der Tathandlung und urteilte insoweit eine Einzelfreiheitsstrafe von 6 Jahren und 6 Monaten aus dem Strafrahmen 6 Monate bis 10 Jahre aus (U.A. Bl. 28, 31). Angesichts dieser Gesetzeskonkurrenz kommt einer Verurteilung nach § 399 AktG bei Kapitalerhöhungen kein wesentliches Gewicht zu.

8. Unrichtige Darstellung nach § 400 AktG

§ 400 AktG Unrichtige Darstellung
(1) Mit Freiheitsstrafe bis zu drei Jahren oder mit Geldstrafe wird bestraft, wer als Mitglied des Vorstands oder des Aufsichtsrats oder als Abwickler
1. die Verhältnisse der Gesellschaft einschließlich ihrer Beziehungen zu verbundenen Unternehmen in Darstellungen oder Übersichten über den Vermögensstand, in Vorträgen oder Auskünften in der Hauptversammlung unrichtig wiedergibt oder verschleiert, wenn die Tat nicht in § 331 Nr. 1 des Handelsgesetzbuchs mit Strafe bedroht ist, oder
2. in Aufklärungen oder Nachweisen, die nach den Vorschriften dieses Gesetzes einem Prüfer der Gesellschaft oder eines verbundenen Unternehmens zu geben sind, falsche Angaben macht oder die Verhältnisse der Gesellschaft unrichtig wiedergibt oder verschleiert, wenn die Tat nicht in § 331 Nr. 4 des Handelsgesetzbuchs mit Strafe bedroht ist.
(2) Ebenso wird bestraft, wer als Gründer oder Aktionär in Aufklärungen oder Nachweisen, die nach den Vorschriften dieses Gesetzes einem Gründungsprüfer oder sonstigen Prüfer zu geben sind, falsche Angaben macht oder erhebliche Umstände verschweigt.

9. Schutzgut

Während § 399 AktG und § 264 a StGB die Angaben im Bereich der Gründung bzw. Nachgründung, Kapitalerhöhung oder dem sonstigen ersten öffentlichen Angebot erfassen, schützt § 400 AktG das Vertrauen in die Richtigkeit und Vollständigkeit bestimmter stetig wiederholender Angaben über die geschäftlichen Verhältnisse der Aktiengesellschaft, die von den zuständigen Personen abgegeben werden. Zum geschützten Personenkreis gehören die Aktiengesellschaft selbst, ihre Gläubiger und sonstigen Vertragspartner sowie ihre Aktionäre, auch werdende Aktionäre und Arbeitnehmer. Der objektive Tatbestand von § 400 I S. 1 setzt die unrichtige Darstellung der Verhältnisse des Unternehmens in Darstellungen oder Übersichten über den Vermögensstand durch Mitglieder des Vorstands oder Aufsichtsrats voraus. In die gleiche Richtung zielt § 331 HGB.

10. Verhältnisse der Gesellschaft

Der Begriff Verhältnisse der Gesellschaft umfasst alle wirtschaftlichen, sozialen und politischen Umstände, die als Beurteilungsfaktor für die Einschätzung der Lage, der Funktion, des Erscheinungsbildes oder der Entwicklung der Gesellschaft erheblich sein können.[469] In dem Verfahren gegen Verantwortliche der EM.TV war die Frage zu klären gewesen, inwieweit diese Weite des Tatbestandes einer Einschränkung unter dem Blickwinkel des Bestimmtheitsgebots des Art. 103 Abs. 2 GG bedarf (OLG Frankfurt, NStZ-RR 2002, 275). Die Kammer nahm keine Stellung zu dieser Frage, da die falsche Darstellung in der den Zwischenbericht ankündigenden Ad-hoc-Mitteilung gerade die wirtschaftlichen Umstände zum Gegenstand hatte. Auch der BGH[470] kam zu dem Ergebnis, dass er nicht zu entscheiden brauche ob und inwieweit Art. 103 Abs. 2 GG in Hinblick auf das nicht näher definierte Tatbestandsmerkmal „Verhältnisse der Gesellschaft" eine einschränkende Auslegung von § 400 AktG gebietet.

Die unrichtige Darstellung der Verhältnisse der Gesellschaft in Zwischenbilanzen und Zwischenberichten sowie deren Wiedergabe gegenüber der Öffentlichkeit gehört zum, den Normadressaten ohne weiteres erkennbaren Kern des Anwendungsbereichs der Vorschrift, weil un-

---

[469] Geßler/Fuhrmann § 400 AktG Rdnr. 13; KK/Geilen § 400 Rdnr. 18 ff.
[470] BGH, Urt. v. 16.12.2004 – 1 StR 420/03 – NJW 2005, 445.

richtige Darstellungen im Zusammenhang mit dem Jahresabschluss von § 331 Nr. 1 HGB erfasst werden. Eine entsprechende Verfassungsbeschwerde der Verurteilten hat die 1. Kammer des 2. BVerfG-Senats nicht zur Entscheidung angenommen.[471]

11. Unrichtigkeit der Wiedergabe

764 Unrichtig ist die Wiedergabe der Verhältnisse, wenn die Darstellung der Verhältnisse und die dadurch geschilderte wirtschaftliche Situation der Gesellschaft der in Wirklichkeit bestehenden Sachlage nicht entsprechen. Maßgeblich für die Unrichtigkeit sind die gegebenen objektiven Faktoren, wobei der Inhalt der Erklärung vom Empfängerhorizont auszulegen ist. Bei ihnen kann es sich um Tatsachen, aber auch um Werturteile, d. h. Bewertungen, Schätzungen und Prognosen handeln, soweit diese wiederum auf eine Tatsachengrundlage verweisen.

765 Die Einbeziehung zwar zeitnah abgeschlossener, jedoch nicht im Berichtszeitraum liegenden erheblichen Umsätze bzw. Lizenzverträge, führt zur Unrichtigkeit.[472] Bei Bewertungen oder Schlussfolgerungen ist für die Annahme der Unrichtigkeit Voraussetzung, dass die vom Täter erklärten Angaben evident unrichtig sind, die vom Täter vorgenommene Bewertung also schlechthin unvertretbar ist. Maßstab für die Richtigkeit ist der Inhalt der Erklärung selbst, wobei es darauf ankommt, wie dieser aus der Sicht eines bilanzunkundigen Lesers als Erklärungsempfänger verstanden werden durfte.[473]

12. Darstellung oder Übersicht über den Vermögensstand

766 Schließlich muss die unrichtige Angabe in Form der „Darstellung oder Übersicht über den Vermögensstand" erfolgen. Darstellungen über den Vermögensstand sind Berichte, die den Eindruck der Vollständigkeit erwecken. Dabei ist der Begriff des Vermögensstandes nicht nur statisch zu verstehen. Die Übersicht soll geeignet sein, allen an der Gesellschaft interessierten Personen die Möglichkeit zu geben, die Vermögens- und Ertragslage der Gesellschaft anhand der gesetzlich oder vertraglich vorgeschriebenen Informationspflichten zu kontrollieren. Dazu gehören auch die Ertragslage der Gesellschaft sowie weitere Beurteilungsfaktoren für deren künftige Entwicklung.

767 Im Hinblick auf die gesetzlich angeordnete Subsidiarität des § 400 Abs. 1 Nr. 1 AktG gegenüber § 331 Nr. 1 HGB umfasst der Begriff der Darstellung nicht die Eröffnungsbilanz, den Jahresabschluss oder den Lagebericht, da dies bereits in § 331 Nr. 1 HGB mit Strafe bedroht ist. In Betracht kommen somit u. a. Zwischenbericht für die Aktionäre oder für die Öffentlichkeit, sonstige schriftliche oder mündliche Erklärungen des Vorstandes außerhalb der Hauptversammlung, die nicht einmal eine zum aktienrechtlichen Informationssystem gehörende Verlautbarung zu sein braucht (Geilen/KK, § 400 AktG, Rdnr. 45).

768 Beispielsweise fällt die Veröffentlichung von Halbjahreszahlen in Form einer Gewinn- und Verlustrechnung unter die Darstellung über den Vermögensstand. Diese Veröffentlichungsinhalte sind nicht nur an Fachleute oder Analysten, sondern an die interessierte Öffentlichkeit sowie alle Aktionäre gerichtet.[474] Die Gewinn- und Verlustrechnung spiegelte die Ertragslage der Gesellschaft wider und lässt auch Schlüsse darauf zu, ob die Gesellschaft in der Lage sein wird, ihre Jahresvorgaben zu erreichen. Dies kann auch für den als Ad-hoc-Mitteilung vorab veröffentlichten Inhalt des Halbjahresberichtes gelten, wenn falsche Halbjahreszahlen in Form einer Gewinn- und Verlustrechnung veröffentlicht werden.[475]

13. Täterkreis

769 Als taugliche Täter des § 400 AktG kommen die Mitglieder des Vorstandes, des Aufsichtsrates oder der Abwickler in Betracht. § 400 AktG ist mithin ein echtes Sonderdelikt, so dass keine weiteren Personen als Täter in Betracht kommen. Der Vorstand ist das Leitungsorgan der Aktiengesellschaft und führt gem. § 76 I AktG die Geschäfte in eigener Verantwortung und ist gem. § 78 AktG verpflichtet, die Gesellschaft gerichtlich und außergerichtlich zu vertreten.

---

[471] BVerfG Beschl. v. 27.4.2006 – 2 BvR 131/2005 – n.v.
[472] BGH Urt. v. 16.12.2004 – 1 StR 420/03 – NJW 2005, 445.
[473] BGH Urt. v. 16.12.2004 – 1 StR 420/03 – NJW 2005, 445
[474] Vgl. zum Adressatenkreis einer Ad-hoc-Meldung OLG München NJW 2003, 144.
[475] LG München Urt. v. 8.4.2003 – 4 KLs 305 Js 52373/00 n. rk. (Haffa), dazu: *Fleischer* NJW 2003, 2584 ff.

Zu den daraus resultierenden Pflichten gehört auch die Aufstellung und Vorlegung des Jahresabschlusses sowie der sonstigen Bilanzen.

Das interne Kontrollorgan der Aktiengesellschaft ist der Aufsichtsrat. Er ist zur Bestellung und gegebenenfalls auch zur Abberufung des Vorstandes gem. § 84 AktG verpflichtet, ihm obliegt gem. § 111 AktG die Überwachung der Geschäftsführung. Die dafür notwendigen Informationen erhält der Aufsichtsrat durch die regelmäßigen Berichte des Vorstands gem. §§ 170 Abs. 1 und 3 AktG, sowie durch den ebenfalls an ihn gerichteten Prüferbericht gem. § 171 Abs. 1 S. 2 AktG. Die Gesellschaft kann gem. § 111 Abs. 4 S. 2 AktG bestimmte Maßnahmen bestimmen, die der Zustimmung des Aufsichtsrates bedürfen. Zusätzlich ist der Aufsichtsrat gem. § 111 II AktG berechtigt, die Informationen des Vorstands durch eigene Einsicht in die betreffenden Unterlagen der Aktiengesellschaft zu überprüfen (Kontrollmöglichkeiten). Tathandlung ist die unrichtige Wiedergabe oder Verschleierung der Verhältnisse der Gesellschaft in bestimmten Äußerungen. Bezüglich der Unrichtigkeit ist zwischen Tatsachen einerseits und Bewertungen, Schätzungen, Prognosen und Beurteilungen andererseits zu unterscheiden.

14. Unrichtigkeit und Verschleierung

Tatsachen sind unrichtig, wenn der Aussageinhalt nicht mit dem Aussagegegenstand übereinstimmt. Bewertungen, Schätzungen, Prognosen und Beurteilungen sind unrichtig, wenn sie auf tatsächlichen Grundlagen beruhen, die objektiv unrichtig sind, oder wenn die aus ihnen gezogenen tatsächlichen oder rechtlichen Schlussfolgerungen objektiv unrichtig sind. Um eine unangemessene Ausweitung der Strafbarkeit zu verhindern, soll der Rechtsprechung zufolge der Tatbestand nur erfüllt sein, wenn die Angaben evident unrichtig sind. Dies ist der Fall, wenn nach einem einheitlichen Konsens der einschlägigen Fachleute die vorgelegte Schlussfolgerung oder Beurteilung unvertretbar ist. Aufgrund der Einräumung zahlreicher Wahlrechte und Ermessensspielräume ergeben sich jedoch verschiedene vertretbare Möglichkeiten der Bilanzierung. Bewertungen, Schätzungen, Prognosen und Beurteilungen gelten als unrichtig, wenn sämtliche einschlägigen Fachleute die vorgelegte Schlussfolgerung anhand der einschlägigen Rechtsnormen und wirtschaftlichen Gepflogenheiten als unvertretbar erachten. Dies kann zur Folge haben, dass die gegenläufige Ansicht eines einzigen Sachverständigen in einem „Gefälligkeitsgutachten" ausreicht, diesen Konsens aufzuheben.

Ein einheitlicher Begriff der Verschleierung hat sich bisher nicht durchsetzen können. Nach vorherrschender Ansicht liegt jedoch eine Verschleierung vor, wenn der Stand der Verhältnisse, so dargestellt wird, dass sich die Verhältnisse nicht oder nur schwer erkennen lassen. Eine weiter gehende Abgrenzung zur unrichtigen Darstellung erscheint in diesem Zusammenhang nicht erforderlich, da beide Verhaltensweisen Tathandlungen gem. § 400 Abs. 1 Nr. 1 AktG sind.

15. Bilanzierung in der Praxis

Klare Vorstellungen über die wesentlichen Bilanzierungsregelungen und die gängige Bilanzierungspraxis sind ebenso erforderlich, wie die Kenntnis einiger der wichtigsten Vorschriften und deren Anwendung in der Bilanzierungspraxis. Je nach Interessenlage versuchen Verantwortliche, das Unternehmen reich zu rechnen oder dessen Vermögen vor dem Zugriff durch Aktionäre und Fiskus zu verstecken. In beide Richtungen ist es sinnvoll und nachvollziehbar, an die Grenze dessen zu gehen, was bislang üblich ist und nicht gegen zwingende Vorschriften verstößt um im Wettbewerb nicht gegen diejenige zu unterliegen, die Harrscharf an der Grenze bilanzieren. Solange der Gesetzgeber und die Praxis Unschärfen zulassen, kann im Bereich der Unschärfen nicht zu Lasten des Bilanzierenden entschieden werden. .

a) **Bewertung des Vermögens.** Gemäß § 252 I Nr. 4 HGB hat die Bewertung des Vermögens einer Gesellschaft vorsichtig und unter Berücksichtigung der Risiken zu erfolgen. Trotzdem neigen Unternehmen immer wieder dazu, ihre Vermögenswerte zu hoch anzusetzen. Dabei ist zwischen der Bewertung von Immobilienvermögen und Finanzanlagen zu unterscheiden. So soll beispielsweise die Bayerische Hypotheken und Wechselbank[476] vor ihrer Fusion mit der Bayerischen Vereinsbank zur Hypovereinsbank 1998 ihre Immobilien um DM 3,6,- Mrd.

---

[476] Die Einzelinformationen sind der öffentlichen Berichterstattung entnommen, die Marktbeobachtungen erfolgten durch Florenz, unveröffentlichte Arbeit.

überbewertet haben. Ähnliche Vermutungen werden auch für die Immobiliengeschäfte der Bankgesellschaft Berlin, Philipp Holzmann und der Deutsche Telekom erhoben und teilweise derzeit auch in strafrechtlichen Ermittlungsverfahren untersucht. Dieses Phänomen ist auch bei Finanzanlagen zu beobachten. Versicherungen und Banken haben bei der Bewertung ihrer Aktienanlagen die Möglichkeit, gem. §§ 341 a, 341 b HGB ihre Anteile zu einem Preis zu bilanzieren, der über dem Börsenkurs liegt. So hat die Commerzbank AG in ihrer Bilanz vom Jahr 2001 die Beteiligung an der Korea Exchange Bank mit € 791,- Mio. angesetzt, obwohl der Börsenwert dieser Beteiligung zum Bilanzstichtag lediglich € 343,- Mio. betragen haben soll.

775   b) **Rückstellungen.** Rückstellungen sind gem. § 249 HGB Finanzmittel, die für die Begleichung zukünftiger Schulden oder Schäden gebildet werden. Zu den „passivierungspflichtigen" Rückstellungen gehören ungewisse Verbindlichkeiten, drohende Verluste aus schwebenden Geschäften, im Geschäftsjahr unterlassene Aufwendungen für Instandhaltungen, die im folgenden Geschäftsjahr innerhalb 3 Monaten nachgeholt werden müssen, im Geschäftsjahr unterlassene Aufwendungen für Abraumbeseitigung, die im folgenden Geschäftsjahr nachgeholt werden müssen und Gewährleistungen, die ohne rechtliche Verpflichtung zugesagt und erbracht werden. So können zukünftige finanzielle Risiken im Vorfeld abgesichert werden.

776   Mit einer Erhöhung der Rückstellungen können Gelder im Unternehmen belassen und somit dem Zugriff durch Aktionäre oder dem Fiskus entzogen werden. So soll die Volkswagen AG in den Jahren 1995 – 1998 (unter anderem durch derartige betriebswirtschaftlich jedoch nicht notwendige Maßnahmen) den Gewinn um € 3 Mrd. verringert haben. In schlechten Zeiten kann durch eine Auflösung der Rückstellungen ein Gewinn gezeigt werden, der den Gewinn oder Verlust aus dem operativen Geschäft verschleiert. Die Bremer Vulkan Werft wies im Jahre 1994 einen Jahresüberschuss in Höhe von € 28,- Mio. aus, in dem jedoch aufgelöste Rückstellungen in Höhe von 38 Mio. € enthalten waren.

777   Eine andere, weit verbreitete Methode zur Herbeiführung außerordentlicher Erträge ist der Verkauf von Vermögensteilen an einen Finanzier, von dem diese dann zurückgemietet werden (Sale und Lease Back Verfahren). Während der Verkaufserlös vollständig als außerordentlicher Ertrag gezeigt wird, stehen ihm jedoch, ohne dass dieses erkennbar ist, die neu entstandenen Leasingkosten in der Zukunft gegenüber. Durch derartige Maßnahmen zeigte die Holzmann AG für das Jahr 1997 Sondererträge in Höhe von DM 273,- Mio.

778   Abschreibungen gem. §§ 253 Abs. 3, 5, 254 HGB gleichen rechnerisch den Wertverlust genutzter Vermögensgegenstände aus. Der jeweils entstandene Wertminderungsbetrag wird dann am Ende des Jahres als Abschreibungsrate vom Gewinn abgezogen. Mit einer bilanziellen Vernachlässigung von Abschreibungen durch die Nichtabschreibung von Vermögensgegenständen, die an Wert verloren haben, kann das Unternehmen zumindest zeitweise den Vermögensverlust in der Bilanz ignorieren. Beispielsweise soll Infineon AG einen Preis(Wert)verfall von über 200 Mio. € bei seinen Lagerbeständen über einen längeren Zeitraum durch Unterlassung der Abschreibung vor dem Markt verheimlicht haben. Durch die Verlängerung oder Verkürzung der Abschreibefrist kann auch die den Gewinn beeinflussende Abschreibung gesteuert werden. So soll beispielsweise Siemens AG im Jahresabschluss 2002 allein durch die Verlängerung der Abschreibungsfristen von anfänglich 5 Jahre auf insgesamt 40 Jahre ein jährliches Ergebnisplus von insgesamt € 92,- Mio. 24 gezeigt haben.

779   c) **Wert der Gesellschaft.** Der Firmenwert (auch Geschäftswert oder Goodwill genannt) entsteht gem. § 248 Abs. 2 HGB beim Kauf eines Unternehmens. Dieser Wert bemisst sich gem. § 255 Abs. 4 S. 1 HGB nach der Differenz zischen dem gezahlten Kaufpreis und dem Vermögen des übernommenen Unternehmens. Üblicherweise muss dieser Wert über die Jahre hinweg abgeschrieben, also vom Gewinn abgezogen werden. Um die daraus resultierende Verringerung des Gewinns zu vermeiden, verrechneten einige Unternehmen den Firmenwert direkt mit dem Eigenkapital. Dies hatte zur Folge, dass nicht der Gewinn, sondern das Eigenkapital geschmälert wurde. Die Kamps AG soll mit dieser Methode ihre Eigenkapitalquote innerhalb von zwei Jahren von 83 Prozent auf 9 Prozent verringert haben. Im Fall Babcock Borsig AG sollen nach Zeitungsberichten bereits abgeschriebene Firmenwerte im Wert von € 140,- Mio. nachträglich wieder aktiviert worden sein, um das Eigenkapital aufzufüllen. Es kann dahingestellt bleiben, ob die öffentliche Berichterstattung über die voraufgeführten Bilanzierungsmethoden bezogen auf das jeweils genannte Unternehmen zutreffend ist, die Anwendung dieser Methoden

ist üblich und strafrechtlich bislang nicht aufgegriffen worden. Sie sind jedoch geeignet eine wirkliche desolate Lage eines Unternehmens bis zum Eintritt der Insolvenz falsch als zufrieden stellend oder gut darzustellen und die Investoren über den Wert der Aktie des Unternehmens in die Irre zu führen.

16. Verhältnisse der Gesellschaft

Unter den (unrichtigen) Darstellungen der Verhältnisse der Gesellschaft sind alle wirtschaftlichen, sozialen und politischen Umstände, die als Beurteilungsfaktor für die Einschätzung der Lage, der Funktion des Erscheinungsbildes oder der Entwicklung der Gesellschaft erheblich sein können, zu verstehen. 780

Die Norm richtet sich an Vorstände und Aufsichtsräte von Aktiengesellschaften. Die Organmitglieder werden in § 400 Abs. 1 Nr. 1 AktG aufgefordert, dem geschützten Personenkreis die Angaben, die für die Einschätzung der wirtschaftlichen Lage der Gesellschaft notwendig sind, vollständig und richtig mitzuteilen. Bei einer Aktiengesellschaft richtet sich die Beurteilung der Gesellschaft in erster Linie nach der Einschätzung der zukünftigen Gewinne. Die zukünftigen Gewinne selbst werden zwar in einer Bilanzposition erfasst, ihre Entstehung beruht jedoch auf den verschiedenen Faktoren, die bei der Geschäftstätigkeit der Gesellschaft eine Rolle spielen. 781

„Verhältnisse" der Gesellschaft ist ein unbestimmten Rechtsbegriff, der dem in Art. 103 Abs. 2 GG und § 1 StGB verankerten Bestimmtheitsgrundsatz genügt. Die Adressaten, Organe und Wirtschaftsprüfer, sind in der Lage, den Regelungsgehalt der Norm zu erkennen. Im Hinblick auf „Shareholder Value" ist es üblich, sämtliche Unternehmensaktivitäten nach dem Gewinninteresse der Aktionäre auszurichten, wobei gerade die Faktoren berücksichtigt werden müssen, die Auswirkungen auf die Geschäftstätigkeit und den daraus resultierenden Gewinn haben. Vorstände, Aufsichtsräte und Prüfer sind in der Lage, diesen Regelungsgehalt von § 400 Abs. 1 Nr. 1 AktG zu erkennen. 782

Als Tatmittel sieht § 400 AktG Darstellungen und Übersichten über den Vermögensstand sowie Vorträge und Auskünfte in der Hauptversammlung vor. Übersichten und Darstellungen sind Berichte über den Vermögensstand, die inhaltlich vollständig erscheinen. 783

Der Begriff der Darstellungen ist weiter gefasst als der Begriff der Übersicht. Er umfasst auch formlose Berichte, egal ob mündlich, schriftlich, oder durch Bild- oder Tonträger. Dabei kann es sich um Berichte des Vorstandes an den Aufsichtsrat gem. § 90 AktG, den Prüfungsbericht des Aufsichtsrats gem. § 171 Abs. 1 S. 1 AktG, Zwischenberichte für die Aktionäre, die Öffentlichkeit oder einzelne Personen handeln. Die Übersichten oder Darstellungen müssen sich abschließend auf den Vermögensstand der Gesellschaft beziehen. 784

Eine Darstellung über den Vermögensstand i. S. des § 400 AktG ist anzunehmen, wenn ein Vorstandsmitglied Halbjahreszahlen in Form einer kumulierten Gewinn- und Verlustrechnung bekannt gibt; unrichtig ist die Darstellung (auch) dann, wenn Umsatzpositionen eingerechnet sind, die erst in einem späteren Quartal hätten gebucht werden dürfen oder nur zu einem Teil dem Unternehmen zustehen und insoweit ein klarstellender Hinweis fehlt.[477] 785

Übersichten betreffen Zusammenstellungen von Daten, die einen Gesamtüberblick über die wirtschaftliche Situation der Gesellschaft ermöglichen. Dazu gehören sämtliche Arten von Bilanzen, sowie alle anderen Publikationen, die abschließend über den Vermögensstand informieren. Zu beachten ist, dass unrichtige Angaben in der Eröffnungsbilanz, dem Jahresabschluss und dem Lagebericht nur nach § 331 HGB strafbar sind. Daher umfasst § 400 Abs. 1 AktG nur Zwischenabschlüsse oder Abschlüsse, die aus Sonderprüfungen gem. §§ 142, 258 AktG resultieren. 786

Das Tatmittel der Vorträge oder Auskünfte in der Hauptversammlung umfasst alle förmlichen Äußerungen von Vorstand und Aufsichtsrat in ihrer Funktion auf der Hauptversammlung. Vorträge sind alle Stellungnahmen von Mitgliedern des Vorstandes oder des Aufsichtsrates zu den Verhältnissen der Gesellschaft. Auskünfte sind die dem Fragerecht des Aktionärs in der Hauptversammlung genügenden Antworten. 787

Der Vorsatz umfasst den Willen zur Verwirklichung eines Straftatbestandes in Kenntnis aller seiner objektiven Tatumstände. Dieser ist bei § 400 I Nr. 1 AktG bereits gegeben, wenn der Täter aufgrund konkreter Anhaltspunkte erkennt die Möglichkeit erkennt, dass seine Erklä- 788

---

[477] LG München Urt. v 8.4.2003 – 4 KLs 305 Js 52373/00 (HAFFA-Urteil).

rungen unrichtig sind und die Erklärung dennoch abgibt. Eine Täuschungsabsicht hingegen ist nicht erforderlich.

17. Darstellungen und Übersichten

789 Darstellungen und Übersichten sind Berichte über den Vermögensstand, die inhaltlich vollständig erscheinen müssen. In der Praxis bedeutet dies, dass der Schutzbereich von § 400 AktG sich auf nicht durch Gesetz oder Verordnung publizitätspflichtige Jahresabschlüsse und Bilanzen sowie umfassende Zwischenberichte an die Aktionäre beschränkt. Ein Großteil der Unternehmensinformationen hingegen wird über Ad-hoc-Meldungen, Quartalsberichte, Analysten- und Pressekonferenzen, Pressemitteilungen sowie sonstige Stellungnahmen des Vorstandes in Interviews vermittelt. Ad-hoc-Mitteilungen gem. § 15 WpHG teilen jedoch nur Einzelne, neue Informationen mit, die Einfluss auf die Kursentwicklung haben könnten. Damit erfüllen sie nicht das Kriterium einer umfassenden, abgeschlossenen Information über den Vermögensstand der Gesellschaft. Anderer Ansicht ist hingegen die Regierungskommission „Corporate Governance", die nach einer Auslegung des Wortlautes zu der Auffassung gelangte, dass sich das Merkmal des Vermögensstandes nur auf die Übersichten und nicht auf die Darstellungen und Äußerungen in der Hauptversammlung beziehe.

18. Das Vorsatzerfordernis

790 Selbst wenn Anzeichen für eine Kenntnis der objektiven Tatbestandsmerkmale durch den Vorstand oder Aufsichtsrat vorliegen, können diese entweder auf mangelndes intellektuellen Vermögen (ich habe lediglich 4 Semester studiert, soll die Einlassung eines Finanzvorstandes vor einer Strafkammer gelautet haben) zur ordnungsgemäßen Bilanzierung oder die ungeprüfte Übernahme von Gutachten Dritter verweisen. Ein solches Verhalten wäre fahrlässig und im Fall des § 400 I Nr. 1 AktG nicht strafbar. Die Beschränkung auf das (kaum nachweisbare) vorsätzliche Handeln unter Ausschluss von Fahrlässigkeit oder Leichtfertigkeit begründet die bislang behauptete Wirkungslosigkeit dieser Strafvorschrift.[478]

791 Der beschuldigte Vorstand oder Aufsichtsrat kann sich im Ermittlungsverfahren jedoch entlasten, indem er nachweist, dass er die notwendige Sorgfalt bei der Information des Kapitalmarktes walten ließ. Vorstände und Aufsichtsräte greifen auf umfangreiche Beraterstäbe, die über das notwendige Fachwissen verfügen, zurück, auf die sie sich im Zweifelsfalle berufen. Diese Berater sind nicht Adressaten der Strafvorschrift. Da den Organen bereits durch die Rechnungslegungsvorschriften umfangreiche Bewertungs- und Ermessensspielräume bei der Erstellung der Bilanz zur Verfügung stehen, ist damit zu rechnen, dass im Vorfeld zur Strafbarkeit von den vielfältigen zulässigen Möglichkeiten zur Bilanzierung Gebrauch gemacht wird.

19. Auswirkungen auf Mitglieder des Vorstands

792 Der Vorstand ist gem. § 78 AktG zur Vertretung der Gesellschaft nach innen und außen ermächtigt. Dies verpflichtet ihn auch zur Erstellung der Bilanz. Es ist daher konsequent, ihm dabei die erforderliche Sorgfalt zuzumuten. Weiterhin kann sich ein Vorstand von dem Verdacht der Leichtfertigkeit befreien, indem er jede Veröffentlichung und die ihnen zugrunde liegenden relevanten Sachverhalte vorab von einem unabhängigen Juristen prüfen lässt. Ein derartiges Vorgehen wäre geeignet, sowohl das Bedürfnis des Kapitalmarktes nach korrekter Information, als auch das des Vorstandsmitglieds nach Rechtssicherheit zu erfüllen, indem es den Nachweis der Einhaltung notwendiger Sorgfalt schafft.

20. Auswirkungen auf Mitglieder des Aufsichtsrates

793 Viele Aufsichtsräte sind in der Vergangenheit ihrer Kontrollfunktion trotz konkreter Warnhinweise nicht ausreichend nachgekommen. Als Gründe dafür gaben die Mitglieder der Aufsichtsräte zumeist an, dass sie keine Möglichkeit gehabt hätten, die Vorlagen zu überprüfen. Der Aufsichtsrat verfügt mittlerweile über ein reichendes Kompetenzen zur unabhängigen Prüfung der ihm vom Vorstand vorgelegten Informationen. Weitergehende Informations- und Prüfungsrechte zur ordnungsgemäßen Prüfung der Verhältnisse des Unternehmens erscheinen kaum möglich. Somit obliegt jedem Mitglied des Aufsichtsrats die Möglichkeit, sämtliche

---

[478] Entsprechend überrascht kommentierten die Verteidiger im EM.TV Prozess die Verurteilung nach § 400 AktG.

Vorwürfe zu überprüfen. Dies bedeutet aber auch, dass der Aufsichtsrat, der von seinen weit reichenden Informationsmöglichkeiten keinen Gebrauch macht, sich nicht mit dem Verweis auf die Fehlerhaftigkeit der ihm vom Vorstand vorgelegten Dokumente entlasten kann, da gerade die Kontrolle dieser Informationen seine Kernkompetenz darstellt. Somit wäre der Aufsichtsrat verpflichtet, alle Publikationen und Geschäftsabschlüsse eingehend zu prüfen, und zwar nicht nur auf mögliche Widersprüche, sondern auch die Richtigkeit und Plausibilität der zugrunde liegenden Sachverhalte. Auch dabei muss er gegebenenfalls durch Einschaltung eines unabhängigen Gutachters nachweisen, inwieweit er seiner Kontrollfunktion nachgekommen ist. Aus diesen Gründen ist zu erwarten, dass zeitnah die Strafbarkeit der Aufsichtsräte bei Leichtfertigkeit eingeführt werden wird.

21. Strafrechtliche Verantwortlichkeit des Prüfers

Gem. § 403 AktG macht sich strafbar, wer als Prüfer oder Gehilfe eines Prüfers über das Ergebnis der Prüfung falsch berichtet oder erhebliche Umstände im Prüfungsbericht verschweigt. Bislang sind keine Anklagen gegen Wirtschaftsprüfer in Deutschland bekannt geworden, selbst in den krassen Fällen Flowtex und ComRoad sind die Ermittlungen eingestellt worden. Diese deutsche Realität kann nur an den US amerikanischen Reaktionen auf die Fälle ENRON und Worldcom gemessen werden.

Das Lösungsbeispiel ENRON/Anderson zeigt nicht nur die zivilrechtliche Reaktion des anglo amerikanischen Rechtswesens: in der ersten gerichtlichen Auseinandersetzung setzten die Aktionäre von ENRON einen Schadensersatzanspruch durch, der praktisch das gesamte Vermögen der Wirtschaftsprüfungsgesellschaft auf die ENRON- Aktionäre übertrug. Sie bewies auch Wehrhaftigkeit: diese Entscheidung war gefährdet, weil im Bereich der WP-Gesellschaft Dokumente vernichtet worden waren, die den zuvor genannten Anspruch gestützt hätten und damit eine Vereitelung der Durchsetzung legitimer Ansprüche zu befürchten war. In einem zweiten, von der SEC durchgeführten Strafprozess, wurde Rest- Anderson als Unternehmen wegen Behinderung der Justiz strafrechtlich zu einer Geldstrafe verurteilt. Das Urteil kam einer finanziellen Todesstrafe gleich. Sowohl Zivil- als auch Strafverfahren gegen die verantwortlichen Personen sind vor US Gerichten anhängig.

Auch innerhalb des europäischen Binnenmarktes halten die deutschen zivilrechtlichen Haftungsregeln einem Vergleich mit dem englischen, französischen und italienischen Schadensersatzrecht nicht stand.[479] Auf die präventive Wirkung von Unternehmensstrafrecht wird in Deutschland gänzlich verzichtet.[480]

22. Verletzung der Berichtspflicht

§ 403 AktG
(1) Mit Freiheitsstrafe bis zu drei Jahren oder mit Geldstrafe wird bestraft, wer als Prüfer oder als Gehilfe eines Prüfers über das Ergebnis der Prüfung falsch berichtet oder erhebliche Umstände im Bericht verschweigt.
(2) Handelt der Täter gegen Entgelt oder in der Absicht, sich oder einen anderen zu bereichern oder einen anderen zu schädigen, so ist die Strafe Freiheitsstrafe bis zu fünf Jahren oder Geldstrafe.

Geschützes Rechtsgut ist das Vertrauen der Aktiengesellschaft, der Aktionäre, Mitarbeiter, Gläubiger sowie Dritter, die in Rechtsbeziehung zur Aktiengesellschaft stehen oder eine solche einzugehen beabsichtigen, in den vom Prüfer erstellten Prüfungsbericht.

Der objektive Tatbestand umfasst die Erstellung eines unrichtigen Prüfungsberichts oder das Verschweigen erheblicher Umstände durch einen Prüfer oder Gehilfen. Als Täter im Sinne des § 403 I AktG kommen sowohl Gründungsprüfer gem. §§ 33, 52 IV AktG und Sonderprüfer gem. §§ 143, 258 AktG, als auch ihre Gehilfen in Betracht. Die Strafbarkeit der Abschlussprü-

---

[479] *Heppe* WM 2003, 714 ff. und 753 ff.)
[480] Der Abschlußbericht einer vom Bundesjustizministerium eingesetzten Kommission zur Reform des strafrechtlichen Sanktionensystems in Deutschland (http://www.bmj.bund.de/images/10365.pdf) vom März 2000 lehnt die Einführung einer Unternehmenssanktionierung im Bereich des klassischen Unternehmensstrafrechts ab. Die Gesamtübersicht der weltweiten Entwicklung in den Kapitalmarktindustriestaaten bis 1999 ist nachzulesen in Hettinger, Hrsg., Reform des Sanktionenrechts, Baden-Baden, 2002. Zu beachten ist dabei auch die Regelung einiger Länder, die darauf abzielt, dass die Zumessung der Tagessatzhöhe bei Geldstrafen über eine Zwangshaftung des Unternehmens von den Einkommensverhältnissen abgekoppelt werden kann.

fer sowie Konzernabschlussprüfer richtet sich nach den §§ 316, 332 HGB. Gem. § 144 AktG in Verbindung mit § 323 HGB hat der Prüfer die Abschlüsse des Unternehmens zu prüfen. Gegenstand der Tathandlung ist der Prüfungsbericht. Dieser kann sich entweder auf die Gründungsprüfung gem. § 34 AktG oder auf die Sonderprüfung gem. § 142 ff. beziehen.

23. Bedeutung des Prüfauftrages

800   Der Wirtschaftsprüfer wird gem. § 1 I WPO öffentlich bestellt, und hat somit eine besondere Verantwortung inne. Er ist zur strikten wirtschaftlichen Neutralität verpflichtet (Verbot der Selbstprüfung, § 319 II Nr. 5 HGB). Obwohl das Ergebnis des Prüfungsberichtes eine entscheidende Bedeutung für das Urteil der Investoren und Anleger über die wirtschaftliche Lage des Unternehmens hat, beschränken sich Wirtschaftsprüfer allein auf die gesetzlichen Vorschriften und das Vertrauensverhältnis zu den zu prüfenden Unternehmen, ihre Auftraggeber. Einen Auftrag für den Prüfer systematisch nach Manipulationen zu suchen und das Vertrauen in die Funktionsfähigkeit des Kapitalmarktes zu rechtfertigen, sieht der Gesetzgeber nicht vor.

801   Bei der Gründungsprüfung richtet sich der Prüfungsumfang nach § 34 Abs. 1, 2, AktG. Adressaten des Prüfberichtes sind gem. § 34 Abs. 3 S. 1 AktG der Vorstand und das Registergericht. Die Sonderprüfung nach §§ 142 ff. AktG bestimmt sich nach dem bei der Bestellung des Sonderprüfers festgelegten Prüfungsgegenstand. Dafür kommen vor allem Vorgänge bei der Geschäftsführung sowie Maßnahmen bei der Kapitalbeschaffung und Tatsachen gem. § 145 Abs. 4 S. 2 AktG in Betracht, deren Bekanntwerden der Gesellschaft einen nicht unerheblichen Nachteil zufügen kann.

802   Die Tathandlung kann im unrichtigen Bericht über das Ergebnis der Prüfung oder im Verschweigen prüfungserheblicher Umstände liegen.

803   Unrichtig ist der Prüfungsbericht, wenn er von den Prüfungsfeststellungen abweicht. Eine Abweichung des Prüfungsberichts von der objektiven Wirklichkeit hingegen ist nicht beachtlich. Problematisch ist, dass die Richtigkeit des Prüfungsberichtes an der Vereinbarkeit der im Prüfungsprozess getroffenen Feststellungen, und nicht an der objektiven Wirklichkeit gemessen wird.

804   Die Übereinstimmung mit der objektiven Wirklichkeit sicherzustellen ist die Aufgabe der Organe der AG. Diese dürfen in Aufklärungen oder Nachweisen, die dem Prüfer zu geben sind, keine falschen Angaben machen, die Verhältnisse der Gesellschaft nicht unrichtig wiedergeben oder verschleiern (§ 400 Abs. 1 Nr. 2 AktG, § 331 Nr. 4 HGB). Durch die eigenständige Strafbarkeit einer Übermittlung falscher Daten kann sich der Prüfer bedingungslos auf deren Richtigkeit verlassen.

805   § 403 AktG erfordert das Verschweigen erheblicher Umstände. Umstände werden verschwiegen, wenn Sie im Prüfungsbericht keine Erwähnung finden. Erheblich sind die Umstände, auf die sich die Prüfungs- und Berichtspflicht erstreckt. § 403 AktG setzt als Begehungsform Vorsatz vor, dies beinhaltet auch bedingten Vorsatz.

24. Verantwortung des Wirtschaftsprüfers

806   Angesichts der Tatsache, dass der Berufsstand des Wirtschaftsprüfers sowie die aktienrechtliche Pflichtprüfung geschaffen wurden, um Bilanzdelikte zu verhindern, wird in Hinblick auf Fälle von Bilanzmanipulationen (WIBAU/SMH, COOP, Balsam, Flowtex, ComRoad, EM.TV, Holzmann) ist die gesetzliche, strafrechtlich abgesicherte Verpflichtung zu einer weiter gehenden Prüfung in den nächsten Finanzmarktförderungsgesetzen zu erwarten.

807   Die Prüfer haben durch ihren Einblick in die Bücher und ihrer Kommunikation mit dem Vorstand ein genaues Gespür für mögliche Risikofaktoren. Sie sind fachlich qualifiziert, ungetreuen Mitarbeitern bei Straftaten zum Nachteil des Gesellschaftsvermögens auf die Spur zu kommen. Daher erscheint es auch fachlich sinnvoll und angemessen das Wissen und die Erfahrung der Prüfer auch zielgerecht in Form einer systematischen Manipulationsprüfung zum Aufspüren von Bilanzdelikten einzusetzen und damit das von den Investoren eingeforderte Vertrauen zu rechtfertigen.

25. Verschwiegenheitspflicht des Wirtschaftsprüfers

Noch beschränkt die Verschwiegenheitspflicht des Prüfers die Wirkung des Testates auf die Vertrauenswürdigkeit des Kapitalmarktes. Gem. § 43 Abs. 1 WPO, § 323 HGB, § 203 Abs. 1 Nr. 3 StGB, § 404 AktG ist der Prüfer zur absoluten Verschwiegenheit verpflichtet. Wenn der Prüfer im Verlaufe seines Prüfungsauftrages die Ernstlichkeit der Lage oder eine den Fortbestand der Gesellschaft gefährdende Entwicklung erkennt, hat er Vorstand und Aufsichtsrat darüber zu informieren, nicht aber Behörden oder Anteilseigner. Ausnahmen bestehen gem. § 29 Abs. 2 KWG nur bei Unternehmen die der Bundesanstalt für Finanzdienstleistungsaufsicht oder gem. § 57 Abs. 1 VAG der Versicherungsaufsicht unterstehen.

Selbst eine erfolgreiche Prüfung wird keine Bilanzmanipulation verhindern können, wenn der Prüfer, der nicht gegenüber einer Finanzmarktaufsicht verpflichtet ist, an seine Verschwiegenheitspflicht aus §§ 333 HGB gebunden bleibt. Die Verschwiegenheitspflicht hat zur Folge, dass der Wirtschaftsprüfer, wie bisher, als schärfste Waffe im Verdachtsfall nur mit der Niederlegung seines Mandates die Erteilung eines Testates unter einen offensichtlich falschen Abschlussbericht vermeiden kann.[481] Daher erscheint es sinnvoll, den Prüfer generell in begründeten Verdachtsfällen von seiner Verschwiegenheitspflicht zu entbinden. Weiterhin besteht bei der uneingeschränkten Verschwiegenheitspflicht die Gefahr, dass Vorstände und Aufsichtsräte, wie im Fall Philipp Holzmann, auf die Verschwiegenheit des Wirtschaftsprüfers pochen, um die Entdeckung eigener Fehler zu verhindern. Andererseits können sich die Prüfer selbst, wie im Fall EM.TV, durch den Verweis auf ihre Verschwiegenheitspflicht kritischen Fragen Dritter entziehen. Darüber hinaus erscheint es wenig überzeugend, den Schutz von § 323 HGB auch auf gesetzeswidrige Tatbestände auszudehnen. Auch hier ist zu erwarten, dass der Gesetzgeber kurzfristig eine Anpassung an internationale Rechtsordnungen wagen wird.

26. Schlussbemerkung

Die Darstellung konzentriert sich auf materielle Inhalte, ohne auch nur ansatzweise den Anspruch auf Vollständigkeit im materiellrechtlichen Bereich erheben zu können. Die Verweise auf die aktuelle Entwicklung musste sich gerade im Abschnitt der Bilanzdelikte auf die öffentliche Berichterstattung aus der Wirtschaftspresse konzentrieren, da die Strafverfolgung und damit Verteidigungsnotwendigkeit nur in wenigen, jedoch spektakulären Strafverfahren Aufmerksamkeit erregt hat.

Die derzeit in Zusammenhang mit der Aufarbeitung vermutlicher krimineller Interventionen gierige Berichterstattung überdeckt die Tatsache, dass aktuell in dem Kapitalmarktbereich entsprechend der abgestürzten Kurse wenig Leben und damit auch wenig Reiz zu kriminellen Interventionen gegeben ist. Derzeit haben sich Investoren und Anleger zurückgezogen und damit haben auch die Grenzgänger das Interesse am Markt verloren. Es ist derzeit nichts zu holen. Mit entsprechender Zeitverschiebung hingegen werden Ansprüche an die Strafverfolger gestellt werden, möglicherweise aufgebaute Kapazitäten auch zu nutzen und Erfolge mit Statistiken zu belegen. Und als Benchmark werden die Vorgaben aus dem angloamerikanischen Rechtskreis bemüht werden. Aufgabe auch der Strafverteidigung wird es sein, mit Augenmass die Schwachstellen des Systems mit in die Verantwortung zu ziehen, die Verlagerung von Verantwortung auf den kleinen Marktteilnehmer nicht ohne Not zuzulassen und letztendlich auch einen Beitrag zur Regulierung eines Marktes zu leisten, dem in nicht allzu ferner Zeit die Sicherung der Altersversorgung unserer Gesellschaft (und auch des Versorgungswerkes) überantwortet werden wird.

---

[481] Im der Prüfung der ComRoad AG verstand der Wirtschaftsprüfer die fristlose Kündigung des Mandats als Signal an die Strafverfolgungsbehörde, tätig zu werden.

§ 23 Wettbewerbsrecht

Übersicht

	Rdnr.
I. Überblick	1–31
1. Das europäische Wettbewerbsrecht	4–19
a) Zielsetzung der Europäischen Gemeinschaft	5/6
b) Verhältnis des Gemeinschaftsrechts zu nationalem Recht	7–11
c) Einfluss des Gemeinschaftsrechts im Wettbewerbsrecht	12–19
2. Das internationale Wettbewerbsrecht	20–24
3. Das nationale Wettbewerbsrecht	25–31
a) Recht gegen unlauteren Wettbewerb	26–28
b) Gewerblicher Rechtsschutz und Urheberrecht	29–31
II. Mandatsführung und Verteidigungskonzeption	32–52
1. Die Mandatsaufnahme	33/34
2. Die Aufklärung des Mandanten	35–40
a) Ablauf des Verfahrens	36–38
b) Persönliche und wirtschaftliche Verhältnisse	39
c) Konsequenzen außerhalb des Verfahrens	40
3. Die Entwicklung einer Verteidigungskonzeption	41–52
a) Bestandsaufnahme	42–45
b) Klärung der Interessenlage	46–48
c) Festlegung des Verteidigungszieles	49–51
d) Verteidigertätigkeit	52
III. Straftaten in der Werbung	53–74
1. Die unwahre Werbung, § 16 Abs. 1 UWG	54–63
a) Täter	56
b) Objektiver Tatbestand	57–61
c) Subjektiver Tatbestand	62
d) Praktische Beispiele	63
2. Die progressive Kundenwerbung, § 16 Abs. 2 UWG	64–74
a) Täter	67
b) Objektiver Tatbestand	68–71
c) Subjektiver Tatbestand	72
d) Praktische Beispiele	73/74
IV. Verletzung von Geschäfts- oder Betriebsgeheimnissen	75–135
1. Das Geschäfts- oder Betriebsgeheimnis	79–83
2. Der Geheimnisverrat, § 17 Abs. 1 UWG	84–94
a) Täter	86
b) Objektiver Tatbestand	87–90
c) Subjektiver Tatbestand	91/92
d) Besonders schwerer Fall	93/94
3. Die Geheimnisverschaffung, § 17 Abs. 2 UWG	95–107
a) Täter	97
b) Das Ausspähen, Abs. 2 Nr. 1	98–100
c) Das Verwerten, Abs. 2 Nr. 2	101–104
d) Subjektiver Tatbestand	105
e) Besonders schwerer Fall	106/107
4. Die Verwertung von Vorlagen, § 18 UWG	108–114
a) Täter	110
b) Objektiver Tatbestand	111–113
c) Subjektiver Tatbestand	114
5. Das Verleiten und Erbieten zum Verrat, § 19 UWG	115–122
a) Täter	117
b) Objektiver Tatbestand	118–121
c) Subjektiver Tatbestand	122
6. Sonstige Vorschriften	123–135
a) Im Gesellschaftsrecht	124–126
b) Im StGB	127–134

c) Im Datenschutzrecht	135
V. Verletzung von gewerblichen Schutzrechten und Urheberrechten (Produkt- und Markenpiraterie)	136–257
1. Die Gemeinsamkeiten der Strafvorschriften nach dem Produktpirateriegesetz	140–146
2. Der Urheberschutz	147–177
a) Schutzgegenstand	149–151
b) Schutzvoraussetzung	152/153
c) Schutzumfang	154–156
d) Strafvorschriften	157–177
3. Der Markenschutz	178–213
a) Schutzgegenstand	181–185
b) Schutzvoraussetzung	186–193
c) Schutzumfang	194/195
d) Strafvorschriften	196–213
4. Der Patentschutz	214–223
a) Schutzgegenstand	215/216
b) Schutzvoraussetzung	217/218
c) Schutzumfang	219/220
d) Strafvorschrift	221–223
5. Der Gebrauchsmusterschutz	224–231
a) Schutzgegenstand	225/226
b) Schutzvoraussetzung	227/228
c) Schutzumfang	229
d) Strafvorschrift	230/231
6. Der Geschmacksmusterschutz	232–241
a) Schutzgegenstand	233/234
b) Schutzvoraussetzung	235–237
c) Schutzumfang	238
d) Strafvorschrift	239–241
7. Der Halbleiterschutz	242–249
a) Schutzgegenstand	243/244
b) Schutzvoraussetzung	245/246
c) Schutzumfang	247
d) Strafvorschrift	248/249
8. Der Sortenschutz	250–257
a) Schutzgegenstand	251
b) Schutzvoraussetzung	252/253
c) Schutzumfang	254
d) Strafvorschrift	255–257
VI. Besonderheiten im Verfahren	258–285
1. Die Straftaten in der Werbung	259–261
2. Die Verletzung von Geschäfts- oder Betriebsgeheimnissen	262–269
a) Verfolgung auf Antrag	263/264
b) Verfolgung von Amts wegen	265/266
c) Geheimhaltung von Geheimnissen im Verfahren	267
d) Auslandstaten	268
e) Verjährung	269
3. Die Verletzung von gewerblichen Schutzrechten und Urheberrechten	270–285
a) Verfolgung auf Antrag	271–273
b) Verfolgung von Amts wegen	274/275
c) Einziehung und Verfall	276–278
d) Grenzbeschlagnahme	279–281
e) Öffentliche Bekanntmachung	282–284
f) Verjährung	285
VII. Beratungsschwerpunkte für den Strafverteidiger	286–298
1. Was bedeutet das (besondere) öffentliche Interesse an der Strafverfolgung?	287–290
2. Wie ist die Stellung des Geschädigten im Verfahren?	291–294
3. Wie kann ich vorgreifliche Rechtsfragen bei Schutzrechtsverletzungen gerichtlich klären lassen?	295–297
4. Wie kann ich „meinen" Sachverständigen ins Verfahren einbringen?	298
VIII. Checklisten	299–301
1. Straftaten in der Werbung	299
2. Die Verletzung von Geschäfts- oder Betriebsgeheimnissen	300
3. Die Verletzung von gewerblichen Schutzrechten und Urheberrechten	301

Schrifttum: *Baumbach/Hefermehl*, Wettbewerbsrecht, 23. Aufl. 2003; *Bayreuther*, Zum Verhältnis zwischen Arbeits-, Urheber- und Arbeitnehmererfindungsrecht, GRUR 2003, 570 ff.; *Benkard*, Patentgesetz, 9. Aufl. 1993; *Berger*, Urheberrechtliche Erschöpfungslehre und digitale Informationstechnologie, GRUR 2002, 198; *Berlit*, Das neue Geschmacksmustergesetz, GRUR 2004, 635 ff.; *Busse*, Patentgesetz mit Gebrauchsmustergesetz und Halbleiterschutzgesetz, 6. Aufl. 2003; *Calliess/Ruffert*, Kommentar zu EU-Vertrag und EG-Vertrag, 2. Aufl. 2002; *Dannecker*, Der Schutz von Geschäfts- und Betriebsgeheimnissen, BB 1987, 1614; *Dreyer/Kotthoff/Meckel*, Urheberrecht, 2004; *Eichmann/v.Falckenstein*, Geschmacksmustergesetz, 3. Aufl. 2005; *Endriß*, Strafbare Werbung beim Vertrieb von Zeitschriften, wistra 1989, 90 ff.; *ders.*, Nochmals: Strafbare Werbung beim Vertrieb von Zeitschriften, wistra 1990, 335 ff.; *Fezer*, Markenrecht, 3. Aufl. 2001; *ders.*, Erste Grundsätze des EuGH zur markenrechtlichen Verwechslungsgefahr, NJW 1998, 713 ff.; *Fromm/Nordemann*, Kommentar zum Urhenberrecht und Urheberrechtswahrnehmungsgesetz, 9. Aufl. 1998; *Ganter*, Strafrechtliche Probleme im Urheberrecht, NJW 1986, 1479; *von Gravenreuth*, Strafverfahren wegen Verletzung von Patenten, Gebrauchsmustern, Warenzeichen oder Urheberrechten, GRUR 1983, 349 ff.; *von der Groeben/Schwarze*, Kommentar zum Vertrag über die Europäische Union und zur Gründung der Europäischen Gemeinschaft, 6. Aufl. 2003; *Harte-Bavendamm/Henning-Bodewig*, Gesetz gegen den unlauteren Wettbewerb, 2004; *Hasselblatt* (Hrsg.), Münchener Anwaltshandbuch Gewerblicher Rechtsschutz, 2. Aufl. 2005; *Henning-Bodewig*, Das neue Gesetz gegen den unlauteren Wettbewerb, GRUR 2004, 713 ff.; *Husmann*, Die Beleidigung und die Kontrolle öffentlichen Interesses an der Strafverfolgung, MDR 1988, 727 ff.; *Keukenschrijver*, Sortenschutzgesetz, 2001; *Köhler/Piper*, Gesetz gegen den unlauteren Wettbewerb, 3. Aufl. 2002; *Kock/Porzig/Willnegger*, Schutz von pflanzenbiotechnologischen Erfindungen, GRUR Int. 2005, 183 ff.; *Kragler*, Das Strafverfahren wegen privater Wirtschaftsspionage; ausgewählte Fragen zur strafprozessualen Problematik von Verfahren nach §§ 17 ff.UWG, wistra 1983, 1 ff.; *Kraßer*, Patentrecht, 5. Aufl. 2004; *Kröpil*, Gerichtliche Überprüfung des von der Staatsanwaltschaft bejahten öffentlichen und besonderen öffentlichen Interesses, DRiZ 1986, 19 ff.; *Lauber/Schwipps*, Das Gesetz zur Regelung des Urheberrechts in der Informationsgesellschaft, GRUR 2004, 293 ff.; *Lenz/Borchardt*, Kommentar zum EU- und EG-Vertrag, 3. Aufl. 2003; *Loth*, Gebrauchsmustergesetz, 2001; *Lührs*, Verfolgungsmöglichkeiten im Fall der „Produktpiraterie" unter besonderer Betrachtung der Einziehungs- und Gewinnabschöpfungsmöglichkeiten (bei Ton-, Bild- und Computerprogrammträgern), GRUR 1994, 264 ff.; *Mes*, Kommentar zum Patentgesetz und Gebrauchsmustergesetz, 1997; *Olenhusen*, Der Urheber- und Leistungsrechtsschutz der arbeitnehmerähnlichen Personen, GRUR 2002, 11; *Otto*, Anmerkung zu BGH vom 22.10.1997 (§ 6 c UWG), wistra 1998, 227; *Rittner*, Wettbewerbs- und Kartellrecht, 6. Aufl. 1999; *Rose*, Verkaufswerbung mit (unzutreffenden) Gewinnversprechen, wistra 2002, 370 ff.; *Roth*, Die richtlinienkonforme Auslegung, EWS 2005, 385; *Salger/Breitfeld*, Regelungen zum Schutz von betrieblichem Know-how – die Sicherung von Geschäfts- und Betriebsgeheimnissen, BB 2005, 154 ff.; *Schack*, Urheber- und Urhebervertragsrecht, 3. Aufl. 2005; *Sieber*, Urheberrechtliche und wettbewerbsrechtliche Erfassung der unbefugten Softwarenutzung, BB 1981, 1547 ff.; *Stickelbrock*, Die Zukunft der Privatkopie im digitalen Zeitalter, GRUR 2004, 736 ff.; *Wandtke/Ohst*, Zur Reform des Geschmacksmustergesetzes, GRUR Int. 2005, 91 ff.; *Wegner*, Reform der „progressiven Kundenwerbung" (§ 6 c UWG), wistra 2001, 171; *Welser*, Die neue europäische Produktpiraterieverordnung, EWS 2005, 202 ff.; *Wuesthoff/Leßmann/Wendt*, Kommentar zum Sortenschutzgesetz, 2. Aufl. 1990.

I. Überblick

1 Was unter Wettbewerb zu verstehen ist, ist weder juristisch noch wirtschaftswissenschaftlich eindeutig definiert. Nach allgemeinem Verständnis entsteht Wettbewerb jedenfalls dort, wo mindestens zwei Personen im gleichen Zusammenhang mit einander konkurrieren. Im marktwirtschaftlichen Sinne ist **Wettbewerb** als Wettstreit zwischen verschiedenen Anbietern auf einem Markt zu verstehen, als ein von dem Bemühen der Marktteilnehmer gekennzeichneter Prozess, sich in Verfolgung eines gleichen Ziels einen Vorsprung vor dem jeweiligen Konkurrenten zu sichern oder zumindest mit ihm gleichzuziehen. Die Wettbewerber versuchen durch eine Verbesserung ihres Leistungsangebots vor ihren Konkurrenten Nachfrage am Markt zu gewinnen und ihre unternehmerischen Ziele zu verwirklichen. Als Aktionsparameter stehen dabei Preis, Qualität, Service, Lieferfristen, Sortimentsvielfalt etc. und vor allem Innovation zur Verfügung, über die ein Wettbewerbsvorsprung begründet werden kann. Der Unternehmer, der durch einen Vorsprung seines Konkurrenten in seiner Wettbewerbsposition gefährdet ist, muss seinerseits mit einer Verbesserung seines Angebots reagieren. Auf dieser Basis dient ein funktionierender Wettbewerb der optimierten Versorgung des Marktes ohne staatliche Lenkung. Er führt zu fairer Preisbildung und optimaler Verwendung von Ressourcen, er fördert Innovation und Qualität.

2 Ein in diesem Sinne funktionierender Wettbewerb kann allerdings nur dann zustande kommen, wenn hierfür gewisse Mindestregeln bestehen und eingehalten werden. Diese Regeln fest-

zulegen ist Aufgabe des **Wettbewerbsrechts**. Es dient der Regulierung des Wettbewerbs zwischen den Marktteilnehmern und hat den freien und fairen Leistungswettbewerb zum Ziel. Es hat dem Einsatz von Mitteln, die im Wettbewerb zur Verbesserung der eigenen Marktposition eingesetzt werden, Schranken zu setzen, soll Monopole verhindern und volkswirtschaftliche Stabilität schaffen. Entsprechend hat das Wettbewerbsrecht im wesentlichen zwei Aufgaben zu erfüllen. Zum einen ist der Wettbewerb vor unlauterem Verhalten der Wettbewerber zu schützen, zum anderen die Freiheit des Wettbewerbs zu sichern. Entsprechend ist das Wettbewerbsrecht der Oberbegriff für

- das **Recht gegen den unlauteren Wettbewerb**, das dem Schutz vor unlauteren Wettbewerbshandlungen dient (klassisches Wettbewerbsrecht),
- und das **Recht gegen Wettbewerbsbeschränkungen**, das den freien und funktionsfähigen Wettbewerb sichern soll (Kartellrecht).

In diesem Kapitel sollen unter rein strafrechtlichen Gesichtspunkten ausgewählte Bereiche aus dem Recht gegen den unlauteren Wettbewerb erörtert werden, wie auch aus dem gewerblichen Rechtsschutz und dem Urheberrecht, die zwar nicht zum klassischen Wettbewerbsrecht zu zählen sind, aber durchaus eine sachliche Nähe zu diesem Rechtsgebiet besitzen.[1] Vorschriften finden sich in diesem Zusammenhang nicht nur auf nationaler Ebene, sondern mit teilweise unmittelbarer Geltung in der Bundesrepublik Deutschland auch auf europäischer Ebene. Nicht zuletzt die zunehmende Bedeutung des Gemeinschaftsrechts für die nationale Rechtsanwendung macht es unerlässlich, zumindest in einem Überblick auf den Inhalt der europäischen Wettbewerbsordnung, das grundsätzliche Verhältnis des europäischen zum nationalen Recht sowie auf Art und Umfang der Einflussnahme europäischen Rechts einzugehen. Im übrigen sollen die für die Bearbeitung wettbewerbsrechtlicher Fälle gegebenenfalls maßgebenden internationalen Abkommen im Überblick angesprochen werden.

1. Das europäische Wettbewerbsrecht

Die europäische Gemeinschaft hat in dem Bemühen um Vereinheitlichung einzelstaatlichen Rechts eine **europäische Wettbewerbsordnung** geschaffen und in Verwirklichung elementarer Grundsätze gemeinsamer Wirtschaftspolitik im Sinne einer offenen Marktwirtschaft mit freiem Wettbewerb Regeln für die Grundfreiheiten grenzüberschreitender Wirtschaftsbeziehungen aufgestellt, die maßgeblichen Einfluss auf nationales Recht gewonnen haben. Zwar sieht das europäische Recht supranationale Sanktionen für Zuwiderhandlungen im Wettbewerb nach wie vor ausschließlich im Recht gegen Wettbewerbsbeschränkungen (Kartellrecht)[2] vor, jedoch wirkt sich das europäische Regelwerk nicht zuletzt in Auslegung nationalen Rechts auch auf die strafrechtliche Beurteilung von Verletzungshandlungen im Wettbewerbsrecht aus.

a) **Zielsetzung der Europäischen Gemeinschaft.** Mit den Gründungsverträgen der Europäischen Gemeinschaften, der im Jahr 1951 begründeten Europäischen Gemeinschaft für Kohle und Stahl (EGKS), der im Jahr 1957 gegründeten Europäischen Atomgemeinschaft (EURATOM) und Europäischen Wirtschaftsgemeinschaft (EWG), haben die Mitgliedstaaten ein **autonomes Rechtssystem** mit einheitlicher und unmittelbarer Geltung in allen Mitgliedstaaten und Vorrang vor nationalen Rechtsvorschriften entwickelt. Bereits mit diesen Verträgen waren die Grundsätze eines europäischen Wettbewerbsrechts geschaffen worden. So hatte der nationale Gesetzgeber mit Ratifizierung des Vertrages zur Gründung der Europäischen Wirtschaftsgemeinschaft zusammen mit den übrigen Mitgliedstaaten Aufgaben und Ziele der Europäischen Gemeinschaft in der Wirtschaftspolitik verbindlich festgelegt.

Nach Art. 2 FWGV war[3] es unter anderem auch Aufgabe der Gemeinschaft, durch die Errichtung eines gemeinsamen Marktes und einer Wirtschafts- und Währungsunion eine harmonische, ausgewogene und nachhaltige Entwicklung des Wirtschaftslebens, ein beständiges, nichtinflationäres Wachstum, einen hohen Grad von Wettbewerbsfähigkeit und Konvergenz

---

[1] Zum Recht gegen Wettbewerbsbeschränkungen siehe § 26 Kartellrecht.
[2] Siehe hierzu § 26 Kartellrecht.
[3] Vertrag zur Gründung der Europäischen Wirtschaftsgemeinschaft (EWGV) vom 25.3.1957 (BGBl. II 1957 S. 766).

der Wirtschaftsleistungen zu fördern. In Art. 3 lit. c FWGV hatte sich die Gemeinschaft verpflichtet, einen Binnenmarkt zu schaffen, der durch die Beseitigung der Hindernisse für den freien Waren-, Personen-, Dienstleistungs- und Kapitalverkehr zwischen den Mitgliedstaaten gekennzeichnet ist. Darüber hinaus war mit Art. 3 Abs. 1 lit. g EWGV bestimmt, dass die Europäische Gemeinschaft den Wettbewerb innerhalb des Binnenmarktes vor Verfälschungen zu schützen hat. Dieser Schutzauftrag bezieht sich nicht nur auf Wettbewerbsverfälschungen, die durch Kartellbildung entstehen, sondern auch auf solche, die in unlauterem Wettbewerbshandeln begründet sind.[4] Insgesamt hatten sich die Mitgliedstaaten nach Art. 4 Abs. 1 EWGV damit auf den **Grundsatz einer offenen Marktwirtschaft mit freiem Wettbewerb** verständigt. Ergänzt wurden diese bereits mit den Gründungsverträgen festgeschriebenen Grundsätze durch den Maastricht-Vertrag[5] über die Europäische Union dahin, dass sich die Europäische Union die Förderung des wirtschaftlichen und sozialen Fortschritts und eines hohen Beschäftigungsniveaus sowie die Herbeiführung einer ausgewogenen und nachhaltigen Entwicklung zum Ziel gesetzt hat. Auf dieser gemeinsamen Zielsetzung basiert die gesamte europäische Wettbewerbsordnung.

7 **b) Verhältnis des Gemeinschaftsrechts zu nationalem Recht.** Grundsätzlich haben die Normen der Europäischen Gemeinschaft **unmittelbare Gültigkeit** im Gebiet der einzelnen Mitgliedstaaten.[6] Dies ermöglicht jedem Bürger der Europäischen Union, sich hierauf auch vor Gericht zu berufen. Des weiteren haben Normen des Gemeinschaftsrechts im Konfliktfall grundsätzlich **Vorrang** vor dem jeweiligen nationalen Recht.[7] Das Gemeinschaftsrecht hat im übrigen einheitliche Geltung in allen Mitgliedstaaten, die gem. Art. 10 EGV zur Gemeinschaftstreue verpflichtet sind. Lediglich dann, wenn ein Rechtsbereich durch europäische Vorschriften nicht abschließend geregelt ist, bleibt das nationale Recht maßgebend.

8 Grundsätzlich lässt sich das Gemeinschaftsrecht in primäres und sekundäres Recht unterteilen. Unter **primärem Gemeinschaftsrecht** versteht man die Gründungsverträge der Europäischen Gemeinschaft einschließlich der zwischenzeitlichen Änderungen und Ergänzungen, die für sämtliche Mitgliedstaaten im beschriebenen Sinne unmittelbar geltendes Recht enthalten. Das **sekundäre Gemeinschaftsrecht** ist aus der primärrechtlich begründeten Rechtsetzungsbefugnis der Europäischen Gemeinschaft abgeleitet. Auf dieser Ebene wirken die Gemeinschaftsorgane nach Art. 249 EGV mit Erlass von Verordnungen, Richtlinien und Entscheidungen auf nationales Recht im Sinne einer Harmonisierung zwischen den Mitgliedstaaten ein.

9 **Verordnungen** sind als abstrakt-generelle Rechtssätze allgemein verbindlich und haben unmittelbare Geltung in jedem Mitgliedstaat.[8] Sie binden Gerichte, Behörden und Einzelpersonen in gleicher Weise. Eine Umsetzung in nationales Recht ist nicht erforderlich. **Richtlinien** hingegen sind für die betroffenen Mitgliedstaaten nur hinsichtlich des zu erreichenden Ziels verbindlich.[9] Der betroffene Mitgliedstaat hat die Richtlinie in nationales Recht umzusetzen. In der Wahl der Form und der Mittel ist er frei. Das einer Richtlinie angepasste Recht ist nationales Recht des Mitgliedstaates. Das einer Richtlinie widersprechende nationale Recht darf auch bei fehlender Umsetzung nicht zum Nachteil eines Betroffenen angewendet werden,[10] wenn auch die Richtlinie selbst für den Einzelnen kein unmittelbar geltendes Recht ist, das für ihn Verpflichtungen begründen kann.[11] Von den nationalen Gerichten sind Richtlinien auch ohne Umsetzung in nationales Recht anzuwenden, soweit ihr Inhalt eindeutig und die dem nationa-

---

[4] Groeben/Schwarze/*Zuleeg* Art. 3 Rdnr. 8.
[5] Maastricht-Vertrag über die Europäische Union (EUV) vom 7.2.1992 (BGBl. II 1992 S. 1253), zuletzt geändert mit dem Amsterdamer Vertrag vom 2.10.1997 (BGBl. 1998 II S. 386), in Kraft getreten am 1.5.1999 (BGBl. 1999 II S. 416).
[6] Grundlegend hierzu EuGH vom 5.2.1963 – Algemene Transport Rs. 26/62 – Slg. 1963, 1, 24 f.; EuGH 1969 vom 13.2.1969 – Walt gegen Bundeskartellamt Rs. 14/68 – Slg. 1969, 1, 14 Rdnr. 5.
[7] Vgl. hierzu EuGH vom 13.2.1969 – Walt/Bundeskartellamt, Rs. 14/68 – Slg. 1969, 1, 14 Rdnr. 5; im übrigen BVerfG in BVerfGE 37, 271, 279; BVerfGE 73, 339, 374 ff.; BVerfG NJW 1987, 577, 580.
[8] *Calliess/Ruffert* Art. 249 Rdnr. 41.
[9] Art. 249 Abs. 3 EGV.
[10] BVerwG RIW 1985, 143, 144.
[11] Vgl. u. a. EuGH v. 4.12.1997 – Daihatsu Deutschland Rs. C-97/96 –Slg. 1997, 6843, 6865 Rdnr. 24.

len Gesetzgeber gesetzte Frist abgelaufen ist.[12] Ständiger Rechtsprechung des EuGH entspricht es im übrigen, dass die mitgliedstaatlichen Gerichte zu richtlinienkonformer Auslegung nationalen Rechts verpflichtet sind.[13]

> **Praxistipp:**
> Eine Richtlinie kann für sich allein und unabhängig von zu ihrer Durchführung erlassenen innerstaatlichen Rechtsvorschriften eines Mitgliedstaats nicht die Wirkung haben, die strafrechtliche Verantwortlichkeit eines Angeklagten festzulegen oder zu verschärfen.[14]

Entscheidungen und **Beschlüsse** sind verbindliche Rechtsakte des Gemeinschaftsrechts für Einzelfälle, die unmittelbare Wirkung nur für die Betroffenen haben.[15] Sie bedürfen keiner nationalen Umsetzungsmaßnahme. Bei **Empfehlungen**, mit denen dem Adressaten bestimmte Verhaltensweisen nahegelegt werden, und **Stellungnahmen**, mit denen regelmäßig eine sachverständige Meinungsäußerung verbunden ist, handelt es sich um unverbindliche Handlungen der Kommission, die allerdings die nationalen Gerichte bei Entscheidungsfindung zu berücksichtigen haben.[16]

Wichtig ist in diesem Zusammenhang, dass einzelstaatliche Gerichte grundsätzlich zu **gemeinschaftskonformer Auslegung nationalen Rechts** verpflichtet sind.[17] Um widersprüchlicher Auslegung vorzubeugen bestimmt Art. 234 EGV, dass der EuGH über die Auslegung des EGV und gegebenenfalls geschaffenes Sekundärrecht vorab entscheidet und ein einzelstaatliches Gericht bei notwendiger Klärung von Auslegungsfragen zur Vorlage verpflichtet ist, wenn dessen Entscheidung nicht mehr durch innerstaatliche Rechtsmittel angegriffen werden kann. Damit ist dem **EuGH ein Auslegungsmonopol** für das Gemeinschaftsrecht übertragen, das weitreichende, die nationale Rechtsanwendung mitbestimmende Bedeutung hat. Auch im nationalen Strafverfahren kann es deshalb durchaus angeraten sein, sich gegebenenfalls mit einschlägigen europäischen Bestimmungen und deren Auslegung durch die europäische Gerichtsbarkeit zu befassen.

c) **Einfluss des Gemeinschaftsrechts im Wettbewerbsrecht.** Das primäre EG-Wettbewerbsrecht wirkt vor allem über die Zielbestimmung in Art. 3 lit. g EGV und die Vorschriften zum Schutz des freien Warenverkehrs nach Art. 28 ff. EGV sowie des Dienstleistungsverkehrs nach Art. 49 ff. EGV auf das nationale Wettbewerbsrecht ein. Im übrigen existiert primäres EG-Wettbewerbsrecht nur auf dem Gebiet des Rechts gegen Wettbewerbsbeschränkungen, dem in Art. 81 ff. EGV geregelten Kartellrecht und dem in Art. 87 ff. EGV geregelten Recht staatlicher Beihilfen. Ausschließlich in diesem Zusammenhang kennt das Gemeinschaftsrecht auch eigene, supranationale Sanktionstatbestände.[18] Darüber hinaus finden sich allerdings durch sekundäre Rechtssetzungsakte Einwirkungen des Gemeinschaftsrechts auf das nationale Wettbewerbsrecht, die mittelbar auch für die strafrechtliche Beurteilung von Verletzungshandlungen bedeutsam werden können. Im folgenden sind einige wesentliche Rechtssetzungsakte, aufgegliedert nach den hier interessierenden Rechtsgebieten, angeführt.

aa) Allgemeines Wettbewerbsrecht
- Richtlinie 84/450/EWG des Rates zur Angleichung der Rechts- und Verwaltungsvorschriften der Mitgliedstaaten über irreführende Werbung vom 10.9.1984 (IrreführungsRL)[19]

---

[12] EuGH v. 5.4.1979 – Ratti Rs. 148/78 – Slg. 1979, 1629, 1645 Rdnr. 43 f.; BVerfG NJW 1988, 1459, 1460; BGH GRUR 1993, 825, 826 – Dos.
[13] EuGH v. 25.2.1999 – Carbonari Rs. C-131)/97 – Slg. 1999, 1103, 1134 Rdnr. 48; siehe hierzu auch *Roth* EWS 2005, 385.
[14] EuGH v. 3.5.05 – Berlusconi EWS 2005, 270.
[15] EuGH v. 6.10.1970 – Grad/Finanzamt Traunstein Rs. 9/70 – Slg. 1970, 825, 838 Rdnr. 6 ff.
[16] EuGH RIW 1991, 346 f – Grimaldi.
[17] Lenz/*Borchardt* Art. 234 Rdnr. 1.
[18] Siehe hierzu § 26 Kartellrecht.
[19] ABl. EG 1984 Nr. L 250/17.

- Richtlinie 97/55/EG des Europäischen Parlaments und des Rates zur Änderung der Richtlinie 84/450/EWG über irreführende Werbung zwecks Einbeziehung der vergleichenden Werbung vom 6.10.1997[20]
- Richtlinie 2000/31/EG des Europäischen Parlaments und des Rates über bestimmte rechtliche Aspekte der Dienste der Informationsgesellschaft, insbesondere des elektronischen Geschäftsverkehrs, im Binnenmarkt vom 8.6.2000 (E-Commerce-RL)[21]
- Richtlinie 2002/58/EG des Europäischen Parlaments und des Rates über die Verarbeitung personenbezogener Daten und den Schutz der Privatsphäre in der elektronischen Kommunikation (DatenschutzRL)[22]
- Richtlinie 2004/48/EG des Europäischen Parlaments und des Rates zur Durchsetzung der Rechte des geistigen Eigentums[23]
- Richtlinie 2005/29/EG des Europäischen Parlaments und des Rates über unlautere Geschäftspraktiken[24]

bb) Urheberrecht

14
- Richtlinie 91/250/EWG des Rates über den Rechtsschutz von Computerprogrammen vom 14.5.1991[25] (Diese Richtlinie hat der nationale Gesetzgeber mit Einfügung der §§ 69 a ff.in das UrhG umgesetzt)
- Richtlinie 93/98/EWG des Rates zur Harmonisierung der Schutzdauer des Urheberrechts und bestimmter verwandter Schutzrechte vom 29.10.1993[26]
- Richtlinie 96/9/EG des Europäischen Parlaments und des Rates über den rechtlichen Schutz von Datenbanken vom 11.3.1996 (DatenbankRL)[27] (Diese Richtlinie hat zur Erstreckung urheberrechtlichen Schutzes auf Datenbanken nach §§ 87 a ff.UrhG geführt)
- Richtlinie 2001/29/EG des Europäischen Parlaments und des Rates zur Harmonisierung bestimmter Aspekte des Urheberrechts und der verwandten Schutzrechte in der Informationsgesellschaft vom 22.5.2001 (HarmonisierungsRL)[28] (Diese Richtlinie war Basis für die 2003 begonnene Novellierung des UrhG)

cc) Markenrecht

15
- Erste Richtlinie 89/104/EG des Rates zur Angleichung der Rechtsvorschriften der Mitgliedstaaten über die Marken vom 21.12.1988 (MarkenRL)[29] (Die Umsetzung dieser Richtlinie in nationales Recht hat zum Markenrechtsreformgesetz vom 25.10.1994 geführt)
- VO (EWG) Nr. 2081/92 des Rates zum Schutz von geographischen Angaben und Ursprungsbezeichnungen für Agrarerzeugnisse und Lebensmittel vom 14.7.1992 (Geograph-AngabenVO)[30]
- VO (EG) Nr. 40/94 des Rates über die Gemeinschaftsmarke vom 20.12.1993 (GMV)[31]
- VO (EG) Nr. 3295/94 über Maßnahmen, welche das Verbringen von Waren, die bestimmte Rechte am geistigen Eigentum verletzen, in die Gemeinschaft sowie ihre Ausfuhr und Wiederausfuhr aus der Gemeinschaft betreffen vom 22.12.1994 (VerbringungsVO)[32]

dd) Patentrecht

16
- Richtlinie 98/44/EG des Europäischen Parlaments und des Rates über den rechtlichen Schutz biotechnologischer Erfindungen vom 6.7.1998 (BiotechnologieRL)[33]

---

[20] ABl. EG 1997 Nr. L 290/18.
[21] ABl. EG 2000 Nr. L 178/1.
[22] ABl. EG 2002 Nr. L 201/37.
[23] ABl. EG 2004 Nr. L 157/45.
[24] ABl. EG 2005 Nr. L 149/22.
[25] ABl. EG 1991 Nr. L 122/42.
[26] ABl. EG 1993 Nr. L 290/9.
[27] ABl. EG 1996 Nr. L 77/20.
[28] ABl. EG 2001 Nr. L 167/10.
[29] ABl. EG 1989 Nr. L 40/1.
[30] ABl. EG 1992 Nr. L 208/1, zuletzt geändert durch Beitrittsakte 16.4.2003 (ABl. EG 2003 Nr. L 236/33).
[31] ABl. EG 1994 Nr. L 11/1, zuletzt geändert durch VO vom 19.2.2004 (ABl. EG 2004 Nr. L 70/1).
[32] ABl. EG 1994 Nr. L 341/8, zuletzt geändert durch VO vom 14.4.2003 (ABl. EG 2003 Nr. L 122/1).
[33] ABl. EG 1998 Nr. L 213/13.

ee) Geschmacksmusterrecht
- Richtlinie 98/71/EG des Europäischen Parlaments und des Rates über den rechtlichen Schutz von Mustern und Modellen vom 13.10.1998 (GeschmacksmusterRL)[34]
- VO (EG) Nr. 6/2002 des Rates vom 12.12.2001 über das Gemeinschaftsgeschmacksmuster (GemeinschaftsgeschmacksmusterVO)[35]

ff) Halbleiterschutz
- Richtlinie 87/54/EWG des Rates über den Rechtsschutz der Topographien von Halbleitererzeugnissen vom 16.12.1986[36]

gg) Sortenschutz
- VO (EG) Nr. 2100/94 des Rates über den gemeinschaftlichen Sortenschutz vom 27.7.1994[37]

2. Das internationale Wettbewerbsrecht

Eine Reihe multilateraler Abkommen prägen das Bild des internationalen Wettbewerbsrechts, die, unterteilt nach den in diesem Kapitel erörterten Themen, nachfolgend aufgelistet sind und gegebenenfalls mit weiterführender Literatur näher ergründet werden müssen.

aa) Urheberrecht
- Nach der Berner Übereinkunft (BÜ) aus dem Jahr 1886 in der revidierten Fassung vom 24.7.1971[38] ist jeder Angehörige eines Verbandsstaates in den Mitgliedstaaten als Urheber wie ein Inländer zu behandeln.
- Nach der Übereinkunft von Montevideo[39] aus 1889 wird der Urheber eines literarischen und künstlerischen Werkes in den Vertragsstaaten wie ein Inländer geschützt.
- Das Welturheberrechtsabkommen (WUA)[40] vom 6.9.1952 verpflichtet die Mitgliedstaaten, Urhebern bestimmte Mindestrechte zu gewähren.
- Nach dem Rom-Abkommen[41] von 1961 ist eine Inländerbehandlung von ausübenden Künstlern, Herstellern von Tonträgern und Sendeunternehmen für die Vertragsstaaten geregelt.
- Das Tonträgerpiraterie-Übereinkommen (TPÜ)[42] aus 1971 sichert einen Schutz für Hersteller von Tonträgern vor Vervielfältigung.

bb) Markenrecht
- Das Madrider Abkommen (MMA)[43] aus dem Jahr 1891 ermöglicht den Angehörigen der Verbandsstaaten die internationale Registrierung von Marken.
- Mit einem weiteren Madrider Abkommen (MHA)[44] ebenfalls aus 1891 sind die Voraussetzungen einer Beschlagnahme für die Vertragsstaaten geregelt.
- Durch den Markenrechtsvertrag (Trade Law Treaty-TLT)[45] aus 1954 ist die internationale Registrierung bestimmter Marken geregelt.

---

[34] ABl. EG 1998 Nr. L 289/28.
[35] ABl. EG 2002 Nr. L 3/1.
[36] ABl. EG 1987 Nr. L 24/36.
[37] ABl. EG 1994 Nr. L 227/1, geändert durch VO vom 25.10.1995 (ABl. EG 1995 Nr. L 258/3).
[38] Berner Übereinkunft zum Schutz von Werken der Literatur und Kunst vom 9.9.1886, rev. zuletzt in Paris am 24.7.1971 (BGBl. II 1973 S. 1071, 1985 II S. 81).
[39] Übereinkunft von Montevideo betreffend den Schutz von Werken der Literatur und Kunst vom 11.1.1889 (RGBl. II 1927 S. 95).
[40] Welturheberrechtsabkommen vom 6.9.1952, rev. in Paris am 24.7.1971 (BGBl. II 1973 S. 1111).
[41] Internationales Abkommen über den Schutz der ausübenden Künstler, der Hersteller von Tonträgern und der Sendeunternehmen vom 26.10.1961 (BGBl. II 1965 S. 1245).
[42] Übereinkommen zum Schutz der Hersteller von Tonträgern gegen die unerlaubte Vervielfältigung ihrer Tonträger vom 29.10.1971 (BGBl. II 1973 S. 1669).
[43] Madrider Abkommen über die internationale Registrierung von Marken vom 14.4.1891 i. d. F. von Stockholm vom 14.7.1967 (BGBl. 1970 II S. 418).
[44] Madrider Abkommen über die Unterdrückung falscher oder irreführender Herkunftsangaben vom 14.4.1891, revidiert am 31.10.1958 (BGBl. II 1961 S. 2903).
[45] Markenrechtsvertrag vom 27.10.1954 (BGBl. II 2002 S. 174).

- Im Rahmen des Nizzaer Klassifikationsabkommen (NKA)[46] aus 1967 haben die Vertragsstaaten eine Klassifikation von Waren und Dienstleistungen von Marken vorgenommen.

cc) Patentrecht

23
- Die Pariser Verbandsübereinkunft (PVÜ) vom 20.5.1883[47] verpflichtet ihre Mitgliedstaaten zum Schutz des gewerblichen Eigentums nach dem Grundsatz der Inländerbehandlung.
- Mit dem Patentzusammenarbeitsvertrag (PCT)[48] von 1970 ist eine internationale Zusammenarbeit bei der Einreichung und Prüfung von Patentanmeldungen vorgesehen.
- Mit dem Straßburger Abkommen (IPC) aus dem Jahr 1971[49] haben die Vertragsstaaten eine gemeinsame Klassifikation von Erfindungspatenten und Gebrauchsmustern vorgenommen.
- Das Europäische Patentübereinkommen (EPÜ)[50] aus dem Jahr 1973 hat für die Vertragsstaaten ein gemeinsames Recht für die Erteilung von Erfindungspatenten geschaffen.
- Das TRIPS-Übereinkommen von 1994[51] verpflichtet die Mitgliedstaaten zum Schutz des geistigen Eigentums ebenfalls nach dem Grundsatz der Inländerbehandlung.

dd) Musterrecht

24
- Mit dem Haager Musterabkommen (HMA)[52] aus dem Jahr 1925 haben die Vertragsstaaten einen besonderen Verband für die internationale Hinterlegung gewerblicher Muster und Modelle geschaffen.

3. Das nationale Wettbewerbsrecht

25 Im Sinne der hier getroffenen Auswahl soll an dieser Stelle lediglich überblicksweise auf das Recht gegen den unlauteren Wettbewerb, die Vorschriften des gewerblichen Rechtsschutz und das Urheberrecht eingegangen werden.

26 a) **Recht gegen unlauteren Wettbewerb.** Dieses Rechtsgebiet dient der Bekämpfung unlauterer Wettbewerbsmethoden und gehört nach deutschem Rechtsverständnis zum klassischen Wettbewerbsrecht. Es dient dem Schutz vor Wettbewerbern, die sich Vorteile im Wettbewerb auf Kosten eines Anderen verschaffen wollen. Die wesentlichen Bestimmungen finden sich im **Gesetz gegen den unlauteren Wettbewerb (UWG)**, das 2004 Im Hinblick auf die europäischen Vorgaben und im Bestreben um eine fortschreitende Harmonisierung insgesamt neu gefasst worden ist.[53] Die Generalklausel aus § 1 UWG a. F. ist als Verbot unlauteren Wettbewerbs in § 3 UWG erhalten geblieben und durch einen abschließenden Katalog von Beispielsfällen ergänzt. Die Auslegung dieser Generalklausel in Anwendung auf den Einzelfall hat zu einer umfangreichen höchstrichterlichen Rechtsprechung geführt, die nach wie vor das allgemeine Wettbewerbsrecht bestimmt. Das UWG in der nun mehr gültigen Fassung hält mit § 1 ausdrücklich an der von der Rechtsprechung entwickelten Schutz-Trias fest, wonach die Mitbewerber, die Verbraucher, wie auch die Belange der Allgemeinheit geschützt werden und bietet unverändert in erster Linie Schutz durch klassische privatrechtliche Instrumentarien. Entsprechend bleibt die zivilrechtliche Rechtsverfolgung eindeutig im Vordergrund. Der zivilrechtliche Abwehranspruch im Wettbewerb begründet Ansprüche auf Unterlassen künftiger unlauterer Wettbewerbshandlungen, wie auch Beseitigungs- und Widerrufsansprüche im Zusammenhang mit bereits eingetretenen Beeinträchtigungen. Zusätzlich finden sich Anspruchsgrundlagen für

---

[46] Abkommen von Nizza über die internationale Klassifikation von Waren und Dienstleistungen für die Eintragung von Marken vom 15.6.1967, revidiert am 14.6.1967 und 13.5.1977 (BGBl. II 1981 S. 359).
[47] Pariser Verbandsübereinkunft vom 20.3.1883 zum Schutze des gewerblichen Eigentums in der Stockholmer Fassung vom 14.7.1967 (BGBl. II 1970 S. 293, 391).
[48] Vertrag über die internationale Zusammenarbeit auf dem Gebiet des Patentwesens vom 19.6.1970 (BGBl. II 1970 S. 649).
[49] Straßburger Abkommen über die Internationale Klassifikation der Erfindungspatente vom 24.3.1971 (BGBl. II 1975 S. 283).
[50] Übereinkommen über die Erteilung Europäischer Patente vom 5.10.1973 (BGBl. II 1976 S. 826).
[51] Übereinkommen über handelsbezogene Aspekte der Rechte des geistigen Eigentums (TRIPS) vom 15.4.1994 (BGBl. II S. 1730 bzw. ABl. EG Nr. L 336/213)).
[52] Haager Abkommen über die internationale Hinterlegung gewerblicher Muster oder Modelle vom 6.11.1925, revidiert am 28.11.1960 (BGBl. II 1962 S. 775).
[53] Gesetz gegen den unlauteren Wettbewerb vom 3.7.2004 (BGBl. I 2004 S. 1414); siehe hierzu auch *Henning-Bodewig* GRUR 2004, 713 ff.

Schadensersatzansprüche. Strafbestimmungen bleiben die Ausnahme von grundsätzlich deliktsrechtlicher Ausgestaltung des Lauterkeitsrechts. Nur besonders gefährliche und wettbewerbsfeindliche Verhaltensweisen sind parallel zu zivilrechtlicher Verfolgung mit Strafe bedroht, auf die in diesem Kapitel näher eingegangen werden soll.

Die Straf- und Bußgeldbestimmungen des UWG a. F. waren bereits in den letzten Jahren verringert worden. 1986 wurden Bußgeldtatbestände im Zusammenhang mit Sonderveranstaltungen ersatzlos gestrichen. Im Zuge des Korruptionsbekämpfungsgesetzes[54] wurde die Angestelltenbestechung nach § 12 UWG a. F. über § 299 ins StGB aufgenommen. Mit Reform des UWG in 2004 ist nun mehr auch der Tatbestand der geschäftlichen Verleumdung nach § 15 UWG a. F. weggefallen, weil ihm neben § 187 StGB kein nennenswerter eigener Anwendungsbereich zugekommen war. Die Bußgeldvorschrift des Insolvenzwarenverkaufs aus § 6 UWG a. F. ist im Zuge der UWG-Novelle 2004 zusammen mit den Vorschriften aus den §§ 6 a und b UWG a. F. entfallen, weil über die Vorschriften zur Irreführung hinaus keine Notwendigkeit mehr gesehen worden war, die Werbung mit dem Hinweis auf bestimmte Waren aus der Insolvenzmasse gesondert zu regeln.[55] Zu beachten ist bei Befassung mit alter Rechtsprechung, dass die Vorschrift der strafbaren Werbung aus § 4 UWG a. F. in § 16 Abs. 1 UWG aufgegangen ist, der Tatbestand der progressiven Kundenwerbung nach § 6 c UWG a. F. in § 16 Abs. 2 UWG. Der Tatbestand des Verleitens und Erbietens zum Verrat gem. § 20 UWG a. F. findet sich mit stärker an die Normform des § 30 StGB angepasster Formulierung nun mehr in § 19 UWG. Die Regelungen zu Auslandstaten aus § 20 a UWG a. F. und Strafantragsvoraussetzung aus § 22 UWG a. F. sind in die einzelnen Straftatbestimmungen aufgenommen worden.

Der Straftatbestand der strafbaren Werbung gem. § 16 UWG wird unter III. behandelt. Ein eigenes Kapitel IV. bilden die verschiedenen Varianten der Verletzung von Geschäfts- und Betriebsgeheimnissen, mit den Straftatbeständen des UWG zum Geheimnisverrat gem. § 17, zur besonderen Geheimnisverwertung gem. § 18, sowie zum Verleiten zum Verrat gem. § 19 und sonstigen Strafvorschriften in diesem Zusammenhang.

b) Gewerblicher Rechtsschutz und Urheberrecht. Die Vorschriften, die als Ergebnis geistigen Schaffens innovative Leistungen findiger Anbieter auf dem gewerblichen Gebiet schützen, werden unter dem Sammelbegriff des **gewerblichen Rechtsschutz** zusammengefasst. Sie dienen dem Schutz geistiger Leistungen und dessen gewerblicher Verwertung und verstehen die geistige Leistung als schutzbedürftiges Eigentum des Schöpfers ähnlich dem Sacheigentum. Der Gesetzgeber hat entsprechenden Schutz in verschiedenen Schutzgesetzen festgeschrieben, die sämtlich dem Schöpfer einer geistigen Leistung das ausschließliche Recht zubilligen, das Ergebnis seiner Leistung zu nutzen und wirtschaftlich zu verwerten. Allgemein wird dieser Materie in Lehre und Praxis das Markenrecht, das Patent- und Gebrauchsmusterrecht, das Geschmacksmusterrecht, das Sortenschutzrecht und neuerdings auch das Halbleiterschutzrecht zugerechnet:

- Nach dem **Patentgesetz (PatG)** und dem **Gebrauchsmusterschutzgesetz (GebrMG)** werden technische Erfindungen geschützt, die neu und gewerblich anwendbar sind.
- Das **Geschmacksmustergesetz (GeschmMG)** schützt Muster oder Modelle als neues Design.
- Das **Markengesetz (MarkenG)** schützt Kennzeichen als Symbole von Produkten, mit denen die Verbraucher eine bestimmte Qualität und Herkunft verbinden.
- Das **Halbleiterschutzgesetz (HalblSchG)** schützt die Gestaltung von Microchips
- Das **Sortenschutzgesetz (SortSchG)** bietet Schutz für die Züchtung von Nutzpflanzen.

Daneben bietet das Urheberrecht, geregelt im **Urheberrechtsgesetz (UrhG)**, Schutz für eine geistige Leistung auf kulturellem Gebiet. Ein Schutz besteht insoweit unabhängig davon, ob der Schöpfer sein Werk gewerblich verwerten will und unterscheidet sich insoweit von den gewerblichen Schutzrechten, die in erster Linie der gewerblichen Anwendung persönlicher geistiger Leistung auf technischem Gebiet dienen. Entsprechend wird das Urheberrecht allgemein nicht zu den gewerblichen Schutzrechten gezählt. Gleichwohl ist in diesem Kapitel auch das urheberrechtliche Schutzgesetz mitzubehandeln, weil auch die geistige Leistung auf kulturellem Gebiet Gegenstand wirtschaftlichen Wettbewerbs sein kann.

---

[54] Gesetz zur Bekämpfung der Korruption vom 13.8.1997 (BGBl. I S. 2038).
[55] Vgl. zu allem BegrRegE BT-Drucks. 15/1487 S. 26.

31 Grundsätzlich sind diese Schutzgesetze zwar privatrechtlich ausgestaltet, gewähren den Schutzrechtsinhabern in einer Art Monopol absolute Verwertungsrechte und bieten in der Regel für eine beschränkte Zeit privatrechtlichen Schutz vor unberechtigten Zugriffen Dritter, der allerdings parallel dazu auch straf- oder bußgeldrechtlich bewehrt ist. Die gewerblichen Schutzrechte und die Urheberrechte sind zwar nicht Teil des klassischen Wettbewerbsrechts, haben allerdings unter dem Aspekt geistigen Schaffens im Wettbewerb auch einen wettbewerbsrechtlichen Bezug. Auch in diesem Zusammenhang ist der Konkurrent im Wettbewerb verleitet, neue und besonders nachgefragte Produkte der Konkurrenz ohne eigene geistige Leistung nachzuahmen und zu eigener Gewinnmaximierung zu verwerten. Dies mag im Grundsatz zwar auch im Interesse der Allgemeinheit sein, die beanspruchen darf, dass eine besondere geistige Leistung Gemeingut wird, allerdings verdient eine besondere Leistung auch **Schutz vor Nachahmung und Verwertung im Wettbewerb**, um den Anreiz zu notwendiger Innovation zu erhalten. Insoweit dienen die Schutzgesetze auch der Bekämpfung unlauterer Methoden im Wettbewerb mit strafrechtlichen Mitteln. Deshalb sollen die angesprochenen Rechtsgebiete als Teile des Wettbewerbsrechts im weiteren Sinne mit strafrechtlicher Relevanz unter V. mitbehandelt werden.

Praxistipp:
Die Zeitschrift „Gewerblicher Rechtsschutz und Urheberrecht" (GRUR) ist für die Bearbeitung von Mandaten in diesem Zusammenhang bedeutsam. Die wesentlichen Vorschriften lassen sich etwa in der Gesetzessammlung „Gewerblicher Rechtsschutz/Wettbewerbsrecht/Urheberrecht" finden.

II. Mandatsführung und Verteidigungskonzeption

32 Nachdem ein Mandat in unterschiedlichsten Verfahrenssituationen angetragen werden kann und die Art der Mandatsführung selbstverständlich vom jeweiligen Verfahrensstand wie auch von der Interessenlage des Auftraggebers abhängig ist, darf an dieser Stelle eine umfassende Darstellung möglicher Mandatsführung und Verteidigungskonzeption im Zusammenhang mit Straftaten im Wettbewerb nicht erwartet werden. Es soll lediglich auf einige Besonderheiten hingewiesen werden, die gleichsam vor die Klammer gezogen werden können, im übrigen ist das vertiefende Studium von Teil A dieses Buches empfohlen. Die konkrete Mandatsführung und Verteidigungskonzeption bestimmt sich im übrigen selbstverständlich nach dem zu betreuenden Einzelfall.

1. Die Mandatsaufnahme

33 Straftaten im Wettbewerb können ein sehr unterschiedliches Täterprofil aufweisen. Der enttäuschte Mitarbeiter, der zum Nachteil seines Arbeitgebers Geschäfts- oder Betriebsgeheimnisse an die Konkurrenz verrät, findet sich ebenso wie der Unternehmer, der zur Irreführung des Verbrauchers mit unwahren Angaben angebliche Vorzüge seines Produktes anpreist, oder der Täter, der bekannte Markenartikel gezielt nachahmt und in den Verkehr bringt. Eine allgemeine Behandlung denkbarer Fälle einer Mandatsaufnahme erscheint deshalb an dieser Stelle wenig sinnvoll.

34 Hinzuweisen ist jedenfalls darauf, dass es jedem Beschuldigten eines Strafverfahrens gem. § 137 StPO frei steht, **bis zu drei Anwälten** seines Vertrauens für seine Verteidigung zu wählen. Nachdem Mandate in diesem Zusammenhang sämtlich Rechtsgebiete tangieren, die vorwiegend zivilrechtlich ausgestaltet und maßgeblich durch zivilgerichtliche Rechtsprechung bestimmt sind, sollte in größeren Fällen regelmäßig abgeklärt werden, ob die Hinzuziehung eines auf das jeweils in Rede stehende Rechtsgebiet spezialisierten Kollegen geboten ist. Detailfragen etwa aus dem gewerblichen Rechtsschutz oder Urheberrecht können unter Umständen nur mit präziser Fachkenntnis abschließend beurteilt werden. In diesen Fällen sollte man sich nicht scheuen, in Abstimmung mit dem Mandanten einen **Spezialisten** mit „ins Boot" zu nehmen.

2. Die Aufklärung des Mandanten

In der Regel sind die Betroffenen eines Ermittlungsverfahrens mit den Bedingungen eines Strafverfahrens nicht vertraut. Deshalb wird es bereits zu Beginn des Mandatsverhältnisses erforderlich sein, dem Mandanten einen notwendigen Überblick zu verschaffen. 35

a) Ablauf des Verfahrens. Grundsätzlich ist der Mandant darüber aufzuklären, mit wem er es an welcher Stelle des Verfahrens zu tun hat, wie er sich in welchem Verfahrensstadium zu verhalten hat. Die Erörterung des Schweigerechts, des Verhaltens bei Zwangsmaßnahmen, ist wie stets im Strafverfahren unverzichtbar. 36

Durchaus bedeutsam ist dabei für die Mandatsführung, dass es sich bei den hier behandelten Straftaten im Wettbewerb gem. § 374 Abs. 1 Nr. 7 und 8 StPO sämtlich um sog. **Privatklagedelikte** handelt, deren Verfolgung durch die Staatsanwaltschaft grundsätzlich die Bejahung öffentlichen Interesses voraussetzt, soweit die Verfolgung nicht sogar von einem wirksamen Strafantrag des Verletzten abhängig ist.[56] Zumindest mittelbar ist damit das Interesse eines Geschädigten an der Strafverfolgung für die Behandlung der Angelegenheit durch die Staatsanwaltschaft von Bedeutung. Damit hat es der Mandant regelmäßig in der Hand, über einen Ausgleich mit dem Geschädigten die Schärfe aus dem Verfahren zu nehmen. Hierüber ist der Betroffene rechtzeitig aufzuklären. 37

Im Zusammenhang mit der Verletzung gewerblicher Schutzrechte und Urheberrechte kann die Klärung der Frage vorgreiflich sein, ob überhaupt ein wirksames Schutzrecht besteht. Deshalb wird regelmäßig zu erörtern sein, ob ein gegebenenfalls außerhalb des Strafverfahrens eröffneter Rechtsweg ausgeschöpft werden soll.[57] 38

b) Persönliche und wirtschaftliche Verhältnisse. Die persönlichen und wirtschaftlichen Verhältnisse des Betroffenen sind gerade für Strafverfahren in dem hier zu behandelnden Deliktsbereich von nicht unerheblicher Bedeutung. So werden Verfahren in diesem Zusammenhang häufig in Verbindung mit einer Zahlungsverpflichtung, sei es einer Geldauflage nach § 153 a StPO, einer Geldstrafe oder einer Bewährungsauflage abgeschlossen. Es gilt in jedem Fall rechtzeitig abzuklären, unter welchen wirtschaftlichen Bedingungen gegebenenfalls ein Verfahrensabschluss angestrebt werden kann. Auch ist der Mandant, soweit erforderlich, über notwendige Ausgleichszahlungen an den Geschädigten frühzeitig aufzuklären, damit die Voraussetzungen für eine tatsächliche Verständigung geschaffen werden können. 39

c) Konsequenzen außerhalb des Verfahrens. An dieser Stelle darf die nach einzelnen Bestimmungen auf Antrag des Geschädigten mögliche Konsequenz der Bekanntmachung einer Verurteilung nicht übersehen werden.[58] Auch die Frage einer Eintragung im Führungszeugnis und Bundeszentralregister ist angesichts damit verbundener Langzeitwirkung zu erörtern. 40

3. Die Entwicklung einer Verteidigungskonzeption

Die Entwicklung einer Verteidigungskonzeption ist ganz entscheidend davon abhängig, in welcher Verfahrenssituation es zur Mandatsübernahme kommt, wie sich die Beweislage im Einzelfall darstellt und von welcher Interessenlage der Beteiligten auszugehen ist. Sicherlich bestimmt die jeweilige Verfahrenssituation notwendige Entscheidungen in diesem Zusammenhang. So macht es einen Unterschied, ob ein Verteidigungskonzept im Vorfeld eines befürchteten Ermittlungsverfahrens entwickelt werden kann, oder ob der Druck einer Inhaftierung des Mandanten rasche Entschließungen erfordert. Entscheidend ist jedoch in allen Fällen stets die Beurteilung der Beweis- und Interessenlage, die ausschließlich auf sicherer Grundlage erfolgen sollte. 41

a) Bestandsaufnahme. An erster Stelle steht in jedem Fall eine umfassende Klärung der Sach- und Rechtslage. Damit diesem Erfordernis in der gebotenen Weise entsprochen werden kann, ist eine breite und gesicherte Informationsgrundlage zu schaffen. Dem Verteidiger stehen hierfür verschiedene Quellen zur Verfügung, die er, je nach Einzelfall unterschiedlich gewichtet, stets nutzen sollte. 42

---

[56] Siehe hierzu Rdnr. 258 ff.
[57] Siehe hierzu Rdnr. 295 ff.
[58] Siehe hierzu Rdnr. 282 ff.

43 Zunächst sind mit förmlicher Bestellung als Verteidiger bei der zuständigen Staatsanwaltschaft die Verfahrensakten anzufordern. Umfassende **Akteneinsicht** ist eine wesentliche Grundlage für die Entwicklung einer sachgerechten Verteidigungskonzeption. Allerdings wird ein entsprechendes Begehren insbesondere zu Beginn eines Ermittlungsverfahrens und dann, wenn sich der Beschuldigte nicht in Haft befindet, in der Regel dahin beschieden, dass die Ermittlungen noch nicht abgeschlossen seien und Einsicht in die Akten sowie die Besichtigung amtlich verwahrter Beweisstücke den Untersuchungszweck gefährden könnten. In diesen Fällen sollte alternativ eine persönliche **Kontaktaufnahme** mit dem zuständigen Sachbearbeiter der Staatsanwaltschaft erfolgen. In der Regel können auf diese Weise zumindest grundsätzliche Informationen über den Auslöser des Verfahrens, die Interessenlage der Beteiligten und den aktuellen Ermittlungsstand gewonnen werden.

44 Parallel zu diesen Bemühungen um Informationsbeschaffung ist eine eingehende **Bestandsaufnahme mit dem Mandanten** geboten. Zwar wird sich nicht in allen Fällen der wahre Sachverhalt mit Hilfe des eigenen Mandanten recherchieren lassen, allerdings sollte mit seiner Unterstützung weitgehend geklärt werden können, was den Ermittlungsbehörden über Vernehmungen, Durchsuchungen oder sonstige Ermittlungsmaßnahmen bereits bekannt ist, und was gegebenenfalls noch bekannt werden könnte. So ist eine Entscheidung über die Verteidigungslinie ganz wesentlich auch von dem Risiko weitergehender Aufklärung bestimmt.

45 Gerade bei Straftaten im Wettbewerb kann auch die Hinzuziehung eines **Sachverständigen** geboten sein, um verfahrensentscheidende Fragen rechtzeitig, auch zur Bestimmung einer sinnvollen Verteidigungslinie, zu klären. So ist etwa die Frage, ob ein geschütztes Werk im Sinne des Urheberrechts[59] vorliegt, ob der Schutz einer Marke kraft Verkehrsgeltung wirkt,[60] durch den Verteidiger selbst regelmäßig nicht abschließend zu klären.

46 b) **Klärung der Interessenlage.** Die Verteidigungskonzeption ist des weiteren ganz wesentlich von der Interessenlage der Beteiligten bestimmt. Straftaten im Wettbewerb haben die Besonderheit, dass in der Regel ein Handeln zu Lasten eines Geschädigten in Rede steht, der es mit dem Instrument des Strafantrags in der Hand hat, den Verlauf eines Verfahrens nicht unwesentlich zu bestimmen. Es gilt deshalb abzuklären, wie die Interessen der Beteiligten gelagert sind. So macht es einen Unterschied, ob der durch die Handlung des Mandanten Geschädigte Interesse an der strafrechtlichen Aufarbeitung der Angelegenheit hat, oder ob er – gleich aus welchen Gründen – auf eine möglichst unspektakuläre Bereinigung bedacht ist.

47 Diese Frage ist in jedem Fall mit Hilfe des Mandanten zu klären. Er sollte darüber berichten können, in welcher Beziehung er zu dem **Geschädigten** steht, ob die Möglichkeit zu einer Befriedung außerhalb eines Strafverfahrens besteht. Eine Kontaktaufnahme mit dem Geschädigten, gegebenenfalls über dessen Anwalt ist zur Klärung dieser Frage und ohne jede Einflussnahme auf seine Sachdarstellung nicht nur zulässig, sondern auch geboten.

48 Im übrigen sind auch die Interessen der **Ermittlungsbehörde** an der Verfolgung der gesamten Angelegenheit für die Entwicklung einer Verteidigungskonzeption nicht unmaßgeblich. Hierzu sollte sich der Verteidiger rechtzeitig ein möglichst zutreffendes Bild machen. Zwar ist nicht in jedem Fall ein scheinbar desinteressierter oder durch andere Verfahren völlig überlasteter Staatsanwalt Garantie für einen erfolgreichen Verfahrensabschluss, allerdings können sich auch hieraus ungeahnte Möglichkeiten eröffnen.

49 c) **Festlegung des Verteidigungszieles.** Sobald eine umfassende Bestandsaufnahme durchgeführt und die Interessenlage der Beteiligten abgeklärt ist, sollte das Ziel der Verteidigung zusammen mit dem Mandanten festgelegt werden. Kommt danach eine Verteidigung mit dem Ziel einer Einstellung des Verfahrens mangels Tatverdacht oder einer Freisprechung nicht in Betracht, sind die Möglichkeiten einer **Schadensbegrenzung** zu erörtern.

50 Hierzu gehören gerade bei Straftaten im Wettbewerb regelmäßig die Möglichkeiten eines Verfahrensabschlusses nach den §§ 153 ff.StPO. Bedeutsam ist dabei, dass sämtliche hier zu diskutierenden Straftaten im Wettbewerb gem. § 374 Abs. 1 Nr. 7 und 8 StPO sog. Privatklagedelikte sind, zu denen nur bei Bejahung **öffentlichen Interesses** i. S. d. § 376 StPO eine Verfolgung durch öffentliche Klageerhebung droht.[61] Das öffentliche Interesse an der Strafverfolgung

---

[59] Siehe hierzu Rdnr. 149 ff.
[60] Siehe hierzu Rdnr. 190.
[61] Siehe hierzu Rdnr. 258 ff.

wird etwa dann zu verneinen sein, wenn der Beschuldigte bereit ist, einen Ausgleich mit dem Geschädigten herbeizuführen. Erscheinen jedenfalls Auflagen oder Weisungen geeignet, das öffentliche Interesse an der Strafverfolgung zu beseitigen, kann die Staatsanwaltschaft von der Erhebung einer Anklage gem. § 153 a StPO vorläufig absehen, soweit die Schwere der Schuld nicht entgegensteht. Sind die gesetzlichen Voraussetzungen für ein Absehen von Strafe i. S. d. § 60 StGB erfüllt, so kann die Staatsanwaltschaft mit Zustimmung des für die Hauptverhandlung zuständigen Gerichts von der Erhebung der öffentlichen Klage gem. § 153 b StPO absehen. Dies wird zum Beispiel bei umfassender Schadenswiedergutmachung i. S. d. § 46 a StGB in Betracht kommen können.

Ist eine Sachbehandlung nach diesen Vorschriften nicht möglich, so kommt im Sinne vernünftiger Schadensbegrenzung unter Umständen der einverständliche Erlass eines **Strafbefehls** in Betracht oder die **Anklage zum Strafrichter** des Amtsgerichts. In allen Fällen ist ein kooperationsbereiter Geschädigter, der mangelndes Interesse an der Strafverfolgung bekundet und sich zur Rücknahme eines gestellten Strafantrags bereiterklärt, sicherlich von Vorteil.

d) **Verteidigertätigkeit.** Ist eine sichere Verteidigungsgrundlage geschaffen und das Ziel der Verteidigung definiert, kann die Art der Verteidigertätigkeit festgelegt werden. Eine lediglich abwartende Verteidigerhaltung mag in dem einen oder anderen Fall sinnvoll sein, in der Regel sollte allerdings die Chance zu einer aktiven Gestaltung des Verfahrens nicht ungenutzt bleiben.

III. Straftaten in der Werbung

Werbung ist ein zentrales Element des Wettbewerbs in der freien Marktwirtschaft. Regeln hierfür finden sich in erster Linie im Gesetz gegen den unlauteren Wettbewerb (UWG), das zwar primär zivilrechtlichen Schutz bietet, allerdings auch diverse Strafvorschriften enthält. Nach der Novellierung des UWG in 2004[62] und dem Wegfall der Vorschriften zum Insolvenzwarenverkauf aus § 6 UWG a. F. sowie zur geschäftlichen Verleumdung aus § 15 UWG a. F. existiert mit § 16 UWG nun mehr nur noch ein Straftatbestand zu unerlaubter Werbung. Abs. 1 greift die Regelung strafbarer Werbung aus § 4 UWG a. F. in gekürzter Form auf, Abs. 2 die Vorschrift über progressive Kundenwerbung aus § 6 c UWG a. F. Geschützt werden soll der Mitbewerber wie auch der Verbraucher vor Exzessen in der Werbung, die geeignet sind, die wahre Wettbewerbssituation zu verfälschen und die Entscheidungsfreiheit der Verbraucher zu beeinträchtigen.

1. Die unwahre Werbung, § 16 Abs. 1 UWG

Die strafrechtlichen Folgen unwahrer Werbung regelt § 16 Abs. 1 UWG, der anders als der in der Regel zugleich erfüllte § 263 StGB den Eintritt eines Vermögensschadens nicht voraussetzt und deshalb durchaus eigenständige Bedeutung besitzt. Bei dieser Vorschrift handelt es sich um die zentrale Strafbestimmung des klassischen Wettbewerbsrechts, die nach § 1 UWG sowohl die Interessen der Mitbewerber wie auch die der Verbraucher und der Allgemeinheit schützt. Auch nach der Novellierung des UWG bleibt eine irreführende Werbung, nun mehr i. S. d. § 5 UWG, Grundvoraussetzung. Erfasst werden dabei ausschließlich Fälle der Irreführung durch unwahre Angaben, die veröffentlicht worden sind.

Checkliste:

Nach **§ 16 Abs. 1 UWG** wird mit Freiheitsstrafe bis zu zwei Jahren oder mit Geldstrafe bestraft, wer vorsätzlich und
- ☐ in der Absicht, den Anschein eines besonders günstigen Angebots hervorzurufen,
- ☐ in öffentlichen Bekanntmachungen oder in Mitteilungen, die für einen größeren Kreis von Personen bestimmt sind,
- ☐ durch unwahre Angaben
- ☐ irreführend wirbt.

---

[62] Siehe hierzu Rdnr. 26 ff.

56 a) **Täter.** Entsprechend § 4 UWG a. F. handelt es sich um ein sog. Allgemeindelikt, damit kann jedermann Täter sein. Auf die Hervorhebung möglicher Strafbarkeit des Betriebsinhabers bei Handeln eines Angestellten i. S. d. § 4 Abs. 2 UWG a. F. hat der Gesetzgeber mit Novellierung gänzlich verzichtet. Diese Frage beurteilt sich nach den Regeln des allgemeinen Strafrechts.

57 b) **Objektiver Tatbestand.** Unwahre Angaben in öffentlichen Bekanntmachungen oder Mitteilungen, die zur Irreführung geeignet sind, sind Voraussetzung objektiver Tatbestandserfüllung.

58 Mit Novellierung des UWG hat der Gesetzgeber darauf verzichtet, den Tatbestand auf **Angaben** über geschäftliche Verhältnisse zu begrenzen. Erfasst sind insgesamt Tatsachenbehauptungen, die auf ihren Inhalt hin überprüfbar sind, bloße Werturteile zählen nicht hierunter.[63] Voraussetzung ist allerdings, dass die Äußerung vom Verkehr als ernstgemeinte Behauptung aufgefasst wird. Als Angaben über geschäftliche Verhältnisse hatte der BGH noch zu § 4 UWG a. F. etwa Gewinnversprechen im Zusammenhang mit Verkaufsfahrten qualifiziert,[64] nicht aber Angaben über persönliche Lebensverhältnisse oder über Motiv für die Werbetätigkeit, etwa bei einem Zeitschriftenwerber.[65]

59 Schwierigkeiten bereitet im konkreten Einzelfall durchaus die Beantwortung der Frage, was **unwahr** i. S. d. § 16 Abs. 1 UWG ist. Zum Teil wird hierzu die Auffassung vertreten, dass unwahr nur sei, was der objektiven Wahrheit widerspricht.[66] Nach der Rechtsprechung war bislang insoweit auf das Verständnis der angesprochenen Verkehrskreise abzustellen. So war zunächst zu prüfen, welcher Kundenkreis von der Werbung angesprochen ist, dann, wie die angesprochenen Kreise die in der Werbung enthaltene Tatsachenbehauptung verstehen, und schließlich, ob der so ermittelte Inhalt der Werbung der Realität entspricht.[67] Entscheidend sollte die Durchschnittsauffassung der Verkehrskreise sein, für die die Werbung bestimmt ist,[68] und die Gesamtwirkung der in ihr enthaltenen Angaben.[69] § 16 Abs. 1 UWG lässt eine Abkehr von dieser Auffassung erkennen und macht angesichts seiner deutlichen Abgrenzung vom allgemeinen Irreführungsverbot des § 5 UWG einen objektiven Prüfungsmaßstab erforderlich.[70]

> **Praxistipp:**
> Unwahre Angaben können grundsätzlich sowohl durch positives Tun, wie auch bei Bestehen einer Garantenpflicht durch Unterlassen gemacht werden.[71] Eine Offenbarungspflicht besteht nur dann nicht, wenn es sich um Selbstverständlichkeiten handelt.[72] Eine wahre Angabe ist im übrigen nach § 16 Abs. 1 UWG nicht strafbar, auch wenn sie zur Irreführung i. S. d. § 5 UWG geeignet ist. In diesem Fall sind ausschließlich zivilrechtliche Folgen denkbar.

60 Die unwahren Angaben müssen darüber hinaus in öffentlichen Bekanntmachungen oder Mitteilungen gemacht werden. **Öffentliche Bekanntmachungen** sind Veröffentlichungen, die sich an einen grundsätzlich unbegrenzten Personenkreis richten. Hierunter sind Werbeanzeigen, Plakatanschläge, Werbefilme ebenso zu verstehen wie Postwurfsendungen, für die Öffentlichkeit bestimmte Prospekte etc. Ausreichend sind allerdings auch bereits **Mitteilungen**, die zwar nicht für die Allgemeinheit, jedoch für einen größeren Personenkreis im Sinne einer unbestimmten und unbegrenzten Mehrheit von Personen bestimmt sind. Allerdings kann auch die Mitteilung an eine Einzelperson oder an einen geschlossenen Personenkreis genügen, soweit

---

[63] Harte-Bavendamm/Henning-Bodewig/*Dreyer* § 5 Rdnr. 119.
[64] BGH wistra 2002, 467 = NJW 2002, 3415 = NStZ 2003, 39.
[65] BGH NJW 1990, 2395; BayObLG wistra 1991,119; *Endriß* wistra 1989, 90, 92; *ders.* wistra 1990, 335, 337.
[66] *Köhler/Piper* § 4 Rdnr. 4.
[67] Vgl. beispielsweise BGH GRUR 1983, 32, 33 – Stangenglas.
[68] RGSt 40, 439, 440.
[69] BGHSt 2, 139.
[70] Vgl. hierzu *Baumbach/Hefermehl* § 16 Rdnr. 11.
[71] *Baumbach/Hefermehl* § 16 Rdnr. 12.
[72] OLG Frankfurt BB 1997, 1439, 1440.

sie zur Verbreitung an die Öffentlichkeit geeignet und bestimmt ist. Auf die Wortfassung der Mitteilung kommt es dabei nicht an, sondern auf deren Sinn. Damit sind als Mitteilungen i.d.S. auch dem Sinn und Inhalt nach gleichbleibend unwahre Angaben zu verstehen, die nacheinander gegenüber einzelnen Personen gemacht werden. Die Mitteilung kann sowohl schriftlich als auch mündlich erfolgen. Unerheblich bleibt in beiden Fällen, wer von der Werbung überhaupt Kenntnis erlangt.[73]

Ob die in Rede stehende Werbung **irreführend** ist, beurteilt sich nach § 5 UWG. Hiervon ist auszugehen, wenn ein nicht völlig unerheblicher Teil des angesprochenen Kundenkreises auf Grund der unwahren Angaben zu Recht oder zu Unrecht den Eindruck eines besonders günstigen Angebots gewinnt.[74] Unerheblich ist, ob das Angebot nur scheinbar günstig ist, ob der Adressatenkreis tatsächlich irregeführt wird, die bloße Gefahr genügt.[75] Abzustellen ist in diesem Zusammenhang auf den Empfängerhorizont. Entsprechend dem Schutzzweck dieser Norm ist auf die Vorstellungen des geschützten Personenkreises, mithin der Verbraucher und der Allgemeinheit abzustellen. So reicht aus, dass auch nur für einen nicht unerheblichen Teil der Adressaten die Werbeangabe zur Irreführung geeignet ist.[76] Anders als für die rein zivilrechtliche Betrachtung kommt es für eine Straftatbestandserfüllung nicht darauf an, ob es sich bei der Werbung um eine Wettbewerbshandlung handelt und ob die irreführende Werbung geeignet ist, den Wettbewerb zum Nachteil der Mitbewerber zu beeinträchtigen.[77]

c) **Subjektiver Tatbestand.** Zwar hat der Gesetzgeber das Merkmal „wissentlich" aus § 4 UWG a. F. nicht übernommen, allerdings bleibt nach wie vor nur vorsätzliches Handeln strafbar. Der Täter muss mindestens für möglich halten und billigend in Kauf nehmen, dass seine unwahren Angaben zur Irreführung geeignet sind.[78] Hinzukommen muss allerdings noch die **Absicht** des Täters, durch seine unwahren Angaben den **Anschein eines besonders günstigen Angebots** hervorzurufen. Damit muss er in den Augen der Werbeadressaten irgendwelche, jedenfalls nicht allgemein übliche Vorteile seines Angebots besonders in Erscheinung treten lassen und damit zum Kauf bewegen.[79] Worin das besonders Günstige des Angebots liegt, ist völlig unerheblich, so kann ein Vorteil in diesem Sinne auch ein geistiger oder ideeller Wert sein.[80] Es genügt auch, dass der gepriesene Vorteil sich erst aus einem Geschäftsabschluss ergibt und nicht dem Produkt selbst anhaftet.[81] Im übrigen kommt es nicht darauf an, ob die Vorteile tatsächlich bestehen oder nicht. Maßstab dafür, ob ein Angebot besonders günstig ist, sind Angebote mit vergleichbarem Inhalt.[82] Verspricht der Werbende eine Leistung, die er gar nicht erbringen will oder kann, ist der Tatbestand aus § 16 Abs. 1 UWG nicht erfüllt.[83]

d) **Praktische Beispiele.** Erörtert wird eine Strafbarkeit nach § 16 Abs. 1 UWG zum Beispiel in den Fällen der Verkaufswerbung mit unzutreffenden Gewinnversprechen[84] oder sog. Kaffeefahrten.[85] Die Anwendung von § 16 Abs. 1 UWG kommt darüber hinaus auch in den Fällen der Haustürwerbung in Betracht, soweit einer unbegrenzten Anzahl von Personen zum Kauf der angebotenen Ware eine Teilverwendung des erzielten Gewinns zu karitativen Zwecken vorgetäuscht wird.[86] Manipulierte Räumungsverkäufe oder sonstige Fälle von Mondpreisen sind in der Praxis ebenfalls unter dem Aspekt strafbarer Werbung zu diskutieren. In diesen Fällen werden Kunden unter unterschiedlichsten Aufmachern mit drastisch reduzierten Preisen geworben, obwohl der Aufmacher schlicht erfunden ist oder eine Preisreduktion tatsächlich

---

[73] *Baumbach/Hefermehl* § 16 Rdnr. 14.
[74] BayObLG GRUR 1974, 400.
[75] *Baumbach/Hefermehl* § 16 Rdnr. 9.
[76] BGH BB 1954, 299, 300; OLG Stuttgart NJW 1982, 115.
[77] Harte-Bavendamm/Henning-Bodewig/*Dreyer* § 16 Rdnr. 9 ff.
[78] *Baumbach/Hefermehl* § 16 Rdnr. 16.
[79] RGSt 40, 280; BGHSt 27, 293; KG GRUR 1973, 601 – Wohnraum – Angebot.
[80] BGHSt 4, 44; BGH wistra 1987, 221; OLG Düsseldorf wistra 1990, 200.
[81] BGHSt 36, 389; BayObLG wistra 1990, 144.
[82] BayObLG NStZ 1989, 235, 236.
[83] BGHSt 27, 293.
[84] Siehe hierzu *Rose* wistra 2002, 370 ff.
[85] BGH wistra 2002, 467 = NJW 2002, 3415 = NStZ 2003, 39.
[86] BGH NJW 1990, 2395.

nicht stattgefunden hat.[87] Auch die Werbung für besonders lukrative Verdienstmöglichkeiten, in der die Nachfrager unter teuren Service-Nummern „beraten" werden, können in diesem Zusammenhang eine Rolle spielen.[88] Die Werbung mit Blinden-Ware, die tatsächlich von Blinden nicht hergestellt ist, kann ebenfalls unter dem Aspekt strafbarer Werbung zu diskutieren sein.[89]

> **Praxistipp:**
> Im Einzelfall wird eine Abgrenzung zum Tatbestand des Betruges gem. § 263 StGB vorzunehmen sein, soweit ein Vermögensschaden in Betracht kommen kann.[90]

2. Die progressive Kundenwerbung, § 16 Abs. 2 UWG

64 Den durch das 2. WiKG im Jahre 1986[91] mit § 6 c UWG a. F. eingefügten Sondertatbestand der progressiven Kundenwerbung hat der Gesetzgeber mit der UWG-Novelle 2004 als Abs. 2 in den Tatbestand strafbarer Werbung nach § 16 UWG aufgenommen. Diese Bestimmung entspricht im wesentlichen dem früheren § 6 c UWG. Der geschützte Personenkreis, der bislang alle Nichtkaufleute erfasste, ist jedoch ausdrücklich auf Verbraucher beschränkt. Nur insoweit hat der Gesetzgeber ein erhebliches Gefährdungspotential bejaht, das eine Sanktionsdrohung erforderlich macht.[92] Zudem ist in der neu gefassten Vorschrift von Dienstleistungen anstelle gewerblicher Leistungen die Rede. Erfasst sind damit die Fälle unlauterer Werbung, in denen der Anbieter den Vertrieb von Waren, Dienstleistungen oder Rechten mit dem Versprechen besonderer Vorteile an potenzielle Abnehmer für den Fall koppelt, dass diese ihrerseits weitere Abnehmer mit entsprechendem Versprechen anwerben.

65 Die **Verbindung von Werbung und Vertrieb**, das Element der Vertriebskette und die Abhängigkeit der Gewinnchancen für die Abnehmer vom Grad der Progression kennzeichnen die Strafwürdigkeit der progressiven Kundenwerbung.[93] So besteht in diesen Fällen von Abnehmer zu Abnehmer fortschreitender, mithin „progressiver" Werbung bei zunehmender Marktenge die Gefahr, dass die Abnehmer in fortgeschrittenen Stufen der entstehenden Vertriebskette zu einem Absatz durch Werbung weiterer Abnehmer nicht mehr in der Lage sind. Das Versprechen des Veranstalters an seine Kunden, zum Beispiel bei Anwerbung eines weiteren Kunden die eingegangene Kaufpreisverpflichtung ganz oder zum Teil zu erlassen, ist bei lawinenartigem Vertrieb der Ware zunehmend weniger realisierbar. Es besteht die Gefahr, dass die Kunden letztlich auf ihrer eingegangenen Verpflichtung entgegen ursprünglicher Vorstellung sitzen bleiben. Entsprechend ist § 16 Abs. 2 UWG wie § 6 c UWG a. F. als **abstraktes Gefährdungsdelikt** ausgestaltet.[94] Damit ist zur Tatbestandsverwirklichung nicht erforderlich, dass dem Veranstalter die Anwerbung von Kunden zur Werbung weiterer Kunden bereits gelungen ist, der bloße Versuch einer Anwerbung i. S. d. § 16 Abs. 2 UWG erfüllt gem. § 11 Abs. 1 Nr. 6 StGB bereits das Merkmal des „Unternehmen".[95]

66 **Checkliste:**

Nach **§ 16 Abs. 2 UWG** wird mit Freiheitsstrafe bis zu zwei Jahren oder mit Geldstrafe bestraft, wer es vorsätzlich
☐ im geschäftlichen Verkehr unternimmt,
☐ Verbraucher zur Abnahme von Waren, Dienstleistungen oder Rechten

---

[87] Vgl. hierzu OLG Stuttgart NJW 1982, 115; OLG Celle wistra 1986, 39; OLG Stuttgart WRP 1996, 469.
[88] Vgl. AG Achim wistra 2002, 272.
[89] BGHSt 4, 45.
[90] OLG Düsseldorf NJW 1990, 2397.
[91] Zweites Gesetz zur Bekämpfung der Wirtschaftskriminalität vom 15.5.1986 (BGBl. I S. 721).
[92] BegrRegE BT-Drucks. 15/1487 S. 26.
[93] BegrRegE BT-Drucks. 10/5058 S. 38.
[94] BegrRegE BT-Drucks. 10/5058 S. 38 f.
[95] Harte-Bavendamm/Henning-Bodewig/*Dreyer* § 16 Rdnr. 31.

> ☐ durch das Versprechen besonderer Vorteile für den Fall zu veranlassen,
> ☐ dass sie andere Verbraucher zum Abschluss gleichartiger Geschäfte mit einem entsprechenden Versprechen veranlassen.

a) **Täter** kann nur der Veranstalter sein oder nach den Regeln des allgemeinen Strafrechts als mittelbarer Täter auch derjenige, der die Veranstaltung durch einen anderen durchführen lässt. Die durch § 16 Abs. 2 UWG geschützten Verbraucher sind als notwendige Teilnehmer nicht mit Strafe bedroht.[96]

b) **Objektiver Tatbestand.** Voraussetzung einer Strafbarkeit ist zunächst, dass der Täter im **geschäftlichen Verkehr** gehandelt hat. Dieser Begriff ist weit auszulegen. Erfasst wird jede selbständige Tätigkeit mit wirtschaftlicher Zweckrichtung, in der eine Teilnahme am Erwerbsleben zum Ausdruck kommt.[97] Der Veranstalter eines Kettenbriefes handelt deshalb nicht im geschäftlichen Verkehr, wenn er sich lediglich darauf beschränkt, das System in Gang zu setzen.[98] Seine Tätigkeit ist in diesem Fall eines sog. Selbstläufersystems rein privater Natur und deshalb nicht nach § 16 Abs. 2 UWG strafbar. Einen Zusammenhang zwischen einer Tathandlung im Sinne des § 16 Abs. 2 UWG und der gegen den unlauteren Wettbewerb gerichteten Zwecksetzung, einen „wettbewerblichen Kontext" verlangt beispielsweise das OLG Brandenburg.[99]

Als erstes Glied in der Kette muss ein **Verbraucher** zur Abnahme von Waren, Dienstleistungen oder Rechten veranlasst werden. Erfasst sind damit alle natürlichen Personen, die im Sinne des § 13 BGB ein Rechtsgeschäft zu einem Zweck abschließen, der weder ihrer gewerblichen noch ihrer selbständigen beruflichen Tätigkeit zugerechnet werden kann.

Das Lockmittel des Veranstalters, um den Verbraucher in das Werbe- und Vertriebssystem einzuspannen, ist das **Versprechen eines besonderen Vorteils**. Der besondere Vorteil kann dabei nach allgemeiner Meinung nicht mit dem erworbenen Recht oder der erworbenen Ware identisch sein.[100] Zu verstehen sind hierunter Vergünstigungen jeder Art, soweit sie nicht belanglos oder geringwertig sind. Sie müssen geeignet sein, die typische Dynamik eines Systems progressiver Kundenwerbung in Gang zu setzen.[101] Dies gilt insbesondere für Prämien oder Provisionen, die für die Anwerbung weiterer Kunden in Aussicht gestellt werden. Der Vorteil muss allerdings nicht in Entgelt bestehen, er kann auch in der Ermäßigung des Kaufpreises oder auch in verbilligtem Bezug von Waren begründet sein.[102] Durchaus umstritten ist nach wie vor, ob der Erwerb einer Mitgliedschaft als besonderer Vorteil i.d.S. zu verstehen ist. Der BGH hat dies im Zusammenhang mit dem Unternehmer-Spiel „Life" mit dem Hinweis darauf bejaht, dass sich der tätigkeits- und erfolgsbedingte Anspruch auf Zahlung von Provision vom bloßen Mitgliedschaftsrecht und der darin begründeten Anwartschaft auf Provision unterscheidet.[103] Nicht strafbar ist etwa die Werbung durch die ein Kunde auf normalem Weg geworben wird, dem die Möglichkeit eröffnet wird, sich durch Werbung eines nächsten Kunden eine Anerkennung in Form einer Prämie zu verschaffen,[104] so z. B. bei Mitgliedern eines Buchclubs. Bereits mit

---

[96] BegrRegE BT-Drucksache 10/5058 S. 39; BGH NJW 1987, 851, 853.
[97] BGH wistra 1994, 24; BGHSt 43, 270 = NJW 1998, 390 = wistra 1987, 67 = NStZ 1998, 90 = StV 1998, 4.
[98] BGH NJW 1987, 851, 853.
[99] OLG Brandenburg wistra 2003, 74; a. A. Müller-Gugenberger/Bieneck/*Nack* § 59 Rdnr. 50.
[100] BayObLG wistra 1990, 240; OLG Rostock wistra 1998, 234; OLG Brandenburg wistra 2003, 74, 75; *Wegner* wistra 2001, 171, 172 m. w. N.
[101] BegrRegE BT-Drucks. 10/5058 S. 39.
[102] BGHSt 15, 356.
[103] BGHSt 43, 270 = NJW 1998, 390, 391 = wistra 1998, 67 = NStZ 1998, 90 = StV 1998, 4; OLG Bamberg NStZ-RR 1997, 217 = wistra 1997, 114; a. A. OLG Rostock wistra 1998, 234 = JR 1998, 389 = StV 1998, 490; *Otto* wistra 1998, 227.
[104] BegrRegE BT-Drucks. 10/5058 S. 39.

Umsetzung einer Richtlinie des Europäischen Parlaments[105] und Ergänzung des § 6 c UWG a. F. durch das Gesetz zur vergleichenden Werbung[106] war in Bestätigung früherer Rechtsprechung[107] ausdrücklich klargestellt, dass der Teilnehmer den besonderen Vorteil nicht vom Veranstalter erhalten muss. Hieran ist auch mit Novellierung des UWG festgehalten worden. So genügt nach dem ausdrücklichen Wortlaut des § 16 Abs. 2 UWG, wenn der **Vorteil von Dritten**, insbesondere von weiteren Mitspielern, gewährt wird.

71   Der Vorteil muss dafür in Aussicht gestellt werden, dass der Verbraucher andere zum Abschluss **gleichartiger Geschäfte** veranlasst. Der Begriff des **Veranlassens** erfasst dabei jede Tätigkeit, die darauf gerichtet ist, Einfluss auf die Entscheidung des Verbrauchers zu nehmen. Eine völlige Gleichheit der von dem veranlassten Verbraucher mit dem nachfolgenden Kunden geschlossenen Verträge ist nicht vorausgesetzt.[108]

> **Praxistipp:**
> Das entscheidende Merkmal dieses Tatbestandes ist neben dem besonderen Vorteil das Kettenelement. Dem geworbenen Kunden muss es in erster Linie um den Genuss des bei Weitervermittlung in Aussicht gestellten Vorteils gehen, nicht um den Bezug der beworbenen Ware. Das Vorteilsversprechen wird zum entscheidenden Bindeglied zwischen der Warenabnahme und der Gewinnung weiterer Kunden.

72   c) **Subjektiver Tatbestand.** Strafbar ist nur vorsätzliches Handeln des Täters. Entsprechend muss sich Wissen und Wollen des Handelnden auf sämtliche Tatbestandsmerkmale beziehen.

> **Praxistipp:**
> Gegebenenfalls ist der Frage nachzugehen, ob jedes System nur eine Tat ist oder ob sämtliche Ausführungshandlungen eines Vertriebssystems tatmehrheitlich zueinander stehen.[109]

73   d) **Praktische Beispiele.** Vor allem zwei Vertriebsformen sind in der Praxis bedeutsam, das Schneeballsystem und das Pyramidensystem. Im **Schneeballsystem** schließt der Veranstalter die Abnahmeverträge jeweils selbst ab, zunächst mit dem ersten, dann mit dem jeweils nachfolgend geworbenen Kunden. In der Regel werden hier geschäftlich unerfahrene Personen mit dem Versprechen verbilligten oder kostenlosen Erwerbs von Waren zu Geschäftsabschlüssen veranlasst, die sie normalerweise nicht getätigt hätten. Können sie die vorgegebene Bedingung, nämlich die Werbung eines weiteren Kunden zu gleichen Bedingungen nicht erfüllen, bleiben sie in vollem Umfang mit der eingegangenen, dann unter Umständen auch noch kreditierten Verpflichtung hängen. Auch der Abschluss von Franchiseverträgen kann die Voraussetzungen aus § 16 Abs. 2 UWG erfüllen.[110]

74   Im **Pyramidensystem** schließen die geworbenen Kunden selbst Abnahmeverträge mit dem jeweils nachfolgend geworbenen Kunden ab. Regelmäßig werden hier geschäftlich unerfahrene Personen mit der gezielt geweckten Erwartung, ausreichend weitere Abnehmer werben zu können, zur Abnahme großer Warenvorräte verführt. Behandelt hat die Rechtsprechung in diesem Zusammenhang auch die Veranstaltung sog. Unternehmer-Spiele, wie „Life", „Jump", „Titan", bei denen es nicht um den Absatz von Waren, sondern um den Erwerb von Mitgliedschaftsrechten geht, deren Erwerbskosten durch nachfolgende Werbung weiterer Mitglieder

---

[105] Richtlinie 97/55/EG des Europäischen Parlaments und des Rates vom 6.10.1997 zur Änderung der Richtlinie 84/450/EWG über irreführende Werbung zwecks Einbeziehung der vergleichenden Werbung, (Abl. EG 1997 Nr. L 290/18).
[106] Gesetz zur vergleichenden Werbung und zur Änderung wettbewerbsrechtlicher Vorschriften vom 1.9.2000 (BGBl. I S. 1374).
[107] BGHSt 43, 270 = NJW 1998, 390 = wistra 1998, 67 = NStZ 1998, 90 = StV 1998, 4; BayObLG wistra 1990, 240; OLG Stuttgart wistra 1991, 234.
[108] Harte-Bavendamm/Henning-Bodewig/*Dreyer* § 16 Rdnr. 36.
[109] Vgl. hierzu LG Berlin wistra 2004,317; KG Berlin NStZ-RR 2005, 26.
[110] BGH wistra 1992, 255; OLG München wistra 1986, 34.

wieder „eingespielt" werden soll.¹¹¹ Mit dem Versprechen hoher Gewinne werden Mitglieder geworben, die mit Zahlung eines Mitgliedbeitrags das Recht zur Teilnahme an einem Werbesystem erhalten, das ihnen wiederum den Bezug von Prämien für den Fall eigener Mitgliederwerbung in Aussicht stellt. In den entschiedenen Fällen waren Gewinne allerdings in erster Linie bei den Veranstaltern verblieben.

IV. Verletzung von Geschäfts- oder Betriebsgeheimnissen

Das betriebliche Know-how ist das entscheidende Potenzial im Wettbewerb, es bestimmt den wirtschaftlichen Erfolg. Führt es zu einem Vorsprung auf dem Markt, weckt es die Begehrlichkeit der Konkurrenz. Je stärker der Wettbewerb, desto größer die Versuchung, etwa das Ergebnis jahrelanger Forschung als Geheimnis des fremden Erfolgs zu lüften und sich selbst zu Nutze zu machen. Neben den gewerblichen Schutzrechten und den Schutzbestimmungen des Urheberrechts¹¹² greift hier vor allem der Schutz von Geschäfts- und Betriebsgeheimnissen, der im wesentlichen durch die §§ 17 bis 19 UWG gewährleistet ist. 75

Die weitreichende Belastung des freien Wettbewerbs durch private **Wirtschaftsspionage**, wie auch der jährlich der bundesdeutschen Wirtschaft entstehende hohe Schaden¹¹³ hatte den Gesetzgeber 1986 im Zuge des 2. WiKG¹¹⁴ dazu veranlasst, die Strafbarkeit von Geheimnisverletzungen im Wettbewerb zu erweitern, bereits das Auskundschaften von Geschäfts- und Betriebsgeheimnissen unter Strafe zu stellen und die einschlägigen Bestimmungen unter Aufgabe des ausschließlichen Strafantragprinzips als Offizialdelikte auszugestalten. Mit Novellierung des UWG in 2004 hat sich im Zusammenhang mit diesen Vorschriften gegenüber der bisherigen Rechtslage keine wesentliche Änderung ergeben. Die Regelungen aus § 22 Abs. 1 UWG a. F. (Strafantrag) und § 20 a UWG a. F. (Auslandstaten) sind inhaltsgleich in eigene Absätze übernommen worden. Die Formulierung des 19 UWG ist etwas stärker an die Grundnorm des § 30 StGB angelehnt. § 17 UWG ist zudem in Abs. 4 Nr. 1 auf Fälle gewerbsmäßigen Handelns erweitert. 76

In der **Praxis** spielt die Spionage bei Wirtschaftsunternehmen durch in- und ausländische Konkurrenz oder durch eigene Angestellte ebenso eine Rolle, wie die politische Spionage durch ausländische Staaten. Die Methoden der Wirtschaftsspionage sind vielfältig. Sie reichen vom Diebstahl wichtiger Betriebsunterlagen über das Einschleusen von Arbeitnehmern in das Konkurrenzunternehmen bis hin zu aufwändigen Abhörmaßnahmen. Täter von Geheimnisverletzungen sind sowohl Arbeitnehmer des Verletzten, die angestiftet und bezahlt von der Konkurrenz oder auch in eigenem Interesse sich Geheimnisse verschaffen und verwerten, um damit nach einem von langer Hand vorbereiteten Ausscheiden aus dem geschädigten Unternehmen unter Mitnahme von Geschäfts- oder Betriebsgeheimnissen einen eigenen Betrieb gründen zu können, wie auch sonst an fremden Geheimnissen interessierte Personen oder berufsmäßige Agenten ausländischer Staaten. In schier atemberaubender Geschwindigkeit hat des weiteren der Bereich der Computer- und Datenspionage an Bedeutung gewonnen. 77

Zunächst soll der Begriff des Geschäfts- und Betriebsgeheimnisses näher erläutert werden. Es folgt eine Erörterung der einschlägigen Bestimmungen des UWG, die zwischen dem Geheimnisverrat von Arbeitnehmern während der Geltungsdauer ihres Dienstverhältnisses i. S. d. § 17 Abs. 1, spezifischen Fällen des Ausspähens oder Verwertens von Geheimnissen durch jedermann nach § 17 Abs. 2, Fällen der unbefugten Verwertung anvertrauter Vorlagen gem. § 18 und Fällen des Verleitens und Erbietens zu diesen Straftaten gem. § 19 UWG unterscheiden. Abschließend sollen weitere Schutzbestimmungen des allgemeinen Strafrechts und des Nebenstrafrechts kurz angesprochen werden. 78

---

[111] Vgl. BGH 43,270 = NJW 1998, 390 = wistra 1998, 67 = NStZ 1998, 90 = StV 1998, 4; LG Rostock wistra 2002, 75.
[112] Siehe hierzu Rdnr. 136 ff.
[113] *Kragler* wistra 1983, 1; *Dannecker* BB 1987, 1614.
[114] Zweites Gesetz zur Bekämpfung der Wirtschaftskriminalität vom 15.5.1986 (BGBl. I S. 721).

1. Das Geschäfts- oder Betriebsgeheimnis

79 Der Begriff des Geschäfts- und Betriebsgeheimnisses ist **gesetzlich nicht definiert**. Eine Differenzierung wird überwiegend dahin vorgenommen, dass sich Betriebsgeheimnisse auf den technischen Bereich (z. B. technische Verfahren, Konstruktionen) beziehen, während Geschäftsgeheimnisse dem Feld wirtschaftlicher oder kaufmännischer Betätigung zuzuordnen sind (z. B. Investitionspläne, Kundenlisten).[115]

> **Praxistipp:**
> Eine Abgrenzung zwischen den Geheimnisarten ist in der Regel nicht erforderlich, nachdem sich die gesetzlichen Bestimmungen einheitlich auf beide Arten beziehen.

80 Das RG hatte bereits die Auffassung vertreten, dass zu Geschäfts- oder Betriebsgeheimnissen alles zählt, was einem Geschäftsbetrieb so eigentümlich ist, dass es in anderen Kreisen nicht oder nur vereinzelt zur Anwendung gelangt, und dessen Geheimhaltung vor den Wettbewerbern für den eigenen Betrieb wichtig ist.[116] Die Rechtsprechung hat zwischenzeitlich verschiedene Merkmale entwickelt, die für ein Geschäfts- und Betriebsgeheimnis kennzeichnend sind, und auf die zur Prüfung im Einzelfall zurückgegriffen werden muss.[117] Erfasst werden danach nur:
- Tatsachen, die im Zusammenhang mit einem Geschäftsbetrieb stehen,
- nicht offenkundig, sondern nur einem eng begrenzten Personenkreis bekannt sind,
- und nach dem bekundeten oder erkennbaren Willen des Betriebsinhabers, der auf einem ausreichenden wirtschaftlichen Interesse beruht, geheimgehalten werden sollen.

81 **Nicht offenkundig** ist, was allenfalls einem eng begrenzten Personenkreis bekannt und für Dritte nicht oder nicht ohne weiteres zugänglich ist.[118] So gehört es zum Wesen des Betriebsgeheimnisses, dass es nur wenigen Personen bekannt ist. Jedenfalls wird der Charakter des Geheimnisses durch seine Aufdeckung gegenüber einem beschränkten Personenkreis nicht grundsätzlich aufgehoben. Wie groß die Zahl der eingeweihten Personen sein muss, um dem Geheimnis seine Eigenschaft zu belassen, lässt sich nur nach den Umständen des konkreten Einzelfalles beurteilen und ist im wesentlichen Tat- und Beweisfrage.[119] Offenkundig ist ein Umstand allerdings dann, wenn für jeden Interessierten die Möglichkeit besteht, sich mit lauteren Mitteln und ohne größere Schwierigkeiten und Opfer von ihm Kenntnis zu verschaffen.[120] Im übrigen kann die geheimzuhaltende Tatsache im Wettbewerb für sich durchaus bekannt sein, gleichwohl ist sie geheim i. S. d. §§ 17 ff. UWG, wenn sie **in konkreter Beziehung zu einem bestimmten Betrieb** nicht bekannt ist. So kann auch ein auf dem Markt bekanntes Herstellungsverfahren als Betriebsgeheimnis eines Unternehmens zu qualifizieren sein, wenn die Verwendung des Verfahrens in dieser Firma den Wettbewerbern unbekannt geblieben ist.[121] Entscheidend ist nicht alleine die geheimzuhaltende Tatsache, sondern der Zusammenhang, die Beziehung dieser Tatsache zu einem bestimmten Betrieb.[122]

82 Der BGH hat schließlich klargestellt, dass für die Annahme eines Geschäfts- und Betriebsgeheimnisses nicht nur ein **nach außen erkennbarer Geheimhaltungswille** des Geschäftsinhabers erforderlich ist, der nicht ausdrücklich bekundet sein muss, dass vielmehr zusätzlich ein **schutzwürdiges Interesse des Betriebsinhabers an der Geheimhaltung** bestehen muss, weil das Geheimnis für die Wettbewerbsfähigkeit seines Unternehmens Bedeutung hat, also von wirtschaftlichem Wert ist.[123]

---

[115] BAG NJW 1988, 1686; Köhler/Piper § 17 Rdnr. 4.
[116] RGZ 149, 329, 334.
[117] BGH GRUR 1955, 424 – Möbelwachspaste; BGH NJW 1995, 2301; BGHSt 41,140 = BGH NStZ 1995, 551 = wistra 1995, 266; BGH WM 2001, 1824, 1827; BayObLG wistra 2001, 72.
[118] RGSt 42, 394, 396.
[119] BayObLG GRUR 1991, 694, 696 – Geldspielautomat.
[120] BGH GRUR 1963, 367, 370 – Industrieböden = BGHZ 38, 391, 396; BayObLG GRUR 1991, 694, 695 – Geldspielautomat.
[121] BGH GRUR 1955, 424, 425 – Möbelwachspaste; GRUR 1961, 40, 43 – Wurftaubenpresse.
[122] RGZ 149, 329, 332.
[123] BGH GRUR 1955, 424, 426 – Möbelwachspaste; GRUR 1961, 40, 43 – Wurftaubenpresse; BGHSt 41, 140.

Als **Beispiele** möglicher Geschäfts- und Betriebsgeheimnisse seien an dieser Stelle beispielhaft 83
genannt: Angebotsunterlagen,[124] Anzeigenaufträge,[125] Bieterlisten,[126] Kundenlisten,[127] Maschinen komplizierter Bauart,[128] Preisberechnungen,[129] Zahlungsbedingungen,[130] Kalkulationsunterlagen,[131] Computerprogramme,[132] Herstellungsverfahren,[133] Zeitungsanzeigenaufträge.[134]

2. Der Geheimnisverrat, § 17 Abs. 1 UWG

Geschützt wird mit dieser Vorschrift in erster Linie das Interesse eines Betriebsinhabers 84
daran, dass die Vertraulichkeit von Tatsachen, die für den Geschäftsbetrieb wesentlich sind,
von Mitarbeitern des Unternehmens gewahrt wird, des weiteren das Interesse der Allgemeinheit an einem unverfälschten Wettbewerb. Verboten ist danach den Mitarbeitern eines
Geschäftsbetriebes während eines Dienstverhältnisses, geheimzuhaltende Tatsachen, die ihnen
im Zuge ihrer Tätigkeit für das Unternehmen bekannt geworden sind, zu verraten.

Checkliste: 85

Nach § 17 Abs. 1 UWG wird mit Freiheitsstrafe bis zu drei Jahren, in besonders schweren
Fällen gem. § 17 Abs. 4 UWG bis zu fünf Jahren, oder mit Geldstrafe bestraft, wer vorsätzlich
☐ als eine bei einem Unternehmen beschäftigte Person
☐ ein Geschäfts- oder Betriebsgeheimnis, das ihr im Rahmen des Dienstverhältnisses anvertraut worden oder zugänglich geworden ist,
☐ während der Geltungsdauer des Dienstverhältnisses
☐ unbefugt an jemanden zu Zwecken des Wettbewerbs mitteilt,
☐ aus Eigennutz, zugunsten eines Dritten oder in der Absicht, dem Unternehmensinhaber
Schaden zuzufügen.

---

a) **Täter.** Mit der im Zuge der Novellierung in 2004 gewählten Formulierung „wer als bei 86
einem Unternehmen beschäftigte Person" ist der Streit zu der Frage, ob die frühere Aufzählung
möglicher Täter in § 17 Abs. 1 UWG a.F. in Ansehung des verfassungsrechtlichen Bestimmtheitsgebots abschließend sei,[135] erledigt. **Jeder Mitarbeiter** eines Betriebes ist für die Dauer des
vertraglichen Beschäftigungsverhältnisses möglicher Täter i. S. d. § 17 Abs. 1 UWG. Auf die
Art der Tätigkeit, wie auch die Dauer des Beschäftigungsverhältnisses kommt es nicht an. Vorstandsmitglieder einer Aktiengesellschaft, wie auch Geschäftsführer einer GmbH zählen zum
potenziellen Täterkreis. Dies gilt wohl auch für sog. faktische Geschäftsführer.[136] Einhelliger
Auffassung entspricht es allerdings, dass jedenfalls Beauftragte eines Betriebes, wie Steuerberater oder Wirtschaftsprüfer, ebenso wenig wie Gesellschafter und Aktionäre zum tauglichen
Täterkreis zu zählen sind.

b) **Objektiver Tatbestand.** Das Geheimnis muss dem Beschäftigten **im Rahmen seines Dienst-** 87
verhältnisses, d. h. in ursächlichem Zusammenhang mit dem Dienstverhältnis, anvertraut worden oder sonst zugänglich geworden sein. Eine lediglich zufällige Kenntnisnahme ohne Bezug

---

[124] BGH NJW 1995, 2301.
[125] OLG München NJW-RR 1996, 1134.
[126] BayObLG wistra 1996, 28.
[127] BGH wistra 1992, 225; BGH WM 1999, 1430, 1432.
[128] RG JW 36, 874.
[129] RGSt 35, 136.
[130] RG JW 1936, 3471.
[131] OLG Hamm WRP 1959, 182.
[132] BayObLG NStZ 1990, 595, 596; wistra 1994, 149.
[133] OLG Hamm WRP 1993, 36, 37.
[134] BGHSt 41, 140 = NStZ 1995, 551 = wistra 1995, 266; BayObLG wistra 2001, 72.
[135] Müller-Gugenberger/Bieneck/*Niemeyer* § 33 Rdnr. 114.
[136] BGH NJW 2000, 2285.

zu dem Beschäftigungsverhältnis genügt nicht.[137] **Anvertraut** bedeutet nicht, dass der Beschäftigte ausdrücklich zur Geheimhaltung verpflichtet worden ist. **Zugänglich geworden** ist dem Beschäftigten ein Geheimnis auch dann, wenn er sich selbst, gegebenenfalls auch auf strafbare Weise, Kenntnis hiervon verschafft hat. Das Geheimnis kann auch selbst von dem Beschäftigten geschaffen worden sein, so z. B. eine Arbeitnehmererfindung. In jedem Fall muss für den Beschäftigten erkennbar geworden sein, dass es sich bei der geheimzuhaltenden Tatsache um ein Geschäfts- oder Betriebsgeheimnis handelt, andernfalls kann eine Strafbarkeit nicht in Betracht kommen.

88 Der Beschäftigte muss das Geheimnis **unbefugt**, d. h. ohne Einwilligung des Berechtigten, somit unter Verletzung bestehender Schweigepflicht ohne rechtfertigenden Grund, an einen Dritten mitteilen. Durchaus Probleme kann in diesem Zusammenhang die Verpflichtung des Beschäftigten zu einer Zeugenaussage im Zusammenhang mit einem Geschäfts- oder Betriebsgeheimnis ergeben.

89 Die **Mitteilung an einen Dritten** ist jede beliebige Bekanntgabe des Geheimnisses, die den Empfänger in die Lage versetzt, das Geheimnis selbst auszunutzen oder die Ausnutzung durch Weitergabe an andere Personen zu ermöglichen.[138] Bei dem Dritten kann es sich auch um einen anderen Beschäftigten im gleichen Betrieb handeln.[139] Nachdem die Mitteilung an einen Dritten erforderlich ist, ist die Verwertung des Geheimnisses durch den Beschäftigten selbst nicht nach § 17 Abs. 1 UWG strafbar. Allerdings kommt eine Strafbarkeit unter den besonderen Voraussetzungen aus § 17 Abs. 2 Nr. 2 UWG in Betracht. Vollendet ist die Tat mit Zugang der Mitteilung beim Empfänger.

90 Aus dem Merkmal „**während der Geltungsdauer des Dienstverhältnisses**" ergibt sich, dass Täter im übrigen nur sein kann, wer zum Zeitpunkt des Verrats (noch) in einem Beschäftigungsverhältnis steht. Entscheidend ist dabei grundsätzlich die rechtliche und nicht die tatsächliche Dauer des Beschäftigungsverhältnisses.[140] Ein nachvertragliches Wettbewerbsverbot verlängert den Zeitraum nicht, kann allenfalls mit zivilrechtlicher Konsequenz verbunden sein. Grundsätzlich verbietet damit § 17 Abs. 1 UWG die Verwertung von Geschäfts- und Betriebsgeheimnissen nach Beendigung des Dienstverhältnisses nicht.[141] Etwas anderes kann unter Umständen dann gelten, wenn der Beschäftigte eine Lösung des Dienstverhältnisses provoziert hat, um Geheimnisse des Unternehmens zu Wettbewerbszwecken auszunutzen.[142] Damit soll einem Arbeitnehmer grundsätzlich die Möglichkeit erhalten bleiben, seine Kenntnisse und Fähigkeiten für seine eigene Erwerbstätigkeit und für sein berufliches Fortkommen ungehindert einsetzen zu können. Er bleibt nach dem Ausscheiden aus einem Beschäftigungsverhältnis in der Weitergabe und Verwertung der dort redlich erlangten Betriebsgeheimnisse grundsätzlich frei.[143] Allerdings bleibt die Verwertung von Geschäfts- oder Betriebsgeheimnissen gem. § 17 Abs. 2 Nr. 2 UWG auch **nach Beendigung des Dienstverhältnisses** strafbar, soweit der Beschäftigte das Geheimnis auf unredliche Weise erlangt hat.[144]

91 c) **Subjektiver Tatbestand.** Sämtliche Tatbestandsmerkmale des § 17 Abs. 1 UWG müssen von zumindest bedingtem **Vorsatz** umfasst sein. Ein Irrtum insoweit, damit auch über die Befugnis zur Preisgabe des Geheimnisses, ist vorsatzausschließender Tatbestandsirrtum. Hinzu kommen muss ein zielgerichtetes Handeln des Täters im Sinne eines direkten Vorsatzes, alternativ entweder zu Zwecken des Wettbewerbs, aus Eigennutz, zugunsten eines Dritten oder in Schädigungsabsicht.

92 **Zu Zwecken des Wettbewerbs** handelt der Täter, wenn der Geheimnisverrat geeignet ist, die Wettbewerbssituation des Begünstigten auf dem Markt zu verbessern. Erfasst wird damit jedes Verhalten, das den Absatz oder Bezug einer Person zum Nachteil einer anderen Person zu

---

[137] RGSt 33, 354; a. A. *Köhler/Piper* § 17 Rdnr. 15.
[138] *Köhler/Piper* § 17 Rdnr. 16.
[139] RG JW 1936, 2081; HRR 38,500.
[140] BGH NJW 1955, 463.
[141] BGHSt 16, 172; BGH GRUR 1955, 402, 403; BGH GRUR 1955, 424.
[142] BGH GRUR 1955, 402, 404; NJW 1955, 463; a. A. *Köhler/*Piper § 17 Rdnr. 19.
[143] BGH GRUR 1963, 367, 370 – Industrieböden = BGHZ 38, 391, 396.
[144] Siehe hierzu Rdnr. 104.

fördern geeignet ist. Die entsprechende Handlung muss zudem von der Absicht getragen sein, eigenen oder fremden Wettbewerb zum Nachteil eines anderen Mitbewerbers zu fördern.[145] Unerheblich ist dabei, ob der Täter daneben noch andere Ziele verfolgt, soweit die Wettbewerbsabsicht nicht völlig in den Hintergrund rückt. **Aus Eigennutz** handelt der Täter, der zielgerichtet irgendeinen Vorteil für sich erstrebt. Der Vorteil muss kein materieller sein. Der Täter muss dann auch nicht zu Wettbewerbszwecken handeln. Auch die Mitteilung **zugunsten eines Dritten** genügt, ohne dass ein Handeln zu Wettbewerbszwecken, aus Eigennutz oder in Schädigungsabsicht vorliegen muss. Damit erfasst § 17 Abs. 1 UWG auch die Fälle, in denen der Täter zum Beispiel aus ideologischen Motiven im Interesse eines anderen Staates handelt.[146] In **Schädigungsabsicht** handelt ein Täter schließlich, wenn es ihm lediglich darauf ankommt, den Betriebsinhaber zu schädigen. Auch hier ist ein Handeln zu Wettbewerbszwecken oder aus Eigennutz nicht erforderlich.

> **Praxistipp:**
> Wichtig ist in diesem Zusammenhang stets darauf zu achten, ob die Tat von einem Mitarbeiter des geschädigten Betriebsinhabers während seines Dienstverhältnisses begangen ist und ob Einwände über einen vorsatzausschließenden Tatbestandsirrtum möglich sind. So muss sich der Täter u. a. auch dessen bewusst sein, dass es sich um ein Geschäfts- oder Betriebsgeheimnis handelt und er zur Weitergabe nicht befugt gewesen war.

d) Besonders schwerer Fall. Nach § 17 Abs. 4 UWG liegt ein besonders schwerer Fall in der Regel vor, wenn der Täter
- gewerbsmäßig handelt oder
- bei der Mitteilung weiß, dass das Geheimnis im Ausland verwertet werden soll

Mit Novellierung des UWG in 2004 hat der Gesetzgeber die Regelbeispiele besonders schwerer Fälle auf den Fall gewerbsmäßigen Handelns erweitert. Nach den in der Rechtsprechung hierzu allgemein entwickelten Kriterien ist von **gewerbsmäßigem Handeln** auszugehen, soweit sich der Täter durch wiederholte Tatbegehung eine fortlaufende Einnahmequelle von einigem Umfang und einiger Dauer verschafft. Für die zweite Alternative aus § 17 Abs. 4 UWG ist bereits ausreichend, dass eine Verwertung im Ausland lediglich vorgesehen ist.

3. Die Geheimnisverschaffung, § 17 Abs. 2 UWG

Wie bereits oben erwähnt hat der Gesetzgeber 1986 im Zuge des 2. WiKG[147] den Katalog strafbarer Geheimnisverletzung mit Neufassung des § 17 Abs. 2 UWG zur Bekämpfung von privater Wirtschaftsspionage erweitert. Die Novellierung des UWG in 2004 hat zu keinerlei Veränderungen in diesem Zusammenhang geführt.

> **Checkliste:**
> Nach **§ 17 Abs. 2 UWG** wird mit Freiheitsstrafe bis zu drei Jahren, in besonders schweren Fällen gem. § 17 Abs. 4 UWG bis zu fünf Jahren, oder mit Geldstrafe bestraft, wer vorsätzlich
> ☐ zu Zwecken des Wettbewerbs, aus Eigennutz, zugunsten eines Dritten oder in der Absicht, dem Unternehmensinhaber Schaden zuzufügen,
> ☐ sich i. S. d. Nr. 1 ein Betriebs- oder Geschäftsgeheimnis unbefugt verschafft oder sichert (sog. Ausspähung)
> ☐ oder i. S. d. Nr. 2 ein Betriebs- oder Geschäftsgeheimnis verwertet, das er durch einen Geheimnisverrat nach § 17 Abs. 1 oder durch eine Ausspähung nach § 17 Abs. 2 Nr. 1 erlangt oder sich sonst unbefugt verschafft oder gesichert hat (sog. Verwertung).

---

[145] BGH WM 1992, 1127, 1128; NJW-RR 1997, 1401.
[146] BegrRegE BT-Drucks. 10/5058 S. 40.
[147] Zweites Gesetz zur Bekämpfung der Wirtschaftskriminalität vom 15.5.1986 (BGBl. I S. 721).

97 **a) Täter.** Ist der Kreis möglicher Täter bei einem Geheimnisverrat nach § 17 Abs. 1 UWG auf Beschäftigte des betroffenen Unternehmens für die Dauer des vertraglichen Beschäftigungsverhältnisses begrenzt, kann Täter einer Geheimnisverschaffung i. S. d. § 17 Abs. 2 UWG **jedermann** sein, damit auch ein Beschäftigter während wie auch nach Beendigung seines Dienstverhältnisses. Der Schutz von Geschäfts- und Betriebsgeheimnissen ist damit auch auf das Vorfeld des Verrats ausgedehnt worden.

98 **b) Das Ausspähen, Abs. 2 Nr. 1.** Voraussetzung ist hier, dass sich der Täter ein Geschäfts- oder Betriebsgeheimnis auf eine besondere Weise, die über die bloße Kenntnisnahme hinausgeht, nämlich alternativ durch
- Anwendung technischer Mittel,
- Herstellung einer verkörperten Wiedergabe des Geheimnisses,
- Wegnahme einer Sache, in der das Geheimnis verkörpert ist,

unbefugt verschafft oder sichert. Eine Verwertung wird dabei nicht vorausgesetzt.

99 **Verschafft** hat sich ein Täter das Geheimnis, wenn er es sich gezielt in verwertbarer Form verfügbar macht. Bei verkörperten Gegenständen ist dies der Fall, wenn der Täter Gewahrsam erlangt, bei nicht verkörperten Geheimnissen, wenn er Kenntnis erlangt.[148] Der Täter **sichert** sich ein Geheimnis, wenn er sich von dem ihm bereits bekannten Geheimnis eine bleibende und verwertbare Kenntnis verschafft. **Unbefugt** handelt der Täter dabei, wenn er sich das Geheimnis ohne ausdrückliche oder mutmaßliche Einwilligung des Geheimnisinhabers verschafft oder sichert. Mit diesem Merkmal hat der Gesetzgeber klargestellt, dass nicht jede Informationssammlung in einem Betrieb, die die übrigen Voraussetzungen aus § 17 Abs. 2 Nr. 1 UWG erfüllt, die berechtigten Geheimhaltungsinteressen des Geheimnisinhabers strafwürdig verletzt.[149]

100 Die Wege des Sichverschaffens oder Sicherns sind in Nr. 1 lit. a bis c abschließend aufgeführt. Der Gesetzgeber hat damit bewusst nur die Fälle der Betriebsspionage mit Strafe bedroht, die unter Einsatz von Verkörperungen und anderen technischen Mittel durchgeführt werden.[150] Unter **Anwendung technischer Mittel** (Nr. 1 a) ist allgemein der Einsatz technischer Vorrichtungen zu verstehen, die einem Sichverschaffen oder Sichern ohne Verkörperung des Geheimnisses dienen können.[151] Zu denken ist in diesem Zusammenhang beispielsweise an Kopiergeräte, Fotoapparate, Filmkameras, Disketten oder Abhörgeräte. Die Alternative der **Herstellung einer verkörperten Wiedergabe** (Nr. 1 b) erfasst die Fälle, in denen Geheimnisse vergegenständlicht werden.[152] Eine Überschneidung mit Nr. 1 a ist z. B. bei der Fertigung einer Tonbandaufzeichnung oder einer Fotokopie gegeben. Eigenständige Bedeutung kann diese Alternative zum Beispiel in den Fällen gewinnen, in denen der Täter in Betriebsunterlagen enthaltene Geheimnisse abschreibt. Soweit der Täter allerdings Daten lediglich im Gedächtnis speichert, ist eine Verwertung nicht strafbar.[153] Unter **Wegnahme einer das Geheimnis verkörpernden Sache** (Nr. 1 c) ist jede Handlung zu verstehen, die den Täter in die Lage versetzt, das Geheimnis selbst zu verwerten oder an einen anderen weiterzugeben.[154] Der Begriff der Wegnahme ist wie zu § 242 StGB zu verstehen, so dass die Fälle, in denen der Täter das verkörperte Geheimnis bereits in Besitz hat, als Unterschlagung nicht erfasst werden.[155]

101 **c) Das Verwerten, Abs. 2 Nr. 2.** Mit Strafe bedroht ist das unbefugte Verwerten oder die unbefugte Mitteilung eines Geschäfts- oder Betriebsgeheimnisses an einen Dritten, das der Verwerter durch eine der drei im Gesetz bezeichneten Alternativen, nämlich
- durch eine Mitteilung i. S. d. § 17 Abs. 1 oder
- durch eigenes oder durch fremdes Ausspähen i. S. d. § 17 Abs. 2 Nr. 1 erlangt
- oder sich sonst unbefugt verschafft oder gesichert hat.

---

[148] *Köhler/Piper* § 17 Rdnr. 26.
[149] BegrRegE BT-Drucks. 10/5058 S. 40.
[150] BegrRegE BT-Drucks. 10/5058 S. 40.
[151] BegrRegE BT-Drucks. 10/5058 S. 40.
[152] BegrRegE BT-Drucks. 10/5058 S. 40.
[153] BGH NJW-RR 1999, 1131, 1132.
[154] BegrRegE BT-Drucks. 10/ 5058 S. 40.
[155] BayObLGSt 1991, 147, 151.

Der Tatbestand ist zweistufig aufgebaut. Der Täter muss in der ersten Stufe das Geheimnis **102** erlangt oder sich sonst unbefugt verschafft oder gesichert haben. In der zweiten Stufe muss er das Geheimnis verwerten. Man spricht in diesem Zusammenhang auch von **Geheimnishehlerei**. Der Gesetzgeber hat damit in weiten Bereichen eine Strafbarkeit von Geheimnisverwertungen ermöglicht. Erfasst werden in einer Art Auffangtatbestand alle Fälle der Verwertung unbefugter Geheimniserlangung. Unter **Erlangen** ist bereits die bloße Kenntnisnahme vom Geheimnis zu verstehen, die den Täter zu einer Verwertung oder Weitergabe an Dritte befähigt. Ob der Täter sich ein Geheimnis **sonst unbefugt verschafft oder sichert**, ist nach den Gesamtumständen des Einzelfalles zu beurteilen. Nicht erforderlich ist bei dieser Alternative, dass der Geheimnisüberbringer selbst unbefugt gehandelt hat. Dies gilt zum Beispiel für den Fall, dass ein Beschäftigter ein Geheimnis aus einem früheren Dienstverhältnis nach dessen rechtlicher Beendigung seinem neuen Arbeitgeber zur Verwertung überlässt. Bei zufälliger Kenntniserlangung von einem Geheimnis, kann allerdings von unbefugtem Handeln nicht die Rede sein.

In der zweiten Stufe muss der Täter das unbefugt erlangte oder sonst unbefugt verschaffte **103** oder gesicherte Geheimnis verwerten oder an Dritte mitteilen. Von einer **Verwertung** ist auszugehen, wenn sich der Täter das Geheimnis in irgendeiner Form wirtschaftlich zu Nutze macht.[156] Das Verwerten geht über die bloße Kenntnis des Geheimnisses hinaus. Allerdings genügt bereits das Herstellen einer Maschine mit Hilfe des erlangten Geheimnisses, einer Veräußerung bedarf es nicht.[157] Zum Begriff des **Mitteilens** kann auf das oben zum Geheimnisverrat Ausgeführte Bezug genommen werden.[158] Die Verwertung oder Mitteilung muss ihrerseits **unbefugt** erfolgen. Hierunter ist grundsätzlich jede dem Geheimhaltungsinteresse des Geheimnisinhabers widersprechende Nutzung zu verstehen. Hat der Täter einen zivilrechtlichen Anspruch auf Überlassung des Geheimnisses,[159] liegt eine ausdrückliche oder auch nur mutmaßliche Einwilligung des Geheimnisinhabers vor, handelt der Täter nicht unbefugt.

> **Praxistipp:**
> Nachdem § 17 Abs. 2 UWG für alle Handlungsalternativen ein unbefugtes Handeln erfordert, kann durchaus problematisch sein, welche Erkenntnisse ein Beschäftigter aus der Zeit seiner Tätigkeit nach Beendigung des Beschäftigungsverhältnisses befugt verwerten kann.

Nach wie vor gilt der bereits vom Reichsgericht entwickelte Grundsatz, dass einem **Arbeit-** **104** **nehmer** die Verwertung und Weitergabe von Geschäfts- und Betriebsgeheimnissen nach rechtlicher Beendigung seines Arbeitsverhältnisses erlaubt bleibt, soweit er seine Kenntnisse auf redliche Weise erlangt hat,[160] d. h. wenn sie ihm im Zuge seiner Tätigkeit erlaubterweise zugänglich geworden sind. Unredlich handelt ein Arbeitnehmer etwa dann, wenn er das Geheimnis während des Dienstverhältnisses gezielt ausgekundschaftet hat und anschließend verwertet. Der BGH[161] hat an diesen Grundsätzen ungeachtet der Rechtsprechung des BAG[162] festgehalten, wonach der ausgeschiedene Arbeitnehmer auch ohne besondere Vereinbarung aufgrund nachwirkender Treuepflicht arbeitsrechtlich zur Verschwiegenheit über Geschäfts- und Betriebsgeheimnisse verpflichtet und ihm lediglich eine Verwertung des beruflich erworbenen Erfahrungswissens gestattet sein soll. Etwas anderes gilt nur dann, wenn ihm die Verwertung vertraglich untersagt ist, oder wenn er sich entgegen seiner arbeitsvertraglichen Verpflichtungen Aufzeichnungen zu dem Geheimnis gemacht hat.[163] So ist auch der Beschäftigte strafbar, der während des Beschäftigungsverhältnisses Geheimnisse an einem nur ihm zugänglichen Ort verwahrt, um sie nach Beendigung seines Arbeitsverhältnisses an Dritte zu verraten.[164] Nur das Geheimnis, das er ohne Aufzeichnungen und unredliche Aufbesserung seines Erinnerungsvermögens im

---

[156] BGHSt 13, 333; BGH NJW 1977, 1062; BGH GRUR 1985, 294 – Füllanlage.
[157] RGSt 40, 408.
[158] Siehe hierzu Rdnr. 89.
[159] BayObLG BB 1988, 1769, 1770.
[160] BGH GRUR 1963, 367, 370 – Industrieböden.
[161] BGH WM 2001, 1824 = WRP 2001, 1174, 1827; BGH GRUR 2002, 91.
[162] BAGE 41, 21 = NJW 1983, 134, 135; NJW 1988, 1686, 1687.
[163] Vgl. zum aktuellen Stand *Salger/Breitfeld* BB 2005, 154 ff.
[164] *Dannecker* BB 1987, 1614, 1616.

Gedächtnis behalten hat, darf der Beschäftigte nach Beendigung seines Beschäftigungsverhältnisses verwerten.[165]

105   d) **Subjektiver Tatbestand.** Bedingter Vorsatz ist hinsichtlich sämtlicher Tatbestandsmerkmale, insbesondere auch im Hinblick auf die Vortat erforderlich, aber auch ausreichend. Im übrigen muss der Täter wie beim Geheimnisverrat **mit besonderer Zielrichtung** handeln und zwar alternativ zu Zwecken des Wettbewerbs, aus Eigennutz, zugunsten eines Dritten oder in der Absicht, dem Inhaber des Geschäftsbetriebs Schaden zuzufügen.[166]

106   e) **Besonders schwerer Fall.** Nach § 17 Abs. 4 UWG liegt ein besonders schwerer Fall in der Regel vor, wenn der Täter
• gewerbsmäßig handelt oder
• eine Verwertung nach Abs. 2 Nr. 2 im Ausland selbst vornimmt

107   Mit Novellierung des UWG in 2004 hat der Gesetzgeber die Regelbeispiele besonders schwerer Fälle auf den Fall gewerbsmäßigen Handelns erweitert. Nach den in der Rechtsprechung hierzu allgemein entwickelten Kriterien ist von **gewerbsmäßigem Handeln** auszugehen, soweit sich der Täter durch wiederholte Tatbegehung eine fortlaufende Einnahmequelle von einigem Umfang und einiger Dauer verschafft.

4. Die Verwertung von Vorlagen, § 18 UWG

108   Sind mit § 17 UWG Geschäfts- oder Betriebsgeheimnisse vor Verrat oder Verwertung innerhalb eines Unternehmens geschützt, stellt § 18 UWG die unbefugte Verwertung von betrieblichem Know-how in einer Geschäftsbeziehung zu Dritten – und damit die Veruntreuung durch Vertragspartner – in den Fällen unter Strafe, in denen der Geheimnisinhaber einem Geschäftspartner Geheimnisse im Rahmen einer Geschäftsbeziehung anvertraut hat. Vorgänge innerhalb eines Unternehmens werden von § 18 UWG nicht erfasst.[167] § 18 UWG schützt den Unternehmer vor der Verwertung eines Geheimnisses durch denjenigen, dem er dies in Form von Vorlagen oder Vorschriften technischer Art geschäftlich anvertraut hat.

109   **Checkliste:**

Nach **§ 18 UWG** wird mit Freiheitsstrafe bis zu zwei Jahren oder mit Geldstrafe bestraft, wer
☐ die ihm im geschäftlichen Verkehr anvertrauten Vorlagen oder Vorschriften
☐ zu Zwecken des Wettbewerbs oder aus Eigennutz unbefugt verwertet oder jemandem mitteilt

110   a) **Täter** kann damit kein Angehöriger des geschädigten Unternehmens sein, weil der Unternehmensinhaber zu ihm keinen **geschäftlichen Verkehr** unterhält. Die Rechtsprechung leitet aus diesem Merkmal ab, dass nur Beziehungen zu Personen erfasst sein sollen, die in Ausübung gewerblicher Tätigkeit zu dem geschädigten Unternehmen in vertraglicher Beziehung stehen.[168] Nach anderer Auffassung sollen auch private Abnehmer erfasst sein, soweit nur der Anvertrauende im Rahmen gewerblicher Tätigkeit handelt. So soll § 18 UWG auch auf den Privatmann anwendbar sein, dem zum Beispiel ein Möbelhändler eine Möbelzeichnung überlässt, die er sodann als Grundlage für die Auftragsausführung durch einen Dritten verwertet.[169] Im übrigen kommt als Täter **grundsätzlich jedermann** in Betracht, dem ein Geheimnis in vertraglicher oder auch außervertraglicher Beziehung anvertraut worden ist. In Betracht kommen damit sowohl Beschäftigte des Partnerunternehmens des Geheimnisinhabers, wie auch Personen, die in keinem Beschäftigungsverhältnis zu dem Geschäftspartner stehen, wie zum Beispiel freie Programmierer.

---

[165] BGHSt 13, 333.
[166] Siehe hierzu Rdnr. 92.
[167] RGSt 44, 153.
[168] RGSt 44, 152; 48, 78; OLG Karlsruhe WRP 1986, 623, 625.
[169] *Baumbach/Hefermehl* § 18 Rdnr. 12; *Köhler/Piper* § 18 Rdnr. 9.

b) Objektiver Tatbestand. Der Täter muss Vorlagen oder Vorschriften technischer Art, die ihm anvertraut worden sind, unbefugt verwerten oder an Dritte mitteilen. Eine **Vorlage** ist alles, was bei der Herstellung von neuen Sachen als Vorbild dienen soll.[170] **Vorschriften** technischer Art sind mündliche oder schriftliche Anweisungen über einen technischen Vorgang. § 18 zählt in diesem Zusammenhang lediglich Beispiele auf. Erfasst werden darüber hinaus etwa auch Patentbeschreibungen,[171] Möbelzeichnungen[172] oder Computerprogramme.[173]

Anvertraut i. S. d. § 18 UWG kann nur werden, was nicht offenkundig ist[174] und was einem erkennbaren Geheimhaltungsinteresse des Anvertrauenden unterliegt. Offenkundige Vorlagen oder Vorschriften können nicht mehr anvertraut werden. Offenkundig ist, was jedermann zugänglich ist und von einem Interessenten ohne größere Schwierigkeiten und Opfer in Erfahrung gebracht werden kann.[175] § 18 UWG erfordert einen Vertrauensbruch durch den Täter. Er muss verwerten, was ihm nur im Interesse des Anvertrauenden zur Verwertung stillschweigend oder kraft ausdrücklicher vertraglicher Regelung überlassen worden ist.

Der Täter muss des weiteren **unbefugt verwerten oder an Dritte mitteilen**.[176] Grundsätzlich genügt auch eine teilweise Verwertung, deshalb ist ausreichend, wenn der Täter auch ohne identische Benutzung dem ihm anvertrauten Geheimnis wesentliche, ihm wie auch der Allgemeinheit bis dahin nicht bekannte und ohne weiteres zugängliche Gedanken, sei es auch mit Abweichungen, entnommen hat.[177] Bereits die Werbung mit Produkten, die nach den anvertrauten Geheimnissen hergestellt worden sind, fällt unter § 18 UWG.[178]

c) Subjektiver Tatbestand. Der Täter muss zumindest bedingt vorsätzlich und mit besonderer Zielrichtung, nämlich **zu Wettbewerbszwecken** oder **aus Eigennutz** handeln.[179] Ein Handeln in bloßer Schädigungsabsicht ist anders als im Zusammenhang mit einem Geheimnisverrat i. S. d. § 17 UWG nicht strafbar.

5. Das Verleiten und Erbieten zum Verrat, § 19 UWG

Mit diesem Tatbestand ist der strafrechtliche Schutz von Geschäfts- oder Betriebsgeheimnissen weit vorverlagert. Erfasst sind verschiedene Handlungen zur **Vorbereitung einer Geheimnisverletzung** i. S. d. §§ 17 und 18 UWG. Mit Novellierung des UWG in 2004 hat der Gesetzgeber eine weitestgehende Anlehnung an die Vorschrift der versuchten Beteiligung gem. § 30 StGB vorgenommen. Entsprechend sind auch die Grundsätze des Rücktritts vom Versuch der Beteiligung aus § 31 StGB gem. § 19 Abs. 3 UWG anwendbar.

Checkliste:

Nach **§ 19 UWG** wird mit Freiheitsstrafe bis zu zwei Jahren oder mit Geldstrafe bestraft, wer vorsätzlich
- ☐ zu Wettbewerbszwecken oder aus Eigennutz
- ☐ jemanden zu bestimmen versucht, eine Straftat nach § 17 oder § 18 UWG zu begehen oder zu einer solchen Straftat anzustiften, oder
- ☐ sich bereiterklärt oder das Erbieten eines anderen annimmt oder mit einem anderen verabredet, eine Straftat nach § 17 oder § 18 UWG zu begehen oder zu ihr anzustiften.

---

[170] RGSt 45, 385.
[171] BGH GRUR 60, 554 –Handstrickverfahren.
[172] RGSt 48, 76; OLG Hamm NJW-RR 1992, 552.
[173] *Sieber* BB 1981, 1547, 1554.
[174] RGSt 83, 384, 386; BGH GRUR 1958, 297, 298 – Petromax; 1960, 554, 555 – Handstrickverfahren; 1982, 225, 226 – Straßendecke II; OLG München NJWE-WettbR 1997, 38.
[175] Siehe hierzu Rdnr. 81.
[176] Siehe hierzu Rdnr. 88 f.
[177] BGH GRUR 60, 554, 556 – Handstrickverfahren = NJW 1960, 2000.
[178] OLG Hamm NJW-RR 1992, 552, 553.
[179] Siehe hierzu Rdnr. 92.

117 a) **Täter** kann bei den Fällen aus Abs. 1 grundsätzlich jeder sein, auch der Beschäftigte des Geheimnisträgers. In den Alternativen aus Abs. 2 kommen als Täter nur Personen aus dem Kreis möglicher Täter nach §§ 17, 18 UWG in Betracht.

118 b) **Objektiver Tatbestand.** Ist eine erfolgreiche Anstiftung nach den Grundsätzen des allgemeinen Strafrechts gem. § 26 StGB strafbar, sind mit der Alternative des **versuchten Bestimmens** i. S. d. Abs. 1 die Fälle erfolgloser Anstiftung zu Vergehen nach §§ 17, 18 UWG erfasst. Eine versuchte Anstiftung in diesem Sinne setzt selbstverständlich voraus, dass der Anstiftende unmittelbar zur Tat ansetzt. Der Grund der Erfolglosigkeit (der zu Verleitende ist kein Beschäftigter des Geheimnisträgers, ein Geheimnis liegt tatsächlich nicht vor, der Anzustiftende fasst keinen Tatentschluss etc.) ist ohne jeden Belang. Entscheidend ist ausschließlich die Vorstellung desjenigen, der zu bestimmen sucht. Ausreichend ist dabei, dass der Anstifter es auch für möglich hält und billigend in Kauf nimmt, dass der Angestiftete die Aufforderung ernst nehmen würde.[180] Auf welche Weise die Aufforderung erfolgt und ob die gewählten Mittel tatsächlich geeignet sind, ist unerheblich. In der Praxis sind in diesem Zusammenhang zum Beispiel die Fälle zu diskutieren, in denen Mitarbeiter in das Unternehmen eines Konkurrenzunternehmens eingeschleust werden sollen, um auf diese Weise begehrte Geheimnisse lüften zu können.

119 Abs. 2 erfasst sonstige Beteiligungen im Vorbereitungsstadium. Bei der **Annahme eines Erbietens** muss zwar nicht das Erbieten, aber die Annahme ernst gemeint sein.[181] Umstritten ist, ob vorauszusetzen ist, dass die Annahmeerklärung dem Erbietenden tatsächlich zugeht.[182] Der Annehmende muss jedenfalls sämtliche Tatbestandsmerkmale der angesonnenen Straftat billigen. Unter Erbieten ist ein ernsthaft[183] erklärtes Angebot zu verstehen, i. S. d. §§ 17, 18 UWG zu handeln. Der Annehmende muss davon ausgehen, dass der Anbietende entsprechend seiner Erklärung die Tat ausführt. Ob der Empfänger das Erbieten als ernsthaft versteht oder ob er von dem Erbieten überhaupt Kenntnis erlangt, ist unerheblich.

120 Das **Bereiterklären** muss ernsthaft gemeint sein.[184] Der Erklärende muss die Annahme eines Anerbietens wollen. Darauf, ob das Ansinnen ernst gemeint war, kommt es nicht an. Vorausgesetzt ist nicht, dass der Täter sich demjenigen gegenüber zur Tat bereit erklärt, der ihn hierzu angesonnen hat.

121 Eine **Verabredung** ist die vom ernstlichen Willen getragene, gegebenenfalls auch nur stillschweigende Einigung zweier Personen, an einer Tatbegehung mittäterschaftlich mitzuwirken. Es handelt sich um eine Form vorbereiteter Mittäterschaft. Ist nur einer zur Tatbegehung ernstlich bereit, kommen allenfalls die Alternativen des Sich-Bereiterklärens oder der Annahme eines Anerbietens in Betracht.

122 c) **Subjektiver Tatbestand.** Der Täter muss zumindest bedingt vorsätzlich, darüber hinaus mit besonderer Zielrichtung, nämlich zu Wettbewerbszwecken oder aus Eigennutz handeln.[185] Abs. 1 setzt im übrigen einen doppelten Anstiftervorsatz voraus. Der Anstifter muss wollen, dass der Anzustiftende tatsächlich einen Tatvorsatz fasst (Bestimmungsvorsatz) und der Anzustiftende auch die Tat begehen will (Tatvorsatz).

> **Praxistipp:**
> Nach den Grundsätzen des untauglichen Versuchs ist auch strafbar, wer zum Beispiel in der irrtümlichen Vorstellung handelt, der zu Verleitende sei Beschäftigter des Geheimnisträgers oder entgegen tatsächlicher Umstände sei vom Vorliegen eines Geheimnisses auszugehen.

---

[180] BGH NJW 1998, 2835.
[181] BGHSt 10, 388, 390.
[182] Vgl. *Baumbach/Hefermehl* § 20 Rdnr. 12, BGH GA 63, 126.
[183] RGSt 57, 243; BGHSt 6, 346, 347.
[184] BGHSt 6, 347.
[185] Siehe hierzu Rdnr. 92.

6. Sonstige Vorschriften

Geschäfts- und Betriebsgeheimnisse, die im Wettbewerb als Grundlage wirtschaftlichen Erfolgs hohe Bedeutung für den jeweiligen Geheimnisträger haben, werden zum Teil ergänzend zu den oben erörterten Vorschriften des UWG auch durch verschiedene Bestimmungen des allgemeinen Strafrechts und Vorschriften des Nebenstrafrechts (mit-)geschützt, auf die im folgenden kurz eingegangen werden soll. **123**

a) Im Gesellschaftsrecht. Der Schutz von Geschäfts- oder Betriebsgeheimnissen ist über die Strafvorschriften des UWG hinaus auch Gegenstand einer Reihe von gesellschaftsrechtlichen Spezialvorschriften. So werden zum Beispiel Geheimnisse einer Akteingesellschaft über § 404 AktG, einer GmbH über § 85 GmbHG, einer Handelsgesellschaft über §§ 333 HGB geschützt. **124**

Strafbar ist nach diesen Vorschriften einheitlich das unbefugte **Offenbaren oder Verwerten von Geheimnissen** der Gesellschaft. Solche sind in der Regel Angelegenheiten, die zum Schutze der Gesellschaft und im Interesse ihrer Wettbewerbsfähigkeit, wie auch ihres Ansehens nicht bekannt werden dürfen, damit auch Geschäfts- oder Betriebsgeheimnisse in dem für die Bestimmungen des UWG erläuterten Sinn.[186] **125**

Grundsätzlich ist eine Strafverfolgung nur auf **Antrag** der Gesellschaft möglich. Die Regelstrafrahmen sehen für das Offenbaren eines Geheimnisses Freiheitsstrafen bis zu einem Jahr vor. Verwertet der Täter das Geheimnis oder handelt er in Bereicherungs- oder Schädigungsabsicht ist die Verhängung einer Freiheitsstrafe bis zu zwei Jahren möglich. **126**

b) Im StGB. Flankierend zu den Strafvorschriften des UWG werden Geschäfts- oder Betriebsgeheimnisse auch durch Bestimmungen des StGB geschützt. **127**

aa) Straftaten im persönlichen Lebens- und Geheimbereich. Die Vorschriften im 15. Abschnitt des StGB dienen zwar dem Schutz des persönlichen Lebens- und Geheimbereichs, können allerdings auch für den Schutz von Geschäfts- oder Betriebsgeheimnissen Bedeutung gewinnen. Die **Vertraulichkeit des Wortes** (§ 201 StGB) kann in diesem Zusammenhang ebenso wie das **Briefgeheimnis** (§ 202 StGB) verletzt sein, wenn ein wirtschaftlich bedeutsames Geheimnis betroffen ist. **128**

Die Strafbarkeit des **Ausspähens von Daten** (§ 202 a StGB) erfasst auch Geschäfts- oder Betriebsgeheimnisse, die als elektronisch, magnetisch oder sonst nicht unmittelbar wahrnehmbar gespeicherte Daten gegen unberechtigten Zugang besonders gesichert sind. Dass betriebliches Know-how als Geschäfts- und Betriebsgeheimnis entsprechend gesichert ist, ist längst nicht mehr die Ausnahme. Mit dieser Vorschrift wird damit auch die auf die als Daten gespeicherten Geschäfts- oder Betriebsgeheimnisse ausgerichtete Betriebsspionage erfasst. Der Arbeitnehmer allerdings, der Geheimnisse seines Betriebsinhabers für eigene Zwecke verwendet oder an Konkurrenzunternehmen weiterleitet, fällt nicht unter § 202 a StGB. So dürfen die durch § 202 a StGB geschützten Daten nicht für den Täter bestimmt sein. Hier greift allenfalls § 17 UWG. **129**

Die Offenbarung ausdrücklich auch von Geschäfts- oder Betriebsgeheimnissen durch bestimmte Berufsträger und Vertreter der öffentlichen Hand ist als **Verletzung von Privatgeheimnissen** (§ 203 StGB) mit Strafe bedroht, die Verwertung entsprechender Geheimnisse durch den gleichen Personenkreis als **Verwertung fremder Geheimnisse** (§ 204 StGB). **130**

Alle diese Vorschriften erfordern nicht die besondere subjektive Zielrichtung (zu Wettbewerbszwecken etc.) aus § 17 UWG. Gem. § 205 StGB werden diese Taten – ausgenommen eine Verletzungshandlung durch Amtsträger i. S. d. § 201 Abs. 3 StGB – nur auf **Antrag** verfolgt. **131**

bb) Straftaten im Amt. Die **Verletzung von Dienstgeheimnissen und besonderen Geheimhaltungspflichten** (§ 353 b StGB) ist im 29. Abschnitt des StGB als Straftat im Amt mit Strafe bedroht. Zu den in diesem Zusammenhang geschützten, anvertrauten oder sonst bekannt gewordenen Geheimnissen können auch Geschäfts- oder Betriebsgeheimnisse zählen. Voraussetzung einer Strafbarkeit ist allerdings zusätzlich eine Gefährdung öffentlicher Interessen. Eine **Verletzung des Steuergeheimnisses** (§ 355 StGB) ist ausdrücklich auch mit Offenbarung oder Verwertung von Geschäfts- und Betriebsgeheimnissen möglich. **132**

---

[186] Siehe hierzu Rdnr. 79 ff.

133 Auch hier ist die besondere subjektive Zielrichtung aus § 17 UWG nicht erforderlich. § 353 b StGB wird nur auf **Ermächtigung** der zuständigen Justizverwaltungsstellen, § 355 StGB nur auf **Antrag** des Verletzten verfolgt.

134 cc) *Wirtschaftsspionage für fremde Staaten.* Nach den Verfassungsschutzberichten ist Deutschland nach wie vor Aufklärungsgebiet von Nachrichtendiensten anderer Staaten, die sich unter anderem auch an bedeutsamen Informationen aus der Wirtschaft, der Wissenschaft und Forschung interessiert zeigen. Unter bestimmten Voraussetzungen ist das Auspähen von Geschäfts- und Betriebsgeheimnissen nach den §§ 93 ff.StGB strafbar. Näher soll hierauf an dieser Stelle nicht eingegangen werden.

135 c) **Im Datenschutzrecht.** Schutz bieten die Strafvorschriften des Bundesdatenschutzgesetzes und der Datenschutzgesetze der Länder grundsätzlich nur vor Eingriffen in die Privatsphäre. Als hierdurch geschützte Geheimnisinhaber kommen deshalb ausschließlich natürliche Personen in Betracht. Erfassen in diesem Sinne personenbezogene Daten i. S. d. § 3 Abs. 1 BDSG auch Geschäfts- oder Betriebsgeheimnisse, so kann bei Verletzungshandlungen auch § 43 BDSG in Betracht kommen.

V. Verletzung von gewerblichen Schutzrechten und Urheberrechten (Produkt- und Markenpiraterie)

136 Innovation und Kreativität, Erfindergeist und schöpferische Kraft sind die Basis erfolgreichen wirtschaftlichen Handelns. In diesem Zusammenhang geschaffene Geheimnisse sind nach den oben erörterten Bestimmungen des UWG geschützt. Darüber hinaus muss der Schöpfer vor bloßer Nachahmung im Sinne eines „Diebstahl" geistigen Eigentums geschützt werden. Als sog. **Schutzgesetze** übernehmen diese Funktion der gewerbliche Rechtsschutz[187] hinsichtlich Erfindungen und Gestaltungen im gewerblichen Bereich und das Urheberrecht[188] hinsichtlich kultureller geistiger Leistungen. Gemeinsam ist diesen Vorschriften der **Schutz geistiger Leistung.** Unter verschiedenen Bedingungen gewähren sie dem Schöpfer als Rechtsinhaber neben einem ausschließlichen Recht zur Verwertung seiner Leistung auch Schutz vor unberechtigten Zugriffen Dritter, der nicht nur zivilrechtlich ausgestaltet ist. Vorsätzliche Verletzungshandlungen sind in den einzelnen Schutzgesetzen auch unter Strafe gestellt.

137 Neben herkömmlichen Verletzungshandlungen sind seit Jahren zunehmend gezielte und massenhafte Verletzungen von Urheberrechten und gewerblichen Schutzrechten auf dem Weltmarkt zu beobachten, eine Entwicklung, die durch eine Internationalisierung des Handels, wie auch deutliche Verbesserung der Reproduktionsmöglichkeiten forciert worden ist. Raubkopien von Bild- und Tonträgern herzustellen, Markenware täuschend echt nachzuahmen, Softwareprogramme zu fälschen, ist längst keine technische Herausforderung mehr. Mit vergleichsweise geringem finanziellen und insbesondere schöpferischem Aufwand lässt sich so maximaler Gewinn erzielen. Das Territorialitätsprinzip, nach dem ein Schutz geistigen Eigentums nur in dem Land besteht, in dem die rechtlichen Voraussetzungen hierfür geschaffen sind, ermöglicht dabei die Herstellung massenhafter Nachahmung ohne Rechtsverletzung im Ausland, wobei mit Einfuhr und Absatz dieser Nachahmungsprodukte eine Schutzrechtsverletzung im Interesse wirtschaftlichen Gewinns bewußt in Kauf genommen wird. Zur Bezeichnung dieser planmäßigen Aneignung fremden geistigen Eigentums hat sich der Begriff der **Produkt- und Markenpiraterie** entwickelt. Eine gesetzliche Definition dieses Begriffs existiert nicht. Zu verstehen ist hierunter die gezielte und massenhafte Nachahmung und Verwertung geschützter Produkte, wie zum Beispiel technischer Komponenten, die als Patente oder Gebrauchsmuster, oder Zeichen, die als Marke des eigenen Produkts, oder Designs, die als Geschmacksmuster geschützt sind. Entsprechend erfasst der Begriff der Produkt- und Markenpiraterie die planmäßige Verletzung von gewerblichen Schutzrechten, Urheberrechten und sonstigen Leistungsschutzrechten, die dem Schutz geistigen Eigentums und dessen gewerblicher Verwertung dienen. Will man eine begriffliche Trennung vollziehen,[189] so wird

---

[187] Siehe hierzu Rdnr. 29.
[188] Siehe hierzu Rdnr. 30.
[189] Vgl. hierzu *Lührs* GRUR 1994, 264.

unter Produktpiraterie die unzulässige Imitation eines Handels- oder Gewerbegutes, das verbotene Nachahmen und Vervielfältigen von Produkten, für die die rechtmäßigen Hersteller geschützte Rechte besitzen, so zum Beispiel das Fertigen von Raubkopien zu Tonkassetten oder Computerprogrammen oder die Fälschung von Pharmazeutischen Produkten, zu verstehen sein, und unter Markenpiraterie die unzulässige Nachahmung des äußeren Erscheinungsbildes eines gewerblichen Produkts, etwa die verbotene Verwendung von geschützten Zeichen oder Namen, die von den Herstellern zur Kennzeichnung ihrer Ware benutzt werden, zum Vertrieb minderwertiger Imitate einer Markenware.

Nach dem zweiten **Produktpirateriebericht** der Bundesregierung vom 10.11.1999[190] waren bis in die zweite Hälfte der neunziger Jahre an erster Stelle Ermittlungsverfahren wegen Verstößen gegen urheberrechtliche Vorschriften, an zweiter Stelle wegen Verstößen gegen markenrechtliche Vorschriften eingeleitet worden. Verletzungen von Urheberrechten und Leistungsschutzrechten von Komponisten, Tonträger- und Filmherstellern, Videofilmproduzenten und Computer(spiel)programmherstellern sowie Komponisten durch unrechtmäßiges Kopieren oder durch Fälschungen standen im Vordergrund. Bei Verletzungen von Markenrechten ging es um Imitationen von Textilien bekannter Markenhersteller, gefälschte Fanartikel sowie Schmuck- und Uhrenimitate, bei Patentrechtsverletzungen um die massenhafte Nachahmung von pharmazeutischen Wirkstoffen.[191] Bereits in diesem Bericht aus 1999 war die Rede davon, dass nach Schätzung der internationalen Handelskammer (ICC) ca. 5 bis 8 % des Welthandels mit einem Volumen von jährlich bis zu 100 Milliarden US-Dollar auf nachgeahmte Waren entfallen würden. Zwischenzeitlich wird von einem geschätzten Anteil über 8 – 10 % und einem Schadensvolumen auf Unternehmerseite von jährlich 200 bis 300 Milliarden US-Dollar ausgegangen. Die Gewinnspannen werden dabei höher eingeschätzt als beim illegalen Drogenhandel. Neben der bislang von den asiatischen Ländern dominierten „Raubkopie-Industrie" hat sich auch in Europa ein gut organisiertes Produktions- und Vertriebsnetz für Fälschungen entwickelt. Polen, die Tschechische Republik, Ungarn und die Türkei können mittlerweile zu den Industriezentren für gefälschte Markenprodukte gezählt werden. Es existiert ein perfekt organisiertes Netz von Vertriebskanälen in den Mitgliedstaaten der Europäischen Union.[192] Mit der explosionsartigen Entwicklung des Internets als weltweitem Datennetz und wichtigem Träger von Informationen und Kommunikationen hat die sog. Softwarepiraterie herausragende Bedeutung gewonnen.[193] Nach der Jahresstatistik der Bundeszollverwaltung sind in 2004 insgesamt Waren im Wert von 145 Mio. €, zu über 40 % basierend auf Internetgeschäften, beschlagnahmt worden. Gefälschte Computer-Soft-/Hardware hat dabei mit 37,6 Mio. € den größten Anteil. Zu 23,6 % stammen die beschlagnahmten Waren aus der VR China, zu 23,5 % aus Thailand, gefolgt von der Türkei mit 10,2 %.[194]

In jüngerer Zeit häufen sich die Meldungen zu spektakulären Aktionen der Strafverfolgungsbehörden im Kampf gegen Produkt- und Markenpiraterie. Wegen des Verdachts schwerwiegender Urheberrechtsverletzungen kam es etwa im März 2004 zu einer bundesweit angelegten Durchsuchungsaktion bei sog. Release-Groups, die für die illegale Herstellung und Erst-Veröffentlichung deutscher Fassungen von internationalen Kinofilmen und brandaktueller Spielesoftware verantwortlich sind.[195] Im September 2004 wurde der angeblich weltweit größte Fall illegaler kommerzieller Downloads in Deutschland aufgedeckt.[196] Im Internet hatte eine Fälschergruppe Raubkopien von Kinofilmen, Computerspielen, Softwareprodukten und Audiotiteln zum Download angeboten. Gegen Bezahlung einer monatlichen Flatrate von 135 € per Kreditkarte oder Telefonrechnung konnten sich Interessenten mit Hilfe eines Passworts aus einem reichhaltigen Angebot hergestellter Fälschungen bedienen. Die zuständige

---

[190] BT-Drucks. 14/2111.
[191] BT-Drucks. 14/2111 S. 10 ff.
[192] So Vereinigung zur Bekämpfung von Produktpiraterie – www.vbp.org/de.
[193] So die Antwort der Bundesregierung auf eine große Abgeordnetenanfrage zum wirksamen Schutz vor Computerattacken vom 20.6.01 – BT-Drucks. 14/6321.
[194] www.zoll.de.
[195] Pressemitteilung der Gesellschaft zur Verfolgung von Urheberrechtsverletzungen (GVU) vom 18.3.04 www.gvu.de.
[196] Pressemitteilung der GVU vom 16.9.04 www.gvu.de.

Staatsanwaltschaft hat in diesem Zusammenhang wegen Verstoßes gegen das UrhG auch gegen mehr als 1500 Kunden Ermittlungsverfahren eingeleitet.

1. Die Gemeinsamkeiten der Strafvorschriften nach dem Produktpirateriegesetz

140 Der Gesetzgeber hat auf diese Entwicklung bereits vor geraumer Zeit mit einer Verschärfung auch der einschlägigen Strafvorschriften aus dem gewerblichen Rechtsschutz und dem Urheberrecht reagiert. Mit Inkrafttreten des Gesetzes zur Stärkung des Schutzes des geistigen Eigentums und zur Bekämpfung der Produktpiraterie (**Produktpirateriegesetz – PrPG**)[197] im Jahr 1990 wurde die Rechtsstellung der Schutzrechtsinhaber, die durch rechtswidriges Nachahmen und Kopieren ihrer Produkte geschädigt werden, erheblich – und keineswegs beschränkt auf die Fälle reiner Produktpiraterie – gestärkt, das zivilrechtliche Instrumentarium zur Durchsetzung bestehender Schutzrechte ausgeweitet und die strafrechtlichen Sanktionsmöglichkeiten von Verletzungshandlungen mit Vereinheitlichung von Strafvorschriften der einzelnen Schutzgesetze verschärft.[198] Ein wesentliches Argument hierfür war, dass geistiges Eigentum ein dem materiellen Eigentum prinzipiell ebenbürtiges Rechtsgut sei und deshalb eine Annäherung der strafrechtlichen Sanktionsmöglichkeiten an die für die Verletzung materiellen Eigentums vorgesehenen Strafdrohungen geboten sei.[199]

> **Praxistipp:**
> Auch auf europäischer Ebene hat man sich des wachsenden Problems der Produkt- und Markenpiraterie angenommen. Zur Durchsetzung der Rechte des geistigen Eigentums wird eine Vereinheitlichung zivil- und verwaltungsrechtlicher Maßnahmen, Verfahren und Rechtsbehelfe vorangetrieben. Die in diesem Zusammenhang erlassene sog. Durchsetzungsrichtlinie[200] ist – allerdings ohne Bedeutung für das deutsche Sanktionenrecht – bis zum 29.4.2006 in nationales Recht umzusetzen. Mit der sog. Produktpiraterieverordnung[201] sind die Voraussetzungen einer Grenzbeschlagnahme für das Gebiet der Europäischen Union geregelt.

141 Mit dem PrPG hat der Gesetzgeber die Strafvorschriften sämtlicher Gesetze zum Schutz des geistigen Eigentums (Urheberrechts-, Marken-, Patent-, Gebrauchsmuster-, Geschmacksmuster-, Halbleiterschutz- und Sortenschutzgesetz) **vereinheitlicht**. Die Strafandrohung wurde bei einfachen Schutzrechtsverletzungen in der Regel auf drei Jahre Freiheitsstrafe im Höchstmaß angehoben, im übrigen für alle Schutzrechte zusätzlich ein gezielt für die Fälle der Produktpiraterie[202] vorgesehener **Qualifikationstatbestand** geschaffen, der bei gewerbsmäßigem Handeln die Verhängung von Freiheitsstrafen bis zu fünf Jahren ermöglicht. Entsprechend der in der Rechtsprechung hierzu allgemein entwickelten Kriterien ist von **gewerbsmäßigem Handeln** auszugehen, soweit sich der Täter durch wiederholte Tatbegehung eine fortlaufende Einnahmequelle von einigem Umfang und einiger Dauer verschafft. Ein Handeln im Rahmen eines Gewerbebetriebes oder im Sinne des stehenden Begriffs „im geschäftlichen Verkehr" erfüllt keineswegs zwingend die Voraussetzungen der Gewerbsmäßigkeit, soweit die Vorstellung des Täters nicht in die beschriebene Richtung weist.[203] Allerdings genügt zur Annahme der Gewerbsmäßigkeit unter Umständen auch schon eine einmalige Gesetzesverletzung.[204] Nach dem Willen des Gesetzgebers sollen damit die allgemein als Piraterie angesehen, gezielt und

---

[197] Gesetz zur Stärkung des Schutzes des geistigen Eigentums und zur Bekämpfung der Produktpiraterie vom 7.3.1990 (BGBl. I S. 422).
[198] BegrRegE BT-Drucks. 11/4792 S. 15.
[199] BegrRegE BT-Drucks. 11/4792 S. 23.
[200] Richtlinie 2004/48/EG des Europäischen Parlaments und Rates vom 29.4.2004 zur Durchsetzung der Rechte des geistigen Eigentums (ABl. EG 2004 Nr. L 157/45).
[201] Verordnung (EG) Nr. 1383/2003 des Rates vom 22.7.2003 über das Vorgehen der Zollbehörden gegen Waren, die im Verdacht stehen, bestimmte Rechte geistigen Eigentums zu verletzen, und die Maßnahmen gegenüber Waren, die erkanntermaßen derartige Rechte verletzen (ABl. EG 2003 Nr. L 196/7).
[202] BegrRegE BT-Drucks. 11/4792 S. 17.
[203] BegrRegE BT-Drucks. 11/4792 S. 24.
[204] Vgl. *Tröndle/Fischer* vor § 52 Rdnr. 62.

mit Gewinnerzielungsabsicht begangenen vorsätzlichen Schutzrechtsverletzungen erfasst werden.[205]

Diese Qualifikation wurde zudem einheitlich in allen Schutzgesetzen als **Offizialdelikt** ausgestaltet, das damit ohne Einschränkung von Amts wegen verfolgbar ist. Die einfachen Schutzrechtsverletzungen bleiben zwar grundsätzlich nur auf **Antrag** verfolgbar, allerdings wurde der Staatsanwaltschaft die Möglichkeit eröffnet, Schutzrechtsverletzungen in Bejahung eines besonderen öffentlichen Interesses auch ohne wirksamen Strafantrag zu verfolgen.[206] Im übrigen können Verletzungshandlungen gem. § 374 Abs. 1 Nr. 8 StPO im Wege der **Privatklage** verfolgt werden. 142

Der **Versuch** ist grundsätzlich nach allen Strafvorschriften der Schutzgesetze strafbar. Auf diese Weise sollen auch die Fälle erfasst werden können, in denen fertige Produkte nicht aufzufinden sind.[207] 143

Voraussetzung auf **subjektiver Tatbestandsseite** ist grundsätzlich zumindest bedingt vorsätzliches Handeln. Einer Schädigung des Schutzrechtsinhabers muss sich der Täter nicht bewusst sein, eine solche auch nicht beabsichtigen. Ein Irrtum über das Vorliegen eines Schutzrechtes schließt allerdings als vorsatzausschließender **Tatbestandsirrtum** grundsätzlich die Annahme vorsätzlichen Handelns aus. 144

Im übrigen hat der Gesetzgeber im Zuge des PrPG die Voraussetzungen für die **Einziehung und Vernichtung** von schutzrechtsverletzender Ware erleichtert,[208] einheitlich bei allen Schutzrechtsverletzungen eine sog. **Grenzbeschlagnahme** bei illegaler Einfuhr ermöglicht[209] und als mögliche Nebenfolge die Bekanntmachung der Verurteilung durch **Presseveröffentlichungen** auf Antrag vorgesehen.[210] 145

> **Praxistipp:**
> Umstritten ist, wie der Erwerb eines schutzrechtsverletzenden Produkts strafrechtlich zu würdigen ist. Unter dem Aspekt notwendiger Teilnahme ist der bloße Erwerb nicht strafbar,[211] allerdings wird eine Strafbarkeit unter dem Aspekt der Hehlerei nach § 259 StGB diskutiert.[212]

Keineswegs einheitlich behandeln die einzelnen Schutzgesetze allerdings die Frage, wann, unter welchen Bedingungen und in welchem Umfang auch strafrechtlich bewehrter Schutz besteht. Wirkt der Schutz des Urheberrechts zum Beispiel bereits mit Schaffung des Werkes und unabhängig von formellen Voraussetzungen, wird der Schutz etwa für Gebrauchsmuster erst nach Abschluss eines förmlichen Verfahrens mit Eintragung wirksam. Im folgenden ist deshalb für die einzelnen Schutzgesetze unter den Aspekten 146
- Schutzgegenstand
- Schutzvoraussetzung
- Schutzumfang

zu differenzieren. Nur auf diese Weise lässt sich klären, wann und in welchem Rahmen der Weg zu strafrechtlicher Sanktion eröffnet ist.

2. Der Urheberschutz

Die geistig-schöpferische Leistung im Zusammenhang mit kulturellen Werken wird auf nationaler Ebene durch das **Urheberrechtsgesetz (UrhG)**[213] geschützt. Internationalen Schutz[214] 147

---

[205] BegrRegE BT-Drucks. 11/4792 S. 17, 24.
[206] Siehe hierzu näher Rdnr. 274.
[207] BegrRegE BT-Drucks. 11/4792 S. 24.
[208] Siehe hierzu Rdnr. 276 ff.
[209] Siehe hierzu Rdnr. 279 ff.
[210] Siehe hierzu Rdnr. 282 ff.
[211] *Lührs* GRUR 1994, 266.
[212] *Ganter* NJW 1986, 1480.
[213] Gesetz über Urheberrecht und verwandte Schutzrechte v. 9.9.1965 (BGBl. I S. 1273) zuletzt geändert durch Art. 1 G vom 10.9.2003 (BGBl. I 2003 S. 1774, ber. 2004 S. 312).
[214] Vgl. hierzu Rdnr. 20 f.

gewährt darüber hinaus u. a. das revidierte Berner Übereinkommen (rBÜ), in dem der Grundsatz der Inländerbehandlung von Urhebern in Verbandsstaaten festgeschrieben ist. Das Welturheberrechtsabkommen (WUA) aus dem Jahr 1952 ermöglicht zudem eine internationale Registrierung von Schutzrechten und sichert den Urhebern bestimmte Mindestrechte, die die Mitgliedstaaten zu gewähren haben.

148 Ein einheitlich und unmittelbar geltendes **europäisches Urheberrecht** gibt es nicht. Die Europäische Union hat allerdings eine Harmonisierung einzelstaatlichen Rechts forciert. Verschiedene Richtlinien des Europäischen Rates sind bereits in nationales Recht umgewandelt worden[215] und bestimmen darüber hinaus eine richtlinienkonforme Auslegung nationalen Rechts. Die Richtlinie Nr. 01/29/EG vom 21.5.2001 zur Harmonisierung bestimmter Aspekte des Urheberrechts und der verwandten Schutzrechte in der Informationsgesellschaft[216] ist zuletzt mit Novellierung des UrhG durch das Gesetz zur Regelung des Urheberrechts in der Informationsgesellschaft vom 10.9.2003[217] in nationales Recht umgesetzt worden. Damit ist das deutsche Urheberrecht der beschleunigten Entwicklung im Bereich der Informations- und Kommunikationstechnologie, insbesondere der digitalen Technologie des Internet, angepasst worden, die eine weltweite Verbreitung und Verwertung auch urheberrechtlich geschützter Werke ohne größere Probleme und ohne Qualitätsverlust möglich macht. Am 27.9.04 hat das Bundesjustizministerium den Referentenentwurf zu einem zweiten Gesetz zur Regelung des Urheberrechts und der verwandten Schutzrechte in der Informationsgesellschaft vorgelegt, mit dem die begonnene Anpassung des nationalen Urheberrechts an die veränderten Bedingungen in der Informationsgesellschaft fortgeführt werden soll.

149 a) **Schutzgegenstand.** Nach dem UrhG wird der Urheber für das konkrete Produkt einer geistigen Leistung geschützt. Schutzfähig in diesem Sinne sind gem. § 1 **Werke der Literatur, Wissenschaft und Kunst.** Was hierzu gehört, ist in den §§ 2 bis 6 UrhG umschrieben. Lediglich beispielhaft sind in § 2 UrhG aufgezählt: Schrift-, Musik-, Lichtbild-, Filmwerke, wie auch Werke der bildenden Künste und pantomimische Werke, aber auch Darstellungen wissenschaftlicher oder technischer Art, sowie Computerprogramme.[218] § 4 UrhG erstreckt den Schutz auch auf Sammelwerke und Datenbanken. Neben Werken der Literatur, Wissenschaft und Kunst schützt das UrhG in den §§ 70 ff. auch geistige oder künstlerische Leistungen, die mit dem Urheberrecht verwandt sind. Man spricht von **Leistungsschutzrechten oder verwandten Schutzrechten.** Hierzu zählen zum Beispiel die Leistungen von Schauspielern, Sängern oder auch Herstellern von Tonträgern.

150 Gem. § 2 Abs. 2 UrhG sind Werke im Sinne des Gesetzes nur persönliche geistige Schöpfungen. Dieser **Werkbegriff** ist ein unbestimmter Rechtsbegriff, der im Einzelfall der Ausfüllung und Konkretisierung bedarf. Durchaus problematisch ist die Bestimmung, welche Erfordernisse erfüllt sein müssen, damit eine persönliche geistige Leistung als Werk i. S. d. UrhG qualifiziert werden kann. Die höchstrichterliche Rechtsprechung ist hierzu nicht unbedingt einheitlich. Einerseits wird betont, dass der künstlerische und wissenschaftliche Wert einer Leistung bedeutungslos sei,[219] andererseits wird in verschiedenen Entscheidungen eine gewisse Gestaltungshöhe verlangt.[220] Jedenfalls erfordert der Werksbegriff eine **persönliche** Leistung mit **geistigem Inhalt** und **erkennbarer Individualität,** die **Schöpfungshöhe** besitzt.[221] Das in der Rechtsprechung des BGH gebrauchte Kriterium der Gestaltungshöhe, das ein Mindestmaß an individueller Schöpfung gewährleisten soll, hat nicht zuletzt angesichts verschiedener europäischer Richtlinien, die sämtlich auf qualitative und ästhetische Kriterien zur Werksbestimmung

---

[215] Vgl. hierzu Rdnr. 14.
[216] Richtlinie Nr. 2001/29/EG des Europäischen Parlaments und des Rates zur Harmonisierung bestimmter Aspekte des Urheberrechts und der verwandten Schutzrechte in der Informationsgesellschaft vom 22.5.2001 (ABl. EG 2001 Nr. L 167/10).
[217] Gesetz zur Regelung des Urheberrechts und der verwandten Schutzrechte in der Informationsgesellschaft vom 10.9.2003 (BGBl. I 2003 S. 1774, berichtigt 2004 S. 312); siehe hierzu auch *Lauber/Schwipps* GRUR 2004, 293 ff.
[218] BGH NJW-RR 2002, 339 –Wetterführungspläne II; siehe hierzu auch § 69 a UrhG.
[219] BGH GRUR 1981, 267, 268 – Dirlada.
[220] BGH GRUR 1991, 449, 451 – Betriebssystem.
[221] *Dreyer/Kotthoff/Meckel* § 2 Rdnr. 8.

verzichten,²²² an Bedeutung verloren. Eine Besonderheit gilt für Computerprogramme, die die Kriterien eines schützenswerten Werks gem. § 69 a Abs. 3 UrhG auch ohne Erfüllung qualitativer oder ästhetischer Merkmale erfüllen. Die Frage der Schutzfähigkeit eines Computerprogramms ist damit wesentlich erleichtert.

Ob eine durch das UrhG geschützte, dem Urheberrecht verwandte Leistung vorliegt, bestimmt sich im einzelnen nach dem Inhalt der Bestimmungen zu den verwandten Schutzrechten in den §§ 70 ff.UrhG. Diese Leistungen müssen sämtlich nicht schöpferisch i. S. d. § 2 Abs. 2 UrhG sein, stehen allerdings regelmäßig in Beziehung zu einem geschützten Urheberrecht, so zum Beispiel die Leistung eines Sängers zu dem Urheberrecht des Komponisten. **151**

> **Praxistipp:**
> Im Einzelfall muss der unbestimmte Werkbegriff im Strafverfahren grundsätzlich von Amts wegen geprüft werden.

b) **Schutzvoraussetzung.** Die Durchführung eines förmlichen Verfahrens wird für das Entstehen eines Urheberschutzes nicht vorausgesetzt. Das Schutzrecht **beginnt** vielmehr kraft Gesetzes mit der Schöpfung des Werks zu wirken und **erlischt** gem. § 64 UrhG grundsätzlich erst siebzig Jahre nach dem Tod des Urhebers. **152**

Verwandte Schutzrechte entstehen ebenfalls ohne Durchführung eines förmlichen Verfahrens mit der Leistungserbringung und erlöschen nach den in Teil 2 des UrhG aufgenommenen Schutzbestimmungen mit unterschiedlichen Fristen. **153**

c) **Schutzumfang.** Das urheberrechtliche Schutzrecht sichert dem Urheber einer persönlichen geistigen Schöpfung das **ausschließliche Recht**, über sein Werk zu bestimmen und Beeinträchtigungen Dritter abzuwehren. Es ist gekennzeichnet durch eine Verknüpfung ideeller und materieller Interessen des Urhebers. So gewährt § 11 UrhG dem Schöpfer Schutz in seinen geistigen und persönlichen Beziehungen zu seinem Werk, damit in seinen **Persönlichkeitsrechten**, insbesondere der freien Bestimmung, ob und wie sein Werk veröffentlicht oder durch Dritte erstellt werden kann,²²³ und in der Nutzung seines Werkes, damit in seinen **Verwertungsrechten**, insbesondere dem Recht zur Vervielfältigung, Verbreitung, Ausstellung, Bearbeitung und öffentlichen Wiedergabe.²²⁴ Zugangs-, Folge- und Vergütungsrechte sind in den §§ 25 bis 27 UrhG geregelt. Besondere Bestimmungen für Computerprogramme finden sich in den mit Umsetzung der EG-Richtlinie über den Rechtsschutz von Computerprogrammen²²⁵ eingefügten §§ 69 a ff. UrhG. **154**

Verwandte Schutzrechte gewähren den Leistungserbringern nur in wenigen Fällen Persönlichkeitsrechte. Die Verwertungsrechte sind in den einzelnen verwandten Schutzrechten entsprechend unterschiedlich und nicht in allgemeiner Form geregelt. Der Urheberrechtsschutz von Datenbanken ist in §§ 87 a ff.UrhG ebenfalls in Umsetzung einer europäischen Richtlinie²²⁶ näher bestimmt. **155**

Allerdings gilt der Urheberschutz nicht uneingeschränkt. Vervielfältigung, Verbreitung, öffentliche Wiedergabe oder Zugänglichmachung bleibt unter den in den §§ 44 a bis 63 UrhG geregelten Voraussetzungen zulässig. Erfasst sind in diesen Vorschriften Ausnahmen vom ausschließlichen Verwertungsrecht des Urhebers, in denen er die Nutzung seines Werkes durch Dritte auch ohne seine Zustimmung hinnehmen muss. In besonderer Weise hat dabei den Gesetzgeber im Zuge der bis heute nicht abgeschlossenen Novellierung des UrhG die Frage be- **156**

---

²²² Vgl. Richtlinie Nr. 91/250/EWG über den Rechtsschutz von Computerprogrammen vom 14.5.91 (ABl. EG 1991 Nr. L 122/42); Richtlinie Nr. 93/98/EWG zur Harmonisierung der Schutzdauer des Urheberrechts und bestimmter verwandter Schutzrechte vom 29.10.1993 (ABl. EG 1993 Nr. L 290/9); Richtlinie Nr. 96/9/EG über den rechtlichen Schutz von Datenbanken vom 11.3.1996 (ABl. EG 1996 Nr. L 77/20).
²²³ §§ 12 bis 14 UrhG.
²²⁴ §§ 15 bis 24, 69 c UrhG.
²²⁵ Richtlinie Nr. 91/250über den Rechtsschutz von Computerprogrammen vom 14.5.91 (ABl. EG 1991 Nr. L 122/42).
²²⁶ Richtlinie Nr. 96/9/EG des Europäischen Parlaments und des Rates über den rechtlichen Schutz von Datenbanken vom 11.3.1996 (ABl. EG 1996 Nr. L 77/20).

schäftigt, wie das Problem der digitalen **Vervielfältigung zu privaten Zwecken** angesichts der Möglichkeiten, die die weltumspannende Datenvernetzung jedem Privathaushalt bietet, gelöst werden soll. § 53 UrhG erlaubt es Nutzern geschützter Werke grundsätzlich, zum privaten Gebrauch einzelne Vervielfältigungen herzustellen.[227] Allerdings gilt dies nicht, wenn mit privater Vervielfältigung tatsächlich **Erwerbszwecke** verfolgt werden oder die Vorlage **offensichtlich rechtswidrig hergestellt** worden ist. Verhindert werden soll damit die bewusste Nutzung illegaler Tauschbörsen im Internet mit Verbreitung von Raubkopien. Im Referentenentwurf vom 27.9.2004 ist eine Ergänzung von § 53 Abs. 1 UrhG dahin vorgesehen, zusätzlich auch die Nutzung einer offensichtlich rechtswidrig „öffentlich zugänglich gemachten" Vorlage von legaler privater Vervielfältigung auszunehmen. So werden gerade beim file-sharing in Peer to Peer –Tauschbörsen Werke zum Download angeboten und damit öffentlich zugänglich gemacht, bei denen die Vorlagen als zulässige Privatkopien rechtmäßig hergestellt worden sind. Verboten ist die Fertigung von Privatkopien nach den neu eingefügten §§ 95 a ff.UrhG schließlich auch dann, wenn dabei **wirksame technische Maßnahmen** des Urhebers zum Schutz seines Werkes, d. h. Maßnahmen zum Kopierschutz, umgangen werden.

> **Praxistipp:**
> Zulässig bleibt damit nach wie vor, eine im Handel ordnungsgemäß erworbene CD oder DVD zu kopieren und die Kopie persönlich verbundenen Personen, einem Mitglied der Familie oder auch einem guten Bekannten zu schenken. In jedem Fall darf allerdings auch eine legal erstellte Kopie gem. § 17 Abs. 1 UrhG nicht verbreitet werden. Damit bleibt es weiter untersagt, eine zulässig hergestellte Kopie ins Internet zu stellen oder über Musiktauschbörsen zum Download anzubieten.

157 d) **Strafvorschriften.** Verletzungen eines Urheberrechts begründen für den Rechtsinhaber weitreichende zivilrechtliche Ansprüche, insbesondere auf Unterlassung und Schadenersatz, Vernichtung oder Überlassung von Vervielfältigungen und Vorrichtungen.[228] Darüber hinaus sind Verletzungshandlungen unter bestimmten Voraussetzungen auch mit Strafe bedroht. Das Urheberrecht kennt seit Einfügung des § 108 b UrhG mit jüngster Novellierung des UrhG vier Straftatbestände:
- die unerlaubte Verwertung urheberrechtlich geschützter Werke, § 106 UrhG
- das unzulässige Anbringen von Urheberbezeichnungen, § 107 UrhG
- die unerlaubten Eingriffe in verwandte Schutzrechte, § 108 UrhG
- die unerlaubten Eingriffe in technische Schutzmaßnahmen und zur Rechtewahrnehmung erforderliche Informationen, § 108 b UrhG

158 Zum Schutz vor weniger einschneidender Umgehung wirksamer technischer Maßnahmen i. S. d. §§ 95 a ff.UrhG finden sich nun mehr in § 111 a UrhG auch diverse Ordnungswidrigkeitentatbestände.

> **Praxistipp:**
> Der strafrechtliche Schutz der §§ 106 ff.UrhG knüpft an den zivilrechtlichen Urheber- und Leistungsschutz an. Abweichend von § 7 StGB sind deshalb nur im Inland begangene Verletzungshandlungen strafrechtlich relevant.[229]

159 *aa) Unerlaubte Verwertung, § 106 UrhG.* Dieser **Grundtatbestand des Urheberrechts** schützt vor unberechtigter Anmaßung von Verwertungsrechten, die ausschließlich der Urheber selbst ausüben darf.

---

[227] Siehe hierzu *Stickelbrock* GRUR 2004, 736 ff.
[228] §§ 97 ff.UrhG.
[229] BGH wistra 2004, 303 = StV 2004, 382 = NJW 2004, 1674.

> **Checkliste:**
>
> Nach **§ 106 UrhG** wird mit Freiheitsstrafe bis zu drei Jahren, in Fällen gewerbsmäßigen Handelns[230] gem. § 108 a UrhG mit Freiheitsstrafe bis zu fünf Jahren, oder mit Geldstrafe bestraft, wer vorsätzlich
> ☐ ohne Einwilligung des Berechtigten
> ☐ ein Werk oder eine Bearbeitung oder Umgestaltung eines Werkes
> ☐ i. S. d. § 16 UrhG vervielfältigt, i. S. d. § 17 UrhG verbreitet oder i. S. d. §§ 19 ff. UrhG öffentlich wiedergibt.

Voraussetzung für eine Anwendbarkeit des § 106 UrhG ist zunächst, dass ein geschütztes Werk i. S. d. § 1 UrhG[231] vorliegt bzw. eine Bearbeitung oder Umgestaltung des Werkes. Von einer **Bearbeitung oder Umgestaltung des Werkes** i. S. d. § 3 UrhG ist dann auszugehen, wenn das geänderte Werk zusätzliche individuelle Merkmale aufweist, so dass die Änderungen ihrerseits durch das Urheberrecht geschützt sind. Unter einer Bearbeitung versteht man dabei eine Änderung, die das Originalwerk noch erkennen lässt.

> **Praxistipp:**
> Zu klären ist jeweils, ob der Schutzbereich des Werkes, der Bearbeitung oder Umgestaltung durch die Verwertungshandlung tangiert ist. Der Irrtum darüber, ob eine Schöpfung ein geschütztes Werk i. S. d. § 2 Abs. 2 UrhG ist, ist grundsätzlich ein Tatbestandsirrtum und schließt als solcher vorsätzliches Handeln aus.

Liegt eine **Einwilligung des Berechtigten** vor, kann eine Verwertung des Werkes nicht strafbar sein. Berechtigter in diesem Sinne muss keineswegs der Urheber sein, entscheidend ist vielmehr nur, wer Inhaber der Verwertungsrechte ist. Die Verwertungsrechte aus § 15 UrhG sind zwar nach § 29 Abs. 1 UrhG grundsätzlich nicht übertragbar, können lediglich vererbt werden,[232] womit eine Vereinbarung darüber, wem das Urheberrecht zustehen soll, nicht möglich ist. Der Urheber kann jedoch von seinen Verwertungsrechten Nutzungsrechte abspalten und anderen das Recht einräumen, das Werk zu nutzen.[233] Deshalb ist für die Frage, wer für die Erteilung einer Einwilligung berechtigt ist, immer auf die Frage abzustellen, wer **Rechtsinhaber der ausschließlichen Nutzungsrechte** i. S. d. § 31 Abs. 3 UrhG ist. Bei **mehreren Urhebern** eines gemeinsamen Werks hat jeder Urheber ein Recht am Gesamtwerk,[234] ist gegebenenfalls die Einwilligung jedes Miturhebers Voraussetzung für eine Straffreiheit des Nutzers.

> **Praxistipp:**
> Eine nachträgliche Zustimmung des Berechtigten zur Nutzung des Werkes durch Dritte hindert zwar nicht die Annahme von Tatbestandsmäßigkeit und Rechtswidrigkeit einer Verletzungshandlung, kann jedoch unter Umständen als Verzicht auf Strafantragstellung oder Rücknahme eines bereits gestellten Strafantrags ausgelegt werden.

Wem die Nutzungsrechte an Werken, die in einem Arbeits- oder Dienstverhältnis geschaffen worden sind, zustehen, ist im einzelnen nach den Voraussetzungen der §§ 43, 69 b UrhG

---

[230] Siehe hierzu Rdnr. 141.
[231] Siehe hierzu Rdnr. 149 ff.
[232] § 28 UrhG.
[233] §§ 31, 32 UrhG; vgl. auch *Schack* Rdnr. 309.
[234] §§ 8, 9 UrhG.

unter Berücksichtigung der arbeitsvertraglichen Regelungen zu prüfen. Grundsätzlich ist der **Arbeitnehmer** in seiner Kreativität über §§ 43, 69 b UrhG geschützt. So ist auch in diesen Fällen der Arbeitnehmer als Schöpfer der persönlichen geistigen Leistung Urheber i. S. d. § 7 UrhG und nicht der Arbeitgeber.[235] Allerdings werden arbeitsvertraglich geschuldete Werke des Arbeitnehmers wirtschaftlich grundsätzlich dem Arbeitgeber zugeordnet und dürfen von diesem verwertet werden. Dies gilt mit dem Argument, auch die schöpferische Leistung eines Arbeitnehmers werde mit seiner Entlohnung abgegolten. So muss der Arbeitnehmer seinem Arbeitgeber gem. § 43 UrhG Nutzungsrechte entsprechend den Erfordernissen des Betriebes einräumen.[236] Soweit arbeitsvertraglich nichts anderes vereinbart ist, steht dem Arbeitgeber bei Computerprogrammen nach § 69 b UrhG sogar ein ausschließliches Nutzungsrecht zu. Ein Sonderproblem stellt sich in diesem Zusammenhang bei sog. arbeitnehmerähnlichen Personen.[237]

> **Praxistipp:**
> Zulässig ist die Verwertung eines Werkes im übrigen in den gesetzlich zugelassenen Fällen. In diesem Zusammenhang sind die Vorschriften über die Beschränkungen des Urheberrechtes nach den §§ 44 a bis 63 UrhG zu beachten. Ist nach diesen Bestimmungen eine Werknutzung ohne Einwilligung des Berechtigten gestattet, ist eine Strafbarkeit nach § 106 UrhG ausgeschlossen.

164 Unter **Vervielfältigen** ist die Herstellung jeder körperlichen Festlegung eines Werkes zu verstehen, die geeignet ist, das Werk von menschlichen Sinnen auf irgendeine Weise wahrnehmbar zu machen.[238] Vervielfältigen i.d.S. ist damit auch die Übertragung auf Bild- oder Tonträger, die Herstellung von Schallplatten, Bandaufnahmen, Fernsehaufzeichnungen etc., aber auch die Übertragung eines Computerprogramms von einem Datenträger in einen Rechner. In den §§ 69 c und d UrhG findet sich eine spezielle Regelung des Vervielfältigungsrechts bei Computersoftware, die allerdings unter dem grundsätzlichen Vorbehalt der Einwilligung des Berechtigten steht. Das für die Vervielfältigung gewählte Verfahren und die Anzahl der Festlegungen ist nach § 16 Abs. 1 UrhG nicht entscheidend. So genügt auch bereits der Mitschnitt einer einzigen Bandaufnahme.

> **Praxistipp:**
> Zu prüfen ist in diesem Zusammenhang stets, ob die Vervielfältigung dem eigenen Gebrauch dient. Dies ist nach § 53 UrhG unter bestimmten Voraussetzungen zulässig. Nach § 53 UrhG gestattete Vervielfältigungen dürfen allerdings weder verbreitet noch zur öffentlichen Wiedergabe verwendet werden. Entsprechend entfällt dieses an dem Gedanken der Sozialbindung geistigen Eigentums orientierte Privileg, sobald eine Vervielfältigung in der Absicht erfolgt, die hergestellte Festlegung zu verkaufen oder zu verschenken.[239]

165 In der Diskussion ist derzeit noch die Überlegung des Gesetzgebers zur Regelung sog. Bagatellfälle. Im Referentenentwurf vom 27.9.2004 ist die Einfügung eines **Strafausschließungsgrundes** für Fälle geringen Unrechtsgehalts vorgesehen. Danach soll grundsätzlich nicht bestraft werden, wer rechtswidrig Vervielfältigungen nur in geringer Zahl und ausschließlich zum eigenen Gebrauch vornimmt. Damit soll vernünftigerweise einer Kriminalisierung der „Schulhöfe" vorgebeugt werden. Dies kann rechtspolitisch nur begrüßt werden.

---

[235] Siehe hierzu *Bayreuther* GRUR 2003, 570 ff.
[236] BGH GRUR 1974, 480, 482 – Hummelrechte.
[237] *Olenhusen* GRUR 2002, 11.
[238] BGH GRUR 1982, 102, 103 – Masterbänder.
[239] Siehe hierzu Rdnr. 156.

Unter **Verbreiten** ist nach der Definition in § 17 Abs. 1 UrhG das Anbieten an die Öffent- 166
lichkeit oder Inverkehrbringen des Originals oder der Vervielfältigungsstücke des Werkes zu
verstehen. Damit kann ein Werk nur in körperlicher Form verbreitet werden. Die Aufführung
eines Werks in Fernsehen oder Hörfunk ist deshalb keine Verbreitung i. S. d. § 17 Abs. 1 UrhG.
Nach § 15 Abs. 3 UrhG ist unter Öffentlichkeit ein unbestimmter, nicht durch persönliche
Beziehungen verbundener Personenkreis zu verstehen. Ein **Angebot an die Öffentlichkeit** ist
jede Handlung, die einen Besitzerwerb auch nur eines Werkstückes durch einen nicht verbundenen Dritten zum Ziel hat. Allerdings ist Voraussetzung, dass sich das Angebot auf zumindest konkretisierbare Werkstücke bezieht.[240] Ein strafbares Verbreiten in diesem Sinne ist zum
Beispiel dann anzunehmen, wenn sog Bootlegs zum Verkauf in einem CD-Geschäft angeboten werden.[241] **In Verkehr gebracht** wird ein Werk schließlich, indem es an die Öffentlichkeit
verteilt, verschenkt, verkauft oder sonst überlassen wird und damit die tatsächliche Herrschaft
über das Werk übergeht.[242] Der Versand von unberechtigt hergestellten Tonträgern ins Ausland
ist urheberrechtsverletzendes Inverkehrbringen im Ausland.[243] Streitig ist, ob als Adressat in
diesen Fällen nur die Öffentlichkeit in Betracht kommt, oder ob auch eine Person genügt, die
das Produkt nicht zwingend vertraulich behandelt.[244] Die Besitzüberlassung an Dritte muss
jedenfalls nicht auf Dauer erfolgen, eine Gewinnerzielungsabsicht ist nicht vorausgesetzt.

Zulässig ist die Verbreitung allgemein gem. § 17 Abs. 2 UrhG und für Softwareprogramme 167
nach der Sonderregelung in § 69 c Nr. 3 S. 2 UrhG dann, wenn das Original oder Vervielfältigungsstücke eines Werkes mit Zustimmung des Berechtigten im Wege der Veräußerung im
Gebiet der Europäischen Union bzw. des Europäischen Wirtschaftsraumes in den Verkehr
gebracht worden waren. Soweit diese Voraussetzung erfüllt ist, ist eine Weiterverbreitung
ohne Einschränkung zulässig. Hier greift der sog. **Erschöpfungsgrundsatz** des Verbreitungs-
rechts,[245] der nur den ersten Veräußerungsakt erfasst, der als jede Übereignung und Entäußerung des Eigentums an dem Werkstück durch den Berechtigten zu verstehen ist.[246]

> **Praxistipp:**
> In diesem Zusammenhang ergeben sich durchaus schwierige Abgrenzungsfragen, insbesondere
> für den Rechtsschutz von EDV-Anlagen. So ist Bezugspunkt für die Erschöpfung grundsätzlich
> das körperliche Vervielfältigungsstück, entsprechend problematisch ist die rechtliche Beurtei-
> lung der Weitergabe in nichtkörperlicher Form etwa in der digitalen Informationstechnolo-
> gie.[247]

Die **öffentliche Wiedergabe** als Nutzung eines Werks in unkörperlicher Form ist nur dann 168
verboten, wenn sie außerhalb des privaten Bereichs in der Öffentlichkeit stattfindet. § 106
UrhG nimmt insoweit auf die Vorschriften der §§ 19 ff.UrhG Bezug.

> **Praxistipp:**
> Zulässig ist eine öffentliche Wiedergabe, soweit die Voraussetzungen der Ausnahmebestim-
> mung des § 52 UrhG erfüllt sind, wenn etwa die Wiedergabe nicht Erwerbszwecken des Ver-
> anstalters dient.

---

[240] *Fromm/Nordemann* § 17 Rdnr. 3.
[241] AG Donaueschingen wistra 2000, 193.
[242] *Fromm/Nordemann* § 17 Rdnr. 4.
[243] BGH NJW 2004, 1674.
[244] Vgl. *Ganter* NJW 1986, 1480.
[245] EuGH GRUR Int. 1998, 140, 143 – Dior/Evora.
[246] BGHZ 129, 66 = GRUR 1995, 673 = NJW 1995, 1556 – Mauer-Bilder.
[247] Vgl. *Berger* GRUR 2002, 198.

bb) Unzulässige Signierung, § 107 UrhG.

169

> **Checkliste:**
>
> Nach **§ 107 UrhG** wird mit Freiheitsstrafe bis zu drei Jahren, in Fällen gewerbsmäßigen Handelns[248] gem. § 108 a UrhG mit Freiheitsstrafe bis zu fünf Jahren, oder mit Geldstrafe bestraft, wer vorsätzlich
> - eine Urheberbezeichnung auf dem Original eines Werkes der bildenden Künste anbringt oder ein derart bezeichnetes Original verbreitet (Abs. 1 Nr. 1),
> - eine Urheberbezeichnung auf einem Vervielfältigungsstück, einer Bearbeitung oder Umgestaltung eines Werkes der bildenden Künste auf eine Art anbringt, die den Anschein eines Originals gibt, oder ein so bezeichnetes Vervielfältigungsstück, eine solche Bearbeitung oder Umgestaltung verbreitet (Abs. 1 Nr. 2).

170 Nr. 1 dient dem Urheberpersönlichkeitsrecht und schützt den Schöpfer eines Werkes in seiner Willensentschließung dazu, ob sein Werk signiert werden soll oder nicht. Erfasst sind nur die Fälle **unzulässiger Aufdeckung des Urhebers**. Falsche Urheberbezeichnungen oder allgemein Fälle der Kunstfälschung können nur nach den Vorschriften des allgemeinen Strafrechts verfolgt werden. Nr. 2 stellt eine **irreführende Signierung** unter Strafe. Damit soll der Kunsthandel vor dem Auftreten von Scheinoriginalen geschützt werden. Täter dieser Alternative kann auch der Urheber selbst sein.

> **Praxistipp:**
> Praktische Bedeutung kommt dieser Vorschrift kaum zu, zumal sie regelmäßig als subsidiär hinter den Vorschriften der Urkundenfälschung gem. § 267 StGB oder des Betrugs gem. § 263 StGB zurücktreten wird.

171 *cc) Verwandte Schutzrechte, § 108 UrhG.* Geschützt werden in diesem Zusammenhang bestimmte Leistungen von kultureller Bedeutung, die nicht als Werke i. S. d. § 2 UrhG qualifiziert werden können. Näheres zu diesen Leistungsschutzrechten, die sich aus der besonderen Bedeutung einer **Interpretation der Urheberleistung** ergeben, ist den §§ 70 bis 95 UrhG zu entnehmen.

172

> **Checkliste:**
>
> Nach **§ 108 UrhG** wird mit Freiheitsstrafe bis zu drei Jahren, in Fällen gewerbsmäßigen Handelns[249] gem. § 108 a UrhG mit Freiheitsstrafe bis zu fünf Jahren, oder mit Geldstrafe bestraft, wer vorsätzlich
> - in Nr. 1 bis 8 des Abs. 1 bezeichnete Leistungsschutzrechte
> - ohne Einwilligung des Berechtigten
> - vervielfältigt, verbreitet, öffentlich wiedergibt oder sonst verwertet

173 Maßgebend ist in diesem Zusammenhang der in den §§ 73 ff. UrhG festgelegte Schutz der ausübenden Künstler, die durch eigene Interpretation des Ursprungswerks eine schützenswerte Leistung erbringen. Das entsprechende Leistungsschutzrecht der ausübenden Künstler wird

---

[248] Siehe hierzu Rdnr. 141.
[249] Siehe hierzu Rdnr. 141.

über § 108 Abs. 1 Nr. 4 UrhG strafrechtlich geschützt. Die Verbreitung sog. Bootlegs ist in Konsequenz neben § 106 Abs. 1 UrhG auch unter diesem Aspekt verfolgbar.

dd) Unerlaubte Eingriffe in technische Schutzmaßnahmen und zur Rechtewahrnehmung erforderliche Informationen, § 108 b UrhG.

Checkliste: 174

Nach **§ 108 b UrhG** wird mit Freiheitsstrafe bis zu einem Jahr, in Fällen gewerbsmäßigen Handelns[250] gem. § 108 b Abs. 3 UrhG mit Freiheitsstrafe bis zu drei Jahren, oder mit Geldstrafe bestraft, wer vorsätzlich
- zu gewerblichen Zwecken
- wirksame technische Schutzmaßnahmen ohne Zustimmung des Rechtsinhabers umgeht (Abs. 1 Nr. 1),
- eine Umgehung wirksamer technischer Schutzmaßnahmen vorbereitet und dadurch wenigstens leichtfertig eine Urheberrechtsverletzung veranlasst, ermöglicht, erleichtert oder verschleiert (Abs. 1 Nr. 2),
- Vorrichtungen, die der Vorbereitung einer Umgehung wirksamer technischer Schutzmaßnahmen dienen, herstellt, einführt, verbreitet, verkauft oder vermietet (Abs. 2).

Mit § 108 b Abs. 1 Nr. 1 UrhG ist die **Umgehung** wirksamer technischer Schutzmaßnahmen i. S. d. § 95 a UrhG unter Strafe gestellt. Unter technischen Maßnahmen sind gem. § 95 a Abs. 2 S. 1 UrhG Technologien und Vorrichtungen zu verstehen, die dazu dienen, nicht genehmigte Nutzungen zu verhindern. Wirksam sind entsprechende Maßnahmen nach § 95 a Abs. 2 S. 2 UrhG, soweit durch eine Zugangskontrolle oder einen Schutzmechanismus die Nutzung eines geschützten Werks durch den Rechtsinhaber unter Kontrolle gehalten werden kann. Hierunter fallen Zugangs- wie auch Kopiersperren, beispielsweise in Audio-CDs implementierte Kopierschutzmechanismen, Dongleabfragen in Computerprogrammen oder das Serial Copy Management System bei digitalen Audio- und Videogeräten. Aus dem Regelungsgehalt des § 95 a Abs. 1 UrhG ergibt sich dabei zwingend, dass eine Umgehungsmöglichkeit die Wirksamkeit der technischen Maßnahme nicht ausschließt. Der Täter muss bei Umgehung in der Absicht handeln, sich oder einem Dritten den Zugang zu einem geschützten Werk oder dessen Nutzung zu ermöglichen. 175

Vorbereitungshandlungen zur Umgehung, wie die Entfernung oder Veränderung von Informationen zur Rechtewahrnehmung i. S. d. § 95 c UrhG oder die Einfuhr und Verwertung von Werken, bei denen entsprechende Informationen entfernt oder verändert wurden, stellt § 108 b Abs. 1 Nr. 2 UrhG unter Strafe. Informationen für die Rechtewahrnehmung sind gem. § 96 c Abs. 2 UrhG am Schutzgegenstand angebrachte elektronische Informationen, die Schutzgegenstand und Urheber identifizieren, wie auch Informationen über die Nutzungsbedingungen des Urhebers. In diesem Zusammenhang muss sich der Täter seiner fehlenden Berechtigung bewusst sein und durch sein Handeln zumindest leichtfertig eine Schutzverletzung veranlassen, ermöglichen, erleichtern oder verschleiern. 176

Praxistipp:

Ausgeschlossen bleibt eine Strafbarkeit in beiden Tatbestandsvarianten nach ausdrücklicher Regelung in Abs. 1 dann, wenn der Täter ausschließlich zum eigenen Gebrauch oder zum Gebrauch durch persönlich mit ihm verbundenen Personen handelt.

Nach § 108 b Abs. 2 UrhG ist die Herstellung, Einfuhr, Verbreitung, wie auch der Verkauf oder die Vermietung von **Vorrichtungen**, die der nach § 95 a Abs. 3 UrhG verbotenen Vorbereitung einer Umgehung von technischen Schutzmaßnahmen dienen, mit Strafe bedroht. Soweit 177

---

[250] Siehe hierzu Rdnr. 141.

in diesen Fällen kein Handeln zu gewerblichen Zwecken vorliegt, kommt nach der Entscheidung des Gesetzgebers, wie auch beim bloßen Besitz zu gewerblichen Zwecken, allenfalls eine Ahndung als Ordnungswidrigkeit nach § 111 a UrhG in Betracht.

3. Der Markenschutz

178 Die Kennzeichnung von Produkten, Dienstleistungen und Unternehmen wird nach den Bestimmungen des **Gesetz über den Schutz von Marken und sonstigen Kennzeichen (MarkenG)**[251] geschützt. Mit dem Markengesetz ist die europäische Richtlinie Nr. 89/104 vom 21.12.88 (MarkenRL)[252] zur Angleichung der Rechtsvorschriften der Mitgliedstaaten in nationales Recht umgesetzt und mit Wirkung zum 1.1.1995 das frühere Warenzeichengesetz ersetzt worden. In Konsequenz ist nationales Recht stets richtlinienkonform und in Berücksichtigung der Rechtsprechung des EuGH auszulegen, ist der EuGH zur Klärung von Auslegungsfragen zur MarkenRL bei Anwendung nationalen Rechts im Wege der Vorlage durch nationale Gerichte berufen. Bei Befassung mit älterer Rechtsprechung ist auch zu berücksichtigen, dass das Recht der geschäftlichen Bezeichnungen vor Inkrafttreten des MarkenG in § 16 UWG a. F. geregelt war und das Recht der geographischen Herkunftsangabe in § 3 UWG a. F.

> **Praxistipp:**
> Ausführungsbestimmungen zum MarkenG finden sich in der sog. Markenverordnung (MarkenV).[253]

179 Am 15.3.1994 trat die Verordnung Nr. 40/94 des Europäischen Rates über eine **Gemeinschaftsmarke** (GMV)[254] in Kraft. Das Markenrechtsänderungsgesetz vom 19.7.1996[255] enthält hierzu Ausführungsbestimmungen und hat in den §§ 125 a ff. MarkenG Regeln für das Verhältnis der Gemeinschaftsmarke zur nationalen Marke festgelegt. Damit ist ein über die nationalen Grenzen hinausgehendes Markenrecht geschaffen worden, das sich auf das gesamte Gebiet der Europäischen Union erstreckt und unmittelbar geltendem Gemeinschaftsrecht unterliegt. Die Gemeinschaftsmarke ist als ein völlig neues, neben dem nationalen Schutzrecht bestehendes gewerbliches Schutzrecht zu verstehen. Sie ist beim Europäischen Markenamt in Alicante (Spanien), dem Harmonisierungsamt für den Binnenmarkt (HABM),[256] nach den Bestimmungen der GMV anzumelden und bietet nach ihrer Eintragung Schutz für das gesamte Gebiet der Europäischen Union.[257] Der EuGH ist als letztinstanzliches Rechtsmittelgericht im Zusammenhang mit Entscheidungen des HABM und für Auslegungsfragen im Zusammenhang mit der GMV zuständig.

180 Des weiteren ist nach dem Madrider Markenabkommen (MMA)[258] und dem Protokoll zum Madrider Abkommen (PMMA)[259] mit der Anmeldung einer eingetragenen Marke bei dem

---

[251] Gesetz über den Schutz von Marken und sonstigen Kennzeichen (Markengesetz) vom 25.10.1994 (BGBl. I S. 3082, ber. 1995 I S. 156) i. d. F. des Markenrechtsänderungsgesetzes vom 19.7.1996 (BGBl. I S. 3082) zuletzt geändert durch das Gesetz zur Änderung des Patentgesetzes und anderer Vorschriften des gewerblichen Rechtsschutzes vom 9.12.2004 (BGBl. I S. 3232).
[252] Erste Richtlinie Nr. 89/104/EG des Rates zur Angleichung der Rechtsvorschriften der Mitgliedstaaten über die Marken vom 21.12.1988 EWG (ABl. EG 1989 Nr. L 40/1).
[253] Verordnung zur Ausführung des Markengesetzes vom 11.5.2004 (BGBL. I 2004 S. 872), zuletzt geändert durch VO zur Änderung der Markenverordnung und anderer Verordnungen (BGBl. I 2004 S. 3532).
[254] VO (EG) Nr. 40/94 des Rates über die Gemeinschaftsmarke vom 20.12.1993 (ABl. EG 1994 Nr. L 11/1), geändert durch VO (EG) Nr. 422/2004 des Rates vom 19.2.2004 (ABl. EG 2004 Nr. L 70/1); beachte auch die VO (EG) Nr. 2869/95 der Kommission vom 13.12.1995 zur Durchführung der Verordnung Nr. 40/94 (ABl. EG Nr. L 303/1), geändert durch VO (EG) Nr. 1041/2005 der Kommission vom 29.6.2005 (ABl. EG 2005 Nr. L 172/4).
[255] BGBl. I S. 1014.
[256] http://oami.eu.int.
[257] Art. 1 Abs. 2 GMV.
[258] Madrider Abkommen über die internationale Registrierung von Marken vom 14.4.1891 in der Stockholmer Fassung vom 14.7.1967 (BGBl. II 1970 S. 293, 418), zuletzt geändert durch Beschluss vom 2.10.1979, in Kraft am 23.10.1983 (Bek. vom 20.8.1984 BGBl. II S. 800).
[259] Protokoll zum Madrider Abkommen über die internationale Registrierung von Marken vom 27.6.1989 (BGBl. II 1995 II S. 1017).

Internationalen Büro der Weltorganisation für geistiges Eigentum in Genf (WIPO)[260] eine **internationale Registrierung** und damit ein auf die gewählten Vertragsstaaten ausgedehnter Markenschutz möglich. Die Registrierung führt dazu, dass die angemeldete Marke in den mit der Registrierung erfassten Vertragsstaaten jeweils wie eine nationale Marke geschützt ist.

> **Praxistipp:**
>
> Ein Markenschutz kann damit für das Gebiet der Bundesrepublik Deutschland als deutsche Marke, für das Gebiet der Europäischen Union als Gemeinschaftsmarke oder international als international registrierte Marke erworben werden. Einen über die nationalen Bestimmungen hinausreichenden **strafrechtlichen Schutz** gibt es allerdings nicht. Auch international registrierte Marken werden in Deutschland ausschließlich nach den Bestimmungen des MarkenG geschützt. Verletzungen einer Gemeinschaftsmarke können entsprechend nur nach den nationalen Bestimmungen der Mitgliedstaaten geahndet werden.[261]

a) **Schutzgegenstand.** Als Mittel zur Kennzeichnung für Produkte und Dienstleistungen, sowie Unternehmen, als **Visitenkarten im Wettbewerb**, die eine Unterscheidung von Konkurrenzangeboten ermöglichen, genießen nach § 1 MarkenG markenrechtlichen Schutz:
- die Marke
- die geschäftliche Bezeichnung
- die geographische Herkunftsangabe

Als **Marke** können gem. § 3 MarkenG u. a. Worte, Abbildungen, Hörzeichen, Farben, Formen, wie etwa die Art der Verpackung einer Ware geschützt werden. Die gängigste Form ist die Wortmarke (z. B. Benetton). Auch Texte (z. B. „nichts ist unmöglich") können als Marken geschützt werden. Als Farbmarke ist etwa die „Farbe Lila" für Milka bekannt. Markenqualität kann nach der Rechtsprechung beispielsweise auch einer sog. Internet-domain zukommen.[262] Der Jingle eines Radiosenders kann als Hörmarke geschützt sein u. a.m. Voraussetzung ist in jedem Fall, dass die Zeichen geeignet sind, Waren oder Dienstleistungen eines Unternehmens von denjenigen anderer Unternehmen zu unterscheiden. Unter Ware ist dabei jedes Erzeugnis zu verstehen, das Gegenstand des Handelsverkehrs sein kann,[263] unter Dienstleistung jedes immaterielles Wirtschaftsgut.[264]

Nach der Rechtsprechung hat eine Marke vor allem Unterscheidungs-, Herkunfts-, Garantie- und Werbefunktion. Die Unterscheidung zu anderen Kennzeichen ist die Grundfunktion einer Marke, deshalb ist die **Unterscheidungskraft** erste Voraussetzung. Eine Marke hat Unterscheidungskraft, wenn sie geeignet ist, die Ware, für die eine Eintragung beantragt wird, als von einem bestimmten Unternehmen stammend zu kennzeichnen und diese Ware somit von denjenigen anderer Unternehmen zu unterscheiden.[265] Eine **Verwechslungsgefahr**[266] darf nicht bestehen.[267] Die Marke muss Gewähr dafür bieten, dass alle mit ihr versehenen Waren oder Dienstleistungen unter der Kontrolle eines einzigen Unternehmens hergestellt worden sind, das für ihre Qualität auch verantwortlich gemacht werden kann.[268]

Unter **geschäftlichen Bezeichnungen** sind gem. § 5 MarkenG Unternehmenskennzeichen oder Werktitel als Immaterialgüterrechte zu verstehen. Unternehmenskennzeichen sind gem. § 5 Abs. 2 MarkenG Zeichen, die als Name, Firma oder besondere Bezeichnung eines Geschäftsbetriebes im geschäftlichen Verkehr benutzt werden.[269] Werktitel sind gem. § 5 Abs. 3

---

[260] Vgl. §§ 108, 120 MarkenG.
[261] Art. 98 Abs. 2 GMV; § 143 a MarkenG.
[262] OLG München NJW-RR 1998, 984, 985 = CR 1998, 556, 557; OLG Hamm NJW-RR 1998, 909, 910.
[263] *Fezer* § 3 Rdnr. 111.
[264] *Fezer* § 3 Rdnr. 113.
[265] EuGH GRUR 1999, 723, 727 – Chiemsee; EuGH MarkenR 2002, 391,393 – Companyline; BGH GRUR 2002, 64 – Individuelle; BGH GRUR 2002, 1070, 1071 – Bar jeder Vernunft.
[266] Siehe hierzu Rdnr. 206.
[267] BPatG NJW-RR 1998, 480, 481; *Fezer* NJW 1998, 713 ff.
[268] EuGH vom 17.10.1990 – Hag II Rs. C-10/89 – Slg. 1990, 3711, 3758 Rdnr. 13 = GRUR Int. 1990, 960, 961 Rdnr. 14; EuGH vom 29.9.1998 – Canon Rs. C-39/97 – Slg. 1998, 5525, 5534 Rdnr. 28; siehe auch Rdnr. 236.
[269] BGH GRUR 1998, 165, 166 – RBB.

MarkenG Bezeichnungen von Druckschriften, Filmwerken, aber auch Computerprogrammen.[270]

185 Mit **geographischen Herkunftsangaben** werden Waren und Dienstleistungen gem. § 126 MarkenG unmittelbar, wie etwa Lübecker Marzipan,[271] oder mittelbar, wie etwa Boxbeutelflaschen,[272] nach ihrer Herkunft gekennzeichnet. Dies geschieht in der Regel mit Namen von Orten, Gegenden, Gebieten oder Ländern. Gattungsbezeichnungen fallen gem. § 126 Abs. 2 MarkenG nicht hierunter. Waren oder Dienstleistungen, die nicht aus der entsprechenden Region kommen, dürfen eine geschützte Herkunftsangabe nicht benutzen.

186 **b) Schutzvoraussetzung.** Die Voraussetzungen für die Entstehung eines Markenschutzes sind für die verschiedenen Kennzeichen des MarkenG nicht einheitlich geregelt.

187 *aa) Marke.* Der Schutz für eine Marke kann gem. § 4 MarkenG auf unterschiedliche Weise entstehen:
- durch Eintragung in das beim Deutschen Patent- und Markenamt (DPMA)[273] geführte Markenregister (Nr. 1),
- durch Benutzung im geschäftlichen Verkehr (Nr. 2)
- oder durch notorische Bekanntheit (Nr. 3).

> **Praxistipp:**
> Eine vollzogene Eintragung ist damit keinesfalls ausschließliche Voraussetzung für eine Schutzentstehung.

188 Vor einer Eintragung prüft das DPMA nach Anmeldung das Vorliegen der Anmeldevoraussetzungen gem. § 36 MarkenG in einem eigenen Verfahren.[274] Nach § 37 MarkenG wird zudem auch das Vorliegen der materiellrechtlichen Schutzvoraussetzungen geprüft, insbesondere ob die angemeldeten Zeichen tatsächlich schutzfähig i. S. d. § 3 MarkenG sind, und ob absolute Schutzhindernisse i. S. d. §§ 8, 10 MarkenG vorliegen. So sind grundsätzlich schutzfähige Zeichen gem. § 8 Abs. 1 MarkenG von der Eintragung ausgeschlossen, die sich nicht graphisch darstellen lassen, etwa sog. Geruchs- oder Geschmacksmarken. Ebenso wenig eintragungsfähig sind gem. § 8 Abs. 2 Nr. 1 MarkenG Marken, denen jegliche Unterscheidungskraft fehlt, oder denen gem. § 8 Abs. 2 Nr. 2, 3 ein beachtenswertes Freihaltungsbedürfnis gegenübersteht. Soweit der Eintragungsantrag nicht zurückgewiesen wird, entsteht mit der **Eintragung**, die nach § 41 MarkenG zu veröffentlichen ist, markenrechtlicher Schutz gem. § 4 Nr. 1 MarkenG. Der Markenschutz beginnt gem. § 47 Abs. 1 MarkenG mit dem Tag der Anmeldung und endet grundsätzlich nach zehn Jahren. Er ist allerdings nach § 47 Abs. 2 MarkenG beliebig oft verlängerbar.

189 Der Schutz einer eingetragenen Marke kann allerdings auch vorzeitig wieder entfallen. So **erlischt** das eingetragene Markenrecht ex nunc, soweit der Inhaber auf den Markenschutz gem. § 48 MarkenG verzichtet oder die Verlängerungsgebühr nach § 47 MarkenG nicht bezahlt. Wird die Marke vom Inhaber über fünf Jahre nicht ernsthaft benutzt, wird die Marke auf Antrag wegen Verfalls nach § 49 MarkenG mit Wirkung ab dem Zeitpunkt der Klageerhebung[275] gelöscht. Mit **ex-tunc-Wirkung**[276] entfällt der Markenschutz schließlich im Falle eines erfolgreichen Widerspruchs, der allerdings gem. § 42 MarkenG nur von dem Inhaber einer Marke mit älterem Zeitrang und nur binnen drei Monaten nach dem Tag der Eintragungsveröffentlichung erhoben werden kann, oder mit Feststellung seiner Nichtigkeit. Die Eintragung einer Marke wird gem. § 50 MarkenG auf Antrag wegen Nichtigkeit gelöscht, wenn die materiellen Schutzvoraussetzungen tatsächlich nicht vorliegen. Der Antrag ist gem. § 54 MarkenG

---

[270] BGH NJW 1997, 3313; BPatG NJWE-WettbR 1999, 37.
[271] BGH MDR 1981, 118.
[272] BGH GRUR 1979, 415 – Cantil-Flasche.
[273] www.dpma.de.
[274] 32 bis 44 MarkenG.
[275] § 52 Abs. 1 MarkenG.
[276] § 52 Abs. 2 MarkenG.

beim DPMA zu stellen und führt bei Widerspruch des Schutzinhabers zu einem Löschungsverfahren vor den ordentlichen Gerichten nach § 55 MarkenG. Die Nichtigkeit einer Markeneintragung kann daneben auch wegen Bestehens älterer Rechte gem. § 51 MarkenG auf Klage festgestellt werden.

> **Praxistipp:**
> Im Strafverfahren werden angesichts einer Löschungsmöglichkeit mit ex-tunc-Wirkung die Voraussetzungen möglicher Nichtigkeit i. S. d. § 50 MarkenG etwa wegen absoluter Schutzhindernisse gem. § 3, 7 oder 8 MarkenG regelmäßig zu beachten sein. Gegebenenfalls kann in diesem Zusammenhang eine Aussetzung des Strafverfahrens in Betracht kommen, weil die Voraussetzungen einer Nichtigkeit vorgreiflich zu klären sind.[277]

Wird eine nicht eingetragene Marke **im geschäftlichen Verkehr benutzt**, ersetzt die Verkehrsgeltung die fehlende Eintragung. Voraussetzung ist, dass die Marke ernsthaft i. S. d. § 26 MarkenG benutzt wird und ein bestimmtes Maß an Bekanntheit erlangt hat. Von einer **Verkehrsgeltung** ist dann auszugehen, wenn sich das Zeichen innerhalb beteiligter Verkehrskreise als ein identifizierendes Unterscheidungskriterium für Waren oder Dienstleistungen eines Unternehmens durchgesetzt hat.[278] Maßgebend ist der Bekanntheitsgrad des Kennzeichens in den angesprochenen Verkehrskreisen, der je nach Originalität des Kennzeichens zwischen 20% und 50 %[279] liegen muss. Allerdings kann der Markenschutz kraft Verkehrsgeltung im Gegensatz zur eingetragenen Marke, der für das gesamte Bundesgebiet gilt, bei regional begrenzter Benutzung auch auf ein bestimmtes Gebiet beschränkt bleiben.

> **Praxistipp:**
> Die Klärung der Frage, ob eine nicht eingetragene, aber im Verkehr benutzte Marke kraft Verkehrsgeltung markenrechtlichen Schutz genießt, ist durchaus nicht einfach zu beantworten. Die Erholung eines demoskopischen Sachverständigengutachtens kann erforderlich sein. In diesen Fällen wird sich im übrigen auch trefflich gegen eine vorsätzliche Zuwiderhandlung argumentieren lassen.

Von **notorischer Bekanntheit** ist i. S. d. Art 6 Abs. 1 der Pariser Verbandsübereinkunft (PVÜ)[280] dann auszugehen, wenn das Zeichen nach allgemeiner Kenntnis der beteiligten inländischen Verkehrskreise als Marke im Sinne eines produktidentifizierenden Unterscheidungskennzeichens für Waren oder Dienstleistungen benutzt wird.[281] Erforderlich ist ein höheres Maß an Bekanntheit als in den Fällen der Verkehrsgeltung, weil eine Benutzung der Marke im Inland nicht erforderlich ist. Diese Entstehungsvariante ist nur von geringer praktischer Bedeutung, zumal die Benutzung einer Marke im Inland regelmäßig eher Schutz kraft Verkehrsgeltung genießen wird.

> **Praxistipp:**
> Soweit markenrechtlicher Schutz durch Benutzung entsteht, endet dieser mit endgültiger Aufgabe der Benutzung.

bb) Geschäftliche Bezeichnungen. Die Voraussetzungen für eine Schutzentstehung sind im MarkenG nicht geregelt. Nach den in der Rechtsprechung entwickelten Grundsätzen entsteht

---

[277] Siehe hierzu Rdnr. 295 ff.
[278] Fezer § 4 Rdnr. 111.
[279] Vgl. BGH GRUR 1997, 754, 755 – grau/magenta.
[280] Pariser Verbandsübereinkunft zum Schutz des gewerblichen Eigentums vom 20.3.1883, Stockholmer Fassung vom 14.7.1967 (BGBl. II 1970 S. 391).
[281] Fezer § 4 Rdnr. 227.

markenrechtlicher Schutz für unterscheidungskräftige geschäftliche Bezeichnungen grundsätzlich **mit erstmaliger Benutzung im geschäftlichen Verkehr**, soweit die Art der Benutzung auf den Beginn einer dauerhaften wirtschaftlichen Betätigung schließen lässt.[282] Fehlt den geschäftlichen Bezeichnungen die notwendige Unterscheidungskraft, so kann Schutz auch hier nur mit **Verkehrsgeltung** entstehen.[283] Zu dem Begriff der Verkehrsgeltung gilt das oben bereits ausgeführte.[284] Der Schutz endet mit endgültiger Beendigung der Benutzung.[285]

193   cc) *Geographische Herkunftsangaben.* Geschützt sind geographische Herkunftsangaben nach § 126 MarkenG, soweit sie **lokalisierenden Charakter** haben. Die Durchführung eines Verfahrens ist nicht erforderlich. Voraussetzung für einen Schutz ist nicht, dass die Bezeichnung dem Verkehr als geographische Herkunftsangabe bekannt ist. Erforderlich ist nur, dass das angegebene Gebiet nicht aufgrund der Eigenart oder Besonderheit der Ware als Produktionsstätte ausscheidet.[286] Lediglich bei Agrarerzeugnissen und Lebensmitteln ist eine Eintragung der Bezeichnung in ein bei der Europäischen Kommission geführtes Register erforderlich.[287]

194   c) **Schutzumfang.** Mit Schutzentstehung erwirbt der Rechtsinhaber für Marken nach § 14 Abs. 1 MarkenG, für geschäftliche Bezeichnungen nach 15 Abs. 1 MarkenG das **ausschließliche Recht** zu gewerblicher Nutzung. Dritten ist es nach § 14 Abs. 2 bzw. § 15 Abs. 2 MarkenG untersagt, ohne Zustimmung des Rechtsinhabers im geschäftlichen Verkehr ein mit dem geschützten Kennzeichen identisches, verwechslungsfähiges oder bekanntes Zeichen zu benutzen. So ist Dritten etwa verboten, eine geschützte Marke auf Waren oder Verpackungen anzubringen, Waren oder Dienstleistungen unter der geschützten Marke anzubieten, zu verkaufen oder zu entsprechenden Zwecken zu besitzen. Das Recht an der Marke ist gem. § 27 MarkenG übertragbar. Für geographische Herkunftsangaben bietet § 127 MarkenG zudem einen Irreführungs-, Qualitäts- und Rufgefährdungsschutz bei Benutzung im geschäftlichen Verkehr.

195   Die Wirkung der markenrechtlichen Schutzrechte ist allerdings nicht schrankenlos. Einzelheiten hierzu sind in den §§ 20 bis 26 MarkenG geregelt. So kann der Markenschutz etwa nach § 21 MarkenG verwirkt werden, soweit der Rechtsinhaber die Benutzung einer Marke mit jüngerem Zeitrang über einen Zeitraum von fünf Jahren geduldet hat. **Erschöpft** ist der Markenschutz gem. § 24 MarkenG, sobald Waren unter einer bestimmten Marke oder geschäftlichen Bezeichnung vom Rechtsinhaber oder mit seiner Zustimmung im Inland, in einem der übrigen Mitgliedstaaten der Europäischen Union oder in einem anderen Vertragsstaat des Abkommens über den Europäischen Wirtschaftsraum in den Verkehr gebracht worden sind. Bedeutsam ist in diesem Zusammenhang, dass dem Markeninhaber zwar die Entscheidung über das erstmalige Inverkehrbringen und damit über die Art der wirtschaftlichen Verwertung zusteht, ihm jedoch die Kontrolle des weiteren Vertriebsweges versagt ist.[288] Die bloße Einfuhr zum Zwecke des Verkaufs genügt allerdings für die Annahme einer Erschöpfung nicht.[289]

196   d) **Strafvorschriften.** Eine Verletzung geschützter Marken- und Kennzeichenrechte begründet zum einen gem. §§ 14 ff. MarkenG weitreichende zivilrechtliche Unterlassungs- und Schadensersatzansprüche des Rechteinhabers, zum anderen sind Verletzungshandlungen unter bestimmten Voraussetzungen auch mit Strafe bedroht. Das MarkenG unterscheidet drei Straftatbestände:
• die strafbare Kennzeichenverletzung, § 143 MarkenG
• die strafbare Verletzung der Gemeinschaftsmarke, § 143 a MarkenG
• die strafbare Benutzung geographischer Herkunftsangaben, § 144 MarkenG.

197   Daneben sind verschiedene, weniger gewichtige Zuwiderhandlungen nach § 145 MarkenG als Ordnungswidrigkeiten mit Bußgeld bedroht.

---

[282] BGH GRUR 1967, 199, 202 – Napoleon II; BGH GRUR 1969, 357, 360 – Sihl.
[283] BGH GRUR 1957, 550, 551 – Tabu II; BGH GRUR 1992, 865 – Volksbank.
[284] Siehe hierzu Rdnr. 190.
[285] BGH GRUR 1973, 661, 662 – Metrix.
[286] BGH Int. GRUR 1999, 70, 72 – Warsteiner I.
[287] VO (EWG) Nr. 2081/92 des Rates zu Schutz von geographischen Angaben und Ursprungsbezeichnungen für Agrarerzeugnisse und Lebensmittel vom 14.7.1992 (ABl. EG 1992 Nr. L 208/1).
[288] EuGH GRUR 2002, 156 – Davidoff.
[289] EuGH vom 30.11.04 EWS 2005, 42 – Peak Holding AB/Axolin-Elinor AB.

aa) Strafbare Kennzeichenverletzung, § 143 MarkenG.

Checkliste:

Nach § 143 Abs. 1 MarkenG wird mit Freiheitsstrafe bis zu drei Jahren, in Fällen gewerbsmäßigen Handelns[290] nach Abs. 2 mit Freiheitsstrafe bis zu fünf Jahren, oder Geldstrafe bestraft, wer vorsätzlich
☐ widerrechtlich im geschäftlichen Verkehr
☐ unter Verletzung des Identitätsschutzes aus § 14 Abs. 2 Nr. 1 oder 2 ein Zeichen benutzt (Nr. 1),
☐ ein identisches oder ähnliches Zeichen entgegen § 14 Abs. 2 Nr. 3 in der Absicht benutzt, die Unterscheidungskraft oder Wertschätzung einer bekannten Marke auszunutzen oder zu beeinträchtigen (Nr. 2),
☐ eine markenrechtsverletzende Vorbereitungshandlung entgegen § 14 Abs. 4 begeht (Nr. 3),
☐ unter Verletzung des Identitätsschutzes aus § 15 Abs. 2 eine geschäftliche Bezeichnung benutzt (Nr. 4),
☐ oder eine identische oder ähnliche geschäftliche Bezeichnung entgegen § 15 Abs. 3 in der Absicht benutzt, die Unterscheidungskraft oder Wertschätzung einer bekannten Marke auszunutzen oder zu beeinträchtigen (Nr. 5).

Die einzelnen Tatbestandsalternativen aus Abs. 1 nehmen ausdrücklich auf die zivilrechtlichen Verbotsvorschriften der §§ 14 und 15 MarkenG Bezug, damit auch auf § 14 Abs. 3 MarkenG, in dem beispielhaft verschiedene Formen von Benutzungshandlungen aufgezählt sind, so unter anderem das Anbringen von Zeichen auf Ware oder Verpackung, das Anbieten von gekennzeichneter Ware oder auch deren Einfuhr. Für den Tatbestand des § 143 MarkenG ist ein entsprechend weit ausgelegter Begriff des **Benutzen** maßgebend.[291] Der EuGH hat als markenmäßige Benutzung jede Verwendung im geschäftlichen Verkehr qualifiziert, die auch nur den Eindruck aufkommen lässt, dass eine Verbindung zwischen den betroffenen Waren und dem Benutzer besteht.[292] Der BGH erachtet für eine markenmäßige Benutzung allerdings als erforderlich, dass der Verkehr in der Marke einen Herkunftshinweis sieht.[293] Die bloße Registrierung von Homepage-Namen, sog. domains, die mit geschützten Markennamen identisch sind, qualifiziert beispielsweise das OLG München bereits als tatbestandliches Benutzen, auch wenn die Homepage noch gar nicht abrufbar ist.[294]

Praxistipp:
Grundsätzlich ist bei allem anhand sämtlicher Umstände des Einzelfalles zu beurteilen, ob die Benutzung ernsthaft gewollt ist.[295]

Eine Strafbarkeit nach § 143 Abs. 1 MarkenG setzt in allen Alternativen ein widerrechtliches Handeln im geschäftlichen Verkehr voraus. Der Begriff des **geschäftlichen Verkehrs** entspricht dem des UWG und ist grundsätzlich weit auszulegen. Jede wirtschaftliche Betätigung wird erfasst, die der Förderung eines eigenen oder fremden Geschäftszwecks zu dienen bestimmt ist und sich als Teilnahme am Erwerbsleben darstellt. Eine rein private oder amtliche Betätigung fällt nicht hierunter, eine Gewinnerzielungsabsicht ist nicht erforderlich.[296]

---

[290] Siehe hierzu Rdnr. 141.
[291] Vgl. u. a. LG Memmingen NStZ 2003, 41,42.
[292] EuGH GRUR 2003, 55 – Arsenal.
[293] BGH GRUR 2002, 171, 173 – Marlboro-Dach.
[294] OLG München wistra 2001, 33, 34.
[295] Siehe hierzu EuGH v. 11.3.3 GRUR 2003, 425.
[296] BGH GRUR 1987, 438, 440 – Handtuchspender; BayObLG wistra 2002, 233.

201 Von **widerrechtlichem** Handeln ist jedenfalls dann nicht auszugehen, wenn eine Zustimmung des Schutzrechtsinhabers vorliegt oder Schutzschranken aus den §§ 20 bis 25 MarkenG greifen. Hervorzuheben ist in diesem Zusammenhang neben dem Einwand der Verwirkung nach § 21 MarkenG oder dem Einwand mangelnder Benutzung i. S. d. § 25 MarkenG auch hier der Grundsatz der **Erschöpfung**, der in § 24 MarkenG geregelt ist. So kann der Inhaber einer Marke oder geschäftlichen Bezeichnung eine Benutzung durch Dritte dann nicht verbieten, wenn er zum Beispiel Waren unter der geschützten Kennzeichnung in den Verkehr gebracht hat. Allerdings kommt es zu einer Erschöpfung der geschützten Marke nicht bereits dann, wenn sein Inhaber die Ware unter der Marke irgendwo in der Welt in Verkehr gebracht hat, sondern erst, wenn die Ware mit der Marke im Inland, in einem der übrigen Mitgliedstaaten der Europäischen Union oder in einem anderen Vertragsstaat des Abkommens über den Europäischen Wirtschaftsraum in Verkehr gebracht ist. Der BGH hat deshalb den Grundsatz internationaler Erschöpfung aus der Rechtsprechung zum WZG aufgegeben. Der Inhaber verliert sein Recht mit Inverkehrbringen der Ware nicht weltweit, sondern beschränkt auf den Europäischen Wirtschaftsraum.[297]

> **Praxistipp:**
> Ob der Markenschutz beschränkt ist, und wenn ja, unter welchen Voraussetzungen ist im Strafverfahren stets zu klären. Greifen die Schutzschranken aus den §§ 20 bis 25 MarkenG, so scheidet eine Strafbarkeit des Nutzers aus

202 Nach § 143 Abs. 1 **Nr. 1** MarkenG macht sich der Benutzer einer Marke strafbar, der zumindest bedingt vorsätzlich gegen den Identitätsschutz aus § 14 Abs. 2 Nr. 1 MarkenG oder den Verwechslungsschutz aus § 14 Abs. 2 Nr. 2 MarkenG verstößt, nach **Nr. 4** der Benutzer einer geschäftliche Bezeichnung, der zumindest bedingt vorsätzlich gegen den Verwechslungsschutz aus § 15 Abs. 2 MarkenG verstößt.

203 Der **Identitätsschutz** einer Marke aus § 14 Abs. 2 Nr. 1 MarkenG ist verletzt, wenn
- eine Marke benutzt wird, die mit einer geschützten identisch ist, und die für Waren oder Dienstleistungen benutzt wird, die wiederum mit denjenigen identisch sind, für die die Marke Schutz genießt (sog. Doppelidentität)

204 In diesen Fällen ist sowohl die nachgeahmte Marke mit der geschützten identisch, wie auch die nachgeahmten Produkte mit den Produkten, für die die Marke Schutz bietet. Hierunter fallen die klassischen Fälle der Produkt- und Markenpiraterie, in denen Produktkopien mit identischer Markierung als Billigware massenhaft auf den Markt geschwemmt werden.

205 Der **Verwechslungsschutz** einer Marke aus § 14 Abs. 2 Nr. 2 MarkenG ist verletzt, wenn
- eine mit der geschützten Marke identische benutzt wird, die damit gekennzeichneten Produkte aber den Produkten, für die die geschützte Marke Schutz gewährt, nur ähnlich sind (Markenidentität und Produktähnlichkeit),
- eine der geschützten Marke nur ähnliche benutzt wird, die damit gekennzeichneten Produkte allerdings mit den Produkten identisch sind, für die die geschützte Marke Schutz bietet (Markenähnlichkeit und Produktidentität),
- eine der geschützten Marke ähnliche zur Kennzeichnung ähnlicher Produkte benutzt wird (Markenähnlichkeit und Produktähnlichkeit).[298]

206 Allen diesen Fällen ist gemeinsam, dass eine Marke benutzt wird, die mit der geschützten als Folge von Identität oder Ähnlichkeit kollidiert. Angesichts der damit für das Publikum verbundenen Verwechslungsgefahr sind daher Fälle zumindest bedingt vorsätzlicher Kollision unter Strafe gestellt. Entsprechend ist die **Verwechslungsgefahr** der zentrale Begriff des Kennzeichenrechts. Es handelt sich um einen normativen Rechtsbegriff, der richtlinienkonform nach Gemeinschaftsrecht auszulegen ist.[299] Die nähere Bestimmung der in diesem Zusammenhang zu beachtenden Kriterien ist damit Aufgabe des EuGH, nach dessen Auffassung die Hauptfunktion der Marke darin besteht, dem Verbraucher die Ursprungsidentität der gekennzeichneten

---

[297] BGHZ 131, 308, 313 = BGH NJW 1996, 994, 995 = GRUR 1996, 271, 273 – Gefärbte Jeans.
[298] BGH GRUR 1996, 404, 405 – Blendax Pep.
[299] *Fezer* § 14 Rdnr. 83 ff.

Ware zu garantieren.³⁰⁰ Mit der Marke soll es dem Verbraucher möglich sein, die gekennzeichnete Ware von der Ware anderer Herkunft zu unterscheiden. Die Marke ist Gewähr dafür, dass alle Waren, die mit ihr gekennzeichnet sind, unter der Kontrolle eines einzigen Unternehmens hergestellt worden sind, das für ihre Qualität auch verantwortlich gemacht werden kann. Entsprechend besteht eine Verwechslungsgefahr dann, wenn die angesprochenen Kreise glauben können, die betreffenden Waren stammen aus demselben Unternehmen oder gegebenenfalls aus wirtschaftlich miteinander verbundenen Unternehmen. Letztlich sind für die Prüfung möglicher Verwechslungsgefahr die Umstände des konkreten Einzelfalls entscheidend. Insbesondere ist der Grad der Ähnlichkeit von Marke und/oder Produkt, der Bekanntheitsgrad der Marke und die Frage maßgebend, wieweit die kollidierende Marke von den angesprochenen Verkehrskreisen mit der geschützten gedanklich in Verbindung gebracht wird.³⁰¹ Abzustellen ist dabei auf die Sicht eines durchschnittlich informierten, aufmerksamen und verständigen Durchschnittsbetrachters.³⁰² Ausreichender Schutz für eine Garantie in diesem Sinne besteht allerdings nur dann, wenn eine Verwechslungsgefahr ausgeschlossen ist.

Nach § 143 Abs. 1 **Nr. 2** MarkenG macht sich strafbar, wer eine identische oder ähnliche Marke oder nach **Nr. 5** eine identische oder ähnliche geschäftliche Bezeichnung für nicht identische oder ähnliche Waren oder Dienstleistungen in der Absicht benutzt, die Unterscheidungskraft oder die Wertschätzung einer bekannten Marke/geschäftlichen Bezeichnung auszunutzen oder zu beeinträchtigen. Voraussetzung ist, dass damit gegen den **Bekanntheitsschutz** einer Marke aus § 14 Abs. 2 Nr. 3 MarkenG bzw. einer geschäftlichen Bezeichnung aus § 15 Abs. 3 MarkenG verstoßen wird.³⁰³ Eine bekannte Marke in diesem Sinne liegt nicht schon dann vor, wenn ein Zeichen durch die Benutzung im geschäftlichen Verkehr Verkehrsgeltung erlangt hat. Die Bekanntheit ist nicht allein auf Grund der empirischen Verkehrsbekanntheit der Marke festzustellen, sie erfordert viel mehr auch die Erfüllung bestimmter qualitativer Kriterien. Ein bestimmter prozentualer Bekanntheitsgrad des maßgeblichen Publikums ist dabei nicht vorausgesetzt, maßgebend ist vielmehr der Marktanteil der Marke, Intensität, geografische Ausdehnung und Dauer der Benutzung.³⁰⁴ Eine Verwechslungsgefahr muss nicht bestehen. So ist eine Identität oder Ähnlichkeit der mit den Zeichen versehenen Waren oder Dienstleistungen mit Waren der bekannten Marke nicht vorausgesetzt.

Praxistipp:
Die Verletzung von Identitäts-, Verwechslungs- und Bekanntheitsschutz wird regelmäßig ohne Erholung eines Sachverständigengutachtens nicht zu klären sein. Die Frage vorsatzausschließenden Irrtums darf nicht aus dem Auge verloren werden.

Nach **Nr. 3** macht sich im übrigen strafbar, wer eine markenrechtsverletzende **Vorbereitungshandlung** gem. § 14 Abs. 4 MarkenG begeht. Das zumindest bedingt vorsätzliche Anbringen von mit der geschützten Marke identischen oder ähnlichen Zeichen auf Aufmachungen, Verpackungen o.ä. ist danach strafbar, wie auch das Anbieten, Inverkehrbringen, Besitzen sowie die Ein- oder Ausfuhr solcher Aufmachungen, Verpackungen oder Kennzeichnungsmittel in der Absicht, die Ausnutzung oder Beeinträchtigung der Unterscheidungskraft oder der Wertschätzung einer bekannten Marke zu ermöglichen, soweit Dritten die Benutzung nach § 14 Abs. 2 MarkenG untersagt wäre. Auch in diesem Zusammenhang sind damit die Kriterien des Identitäts-, Verwechslungs- oder Bekanntheitsschutzes zu klären.

bb) Strafbare Verletzung der Gemeinschaftsmarke, § 143 a MarkenG. Mit der Neuregelung des § 143 a MarkenG ist die Strafbarkeit der Verletzung einer **Gemeinschaftsmarke** national

---

³⁰⁰ EuGH vom 17.10.1990 – Hag II Rs. C-10/89 – Slg. 1990, 3711, 3758 Rdnr. 13 = GRUR Int. 1990, 960, 961 Rdnr. 14; EuGH GRUR 1998, 922, 924 Rdnr. 28 – Canon = NJW 1999, 933, 934; BGH GRUR 1999, 496, 498 – Tiffany = NJW-RR 1999,766; BGH GRUR 1999, 731, 732 – Canon II = NJW-RR 1999, 1128; BGH GRUR 2002, 167 = WRP 2002, 987 – Bit/Bud; BGH GRUR 2004, 235 – Davidoff II.
³⁰¹ EuGH GRUR 1998, 387, 389 – Sabel/Puma; *Fezer* § 14 Rdnr. 113 ff.; ders. NJW 1998, 713.
³⁰² EuGH vom 22.6.1999 – Lloyd Rs. C-342/97 – Slg. 1999, 3819, 3841 Rdnr. 26 = GRUR Int. 1999, 734, 736 Rdnr. 26; BGH GRUR 2000, 506, 508 – Attache/Tisserand; BGH GRUR 2002, 814, 815 – Festspielhaus.
³⁰³ OLG München NJW-RR 1998, 984, 985 = CR 1998, 556, 557.
³⁰⁴ EuGH GRUR Int 2000, 73 Rdnr. 27 – Chevy; BGH GRUR 2002, 340, 341 – Faberge.

in gleichem Umfang wie die Verletzung einer deutschen Marke geregelt. Ausdrücklich nimmt § 143 a MarkenG auf die in Art 9 Abs. 1 S. 2 GMV aufgenommenen Verletzungshandlungen Bezug, die den in § 14 Abs. 2 und 3 MarkenG erfassten entsprechen. Vorausgesetzt ist auch in diesem Zusammenhang ein zumindest bedingt vorsätzliches Handeln im geschäftlichen Verkehr ohne Zustimmung des Rechtsinhabers. Auf die Ausführungen zu § 143 MarkenG kann im übrigen Bezug genommen werden.

cc) Benutzung geographischer Herkunftsangaben, § 144 MarkenG.

210

Checkliste:

Nach **§ 144 MarkenG** wird mit Freiheitsstrafe bis zu zwei Jahren oder mit Geldstrafe bestraft, wer vorsätzlich
☐ widerrechtlich im geschäftlichen Verkehr
☐ eine geographische Herkunftsangabe, einen Namen, eine Angabe oder ein Zeichen
☐ entgegen dem Irreführungsschutz aus § 127 Abs. 1 oder 2 MarkenG benutzt (Abs. 1 Nr. 1)
☐ oder entgegen dem Bekanntheitsschutz aus § 127 Abs. 3 in der Absicht benutzt, den Ruf oder die Unterscheidungskraft einer geographischen Herkunftsangabe auszunutzen oder zu beeinträchtigen (Abs. 1 Nr. 2)
☐ oder entgegen Rechtsvorschriften der Europäischen Gemeinschaft[305] benutzt (Abs. 2).

211 Die Tatbestandsverwirklichung wird anders als die Kennzeichenverletzung nicht nur auf Antrag, sondern als sog. **Offizialdelikt** von Amts wegen verfolgt. Dabei ist für die einfache geographische Herkunftsangabe gem. § 126 Abs. 1 MarkenG nicht vorausgesetzt, dass der Verbraucher mit ihr eine besondere, auf regionale oder örtliche Eigenheiten zurückzuführende Qualitätsvorstellung verbindet.[306] Der Begriff ist in § 126 Abs. 1 MarkenG weit gefasst.

212 Mit § 144 Abs. 1 **Nr. 1** MarkenG werden Verstöße gegen den **Irreführungsschutz** aus § 127 Abs. 1 MarkenG erfasst, soweit die Gefahr einer Irreführung über die geographische Herkunft besteht, mithin die Gefahr, dass bei einem nicht unwesentlichen Teil der Verkehrskreise eine unrichtige Vorstellung über die geographische Herkunft von Produkten hervorgerufen werden kann.[307] Erfasst werden auch Verstöße gegen den **Qualitätsschutz** aus § 127 Abs. 2 MarkenG, soweit nach der Vorstellung der beteiligten Verkehrskreise die Waren oder Dienstleistungen einer solchen geographischen Herkunft besondere qualitative Produktmerkmale aufweisen.[308]

213 Nach § 144 Abs. 1 **Nr. 2** MarkenG sind Verstöße gegen den **Bekanntheitsschutz** aus § 127 Abs. 3 MarkenG strafbar, soweit die Benutzung geeignet ist, den Ruf der bekannten Herkunftsangabe oder ihre Unterscheidungskraft auszunutzen oder zu beeinträchtigen, und der Täter in entsprechender **Absicht** handelt. Eine Rufausbeutung in diesem Sinne wird insbesondere dann vorliegen, wenn auf Grund der Produktnähe und der Verbraucherkreise eine Rufübertragung im Sinne eines Imagetransfers in Betracht kommt.[309]

Praxistipp:
Voraussetzung für eine Strafbarkeit ist in allen Fällen nicht eine Identität der Herkunftsangabe, ausreichend ist gem. § 127 Abs. 4 MarkenG bereits eine bloße Ähnlichkeit.

---

[305] VO (EG) Nr. 2081/92 zum Schutz von geographischen Angaben und Ursprungsbezeichnungen für Agrarerzeugnisse und Lebensmittel (ABl. EG 1992 Nr. L 208/1) und VO (EG) Nr. 2389 für Weine und Spirituosen vom 24.7.89 (ABl. 1989 Nr. L 232/1).
[306] BGH GRUR 1999, 252, 254 – Warsteiner II.
[307] BGH NJW-RR 2001, 1047, 1048.
[308] *Fezer* § 127 Rdnr. 9.
[309] BGH GRUR 1988, 453, 455 – Ein Champagner unter den Mineralwässern.

4. Der Patentschutz

Das Patent ist das wichtigste technische Schutzrecht. Nach den Bestimmungen des **Patentgesetz (PatG)**[310] schützt es das geistige Eigentum an technischen Erfindungen im Sinne des Territorialitätsprinzips ausschließlich auf nationaler Ebene. Mit dem Europäischen Patentübereinkommen (EPÜ),[311] einem multilateralen Abkommen, ist daneben ein in den Vertragsstaaten einheitlich und unmittelbar geltendes **Europäisches Patent** geschaffen worden. Es wird auf Antrag durch das Europäische Patentamt[312] erteilt und wirkt in den bei Anmeldung benannten Vertragsstaaten wie ein nationales Patent. Mit dem sog. Gemeinschaftspatentübereinkommen (GPÜ)[313] sind zudem die Voraussetzungen für ein in den Mitgliedstaaten der Europäischen Union geltendes **Gemeinschaftspatent** im Sinne eines supranationalen Schutzrechts geschaffen worden. Damit sollen Erfinder einen einheitlichen und im gesamten Gebiet der Europäischen Union unmittelbar gültigen Schutztitel erwerben können. Nach wie vor ist dieses Vorhaben allerdings umstritten und noch nicht umgesetzt.

a) **Schutzgegenstand.** Mit einem Patent können ausschließlich **technische Erfindungen** geschützt werden, die der Lösung eines technischen Problems im Sinne einer Regel dienen, die zur Naturbeherrschung angewendet wird. Die Anwendungsregel kann sich entweder auf eine Sache (sog. Sachpatent) oder auf ein Verfahren (sog. Verfahrenspatent) beziehen. Grundsätzlich patentfähig sind damit technische Erzeugnisse, wie z. B. Maschinen, Vorrichtungen oder Geräte, aber auch Verfahren, und zwar sowohl Herstellungs- wie auch Arbeitsverfahren, wie z. B. Verfahren zum Herstellen von Arzneimitteln oder Pflanzenschutzmitteln.

Ein Patent setzt gem. § 1 Abs. 1 PatG eine technische Erfindung voraus, die neu ist, einer ausreichenden erfinderischen Leistung entspricht und gewerblich anwendbar ist. **Neu** ist eine Erfindung gem. § 3 PatG dann, wenn sie nicht dem Stand der Technik entspricht, d. h. den Kenntnissen, die vor der Anmeldung der Öffentlichkeit zugänglich waren. Die **erfinderische Tätigkeit** muss sich nach § 4 PatG vom Stand der Technik in ausreichendem Maße abheben, so dass ein Fachmann nicht ohne weiteres auf eine entsprechende Lösung kommen kann.[314] Man spricht in diesem Zusammenhang von Erfindungshöhe. **Gewerblich anwendbar** ist eine Erfindung schließlich gem. § 5 PatG dann, wenn sie auf irgendeinem gewerblichen Gebiet hergestellt oder benutzt werden kann. Wirtschaftliche Rentabilität oder tatsächliche Anwendung im Gewerbe ist nicht Voraussetzung.

b) **Schutzvoraussetzung.** Voraussetzung dafür, dass ein Patentschutz entsteht, ist die Durchführung eines förmlichen Verfahrens. Der Urheber hat seine Erfindung beim Deutschen Patent- und Markenamt (DPMA)[315] anzumelden. Dort wird zunächst geprüft, ob die formellen Antragsvoraussetzungen erfüllt sind. In einem zweiten Schritt folgt gem. § 44 Abs. 1 PatG die sachliche Prüfung der Voraussetzungen aus den §§ 1 bis 5 PatG. Eine Schutzwirkung entfaltet ein Patent schließlich erst **mit Veröffentlichung des Erteilungsbeschlusses** im Patentblatt.[316] Die Patenterteilung schützt den Patentinhaber, soweit nach Veröffentlichung innerhalb dreimonatiger Frist kein Einspruch nach § 59 PatG eingelegt wird oder das Patent gleichwohl aufrecht erhalten bleibt, in dem durch § 14 PatG bestimmten Umfang für die Dauer von höchstens 20 Jahren.[317]

Der Patentschutz **erlischt** gem. § 20 PatG unter anderem ex nunc, soweit der Patentinhaber auf den Schutz verzichtet oder die Verlängerungsgebühr nicht bezahlt. Im übrigen entfällt der Patentschutz im Falle eines Widerrufs gem. § 21 Abs. 3 PatG mit **ex-tunc-Wirkung**. Dies gilt unter anderem dann, wenn der Gegenstand eines Patents tatsächlich nicht patentfähig ist, die

---

[310] Patentgesetz vom 5.5.1936 (RGBl. II 1936 S. 117) i. d. F. der BekM. vom 16.12.1980 (BGBl. I 1981 S. 1), zuletzt geändert durch das Gesetz zur Umsetzung der Richtlinie über den rechtlichen Schutz biotechnologischer Erfindungen vom 21.1.2005 (BGBl. I 2005 S. 146).
[311] Europäisches Patentübereinkommen vom 5.10.1973 (BGBl. II 1976 S. 826).
[312] www.european-patent-office.org.
[313] Übereinkommen über das Europäische Patent für den Gemeinsamen Markt vom 15.12.1989 (ABl. EG Nr. L 401/10).
[314] BPatG GRUR 2004, 317.
[315] www.dpma.de.
[316] § 58 Abs. 1 S. 2 PatG.
[317] § 16 PatG.

materiellen Voraussetzungen aus den §§ 1 bis 5 PatG nicht erfüllt sind. In diesen Fällen ist das Patent gem. § 22 PatG auf Antrag für nichtig zu erklären.

219   c) **Schutzumfang.** Das Patent sichert dem Erfinder als Urheber der geistigen Leistung ein **ausschließliches Verwertungsrecht.** Allein der Patentinhaber ist gem. § 9 PatG befugt, die patentierte Erfindung zu benutzen, über sie zu verfügen und über ihre Verwertung zu entscheiden. Jedem Dritten ist ohne Zustimmung des Patentinhabers grundsätzlich verboten, das geschützte Erzeugnis herzustellen, anzubieten, in Verkehr zu bringen, zu gebrauchen oder zu entsprechenden Zwecken einzuführen oder zu besitzen. Eine Benutzung in diesem Sinne liegt vor, soweit die Ausführungsform in den Schutzbereich des Patents i. S. d. § 14 PatG fällt.

220   Allerdings gilt dieser Schutz nicht uneingeschränkt. Gem. § 11 PatG ist die private, nichtgewerbliche Nutzung einer patentierten Erfindung ebenso wenig verboten wie ein Handeln zu Versuchszwecken. Die Patentwirkung ist darüber hinaus unter bestimmten Umständen gem. § 12 PatG Benutzern gegenüber beschränkt. Des weiteren gilt auch im Patentrecht der sog. **Erschöpfungsgrundsatz.** Art. 76 GPÜ regelt die Erschöpfung für nationale Patente und Art 28 GPÜ für Gemeinschaftspatente. Der Patentinhaber kann sich danach auf den Patentschutz für den Gegenstand nicht mehr berufen, den er oder mit seiner Zustimmung ein anderer im Gebiet der Europäischen Union bzw. des Europäischen Wirtschaftsraumes in Verkehr gebracht hat.[318]

d) **Strafvorschrift.**

221

Checkliste

Nach **§ 142 Abs. 1 PatG** wird mit Freiheitsstrafe bis zu drei Jahren, in Fällen gewerbsmäßigen Handels[319] nach Abs. 2 mit Freiheitsstrafe bis zu fünf Jahren, oder mit Geldstrafe bestraft, wer vorsätzlich
☐ ohne die erforderliche Zustimmung des Rechtsinhabers
☐ ein Erzeugnis, das Gegenstand eines Patents oder eines ergänzenden Schutzzertifikats ist, i. S. d. § 9 S. 2 Nr. 1 benutzt (Nr. 1),
☐ ein Verfahren, das Gegenstand eines Patents oder eines entsprechenden Schutzzertifikats ist, i. S. d. § 9 S. 2 Nr. 2 anwendet oder zur Anwendung anbietet (Nr. 2)
☐ oder ein Erzeugnis, das durch ein Verfahren, das Gegenstand eines Patents oder eines ergänzenden Schutzzertifikats ist, hergestellt worden ist, i. S. d. Nr. 1 benutzt (S. 2).

222   Vom Tatbestand erfasst sind nationale Patente, aber nach Art. 64 Abs. 3 EPÜ auch europäische Patente mit Schutzerstreckung für Deutschland, nach Art. 74 GPÜ Gemeinschaftspatente und nach §§ 16 a, 49 a PatG ergänzende Schutzzertifikate.[320]

Praxistipp:

Nachdem ausschließlich eine zumindest bedingt vorsätzliche Tatbegehung strafbar ist, führt ein Irrtum über das Vorliegen des Schutzrechtes im materiellen Sinne auch hier als vorsatzausschließender **Tatbestandsirrtum** zur Straflosigkeit.

223   Ob eine Beeinträchtigung des eingetragenen Patentes i. S. d. § 142 PatG vorliegt, richtet sich nach seinem tatsächlichen **Schutzumfang,** der sich gem. § 14 PatG nach dem Inhalt der Patentansprüche bestimmt.[321] Entsprechend sind durchaus grundsätzliche Bedenken zum strafrechtlichen Bestimmtheitsgebot anzumelden.[322] Ein Schaden bei dem Patentrechtsinhaber ist für die Tatbestandserfüllung nicht Voraussetzung, maßgebend ist vielmehr ausschließlich, worin

---

[318] BGH GRUR 1997, 116, 117 – Prospekthalter.
[319] Siehe hierzu Rdnr. 141.
[320] *Mes* § 142 Rdnr. 1.
[321] *Benkard* § 142 Rdnr. 9; *Busse* § 142 Rdnr. 9.
[322] Vgl. Busse/*Keukenschrijver* PatG § 142 Rdnr. 10.

das Wesen des Patents besteht, und ob sich der vom Täter hergestellte Gegenstand ganz oder teilweise mit dem Gegenstand der patentierten Erfindung deckt. Abzustellen ist dabei auf die Sicht eines Fachmanns, von dessen Verständnis bereits die Bestimmung des Inhalts der Patentansprüche einschließlich der dort verwendeten Begriffe abhängt. Der Schutzbereich wird dabei im Vergleich mit der Ausführungsform des Dritten bestimmt.[323] Jedenfalls die Benutzung einer offen gelegten Patentanmeldung ist nicht strafbar.[324]

> **Praxistipp:**
> Der Strafrechtsschutz beginnt mit Erteilung des Patents durch das Patentamt und zwar grundsätzlich unabhängig davon, ob sich an die Erteilung noch ein Rechtsstreit anschließt. Verletzungen eines später erloschenen Patents[325] bleiben kraft bloßer ex-nunc-Wirkung strafbar.[326] Anders verhält es sich bei späterer Nichtigerklärung[327] oder späterem Widerruf[328] des Patents mit ex-tunc-Wirkung. Dem Einwand der Nichtigkeit des Patents ist gegebenenfalls mit Aussetzung des Verfahrens zum Zwecke entsprechender Klageerhebung zum Patentgericht gem. § 81 PatG nachzugehen.[329] Bei teilweiser Aufhebung oder Beschränkung des Patents ist entscheidend, ob die verbleibende Verletzungshandlung gerade den noch verbliebenen Schutzbereich tangiert.[330]

5. Der Gebrauchsmusterschutz

Das Gebrauchsmuster ist ein Schutzrecht für „kleine" technische Erfindungen, das auf Antrag vom Deutschen Patent- und Markenamt (DPMA)[331] im Vergleich zum Patentverfahren vereinfacht und beschleunigt erteilt werden kann. Entsprechend wird das Gebrauchsmuster häufig auch als „kleines Patent" bezeichnet. Einzelheiten sind im **Gebrauchsmustergesetz (GebrMG)**[332] geregelt.

a) **Schutzgegenstand.** Mit einem Gebrauchsmuster können wie beim Patent nur **technische Erfindungen** geschützt werden, im Gegensatz zu einem Patent allerdings nur Erfindungen im Zusammenhang mit Erzeugnissen, nicht im Zusammenhang mit Verfahren, § 2 Nr. 3 GebrMG.

Gem. § 1 Abs. 1 GebrMG ist Voraussetzung für eine Gebrauchsmustererteilung, dass eine technische Erfindung vorliegt, die **neu**[333] ist, auf einem **erfinderischen Schritt**[334] beruht und **gewerblich anwendbar** ist. Während die Frage gewerblicher Anwendbarkeit in § 3 Abs. 2 GebrMG wie beim Patent definiert ist, ist der Neuheitsbegriff in § 3 Abs. 1 GebrMG im Vergleich zur Regelung beim Patent eingeschränkt. Vor allem aber setzt der „erfinderische Schritt" im Unterschied zum Patent eine geringere Erfindungshöhe voraus.

b) **Schutzvoraussetzung.** Die Erteilung eines Gebrauchsmusters wird bei der im Deutschen Patent- und Markenamt (DPMA)[335] eingerichteten Gebrauchsmusterstelle beantragt. Es kann anders als das Patent bereits wenige Wochen nach Anmeldung in das Register für Gebrauchsmuster eingetragen und im Patentblatt bekannt gegeben werden, da eine materiell-rechtliche Prüfung auf Neuheit, erfinderische Leistung oder gewerbliche Anwendbarkeit gem. § 8 Abs. 1 S. 2 GebrMG nicht stattfindet. Lediglich das Vorliegen **formeller Anmeldungsvoraussetzungen**

---

[323] BGH GRUR 2002, 511, 512 – Kunststoffrohrteil.
[324] BGH GRUR 1993, 460, 464 – Wandabstreifer.
[325] §§ 16, 20 PatG.
[326] RGSt 7, 146, 149.
[327] § 22 PatG.
[328] § 21 PatG.
[329] RGSt 7, 146; 48, 419, 422; siehe hierzu auch Rdnr. 295 ff.
[330] RGSt 30 187, 188.
[331] www.dpma.de.
[332] Gebrauchsmustergesetz vom 5.5.1936 (RGBl. II 1936 S. 130) i. d. F. der Bekanntmachung vom 28.8.1986 (BGBl. I 1986 S. 1455), zuletzt geändert durch Gesetz zur Umsetzung der Richtlinie über den rechtlichen Schutz biotechnologischer Erfindungen vom 21.1.2005 (BGBl. I 2005 S. 146).
[333] BGH GRUR 1969, 90 – Rüschenhaube; OLG Zweibrücken GRUR-RR 2005, 241.
[334] BPatG GRUR 2004, 852 – Materialstreifenpackung.
[335] www.dpma.de.

aus §§ 4 und 4 a GebrMG wird geprüft. Mit Eintragung entsteht das Schutzrecht, § 13 Abs. 1 GebrMG. Eine Prüfung dazu, ob der Gegenstand des Gebrauchsmusters überhaupt i. S. d. §§ 1 bis 3 GebrMG schutzfähig ist, findet ausschließlich im Rahmen eines sog. Löschungsverfahrens nach §§ 15 ff.GebrMG statt. Das wirksam erteilte Gebrauchsmuster schützt den Rechtsinhaber gem. § 23 GebrMG für die Dauer von maximal 10 Jahren.

228   Das Schutzrecht **erlischt** nach § 23 Abs. 3 GebrMG ex nunc, soweit der Rechtsinhaber auf den Schutz verzichtet oder die Verlängerungsgebühr nicht bezahlt. Mit **ex-tunc-Wirkung** entfällt der Gebrauchsmusterschutz nach § 13 Abs. 1 GebrMG, soweit die Löschung eines Gebrauchsmusters erfolgreich betrieben wird, etwa weil die materiellen Schutzvoraussetzungen tatsächlich nicht vorgelegen haben.

229   c) **Schutzumfang.** Das Gebrauchsmuster sichert dem Rechtsinhaber nach § 11 GebrMG ein **ausschließliches Verwertungsrecht**. Jedem Dritten ist es verboten, ohne Zustimmung des Rechtsinhabers das geschützte Erzeugnis herzustellen, anzubieten, in Verkehr zu bringen, zu gebrauchen oder zu entsprechenden Zwecken einzuführen oder zu besitzen. Der Schutzbereich ist dabei gem. § 12 a GebrMG durch den Inhalt der Schutzansprüche bestimmt. Allerdings gilt dieses Recht nicht uneingeschränkt. Nach § 12 GebrMG erstreckt sich die Wirkung des Gebrauchsmusters unter anderem nicht auf Handlungen im privaten Bereich oder Handlungen zu Versuchszwecken. Im übrigen ist auch hier das Schutzrecht mit dem ersten rechtmäßigen Inverkehrbringen des Erzeugnisses erschöpft.

d) **Strafvorschrift.**

230   **Checkliste:**

Nach **§ 25 Abs. 1 GebrMG** wird mit Freiheitsstrafe bis zu drei Jahren, in Fällen gewerbsmäßigen Handelns[336] nach Abs. 2 mit Freiheitsstrafe bis zu fünf Jahren, oder mit Geldstrafe bestraft, wer vorsätzlich
☐ ohne die erforderliche Zustimmung des Rechtsinhabers
☐ ein Erzeugnis, das Gegenstand des Gebrauchsmusters ist, i. S. d. § 11 Abs. 1 S. 2 benutzt (Nr. 1)
☐ oder ein später angemeldetes Patent, das in das Recht aus § 11 eingreift, ausübt (Nr. 2).

231   Der Vorsatz muss sich auf das Vorliegen eines Schutzrechtes im materiellrechtlichen Sinn beziehen. Ein Irrtum hierüber ist vorsatzausschließender **Tatbestandsirrtum**. Ob eine Beeinträchtigung des eingetragenen Gebrauchsmusters i. S. d. § 25 GebrMG vorliegt, richtet sich dabei nach seinem tatsächlichen Schutzumfang. Ein Schaden für den Rechtsinhaber ist ebenso wenig Tatbestandsvoraussetzung wie ein Handeln mit Schädigungsabsicht.

Praxistipp:
Nachdem es sich bei einem Gebrauchsmuster um ein sog. ungeprüftes Schutzrecht handelt, ist im Strafverfahren anders als in den Fällen eines Patentschutzes zunächst von Amts wegen[337] zu klären, ob überhaupt ein schutzfähiges Muster i. S. d. § 1 bis 3 GebrMG vorliegt. Der Beschuldigte/Angeklagte hat überdies die Möglichkeit, die Löschung des Gebrauchsmusters im verwaltungsrechtlichen Verfahren wegen Fehlens der sachlichen Schutzvoraussetzungen zu beantragen. Gegebenenfalls wird unter Hinweis auf § 19 GebrMG die Aussetzung des Verfahrens geboten sein, nachdem eine Löschung des Schutzrechtes mit ex-tunc-Wirkung einer Strafbarkeit entgegensteht.[338]

---

[336] Siehe hierzu Rdnr. 141.
[337] RGSt 46, 92; Busse/*Keukenschrijver* GebrMG § 25 Rdnr. 3.
[338] *Loth* § 25 Rdnr. 4; siehe hierzu auch Rdnr. 338 ff.

6. Der Geschmacksmusterschutz

Das Geschmacksmuster schützt die äußere Form von Produkten auf nationaler Ebene nach den Bestimmungen des **Geschmacksmustergesetz (GeschmMG)**[339] vor dem Zugriff unbefugter Dritter. Mit diesem Gesetz ist die europäische Geschmacksmusterrichtlinie[340] nun mehr in nationales Recht umgesetzt. Bereits mit der Verordnung des Rates über ein Gemeinschaftsgeschmacksmuster (GGV)[341] war ein europäisches Designrecht geschaffen worden. Entsprechend können seit April 2003 sog. **Gemeinschaftsgeschmacksmuster** zum Eintrag im Register für Gemeinschaftsmuster beim Harmonisierungsamt für den europäischen Binnenmarkt (HABM) in Alicante (Spanien)[342] angemeldet werden. Mit der Anmeldung wird ein Geschmacksmusterschutz in sämtlichen Mitgliedstaaten der Europäischen Union erwirkt. Darüber hinaus ist nach dem Haager Musterabkommen[343] mit der Anmeldung bei der Weltorganisation für geistiges Eigentum (WIPO)[344] die **internationale Registrierung** eines nationalen Schutzrechtes möglich.

a) **Schutzgegenstand.** Das Geschmacksmuster bietet Schutz für eine schöpferische Leistung, die die äußere Form, das Design, eines Erzeugnisses betrifft. Es handelt sich nicht um ein technisches Schutzrecht. Nach § 1 Nr. 1 GeschmMG ist ein Muster die **zwei- oder dreidimensionale Erscheinungsform** eines Erzeugnisses. Als Muster im Sinne des GeschmMG kommen damit grundsätzlich neu gestaltete Oberflächen und plastisch bzw. räumlich neu gestaltete äußere Formen, z. B. von Möbeln, Fahrzeugen etc., also die äußere ästhetische Gestaltung eines Produkts in zwei- oder dreidimensionaler Form in Betracht.[345]

Nach § 2 Abs. 1 GeschmMG werden nur neue Muster mit Eigenart geschützt, die sich in ihrer ästhetischen Gesamtwirkung von dem bisher Bekannten unterscheiden. **Neu** ist ein Muster nach § 2 Abs. 2 GeschmMG, soweit der Öffentlichkeit bis zur Anmeldung kein Muster zugänglich gemacht worden ist, das sich nur in unwesentlichen Einzelheiten unterscheidet. **Eigentümlich** ist ein Muster gem. § 2 Abs. 3 GeschmMG schließlich dann, wenn es nach dem Gesamteindruck, den es bei einem informierten Benutzer hervorruft, in der Gestaltung über das allgemein Bekannte hinausgeht und von der individuellen, schöpferischen Leistung des Urhebers geprägt ist.[346] In diesem Zusammenhang ist die Gestaltungsfreiheit des Urhebers zu berücksichtigen.

b) **Schutzvoraussetzung.** Der Geschmacksmusterschutz entsteht gem. § 27 Abs. 1 GeschmMG mit der **Eintragung** in dem beim Deutschen Patent- und Markenamt (DPMA)[347] geführten Register für Geschmacksmuster. Das DPMA beschränkt sich allerdings gem. § 16 GeschmMG darauf, die Anmeldung auf das Vorliegen der formellen Voraussetzungen zu prüfen. Nach § 18 GeschmMG wird eine Eintragung lediglich dann abgelehnt, wenn der Gegenstand der Anmeldung kein Muster i. S. d. § 1 Nr. 1 GeschmMG ist oder das Muster vom Geschmacksmusterschutz nach § 3 Abs. 1 Nr. 3 und 4 GeschmMG ausgeschlossen ist. Eine Prüfung der materiellen Schutzvoraussetzungen, damit der Frage, ob überhaupt ein schutzfähiges Geschmacksmuster im Sinne der §§ 2 bis 6 GeschmMG vorliegt, wird nur im Zusammenhang mit einer Nichtigkeitsklage[348] durchgeführt. Das wirksam erteilte Geschmacksmuster schützt den Rechtsinhaber gem. § 27 Abs. 2 GeschmMG für die Dauer von maximal 25 Jahren.

---

[339] Gesetz über den rechtlichen Schutz von Mustern und Modellen (Geschmacksmustergesetz) vom 12.3.2004 (BGBl. I 2004 S. 390), zuletzt geändert das Gesetz zur Änderung des Patentrechts und anderer Vorschriften des gewerblichen Rechtsschutzes vom 9.12.2004 (BGBl. I 2004 S. 3232).
[340] Richtlinie Nr. 98/71/EG des Europäischen Parlaments und des Rates über den rechtlichen Schutz von Mustern und Modellen vom 13.10.1998 (ABl. EG 1998 Nr. L 289/28).
[341] Verordnung (EG) Nr. 6/2002 des Rates über das Gemeinschaftsgeschmacksmuster vom 12.12.2001 (ABl. EG 2002 Nr. L 3/1); Verordnung (EG) Nr. 2245/2002 der Kommission vom 21.10.2002 zur Durchführung der VO (EG) Nr. 6/2002 (ABl. EG 2002 Nr. L 341/28).
[342] http://oami.eu.int.
[343] Haager Abkommen über die internationale Hinterlegung gewerblicher Muster oder Modelle (HMA) vom 6.11.1925, rev. am 28.11.1960 (BGBl. II 1962 S. 775).
[344] www.wipo.int.
[345] *Kraßer* § 2 I c).
[346] Siehe hierzu *Wandtke/Ohst* GRUR Int. 2005, 95; *Berlit* GRUR 2004, 636.
[347] www.dpma.de.
[348] § 33 GeschmMG.

236 Der Schutz **erlischt** gem. § 28 GeschmMG ex nunc, soweit der Inhaber die Verlängerungsgebühr nicht bezahlt. Mit **ex-tunc-Wirkung** entfällt der Schutz durch gerichtliche Feststellung der Nichtigkeit, § 33 Abs. 3 S. 1 GeschmMG. Ein Geschmacksmuster ist nichtig, wenn das Erzeugnis kein Muster ist, die Schutzvoraussetzungen aus § 2 Abs. 2 und 3 GeschmMG nicht vorliegen, oder ein Schutz gem. § 3 GeschmMG ausgeschlossen ist. In diesen Fällen ist der Musterschutz gem. § 36 Abs. 1 Nr. 5 GeschmMG auf Antrag mit Vorlage eines rechtskräftigen Urteils zu löschen.

237 Eine Besonderheit gilt für das sog. **Gemeinschaftsgeschmacksmuster**. Gem. Art. 11 GGV ist ein schutzfähiges Muster für drei Jahre ab dem Tag, an dem es der Öffentlichkeit zugänglich gemacht worden ist, auch dann geschützt, wenn es nicht eingetragen ist.

238 c) **Schutzumfang.** Der Urheber eines Musters ist gem. § 38 Abs. 1 GeschmMG zur **ausschließlichen Verwertung** seiner Leistung berechtigt. Dritten ist es verboten, das geschützte Muster ohne Zustimmung des Rechtsinhabers zu benutzen, d. h. herzustellen, anzubieten, in Verkehr zu bringen, ein- oder auszuführen, zu gebrauchen oder zu entsprechenden Zwecken zu besitzen, § 38 Abs. 1 S. 2 GeschmMG. Der **Schutzbereich** ist gem. § 37 Abs. 1 GeschmMG auf die ästhetischen Merkmale eines Geschmacksmusters begrenzt, die in der Anmeldung sichtbar wiedergegeben sind. Beschränkt sind die Rechte aus dem Geschmacksmuster darüber hinaus nach § 40 GeschmMG insbesondere auf gewerbliches Handeln. Nach § 48 GeschmMG gilt überdies auch für ein Geschmacksmuster der sog. Erschöpfungsgrundsatz.

d) **Strafvorschrift.**

239 **Checkliste:**

Nach **§ 51 Abs. 1 GeschmMG** wird mit Freiheitsstrafe bis zu drei Jahren, in Fällen gewerbsmäßigen Handelns[349] nach Abs. 2 mit Freiheitsstrafe bis zu fünf Jahren, oder mit Geldstrafe bestraft, wer vorsätzlich
☐ ohne Zustimmung des Rechtsinhabers
☐ entgegen § 38 Abs. 1 S. 1 ein Geschmacksmuster benutzt.

240 Im übrigen macht sich gem. § 65 GeschmMG strafbar, wer entgegen Art. 19 Abs. 1 GGV ein **Gemeinschaftsgeschmacksmuster** benutzt, obwohl der Inhaber nicht zugestimmt hat.

241 Die Varianten möglicher **Benutzung** sind in § 38 Abs. 1 S. 2 GeschmMG erfasst. Eine **verbotene Nachbildung** liegt vor, wenn die für den ästhetischen Gesamteindruck wesentlichen Gestaltungsmerkmale ganz oder teilweise übernommen sind.[350] Der Vorsatz muss sich auch hier auf das Vorliegen eines Schutzrechtes im materiellrechtlichen Sinn beziehen, so dass ein Irrtum hierüber vorsatzausschließender **Tatbestandsirrtum** ist. Ob eine Beeinträchtigung des eingetragenen Geschmacksmusters vorliegt, richtet sich schließlich nach seinem tatsächlichen Schutzumfang. Auf ein Verbot des Rechtsinhabers kommt es nicht an.[351] Ein Schaden für den Rechtsinhaber ist ebenso wenig Tatbestandsvoraussetzung wie ein Handeln mit Schädigungsabsicht.

Praxistipp:
Auch bei diesem ungeprüften Schutzrecht ist von Amts wegen zu prüfen, ob die sachlichen Schutzvoraussetzungen überhaupt erfüllt sind, ob das angemeldete Geschmacksmuster tatsächlich schutzfähig ist. Des weiteren ist zu klären, ob sich der Vorsatz des Täters hierauf

---

[349] Siehe hierzu Rdnr. 141.
[350] BGH GRUR 1967, 375, 377 – Kronleuchter.
[351] *Eichmann*/v.Falckenstein GeschmMG § 51 Rdnr. 4.

bezieht oder die Voraussetzungen eines Tatbestandsirrtums erfüllt sind. Gegebenenfalls ist auch die Durchführung eines Nichtigkeitsverfahrens unter Aussetzung des Strafverfahrens anzuraten.[352]

7. Der Halbleiterschutz

Das **Halbleiterschutzgesetz (HalblSchG)**[353] schützt die aufwändige Herstellung von mikroelektronischen Halbleitererzeugnissen, sog. Mikro-Chips, vor illegaler Kopienfertigung und Verwertung. Die Intention des Gesetzgebers war es, mit diesem Schutzgesetz der massenhaften Nachahmung und Verwertung von mikroelektronischen Halbleitererzeugnissen, die in der Entwicklung und Herstellung regelmäßig hohen technischen und finanziellen Aufwand erfordern, in Umsetzung der europäischen Richtlinie Nr. 87/54[354] Einhalt zu gebieten.[355] 242

a) **Schutzgegenstand.** Halbleiterschutz kann nach § 1 Abs. 4 HalblSchG ausschließlich für die **dreidimensionale Struktur** von mikroelektronischen Halbleitererzeugnissen (Topographien) als solche gewährt werden, nicht für die ihr zugrundeliegenden Entwürfe, Verfahren, Systeme und Techniken oder gar für die in einem Mikro-Chip gespeicherten Informationen. Schutzfähig ist damit ausschließlich die geometrische Gestaltung, nicht die technische Funktion oder der materielle Aufbau eines Halbleitererzeugnisses. Schutzfähig sind auch verwertbare Teile sowie Darstellungen zur Herstellung von Topographien. Auf die Art der Darstellung oder Aufzeichnung kommt es nicht an, erfasst sind insbesondere Serien von Masken und Layouts.[356] 243

Nach § 1 Abs. 1 HalblSchG muss die geometrische Gestaltung zwar nicht neu sein, allerdings muss sie das Ergebnis geistiger Schöpfung sein und eine **Eigenart** aufweisen.[357] Sie darf deshalb nach § 1 Abs. 2 HalblSchG nicht nur die bloße Nachbildung einer anderen Topographie sein oder dem im Industriebereich allgemein Üblichen entsprechen. 244

b) **Schutzvoraussetzung.** Der Schutz entsteht gem. § 5 HalblSchG entweder **mit der ersten geschäftlichen Verwertung** der Topographie, die bis zu zwei Jahre vor der Anmeldung liegen kann, **oder** mit dem Tag der **Anmeldung**. Die bei der Topographiestelle des Deutschen Patent- und Markenamtes (DPMA)[358] angemeldeten Halbleitererzeugnisse werden nach § 4 Abs. 1 HalblSchG in der Rolle für Topographien eingetragen, soweit die formellen Voraussetzungen erfüllt sind. Auch hier findet eine materiell-rechtliche Prüfung durch das Patentamt bei Anmeldung nicht statt, eine solche wird gem. § 8 Abs. 1 HalblSchG nur mit Antrag auf Löschung dieses Schutzrechtes durchgeführt. Der Schutz einer wirksam eingetragenen Topographie endet nach § 5 Abs. 2 HalblSchG mit Ablauf von zehn Jahren nach Schutzbeginn. 245

Mit **ex-tunc-Wirkung** entfällt der Schutz soweit die Löschung eines Halbleiterschutzes nach § 8 HalblSchG erfolgreich betrieben wird, etwa weil die materiellen Schutzvoraussetzungen aus § 1 HalblSchG tatsächlich nicht vorgelegen haben. 246

c) **Schutzumfang.** § 6 Abs. 1 HalblSchG gewährt dem Inhaber des Schutzrechtes ein **ausschließliches Verwertungsrecht**. Jedem Dritten ist es verboten ohne Zustimmung des Schutzinhabers eine Topographie nachzubilden, anzubieten, in Verkehr zu bringen, zu verbreiten oder zu entsprechenden Zwecken einzuführen. Allerdings gilt dieses Recht nach § 6 Abs. 2 und 3 HalblSchG **nicht uneingeschränkt**. So erstreckt sich der Schutz auch hier unter anderem nicht auf ein Handeln im privaten Bereich, § 6 Abs. 2 Nr. 1 HalblSchG. Im übrigen wird ein Schutz der Topographie gem. § 7 Abs. 1 HalblSchG nicht begründet, soweit gegen den Eingetragenen für jedermann ein Löschungsanspruch besteht. 247

---

[352] Siehe hierzu Rdnr. 295 ff.
[353] Gesetz über den Schutz der Topographien von mikroelektronischen Halbleitererzeugnissen (Halbleiterschutzgesetz) vom 22.10.1987 (BGBl. I 1987 S. 2294), zuletzt geändert durch das Gesetz zur Reform des Geschmacksmustergesetzes vom 12.3.2004 (BGBl. I 2004 S. 390).
[354] Richtlinie Nr. 87/54/EWG des Rates über den Rechtsschutz der Topographien von Halbleitererzeugnissen vom 16.12.1986 (ABl. EG 1987 Nr. L 24/36).
[355] BegrRegE BT-Drucks. 11/454.
[356] Busse/*Keukenschrijver* HalblSchG § 1 Rdnr. 5.
[357] *Kraßer* § 2 I a).
[358] www.dpma.de.

d) Strafvorschrift.

248

> **Checkliste:**
>
> Nach § 10 Abs. 1 HalblSchG wird mit Freiheitsstrafe bis zu drei Jahren, in Fällen gewerbsmäßigen Handelns[359] nach Abs. 2 mit Freiheitsstrafe bis zu fünf Jahren, oder mit Geldstrafe bestraft, wer vorsätzlich
> ☐ ohne Zustimmung des Rechtsinhabers
> ☐ eine Topographie entgegen § 6 Abs. 1 S. 2 Nr. 1 nachbildet (Nr. 1)
> ☐ oder eine Topographie oder das eine Topographie enthaltende Halbleitererzeugnis entgegen § 6 Abs. 1 S. 2 Nr. 2 anbietet, in Verkehr bringt, verbreitet oder zu den genannten Zwecken einführt (Nr. 2).

249 Der Verletzungsvorsatz muss sich wiederum auf das Vorliegen eines Schutzrechtes im materiellrechtlichen Sinn beziehen. Ein Irrtum hierüber kann als vorsatzausschließender **Tatbestandsirrtum** zu qualifizieren sein. Ob eine Beeinträchtigung des eingetragenen Halbleiterschutzes vorliegt, richtet sich im übrigen nach seinem tatsächlichen Schutzumfang. Ein Schaden für den Rechtsinhaber ist ebenso wenig Tatbestandsvoraussetzung wie ein Handeln mit Schädigungsabsicht.

> **Praxistipp:**
>
> Das Vorliegen der materiellrechtlichen Voraussetzungen aus § 1 HalblSchG ist bei diesem ungeprüften Schutzrecht im Strafverfahren von Amts wegen zu prüfen. Gem. § 8 Abs. 5 HalblSchG i. V. m. § 19 GebrMG kann die Aussetzung des Strafverfahrens bis zum Abschluss eines initiierten Löschungsverfahrens beantragt werden.

8. Der Sortenschutz

250 Das **Sortenschutzgesetz (SortSchG)**[360] schützt das geistige Eigentum an Pflanzenzüchtungen auf nationaler Ebene. Es ermöglicht jedem Ursprungszüchter oder Entdecker einer neuen Sorte, beim Bundessortenamt[361] Schutz für Sorten des gesamten Pflanzenreichs zu beantragen. Auf europäischer Ebene kann nach der europäischen Sortenschutzverordnung[362] ein auf dem gesamten Gebiet der Europäischen Union wirkender **Gemeinschaftlicher Sortenschutz** mit Antragstellung beim Gemeinschaftlichen Sortenamt in Angers (Frankreich)[363] erwirkt werden.

251 a) **Schutzgegenstand.** Nach § 1 SortSchG können nur Pflanzensorten geschützt werden, die unterscheidbar, homogen, beständig und neu sind, darüber hinaus durch eine eintragbare Sortenbezeichnung bezeichnet sind. **Unterscheidbar** ist eine Sorte nach § 3 SortSchG, wenn sie sich in ihrer Ausprägung wenigstens in einem maßgebenden Merkmal von allgemein bekannten Sorten unterscheidet. Gem. § 4 SortSchG ist eine Sorte **homogen,** wenn sie in der Ausprägung der für die Unterscheidbarkeit maßgebenden Merkmale hinreichend einheitlich ist. Von **Beständigkeit** der Sorte ist gem. § 5 SortSchG auszugehen, wenn sie bei Vermehrung unverändert bleibt. Unter welchen Umständen eine Sorte **neu** ist regelt § 6 SortSchG. § 7 SortSchG umschreibt schließlich die Voraussetzungen, unter denen eine Sortenbezeichnung **eintragbar** ist.

---

[359] Siehe hierzu Rdnr. 141.
[360] Sortenschutzgesetz vom 11.12.1985 (BGBl. I 1985 S. 2170) i. d. F. der Bek. vom 19.12.1997 (BGBl. I 3164), zuletzt geändert durch das Gesetz zur Umsetzung der Richtlinie über den rechtlichen Schutz biotechnologischer Erfindungen vom 21.1.2005 (BGBl. I 2005 S. 146).
[361] www.bundessortenamt.de.
[362] VO (EG) Nr. 2100/94 über den gemeinschaftlichen Sortenschutz vom 25.7.1994 (ABl. EG 1994 Nr. L 227/1), zuletzt geändert durch VO (EG) Nr. 873/2004 des Rates vom 29.4.04 (ABl. EG 2004 Nr. L 162/38).
[363] www.cpvo.fr.

b) Schutzvoraussetzung. Sortenschutz entsteht mit **Eintragung** in der beim Bundessortenamt geführten Sortenschutzrolle. Voraussetzung hierfür ist ein Antrag des Ursprungszüchters oder Entdeckers, der vom Bundessortenamt gem. § 24 SortSchG im Hinblick auf nach § 25 SortSchG mögliche Einwendungen Dritter zunächst bekannt gemacht werden muss. Anhand nationaler und internationaler Richtlinien wird sodann durch Anbau im Freiland oder Gewächshaus und ergänzende Laboruntersuchungen die Unterscheidbarkeit, Homogenität und Beständigkeit der angemeldeten Sorte in einem nach § 26 SortSchG geregelten Verfahren geprüft. Sind Ausschlussgründe i. S. d. § 7 Abs. 2 und 3 SortSchG festzustellen, kommt eine Eintragung nicht in Betracht. Ein wirksam eingetragener Schutz besteht gem. § 13 SortSchG für die Dauer von 25 bzw. 30 Jahren.

Das Schutzrecht **erlischt** mit ex-nunc-Wirkung gem. § 31 Abs. 1 SortSchG mit Verzicht des Rechtsinhabers. Nach § 31 Abs. 2 SortSchG ist die Eintragung des Sortenschutzes mit **ex-tunc-Wirkung** zurückzunehmen, wenn sich ergibt, dass die Sorte nicht unterscheidbar oder neu war. Ein Widerruf der Eintragung ist gem. § 31 Abs. 3 SortSchG geboten, wenn die Sorte sich als nicht homogen oder beständig erweist. Weitere Fälle möglichen Widerrufs sind in § 31 Abs. 4 SortSchG aufgezählt.

c) Schutzumfang. Dem Rechtsinhaber sichert § 10 SortSchG ein **ausschließliches Verwertungsrecht**. Allein der Sortenschutzinhaber ist berechtigt, Vermehrungsmaterial (Pflanzen und Pflanzenteile einschließlich Samen) einer geschützten Sorte zu erzeugen, aufzubereiten, in den Verkehr zu bringen, ein- oder auszuführen oder zu einem dieser Zwecke aufzubewahren.[364] Gem. § 10 a SortSchG ist der Schutz beschränkt, unter anderem auch auf ein Handeln zu gewerblichen Zwecken. Darüber hinaus gilt gem. § 10 b SortSchG auch beim Sortenschutz der sog. Erschöpfungsgrundsatz.[365]

d) Strafvorschrift.

Checkliste:

Nach **§ 39 Abs. 1 SortSchG** wird mit Freiheitsstrafe bis zu drei Jahren, in Fällen gewerbsmäßigen Handelns[366] nach Abs. 2 mit Freiheitsstrafe bis zu fünf Jahren, oder mit Geldstrafe bestraft, wer vorsätzlich
☐ entgegen § 10 Abs. 1, auch i. V. m. Abs. 2, Vermehrungsmaterial einer geschützten Sorte erzeugt, für Vermehrungszwecke aufbereitet, in den Verkehr bringt, einführt, ausführt oder aufbewahrt (Nr. 1)
☐ oder entgegen der VO Nr. 2100/94 des Rates vom 27.7.94 über den gemeinschaftlichen Sortenschutz Material einer danach geschützten Sorte entsprechend benutzt (Nr. 2).

---

§ 39 SortSchG erfasst ausschließlich die Verletzung von **rechtlich wirksamen Sortenschutzrechten**, mithin die Verletzung materiellen Sortenschutzes.[367] Damit scheidet auch hier eine Strafbarkeit aus, soweit das Schutzrecht mit ex-tunc-Wirkung entfällt, so etwa im Falle der Rücknahme nach § 31 Abs. 2 SortSchG.[368] Im übrigen muss sich der Vorsatz des Verletzers auch auf das Vorliegen eines Schutzrechts im materiellen Sinne beziehen, so dass ein Irrtum hierüber zu einem vorsatzausschließenden Tatbestandsirrtum führen kann. Ob eine Beeinträchtigung des eingetragenen Sortenschutzes vorliegt, richtet sich im übrigen nach seinem tatsächlichen Schutzumfang. Ein Schaden für den Rechtsinhaber ist ebenso wenig Tatbestandsvoraussetzung wie ein Handeln mit Schädigungsabsicht.

---

[364] Siehe hierzu *Kock/Porzig/Willnegger* GRUR Int. 2005, 185.
[365] § 10 b SortenSchG.
[366] Siehe hierzu Rdnr. 141.
[367] *Keukenschrijver* SortSchG § 39 Rdnr. 5.
[368] *Wuesthoff/Leßmann/Wendt* § 39 Rdnr. 3.

Praxistipp:
Wie bei den übrigen Schutzrechten, deren Wirksamkeit ausschließlich von der Erfüllung formeller Voraussetzungen abhängig ist, muss auch in diesem Zusammenhang stets geprüft werden, ob im verwaltungsrechtlichen Weg, gegebenenfalls über eine Aussetzung des laufenden Strafverfahrens, Einwendungen mit ex-tunc-Wirkzug erhoben werden können.[369]

257 Die Verletzung eines erteilten und rechtsbeständigen Schutzrechtes i. S. d. § 10 SortSchG kann darüber hinaus nach § 40 SortSchG gegebenenfalls als Ordnungswidrigkeit verfolgt werden.

VI. Besonderheiten im Verfahren

258 Sämtliche Delikte aus den hier behandelten Rechtsgebieten sind sog. Privatklagedelikte i.S.d. § 374 StPO. Gem. § 74 c Abs. 1 Nr. 1 GVG ist die besondere Zuständigkeit der Wirtschaftsstrafkammer beim Landgericht eröffnet, soweit die Tat von besonderer Bedeutung ist und die Rechtsfolgenkompetenz des Amtsgerichts nicht ausreicht. Im übrigen ist für die einzelnen Deliktsgruppen auf folgende Besonderheiten im Verfahren hinzuweisen.

1. Die Straftaten in der Werbung

259 Die Tatbestände der unwahren und progressiven Werbung sind in § 16 UWG als sog. Offizialdelikte ausgestaltet. Eine Strafverfolgung erfolgt damit grundsätzlich **von Amts wegen** und unabhängig vom Willen des Verletzten. Allerdings handelt es sich bei beiden Tatbeständen nach § 374 Abs. 1 Nr. 7 StPO um sog. **Privatklagedelikte**, für die gem. § 376 StPO die Bejahung öffentlichen Interesses Voraussetzung für die Erhebung einer öffentlichen Klage ist. Die Entscheidung hierüber liegt im Ermessen der Staatsanwaltschaft, das nach wohl herrschender Meinung lediglich dienstaufsichtlicher, nicht aber gerichtlicher Überprüfung, weder im Hauptverfahren noch außerhalb, etwa nach §§ 23 ff.EGGVG, unterzogen werden kann.[370] Als Orientierungshilfe dienen in diesem Zusammenhang die Richtlinien Nr. 86, 260 RiStBV. Danach wird die Staatsanwaltschaft das **öffentliche Interesse an der Strafverfolgung** für Delikte nach § 16 Abs. 1 UWG[371] insbesondere dann bejahen, wenn der Rechtsfrieden über den Lebenskreis des Verletzten hinaus gestört ist, dem Verletzten nicht zugemutet werden kann, eine Privatklage zu erheben, oder die Gefahr besteht, dass durch unwahre Angaben ein erheblicher Teil der Verbraucher irregeführt werden kann. In Fällen des § 16 Abs. 2 UWG[372] wird die Staatsanwaltschaft insbesondere dann von einem öffentlichen Interesse an der Strafverfolgung ausgehen, wenn ein hoher Schaden droht, die Teilnehmer einen nicht unerheblichen Beitrag zu leisten haben oder besonders schutzwürdig sind. Bejaht die Staatsanwaltschaft das öffentliche Interesse an der Strafverfolgung in diesem Sinne, so muss sie bei Vorliegen hinreichenden Tatverdachts Anklage erheben. Der Verletzte kann sich der öffentlichen Klage dann gem. § 395 Abs. 2 Nr. 3 StPO als Nebenkläger anschließen.

Praxistipp:
Unter Umständen kann in diesem Zusammenhang geboten sein, die Ermessensentscheidung des zuständigen Staatsanwalts im Wege der Dienstaufsicht überprüfen zu lassen.[373] Jedenfalls die Möglichkeiten eines Verfahrensabschlusses nach §§ 153, 153 a StPO sind regelmäßig und rechtzeitig in Betracht zu ziehen. Immerhin schafft § 153 a StPO die Möglichkeit, das öffentliche Interesse an der Strafverfolgung durch Auflagen und Weisungen zu beseitigen.

---

[369] Siehe hierzu Rdnr. 295 ff.
[370] A. M. *Husmann* MDR 1988, 727; *Kröpil* DRiZ 1986, 19 ff.; vgl. zum Meinungsstand Löwe/Rosenberg/Hilger § 376 Rdnr. 13 m. w. N.
[371] Entspricht § 4 UWG a. F.
[372] Entspricht § 6 c UWG a. F.
[373] Siehe hierzu näher Rdnr. 287 ff.

Verneint die Staatsanwaltschaft das öffentliche Interesse, so stellt sie das Ermittlungsverfah- 260
ren ein und verweist den Anzeigeerstatter auf den Privatklageweg. Dies soll allerdings nach
Nr. 260 RiStBV in der Regel nur dann angebracht sein, wenn der Verstoß leichter Art ist und
die Interessen eines eng umgrenzten Personenkreises berührt sind.

Gem. § 78 Abs. 3 Nr. 4 StGB **verjährt** die Strafverfolgung in fünf Jahren. Eine in der Praxis 261
unter Umständen bedeutsame kurze Verjährungsfrist von sechs Monaten gilt für sog. Presse-
delikte, die durch die Verbreitung von Druckschriften mit strafbarem Inhalt begangen werden.
Die Verjährungsfrist beginnt in diesen Fällen mit der Veröffentlichung bzw. dem ersten Ver-
breitungsakt.[374]

2. Die Verletzung von Geschäfts- oder Betriebsgeheimnissen

Bei Straftatbeständen aus §§ 17 bis 19 UWG handelt es sich um Mischformen von Antrags- 262
und Offizialdelikten. Grundsätzlich sind diese Tatbestände nur auf Antrag verfolgbar. Dieses
grundsätzliche Antragserfordernis entfällt jedoch dann, wenn nach Auffassung der Strafverfolgungsbehörden ein besonderes öffentliches Interesse die Strafverfolgung gebietet. Entsprechend unterschiedlich sind die Verfolgungsvoraussetzungen ausgestaltet.

a) **Verfolgung auf Antrag.** Mit der UWG-Novelle 2004 ist die Strafantragsregel aus § 22 263
Abs. 1 UWG a. F. in eigenständige Absätze der einzelnen Bestimmungen übernommen worden.[375] Grundsätzlich kommt danach eine Verfolgung dieser Straftatbestände nur auf Antrag
des Verletzten in Betracht, der binnen einer gesetzlichen Drei-Monats-Frist i. S. d. § 77 b StGB
gestellt werden muss. Ein wirksamer Strafantrag ist damit **Prozessvoraussetzung**. Die Antragsfrist beginnt mit dem Tag, an dem der Antragsberechtigte von der Tat und der Person des Täters
Kenntnis erlangt, § 77 b Abs. 2 S. 1 StGB. Der Antrag muss gem. § 158 Abs. 2 StPO schriftlich
oder zu Protokoll gestellt werden. Antragsberechtigt ist grundsätzlich der Geheimnisinhaber,
im Fall des § 18 UWG derjenige, der über die Vorlagen und Vorschriften verfügen kann. Er
kann seinen Antrag auch bis zum rechtskräftigen Abschluss des Verfahrens gem. § 77 d Abs. 1
StGB zurücknehmen. Ist ein wirksamer Strafantrag nicht gestellt oder ein wirksam gestellter
Antrag zurückgenommen, liegt grundsätzlich ein Prozesshindernis vor.

Nachdem es sich darüber hinaus bei diesen Tatbeständen gem. § 374 Abs. 1 Nr. 7 StPO um 264
sog. **Privatklagedelikte** handelt, kommt eine Strafverfolgung durch die Staatsanwaltschaft und
die Erhebung einer öffentlichen Klage grundsätzlich nur dann in Betracht, wenn hieran ein
öffentliches Interesse besteht, § 376 StPO. Dies wird nach Nr. 86 RiStBV in der Regel dann
zu bejahen sein, wenn der Rechtsfrieden über den Lebenskreis des Verletzten hinaus gestört
ist oder dem Verletzten nicht zugemutet werden kann, eine Privatklage zu erheben, wenn im
übrigen eine nicht nur geringfügige Rechtsverletzung i. S. d. Nr. 260 RiStBV vorliegt. Bejaht
die Staatsanwaltschaft das öffentliche Interesse und erhebt sie Anklage, so kann sich der Verletzte gem. § 395 Abs. 2 Nr. 3 StPO dem Verfahren als Nebenkläger anschließen. Verneint die
Staatsanwaltschaft öffentliches Interesse an der Strafverfolgung, verweist sie den Anzeigeerstatter auf den **Privatklageweg**. Dies soll nach Nr. 260 RiStBV allerdings in der Regel nur dann
angebracht sein, wenn der Verstoß leichter Art ist und die Interessen eines eng umgrenzten
Personenkreises berührt. Die Staatsanwaltschaft hat insoweit einen Beurteilungsspielraum, der
nach wohl herrschender Meinung gerichtlicher Überprüfung nicht zugänglich ist. Ausgeschlossen ist eine Verweisung nur dann, wenn gewerbsmäßiges Handeln des Schutzrechtsverletzers
als Offizialdelikt verfolgt werden muss.[376]

> **Praxistipp:**
> Eine Auseinandersetzung mit der Staatsanwaltschaft darüber, ob tatsächlich öffentliches In-
> teresse an der Strafverfolgung besteht, ist in der Praxis durchaus von weitreichender Bedeu-

---

[374] BGHSt 25, 347.
[375] § 17 Abs. 5, 18 Abs. 3, 19 Abs. 4 UWG.
[376] Vgl. Rdnr. 259.

> tung.³⁷⁷ Auf die Möglichkeiten aus § 153 StPO sei an dieser Stelle ausdrücklich hingewiesen. Wieweit Auflagen und Weisungen i. S. d. § 153 a StPO geeignet sein können, ein aus Sicht der Staatsanwaltschaft grundsätzlich bestehendes öffentliches Interesse zu beseitigen, ist ebenfalls rechtzeitig zu prüfen.

265 **b) Verfolgung von Amts wegen.** Liegt ein wirksamer Strafantrag nicht vor, sind Ermittlungen von Amts wegen gleichwohl möglich, wenn die Staatsanwaltschaft das **besondere öffentliche Interesse** an der Strafverfolgung bejaht.³⁷⁸ Auf diesem Wege kann der grundsätzlich erforderliche **Strafantrag als Prozessvoraussetzung** ersetzt werden. Die Staatsanwaltschaft kann auf dieser Basis gegebenenfalls auch gegen den erklärten Willen des Verletzten, der auf einen Strafantrag möglicherweise wegen Verständigung mit dem Verletzer verzichtet hat, Ermittlungen führen. Eine Orientierungshilfe bietet in diesem Zusammenhang Nr. 260 a RiStBV. Danach ist ein besonderes öffentliches Interesse an der Strafverfolgung insbesondere dann anzunehmen, wenn der Täter wirtschaftsstrafrechtlich vorbestraft ist, ein erheblicher Schaden droht oder eingetreten ist, die Tat Teil eines gegen mehrere Unternehmen gerichteten Plans zur Ausspähung von Geschäfts- oder Betriebsgeheimnissen ist oder die Tat den Verletzten in seiner wirtschaftlichen Existenz bedroht. Auch in diesem Zusammenhang verneint die wohl herrschende Meinung die Möglichkeit einer gerichtlichen Überprüfung³⁷⁹ staatsanwaltschaftlichen Ermessensgebrauchs und verweist auf den Weg der **Dienstaufsicht**.

266 Bei Vorliegen eines besonders schweren Falles i. S. d. § 17 Abs. 4 UWG wird eine Verneinung des besonderen öffentlichen Interesses an der Strafverfolgung nur ausnahmsweise in Betracht kommen können. Das gleiche gilt, auch bezüglich § 18 UWG, wenn der Täter selbst davon ausgeht, dass das Geheimnis im Ausland verwertet werden soll, oder er es selbst im Ausland verwertet, Nr. 260 a Abs. 2 RiStBV.

267 **c) Geheimhaltung von Geheimnissen im Verfahren.** In Verfahren wegen Geheimnisverletzungen bestehen für die Staatsanwaltschaft besondere Verpflichtungen zur Geheimhaltung, die in Nr. 260 b RiStBV näher geregelt sind.

> **Praxistipp:**
> Schutzwürdige Interessen der Verfahrensbeteiligten sind insbesondere bei Akteneinsicht zu wahren. Drohen deshalb dem Recht auf Akteneinsicht Beschränkungen, kann dies ein weiteres Argument für eine einverständliche Verfahrensbeendigung sein.

268 **d) Auslandstaten.** Mit Novellierung des UWG in 2004 ist die Regelung zu Auslandstaten aus § 20 a UWG a. F. in eigenständige Absätze der einzelnen Bestimmungen mit einem Verweis auf § 5 Nr. 7 StGB übernommen worden.³⁸⁰ Danach können auch im Ausland durch einen deutschen Staatsangehörigen oder durch einen Ausländer nach §§ 17 bis 19 UWG begangene Straftaten im Inland geahndet werden, wenn der betroffene Betrieb im Inland liegt. Maßgebend hierfür ist, dass tatsächlich Produktions- bzw. Geschäftätigkeit im Inland entfaltet wird. Auslandsschutz besteht darüber hinaus auch für ein Unternehmen, das seinen Sitz im Inland hat, auch wenn es sich in Händen ausländischer Anteilseigner befindet. Firmen- oder Geschäftssitz in diesem Sinne ist der Sitz des Unternehmens i. S. d. § 106 Abs. 1 HGB, § 5 AktG, §§ 3, 10, 11 GmbHG. Gleicher Schutz besteht auch für Tochterunternehmen im Ausland, soweit es mit einem inländischen Mutterunternehmen im Sinne eines einheitlichen Konzern gem. §§ 18 Abs. 1, 329 ff. AktG verbunden ist.

269 **e) Verjährung.** Die Verjährungsfrist beträgt einheitlich für alle Fälle der Geheimnisverletzung nach den Bestimmungen des UWG gem. § 78 Abs. 3 Nr. 4 StGB fünf Jahre.

---

[377] Siehe hierzu näher Rdnr. 287 ff.
[378] § 17 Abs. 5, 18 Abs. 3, 19 Abs. 4 UWG.
[379] Vgl. Rdnr. 259.
[380] § 17 Abs. 6, 18 Abs. 4, 19 Abs. 5 UWG.

3. Die Verletzung von gewerblichen Schutzrechten und Urheberrechten

Mit Inkrafttreten des PrPG[381] sind auch die Bedingungen für die Durchführung eines Strafverfahrens in diesem Bereich vereinheitlicht worden, so dass Besonderheiten im Verfahren für sämtliche Schutzrechtsverletzungen zusammengefasst werden können. Auch bei diesen Straftatbeständen handelt es sich um Mischformen von Antrags- und Offizialdelikten.

a) Verfolgung auf Antrag. Die Strafverfolgung von Urheberrechtsverletzungen und gewerblichen Schutzrechtsverletzungen setzt bei den Grunddelikten grundsätzlich einen in Beachtung gesetzlicher Drei-Monats-Frist wirksam eingereichten **Strafantrag** des Verletzten i. S. d. §§ 77 ff.StGB voraus.[382] Antragsberechtigt sind die Schutzrechtsinhaber, bei juristischen Personen deren gesetzliche Vertreter, in der Insolvenz der Insolvenzverwalter, § 77 StGB.

Nachdem es sich bei den gewerbliche Schutzrechten gem. § 374 Abs. 1 Nr. 8 StPO sämtlich um sog. **Privatklagedelikte** handelt, die durch den Verletzten auch ohne Anrufung der Staatsanwaltschaft im Wege der Privatklage verfolgt werden können, kommt eine Verfolgung durch die Staatsanwaltschaft, die Erhebung einer öffentlichen Klage, nur dann in Betracht, wenn hieran **öffentliches Interesse** besteht, § 376 StPO. Öffentliches Interesse an der Strafverfolgung ist gem. Nr. 261 RiStBV in der Regel dann zu bejahen, wenn eine nicht nur geringfügige Schutzverletzung vorliegt. Dabei ist insbesondere das Ausmaß der Schutzrechtsverletzung, der eingetretene oder drohende wirtschaftliche Schaden und die vom Täter erstrebte Bereicherung zu berücksichtigen.

Wird diese Voraussetzung verneint, verweist die Staatsanwaltschaft den Verletzten auf den **Privatklageweg**. Dies ist nur dann sicher ausgeschlossen, wenn gewerbsmäßiges Handeln des Schutzrechtsverletzers als Offizialdelikt verfolgt werden muss. Wird in Bejahung öffentlichen Interesses eine öffentliche Klage erhoben, so kann sich ihr der Verletzte gem. § 395 StPO als Nebenkläger anschließen.

> **Praxistipp:**
> Wieweit öffentlichem Interesse an der Strafverfolgung wirksam mit Auflagen oder Weisungen i. S. d. § 153 a StPO begegnet werden kann, ist auch in diesem Zusammenhang rechtzeitig mit dem zuständigen Sachbearbeiter der Staatsanwaltschaft, gegebenenfalls auch dessen Vorgesetzten zu klären.[383] Die Möglichkeit einer einverständlichen Verfahrensbeendigung ist auf dieser Ebene immer dann zu suchen, wenn hinreichender Tatverdacht für eine Anklageerhebung begründet werden kann oder wirtschaftliche Interessen des Mandanten einen raschen Verfahrensabschluss gebieten.

b) Verfolgung von Amts wegen. Die Einleitung oder Fortführung eines Verfahrens ist seit Inkrafttreten des PrPG[384] allerdings bei sämtlichen Schutzverletzungen auch ohne wirksamen Strafantrag oder auch entgegen dem ausdrücklichen Willen des Verletzten möglich, soweit die Staatsanwaltschaft **besonderes öffentliches Interesse** an der Strafverfolgung bejaht.[385] Nach Nr. 261 a RiStBV ist in diesen Fällen von besonderem Interesse an der Strafverfolgung insbesondere dann auszugehen, wenn der Täter einschlägig vorbestraft ist, ein erheblicher Schaden droht oder eingetreten ist, die Tat den Verletzten in seiner wirtschaftlichen Existenz bedroht oder die öffentliche Sicherheit oder die Gesundheit der Verbraucher gefährdet ist.

In sämtlichen Straftatbestimmungen der Schutzgesetze ist **gewerbsmäßiges Handeln** als Qualifikationstatbestand erfasst.[386] Soweit die entsprechenden Voraussetzungen erfüllt sind, ist ein wirksamer Strafantrag des Verletzten grundsätzlich nicht Verfolgungsvoraussetzung. Die Frage der Gewerbsmäßigkeit ist anhand der in der Rechtsprechung entwickelten Kriterien

---

[381] Siehe hierzu Rdnr. 140.
[382] § 109 UrhG, § 143 Abs. 4 MarkenG, § 142 Abs. 4 PatG, § 25 Abs. 4 GebrMG, § 51 Abs. 4 GeschmMG, § 10 Abs. 4 HalblSchG, § 39 Abs. 4 SortSchG.
[383] Siehe hierzu Rdnr. 287 ff.
[384] Siehe hierzu Rdnr. 140.
[385] § 109 UrhG, § 143 Abs. 4 MarkenG, § 142 Abs. 4 PatG, § 25 Abs. 4 GebrMG, § 51 Abs. 4 GeschmMG, § 10 Abs. 4 HalblSchG, § 39 Abs. 4 SortSchG.
[386] § 108 a UrhG, § 143 Abs. 2, 4 MarkenG, § 142 Abs. 2, 4 PatG, § 25 Abs. 2, 4 GebrMG, § 51 Abs. 2, 4 GeschmMG, § 10 Abs. 2, 4 HalblSchG, § 39 Abs. 2, 4 SortSchG.

zu prüfen.[387] Die Staatsanwaltschaft wird in diesen Fällen in Beachtung des Legalitätsprinzips von Amts wegen tätig. Eine Verweisung des Verletzten auf den Privatklageweg ist ausgeschlossen.

276 c) **Einziehung und Verfall.** Die Einziehungsvorschriften des allgemeinen Strafrechts aus §§ 74 ff.StGB sind grundsätzlich auch in diesem Zusammenhang anwendbar. Sie beschränken sich allerdings auf die durch die Tat hervorgebrachten Produkte sowie auf die Tatmittel. Deshalb ermöglichen sämtliche gewerbliche Schutzgesetze seit Inkrafttreten des PrPG[388] darüber hinaus einheitlich auch die Einziehung sog. **Beziehungsgegenstände.** Der Einziehung unterliegen damit auch Gegenstände, die notwendiger Gegenstand der Tat selbst, nicht aber Tatwerkzeug oder Tatprodukt sind.[389] So kann auch die widerrechtlich gekennzeichnete Ware insgesamt, nicht nur das Kennzeichen eingezogen werden. Gleiches gilt für die bei einem Händler aufgefundene und sichergestellte Ware als bloßes Handelsobjekt. Zudem hat das Produktpirateriegesetz die Vorschrift des § 74 a StGB für alle Schutzgesetze für anwendbar erklärt.[390] Damit unterliegen auch die **Gegenstände, die dem Täter nicht gehören** der Einziehung, soweit der Eigentümer wenigstens leichtfertig zu einer Verwendung bei der Tat beigetragen hat, oder wenn er die Piraterieprodukte in Kenntnis der Umstände in verwerflicher Weise erworben hat.[391] Die Anordnung der Einziehung durch das Tatgericht ist fakultativ.

277 Einheitlich ist in den Schutzgesetzen zudem die Möglichkeit für den Verletzten vorgesehen, einen zivilrechtlichen **Vernichtungsanspruch** im Rahmen eines sog. Adhäsionsverfahrens nach §§ 403 ff.StPO geltend zu machen. Hat der Verletzte damit Erfolg, tritt der Einziehungsanspruch des Staates zurück. Damit hat der Gesetzgeber dem in erster Linie auf eine private Rechtsverfolgung angelegten System des Schutzes geistigen Eigentums Rechnung getragen.

278 Die durch Schutzrechtsverletzungen erlangten **Vermögensvorteile** und Surrogate unterliegen im übrigen gem. §§ 73 ff.StGB dem Verfall, soweit der Vermögensvorteil nicht durch Ansprüche des Verletzten beseitigt oder gemindert ist.

279 d) **Grenzbeschlagnahme.** Seit Inkrafttreten des PrPG[392] haben die Zollbehörden schließlich nach einheitlicher Regelung in allen Schutzgesetzen Waren bei Ein- oder Ausfuhr zu beschlagnahmen, soweit eine offensichtliche Schutzrechtsverletzung vorliegt und der hierüber zu informierende Rechtsinhaber einen Antrag stellt sowie eine Sicherheitsleistung erbringt. Das PrPG hat in diesem Sinne im wesentlichen gleichlautende Bestimmungen in alle Schutzgesetze aufgenommen.[393] Diese Beschlagnahmemöglichkeiten dienen dem Zweck der wirkungsvollen Bekämpfung des grenzüberschreitenden Handels mit schutzrechtsverletzender Ware.[394] Allerdings werden nur noch die Außengrenzen der europäischen Union kontrolliert, sind mit diesem Instrument Eingriffe im europäischen Binnenmarkt nicht möglich. Die Möglichkeiten einer Grenzbeschlagnahme sind für das **Gebiet der Europäischen Union** allerdings in der sog. ProduktpiraterieVO[395] geregelt.

280 Die Zollbehörde ordnet die **Einziehung** der beschlagnahmten Ware an, soweit der Verfügungsberechtigte hiergegen nicht binnen 14 Tagen ab Bekanntgabe Widerspruch erhebt. Wird Widerspruch erhoben hat der Antragsteller binnen weiterer 14 Tage eine gerichtliche Entscheidung in seinem Sinne zu erholen, andernfalls hebt die Zollbehörde die Beschlagnahme auf. Im übrigen bleibt dem Antragsteller selbstverständlich auch die Möglichkeit, die Einleitung eines strafrechtlichen Ermittlungsverfahrens zu veranlassen.

---

[387] Siehe hierzu Rdnr. 141.
[388] Siehe hierzu Rdnr. 140.
[389] BGHSt 10, 28.
[390] § 110 UrhG, § 143 Abs. 5 MarkenG, § 142 Abs. 5 PatG, § 25 Abs. 5 GebrMG, § 51 Abs. 5 GeschmMG, § 10 Abs. 5 HalbLSchG, § 39 Abs. 5 SortSchG.
[391] BegrRegE BT-Drucks. 11/4792 S. 30.
[392] Siehe hierzu Rdnr. 140.
[393] § 111 a UrhG, §§ 146 ff.MarkenG, § 142 a PatG, § 25 a GebrMG, § 55 GeschmMG, § 9 Abs. 2 HalblSchG, § 40 a SortSchG.
[394] BegrRegE BT-Drucks. 11/4792 S. 34.
[395] VO (EG) Nr. 1383/2003 des Rates vom 22.7.2003 über das Vorgehen der Zollbehörden gegen Waren, die im Verdacht stehen, bestimmte Rechte geistigen Eigentums zu verletzen, und die Maßnahmen gegenüber Waren, die erkanntermaßen derartige Rechte verletzen (ABl. EG 2003 Nr. L 196/7); siehe hierzu auch Welser EWS 2005, 202.

Zwar handelt es sich bei der Grenzbeschlagnahme um eine rein verwaltungsrechtliche **281** Maßnahme zur vorläufigen Sicherung privater Ansprüche, jedoch ermöglicht diese Form der Beschlagnahme in der Praxis grundsätzlich auch eine **Sicherstellung** nach den Bestimmungen der StPO, soweit im Anschluss und noch vor möglicher Aufhebung der Beschlagnahme ein Ermittlungsverfahren eingeleitet wird. Dies hat der Verletzte mit Strafantragstellung in der Hand, soweit nicht bei gewerbsmäßigem Handeln die Staatsanwaltschaft nach Kenntnisnahme Ermittlungen von Amts wegen einleitet.

> **Praxistipp:**
> Gegen Informationsweitergabe durch die Zollbehörden direkt an die Staatsanwaltschaft kann unter Umständen unter Hinweis auf das bestehende Steuergeheimnis rechtzeitig interveniert werden.

e) **Öffentliche Bekanntmachung.** Die Verurteilung des Täters wird auf Antrag des Verletzten **282** öffentlich bekannt gemacht, soweit hierfür ein berechtigtes Interesse belegt werden kann. Das PrPG[396] hat in diesem Sinne im wesentlichen gleichlautende Bestimmungen in alle Schutzgesetze aufgenommen.[397]

Die öffentliche Bekanntmachung ist sowohl **Nebenstrafe** als auch private Genugtuung. Zur **283** Klärung berechtigten Interesses ist eine Gesamtwürdigung erforderlich, in der neben dem Ausmaß der durch die Schutzverletzung eingetretenen Marktverwirrung auch das Interesse des Verurteilten an einer Vermeidung öffentlicher Herabsetzung zu berücksichtigen ist. Lehnt das Gericht einen Antrag des Verletzten ab, so hat dieser gegebenenfalls als Nebenkläger die Möglichkeit, hiergegen Rechtsmittel einzulegen. Die Vollstreckung der Bekanntmachungsanordnung erfolgt durch die Vollstreckungsbehörde gem. § 463 c StPO, soweit der Verletzte dies binnen Monatsfrist gerechnet ab Zustellung der schriftlichen Urteilsgründe beantragt. In Betracht kommt eine Bekanntmachung durch öffentlichen Anschlag oder Veröffentlichung in der Tagespresse oder Fachblättern des Gewerbezweiges.[398]

In den Fällen widerrechtlicher Benutzung geographischer Herkunftsangaben ist nach § 144 **284** Abs. 5 MarkenG eine Urteilsbekanntmachung auch ohne Antrag des Verletzten vorgesehen, soweit dies im öffentlichen Interesse steht. Hiervon wird insbesondere dann auszugehen sein, wenn eine erhebliche Irreführung des Publikums eingetreten ist.[399]

f) **Verjährung.** Sämtliche gewerbliche Schutzrechtsverletzungen verjähren gem. § 78 Abs. 3 **285** Nr. 4 StGB nach fünf Jahren.

VII. Beratungsschwerpunkte für den Strafverteidiger

Aus der Fülle denkbarer Beratungsfelder im Zusammenhang mit den hier erörterten Straf- **286** taten im Wettbewerb sind nachfolgend rein subjektiv Schwerpunkte gewählt, die im Rahmen einer Mandatsbearbeitung besondere Bedeutung gewinnen können. Ein Anspruch auf Vollständigkeit soll damit keinesfalls verbunden sein.

1. Was bedeutet das (besondere) öffentliche Interesse an der Strafverfolgung?

Wie oben bereits ausgeführt, handelt es sich bei den hier behandelten Delikten sämtlich um **287** sog. Privatklagedelikte,[400] die von der Staatsanwaltschaft gem. § 376 StPO grundsätzlich nur dann verfolgt werden, wenn dies im öffentlichen Interesse liegt. Darüber hinaus hat der Gesetzgeber bei der überwiegenden Zahl der in diesem Kapitel angesprochenen Tatbestände zwar grundsätzlich einen wirksamen Strafantrag als Prozessvoraussetzung bestimmt, allerdings eine Strafverfolgung bei Fehlen dieser Prozessvoraussetzung auch dann möglich gemacht, wenn dies im besonderen öffentlichen Interesse liegt. Damit kann die Staatsanwaltschaft bei sog.

---

[396] Siehe hierzu Rdnr. 140.
[397] § 111 UrhG, §§ 143 Abs. 6, 144 Abs. 5 MarkenG, § 142 Abs. 6 PatG, § 25 Abs. 6 GebrMG, § 51 Abs. 6 GeschmMG, § 10 Abs. 6 HalblSchG, § 39 Abs. 6 SortSchG.
[398] *Baumbach/Hefermehl* § 23 UWG Rdnr. 13.
[399] BegrRegE BT-Drucks. 12/6581 S. 126.
[400] Vgl. hierzu Rdnr. 259, 264, 272.

288 Antragsdelikten unter Umständen auch gegen den ausdrücklichen Willen des Verletzten aktiv werden. Die Frage, ob (besonderes) öffentliches Interesse an der Strafverfolgung besteht, hat die Staatsanwaltschaft jeweils in Ausübung pflichtgemäßen Ermessens zu entscheiden. Damit nimmt die Staatsanwaltschaft regelmäßig eine bedeutsame Weichenstellung für das Verfahren vor. Verneint sie öffentliches Interesse an der Strafverfolgung, bleibt dem Antragsteller nur der Weg der **Privatklage**, sind die Möglichkeiten zur Tataufklärung wesentlich erschwert. Verneint sie bei fehlendem oder unwirksamen[401] Strafantrag das Vorliegen besonderen öffentlichen Interesses an der Strafverfolgung, ist eine Ahndung der Tat wegen eines **Prozesshindernisses** aus rechtlichen Gründen nicht möglich. Nachdem die Beantwortung dieser Frage nach den Grundsätzen der RiStBV[402] eng an den Interessen des Verletzten orientiert ist, wird regelmäßig mit dem Mandanten zu klären sein, ob der Staatsanwaltschaft über den Nachweis einer Verständigung mit dem Verletzten[403] vermittelt werden soll, dass die Voraussetzungen für die Bejahung (besonderen) öffentlichen Interesses nicht gegeben sind.

289 Im übrigen wird an dieser Stelle im Interesse des Beschuldigten/Angeklagten grundsätzlich mit den zur Verfügung stehenden Mitteln bei der Ermittlungsbehörde zu intervenieren sein. Zwar ist umstritten ist, ob die Entscheidung der Staatsanwaltschaft in diesem Zusammenhang gerichtlicher Überprüfung, etwa nach den §§ 23 ff. EGGVG, zugänglich ist,[404] was die wohl herrschende Meinung verneint,[405] allerdings bleibt in jedem Falle die Möglichkeit einer dienstaufsichtlichen Überprüfung der ergangenen Entscheidung. Mit dem Mandanten wird gegebenenfalls abzuklären sein, ob dieser Weg beschritten werden soll. Die regelmäßige Angst Betroffener vor entsprechendem Vorgehen darf nicht maßgebend sein. Eine Auseinandersetzung zu dieser Frage im Wege der **Sachaufsichtsbeschwerde** und auch in der gebotenen Sachlichkeit ist unter Umständen unverzichtbar und kann für den weiteren Verlauf des Verfahrens nicht schädlich sein.

290 Wichtig ist in diesem Zusammenhang noch der Hinweis darauf, dass die Staatsanwaltschaft ihre Einstellung zu der Frage (besonderen) öffentlichen Interesses im Verlauf des Verfahrens ändern kann. Für diesen Fall sind folgende Besonderheiten zu beachten. In der Verneinung des öffentlichen Interesses ist nach Anklageerhebung eine wirksame Rücknahme der Anklage zu sehen,[406] nach Eröffnung des Hauptverfahrens eine Zustimmung zur Sachbehandlung nach §§ 153, 153 a StPO.[407] Verneint die Staatsanwaltschaft entgegen ursprünglicher Auffassung besonderes öffentliches Interesse nach Anklageerhebung, ist das Verfahren wegen Fehlens einer Prozessvoraussetzung einzustellen. Gelangt die Staatsanwaltschaft erst nach Eröffnung des Hauptverfahrens zu entsprechender Auffassung, so ist das Verfahren wiederum einzustellen, soweit ein Strafantrag nicht gestellt oder wirksam zurückgenommen ist. Liegt in diesem Fall allerdings ein wirksamer Strafantrag vor, ist die Verneinung besonderen öffentlichen Interesses nicht mehr als eine nach Eröffnung des Hauptverfahrens unzulässige Rücknahme der öffentlichen Klage.

2. Wie ist die Stellung des Geschädigten im Verfahren?

291 Zu den Besonderheiten der hier behandelten Delikte zählt es, dass die Geschädigten keineswegs immer an einer rückhaltlosen Aufklärung der in Rede stehenden Tathandlung interessiert sind. Dies gilt für Fälle umfangreicher Wirtschaftsspionage ebenso wie für Schutzrechtsverletzungen. Dem steht gegenüber, dass sämtliche Delikte als Privatklagedelikte ausgestaltet sind, die zudem bis auf § 16 UWG grundsätzlich nur auf Antrag des Geschädigten verfolgt werden können. Nachvollziehbar wird damit jedes Verfahren in diesem Deliktsbereich vom **Interesse des Verletzten an der Strafverfolgung** maßgeblich bestimmt. Gelingt es das Interesse des Verletzten an der Strafverfolgung zurückzuschrauben, ist die Basis für einen erträglichen Verfahrensabschluss geschaffen, soweit nicht bereits aus anderen Gründen durchgreifende Einwände

---

[401] Siehe zu den Voraussetzungen eines wirksamen Strafantrags Rdnr. 263.
[402] Vgl. Nr. 86, 260 bis 261 b RiStBV.
[403] Siehe hierzu Rdnr. 291 ff.
[404] So *Husmann* MDR 1988, 727; *Kröpil* DriZ 1986, 19 ff.
[405] Vgl. zum Meinungsstand Löwe/Rosenberg/*Hilger* § 376 Rdnr. 13 m. w. N.
[406] Löwe/Rosenberg/*Hilger* § 376 Rdnr. 16.
[407] Löwe/Rosenberg/*Hilger* § 376 Rdnr. 18.

erhoben werden können. Mit dem Mandanten ist deshalb von Beginn der Mandatsaufnahme an zu erörtern, ob eine Verständigung mit dem Geschädigten herbeigeführt werden soll. Nicht selten wird man bei dem Verletzten mit entsprechendem Anliegen auf offene Türen stoßen können. Das Anbieten vollständigen Schadensausgleichs bei Strafantragsrücknahme gehört dabei in den Bereich zulässigen Verteidigerhandelns. So handelt derjenige, der einen anderen veranlasst, von einem ihm zustehenden Recht Gebrauch zu machen, nur dann rechtswidrig, wenn er sich hierbei unerlaubter Mittel bedient.[408] Ein Schadensausgleich kann hierzu sicher nicht gezählt werden.

Aus den unterschiedlichsten Gründen kann das Interesse eines Geschädigten an öffentlicher Strafverfolgung von Beginn an reduziert sein. So kann etwa einem geschädigten Unternehmen durchaus mit sachlich bedeutsamen Argumenten daran gelegen sein, den gesamten Sachverhalt **nicht in aller Öffentlichkeit diskutieren** zu müssen. Dies mag beispielsweise bei Geheimnisverletzungen daran liegen, dass wertvolle Mitarbeiter, die im Dunstkreis der Tathandlung erscheinen, für das Unternehmen erhalten und deshalb vor strafrechtlichen Konsequenzen verschont werden sollen, oder auch dass für den Fortbestand des Unternehmens oder zur Sicherung seiner Position am Markt wesentlich bedeutsamer ist, das Geheimnis gegenüber noch nicht eingeweihten, aber durchaus interessierten Konkurrenten weiter als Geheimnis behandeln zu können, als dies im Zuge eines Strafverfahrens der Öffentlichkeit preiszugeben.

Hinzu kommt häufig, dass der notwendige Schutz von Geschäfts- oder Betriebsgeheimnissen in einem Strafverfahren zu durchaus nicht unerheblichen Problemen führen kann. Keineswegs einfach ist im hier behandelten Deliktsbereich zum Beispiel der Umgang mit dem Recht auf **Akteneinsicht**, mit dem Recht auf Besichtigung von Beweismitteln. So werden bei Durchsuchungsmaßnahmen regelmäßig nicht nur die Unterlagen sichergestellt, die isoliert das verletzte Geheimnis betreffen, sondern häufig nach der „Staubsaugermethode" auch andere Unterlagen, an denen ein schutzwürdiges Geheimhaltungsinteresse besteht. Darüber hinaus kann es im Zuge eines Verfahrens aus Sicht eines Verfahrensbeteiligten erforderlich werden, weitere geheimhaltungsbedürftige Unterlagen zur Be- oder Entlastung zu den Akten zu reichen. Eine den Interessen der Verfahrensbeteiligten und den Interessen der Geheimnisinhaber zugleich gerecht werdende Regelung zu notwendiger Akteneinsicht ist auch über Nr. 260 b RiStBV nur schwer zu finden. Ob es sich bei bestimmten Tatsachen tatsächlich um ein Geheimnis i. S. d. Gesetzes handelt, ist in komplexen Verfahren beispielsweise nur mit Hilfe eines Sachverständigen zu klären. Die Frage, ob ein Sachverständiger über den Inhalt der Tatsachen, die er zu beurteilen hat, in öffentlicher Verhandlung referieren darf, ohne seinerseits in den Geruch des Geheimnisverrats zu kommen, kann zu durchgreifenden Verfahrensproblemen führen.

Häufig ist ein Geschädigter vor diesem Hintergrund mehr an einem finanziellen Ausgleich des durch die Tat verursachten Schadens als an einer strafgerichtlichen Aufarbeitung der Verletzungshandlung in der Öffentlichkeit interessiert. Regelmäßig ist deshalb dem Mandanten anzuraten, eine außergerichtliche Einigung mit dem Geschädigten anzustreben. Gelingt es auf diesem Weg, den Verletzten gegebenenfalls zur Rücknahme eines gestellten Strafantrags zu bewegen, ist in aller Regel auch seine Bereitschaft, zur Sachaufklärung beizutragen, erheblich reduziert. Seine Sachkenntnis steht dem Verfahren nur noch unter dem Druck möglicher Zwangsmittel zur Verfügung. So kann unter Umständen die Voraussetzung dafür geschaffen werden, die Bereitschaft der Staatsanwaltschaft zur Bejahung besonderen öffentlichen Interesses an der Strafverfolgung zu reduzieren, im Gegenzug die Bereitschaft zu einem einverständlichen Verfahrensabschluss gegebenenfalls auch ohne Urteil zu fördern.

3. Wie kann ich vorgreifliche Rechtsfragen bei Schutzrechtsverletzungen gerichtlich klären lassen?

Die Besonderheit der Schutzrechtsdelikte liegt in der regelmäßigen Unsicherheit, ob im Einzelfall von der Verletzung eines wirksamen Schutzrechtes auszugehen ist. So können etwa Schutzrechte, die lediglich formell begründet werden, mit **ex-tunc-Wirkung** entfallen, soweit die materiellen Schutzvoraussetzungen tatsächlich nicht erfüllt sind.[409] Dem mit dem Vorwurf einer Schutzverletzung konfrontierten Mandanten ist deshalb gegebenenfalls anzuraten, diese

---

[408] BGHSt 10, 393, 394.
[409] Vgl. Rdnr. 189, 218, 228, 236, 253.

Frage außerhalb des Strafverfahrens gerichtlich klären zu lassen. Kann festgestellt werden, dass ein Schutzrecht tatsächlich von Anfang an nichtig gewesen ist, kommt eine Strafbarkeit des Verletzers nicht in Betracht. Die Klärung dieser Frage ist damit für die rechtliche Würdigung im Strafverfahren vorgreiflich.

296 Zwar gilt im Strafverfahren gem. § 262 Abs. 1 StPO der Grundsatz, dass das Strafgericht Vorfragen aus anderen Rechtsgebieten nach den für den Strafprozess geltenden Grundsätzen selbst zu entscheiden hat, jedoch kann es eine Aussetzung im Zwischen- oder Hauptverfahren[410] nach § 262 Abs. 2 StPO beschließen und einem Beteiligten eine Frist zur Klärung der präjudiziellen Rechtsfrage setzen. Das Gericht hat in diesem Zusammenhang zwar grundsätzlich nach pflichtgemäßem Ermessen zu entscheiden, allerdings wird eine **Aussetzungspflicht** im Zusammenhang mit den gewerblichen Schutzrechten durchaus anerkannt, weil eine hier von Anfang an bestehende Nichtigkeit nur durch die dafür ausschließliche zuständige Stelle festgestellt werden kann.[411]

297 Im Ermittlungsverfahren ist gegebenenfalls bei der Staatsanwaltschaft darauf zu drängen, dem Beschuldigten über eine **Verfahrenseinstellung nach § 154 d StPO** vor einer nachteiligen Abschlussverfügung Gelegenheit zu geben, die vorgreifliche Rechtsfrage außerhalb des Strafverfahrens zu klären.[412] Diese Möglichkeiten sind mit dem Mandanten regelmäßig zu erörtern.

4. Wie kann ich „meinen" Sachverständigen ins Verfahren einbringen?

298 In den Fällen, in denen etwa ein Schutzrecht kraft Schöpfung wie im Urheberrecht oder kraft Verkehrsgeltung wie im Markenrecht entstehen kann, oder in denen zum Beispiel eine Irreführung angesprochener Kundenkreise durch unwahre Angaben nach § 16 UWG zur Diskussion steht, ist unter Umständen die Hinzuziehung eines Sachverständigen zur Klärung verfahrenserheblicher Fragen unverzichtbar. In diesen Fällen ist zu entscheiden, ob ein entsprechender Antrag im Ermittlungsverfahren an die Staatsanwaltschaft, im Zwischen- oder Hauptverfahren an das zuständige Gericht gestellt werden soll, oder ob die Erholung eines privaten Gutachtens sinnvoll ist. Letzteres bietet den unschätzbaren Vorteil selbst die Auswahl eines kompetenten Sachverständigen treffen zu können. Zudem hat es die Verteidigung in der Hand je nach Bewertung des Gutachtenergebnisses den Sachverständigen im Ermittlungsverfahren durch Gutachtenvorlage, im gerichtlich anhängigen Verfahren durch entsprechende Antragstellung nach § 219 StPO oder im Wege der Selbstladung nach § 220 StPO in das Verfahren einzuführen.

VIII. Checklisten

299

1. Straftaten in der Werbung

1. Sind die Voraussetzungen strafbarer Werbung i. S. d. § 16 Abs. 1 UWG erfüllt?
□ Täter kann jedermann sein.
□ Der Täter muss in öffentlichen Bekanntmachungen oder Mitteilungen unwahre Angaben machen, die zudem zur Irreführung geeignet sind.
□ Der Täter muss vorsätzlich unwahre Angaben machen, eine Eignung zur Irreführung zumindest billigend in Kauf nehmen und zusätzlich in der Absicht handeln, durch seine unwahren Angaben den Anschein eines besonders günstigen Angebots hervorzurufen.
2. Sind die Voraussetzungen progressiver Kundenwerbung i. S. d. § 16 Abs. 2 UWG erfüllt?
□ Täter kann nur der Veranstalter der Kundenwerbung sein oder derjenige, der die Veranstaltung durch einen anderen durchführen lässt.
□ Der Täter muss im geschäftlichen Verkehr einen Verbraucher mit dem Versprechen nicht belangloser oder geringwertiger Vergünstigungen für den Fall eigener Kundenwerbung mit gleichartigem Versprechen zur Abnahme von Waren, gewerblichen Leistungen oder Rechten veranlassen.

---

[410] Löwe/Rosenberg/*Gollwitzer* § 262 Rdnr. 27.
[411] RGSt 7, 146, 149; 48, 419, 422; Löwe/Rosenberg/*Gollwitzer* § 262 Rdnr. 36.
[412] Von *Gravenreuth* GRUR 1983, 349, 353.

☐ Der Täter muss vorsätzlich handeln.
4. Sind die formellen Voraussetzungen einer Strafverfolgung erfüllt?
☐ Die strafbare Werbung nach § 16 UWG wird als Offizialdelikt von Amts wegen verfolgt.
☐ Allerdings handelt es sich auch um ein sog. Privatklagedelikt. Anklage ist deshalb nur bei öffentlichem Interesse an der Strafverfolgung zu erheben, andernfalls ist ein Anzeigeerstatter auf den Privatklageweg zu verweisen.

2. Die Verletzung von Geschäfts- oder Betriebsgeheimnissen 300

1. Liegt ein Geschäfts- oder Betriebsgeheimnis vor?
☐ Eine Tatsache, die im Zusammenhang mit einem Geschäftsbetrieb steht,
☐ nicht offenkundig, sondern in Beziehung zu einem bestimmten Betrieb nur einem eng begrenzten Personenkreis bekannt ist,
☐ nach dem bekundeten oder nach außen erkennbaren Willen des Betriebsinhabers geheimgehalten werden soll,
☐ und deren Geheimhaltung im schutzwürdigen Interesse des Betriebsinhabers liegt.
2. Sind die Voraussetzungen des Geheimnisverrats i. S. d. § 17 Abs. 1 UWG erfüllt?
☐ Täter kann nur ein Mitarbeiter des Unternehmens sein, dem das Geheimnis im Zusammenhang mit dem Beschäftigungsverhältnis anvertraut oder sonst zugänglich. geworden ist.
☐ Der Täter muss das Geheimnis einem Dritten unbefugt und während des vertraglichen Beschäftigungsverhältnisses mitteilen.
☐ Der Beschäftigte muss zumindest bedingt vorsätzlich und mit besonderer Zielrichtung alternativ zu Zwecken des Wettbewerbs, aus Eigennutz, zugunsten eines Dritten oder in Schädigungsabsicht handeln.
3. Sind die Voraussetzungen der Geheimnisverschaffung i. S. d. § 17 Abs. 2 UWG erfüllt?
☐ Täter kann jedermann sein, auch ein Beschäftigter des Unternehmens nach Beendigung des vertraglichen Beschäftigungsverhältnisses, es sei denn die Kenntnisse sind während des Beschäftigungsverhältnisses redlich erworben worden.
☐ Bei der Alternative des Ausspähens (Nr. 1) muss der Täter sich das Geheimnis unter Einsatz von Verkörperungen oder mit anderen technischen Mitteln verschaffen oder sichern.
☐ Bei der Alternative des Verwertens (Nr. 2) muss der Täter das Geheimnis durch eine Mitteilung nach Abs. 1 oder durch eigenes oder durch fremdes Ausspähen nach Abs. 2 Nr. 1 erlangen, sich sonst unbefugt verschaffen oder sichern und dann in einer zweiten Stufe verwerten.
☐ Der Täter muss in allen Alternativen zumindest bedingt vorsätzlich und mit besonderer Zielrichtung alternativ zu Zwecken des Wettbewerbs, aus Eigennutz, zugunsten eines Dritten oder in Schädigungsabsicht handeln.
4. Sind die Voraussetzungen einer Verwertung von Vorlagen i. S. d. § 18 UWG erfüllt?
☐ Täter kann jedermann sein, dem ein Geheimnis im geschäftlichen Verkehr anvertraut worden ist; damit allerdings nicht ein Beschäftigter des Unternehmens.
☐ Der Täter muss Vorlagen oder Vorschriften technischer Art, die ihm vom Geheimnisinhaber anvertraut worden sind, damit nicht offenkundig und einem Geheimhaltungsinteresse unterworfen, unbefugt verwerten.
☐ Der Täter muss zumindest bedingt vorsätzlich und mit besonderer Zielrichtung, entweder zu Zwecken des Wettbewerbs oder aus Eigennutz handeln.
5. Sind die Voraussetzungen eines Verleitens oder Erbietens zum Verrat i. S. d. § 19 UWG erfüllt?
☐ Täter kann jedermann sein, grundsätzlich auch der Beschäftigte des Geheimnisinhabers.
☐ Der Täter muss in der Alternative des versuchten Verleitens im Sinne einer erfolglosen Anstiftung handeln. Die Annahme, das Erbieten wie auch das Bereiterklären muss ernsthaft gemeint sein.

☐ Der Täter muss zumindest bedingt vorsätzlich und mit besonderer Zielrichtung entweder zu Wettbewerbszwecken oder aus Eigennutz handeln.
6. Sind die formellen Voraussetzungen für eine Strafverfolgung erfüllt?
☐ Grundsätzlich setzt die Strafverfolgung einen wirksamen Strafantrag des Verletzten voraus. Soweit die Voraussetzungen für die Annahme öffentlichen Interesses bejaht werden, ist öffentliche Klage zu erheben, andernfalls ist der Antragsteller auf den Privatklageweg zu verweisen.
☐ Fehlt ein wirksamer Strafantrag, kommt eine Strafverfolgung nur bei Bejahung besonderen öffentlichen Interesses in Betracht.

3. Die Verletzung von gewerblichen Schutzrechten und Urheberrechten

1. Was ist der Schutzgegenstand?
☐ UrhG: Werke der Literatur, Wissenschaft und Kunst, sowie Leistungen und Investitionen auf kulturellem Gebiet, § 2
☐ MarkenG: Marken, geschäftliche Bezeichnungen, geographische Herkunftsangaben, §§ 3, 5, 126
☐ PatG: Technische Erfindungen (Erzeugnisse und Verfahren), § 1
☐ GebrMG: Technische Erfindungen (Erzeugnisse), § 1
☐ GeschmMG: Muster und Modelle in zwei- oder dreidimensionaler Form, § 1
☐ HalblSchG: Dreidimensionale Strukturen von Halbleitererzeugnissen (Topographien), § 1
☐ SortenSchG: Nutzpflanzensorten, § 1
2. Sind für den jeweiligen Schutzgegenstand die Voraussetzungen für eine wirksame Schutzentstehung erfüllt?
☐ UrhG: Schutz entsteht ohne formelle Erfordernisse mit der Schöpfung des Werkes, das die materiellen Voraussetzungen des UrhG erfüllen, §§ 1, 7.
☐ MarkenG: Markenschutz entsteht entweder in Erfüllung formeller Voraussetzungen mit Eintragung im Markenregister oder mit Benutzung kraft Verkehrsgeltung, § 4; geschäftliche Bezeichnungen und geographische Herkunftsangaben erhalten Schutz mit Benutzung, bei fehlender Unterscheidungskraft mit Verkehrsgeltung
☐ PatG: Schutz entsteht in Erfüllung formeller Erfordernisse mit Bekanntmachung der Patenterteilung im Patentblatt, § 58
☐ GebrMG: Schutz entsteht in Erfüllung formeller Erfordernisse mit Eintragung in der Rolle für Gebrauchsmuster, § 11
☐ GeschmMG: Schutz entsteht in Erfüllung formeller Erfordernisse mit Eintragung, § 27
☐ HalblSchG: Schutz entsteht ohne formelle Voraussetzungen mit der ersten geschäftlichen Verwertung oder mit Anmeldung, § 5
☐ SortenSchG: Schutz entsteht in Erfüllung formeller Erfordernisse mit Eintragung in der Sortenschutzrolle, § 28
4. Liegt eine Einwilligung des Berechtigten vor oder ist die Verletzungshandlung aus anderen Gründen zulässig?
☐ UrhG: Schranken des Urheberrechts aus §§ 44 a bis 63
☐ MarkenG: Schranken des Markenrechts aus §§ 20 bis 26
☐ PatG: Schranken des Patentrechts aus §§ 11 bis 13
☐ GebrMG: Schranken des Gebrauchsmusterrechts aus § 12
☐ GeschmMG: Schranken des Geschmacksmusterrechts aus §§ 40, 48
☐ HalblSchG: Schranke des Halbleiterschutzrechts aus § 6
☐ SortenSchG: Schranken des Sortenschutzrechts aus § 10 a bis c
5. Ist das Schutzrecht vom Verletzungsvorsatz erfasst?
☐ Sind die Voraussetzungen eines vorsatzausschließenden Tatbestandsirrtums gegeben?
☐ Liegt ein unbeachtlicher Verbotsirrtum vor?

6. Können mit ex-tunc-Wirkung durchgreifende Einwendungen gegen das bestehende Schutzrecht erhoben werden, gegebenenfalls verbunden mit einem Aussetzungsantrag?
☐ UrhG: nicht möglich
☐ MarkenG: mit erfolgreichem Widerspruchs- oder Nichtigkeitsverfahren bei einer eingetragenen Marke, §§ 42, 54 f
☐ PatG: mit erfolgreichem Einspruchs- oder Nichtigkeitsverfahren, §§ 59 ff. und 81 ff
☐ GebrMG: mit erfolgreichem Löschungsverfahren, §§ 15 ff
☐ GeschmMG: mit erfolgreichem Löschungsverfahren, § 36
☐ HalblSchG: mit erfolgreichem Löschungsverfahren, § 8
☐ SortenSchG: mit Beseitigung des Sortenschutzes i. S. d. § 31

7. Sind die formellen Voraussetzungen für eine Strafverfolgung erfüllt?
☐ Ein wirksamer Strafantrag des Berechtigten ist grundsätzlich Prozessvoraussetzung.
☐ Sind die Voraussetzungen für die Annahme öffentlichen Interesses an der Strafverfolgung erfüllt, kommt die Erhebung einer öffentlichen Klage in Betracht, anderenfalls die Verweisung des Antragstellers auf den Privatklageweg.
☐ Ein fehlender Strafantrag kann gegebenenfalls durch die Bejahung besonderen öffentlichen Interesses ersetzt werden.
☐ Gewerbsmäßiges Handeln ist von Amts wegen verfolgbar.

§ 24 Kartellrecht

Übersicht

	Rdnr.
I. Überblick	1–39
1. Das europäische Kartellrecht	7–28
a) Zielsetzung der Europäischen Gemeinschaft	8/9
b) Rechtsgrundlagen des EG-Kartellrechts	10–19
c) Geltungsbereich des EG-Kartellrechts	20–25
d) Verhältnis des EG-Kartellrechts zum nationalen Kartellrecht	26–28
2. Das deutsche Kartellrecht	29–39
a) Rechtsgrundlagen des deutschen Kartellrechts	30–32
b) Verhältnis des deutschen Kartellrechts zum EG-Kartellrecht	33
c) Kartellbehörden	34/35
d) Ermittlungsbefugnisse und Sanktionsmöglichkeiten der Kartellbehörden	36/37
e) Eine Straftat im deutschen Kartellrecht	38/39
II. Mandatsführung und Verteidigungskonzeption	40–68
1. Die Mandatsaufnahme	41–45
a) Mandatsanbahnung	42
b) Verteidigung	43–45
2. Die Aufklärung des Mandanten	46–54
a) Verfahrensablauf	47/48
b) Rechte und Pflichten	49/50
c) Konsequenzen außerhalb des Verfahrens	51/52
d) Persönliche und wirtschaftliche Verhältnisse	53
e) Vergütung	54
3. Die Entwicklung einer Verteidigungskonzeption	55–68
a) Bestandsaufnahme	56–62
b) Klärung der Interessenlage	63/64
c) Festlegung des Verteidigungsziels	65–67
d) Verteidigertätigkeit	68
III. Das europäische Kartellrecht	69–168
1. Die Systematik der Bußgeldtatbestände	72–80
a) Unternehmenssanktion	75/76
b) Leichte und schwere Kartellverstöße	77/78
c) Verjährung	79/80
2. Die bedeutsamen Bußgeldtatbestände	81–124
a) Verstöße gegen das Kartellverbot aus Art. 81 Abs. 1 EGV	82–107
b) Missbrauch einer marktbeherrschenden Stellung nach Art. 82 S. 1 EGV	108–116
c) Kartellrechtswidriges Verhalten bei Unternehmenszusammenschlüssen	117–124
3. Die verfahrensrechtlichen Besonderheiten	125–157
a) System paralleler Zuständigkeiten	128–131
b) Beweisverwertung bei Informationsaustausch	132/133
c) Ermittlungsbefugnisse der Kommission	134–149
d) Anhörungsverfahren	150–155
e) Eingriffsbefugnisse der Kommission	156/157
4. Die Sanktion	158–168
a) Grundsätze der Bußgeldbemessung	159–162
b) Europäische „Kronzeugenregelung"	163–167
c) Doppelahndung nach europäischem und nationalem Recht	168
IV. Das deutsche Kartellordnungswidrigkeitenrecht	169–265
1. Die Systematik der Bußgeldtatbestände	173–180
a) Schwere Kartellordnungswidrigkeiten	177/178
b) Leichte Kartellordnungswidrigkeiten, sog. Ungehorsamstatbestände	179/180
2. Die Haftungstroika im Kartellordnungswidrigkeitenrecht	181–212
a) Haftung des Unternehmensvertreters, § 9 OWiG	182–185
b) Haftung des Aufsichtspflichtigen, § 130 OWiG	186–203
c) Haftung des Unternehmens, § 30 OWiG	204–212
3. Die bedeutsamen Kartellordnungswidrigkeiten	213–255
a) Verstöße gegen die europäischen Kartellverbote aus Art. 81 und 82 EGV	214–216

b) Verstöße gegen das nationale Kartellverbot aus § 1 GWB	217–228
c) Verstöße gegen das Verbot des Missbrauchs marktbeherrschender Stellung, § 19 Abs. 1 GWB	229–240
d) Verstöße gegen das Behinderungs- und Diskriminierungsverbot, § 20 Abs. 1, auch i. V. m. Abs. 2 S. 1 GWB	241–249
e) Verstöße gegen das Boykottverbot, § 21 Abs. 1 GWB	250–254
4. Vorsatz, Fahrlässigkeit und Irrtum	256–261
5. Rechtfertigungsgründe	262–265
V. Die Submissionsabsprache – eine Straftat im deutschen Kartellrecht	266–311
1. Die Submission bei öffentlicher Auftragsvergabe	272–278
2. Der Submissionsbetrug, § 263 StGB	279–288
a) Täuschung, Irrtum und Vermögensverfügung	280
b) Vermögensschaden	281–288
3. Die wettbewerbsbeschränkende Absprache bei Ausschreibungen, § 298 StGB	289–308
a) Rechtsgut	291
b) Täter	292/293
c) Objektiver Tatbestand	294–301
d) Subjektiver Tatbestand	302/303
e) Tätige Reue	304/305
f) Verhältnis zu § 263 StGB und den Kartellordnungswidrigkeiten	306–308
4. Sonstige Straftaten im Zusammenhang mit einer Submissionsabsprache	309–311
VI. Die Besonderheiten im Kartellordnungswidrigkeitenverfahren und mögliche Rechtsfolgen	312–401
1. Eine Besonderheit des Kartellverfahrens	313–316
2. Die Verfolgungszuständigkeit	317–326
a) Verfolgung durch die Kartellbehörde	319–323
b) Verfolgung durch die Staatsanwaltschaft	324–326
3. Die Ermittlungsbefugnisse der Kartellbehörde	327–347
a) Durchsuchung und Beschlagnahme	329–341
b) Zeugenvernehmung	342–347
4. Der Betroffene im Kartellverfahren	348–357
a) Förmliches Auskunftsverlangen	351–353
b) Informelle Anfragen	354/355
c) Vernehmung	356
d) Verteidiger	357
5. Der Abschluss des Ermittlungsverfahrens	358–362
a) Verfahrenseinstellung	358–360
b) Bußgeldbescheid	361/362
6. Das Verfahren vor dem Kartellgericht	363–376
a) Einspruch	363–367
b) Zwischenverfahren	368
c) Vorlage an das OLG	369/370
d) Hauptverhandlung	371–375
e) Rechtsbeschwerde	376
7. Das Zusammentreffen von Ordnungswidrigkeit und Straftat	377–380
8. Rechtsfolgen einer Zuwiderhandlung	381–401
a) Geldbuße	381–397
b) Vergabesperre und Korruptionsregister	398–400
c) Eintrag im Gewerbezentralregister	401
VII. Beratungsschwerpunkte des Strafverteidigers	402–431
1. Welche Konsequenzen drohen mir bzw. meinem Unternehmen bei kartellrechtswidrigem Verhalten?	403–405
2. Muss ich ein Auskunftsersuchen der Kartellbehörden beantworten?	406/407
3. Was habe ich bei einer Durchsuchung meines Unternehmens zu beachten?	408/409
4. Soll ich mit der Kartellbehörde kooperieren?	410–413
5. Ich wusste nicht, dass mein Handeln verboten ist, ich habe doch nur im Interesse meines Unternehmens und aus wirtschaftlichem Druck gehandelt!	414–416
6. Wie kann ich einer Verletzung der Aufsichtspflicht vorbeugen?	417–420
7. Wie kann ich bei kartellrechtlichen Untersuchungen die Mitarbeiter meines Unternehmens schützen?	421–423
8. Darf ich die Verteidigerkosten, gegebenenfalls auch Geldstrafen und Geldbußen meiner Mitarbeiter übernehmen?	424–426
9. Kann ich eine gegen mich oder mein Unternehmen verhängte Geldbuße und/oder gegen Mitarbeiter meines Unternehmens festgesetzte Geldsanktionen bzw. insoweit übernommene Verteidigerkosten von der Steuer absetzen?	427–429

10. Soll ich gegen den Bußgeldbescheid der Kartellbehörde Rechtsmittel einlegen? . 430/431
VIII. Checklisten 432–440
 1. Die Verhängung einer Geldbuße nach § 81 GWB 432
 2. Die Verhängung einer Geldbuße nach § 130 OWiG 433
 3. Die Verhängung einer Unternehmensgeldbuße nach § 30 OWiG 434
 4. Die Bußgeldbemessung nach deutschem Recht 435
 5. Der Submissionsbetrug nach § 263 StGB 436
 6. Die wettbewerbsbeschränkende Absprache bei Ausschreibungen nach § 298 StGB 437
 7. Die Voraussetzungen des Kartellverbots aus Art. 81 Abs. 1 EGV 438
 8. Die Voraussetzungen des Kartellverbots aus Art. 82 EGV 439
 9. Die Verhängung einer Geldbuße wegen Verstoßes gegen Art. 81 oder 82 EGV nach EG-Kartellrecht 440

Schrifttum: *Achenbach,* Die Sanktionen gegen die Unternehmensdelinquenz im Umbruch, JUS 1990, 601 ff.; *ders.,* Bußgeldverhängung bei Kartellordnungswidrigkeiten nach dem Ende der fortgesetzten Handlung, WuW 1997, 393 ff.; *ders.,* Pönalisierung von Ausschreibungsabsprachen und Verselbständigung der Unternehmensgeldbuße durch das Korruptionsbekämpfungsgesetz 1997, WuW 1997, 958 ff.; *ders.,* Die Verselbständigung der Unternehmensgeldbuße bei strafbaren Submissionsabsprachen – ein Papiertiger?, wistra 1998, 168 ff.; *ders.,* Das neue Recht der Kartellordnungswidrigkeiten, wistra 1999, 241 ff.; *ders.,* Bonusregelung bei Kartellstraftaten?, NJW 2001, 2232 ff.; *Adam,* Die Begrenzung der Aufsichtspflichten in der Vorschrift des § 130 OWiG, wistra 2003, 285 ff.; *Bauer,* Mehrere Bußen gegen die juristische Person bei Beteiligung mehrerer Organmitglieder an einer Kartellordnungswidrigkeit?, wistra 1992, 47 ff.; *Baumann,* Endlich strafrechtliche Bekämpfung des Submissionsbetrugs, NJW 1992, 1661 ff.; *Bechtold,* Modernisierung des EG-Wettbewerbsrechts: Der Verordnungsentwurf der Kommission zur Umsetzung des Weißbuchs, BB 2000, 2425 ff.; *Best,* Betrug durch Kartellabsprachen bei freihändiger Vergabe, Besprechung von BGH Urt. v. 11.7.2001, GA 2003, 157; *Brenner,* Betriebliche Aufsichtspflicht und ihre bußbare Verletzung, DRiZ 1975, 72 ff.; *Buntschek/Biermann,* „Legal Privilege" des Syndikusanwalts – Paradigmenwechsel im EG-Bußgeldverfahren?, wistra 2004, 457 ff.; *Calliess/Ruffert,* Kommentar zu EU-Vertrag und EG-Vertrag, 2. Aufl. 2002; *Cramer,* Zur Strafbarkeit von Preisabsprachen der Bauwirtschaft, 1995; *Dannecker/Fischer-Fritsch,* Das EG-Kartellrecht in der Bußgeldpraxis, 1989; *Dreher/Thomas,* Rechts- und Tatsachenirrtümer unter der neuen VO 1/2003, WuW 2004, 8 ff.; *Eidam,* Die Verbandsgeldbuße des § 30 Abs. 4 OWiG – eine Bestandsaufnahme, wistra 2003, 447 ff.; *Eilmansberger,* „ne bis in idem" und kartellrechtliche Sanktionen, EWS 2004, 49 ff.; *Gillmeister,* Ermittlungsrechte im deutschen und europäischen Kartell-Ordnungswidrigkeitenverfahren 1985; *Göhler,* Gesetz über Ordnungswidrigkeiten, 13. Aufl. 2002; *Greeve,* Ausgewählte Fragen zu § 298 StGB seit Einführung des Gesetz zur Bekämpfung der Korruption vom 13.8.1997, NStZ 2002, 505 ff.; *von der Groeben/Schwarze,* Kommentar zum Vertrag über die Europäische Union und zur Gründung der Europäischen Gemeinschaft, 6. Aufl. 2003; *Hassemer,* Das Zeugnisverweigerungsrecht des Syndikusanwalts, wistra 1986, 1 ff.; *Hetzer,* Schuldlose Sanktionssubjekte?, wistra 1999, 361 ff.; *Hefendehl,* Die Submissionsabsprache als Betrug – ein Irrweg – BGHSt 38, 186, JUS 1993, 805 ff.; *Hohmann,* Die strafrechtliche Beurteilung von Submissionsabsprachen, NStZ 2003, 566 ff.; *Hrauschka,* Compliance, Compliance-Manager, Compliance-Programme: Eine geeignete Reaktion auf gestiegene Haftungsrisiken für Unternehmen und Manager?, NJW 2004, 257 ff.; *Ignor/Rixen,* Untreue durch Zahlung von Geldauflagen, wistra 2000, 448; *Immenga/Mestmäcker* GWB-Kommentar zum Kartellgesetz, 3. Aufl. 2001; *Joecks,* Zur Schadensfeststellung beim Submissionsbetrug, wistra 1992, 247 ff.; *Kapp,* Vertraulichkeit der Anwaltskorrespondenz im Kartellverfahren, WuW 2003, 142 ff.; *Klusmann,* Internationale Kartelle und das Europäische Leniency-Programm aus Sicht der Verteidigung, WuW 2001, 820 ff.; *König,* Neues Strafrecht gegen die Korruption, JR 1997, 397 ff.; *Korte,* Bekämpfung der Korruption und Schutz des freien Wettbewerbs mit den Mitteln des Strafrechts, NStZ 1997, 513 ff.; *Krekeler,* Beweisverwertungsverbote bei fehlerhaften Durchsuchungen, NStZ 1993, 263 ff.; *Kuck,* Die Anerkennung des Grundsatzes ne bis in idem in europäischen Kartellrecht und seine Anwendung in internationalen Kartellverfahren, WuW 2002, 689 ff.; *Lampert,* Gestiegenes Unternehmensrisiko Kartellrecht – Risikoreduzierung durch Competition-Compliance-Programme, BB 2002, 2237; *Langen/Bunte,* Kommentar zum deutschen und europäischen Kartellrecht, 9. Aufl. 2001; *Leopold,* Das Aufgreifen eines Verfahrens durch die Kommission nach Art. 11 Abs. 6 VO (EG) Nr. 1/03, EWS 2004, 539 ff.; *Leube,* Neuere Rechtsprechung zum Kartellordnungswidrigkeitenrecht, wistra 1987, 41 ff.; *Lüderssen,* Submissionsabsprachen sind nicht eo ipso Betrug, wistra, 1995, 243 ff.; *ders.,* Sollen Submissionsabsprachen zu strafrechtlichem Unrecht werden?, BB 1996, Beilage 11 zu Heft 25; *Meyer/Kuhn,* Befugnisse und Grenzen kartellrechtlicher Durchsuchungen nach VO Nr. 1/2003 und nationalem Recht, WuW 2004, 880 ff.; *Minoggio,* Das Schweigerecht der juristischen Person als Nebenbeteiligte im Strafverfahren, wistra 2003, 121 ff.; *Oldigs,* Möglichkeiten und Grenzen der strafrechtlichen Bekämpfung von Submissionsabsprachen, 1998; *ders.,* Die Strafbarkeit von Submissionsabsprachen nach dem neuen § 298 StGB, wistra 1998, 291 ff.; *Otto,* Wettbewerbsbeschränkende Absprachen bei Ausschreibungen, § 298 StGB, wistra 1999, 41 ff.; *Pfromm/Hentschel,* Zum Umfang des Legal Privilege im Kartellrechtsverfahren, EWS 2005, 350 ff.; *Poller,* Untreue durch Übernahme von Geldsanktionen, Verfahrenskosten und Verteidigerhonoraren?, StraFo 2005, 274 ff.; *Ranft,* Betrug durch Verheimlichung von Submissionsabsprachen – eine Stellungnahme zu BGHSt 38, 186, wistra 1994, 41 ff.; *Rengier,* Praktische Fragen bei Durchsuchungen, insbesondere in Wirtschaftsstrafsachen, NStZ 1981, 372; *Rittner,* Wettbewerbs-

§ 24 Kartellrecht   1–4 § 24

und Kartellrecht, 6. Aufl. 1999; *Rönnau*, Täuschung, Irrtum und Vermögensschaden beim Submissionsbetrug – BGH, NJW 2001, 3718, JuS 2002, 545 ff.; *Roxin*, Das Beschlagnahmeprivileg des Syndikusanwalt im Lichte der neuesten Rechtsentwicklung, NJW 1995, 17 ff.; *Schaub/Dohms*, Das Weißbuch der Europäischen Kommission über die Modernisierung der Vorschriften zur Anwendung der Art. 81 und 82 EGV, WuW 1999, 1055 ff.; *Schmidt*, Zur Verantwortung von Gesellschaften und Verbänden im Kartellordnungswidrigkeitenrecht, wistra 1990, 131 ff.; *Soltesz*, Der „Kronzeuge" im Labyrinth des ECN, WuW 2005, 616 ff.; *Schroth*, Der Regelungsgehalt des 2. Gesetzes zur Bekämpfung der Wirtschaftskriminalität im Bereich des Ordnungswidrigkeitenrechts, wistra 1986, 158 ff.; *Spatschek/Ehnert*, Übernahme von Geldsanktionen und Verteidigerhonorar, StraFo 2005, 265 ff.; *Teske*, Das Verhältnis von Besteuerungs- und Steuerstrafverfahren unter besonderer Berücksichtigung des Zwangsmittelverbots, wistra 1988, 207 ff.; *Tessin*, Verletzung der Aufsichtspflicht bei Kartellverstößen, BB 1987, 984 ff.; *Tiedemann*, Die „Bebußung" von Unternehmen nach dem 2. Gesetz zur Bekämpfung der Wirtschaftskriminalität, NStZ 1988, 1169 ff.; *ders.*, Submissionskartell als Betrug?, ZRP 1992, 149; *Többens*, Die Bekämpfung der Wirtschaftskriminalität durch die Troika der §§ 9, 130 und 30 des Gesetzes über Ordnungswidrigkeiten, NStZ 1999, 1 ff.; *Vocke*, Nachprüfungsrecht in privaten Räumlichkeiten im europäischen Kartellverfahrensrecht nach der VO (EG) 1/2003, wistra 2004, 408 ff.; *Volk*, Kronzeugen praeter legem?, NJW 1996, 879; *Wegner*, Die Auswirkungen fehlerhafter Organisationsstrukturen auf die Zumessung der Unternehmensgeldbuße, wistra 2000, 361 ff.; *ders.*, Keine umfassende Begründungspflicht der Kommission für Kartellbußen in Millionenhöhe?, WuW 2001, 469 ff.

I. Überblick

Der Zusammenschluss von Wettbewerbern, die sich zum Ziel gesetzt haben, zusammen so viel Einfluss auf dem Markt zu gewinnen, dass die Bedingungen für Angebot und Nachfrage eines Produktes oder einer Dienstleistung in ihrem Sinne festgelegt werden können, lässt sich als **Kartell** definieren. Die Mitglieder eines solchen Kartells, unterwerfen ihre Handlungsmöglichkeiten der gemeinsam getroffenen Absprache zu bestimmten marktrelevanten Konditionen, ohne ihre rechtliche oder auch wirtschaftliche Eigenständigkeit aufzugeben. Durch den Ausschluss von Außenseitern und die Beschränkung des Wettbewerbs innerhalb des Kartells lassen sich so berechenbare Verhältnisse im Markt schaffen. 1

Grundsätzlich ist die Bildung von Kartellen auf allen Märkten möglich, auf denen Wettbewerb herrscht, der für die Anbieter Risiken birgt, die sich bei koordiniertem Verhalten weitgehend ausschließen lassen. Die **Formen** derartiger Zusammenschlüsse sind ebenso vielfältig wie die denkbare Zielrichtung eines Kartells. Die Abstimmung zwischen den Kartellmitgliedern kann sich auf Konditionen und Preise, auf Erzeugung und Absatz u. a.m. beziehen. Preis- und Gebietsabsprachen werden getroffen, Kundensegmente aufgeteilt, Quotenkartelle gebildet. Empfehlungen zur Umgehung von Kartellverboten werden abgegeben oder zu Liefersperren bzw. zum Boykott aufgerufen. Damit entsteht die Gefahr, dass sich der Markt nicht mehr im freien Wettbewerb reguliert, dass der produktive Wettbewerb durch eine koordinierte und zentral kontrollierte Marktregulierung ersetzt wird, dass Preise künstlich in die Höhe getrieben werden, die Produktion im Interesse der beteiligten Unternehmen beschränkt wird. Der Abnehmer hat in Konsequenz keine Wahl mehr zwischen den „Wettbewerbern", seine Nachfrage ist gelenkt. Er ist bereit im Vertrauen auf die vorgetäuschte Wettbewerbssituation auch einen höheren Preis zu bezahlen. Dies kann Konsequenz für die gesamte Lieferkette haben, sich letztlich auf den Endverbraucher auswirken und zu hohen volkswirtschaftlichen Schäden führen. 2

Klassische Formen denkbarer Kartelle sind beispielsweise: 3
- das **Preiskartell**, in dem sich Unternehmen in der Regel unter Ausschaltung des freien Wettbewerbs auf die Festlegung von Mindest-, Fest- oder Höchstpreisen, die Vereinbarung von Rabatten, die Empfehlung von Prämien etc. verständigen,
- das **Gebietskartell**, in dem Unternehmen die geographische Aufteilung eines einheitlichen Marktes oder die Zuteilung von bestimmten Kundengruppen vornehmen,
- das **Quotenkartell**, in dem sich Unternehmen festgelegte Anteile am verfügbaren Marktvolumen in Absprache mit den übrigen Mitgliedern des Kartells sichern,
- das **Submissionskartell**, in dem bei Vergabe öffentlich oder privat ausgeschriebener Aufträge in einem festen oder variablen Kreis von Bietern Angebotspreise oder allgemein Konditionen abgesprochen werden.

Allerdings muss nicht jede Form der Zusammenarbeit zwischen den Marktteilnehmern **wettbewerbsschädlich** sein. So gibt es durchaus auch Formen der Kooperation, die einen Wettbewerb beleben oder gar erst ermöglichen. Kleine oder mittlere Unternehmen etwa können 4 auch mit innovativer Kraft im Wettbewerb mit Großunternehmen oft nur über einen Zusammenschluss bestehen. Auch kann ein ruinöser Wettbewerb mit der Konsequenz, dass der kleine Unternehmer chancenlos bleibt, oder dass im Wettbewerb notwendige Kosteneinsparungen zu Abstrichen bei Sicherheit, Forschung und Entwicklung führen, nicht im Sinne eines durch freien Wettbewerb bestimmten Marktes sein. Auch wirtschaftspolitische Argumente können für eine Beschränkung des Wettbewerbs auf bestimmten Märkten sprechen.

5 In diesem Zusammenhang greift das **Recht gegen Wettbewerbsbeschränkungen**, das verkürzt als Kartellrecht bezeichnet werden kann. Es hat zum Ziel, die Bündelung wirtschaftlicher Macht zu verhindern, soweit damit die Aufgaben des Wettbewerbs, nämlich die Steigerung der Leistung auf der Anbieterseite wie auch die Verbesserung der Marktversorgung für die Nachfrageseite, gefährdet werden. In diesem Sinne versteht man unter **Kartellrecht** die Gesamtheit der Normen, die dem Schutz der wirtschaftlichen Entscheidungs- und Handlungsfreiheit von Unternehmen, dem Schutz vor schädlichen Beschränkungen des Wettbewerbs dienen, wie auch der Erhaltung eines freien und zugleich funktionierenden, sowie ungehinderten und möglichst vielgestaltigen Wettbewerbs. Ihre Aufgabe ist es, Kontrolle zu ermöglichen und einen freien Wettbewerb als wesentliches Element sozialer Marktwirtschaft gegen Beschränkungen zu sichern, die einer optimierten Marktversorgung entgegenstehen. Hierzu gehört neben der Kontrolle klassischer Kartellbildung auf horizontaler Ebene auch die Kontrolle wettbewerbsbeschränkender Zusammenarbeit zwischen Unternehmen auf unterschiedlichen (vertikalen) Vertriebsstufen beispielsweise durch sog. Alleinvertriebsvereinbarungen, ebenso die Kontrolle missbräuchlichen Ausnutzens einer starken Machtstellung etwa durch Lieferboykott, wie auch die Kontrolle von Unternehmenszusammenschlüssen, soweit damit Beschränkungen des Wettbewerbs zu befürchten sind, die den Interessen der Allgemeinheit an einem freien Wettbewerb zuwiderlaufen. So verstanden regelt das Kartellrecht:
- das Verbot wettbewerbsbeschränkender Vereinbarungen und Verhaltensweisen,
- das Verbot des Missbrauchs marktbeherrschender Stellung,
- die Kontrolle von Unternehmenszusammenschlüssen.

6 In diesem Kapitel sollen unter rein straf- und ordnungsrechtlichen Gesichtspunkten ausgewählte Bereiche aus dem Kartellrecht erörtert werden. Vorschriften aus diesem Rechtsgebiet finden sich nicht nur auf nationaler Ebene im Gesetz gegen Wettbewerbsbeschränkungen (GWB), sondern mit unmittelbarer Geltung in der Bundesrepublik Deutschland auch auf europäischer Ebene. Die Verteidigung in Kartellverfahren setzt daher grundsätzlich auch Kenntnisse im EG-Kartellrecht voraus, zumal der Gesetzgeber mit der 7. GWB-Novelle in Umsetzung europäischer Vorgaben und im Bestreben um eine fortschreitende Harmonisierung eine weitestgehende Anpassung nationalen Rechts an das europäische Kartellrecht vorgenommen hat. Im Überblick soll deshalb zunächst auf die Grundzüge des EG-Kartellrechts, seine Rechtsgrundlagen und sein Verhältnis zum nationalen Recht näher eingegangen werden.

1. Das europäische Kartellrecht

7 Zwei Besonderheiten zeichnen das europäische Kartellrecht aus. Zum einen handelt es sich um ein Rechtsgebiet, in dem Gemeinschaftsrecht unmittelbar von Organen der Europäischen Gemeinschaft ausgeführt wird. Zum anderen ist der im Europäischen Gemeinschaftsrecht anerkannte Grundsatz der Sanktionshoheit der Mitgliedstaaten durchbrochen. Wettbewerbswidriges Verhalten von Unternehmen, das den gemeinsamen Markt zu beeinträchtigen geeignet ist, wird nach den Regeln europäischen Rechts von Organen der Europäischen Gemeinschaft unmittelbar verfolgt und sanktioniert. Sicher nicht zu unrecht wird deshalb auch das EG-Kartellrecht als die Keimzelle eines europäischen Wirtschaftsstrafrechts bezeichnet.[1]

8 **a) Zielsetzung der Europäischen Gemeinschaft.** Mit den Gründungsverträgen der Europäischen Gemeinschaften, der im Jahr 1951 gegründeten Europäischen Gemeinschaft für Kohle und Stahl (EGKS), der im Jahr 1957 gegründeten Europäischen Atomgemeinschaft (EURATOM) und Europäischen Wirtschaftsgemeinschaft (EWG), haben die Mitgliedstaaten ein **autonomes Rechtssystem** mit einheitlicher und unmittelbarer Geltung in allen Mitgliedstaaten und Vorrang vor nationalen Rechtsvorschriften entwickelt. Bereits mit diesen Verträgen waren

---

[1] *Müller-Guggenberger/Bieneck* § 5 Rdnr. 66.

die Grundsätze des europäischen Wettbewerbs- und Kartellrechts als primäres Gemeinschaftsrecht geschaffen worden, die zeitgleich mit dem im GWB geregelten nationalen Kartellrecht zum 1.1.1958 in Kraft getreten waren.

Nach Art. 2 EWGV[2] war es unter anderem auch Aufgabe der Gemeinschaft, durch die Errichtung eines gemeinsamen Marktes und einer Wirtschafts- und Währungsunion eine harmonische, ausgewogene und nachhaltige Entwicklung des Wirtschaftslebens, ein beständiges, nichtinflationäres Wachstum, einen hohen Grad von Wettbewerbsfähigkeit und Konvergenz der Wirtschaftsleistungen zu fördern. Mit Art. 3 Abs. 1 lit. c EWGV hatte sich die Gemeinschaft verpflichtet, einen Binnenmarkt zu schaffen, der durch die Beseitigung von Hindernissen für den freien Waren-, Personen-, Dienstleistungs- und Kapitalverkehr zwischen den Mitgliedstaaten gekennzeichnet ist. Darüber hinaus war mit Art. 3 Abs. 1 lit. g EWGV bestimmt, dass die Europäische Gemeinschaft den Wettbewerb innerhalb des Binnenmarktes vor Verfälschungen zu schützen hat. Dem Grundsatz einer offenen Marktwirtschaft mit freiem, unverfälschtem Wettbewerb nach Art. 4 Abs. 1 EWGV verpflichtet, hatte die Gemeinschaft zunächst in den Art. 85 bis 90 EWGV sowie Art. 65 und 66 EGKS materiell- und verfahrensrechtliche Regeln mit dem Ziel erstellt, den zwischenstaatlichen Handel innerhalb des Gemeinsamen Marktes bzw. des Europäischen Binnenmarktes vor Beschränkungen zu schützen, sowie die wirtschaftliche Handlungsfreiheit der auf dem Gemeinsamen Markt tätigen Unternehmen zu sichern. Zu diesem Zweck wurde grundsätzlich und mit Bindungswirkung für sämtliche Mitgliedstaaten die Bildung von Kartellen und der Missbrauch marktbeherrschender Stellungen verboten.[3] Der EWGV war unter Beibehaltung der kartellrechtlichen Bestimmungen in der Folge mehrfach geändert worden. Mit In-Kraft-Treten des **Maastricht-Vertrags**[4] über die Gründung der Europäische Union erfolgte eine Umbenennung der Europäischen Wirtschaftsgemeinschaft in „Europäische Gemeinschaft" (EG). Seitdem wird verkürzt von EG-Vertrag (EGV) und in Konsequenz von EG-Kartellrecht gesprochen. Die Kartellrechtlichen Bestimmungen blieben unverändert, erhielten allerdings mit In-Kraft-Treten des **Amsterdamer-Vertrags** zum 1.5.1999[5] neue Artikelbezeichnungen,[6] was bei Befassung mit älterer Rechtsprechung auf den ersten Blick etwas Verwirrung stiften kann.

b) **Rechtsgrundlagen des EG-Kartellrechts.** Grundsätzlich lässt sich das Gemeinschaftsrecht in primäres und sekundäres Recht unterteilen. Unter **primärem Gemeinschaftsrecht** versteht man die Gründungsverträge der Europäischen Gemeinschaft einschließlich der zwischenzeitlichen Änderungen und Ergänzungen, die für sämtliche Mitgliedstaaten unmittelbar geltendes Recht enthalten. Das **sekundäre Gemeinschaftsrecht** ist aus der primärrechtlich begründeten Rechtsetzungsbefugnis der Europäischen Gemeinschaft abgeleitet. Auf dieser Ebene wirken die Gemeinschaftsorgane nach Art. 249 EGV mit Erlass von Verordnungen, Richtlinien und Entscheidungen auf nationales Recht im Sinne einer Harmonisierung zwischen den Mitgliedstaaten ein.[7]

> **Praxistipp:**
> Nicht zu sekundärem EG-Kartellrecht gehören die vielfältigen Bekanntmachungen, Mitteilungen und Leitlinien der Europäischen Kommission, die im Sinne einer verwaltungsinternen Selbstbindung die Rechtsauffassung der Kommission festlegen, allerdings ist deren Kenntnis für die Bearbeitung von Kartellrechtsfällen dringend zu empfehlen. Abgedruckt sind sämtliche Verlautbarungen in den Amtsblättern der EG unter der Rubrik „C" (Communication), Rechtsvorschriften unter der Rubrik „L" (Legislation). Die wesentlichen Vorschriften

---

[2] Vertrag zur Gründung der Europäischen Wirtschaftsgemeinschaft (EWGV) vom 25.3.1957 (BGBl. 1957 II S. 766).
[3] Art. 85 und 86 EWGV; Art. 65 und 66 EGKS.
[4] Maastricht-Vertrag über die Europäische Union (EUV) vom 7.2.1992 (BGBl. 1992 II S. 1253), zuletzt geändert mit dem Amsterdamer Vertrag vom 2.10.1997 (BGBl. 1998 II S. 386), in Kraft getreten am 1.5.1999 (BGBl. 1999 II S. 416).
[5] Amsterdamer Vertrag vom 2.10.1997 (BGBl. 1998 II S. 387, ber. BGBl. 1999 II S. 416).
[6] Art. 81 und 82 EGV.
[7] Siehe hierzu auch § 23 Rdnr. 9 ff.

finden sich beispielsweise in der Gesetzessammlung „Gewerblicher Rechtsschutz, Wettbewerbsrecht, Urheberrecht"

12 *aa) Primäres EG-Kartellrecht.* Auf der Ebene primären Gemeinschaftsrechts finden sich die zentralen Vorschriften des Europäischen Kartellrechts nur mehr in Art. 81 – 89 EGV, nachdem der Vertrag über die Gründung der Europäischen Gemeinschaft für Kohle und Stahl (EGKS) seine Gültigkeit gem. Art. 97 EGKS zum 23.7.2002 verloren hat. Art. 81 bis 85 EGV dienen dem Schutz vor Wettbewerbsbeschränkungen durch private, Art. 86 EGV dem Schutz vor Wettbewerbsbeschränkungen durch öffentliche Unternehmen. In den Art. 87 bis 89 EGV finden sich Vorschriften zu staatlichen Beihilfen.

13 Die **zentralen Kartellverbote**, die sich ausschließlich auf ein wettbewerbsbeschränkendes Verhalten beziehen, das geeignet ist, den Handel zwischen den Mitgliedstaaten zu beeinträchtigen, sind in den Art. 81 und 82 EGV geregelt:
- Art. 81 Abs. 1 EGV verbietet grundsätzlich wettbewerbsbeschränkende Vereinbarungen zwischen Unternehmen, Beschlüsse von Unternehmensvereinigungen und abgestimmte Verhaltensweisen.
- Art. 82 S. 1 EGV verbietet grundsätzlich den Missbrauch einer marktbeherrschenden Stellung auf dem Gemeinsamen Markt durch ein oder mehrere Unternehmen.

14 Das Kartellverbot aus Art. 81 Abs. 1 EGV wirkt gleichermaßen **horizontal** (zwischen Unternehmen auf gleicher Wirtschaftsstufe) wie **vertikal** (zwischen Unternehmen auf verschiedenen Wirtschaftsstufen). Nach Art. 81 Abs. 3 EGV kann das Verbot aus Art. 81 Abs. 1 EGV auf Vereinbarungen, Beschlüsse und abgestimmte Verhaltensweisen für nicht anwendbar erklärt werden (sog. **Freistellungen**), soweit damit unter angemessener Beteiligung der Verbraucher an dem entstehenden Gewinn eine Verbesserung der Warenerzeugung oder -verteilung oder eine Förderung des technischen oder wirtschaftlichen Fortschritts verbunden ist. Art. 82 S. 1 EGV verpflichtet im Übrigen zu einer Kontrolle von Unternehmenszusammenschlüssen (sog. **Fusionskontrolle**), die eine Entstehung von Marktmacht verhindern soll.

15 Gem. Art. 85 EGV ist es **Aufgabe der Europäischen Kommission**, auf die Verwirklichung dieser Grundsätze zu achten, zu diesem Zweck eigene Untersuchungen zu führen und Entscheidungen zu fällen.

16 *bb) Sekundäres EG-Kartellrecht.* Nach Art. 83 EGV ist der Europäische Rat ermächtigt, die zweckdienlichen Verordnungen und Richtlinien zur Verwirklichung der in den Art. 81 und 82 EGV für das Gebiet des Gemeinsamen Marktes niedergelegten Grundsätze zu beschließen. Von dieser Ermächtigung zu sekundärer Rechtsetzung im Zusammenhang mit einer europäischen Kartellrechtsordnung hatte der Europäische Rat erstmals im Jahr 1962 mit Erlass einer **Durchführungsverordnung (VO Nr. 17/62)**[8] Gebrauch gemacht und die der Europäischen Kommission mit Art. 85 EGV zugewiesene Aufgabe, auf die Verwirklichung der in den Art. 81 und 82 EGV niedergelegten Grundsätze zu achten, näher ausgestaltet. Nach Art. 1 VO Nr. 17/62 waren Vereinbarungen, Beschlüsse und aufeinander abgestimmte Verhaltensweisen der in Art. 81 Abs. 1 EGV bezeichneten Art wie auch die missbräuchliche Ausnutzung einer marktbeherrschenden Stellung i. S. d. Art. 82 EGV grundsätzlich verboten, ohne dass dies einer vorherigen Entscheidung bedurfte. Freistellungen i. S. d. Art. 81 Abs. 3 EGV konnten nach Anmeldung ausschließlich durch die Europäische Kommission erteilt werden.

17 Mit diesem zentral gesteuerten Genehmigungssystem sollte eine einheitliche europäische Kultur des Wettbewerbs gebildet werden. Entsprechend waren der Europäischen Kommission zur Kontrolle der Wettbewerbsgrundsätze aus Art. 81 und 82 EGV weit reichende Ermittlungs-, Entscheidungs- und Sanktionsbefugnisse mit einem eigenen Verfahrensrecht übertragen. Mit den Bußgeldtatbeständen aus Art. 15 Abs. 1 und 2 VO Nr. 17/62 war der Europäischen Kommission schließlich auch die Möglichkeit eröffnet, in ausschließlicher Zuständigkeit Zuwiderhandlungen von Unternehmen und Unternehmensvereinigungen mit **supranationalen Geldbußen** zu ahnden. Die Europäische Gemeinschaft hatte sich damit gegen

---

[8] VO (EWG) Nr. 17/62 des Rats: Erste Durchführungsverordnung zu den Art. 85 und 86 EWGV vom 6.2.1962 (BGBl. 1962 II S. 93 / ABl. EG 1962 – 204/62).

eine Ahndung kartellrechtswidriger Verhaltensweisen mit Kriminalstrafen entschieden und ausdrücklich klargestellt, dass es sich bei der Verhängung von Geldbußen um Entscheidungen „nicht strafrechtlicher Art" handelt.[9] Entsprechende Regelungen wurden für den Bereich des Eisenbahn-, Straßen- und Binnenschifffahrtsverkehr in der Verordnung Nr. 1017/68, für den Seeverkehr in der Verordnung Nr. 4056/86 und für die Luftfahrtunternehmen in der Verordnung Nr. 3975/87 geschaffen.

Mit den Verordnungen Nr. 19/65[10] und Nr. 2821/71[11] hatte der Europäische Rat die Europäische Kommission des Weiteren ausdrücklich ermächtigt, ihre Befugnis zur Freistellung bestimmter Vereinbarungen, Beschlüsse und abgestimmter Verhaltensweisen nach Art. 81 Abs. 3 EGV auch gruppenweise mit sog. **Gruppenfreistellungsverordnungen** vorzunehmen, wovon die Europäische Kommission in der Vergangenheit durchaus rege Gebrauch gemacht hat.[12] Der aus Art. 82 S. 1 EGV abgeleiteten Verpflichtung zu einer Fusionskontrolle hatte der Europäische Rat des Weiteren mit Erlass der sog. **Fusionskontrollverordnung** (FKVO) Nr. 4064/89[13] entsprochen. Nach Art. 1 FKVO waren damit Zusammenschlüsse von Unternehmen im Sinne einer Eingliederung, sowie jeder Anteilserwerb und jeder Abschluss von Unternehmensverträgen, wodurch einem Unternehmen die Kontrolle über ein anderes möglich wird, erfasst, soweit dies gemeinschaftsweite Bedeutung hat. Damit waren auch alle bedeutsamen Konzentrationsvorgänge innerhalb des gemeinsamen Marktes der zentralen Kontrolle durch die Europäische Kommission unterworfen. Entsprechend der Regelung in der ersten Kartellverordnung Nr. 17/62 waren auch in die Fusionskontrollverordnung mit Art. 14 FKVO Bußgeldtatbestände aufgenommen worden. 18

Am 16.12.2002 hat der Europäische Rat nun mehr eine **neue Durchführungsverordnung** (VO Nr. 1/03)[14] erlassen, mit der das Kartellverfahrensrecht grundlegend verändert und insbesondere ein Übergang vom bisher gültigen, präventiven Anmelde- und Genehmigungssystem zu einem **System der Legalausnahme** vollzogen worden ist. Das Freistellungsmonopol der Europäischen Kommission nach Art. 81 Abs. 3 EGV, das bisher geltende System des Kartellverbots mit Genehmigungsvorbehalt, die Durchführung eines Anmeldeverfahrens ist damit zugunsten einer verstärkt dezentralen Beteiligung und Rechtsanwendung der nationalen Wettbewerbsbehörden und Gerichte abgeschafft. Nach Art. 1 Abs. 2 VO Nr. 1/03 gelten wettbewerbsbeschränkende Vereinbarungen i. S. d. Art. 81 Abs. 1 EGV nun mehr automatisch, also ohne vorherige Entscheidung der Europäischen Kommission, als freigestellt, soweit sie die Voraussetzungen aus Art. 81 Abs. 3 EGV erfüllen. Die Unternehmen haben damit in eigener Verantwortung zu prüfen, ob ihr Verhalten am Markt rechtmäßig ist. Die Wettbewerbsbehörden und Gerichte der Mitgliedstaaten sind nicht nur – wie bisher – zur unmittelbaren Anwendung der Art. 81 Abs. 1 und 82 EGV befugt, sondern auch zur Ahndung von Verstößen gegen Art. 81 und 82 EGV und unmittelbaren Anwendung der Ausnahmevorschrift aus Art. 81 Abs. 3 EGV im Sinne einer **Dezentralisierung** in eigener Zuständigkeit verpflichtet. Diese Verordnung geht auf das Weißbuch der Europäischen Kommission über die Modernisierung der Vorschriften zur Anwendung der Art. 81 und 82 EGV vom 28.4.1999[15] zurück und hat in erster Linie zum Ziel, die Zusammenarbeit der Kartellbehörden in der EU zur Durchsetzung der europäischen Wettbewerbsregeln zu verbessern. Schließlich hat die neue Durchführungsverordnung das Verhältnis von nationalem und europäischem Kartellrecht, wie auch das Ver- 19

---

[9] Art. 15 Abs. 4 VO Nr. 17/62.
[10] VO (EWG) Nr. 19/65 des Rats vom 2.3.1965 über die Anwendung von Art. 81 Abs. 3 EGV auf Gruppen von Vereinbarungen und aufeinander abgestimmte Verhaltensweisen (ABl. EG Nr. L 36), geändert durch VO (EG) Nr. 1215/99 des Rats vom 10.6.1999 (ABl. EG Nr. L 148).
[11] VO (EG) Nr. 2881/71 des Rats vom 20.12.1971 über die Anwendung von Art. 81 Abs. 3 EGV auf Gruppen von Vereinbarungen, Beschlüssen und abgestimmten Verhaltensweisen (ABl. EG Nr. L 291/).
[12] Siehe hierzu Rdnr. 103.
[13] VO (EWG) Nr. 4064/89 des Rats über die Kontrolle von Unternehmenszusammenschlüssen vom 21.12.1989 (ABl. EG 1989 Nr. L 395/1, ber. ABl. EG 1990 Nr. L 257/13).
[14] VO (EG) Nr. 1/2003 des Rats vom 16.12.2002 zur Durchführung der in den Art. 81 und 82 des Vertrags niedergelegten Wettbewerbsregeln (ABl. EG 2003 Nr. L 1/1), zuletzt geändert mit VO (EG) Nr. 411/2004 (ABl. EG 2004 Nr. L 68/1).
[15] Weißbuch über die Modernisierung der Regeln zur Anwendung der Art. 81 und 82 EGV (ABl. EG 1999 Nr. C 132/1); dazu näher: *Schaub/Dohms* WUW 1999, 1055 ff.; *Bechtold* BB 2000, 2425 ff.

hältnis der Europäischen Kommission zu den mitgliedstaatlichen Wettbewerbsbehörden und Gerichten neu bestimmt[16] und die Nachprüfungsbefugnisse der Europäischen Kommission deutlich erweitert. Die Bußgeldtatbestände der ersten Kartellverordnung Nr. 17/62 bleiben in angepasster Form aufrechterhalten. Nichts anderes gilt auch in der zum 1.5.2004 erlassenen neuen Fusionskontrollverordnung Nr. 139/2004.[17]

20   c) **Geltungsbereich des EG-Kartellrechts.** Der **sachliche** Geltungsbereich des EG-Kartellrechts ist – von Ausnahmen im EGV abgesehen[18] – grundsätzlich nicht eingeschränkt. Es gilt
   • für alle **Unternehmen** und **Unternehmensvereinigungen,** jede Tätigkeit und jede Branche,
   • soweit eine Wettbewerbsbeschränkung geeignet ist, den Handel zwischen den Mitgliedstaaten zu beeinträchtigen (sog. **Zwischenstaatlichkeitsklausel**).

21   Nach ständiger Rechtsprechung ist der **Unternehmensbegriff** funktional zu verstehen und umfasst jede eine wirtschaftliche Tätigkeit ausübende Einheit unabhängig von ihrer Rechtsform und der Art ihrer Finanzierung. Unter wirtschaftlicher Tätigkeit ist dabei jede Tätigkeit zu verstehen, die darin besteht, Güter oder Dienstleistungen auf einem bestimmten Markt anzubieten.[19] Entscheidend ist hierfür lediglich eine Teilnahme am Wirtschaftsleben, auf eine Gewinnerzielungsabsicht kommt es nicht an.[20] Erfasst werden von diesem Unternehmensbegriff sowohl private wie auch gem. Art. 86 EGV öffentliche Unternehmen, des Weiteren auch natürliche Personen, Einzelkaufleute, Freiberufler, Künstler, Berufssportler, soweit nur eine selbständige wirtschaftliche Tätigkeit im weitesten Sinne vorliegt, wie auch Banken, Versicherungen oder Versorgungsunternehmen.[21] Lediglich die Nachfrage für den privaten Haushalt fällt nicht darunter. Unter Unternehmensvereinigungen versteht man im Übrigen den Zusammenschluss mehrerer Unternehmen zu dem Zweck gemeinsamer Interessenwahrnehmung.

22   Entscheidend für das Merkmal zwischenstaatlicher Beeinträchtigung ist die Frage, ob sich der Wettbewerb im Europäischen Binnenmarkt ohne die zu beurteilende Wettbewerbsmaßnahme anders entwickelt hätte. Mit dieser sog. **Zwischenstaatlichkeitsklausel** ist eine Abgrenzung des sachlichen Anwendungsbereichs des EG-Kartellrechts vom nationalen Recht mit lediglich innerstaatlicher Auswirkung beabsichtigt. In der Praxis hat sich diese Klausel allerdings als wenig geeignet erwiesen, nachdem der EuGH eine sehr weite Auslegung vorgenommen hat. So soll für die Anwendung von Gemeinschaftsrecht bereits eine nur mittelbare Eignung wettbewerbsbeschränkender Maßnahmen zur Beeinträchtigung des zwischenstaatlichen Handels genügen.[22] Ausreichend kann auch ein Verhalten sein, das sich zwar nur auf das Hoheitsgebiet eines Mitgliedstaates bezieht, damit jedoch zur Abschottung nationaler Märkte führt. Auch kann der Handel zwischen den Mitgliedstaaten durch Absprachen beeinträchtigt sein, an denen ausschließlich Unternehmen mit Sitz in Drittstaaten beteiligt sind.

23   Mit ihren Leitlinien über den Begriff der Beeinträchtigung des zwischenstaatlichen Handels in den Art. 81 und 82 EGV[23] hat die Europäische Kommission eine Orientierungshilfe für die einzelstaatlichen Gerichte und Behörden ausgearbeitet. Danach ist zunächst unter zwischenstaatlichem Handel jede grenzüberschreitende wirtschaftliche Tätigkeit zwischen mindestens zwei Mitgliedstaaten einschließlich der Niederlassung zu verstehen. Zur Beeinträchtigung ge-

---

[16] Siehe hierzu Rdnr. 27 und 128 ff.
[17] VO (EG) Nr. 139/2004 des Rats vom 20.1.2004 über die Kontrolle von Unternehmenszusammenschlüssen (ABl. EG Nr. L 24/1) ersetzt die alte FusionskontrollVO Nr. 4064/89.
[18] Vgl. Sonderregelung für den Agrarbereich in Art. 36 EGV und VO zur Anwendung bestimmter Wettbewerbsregeln auf die Produktion landwirtschaftlicher Erzeugnisse und den Handel mit diesen Erzeugnissen vom 4.4.1962 (ABl. EG 1962 S. 993).
[19] EuGH vom 12.9.2000 WuW/E EU-R 357 – Pavel Pavlov; EuGH vom 22.1.2002 WuW/E EU-R 551 – INAIL; EuGH vom 16.3.04 EWS 2004, 268 – AOK Bundesverband; BGHZ 36, 91, 103; BGH vom 22.3.1976 WuW/E BGH 1469, 1471 – Autoanalyzer.
[20] EuGH 29.10.1980 – van Landewyck/Komm. Rs. 218/78 – Slg. 1980, 3125, 3250 Rdnr. 88.
[21] EuGH vom 27.1.1987 – Verband der Sachversicherer/Komm. Rs. 45/85 – Slg. 1987, 405, 451 Rdnr. 14; EuGH vom 14.7.1981 – Zülcher/Bay.Vereinsbank Rs. 172/80 – Slg. 1981, 2021, 2030 Rdnr. 8; EuGH vom 27.4.1994 – Gemeente Almelo Rs. C-393/92 – Slg. 1994-I, 1477, 1518 Rdnr. 35.
[22] EuGH vom 30.6.1966 – Maschinenbau Ulm Rs.56/65 – Slg. 1966, 281, 303; EuGH vom 29.4.04 WuW/E EU-R 809 – British Sugar/Kommission.
[23] Bekanntmachung der Kommission zu Leitlinien über den Begriff der Beeinträchtigung des zwischenstaatlichen Handles in den Art. 81 und 82 EGV vom 27.4.2004 (ABl. EG 2004 Nr. C 101/81).

eignet ist dabei jeder Handel, der anhand objektiver rechtlicher oder tatsächlicher Umstände mit hinreichender Wahrscheinlichkeit voraussehen lässt, dass die fragliche Vereinbarung den Warenverkehr zwischen Mitgliedstaaten unmittelbar oder mittelbar, tatsächlich oder potenziell beeinflussen kann. Orientiert an den Umständen des Einzelfalles (Art der Vereinbarung, wie auch der erfassten Produkte und Marktstellung der beteiligten Unternehmen) soll im Übrigen die Anwendbarkeit des Gemeinschaftsrechts auf Vereinbarungen und Verhaltensweisen beschränkt bleiben, die geeignet sind, **spürbare Auswirkungen** zu verursachen. Von einer spürbaren Beeinträchtigung kann nach Auffassung der Europäischen Kommission jedenfalls dann nicht die Rede sein, wenn der gemeinsame Marktanteil der Parteien auf keinem von der Vereinbarung betroffenen relevanten Markt innerhalb der Gemeinschaft 5 % übersteigt und im Falle horizontaler Vereinbarungen der durchschnittliche Jahresumsatz der beteiligten Unternehmen mit den von der Vereinbarung erfassten Produkten nicht den Betrag von 40 Mio. € überschreitet.

Praxistipp:
In diesem Zusammenhang ist die Lektüre der sog. de-minimis-Bekanntmachung der Europäischen Kommission zu empfehlen.[24]

Der **örtliche Geltungsbereich** ist durch Art. 299 EGV bestimmt. Danach gelten die europäischen Wettbewerbsregeln für alle Mitgliedstaaten der Europäischen Gemeinschaft mit Ausnahme der in Abs. 6 bezeichneten Gebiete. Dabei gilt für die Anwendung des Gemeinschaftsrechts das sog. **Territorialitätsprinzip**. Maßgebend ist damit der Ort, an dem die Zuwiderhandlung begangen worden ist.[25]

d) **Verhältnis des EG-Kartellrechts zum nationalen Kartellrecht.** Die parallele Anwendung des europäischen und nationalen Kartellrechts auf ein und denselben Sachverhalt hatte der EuGH bereits in seinem grundlegenden Urteil vom 13.2.1969[26] für zulässig erklärt und zugleich unterstrichen, dass primäres EG-Kartellrecht in den Mitgliedstaaten als **unmittelbar geltendes Recht**[27] wirkt. Entsprechend war auch national bereits seit langem anerkannt, dass EG-Kartellrecht den innerstaatlichen Kartellbehörden und Gerichten als Prüfungsmaßstab dient.[28] Damit war dem grundsätzlich anerkannten **Vorrang des Gemeinschaftsrechts vor nationalem Recht**[29] entsprochen. In diesem Sinne war in der Rechtsprechung für den Konfliktfall anerkannt, dass die Regeln des EG-Kartellrechts grundsätzlich nationales Recht durchbrechen. Soweit primäres oder sekundäres Gemeinschaftsrecht bestimmte Verhaltensweisen verbietet, sollte eine gegebenenfalls bestehende nationale Erlaubnis zurück treten,[30] umgekehrt eine gemeinschaftsrechtliche Erlaubnis ein nationales Verbot durchbrechen.[31] Insgesamt sollten nationale Bestimmungen die **einheitliche Anwendung des EG-Kartellrechts** nicht beeinträchtigen. So war es den Mitgliedstaaten bereits nach bisheriger Rechtsprechung verboten, Maßnahmen zu treffen, die die praktische Wirksamkeit der Art. 81 bis 89 EGV auszuschalten geeignet waren, oder die es privaten Unternehmen ermöglichten, sich diesen Vorschriften zu entziehen.[32] Darüber hinaus hatten die nationalen Gerichte der Mitgliedstaaten in Fällen mit Bezug zum Gemeinsamen Markt EG-Kartellrecht von Amts wegen anzuwenden und im Übrigen nationales Recht gemeinschaftsrechtskonform auszulegen. Entscheidungen und Stellungnahmen

---

[24] Bekanntmachung der Kommission über Vereinbarungen von geringer Bedeutung, die den Wettbewerb gemäß Art. 81 Abs. 1 EGV nicht spürbar beschränken (de minimis) vom 22.12.2001 (ABl. EG 2001 Nr. C 368/13).
[25] EuGH vom 14.7.1972 – ICI/Komm. Rs. 48/69 – Slg. 1972, 619, 664 Rdnr. 126/130.
[26] EuGH vom 13.2.1969 – Walt/Bundeskartellamt Rs. 14/68 – Slg. 1969, 1.
[27] EuGH vom 5.2.1963 – Algemene Transport Rs. 26/62 – Slg. 1963, 1, 24 f.
[28] Vgl. etwa BGH NJW-RR 1998, 764, 765.
[29] EuGH vom 13.2.1969 – Walt/Bundeskartellamt Rs. 14/68 – Slg. 1969, 1, 14 Rdnr. 5; BVerfGE 37, 271, 279; BVerfGE 73, 339, 374 ff.; BVerfG NJW 1987, 577, 580.
[30] EuGH vom 9.9.03 – Consorzio Industrie Fiammiferi Rs. C-198/01, NJW 2004, 351 = EWS 2003, 465.
[31] EuGH vom 10.7.1980 – Procureur de la Republique/Giry und Guerlain Rs. 253/78- Slg. 1980, 2327, 2375 Rdnr.17.
[32] EuGH vom 16.11.1977 – INNO/ATAB Rs. 13/77 – Slg. 1977, 2115, 2145 Rdnr. 30/35.

der Kommission waren vom nationalen Richter grundsätzlich zu berücksichtigen.[33] Nationales Kartellrecht sollte nur dann uneingeschränkt anwendbar sein, wenn wettbewerbsbeschränkende Verhaltensweisen den zwischenstaatlichen Handel nicht berührten.

27 Mit **Art. 3 VO Nr. 1/03** hat die Europäische Gemeinschaft diese in der Rechtsprechung entwickelten Grundsätze nun mehr gesetzlich verankert und weiter gehend die Voraussetzungen für eine einheitliche Anwendung der europäischen Wettbewerbsregeln im Binnenmarkt geschaffen. Der Vorrang europäischen Kartellrechts ist damit ausdrücklich wie folgt bestimmt:

- Wettbewerbsbehörden und Gerichte der Mitgliedstaaten sind **verpflichtet**, auf Vereinbarungen mit zwischenstaatlicher Bedeutung europäische Wettbewerbsbestimmungen anzuwenden, die Anwendung nationalen Rechts ist nur parallel hierzu möglich (Art. 3 Abs. 1).
- Die Anwendung einzelstaatlichen Rechts darf nicht zum Verbot von wettbewerbsbeschränkenden Vereinbarungen mit zwischenstaatlicher Bedeutung führen, die nach europäischem Wettbewerbsrecht erlaubt sind (Art. 3 Abs. 2 S. 1 – sog. **erweiterter Vorrang europäischen Rechts**). Dies gilt allerdings nicht für einseitiges wettbewerbsbeschränkendes Verhalten (Art. 3 Abs. 2 S. 2 EGV).
- Lediglich im Zusammenhang mit wettbewerbsbeschränkenden Vereinbarungen **ohne zwischenstaatliche Bedeutung** darf ein Mitgliedstaat frei entscheiden, ob er dem europäischen Vorbild folgen will (Art. 3 Abs. 2 S. 2).
- Ein absoluter Vorrang des Gemeinschaftsrechts besteht im Zusammenhang mit der **Kontrolle von Unternehmenszusammenschlüssen** nicht. Damit können missbräuchliche Verhaltensweisen unterhalb der Marktbeherrschungsschwelle nach nationalem Recht weiterhin verboten werden (Art. 3 Abs. 3).

28 Die europäischen Wettbewerbsregeln sind damit von der Europäischen Kommission und den einzelstaatlichen Wettbewerbsbehörden in enger Zusammenarbeit anzuwenden. Ein europäisches Netzwerk der Wettbewerbsbehörden ist damit installiert.[34] Auch die mitgliedstaatlichen Gerichte sind für die Anwendung europäischen Kartellrechts zuständig und in ein System der Zusammenarbeit eingebunden.[35] Die einheitliche Anwendung des gemeinschaftlichen Wettbewerbsrechts ist zudem in Art. 16 VO Nr. 1/03 gesichert. Danach dürfen Gerichte der Mitgliedstaaten und nationale Kartellbehörden keine Entscheidungen erlassen, die auch nur beabsichtigten Entscheidungen der Kommission zuwiderlaufen. Gegebenenfalls hat ein nationales Gericht sein Verfahren auszusetzen und dem EuGH zur **Vorabentscheidung** vorzulegen. So bestimmt Art. 234 EGV, dass der EuGH über die Auslegung des EGV und gegebenenfalls geschaffenes Sekundärrecht vorab entscheidet und ein einzelstaatliches Gericht bei notwendiger Klärung von Auslegungsfragen zur Vorlage verpflichtet ist, wenn dessen Entscheidung nicht mehr durch innerstaatliche Rechtsmittel angegriffen werden kann. Damit ist dem EuGH ein Auslegungsmonopol für das Gemeinschaftsrecht übertragen, das weit reichende, die nationale Rechtsanwendung mitbestimmende Bedeutung hat.

2. Das deutsche Kartellrecht

29 Angesichts der Erweiterung des europäischen Binnenmarkts, angesichts der raschen Entwicklung grenzübergreifender unternehmerischer Beziehungen und der damit steigenden Gefahr von Absprachen mit zwischenstaatlicher Bedeutung, war eine Angleichung des im **Gesetz gegen Wettbewerbsbeschränkungen (GWB)** erfassten nationalen Kartellrechts an das mit der VO Nr. 1/03 neu strukturierte EG-Kartellrecht geboten. Dieser Notwendigkeit hat der Gesetzgeber mit der am 13.7.2005 verabschiedeten 7. GWB-Novelle[36] entsprochen. Damit wurde dem mit der VO Nr. 1/03 weiter gestärkten Vorrang des europäischen Rechts, wie auch der Erkenntnis Rechnung getragen, dass dem deutschen Kartellrecht eigenständige Bedeutung nur noch in den angesichts fortschreitender Globalisierung immer seltener werdenden Fällen zukommen kann, die lediglich regional begrenzte Auswirkungen haben und keine zwischenstaatliche Relevanz aufweisen. Um einer Zweiteilung des nationalen Rechts in europäische Regelungen für Fälle zwischenstaatlicher Bedeutung und abweichende nationale Regelungen für Fälle

---

[33] EuGH RIW 1991, 346 – Grimaldi.
[34] Siehe hierzu Rdnr. 129.
[35] Art. 15 VO Nr. 1/03.
[36] BGBl. I 2005 S. 2115 ff.

mit reinem Inlandsbezug vorzubeugen, damit einer unterschiedlichen Behandlung von regionalen Sachverhalten im Verhältnis zu Sachverhalten mit zwischenstaatlichem Bezug, findet sich in der 7. GWB-Novelle eine weitestgehende Übernahme des europäischen Kartellrechts. Wie im europäischen Recht wurde das bisherige Anmelde- und Genehmigungssystem abgeschafft und ein System der Legalausnahme installiert.

a) **Rechtsgrundlagen des deutschen Kartellrechts.** Nach § 1 GWB sind nun mehr entsprechend Art. 81 Abs. 1 EGV Vereinbarungen zwischen Unternehmen, Beschlüsse von Unternehmensvereinigungen und aufeinander abgestimmte Verhaltensweisen mit wettbewerbsbeschränkender Wirkung grundsätzlich und ohne Unterscheidung zwischen horizontalen und vertikalen Vereinbarungen verboten. 30

Mit § 2 GWB ist eine Art. 81 Abs. 3 EGV entsprechende **Generalklausel für die Freistellung** von wettbewerbsbeschränkenden Vereinbarungen und Verhaltensweisen geschaffen, die auch auf Fälle mit lediglich nationalem Bezug anwendbar ist. Damit sind wettbewerbsbeschränkende Vereinbarungen und Verhaltensweisen i. S. d. § 1 GWB entsprechend der europäischen Rechtslage grundsätzlich erlaubt, soweit sie die Voraussetzungen aus § 2 GWB erfüllen, ohne dass dies einer vorhergehenden Entscheidung der Kartellbehörden bedarf. Vertikale Wettbewerbsbeschränkungen, die bislang nach nationalem Recht mit Ausnahme des Preis- und Konditionenverbots aus § 14 GWB a. F. von dem Kartellverbot nach § 1 GWB a. F. ausgenommen waren und lediglich einer mit hohen Eingriffsschwellen verbundenen Missbrauchsaufsicht unterlagen, sind nun mehr ebenfalls grundsätzlich verboten. Die nationalen Sonderregelungen aus §§ 2 bis 18 GWB a. F. sind bis auf die Freistellung sog. Mittelstandskartelle sämtlich aufgehoben, so dass eine Einheitlichkeit des deutschen Rechts gegen Wettbewerbsbeschränkungen für Fälle mit, wie auch ohne zwischenstaatliche Bedeutung gesichert ist. 31

Gem. Art. 3 Abs. 2 S. 2 VO Nr. 1/03 gilt der erweiterte Vorrang des europäischen Kartellrechts nicht für die **Missbrauchsaufsicht bei einseitigem wettbewerbsbeschränkendem Verhalten**. Entsprechend sind im Rahmen der 7. GWB-Novelle die Vorschriften zur Missbrauchsaufsicht über marktbeherrschende Unternehmen, die bereits an Art. 82 EGV orientierten Regelungen zum Missbrauch einer marktbeherrschenden Stellung nach § 19 GWB, zum Diskriminierungs- und Behinderungsverbot nach § 20 GWB und zum Boykottverbot sowie Verbot sonstigen wettbewerbsbeschränkenden Verhaltens nach § 21 GWB mit lediglich redaktionellen Anpassungen aufrechterhalten worden. Nachdem das EG-Kartellrecht ein allgemeines Empfehlungsverbot nicht kennt und Empfehlungen allein am Maßstab des Art. 81 EG zu messen ist, sind allerdings im Zuge der Novellierung die Vorschriften über das Empfehlungsverbot aus § 22 GWB a. F. und die unverbindliche Preisempfehlung für Markenwaren aus § 23 GWB a. F. weggefallen. 32

b) **Verhältnis des deutschen Kartellrechts zum EG-Kartellrecht.** Mit den in den § 22 GWB eingeführten und entsprechend Art. 3 VO Nr. 1/03 gefassten **Regeln zur Anwendung des europäischen Kartellrechts** durch nationale Kartellbehörden und Gerichte ist auch auf nationaler Ebene die Verpflichtung zu paralleler Anwendung europäischen Rechts zusätzlich zum deutschen Wettbewerbsrechts auf Sachverhalte mit zwischenstaatlicher Bedeutung ebenso festgeschrieben wie der Grundsatz des Vorrangs europäischen Wettbewerbsrechts vor strengeren nationalen Bestimmungen, wonach die Anwendung nationalen Rechts nicht zum Verbot eines Handelns im Wettbewerb führen darf, das nach EG-Kartellrecht erlaubt ist. Der Vorrang des EG-Rechts soll dabei auch gegenüber milderem deutschen Recht gelten.[37] Gem. Art. 3 Abs. 2 S. 2 VO Nr. 1/03 gilt der erweiterte Vorrang europäischen Rechts allerdings nicht für einseitiges wettbewerbsbeschränkendes Verhalten. Entscheidend ist deshalb für den konkreten Fall, ob ein koordiniertes Verhalten von Unternehmen i. S. d. Art. 81 Abs. 1 EGV oder ein einseitiges Vorgehen festzustellen ist. 33

c) **Kartellbehörden.** Die Kontrolle des Wettbewerbs zu möglichen Beschränkungen, die Überwachung von Ge- und Verboten des GWB ist grundsätzlich Aufgabe der Kartellbehörden, nach § 48 Abs. 1 GWB des Bundeskartellamtes (BKartA)[38] in Bonn, des Bundesministeriums für Wirtschaft und Arbeit in Berlin und der nach Landesrecht zuständigen obersten Landesbe- 34

---

[37] BegrRegE BT-Drucks. 15/3640 S. 31.
[38] www.bundeskartellamt.de.

hörden. Der wesentliche Teil der gesetzlichen Kontrolllaufgaben wird vom BKartA nach § 48 Abs. 2 GWB in eigener **Zuständigkeit** in den Fällen wahrgenommen, in denen die Wirkung einer Wettbewerbsbeschränkung über das Gebiet eines Bundeslandes hinausreicht, mithin in Angelegenheiten mit bundesweiter Auswirkung. Den Landeskartellbehörden verbleibt damit die Bearbeitung von Fällen mit regional begrenzter Wirkung. Eine Zuständigkeitsverteilung zwischen den Behörden ist mit den neu eingefügten Absätzen 3 und 4 in § 49 GWB erleichtert. Im Übrigen sind nach der 7. GWB-Novelle künftig auch die Landesbehörden neben dem BKartA gem. § 50 Abs. 1 GWB zur Anwendung europäischen Wettbewerbsrechts verpflichtet. Damit können künftig auch die Landeskartellbehörden eigenständig über Fälle mit zwischenstaatlichem Bezug entscheiden.

35   Die Zusammenarbeit der nationalen Kartellbehörden mit europäischen und ausländischen Behörden ist nun mehr in den §§ 50 a ff. GWB geregelt. In Umsetzung der Regelungen aus Art. 12 VO Nr. 1/03 gewährleistet § 50 a GWB einen problemlosen **Informationsaustausch im Netzwerk** der europäischen Behörden, wonach die nationalen Kartellbehörden befugt sind, sämtliche Informationen zu tatsächlichen und rechtlichen Umständen einschließlich vertraulicher Angaben auszutauschen und als Beweismittel zu verwenden. Nach § 50 a Abs. 3 GWB dürfen entsprechende Informationen auch zur Verhängung von Sanktionen gegen natürliche Personen verwendet werden, soweit das Recht der übermittelnden Behörde ähnlich gelagerte Sanktionen in Bezug auf Verstöße gegen Art. 81 und 82 EGV vorsieht. Die Möglichkeiten zum Informationsaustausch sind in § 50 b GWB auf die Zusammenarbeit mit außereuropäischen Wettbewerbsbehörden und in § 50 c GWB auf die Zusammenarbeit mit Regulierungsbehörden erweitert. Soweit damit die Weitergabe von Informationen aus Bußgeldverfahren betroffen ist, stellen diese Vorschriften spezialgesetzliche Übermittlungsregelungen i. S. d. §§ 49 a und b OWiG in Verbindung mit § 480 StPO dar.[39]

36   d) **Ermittlungsbefugnisse und Sanktionsmöglichkeiten der Kartellbehörden.** Weitreichende Ermittlungsbefugnisse stehen den Kartellbehörden in einem entweder auf Antrag oder von Amts wegen eingeleiteten **Verwaltungsverfahren**[40] zur Verfügung, die mit der 7. GWB-Novelle noch erweitert worden sind. So können die Kartellbehörden bei Verdacht auf kartellrechtswidrige Verhaltensweisen Zeugen vernehmen und Sachverständige beauftragen,[41] Beweismittel beschlagnahmen,[42] Auskünfte von Unternehmen verlangen und Durchsuchungen durchführen.[43] Die Kartellbehörden sind darüber hinaus ermächtigt, kartellrechtswidrige Verhaltensweisen abzustellen,[44] zu diesem Zweck einstweilige Maßnahmen anzuordnen[45] sowie nun mehr auch jeden durch einen Kartellrechtsverstoß erlangten Mehrerlöse abzuschöpfen.[46]

37   Schließlich können Zuwiderhandlungen gegen Ge- und Verbote des GWB durch die Kartellbehörden als Ordnungswidrigkeiten nach §§ 81 ff. GWB in einem eigenen **Bußgeldverfahren** geahndet werden.[47] Die hierfür maßgebende Bestimmung findet sich in § 81 GWB, der im Zuge der 7. GWB-Novelle ebenfalls eine nicht nur redaktionelle Änderung erfahren hat. So wurde unter anderem auch die Abschreckungswirkung von Sanktionen bei Kartellrechtsverstößen deutlich verstärkt,[48] um sicherzustellen, dass die Abschaffung des Anmelde- und Genehmigungsverfahrens für wettbewerbsbeschränkende Vereinbarungen nicht zu einem Verlust an Wettbewerbsschutz führt. Der **Regelbußgeldrahmen** ist für schwerwiegende Verstöße auf 1 Mio. €, für sonstige Fälle auf 100.000 € erhöht. Eine Zinspflicht ist in § 81 Abs. 6 GWB eingeführt, um den Zinsvorteil, der durch die Erhebung von Einsprüchen erreicht werden kann, zu verhindern. Damit ein Bußgeld entsprechend der europäischen Regelung in erster Linie der

---

[39] BegrRegE BT-Drucks. 15/3640 S. 40.
[40] §§ 54 ff. GWB.
[41] § 57 GWB.
[42] § 58 GWB.
[43] § 59 GWB.
[44] § 32 GWB.
[45] § 32 a GWB.
[46] § 34 GWB.
[47] Die Forderung nach Kriminalstrafen für Kartellrechtsverstöße war viele Jahre rechts- und wirtschaftspolitisch diskutiert worden, vgl. hierzu u. a. *Baumann* NJW 1992, 1661; *Lüderssen* BB 1996, Beilage 11 zu Heft 25; *Cramer*, Zur Strafbarkeit von Submissionsabsprachen in der Bauwirtschaft, 1995.
[48] BegrRegE BT-Drucks. 15/3640 S. 42.

Ahndung des festgestellten Verstoßes dient und sich nicht vorrangig an der Abschöpfung eines wirtschaftlichen Vorteils orientiert, bleibt die Vorschrift des § 17 Abs. 4 OWiG nur noch als Kann-Vorschrift anwendbar.[49] Die deutschen Kartellordnungswidrigkeiten sollen unter IV. und Verfahrensbesonderheiten unter VI. näher behandelt werden.

e) **Eine Straftat im deutschen Kartellrecht.** Eine Sonderstellung innerhalb der Sanktionsmöglichkeiten für kartellrechtswidriges Verhalten nimmt die sog. **Submissionsabsprache** ein, die als eine besonders sozial schädlich Form der Kartellabsprache gilt. In diesem Zusammenhang hatte sich der Gesetzgeber bereits im Rahmen des Korruptionsbekämpfungsgesetzes vom 13.8.1997[50] dazu entschlossen, den freien Wettbewerb als Rechtsgut auch mit strafrechtlichen Mitteln über einen eigenen Straftatbestand, den Tatbestand der **wettbewerbsbeschränkenden Absprache bei Ausschreibungen** i. S. d. § 298 StGB, zu schützen. Damit war die Submissionsabsprache, die bis dahin lediglich als Kartellordnungswidrigkeit nach § 38 Abs. 1 Nr. 1 GWB a. F. oder bei Nachweis eines Vermögensschadens unter dem Aspekt des Betruges nach § 263 StGB verfolgt werden konnte, von einer bloßen Ordnungswidrigkeit nach GWB zur Straftat hochgestuft und als solche der Verfolgungszuständigkeit der Staatsanwaltschaft zugewiesen. Auf diese Besonderheit des deutschen Kartellrechts soll unter V. näher eingegangen werden. **38**

Praxistipp:
Einen guten Überblick über die Tätigkeit der Kartellbehörden auf nationaler und auch europäischer Ebene bietet der in zweijährigem Rhythmus erscheinende Tätigkeitsbericht des BKartA.[51] Für den Einstieg wie auch die Annäherung an Detailfragen ist eine Recherche im Internet durchaus zu empfehlen.[52] Im Übrigen ist die Zeitschrift „Wirtschaft und Wettbewerb" (WuW), die eine eigene Entscheidungssammlung zum Kartellrecht (WuW/E) führt, für die Bearbeitung von Kartellrechtsfällen von Bedeutung. **39**

II. Mandatsführung und Verteidigungskonzeption

Nachdem ein Kartellrechts-Mandat zur Verteidigung in unterschiedlichsten Verfahrenssituationen angetragen werden kann und die Art der Mandatsführung selbstverständlich von der jeweiligen Verfahrensbesonderheit abhängig ist, darf an dieser Stelle eine umfassende Darstellung möglicher Mandatsführung nicht erwartet werden. So ist die Mandatsbehandlung und die Verteidigungskonzeption maßgeblich durch den Zeitpunkt der Mandatsannahme wie auch durch die Interessenlage des Auftraggebers bestimmt. Entsprechend macht es einen Unterschied, ob das Mandat in Befürchtung eines drohenden Verfahrens, im Zuge einer laufenden Durchsuchung oder gar nach Verhaftung eines Kartellmitglieds wegen des Verdachts einer Kartellstraftat, nach Erlass einer Abschlussverfügung oder nur für die Vertretung in der Hauptverhandlung erteilt wird, ob Auftraggeber das betroffene Unternehmen, der unmittelbar Handelnde oder das aufsichtspflichtige Organ einer Gesellschaft ist. Deshalb kann und soll an dieser Stelle lediglich auf wesentliche Besonderheiten im nationalen Kartellverfahren hingewiesen werden, die gleichsam vor die Klammer gezogen werden können, im Übrigen ist das vertiefende Studium von Teil A. dieses Buches empfohlen. **40**

1. Die Mandatsaufnahme

Das Verteidigungsmandat im Kartellverfahren weist eine **Besonderheit** aus, die Mandatsführung und Verteidigungskonzeption ganz entscheidend bestimmt. Kartellrechtliche Ver- und Gebote, deren Verletzung das Mandat begründen, wenden sich nahezu ausschließlich an **Unternehmen**. Nach deutschem Recht kann allerdings nur eine **natürliche Person** eine Verletzungshandlung begehen. Von der Ausnahme abgesehen, dass der Unternehmensinhaber zugleich unmittelbar Handelnder ist, gibt es deshalb im Regelfall mindestens zwei potenziell Be- **41**

---

[49] § 80 Abs. 5 GWB.
[50] Gesetz zur Bekämpfung der Korruption vom 13.8.1997 (BGBl. I S. 2038).
[51] Letzter Tätigkeitsbericht 2003/2004 abgedruckt in BT-Drucks. 15/5790.
[52] www.bundeskartellamt.de.

troffene eines Kartellverfahrens, den oder die unmittelbar Handelnden und das Unternehmen. Beide – im EG-Kartellrecht nur das Unternehmen – sind für den Fall einer erwiesenen Zuwiderhandlung unter bestimmten Bedingungen mit Sanktionen bedroht. Dabei kommt eine weitere Besonderheit des nationalen Kartellverfahrens zum Tragen. Es kann entweder als **Ordnungswidrigkeitenverfahren** von den Kartellbehörden als Verwaltungsbehörden nach dem OWiG oder als **Strafverfahren** von der Staatsanwaltschaft nach der StPO oder auch zugleich in beiden Verfahrensarten zu Unternehmen und unmittelbar Handelndem geführt werden kann. So droht der natürlichen Person ein Bußgeld, soweit der Kartellverstoß als Ordnungswidrigkeit, oder eine Geldstrafe bzw. Freiheitsstrafe, soweit die Zuwiderhandlung als Straftat qualifiziert wird. Das Unternehmen kann in beiden Fällen parallel hierzu gem. § 30 OWiG mit einer Geldbuße belangt werden, soweit ein Fehlverhalten eines vertretungsberechtigten Organs festgestellt werden kann.[53] Zudem kann bei europaweiter Wirkung eines Kartellverstoßes für das Unternehmen eine Sanktion durch die Europäische Kommission drohen.[54]

42 a) **Mandatsanbahnung.** Angesichts dieser Gemengelage unter Umständen divergierender Interessen ist bereits zum Zeitpunkt der Mandatsantragung zu klären, wer im einzelnen Betroffener eines Verfahrens ist, welche Vorwürfe unter welchem rechtlichen Aspekt erhoben werden. Zu prüfen ist, ob Auswirkungen auf das Unternehmen und/oder Mitarbeiter des Unternehmens zu befürchten sind, ob die Einschaltung weiterer Anwälte erforderlich ist, ob diese gegebenenfalls aus einer Sozietät oder zur Vermeidung mandatsbeeinträchtigender Interessenkollisionen aus anderen Büros hinzugezogen werden müssen. In der Regel wird es Aufgabe im Rahmen eines Erstkontaktes sein, hierzu Überlegungen anzustellen.

43 b) **Verteidigung.** Grundsätzlich kann sich auch jeder Betroffene eines Bußgeldverfahrens gem. §§ 60, 46 Abs. 1 OWiG i. V. m. § 137 Abs. 1 StPO wie im Strafverfahren **bis zu drei Rechtsanwälte** als Verteidiger wählen. Auch ein Unternehmen kann sich als juristische Person oder Personenvereinigung in jeder Lage eines Bußgeldverfahrens einen Rechtsanwalt als Verteidiger wählen.[55] In §§ 60, 88 OWiG ist ausdrücklich auch die Beiordnung eines Pflichtverteidigers durch die Kartellbehörde vorgesehen, was allerdings in der Praxis kaum Bedeutung gewinnt. Das Höchstmaß zulässiger Wahlverteidiger auszuschöpfen kann gerade im Kartellverfahren sinnvoll sein. So sollte sich der Verteidiger nicht scheuen, zur Bearbeitung komplexer kartellrechtlicher Probleme gegebenenfalls einen ausgewiesenen **Spezialisten** dieses Rechtsgebiets hinzuzuziehen. Dies gilt nicht nur für den Fall, dass der in Rede stehende Verstoß kraft europaweiter Wirkung spezielle Kenntnisse des europäischen Kartellrechts erfordert. Ein Rechtsanwalt aus einem anderen EU-Mitgliedstaat bedarf im Bußgeldverfahren keiner Genehmigung nach § 138 Abs. 2 StPO. Er kann als niedergelassener europäischer Rechtsanwalt alleinverantwortlich handeln.[56]

44 Verlockend ist gerade im Kartellverfahren, die gleichzeitige Verteidigung des Unternehmens als juristischer Person und eines ihrer vertretungsberechtigten Organe zu übernehmen. Das BVerfG hat diese Fälle zwar von dem nach § 46 Abs. 1 i. V. m. § 146 StPO auch im Bußgeldverfahren geltenden **Verbot der Mehrfachverteidigung** ausgenommen,[57] allerdings ist in der Praxis angesichts möglicher Interessenkollisionen höchste Zurückhaltung geboten und sei es auch nur um dem bösen Anschein der Vertretung widerstreitender Interessen entgegenzuwirken. Im Einzelfall wird gem. § 43 a Abs. 5 BRAO in Berücksichtigung aller bekannten Umstände zu prüfen sein, ob eine gemeinschaftliche Verteidigung tatsächlich übernommen werden soll.

45 Eine **Vollmachtsurkunde** als schriftlicher Nachweis für die Beauftragung als Wahlverteidiger ist nicht vorgeschrieben, empfiehlt sich allerdings in der Regel mit entsprechendem Zusatz im Hinblick auf die Fälle, in denen der Verteidiger auch als Vertreter des Betroffenen handeln soll. Auch ist durchaus sinnvoll in das Vollmachtsformular bereits eine Ermächtigung zur Rücknahme von Rechtsmitteln aufzunehmen.

---

[53] Siehe hierzu Rdnr. 204 ff.
[54] Siehe hierzu Rdnr. 69 ff.
[55] *Göhler* § 88 Rdnr. 14; siehe hierzu auch Rdnr. 357.
[56] §§ 2 ff. EuRAG.
[57] BVerfGE 45, 272, 288.

2. Die Aufklärung des Mandanten

In der Regel sind die Betroffenen eines Kartellverfahrens – Ausnahmen bestätigen allerdings 46
auch diese Regel – mit dem Ablauf eines Bußgeld- oder auch Strafverfahrens nicht vertraut. Deshalb ist es bereits zu Beginn des Mandatsverhältnisses sinnvoll, den Betroffenen über die wichtigsten Verfahrensregeln aufzuklären. Hierzu zählen im Wesentlichen folgende Punkte.

a) Verfahrensablauf. Zunächst wird dem Mandanten generell der Ablauf eines Kartellverfahrens[58] zu vermitteln sein, damit er sich ein Bild darüber machen kann, mit wem er es in welchem 47
Stadium des Verfahrens zu tun hat. Er sollte wissen, dass die Ermittlungen in einem Kartellverfahren grundsätzlich durch die **Kartellbehörden** geführt werden, soweit nicht die Verfolgung einer Straftat durch die Staatsanwaltschaft in Betracht kommt. Er ist auch darüber aufzuklären, dass es die Kartellbehörde als ermittelnde Verwaltungsbehörde anders als die Staatsanwaltschaft im Strafverfahren ist, die das gegen ihn geführte Verfahren mit einem Bußgeldbescheid zu seinen Lasten abschließen kann. Auch die isolierte Verhängung einer Unternehmensgeldbuße kommt in Betracht.[59] Seine Rechtsmittelmöglichkeiten, die Sonderzuständigkeit des Kartellsenats beim OLG, das Fehlen des sog. Verschlechterungsverbots[60] bei Einspruchseinlegung gegen einen Bußgeldbescheid sowie das jederzeitige Risiko einer Überleitung in ein Strafverfahren[61] sollten ihm erläutert werden.

Vor allem ist der Mandant in jedem Fall über seine Möglichkeiten der Einflussnahme auf den 48
Verfahrensablauf durch schriftliche Stellungnahmen, Anträge auf Erhebung von Beweisen etc. aufzuklären. Dazu gehört im Kartellverfahren auch der Hinweis darauf, dass im Kartellordnungswidrigkeitenverfahren eine Art **Kronzeugenregelung** gilt.[62] Die Möglichkeiten eines Verfahrensabschlusses von der Einstellung mangels Tatverdacht, über eine Einstellung des Verfahrens aus Opportunitätsgründen nach § 153 a StPO oder § 47 OWiG, einen einverständlichen Verfahrensabschluss durch Bußgeldbescheid oder Strafbefehl, sind in diesem Zusammenhang zu erörtern, wie auch die mit der Art des Verfahrensabschlusses möglicherweise verbundenen Eintragungen im Bundeszentralregister, Führungszeugnis oder Gewerbezentralregister.

b) Rechte und Pflichten. Wesentlich ist natürlich die Aufklärung des Mandanten über sein 49
auch im Kartellordnungswidrigkeitenverfahren geltendes **Schweigerecht**, das für das Unternehmen über seine vertretungsberechtigten Organe wahrgenommen werden kann.[63] Ebenso ist er über das Recht, vor jeder Anhörung seinen Verteidiger konsultieren zu können, zu belehren. Hinzuweisen ist er darauf, dass er prozessordnungswidrige Einwirkungen auf sachliche oder persönliche Beweismittel zu unterlassen hat, dass entsprechende Handlungen im Strafverfahren den Erlass eines Haftbefehls wegen Verdunklungsgefahr nach sich ziehen können.

Auf das Verhalten bei möglichen **Zwangsmaßnahmen** ist in jedem Fall näher einzugehen. 50
Dies gilt insbesondere für den Fall einer drohenden Durchsuchung in einem Unternehmen. Es sollte sichergestellt werden, dass in einem solchen Fall der Verteidiger unverzüglich informiert wird, dass die Mitarbeiter des Unternehmens mit den Notwendigkeiten in einem solchen Fall vertraut sind, um einem möglichen Chaos im Geschäftsablauf vorzubeugen. So werden in der Regel bei Durchsuchungen in Kartellverfahren riesige Mengen von Unterlagen sichergestellt bzw. beschlagnahmt, wird auf die EDV-Anlage des Unternehmens, den gesamten e-mail-Verkehr zugegriffen, ist der interne Geschäftsablauf massiv gestört. Für diesen Fall bietet sich an, in Abstimmung mit den Entscheidungsträgern des Unternehmens einen internen Koordinator zu bestimmen, der im Falle einer Durchsuchung als Ansprechpartner für die Durchsuchungsbeamten, die eigenen Mitarbeiter wie auch den hinzugerufenen Verteidiger zur Verfügung stehen und für einen geordneten Durchsuchungsablauf sorgen soll.

c) Konsequenzen außerhalb des Verfahrens. Anlass besteht in der Regel im Kartellverfahren, 51
den Betroffenen über mögliche Konsequenzen in Folge des Verfahrens aufzuklären. Für die Vertretung eines Unternehmens gilt es in besonderer Weise die Außenwirkung eines Verfah-

---

[58] Siehe hierzu Rdnr. 125 ff. und 312 ff.
[59] Siehe hierzu Rdnr. 209.
[60] Siehe hierzu Rdnr. 364, 371.
[61] Siehe hierzu Rdnr. 369, 373.
[62] Siehe hierzu Rdnr. 163 ff. und 390 ff.
[63] Siehe hierzu Rdnr. 138 und 349 ff.

rens im Auge zu behalten. Neben der möglichen Sanktion in einem Bußgeldverfahren kann der durch **öffentliche Berichterstattung** verursachte Imageverlust verheerende wirtschaftliche Konsequenz verursachen. In diesem Zusammenhang will gut überlegt und mit den Entscheidungsträgern des Unternehmens eingehend erörtert sein, welcher Umgang mit der Presse gewählt werden soll. Bundesweite Durchsuchungsaktionen in namhaften Unternehmen finden grundsätzlich besonderes Interesse bei den Medien. Vorschnelle Presseerklärungen schaffen unter Umständen allerdings zu späterem Zeitpunkt Erklärungsnot, zumal in der Regel zu Beginn eines Verfahrens noch nicht abgesehen werden kann, ob die eingeleiteten Ermittlungen nicht doch ihre Berechtigung haben. In Ausnahmefällen mag es sinnvoll sein, mit klarem Statement an die Presse zu gehen. In der Regel allerdings ist eher Zurückhaltung in diesem Bereich geboten. Bei einer Unternehmensvertretung ist schließlich auch das Problem drohender **Vergabesperren**[64] zu erörtern, die unter Umständen durch frühzeitige Kontaktaufnahme mit der öffentlichen Hand, durch den Nachweis personeller Umstrukturierung und vollständigen Schadensausgleich vermieden werden können.

52 Die Vertretung eines Unternehmensmitarbeiters macht es in jedem Fall notwendig, die für den Fall einer Sanktionierung im Kartellverfahren drohenden **beruflichen Konsequenzen** zu erörtern. So wird möglichst bereits in einem frühen Stadium mit den Verantwortlichen des Unternehmens abzuklären sein, ob dem Mitarbeiter für das Verfahren Unterstützung gewährt wird oder ob an arbeitsrechtliche Konsequenzen, gegebenenfalls auch „nur" eine interne Versetzung gedacht ist. Die Fälle, in denen Mitarbeiter zwar in Verfolgung einer gewachsenen Unternehmensphilosophie kartellrechtswidrige Handlungen begangen haben, dann aber zur Erzielung einer positiven Außenwirkung, zum Beleg einer Unternehmenssäuberung ihrer Positionen enthoben werden, sind keine Seltenheit. Hier gilt es auch bereits zu einem frühen Zeitpunkt im Interesse vernünftiger Verfahrensplanung Klarheit zu schaffen.

53 d) **Persönliche und wirtschaftliche Verhältnisse.** Die Bedeutung der persönlichen und wirtschaftlichen Verhältnisse in einem Strafverfahren oder auch für eine spätere Bußgeldbemessung muss in jedem Fall mit dem Mandanten erörtert werden. Bei Unternehmen sind in diesem Zusammenhang die Umsatzzahlen maßgebend.[65] Die Möglichkeiten einer Vorteilsabschöpfung[66] sind zu erörtern.

54 e) **Vergütung.** Soweit eine Abrechnung auf der Grundlage gesetzlicher Gebühren erfolgen soll, sind für die Vertretung im Bußgeldverfahren die Bestimmungen aus RVG-VV 5100 ff. zu beachten. Auf die Möglichkeiten einer freien Vergütungsvereinbarung muss an dieser Stelle sicher nicht näher eingegangen werden.

3. Die Entwicklung einer Verteidigungskonzeption

55 Mit die schwierigste, aber auch reizvollste Aufgabe ist es, ein Konzept für die Verteidigung zu entwickeln. Dies kann auch im Kartellverfahren nicht nur Aufgabe des Verteidigers sein, allerdings hat er mit seinem Fachwissen und seiner Erfahrung die notwendigen Voraussetzungen für eine sachgerechte Entscheidung in Abstimmung mit seinem Mandanten zu schaffen. Notwendige Voraussetzung hierfür ist eine sichere Informationsgrundlage und eine Klärung der Interessenlage sämtlicher Beteiligter.

56 a) **Bestandsaufnahme.** Auch im Kartellverfahren steht und fällt die Qualität einer Verteidigungskonzeption mit der Erarbeitung einer breiten und gesicherten Tatsachengrundlage. In diesem Zusammenhang hat der Verteidiger alle zur Verfügung stehenden Quellen zu nutzen, insbesondere die im Folgenden beschriebenen.

57 aa) **Akteneinsicht.** Unmittelbar mit Bestellung als Verteidiger sind die für das Verfahren angelegten Akten der Kartellbehörde oder der Staatsanwaltschaft zur Einsichtnahme im Büro anzufordern. Auch im Ordnungswidrigkeitenverfahren ist das Recht auf Akteneinsicht über § 46 Abs. 1 OWiG nach § 147 StPO bestimmt. Damit kann Akteneinsicht grundsätzlich bis zum Abschluss der Ermittlungen[67] versagt werden. Allerdings sind der Verteidigung spätes-

---

[64] Siehe hierzu Rdnr. 398 ff.
[65] Siehe hierzu Rdnr. 383 ff.
[66] Siehe hierzu Rdnr. 386 ff.
[67] Vgl. § 61 OWiG.

tens dann **sämtliche verfahrensbezogenen Unterlagen** der Kartellbehörde, die zu den Akten genommen worden sind, zur Einsicht zur Verfügung zu stellen. Zwar steht bei Weigerung der Kartellbehörde, dem Verteidiger die Verfahrensakten zur Einsicht in seinen Büroräumen zu überlassen, kein Rechtsmittel zur Verfügung, gleichwohl sollte sich der Verteidiger grundsätzlich gegen eine bloße Einsichtnahme auf der Geschäftsstelle unter Hinweis auf § 147 Abs. 4 StPO, Nr. 296 i. V. m. Nr. 187 Abs. 2 RiStBV zur Wehr setzen. Oft sind es versteckte, bei erster Durchsicht leicht zu übersehende Hinweise, die, etwa unter Verjährungsgesichtspunkten, von verfahrensentscheidender Bedeutung sein können. **Beweisstücke**, also Gegenstände, die als Beweismittel im Verfahren von Bedeutung sein können und die gem. §§ 94 ff. StPO i. V. m. § 46 Abs. 1 OWiG in amtliche Verwahrung genommen worden sind, können grundsätzlich nur am Verwahrungsort der Kartellbehörde eingesehen werden. Allerdings lässt sich bei weiter Entfernung vom Kanzleisitz gegebenenfalls eine Versendung an eine näher gelegene Verwaltungsbehörde erreichen.

Alternativ zu versagter Akteneinsicht oder auch parallel hierzu sollte in jedem Fall mit dem Sachbearbeiter der zuständigen Ermittlungsbehörde ein **Gespräch** geführt werden, damit zumindest auf diese Weise Informationen über den Auslöser des Verfahrens und den aktuellen Sachstand gewonnen werden können. In der Regel sind entsprechende Kontakte äußerst informativ. Sie gewähren grundsätzlich auch Einblick in die Beurteilung und Gewichtung des Verfahrens aus Sicht der Ermittlungsbehörden. 58

bb) Mandatsinterne Abklärung. Parallel zu dem Bemühen um Akteneinsicht und der Kontaktaufnahme mit den Ermittlungsbehörden empfiehlt es sich mit Hilfe des Mandanten eine Bestandsaufnahme für das Verfahren durchzuführen. Es gilt zu klären, was den Ermittlungsbehörden über Vernehmungen, Durchsuchungen oder andere Maßnahmen bereits bekannt ist, und was gegebenenfalls noch bekannt werden könnte. Der Entwurf einer Verteidigungskonzeption ist hiervon ganz entscheidend abhängig. Das Risiko einer konfrontativen oder auch nur abwartenden Verteidigungshaltung muss auf sicherer Grundlage beurteilt werden können. 59

In diesem Zusammenhang ist zum Beispiel eine **Rekonstruktion** umfangreichen Sicherstellungsgutes nach einer Unternehmensdurchsuchung unverzichtbar. Unter Umständen ist auch die Anhörung von Unternehmensmitarbeitern in eigener Recherche geboten, sobald geklärt ist, wer nach interner Kenntnis mit den erhobenen Vorwürfen zu tun hat, und wer als Zeuge zur Verfügung steht. Dabei erweist sich in der Regel als durchaus nützlich, die Strukturen des betroffenen Unternehmens mit Hilfe eines Organigramms zu klären. In Einzelfällen mag auch sinnvoll sein, eine unternehmensinterne Revision zu den verfahrensrelevanten Vorfällen zu veranlassen. In diesem Fall ist allerdings stets mit zu bedenken, dass interne Berichte, soweit sie in die Hände der Ermittlungsbehörden gelangen, uneingeschränkt verwertbar sind. Auch können die Revisionsmitarbeiter stets als Zeugen zu dem Ergebnis ihrer Recherchen befragt werden. Diese Maßnahme wird deshalb in der Regel nur dann sinnvoll sein, wenn eine Kooperation mit den Ermittlungsbehörden beabsichtigt ist. 60

Des weiteren kann es erforderlich werden, zu ausgewählten Fragen des Verfahrens das Votum eines **Sachverständigen** im Wege privater Auftragserteilung zu erholen. Die Einreichung des privat erholten Gutachtens kann dann von dem jeweiligen Ergebnis abhängig gemacht werden. Allerdings macht die Einschaltung eines Sachverständigen nur auf sicherer Tatsachengrundlage Sinn. 61

cc) Kontakt mit Mitverteidigern. In einem Kartellverfahren geht in der Regel der Kreis Betroffener über ein Unternehmen und dessen verantwortlich handelnde Mitarbeiter weit hinaus. So lebt etwa ein Submissionskartell von der Beteiligung mehrerer Unternehmen und ihrer Mitarbeiter. Hier ist es ein Gebot zulässiger Verteidigertätigkeit, mit den Verteidigern der übrigen Betroffenen Kontakt aufzunehmen und Informationen zu sammeln. Dies darf nicht als Aufruf zur – regelmäßig strafbaren – Abstimmung wahrheitswidriger Einlassungen missverstanden werden. 62

b) **Klärung der Interessenlage.** Besteht für ein von kartellrechtlichen Ermittlungen betroffenes Unternehmen unter Umständen hohes Interesse daran, etwa durch den Ausschluss von Ausschreibungen der öffentlichen Hand drohenden wirtschaftlichen Einbußen, allgemein einem **Imageschaden** und Vertrauensverlust in der Öffentlichkeit durch harte Maßnahmen ge- 63 gen Mitarbeiter, die nach außen für Verletzungshandlungen verantwortlich zeichnen, durch Umstrukturierungsmaßnahmen im Unternehmen mit arbeitsrechtlichen Konsequenzen für den einzelnen Betroffenen vorzubeugen, hat der betroffene Mitarbeiter, gegebenenfalls auch ein vertretungsberechtigtes Organ der Gesellschaft möglicherweise völlig gegenläufige Interessen. Ihm drohen aus seiner Sicht unter Umständen völlig unberechtigte **arbeitsrechtliche Konsequenzen**, weil etwa die hierzu berufenen Entscheidungsträger des Unternehmens in die einzelnen Zuwiderhandlungen eingeweiht gewesen waren, weil jedenfalls die Zuwiderhandlung ausschließlich im Interesse des Unternehmens zur Gewinnmaximierung oder auch nur zur Sicherung von Arbeitsplätzen begangen worden war.

64   Die Art der Verteidigungskonzeption ist selbstverständlich auch von der jeweiligen Interessenlage bestimmt. Wird das Mandat eines Unternehmens übernommen, sind die Interessen des Unternehmens gegebenenfalls auch gegen einzelne Betroffene zu wahren. Hier steht die Imagewahrung, die Verhinderung existenzbedrohender Konsequenzen für das betroffene Unternehmen im Vordergrund. Deshalb mag im Einzelfall auch eine **Kooperation** mit den Kartellbehörden durch weitgehende interne Aufklärung zu verantwortlich handelnden Mitarbeitern mit dem Ziel eines erträglichen Verfahrensabschlusses geboten sein. Das Interesse des betroffenen Mitarbeiters kann hingegen eine Auseinandersetzung mit den Entscheidungsträgern des Unternehmens gebieten. Um in jeder Hinsicht klare Verhältnisse schaffen und eine Verteidigungskonzeption entwickeln zu können, ist deshalb eine Klärung der Interessenlage unverzichtbar.

65   c) **Festlegung des Verteidigungsziels.** Hat sich der Verteidiger eine sichere Informationsbasis geschaffen und die Interessen der Beteiligten geklärt, wird er zusammen mit seinem Mandanten das Ziel der Verteidigung festzulegen haben. Kommt als Ziel eine Einstellung des Verfahrens **mangels Tatverdachts** durch die Ermittlungsbehörden oder ein Freispruch vor Gericht nicht in Betracht, werden die Möglichkeiten einer **Schadensbegrenzung** gegebenenfalls durch einen einverständlichen Verfahrensabschluss zu klären sein.

66   In diesem Zusammenhang sind für Kartellstraftaten gegebenenfalls die Voraussetzungen der §§ 153 ff. StPO zu erörtern. Bedeutung kann in diesem Zusammenhang auch die **Einstellungsmöglichkeit** nach § 154 StPO gewinnen. In der Praxis der Strafverfolgung kartellrechtlich relevanter Submissionsabsprachen wird von dieser Möglichkeit nach wie vor und ungeachtet berechtigter Einwände[68] vor allem in sog. Kronzeugenfällen Gebrauch gemacht. Sachverhalte, die den Ermittlungsbehörden erstmals offenbart werden, werden gegebenenfalls großzügig und schon in frühem Ermittlungsstadium nach § 154 Abs. 1 StPO behandelt. Ein Verfahrensabschluss mit Strafbefehl, mit dem die Voraussetzungen für die Aufnahme in einem Führungszeugnis nicht erfüllt werden,[69] kann bei diesen Überlegungen ebenso eine Rolle spielen wie eine mit dem Sachbearbeiter der Staatsanwaltschaft vereinbarte Anklage zum Strafrichter des Amtsgerichts.

67   Ziel der Verteidigung eines Unternehmens als Betroffene eines Bußgeldverfahrens kann zum Beispiel im Sinne sinnvoller Schadensbegrenzung sein, in den Genuss einer Bußgeldreduzierung oder gar eines Absehens von jedweder Sanktionierung durch **Kooperation** mit den Kartellbehörden nach den Grundsätzen der Europäischen Kommission[70] oder der Bonusregelung des BKartA[71] zu gelangen.

68   d) **Verteidigertätigkeit.** Ist eine sichere Entscheidungsgrundlage geschaffen und das Ziel der Verteidigung definiert, kann die Art der Verteidigungstätigkeit festgelegt werden. Mag es in einigen (wenigen) Fällen sinnvoll sein, den weiteren Verlauf des Verfahrens schlicht abzuwarten, ist es in der Regel geboten, von Anfang an aktiv an der Verwirklichung des gemeinsam entwickelten Zieles zu arbeiten. Dies mag je nach den Umständen des anvertrauten Falles im Sinne einer Konfrontation oder auch Kooperation mit den Ermittlungsbehörden geboten sein. Dies für den Einzelfall richtig zu entscheiden, ist nicht zuletzt von der rechtlichen Bewertung des zu bearbeitenden Sachverhalts abhängig.

---

[68] Vgl. *Volk* NJW 1996, 879 ff.
[69] Vgl. § 32 Abs. 2 BZRG.
[70] Siehe hierzu Rdnr. 158 ff.
[71] Siehe hierzu Rdnr. 390 ff.

III. Das europäische Kartellrecht

Wie bereits im Überblick unter I. 1. dargestellt, unterliegen Kartellbildungen, die geeignet sind den Handel zwischen den Mitgliedstaaten zu beeinträchtigen, der originären Kontrolle der Europäischen Gemeinschaft kraft unmittelbar wirkenden Gemeinschaftsrechts. Die Mitgliedstaaten haben mit den Gründungsverträgen insoweit Hoheitsrechte an die Gemeinschaft übertragen, die den Gemeinschaftsorganen sogar eine eigenständige Sanktionierung von kartellrechtswidrigem Verhalten ermöglicht.[72] Hiervon macht die **Europäische Kommission** als für den Schutze des freien Wettbewerbs auf dem Gemeinsamen Markt zuständiges Organ durchaus regen Gebrauch. So hat sie im Zeitraum 2001/2002 in 26 Bußgeldentscheidungen gegen 112 Unternehmen Bußgelder in Höhe von mehr als € 3 Milliarden verhängt,[73] im Zeitraum 2003/2004 in 21 Bußgeldentscheidungen gegen 54 Unternehmen und Unternehmensgruppen Bußgelder in Höhe von insgesamt € 1,4 Mrd.[74] Schwerpunktmäßig werden klassische Kartellabsprachen, sog. Hardcore-Kartelle, darüber hinaus Missbräuche marktbeherrschender Stellungen sowie vertikale Absprachen verfolgt. 69

Eine Vielzahl **spektakulärer Fälle**, in denen die Europäische Kommission in Durchsetzung europäischer Kartellverbote hohe Geldbußen gegen Unternehmen verhängt hat, ist in der Öffentlichkeit bekannt geworden. Im Juni 2000 verhängte die Kommission beispielsweise Geldbußen in Höhe von insgesamt € 110 Mio. gegen fünf Unternehmen wegen eines weltweiten Preisfestsetzungskartells im Lysin-Sektor.[75] Lysin ist die wichtigste Aminosäure, die zu Ernährungszwecken in Tierfutter verwendet wird. Nach Überzeugung der Kommission hatten Unternehmen aus den USA, Japan und Korea mit Auswirkung auf den Europäischen Markt weltweit die Lysinpreise festgesetzt. In einer Dimension, die bis dahin nur aus den USA bekannt war, wurden gegen acht Unternehmen im Jahr 2001 u. a. gegen den Schweizer Konzern Hoffmann La Roche und den deutschen Chemieriesen BASF wegen Teilnahme an einem Kartell, in dem die größten Hersteller synthetischer Vitamine von 1989 bis 1999 weltweit überhöhte Preise abgesprochen und Absatzquoten zugewiesen hatten, Geldbußen in Höhe von insgesamt € 855,23 Mio. festgesetzt.[76] Gegen fünf deutsche Banken verhängte die Kommission im Dezember 2001 Bußgelder in Höhe von insgesamt € 100,8 Mio. wegen illegaler Preisabsprachen. So hatten die betroffenen Banken nach Auffassung der Kommission Gebühren für den Umtausch von Sorten der Euro-Teilwährungen untereinander abgesprochen und damit die Vorteile der Währungsunion an die Verbraucher nicht weitergegeben. Im Dezember 2003 erließ die Europäische Kommission gegen zwei Preisfestsetzungs- und Marktaufteilungskartelle im Röhrenbereich Bußgelder in Höhe von € 78,3 Mio. und € 222,3 Mio.[77] Im Fall Chlorinchlorid stellte die Europäische Kommission europaweite Absprachen hinsichtlich Marktaufteilung, Preis und Mengen fest und verhängte im Dezember 2004 gegen die beteiligten Unternehmen Geldbußen in Höhe von insgesamt € 66,35 Mio. Ausgangspunkt der Ermittlungen waren zwei Kronzeugen, die Informationen über die Kartellvereinbarungen lieferten.[78] Bei einem Bußgeld von € 2,56 Mio. beließ es die Europäische Kommission im Juli 2003 mit Ahndung einer vertikalen Absprache durch die Firma Yamaha. Das Unternehmen hatte in bestimmten EU-Mitgliedstaaten Weiterverkaufspreise für Musikinstrumente festgesetzt. Im Zusammenhang mit der Ahndung von missbräuchlicher Ausnutzung einer marktbeherrschenden Stellung hat die Verhängung eines Bußgelds in Höhe von € 497 Mio. gegen die Microsoft Corporation im März 2004 besondere Aufmerksamkeit erregt. Die europäische Kommission hatte festgestellt, dass Microsoft die marktbeherrschende Stellung von Windows auf dem Markt für Betriebssysteme für Personalcomputer dazu ausgenutzt hatte, den Wettbewerb auf anderen Märkten für Softwareprodukte zu beschränken. Im Mai 2003 70

---

[72] Siehe hierzu Rdnr. 7 ff.
[73] Tätigkeitsbericht des BKartA 2001/2002 (BT-Drucks. 15/1226, S. 78).
[74] Tätigkeitsbericht des BKartA 2003/2004 (BT-Drucks. 15/5790, S. 55).
[75] XXX. Bericht der Europäischen Kommission über die Wettbewerbspolitik 2000, S. 40.
[76] Tätigkeitsbericht des BKartA 2001/2002 (BT-Drucks. 15/1226, S. 78).
[77] Tätigkeitsbericht des BKartA 2003/2004 BT-Drucks. 15/5790, S. 55.
[78] Tätigkeitsbericht des BKartA 2003/2004 BT-Drucks. 15/5790, S. 56.

verhängte die Europäische Kommission gegen die deutsche Telekom AG ein Bußgeld in Höhe von € 12,6 Mio., weil diese ihre marktbeherrschende Stellung auf dem deutschen Markt für die Bereitstellung des Festnetz-Zugangs auf lokaler Ebene durch eine sog. Preis-Kosten-Schere missbraucht hatte.[79] Geldbußen gegen Beteiligte eines Fusionsverfahrens sind hingegen eher selten. Unter Zugrundelegung der alten FKVO verhängte etwa die Europäische Kommission im Juli 2004 wegen unrichtiger bzw. irreführender Angaben im Fusionsverfahren eine Geldbuße in Höhe von € 90.000.[80]

71 Die Liste entsprechender Beispiele ließe sich beliebig fortsetzen. Sie zeigt jedenfalls, dass angesichts der immer stärker werdenden Verflechtungen auf dem Gemeinsamen Markt den Bestimmungen des EG-Kartellrechts wachsende Bedeutung zukommt. Nachdem darüber hinaus mit der jüngsten Novellierung des Gesetzes gegen Wettbewerbsbeschränkungen eine weitestgehende Anpassung an europäisches Kartellrecht vollzogen und Verstöße gegen die Kartellverbote aus Art. 81 und 82 EGV in nationale Bußgeldbestimmungen ausdrücklich aufgenommen worden ist, setzt die sachgerechte Beratung in Kartellverfahren ein Grundverständnis des europäischen Kartellrechts und seines Verhältnisses zu nationalem Recht voraus. Auf die wesentlichen Grundsätze soll in Folgendem näher eingegangen werden.

1. Die Systematik der Bußgeldtatbestände

72 Bestimmte Verstöße gegen Ge- und Verbote des EG-Kartellrechts können von der Europäischen Kommission mit Bußgeldern geahndet werden. Die wesentlichen Bußgeldtatbestände des europäischen Kartellrechts finden sich in Art. 23 der neuen Durchführungsverordnungsverordnung VO Nr. 1/03[81] sowie in Art. 14 der ebenfalls in 2004 neu gefassten Fusionskontrollverordnung VO Nr. 139/04.[82] Als Blankettvorschriften nehmen diese Bestimmungen auf die zentralen Kartellverbote aus Art. 81 und 82 EGV, sowie die eigenen Durchführungsbestimmungen Bezug. Klargestellt ist in Art. 23 Abs. 5 VO Nr. 1/03 wie auch in Art. 14 Abs. 4 VO Nr. 139/04, dass es sich bei Geldbußen **nicht um Entscheidungen strafrechtlicher Art** handelt. Die Verhängung von Geldbußen nach diesen Verordnungen wird allerdings mit der Verhängung von Bußgeldern im deutschen Ordnungswidrigkeitenrecht verglichen. Deshalb sind im Verfahren auch die Grundsätze des materiellen Strafrechts und des Strafverfahrensrechts zu berücksichtigen.[83]

73 **Checkliste:**

Nach **Art. 23 VO Nr. 1/03** kann die Europäische Kommission gegen Unternehmen und Unternehmensvereinigungen Geldbußen verhängen, wenn sie vorsätzlich oder fahrlässig
- gegen Art. 81 und 82 EGV verstoßen (Abs. 2 a),
- Auskunfts- und Duldungspflichten verletzen (Abs. 1),
- Entscheidungen der Kommission zuwider handeln (Abs. 2 b und c).

74 **Checkliste:**

Nach **Art. 14 VO Nr. 139/04** kann die Europäische Kommission gegen Personen, Unternehmen und Unternehmensvereinigungen Geldbußen verhängen, wenn sie vorsätzlich oder fahrlässig
- Auskunfts- und Duldungspflichten verletzen (Abs. 1),
- gegen Meldepflichten verstoßen (Abs. 2 a),

---

[79] Tätigkeitsbericht des BKartA 2003/2004 BT-Drucks. 15/5790, S. 60.
[80] Tätigkeitsbericht des BKartA 2003/2004 BT-Drucks. 15/5790, S. 63.
[81] Früher Art 15 VO Nr. 17/62; siehe hierzu Rdnr. 19.
[82] Früher Art. 14 VO Nr. 4064/89; siehe hierzu Rdnr. 18.
[83] Vgl. *Dannecker/Fischer-Fritsch* S. 7.

- Entscheidungen der Kommission zuwider handeln (Abs. 2 c und d),
- einen Zusammenschluss entgegen den Bestimmungen der VO Nr. 139/04 vollziehen (Abs. 2 b).

a) **Unternehmenssanktion.** Ist im deutschen Kartellrecht das Handeln natürlicher Personen mit Bußgeld bedroht und eine Sanktion gegen das Unternehmen nur unter bestimmten Voraussetzungen möglich,[84] kennt das EG-Kartellrecht grundsätzlich nur die Sanktion gegen das Unternehmen. Die natürliche Person ist hinsichtlich ihres Handelns für das Unternehmen nicht mit Bußgeld bedroht. Eine Ausnahme findet sich lediglich im Zusammenhang mit der Fusionskontrolle zu den Personen, die bereits mindestens ein Unternehmen kontrollieren und durch Erwerb von Anteilsrechten oder Vermögenswerten, durch Vertrag oder in sonstiger Weise die Kontrolle über andere Unternehmen erwerben.[85]

Die Sanktion gegen das Unternehmen setzt allerdings auch im europäischen Kartellrecht ein zurechenbares **schuldhaftes Handeln einer natürlichen Person** voraus. Ist im deutschen Kartellrecht das Handeln eines Organs Voraussetzung für eine Bebußung des Unternehmens,[86] genügt im europäischen Kartellrecht das Handeln jeder natürlichen Person, die befugt ist, für das Unternehmen zu handeln, wobei eine Kenntnis des Inhabers oder Geschäftsführers des Unternehmens nicht vorauszusetzen ist.[87] Der Kreis befugter Personen wird im europäischen Kartellrecht weit gezogen. Der Nachweis der schuldhaften Zuwiderhandlung eines Unternehmens gegen kartellrechtliche Vorschriften setzt zudem voraus, dass die Personen benannt werden, die innerhalb des Unternehmens entweder schuldhaft gehandelt haben oder für eine möglicherweise fehlerhafte Organisation verantwortlich waren.[88]

b) **Leichte und schwere Kartellverstöße.** Das Europäische Kartellrecht unterscheidet zwischen leichten und schweren Kartellverstößen. Bloße **Verfahrensverstöße** sind gem. Art. 23 Abs. 1 VO Nr. 1/03 mit Geldbußen bis zu einem Höchstbetrag von 1 % des im vorausgegangenen Geschäftsjahr im Unternehmen erzielten Gesamtumsatzes bedroht. Erfasst sind mit Wegfall des Anmelde- und Genehmigungssystems insoweit nur mehr Zuwiderhandlungen gegen Vorschriften über die Einholung von Auskünften oder die Vornahme von Nachprüfungen. Erteilt ein Unternehmen von der Kommission verlangte Auskünfte unrichtig oder nicht innerhalb der gesetzten Frist oder werden von einem Unternehmen bei Nachprüfungen durch die Kommission Unterlagen nicht vollständig vorgelegt oder eine angeordnete Nachprüfung nicht geduldet,[89] kann die Kommission eine Geldbuße festsetzen. Verstöße gegen Auskunfts- und Duldungspflichten im Zusammenhang mit Unternehmenszusammenschlüssen sind gem. Art. 14 Abs. 1 VO Nr. 139/04 mit entsprechenden Geldbußen bedroht.

Als **schwere Zuwiderhandlungen** sind nach Art. 23 Abs. 2 VO Nr. 1/03 Verstöße gegen die materiellen Wettbewerbsverbote aus Art. 81 und Art. 82 EGV und Zuwiderhandlungen gegen konkrete Entscheidungen der Kommission qualifiziert. Sie können mit Geldbußen in Höhe von bis zu 10 % des von den beteiligten Unternehmen im vorausgegangenen Geschäftsjahr erzielten Gesamtumsatzes geahndet werden. Gem. Art. 14 Abs. 2 VO Nr. 139/04 werden Verstöße gegen Anmeldepflichten, Vollzugsverbote oder Anordnungen der Kommission in gleicher Weise geahndet.

c) **Verjährung.** Mit der VO Nr. 2988/74 hatte der Europäische Rat die Verfolgungs- und Vollstreckungsverjährung für Zuwiderhandlungen gegen das EG-Kartellrecht festgelegt.[90] Eigene Regelungen finden sich nun mehr auch in der neuen DurchführungsVO Nr. 1/03 unter

---

[84] Vgl. Rdnr. 181 ff.
[85] Art. 3 Abs. 1 b i. V. m. Art. 14 VO Nr. 139/04.
[86] Vgl. § 30 OWiG; siehe hierzu Rdnr. 204 ff.
[87] EuGH vom 7.6.1983 – Musique Diffusion Francaise/Komm. Rs. 103/80 – Slg. 1983, 1825, 1903 Rdnr. 97.
[88] EuGH vom 18.9.03 WuW/E EU-R 701 – Volkswagen AG/Kommission.
[89] Siehe hierzu Rdnr. 147.
[90] VO (EWG) Nr. 2988/74 des Rats über die Verfolgung- und Vollstreckungsverjährung im Verkehrs- und Wettbewerbsrecht der Europäischen Wirtschaftsgemeinschaft vom 26.11.1974 (ABl. EG 1974 Nr. L 319/1).

80   Berücksichtigung des Systems paralleler Zuständigkeiten der nationalen Wettbewerbsbehörden. Für den Anwendungsbereich dieser Verordnung gelten die Bestimmungen aus der VO Nr. 2988/74 nach Art. 37 VO Nr. 1/03 nicht.

80   Gem. Art. 25 Abs. 1 VO Nr. 1/03 beträgt die **Verfolgungsverjährung** bei leichten Zuwiderhandlungen drei, bei schweren Zuwiderhandlungen fünf Jahre, beginnend mit Beendigung[91] der Zuwiderhandlung. In Art. 25 Abs. 3 VO Nr. 01/03 sind verjährungsunterbrechende Maßnahmen auch durch Handlungen der nationalen Wettbewerbsbehörden aufgelistet, die entsprechend der Regelung im deutschen Strafrecht gem. Art. 25 Abs. 6 VO Nr. 1/03 eine Verlängerung bis zum doppelten der Verjährungsfrist möglich machen. In Art. 25 Abs. 4 VO Nr. 1/03 ist ausdrücklich klargestellt, dass eine Verjährungsunterbrechung gegenüber allen an der Zuwiderhandlung beteiligten Unternehmen wirkt. Die **Vollstreckungsverjährung** für Bußgeldentscheidungen beträgt gem. Art. 26 VO Nr. 1/03 fünf Jahre und beginnt mit dem Tag, an dem die Entscheidung bestandskräftig geworden ist.

2. Die bedeutsamen Bußgeldtatbestände

81   Nachdem die Europäische Kommission – wie oben ausgeführt – schwerpunktmäßig Verstöße gegen die zentralen Kartellbestimmungen der Art. 81 und 82 EGV verfolgt, mithin die Fälle sog. Hardcore-Kartelle, missbräuchlicher Ausnutzung marktbeherrschender Stellungen und vertikaler Absprachen, soll im Folgenden der Bußgeldtatbestand aus Art. 23 Abs. 2 a VO Nr. 1/03, der Verstöße gegen Art. 81 und 82 EGV sanktioniert, und nur im Überblick der Bußgeldtatbestand aus Art. 14 VO Nr. 139/04 angesprochen werden.

82   a) **Verstöße gegen das Kartellverbot aus Art. 81 Abs. 1 EGV.** Abgesehen von den Fällen, in denen gegen Auskunfts- und Duldungspflichten sowie Entscheidungen der Kommission verstoßen worden ist, kann die Kommission nach Art. 23 Abs. 2 a VO Nr. 1/03 gegen Unternehmen und Unternehmensvereinigungen durch Entscheidung Geldbußen verhängen, wenn sie vorsätzlich oder fahrlässig gegen das Kartellverbot nach Art. 81 EGV verstoßen.

83   **Checkliste:**

Verboten sind nach **Art. 81 Abs. 1 EGV**:
- alle Vereinbarungen zwischen Unternehmen,[92] Beschlüsse von Unternehmensvereinigungen und aufeinander abgestimmte Verhaltensweisen sowohl auf der gleichen wie auch auf verschiedenen Wirtschaftsstufen,
- die in Erfüllung der Zwischenstaatlichkeitsklausel[93] geeignet sind, den Handel zwischen den Mitgliedstaaten zu beeinträchtigen,
- eine Verhinderung, Einschränkung oder Verfälschung des Wettbewerbs innerhalb des Binnenmarktes bezwecken oder bewirken,
- zu einer spürbaren Wettbewerbsbeschränkung führen
- und nicht der Ausnahmevorschrift des Art. 81 Abs. 3 EGV unterfallen.

Praxistipp:

84   Hilfestellung für die Beurteilung der Vereinbarkeit vertikaler und horizontaler Vereinbarungen mit den Europäischen Wettbewerbsregeln gibt die Kommission in verschiedenen Mitteilungen, deren Lektüre dringend zu empfehlen ist.[94]

---

[91] Art. 25 Abs. 2 VO Nr. 1/03.
[92] Siehe hierzu Rdnr. 21.
[93] Siehe hierzu Rdnr. 22.
[94] Leitlinien der Europäischen Kommission zur Anwendbarkeit von Art. 81 EGV auf Vereinbarungen über horizontale Zusammenarbeit vom 6.1.2001 (ABl. EG 2001 Nr. C 3/2); Leitlinien der Europäischen Kommission für vertikale Beschränkungen vom 13.10.2000 (ABl. EG 2000 Nr. C 291/1).

aa) Verbotene Verhaltensformen. Als mögliche Form der Koordinierung von Wettbe- 85
werbsverhalten nennt Art. 81 Abs. 1 EGV zunächst die **Vereinbarung**. In weiter Auslegung
genügt hierfür jede Verständigung über wettbewerbswidrige Verhaltensweisen mit faktischer
Bindungswirkung, in der ein gemeinsamer Wille der beteiligten Unternehmen zum Ausdruck
kommt, sich auf dem Markt in einer bestimmten Weise zu verhalten.[95] Erfasst werden nicht
nur Verträge, sondern auch informelle Verständigungen über ein gemeinsames Verhalten am
Markt, konkludente Absprachen und auch gentlemen's agreements.[96] Allerdings erfordert
eine Vereinbarung in Abgrenzung zum Anwendungsbereich des Art. 82 EGV zumindest die
stillschweigende Zustimmung zu der Aufforderung, ein wettbewerbswidrige Ziel gemeinsam
zu verwirklichen.[97]

> **Praxistipp:**
> Ist die Teilnahme an Sitzungen nachgewiesen, bei denen wettbewerbswidrige Vereinbarungen 86
> getroffen wurden, so obliegt es dem einzelnen Unternehmen Indizien vorzutragen, die zum
> Beweis seiner fehlenden wettbewerbswidrigen Einstellung oder inhaltlichen Distanzierung ge-
> eignet sind.[98]

Mit ihren Leitlinien zur Behandlung von horizontalen Vereinbarungen hat die Europäische 87
Kommission festgelegt, dass solche **horizontale Kooperationsvereinbarungen** nicht unter
Art. 81 Abs. 1 EGV fallen, die eine Koordinierung der Vertragspartner nicht bedingen, wie
beispielsweise die Zusammenarbeit zwischen Nichtwettbewerbern, die Zusammenarbeit
zwischen Wettbewerbern, wenn sie die von der Zusammenarbeit erfasste Tätigkeit oder das
Projekt nicht eigenständig durchführen können oder die Zusammenarbeit bei einer Tätigkeit,
welche die relevanten Wettbewerbsparameter nicht beeinflusst. Grundsätzlich fallen danach
allerdings solche Vereinbarungen unter das Kartellverbot aus Art. 81 Abs. 1 EGV, die durch
die Festsetzung von Preisen, die Beschränkung der Produktion oder die Aufteilung von
Märkten oder Kunden eine Einschränkung des Wettbewerbs bezwecken.[99]

Als die gängigsten Formen **vertikaler Beschränkungen** sind in den Leitlinien der Europäi- 88
schen Kommission[100] die Fälle des Markenzwang beschrieben, in denen der Abnehmer vertraglich verpflichtet ist, praktisch seinen gesamten Bedarf an einem bestimmten Produkt bei einem
einzigen Lieferanten zu decken, die Fälle von Alleinvertriebsvereinbarungen, in denen sich der
Lieferant verpflichtet, seine Produkte zum Zwecke des Weiterverkaufs in einem bestimmten
Gebiet nur an einen Vertriebshändler zu verkaufen, die Fälle sog. selektiver Vertriebsvereinba-
rungen, in denen wie bei den Alleinvertriebsvereinbarungen einerseits die Zahl der zugelassenen Händler und andererseits die Weiterverkaufsmöglichkeiten beschränkt sind oder die Fälle
sog. Koppelungsvereinbarungen, in denen der Lieferant den Verkauf eines Produkts vom Bezug
eines anderen Produkts abhängig macht.

Beschlüsse von Unternehmensvereinigungen erfordern lediglich eine faktische Bindungs- 89
wirkung, soweit in ihnen der Wille zum Ausdruck kommt, das Marktverhalten ihrer Mitglieder zu koordinieren.[101] Erforderlich ist eine auf der Grundlage eines bestehenden Gesamt-
rechtsakts ergehende gleichgerichtete Willensäußerung der Mitglieder der Unternehmensvereinigung. Dabei genügen auch unverbindliche Empfehlungen, soweit die Annahme der
Empfehlung einen spürbaren Einfluss auf den Wettbewerb auf dem betreffenden Markt hat.[102]

---

[95] EuGH vom 29.10.1980 – Van Landewyck/Komm. Rs. 218/78 – Slg. 1980, 3125, 3250 Rdnr. 86; EuGH vom 10.3.1992 – Chemie Linz/Komm. Rs. T-15/89 – Slg. 1992-II, 1275, 1377 Rdnr. 301; EuG vom 14.10.04 WuW/E EU-R 857 – Bankgebühren.
[96] EuGH vom 6.4.1995 – Trefileurope/Komm. Rs. T-141/89 – Slg. 1995-II, 791, 830 o Rdnr. 96.
[97] EuGH vom 6.1.04 EWS 2004, 166 – Bayer AG/Kommission.
[98] EuGH vom 7.1.04 WuW/E EU-R 899 – Aalborg Portland/Kommission; EuGH vom 28.6.05 WuW/E EU-R 913 – HFB/Isoplus/Kommission.
[99] Leitlinien zur Anwendbarkeit von Art. 81 EGV auf Vereinbarungen über horizontale Zusammenarbeit (ABl. EG 2001 Nr. C 3/1).
[100] Leitlinien der Europäischen Kommission für vertikale Beschränkungen vom 13.10.2000 (ABl. EG 2000 Nr. C 291/1).
[101] EuGH vom 29.10.1980 – Van Landewyck/Komm. Rs. 218/78 – Slg. 1980, 3125, 3250 Rdnr. 88,89.
[102] EuGH vom 8.11.1983 – IAZ/Komm. Rs. 110/82 – Slg. 1983, 3369, 3410 Rdnr. 20.

Beispielsweise genügt schon die Empfehlung eines Verbandes von Sachversicherern an seine Mitglieder, bestimmte Prämien zu verlangen.[103]

90 Mit dem Verbot **abgestimmter Verhaltensweisen** wird als Auffangtatbestand jede Form der Koordinierung erfasst, die zwar noch nicht bis zum Abschluss eines Vertrags gediehen ist, jedoch bewusst eine praktische Zusammenarbeit an die Stelle des mit Risiken verbundenen Wettbewerbs treten lässt.[104] Eine faktische Bindungskraft wird ebenso wenig vorausgesetzt wie eine entsprechende Planung, es genügt bereits der bloße Informationsaustausch über künftiges Marktverhalten, soweit sich der notwendige Kausalzusammenhang zwischen Abstimmung und Wettbewerbsverhalten belegen lässt.[105] Zum Nachweis ist das Vorliegen bloßer Indizien ausreichend, so zum Beispiel ein Handeln gegen wirtschaftliche Eigeninteressen. Durchaus mit problematischer Argumentation erachtet der EuGH unter Umständen bereits ein erkennbares Parallelverhalten von Konkurrenten als brauchbares Indiz für ein abgestimmtes Verhalten.[106] Tatsächlich kann allerdings bewusstes Parallelverhalten sehr wohl auch Ausdruck eines hohen Wettbewerbsdrucks sein. Eine Abgrenzung dieser Auffangalternative zu kartellrechtlich unproblematischem bewussten oder unbewussten Parallelverhalten von Unternehmen ist im Einzelfall durchaus schwierig. Ein äußeres Verhalten, das als Angebot zur Abstimmung gedeutet werden kann, ist ebenso zu fordern wie ein Verhalten, das als Annahme qualifiziert werden kann.[107]

Praxistipp:

91 Die Abgrenzung zwischen den einzelnen Handlungsalternativen des Art. 81 Abs. 1 EGV ist in der Praxis nicht immer einfach, jedoch für die Frage der Tatbestandserfüllung grundsätzlich ohne Bedeutung.[108] Unter Umständen ist allerdings eine Differenzierung für die Verteidigung unverzichtbar, weil sich hieraus unterschiedliche Konsequenzen für die Bußgeldbemessung ergeben können.

92 *bb) Wettbewerbsbeschränkende Wirkung.* Des weiteren muss mit der Koordinierung des Wettbewerbsverhaltens auch eine **Verhinderung, Einschränkung oder Verfälschung des Wettbewerbs** innerhalb des Gemeinsamen Marktes bezweckt oder bewirkt sein. Voraussetzung ist damit, dass ein wirksamer Wettbewerb überhaupt besteht, wobei auch ein potenzieller genügt. Auch diese Begriffe können nicht immer klar auseinander gehalten werden. Entscheidend ist, ob es zu einer Einschränkung der wirtschaftlichen Handlungsfreiheit der Unternehmen kommt.[109] Erfasst wird in diesem Zusammenhang jede künstliche Veränderung der Marktbedingungen.

93 Ob eine Wettbewerbsbeschränkung in diesem Sinne **bezweckt** ist, ist ausschließlich objektiv nach der der Maßnahme innewohnenden Tendenz zu bestimmen. Eine gemeinsame Absicht der beteiligten Unternehmen ist nicht erforderlich.[110] Auf den Erfolg der Maßnahme kommt es nicht an, allerdings muss die Handlung zumindest geeignet sein, den Wettbewerb zu beeinträchtigen. Insoweit kann der Bußgeldtatbestand des Art. 23 Abs. 2 VO Nr. 1/03 als abstraktes Gefährdungsdelikt bezeichnet werden. **Bewirkt** ist eine Wettbewerbsbeschränkung dann, wenn die Beteiligten in ihren Handlungsalternativen eingeschränkt sind, der mit der Maßnahme verfolgte Zweck erreicht ist. Dies kann nur im Vergleich mit der hypothetischen Wettbewerbssituation ohne die verbotene Maßnahme beurteilt werden.

---

[103] EuGH vom 27.1.1987 – Verband der Sachversicherer/Komm. Rs. 45/85 – Slg. 1987, 405, 455 Rdnr. 30.
[104] EuGH vom 14.7.1972 – ICI/Komm." Rs. 48/69 – Slg. 1972, 619, 658 Rdnr. 64/67.
[105] EuGH vom 16.12.1975 – Suiker Unie/Komm." Rs. 114/73 – Slg. 1663, 1966 Rdnr. 173/176.
[106] EuGH vom 14.7.1972 – ICI/Kommission Rs. 48/69 – Slg. 1972, 619, 658 Rdnr. 64/67.
[107] Immenga/Mestmäcker/*Dannecker/Biermann* § 81 Rdnr. 29 ff.
[108] Kommission vom 21.10.1998 (ABl. EG 1999 Nr. L 24/1) = WuW EU-V 206, 208 – Fernwärmetechnik-Kartell.
[109] Calliess/Ruffert/*Weiß* Art. 81 Rdnr. 88; GS/*Schröter* Art. 81 Rdnr. 84 ff.; BGH vom 29.1.1975 WuW/E BGH 1337, 1342 – Aluminium-Halbzeug.
[110] EuGH vom 28.3.1984 – CRAM und Rheinzink/Komm. Rs. 29 und 30/83 – Slg. 1984, 1679, 1703 Rdnr. 26.

> **Praxistipp:**
> Die Kommission muss keine nachteiligen Wirkungen auf den Wettbewerb nachweisen, wenn sie das Vorliegen einer Vereinbarung oder abgestimmten Verhaltensweise bewiesen hat, die eine Wettbewerbsbeschränkung bezweckte.[111]

94

cc) Spürbarkeit der Wettbewerbsbeschränkung. Das Kartellverbot aus Art. 81 Abs. 1 EGV setzt des Weiteren als ungeschriebenes Merkmal eine **spürbare Außenwirkung**[112] des wettbewerbsbeschränkenden Verhaltens auf das freie Wettbewerbsverhalten am Markt voraus. Ausreichend hierfür ist, dass die Zuwiderhandlung geeignet ist, die Verhältnisse auf dem relevanten Markt spürbar zu beeinflussen. Dabei kommt es nicht darauf an, ob eine Beeinträchtigung bereits eingetreten ist und festgestellt werden kann.[113] Es genügt bereits, dass die verbotene Handlung geeignet ist, eine derartige Wirkung zu entfalten.[114]

95

In der sog. **„de minimis"-Bekanntmachung** hat die Europäische Kommission anhand von Marktanteilsschwellen konkretisiert, wann keine spürbare Wettbewerbsbeschränkung i. S. d. Art. 81 Abs. 1 EGV vorliegt.[115] Bei horizontalen Vereinbarungen soll danach eine spürbare Außenwirkung dann nicht erreicht sein, wenn der von den an der Vereinbarung beteiligten Unternehmen insgesamt gehaltene Marktanteil auf keinem der von der Vereinbarung betroffenen relevanten Märkten eine Schwelle von 10 % übersteigt, bei vertikalen Vereinbarungen, wenn der von jedem der beteiligten Unternehmen gehaltene Marktanteil auf keinem der von der Vereinbarung betroffenen relevanten Märkte eine Schwelle von 15 % übersteigt. Bei gemischten Vereinbarungen ist eine Schwelle von 5 % maßgeblich. Näheres ist auch hierzu in den Leitlinien der Europäischen Kommission für horizontale und vertikale Beschränkungen[116] ausgeführt. Voraussetzung für entsprechende Feststellungen ist in jedem Fall die Ermittlung des **relevanten Marktes** in sachlicher und räumlicher Hinsicht, sowie die Berechnung des jeweiligen **Marktanteils**.[117]

96

> **Praxistipp:**
> In diesem Zusammenhang ist das Studium einer Bekanntmachung der Europäischen Kommission zur Definition des relevanten Marktes im Sinne des Wettbewerbsrechts der Gemeinschaft unverzichtbar.[118] Gegebenenfalls sind Umfragen unter Wettbewerbern oder Verbrauchern zur weiteren Abklärung erforderlich.

97

dd) Ausnahme nach Art. 81 Abs. 3 EGV. Der Erkenntnis, dass nicht in jedem Fall eine Wettbewerbsbeschränkung nachteilige Folgen für den Markt haben muss, trägt Art. 81 Abs. 3 EGV Rechnung. Von einer Ausnahme grundsätzlich verbotener Verhaltensweisen ist nach dieser Vorschrift auszugehen, wenn folgende vier Voraussetzungen **kumulativ** erfüllt sind:
- die Verbraucher sind an dem entstehenden Gewinn angemessen beteiligt,
- die Vereinbarungen, Beschlüsse oder abgestimmten Verhaltensweisen tragen zur Verbesserung der Warenerzeugung oder -verteilung oder zur Förderung des technischen oder wirtschaftlichen Fortschritts bei,
- die Wettbewerbsbeschränkungen sind für die Verwirklichung dieser Ziele unerlässlich
- und der Wettbewerb ist nicht vollständig ausgeschaltet.

98

---

[111] EuGH vom 8.7.04 WuW/E EU-R 819 – Nahtlose Stahlrohre.
[112] EuGH vom 30.6.1966 – Maschinenbau Ulm Rs. 56/65 – Slg. 1966, 281, 304.
[113] BGH vom 13.1.1998 WuW/E DE-R 115,120 – carpartner; BGH NJW-RR 2000, 90 = BGH vom 22.7.1999 WuW/E DE-R 349, 350 – Beschränkte Ausschreibung.
[114] EuGH vom 1.2.1978 – Miller/Kommission Rs. 19/77 – Slg. 1978, 131, 150 Rdnr. 15.
[115] Bekanntmachung der Kommission über Vereinbarungen von geringer Bedeutung, die den Wettbewerb gemäß Art. 81 Abs. 1 EGV nicht spürbar beschränken (de minimis) vom 22.12.2001 (ABl. EG 2001 Nr. C 368/13).
[116] Siehe hierzu Rdnr. 93 f.
[117] Vgl. EuGH vom 28.3.1984 – CRAM/Komm. Rs. 29 und 30/83 – Slg. 1984, 1679, 1704 Rdnr. 30; Callies/Ruffert/*Weiß* Art. 81 Rdnr. 94 ff.
[118] Bekanntmachung der Kommission über die Definition des relevanten Marktes im Wettbewerbsrecht der Gemeinschaft vom 9.12.1997 (ABl. EG Nr. C 372/5).

99 Die Freistellungsvoraussetzungen sind in Berücksichtigung der Rechtsprechung der europäischen Gerichte anschaulich in den Leitlinien der Europäischen Kommission zur Anwendung von Art. 81 Abs. 3 EGV beschrieben.[119] Danach umfasst der Begriff „**Verbraucher**" alle Nutzer der Produkte, auf die sich die Vereinbarung bezieht. Dies können Unternehmen sein, die das Produkt als Vorleistung zur Weiterverarbeitung benötigen, wie auch Endkunden. Eine **angemessene Beteiligung** bedeutet, dass die Weitergabe der Vorteile die tatsächlichen oder voraussichtlichen Nachteile mindestens ausgleichen, die dem Verbraucher durch die Wettbewerbsbeschränkung entstehen. Entscheidend ist das Ausmaß der Auswirkungen auf die Käufer der Produkte in dem relevanten Markt. Ein **Effizienzgewinn** im Sinne der zweiten Voraussetzung aus Art. 81 Abs. 3 EGV ist nicht vom subjektiven Standpunkt der Parteien, sondern nach seiner objektiven Art zu bestimmen. Nach der dritten Voraussetzung dürfen durch die Vereinbarung **keine Wettbewerbsbeschränkungen** auferlegt werden, die zur Erzielung des Effizienzgewinns nicht unerlässlich sind. Damit muss zunächst die Vereinbarung für die Erzielung des Effizienzgewinns notwendig sein, im Übrigen auch die mit der Vereinbarung begründeten Wettbewerbsbeschränkungen. Schließlich darf die Vereinbarung als vierte Voraussetzung den beteiligten Unternehmen nicht die Möglichkeit eröffnen, für einen wesentlichen Teil der betreffenden Waren den **Wettbewerb auszuschalten**.

100 Ausnahmen in diesem Sinne für Vereinbarungen, Beschlüsse oder abgestimmte Verhaltensweisen, sog. **Freistellungen**, mussten bis Mai 2004 von der Europäischen Kommission für den Einzelfall auf Antrag bestimmt werden.[120] Nach der zum 1.5.2004 in Kraft getretenen VO Nr. 1/03 ist dieses bisher bei Anwendung des Art. 81 Abs. 1 EGV geltende Anmelde- und Genehmigungssystem, das Freistellungsmonopol der Europäischen Kommission, durch ein **System der sog. Legalausnahme** ersetzt. Nach Art. 1 Abs. 2 VO Nr. 1/03 sind Vereinbarungen zwischen Unternehmen, Beschlüsse von Unternehmensvereinigungen und abgestimmte Verhaltensweisen, die dem Verbot aus Art. 81 Abs. 1 EGV unterfallen, automatisch freigestellt, wenn die Voraussetzungen aus Art. 81 Abs. 3 EGV erfüllt sind. Eine Ausnahmebewilligung der Europäischen Kommission ist damit nicht mehr erforderlich, aber auch im Sinne einer Rechtssicherheit für die Unternehmen nicht mehr möglich.

101 Die Möglichkeit, das Risiko bußgeldbewehrter Verhaltensweisen durch **Anmeldung** zu umgehen, ist damit zum 1.5.2004 entfallen. So war nach Art. 15 Abs. 5 VO 17/62 die Verhängung eines Bußgeldes nach bisheriger Rechtslage dann nicht möglich, wenn ein beabsichtigtes wettbewerbsbeschränkendes Verhalten durch Anmeldung offen gelegt worden war. Dass das angemeldete Kartell die materiellen Freistellungsvoraussetzungen aus Art. 81 Abs. 3 EGV erfüllte, war nämlich nicht alleinige Voraussetzung für eine Bußgeldfreiheit. Entscheidend war lediglich, ob der Kommission durch rechtzeitige Offenbarung kartellrechtswidrigen Verhaltens ein sofortiges Einschreiten ermöglicht wurde. Nach neuer Rechtslage haben die Unternehmen nun mehr in eigener Verantwortung zu prüfen, ob die Ausnahmevoraussetzungen aus Art. 81 Abs. 3 EGV erfüllt sind. Dies birgt die Gefahr weit reichender Rechts- und Tatsachenirrtümer in sich.[121] Nach Art. 2 S. 2 VO Nr. 1/03 tragen die Unternehmen zudem die **Beweislast** für das Vorliegen der Voraussetzungen aus Art. 81 Abs. 3 EGV. Damit ist im Ergebnis eine Umkehr der Beweislast verbunden, die angesichts des Grundsatzes „in dubio pro reo" weder im europäischen noch im deutschen Bußgeldrecht im Zusammenhang mit dem Nachweis einer Zuwiderhandlung akzeptiert werden kann.[122]

> **Praxistipp:**
> 102 Bei der unternehmenseigenen Prüfung, ob die Ausnahmevoraussetzungen aus Art. 81 Abs. 3 EGV erfüllt sind, darf keinesfalls übersehen werden, dass eine Ahndung kartellrechtswidriger Verhaltensweisen nach Art. 82 EGV auch bei Vorliegen des Ausnahmetatbestandes aus Art. 81 Abs. 3 EGV möglich bleibt.[123]

---

[119] Bekanntmachung der Kommission – Leitlinien zur Anwendung von Art. 81 Abs. 3 EGV vom 27.4.2004 (ABl. EG 2004 Nr. C 101/97).
[120] Art. 4, 5 VO Nr. 17/62.
[121] Siehe hierzu *Dreher/Thomas* WuW 2004, 8 ff.
[122] Siehe hierzu auch *Dannecker* wistra 2004, 361, 362.
[123] EuGH vom 11.4.1989 – Ahmed Saeed Flugreisen Rs. 66/86 – Slg. 1989, 803, 849 Rdnr. 37.

Nach Art. 83 Abs. 2 lit. b EGV ist der Europäische Rat grundsätzlich ermächtigt, Einzelheiten zur Anwendung des Art. 81 Abs. 3 EGV allgemein durch Verordnungen festzulegen. Der Europäische Rat hat dies nur für den Verkehrsbereich übernommen, im Übrigen seinerseits die Europäische Kommission zum Erlass von **Gruppenfreistellungsverordnungen (GVO)** ermächtigt.[124] Die Kommission hat von dieser Ermächtigung regen Gebrauch gemacht. Mit der VO Nr. 2658/2000[125] werden zum Beispiel Spezialisierungsvereinbarungen vom Kartellverbot freigestellt, mit der VO Nr. 2659/2000[126] Vereinbarungen über Forschung und Entwicklung, mit der VO Nr. 2790/1999[127] vertikale Vereinbarungen, bei denen die hieran Beteiligten über einen Marktanteil von nicht mehr als 30 % am relevanten Markt verfügen. Darüber hinaus existieren eine Reihe von GVO's für bestimmte Branchen, wie zum Beispiel Kfz-Sektor[128] oder Technologie.[129] 103

Grundsätzlich sind alle GVO's **zeitlich befristet.** Die älteren GVO's enthalten sog. schwarze Listen mit verbotenen Klauseln und weiße Listen für erlaubte Klauseln. Künftig sollen alle unter eine GVO fallenden Vereinbarungen mit Ausnahme bestimmter Kernbeschränkungen freigestellt werden. 104

> **Praxistipp:**
> In der Fallbearbeitung zu Art. 81 Abs. 1 EGV ist eine nähere Befassung mit den Freistellungsvoraussetzungen und Gruppenfreistellungsverordnungen unverzichtbar, nachdem die Gerichte und Behörden der Mitgliedstaaten an den Inhalt der GVO's gebunden sind. Die in diesem Zusammenhang notwendigen Prüfungsschritte lassen sich den Leitlinien der Europäischen Kommission zur Anwendung von Art. 81 Abs. 3 EGV[130] entnehmen. 105

ee) Praktische Beispiele. Im Folgenden sollen anhand der in Art. 81 Abs. 1 EGV keinesfalls abschließend benannten Regelbeispiele einige praktische Beispiele angesprochen werden, in denen bei Vorliegen der oben beschriebenen Voraussetzungen ein Kartellverstoß anzunehmen ist. Eine „rule of reason" ist dem Europäischen Kartellrecht allerdings fremd. 106
- **Preis- und Konditionenabsprachen.** Verboten ist nach Art. 81 Abs. 1 lit. a EGV eine Wettbewerbsbeschränkung durch die Festsetzung von An- und Verkaufspreisen oder sonstigen Geschäftsbedingungen. Hierunter fällt die klassische Form eines Kartells, nämlich die Preisabsprache. Erfasst werden Festlegungen von Höchst- oder Mindestpreisen,[131] Rabattvereinbarungen[132] oder Prämienempfehlungen von Versicherungsverbänden.[133]
- **Kontrollvereinbarungen.** Eine Beschränkung des Wettbewerbs durch Einschränkung oder Kontrolle von Erzeugung, Absatz, technischer Entwicklung oder Investitionen ist nach Art. 81 Abs. 1 lit. b EGV untersagt. Eine Einschränkung der Erzeugung ist zum Beispiel

---

[124] VO (EWG) Nr. 19/65 des Rats vom 2.3.1965 über die Anwendung von Art. 81 Abs. 3 EGV auf Gruppen von Vereinbarungen und aufeinander abgestimmte Verhaltensweisen (ABl. EG L 36 vom 6.3.1965), geändert durch VO (EWG) Nr. 1215/99 des Rats vom 10.6.1999 (ABl. EG L148 vom 15.6.1999); VO (EWG) Nr. 2821/71 des Rats vom 21.12.1971 über die Anwendung von Art. 81 Abs. 3 EGV auf Gruppen von Vereinbarungen, Beschlüssen und abgestimmten Verhaltensweisen (ABl. EG L 285 vom 29.12.1971).
[125] VO (EG) Nr. 2658/2000 der Kommission über die Anwendung von Art. 81 Abs. 3 EGV auf Gruppen von Spezialisierungsvereinbarungen vom 29.11.2000 (ABl. EG 2000 Nr. L 304/3).
[126] VO (EG) Nr. 2659/2000 der Kommission über die Anwendung von Art. 81 Abs. 3 EGV auf Gruppen von Vereinbarungen über Forschung und Entwicklung vom 29.11.2000 (ABl. EG 2000 Nr. L 304/7).
[127] VO (EG) Nr. 2790/1999 der Kommission über die Anwendung von Art. 81 Abs. 3 EGV auf Gruppen von vertikalen Vereinbarungen und abgestimmten Verhaltensweisen vom 22.12.1999 (ABl. EG 1999 Nr. L 336/21).
[128] VO (EG) Nr. 1400/02 der Kommission vom 31.7.2002 über die Anwendung von Art. 81 Abs. 3 des Vertrags auf Gruppen von vertikalen Vereinbarungen und aufeinander abgestimmten Verhaltensweisen im Kraftfahrzeugsektor (ABl. EG L 203/30).
[129] VO (EG) Nr. 772//04 der Kommission vom 27.4.2004 über die Anwendung von Art. 81Abs. 3 EGV auf Gruppen von Technologietransfer-Vereinbarungen (ABl. EG 2004 Nr. L 123/11).
[130] Bekanntmachung der Kommission – Leitlinien zur Anwendung von Art. 81 Abs. 3 EGV vom 27.4.2004 (ABl. EG 2004 Nr. C 101/97).
[131] EuGH vom 30.1.1985 – BNIC/CLAIR Rs. 123/83 – Slg. 1985, 391, 423 Rdnr. 22.
[132] EuGH vom 10.12.1985 – NSO/Kommission Rs. 260/82 – Slg. 1985, 3812, 3822 Rdnr. 35.
[133] Kommission vom 4.12.1992 – Lloyd's – ABl. EG 1993 Nr. L 4/26 Rdnr. 32.

in Form von sog. Quotenvereinbarungen[134] anzutreffen, eine Beschränkung des Absatz durch die Auferlegung von Bezugspflichten.[135]
- **Marktaufteilungen.** Eine Beschränkung des Wettbewerbs durch Aufteilung der Märkte oder Versorgungsquellen unter den beteiligten Unternehmen erfasst das Verbot aus Art. 81 Abs. 1 lit. c EGV. Eine Zuwiderhandlung in diesem Sinne liegt zum Beispiel bei der Vereinbarung von Quoten für bestimmte Gebiete vor[136] oder bei Auferlegung eines Exportverbots.[137] Von einem Kartellverstoß war die Kommission etwa in einem Verfahren gegen acht europäische und japanische Hersteller von nahtlosen Stahlröhren ausgegangen, die sich darauf verständigt hatten, bei bestimmten Arten nahtloser Rohre auf ihren jeweiligen Heimatmärkten keine Konkurrenz zu machen.[138]
- **Diskriminierungsfälle.** Erfasst werden von dieser Alternative aus Art. 81 Abs. 1 lit. d EGV die Fälle von Wettbewerbsbeschränkungen, in denen unterschiedliche Bedingungen bei gleichwertigen Leistungen gegenüber Handelspartnern angewendet werden, die hierdurch in ihrer Wettbewerbsfähigkeit benachteiligt werden. Dies gilt allerdings nicht für einseitige Maßnahmen, für die allenfalls Art. 82 EGV in Betracht kommen kann. Beispielsweise erfüllt ein Vertriebssystem, in dem der Hersteller bestimmten Kunden ungünstigere Preise gibt, diese Variante der Wettbewerbsbeschränkung.[139]
- **Koppelungsgeschäfte.** Auch durch den Abschluss von Verträgen, die an die Bedingung geknüpft sind, dass der Vertragspartner zusätzliche Leistungen annimmt, die in keiner Beziehung zu dem Vertragsgegenstand stehen, kann bei spürbarer Beschränkung des Wettbewerbs ein Verstoß gegen das Kartellverbot aus Art. 81 Abs. 1 lit. e EGV vorliegen. Eine Koppelung in diesem Sinne ist nur dann kartellrechtswidrig, wenn sie sachlich nicht gerechtfertigt, d. h. objektiv weder technisch noch wirtschaftlich vernünftig ist.

Praxistipp:
Eine wichtige zivilrechtliche Konsequenz kartellrechtswidriger Verhaltensweisen i. S. d. Art. 81 Abs. 1 EGV darf bei der Fallbearbeitung nicht übersehen werden. Nach Art. 81 Abs. 2 EGV sind kartellrechtswidrige Vereinbarungen nichtig und führen zu unter Umständen existenzbedrohenden Schadensersatzansprüchen. So ist Art. 81 Abs. 2 EGV ein Schutzgesetz i. S. d. § 823 BGB, wenn die kartellrechtswidrige Maßnahme unmittelbar gegen den Betroffenen gerichtet ist.

b) Missbrauch einer marktbeherrschenden Stellung nach Art. 82 S. 1 EGV. Nach Art. 23 Abs. 2 a VO Nr. 1/03 kann die Kommission gegen Unternehmen und Unternehmensvereinigungen durch Entscheidung Geldbußen verhängen, wenn sie vorsätzlich oder fahrlässig gegen Art. 82 EGV verstoßen.

Checkliste

Verboten ist nach **Art. 82 EGV**:
- die missbräuchliche Ausnutzung
- einer beherrschenden Stellung auf dem gemeinsamen Markt oder eines wesentlichen Teil desselben
- durch ein oder mehrere Unternehmen,[140]
- soweit dies geeignet ist, den Handel zwischen den Mitgliedsstaaten zu beeinträchtigen (sog. Zwischenstaatlichkeitsklausel).[141]

---

[134] EuG vom 29.6.1993 – Asia Motor France/Kommission Rs. T-7/92 – Slg. 1993-II, 669, 686 Rdnr. 41.
[135] Kommission vom 26.7.1988 – Bloemenveilingen Aalsmeer – ABl. EG 1988 Nr. L 262/27 Rdnr. 102,111.
[136] Kommission vom 6.8.1984 – Zinc Producer Group – ABl. EG 1984 Nr. L 220/27 Rdnr. 77.
[137] EuG vom 14.7.1994 – Herlitz/Kommission Rs. T-66/92 Slg. 1994-II, 531 Rdnr. 40.
[138] XXIX. Bericht der Europäischen Kommission über die Wettbewerbspolitik 1999 S. 35.
[139] Kommission vom 15.7.1982 – SSI – ABl. EG 1982 Nr. L 232/1 Rdnr. 99.
[140] Siehe hierzu Rdnr. 21.
[141] Siehe hierzu Rdnr. 22.

Praxistipp:

Art. 81 und 82 EGV stehen zueinander in **Idealkonkurrenz** und bleiben damit nebeneinander anwendbar, wenn an wettbewerbsbeschränkenden Maßnahmen ein marktbeherrschendes Unternehmen teilnimmt.[142] Damit kann das Verbot aus Art. 82 EGV grundsätzlich auch bei einer nach Art. 81 Abs. 3 EGV freigestellten Vereinbarung greifen. Eine Freistellung in diesem Sinne bewirkt insoweit keinerlei wirksames Präjudiz.

110

aa) Beherrschende Stellung. Zur Klärung des Begriffs der Marktbeherrschung sind zunächst der **relevante Markt** und die dort herrschenden Wettbewerbskräfte zu ermitteln. Die Kommission hat die Kriterien einer Marktermittlung in ihrer Bekanntmachung über die Definition des relevanten Marktes festgelegt.[143] Danach ist in sachlicher, räumlicher und zeitlicher Hinsicht abzuklären, welches Alternativangebot dem Verbraucher tatsächlich zur Verfügung steht. Der Markt kann dabei durchaus auch auf einen einzigen Mitgliedstaat begrenzt sein.[144]

111

Praxistipp:

In diesem Zusammenhang sind Marktanalysen, Umfragen etc. in der Regel unverzichtbar.

112

Ob ein Unternehmen auf dem relevanten Markt tatsächlich beherrschend ist, wird nach wie vor nach den Grundsätzen des EuGH aus der „United Brands"-Entscheidung[145] geklärt. Danach ist von marktbeherrschender Stellung dann auszugehen, wenn ein Unternehmen kraft seiner wirtschaftlichen Machtstellung die Möglichkeit hat, sich seinen Wettbewerbern, seinen Abnehmern und Verbrauchern gegenüber in einem nennenswerten Umfang unabhängig zu verhalten, und wenn es aufgrund seines Marktanteils in der Lage ist, die Preise, Produktion oder Verteilung zu kontrollieren und damit die Aufrechterhaltung eines wirksamen Wettbewerbs auf dem relevanten Markt zu verhindern. Eine völlige Ausschaltung des Wettbewerbs ist nicht erforderlich. Maßgebend ist die Unternehmensstruktur sowie die Wettbewerbssituation auf dem jeweiligen Markt, insbesondere der **Marktanteil** des betroffenen Unternehmens. Im Übrigen kommt es in diesem Zusammenhang wesentlich auf die Struktur des Marktes an, wobei sich das Vorliegen einer beherrschenden Stellung auch aus dem Zusammentreffen mehrerer Faktoren ergeben kann.[146] Nach der Spruchpraxis der Europäischen Kommission und der hierzu entwickelten Rechtsprechung wird von folgenden Eckdaten für die Beurteilung möglicher Beherrschung anhand des festzustellenden Marktanteils auszugehen sein:

113

- Bei einem Marktanteil von mehr als 40 – 50 % ist eine Marktbeherrschung zu vermuten. So hat der EuGH eine beherrschende Stellung bei einem Marktanteil von 50 % indiziert gesehen.[147]
- Bei einem Marktanteil zwischen 20 und 40 % sind zusätzliche Indizien erforderlich.
- Ein Marktanteil von weniger als 20 % spricht gegen die Annahme einer beherrschenden Stellung.

Auch mehrere, rechtlich voneinander unabhängige Unternehmen, die isoliert nicht marktbeherrschend sind, können auf dem Markt eine **gemeinsame beherrschende Stellung** einnehmen. Dies gilt nicht nur für die Fälle klassischer Absprache zwischen den Unternehmen, sondern auch bereits dann, wenn sie in wirtschaftlicher Hinsicht gemeinsam als kollektive Einheit auf-

114

---

[142] Callies/Ruffert/*Weiß* Art. 82 Rdnr. 2.
[143] Bekanntmachung der Kommission über die Definition des relevanten Marktes im Sinne des Wettbewerbsrechts der Gemeinschaft vom 9.12.1997 (ABl. EG 1997 Nr. C 372/5).
[144] EuGH vom 9.11.1983 – Michelin/Kommission Rs. 322/81 – Slg. 1983, 3461, 3502 Rdnr. 28; EuG vom 22.11.2001 – AAMS/Kommission – WuW/E EU-R 527.
[145] EuGH vom 14.2.1978 – United Brands Rs. 27/76 – Slg. 1978, 207, 286 Rdnr. 63,66.
[146] EuGH vom 13.2.1979 – Hoffmann-La Roche/Komm. Rs. 85/76 – Slg. 1979,461, 520 Rdnr. 39 ff.
[147] EuGH vom 3.7.1991 – AKZO/Komm. Rs. C-62/86 – Slg. 1991, 3359, 3453 Rdnr. 60; vgl. auch EuGH 16.12.1975 – Suiker Unie/Komm. Rs. 114/73 – Slg. 1975, 1663, 2011; EuGH vom 13.2.1979 – Hoffmann-La Roche/Komm. Rs. 85/76 – Slg. 1979, 461, 514 ff.

treten oder handeln.¹⁴⁸ Die Kommission hat in diesem Zusammenhang den Begriff des **Parallelverhaltens eines Oligopol** geprägt.¹⁴⁹

115   *bb) Missbräuchliche Ausnutzung.* Das Verbot aus Art. 82 EGV erfasst keineswegs jedes Monopol, sondern ausschließlich nur die missbräuchliche Ausnutzung einer marktbeherrschenden Stellung. Der EuGH hat dieses Merkmal als einen **objektiven Begriff** definiert, der Verhaltensweisen eines Unternehmens in beherrschender Stellung erfasst, die die Struktur eines Marktes beeinflussen können, auf dem der Wettbewerb gerade wegen der Anwesenheit des fraglichen Unternehmens bereits geschwächt ist, und die die Aufrechterhaltung des auf dem Markt noch bestehenden Wettbewerbs oder dessen Entwicklung durch die Verwendung von Mitteln behindern, welche von den Mitteln eines normalen Produkt- oder Dienstleistungswettbewerbs auf der Grundlage der Leistungen der Marktbürger abweichen.¹⁵⁰

116   *cc) Praktische Beispiele.* Was im Übrigen unter missbräuchlicher Ausnutzung zu verstehen ist, machen die keineswegs abschließenden Regelbeispiele aus Art. 82 S. 2 lit. a bis d EGV deutlich. In der Praxis sind vor allem Fälle der Diskriminierung, der Ausbeutung auf vertikaler Ebene und in Anwendung der **Generalklausel** aus Art. 82 S. 1 EGV die Behinderung anderer Marktteilnehmer auf horizontaler Ebene etwa durch Ausschließlichkeitsbindungen, durch Treuerabatte, durch Kampfpreise etc. bedeutsam. Im Folgenden soll anhand der Regelbeispiele aus Art. 82 EGV veranschaulicht werden, welche Fälle des Marktmissbrauchs in der Praxis vor allem behandelt werden.

- **Preis- oder Konditionenmissbrauch.** Verboten ist einem marktbeherrschenden Unternehmen nach Art. 82 S. 2 lit. a EGV, unangemessene Einkaufs- oder Verkaufspreise oder Geschäftsbedingungen, Verwendungsbeschränkungen, Preisbindungen, überhöhte Vertragsstrafen o.ä. zu erzwingen. Man spricht in diesem Zusammenhang von Ausbeutungsmissbrauch. Maßstab für die Unangemessenheit von Preisen ist der wirtschaftliche Wert der Gegenleistung.¹⁵¹ Geschäftsbedingungen sind unangemessen, soweit sie für die Erreichung des Zwecks nicht unentbehrlich sind und die Freiheit des Betroffenen unbillig beeinträchtigen.¹⁵² Die Lieferung von Maschinen unter der Bedingung für die Abnehmer, auf den Maschinen ausschließlich Material einzusetzen, das vom Lieferanten zu beziehen ist, erfüllt beispielsweise diese Missbrauchsvariante.¹⁵³

- **Einschränkung von Erzeugung, Absatz oder Entwicklung.** Erfasst werden in Art. 82 S. 2 lit. b EGV die Fälle, in denen Wettbewerbs- oder Exportverbote, Verwendungs- oder Vertriebsbindungen praktiziert werden und zu einem Schaden der Verbraucher führen. Von einem Schaden in diesem Sinne ist auszugehen, wenn die Angebotsverknappung zu einer Verteuerung führt.¹⁵⁴ Auch die Fälle künstlicher Verknappung des Angebots, um die Preise hoch zu halten, fallen hierunter.¹⁵⁵

- **Diskriminierung.** Verboten ist gem. Art. 82 S. 2 lit. c EGV einem marktbeherrschenden Unternehmen auch die Anwendung unterschiedlicher Bedingungen bei gleichwertigen Leistungen gegenüber Handelspartnern, die diese im Wettbewerb benachteiligen. Diese Missbrauchsalternative war zum Beispiel bei der Benachteiligung ausländischer Unternehmen beim Zugang zum Werbefernsehen angenommen worden.¹⁵⁶ Eine lediglich symbolische Geldbuße in Höhe von 1.000 € verhängte die Kommission mit Entscheidung vom 8.1.2000 gegen den Veranstalter der Fußball-Weltmeisterschaft 1998 in Frankreich wegen Missbrauch seiner beherrschenden Stellung, weil dieser im Vorfeld des Turniers Eintrittskarten nach einem Modus verkauft hatte, der Abnehmer aus Frankreich begünstigte.¹⁵⁷

---

¹⁴⁸ EuGH vom 16.3.2000 WuW 2000, 539 – CMB/Kommission.
¹⁴⁹ Kommission vom 7.12.1988 ABl. EG 1989 Nr. L 33/44 Rdnr. 18 ff. – Flachglas.
¹⁵⁰ EuGH vom 13.2.1979 – Hoffmann-La Roche/Komm. Rs. 85/76 – Slg. 1979, 461, 541 Rdnr. 91.
¹⁵¹ EuGH vom 5.10.1994 – Centre d'Insemination de la Crespelle Rs. 323/93 – Slg. 1994, 5077, 5106 Rdnr. 25.
¹⁵² EuGH vom 27.3.1974 – BRT/Sabam und Fonior Rs. 127/73 – Slg. 1974, 313, 317 Rdnr. 15.
¹⁵³ EuG vom 6.10.1994 – Tetra Pak II Rs. T-83/91 – Slg. 1994-II, 755, 821 Rdnr. 134.
¹⁵⁴ Calliess/Ruffert/*Weiß* Art. 82 Rdnr. 51.
¹⁵⁵ EuGH vom 5.10.1988 – CICRA/Renault Rs. 53/87 – Slg. 1988, 6039, 6073 Rdnr. 16.
¹⁵⁶ EuGH vom 30.4.1974 – Sacchi Rs. 155/73 – Slg. 1974, 409, 431 Rdnr. 17.
¹⁵⁷ Kommission vom 20.7.1999 (ABl. EG 2000 Nr. L 5/55).

- **Koppelungsgeschäfte.** Wird der Abschluss von Verträgen mit der Bedingung gekoppelt, dass der Vertragspartner zusätzliche Leistungen abnimmt, die in keiner Beziehung zum Vertragsgegenstand steht, verstößt ein marktbeherrschendes Unternehmen gegen das Verbot aus dem Regelbeispiel Art. 82 S. 2 lit. d EGV. Dies war etwa in einem Fall angenommen worden, in dem der Vertrieb von Computer-Zentraleinheiten durch IBM als marktbeherrschendem Unternehmen mit der Abnahme einer Basissoftware gekoppelt war.[158]

c) **Kartellrechtswidriges Verhalten bei Unternehmenszusammenschlüssen.** In Berücksichtigung des Verbots missbräuchlicher Ausnutzung marktbeherrschender Stellung aus Art. 82 EGV hat sich die Europäische Gemeinschaft zur Aufgabe gemacht, Unternehmenszusammenschlüsse, deren Auswirkungen auf den Markt die Grenzen eines Mitgliedstaates überschreiten, und die eine beherrschende Stellung begründen oder verstärken, auf ihre Vereinbarkeit mit dem Gemeinsamen Markt zu überprüfen, um Wettbewerbsbeschränkungen in diesem Zusammenhang begegnen zu können. In diesem Zusammenhang war 1989 eine erste Fusionskontrollverordnung (FKVO) erlassen worden,[159] mit der der Europäischen Kommission die ausschließliche Zuständigkeit zur Fusionskontrolle übertragen („one-stop-shop") und ein Anmelde- und Genehmigungssystem festgelegt war. Diese Verordnung ist seit dem 1.5.2004 durch die neue Fusionskontrollverordnung VO Nr. 139/04[160] ersetzt. Abgesehen von den Fällen, in denen gegen Auskunfts-, Duldungs- und Meldepflichten, sowie Entscheidungen der Kommission verstoßen wurde, kann die Kommission nach Art. 14 Abs. 2 b gegen Personen oder Unternehmen durch Entscheidung Geldbußen auch dann festsetzen, wenn sie vorsätzlich oder fahrlässig einen Zusammenschluss unter Verstoß gegen Art. 7 VO Nr. 139/04 vollziehen. 117

Checkliste: 118

Nach **Art. 7 VO Nr. 139/04** ist verboten,
- einen Zusammenschluss
- von gemeinschaftsweiter Bedeutung,
- der mit dem Gemeinsamen Markt nicht vereinbar ist,
- weder vor der Anmeldung noch vor einer Entscheidung der Kommission zu vollziehen.

aa) *Zusammenschluss.* Eine Definition hierzu findet sich in Art. 3 VO Nr. 139/04. Danach werden folgende **Varianten eines Unternehmenszusammenschlusses** erfasst: 119
- Die Fusion von mindestens zwei bisher voneinander unabhängigen Unternehmen, Art. 3 Abs. 1 lit. a VO Nr. 139/04.
- Der mittel- oder unmittelbare Kontrollerwerb über ein anderes Unternehmen durch den Erwerb von Anteilsrechten oder Vermögenswerten, Art. 3 Abs. 1 lit. b VO Nr. 139/04.
- Die Gründung eines funktionsfähigen Gemeinschaftsunternehmens, Art. 3 Abs. 4 VO Nr. 139/04.

Eine Kontrolle wird gem. Art. 3 Abs. 2 VO Nr. 139/04 durch Rechte, Verträge oder andere Mittel begründet, die unter Berücksichtigung aller tatsächlichen und rechtlichen Umstände die Möglichkeit gewähren, einen bestimmenden Einfluss auf die Tätigkeit eines Unternehmens auszuüben. 120

bb) *Gemeinschaftsweite Bedeutung.* Die Beantwortung dieser Frage ist ausschließlich am Umsatz der beteiligten Unternehmen orientiert, der nach den Regeln des Art. 5 VO Nr. 139/04 zu berechnen ist. Nach Art. 1 Abs. 2 und 3 VO Nr. 139/04 müssen alternativ folgende **Schwellenwerte** und zwar jeweils kumulativ überschritten sein: 121

---

[158] XIV. Bericht der Europäischen Kommission über die Wettbewerbspolitik 1984, Rdnr. 94.
[159] VO (EWG) Nr. 4069/89 des Rats vom 21.12.1989 über die Kontrolle von Unternehmenszusammenschlüssen (ABl. Nr. L 385).
[160] Siehe hierzu Rdnr. 19.

- Alle beteiligte Unternehmen erzielen einen weltweiten Gesamtumsatz von mehr als 5 Milliarden € und
- davon mindestens zwei beteiligte Unternehmen einen gemeinschaftsweiten Gesamtumsatz von jeweils mehr als 250 Millionen Euro.

oder

- Alle beteiligten Unternehmen erzielen zusammen einen weltweiten Gesamtumsatz von mehr als 2,5 Milliarden Euro,
- dabei beträgt der Gesamtumsatz aller beteiligten Unternehmen in mindestens drei Mitgliedstaaten jeweils 100 Millionen Euro,
- zusätzlich beträgt der Gesamtumsatz von mindestens zwei beteiligten Unternehmen in jedem von mindestens drei der erfassten Mitgliedstaaten jeweils mehr als 25 Millionen Euro
- und der gemeinschaftsweite Gesamtumsatz von mindestens zwei der beteiligten Unternehmen übersteigt jeweils 100 Millionen Euro.

122 Eine **Ausnahme** hierzu gilt jeweils nur dann, wenn die am Zusammenschluss beteiligten Unternehmen jeweils mehr als zwei Drittel ihres gemeinschaftsweiten Gesamtumsatzes in ein und demselben Mitgliedstaat erzielen.

123 *cc) Vereinbarkeit mit dem Gemeinsamen Markt.* In Art. 2 Abs. 1 VO Nr. 139/04 finden sich die Kriterien, die für eine Beurteilung der **Vereinbarkeit** von Unternehmenszusammenschlüssen mit dem Gemeinsamen Markt bedeutsam sind:
- Struktur der betroffenen Märkte sowie der tatsächliche oder potenzielle Wettbewerb durch andere Unternehmen,
- Marktstellung sowie wirtschaftliche Macht und Finanzkraft der beteiligten Unternehmen,
- Wahlmöglichkeiten der Lieferanten und Abnehmer und deren Zugang zu den Beschaffungs- und Absatzmärkten,
- rechtliche oder tatsächliche Marktzutrittsschranken,
- Entwicklung von Angebot und Nachfrage für die jeweiligen Erzeugnisse und Dienstleistungen,
- Interessen der Zwischen- und Endverbraucher,
- Entwicklung des technischen und wirtschaftlichen Fortschritts.

124 Nach Art. 2 Abs. 2 und 3 VO Nr. 139/04 ist schließlich erforderlich, dass die im Zusammenschluss begründete Marktmacht im Ergebnis auch zu einer **spürbaren Wettbewerbsbeschränkung** führt. Nur soweit die beschriebenen Voraussetzungen sämtlich erfüllt sind, kann ein vorwerfbares Fehlverhalten im Zusammenhang mit Unternehmenszusammenschlüssen zu einer Bußgeldahndung nach Art. 14 Abs. 2 b FKVO Nr. 139/04 führen.

3. Die verfahrensrechtlichen Besonderheiten

125 Nach Art. 85 Abs. 1 S. 1 EGV achtet die Europäische Kommission in Brüssel als „Hüterin der Gründungsverträge" auch auf die Verwirklichung der in den Art. 81 und 82 EGV niedergelegten Grundsätze. Dort ist der für Wettbewerbsfragen gewählte Wettbewerbskommissar sowie die **Generaldirektion Wettbewerb**[161] zuständig. Gem. Art. 85 Abs. 1 S. 2 EGV untersucht die Kommission mögliche Zuwiderhandlungen in Verbindung mit den zuständigen Behörden der Mitgliedstaaten, die ihr Amtshilfe zu leisten haben. Sie entscheidet dabei grundsätzlich nach pflichtgemäßem Ermessen, ob sie ein Verfahren einleiten will oder nicht. Auch im europäischen Kartellrecht gilt das sog. **Opportunitätsprinzip**. Die Kommission hat damit ein Entschließungs- und Auswahlermessen.

126 Einzelheiten zu den Befugnissen der Europäischen Kommission bei Anwendung der Art. 81 und 82 EGV und zum Verfahren, in dem grundsätzlich entgegen den deutschen Kartellbestimmungen nicht zwischen Verwaltungs- und Bußgeldverfahren unterschieden wird, sind in der Durchführungsverordnung VO Nr. 1/03 festgelegt. Im Übrigen hat die Kommission von der Ermächtigung aus Art. 33 VO Nr. 1/03 Gebrauch gemacht und Durchführungsvorschriften zu einzelnen Verfahrensfragen erlassen.[162] Regelungen für das Fusionsverfahren finden sich in der

---

[161] Postanschrift: European Commission, Directorate – General Competition, B-1049 Brussels.
[162] VO (EG) Nr. 773/04 der Kommission über die Durchführung von Verfahren auf der Grundlage der Art. 81 und 82 EGV durch die Kommission vom 7.4.2004 (ABl. EG 2004 Nr. L 123/18).

Fusionskontrollverordnung VO Nr. 139/04, die allerdings im Folgenden nicht näher besprochen werden sollen.

> **Praxistipp:**
> Zu Beginn eines Verfahrens kann durchaus noch unklar sein, ob die zunächst als reines Verwaltungsverfahren geführte Untersuchung der Europäischen Kommission mit der Verhängung einer Geldbuße abgeschlossen wird. Nach ständiger Rechtsprechung des EuGH ist allerdings auch dann von einem Verwaltungsverfahren zu sprechen, wenn mit abschließender Entscheidung Geldbußen verhängt werden.[163]

a) **System paralleler Zuständigkeiten.** Mit Abschaffung des Anmelde- und Genehmigungssystems durch die neue Durchführungsverordnung Nr. 1/03 ist zum 1.5.2004 die ausschließliche Zuständigkeit der Europäischen Kommission für Freistellungen vom Kartellverbot nach Art. 81 Abs. 3 EGV, die Möglichkeit zur Erteilung eines sog. Negativattestes entfallen. Damit ist auch der Streit um die konkurrierende Zuständigkeit nationaler Behörden vor oder nach Einleitung eines entsprechenden Verfahrens, der Streit um die Bedeutung sog. „comfort letter" obsolet. Nach wie vor wird zwar in Art. 4 VO Nr. 1/03 die zentrale Stellung der Europäischen Kommission bei Anwendung der in den Art. 81 und 82 EGV niedergelegten Grundsätze betont, allerdings hat sich die Europäische Gemeinschaft mit der Zuständigkeitsregel aus Art. 5 VO Nr. 1/03 für eine **dezentralisierte und unmittelbare** Anwendung des EG-Kartellrechts durch die nationalen Behörden der Mitgliedstaaten entschieden. Gleichwohl bleibt der Europäischen Kommission gem. Art. 10 VO Nr. 1/03 vorbehalten, aus Gründen des öffentlichen Interesses von Amts wegen durch Entscheidung festzustellen, dass ein Verstoß gegen die Grundsätze des EG-Kartellrechts nicht vorliegt.

Damit wurde das etwa mit Begründung des Forums ECA (European Competition Authorities) erkennbare Bemühen um verbesserte Kooperation mit den einzelstaatlichen Behörden festgeschrieben. In Konsequenz ist ein Netz zwischen den Wettbewerbsbehörden der Mitgliedstaaten und der Europäischen Kommission installiert, das als Europäisches Netzwerk „**European Competition Network**" (**ECN**) bezeichnet wird und seit seiner Gründung im Jahr 2004 einen regelmäßigen Austausch zwischen den Wettbewerbsbehörden der Mitgliedstaaten, der Europäischen Kommission und den EFTA-Überwachungsbehörden ermöglicht. Die hierfür notwendige Basis ist mit den Bestimmungen aus Art. 11 ff. VO Nr. 1/03 zu Amtshilfe und Informationsaustausch geschaffen.

Festgeschrieben ist in der VO Nr. 1/03 ein **System paralleler Zuständigkeiten**, in dessen Rahmen die Europäische Kommission wie auch sämtliche einzelstaatlichen Wettbewerbsbehörden zur Anwendung von EG-Kartellrecht auf Fälle mit zwischenstaatlicher Bedeutung befugt und verpflichtet sind. Welche Behörde dabei für welchen Fall zuständig sein soll, ist allerdings auch in der neuen Kartellverordnung nicht geregelt. In Art. 11 Abs. 6 VO Nr. 1/03 ist lediglich festgelegt, dass die Zuständigkeit der Wettbewerbsbehörden der Mitgliedstaaten für die Anwendung der Art. 81 und 82 EGV entfällt, sobald die Kommission ein Verfahren einleitet.[164] Damit bleiben folgende Zuständigkeitsvarianten denkbar:
- Eine ausschließliche Bearbeitung durch die Europäische Kommission.
- Die parallele Bearbeitung durch mehrere nationale Wettbewerbsbehörden.
- Die Fallbearbeitung durch eine nationale Wettbewerbsbehörde, gegebenenfalls in Abstimmung mit anderen Behörden.

Bei der Bestimmung einer Zuständigkeit im Einzelfall gilt der Grundsatz, dass die Bearbeitung unter Beachtung des Subsidiaritätsprinzips von der für den Fall am besten geeigneten Behörde übernommen werden soll. Nach der Bekanntmachung der Europäischen Kommission über die Zusammenarbeit des Netzes der Wettbewerbsbehörden[165] haben sämtliche Wettbewerbsbehörden für eine effiziente Arbeitsteilung zu sorgen, wobei es im Ermessen jedes einzel-

---
[163] EuGH v. 18.5.82 – A. M.&S/Komm. Rs. 155/79 – Slg. 1982, 1575, 1611 Rdnr. 23.
[164] Siehe hierzu näher *Leopold* EWS 2004, 539 ff.
[165] Bekanntmachung der Kommission über die Zusammenarbeit innerhalb des Netzes der Wettbewerbsbehörden vom 27.4.2004 (ABl. EG 2004 Nr. C 101/43).

nen Netzmitglieds liegt zu entscheiden, ob in einem bestimmten Fall Ermittlungen eingeleitet werden sollen oder nicht. In der Regel soll die Behörde, die ein Verfahren eingeleitet hat, auch weiterhin mit der Bearbeitung befasst bleiben. Eine Umverteilung soll lediglich zu Beginn eines Verfahrens in Betracht gezogen werden, wenn andere Behörden hierfür gut geeignet erscheinen. Eine Behörde ist in diesem Sinne gut geeignet, wenn zwischen der Zuwiderhandlung und dem Hoheitsgebiet des Mitgliedstaates eine wesentliche Verknüpfung besteht, es sei denn die Europäische Kommission ist besser geeignet. Hiervon wäre jedenfalls dann auszugehen, wenn kartellrechtswidrige Verhaltensweisen in mehr als drei Mitgliedstaaten Auswirkungen auf den Wettbewerb haben. Fälle mit nationalem Schwerpunkt sollen von den nationalen Kartellbehörden bearbeitet werden. Die Zuständigkeit der Kommission bleibt auf die Fälle beschränkt, die mit einer gemeinschaftsweiten Entscheidung besser abgeschlossen werden können.

132   b) **Beweisverwertung bei Informationsaustausch.** Bedeutsam ist in diesem Zusammenhang die Frage, inwieweit zwischen den Behörden gegebenenfalls zur Zuständigkeitsfindung ausgetauschte Informationen im jeweiligen Verfahren als Beweismaterial verwertet werden dürfen. Näheres hierzu ist in Art. 12 VO Nr. 1/03 geregelt:
- Die Verwertung von ausgetauschten Informationen als Beweismaterial ist grundsätzlich **bei Anwendung von Art. 81 und 82 EGV** zulässig, soweit Ermittlung und Verwertung den gleichen Untersuchungsgegenstand betreffen (Art. 12 Abs. 2 S. 1).
- **Bei Anwendung nationalen Rechts** ist die Verwertung ausgetauschter Informationen nur dann zulässig, wenn die Anwendung nationalen Rechts parallel zum Gemeinschaftsrecht nicht zu anderen Ergebnissen führt (Art 12 Abs. 2 S. 2).
- Die Verwertung ausgetauschter Informationen **für die Sanktionierung einer natürlichen Person** ist grundsätzlich nur möglich, wenn das Recht der übermittelnden Behörde ähnlich geartete Sanktionen in Bezug auf Verstöße gegen Art. 81 und 82 EGV vorsieht (Art. 12 Abs. 3). Eine Verwertung wäre damit ausgeschlossen, soweit etwa die Verhängung einer Freiheitsstrafe droht.

133   In diesem Zusammenhang sei auch eine Entscheidung des EuGH aus dem Jahre 1992 erwähnt, in der den Mitgliedstaaten verwehrt worden war, Auskünfte, die ein Unternehmen in Beantwortung eines Auskunftsverlangens der Kommission nach Art 11 VO Nr. 17/62 oder im Zusammenhang mit Anträgen und Anmeldungen nach Art. 2, 4, 5 VO Nr. 17/62 erteilt hatte, als Beweismittel zur Begründung einer nationalen Sanktion zu verwerten.[166]

134   c) **Ermittlungsbefugnisse der Kommission.** Seit In-Kraft-Treten der neuen Durchführungs-Verordnung Nr. 1/03 zum 1.5.2004 kann die Europäische Kommission auf ein erheblich erweitertes Ermittlungsinstrumentarium zurückgreifen. Sie ist nun mehr unter anderem auch zur Befragung von Einzelpersonen, zu Nachprüfungen in Privatwohnungen und zur Versiegelung von Geschäftsräumen und Unterlagen befugt. Gem. Art. 17 VO Nr. 1/03 ist sie des Weiteren nicht mehr auf die Untersuchung einzelner Wirtschaftszweige beschränkt, kann vielmehr auch – Sektor übergreifend – Untersuchungen zu einer bestimmten Art von Vereinbarungen durchführen. Damit sind die bisherigen Auskunfts- und Nachprüfungsrechte der Kommission, die die Unternehmen unter bestimmten Voraussetzungen unter Zwangs- und Bußgelddrohung zu Mitwirkung bzw. wahrheitsgemäßen und vollständigen Angaben verpflichten, weit reichend ergänzt.

135   *aa) Auskunftsverlangen.* Gem. Art. 17 VO Nr. 1/03 kann die Europäische Kommission bei Verdacht einer Wettbewerbsbeschränkung von den betreffenden Unternehmen **Auskünfte** verlangen, nach Art 18 Abs. 1 VO 1/03 auch von unverdächtigen Unternehmen und Unternehmensvereinigungen und zwar wahlweise durch ein einfaches Auskunftsverlangen (Art. 18 Abs. 2 VO Nr. 1/03) oder auf der Basis einer förmlichen Auskunftsentscheidung (Art. 18 Abs. 3 VO Nr. 1/03). Die Auskünfte werden für das Unternehmen, Art. 17 Abs. 2, 18 Abs. 4 VO Nr. 1/03 jeweils durch den Unternehmensinhaber oder dessen Vertreter erteilt. Die betroffenen nationalen Behörden werden über das Auskunftsverlangen gem. Art. 18 Abs. 5 VO Nr. 1/03 informiert. Die Kommission soll damit in die Lage versetzt sein, im gesamten

---

[166] EuGH vom 16.7.1992 – Asociacion Espanola de Banca Privada Rs. C-67/91 – Slg. 1992, 4785, 4832 Rdnr. 36.

Bereich der Gemeinschaft die Auskünfte zu erlangen, die notwendig sind, um Verstöße gegen Art. 81 und 82 EGV aufzudecken.[167]

Ersucht die Kommission das betroffene Unternehmen in einem **formlosen Schreiben** um Beantwortung bestimmter Fragen, bleibt eine Nichtbeantwortung – abgesehen von dem damit gegebenenfalls verbundenen Imageschaden – ohne Konsequenz. Werden jedoch unrichtige oder irreführende Auskünfte erteilt, kann die Kommission ein Bußgeld nach Art. 23 Abs. 1 lit. a VO Nr. 1/03 verhängen. Verpflichtet die Kommission ein Unternehmen durch **Entscheidung** gem. Art. 18 Abs. 3 VO Nr. 1/03 zur Auskunftserteilung, so kann sie bei Nichtbeachtung ein Zwangsgeld nach Art. 24 Abs. 1 lit. d VO Nr. 1/03 festsetzen oder ein Bußgeld gem. Art. 23 Abs. 1 lit. b VO Nr. 1/03 verhängen. Nach Art. 18 Abs. 4 S. 3 VO Nr. 1/03 sind die Unternehmen in vollem Umfang dafür verantwortlich, dass die erteilten Auskünfte vollständig, sachlich richtig und nicht irreführend sind. 136

> **Praxistipp:**
> Das betroffene Unternehmen ist im Zusammenhang mit einem Auskunftsbegehren der Kommission nicht verpflichtet, auch Unterlagen vorzulegen. Dies kann allerdings unter Umständen sinnvoll sein. 137

Ein **Auskunftsverweigerungsrecht** zum Schutz vor Selbstbezichtigung ist auch in der neuen Durchführungsverordnung VO Nr. 1/03 nicht geregelt. Nach Auffassung des EuGH sind die Unternehmen zwar im Grundsatz verpflichtet, alle erforderlichen Auskünfte zu erteilen, selbst wenn damit ein wettbewerbswidriges Verhalten eingeräumt werden müsste, allerdings darf die Kommission einem Unternehmen nicht auferlegen, Antworten auf Auskunftsverlangen zu erteilen, durch die es das Vorliegen einer Zuwiderhandlung eingestehen müsste, für die die Kommission den Beweis zu erbringen hat.[168] Die mit VO Nr. 1/03 vertretene Auffassung der Europäischen Kommission, um Auskunft durch Entscheidung ersuchte Unternehmen seien jedenfalls verpflichtet, Fragen nach Tatsachen zu beantworten, auch wenn die betreffenden Auskünfte dazu verwendet werden können, den Beweis einer Zuwiderhandlung durch das betreffende Unternehmen zu erbringen,[169] ist mit dem Grundsatz des nemo tenetur und auch der in diesem Zusammenhang nur zaghaften Rechtsprechung des EuGH unvereinbar. So kann im Ergebnis nicht zweifelhaft sein, dass die Beantwortung von Fragen, die das Unternehmen dazu zwingen würden, seine Beteiligung an einer kartellrechtswidrigen Vereinbarung einzugestehen, verweigert werden kann. 138

bb) Recht zur Befragung. Die Kommission ist mit Art. 19 VO Nr. 1/03 nun mehr auch berechtigt, **alle (natürlichen und juristischen) Personen**, die eventuell über sachdienliche Informationen verfügen, zu befragen und deren Aussagen zu Protokoll zu nehmen. Dies gilt allerdings nur dann, wenn die Befragten hierzu ihre Zustimmung erteilen. Gem. Art. 3 VO Nr. 773/04[170] ist die zu befragende Person zu Beginn die Rechtsgrundlage sowie der Zweck der Befragung mitzuteilen und auf die Freiwilligkeit der Befragung hinzuweisen. 139

Im Übrigen kann die Kommission im Rahmen sog. Nachprüfungen gem. Art. 20 Abs. 2 lit. e VO Nr. 1/03 auch von **Vertretern oder Mitarbeitern eines betroffenen Unternehmens** Erläuterungen zu Tatsachen und Unterlagen verlangen, die mit dem Zweck und Gegenstand der Untersuchung in Zusammenhang stehen, und ihre Antworten zu Protokoll nehmen. Nach Art. 4 Abs. 3 VO Nr. 773/04 ermöglicht die Befragung vom Unternehmen nicht ermächtigter Personen zu Richtigstellungen, Änderungen oder Zusätzen ihrer Äußerungen. Unrichtige, irreführende oder unvollständige Erklärungen können jedoch nach Art. 23 Abs. 1 lit. d VO Nr. 1/03 zur Verhängung eines Bußgeldes gegen das betroffene Unternehmen führen, ebenso die Verweigerung vollständiger Antworten. Dies gilt nach dem Wortlaut der Bestimmung für 140

---

[167] Erwägungsgrund 23 zur VO Nr. 1/03 (ABl. L 1 vom 4.1.2003 S. 5).
[168] EuGH v. 18.10.1989 Orkem/Komm. Rs. 374/87 – Slg. 1989, 3283, 3351 Rdnr. 35; EuG v. 20.2.01 Mannesmannröhren Rs. T-112/98 – GRUR Int. 2002, 60, 65.
[169] Vgl. Erwägungsgrund Nr. 23 der VO Nr. 1/03.
[170] VO (EG) Nr. 773/04 der Kommission vom 7.4.04 über die Durchführung von Verfahren auf der Grundlage der Art. 81 und 82 EGV durch die Kommission (ABl. EG Nr. L 123/18).

unrichtige, unvollständige oder irreführende Erklärungen von Mitarbeitern dann, wenn eine Berichtigung durch das Unternehmen auf Aufforderung nicht (rechtzeitig) erfolgt.

Praxistipp:

141 In diesem Zusammenhang dem Grundsatz des nemo tenetur zur Durchsetzung zu verhelfen und auf das Recht eines Zeugen auf Hinziehung eines Beistands zu verweisen[171] wird Aufgabe des anwaltlichen Ratgebers sein.

142 *cc) Nachprüfung.* Um sich gegebenenfalls von der Richtigkeit erteilter Auskünfte überzeugen zu können oder der gänzlichen Verweigerung von Auskünften wirksam begegnen zu können, kann die Kommission nach Art. 20 Abs. 1 VO Nr. 1/03 erforderliche Nachprüfungen bei Unternehmen selbst durchführen und sich hierbei nach Art. 20 Abs. 5 VO Nr. 1/03 von den zuständigen Kartellbehörden des Mitgliedstaates unterstützen lassen. Jedenfalls ist die zuständige Wettbewerbsbehörde des betroffenen Mitgliedstaates gem. Art. 20 Abs. 3 S. 2 VO Nr. 1/03 über die vorgesehene Nachprüfung rechtzeitig vor ihrem Beginn zu unterrichten. Art. 22 VO Nr. 1/03 sieht zusätzlich die Möglichkeit für nationale Kartellbehörden vor, im Zusammenhang mit möglichen Zuwiderhandlungen gegen Art. 81 oder 82 EGV Ermittlungen entweder auf Ersuchen oder im Namen und für Rechnung der Kommission im Hoheitsgebiet des eigenen Staates durchzuführen.

Praxistipp:

143 Soll eine Auskunfts- oder Nachprüfungsentscheidung durch eine nationale Zwangsmaßnahme vollstreckt werden, ist die Genehmigung des einzelstaatlichen Gerichts nach Art. 20 Abs. 8 bzw. Art. 21 Abs. 3 VO Nr. 1/03 erforderlich. Die Prüfung des nationalen Gerichts ist allerdings darauf beschränkt, ob die Maßnahme willkürlich oder unverhältnismäßig ist.[172] Die Notwendigkeit der Maßnahme kann nicht in Frage gestellt, eine Übermittlung von Akteninformationen nicht verlangt werden.[173]

144 Die Nachprüfungsbefugnis ist die weit reichendste Ermittlungsbefugnis der Kommission[174] und setzt ein Auskunftsverfahren nicht voraus. Die Mitarbeiter der Kommission wie auch die sie gegebenenfalls vor Ort unterstützenden Mitarbeiter der nationalen Behörden sind gem. Art. 20 Abs. 2 VO Nr. 1/03 im Einzelnen zu folgenden Prüfungsmaßnahmen befugt:
- Betreten aller Räumlichkeiten, Grundstücke und Transportmittel des betroffenen Unternehmens
- Prüfung sämtlicher Bücher und sonstigen Geschäftsunterlagen
- Fertigung von Kopien oder Auszügen aus Büchern und Unterlagen
- Versiegelung betrieblicher Räumlichkeiten und Bücher oder Unterlagen
- Befragung von Vertretern oder Mitarbeitern des betroffenen Unternehmens[175]

145 Die mit der Nachprüfung befassten Bediensteten der Kommission müssen unter Vorlage eines schriftlichen Prüfungsauftrags vor Ort erscheinen, in dem der Gegenstand und der Zweck der Nachprüfung bezeichnet ist. Zur Nachprüfung kann die Kommission auch bei Unternehmen erscheinen, bei denen der Verdacht einer Beteiligung an der Zuwiderhandlung nicht besteht. Durch Entscheidung **förmlich** angeordnete Nachprüfungen müssen von den betroffenen Unternehmen gem. Art. 20 Abs. 4 VO Nr. 1/03 geduldet werden. Das Unternehmen ist auch zur Vorlage sämtlicher Unterlagen verpflichtet, die im Prüfungsauftrag bezeichnet sind, ausgenommen ist jedoch der Schriftverkehr mit einem unabhängigen, nicht in einem Beschäftigungsverhältnis zu dem betroffenen Unternehmen stehenden Anwalt (sog. „Legal Privilege").[176] Dies

---

[171] Siehe hierzu Rdnr. 346.
[172] EuGH vom 22.10.02 – Rs. C 94/00 EWS 2003, 33.
[173] Vgl. hierzu AG Bonn NStZ 2003, 688 und Bespr. *Toepel* NStZ 2003, 631.
[174] Siehe hierzu eingehend *Meyer/Kuhn* WuW 2004, 880 ff.
[175] Siehe hierzu Rdnr. 140.
[176] EuGH vom 18.5.1982 – AM&S/Komm. Rs. 155/79 – Slg. 1982, 1575, 1611 Rdnr. 23, 27; siehe hierzu auch *Pfromm/Hentschel* EWS 2005, 350; *Kapp* WuW 2003, 142.

gilt anders als im deutschen Recht auch für eine Korrespondenz, die bereits vor Eröffnung eines offiziellen Verfahrens stattgefunden hat und sich im Gewahrsam des Unternehmens befindet.

> **Praxistipp:**
> Rechtsabteilungen oder auch Syndikusanwälte erhalten zunehmend im Rahmen kartellrechtlicher Compliance-Programme und dabei durchgeführter Audits Kenntnis von kartellrechtlich problematischen Vorgängen im Unternehmen. Nach bisheriger Rechtsprechung sind in diesem Zusammenhang geschaffene Unterlagen nicht privilegiert.[177]

146

Zwar haben die Bediensteten der Kommission vor Ort kein Recht zu **Zwangsmaßnahmen**, soweit sich das betroffene Unternehmen einer Nachprüfung widersetzt, allerdings gewährt der betreffende Mitgliedstaat gem. Art. 20 Abs. 6 VO Nr. 1/03 die erforderliche Unterstützung, gegebenenfalls unter Einsatz von Polizeikräften. In der Praxis wird das BKartA im Wege der Amtshilfe auf diese Weise den Kommissionsbediensteten Zutritt zum Unternehmen verschaffen und eine ungestörte Prüfung mit richterlicher Genehmigung gegebenenfalls auch zwangsweise durchsetzen.[178] Im Übrigen ist die Verweigerung einer Nachprüfung auf der Grundlage einer nach Art. 20 Abs. 4 VO Nr. 1/03 verbindlichen Entscheidung gem. Art. 24 Abs. 1 lit. e VO Nr. 1/03 mit Zwangsgeld oder gem. Art. 23 Abs. 1 lit. c VO Nr. 1/03 mit Bußgeld bedroht, letzteres gilt auch für die unvollständige Vorlage von Unterlagen.

147

Nach Art. 21 VO Nr. 1/03 ist die Kommission seit dem 1.5.2004 schließlich auch zu Nachprüfungen **in anderen Räumlichkeiten** als Geschäftsräumen befugt. So können Nachprüfungen nun mehr auch in Wohnungen von Unternehmensleitern und Mitgliedern der Aufsichts- oder Leitungsorgane sowie sonstigen Unternehmensmitarbeitern oder auch in deren privaten Pkw's durchgeführt werden. Voraussetzung ist dann allerdings der begründete Verdacht dafür, dass sich in diesen Räumlichkeiten Geschäftsunterlagen finden, die zum Beweis eines schweren Verstoßes gegen Art. 81 oder 82 EGV von Bedeutung sein könnten, und die vorherige Genehmigung des einzelstaatlichen Gerichts.[179] Die Prüfung der Rechtmäßigkeit der Kommissionsentscheidung ist dem EuGH vorbehalten, Art. 21 Abs. 3 VO Nr. 1/03.

148

> **Praxistipp:**
> Die durch Ermittlungen nach Art. 17 bis 22 VO Nr. 1/03 erlangten Erkenntnisse dürfen gem. Art. 28 Abs. 1 VO Nr. 1/03 nur zu dem ursprünglichen Prüfungszweck verwertet werden, dieser ist im schriftlichen Prüfungsauftrag klar begrenzt. Der Inhalt des Prüfungsauftrags ist deshalb für die Bearbeitung des Falles von maßgeblicher Bedeutung.

149

d) **Anhörungsverfahren.** Gem. Art. 27 Abs. 1 S. 1 VO Nr. 1/03 gibt die Kommission vor einer Entscheidung auch über die Verhängung einer Geldbuße den Betroffenen Gelegenheit, sich zu äußern. Klargestellt ist in Art. 27 Abs. 1 S. 2 VO Nr. 1/03 im Sinne ständiger Rechtsprechung des EuGH,[180] dass die Kommission in der Entscheidung, die sie zum Abschluss des Verfahrens trifft, nur die Beschwerdepunkte berücksichtigen darf, zu denen sich das Unternehmen äußern konnte.

150

Einzelheiten zur Anhörung sind mit der VO Nr. 773/04 geregelt, die die Verordnung Nr. 2842/98 über die Anhörung in bestimmten Verfahren ersetzt hat. Gem. Art. 10 Abs. 1 VO Nr. 773/04 teilt die Kommission zunächst den Beteiligten die in Betracht gezogenen **Beschwerdepunkte** mit. Zur Äußerung und Vorlage von entlastenden Unterlagen wird den Betroffenen gem. Art. 10 Abs. 2 VO Nr. 773/04 eine **Frist** gesetzt, wobei die Kommission nicht verpflichtet ist, einer nach Fristablauf eingehenden Äußerung noch Rechnung zu tragen. Auch in Art. 11 VO Nr. 773/04 ist klargestellt, dass die Kommission eine nachteilige Entscheidung

151

---

[177] Siehe hierzu *Buntschek/Biermann* wistra 2004, 457 ff. m. w. N.
[178] §§ 81 ff. GWB i. V. m. §§ 46 OWiG, 102 ff, 162 StPO.
[179] Siehe hierzu *Vocke* wistra 2004, 408 ff.
[180] EuGH vom 18.10.1989 – Orkem/Komm. Rs. 374/87 – Slg. 1989, 3283, 3349 Rdnr. 25; EuGH vom 25.10.1983 – AEG/Komm. Rs. 107/82 – Slg. 1983, 3151, 3192 Rdnr. 21 ff.

nicht auf Umstände stützen darf, die – weil etwa erst im Zuge des Verfahrens ermittelt – den Betroffenen nicht mitgeteilt worden sind.

152 Nach Art. 12 VO Nr. 773/04 gibt die Kommission den Beteiligten auf Antrag Gelegenheit, ihre Argumente in einer Anhörung vorzutragen, in deren Rahmen auch andere Personen nach Art. 13 VO Nr. 773/04 gehört werden können. Das in Art. 27 VO Nr. 1/03 und im Einzelnen in Art. 14 VO Nr. 773/04 geregelte Anhörungsverfahren wird von einem **Anhörungsbeauftragten**, einer in Wettbewerbsfragen erfahrenen Person, in völliger Unabhängigkeit durchgeführt. Die Funktion des Anhörungsbeauftragten war 1982 zur Sicherung der Verteidigungsrechte der Unternehmen eingeführt worden. Seine Stellung zur Sicherung des Anspruchs der Parteien auf rechtliches Gehör hat die Kommission mit Beschluss vom 23.5.2001 wesentlich gestärkt.[181] Er gehört nicht mehr der Generaldirektion Wettbewerb an, sondern ist dem für Wettbewerb zuständigen Mitglied der Kommission direkt unterstellt. Er führt sämtliche Anhörungen im Verfahren durch.[182] Die Wettbewerbsbehörden der Mitgliedstaaten werden nach Art. 14 Abs. 3 VO Nr. 773/04 zu der Anhörung eingeladen. Unternehmen und Unternehmensvereinigungen können sich durch einen Bevollmächtigten vertreten lassen. Die anzuhörenden Personen können ihre Rechtsanwälte nach Art. 14 Abs. 5 VO Nr. 773/04 zu der nicht öffentlichen Anhörung hinzuziehen. Der Anhörungsbeauftragte kann gem. Art. 14 Abs. 7 VO Nr. 773/04 den betroffenen Parteien, den Beschwerdeführern und den beteiligten Wettbewerbsbehörden Fragen gestatten. Die Angaben jeder gehörten Person werden auf Tonband aufgezeichnet. Schließlich fertigt der Anhörungsbeauftragte einen Abschlussbericht, der zusammen mit dem Entscheidungsentwurf dem zuständigen Mitglied der Kommission und einem Kommissions-Plenum vorgelegt und den nationalen Kartellbehörden übersandt wird. Er hat dabei der Kommission die für die Beurteilung der Rechtmäßigkeit des Verfahrensablaufs relevanten Rügen mitzuteilen.[183]

153 Des weiteren hört die Kommission nach Art. 14 VO Nr. 1/03 vor jeder Bußgeldentscheidung einen **beratenden Ausschuss für Kartell- und Monopolfragen**, der sich aus Vertretern der Wettbewerbsbehörden der Mitgliedstaaten zusammensetzt. Er erhält Gelegenheit zur Stellungnahme zu dem übermittelten vorläufigen Entscheidungsvorschlag der Kommission in einem schriftlichen oder mündlichen Verfahren. Auch der **juristische Dienst**, der die Kommission und deren Dienststellen in rechtlichen Fragen intern zu beraten und vor Gericht zu vertreten hat, erhält Gelegenheit zur Stellungnahme. Die Entscheidung wird schließlich von dem für den Wettbewerb zuständigen Kommissar gefällt.

154 Wesentlich ist in diesem Zusammenhang das Recht betroffener Unternehmen auf **Akteneinsicht**. Grundsätze hierzu hat die Kommission in internen Verfahrensvorschriften zur Regelung der Verwaltungspraxis bereits im Jahr 1997 festgelegt.[184] Danach soll der Empfänger einer Mitteilung der Beschwerdepunkte in Berücksichtigung ständiger Rechtsprechung mit Akteneinsicht in die Lage versetzt werden, zu den Schlussfolgerungen Stellung zu nehmen, zu denen die Kommission in ihrer Mitteilung gelangt ist. So ist anerkannt, dass die Akteneinsicht zu den Verfahrensgarantien gehört, die die Rechte der Verteidigung schützen sollen. Die Wahrung der Verteidigerrechte stellt auch in einem Verwaltungsverfahren, das zu Sanktionen führen kann, einen fundamentalen Grundsatz des Gemeinschaftsrechts dar.[185] Den betroffenen Unternehmen ist dabei Zugang zu allen zur „Ermittlungsakte" der Kommission gehörenden Unterlagen zu gewähren. Ausgenommen sind allerdings gem. Art. 15 Abs. 2 VO Nr. 773/04 Geschäftsgeheimnisse, andere vertrauliche Informationen, interne Unterlagen der Kommission und der Wettbewerbsbehörden der Mitgliedstaaten oder in der Akte der Kommission enthaltene Korrespondenz zwischen der Kommission und den Wettbewerbsbehörden der Mitgliedstaaten sowie

---

[181] weitere Einzelheiten zum Anhörungsverfahren sind im Beschluss der Kommission über das Mandat von Anhörungsbeauftragten in bestimmten Wettbewerbsverfahren vom 23.5.2001 (ABl. EG 2001 Nr. L 162/21) nachzulesen.
[182] Art. 10, 11 VO Nr. 2842/98.
[183] EuG vom 29.4.04 WuW/E EU-R 847 – Graphitelektroden.
[184] Mitteilung der Kommission über interne Verfahrensvorschriften für die Behandlung von Anträgen auf Akteneinsicht in Fällen einer Anwendung der Art. 85 und 86 EWGV vom 23.1.1997 (ABl. EG 1997 C 23/3).
[185] EuGH vom 29.6.1995 – Solvay/Kommission Rs. T-30/91 – Slg. 1995-II, 1775, 1802 Rdnr. 59; EuGH vom 29.6.1995 – ICI/Komm. Rs. T-37/91 – Slg. 1995-II, 1901, 1922 Rdnr. 49.

zwischen den letztgenannten. Problematisch ist dabei durchaus, dass die Kommission nach Art. 15 Abs. 3 VO Nr. 773/04 nicht gehindert sein soll, von Informationen Gebrauch zu machen, wenn sie zum Nachweis einer Zuwiderhandlung nach Art. 81 und 82 EGV erforderlich sind.

Praxistipp:
Durchaus lohnend dürfte es in der Praxis sein, auf mögliche Verletzungen des Akteneinsichtsrechts zu achten. Nach Auffassung des EuG kann mangelnde Akteneinsicht bereits dann zur Nichtigerklärung einer Entscheidung führen, wenn feststeht, dass die Betroffenen gehindert waren, Unterlagen einzusehen, die für ihre Verteidigung hätten nützlich sein können.[186]

e) **Eingriffsbefugnisse der Kommission.** Nach der neuen Kartellverordnung Nr. 1/03 stehen der Kommission folgende Möglichkeiten der Intervention bei kartellrechtswidrigem Verhalten zur Verfügung:
- Nach Art. 7 VO Nr. 1/03 kann die Kommission eine Zuwiderhandlung gegen Art. 81 oder 82 EGV **feststellen und** die beteiligten Unternehmen durch Entscheidung **verpflichten**, die festgestellte Zuwiderhandlung abzustellen. In Beachtung des Grundsatzes der Verhältnismäßigkeit soll hierbei auch die Auferlegung struktureller Abhilfemaßnahmen möglich sein.[187] Eine entsprechende Entscheidung ist unter Umständen auch noch nach Beendigung des Verstoßes möglich.
- Nach Art. 8 VO Nr. 1/03 ist es der Kommission in dringenden Fällen auch möglich, **einstweilige Maßnahmen** zu einer prima facie festgestellten Zuwiderhandlung anzuordnen.
- Nach Art. 9 VO Nr. 1/03 kann die Kommission von Unternehmen angesichts einer drohenden Entscheidung zur Abstellung einer kartellrechtswidrigen Verhaltensweise angebotene sog. **Verpflichtungszusagen** für bindend erklären, ohne dabei einen Verstoß gegen die Kartellverbote aus Art. 81 oder 82 EGV feststellen zu müssen.
- Nach Art. 10 VO Nr. 1/03 sind der Kommission sog. **positive Entscheidungen** möglich, durch die festgestellt werden kann, dass Art. 81 oder 82 EGV auf bestimmte Fälle nicht anwendbar ist.
- Nach Art. 23 und 24 VO Nr. 1/03 kann die Kommission **Buß- oder Zwangsgelder** bei festgestellten Zuwiderhandlungen oder Verfahrensverstößen verhängen.

In jedem Fall hat die Kommission ihre Entscheidung gem. Art. 253 EGV zu begründen und im Amtsblatt der EU zu veröffentlichen, Art. 30 VO Nr. 1/03. Sowohl das betroffene Unternehmen wie auch der abgewiesene Beschwerdeführer können gegen verfahrensabschließende Entscheidungen der Kommission **Klage** gem. Art. 230 EGV erheben. Nach Art. 31 VO Nr. 1/03 hat der Gerichtshof die Befugnis zu unbeschränkter Nachprüfung der Entscheidung. Zuständig hierfür ist das Europäische Gericht (EuG).[188] Ein Verschlechterungsverbot gibt es in diesem Zusammenhang nicht. Gegen seine Entscheidung kann der Europäische Gerichtshof (EuGH) angerufen werden.

4. Die Sanktion

Bei Verstößen gegen die Kartellverbote aus Art. 81 Abs. 1 oder 82 S. 2 EGV kann die Kommission gem. Art 23 Abs. 2 lit. a VO Nr. 1/03 Geldbußen für jedes an einer vorsätzlichen oder fahrlässigen Zuwiderhandlung beteiligte Unternehmen in Höhe von bis zu 10 % seines im letzten Geschäftsjahr erzielten Gesamtumsatzes festsetzen. Die Kommission hat bereits 1998 Leitlinien veröffentlicht, die eine transparente Praxis des Ermessensgebrauchs bei Festsetzung entsprechender Geldbußen ermöglichen sollen.[189] Diese Leitlinien sind auch mit Erlass der neuen Kartellverordnung Nr. 1/03 nicht überholt. Die Berechnung von Geldbußen folgt dabei im Wesentlichen folgendem Schema.

---

[186] EuG vom 15.3.2000 – Cimenteries CBR/Komm. Rs. T-25/95 – Slg. 2000-II, 491, 563 Rdnr. 142 ff.
[187] Vgl. in diesem Zusammenhang Erwägungsgrund 12 zur VO Nr. 1/03 (ABl. EG L 1/3).
[188] Beschluss des Rats vom 8.6.1993 zur Änderung des Beschlusses 88/591/EGKS, EWG, Euratom zur Errichtung eines Gerichts erster Instanz der Europäischen Gemeinschaften (ABl. EG 1993 Nr. L 144/21).
[189] Leitlinien für das Verfahren zur Festsetzung von Geldbußen, die gem. Art. 15 Abs. 2 der VO Nr. 17/62 und gem. Art. 65 Abs. 2 EGKS-Vertrag festgesetzt werden, vom 14.1.1998 (ABl. EG 1998 Nr. C 9/3).

159 a) **Grundsätze der Bußgeldbemessung.** Zunächst wird in einer ersten Stufe ein Grundbetrag gem. Art. 23 Abs. 3 VO Nr. 1/03 nach Schwere und Dauer des Verstoßes bestimmt. Bei der Ermittlung der Schwere eines Verstoßes sind seine Art und die konkreten Auswirkungen auf den Markt zu berücksichtigen. Die Kommission unterteilt in ihren Leitlinien mögliche Zuwiderhandlungen nach der **Schwere des Verstoßes** wie folgt:
- **Minder schwere Verstöße.** Erfasst werden in dieser Kategorie in den häufigsten Fällen vertikale Beschränkungen, deren Auswirkungen einen relativ begrenzten Teil des Gemeinschaftsmarkts betreffen – Bußgeld von 1000 bis 1 Mio. Euro.
- **Schwere Verstöße.** Erfasst werden hier in den meisten Fällen horizontale oder vertikale Beschränkungen oder auch Fälle des Marktmissbrauchs mit umfassender Auswirkung auf den Gemeinsamen Markt – Bußgeld von 1 Mio. bis 20 Mio. Euro.
- **Besonders schwere Verstöße.** Erfasst werden in dieser Kategorie im Wesentlichen horizontale Beschränkungen, zu denen grundsätzlich Preiskartelle, Marktaufteilungsquoten oder Missbräuche marktbeherrschender Stellung von Unternehmen in Quasi-Monopolstellung gezählt werden – Bußgeld von über 20 Mio. Euro

160 Die **Dauer des Verstoßes** ist maßgebend für die Höhe eines Aufschlags auf den zunächst für die Schwere des Verstoßes errechneten Betrag. Die Kommission unterscheidet dabei wie folgt:
- **Kurze Dauer:** weniger als 1 Jahr – kein Aufschlag
- **Mittlere Dauer:** zwischen 1 und 5 Jahren – Aufschlag bis zu 50 %
- **Lange Dauer:** mehr als 5 Jahre – Aufschlag für jedes Jahr bis zu 10 %

161 In einer zweiten Stufe werden schließlich für den so errechneten Grundbetrag **erschwerende und mildernde Faktoren** gewichtet. Dabei können folgende Faktoren eine Rolle spielen:
- **Erschwerende Umstände:**
  - Erneuter, gleichartiger Verstoß desselben Unternehmens
  - Verweigerung der Zusammenarbeit
  - Maßgebende Rolle des Unternehmens im Kartell
  - Vergeltungsmaßnahmen gegen andere Unternehmen
- **Mildernde Umstände:**
  - Passive Mitwirkung im Kartell
  - Tatsächliche Nichtanwendung der Vereinbarung
  - Beendigung der Verstöße nach dem ersten Eingreifen der Kommission
  - Fahrlässig begangene Verstöße
  - Aktive Aufklärungsmitwirkung des Unternehmens

162 Eine klare Zumessungsübung lässt sich alleine anhand dieser Kriterien wohl kaum entwickeln. Entsprechend vermittelt die Praxis der Bußgeldbemessung einem interessierten Beobachter auch eher den Eindruck eines Lotteriespiels, das von einem imaginären Wettbewerb der Kartellbehörden um das höchste Bußgeld bestimmt scheint.[190] Berechtigt ist dabei die Kommission grundsätzlich noch, das Niveau von Geldbußen anzuheben, um ihre abschreckende Wirkung zu verstärken.[191]

163 b) **Europäische „Kronzeugenregelung".** Bei Unternehmen, die sich zur Zusammenarbeit mit der Kommission entschieden haben, kann von der Verhängung einer Geldbuße ganz abgesehen oder eine niedrigere Geldbuße festgesetzt werden. Näheres hierzu hatte die Kommission zunächst in einer Mitteilung vom 18.7.96[192] festgelegt, die für Altfälle noch Gültigkeit haben mag, zwischenzeitlich aber durch die Mitteilung vom 19.2.02[193] ersetzt worden ist. Inhalt dieser Regelungen ist es, die Unternehmen bevorzugt zu behandeln, die sich zu einer **Kooperation** mit der Kommission entschließen. Zutreffend wird in diesem Zusammenhang davon gesprochen, dass damit in der Praxis ein unter verschiedenen Aspekten problematisches „Windhundrennen" potenzieller Kronzeugen provoziert wird.[194]

---

[190] Vgl. zu aktuellen Zumessungsfragen *Wegner* WuW 2001, 469 ff.
[191] EuG vom 9.7.03 WuW/E EU-R673, 684 – Lysinkartell.
[192] Mitteilung der Kommission über die Nichtfestsetzung oder die niedrigere Festsetzung von Geldbußen in Kartellsachen vom 18.7.1996 (ABl. EG 1996 Nr. C 207/4).
[193] Mitteilung der Kommission über den Erlass und die Ermäßigung von Geldbußen in Kartellsachen vom 19.2.02 (ABl. EG 2002 Nr. C 45/3).
[194] *Klusmann* WuW 2001, 820 ff.

Die jüngste Mitteilung der Kommission nimmt als besonders schadensträchtig ausdrücklich **164**
geheime Absprachen zwischen zwei oder mehr Wettbewerbern zur Festsetzung von Preisen,
Produktions- oder Absatzquoten, zur Aufteilung von Märkten, zur Einschränkung von Ein-
und Ausfuhren sowie Submissionsabsprachen ins Visier. Die Voraussetzungen für einen **Erlass
der Geldbuße** sind dabei nur erfüllt, wenn ein Unternehmen kumulativ

- als erstes Beweismittel vorlegt, die es der Kommission ermöglichen, eine Nachprüfung anzuordnen oder eine Zuwiderhandlung gegen Art. 81 EGV festzustellen,
- in der Folge während des gesamten Verfahrens in vollem Umfang kontinuierlich und zügig
mit der Kommission zusammenarbeitet,
- seine Beteiligung an der möglichen Zuwiderhandlung mit Anzeigeerstattung einstellt
- und andere Unternehmen nicht zur Teilnahme am Kartell gezwungen hat.

Ein Unternehmen, das sich für diesen Weg entscheidet, kann einen Antrag auf Erlass der **165**
Geldbuße stellen und alle in seinem Besitz befindlichen Beweismittel sofort vorlegen. Eine Vorlage zunächst in „hypothetischer Form" genügt. Gegebenenfalls gewährt dann die Kommission
nach Prüfung schriftlich einen bedingten Erlass der Geldbuße, der bei Erfüllung sämtlicher Voraussetzungen am Ende des Verfahrens endgültig erklärt wird. Erfüllt ein Unternehmen die für
einen Erlass notwendigen Voraussetzungen nicht, können die vorgelegten Beweismittel zwar
zurückgezogen werden, die Kommission sieht sich allerdings nicht gehindert, in Verwertung
des so erlangten Wissens von ihren Ermittlungsbefugnissen Gebrauch zu machen.

> **Praxistipp:**
> Nach derzeitigem Stand muss ein Antrag auf Kronzeugenbehandlung bei allen in Betracht **166**
> kommen den Wettbewerbsbehörden des European Competition Network (ECN) gestellt werden,
> weil nach der Bekanntmachung der Kommission über die Zusammenarbeit innerhalb des
> Netzes der Wettbewerbsbehörden grundsätzlich ein bei einer Wettbewerbsbehörde des ECN
> eingereichter Antrag nicht zugleich als Antrag auf Kronzeugenbehandlung bei einer anderen
> Behörde des ECN gilt.[195]

Sind die Voraussetzungen für einen Erlass nicht gegeben, kommt eine **Ermäßigung der Geld-** **167**
buße wie auch in den Fällen in Betracht, in denen ein Unternehmen der Kommission Beweismittel vorlegt, die im Vergleich zu dem bislang vorliegenden Beweismaterial einen „erheblichen
Mehrwert" darstellt. Gestaffelt nach dem zeitlichen Verlauf angebotener Aufklärungshilfe sollen Ermäßigungen für das erste Unternehmen zwischen 30 % und 50 %, für das zweite Unternehmen zwischen 20 % und 30 % und für jedes weitere Unternehmen eine Ermäßigung bis zu
20 % möglich sein. Auch hier wird berücksichtigt, ob das Unternehmen in der Folge mit der
Kommission zusammengearbeitet hat.[196]

c) **Doppelahndung nach europäischem und nationalem Recht.** Wie bereits ausgeführt kön- **168**
nen Verfahren nach europäischem und nationalem Recht grundsätzlich parallel geführt und
auch mit jeweils eigener Sanktion abgeschlossen werden. Das mit der VO Nr. 1/03 geschaffene Netzwerk sollte allerdings eine Doppelahndung im europäischen Raum verhindern helfen,
zumal der Grundsatz des **ne bis in idem** nach Auffassung des EuGH wie auch des BGH in
diesem Zusammenhang nicht greift. So soll lediglich die jeweils erste Sanktion bei dem nachfolgenden Verfahrensabschluss in der Bußgeldbemessung Berücksichtigung finden.[197] Im Zusammenhang mit Sanktionen von Drittstaaten soll die Kommission nicht einmal dazu verpflichtet
sein.[198]

---

[195] Siehe hierzu *Solltesz* WuW 2005, 616.
[196] Vgl. hierzu u. a. EuGH vom 14.7.05 – TKS/AST EWS 2005, 410, 413.
[197] Vgl. EuGH vom 13.2.1969 – Walt/Bundeskartellamt Rs. 14/68 – Slg. 1969, 1, 15 Rdnr. 11 = WuW/E
EWG/MUV 201 = WuW 1969, 193 ff.; EuGH vom 14.12.1972 – Boehringer/Komm. Rs. 7/72 – Slg. 1972, 1281,
1290 Rdnr. 3; EUG vom 9.7.03 WuW/E EU-R 673 – Lysinkartell; BGH vom 17.12.1970 WuW/E BGH 1147,
1151 – Teerfarben = BGHSt 24,54 ff.; kritisch hierzu: *Kuck* WuW 2002, 689 ff.; *Eilmansberger* EWS 2004, 49 ff.
[198] EuG vom 9.7.03 – Cheil Jedang Corporation u. a./Komm. Rs T-220/00, T-223/00, T-224/00 und T-230/00 –
Pressemitteilung Nr. 58/03 http://curia.eu.int/de/actu/communiques/cp03/aff/cp0358de.htm.

IV. Das deutsche Kartellordnungswidrigkeitenrecht

169 Wie bereits im Überblick unter I. 2. dargestellt, finden sich nationale Bestimmungen des Kartellrechts ausschließlich im Gesetz gegen Wettbewerbsbeschränkungen, das mit der 7. GWB-Novelle weitestgehend an das europäische Recht angepasst worden ist.[199] Zuwiderhandlungen gegen kartellrechtliche Ge- und Verbote können nach dem GWB „nur" als **Ordnungswidrigkeiten** verfolgt werden. Die deutschen Kartellbehörden machen hiervon allerdings regen Gebrauch. Nach den Tätigkeitsberichten des Bundeskartellamtes (BKartA), in die auch die Statistiken der Landeskartellbehörden einfließen, bildet regelmäßig die Verfolgung von Preis-, Gebiets- und Quotenkartellen sowie von Submissionsabsprachen einen Schwerpunkt der Tätigkeit der nationalen Kartellbehörden in Bußgeldverfahren.

170 Nach dem jüngsten **Tätigkeitsbericht**[200] hatte das BKartA in den Jahren 2003/2004 in insgesamt 10 Verfahren, die Landeskartellbehörden in insgesamt 45 Verfahren Zuwiderhandlungen mit Bußgeldern geahndet. Insgesamt je 4 Verfahren schloss das BKartA mit Bußgeldbescheiden wegen Verstößen gegen das bis zur 7. GWB-Novelle auf horizontale Absprachen beschränkte Kartellverbot aus § 1 GWB sowie wegen Verstößen gegen das Preis- und Konditionenbindungsverbot ab, je 1 Verfahren wegen Verstößen gegen das Diskriminierungs- bzw. Boykottverbot. Auf Landesebene wurden Verstöße gegen das Kartellverbot aus § 1 GWB in insgesamt 41 Verfahren mit Bußgeldbescheiden geahndet. Der Missbrauch einer marktbeherrschenden Stellung führte im Berichtszeitraum in 2 Verfahren zur Verhängung von Bußgeldern, der Verstoß gegen das Boykottverbot in einem Verfahren.[201] Insgesamt hat alleine das BKartA in den Jahren 2003/2004 Bußgelder in Höhe von 775 Mio. € (davon 768,4 Mio. € gegen Unternehmen) zur Ahndung kartellrechtswidriger Verhaltensweisen verhängt.

171 Zunehmend wird in den Medien von **spektakulären Fällen** kartellrechtswidrigen Verhaltens berichtet In dem seiner Ahndungshöhe wegen bislang spektakulärsten Verfahren gegen 12 Unternehmen der Zementbranche und deren Verantwortliche hatte das BKartA 2003 Bußgelder in Höhe von insgesamt 702 Mio. € verhängt. Die betroffenen Unternehmen hatten zum Teil seit den 70-er Jahren wettbewerbswidrige Gebiets- und Quotenabsprachen praktiziert. Pikanterweise erreichten das BKartA nach Erlass der Bescheide Hinweise auf eine Fortsetzung der geahndeten Praxis, worauf die betroffenen Unternehmen im Frühjahr 2004 erneut durchsucht worden waren. Im März 2005 hat das BKartA nach Durchsuchungen im Jahr 2002 und 2003 gegen zehn im industriellen Sachversicherungsbereich tätige namhafte Unternehmen und ihre Verantwortlichen wegen kartellrechtswidriger Vereinbarungen und Verhaltensabstimmungen zur Durchsetzung von Prämienerhöhungen und Bedingungsangleichungen Bußgelder in Höhe von 130 Mio. € verhängt. Im September 2003 durchsuchte das BKartA gemeinsam mit der Staatsanwaltschaft Köln 120 Unternehmen der Entsorgungswirtschaft wegen des Verdachts von Absprachen bei der Abgabe von Angeboten im Rahmen einer Ausschreibung von Leistungsverträgen des Unternehmens Der Grüne Punkt – Duales System Deutschland AG. Neben dem vom BKartA eingeleiteten Kartellbußgeldverfahren nach dem GWB leitete die Staatsanwaltschaft Köln im gleichen Zusammenhang ein Verfahren wegen kartellrechtswidriger Preisabsprachen und Submissionsbetrugs ein. Dies spiegelt eine Besonderheit des deutschen Kartellrechts wider, in dem eine als besonders gemeinschädlich qualifizierte Form kartellrechtswidrigen Verhaltens, die sog. Submissionsabsprache, nach der Entscheidung des Gesetzgebers im Korruptionsbekämpfungsgesetz mit Kriminalstrafen verfolgt werden kann.

172 Zunächst soll in diesem Abschnitt ausschließlich auf die Sanktionsmöglichkeiten nach dem GWB eingegangen werden, unter V. dann auf die Besonderheit der Submissionsabsprache als Straftat.

---

[199] Siehe hierzu Rdnr. 29 ff.
[200] Tätigkeitsbericht des BKartA 2003/2004, BT-Drucks. 15/5790.
[201] Tätigkeitsbericht des BKartA 2003/2004, BT-Drucks. 15/5790 S. 231 f.

1. Die Systematik der Bußgeldtatbestände

Waren bußgeldrechtliche Zuwiderhandlungen früher in den §§ 38, 39 GWB a. F. geregelt, existiert seit der 6. GWB-Novelle mit § 81 GWB nur noch eine **zentrale OWi-Vorschrift**, die nun mehr im Rahmen der 7. GWB-Novelle[202] weiter an das EG-Kartellrecht angepasst und weitgehend neu gefasst wurde. Als Blankettvorschrift nimmt § 81 GWB auf Gebots- und Verbotsvorschriften des GWB sowie die Kartellverbote aus Art. 81 und 82 EGV Bezug.

> **Checkliste:**
>
> Nach **§ 81 GWB** handelt ordnungswidrig, wer vorsätzlich oder in den Fällen aus Abs. 1 und 2 auch fahrlässig
> - zentralen Verbote des materiellen Kartellrechts (Abs. 1, Abs. 2 Nr. 1, Abs. 3),
> - vollziehbaren Anordnungen der Kartellbehörden (Abs. 2 Nr. 2, 5),
> - oder Auskunfts- und Meldepflichten (Abs. 2 Nr. 3, 4, 6) zuwiderhandelt.

Zu unterscheiden ist nach § 81 Abs. 4 GWB zwischen schweren und leichteren Kartellverstößen. Als **schwere Kartellordnungswidrigkeiten** sind Zuwiderhandlungen i. S. d. Abs. 1, Abs. 2 Nr. 1, 2 a und 5 sowie Abs. 3 qualifiziert. Der Bußgeldrahmen ist im Zuge der 7. GWB-Novelle insoweit auf bis zu 1 Mio. € angehoben worden. Damit sollte der wirtschaftlichen Entwicklung seit der letzten Erhöhung mit der 4. GWB-Novelle 1980 Rechnung getragen und eine wirkungsvolle Ahndung der besonders gravierenden Zuwiderhandlungen ermöglicht werden.[203] Zudem macht § 81 Abs. 4 S. 2 GWB nun mehr eine möglicherweise weit darüber hinausgehende Unternehmensbebußung entsprechend der europäischen Regelung in der VO Nr. 1/03 anhand des vom betroffenen Unternehmen im letzten Geschäftsjahr erzielten Gesamtumsatzes möglich.[204] Für **leichte Kartellordnungswidrigkeiten**, die auch als Ungehorsamstatbestände bezeichnet werden können (Abs. 2 Nr. 2 b und 3 bis 6), ist nun mehr die Verhängung von Geldbußen bis zu 100.000 € vorgesehen.

§ 81 Abs. 8 Satz 2 GWB bestimmt für Zuwiderhandlungen i. S. d. § 81 Abs. 1, Abs. 2 Nr. 1 und Abs. 3 eine **Verjährungsfrist** von fünf Jahren. Im Übrigen gilt nach den Bestimmungen des OWiG eine Verjährungsfrist von drei Jahren, § 81 Abs. 8 Satz 1 GWB.

a) Schwere Kartellordnungswidrigkeiten

> **Zuwiderhandlungen gegen materielle Kartellverbote**
>
> **§ 81 Abs. 1 GWB** erfasst vorsätzliche oder fahrlässige Verstöße gegen das europäische Verbot
> - wettbewerbsbeschränkender Vereinbarungen zwischen Unternehmen, Beschlüssen von Unternehmensvereinigungen und aufeinander abgestimmte Verhaltensweisen, die den Handel zwischen den Mitgliedstaaten zu beeinträchtigen geeignet sind, Art. 81 Abs. 1 EGV
> - missbräuchlicher Ausnutzung einer beherrschenden Stellung auf dem Gemeinsamen Markt, soweit dies zu einer Beeinträchtigung des Handels zwischen den Mitgliedstaaten führen kann, Art. 82 S. 1 EGV
>
> **§ 81 Abs. 2 Nr. 1 GWB** erfasst vorsätzliche oder fahrlässige Verstöße gegen das nationale Verbot
> - wettbewerbsbeschränkender Vereinbarungen zwischen Unternehmen, Beschlüssen von Unternehmensvereinigungen und aufeinander abgestimmte Verhaltensweisen, § 1 GWB

---
[202] Siehe hierzu Rdnr. 29 ff.
[203] BegrRegE BT-Drucks. 15/3640, S. 67.
[204] Siehe hierzu Rdnr. 383.

- des Missbrauchs marktbeherrschender Stellung, § 19 Abs. 1 GWB
- der Diskriminierung und unbilligen Behinderung, § 20 Abs. 1 – 4, 6 GWB
- der Ausübung von Zwang zu illegalem Wettbewerbsverhalten, § 21 Abs. 3 GWB
- der Zufügung von wirtschaftlichem Nachteil als Vergeltung für die Anrufung der Kartellbehörde, § 21 Abs. 4 GWB
- des Vollzugs eines vom Bundeskartellamt nicht freigegebenen Unternehmenszusammenschluss vor Fristablauf oder der Mitwirkung am Vollzug eines solchen Zusammenschlusses, § 41 Abs. 1 S. 1 GWB

§ 81 Abs. 3 GWB erfasst vorsätzliche Verstöße gegen das gesetzliche Verbot
- der Aufforderung zu einer Liefersperre oder Bezugssperre, § 21 Abs. 1 GWB
- der Nachteilsandrohung oder -zufügung oder des Vorteilsversprechens oder -gewährens, § 21 Abs. 2 GWB
- unrichtiger oder unvollständiger Angaben, um die Anerkennung einer Wettbewerbsregel zu erschleichen, § 24 Abs. 4 S. 3 GWB
- unrichtiger oder unvollständiger Angaben, um die Kartellbehörde zu veranlassen, eine Untersagung nach § 36 Abs. 1 oder eine Mitteilung nach § 40 Abs. 1 zu unterlassen, § 39 Abs. 3 S. 5

178 **Zuwiderhandlungen gegen vollziehbare Verwaltungsakte der Kartellbehörden**

§ 81 Abs. 2 Nr. 2 a GWB erfasst vorsätzliche oder fahrlässige Verstöße gegen vollziehbare Anordnungen in Zusammenhang mit
- der Unwirksamkeitserklärung einer Preisbindung bei Zeitungen und Zeitschriften, § 30 Abs. 3 GWB
- der Verpflichtung, eine Zuwiderhandlung gegen Art. 81 oder 82 EGV abzustellen, § 32 Abs. 1 GWB
- einer einstweiligen Maßnahme, § 32 a Abs. 1 GWB
- einer bindenden Verfügung gem. § 32 b Abs. 1 S. 1 GWB
- einer Untersagung oder Einschränkung der Stimmrechtsausübung, § 41 Abs. 4 Nr. 2 GWB, auch in Verbindung mit § 40 Abs. 3 a S. 2, auch in Verbindung mit § 41 Abs. 2 S. 3 oder § 42 Abs. 2 S. 2
- einer einstweiligen Anordnung nach § 60 GWB

§ 81 Abs. 2 Nr. 5 GWB erfasst vorsätzliche oder fahrlässige Verstöße gegen vollziehbare Auflagen im Zusammenhang mit
- der Freigabe eines Zusammenschlusses gem. §§ 40 Abs. 3 S. 1, 42 Abs. 2 S. 1 GWB

b) Leichte Kartellordnungswidrigkeiten, sog. Ungehorsamstatbestände

179 **Zuwiderhandlungen gegen gesetzliche Gebote**

§ 81 Abs. 2 Nr. 3 GWB erfasst vorsätzliche oder fahrlässige Verstöße gegen die Verpflichtung zu
- richtiger, rechtzeitiger und vollständiger Anmeldung von Unternehmenszusammenschlüssen vor dem Vollzug gem. § 39 Abs. 1 GWB

§ 81 Abs. 2 Nr. 4 GWB erfasst vorsätzliche oder fahrlässige Verstöße gegen die Verpflichtung zu
- richtiger, vollständiger und rechtzeitiger Anzeige von dem Vollzug eines Unternehmenszusammenschlusses gem. § 39 Abs. 6 GWB

Zuwiderhandlungen gegen vollziehbare Verwaltungsakte der Kartellbehörde	180

§ 81 Abs. 2 Nr. 2 b GWB sieht die Verhängung eines Bußgeldes für denjenigen vor,
- der einem Auskunftsverlangen des Bundeskartellamtes im Rahmen der Zusammenschlusskontrolle über Marktanteile einschließlich der Grundlagen für die Berechnung oder Schätzung
- sowie über den Umsatzerlös bei einer bestimmten Art von Waren oder gewerblichen Leistungen, den das Unternehmen im letzten Geschäftsjahr vor dem Zusammenschluss erzielt hat, vorsätzlich oder fahrlässig nicht ordnungsgemäß gem. § 39 Abs. 5 GWB entspricht

§ 81 Abs. 2 Nr. 6 GWB sieht die Verhängung eines Bußgeldes für denjenigen vor,
- der in einem bei den Kartellbehörden anhängigen Verwaltungsverfahren entgegen § 59 Abs. 2 GWB einem Auskunftsverlangen der Kartellbehörden vorsätzlich oder fahrlässig nicht, nicht richtig, nicht vollständig oder nicht rechtzeitig entspricht,
- Unterlagen nicht, nicht vollständig oder nicht rechtzeitig herausgibt,
- geschäftliche Unterlagen nicht, nicht vollständig oder nicht rechtzeitig zur Einsichtnahme und Prüfung vorlegt
- oder die Prüfung dieser geschäftlichen Unterlagen sowie das Betreten von Geschäftsräumen und -grundstücken nicht duldet.

2. Die Haftungstroika im Kartellordnungswidrigkeitenrecht

Soweit es in § 81 GWB lautet „Ordnungswidrig handelt, wer ...", darf dies nicht dahin 181 missverstanden werden, bei den Kartellordnungswidrigkeiten handele es sich grundsätzlich um Allgemeindelikte, die von jedermann begangen werden können. Der taugliche Täterkreis bestimmt sich vielmehr danach, wer Adressat der jeweils in § 81 GWB in Bezug genommenen Ge- oder Verbotsnormen ist. Ist Normadressat – wie regelmäßig bei den schweren Kartellordnungswidrigkeiten – ein Unternehmen oder eine Unternehmensvereinigung, so handelt es sich tatsächlich um ein **Sonderdelikt**, das nicht von jedermann, sondern nur vom „Unternehmen", begangen werden kann. Verantwortlicher Täter einer Kartellordnungswidrigkeit kann allerdings nur eine natürliche Person sein, eine **Unternehmenstäterschaft** ist dem deutschen Recht fremd.[205] Im Grundsatz könnte deshalb nur die unmittelbar handelnde natürliche Person zur Verantwortung gezogen werden, die zugleich Unternehmensinhaber ist. Hat bei einer Zuwiderhandlung im Unternehmen der Unternehmensinhaber jedoch als natürliche Person nicht selbst gehandelt oder ist der Unternehmensinhaber eine juristische Person oder Personenvereinigung, die zwar Träger von Rechten und Pflichten sein kann, damit auch Normadressaten, die allerdings selbst nicht handlungsfähig ist, käme eine Sanktion nicht in Betracht, weil das „Unternehmen" als Normadressat nicht „gehandelt" hat bzw. nicht „handeln" kann und die handelnde **natürliche Person** nicht Normadressat ist. Insoweit bestehende Ahndungslücken hinsichtlich Verfehlungen im Unternehmen schließt die „Troika" der §§ 9, 130 und 30 OWiG.[206] Die Kenntnis dieser Vorschriften und ihrer Voraussetzungen ist für die Verteidigung in Kartellverfahren unverzichtbar.

a) **Haftung des Unternehmensvertreters, § 9 OWiG.** Ist der unmittelbar Handelnde nicht 182 der Unternehmensinhaber kann eine Ahndung als Ordnungswidrigkeit nur dann in Betracht kommen, wenn die Unternehmereigenschaft auf die handelnde Person gleichsam übertragen ist. Die Voraussetzungen hierfür schafft § 9 OWiG. Entsprechend § 14 StGB erweitert diese Vorschrift den Anwendungsbereich von Sonderdelikten auch auf Personen, die wirksam für das Unternehmen als eigentlichen Normadressaten handeln. Nach dieser Vorschrift müssen besondere persönliche Merkmale, die die Möglichkeit einer Ahndung erst begründen (hier die Unternehmereigenschaft[207]), nicht auch bei dem unmittelbar Handelnden gesetzlich oder ver-

---

[205] Vgl. zu den immer wieder aktuellen Überlegungen zum Individualstrafrecht und der Einführung von Unternehmensstrafen u. a. *Hetzer* wistra 1999, 361 ff.
[206] Vgl. hierzu: *Többens* NStZ 1999, 1 ff.
[207] FK/*Achenbach* vor § 81 GWB n. F. Rdnr. 52.

traglich bestimmten Vertreter des Normadressaten (hier des Unternehmens) vorliegen. Damit sind die Bußgeldtatbestände des GWB, die sich als Sonderdelikte an Unternehmen oder Unternehmensvereinigungen wenden, über die Brücke aus § 9 OWiG auch auf die handelnden natürlichen Personen, die nicht Unternehmensinhaber sind, anwendbar, soweit sie zu dem dort bezeichneten Personenkreis gehören.

183 In diesem Sinne werden über § 9 Abs. 1 Nr. 1 OWiG als **gesetzliche Vertreter** eines Unternehmens zum Beispiel der Vorstand einer Aktiengesellschaft oder der Geschäftsführer einer GmbH, über § 9 Abs. 1 Nr. 2 OWiG der geschäftsführende Gesellschafter einer OHG und der persönlich haftende Gesellschafter einer KG erfasst, soweit sie als Vertreter und nicht nur eigennützig handeln. Durchaus problematisch kann in der Praxis die Frage sein, wer als **gewillkürter Vertreter** i. S. d. § 9 Abs. 2 OWiG zu qualifizieren ist. Mit dem Auftrag, einen Betrieb i. S. d. § 9 Abs. 2 Nr. 1 OWiG ganz oder zum Teil zu leiten, wird für den Beauftragten automatisch die Verantwortung ausgelöst, die damit zusammenhängenden Ge- und Verbote zu beachten. Auf die Bezeichnung „Betriebsleiter" kommt es nicht entscheidend an. Auch ein Prokurist kann unter Umständen als Betriebsleiter zu qualifizieren sein.[208] Die Teilleitung eines Betriebs kann sowohl die Leitung eines organisatorisch und räumlich getrennten Betriebsteils, wie zum Beispiel einer Zweigstelle oder Filiale, erfassen,[209] wie auch die Leitung einer Abteilung in einem Unternehmen, sofern diese eine gewisse Bedeutung und Selbständigkeit besitzt. Ob ein Teilbetriebsleiter dem Betriebsleiter gleichzustellen ist, ist letztlich davon abhängig, ob seine Funktion Leitungscharakter hat.[210] Als sonstige Beauftragte i. S. d. § 9 Abs. 2 Nr. 2 OWiG können auch Personen angesehen werden, die nicht dem Unternehmen angehören, wie zum Beispiel Wirtschaftsprüfer, Steuerberater oder Rechtsanwälte, soweit sie in eigener Verantwortung bestimmte Aufgaben wahrnehmen, die dem Betriebsinhaber obliegen.[211] In allen Fällen des § 9 Abs. 2 OWiG kann allerdings die Verantwortlichkeit des Beauftragten anerkanntermaßen nur soweit reichen, soweit er tatsächlich Entscheidungsbefugnis hat.[212] Nach § 9 Abs. 3 OWiG ist völlig unerheblich, ob der Vertretung ein wirksamer Bestellungsakt zugrunde liegt. Ein **faktisches Vertretungs- oder Auftragsverhältnis** genügt.[213]

184 Über § 9 OWiG wird damit die Unternehmereigenschaft dem Vertreter oder Beauftragten zugerechnet. Dies hat zur Konsequenz, dass der Vertreter oder Beauftragte als handelnde natürliche Person den objektiven Tatbestand der Bußgeldbestimmungen des GWB erfüllen und bei Vorliegen der subjektiven Tatbestandsvoraussetzungen auch mit Verhängung einer Geldbuße zur Verantwortung gezogen werden kann. Daneben bleibt allerdings die Verantwortlichkeit des Normadressaten bestehen. Ist dieser eine natürliche Person, kommt eine Beteiligung an der Zuwiderhandlung i. S. d. § 14 OWiG in Betracht.

Praxistipp:
185 Nachdem nur über eine Zurechnung der Unternehmereigenschaft auf den unmittelbar Handelnden das Tor für eine Bebußung eröffnet ist, ist eine genaue Prüfung der Vertretereigenschaft i. S. d. § 9 OWiG im Einzelfall lohnend.

186 **b) Haftung des Aufsichtspflichtigen, § 130 OWiG.** Hat der Betriebsinhaber als natürliche Person nicht selbst unmittelbar gehandelt bzw. kann er als juristische Person oder Personenvereinigung nicht „handeln" und scheidet die Verfolgung des unmittelbar Handelnden, etwa des Kalkulator als Beteiligter einer Submissionsabsprache auf unterer Betriebsebene, deshalb aus, weil er nicht Normadressat ist und als unmittelbar Handelnder nicht dem Vertreterkreis aus § 9 OWiG zuzurechnen ist, begründet § 130 OWiG unter bestimmten Voraussetzungen zumindest eine bußgeldbewehrte Verantwortlichkeit des Aufsichtspflichtigen. So setzt § 130 OWiG zwar die Begehung einer Zuwiderhandlung voraus, die aber in der Person des Handelnden

---

[208] *Göhler* § 9 Rdnr. 19.
[209] OLG Düsseldorf wistra 1991, 275, 276.
[210] KK-OWiG/*Rogall* § 9 Rdnr. 77.
[211] KK-OWiG/*Rogall* § 9 Rdnr. 78.
[212] BayObLG wistra 1988, 162, 166.
[213] *Göhler* § 9 Rdnr. 47.

nicht mit Strafe oder Geldbuße bedroht sein muss. Des weiteren lässt § 130 OWiG auch bloße Fahrlässigkeit des unmittelbar Handelnden genügen und greift damit auch in den Fällen, in denen der gegebenenfalls notwendige Nachweis vorsätzlichen Handelns nicht geführt werden kann.[214] Unter diesen Bedingungen erlangt § 130 OWiG als sog. **Auffangtatbestand** gerade im Kartellrecht hohe Bedeutung.

Der Regelungsgehalt des § 130 OWiG ist an der sich bereits aus der garantenähnlichen Stellung des Betriebs- oder Unternehmensinhabers ergebenden Pflicht orientiert, erforderliche Aufsichtsmaßnahmen zu ergreifen, damit ihn treffende straf- oder bußgeldbedrohte Ge- und Verbote, sog. betriebsbezogene Pflichten, innerhalb seines Betriebes bzw. Unternehmens beachtet werden. Diese Pflicht, die der Notwendigkeit im Wirtschaftsleben Rechnung trägt, Aufgaben innerhalb eines Unternehmens oder Betriebes zu delegieren, wird in § 130 OWiG konkretisiert. 187

Checkliste: 188

Nach **§ 130 OWiG** handelt ordnungswidrig, wer vorsätzlich oder fahrlässig
☐ als Betriebs- oder Unternehmensinhaber
☐ die Aufsichtsmaßnahmen unterlässt, die erforderlich sind,
☐ um in dem Betrieb oder Unternehmen Zuwiderhandlungen gegen Pflichten zu verhindern, die den Inhaber treffen
☐ und deren Verletzung mit Strafe oder Geldbuße bedroht ist (sog. Anknüpfungstat),
☐ wenn eine solche Zuwiderhandlung durch gehörige Aufsicht verhindert oder wesentlich erschwert worden wäre

aa) Einzelmerkmale. § 130 OWiG ist ein echtes Unterlassungsdelikt, das als **Sonderdelikt** grundsätzlich auf den Betriebs- und Unternehmensinhaber als Täter begrenzt ist. Auch hier erweitert allerdings § 9 OWiG den Kreis möglicher Täter auf gesetzliche Vertreter i. S. d. Abs. 1, beauftragte Betriebsleiter nach Abs. 2 Nr. 1 oder mit Aufsichtsmaßnahmen beauftragte Vertreter des Betriebsinhabers i. S. d. Abs. 2 Nr. 2. Inkriminiert wird das Unterlassen der erforderlichen und zumutbaren Aufsichtsmaßnahmen, wenn es zu bestimmten Zuwiderhandlungen im Unternehmen gekommen ist. Hat der Aufsichtspflichtige die Kartellordnungswidrigkeit selbst begangen, kommt eine Ahndung nach § 130 OWiG nicht in Betracht. Er ist dann als unmittelbarer Täter der Zuwiderhandlung zu verfolgen.[215] Unterlässt ein Aufsichtspflichtiger bewusst Aufsichtsmaßnahmen, die angesichts erhöhter Gefahr bestimmter Zuwiderhandlungen geboten sind, dann ist bei ihm zu prüfen, ob er sich damit nicht im Sinne des § 14 OWiG an der Zuwiderhandlung beteiligt hat.[216] 189

Voraussetzung für eine Ahndung nach § 130 OWiG ist, dass der Aufsichtspflichtige erforderliche Aufsichtsmaßnahmen unterlässt und es in ursächlichem Zusammenhang damit zu einer Verletzung betriebsbezogener Pflichten kommt. Zu den **betriebsbezogenen Pflichten** gehören im Kartellrecht sämtliche Ge- und Verbote des GWB, die sich an das Unternehmen als Normadressaten wenden, damit an den Inhaber bzw. die nach § 9 OWiG gleichgestellten Personen. Der Verletzer muss dabei nicht Angehöriger des Unternehmens sein, er muss nur in Wahrnehmung betrieblicher Angelegenheiten handeln.[217] Die Tat muss in seiner Person auch nicht mit Strafe oder Bußgeld bedroht sein, ist vielmehr lediglich objektive Bedingung einer Ahndung nach § 130 OWiG. Erfasst werden damit auch die Fälle, in denen der unmittelbar Handelnde deshalb nicht zur Verantwortung gezogen werden kann, weil er weder Normadressat noch eine Person des Vertreterkreises aus § 9 OWiG ist. Schließlich setzt eine Ahndung des Aufsichts- 190

---

[214] Nach anderer Auffassung kann eine nur vorsätzlich begehbare Anknüpfungstat die Ahndung der Aufsichtspflichtverletzung nur bei seinerseits vorsätzlichem Handeln möglich machen, vgl. hierzu BayObLG wistra 1999, 71; *Göhler* § 130 Rdnr. 21.
[215] *Göhler* § 130 Rdnr. 27.
[216] BGH WuW/E BGH 2394, 2397 f – Zweigniederlassung.
[217] *Göhler* § 130 Rdnr. 19.

pflichtigen nach § 130 OWiG nicht voraus, dass die Identität des unmittelbar Handelnden festgestellt werden kann.²¹⁸

191 Allerdings muss ein **ursächlicher Zusammenhang** zwischen der Anknüpfungstat und der Aufsichtspflichtverletzung bestehen. Hiervon ist auszugehen, soweit die erforderliche Aufsichtsmaßnahme geeignet wäre, die betriebstypische Gefahr einer Zuwiderhandlung zu beseitigen. So setzt die Verurteilung nach § 130 OWiG die Feststellung eines **hypothetischen Kausalverlaufs** zwischen der pflichtwidrig unterlassenen Aufsichtsmaßnahme und der im Betrieb begangenen Ordnungswidrigkeit voraus. Zu prüfen ist, welche konkrete Wirkung die einzelnen zumutbaren, aber pflichtwidrig unterlassenen Aufsichtsmaßnahmen entfaltet hätten, und ob dadurch die Zuwiderhandlung gegen das Gesetz mit hinreichender Sicherheit vermieden worden wäre.²¹⁹ Darüber hinaus muss ein spezifischer Schutzzweckzusammenhang zwischen der Aufsichtspflichtverletzung und der Zuwiderhandlung bestehen.²²⁰

192 Sowohl die **vorsätzliche** als auch die **fahrlässige Aufsichtspflichtverletzung** ist bußgeldbedroht. Vorsatz und Fahrlässigkeit müssen sich dabei auf das Unterlassen der erforderlichen Aufsichtsmaßnahmen beziehen. Während vom Vorsatz die konkrete Zuwiderhandlungsgefahr mitumfasst sein muss, braucht der fahrlässig handelnde Täter nicht vorauszusehen, dass als Folge der Aufsichtspflichtverletzung eine bestimmte Zuwiderhandlung begangen wird.²²¹

193 Ist die Anknüpfungstat eine Straftat, beträgt das **Höchstmaß einer Geldbuße** für die vorsätzliche Aufsichtspflichtverletzung gem. § 130 Abs. 3 Satz 1 OWiG grundsätzlich 1 Mio. Euro, für die fahrlässige Aufsichtspflichtverletzung gem. § 17 Abs. 2 OWiG grundsätzlich 500.000 Euro. Ist die Pflichtverletzung als Ordnungswidrigkeit mit Geldbuße bedroht, so bestimmt sich das Höchstmaß gem. § 130 Abs. 3 S. 2 OWiG nach dem für die Pflichtverletzung angedrohten Höchstmaß. Dies gilt gem. § 130 Abs. 3 S. 3 OWiG auch für den Fall, dass die Zuwiderhandlung sowohl als Straftat wie auch als Ordnungswidrigkeit verfolgbar ist. Praktisch bedeutsam ist dies unter den hier behandelten Aspekten etwa bei Taten, die nach den §§ 263, 298 StGB als Straftaten sowie nach § 81 GWB als Ordnungswidrigkeiten verfolgbar sind.²²²

194 Für Verjährungsfragen ist stets die **Verjährungsfrist** der Zuwiderhandlung maßgebend.²²³ Handelt es sich dabei um eine Straftat gilt § 78 Abs. 3 StGB. Die Verjährungsfrist für die Aufsichtspflichtverletzung beginnt mit Beendigung der Zuwiderhandlung.²²⁴ Bei mehreren Zuwiderhandlungen beginnt die Verfolgungsverjährung für die Dauer-Aufsichtspflichtverletzung erst mit Beendigung der letzten betriebsbezogenen Zuwiderhandlung.²²⁵

195 bb) *Aufsichtspflichten*.²²⁶ Welche Aufsichtspflichten erforderlich sind, zählt § 130 Abs. 1 S. 2 OWiG lediglich beispielhaft auf, so die Bestellung, sorgfältige Auswahl und Überwachung von Aufsichtspersonen. Welche Aufsichtsmaßnahmen gegebenenfalls über die im Gesetz erwähnten hinaus ergriffen werden müssen, hängt von den Umständen des Einzelfalles, von der Größe und Organisation des Betriebes, von der Anfälligkeit der Branche für Verstöße und der Feststellung von Verstößen in der Vergangenheit, von der Vielfalt und Bedeutung der zu beachtenden Vorschriften, von den unterschiedlichen Überwachungsmöglichkeiten etc. ab.²²⁷ Erfordert werden kann, was **objektiv erforderlich, durchführbar und zumutbar ist**.²²⁸ Die Aufsichtspflicht hat die Einhaltung bestehender Ge- und Verbote zu gewährleisten und muss deshalb so ausgeübt werden, dass die betriebsbezogenen Pflichten aller Voraussicht nach auch eingehalten werden.²²⁹ Als Maßstab dient diejenige **Sorgfalt**, die von einem ordentlichen Angehörigen des jeweiligen Tätigkeitsbereichs zur Verhinderung von Zuwiderhandlungen erwartet werden

---

²¹⁸ KK-OWiG/*Rogall* § 130 Rdnr. 94.
²¹⁹ BGH vom 24.3.1981 WuW/E BGH 1799, 1800 – Revisionsabteilung.
²²⁰ *Göhler* § 130 Rdnr. 22 b.
²²¹ OLG Frankfurt wistra 85, 38.
²²² Siehe hierzu Rdnr. 306 f.
²²³ *Brenner* DRiZ 1975, 72, 76.
²²⁴ BGH vom 9.7.1984 WuW/E BGH 2100, 2102 – Schlussrechnung.
²²⁵ BGH vom 9.7.1984 WuW/E BGH 2100, 2102 – Schlussrechnung; BGH vom 6.11.1984 WuW/E BGH 2129; BGH wistra 1985, 77.
²²⁶ Siehe hierzu *Adam* wistra 2003, 285 ff.
²²⁷ *Göhler* § 130 Rdnr. 10; Immenga/Mestmäcker/*Dannecker/Biermann* vor § 81 Rdnr. 89.
²²⁸ OLG Düsseldorf NStZ-RR 99,151; *Göhler* § 130 Rdnr. 10.
²²⁹ BGHSt 25, 158, 163.

kann. Zu den zentralen Aufsichtspflichten gehört dabei die **Auswahl, Unterrichtung und Kontrolle** der Mitarbeiter, auf die Aufgaben übertragen worden sind, bei deren Erfüllung betriebsbezogene Pflichten zu beachten sind.[230]

In der Rechtsprechung ist anerkannt, dass der Betriebsinhaber die ihm obliegende Aufsichtspflicht entsprechend § 9 Abs. 2 OWiG auf nachgeordnete Aufsichtspersonen übertragen kann, allerdings verbleibt bei ihm die Pflicht zur Oberaufsicht.[231] So kann sich ein Unternehmer seiner Aufsichtspflicht nicht etwa dadurch vollständig entziehen, dass er in seinem Betrieb schlicht eine Aufsichtsperson mit der Überwachung der Beschäftigten beauftragt. Von einem **Organisationsverschulden** spricht man in diesem Zusammenhang zudem, wenn Aufgaben für notwendige Aufsichtsmaßnahmen nicht lückenlos verteilt sind, den beauftragten Aufsichtspersonen der Umfang der Pflichten nicht exakt mitgeteilt wird oder Zweifel bei der Zuständigkeit verbleiben.[232] Kennt der Betriebsinhaber die für seinen Betrieb geltenden Bestimmungen nicht, hat er sich entweder die zur Erfüllung seiner Überwachungspflicht notwendigen Kenntnisse zu verschaffen oder ein innerbetriebliches Kontrollsystem zu organisieren, das er auch extern, etwa durch einen Steuerberater oder Wirtschaftsprüfer, überwachen lassen kann.[233]

cc) Besonderheiten. Sind für eine Zuwiderhandlung im Unternehmen **mehrere aufsichtspflichtige Personen** verantwortlich, so können gegen sie jeweils gesonderte Bußgeldverfahren durchgeführt werden.[234] Die Organe einer Gesellschaft trifft eine Aufsichtspflicht gegenüber einer **Niederlassung** im Sinne einer Oberaufsicht nur, soweit diese in rechtlich unselbständiger Form geführt wird. Der BGH geht in diesem Zusammenhang von einer einheitlichen Aufsichtspflicht gegenüber mehreren Niederlassungen aus,[235] deren Verletzung zu einer einheitlichen Tat führt, soweit in verschiedenen Niederlassungen Zuwiderhandlungen gegen Betriebspflichten begangen wurden.[236]

Maßgebend für die Frage der Aufsichtsverantwortung von **Kollegialorganen** i. S. d. § 130 OWiG ist die tatsächliche interne Aufgabenverteilung. So darf sich ein unzuständiges Organ bei Aufgabenteilung grundsätzlich darauf verlassen, dass die zuständigen Organe die ihnen obliegenden Pflichten erfüllen. Eine allgemeine gegenseitige Überwachungspflicht gleichberechtigter Organe besteht grundsätzlich nicht.[237] Allerdings kann sich nach der bekannten Lederspray-Entscheidung des BGH[238] eine Aufsichtspflicht für ein an sich unzuständiges Organmitglied ergeben, wenn Zweifel an der ordentlichen Pflichterfüllung des zuständigen Organmitglieds bestehen. Ist eine Aufgabenverteilung im Kollegialorgan nicht oder nicht eindeutig vorgenommen worden, trifft die Aufsichtspflicht alle Mitglieder des Organs.[239]

Soweit auf Grund einer Aufsichtspflichtverletzung mehrere Zuwiderhandlungen gegen dieselbe Vorschrift begangen werden, liegt nur eine **Daueraufsichtspflichtverletzung** vor, für die nur eine Geldbuße festgesetzt werden kann.[240] So ist die Annahme mehrerer Aufsichtspflichtverletzungen nicht schon deshalb gerechtfertigt, weil mehrere Kartellordnungswidrigkeiten begangen wurden.[241]

dd) Praktische Beispiele. Im Wesentlichen geht es im Kartellrecht um die Verletzung betrieblicher Organisationspflichten im Zusammenhang mit Auswahl und Überwachung von Mitarbeitern, sowie Aufklärung und Belehrung über kartellrechtliche Ge- und Verbote. Die in der Rechtsprechung hierzu entwickelten Anforderungen sind durchaus hoch und in der Praxis nur

---

[230] Vgl. hierzu näher: *Göhler* § 130 Rdnr. 12.
[231] BGHSt 8, 139; OLG Hamm VRS 34,149; OLG Koblenz MDR 1973, 606.
[232] Vgl. zur Delegation von Aufsichtspflichten u. a. OLG Hamm VRS 40, 129, 130; OLG Düsseldorf VRS 63, 286; OLG Koblenz VRS 65, 457; einschränkend OLG Düsseldorf wistra 1999, 115.
[233] BayObLG wistra 2001, 478, 479 = BayObLGSt 2001, 107 = NJW 2002, 766.
[234] *Göhler* wistra 1986, 113 (Anmerkung zu BGH vom 10.12.1985).
[235] BGH vom 10.12.1985 WuW/E BGH 2205, 2206.
[236] BGH wistra 1986, 111, 112.
[237] OLG Naumburg NStZ 1998, 450 = NZV 1998, 41; OLG Düsseldorf NStZ-RR 2002, 178 = wistra 2002, 357.
[238] BGHSt 37, 106, 123 f.; vgl. auch OLG Hamm NJW 1971, 817.
[239] Düsseldorf NStZ-RR 99, 151.
[240] BGH vom 10.12.1985 WUW/E BGH 2205, 2206.
[241] BGH vom 9.7.1984 WuW/E BGH 2100, 2101 – Schlussrechnung.

201 Bei einem Unternehmen mit ca. 5000 Mitarbeitern hielt der BGH die Einrichtung einer **Revisionsabteilung** für erforderlich, die kraft ihrer Organisation in der Lage ist, im Unternehmen stichprobenartige überraschende Prüfungen durchzuführen.[243] Immerhin soll nach dieser Entscheidung die **Androhung arbeitsrechtlicher Konsequenzen** nicht von vornherein zu gebotenen Aufsichtsmaßnahmen gehören. Die in der Rechtsprechung erhobene Forderung, zur Verhinderung von Submissionsabsprachen sei die betriebsinterne Anordnung an alle mit Angebotsabgaben befassten Mitarbeiter geboten, über jedes im Zusammenhang mit einer Ausschreibung mit einem Konkurrenzunternehmen geführte Gespräch einen **Aktenvermerk** zu fertigen,[244] hat der BGH mit dem Hinweis darauf zurückgewiesen, dass wenig wahrscheinlich sei, dass sich ein Mitarbeiter, der einem wiederholt ausgesprochenen Verbot zuwider mehrfach Submissionsabsprachen trifft, durch eine entsprechende Anordnung von derartigen Verstößen abhalten lassen würde,[245] dass überzogene, von zu starkem Misstrauen geprägte Aufsichtsmaßnahmen den Betriebsfrieden stören und die Würde des Arbeitnehmers verletzen können.[246] Im Übrigen hat der BGH auch klargestellt, dass allein aus der Tatsache, dass Betriebsangehörige vorsätzliche Zuwiderhandlungen im Unternehmen hatten begehen können, nicht gefolgert werden muss, dass die betriebliche Aufsichtspflicht unzureichend organisiert oder durchgeführt worden ist.[247] Zum Teil werden **schriftliche Belehrungen** über einschlägige kartellrechtliche Vorschriften gefordert, gegebenenfalls sogar die regelmäßige Veranstaltung von Seminaren und Mitarbeiterschulungen.[248] Nach Auffassung des BGH sind jedenfalls grundsätzlich stichprobenartige, überraschende Prüfungen des Betriebsinhabers erforderlich.[249]

202 Eine **erhöhte Aufsichtspflicht** erfordert die Rechtsprechung jedenfalls dann, wenn es bereits in der Vergangenheit zu Verstößen gekommen ist oder wenn damit innerhalb eines Unternehmens gerechnet werden muss.[250] Dies gilt auch dann, wenn bei möglichen Kartellrechtsverstößen schwierige Fragen zu beachten sind.[251]

> **Praxistipp:**
> **203** Eine nähere Befassung mit den Problemen der Aufsichtspflichtverletzung ist nicht nur im Rahmen gewünschter Vorfeldberatung dringend geboten, zumal § 130 OWiG das Einfallstor für eine unter Umständen gravierende Unternehmensbebußung bilden kann.

204 **c) Haftung des Unternehmens, § 30 OWiG.** Nachdem als Täter von Kartellverstößen, wie auch von Verstößen gegen bestehende Aufsichtspflichten grundsätzlich nur natürliche Personen und nur unter den oben beschriebenen Voraussetzungen verfolgt und mit Verhängung eines Bußgeldes zur Verantwortung gezogen werden können, schafft § 30 OWiG die für eine Bebußung des Unternehmens, das in der Regel in erster Linie einen Vorteil aus den Zuwiderhandlungen ihrer Vertreter und Beauftragten ziehen kann, notwendige Brücke. Obwohl es nach deutschem Recht ein „Unternehmensstrafrecht" im eigentlichen Sinne nicht gibt, ermöglicht § 30 OWiG eine unmittelbar unternehmensbezogene Ahndung von Fehlverhalten im Unternehmen, soweit ein ordnungswidriges Handeln einer natürlichen Person vorliegt, die vertretungsberechtigt ist. Diese Ahndung richtet sich nicht gegen das handelnde Individuum.

---

[242] Weitergehende Hinweise bei: *Leube* wistra 1987, 44; *Tessin* BB 1987, 984; Immenga/Mestmäcker/Dannecker/Biermann vor § 81 Rdnr. 89.
[243] BGH vom 24.3.1981 WuW/E BGH 1799 – Revisionsabteilung.
[244] KG vom 9.11.1984 – WuW/E OLG 3404, 3408 – Brückenbau Hopener Mühlenbach.
[245] BGH vom 25.6.1985 – WuW/E BGH 2202, 2204 – Brückenbau Hopener Mühlenbach = NStZ 1986, 34.
[246] BGH vom 11.3.1986 – WuW/E BGH 2262, 2264 – Aktenvermerke.
[247] BGH vom 11.3.1986 – WuW/E BGH 2262, 2265 – Aktenvermerke.
[248] KG vom 25.7.1980 – WuW/E OLG 2330, 2332 – Revisionsabteilung.
[249] BGH vom 25.6.1985 – WuW/E BGH 2202, 2203 – Brückenbau Hopener Mühlenbach.
[250] OLG Stuttgart wistra 1987, 35.
[251] Bei Preisempfehlungen: BGHSt 27, 196, 202; KG vom 30.4.1997 – WuW/E DE-R 83, 85 – Jeans-Vertrieb; bei Liefersperren: KG wistra 99, 357.

> **Checkliste:**
>
> Nach **§ 30 OWiG** kann eine Geldbuße gegen eine juristische Person oder Personenvereinigung dann verhängt werden, wenn
> ☐ eine der in Abs. 1 enumerativ genannten Repräsentanten als natürliche Person eine Straftat oder Ordnungswidrigkeit (sog. Anknüpfungstat) begangen hat,
> ☐ durch die betriebsbezogene Pflichten verletzt worden sind
> ☐ oder das Unternehmen bereichert worden ist oder werden sollte

Mit Einfügung von § 30 Abs. 1 Nr. 5 OWiG im Jahre 2002[252] ist der Kreis tauglicher Täter einer Anknüpfungstat auf „sonstige Personen" erweitert, die für die Leitung eines Unternehmens verantwortlich handeln. Voraussetzung ist in allen Fällen, dass die Anknüpfungstat zumindest auch **in Wahrnehmung von Unternehmensinteressen** begangen worden ist.[253] Ausreichend aber auch erforderlich ist dabei die Feststellung, dass ein Organ, Vorstand usw. in Ausübung seiner Tätigkeit im Unternehmen und nicht nur bei Gelegenheit eine Zuwiderhandlung rechtswidrig und schuldhaft, damit **vorwerfbar** begangen hat. Fehlt diese Voraussetzung, scheidet eine Geldbuße gegen das Unternehmen aus.[254] Die **Identität des Täters** muss dabei allerdings nicht festgestellt werden.[255] Damit kann im Einzelfall durchaus auch offen bleiben, wer die Anknüpfungstat tatsächlich begangen hat, soweit nur festgestellt werden kann, dass eine vorwerfbare Tatbegehung aus dem Kreis der in Frage kommenden Verantwortlichen vorliegt.[256] Sind an der Anknüpfungstat mehrere Organe oder Bevollmächtigte beteiligt, so kann gleichwohl nur eine Geldbuße gegen das Unternehmen festgesetzt werden.[257]

Betriebsbezogene Pflichten i. S. d. § 30 OWiG sind grundsätzlich auch solche, die das Unternehmen als Normadressaten treffen, mithin auch die nach den kartellrechtlichen Bestimmungen für Unternehmen geltenden Ge- und Verbote. Ihre Verletzung eröffnet damit regelmäßig den Weg zu einer Unternehmensbebußung, gegebenenfalls gem. § 82 GWB durch die zuständige Kartellbehörde. Auch die Verletzung der Aufsichtspflicht[258] ist stets die Verletzung einer betriebsbezogenen Pflicht.[259] Ist durch die Anknüpfungstat eine betriebsbezogene Pflicht nicht verletzt, ist die Verhängung einer Unternehmensgeldbuße gleichwohl möglich, wenn das Unternehmen hierdurch **bereichert** ist oder werden sollte. Erfasst sind damit zum Beispiel die Fälle, in denen ein vertretungsberechtigtes Organ einen Betrug zum Vorteil des Unternehmens begangen hat.

> **Praxistipp:**
>
> Damit greift § 30 OWiG stets auch dann, wenn zwar keinem der in § 30 OWiG bezeichneten Personen aus der Unternehmensleitung die Beteiligung an einem Kartellrechtsverstoß, allerdings eine Aufsichtspflichtverletzung nach § 130 OWiG nachgewiesen werden kann.

Die Unternehmensgeldbuße wird zwar nach dem **Grundsatz des einheitlichen bzw. verbundenen Verfahrens** regelmäßig in dem Verfahren verhängt, in dem die Anknüpfungstat der dafür verantwortlichen Leitungsperson behandelt wird,[260] allerdings hat der Gesetzgeber im Zuge

---

[252] Gesetz zur Ausführung des zweiten Protokolls vom 19.6.97 zum Übereinkommen über den Schutz der finanziellen Interessen der Europäischen Gemeinschaften vom 22.8.02, BGBl. I S. 3387.
[253] *Göhler* § 30 Rdnr. 24.
[254] OLG Düsseldorf NStZ 1984, 366; OLG Hamm wistra 2000, 433; OLG Celle wistra 2005, 160 = NStZ-RR 2005, 82 = NJW 2005, 1816.
[255] BGH NStZ 1994, 346; OLG Hamm wistra 2000, 433.
[256] Siehe hierzu auch *Eidam* wistra 2003, 454 m. w. N.
[257] BGH wistra 1994, 232, 233; *Göhler* § 30 Rdnr. 27 b; *Tiedemann* NJW 1988, 1169 ff.; *Bauer* wistra 1992, 47 ff.
[258] Siehe hierzu Rdnr. 186 ff.
[259] BGH wistra 1986, 111.
[260] § 88 Abs. 1 OWiG, § 444 Abs. 1 und 2 StPO.

des 2. WiKG[261] mit § 30 Abs. 4 S. 1 OWiG i. V. m. § 88 Abs. 2 OWiG, § 444 Abs. 3 StPO die Möglichkeit eröffnet, ohne eigene Verfolgung der Anknüpfungstat eine **selbständige Unternehmensgeldbuße** zu verhängen. Voraussetzung ist, dass gegen den Repräsentanten als natürliche Person wegen der Anknüpfungstat ein Verfahren nicht eingeleitet, das Verfahren eingestellt oder von Strafe abgesehen ist. Des weiteren ist die Verhängung einer selbständigen Unternehmensgeldbuße nach § 30 Abs. 4 S. 2 OWiG auch in den Fällen möglich, in denen nach dem Gesetz eine selbständige Geldbuße festgesetzt werden kann. Hiervon hat der Gesetzgeber im Kartellrecht mit § 82 GWB Gebrauch gemacht. Damit ist die Unternehmensgeldbuße von ursprünglich bloßer Nebenfolge einer Individualahndung zu einer originären Sanktion umfunktioniert, die Einbindung der Unternehmenssanktion in die individuelle Organtat gelockert und das Opportunitätsprinzip des Ordnungswidrigkeitenrechts hinsichtlich der Ahndung von Delikten mit der Verbandgeldbuße unterstrichen.[262] Die Möglichkeit einer selbständigen Unternehmensgeldbuße entfällt gem. § 30 Abs. 4 S. 3 OWiG allerdings dann, wenn die Anknüpfungstat aus rechtlichen Gründen, so insbesondere bei Verjährung, nicht verfolgt werden kann. Eine selbständige Unternehmensbuße kommt schließlich auch dann nicht in Betracht, wenn das zur Anknüpfungstat eingeleitete Verfahren gem. § 153 a StPO eingestellt wird, nachdem damit die Schuld des Vortäters nicht zur Überzeugung des Gerichts festgestellt sein muss. Nichts anderes kann angesichts lediglich summarischer Prüfung für die Variante einer Unternehmensbebußung im Strafbefehlsverfahren nach § 407 Abs. 2 Nr. 1 StPO gelten.

210 Nach § 30 Abs. 2 S. 1 OWiG ist das **Höchstmaß einer Geldbuße** im Falle einer vorsätzlichen Straftat des Organs auf 1 Mio. Euro, im Falle einer fahrlässigen Straftat auf 500.000 € festgesetzt. Ist die Pflichtverletzung als Ordnungswidrigkeit mit Geldbuße bedroht, so bestimmt sich das Höchstmaß gem. § 30 Abs. 2 S. 2 OWiG allerdings nach dem für die Pflichtverletzung angedrohten Höchstmaß. Im Kartellrecht ist damit seit der 7. GWB-Novelle nach § 81 Abs. 4 S. 2 GWB ein Bußgeld bis zu 10 % des im vorausgegangenen Geschäftsjahres erzielten Gesamtumsatzes denkbar. Dies gilt gem. § 30 Abs. 2 S. 3 OWiG auch für den Fall, dass die Zuwiderhandlung sowohl als Straftat wie auch als Ordnungswidrigkeit verfolgbar ist und das für die Ordnungswidrigkeit angedrohte Höchstmaß das Höchstmaß nach S. 1 übersteigt. Praktisch bedeutsam ist dies unter den hier behandelten Aspekten etwa bei Taten, die sowohl als Straftaten nach den §§ 263, 298 StGB wie auch als Ordnungswidrigkeit nach § 81 GWB verfolgbar sind.

> **Praxistipp:**
> 211 Die Möglichkeit der nach § 81 Abs. 4 S. 2 GWB umsatzbezogenen Bußgeldbemessung schafft neben einer Vorteilsabschöpfung nach § 17 Abs. 4 OWiG für die betroffenen Unternehmen regelmäßig ein hohes Risiko. Die Praxis zeigt, dass die Kartellbehörden sich nicht scheuen, soweit möglich exorbitant hohe Unternehmensgeldbußen zu verhängen.

212 Im Verfahren gegen das Unternehmen gelten die für die Tat des unmittelbar Handelnden maßgebenden **Verjährungsfristen**.[263] Hat das vertretungsberechtigte Organ des Unternehmens etwa an einer wettbewerbsbeschränkenden Absprache i. S. d. § 298 StGB teilgenommen oder einen Betrug nach § 263 StGB begangen, beträgt damit die Verjährungsfrist auch für die Verhängung einer Unternehmensgeldbuße gem. § 78 Abs. 3 Nr. 4 StGB fünf Jahre.

3. Die bedeutsamen Kartellordnungswidrigkeiten

213 Wie gezeigt steht in der Praxis der nationalen Kartellbehörden die Verfolgung von Preis-, Gebiets- und Quotenkartellen sowie von Submissionsabsprachen im Vordergrund. Orientiert an der darüber hinaus statistisch belegten Praxisrelevanz sollen im Folgenden Erläuterungen

---

[261] Zweites Gesetz zur Bekämpfung der Wirtschaftskriminalität vom 15.5.1986 (BGBl. 1986 I S. 721); zu den Veränderungen: *Schroth* wistra 1986, 158 ff.; *Tiedemann* NJW 1988, 1169 ff.; *Achenbach* JUS 1990, 601 ff.
[262] *Schroth* wistra 1986,163.
[263] BGH NJW 2001, 1436, 1438 = wistra 2001, 180.

a) Verstöße gegen die europäischen Kartellverbote aus Art. 81 und 82 EGV. Nach § 81 Abs. 1 GWB handelt ordnungswidrig, wer vorsätzlich oder fahrlässig entgegen Art. 81 Abs. 1 EGV eine Vereinbarung trifft, einen Beschluss fasst oder Verhaltensweisen aufeinander abstimmt (Nr. 1) oder entgegen Art. 82 S. 1 EGV eine beherrschende Stellung missbräuchlich ausnutzt (Nr. 2), soweit dies geeignet ist, den Handel zwischen den Mitgliedsstaaten zu beeinträchtigen. Der Regelungsinhalt dieser zentralen Verbote des primären Gemeinschaftsrechts ist bereits unter III. 2. erörtert. Nachdem § 81 Abs. 1 als **Blankettvorschrift** auf die Bestimmungen aus Art 81 und 82 EGV schlicht Bezug nimmt, kann auf diese Ausführungen vollständig verwiesen werden.[264]

Wie bereits beschrieben sind die deutschen Kartellbehörden gem. Art. 3 Abs. 1 VO Nr. 1/03 verpflichtet, Art. 81 und 82 EGV grundsätzlich auf sämtliche Fälle anzuwenden, welche den Handel zwischen den Mitgliedstaaten zu beeinträchtigen geeignet sind.[265] Der Vorrang europäischen Rechts ist dabei nach Art. 3 Abs. 2 VO Nr. 1/03 dahin erweitert, dass die Anwendung nationalen Rechts nicht zum Verbot von Vereinbarungen zwischen Unternehmen, Beschlüssen von Unternehmen und aufeinander abgestimmten Verhaltensweisen führen darf, die zwar den zwischenstaatlichen Handel beeinträchtigen können, aber entweder nach Art. 81 Abs. 1 EGV nicht verboten oder nach Art. 81 Abs. 3 EGV freigestellt sind. Diese Grundsätze zum Vorrang europäischen Kartellrechts hat der Gesetzgeber zudem im Zuge der 7. GWB-Novelle ausdrücklich in § 22 GWB aufgenommen. In § 22 Abs. 2 S. 3 GWB ist klargestellt, dass die Wirksamkeit europäischen Kartellrechts nicht durch die Anwendung milderen nationalen Rechts eingeschränkt werden darf. Nach diesen Bestimmungen bleibt im Ergebnis zwar die parallele Anwendung des deutschen Kartellrechts neben dem europäischen Kartellrecht fakultativ möglich, allerdings wird dem deutschen Kartellrecht künftig nur noch in Fällen mit rein lokaler Auswirkung ohne zwischenstaatliche Relevanz Bedeutung zukommen. Nachdem damit gerechnet werden darf, dass diese Fälle angesichts der zunehmenden wirtschaftlichen Verflechtungen auf dem Gemeinsamen Markt, der Tendenz zu grenzüberschreitender Unternehmenstätigkeit immer seltener werden, werden auch nationale Bußgeldverfahren wohl zunehmend Verstöße gegen die europäischen Kartellverbote zum Gegenstand haben.

> **Praxistipp:**
> Ein Verstoß gegen Art. 81 Abs. 1 EGV kann nur dann mit einem (nationalen) Bußgeld geahndet werden, wenn die Freistellungsvoraussetzungen aus Art. 81 Abs. 3 EGV nicht erfüllt sind.[266]

b) Verstöße gegen das nationale Kartellverbot aus § 1 GWB. Nach § 81 Abs. 2 Nr. 1 GWB handelt unter anderem ordnungswidrig, wer vorsätzlich oder fahrlässig dem Kartellverbot aus § 1 GWB zuwiderhandelt. War vor der 6. GWB-Novelle das Sich-Hinwegsetzen über einen wegen Verstoßes gegen das Kartellverbot nichtigen Vertrag, damit die Umsetzung eines geschlossenen KartellVertrags, für des Erfüllung des Bußgeldtatbestandes aus § 38 GWB a. F. erforderlich, genügt bereits seit 1999 in Anpassung an das EG-Kartellrecht das bloße Vereinbaren, Beschließen oder Abstimmen kartellrechtswidrigen Verhaltens für eine Tatbestandserfüllung. Mit der 7. GWB-Novelle hat der nationale Gesetzgeber nun eine weiter gehende Anpassung an das EG-Kartellrecht vorgenommen. Mit Streichung der Worte „miteinander im Wettbewerb stehend" wurde das Kartellverbot aus § 1 GWB a. F. in Anlehnung an Art. 81 Abs. 1 EGV auch auf vertikale Vereinbarungen, d. h. auf Vereinbarungen zwischen Unternehmen auf verschiedenen Wirtschaftsstufen, erstreckt. Bedeutung hat dieser Tatbestand nur dort, wo eine Eignung zur Beeinträchtigung zwischenstaatlichen Handels sicher ausgeschlossen werden kann, anderenfalls kommt hier § 81 Abs. 1 GWB i.V.m. Art. 81 EGV in Betracht.

---

[264] Siehe hierzu Rdnr. 82 ff. und 108 ff.
[265] Siehe hierzu Rdnr. 27.
[266] Siehe hierzu Rdnr. 98 ff.

218

Checkliste:

Nach **§ 1 GWB** sind in Fällen mit ausschließlich national begrenzter Auswirkung ohne zwischenstaatliche Relevanz entsprechend der europäischen Regelung aus Art. 81 Abs. 1 EGV verboten:
☐ Vereinbarungen zwischen Unternehmen
☐ Beschlüsse von Unternehmensvereinigungen
☐ und aufeinander abgestimmte Verhaltensweisen,
☐ die eine Verhinderung, Einschränkung oder Verfälschung des Wettbewerbs
☐ bezwecken oder bewirken

Praxistipp:

219 Das Verbot aus § 1 GWB ist ein gesetzliches Verbot i. S. d. § 134 BGB. Damit sind Vereinbarungen und Verhaltensweisen, die hiergegen verstoßen nichtig, soweit sie nicht die Freistellungsvoraussetzungen aus § 2 GWB erfüllen. Dies ist für mögliche zivilrechtliche Schadensersatzansprüche bedeutsam.

220 Das Verbot wendet sich ausdrücklich nur an Unternehmen und Unternehmensvereinigungen. Entsprechend ist § 81 Abs. 2 Nr. 1 i. V. m. § 1 GWB als sog. **Sonderdelikt** zu verstehen, das nur von dem in § 9 OWiG erfassten Personenkreis begangen werden kann.[267] Nach der bisherigen Verwaltungspraxis des BKartA und nach ständiger nationaler Rechtsprechung[268] erfüllt dabei jede Nachfragetätigkeit im geschäftlichen Verkehr den **Unternehmensbegriff** des GWB und zwar unabhängig davon, ob eine wirtschaftliche Tätigkeit auf einem Absatzmarkt vorliegt oder nicht.

221 Grundsätzlich ist zwar eine fahrlässige Begehensweise nach dem Wortlaut des § 81 Abs. 2 Nr. 1 GWB möglich, allerdings setzt die Alternative des Bezweckens absichtliches Handeln voraus. Problematisch kann für diesen Bußgeldtatbestand die Frage werden, wann die zugrunde liegende Tat **beendet** ist, was für die Frage der Verjährung entscheidende Bedeutung haben kann. Die richtige Antwort kann nur im Zusammenhang mit der Frage gefunden werden, ob mit Neugestaltung des Kartellverbots im Zuge der 6. GWB-Novelle – wie bei früherer Rechtslage noch ausschließlich – auch das Praktizieren einer getroffenen Vereinbarung oder eines gefassten Beschlusses bußgeldbewehrt ist. Dann kann das Delikt erst mit letzter Ausführungshandlung auf der Grundlage der getroffenen Vereinbarung beendet sein.[269] Der BGH vertritt jedenfalls im Zusammenhang mit Submissionsabsprachen die Auffassung, dass auch die bußgeldrechtliche Verjährung von Submissionsabsprachen nicht vor Erstellung der Schlussrechnung zu laufen beginnt.[270] Dies soll auch für die Teilnehmer des Absprachekreises gelten, die den Auftrag nicht erhalten haben.[271] Wird der Zuschlag allerdings entgegen der getroffenen Absprache einem Außenseiter erteilt, ist von einer Beendigung eindeutig bereits mit Angebotsabgabe auszugehen.

222 *aa) Verbotsvoraussetzungen.* Die Tatbestandsmerkmale des § 1 GWB sind angesichts ihrer Entsprechung zu europäischem Recht auch in Fällen ohne zwischenstaatliche Relevanz im Sinne der zu Art. 81 Abs. 1 EGV ergangenen Rechtsprechung und Rechtsanwendungspraxis auszulegen.[272] Auf die hierzu unter III. 2. a) gemachten Ausführungen kann deshalb an die-

---

[267] Siehe hierzu Rdnr. 182 ff.
[268] Zuletzt BGH vom 12.11.02 WuW/E DE-R 1087.
[269] So Immenga/Mestmäcker/*Dannecker/Biermann* § 81 Rdnr. 26; hierfür spricht wohl auch BegrRegE BT-Drucks. 13/9720 S. 31.
[270] BGH vom 9.7.1984 WuW/E BGH 2100, 2102 – Schlussrechnung; BGH wistra 2004, 270 = NJW 2004, 1539 = WuW/E DE-R 1233 Frankfurter Kartelle = NStZ 2004, 567.
[271] BGHSt 32, 389 = BGH vom 21.10.1986 WuW/E BGH 2329, 2334 – Prüfgruppe.
[272] BegrRegE BT-Drucksache 15/3640 S. 44.

ser Stelle Bezug genommen werden.²⁷³ Eine Willensübereinstimmung im Sinne des § 1 GWB ist jedenfalls auch dann gegeben, wenn die Beteiligten von einer etwa auf kaufmännischer Anständigkeit, wirtschaftlicher Rücksichtnahme, Solidaritätsbewusstsein oder moralischem Druck beruhenden Bindungswirkung ausgehen. Auch soll der stille Vorbehalt, sich nicht an die getroffene Vereinbarung zu halten, wenn es die Marktverhältnisse zulassen, einer relevanten Übereinstimmung nicht entgegenstehen.²⁷⁴

> **Praxistipp:**
> Verhaltensweisen, die den zwischenstaatlichen Handel zu beeinträchtigen geeignet sind, jedoch nicht unter Art. 81 EGV fallen, können auch nach nationalem Recht nicht geahndet werden (Art. 3 Abs. 2 S. 1 VO Nr. 1/03)

223

bb) Ausnahmen. Im Zuge der 7. GWB-Novelle sind die sog. Freistellungsvoraussetzungen des Art. 81 Abs. 3 GWB mit § 2 Abs. 1 GWB im Kern übernommen worden. Entsprechend sind Vereinbarungen oder Verhaltensweisen i. S. d. § 1 GWB kraft Gesetzes vom Verbot aus § 1 GWB ausgenommen, die die Freistellungsvoraussetzungen aus § 2 Abs. 1 GWB erfüllen, ohne dass es einer vorangehenden Entscheidung der Kartellbehörde bedarf. Das europäische **System der Legalausnahme** ist damit auch im deutschen Kartellrecht installiert. Nach § 2 Abs. 2 GWB gelten die Gruppenfreistellungsverordnungen der Europäischen Gemeinschaft²⁷⁵ ohne Zwischenschaltung deutscher Behörden auch in Fällen ohne zwischenstaatliche Relevanz. Die kasuistisch ausgestalteten Freistellungstatbestände nach altem Recht, die differenzierten Verfahren zur Genehmigung sog. Anmelde- und Antragskartelle haben damit ihre Existenzberechtigung verloren. Entsprechend sind mit der 7. GWB-Novelle die Spezialvorschriften zu Normen- und Typenkartellen, Konditionenkartellen, Spezialisierungskartellen, Rationalisierungskartellen und Strukturkrisenkartellen sowie der Auffangtatbestand des § 7 GWB a. F. samt den hierzu bestimmten Verfahrensvorschriften weggefallen. Lediglich eine Ausnahmeregelung zu sog. Mittelstandskartellen hat der Gesetzgeber im GWB belassen, weil für Vereinbarungen zwischen kleinen und mittleren Unternehmen angesichts der „de-minimis"-Bekanntmachung der Europäischen Kommission²⁷⁶ in der Regel mangels zwischenstaatlicher Relevanz der Vorrang europäischen Rechts nicht gilt.²⁷⁷ Allerdings bleibt Art. 81 Abs. 3 EGV kraft grundsätzlichen Vorrangs europäischen Rechts maßgebend, soweit Mittelstandskartelle ausnahmsweise doch geeignet sein sollten, den Handel zwischen den Mitgliedstaaten zu beeinträchtigen. Die Prüfung der Freistellungsvoraussetzungen aus §§ 2 und 3 GWB hat damit im Bußgeldverfahren zwingend in allen Fällen zu erfolgen, in denen die Voraussetzungen aus § 1 GWB erfüllt sind. Die hierfür maßgebenden Kriterien sind im europäischen Kartellrecht festgelegt. Es kann deshalb auch insoweit auf die Ausführungen III. 2. Bezug genommen werden.²⁷⁸

224

> **Praxistipp:**
> Ein Verstoß gegen § 1 GWB kann nur dann zu einem Bußgeld führen, wenn die Freistellungsvoraussetzungen der §§ 2, 3 GWB nicht erfüllt sind

225

*cc) Die Besonderheit der Submissionsabsprache.*²⁷⁹ Neben den klassischen Preis-, Gebiets- und Quotenkartellen²⁸⁰ hatte für die Kartellbehörden jedenfalls in der Vergangenheit die

226

---

²⁷³ Siehe hierzu Rdnr. 82 ff.
²⁷⁴ Vgl. hierzu OLG Düsseldorf vom 6.5.04 WuW/E DE-R 1315 – Berliner Transportbeton I.
²⁷⁵ Siehe hierzu Rdnr. 103.
²⁷⁶ Siehe hierzu Rdnr. 96.
²⁷⁷ BegrRegE BT-Drucks. 15/3640 S. 28.
²⁷⁸ Siehe hierzu Rdnr. 98 ff.
²⁷⁹ Siehe hierzu Rdnr. 266 ff.
²⁸⁰ Siehe hierzu Rdnr. 3; zum Quotenkartell siehe etwa OLG Düsseldorf vom 6.5.04 WuW/E DE-R 1315 – Berliner Transportbeton I.

Verfolgung von **Submissionskartellen** besondere Bedeutung. Diese als kartellrechtliche Zuwiderhandlung in der allgemeinen Korruptionsdiskussion wohl an erster Stelle stehende Form kartellrechtswidriger Verhaltensweise zielt regelmäßig auf eine Verhinderung, Einschränkung oder Verfälschung des freien Wettbewerbs i. S. d. § 1 GWB ab. In diesen Fällen werden bei Vergabe öffentlich oder privat ausgeschriebener Aufträge in einem festen oder variablen Kreis von Bietern Angebotspreise oder allgemein Konditionen abgesprochen. Die Kartellmitglieder gewähren sich wechselweise Schutz, damit in der Reihe anstehender Auftragsvergaben – möglichst im Turnus – jeweils ein Mitglied als „billigster" Bieter den Zuschlag erhält. Gegebenenfalls wird den Schutz gewährenden Unternehmen oder auch Kartellaußenseitern Ausgleich gewährt.

227 Bis zum In-Kraft-Treten des Korruptionsbekämpfungsgesetzes im Jahre 1997 und der damit verbundenen Einführung des **Straftatbestandes** wettbewerbsbeschränkender Absprachen bei Ausschreibungen nach § 298 StGB[281] konnten derartige Absprachen „nur" als Ordnungswidrigkeiten nach dem GWB verfolgt werden, soweit nicht bei Nachweis eines Vermögensschadens eine strafrechtliche Ahndung wegen Betruges nach § 263 StGB möglich war.[282] Seit der Hochstufung der Submissionsabsprache zur Straftat ist in diesen Fällen regelmäßig die Verfolgungszuständigkeit der Staatsanwaltschaft eröffnet. Als grundsätzlich nach § 21 OWiG subsidiäre Kartellordnungswidrigkeit bleibt damit die Submissionsabsprache für die Kartellbehörden nach § 81 Abs. 2 Nr. 1 regelmäßig nur noch dann verfolgbar, wenn zwar eine Absprache zwischen den Unternehmen stattgefunden hat, ein darauf beruhendes Angebot jedoch (noch) nicht abgegeben worden ist.

Praxistipp:
228 Die Kartellbehörden bleiben gem. § 82 GWB grundsätzlich auch dann noch für die (selbständige) Verhängung von Unternehmensgeldbußen zuständig, wenn die kartellrechtliche Zuwiderhandlung als Straftat zu qualifizieren ist.

229 c) Verstöße gegen das Verbot des Missbrauchs marktbeherrschender Stellung, § 19 Abs. 1 GWB. Nach § 81 Abs. 2 Nr. 1 GWB handelt auch ordnungswidrig, wer vorsätzlich oder fahrlässig dem Verbot des Missbrauchs einer marktbeherrschenden Stellung aus § 19 Abs. 1 GWB zuwiderhandelt.

230 **Checkliste:**

Nach **§ 19 Abs. 1 GWB** ist als Generalklausel bereits seit der 6. GWB-Novelle in Fällen mit ausschließlich national begrenzter Auswirkung ohne zwischenstaatliche Relevanz in Anlehnung an Art. 82 S. 1 EGV verboten:
- die missbräuchliche Ausnutzung
- einer marktbeherrschenden Stellung
- durch ein oder mehrere Unternehmen

231 Auch dieses Verbot ist als **Sonderdelikt** formuliert. Als Täter dieses Sonderdelikts kommt nur ein Unternehmen[283] mit marktbeherrschender Stellung, bzw. dessen Vertreter i. S. d. § 9 OWiG in Betracht.[284] Zwar ist grundsätzlich auch fahrlässige Begehensweise ausreichend, allerdings setzt ein missbräuchliches Ausnutzen wohl **vorsätzliches** Handeln voraus.[285] Ausgestaltet als **Gefährdungsdelikt** wird von der **Beendigung** einer Zuwiderhandlung mit der letzten Ausführungshandlung auszugehen sein.

---

[281] Siehe hierzu Rdnr. 289 ff.
[282] Siehe hierzu Rdnr. 279 ff.
[283] Siehe hierzu Rdnr. 220.
[284] Siehe hierzu Rdnr. 82 ff.
[285] Immenga/Mestmäcker/*Dannecker/Biermann* § 81 Rdnr. 79.

aa) Verbotsvoraussetzungen. Grundsätzlich ist diese Vorschrift mit ihrem der europäischen 232
Regelung aus Art. 82 S. 1 EGV entsprechendem Inhalt auch in Fällen ohne zwischenstaatliche
Relevanz im Sinne der zu Art. 82 S. 1 EGV ergangenen Rechtsprechung und Rechtsanwendungspraxis auszulegen Es kann deshalb auch in diesem Zusammenhang zunächst auf die Erörterung der europäischen Verbotsvorschrift Bezug genommen werden.[286]

Was unter einer **marktbeherrschenden Stellung** zu verstehen ist, definiert im übrigen § 19 233
Abs. 2 GWB. Die hierzu in § 19 Abs. 3 GWB enthaltenen Vermutungsregeln sind widerlich und deshalb im Bußgeldverfahren für den Nachweis einer Zuwiderhandlung nicht geeignet.[287] Zur Klärung des Begriffs der Marktbeherrschung ist vielmehr zunächst der **relevante Markt** zu ermitteln, der nicht zwingend auf den Geltungsbereich des GWB beschränkt sein muss.[288] Abzustellen ist nach ausdrücklicher Klarstellung im Zuge der 7. GWB-Novelle sowohl in sachlicher wie auch in räumlicher Hinsicht auf die funktionelle Austauschbarkeit von Waren oder gewerblichen Leistungen, auf die Frage, welches Alternativangebot dem Verbraucher tatsächlich zur Verfügung steht.[289] Ob ein Unternehmen auf dem so ermittelten Markt eine **beherrschende Stellung** inne hat, ist anhand der in 19 Abs. 2 Nr. 1 und 2 GWB bestimmten Voraussetzungen zu prüfen. Danach ist ein Unternehmen marktbeherrschend, wenn es auf dem relevanten Markt
- ohne Wettbewerber ist oder keinem wesentlichen Wettbewerb ausgesetzt ist oder
- eine im Verhältnis zu seinen Wettbewerbern überragende Marktstellung hat.

Die Frage, ob ein Unternehmen wesentlichem Wettbewerb ausgesetzt ist, ist dabei im Wege 234
einer wertenden Gesamtschau zu klären.[290] Ob ein Unternehmen über eine überragende
Marktstellung verfügt, ist anhand der im Gesetz genannten Kriterien zu entscheiden. Insgesamt
genügt allerdings die alternative Feststellung der Voraussetzungen aus § 19 Abs. 2 Nr. 1 oder
Nr. 2.[291]

Wann von einem **missbräuchlichen Ausnutzen** marktbeherrschender Stellung i. S. d. Gene- 235
ralklausel aus Abs. 1 auszugehen ist, verdeutlicht der Gesetzgeber anhand der Beispiele aus
Abs. 4. Zwar bezieht sich § 81 Abs. 2 Nr. 1 GWB ausdrücklich nur auf § 19 Abs. 1 GWB,
jedoch sind in Abs. 4 konkrete Anwendungsbeispiele angeführt, die sämtlich für eine Ausdeutung der Generalklausel bedeutsam und deshalb in einem Bußgeldverfahren auch zu berücksichtigen sind.[292]

> **Praxistipp:**
> Soweit in den Anwendungsbeispielen des § 19 Abs. 4 GWB auf eine sachliche Rechtfertigung 236
> abgestellt wird, ist dies Tatbestandsmerkmal der hierauf Bezug nehmenden Bußgeldvorschrift,
> das vom Vorsatz des Täters umfasst sein muss. Ein Irrtum des Täters hierüber ist als vorsatzausschließender Tatbestandsirrtum zu behandeln.

bb) Praktische Beispiele. Man spricht von **Behinderungsmissbrauch** i. S. d. § 19 Abs. 4 Nr. 1 237
GWB, wenn Wettbewerbsmöglichkeiten von anderen Unternehmen ohne sachlich gerechtfertigten Grund und in erheblicher Weise beeinträchtigt werden. Eine Behinderung in diesem
Sinne liegt nur dann vor, wenn die Handlungsfreiheit von Wettbewerbern oder Dritten über
die Beeinträchtigung durch die marktbeherrschende Stellung hinaus zusätzlich eingeschränkt
ist, wobei in Konsequenz der Wettbewerb in erheblicher Weise beeinträchtigt sein muss.[293] Im
Zusammenhang mit der Frage sachlicher Rechtfertigung sind die Interessen der Beteiligten abzuwägen.[294] Klassische Formen des Behinderungsmissbrauchs sind beispielsweise die Fälle der

---

[286] Siehe hierzu Rdnr. 108 ff.
[287] Immenga/Mestmäcker/*Dannecker/Biermann* § 81 Rdnr. 72.
[288] BGH vom 5.10.04 WuW/E DE-R 1355 – Staubsaugerbeutelmarkt.
[289] BGH vom 28.4.1992 WuW/E BGH 2771, 2772 – Kaufhof/Saturn; Langen/Bunte/*Ruppelt* § 19 Rdnr. 10.
[290] BGH vom 22.6.1981 WuW/E BGH 1824, 1828 – Blei- und Silberhütte Braubach.
[291] BGH vom 3.7.1976 WuW/E BGH 1435, 1439 – Vitamin-B 12.
[292] Immenga/Mestmäcker/*Dannecker/Biermann* § 81 Rdnr. 73.
[293] Langen/Bunte/*Schultz* § 19 Rdnr. 130.
[294] OLG Düsseldorf vom 27.3.2002 WuW/E DE-R 867 – Germania.

sog. Treuerabatte, mit denen Kunden gebunden werden sollen, oder sog. Koppelungsgeschäfte.

238 Der sog. **Ausbeutungsmissbrauch** ist in § 19 Abs. 4 Nr. 2 GWB geregelt. Danach liegt ein Missbrauch marktbeherrschender Stellung auch dann vor, wenn ein marktbeherrschendes Unternehmen Entgelte oder sonstige Geschäftsbedingungen fordert, die von denjenigen abweichen, die sich bei wirksamem Wettbewerb mit hoher Wahrscheinlichkeit ergeben würden. Voraussetzung für die Feststellung einer Zuwiderhandlung ist hier, dass ein wirksamer Wettbewerb zu anderen Entgelten oder sonstigen Geschäftsbedingungen geführt hätte.[295] In der Praxis dürfte der Nachweis entsprechenden hypothetischen Wettbewerbsverhaltens in Berücksichtigung vergleichbarer Märkte mit wirksamem Wettbewerb problematisch sein. Insbesondere Fälle des Preismissbrauchs sind hier Gegenstand von Untersuchungen.

239 Der sog. **Strukturmissbrauch** ist in § 19 Abs. 4 Nr. 3 GWB geregelt. Danach liegt ein Missbrauch vor, wenn ein marktbeherrschendes Unternehmen ohne sachliche Rechtfertigung ungünstigere Entgelte oder Geschäftsbedingungen fordert als auf vergleichbaren Märkten. Im Gegensatz zum Ausbeutungsmissbrauch ist hier nicht auf ein hypothetisches Wettbewerbsverhalten abzustellen, sondern auf das tatsächliche Wettbewerbsverhalten des marktbeherrschenden Unternehmens auf vergleichbaren Märkten. Die Kartellbehörde hat selbstverständlich auch hier den Nachweis dafür zu führen, dass ein sachlicher Grund für die unterschiedliche Handhabung nicht besteht.

240 Die Bußgelddrohung im Zusammenhang mit der **Zugangsverweigerung** aus § 19 Abs. 4 Nr. 4 GWB soll sicherstellen, dass marktbeherrschende Firmen anderen Unternehmen gegen angemessenes Entgelt grundsätzlich Zugang zu den eigenen Netzen oder Infrastruktureinrichtungen gewähren, soweit es dem anderen Unternehmen anderenfalls nicht möglich wäre als Wettbewerber auf dem Markt aufzutreten. Wiederholt sind unter diesem Aspekt Ermittlungen gegen Strom-Netzbetreiber geführt worden, die für die Nutzung ihrer Netzmonopole durch andere Stromanbieter überhöhte Entgelte bei Belieferung von Haushalts- und Gewerbekunden verlangt haben. Soweit zu überblicken, ist es allerdings bislang zur Verhängung von Bußgeldern noch nicht gekommen.

241 d) Verstöße gegen das Behinderungs- und Diskriminierungsverbot, § 20 Abs. 1, auch i. V. m. Abs. 2 S. 1 GWB. Nach § 81 Abs. 2 Nr. 1 GWB handelt auch ordnungswidrig, wer vorsätzlich oder fahrlässig dem Diskriminierungsverbot und dem Verbot unbilliger Behinderung aus § 20 Abs. 1 GWB zuwiderhandelt.

242 **Checkliste:**

Nach § 20 Abs. 1 GWB ist in Fällen mit ausschließlich national begrenzter Auswirkung ohne zwischenstaatliche Relevanz verboten,
☐ als marktbeherrschendes[296] (nach Abs. 2 S. 1 auch marktstarkes) Unternehmen,
☐ als Vereinigung von miteinander im Wettbewerb stehenden Unternehmen i. S. d. §§ 2, 3, 28 Abs. 1,
☐ als Unternehmen, das Preise nach § 28 Abs. 2 oder § 30 Abs. 1 S. 1 bindet,
☐ ein anderes Unternehmen in einem Geschäftsverkehr, der gleichartigen Unternehmen üblicherweise zugänglich ist,
☐ unmittelbar oder mittelbar unbillig zu behindern (Behinderungsverbot)
☐ oder gegenüber gleichartigen Unternehmen ohne sachlich gerechtfertigten Grund unmittelbar oder mittelbar unterschiedlich zu behandeln (Diskriminierungsverbot).

243 Bei diesem Verbot handelt es sich letztlich um einen Unterfall des allgemeinen Missbrauchstatbestandes aus § 19 GWB. Geschützt werden sollen mit der 1. Alternative, dem sog. **Behinderungsverbot**, die Mitbewerber eines marktbeherrschenden oder marktstarken Unternehmens

---

[295] Immenga/Mestmäcker/*Dannecker/Biermann* § 81 Rdnr. 75.
[296] Siehe hierzu Rdnr. 233.

gegen jede Beeinträchtigung ihrer Wettbewerbsmöglichkeiten, mit der 2. Alternative, dem sog. **Diskriminierungsverbot**, Abnehmer und Lieferanten gegen eine Beeinträchtigung ihrer Marktchancen. Beide Verbotsalternativen sind als **Erfolgsdelikte** ausgestaltet, damit kommt eine Tatbestandsvollendung erst mit Erfolgseintritt in Betracht. Auch der Tatbestand des § 81 Abs. 2 Nr. 1 i. V. m. § 20 Abs. 1, auch i. V. m. Abs. 2 S. 1 GWB ist ein **Sonderdelikt**. Als Täter kommt nur der nach § 9 OWiG bestimmte Personenkreis[297] aus marktbeherrschenden oder marktstarken Unternehmen in Betracht.

aa) Verbotsvoraussetzungen. Geschützt werden Unternehmen vor **Behinderungen** nur in einem Geschäftsverkehr, der auch gleichartigen Unternehmen üblicherweise zugänglich ist, d. h. auf horizontaler Ebene. Voraussetzung für eine Zuwiderhandlung ist damit, dass neben dem betroffenen Unternehmen zumindest ein weiteres gleichartiges Unternehmen Zugang zum Geschäftsverkehr hat. Im Übrigen fällt unter den Behinderungsbegriff jede Beeinträchtigung der Betätigungsmöglichkeiten eines Unternehmens im Wettbewerb.[298] Entscheidendes Merkmal ist die **Unbilligkeit** bzw. Grundlosigkeit der Beeinträchtigung. In diesem Zusammenhang ist eine umfassende Interessenabwägung zwischen den beteiligten Unternehmen in Berücksichtigung des Schutzzwecks aus § 20 Abs. 1 GWB erforderlich.[299] Kommt es zu einer gleichmäßigen Ausbeutung von Unternehmen durch das marktbeherrschende Unternehmen, scheidet eine Anwendung von § 20 Abs. 1 aus.[300] 244

Das Verbot unterschiedlicher Behandlung wirtschaftlich gleich gelagerter Sachverhalte, sog. **Diskriminierung**, erfasst Beschränkungen von Unternehmen im vertikalen Verhältnis. Vorausgesetzt wird eine unterschiedliche Behandlung gleichartiger Unternehmen, die **sachlich nicht gerechtfertigt** ist. Letzteres macht eine umfassende Interessenabwägung der beteiligten Unternehmen unter Berücksichtigung der auf die Freiheit des Wettbewerbs gerichteten Zielsetzung des GWB erforderlich.[301] 245

> **Praxistipp:**
> Regelmäßig ist in diesem Zusammenhang die Frage zu prüfen, ob das Merkmal der Unbilligkeit/sachlichen Rechtfertigung als Bestandteil des Tatbestands[302] vom Vorsatz des Täters erfasst ist oder ob vorsätzliches Handeln kraft Tatbestandsirrtums ausgeschlossen ist. 246

bb) Praktische Beispiele. Hier geht es um eines der Kernfelder kartellbehördlicher Missbrauchsaufsicht. In der Praxis finden sich im Zusammenhang mit **unbilliger Behinderung** Fälle von Liefer- und Bezugssperren. Hiervon ist auszugehen, wenn zum Beispiel der Lieferant, der zugleich verarbeitet, ein verarbeitendes Unternehmen als Wettbewerber nicht mehr beliefert, wenn über Alleinvertriebsvereinbarungen dem Wettbewerber die Möglichkeit zum Absatz seiner Produkte beschränkt wird. Die gezielte Preisunterbietung zu dem Zweck, den Wettbewerber auf diese Weis aus dem Markt zu verdrängen, gehört grundsätzlich auch in diesen Zusammenhang. 247

Bei Verkauf unter **Einstandspreisen** geht die mit der 6. GWB-Novelle geschaffene Vorschrift des § 20 Abs. 4 S. 2 GWB vor. Nach einer Bekanntmachung des BKartA[303] fallen nur auf Dauer angelegte Unter-Einstandspreis-Verkäufe unter das Verbot, ist für die Prüfung der sachlichen Rechtfertigung von einer umfassenden Abwägung der Interessen der beteiligten Unternehmen unter Berücksichtigung der Freiheit des Wettbewerbs auszugehen. In diesem Zusammenhang hat das Bundeskartellamt Verwaltungsverfahren insbesondere im Lebensmittelhandel ange- 248

---

[297] Siehe hierzu Rdnr. 182 ff.
[298] BGH vom 22.9.1981 WuW/E BGH 1829, 1832 – Original-VW-Ersatzteile II; BGH vom 12.11.1991 WuW/E BGH 2762, 2768 – Amtsanzeiger.
[299] BGHZ 82,238,244; BGH vom 12.5.1998 WuW/E DE-R 206, 208 – Depotkosmetik = NJW-RR 1999, 189, 191.
[300] OLG München vom 31.7.1997 WuW/E OLG 5898, 5900 – Zahnersatz.
[301] BGH vom 22.9.1981 WuW/E BGH 1829, 1834 – Original-VW-Ersatzteile II.
[302] *Achenbach* in FK § 81 GWB n. F. Rdnr. 86.
[303] Vgl. Bekanntmachung Nr. 147/2000 des Bundeskartellamtes zur Anwendung des § 20 Abs. 4 S. 2 GWB (Verkauf unter Einstandspreis) vom 12.10.2000 (BAnz. S. 20897).

sichts des zu beobachtenden Verdrängungsprozesses von kleinen und mittleren Unternehmen geführt. So war zum Beispiel im September 2000 Wal-Mart, Aldi-Nord und Lidl der Verkauf unter Einstandspreisen für bestimmte Grundnahrungsmittel untersagt worden.[304]

249 Als Fälle sachlich nicht gerechtfertigter **Diskriminierung** werden in der Praxis zum Beispiel solche untersucht, in denen ein selektives Vertriebssystem durch marktbeherrschende Unternehmen praktiziert wird. Ein Verstoß ist dann anzunehmen, wenn die Selektion unangemessen und nicht sachgerecht ist.[305]

250 e) **Verstöße gegen das Boykottverbot, § 21 Abs. 1 GWB.** Nach § 81 Abs. 3 Nr. 1 GWB handelt ordnungswidrig, wer vorsätzlich[306] entgegen § 21 Abs. 1 GWB zu einer Liefersperre oder Bezugssperre auffordert.

251

Checkliste:

Nach **§ 21 Abs. 1 GWB** ist in Fällen mit ausschließlich national begrenzter Auswirkung ohne zwischenstaatliche Relevanz verboten,
☐ als Unternehmen und Vereinigung von Unternehmen
☐ ein anderes Unternehmen oder Unternehmensvereinigungen
☐ in der Absicht, bestimmte Unternehmen unbillig zu beeinträchtigen,
☐ zu Liefersperren oder Bezugssperren aufzufordern.

252 Das Boykottverbot aus § 21 Abs. 1 GWB wendet sich als Sonderdelikt ausdrücklich nur an Unternehmen, so dass als Täter dieses **Sonderdelikts** neben dem Unternehmensinhaber als natürliche Person nur der in § 9 OWiG genannte Personenkreis in Betracht kommen kann.[307] Auch bei diesem Tatbestand kommt es nicht darauf an, ob der Aufruf zum Erfolg führt oder ob eine Liefer- oder Bezugssperre tatsächlich auf den Aufruf zurückgeht. Es handelt sich um ein **abstraktes Gefährdungsdelikt**.[308] Ausreichend, aber für eine Tatbestandserfüllung auch erforderlich ist, dass der Aufruf dem Adressaten zugeht.[309] Der Adressat der Aufforderung ist als notwendiger Teilnehmer selbst nicht bußgeldbedroht.[310]

253 aa) *Verbotsvoraussetzungen*. Eine **Dreierbeziehung** zwischen dem Boykottierer, dem Adressaten und dem Dritten muss bei diesem Tatbestand nachzuweisen sein. Man spricht bei dem Auffordernden von dem Verrufer und bei dem Dritten von dem Verrufenen. Letzterer muss nicht in unmittelbarem Wettbewerb zu dem Verrufer stehen. Als **Aufforderung** ist jeder Versuch zu verstehen, die Entscheidungsfreiheit des Adressaten im Zusammenhang mit der Aufnahme oder Fortführung von Liefer- und Bezugsbeziehungen zu dem Verrufenen zu beeinflussen, soweit er hierfür geeignet ist.[311] Ein Aufruf an private Konsumenten ist von dem Verbot nicht erfasst.

254 Zur Klärung der Frage, ob ein Boykottaufruf **unbillig** ist, ist wie bei vergleichbarem Gesetzeswortlaut an anderer Stelle eine Abwägung der Interessen der beteiligten Unternehmen unter Einbeziehung der Freiheit des Wettbewerbs vorzunehmen.[312] Unbilligkeit verneint hat der BGH zum Beispiel in einem Fall, in dem es um die Verhinderung der Verletzung eines Alleinvertriebsrechts gegangen war.[313]

---

[304] Pressemitteilung v. 17.1.2002 – www.bundeskartellamt.de/17_01_2002.html.
[305] BGH vom 12.5.1998 WuW/E DE-R 206, 208 – Depotkosmetik = NJW-RR 1999, 189, 190.
[306] § 10 OWiG.
[307] Siehe hierzu Rdnr. 182 ff.
[308] *Achenbach* in FK § 81 n. F. Rdnr. 91.
[309] *Achenbach* in FK § 81 n. F. Rdnr. 92.
[310] BGH vom 24.6.1965 WuW/E BGH 690, 695 – Brotkrieg II.
[311] BGH vom 27.4 1999 WuW/E DE-R 303, 305 – Taxi-Krankentransporte.
[312] BGH vom 25.10.1988 WuW/E BGH 2562, 2563 – markt-intern-Dienst; BGH vom 27.4.1999 WuW/E DE-R 303, 305 f – Taxi-Krankentransporte.
[313] BGH vom 25.10.1988 WuW/E BGH 2562, 2563 – markt-intern-Dienst.

bb) Praktische Beispiele. Der klassische Fall des Boykotts ist der Aufruf von Herstellern oder 255
Fachhändlern an Großhändler zu **Liefersperren** gegen Außenseiter, die sich nicht an eine Vertriebsbindung halten.[314] Im Oktober 2001 durchsuchten Beamte des BKartA und der Kriminalpolizei auf eine Beschwerde aus der Entsorgungsbranche bundesweit die durch den Grünen Punkt auf Verpackungen bekannte Gesellschaft Duales System Deutschland (DSD) und mehrere Wirtschaftsverbände wegen eines Boykottverdachts. So sollen DSD und mehrere Verbände des Einzelhandels und der Ernährungsindustrie dazu aufgerufen haben, die Entsorgung von Verkaufspackungen durch andere Unternehmen als DSD zu boykottieren.[315]

4. Vorsatz, Fahrlässigkeit und Irrtum

Grundsätzlich setzt **vorsätzliches Handeln** voraus, dass sich Wissen und Wollen der Tatbe- 256
standsverwirklichung auf alle normativen wie deskriptiven Merkmale der in § 81 Abs. 1 bis 3 GWB jeweils in Bezug genommenen Verbotstatbestände bezieht. Hierfür ist hinsichtlich normativer Merkmale, wie zum Beispiel das Verbot gegen § 1 GWB verstoßender Vereinbarungen oder der Unbilligkeit einer Behinderung gem. § 20 Abs. 1 GWB, ausreichend, aber auch erforderlich, dass der Täter das Merkmal in seiner, in der gesetzlichen Bezeichnung zum Ausdruck kommenden sozialen Sinnbedeutung kennt. Vorausgesetzt ist nicht, dass er eine rechtlich zutreffende Einordnung vornimmt, eine parallele Bewertung in der Laiensphäre genügt.[316] In weiten Bereichen des Kartellordnungswidrigkeitenrechts sind in diesem Zusammenhang die Voraussetzungen eines **Tatbestandsirrtums** zu diskutieren. So ist etwa in einer Vielzahl von Bußgeldtatbeständen die Kartellrechtswidrigkeit der mit Bußgeld bedrohten Verhaltensweise Tatbestandsmerkmal. Geht der Täter irrig davon aus, dass zum Beispiel eine Vereinbarung nicht nach § 1 GWB verboten ist oder eine Behinderung nicht nach § 20 Abs. 1 GWB unbillig ist, handelt er in einem Tatbestandsirrtum, damit nach § 11 Abs. 1 S. 1 OWiG ohne Vorsatz. Allerdings bleibt seit der 6. GWB-Novelle in der Regel der Vorwurf der Fahrlässigkeit. Lediglich die in § 80 Abs. 3 GWB erfassten Ordnungswidrigkeiten können nach § 10 OWiG nur vorsätzlich begangen werden.

> **Praxistipp:**
> In der Praxis lässt sich an dieser Stelle bei rechtlich schwierigen, durchaus zweifelhaften Fällen 257
> in der Regel solange gut argumentieren, solange die Kartellbehörde den Beteiligten nicht ihre Rechtsmeinung etwa durch eine Abstellung oder eine einstweilige Maßnahme nach §§ 32 ff. GWB offenbart hat.

Bezieht sich die Fehlvorstellung eines Täters hingegen auf ein Element der Rechtswidrigkeit, 258
ist entsprechender Irrtum als bloßer **Verbotsirrtum** nur dann beachtlich, wenn er unvermeidbar ist.[317] Die Frage der Vermeidbarkeit eines Verbotsirrtums hat in der Kartellrechtspraxis durchaus Bedeutung und wird in der Rechtsprechung wiederholt diskutiert. Im Grundsatz **vermeidbar** ist der Verbotsirrtum dann, wenn der Täter bei Anwendung der Sorgfalt, die nach Sachlage objektiv zu fordern war, und die er nach seinen persönlichen Verhältnissen erbringen konnte, in der Lage gewesen wäre, das Unerlaubte seines Handelns zu erkennen. Allerdings ist erforderlich, dass der Täter überhaupt einen Anlass hatte, über die rechtliche Qualität seines Handelns nachzudenken oder sich bei Dritten zu informieren, so muss er einen Impuls zur Überprüfung verspürt haben.[318] Verlangt wird dabei der Einsatz aller intellektuellen Erkenntnismittel zur Orientierung über die Ge- und Verbote. Als Ausfluss allgemeiner Berufspflichten wird gefordert, dass sich der Täter über die für seine Tätigkeit einschlägigen Kartellvorschriften unterrichtet und auf dem Laufenden hält.[319] Gegebenenfalls muss die Kartellbehörde oder ein entsprechend spezialisierter externer Berater hinzugezogen, unter Umständen auch ein ex-

---

[314] BGH vom 25.10.1988 WuW/E BGH 2562, 2563 – markt-intern-Dienst.
[315] Pressemitteilung des BKartA vom 8.8.02 – www.bundeskartellamt.de/08_08_2002.html.
[316] KG vom 12.6.1980 WuW/E OLG 2321, 2323 – Luftfotografie.
[317] § 11 Abs. 2 OWiG.
[318] KG vom 12.6.1980 WuW/E OLG 2321, 2324 – Luftfotografie.
[319] OLG Frankfurt vom 17.3.1989 WuW/E OLG 4484, 4486 – Giessener Modell.

ternes Gutachten erholt werden.[320] Dies gilt in erhöhtem Maße für Personen, die geschäftsführende Tätigkeiten ausführen.[321] Nach Auffassung des BGH handelt jedenfalls derjenige in vermeidbarem Verbotsirrtum, der bei unklarer Rechtsprechung das Risiko eines Verstoßes in Kauf nimmt.[322] Nur die Rechtsauskunft einer verlässlichen Person schließt die Vermeidbarkeit eines Verbotsirrtums in der Regel aus. Zuverlässig in diesem Sinne ist allerdings ausschließlich eine sachkundige Person, die mit der Erteilung der Auskunft keinerlei Eigeninteressen verfolgt und die Gewähr für eine objektive, sorgfältige, pflichtgemäße und verantwortungsbewusste Auskunftserteilung bietet.[323]

Praxistipp:

259 Insgesamt werden derart hohe Anforderungen an eine Vermeidbarkeit des Verbotsirrtums gestellt, dass nur in Ausnahmefällen von einer Unvermeidbarkeit ausgegangen werden kann. Dies kann bei vollständiger Sachverhaltsschilderung mit Erholung einer Auskunft eines kartellrechtlich spezialisierten Rechtsanwalts,[324] nicht aber mit Auskünften einer Rechtsabteilung eines an der kartellrechtswidrigen Verhaltensweise beteiligten Unternehmens[325] der Fall sein.

260 Wie oben bereits erwähnt können seit In-Kraft-Treten der 6. GWB-Novelle Kartellordnungswidrigkeiten auch **fahrlässig** begangen werden. Auf die nach der Rechtsprechung hierfür notwendigen Voraussetzungen muss an dieser Stelle sicher nicht näher eingegangen werden. Bedeutsam für die Bearbeitung von Kartellordnungswidrigkeiten erscheinen lediglich folgende Hinweise. Hohe Anforderungen stellt die Rechtsprechung an die **Sorgfaltspflichten**, nachdem es sich bei Fahrlässigkeitsvorwürfen regelmäßig um solche im Berufsleben handelt. So wird verlangt, dass sich der Pflichtadressat über die im Kartellrecht bestehenden Ge- und Verbote Kenntnis verschafft. Die Erklärung des Betroffenen, er habe die schwierige Rechtslage nicht ausreichend gekannt, wird regelmäßig einen Fahrlässigkeitsvorwurf begründen. **Pflichtwidrigkeit** wird des Weiteren auch in den Fällen anzunehmen sein, in denen zwar zum Zeitpunkt der eigentlichen Tatbegehung ein Fahrlässigkeitsvorwurf nicht erhoben werden kann, allerdings die Pflichtwidrigkeit bereits darin begründet ist, dass der Täter eine Tätigkeit ausübt, für die er die erforderlichen Fähigkeiten nicht besitzt.[326] Man spricht in diesem Zusammenhang von sog. Übernahmefahrlässigkeit. Schließlich kann noch das Element der **Vorhersehbarkeit** Anlass zu genauer Prüfung sein, das sich bei Erfolgsdelikten auf den konkreten Kausalverlauf in seinen wesentlichen Zügen erstrecken muss. Die Frage des Kausalzusammenhangs wird in der Rechtsprechung anhand der Bedingungstheorie beantwortet, dabei muss sich im Erfolg gerade die in der Pflichtwidrigkeit liegende Gefahr realisiert haben. Bedeutsam für die Beurteilung von Fällen fahrlässiger Aufsichtspflichtverletzung kann die Feststellung sein, dass es zu der in Rede stehenden Zuwiderhandlung auch bei pflichtgemäßem Aufsichtsverhalten gekommen wäre. In diesen Fällen fehlt der notwendige Kausalzusammenhang.[327]

Praxistipp:

261 Irrtumsfragen sind im Kartellrecht – wenn auch nicht immer mit dem gewünschten Erfolg – grundsätzlich zu diskutieren. Zumindest Argumente für die Bußgeldbemessung lassen sich hierbei regelmäßig finden. Im Übrigen kann in Zweifelsfällen und bei unklarer Rechtslage durchaus eine Einstellung des Verfahrens nach dem Opportunitätsgrundsatz gem. § 47 OWiG in Betracht kommen.

---

[320] Vgl. OLG München vom 5.3.1992 WuW/E OLG 4977, 4982.
[321] OLG Düsseldorf vom 3.3.1981 WuW/E OLG 2488, 2494 – Heizöl-Spediteure.
[322] BGH vom 14.1.1997 WuW/E BGH 3121, 3127 – Bedside-Testkarten.
[323] BGHSt 40, 257, 264; BayObLG wistra 2002, 396 = NStZ-RR 2002, 252.
[324] BGH vom 26.5.1981 WuW/E BGH 1891, 1894 – Ölbrenner I.
[325] BGH vom 1.12.1981 WuW/E BGH 1901, 1904 – Transportbeton-Vertrieb II.
[326] BGHSt 10, 133.
[327] Vgl. hierzu Rdnr. 191.

5. Rechtfertigungsgründe

Die Erklärung Betroffener, das in Rede stehende kartellrechtswidrige Verhalten sei im Interesse des Unternehmens geboten, zur Vermeidung eines ruinösen Wettbewerbs, zur Sicherung von Arbeitsplätzen und fortdauernder Beschäftigung von Mitarbeitern sei etwa die Beteiligung an einem Submissionskartell unerlässlich gewesen, steht bei Bearbeitung von kartellrechtlichen Mandaten an der Tagesordnung. Stets stellt sich die Frage, wie und an welcher Stelle des Verfahrens diese Argumente verwertet werden können.

Die Diskussion dieser Umstände auf der **Tatbestandsebene** wird letztlich nur dort möglich sein, wo normative Tatbestandsmerkmale im Sinne von ausfüllungsbedürftigen Generalklauseln zur Verfügung stehen. Dies mag zum Beispiel im Zusammenhang mit Formeln wie Unbilligkeit i. S. d. § 21 Abs. 1 oder sachliche Rechtfertigung i. S. d. § 20 Abs. 1 GWB denkbar sein.

Des weiteren können Einwände in diesem Zusammenhang auf der Ebene der **Rechtswidrigkeit** in Klärung der Voraussetzungen allgemeiner Rechtfertigungsgründe aus §§ 15, 16 OWiG vorgetragen werden. Allerdings dürfte der gewünschte Erfolg regelmäßig versagt bleiben. Um die Voraussetzungen einer Notwehr oder eines rechtfertigenden Notstands belegen zu können, muss zur Überzeugung der Verfolgungsbehörden belegbar sein, dass das kartellrechtswidrige Verhalten ein angemessenes Mittel zur Gefahrenabwehr gewesen war. Dagegen spricht allerdings ganz allgemein, dass gesetzliche Pflichten, die dem Interesse der Allgemeinheit dienen, im Rahmen einer wirtschaftlichen Betätigung grundsätzlich auch dann zu beachten sind, wenn dadurch für den Betrieb eines Unternehmens Gefahren ausgelöst werden können.[328]

> **Praxistipp:**
> Soweit eine durchgreifende Verwertung dieser Argumente auf der Tatbestands- oder Rechtfertigungsebene nicht möglich sein sollte, ist auch hier zumindest an Einwände bei der Bußgeldbemessung zu denken.

V. Die Submissionsabsprache – eine Straftat im deutschen Kartellrecht

Grundsätzlich ist im Zusammenhang mit kartellrechtswidrigen Verhaltensweisen die Verwirklichung diverser Straftatbestände denkbar. So weisen Fälle des Boykotts, des Aufrufs zur Liefersperre etc. durchaus eine Nähe zu den Straftatbeständen der Nötigung, Erpressung u. a. auf,[329] allerdings ist in der Praxis in erster Linie die Bildung verbotener Kartelle bei Ausschreibungen der öffentlichen und privaten Hand, das sog. **Submissionskartell**, als „klassische" Kartellstraftat bedeutsam.

Die Nachfragemacht der öffentlichen Hand und der mit geheimer Ausschreibung verbundene Wettbewerbsdruck verführen die Wettbewerber regelmäßig dazu, sei es zur Vermeidung eines existenzgefährdenden ruinösen Wettbewerbs oder zur Ausschaltung der Gefahr von Unter- oder Überkapazitäten im Unternehmen, sei es auch zur Erzielung auskömmlicher Preise, den nach Ausschreibungsgrundsätzen im Interesse des Auftraggebers gewünschten Wettbewerb durch **Absprachen im Bieterkreis** vor Angebotsabgabe auszuschalten, jedenfalls zu beschränken. Zu diesem Zweck werden in der Regel auf Dauer angelegte, branchenspezifisch ausgerichtete Absprachekreise, eben Kartelle, konkurrierender Unternehmen installiert, die mehr oder weniger straff organisiert sind.

In solchen Kartellen werden beispielsweise in regelmäßigen **Gesprächsrunden** Informationen über anstehende Aufträge ausgetauscht und gleichmäßige Zuteilungen von Aufträgen innerhalb des Kreises im Wechsel und ohne störenden Wettbewerb vereinbart. Bereits im Vorfeld einer Ausschreibung wird festgelegt, welches Kartellmitglied den Zuschlag bekommen und damit aus dem Kreis **herausgestellt** werden soll. Im Wege einer sog. (internen) **Vorsubmission** wird sodann der Angebotspreis für das herausgestellte Unternehmen festgelegt. In diesem Zusammenhang sind die unterschiedlichsten Methoden bekannt. In der Regel findet dies im

---

[328] BayObLG NJW 53, 1602, 1603.
[329] Siehe hierzu Rdnr. 309 ff.

Wege der sog. **Nullpreisbildung** statt. Das höchste und das niedrigste Angebot aus dem Kreis wird gestrichen, aus den verbleibenden Angeboten wird ein Mittelpreis als Angebotspreis gebildet. Gegebenenfalls müssen auf den so gebildeten Preis auch **Ausgleichszahlungen** an zurückstehende Kartellmitglieder oder **Präferenzzahlungen** an eingeweihte Kartellaußenseiter aufgeschlagen werden, um ein im Schnitt für alle Beteiligte tragbares wirtschaftliches Ergebnis sicherzustellen. Gegebenenfalls muss sich das herausgestellte Unternehmen auch verpflichten, übrige Kartellmitglieder als **Subunternehmer** bei Auftragsabwicklung mit „ins Boot" zu nehmen. So darf nämlich nicht davon ausgegangen werden, dass im Kartell Konkurrenzdenken vollkommen ausgeschlossen ist. Sehr wohl wird peinlich genau darauf geachtet, dass die Bäume für die Konkurrenz nicht in den Himmel wachsen. Verschiedentlich findet sich in Submissionskartellen ein akribisch geführtes **Punktesystem**, mit dem im Kreis verteilte Aufträge erfasst werden. Soweit ausreichendes Vertrauen im Kartell besteht und sich der Futterneid in Grenzen hält, wird der Angebotspreis von dem herausgestellten Unternehmen selbst kalkuliert. In jedem Fall verpflichten sich die übrigen Kartellmitglieder, ihre „Angebote" ohne den Aufwand eigener Kalkulation über diesen Preis zu legen oder gar kein Angebot abzugeben und auf diese Weise dem herausgestellten Unternehmen **Schutz** zu gewähren.

269 Entsprechende Absprachekreise sind vor allem in der Bauwirtschaft weit verbreitet. Submissionskartelle haben sich in allen nur denkbaren Bereichen gebildet. Bezeichnungen wie Kanalkartell oder Elektrokartell, Küchen- oder Gleisbaukartell, Fernwärmekartell o.a. sind längst schon geläufig. Absprachekartelle finden sich im Klärwerksbau ebenso wie im öffentlichen Tief- oder privaten Hochbau. In allen Fällen kann es zu einer Beschränkung des freien Wettbewerbs im Ausschreibungsverfahren kommen, in manchen Fällen ist der Wettbewerb sogar gänzlich ausgeschlossen.

270 Bis zum In-Kraft-Treten des **Korruptionsbekämpfungsgesetzes** am 20.8.1997[330] und der damit verbundenen Einführung des Straftatbestandes wettbewerbsbeschränkender Absprachen bei Ausschreibungen in § 298 StGB war die Umsetzung entsprechender Submissionsabsprachen aus dem Kartell grundsätzlich nur als Ordnungswidrigkeit nach § 38 Abs. 1 Nr. 1 i. V. m. § 1 GWB a. F. bzw. nach § 81 Abs. 1 Nr. 1 i. V. m. § 1 GWB a. F. verfolgbar und mit Geldbußen zu ahnden. Nur dann, wenn ein Vermögensschaden des Auftraggebers, der mit Angebotsabgabe nach durchgeführter Absprache regelmäßig über die Entstehung des Angebotspreises im freien Wettbewerb getäuscht wird, nachgewiesen werden konnte, war der Weg zu strafrechtlicher Ahndung nach § 263 StGB eröffnet. Diese Möglichkeit hatte der BGH zwar unter Aufgabe früherer Rechtsprechung mit seinen Wasserbau-Entscheidungen grundsätzlich erleichtert,[331] dennoch ergaben sich neben gewichtigen Einwänden gegen diese Rechtsprechung immer wieder Schwierigkeiten für den Nachweis eines Vermögensschadens. Deshalb hatte sich der Gesetzgeber letztlich dazu entschlossen, die Submissionsabsprache im Zuge des Korruptionsbekämpfungsgesetzes unter bestimmten Voraussetzungen zu einem **Straftatbestand** mit dem Hinweis darauf hochzustufen, dass die Submissionsabsprache angesichts grundsätzlicher Nähe zum Betrug deutlich aus dem Kreis der übrigen Kartellrechtsverstöße hervorstechen und die Bewertung entsprechender Verhaltensweise als bloße Ordnungswidrigkeit dem kriminellen Unrechtsgehalt nicht entsprechen würde.[332] Auf diese Weise wurde der zunehmenden Bedeutung von Ausschreibungen im modernen Wirtschaftsleben und der damit einhergehenden Gefahr von Beschränkungen bis hin zum Ausschluss des Wettbewerbs zwischen den Bietern Rechnung getragen.

271 Um die Varianten möglicher Submissionsabsprachen nachvollziehen zu können, erscheint zunächst eine Darstellung möglicher Ausschreibungsarten, eine Darstellung der für öffentliche Auftraggeber vorgeschriebenen Vergabeverfahren in den wesentlichen Umrissen unverzichtbar.

---

[330] Gesetz zur Bekämpfung der Korruption vom 13.8.1997 (BGBl I S. 2038).
[331] Siehe hierzu Rdnr. 279 ff.
[332] BegrRegE BT-Drucks. 13/5584, S. 9.

1. Die Submission bei öffentlicher Auftragsvergabe

Die Ausschreibung, auch Submission oder Verdingung genannt, ist ein der Vergabe öffentlicher, unter Umständen auch privater Aufträge vorgeschaltetes Verfahren. Die Regeln hierfür finden sich in den sog. **Verdingungsordnungen**, die ein wirtschaftliches Verhalten der öffentlichen Hand sowie eine sparsame und sachgerechte Verwendung der Steuergelder über einen in unbeschränktem Wettbewerb entstandenen Preis sicherstellen und einem Missbrauch staatlicher Nachfragemacht vorbeugen sollen. Es handelt sich dabei um Vereinbarungen zwischen Vertretern der öffentlichen Auftraggeber auf der einen und Vertretern der anbietenden Wirtschaft auf der anderen Seite, die in sog. Verdingungsausschüssen getroffen werden. Da ihre Einhaltung durch förmliche Erlasse angeordnet ist, handelt es sich dabei um bindende Verwaltungsvorschriften. Man unterscheidet grundsätzlich folgende Verdingungsordnungen:

- Die Vergabe- und Vertragsordnung für Bauleistungen (**VOB**),[333] mit der die Herstellung, Instandhaltung oder Änderung baulicher Anlagen erfasst ist.
- Die Verdingungsordnung für Leistungen (**VOL**),[334] die alle Lieferaufträge und gewerbliche Dienstleistungen umfasst, außer Bauleistungen.
- Die Verdingungsordnung für freiberufliche Leistungen (**VOF**),[335] die ausschließlich Leistungen erfasst, die im Rahmen freiberuflicher Tätigkeit erbracht oder im Wettbewerb mit freiberuflich Tätigen angeboten werden.

Die öffentliche Hand ist verpflichtet, das gesamte Beschaffungswesen, die Betriebsausstattung wie auch die Vergabe von Bauaufträgen nach den in den Verdingungsordnungen festgeschriebenen Regeln abzuwickeln. Diese Verpflichtung ergab sich bis zum Jahr 1999 ausschließlich aus dem **Haushaltsrecht** des Bundes, der Länder und Gemeinden, das den Grundsätzen der Wirtschaftlichkeit und Sparsamkeit unterworfen ist. Nachdem die Europäische Kommission allerdings in diversen Vertragsverletzungsverfahren diese haushaltsrechtliche Umsetzung mit dem Hinweis darauf beanstandet hatte, dass auf diese Weise für die Unternehmen kein ausreichender Rechtsschutz gewährleistet sei, war die Vergabe von öffentlichen Aufträgen, die bestimmte Höhen (sog. Schwellenwerte) erreichen oder übersteigen und damit europaweit ausgeschrieben werden müssen, durch den nationalen Gesetzgeber mit dem Vergaberechtsänderungsgesetz vom 26.8.1998[336] in Anpassung an europäisches Recht neu geregelt worden. Seit der 6. GWB-Novelle finden sich entsprechend im 4. Teil des **Gesetzes gegen Wettbewerbsbeschränkungen (GWB)** in den §§ 97 ff. Vorschriften über die Vergabe öffentlicher Aufträge. Mit Einstellung der Vergabegrundsätze in das GWB ist deutlich gemacht, dass das Wettbewerbsprinzip auch ein Kernprinzip des deutschen Vergaberechts ist, das der öffentlichen Hand eine bestimmte Vorgehensweise beim Einkauf von Gütern und Leistungen vorschreibt. Von der in § 97 Abs. 6 GWB vorgesehenen Ermächtigung, das bei der Vergabe solcher Aufträge einzuhaltende Verfahren durch Rechtsverordnung näher zu regeln, hat die Bundesregierung mit Erlass einer Vergabeverordnung (VgV)[337] im Jahr 2001 Gebrauch gemacht. Ausdrücklich verpflichtet diese Verordnung öffentliche, wie unter bestimmten Voraussetzungen private Auftraggeber i. S. d. § 98 GWB auch im Zusammenhang mit europaweiter Ausschreibung zur Anwendung der Verdingungsordnungen. Unterhalb der in § 2 VgV festgelegten Schwellenwerte bleibt die öffentliche Hand für bundesweite Ausschreibungen nach wie vor nach den Bestimmungen des Haushaltsrechts zur Beachtung der Vergaberegeln der Verdingungsordnungen verpflichtet.

In den damit grundsätzlich verpflichtenden Verdingungsordnungen sind verschiedene Formen der Ausschreibung vorgesehen, die am Beispiel der VOB/A näher erläutert werden sollen:

---

[333] I. d. F. der BekM. vom 12.9.2002 (BAnz. Nr. 202 a).
[334] I. d. F. d. BekM. vom 17.11.2002 (BAnz. Nr. 216 a).
[335] I. d. F. d. BekM. vom 26.8.2002 (BAnz. Nr. 203 a).
[336] Gesetz zur Änderung der Rechtsgrundlagen für die Vergabe öffentlicher Aufträge vom 28.8.1998 (BGBl. I S. 2512).
[337] Verordnung über die Vergabe öffentlicher Aufträge vom 1.2.2001 in der Fassung der Bekanntmachung vom 11.2.2003 (BGBl. I S. 169).

- **Die öffentliche Ausschreibung.**[338] Im Zuge dieses Verfahrens wird ein unbeschränkter Kreis von Unternehmen öffentlich zur Abgabe von Angeboten aufgefordert.[339] Um den potenziell größten Wettbewerb zu gewährleisten, sind öffentliche Auftraggeber vorrangig zu dieser Ausschreibungsform verpflichtet. Soweit Aufträge anstehen, deren Volumen die über § 97 Abs. 6 GWB in § 2 VgV festgelegten Schwellenwerte erreichen oder übersteigen, ist eine europaweite Ausschreibung durchzuführen. Das Vergabeverfahren wird dann als **offenes Verfahren** bezeichnet, § 101 Abs. 2 GWB i. V. m. § 3 a Nr. 1 Abs. 1 VOB/A.
- **Die beschränkte Ausschreibung.**[340] Der Veranstalter fordert bei dieser Vergabeart nur ausgewählte Unternehmen zur Angebotsabgabe auf.[341] Zulässig ist diese Ausschreibungsart nur unter engen Voraussetzungen, so beispielsweise dann, wenn eine öffentliche Ausschreibung mit unverhältnismäßig hohen Kosten verbunden ist oder eine solche bereits ohne Erfolg durchgeführt worden ist. Werden bei dieser Verfahrensart die in § 2 VgV festgelegten Schwellenwerte überschritten und ist in Konsequenz eine europaweite Ausschreibung veranlasst, spricht man vom sog. **nichtoffenen Verfahren**, in dem – im Gegensatz zur beschränkten Ausschreibung – zwingend ein öffentlicher Teilnahmewettbewerb vorzuschalten ist.
- **Die freihändige Vergabe.**[342] Nur in diesem Verfahren sind Verhandlungen des Veranstalters mit den Unternehmen zulässig, bestimmte Förmlichkeiten sind nicht einzuhalten. Diese Ausschreibungsvariante ist nur auf Ausnahmefälle beschränkt. Sie ist grundsätzlich nur dann zulässig, wenn eine andere Vergabeart unzweckmäßig ist, so z. B. wenn nach Aufhebung einer öffentlichen oder beschränkten Ausschreibung eine erneute Ausschreibung kein annehmbares Ergebnis verspricht oder für die Leistung aus besonderen Gründen nur ein Unternehmen in Betracht kommt. Auch wird danach unterschieden, ob ein öffentlicher Teilnahmewettbewerb vorangegangen war oder nicht. Bei Überschreiten der in § 2 VgV festgelegten Schwellenwerte und europaweiter Ausschreibung wird von einem sog. **Verhandlungsverfahren** gesprochen, § 101 Abs. 4 GWB i. V. m. § 3 Nr. 1 Abs. 1 VOB/A.

275 Die öffentlichen Auftraggeber sind bei VOL- und VOB-Ausschreibungen in der **Auswahl des Vergabeverfahrens** keineswegs frei. Die öffentliche Ausschreibung/das offene Verfahren geht der beschränkten Ausschreibung/dem nichtoffenen Verfahren, diese wiederum der freihändigen Vergabe/dem Verhandlungsverfahren vor. Dies ergibt sich für bundesweite Ausschreibungen aus § 3 VOB/A sowie den Haushaltsvorschriften, für europaweite Ausschreibungen aus § 101 Abs. 5 GWB. Etwas anderes gilt nur für Aufträge über freiberufliche Leistungen, die mit Erreichen der Schwellenwerte immer im Verhandlungsverfahren mit Teilnahmewettbewerb auszuschreiben sind.[343] Sind bei öffentlicher und beschränkter Ausschreibung Verhandlungen mit den Bietern nur zur Aufklärung des Angebotsinhalts möglich,[344] kann der Auftraggeber im Rahmen freihändiger Vergabe mit den Bietern auch über Preis und Ausführung verhandeln.

276 Die öffentliche Ausschreibung beginnt mit einer Veröffentlichung der geplanten Auftragsvergabe durch den Ausschreibenden (sog. **Veranstalter**) in den verschiedenen Ausschreibungsblättern, in Tageszeitungen oder im Amtsblatt der EG.[345] Zur Angebotsabgabe ist bei öffentlichen wie auch beschränkten Ausschreibungen eine Frist zu bestimmen.[346] Interessenten sind sodann die Verdingungsunterlagen zuzuleiten. Angebote der einzelnen Bewerber (sog. **Bieter**) werden unter Verschluss gehalten und schließlich im Verfahren nach der VOB in einem sog. Submissionstermin unter Aufsicht eröffnet und in eine Angebotsliste übernommen.[347] Grundsätzlich ist dem Bieter mit dem wirtschaftlichsten Angebot der Auftrag zu erteilen (sog. **Zuschlag**).[348] Die Aufhebung einer Ausschreibung, die in der Regel zur freihändigen Vergabe

---

[338] § 3 Nr. 1 Abs. 1 i. V. m. Nr. 2 VOB/A.
[339] § 8 Nr. 2 Abs. 1 VOB/A.
[340] § 3 Nr. 1 Abs. 2 i. V. m. Nr. 3 VOB/A.
[341] § 8 Nr. 2 Abs. 2 VOB/A.
[342] § 3 Nr. 1 Abs. 3 i. V. m. Nr. 4 VOB/A.
[343] § 5 VOF.
[344] § 24 VOB/A.
[345] § 17 VOB/A.
[346] § 18 VOB/A.
[347] §§ 22, 23 VOB/A.
[348] § 25 Nr. 3 Abs. 3 VOB/A.

führt³⁴⁹ und bei strafbarer Ausschreibungsabsprache von Bedeutung sein kann, kommt nur unter engen Voraussetzungen in Betracht.³⁵⁰

Einer beschränkten Ausschreibung/einem nichtoffenen Verfahren sowie einer freihändigen Vergabe/einem Verhandlungsverfahren ist grundsätzlich ein **Teilnahmewettbewerb** voranzuschalten, in dem zunächst der zu vergebende Auftrag in Amtsblättern bekannt zu machen und zur Einreichung von Teilnahmeanträgen aufzufordern ist.³⁵¹ Aus den Unternehmen, die Interesse an der Teilnahme im Ausschreibungsverfahren bekunden, werden sodann diejenigen ausgesucht, die zur Auftragsdurchführung am besten geeignet erscheinen. Sie werden schließlich zur Angebotsabgabe aufgefordert. 277

> **Praxistipp:**
> Durchaus lohnend ist die eingehende Befassung mit dem Vergaberecht nicht nur dann, wenn auf Veranstalterseite Manipulationen im Verfahren vorgenommen worden sind, die die Anbieter letztlich zu einer Absprache erst veranlasst haben. 278

2. Der Submissionsbetrug, § 263 StGB

Wird mit Angebotsabgabe aus einem Kartell dem Veranstalter in der Submission jedenfalls konkludent vorgetäuscht, dass der Preis Ergebnis harten Wettbewerbs zwischen den Mitbietern sei, so ist regelmäßig der Weg zu einer Strafbarkeit nach § 263 StGB eröffnet. Neben dem Betrug zum Nachteil von Kartellaußenseitern,³⁵² auf den an dieser Stelle nicht näher eingegangen werden soll, ist regelmäßig auch ein **Betrug zum Nachteil des Veranstalters** zu erörtern. Mit der Begründung, eine Submissionsabsprache indiziere weder einen Schädigungswillen des Handelnden noch den Schluss, dass der Vertragspartner hierdurch zu einer Leistung bestimmt werden solle, die tatsächlich hinter der angebotenen Gegenleistung zurückbleibe, machte der BGH im Jahr 1961 zunächst eine Verfolgung von Submissionsabsprachen unter dem Aspekt des Betruges so gut wie unmöglich.³⁵³ Diese Rechtsprechung war allerdings mit den **Wasserbau-Entscheidungen** vom 8.1.1992³⁵⁴ und vom 31.8.1994³⁵⁵ aufgegeben und eine Subsumtion unter § 263 StGB mit dem Hinweis darauf, dass Preisabsprachen grundsätzlich dazu dienen, überhöhte Preise zu verlangen, deutlich erleichtert worden. Nach diesen in der Literatur heftig umstrittenen Entscheidungen³⁵⁶ ist ein Vermögensschaden gegebenenfalls unabhängig davon, ob ein Missverhältnis zwischen Leistung und Gegenleistung besteht, in der Differenz zwischen dem abgesprochenen Angebots- und dem erzielbaren, hypothetischen Wettbewerbspreis begründet. 279

a) Täuschung, Irrtum und Vermögensverfügung. Das Element der Täuschung bereitet in der Regel für den Nachweis eines Submissionsbetrugs keine Schwierigkeiten. Die Täuschung ist regelmäßig in der ausdrücklichen oder auch stillschweigenden Behauptung des Bieters begründet, der Angebotspreis sei in Beachtung der geltenden Vergaberegeln **ohne vorherige Preisabsprache** zwischen den Bietern zustande gekommen, damit Ergebnis einer bei unbeschränktem Wettbewerb notwendigerweise knappen Kalkulation. Diese Qualifikation soll nach Auffassung des BGH auch für den Fall einer freihändigen Vergabe mit bloßen Angebotsanfragen durch öffentliche oder private Auftraggeber an zumindest zwei Unternehmer gelten.³⁵⁷ Nach- 280

---

³⁴⁹ § 3 Nr. 4 e VOB/A.
³⁵⁰ § 26 VOB/A.
³⁵¹ § 3 Nr. 1 Abs. 2 VOL/A.
³⁵² BGHSt 17, 147 = NJW 1962, 973; BGHSt 34, 379 = NJW 1988, 1397.
³⁵³ BGHSt 16, 367, 373.
³⁵⁴ BGHSt 38, 186 =NJW 1992, 921 = wistra 1992, 98.
³⁵⁵ NJW 1995, 737 = wistra 1994, 346.
³⁵⁶ *Cramer*, Zur Strafbarkeit von Submissionsabsprachen in der Bauwirtschaft; *Tiedemann* ZRP 1992, 149 ff.; *Joecks* wistra 1992, 247; *Lüderssen* wistra 1995, 243; *Ranft* wistra 1994, 41; *Hefendehl* JuS 1993, 805 ff.
³⁵⁷ BGHSt 47, 83 ff. = NJW 2001, 3718 ff. = NStZ 2001, 540 ff. = wistra 2001, 384 ff. = StV 2001, 514 ff. = NZBau 2001, 574 ff. = StraFo 2001, 390 ff. = JR 2002, 389 m. Anm. *Walter* = NStZ 2002, 41 m. Anm. *Rose*; Besprechung *Lampert/Götting* WuW 2002, 169 ff.; Besprechung *Rönnau* JuS 2002, 545 ff.; Besprechung *Best* GA 2003, 157 ff.

dem die (stillschweigende) Behauptung nicht abgesprochener Preisgestaltung auch dem Verhalten der schutzgewährenden übrigen Kartellmitglieder innewohnt, kommt für sie grundsätzlich auch eine Täterschaft im Sinne eines fremdnützigen Betruges in Betracht.

Bei tatsächlich durchgeführter Absprache irrt der Auftraggeber darüber, dass die Angebote im freien Wettbewerb zustande gekommen sind. Dies gilt selbst für den Fall, dass er Zweifel daran haben sollte, ob nicht doch eine Absprache stattgefunden hat, soweit er nur die Möglichkeit der Unwahrheit für geringer hält.[358] Auf der Grundlage dieser Fehlvorstellung verfügt der Auftraggeber über sein Vermögen bereits mit Angebotsannahme bzw. Auftragserteilung, dem sog. Zuschlag, und damit verbundener Leistungsverpflichtung.[359]

281 **b) Vermögensschaden.** Besonderes Augenmerk ist in der Praxis auf den Nachweis eines Vermögensschadens zu legen, der unter dem Aspekt eines **Eingehungsbetruges**, bei dem auf den Zeitpunkt der Vergabe und des Vertragsschlusses abzustellen ist, in der nachteiligen Differenz zwischen der Vermögenslage vor und nach dem Vertragsschluss,[360] unter dem Aspekt eines **Erfüllungsbetruges**, bei dem auf den Zeitpunkt der Abrechnung abzustellen ist, im Vergleich des vertraglichen Anspruchs, den der Geschädigte vor der Täuschung hatte, mit dem, was er tatsächlich durch die Erfüllung erlangt hat,[361] begründet sein soll.

282 *aa) Eingehungsbetrug.* Bei Annahme eines Eingehungsbetruges muss der vom Auftraggeber akzeptierte Preis nachweislich höher sein als derjenige, der sich ohne Absprache bei Durchführung eines ordnungsgemäßen Ausschreibungsverfahrens im freien Wettbewerb gebildet hätte und als **hypothetischer Wettbewerbspreis** im Strafverfahren zu ermitteln ist. Der Schaden ist nach der Rechtsprechung des BGH entsprechend in der Differenz zwischen der mit Zuschlag vereinbarten Auftragssumme und dem hypothetischem Wettbewerbspreis begründet.[362] Nachdem sich für einen Wertvergleich zwischen Leistung und Gegenleistung ein allgemein gültiger Maßstab nicht finden lässt, behilft sich der BGH mit verschiedenen Indizien, aus denen sich mit hoher und damit ausreichender Wahrscheinlichkeit ergeben soll, dass der vereinbarte Preis höher als der Marktpreis ist. So soll die Annahme, dass der freie Wettbewerb zu einem niedrigeren Zuschlag geführt hätte, insbesondere dann **indiziert** sein, wenn:
- Submissionskartelle gebildet und am Leben erhalten werden, weil sie ihren Mitgliedern grundsätzlich höhere Preise als im Wettbewerb erzielbar sichern,
- wenn Unternehmen im Absprachekreis vor echten Konkurrenzangeboten sicher sein können, weil sie nur unter Wettbewerbsdruck und in Unkenntnis der Angebote von Konkurrenten schärfer kalkulieren müssen,
- Präferenzzahlungen an Kartellaußenseiter oder Ausgleichszahlungen innerhalb des Kartells erfolgen, weil sie nur dort Sinn machen, wo durch Absprache ein den Wettbewerbspreis übersteigender Preis möglich ist.

283 Soweit der Tatrichter auf Grund entsprechender Indizien zu der Überzeugung gelangen kann, dass der Auftraggeber ohne Absprache den Zuschlag zu einem geringerem Preis erteilt hätte, soll nach BGH auch eine bloße **Schätzung der Schadenshöhe** genügen, wenn eine exakte Ermittlung nicht möglich ist. Eine absolute, das Gegenteil denknotwendig ausschließende, von niemandem anzweifelbare Gewissheit für eine entsprechende Annahme soll nicht erforderlich sein.[363]

284 Gegen diese Rechtsprechung ist mit guten Argumenten erhebliche **Kritik**[364] laut geworden. So wird zurecht darauf hingewiesen, dass ein hypothetischer Wettbewerbspreis nicht ohne wei-

---
[358] BGHSt 47, 83 ff. = NJW 2001, 3718 ff. = NStZ 2001, 540 ff. = wistra 2001, 384 ff. = StV 2001, 514 ff. = NZBau 2001, 574 ff. = StraFo 2001, 390 ff. = JR 2002, 389 m. Anm. *Walter* = NStZ 2002, 41 m. Anm. *Rose*; *Oldigs* S. 61 f.
[359] Vgl. BGHSt 21, 112, 113.
[360] Vgl. u. a. BGHSt 30, 388, 389.
[361] RGSt 16, 1, 10; 40, 21, 27.
[362] BGHSt 38, 186, 190 = NJW 1992, 921 = wistra 1992, 98; BGH NJW 1995, 737 = wistra 1994, 346; NJW 1997, 3034 = wistra 1997, 336, 340; BGHSt 47, 83, 88 = NJW 2001, 3718 ff. = NStZ 2001, 540 = wistra 2001, 384.
[363] So grundlegend BGHSt 38, 186, 193 = NJW 1992, 921 = wistra 1992, 98.
[364] Vgl. u. a. *Cramer* S. 30 ff.; *Hohmann* NStZ 2001, 566 ff.

teres mit an Sicherheit grenzender Wahrscheinlichkeit festzustellen, der Preis für die zu erbringende Leistung nicht der einzige Parameter einer Ausschreibung ist, eine Ausschreibung vielmehr stets auf einer Kombination zwischen Leistungs-, Qualitäts- und Preiswettbewerb beruht. Auch wird betont, dass die Bildung von Submissionskartellen entgegen der Auffassung des BGH keineswegs zwingend zur Erzielung eines höheren als bei freiem Wettbewerb erzielbaren Marktpreis erfolgt, sondern oft auch nur zur bloßen Existenzsicherung eines Unternehmens, zur Auslastung des angestellten Personals zu Selbstkosten oder auch zur Vermeidung eines ruinösen Wettbewerbs. Schließlich darf nicht übersehen werden, dass auch der Nullpreis in einer Abspracherunde in der Regel in einer Art Wettbewerb zustande kommt. So lässt sich in der Praxis durchaus feststellen, dass die Mitglieder eines Absprachekreises keineswegs angeborenes Konkurrenzdenken ausschalten, vielmehr wird regelmäßig mit Argusaugen darauf geachtet, dass kein Teilnehmer überdurchschnittliche Gewinne macht. Ausgleichszahlungen können schließlich dann nicht als brauchbares Indiz für einen im Vergleich zum Wettbewerbspreis überhöhtem Angebotspreis dienen, wenn die Bildung eines sog. Notkartells festzustellen ist, das ausschließlich der Existenzsicherung der beteiligten Unternehmen dient, und Ausgleichszahlungen aus dem Gewinn des „Billigsten" erfolgen.

Gleichwohl hat sich in der Praxis diese **Rechtsprechung** weiter gefestigt. Bei Schadensbestimmung wird durchaus großzügig verfahren. Die zur Beschaffung geheimer Informationen notwendigen Schmiergeldzahlungen oder innerhalb des Kartells vorgenommene Ausgleichszahlungen an leer ausgegangene Mitbewerber werden schlicht, aber wirkungsvoll einer Schadensberechnung zugrunde gelegt.[365] In einer jüngeren Entscheidung wertet der BGH entsprechende Zahlungen als nahezu zwingende **Beweisanzeichen** dafür, dass der ohne Preisabsprache erzielbare Preis den tatsächlich vereinbarten Preis unterschritten hätte.[366] Der erzielbare Preis soll danach schlicht der erzielte Preis abzüglich der absprachegemäß bedingten Preisnachlässe sein. Der Einwand, eine Absprache sei ausschließlich zur Verhinderung eines ruinösen Wettbewerbs durchgeführt worden und der Auftraggeber hätte deshalb den Auftrag nicht erteilen dürfen, wird mit dem Hinweis darauf zur Seite gewischt, dass für die öffentliche Hand nach den geltenden Vergabebestimmungen kein Hindernis bestehe, auch sog. Unterkostenpreise zu akzeptieren, soweit der Auftragnehmer hierdurch nicht in wirtschaftliche Schwierigkeiten gerät und den Auftrag deshalb nicht oder nicht ordnungsgemäß ausführen kann.[367] Bei entsprechender rechtlicher Würdigung sind Submissionsabsprachen durchaus in großem Umfang unter § 263 StGB zu subsumieren.

> **Praxistipp:**
> Der Vermögensschaden beim Submissionsbetrug in der Variante des Eingehungsbetruges ist ein weites Feld kreativer Verteidigungstätigkeit und sollte regelmäßig Anlass zu einer Auseinandersetzung mit der Rechtsprechung des BGH in Berücksichtigung individueller Unternehmenskalkulation sein.

bb) Erfüllungsbetrug. In der Entscheidung vom 8.1.1992[368] hatte der BGH neben einem Eingehungsbetrug auch das Vorliegen eines Erfüllungsbetruges unter Rückgriff auf die nicht mehr gültige Regelung aus §§ 5 Abs. 3, 7, 9 VO PR 1/72[369] für möglich erachtet. Nach diesen Bestimmungen darf nur auf der Basis des sog. **Selbstkostenfestpreis** zuzüglich einer 6 %-igen Gewinnmarge abgerechnet werden kann. Wird der so berechnete Preis von dem vereinbarten Preis überschritten, ist hierin der Vermögensschaden begründet.[370]

---

[365] BGH wistra 1997, 336, 340 = NJW 1997, 3034, 3038.
[366] BGHSt 47, 83, 88 = NJW 2001, 3718 = NStZ 2001, 540 = wistra 2001, 384, 385 = StV 2001, 514; kritisch hierzu *Best* GA 2003, 157.
[367] BGHSt 47, 83, 88 = NJW 2001, 3718 = NStZ 2001, 540 = wistra 2001, 384, 385 = StV 2001, 514.
[368] NJW 1992, 921, 922 – nicht abgedruckt in BGHSt 38, 186.
[369] Verordnung über die Preise für Bauleistungen bei öffentlichen oder mit öffentlichen Mitteln finanzierten Aufträgen vom 6.3.1972 (BGBl. I S. 293).
[370] *Achenbach* NStZ 1993, 429 (zu BGH NJW 1992, 921, 922).

> **Praxistipp:**
> 288 Die Ermittlung des Selbstkostenpreises ist regelmäßig mit nicht unerheblichem Aufwand verbunden und auch davon abhängig, ob Kalkulationsunterlagen des Bieters noch zur Verfügung stehen. Es sollte deshalb in aller Regel möglich sein, einer Argumentation auf dieser Basis mit Aussicht auf Erfolg zu begegnen.

3. Die wettbewerbsbeschränkende Absprache bei Ausschreibungen, § 298 StGB

289 Angesichts der trotz dieser Entwicklung in der Rechtsprechung in der Praxis regelmäßig verbleibenden Beweisschwierigkeiten und auch angesichts des beschränkten general- und spezialpräventiven Effekts der Bußgeldtatbestände aus dem GWB hatte sich der Gesetzgeber im Zuge des Korruptionsbekämpfungsgesetzes[371] zur Schaffung eines neuen Straftatbestandes gegen wettbewerbsbeschränkende Absprachen entschlossen, um rechtswidrige Verhaltensweisen bei der Beteiligung an Ausschreibungen wirksamer bekämpfen zu können.[372] Dies führte zur Kriminalisierung eines Teilbereichs der bis dahin lediglich als Kartellordnungswidrigkeiten verfolgbaren Submissionsabsprachen, für deren Ahndung nun mehr die besondere Zuständigkeit der Wirtschaftsstrafkammer beim Landgericht gem. § 74 c Abs. 1 Nr. 5 a GVG begründet ist, soweit die Tat von besonderer Bedeutung ist und die Rechtsfolgenkompetenz des Amtsgerichts nicht ausreicht.

290

> **Checkliste:**
>
> Nach **§ 298 StGB** wird mit Freiheitsstrafe bis zu fünf Jahren oder mit Geldstrafe bestraft, wer vorsätzlich
> - bei einer Ausschreibung über Waren oder gewerbliche Leistungen
> - ein Angebot abgibt,
> - das auf einer rechtswidrigen Absprache beruht,
> - die darauf abzielt,
> - den Veranstalter zur Annahme eines bestimmten Angebots zu veranlassen

291 a) **Rechtsgut.** Mit Einführung des § 298 StGB hat der Gesetzgeber bewusst auf das Erfordernis eines Vermögensschadens und einer Täuschung verzichtet und ein **abstraktes Gefährdungsdelikt** formuliert.[373] Geschützt ist der **freie Wettbewerb** bei Ausschreibungen. Das Vermögen des Veranstalters der Ausschreibung und der möglichen Mitbewerber wird daneben mittelbar geschützt.[374] Die Ziele, um derentwillen ein Kartell gebildet werden soll, können sehr verschieden sein, erfasst werden sie in § 298 StGB grundsätzlich alle. Ein Vermögensschaden muss nicht beabsichtigt sein, eine Absprache mit dem Ziel, unliebsame Konkurrenz durch einen unter den Selbstkosten im übrigen Kreis abgesprochenen Preis auszuschalten, ist ebenso denkbar wie die Bildung eines sog. Notkartells, bei dem Zweck der Absprache bloße Existenzsicherung oder Auslastung des Unternehmens ist.

292 b) **Täter.** Grundsätzlich kann jedermann Täter sein. § 298 StGB ist ein sog. **Allgemeindelikt**. Unerheblich ist damit, welche Stellung die in die Absprache eingebundene Person in dem im Kreis vertretenen Unternehmen hat. Diese Frage kann nur für die Verhängung einer Unternehmensgeldbuße nach § 30 OWiG Bedeutung haben.[375] Im Übrigen kommt als Täter nicht nur derjenige in Betracht, der das bestimmte Angebot selbst abgegeben hat. Als Mittäter kann

---

[371] Gesetz zur Bekämpfung der Korruption vom 13.8.1997 (BGBl. I S. 2038).
[372] BegrRegE BT-Drucks. 13/5584 S. 13.
[373] BegrRegE BT-Drucks. 13/5584 S. 13; Otto wistra 1999, 41.
[374] BegrRegE BT-Drucks. 13/5584 S. 13.
[375] Siehe hierzu Rdnr. 204 ff.

vielmehr auch derjenige erfasst werden, der selbst **kein Angebot** abgegeben hat, soweit dies auf eine getroffene Absprache zurückgeht,[376] wie auch derjenige, dessen Beitrag sich auf die Einreichung eines Schutzangebots beschränkt. In der Praxis ist insoweit eine rechtliche Einordnung mit Hilfe der allgemeinen Vorschriften über Täterschaft und Teilnahme geboten, orientiert an den konkreten Umständen des jeweiligen Tatbeitrags. Hierbei wird man sich am Interesse des Absprachebeteiligten am Taterfolg, das sich zum Beispiel aus einer Vereinbarung über Ausgleichszahlungen ergeben kann, und an der Einflussnahme auf das Zustandekommen der Kartellabsprache zu orientieren haben.[377] Auch der **Veranstalter** der Ausschreibung bzw. dessen Mitarbeiter kann Mittäter sein, nachdem § 298 StGB eine Täuschung des Veranstalters nicht voraussetzt.[378]

> **Praxistipp:**
> Auf die Abgrenzung von Täterschaft und Teilnahme sollte gerade für die Fälle, in denen Angebote nicht abgegeben worden sind, besonderes Augenmerk gelegt werden. In der Praxis der Strafverfolgung ist festzustellen, dass schutzgewährende Bieter wie auch Nicht-Bieter in der Regel ohne weitere Differenzierung als Mittäter gesehen werden, soweit sie dem Absprachekreis in irgendeiner Form angehören.

293

c) **Objektiver Tatbestand.** Voraussetzung einer Tatbestandserfüllung ist die Abgabe eines Angebots im Rahmen einer Ausschreibung über Waren oder gewerblichen Leistungen,[379] das auf einer rechtswidrigen Absprache beruht und dem Ziel dient, den Veranstalter zur Annahme eines bestimmten Angebots zu veranlassen. 294

aa) **Angebotsabgabe.** Ein Angebot ist **abgegeben** und damit die Tat vollendet, wenn es dem Veranstalter so zugeht, dass es bei ordnungsgemäßem Geschäftsablauf im Ausschreibungsverfahren berücksichtigt werden kann.[380] Dass der Veranstalter hiervon Kenntnis erlangt, ist nicht vorausgesetzt.[381] Als **Angebot** im Sinne des § 298 StGB wird nur gewertet werden können, was den vergaberechtlichen Voraussetzungen entspricht. Allerdings soll nach Auffassung des BGH auch ein verspätet abgegebenes Angebot, das nach Vergaberecht zwingend auszuschließen ist, genügen.[382] Der Gesetzgeber hat ausdrücklich darauf verzichtet, Handlungen im Vorfeld einer Angebotsabgabe oder außerhalb eines Ausschreibungsverfahrens, wie auch die Absprache selbst über den Tatbestand des § 298 StGB zu erfassen.[383] Hier greift nach wie vor der Kartellordnungswidrigkeitentatbestand aus § 81 Abs. 2 Nr. 1 i. V. m. § 1 GWB.[384] 295

bb) **Rechtswidrige Absprache.** Die Angebotsabgabe muss auf einer rechtswidrigen Absprache beruhen, die für sich allenfalls als Ordnungswidrigkeit nach § 81 GWB[385] verfolgbar wäre. Eine **Absprache** i. S. d. § 298 StGB erschöpft sich nicht in einem bloßen Parallelverhalten zwischen den Teilnehmern einer Ausschreibung, setzt viel mehr eine als verbindlich angesehene Übereinkunft über ein bestimmtes Verhalten im Verfahren voraus.[386] Unverbindliche Erkundigungen oder Gespräche etwa darüber, wer an der Vergabe als Bieter interessiert ist und ein Angebot abgeben will, genügen nicht.[387] Erfasst sind grundsätzlich auch die Fälle, in denen ein Bieter kollusiv mit dem Veranstalter oder einem Mitarbeiter des Veranstalters zusammenarbeitet. So wollte der Gesetzgeber ausdrücklich nicht zur Voraussetzung für eine Strafbarkeit 296

---

[376] *Achenbach* WuW 1997, 958, 959.
[377] BegrRegE BT-Drucks. 13/5584, S. 14.
[378] *Tröndle/Fischer* § 298 Rdnr. 17 a.
[379] BegrRegE BT-Drucks. 13/5584, S. 14: auszulegen nach den kartellrechtlichen Bestimmungen.
[380] Vgl. BGHSt 34, 265, 267.
[381] *Otto* wistra 1999, 41, 42.
[382] BGH wistra 2003, 146 = NStZ 2003, 548.
[383] BegrRegE BT-Drucks. 13/5584 S. 14.
[384] Siehe hierzu Rdnr. 217 ff.
[385] Siehe hierzu Rdnr. 213 ff.
[386] LK/*Tiedemann* § 298 Rdnr. 34; *Tröndle/Fischer* § 298 Rdnr. 9.
[387] *Tröndle/Fischer* § 298 Rdnr. 9; *Otto* wistra 1999, 41.

erheben, dass die der Angebotsabgabe zugrunde liegende Absprache vor dem Veranstalter der Ausschreibung verheimlicht worden ist.[388]

297 Eine Absprache ist **rechtswidrig**, soweit sie den Verbotsvorschriften des Kartellrechts[389] zuwiderläuft und zwischen miteinander im Wettbewerb stehenden Unternehmen getroffen ist. So hat der BGH die Anwendung des § 298 StGB auf **horizontale Absprachen** beschränkt. Entsprechend sollen rein vertikale Absprachen etwa bei einem kollusiven Zusammenwirken eines einzelnen Anbieters mit einer Person auf der Seite des Veranstalters von § 298 StGB nicht erfasst sein.[390] Ob sich diese Auffassung angesichts der Novellierung des GWB und der Erweiterung des Kartellverbots aus § 1 GWB auch auf vertikale Vereinbarungen halten lässt, bleibt abzuwarten. Im Einzelnen kann durchaus problematisch sein, was etwa im Sinne einer verbotenen „abgestimmten Verhaltensweise" zu qualifizieren ist. Dies gilt etwa für das Problem gleichgeschalteten Parallelverhaltens.[391] Die Bildung von Bietergemeinschaften, die bei großen und komplexen Aufträgen zur Abgabe eines gemeinsamen Angebots von mehreren Unternehmen in Form von Arbeitsgemeinschaften gebildet werden und mangels wettbewerbsbeschränkender Wirkung kartellrechtlich zulässig sind, fallen nicht unter den Tatbestand des § 298 StGB.[392] Auch hier ergeben sich im Einzelfall durchaus schwierige Abgrenzungsfragen, etwa wenn die beabsichtigte Bildung einer Bietergemeinschaft fehlschlägt.

298 *cc) Ausschreibung.* § 298 Abs. 1 StGB bezieht sich ausschließlich auf Absprachen im Zusammenhang mit einer Ausschreibung.[393] Hierunter fallen lediglich sog. **öffentliche Ausschreibungen** bzw. offene Verfahren und **beschränkte Ausschreibungen** bzw. nichtoffene Verfahren. Dem ausdrücklichen Willen des Gesetzgebers[394] entsprechend sind dabei nicht nur Vergaben der zur Einhaltung vergaberechtlicher Förmlichkeiten verpflichteten öffentlichen Hand erfasst, sondern auch Ausschreibungen durch **private Veranstalter**, soweit sie nicht bereits über § 98 GWB zur Anwendung vergaberechtlicher Bestimmungen verpflichtet sind. Voraussetzung ist dann allerdings, dass das gewählte Vergabeverfahren in Anlehnung an die Bestimmungen der Verdingungsordnungen ausgestaltet ist.[395] Dies setzt zumindest voraus, dass die zentralen Grundsätze der die öffentliche Hand bindenden[396] Verdingungsordnungen (etwa der Gleichheitsgrundsatz) im Verfahren beachtet sind. In der Literatur wird überdies nachvollziehbar gefordert, dass der private Veranstalter nach außen einen echten Bindungswillen hinsichtlich geltender Vergaberegeln in Form einer vertraglicher Vereinbarung dokumentiert.[397]

299 Den von § 298 Abs. 1 StGB erfassten Ausschreibungsvarianten ist gem. § 298 Abs. 2 StGB die **freihändige Vergabe nach vorangegangenem Teilnahmewettbewerb** gleichgestellt. Voraussetzung ist damit, dass der Veranstalter zunächst zur Teilnahme am Wettbewerb auffordert und aus dem Kreis der sich hieran beteiligenden Unternehmen geeignete und zuverlässige Bewerber auswählt, die er dann in einer zweiten Stufe zur Abgabe eines Angebots bei freihändiger Vergabe veranlasst. In welcher Form die Aufforderung zum Teilnahmewettbewerb zu erfolgen hat, lässt sich dem Gesetzeswortlaut zwar nicht entnehmen. Nachdem die freihändige Vergabe allerdings den förmlichen Ausschreibungen nach den Verdingungsordnungen gleichgestellt werden soll, ist die Durchführung eines öffentlichen Teilnahmewettbewerbs im Sinne der Verdingungsordnungen[398] zu fordern. Andere Vergabeformen, insbesondere freihändige Vergaben bzw. Verhandlungsverfahren ohne Teilnahmewettbewerb fallen nicht unter § 298 StGB. Absprachen in diesem Zusammenhang können allenfalls nach § 81 Abs. 2 Nr. 1 i. V. m. § 1 GWB geahndet werden.[399]

---

[388] BegrRegE BT-Drucks. 13/5584, S. 14.
[389] § 1 GWB, Art 81 EGV.
[390] BGH wistra 2004, 387 = StV 2004, 541 = NJW 2004, 2761 = WuW/E DE-R 1287; wistra 2005, 29.
[391] Siehe hierzu Rdnr. 90.
[392] LK/*Tiedemann* § 298 Rdnr. 36.
[393] Siehe hierzu Rdnr. 272 ff.
[394] BegrRegE BT-Drucks. 13/5584, S. 14.
[395] BGH wistra 2003, 146 = NStZ 2003, 548 = StV 2003, 451.
[396] Siehe hierzu Rdnr. 273.
[397] *Greeve* NStZ 2002, 505 ff.; *dies.* NStZ 2003, 549 ff.
[398] § 3 Nr. 1 Abs. 2 i. V. m. § 17 Nr. 2 Abs. 1 VOB/A; § 3 Nr. 1 Abs. 4 i. V. m. § 17 Nr. 2 Abs. 1 VOL/A.
[399] Siehe hierzu Rdnr. 217 ff.

Praxistipp:

Bislang wird zwar die Auffassung vertreten, dass Verstöße etwa eines öffentlichen Auftraggebers gegen zwingende Vorgaben des Vergaberechts strafrechtlich nicht zurückwirken,[400] gleichwohl sollte in der Fallbearbeitung hierauf geachtet werden, weil dann Fälle faktischer Aufhebung des freien Wettbewerbs durchaus denkbar sind.

300

dd) Veranlassen. Die Absprache muss zudem darauf gerichtet sein, den Veranstalter zur **Annahme eines bestimmten Angebots** zu veranlassen. Durchaus umstritten ist in diesem Zusammenhang, ob der Tatbestand auch verwirklicht ist, wenn ein Angebot zwar in Verwertung von Kenntnissen aus der Absprache, aber entgegen der getroffenen Absprache abgegeben wird, wenn Absprache und Angebotsinhalt auseinander fallen.[401] Im Übrigen dürfte unerheblich sein, ob die Absprache auf die Annahme des Angebots eines bestimmten Anbieters gerichtet ist. Erfasst werden auch Absprachen zu Angeboten, die nach dem Willen der Beteiligten nicht angenommen werden sollen, weil sie das Auswahlermessen des Veranstalters in eine bestimmte Richtung lenken sollen. Eine Veranlassung in diesem Sinne liegt schließlich auch bei einem kollusiven Vorgehen des Anbieters mit Mitarbeitern des Veranstalters vor. So muss nach dem Willen des Gesetzgebers die Annahme eines abgesprochenen Angebots nicht ursächlich auf eine Täuschung zurückgehen, die rechtswidrige Absprache nicht vor dem Veranstalter der Ausschreibung verheimlicht sein.[402]

301

d) Subjektiver Tatbestand. Sämtliche Tatbestandsmerkmale müssen vom Vorsatz des Täters umfasst sein. Die **Rechtswidrigkeit der Absprache** gehört zum Tatbestand, so dass ein Irrtum hierüber als Tatbestandsirrtum vorsatzausschließend wirkt.[403] Eine Absicht ist allerdings nicht erforderlich, nachdem nicht das Angebot, sondern die zugrunde liegende Absprache darauf abzielen muss, den Veranstalter zur Annahme eines bestimmten Angebots zu veranlassen.[404]

302

Praxistipp:

§ 298 StGB erfasst auch das Kartellmitglied, das sich zur Abgabe eines abgesprochenen Angebots nur deshalb entschließt, um sein Unternehmen über Wasser zu halten, weil eine Schädigungsabsicht nicht vorausgesetzt wird.[405]

303

e) Tätige Reue. Straflos bleibt nach § 298 Abs. 3 StGB, wer freiwillig eine Angebotsannahme oder Leistungserbringung des Veranstalters verhindert oder sich freiwillig und ernsthaft bemüht, die Annahme des Angebots oder eine Leistungserbringung zu verhindern. Damit bleibt dem Kartellmitglied eine tätige Reue bis zur **Tatbeendigung** möglich. Umstritten ist, ob hiervon mit Annahme des Angebots, d. h. mit Zuschlag,[406] oder erst mit Leistungserbringung des Auftraggebers auszugehen ist. Bedeutsam ist diese Frage selbstverständlich auch für die Frage des Verjährungsbeginns.

304

Praxistipp:

Ergänzt wird die rein strafrechtliche Lösung tätiger Reue eines Kartellmitglieds für den Bereich der Ordnungswidrigkeiten durch die Bonusregelung des Bundeskartellamtes,[407] was gegebenenfalls auch für die Verhängung einer Unternehmensgeldbuße neben der strafrechtlichen Ahndung der handelnden natürlichen Person Bedeutung haben kann.

305

---

[400] Vgl. LK/*Tiedemann* § 298 Rdnr. 29.
[401] So *Tröndle/Fischer* § 298 Rdnr. 14, a. A. SK/*Rudolphi* § 298 Rdnr. 9.
[402] BegrRegE BT-Drucks. 13/5584, S. 14.
[403] Vgl. hierzu *Tröndle/Fischer* § 298 Rdnr. 18.
[404] LK/*Tiedemann* § 298 Rdnr. 42.
[405] *Oldigs* wistra 1998, 291, 293.
[406] So LK/*Tiedemann* § 298 Rdnr. 58; *Tröndle/Fischer* § 298 Rdnr. 21.
[407] Siehe hierzu Rdnr. 390 ff.

306 f) **Verhältnis zu § 263 StGB und den Kartellordnungswidrigkeiten.** Grundsätzlich ist § 298 StGB angesichts anderer Schutzrichtung nicht lex specialis zu § 263 StGB, sind beide Tatbestände nebeneinander anwendbar und stehen zueinander in **Tateinheit.** Beide Vergehen verjähren gem. § 78 Abs. 3 Nr. 4 StGB in fünf Jahren. Nachdem über § 298 StGB nahezu sämtliche Fälle von Submissionsabsprachen ohne die für eine Verurteilung nach § 263 StGB bestehenden Nachweisprobleme und grundsätzlich unabhängig von der Zielrichtung des jeweiligen Kartells, jedoch bei gleicher Strafandrohung wie in § 263 StGB erfasst werden können, ist für die Staatsanwaltschaft nur noch dann lohnend, sich mit dem Problem eines Vermögensschadens näher zu befassen, wenn aus ihrer Sicht die Annahme eines **besonders schweren Falles** begründet und die Anwendung des erhöhten Strafrahmens aus § 263 III StGB angestrebt ist.

307 Als **Kartellordnungswidrigkeit** i. S. d. § 81 Abs. 1 Nr. 1 i. V. m. § 1 GWB können Submissionsabsprachen nur noch dann verfolgt werden, wenn eine Absprache im Zusammenhang mit einer freihändigen Vergabe ohne vorangegangenen Teilnahmewettbewerb zur Diskussion steht oder die Zuwiderhandlung gegen das Kartellverbot aus welchen Gründen auch immer über eine Absprache nicht hinausgeht, d. h. ein Angebot beim Veranstalter nicht abgegeben wird. In allen anderen Fällen kartellrechtswidriger Submissionsabsprachen tritt die Kartellordnungswidrigkeit gem. § 21 OWiG hinter der Straftat aus § 298 StGB zurück.

> **Praxistipp:**
> **308** Grundsätzlich bleibt allerdings auch bei rein strafrechtlicher Ahndung der Absprache die Möglichkeit einer Bebußung des/der Aufsichtspflichtigen nach § 130 OWiG sowie des Unternehmens nach § 30 OWiG.[408] Hierauf ist in der Mandatsbetreuung stets zu achten.

4. Sonstige Straftaten im Zusammenhang mit einer Submissionsabsprache

309 Ein funktionsfähiges Submissionskartell kann sich in der Regel nur dort bilden, wo der Kreis der potentiellen Anbieter bekannt ist. Der Bieterkreis bei beschränkten Ausschreibungen, die Kenntnis darüber, welche Unternehmen bei öffentlichen Ausschreibungen Ausschreibungsunterlagen angefordert haben, das für die Auftragsabwicklung vorgesehene Budget des Veranstalters u. a. m. sind für den Aufbau eines Kartells wichtige Informationen, die in der Regel nur über **kollusives Zusammenwirken** mit dem Auftraggeber zu gewinnen sind und ihren Preis kosten. Nichts anderes gilt dann, wenn bei störenden Außenseitern die Zusicherung des Veranstalters vor Angebotsabgabe notwendig wird, bei Einreichung eines aus Sicht des Bieters an und für sich unvertretbar günstigen Angebots qualitativ minderwertige Leistungserbringung zu akzeptieren oder einen Ausgleich über Nachträge zu schaffen. Auch kollusives Zusammenarbeiten mit einem Planer ist in vielen Fällen festzustellen. So sichert die Aufnahme von Luftpositionen in die Ausschreibungsunterlagen gegenüber nicht eingebundenen Mitbewerbern, die insoweit unnötige Kosten in die Kalkulation aufnehmen müssen, einen im Vergabeverfahren entscheidenden Vorsprung. Für derartige Zusammenarbeit mit der Auftraggeberseite notwendige Kosten werden in die Kalkulation des Angebots gegebenenfalls an passender Stelle aufgenommen.

310 Diese in Absprachekreisen regelmäßig festzustellenden Praktiken schaffen ein weites Feld möglicher Verfehlungen. **Bestechung** und **Bestechlichkeit** i. S. d. §§ 299, 331 ff. StGB, **Geheimnisverletzung** gem. § 17 UWG[409] oder gem. § 203 StGB, **Untreue** i. S. d. § 266 StGB[410] u. a. m. sind die typischen Begleitdelikte in diesem Zusammenhang. Sämtliche Delikte stehen gegebenenfalls in Tateinheit zum Submissionsbetrug nach § 263 StGB oder zu wettbewerbsbeschränkenden Absprachen gem. § 298 StGB.[411]

311 Lässt sich der Kreis der Bieter nicht schließen und wird deshalb für den Fall fehlender Bereitschaft zu kollusivem Zusammenwirken Kartellaußenseitern ein Übel angedroht oder zugefügt, kommen auch die Tatbestände der **Nötigung** i. S. d. § 240 StGB oder der **Erpressung**

---

[408] Siehe hierzu Rdnr. 186 ff. und 204 ff.
[409] Vgl. hierzu § 25 Wettbewerbsrecht Rdnr. 82 ff.
[410] Nach BGH wistra 2000, 61 kann schon die Herausgabe von Bieterlisten einen Vermögensnachteil i. S. d. § 266 StGB begründen.
[411] *Tröndle/Fischer* § 298 Rdnr. 22.

gem. § 253 StGB in Betracht. Gerade in diesem Zusammenhang kann es zu Überschneidungen zwischen Kartellrecht und allgemeinem Strafrecht kommen, wenn nach dem GWB verbotene Maßnahmen mit strafrechtlich relevanter Zielrichtung ergriffen werden. Einen Außenseiter mit Boykottmaßnahmen i. S.d § 21 GWB zu überziehen oder in Verstoß gegen das Diskriminierungsverbot aus § 20 GWB zu sperren, wird in der Praxis keine Seltenheit sein und die Rechtswidrigkeit strafrechtlich relevanten Verhaltens begründen.

VI. Die Besonderheiten im Kartellordnungswidrigkeitenverfahren und mögliche Rechtsfolgen

An dieser Stelle soll ausschließlich auf Besonderheiten im Kartellordnungswidrigkeitenverfahren eingegangen werden. Das Verfahren bei der Verfolgung von Kartellstraftaten weist im Vergleich zu sonstigen Strafverfahren keine nennenswerten Besonderheiten aus.

1. Eine Besonderheit des Kartellverfahrens

Zur Wahrnehmung ihrer gesetzlichen Aufgaben stellt das GWB den Kartellbehörden grundsätzlich zwei Verfahren zur Verfügung, zum einen das Verwaltungsverfahren gem. §§ 54 ff. GWB, in dem kartellrechtswidrige Verhaltensweisen u. a. abgestellt[412] und durch den Kartellverstoß erlangte wirtschaftliche Vorteile abgeschöpft[413] werden können, zum anderen das Bußgeldverfahren gem. §§ 81 ff. GWB, das mit Verhängung eines Bußgeldes abgeschlossen werden kann.

Bereits im **Verwaltungsverfahren** stehen den Kartellbehörden weit reichende Ermittlungsbefugnisse zur Verfügung, Zeugen und Sachverständige können nach den Vorschriften der ZPO gem. § 57 Abs. 2 GWB gehört, gegebenenfalls ein Augenschein durchgeführt werden. Ein Recht zur Beschlagnahme regelt § 58 GWB, Durchsuchungen können gem. § 59 Abs. 4 GWB durchgeführt werden. § 59 Abs. 1 und 2 GWB gibt die Möglichkeit, weit reichend Auskünfte von Unternehmen zu verlangen und Unterlagen anzufordern. Unter Einschränkung des Art. 13 GG gestattet § 59 Abs. 3 GWB Mitarbeitern der Kartellbehörde, die Räume von Unternehmen zu betreten. Für all diese Maßnahmen ist grundsätzlich ein förmlicher Beschluss gem. § 59 Abs. 6 und 7 GWB Voraussetzung. Entsprechende Entscheidungen werden beim BKartA in sog. Beschlussabteilungen gefällt.

Für das **Bußgeldverfahren** finden sich im GWB hingegen in den §§ 81 ff. nur Zuständigkeitsregelungen. Unter anderem wird in § 81 Abs. 10 GWB bestimmt, dass die Kartellbehörden i. S. d. § 36 Abs. 1 Nr. 1 OWiG für die Verfolgung und Ahndung von kartellrechtlichen Zuwiderhandlungen zuständig sind. Die Ausgestaltung des Verfahrens ist im übrigen über die allgemeine Verweisungsvorschrift aus § 46 OWiG durch die Vorschriften der StPO bestimmt. Die Frage, ob Ermittlungen überhaupt, wenn ja im Verwaltungs- oder Bußgeldverfahren, durchgeführt werden, steht dabei im pflichtgemäßen Ermessen der Kartellbehörde.

> **Praxistipp:**
> Hier ist es Aufgabe des Verteidigers im Hinblick auf das Schweigerecht eines Betroffenen[414] gegebenenfalls rechtzeitig für eine notwendige Differenzierung zwischen beiden Verfahrensarten zu sorgen.

2. Die Verfolgungszuständigkeit

Grundsätzlich gilt für die Verfolgung von Kartellordnungswidrigkeiten wie im gesamten Ordnungswidrigkeitenrecht gem. § 47 Abs. 1 OWiG das sog. **Opportunitätsprinzip**. Die Kartellbehörden haben deshalb von der Verfahrenseinleitung bis zum Verfahrensabschluss stets nach Gesichtspunkten der Zweckmäßigkeit zu entscheiden, wobei ausschließlich sachliche Gründe unter Berücksichtigung sämtlicher Umstände des Falles maßgebend sein dürfen.[415] Ein

---
[412] § 32 GWB.
[413] § 34 GWB.
[414] Siehe hierzu Rdnr. 351 ff.
[415] *Göhler* § 47 Rdnr. 6 ff.

Ermittlungsverfahren darf weder voreilig noch zu Zwecken der Ausforschung eingeleitet werden.[416] In diesem Sinne ist das Opportunitätsprinzip in Kartellverfahren vor allem für die Fälle bedeutsam, in denen an einer Wettbewerbsbeschränkung lediglich kleine und mittlere Unternehmen beteiligt sind und die Beeinträchtigung des Wettbewerbs durch die Beschränkungshandlung gering ist.

> **Praxistipp:**
> 318 Das Bundeskartellamt hat mit selbstbindendem Charakter bereits im Jahre 1980 durch die sog. Bagatellbekanntmachung[417] festgelegt, in welchen Fällen ein Einschreiten in Beachtung des Opportunitätsprinzips nicht geboten ist, unter welchen Umständen Kooperationsabreden wegen lediglich geringer Wettbewerbsbeeinträchtigung nicht verfolgt werden sollen. Die Lektüre dieser Bekanntmachung ist an dieser Stelle zu empfehlen.

319   a) **Verfolgung durch die Kartellbehörde.** Gem. § 81 Abs. 10 GWB sind für die Verfolgung und Ahndung von Kartellordnungswidrigkeiten nach dem GWB grundsätzlich die in § 48 GWB bezeichneten Kartellbehörden zuständig. Nach § 48 Abs. 2 GWB erschöpft sich die **Zuständigkeit** der Landeskartellbehörden, die in der Regel den Wirtschaftsministerien zugeordnet sind, grundsätzlich in der Bearbeitung der Fälle, die nicht über die Landesgrenzen hinaus wirken. In den Fällen, in denen die Wirkung des wettbewerbsbeschränkenden oder diskriminierenden Verhaltens oder einer Wettbewerbsregel über das Gebiet eines Landes hinausreicht, ist grundsätzlich die Zuständigkeit des BKartA begründet. Mit Einfügung der Abs. 3 und 4 in § 49 GWB im Zuge der 7. GWB-Novelle ist nun mehr auch eine Abweichung von dieser grundsätzlichen Zuständigkeitsverteilung in beiderseitigem Einverständnis möglich. Nach der zur Regelung des Vollzugs europäischen Rechts nach der Vorgabe aus Art. 3 VO Nr. 1/03[418] mit der 7. GWB-Novelle gewählten Neufassung des § 50 GWB sind des Weiteren sowohl das BKartA wie auch die Landeskartellbehörden für die Anwendung der europäischen Kartellverbote aus Art. 81 und 82 EGV zuständige Wettbewerbsbehörden i. S. d. Art. 35 VO Nr. 1/03. Als solche haben sie alle Vorschriften der VO Nr. 1/03 im Verfahren anzuwenden. Den Geschäftsverkehr mit der Europäischen Kommission oder den Wettbewerbsbehörden der anderen Mitgliedstaaten in dem mit der VO Nr. 1/03 geschaffenen Netzwerk unterhält gem. § 50 Abs. 2 GWB das BKartA. Wie gehabt bleibt das BKartA nach § 50 Abs. 3 GWB für die Mitwirkung an einem Verfahren der Europäischen Kommission oder der Wettbewerbsbehörden der anderen Mitgliedstaaten alleine zuständig. Dies gilt insbesondere für die Mitwirkung an Ermittlungshandlungen der Europäischen Kommission nach Art. 20 ff. VO Nr. 1/03. Schließlich ist das BKartA ausschließlich auch für die Anwendung der Art. 84 und 85 EGV sowie von Sekundärrecht im europäischen Kartellrecht zuständig.

320   Wie erläutert ist mit der VO Nr. 1/03 ein System paralleler Zuständigkeiten[419] zwischen der Kommission und den einzelstaatlichen Wettbewerbsbehörden bei Anwendung europäischen Kartellrechts begründet. Um ein Funktionieren des so geschaffenen Netzwerks der **europäischen Wettbewerbsbehörden** zu gewährleisten, ist im Rahmen der 7. GWB-Novelle auch der hierfür notwendige **Informationsaustausch** zwischen den Behörden entsprechend Art. 12 VO Nr. 1/03 in § 50 a GWB geregelt. Bedeutsam sind in diesem Zusammenhang die Verwertungsregeln in den Abs. 2 und 3, die inhaltlich Art. 12 VO Nr. 1/03 entsprechen.[420] Nach Abs. 2 darf die Kartellbehörde die empfangenen Informationen nur im Zusammenhang mit dem Untersuchungsgegenstand und nur zur Anwendung der Art. 81 und 82 EGV verwenden. Nach Abs. 3 S. 1 können empfangene Informationen darüber hinaus nur dann als Beweismittel zur Verhängung von Sanktionen gegen natürliche Personen verwendet werden, wenn das Recht der übermittelnden Behörde ähnlich geartete Sanktionen bei Verstößen gegen die Art. 81 und 82

---

[416] *Göhler* vor § 59 Rdnr. 28.
[417] Bekanntmachung des BKartA Nr. 57/80 vom 8.7.1980 über die Nichtverfolgung von Kooperationsabreden mit geringer wettbewerbsbeschränkender Bedeutung (BAnz. Nr. 133).
[418] Siehe hierzu Rdnr. 27.
[419] Siehe hierzu Rdnr. 128 ff.
[420] Siehe hierzu Rdnr. 132 ff.

EGV vorsieht. Eine Einschränkung erfährt dieses Beweisverwertungsverbot für den Fall, dass von einem vergleichbaren Schutzniveau auszugehen ist. Eine Verwertung bleibt allerdings in jedem Fall gegen juristische Personen oder Personenvereinigungen möglich. Die Zusammenarbeit des BKartA mit **ausländischen Wettbewerbsbehörden** unterliegt nach § 50 b GWB strengeren Regeln als die Zusammenarbeit im Netzwerk der europäischen Wettbewerbsbehörden. Unter anderem darf danach das BKartA Informationen nur zum Zweck der Anwendung kartellrechtlicher Vorschriften und nur zur Beweisverwertung im Zusammenhang mit dem Untersuchungsgegenstand übermitteln. Die Übermittlung vertraulicher Angaben, einschließlich Betriebs- und Geschäftsgeheimnisse bedarf der Zustimmung des vorlegenden Unternehmens.

Soweit Anhaltspunkte dafür gegeben sind, dass die zunächst unter dem Aspekt einer Kartellordnungswidrigkeit verfolgte Tat (auch) eine **Straftat** ist, muss die Kartellbehörde die notwendigen Ermittlungen gem. § 41 Abs. 1 OWiG an die Staatsanwaltschaft abgeben, wenn von einer Tat, einem einheitlichen geschichtlichen Vorgang i. S. d. Art 103 Abs. 3 GG[421] auszugehen ist und damit der Durchführung getrennter Verfahren der Grundsatz des **ne bis in idem** entgegensteht. War dies früher bei Submissionsabsprachen unter dem Aspekt des Submissionsbetruges nach § 263 StGB angesichts bestehender Probleme beim Nachweis eines Vermögensschadens nicht die Regel, ist nach Hochstufung von Submissionsabsprachen zur Straftat nach § 298 StGB kaum mehr ein Fall vorstellbar, in dem die Kartellbehörde bei Kenntnisnahme von entsprechender Zuwiderhandlung nicht zur Abgabe verpflichtet sein könnte. Eine unverzügliche Vorlage an die Staatsanwaltschaft ist jedenfalls dann geboten, wenn die Umstände des Falles, etwa unter Verjährungsgesichtspunkten, ein rasches Einschreiten der Staatsanwaltschaft gebietet.[422] Die Staatsanwaltschaft hat dann zu entscheiden, ob ein Anfangsverdacht für eine Kartellstraftat besteht und ein Ermittlungsverfahren einzuleiten ist. Die rechtliche Bewertung durch die Staatsanwaltschaft ist für die Kartellbehörde bindend.[423] Sieht die Staatsanwaltschaft von der Einleitung eines Strafverfahrens ab, gibt sie die Sache an die zuständige Kartellbehörde gem. § 41 Abs. 2 OWiG zurück. Entschließt sich die Staatsanwaltschaft zu einer Verfolgung der Tat als Straftat, so ist sie gem. § 40 OWiG auch für eine Verfolgung unter dem rechtlichen Gesichtspunkt einer Ordnungswidrigkeit zuständig.

Eine Besonderheit in der Zuständigkeitsverteilung gilt für die Festsetzung einer **Unternehmensgeldbuße** nach § 30 OWiG. Mit Einführung des § 30 Abs. 4 S. 2 OWiG im Zuge des Korruptionsbekämpfungsgesetzes[424] wurde der Grundsatz einheitlicher Verfolgung von Unternehmensgeldbuße und Anknüpfungstat[425] gelockert und mit Einführung des § 82 GWB für das Kartellverfahren eine Ausnahme dahin bestimmt, dass über die Verhängung einer Unternehmensgeldbuße auch bei Vorliegen einer Straftat als Anknüpfungstat die **Kartellbehörde in eigener Zuständigkeit** und damit in einem selbständigen Verfahren entscheiden kann, soweit die Straftat mit einer Ordnungswidrigkeit zusammenfällt. Die Sanktionierung von natürlicher Person und Unternehmen kann damit in zwei getrennten Verfahren erfolgen. Dies gilt für die Fälle, in denen Straftaten zugrunde liegen, die zugleich auch den Tatbestand einer Ordnungswidrigkeit verwirklichen, so etwa bei Vorliegen der Kartellstraftaten des Submissionsbetrug oder der wettbewerbsbeschränkenden Absprache. Gem. § 82 Satz 2 GWB steht es der Kartellbehörde allerdings frei, das Verfahren gegen das Unternehmen dennoch an die Staatsanwaltschaft abzugeben. Die Staatsanwaltschaft ist dann wie vor In-Kraft-Treten des Korruptionsbekämpfungsgesetzes auch für die Verfolgung des Unternehmens zuständig. Auf Antrag der Staatsanwaltschaft ordnet das Gericht die Beteiligung des Unternehmens gem. § 444 StPO an. Soweit sich die Kartellbehörde hierzu nicht bereit finden sollte, ist nach Nr. 242 Abs. 2 RiStBV eine gegenseitige Unterrichtung über geplante Ermittlungsschritte sowie eine Abstimmung der zu treffenden oder zu beantragenden Rechtsfolgen in den getrennt geführten Verfahren geboten. Gleichwohl sind nicht unerhebliche Probleme mit der Durchführung eines **Doppelverfahrens**

---

[421] BVerfGE 56, 22 ff.
[422] *Göhler* § 41 Rdnr. 4.
[423] § 44 OWiG.
[424] Gesetz zur Bekämpfung der Korruption vom 13.8.1997 (BGBl. I S. 2038).
[425] Siehe hierzu Rdnr. 209.

zu ein und derselben Tat verbunden. Nicht zuletzt angesichts der Gefahr widersprüchlicher Entscheidungen, hat diese Lösung erhebliche Kritik erfahren.[426]

Praxistipp:

323 Für die Verteidigung kann es aus rein pragmatischen Erwägungen sinnvoll sein, auf ein einheitliches Verfahren zu drängen. So ist ein Entgegenkommen in der Strafbemessung für die natürliche Person regelmäßig dann festzustellen, wenn das durch die Tat begünstigte Unternehmen im gleichen Verfahren erheblichen finanziellen Ausgleich leistet. Umgekehrt kann in geeigneten Fällen mit Bestrafung eines Unternehmensvertreters auch eine Bebüßung des Unternehmens über § 47 OWiG umgangen werden, damit auch eine Behinderung durch etwaige Vergabesperren.

324 **b) Verfolgung durch die Staatsanwaltschaft.** Liegt ein Anfangsverdacht für eine Kartellstraftat einer natürlichen Person vor, insbesondere einen Submissionsbetrug i. S. d. § 263 StGB oder eine wettbewerbsbeschränkende Absprache i. S. d. § 298 StGB, hat die örtlich zuständige Staatsanwaltschaft in primärer Zuständigkeit die notwendigen Ermittlungen aufzunehmen. Es gilt das sog. **Legalitätsprinzip.**[427] Die Verfolgungszuständigkeit der Staatsanwaltschaft ist für die Tat, auch unter dem Aspekt einer Ordnungswidrigkeit, kraft der Regelung aus § 21 Abs. 1 OWiG ausschließlich. Eine Zuständigkeit der Kartellbehörde zu paralleler Ermittlung unter dem rechtlichen Aspekt einer Kartellordnungswidrigkeit gegen eine natürliche Person besteht nicht, hierfür bleibt die Staatsanwaltschaft gem. § 40 OWiG zuständig. Die Kartellbehörde ist dabei gem. § 44 OWiG an die Entschließung der Staatsanwaltschaft gebunden, ob eine Tat als Straftat verfolgt werden soll.

325 Die Kartellbehörde kann gem. § 21 Abs. 2 OWiG allenfalls dann wieder sachlich zuständig werden, wenn eine Strafe nicht verhängt wird. Dies gilt eindeutig dann, wenn das Strafverfahren etwa wegen eines Verfolgungshindernisses gem. § 170 Abs. 2 StPO eingestellt oder gem. § 153 b StPO von der Verfolgung abgesehen wird. Umstritten ist dies in den Fällen einer Einstellung des Strafverfahrens nach §§ 153, 154, 154 a StPO.[428] Stellt die Staatsanwaltschaft das Verfahren wegen der Straftat ein, wird sie die Sache an die zuständige Kartellbehörde gem. § 43 Abs. 1 OWiG **abgeben**, soweit der Verdacht für eine Kartellordnungswidrigkeit besteht. Ist die Tat allerdings als Straftat abgeurteilt, kommt eine Verfolgung als Ordnungswidrigkeit nicht mehr in Betracht, weil im Strafverfahren über die Tat zugleich unter dem rechtlichen Gesichtspunkt einer Ordnungswidrigkeit entschieden wird.[429]

326 Im Übrigen kann die Staatsanwaltschaft die Verfolgung einer Ordnungswidrigkeit auch ohne Mitwirkung der Kartellbehörde gem. § 42 OWiG **übernehmen.** Dies ist dann möglich, wenn sie eine Straftat verfolgt, die mit der von der Kartellbehörde verfolgten Ordnungswidrigkeit zusammenhängt und ein Bußgeldbescheid noch nicht erlassen ist.[430] Ein solcher Zusammenhang besteht, soweit der einer Straftat Verdächtige auch einer Ordnungswidrigkeit (persönlicher Zusammenhang) oder im Zusammenhang mit derselben Tat i. S. d. § 264 StPO eine Person einer Straftat und eine andere einer Ordnungswidrigkeit (sachlicher Zusammenhang) beschuldigt wird.

3. Die Ermittlungsbefugnisse der Kartellbehörde

327 Nach der zentralen Verweisungsvorschrift des § 46 Abs. 1 OWiG gelten auch im Bußgeldverfahren die Bestimmungen der StPO. Gem. § 46 Abs. 2 OWiG haben die Kartellbehörden im Kartellordnungswidrigkeitenverfahren grundsätzlich dieselben Rechte und Pflichten wie die Staatsanwaltschaft bei der Verfolgung von Straftaten. Damit nimmt die Kartellbehörde im Bußgeldverfahren die Stellung der Staatsanwaltschaft ein. Sie ist „**Herrin des Ermittlungsver-**

---

[426] Vgl. u. a. *König* JR 1997, 397, 403, *Korte* NStZ 1997, 513, 517; *Achenbach* wistra 1998, 168, 171; *ders.* NJW 2001, 2232 ff.
[427] § 152 Abs. 2 StPO.
[428] Siehe hierzu Rdnr. 378.
[429] §§ 82, 84 Abs. 1 OWiG; siehe hierzu Rdnr. 379.
[430] Vgl *Göhler* § 42 Rdnr. 2.

fahrens". Sie kann Ermittlungen selbst vornehmen oder die Polizei um Ermittlungshandlungen ersuchen,[431] die damit als Hilfsorgan der Kartellbehörde tätig wird. Wie die Staatsanwaltschaft kann die Kartellbehörde auch richterliche Untersuchungshandlungen beantragen.[432] Der Kartellbehörde ist es nach § 46 Abs. 3 OWiG lediglich nicht gestattet, Verhaftungen oder vorläufige Festnahmen vorzunehmen, Postsendungen und Telegramme zu beschlagnahmen oder Auskünfte über Umstände zu ersuchen, die dem Post- und Fernmeldegeheimnis unterliegen. Im Übrigen ist der **Grundsatz der Verhältnismäßigkeit** bei Anwendung der im Strafverfahren grundsätzlich zulässigen Eingriffsrechte in einem Bußgeldverfahren in besonderer Weise zu beachten.[433]

Praxistipp:
Im Einzelfall ist darauf zu achten, ob und in welchem Umfang Eingriffsmaßnahmen der Kartellbehörden unter dem Aspekt der Verhältnismäßigkeit zulässig sind. So darf ein mit der jeweiligen Maßnahme verbundener Eingriff grundsätzlich nicht außer Verhältnis zur Bedeutung der Sache stehen. Auch wenn sich damit gerade in Kartellverfahren mit regelmäßig bedeutendem wirtschaftlichen Hintergrund nicht immer durchgreifend argumentieren lässt, sollte dieser Aspekt nicht aus dem Auge verloren werden.

328

a) **Durchsuchung und Beschlagnahme.** Diese Maßnahmen haben gerade im Kartellverfahren hohe Bedeutung.[434] Der Nachweis etwa für durchgeführte Absprachen lässt sich in der Praxis erst dann sicher führen, wenn entsprechende Unterlagen, Aufzeichnungen als sachliche Beweismittel zur Verfügung stehen. Die Kartellbehörde kann nicht nur wie die Staatsanwaltschaft die richterliche Anordnung einer **Durchsuchung** bei Verdächtigen i. S. d. § 102 StPO wie auch bei anderen Personen i. S. d. § 103 StPO beantragen,[435] sondern bei Gefahr im Verzug eine solche auch selbst anordnen.[436] In der Praxis wird in der Regel allerdings eine richterliche Anordnung vorliegen.

329

Durchaus umstritten ist, ob Verdächtige i. S. d. § 102 StPO neben natürlichen Personen auch Verbände und Unternehmen sein können. Nachdem die isolierte Festsetzung einer Unternehmensgeldbuße nach § 30 OWiG in Betracht kommen kann, spricht unabhängig von der grundsätzlichen Kontroverse um Unternehmenstäterschaft vieles dafür, Unternehmen auch dem Kreis möglicher Verdächtiger i. S. d. § 102 StPO zuzurechnen.[437] Nach der Gegenmeinung sind juristische Personen andere Personen i. S. d. § 103 StPO, bei denen allerdings dann nach § 102 StPO durchsucht werden kann, wenn ihre Organe oder befugte Vertreter einer Zuwiderhandlung verdächtig sind.[438] Dieser Meinungsstreit macht für die Anordnungsvoraussetzungen einen nicht unerheblichen Unterschied. Genügt für die Durchsuchung beim Verdächtigen bereits die sog. Auffindungsvermutung, setzt die Durchsuchung bei anderen Personen konkrete Anhaltspunkte für die Auffindung von Beweismitteln voraus.

330

In jedem Fall ist für die Anordnung einer Durchsuchung der Verdacht für eine Kartellordnungswidrigkeit Voraussetzung. Insoweit sind **hinreichende tatsächliche Anhaltspunkte** erforderlich,[439] eine Durchsuchung zur bloßen Ausforschung ist nicht zulässig.[440] Im Durchsuchungsbeschluss ist das tatsächliche Geschehen, das den Vorwurf begründet, so konkret zu schildern, wie dies nach dem Stand der Ermittlungen möglich ist.[441] Nachdem das BKartA seinen Sitz in Bonn hat, ist für bundesweite Durchsuchungsanordnungen das AG Bonn

331

---

[431] § 46 Abs. 2 OWiG i. V. m. § 161 StPO.
[432] § 46 Abs. 2 OWiG i. V. m. § 162 Abs. 1 StPO.
[433] *Göhler* § 46 Rdnr. 10.
[434] Siehe hierzu eingehend *Meyer/Kuhn* WuW 2004, 880 ff.
[435] § 46 Abs. 2 OWiG i. V. m. § 162 Abs. 1 StPO.
[436] § 46 Abs. 2 OWiG i. V. m. § 105 Abs. 1 StPO.
[437] So Immenga/Mestmäcker/*Dannecker/Biermann* vor § 81 Rdnr. 173.
[438] KK-StPO/*Nack* § 103 Rdnr. 1; *Meyer-Goßner* § 103 Rdnr. 1.
[439] BVerfG NJW 1991, 690, 691.
[440] BVerfG NJW 1994, 2079.
[441] BVerfGE 44, 353, 371.

zuständig.⁴⁴² Durchaus interessant ist deshalb, welche Auffassung in diesem Zusammenhang das für Beschwerden zuständige LG Bonn vertritt. In einer Entscheidung vom 4.7.2000 hat es ausgeführt, dass eine eingeschränkte Konkretisierung des Tatvorwurfs auch zum Tatzeitraum dann hingenommen werden müsse, wenn die Ermittlungen noch ganz am Anfang stünden und sich der Tatverdacht auf Angaben eines Informanten stütze, dem Vertraulichkeit zugesagt sei.⁴⁴³ Entsprechend vage sind Durchsuchungsbeschlüsse dann in der Praxis auch formuliert.

332 Im Übrigen müssen im Durchsuchungsbeschluss Art und denkbarer Inhalt der vermuteten Beweismittel möglichst konkret erfasst sein.⁴⁴⁴ Schließlich ist auch bei Erlass eines Durchsuchungsbeschlusses der **Grundsatz der Verhältnismäßigkeit** zu beachten,⁴⁴⁵ so muss der mit Durchsuchung verbundene Eingriff in grundgesetzlich geschützte Bereiche in angemessenem Verhältnis zu dem Gewicht des erhobenen Vorwurfs stehen. Dies kann insbesondere in den Fällen, in denen zur Verfolgung von Kartellordnungswidrigkeiten nicht nur die Durchsuchung von Geschäfts-, sondern auch von Privaträumen bis hin zum privaten Pkw angeordnet werden, mit guten Gründen angezweifelt werden.

> **Praxistipp:**
> 333 Es ist im Einzelnen zu prüfen, ob der Durchsuchungsbeschluss den zu stellenden Anforderungen entspricht. Dabei soll noch erwähnt werden, dass nach einer Entscheidung des BVerfG aus dem Jahr 1997 die Gültigkeit eines Durchsuchungsbeschlusses auf die Zeitdauer von sechs Monaten ab Erlass begrenzt ist.⁴⁴⁶

334 An der Durchsuchung selbst nehmen grundsätzlich Beamte der Kartellbehörde teil, die sich in der Regel im Wege der Amtshilfe auch der (zahlreichen) Unterstützung von Polizeibeamten bedienen. Sie sind nicht verpflichtet, mit dem Beginn einer Durchsuchung bis zum Erscheinen des verständigten Verteidigers des Betroffenen oder des Rechtsbeistand einer anderen Person, so auch eines Unternehmens, zu warten.⁴⁴⁷ Sie haben die Möglichkeit, zur Durchführung der Durchsuchung **unmittelbaren Zwang** anzuwenden⁴⁴⁸ und gem. § 46 Abs. 1 OWiG i. V. m. § 164 StPO Personen, die vorsätzlich stören oder sich getroffenen Anordnungen widersetzen, festzunehmen. Eine generelle **Telefonsperre** ist allerdings unzulässig.⁴⁴⁹ Ein Anspruch auf **Aushändigung des Durchsuchungsbeschlusses** vor Durchsuchungsbeginn besteht nach dem Wortlaut des Gesetzes gem. § 106 Abs. 2 S. 1 StPO nur im Fall einer Durchsuchung nach § 103 StPO. Ob dies für den Betroffenen bei Durchsuchung nach § 102 StPO auch gilt, ist umstritten.⁴⁵⁰ Nach § 107 S. 1 StPO besteht ein gesetzlich geregelter Anspruch des Betroffenen auf Aushändigung erst nach Beendigung der Durchsuchung. In jedem Fall ist der Inhaber der zu durchsuchenden Räume gem. § 46 Abs. 1 OWiG i. V. m. § 106 Abs. 1 S. 1 StPO hinzuzuziehen. Der Betroffene, soweit er nicht Inhaber der zu durchsuchenden Räume oder Gegenstände i. S. d. § 106 StPO ist, wie auch der Verteidiger haben kein eigenes **Anwesenheitsrecht**.⁴⁵¹ Ist der Inhaber der zu durchsuchenden Räume allerdings zugleich auch der Betroffene, so kann er dem Verteidiger als Hausrechtsinhaber die Anwesenheit gestatten.

335 Die Beamten des BKartA, nicht die sie gegebenenfalls begleitenden Polizeibeamten, sind zur **Durchsicht von Papieren** gem. § 46 Abs. 1 OWiG i. V. m. § 110 StPO berechtigt. Diese Vorschrift hat gerade auch bei den erfahrungsgemäß umfangreichen Durchsuchungsaktionen in Kartellverfahren Bedeutung. Erfasst werden von dieser Vorschrift auch Durchsuchungen im EDV-Bereich, so gehören zu Papieren i. S. d. § 110 StPO auch Disketten und die zum Lesen und

---

442 § 46 Abs. 1 OWiG i. V. m. § 162 Abs. 1 S. 2 StPO.
443 LG Bonn vom 4.7.2000 WuW/E DE-R 555 – Transportbeton Wachau.
444 BVerfG NJW 1992, 551; NJW 1994, 2079.
445 BVerfGE 20, 162, 187 = NJW 1966, 1603; BVerfGE 42, 212, 219 = NJW 1976, 1735; 59, 95, 97.
446 BVerfG NJW 1997, 2165 = wistra 1997, 223.
447 Rengier NStZ 1981, 372, 375.
448 Meyer-Goßner § 105 Rdnr. 13.
449 Gillmeister S. 77 f.
450 Bejahend: *Burhoff* Ermittlungsverfahren Rdnr. 277.
451 OLG Stuttgart NStZ 1984, 574, Meyer-Goßner § 106 Rdnr. 2.

Verarbeiten notwendigen Zentralcomputereinheiten.[452] Der Zugriff auf die in einer Mailbox gespeicherten Daten ist vergleichbar mit der Suche nach körperlichen Beweismitteln, nur durch die Art des Mediums, nicht durch den Inhalt unterscheidet sich die elektronische Mitteilung von der schriftlichen.[453] Deshalb ist § 110 StPO sinngemäß auch auf die Durchsicht von e-mail-Verkehr anwendbar.

> **Praxistipp:**
> Soweit eine Durchsicht umfangreichen Materials und Datenbestands im Zuge der Durchsuchung nicht möglich sein sollte, empfiehlt es sich auf eine Versiegelung gegebenenfalls in den Räumen des durchsuchten Unternehmens zu drängen. Dies hat auch den Vorteil, dass Unterlagen, die dringend für die Bewältigung des Alltagsgeschäfts benötigt werden, dem Unternehmen unter Aufsicht weiter zur Verfügung stehen, und die Auseinandersetzung um eine zeitaufwändige Kopienfertigung erspart bleibt. Dabei soll nicht unerwähnt bleiben, dass grundsätzlich abgeleitet aus dem Grundsatz der Verhältnismäßigkeit ein Anspruch des Betroffenen auf Kopienfertigung besteht.[454]

336

Nach § 95 StPO ist der Gewahrsamsinhaber verpflichtet, Beweisgegenstände herauszugeben. Damit können Mitarbeiter eines Unternehmens, die selbst nicht betroffen sind, grundsätzlich zur **Mitwirkung** an der Erfassung insbesondere von relevantem elektronisch gesichertem Datenbestand gezwungen werden. Allerdings stellt sich regelmäßig die Frage, ob im Einzelfall zur Schadensbegrenzung eine Mitwirkung nicht unabhängig davon sinnvoll ist. Der Betroffene selbst muss zu seiner Überführung nichts beitragen und ist deshalb keinesfalls herausgabe- bzw. mitwirkungspflichtig. In diesem Zusammenhang soll auch erwähnt werden, dass die freiwillige Herausgabe von Beweismitteln unter Umständen zu einem Verlust möglicher Einwendungen führen kann[455] und deshalb durchaus ratsam ist, einer Sicherstellung grundsätzlich zu widersprechen. Dies steht einem bereitwilligen Heraussuchen von Beweismitteln nicht entgegen, womit allerdings unter Umständen einer unangenehmen Ausweitung der Durchsuchung zuvorgekommen werden kann.

337

Nicht nur unter dem Gesichtspunkt möglicher Verwertungsverbote, etwa wegen Zeitablaufs[456] oder fehlender Bestimmtheit des Durchsuchungsbeschlusses,[457] sondern auch aus verteidigungstaktischen Gründen, etwa um hierüber kurzfristig Akteneinsicht zu erhalten, oder auch aus unternehmenspolitischen Erwägungen kann es nach Rücksprache mit dem Mandanten durchaus sinnvoll sein, **Rechtsmittel** gegen die Durchsuchungsanordnung oder -durchführung einzulegen. Zur Verfügung steht hierfür die Beschwerde gegen den Durchsuchungsbeschluss, die nach einer Entscheidung des BVerfG aus dem Jahr 1997 auch noch nach Abschluss der Durchsuchung möglich ist,[458] und/oder ein Antrag auf gerichtliche Entscheidung entsprechend § 98 Abs. 2 S. 2 StPO, mit dem die Art und Weise der Durchführung der Durchsuchung beanstandet werden kann.

338

Die Durchsuchung ist regelmäßig ein heikles Thema. Zumeist erfährt ein Betroffener erstmals anlässlich einer solchen Zwangsmaßnahme davon, dass ein Ermittlungsverfahren gegen ihn geführt wird. Hier wird er zum ersten Mal mit den Unannehmlichkeiten eines solchen Verfahrens konfrontiert, das gerade im Kartellverfahren durchaus mit erheblicher negativer Außenwirkung vor allem für ein betroffenes Unternehmen verbunden sein kann. Die Durchsuchung selbst hat im normalen Geschäftsablauf weit reichende Konsequenzen. Bei umfangreicher Sicherstellung oder Beschlagnahme von Unterlagen, Computern, Disketten, E-Mail-Bestand etc. ist die tägliche Arbeit erheblich behindert. Von Durchsuchungsmaßnahmen Betroffene, gleichgültig ob Verdächtige oder nicht Verdächtige, neigen zu unüberlegten Handlungen. Beweismittel werden zur Seite geschafft, Kollegen im Haus vorgewarnt, Angaben

339

---

[452] BGH StV 1988, 90.
[453] BGH NJW 1997, 1934, 1935.
[454] Vgl. hierzu BGHR StPO § 94 Beweismittel 1; BGH MDR 1984, 186.
[455] *Gillmeister* S. 50.
[456] Siehe hierzu Rdnr. 333.
[457] *Krekeler* NStZ 1993, 263, 265.
[458] BVerfGE 96, 27 = NJW 1997, 2163 = wistra 1997, 219.

zur Sache werden noch im Zuge der Durchsuchungsaktion gemacht, ob als Betroffener oder als Zeuge mit potenzieller Selbstbezichtigungsgefahr, sei es im Rahmen rein informatorischer Anhörungen, die in einem Aktenvermerk des Durchsuchungsbeamten festgehalten werden, sei es im Rahmen förmlicher Vernehmungen vor Ort.

Praxistipp:

340 Der hinzugezogene Anwalt ist in dieser Situation aufgerufen, die regelmäßig angespannte Durchsuchungsatmosphäre zu lockern. Gegebenenfalls ist den Durchsuchungsbeamten eine Kooperation bei der Suche nach den vermuteten Beweismitteln anzubieten, auf eine Begrenzung der Aktion im Sinne des ergangenen Durchsuchungsbeschlusses zu achten und klarzustellen, dass eine Einvernahme des Betroffenen vor Ort nicht in Betracht kommt und dass Mitarbeiter des Unternehmens für eine Zeugeneinvernahme[459] gegebenenfalls dann zur Verfügung stehen, wenn die Anwesenheit eines Rechtsbeistands gesichert ist.

341 Werden Gegenstände, die als Beweismittel für die Untersuchung von Bedeutung sein können, nicht freiwillig herausgegeben, so können sie gem. § 46 As. 2 OWiG i. V. m. §§ 94 Abs. 2, 98 Abs. 1 S. 1 StPO von den Mitarbeitern der Kartellbehörde bei Gefahr in Verzug **beschlagnahmt** werden. Beschlagnahmt werden können allerdings nur solche Unterlagen, denen tatsächlich eine potentielle Beweisbedeutung zukommt, wobei dies gegebenenfalls im Wege der Durchsicht nach § 110 Abs. 1 StPO zu klären ist.[460] Liegt ein richterlicher Beschluss nicht bereits zum Zeitpunkt der Durchsuchung vor, muss die Kartellbehörde gem. § 46 Abs. 2 OWiG i. V. m. § 98 Abs. 2 S. 1 StPO binnen drei Tagen eine richterliche Bestätigung beantragen, soweit der Betroffene der Beschlagnahme widersprochen hat. Im Übrigen hat der Betroffene nach § 98 Abs. 2 S. 2 StPO das Recht Antrag auf gerichtliche Entscheidung zu stellen und damit direkt bei dem zuständigen Richter seine Einwände zu erheben. Weitergehende Rechtsmittel, wie auch das Problem beschlagnahmefreier Gegenstände i. S. d. § 97 StPO etwa im Zusammenhang mit Unterlagen, die bei Rechtsanwälten,[461] Steuerberatern, Wirtschaftsprüfern oder auch Syndikusanwälten beschlagnahmt worden sind, sollen an dieser Stelle nicht weiter vertieft werden. Es ist lediglich darauf hinzuweisen, dass im Gegensatz zur europäischen Rechtslage[462] anwaltlicher Schriftverkehr über § 148 StPO nur nach Begründung eines Verteidigungsverhältnisses dem Privileg aus § 97 StPO unterliegt und Schriftverkehr, der sich im Unternehmen befindet, gem. § 97 Abs. 2 S. 1 StPO nicht beschlagnahmefrei ist.[463]

342 b) **Zeugenvernehmung.** Die Kartellbehörde ist des Weiteren wie die Staatsanwaltschaft ermächtigt, Zeugen zu einer Vernehmung vorzuladen.[464] In der Regel wird dies schriftlich geschehen, zumal Entscheidungen hierzu einen Beschluss der zuständigen Beschlussabteilung des BKartA erfordern.[465] Die mündliche Einvernahme kann in geeigneten Fällen auch durch einen **schriftlichen Bericht** zur Sache ersetzt werden.[466] Die Kartellbehörde kann dem Zeugen bei unentschuldigtem Fernbleiben oder unberechtigter Zeugnisverweigerung ein Ordnungsgeld oder die Kosten auferlegen.[467] Die Anordnung einer Vorführung bleibt allerdings gem. § 46 Abs. 5 OWiG ausdrücklich dem Richter vorbehalten. Erzwingungshaft i. S. d. § 70 Abs. 2 StPO kann die Kartellbehörde nach dem Regelungsgehalt des § 46 Abs. 3 und 5 OWiG nicht anordnen.

343 In der Regel wird die Kartellbehörde bemüht sein, über die zeugenschaftliche Einvernahme von Mitarbeitern eines Unternehmens weiter gehende Erkenntnisse zu gewinnen, nachdem sie grundsätzlich uneingeschränkt zu umfassender und wahrheitsgemäßer Aussage verpflichtet sind. Wie im Strafverfahren hat ein Zeuge allerdings auch im Ordnungswidrigkeitenverfahren

---

[459] Siehe hierzu Rdnr. 342 ff.
[460] Vgl. hierzu LG Bonn vom 17.6.03 WuW/E DE-R 1447 – abgespeicherte e-mails.
[461] LG Bonn vom 27.3.2002 WuW/E DE-R 917.
[462] Siehe hierzu Rdnr. 145.
[463] Vgl. hierzu *Kapp* WuW 2003, 142 ff. m. w. N.
[464] § 46 Abs. 1 OWiG i. V. m. § 161 a Abs. 1 StPO.
[465] § 51 Abs. 2 und 3 GWB.
[466] *Göhler* § 59 Rdnr. 20.
[467] § 46 Abs. 1 i. V. m. § 161 a Abs. 2 Satz 1 StPO.

das **Recht der Auskunftsverweigerung** nach § 46 Abs. 1 OWiG i. V. m. § 55 StPO, soweit bei wahrheitsgemäßen Angaben die Gefahr einer Selbstbelastung besteht. Das Auskunftsverweigerungsrecht kann dabei zum Aussageverweigerungsrecht erstarken.[468] Umstritten ist die Frage, ob einer **juristischen Person**, vertreten durch seine Organe, ein Auskunftsverweigerungsrecht zusteht. Tatsächlich sprechen angesichts der Möglichkeit zu selbständiger Festsetzung einer Unternehmensgeldbuße nach § 30 OWiG gute Gründe dafür, den vertretungsberechtigten Organen einer juristischen Person ein Auskunftsverweigerungsrecht für den Fall zuzugestehen, dass dem vertretenen Unternehmen bei wahrheitsgemäßen Angaben die Festsetzung eines eigenen Bußgeldes droht.[469] Unabhängig von dieser Streitfrage wird allerdings für vertretungsberechtigte Organe eines Unternehmens stets genauestens zu prüfen sein, ob nicht das Auskunftsverweigerungsrecht nach § 55 StPO angesichts konkreter Selbstbezichtigungsgefahr, zum Beispiel im Zusammenhang mit möglicher Verletzung der Aufsichtspflicht, für die eigene Person in Anspruch genommen werden soll.

> **Praxistipp:**
> Im Einzelfall ist rechtzeitig zu klären, welche Stellung die von der Kartellbehörde auserkorene Auskunftsperson im Verfahren tatsächlich hat. So darf ein tatsächlich selbst Betroffener nicht – sei es auch nur durch bloße Verfahrenstrennung oder die Zusicherung einer Verfahrenseinstellung bei kooperativem Verhalten – zum aussagepflichtigen Zeugen gemacht werden.

Besondere Bedeutung für eine Zeugenvernehmung kann neben dem Auskunftsverweigerungsrecht nach § 46 Abs. 1 OWiG i. V. m. § 55 StPO, das **Recht zur Zeugnisverweigerung** der Berufsgeheimnisträger und deren Helfer nach §§ 53, 53 a StPO gewinnen. Interessant ist dies in der Praxis im Zusammenhang mit Rechtsanwälten, Steuerberatern, Wirtschaftsprüfern, die mit dem betroffenen Unternehmen zusammenarbeiten. Der Syndikusanwalt kann sich hierauf berufen, soweit er mit typisch anwaltlichen Aufgaben betraut ist[470] und hinreichend unabhängig ist.[471] Ob sich dieses Zeugnisverweigerungsrecht auf alle Unternehmensangehörige bezieht, ist im Einzelfall zu prüfen.

> **Praxistipp:**
> Bedeutsam ist in diesem Zusammenhang die Entscheidung des BVerfG 8.10.1974, mit der ausdrücklich klargestellt ist, dass der Zeuge ungeachtet seiner prozessualen Funktion nicht zum bloßen Objekt eines Verfahrens gemacht werden darf, dass er deshalb auch in jeder Lage des Verfahrens ein Recht auf Hinzuziehung eines Rechtsanwalts als Zeugenbeistand hat, soweit er dies zur Wahrung seiner prozessualen Rechte für erforderlich erachtet.[472]

Die Aufgabe des **Zeugenbeistand** ist es, mit dem Zeugen die Frage umfassender Aussagepflicht bzw. die Möglichkeiten einer Aussageverweigerung i. S. d. §§ 52 ff. StPO zu klären, in der mündlichen Vernehmung soweit nötig für eine sachliche Atmosphäre zu sorgen, Missverständnissen vorzubeugen und gegebenenfalls sich abzeichnende Probleme im Vorfeld einer Vernehmung mit dem Zeugen unter vier Augen zu beraten. Zum Inhalt des Beratungsgesprächs steht dem Zeugen ein Auskunftsverweigerungsrecht zu.[473] Nachdem die Befugnisse eines Zeugenbeistands über die Rechte eines Zeugen nicht hinausgehen, hat der Beistand allerdings kein eigenes Frage- oder Antragsrecht. Er hat auch keinen Anspruch auf Verlegung eines festgesetzten Vernehmungstermins.[474] Anzufügen ist noch, dass ein Rechtsanwalt in ein und demselben

---

[468] Vgl. BGHSt 10, 104, 105; weitgehend auch BVerfG wistra 2002, 135.
[469] Immenga/Mestmäcker/*Dannecker/Biermann* Vorbem. § 81 Rdnr. 168; Göhler § 59 Rdnr. 49.
[470] *Hassemer* wistra 1986, 1 ff.
[471] *Roxin* NJW 1995, 17 ff.
[472] BVerfGE 38, 105, 112, 114.
[473] OLG Düsseldorf NStZ 1991, 504.
[474] BGH NStZ 1989, 484, 485.

Verfahren grundsätzlich für mehrere Zeugen als Beistand auftreten darf.[475] Allerdings ist ratsam auch an dieser Stelle vorbeugend auf mögliche Interessenkollisionen zu achten.

4. Der Betroffene im Kartellverfahren

348   Die Stellung eines Betroffenen erhält ein Verdächtiger jedenfalls durch die erste kartellbehördliche Maßnahme, die erkennbar darauf abzielt, gegen ihn wegen einer Kartellordnungswidrigkeit vorzugehen.[476] Ab diesem Zeitpunkt hat der Betroffene ein **Aussageverweigerungsrecht**, steht es ihm frei, Angaben zur Sache zu machen oder ohne weitere Begründung zu schweigen. Hierüber ist der Betroffene zu belehren.[477] Unterbleibt eine entsprechende Belehrung, sind Erklärungen zur Sache nach den für das Strafverfahren in der Rechtsprechung entwickelten Grundsätzen[478] nicht zu seinen Lasten verwertbar.

349   Grundsätzlich kann Betroffener im Ordnungswidrigkeitenverfahren wie auch Beschuldigter im Strafverfahren nur eine natürliche Person sein. Ein Unternehmen als juristische Person oder Personenvereinigung kann hingegen nur durch die zurechenbare Zuwiderhandlung eines vertretungsberechtigten Organs oder Bevollmächtigten „betroffen" sein, man spricht in diesem Zusammenhang auch von **Nebenbetroffenen**. Fraglich ist deshalb auch, ob die juristische Person oder Personenvereinigung die Rechte eines Betroffenen, insbesondere ein Aussageverweigerungsrecht, haben kann. Hiervon ist jedenfalls dann auszugehen, wenn ein Bußgeldbescheid erlassen ist. Kraft Gesetzes hat die juristische Person ab diesem Zeitpunkt gem. § 88 Abs. 3 i. V. m. § 87 Abs. 2 S. 1 OWiG die Befugnisse, die einem Betroffenen zustehen, damit auch das Recht, die Aussage zu verweigern.[479] Ob hiervon auch im gesamten Ermittlungsverfahren auszugehen ist, ist nach wie vor umstritten. Im Rahmen einer Nichtannahmeentscheidung und als obiter dictum hatte das BVerfG bereits 1975 der juristischen Person ein Aussageverweigerungsrecht zugebilligt, das von ihren vertretungsberechtigten Organen oder Bevollmächtigten ausgeübt werden könne, solange die Organstellung besteht.[480] Der erste Senat des BVerfG hat hingegen 1997 ein durch ihre Organe ausgeübtes Aussageverweigerungsrecht für juristische Personen auch unter Berücksichtigung möglicher Selbstbezichtigungsgefahr abgelehnt. So könne gegen eine juristische Person lediglich eine Geldbuße gem. § 30 OWiG verhängt werden, die aber weder einen Schuldvorwurf noch eine ethische Missbilligung enthalte, sondern nur einen Ausgleich für die aus der Tat gezogenen Vorteile schaffe.[481] Tatsächlich allerdings soll die Unternehmensgeldbuße gem. § 30 Abs. 3 i. V. m. § 17 Abs. 4 OWiG den wirtschaftlichen Vorteil, den der Täter aus der Ordnungswidrigkeit gezogen hat, übersteigen. Die Unternehmensgeldbuße ist damit eine eigenständige Sanktion gegen das Unternehmen. Entsprechend hat sie der Gesetzgeber mit dem 2. WiKG[482] in § 30 Abs. 4 S. 1 OWiG auch zu einer selbständigen Hauptfolge bestimmt.[483] Schon deshalb kann nicht zweifelhaft sein, dass dem Unternehmen als juristischer Person oder Personenvereinigung ein Schweigerecht im gesamten Erkenntnisverfahren zuzubilligen ist.[484] In diesem Sinne hat auch der EuGH der juristischen Person in der sog. Orkem-Entscheidung jedenfalls ein partielles Schweigerecht bei Selbstbelastungsgefahr zuerkannt.[485]

350   **Organe** bzw. **Bevollmächtigte** einer juristischen Person oder Personenvereinigung haben damit ein Aussageverweigerungsrecht soweit sie wegen eigener Zuwiderhandlung selbst Betroffene eines Ordnungswidrigkeitenverfahrens sind, aber auch dann, wenn sich ein Bußgeldverfahren gegen ihr Unternehmen richtet. Die Frage, auf welche Weise in letzterem Fall eine Entscheidung zum Aussageverhalten unternehmensintern getroffen werden kann,

---

[475] *Meyer-Goßner* vor § 48 Rdnr. 11.
[476] *Göhler* vor § 59 Rdnr. 27.
[477] § 46 Abs, 1 OWiG i. V. m. §§ 163 a Abs. 3 S. 2, Abs. 4 S. 2, 136 Abs. 1 S. 2 StPO; vgl. auch *Göhler* § 55 Rdnr. 8.
[478] BGHSt 38, 214, 218 ff.
[479] Vgl. *Göhler* § 88 Rdnr. 5.
[480] BVerfG BB 1975, 1315.
[481] NJW 1997, 1841, 1843.
[482] Zweites Gesetz zur Bekämpfung der Wirtschaftskriminalität vom 15.5.1986 (BGBl. I S. 721).
[483] Vgl. *Schroth* wistra 1986, 158, 162.
[484] Vgl. hierzu *Gillmeister* S. 38 f.
[485] Siehe hierzu Rdnr. 138.

richtet sich nach den gesellschaftsrechtlichen und satzungsgemäßen Vertretungs- und Geschäftsführungsregelungen.[486] Übrige **Mitarbeiter** des Unternehmens, die keine Organ- oder Vertretereigenschaft besitzen, müssen hingegen grundsätzlich als Zeugen gegen ihr Unternehmen aussagen.[487]

a) **Förmliches Auskunftsverlangen.** Von besonderer Bedeutung ist vor diesem Hintergrund das Recht der Kartellbehörden, von Unternehmen **im Verwaltungsverfahren** umfassend Auskünfte, sowie die Herausgabe von Unterlagen zu verlangen.[488] Die Unternehmensinhaber und ihre Vertreter sind in diesem Zusammenhang unter Bußgeldandrohung grundsätzlich zur Erteilung von Auskünften wie auch zur Vorlage von Unterlagen verpflichtet.[489] Durchaus umstritten war lange Zeit, ob das besondere Auskunftsrecht aus § 59 GWB[490] als Ermittlungsmaßnahme der Kartellbehörden auch im Bußgeldverfahren zur Anwendung kommen kann.[491] Angesichts der Eingliederung des Auskunftsrechts in den Abschnitt „Verwaltungssachen" sollte jedenfalls seit der 6. GWB-Novelle klar sein, dass § 59 GWB den Kartellbehörden im Bußgeldverfahren kein eigenes Ermittlungsrecht gewährt.[492] Nur mit dieser Auffassung ist letztlich auch der Unvereinbarkeit einer grundsätzlichen Mitwirkungspflicht im Verwaltungsverfahren mit dem Schweigerecht eines Betroffenen im Ordnungswidrigkeitenverfahren ausreichend Rechnung getragen. Angesichts des **nemo-tenetur**-Grundsatzes[493] stellt sich gleichwohl auch bei dieser Auffassung die Frage, ob und unter welchen Umständen im Verwaltungsverfahren bei bestehenden Auskunfts- und Mitwirkungspflichten gewonnene Erkenntnisse im Bußgeldverfahren verwertet werden können.[494]

351

Eine Verwertung im Verwaltungsverfahren erholter Auskünfte und Unterlagen im Bußgeldverfahren ist jedenfalls dann nicht möglich, wenn die Kartellbehörde ein entsprechendes Verlangen formuliert hat, obwohl bereits bußgeldrechtliche Ermittlungen beabsichtigt waren oder gar bereits geführt wurden. In diesem Fall hätte die Kartellbehörde vor einem Auskunftsverlangen über das Schweigerecht eines Betroffenen belehren müssen, das für eine juristische Person von deren Organen bzw. Vertretern ausgeübt wird.[495] Die Verletzung der Belehrungspflicht führt nach den im Strafprozess anerkannten Grundsätzen[496] zwingend zu einem **Verwertungsverbot**.[497] Aber auch dann, wenn die Kartellbehörde ihr Auskunftsrecht aus dem Verwaltungsverfahren nicht gezielt für bußgeldrechtliche Ermittlungen missbraucht, dürfen Auskünfte, die ohne Belehrung über das Auskunftsverweigerungsrecht nach § 59 Abs. 5 GWB erfolgt sind, im Bußgeldverfahren nicht zum Nachteil des Betroffenen verwertet werden.[498] Erteilt der Betroffene im Verwaltungsverfahren allerdings nach Belehrung über das Auskunftsverweigerungsrecht aus § 59 Abs. 5 GWB, das unter bestimmten Voraussetzungen zum Aussageverweigerungsrecht erstarken kann,[499] freiwillig Auskünfte, so sind diese ebenso wie auf Verlangen vorgelegte Unterlagen in einem nachfolgenden Bußgeldverfahren verwertbar.

352

> **Praxistipp:**
> Nachdem die Kartellbehörde grundsätzlich in der Entscheidung frei ist, in welchem Verfahren Ermittlungen geführt werden, die Einleitung eines Bußgeldverfahrens dem Betroffenen weder mitgeteilt noch in den Akten festgehalten werden muss und der Betroffene selbst in der Regel

353

---

[486] *Minoggio* wistra 2003, 121, 129.
[487] Siehe hierzu Rdnr. 342 ff.
[488] §§ 59 Abs. 1 und 2 GWB.
[489] §§ 81 Abs. 1 Nr. 6 i. V. m. 59 Abs. 2 GWB.
[490] § 46 GWB a. F..
[491] Vgl. hierzu *Gillmeister* S. 25 ff.
[492] Vgl. hierzu Immenga/Mestmäcker/*Dannecker/Biermann* vor § 81 Rdnr. 186.
[493] Vgl. Gemeinschuldnerbeschluss des BVerfG NJW 1981, 1431.
[494] Vgl. ähnliche Konstellation bei Besteuerungs- und Steuerbußgeldverfahren *Teske* wistra 1988, 207 ff.
[495] Siehe hierzu Rdnr. 349.
[496] BGHSt 38, 214, 220.
[497] Vgl. differenzierend *Göhler* NStZ 1994, 72.
[498] *Gillmeister* S. 48; *Göhler* § 55 Rdnr. 8 a; Immenga/Mestmäcker/*Dannecker/Biermann* vor § 81 Rdnr. 186.
[499] Vgl. BVerfG wistra 2002, 135; BGHSt 10, 104, 105.

nicht erkennen kann in welcher Verfahrensart Auskünfte verlangt werden und ob er zur Mitwirkung tatsächlich verpflichtet ist, kann er vor einer im Verwaltungsverfahren erzwungenen Selbstbezichtigung nur mit diesen Grundsätzen in gebotener Weise geschützt werden.

354 **b) Informelle Anfragen.** Häufig beschränken sich die Kartellbehörden außerhalb des justizförmigen Verwaltungsverfahrens auf lediglich informelle Anfragen an Unternehmen ohne mitzuteilen, welchem Verfahren die gewünschten Auskünfte dienen sollen. Damit können die lästigen Verpflichtungen aus einem förmlichen Auskunftsverlangen umgangen werden, das gem. § 59 Abs. 6 S. 1 GWB eine schriftliche Einzelverfügung bzw. Beschlussfassung voraussetzt, und in dem auch Rechtsgrundlage, Gegenstand und Zweck des Begehrens gem. § 59 Abs. 6 Satz 2 GWB mitzuteilen ist. Die Beantwortung einer informellen Anfrage kann durchaus im Interesse einer Vorfeldbereinigung geboten sein. So ist die Erörterung der Sach- und Rechtslage in einem frühem Stadium unter Umständen geeignet, Bedenken und Vermutungen der Kartellbehörde zur rechten Zeit zu zerstreuen. Allerdings darf nicht übersehen werden, dass auf entsprechende Anfrage **freiwillig erteilte Auskünfte** in einem Bußgeldverfahren nur dann nicht zu Lasten eines Betroffenen verwertbar sein werden, wenn zu belegen ist, dass die Kartellbehörde die Einleitung eines Ermittlungsverfahrens bereits vor dem informellen Auskunftsersuchen missbräuchlich hinausgeschoben hat.

Praxistipp:
355 Grundsätzlich sollte in diesen Fällen über eine Kontaktaufnahme mit der Kartellbehörde zunächst unmissverständlich geklärt werden, welche Verdachtsmomente sich tatsächlich hinter der Anfrage verbergen.

356 **c) Vernehmung.** Nach § 55 Abs. 1 OWiG ist dem Betroffenen Gelegenheit zu geben, sich zu der erhobenen Beschuldigung zu äußern. Rechtliches Gehör muss dem Betroffenen in diesem Sinne spätestens vor Abschluss der gegen ihn geführten Ermittlungen gewährt werden, soweit nicht eine Einstellung des Verfahrens beabsichtigt ist.[500] Die Kartellbehörden bestimmen die Form der Anhörung nach pflichtgemäßem Ermessen. In der Regel fassen sie das Ergebnis ihrer Ermittlungen ähnlich einem Bußgeldbescheid zusammen und geben dem Betroffenen unter Fristsetzung **Gelegenheit zur Stellungnahme.** Unter Umständen kann es sinnvoll sein, anstelle einer schriftlichen Stellungnahme auf eine mündliche Anhörung mit Protokollierung zu drängen. Die Möglichkeit zu rechtlichem Gehör kann im Verfahren gegen eine juristische Person oder Personenvereinigung von den vertretungsberechtigten Organen wahrgenommen werden.[501]

357 **d) Verteidiger.** Wie im Strafverfahren kann sich ein Betroffener in jeder Lage des gegen ihn geführten Bußgeldverfahrens einen Verteidiger als Beistand wählen.[502] Dies gilt in gleicher Weise auch für eine juristische Person.[503] Eine Belehrung des Betroffenen dahin, dass er bereits vor einer Vernehmung einen von ihm zu wählenden Verteidiger befragen kann, ist im Kartellordnungswidrigkeitenverfahren nach § 55 Abs. 2 OWiG zwar nicht vorgeschrieben, allerdings ist dem Betroffenen auf Wunsch Gelegenheit zu geben, vor einer Vernehmung mit einem Rechtsanwalt Kontakt aufzunehmen. Ein Verstoß hiergegen sollte nach den im Strafverfahren anerkannten Grundsätzen[504] zu einem Verwertungsverbot führen.

5. Der Abschluss des Ermittlungsverfahrens
358 **a) Verfahrenseinstellung.** Nach § 46 Abs. 1 OWiG i. V. m. § 170 Abs. 2 StPO hat die Kartellbehörde ein eingeleitetes Bußgeldverfahren einzustellen, soweit hinreichender Tatverdacht für

---

[500] § 46 Abs. 1 OWiG i. V. m. § 163 a Abs. 1 S. 1 StPO.
[501] *Göhler* § 88 Rdnr. 4.
[502] § 46 Abs. 1 OWiG i. V. m. § 137 Abs. 1 StPO.
[503] *Göhler* § 88 Rdnr. 14 OWiG.
[504] BGHSt 38, 372, 374.

die Verwirklichung von Kartellordnungswidrigkeiten nicht besteht oder eine Verfolgung aus Rechtsgründen nicht möglich ist. Allerdings bleibt den Kartellbehörden auch in den Fällen, in denen hinreichender Tatverdacht zu bejahen ist, die Möglichkeit, das Verfahren nach dem **Opportunitätsgrundsatz** einzustellen. Hierzu ist die Kartellbehörde bis zur Anhängigkeit bei Gericht in jeder Lage des Verfahrens berechtigt.[505] Sanktionen darf sie damit allerdings gem. § 47 Abs. 3 OWiG nicht verbinden. Eine Einstellung des Bußgeldverfahrens gegen Auflagen oder Weisungen i. S. d. § 153 a StPO kommt daher nicht in Betracht.

In Beachtung des **Verhältnismäßigkeitsgrundsatzes** hat die Kartellbehörde nach Zweckmäßigkeitsgesichtspunkten zu entscheiden.[506] Eine Verfahrenseinstellung kommt deshalb etwa bei unklarer Sach- oder Rechtslage, wie auch dann in Betracht, wenn der mit umfassender Aufklärung verbundene Aufwand zu dem zu erwartenden Ahndungsergebnis außer Verhältnis steht. Die Kartellbehörde darf in diesem Zusammenhang nicht willkürlich entscheiden, ist an den Gleichbehandlungsgrundsatz gebunden. Allerdings berechtigt § 47 OWiG dazu, die Verfolgung auch dem Umfang nach in tatsächlicher wie auch rechtlicher Hinsicht zu begrenzen oder ganz von einer Verfolgung absehen. In den Kronzeugenfällen kann über diese Vorschrift gegebenenfalls die Zusage einer Nichtaufnahme oder Einstellung des Verfahrens bei Aufklärung bedeutsamer kartellrechtlichen Verstößen eingelöst werden.[507]

> **Praxistipp:**
> Ein ständiger Kontakt mit der Kartellbehörde ist an dieser Stelle dringend anzuraten. Nur wer argumentativ zur Stelle ist, kann einen Erfolg über § 47 OWiG erzielen.

b) **Bußgeldbescheid.** Der Kartellbehörde ist im Gegensatz zur Staatsanwaltschaft auch eine eigene Ahndung der von ihr ermittelten Ordnungswidrigkeit gestattet; eine Befugnis, die im Strafverfahren nur dem Gericht vorbehalten ist. Beabsichtigt die Kartellbehörde in Beachtung pflichtgemäßen Ermessens den Erlass eines Bußgeldbescheides, fasst sie in der Regel zunächst das Ergebnis durchgeführter Ermittlungen für den Betroffenen schriftlich zusammen und gibt ihm unter Fristsetzung die Möglichkeit zu **rechtlichem Gehör** gem. § 55 OWiG.[508]

Der Erlass eines Bußgeldbescheides setzt im Übrigen voraus, dass die Kartellbehörde von der Verwirklichung einer Kartellordnungswidrigkeit überzeugt sein muss.[509] Sie muss die Erfüllung des Bußgeldtatbestandes für erwiesen halten. Verbleiben für die Kartellbehörde insoweit Zweifel, darf sie den Bußgeldbescheid nicht erlassen,[510] sie hat dann nach dem Grundsatz **in dubio pro reo** das Verfahren einzustellen. Soweit zum Beispiel kartellrechtswidrige Absprachen zur Diskussion stehen, muss der Inhalt der geführten Gespräche beweisbar sein.

6. Das Verfahren vor dem Kartellgericht

a) **Einspruch.** Nach § 67 OWiG hat der Betroffene die Möglichkeit gegen einen Bußgeldbescheid der Kartellbehörde binnen zwei Wochen nach Zustellung Einspruch einzulegen. Damit verliert der Bußgeldbescheid seine Bedeutung als Entscheidung und behält nur noch die einer Beschuldigung.[511] Der Betroffene hat es in der Hand durch **Beschränkung** des Einspruchs nach § 67 Abs. 2 OWiG den Gegenstand des weiteren Verfahrens zu bestimmen. Eine Beschränkung ist grundsätzlich wie im Strafbefehlsverfahren auf einzelne Taten im prozessualen Sinn möglich, ebenso auf einzelne Beschwerdepunkte, wie zum Beispiel die Rechtsfolge insgesamt oder die Höhe der Geldbuße.[512]

---

[505] *Göhler* § 47 Rdnr. 30.
[506] *Göhler* § 47 Rdnr. 3 ff.
[507] *Göhler* § 47 Rdnr. 20 b.
[508] Siehe hierzu Rdnr. 356.
[509] BGHSt 10, 208, 209.
[510] *Göhler* Vorbem. § 65 Rdnr. 1.
[511] *Göhler* Vorbem. § 67 Rdnr. 2.
[512] BayObLG NZV 1999, 51, 52; KG wistra 1999, 196, 197.

364 Ein **Verschlechterungsverbot** gilt nach dem Einspruch nicht. Die Kartellbehörde hat grundsätzlich die Möglichkeit, den angegriffenen Bußgeldbescheid zurückzunehmen und einen belastenderen zu erlassen.

Praxistipp:
365 Eine Begründung des Einspruchs ist gesetzlich zwar nicht vorgeschrieben, allerdings im Hinblick auf die nachfolgenden Verfahrensabschnitte durchaus sinnvoll. Damit kann gegebenenfalls auch für eine spätere Entscheidung des zuständigen Gerichts durch Beschluss vorgebeugt werden.

366 Ist der Einspruch wirksam eingelegt, prüft die Kartellbehörde, ob sie den Bußgeldbescheid aufrechterhält oder zurücknimmt.[513] Sie hat die Möglichkeit, zu diesem Zweck weitere Ermittlungen vorzunehmen, kann auch dem Betroffenen noch einmal Gelegenheit zu einer Äußerung geben.[514]

Praxistipp:
367 In dieser Phase kann eine (erneute) Kontaktaufnahme des Verteidigers mit der Kartellbehörde durchaus geboten sein. Nach wie vor ist eine Verständigung mit der Kartellbehörde möglich, die nach Rücknahme des zunächst erlassenen Bußgeldbescheids einen neuen auf einverständlicher Basis erlassen kann.

368 b) **Zwischenverfahren.** Nimmt die Kartellbehörde den Bußgeldbescheid nicht zurück, leitet sie die Akten gem. § 69 Abs. 3 OWiG in einer Art Zwischenverfahren der **Staatsanwaltschaft** bei dem in der Sache zuständigen OLG[515] zu. Damit geht die Verfolgungszuständigkeit gem. § 69 Abs. 4 OWiG auf die Staatsanwaltschaft über, sie wird „Herrin des Verfahrens", sobald die Akten bei ihr eingehen. In tatsächlicher und rechtlicher Hinsicht prüft die Staatsanwaltschaft, ob hinreichender Tatverdacht besteht, ob Verfolgungshindernisse bestehen und ob eine Verfolgung nach § 47 Abs. 1 S. 1 OWiG überhaupt geboten ist.[516] Sie kann das Verfahren selbst gem. § 46 Abs. 1 OWiG i. V. m. § 170 Abs. 2 StPO oder gem. § 47 Abs. 1 S. 2 OWiG nach Anhörung der Kartellbehörde einstellen.[517] oder weitere Ermittlungen durchführen (lassen). Eine Rücknahme des Bußgeldbescheides ist der Staatsanwaltschaft nicht möglich. Hierfür ist ausschließlich die Behörde zuständig, die ihn erlassen hat.

369 c) **Vorlage an das OLG.** Stellt die Staatsanwaltschaft das Verfahren nicht ein und hält sie weitere Ermittlungen nicht für veranlasst, erkennt sie auch keinen hinreichenden Verdacht für eine Straftat, der die Zuleitung der Akten an das im Strafverfahren erstinstanzlich zuständige Gericht erfordern würde, legt sie die Akten dem bei Kartellordnungswidrigkeiten über die Sonderregelung des § 83 Abs. 1 GWB zuständigen Oberlandesgericht vor. So ist im Kartellverfahren abweichend von der Regelung zu sonstigen Bußgeldverfahren zur Entscheidung über den Einspruch nicht das Amtsgericht, sondern der **Kartellsenat des Oberlandesgericht**, und zwar in der Besetzung von drei Mitgliedern mit Einschluss des Vorsitzenden berufen.[518]

370 Der Einspruch führt nicht zwingend zu einer mündlichen Hauptverhandlung. Das OLG kann gem. § 72 OWiG grundsätzlich auch **durch Beschluss** außerhalb der Hauptverhandlung entscheiden. Dies ist allerdings nur mit Zustimmung des Betroffenen und der Staatsanwaltschaft möglich. In diesem Verfahren gilt dann gem. § 72 Abs. 3 Satz 2 OWiG das sog. Verschlechterungsverbot.

371 d) **Hauptverhandlung.** Im Übrigen richtet sich das gerichtliche Verfahren nach zulässigem Einspruch grundsätzlich nach den Regeln, die nach der StPO für das Strafbefehlsverfahren

---

[513] § 69 Abs. 2 S. 1 OWiG.
[514] § 69 Abs. 2 S. 2 und 3 OWiG.
[515] § 83 Abs. 1 1.Hs. GWB.
[516] § 69 Abs. 4 S. 2 OWiG; RiStBV Nr. 282.
[517] *Göhler* § 69 Rdnr. 46.
[518] § 83 Abs. 2 GWB.

nach Einspruch gelten.[519] Damit ist das OLG an die tatsächlichen Feststellungen und die rechtliche Beurteilung aus dem Bußgeldbescheid nicht gebunden. Ein **Verschlechterungsverbot** gilt nicht.[520] Der Bußgeldbescheid bestimmt nach Einspruchseinlegung lediglich, wie eine Anklage im Strafprozess, den Gegenstand der Hauptverhandlung, damit die zu beurteilende Tat im prozessualen Sinn. Gem. § 77 Abs. 1 OWiG bestimmt das Gericht den Umfang der Beweisaufnahme, wobei die Aufklärungsintensität nach § 77 Abs. 1 S. 2 OWiG bedeutungsabhängig ist.[521]

In der mündlichen Hauptverhandlung vor dem Kartellsenat muss der Betroffene nur dann anwesend sein, wenn sein persönliches Erscheinen gem. § 73 Abs. 2 OWiG angeordnet ist. Ist dies nicht der Fall, kann er sich durch einen bevollmächtigten Verteidiger vertreten lassen. Die Staatsanwaltschaft ist nach § 75 OWiG zu einer Teilnahme an der Hauptverhandlung nicht verpflichtet. Die **Beteiligung der Kartellbehörde** wird vom OLG wegen ihrer Sachkunde regelmäßig gem. § 76 OWiG veranlasst werden. Dem Vertreter der Kartellbehörde kann nach der im Zuge der 7. GWB-Novelle eingeführten Regelung in § 82 a GWB entgegen bisheriger Rechtslage auch gestattet werden, Fragen an Betroffene, Zeugen und Sachverständige zu richten. Ein eigenes Antragsrecht der Kartellbehörde im gerichtlichen Verfahren ist nach wie vor nicht geregelt. Gem. § 76 Abs. 1 Satz 4 OWiG ist dem Vertreter der Kartellbehörde jedenfalls auf Verlangen das Wort zu erteilen. Des weiteren erhält er vor einer mit Zustimmung der Staatsanwaltschaft[522] erwogenen Verfahrenseinstellung nach § 47 Abs. 2 OWiG gem. § 76 Abs. 1 Satz 2 OWiG Gelegenheit zur Stellungnahme.

Bei einer Veränderung der Sach- und Rechtslage besteht für den Senat eine Hinweispflicht entsprechend § 265 StPO.[523] Dies hat vor allem für einen möglichen **Übergang vom Bußgeld- zum Strafverfahren** gem. § 81 OWiG Bedeutung. So ist der Kartellsenat an die Beurteilung der Tat als Ordnungswidrigkeit nicht gebunden.[524] Der Senat hat die Tat vielmehr erschöpfend aufzuklären und rechtlich, gegebenenfalls auch unter dem Gesichtspunkt einer Straftat, zu würdigen.[525] Soweit bei entsprechender rechtlicher Würdigung geboten, hat er vom Bußgeld- zum Strafverfahren überzugehen. Gem. § 81 Abs. 2 S. 1 OWiG kann ein entsprechender **Hinweis** von Amts wegen oder auf Antrag der Staatsanwaltschaft erfolgen. Zwar sollte dem Betroffenen vor Hinweiserteilung Gelegenheit zur Stellungnahme gegeben werden, allerdings steht eine Unterlassung der Wirksamkeit einer Überleitung nicht entgegen.[526] Umstritten ist, ob das OLG in einem solchen Fall in der Sache selbst entscheiden kann. Nach einer Entscheidung des BGH aus dem Jahr 1993 hat der Kartellsenat bei strafrechtlicher Würdigung der gegenständlichen Tat das Bußgeldverfahren nach Erteilung eines rechtlichen Hinweises in ein Strafverfahren überzuleiten und die Sache an das zuständige Strafgericht nach § 270 StPO analog zu verweisen.[527] Der Übergang ins Strafverfahren vollzieht sich mit dem Hinweis nach § 81 Abs. 2 S. 1 OWiG, damit erhält der Betroffene die Stellung eines Angeklagten und kann das Verfahren anders als im Strafbefehlsverfahren durch **Einspruchsrücknahme** nicht mehr beenden.[528] Bedeutsam ist, dass ein Hinweis auf die Veränderung der Sach- und Rechtslage in diesem Sinn und mit der beschriebenen Konsequenz bereits vor Beginn einer Hauptverhandlung ergehen kann.

Praxistipp:
Ein äußerst behutsames Vorgehen im Einspruchsverfahren ist geboten, die Möglichkeit einer rechtzeitigen Einspruchsrücknahme stets im Auge zu behalten. Zwar kann die Verfolgung einer

---

[519] § 71 Abs. 1 OWiG i. V. m. §§ 411 ff. StPO.
[520] § 71 Abs. 1 OWiG i. V. m. § 411 Abs. 4 StPO.
[521] BGH vom 23.11.2004 WuW/E DE-R 1469 – Transportbeton in H..
[522] § 75 OWiG.
[523] *Göhler* § 71 Rdnr. 50 ff.
[524] § 81 Abs. 1 S. 1 OWiG.
[525] BGHSt 23, 336, 341; *Göhler* § 71 Rdnr. 40 a.
[526] OLG Köln NStZ-RR 2002, 149.
[527] BGHSt 39, 202, 205 = NStZ 1993, 546 = wistra 1993, 267 = BGH vom 20.4.1993 WuW/E BGH 2865, 2866 – Verweispflicht; KG wistra 1997, 31, 32.
[528] BGHSt 29, 305, 309.

Tat als Straftat durch Einspruchsrücknahme nicht verhindert, allerdings eine ausführliche Befassung mit der Sache, damit gegebenenfalls das Risiko einer Ausweitung, vermieden werden.

375 Im Übrigen ist eine Rücknahme des Einspruchs wie im Strafbefehlsverfahren bis zur Verkündung des Urteils im ersten Rechtszug möglich.[529] Nach Beginn einer Hauptverhandlung bedarf dies allerdings der **Zustimmung der Staatsanwaltschaft**,[530] soweit sie in der Hauptverhandlung anwesend ist.[531] Der Verteidiger bedarf zur Rücknahme des Einspruchs einer ausdrücklichen Ermächtigung seines Mandanten.[532]

376 e) **Rechtsbeschwerde.** Das Hauptverfahren wird mit einem Urteil abgeschlossen, gegen das die Rechtsbeschwerde zum Kartellsenat des BGH[533] möglich ist. Das Rechtsbeschwerdeverfahren führt nur zu einer rein rechtlichen Überprüfung der ergangenen Entscheidung in formeller und materieller Hinsicht entsprechend den Bestimmungen für das Revisionsverfahren im Strafprozess.[534] Der BGH kann die Entscheidung des OLG aufheben und zurückverweisen,[535] bei Spruchreife in der Sache selbst entscheiden oder das Rechtsmittel als unbegründet verwerfen.

7. Das Zusammentreffen von Ordnungswidrigkeit und Straftat

377 Wie beschrieben können kartellrechtswidrige Verhaltensweisen sowohl Bußgeldtatbestände wie auch Straftatbestände erfüllen. Das Zusammentreffen von Ordnungswidrigkeit und Straftat in einer Handlung ist in § 21 OWiG mit einem grundsätzlichen **Vorrang des Strafgesetzes** geregelt. Entsprechend tritt in Fällen natürlicher oder rechtlicher Handlungseinheit die Ordnungswidrigkeit gem. § 21 Abs. 1 S. 1 OWiG nach Subsidiaritätsgrundsätzen hinter dem Straftatbestand zurück. Bei Tatmehrheit kann die Ordnungswidrigkeit allerdings grundsätzlich neben der Straftat geahndet werden.

378 Nach § 21 Abs. 2 OWiG kann die subsidiäre Ordnungswidrigkeit allerdings dann geahndet werden, wenn wegen der tateinheitlich vorliegenden Straftat eine **Strafe nicht verhängt** wird. Dies gilt eindeutig dann, wenn das Strafverfahren etwa wegen eines Verfolgungshindernisses gem. § 170 Abs. 2 StPO eingestellt oder gem. § 153 b StPO von der Verfolgung abgesehen wird. Umstritten ist dies in den Fällen einer Einstellung des Strafverfahrens nach §§ 153, 154, 154 a StPO. Stellt die wegen des Verdachts verbotener Preisabsprachen ermittelnde Staatsanwaltschaft das Verfahren wegen Betruges im Hinblick auf weitere Vorwürfe gem. § 154 Abs. 1 StPO ein, so kann die Kartellbehörde nach Auffassung des BGH die Tat unter dem Aspekt einer Kartellordnungswidrigkeit weiter verfolgen.[536] Eine Einstellung des Strafverfahrens nach § 153 a StPO erfasst grundsätzlich auch die mögliche Ahndung als Ordnungswidrigkeit. Mit Auflagenerfüllung tritt **Strafklageverbrauch** und damit ein Verfahrenshindernis ein, das für die gesamte Tat im prozessualen Sinn und damit auch für mögliche Ordnungswidrigkeiten wirkt.[537]

379 Die Auswirkungen materieller Rechtskraft im Bußgeldverfahren ergangener Entscheidungen regelt § 84 OWiG. Die **materielle Rechtskraft** eines Bußgeldbescheides ist eingeschränkt und zwar deshalb, weil die Verwaltungsbehörde über eine Tat im verfahrensrechtlichen Sinn nicht unter dem rechtlichen Gesichtspunkt einer Straftat befinden kann. Entsprechend hindert auch der rechtskräftige **Bußgeldbescheid** lediglich eine nochmalige Verfolgung der hiervon erfassten Tat als Ordnungswidrigkeit, lässt aber ihre Verfolgung als Straftat über den Zeitpunkt der Rechtskraft hinaus weiter zu. Eine rechtskräftige Sachentscheidung durch **Urteil** hindert hingegen nicht nur eine nochmalige Verfolgung der hiervon erfassten Tat im verfahrensrechtlichen Sinn unter dem rechtlichen Gesichtspunkt einer Ordnungswidrigkeit und zwar gleichgültig, ob über die Tat als Ordnungswidrigkeit oder als Straftat entschieden worden ist, sondern auch eine nochmalige Verfolgung unter dem rechtlichen Gesichtspunkt einer Straftat, soweit über

---

[529] § 46 Abs. 1 OWiG i. V. m. § 411 Abs. 3 S. 1 StPO.
[530] § 46 Abs. 1 OWiG i. V. m. § 411 Abs. 3 S. 2 StPO.
[531] § 75 Abs. 2 OWiG.
[532] § 46 Abs. 1 OWiG i. V. m. § 302 Abs. 2 StPO.
[533] §§ 84 S. 1, 94 Abs. 1 Nr. 2 GWB.
[534] § 79 Abs. 3 OWiG.
[535] § 84 S. 2 GWB.
[536] BGHSt 41, 385, 390 = BGH NJW 1996, 1973, 1974; a. A. *Göhler* § 21 Rdnr. 27.
[537] *Göhler* § 21 Rdnr. 27.

die Tat im Urteil als Ordnungswidrigkeit entschieden worden ist, weil das Gericht die Tat im Bußgeldverfahren grundsätzlich auch unter strafrechtlichen Gesichtspunkten zu prüfen hat. Ein Sonderproblem stellt sich bei Zusammentreffen von Daueraufsichtspflichtverletzung und unmittelbarer Täterschaft in einer Person. Eine für die Anwendung von § 84 OWiG notwendige Tatidentität wird in diesem Zusammenhang verneint.[538]

Praxistipp:
Unter dem Aspekt einer Bewertungseinheit können einzelne als Kartellordnungswidrigkeiten nicht geahndete Ausführungshandlungen dem Verfolgungshindernis eines Strafklageverbrauchs unterliegen, wenn die insoweit zugrunde liegende Vereinbarung bereits als Betrug strafgerichtlich geahndet ist.[539]

380

8. Rechtsfolgen einer Zuwiderhandlung

a) *Geldbuße.* Die Bemessung von Geldbußen erfolgt grundsätzlich in drei Schritten. Zunächst ist der Bußgeldrahmen festzulegen, dann der Ahndungsteil und gegebenenfalls noch der Abschöpfungsteil der Geldbuße zu bestimmen.

381

aa) Bußgeldrahmen. Zunächst ist in einem ersten Schritt der Sanktionsrahmen zu bestimmen, der für kartellrechtliche Zuwiderhandlungen in § 81 Abs. 4 GWB festgelegt ist und bei fahrlässiger Begehensweise nach § 17 Abs. 2 OWiG halbiert werden muss. Seit In-Kraft-Treten der 7. GWB-Novelle können nach Abs. 4 S. 1 bei **schweren Kartellordnungswidrigkeiten** grundsätzlich Geldbußen bis zu 1 Mio. € verhängt werden, im Zusammenhang mit **leichteren Kartellordnungswidrigkeiten** nach Abs. 4 S. 3 Geldbußen bis zu 100.000 Euro.

382

Über dieses Maß hinaus ermöglicht § 81 Abs. 4 S. 2 GWB bei schweren Kartellordnungswidrigkeiten nun mehr auch, die Geldbuße für ein an der Zuwiderhandlung beteiligtes **Unternehmen** oder eine Unternehmensvereinigung über § 30 Abs. 2 S. 2 OWiG bis zum Maß von 10 % seines bzw. ihres jeweiligen im Vorausgegangenen Geschäftsjahr erzielten Gesamtumsatzes zu erhöhen. Diese einschneidende Neuregelung, mit der die bisher grundsätzlich mehrerlösbezogene Bußgeldbemessung abgelöst ist, entspricht dem europäischen Recht[540] und soll ganz offensichtlich der Abschreckung durch hohe Bußgelder dienen.[541] Rechnung getragen hat der Gesetzgeber damit auch der in der Rechtsprechung zur Ermittlung eines Mehrerlöses aufgetretenen Schwierigkeiten. Bedeutsam ist, dass die Rahmenerweiterung grundsätzlich auch für die Bebußung von Unternehmen bei **Aufsichtspflichtsverletzungen** gilt. So findet der erweiterte Bußgeldrahmen aus § 81 Abs. 4 S. 2 GWB nach § 130 Abs. 3 S. 2 über § 30 Abs. 2 S. 2 OWiG auch für die Unternehmensbuße im Zusammenhang mit einer Aufsichtspflichtverletzung Anwendung, wenn es sich bei der Anknüpfungstat um eine kartellrechtliche Zuwiderhandlung handelt. Darüber hinaus ist die Anwendung dieses erweiterten Bußgeldrahmens auch dann möglich, wenn die jeweilige Anknüpfungstat nicht als Ordnungswidrigkeit, sondern als **Straftat** verfolgt wird. Voraussetzung ist in diesem Fall nur, dass die Tat zugleich eine Ordnungswidrigkeit ist, deren angedrohtes Höchstmaß das Höchstmaß des Regelrahmens übersteigt. Dies hat der Gesetzgeber im Zuge des Korruptionsbekämpfungsgesetzes[542] im Hinblick auf die Hochstufung der Submissionsabsprache zur Straftat und damit Verdrängung der grundsätzlich subsidiären Kartellordnungswidrigkeit durch Einfügen von § 30 Abs. 2 S. 3 OWiG ermöglicht. So kann etwa in Fällen einer Submissionsabsprache, in denen der unmittelbar Handelnde ausschließlich wegen einer Straftat nach § 298 oder/und einer Straftat nach § 263 StGB verfolgt wird, eine Unternehmensbuße gleichwohl über den in § 30 Abs. 2 Satz 1 OWiG vorgesehenen Regelbußgeldrahmen hinaus nach § 81 Abs. 4 S. 2 GWB bis zu 10 % des im vorangegangenen Geschäftsjahr erzielten Gesamtumsatzes verhängt werden.

383

---

[538] BGH vom 25.10.1988 WuW/E BGH 2543, 2545.
[539] BGH vom 4.11.03 WUW/E DE-R 1233 Frankfurter Kabelkartell = wistra 2004, 270 = NJW 2004, 1539 = NStZ 2004, 567.
[540] Art. 23 Abs. 2 S. 2 VO Nr. 1/03.
[541] BT-Drucks. 15/5049, S. 50.
[542] Gesetz zur Bekämpfung der Korruption vom 13.8.1997 (BGBl. I S. 2038).

384 bb) **Bußgeldbemessung.** In einem zweiten Schritt ist sodann unter Zugrundelegung des zutreffend bestimmten Bußgeldrahmens die konkrete Zumessung für die zu ahndende Tat vorzunehmen (sog. **Ahndungsfunktion** der Geldbuße). In diesem Zusammenhang kommt grundsätzlich die allgemeine Zumessungsregel aus § 17 Abs. 3 OWiG zum Tragen. Danach sind die wirtschaftlichen Verhältnisse des Täters gem. § 17 Abs. 3 S. 2 Halbs. 1 OWiG lediglich von nachrangiger Bedeutung, gleichwohl muss bei relativ hohen Geldbußen seine Leistungsfähigkeit berücksichtigt werden.[543] In der Rechtsprechung war bislang insbesondere auf das Ausmaß der Beschränkung des Wettbewerbs und der Freiheit der Wettbewerber, mithin die Auswirkungen der Zuwiderhandlung auf die Marktverhältnisse[544] abgestellt worden, unter dem Aspekt des Schadensausmaßes auch auf die wirtschaftliche Konsequenz für den Wettbewerber und den Umfang der Preiserhöhung bei unzulässigen Preisabsprachen oder -empfehlungen.[545] Bei der Ahndung von Submissionsabsprachen wurde regelmäßig von besonders gravierenden Wettbewerbsbeschränkungen ausgegangen und vor allem auf den Aspekt der Sozialschädlichkeit hingewiesen.[546] Grundsätzlich berücksichtigt wurden des Weiteren der zeitliche Abstand zwischen einer Zuwiderhandlung und ihrer Ahndung[547] sowie die Dauer des Beschwerdeverfahrens[548] oder eine justizbedingte Verfahrensverzögerung.[549]

385 Entsprechend der europäische Regelung[550] ist nun mehr im Rahmen der 7. GWB-Novelle mit § 81 Abs. 4 S. 4 GWB ausdrücklich klargestellt, dass bei der Bemessung von Geldbußen in erster Linie sowohl die **Schwere** der Zuwiderhandlung als auch deren **Dauer** zu berücksichtigen ist. Im Rahmen einer teleologischen Auslegung dieser Bestimmung sollen nach dem ausdrücklichen Willen des Gesetzgebers dabei die Leitlinien der Europäischen Kommission für das Verfahren zur Festsetzung von Geldbußen[551] herangezogen werden. Diese Grundsätze finden damit selbstverständlich auch bei der Verhängung von **Unternehmensgeldbußen** nach § 30 OWiG Anwendung. Grundlage der strafähnlichen Sanktion und ihrer Bemessung ist zudem das rechtswidrige und schuldhafte Handeln der Vertreter.[552] Insoweit orientiert sich auch die Unternehmensgeldbuße am Unrechtsgehalt der Anknüpfungstat und deren Auswirkungen auf den geschützten Ordnungsbereich.[553]

386 cc) *Vorteilsabschöpfung nach § 17 Abs. 4 OWiG.* In einem dritten Schritt **sollte** bislang sodann gem. § 17 Abs. 4 S. 1 OWiG die Geldbuße, insbesondere die Unternehmensgeldbuße,[554] so bemessen werden, dass sie den wirtschaftlichen Vorteil übersteigt, den der Täter mit der Zuwiderhandlung erlangt hat (sog. **Abschöpfungsfunktion** der Geldbuße). So ermöglicht § 17 Abs. 4 S. 2 OWiG zu diesem Zweck grundsätzlich auch das gesetzliche Höchstmaß des jeweiligen Bußgeldrahmens zu überschreiten, ist die Geldbuße nach oben „offen". In der Rechtsprechung ist derzeit langem klargestellt, dass § 17 Abs. 4 OWiG grundsätzlich neben den kartellrechtlichen Bußgeldbestimmungen anwendbar ist.[555]

387 Zu einem **wirtschaftlichen Vorteil** in diesem Sinne ist dabei nicht nur ein in Geld bestehender Gewinn, sondern auch jeder sonstige wirtschaftliche Vorteil aus der Tat, wie z. B. auch eine Verbesserung der Marktsituation durch das kartellrechtswidrige Verhalten, die Ersparnis sonst notwendiger Kosten und andere Verbesserungen der Gesamtsituation zu zählen,[556] der dem Täter nach Abzug eigener Aufwendungen **netto** verbleibt. Zur Vorteilsberechnung ist nach Saldierungsgrundsätzen ein Vergleich zwischen der wirtschaftlichen Lage in Folge der Zuwi-

---

[543] BayObLG NVwZ-RR 1994, 18, 19.
[544] BGH vom 24.4.1991 WuW/E BGH 2718, 2720 – Bußgeldbemessung.
[545] KG vom 7.11.1980 WuW/E OLG 2369, 2374 – Programmzeitschriften.
[546] OLG Celle vom 2.8.1984 WUW/E OLG 3330, 3331 – Fahrbahnbeläge auf Brücken.
[547] BGH vom 21.7.1986 WuW/E BGH 2336 – U-Bahn-Bau Frankfurt.
[548] OLG Frankfurt vom 19.4.2004 WuW/E DE-R 1388, 1390 – Kommunikationstechnik.
[549] OLG Düsseldorf vom 31.1.2005 WuW/E DE-R 1433 – Transportbeton in C.
[550] Art. 23 Abs. 3 VO Nr. 1/03.
[551] Siehe hierzu Rdnr. 158.
[552] BVerfG NJW 1967, 195, 197.
[553] BGH vom 27.4.1991 WuW/E BGH 2718, 2720 – Bußgeldbemessung; BGH wistra 1991, 268, 269.
[554] Vgl. zur Problemstellung: *Wegner* wistra 2000, 361.
[555] BGH vom 24.4.1991 WuW/E BGH 2718, 2719 f – Bußgeldbemessung.
[556] BGH vom 24.4.1991 WuW/E BGH 2718, 2720 – Bußgeldbemessung; BayObLG wistra 1998, 199, 200.

derhandlung und der hypothetisch ohne diese zu erwartenden vorzunehmen.[557] Allerdings ist die Frage, ob ein Vorteil überhaupt besteht, sowie der Kausalzusammenhang mit der Zuwiderhandlung dem Grundsatz „in dubio pro reo" unterworfen,[558] können Berechnungsunsicherheiten mit einem Sicherheitsabschlag in Höhe von 50 % abgefangen werden.[559] Soweit ein Vorteil als Gewinn der Besteuerung unterliegt, darf seiner Bemessung nur der um die absehbare Steuerbelastung verminderte Betrag zugrunde gelegt werden.[560] Nach dem Sinn des § 17 Abs. 4 OWiG soll eine Vorteilsabschöpfung nur dort erfolgen, wo die über § 17 Abs. 3 OWiG, sowie die kartellrechtliche Sonderregelung aus § 81 Abs. 4 GWB der Höhe nach zu bestimmende Geldbuße geringer als der durch die Tat erlangte wirtschaftliche Vorteil wäre.[561] Lediglich in dem Umfang, in dem die so festgesetzte Geldbuße die Höhe des sonst angemessenen Bußgeldes überschreitet, dient sie der Abschöpfung des durch die Tat erlangten wirtschaftlichen Vorteils.[562]

> **Praxistipp:**
> Nachdem der Unternehmer den Abschöpfungsanteil steuermindernd geltend machen kann,[563] ist eine eindeutige Trennung innerhalb der Geldbuße zwischen Ahndungs- und Abschöpfungsanteil erforderlich.[564]

388

Geldbußen der Europäischen Kommission haben ausschließlich Sanktionscharakter und dienen nicht der Abschöpfung eines wirtschaftlichen Vorteils. Um eine Einheitlichkeit in der Sanktion sicherzustellen hat sich der Gesetzgeber deshalb im Zuge der 7. GWB-Novelle entschieden, die Soll-Vorschrift des § 17 Abs. 4 OWiG mit § 80 Abs. 5 GWB nur noch als **Kann-Vorschrift** für anwendbar zu erklären. Künftig kann eine Geldbuße damit als reine Ahndungsmaßnahme festgesetzt werden. Steuern oder Schadensersatzleistungen an Dritte können damit bei Bußgeldbemessung nicht mehr verrechnet werden. Entsprechend soll sich nach dem Willen des Gesetzgebers künftig eine reine Ahndungsgeldbuße um den Betrag mindern, der nach bisherigem Recht der Abschöpfung des wirtschaftlichen Vorteils diente.[565] Man darf gespannt sein, ob sich diese Vorstellung in der Praxis tatsächlich realisiert. Immerhin bleibt § 17 Abs. 4 OWiG nach wie vor anwendbar.

389

dd) Die Bonusregelung des BKartA. In § 81 Abs. 7 GWB ist das BKartA seit jüngster Novelle ausdrücklich ermächtigt, allgemeine Verwaltungsgrundsätze über die Ausübung seines Ermessens bei der Bemessung der Geldbuße festzulegen. Bereits im Jahr 2000 hatte das BKartA mit Bekanntmachung vom 17.4.00[566] in Selbstbindung seines Ermessens Richtlinien für die Festsetzung von Geldbußen nach dem Vorbild des Leniency Policy des U.S. Departement of Justice sowie entsprechender Mitteilungen der Europäischen Kommission erlassen, die sog. Bonusregelung. Der Sache nach handelt es sich dabei um eine **Kronzeugenregelung**, die grundsätzlichen Bedenken begegnet.[567] Das BkartA begründet diese Regelung damit, dass die Aufklärung von Absprachen zwischen Unternehmen über die Festsetzung von Preisen oder Absatzquoten in der Regel von Hinweisen aus dem Kreis bzw. Umfeld der Kartellmitglieder abhängt und das Interesse an der Auflösung eines Kartells größer sein kann als das an der Sanktionierung eines einzelnen Kartellmitglieds. Mit dieser Regelung hatte sich das Bundeskartellamt eng an

390

---

[557] *Göhler* § 17 Rdnr. 41.
[558] Vgl. hierzu OLG Düsseldorf vom 6.5.2004 WuW/E DE-R 1315 – Berliner Transportbeton I.
[559] BGH vom 25.4.2005 WuW/E DE-R 1487 – Steuerfreie Mehrerlösabschöpfung.
[560] BGH vom 24.4.1991 WuW/E BGH 2718, 2720 – Bußgeldbemessung; BGH vom 25.4.2005 WuW/E DE-R 1487 – Steuerfreie Mehrerlösabschöpfung = wistra 2005, 384.
[561] BGH wistra 1991, 268, 269.
[562] BGH vom 24.4.1991 WuW/E BGH 2718, 2720 – Bußgeldbemessung.
[563] Siehe hierzu Rdnr. 426 ff.
[564] BGH vom 25.4.2005 WuW/E DE-R 1487 – Steuerfreie Mehrerlösabschöpfung = wistra 2005, 384.
[565] BegrRegE BT-Drucks. 15/3640 S. 67.
[566] Bekanntmachung Nr. 68/2000 über die Richtlinien des Bundeskartellamtes für die Festsetzung von Geldbußen (Bonusregelung) vom 17.4.2000 (BAnz. S. 8336) – im Internet abzurufen unter: www.bundeskartellamt.de/Bonusregelung.pdf.
[567] Vgl. u. a. *Achenbach* NJW 2001, 2232, 2232.

den von der europäischen Kommission im Jahre 1996 festgeschriebenen Grundsätzen über die Nichtfestsetzung oder die niedrigere Festsetzung von Geldbußen in Kartellsachen[568] orientiert. Bei Verstößen gegen § 81 Abs. 1 Nr. 1 i. V. m. § 1 GWB a. F./§ 81 Abs. 2 Nr. 1 i. V. m. § 1 GWB n. F., und darauf bezogene Aufsichtspflichtverletzungen i. S. d. § 130 OWiG soll eine Geldbuße in der Regel **nicht festgesetzt** werden, wenn der Täter kumulativ

- dem BKartA ein Kartell anzeigt, bevor die Einleitung eines Ermittlungsverfahrens erfolgt ist und der Täter dies weiß oder damit rechnen muss,
- und als erster Angaben macht, die entscheidend dazu beitragen, dass das Kartell aufgedeckt wird,
- und dem BKartA alle sachdienlichen Informationen sowie verfügbaren Unterlagen und Beweismittel über das Kartell bereitstellt
- und während der gesamten Dauer des Verfahrens unterbrochen und uneingeschränkt mit dem BKartA zusammenarbeitet,
- darüber hinaus keine entscheidende Rolle im Rahmen des Kartells gespielt hat
- und seine Teilnahme an dem Kartell nach Aufforderung des BKartA, spätestens aber zu dem Zeitpunkt einstellt, zu dem das BKartA das erste Beschuldigungsschreiben wegen des Kartells zugestellt hat.

391 Eine **Ermäßigung** der Geldbuße um mindestens 50 % soll bei Erfüllung der vorgenannten Voraussetzungen dann in Betracht kommen, wenn der Täter erst nach Bekanntwerden einer Verfahrenseinleitung, dann aber in der oben beschriebenen Weise kooperiert. Eine **Milderung** der Geldbuße ist immerhin auch dann noch angezeigt, wenn der Täter nach Beendigung seiner Teilnahme am Kartell auch ohne Erfüllung der übrigen genannten Voraussetzungen wesentlich zur Aufdeckung des Kartells beigetragen hat. Diese Grundsätze gelten auch bei Festsetzung einer Unternehmensgeldbuße nach § 30 OWiG, soweit die Aufklärungshilfe von einer vertretungsberechtigten Person namens des Unternehmens erbracht worden ist.

392 In dieser „Bonusregelung" ist ausdrücklich klargestellt, dass die Entscheidung darüber, ob die Voraussetzungen für eine Nichtfestsetzung oder Ermäßigung vorliegen mit der endgültigen **Entscheidung des BKartA** in dem betreffenden Kartellverfahren getroffen wird und das Verfahren gegen eine natürliche Person an die Staatsanwaltschaft abgegeben werden muss, soweit es sich bei dem Kartellrechtsverstoß um eine Straftat handelt. Dies kann selbstverständlich auch nicht durch Zusicherung der Vertraulichkeit umgangen werden. Im Übrigen kann tätige Reue i. S. d. § 298 Abs. 3 StGB nur bis zur Beendigung der Tathandlung, aber nicht mehr danach zu einer Strafbefreiung führen.

> **Praxistipp:**
> 393 Bevor die Bonusregelung in Anspruch genommen werden kann, ist zu klären, ob die in Rede stehende Zuwiderhandlung strafrechtliche Relevanz besitzt. Der Kronzeuge des Bußgeldverfahrens genießt im Strafprozess keine Straffreiheit.

394 Im März 2002 hat das Bundeskartellamt eine **Sonderkommission Kartellbekämpfung (SKK)** eingerichtet. Sie unterstützt die zuständigen Beschlussabteilungen des Amtes durch den Einsatz spezialisierter, personeller und sachlicher Ressourcen bei der Aufdeckung von Kartellabsprachen und ist darüber hinaus auch zentraler Ansprechpartner für alle, die die Bonusregelung in Anspruch nehmen wollen. Im Internet können Ansprechpartner der SKK mit Telefonnummer gefunden werden.[569]

395 *ee) Verzinsung und Vollstreckung.* Die Verzinsung einer mit Bußgeldbescheid gegen juristische Personen und Personenvereinigungen festgesetzten Geldbuße nach Ablauf von **zwei Wochen nach Zustellung** des Bußgeldbescheids ist im Zuge der 7.GWB-Novelle mit § 81 Abs. 6 festgelegt worden. Damit soll der in der Praxis beobachteten Übung vorgebeugt werden, dass

---

[568] Mitteilung der Kommission über die Nichtfestsetzung oder die niedrigere Festsetzung von Geldbußen in Kartellsachen vom 18.7.1996 (ABl. EG 1996 Nr. C 207/4), ersetzt durch Mitteilung vom 19.2.2002 (ABl. EG 2002 Nr. C 45/3).
[569] www.bundeskartellamt.de/bonusregelung.html.

Das BKartA ist auch **Vollstreckungsbehörde**, soweit es um seine eigenen Bußgeldbescheide geht. Mit jüngster Novellierung bleibt das BkartA gem. § 82a GWB auch dann Vollstreckungsbehörde, wenn gegen den Bußgeldbescheid Einspruch eingelegt und in Folge eine gerichtliche Geldbuße festgesetzt wird.

Praxistipp:
Ist ein sofortiger Ausgleich der festgesetzten Geldbuße nicht zumutbar, hat die Kartellbehörde gegebenenfalls bereits im Bußgeldbescheid gem. § 18 OWiG Ratenzahlung oder befristete Stundung einzuräumen. Zu diesem Zweck kann es sinnvoll sein, rechtzeitig die wirtschaftlichen Verhältnisse des Betroffenen offen zu legen. Nach Rechtskraft der Entscheidung kann die Kartellbehörde als Vollstreckungsbehörde gem. §§ 92 ff. OWiG Zahlungserleichterungen bewilligen.

b) **Vergabesperre und Korruptionsregister.** Nach § 97 Abs. 4 GWB dürfen öffentliche Aufträge nur an zuverlässige Unternehmen vergeben werden. Nach der VOF sind wettbewerbswidrige Verhaltensweisen ausdrücklich verboten. Die VOB/A wie auch die VOL/A verpflichten die Auftraggeber, entsprechendes Verhalten zu bekämpfen. Auf dieser Basis können unzuverlässige Bewerber **von der Teilnahme am Wettbewerb ausgeschlossen** werden.[571] Man spricht von einer Vergabesperre. Das Vorliegen einer rechtskräftigen Verurteilung soll für eine solche Sperre nicht Voraussetzung sein, der Nachweis eines Fehlverhaltens alleine dem öffentlichen Auftraggeber obliegen. Eine bundesweit gültige gesetzliche Regelung dazu, in welchen Fällen tatsächlich von einem ausschlussbegründenden Fehlverhalten auszugehen ist, wie etwa in den Fällen verfahren werden soll, in denen lediglich ein Verdacht besteht, der sich zudem nicht bestätigt hat, wann und unter welchen Bedingungen ein gegebenenfalls auffällig gewordenes Unternehmen im freien Wettbewerb um öffentliche Aufträge wieder zugelassen werden kann, existiert allerdings bislang nicht.

Wiederholt hat der Gesetzgeber auf Bundesebene dazu angesetzt, eindeutige Kriterien für eine „schwarze Liste" auffällig gewordener Unternehmen aus öffentlicher Vergabe zu schaffen. Nach Scheitern des Tariftreuegesetzes im Bundesrat, mit dem bereits die Einrichtung eines sog. **Korruptionsregisters** vorgesehen war, hatte der Bundestag am 5.7.2002 mit den Stimmen der Regierungskoalition den Entwurf eines eigenen Gesetzes zur Einrichtung eines Registers über unzuverlässige Unternehmen beschlossen. Vorgesehen war die Einrichtung eines entsprechenden Registers beim Bundesamt für Wirtschaft und Ausfuhrkontrolle mit Einfügung eines § 126 a in das GWB. Mit den Stimmen der Unionsregierten Bundesländer lehnte der Bundesrat am 27.9.02 auch diesen Gesetzentwurf ab. Mit dem Entwurf eines Gesetzes zur Neuregelung des Vergaberechts vom 29.3.2005 hat das Bundesministerium für Wirtschaft und Arbeit nun mehr auch den Entwurf eines Gesetzes zur Einrichtung eines zentralen Registers über den Ausschluss unzuverlässiger Unternehmen von der Vergabe öffentlicher Aufträge aus korruptionsbezogenen Gründen (**KorruptionsregisterG**)[572] vorgelegt. Danach soll beim Bundesamt für Wirtschaft und Ausfuhrkontrolle ein zentrales Register über Unternehmen eingerichtet werden, die von öffentlichen Auftraggebern wegen Unzuverlässigkeit vom Wettbewerb ausgeschlossen worden sind. Dabei sollen nicht nur wegen Korruptionsdelikten erfolgte Ausschlüsse erfasst werden, sondern u. a. auch solche wegen Verstoßes gegen §§ 263, 266, 298 StGB oder auch wegen reiner Ordnungswidrigkeiten etwa nach § 81 Abs. 1 Nr. 1 i. V. m. § 1 GWB a. F. Eine rechtskräftige Verurteilung soll hierfür nicht erforderlich sein. Dies ist mit den Grundsätzen der Unschuldsvermutung kaum vereinbar, zumal die öffentlichen Auftraggeber grundsätzlich ab einem Auftragswert von 5-10.000 € zu Anfragen verpflichtet sein sollen. Dass dies in der Konsequenz zu einer faktischen Vergabesperre auch gegen zu unrecht Verdäch-

---

[570] BegrRegE BT-Drucks. 15/3640, S. 67.
[571] § 7 Nr. 5 lit. c VOL/A, § 8 Nr. 5 Abs. 1 lit. c VOB/A, § 11 lit. c VOF.
[572] Siehe unter www.bmwi.de.

tigte führen kann, liegt auf der Hand. Die öffentlichen Auftraggeber sollen lediglich zu einer Löschungs- oder Berichtigungsmitteilung verpflichtet sein, soweit sich herausstellen sollte, dass die für den Ausschluss mitgeteilten Gründe von Anfang an nicht bestanden haben. Vorgesehen ist in diesem Entwurf des Weiteren die Löschung einer Eintragung spätestens mit Ablauf von fünf Jahren gerechnet vom Zeitpunkt des Ausschlusses. Erstaunlicherweise soll das Bundesamt u. a. auch den Strafverfolgungsbehörden auf Ersuchen zum Zwecke der Strafverfolgung Auskünfte aus dem Register und zur Herkunft der gespeicherten Angaben erteilen können. Es bleibt abzuwarten, welchen Weg dieser Gesetzentwurf in der aktuellen Legislaturperiode gehen wird.

400 Bislang existieren ausschließlich auf Länderebene mit zum Teil fragwürdigen Regelungen Korruptionsregister, die in den meisten Fällen auf Verordnungen zurückgehen. In Nordrhein-Westfalen ist beispielsweise bereits per Gesetz geregelt, dass bloße Verdachtsfälle und Fälle, in denen Verfahren nach § 153 a StPO abgeschlossen wurden, eintragungspflichtig sind:
- **Baden-Württemberg** hat eine Melde- und Informationsstelle beim Landesgewerbeamt mit VO vom 21.7.1997 eingerichtet.
- In **Bayern** führt nach den Richtlinien zur Verhütung und Bekämpfung von Korruption in der öffentlichen Verwaltung[573] die oberste Baubehörde eine verwaltungsinterne Ausschlussliste für den Bereich der Bayerischen Staatsbauverwaltung.
- **Bremen** hat mit einer VO aus dem Jahr 2001 eine Melde- und Informationsstelle für Vergabesperren beim Senator für Finanzen eingerichtet.
- Das in **Hamburg** per Gesetz eingeführte Korruptionsregister, das bei der Finanzbehörde geführt worden war, ist seit Juli 2005 wieder abgeschafft.
- Ein Register bei der OFD in Frankfurt hat **Hessen** bereits im Jahr 1995 im Wege einer Verordnung eingeführt.
- In **Niedersachsen** existiert ein ebenfalls mit Verordnung eingeführtes Korruptionsregister seit dem Jahr 2000.
- **Nordrhein-Westfalen** hat zum 1.3.2005 ein Gesetz zur Verbesserung der Korruptionsbekämpfung und zur Errichtung und Führung eines Vergaberegisters bei einer Informationsstelle im Finanzministerium erlassen.
- Ein im Verordnungswege eingerichtetes Register beim Finanzministerium existiert in **Rheinland-Pfalz** seit dem Jahr 1977.

401 c) **Eintrag im Gewerbezentralregister.** Durchaus unangenehme Konsequenz einer rechtskräftigen Verurteilung im Bußgeldverfahren kann auch ein damit nach § 149 Abs. 2 Nr. 3 GewO zwingend verbundener Eintrag im Gewerbezentralregister sein. Einzutragen sind danach Bußgelder über DM 200,–, die gegen natürliche Personen wie auch juristische Personen verhängt worden sind. Die Tilgungsfristen bestimmen sich nach § 153 GewO und betragen zwischen drei und fünf Jahren.

VII. Beratungsschwerpunkte des Strafverteidigers

402 Die nachfolgenden Schwerpunkte sind sicher subjektiv gewählt und erheben keinesfalls den Anspruch auf Vollständigkeit. Häufige Fragestellungen aus der Beratungspraxis sollen an dieser Stelle erörtert werden. Soweit sich Ausführungen hierzu bereits an anderer Stelle finden, sind bloße Verweisungen vorgenommen, um unnötige Wiederholungen zu vermeiden.

1. Welche Konsequenzen drohen mir bzw. meinem Unternehmen bei kartellrechtswidrigem Verhalten?

403 In diesem Zusammenhang sind sämtliche Abschlussmöglichkeiten eines Kartellverfahrens zu erörtern. Dem Mandanten muss erläutert werden, dass bei nachgewiesenen Kartellverstößen nach EG-Kartellrecht ausschließlich gegen das Unternehmen eine Geldbuße verhängt werden kann, nach nationalem Recht der unmittelbar Handelnde mit Sanktionen nach dem OWiG oder StGB bedroht ist und zudem auch das betroffene Unternehmen (selbständig) bebußt werden kann, soweit die Zuwiderhandlung von einem vertretungsberechtigten Organ

---

[573] Korruptionsbekämpfungsrichtlinie i. d. F. der Bekanntmachung vom 13.4.2004 (AllMBl. 4/2004 S. 87).

begangen wurde oder eine Verletzung von Aufsichtspflichten vorliegt.[574] Auf die Bedeutung der wirtschaftlichen Verhältnisse für die Bemessung einer Geldbuße, auf die Möglichkeit einer umsatzbezogenen Bußgeldbemessung nach § 81 Abs. 4 S. 2 GWB und die Gewinnabschöpfungsmöglichkeit aus § 17 Abs. 4 OWiG ist hinzuweisen.[575] Die aus möglicher Aufklärungshilfe[576] sich ergebenden Chancen müssen aufgezeigt werden.

Vor allem ist jedoch auch die Konsequenz für betroffene Unternehmen im Zusammenhang mit künftigen Auftragsvergaben zu erörtern. Dabei ist insbesondere die Praxis der öffentlichen Hand zu erwähnen, kartellrechtliche Zuwiderhandlungen mit Vergabesperren und Ausschlüssen nach den Verdingungsordnungen zu ahnden und die erneute Zulassung des Unternehmens zu künftigen Ausschreibungen von einer Umstrukturierung des Unternehmens und einem vollständigen Ausgleich des durch die Zuwiderhandlung verursachten Schadens abhängig zumachen. 404

Auch die im Falle einer Sanktionierung gegebenenfalls drohenden Einträge im Bundeszentralregister, Führungszeugnis[577] oder Gewerbezentralregister[578] sind dem Mandanten im Einzelnen zu erläutern 405

2. Muss ich ein Auskunftsersuchen der Kartellbehörden beantworten?

Nach § 59 GWB / Art. 11VO Nr. 17/62 können die Kartellbehörden von einzelnen Unternehmen Auskünfte zu kartellrechtlich relevanten Sachverhalten unter bestimmten Voraussetzungen sogar unter Zwangs- und Bußgeldandrohung verlangen.[579] Damit haben grundsätzlich angefragte Unternehmen einem Auskunftsverlangen zu entsprechen. Sollte diese Verpflichtung ein Unternehmen allerdings dazu zwingen, Zuwiderhandlungen zu offenbaren, die auf nationaler oder europäischer Ebene mit Bußgeld bedroht sind, so greift der Grundsatz des nemo tenetur. 406

Grundsätzlich ist es Aufgabe des beauftragten Rechtsanwalts, in dieser Situation zunächst abzuklären, ob das Auskunftsverlangen der Kartellbehörden tatsächlich nur zu verwaltungsrechtlichen Zwecken erfolgt oder schon zur Verfolgung eines bußgeldtauglichen Verdachts. In letzterem Fall ist mit den Entscheidungsträgern des Unternehmens zu klären, ob durch Erklärung der vertretungsberechtigten Organe von bestehendem Aussageverweigerungsrecht[580] Gebrauch gemacht werden soll. In ersterem Fall ist durch eine „Bestandsaufnahme" zu klären, ob tatsächlich eine bußgeldbewehrte Zuwiderhandlung bei wahrheitsgemäßer Beantwortung des Auskunftsverlangens offenbart werden müsste. Soweit dies der Fall ist, bleibt zu entscheiden, ob von dem auf nationaler Ebene in § 59 Abs. 5 GWB normierten Auskunftsverweigerungsrecht Gebrauch gemacht oder ob in einer Art „Selbstanzeige" mit Blick auf die Möglichkeiten der geltenden Bonusregelung in die Offensive gegangen werden soll. Für Auskunftsverlangen der Europäischen Kommission hat der EuGH klargestellt, dass ein Unternehmen nicht verpflichtet ist, Auskünfte zu erteilen, durch die es das Vorliegen einer Zuwiderhandlung einräumen müsste, für das die Kommission den Nachweis zu führen hat.[581] 407

3. Was habe ich bei einer Durchsuchung meines Unternehmens zu beachten?

Wird diese Frage im Rahmen eines Beratungsgespräches nicht gestellt, sind in jedem Fall vorbeugende Hinweise an den Mandanten erforderlich. Gerade in Kartellverfahren sind die Ermittlungsbehörden etwa für den Nachweis tatsächlich durchgeführter Absprachen auf die Sicherstellung sachlicher Beweismittel angewiesen, ist die Durchsuchung ein wesentliches Instrument der Kartellbehörde zur Aufdeckung kartellrechtswidriger Verhaltensweisen. Häufig wird es so sein, dass der Betroffene erst mit Durchsuchung davon erfährt, dass ein Verfahren gegen ihn geführt wird. Welche Aufgaben dann von dem hinzugerufenen Anwalt ergriffen werden 408

---

[574] Siehe hierzu Rdnr. 204 ff.
[575] Siehe hierzu Rdnr. 381 ff.
[576] Siehe hierzu Rdnr. 163, 390.
[577] § 32 Abs. 2 BZRG.
[578] Siehe hierzu Rdnr. 401.
[579] Siehe hierzu Rdnr. 351 ff.
[580] Siehe hierzu Rdnr. 348 ff.
[581] EuGH vom 18.10.1989 – Orkem/Komm. Rs. 374/89 – Slg. 1989, 3283, 3351 Rdnr. 35; vgl. auch Rdnr. 138.

müssen, ist oben bereits ausgeführt.[582] Geht allerdings einer Durchsuchung eine erste Beratung mit dem gewählten Verteidiger voraus, sind Empfehlungen zu vorbeugenden Maßnahmen, zum Verhalten bei der Betroffenen veranlasst.

409 Anzuraten ist, die Mitarbeiter des Unternehmens grundsätzlich über sachgerechtes Verhalten bei einer Durchsuchung zu informieren, je nach Größe des Unternehmens auch durch schriftliche Verhaltensempfehlungen. So sollte im Unternehmen klargestellt sein, dass bei Erscheinen der Durchsuchungsbeamten unverzüglich ein für diesen Fall unternehmensintern bestimmter Koordinator, etwa ein Mitarbeiter der Rechtsabteilung, zu informieren ist, der wiederum den Verteidiger herbeizurufen hat. Die Durchsuchungsbeamten sollten aufgefordert werden, mit der Durchsuchung bis zum Erscheinen des Verteidigers, jedenfalls des Unternehmenskoordinators zuzuwarten, der ihnen dann einen separaten Besprechungsraum zuweisen sollte. Auf eine Aushändigung des in aller Regel existenten Durchsuchungsbeschlusses ist zu bestehen[583] und sodann, soweit unmittelbare Einwendungen gegen die Maßnahme nicht erhoben werden können, der Ablauf der Durchsuchung zu besprechen. Eine Kooperation ist in jedem Fall anzubieten, um zum einen die regelmäßig angespannte Durchsuchungsatmosphäre zu lockern, zum anderen einer unnötigen Ausweitung der Durchsuchungsmaßnahme vorzubeugen. Eine Mitwirkung beim Heraussuchen der gesuchten Unterlagen kann deshalb durchaus sinnvoll sein, was mit einer freiwilligen Herausgabe nicht verwechselt werden darf. Eine solche sollte allenfalls nach Rücksprache mit dem herbeigerufenen Verteidiger erfolgen. Vor allem sind die Mitarbeiter des Unternehmens darauf hinzuweisen, dass Angaben zur Sache, sei es als Betroffener/Beschuldigter, sei es als Zeuge, im Zuge einer Durchsuchungsmaßnahme nicht gemacht werden sollen. Über das grundsätzliche Aussageverweigerungsrecht eines Betroffenen/Beschuldigten, das Recht eines Zeugen auf Hinzuziehung eines Anwalts seiner Wahl als Beistand sollten die Mitarbeiter des Unternehmens ebenfalls unterrichtet werden. Schließlich darf der Hinweis darauf nicht fehlen, dass die Vernichtung von Beweismitteln nach § 258 StGB strafbar sein kann, im Übrigen den Haftgrund der Verdunklungsgefahr zu begründen geeignet ist.

4. Soll ich mit der Kartellbehörde kooperieren?

410 Diese Frage kann sich bei der Bearbeitung kartellrechtlicher Mandate bereits vor Einleitung eines Ermittlungsverfahrens ergeben, stellt sich jedoch in jedem Fall nach Verfahrenseinleitung und ist zügig mit dem Betroffenen oder den Entscheidungsträgern eines betroffenen Unternehmens zu klären. Voraussetzung ist in jedem Fall, dass die Beweislage oder auch das Risiko lediglich abwehrender Verteidigung zu überblicken ist. Keinesfalls soll hier einem Wettrennen um den Preis des ersten Geständnisses das Wort geredet werden, allerdings ist die auf nationaler wie auch europäischer Ebene praktizierte „Kronzeugenregelung"[584] angesichts drohender Bußgeldsummen für das betroffene Unternehmen oder auch die betroffenen Einzelpersonen tatsächlich ausreichender Anlass zu emotionsfreier Strategieüberlegung in dieser Richtung. Hinzukommt, dass es eine Reihe triftiger Gründe dafür geben kann, den Weg der Schadensbegrenzung mit der Suche nach einem vereinfachten und einvernehmlichen Verfahrensabschluss zu wählen. So kann der mit einem aufwändigen, in der Öffentlichkeit geführten Verfahren verbundene Imageverlust eines Unternehmens und der nicht zuletzt hierdurch verursachte wirtschaftliche Schaden, die im Falle eines langwierigen Verfahrens anfallenden Kosten, wie auch die bestehende Bußgeld- bzw. Strafdrohung ein gewichtiges Argument für eine Kooperation mit den Kartellbehörden sein.

411 In der Praxis der Kartellrechtsordnungswidrigkeiten gibt es durchaus Beispiele, in denen durch rechtzeitige und umfassende Aufklärungshilfe eine Bebußung sogar vermieden werden konnte. So blieb etwa im Zusammenhang mit Preisabsprachen für einen Futtermittelzusatz ein Unternehmen von Sanktionen alleine deshalb vollständig verschont, weil es das Kartell bei der Europäischen Kommission angezeigt und entscheidende Beweise geliefert hatte, während die deutsche Degussa AG in gleichem Zusammenhang mit einem Bußgeld in Höhe von 118 Mio. € belegt worden war.

---

[582] Siehe hierzu Rdnr. 340.
[583] Siehe hierzu Rdnr. 334.
[584] Siehe hierzu Rdnr. 163 ff. und 390 ff.

Bei unverzüglicher Kontaktaufnahme mit der Kartellbehörde kann unter Umständen sogar die Zusage einer Nichtaufnahme oder Einstellung des Verfahrens bei leichteren Verstößen in Betracht kommen,[585] soweit umfassende Aufklärungsbereitschaft angeboten wird.

Bedacht werden muss in diesem Zusammenhang allerdings stets, dass Zuwiderhandlungen, die als Straftaten etwa bei Submissionsabsprachen nach § 298 StGB oder § 263 StGB zu qualifizieren sind, auch bei einem Kronzeugen als unmittelbar Handelndem oder bei dem verantwortlich handelnden Mitarbeiter des Unternehmens, das sich zu einer uneingeschränkten Kooperation mit der Kartellbehörde entschlossen hat, in vollem Umfang strafbar bleiben.[586] Auch die Regelung aus § 298 StGB zu tätiger Reue kann diese Konsequenz nur bei einer Erfolgsverhinderung in engen zeitlichen Grenzen vermeiden helfen.[587] Nachdem sich allerdings ein funktionierendes Submissionskartell dadurch auszeichnet, dass es auf Dauer angelegt ist und damit in der Regel eine Vielzahl beendeter Straftaten in sich birgt, kann eine Strafverfolgung auch bei umfassender Aufklärungsbereitschaft regelmäßig nicht verhindert werden. Aber auch im Strafverfahren lassen sich unter Umständen mit der Bereitschaft umfassender Kooperation Verfahrensabschlüsse erzielen, die dem Betroffenen schwerwiegende Konsequenzen ersparen. So bleibt bei einer Verfahrenseinstellung nach § 153 a StPO nach ständiger Rechtsprechung des BVerfG die Unschuldsvermutung des Beschuldigten gewahrt,[588] kann mit einem Verfahrensabschluss mit Geldstrafe nicht über 90 Tagessätzen ein Eintrag im Führungszeugnis vermieden werden,[589] schafft die bei der Staatsanwaltschaft nur zu gerne geübte Praxis, Sachverhalte, die erst durch Einvernahme des Beschuldigten bekannt werden, nach § 154 Abs. 1 StPO aus der Strafverfolgung auszuscheiden, die Möglichkeit „Leichen aus dem Keller" des Beschuldigten ohne Risiko für die eigene Person zu entsorgen. 412

Abgesehen davon, dass diese immer mehr um sich greifende Kronzeugen-Praxis zu einem grausamen Wettlauf um das erste Geständnis führen kann, darf in der Beratung keinesfalls übersehen werden, dass sich an die Offenbarung einer Beteiligung an einem rechtswidrigen Kartell nicht unbeachtliche Schadensersatzansprüche gegen den Kronzeugen anschließen können. Auch wird seitens der Ermittlungsbehörden in solchen Fällen gerne der Nachweis grundlegender Umstrukturierungen im Unternehmen zur Voraussetzung einvernehmlicher Lösung erhoben. Deshalb ist regelmäßig eine nicht unerhebliche berufliche Konsequenz für den einzelnen Betroffenen mit dieser Verteidigungsstrategie verbunden, in Folge auch ein nicht unbeträchtlicher Ansehensverlust des Unternehmens bzw. der Unternehmensführung. So wird zwar allgemein der Verrat, nicht aber der Verräter geliebt. Hier mag im Einzelfall das Risiko einer (teilweisen) Aufdeckung kartellrechtswidriger Verhaltensweisen bei abwehrender Verteidigungsstrategie gegen die Konsequenz einer umfassenden Aufklärungshilfe abgewogen werden. 413

5. Ich wusste nicht, dass mein Handeln verboten ist, ich habe doch nur im Interesse meines Unternehmens und aus wirtschaftlichem Druck gehandelt!

Regelmäßig wird in Kartellmandaten durch die Betroffenen vorgetragen, dass sie zur Beteiligung an einem verbotenen Kartell ausschließlich im Interesse ihres Unternehmens gezwungen waren. Von Notkartellen ist die Rede, oder davon, dass eine Beteiligung am Kartell nur in Vermeidung eines ruinösen Wettbewerbs zur Existenzsicherung, zur Auslastung des Unternehmens und Sicherung von Arbeitsplätzen geboten war, dass der Standard erbrachter Leistung nur mit dem im Kartell gebildeten Preis zu halten war. Diese Argumente haben in der Regel einen tatsächlichen Hintergrund, der durch den Verteidiger gegebenenfalls näher aufzuklären, jedenfalls mit dem gebotenen Nachdruck in das Verfahren einzuführen ist. 414

Soweit entsprechende Umstände nicht bereits auf der Tatbestandsebene etwa im Zusammenhang mit der Indizienrechtsprechung des BGH zum Vermögensschaden beim Submissionsbetrug[590] oder etwa im Zusammenhang mit dem Merkmal der Unbilligkeit bei Kartellordnungs- 415

---

[585] *Göhler* § 47 Rdnr. 20 b.
[586] Siehe hierzu Rdnr. 393.
[587] Siehe hierzu Rdnr. 304.
[588] Vgl. u. a. BVerfG MDR 1991, 891, 892; NStZ-RR 1996, 168.
[589] § 32 Abs. 2 BZRG.
[590] Siehe hierzu Rdnr. 282 ff.

widrigkeiten⁵⁹¹ für das Verfahren verwertet werden können, ist regelmäßig eine Prüfung auf der Ebene der Rechtswidrigkeit veranlasst.⁵⁹² Jedenfalls aber sollte sich mit diesen gegebenenfalls mit Hilfe eines Sachverständigen im Einzelnen belegbaren Besonderheiten eines Kartellverstoßes im Rahmen notwendiger Straf- und Bußgeldbemessung erfolgreich argumentieren lassen.⁵⁹³

416   Gerade in Kartellverfahren stellt sich – von klaren Fällen der Submissionsabsprache abgesehen – zudem durchaus häufig die Frage, wie ein Irrtum des Betroffenen zu behandeln ist. In vielen Fällen werden die Voraussetzungen vorsatzausschließenden Tatbestandsirrtums zu prüfen sein,⁵⁹⁴ jedenfalls aber werden Unsicherheiten eines Täters über das Verbotensein seines Handelns bei der Bußgeldbemessung zu berücksichtigen sein.⁵⁹⁵

6. Wie kann ich einer Verletzung der Aufsichtspflicht vorbeugen?

417   Diese Frage ist auch im Falle präventiver Vorfeldberatung deshalb von hoher Bedeutung, weil die Verhängung einer Unternehmensgeldbuße nach § 30 OWiG regelmäßig die Zuwiderhandlung eines vertretungsberechtigten Organs voraussetzt. Im Regelfall wird der Nachweis für eine Beteiligung des Organs an dem Kartellverstoß nicht nachzuweisen sein, weil häufig Unternehmensmitarbeiter unmittelbar handeln, die unterhalb der Führungsebene im Unternehmen beschäftigt sind. Deshalb wird von den Kartellbehörden stets auch nach Verletzungen bestehender Aufsichtspflichten gesucht, um über die Brücke des § 130 OWiG den Zugang zu einer Unternehmensbebußung zu eröffnen.⁵⁹⁶

418   In diesem Zusammenhang ist eine Auseinandersetzung mit umfangreicher Rechtsprechung unverzichtbar.⁵⁹⁷ Das Ausmaß notwendiger Aufsichtsmaßnahmen ist abhängig von dem konkreten Einzelfall, insbesondere auch von der Größe des Unternehmens. Höhere Anforderungen sind stets dann zu stellen, wenn es in der Vergangenheit bereits zu kartellrechtswidrigen Verhaltensweisen gekommen war, oder wenn das Unternehmen in einer besonders anfälligen Branche tätig ist, etwa als Bauunternehmen im Rahmen von Ausschreibungen der öffentlichen

419   Hand.⁵⁹⁸ Im Wesentlichen sind folgende Hinweise unverzichtbar:

Checkliste:

☐ Delegiert der Unternehmensinhaber die grundsätzlich ihm obliegende Aufsichtspflicht, so hat er die Beauftragen lückenlos anzuweisen.⁵⁹⁹
☐ Der Aufsichtspflichtige hat sein Personal unter dem Aspekt der Zuverlässigkeit grundsätzlich sorgfältig auszuwählen.
☐ Das Personal ist vom Aufsichtspflichtigen regelmäßig, am besten schriftlich, über einschlägige kartellrechtliche Bestimmungen anhand typischer Beispiele aus der Praxis zu unterrichten, gegebenenfalls ist dem für die Abgabe von Angeboten und die Akquisition von Aufträgen verantwortlichen Personenkreis ausdrücklich zu verbieten, sich an Absprachen zu beteiligen.⁶⁰⁰
☐ Der Aufsichtspflichtige hat auch klare und eindeutige Anweisungen zu erlassen, wie sich Mitarbeiter zu verhalten haben, wenn von außen an sie das Ansinnen auf Beteiligung an Preisabsprachen herangetragen wird.⁶⁰¹

---

⁵⁹¹ Siehe hierzu Rdnr. 246.
⁵⁹² Siehe hierzu Rdnr. 262 ff.
⁵⁹³ Vgl. KG vom 17.3.1993 WuW/E OLG 5121, 5131 – Treibstoffzulage; OLG Düsseldorf vom 3.3.1981 WuW/E OLG 2488, 2494 – Heizölspediteure.
⁵⁹⁴ Siehe hierzu Rdnr. 256.
⁵⁹⁵ Vgl. KG vom 24.3.1972 WuW/E OLG 1253, 1264 – Tubenhersteller; OLG Frankfurt vom 17.2.1992 WuW/E OLG 4944, 4950 – Fahrschullehrerabsprache.
⁵⁹⁶ Siehe hierzu Rdnr. 207.
⁵⁹⁷ Siehe hierzu Rdnr. 195 ff.
⁵⁹⁸ Siehe hierzu Rdnr. 202.
⁵⁹⁹ Siehe hierzu Rdnr. 196.
⁶⁰⁰ Vgl. OLG Stuttgart wistra 1987, 35.
⁶⁰¹ Vgl. OLG Stuttgart wistra 1987, 35.

☐ Betriebsangehörige, die an gefährdeter Position beschäftigt sind, hat der Aufsichtspflichtige stichprobenartig in unregelmäßigen Abständen zu überprüfen,[602] gegebenenfalls ist ab einer bestimmten Größe des Unternehmens zu diesem Zweck eine Revisionsabteilung einzurichten.
☐ Der Aufsichtspflichtige ist gehalten, Fälle von Zuwiderhandlungen durch unternehmensinterne Maßnahmen zu ahnden.

Insgesamt kann den Aufsichtspflichtigen nur ein klares Sicherheitskonzept im Unternehmen vor etwaigen Vorwürfen im Zusammenhang mit möglicher Verletzung der Aufsichtspflicht schützen, das regelmäßige Überwachung mit schriftlicher Dokumentation ergangener Weisungen vorsieht. In diesem Zusammenhang werden den Unternehmen zunehmend sog. Compliance-Programme angeboten, die unternehmensintern der Überprüfung und Schulung von Mitarbeitern dienen und die Einhaltung betriebsbezogener Vorschriften sicherstellen sollen.[603]

7. Wie kann ich bei kartellrechtlichen Untersuchungen die Mitarbeiter meines Unternehmens schützen?

Zunächst ist bei entsprechender Fragestellung eines Unternehmensinhabers abzuklären, wer im Unternehmen von dem geführten Kartellverfahren überhaupt betroffen sein kann. In einem zweiten Schritt ist dann zu prüfen, ob die so herausgefilterten Mitarbeiter des Unternehmens für das Verfahren als Beschuldigte/Betroffene oder als Zeugen in Betracht kommen. Diese Fragen können durch den Verteidiger des Unternehmens keinesfalls alleine und in Einzelgesprächen mit den Betroffenen geklärt werden. Lediglich eine Vorprüfung anhand zur Verfügung stehender Unterlagen und/oder mit Hilfe eines Verantwortlichen des Unternehmens kann in diesem Zusammenhang durchgeführt werden

Hat sich der Verteidiger auf diese Weise einen groben Überblick verschafft, kann er den Entscheidungsträgern des Unternehmens Vorschläge für eine anwaltliche Betreuung der Betroffenen unterbreiten. Insbesondere bei den Zeugen, die nach Vorprüfung bei wahrheitsgemäßen Angaben in der Gefahr eigener Verfolgung stehen, ist die Hinzuziehung eines Rechtsanwalts als Zeugenbeistand anzuraten. Dieser kann grundsätzlich mehrere Personen nebeneinander als Zeugen betreuen, soweit sich eine Interessenkollision nicht abzeichnet.[604] Er kann in vertraulichen Einzelgesprächen abklären, ob die Voraussetzungen für eine Auskunftsverweigerung nach § 55 StPO gegeben sind, ob gegebenenfalls das Auskunftsverweigerungsrecht in Berücksichtigung ständiger Rechtsprechung zu einem Aussageverweigerungsrecht erstarkt.[605] Er kann einer Zeugenvernehmung beiwohnen und auf eine korrekte Belehrung seines Mandanten und die Einhaltung des Beweisthemas achten. In geeigneten Fällen kann er sich nach Absprache mit den Kartellbehörden auch auf die Abgabe einer schriftlichen Stellungnahme seines Mandanten verständigen.

Wichtig ist in diesem Zusammenhang, dass Zeugen in jeder Lage des Verfahrens beanspruchen können, einen Rechtsbeistand ihres Vertrauens hinzuzuziehen, wenn sie dies für erforderlich halten. Dass ein Zeuge dies auch bei einem unvorbereiteten Vernehmungsversuch im Zuge des Durcheinanders einer Durchsuchung beanspruchen sollte, ist an dieser Stelle besonders hervorzuheben.

8. Darf ich die Verteidigerkosten, gegebenenfalls auch Geldstrafen und Geldbußen meiner Mitarbeiter übernehmen?

Die besondere Konstellation im Kartellverfahren, in dem unter bestimmten Voraussetzungen neben den verantwortlich Handelnden auch das Unternehmen bebußt werden kann, bringt es regelmäßig mit sich, dass diese Frage im Zuge der Mandatsbearbeitung zur Beantwortung

---

[602] BGHSt 25, 158, 163.
[603] Vgl. hierzu etwa *Lampert* BB 2002, 2237; *Hauschka* NJW 2004, 257 ff.
[604] *Meyer-Goßner* StPO Vorbem. § 48 Rdnr. 11.
[605] Siehe hierzu Rdnr. 342 ff.

ansteht. So kann es durchaus auch im Interesse des (betroffenen) Unternehmens sein, eine qualifizierte Verteidigung exponierter Mitarbeiter zu organisieren und auch zu finanzieren und für die Mitarbeiter aus dem Verfahren entstehende Belastungen zu übernehmen.

425 Der BGH hat hierzu klargestellt, dass die Bezahlung einer Geldstrafe durch Dritte jedenfalls nicht als Strafvereitelung nach § 258 Abs. 2 StGB zu qualifizieren ist.[606] Nichts anderes kann deshalb erst recht für die Bezahlung von Bußgeldern aus dem Ordnungswidrigkeitenrecht, von Geldauflagen nach § 153 a StPO und Geldbußen als Bewährungsauflagen gelten, die sämtlich nicht als „Strafe" im eigentlichen Sinne zu bewerten sind. So hat zwar die Geldbuße des Ordnungswidrigkeitenrechts repressiven Charakter, ist jedoch keine Strafe.[607] Die Geldauflage nach § 153 a StPO hat angesichts des Zustimmungserfordernisses des Beschuldigten keinen strafähnlichen Charakter.[608] Die Geldauflage aus einem Bewährungsbeschluss kann als Voraussetzung für die Strafaussetzung allenfalls als strafähnliche Maßnahme qualifiziert werden[609] Dass die Bezahlung von Verteidigerkosten nicht unter § 258 StGB fallen kann, liegt im Übrigen auf der Hand.

426 Allerdings sind in den Fällen, in denen Entscheidungsträger die Vermögensinteressen ihrer Gesellschaft zu wahren haben, stets die Voraussetzungen möglicher Strafbarkeit wegen Untreue i. S. d. § 266 StGB zu prüfen.[610] Beschließen beispielsweise die Aufsichtsratsmitglieder einer Aktiengesellschaft, dass diese die Geldstrafen, Geldbußen oder Geldauflagen von Vorstandsmitgliedern zu tragen hat, führt dies grundsätzlich kausal zu einer Vermögenseinbuße der Gesellschaft, damit zu einem Nachteil i. S. d. § 266 StGB. Fraglich bleibt im Einzelfall nur, ob mit der Zahlung Vermögensbetreuungspflichten verletzt werden, ob eine Zahlung der Sorgfalt eines ordentlichen und gewissenhaften Geschäftsmannes entspricht. Deshalb muss stets genau geprüft werden, ob das in diesem Zusammenhang bestehende unternehmerische Ermessen mit einer Entscheidung zur Zahlungsübernahme pflichtgemäß im Interesse des Unternehmens ausgeübt werden kann. Dabei kann für die vorzunehmende Abwägung eine wesentliche Rolle spielen, welchen Schaden die Gesellschaft bei einer Fortsetzung des Verfahrens in der Öffentlichkeit zu erwarten hätte. Grundsätzlich ist zu empfehlen, die in diesem Zusammenhang notwendigen Erwägungen zu dokumentieren.[611] Stets ist dabei zu beachten, dass der BGH für den verantwortlich Handelnden einer Körperschaft des öffentlichen Rechts, eines Abwasserverbandes, festgestellt hatte, dass es unter dem Aspekt des § 266 StGB unzulässig sei, öffentliche Mittel für die Bezahlung von gegen Beschäftigte verhängte Geldstrafen zu verwenden.[612] Zumindest hat der BGH in der gleichen Entscheidung klargestellt, dass die Übernahme der Gerichts- und Anwaltskosten der betroffenen Beschäftigten angesichts grundsätzlicher Fürsorgepflicht des Arbeitgebers nicht zu beanstanden sei.

9. Kann ich eine gegen mich oder mein Unternehmen verhängte Geldbuße und/oder gegen Mitarbeiter meines Unternehmens festgesetzte Geldsanktionen bzw. insoweit übernommene Verteidigerkosten von der Steuer absetzen?

427 Gem. § 12 Nr. 4 EStG können in einem Strafverfahren festgesetzte Geldstrafen, sonstige Rechtsfolgen vermögensrechtlicher Art, bei denen der Strafcharakter überwiegt, und Leistungen zur Erfüllung von Auflagen oder Weisungen, soweit diese nicht lediglich der Wiedergutmachung des durch die Tat verursachten Schadens dienen, weder bei den einzelnen Einkunftsarten noch vom Gesamtbetrag der Einkünfte abgezogen werden. Im Übrigen kann der Gewinn gem. § 4 Abs. 5 Nr. 8 S. 1 EStG grundsätzlich auch nicht durch die von einem Gericht oder einer Behörde der Bundesrepublik Deutschland oder von Organen der Europäischen Gemeinschaft festgesetzte Geldbußen, Ordnungs- oder Verwarnungsgelder als Betriebsausgaben gemindert werden. Damit sind im Grundsatz nach geltender Rechtslage weder Zahlungsverpflichtungen

---

[606] BGHSt 37, 226, 229.
[607] Vgl. *Göhler* Vorbem. § 1 Rdnr. 9.
[608] Vgl. *Kleinknecht/Meyer-Goßner* § 153 a Rdnr. 12; BGHSt 28, 174, 176.
[609] Vgl. *Tröndle/Fischer* § 56 b Rdnr. 2.
[610] Siehe hierzu *Poller* StraFo 2005, 274 ff.
[611] *Ignor/Rixen* wistra 2000, 448, 450.
[612] BGH NJW 1991, 990, 991.

mit Strafcharakter noch Bußgelder aus einem nationalen oder europäischen Kartellordnungswidrigkeitenverfahren für den Steuerpflichtigen absetzbar.[613]

Eine Ausnahme gilt gem. § 4 Abs. 5 S. 1 Nr. 8 S. 4 EStG nur für den Betrag, der nach nationalem Recht gem. § 17 Abs. 4 OWiG zur Abschöpfung des erlangten wirtschaftlichen Vorteils[614] abgeschöpft worden ist. Das BVerfG hatte hierzu 1990 festgestellt, dass entweder die Geldbuße mit dem Abschöpfungsbetrag bei der Einkommensbesteuerung abgesetzt oder ihrer Bemessung nur der um die absehbare Einkommensteuer verminderte Betrag zugrunde gelegt werden kann.[615] So ist zwischen dem Teil der Geldbuße zu unterscheiden, der auf die Ahndung der Zuwiderhandlung entfällt, und dem Teil, mit dem der erlangte wirtschaftliche Vorteil nach § 17 Abs. 4 OWiG abgeschöpft werden soll. Damit greift das Abzugsverbot aus § 4 Abs. 5 S. 1 Nr. 8 S. 1 EStG nur dann in vollem Umfang, wenn bei Festsetzung des wirtschaftlichen Vorteils i. S. d. § 17 Abs. 4 OWiG der hierauf entfallende Steuerbetrag abgezogen worden ist. Entsprechendes gilt auch für die Körperschafts- und Gewerbesteuer.[616] Grundsätzlich kann es damit für ein Unternehmen in nationalen Kartellverfahren durchaus interessant sein, den Abschöpfungsanteil an der Unternehmensgeldbuße gegebenenfalls im Wege einer Verständigung mit den Kartellbehörden so hoch wie möglich zu halten.

Die Übernahme von gegen Mitarbeiter verhängten Geldsanktionen durch den Arbeitgeber ist beim Arbeitnehmer grundsätzlich als steuerpflichtiger Lohn zu qualifizieren, es sei denn, die Übernahme liegt im ganz überwiegend eigenbetrieblichen Interesse. Der Arbeitgeber ist berechtigt, entsprechende Zahlungen als Betriebsausgaben abzusetzen. Vom Arbeitgeber übernommene Verteidigerhonorare eines Mitarbeiters sind hingegen dann nicht als steuerpflichtiger Arbeitslohn zu qualifizieren, wenn der Schuldvorwurf durch ein betrieblich bedingtes Fehlverhalten veranlasst ist. Gleichwohl sind auch diese Kosten für den Arbeitgeber Betriebsausgaben.[617]

10. Soll ich gegen den Bußgeldbescheid der Kartellbehörde Rechtsmittel einlegen?

Dieser Punkt bedarf durchaus sensibler Prüfung im Einzelfall. Zum einen gilt wie im Strafbefehlsverfahren des Strafprozess das Verschlechterungsverbot nicht,[618] zum anderen ist noch in der Hauptverhandlung vor dem Kartellsenat des zuständigen OLG bei einer Veränderung der Sach- und Rechtslage ein Übergang ins Strafverfahren möglich.[619]

Soweit man sich in Abstimmung mit dem Mandanten zu einem Einspruch entschließt, sollte nicht zuletzt im Hinblick auf eine mögliche Beschlussentscheidung des OLG nach § 72 OWiG eine schriftliche Begründung eingereicht werden. Damit kann unter Umständen auch noch einmal die Basis für ein Gespräch mit der Kartellbehörde mit dem Ziel einer einverständlichen Erledigung geschaffen werden. Die Kartellbehörde hat in diesem Verfahrensstadium noch die Möglichkeit, ihren eigenen Bescheid zurückzunehmen.

VIII. Checklisten

1. Die Verhängung einer Geldbuße nach § 81 GWB

Checkliste:

☐ Wer hat gehandelt?
- Richten sich kartellrechtliche Ge- oder Verbote an das Unternehmen als Normadressat, können Zuwiderhandlungen nur durch den in § 9 OWiG bestimmten Personenkreis begangen werden.
- Ist der Täterkreis unbeschränkt, kommt jedermann als Täter in Betracht.

---

[613] Vgl. hierzu FG Rheinland-Pfalz vom 15.7.2003 WuW/E DE-R 1280.
[614] Siehe hierzu Rdnr. 384; BGH vom 25.4.2005 WuW/E DE-R 1487 – Steuerfreie Mehrerlösabschöpfung.
[615] BVerfGE 81, 228, 238 f. = wistra 1990, 223; *Achenbach* WuW 1997, 393, 396.
[616] § 8 KStG; § 7 GewStG.
[617] Siehe hierzu *Spatschek/Ehnert* StraFo 2005, 265, 269 m. w. N.
[618] Siehe hierzu Rdnr. 364, 371.
[619] Siehe hierzu Rdnr. 373.

- ☐ Ist der objektive Tatbestand erfüllt?
  - Die Voraussetzungen der jeweils über § 81 GWB in Bezug genommenen Ge- oder Verbote müssen erfüllt sein.
  - Im Hinblick auf eine mögliche Irrtumsproblematik bedarf genauer Prüfung, welche Merkmale zum Tatbestand gehören.
- ☐ Ist der subjektive Tatbestand erfüllt?
  - Vorsätzliches Handeln setzt voraus, dass der Vorsatz des Täters sämtliche Merkmale der Ge- oder Verbotsnorm erfasst. Handelt der Täter insoweit irrtümlich, kommt ein vorsatzausschließender Tatbestandsirrtum in Betracht.
  - Bei verschiedenen Bußgeldtatbeständen kommt auch eine fahrlässige Begehensweise in Betracht.
- ☐ Liegen Rechtfertigungsgründe vor?
  - Ein Irrtum in diesem Zusammenhang ist als vermeidbarer Verbotsirrtum grundsätzlich unbeachtlich.
  - Auf eine Berücksichtigung entsprechender Umstände ist jedenfalls im Rahmen der Bußgeldbemessung zu achten.

2. Die Verhängung einer Geldbuße nach § 130 OWiG

Checkliste:

- ☐ Liegt eine Anknüpfungstat vor?
  - Eine betriebsbezogene Pflicht muss verletzt sein, hierzu zählen im Kartellrecht sämtliche Ge- und Verbote, die sich an das Unternehmen als Normadressat wenden.
  - Die Anknüpfungstat muss allerdings in der Person des unmittelbar Handelnden nicht als Straftat oder Ordnungswidrigkeit geahndet werden können.
  - Ebenso wenig muss die Identität des Täters feststehen.
- ☐ Sind die erforderlichen Aufsichtsmaßnahmen unterlassen worden?
  - Das Maß erforderlicher Aufsichtsmaßnahmen orientiert sich grundsätzlich an dem Gebot objektiver Erforderlichkeit und Zumutbarkeit.
  - Die Aufsichtsmaßnahmen, die zur Abwendung konkreter Zuwiderhandlungsgefahren geeignet gewesen wären, müssen unterlassen worden sein.
- ☐ Wer hat die Aufsichtspflicht verletzt?
  - Grundsätzlich ist der Täterkreis gem. § 130 Abs. 1 OWiG auf den Inhaber des Unternehmens begrenzt.
  - § 9 OWiG erweitert den Täterkreis allerdings auch auf die für den Unternehmensinhaber handelnden gesetzlichen und gewillkürten Vertreter
- ☐ Besteht ein ursächlicher Zusammenhang zwischen der Anknüpfungstat und der Aufsichtspflichtverletzung?
  - Davon ist auszugehen, wenn die gebotene und zumutbare Aufsichtsmaßnahme geeignet gewesen wäre, der Gefahr einer Zuwiderhandlung wirksam zu begegnen.
  - Des weiteren muss ein spezifischer Schutzzweckzusammenhang zwischen der Aufsichtspflichtverletzung und der Zuwiderhandlung bestehen.

3. Die Verhängung einer Unternehmensgeldbuße nach § 30 OWiG

Checkliste:

☐ Liegt eine Anknüpfungstat vor?
- Eine Straftat oder Ordnungswidrigkeit muss rechtswidrig und schuldhaft begangen sein.
- Der Täter muss dem Personenkreis aus § 30 Abs. 1 OWiG angehören. Ob ein Bestellungsakt wirksam ist, ist unerheblich.
- Die Identität des Täters muss nicht festgestellt sein.

☐ Ist durch die Tat eine betriebsbezogene Pflicht verletzt oder das Unternehmen bereichert bzw. sollte es bereichert werden?
- Zu den betriebsbezogenen Pflichten zählen im Kartellrecht sämtliche Ge- und Verbote, die sich an Unternehmen als Normadressaten wenden.
- Die Aufsichtspflicht aus § 130 OWiG ist stets eine betriebsbezogene Pflicht.
- Bei einer Bereicherung des Unternehmens muss die Anknüpfungstat nicht in der Verletzung betriebsbezogener Pflichten bestehen.

☐ Hat der Täter in seiner Funktion als Vertreter gehandelt?
- Erforderlich ist, dass der Täter in Wahrnehmung der Angelegenheiten des Unternehmens gehandelt hat.
- Ausreichend ist dabei ein Handeln zumindest auch im Interesse des Unternehmens.

4. Die Bußgeldbemessung nach deutschem Recht

Checkliste:

☐ Von welchem Bußgeldrahmen ist auszugehen?
- Für schwere Kartellordnungswidrigkeiten ist nach § 81 Abs. 4 S. 1 GWB ein Bußgeldrahmen bis zu 1 Mio. € bestimmt, der im Zusammenhang mit der Bebußung eines Unternehmens gem. § 81 Abs. 4 S. 2 GWB auf bis zu 10 % des im Vorausgegangenen Geschäftsjahr erzielten Gesamtumsatzes angehoben werden kann.
- Für leichtere Kartellordnungswidrigkeiten ist nach § 81 Abs. 4 S. 3 GWB ein Bußgeldrahmen von bis zu 100.000 € bestimmt.
- Für Aufsichtspflichtverletzungen im Zusammenhang mit Kartellordnungswidrigkeiten oder Straftaten verweist § 130 Abs. 3 S. 2 und S. 3 OWiG auf den Bußgeldrahmen aus § 81 Abs. 4 GWB.
- Zur Bestimmung von Unternehmensgeldbußen im Zusammenhang mit Kartellordnungswidrigkeiten oder Straftaten verweist § 30 Abs. 2 S. 2 und 3 OWiG auf den Bußgeldrahmen aus § 81 Abs. 4 S. 2 GWB.
- In allen Fällen ist für fahrlässige Zuwiderhandlungen die Reduzierung des Bußgeldrahmens nach § 17 Abs. 2 OWiG zu beachten.

☐ Wie ist die richtige Bußgeldhöhe aus dem zugrunde gelegten Bußgeldrahmen zu bestimmen?
- Die konkrete Bußgeldbemessung ist für natürliche Personen grundsätzlich nach der allgemeinen Regel aus § 17 Abs. 3 OWiG in Berücksichtigung der Tat, des Vorwurfs und der wirtschaftlichen Verhältnisse des Täters vorzunehmen. Gem. § 81 Abs. 4 S. 4 GWB sind insbesondere die Schwere der Zuwiderhandlung und deren Dauer zu berücksichtigen. Bei Unternehmensgeldbußen ist die Höhe der Geldbuße an der Tat des unmittelbar Handelnden zu orientieren.
- Die Gewinnabschöpfungsregel des § 17 Abs. 4 OWiG, die nach § 81 Abs. 5 GWB zur Anwendung kommen **kann**, ermöglicht darüber hinaus, mit der Geldbuße den aus der Zuwiderhandlung gezogenen wirtschaftlichen Vorteil abzuschöpfen. Dies kann im Ergebnis zu einer Überschreitung des Höchstmaßes aus dem zugrunde gelegten Bußgeldrahmen führen.
- Besonderheiten zur Bußgeldbemessung enthält die sog. Bonusregelung des BKartA

5. Der Submissionsbetrug nach § 263 StGB

Checkliste:

- ☐ Täuschung, Irrtum, Vermögensverfügung?
  - Die Täuschung des Auftraggebers ist regelmäßig in der ausdrücklichen oder stillschweigenden Behauptung des Bieters begründet, der Angebotspreis sei ohne vorangegangene Preisabsprache zwischen den Bietern zustande gekommen.
  - In ursächlichem Zusammenhang damit verfügt der Auftraggeber in irriger Vorstellung mit Zuschlag an den Bieter.
- ☐ Vermögensschaden beim Eingehungsbetrug?
  - Nach BGH errechnet sich der Vermögensschaden aus der Differenz zwischen dem Angebotspreis und dem hypothetischen Wettbewerbspreis.
  - Eine Differenz ist nach BGH unter bestimmten Umständen indiziert, so etwa wenn Ausgleichszahlungen innerhalb des Kartells oder Schmiergeldzahlungen vorgenommen worden sind.
  - Eine Schätzung der Schadenshöhe ist zulässig, soweit eine exakte Ermittlung nicht möglich ist.

6. Die wettbewerbsbeschränkende Absprache bei Ausschreibungen nach § 298 StGB

Checkliste:

- ☐ Wer kann Täter sein?
  - Grundsätzlich kann jedermann Täter sein, unabhängig von seiner Stellung in dem im Absprachekreis vertretenen Unternehmen.
  - Als Mittäter kann auch derjenige in Betracht kommen, der absprachegemäß kein Angebot abgibt oder ein Schutzangebot einreicht, ebenso ein Mitarbeiter des Veranstalters, der in die Absprache eingeweiht ist.
- ☐ Was ist die Tathandlung?
  - Das Angebot des Täters muss dem Veranstalter einer Ausschreibung zugehen. Der Veranstalter kann auch ein privater Auftraggeber sein, soweit die Ausschreibung in Anlehnung an die Förmlichkeiten der Verdingungsordnungen erfolgt.
  - Das Angebot muss auf einer rechtswidrigen Absprache beruhen. Dies ist der Fall, wenn sie gegen Bestimmungen des Kartellrechts verstößt.
  - Die Absprache muss darauf gerichtet sein, den Veranstalter zur Annahme eines bestimmten Angebots zu veranlassen.
  - Der Eintritt eines Vermögensschadens ist nicht erforderlich.
- ☐ Was erfordert die innere Tatbestandsseite?
  - Der Täter muss vorsätzlich handeln.
  - Eine Schädigungsabsicht ist nicht erforderlich.

7. Die Voraussetzungen des Kartellverbots aus Art. 81 Abs. 1 EGV

Checkliste:

☐ Vereinbarungen zwischen Unternehmen, Beschlüsse von Unternehmensvereinigungen und aufeinander abgestimmte Verhaltensweisen sowohl auf der gleichen (horizontal) wie auch auf verschiedenen (vertikal) Wirtschaftsstufen.
☐ Die Verhaltensweise muss geeignet sein, den Handel zwischen den Mitgliedstaaten zu beeinträchtigen (sog. Zwischenstaatlichkeitsklausel).
☐ Mit der Verhaltensweise muss eine Verhinderung, Einschränkung oder Verfälschung des Wettbewerbs innerhalb des Binnenmarktes bezweckt oder bewirkt sein, was ausschließlich nach objektiven Kriterien zu bestimmen ist.
☐ Die Verhaltensweise muss zu einer spürbaren Wettbewerbsbeschränkung führen (ungeschriebenes Merkmal).
☐ Die Voraussetzungen der Ausnahmevorschrift des Art. 81 Abs. 3 EGV sind nicht erfüllt.

8. Die Voraussetzungen des Kartellverbots aus Art. 82 EGV

Checkliste:

☐ Ein oder mehrere Unternehmen haben eine beherrschende Stellung auf dem gemeinsamen Markt oder einem wesentlichen Teil desselben.
☐ Die beherrschende Marktstellung wird missbräuchlich ausgenutzt.
☐ Dieses Verhalten ist geeignet, den Handel zwischen den Mitgliedsstaaten zu beeinträchtigen (sog. Zwischenstaatlichkeitsklausel).

9. Die Verhängung einer Geldbuße wegen Verstoßes gegen Art. 81 oder 82 EGV nach EG-Kartellrecht

Checkliste:

☐ Die Sanktion kann sich nur gegen ein Unternehmen richten. Hierunter ist jede wirtschaftliche Einheit unabhängig von Rechtspersönlichkeit und Finanzierung zu verstehen, die am Wirtschaftsleben teilnimmt.
☐ Die Sanktion setzt ein zurechenbares schuldhaftes Handeln einer natürlichen Person voraus, die keine Organstellung innehaben, aber befugt sein muss, für das Unternehmen zu handeln.
☐ Eine Beschränkung des Wettbewerbs i. S. d. Art. 81 oder 82 EGV muss gegeben sein, die zumindest mittelbar geeignet ist, den Handel zwischen den Mitgliedstaaten zu beeinträchtigen.
☐ Die Zuwiderhandlung muss vorsätzlich oder fahrlässig begangen sein.
☐ Die Bußgeldbemessung orientiert sich in erster Linie an der Schwere und Dauer des Verstoßes.

§ 25 Publizität und Rechnungswesen

Übersicht

	Rdnr.
I. Verteidigungspraxis	1–30
1. Aufgaben und Interessen	1–10
a) Unternehmensbezogene Verteidigung	1/2
b) Verteidigung gegen den Vorwurf unzutreffender Werbung und/oder Außendarstellung	3–5
c) Verteidigung der persönlichen Interessen	6/7
d) Verfahrensbegleitende Öffentlichkeitsarbeit	8/9
e) Organisation der Aufgaben	10
2. Mandatsannahme und Beratung	11–20
a) Mandatsannahme	11
b) Beratungsinhalte	12/13
c) Auswirkungen des Verfahrens auf die berufliche Stellung	14
d) Erarbeiten einer Verteidigungsstrategie	15–20
3. Verteidigungshandeln	21–30
a) Informationsbeschaffung	21–24
b) Hinzuziehung von Spezialisten	25/26
c) Einwirken auf den Tatsachenstoff	27/28
d) Einwirken auf die rechtliche Beurteilung	29/30
II. Unrichtige Unternehmensabschlüsse	31–142
1. Einführung	31–63
a) Grundbegriffe	33–41
b) Pflicht zur Information	42–45
c) Strafnormen	46–49
d) Schutzzweck der Bilanzdelikte	50–63
2. Anwendungsbereich der Bilanzdelikte	64–91
a) Normgefüge	64–69
b) Zeitlicher Anwendungsbereich	70
c) Beginn der Bilanzierungspflicht	71
d) Pflichtabschlüsse und freiwillige Abschlüsse	72–74
e) Täterkreis der Bilanznormen	75–80
f) Vorsatz und Fahrlässigkeit	81–84
g) Folgen	85/86
h) Beginn, Versuch, Vollendung, Beendigung	87–89
i) Verjährung	90
j) Verletzte im Sinne der §§ 172, 406 e StPO	91
3. Tathandlungen nach § 331 Nr. 1-3 HGB	92–133
a) Unrichtige oder verschleierte Darstellung	95/96
b) Bedeutung der Ausfüllungsnormen	97
c) Erfassung der tatsächlichen Grundlagen des Unternehmens	98–102
d) Bewertung der Bilanzposten	103–105
e) Gliederung der Bilanz	106–108
f) Anhangsangaben	109
g) Bilanzpolitik, Bilanzkosmetik, Bilanzmanipulation	110–114
h) Einfluss der Bilanzauffassungen	115–119
i) Vermögens- und Gewinnermittlungsprinzipien	120–124
j) Sprachliche Unterschiede	125
k) Die Sicht des Sachverständigen	126
l) Wesentlichkeitsgrundsatz	127–131
m) Tathandlungen des Aufsichtsrates nach § 331 Nr. 1, 3 HGB	132/133
4. Tathandlungen nach § 334 HGB	134–142
a) Überblick	134–138
b) Tatbestände des § 334 HGB	139–141
c) Verfolgungsbehörde	142
III. Falsches Rechnungswesen	143–167
1. Überblick	143–150

§ 25 Publizität und Rechnungswesen

a) Begriffe	143–146
b) Aufzeichnungspflichten im Rechnungswesen	147–149
c) Sonstige Aufzeichnungen	150
2. Unrichtige Informationen in Handelsbüchern	151–159
a) Keine Strafbarkeit bei unrichtigen Handelsbüchern im HGB	151/152
b) Bankrottstrafrecht	153–157
c) Untreue	158
d) Steuergefährdung, leichtfertige Steuerverkürzung	159
3. Unrichtiges oder fehlendes Baubuch	160–167
a) Zweckwidrige Verwendung von Baugeld zum Nachteil des Handwerkers	161–164
b) Führung eines Baubuches	165–167
IV. Falsche Publizität	168–246
1. Überblick	168–175
a) Unternehmensinformationen in der Praxis	168
b) Beschränkter strafrechtlicher Schutz vor falscher Information	169–171
c) Gesetzliche Bestimmungen	172–174
d) Verteidigungsaufgaben	175
2. Unrichtige Information über die Verhältnisse des Unternehmens	176–209
a) Bedeutung, Wirkungen	176–178
b) Rechtsgut, Schutzzweck	179
c) Anwendungsbereich: Sonstige Übersichten und Darstellungen	180–188
d) Kundgabe einer Übersicht oder Darstellung der Verhältnisse	189–196
e) Vorträge und Auskünfte in der Hauptversammlung	197–201
f) Verschleierung	202
g) Erheblichkeit der Angaben	203–205
h) Vorsatz	206
i) Versuch, Vollendung, Beendigung	207
j) Besonderheiten nach § 147 Abs. 2 Nr. 1 GenG	208
k) Besonderheiten nach § 82 Abs. 2 Nr. 2 GmbHG (Geschäftslagetäuschung)	209
3. Unrichtige Informationen gegenüber Prüfern	210–226
a) Informationen für die Abschlusspflichtprüfung	210–221
b) Informationen für gesellschaftsrechtliche Sonderprüfungen	222/223
c) Informationen für die Gründungsprüfung	224
d) Informationen für die Geschäftsführungsprüfung bei Genossenschaften	225
e) Informationen für die Umwandlungsprüfung	226
4. Unrichtige Informationen in öffentlichen Ankündigungen	227/228
a) Gesellschaftsrechtliche Normen	227
b) Kapitalmarktrechtliche Normen	228
5. Verletzung der Geheimhaltungspflicht	229–246
a) Schutzumfang	229–233
b) Geheimhaltungspflichten von Organmitgliedern	234–242
c) Geheimhaltungspflicht der Wirtschaftsprüfer und sonstigen Sonderprüfer	243–246
V. Falsche Registerangaben	247–292
1. Überblick	247–258
a) Schutzzweck	247
b) Parallelität der Strafnormen	248/249
c) Gemeinsamkeiten beim Tatbestand	250–254
d) Gemeinsamkeiten der Rechtsfolgen	255
e) Verteidigungsfragen	256–258
2. Unrichtige Gründungsangaben	259–276
a) Tathandlungen des § 399 Abs. 1 Nr. 1 AktG	259–268
b) Tathandlungen des § 399 Abs. 1 Nr. 2 AktG	269/270
c) Tathandlungen des § 399 Abs. 1 Nr. 3 AktG	271–273
d) Tathandlungen nach § 82 Abs. 1 Nr. 1 GmbHG	274/275
e) Tathandlungen nach § 82 Nr. 2 GmbHG	276
3. Unrichtige Angaben über Kapitalveränderungen	277–283
a) Tathandlungen nach § 399 Abs. 1 Nr. 4 AktG	277/278
b) Tathandlungen nach § 399 Abs. 2 AktG	279/280
c) Tathandlungen nach § 82 Abs. 1 Nr. 3 GmbHG	281
d) Tathandlungen nach § 82 Abs. 1 Nr. 4 GmbHG	282
e) Tathandlungen nach § 82 Abs. 2 Nr. 1 GmbHG	283
4. Unrichtige Informationen bei Abwicklung der Gesellschaft	284–288
a) Tathandlungen nach § 399 Abs. 1 Nr. 5 AktG	284–286
b) Verschleppte Kapitalverlustmitteilung	287
c) Insolvenzverschleppung	288

§ 25 Teil C. Die Verteidung in spezifischen Deliktsfeldern

5. Unrichtige Angaben über Leitungspersonen	289–291
a) Tathandlungen nach § 399 Abs. 1 Nr. 6 AktG	289/290
b) Tathandlungen nach § 82 Abs. 1 Nr. 5 GmbHG	291
6. Unrichtige Angaben über die und bei der Umwandlung	292
VI. Unrichtige Prüfungsberichte	293–351
1. Überblick	293–308
a) Entwicklung	293/294
b) Funktion der Abschlussprüfung	295
c) Prüfung und Bewertung	296–299
d) Verhinderung von Bilanzmanipulationen	300–308
2. Grundlagen der Abschlussprüfung	309–313
a) Berufsrecht des Wirtschaftsprüfers	309
b) Handlungsgrundsätze	310
c) Prüfungsstandards	311/312
d) Berufsrechtliche Verfahren	313
3. Strafnormen, Ordnungswidrigkeiten	314–328
a) Überblick	314–316
b) Anwendungsbereich des § 332 HGB	317–319
c) Tatmittel nach § 332 Abs. 1 StGB	320–322
d) Unrichtige Berichterstattung, § 332 Abs. 1 1. Fall HGB	323
e) Unterlassene Berichterstattung, § 332 Abs. 1 2. Fall HGB	324
f) Unrichtiger Bestätigungsvermerk, § 332 Abs. 1 3. Fall HGB	325
g) Vorsatz	326
h) Qualifikation, § 332 Abs. 2 HGB	327
i) Beginn, Vollendung, Beendigung, Verjährung	328
4. Sonstige strafrechtliche Bedeutung des Prüfungsberichts	329–335
a) Entwicklungen	329/330
b) Beihilfe zur unrichtigen Bilanzierung	331/332
c) Beihilfe zum Kapitalanlagebetrug, § 264 a StGB	333
d) Beihilfe zum Kreditbetrug, § 265 b StGB	334
e) Beihilfe zur kursbeeinflussenden Marktpreismanipulation, § 38 WpHG	335
5. Verteidigungsmöglichkeiten	336–351
a) Trennen zwischen Verantwortung und Kontrolle	336
b) Differierende Erwartungen aufzeigen	337
c) Erwartungslücke thematisieren	338–340
d) Die Abschlussprüfung ist nicht kriminalistisch	341–343
e) Beschränkung auf das Wesentliche	344/345
f) Eigene Untersuchungsmethodik	345
g) Keine Verantwortlichkeitsprüfung	346
h) Persönliche und finanzielle Grenzen	347–349
i) Ausreichende Prüfungsmechanismen	350/351
VII. Checklisten	352/353

Schrifttum: *Achenbach/Wannemacher*, Beraterhandbuch zum Steuer- und Wirtschaftsstrafrecht, Grundwerk 1997; *Achenbach/Ransiek*, Handbuch Wirtschaftsstrafrecht, 2004; *Arnhold*, Auslegungshilfen zur Bestimmung einer Geschäftslagetäuschung im Rahmen der §§ 331 Nr. 1 HGB, 400 Abs. 1 Nr. 1 AktG, 82 Abs. 2 Nr. 2 GmbHG, 1993; Beck'scher Bilanz-Kommentar, 6. Aufl. 2006 (zit. Beck BilKomm/*Bearbeiter*); *Bockemühl*, Handbuch Fachanwalt Strafrecht 2. Aufl. 2002, Teil E Kapitel 9; *Erbs/Kohlhaas*, Strafrechtliche Nebengesetze, Stand April 2005; *Geßler/Hefermehl/Eckhardt/Kropff*, Kommentar zum Aktiengesetz, 1994 (zit. Geßler/*Bearbeiter*); *Gramich*, Die Strafvorschriften des Bilanzrichtliniengesetzes, wistra 1987, 157; *Hauser, Harald* Abschlussprüfung und Aufdeckung von Wirtschaftskriminalität, 2000; *Hopt/Wiedemann* (Hrsg.), Großkommentar zum AktG, 4. Aufl. 2004 (zit. GroßKomm AktG/*Bearbeiter*); *Krekeler/Tiedemann/Ulsenheimer/Weinmann*, Handwörterbuch des Wirtschafts- und Steuerstrafrechts, 1990; *Marschdorf*, Möglichkeiten, Aufgaben und Grenzen des Jahresabschlussprüfers zur Aufdeckung von Wirtschaftsstraftaten im Rahmen der Jahresabschlussprüfung, DStR 1995, 111, 149; *Maul*, Geschäfts- und Konzernlagetäuschungen als Bilanzdelikte, DB 1989, 185; *Müller-Gugenberger/Bieneck*, Wirtschaftsstrafrecht, 3. Aufl. 2000; *Otto*, Aktienstrafrecht, 1997; *Park* (Hrsg.) Kapitalmarktstrafrecht Handkommentar 2004; *Schröder, Christian*, Aktienhandel und Strafrecht, Diss. 1994; *Sell*, Die Aufdeckung von Bilanzdelikten bei der Abschlußprüfung, 1999; *Staub* (Hrsg.), Großkommentar zum HGB, 4. Aufl. 2004 ff. (zit. GroßKomm-HGB/*Bearbeiter*); *Wabnitz/Janovsky*, Handbuch Wirtschafts- und Steuerstrafrecht, 2. Aufl. 2004; *Wiedmann*, Bilanzrecht, 2. Aufl. 2003; *Wimmer*, Die zivil- und strafrechtlichen Folgen mangelhafter Jahresabschlüsse bei GmbH und KG, DStR 1997, 1931; *Zielinski*, Zur Verletzteneigenschaft des einzelnen Aktionärs im Klageerzwingungsverfahren bei Straftaten zum Nachteil der Aktiengesellschaft, wistra 1993, 6; *Zöller* (Hrsg.), Kölner Kommentar zum Aktiengesetz, 3. Aufl. 2004 (zit. KölnKommAktG/*Bearbeiter*).

I. Verteidigungspraxis

1. Aufgaben und Interessen

a) Unternehmensbezogene Verteidigung. Unternehmen manövrieren in Bilanzierungs- und Publizitätsfragen im „Bermuda-Dreieck" zwischen Informations- und Bilanzierungspflichten, Geheimnisverrat und Kapitalmarktstrafrecht. In der modernen Medien- und Informationsgesellschaft unterliegen sie einerseits gesetzlichen Informationspflichten über die finanziellen und wirtschaftlichen Verhältnisse des Unternehmens, ohne die ein marktwirtschaftliches, am Kapitaleinsatz ausgerichtetes Wirtschaftssystem nicht funktionieren könnte. Andererseits müssen Unternehmen Informationen über ihre finanzielle Situation bewusst und zielgerichtet als Mittel der Geschäfts- und Finanzierungspolitik, zum Wettbewerb und zur Öffentlichkeitsarbeit einsetzen. Dem Verteidiger stellen sich in einem Verfahren wegen Verstoßes gegen Bilanzierungs- und Angabepflichten daher zunächst einmal **unternehmensbezogene** Aufgaben:

- Verteidigung der tatsächlichen Bilanzierung und Berichterstattung von Vorstand und/oder Aufsichtsrat (handels- und steuerrechtliches Bilanzrecht, ggfls. auch Verteidigung der Anwendung internationaler Rechnungslegungsstandards);
- Verteidigung der Informationsinhalte und -entscheidungen des Unternehmens zur Finanzbeschaffung (einschließlich der damit einhergehenden Diskussionen um die Strafnormen der §§ 264 a, 265 b StGB, §§ 88, 89, BörsenG a. F., § 15 a WpHG a. F. bzw. §§ 38, 39 WpHG n. F. und § 370ff AO);
- Verteidigung der Informations- und Kommunikationsstrategie gegenüber Behörden und Registern bei der Veröffentlichung von Unternehmensdaten und Managergehältern;
- Zusammenwirken der Verteidigung mit dem Unternehmen in der aktuellen Informationsarbeit.

Der Verteidiger hat auf den Umgang der Medien mit dem Verfahren zu reagieren, er muss sich mit Fragen eventueller Falschinformationen befassen sowie mit öffentlichen Entschuldigungen oder Gegendarstellungen. In allen drei Aufgabenfeldern ist er gefordert, bilanzrechtliche Feinheiten aufzuspüren, das Interessengeflecht von Ermittlungsbehörden, Aktionärsvereinigungen und Medienvertretern zu durchschauen und die Ermittlungen eng zu begleiten.

b) Verteidigung gegen den Vorwurf unzutreffender Werbung und/oder Außendarstellung. Neben den Informationen über rein bilanziellen Daten, die zusammengenommen die wirtschaftlichen Verhältnisse eines Unternehmens darstellen sollen, kommen auch Einzelinformationen über die Firmenorganisation, Produkte, Leistungen, Unternehmensgrößen, Wertangaben etc. als Anknüpfungspunkt für einen strafrechtlichen Vorwurf in Betracht.[1] An folgende Straftatbestände (auf die in diesem Beitrag nicht weiter eingegangen werden kann) sollte man denken:

Wettbewerbsrecht i. w. S.	§§ 4, 6 c, 15 UWG a. F. bzw. § 16 UWG n. F.:[2] strafbare Werbung § 143 ff. MarkenG: strafbare Verwendung von fremden Marken § 106 ff. UrhG: strafbare Ausnutzung fremder Urheberrechte § 142 ff. PatG: strafbare Ausnutzung fremder Patente strafrechtliche Verstöße gegen Verbraucherinformationsgesetze
Anlegerschutzrecht	§ 264 a StGB: Kapitalanlagebetrug §§ 88, 89 BörsenG a. F., § 15 a WpHG a. F., §§ 38, 39 WpHG n. F.: Insiderdelikte, Kursmanipulation Verstöße gegen Kapitalanlageschutzgesetze in den früheren KAGG u. AuslInvG[3] (ab 1.1.2003: InvestmentG)

---
[1] Vgl. zu den Schutzgütern des Wirtschaftsstrafrechts auch die Übersicht bei *Tiedemann*, Wirtschaftsstrafrecht, Allgemeiner Teil 2004, § 2.
[2] UWG i. d. F. v. 3.7.2004, BGBl. I. S. 1414
[3] KAGG und AuslInvestG in Kraft bis 31.12.2003, abgelöst durch das InvestmentG v. 22.12.2003

Geheimnisschutz	§§ 17, 19 UWG n. F.: Schutz der Betriebs- und Geschäftsgeheimnisse
Persönliche Ehre	§§ 184ff StGB: Beleidigung, Verleumdung etc. §§ 22, 23, 33 KunstUrhG: Schutz des Rechts am eigenen Bild
Schadensrecht	§ 236 StGB: Unterschlagung § 265 b StGB: Kreditbetrug § 266 StGB: Untreue
Gewerbeaufsicht	Aufsichtsrechtliche Straftaten können Vergehen oder Ordnungswidrigkeiten sein: §§ 54ff KWG; 38 RechKredV

5   An dieser Stelle sei auf die Besonderheiten der Landespressegesetze hingewiesen, bspw. die kurzen presserechtlichen **Verjährungsvorschriften**. Der Verteidiger sollte diese im Blick haben, wenn derartige Normverstöße in den Medien zum Thema gemacht werden.

6   c) Verteidigung der persönlichen Interessen. Bei den zentralen Publizitäts- und Bilanzdelikten (bspw. § 331 Nr. 1, 2 HGB: Vorstände; § 331 Nr. 3 HGB: Aufsichtsräte; § 332 HGB: Abschlussprüfer) handelt es sich um Sonderdelikte. Die Interessen der persönlich von einem Ermittlungsverfahren Betroffenen können sich von den unternehmenseigenen Interessen grundlegend unterscheiden. Dies gilt sowohl für Mitglieder der Unternehmensorgane als auch für nachgeordnete Mitarbeiter, denen die Teilnahme an einer Bilanzstraftat vorgeworfen wird. Mitunter kann eine Diskrepanz erst im Laufe der Ermittlungen entstehen. Ferner können Interessendivergenzen zwischen den persönlich betroffenen Vorständen oder Aufsichtsräten und deren Gremienmitgliedern bestehen, außerdem zwischen Unternehmensorganen und Unternehmensmitarbeitern oder auch zu Außenstehenden (bspw. Beratern, Dienstleistern). Der Verteidiger steht hier vor der Aufgabe, rechtzeitig und in angemessener Form die persönlichen Interessen seines Mandanten von denen anderer Personen und denen des Unternehmens zu unterscheiden.

7   Ein etwaiges rechtswidriges Verhalten des Mandanten in dem von den Ermittlungsbehörden untersuchten historischen Sachverhalt wie auch das Verhalten in dem konkreten Verfahren kann **Schadenersatzansprüche** des Unternehmens auslösen. Die Wahl der geeigneten Verteidigungskonzeption wird wesentlich auch durch die konkrete Befassung des verteidigten Mandanten mit dem vorgeworfenen Sachverhalt im Vergleich zu einer nur abstrakten oder entfernteren Befassung der Unternehmensleitung bestimmt werden. Bei börsennotierten Gesellschaften oder Unternehmen, die sich über den Kapitalmarkt finanzieren, sind die **besonderen Aufzeichnungs-, Auskunfts-, Informations- und Prospektpflichten** gegenüber der Bundesanstalt für Finanzdienstleistungsaufsicht (BaFin) wie auch gegenüber den Marktteilnehmern zu beachten (so bspw. die Pflichten nach dem Anlegerschutzverbesserungsgesetz (AnSVG) v. 28.10.2004 (in Kraft seit dem 30.10.2004).

8   d) **Verfahrensbegleitende Öffentlichkeitsarbeit.** Das Unternehmen, insbesondere wenn es an der Börse notiert ist, hat ein wichtiges Interesse an der Information der Öffentlichkeit, d. h. insbesondere
  • der eigenen Gesellschafter,
  • der Aufsichtsorgane,
  • der externen Prüfungsbeauftragten,
  • etwaiger Aufsichtsbehörden (bspw. Börsenaufsicht, Finanzaufsicht),
  • der eigenen Arbeitnehmer und
  • der Gläubiger des Unternehmens (insbesondere Kreditgeber).

9   Die Aufgaben des **Firmenanwaltes** können sich in diesem Zusammenhang ganz anders darstellen als diejenigen eines dem Individuum verpflichteten Verteidigers. Der Firmenanwalt sollte zu verhindern suchen, dass das Unternehmen sachlich falsche oder angreifbare Informationen zum Anlass oder zum Gegenstand der Ermittlungen bekannt gibt. Um Spekulationen und emotionalen Diskussionen vorzubauen, sollte er auf eine Versachlichung hinwirken. Zugleich sind Betriebs- und Geschäftsgeheimnisse des Unternehmens zu wahren. In der

Zusammenarbeit mit den Ermittlungsbehörden ist auf eine Klarstellung von Aufgaben und Funktionen hinzuwirken. Kooperation ist oft hilfreich, manchmal kann Konfrontation aber auch eine schnelle Klärung bewirken.

e) Organisation der Aufgaben. Verteidigung in Bilanzierungs- und Publizitätsfällen erfordert organisatorische Vorkehrungen, die in verschiedene Richtungen zielen: 10
- **telefonische Erreichbarkeit des Anwaltes** ist ein für den Mandanten wichtiges wesentliches Kriterium der Professionalität;
- da Kontaktaufnahmen mit Unternehmens- und Medienvertretern nicht selten sind, sollten Kanzleimitarbeiter darauf **vorbereitet** sein;
- für die fachliche Aufarbeitung der Vorwürfe bedarf es einer Grundausstattung an bilanzrechtlicher **Fachliteratur**;
- **für Besprechungen im Unternehmen sollte stets Zeit** vorhanden sein; spürt der Mandant das Desinteresse an solchen Besprechungen, wird er sich nach einem anderen, „servicebereiteren" Berater umschauen;
- die **Akten** müssen angesichts einer gewöhnlich umfangreichen Sammlung an Dokumenten nach Einzelvorgängen untergliedert werden;
- für die **Honorierung** der anwaltlichen Tätigkeit abweichend von dem RVG sollten geeignete Zeiterfassungssysteme und Mustervereinbarungen vorhanden sein;
- auch sollte frühzeitig an eine Haftungsbeschränkung bei umfassenden Spezialfragen gedacht werden, die natürlich nur schriftlich vereinbart werden kann.

2. Mandatsannahme und Beratung

a) Mandatsannahme. Die Bestimmung von Zeit und Ort der ersten Kontaktaufnahme sind dem Rechtsanwalt oder dem potenziellen Mandanten selbst überlassen. Es empfiehlt sich, in einer ersten Begegnung mit dem Mandanten nur die konkrete Problematik des Falles anzusprechen. Wird der Rechtsanwalt zur Durchsuchung, einer Verhaftung oder einem bereits inhaftierten Mandanten gerufen, dann sollte das erste Gespräch dazu dienen, dem Mandanten eine Orientierung über die Situation, die tätigen Ermittlungsorgane und die Eingriffsgrundlagen zu verschaffen. Honorardiskussionen sollten in Situationen, in denen der Mandant unmittelbar unter dem Eindruck einer staatlichen Zwangsmaßnahme steht, vermieden werden. 11

b) Beratungsinhalte. Kaum ein Mandant in Publizitäts- oder Bilanzfällen war zuvor bereits mit einer strafrechtlichen Ermittlungsbehörde konfrontiert. Eine der ersten Aufgaben des Verteidigers ist daher die Aufklärung des Mandanten über die wesentlichen Abschnitte des deliktstypischen Verfahrensgangs: 12
- die abstrakte oder konkrete Möglichkeit des Einsatzes von Zwangsmaßnahmen (Durchsuchung, Mehrfachdurchsuchung, Arrest, evtl. Haft, Überwachung, Einschaltung der Verbands- und Finanz-/Börsenaufsicht), das Verhalten während der Durchführung einer Zwangsmaßnahme sowie potentielle geeignete Reaktionen darauf;
- die Konsequenzen (insbes. Rechtsmittel) aus einer bereits durchgeführten Zwangsmaßnahme und mögliche Reaktionen der Verteidigung;
- bevorstehende oder bereits eingetretene Öffentlichkeit;
- übliche ermittlungstaktische Vorgehensweise der Ermittlungsbehörden;
- mögliche Erweiterung des Beschuldigtenkreises, Möglichkeit von Beschuldigten-, Zeugen- und Sachverständigenvernehmungen;
- Bedeutung von Unterlagen und Daten, Vorhandensein oder Schaffung eines Aktendoppels für den Verteidiger;
- Möglichkeit der Unternehmensentlastung bei gleichzeitiger Belastung eines persönlich Betroffenen oder umgekehrt;

Mandanten erwarten von dem Verteidiger im Verlauf der Tätigkeit eine intensive Beratung über die strafrechtliche Vorwurfsstruktur (d. h. der strafrechtlichen Tatbestandsvoraussetzungen, der gesetzlichen Folgen und eine möglichen Gegensteuerung durch eigene Tatsachengrundlagen), die Risiken eines Hauptverhandlungsverfahrens und die Möglichkeiten der Einflussnahme auf die Ermittlungen oder sonstigen Handlungen (z. B. Presseauskünfte) der Ermittlungsbehörden. Wird das Ermittlungsverfahren von einem Zivilprozess (bspw. einer Schadenersatzklage) oder einem verwaltungsrechtlichen Verfahren ausgelöst oder flankiert, ist 13 der Verteidiger aufgefordert, den dortigen Prozessvortrag zumindest zur Kenntnis zu nehmen und dessen Folgen für das Strafverfahren einzuschätzen. Um die Konsequenzen aus einem extensiven oder gar abweichenden Prozessvortrag abzuwenden bzw. zu begrenzen, sollte daher der Gedanken- und Informationsaustausch mit dem zivilrechtlichen Kollegen gesucht werden. Der Verteidiger muss nötigenfalls im Strafverfahren einer negativen zivilprozessualen Beweislage gegensteuern. Die Beratung muss sich in der Regel auch auf Strategien für den Umgang mit den Kontrollorganen der Gesellschaft erstrecken.

14 c) **Auswirkungen des Verfahrens auf die berufliche Stellung.** Der typische Mandantenkreis besteht regelmäßig aus – mehr oder weniger exponierten – Personen mit Leitungsfunktionen in mittelgroßen und großen Unternehmen. Bereits ein Ermittlungsverfahren kann im schlimmsten Fall sowohl wegen seiner unternehmensexternen als auch -internen Auswirkungen die Beendigung der Leitungsfunktion nach sich ziehen. Diese Gefahr sollte jedenfalls möglichst frühzeitig in die Überlegungen und Erörterungen mit dem Mandanten einbezogen werden. Ein Ermittlungsverfahren kann dramatische Folgen für Aktienkurse und Beziehungen zu Finanzierungspartnern auslösen. Unternehmensintern kann ein Vertrauensverlust des Aufsichtsorgans drohen. Mit der Erhebung einer Anklage wird die Basis für eine weitere Zusammenarbeit häufig als entfallen angesehen werden, spätestens bei einer Verurteilung ist die berufliche Stellung kaum noch haltbar oder in der Öffentlichkeit vermittelbar.

15 d) **Erarbeiten einer Verteidigungsstrategie.** Die Grundkonzeption eines Handlungskataloges könnte bspw. sein:

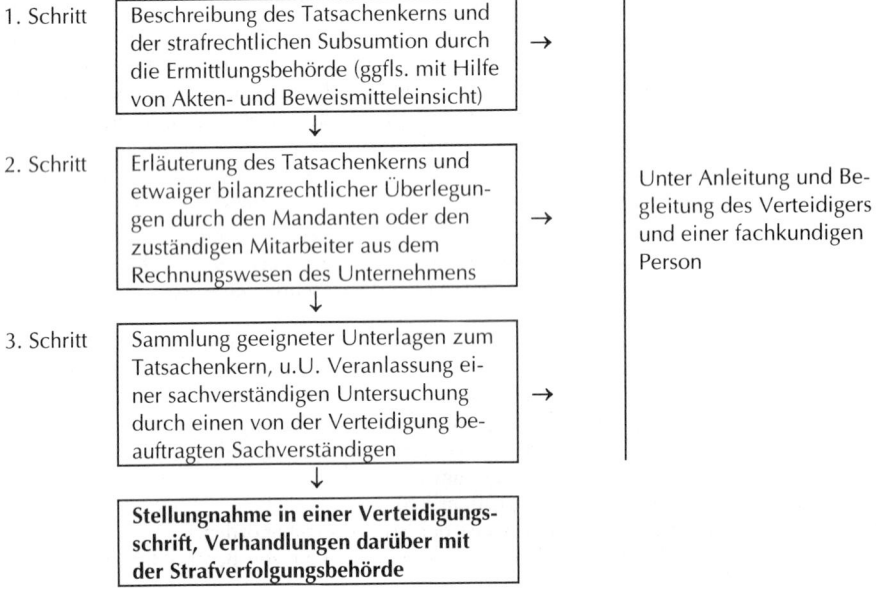

16 Unternehmer sind es gewohnt, sich Handlungsgrundsätze und Strategien zurecht zu legen, deren Umsetzung kontrollierbar und deren Ergebnisse messbar sind. Regelmäßig neigen sie dazu, auch vom Verteidiger eine transparente „Strategie" zu erwarten. Der Verteidiger wird diesen Erwartungen am ehesten gerecht, indem er zunächst Handlungsschritte aufzeigt, von deren Resultaten das weitere Vorgehen abhängig gemacht wird. Beim Vorwurf der falschen Angabe von Vermögensgegenständen im Jahresabschluss beispielsweise, wird es kaum ratsam sein, das „Recht zum Schweigen" als alleinige Verteidigungsstrategie zu wählen und bis zur Abschlussentscheidung der Staatsanwaltschaft zu warten.

17 Je nach Konstellation kann sich eine frühe Sachdarstellung als Gegenmaßnahme zu falschen Ermittlungsansätzen anbieten. Sind Ermittlungen kompliziert, neigen Ermittlungsbehörden bspw. angesichts einer drohenden Verjährung eher zu einer (durch rechtzeitigen Gesprächskontakt unter Umständen vermeidbaren) Anklageerhebung als zu einer Einstellung (und dem „Eingeständnis" fruchtloser langwieriger Ermittlungen). Mitunter wird daher bereits mit dem frühzeitigen Aufzeigen der Schwachstellen oder Fehlschlüsse der Argumentation der Ermittlungsbehörden ein Erfolg zu erzielen sein. In solchen Verfahren ist es deshalb (fast) ein Kunstfehler, als frühzeitig mandatierter Verteidiger nicht mit den Ermittlungsbehörden zu sprechen und Sachdarstellungen abzugeben.

Aber auch sonst zahlt sich eine frühzeitige Sacharbeit in der Regel aus. Ist der Informationsverstoß offen zutage getreten und bleiben auch bei Fragen des Vorsatzes und des Irrtums keine begründeten Zweifel, dann sollte frühzeitig eine einvernehmliche Lösung mit den Ermittlungsbehörden gesucht werden. Die Abkürzung der Ermittlungsarbeit wirkt sich ganz erheblich zugunsten des Beschuldigten aus.

Von der konkreten Situation und Beweislage muss es abhängen, ob von **Rechtsmitteln** Gebrauch gemacht wird oder nicht. In Verfahren mit umfangreichen Vorwürfen und einer mehrheitlich auf Urkunden gestützten Beweisführung ist dies meist nicht ratsam. Die Justiz neigt in solchen Verfahren dazu, unausgesprochen die knappen personellen und fachlichen Ressourcen als „Ersatzgrund" für die Aufrechterhaltung eines einfachen, hinreichenden oder dringenden Tatverdachts zu benutzen. Wird das Verfahren zudem durch richterliche nachteilige Entscheidungen „zementiert", bestärkt dies die Ermittlungsorgane in der Weiterverfolgung eines möglicherweise falschen Weges. Daher ist der Appell an die Verantwortung der Ermittler oftmals Erfolg versprechender als der Gang zum Beschwerdegericht.

Hat die Verteidigungsarbeit erst kurz vor Beginn der **Hauptverhandlung** eingesetzt, wird das Abwarten auf das Ende der Beweisaufnahme und das geschickteste und überzeugendste Plädoyer an einer auf Verurteilung ausgerichteten Beweisaufnahme selten etwas ändern (können). Daher müssen auch die Vorbereitung und Durchführung der Hauptverhandlung vom Verteidiger früh geplant und initiiert werden. Vorgespräche mit allen Verfahrensbeteiligten sind nötig, um Klarheit über mögliche Reaktionen von Gericht und Staatsanwaltschaft auf umfangreiche Einlassungen und Beweisanträge zu gewinnen.

3. Verteidigungshandeln

a) **Informationsbeschaffung.** Nach der **Herkunft** der Information kann unterschieden werden in

- Informationssammlungen der Strafverfolgungsbehörden,
- Informationssammlungen von anderen Behörden und Gerichten,
- Informationssammlungen des Mandanten oder des Unternehmens,
- Informationen in öffentlichen Registern und Datenbanken,
- Informationen von Banken und Versicherungen,
- Erhebungen/Recherchen der Verteidigung.

Eine möglichst effiziente Informationsabfrage und -verarbeitung in das Verteidigungskonzept ist im Kapitel „Verteidigungspraxis" (oben § 7) ausführlich beschrieben. Besonderheiten ergeben sich meist aus dem Ergebnis von Abschlussprüfungen und etwaigen verbands- oder aufsichtsrechtlichen **Sonderprüfungen**.

(1) Aufgrund der pflichtgemäßen und häufig unauffälligen **Abschlussprüfungen und anderen unternehmensinternen und -externen Kontrollen** (bspw. einer Revision eines Gläubigers, der man sich unterworfen hat) fehlt den Betroffenen regelmäßig das Verständnis für und die Vorstellung von dem gegen sie persönlich gerichteten Schuldvorwurf. Ein uneingeschränktes (oder nur in anderen Punkten eingeschränktes) Wirtschaftsprüfertestat für den Jahresabschluss wird von Mandanten regelmäßig als Entlastungsbeweis und Entschuldigungsgrund angesehen. Dies ist jedoch nur dann der Fall, wenn Prüfungssachverhalt, Prüfungsrichtung und Prüfungsintensität mit der Arbeitsweise der Ermittlungsbehörde übereinstimmen und das Ergebnis aus bilanzrechtlicher Sicht nicht zu Beanstandungen geführt hat. Manche Revisionsuntersuchung führt jedoch auch auf Abwege und stellt Überlegungen an, die dem Mandanten schaden könnten. Hier kann es Aufgabe des Verteidigers sein, auf angemessene Bewertung des Untersuchungsauftrages und des Beweiswertes interner Revisionsarbeit hinzuweisen.[4]

---

[4] Vgl. sehr instruktiv: *Krey* BB 2001, 2460.

23 (2) Die vielgliedrige Organisation und **Aufgabendelegation** auf nachgeordnete Abteilungen und Referate im Unternehmen führt dazu, dass der von dem Ermittlungsverfahren Betroffene oftmals zu den Vorwürfen nicht unmittelbar selbst Stellung beziehen kann, sondern auf das **Berichtswesen** und die Auskunft der Unternehmensmitarbeiter verschiedener Fachabteilungen verweisen muss. Verfügt das Unternehmen über eine große Mitarbeiteranzahl und ein dezentrales, hierarchisch weit verzweigtes Delegationssystem, wird der Mandant in der Regel nicht in der Lage sein, einen zusammenhängenden Bericht zu den den Vorwürfen zugrunde liegenden Tatsachen zu geben. Der Verteidiger muss daher selbst initiativ werden und die nötigen Informationen (natürlich mit Zustimmung des Mandanten und ihm Rahmen des gesetzlich Zulässigen) beschaffen.

24 (3) Anlass für die **Veröffentlichung von Unternehmensinformationen** in unserem Wirtschaftssystem sind zumeist entweder eine gesetzliche Pflicht oder Werbungs- und Akquisezwecke sowie eine laufende Geschäftsbeziehung. Unternehmensrelevante Informationen werden teils planmäßig, teils wahllos wahrgenommen, in eigene Informationsprozesse eingebaut oder EDV-technisch verarbeitet. Daher können benötigte Informationen selbst nach einer umfassenden ermittlungsbehördlichen Durchsuchung im Unternehmen noch vorhanden sein. Die Quellen für veröffentlichte Informationen können sein:
- veröffentlichte Unternehmensinformationen in Berichtsform (Geschäftsberichte, HV-Berichte, Presseerklärungen, Homepages etc.);
- Presseveröffentlichungen, Internet-Berichte;
- Handelsregister und Bundesgesetzblatt;
- Ad-Hoc-Verzeichnis des BaFin;

25 **b) Hinzuziehung von Spezialisten.** Wie in anderen Wirtschaftsstrafverfahren auch ist der Rückgriff auf Spezialisten für bestimmte Fach- oder Rechtsgebiete üblich:
- wenn banküblisches Verhalten („Handelsbrauch") von den Ermittlungsbehörden in Frage gestellt wird, ist die Einholung einer Verbandsstellungnahme, eines Sachverständigengutachtens eines der kreditwirtschaftlichen Hochschulinstitute, bei internationalen Usancen auch der International Chamber of Commerce (ICC) ratsam;
- wenn Buchführungs-, Bilanzierungs- und Prüfungsregeln in Frage gestellt werden, ist die Einholung eines Gutachtens eines Buch- oder Wirtschaftssachverständigen (meist eines Wirtschaftsprüfers) geeignet;
- bei Bewertungsfragen von Forderungen, Anlage- oder Umlaufvermögen, Immobilien und Unternehmensbeteiligungen kommen Gutachten der jeweiligen Fachrichtung in Betracht.

26 Um die Beschlagnahmefreiheit der Unterlagen und Recherchen des vom Anwalt beauftragten Spezialisten (§§ 53 a, 97 Abs. 1 StPO) zu sichern, ist die Auftragserteilung durch den Anwalt selbst wie auch eine regelmäßige Begleitung der Exploration angezeigt und erforderlich. Unmittelbare Kontakte (Befragungen, Erläuterungen) zwischen dem Sachverständigen der Verteidigung und einem Beschuldigten oder Zeugen darf der Verteidiger vermitteln. Der Verteidiger sollte über die Verzahnung von Bilanz-, Steuer- und Strafrecht orientiert sein und die wichtigsten Grundbegriffe des sachlichen (Bilanz-)Rechts beherrschen. Nötigenfalls sollte er sich der Unterstützung durch einen erfahrenen Fachkollegen, einen Steuerberater oder Wirtschaftsprüfer versichern. Es ist längst üblich, dass Wirtschaftsanwälte und Steuerberater mit Strafverteidigern Hand in Hand arbeiten, um eine zivilrechtliche Haftung wie auch strafrechtliche Vorwürfe gleichermaßen abzuwehren.

27 **c) Einwirken auf den Tatsachenstoff.** Handelsbücher, Bilanzen und Abschlüsse sind zunächst **Erkenntnisquelle** für Ermittlungsbehörden und Verteidigung. Diese Unterlagen des betrieblichen Rechnungswesens geben Auskunft über die nach Auffassung und Ermessensausübung des jeweils verantwortlichen Kaufmanns als in einem bestimmten Geschäftsjahr für das Unternehmen relevant angesehen Sachverhalte. Daraus ergeben sich für die Verteidigung wesentliche Sachzusammenhänge, die sich einem Außenstehenden, insbesondere einer Ermittlungsbehörde nicht ohne weiteres erschließen. Kaum eine Steuerstraftat, eine Unternehmensinsolvenz, ein Kredit- oder Kapitalanlagebetrug, eine Veruntreuung oder ein falscher Bericht eines Abschlussprüfers können ohne eine Würdigung der den einzelnen Bilanzansätzen und Berichtsinhalten zugrunde liegenden Tatsachen, geschäftspolitischen Entscheidungen und rechtlichen Wertungen nachhaltig verfolgt werden.

Eine frühzeitige aktive Mitwirkung der Verteidigung im Ermittlungsverfahren kann für den Mandanten wesentliche Vorteile erzwingen. Zwar kann selten die „Papierlage", d. h. die durch selektive Sachbeweise gestützte Verdachtslage angegriffen werden, durch die Einführung neuer Tatsachen und sachverständiger Beurteilungen im Ermittlungsverfahren kann aber das Gesamtbild des Geschehens relativiert werden. Das gilt besonders auch für Fragen der Unternehmenspolitik und Fragen des unternehmerischen Vorteils bei einem bestimmten Verhalten. 28

d) Einwirken auf die rechtliche Beurteilung. Die Prüfung eines strafrechtlichen Verstoßes gegen Informationsdelikte folgt einem bei allen Delikten im Wesentlichen gleichen Aufbau. Für die Einzelheiten ist auf die Checkliste am Ende dieses Kapitels zu verweisen. Eine wesentliche Aufgabe des Verteidigers liegt in der sachgerechten Einordnung des vorgeworfenen Verstoßes und der Darstellung des jeweiligen Normzwecks. Die „Richtigkeit" oder „Unrichtigkeit" der fraglichen Informationen über die Unternehmenstätigkeit bestimmt sich anhand des Zusammenspiels handels- und gesellschaftsrechtlicher wie auch kapitalmarkt- und vertragsrechtlicher Normen. Die frühzeitige Diskussion der rechtlichen Grenzen bietet sich an, damit der Ermittlungsbehörde die gerade bei Informationsdelikten sehr unbestimmten Tatbestände und deren notwendige Begrenzung im Rahmen des strafrechtlichen Bestimmtheitsgebotes (§ 1 StGB) verdeutlicht werden. 29

Beschwerdeverfahren (insbes. gegen Durchsuchungen, Beschlagnahmen, Haft) eignen sich erfahrungsgemäß selten dazu, eine für den Beschuldigten günstige rechtliche Position durchzusetzen. Allerdings haben verschiedene aktuelle Entscheidungen des Bundesverfassungsgerichts die verfassungsrechtlichen Anforderungen an Zwangsmaßnahmen neu konturiert und einer allzu ermittlerfreundlichen Justizpraxis eine Absage erteilt. So hat das BVerfG beispielsweise die Anforderungen an Durchsuchungsbeschlüsse, an die nichtrichterliche Anordnung von Zwangsmaßnahmen bei Gefahr im Verzug und an die allzu nachlässige Handhabung der Beschuldigtenrechte bei Akteneinsichtsanträgen Dritter erhöht. Wegen der Einzelheiten wird auf Teil B. dieses Handbuches verwiesen. 30

II. Unrichtige Unternehmensabschlüsse

1. Einführung

Angesichts zahlreicher großer Unternehmensinsolvenzen und der damit einhergehenden Kapitalmarktveränderungen in den 90er-Jahren sind die strafrechtlichen Bestimmungen des Rechts der Handelsbücher (im Folgenden wird von **Bilanzdelikten** gesprochen) – nach einer fast 60-jährigen Abstinenz[5] – verstärkt in das Blickfeld der Öffentlichkeit gerückt. Infolge der seit 1998 zunehmenden Kapitalmarktregelungen aufgrund europäischer und US-amerikanischer Vorgaben sind internationale Rechnungslegungsstandards auf dem Vormarsch. Für das Wirtschaftsleben gewinnen die Bilanzdelikte unter anderem deswegen an Bedeutung, weil das Strafrecht zunehmend als Mittel zur Gewährleistung eines effektiven Rechtsgüterschutzes der (spekulativ an der Börse oder im grauen Kapitalmarkt handelnden) Kapitalanleger verstanden wird. Da sämtliche einschlägigen Straftatbestände Blankettnormen sind und an ein nur teilweise kodifiziertes Sonderrecht (Recht der Handelsbücher, §§ 238 ff. HGB, 1 ff. PublG, und Sondernormen im Kapitalgesellschafts- und Haushaltsrecht), an Gewohnheitsrecht (Grundsätze ordnungsgemäßer Buchführung (GoB), Grundsätzen ordnungsgemäßer Abschlussprüfung (GoA) und an international nicht kodifizierte Bilanzierungsregeln (vor allem die IAS (International Accounting Standards), US-GAAP (Generally Acceptet Accounting Principles) und IFRS (International Financial Reporting Standards)) anknüpfen, lassen sich strafrechtliche Fallgestaltungen kaum ohne Kenntnis dieser Normen und Regeln klären oder verteidigen. Dieses Rechtsgebiet, das in der Allgemeinen juristischen Ausbildung keine Rolle spielt, wird regelmäßig eher von Steuerberatern und Wirtschaftsprü- 31

---

[5] Wichtige strafrechtliche Gerichtsentscheidungen finden sich in der veröffentlichten Lit. fast nur bis zur Wirtschaftskrise der ausgehenden 1920er Jahre. Nach den Skandalen um den Wetterstein-Wertbrief-Fonds, die Herstatt-Bank und die Volkswagen AG sind erst Mitte der 90er Jahre angesichts größerer Unternehmenspleiten oder Beinahe-Zusammenbrüchen (bspw. Metallgesellschaft, Balsam/Procedo, Holzmann, Flowtex, EM-TV, Infomatec) Bestrebungen zur Reform von Strafnormen, Schutzgesetzen, Kapitalanlegerschutzgesetzen und zur Zentralisierung der Kontrolle und Überwachung ergriffen worden.

fern beherrscht. Immerhin befasst sich ein gesamter Berufsstand – der der Wirtschaftsprüfer – mit der Einhaltung, Auslegung und Fortentwicklung solcher Regeln.

32 Die Strafverfolgungsbehörden, Gerichte und strafrechtlich tätigen Anwälte sollten mit Grundbegriffen der Buchführung und Bilanzierung, den Bilanzzwecken und unterschiedlichen Zielsetzungen der deutschen wie der internationalen Regeln vertraut sein. Einige dieser Begriffe werden nachstehend erläutert. Sodann wird ein Überblick über die Informationspflichten und deren strafrechtliche Sanktionierung gegeben.

33 **a) Grundbegriffe.** Die **Bilanz** ist kaufmännisch gesehen eine Übersicht über den Bestand und den Wert betrieblich gebundenen Vermögens einschließlich der Belastungen. In Balance werden die Vermögenswerte auf der linken Seite (= Aktivseite) und Eigenkapital sowie Verbindlichkeiten auf der rechten Seite (= Passivseite) der Bilanz dargestellt. Ist die Bilanz ordnungsgemäß erstellt, zeigen beide Seiten die gleiche Summe (= Bilanzgleichung). Es ergibt sich ein rechnerischer Ausgleich, da die Passivseite der Bilanz über die Herkunft der Mittel informiert, die für die Anschaffung der auf der Aktivseite der Bilanz gezeigten Vermögenswerte benötigt wurden. Eine Bilanz ist nicht nur die stichtagsbezogen aus einem betrieblichen Rechnungswesen entwickelte Vermögensaufstellung. Da sich die im Jahresverlauf ausgeführten, buchungsrelevanten Geschäftsvorfälle durch die Ausübung von Ansatz-, Bewertungs- und Berichtswahlrechten und die Anwendung nationaler und internationaler Handelsbräuche[6] in begrenztem Umfang „gestalten" lassen, spiegelt eine ordnungsgemäß nach den HGB-Grundsätzen aufgestellte Bilanz die Umsetzung (subjektiver) bilanzpolitischer Entscheidungen wieder. Sie ist damit auch das Ergebnis eines betriebsinternen Gestaltungs- und Entscheidungsprozesses. Die gebräuchlichsten Arten von Bilanzen sind die Eröffnungsbilanz, die Zwischenbilanz, der Bilanzteil des Jahresabschlusses, die Umwandlungs-, Fusions-, Liquidations- und die Auseinandersetzungsbilanz.

34 Weil im **Einkommenssteuerrecht** der Status des Vermögens an einem bestimmten Stichtag mit dem des vorherigen Stichtages verglichen wird, spricht man dort von einem **Betriebsvermögensvergleich** (§ 4 Abs. 1 EStG). Der Betriebsvermögensvergleich orientiert sich, wegen des steuerrechtlichen Maßgeblichkeitsprinzips, grundsätzlich an der Handelsbilanz. Eine **Steuerbilanz** muss nicht separat aufgestellt werden, da nach § 60 Abs. 1 EStDV eine Überleitungsrechnung für die Handelsbilanz, die die Abweichungen zum Steuerrecht aufzeigt, als Besteuerungsgrundlage genügt. In der Praxis der Steuerberatungskanzleien wird aber für viele mittelständische Unternehmen meist nur eine Steuerbilanz (§ 60 Abs. 2 EStDV) erstellt, die steuerrechtlichen Anforderungen genügt und dem Unternehmer ausreicht, um die Gesellschafter und die wichtigsten Gläubiger (i. d. R. Banken) zu informieren. Die sog. Einnahme-/Überschussrechnung ist dagegen nur eine Darstellung tatsächlicher Ein- und Ausgänge nach betrieblichen und steuerlichen Kriterien (§ 4 Abs. 3 EStG).

35 **Keine Bilanzen** im handels- und steuerrechtlichen wie auch im strafrechtlichen Sinne sind die sog. BWA (betriebswirtschaftliche Auswertung), die Auflistung der Kontensalden, das Buchungsjournal, die Gewinn- und Verlustrechnung, der Lagebericht, der Bilanzentwurf, das Inventar, das Anlagenverzeichnis, das Verzeichnis der Beteiligungen, die Kapitalflussrechnung, die Einnahme-/Überschussrechnung und der Bericht des Abschlussprüfers. Auch sog. Umweltbilanzen, Kreditbilanzen, Liquiditätsbilanzen, Analysen von Bilanzzahlen, Kennziffern, Branchenvergleiche etc. sind keine kaufmännischen Bilanzen. Solche Berichte und Berechnungen können mit der Bilanz verbunden sein, bspw. im Jahresabschluss.

36 Die **Gewinn- und Verlustrechnung** (GuV) gibt Auskunft über Umsätze (Erträge) und Kosten (Aufwendungen), § 242 Abs. 2 HGB. Sie zeigt den auf die Rechnungsperiode bezogenen Ertrag nach Abzug von Aufwendungen.

37 **Abschlüsse** bestehen aus der Bilanz, der Gewinn- und Verlustrechnung und dem Lagebericht (§ 242 Abs. 3 HGB). Jahresabschlüsse werden auf den Abschlussstichtag des Wirtschaftsjahres des Unternehmens erstellt. Die GuV ist eine Gegenüberstellung von Aufwendungen und Erträgen (§ 242 Abs. 2 HGB). Bilanz und GuV müssen aus der Buchführung abgeleitet sein und einen den tatsächlichen Verhältnissen entsprechenden Überblick über die Vermögens-, die

---

[6] U. a. der GoB, der Bilanzierungsrichtlinien IAS, US-GAAP, IFRS, der IDW-Prüfungsstandards, Fachgutachten, Stellungnahmen etc.

Finanz- und die Ertragslage des Unternehmens geben (§§ 242 Abs. 1; 264 Abs. 2, 289 Abs. 2 HGB).

Kapitalgesellschaften, oHG und KG ohne natürlichen Vollhafter (§ 264 a Abs. 1 HGB),[7] alle publizitätspflichtigen Unternehmen (§§ 3, 11, 5 PublG) und ohne Rücksicht auf die Rechtsform Kreditinstitute, Versicherungsgesellschaften und Genossenschaften müssen einen Erläuterungsteil hinzufügen, den sog. **Anhang** (§§ 264 Abs. 1 S. 1, 336 Abs. 1, 340 a, 341 a, 284, 285 HGB). Die Anhangsangaben sollen dem Leser der Bilanz bzw. GuV eine Verständnishilfe sein. Es soll dargestellt werden, in welchem Umfang und bei welchen Posten Aufschlüsselungen von Geschäftsvorfällen den Geschäftsverlauf und das bilanzierte Vermögen prägen, in welchem Umfang Bilanzierungshilfen in Anspruch genommen und welche Bewertungsgrundsätze abweichend von Standardregelungen angewendet wurden. **38**

Einen **Lagebericht** haben alle genannten Unternehmen aufzustellen. Für kleine Kapitalgesellschaften (§§ 267 Abs. 1, 264 Abs. 1 S. 3 HGB), die nicht Kreditinstitute, Versicherungsunternehmen und Genossenschaften sind, entfällt diese Pflicht. **39**

Die Aufstellung eines **Zwischenabschlusses** zur Hälfte des Geschäftsjahres ist eine gesetzliche Pflichtaufgabe nach § 340 a Abs. 3 HGB für Kreditinstitute und Finanzdienstleistungsinstitute. Da aufgrund der Börsenregeln jedes börsennotierte Unternehmen mindestens halbjährlich einen Zwischenabschluss aufstellen muss und US-amerikanische Börsennormen sogar die vierteljährliche Berichterstattung zur Pflicht machen, wird auch in Deutschland die Aufstellung von Quartalsberichten und deren Pflichtprüfung diskutiert. Der Zwischenabschluss wird nach den Regeln für den Jahresabschluss aufgestellt. **40**

Eine Sonderstellung nimmt der **Konzernabschluss** ein, da er nur eine Informationsfunktion hat und weder der Ermittlung eines verwendbaren Gewinns noch der Bemessungsgrundlage zur Erhebung von Steuern vom Einkommen und Ertrag dient (eingeschränkter Bilanzzweck). Gleichwohl können fehlerhafte Konzernabschlüsse Gegenstand strafrechtlicher Untersuchungen (§ 331 Nr. 2 HGB) sein. Eine weitere Besonderheit der Konzernabschlüsse ist, dass sie nach internationalen Rechnungslegungsgrundsätzen aufgestellt werden dürfen (§ 292 HGB), die teilweise erheblich von den Bilanzierungsvorschriften des HGB abweichen. Die Unrichtigkeit eines Konzernabschlusses **börsennotierter** Gesellschaften kann sich seit dem 1.1.2005 nur aus den IAS ergeben. **41**

b) **Pflicht zur Information.** Aufgrund der gesetzgeberischen Maßnahmen zum Schutz der Kapitalanleger rückt seit Mitte der 1990er Jahre verstärkt die Unternehmensinformation in den Mittelpunkt des öffentlichen Interesses. Die „Transparenz" der Unternehmensverhältnisse wird als Lösungsansatz für eine bessere Unternehmenskontrolle angesehen. Diese Unternehmensdaten dienen – je nach Adressat – der Information der Verwaltung, der Gesellschafter, des Publikums, der Geschäftspartner und der Wirtschaft. Ungeachtet der gesetzlichen Informationspflichten kommt eine – positive – Berichterstattung auch den unternehmenseigenen Interessen im Sinne einer stetigen Werbung gelegen. Verlässliche Angaben über Wettbewerber, Kunden, Geschäftspartner und Mitarbeiter, sind aus Unternehmersicht wichtige Vergleichsinformationen. **42**

Die wichtigsten **Informationspflichten eines Unternehmens** gegenüber unterschiedlichen Adressaten (Gesellschaftern, Gläubigern, Registergerichten und Aufsichtsbehörden) stellen sich je nach Gründungs-, Wirtschafts- und Liquidationsphase wie folgt dar: **43**

Checkliste:		**44**
Gründungsphase	☐ Handelsregister: Anmeldung der Gründung und Gesellschaftsverhältnisse ☐ Gewerbeaufsicht: Anmeldung oder Einholung einer Erlaubnis ☐ Finanzbehörden, Arbeitsämter: Anzeige der Geschäftsaufnahme	

---

[7] Aufgrund des KapCoRiLiG v. 9.3.2000 für Wirtschaftsjahre, die nach dem 31.12.1999 beginnen.

Wirtschaftsphase	☐ Gesellschafter: Gründungsbilanz, Prüfungsberichte ☐ Aufsichtsorgane: Mitteilungen über Geschäftsaufnahme, Prognosen, Geschäftsplan ☐ Handelsregister: Veröffentlichung von Abschlüssen und Prüfungsergebnissen (bspw. §§ 325 ff. HGB); Mitteilungen von Fusionen, Umwandlungen und Kapitalveränderungen ☐ Gewerbeaufsicht: Laufende Berichterstattung, Auskünfte, Prüfungen (bspw. § 44 KWG) ☐ Finanzamt: Abschlüsse, Steuererklärungen ☐ Sozialversicherungsträger: Meldungen, Auskünfte, Prüfungen ☐ Finanzaufsicht: Prospekte, Auskünfte, WpHG-pflichtige Mitteilungen ☐ Gesellschafter: Tätigkeitsbericht, Jahresabschlüsse, Auskünfte, Verlustmitteilungen ☐ Aufsichtsorgane: Mitteilungen über Geschäftsverlauf, Prognosen, Risikobericht ☐ Gläubiger, insbes. Kreditinstitute: Umfassende Darstellung der Geschäfts-, Finanz- und Ertragslage, der Markt- und der Einzelrisiken, der Zukunftserwartungen
Liquidationsphase	☐ Handelsregister: Auflösungsanzeige ☐ Gewerbeaufsicht: Beendigung und Abwicklung ☐ Gesellschafter: Insolvenzanmeldung, Liquidationsbericht, Liquidationseröffnungs- und -abschlussbilanz

45 Der Unternehmensleiter befindet sich im **Interessenkonflikt** zwischen der Offenlegung von Unternehmensdaten und einer größtmöglichen Geheimhaltung als Wettbewerbsvorteil im freien Kapital-, Produktions- und Absatzmarkt. Eine allzu große Transparenz kann zur Ausforschung durch Wettbewerber und zur Betriebsblockade führen. Daher muss man nicht nur die Transparenz, sondern auch den Schutz der Betriebsintegrität der Unternehmen im Auge haben. Es bietet sich beispielsweise während oder nach Durchsuchungen wie auch bei Firmenstellungnahmen und Einlassungen an, auf den Schutz der Firmeninteressen hinzuweisen und die Ermittlungsbehörden auf die Beachtung der Betriebs- und Geschäftsgeheimnisse (§§ 17, 18 UWG, 203 StGB, 333 HGB, 404 AktG), bspw. bei der Gewährung von Akteneinsicht an Dritte, hinzuweisen.

46 c) **Strafnormen.** Die folgende Übersicht zeigt die **wichtigsten strafrechtlichen Normen**, die sich mit unzutreffenden oder unzureichenden Informationen über die Verhältnisse eines Unternehmens gegenüber den jeweiligen Adressaten befassen.

47 **Checkliste:**

Gründungsphase	☐ Handelsregister: Angaben über Gründungstatsachen, §§ 399 AktG, 82 Abs. 1 GmbHG, 147 GenG ☐ Gewerbeaufsicht, Aufsichtsbehörde: §§ 144-146 GewO, 117, 118 HandwO, 54 KWG ☐ Gläubiger, Subventionsbehörde: §§ 263, 264, 265 b StGB
Wirtschaftsphase	☐ Handelsregister: Mitteilungen über Kapitalveränderungen, Umwandlungen, Fusionen; §§ 399 AktG, 82 Abs. 1, 2 GmbHG, 313 UmwG ☐ Gewerbeaufsicht, Aufsichtsämter: §§ 148, 148 a GewO, 404-407 SGB III, 55-56 KWG ☐ Finanzamt: §§ 370-379 AO

Liquidationsphase	☐ Börse, WP-Aufsicht: §§ 264 a StGB, 88, 89 BörsenG a. F., 38, 39 WpHG n. F., VerkaufsprospektG ☐ Gesellschafter, Aufsichtsorgane, Gläubiger: §§ 331-334 HGB, 17-20 PublG, 400 Abs. 1 Nr. 1 AktG, 82 Abs. 2 Nr. 2 GmbHG, 147 GenG ☐ Gläubiger, insbes. Banken: §§ 263, 265 a StGB ☐ Handelsregister: §§ 401 AktG, 84 Abs. 1 Nr. 1 GmbHG, 148 GenG, 130 a, 177 a HGB ☐ Gewerbeaufsicht, Aufsichtsämter: wie Wirtschaftsphase

Die zentrale Norm des **Bilanzstrafrechts**, die eine unrichtige oder verschleierte Darstellung der Vermögensverhältnisse einer **Kapitalgesellschaft** unter Strafe stellt, ist § 331 Nr. 1-3 HGB. Diese Strafnorm gilt seit 9.3.2000[8] auch für oHG und KG, wenn keine natürliche Person als pers. haftender Gesellschafter (Vollhafter) vorhanden ist (§ 264 a Abs. 1, 264 b Abs. 1, 335 b HGB).[9] **Rechtsformunabhängig** gilt § 331 HGB für Kreditinstitute und Versicherungsunternehmen (§§ 340 m, 341 m HGB). Gleichartige Handlungen werden nach § 17 Nr. 1-3 Publizitätsgesetz (PublG) für die nach § 1 PublG veröffentlichungspflichtigen Unternehmen bestraft. Im Anwendungsbereich des § 331 HGB werden Sonderstraftatbestände des Gesellschaftsrechts ausgeschlossen. Die gesellschaftsrechtlichen Sondernormen gelten daher nur für andere Berichte, Darstellungen und Vorträge über die Verhältnisse der jeweiligen Kapitalgesellschaft.[10] Bei Unternehmenskrisen treten ebenfalls rechtsformunabhängig die §§ 283 Abs. 1 Nr. 6, 283 b StGB hinzu. 48

Die **Unterlassung** einer Bilanzierung ist nur nach §§ 283 Abs. 1 Nr. 7 lit. b, 283 b Abs. 1 Nr. 3 lit. b) StGB in der Insolvenz oder der Unternehmenskrise strafbar, nach § 378 AO bußgeldbewehrt. 49

d) Schutzzweck der Bilanzdelikte. Die strafrechtlichen Sanktionen des Bilanzrechts dienen dem **Schutz der Zuverlässigkeit und Richtigkeit der publizierten Informationen**, da diese eine unverzichtbare Grundlage für jedes informationsgeleitete wirtschaftliche Handeln darstellen. Allerdings sind die Interessen, die zur Anwendung von Ansatz-, Bewertungs- oder Konsolidierungswahlrechten führen, sehr heterogen. Es sollten unterschieden werden: 50

Interessen des Gesetzgebers: Der Gesetzgeber verbindet mit der Bilanzierungspflicht zunächst seine rechtspolitische Funktion als Schöpfer eines normierten Interessenausgleichs.[11] Der Interessenausgleich kann sowohl auf die sich überschneidenden, kontrastiven Interessen der Bilanzadressaten gerichtet sein, bietet sich aber bspw. zur steuerlichen Gewinnermittlung auch für ein Sitzfinanzamt als Grundlage eines Interessenausgleichs an. Das System der Rechnungslegung wird ergänzt durch ein (möglichst) funktionsfähiges, der Größe, Komplexität und den Risikopositionen des Unternehmens angemessenen Risikofrüherkennungssystems. Damit sollen die gesamtwirtschaftlichen Risiken erkannt und einer verstärkten staatlichen Kontrolle zugänglich gemacht werden. 51

Vorstandsinteressen: Die Rechnungslegung dient dem Vorstand als Dokumentations- und Informationsgrundlage über die Auswirkungen der geschäftlichen Tätigkeit auf die Vermögens-, Finanz- und Ertragslage eines Unternehmens. Er trägt die prinzipielle Verantwortung für einen den Rechnungslegungsvorschriften entsprechenden Jahres-/Konzernabschluss.[12] Der **Aufsichtsrat** nimmt nur im Rahmen seiner Überwachungsaufgabe (§§ 170, 171 AktG) an der Bilanzierungsaufgabe teil. Er prüft Plausibilität und Vertretbarkeit. Die **Abschlussprüfung** soll die zusammenfassende Darstellung in Bilanz, GuV, Lagebericht und Anhang sowohl unternehmens- wie auch konzernbezogen (möglichst) bestätigen und dem 52

---

[8] Art. 48 Abs. 1 EGHGB: Anzuwenden auf Geschäftsjahre, die nach dem 31.12.1999 beginnen.
[9] *Knierim/Muscat* PStR 2001, 10.
[10] §§ 400 Abs. 1 AktG, 82 Abs. 2 Nr. 2 GmbHG, 147 Abs. 2 Nr. 1 GenG, 143 Nr. 1 VAG und 313 Abs. 1 Nr. 1 UmwG.
[11] *Federmann*, Bilanzierung nach Handels- und Steuerrecht, 11. Aufl. 2000, S. 39.
[12] IDW, Wirtschaftsprüfung und Corporate Governance, 2002, S. 19.

Vorstand damit ein ordentliches Wirtschaften mit dem Vermögen der Gesellschaft bescheinigen (Beglaubigungsfunktion).[13] Zugleich möchte der Vorstand des Unternehmens mit der Rechnungslegung und dem Bestätigungsvermerk „Botschaften" über seine erfolgreiche Führungsarbeit, das Erreichen oder Verfehlen von Unternehmenszielen und -erwartungen und die Gründe dafür übermitteln. Diese „Botschaften" sind sowohl an die Aktionäre als auch an Gläubiger und an Kapitalmarktteilnehmer adressiert. Auch persönliche Interessen eines Vorstandes mögen mitunter eine Rolle spielen, so die Gehalts- und Gewinnbeteiligungsfrage aber auch Ansehen und Mitspracherechte im Kreis von Verbänden und der Politik.

53 **Gesellschafterinteressen:** Gesellschafter, insbesondere Aktionäre, möchten aus ihrer Kapitalbeteiligung möglichst hohen Profit schlagen oder sich durch Schadenersatzansprüche für eine etwaige Fehlinvestition (trotz Risikohinweisen) schadlos halten können. Sie erwarten, dass Jahresabschluss und Prüfungsbericht Auskunft über die Erfolge der Unternehmensleitung geben. Sie wollen auch wissen, wie sehr sich ihre Kapitalbeteiligung rentiert oder inwieweit sie gefährdet ist. Sie erwarten daher von einem Prüfungsbericht Auskunft über die Ordnungsmäßigkeit der Geschäftsführung und die des Risikofrüherkennungssystems. Außerdem wollen sie möglichst alle Faktoren erfahren, die die Unternehmensentwicklung im laufenden Jahr beeinflussen können, einschließlich etwaiger bestandsgefährdender Risiken. Der Aktionär erhebt auch Anspruch auf Aufklärung über schwere Verfehlungen des Managements, weil diese eine mögliche Fehleinstellung zum Unternehmen und dem überlassenen Vermögen indizieren können.

54 **Arbeitnehmerinteressen:** Arbeitnehmer des Unternehmens sind am Erhalt ihrer Arbeitsplätze interessiert, für sie ist das Unternehmensergebnis daher eher zweitrangig. Wenn ein positives Ergebnis nur durch Arbeitsplatzabbau erreicht werden kann, steuern Arbeitnehmerinteressen gegen das Gesellschafterinteresse an einer möglichst hohen Rendite oder gar Kapitalausschüttung. Sie interessieren sich i. d. R. auch dafür, dass die Unternehmensleitung in Übereinstimmung mit sonstigen Gesetzen, d. h. Arbeits-, Sozialrecht und Steuerrecht, handelt. Noch mehr als der Aktionär sind sie daran interessiert, dass Charakterfehler eines Managers aufgedeckt werden.

55 **Gläubigerinteressen:** Gläubiger verlangen von der Rechnungslegung in erster Linie Aufschluss und Klarheit über die Bonität des Schuldners und seine aktuelle Vermögenslage. Diesen Interessen ist eine weitgehende Vereinheitlichung und Vergleichbarkeit der Rechnungslegungsstandards förderlich, wie sie durch § 292 a HGB für börsennotierte Unternehmen nach internationalen Standards ermöglicht und ab 1.1.2005 sogar Pflicht werden.[14] Gläubiger sind überdies selten an einer Dividendenausschüttung interessiert, da diese das Unternehmensvermögen reduziert, sondern befürworten dementsprechend eher die Bildung von stillen Reserven. Die Abschlussprüfung hat für sie eine Kontrollfunktion,[15] die über die Mitverantwortung des Aufsichtsrates hinausgeht. Ohne uneingeschränkten Bestätigungsvermerk (§ 322 HGB) wird ein Gläubiger langfristig nicht bereit sein, Kredite oder andere Finanzierungshilfen zu gewähren.

56 **Interessen der Aufsichtsbehörden:** Besonders im Zuständigkeitsbereich der Bundesanstalt für Finanzdienstleistungsaufsicht (BaFin) aber auch bei anderen Aufsichtsbehörden ist von vorrangigem Interesse, dass die öffentlichen Interessen an der Erhaltung und der Funktionsfähigkeit des Kapitalmarktes, aber auch an dessen Transparenz und Vertrauenswürdigkeit gewahrt werden. Die BaFin ist eine nach dem FinDAG, dem KWG, dem WpHG und dem VAG eingerichtete Bundesbehörde mit einem durch das KWG und die anderen Aufgabengesetze vorgegebenen, ausschließlich **öffentliche Interessen** der Wirtschaftsverwaltung betreffenden Aufgabenkreis. Sie wird **nicht** auf der Grundlage privater Rechtsbeziehungen, bspw. als Gläubiger, Aktionär oder Geschäftspartner der Aktiengesellschaft, sondern im öffentlichen Interesse eines funktionierenden Kreditwesens als Aufsichtsbehörde über Kreditinstitute in den verschiedensten Rechtsformen tätig (§ 6 Abs. 2 KWG). Der Gesetzgeber hat die Kontrollmöglichkeiten und Eingriffsbefugnisse der BaFin zur Erfüllung des öffentlichen Auftrages umfassend

---

[13] *Wiedmann* § 316 HGB Rdnr. 6, § 322 Rdnr. 1 ff.
[14] Verordnung des Europ. Parlaments und des Europ. Rates v. 27.5.2002, reg. 2002-3626.
[15] *Wiedmann* § 316 HGB Rdnr. 4; MünchKommHGB/*Ebke* § 316 Rdnr. 23.

und abschließend im KWG, im WpHG und dem VAG sowie einigen Sondergesetzen geregelt.[16] Ebenso sind die Sanktionen eines etwaigen falschen Verhaltens eines Kreditinstitutes gegenüber der BaFin durch eigene Straf- und Bußgeldtatbestände im KWG, der RechKredV und der RechVersV normiert. Diese Regelungen schützen die Funktionsfähigkeit der Aufsicht und gewährleisten umfassend die staatliche Kontrolle des Kreditwesens. Weitergehende Aufgaben sind der BaFin nicht zugewiesen. In Art 1 Nr. 3 des 3. Gesetzes zur Änderung des KWG und anderer Vorschriften vom 20.12.1984 hat der Gesetzgeber ausdrücklich hervorgehoben, dass das BAKred (als Vorgängerinstitut der BaFin) für das Kreditwesen nur im öffentlichen Interesse tätig wird und keine Gläubigerschutzfunktionen erfüllt.[17] Die BaFin ist deshalb nur im Rahmen ihres öffentlichen Auftrages schutzwürdig und schutzfähig. Dieser Schutz wird umfassend durch das KWG gewährleistet. Daher stehen (und standen) dem Amt die speziellen Befugnisse nach dem KWG und der RechKredV zu.

Erst durch die 6. KWG-Novelle (in Kraft zum 1.1.1998) hat der Gesetzgeber einen Bußgeldtatbestand in § 56 Abs. 3 Nr. 9 KWG für falsche Auskünfte anlässlich einer Prüfung nach § 44 KWG eingeführt. Dies spricht dafür, dass ein entsprechendes falsches Verhalten **vor der Einführung** der Norm nicht bußgeld- und auch nicht strafbewehrt war. Das muss nicht bedeuten, dass ein falsches Verhalten eines Kreditinstitutes im Rahmen einer Prüfung nach § 44 KWG vor In-Kraft-Treten der 6. KWG-Novelle stets folgenlos geblieben wäre. Dafür gab und gibt es aber eigenständige Befugnisse und Kontrollmöglichkeiten der BaFin. Für diese systematische Auslegung spricht auch, dass einem Vorstand einer derart unter einer Fachaufsicht stehenden Aktiengesellschaft die Auskunftsverweigerungsrechte, die ihm gegenüber Aufsichtsrat, Aktionären und Gläubigern der Gesellschaft zustehen würden (§§ 93, 131 Abs. 3 AktG, 26 a KWG a. F., 340 f. HGB), gegenüber der Aufsichtsbehörde nicht geltend machen kann. 57

Interessen der Ermittlungsbehörden: Andere staatliche Aufsichtsbehörden, insbesondere solche, die Polizei- und Repressionszwecke verfolgen, stellen ebenfalls Erwartungen an die Arbeit der Bilanzierenden und der Abschlussprüfer. Sie verstehen die verschiedenen berufsrechtlichen oder gar unkodifizierten Regeln der Berufsauffassung als strenges, enges Korsett, von dem erwartet wird, dass die Rechnungslegung alle Geschäftsvorfälle eines Jahres quasi „objektiv" erfasst, verbucht und durch mathematische Ableitung zum Jahres- / Konzernabschluss führt. Eine solche statische Auffassung steht stets im Gegensatz zu betriebswirtschaftlichen Ansätzen zulässiger Ertrags-, Vermögens- und Bilanzpolitik (im Sinne einer norm- und fachgerechten Bilanzierung). 58

Interessen der Berufsverbände: Auch die veröffentlichten „Berufsauffassungen" von Wirtschaftsprüferverbänden (IDW) wie bspw. die Stellungnahme IDW-HFA 7/1997 oder der seit 1.7.2002 veröffentlichte IDW-EPS 210, die den Abschlussprüfer als Vorstufe der Kriminalitätsbekämpfung sehen, sind bei der Bewältigung eines Vorwurfes zu unterscheiden. 59

Das allen westlichen Rechtssystemen immanente Ziel, eine **rationale, zeitnahe, vollständige und wahrhaftige Informationsgrundlage** über die Vermögens-, Finanz- und Ertragslage eines Unternehmens zu schaffen, wird in den jeweiligen Einflusssphären der internationalen Bestimmungen über die Rechnungslegung (HGB, IAS und US-GAAP) unterschiedlich umgesetzt. Daher muss der Gesetzeszweck des § 331 HGB aus dem Sinn und Zweck der Jahresabschlussstellung innerhalb der Gesellschaft, die dazu verpflichtet ist, abgeleitet werden. Da Jahresabschlüsse der Rechenschaft des Leitungsorgans einer Gesellschaft gegenüber den Gesellschaftern dienen, ist Hauptzweck (und damit geschütztes Rechtsgut) des § 331 HGB das **Informationsinteresse des Gesellschafters**.[18] Daneben hat die Rechtsprechung stets betont, dass ein berechtigtes Interesse der Kontrollorgane der Gesellschaft, der Arbeitnehmer eines Unternehmens und der Gläubiger des Unternehmens an einer wahrhaftigen, normgerechten Rechnungslegung und Abschlusserstellung anzuerkennen ist. 60

Einzelfragen: In § 335 HGB a. F. hatte der Gesetzgeber einen geschützten Personenkreis bestimmt. Danach konnte bei Verletzung der Offenlegungspflicht die Veröffentlichung des Jahresabschlusses nur auf Antrag der Gesellschafter, der Gläubiger oder des Betriebsrates erzwun- 61

---

[16] Bspw. die Bestimmungen über die Treuhandaufsicht für den Deckungsstock von Pfandbriefinstituten nach dem PfandbriefG v. 22.5.2005, dem HypothekenbankG, dem SchiffsBkG oder dem ÖPfandbriefG.
[17] Zitiert bei *Schwark* KWG 20. Aufl. 1999, Einl. S. 16.
[18] GroßKommAktG/*Otto* § 400 Rdnr. 2.

gen werden, wodurch klar gestellt war, welche Interessen als schützenswert galten. Nach Kritik durch den EuGH ist das Erfordernis eines berechtigten Interesses in § 335 HGB entfallen, der Antrag kann von jedermann gestellt werden.[19] Im Ergebnis ändert sich jedoch nichts, da weiterhin damit zu rechnen ist, dass nur dieser Personenkreis sich überhaupt an das Registergericht wenden wird. Hinzu tritt der Personenkreis, der sich an einem Unternehmen beteiligen oder ein Unternehmen erwerben will. Schließlich ist der **Fiskus** Bilanzadressat, da durch die Bilanzierungsvorschriften des Handels- und Steuerrechts der Steueranspruch des Staates an die bilanzierungspflichtigen Unternehmen sichergestellt werden soll.

62 Ob ein **Ausschuss des Aufsichtsrates** zum Adressatenkreis noch gerechnet werden kann, ist zweifelhaft. Nur der Aufsichtsrat als Gesamtorgan übt die Kontrollbefugnis gegenüber dem Vorstand aus. Auch die Rechte des Aufsichtsratsvorsitzenden gem. § 90 AktG sind nicht auf die Gesamtlage der Gesellschaft, sondern auf eine Unterrichtung über Einzelmaßnahmen gerichtet. Das Gleiche gilt für Aufsichtsratsausschüsse. Nur dann, wenn der Aufsichtsrat (unter Beachtung der Beschränkungen des § 107 Abs. 3 AktG) eigene Befugnisse zur Kontrolle des Vorstandes auf den Ausschuss übertragen hat, kann auch dieser in den geschützten Personenkreis einbezogen werden.

63 **Nicht** durch diese Strafnormen werden **Aufsichtsbehörden** (z.B: Bundesanstalt für Finanzdienstleistungsaufsicht oder Vorgängerbehörden), andere Kontrollinstitutionen (freiwillige Zertifizierungsinstitute) oder Registergerichte geschützt.

2. Anwendungsbereich der Bilanzdelikte

64 a) **Normgefüge.** Die strafrechtlichen Normen über eine unrichtige Bilanz bzw. einen unrichtigen Jahres-, Konzern- oder Zwischenabschluss gelten für verschiedene Unternehmensformen. Das HGB und das PublG normieren folgende **Tatbestände**:
- die Strafbarkeit der Darstellung unrichtiger oder verschleierter Verhältnisse der Gesellschaft in Eröffnungsbilanzen, Lageberichten und Einzel-Jahresabschlüssen sowie Zwischenabschlüssen gem. § 340 a Abs. 3 HGB (§ 331 Nr. 1 HGB, § 17 Nr. 1 PublG);
- die Strafbarkeit der Darstellung unrichtiger oder verschleierter Verhältnisse der Gesellschaft in Konzernbilanzen oder Konzernlageberichten (§ 331 Nr. 2 HGB, § 17 Nr. 2 PublG);
- die Strafbarkeit leichtfertiger Offenlegung von befreiten Konzernabschlüssen, wenn in ihnen die Verhältnisse des Konzerns unrichtig oder verschleiert wiedergegeben sind (§ 331 Nr. 3 HGB, § 17 Nr. 3 PublG);
- die Strafbarkeit unrichtiger Angaben in Aufklärungen und Nachweisen gegenüber einem Abschlussprüfer oder die unrichtige oder verschleierte Darstellung der Verhältnisse einer Gesellschaft, Tochtergesellschaft oder eines Konzerns gegenüber diesem (§ 331 Nr. 4 HGB, § 17 Nr. 4 PublG).

65

§ 331 Nr. 1 HGB:	alle Kapitalgesellschaften alle oHG und KG ohne natürlichen Vollhafter (§§ 264 a I, 264 b Abs. 1, 335 b HGB); alle Kreditinstitute, Finanzdienstleistungsunternehmen und alle Versicherungsunternehmen unabhängig von ihrer Rechtsform (§§ 340 m, 341 m HGB)
§ 331 Nr. 1a HGB:	Kapitalgesellschaften mit Befreiung nach § 325 Abs. 2a, 2b HGB
§ 331 Nr. 2 HGB:	wie bei § 331 Nr. 1
§ 331 Nr. 3 HGB:	wie bei § 331 Nr. 1
§ 334 HGB:	wie bei § 331 Nr. 1

---

[19] MünchKommHGB/*Quedenfeld* § 335 Rdnr. 2, 13.

§ 17 Nr. 1 PublG:	alle nach § 1 PublG publizitätspflichtigen Unternehmen, d. h. Einzelkaufleute, Personen-Handelsgesellschaften, Wirtschaftsvereine, gewerbliche Stiftungen, Unternehmen der öffentlichen Hand, die Kaufmann i. S.v § 1 HGB sind oder im Handelsregister eingetragen sind (§ 3 PublG), bei denen an drei aufeinander folgenden Abschlussstichtagen jeweils mindestens zwei der folgenden Merkmale auf den Einzel-Jahresabschluss zutreffen: Bilanzsumme 125 Mio. DM Bilanzgewinn 250 Mio. DM Arbeitnehmer 5000 ebenso Konzern-Mutterunternehmen, die die gleichen Voraussetzungen erfüllen (§ 11 PublG)
§ 17 Nr. 2 PublG:	wie bei § 17 Nr. 1
§ 17 Nr. 3 PublG:	wie bei § 17 Nr. 1
§ 20 PublG:	wie bei § 17 Nr. 1
§ 147 Abs. 2 Nr. 1 GenG:	Eingetragene Wirtschaftsgenossenschaften, wenn nicht bereits die §§ 340 m, 340 n, 331, 334 HGB einschlägig sind;
§ 143 Nr. 1 VAG:	Versicherungsvereine a.G. außerhalb des § 341 m, 341 n HGB

Die pflichtwidrige **Unterlassung einer Bilanzierung** oder die Aufstellung der Bilanz zur Erschwerung der Vermögensübersicht haben daneben in den Bankrotttatbeständen (§§ 283 b Abs. 1 Nr. 3, Nr. 7 StGB für alle bilanzierungspflichtigen Kaufleute, auch bei fahrlässiger Begehung) und bei den Steuerdelikten (§ 378 AO für jeden Unternehmer) eine zunehmende Bedeutung (vgl. den Beitrag zum Insolvenzrecht in diesem Handbuch). 66

Wenn die Unternehmensgröße nach den §§ 3, 11 PublG, 264 a Abs. 1 HGB nicht erreicht werden und es sich nicht um Kapitalgesellschaften, Versicherungs-, Kredit- und Finanzdienstleistungsunternehmen handelt (das gilt insbes. für GbR, oHG, KG), ist eine falsche Bilanzierung als solche **nicht strafbar.** 67

Typischerweise kann aber die **vorsätzliche Verwendung** einer unrichtigen Bilanz oder eines unrichtigen Jahres-/Konzernabschlusses (wenn mindestens eine Gefährdung der geschützten Interessen des Empfängers eintritt) zu einer weiteren Strafbarkeit führen, bspw. 68

- durch unrichtige Berichterstattung gegenüber dem Aufsichtsrat oder der Hauptversammlung, § 400 AktG;
- durch unrichtige Angaben im Börsenprospekt oder sonst bei der Werbung für Eigenmittel (Kapitalfinanzierung), §§ 264 a StGB, 38, 39 WpHG;
- durch unrichtige Angaben bei der Kreditfinanzierung, § 265 b StGB;
- durch unrichtige Angaben bei der Umwandlung, § 314 UmwG;
- durch Verwendung bei der Steuererklärung, § 370 AO.

Als im Verhältnis zum Strafrecht abgestufte Sanktion normieren die §§ 334 HGB, 20 PublG **Bußgeldtatbestände** für die unrichtige Anwendung enumerativ aufgezählter Bilanzierungsvorschriften. 69

b) **Zeitlicher Anwendungsbereich.** Die durch das Bilanzrichtliniengesetz 1985 (BilRiLiG) eingeführten Strafvorschriften gem. §§ 331-334 HGB sind für nach dem 31.12.1986 beginnende Geschäftsjahre anzuwenden, für Konzernabschluss, Konzernlagebericht und Offenlegung erstmals auf das nach dem 31.12.1989 beginnende Geschäftsjahr. Das Gleiche gilt für die Strafnormen des Publizitätsgesetzes. Die Vorschriften für Kreditinstitute und Finanzdienstleistungsunternehmen (§§ 340 m, 340 n HGB) gelten aufgrund der Bankbilanzrichtlinien-Gesetze vom 30.11.1990 und 21.12.1992.[20] Für Versicherungsunternehmen hat das Änderungsgesetz vom 24.6.1994 den Anwendungsbereich ausgedehnt. Schließlich brachte das Gesetz zur Um- 70

---

[20] MünchKommHGB/*Quedenfeld* Vor § 331 Rdnr. 10 f.

setzung der Richtlinie über Kapitalgesellschaften und Co. (KapCoRiLiG) mit § 335 b HGB eine Erweiterung auf die oHG und KG ohne natürlichen Vollhafter (§ 264 a Abs. 1 HGB) seit dem 9.3.2000[21] für Wirtschaftsjahre, die nach dem 31.12.1999 beginnen.[22]

71 **c) Beginn der Bilanzierungspflicht.** Die Pflicht zur Aufstellung einer Eröffnungsbilanz entsteht mit dem Beginn der unternehmerischen Tätigkeit eines Kaufmanns. Die Pflicht zur Aufstellung eines Jahresabschlusses besteht nach Ablauf des ersten satzungsgemäßen Wirtschaftsjahres innerhalb der zeitlichen Grenzen des § 267 HGB, § 3 PublG.

72 **d) Pflichtabschlüsse und freiwillige Abschlüsse.** Die Bilanzdelikte gelten nur für gesetzliche **Pflichtaufgaben,** nicht für freiwillige oder nicht periodengerechte Abschlüsse. Das wird am Tatbestand der §§ 331ff HGB deutlich, die nur die folgenden Arbeiten unter Strafe stellen:

73

Aktiengesellschaften	Eröffnungsbilanz und Jahresabschluss einschließlich Lagebericht (§§ 148ff AktG), Konzernabschluss einschließlich Konzernlagebericht, befreite Konzernabschlüsse nach §§ 291, 292 a oder 292 HGB
Einzelkaufmann	Nach der Größe (§ 1 PublG): Jahresabschluss und Lagebericht (§ 5 PublG), Konzernabschluss (§ 13 PublG), befreite Abschlüsse nach §§ 291, 292 a oder 292 HGB
Genossenschaften	Jahresabschluss mit Anhang (§§ 336-339 HGB)
GmbH	Eröffnungsbilanz und Jahresabschluss einschließlich Lagebericht (§§ GmbHG), Konzernabschluss einschließlich Konzernlagebericht, befreite Abschlüsse nach §§ 291, 292 a oder 292 HGB
KGaA	Eröffnungsbilanz und Jahresabschluss einschließlich Lagebericht (§§ 148ff AktG), Konzernabschluss einschließlich Konzernlagebericht, befreite Abschlüsse nach §§ 291, 292 a oder 292 HGB
Kommanditgesellschaft	Nach der Größe (§ 1 PublG): Jahresabschluss und Lagebericht (§ 5 PublG), Konzernabschluss (§ 13 PublG), befreite Abschlüsse nach §§ 291, 292 a oder 292 HGB Eröffnungsbilanz und Jahresabschluss bei KG ohne natürlichen Vollhafter (§§ 264 a Abs. 1, 335 b HGB)
Kreditinstitute	Externe Eröffnungsbilanzen und Jahresabschlüsse; Interne Berichte an das Bundesaufsichtsamt für das Kreditwesen sind OWi i. S.v § 38 RechKredV
Offene Handelsgesellschaft	Nach der Größe (§ 1 PublG): Jahresabschluss und Lagebericht (§ 5 PublG), Konzernabschluss (§ 13 PublG), befreite Abschlüsse nach §§ 291, 292 a oder 292 HGB Eröffnungsbilanz und Jahresabschluss bei oHG ohne natürlichen Vollhafter (§§ 264 a Abs. 1, 335 b HGB)
Stiftungen mit gewerbl. Tätigkeit	Nach der Größe (§ 1 PublG): Jahresabschluss und Lagebericht (§ 5 PublG), Konzernabschluss (§ 13 PublG), befreite Abschlüsse nach §§ 291, 292 a oder 292 HGB
Unternehmungen des ö.R.	Nach der Größe (§ 1 PublG): Jahresabschluss und Lagebericht (§ 5 PublG), Konzernabschluss (§ 13 PublG), befreite Abschlüsse nach §§ 291, 292 a oder 292 HGB

---

[21] Art. 48 Abs. 1 EGHGB.
[22] *Knierim/Muscat* PStR 2001 Heft 10 und 11.

Versicherungsunternehmen	Externe Eröffnungsbilanzen und Jahresabschlüsse; Interne Berichte an das Bundesaufsichtsamt für das Versicherungswesen gem. § 55 a VAG sind OWi i. S.v § 144 Abs. 1 Nr. 5 VAG
Wirtschaftsvereine	Nach der Größe (§ 1 PublG): Jahresabschluss und Lagebericht (§ 5 PublG), Konzernabschluss (§ 13 PublG), befreite Abschlüsse nach §§ 291, 292 a oder 292 HGB;

Eine **freiwillige Bilanzierung** (bspw. eines Freiberuflers oder einer GbR oder Partnerschaftsgesellschaft von Freiberuflern, eines gemeinnützigen Vereins), eine freiwillige Berichterstattung (bspw. als Bericht des Steuerberaters über die Gesellschaftsverhältnisse) oder eine freiwillige Offenlegung einer derartigen Bilanz führen als solche nicht zu strafrechtlichen Sanktionen, wenn sie fehlerhaft sind. Lediglich ihre Verwendung kann strafrechtliche Bedeutung erlangen, bspw. im Zusammenhang mit Bankrotthandlungen, mit der Berichterstattung gegenüber Gesellschaftern, der Steuererklärung oder der Beschaffung von Finanzierungen. 74

e) **Täterkreis der Bilanznormen.** Mögliche **Täter** der § 331 HGB, § 17 PublG können nur Vorstandsmitglieder, Geschäftsführer oder Aufsichtsräte sein. Die Vorwürfe berühren auch weiter gehende schadensersatzrechtliche Interessen der mit den Bilanzierungsfragen in Vorstand und Aufsichtsrat befassten Personen, insbesondere Mitglieder des Vorstandes, des Aufsichtsrat-Präsidiums und des Kreditausschusses des Aufsichtsrates (§§ 116, 111 Abs. 1, 93 AktG). 75

Ob **faktische Organe** taugliche Teilnehmer einer solchen Straftat sein können, ist umstritten. Zwar richtet sich die Strafnorm an jeden, der eine Organstellung inne hat, auch wenn seine förmliche Bestellung an einem Formmangel leidet[23] oder gewollt oder ungewollt zu keiner Bestellung oder Eintragung im Handelsregister geführt hat.[24] Der BGH lässt ein bloßes Übergewicht in der Geschäftsführung ausreichen.[25] Als faktische Organe sollen auch Abwickler und Aufsichtsräte in Betracht kommen.[26] Hinzutreten muss aber immer eine Duldung dieser Tätigkeit durch die bestellten Organe und ein Einverständnis mit deren Tätigkeit.[27] Gleichwohl wird vertreten, dass wegen der Normakzessorietät zum Recht der Handelsbücher bzw. zum formstrengen Gesellschaftsrecht keine verbotene Analogie zum faktischen Organmitglied gebildet werden könne.[28] 76

Bei **mehrgliedrigen Vorstands- und Aufsichtsratsgremien** stellt sich stets die Frage nach der individuellen Verantwortung, insbesondere dann, wenn 77
- eine Arbeitsteilung vereinbart ist,
- keine Ressortzuständigkeit besteht und/oder
- die Aufgabenerfüllung delegiert worden ist.

Aus der Rechtsprechung zu § 331 HGB, § 17 PublG sind bislang keine Entscheidungen zur individuellen Verantwortung bekannt. Zu den Vorgängervorschriften in § 314 HGB v. 1898 und zu § 147 GenG hat das RG allerdings ausgeführt, dass eine strafrechtliche Verantwortung erst dann besteht, wenn das jeweilige Organmitglied Gelegenheit hatte, sich mit den unrichtigen Äußerungen **vor deren Abgabe** zu befassen. Nach heutiger Rechtslage ist die Geschäftsverantwortung für den Jahresabschluss **Teil der Gesamtverantwortung** des Vorstandes (§§ 78 Abs. 1, 91 AktG, §§ 35 Abs. 1, 41 Abs. 1 GmbHG). Der Gesamtverantwortung wird ein Vor- 78

---

[23] Allg. Meinung, vgl. KölnKommAktG/*Geilen* § 399 Rdnr. 31; Geßler/*Fuhrmann* § 400 AktG Rdnr. 6, § 399 AktG Rdnr. 10; Ulmer/*Dannecker* § 331 HGB Rdnr. 27 ff.
[24] Die Rspr. zum faktischen Organmitglied stellt auf die Alleinbestimmung der Geschäftsleitungsmaßnahmen durch die nicht bestellte Person (RGSt. 71, 112; BGHSt. 3, 32, 37; 21, 101, 104) oder auf die beherrschende oder überragende Stellung in der Gesellschaft ab (BGHSt. 46, 62, 64; 31, 118, 122; abwägend OLG Düsseldorf NStZ 1988, 368 f.).
[25] BGH StV 1984, 461 mit abl. Anm. *Otto*.
[26] Geßler/*Fuhrmann* § 400 AktG Rdnr. 6, § 399 AktG Rdnr. 12; KölnKommAktG/*Geilen* § 399 Rdnr. 35; a. A. *Tiedemann* GmbH-Strafrecht, § 82 Rdnr. 48.
[27] BGHSt. 31, 118, 123.
[28] *Achenbach/Ransiek*, VIII.1 Rdnr. 22 ff., 82.

stand nur gerecht, wenn er zwar eine Ressortzuständigkeit im Rahmen der Geschäftsverteilung schafft, dazu aber eine ausreichende regelmäßige Kontrolle und Berichterstattung einrichtet und die Richtigkeit der Berichterstattung in regelmäßigen Abständen überprüft (durch Nachfragen, ressorteigene Prüfungen etc.).

79 Ebenso ist die gesetzliche **Kontroll- und Überwachungspflicht** des Aufsichtsrates nach §§ 170, 171 AktG, § 52 Abs. 1 GmbHG unbeschränkt, so dass Mitglieder des gesetzlich vorgesehenen Aufsichtsrates bei unzureichender Wahrnehmung ihrer Aufgaben zivilrechtlich auf Schadenersatz haften und strafrechtlich mitverantwortlich sein können. Das soll nach einer Meinung in der bilanzrechtlichen Literatur nicht für Organe gelten, die freiwillig bestellt werden (bspw. Beirat).[29] Richtigerweise ist zu differenzieren: Die strafrechtliche Verantwortung orientiert sich am satzungsgemäßen Pflichtenkreis. Sieht die Satzung abweichend von den gesetzlichen Regelungen keine Mitwirkung an der Abschlussfeststellung (bspw. Ausschluss des § 172 AktG) vor, dann besteht keine strafrechtliche Mitverantwortung, weil der gesetzliche Pflichtenkreis eingeschränkt ist.[30]

80 Die **Delegation der Prüfungspflicht des Aufsichtsrates** auf den Abschlussprüfer ist gesetzlich nicht vorgesehen. Sie sollte auch nicht durch das KonTraG 1998 eingeführt werden. Die Abschlussprüfung richtet sich nach anderen Regeln als die Aufsichtsratsprüfung (vgl. § 171 AktG). Die unzureichende Prüfung oder die sogar „sehenden Auges" falsche Bestätigung des Abschlusses durch den prüfungspflichtigen Aufsichtsrat erfüllt in der Regel die strafrechtlichen Tatbestände.

81 f) **Vorsatz und Fahrlässigkeit.** Nach §§ 331, 340 m, 341 m HGB, § 17 PublG ist **nur vorsätzliches Verhalten** strafbar. Bedingter Vorsatz (§ 15 StGB) soll genügen.[31] **Fahrlässigkeit** kann als Ordnungswidrigkeit gem. §§ 334, 340 n, 341 n HGB geahndet oder bei Insolvenzdelikten (§§ 283 b Abs. 2, 283 Abs. 4 und 5 StGB) bestraft oder bei leichtfertiger Steuerverkürzung (§ 378 AO) mit Bußgeld belegt werden.

82 **Vorsatz** erfordert die Kenntnis der Unrichtigkeit eines bilanzierungspflichtigen Sachverhaltes. Der Bilanzaufsteller oder der prüfende Aufsichtsrat müssen jeweils erkennen, dass Angaben über die Verhältnisse der Gesellschaft unrichtig oder verschleiert dargestellt sind. Es genügt bedingter Vorsatz. Die Ausübung von Ansatz- oder Bewertungs-wahlrechten darf indessen nicht vorgeworfen werden, da die Strafnormen in § 331 HGB, § 17 PublG akzessorisch dem Bilanzierungsrecht folgen.

83 Bei der Feststellung des Vorsatzes spielt die **Verantwortlichkeit innerhalb der Unternehmensorganisation** eine wesentliche Rolle.[32] Ein Vorstandsmitglied kann sich zunächst auf das ressortzuständige Vorstandsmitglied verlassen. Selbst der Ressortvorstand kann nicht über alle Detailkenntnisse verfügen und darf sich daher auf das Ergebnis und den Bericht der sorgfältig ausgewählten und regelmäßig kontrollierten nachgeordneten Abteilungsmitarbeiter verlassen.[33]

84 Nicht zuletzt wird der Bilanzaufsteller dann **entlastet,** wenn er bei der Aufstellung fachkundigen Rat in Anspruch nimmt. Beispielsweise kann der Bilanzierungspflichtige einen Steuerberater oder Wirtschaftsprüfer befragen, der zu bestimmten Bilanzierungsmaßnahmen fachkundige Auskunft und Rat erteilen darf. Eine solche subjektive Entlastung setzt allerdings voraus, dass dem jeweiligen Berater vollständige und richtige Auskünfte erteilt werden und dieser eine unabhängige Stellungnahme abgeben kann.

85 g) **Folgen.** § 331 HGB und ihm folgend auch die übrigen Strafvorschriften wegen der Verletzung von Bilanzierungsnormen sehen Geldstrafe oder Freiheitsstrafe bis zu drei Jahren vor.

---

[29] BeckBilKomm/*Hense* § 331 HGB Rdnr. 18; *Schüppen,* Systematik und Auslegung des Bilanzstrafrechts, 1993, S. 187 (zitiert bei Achenbach/*Ransiek,* Handbuch Wirtschaftsstrafrecht S. 594, Fn. 57); überwiegend wird aber die uneingeschränkte Mitverantwortung angenommen, so statt vieler: Lutter/*Hommelhoff* § 82 GmbHG Rdnr. 19 zur sog. Geschäftslagetäuschung.
[30] Achenbach/Ransiek/*Ransiek,* Hdb. Wirtschaftsstrafrecht, VIII.1 Rdnr. 36.
[31] Erbs/Kohlhaas/*Schaal* § 331 HGB Rdnr. 53.
[32] BGHSt. 46, 30.
[33] BGH Urt. v. 6.4.2000 – 1 StR 280/99 – BGHSt. 46, 30 = StV 2000, 483 ff.

Anders als bei den Strafnormen gegen unrichtige Prüfungsberichte (§ 332 HGB u. a.) gibt es keine Qualifizierung. Strafrechtliche Nebenfolgen ergeben sich aus §§ 70 ff. StGB.

Gesellschaftsrechtliche Folge einer gravierenden Falschbilanzierung ist die Nichtigkeit des Jahresabschlusses, § 256 AktG. Die Norm wird entsprechend auf GmbH-Abschlüsse und andere Abschlüsse anderer Handelsgesellschaften angewendet. Wird die Nichtigkeit nicht spätestens innerhalb von drei Jahren nach Veröffentlichung im Bundesanzeiger geltend gemacht, wird der Fehler geheilt (§ 256 Abs. 6 AktG). Indessen hat der Kaufmann den nächsten aufzustellenden Jahresabschluss bereits zu korrigieren, wenn er die Unrichtigkeit des Vorjahresabschlusses erkannt hat.[34] 86

h) **Beginn, Versuch, Vollendung, Beendigung.** Die Strafbarkeit beginnt erst, wenn der Jahresabschluss/Konzernabschluss aufgestellt ist. Ein (auch nur vorläufiger) Abschluss muss den Kreis des Vorstandes bzw. der Geschäftsführung willentlich verlassen haben.[35] Die Tat ist mit dem Zugang beim Adressaten, i. d. R. der Aufsichtsrat (vgl. §§ 170, 171 AktG, 52 Abs. 1 GmbHG) **vollendet**. Eine **Beendigung** tritt ein, wenn der Empfänger den Abschluss zur Kenntnis nimmt. Der **Versuch** eines Bilanzdeliktes ist nicht strafbar. Das hat zur Folge, dass ein Entwurf eines Abschlusses die Strafnorm nicht erfüllen kann. 87

Wird der (vorläufige) Abschluss im Rahmen der Abschlussprüfung (auf den Hinweis des Abschlussprüfers hin) **berichtigt**, bleibt die an sich bereits vollendete Tat folgenlos. Der Gesetzeszweck der Prüfung, nämlich die Korrektur eines falschen Postens und damit die Erfüllung der gesetzlichen Forderung aus § 264 Abs. 2 HGB wird erreicht. Der weite Tatbestand des § 331 Nr. 1-3 HGB bedarf daher einer aus dem Schutzzweck folgenden Tatbestandskorrektur. Eine analoge Anwendung der Rücktrittsnormen ist nicht erforderlich. Die Praxis wird sich hier mit §§ 153, 153 a StPO helfen. 88

Die Tat nach **§ 331 Nr. 4 HGB** ist mit der Unterzeichnung der (falschen) Vollständigkeitserklärung vollendet (vgl. dazu unten V.4). Beendigung tritt mit der Fertigstellung des Prüfungsberichtes ein. 89

i) **Verjährung.** Aufgrund des Strafrahmens von bis zu drei Jahren Freiheitsstrafe verjährt die Strafverfolgung nach 5 Jahren (§§ 78 Abs. 3 Nr. 4, 78 a S. 1 StGB), beginnend mit der Beendigung der Tat. 90

j) **Verletzte im Sinne der §§ 172, 406 e StPO.** Verletzter ist, wer durch die behauptete Tat – ihre tatsächliche Begehung unterstellt – unmittelbar in einem Rechtsgut verletzt ist.[36] Bei Bilanzdelikten sind das die Unternehmen, deren Jahresabschluss falsch ist.[37] Ein Teil der Gerichtspraxis hält auch Aktionäre für Verletzte im Sinne der §§ 172, 406 e StPO. Das entspricht aber weder dem strafrechtlichen Bedürfnis nach Opferschutz noch dem Bedürfnis nach öffentlicher Wahrnehmung der Strafverfolgung. Obwohl die §§ 331, 332 HGB Schutzgesetze im Sinne des § 823 Abs. 2 BGB sind, ist strafrechtlich gesehen eine Ausweitung der dem Vertrauen in die Richtigkeit und Vollständigkeit der Informationen im Rechts- und Wirtschaftsverkehr dienenden Normen auf Gesellschafter oder Gläubiger nicht berechtigt.[38] Die Eignung als Schutzgesetz genügt nämlich auch zivilrechtlich nicht, einen Schadenersatzanspruch zu begründen. Vielmehr muss auch der zivilrechtliche Anspruchsteller nachweisen, dass er im konkreten Vertrauen auf die angeblich unrichtige Information seine Anlageentscheidung getroffen hat. Ein Antragsteller muss also auch im Ermittlungsverfahren belegen, dass er bezogen auf den konkreten Tatverdacht eine seine eigene Vermögenslage beeinträchtigende Anlageentscheidung getroffen hat. Die Ausübung des Stimmrechtes in der Hauptversammlung genügt dagegen nicht als „Verletzungstatbestand". Schutzwürdige Interessen des Unternehmens (bspw. an der Erhaltung von Geschäfts- und Betriebsgeheimnissen) müssen außerdem zur Versagung der Akteneinsicht führen.[39] 91

---

[34] *Küting/Ranker* Wirtschaftsprüfung 2005 S. 1 ff.
[35] MünchKommHGB/*Quedenfeld* § 331 Rdnr. 40; RGSt. 5, 146; 21, 172; 49, 239.
[36] *Meyer-Goßner* § 172 StPO Rdnr. 9.
[37] *Riedel/Wallau* NStZ 2003, 3, S. 395.
[38] OLG Braunschweig wistra 1993, 31; OLG Stuttgart wistra 2001, 840; *Meyer-Goßner* § 172 StPO Rdnr. 12.
[39] OLG Düsseldorf StV 1991, 202; OLG Koblenz StV 1988, 332 m. Anm. *Schlothauer; Riedel/Wallau* NStZ 2003, 3, S. 395/397.

3. Tathandlungen nach § 331 Nr. 1-3 HGB

92 Als Tathandlung verlangt § 331 HGB, dass die Vermögensverhältnisse der Kapitalgesellschaft in der Eröffnungsbilanz, dem Zwischenabschluss, dem Jahresabschluss oder dem Konzernabschluss unrichtig wiedergegeben oder verschleiert worden sind. Folgende **Checkliste** erleichtert den Zugang zu Bilanzierungsvorschriften:

93 **Checkliste:**

- ☐ Verstöße gegen Buchführungs- und Inventurpflichten, §§ 238-241 HGB, 138 AO, 8 h VerkProspG
- ☐ Verstöße gegen Aufstellungspflichten, §§ 243 Abs. 3, 264 Abs. 1, 267 Abs. 1 HGB, 145 Abs. 1 AO
- ☐ Verstöße gegen Ansatzvorschriften (bspw. Vollständigkeitsgebot, Verrechnungsverbot), §§ 246-251, 264 c Abs. 3, 268-274 HGB
- ☐ Gliederungsverstöße, §§ 246, 264 c, 265, 266 HGB, 5 PublG
- ☐ Bewertungsverstöße (Über- oder Unterbewertung von Bilanzposten, Verstöße gegen den Grundsatz der Einzelbewertung u. a.), §§ 253-256, 279-283 HGB
- ☐ Verstöße gegen Konsolidierungspflichten im Konzernabschluss oder im befreiten Abschluss
- ☐ Verstöße gegen Berichtspflichten in Lagebericht und Anhang, §§ 284, 285, 289, 336 HGB
- ☐ Verstöße gegen Prüfungspflichten, §§ 318, 340 k, 341 k HGB, 7, 14 PublG, 8 h VerkProspG
- ☐ Verstöße gegen Offenlegungspflichten, §§ 325, 340 l, 341 l HGB, 9 PublG

94 Die bei den jeweiligen Schritten aufgelisteten Normen dürfen keinesfalls als Hinweis verstanden werden, dass ein Verstoß stets zur Strafbarkeit führt. Im Regelfall wird lediglich eine Norm verletzt, die gemeinsam mit anderen Normen die Informationsfunktion des Berichtes sicherstellen soll. Es kommt für die objektive Tatbestandserfüllung darauf an, dass sich der einfache Normverstoß **wesentlich** auf das Gesamtbild des Unternehmens auswirkt. Wird eine wesentliche Auswirkung nicht festgestellt, ist der Tatbestand nicht erfüllt. Da im Bilanzstrafrecht keine Versuchsstrafbarkeit normiert ist (§ 23 Abs. 1 StGB) kann allenfalls die Verwendung eines Entwurfs im anderen Zusammenhang zu einer Strafbarkeit führen.

95 **a) Unrichtige oder verschleierte Darstellung. Unrichtig** sind die Verhältnisse, wenn ein Verstoß gegen den Grundsatz der Bilanzwahrheit und -vollständigkeit, §§ 243 Abs. 2, 246 Abs. 1 HGB vorliegt. Dies ist insbesondere dann der Fall, wenn die Bilanzierungsvorschriften der §§ 252ff HGB unter Berücksichtigung der abweichenden Bewertungsvorschriften der §§ 279 ff. HGB, insbesondere die Grundsätze ordnungsgemäßer Buchführung (§ 264 Abs. 1 HGB) nicht eingehalten worden sind. Sind Bewertungsansätze ordnungsgemäß, so geben sie das gesetzlich vorgesehene und insofern wirkliche Bild der Gesellschaft wieder. Bewertungsfehler müssen eindeutig und unzweifelhaft sein.[40]

96 **Verschleiert** sind die Verhältnisse bei einem Verstoß gegen den Grundsatz der Bilanzklarheit (§ 243 Abs. 2 HGB), d. h. die an sich ergebnisneutrale Wiedergabe der tatsächlichen Verhältnisse, die aber so undeutlich zum Ausdruck kommt, dass ein unzutreffendes Bild entstehen kann.[41]

97 **b) Bedeutung der Ausfüllungsnormen.** § 331 HGB ist eine Blankettvorschrift. Der Tatbestand ist nur dann erfüllt, wenn die gesetzlichen Wahlrechte, Bandbreiten und Ermessensspielräume des Bilanzrechtes überschritten werden und der Verstoß schwerwiegend ist. Die handels- und unternehmensspezifischen Spezialnormen füllen den Straftatbestand aus.[42] Diese Akzessorietät des Bilanzrechts bedeutet auch die Übernahme von Rechtmäßigkeitsurteilen aus der

---

[40] Achenbach/Ransiek/*Ransiek* VIII.1 Rdnr. 228, 259.
[41] RGSt 37, 433; 41, 293/300; 68, 346/349; BeckBilKomm/*Budde*/*Karig* § 331 HGB Rdnr. 15.
[42] Subsidiaritätsklausel § 246 Abs. 1 HGB BeckBilKomm/*Budde*/*Karig* § 246 HGB Rdnr. 64.

Normauslegung des HGB und der sonstigen bilanzrechtlichen Sondervorschriften. Ein objektiv unrichtiger Jahresabschluss kann nicht vorliegen, wenn die Bilanzierungs-, Bewertungs- und Berichtsvorschriften eingehalten wurden, d. h. auch die Ausnutzung zahlreicher oder aller Ermessensspielräume[43] des Bilanzrechts kann nicht zur Strafbarkeit führen. Eine Unrichtigkeit muss nach dem übereinstimmenden Urteil aller Fachleute eindeutig sein, die Darstellung der Verhältnisse durch Ausnutzung solcher Rechte muss schlechthin unvertretbar sein.[44]

c) **Erfassung der tatsächlichen Grundlagen des Unternehmens.** Die Unrichtigkeit der Angaben muss sich auf „**Verhältnisse der Gesellschaft**" beziehen. Nach der Rspr. des Reichsgerichtes, die zu § 314 HGB 1897 ergangen ist, handelt es sich um Tatsachen, Vorgänge, Umstände und Informationen, die für die Beurteilung der gegenwärtigen Lage und voraussichtlichen Entwicklung (Lagebericht) der Gesellschaft von Bedeutung sind oder sein können.[45] Die Beziehungen zu verbundenen Unternehmen gehören dazu. Maßgeblich sind in erster Linie die wirtschaftlichen, in zweiter Linie auch gesellschaftsrechtliche Verhältnisse. Wesentliche Grundlage eines zutreffenden Bilanzansatzes der Vermögensgegenstände ist die Ableitung des Abschlusses aus den kaufmännischen Handelsbüchern (§ 238 HGB) und der Inventur (§ 240 HGB). Handelsbücher sind das Bindeglied zwischen Eröffnungsbilanz und Jahresabschluss sowie den einzelnen Bilanzierungsperioden, da sich aus den nach den Grundsätzen ordnungsgemäßer Buchführung (GoB) zu führenden kaufmännischen Handelsbüchern für einen sachverständigen Dritten die Lage des Unternehmens ergeben soll (§ 238 Abs. 1 S. 2 HGB).

Die vollständige **Erfassung** des betrieblichen Vermögens und der Verbindlichkeiten zum Bilanzstichtag ist ein wesentlicher GoB[46] (§ 246 HGB). Aus diesem Grundsatz ergeben sich Anforderungen an die Abgrenzung von Fremdvermögen, Gegenstände, die nicht selbständige Vermögensgegenstände sind (weil sie bspw. nicht zu bewirtschaften, nicht greifbar oder nicht selbständig zu bewerten sind[47]) und Privatvermögen. Werden nicht alle oder mehr als die betrieblich genutzten Vermögensgegenstände zum Stichtag erfasst, liegt ein Bilanzierungsfehler vor. Auch die bei der Erfassung erfolgende Zuordnung zu Anlage- oder Umlaufvermögen kann fehlerhaft sein. Indem aber das Unterlassen der Führung von Handelsbüchern und eines Inventars im Normalfall nicht bestraft wird (§§ 331-334; Ausnahme: § 283 b StGB), stellt sich eine nicht aus Handelsbüchern (sondern bspw. aus der Inventur) abgeleitete Bilanz als ordnungsgemäß dar, wenn die darin angegebenen Vermögensgegenstände und Verbindlichkeiten am Stichtag tatsächlich vorhanden sind. Einzelfragen ergeben sich aus den konkreten Umständen:

(1) Eine **für alle Situationen oder Zwecke gültige, „richtige" Bilanz** gibt es nicht. Daher muss von den Ermittlungsbehörden gefordert werden, dass sie alle maßgeblichen Sachverhalte vollständig ermittelt, wenn sie der Auffassung ist, dass die von ihr zum Gegenstand der Ermittlungen gemachte Bilanz unrichtig ist.

Beispiel: Die Staatsanwaltschaft entnimmt der Tagespresse, dass eine Bank ihren Forderungsbestand gegen Bauträger im Jahresabschluss um 3,6 Mrd. DM „zu hoch" ausgewiesen haben soll. Wenn die Staatsanwaltschaft die Ermittlungen wegen eines Bilanzdeliktes aufnimmt, muss sie die für die Bewertung der jeweiligen Forderungen maßgeblichen Umstände, wie sie sich dem Bilanzaufsteller zum Bilanzstichtag dargestellt haben, ermitteln.

(2) In der Unternehmenspraxis werden liquide Mittel als **Cash-Management** häufig durch eine Konzerngesellschaft verwaltet. Dennoch muss die Vermögenszuordnung zu den einzelnen Konzerngesellschaften gewahrt bleiben. Erst eine einwandfreie Buchführung erlaubt über Verrechnungskonten eine klare Vermögenszuordnung.

(3) Aus der **Übertragung von Vermögensgegenständen zwischen den Konzerngesellschaften** oder auch zu befreundeten Nicht-Konzerngesellschaften können sich Auswirkungen auf die Gewinn- und Verlustrechnung ergeben. Diese Auswirkungen sind ebenso in die Untersuchung einzubeziehen, wie etwaige (zulässige) geschäftspolitische Absichten und Maßnahmen.

---

[43] Wirtschaftsprüferhandbuch (WPH) I S. 129; *Adler/Düring/Schmalz* (ADS) § 256 AktG Rdnr. 67.
[44] BeckBilKomm/*Hense* Rdnr. 11; Achenbach/Ransiek/*Ransiek* Hdb. Wirtschaftsstrafrecht VIII.1 Rdnr. 6, 8.
[45] RGSt 66, 426.
[46] *Schöning/Diederichs/Schnelle* Bilanzen in der Rechtspraxis, 2. Aufl. 1994, S. 433.
[47] *Moxter* Bilanzrechtsprechung 5. Aufl., S. 11.

103 **d) Bewertung der Bilanzposten.** Die **Bewertung** eines Vermögens- oder Verbindlichkeitspostens muss kaufmännischen Regeln entsprechen. Bereits die Behandlung von Anschaffungs- und Herstellungskosten, die Absetzungen für Abnutzung und etwaige Teilwertüberlegungen und die verschiedenen, durchaus nicht immer handelsrechtlich vorgegebenen Bewertungsverfahren und -prinzipien lassen weite Bewertungsspielräume zu. Bewertungsfehler müssen eindeutig und unzweifelhaft sein.[48] Beispielsweise können bei der Bewertung von Kreditforderungen gegen ein Bauunternehmen für ein bestimmtes Bauprojekt der reine stichtagsbezogene Objektwert, der Wert der Sicherheiten des Kreditengagements oder der zukünftige Erfolgswert eines Projektes (aus Erwerbersicht) angenommen werden. Die Spanne kann bei großen Projekten bis zu dreistellige Millionenbeträge ausmachen.

104 In einer Bilanz gibt es nur wenige eindeutig feststehende Werte. Die durch liquide Mittel gesicherte Rückzahlungspflicht eines Kredits ist ein solcher sicherer Wert, nicht aber die Sicherung durch Personalsicherheiten und Pfandgegenstände. Die einredefreie Schuld gegenüber einem Lieferanten ist eine sichere Verbindlichkeit. Der gezählte Kassenbestand ist ebenfalls ein sicherer Vermögensgegenstand, nicht aber das Guthaben bei Kreditinstituten, das mit AGB-Pfandrechten belastet ist. Ihrem Wert nach unterliegen die Forderungen gegen Kreditoren, die Rückstellungen für ungewisse Verbindlichkeiten oder drohende Verluste einer Schätzung. Auch Vermögenswerte des Anlage- und Umlaufvermögens sind nach einem Marktwert zu bewerten, wobei es einen deutlichen Unterschied macht, ob der Wert auf dem Käufer- oder dem Verkäufermarkt, einem Markt für lang- oder kurzfristige Güter und Anlagen oder auf einem Verwertungsmarkt nachgefragt wird. Da jede Schätzung mit einem Prognoserisiko verbunden ist, sind nachträglich festgestellte Schätzfehler strafrechtlich irrelevant. Etwaige nach Aufstellung der Bilanz bekannt gewordene Fehleinschätzungen der Wertverhältnisse sind in der folgenden Bilanz zu korrigieren. Das Bilanzrecht zwingt den Kaufmann somit nur, die ihm bis zur Aufstellung der Bilanz bekannt gewordenen Wertverhältnisse zum Bilanzstichtag zu berücksichtigen (Wertaufhellungsprinzip). Werden erst nach dem Abschlussstichtag neue Umstände (auch über die Bilanzierung der Vorjahre) bekannt, sind diese Erkenntnisse im laufenden Jahr umzusetzen.[49]

105 Wenn bei Bewertungen einzelner Vermögensgegenstände, der Risikovorsorge, im Lagebericht und im Anhang **Einschätzungen, Meinungen und Prognosen**, teilweise auch rechtliche Schlussfolgerungen, wiedergegeben werden, werden keine Tatsachen geschildert, die als richtig oder falsch beurteilt werden können. Zwar liegen den Berechnungen meistens betriebswirtschaftliche oder volkswirtschaftliche Annahmen zugrunde, dafür gibt es aber stets unterschiedliche, gleichermaßen vertretbare Expertenmeinungen. Daher muss auf die **Vertretbarkeit** solcher Einschätzungen allein abgestellt werden.[50]

106 **e) Gliederung der Bilanz.** Der Grundsatz der Bilanzklarheit verlangt die ordnungsmäßige **Gliederung** der Bilanz (§§ 247, 266 HGB). Jedes Wirtschaftsgut sowie jeder Ertrags- und Aufwandsposten muss den handelsrechtlichen Gliederungsschemata zugeordnet und korrekt bezeichnet werden. Fehler können hier durchaus aufgrund missverständlicher Formulierungen vorkommen. Allerdings sind auch hier Wahlrechte zu beachten.

107 Eine Zusammenfassung zu Bewertungseinheiten[51] verstößt beispielsweise nicht gegen § 246 Abs. 2 HGB, sondern stellt eine nach Anschaffungskostenprinzipien und nach IAS zulässige Maßnahme dar, um die Chancen und Risiken eines bestimmten Vermögensgegenstandes transparenter zu machen. Bspw. bei Bauunternehmen hat der BFH die Bildung von Bewertungseinheiten zwischen einer dem Auftraggeber geschuldeten Gewährleistung und einer etwaigen Regressforderung gegen einen Subunternehmer anerkannt.[52]

---

[48] *Ransiek* a. a. O. Rdnr. 228, 259.
[49] *Küting/Ranker* Wirtschaftsprüfung 2005, S. 1 ff.
[50] *Tröndle/Fischer* § 263 StGB Rdnr. 9; § 265 b StGB Rdnr. 27, 28; Schönke/Schröder/*Lenckner/Perron* § 265 b Rdnr. 39; LK/*Tiedemann* § 265 b Rdnr. 76; Achenbach/Ransiek/*Gallandi* V. Rdnr. 29; *Hellmann/Beckemper* Wirtschaftsstrafrecht § 4 Rdnr. 368.
[51] *Moxter* Bilanzrechtsprechung, 5. Aufl., S. 219.
[52] BFH Urt. v. 17.2.1993 X R 60/89, BFHE 170, 397.

Bei Wertpapieren hängt die Zuordnung zum Anlage- oder Umlaufvermögen von der beab- 108
sichtigten Anlagedauer ab. Nicht jedes langfristige Wertpapier gehört automatisch zum Anlagevermögen.

f) Anhangsangaben. Schließlich gibt es auch bei den **Berichtsvorschriften zum Anhang** 109
(§§ 284, 285 HGB) Pflichtangaben, Wahlpflichtangaben und freiwillige Angaben, bei denen
Fehler auftreten können. Ob und inwieweit sich solche Verstöße auf die strafbare Darstellung
der Vermögensverhältnisse auswirken, ist in den letzten Jahren mitunter diskutiert worden.[53]

g) Bilanzpolitik, Bilanzkosmetik, Bilanzmanipulation. Jede Geschäftsleitung eines Un- 110
ternehmens verfolgt betriebsbezogene Ziele, strategische Konzepte und damit auch eine
bestimmte **Bilanzpolitik.** Durch den bewussten Einsatz geeignet erscheinender Handlungsinstrumente sollen Sachverhalte so gestaltet und dargestellt werden, dass die angestrebten
Ziele im Rahmen des rechtlich Zulässigen erreicht werden.[54] Solche Ziele sind bspw. das
gewünschte, prognostizierte und budgetierte Jahresergebnis, die Vermögens- und Finanzlage am Stichtag, das Erreichen bestimmter Kennzahlen der Bilanzanalyse und bestimmter
Beurteilungen von Ratingagenturen oder von Kreditinstituten (Bonitätsziffern). Die zur Erreichung dieser Ziele ergriffenen Maßnahmen wirken sich auf die Bilanzsachverhalte aus und
gestalten diese. Entschließt sich ein Kaufmann bewusst zur Durchführung oder Verschiebung
bestimmter bilanziell wirkender Geschäfte, wenn er über die Ausübung oder Nichtausübung
von Ansatz-, Bewertungs- und Berichtswahlrechten entscheidet, dann nutzt er bilanzpolitische
Instrumente.[55]

Das Strafrecht muss solche gestalterischen Freiräume akzeptieren, wenngleich so mancher 111
Staatsanwalt ihnen eher zurückhaltend gegenübersteht.

Beispiel: Beschließt der Vorstand einer Aktiengesellschaft, im Geschäftsjahr stille Reserven aufzulösen, um
im Jahresabschluss einen Gewinn auszuweisen und eine Dividende ausschütten zu können, dann ist dies
durch das Ziel, bestimmte Rating- und Bonitätsbeurteilungen für das Unternehmen zu erhalten oder im
Branchenvergleich gut abzuschneiden, kaufmännisch gerechtfertigt. Auch sind die „Reserven" von dem
Unternehmen doch gerade für solche Zeiten gelegt worden, entstammen also der betrieblichen Leistung
des Unternehmens. Diese Gestaltungsmacht des Kaufmanns hat der Staatsanwalt zu akzeptieren, da die
Verhältnisse der Gesellschaft am Bilanzstichtag buchhalterisch zutreffend erfasst werden.

Klassisches Beispiel für die Auswirkung des Ermessensspielraums der Unternehmensleitung 112
ist die **Ausübung gesetzlicher Wahlrechte.** Bei der strafrechtlichen Beurteilung einer Bilanz
muss beachtet werden, dass dem Kaufmann gesetzlich Wahlrechte eingeräumt sind, die ihm
einen zulässigen, strafrechtlich nicht einzugrenzenden Beurteilungsspielraum einräumen
(Art. 103 Abs. 2 GG, §§ 1 StGB, 3 OWiG). Diese Wahlrechte beziehen sich auf Ansatz-,
Gliederungs- und Bewertungsvorschriften. So lässt der Gesetzgeber in bestimmten Fällen
Bilanzierungshilfen (bspw. Aktivierung der Kosten der Ingangsetzung des Geschäftsbetriebes)
zu. Für Rückstellungen bestehen Wahlrechte ebenso wie für Passivposten, die steuerrechtlich
zulässig sind (§ 247 Abs. 3 HGB). Bewertungswahlrechte werden u. a. bei der Bewertung von
Vermögensgegenständen zu Herstellungskosten eingeräumt, wobei die sich daraus ergebenden
Bewertungsunterschiede (Wahlrecht hinsichtlich der Berücksichtigung von Fertigungs- und
Materialgemeinkosten sowie der durch den Fertigungsprozess verursachten Abschreibungen;
§ 255 Abs. 2 HGB) erheblich sein können. Allerdings soll der Kaufmann eine einmal gewählte
Bewertungsmethode beibehalten und Abweichungen im Anhang erläutern. Bilanzierungswahlrechte schränken ebenso wie Bilanzierungsverbote (bspw.für selbst geschaffene immaterielle
Vermögensgegenstände) oder das Vorsichtsprinzip die Sicht auf die wahren Verhältnisse einer
Gesellschaft ein.

Wenn der Kaufmann **außerhalb der genannten Wahlrechte** die Optik seiner Bilanz zu ver- 113
bessern sucht, sind sowohl rechtlich zulässige wie auch unzulässige und damit strafrechtlich
problematische Gestaltungen denkbar. Regelmäßig sind beispielsweise anerkannte Finanzierungsinstrumente wie Factoring und Leasing unproblematisch, auch wenn durch sie eine bes-

---

[53] Ein Verstoß gegen § 251 HGB bzw. § 34 RechKredV soll die Strafbarkeit begründen, LG Berlin Urt. v.
7.2.2005, (526) 2 StB Js 26/02 KLs (16/03) (nicht rechtskräftig).
[54] *Bieg*, Die externe Rechnungslegung der Kreditinstitute, 1998, S. 747.
[55] *Schöning/Diederichs/Schnelle* a. a. O. S. 433 ff.

sere Darstellung der Liquiditäts- und Finanzlage in der Bilanz, wie auch über die damit einhergehende Kürzung der Bilanzsumme die Verbesserung der Bilanzrelationen (Verhältnis von Eigenkapital zu Bilanzsumme) erreicht werden soll. Problematisch wird die Gestaltung, wenn der Übergang des wirtschaftlichen Eigentums auf den Erwerber nicht gewährleistet ist. Eine Grundregel gibt es jedoch nicht, da die einzelnen Fallgestaltungen zu vielschichtig sind.

114 Die **Manipulation eines Rechnungswesens** und des Jahresabschlusses durch gefälschte Belege, erfundene Geschäftsvorfälle, durch Verstöße gegen Inventurpflichten und Bewertungsverfahren sind von Außenstehenden, besonders auch von Abschlussprüfern, schwer zu erfassen. Konzernweite, dezentrale und große Rechnungswesen machen derartige Manipulationen eher unwahrscheinlich, da in der Regel eine Vielzahl von Personen (noch dazu motivlos) an der Manipulation teilnehmen müssten, um diese zu decken. Manipulationen sind daher in zentralen Abteilungen eines Unternehmens eher denkbar. Dennoch kann eine Manipulation in keinem Fall ausgeschlossen werden. Weder GoB noch gründliche Revisionsuntersuchungen können ein Unternehmen vor einer absichtlichen und geschickten Manipulation bewahren.

115 **h) Einfluss der Bilanzauffassungen.** Für die Beurteilung der Unrichtigkeit oder Verschleierung von Sachverhalten in Eröffnungsbilanzen, Zwischen- oder Jahresabschlüssen ist es angesichts einer kaum vorhandenen aktuellen Rechtsprechung der Strafsenate des BGH[56] wesentlich, zumindest die in Verlauf des letzten Jahrhunderts im deutschen Rechtskreis entwickelten Bilanzauffassungen zu kennen. Diese Bilanzauffassungen spiegeln sich deutlich in der Rechtsprechung des BFH wieder. Da zahlreiche Bilanzierungsthemen durch die Rechtsprechung der Finanzgerichte geprägt worden sind, darf man sich nicht scheuen, diese Rechtsprechung zur Erläuterung auch handelsrechtlicher Sachverhalte heranzuziehen. Im europäischen Vergleich gibt es wiederum konkurrierende Bilanzauffassungen. Im Wesentlichen sind die dynamische und die statische Auffassung zu unterscheiden.

116 Die von *Schmalenbach* im Jahr 1919 begründete und von *Leffson* fortgeführte **dynamische Bilanzauffassung** besagt, dass die Grundsätze ordnungsgemäßer Bilanzierung lediglich entwicklungsoffene kaufmännische Bräuche im Sinne der Maßgeblichkeit einer „betriebswirtschaftlichen Natur der Sache" seien.[57] Sie strebt eine Bilanzierung an, die die Gewinne mehrerer Rechnungsperioden vergleichbar macht und damit Verrechnungsposten zwecks Gewinnglättung schafft. Diese Auffassung führte dazu, dass der Kaufmann Ergebnisse auf mehrere Jahre verteilte. Im angelsächsischen Rechtskreis wird die Gewinnermittlung eher im Sinne einer dynamischen Konzeption verstanden.

117 In Deutschland schreibt das 3. Buch des HGB eine **statische Bilanzierung** vor. Die Rechtsprechung begreift die Grundsätze ordnungsmäßiger Buchführung aufgrund ihrer Einbeziehung in §§ 243 Abs. 1, 264 Abs. 2 HGB als Rechtsnormen. Diese Auffassung entwickelte sich vor In-Kraft-Treten des BilRiLG zunächst aus den bilanzrechtlichen Grundwertungen des Aktiengesetzes von 1965, die als allgemeine Grundsätze für alle Kaufleute angesehen wurden.[58] Stichtagsbezogen und in Abgrenzung früherer Perioden sind nach der statischen Bilanzauffassung nur echte Vermögensgegenstände und Verbindlichkeiten zu bilanzieren. Nur im Bereich der Rechnungsabgrenzung blieben noch dynamische Elemente zurück.

118 Die statische Auffassung führt zu einer **Objektivierung und Verrechtlichung** der Bilanz, zu formalrechtlichen Ansätzen, die Verzerrungen des Bildes wirtschaftlicher Leistungsfähigkeit nach sich ziehen. Eine wirtschaftliche Betrachtungsweise hingegen stellt auf die tatsächlichen wirtschaftlichen Bezüge von Erträgen und Aufwendungen zu Vermögensgegenständen ab.[59]

119 Wegen der unterschiedlichen Bilanzauffassungen sind **strafrechtliche Zitate und Verweise** auf eine vor In-Kraft-Treten des Aktiengesetzes von 1965 ergangene Rechtsprechung zu Bilanzierungsfragen problematisch. Die durch das AktG 1965 und das BilRiLiG 1985 geprägte Rechtsprechung legt das heute gebräuchliche Bilanzverständnis zugrunde, die frühere Rechtsprechung befasst sich mit den unterschiedlichen Schulstreiten. Da sich das Bilanzrecht durch

---

[56] Achenbach/Wannemacher/*Ransiek* HdbStWiStrR § 23 III, Rdnr. 239; veröffentlicht sind: OLG Braunschweig wistra 1993, 31, 33; BGHSt 13, 382 (zu § 296 AktG 1937); BGH wistra 1982, 32 (zu § 400 AktG 1965).
[57] *Moxter* Bilanzrechtsprechung § 2 S. 5; ebenso BFHE 70, 365; 93, 323; 57, 583; *Döllerer* BB 1965, 1405.
[58] *Döllerer* BB 1959, 1217; BFHE 89, 191; BFH GrS E 95, 31.
[59] *Moxter* a. a. O. S. 8 f.

nationale und internationale Handelsbräuche wie beispielsweise durch Standards der Rechnungslegung (IAS, US-GAAP) aktuell weiter entwickelt (bspw.durch die verpflichtende Anwendung der IAS, IFRS ab 1.1.2005 für börsennotierte Aktiengesellschaften), muss auch die zukünftige strafrechtliche Betrachtung dieser Entwicklung folgen. Der in der Kommentar- und Praktikerliteratur oft anzutreffende Verweis auf Entscheidungen des Reichsgerichts oder des BGH in den 50er und 60er-Jahren[60] wird damit zunehmend problematisch.

i) **Vermögens- und Gewinnermittlungsprinzipien.** Die Bilanzauffassungen beeinflussen auch die sog. Fundamentalprinzipien der Bilanzierung. Ein Kaufmann hat Vermögensermittlungsprinzipien und Gewinnermittlungsprinzipien zu beachten.

Vermögensermittlungsprinzipien folgen der Auffassung der Rechtsprechung von der Bilanz als Vermögensbestandsrechnung.[61] Nach ihnen werden Eigenschaften definiert, die einen Vermögensgegenstand (ein Wirtschaftsgut) und eine (auch ungewisse) Verbindlichkeit ausmachen, unter welchen Voraussetzungen Vermögensgegenstände und Verbindlichkeiten am Bilanzstichtag in der Bilanz angesetzt und bewertet werden sollen.[62] Die typische Vermögensbestandsrechnung ist die Eröffnungsbilanz, weil sie von jeglicher Gewinnermittlung unabhängig ist.

Gewinnermittlungsprinzipien folgen dem **Realisationsprinzip**, das wiederum den tatsächlichen Umsatz und die tatsächlichen Aufwendungen (periodenbezogen) als Vermögensmehrung ansehen. Wenn der Gewinn/Verlust in der Bilanz als Vermögensmehrung oder -minderung ausgewiesen wird, dann folgt dieser Ausweis nicht den Vermögensermittlungsprinzipien. Vielmehr werden diese durch Gewinnermittlungsprinzipien in vielfältiger Weise relativiert.

Der mögliche **Widerstreit** zwischen Vermögens- und Gewinnermittlungsprinzipien zeigt sich an folgendem Beispiel:

Eine mehrjährige, zum Anlagevermögen gehörende zinslose Forderung ist nach Vermögensermittlungsprinzipien mit ihrem Barwert zu bilanzieren, denn ein gedachter Erwerber des Unternehmens würde hierfür im Rahmen des Gesamtkaufpreises keinen anderen Betrag vergüten. Nach Gewinnermittlungsprinzipien ist eine solche Forderung aber zum Nominalwert zu bilanzieren, da hier aus der Umsatzbindung heraus danach gefragt wird, ob ein verlustbringender Umsatz (Abzug) in Zukunft droht. Wenn dies nicht der Fall ist, weil die Forderung zum Anlagevermögen zählt, kann der Barwert nicht angesetzt werden. Der Verlust der Zinsen stellt nur einen nach Gewinnermittlungsprinzipien unbeachtlichen entgangenen Gewinn dar.

Die **strafrechtliche Beurteilung** einer Bilanz muss die Anwendung derartiger Vermögens- oder Gewinnermittlungsprinzipien hinnehmen, sofern diese in sich konsequent angewendet werden. In der zulässigen Anwendung solcher Prinzipien liegt die Ausnutzung kaufmännischen Ermessens, das vom Gesetzgeber nicht eingeschränkt wird.

j) **Sprachliche Unterschiede.** Da das Rechnungswesen weitgehend EDV-gestützt geführt wird, sind erst die Darstellung der Geschäftslage im Lagebericht, der Entwicklungen im abgelaufenen und der Ausblicke auf das laufende Geschäftsjahr sprachliche Experimente, mit denen versucht wird, komplizierte Bilanzierungstechnik dem ungeübten Leser zu verdeutlichen. Das standardisierte Repertoire an kaufmännisch üblichen Redewendungen und Fachbegriffen reicht oft nicht aus, um die Lage der Gesellschaft verständlich zu beschreiben. Daher müssen weite Ermessensbandbreiten an die sprachliche Formulierung angelegt werden. Die Grenzen für (noch) zulässige Information bzw. Beschreibung eines Sachverhaltes zur nicht mehr zulässigen Desinformation, Verschleierung oder gar Lüge sind fließend.

k) **Die Sicht des Sachverständigen.** § 238 Abs. 1 S. 2 HGB weist den Weg zu einer Einschaltung eines Sachverständigen in Buchführungs- und Bilanzierungsfragen. Der sog. Wirtschafts- oder Buchsachverständige ist vom Gesetz als Maßstab für eine Beurteilung der Bilanzverhältnisse vorgegeben. Daher ist die „subjektive" Auffassung einer Ermittlungsbehörde nicht per se verbindlich. Als Verteidiger sollte man daher frühzeitig im Ermittlungsverfahren an geeigneter Stelle auf die Einschaltung eines von der Staatsanwaltschaft unabhängigen Wirtschaftssachver-

---

[60] Bspw. Müller-Gugenberger/Bieneck/*Schmid* § 40; *Bieneck* ebenda § 82; Erbs/Kohlhaas/*Fuhrmann* § 400 AktG; KölnKommAktG/*Geilen* § 400.
[61] BFHE 177, 444.
[62] *Moxter* a. a. O. S. 7.

ständigen drängen und auf Nr. 73 RiStBV hinweisen. Hilft dieser Hinweis nicht, sollte mit dem Mandanten oder dem vom Vorwurf betroffenen Unternehmen die Einschaltung eines Gutachters der Verteidigung erörtern.

127 **l) Wesentlichkeitsgrundsatz.** Ein **Korrektiv** der an sich weiten Begriffsbestimmung der „Darstellung der Verhältnisse" enthält der Wortlaut des § 331 Nr. 1 HGB (wie auch §§ 400 AktG, 314 UmwG) nicht. Die Strafnorm kann als Ultima Ratio aber nicht jede irgendwie geartete Unrichtigkeit der Vermögens-, Finanz- und Ertragslage erfassen, sonst wären Bedenken gegen das strafrechtliche Bestimmtheitsgebot angebracht (Art. 103 Abs. 2 GG, § 1 StGB). Anknüpfend an das in §§ 264 Abs. 2, 289 Abs. 1 HGB genannte „Gesamtbild der tatsächlichen Verhältnisse" sind die die Unternehmenssituation kennzeichnenden Eckwerte herauszuarbeiten. Es wird ein Vergleich bspw. zwischen einer tatsächlich feststellbaren Vermögens-, Finanz- und Ertragslage mit den im Jahresabschluss angegebenen Werten nach Bilanzposten und Bilanzsumme verlangt. Da die Aufstellung des Jahresabschlusses durch Ansatz-, Gliederungs- und Bewertungswahlrechte beeinflusst werden kann, kann eine Strafbarkeit erst jenseits dieser Wahlrechte beginnen.[63] Eine Abweichung von den bekannt gegebenen Werten muss **nachhaltig, profund und wesentlich** sein. Bagatellen sollen nicht unter die Strafnorm fallen. Wesentlich in diesem Sinne sind nur bedeutsame Abweichungen zwischen den Angaben im Jahresabschluss und der tatsächlichen Unternehmenssituation.

128 Dieses Korrektiv ist in den §§ 284, 285 HGB für den Anhang (Pflicht zur Angabe wesentlicher Einzeltatsachen) und den Prüfungsvorschriften (§§ 317 Abs. 1, 321 Abs. 1 HGB) ausdrücklich genannt. Aus **Gesetzeszusammenhang** und **Schutzzweck** kann der weitgefasste Begriff der „Verhältnisse" außerdem auf Wesentliche, das Unternehmensbild prägende Angaben reduziert werden. Der Gesetzgeber hat durch die Bußgeldvorschrift in § 334 HGB zum Ausdruck gebracht, dass er einfache Ordnungsverstöße gegen die näher in der Vorschrift genannten Bilanzierungs-, Gliederungs- und Berichtsvorschriften über die Aufstellung des Jahresabschlusses des Konzernabschlusses und des Lageberichtes nur als Ordnungswidrigkeiten behandeln will. Einfach gelagerte Verstöße sind somit bereits der strafrechtlichen Beurteilung entzogen. Die gesetzliche Systematik legt es nahe, von der Schwere des festgestellten Bilanzierungs-, Bewertungs- oder Berichtsverstoßes die Sanktionierung abhängig zu machen. Schließlich kann auch aus dem Schutzzweck abgeleitet werden, dass die Verhinderung aller möglichen Unrichtigkeiten nicht Sinn des Bilanzstrafrechts ist.[64] Die Gläubiger, Arbeitnehmer und Gesellschafter des berichtspflichtigen Unternehmens sollen vor verheimlichten Schieflagen, vor groben Verzerrungen der wahren Vermögenslage geschützt und in die Lage versetzt werden, die Gesellschaft in ihren Wesentlichen wirtschaftlichen und gesellschaftlichen Bezügen richtig zu beurteilen.

129 Eine Anzahl von Kommentatoren vertritt die Auffassung, dass für eine **einschränkende Auslegung des Tatbestandes** auf § 256 AktG verwiesen werden könne. Wenn ein Sachverhalt zur Nichtigkeit des Jahresabschlusses führen würde,[65] dann soll auch § 331 erfüllt sein. Gliederungsverstöße, Bagatellabweichungen bei Bewertungen oder unwesentliche Unterlassung von Bilanzierungen würden nach dieser Auffassung nicht zur Nichtigkeit und damit auch nicht zur Strafbarkeit führen.[66]

130 Maßstab für Abweichungen soll der **Bilanzposten** sein, der unrichtig ist.[67] Es kommt nach dieser Auffassung auf das Verhältnis des einzelnen Betrages oder Vorganges, der beanstandet wird, zu dem Bilanzposten insgesamt an. Es werden unterschiedliche Auffassungen zur Berechnung der Wesentlichkeit vertreten, überwiegend wird bei Bewertungsfragen eine Abweichung von 10% des Bilanzpostens genannt.[68] Schon nach dieser Auffassung muss es sich um Abweichungen handeln, die außerhalb des üblichen Bewertungsspektrums liegen. Bewertungen innerhalb eines solchen Spektrums, bspw. bei der Bewertung von Immobilien

---

[63] Achenbach/Ransiek/*Ransiek* § 23 Rdnr. 258.
[64] BeckBilKomm/*Hense* § 331 Rdnr. 20.
[65] BeckBilKomm/*Hense* § 331 Rdnr. 21; WPH I, 2. 98 ff, S. 122 ff.
[66] *Henze* Aktienrecht 4. Aufl., Rdnr. 1110 f.
[67] WPH I S. 130.
[68] WPH I S. 131 ff.

von 25 bis 30% Abweichungen aufgrund von Schätzungsdifferenzen bei der Wertermittlung nach WertV/WertR,[69] können die Unrichtigkeit nicht begründen.

Weitergehend muss beachtet werden, dass bei kleinen Bilanzposten die Gesamtverhältnisse der jeweiligen Gruppe (bspw.Anlage-/Umlaufvermögen) oder der vollständigen Bilanzseite mit dem unrichtigen Einzelposten ins Verhältnis gebracht werden müssen. Richtigerweise wird man daher die gesamte **Bilanzsumme** als Maßstab für eine Abweichung nehmen müssen. Aus der Praxis einzelner Staatsanwaltschaften ist bekannt, dass Unrichtigkeiten im Ansatz oder der Bewertung eines Vermögensgegenstandes mit der Bilanzsumme verglichen werden. Die Unrichtigkeit muss nach dieser Auffassung mindestens 3% der Bilanzsumme ausmachen, um Grundlage eines Anfangsverdachts zu sein.[70] 131

m) Tathandlungen des Aufsichtsrates nach § 331 Nr. 1, 3 HGB. Der Aufsichtsrat kann sich nach § 331 Nr. 1 und 3 HGB strafbar machen, wenn er über den Jahres-, Zwischen- oder Konzernabschlusses berichtet. Eine Verantwortung des Aufsichtsrates folgt nur dann aus der Aufstellung selbst, wenn er gem. § 172 AktG den Jahresabschluss mit aufstellt. Ansonsten kann der Aufsichtsrat nur für einen eigenen Bericht im Sinne des § 171 AktG verantwortlich gemacht werden. Danach hat der Vorstand den Jahresabschluss dem Aufsichtsrat unverzüglich mit einem Gewinnverwendungsvorschlag und dem Prüfungsbericht der Abschlussprüfer vorzulegen. Der Aufsichtsrat hat sich darüber zu unterrichten, den Abschluss zu prüfen, sich vom Abschlussprüfer unterrichten zu lassen und über seine Erkenntnisse einen Bericht an die Hauptversammlung zu verfassen (§ 171 Abs. 2 AktG, vgl. auch § 52 Abs. 1 GmbHG). Dieser Bericht kann Gegenstand einer strafrechtlichen Verfolgung sein. 132

Wenn in der Satzung nichts Abweichendes bestimmt ist, kann der Aufsichtsrat den Tatbestand auch durch die in § 172 AktG vorgesehene gemeinsame Feststellung der Abschlüsse mit dem Vorstand erfüllen. 133

4. Tathandlungen nach § 334 HGB

a) Überblick. § 334 HGB enthält Bußgeldtatbestände für einfache Verstöße gegen Buchführungs-, Gliederungs- und Anhangspflichten. In seinem Anwendungsbereich verdrängt § 334 HGB im Wege der Gesetzeskonkurrenz allgemeine Informationsstrafnormen wie bspw.§ 400 AktG oder § 82 Abs. 2 GmbHG. Die Konkurrenz der Ordnungswidrigkeitstatbestände zu den Strafnormen der §§ 331, 332 HGB ist ungeklärt. Da aus der Gesetzgebungshistorie nachgewiesen werden kann, dass früher strafbewehrte Formverstöße des Aktienrechts durch das BiRiLiG gezielt zu Ordnungswidrigkeiten herabgestuft wurden, kann nicht angenommen werden, dass jeder gravierende Verstoß gegen § 334 HGB automatisch durch § 331 HGB verdrängt wird. 134

Anstelle von § 334 HGB sind für Kredit-, Finanzdienstleistungs- und Finanzinstitute sowie für Versicherungsunternehmen die besonderen Vorschriften der §§ 340 n, 341 n HGB und auch die aufgrund der Verordnungsermächtigung des § 330 HGB erlassenen Ordnungswidrigkeitstatbestände der RechKredV und der RechVersV zu beachten (§ 334 Abs. 4 HGB). Verkehrsunternehmen haben ergänzend zu § 334 HGB die VO über die Gliederung des Jahresabschlusses für Verkehrsunternehmen besonders zu beachten. Die im Übrigen nach § 330 HGB erlassenen Verordnungen verweisen in der Regel für Bußgeldtatbestände ebenfalls auf § 334 Abs. 1 Nr. 6 HGB. 135

Täter einer Ordnungswidrigkeit kann nach § 334 Abs. 1 HGB nur ein Vorstand, Geschäftsführer oder Aufsichtsrat einer Kapitalgesellschaft sein, nach § 334 Abs. 2 HGB nur ein Abschlussprüfer oder eine natürliche Person, die für eine Abschlussprüfungsgesellschaft verantwortlich handelt. 136

Tathandlungen sind nach § 334 Abs. 1 Nr. 1 HGB Verstöße bei der Aufstellung oder Feststellung des Jahresabschlusses, nach § 334 Abs. 1 Nr. 2-4 HGB Verstöße nur bei der Aufstellung des Konzernabschlusses, des Lageberichts oder des Konzernlageberichts. Nach § 334 Abs. 1 Nr. 5 HGB wird die Verletzung von Offenlegungspflichten sanktioniert. § 334 137

---

[69] *Kleiber* BauGB 3. Aufl. § 194 Rdnr. 32; BGH Urt. v. 30.5.1963, III ZR 230/61; BGH Urt. v. 28.6.66, IV ZR 237/64 (bis zu 30%); BGH Urt. v. 26.4.1991, V ZR 61/90 (25%).

[70] StA Berlin I 3 Wi Js 1118/99; and. Auff. StA Bonn, 42 Js 108/00, die ohne nähere Begründung eine Schwelle von 5 % des Eigenkapitals annimmt.

Abs. 1 Nr. 6 HGB erfasst die Verletzung einer Bußgeldbestimmung in einer aufgrund von § 330 HGB erlassenen Rechtsverordnung. Die Tathandlung nach § 334 Abs. 2 HGB kann vor Beginn bis zum Ende der Abschlussprüfung in der Erfüllung eines Ausschlussgrundes liegen.

138 Taten nach § 334 HGB **verjähren** innerhalb von drei Jahren nach der Beendigung der Tat (§ 31 Abs. 2 S. 1 OWiG).

139 **b) Tatbestände des § 334 HGB.**
Übersicht: § 334 Abs. 1 Nr. 1 – Unrichtige Angaben bei Aufstellung des Jahresabschlusses[71]

a) über Form und Inhalt	§ 243 Abs. 1 Aufstellung des JA nach GoB § 243 Abs. 2 Klarheit und Übersichtlichkeit des JA § 244 JA in deutscher Sprache und in Euro § 245 Unterzeichnung und Datumsangabe § 246 Vollständigkeit und Verrechnungsverbot in Bilanz § 247 Inhalt der Bilanz, Anlagevermögen, Sonderposten § 248 Bilanzierungsverbote: Gründungs-, Prüfungsaufwand, immaterielle Werte ohne Entgelt § 249 Abs. 1 S. 1 Rückstellungen für ungewisse Verbindlichkeiten und drohende Verluste § 249 Abs. 3 Bildungsverbot, Auflösungsverbot § 250 Abs. 1 S. 1 aktive Rechnungsabgrenzungsposten für Aufwand nach dem Stichtag § 250 Abs. 2 passive Rechnungsabgrenzungsposten für Ertrag nach dem Stichtag § 251 Angaben unter der Bilanz, Haftungsverhältnisse § 264 Abs. 2: Gebot des „true and fair view"
b) über die Bewertung von Vermögensgegenständen	§ 253 Abs. 1 S. 1 i. V. m. § 255 Abs. 1 Höchstansatz mit Anschaffungs- oder Herstellungskosten zzgl. Nebenkosten, vermindert um Abschreibungen § 253 Abs. 2 S. 1, 2 Anlagevermögen mit linearer Abschreibung § 253 Abs. 1 S. 2 oder § 253 Abs. 2 S. 1-3 i. V. m. § 279 Abs. 1 S. 2 Vorrang steuerlicher Normen für Abschreibungen § 253 Abs. 3 S. 1-2 Umlaufvermögen zum Marktpreis § 280 Abs. 1 Wertaufholungsgebot nach Sonderabschreibungen § 282 Besondere Abschreibung für Aufwendungen für Ingangsetzung des Geschäftsbetriebes § 283 Ansatz des EK zum Nennbetrag
c) über die Gliederung des Jahresabschlusses	§ 265 Abs. 2 Angabe des Vorjahresbetrages bei jedem Posten § 265 Abs. 3 Vermerk oder Anhangsangaben bei Mitzugehörigkeit eines Geschäftsvorfalls oder Gegenstandes zu mehreren Posten § 265 Abs. 4 Bei mehreren Geschäftszweigen Gliederung nach einem und Angaben im Anhang zu anderen Gliederungsvorschriften § 265 Abs. 6 Angaben in arabischen Ziffern änderbar, wenn das zur Übersicht erforderlich ist § 266 Aufstellung der Bilanz in Kontoform in der Reihenfolge § 268 Abs. 2 Entwicklung der Posten Anlagevermögen und des Postens Aufwendungen für die Ingangsetzung u. Erweiterung des Geschäftsbetriebes in Bilanz oder Anhang § 268 Abs. 3 Ausweis eines Postens „Nicht durch EK gedeckter Fehlbetrag", wenn EK verbraucht und Passivseite höher als Aktivseite

---

[71] Alle Nomen ohne weitere Gesetzesangaben sind solche des HGB.

	§ 268 Abs. 4 Gesonderter Ausweis von Forderungen mit Laufzeit unter 1 Jahr und von Anlagen im Bau
§ 268 Abs. 5 Gesonderter Ausweis von Verbindlichkeiten mit Laufzeit unter 1 Jahr und von Anzahlungen
§ 268 Abs. 6 Gesonderter Ausweis von Unterschiedsbeträgen, die nach § 250 Abs. 3 in RAP aufgenommen wurden
§ 268 Abs. 7 Gesonderter Ausweis von Haftungsverhältnissen nach § 251 unter der Bilanz oder im Anhang, auf für verbundene Gesellschaften
§ 272 Ausweis des Eigenkapitals
§ 273 Sonderposten mit Rücklagenanteil nach § 247 Abs. 3 darf bei Kapitalges. nur mit Rücksicht auf das Steuerrecht gebildet werden
§ 274 Abs. 1 Rückstellungsbildung für voraussichtlich zukünftige Steuerbelastung aus unterschiedlicher Gewinnermittlung
§ 275 Gliederung der GuV
§ 277 Besonderheiten für die Darstellung der Erlöse, Erlösschmälerungen, außerplanmäßige Abschreibungen, außerordentliche Erträge
d) über die in der Bilanz oder im Anhang zu machenden Angaben	§ 280 Abs. 3 Angaben über aus steuerlichen Gründen unterlassene Zuschreibungen
§ 281 Abs. 1 S. 2-3 Angaben über Wertberichtigungen, Auflösung von Wertberichtigungen unabhängig von Steuerrecht
§ 281 Abs. 2 S. 1 Anhangangaben über den Betrag der allein aus steuerlichen Gründen vorgenommenen Abschreibungen
§ 284 Erläuterung der Bilanz und der GuV
§ 285 Sonstige Pflichtangaben im Anhang

Übersicht: § 334 Abs. 1 Nr. 2 HGB – Unrichtige Angaben in Konzernabschlüssen (KA)

a) über den Konsolidierungskreis	§ 294 Einbezug aller Tochterunternehmen in den KA des Mutterunternehmens, es sei denn, die Ausnahmen nach § 295 (Verbot der Einbeziehung), § 296 (Verzicht auf Einbeziehung) greifen
b) über Form und Inhalt	§ 297 Abs. 2 Klare, übersichtliche Gliederung, True and fair view, Zusatzangaben im Anhang bei Abweichungen davon
§ 297 Abs. 3 Darstellungen aller Einzelunternehmen zu einem einzigen Gesamtunternehmen, Methodenkontinuität und Anhangsangaben bei Diskontinuität
§ 298 Abs. 1 i. V. m. die in Abs. 1 Nr. 1 a) genannten Normen (Einschränkung in § 298: soweit nicht durch die Eigenart des KA eine Abweichung bedingt ist)
c) über Konsolidierungsgrundsätze und Vollständigkeitsgebot	§ 300 Zusammenfassung der Jahresabschlüsse, anstelle von Beteiligungsrechten der Mutter treten die Vermögensgegenstände und Verbindlichkeiten, RAP, Bilanzierungshilfen und Sonderposten der Tochterunternehmen; Vollständigkeitsgebot, soweit nicht nach dem Recht des Mutterunternehmens ein Bilanzierungsverbot oder ein Wahlrecht bestehen.
d) über die Bewertung	Grds Anwendung der zu § 334 Abs. 1 Nr. 1 bereits zitierten Normen

141 Übersicht: Sonstige Verstöße nach § 334 HGB

Abs. 1 Nr. 3	§ 289: Angabepflichten im Lagebericht
Abs. 1 Nr. 4	§ 315 Abs. 1: Angabepflichten im Konzernlagebericht
Abs. 1 Nr. 5	§ 328 Offenlegung, Veröffentlichung oder Vervielfältigung des Jahresabschlusses oder des Konzernabschlusses
Abs. 1 Nr. 6	Verstöße gegen eine Rechtsverordnung, die aufgrund von § 330 erlassen wurde und in der auf die Bußgeldvorschrift verwiesen wird
Abs. 2	Verstöße des AP gegen die Neutralitätspflicht, die sich in der Erfüllung eines Ausschlusstatbestandes nach § 322 äußert. Ein Verstoß gegen § 321 ist dagegen nicht geschützt.

142 c) **Verfolgungsbehörde.** Die Verfolgungsbehörde ist weder im HGB noch in einem anderen Bundesgesetz, das auf diese Norm verweisen würde, bestimmt. Grundsätzlich ist daher nach § 36 Abs. 2 Ziff. 2 a OWiG das jeweilige Wirtschaftsministerium als Oberste Landesbehörde zuständig. Nach Landesrecht kann eine abweichende Zuständigkeit bestimmt werden.[72]

III. Falsches Rechnungswesen

1. Überblick

143 a) **Begriffe.** Durch die Überschrift des 3. Buches des HGB und § 238 Abs. 1 HGB werden die Begriffe „Bücher führen" und „Handelsbücher" als umfassende Dokumentationspflicht des Kaufmanns eingeführt. Handelsbücher sind danach die Aufzeichnungen des Kaufmanns über den Vermögensstand seines Unternehmens (einschließlich der Eröffnungs- und Schlussbilanz, der Jahres-, Konzern- und Zwischenabschlüsse) und die Geschäftsvorfälle, die Auswirkungen auf die Geschäftslage darauf haben. Zu den Büchern im Sinne des § 238 Abs. 1 HGB zählen
- Grundbücher, in denen alle Geschäftsvorfälle chronologisch sortiert erfasst werden (bspw. Wareneingangs- und Warenausgangs-, Kassenbuch),
- Hauptbücher, in denen die Geschäftsvorfälle systematisch aufbereitet werden (bspw. Buchhaltung aufgrund eines Kontenplans) und
- Nebenbücher, in denen bestimmte Teilbereiche gesondert erfasst und nur mit den Abschlussbeträgen in das Hauptbuch übertragen werden (bspw. Lohnbuchhaltung, Lagerbuch, Kassenbuch, Wechselbuch).

144 **Ziel** dieser gesetzlichen Pflichten ist es,
- eine für die Besteuerung der Unternehmen zuverlässige Grundlage zu schaffen,
- den Gesellschaftern eine nachvollziehbare Bewirtschaftung des Unternehmensvermögens zu ermöglichen und
- den Aufsichtsorganen des Unternehmens die Kontrolle der wirtschaftlichen und finanziellen Geschäftsführung zu ermöglichen.

145 **Buchführung** ist die laufende (in zeitlicher Abfolge geordnete), systematische (nach Art des Geschäftsvorfalls und nach betroffenen Vermögensklassen geordnete), in Geldgrößen vorgenommene Dokumentation von Geschäftsvorfällen.[73]

146 **Geschäftsvorfälle** bewirken eine Veränderung des Vermögens in Höhe und/oder Struktur (z. B.: Bezahlung von Forderungen führt zu einer Verminderung der Forderungen und einer Erhöhung des Kassenbestandes). Wann eine Änderung des kaufmännischen Vermögens nach deutschen Handelsrecht eingetreten ist, bestimmen im Wesentlichen die Grundsätze ordnungsgemäßer Buchführung (GoB, Realisationsprinzip, Vorsichtsprinzip, wirtschaftliches Eigentum).[74]

---

[72] MünchKommHGB/*Quedenfeld* § 334 Rdnr. 59; *Göhler* OWiG Anh. B 1 a-16 c; *Lemke* OWiG Anh. III.
[73] *Wiedmann* § 238 HGB Rdnr. 21.
[74] *Wiedmann* § 238 HGB Rdnr. 21.

b) Aufzeichnungspflichten im Rechnungswesen. Die Pflicht zur Führung von Handelsbüchern ist eine **öffentlich-rechtliche Pflicht jedes Unternehmers** (§ 14 BGB, §§ 1, 6 HGB, § 142 AO). Damit sind zunächst alle kaufmännischen Unternehmen, alle Handelsgesellschaften kraft Rechtsform sowie die durch einzelgesetzliche Regelungen dem Handelsrecht unterworfenen privaten und öffentlichen Institutionen buchführungspflichtig. Bei Einzelkaufleuten obliegt die Buchführungspflicht dem Inhaber des Handelsgeschäftes, bei Personengesellschaften trifft diese Pflicht alle geschäftsführenden Gesellschafter. Bei Kapitalgesellschaften trifft die Buchführungspflicht alle Mitglieder des geschäftsführenden Leitungsorgans, d. h. alle Vorstände der AG (§ 91 AktG), der eG (§ 33 Abs. 1 GenG), alle Geschäftsführer der GmbH (§ 41 GmbHG) und alle geschäftsführenden persönlich haftenden Gesellschafter der KGaA (§ 283 Nr. 9 AktG). Eine Delegation dieser Pflichten durch „Ressortverteilung" ist zwar möglich, dennoch verbleibt eine Überwachungs- und Kontrollpflicht beim Geschäftsführungsorgan. 147

Die **Anforderungen** an Inhalte, Beschaffenheit und Aufbewahrung von Handelsbüchern werden in den §§ 238, 239 HGB, § 146 AO gesetzlich vorgegeben. Die Vollständigkeit, inhaltliche Richtigkeit der aufgezeichneten Geschäftsvorfälle und eine zeitnahe, geordnete Aufzeichnung soll durch diese Vorschriften sichergestellt werden. Ein bestimmtes **Buchführungssystem** wird allerdings nicht vorgeschrieben. Der Kaufmann kann zwischen der einfachen, doppelten oder der kameralistischen Buchführung wählen. Die doppelte Buchführung eignet sich besonders, den Anforderungen eines Unternehmens gerecht zu werden, da die geschlossene Systematik des zugrunde liegenden Buchführungsformalismus anderen Systemen an Beweiskraft überlegen ist. Die Bezeichnung „doppelt" steht für die doppelte Ermittlung des Periodenerfolgs durch gleichzeitige Erfassung auf den Erfolgs- wie auch den Bestandskonten. Zudem wird jeder Geschäftsvorfall auf zwei Konten gebucht. Gleichzeitig werden Grund- und Hauptbuch (Journal und Kontenrahmen) angesprochen, so dass eine Nachschau und Kontrolle gewährleistet ist. 148

Eine **ordnungsgemäße Buchführung** muss den Grundsätzen der §§ 238 Abs. 1, 239 HGB entsprechen. Die Buchführung muss so beschaffen sein, dass ein sachverständiger Dritter (bspw. Buchhalter, Wirtschaftsprüfer, Steuerberater, Außenprüfer) sich innerhalb angemessener Zeit einen Überblick über die Geschäftsvorfälle und die Lage des Unternehmens verschaffen kann. Es liegt nahe, dass je nach Unternehmensgröße und nach Zahl der eingesetzten Sachverständigen eine solche Zeitspanne höchst unterschiedlich ausfallen kann. 149

c) Sonstige Aufzeichnungen. Nach § 238 Abs. 2 HGB hat der Kaufmann Abschriften der abgesandten Handelsbriefe aufzubewahren. Eine Durchschrift oder Kopie soll auch die Unterschrift enthalten. Aus steuerlichen Vorschriften folgen weitere Aufzeichnungspflichten (§§ 143, 144 AO: Wareneingang, Warenausgang; §§ 22 UStG, 13, 17 c UStDV: umsatzsteuerliche Aufzeichnungspflichten; § 4 LStDV: Lohnkonten). Aufzeichnungspflichten für den Arbeitgeber ergeben sich sodann aus dem Sozialversicherungsrecht und dem Ausländerrecht. Schließlich verlangt § 8 h Abs. 1 VerkProspG die Aufstellung und Prüfung von freiwilligen Jahresabschlüssen, falls keine Prospektangabe nach § 8 h Abs. 2 VerkProspG gemacht wird. 150

2. Unrichtige Informationen in Handelsbüchern

a) Keine Strafbarkeit bei unrichtigen Handelsbüchern im HGB. Der Verstoß gegen die §§ 238, 239 HGB stellt weder eine Straftat im Sinne des § 331 HGB, noch eine Ordnungswidrigkeit gem. § 334 HGB dar. Allerdings wirken sich Verstöße gegen die GoB in aller Regel mittelbar auf die aus der Buchführung abgeleitete Bilanz und GuV aus. 151

Nach dem IDW-Prüfungsstandard PS 400 „Grundsätze für die ordnungsmäßige Erteilung von Bestätigungsvermerken" wirken sich Verstöße gegen die Buchführungspflichten, die im Verlauf einer Abschlussprüfung entdeckt werden, auf den **Bestätigungsvermerk** aus. Der Abschlussprüfer ist i. d. R. verpflichtet, auf die Verstöße hinzuweisen. Bei gravierenden Verstößen ist der Bestätigungsvermerk einzuschränken. 152

b) Bankrottstrafrecht. Im Insolvenzfall oder in der zeitlich davor liegenden Unternehmenskrise stellt der Verstoß gegen die Buchführungspflicht bereits als solcher eine **strafbare Handlung** dar (§§ 283 Abs. 1 Nr. 5, 283 b Abs. 1 Nr. 1 StGB). § 283 I Nr. 5 Alt. 1 StGB betrifft nach h. M. nur den Fall, dass der GmbH-Geschäftsführer die ihm obliegende Buchführung ganz unterlässt, also überhaupt keine Bücher führt. Führt er lediglich einzelne Bücher nicht, 153 so kann er sich nur nach § 283 I Nr. 5 Alt. 2 StGB wegen mangelhafter Buchführung strafbar machen. Gleiches gilt, wenn die Buchführung mit Unterbrechungen erfolgt. Erst wenn dadurch die lückenhafte Buchführung die Übersicht über den Vermögensstand erschwert wird, kann der Tatbestand nach der 2. Alternative vollendet sein.

154 Der Verstoß gegen die Buchführungspflicht wird teilweise als **Ursache von Insolvenzen** bezeichnet,[75] weil der notwendige Überblick über den Vermögensstand des Unternehmens verloren geht (i. d. R. werden vor allem die Verbindlichkeiten des Unternehmens nicht mehr erfasst und damit eine Feststellung der Überschuldung oder Zahlungsunfähigkeit erschwert oder unmöglich gemacht). Man muss hier Ursache und Wirkung unterscheiden. Der Verstoß gegen GoB ist letztlich nur Symptom für eine geringe Organisation und Kontrolle der Unternehmenstätigkeit durch die Unternehmensleitung.

155 Obwohl das Bankrottstrafrecht dem Wortlaut nach keine Einschränkung macht, sind nicht alle Verstöße gegen die GoB oder gegen Gliederungsvorschriften **tatbestandsmäßig**. Die „Erschwerung" des Überblicks über den Vermögensstand tritt nur dann ein, wenn ein sachverständiger Dritter aus der vorhandenen Belegsammlung keinen Überblick gewinnen kann.[76] So können bspw. nur Mindestanforderungen an die Art des Buchhaltungssystems gestellt werden, die Ablage (Belegbuchhaltung) hat nur einfachsten Standards zu genügen, eine Buchführung auf den Kontenblättern eines Bankkontos genügt bereits den Anforderungen.

156 Für die Aufstellung der Bilanz im Insolvenzfall hat der BGH dann eine Unmöglichkeit der Pflichterfüllung (§ 283 Abs. 1 Nr. 7 StGB als echtes Unterlassungsdelikt) angenommen, wenn dem Unternehmer die Fachkunde zur Aufstellung fehlt und notwendige finanzielle Mittel für die Beauftragung eines Steuerberaters oder Wirtschaftsprüfers nicht vorhanden sind.[77]

157 **Mehrere Verstöße** gegen die Buchführungspflicht sind als Handlungseinheit oder als gesetzliche Einheit zu betrachten. Einzelne Verstöße machten die Buchführung in ihrer Gesamtheit ungenau. Zwischen Verstößen gegen die Bilanzierungspflicht und die Buchführungspflicht (§ 283 I Nr. 7 b und Nr. 5 StGB) besteht Tateinheit, wenn die Buchführung notwendige Voraussetzung für die Bilanzierung ist. Allerdings kann Tatmehrheit zwischen mehreren Verstößen gegen die Buchführungspflicht angenommen werden,[78] und es kann Tatmehrheit vorliegen, wenn die Aufstellung der Bilanz unabhängig von der Buchführung aufgrund bspw. eigener Auswertungen des Kaufmanns erfolgt.[79]

158 c) **Untreue.** Die Verletzung bloßer Rückabwicklungspflichten (Herausgabe-, Rückerstattungs- oder Buchführungspflichten) fällt nicht unter § 266 StGB.[80]

159 d) **Steuergefährdung, leichtfertige Steuerverkürzung.** Nach §§ 378, 379 AO kann die Verletzung der (steuerlichen) Buchführungspflicht die Verhängung von Bußgeldern rechtfertigen, wenn dadurch Steuern tatsächlich verkürzt oder der Steueranspruch gefährdet worden ist.

3. Unrichtiges oder fehlendes Baubuch[81]

160 Das Verzeichnis über die vom Bauträger für Zwecke des Baus vereinnahmten Gelder (**Baubuch**) ist ein Handelsbuch im Sinne von § 237 HGB. Die pflichtwidrige **Verwendung von Baugeld** durch den Baugeldempfänger i. S. von § 5 i.V. mit § 1 GSB ist mit Freiheitsstrafe bis zu

---

[75] *Biletzki* NStZ 1999, 537.
[76] LK/*Tiedemann* § 283 Rdnr. 118, 142; RGSt. 29, 38; BGH NStZ 1998, 247.
[77] BGH NStZ 1988, 192; BGH NStZ 2000, 206.
[78] BGH NStZ 1988, 192.
[79] *Bittmann* NStZ 1995, 105, 108.
[80] RGSt 75, 75; BGH NStZ 1986, 361; OLG Frankfurt MDR 1994, 1233; Schönke/Schröder/*Lenckner* § 266 StGB Rdnr. 34; *Maurach/Schroeder/Maiwald* Strafrecht BT, Tb. 1, 8. Aufl. (1995), § 45 Rdnr. 29; Wessels/*Hillenkamp* Rdnr. 772; a. A. LK-StGB/*Schünemann* § 266 Rdnr. 62.
[81] Kommentare: *Hagenloch*, Hdb. zum GSB, 1991; *Stammkötter* GSB 2. Aufl., 2003; Einführung: *Greeve/Leipold*, Hdb. des Baustrafrechts, 2004; *Bruns*, Wer ist Baugeldempfänger nach dem GSB, NZBau 2000, 180; *ders.* Können öffentliche Fördermittel Baugeld i. S. d. GSB sein?, BauR 2000, 1814; *Lemme*, Das GSB in der Strafrechtspraxis, wistra 1998, 41; *Schmidt*, Ansprüche des Auftragnehmers aus dem GSB, BauR 2001, 150; *Schulze-Hagen*, Schadenersatz bei zweckwidriger Verwendung von Baugeld, NJW 1986, 2403; *Stammkötter*, Das GSB – eine schlafende Chance, BauR 1998, 954; *Stammkötter/Heerdt*, Rechtsfolgen der Verletzung der Baubuchführungspflicht über die Sicherung von Bauforderungen, BauR 1999, 1362; Achenbach/Ransiek/*Wegener* Handbuch Wirtschaftsstrafrecht, VII 3.

einem Jahr oder Geldstrafe bedroht. Die Vorschrift ist für die Praxis als Schutzgesetz im Sinne des § 823 Abs. 2 BGB von Bedeutung.[82] Das Gesetz dient der Kompensation des im privaten Baurechts nicht angeordneten Pfandrechts an gelieferten, in das Eigentum des Auftraggebers übergehenden Gegenständen des Architekten und Handwerkes (§ 946 BGB).

a) **Zweckwidrige Verwendung von Baugeld zum Nachteil des Handwerkers.** Der **Empfänger von Baugeld**, d. h. ein Generalunternehmer, ein Bauträger oder Baubetreuer, ist nach § 1 Abs. 1 GSB verpflichtet, das Erhaltene im Rahmen einer ordnungsgemäßen Bauabwicklung für eine Befriedigung derjenigen Personen zu verwenden, die an der Herstellung eines Bauwerkes durch Werk-, Dienstleistungs- oder Liefervertrag beteiligt sind. Auf die Art des Bauwerkes kommt es nicht an. **Verwendungspflicht** besteht allerdings nur, wenn der Empfänger tatsächlich das Geld zu diesem Zweck erhalten hat (also nicht bei Direktzahlungen der finanzierenden Bank an Andere) und nur soweit der Gläubiger nicht durch andere Mittel befriedigt wurde (§ 1 Abs. 1 S. 2 GSB). Außerdem darf der selbst am Bau beteiligte Empfänger die Hälfte des Geldes für eigene Zwecke verwenden (§ 1 Abs. 2 GSB). Vorsätzliche Verstöße werden nach § 5 GSB mit Freiheitsstrafe bis zu einem Jahr oder Geldstrafe bestraft. Objektive Bedingung der Strafbarkeit ist die Zahlungseinstellung oder Insolvenzeröffnung (§ 5 GSB). 161

Nach § 1 Abs. 3 GSB liegt **Baugeld** nur dann vor, wenn und soweit der ausgezahlte Betrag zur Deckung der eigentlichen Baukosten verwendet werden soll.[83] Bei modifizierten Baugelddarlehen, die auch baugeldfremde rein grundstücksbezogene Leistungen (Einfriedung, Bepflanzung, Beschaffung von Grundstückszubehör) umfassen, muss der Baugeldanteil an der Darlehensvaluta konkret festgestellt werden. Die Baugeldeigenschaft entfällt, wenn das Bauvorhaben scheitert oder sein Zweck nicht erreicht werden kann, wenn die Gläubiger befriedigt sind und der Rest als Gewinn bei dem Baugeldempfänger verbleibt. Mit Wirkung ex nunc entfällt die Baugeldeigenschaft auch bei Gewährleistungs- und Schadenersatzansprüchen des Baugeldempfängers.[84] Die Vertragslage muss hier allerdings sorgfältig geprüft werden. Eine Strafverfolgungsbehörde wird sich aus dem Streit über die Einreden und Einwendungen aus einem Werkvertrag tunlichst heraushalten, ein Zivilprozess darüber dürfte vorrangig sein. 162

Eine dem Gläubiger nachteilige Verwendung liegt vor, wenn die Vermögenslage des Gläubigers durch die Verwendung des Baugeldes außerhalb des Bauvorhabens verschlechtert wird, d. h. ein etwaiger Werklohnanspruch in seiner Durchsetzung erschwert oder gefährdet ist oder sich nicht mehr durchsetzen lässt. Leistungsstockungen des Baugeldempfängers reichen nicht aus, auch führen unzureichende Mittel des Auftraggebers bei mehreren Gläubigern nicht zu einem Nachteil des einzelnen Gläubigers. Andererseits kompensieren ausreichende Eigenmittel des Baugeldempfängers einen etwaigen Nachteil. 163

Der BGH[85] hat die Annahme eines Vorsatzes bezweifelt, wenn keine konkreten Feststellungen zur Kenntnis getroffen worden sind. Obwohl die Handlungspflicht an sich kein Tatumstand sei, auf den sich der Vorsatz erstrecken müsse, treffe doch derjenige keine bewusste Entscheidung zum Unterlassen, dem das Bewusstsein möglichen Handelns fehle. 164

b) **Führung eines Baubuches.** § 2 GSB verpflichtet den Bauunternehmer, ein Verzeichnis der zugesicherten, erhaltenen und eingesetzten Mittel, der Baugläubiger und ihrer Forderungen zu führen (Anforderungen nach § 2 Abs. 3 GSB). Nur der Gewerbetreibende, der einen Neubau errichten lässt und der Baugeldempfänger (dann auch bei Umbauten, § 3 GSB) sind zur Führung des Baubuches verpflichtet. Nicht verpflichtet sind Makler, Sonderfachleute oder Bauaufsichtsführende, die i. d. R. nicht selbst einen Neubau ausführen, sondern eine Werk- oder Dienstleistung für ein Bauvorhaben erbringen.[86] Das Baubuch muss den Anforderungen des § 2 Abs. 3 GSB entsprechen, also Vertragsinhalte, Vergütungsvereinbarung, vereinnahmte Gelder und weitergeleitete Gelder nach Datum und Betrag, Abtretungen und/oder Pfändungen und die eigene Mittelentnahme aufzeichnen. Eine Verpflichtung, das Baugeld getrennt von dem sonsti- 165

---

[82] StRspr. RGZ 84, 188, 190; BGH BauR 1991, 237, 238; OLG Dresden BauR 2002, 1871.
[83] BGH Urt. v. 11.4.2001 – 3 StR 456/00 NStZ 2001, 600 m. Anm. *Lemme*.
[84] *Wegener* a. a. O., Rdnr. 30 f m. w. N.
[85] BGH NStZ 2001, 600, 602.
[86] BGH NJW 2000, 956.

gen Vermögen zu führen, ergibt sich aus dem Gesetz nicht. Die Buchführungspflicht verlangt aber eine klare Abgrenzung der Vermögensmassen.

166 Strafbar macht sich eine nach §§ 2, 3 GSB verpflichtete Person oder ein Unternehmen nach § 6 GSB, wenn die **Führung eines Baubuches oder vergleichbarer Aufzeichnungen** über einen längeren Zeitraum unterlassen wurden. Auch werden das Verheimlichen gegenüber dem Gläubiger, die vorzeitige Vernichtung (Aufbewahrungsfrist 5 Jahre) und die ungeordnete Buchführung unter Strafe gestellt. Allerdings muss durch eine ungeordnete Buchführung eine Übersicht wesentlich erschwert worden sein.[87]

167 **Vorsätzlich** handelt, wer die Führung des Baubuches wissentlich und willentlich unterlässt. Zwar muss nicht jedem Bauunternehmer bekannt sein, welche genauen Anforderungen nach § 2 GSB normiert sind. Daher genügt eine laienhafte Kenntnis. Bei Privatleuten dürfte diese regelmäßig fehlen, wie sich bspw. aus dem Gesetzgebungsverfahren für ein Forderungssicherungsgesetz ergibt.[88] Auch fahrlässiges Nichtführen oder ungeordnetes Führen kann bestraft werden (§ 6 Abs. 2 GSB). Als objektive Bedingung der Strafbarkeit ist auch hier die Zahlungseinstellung und/oder Insolvenzeröffnung nötig. Die Gläubiger müssen in diesem Zeitpunkt benachteiligt sein. **Vollendung** und Beendigung der Tat tritt mit der letzten Handlung oder Unterlassung ein, spätestens mit Eintritt der obj. Bedingung der Strafbarkeit.

IV. Falsche Publizität

1. Überblick

168 a) **Unternehmensinformationen in der Praxis.** In zahlreichen Pressberichten über Hauptversammlungen börsennotierter Aktiengesellschaften findet man Berichte über Mitteilungen des Vorstandes oder des Aufsichtsrates über das Jahresergebnis der Gesellschaft und/oder deren Ertragsaussichten im laufenden Jahr. Die in aller Regel sehr pauschal gehaltenen Mitteilungen sind nur das dem Verfasser des jeweiligen Artikels erinnerliche (und verstandene) Extrakt aus einer Fülle von Detailinformationen, die dem in der Unternehmensführung, den geschäftlichen Gepflogenheiten und der Fachsprache unerfahrenen Anleger kaum verständlich erscheinen. Auch für Wirtschaftsjournalisten wie auch mit der Materie befassten Juristen ist es oft schwierig, die Bedeutung des Gesagten nachzuvollziehen. In den zahlreichen Gesellschafterversammlungen der nicht am Kapitalmarkt notierten Gesellschaften (Kapital- und Personengesellschaften, Körperschaften, Vereine) ist es schwierig, die Richtigkeit und Dauerhaftigkeit der erteilten Informationen zu beurteilen, was nicht nur an der Art der Information liegt, sondern oft auch an den Unzulänglichkeiten des jeweiligen Berichterstatters. Dabei darf nicht übersehen werden, dass Informationen regelmäßig verschiedene gesellschaftsrechtlich vorgesehene Prüfungsprozesse durchlaufen, dabei verändert werden und manchmal bis zur Wortstellung und den Satzbau auf das jeweilige Verständnis des Berichterstatters und seines Fachberaters zugeschnitten sind. Der Spagat zwischen juristisch korrekter Formulierung und einem an der Werbesprache und dem Verständnishorizont der Zuhörer orientiertem Vereinfachungsbedürfnis bereitet manchmal den Boden für eine missverständliche Interpretation.

169 b) **Beschränkter strafrechtlicher Schutz vor falscher Information.** Das Strafrecht der Auskunfts- und Informationsdelikte soll nur die schlimmsten Auswüchse einer unrichtigen Information über in der Geschäftswelt bedeutsame Tatsachen erfassen (Ultima Ratio-Prinzip). Es befasst sich daher zu Recht **nicht** mit der Werbesprache oder allen Arten von Informationsquellen (Mitarbeiterzeitschrift, Telefonauskünfte, Wurfsendungen etc).

170 Auch erfasst der strafrechtliche Schutz nicht jede gesellschaftsrechtlich bedeutsame Konstellation. So werden bspw. die Gesellschafter von Personengesellschaften in ihrem Informationsbedürfnis weniger geschützt als diejenigen von Kapitalgesellschaften. Für AG, KGaA, GmbH und Genossenschaften sind über §§ 331 HGB, 17 PublG hinausgehende Straftatbestände normiert, nicht aber für oHG, KG, GbR und stille Gesellschaft. Obwohl durch das Gesetz über Unternehmensbeteiligungen (UBGG)[89] der gesetzliche Rahmen für große Kapi-

---

[87] *Wegener* a. a. O. Rdnr. 69; a. A. *Lemme* wistra 1998, 41, 46.
[88] BT-Drucks. 14/8783; 14/9848; BR-Drucks. 902/02.
[89] UBGG i. d. F. der Neubekanntmachung v. 9.9.1998 BGBl I S. 2765, zul. geändert durch das 4. FinMFG v. 21.6.2002.

talinvestitionen in Personengesellschaften geschaffen wurde (bspw. Wagniskapitalfinanzierungen) und der Fondsmarkt (i. d. R. sind Fonds als KG organisiert) und Anlageempfehlungen für Fondsbeteiligungen den Markt überschwemmen, wird über den durch § 264 a StGB und das InvestmentG normierten Umfang hinaus kaum eine unrichtige Information strafrechtlich sanktioniert. Diese Ungleichbehandlung bei weitgehend identischer Interessenlage der Kapitalanleger ist gesetzespolitisch kaum vertretbar. Eine erste Angleichung nehmen das Anlegerschutzverbesserungsgesetz 2005 ab dem 1.7.2005 mit der Umgestaltung von Berichts- und Informationspflichten des WpHG und das VerkaufsprospektG ab 1.4.2005 mit der Prospektpflicht für jede Art einer Kapitalanlage vor.

Für Vereine und öffentl.-rechtl. Körperschaften kann ein über §§ 331 HGB, 17 PublG hinausgehender strafrechtlicher Schutz nur durch die §§ 263, 266 StGB erreicht werden. Als Sonderfall des Vereinsrechts hat erst das Gesetz zur Reform der Parteienfinanzierung 2002 in diesem Bereich einen (auf Jahresberichte der Parteien begrenzten) Straftatbestand der unrichtigen Berichterstattung eingeführt (§ 31 d Abs. 1 ParteienG).

c) **Gesetzliche Bestimmungen.** Folgende **Straftatbestände** befassen sich mit einer unrichtigen Publizität des Unternehmens (außerhalb des Bilanzstrafrechts):

Norm	Norminhalt	Normadressat
§ 400 Abs. 1 Nr. 1 AktG § 82 Abs. 2 Nr. 2 GmbHG § 147 Abs. 2 Nr. 1 GenG § 313 Abs. 1 Nr. 1 UmwG	Unrichtige Information über Verhältnisse der Gesellschaft	Organmitglied (Vorstand, Aufsichtsrat) einer Kapitalgesellschaft, Liquidatoren
§ 400 Abs. 1 Nr. 2 AktG § 331 Nr. 4 HGB, § 17 Nr. 4 PublG § 147 Abs. 2 Nr. 2 GenG	Unrichtige oder unvollständige Information über Verhältnisse der Gesellschaft bzw. des Unternehmens gegenüber dem Abschluss- oder Sonderprüfer	Organmitglied einer Kapitalgesellschaft oder eines publizitätspflichtigen Unternehmens
§ 400 Abs. 2 AktG	Unrichtige oder unvollständige Information über Gründungsverhältnisse für den Gründungsprüfer	Gründer oder Aktionär der Gesellschaft
§ 313 Abs. 1 Nr. 2 UmwG	Unrichtige oder unvollständige Angaben in einem nach dem UmwG vorgesehenen Bericht	Organmitglied, Vorstand, geschäftsführender Gesellschafter
§ 403 AktG § 150 GenG § 314 UmwG	Unrichtige oder unvollständige Berichterstattung im Prüfungsbericht außerhalb von Jahres-, Konzern- und Zwischenabschlüssen	Gründungs-, Fusions- und Sonderprüfer einer Aktiengesellschaft oder KGaA
§ 404 AktG § 85 GmbHG	Weitergabe eines Geheimnisses der Gesellschaft an Außenstehende	Organmitglied
§ 406 AktG (OWi)[90]	Unrichtige Berichterstattung an die BAFin gem. § 71 Abs. 3 S. 3 AktG	Organmitglied einer AG, KGaA da die Berichtspflichten nach

---

[90] Eingeführt mit Wirkung v. 1.7.2002 durch G. v. 21.6.2002, BGBl. I S. 2010.

174 Dagegen wird im Anwendungsbereich des Bilanzstrafrechts gem. §§ 331-334, 340 m, 341 m HGB (einschließlich der RechKredV, RechVersV), § 17 PublG, d. h. für alle Eröffnungsbilanzen, Zwischen-, Jahres- und Konzernabschlüsse für Kapitalgesellschaften, Gesellschaften ohne persönlichen Vollhafter (§ 264 a HGB) und alle Kredit-, Finanz- und Versicherungsunternehmen ohne Rücksicht auf deren Rechtsform alle in der Übersicht aufgeführten gesellschaftsrechtlichen Sondernormen verdrängt.

175 **d) Verteidigungsaufgaben.** Die wohl wichtigste Verteidigungsaufgabe bei Auskunfts- und Informationsdelikten liegt in der Klärung der Tatsachengrundlage eines Vorwurfs. Daneben sind die Richtigstellung von Falschzitaten, die Darlegung der zutreffenden Zusammenhänge und auch die Unterscheidung von Werbesprache zu Intention und situativem Kontext zu nennen.

2. Unrichtige Information über die Verhältnisse des Unternehmens

176 **a) Bedeutung, Wirkungen.** Die durch das Aktiengesetz von 1965 neu gefasste, durch die GmbH-Novelle 1980 und das Bilanzrichtliniengesetz 1985 wesentlich geänderte Vorschrift des § 400 Abs. 1 Nr. 1 AktG stellt falsche oder verschleierte *„Darstellungen oder Übersichten über den Vermögensstand"* oder *„Vorträge oder Auskünfte in der Hauptversammlung"* über die Verhältnisse einer Aktiengesellschaft oder verbundener Unternehmen unter Strafe. Die angedrohte Freiheitsstrafe von bis zu drei Jahren oder Geldstrafe wird in der Kriminalpraxis selten verhängt.

177 Seine wirkliche Bedeutung erlangt § 400 AktG seit dem Börsenboom um die Aktie der Deutschen Telekom AG und das Platzen der „New Economy-Blase" Ende des vergangenen Jahrhunderts als Grundlage von Strafanzeigen und Akteneinsichtsentscheidungen der Strafkammern der zuständigen Landgerichte.[91] Außerdem stellt die Norm ein Schutzgesetz im Sinne von § 823 Abs. 2 BGB dar.[92] Allerdings gelingt es Aktionären nur mühsam, den zivilrechtlich nötigen Nachweis zu führen, dass sie auf der Grundlage einer falschen Information oder eine falschen Anlageempfehlung Aktien erworben haben. Ein wirksames Gegenmittel der Vorstände von Unternehmen liegt darin, nachzuweisen, dass sich die Marktverhältnisse trotz unrichtiger Informationen nicht merklich verändert haben.

178 Vergleichbare Regelungen enthalten die §§ 82 Abs. 2 Nr. 2 GmbHG, 147 Abs. 2 Nr. 1 GenG und 313 Abs. 1 Nr. 1 UmwG für die Informationen über Verhältnisse der Gesellschaft.

179 **b) Rechtsgut, Schutzzweck.** § 400 AktG schützt nach einhelliger Auffassung **private Rechtsbeziehungen** von Gläubigern und anderen Vertragspartnern, Arbeitnehmern und Aktionären der Gesellschaft.[93] Ebenso sind Kontrollorgane der Gesellschaft in den geschützten Kreis einzubeziehen, insbesondere der Aufsichtsrat. Ein Ausschuss des Aufsichtsrates ist nur dann Adressat, wenn Kontrollbefugnisse des Gesamtgremiums auf den Ausschuss übertragen wurden (vgl. Rz. 58). Nicht durch § 400 AktG werden Aufsichtsbehörden (bspw. BaFin), andere Kontrollinstitutionen (bspw. Prüfverbände der Raiffeisen-Genossenschaften, der Bankenverbände) oder Registergerichte geschützt werden (vgl. dazu oben Abschn. II.1).

180 **c) Anwendungsbereich: Sonstige Übersichten und Darstellungen.** Darstellungen des Vermögensstandes der Gesellschaft sind nach der Rechtsprechung Bilanzen, Geschäftsberichte und sonstige Übersichten, die Auskunft **über die Gesamtverhältnisse der Gesellschaft** geben sollen. Der Begriff erfasste schon früher nicht Einzelangaben, Einzelgeschäfte oder Einzelposten, die als solche die Gesamtverhältnisse der Gesellschaft nicht messbar tangieren. Das Gesetz meint also nicht jegliche falsche Information,[94] die schriftlich oder mündlich die Aktiengesellschaft verlässt. Vielmehr soll der Empfänger der Darstellung, des Vortrages oder der Auskünfte vor

---

[91] Bspw. Metabox AG: LG Hildesheim 940 Js 9788/01-21 AR 1/02 Beschl. v. 30.4.2002; Deutsche Telekom AG: LG Bonn 42 Js 108/00-27 AR 14/01 Beschl. v. 17.8.01; Infomatec AG: LG Augsburg 3 KLs 502 Js 127 369/00, Revision verworfen: BGH Beschl. v. 30.3.2005 – 1 StR 537/04.

[92] Ausdrücklich bestätigt durch BGH Urt. v. 19.7.2004 ZIP 2004, 1593 (Infomatec), der wegen der falschen Ad-hoc-Mitteilung allerdings keine Haftung nach § 823 BGB, sondern nach § 826 BGB annahm (gegen die Vorinstanz OLG München NJW 2003, 144); anders OLG Frankfurt NStZ-RR 2002, 275 (EM-TV), das Bedenken wegen der Weite des Tatbestandes wegen Art. 103 Abs. 2 GG hatte; BGH 1 StR 420/03 NJW 2005, 445 (EM-TV) brauchte das nicht zu entscheiden.

[93] GroßKommAktG/*Otto* § 400 Rdnr. 2.

[94] Achenbach/Wannemacher/*Ransiek* Beraterhandbuch § 23 IV.3.

falschen Angaben über die Wesentlichen gesamten Vermögensverhältnisse der Gesellschaft geschützt werden. Das ist auch dann der Fall, wenn im Rahmen einer **Ad-Hoc-Mitteilung** eine Übersicht über die wesentlichen Verhältnisse der Gesellschaft (Zwischenbilanz) zu einem bestimmten Stichtag mitgeteilt wird.[95]

Der BGH[96] hat 1981 vor der Neufassung des § 400 AktG entschieden, dass es strafrechtlich nicht erheblich ist, wenn die Unrichtigkeit einer Einzelangabe festgestellt wird. Vielmehr muss eine Einzelangabe Teil einer Gesamtdarstellung der Vermögensverhältnisse der Aktiengesellschaft sein und dazu führen, dass die Gesamtübersicht ein falsches Bild ergibt.[97] In der angesprochenen Entscheidung hat der BGH einer Revision stattgegeben, weil das verurteilende Landgericht Stuttgart zwar die Unrichtigkeit einzelner Bilanzposten festgestellt hatte, aber dem Urteil keine Feststellungen zu den Wesentlichen tatsächlichen Gesamtverhältnissen der Gesellschaft zu entnehmen waren.[98]

Der BGH setzt damit die Rechtsprechung des Reichsgerichts zu § 147 GenG (in der vor der Reform 1973 gültigen Fassung des GenG vom 1.5.1889) und zu § 314 Abs. 1 Nr. 1 HGB (in der vor der Aktienrechtsreform von 1937 gültigen Fassung des Gesetzes vom 10.5.1897) bzw. zu der Vorgängervorschrift in Art. 239 Nr. 3 ADHGB (in der Fassung des Gesetzes des norddt. Bundes vom 11.6.1870) fort. Die bislang zu den Vorgängervorschriften veröffentlichte Rechtsprechung lässt sich unterteilen:

(1) **Bilanzen und Geschäftsberichte** sind Gegenstand der Urteile des Reichsgerichtes vom 5.4.1886,[99] vom 11.12.1903,[100] vom 27.1.1905,[101] vom 8.5.1908,[102] vom 3.10.1910,[103] vom 26.2.1915,[104] vom 4.4.1927,[105] vom 30.10.1930,[106] vom 24.11.1932,[107] vom 13.11.1933,[108] vom 28.6.1934,[109] vom 15.10.1934,[110] des BGH vom 22.12.1959[111] und vom 29.9.1981[112] gewesen. Schon ihrer Natur nach handelt es sich um eine Gesamtübersicht über den Vermögensstand der Gesellschaft. Diese Rechtsprechung hat daher Relevanz für die Beurteilung von Verstößen gegen § 331 HGB.

(2) Dem Urteil des Reichsgerichts vom 24.10.1905[113] lag die Beurteilung des **Berichtes des Aufsichtsrates zum Jahresabschluss** der Aktiengesellschaft zugrunde.

(3) Mit Urteil vom 7.11.1881[114] hat sich das Reichsgericht erstmals zu **Berichten** des Vorstandes an den Aufsichtsrat in nichtöffentlicher Sitzung geäußert. Den weiteren Urteilen des Reichsgerichts vom 29.11.1890[115] und vom 23.4.1915[116] lagen im Gegensatz zum Urteil vom 19.10.1911[117] jeweils in sich geschlossene, umfassende **Berichte des Vorstandes in nichtöffentlicher Sitzung an den Aufsichtsrat** über den Vermögensstand einer Gesellschaft zugrunde, die, wenn sie richtig gewesen wären, einen Gesamtüberblick über die aktuellen Verhältnisse der Ge-

---

[95] BGH 1 StR 420/03 Urt. v. 16.12.2004, NJW 2005, 445 (Haffa /EM-TV), Vorinstanz LG München Urt. v. 8.4.2003, 4 KLs 305 Js 52373/00, dazu *Fleischer* NJW 2003, 2584.
[96] BGH Urt. v. 29.9.1981 – 1 StR 112/81 –, wistra 1982, 32 f. zu § 400 Abs. 1 Nr. 1 AktG 1965 = BGH b. Holtz MDR 1982, 103.
[97] So zutreffend BGH 1 StrR 420/03, Urt. v. 16.12.2004 (EM-TV) NJW 2004, 450.
[98] BGH wistra 1982, 32, 33.
[99] RGSt 14, 80 zu Art. 239 ADHGB.
[100] RGSt 37, 25 zu §§ 312, 313 Abs. 1 Nr. 1 und 315 HGB.
[101] RGSt 37, 433 zu § 147 GenG.
[102] RGSt 41, 293 zu § 314 Abs. 1 Nr. 1 HGB.
[103] RGSt 43, 407 zu § 314 Abs. 1 Nr. 1 HGB.
[104] RGSt 49, 359 zu §§ 314 Abs. 1 Nr. 1, 312 HGB.
[105] RGSt 61, 275 zu § 240 Abs. 1 Nr. 2 KO wegen Nichtaufstellung der Bilanz.
[106] RGSt 64, 422 zu § 314 Abs. 1 Nr. 1 HGB.
[107] RGSt 66, 425 zu § 314 Abs. 1 Nr. 1 HGB.
[108] RGSt 67, 349 zu § 314 Abs. 1 Nr. 1 HGB.
[109] RGSt 68, 245 zu § 314 Abs. 1 Nr. 1 HGB und § 260 a Abs. 4 S. 2 HGB i. d. F. vom 19.9.1931.
[110] RGSt 68, 346 zu § 314 Abs. 1 Nr. 1 HGB bei Gliederungsverstößen.
[111] BGHSt 13, 382 zu § 267 StGB für Inventurlisten, die einer vorläufigen Bilanz zugrunde lagen.
[112] BGH wistra 1982, 32.
[113] RGSt 38, 195 zu § 314 Abs. 1 Nr. 1 HGB.
[114] RGSt 5, 146 zu Art. 239 ADHGB.
[115] RGSt 21, 172 zu Art. 239 ADHGB.
[116] RGSt 49, 239 zu § 147 GenG.
[117] RGSt 45, 210 zu § 147 GenG.

sellschaft erlaubt hätten. Im Urteil vom 23.4.1915 hat der erkennende Senat seine Auffassung zum Verhalten von anwesenden, aber zu den Ausführungen anderer Vorstände schweigenden Vorstandsmitgliedern zu dem Urteil vom 19.10.1911 abgegrenzt. Danach kann nur ein vor der Sitzung zwischen den Vorständen abgestimmtes falsches Verhalten die Anforderungen des Tatbestandes des § 147 GenG erfüllen.[118] Die Gerichte hielten Äußerungen der Geschäftsleitung einer Gesellschaft nur für tatbestandsmäßig, wenn die Angaben einen Überblick über den gegenwärtigen vollständigen oder doch zumindest wesentlichen Stand der Vermögensverhältnisse der Gesellschaft geben oder geben sollen.

186   Der BGH hat in der Entscheidung vom 29.9.1981[119] zu § 400 Abs. 1 AktG 1965 ebenfalls in diesem Sinne betont, dass eine Einzelinformation alleine nicht ausreicht, um einen Überblick über die Gesamtverhältnisse der Gesellschaft zu geben. Dies hat sich durch die Neuregelung des Bilanzrechtes im Jahr 1985 nicht geändert. Die Strafbarkeit von unrichtigen Angaben über die Gesamtverhältnisse einer Gesellschaft sind auf die speziellen Vorschriften der §§ 331, 340 m HGB zu Bilanz und Lagebericht einer Gesellschaft sowie den (Rumpftatbestand) des § 400 Abs. 1 Nr. 1 AktG aufgespalten, aber nicht erweitert worden.

187   Das OLG Stuttgart hat in einem Urteil vom 18.2.1998 die Klage eines angeblich geschädigten Aktionärs wegen Angaben des stellvertretenden Vorstandes der später in Konkurs gefallenen AG **in einem Telefongespräch** unter ausdrücklichem Hinweis auf die Rechtsprechung des BGH und des RG abgewiesen und ausgeführt:[120] In den Urteilsgründen heißt es:

„... Diese Ausführungen (des BGH in wistra 1982, 32, Anm. d. Verf.) lassen erkennen, dass der Begriff der Darstellung umfassender ist als die Mitteilung einzelner Tatsachen. Auch die Rechtsprechung des Reichsgerichts bietet für die Qualifizierung einer Äußerung als „Darstellung über den Vermögensstand" keine weiterführenden Anhaltspunkte (vgl. RGSt 5, 145; RGSt 21, 172; RGSt 41, 293; RGSt 49, 239;). Nach Otto (Großkommentar AktG, § 400 Rdnr. 32) sind Darstellungen und Übersichten über den Vermögensstand dadurch gekennzeichnet, dass sie den Eindruck der Vollständigkeit erwecken. Dieses Verständnis der Darstellung wird gestützt durch die Kommentierung des § 264 a StGB, der diesen Begriff ebenfalls enthält. (Cramer in Schönke/Schröder, StGB, 25. Aufl., § 264 a, Rdnr. 21 und Tröndle, StGB, 48.Aufl., § 264 a, Rdnr. 9)....Nach alledem liegt eine Darstellung über den Vermögensstand nur vor, wenn sie so umfassend ist, dass sie ein Gesamtbild über die wirtschaftliche Lage der Aktiengesellschaft ermöglicht. ..."

188   Ebenso sind **Ad-Hoc-Mitteilungen** grundsätzlich keine Prospekte, noch Darstellungen oder Übersichten über den Vermögensstand. Dennoch kann sich aus fehlerhaften Ad-Hoc-Mitteilungen eine Haftung aus §§ 823, 826 BGB ergeben.[121] Enthält die Ad-hoc-Mitteilung die wesentlichen Angaben einer Zwischenbilanz, ist aber das Tatbestandsmerkmal erfüllt.[122]

189   d) **Kundgabe einer Übersicht oder Darstellung der Verhältnisse.** Der Tatbestand hat hauptsächlich die bewusste und willentliche Weitergabe der Übersichten und Darstellungen im Auge. Das ist in der Regel ein **schriftlicher Bericht** oder ein Schreiben, mit dem über die Verhältnisse der Gesellschaft informiert wird. Bei dem **Inhalt eines Gespräches** zwischen Vorstand und Aufsichtsrat muss unterschieden werden zwischen auf Tatsachen aufgebauten Berichten bzw. Darstellungen über die Gesamtverhältnisse der Gesellschaft, zwischen (geplanten oder spontanen) Angaben über Einzelgeschäfte und zwischen sonstigen Bemerkungen, Wertungen oder Meinungsäußerungen.

190   aa) Bei **Berichten** über die Gesamtverhältnisse der Aktiengesellschaft mögen Erklärungen des Vorstandes über die Gesamtverhältnisse der Gesellschaft, unter Umständen auch Berichte im Sinne des § 90 AktG, als Darstellung im Sinne des § 400 AktG angeführt werden. Berichte im Sinne des § 90 Abs. 1 AktG sind grundsätzlich an den Gesamtaufsichtsrat zu erstatten, auch wenn sie auf Verlangen eines einzelnen Aufsichtsratsmitgliedes angefordert werden und der Vorstand dem nicht widerspricht (§ 90 Abs. 3 S. 2 AktG). Ein Bericht bspw. über die Finanz-

---

[118] RGSt 49, 239/242.
[119] BGH wistra 1982, 33 zu § 400 Abs. 1 Nr. 1 AktG 1965.
[120] OLG Stuttgart Urt. v. 18.2.1998, 9 U 201/97, OLGR 1998, 143 (S. 11 f. der Urteilsgründe); vgl. auch BGH ZIP 2004, 1593/1596 (Infomatec) und BGH wistra 2005, 139 (EM-TV/Haffa).
[121] BGH Urt. v. 19.7.2004, II ZR 218/03 (Infomatec I), II ZR 402/02 (Infomatec II), mit Auseinandersetzung der abw. Auffassungen der Lit., u. a. *Möllers/Rotter*, Ad-Hoc-Publizität, § 12 Rdnr. 85 ff.
[122] BGHSt, 49, 381 = wistra 2005, 139 (EM-TV/Heffa).

planung an einen Ausschuss kann dann nicht im Sinne von § 400 AktG erheblich sein, wenn der Ausschuss wegen § 107 Abs. 3 AktG gar nicht zuständig ist. Die Berichterstattung über Verhältnisse der Gesellschaft hat in den Fällen des § 107 Abs. 3 AktG an den Gesamtaufsichtsrat zu erfolgen.

bb) **Einzelangaben** sind (vorbereitete oder spontane) Auskünfte über einzelne Geschäfte, Entscheidungen oder Verhaltensweisen, die keine Übersicht über den Stand der Verhältnisse der Aktiengesellschaft verschaffen. Der Gesetzgeber trägt dem Rechnung, indem er die Einzelauskünfte in keinem Fall des § 400 Abs. 1 Nr. 1 AktG unter Strafe stellt. Selbst Einzelauskünfte in der Hauptversammlung müssen nach dem Wortlaut der Vorschrift im Zusammenhang mit dem Tatbestandsmerkmal wesentliche Verhältnisse der Aktiengesellschaft stehen.[123]

cc) In allen genannten Gremien werden auch regelmäßig **Hoffnungen, Einschätzungen, Prognosen und Wertungen** geäußert. Eine bestimmte Begriffsverwendung kann sowohl Wertung als auch Tatsachenbehauptung sein. In den zivil- und strafrechtlichen Beurteilungen von **Äußerungen** ist diese durch Art. 5 Abs. 1 GG geprägte Unterscheidung notwendiger Bestandteil jeder juristischen Betrachtung.[124] Dies gilt – nach dem Grundsatz der Einheitlichkeit der Rechtsordnung – auch für § 400 AktG.

Diese Unterscheidung ist expressis verbis in den veröffentlichten Entscheidungen des Reichsgerichts nicht anzutreffen, da das Reichsgericht das Grundgesetz nicht vorwegnehmen konnte. Das Reichsgericht hat die Möglichkeit einer solchen Unterscheidung indessen keineswegs verneint, hatte sich jedoch mit einem vergleichbaren Fall nicht zu befassen. In keiner der zitierten Entscheidungen des RG ist eine Begriffsverwendung unabhängig von dem zugrunde liegenden Zahlenwerk für tatbestandsmäßig im Sinne des § 314 Abs. 1 Nr. 1 HGB i. d. F. von 1897 gehalten worden. Mit **Bewertungsfragen** allgemein hatte sich das RG aber durchaus zu befassen. Beispielsweise hat es im Rahmen des Verfahrens gegen Vorstände einer Kölner Bank Bewertungsfragen von Grundvermögen zu behandeln. Auf die Revision der Verteidigung hin hob es die Verurteilung der Vorstände durch das Landgericht Köln auf, weil die Vorinstanz an die fragliche Grundstücksbewertung unrichtige Anforderungen gestellt hatte.[125] In einem weiteren unveröffentlichten Urteil hat das RG die Verurteilung des Direktors der in Insolvenz geratenen Leipziger Bank aufgehoben, weil das Landgericht Leipzig zu Unrecht meinte, die Bewertung von Forderungen der Bank gegen eine Kasseler Fabrik im Jahresabschluss sei vorsätzlich unrichtig gewesen.[126]

Tatbestandsmäßig sind folglich **nicht sprachliche Fassungen** einzelner Begründungen, die an den tatsächlichen Gesamtverhältnissen nichts ändeRdnr.[127] Sie stellen eine nach Art. 5 Abs. 1 GG grundsätzlich nicht sanktionierbare freie Meinungsäußerung dar, die nicht als Tatsachen im Sinne des § 400 AktG gewertet werden dürfen.

dd) § 400 AktG sanktioniert nur **vergangenheits- oder gegenwartsbezogene**, grob falsche, schlechthin unvertretbare und nicht durch Ermessen gedeckte **tatsächliche Angaben**. Auch bei dem Inhalt von tatsächlichen Angaben muss unterschieden werden, in welchem Umfang Planungen, Einschätzungen oder Prognosen Tatsachendarstellungen sind oder sein können. Die zitierten Entscheidungen und die darauf aufbauende Kommentierung[128] beziehen sich jeweils nur auf gegenwärtige oder vergangene, mithin feststehende Tatsachen, nicht auf Hoffnungen, Einschätzungen und Erwartungen, die in der Zukunft liegen.[129] Beispielsweise wird in Vorstands- und Aufsichtsratsgremien häufig über Diskussionsentwürfe, Zwischenberichte über Geschäftsentwicklungen, Vorstellung von Alternativlösungen, Diskussionen über die Geschäftsausrichtung usw. berichtet. Solchen Entwürfen, Redebeiträgen oder Vorträgen liegt in der Regel die Absicht des Vortragenden zugrunde, den Aufsichtsrat an den in der Unternehmensleitung diskutierten geschäfts- und/oder **bilanzpolitischen Überlegungen** zu

---

[123] BGH wistra 1982, 32/33.
[124] *Tröndle/Fischer* § 186 StGB Rdnr. 1; BVerfGE 61, 7 ff.; dgl. NJW 1992, 1440.
[125] RG Urt. v. 8.5.1908, RGSt 41, 293.
[126] RG Urt. v. 4.10.1902, zitiert bei *Fellmann*, „... doch das Messer sieht man nicht (Rechtsfälle aus der Leipziger Gerichtsbarkeit)" Augsburg 1999, S. 153 ff.
[127] *Geilen* a. a. O. Rdnr. 27; RGSt 49, 363; 37, 435; 14,82; Erbs/Kohlhaas/*Fuhrmann* a. a. O. Anm. 5 b.
[128] Erbs/Kohlhaas/*Fuhrmann* § 400 AktG Anm. 3 mit Hinweis auf RGSt 37, 433; 41, 293.
[129] Grds. auch für Ad-Hoc-Mitteilungen: BGH Urt. v. 19.7.2004 – II ZR 218/03, II ZR 402/02.

beteiligen. Der Aufsichtsrat soll die Grundlagen dieser Überlegungen erfahren und es soll sein Rat hierzu eingeholt werden. Solche **Entwürfe** stehen notwendigerweise unter dem Vorbehalt der Vorläufigkeit und Abänderbarkeit. So wird unter anderem in Aufsichtsratssitzungen schon vor dem Bilanzstichtag über die Prognosen für das abgelaufene Geschäftsjahr berichtet. Solche Vortragskonzepte sind nicht auf die Vermittlung eines Wissens über (abschließende) Vermögens- und Erfolgsdaten gerichtet, sondern auf die Diskussion über eine (von mehreren) Möglichkeiten der Bilanzgestaltung. Ein solcher Vortrag befasst sich **nicht** mit der gegenwärtigen Lage der Gesellschaft im Sinne des § 400 AktG. Die in einem solchen Vortrag verarbeiteten Informationen sind Prognosen und Einschätzungen, nicht gegenwärtige Tatsachenangaben. Entwürfe zukünftiger Entwicklungen (wie z. B. Prognosen und Hochrechnungen) tragen – wie ein Wetterbericht – den Stempel der **Vorläufigkeit und Abänderbarkeit**.

196   Die Meinung von *Fuhrmann*[130] widerspricht dem nicht. *Fuhrmann* meint zwar, Darlegungen über Risikoentwicklungen im Sinne des § 90 Abs. 3 AktG könnten Gegenstand von „Darstellungen" sein. Bei gesetzeskonformer Auslegung kann dies aber nicht zukünftige Risikoentwicklungen meinen, sondern allenfalls in der Vergangenheit liegende Entwicklungen, die sich noch nicht in einem Jahresabschluss niedergeschlagen haben.

197   **e) Vorträge und Auskünfte in der Hauptversammlung.** Nach § 400 Abs. 1 Nr. 1 AktG können auch falsche Vorträge oder Auskünfte in der Hauptversammlung bestraft werden. Der Begriff der „Auskunft" ist durch das Gesetz nicht umschrieben. Da die Vorgängervorschriften jeweils nur von „Vorträgen" sprechen, kann angenommen werden, dass der Begriff „Auskunft" neben den Vorträgen auch die Antworten des Vorstandes auf Fragen zur Tagesordnung gem. § 131 AktG erfasst. Allen Entscheidungen des Reichsgerichtes und des Bundesgerichtshofes ist jedoch gemeinsam, dass ausschließlich Angaben über die gegenwärtige Gesamtlage der Gesellschaft[131] Gegenstand strafrechtlicher Untersuchungen sein können.

198   aa) Tatbestandsmäßig im Sinne des § 400 Abs. 1 Nr. 1 AktG sind nur solche Erklärungen, die sich auf die **Gesamtverhältnisse der Gesellschaft** beziehen. Die fehlende Deckungsgleichheit ergibt sich auch aus dem Schweigerecht des Vorstandes aus § 131 Abs. 3 AktG, § 340 f HGB bzw. deren Vorgängervorschriften in §§ 26 a KWG, 4 FormblattVO, sowie der dazu ergangenen Rechtsprechung des BGH.[132] Dies stimmt auch mit der bisher zu den Vorgängervorschriften des § 400 AktG ergangenen Rechtsprechung überein. Wie oben dargestellt, muss jede schriftliche oder mündliche Erklärung notwendigerweise in einem Bezug zu den Gesamtverhältnissen der Aktiengesellschaft stehen, also zumindest den Anschein einer Schilderung der Gesamtverhältnisse aufweisen.

199   bb) Das **Schweigen eines Vorstandsmitgliedes** zu Äußerungen seine Mitvorstandes, des Vorstandssprechers oder des Aufsichtsrates kann nur dann geeignet sein, falsche Vorstellungen über die Gesamtverhältnisse der Gesellschaft zu wecken, wenn es sich um eine Gesamtdarstellung der Auskunft gebenden Person handelt. In subjektiver Hinsicht kommt hinzu, dass eine unterbliebene nachträgliche Korrektur spontaner Äußerungen eines Anderen von der Rechtsprechung als nicht strafbewehrt angesehen wurde.

200   Das Reichsgericht hat sich zum **Verhältnis** des falsch berichtenden zum schweigenden Vorstandsmitglied in der Hauptversammlung nur in dem Urteil vom 19.10.1911[133] geäußert. „Vortrag" im Sinne des § 147 GenG a. F. ist die mündliche Berichterstattung, Übersichten sind die schriftliche Berichterstattung über die Verhältnisse der Gesellschaft. Nicht jede gelegentliche Äußerung eines Vorstandes oder Kontrollorgans sei durch die Strafvorschrift gemeint, sondern vielmehr nur solche Äußerungen, die das Mitglied der Geschäftsleitung innerhalb seiner Zuständigkeit und kraft seiner Eigenschaft als zur Leitung der Genossenschaft Mitberufener mache (RGSt. 45,211). Das Reichsgericht führt weiter aus, die Gesamtheit der Äußerungen des Vorstandes (hier: Vorsitzender und Kassierer) über die Bilanz und deren Erläuterung in der Generalversammlung seien Vortrag als Ganzes (im konkreten Fall ging es um unrichtige Schlussworte und Bekräftigungen – RG, a. a. O., S. 212). Es komme auf den Zu-

---

[130] Geßler/*Fuhrmann* u. a. § 400 AktG Rdnr. 10.
[131] RGSt 66, 426 mit Verweis auf RGSt 41, 297.
[132] BGHZ 86, 1 ff.; BGHZ 101, 1 ff.
[133] RGSt 45, 210 zu § 147 GenG.

sammenhang der Äußerungen an, nicht aber darauf, ob die Äußerung für sich gesehen nur eine in sich geschlossene Darstellung der gesamten Vermögenslage ergeben (RG, a. a. O., S. 212). Das Schweigen von Mitvorständen und Mitaufsichtsräten zu vorab nicht abgestimmten Redebeiträgen eines anderen Leitungsmitgliedes sei dagegen nicht als strafbar anzusehen, weil § 147 GenG kein Erfolgsdelikt sei (das auch durch Unterlassen eines Garanten verwirklicht werden könnte) sondern ein schlichtes Tätigkeitsdelikt, das keine „Täuschung" verlange (RG, a. a. O., S. 213, 214). Auch aus dem Schutzzweck der Vorschrift sei eine Verantwortlichkeit schweigender Vorstandsmitglieder auf nicht abgestimmte Redebeiträge nicht abzuleiten. Schutzzweck sei zwar wie in § 314 Abs. 1 Nr. 1 HGB das Vertrauen der Gesellschafter, Gläubiger und Dritter, die mit der Gesellschaft in Rechtsbeziehungen treten (RGSt 37, 433) auf die Richtigkeit der Angaben über Verhältnisse des Unternehmens. Im konkreten Fall seien aber die Schlussworte nicht abgestimmt gewesen, das gutgläubige Gremiumsmitglied konnte keine Vorkehrungen gegen den Falschvortrag treffen. Daher konnte diesem nicht vorgeworfen werden, dass falsche Vorträge nicht verhindert wurden. Da die Norm kein Erfolgsdelikt sei, könne das nachfolgende Richtigstellen das Delikt nicht verhindern (RG, a. a. O., S. 214). Eine Pflicht zur nachträglichen Richtigstellung hat das Reichsgericht als nicht strafrechtlich begründbar angesehen und die Verurteilungen der Vorinstanzen aufgehoben. Offen bleibt, ob diese Rechtsprechung auf den in § 314 Abs. 1 Nr. 1 HGB a. F. verwendeten Begriff „Vortrag in der Generalversammlung" angewendet hätte.

cc) Die strafrechtliche Kommentarliteratur zu § 400 AktG hat sich – teilweise wenig differenzierend – im Wesentlichen der Rechtsprechung des Reichsgerichtes angeschlossen. Auch dort wird einhellig die Auffassung vertreten, dass sich das Tatbestandsmerkmal „Vorträge und Auskünfte in der Hauptversammlung" stets auf das Tatbestandsmerkmal „die Verhältnisse der Gesellschaft" beziehen müssen.[134] Auskünfte des Vorstandes (im Sinne von § 131 AktG) können nur dann geeignete Tathandlungen sein, wenn sie sich mit den gesamten Verhältnissen der Gesellschaft befassen. Nur dann kann ihnen eine Bedeutung für die Beurteilung der wirklichen Lage der Gesellschaft zugemessen werden.[135] In Anlehnung an die Entscheidung des Reichsgerichts vom 19.10.1911 muss eine funktionale Betrachtung hinzutreten. Nicht jede Äußerung irgendeines Vorstandsmitgliedes ist geeignet, den Tatbestand zu erfüllen, sondern nur solche Äußerungen, die ein Vorstandsmitglied kraft Amtes und Zuständigkeit abgibt.[136]

f) **Verschleierung.** Auch eine Verschleierung liegt durch derartige Wertungen nicht vor. Als Verschleierung wird in den Kommentierungen zu § 400 AktG und zu § 331 HGB ein Verhalten umschrieben, das gegen die Vorschriften über die Bilanzgliederung oder gegen den Grundsatz der Bilanzklarheit verstößt. Eine Verschleierung bedeutet die Unkenntlichmachung eines an sich erfassten, aber unrichtig gegliederten **Sachverhaltes** und bezieht sich somit ebenfalls auf gegenwärtige **Tatsachen,** nicht auf Meinungsäußerungen.

g) **Erheblichkeit der Angaben.** Wegen der Dehnbarkeit des Begriffes „Darstellungen" in § 400 Abs. 1 AktG wird unter Hinweis auf die Rechtsprechung des Reichsgerichtes und des BGH[137] vertreten, dass nur grobe, schlechthin unvertretbare und als evident ohne weiteres erkennbare Verstöße strafbar sein sollen.[138] Eine Strafbarkeit soll objektiv erst dann angenommen werden, wenn der einer etwaigen falschen Auskunft zugrunde liegende Beurteilungsfehler wegen seiner Massivität unzweifelhaft und eine abweichende Beurteilung nahezu ausgeschlossen ist.[139]

Eine **weite Auslegung** des § 400 Abs. 1 Nr. 1 AktG, die in jeder Äußerung des Vorstandes im Gespräch oder der Diskussion gegenüber anderen Personen oder Institutionen eine Darstellung der Gesellschaftsverhältnisse sehen will, ist mit dem Zweck des Gesetzes nicht zu vereinbaren.

---

[134] Erbs/Kohlhaas/*Fuhrmann* § 400 AktG Anm. 3 u. 5; KölnKommAktG/*Geilen* § 400 Rdnr. 18, 23; Geßler/*Fuhrmann* u. a., § 400 AktG Rdnr. 17.

[135] Geßler/*Fuhrmann* u. a., a. a. O. Rdnr. 16.

[136] KölnKommAktG/*Geilen* a. a. O. Rdnr. 16.

[137] RGSt 36, 436; 41, 293, 296; 43, 407, 417; RGSt 67, 349, 350; RGSt 68, 245, 246; RGSt 68, 346; BGH wistra 82, 32, 33.

[138] KölnKommAktG/*Geilen* § 400 Rdnr. 27; RGSt 49, 363; 37, 435; 14,82; Erbs/Kohlhaas/*Fuhrmann* a. a. O. Anm. 5 b.

[139] Vgl. dazu vorstehende Fußnote und Kommentierungen zu dem parallel gelagerten § 265 b StGB.

Zwar hat das Reichsgericht einmal die Auffassung vertreten, Ziel der Vorgängervorschriften des ADHGB in der Fassung vom Juni 1870 und des HGB vom Mai 1897 sei es,[140] die Gesundheit des gesamten Wirtschaftslebens gegen die Gefahren zu sichern, die bei mangelnder Klarheit der Verhältnisse gerade von der Wirtschaftsform der Aktiengesellschaft drohen. Diese Zielsetzung ist aber bereits mit den Aktienrechtsnovellen 1937 und 1965 aufgegeben worden. Immerhin hat der gleiche Gesetzgeber seit der Gründung der Bundesrepublik öffentliche Aufgaben immer häufiger und umfassender auf Aktiengesellschaften übertragen (vgl. die Privatisierungen der öffentlichen Sondervermögen Deutsche Bahn, Deutsche Post und verschiedener Banken und Staatsbeteiligungen, insbesondere auch die Privatisierungen der Treuhandanstalt/Bundesanstalt für vereinigungsbedingte Sonderaufgaben). Auch fördert er mittlerweile die private Vermögensanlage in Aktien durch Vermögensbildungsgesetze.

205 Durch das BilRilG hat der Gesetzgeber jedenfalls die Strafvorschriften des AktG reformiert und dabei die vom Reichsgericht formulierte Zielsetzung eines gesamtwirtschaftlichen Schutzes **aufgegeben**. Die Vorschriften dienen nicht mehr dazu, vor den „*Gefahren der Wirtschaftsform der Aktiengesellschaft*" zu schützen, sondern allein die Interessen von Gläubigern und Aktionären (einschließlich des Aufsichtsrates) an einer mit dem allgemeinen Bilanz-, Steuer- und Gesellschaftsrecht in Einklang stehenden Information über die geschäftlichen Gesamtverhältnisse der Gesellschaft. Nach *Erbs-Fuhrmann* ist daher für die heutige Bestimmung des Schutzzweckes der Vorschrift auf diesen Adressatenkreis abzustellen.[141] Diese Einschränkung der gesetzlichen Zielsetzung widerspricht einer weiten Auslegung des Tatbestandes.[142]

206 h) **Vorsatz**. Eine falsche Auskunft oder Kundgabe von Übersichten oder Darstellungen ist nur dann strafbar, wenn sie vorsätzlich geschieht. Zwar muss eine Täuschung der Empfänger nicht eintreten, es muss aber eine Gefährdung von Vermögensinteressen vorhersehbar sein.

207 i) **Versuch, Vollendung, Beendigung**. Der Versuch einer falschen Auskunft ist nicht strafbar. Die Tat ist vollendet und beendet, wenn die Information dem Adressaten zugegangen ist, also mit Willen und Wissen des Verantwortlichen dessen persönlichen Verfügungsbereich verlassen hat und bei dem Adressaten angelangt ist. Eine Kenntnisnahme beim Adressaten ist nicht erforderlich, allerdings wird man bei einer nur abgeschickten aber nicht angekommenen Information die Strafbarkeit verneinen müssen. Hier ist der Schutzzweck der Norm nicht erfüllt.

208 j) **Besonderheiten nach § 147 Abs. 2 Nr. 1 GenG**. Bei Genossenschaften erstreckt sich nach § 147 Abs. 2 Nr. 1 GenG die Informationspflicht des Vorstandes, Aufsichtsrats oder Liquidators neben dem Vermögensstand der Genossenschaft auf Informationen zu den Mitgliederverhältnissen und den Haftsummen.

209 k) **Besonderheiten nach § 82 Abs. 2 Nr. 2 GmbHG (Geschäftslagetäuschung)**. Die Strafnorm des § 82 Abs. 2 Nr. 2 GmbHG erstreckt sich sowohl auf Informationen der Geschäftsführung gegenüber dem Aufsichtsrat, der Gesellschafterversammlung als auch auf Informationen des Aufsichtsrats oder des Liquidators gegenüber der Gesellschafterversammlung. Anders als § 400 AktG und § 147 GenG wird nur die unrichtige oder verschleierte Darstellung der Verhältnisse in **öffentlichen Mitteilungen** unter Strafe gestellt. Vorträge und Auskünfte an die Gesellschafterversammlung sind nicht erfasst, auch werden nicht vertrauliche Informationen oder sonstige Angaben über die Geschäfte der Gesellschaft (bspw. Kundenzahlen, Entwicklung der Vertragsabschlüsse, der Liquidität etc.) erfasst. Fallen Angaben gegenüber Kapitalanalysten oder potentiellen Investoren in eigens für diese anberaumten Treffen (sog. Roadshow) damit aus dem Anwendungsbereich des § 82 Abs. 2 Nr. 2 GmbHG heraus.

3. Unrichtige Informationen gegenüber Prüfern

210 a) **Informationen für die Abschlusspflichtprüfung**. Unrichtige Informationen gegenüber **Abschlussprüfern im Rahmen einer gesetzlichen Abschlussprüfung** können nach den §§ 331 Nr. 4

---

[140] RGSt 49, 364.
[141] Erbs/Kohlhaas/*Fuhrmann*, a. a. O. Anm. 1 b) mit Verweis auf RGSt 43, 407; 64, 422, 424; ebenso OLG Stuttgart a. a. O. S. 9.
[142] So auch OLG Stuttgart a. a. O. S. 12: „Die Strafvorschrift darf nicht so extensiv ausgelegt werden, dass die Grenze zwischen strafbarem und nicht strafbarem Verhalten unbestimmt und für den einzelnen nicht erkennbar bleibt.".

HGB, § 17 Nr. 4 PublG mit Freiheitsstrafe bis zu 3 Jahren oder Geldstrafe bestraft werden. Die Norm ist neben den Kapitalgesellschaften auf alle Kreditinstitute und Versicherungsunternehmen sowie KG und oHG ohne Vollhafter (§ 264 a HGB) ergänzend anzuwenden (§§ 340 m, 341 m HGB).

Die Normen sollen die Aufgabenerfüllung der **gesetzlichen Abschlussprüfung** (also den Kanon der nach §§ 316 HGB zu beachtenden Normenstruktur – einschließlich der Grundsätze ordnungsgemäßer Abschlussprüfung)[143] sicherstellen (**Normzweck**).[144] Für den Schutzzweck ist es daher unerheblich, wenn die persönlichen Verhältnisse eines Mitglieds der Geschäftsleitung unrichtig erörtert werden oder wenn die Verhältnisse eines nicht zu prüfenden Unternehmens, mit dem eine Geschäftsverbindung besteht, unrichtig dargestellt werden. Die Abschlussprüfung nach dem PublG umfasst auch die Prüfung der Rechnungslegungspflicht (§ 2 Abs. 3, § 12 Abs. 3 PublG). Auf die freiwillige Abschlussprüfung (bspw. bei einer kleinen Kapitalgesellschaft nach § 267 Abs. 1 HGB) sind die Normen nicht anzuwenden.[145] Es kann für diese aber der Anwendungsbereich der §§ 400 Abs. 1 Nr. 2 AktG, 147 Abs. 2 Nr. 2 GenG, 143 Nr. 2 VAG, 56 KWG eröffnet sein. 211

Die unrichtigen Informationen müssen sich auf die **Unternehmensverhältnisse** der zu prüfenden Kapitalgesellschaft, deren Tochtergesellschaften oder sonst verbundenen Unternehmen in Jahres-, Zwischen- und Konzernabschlüssen beziehen. 212

Täter einer Falschinformation gegenüber dem Abschlussprüfer können nur vertretungsberechtigte Organmitglieder (Geschäftsführer, Vorstände) einer Kapitalgesellschaft, eines verbundenen Unternehmens oder sogar vertretungsberechtigte Gesellschafter eines Tochterunternehmens im Sinne von § 290 Abs. 1 und 2 HGB sein, die konkret handeln, also dem Abschlussprüfer tatsächlich Auskünfte erteilen. **Teilnehmer** eines Informationsdeliktes können solche Personen sein, die ohne Organmitglied zu sein, Auskünfte erteilen (bspw. der Buchhalter, der Controller etc.). Ob **faktische Organmitglieder** taugliche Teilnehmer einer solchen Straftat sein können, ist umstritten. Zwar richtet sich die Strafnorm an jeden, der eine Organstellung inne hat, auch wenn seine förmliche Bestellung an einem Formmangel leidet[146] oder gewollt oder ungewollt zu keiner Bestellung oder Eintragung im Handelsregister geführt hat.[147] Gleichwohl wird vertreten, dass wegen der Normakzessorietät zum Recht der Handelsbücher bzw. zum formstrengen Gesellschaftsrecht keine verbotene Analogie zum faktischen Organmitglied gebildet werden könne.[148] Richtigerweise richten sich die Strafnormen an diejenigen, die die Funktionen eines Organs ausübt, auch wenn eine formale Organstellung nicht bestehen mag. Eine unzulässige Analogie liegt nicht vor, da der strafrechtliche Begriff „Mitglied eines vertretungsberechtigten Organs oder des Aufsichtsrats" nicht der strengen gesellschaftsrechtlichen Akzessorietät unterliegt, sondern nach §§ 14, 25 StGB ausgelegt werden kann. 213

Tatmittel sind die unrichtigen Informationen in Aufklärungen und Nachweisen, die dem Prüfer nach § 320 HGB für die Verwendung in der Prüfung der Kapitalgesellschaft, eines verbundenen Unternehmens oder des Konzerns zu geben sind. Nach § 320 Abs. 2 HGB sind das alle Auskünfte, die von dem Prüfer zur Erfüllung seiner Aufgaben benötigt werden, also Angaben, auf die sich der dem Prüfer vorzulegende Jahres-, Zwischen- oder Konzernabschluss beziehen. Eine Prüfung der Eröffnungsbilanz ist hingegen nach den §§ 316ff HGB nicht vorgeschrieben. Zu den Aufklärungen und Nachweisen gehören die Handelsbücher der Gesellschaft, andere Schriften und Belege und auch mündliche Auskünfte.[149] Die Aufklärungen und Nach- 214

---

[143] Zur Rechtsnatur dieser Grundsätze s. Abschn. VI.
[144] Vgl. *Klussmann* AG 1973, 222 f.; MünchKommHGB/*Quedenfeld* § 331 Rdnr. 1.
[145] Achenbach/*Ransiek* Hdb. Wirtschaftsstrafrecht, VIII.1 Rdnr. 79; Hellmann/Beckemper Wirtschaftsstrafrecht Rdnr. 397.
[146] Allgemeine Meinung, bspw. KölnKommAktG/*Geilen* § 399 Rdnr. 31; Geßler/*Fuhrmann* u. a. § 400 AktG Rdnr. 6, § 399 AktG Rdnr. 10; Ulmer/*Dannecker* § 331 HGB Rdnr. 27 ff.
[147] Die Rspr. zum faktischen Organmitglied stellt auf die Alleinbestimmung der Geschäftsleitungsmaßnahmen durch eine nicht bestellte Person (RGSt. 71, 112; BGHSt. 3, 32/37; 21, 101/104) oder auf die beherrschende oder überragende Stellung in der Gesellschaft ab (BGHSt. 46, 62/64; 31, 118/122; abwägend OLG Düsseldorf NStZ 1988, 368 f.), teilweise soll auch ein bloßes Übergewicht in der Geschäftsführung genügen (BGH StV 1984, 461 mit abl. Anm. Otto).
[148] Achenbach/*Ransiek*, Hdb. Wirtschaftsstrafrecht, VIII.1 Rdnr. 22 ff., 82.
[149] Achenbach/*Ransiek*, Hdb. Wirtschaftsstrafrecht, VIII.1 Rdnr. 84.

weise beziehen sich auch auf verbundene Unternehmen, da der Prüfer auch Informationsrechte gegenüber Mutter- und Tochterunternehmen nach § 302 Abs. 2 S. 3 HGB und für Konzerne nach § 320 Abs. 3 HGB hat.

215 **Tathandlung** ist die unrichtige oder nur verschleierte Information. Gerade der Vorwurf der Verschleierung ist kaum fassbar, so dass bei der Prüfung eines Vorwurfes vor allem auf Kontext, d. h. Anfrageinhalt, Umstände der Informationsweitergabe, Zugehörigkeit zum Prüfungsgegenstand und etwaige Ergänzungen geachtet werden muss. Da Informationen während einer Abschlussprüfung sehr zahlreich gegenüber dem Abschlussprüfer, seinen Prüfungsassistenten und evtl. gegenüber anderen Vertretern der Prüfungsgesellschaft (bspw. auch der Steuerabteilung der Prüfungsgesellschaft) gemacht werden, kann sich eine Unrichtigkeit nur ergeben, wenn bei einer Gesamtschau am Ende der Prüfung die erteilte Information mit den tatsächlichen Verhältnissen nicht übereinstimmt.

216 Da Gegenstand der Pflichtprüfung stets auch **Wertungen, Einschätzungen und Prognosen** der Organe der Hauptgesellschaft, der Tochtergesellschaften und des Konzerns sind, ist eine Information nur dann unrichtig im Sinne des Strafrechts, wenn die der Information zugrunde liegenden **Tatsachen** sich als unrichtig erweisen. Keine Strafbarkeit können aber Wertungen, Schätzungen und Prognosen nach sich ziehen, die im Zeitpunkt ihrer Äußerung zwar auf unsicherer Tatsachen- oder Entscheidungsgrundlage abgegeben wurden, aber vertretbar waren und sich erst in einem späteren Zeitverlauf als unrichtig erweisen.[150]

217 Die **Unterlassung** von angeforderten Auskünften durch ein Organmitglied führt nicht zur Strafbarkeit, da der Abschlussprüfer hierüber zu berichten hat, wenn ihm eine Auskunft nicht erteilt wurde und die Unterlassung für das Prüfungsergebnis erheblich ist. Erweckt der Informierende aber gleichwohl den Anschein, als sei seine Auskunft vollständig, kommt eine Handlungsstrafbarkeit in Betracht.

218 Auch bei den Informationen gegenüber Abschlussprüfern muss besonders auf die **Erheblichkeit** geachtet werden, die sich als ungeschriebenes Tatbestandsmerkmal aus der Anwendung der akzessorischen Regelungen über das „Gesamtbild" oder Bedeutung für die „Verhältnisse" ergibt (§§ 264 Abs. 2 S. 1, 284 Abs. 2 Nr. 4, 285 Nr. 3 HGB).

Eine Angabe über ein nur theoretisches Haftungsrisiko einer Muttergesellschaft aus einer Freistellungserklärung des persönlich haftenden Gesellschafters für Verbindlichkeiten der Tochter-KG ist beispielsweise nicht erheblich, wenn sich der Jahresabschluss der Muttergesellschaft neben dem Beteiligungsansatz bereits zu den Forderungen und Verbindlichkeiten gegenüber dieser Tochtergesellschaft verhält und der Konzernabschluss die Vermögenslage der Tochtergesellschaft voll mit aufnimmt.[151]

219 Die Tat muss **vorsätzlich** begangen worden sein. Der Täter oder Teilnehmer muss sich dessen bewusst sein, dass die von ihm gemachten Angaben für die gesetzliche Pflichtprüfung bestimmt sind, im Zusammenhang mit dieser Prüfung stehen und inhaltlich nicht den Tatsachen entsprechen. Bei Meinungsäußerungen, Wertungen, Schätzungen oder Prognosen muss der Täter von ihrer Unvertretbarkeit ausgehen. Glaubt der Täter, die Information sei nicht für die Prüfung von Bedeutung, befindet er sich in einem Verbotsirrtum.

220 Da der Versuch der Falschinformation nicht strafbar ist, soll nach der Rspr. des Reichsgerichts die Tat mit dem Zugang der Information **vollendet** sein.[152] Eine Beendigung wird erst angenommen, wenn die Prüfung abgeschlossen ist.[153] Dagegen soll eine Berichtigung entsprechend den §§ 261 Abs. 9, 264 Abs. 4, 264 a Abs. 3, 265 b Abs. 2 StGB möglich sein.[154]

221 Geht man allerdings nach der hier vertretenen Auffassung davon aus, dass alle Einzelinformationen im Gesamtzusammenhang gewürdigt werden müssen, dann ist eine Tat erst mit der **Unterzeichnung der Vollständigkeitserklärung** für den Abschlussprüfer vollendet. Zum einen spricht dafür, dass eine Einzelinformation kaum erheblich im Sinne des § 264 Abs. 2 S. 1 HGB sein dürfte. Für eine solche Auslegung des § 331 Nr. 4 HGB spricht auch die Anknüpfung des § 332 HGB an den Prüfungsbericht. Erst wenn dieser Bericht dem Adressaten zugeht, kann von

---

[150] And. Auff. Achenbach/*Ransiek*, Hdb. Wirtschaftsstrafrecht, VIII.1 Rdnr. 83.
[151] And. Auff. LG Berlin Urt. v. 7.2.2005 526 KLs 16/03 unveröffentlicht.
[152] RGSt. 37, 25, 29; 49, 239, 241; 45, 210, 213.
[153] Achenbach/*Ransiek*, Hdb. Wirtschaftsstrafrecht, VIII.1 Rdnr. 87.
[154] Achenbach/*Ransiek*, Hdb. Wirtschaftsstrafrecht, VIII.1 Rdnr. 51.

einem Abschluss der Prüfung und einem Gesamtüberblick über das Prüfungsergebnis ausgegangen werden. Folglich ist die Tat nach §§ 331 Nr. 4 HGB, 17 Nr. 4 PublG **beendet,** wenn der Prüfer die erhaltenen unrichtigen Angaben seinem Prüfungsbericht zugrunde gelegt hat, im Zweifel also erst mit der Abgabe des unterzeichneten Prüfungsberichtes an die Gesellschaftsorgane.

b) **Informationen für gesellschaftsrechtliche Sonderprüfungen.** Nur die nach dem Gesellschaftsrecht erforderlichen **Sonderprüfungen** gem. den §§ 142ff AktG (Prüfungsauftrag der HV), 258ff AktG (Nichtigkeitsprüfung), 313, 340 b AktG (Abhängigkeitsprüfung) und 315 AktG (Benachteiligungsprüfung) werden von dem Straftatbestand des § 400 Abs. 1 Nr. 2 AktG erfasst. Nur auf diese bezieht sich auch § 403 AktG. Daher erfasst die Norm nicht die bilanzrechtlichen Prüfungen (bspw. nicht die vom Aufsichtsrat nach § 111 Abs. 2 Nr. 3 AktG beauftragte Abschlussprüfung). Auch ein etwaiger Prüfungsauftrag des Vorstandes nach § 76 AktG oder eine Prüfung, die der Aufsichtsrat nach § 111 Abs. 2 S. 2 AktG veranlasst, fallen nicht in den Anwendungsbereich. 222

Täter können bei diesen Prüfungen alle vertretungsberechtigten Organmitglieder oder Gesellschafter der Mutter- oder Tochtergesellschaften sein. Auch Aufsichtsräte können, soweit die Prüfung von diesen beauftragt oder beaufsichtigt wird, Täter sein. Für den Tatumfang, Vorsatzfragen und Fragen der Vollendung und Beendigung kann auf die Erläuterungen zu § 331 Nr. 4 HGB verwiesen werden. 223

c) **Informationen für die Gründungsprüfung.** Nach § 400 Abs. 2 AktG kann derjenige bestraft werden, der als Gründer oder Aktionär gegenüber dem Gründungsprüfer oder einem sonstigen Prüfer in Aufklärungen und Nachweisen, die nach dem AktG oder einem anderen Gesetz zu machen sind, falsche Angaben macht oder erhebliche Umstände verschweigt. Während einerseits der Tatbestand auf Gründer und Aktionäre ausgeweitet ist, verengen sich die Tathandlungen auf falsche Angaben in den Aufklärungen und Nachweisen und auf das Verschweigen erheblicher Umstände. 224

d) **Informationen für die Geschäftsführungsprüfung bei Genossenschaften.** Vor allem die Geschäftsführungsprüfung der Genossenschaften nach §§ 53 ff. GenG ist von § 147 Abs. 2 Nr. 2 GenG gemeint, wenn dort auf die Strafbarkeit unrichtiger Informationen gegenüber einem nach dem GenG bestellten Prüfer abgestellt wird. Wie bei den anderen Informationsdelikten auch sind drei Jahre Freiheitsstrafe oder Geldstrafe angedroht. Die Geschäftsführungsprüfung umfasst außerhalb der Abschlussprüfung die Untersuchung der wirtschaftlichen Verhältnisse der Genossenschaft und die Ordnungsmäßigkeit der Geschäftsführung. Ausgewertet werden die Angaben über die Einrichtungen, die Vermögenslage, die Mitgliederliste, die Organisation und die Ausführung der Geschäfte durch die Genossenschaftsverbände. Die Prüfung wird mindestens alle zwei Jahre, bei einer Bilanzsumme über zwei Millionen EUR jährlich durchgeführt. Für die Durchführung gelten die §§ 316 Abs. 3, 317 Abs. 1 S. 2 u. 3, Abs. 2, 324 a HGB entsprechend. 225

e) **Informationen für die Umwandlungsprüfung.** Von großer praktischer Relevanz sind die Prüfungen von Umwandlungsvorgängen, weil durch eine Umwandlung unmittelbar in Teilhaberrechte und Gläubigerpositionen eingegriffen wird. Die Strafnorm des § 313 Abs. 1 Nr. 2 UmwG stellt daher die unrichtigen Angaben in Aufklärungen und Nachweisen, die nach dem UmwG einem Verschmelzungs-, Spaltungs- oder Übertragungsprüfer zu erteilen sind, unter Strafe. Andere falsche Angaben, die die Verhältnisse des Rechtsträgers oder seine Beziehungen zu verbundenen Unternehmen unrichtig oder nur verschleiert darstellen, führen außerdem zu einer Strafbarkeit. 226

4. Unrichtige Informationen in öffentlichen Ankündigungen

a) **Gesellschaftsrechtliche Normen.** Die öffentliche Verbreitung von unrichtigen Informationen über Gesellschaftsverhältnisse durch den Geschäftsführer oder Liquidator ist nach § 82 Abs. 2 Nr. 2 GmbHG strafbar. Unter einer „*öffentlichen Mitteilung*" ist eine Mitteilung an einen unbestimmten Personenkreis zu verstehen, die auch nicht durch bestimmte Merkmale miteinander verbunden sind.[155] Die Einreichung unrichtiger Jahresabschlüsse bei dem Han- 227

---

[155] *Tiedemann* GmbH-Strafrecht § 82 Rdnr. 140.

delsregister kann den Straftatbestand verwirklichen.[156] Keine Öffentlichkeit besteht dagegen, wenn mündliche Auskünfte nacheinander an viele Einzelpersonen erteilt werden.[157] Mit der Darstellung der Vermögenslage ist keine inhaltlich erschöpfende Mitteilung gemeint, es genügt auch eine Äußerung, die einen wesentlichen Vermögensgegenstand betrifft oder bei der GmbH & Co auch eine Angabe über die Vermögenslage der KG oder des Vollhafters.[158]

228 b) **Kapitalmarktrechtliche Normen.** Anders als die gesellschaftsrechtlichen Normen, die an die Verantwortung eines Geschäftsleiters, Aufsichtsrates oder Liquidators und einen Katalog von Erklärungen anknüpfen, sollen die strafrechtlichen Normen des Kapitalmarktschutzes (insbes. § 264 a StGB, §§ 38, 39 WpHG, § 16 UWG und die OWi-Tatbestände im BörsG, dem WertpapierprospektG und dem VerkaufsprospektG) den Empfänger der Mitteilung schützen, weil der Zweck der Information von wesentlicher Bedeutung für die Anlageentscheidung ist. Daher verlangen die Normen des Kapitalmarktstrafrechtes im Unterschied zum bilanz- und gesellschaftsrechtlichen Informationsstrafrecht auch einen Schädigungsvorsatz.[159] Wegen der weiteren Einzelheiten wird auf das Kapitel „Kapitalmarktdelikte" in diesem Handbuch verwiesen.

5. Verletzung der Geheimhaltungspflicht

229 a) **Schutzumfang.** Der folgenden Übersicht sind die einschlägigen Tatbestände zu entnehmen:

230

Norm	Norminhalt	Normadressat
§ 404 Abs. 1 Nr. 1 AktG § 85 Abs. 1 GmbHG § 151 Abs. 1 GenG § 315 Abs. 1 Nr. 1 UmwG §§ 53 SEEG, 45 SEBG (vgl. §§ 203, 204 StGB, 138 VAG, 17, 18 UWG)	Offenbarung eines Geheimnisses zum Nachteil der vertretenen oder kontrollierten jur. Person	Organmitglied einer Kapitalgesellschaft oder des Rechtsträgers eines Umwandlungsunternehmens oder einer Europ. AG bzw. Beteiligungsges.
§ 404 Abs. 1 Nr. 2 AktG § 333 HGB, § 19 PublG § 151 Abs. 1 Nr. 2 GenG, § 315 Abs. 1 Nr. 2 UmwG	Offenbarung eines Geheimnisses, das gelegentlich einer gesetzlichen Abschlussprüfung bekannt wurde	Prüfer, Prüfungsassistent

231 Diese Strafgesetze schützen geheime Unternehmensinformationen aber nicht umfassend, sondern nur dann, wenn sie entweder von einem Organmitglied oder von einem Berufsgeheimnisträger verwendet werden. Der weitgehend parallele Tatbestandsaufbau dieser Sonderdelikte erlaubt es, die Geheimhaltungspflichten und die Verletzungstatbestände einheitlich darzustellen. Aus dem gesetzlichen Zusammenhang heraus ergibt sich eine **Beschränkung der geschützten Geheimnisse** auf solche, die nicht Gegenstand der Berichtspflichten von Geschäftsleitungs- oder Aufsichtsgremien oder eines Abschluss- oder Sonderprüfers sind. Ebenso sind solche Informationen, die in Verkaufsprospekten oder Ad-Hoc-Mitteilungen, in Registermitteilungen und Marken-, Patent- und sonstigen Meldungen anzugeben sind, nicht durch Strafnormen geschützt.

232 Auch die **Rechtsfolgen** sind in allen Normen gleich. Einfache Verletzungshandlungen („Geheimnisverrat", Abs. 1 der o.g. Normen) werden mit Freiheitsstrafe bis zu 1 Jahr oder Geldstrafe bedroht, qualifizierte Verletzungen („unbefugte Geheimnisverwertung", Abs. 2 der o.g.

---

[156] *Tiedemann* GmbH-Strafrecht § 82 Rdnr. 143; OLG Jena GmbHR 1998, 1043; *Lutter/Hommelhoff* § 82 GmbHG Rdnr. 21.
[157] *Tiedemann* GmbH-Strafrecht § 82 Rdnr. 144 unter Bezug auf BGHSt. 24, 272 zu § 4 UWG a. F.
[158] *Tiedemann* GmbH-Strafrecht § 82 Rdnr. 146 f.; zählt u. a. auch sehr weitgehend Fusionsabsichten, Investitionsvorhaben oder die Mittelverwendung eines Betriebskredits darunter; diese Auffassung ist aber wegen der ausufernden, nicht mehr überschaubaren Anknüpfung an beliebige Unternehmensmitteilungen abzulehnen.
[159] BGH wistra 2003, 180; Achenbach/Ransiek/*Schröder* X.1. Rdnr. 3.

Normen) werden mit einem Höchstmaß von zwei Jahren Freiheitsstrafe bedroht. Die geringe Bedeutung der Tatbestände in der strafrechtlichen Praxis hängt mit dem **Strafantragserfordernis** der betroffenen Gesellschaften zusammen (§§ 77 ff. StGB). Auch stellt die kurze **Verjährungsfrist** von drei Jahren (§ 78 Abs. 3 Nr. 5 StGB) für die Grunddelikte und von fünf Jahren für die Qualifikationen (§ 78 Abs. 3 Nr. 4 StGB) ein Hemmnis dar.

Als **geschützter Personenkreis** (auch i. S. des § 823 Abs. 2 BGB) kommen nur die betroffenen inländischen Gesellschaften in Betracht.[160] Sie können mithin darüber disponieren, ob und inwieweit Geheimnisverletzungen strafrechtlich verfolgt werden. Wegen der Dispositionsbefugnis der Gesellschaftsorgane kommt eine Ausweitung des geschützten Personenkreises auf Gesellschafter oder Gläubiger nicht in Betracht.[161] **Börsennotierte** Gesellschaften werden gegenüber nicht börsennotierten Gesellschaften bevorzugt geschützt (§ 404 Abs. 1 AktG). Diese Ungleichbehandlung ist angesichts des schwerwiegenden Schadens, der durch einen Geheimnisverrat auch bei nicht börsennotierten Kapital- und Personengesellschaften bis zum Existenzverlust hin entstehen kann, nicht gerechtfertigt. Die Schäden durch Wirtschafts- und Industriespionage gehen jährlich in die Milliarden. Ein effektiver strafrechtlicher Schutz ist durch die Normen zum Geheimnisschutz nicht mehr gerechtfertigt.

b) **Geheimhaltungspflichten von Organmitgliedern. Täter** einer unbefugten Offenbarung oder Verwertung können nur Vorstands- und Aufsichtsrats-/Beiratsmitglieder oder Abwickler sein, die aufgrund ihrer Bestellung durch die Gesellschafter-/General- oder Hauptversammlung eine leitende Funktion innerhalb der Betriebsorganisation ausüben oder ausgeübt haben. Auch ausgeschiedene oder faktische Organe gehören hierzu.[162] Das Geheimnis muss ihnen in dieser Stellung bekannt geworden sein, wobei die Ausübung einer Doppelfunktion (bspw. doppeltes Organmitglied oder Organmitglied und Beratungsverhältnis) daran nichts ändert.

Geheimnis im Sinne der Strafnormen ist eine der Gesellschaft zuzuordnende innerbetriebliche Information, die nicht offenkundig ist und für die nach objektivierten Maßstäben ein Geheimhaltungsinteresse der Gesellschaft bejaht werden kann. Allein der Geheimhaltungswille genügt nicht.[163] Über die Eingrenzung der objektivierbaren Kriterien bestehen allerdings unterschiedliche Meinungen. Nach Auffassung der Wissenschaft soll sich aus dem Maßstab ordnungsgemäßer Unternehmensführung und der materiellen und immateriellen Schadenseignung eine Eingrenzung ergeben.[164] Diese abstrahierende Betrachtung wird der Vielgestaltigkeit des Wirtschaftslebens nicht gerecht. Die geheimen Informationen einer Werbeagentur sind nicht mit denen eines Schlossereibetriebs oder einer internationalen Biotechnologiefirma zu vergleichen. Praktikabel sind daher nur individualisierte Kriterien: Die Information muss einen **betrieblichen Bezug** aufweisen (bspw. nicht: Konzepte einer Vortragsreihe vor unbestimmten Zuhörerkreisen, wissenschaftliche Abhandlungen, Managementhinweise mit Allgemeinplätzen). Sie darf nur einem **engen Personenkreis** zugänglich sein und muss noch **kontrollierbar** sein (bspw. nicht Informationen in einem Mitarbeiterrundschreiben). Die Gesellschaft muss ein **vernünftiges Interesse** an der Geheimhaltung haben, wobei die Anforderungen an die „Vernunft" nicht überspannt werden dürfen (bspw. stellt eine Planung für eine neue Produktionsfabrik auch dann ein Geheimnis dar, wenn das Unternehmen in der Vergangenheit in gleicher Weise schon mehrfach Fabriken gebaut hat; ebenso sind die Zeichnungen einer internen Konzeptentwicklung auch dann noch Geheimnisse, wenn bereits (verbotener Weise) Bilder der Studie in Zeitungen aufgetaucht sind). Auch illegale Geheimnisse fallen unter den Schutz der Strafnorm.[165]

Die Verwendung von **Insider-Informationen** im Sinne von §§ 14, 38 WpHG oder die Durchbrechung von „Chinese Walls" (§ 33 Abs. 1 Nr. 2 WpHG) kann sich mit dem Geheimnisschutz überschneiden, muss es aber nicht. Eine Insider-Information stellt nicht in jedem Fall ein Ge-

---

[160] Achenbach/*Ransiek*, Hdb. Wirtschaftsstrafrecht, Kap. VIII.2 Rdnr. 6, 7.
[161] And. Auff. *Tiedemann* GmbH-Strafrecht § 85 Rdnr. 2 m. w. N. (Ausdehnung auf Gesellschafter und Gläubiger).
[162] And. Auff. Achenbach/*Ransiek*, Hdb. Wirtschaftsstrafrecht Kap. VIII.2 Rdnr. 11.
[163] BGHZ 64, 325/329.
[164] Achenbach/*Ransiek* a. a. O. Rdnr. 13 m. w. N.
[165] Heymann/*Otto* § 333 HGB Rdnr. 15; Achenbach/*Ransiek* a. a. O. Rdnr. 13.

schäftsgeheimnis dar. Kapitalmarktrelevante Informationen müssen daher von Geschäftsgeheimnissen unterschieden werden.

Als **Tathandlungen** nennen die Strafnormen die Offenbarung und Verwertung.

237   aa) *Offenbarung.* Die **Offenbarung** besteht in einer Weitergabe eines Geheimnisses in jeder Form an Personen, die nicht selbst dem gleichen Geheimnisschutz unterliegen.[166] Neben dem aktiven Tun genügt auch die Ermöglichung der Kenntnisnahme, also die aktive Beseitigung von Schutzvorkehrungen (bspw. Öffnen der Tür, des Tresors etc.), damit sich ein Dritter die Kenntnis von der Information beschaffen kann.[167] **Unbefugt** ist die Weitergabe, wenn ein gesetzliches Verbot besteht, die Vertretungsorgane der Gesellschaft sie nicht genehmigt haben oder wenn die Gesellschaft kein rechtliches Interesse bzw. eine Rechtspflicht an der Weitergabe haben kann (bspw. Auskünfte an den Abschlussprüfer, des Vorstandes an den Aufsichtsrat gem. § 90 AktG, der Informationen von Mutter- an Tochtergesellschaften und umgekehrt, den für die Konsolidierung einer Konzernbilanz erforderlichen Angaben etc.). Wenn die Gesellschaft einen **Offenbarungswillen** hat, entfällt der Tatbestand nicht deshalb, weil objektiv ein Geheimnis vorliegt, sondern weil die Offenbarung nicht mehr pflichtwidrig ist, die Gesellschaft also einverstanden ist.[168]

238   bb) *Intensität.* Auch die Intensität des strafrechtlich bedeutsamen Handelns führt zur Qualifikation. Die Offenbarung gegen **Entgelt** setzt voraus, dass dem Handelnden ein Vermögensvorteil im Sinne des § 11 Abs. 1 Nr. 9 StGB gewährt wird. Es muss ein Austauschverhältnis vorliegen, auch wenn die jeweiligen Leistungen vielleicht zeit- und ortsversetzt gewährt werden. Die Vereinbarung als solche genügt, der Vorteil muss nicht gewährt worden sein. Die Offenbarung in **Bereicherungsabsicht** setzt voraus, dass festgestellt wird, ob der Täter das Ziel hatte, für sich oder einen Dritten einen Vorteil zu erzielen. Da die Norm nur ein rechtswidriges Verhalten bedroht, erfasst der Schutzzweck nicht rechtmäßige Vorteile, die sich unabhängig von der konkreten Tatbestandshandlung bei dem Täter einstellen, also bspw. nicht eine Vorstandsvergütung oder Aufsichtsratsvergütung.[169] Eine Offenbarung in **Schädigungsabsicht** setzt voraus, dass es dem Täter darauf ankommt, dem Unternehmen materielle oder immaterielle Nachteile zuzufügen. Dabei darf der Nachteilsbegriff nicht überdehnt werden. Nachteil ist hier im Sinne der §§ 263, 266 StGB als Vermögensnachteil zu verstehen. Ein Nachteil muss nicht eingetreten sein.

239   cc) *Verwertung.* Die **Verwertung** des Geheimnisses für sich oder einen Dritten ist eine eigenständige, schwerwiegendere Verletzungshandlung als die Offenbarung. Verwertung ist die wirtschaftliche Nutzung des Geheimnisses, um damit Gewinn zu erzielen. Entgegen verschiedener Literaturstimmen[170] wird nicht vorausgesetzt, dass die Verwertung auch die Gesellschaft, die Inhaberin des Geheimnisses ist, schädigt. Das spezifische Unrecht besteht darin, dass sich der Täter einen unlauteren Vorsprung im Wettbewerb verschafft. Die Entstehung von Konkurrenz auf einem Waren- oder Dienstleistungsmarkt muss aber als Bestandteil einer freien Marktordnung grds. hingenommen werden. Daher müssen weder ein konkreter Schaden noch eine Gefährdung der Vermögensinteressen festgestellt werden.[171]

240   Das pflichtwidrige Verhalten kann auch sonst **gerechtfertigt** sein durch eine mutmaßliche Einwilligung in Not- und Eilfällen,[172] gesetzliche Auskunftspflichten (bspw.§§ 131, 394 AktG, prozessuale Auskunftspflichten gem. §§ 138, 141 ZPO, Zeugenpflichten im Strafprozess und Untersuchungsausschussverfahren, allerdings mit der Einschränkung der §§ 383 Abs. 1 Nr. 6, 384 Nr. 3 ZPO, 172 Nr. 2 GVG) oder eine Wahrnehmung anerkennenswerter rechtlicher Interessen (bspw.in einem schwerwiegenden Interessenkonflikt).[173]

---

[166] Im Ergebnis auch Achenbach/*Ransiek* a. a. O. Rdnr. 16-18; a. A. BGHZ 116, 288 ff.; BayObLG JR 1996, 476 m. Anm. *Gropp.*
[167] RGSt. 26, 5, 8; KölnKommAktG/*Geilen* § 404 Rdnr. 52 ff.; *Tiedemann* GmbH-Strafrecht § 85 Rdnr. 14.
[168] And. Auff. *Otto* wistra 1988, 126; Baumbach/Hueck/*Schulze-Osterloh* § 85 GmbHG Rdnr. 11.
[169] *Otto* Aktienstrafrecht zu § 403 AktG Rdnr. 12.
[170] *Achenbach/Ransiek,* Kap. VIII 2. Rdnr. 20.
[171] RGSt. 63, 205, 207; BayObLG NStZ 1984, 169; KölnKommAktG/*Geilen* § 404 Rdnr. 63.
[172] BVerfGE 76, 363, 387; BVerwG NVwZ 2004, 105; OLG Koblenz WM 1987, 480.
[173] BGHSt. 1, 366, 388.

Die Offenbarung ist mit dem Zugang der Information **vollendet, beendet** erst mit der Kenntnis des Dritten. Die Verwertung mit dem Beginn der Nutzung vollendet, eine Beendigung tritt erst mit dem Abschluss der Gewinnerzielung ein. Der Versuch ist nicht strafbar.

Die gesellschaftsrechtlichen Normen gehen den §§ 203, 204 StGB als speziellere Normen vor.[174] Mit §§ 17, 18 UWG kann Idealkonkurrenz bestehen, ebenso mit § 38 WpHG.

c) **Geheimhaltungspflicht der Wirtschaftsprüfer und sonstigen Sonderprüfer.** Wirtschaftsprüfer sind in ihrer allgemeinen Berufstätigkeit, als Abschlussprüfer und/ oder als Sonderprüfer nach §§ 43 I WPO (allgemeines Berufsrecht), zur **Verschwiegenheit** verpflichtet. Die Straftatbestände der §§ 333 HGB, 19 PublG (Abschlussprüfung), 203 I Nr. 3 StGB (Berufstätigkeit), 404 AktG, 151 GenG, 85 GmbHG (Sonderprüfungen) sichern nur bestimmte Umstände der Allgemeinen berufsrechtlichen Verpflichtung, so dass keine Deckungsgleichheit der Normen angenommen werden kann. Auch **andere Personen** können Sonderprüfer sein, insbesondere Rechtsanwälte, Behörden im Auftrag der Gesellschaft oder Sonderprüfer nach anderen gesetzlichen Normen, bspw. nach § 44 KWG oder aufgrund einer Verbandsprüfung. Mit in den Täterkreis einbezogen werden Hilfskräfte, Schreibkräfte, Assistenten.

Der **Schutzumfang** ist in mehrfacher Hinsicht eingeschränkt. Die dem Wirtschaftsprüfer bekannt werdenden Tatsachen sind in der Regel vergangenheitsbezogen, oft sind zusammengefasste Informationen bereits entsprechend den Veröffentlichungspflichten für börsennotierte Gesellschaften veröffentlicht oder dafür bestimmt. Vom Prüfungsauftrag ist auch die laufende Beratung bei bilanzpolitischen Maßnahmen zu trennen, die nicht durch die Straftatbestände des Gesellschaftsrechts, sondern nur durch die §§ 203, 204 StGB erfasst wird.

Tatbestandlich ist das unbefugte Offenbaren oder unbefugte Verwerten einer während oder gelegentlich einer Abschluss- oder Sonderprüfung erlangten geheimen Information. Inhaber der Information muss das geprüfte Unternehmen sein, unabhängig davon, ob die Information selbst aus der geprüften Gesellschaft, einer Konzerngesellschaft oder einem assoziierten Unternehmen stammt (§§ 290 Abs. 1 und 2, 310, 311 HGB). Für die sonstigen Tatbestands- und Rechtfertigungsvoraussetzungen gelten die oben unter b) dargestellten Maßstäbe.

Als **Sonderproblem** der Abschluss- und der Sonderprüfung stellt sich der **Widerstreit zwischen Berichts- und Redepflicht** (§§ 322, 323 HGB) einerseits und der Geheimhaltungspflicht andererseits dar. In Literatur und Rechtsprechung ist ungeklärt, ob der Umfang der gesetzlichen Berichtsvorschriften die Geheimhaltungspflicht einengt oder umgekehrt die Geheimhaltungspflicht zur Beschränkung der Berichtspflicht führt. Die hier entstehende Interessenkollision ist nur durch eine Güterabwägung im konkreten Fall zu klären. Eine Offenbarungspflicht kann jedenfalls dann angenommen werden, wenn die Redepflicht kongruent mit der Redepflicht der Geschäftsleitung selbst ist, also bei gravierenden Gesetzesverstößen, bei erheblichen Existenzgefährdungsrisiken und bei gravierenden Mängeln des Risikomanagementsystems (§ 91 Abs. 2 AktG). Stellen sich die Prüfungsergebnisse anders als die Darstellung der Geschäftsverhältnisse im Jahresabschluss dar, wird die Redepflicht eher bestimmt von der Abwägung anhand der Gesamtdarstellung des Unternehmens im Sinne des § 264 Abs. 2 HGB. Bei einer gravierenden, die bilanziellen Verhältnisse im Sinne der Nichtigkeitsvorschriften berührenden abweichenden Erkenntnis der Prüfer besteht eine Offenbarungspflicht, bei anderen Sachverhalten nicht.

V. Falsche Registerangaben

1. Überblick

a) **Schutzzweck.** Wie bereits in der Übersicht unter I. dargestellt, wird das Vertrauen des Geschäftsverkehrs, der Gläubiger, Arbeitnehmer und der Gesellschafter einer Kapitalgesellschaft in die von einem Unternehmen stammenden geschäftlichen Angaben zwar nur vereinzelt geschützt. Indem der Gesetzgeber bei Kapitalgesellschaften die Verletzung der gesetzlich oder satzungsgemäß vorgeschriebenen Mindestinformationen unter Strafe stellt, wird ein für Gläubiger und Geschäftspartner der Kapitalgesellschaften notwendiger Ausgleich zu der auf das Vermögen der Gesellschaft beschränkten Haftung hergestellt. Dem gleichen strukturellen In-

---

[174] KölnKommAktG/*Geilen* § 404 Rdnr. 90; *Tiedemann* GmbH-Strafrecht § 85 Rdnr. 36.

teressenausgleich dienen die Normen über die Prüfung und Offenlegung der Jahresabschlüsse und die Berichtspflichten im Kapitalmarktrecht. Ein Gläubiger oder Registerleser soll sich auf die Richtigkeit der dort gemachten Angaben verlassen dürfen.[175] Das gilt auch für die Gesellschaft selbst, die ebenso geschützt ist. Die Registerdelikte sind Schutznormen im Sinne von § 823 Abs. 2 BGB.[176] Daraus folgt aber auch, dass alle Mitteilungen an das Handelsregister, die nicht eintragungspflichtig sind, oder die nur zu einer deklaratorischen, freiwilligen Information führen, nicht vom Schutzzweck der Norm erfasst werden.

b) Parallelität der Strafnormen

248

Gründungsphase	Strafnormen zu Angaben über Gründungstatsachen, §§ 399 Abs. 1 Nr. 1, 2, 4 AktG, 82 Abs. 1 Nr. 1-3 GmbHG
Wirtschaftsphase	Strafnormen zu Mitteilungen über Kapitalveränderungen, Umwandlungen, Fusionen; §§ 399 AktG, 82 Abs. 1, 2 GmbHG, 313 UmwG, § 53 SEEG
Liquidationsphase	Insolvenzdelikte des Gesellschaftsrechts §§ 401 AktG, 84 Abs. 1 Nr. 1 GmbHG, 148 GenG, § 53 SEEG §§ 130 a, 177 a HGB

249 Die diversen Strafnormen des Gesellschaftsrechts sind in ihrer Tatbestandsauslegung abhängig von dem jeweils geltenden Gesellschaftsrecht. Diese Akzessorietät führt angesichts der zunehmenden Überlagerung durch europarechtliche Vorgaben auch zu einer Abwendung von der gewachsenen deutschen Rechtsprechung zu einer Anwendung europarechtlicher Grundsätze und Entscheidungen. So steht der Ausweitung der Strafnormen auf die in Deutschland mittlerweile zur Eintragung ihrer Niederlassung zugelassene englische **Limited**[177] der strafrechtliche Bestimmtheitsgrundsatz und das Analogieverbot entgegen (Art. 103 Abs. 2 GG).[178] Für die **Europäische Aktiengesellschaft (SE)**[179] (und Arbeitnehmer-Beteiligungen) hingegen ist die Anwendbarkeit der strafrechtlichen Bestimmungen des AktG, HGB und des UmwG in § 53 SEEG und §§ 45, 46 SEBG bestimmt.

250 c) **Gemeinsamkeiten beim Tatbestand.** Der Tatbestand aller Delikte setzt **vorsätzliches** Handeln voraus (§ 15 StGB), lediglich nach §§ 401 Abs. 2 AktG, 84 Abs. 2 GmbHG, 148 Abs. 2 GenG kann auch Fahrlässigkeit verfolgt werden.

251 Die Registerdelikte sind **Sonderdelikte**. Täter können nur Mitglieder der Gesellschaftsorgane, Vorstände (bestellt nach §§ 84, 85 AktG), Aufsichtsräte (bestellt nach §§ 30, 101 AktG), Gründer (§ 28 AktG) und Abwickler sein. Nur nach § 399 Abs. 1 Nr. 3 AktG können auch andere Personen verfolgt werden. Weitere Personen können höchstens beteiligt sein. Infolgedessen geraten Bußgeldtatbestände der §§ 130, 30 OWiG in der Praxis in den Hintergrund. Die Verantwortlichkeit der Normadressaten kann in der Regel leicht festgestellt werden. Soweit auch **faktische Organe** die Deliktstatbestände erfüllen können,[180] folgt das Strafrecht nicht akzessorisch den gesellschaftsrechtlichen Normen, sondern bedient sich des Gesellschaftsrechts nur als Auslegungshilfe. Der Schutzzweck der Normen gebietet es, gerade auch bei Registerdelikten den Schutz des Rechtsverkehrs an der Richtigkeit, Vollständigkeit und Aktualität des Handelsregisters umfassend zu gewährleisten.

---

[175] RGSt. 38, 195, 198; 40, 285, 286; 41, 293, 301; 43, 407, 415; BGHZ 105, 121, 124.
[176] RGZ 159, 211, 225; BGHZ 105, 121, 124; 96, 231, 243.
[177] Vgl. die zur engl. Limited veröffentlichte Literatur, bspw. unter www.dhk.de mit Hinw. zu den Gründungsanforderungen nach der Rspr. des EuGH zu Centros, Überseering, Inspire Art.
[178] BVerfGE 80, 244, 256; 78, 374, 381; Achenbach/*Ransiek*, Hdb. Wirtschaftsstrafrecht, VIII.3 Rdnr. 3.
[179] Vgl. die zur Europ. AG veröffentlichte Literatur, bspw. unter www.stuttgart.ihk24.de mit Hinweisen zu den Anforderungen aufgrund der SEEG v. 22.12.2004 (BGBl. 2004 S. 3675) in Kraft seit dem 29.12.2004 (8.10.2004 aufgrund der Europ. Richtlinie).
[180] H. M. vgl. Geßler/*Fuhrmann* u. a. § 399 AktG Rdnr. 10; *Hellmann/Beckemper* Wirtschaftsstrafrecht Rdnr. 405.

Unterlassene Angaben spielen in der Praxis häufiger als positiv gemachte Angaben eine 252
Rolle. Wenn die Handlungsverantwortlichen die entsprechende Pflichtausübung unterlassen,
sind sie aufgrund gesetzlicher Verpflichtung Garanten. Der Zeitpunkt eines Unterlassens
richtet sich nicht nach der Entstehung der Pflicht, sondern nach der Fähigkeit des Normadressaten, die Pflicht zu erfüllen. Vorwerfbar wird das Unterlassen also bei Hinweisen,
bspw.des Notars, Steuerberaters, Abschlussprüfers, Revisoren usw.. Regelmäßig werden
Unterlassungen und Handlungen miteinander verbunden sein. Vorrang hat hier das falsche
Handeln, Unterlassungsverhalten wird dann konsumiert.

Das **GmbHG** stellt die aktive Mitteilung unrichtiger Informationen über die Gesellschaft, 253
nicht aber das Verschweigen erheblicher Umstände unter Strafe. Indessen kann aus der Unrichtigkeit oder Unvollständigkeit tatsächlich gemachter Angaben über Gründung, Kapitalveränderungen oder Abwicklung auch eine Strafbarkeit begründet werden.[181]

Eine **Berichtigungspflicht** ergibt sich bei einem nachträglichen Erkennen der Unrichtigkeit 254
bereits gemachter Angaben. Da der Rechtsverkehr Schutzgut der §§ 399 AktG, 82 GmbHG,
147 GenG ist, wird man das Organmitglied u. U. bei nachträglichem Erkennen unrichtiger
Angaben nach § 13 StGB verantwortlich für eine Berichtigung machen können.[182]

d) Gemeinsamkeiten der Rechtsfolgen. Die Registerdelikte sehen einheitlich Freiheitsstrafe 255
bis zu drei Jahren oder Geldstrafe bei vorsätzlichem Verhalten vor. Bei Fahrlässigkeit ist das
Höchstmaß der Freiheitsstrafe nur ein Jahr. Folglich **verjähren** tatbestandsmäßige Verletzungen innerhalb von fünf Jahren bei vorsätzlichem Verhalten, innerhalb von drei Jahren bei fahrlässigem Verhalten.

e) Verteidigungsfragen. Wegen der begrenzten Rechtsfolgen wird in der Regel das Amtsge- 256
richt in 1. Instanz sachlich **zuständig** sein. Die Registerdelikte sind Wirtschaftsstrafsachen im
Sinne von § 74 c Abs. 1 GVG, so dass funktionell ein Wirtschaftsstrafrichter oder ein Wirt-
schaftsschöffengericht zuständig sind.

Der **Tatnachweis** wird in der Regel durch Urkunden geführt. Kommt es auf die Rich- 257
tigkeit von Gründungs- oder Kapitalveränderungsangaben (Sach- und/oder Bargründung,
Bewertungsfragen etc.) an, wird in der Regel ein Sachverständigengutachten benötigt werden. Auch stellen sich Verteidigungsmöglichkeiten bei einem uneingeschränkt bestätigtem
Jahresabschluss, einer Gründungsbilanz, einer Sachwertbeurteilung oder einer Umwandlungs-
bilanz anders dar als bei unrichtigen Angaben zur Person oder anderen Statusangaben. Da
in der Praxis häufig Insolvenzfälle Ausgangspunkt für Ermittlungen wegen Registerdelikten
sind, darf nicht übersehen werden, dass ein angemessenes Urteil über die Richtigkeit und
Vollständigkeit der gemachten Angaben nur aus einer **ex-ante** Sicht im Zeitpunkt der Abgabe
der Erklärung getroffen werden kann. Allzu oft überlagern die nachträglichen Behauptungen
vermeintlicher Berechtigter oder der Insolvenzverwaltung diese allein relevante Perspektive.

Hinzu kommt, dass **Maßstab** für die Unrichtigkeit einer Information das Verständnis eines 258
sachverständigen Erklärungsempfängers ist. Es kommt nicht auf das Verständnis des Registerrichters als Person oder des Ermittlungsbeamten entsprechend dessen Vorverständnis an.
Vielmehr ist eine professionelle Verkehrsauffassung eines verständigen Dritten zu ermitteln.

2. Unrichtige Gründungsangaben

a) Tathandlungen des § 399 Abs. 1 Nr. 1 AktG. Die Tathandlungen des § 399 AktG können 259
nur im Zusammenwirken mit den aktienrechtlichen Normen verstanden werden. Wegen der
umfangreichenden Kasuistik wird auf die einschlägigen Kommentare verwiesen. § 399 Nr. 1
AktG stellt folgende Angaben unter Strafe:

(1) **Übernahme von Aktien durch die Gründer:** Die Angabepflicht resultiert aus § 37 Abs. 4 260
Nr. 1 AktG. Falsche Angaben beurteilen sich nach §§ 23 Abs. 2, 29 AktG. Wer nur „Strohmänner" auftreten lässt, verletzt den Tatbestand nicht, weil der bestellte Vorstand tatsächlich
existent ist.[183]

---

[181] BGH AG 1982, 282.
[182] Achenbach/*Ransiek*, Hdb. Wirtschaftsstrafrecht, Kap. VIII.3 Rdnr. 80.
[183] Falschangabe wird formell als fehlende Übereinstimmung mit der Protokollierung gesehen bei Achen-
bach/*Ransiek*, Hdb. Wirtschaftsstrafrecht, Kap. VIII.3 Rdnr. 20.

261 **(2) Einzahlung auf Aktien:** Die Angabepflicht resultiert aus § 37 Abs. 1 AktG. Falsche Angaben beurteilen sich nach §§ 36, 36 a Abs. 1, 54 Abs. 3 AktG. Eine Bareinzahlung ist nicht erbracht, wenn Geld nur „vorgezeigt" wird.[184] Wechsel oder Scheck sind Sacheinlage.[185] Vorrangig belastetes Geld oder Darlehen der Gesellschaft[186] sind keine Einlagen „zur freien Verfügung der Geschäftsleitung" (str., andere behandeln das als verdeckte Sacheinlage).[187]

262 **(3) Verwendung eingezahlter Beträge:** Die Angabepflicht resultiert aus § 37 Abs. 1 AktG. Unrichtige Angaben sollen Investoren schützen, § 36 Abs. 2: Es soll offen gelegt werden, ob die Gelder noch im Zeitpunkt der Anmeldung tatsächlich vorhanden sind, sie dürfen aber belastet sein.[188]

263 **(4) Ausgabebetrag der Aktien:** Die Angabepflicht resultiert aus § 37 Abs. 1, 36 a AktG. Die Unrichtigkeit beurteilt sich nach §§ 9, 23 Abs. 2 AktG: Ziel ist die Erkennbarkeit des tatsächlichen Ausgabebetrages (§ 40 Nr. 2 AktG), damit die Solidität der Gesellschaft eingeschätzt werden kann.[189]

264 **(5) Sondervorteile und Gründungsaufwand:** Die Angabepflicht resultiert aus § 37 Abs. 4 Nr. 2 AktG. Eine Unrichtigkeit beurteilt sich nach § 26 AktG. Sondervorteile sind die außerhalb der Dividendenberechtigung eingeräumten Vorteile, Gründungsaufwand ist der Aufwand, der zu Lasten der Gesellschaft für die Gründung oder deren Vorbereitung entsteht.

265 **(6) Sacheinlagen und Sachübernahmen:** Die Angabepflicht beruht auf § 37 Abs. 1, Abs. 4 Nr. 2 AktG. Eine Unrichtigkeit beurteilt sich nach § 27 AktG. Sacheinlage ist jede Einlage, die nicht durch Einzahlung in die Kasse oder auf Bankkonto geleistet wird; Sachübernahme ist die Pflicht der Gesellschaft, Gegenstände zu übernehmen oder herzustellen. Unrichtig ist die Angabe, wenn die Einlage überbewertet ist.[190] Falsch können auch Angaben über die Leistung der Sacheinlage sein, § 36 a Abs. 2 AktG. Problematisch ist die verschleierte Sacheinlage, besonders bei Verträgen auf Gegenseitigkeit.[191]

266 **(7) Sicherungen für nicht voll eingezahlte Einlagen:** Die Angabepflicht beruht auf § 36 Abs. 2 AktG. Unrichtig sind die Angaben, wenn keine ausreichende Sicherung existiert. Die Norm gilt für den Fall eines alleinigen Gründers.

267 **Vorsätzliches** Verhalten muss sich auf die Unrichtigkeit der Angaben selbst und auch auf den Eintragungszweck beziehen. Wer keine falsche Eintragung herbeiführen will, handelt nicht mit dem Ziel der Eintragungsunrichtigkeit. In der Regel wird ein Irrtum über die Erheblichkeit der Angaben für die Eintragung vorliegen,[192] der Tatbestandsirrtum sein kann, wenn die aktienrechtlichen Vorschriften nicht bekannt sind oder der Handelnde sogar einen Rechtsrat eines Anwaltes oder Notars erhalten hat, dass die Gründung so bewerkstelligt werden könne.

268 **Vollendung** tritt ein mit dem Eingang der falschen Angaben bei Gericht, **Beendigung** mit der Eintragung der falschen Angaben bzw. der auf den falschen Angaben beruhenden Folgerungen. Eine **Berichtigung** der Angaben führt – wie bei den Bilanzdelikten – nach Vollendung zur Straflosigkeit, weil der Normzweck (Schutz der Richtigkeit des Registers) erfüllt ist und das Berichtigungsverhalten die Rechtstreue belegt. Nach der Eintragung muss die Berichtigung ebenfalls als Erfüllung der strafrechtlichen Normen angesehen werden, zumal § 399 AktG zur Berichtigung unterlassener Angaben auffordert, und bei § 82 GmbHG das gleiche Ergebnis über § 13 StGB erreicht werden kann.

269 **b) Tathandlungen des § 399 Abs. 1 Nr. 2 AktG.** Die Norm stellt falsche Angaben im Gründungs-, Nachgründungs- und Prüfungsbericht unter Strafe. Täter können also nur die

---

[184] RGSt. 24, 286, 289; 30, 300, 314; BGH StV 1996, 267, 268.
[185] RGSt. 53, 149, 153; RGSt. 36, 185, 186.
[186] Hommelhoff/Kleindiek ZIP 1987, 477, 484; Geßler/*Fuhrmann* § 399 AktG Rdnr. 28; BGHZ 96, 231, 240; RGSt. 42, 182, 186.
[187] *Hellmann/Beckemper* Wirtschaftsstrafrecht Rdnr. 408, 412 f.
[188] BGH NStZ 1993, 442; BGHZ 80, 129 (für GmbH), *Lutter* NJW 1989, 2653 (für AG).
[189] KölnKommAktG/*Geilen* § 399 Rdnr. 68.
[190] Achenbach/*Ransiek*, Hdb. Wirtschaftsstrafrecht, Kap. VIII Rdnr. 29; RGSt. 18, 105, 113.
[191] *Hellmann/Beckemper* Wirtschaftsstrafrecht Rdnr. 409 ff.; BGHZ 110, 47; 125, 141; RGSt. 73, 232, 234; BGH NJW 1990, 985; LG Koblenz WM 1988, 1630; a. A. LG Koblenz ZIP 1991, 1284 =AG 1992, 93 (ausführlicher).
[192] Bspw. BGH GA 1977, 341; BayObLG wistra 1987, 191.

Berichtenden selbst sein. Sie müssen auch in der Funktion als Gründer, Vorstände oder Aufsichtsräte berichten. Andere Personen oder Angaben außerhalb der Berichte sind nicht vom Tatbestand erfasst.

Die **Unrichtigkeit** des Berichts ergibt sich anhand der §§ 32 Abs. 1, 34 Abs. 2, 52 Abs. 3 AktG. Die **Gründungsberichte** haben insbesondere Angaben zur Angemessenheit von Sacheinlagen und Sachübernahmen zu enthalten. Die **Prüfungsberichte** müssen die in § 34 Abs. 1 AktG genannten Umstände erörtern. Falsch sind diese Angaben, wenn sich in Wahrheit ein anderer Sachverhalt ergibt, bspw. andere Bewertungsergebnisse, Belastungen, über die nicht berichtet wurde, andere Mittelherkunft oder Mittelverwendung als sie in den Berichten dargelegt wird. Vorsätzlich handelt, wer die Unrichtigkeit der Angaben kennt und den Bericht gleichwohl abgibt.

c) **Tathandlungen des § 399 Abs. 1 Nr. 3 AktG.** Wer vorsätzlich eine unrichtige öffentliche Ankündigung verfasst oder über ihren Inhalt mitbestimmt, kann nach § 399 Abs. 1 Nr. 3 AktG strafbar sein. Es kommt nicht auf eine bestimmte Leitungsaufgabe oder Organzugehörigkeit an. Bei Kollegialentscheidungen kann eine Gesamtverantwortung bestehen.

Unrichtig ist die Ankündigung nach § 47 Abs. 3 AktG, wenn sie für die Anlageentscheidung erhebliche falsche Tatsachen mitteilt oder wesentliche Umstände verschweigt. Es können auch Angaben über die Anzahl der Aktien oder die Höhe stiller Beteiligungen unrichtig sein, weil die Norm die Solidität der Gesellschaft sicherstellen soll. Da Gründungsangaben nach § 46 Abs. 1 AktG gemacht werden, kann sich nach § 47 Abs. 3 AktG nur dann eine Unrichtigkeit ergeben, wenn in der öffentlichen Ankündigung Angaben wiederholt werden. Erhebliche Umstände werden verschwiegen, wenn schon bei der Gründung unrichtige Angaben gemacht wurden, oder wenn sich zwischen Gründung und Ankündigung wichtige neue Umstände, bspw. die Belastung der Einlagen oder deren Aufbrauch durch Sachübernahmen.

Eine **öffentliche Ankündigung** ist die nach § 47 AktG herausgegebene mündliche oder schriftliche Information über die Ausgabe von Aktien, meist Inserate oder Verkaufsprospekte. Sollen damit Kapitalanlagen vertrieben werden, ist die Prospektpflicht nach dem Verkaufsprospektgesetz (Art. 2 des AnlSVG 2004) und die Vermögensanlagen-Verkaufsprospektverordnung (in Kraft ab 1.7.2005) zu beachten.

d) **Tathandlungen nach § 82 Abs. 1 Nr. 1 GmbHG.** Unrichtige Gründungsangaben können neben den Geschäftsführern (Bestellung nach § 46 Nr. 5 GmbHG) auch Gesellschafter machen, die Stammeinlagen übernommen haben (§§ 2 Abs. 1, 3 Abs. 1, 4 GmbHG), auch soweit sie nur Strohleute sind.

Erfasst werden folgende **Falschangaben:**
(1) Übernahme von Stammeinlagen, § 3 Abs. 4 GmbHG;
(2) Leistung von Einlagen, §§ 7 Abs. 2-3, 8 Abs. 2, 19 GmbHG; erfasst werden auch die verschleierten Sacheinlagen, da die Angaben über die Kapitalerbringung auch die Angaben über die Art der Einlage erfassen;[193]
(3) Verwendung eingezahlter Beiträge, § 8 Abs. 2 GmbHG;
(4) Sondervorteile und Gründungsaufwand, die analog § 26 AktG im Gesellschaftsvertrag aufzunehmen sind und nach § 8 Abs. 2 GmbHG damit dem Registergericht bekannt werden;
(5) Sacheinlagen; maßgeblich ist der tatsächlich gewollte wirtschaftliche Erfolg, so dass bei einer Verschleierung bereits Falschangaben vorliegen (vgl. dazu auch bei der AG);
(6) Sicherungen für nicht voll eingezahlte Geldeinlagen, § 7 Abs. 2 S. 3 GmbHG;

e) **Tathandlungen nach § 82 Abs. 1 Nr. 2 GmbHG.** Der Sachgründungsschwindel nach § 82 Abs. 1 Nr. 2 GmbHG soll einen unrichtigen Bericht der Gesellschafter nach § 5 Abs. 4 GmbHG sanktionieren. Nach der gesetzgeberischen Vorstellung soll der Sachgründungsbericht die Angemessenheit der für die Leistung der Sacheinlage wesentlichen Umstände darstellen.

---

[193] BayObLG NJW 1994, 2967.

3. Unrichtige Angaben über Kapitalveränderungen

277 **a) Tathandlungen nach § 399 Abs. 1 Nr. 4 AktG.** Vorstände und/oder **Aufsichtsräte** können durch vorsätzlich unrichtige Angaben oder das Verschweigen erheblicher Tatsachen bei Kapitalveränderungen den Tatbestand des § 399 Abs. 1 Nr. 4 AktG erfüllen. Da die Norm Sonderdelikt ist, kommt es darauf an, dass die tatsächlich Handelnden einem Organ angehören. Bei der Anmeldung einer Kapitalerhöhung gegen Einlagen, beim bedingten Kapital und beim genehmigten Kapital handeln nur der Vorstandsvorsitzende und der Vorsitzende des Aufsichtsrates (§§ 184 Abs. 1, 188 Abs. 1; 195 Abs. 1; 203 Abs. 1, 188 Abs. 1 AktG).[194]

278 **Unrichtige Angaben** oder verschwiegene erhebliche Umstände können sein:

(1) bei der **Kapitalerhöhung gegen Einlagen** (§§ 182-191 AktG): Angaben über die Einbringung des bisherigen Kapitals, die Zeichnung neuen Kapitals, die Einbringung neuen Kapitals (Probleme der freien Verfügung und der verschleierten Sacheinlage), den Ausgabebetrag der neuen Aktien und etwaiger Sacheinlagen (nicht aber Sachübernahmen);[195]

(2) bei der **Kapitalerhöhung aus genehmigtem Kapital** (§§ 202-206 AktG) stellen sich die gleichen Fragen wie bei der Kapitalerhöhung gegen Einlagen;

(3) bei der **bedingten Kapitalerhöhung** (§§ 192-201 AktG) sind keine Angaben über die Einbringung des bisherigen Kapitals vorgesehen. Lediglich die Bezugserklärung (§ 198 Abs. 2 AktG) muss richtig sein.

279 **b) Tathandlungen nach § 399 Abs. 2 AktG.** Wer als Mitglied des Vorstandes und des Aufsichtsrates vorsätzlich falsche Erklärungen gegenüber dem Registergericht über die **Kapitalerhöhung aus Gesellschaftsmitteln** abgibt oder wesentliche Umstände verschweigt, kann sich nach § 399 Abs. 2 AktG strafbar machen. Strafbar ist nur derjenige, der die Unrichtigkeit der Anmeldung kennt und sie dennoch abgibt. Auch faktische Vorstände oder Aufsichtsräte können bestraft werden.

280 **Unrichtig** ist eine solche Registerinformation, wenn die nach § 210 Abs. 1 S. 2 AktG abzugebende Erklärung unrichtige Angaben enthält, bspw. freie Gesellschaftsmittel für die Grundkapitalerhöhung tatsächlich nicht zur Verfügung stehen. Wesentlich ist auch eine Vermögensminderung, die seit dem letzten Tag der Aufstellung bis zum Tag der Anmeldung eingetreten ist.

281 **c) Tathandlungen nach § 82 Abs. 1 Nr. 3 GmbHG.** Die Norm erfasst nur Angaben von Geschäftsführern über die **Zeichnung des neuen Kapitals** (§ 55 Abs. 1 GmbHG), mit der Angabe der **Person, die die Einlage übernommen** hat (§ 57 Abs. 3 Nr. 2 GmbHG), die **Einbringung neuen Kapitals** (§§ 56 a, 57 Abs. 2 GmbHG) und neue **Sacheinlagen**.

282 **d) Tathandlungen nach § 82 Abs. 1 Nr. 4 GmbHG.** Wie bei § 399 Abs. 2 AktG erfasst § 82 Abs. 1 Nr. 4 GmbHG die **Kapitalerhöhung aus Gesellschaftsmitteln**. Die Erklärung nach § 57 i Abs. 1 S. 2 GmbHG ist unrichtig, wenn die Mittel nicht vorhanden sind oder nicht zur freien Verfügung der Gesellschaft stehen. Die Norm gilt nicht bei Informationen durch den Liquidator.[196]

283 **e) Tathandlungen nach § 82 Abs. 2 Nr. 1 GmbHG.** Der **Kapitalherabsetzungsschwindel** nach § 82 Abs. 2 Nr. 1 GmbHG setzt voraus, dass der Geschäftsführer unrichtige Angaben über die Befriedigung oder Sicherstellung der Gläubiger bei der Kapitalherabsetzung macht (§ 58 Abs. 1 Nr. 4 GmbHG). Die unrichtige Versicherung alleine ist tatbestandsmäßig. Dazu gehören nicht das Verschweigen der Tatsache, dass keine ordnungsgemäße Bekanntmachung vorgenommen wurde, und der Kreis der Gläubiger deshalb oder wegen einer noch nicht abgelaufenen Frist nicht bestimmbar ist. Wer Gläubiger ist, bestimmt sich nach objektiven Kriterien, d. h. nach Grund und Höhe der jeweils geltend gemachten Forderung.

---

[194] BGHZ 105, 121, 133; BayObLG NJW 1994, 2967 f.
[195] Beispiel: **ComRoad AG**, LG München I, 6 KLs 305 Js 34066/02; Das LG München stellte fest, dass ca. 97% der Umsätze nur Scheinumsätze waren und die Emissionsbanken, die alle „jungen Aktien" in ein eigenes Sonderdepot übernommen hatten, betrügerisch geschädigt worden sind. Der Alleinvorstand wurde mit sechseinhalb Jahren Freiheitsstrafe bestraft.
[196] OLG Jena GmbH-Rdsch. 1998, 1041, 1043.

4. Unrichtige Informationen bei Abwicklung der Gesellschaft

a) Tathandlungen nach § 399 Abs. 1 Nr. 5 AktG. Abwickler (bestellt nach § 265 AktG), die 284 in dem nach § 274 Abs. 3 AktG zu führenden Nachweis falsche Angaben machen oder wesentliche Umstände verschweigen, können nach § 399 Abs. 1 Nr. 5 AktG bestraft werden. Der Nachweis dient dazu, neue Gläubiger und Aktionäre davor zu schützen, dass eine aufgelöste AG ihre werbende Tätigkeit entgegen dem Beschluss der Hauptversammlung fortsetzt.

Die Angaben sind **unrichtig**, wenn sich aus dem wirklichen Bild der Tätigkeit des Abwicklers 285 ergibt, dass der Nachweis, der gegenüber dem Registergericht einzureichen ist, unrichtig ist. Das ist dann der Fall, wenn die Vermögensverteilung noch nicht begonnen hat, obwohl sie bereits stattgefunden hat. Die Unrichtigkeit muss sich auf den Bericht beziehen.

Vorsätzlich handelt, wer als Abwickler in der Absicht handelt, die Eintragung der Fortset- 286 zung der AG zu erreichen. Die Angaben können rechtzeitig berichtigt werden. Eine Berichtigungspflicht entsteht nicht, wenn die Vermögensverteilung nach der Aufstellung des Nachweises beginnt, sofern dies auf einem neuen Entschluss beruht.

b) Verschleppte Kapitalverlustmitteilung. Mit Freiheitsstrafe von bis zu drei Jahren oder 287 Geldstrafe wird bei allen Kapitalgesellschaften die **vorsätzliche Unterlassung der Mitteilung eines Kapitalverlustes** in Höhe der Hälfte des jeweiligen gezeichneten Gesamtbetrages bestraft. Anzeigepflichtig ist der jeweilige Geschäftsleiter (§ 401 Abs. 1 Nr. 1 AktG für AG und KGaA; § 84 Abs. 1 Nr. 1 GmbHG für GmbH; § 148 Abs. 1 Nr. 1 GenG für Genossenschaften). Bei Fahrlässigkeit ermäßigt sich das Höchstmaß der Freiheitsstrafe auf ein Jahr.

c) Insolvenzverschleppung. Mit Freiheitsstrafe von bis zu drei Jahren oder Geldstrafe wird 288 bei Kapital- und Personengesellschaften ohne Vollhafter bestraft, wer als Geschäftsführer oder Liquidator **bei Zahlungsunfähigkeit oder Überschuldung der Gesellschaft** nicht unverzüglich, spätestens nach drei Wochen Insolvenzantrag stellt. Verantwortlich sind Geschäftsführer und Abwickler bzw. Liquidatoren (§ 401 Abs. 1 Nr. 2 AktG, § 84 Abs. 1 Nr. 2 GmbHG, § 148 Abs. 1 Nr. 2 GenG, § 130 a, 130 b HGB für oHG, § 177 a für KG, § 15 EWIV-AG für die EWIV). Wegen der Einzelfragen wird auf den Beitrag zu Insolvenzdelikten in diesem Handbuch verwiesen.

5. Unrichtige Angaben über Leitungspersonen

a) Tathandlungen nach § 399 Abs. 1 Nr. 6 AktG. Vorstandsmitglieder und Abwickler, die 289 in **Erklärungen über die persönliche Tauglichkeit** für ihr Amt in der Gesellschaft vorsätzlich falsche Angaben machen oder erhebliche Umstände verschweigen, können nach § 399 Abs. 1 Nr. 6 AktG bestraft werden. Mit der Norm sollen untaugliche Personen von der Geschäftsführung ausgeschlossen werden. Die Registergerichte sollen selbst keine Bundeszentralregisterauszüge einholen müssen.

Unrichtig können alle Angaben sein, die nach §§ 27 Abs. 2, 81 Abs. 3, 266 Abs. 3 AktG von 290 Vorständen und Abwicklern über ihre persönliche Tauglichkeit gefordert werden. Entgegenstehende Umstände im Sinne von § 76 Abs. 3 S. 3-4 AktG sind Vorverurteilungen wegen einer Insolvenzstraftat nach §§ 283-283 d StGB für die Dauer von 5 Jahren ab Rechtskraft des Urteils und über die Verhängung eines Berufsverbotes. Ein zur Bewährung ausgesetztes Berufsverbot (§ 70 a StGB) muss nicht angegeben werden.

b) Tathandlungen nach § 82 Abs. 1 Nr. 5 GmbHG. Die persönliche Untauglichkeit eines 291 GmbH-Geschäftsführers bezieht sich auf § 6 Abs. 2 S. 3 GmbHG und bedeutet falsche Angaben über die Verurteilung wegen einer Bankrottstraftat und einem bestehenden Berufsverbot.

6. Unrichtige Angaben über die und bei der Umwandlung

Wenn ein Rechtsträger in eine andere Rechtsform umgewandelt wird, hat dies unter enger 292 Begleitung und Prüfung des Umwandlungsberichtes zu geschehen. Nach § 313 UmwG werden unrichtige Angaben der Geschäftsleiter des umgewandelten Unternehmens oder eines aufnehmenden Unternehmens im Umwandlungsbericht (§ 313 Abs. 1 Nr. 1 UmwG), gegenüber dem Umwandlungsprüfer (§ 313 Abs. 1 Nr. 2 UmwG) und falsche Erklärungen über die Zustimmung der Anteilsinhaber/Gesellschafter zur Umwandlung oder über die Deckung von Stamm- oder Grundkapital der übertragenden Gesellschaft (§ 313 Abs. 2 UmwG) mit Freiheitsstrafe bis zu drei Jahren oder Geldstrafe bestraft. Durch den Verweis auf die jeweiligen Gründungsvorschriften des Gesellschaftsrechts kann eine Strafbarkeit nach §§ 400 Abs. 1 Nr. 1 AktG, 82 Abs. 2 Nr. 2 GmbHG entstehen. Die Erstattung eines falschen Prüfungsberichtes wird nach § 314 UmwG bestraft. Nach § 314 Abs. 1 UmwG ist der gleiche Strafrahmen vorgesehen, eine Qualifikation enthält § 314 Abs. 2 UmwG, falls der Prüfer gegen Entgelt oder in Schädigungsabsicht handelt.

VI. Unrichtige Prüfungsberichte

1. Überblick

293 a) **Entwicklung.** Mit der Pflicht des kaufmännischen Unternehmers, Bücher zu führen und mindestens jährlich einen Status über die Vermögensbestände und –änderungen (Bestandsvergleichsfunktion des Jahresabschlusses) aufzustellen, geht die Frage nach der Richtigkeitsgewähr und damit nach der Kontrolle der Rechnungslegung einher. Während der Unternehmer bzw. das Leitungsorgan des Unternehmens generell für die Richtigkeit des Abschlusses die Verantwortung trägt, ist schon zweifelhaft, ob ein gesellschaftsinternes Aufsichtsorgan dies kontrollieren und damit Mitverantwortung tragen kann[197] (bspw. mangels Zeit oder Kompetenz). Besonders aus Sicht der Außenstehenden, d. h. zunächst der Gesellschafter, die keinen Einblick in die Verwaltung und Geschäftsführung haben, sodann der Arbeitnehmer, Gläubiger und der Kapitalmarktteilnehmer ist eine „zutreffende" und „wahrhaftige" Darstellung der Gesellschaftsverhältnisse im Jahresabschluss eine elementare Vertrauensgrundlage.

294 Bereits mit dem Beginn des Börsenhandels im frühen 18. Jh. in England und dann fortlaufend in allen kapitalmarktorientierten Staaten sind Modelle für eine wirksame Kontrolle der Unternehmenszahlen entstanden. In Deutschland hatte sich mit Aufgabe des Konzessionssystems 1884 die Vorstellung einer Verbandskontrolle durchgesetzt, wie es bei Genossenschaften seit dem Gesetz vom 1.5.1889 bis heute nach praktiziert wird (vgl. §§ 53ff GenG). Dieses Modell war in allen Kapital-Gesellschaftsformen Bestandteil der Vorschriften über die Bilanzierung und Rechenschaft gegenüber den Anteilseignern. Die schwere Wirtschaftskrise 1929 bis 1934 deckte allerdings zahlreiche Mängel und Betrügereien auf, so dass der Gesetzgeber zu einem neuen Kontrollmodell griff, der Pflichtkontrolle durch Selbständige.[198] Die Notverordnung des Reichspräsidenten vom 19.9.1931 führte für die AG und die KGaA die Abschlussprüfung ein. Parallel dazu wurde durch die erste Durchführungsverordnung vom 15.12.1931 bestimmt, dass die Abschlussprüfung von staatlich anerkannten Wirtschaftsprüfern oder Wirtschaftsprüfungsgesellschaften durchzuführen ist. In den USA und den europäischen Staaten – nicht zuletzt aufgrund der Harmonisierung der Rechnungslegungsvorschriften durch die 4., 7. und 8. EG-Bilanzrichtlinien – wird zwar mit unterschiedlichen Arbeits- und Verantwortungsmodellen, aber nach zunehmend vereinheitlichten Regeln die Prüfung des Jahresabschlusses von Kapitalgesellschaften durch Abschlussprüfer vorgeschrieben. Sie ist damit wichtiger Bestandteil des Kontrollinstrumentariums von Kapitalgebern, von Arbeitnehmern, Gläubigern und staatlichen Aufsichtsbehörden, wie bspw. der BaFin oder der Börsenaufsicht.

295 b) **Funktion der Abschlussprüfung.** Die Abschlussprüfung erfüllt nach heutiger Auffassung drei Funktionen: eine Kontroll-, eine Informations- und eine Beglaubigungsfunktion.[199] Die Geschäftsführung der Unternehmensleitung wird – soweit es die Rechnungslegung betrifft – **kontrolliert**, indem die Verlässlichkeit des Abschlusses und des Lageberichts – wie auch bei börsennotierten Gesellschaften des Risikoüberwachungssystems – überprüft und an den gesetzlichen Vorschriften, dem Gesellschaftsvertrag oder der Satzung gemessen werden (§ 317 Abs. 1 S. 3 HGB). Durch den Prüfungsbericht (§ 321 HGB) **informiert** der Prüfer die Berichtsadressaten, d. h. vor allem (nach dem KonTraG) den Aufsichtsrat und den Vorstand über die durchgeführten Prüfungshandlungen, die dabei getroffenen Feststellungen und die daraus zu ziehenden Schlussfolgerungen. Schließlich dient der Bestätigungsvermerk (§ 322 HGB) der **Beglaubigung** des Abschlusses gegenüber Außenstehenden.

---

[197] *Hauser* Jahresabschlussprüfung und Aufdeckung von Wirtschaftskriminalität, 2000, S. 54 Fn. 153 weist auf das preuss. ADHGB von 1861 hin.
[198] Vgl. *Hauser* a. a. O. S. 54 ff.
[199] *Wiedmann* § 316 HGB Rdnr. 4.

c) Prüfung und Bewertung. Da die Abschlussprüfung der Aufdeckung von Fehlern und Gesetzesverstößen bei der Bilanzierung dienen soll (§ 317 Abs. 1 S. 3 HGB), ist zu klären, nach was der Abschlussprüfer eigentlich zu suchen hat. Der Begriff der **Bilanzmanipulation** ist unbestimmt. Er wird hier für alle Regelverstöße verwendet, die Auswirkungen auf die Rechnungslegung eines Unternehmens oder Konzerns haben. Davon zu unterscheiden sind alle (gesetzlich zulässigen) Maßnahmen der **Bilanzpolitik**, die zu einer „Gestaltung" des Jahresabschlusses führen. Hierzu zählen auch die **gesetzlichen Wahlrechte** in Ansatz-, Gliederungs- und Bewertungswahlrechten. Allerdings soll der Kaufmann eine einmal gewählte Bewertungsmethode beibehalten und Abweichungen im Anhang erläutern. 296

Auch bestimmte **Bilanzierungsverbote** (bspw. für selbst geschaffene immaterielle Vermögensgegenstände) oder das der Bewertung zugrunde liegende Vorsichtsprinzip sind geeignet, die Sicht des Außenstehenden auf die tatsächlichen Unternehmensverhältnisse zu verändern, ohne dass dadurch ein Abschluss manipuliert wird. Da die Aufstellung des Jahresabschlusses durch die Ausübung von Ansatz-, Gliederungs- und Bewertungswahlrechte beeinflusst werden darf, kann eine Strafbarkeit erst jenseits der Auswirkungen dieser Wahlrechte beginnen.[200] 297

Die **Bewertungsspielräume** schließen die Strafbarkeit bei methodenkonformem, rational nachvollziehbarem Vorgehen des bilanzierenden Kaufmanns ebenfalls aus. Die meisten Bilanzposten sind geschätzte Werte (bspw. Rückstellungen, Forderungen gegen ausl. Kunden, Anlagevermögensgegenstände). Da jede Schätzung mit einem Prognoserisiko verbunden ist, sind nachträglich festgestellte Schätzfehler strafrechtlich irrelevant. Allerdings müssen nach Aufstellung der Bilanz bekannt gewordene Fehleinschätzungen der Wertverhältnisse zum Bilanzstichtag spätestens in der auf die „Werterhellung" folgenden Bilanz korrigiert werden. Das Bilanzrecht zwingt den Kaufmann somit nur, die ihm bis zur Aufstellung der Bilanz bekannt gewordenen Wertverhältnisse zum Bilanzstichtag zu berücksichtigen (Wertaufhellungsprinzip, vgl. dazu Rdnr. 97). 298

Von **Bilanzumgehung** lässt sich sprechen, wenn durch eine aktive Geschäftspolitik der Ansatz bestimmter Positionen dadurch vermieden wird, dass Geschäftszweige in andere Gesellschaften ausgelagert werden. Auch können die Gesellschafts- oder Leitungsverhältnisse einer an sich zu konsolidierenden Tochtergesellschaft so gestaltet werden, dass eine Konsolidierung unterbleibt. Gerade mit Blick auf Haftungsverhältnisse der Muttergesellschaft sind solche Gestaltungen problematisch. Strafbar sind sie jedoch nicht. Auch entsteht im Rahmen der Abschlussprüfung keine Redepflicht über solche Sachverhalte, da der Jahresabschluss nur eine stichtagsbezogene Betrachtung der Vermögens-, Finanz- und Ertragslage ist. Lediglich dann, wenn wesentliche Geschäftsrisiken aus einer solchen Verlagerung entstehen, kann darauf im Rahmen des Geschäftslage- und Risikoberichtes einzugehen sein. 299

d) Verhinderung von Bilanzmanipulationen. Dass die Abschlussprüfung mit dazu dienen soll, Bilanzmanipulationen zu verhindern, ist eigentlich seit der Einführung der Pflichtprüfung nie zweifelhaft gewesen. Ob allerdings der Abschlussprüfer mit der Erwartungshaltung und dem Untersuchungsauftrag zur Aufspürung von Bilanzmanipulationen bei seinem Mandanten antreten muss, war lange Zeit umstritten.[201] Durch das „Gesetz zur Kontrolle und Transparenz im Unternehmensbereich" (KonTraG),[202] das Gesetz zur Umsetzung der Europäischen Richtlinie über die Kapitalgesellschaften und Co. (KapCoRiLiG)[203] und das Gesetz zur Transformation und Publizität (TransPubG)[204] ist jedenfalls klargestellt, dass der Abschlussprüfer mit einer kritischen Grundhaltung zu prüfen und seine Prüfung so auszurichten hat, dass Unrichtigkeiten und Verstöße gegen Rechnungslegungs- und Bilanzierungsregelungen sowie sonstige Verstöße gegen Gesetz, Gesellschaftsvertrag oder Satzung, die wesentlich das Bild der Gesellschaft oder das Vertrauen in die Unternehmensleitung berühren, aufgedeckt werden können (§§ 317 300

---

[200] Achenbach/Ransiek/*Ransiek* § 23 Rdnr. 258.
[201] Vgl. die Diskussion um die sog. „Erwartungslücke", ADS, § 316 HGB Rdnr. 23; *Biener*, FS Havermann 1995, 37 ff.; *Böcking/Orth* Wirtschaftsprüfung 1998, 351.
[202] Gesetz v. 27.4.1998, in Kraft am 1.5.1998, BGBl. I S. 786 (anzuwenden auf Geschäftsjahre, die nach dem 31.12.1998 beginnen).
[203] Gesetz v. 24.2.2000, in Kraft 9.3.2000, BGBl. I S. 154.
[204] Gesetz v. 19.7.2002, in Kraft 26.7.2002, BGBl. I S. 2681 (anzuwenden auf Geschäftsjahre, die nach dem 31.12.2002 beginnen).

Abs. 1 S. 3, 321 Abs. 1 S. 3, 322 Abs. 1 HGB). Gleichwohl ist auch dem Gesetzgeber bewusst, dass die Prüfung nicht kriminalistisch angelegt sein kann und damit nicht zur Aufdeckung sämtlicher erdenklicher Manipulationen führen wird.[205]

301 Die Verteidigungsmöglichkeiten bei einem strafrechtlichen Vorwurf gegen Abschlussprüfer beginnen bei den Maßnahmen zur Verhinderung von Bilanzmanipulationen. Ähnlich wie bei anderen Delikten auch, könnten Bilanzmanipulationen durch **vorbeugende** Maßnahmen verhindert oder durch **repressive** Maßnahmen (planmäßige oder zufällige) aufgedeckt und beseitigt werden.

302 **Vorbeugende Maßnahmen** lassen sich unterscheiden in

303

Personenbezogene Maßnahmen	Sachbezogene Maßnahmen
Qualifizierten Anforderungen an Personal; Es fehlen aber gesetzliche Vorgaben, lediglich Berufsstandards für Ausbildungsberufe existieren;	Qualifizierte Anforderungen an Art, Inhalt und Umfang der Buchführung sind normiert in den §§ 238, 239 HGB; § 145 AO; Durch internationale Regelungen entstehen zunehmend ergänzend oder übergelagernd zu den GoB auch Standardisierungen in IAS, US-GAAP, IDW-RS;[206]
Delegation erfordert Überprüfung der fachlichen Qualifizierung und der persönlichen Integrität. Normen dazu fehlen.	Berichtspflichten stellen nicht sicher, dass die gesetzlichen oder unternehmensinternen Vorgaben umgesetzt werden.
	Die Revision kann Kontrollfunktionen im Unternehmen erfüllen. Gesetzliche Standards fehlen.

304 Der Gesetzgeber hat z.Zt. ein System eingeführt, das vorbeugende Maßnahmen nahezu vollständig in die Disposition und damit Beliebigkeit des Unternehmens stellt. Es gibt praktisch keine gesetzlichen Vorgaben über die bei der Buchführung anzuwendenden Systeme und Regeln (außerhalb der GoB), die Qualifikation der mit ihr befassten Personen, und über die Kontrolle der Arbeiten durch Geschäftsleitung und Revision. Zwar hat das Institut für Interne Revision e. V. (IIR) Standards für eine Kontrolle der Buchführung und eine Aufdeckung von Manipulationen entwickelt, diese werden aber weitgehend nur von den börsennotierten Unternehmen angewendet. Eine Vielzahl mittelständischer Unternehmen praktiziert Buchführung und Bilanzierung nach althergebrachten Traditionen, wobei häufig der externe Steuerberater für die Richtigkeit Gewähr bieten soll. Für die Rechnungslegung normieren zwar die §§ 238, 239 HGB, 145 AO und die internationalen Regelungen über Rechnungslegungsstandards (einschließlich der GoB) Rahmen- und Detailfragen. Nur bei Anwendung regelmäßiger Kontrollen anhand allgemeiner Standards könnten präventiv Verstöße oder Fehler verhindert werden.

305 **Repressive Maßnahmen** können sein

306

Personenbezogene Maßnahmen	Sachbezogene Maßnahmen
Strafrechtliche Sanktionen einer falschen Bilanzierung: a) Falschinformation in §§ 331 HGB, 17 PublG, 400 AktG, 82 GmbHG (u. a. Sondervorschriften) b) Falschinformation zu Finanzierungszwecken in §§ 264 a, 265 b StGB, 38 WpHG	Abschlussprüfung §§ 316ff HGB; 6 PublG, 340 k, 341 k HGB, 8 UBBG, 9 EnWG Geschäftsführungsprüfung §§ 53 HGrG, 53 GenG

---

[205] *Wiedmann* § 316 HGB Rdnr. 8.
[206] Vgl. nur die Übersicht bei *Wiedmann* Vor § 238 HGB Rdnr. 28.

Personenbezogene Maßnahmen	Sachbezogene Maßnahmen
Strafrechtliche Sanktion einer falschen Abschlussprüfung: §§ 332 HGB, 18 PublG	Kontrolle durch Aufsichtsbehörden, insbes. BAFin und Börsenaufsicht
Berufsrechtliche Kontrolle a) der Abschlussprüfer b) der Geschäftsleiter und Vorstände nach Spezialgesetzen (bspw. § 32 KWG)	Qualitätskontrolle der Abschlussprüfung (Peer-Review)

Repressive Maßnahmen können nur durch eine generalpräventive Wirkung zur Verhinderung von Manipulationen beitragen. Je kundiger der dolos handelnde Kaufmann in den Methoden, der Vorgehensweise und der Sichtweise der Abschlussprüfung ist, je mehr kann er ein manipulatives Vorgehen verdecken, verschleiern und damit das Entdeckungsrisiko verringern. Unternehmenszusammenbrüche wegen Bilanzmanipulationen, wie sie bspw. in den USA in den Fällen ENRON und WORLDCOM vorgekommen sind, sind damit nicht automatisch auf ein Versagen der Abschlussprüfung zurückzuführen, sondern bestätigen eher die Schwierigkeit, geschickte und verschleierte Manipulationen aufzudecken.

Um den gesetzlichen Anforderungen und den internationalen Forderungen nach einer gezielt die Aufdeckung von Bilanzmanipulationen in den Mittelpunkt stellenden Prüfung nachzukommen, hat das IDW auf der Grundlage früherer Stellungnahmen (HFA 1/1990 HFA 7/1997) und internationaler Prüfungsstandards (ISA 240, I. S.A 250) am 1.7.2002 den Prüfungsstandard zur „Aufdeckung von Unregelmäßigkeiten im Rahmen der Abschlussprüfung" veröffentlicht (IDW-PS 210). Damit werden dem Abschlussprüfer auf Verbandsebene Richtlinien und Checklisten an die Hand gegeben, die zu einer vertieften Prüfung und Verhinderung von Bilanzmanipulationen führen sollen.

2. Grundlagen der Abschlussprüfung

a) **Berufsrecht des Wirtschaftsprüfers.** Die rechtlichen Rahmenbedingungen für Wirtschaftsprüfer (Berufszugang, Qualifikation, Handlungsgrundsätze etc.) sind in der Wirtschaftsprüferordnung (WPO) geregelt. Welche Tätigkeit der Wirtschaftsprüfer konkret in einem Unternehmen ausführen soll, bestimmt zunächst sein Auftrag (§ 2 WPO). Die Bearbeitung des Auftrages ist nur durch wenige gesetzliche Regelungen umschrieben. Für Pflichtprüfungen der Jahresabschlüsse, Zwischenabschlüsse, Konzernabschlüsse von Kapitalgesellschaften und Personengesellschaften ohne persönlichen Vollhafter (§§ 264 a, b HGB) regeln die §§ 316 ff. HGB Prüfungspflicht, -annahme, -inhalt, -umfang und Berichterstattung des gewählten Abschlussprüfers. Parallel dazu bestimmen die §§ 6, 14 PublG die Anwendung der handelsrechtlichen Prüfungsnormen für bestimmte publizitätspflichtige Abschlüsse anderer Unternehmen. Pflichtprüfungen sind auch für bestimmte Wirtschaftszweige unabhängig von der Rechtsform und der Unternehmensgröße durchzuführen (bspw. § 340 k HGB für Kreditinstitute, § 341 k HGB für Versicherungsunternehmen, § 8 UBBG für Unternehmensbeteiligungsgesellschaften, § 9 EnWG für Unternehmen der Energiewirtschaft). Auf Gründungsprüfungen (§ 49 AktG), Sonderprüfungen (§§ 322 HGB, 116, 258 Abs. 5 S. 1 AktG), Kapitalerhöhungsprüfungen (§§ 209 Abs. 4 S. 2 AktG, 57 f Abs. 3 S. 2 GmbHG), Nachgründungsprüfungen (§ 53 AktG) und die Prüfung von Unternehmensverträgen (§ 293 d Abs. 2 AktG) sind die §§ 316 HGB sinngemäß ebenfalls anzuwenden, nicht jedoch auf die freiwilligen Prüfungen oder „Reviews" („Nachschau/Durchsicht"). Die Regelungen des UmwG bestimmen Art und Umfang von Umwandlungs- und Verschmelzungsprüfungen eigenständig.

b) **Handlungsgrundsätze.** Wie der Abschlussprüfer seine Aufgaben durchzuführen hat, ist weitgehend gesetzlich unbestimmt. Die Pflichten zur Gewissenhaftigkeit, Unparteilichkeit und Verschwiegenheit (§ 323 Abs. 1 S. 1 HGB, § 43 WPO) sind lediglich generalklauselartige Anforderungen an die Tätigkeit des Abschlussprüfers. Sie erstrecken sich auf alle Tätigkeiten im Rahmen der gesetzlichen Prüfung (§ 323 HGB) und auf alle mit der Prüfung befassten Prüfer,

Assistenten, Mitarbeiter der Berichtskritik und etwaige vom Abschlussprüfer hinzugezogene Sachverständige.[207]

311   c) **Prüfungsstandards.** Anders als die in §§ 238 ff. HGB kodifizierten Ansatz-, Bewertungs- und Konsolidierungsregeln enthalten die §§ 316 ff. HGB zur Pflichtprüfung der Jahresabschlüsse keine die Vorgehensweise, den Umfang und die Gewichtung der Prüfung konkretisierenden Anweisungen an den Abschlussprüfer. Von der Möglichkeit, durch Verlautbarungen der Wirtschaftsprüferkammer (§ 4 Abs. 1 WPO) verpflichtend für Abschlussprüfer vorzuschreiben, wie sie sich bei der Abschlussprüfung zu verhalten haben, um die gesetzlichen Forderungen der §§ 317-322 HGB zu erfüllen, hat die WPK bislang keinen Gebrauch gemacht.

312   Die WPK vertraut darauf, dass sich gewohnheitsrechtlich die sog. „Prüfungsstandards" (PS) des Instituts der Wirtschaftsprüfer (IDW) durchsetzen. Das IDW ist ein privatrechtlich organisierter Verein, dem nahezu alle Wirtschaftsprüfer angehören und der sich – neben der Fortbildung und dem Verlagswesen – zur Aufgabe gemacht hat, die sog. „Berufsauffassung" der Wirtschaftsprüfer durch Verlautbarungen an die Mitglieder verbindlich fortzuschreiben. Diese Art der Selbstorganisation hat allerdings keinen rechtlich verbindlichen, die gesetzlichen Normen ausfüllenden Charakter, so dass ein Verstoß für sich gesehen nicht strafbegründend wirkt. Ihnen kommt eher die Funktion einer Fortentwicklung und Beschreibung der sog. „Grundsätze ordnungsgemäßer Abschlussprüfung" (GoA) zu, die Sorgfaltsmaßstäbe setzen. Ein Verstoß oder eine Nichtbeachtung der IDW-PS hat keine unmittelbaren Auswirkungen auf eine etwaige zivilrechtliche, berufsrechtliche oder gar strafrechtliche Verantwortung. Allerdings ziehen die Ermittlungsbehörden und die Gerichte die IDW-PS als Auslegungsgrundlagen heran[208] und auch Wirtschaftssachverständige halten sich regelmäßig an die IDW-PS. Um einen Einzelfall richtig einschätzen zu können, muss man sich in die einschlägigen IDW-PS einarbeiten. Das strafrechtliche Bestimmtheitsgebot (§ 1 StGB) sollte problematisiert werden, wenn allzu sehr mit dem Hinweis auf angebliche „berufsrechtliche Vorgaben" von einem Prüfungsfehler gesprochen wird.

313   d) **Berufsrechtliche Verfahren.** Wirtschaftsprüfer sind Pflichtmitglieder der Wirtschaftsprüferkammer, die auch Verfahren wegen Verstoßes gegen berufsrechtliche Normen einzuleiten hat (§ 61 a ff., 67 ff. WPO). Anders als Anwalts- oder Steuerberaterkammern hat die Wirtschaftsprüferkammer keine eigenständige Sanktionsbefugnis. Sie gibt die Verfahren nach Einleitung zur Überprüfung berufsrechtlicher Verstöße an die Generalstaatsanwaltschaft Berlin ab. Diese prüft unter Anwendung der Allgemeinen strafprozessualen Befugnisse die Einhaltung berufsrechtlicher Normen.

3. Strafnormen, Ordnungswidrigkeiten

314   a) **Überblick.** Der **Abschlussprüfer** einer Kapitalgesellschaft, eines Kredit- oder Finanzdienstleistungsinstitutes, eines Versicherungsunternehmens, eines publizitätspflichtigen Unternehmens kann bei falscher Berichterstattung über das Ergebnis seiner Prüfung, beim Verschweigen wesentlicher Umstände und bei Erteilung eines unrichtigen Testates (§§ 332 Abs. 1 HGB, 18 PublG) oder bei Verrat von Geschäftsgeheimnissen der geprüften Gesellschaft (§ 333 HGB, 19 PublG) mit Freiheitsstrafe bis zu drei Jahren oder Geldstrafe, in besonders schweren Fällen mit Freiheitsstrafe bis zu fünf Jahren bestraft werden kann. Die Normen in der Übersicht:

315

Pflichtprüfung	Sonder- und freiwillige Prüfungen
Vorsätzlich unrichtiger Prüfungsbericht, §§ 332 HGB, 18 PublG (für Jahres- und Konzernabschlüsse der Kapitalgesellschaften und KapCo-Unternehmen, sonstige publizitätspflichtige Unternehmen	§ 403 AktG (Sonder- und Gründungsprüfung); § 150 GenG (Geschäftsprüfungen), § 137 VAG (Geschäftsprüfungen), § 148 a GewO (Prüfungen nach § 16 MaBV) § 31 d Abs. 2 ParteienG (Prüfung des Rechenschaftsberichtes einer polit. Partei)

---

[207] *Wiedmann* § 323 HGB Rdnr. 1.
[208] *Wiedmann* § 317 HGB Rdnr. 12 ff.

Pflichtprüfung	Sonder- und freiwillige Prüfungen
Vorsätzliche Verletzung der Geheimhaltungspflicht, §§ 333 HGB, 19 PublG	Vorsätzliche Verletzung der Geheimhaltungspflicht subsidiär zu § 333 HGB: § 404 I Nr. 2 AktG, § 315 UmwG Verletzung des Berufsgeheimnisses, § 203 StGB (sämtlich Antragsdelikte)
	Berichtsverletzungen bei Verschmelzung, Spaltung oder Übertragung nach § 314 UmwG

Bußgelder können für Ordnungswidrigkeiten in folgenden Fällen verhängt werden: 316

Pflichtprüfung	Sonder- und freiwillige Prüfungen
§ 334 Abs 2 HGB bei Überschreiten des § 319 Abs. 2, 3 HGB	Unrichtiger Bericht nach § 56 KWG
Berichtsverletzungen nach § 38 RechKredV, § 38 RechVersV	

b) **Anwendungsbereich des § 332 HGB.** Der Anwendungsbereich des § 332 HGB erstreckt 317 sich auf die in § 316 HGB genannten Kapitalgesellschaften (AG, KGaA, GmbH) und durch § 335 b HGB auf oHG und KG im Sinne des § 264 a Abs. 1 HGB (keine natürliche Person als Vollhafter), durch § 340 m HGB auf Kredit- und Finanzdienstleistungsinstitute und durch § 341 m HGB auf Versicherungsunternehmen ausgedehnt worden.

Zwar ist § 403 AktG Vorbild[209] für alle unter a) genannten Normen, § 332 HGB hat aber die 318 weitaus größte praktische Bedeutung und verdrängt in seinem Anwendungsbereich die anderen Vorschriften als Spezialgesetz. Die Vorschrift wird immer häufiger zum Ansatzpunkt von Strafanzeigen enttäuschter Gesellschafter bei bilanziellen Schieflagen von Unternehmen.[210] Ermittlungen können auch von Amts wegen aufgenommen werden, da § 332 HGB ein Offizialdelikt ist.

Prüfer (Prüfverbände) von Genossenschaften sind strafrechtlich nach Sondervorschriften 319 verantwortlich (§ 150 GenG: falscher Bericht über das Ergebnis der Prüfung oder Verschweigen erheblicher Umstände). Deshalb beziehen sich die §§ 332 HGB, 18 PublG nur auf gesetzliche Pflichtprüfungen, nicht auf Sonderprüfungen.[211]

c) **Tatmittel nach § 332 Abs. 1 StGB.** Nur der schriftliche Bericht über eine gesetzliche 320 Pflichtprüfung kann Tatmittel im Sinne der §§ 332 HGB, 18 PublG sein. Dem Bericht allein kann die Ermittlungsbehörde entnehmen, wie der Abschlussprüfer die von ihm geleistete Arbeit im Sinne der §§ 321, 322 HGB beschreibt, nämlich nach
- Prüfungsgegenstand,
- Prüfungsumfang und Prüfungsdauer, d. h. durchgeführte Prüfungsmaßnahmen, erteilte interne und externe Auskünfte etc.,
- Prüfungsergebnis,
- Bestätigungsvermerk.

Die gesetzliche Pflichtprüfung bezieht sich auf die (stichtagsbezogene) Berichterstattung des 321 Unternehmens im Jahresabschluss oder Konzernabschluss, im Lagebericht oder Konzernlagebericht, im Zwischenabschluss nach § 340 a Abs. 3 HGB oder im Konzernzwischenabschluss nach § 340 i Abs. 4 HGB. Sie umfasst nicht die Prüfung von Ad-Hoc-Mitteilungen, die Erstattung von Gutachten oder die betriebswirtschaftliche Beratung bei Geschäftsabschlüssen, Dis-

---

[209] Müller-Gugenberger/Bieneck/*Häcker* § 93 Rdnr. 9; KölnKommAktG/*Geilen* § 403 Rdnr. 6.
[210] Dörner/Oser DB 1995, 1085, 1092; *Graf* BB 2001, 562; *Krekeler* StraFO 1999, 217.
[211] Hellmann/Beckemper Wirtschaftsstrafrecht Rdnr. 386.

kussionen mit den Gesellschaftern, Begutachtung von Unternehmensbeteiligungen oder Veränderungen.

322 **Sonstige Berichte,** bspw. ein Review (Bericht über die prüferische Durchsicht) wie er beispielsweise für Quartals- oder Halbjahresberichte börsennotierter Unternehmen zunehmend verlangt wird, unterfällt nicht § 332 HGB. Planungen des BMJ gehen allerdings dahin, im Zuge weiterer gesetzlicher Maßnahmen zum Schutz von Kapitalmärkten auch für derartige Berichte schärfere Sanktionen vorzusehen.

323 **d) Unrichtige Berichterstattung, § 332 Abs. 1 1. Fall HGB.** Über das Ergebnis einer Abschlussprüfung wird unrichtig berichtet, wenn der Bericht nicht mit den tatsächlichen Feststellungen übereinstimmt, die der Abschlussprüfer im Rahmen seiner Prüfung gemacht hat.[212] Maßstab für die Beurteilung eines Abweichens des Berichtes von den tatsächlichen Erkenntnissen ist die subjektive Kenntnis des Abschlussprüfers. Es kommt damit nicht auf Einzelfeststellungen einzelner Prüfungsteammitglieder an, sondern auf deren Erheblichkeit[213] für den Gesamtbericht. Die erste Tatbestandsalternative erfasst somit ausschließlich Abweichungen zwischen den positiven Feststellungen und dem Berichtsinhalt. Sie knüpft nicht an die Prüfungsaufgabe an. Verletzt der Abschlussprüfer daher seine Verpflichtung aus § 317 HGB, indem er beispielsweise den Umfang der Prüfung unzulässig einschränkt, berichtet er insoweit aber nicht falsch, ist die erste Alternative nicht erfüllt. Die Richtigkeit des Berichtes beurteilt sich auch nicht anhand der anderweitig festgestellten objektiven Gegebenheiten sondern ausschließlich nach dem Inhalt der eigenen Feststellungen des Abschlussprüfers.

324 **e) Unterlassene Berichterstattung, § 332 Abs. 1 2. Fall HGB.** Ein Verschweigen erheblicher Umstände im Prüfungsbericht kann vorliegen, wenn der Abschlussprüfer eine oder mehrere Feststellungen seiner Prüfung nicht erwähnt. Die Erheblichkeit eines Umstandes kann nur an Prüfungsauftrag und Prüfungsumfang gemessen werden. Wäre ein sachkundiger Dritter bei Kenntnis der nicht berichteten Feststellungen zu einer anderen Beurteilung der Vermögens-, Finanz- und Ertragslage der Gesellschaft gelangt,[214] kann eine erhebliche Unterlassung angenommen werden. Soweit Berichtspflichten sich konkret aus Gesetz (bspw. § 321 Abs. 2 bis 4 HGB) oder aus Verordnungen (bspw. PrüfBV bei Kreditinstituten) ergeben, sind Unterlassungen ebenfalls am Prüfungsumfang und am Berichtszweck zu gewichten.

325 **f) Unrichtiger Bestätigungsvermerk, § 332 Abs. 1 3. Fall HGB.** Nach der dritten Tatbestandsalternative darf kein inhaltlich unrichtiger Bestätigungsvermerk erteilt werden. Ein inhaltlich unrichtiger Bestätigungsvermerk liegt nur vor, wenn die Zusammenfassung der Ergebnisse nicht auf den Prüfungsfeststellungen beruht und ein entsprechendes Urteil über Buchführung, Jahresabschluss und Lagebericht nicht abgegeben werden durfte.[215] Nach der Neufassung des § 322 HGB ist der Bestätigungsvermerk nicht mehr wörtlich vorgeschrieben, sondern in die Formulierungskunst des Abschlussprüfers gestellt. Die Legaldefinition in Abs. 1 bezeichnet den Bestätigungsvermerk als die Zusammenfassung der Prüfungsergebnisse. Je nach der Wortgewandtheit und Geschicktheit des Abschlussprüfers wird somit eine mehr oder minder gute Konzentration der Prüfungsergebnisse und demzufolge eine mitunter sehr subjektive Gesamtbeurteilung verlangt. Unrichtig ist der Bestätigungsvermerk dann, wenn der Abschlussprüfer nach dem Inhalt und dem Ergebnis seiner Prüfung einen Zusatz oder eine Einschränkung hätte machen müssen, dies aber nicht getan hat. Nach einer in der Literatur umstrittenen Auffassung soll kein unrichtiger Bestätigungsvermerk vorliegen, wenn die Bestätigung versagt worden ist (§ 322 Abs. 4 HGB).[216]

326 **g) Vorsatz.** Der Tatbestand ist nur erfüllt, wenn der Prüfer vorsätzlich gehandelt hat. Dabei muss er in sein Wissen die notwendigen Tatsachen aufnehmen – d. h. die Abweichung des Ist-Zustandes (Berichtsinhalt) vom Soll-Zustand (Wissen über ein anderes Prüfungsergebnis),

---

[212] *Wiedmann* § 332 HGB Rdnr. 4.
[213] *Wiedmann* § 332 HGB Rdnr. 5; *Graf* BB 2001, 562, 563; *Krekeler* StraFo 1999, 217, 220.
[214] *Wiedmann* § 332 HGB Rdnr. 9.
[215] *Graf* BB 2001, 563, 566.
[216] GroßKommHGB/*Dannecker* § 332 Rdnr. 28; *Dierlamm* NStZ 2000, 130, 131; BeckBilKomm/*Hense* § 332 HGB Rdnr. 28; *Hellmann/Beckemper* Wirtschaftsstrafrecht Rdnr. 392.

wozu auch die rechtliche Bewertung eines bilanzierungspflichtigen Sachverhaltes, die Anwendung der GoB und die Einhaltung kaufmännischer Sorgfaltsprinzipien gehört.[217]

h) **Qualifikation, § 332 Abs. 2 HGB.** Handelt der Täter gegen ein Entgelt oder in Schädigungsabsicht, ist die Freiheitsstrafe bis zu 5 Jahren oder Geldstrafe. Mit „Handeln gegen Entgelt" meint der Gesetzgeber nicht das übliche Prüfungshonorar, sondern eine bestimmte Zusatzleistung, die über das reguläre Dienstleistungsentgelt hinausgeht. Hier können Parallelen zu § 299 StGB gezogen werden. Die Gesinnung, die durch § 332 Abs. 2 HGB sanktioniert werden soll, ist die pflichtwidrige Handlung zu eigenem wirtschaftlichem Vorteil oder mit beabsichtigter Schädigung.

i) **Beginn, Vollendung, Beendigung, Verjährung.** Die Strafbarkeit beginnt bei abstrakter Gefährdung der durch sie geschützten Interessen von Gesellschaftern, Gläubigern, Vertragspartnern und Arbeitnehmern eines kaufmännischen Unternehmens durch einen falschen Prüfungsbericht. Das heißt, nicht bereits die Unterzeichnung eines unrichtigen oder unvollständigen Berichts lässt die Strafbarkeit entstehen, sondern erst dessen Herausgabe aus dem Einflussbereich des Prüfers. Die Tat ist im strafrechtlichen Sinn vollendet und beendet mit dem ersten Zugang des Berichts beim Empfänger, d. h. dem Aufsichtsrat oder dem Registergericht.[218] Der Versuch ist nicht strafbar. Verfolgungsverjährung tritt nach fünf Jahren ein (§ 78 Abs. 2 Nr. 4 StGB).

4. Sonstige strafrechtliche Bedeutung des Prüfungsberichts

a) **Entwicklungen.** Wirtschaftsprüfungsgesellschaften stehen in der Gefahr, dass auf sie das Versagen staatlicher Kontrollen abgewälzt werden könnte. Die Verantwortung staatlicher Aufsichtsbehörden, bspw. der Finanzdienstleistungsaufsicht, der Börsenaufsicht oder der Bundesbank für die Aufdeckung von Bilanzmanipulationen, besonders im Vorfeld einer Insolvenz, für die Aufdeckung falscher Kapitalmarktinformationen und für die Aufdeckung von Kreditmanipulationen kann durch eine Fokussierung auf Wirtschaftsprüfer in den Hintergrund geschoben werden. Da durch das Bilanzkontrollgesetz[219] und das Abschlussprüfer-Aufsichtsgesetz (APAG)[220] Ende 2004 neue Instrumentarien zur Kontrolle von Unternehmensabschlüssen und deren Wirtschaftsprüfer eingeführt wurden, ist eine verschärfte Haftung des Abschlussprüfers börsennotierter Aktiengesellschaften und sonstiger prüfungspflichtiger Unternehmen zu erwarten. Die aufgrund des sog. Peer-Review eingeführten besonderen Dokumentations- und internen Berichtspflichten führen zudem zu einer verbesserten Aufklärbarkeit bei straf- und berufsrechtlichen Vorwürfen gegen Wirtschaftsprüfer (§§ 43, 61 a ff, 67ff, 109, 110 WPO).

Der Abschlussprüfer wird nach den Vorstellungen des Gesetzgebers zunehmend für eine zutreffende Kapitalmarktinformation bei börsennotierten Gesellschaften (mit-) verantwortlich gemacht, obwohl sich die Abschlussprüfung nur auf die Übereinstimmung mit Gesetz und Satzung erstreckt und erst dann eine Hauptprüfung beginnen kann, wenn der Abschluss aufgestellt ist. Die Prüfungsfelder von Abschlussprüfungen sind:
- die Richtigkeit der Tatsachengrundlagen und der Rechtsanwendung in Buchführungs- und Bilanzierungsfragen (§§ 317 Abs. 1 S. 2 und 3, 321 Abs. 1, 322 Abs. 1 HGB);
- etwaige sonstige Gesetzesverletzungen und Satzungsverstöße (bspw. Verstöße gegen Ausfuhrrecht, Aufsichtsrecht, Umweltrecht, Arbeitsschutzrecht, Sozialrecht, Steuerrecht) (§§ 321 Abs. 1, 317 Abs. 1 S. 3 HGB);
- die Existenz und Verlässlichkeit eines Überwachungssystems, das existenzgefährdende Entwicklungen eines Unternehmens frühzeitig erkennen soll (§§ 91 Abs. 2 AktG, § 317 Abs. 4 HGB) und
- Bestandsgefährdungen des Unternehmens, wichtige existenzbeeinflussende Sonderumstände (§ 321 Abs. 1 HGB).

b) **Beihilfe zur unrichtigen Bilanzierung.** Ein Anfangsverdacht einer **Beihilfe zur Bilanzmanipulation** des Geschäftsleiters kann bspw. entstehen, wenn

---
[217] *Hellmann/Beckemper* Wirtschaftsstrafrecht Rdnr. 394 mit Fall 34 in Rdnr. 385.
[218] MünchKommHGB/*Quedenfeld* § 332 Rdnr. 39; GroßKommAktG/*Otto* § 403 Rdnr. 28.
[219] BilKontrG v. 15.12.2004, BGBl. I. S. 3408.
[220] APAG v. 27.12.2004, BGBl. I. S. 3846.

- der Jahres- oder Konzernabschluss erst nach ausführlicher Mitwirkung des Abschlussprüfers (und dabei durchgeführten Buchungen bzw. Korrekturen) aufgestellt wurde oder
- die mit der Abschlussprüfung beauftragte Wirtschaftsprüfungsgesellschaft Beratungsleistungen in größerem Umfang für den Abschluss erbracht hat (bspw.Bewertungsarbeiten begleitet hat) oder
- bestimmte auf der Hand liegende Prüfungshandlungen unterlassen wurden und dadurch eine vollständige Abdeckung der Bilanzposten unterblieben ist oder
- anstelle einer Kündigung des Prüfungsmandates wegen schwerwiegender Verletzung von Bilanzierungsnormen der Prüfungsauftrag in einen Auftrag zur Aufstellung des Jahresabschlusses umgewandelt wird, wesentliche Änderungen der Abschlusspositionen aber nicht vorgenommen werden.

332 Die Pflichtdokumentation des Abschlussprüfers in seinen Handakten (§ 51 b WPO) zur Prüfungsplanung und Prüfungsdurchführung kann sich dabei für den Abschlussprüfer zur **Haftungsfalle** entwickeln, indem
- aus Notizen von Prüfungsassistenten geschlussfolgert wird, dass bestimmte problematische Sachverhalte beim Prüfungsleiter oder dem Berichtsunterzeichner bekannt waren,
- aus der Pflichtdokumentation ohne Gewichtung der Feststellung und ohne Sachverstand eine fehlerhafte (d. h. unvollständige oder unrichtige) Berichterstattung geschlussfolgert wird,
- aus der Dokumentation das Ermittlungsverfahren oder gar der Haftungsprozess erst begründet wird.

333 **c) Beihilfe zum Kapitalanlagebetrug, § 264 a StGB.** Die Abschlussprüfung bezweckt nicht in erster Linie eine vollständige, interessengerechte Information der Kapitalmarktteilnehmer aus Anlegersicht. Auch das Testat wird nicht an eine Vielzahl von Personen, sondern konkret an den Vorstand oder die Geschäftsführung einer Gesellschaft adressiert. Auch wenn die Beglaubigungsfunktion eine Wirkung über die Bestätigung gegenüber Gesellschaftsorganen hinaus hat, ist der Prüfungsbericht aus Sicht des Abschlussprüfers kein geeignetes Tatmittel i. S. d. § 264 a StGB. Wenn beim Vertrieb von Aktien oder anderen Kapitalmarktrechten damit geworben werden sollte, dass ein uneingeschränkter Bestätigungsvermerk erteilt wurde, dann belegt das keine Beteiligungsneigung oder auch nur den Verdacht einer solchen Beteiligungsneigung des Abschlussprüfers. Allerdings kann ein Verdacht entstehen, wenn ein Abschlussprüfer eine solche Werbung kennt und in Kenntnis der Werbung oder der Werbeabsichten des Unternehmens einen unrichtigen Bestätigungsvermerk verfasst.

334 **d) Beihilfe zum Kreditbetrug, § 265 b StGB.** Wie bei der Werbung um Kapitalmarktanleger auch richten sich weder der Prüfungsbericht noch der Bestätigungsvermerk an Kreditgeber des Unternehmens. Banken und andere Kreditgeber verlangen den Prüfungsbericht aber regelmäßig, schon um ihren eigenen Verpflichtungen aus § 18 KWG nachzukommen. Nicht der Abschlussprüfer, sondern der Kreditnehmer legt den Prüfungsbericht vor. Eine Übersendung des Prüfungsberichtes unmittelbar von dem Abschlussprüfer an das Kreditinstitut ist zwar häufig, stellt aber keine eigene Einwirkung des Abschlussprüfers auf die Kreditvergabe dar, sondern eine neutrale Handlung, in der der Abschlussprüfer als Bote des Kreditnehmers auftritt.

335 **e) Beihilfe zur kursbeeinflussenden Marktpreismanipulation, § 38 WpHG.** Da ein Prüfungsbericht und ein uneingeschränkter Bestätigungsvermerk keine Tatsachen sind, die im Normalfall unmittelbar kursbeeinflussende Wirkung haben, muss der Abschlussprüfer in sein Vorstellungsbild nicht die Verwendung des Bestätigungsvermerk für Zwecke der Marktbeeinflussung aufnehmen. Auch die Tatsache, dass sich ein Börseneinführungsprospekt zu Art, Umfang und Ergebnis von Jahresabschlussprüfungen zu äußern hat, ist keine sich unmittelbar aus der Abschlussprüfung ergebende Konsequenz. Erhält der Abschlussprüfer jedoch während der laufenden Prüfung auch den Auftrag, an der Abfassung oder Überprüfung eines Börsenprospektes mitzuwirken, dann stellt ein vorsätzlich unrichtiger Bericht oder Bestätigungsvermerk ein wichtiges Indiz für eine Beteiligung auch an einer Straftat im Sinne des § 38 WpHG[221] dar.

---

[221] I. d. F. des 4. Finanzmarktförderungsgesetzes (FinFMG) von 2002.

5. Verteidigungsmöglichkeiten

a) Trennen zwischen Verantwortung und Kontrolle. Abschlussprüfer sind nach den gesetzlichen Normen weder für die Aufstellung des Jahres-/Konzernabschlusses noch für die Rechnungslegung des Unternehmens oder des Konzerns verantwortlich. Diese Verantwortung liegt bei der Unternehmensleitung und dem Aufsichtsorgan. Ein Abschluss, der ohne Pflichtprüfung festgestellt wird, ist nichtig (§ 256 Abs. 2 S. 1 AktG). Für die Einhaltung der Pflichtprüfungsvorschriften ist der Vorstand bzw. die Geschäftsführung verantwortlich. Der Abschlussprüfer kontrolliert, prüft lediglich einen vom Kaufmann bereits aufgestellten Abschluss. Eine etwaige Mitwirkung des Abschlussprüfers oder seiner Gehilfen an der Inventur, an der Berechnung von Steuerrückstellungen und Pensionsrückstellungen stellt sich nicht als Mitwirkung an der Bilanzaufstellung, sondern an der Prüfung dar.

b) Differierende Erwartungen aufzeigen. Regelmäßig besteht zwischen den Erwartungen, die Ermittlungsbehörden an die durchgeführte Prüfung und den Prüfungsbericht stellen, und dem tatsächlichen Umfang der Prüfung, der Prüfungstiefe und der Berichtsfassung eine Erwartungslücke. Die unterschiedlichsten Erwartungen an die Tätigkeit des Bilanzbuchhalters, ihres Bilanzberaters (i. d. R. der Steuerberater) und des Abschlussprüfers führen in der Regel zu Konflikten in der Aufnahme bzw. der Streichung von Positionen im Jahresabschluss, dem Lagebericht und der unternehmensinternen Kontrollen.

c) Erwartungslücke thematisieren. Nicht nur differierende Erwartungen führen zu ganz unterschiedlichen Wahrnehmungen des Inhaltes eine Jahresabschlusses oder eines Prüfungsberichts. Auch die zahlreichen Grenzen und Weichenstellungen relativieren die Erwartung, die Bilanzziele und Prüfungsziele seien im Sinne einer vollständigen, fairen Bewertung und Transparenz erreicht worden.

Die Rechnungslegung erfüllt die Erwartungen nicht: Schon die deutsche Rechnungslegung ist nicht in der Lage, die in sie gesetzten Erwartungen umfassend zu erfüllen. Die bestehenden bilanzrechtlichen Regelungen (aufgrund der 4. und 7. EG-Bilanzrichtlinie) schaffen eine Fülle von Ansatz-, Bewertungs- und Ausweiswahlrechten, die zusammen mit anderen Faktoren dazu führen, dass der Jahres-/Konzernabschluss die Erwartungen insbesondere der Kapitalmarktteilnehmer nicht erfüllt. Einige der augenfälligsten Gründe für eine im System der Bilanzierungs- und Buchführungsregeln angelegte Erwartungslücke sind:

- Nach geltendem Handelsrecht ist das Realisationsprinzip (Gewinnermittlung anhand durchgeführter, d. h. realisierter Geschäftsvorfälle) allein für den Ansatz von Gewinnen entscheidend, während nach dem Imparitätsprinzip noch nicht realisierte aber „drohende" Verluste den Aufwand in der Gewinn- und Verlustrechnung erhöhen (§ 249 Abs. 1 HGB).
- Die allein aus steuerlichen Gründen durchgeführten Abschreibungen dürfen auch in der Handelsbilanz zugrunde gelegt werden, obwohl u. U. nach den Maßstäben einer handelsrechtlichen Bewertung ein Abschreibungsverlust nicht oder in anderem Umfang eingetreten sein kann (umgekehrte Maßgeblichkeit, §§ 5 Abs. 1 EStG, 60 EStDV, 254, 279 Abs. 2 HGB (Abschreibungen), 247 Abs. 2, 273 HGB (steuerfreie Rücklagen), 280 Abs. 2 HGB (Wertaufholungen), 281 HGB (indirekte steuerliche Wertberichtigung).[222]
- Eine Vielzahl von Ansatz-, Bewertungs- und Konsolidierungswahlrechten erlaubt eine „Bilanzgestaltungspolitik". Ein klares, stichtagsbezogenes Bild kann so verwässert sein, ohne dass ein Regelverstoß vorliegen muss.
- Das immer wieder als Generalnorm zitierte Gebot des „true and fair view" nach § 264 Abs. 2 S. 1 HGB hat keinen Vorrang vor den Einzelnormen des HGB[223] (bspw. erlaubt § 340 f HGB den Kreditinstituten die Bildung und Auflösung sowie Verrechnung stiller Reserven ohne Aufdeckung in dem Jahres-/Konzernabschluss[224]).

Die Abschlussprüfung erfüllt nicht alle Erwartungen: Das Ergebnis einer Abschlussprüfung erfüllt in aller Regel nicht alle laienhaften und teilweise übersteigerten Erwartungen.[225] Die wichtigsten Gründe für **falsche Erwartungen** sind:

---

[222] *Federmann* a. a. O. S. 190 f.
[223] *Wiedmann* § 264 HGB Rdnr. 23; Beck'scher Bilanzkommentar § 264 HGB Rdnr. 25.
[224] *Wiedmann* § 340 f. HGB Rdnr. 1.
[225] *Wiedmann* § 316 HGB Rdnr. 7; ADS § 316 HGB Rdnr. 23.

- Die Abschlussprüfung erfasst nur die Rechnungslegung und den Jahresabschluss als Ganzes und prüft diese auf Übereinstimmung mit dem geltenden Handelsrecht und der Satzung. Auch das Risikofrüherkennungssystem wird rechnungslegungsbezogen überprüft. Eine Geschäftsführungsprüfung, wie sie bspw. in § 53 HGrG oder in § 53 GenG vorgesehen ist, erfolgt nicht.
- Die Abschlussprüfung beschränkt sich auf „wesentliche" Fragen des Abschlusses[226] gem. § 317 Abs. 1 HGB, d. h. hat keinen Anspruch auf Vollständigkeit sondern auf eine Erfassung und Gewichtung der Prüfungsrisiken. Folglich wählt der Abschlussprüfer einen risikoorientierten Prüfungsansatz.[227]
- Die Ausübung der Ansatz-, Bewertungs- und Konsolidierungswahlrechte durch den bilanzierenden Kaufmann ist für den Abschlussprüfer weitgehend nur auf Plausibilität prüfbar. Der Abschlussprüfer kann sich nicht selbst an die Stelle des Bilanzierenden setzen.
- Prüfungsumfang und Prüfungstiefe einer Abschlussprüfung sind wesentlich dadurch limitiert, dass nur begrenzte finanzielle Mittel für den Personaleinsatz vorhanden sind. Die zeitliche Limitierung gilt nicht nur für die eine Abschlussprüfung, sondern in verschärftem Maß auch für die oft nebeneinander her in den Monaten Januar bis März eines Kalenderjahres laufenden Prüfungen mehrer Gesellschaften.
- Die persönliche Befähigung eines Prüfers, die Qualität seiner Arbeit, der Anspruch an die eigene Sorgfalt sind darüber hinaus stets unterschiedlich. Es können nicht immer herausragende Prüfungsleistungen erwartet werden. Die Wirtschaftsprüfer versuchen, diesem Phänomen durch betriebsinterne Berichtskontrolle und externe „Peer-Review" zu begegnen.

341 **d) Die Abschlussprüfung ist nicht kriminalistisch.** Eine der für den Abschlussprüfer kritischsten Erwartungen ist der Fehlschluss aus den §§ 317 Abs. 1 S. 3, 321 Abs. 1. S. 3 HGB, die Abschlussprüfung verfolge aufgrund eines kriminalistischen Feindbildes die Aufdeckung von Straftaten und Ordnungswidrigkeiten aller Art und müsse eine Genauigkeit im Sinne einer Unterschlagungsprüfung entfalten. Leider wird eine solche Fehleinschätzung auch durch missverständliche Veröffentlichungen des IDW PS 210 geschürt. Dem Prüfer wird dort nahe gelegt, auf bestimmte Indizien und Motive, die auf Prüfungsrisiken hinweisen könnten, zu achten.[228] Die dort abgedruckten Checklisten stellen aber eher eine Sammlung von kriminalistischen Vorurteilen ohne Gewichtung dar. **Richtigerweise** ist die Prüfung nicht darauf ausgerichtet, jeden einzelnen Buchungsvorgang zu untersuchen, sondern aufgrund eines risikoorientierten Ansatzes ein hinreichend sicheres Plausibilitätsurteil über die Posten des Abschlusses zu erreichen.

342 **Risikoüberlegungen:** Wenn der Abschlussprüfer von einer ergebnisorientierten Prüfung spricht, dann meint er nicht das Wunschergebnis, das herauskommen soll, bevor die Prüfung begonnen hat. Er meint den Ausschluss des Risikos, irgendeine wichtige Tatsache übersehen zu haben. Im Wesentlichen werden folgende Risiken unterschieden:
- Das **Prüfungsrisiko** ist das Risiko, dass der Abschlussprüfer im Verlauf seiner Prüfung Unregelmäßigkeiten im Jahres-/Konzernabschluss nicht aufdeckt (bei vorsätzlichen Verstößen ist das Risiko höher als bei unbeabsichtigten Fehlern);
- Das **inhärente Risiko** ist das Risiko, dass bestimmte Abschlusspositionen oder Transaktionen für Unregelmäßigkeiten anfällig sind, wobei unterstellt wird, dass es kein internes Kontrollsystem gibt (Identifikation aus dem Geschäftsumfeld, vgl. IDW PS 230);
- Das **Kontrollrisiko** ist das Risiko, dass bestimmte Unregelmäßigkeiten vom internen Kontrollumfeld weder verhindert noch aufgedeckt und korrigiert werden (Funktionsfähigkeit wird bei der Systemprüfung geprüft, vgl. IDW PS 260);
- Das **Entdeckungsrisiko**, ist das Risiko, dass der Abschlussprüfer mit allen Prüfungshandlungen etwaige Unregelmäßigkeiten nicht aufdeckt.

343 **Prüfungsplanung und -durchführung:** Um diese Risiken möglichst auszuschalten oder zumindest zu minimieren geht der Abschlussprüfer in einem System sich ergänzender und jeweils beeinflussender Planungs- und Prüfungsschritte vor:

---

[226] Vgl. dazu den IDW PS 240.
[227] Vgl. dazu *Stibi*, Risikoorientierter Prüfungsansatz, IDW-Verlag 1995.
[228] Vgl. IDW PS 210 ab Tz. 30 ff.

- **Planungsphase I**: Entwicklung einer Prüfungsstrategie, indem Kenntnisse über die Geschäftstätigkeit, aus dem rechtlichen und wirtschaftlichen Umfeld und der Branche in Prüfungsvorgaben umgesetzt werden.
- **Prüfungsphase I**: Im Anschluss an die Planungsphase I wird das interne Kontroll- und Überwachungssystem des Unternehmens (auch „Kontrollumfeld", d. h. Kontrollen im Arbeitsablauf und interne Revision) und die normgerechte Erfassung und Verarbeitung der Geschäftsvorfälle sichergestellt. Es sollen vor allem Kontrollrisiken und inhärente Risiken auf der Ebene der Abschlusserstellung aufgezeigt werden, um daraus weitere Erkenntnisse über die Systemkontrollen, Fehleranfälligkeit und Fehlerhäufigkeit eines Rechnungswesens zu erhalten.
- **Planungsphase II**. Die Erkenntnisse aus der Prüfungsphase I werden in eine Detailplanung der auszuführenden Abschlussprüfung umgesetzt. Dabei kommt es zu einem sich immer wieder durch neue Erkenntnisse verfeinernden Prüfprogramm, das schriftlich dokumentiert und dessen Einhaltung im sog. „Peer-Review", also der freiwilligen Qualitätskontrolle der Wirtschaftsprüfungsgesellschaften überprüft werden kann.
- **Prüfungsphase II**. In dieser Phase wird das Prüfprogramm umgesetzt, werden Anforderungen verfeinert, etwaige Grund- und Aufbauschritte der Prüfung ausgeführt und am Ziel eines Risikoausschlusses gearbeitet. Neben den Erkenntnissen aus der Systemprüfung fließen in die Hauptprüfung Erfahrungen aus vorausgegangenen Prüfungen und allgemeines Wissen um die Anfälligkeit von bspw. Lohn- und Gehaltsbereich, Bargeldverwaltung, Vorräte für kriminelle Machenschaften mit ein. Die neueren Prüfungsstandards verwenden Checklisten, um die Prüfungsarbeit zu erleichtern. Keinesfalls darf das aber eine „Hakelmachererei" sein.

e) Beschränkung auf das Wesentliche. Die Abschlussprüfung hat sich nur auf wesentliche Unregelmäßigkeiten auszurichten (§ 317 Abs. 1 S. 3 HGB).[229]
- Unrichtigkeiten und Verstöße können für den Jahresabschluss von **Wesentlicher** oder von **untergeordneter Bedeutung** sein (Anhaltspunkte gibt bspw. § 256 Abs. 5 AktG)
- Gesetzesverstöße können auch Auswirkungen auf die Beurteilung der Geschäftsführung haben. Auch dann sind sie zu **gewichten** in Bezug auf die Bedeutung der Lage der Gesellschaft (bspw. Verkehrs-Ordnungswidrigkeit mit dem Firmenwagen bezogen auf ein positives Jahresergebnis von 1 Mrd. €)

f) Eigene Untersuchungsmethodik. Die dem Abschlussprüfer mögliche Untersuchungsmethodik bestimmt wesentlich sein Bild und seine Kenntnisse von den zu prüfenden Sachverhalten. Dem Abschlussprüfer stehen nicht die klassischen Beweismittel der StPO zur Verfügung. Er arbeitet mit Auskünften Dritter, Stichproben, Belegprüfungen (i. d. R. Sichtprüfungen), persönlichem Augenschein (bspw. bei der Inventur) und mündlichen Auskünften des mandatserteilenden Unternehmens und seiner Mitarbeiter.

g) Keine Verantwortlichkeitsprüfung. Eine Plausibilitätsbeurteilung des Sachverhalts genügt dem Abschlussprüfer. Eine Verantwortlichkeitsprüfung im Sinne einer persönlichen Schuldermittlung kann er – und muss er auch nicht – durchführen.

h) Persönliche und finanzielle Grenzen. Weitere Begrenzungen, die sich auf die subjektive Kenntnis des Abschlussprüfers vom Inhalt der Prüfung auswirken sind:
- eine rechtliche Prüfung des Geschäftsvorfalls ist nur begrenzt möglich, der Abschlussprüfer ist in der Regel nicht Jurist;
- die Prüfungsleistung kann qualitativ unterschiedlich sein;
- die Delegation an Assistenten bedingt eine Limitierung des Prüfungsergebnisses durch dessen Wissen und Erkenntnis, andererseits auch durch dessen Arbeitsumfang;
- das finanzielle Limit des Auftraggebers begrenzt die Prüfung;
- auch das eigene Personallimit des Abschlussprüfers für den konkreten Auftrag und weitere Aufträge kann Grenzen setzen;
- Die **Sorgfaltsmaßstäbe** sind nicht einheitlich. Man findet auch bei Wirtschaftsprüfern Schulenstreite. Manche arbeiten lieber mit Checklisten, andere suchen das ausführliche persönliche Gespräch. Checklisten können zu Formalismus und Aktivismus führen, die wirklich

---

[229] IdW PS 250.

wichtige Information erschließt sich vielleicht eher im geduldigen Erfragen. Das persönliche Gespräch birgt die Gefahr zu großer Vertrautheit. Erfahrungen wie Ratschläge sind ganz unterschiedlich und man muss sich hüten, diese zum Maßstab eines strafrechtlich bestimmten Sorgfaltsmaßstabes zu machen.

349 • **Wissensbegrenzungen** sind eine notwendige Begleiterscheinung. Der Abschlussprüfer steht am Ende der betrieblichen Informationskette und erhält notwendigerweise nur einen Ausschnitt aus allen im Unternehmen verfügbaren Informationen.

350 i) **Ausreichende Prüfungsmechanismen.** Der Abschlussprüfer kann und darf sich auch damit verteidigen, auf erkannte Bilanzmanipulationen ausreichend, d. h. je nach Erkenntnis in abgestufter Form, reagiert und damit die vom Gesetzgeber geforderten Möglichkeiten wahrgenommen zu haben. Die Prüfungsstandards des IDW (insbes. der PS 210) nennen Folgende abgestufte Reaktionsmöglichkeiten:

351

Reaktion auf Unrichtigkeiten und Verstöße (Steigerung von 1-6)	Reaktion auf sonstige Gesetzesverletzungen
(1) Erweiterte Prüfung (2) Unverzügliche Mitteilung an die gesetzlichen Vertreter (bzw. an die für den Verstoß zuständige Leitungsebene), auch an das Aufsichtsorgan bei schwerwiegenden Verstößen (3) Erweiterte Vollständigkeitserklärung mit Bezug auf den Vorgang (4) Dokumentation erkannter Risikofaktoren für Verstöße und deren Auswirkungen auf die Rechnungslegung (5) Berichterstattung im Prüfungsbericht (immer) und Bestätigungsvermerk (nur bei wesentlichen Unregelmäßigkeiten) (6) Kündigung des Prüfungsauftrages aus wichtigem Grund (§ 318 Abs. 6 HGB)	Zeitnahe Information des gesetzlichen Vertreters; Redepflicht nach § 321 Abs. 1 S. 3 HGB;

VII. Checklisten

352

1. Checkliste zur Prüfung von Informationsdelikten

Die folgende Checkliste gibt eine Hilfestellung für die Prüfung des Vorwurfes:
1. Schritt: Informationsmittel vom Tatbestand erfasst?_r
2. Schritt: Informationszusammenhang vom Tatbestand erfasst?
3. Schritt: Informationsinhalt unrichtig?
4. Schritt: Erhebliche/wesentliche Abweichung vom tatsächlichen Gesamtbild?
5. Schritt: Gefährdungseignung im konkreten Verwendungszusammenhang?
6. Schritt: Persönliche Verantwortlichkeit?
7. Schritt: Subjektive Seite
8. Schritt: Rechtfertigung, Irrtum, Schuld
1. Schritt: Als Informationsmittel kommen in Betracht:
☐ Berichte des Rechnungswesens: Bilanz, Jahresabschluss, Konzernabschluss (§§ 331-334 HGB, 17-20 PublG)
☐ Andere Übersichten und Darstellungen der Verhältnisse der Gesellschaft (§§ 400 Abs. 1 Nr. 1 AktG, 82 Abs. 2 Nr. 2 GmbHG, 147 GenG, 143 VAG, 313 UmwG)

§ 25 Publizität und Rechnungswesen 353 § 25

☐ Vorträge und Auskünfte in der Hauptversammlung (§§ 400 Abs. 1 Nr. 1 AktG, 147 GenG)
☐ Prüfungsbericht (§ 332 HGB), Prospekt (§ 264 a StGB), schriftliche Kreditantragsinformation (§ 265 b StGB)
2. Schritt: Der strafrechtliche Tatbestand erfasst nicht alle Informationszusammenhänge. Daher sind zu unterscheiden:
☐ Berichte des Rechnungswesens als Rechenschaftsberichte und Information für Gesellschafter, Abschlussprüfer, Kontrollorgan und Gläubiger;
☐ Prüfungsbericht als Informationsgrundlage für Aufsichtsrat und Vorstand (§ 332 HGB);
☐ Prospekt oder sonstige Informationsschrift als Vertriebsmittel einer Kapitalanlage (§ 264 a StGB);
☐ Kreditantrag, Vermögensübersicht oder sonstige schriftliche Unterlage als Mittel zur Krediterlangung (§ 265 b StGB).
3. Schritt: Nicht alle Angaben in den Informationsmitteln sind vom Straftatbestand erfasst. Zu unterscheiden sind:
☐ Verstöße gegen Einzelvorschriften bei der Bilanzierung;
☐ Unrichtiges Gesamtbild der Vermögens-, Finanz- und Ertragslage, §§ 264 Abs. 2, 289 Abs. 1 HGB in Jahresabschluss und Lagebericht;
☐ Sonstige unrichtige Informationen oder Unterlassungen gegenüber dem Abschlussprüfer, des Abschlussprüfers im Prüfungsbericht, des Unternehmers im Kapitalanlageprospekt, des Unternehmers bei einem Kreditantrag;
4. Schritt: Die Wesentlichkeit einer unzutreffenden Information für das Gesamtbild der Gesellschaft kann beurteilt werden:
☐ am Verhältnis zum gesamten Bilanz-/GuV-posten;
☐ am Verhältnis zur Bilanzseite/ zum Ergebnis;
☐ am Verhältnis zu sonstigen Prospekt- bzw. Kreditantragsangaben;
5. Schritt: Das Sanktionsbedürfnis gegen eine unrichtige Information entsteht erst, wenn diese sich zu einer (abstrakten) Gefährdung eignet. Beispielsweise verlangen einzelne Tatbestände:
☐ Vorteilhaftigkeit von Angaben und Erheblichkeit für die Kreditentscheidung im Sinne des § 265 b Abs. 1 StGB;
☐ Erheblichkeit einer Angabe oder Nachteiligkeit von Tatsachen in Prospektinhalten nach § 264 Abs. 1 StGB;
6. Schritt: Die persönliche Verantwortung lässt sich strafrechtlich gesehen nur anhand der konkreten Aufgabe des Mandanten erfassen:
☐ Gehört der Mandant der Unternehmensleitung oder dem Aufsichtsrat an? Ist er Abwickler? Ist er Abschlussprüfer?
☐ Trifft den Mandanten eine Verantwortung gem. § 14 StGB?
☐ Ist der Mandant ressortverantwortlich oder (nur unter bestimmten Voraussetzungen) gesamtverantwortlich?
☐ Ist der Mandant Teilnehmer gem. § 26, 27 StGB?
☐ Trifft den Mandanten eine Verantwortung für die strafrechtlich bedeutsame Organisation des Unternehmens?
7. Schritt: Auf der subjektiven Seite sind zu prüfen:
☐ Absicht, direkter, bedingter Vorsatz und Fahrlässigkeit;
☐ bei Unterlassungsdelikten spielt auch die (subjektive) Vorwerfbarkeit eine Rolle;
8. Schritt: Rechtfertigungsgründe können sein:
☐ Verbindliche Rechtsauskunft eines unabhängigen Juristen (auch wenn diese unrichtig ist) (Fall des rechtmäßigen Alternativverhaltens bei einem Erkundigungsgebot);
☐ Einwilligung der Gesellschafter in die Deliktsbegehung (umstr.);
☐ Entlastung der Hauptversammlung, wenn sie sich auf den konkret vorgeworfenen Vorgang bezieht (bspw. Verzicht auf Schadenersatz gem. § 93 AktG durch die Hauptversammlung);
☐ Übereinstimmendes Urteil von Abschlussprüfer und Sonderprüfer (teilweise wird hier schon fehlende Tatbestandsmäßigkeit angenommen);

353

2. Checkliste zur Prüfung von Bilanzunrichtigkeiten

Der Aufdeckung einer Manipulation – aber auch deren Ausschluss – soll das nachfolgende Prüfschema dienen. Die Fragen dienen nur als Beispiele und können nicht jede Fallgestaltung abdecken. Die Bejahung der einen oder anderen Frage bedeutet auch nicht, dass eine Manipulation vorliegt oder ausgeschlossen werden kann. Können alle Fragen mit kaufmännisch üblichen, nachvollziehbaren und vernünftigen Gründen beantwortet werden, ist eine Manipulation aber nahezu ausgeschlossen.

1. **Prüfung der Erfassung** des Gegenstandes im Bericht
- ☐ **Sind alle Sachverhalte vollständig erfasst/inventarisiert?**
  Stimmt die Erfassung nach Zahl, Menge Gewicht?
  Stimmt die Zuordnung nach Warenklassen?
  Kann die AfA zugeordnet werden?
  Sind die angegebenen Sachverhalte branchenüblich?
- ☐ **Ist die Qualität eines Inventargegenstandes festgestellt?**
  Sind Qualitätsmerkmale vorhanden?
  Stimmt die Beurteilung nach Art, Güte?
  Sind Aussagen über den Erhaltungszustand gemacht worden?
  Ist die Marktfähigkeit des Gegenstandes festgestellt?
- ☐ **Ist das angewendete Inventurverfahren rational?**
  Sind kaufmännische Gepflogenheiten eingehalten?
  Sind rational begründete Verfahren angewendet worden? Willkürliche Abweichung?
  Ist die Verfahrensdokumentation nachvollziehbar?
- ☐ **Sind die eingesetzten Personen unabhängig und fachkundig?**
  Haben alle mit der Erfassung und Beurteilung befassten Personen das gleiche Verständnis von Art, Güte, Klassifikation und Zuordnung des Gegenstandes?
  Haben alle Personen mindestens ein kfm. Grundverständnis für die Bedeutung der Inventuraufgaben für die Bilanz?
  In welchem Umfang sind die Personen von Weisungen unabhängig?
  In welchem Umfang sind einfache Zähl-, Mess-, Wiege- und Eingabefehler üblich?

2. **Prüfung der Bewertung** des Gegenstandes im Bericht
- ☐ **Ist der für den Gegenstand angesetzte Preis angemessen?**
  Ergeben sich die Preisgrundlagen aus eigenen Geschäften am Markt, Einschätzungen von Experten oder aus Marktvergleichen?
  Ist die Klassifikation des Preises auch zutreffend der Klassifikation des Gegenstandes zugeordnet worden?
- ☐ **Ist der Zeitwert (sofern maßgeblich) zutreffend?**
  Sind Alter und Qualität des Gegenstandes angemessen berücksichtigt?
  Sind Wertabschläge mit internen Preisvergleichen oder Markterhebungen begründet?
  Sind steuerliche AfA-Tabellen angewendet worden?
- ☐ **Ist das angewendete Bewertungsverfahren rational?**
  (Fragestellungen wie bei 1. Schritt, Frage 3)
- ☐ **Sind die eingesetzten Personen unabhängig und fachkundig?**
  (Fragestellungen wie bei 1. Schritt, Frage 4)

3. **Prüfung der Darstellung** des Gegenstandes im Bericht
- ☐ **Ist die Darstellung im Jahresabschluss schlüssig?**
  Ergeben sich aus der Darstellung im Jahresabschluss, Lagebericht, Anhang, Prüfbericht oder Prospekt Auffälligkeiten?
  (bspw. knappe oder fehlende Erwähnung, Beanstandung durch Abschlussprüfer?)
  Ergeben sich Auffälligkeiten aus der Gegenüberstellung des untersuchten Bilanzpostens mit dem gleichen Posten des Vorjahres?
- ☐ **Wird die Darstellung in internen Unterlagen bestätigt?**
  Ergeben sich Auffälligkeiten aus internen Vermerken oder Schreiben zu dieser Außendarstellung? (bspw. Beanstandungen durch interne Revision, Hinweise der Fach- oder der Bilanzabteilung?)

☐ **Wird die Darstellung in externen Unterlagen bestätigt?**
Ergeben sich aus Vermerken oder Schreiben externen Personen (bspw. Analysten, Berater, Verbands- und Aufsichtsprüfungen), aus Presse oder Fachartikeln Bestätigungen/Beanstandungen des Themas.

§ 26 Außenwirtschaft

Übersicht

	Rdnr.
I. Einleitung	1–34
1. Internationale Handelsgeschäfte und staatliche Kontrolle	1–10
a) Staatliche Eingriffe in freie Handelsbeziehungen	1–4
b) Vorrangiges internationales Recht	5–9
c) Verfassungsmäßigkeit der Außenwirtschaftsbestimmungen	10
2. Ermittlungsbehörden	11–17
a) Zollfahndung	11–13
b) Zollkriminalamt (ZKA)	14
c) OLAF, Europol	15
d) Amts- und Rechtshilfe	16/17
3. Besonderheiten des Ermittlungsverfahrens	18–30
a) Vorschaltverfahren	18–20
b) Umfang der Maßnahmen	21–30
4. Hinweise für die Verteidigung	31–34
a) Vertretungs- und Verteidigungskonstellationen	31
b) Interessenklärung	32
c) Abwehr von Eingriffen	33/34
II. Außenhandelskontrollen	35–71
1. Exportkontrollen	36–39
2. Genehmigungspflichten	40–49
a) Genehmigungspflichten für Ausfuhren in Länder außerhalb der EU	41
b) Genehmigungspflichten für Ausfuhren in EU-Länder	42–44
c) Genehmigungspflicht für Verbringungen mit anschließender Ausfuhr in Länder außerhalb der EU	45/46
d) Sonstige Genehmigungspflichten	47/48
3. Genehmigungsarten	50–60
a) Einzelausfuhrgenehmigungen/Höchstbetragsgenehmigungen	50
b) Sammelgenehmigungen	51
c) Allgemeine Genehmigungen	52–59
d) Nebenbestimmungen	60
4. Genehmigungsverfahren	61–70
a) Zuständigkeiten	61–63
b) Antragsverfahren	64–69
c) Warenbezogene Auskunft zur Güterliste (AzG)	70
5. Grenzübertritt	71
III. Außenwirtschaftsstrafrecht	72–160
1. Einleitung	72–89
a) Entwicklung des AWG	72–77
b) Außenwirtschaftsverordnung (AWV)	78–81
c) Ausfuhrliste (AL)	82–88
d) Weltrechtsgrundsatz	89
2. Ausfuhr oder Verbringung ohne Genehmigung, § 34 Abs. 1 AWG	90–97
a) Anwendungsbereich	90
b) Tathandlung	91–93
c) Besonders schwere Fälle	94
d) Vorsatz und Fahrlässigkeit	95
e) Versuch, Vollendung	96
f) Konkurrenzen	97
3. Qualifizierte Zuwiderhandlungen § 34 Abs. 2 AWG	98–110
a) Allgemeines	98/99
b) Gefährdung der äußeren Sicherheit	100
c) Gefährdung des friedlichen Zusammenlebens der Völker	101
d) Erhebliche Gefährdung der auswärtigen Beziehungen	102
e) Sonstige schwerwiegende Handlungen	103–105
f) Besonders schwere Fälle	106/107

g) Vorsatz, Fahrlässigkeit	108
h) Versuch, Vollendung, Beendigung	109
i) Konkurrenzen	110
4. Förderung der ungenehmigten Ausfuhr oder Verbringung, § 34 Abs. 3 AWG	111–114
a) Objektiver Tatbestand	111/112
b) Versuch der Haupttat	113
c) Vorsatz	114
5. Embargoverstöße, § 34 Abs. 4 AWG	115–129
a) Allgemeines	115/116
b) Tathandlungen	117/118
c) Totalembargos	119
d) Teilembargos	120/121
e) Waffenembargos	122
f) Vorsatz, Fahrlässigkeit	123
g) Versuch, Vollendung	124
h) Strafrahmen, Qualifikationen	125/126
i) Konkurrenzen	127
k) Verfall	128
l) Einziehung	129
7. Ordnungswidrigkeiten, § 33 AWG	130–133
8. Sonstige Strafnormen	134–160
a) Maßnahmen zur Bekämpfung des Terrorismus	134–139
b) Steuerhinterziehung (§ 370 AO)	140–145
c) Gewerbs- oder bandenmäßiger Schmuggel (§ 373 AO)	146–149
d) Bannbruch (§ 372 AO)	150
e) Steuerhehlerei (§ 374 AO)	151
f) Korruptionsbekämpfung	152
g) Einfuhrverbote in Spezialgesetzen	153–160
IV. Kriegswaffenstrafrecht	161–221
1. Einleitung	161–174
a) Entwicklung des KWKG	161
b) Aufbau des KWKG	162
c) Sachlicher Anwendungsbereich	163–167
d) Kriegswaffenliste (KWL)	168–172
e) Räumlicher Anwendungsbereich	173
f) Strafnormen	174
2. Vergehen nach § 19 KWKG (Atomwaffen)	175–179
a) Anwendungsbereich	175
b) Tathandlungen	176/177
c) Strafrahmen	178
d) Tatbestandsausschließende Befreiungen	179
3. Biologische und chemische Waffen, §§ 18, 20 KWKG	180–182
a) Tathandlungen	180
b) Strafrahmen	181
c) Befreiungen (§ 20 IV KWKG)	182
4. Antipersonenminen, §§ 18 a, 20 a KWKG	183/184
a) Tathandlungen	183
b) Strafrahmen	184
5. Genehmigungsverstöße nach §§ 2-4 a, 22 a KWKG	185–208
a) Tathandlungen	185–194
b) Tatgegenstände	195
c) Genehmigungspflichten	196–199
d) Besonders schwere Fälle (§ 22 a II KWKG)	200
e) Minder schwere Fälle (§ 22 a III KWKG)	201
f) Fahrlässigkeit (§ 22 a IV KWKG)	202
g) Vorbereitung, Versuch, Vollendung	203–206
h) Tätige Reue (§ 22 a V KWKG)	207
i) Einziehung, Verfall	208
6. Ordnungswidrigkeiten (§ 22 b KWKG)	209–211
a) Zuständige Verwaltungsbehörden	209
b) Tathandlungen	210
b) Sanktionen	211
7. Verstöße gegen das Chemiewaffenübereinkommen	212–220
a) Anwendungsbereich	212/213
b) Verbote nach dem CWÜ	214/215

  c) Straftaten des CWÜAG 216–219
  d) Ermittlungsbehörden 220
 8. Sonstige Strafbestimmungen 221
 IV. Weiterführende Informationen 222–225
  1. Merkblätter / BAFA-Veröffentlichungen 222
  2. Umschlüsselungsverzeichnis 223
  3. HADDEX 224
  4. Internetadressen 225

Schrifttum: *Achenbach/Ransiek*, Handbuch Wirtschaftsstrafrecht (HWSt), 2004, Kap. IV.3 (*Ogiermann*), IV.4 (*Fehn*); *Bachmann*, Ausfuhrbeschränkungen für Dual-Use-Güter, AW-Prax 2003, 115ff, 154ff; *ders.*, Die novellierte EG-Dual-use-Verordnung und ihre Auswirkungen auf die deutsche Exportkontrolle, AW-Prax 2000, 252ff; 312ff, 358ff; *Bieneck* (Hrsg.), Handbuch des Außenwirtschaftsrechts einschl. Kriegswaffenkontrollrecht, 2. Aufl. 2005 (zit.: HdB AWR); *ders.*, Gewinnabschöpfung bei Außenwirtschaftsverstößen, AW-Prax 1999, 336; *ders.*, Zur Strafbarkeit der ungenehmigten Warenverbringung nach § 34 Abs. 1 AWG, wistra 2000, S. 213; *ders.*, Gegenwärtige Lage und aktuelle Probleme im Außenwirtschaftsrecht, wistra 2000, 441; *ders.*, Die Genehmigungspflicht der technischen Unterstützung, AW-Prax 2001, 53; *ders.*, Kriegswaffenkontrollstrafrecht weiter entwickelt, AW-Prax 2001, 349; *ders.*, Ein Jahrzehnt Exportkontrollrecht, AW-Prax 2002, 121; *ders.*, Terrorismusbekämpfung im Außenwirtschaftsrecht, AW-Prax 2002, 253ff, 348ff; *ders.*, Irrtum über Embargobeschränkungen, AW-Prax 2003, 233; *Fehn*, Neues vom Fördertatbestand des § 20 KWKG, AW-Prax 1997, 278; *ders.*, Nochmals: Förderung im Sinne des § 20 KWKG, AW-Prax 1997, 385; *ders.*, Die erschlichene Ausfuhrgenehmigung, AW-Prax 1998, 16 und Beilage zur AW-Prax 3/1998; *Busse*, Der Kosovo-Krieg vor deutschen Strafgerichten, NStZ 2000, 631; *Egger*, „Dual-Use"-Waren: Exportkontrolle und EG-Vertrag, 1996; *Ellbogen*, Zu den Voraussetzungen der täterschaftlichen Bandendiebstahls, wistra 2002, 8; *Fehn*, Neues vom Fördertatbestand des § 20 KWKG, AW-Prax 1997, 278; *ders*, Nochmals: Förderung im Sinne des § 20 KWKG, AW-Prax 1997, 385; *Gusy*, Vorbeugende Verbrechensbekämpfung nach dem Außenwirtschaftsgesetz, StV 1992, 484; *Hahn*, Quo Vadis europäische Exportkontrolle, AW-Prax 1999, 321; *Herkert*, Die Entschlüsselung der „technischen Unterstützung" für den Hausgebrauch, AW-Prax 2001, 253; *Hocke/Berwald/Maurer* (Hrsg.), Außenwirtschaftsrecht, Loseblattsammlung; *Holthausen*, Zur Begriffsbestimmung der A-, B- und C-Waffen i. S. der Nrn. 2, 3 und 5 der Kriegswaffenliste des Kriegswaffenkontrollgesetzes, NJW 1992, 2113; *ders.*, Täterschaft und Teilnahme bei Verstößen gegen Genehmigungspflichten des KWKG und AWG, NStZ 1993, 568; *ders.*, Das Kriegswaffenexportrecht als Verfassungsauftrag des Art. 26 Abs. 2 GG, RIW 1997, 369; *ders.*, Die Strafbarkeit der Ausfuhr von Kriegswaffen und sonstigen Rüstungsgütern, NStZ 1988, 206ff, 256ff; *ders.*, Der Verfassungsauftrag des Art. 26 II GG und die Ausfuhr von Kriegswaffen, JZ 1995, 284; *ders.*, Enumerative Listen im Kriegswaffenkontrollrecht und ihre „Umgehung" mittels technischer Manipulationen, wistra 1997, 129; *ders.*, Zum Tatbestand des Förderns in den neuen Strafvorschriften des Kriegswaffenkontrollgesetzes (§§ 16–21 KWKG), NJW 1991, 203; *ders.*, Nochmals: „Rose"-Urteil des LG Stuttgart, AW-Prax 1998, 97; *Holthausen/Hucko*, Das Kriegswaffenkontrollgesetz und das Außenwirtschaftsrecht in der Rechtsprechung, Teil 1 NStZ-RR 1998, 193; Teil 2 NStZ-RR 1998, 225; *Hucko*, Was die Richter leider falsch beurteilt haben, AW-Prax 1997, 172; *Hucko/Wagner*, Außenwirtschaftsrecht, Kriegswaffenkontrollrecht, Textsammlung mit Einführung, 9. Auflage, 2003; *Janovsky*, Die Strafbarkeit des illegalen grenzüberschreitenden Warenverkehrs, NStZ 1998, 117; *Kreuzer*, Nukleargüter nach Pakistan, AW-Prax 1999, 300; 1Kders., Irakische Denare – Güter oder Zahlungsmittel, AW-Prax 2001, 33; *ders.*, Verurteilung wegen Bruch des Irak-Embargos, AW-Prax 2003, 29; *Löffler*, Zur strafrechtlichen Bewältigung von Verstößen gegen das Irak-Embargo, wistra 1991, 121; *Mätzke*, Strafrechtliche Konsequenzen für Handel und deutsche Exportindustrie bei der Ausfuhr sensitiver Güter in EU-Mitgliedstaaten, NStZ 1999, 541; *Meine*, Die Strafbarkeit von Embargoverstößen nach § 34 Abs. 4 AWG, wistra 1996, 41; *ders.*, Der Schuldrahmen in der Praxis der Strafzumessung, NStZ 1994, 159; *Michalke*, Die strafrechtlichen und verfahrensrechtlichen Änderungen des Außenwirtschaftsgesetzes, StV 1993, 262; *Monreal*, Rechtsprobleme der Ausfuhrliste, AW-Prax 2001, 154ff, 234ff, 354ff, 473ff; *Morweiser* „Hätte zur geschwiegen ... ", AW-Prax 2003, 111; *Muhler*, Was der Gesetzgeber leider nicht bedacht hat, ZRP 1998, 4; *Pottmeyer*, Kriegswaffenkontrollgesetz, Kommentar, 2. Auflage 1994; *ders.*, Die Strafbarkeit von Auslandstaten nach dem Kriegswaffenkontrollrecht und dem Außenwirtschaftsrecht, NStZ 1992, 57; *ders.*, Höchstrichterliche Entscheidung zur Bausatztheorie, AW-Prax 1996, 98; *ders.*, Die Bausatztheorie im Kriegswaffenkontrollrecht, wistra 1996, 121; *ders.*, Rechtsprechung zu § 4 a KWKG, AW-Prax 2001, 309; *ders.*, Neues Waffenrecht und Kriegswaffenkontrolle AW-Prax 2003, 21; *von Poser/Groß-Naedlitz*, Stückwerk mit gravierenden Konsequenzen, AW-Prax 2000, 217; *Simonsen*, Die novellierte EG-Dual-use-Verordnung und ihre Auswirkungen auf die deutsche Exportkontrolle, AW-Prax 2000, 252ff, 312ff, 358ff; *Weber*, Die neuen internationalen Grundlagen der Exportkontrolle, RIW 1998, 179; *ders.*, Fortentwicklung der internationalen Exportkontrollregime, AW-Prax 1998, 199; *Wessels*, Die neuen Politischen Grundsätze, AW-Prax 2000, 181; *Wolffgang/Simonsen* (Hrsg.) Außenwirtschaftsrecht, Loseblattsammlung.

I. Einleitung

1. Internationale Handelsgeschäfte und staatliche Kontrolle

a) Staatliche Eingriffe in freie Handelsbeziehungen. Die Regeln des grenzüberschreitenden 1
Waren-, Dienstleistungs-, Geld- und KnowHow Transfers (einschließlich der Transportwege und -unternehmen) gehen weit über das traditionelle staatliche Außenwirtschaftsrecht hinaus. Das ordnungspolizeilich geprägte Wirtschaftsverwaltungs- und Finanz-/Zollverwaltungsrecht stellt sich als Eingriff in das Grundrecht der freien Berufsausübung und das Grundrecht des freien Personen- und Warenverkehr auch und am deutlichsten im Außenhandelsrecht dar (Art. 12, 14, 2 I GG i. V. m. § 1 Abs. 1 AWG, § 1 GewO). Die Regulierungsdichte ist hier besonders hoch, weil mit der Zunahme an internationalen Bündnissen und Organisationen vielfältige Interessen entwickelt und aufrechterhalten werden.

Das Außenwirtschaftsrecht hat sich aus dem mittelalterlichen Handelsverkehr entwickelt, 2
der ausgehend von Italien und England von Handelsbünden, nationalen und supranationalen Handels- und Finanzierungshäusern geprägt war. Mit der Zeit sind kleinstaatliche Herrschaftsinteressen abgelöst worden von einem Netz an bi- und multilateralen Abkommen, von anerkannten internationalen Handelsbräuchen und Regierungsvereinbarungen, die mit Unterstützung von Banken, Versicherungen und Kapitalmärkten weltweit umgesetzt werden.

Strafrechtlich ergeben sich Vermischungen und Überschneidungen der Rechtsmaterien und 3
Normhierarchien, die wiederum von den Bemühungen internationaler Organisationen zur Kriminalitätsbekämpfung beeinflusst werden. Die wichtigsten Rechtsmaterien aus deutscher Sicht, die den grenzüberschreitenden Handelsverkehr durch staatliche Regulierung überlagern, ergeben sich ohne Anspruch auf Vollständigkeit aus der folgenden Übersicht:

Außenwirtschafts- und Kriegswaffenrecht		Steuer- und Zollrecht	Bekämpfung grenzüberschreitender Kriminalität	
AWG i. e. S.	KWKG	AO, ZollK, MOG	Nationale Rechtsgüter	Organisierte Kriminalität
Waren	ABC-Waffen	Zollverfahren	Militärische Abschirmung	Schmuggel
Dienstleistungen	Chemikalien	Marktordnung	Spionageschutz	Schleuser
KnowHow-Transfer		Artenschutz	Abwehr von Menschlichkeitsverbrechen	Menschenhandel
Transporte		Steuerhinterziehung	Staatsschutzsachen	Waffenhandel
Post-, Telekommunikation, Internet		Bannbruch		Geldwäsche
Finanzierung		Steuerhehlerei		Geld-, Wertzeichen- und Wertpapierfälschungen
Versicherung		Schwarzarbeit		Korruption
				Arznei- und BtM
				Produktpiraterie

Normzweck des Außenwirtschaftsrechts ist die Durchsetzung übergeordneter nationaler In- 4
teressen[1] gegenüber den Interessen der Gewerbetreibenden. Diese wirtschaftlichen und fiskalischen Interessen des Staates oder der Staatengemeinschaft, die kulturellen, politischen und militärischen Interessen, besonders das Interesse an der Beherrschbarkeit und Begrenzung gefährlicher Waffen (Kontrolle von ABC-Waffen) überlagern das Privatrecht und schränken es ein.[2] Seit die Abwehr eines internationalen Terrorismus, von Völkermord oder ethnischer Verfolgung auf der Tagesordnung der internationalen Organisationen und der politischen Arbeit der Atom- und Wirtschaftsmächte stehen, wirken sich die dort beschlossenen präventiven oder

---

[1] Erbs/Kohlhaas/*Fuhrmann* Vorbem. § 1 AWG Rdnr. 4; BVerfG NJW 1999, 3324.
[2] OLG Düsseldorf NStZ 1987, 565 f.

repressiven Maßnahmen gegen Vertragsverletzer unmittelbar auf das staatliche Außenwirtschaftsrecht aus.

5 b) **Vorrangiges internationales Recht.** Vorrangig vor nationalem Recht ist das Recht der Europäischen Union (EU) anzuwenden (Art. 249 EGV n. F.[3]). Die EU kann auf vertraglicher Grundlage[4] rechtsetzend tätig werden. Die Rechtsanwendungs- und Rechtsdurchsetzungskompetenz liegt aber bei den Mitgliedstaaten. Für den Warenverkehr ergibt sich das vor allem aus Art. 113 EGV n. F.,[5] nach dem die EU die ausschließliche Kompetenz zur Steuerung des Außenhandels der Staatengemeinschaft hat.[6] Die nicht umfassende Rechtssetzungskompetenz für den Außenwirtschaftsverkehr wird eingeschränkt durch Art. 30, Art. 296 EGV n. F. Rüstungsgüter)[7] und Art. 297 EGV (nationale Notfälle). Nach Art. 30 EGV sind u. a. nationale Ausfuhr- und Durchfuhrbeschränkungen zulässig, die „aus Gründen der öffentlichen Sittlichkeit, Ordnung und Sicherheit" abgeleitet werden. Die EU hat für die Einfuhr von Gütern und auch in geringerem Umfang bei der Ausfuhr von Waren und für grenzüberschreitende Dienstleistungen Verordnungen erlassen. Diese Verordnungen sind auch ohne nationale Umsetzung unmittelbar geltendes Recht[8] und gehen dem innerstaatlichen Recht vor.[9] Folglich ist für die Auslegung der Norm auch europäisches Rechtsverständnis maßgeblich. Bei Kollisionen ist zwingend an den EuGH vorzulegen.[10] Für das Strafrecht ist die unmittelbare Geltung für eine Blankett-Strafnorm streitig,[11] wird aber überwiegend für zulässig erachtet.[12]

6 So ist bspw. durch die VO (EG) 3381/94 (EG-Dual-use-VO) und den dazu gehörenden Beschluss 94/942/GASP für alle Mitgliedstaaten der EU seit dem 1.7.1995 für die dort bezeichneten Güter mit doppeltem Verwendungszweck ein einheitlicher Anwendungskatalog geschaffen,[13] der das hohe Niveau der deutschen Exportkontrollen auf die EU ausdehnt.[14] Die VO ist durch die am 28.9.2000 in Kraft getretene VO(EG) 1334/2000 ersetzt worden. Die VO regelt die Ausfuhr von Gütern aus dem Gemeinschaftsgebiet (Art. 3, 4). Ergänzend wird die Verbringung bestimmter Waren in andere EG-Mitgliedstaaten unter Genehmigungsvorbehalt gestellt (Art. 21).[15] Wegen der Öffnungsklausel für nationale Sonderregelungen (Art. 4 Abs. 5 und 8, Art. 5, Art. 21 Abs. 2) muss eine abweichende nationalstaatliche Regelung geprüft werden.

7 Andererseits gelten für Waffen und sonstige Rüstungsgüter die nationalen Bestimmungen mit Vorrang vor dem internationalem Recht (Teil I Abschnitt A der AL), weil die EG dafür keine Regelungskompetenz hat (Art. 296 EGV n. F.). Nach Art. 296 EGV kann jeder Mitgliedstaat die Maßnahmen ergreifen, die seines Erachtens für die Wahrung seiner wesentlichen Sicherheitsinteressen erforderlich sind, soweit sie die Herstellung von Waffen, Munition und Kriegsmaterial oder den Handel damit betreffen. Nationale Beschränkungen für Waren, die dem KWKG unterfallen bzw. in Teil I Abschnitt A der AL erfasst sind, können damit abweichend von EG-Rechtlichen Bestimmungen geregelt werden. Aber auch für die „dual-use-Güter" (z. B. §§ 5 c–5 e AWV) können nationale Sondernormen bestehen.[16] Daher muss im konkreten Einzelfall geprüft werden, ob abweichend von europäischem Recht eine vorrangig deutsche Regelung bestehen kann.

---

[3] EGV in der Fassung des Vertrages von Amsterdam (AV); der AV ist am 1.5.1999 in Kraft getreten. (Art. 249 n. F. = Art. 189 a. F.)
[4] Art. 3 b EG-Vertrag a. F. = Art. 5 EG-Vertrag n. F. (EGV in der Fassung des Vertrages von Amsterdam [AV]; der AV ist am 1.5.1999 in Kraft getreten) – sog. Prinzip der begrenzten Einzelermächtigung.
[5] EGV in der Fassung des Vertrages von Amsterdam (AV); der AV ist am 1.5.1999 in Kraft getreten. (Art. 133 n. F. = Art. 113 a. F.)
[6] EuGH EuZW 1995, 210; *Bogdandy/Nettesheim* NJW 1995, 2324; *Dörr* NJW 1995, 3162.
[7] EGV in der Fassung des Vertrages von Amsterdam (AV); der AV ist am 1.5.1999 in Kraft getreten. (Art. 30 n. F. = Art. 36 a. F., Art. 296 n. F. = Art. 223 a. F.)
[8] BVerfGE 63, 324 = NJW 1983, 1258
[9] EuGH NJW 1977, 2022; NJW 1984, 2021; NJW 1986, 2178; BVerfGE 75, 223/224 = NJW 1993, 23.
[10] EuGH NJW 1983, 257; BVerfGE 75, 233 = NJW 1988, 1459; BGHSt. 33, 76; 36, 92.
[11] Vgl. BGHSt. 41, 127 = NJW 1995, 2174/2175; *Bieneck* HdB AWR § 26 Rdnr. 36.
[12] Erbs/Kohlhaas/*Fuhrmann*, Vorbem. zu § 1 AWG Rdnr. 7; *Tiedemann* NJW 1993, 23 ff.
[13] *Hahn*, AW-Prax 1995, 5 ff. und 1996, 264 ff.
[14] Zur Entstehungsgeschichte der EG-dual-use-VO: *Hahn* AW-Prax 1999, 321.
[15] Vgl. ausführlich: *Simonsen* AW-Prax 2000, 252ff, 312ff, 358ff; *von Poser und Groß-Naedlitz*, Stückwerk mit gravierenden Konsequenzen, AW-Prax 2000, 217.
[16] EuGH v. 17.10.1995 – Rs C-83/94 und Rs C-70/94 zur früheren Rechtslage des § 5 a AWV.

Für die Ein- und Ausfuhr von Marktordnungswaren gilt an Stelle des AWG und der AWV das 8
Gesetz zur Durchführung der gemeinsamen Marktorganisation (MOG).[17] Marktordnungswaren sind alle Erzeugnisse, die von den gemeinsamen Marktorganisationen reguliert werden, z. B. für Erzeugnisse des Bodens, der Viehzucht und der Fischerei (vgl. § 2 MOG).

Weiter sind einzelne Rechtsvorschriften zu beachten, die dem AWG vorgehen, namentlich das Gesetz zur Überwachung strafrechtlicher und anderer Verbringungsverbote vom 9
24.5.1961,[18] das Gesetz zum Washingtoner Artenschutzübereinkommen[19] und die Betäubungsmittel-Außenhandelsverordnung.[20]

c) **Verfassungsmäßigkeit der Außenwirtschaftsbestimmungen.** In Strafverfahren wegen 10
Verstoßes gegen § 34 AWG mit seinen massiven Strafdrohungen kann die Verfassungsmäßigkeit der Außenwirtschaftsbestimmungen (AWG/AWV) im Einzelfall zu überprüfen sein. Das BVerfG hat bislang allerdings keine Verfassungsbeschwerde zur Entscheidung angenommen.[21] Nach der bisher bekannt gewordenen Judikatur sollen die §§ 33, 34 AWG den Anforderungen des Bestimmtheitsgebots gem. Art. 103 Abs. 2 GG[22] genügen. Die Ermächtigungsnormen des AWG werden als mit Art. 80 GG vereinbar angesehen.[23] Aus der sog. „Ecstasy-Entscheidung" des BVerfG,[24] in der das Gericht keinen Verstoß gegen das Gesetzlichkeits- und Bestimmtheitsgebot durch die Aufnahme von MDMA und MDE in die Anlage I zum BtMG gesehen hat, sollten keine voreiligen Schlüsse gezogen werden. Bei Waren des täglichen Bedarfs, der medizinischen und humanitären Hilfe oder der Entwicklungshilfe für Embargoländer muss anders als für die staatliche Kontrolle von Betäubungsmitteln ein besonderes Schutzbedürfnis des regulierenden Nationalstaates bezweifelt werden. Eine etwaige politisch motivierte Verweigerung[25] medizinischer, humanitärer und sozialer Hilfe darf nicht durch drakonische Strafbestimmungen verfolgbar sein, wenn gleichzeitig Verbrechen gegen die Menschlichkeit von Militär verfolgt und vor internationalen Gerichtshöfen geahndet werden. Die sich aus internationalen Vereinbarungen ergebenden Zwecke der Hunger-, Flüchtlings- und Katastrophenhilfe wie auch der Ächtung und Verfolgung von Verbrechen gegen die Menschlichkeit sollten zwar stets im Sinne des § 2 Abs. 2 AWG die Aufhebung etwaiger Ausfuhrbeschränkungen rechtfertigen. Letztlich stehen aber auch verfassungsrechtliche Gründe (aus Art. 2 Abs. 1, Art. 12 Abs. 1 und Art. 26 Abs. 2) einer rein formalistisch begründeten Ausfuhrbeschränkung entgegen.

2. Ermittlungsbehörden

a) **Zollfahndung.** Zuständig für die Ermittlung und Aufklärung von strafrechtlichen Verstößen 11
gegen AWG, KWKG und CWÜAG sind die Hauptzollämter (HZÄ) und Zollfahndungsämter (ZFA; § 37 AWG, § 20 CWÜAG) und in Fällen besonderer Bedeutung auch das Zollkriminalamt (ZKA) (§ 4 Abs. 1 ZFdG). Die Zollstellen überwachen den grenzüberschreitenden Güterverkehr (Fracht-, Post- und Reiseverkehr); in ihrer Tätigkeit haben sie die Einhaltung außenwirtschaftsrechtlicher Ein-, Aus- und Durchfuhrbeschränkungen bzw. -verbote (§ 46 AWG, § 14 Abs. 2 KWKG, § 5 CWÜAG, § 21 a ZollVwG) zu kontrollieren bzw. Verstöße zu ahnden.

Die HZÄ sind organisatorisch den Bußgeld- und Strafsachenstellen gleichgesetzt. In Außen- 12
wirtschaftssachen wird mit den Ermittlungen regelmäßig der Zollfahndungsdienst (ZFÄ und ZKA) befasst. Diese Ermittlungsaufgaben erfüllen die HZÄ/ZFÄ sowohl auf Ersuchen der Verwaltungsbehörde oder der Staatsanwaltschaft als auch von Amts wegen. Ihre Beamten haben die Rechte und Pflichten der Ermittlungspersonen nach der StPO und dem OWiG. Da die ungenehmigte bzw. verbotswidrige Ein-, Aus- und Durchfuhr von den Außenwirtschaftsbe-

---

[17] MOG i. d. F. der Bekanntmachung vom 20.9.1995 (BGBl. I 1146) mit den jeweils späteren Änderungen.
[18] Dazu Erbs/Kohlhaas/*Schulz/Häberle*, V 51, Stand 1.3.2005.
[19] Dazu Erbs/Kohlhaas/*Stöckel*, N 17, 17 a, Stand 1.6.2003.
[20] Dazu Erbs/Kohlhaas/*Pelchen*, B 64 a, Stand 1.1.2002.
[21] BVerfG v. 21.7.1992 – 2 BvR 858/92, NJW 1993, 1909; BVerfG v. 25.10.1991 – 2 BvR 374/90, NJW 1992, 2624.
[22] *Holthausen/Hucko* NStZ-RR 1998, 225 ff.
[23] BVerfG v. 11.10.1994 – 1 BvR 337/92 – Zollnachrichten- und Fahndungsblatt 1995, 10 ff.
[24] BVerfG v. 4.5.1997 – 2 BvR 511/96 – n. v.
[25] dazu bspw. *B. J. Fehn* AW-Prax 1998, 16 ff. – autorisierte Fassung (= Beilage zur AW-Prax 3/98).

stimmungen (AWG, KWKG, CWÜAG) unterfallenden Gütern stets auch ein Bannbruch (§ 372 AO) und damit eine Steuerstraftat ist, haben die Ermittlungsbeamten der ZFÄ (und HZÄ) darüber hinaus in diesen Fällen auch das Recht auf Durchsicht der Papiere gem. § 404 AO, § 110 StPO.

13 Schließlich sind die Oberfinanzdirektionen (OFD'en) zuständige Verwaltungsbehörde i. S. des AWG (§ 38 Abs. 3 AWG); sie können Auskünfte verlangen und Außenwirtschaftsprüfungen anordnen (§ 44 AWG), die Hauptzollämter und Zollfahndungsämter (ZFÄ) mit der Durchführung von Ermittlungen beauftragen (§ 37 AWG) und sind zuständig für die Ahndung von Ordnungswidrigkeiten nach AWG/AWV (§ 38 AWG).[26]

14 b) **Zollkriminalamt (ZKA).** Das ZKA allein ist zuständig für präventive Maßnahmen zur Verhütung von Straftaten nach dem AWG und dem KWKG. Nach §§ 39ff AWG kann es die Überwachung des Brief,- Post- und Telekommunikationsverkehrs beantragen und nach richterlicher Genehmigung auch überwachen.[27] Die Teilnehmerstaaten der Exportkontrollgremien haben auf verschiedenen Ebenen Ausschüsse und Konsultationen eingerichtet. Das ZKA und die jeweils für die Durchführung von Ermittlungen in Außenwirtschaftssachen zuständigen Behörden pflegen einen intensiven, grenzüberschreitenden und unmittelbaren Austausch mit dem Ermittlungsdienst der Zollverwaltungen der Vertrags-Partnerstaaten.

15 c) **OLAF, Europol.** Die europäischen Betrugsermittlungsstellen OLAF und Europol sind ebenfalls zuständig für die Ermittlung von Delikten gegen Gemeinschaftsrecht.

16 d) **Amts- und Rechtshilfe.** Die Amts- und Rechtshilfe in Fällen der Außenwirtschaftskriminalität und der ABC-Waffen wird schon wegen der zahlreichen internationalen Abkommen uneingeschränkt und höchst effizient gewährt.

17 Mit der Schweiz und Liechtenstein ist bei Außenwirtschaftsstraftaten justizielle Rechtshilfe möglich. Nach Schweizer Recht hat der (ausländische) Beschuldigte das Recht auf Akteneinsicht durch einen Schweizer Anwalt und kann auch Rechtsmittel gegen die Erledigung des Rechtshilfeersuchens einlegen. Das Recht auf Akteneinsicht besteht sowohl hinsichtlich des Rechtshilfeersuchens als auch der zu übersendenden Erledigungsstücke, d. h., der Beschuldigte erhält noch vor den ersuchenden Behörden Kenntnis von den Beweismitteln. Die Schweizer Behörden müssen in diesen Fällen volle Akteneinsicht gewähren, es sei denn, dass in dem Rechtshilfeersuchen ausdrücklich (mit Begründung!) Beschränkungen bezüglich der Akteneinsicht erbeten werden. Sofern derartige Beschränkungen nicht erbeten sind, wird Akteneinsicht gewährt, ohne zuvor mit der ersuchenden Behörde Rücksprache zu nehmen.

3. Besonderheiten des Ermittlungsverfahrens

18 a) **Vorschaltverfahren.** Die Außenwirtschafts- und ABC-Waffendelikte sind Kontrolldelikte, zu deren Aufdeckung nicht nur die klassischen strafprozessualen Maßnahmen ergriffen werden können. Schon durch die zollamtliche Überwachung und die Außenwirtschaftsüberwachung (§§ 44, 46 AWG) können Erkenntnisse über illegale Aktivitäten zutage fördern. Die Begriffe „zollamtliche Überwachung" (Art. 4 Nr. 13 ZK i. V. m. Art. 4 Nr. 14 ZK) und „Außenwirtschaftsüberwachung" sind nicht deckungsgleich. Gegenstand der zollamtlichen Überwachung gem. ZK ist nur der grenzüberschreitende **Waren**verkehr (Art. 1 ZK). Gegenstand der (unmittelbaren) Außenwirtschaftsüberwachung nach § 46 AWG ist die Ein-, Aus- und Durchfuhr von Sachen, denen die Wareneigenschaft fehlt (§ 4 Abs. 2 Nr. 2 AWG, d. h. bewegliche Sachen, die nicht Gegenstand des Handelsverkehrs sein können, sowie Wertpapiere und Zahlungsmittel).

19 Wichtiger Teil der Außenwirtschaftsüberwachung sind ferner die umfangreichen, den gesamten Außenwirtschaftsverkehr betreffenden Überwachungs-/Prüfungsbefugnisse gemäß § 44 AWG. Dazu zählen:
- das zweistufige Verfahren bei der Ausfuhrabfertigung (Kontrolle durch die Ausfuhr- und durch die Ausgangszollstelle) einschließlich des DV-Verfahrens KOBRA (Kontrolle bei der

---

[26] Weitere Verwaltungsbehörde i. S. des KWKG ist das BAFA (§ 23 KWKG i. V. m. § 1 Abs. 1 der Dritten Verordnung zur Durchführung des KWKG); Verwaltungsbehörde i. S. des CWÜAG ist ebenfalls das BAFA (§ 15 Abs. 3 CWÜAG).

[27] Vgl. zu Art und Umfang der Tätigkeit die parlamentarische Antwort vom 15.12.2005, BT-Drucks. 16/281 auf eine Anfrage der Fraktion DIE LINKE.

Ausfuhr) und der darin vom ZKA eingestellten „Warnhinweise" für die Zollstellen (z. B. über „sensible" Empfänger oder „sensible" Projekte/Beschaffungsvorhaben),
- die nachträgliche Kontrolle im Rahmen von Außenwirtschaftsprüfungen durch Auskunftsverlagen, Außenprüfungen und einen durch das G.v. 28.3.2006 eingeführten *Datenzugriff*[28] (§ 44 AWG),
- die länder- und einzelfallbezogene Marktbeobachtung durch das ZKA, deren Ergebnisse einerseits dem Zollfahndungsdienst/den Oberfinanzdirektionen für die Durchführung von Ermittlungen und Außenwirtschaftsprüfungen und andererseits (durch in KOBRA eingestellte Warnhinweise) den Zollstellen für die Ausfuhrabfertigung zur Verfügung gestellt werden, und
- die präventive Überwachung des Brief-, Post- und Telekommunikationsverkehrs gem. §§ 39 ff. AWG durch das ZKA.[29]

Daneben erhält das ZKA u. a. Hinweise über mögliche illegale Ausfuhren oder ausländische Beschaffungsvorhaben für sensible Projekte z. B. von inländischen Sicherheitsbehörden, von Firmen oder im Rahmen der internationalen Zusammenarbeit in den Exportkontrollregimen bzw. (über die Bundesressorts) von ausländischen Regierungen („non paper"). Es wertet diese aus und veranlasst die erforderlichen Überwachungs- oder Ermittlungsmaßnahmen. Eine wichtige Erkenntnisquelle sind ferner Informationen ausländischer Zollverwaltungen (Amtshilfeersuchen im Rahmen der Verträge über die gegenseitige Unterstützung der Zollverwaltungen bzw. auch „Spontanhinweise"). 20

b) Umfang der Maßnahmen. Neben den allgemeinen Ermittlungsmaßnahmen, wie Durchsuchung und Beschlagnahme zur Sicherstellung von Beweismitteln, vorläufiger Festnahme und Untersuchungshaft sowie Verfall und Einziehung, kann bereits der konkretisierte Verdacht einer Straftat nach dem AWG und/oder dem KWKG, CWÜAG die Überwachung und Aufzeichnung des Telekommunikationsverkehrs gem. § 100 a StPO rechtfertigen. Voraussetzung ist der Verdacht, dass ein Außenwirtschaftsverstoß zumindest versucht wurde, wobei eine Förderung gem. § 34 Abs. 3 AWG für die Telekommunikationsüberwachung ausreichend ist. Im Übrigen können einzelne Verbindungsdaten auch nach §§ 100 g-h StPO erhoben werden.[30] 21

Weiter besteht auch bei dem Verdacht fahrlässiger Außenwirtschaftsstraftaten die Möglichkeit der Postbeschlagnahme gem. §§ 99 und 100 StPO. 22

Desgleichen ist der Datenabgleich gem. § 98 c StPO und die Rasterfahndung, §§ 98 a-b StPO möglich. Während die Rasterfahndung nur für gewerbs- oder bandenmäßig oder in anderer Weise organisierte begangene Taten zulässig ist, bestehen für den Datenabgleich keine derartigen Einschränkungen. Diese Maßnahmen sollen in erster Linie der Fahndung nach flüchtigen Personen dienen und wurden für die Terroristenfahndung geschaffen.[31] 23

Zur Aufklärung des Sachverhalts oder zur Ermittlung des Aufenthaltsortes eines Täters dürfen in allen Außenwirtschaftsstrafsachen Personen heimlich, also ohne ihr Wissen, unter Einsatz technischer Mittel observiert, d. h. vor allem fotografiert oder mit Videokameras gefilmt werden. Handelt es sich nicht um den Beschuldigten, so sind die Maßnahmen indes nur zulässig, wenn der Ermittlungserfolg ohne sie wesentlich erschwert oder erheblich weniger wahrscheinlich zu erreichen wäre (§ 100 c Abs. 1 Nr. 1 a, Abs. 2 StPO). 24

Außerdem können bei nicht geringfügigen Außenwirtschaftsstraftaten gem. § 100 c, Abs. 1 Nr. 1 b StPO auch Bewegungsmelder, Nachtsichtgeräte oder Peilsender eingesetzt werden.[32] 25

Im Bereich des Außenwirtschaftsstrafrechtes ist auch der große Lauschangriff –in den vom BVerfG gezogenen Grenzen[33]- erlaubt, sofern es sich um den Verdacht einer vorsätzlichen Außenwirtschaftsstraftat handelt. In einem solchen Fall dürfen sogar Dritte abgehört werden, 26

---

[28] Die Norm stellt eine Anlehnung an die Neufassungen der §§ 146, 147 AO dar und soll effektive und kostensparende Außenprüfungen fördern.
[29] Zur Verfassungswidrigkeit der §§ 39, 41 AWG vgl. BVerfG Beschl. v. 3.3.2004 – 1 BvF 3/92; die Eingriffsermächtigung ist bis 31.12.2007 befristet, vgl. BT-Drucks. 16/281.
[30] *Bieneck* HdBAWR, § 27 Rdnr. 22.
[31] *Möhrenschlager* wistra 1992, 328; *Bieneck* HdBAWR, § 27 Rdnr. 24.
[32] *Meyer-Goßner* § 100 c, Rdnr. 2.
[33] BVerfG Beschl. v. 3.3.2004 – 1 BvF 3/92.

soweit der Verdacht besteht, dass diese mit dem Täter in Verbindung stehen. Dass bei der optischen oder akustischen Überwachung auch unbeteiligte Dritte betroffen werden können, steht den Maßnahmen nicht entgegen.[34]

27 Zur Ermittlung von Außenwirtschaftsstrafsachen, die den Rechtsfrieden beeinträchtigen können, dürfen verdeckte Ermittler eingesetzt werden, wenn die Straftaten gewerbs- oder bandenmäßig oder sonst organisiert begangen werden. Liegt der Verdacht eines Embargobruchs vor, so kann der verdeckte Ermittler auch lediglich bei Wiederholungsgefahr oder dann eingesetzt werden, wenn es sich zumindest nicht um einen weniger bedeutenden Verstoß handelt und andere Ermittlungsmaßnahmen aussichtslos wären. Der Einsatz des verdeckten Ermittlers unterliegt der Zustimmung der Staatsanwaltschaft, wenn dies rechtzeitig möglich ist. Richtet er sich gegen einen bestimmten Beschuldigten oder soll der verdeckte Ermittler eine Wohnung betreten, so ist die Zustimmung des Ermittlungsrichters beim Amtsgericht oder –bei Gefahr im Verzug- der Staatsanwaltschaft erforderlich, § 100 b Abs. 2 StPO.

28 Für vorsätzliche Außenwirtschaftsstraftaten kommt des Weiteren die Netzfahndung nach § 163 d StPO in Betracht. Fahrlässige Außenwirtschaftsstraftaten können eine polizeiliche Beobachtung nach § 163 e StPO auslösen, wenn diese Straftaten keinen Bagatellcharakter haben und den Rechtsfrieden beeinträchtigen können. Beide Maßnahmen dürfen grundsätzlich nur durch den Ermittlungsrichter, bei Gefahr in Verzug, auch durch die Staatsanwaltschaft angeordnet werden.

29 Schließlich können Staatsanwaltschaft und Beamte der Ermittlungsmaßnahmen bei dem Verdacht von Außenwirtschaftsstraftaten die zur Identitätsfeststellung einer Person erforderlichen Maßnahmen treffen. Diese Maßnahmen sind nicht nur bei Beschuldigten erlaubt (§ 81 b StPO), sondern auch bei Verdächtigen, gegen die noch kein Ermittlungsverfahren eingeleitet wurde (§ 163 b Abs. 1 c StPO) und bei Dritten (§ 163 b Abs. 2 c StPO). Anzumerken ist hier, dass gegen Dritte Durchsuchung und erkennungsdienstliche Maßnahmen nicht gegen deren Willen vorgenommen werden dürfen, während die übrigen Maßnahmen zur Aufklärung einer Straftat erlaubt sind.[35]

30 Der § 45 Abs. 1 AWG ermächtigt das BAFA dazu, Informationen an Strafverfolgungsbehörden weiter zu geben, soweit dies zur Verfolgung von Straftaten erforderlich ist. Das Zollkriminalamt ist durch § 45 Abs. 2 AWG dazu berechtigt, diese Daten auch in einem automatisierten Verfahren abzurufen.

4. Hinweise für die Verteidigung

31 a) Vertretungs- und Verteidigungskonstellationen. Für den Verteidiger ist das Handeln von Unternehmen, Institutionen und Einzelnen im Außenhandelsverkehr aus unterschiedlichen Richtungen von Bedeutung:
- Warenaustausch und Dienstleistungsverkehr mit dem Ausland können für kriminelle Handlungen (das können bspw. sein: Illegale Kriegswaffenexporte, Embargoverstöße, Unterstützung krimineller Vereinigungen) ausgenutzt werden,
- Es können sich kriminelle Organisationen durch illegale Niederlassungen, Schein- und Tarnfirmen Tätigkeitsgrundlagen im Inland verschaffen;
- Unternehmen können durch Mitarbeiter und Organe geschädigt werden, die gegen gesetzliche Bestimmungen zum Schutz und zur Kontrolle des Wirtschaftsverkehrs bestehen, verstoßen.
- Schließlich bestehen ambivalente staatliche Zielsetzungen: bei der Forschung bspw. ist der Import von Technologie und KnowHow ausdrücklich gewünscht, auch deren Export soll die Außenhandelsbilanz aufbessern. Ebenso werden zukunftsbezogene Verbesserung von Industrieproduktion, Produktverbesserung und Vertrieb, Hochtechnologie (Kernkraft, Solarkraft), Biotechnologie, Medizin- und Pharmaprodukte staatlich gefördert. Der Zielkonflikt setzt sich bei humanitären Maßnahmen fort, wenn dadurch bspw. Embargoverbote dem Buchstaben nach erfüllt werden.

---

[34] *Bieneck* HdBAWR § 27 Rdnr. 27.
[35] *Bieneck* HdBAWR § 27 Rdnr. 35 ff.

b) Interessenklärung. Da Import- oder Exportverstöße ausnahmslos Unternehmen betref- 32
fen, die wiederum in Verflechtungen mit Schwester- oder Mutterunternehmen handeln können, muss der Verteidiger frühzeitig die Interessen des personifizierten Mandanten von denen
des Unternehmens differenzieren. Gerade angesichts der deutlichen Verbrechenstatbestände
lassen sich die Unternehmensinteressen und die Interessen eines Beschuldigten kaum in eine
Deckung bringen. Aber auch den u. U. gesellschaftsrechtlich begründeten Konzernleitungsauf-
gaben können im Einzelfall Gründe aus Ausfuhrbeschränkungen entgegenstehen. Daher sollte
und muss der Verteidiger frühzeitig klären, ob sich Unternehmensinteressen und die Interessen
des persönlichen Mandanten decken.

c) Abwehr von Eingriffen. Da sich im Außenwirtschaftsrecht massive staatliche Lenkungs- 33
interessen niederschlagen, hat die Verteidigung von Anfang an darauf zu achten, dass
vorhersehbaren Eingriffen der Ermittlungsbehörden begegnet wird. Dem Mandanten sind daher
Informationen über das Ermittlungsinstrumentarium der Behörden zu geben. Neben den Betriebsprüfungen des BAFA und des Zoll gehören natürlich hierzu die strafprozessualen Ermittlungsbefugnisse. Abhängig von der Schwere des Vorwurfs sollte der Verteidiger bzw. der
Firmenanwalt auch die Möglichkeiten erörtern, präventiv auf das BAFA und/oder Ermittlungsbehörden zuzugehen, Sachverhalte offen zu legen oder klarzustellen und einen eigenständigen
Rechtsstandpunkt zu vertreten. Dabei ist das Zusammenwirken von Außenwirtschaftsrecht
und Strafrecht zu beachten. Verfügt der Verteidiger nicht über ausreichende Spezialkenntnisse,
sollte er zur ergänzenden Einschaltung eines spezialisierten Kollegen raten.

Das taktische Verhalten in einem Ermittlungsverfahren (dazu Kap. 7 dieses Handbuches) 34
kann von unterschiedlichen Interessen dominiert sein. Daher sollte vor einer Festlegung auf
bestimmte Maßnahmen erst eine vertiefte Einarbeitung in den Fall erfolgen. Hierzu gehören
die Informationen des Mandanten über die Inhalte und Abläufe des Genehmigungsverfahrens,
den Transport- und den Zahlungsweg, etwaige Ergebnisse der Betriebsprüfung des BAFA oder
anderer Prüfungsdienste (bspw. Zoll), die Aufbau- und Ablauforganisation innerhalb des Unternehmens, das das Geschäft betreibt. Erst dann schließt sich eine Prüfung der (straf-) rechtlichen Auswirkungen von erstmaligen oder ergänzenden Erklärungen im Verwaltungs- und
Besteuerungsverfahren an.

II. Außenhandelskontrollen

In einem Mandat mit Fragen des Außenhandelsrechts sollten die Funktionsweise der Außen- 35
handelskontrollen und das Zusammenspiel der verschiedenen staatlichen Aufsichts- und Un-
tersuchungsbehörden bekannt sein. Der Folgende kurze Überblick über die verwaltungstech-
nische Abwicklung soll einen Einblick geben. In der Regel hat sich der um Rechtsrat und Vertretung anfragende Mandant mit diesen Grundfragen bereits ausführlich befasst.

1. Exportkontrollen

Das Außenwirtschaftsgesetz (AWG) geht in § 1 vom Grundsatz der Freiheit des Außenwirt- 36
schaftsverkehrs aus. Nach § 7 AWG sind aber Beschränkungen möglich, um die Berücksichtigung wesentlicher Sicherheitsinteressen der Bundesrepublik Deutschland zu gewährleisten,
eine Störung des friedlichen Zusammenlebens der Völker zu verhüten oder zu verhüten, dass
die auswärtigen Beziehungen der Bundesrepublik Deutschland erheblich gestört werden. Konkrete Verbote und Genehmigungspflichten enthält die Außenwirtschaftsverordnung (AWV).

Bestimmte *Exportverbote* und die Ausübung bestimmter Tätigkeiten im Bereich des Außen- 37
wirtschaftsverkehrs existieren insbesondere nach dem Kriegswaffenkontrollgesetz (KWKG).
Welche Waffen von diesem Gesetz erfasst werden, ergibt sich aus der Kriegswaffenliste (KWL).
Für den Export von Waffen und Rüstungsgütern sind nach den sog. „Politischen Grundsätze
der Bundesregierung für den Export von Kriegswaffen und sonstigen Rüstungsgütern" vom
19. Januar 2000[36] Kriterien und Prinzipien für die Genehmigungsfähigkeit aufgestellt worden.

Die *Exportkontrollvorschriften* der Europäischen Union (EU) sind für solche Güter zu be- 38
achten, die sowohl zivilen als auch militärischen Zwecken zugeführt werden können (sog.

---

[36] *Wessels*, Die neuen Politischen Grundsätze, AW-Prax 2000, 181.

„dual-use" Güter). Die EG-Verordnung Nr. 1334/2000 (nachfolgend „EG-VO") legt für alle Mitgliedstaaten der EU eine einheitliche Güterliste (Anhang I zur EG-VO) und Genehmigungspflichten und -verfahren für die Ausfuhr und Verbringung von dual-use-Gütern verbindlich fest.[37] Auch die EG-VO und vor allem ihre Anhänge unterliegen Änderungen. Die jeweils aktuellsten Fassungen der AWV und der EG-VO werden in Auszügen auf der Internetseite des BAFA unter www.ausfuhrkontrolle.info veröffentlicht.

39 Hinzu kommen internationale Embargoregelungen, die alle sonstigen Handelsbegrenzungen überlagern können. Embargos basieren in der Regel auf Beschlüssen der Vereinten Nationen, der OSZE oder Gemeinsamen Standpunkten des Rates der EU. Sie werden grundsätzlich durch Verordnungen der EG umgesetzt, die für die Unternehmen unmittelbar gelten. Embargos begründen im Allgemeinen Verbote. Waffenembargos sind in den nationalen Exportkontrollvorschriften umgesetzt. Nach dem Umfang der Beschränkungen werden Totalembargos, Teilembargos und Waffenembargos unterschieden. Sie können vielfältige Beschränkungen und Verbote enthalten. Abhängig von Umfang und Ziel eines Embargos ist stets zu prüfen, ob die geplante Handlung und/oder das zugrunde liegende Rechtsgeschäft von den Beschränkungen betroffen sind. Embargoregelungen können nicht nur die Ausfuhr des Gutes, sondern beispielsweise auch die Einfuhr und Durchfuhr von Gütern, den Kapital- und Zahlungsverkehr, die Erbringung von Dienstleistungen sowie den Abschluss und die Erfüllung von Verträgen betreffen. Neben den Embargoregelungen sind immer auch die Allgemeinen außenwirtschaftsrechtlichen Vorschriften zu beachten.

2. Genehmigungspflichten

40 Genehmigungspflichten können sich sowohl aus der EG-VO, dem AWG/AWV oder aus Spezialgesetzen (vgl. § 3 AtomG, § 46 BNatSchG) ergeben. Anknüpfungspunkte für derartige Genehmigungspflichten sind die Ausfuhr und die Verbringung von Gütern sowie Transithandelsgeschäfte und die Erbringung technischer Unterstützung. Der Begriff „Güter" umfasst Waren, Technologie und Datenverarbeitungsprogramme (§ 4 II Nr. 3 AWG).[38] Für genehmigungsfreie Güter kann die BAFA einen sog. „Null"-Bescheid erteilen. Der „Null"-Bescheid erfasst nur das konkret beantragte Ausfuhr-/ Verbringungsvorhaben und ist nicht übertragbar.

41 **a) Genehmigungspflichten für Ausfuhren in Länder außerhalb der EU.** Der Begriff der Ausfuhr wird in Art. 2 b) EG-VO für die davon erfassten Dual-use Güter sowie in § 4 Abs. 2 Nr. 4 AWG[39] für die nationalen Exportkontrollregelungen definiert. Nach Art. 2 b) EG-VO ist Ausfuhr ein Ausfuhrverfahren im Sinne des Art. 161 des Zollkodex der Gemeinschaft oder eine Wiederausfuhr im Sinne des Art. 182 des Zollkodex. Nach § 4 Abs. 2 Nr. 4 AWG ist Ausfuhr das Überführen von Sachen, Elektrizität und Software aus dem Wirtschaftsgebiet nach fremden Wirtschaftsgebieten, soweit in einer zu diesem Gesetz erlassenen Rechtsverordnung nichts anderes bestimmt ist. Die bestehenden Genehmigungspflichten für Ausfuhren differenzieren danach, ob die Güter von der Ausfuhrliste erfasst werden oder ob diese nicht von der Ausfuhrliste erfasst sind. 1. Genehmigungspflicht für Güter der Ausfuhrliste (AL) / Anhang I der EG-VO Unabhängig von der Erfassung durch ein Embargo muss geprüft werden, ob die zum Export bestimmten Güter von Teil I der AL erfasst werden. In der Praxis ergeben sich viele Beschränkungen aufgrund der AL.

42 **b) Genehmigungspflichten für Ausfuhren in EU-Länder.** Der Güterverkehr zwischen den Mitgliedstaaten der EU wird nicht als Ausfuhr, sondern als Verbringung bezeichnet (§ 4 II Nr. 5 AWG n. F., früher § 4 c Nr. 2 AWV).[40] Die Verbringung von Rüstungsgütern ist in gleichem Maße genehmigungspflichtig wie ihre Ausfuhr. Demgegenüber ist die Verbringung von

---

[37] Vgl. dazu *Simonsen*, Die novellierte EG-Dual-use-Verordnung und ihre Auswirkungen auf die deutsche Exportkontrolle, AW-Prax 2000, 252ff, 312ff, 358ff; *von Poser und Groß-Naedlitz*, Stückwerk mit gravierenden Konsequenzen, AW-Prax 2000, 217.
[38] Der Güterbegriff war früher legaldefiniert in § 4 c Nr. 1 AWV, er wurde in § 4 II Nr. 3 AWG eingefügt durch das 12. ÄndG AWG v. 28.3.2006 (BGBl. I 574), in Kraft seit 8.4.2006; vgl. dazu *Möhrenschlager* wistra 6/2006, S. V.
[39] Frühere Nr. 3, geändert durch das 12. ÄndG AWG.
[40] Der Ausfuhrbegriff in § 34 I i. V. m. § 4 II Nr. 3 AWG a. F. und der Verbringungsbegriff in § 4 c Nr. 2 AWV a. F. sind in ihrer Reichweite nicht deckungsgleich und unklar, vgl. *Bieneck* wistra 2000, 213ff; ders. wistra 2000, 441/446; Müller-Gugenberger/*Bieneck* § 62 Rdnr. 51.

dual-use-Gütern in andere Mitgliedstaaten der EU grundsätzlich frei. Nur in geringem Umfang gibt es für den Intra-EU-Güterverkehr noch Beschränkungen.

Für Güter des Teil I Abschnitt A der AL / Anhang IV der EG-VO gilt: Eine Genehmigungspflicht für die Verbringung in einen anderen Mitgliedstaat der EU besteht für: 43
- in Teil I Abschnitt A der AL genannte Güter (Waffen, Munition und Rüstungsgüter, vgl. § 7 Abs. 1 AWV); Besonderheiten gelten hier für den Bereich der Hand- und Faustfeuerwaffen (vgl. § 7 Abs. 1 Satz 2 Nr. 1 – 3 AWV),
- in Anhang IV der EG-VO genannte Dual-use-Güter. Die dort erfassten Güter stellen eine Untergruppe der in Anhang I zur EG-VO (weitgehend identisch mit Teil I Abschnitt C) enthaltenen Güter dar, die als besonders sensitiv angesehen werden (vgl. Art. 21 Abs. 1 Satz 1 EG-VO).

Für Güter des Teil I Abschnitt B, C der AL sowie für nicht von der AL erfassten Güter gilt: Die 44 Verbringung von Gütern, die in Teil I Abschnitt B oder Abschnitt C der AL erfasst sind (soweit diese nicht zugleich in Anhang IV der EG-VO enthalten sind) sowie die Verbringung von Gütern, die nicht in der Ausfuhrliste genannt sind, bedarf zumindest dann keiner Genehmigung, wenn das endgültige Bestimmungsziel der Lieferung innerhalb der EU liegt.

c) **Genehmigungspflicht für Verbringungen mit anschließender Ausfuhr in Länder außerhalb der EU.** Die bestehenden Genehmigungspflichten für eine Verbringung mit anschließender Ausfuhr in Länder außerhalb der EU unterscheiden ebenfalls danach, ob es sich um Güter handelt, die von der Ausfuhrliste erfasst sind oder ob Güter geliefert werden, die in der Ausfuhrliste nicht genannt sind. Für Güter des Teil I Abschnitt A der AL besteht eine Genehmigungspflicht nach § 7 Abs. 1 AWV. Für in Teil I Abschnitt B und Abschnitt C der AL genannte Güter besteht eine Genehmigungspflicht, wenn der Verbringer Kenntnis hat, dass das endgültige Bestimmungsziel außerhalb der EU liegt (§ 7 Abs. 2 AWV) und für eine entsprechende Direktausfuhr keine Allgemeingenehmigung oder Globalgenehmigung erteilt ist oder die Güter im EU-Mitgliedstaat nicht ver-/bearbeitet werden (§ 7 Abs. 5 AWV). Die Genehmigung nach § 7 Abs. 2 AWV erlaubt nur die Verbringung in den anderen Mitgliedstaat der EU und erfasst nicht die nachfolgende Ausfuhr aus diesem EU-Staat in das Endbestimmungsland. Für die nachfolgende Ausfuhr ist gegebenenfalls eine Genehmigung dieses EU-Mitgliedstaates nach Art. 3 EG-VO erforderlich. 45

Die Verbringung von nicht in der AL erfassten Gütern mit anschließender Ausfuhr in ein 46 Land außerhalb der EU ist nach § 7 Abs. 3 oder 4 AWV genehmigungspflichtig, wenn dem Verbringer bekannt ist, dass das endgültige Bestimmungsziel außerhalb der EU liegt und eine Direktausfuhr nach diesem Bestimmungsziel unter die Tatbestände der §§ 5 c, d AWV oder Art. 4 Abs. 2 EG-VO fallen würde. § 7 Abs. 6 AWV sieht Wertfreigrenzen vor.

d) **Sonstige Genehmigungspflichten.** Für Transithandelsgeschäfte und Dienstleistungen, die 47 eine technische Unterstützung zum Gegenstand haben, bestehen besondere Genehmigungsvorschriften.

aa) *Transithandelsgeschäfte.* Nach § 40 AWV sind Transithandelsgeschäfte, bei denen ein 48 Gebietsansässiger von einem Gebietsfremden Güter erwirbt, die nicht ins Wirtschaftsgebiet gelangen, und sie an einen anderen Gebietsfremden weiterveräußert, genehmigungspflichtig. Die Güter müssen von Teil I Abschnitt A der AL oder von Anhang IV EG-VO erfasst sein. Ausgenommen hiervon sind lediglich Fälle, in denen das Käufer- und das Bestimmungsland ein Land des Anhangs II Teil 3 EG-VO (Australien, Japan, Kanada, Neuseeland, Norwegen, Schweiz, und Vereinigte Staaten von Amerika) oder ein Mitgliedstaat der EU ist. Darüber hinaus unterliegen alle anderen Güter, die von Teil I Abschnitt B oder C der AL erfasst sind, einer Transithandelsgenehmigungspflicht, wenn Käufer-oder Bestimmungsland ein Embargoland nach Art. 4 Abs. 2 EG-VO oder ein Land der Länderliste K ist (vgl. oben Punkt C I 2 a, S. 5 f). Eine Definition des Transithandelsgeschäfts findet sich in § 4 c Nr. 8 AWV. Die Begriffe Gebietsansässiger und Gebietsfremder sind in § 4 Abs. 1 Nr. 6 und 7 AWG erläutert.

bb) *Technische Unterstützung.* Die §§ 45 bis 45 c AWV sehen Unterrichtungs- und Geneh- 49 migungspflichten für die Erbringung von technischer Unterstützung vor. Von den Unterrichtungs-/Genehmigungspflichten ausgenommen ist die Weitergabe von Informationen, die „allgemein zugänglich" oder Teil der wissenschaftlichen Grundlagenforschung sind. Darüber hinaus benennt § 45 e AWV weitere Fallgruppen, die von der Genehmigungspflicht ausgenommen sind. Die Definition der „technischen Unterstützung" erfasst jede technische Dienstleistung, wie Reparatur, Wartung, Entwicklung, aber auch die Weitergabe praktischer Fähigkeiten und Kenntnisse beispielsweise durch Beratung und Ausbildung. Technische Unterstützung kann auch in mündlicher, fernmündlicher oder elektronischer Form erbracht werden (vgl. § 4 c Nr. 9 AWV). Allerdings hat der Unternehmer den Unterrichtungsmechanismus zu beachten.[41] Eine Genehmigungspflicht besteht danach nur dann, wenn entweder der Gebietsansässige vom BAFA unterrichtet worden ist, dass die technische Unterstützung im Zusammenhang mit einer bestimmten Verwendung in den jeweils genannten Ländern steht, oder wenn das BAFA auf eine Unterrichtung des Ausführers hin entschieden hat, dass eine Genehmigungspflicht im Einzelfall besteht. Diese Genehmigungspflichten gelten für alle Gebietsansässigen und alle Deutschen, also auch solche, die nicht gebietsansässig sind.

3. Genehmigungsarten

50 a) **Einzelausfuhrgenehmigungen/Höchstbetragsgenehmigungen.** Zu unterscheiden sind Einzelgenehmigungen, Sammelgenemhmigungen und allgemeine Genehmigungen. Mit der Einzelgenehmigung wird eine konkrete Lieferung aufgrund eines Auftrages an einen Empfänger erfasst. Eine Sonderform der Einzelgenehmigung ist die sog. Höchstbetragsgenehmigung. Diese Genehmigung erlaubt die Abwicklung mehrerer Aufträge, z. B. im Zusammenhang mit einem Rahmenvertrag, an einen Empfänger bis zu dem genehmigten „Höchstbetrag" (z. B. voraussichtlicher Jahresumsatz).

51 b) **Sammelgenehmigungen.** Sind bereits bezogen auf das zurückliegende Kalenderjahr viele Ausfuhrgenehmigungen erteilt worden, besteht die Möglichkeit, anstelle einer Einzelgenehmigung bestimmten zuverlässigen Ausführern eine Sammelausfuhrgenehmigung auszustellen. Mit einer Sammelgenehmigung kann dann eine Gruppe von Gütern an mehrere Empfänger ausgeführt werden.

52 c) **Allgemeine Genehmigungen.** Eine Einzelgenehmigung kann nicht erteilt werden, wenn für den Export bereits eine Allgemeingenehmigung erteilt wurde. Die Allgemeingenehmigungen des BAFA werden im Bundesanzeiger veröffentlicht. Die Nutzung muss nicht vom Ausführer/Verbringer beantragt werden, jedoch muss sich der Ausführer als Nutzer registrieren lassen. Das gilt auch im Anwendungsbereich der Allgemeinen Ausfuhrgenehmigung der Gemeinschaft Nr. EU001, die als Anhang II der EG-VO veröffentlicht wurde und zu der Nebenbestimmungen des BAFA im Bundesanzeiger veröffentlicht worden sind. Jede Allgemeingenehmigung gilt nur für den dort beschriebenen Güter- und Länderkreis (jeweils in Nr. 4 bzw. 5 der Allgemeingenehmigungen geregelt). Allgemeingenehmigungen für Dual-use-Güter können auch dann in Anspruch genommen werden, wenn sich die Güter nicht im deutschen Wirtschaftsgebiet, sondern in einem anderen Mitgliedstaat der EU befinden. Die Inanspruchnahme aller Allgemeingenehmigungen (mit Ausnahme der Allgemeinen Genehmigung Nr. 18) ist vor der ersten Ausfuhr/Verbringung oder binnen 30 Tagen danach beim BAFA anzuzeigen. Die Nebenbestimmungen zu den Allgemeingenehmigungen enthalten zusätzliche Auflagen und Verfahrensbestimmungen. Insbesondere ist bei der Nutzung der Allgemeinen Genehmigungen Nr. 9 und Nr. EU001 zu beachten, dass die getätigten Ausfuhren nach jedem Kalenderhalbjahr dem BAFA zu melden sind. Alle Allgemeingenehmigungen sind begrenzt auf jeweils definierte Gütergruppen und Länderkreise.

53 *aa) Allgemeine Ausfuhrgenehmigung der Gemeinschaft.* Nr. EU001 erlaubt die Ausfuhr aller Güter des Anhangs I der EG-VO in bestimmte Länder. Davon ausgenommen sind lediglich die Güter, die in Anhang IV EG-VO genannt werden sowie einige weitere, in Anhang II Teil 2 EG-VO aufgeführte Güter. Diese Allgemeingenehmigung gilt für die in Anhang II Teil 3 EG-VO genannten Länder: Australien, Japan, Kanada, Neuseeland, Norwegen, Schweiz und Vereinigte Staaten von Amerika. Einige Nebenbestimmungen sind bereits in Anhang II EG-VO abgedruckt. Zusätzlich sind aber auch nationale Nebenbestimmungen zur Nutzung dieser Allgemeingenehmigung ergangen. Diese sind im Bundesanzeiger veröffentlicht und sehen insbe-

---

[41] Vergleichbar den Ausfuhrgenehmigungspflichten nach Art. 4 EG-VO, §§ 5 c, 5 d AWV für nicht gelistete Güter (vgl. Abschnitt C. Ziffer II 2).

sondere ein Meldeverfahren vor. Soweit eine bestimmte Ausfuhr in den Anwendungsbereich der Allgemeinen Genehmigung Nr. EU001 fällt, ist diese zwingend zu verwenden. Weder die Nutzung einer anderen Allgemeingenehmigung noch ein Einzelgenehmigungsantrag sind dann zulässig.

bb) Allgemeine Genehmigung Nr. 9. Die Allgemeine Genehmigung Nr. 9 erlaubt die Ausfuhr bestimmter Graphite der AL-Nrn. 0C004 und 1C107 a in einen differenzierten Länderkreis. Es bestehen Meldepflichten.

cc) Allgemeine Genehmigung Nr. 10. Die Allgemeine Genehmigung Nr. 10 erlaubt die Ausfuhr bestimmter Computer und verwandter Geräte.

dd) Allgemeine Genehmigung Nr. 12. Die Allgemeine Genehmigung für die Ausfuhr von Gütern mit doppeltem Verwendungszweck unterhalb einer bestimmten Wertgrenze (WGG) erlaubt die Ausfuhr der Güter des Anhangs I der EG-VO (Ausnahmen beachten!) und gilt für Ausfuhren aus dem gesamten Gemeinschaftsgebiet mit einem Wert bis € 2.500,00.

ee) Allgemeine Genehmigung Nr. 13. Die Allgemeine Genehmigung Nr. 13 gilt für Genehmigungspflichten nach Art. 3 EG-VO in genau umschriebenen Fallgruppen, wobei jeweils die Ausnahmen beachtet werden müssen. Auch § 19 AWV (ggf. i. V. m. § 21 AWV) kann von einer Genehmigungspflicht nach §§ 5, 5 c, 5 d und 7 AWV befreien.

ff) Allgemeine Genehmigung Nr. 16. Die Allgemeine Genehmigung Nr. 16 erlaubt die Ausfuhr bestimmter Güter aus dem Bereich der Telekommunikation und Informationssicherheit.

gg) Allgemeine Genehmigung Nr. 18. Die Allgemeine Genehmigung Nr. 18 erlaubt die Ausfuhr/Verbringung von Bekleidung und Ausrüstung mit Signatur-Unterdrückung (AL-Pos. 0017 h des Teils I Abschnitt A). Die Allgemeingenehmigungen können nur dann für die Ausfuhr von Gütern genutzt werden, wenn alle im Einzelfall zu beachtenden Genehmigungsvorschriften und Verbote eingehalten sind. Hierzu zählen nicht nur die Embargobestimmungen, sondern insbesondere auch die Bestimmungen oder Anordnungen über die Anwendung restriktiver Maßnahmen zur Bekämpfung des Terrorismus sowie alle weiteren, im Einzelfall zu beachtenden Verbote. Auf den Internetseiten des BAFA werden die Allgemeinen Genehmigungen vorgehalten.

d) **Nebenbestimmungen** Nach Art. 6 Abs. 2 EG-VO bzw. § 30 Abs. 1 AWG i. V. m. § 36 VwVfG können Allgemeine Ausfuhrgenehmigungen mit Nebenbestimmungen versehen werden. Nebenbestimmungen sind z. B. Befristungen, Bedingungen, Widerrufsvorbehalte, Auflagen oder Auflagenvorbehalte. Sie werden erlassen, um Einzelfälle besser überwachen zu können. Erst durch solche Nebenbestimmungen kann häufig die Ausfuhr- oder Verbringungsgenehmigung im beantragten Umfang erteilt werden. Neben üblichen Befristungen werden oft auch Reexportauflagen erteilt, die den weiteren Export aus dem Zielland nur in Ausnahmen (EU-Mitgliedstaat, USA etc.) gestatten.

4. Genehmigungsverfahren

a) **Zuständigkeiten.** *aa) Zuständigkeit des BAFA.* Wenn nach Art. 21 EG-VO oder den Bestimmungen der AWV eine Genehmigung zu erteilen ist, ist das BAFA für die Erteilung der Genehmigung zuständig, wenn sich das zu liefernde Gut im Wirtschaftsgebiet befindet (sog. Belegenheitsprinzip). Beruht die Genehmigungspflicht auf der Art. 3, 4 EG-VO ist das BAFA für die Erteilung der Genehmigung dann zuständig, wenn der Ausführer in Deutschland niedergelassen ist. Der Ausführer ist in dem Mitgliedstaat der EU niedergelassen, in dem er seinen Hauptsitz hat (sog. Niederlassungsprinzip, vgl. Art. 6 Abs. 2 EG-VO). Für genehmigungspflichtige Ausfuhren nach Art. 3, 4 EG-VO wird die Ausfuhrgenehmigung daher auch dann vom BAFA auf Antrag geprüft bzw. erteilt, wenn sich das auszuführende Gut in einem anderen Mitgliedsstaat der EU befindet.

bb) Zuständigkeit des BMWA. Das Bundesministerium für Wirtschaft und Arbeit ist die nach dem KWKG zuständige Genehmigungsbehörde.

cc) Zuständigkeit für Außenprüfungen. Die Hauptzollämter (HZÄ), genauer: die bei den HZÄ eingerichteten Betriebsprüfungssachgebiete, führen auf Weisung der Verwaltungsbehörde auch nachträgliche Prüfungen (Außenwirtschaftsprüfungen) durch, um die ordnungsgemäße Abwicklung des grenzüberschreitenden Güterverkehrs nach AWG und KWKG sicherzustellen (§ 44 AWG, § 14 Abs. 3 ff. KWKG).[42]

64 b) **Antragsverfahren.** *aa) Antragsformular.* Erforderlich ist ein formgebundener Antrag auf Erteilung einer Ausfuhr-/ Verbringungsgenehmigung beim BAFA. Hierfür sind die Antragsformulare AG, AG/ W, AG/ E1 und AG/ E2 vorgeschrieben. Sie sind im Formularhandel und bei den meisten Industrie- und Handelskammern erhältlich. Entsprechende Ausfüllanleitungen sind auf der Internetseite des BAFA einsehbar und können heruntergeladen werden. Die Antragstellung nach § 17 AWV ist auch in elektronischer Form möglich.

65 *bb) Zollnummer.* In dem Antrag muss der Ausführer / Verbringer seine Zollnummer („DE" plus 7-stellige Nummer für die Adresse des Ausführers) angeben. Sofern er noch über keine Zollnummer verfügt, kann er sie bei der Koordinierenden Stelle ATLAS bei der Oberfinanzdirektion Karlsruhe, Postfach 100265, 76232 Karlsruhe, beantragen. Auch der Antragsvordruck RZKA-Form-BE-01/99 ist dort zu erhalten. Eine Antragstellung ist auch möglich, wenn der Ausführer noch keine Zollnummer hat. In diesem Fall wird das BAFA die Zuteilung einer Zollnummer bei der Oberfinanzdirektion Karlsruhe veranlassen.

66 *cc) Benennung eines Ausfuhrverantwortlichen.* Bei Exportvorhaben ist dem BAFA ein Ausfuhrverantwortlicher mitzuteilen. Der Ausfuhrverantwortliche muss Mitglied des Vorstands oder der Geschäftsführung sein, weil er persönlich für die Einhaltung der Exportkontrollvorschriften verantwortlich ist. Rechtsgrundlage dafür sind die „Grundsätze der Bundesregierung zur Prüfung der Zuverlässigkeit von Exporteuren" vom 10.8.2001.

67 *dd) Endverbleibsdokumente.* Für die genehmigungspflichtige Ausfuhr / Verbringung von gelisteten Gütern ist mit der Antragstellung grundsätzlich ein Endverbleibsdokument vorzulegen (vgl. 17 AWV). Auf die Vorlage von Endverbleibsdokumenten wird aber in der Regel verzichtet bei nur vorübergehender Ausfuhr, ggf. bei Unterschreiten bestimmter Wertgrenzen. Bei den Endverbleibsdokumenten wird zwischen privaten und amtlichen (sog. EVE'en) sowie staatlichen Endverbleibserklärungen (sog. IC's) unterschieden.

68 Internationale Import-Certificate (IC's) werden vom Empfangsstaat oder von ihm autorisierten Stellen erteilt. Darin erklärt der Empfangsstaat, dass die Güter ab dem Grenzübertritt seinen Exportkontrollvorschriften unterliegen, so dass auch ein sich gegebenenfalls anschließender Reexport nach diesen Vorschriften behandelt wird. IC's verwenden: Australien, Belgien, China („Importer Statement on End-User and End-Use"), Dänemark, Finnland, Frankreich, Griechenland, Großbritannien, Sonderverwaltungsregion Hongkong, Irland, Italien, Japan, Kanada, Luxemburg, Neuseeland, Niederlande, Norwegen, Österreich, Polen, Portugal, Schweden, Schweiz, Singapur, Slowakische Republik, Spanien, Tschechische Republik, Türkei, Ungarn und USA. Die amtlichen EVE'en haben dagegen einen weiteren Erklärungsinhalt und stellen daher eine bessere Grundlage für den Export dar.

69 *ee) Technische Unterlagen.* Dem Antrag müssen alle erforderlichen (technischen) Unterlagen beigefügt sein, z. B. Prospekte und Datenblätter, die eine technische Beurteilung der Exportgüter, des Herstellers und des Typs nach der AL zulassen.

70 c) **Warenbezogene Auskunft zur Güterliste (AzG).** Eine interessante Erkundigungsmöglichkeit ist die warenbezogene Auskunft zur Güterliste. Ein Antragsteller, der sich unsicher ist, ob die vereinbarte Lieferung einer Genehmigungspflicht unterliegt, kann eine Auskunft zur Güterliste (früher: Negativbescheinigung) verlangen, durch die einer Zollstelle nachgewiesen werden kann, dass bestimmte Güter nicht von der AL erfasst werden. Ein solcher Nachweis ist bei Überschneidungen im Umschlüsselungsverzeichnis wichtig. Die Auskunft zur Güterliste bedeutet keine allgemeine Genehmigungsfreiheit einer Ausfuhr. Der entsprechende Antrag muss auf einem speziellen Formular gestellt werden, welches im Formularhandel und bei vielen Industrie- und Handelskammern erhältlich ist. Dem Antrag ist aussagefähiges Daten- und Prospektmaterial in zweifacher Ausfertigung beizufügen.

---

[42] Die Durchführung entsprechender Prüfungen nach dem CWÜAG obliegt hingegen dem BAFA (§ 7 CWÜAG).

5. Grenzübertritt

Der Grenzübertritt von Waren aus dem Zollgebiet der EG in ein Drittland wird durch 71
Art. 161, 182 und 183 Zollkodex (ZK) und die ZK-DVO (Art. 788 ZK) geregelt. Dieses
sog. Ausfuhrverfahren ist nach Art. 4, Nr. 16, Buchst. h) ZK einschließlich der Behandlung
etwaiger außenwirtschaftsrechtlicher Fragen ein zollamtliches Verfahren, so dass für Rechtsstreitigkeiten über das Ob und Wie der Ausfuhr die Finanzgerichte zuständig sind.[43]

III. Außenwirtschaftsstrafrecht

1. Einleitung

a) **Entwicklung des AWG.** Dem AWG vom 28. April 1961 liegt der Grundsatz der Freiheit 72
des Außenwirtschaftsverkehrs zugrunde (§ 1 Abs. 1 AWG). Danach ist grundsätzlich die Ein-,
Aus- und Durchfuhr sowie die Verbringung (Ausfuhr in EU-Staaten) von Waren, Elektrizität,
Dienstleistungen oder Geldmitteln erlaubt, wenn nicht aus besonderen, gesetzlich normierten
oder behördlich angeordneten Gründen einem Genehmigungsvorbehalt angeordnet oder ein
Verbot normiert ist. Vor In-Kraft-Treten des AWG unterlag der deutsche Außenhandel nach
dem 2. Weltkrieg den Devisenbewirtschaftungsgesetzen,[44] die vom Prinzip des Verbots mit Erlaubnisvorbehalt beherrscht waren. Einen Überblick über die Wesentlichen gesetzlichen Entwicklungen seit 1961, die internationalen Kontrollgremien und die Schwerpunkte der staatlichen Exportkontrolle besonders auch für die Doppelverwendungsmöglichkeiten (EG Dual-
use-VO) gibt Harder.[45]

Da das AWG ausschließlich der staatlichen Wirtschaftslenkung dient, und möglichst flexibel 73
auf politische Entwicklungen reagieren soll, hat der Gesetzgeber auf eine Fixierung der Beschränkungen des freien Warenverkehrs weitgehend verzichtet und in den §§ 5 bis 24 AWG
Verordnungsermächtigungen geschaffen, die den Anforderungen des Art. 80 Abs. 1 S. 2 GG
über die erforderliche Konkretisierung von Inhalt, Zweck und Ausmaß genügen.

Die allgemeinen Ermächtigungen in §§ 5-7 AWG erstrecken sich auf sämtliche Rechtsge- 74
schäfte und Handlungen im Außenwirtschaftsverkehr. Sie dienen dazu:
- zwischenstaatliche Vereinbarungen zu erfüllen (§ 5),
- schädigende Einflüsse aus dem Ausland abzuwehren (§ 6) und
- Sicherheit und auswärtige Interessen der Bundesrepublik Deutschland sowie des friedlichen
  Zusammenlebens der Völker zu wahren (§ 7).

Die besonderen Ermächtigungen (§§ 6 a,[46] 8 ff. AWG) enthalten Grundlagen für bestimmte 75
Bereiche des Außenwirtschaftsverkehrs. Die Eingriffsmöglichkeiten sind regelmäßig eng begrenzt. Die besonderen Ermächtigungen gehen zwar den allgemeinen Ermächtigungen vor,
verdrängen diese aber nicht, so dass subsidiär Beschränkungen des Außenwirtschaftsverkehrs
aufgrund allgemeiner Ermächtigungen möglich sind, wenn deren Voraussetzungen vorliegen
und besondere Ermächtigungen nicht greifen.

Darüber hinaus lässt das AWG ausnahmsweise auch im Einzelfall Regelungen durch 76
Verwaltungsakt zu. Die „Einzeleingriffsermächtigung" gem. § 2 Abs. 2 AWG[47] erlaubt dem
BMWA[48] notwendige Beschränkungen von Rechtsgeschäften und Handlungen im Außen-
wirtschaftsverkehr anzuordnen, um eine im einzelnen Falle bestehende Gefahr für die in § 7 Abs. 1
AWG genannten Rechtsgüter abzuwenden.

---

[43] *Witte/Wolffgang* Art. 161 ZK, Rdnr. 4.
[44] „Gesetz Nr. 53 (Neufassung) Devisenbewirtschaftung und Kontrolle des Güterverkehrs" der amerikanischen Militärregierung, das gleichnamige Gesetz der britischen Militärregierung und die „Verordnung Nr. 235"
des französischen Hohen Kommissars, Gesetz Nr. 33 des Rates der Alliierten Hohen Kommission; in Berlin:
„Verordnung über Devisenbewirtschaftung und Kontrolle des Güterverkehrs"; Neufassung des MRG Nr. 53
vom 10.9.1949, BAnz. Nr. 2 vom 27.9.1949.
[45] Vgl. dazu ausführlich Wabnitz/Janovsky/*Harder* Kap. 21, Abschnitt II.
[46] § 6 a AWG „Abwehr schädigender Geld- und Kapitalzuflüsse aus fremden Wirtschaftsgebieten" wurde in
2001 aufgehoben (Art. 20 des 9. Euro-Einführungsgesetz vom 10.11.2001, BGBl. I 2992).
[47] Eingeführt durch das Gesetz zur Änderung des AWG vom 28.2.1992, BGBl. I 372.
[48] Das früher nach dem Gesetzeswortlaut zuständige BMWi wurde in 2002 umbenannt in Bundesministerium
für Wirtschaft und Arbeit = BMWA.

77 Genehmigungspflichten enthält lediglich § 10 AWG, der die **Einfuhr** von Waren betrifft. Früher verwies er auf die sog. „Einfuhrliste". Durch die Neuregelung im G.v. 28.3.2006 ist die Norm grundlegend umgestaltet worden. Die Norm stellt klar, dass die Einfuhr für Gemeinschaftsansässige und Gemeinschaftsfremde grundsätzlich frei ist. Da nach dem Gemeinschaftsrecht nur in Einzelfällen staatliche Einfuhrbeschränkungen zulässig sind, verweist die Norm nunmehr auf das Warenverzeichnis für die Außenhandelsstatistik. Für die Einfuhr sind die Verordnung nach § 26 AWG (Verfahrens- und Meldevorschriften), der § 27 a AWV (Einfuhrkontrollmeldungen), der § 28 a AWV (vorherige Einfuhrüberwachung) und der § 29 AWV (Ursprungserklärungen) anzuwenden. Die ungenehmigte Einfuhr von in der Einfuhrliste als genehmigungspflichtig gekennzeichneten Waren ist stets und ausschließlich eine Ordnungswidrigkeit gem. § 33 Abs. 2 Nr. 1 a. AWG, die gem. § 33 Abs. 6 AWG mit einer Geldbuße bis zu fünfhunderttausend Euro geahndet werden kann.

78 b) **Außenwirtschaftsverordnung (AWV).** Die Beschränkungen des AWG sind konkretisiert in der Außenwirtschaftsverordnung (AWV). Sie enthält die nach § 27 AWG zu erlassenden Verfahrens-, Melde- und Bußgeldbestimmungen. Zugleich hat der Verordnungsgeber auch die Beschränkungen nach dem europäischen Außenwirtschaftsverkehr dort mit aufgenommen.

79 Die AWV ist wie folgt gegliedert:[49]

Kapitel	§§	Inhalt
I	1–4 c	Allgemeine Vorschriften
II	5–21 a	Warenausfuhr
III	21 b–37	Wareneinfuhr
IV	39–43 a	Sonstiger Warenverkehr (Durchfuhr, Transithandelsgeschäfte)
V	44–50 b	Dienstleistungsverkehr
VI	51–58 c	Kapitalverkehr
VII	59–69	Zahlungsverkehr
VII a-d	69 a–69 n	Besondere Beschränkungen (Embargos)
VIII	70	Bußgeldvorschriften
IX	71-72	Übergangs- und Schlussvorschriften

80 Die Umsetzung von **Embargomaßnahmen** der Vereinten Nationen (UN =United Nations) nach Kap. VII der UN-Charta und der (notwendigen) umsetzenden EG-Rechtsakte werden durch die Kap. VIIa ff AWV abgedeckt. Zuwiderhandlungen gegen diese „UN-Embargobestimmungen" sind gem. § 34 Abs. 4 bis 7 AWG unmittelbar mit Strafe bedroht.[50] Allerdings erfasst die AWV nicht alle Embargobestimmungen. Das BMWA kann EG-Verordnungen auch im BGBl. bzw. im BAnz. veröffentlichen[51] und dadurch die Strafbewehrung von Zuwiderhandlungen gem. § 34 Abs. 4, 6 AWG zu gewährleisten.

81 Die Bußgeldvorschriften des § 70 AWV sind – soweit sie auf § 33 Abs. 1, 4 oder 5 AWG verweisen – zugleich Voraussetzung für die etwaige Strafbarkeit nach § 34 Abs. 2 AWG. Außerdem hat das G v. 28.3.2006 (BGBl. I 574), in Kraft seit dem 8.4.2006, in § 70 a AWV vorsätz-

---

[49] Übersicht nach Wabnitz/Janovsky/*Harder* Kap. 21; vgl. auch Erbs/Kohlhaas/*Fuhrmann* Vorbem. 6 zu A 217 a.

[50] Der frühere Verbrechenstatbestand mit Freiheitsstrafe nicht unter 2 Jahren ist durch die Neuregelung des § 34 Abs. 1 Nr. 6 AWG durch das 12. ÄndG AWG v. 28.3.2006, BGBl. I 574, in Kraft am 8.4.2006, grundsätzlich umgestaltet und neu gefasst worden.

[51] Besondere Bedeutung hat hier die „Bekanntmachung zur Strafbewehrung von Embargoverstößen" vom 28.3.2006 mit einer 157seitigen Beilage Nr. 69 b zum Bundesanzeiger vom 7.4.2006. Sie enthält eine vom BMWA veranlasste Bekanntmachung von Verbotsvorschriften von EG-Verordnungen vom 10.11.2000 bis 14.11.2005, deren Verletzung eine Straftat nach § 34 Abs. 4 Nr. 2 AWG darstellt.

liche oder fahrlässige Verstöße gegen § 69 g Abs. 1, Abs. 2 S. 2 AWV zu Straftaten im Sinne des § 34 Abs. 4 Nr. 1, Abs. 5-7 AWG erklärt.

c) **Ausfuhrliste (AL)**. Die AWV enthält mehrere Anlagen und Länderlisten. Die wichtigste davon ist die Ausfuhrliste (AL zur AWV), die im Teil I diejenigen Waren, deren Ausfuhr aus außen- und sicherheitspolitischen Gründen Beschränkungen unterliegt, beschreibt. So verweist § 34 Abs. 1 AWG unmittelbar auf bestimmte Abschnitte bzw. Positionen von Teil I der AL (Teil I Abschn. A, Abschn. C mit Kategoriebezeichnungen). Dadurch wird die besondere Bedeutung der in dieser Weise geregelten Ausfuhrverbote mit Genehmigungsvorbehalt deutlich.

Teil I der A besteht seit dem 1.7.1995 (mit fortlaufenden Änderungen)[52] aus drei Abschnitten:

Abschnitt A	Liste für Waffen, Munition, Rüstungsmaterial
Abschnitt B	Liste sonstiger Güter (nur: nationale Positionen[53]
Abschnitt C	Gemeinsame Liste der Europäischen Union für Güter mit doppeltem Verwendungszweck[54] – und nationale Sonderpositionen (Kennungen 901 bis 999)

Teil I der AL beruht ganz überwiegend auf internationalen Vereinbarungen (COCOM,[55] WArr,[56] Australia Group,[57] MTCR,[58] NSG[59])[60] und zu einem geringen Teil auf innenpolitischen Entscheidungen. Die Güterlisten der AL zur AWV werden einer laufenden Revision unterzogen. Die Warenliste ist daher einem ständigen Wechsel unterworfen. Deshalb stellen die Regelungen, die auf die AL und deren Warenliste in Teil I verweisen, **Zeitgesetze**[61] im weiteren Sinne dar.

Bei der Entscheidung über die Erteilung einer Genehmigung für die Güter des Anhangs I haben die Mitgliedstaaten insbesondere folgende Gesichtspunkte zu berücksichtigen (vgl. Art. 8 EG-VO):
- ihre Verpflichtungen im Rahmen internationaler Vereinbarungen über die Nichtverbreitung und die Kontrolle sicherheitsempfindlicher Güter;
- ihre Verpflichtungen im Rahmen von Sanktionen, die der Sicherheitsrat der Vereinten Nationen verhängt hat oder die in anderen internationalen Gremien vereinbart wurden;
- Überlegungen der nationalen Außen- und Sicherheitspolitik;

---

[52] 1.7.1995 = Inkrafttreten der 88. VO zur Änderung der Ausfuhrliste vom 17.2.1995, BAnz. Nr. 110 vom 14.6.1995.
[53] Abschnitt B enthält jene „nationalen Sonderpositionen", die nicht in die Systematik des Abschnitts C passen; derzeit: Pos. 0101 „Elektroschlagstöcke und Elektroschockgeräte, . . . Daumenschrauben und Fußfesseln".
[54] Alt: (VO (EG) Nr. 3381/94): Anhang I des Beschlusses 94/942/GASP; neu: Anhang I der VO (EG) Nr. 1334/2000 „Liste der Dual-Use-Güter und -Technologie".
[55] Coordinating Committee for East-West-Trade Policy; später: Coordinating Committee on Multilateral Strategic Export Controls, gegründet 1949; das Kontrollregime des COCOM bestand bis zum 31.3.1994.
[56] Wassenaar-Arrangement; das WArr ist das im Dezember 1995 in der Nähe von Den Haag vereinbarte Nachfolgeregime des COCOM. Das WArr ist am 1.11.1996 in Kraft getreten. Es soll die bestehenden Nichtverbreitungsregime für Massenvernichtungswaffen und ihre Träger (Raketen) ergänzen. Gegenstand des WArr sind im Wesentlichen konventionelle Rüstungsgüter und bestimmte sensitive Güter mit doppeltem Verwendungszweck.
[57] Australische Gruppe, gegründet 1985; benannt nach dem Tagungsort und Sekretariat bei der Australischen Botschaft in Paris; Ziel der Australia Group ist die Verhinderung der Weiterverbreitung von chemischen und biologischen Waffen. Ihre Kontrolllisten umfassen Chemikalien, biologische Agenzien und Toxine sowie Herstellausrüstung für diese Waren.
[58] Missile Technology Control Regime, gegründet 1987; Ziel des MTCR ist es, die Verbreitung von Flugkörpern mittlerer und großer Reichweite (und entsprechender Technologie) zu kontrollieren, mit denen ABC-Waffen befördert werden können.
[59] Nuclear Suppliers Group, gegründet 1975; Ziel der NSG ist die Nichtverbreitung von Gütern, die der Entwicklung und Herstellung von Atomwaffen dienen können. Die NSG ergänzt den Vertrag über die Nichtverbreitung von Kernwaffen (NVV) aus dem Jahr 1968.
[60] Vgl. insgesamt: *Werner* RIW 1998, 179 ff.
[61] Hocke/Berwald/Maurer/*Haase* Vorb. vor § 5 AWV, 2. a); vgl. i. ü. BGH Beschluss v. 14.7.1998 – 1 StR 110/98 (Serbien-Embargo), wistra 1998, 306.

- Überlegungen über den beabsichtigten Endverbleib und die Gefahr einer Umgehung.

86 Die Warenliste zu Art. 3 der EG-dual-use-VO,[62] die ihrerseits auf Listen der internationalen Exportkontrollgremien beruht, ist in die deutsche Ausfuhrliste[63] integriert.

87 Teil II der AL listet Waren auf, deren Ausfuhr aus anderen Gründen Beschränkungen unterliegt. Genannt sind dort bspw. Agrarerzeugnisse, deren Ausfuhr gem. § 6 a AWV genehmigungspflichtig sein kann. Die ungenehmigte Ausfuhr solcher Waren kann zu einer Ordnungswidrigkeit gem. § 70 Abs. 3 Nr. 1 AWV i. V. m. § 33 Abs. 3 Nr. 2, Abs. 6 AWG führen.

88 Daneben bestanden nationale Ausfuhrverbote (§ 5 b AWV) sowie nationale und EG-Rechtliche Beschränkungen, die in Umsetzung von Sanktionsmaßnahmen der VN ergangen sind, ferner nationale Regelungen bezüglich der übrigen Bereiche des Außenwirtschaftsverkehrs (z. B. Wissenstransfer, Dienstleistungen, Zahlungsverkehr). Daneben bestehen nationale und EG-Rechtliche Beschränkungen, die in Umsetzung von Sanktionsmaßnahmen der VN ergangen sind, ferner nationale Regelungen bezüglich der übrigen Bereiche des Außenwirtschaftsverkehrs (z. B. Wissenstransfer, Dienstleistungen, Zahlungsverkehr).

89 **d) Weltrechtsgrundsatz.** Das deutsche Außenwirtschaftsrecht ist zwar nationales Hoheitsrecht. Daher kann grundsätzlich kein tatrelevantes Verhalten vorliegen, wenn der Transfersachverhalt keinem inländischen Verbot oder einer inländischen Genehmigungspflicht unterliegt. Allerdings sind bereits für die internationalen Exportkontrollen und Embargo-Bestimmungen kaum denkbar, dass deutsches Recht nicht anwendbar ist. Außerdem erstreckt § 35 AWG die Strafbarkeit nach § 34 unabhängig vom Recht des Tatorts auf Auslandstaten, wenn der Täter Deutscher ist. Über § 7 Abs. 2 Nr. 1 StGB hinaus wird für § 34 AWG für Deutsche im Ausland der Weltrechtsgrundsatz eingeführt, auch wenn die Tat am Tatort nicht mit Strafe bedroht sein sollte.[64] Wegen § 9 StGB bleibt für § 35 AWG nur dann Raum, wenn die Tat keinerlei Inlandsbezug hat.[65]

2. Ausfuhr oder Verbringung ohne Genehmigung, § 34 Abs. 1 AWG

90 **a) Anwendungsbereich.** Der § 34 Abs. 1 AWG stellt die ungenehmigte Ausfuhr (§ 4 Abs. 2 Nr. 4 AWG) und (seit 8.4.2006)[66] die ungenehmigte Verbringung (§ 4 Abs. 2 Nr. 5 AWG) bestimmter in der Ausfuhrliste genannter Güter[67] unter Strafe. Die nicht gegenständliche Übermittlung von Fertigungsunterlagen, Unterlagen über Technologien oder Datenverarbeitungsprogrammen durch Daten- oder Nachrichtenübertragungstechnik ist der Ausfuhr gleichgestellt (jetzt § 4 Abs. 2 Nr. 3 AWG, früher § 4 b AWV). Für Dual-Use-Güter gelten allerdings nicht nur die Ausfuhrliste, sondern auch die Warenlisten der EG. Das führt zu Überschneidungen bei Anpassungsverzögerungen zwischen der AL und der EG-Warenliste. Sollte daher ein bestimmtes Gut nicht in der EG-Warenliste aufgeführt sein, dafür aber in der AL, ist das Verhalten nicht strafbar. Findet sich in der EG-Warenliste eine Ware, die (noch) nicht in der AL erscheint, ist das Verhalten nicht nach § 34 Abs. 1 S. 1 AWG strafbar, kann aber unter den jeweiligen Voraussetzungen nach § 34 Abs. 2 AWG i. V. m. § 33 Abs. 4 AWG, § 70 Abs. 5 a) AWV geahndet werden. Die Subsidiaritätsklausel in § 34 Abs. 2, letzter Halbsatz AWG greift insoweit nicht. Das 12. ÄndG AWG hat außerdem den Anwendungsbereich auf Ausfuhren au anderen EG-Staaten erweitert, wenn der Ausführer im deutschen Wirtschaftsgebiet niedergelassen ist.

91 **b) Tathandlung.** Tathandlung des § 34 Abs. 1 S. 2 AWG ist die verbotswidrige Ausfuhr von Waren und Dokumenten. Als Verbote kommen nur Verbote durch Gesetz oder Rechtsverord-

---

[62] Fundstelle vgl. Anhang 2.
[63] 88. VO zur Änderung der AL vom 17.2.1995, in Kraft getreten am 1.7.1995, BAnz. Nr. 110 vom 14.6.1995.
[64] Vgl. BT-Drucks. 12/1134, 9.
[65] LK/*Tröndle* § 9 Rdnr. 10 ff; bspw. aufgrund der 51. Verordnung zur Änderung der AWV vom 13.9.2000, BAnz. Nr. 176 v. 16.9.2000, S. 18577.
[66] Neuregelung durch das 12. ÄndG AWG v. 28.3.2006 (BGBl. I 574) in Kraft am 8.4.2006.
[67] Anschaulich die Auflistung der Ermittlungsverfahren 2004 im Rüstungsexportbericht vom 26.1.2006, BT-Drucks. 16/507; zus. *Möhrenschlager* wistra 4/2006, S. VII.

nung in Betracht,[68] z. B. § 5 b AWV[69] und Ausfuhrverbote, die UN-Sanktionsmaßnahmen umsetzen (§§ 69 a ff. AWV).

Ungenehmigt ist nicht nur der nicht angemeldete Transfer, sondern auch der Transfer, für den eine Genehmigung unter falschen oder unvollständigen Angaben erschlichen wurde (§ 34 Abs. 8 AWG). Eine Genehmigung ist auch dann erschlichen, wenn die Angaben zwar zum Zeitpunkt der Antragstellung richtig waren, sich der Kenntnisstand des Antragstellers über genehmigungserhebliche Tatsachen jedoch vor Erteilung der Genehmigung oder vor der Ausfuhr ändert. Den Antragsteller kann eine Aufklärungspflicht aus vorangegangenem Tun treffen.[70] Nach § 34 Abs. 8 AWG n. F.[71] stehen der erschlichenen Genehmigung auch die Fälle einer durch Drohung, Bestechung oder durch rechtswidriges Zusammenwirken (Kollusion) mit dem Amtsträger erwirkten Genehmigung gleich.[72] 92

Entgegen einzelnen Literaturstimmen[73] liegt keine verbotswidrige Ausfuhr i. S. v. § 34 Abs. 1 S. 2 AWG vor, wenn das Ausfuhrverbot lediglich auf einem Verwaltungsakt des BMWA beruht. Der Gesetzgeber hat die gesetzlichen Verbote von den der Einzelverfügungen sowohl § 34 Abs. 1 als auch in § 2 Abs. 2 AWG unterschieden und mit § 33 Abs. 2 Nr. 1 AWG einen eigenen Bußgeldtatbestand geschaffen.[74] Außerdem ist Adressat einer Einzelweisung stets nur ein Unternehmen und kann daher keine Verbindlichkeit für andere Unternehmen beanspruchen. 93

c) **Besonders schwere Fälle.** Strafschärfungen für schwere Fälle enthält § 34 Abs. 6 Nr. 1-3 AWG.[75] Bei der Auslegung der Begriffe „gewerbsmäßig" und „bandenmäßig" sind die von der Rechtsprechung für andere Straftatbestände entwickelten Grundsätze anwendbar. Für die Auslegung der Regelbeispiele können die Grundsätze nach § 34 Abs. 2 AWG herangezogen werden. 94

d) **Vorsatz und Fahrlässigkeit.** Grundsätzlich ist nur vorsätzliches Verhalten unter Strafe gestellt. Allerdings kann nach § 34 Abs. 7 AWG auch ein fahrlässiges Verhalten strafbar sein. 95

e) **Versuch, Vollendung.** Der Versuch ist gem. § 34 Abs. 5 StGB strafbar. Ein Versuch der illegalen Ausfuhr ist frühestens dann anzunehmen, wenn die Ware verladen wird, um demnächst in Richtung Grenze in Bewegung gesetzt zu werden.[76] In Anbetracht des zweistufigen Ausfuhrverfahrens liegt bei der Gestellung der Ware bei der Ausfuhrzollstelle ein Ansetzen zur Tat vor. Die Tat ist mit dem ungenehmigten Überschreiten der Grenze vollendet, beendet ist sie erst mit der vollständigen Lieferung am Endverbleibensort. 96

f) **Konkurrenzen.** Der § 34 Abs. 1 AWG ist lex specialis zu § 34 Abs. 2 AWG. Die von § 34 Abs. 1 AWG erfassten Zuwiderhandlungen sind derart schwerwiegend, dass sie stets geeignet sind, die in § 34 Abs. 2 genannten Rechtsgüter zu gefährden.[77] Idealkonkurrenz von § 34 Abs. 1 AWG ist möglich mit Zuwiderhandlungen nach § 34 Abs. 4 AWG. Allerdings tritt § 34 Abs. 1 hinter § 34 Abs. 6 AWG n. F. zurück. Zu §§ 19, 20, 20 a, 22 a KWKG, §§ 16, 17 CWÜAG, § 80 StGB kann ebenfalls Idealkonkurrenz angenommen werden. Real konkurrierenden Normen können Urkundsdelikte (§ 267 StGB) und Steuerhinterziehung (§ 370 AO) sein, z. B. in der Form der Nichtversteuerung erzielter Gewinne. 97

---

[68] BT-Drucks. 12/1134, 8, 9.
[69] Aufgehoben durch die 51. Verordnung zur Änderung der AWV vom 13.9.2000, BAnz. Nr. 176 v. 16.9.2000, S. 1857.
[70] *Holthausen* NStZ 1988, 256, 261.
[71] Neuregelung durch das 12. ÄndG AWG v. 28.3.2006 (BGBl. I 574) in Kraft am 8.4.2006.
[72] Der Tatbestand ist in Anlehnung an § 330 d Nr. 5 StGB neu gefasst worden; *Möhrenschlager* wistra 6/2006, S: VII.
[73] Erbs/Kohlhaas/*Fuhrmann*, Strafrechtliche Nebengesetze, Rdnr. 13 zu § 34.
[74] BT-Drucksache 12/1134, 8, 9.
[75] Neuregelung durch das 12. ÄndG AWG v. 28.3.2006 (BGBl. I 574) in Kraft am 8.4.2006.
[76] Erbs/Kohlhaas/*Fuhrmann* Rdnr. 28 zu § 34 AWG.
[77] BT-Drucks. 12/1134, 8, 9.

3. Qualifizierte Zuwiderhandlungen § 34 Abs. 2 AWG[78]

98 **a) Allgemeines.** Werden durch Zuwiderhandlungen gegen die AWV besondere Rechtsgüter wie
- die äußere Sicherheit der Bundesrepublik Deutschland
- das friedliche Zusammenleben der Völker oder
- die auswärtigen Beziehungen der Bundesrepublik Deutschland

erheblich gefährdet, werden bestimmte Grundtatbestände des § 33 AWG zu Straftaten nach § 34 Abs. 2 AWG qualifiziert.
Diese Grundtatbestände sind
- § 33 Abs. 1 AWG i. V. m. § 70 Abs. 1 AWV
- § 33 Abs. 4 AWG i. V. m. § 70 Abs. 4 oder 5 oder 5 a oder 5 b AWV

99 § 34 Abs. 2 AWG ist als ein konkret-abstraktes Gefährdungsdelikt (Eignungsdelikt)[79] ausgestaltet. Die genannten Rechtsgüter müssen nicht geschädigt sein, es genügt, dass die Handlung leicht eine konkrete Gefährdung auslösen kann,[80] die durch objektive Kriterien sicherheits- oder außenpolitischer Art belegt werden müssen.

100 **b) Gefährdung der äußeren Sicherheit.** Von einer Gefährdung der äußeren Sicherheit der Bundesrepublik Deutschland (§ 34 Abs. 2 Nr. 1 AWG) wird ausgegangen, wenn die Handlung geeignet ist, zu einer Beeinträchtigung der äußeren Sicherheit der Bundesrepublik beizutragen. Bspw. ist das der Fall, wenn ihre Fähigkeit gemindert wird, sich gegen äußere Eingriffe aller Art zur Wehr zu setzen bzw. ihre Machtinteressen zu wahren. Die Auslegung des Begriffs ist von der politischen Gesamteinschätzung abhängig und wandelbar. Aufgrund der Bündnisverpflichtungen[81] kann eine Gefährdung der äußeren Sicherheit der Bundesrepublik bspw. auch dann vorliegen, wenn nicht sie selbst, sondern ein NATO-Partner in mögliche militärische Konflikte hineingezogen werden könnte oder sich die militärisch-strategische Situation zuungunsten eines NATO-Partners verändert. Urteile zu § 34 Abs. 2 Nr. 1 AWG sind bisher nicht bekannt. Die Rechtsprechung zur früheren Fassung des § 34 Abs. 1 AWG a. F.[82] (Beeinträchtigung der äußeren Sicherheit der Bundesrepublik Deutschland[83]) erfasste Fälle der illegalen Ausfuhr von Hochtechnologiewaren in den ehemaligen Ostblock. In diesen Fällen ist regelmäßig durch Gutachten des BWB die Vorteilhaftigkeit des Liefergeschäfts und die Möglichkeit der technischen Aufrüstung dargestellt worden.[84]

101 **c) Gefährdung des friedlichen Zusammenlebens der Völker.** Eine Gefährdung des friedlichen Zusammenlebens der Völker (§ 34 Abs. 2 Nr. 2 AWG) sind bspw. die Vorbereitung eines Angriffskrieges, bei militärischen Aktionen, die nicht völkerrechtlich als Verteidigung gegen einen Angriff oder als Kollektivmaßnahme der UN gerechtfertigt sind. Störung ist dabei jede Handlung, von der Vorbereitung über die Förderung bis hin zur militärischen Aktion selbst.[85] Das Rechtsgut hat Verfassungsrang (Art. 26 Abs. 1 GG). Angesichts der zunehmenden UN-Einsätze und der Konflikte in ethnisch unruhigen Gebieten wird eine Störung des Völkerfriedens auch dann angenommen, wenn die Voraussetzungen für ein Einschreiten des Sicher-

---

[78] § 34 Abs. 2 AWG n. F. (Neuregelung durch das 12. ÄndG AWG v. 28.3.2006 (BGBl. I 574) in Kraft seit 8.4.2006) enthält keine Bezugnahme auf § 33 Abs. 5 AWG mehr, da die dort genannten Bußgeldtatbestände (Nr. 2 i. V. m. der RVO nach §§ 26 (Verfahrens- und Meldevorschriften), 26 a (Besondere Meldepflichten und § 70 Abs. 4, 5, 6 AWV)) nicht geeignet sind, die durch § 7 AWV geschützten Rechtsgüter zu gefährden; vgl. RegE BT-Drucks. 16/33 v. 3.11.2005, S. 13; *Bieneck* wistra 1995, 256/258; *ders.* in *Müller-Gugenberger* § 62 Rdnr. 58; Achenbach/Ransiek/*Ogiermann* Kap. IV. 3 Rdnr. 24; früher entsprach § 34 Abs. 2 dem § 34 Abs. 1 AWG i. d. F. des 5. Gesetzes zur Änderung des AWG vom 20.7.1990, BGBl. I 1457.
[79] BGH Urt. v. 25.3.1999 – 1 StR 493/98 (LG Mannheim), NJW 1999, 2129; *Fehn* AW-Prax 1998, 16 ff. – autorisierte Fassung – (= Beilage zur AW-Prax 3/98); vgl. auch BT-Drucksache 11/4230, 7; a. A.: *Dahlhoff* NJW 1991, 208 ff.
[80] Hocke/Berwald/Maurer/*Friedrich* Ziff. 3 zu § 34 AWG.
[81] Art. 5 des Nordatlantikvertrages v. 4.4.1949.
[82] OLG Koblenz v. 7.9.1990 – OJs 9/88, ZfZ 1991, 66 ff.; LG Lübeck v. 26.6.1989 – 4 Kls (4/89).
[83] Vgl. „Beeinträchtigung der Sicherheit der Bundesrepublik Deutschland" in § 92 Abs. 3 Nr. 2 StGB und BGH v. 17.12.1987 – 3 StR 489/87, NStZ 1988, 215 (äußere Sicherheit als Fähigkeit der Bundesrepublik Deutschland, sich gegen Angriffe von außen zur Wehr zu setzen, § 89 StGB).
[84] Bundesamt für Wehrtechnik und Beschaffung, Koblenz.
[85] W. *Schäfer* AW-Prax 1998, 205/207, unter Hinweis auf VG Frankfurt v. 15.5.1997 – 1 E 3692/94 (V), rk.

heitsrats der Vereinten Nationen vorliegen.[86] Urteile zu § 34 Abs. 2 Nr. 2 AWG n. F. sind nicht bekannt, lediglich vereinzelt zur früheren Fassung des § 34 Abs. 1 Nr. 2 AWG a. F. (Störung des friedlichen Zusammenlebens der Völker).[87]

d) Erhebliche Gefährdung der auswärtigen Beziehungen. Eine erhebliche Gefährdung der auswärtigen Beziehungen der Bundesrepublik Deutschland (§ 34 Abs. 2 Nr. 3 AWG) kann angenommen werden, wenn die Ausfuhr dazu führt, dass die Bundesrepublik ihre außenpolitischen Interessen nicht oder nur erschwert geltend machen kann. Gerade im Bereich der Kriegs- und Chemiewaffen hat sich die Bundesrepublik für eine restriktive Handhabung innerhalb der EU eingesetzt.[88] Illegale Ausfuhren von Waren, die aufgrund internationaler Absprachen oder nationaler Regelungen Ausfuhrbeschränkungen unterliegen, können der Bundesregierung als Vollzugsdefizit angelastet werden. Dass sich das Vertrauen der Partnerstaaten in die Zuverlässigkeit Deutschlands als Partner internationaler Absprachen so erschüttern lässt, wird in der Literatur zumindest behauptet.[89] Ob das zutreffen kann, wird sich erst herausstellen, wenn die außenpolitische Gesamtlage beurteilt werden kann.[90] Ein Indiz dafür könnte eine Mitteilung des BAFA nach § 3 Abs. 1 AWG sein, dass die fragliche Ausfuhr im Antragsfall nicht genehmigungsfähig gewesen wäre. Für die Verteidigung kann es sich empfehlen, neben der von den Behörden mitunter eingeholten Anfrage beim Auswärtigen Amt ein Gutachten eines Institutes für Friedens- und Konfliktforschung einzuholen. Zu § 34 Abs. 2 Nr. AWG sind bisher wenige Entscheidungen ergangen.[91]

e) Sonstige schwerwiegende Handlungen. Tathandlungen, die über die einfache Zuwiderhandlung hinaus auch den Straftatbestand des § 34 Abs. 2 AWG erfüllen können, sind auch ungenehmigte oder verbotswidrige Ausfuhren, Dienstleistungen und Wissenstransfers, die auf der Grundlage des § 7 AWG durch Rechtsverordnung oder nach Art. 3 und 4 der EG-dual-use-VO Beschränkungen unterliegen. So ist bspw. die Wartung von Geräten in einer Anlage zur Herstellung chemischer Waffen nach § 45 a AWV a. F. untersagt gewesen (Ordnungswidrigkeit gem. § 33 Abs. 1 AWG i. V. m. § 70 Abs. 1 Nr. 6 AWV).[92] Zwischen April 1992 bis Anfang April 1999 waren derartige Dienstleistungen aufgrund des Teil-Embargos gegen Libyen (§ 69 l Abs. 2 AWV) verboten[93] und nach § 34 Abs. 4 AWG strafbar. In vergleichbaren Fällen kann daher eine Handlung, die zwar nicht unter ein Embargo fällt, aber dennoch nach allgemeinen Vorschriften genehmigungspflichtig ist, den Tatbestand des § 34 Abs. 2 AWG erfüllen.

Als die §§ 45ff AWV wegen der „Gemeinsamen Aktion 2000/401/GASP des Rates vom 22. Juni 2000 betreffend die Kontrolle von technischer Unterstützung in Bezug auf bestimmte militärische Endverwendungen"[94] durch die 51. Verordnung zur Änderung der AWV neu gefasst wurden, ergab sich das widersprüchliche Ergebnis, dass die ungenehmigte Erbringung technischer Unterstützung außerhalb des Gemeinschaftsgebiets im Zusammenhang mit ABC-Waffen und Trägertechnologie nur als Ordnungswidrigkeit(!) behandelt werden kann (§ 33 Abs. 3 Nr. 2, Abs. 7 AWG i. V. m. §§ 45, 70 Abs. 3 AWV), während die ungenehmigte Erbringung

---

[86] Art. 39 der Charta der Vereinten Nationen; BT-Drucksache 3/1285.
[87] LG Augsburg v. 28.9.1990 – 9 KLs 502 Js 20662/88 (§ 34 Abs. 1 Nr. 2 AWG a. F. = Erfolgsdelikt).
[88] Runderlass Außenwirtschaft Nr. 6/00, A., BAnz. Nr. 176 v. 16.9.2000, S. 18580.
[89] Vgl. ausführlich *Dahlhoff* NJW 1991, 208 ff.
[90] Vgl. auch BVerfG v. 25.10.1991 – 2 BvR 374/90 – NJW 1992, 2624.
[91] Zur aktuellen Rechtslage nach § 34 Abs. 1 Nr. 3 AWG („erhebliche Störung der auswärtigen Beziehungen"): LG Münster v. 24.6.1994 – 11 Kls 6 Js 157/91 (12/93); AG Freiburg v. 11.3.1985 – 20 AK 46/82 41 Ls 103/82; LG Darmstadt v. 30.10.2001 – 13 KLs 21 Js 38217/90; zur Rechtslage nach § 34 Abs. 2 Nr. 3 AWG n. F.: LG Nürnberg-Fürth v. 13.3.1997 – 12 Kls 152 Js 439/93 – n. v.; LG Würzburg v. 21.10.1996 – 3 Ns 102 Cs 156 Js 249/95 – ZfZ 1998, 101 ff. mit Anmerkungen von *Ricke*; *W. Schäfer* AW-Prax 1998, 205 (207), unter Hinweis auf VG Frankfurt v. 15.5.1997 – 1 E 3692/94 (V), rk; LG Hildesheim v. 7.6.1996 – 15 Kls 97 Js 29458/91, n. v.; BGH v. 22.10.1996 – S StR 490/96 – n. v.; *Bieneck* – AW-Prax 19/97, 387 ff.; LG Stuttgart v. 20.7.1998 – 11 Kls 181 Js 85721/93 – n. v.
[92] § 45 a AWV a. F. verbot die Erbringung von Dienstleistungen im Zusammenhang mit der Errichtung oder dem Betrieb einer Anlage zur Herstellung von chemischen Waffen in Libyen. Er wurde durch die 51. Verordnung zur Änderung der AWV (BAnz. Nr. 176 vom 16.9.2000, S. 18577) neu gefasst und umfasst nunmehr Genehmigungspflichten für die Erbringung technischer Unterstützung für konventionelle Rüstungszwecke.
[93] § 69 l Abs. 3 AWV; die Sanktionsmaßnahmen gegen Libyen wurden am 5. April 1999 ausgesetzt.
[94] Fundstelle vgl. die weiterführenden Hinweise am Ende des Kapitels.

derartiger technischer Unterstützung im Wirtschaftsgebiet[95] (§ 45 b AWV n. F.) sowie die ungenehmigte Erbringung technischer Unterstützung außerhalb des Gemeinschaftsgebietes in Bezug auf konventionelle Rüstungsgüter (§ 45 a AWV n. F.) nach wie vor eine Straftat gemäß § 34 Abs. 2 AWG darstellen kann.[96]

105 Bei Handlungen, die nur Verfahrens- oder Formvorschriften verletzen (§ 33 Abs. 4, 5 AWG) muss besonders genau geprüft werden, ob eine Straftat nach § 34 Abs. 2 AWG vorliegen kann.[97] Verstöße gegen Form-/Verfahrenvorschriften sind per se nicht geeignet, nationale Interessen erheblich zu gefährden.[98]

106 f) **Besonders schwere Fälle.** Strafschärfungen für schwere Fälle enthält § 34 Abs. 6 AWG. Ein schwerer Fall liegt danach in der Regel vor, wenn der Täter
- die Gefahr eines schweren Nachteils für die äußere Sicherheit der Bundesrepublik Deutschland herbeiführt (Nr. 1 a) oder
- das friedliche Zusammenleben der Völker stört (Nr. 1 b) oder
- die auswärtigen Beziehungen der Bundesrepublik Deutschland erheblich stört (Nr. 1 c) oder
- gewerbsmäßig oder als Mitglied einer Bande, die sich zur fortgesetzten Begehung solcher Straftaten verbunden hat, unter Mitwirkung eines anderen Bandenmitglieds handelt (Nr. 2) oder
- eine in Abs. 1 S. 1 Nr. 1 bezeichnete Handlung begeht und dadurch einem im Bundesanzeiger veröffentlichten Ausfuhrverbot der dort genannten Güter zuwiderhandelt, das in einer UN-Resolution nach Kap. VII der Charta oder einem Rechtsakt der EU im Bereich der Gemeinsamen Außen- und Sicherheitspolitik enthalten ist (Nr. 3) oder
- durch die Handlungen nach Abs. 4 besondere konkrete Gefährdungslagen vergleichbar der Nr. 1 des Abs. 6 in abgemilderter Form begründet.[99]

107 Bei der Auslegung der Begriffe „gewerbsmäßig" und „bandenmäßig" sind die von der Rechtsprechung für andere Straftatbestände entwickelten Grundsätze anwendbar. Aufgrund des Wortlauts der Bestimmung muss sich die mindestens aus drei Mitgliedern bestehende Bande zur fortgesetzten Begehung von Straftaten nach § 34 AWG verbunden haben. Der Strafschärfungsgrund „gewerbsmäßiges Handeln" liegt bei einem unternehmerischen Handeln nahe.

108 g) **Vorsatz, Fahrlässigkeit.** Der Vorsatz des Täters muss sich sowohl auf die Zuwiderhandlung (Grundtatbestand) als auch auf die Gefährdungseignung der Handlung (Zusatztatbestand) erstrecken.[100] § 34 Abs. 7 AWG lässt auch Fahrlässigkeit genügen.[101] Das BVerfG[102] hat (in anderem Zusammenhang) ausgeführt: „Von einem im Außenhandel tätigen Unternehmen kann verlangt werden, dass er sich über die einschlägigen Vorschriften unterrichtet."

109 h) **Versuch, Vollendung, Beendigung.** Der Versuch ist gem. § 34 Abs. 5 StGB strafbar. Ein Versuch der illegalen Ausfuhr ist frühestens dann anzunehmen, wenn die Ware verladen wird, um demnächst in Richtung Grenze in Bewegung gesetzt zu werden.[103] Da das Ausfuhrverfahren zweistufig ist, liegt ein unmittelbares Ansetzen zum Versuch bereits im Zeitpunkt der Gestellung bei der Ausfuhrzollstelle vor.

110 i) **Konkurrenzen.** Nach der Subsidiaritätsklausel (§ 34 Abs. 2, letzter Halbsatz) ist die Vorschrift nur dann anzuwenden, wenn die Tat nicht nach § 34 Abs. 1 oder 4 mit Strafe bedroht

---

[95] Z. B.: Schulungsmaßnahmen, bei denen libyschen Staatsangehörigen nicht allgemein zugängliche Kenntnisse über die Wartung/Instandhaltung von Geräten für Giftgasanlagen vermittelt werden.
[96] Vgl. ausführlich *Bieneck* AW-Prax 2/2001, S. 53 ff.
[97] § 33 Abs. 5 Nrn. 1, 3, 4 AWG; § 33 Abs. 4 und Abs. 5 Nr. 2 AWG i. V. m. § 70 Abs. 4, 5, 6 AWV.
[98] BGH v. 25.3.1999, 1 StR 493/98 (LG Mannheim); NJW 1999, S. 2129–2130.
[99] Neuregelung des § 34 Abs. 6 AWG durch G.v. 28.3.2006, in Kraft ab 8.4.2006; Ausweitung der Nr. 1, Beibehaltung der Nr. 2, Einführung der Nr. 3 aus dem bisherigen Abs. 4 und Ausweitung auf autonome EG-Rechtsakte und Qualifikation der in Abs. 4 herab gestuften Handlungen durch besondere Gefährdungslagen, vgl. *Möhrenschlager* wistra 6/2006 S. VII.
[100] Zur fahrlässigen Begehungsweise siehe § 34 Abs. 7 AWG.
[101] *Tröndle/Fischer* § 15 StGB Rdnr. 12.
[102] BVerfG v. 21.7.1992 – 2 BvR 858/92 – n. v.
[103] Erbs/Kohlhaas/*Fuhrmann* Rdnr. 28 zu § 34 AWG.

ist. Idealkonkurrenz von § 34 Abs. 2 AWG ist möglich mit Verstößen nach §§ 19, 20, 20 a, 22 a KWKG, §§ 16, 17 CWÜAG, § 80 StGB. Häufig vorkommende Fälle der Realkonkurrenz sind Urkundsdelikte (§ 267 StGB) und Steuerhinterziehung (§ 370 AO) z. B. in der Form der Nichtversteuerung erzielter Gewinne.

4. Förderung der ungenehmigten Ausfuhr oder Verbringung, § 34 Abs. 3 AWG

a) **Objektiver Tatbestand.** Wer die ungenehmigte[104]/verbotswidrige Ausfuhr oder Verbringung[105] in den Fällen des § 34 Abs. 1 und 2 durch Zurverfügungstellen der auszuführenden Güter (§ 4 Abs. 2 Nr. 3 AWG n. F.), von Unterlagen zu ihrer Fertigung oder wesentlicher Bestandteile fördert, kann sich nach § 34 Abs. 3 AWG strafbar machen. Der Tatbestand erfasst somit bestimmte, der Ausfuhr vorgelagerte selbständige Beihilfehandlungen. Vor allem illegale Exporte über Strohmänner, die Zufuhr der entscheidenden Bausteine aus verschiedenen Quellen oder andere Konstruktionen sollen damit erfasst werden.[106]

Die Vorschrift hat in der Praxis kaum Bedeutung. Sie ist auch vor dem Hintergrund zu verstehen, dass früher vertreten wurde, dass Straftaten nach § 34 AWG verwaltungsakzessorische Sonderdelikte seien und als Täter nur derjenige in Betracht komme, der auch Ausfuhrunternehmer im Sinne des Zollrechts ist.[107] Nach der geltenden Rechtslage[108] ergibt sich aus Art. 788 ZK-DVO, § 4 Abs. 2 Nr. 4 AWG wer Ausführer und wer als Verbringer anzusehen ist.[109]

b) **Versuch der Haupttat.** Tatbestandselement für die Bestrafung der Vorbereitungshandlung ist, dass eine Haupttat zumindest versucht wurde.[110] Erst bei einem Versuch einer illegalen Ausfuhr kann eine Gefährdung der durch das AWG/die AWV geschützten Rechtsgüter begrifflich entstehen.[111]

c) **Vorsatz.** Nur ein vorsätzliches Verhalten kann den Tatbestand erfüllen. Es soll dolus eventualis genügen, was aber wegen der weit vorgelagerten Strafbarkeit bezweifelt werden darf. Wenn nämlich nach § 34 Abs. 1 und 2 AWG erst eine deutlich auffällige, qualifizierte Zuwiderhandlung gegen außenwirtschaftliche Vorgaben strafbar ist, dann kann die Vorbereitung einer solchen qualifizierten Tat kaum mit bedingtem Vorsatz begangen werden.

5. Embargoverstöße, § 34 Abs. 4 AWG[112]

a) **Allgemeines.** Mit der Strafnorm werden Verstöße gegen wirtschaftliche Sanktionsmaßnahmen, die vom UN-Sicherheitsrat nach Kapitel VII der Charta der UN beschlossen wurden und durch Gesetz, Rechtsverordnung oder durch im BGBl. oder BAnz. veröffentlichte EG-Rechtsakte in das Außenwirtschaftsrecht übernommen worden sind, erfasst.[113] Die Kapitel VII a ff. AWV enthalten die entsprechenden Umsetzungsbestimmungen. Hinzu kommen EG-Embargos und die im Bundesanzeiger veröffentlichte EG-Rechtsakte. Nach der Neufassung durch das 12. Änderungsgesetz vom 28.3.2006 (BGBl. I 574) in Kraft seit dem 8.4.2006, ist die Vorschrift im Aufbau und der Sanktionsschärfe geändert (Vergehen statt Verbrechen, Qualifikation in Abs. 6). Die Regelung ist als Verbrechenstatbestand zu weitgehend und

---

[104] Das erfasst auch die durch die Änderung in § 34 Abs. 8 AWG durch die Neuregelung des 12. ÄndG AWG v. 28.3.2006 (BGBl. I 574) in Kraft am 8.4.2006 neu eingeführten Fallgestaltungen.
[105] Eingeführt durch die Neuregelung durch das 12. ÄndG AWG v. 28.3.2006 (BGBl. I 574) in Kraft seit dem 8.4.2006.
[106] Vgl. Begründung BT-Drucksache 12/1134, 9.
[107] Dagg. BGH v. 20.8.1992 – 1 StR 229/92, ZfZ 1993, 24 ff.; krit. *Holthausen* NStZ 1993, 568 ff.
[108] 51. Verordnung zur Änderung der AWV vom 13.9.2000, BAnz. Nr. 176 vom 16.9.2000, S. 18577.
[109] Änderung durch die Neuregelung durch das 12. ÄndG AWG v. 28.3.2006 (BGBl. I 574) in Kraft am 8.4.2006; früher wurden die Begriffe in § 4 c Nrn 3 und 4 AWV legaldefiniert.
[110] Hocke/Berwald/Maurer/*Friedrich* Ziff. 4 zu § 34; a. A. Erbs/Kohlhaas/*Fuhrmann* Rdnr. 21 zu § 34 AWG.
[111] §§ 19 Abs. 1 Nr. 2, 20 Abs. 1 Nr. 2 KWKG, die wiederum § 120 StGB nachgebildet sind, belegen, dass der Versuch einer Haupttat ausreicht, da Förderhandlungen (im Ausland) am Tatort ebenfalls regelmäßig nicht strafbar sind.
[112] Die Vorschrift ist im Strafmaß vom Verbrechen auf Vergehen herabgestuft worden durch die Neuregelung durch das 12. ÄndG AWG v. 28.3.2006 (BGBl. I 574) in Kraft seit dem 8.4.2006.
[113] Vgl. Begründung BT-Drucksache 12/1134, 9.

unpraktikabel empfunden worden.[114] Die Änderungen wirken sich auf laufende Strafverfahren gem. § 2 StGB aus.[115]

116 Auch der Embargotatbestand des § 34 Abs. 4 AWG ist eine Blankettnorm. Ausfüllungsnormen finden sich nicht im AWG, sondern in Rechtsverordnungen aufgrund der §§ 2, 5, 7 AWG, in den nach Kapitel VII der UN-Charta beschlossenen UN-Sanktionen und in den unmittelbar geltenden EG-Rechtsakten. Wegen der Rückverweisung auf die AWV ist § 70 a AWV durch Gesetz vom 28.3.2006 eingeführt worden, der vorsätzliche oder fahrlässige Verstöße gegen § 69 g Abs. 1, Abs. 2 S. 2 AWV als Straftaten nach § 34 Abs. 4 Nr. 1, 5-7 AWG definiert. Die UN-Sanktionsmaßnahmen sind regelmäßig sehr weitgehend und umfassen zumeist nicht nur die Ausfuhr, sondern jegliche Lieferung von Waren.[116] Die jeweiligen nationalen bzw. EG-Rechtlichen Regelungen zur Umsetzung der „VN"-Sanktionen sind dementsprechend weit gefasst. Wenn EG-Rechtliche oder nationale Beschränkungen darüber hinausgehen, sind Verstöße gegen die weiter gehenden Verbote nicht nach § 34 Abs. 4 strafbar.[117] Ausfüllungsnormen müssen einen Sachverhalt des Außenwirtschaftsverkehrs regeln, so dass Vorschriften ausscheiden, die nur innerstaatliche oder nicht wirtschaftliche Vorgänge regeln. Die Rechtsprechung hat sich bisher mit der Lieferung von Rüstungsgütern nach Libyen,[118] der Einfuhr irakischer Dinare,[119] und der Vermittlung eines Geschäfts mit Raketentreibstoff nach Libyen über Weißrussland[120] befasst.

117 **b) Tathandlungen.** Nach § 34 Abs. 4 AWG n. F. macht sich nach Nr. 1 strafbar, wer einer RVO aufgrund von § 2 Abs. 1 i.V.m § 5 (UN-Embargo) oder § 7 Abs. 1 oder 3 Satz 1 (EG-Embargo) zuwiderhandelt. Nach § 34 Abs. 4 Nr. 2 AWG n.F, kann ebenso derjenige bestraft werden, der einem im Bundesanzeiger veröffentlichten unmittelbar geltenden Ausfuhr-, Verkaufs-, Liefer-, Bereitstellungs-, Weitergabe-, Dienstleistungs-, Verkaufs-, Investitions-, Unterstützungs- oder Umgehungsverbot eines Rechtsaktes der EG zuwider handelt.[121] Als Tathandlung kommen alle genannten Arten von Lieferungen oder Hilfestellungen in Betracht. In Ausnahmefällen enthalten die Ausfüllungsnormen Genehmigungsvorbehalte, die jedoch eng begrenzt und – anders als beim Grundtatbestand – rechtsdogmatisch nur Rechtfertigungsgründe darstellen. Diese Abweichung von den Genehmigungsvorbehalten beim Grund- und Gefährdungstatbestand hat bei Irrtumsfragen Relevanz. Das Handeln mit erschlichener Genehmigung ist auch hier dem Handeln ohne Genehmigung gleich gestellt.

118 Der Täterkreis wird in den meisten Fällen nicht von besonderen persönlichen Merkmalen bestimmt, so dass es sich bei Verstößen i. S. d. § 34 Absatz 4 AWG in aller Regel nicht um Sonderdelikte handelt. Daher gelten auch die allgemeinen Regelungen zur Teilnahme. Nur in Einzelfällen sehen die Beschränkungen eine besondere Täterqualifikation vor.[122]

119 **c) Totalembargos.** Totalembargos enthalten umfassende Verbote im Außenwirtschaftsverkehr, die lediglich durch bestimmte Ausnahmen (beispielsweise zu humanitären Zwecken) abgemildert werden können. Das bisherige Totalembargo gegenüber dem Irak wurde aufgehoben

---

[114] Müller-Gugenberger/*Bieneck*, § 62 Rdnr. 87; Achenbach/Ransiek/*Ogiermann* Kap. IV. 3 Rdnr. 74; RegE v. 3.11.2005, BT-Drucks. 16/33
[115] Vgl. *Tröndle/Fischer* § 2 StGB Rdnr. 5 zu § 2 Abs. 3 StGB (Grundsatz des mildesten Gesetzes), Rdnr. 8 zu Blankettgesetzen; Rdnr. 13 zu Zeitgesetzen; zum Außenwirtschaftsrecht vgl. BGHSt. 40, 378; 43, 136 (Fall Schalck-Golodkowski, dort Art. VIII G 53 (MRG) zum Interzonenhandel).
[116] Anfang 2006 bestanden Beschränkungen aufgrund der Teil-Embargos gegen Sierra Leone und Liberia. Der Sicherheitsrat der UN hat – nach dem Ende des 3. Golf-Kriegs – mit Resolution Nr. 1483 (2003) vom 22. Mai 2003 die Wirtschaftssanktionen gegen den Irak mit Ausnahme des – weiterhin bestehenden – Waffenembargos aufgehoben und stattdessen die Anwendung spezifischer Beschränkungen für die Einnahmen aus Exportverkäufen von Erdöl sowie für den Handel mit irakischen Kulturgütern beschlossen (Oil for Food-Programm).
[117] BGH v. 21.4.1995 – 1 StR 700/94 – NStZ 1995, 548 ff.
[118] § 69 I Abs. 3 AWV; die Sanktionsmaßnahmen gegen Libyen wurden am 5. April 1999 ausgesetzt. Das Lieferverbot galt von Mitte April 1992 bis Anfang April 1999.
[119] Bayerisches Oberstes Landgericht, Beschluss v. 8.2.2001 – 4 StR 9/2001 – ZfZ 2001, 172; BGH v. 19.12.2001 – 2 StR 358/01 (LG Mühlhausen) – NJW 2002, 1357
[120] LG Berlin v. 25.10.2000 – (256) 5 Wi Js 116/99 KLs (20/00) – ZfZ 2001, 282.
[121] Dazu erschien im Bundesanzeiger vom 8.4.2006 die Bekanntmachung des BMWT „zur Strafbewehrung von Embargoverstößen" vom 28.3.2006.
[122] Müller-Gugenberger/*Bienek* § 62 Rdnr. 80 f.

und durch ein Teil- und Waffenembargo ersetzt. Ein Länder bezogenes Totalembargo besteht daher zur Zeit nicht. Jedoch begründen die Länder unabhängigen Restriktionen zur Bekämpfung des internationalen Terrorismus weitgehende Beschränkungen, die faktisch einem Totalembargo gleich kommen.

d) Teilembargos. Teilembargos sind dadurch gekennzeichnet, dass sich die dort enthaltenen Beschränkungen und Verbote nur auf bestimmte Wirtschaftsbereiche beziehen und nur bestimmte Handlungen und/oder Rechtsgeschäfte verbieten bzw. beschränken. Inhalt und Umfang der Embargos sind in Abhängigkeit zum entsprechenden Ziel unterschiedlich und können vielfältige Beschränkungen und Verbote enthalten. Embargoregelungen insgesamt können nicht nur die Ausfuhr des Gutes, sondern auch die Durchfuhr und Einfuhr von Gütern, den Kapital- und Zahlungsverkehr, die Erbringung von Dienstleistungen sowie den Abschluss und die Erfüllung von Verträgen betreffen. 120

Momentan bestehen folgende Teilembargos, die in unterschiedlichem Umfang den Handel mit den betroffenen Ländern einschränken, für Demokr. Republik Kongo (ehem. Zaire), Elfenbeinküste (Côte d'Ivoire), Irak (Oil for Food / Öl für Lebensmittel), Liberia, Myanmar (ehemals Burma / Birma), Serbien und Montenegro (nur personenbezogene Finanzsanktionen), Sierra Leone, Simbabwe, Somalia, Sudan. 121

e) Waffenembargos. Waffenembargos enthalten ausdrückliche Beschränkungen bzw. Verbote für die Lieferung von Waffen, Munition und sonstigen Rüstungsmaterialien im Sinne des Teils I Abschnitt A der Ausfuhrliste (AL) sowie für paramilitärische Ausrüstung und die Erbringung damit in Zusammenhang stehender technischer Unterstützung. Für die Ausfuhr von Gütern des Teils I Abschnitt A der AL in folgende Länder werden aufgrund von Beschlüssen internationaler Organisationen (Vereinte Nationen, EU, OS-ZE) i. d. R. keine Genehmigungen erteilt: Armenien, Aserbaidschan, Bosnien-Herzegowina, China, Demokr. Republik Kongo (ehem. Zaire), Elfenbeinküste (Cote d'Ivoire), Irak, Liberia, Myanmar (ehemals: Burma/Birma), Ruanda, Sierra Leone, Simbabwe, Somalia, Sudan. Außer China sind alle diese Staaten Embargoländer im Sinne von Art. 4 Abs. 2 EG-VO. 122

f) Vorsatz, Fahrlässigkeit. Der Vorsatz des Täters muss sich auf alle Tatbestandsmerkmale erstrecken.[123] § 34 Abs. 7 AWG lässt auch Fahrlässigkeit genügen.[124] Das BVerfG[125] hat (in anderem Zusammenhang) ausgeführt: „Von einem im Außenhandel tätigen Unternehmer kann verlangt werden, dass er sich über die einschlägigen Vorschriften unterrichtet." 123

g) Versuch, Vollendung. Der Versuch ist nach Abs. 5 strafbar (vor der Rechtsänderung nach § 23 I StGB als Verbrechenstatbestand). Die Tat ist mit der Ausfuhr vollendet, mit der Übergabe der Waren oder Dienstleistungen sowie der Zahlung beendet. Als es sich bei dem Embargotatbestand noch um einen Verbrechenstatbestand handelte, waren auch Vorbereitungshandlungen gem. § 30 StGB strafbar. Wer also einen anderen zu einem Embargoverstoß zu bestimmen versucht, sich zu seiner Begehung bereit erklärt, das Anbieten einen anderen dazu annimmt oder seine Begehung mit einem oder mehreren anderen verabredet, machte sich strafbar. Eine Strafbarkeit konnte schon bei der Abgabe eines konkreten und verbindlichen Angebotes zum Abschluss eines verbotenen Vertrages vorliegen.[126] 124

h) Strafrahmen, Qualifikationen. Bis zur Neuregelung mit Gesetz vom 28.3.2006 (in Kraft ab 8.4.2006) waren Embargoverstöße Verbrechen mit Freiheitsstrafe von zwei bis zehn Jahren. Ab dem In-Kraft-Treten der Änderungen ist die Norm lediglich als Vergehenstatbestand mit Freiheitsstrafe von 6 Monaten bis zu fünf Jahren ausgestaltet. Das hat zur Folge, dass auch der Verjährungsrahmen anders ausgestaltet ist. Weiterhin können nunmehr die §§ 153ff StPO angewandt, Strafbefehlte beantragt und erlassen oder auch Anklagen zum Strafrichter erhoben werden.[127] 125

---

[123] Zur fahrlässigen Begehungsweise siehe § 34 Abs. 7 AWG.
[124] *Tröndle/Fischer* § 15 Rdnr. 12.
[125] BVerfG v. 21.7.1992 – 2 BvR 858/92 – n. v.
[126] *Bienek*, AW-Prax 1995, 19; *ders.* in HdBAWR § 30 Rdnr. 5.
[127] Das war vom RegE ausdrücklich beabsichtigt worden, BT-Drucks. 16/33 S. 13.

126 Durch die Neufassung ist § 34 Abs. 6 AWG als Qualifikationstatbestand ausgeweitet worden. Danach kann bestraft werden, wer Handlungen nach Abs. 4
- gewerbsmäßig oder als Mitglied einer Bande, die sich zur fortgesetzten Begehung solcher Straftaten verbunden hat, unter Mitwirkung eines anderen Bandenmitglieds begeht (Nr. 2) oder
- Handlungen nach Abs. 4 begeht, die geeignet sind, die äußere Sicherheit der Bundesrepublik, das friedliche Zusammenleben der Völker oder die auswärtigen Beziehungen der Bundesrepublik erheblich zu gefährden (Nr. 4).[128]

Für das gewerbs- und bandenmäßige Verhalten gelten die bereits bislang bekannten Kriterien. Die konkret-abstrakte Gefährdung der in der neuen Nr. 4 aufgeführten öffentlichen Interessen geht über die Nr. 1 hinaus. Die vom Gesetzgeber beabsichtigte Trennung leichter und mittlerer Kriminalität von schwerster Kriminalität ist nach der Neuregelung unbestimmt, da sie rein anlassbezogen bewertet werden kann, je nachdem, wie viel Aufmerksamkeit eine Ausfuhr in ein bestimmtes Land an Aufmerksamkeiten erfährt. Die Rechtsprechung ist aufgerufen, hier abstrakte Kriterien zu entwickeln, die sich nicht am öffentlichen Interesse, sondern am Gegenstand und den Wirkungen des konkreten Geschäfts zu orientieren haben (z. B. Unterscheidung zwischen humanitären, medizinischen oder sozialen Aufbauhilfen gegenüber kriegerisch motivierten Geschäften). Für die hier geregelten Verbrechenstatbestände sieht das Gesetz Freiheitsstrafe von zwei bis zehn Jahren vor (mit Folgenänderung in § 36 Abs. 3 AWG).

127 i) **Konkurrenzen.** Mit Verstößen gegen § 34 Abs. 1 AWG, §§ 19, 20, 20 a, 22 a KWKG, §§ 16, 17 CWÜAG, § 80 StGB ist Idealkonkurrenz möglich. Realkonkurrenz ist anzunehmen bei Urkundsdelikten, Steuerhinterziehung und Ordnungswidrigkeiten nach § 33 Abs. 4 und 5 Nr. 2 AWG z. B. durch falsche Angaben in Ausfuhranmeldungen; bei Verstößen gegen Einfuhrverbote[129] daneben mit § 31 MOG. Auf § 30 StGB muss geachtet werden.

128 k) **Verfall.** Gem. § 73 Abs. 1 Satz 1 StGB kann in dem Verfahren wegen eines Verstoßes gegen § 34 AWG auch der Verfall angeordnet werden. Der Verfall (des Wertersatzes) ist nach § 73 Abs. 1 Satz 1 StGB zwingend nach Maßgabe des Bruttoprinzips anzuordnen, soweit nicht die gleichfalls zwingende Härtevorschrift des § 73 c Abs. 1 Satz 1 StGB entgegensteht. Bruttoprinzip bedeutet, dass nicht nur der Gewinn, sondern grundsätzlich alles, was der Täter für die Tat oder aus ihr erlangt hat, für verfallen zu erklären ist.[130] Entscheidend ist, was dem Betroffenen gerade durch die Straftat zugeflossen ist oder was er durch diese erspart hat. Bei der Berechnung des Erlangten ist vom gesamten Verkaufserlös ohne Abzug von Einkaufspreis und sonstigen Aufwendungen auszugehen.[131] Dieser Umfang des Verfalls entspricht dem Willen des Gesetzgebers, der durch Gesetz zur Änderung des Außenwirtschaftsgesetzes, des Strafgesetzbuches und anderer Gesetze vom 28. Februar 1992[132] § 73 StGB mit Wirkung vom 7. März 1992 geändert hat. Während der Verfall nach der alten Fassung des § 73 StGB nur den „Vermögensvorteil" (Nettoprinzip) erfasste, ist nunmehr der Verfall des „Erlangten" (Bruttoprinzip) anzuordnen. Die Gesetzesänderung geht zurück auf einen Vorschlag des Bundesrates zu dem Gesetzentwurf der Bundesregierung vom 25. Oktober 1989,[133] der in seiner Stellungnahme die Umstellung des Nettoprinzips auf das Bruttoprinzip vorgeschlagen hatte.[134]

Da der Verfall keine Strafe im eigentlichen Sinne ist, sondern nur eine strafähnliche Maßnahme, ist die Anordnung des Verfalls auch gegen Dritte zulässig. Nach ausdrücklicher gesetzlicher Regelung setzt der Verfall keine Schuld voraus. Anders als bei der Einziehung (§ 74 Abs. 1 StGB) genügt für den Verfall eine rechtswidrige Tat (§ 73 Abs. 1 Satz 1 i. V. m.

---

[128] Neuregelung des § 34 Abs. 6 AWG durch G.v. 28.3.2006, in Kraft ab 8.4.2006; Ausweitung der Nr. 1, Beibehaltung der Nr. 2, Einführung der Nr. 3 aus dem bisherigen Abs. 4 und Ausweitung auf autonome EG-Rechtsakte und Qualifikation der in Abs. 4 herab gestuften Handlungen durch besondere Gefährdungslagen, vgl. *Möhrenschlager* wistra 6/2006 S. VII.
[129] Z. B. Irak-Embargo, ehem. Jugoslawien-Embargo und die Teil-Embargos gegen Sierra Leone und Liberia.
[130] BGH NStZ 1995, 491; s.o. § 12.
[131] Vgl. BGH NStZ 1994, 123; NStZ 2000, 480; NStZ-RR 2000, 57; wistra 2001, 389; BGH Beschl. v. 3. Dezember 2000 – 1 StR 547/ 00; BGH Urteil vom 20.3.2001 – 1 StR 12/ 01.
[132] BGBl. I 372.
[133] BT-Drucks. 11/ 6623 S. 11.
[134] BGH Urt. v. 21.8.2002 – 1 StR 115/ 02.

§ 11 Abs. 1 Nr. 5 StGB). Er muss unter den Voraussetzungen des § 73 Abs. 3 StGB auch gegen einen Dritten und sogar gegen eine juristische Person angeordnet werden. Gegen den Drittbegünstigten ist der Verfall anzuordnen, auch wenn der Dritte bzw. das Organ einer juristischen Person keine Straftat begangen hat.[135] Auch insoweit unterscheidet er sich von der Einziehung, die eine vorsätzliche oder sonst individuell vorwerfbare Straftat voraussetzt. Nach § 76 a StGB kann auf Verfall auch selbständig in dem objektiven Verfahren nach § 442 i. V. m. § 440 StPO erkannt werden.

l) **Einziehung.** Ist eine Straftat nach § 34 AWG oder eine Ordnungswidrigkeit nach § 33 AWG begangen worden, so können Gegenstände, auf die sich die Ordnungswidrigkeit oder Straftat bezieht und Gegenstände, die zu ihrer Begehung oder Vorbereitung gebraucht worden sind oder bestimmt gewesen sind, eingezogen werden, vgl. § 36 AWG. Der Verfall des Wertersatzes, § 73 a StGB, kann angeordnet werden, vgl. § 36 Abs. 2 AWG. Hat der Täter gewerbs- oder bandenmäßig gehandelt, so findet gem. § 36 Abs. 3 AWG der erweiterte Verfall, § 73 d StGB, statt. S.a. ausführlich oben § 12.

7. Ordnungswidrigkeiten, § 33 AWG

Die Ordnungswidrigkeiten im Außenwirtschaftsrecht sind in der Blankettvorschrift des § 33 AWG erfasst.[136] Die Tatbestände des § 33 AWG, die empfindliche Geldbußen bis zu 500.000 € nach sich ziehen können, betreffen Verstöße bei der Ein- und Ausfuhr von Gütern, Know-How und Software, sowie den zahlreichen sonstigen Außenwirtschaftsbeschränkungen. Wegen der zahlreichen Verweise auf andere Vorschriften, wie §§ 2 Abs. 2, 5, 7 Abs. 1 oder 3, 10 Abs. 1 Satz 2, 13 Satz 1, 30 Abs. 1 Satz 1 AWG, § 70 Absätze 2 bis 5 h AWV, die AL, Länderlisten K und Anhang II, ist die Norm unübersichtlich und – da jeweils anlassbezogen einzelne Änderungen oder Ergänzungen vorgenommen wurden – auch unsystematisch. Die Absätze 1, 4 und 5 des § 33 AWG sind auch Ausfüllungsnorm für die Straftatbestände des § 34 Abs. 2 AWG, wenn zusätzlich eine Gefährdungseignung für die äußere Sicherheit der Bundesrepublik Deutschland, das friedliche Zusammenleben der Völker oder die auswärtigen Beziehungen der Bundesrepublik (erhebliche Gefährdung) vorliegt. Ist das der Fall, so verdrängt die Straftat die Ordnungswidrigkeit nach § 21 OWiG. Bei den Absätzen 2 und 3 des § 33 AWG handelt es sich um reine Ordnungswidrigkeiten. Die Taten können vorsätzlich und fahrlässig begangen werden. Der Versuch ist zumindest teilweise unter Strafe gestellt. Nach dem neuen § 33 Abs. 4 S. 1 tritt die Ordnungswidrigkeit hinter die Strafbarkeit nach § 34 Abs. 4 Nr. 2 AWG zurück.[137]

Während die Verstöße nach § 33 Abs. 2 Nr. 1 und 4 AWG in allen Bereichen des Außenwirtschaftsverkehrs begannen werden können, betreffen die Verstöße nach § 33 Abs. 2 Nr. 1 a bis 3 nur den Bereich der Wareneinfuhr. Nach § 33 Abs. 2 Nr. 1 i. V. m. § 2 Abs. 2 Satz 1 AWG ist die Zuwiderhandlung gegen eine Beschränkung als Ordnungswidrigkeit mit einer Geldbuße bedroht, die das BMWA zur Begegnung einer Gefahr für die Sicherheit der Bundesrepublik Deutschland, den Völkerfrieden oder die auswärtigen Beziehungen der Bundesrepublik im einzelnen Fall durch Verwaltungsakt angeordnet hat. Es kann sich dabei sowohl um ein Verbot als auch um einen Genehmigungsvorbehalt handeln, die für ein bestimmtes Rechtsgeschäft oder bestimmte Handlungen im Außen- Wirtschaftsverkehr oder für bestimmte Arten von Geschäften oder Handlungen gelten. Die Anordnung muss vollziehbar sein, wobei Widerspruch und Anfechtungsklage keine aufschiebende Wirkung haben. Derartige Einzeleingriffe des BMWA haben in der Praxis neuerdings bei der Terrorismusbekämpfung eine besondere Bedeutung erlangt. Die Änderung des § 33 Abs. 4 AWG durch das G. v. 28.3.2006 führt auch dazu, dass die Verletzung unmittelbar geltender EU-Rechtsakte über die Beschränkung des Außenwirtschaftsverkehrs unmittelbar geltende Ausfüllungsnorm ist.[138] Beschränkungen des Kapital- und Zahlungsverkehrs wegen hier wegen der besonderen Eilbedürftigkeit ihrer Umsetzung vorläufig zunächst auf diesem Wege in kraft gesetzt, bis die entsprechenden Personenlisten

---

[135] LK/*Schmidt* § 73 Rdnr. 54.
[136] Vgl. dazu den Redaktionsbeitrag der AW-Prax 2002, 25 ff. Neufassung von Abs. 1 und Abs. 4 durch das G.v. 28.3.2006 (BGBl. I 574) in Kraft am 8.4.2006.
[137] Neuregelung durch G.v. 28.3.2006 (BGBl. I 574), in Kraft seit 8.4.2006.
[138] *Möhrenschlager* wistra 6/2006 S. V

in Form von EG- Verordnung oder Ratsbeschlüssen der EU im Rahmen des Embargo- Tatbestandes des § 34 Abs. 4 AWG verwaltungs- und strafrechtlich zur Geltung gebracht werden können.

132 Die wichtigsten Ordnungswidrigkeiten zeigt die folgende Übersicht:

Genehmigungspflicht	Waren	Verstöße
Art. 3 I VO 1334/2000 – Ausfuhr –	Anhang I	Je nach Art der Güter: a) § 34 I AWG oder b) § 34 II AWG i. V. m. § 33 IV AWG, § 70 V a) AWV
Art. 4 I VO 1334/2000 – Ausfuhr –	„nicht gelistete" Güter für bestimmte Zwecke im Bereich A-B-C-Waffen und Trägerraketen/Unterrichtung durch BAFA	§ 34 II AWG i. V. m. § 33 IV AWG, § 70 V a) AWV
Art. 4 II VO 1334/2000 – Ausfuhr –	„nicht gelistete" Güter für konventionelle Rüstungsgüter/„Waffenembargo-Länder"/Unterrichtung durch BAFA	§ 34 II AWG i. V. m. § 33 IV AWG, § 70 V a) AWV
Art. 4 III VO 1334/2000 – Ausfuhr –	„nicht gelistete" Güter für zuvor illegal ausgeführte Rüstungsgüter gem. nationaler Liste	§ 34 II AWG i. V. m. § 33 IV AWG, § 70 V a) AWV
Art. 4 IV VO 1334/2000 – Ausfuhr –	„nicht gelistete" Güter gem. Art. 4 I, II, III – ohne Entscheidung BAFA über Genehmigungspflicht oder ohne Genehmigung	§ 34 II AWG i. V. m. § 33 IV AWG, § 70 V a) AWV
Art. 21 I VO 1334/2000 – Verbringung –	Anhang IV	§ 34 II AWG i. V. m. § 33 IV AWG, § 70 V a) AWV
§ 5 I AWV – Ausfuhr –	Teil I Abschnitt A der AL	§ 34 I AWG
§ 5 II AWV – Ausfuhr –	a) Teil I Abschnitt B der AL b) Teil I Abschnitt C Kennungen 901 bis 999 der AL	§ 34 II AWG i. V. m § 33 I AWG, § 70 I AWV
§ 5 c I AWV – Ausfuhr –	„nicht gelistete" Güter für „konventionelle" Rüstungsprojekte/Länderliste K/Unterrichtung durch BAFA	§ 34 II AWG i. V. m. § 33 I AWG, § 70 I AWV
§ 5 c II AWV – Ausfuhr –	„nicht gelistete" Güter gem. § 5 c I –/„positive Kenntnis"/ohne Entscheidung BAFA über Genehmigungspflicht oder ohne Genehmigung	§ 34 II AWG i. V. m. § 33 I AWG, § 70 I AWV
§ 5 d I AWV – Ausfuhr –	„nicht gelistete" Güter für kerntechnische Zwecke/genannte Länder/Unterrichtung durch BAFA	§ 34 II AWG i. V. m. § 33 I AWG, § 70 I AWV
§ 5 d II AWV – Ausfuhr –	„nicht gelistete" Güter gem. § 5 d I –/„positive Kenntnis"/ohne Entscheidung BAFA über Genehmigungspflicht oder ohne Genehmigung	§ 34 II AWG i. V. m. § 33 I AWG, § 70 I AWV

Genehmigungspflicht	Waren	Verstöße
§ 7 I AWV – Verbringung –	Wie § 5 I AWV	§ 34 I AWG oder § 34 II AWG i. V. M. § 33 I AWG, § 70 I AWV[139], [140]
§ 7 II AWV – Verbringung – endgültiges Bestimmungsziel außerhalb der EU	Teil I Abschnitte B und C der AL/„positive Kenntnis" hinsichtlich des endgültigen Bestimmungsziels außerhalb der EU	Je nach Art der Güter: § 34 I AWG oder § 34 II AWG i. V. m. § 33 I AWG, § 70 I AWV[141]
§ 7 III AWV – Verbringung – endgültiges Bestimmungsziel außerhalb der EU/Bedingungen wie § 5 c I AWV	„nicht gelistete" Güter für „konventionelle" Rüstungszwecke/Länderliste K oder „Waffenembargo-Länder"/Unterrichtung durch BAFA bzw. Verbringung ohne Entscheidung BAFA oder ohne Genehmigung	§ 34 II AWG i. V. m. § 33 I AWG, § 70 I AWV
§ 7 IV AWV – Verbringung – endgültiges Bestimmungsziel außerhalb der EU/Bedingungen wie § 5 d I AWV	„nicht gelistete" Güter für kerntechnische Zwecke/genannte Länder/Unterrichtung durch BAFA bzw. Verbringung ohne Entscheidung BAFA oder ohne Genehmigung	§ 34 II AWG i. V. m. § 33 I AWG, § 70 I AWV

Nach § 35 AWG ist die Oberfinanzdirektion (OFD) für die Ermittlung und Ahnung von Ordnungswidrigkeiten zuständig (vgl. auch § 38 Abs. 3 Satz 2 AWG).[142] Anstelle der OFD kann auch das örtlich zuständige Hauptzollamt einen Bußgeldbescheid erlassen, wenn es sich um eine Ordnungswidrigkeit nach §§ 33 Abs. 1 AWG, 70 Abs. 1 AWV, § 33 Abs. 2 Nr. 1 a AWG oder §§ 33 Abs. 3 AWG, 70 Abs. 2 und 3 AWV handelt, die Tathandlung im Verbringen von Sachen besteht und das Bußgeld 1000 € nicht überschreitet. Erachtet das Hauptzollamt ein höheres Bußgeld zur Ahndung des Verstoßes als angemessen, so hat es das Verfahren sofort und in jedem Stadium an die OFD abzugeben.[143] Über den Einspruch gegen einen Bußgeldbescheid ist gem. § 68 Abs. 1 OWiG das das Amtsgericht berufen, in dessen örtlicher Zuständigkeit sich der Sitz der den Bußgeldbescheid erlassenden Verwaltungsbehörde befindet.

8. Sonstige Strafnormen

a) **Maßnahmen zur Bekämpfung des Terrorismus.** Die Europäische Union hat in mehreren Verordnungen restriktive Maßnahmen zur Bekämpfung des Terrorismus beschlossen. Zwei EU-Verordnungen stehen beim Kampf gegen die Finanzen des internationalen Terrorismus im Blickpunkt: Die VO (EG) Nr. 2580/2001 und die VO (EG) Nr. 881/2002. Grundsätzlich

---

[139] Zur – streitigen – Frage der Strafbarkeit der ungenehmigten Verbringung von Waren des Teils I Abschnitt A der AL: *Bieneck* wistra 2000, 213–215.
[140] Die ungenehmigte Verbringung von Gütern des Teils I Abschnitt A der AL wurde im Rahmen der 51. Verordnung zur Änderung der AWV bußgeldbewehrt (§ 70 Abs. 1 Nr. 4. erste Alternative AWV). Die ungenehmigte Verbringung dieser Güter kann damit (auch) gemäß § 34 Abs. 2 in Verbindung mit § 33 Abs. 1 AWG als Straftat verfolgt werden. Die Regelung erfolgte, nachdem zuvor Strafverfolgungsbehörden entschieden hatten, dass die ungenehmigte Verbringung von Gütern des Teils I Abschnitt A der Ausfuhrliste (AL) keine Straftat nach § 34 Abs. 1 AWG darstellt (Runderlass Außenwirtschaft Nr. 6/00, B., Artikel 1, Nummer 26, BAnz. Nr. 176 v. 16.9.2000, S. 18580).
[141] § 34 Abs. 1 AWG umfasst neben den in Teil I Abschnitt A der AL genannten Gütern auch einige Güter ex Teil I Abschnitt C der AL. Die – streitige – Frage der Strafbarkeit der ungenehmigten Verbringung gemäß § 34 Abs. 1 AWG ist hinsichtlich der in Teil I Abschnitt C der AL genannten Waren insoweit irrelevant, als die ungenehmigte Verbringung sämtlicher in Teil I Abschnitt C der AL erfasster Güter jedenfalls gemäß § 34 Abs. 2 AWG strafbar sein kann.
[142] Der Bundesfinanzminister kann durch RVO eine abweichende örtliche Zuständigkeitsregelung treffen.
[143] Vgl. Müller-Gugenberger/*Bienek* § 16 Rdnr. 20, 21.

haben beide Regelungen das gleiche Ziel (nämlich das Austrocknen der Finanzquellen von Terroristen), jedoch richten sie sich jeweils gegen unterschiedliche Gruppierungen. Die beiden Regelungen stehen nebeneinander, deswegen müssen beide parallel beachtet werden.
Auf die Anschläge des 11. September 2001 reagierte die EG zunächst mit der gegen Terror-Organisationen gerichteten Verordnung Nr. 2580/2001 vom 27. Dezember 2001. Diese Verordnung verbietet das „Zurverfügungstellen" von Geld, Finanzmitteln und Finanzderivaten an Terroristen und deren Organisationen, die jeweils in separaten Listen aufgeführt sind.

135 Im Gegensatz hierzu betrifft die VO (EG) Nr. 881/2002 ganz bestimmte im direkten Zusammenhang mit dem Anschlag des 11. September erkannte Personen und terroristische Organisationen. Die Verordnung hat Vorläufer, denn schon zuvor waren die terroristischen Aktivitäten Osama bin Ladens und seiner Organisation bekannt. Die Verordnung (EG) Nr. 881/2002 geht zurück auf die 2002 verabschiedete UN-Resolution 1390/2002. Diese benennt in umfangreichen Namenslisten Terroristen und terroristische Organisationen; diese Liste wird fortlaufend aktualisiert, was gleichzeitig die Grundlage für die Ergänzung der EU-Verordnung ist. Sie ist im Internet zu finden, in fünf Abschnitte untergliedert und unterscheidet jeweils nach Einzelpersonen und Organisationen, Unternehmen und Einrichtungen („entities"), die im Zusammenhang mit den Taliban oder dem Al-Qaida-Netzwerk stehen. Im 5. Abschnitt werden zusätzlich Personen, Organisationen etc. genannt, die zwischenzeitlich von der Liste gestrichen wurden. Das sind bspw. die Verordnung (EG) Nr. 2580/2001 vom 27.12.2001, ABl (EG) Nr. L 344, S. 70, sowie Verordnung (EG) Nr. 881/2002 vom 27.5.2002, ABl (EG) Nr. L 139, S. 9. Diese Verordnungen sind fortlaufenden Änderungen unterworfen. Das BAFA hat inzwischen eine Sanktionslisten-CD-ROM herausgegeben, die beim Bundesanzeiger-Verlag bestellt werden kann. Sie enthält die Namen der relevanten Personen und Organisationen und kann in das unternehmensinterne DV-System eingespeist werden. Per E-Mail wird der Bezieher über Veränderungen der Listen informiert und kann die jeweils aktuellste Form vom Server des Bundesanzeigers herunterladen. Auf den Internetseiten des BAFA kann ein Merkblatt über Embargomaßnahmen zur Bekämpfung des Terrorismus eingesehen und heruntergeladen werden.

136 Nach den vorgenannten Bestimmungen dürfen bestimmten Personen, Gruppen oder Organisationen, die in den im Internet veröffentlichten, fortlaufend geänderten Namenslisten aufgeführt sind, weder direkt noch indirekt finanzielle Vermögenswerte oder wirtschaftliche Ressourcen zur Verfügung gestellt werden oder zugute kommen. Daher ist auch die direkte oder indirekte Lieferung von Gütern an die in den Namenslisten aufgeführten Personen, Gruppen oder Organisationen unabhängig von dem Bestimmungsland der Lieferung untersagt.

137 Die Umsetzung der EG-Antiterrorismusverordnung ist für die Unternehmen mitunter sehr problematisch, da die Namenslisten, auf die sich die Verbotstatbestände beziehen, äußerst unpräzise sind. Die Namenslisteneinträge wechseln zwischen präzisen Angaben und völlig unpräzisen Listeneinträgen, die eine Vielzahl von unbescholtenen Kunden aus dem arabischen Raum zufällig treffen, aber auch Kunden aus Deutschland und der Europäischen Union.

138 Der Begriff wirtschaftliche Ressourcen umfasst Vermögenswerte jeglicher Art, unabhängig davon, ob sie materiell oder immateriell, beweglich oder unbeweglich sind, bei denen es sich nicht um Gelder handelt, die aber für den Erwerb von Geldern, Waren oder Dienstleistungen verwendet werden können. Unerheblich ist es, ob es sich bei den zu liefernden Gütern um Rüstungsgüter, um Dual-use Güter oder um Güter handelt, die nicht von der Ausfuhrliste erfasst werden. Vielmehr ist jegliche Lieferung an die in den Namenslisten aufgeführten Personen, Gruppen oder Organisationen untersagt. Im Kern muss also jede Lieferung in ein Drittland – egal ob in die Schweiz, nach Hongkong oder in die USA – daraufhin untersucht werden, ob der Empfänger eine Namensidentität zu einer in den Listen genannten Personen aufweist bzw. einem genannten Unternehmen nahe steht. Diese Vorgabe gilt für alle Geschäfte, zum Beispiel auch bei der Lieferung von Kraftwerken, Maschinen, Flugüberwachungs- oder Kommunikationssystemen, Hausgeräten, Leuchten, Bauteilen, Schrauben und Kondensatoren. Es müssen aber auch alle Binnenmarkt- und Inlandsgeschäfte geprüft werden, da sich die Verbote der Verordnungen ja gerade nicht nur auf bestimmte Länder, Regionen oder Waren, sondern auf Personen und Organisationen, und zwar unabhängig von deren Aufenthaltsort, beziehen. Ein verbotener Geschäftskontakt kann demzufolge überall auf der Welt stattfinden – auch in Deutschland. Hinzu kommt, dass jegliche „finanzielle Zusammenarbeit" mit den in den Terro-

ristenlisten benannten Personen und Organisationen verboten ist. Das Embargo trifft damit Banken weltweit – zum Beispiel in Dubai, den Arabischen Emiraten, und auf den Bahamas – aber auch Organisationen und Unternehmen, etwa in den USA, in Schweden und in der Schweiz. Durch für die heute im Geschäft üblichen weit verzweigten Finanzierungssysteme besteht die Gefahr, an irgendeiner Stelle dieser Finanzkette eine namentlich genannte Person oder Organisation einzubinden und damit einen Embargoverstoß zu begehen.

Normadressaten sind alle an einer Lieferung beteiligten Personen. Es reicht daher nicht aus, **139** lediglich zu prüfen, ob der Endempfänger der Lieferung auf den o.g. Namenslisten geführt wird. Um solche Verbote einhalten zu können, müssen Unternehmen durch ein geeignetes Kontrollinstrumentarium innerhalb der Unternehmensorganisation sicherstellen, dass die Verbotsliste stets aktualisiert wird, die anstehenden Projekte jeweils mit diesen Listen abgeglichen werden und jede Lieferung an einen solchen Endempfänger durch die Betriebskontrollen untersagt wird. Nach Ansicht des Gesetzgebers sind zumutbare organisatorische Maßnahmen zu ergreifen, die mit ausreichender Wahrscheinlichkeit sicherstellen, dass Verstöße nicht fahrlässig oder vorsätzlich begangen werden können. Die Aufsichtspflichten treffen die für die Führung des Unternehmens verantwortlichen Personen. Das Ausmaß der Aufsichtspflicht hängt dabei von den Umständen des Einzelfalls ab, insbesondere von der Größe und Organisationsstruktur des Unternehmens. Jedes Unternehmen muss also unter Einbeziehung individueller Gegebenheiten geeignete Maßnahmen ergreifen, um die Beachtung der Verbote der EG-Antiterrorismusverordnung sicherzustellen. Alle Unternehmen sind gehalten, jeden Geschäftskontakt auf Übereinstimmung mit den in den einschlägigen Regelungen genannten Namen von Terroristen oder terroristischen Organisationen zu prüfen. Identifizierte „Treffer" sind dann daraufhin zu untersuchen, ob es sich tatsächlich um einen Terroristen handelt, es sich also um einen verbotenen Kontakt handelt, oder, ob lediglich eine Namens-Dublette vorliegt. Erst nach diesem Prüfprozess darf mit einer Lieferung/Leistung begonnen werden. Ein Verstoß gegen die EG-Antiterrorismusverordnung wird u. U. als Embargoverstoß gemäß § 34 Abs. 4 AWG bewertet.

b) Steuerhinterziehung (§ 370 AO). Eine Steuerhinterziehung nach § 370 Abs. 1 AO begeht, **140** wer
- durch unrichtige Angaben über den Wert der Waren (Unterfakturieren), deren unrichtige Bezeichnung (z. B. gepökeltes anstatt unbehandeltes Fleisch) oder über die Menge der eingeführten Waren (§ 370 I Nr. 1 AO) oder
- durch Nichtanmelden von mitgeführten Waren (§ 370 I Nr. 2 AO) Steuern verkürzt.

Der Anwendungsbereich des § 370 AO erfasst nur deutsche Abgaben oder die nach § 370 VI AO gleichgesetzten Eingangsabgaben. Werden daher Waren ausgeführt und dient die falsche Bezeichnung der Ware in den Frachtpapieren dazu, die Waren in den anderen Staat, der nicht zum Zollgebiet der Europäischen Union gehört, einzuschmuggeln, so wird durch unrichtige Angaben gegenüber dem Zoll keine Straftat nach § 370 ff. AO verwirklicht.

Bei Einfuhren von Agrarerzeugnissen aus Drittländern mit niedrigerem Weltmarktpreis in die EU **141** fallen neben oder anstelle von Zöllen sog. Abschöpfungen an. Dadurch soll eine günstigere Drittlandsware auf das höhere Preisniveau der EU-Ware angehoben werden, um der europäischen Agrarwirtschaft ein angemessenes Einkommen zu sichern. Wurden die Waren oder landwirtschaftlichen Erzeugnisse zu Marktordnungszwecken nach § 1 II Marktordnungsgesetz mit Abschöpfungen belegt, so sind nach § 12 I 1 MOG die Bestimmungen der Abgabenordnung entsprechend anzuwenden. Unrichtige – nach dem MOG aber verlangte – Angaben können daher als Steuerhinterziehung bestraft werden.

Wenn der Täter gegenüber einem kontrollierenden Zollbeamten unrichtige Angaben über **142** die mitgeführten Waren macht, ist die Tat bereits vollendet. Unerheblich ist in diesem Zusammenhang, ob das Schmuggelgut bei einer sich unmittelbar anschließenden Kontrolle entdeckt wird.

Bei grobem Eigennutz, bei Missbrauch der Amtsträgerstellung (§ 11 I Nr. 2 StGB), bei Ver- **143** wendung gefälschter Belege, die mit der Zollerklärung vorgelegt werden, kann das Verhalten als besonders schwerer Fall der Steuerhinterziehung nach § 370 III AO mit Freiheitsstrafe von 6 Monaten bis zu 10 Jahren bestraft werden. Als Amtsträger kommen nicht nur die Zollbeamten, sondern auch andere Beamte, wie Grenzpolizisten, BGS-Beamte usw. in Betracht, sofern diese ihre Befugnisse oder ihre Dienststellung missbrauchen. Auf die Höhe des verwirklichten Steuerschadens soll es hierbei nicht ankommen. Allerdings müsste ein Steuerschaden von geringem Umfang zum Wegfall des Regelfalles führen.

144   Die strafbefreiende Selbstanzeige nach § 371 AO ist bei Steuerhinterziehung anwendbar, auch wenn diese in Zusammenhang mit dem grenzüberschreitenden Schmuggel erfolgt. § 371 AO kann auch angewendet werden, wenn ein besonders schwerer Fall der Steuerhinterziehung nach § 370 III AO verwirklicht ist. Dagegen ist die Norm nicht bei gewerbs- oder bandenmäßigem Schmuggel anwendbar.

145   Wenn ein **Zollzuschlag** (§ 32 ZollVG) erhoben wird, tritt ein Verfahrenshindernis ein, das allerdings nur für begangene Zollstraftaten gilt. Tateinheitlich verwirklichte Tatbestände des allgemeinen Strafrechts können gleichwohl verfolgt werden. Die Nichtverfolgbarkeit einer Zollstraftat setzt voraus, dass die Tat im Reiseverkehr über die Grenze im Zusammenhang mit der Zollbehandlung begangen wurde und sich auf „private" Waren bezieht, deren Warenwert das im Reiseverkehr Übliche nicht übersteigt. Es genügt dabei die Einreise aus einem Drittland im Reiseverkehr. Die Ware darf auch nicht zum Handel oder zur gewerblichen Verwendung bestimmt sein. Nach Art. 28 ff. Zollkodex i.V. mit Art. 141 ff. ZK-DVO ist der objektive Preis im Herkunftsland des Endverbrauchers maßgebend. Die gewerbliche Einfuhr wird durch die Norm nicht begünstigt. Wird die Ware über die „grüne Grenze", d. h. außerhalb eines Amtsplatzes (§ 4 ZollVG i.V. mit § 8 ZollVO) in das Zollgebiet geschmuggelt, entfällt die Begünstigung ebenfalls. Außerdem entfällt die Begünstigung, wenn die Ware in einem Schmuggelversteck gefunden wird oder der Täter innerhalb von 6 Monaten schon einmal in gleicher Weise aufgefallen ist.

146   **c) Gewerbs- oder bandenmäßiger Schmuggel (§ 373 AO).** Schmuggel in größerem Umfang oder bei einem auf wiederholte Tatbegehung gerichtetem Vorgehen, kann den Tatbestand des gewerbsmäßigen Schmuggels nach § 373 I AO erfüllen. Das Zusammenwirken mehrerer Täter kann die Tatbestandsvariante des bandenmäßigen Schmuggels nach § 373 II Nr. 3 AO verwirklichen. Die Tat muss sich auf die Hinterziehung von Eingangsabgaben oder auf Bannbruch durch gewerbsmäßiges Zuwiderhandeln gegen Monopolvorschriften beziehen und führt zu einer Erhöhung der Mindeststrafe auf 3 Monate.

147   Gewerbsmäßig handelt, wer die Absicht hat, sich durch wiederholte Tatbegehung eine fortlaufende Erwerbsquelle zu verschaffen. Die einmalige Tat kann hier ausreichen, wenn ein auf Wiederholung gerichteter Wille zu erkennen ist. Hat der Täter in seinem Fahrzeug Schmuggelverstecke gesondert eingebaut und nutzt er nicht nur bauartbedingte Hohlräume, wie etwa in den Türen, so wird häufig Wiederholungsabsicht angenommen. Als Gewinn genügt jeder erstrebte Vermögensvorteil.

148   Schmuggel mit Waffen ist nach § 373 II Nr. 1 und 2 AO ein Verbrechen. Der Tatbestand ist bereits erfüllt, wenn Schusswaffen mitgeführt werden. Bei anderen Waffen oder gefährlichen Gegenständen muss festgestellt werden, ob der Täter damit etwaigen Widerstand brechen wollte.

149   Bandenmäßiger Schmuggel nach § 373 II Nr. 3 AO setzt die Gewerbsmäßigkeit nicht voraus. Der Gesetzgeber hat hier die Art der Tatbegehung im Auge. Bei der konkreten Tat müssen mindestens 2 Bandenmitglieder zusammenwirken. Bei den Qualifizierungsmerkmalen des § 373 I und II Nr. 3 AO (gewerbs- und bandenmäßiger Schmuggel) handelt es sich um besondere persönliche Merkmale i. S. des § 28 II StGB. Für jeden Täter oder Teilnehmer muss daher gesondert festgestellt werden, ob er gewerbsmäßig gehandelt hat12.

150   **d) Bannbruch (§ 372 AO).** Wer Gegenstände entgegen einem Verbot (auch einem AWG- oder KWKG-Verbot) ein-, aus- oder durchführt, kann wegen Bannbruchs bestraft werden. Der Tatbestand tritt aber hinter andere Verbotsnormen zurück. Die Verfolgung wegen dieses Delikts beschränkt sich in der Praxis daher auf verwaltungsrechtliche Verbote, die überwiegend nichtfiskalischen Zwecken dienen. Aus § 11 Zollverwaltungsgesetz ergibt sich die Pflicht der Zollbehörden, derartige Ein- und Ausfuhrverbote zu überwachen.

151   **e) Steuerhehlerei (§ 374 AO).** Die Steuerhehlerei ist eine mitbestrafte Nachtat, wenn gleichzeitig § 370 AO verwirklicht wurde. Dagegen können die Gehilfen oder Anstifter des Schmuggels wegen Steuerhehlerei bestraft werden. Dagegen ist eine selbständige Verfolgung der Steu-

erhehlerei möglich, wenn wegen § 370 AO das Verfahren nach § 154 StPO eingestellt wird. Anders als § 259 StGB verlangt § 374 AO nicht, dass ein anderer die Waren eingeschmuggelt haben muss.

Nach § 30 a TabaksteuerG begeht derjenige, der bis zu 1000 Stück Zigaretten aus einem Schmuggel erwirbt, nur eine Ordnungswidrigkeit und kein Vergehen der Steuerhehlerei nach § 374 AO. Wer die Zigaretten geschmuggelt hat, kann aber weiterhin wegen Steuerhinterziehung verfolgt werden, sofern nicht das Verfahrenshindernis des § 30 ZollVG gegeben ist.

f) Korruptionsbekämpfung. Weil die Exportfinanzierung weitgehend von staatlichen (Hermes-) Bürgschaften abhängig ist, spielt auch hier die Korruptionsbekämpfung eine wichtige Rolle. Die Finanzierungszusage steht aber regelmäßig unter dem Vorbehalt, dass das Exportgeschäft nicht durch Straftaten zustande gekommen ist.[144] Die Bundesregierung hat das Abkommen der OECD zur Bekämpfung von Korruption bei Exportfinanzierungen aus 2000 (Action Statement on Bribery and Officially Supported Export Credits) unterzeichnet und arbeitet aktiv an der Umsetzung mit.[145] **152**

g) Einfuhrverbote in Spezialgesetzen. Spezialgesetze normieren die Ein- oder Ausfuhrverbote aus politischen, medizinischen, kulturellen und kriminalpräventiven Gründen. Eine unrichtige Deklaration beim Grenzübertritt kann tateinheitlich zur Strafbarkeit nach dem Spezialgesetz auch die Strafbarkeit nach der Abgabenordnung begründen. **153**

aa) Betäubungsmittel. Die Einfuhr[146] von Betäubungsmitteln ist nach § 29 I Nr. 1 BtMG, im Fall der Gewerbsmäßigkeit nach § 29 III Nr. 1 BtMG strafbar. Bei Betäubungsmitteln in nicht geringer Menge richtet sich die Strafbarkeit nach § 30 I Nr. 4 BtMG. Bandenmitglieder werden nach § 30 a BtMG bestraft. **154**

bb) Waffen. § 53 I Nr. 2 Waffengesetz verbietet die Einfuhr von erlaubnispflichtigen Schusswaffen oder Munition in das Bundesgebiet. § 52 a I WaffenG stellt die Einfuhr halb- oder vollautomatischer Selbstladewaffen unter Strafe. Der § 53 III Nr. 3 WaffG erfasst die Einfuhr verbotener Gegenstände nach § 37 I Nr. 1 bis 6 WaffenG (z. B. Nachtzielgeräte, Springmesser etc.), Nr. 4 die Einfuhr der nach § 37 I Nr. 7 WaffG verbotenen Gegenstände. **155**

cc) Propagandamittel (§§ 86 ff., 130 StGB). Nach § 86 StGB wird die Ein- und Ausfuhr von Propagandamitteln, deren Inhalt sich gegen die freiheitlich demokratische Grundordnung richtet, bestraft. § 87 I Nr. 3 StGB verbietet die Einfuhr von Sabotagemitteln. Der § 130 II Nr. 1 d StGB stellt die Ein- und Ausfuhr von volksverhetzenden Schriften oder den nach § 11 III StGB gleichgestellten Medien unter Strafe. **156**

dd) Fälschungsmittel. Werden Vorrichtungen zum Fälschen von amtlichen Ausweisen oder entsprechende Ausweisvordrucke ein- oder ausgeführt, so wird der Täter nach § 275 StGB bestraft. Sofern die Vorrichtungen zum Fälschen sich auf die Fälschung von Geld, Wertpapiere, Scheck- oder Kreditkarten beziehen, ergibt sich zwar kein unmittelbares Einfuhrverbot, die Einfuhr kann aber Teilakt des Sichverschaffens i. S. der §§ 149, 152 a I StGB sein. **157**

ee) Kernbrennstoffe. Die Ein- und Ausfuhr von Kernbrennstoffen oder gefährlichen radioaktiven Stoffen ohne die erforderliche Genehmigung ist nach § 328 StGB strafbar. **158**

ff) Artenschutz. Gefährdete Tierarten werden durch das Washingtoner Artenschutzabkommen und die Bundesartenschutzverordnung geschützt. Ein Verstoß gegen diese Normen kann durch die §§ 30, 30 a BNatG geahndet werden. **159**

gg) Markenschutz. Durch § 143 I Nr. 3 i.V. mit § 14 IV Nr. 3 MarkenG wird die Ein- und Ausfuhr von Waren im geschäftlichen Verkehr, die widerrechtlich mit einem geschützten Markenzeichen versehen sind. **160**

---

[144] Vgl. zu Korruptionsvorwürfen im Zusammenhang mit Hermes-Bürgschaften die BTDrucks. 16/764 (Kleine Anfrage der Fraktion DIE LINKE) und BT-Drucks. 16/935 (Antwort der BReg. vom 15.3.2006).

[145] In der Mitteilung der BReg vom 15.3.2006 wird auf ein US-Verfahren gegen DaimlerChrysler hingewiesen, bei dem man teilweise Rechtshilfe geleistet habe.

[146] BGH NStZ 2000, 150: „Einfuhr von Betäubungsmitteln wird durch deren Verbringen über eine ausländische Grenze nicht verwirklicht, erforderlich vielmehr das – hier nicht gegebene – Verbringen der Betäubungsmittel über die deutsche Hoheitsgrenze aus dem Ausland in den Geltungsbereich des Betäubungsmittelgesetzes (*Körner* BtMG 4. Aufl., § 29 Rn 431; *Weber* BtMG § 2 Rn 36; BGHSt 31, 374, 375; BGHSt 34, 180, 181; BGHR BtMG § 29 I Nr. 1 – Einfuhr 25, 30).

IV. Kriegswaffenstrafrecht

1. Einleitung

161 **a) Entwicklung des KWKG.** Das Kriegswaffenkontrollgesetz (nachfolgend: KWKG) ist zeitgleich mit dem AWG 1961 als Ausführungsgesetz zu Art. 26 Abs. 2 GG verkündet worden und zum 1.9.1961 in Kraft getreten. Anders als das AWG sieht das KWKG Verbote mit Erlaubnisvorbehalt für (nahezu) jeglichen Umgang mit Kriegswaffen vor. Ein Anspruch auf die Erteilung von Genehmigungen nach KWKG besteht nicht (§ 6 Abs. 1 KWKG), ferner gibt es obligatorische Versagungsgründe (§ 6 Abs. 3 KWKG). Die Genehmigungspflicht des § 4 a KWKG für Auslandsgeschäfte ist eine Ausnahme und nicht mit § 40 AWV vergleichbar. Die Beschränkungen des § 40 AWV betreffen Rechtsgeschäfte von Gebietsansässigen unabhängig vom Handlungsort. Die Beschränkungen des § 4 a KWKG betreffen hingegen Realakte (Tätigkeiten), die zumindest teilweise im Bundesgebiet ausgeübt werden. Die Nationalität bzw. der Wohn-/Geschäftssitz des Handelnden sind irrelevant.

162 **b) Aufbau des KWKG.** Das KWKG ist folgendermaßen aufgebaut:

Abschnitt	§§	Inhalt
Erster Abschnitt	1 bis 11	Genehmigungsvorschriften
Zweiter Abschnitt	12 bis 15	Überwachungs- und Ausnahmevorschriften
Dritter Abschnitt	16, 17	Besondere Vorschriften für Atomwaffen
Vierter Abschnitt	18, 18 a	Besondere Vorschriften für biologische, chemische Waffen sowie für Antipersonenminen (APM)
Fünfter Abschnitt	19 bis 25	Straf- und Bußgeldvorschriften
Sechster Abschnitt	26 bis 29	Übergangs- und Schlussvorschriften

163 **c) Sachlicher Anwendungsbereich.** Durch das KWKG werden alle Kriegswaffen erfasst. Das sind Gegenstände, Stoffe und Organismen, die allein, in Verbindung mit gleichen oder anderen
- Zerstörungen an Personen oder Sachen in großem Ausmaß verursachen und
- als Mittel der Gewaltanwendung bei bewaffneten Auseinandersetzungen zwischen Staaten dienen können, also zur Kriegsführung geeignet sind (§ 1 Abs. 2 KWKG) sowie
- zur Kriegsführung bestimmt sind, also nahezu ausschließlich[147] zur Kriegsführung hergestellt werden (Art. 26 Abs. 2 GG, § 1 Abs. 1 KWKG).

164 Nach der Technologie unterscheidet man ABC-Waffen, Träger, Antipersonenminen (APM) und sonstige konventionelle Kriegswaffen. Massenvernichtungswaffen sind die ABC-Waffen und ihre Trägereinrichtungen. Die unter § 1 Abs. 1 KWKG fallenden Waffengattungen und Typen werden in der Kriegswaffenliste (KWL) aufgelistet.[148] Die Aufzählung in der KWL ist abschließend.

165 Nach Sinn und Zweck des Art. 26 GG sind „zur Kriegführung bestimmte Waffen" nur solche, die zu bewaffneten Auseinandersetzungen zwischen Staaten objektiv geeignet sind (§ 1 Abs. 2 KWKG). Durch das Kriterium der „objektiven Eignung..." werden bspw. demilitarisierte Kriegswaffen grds. aus dem Anwendungsbereich des KWKG herausgenommen (vgl. aber § 13 a KWKG[149]). Dual-use-Güter, die bei zivilen wie bei militärischen Gelegenheiten gebraucht werden. ABC-Waffen kann auch dann die militärische Eignung fehlen, wenn sie zi-

---

[147] Sog. Zivilklausel, *Holthausen* NJW 1992, 2113.
[148] Die Erfassung in der KWL reicht aus: BVerwGE 61, 24/29ff; ebenso OLG Karlsruhe, NJW 1992, 1057; *Achenbach* NStZ 1993, 477/481; *Fehn* ZfZ 2000, 333 f; and. Auff. Einzelfallprüfung ist erforderlich: BayObLG NJW 1971, 1375/1376; OLG Celle NdsRpfl. 1973, 76/77.
[149] Eingefügt durch das WaffRneuRegG vom 11.10.2002, BGBl. I 3970 (4011).

vilen Zwecken dienen, sei es wissenschaftlichen, medizinischen, industriellen Forschungs- und Entwicklungszwecken.[150]

Nach der Bausatztheorie[151] werden als Kriegswaffen nicht nur die fertig gestellten Güter **166** sondern auch deren wesentliche Bestandteile als Kriegswaffen angesehen.[152] Allerdings sind nicht automatisch alle Einzelteile oder Produktionsmittel schon Kriegswaffen. Man geht vielmehr davon aus, dass ein Bausatz leicht herzustellen ist.[153] Dagegen wird zwar eingewandt, dass dadurch eine unzulässige strafrechtliche Analogie geschaffen werde,[154] diese Auffassung widerspricht aber der sonst in Rechtsprechung und Literatur[155] ungeteilten Auffassung, dass der Wortlaut des § 1 KWKG die Teillieferungen noch umfasst. Als Teillieferungen sind danach sowohl die zeitlich versetzten Lieferungen als auch die bewusst unvollständigen Lieferungen erfasst, bei denen leicht anderweitig beschaffbare Teile vom Empfänger ergänzt werden müssen.

Am 1.April 2003 ist das WaffNeuRegG in Kraft getreten, wonach die Vorschriften des Waf- **167** fengesetzes nun nicht mehr auf Kriegswaffen anwendbar sind. (§ 57 Abs. 1 Satz 1 WaffG). Die Folgen dieser klaren Trennung zwischen KWKG und WaffG sind in ihrer Gesamtheit aus dem Text der Vorschriften nicht ohne weiteres klar erkennbar. Einige Waffen i. S. d. WaffG stellen gleichzeitig Kriegswaffen i. S. d. KWKG dar. Dieses Konkurrenzverhältnis löst § 57 WaffG auf. Ist eine Waffe (auch) eine Kriegswaffe, so gehen die Regelungen des KWKG grundsätzlich vor. Gem. § 57 Abs. 1 Satz 2 WaffG sind jedoch auf tragbare Kriegswaffen sowie auf die dazugehörige Munition die Regelungen der §§ 36, 45, 53 Absatz 1 Nr. 19 WaffG anzuwenden. Strafbewehrt ist damit insbesondere die verbotswidrige Einfuhr von gefährlichen Gegenständen, den sog, verbotenen Waffen, gem. § 2 Abs. 3, § 40 i. V. m. Anlage 2 Abschnitt 1 WaffG (Waffenliste).[156]

d) Kriegswaffenliste (KWL). Das KWKG wird ergänzt durch die KWL (Anlage zu § 1 **168** Abs. 1 KWKG), drei Durchführungsverordnungen sowie zwei Verordnungen über allgemeine Genehmigungen und die Kriegswaffenmeldeverordnung. Erst die Auflistungen, Definitionen und Gattungen der KWL füllen den Begriff der Kriegswaffe aus.

Der Begriff der „Atomwaffe" wird in § 17 Abs. 2 KWKG und in Teil A I. (= Nr. 1 und 2) der **169** KWL mit unterschiedlicher Bedeutung verwendet.

Die biologischen Waffen werden in Nr. 3 der KWL nicht vollständig aufgezählt. Die dort **170** namentlich genannten biologischen Agenzien sind nur Beispiele. Für die unter Nr. 3 b) der KWL genannten „biologischen Agenzien" sind im Falle ihrer zivilen Verwendung die Ausfuhrbeschränkungen aufgrund der EG-dual-use-VO und der AWV zu beachten. Für Ricin (Nr. 3. b) 3.1 d) 4. KWL) und Saxitoxin (Nr. 3. b) 3.1 d) 5. KWL) gelten zusätzlich die Beschränkungen nach dem CWÜAG und der CWÜV.

Chemische Waffen werden in der KWL A in Nrn. 5, 6 aufgelistet. Das KWKG geht damit **171** dem ChemikalienG vor, das den Handel und den Besitz von Chemikalien ebenfalls der staatlichen Aufsicht unterstellt. Für die unter Nr. 5 der KWL A genannten Chemikalien sind im Falle ihrer zivilen Verwendung die Ausfuhrbeschränkungen aufgrund der AWV und der EG-dual-use-VO zu beachten. Zusätzlich gelten die Beschränkungen nach dem CWÜAG und der CWÜV.

Die KWL ist in zwei Teile aufgeteilt. Teil A nennt Kriegswaffen, auf deren Herstellung **172** die Bundesrepublik Deutschland in internationalen Verträgen verzichtet hat (Atomwaffen, biologische und chemische Waffen).[157] Teil B enthält die „sonstigen Kriegswaffen".

---

[150] Achenbach/Ransiek/*Fehn* Kap. IV.4. Rdnr. 14.
[151] BGH v. 23.11.1995 – 1 StR 296/95, NStZ 1996, 137 ff.
[152] *Holthausen* wistra 1997, 129 ff.
[153] *Holthausen* NStZ 1988, 206/208; 1993, 243/244; 1996, 284/285; wistra 1997, 129; ebenso BGH NStZ 1985, 367; BGHSt. 41, 348/354; OLG Düsseldorf NStZ 1987, 565/566.dagg. *Pottmeyer* zu § 1 Rn 89 KWKG; AW-Prax 1995, 133/135; wistra 1996, 121/122.
[154] *Pottmeyer*, KWKG Rdnr. 84 ff. zu § 1.
[155] *Holthausen* wistra 1997, 129 ff., m. w. N.
[156] Bienek/*Henke* HdBAWR § 6 Rdnr. 6.
[157] *Holthausen* NJW 1992, 2113 ff.

Teil	Abschnitt	Nrn.	Inhalt
A	Vor Abschnitt I	Ohne	„Zivilklausel"
	I.	1, 2	Atomwaffen
	II.	3, 4	Biologische Waffen
	III.	5, 6	Chemische Waffen
B	I.	7 bis 12	Flugkörper
	II.	13 bis 16	Kampfflugzeuge und -hubschrauber
	III.	17 bis 23	Kriegsschiffe und schwimmende Unterstützungsfahrzeuge
	IV.	24 bis 28	Kampffahrzeuge
	V.	29 bis 36	Rohrwaffen
	VI.	37 bis 39	Leichte Panzerabwehrwaffen, Flammenwerfer, Minenleg- und Minenwurfsysteme
	VII.	40 bis 48	Torpedos, Minen, Bomben, eigenständige Munition
	VIII.	49 bis 55	Sonstige Munition
	IX.	56 bis 60	Sonstige wesentliche Bestandteile
	X.	61	Dispenser
	XI.	62	Laserwaffen

173 e) **Räumlicher Anwendungsbereich.** Das KWKG gilt zunächst für Sachverhalte, die vom Inland aus begangen werden. Deutlich wird das an den Genehmigungserfordernissen. Bei der Ein-, Aus- und Durchfuhr von KW ist eine Erlaubnis des BAFA einzuholen (§ 3 Abs. 3 i. V. m. Abs. 1 oder 2 KWKG). Auslandsgeschäfte mit Bezug auf das Inland sind nach § 22 a Abs. 1 Nrn. 5, 7 KWKG ebenfalls vom KWKG erfasst. Das setzt aber voraus, dass eine inländische Zuständigkeit des BAFA nach §§ 4, 4 a KWKG begründet wäre. Durch § 21 KWKG wird das Exportverbot für ABC-Waffen und APM (§§ 19, 20, 20 a KWKG) auf Taten ausgeweitet, die von Deutschen im Ausland begangen werden. Die Norm entspricht § 35 AWG.

174 f) **Strafnormen.** Zuwiderhandlungen gegen die Genehmigungsvorschriften gemäß den §§ 2 bis 4 a KWKG und die Verbote gemäß den §§ 17, 18 und 18 a KWKG sind nach den §§ 19, 20, 20 a und 22 a KWKG mit Strafe bedroht. Die Strafnormen sind Blanketttatbestände. Sie orientieren sich seit der KWKG-Novelle von 1990[158] an den einzelnen Genehmigungspflichten. Die (nicht nichtige) verwaltungsrechtliche Genehmigung ist Tatbestandsmerkmal, die Strafnormen sind also verwaltungsakzessorisch. Wird die Genehmigung nachträglich mit Wirkung ex tunc zurückgenommen, beseitigt das die Tatbestandswirkung nicht. Die Genehmigungsrücknahme würde ansonsten zu einer strafrechtlich unzulässigen Rückwirkung führen.[159]

2. Vergehen nach § 19 KWKG (Atomwaffen)

175 a) **Anwendungsbereich.** Das KWKG geht mit dem – eigentlich bereits aus dem AWG stammenden – Verbot der Atom-, Bio- und Chemiewaffen über die allgemeinen Verbote hinaus, weil dadurch Deutschen umfassend die Mitwirkung an der Entwicklung, Herstellung pp. von ABC-Waffen **im Ausland** verboten wurde. Ausnahmen gelten nur für ABC-Waffen der NATO (§ 16 KWKG) und für „dienstliche Handlungen" mit chemischen Waffen der NATO (§ 22 KWKG).

---

[158] Gesetz zur Verbesserung der Überwachung des Außenwirtschaftsverkehrs und zum Verbot von Atomwaffen, biologischen und chemischen Waffen v. 5.11.1990, BGBl. I 2428.
[159] Achenbach/Ransiek/*Fehn* HdbWiStR IV.4. Rdnr. 30; Bieneck/*Pathe* HdbAWR § 5 Rdnr. 12; *Pottmeyer* KWKG § 22 a Rdnr. 13; and. Auff. BGHSt. 39, 381/387 = NJW 1994, 670/671; LG Hanau NJW 1988, 571/576.

b) Tathandlungen. Durch § 19 KWKG wird die Umgehung des Verbotes des § 18 KWKG 176 durch Handelnde, Anstifter (Verleiten, § 19 Abs. 1 Nr. 1 a) und Helfer (Fördern, § 19 Abs. 1 Nr. 2) bestraft. Als Tathandlungen nennt § 19 I Nr. 1 KWKG Atomwaffen im Sinne von § 17 Abs. 2 KWKG entwickeln, herstellen, Handel treiben, erwerben, überlassen, ein-, aus- oder durchführen, verbringen, transportieren oder sonst die tatsächliche Gewalt ausüben,

Die Anstiftung wird nach Nr. 1 a (Verleiten) und die Beihilfe nach Nr. 2 (Fördern) als 177 selbständige Tat bestraft. Diese Fördertatbestände (§ 17 Abs. 1 Nr. 2, § 18 Nr. 2, § 18 a Abs. 1 Nr. 3 KWKG) sind von großer praktischer Bedeutung.[160] Sie bezwecken, jede Art der Teilnahme und Unterstützung zu unterbinden und sie auf eine Stufe mit einem Täter zu stellen.[161] Auch rein mittelbare Handlungen zum Aufbau einer Waffenproduktion sollen schon genügen.[162]

c) Strafrahmen. Der Strafrahmen ist beim Grundtatbestand (§ 19 I), besonders schwere Fälle 178 (§ 19 II), minder schwerem Fall (§ 19 III), vorsätzlichem oder fahrlässigem, auch leichtfertigem Verhalten (§ 19 IV, V) unterschiedlich:

Handlungsvorwurf	Strafrahmen
Grundtatbestand, § 19 Abs. 1	Freiheitsstrafe von einem bis fünf Jahre
Besonders schwere Fälle, § 19 Abs. 2: Nr. 1: gewerbsmäßige oder bandenmäßige Begehung Nr. 2: Gefährdung der Sicherheit der BRD, des friedlichen Zusammenlebens der Völker oder der auswärtigen Beziehungen	Freiheitsstrafe nicht unter zwei Jahren (entspricht § 34 Abs. 6 Nr. 2 AWG)
Unbenannte minder schwere Fälle	Freiheitsstrafe von 3 Monaten bis fünf Jahre
Fahrlässige Begehung von Abs. 1 Nr. 1; Leichtfertige Begehung von Abs. 1 Nrn. 2 und 3	Freiheitsstrafe bis zu 3 Jahren oder Geldstrafe

d) Tatbestandsausschließende Befreiungen. Die §§ 16, 22 und 18 a Abs. 3 KWKG enthalten 179 Erlaubnisse, die den Tatbestand des § 19 KWKG ausschließen. Auch die „Zivilklausel" (Teil A vor Abschnitt I der KWL) sowie die Ausnahmebestimmung in § 17 Abs. 2, letzter Satz KWKG lassen den Tatbestand entfallen, allerdings hier, weil eine Kriegswaffeneigenschaft nicht vorliegt.[163] Schließlich wird nach § 19 VI KWKG ein Verhalten ausgeschlossen, das zur Vernichtung oder zum Schutz vor den Gefahren der Atomwaffen bestimmt und geeignet ist.

3. Biologische und chemische Waffen, §§ 18, 20 KWKG

a) Tathandlungen. Durch § 20 KWKG wird die Umgehung des Verbotes des § 18 KWKG 180 durch Handelnde, Anstifter (Verleiten, § 20 Abs. 1 Nr. 1 a) und Helfer (Fördern, § 20 Abs. 1 Nr. 2) bestraft. Die Handlungsbeschreibungen sind dem § 19 KWKG nachgebildet. Besondere öffentliche Aufmerksamkeit haben die verschiedenen Entscheidungen zu Lieferanten für die lybische Fabrik in Rabta erhalten (LG Stuttgart vom 1.10.1996,[164] LG Stuttgart

---

[160] Vgl. ausführlich *Holthausen* NJW 1991, 203 ff.
[161] BT-Drucks. 11/4609, 9.
[162] BT-Drucks. 11/4609, 10.
[163] BT-Drucks. 11/4609, 8.
[164] LG Stuttgart v. 1.10.1996 – 8 KLs 47/96, NStZ 1997, 288 ff., Freispruch vom Vorwurf des „Entwickelns chemischer Waffen", Verurteilung wegen Embargoverstoß nach § 34 IV AWG. Kritik bei: *Hucko* AW-Prax 1997, 172 ff., *Holthausen* NStZ 1997, 288 ff.; *Fehn* AW-Prax 1997, 278 ff.; *ders.*, AW-Prax 1997, 385 ff.; *ders.* in Achenbach/Ransiek IV.4. Rdnr. 110. Zustimmend *Kreuzer* NStZ 1997, 292. Zu den Erwägungen des LG: *Muhler* ZRP 1998, 4 ff.; Entgegnung zu *Kreuzer: Holthausen* AW-Prax 1998, 97 ff.

vom 19.6.2001;[165] LG Mönchengladbach v. 30.9.1997;[166] OLG Düsseldorf, Beschluss vom 23.2.2000[167]) erfahren, deren Lektüre (soweit veröffentlicht und kommentiert) sich nach wie vor für eine Einarbeitung anbietet.

181 **b) Strafrahmen.** Der Strafrahmen ist beim Grundtatbestand (§ 20 I), dem minder schwerem Fall (§ 20 II), dem vorsätzlichem oder fahrlässigem, auch leichtfertigem Verhalten (§ 20 III) unterschiedlich:

Handlungsvorwurf	Strafrahmen
Grundtatbestand: BC-Waffen entwickeln, herstellen, Handel treiben, erwerben, überlassen, ein-, aus- oder durchführen, verbringen, transportieren oder sonst die tatsächliche Gewalt ausüben, (Nr. 1) Verleiten (Nr. 1 a) oder Fördern (Nr. 2)	Freiheitsstrafe nicht unter 2 Jahre
Unbenannte minder schwere Fälle	Freiheitsstrafe von 3 Monaten bis fünf Jahre
Fahrlässige Begehung von Abs. 1 Nr. 1; Leichtfertige Begehung von Abs. 1 Nrn. 2 und 3	Freiheitsstrafe bis zu 3 Jahren oder Geldstrafe

182 **c) Befreiungen (§ 20 IV KWKG).** Bestimmte erwünschte Handlungen, die zur Vernichtung der BC-Waffen oder zum Schutz vor deren Wirkungen bestimmt und geeignet sind, werden durch § 20 Abs. 4 KWKG von der Strafbarkeit befreit (Tatbestandsausschluss).[168] Auch § 22 KWKG schließt die Anwendbarkeit des § 20 KWKG für **chemische** Waffen der NATO aus, sofern damit dienstliche Handlungen ausgeübt werden.

4. Antipersonenminen, §§ 18 a, 20 a KWKG

183 **a) Tathandlungen.** Durch § 20 a KWKG wird die Umgehung des Verbotes des § 18 a KWKG durch Handelnde, Anstifter (Verleiten, § 20 a Abs. 1 Nr. 2) und Helfer (Fördern, § 20 a Abs. 1 Nr. 3) bestraft. Die Handlungsbeschreibungen sind denen der §§ 19, 20 KWKG nachgebildet.

184 **b) Strafrahmen.** Der Strafrahmen ist beim Grundtatbestand (§ 20 a I), schweren Fällen (§ 20 a II), minder schwerem Fall (§ 20 a III), vorsätzlichem oder fahrlässigem, auch leichtfertigem Verhalten (§ 20 a IV) unterschiedlich:

Handlungsvorwurf	Strafrahmen
Grundtatbestand: APM entwickeln, einsetzen, herstellen, Handel treiben, erwerben, überlassen, ein-, aus- oder durchführen, verbringen, transportieren oder sonst die tatsächliche Gewalt ausüben, lagern, zurückbehalten (Nr. 1); Verleiten (Nr. 2) oder Fördern (Nr. 3)	Freiheitsstrafe von einem Jahr bis fünf Jahre

---

[165] LG Stuttgart v. 19.6.2001 6 KLs 144 Js 43314/94 –Verurteilung wegen vors. Embargoverstoß nach § 34 IV AWG und versuchter Beihilfe zur Herstellung chemischer Waffen, § 20 I Nr. 1 KWKG; *Ricke* ZfZ 2001, S. 352–353; *Bieneck*, AW-Prax 2001, S. 349–352.
[166] LG Mönchengladbach v. 30.10.1997 – 12 Kls 4/97 (8) – Verurteilung wegen Embargoverstoß gem. § 34 IV AWG. .
[167] OLG Düsseldorf Beschl. v. 23.2.2000 – 2 Ws 16/00 – NStZ 2000, S. 378–380, hier wurde der Verdacht des Entwickelns chemischer Waffen bejaht. .
[168] BT-Drucksache 11/4609, 10, Begründung zu § 20 Abs. 4 KWKG: „§ 20 Abs. 4 nimmt zwei Handlungsweisen vom Tatbestand aus: Taten, die der Vernichtung von B- oder C-Waffen – z. B. von Altbeständen an C-Waffen aus der Zeit der beiden Weltkriege – durch die dafür zuständigen Stellen dienen – dabei ist in erster Linie an Kampfmittelbeseitigungsanlagen der Bundeswehr gedacht –, sind nicht strafbar . . .".

Handlungsvorwurf	Strafrahmen
Besonders schwere Fälle, Regelbeispiele gewerbsmäßiges Handeln oder Bezug einer großen Zahl von APM	Freiheitsstrafe nicht unter einem Jahr (bis 10 Jahre)
Unbenannte minder schwere Fälle	Freiheitsstrafe von 3 Monaten bis drei Jahre
Fahrlässige Begehung von Abs. 1 Nr. 1; Leichtfertige Begehung von Abs. 1 Nrn. 2 und 3	Freiheitsstrafe bis zu 3 Jahren oder Geldstrafe

5. Genehmigungsverstöße nach §§ 2-4 a, 22 a KWKG

a) *Tathandlungen. aa) Übersicht.* Wer gegen eine Genehmigungspflicht verstöß, indem er 185 eine ungenehmigte Ein-, Aus- oder Durchfuhr unternimmt, kann nach § 22 a KWKG mit Freiheitsstrafe von einem bis fünf Jahre bestraft werden. Als Tathandlungen werden aufgelistet:

Genehmigungspflichten nach dem KWKG	Straftatbestand
§ 2 I: Herstellen einer Kriegswaffe	§ 22 a I Nr. 1
§ 2 II: Erwerben, Überlassen oder Ausüben der der tats. Gewalt	§ 22 a I Nr. 2
§ 3 I, II: Befördern oder Befördernlassen außerhalb eines abgeschl. Geländes	§ 22 a I Nr. 3
§ 3 III: Ein-, Aus- oder Durchführen oder sonstige Verbringen ohne Beförderungsgenehmigung, es sei denn, eine allgemeine Genehmigung liegt vor (§ 3 IV)	§ 22 a I Nr. 4
§ 4 I: Beförderung außerhalb des Bundesgebietes mit Seeschiffen und Luftfahrzeugen; es sei denn, eine allgemeine Genehmigung ist erteilt (§ 4 II)	§ 22 a I Nr. 5
§ 4 a I: Auslandsgeschäfte mit mindestens einem inländischen Beteiligten	§ 22 a I Nr. 7
§ 12 VI S. 1. Nr. 1 oder § 26 a: Ausüben der tatsächlichen Gewalt ohne Anzeige	§ 22 a I Nr. 6

bb) Herstellen (Nr. 1). Unter Herstellung wird die Neuanfertigung, das Zusammensetzen, 186 Zusammenbauen, die Wiederherstellung und Wiedergewinnung sowie der Umbau und Ausbau verstanden.[169] Wesentlich für die Herstellung ist die (ausschließliche) Eignung des Endproduktes für Kriegszwecke, sei es, dass die Waffe aus Rohmaterialien oder aus Fertigteilen zusammengebaut wird.

cc) Erwerben oder Überlassen der tatsächlichen Gewalt (Nr. 2). Die tatsächliche Gewalt 187 ist nicht aus der rechtlichen, sondern aus der tatsächlichen Besitzsituation zu beschreiben. Es kommt nicht auf die Eigentumsverhältnisse und auch nicht auf eine vertragliche Situation an.[170] Maßgeblich ist die nach § 854 I BGB zu beantwortende Frage nach der tatsächlichen Herrschaftsausübung über den Gegenstand. Der Funderwerb, die Aneignung, Erbschaft oder deliktische Wegnahme sind aber nicht erfasst. Den originären Erwerber trifft eine Anzeigepflicht nach § 12 VI 1 Nr. 1, § 22 a I Nr. 6 KWKG.

dd) Befördern oder Befördernlassen (Nr. 3). Durch diese Norm wird das Verbringen von ei- 188 nem Ort zu einem anderen Ort gemeint. Innerhalb eines abgeschlossenen Geländes ist eine solche Genehmigung nach § 3 nicht erforderlich. Täter dieser Handlungen kann nur der Auftraggeber sein, nicht der Spediteur oder Frachtführer. Der Empfänger benötigt für die Annahme der Kriegswaffe eine Erwerbsgenehmigung nach § 2 II KWKG.

---

[169] RGSt. 41, 205/207; *Fehn* a. a. O. Rdnr. 34.
[170] *Fehn* a. a. O.

189 *ee) Ein-, Aus- oder Durchführen (Nr. 4).* Hier geht es –parallel zu den sonstigen grenzüberschreitenden Delikten- um das Verbringen einer Kriegswaffe in, aus oder innerhalb des Hoheitsgebietes des KWKG. Es geht nicht um den Begriff der Verbringung im Sinne des AWG. Wegen des Wortlauts des § 3 Abs. 3 KWKG wird teilweise bezweifelt, ob es sich um einen Ausfuhrgenehmigungstatbestand handelt,[171] d. h., ob z. B. Ausfuhrzielland und Endverbleib der Ware Regelungsinhalt der entsprechenden KWKG-Genehmigung sind oder sein können. Die Praxis des BAFA[172] und des Zolls[173] behandelt diese Angaben aber als Genehmigungsteile. Auch nach den „Politischen Grundsätzen der Bundesregierung für den Export von Kriegswaffen und sonstigen Rüstungsgütern"[174] und der Kriegswaffenmeldeverordnung wird die Kontrolle des Endabnehmers als vorrangiges Ziel und Teil des Genehmigungsverfahrens angesehen.[175] Auch die Rechtsprechung hat § 3 Abs. 3 KWKG als Ausfuhrgenehmigungstatbestand aufgefasst, weil nur diese Auslegung mit Art. 26 Abs. 2 GG konform ist.[176]

190 *ff) Beförderung außerhalb der BRD (Nr. 5).* Die Norm bezieht sich auf den Missbrauch deutscher Schiffe und Luftfahrzeuge (in Abgrenzung zur Nr. 7). Die Genehmigungspflicht nach § 4 besteht daher nur für solche Fahrzeuge, die die deutsche Bundesflagge tragen. Eine erteilte Genehmigung ist Rechtfertigungsgrund. Dem Täter muss direkter Vorsatz für die Beförderung von Kriegswaffen nachgewiesen werden.[177]

191 *gg) Sonstiges Ausüben tatsächlicher Gewalt (Nr. 6).* Der Auffangtatbestand setzt lediglich voraus, dass eine tatsächliche Herrschaftsgewalt über eine Kriegswaffe ausgeübt wird, die zunächst nicht der Genehmigungspflicht unterliegt. Wer den Besitz erlangen will, muss nach § 2 I oder § 2 II (Herstellen oder Erwerben) eine Genehmigung einholen. Ausnahmen bestehen für Frachtführer (§ 5 II, III Nr. 1 KWKG), für die Bundeswehr, den Zoll, die Polizei und den Strafvollzug (§ 5 III Nr. 2, § 15 KWKG) und für Besitzdiener (§ 5 I 1 KWKG). Es kommt für die Ausübung der tatsächlichen gewalt also nicht darauf an, ob unmittelbarer Besitz besteht, sondern darauf, welche Person in welchem Umfang eine tatsächliche Zugriffsmöglichkeit auf Kriegswaffen hat und auch nutzen will.

192 Durch Nr. 6 lit. b) wird die Verletzung von Anzeigepflichten nach §§ 12 VI Nr. 1, 26 a KWKG erfasst. Dem Tatbestand unterfiel auch die Verletzung von Anzeigepflichten nach dem Beitritt der DDR. Wer die tatsächliche Gewalt über Kriegswaffen der DDR ausübte, dies aber nicht unverzüglich, d. h. binnen zwei Wochen nach dem Beitritt angezeigt hat, machte sich nach §§ 26 a, 22 a I Nr. 6 KWKG strafbar.

193 *hh) Auslandsgeschäfte (Nr. 7).* § 22 a I Nr. 7 KWKG nennt als strafbare Tathandlungen auch bestimmte Auslandsgeschäfte. Nach § 4 a KWKG werden bestimmte Auslandsgeschäfte unter Genehmigungsvorbehalt gestellt, wenn sie Wirkungen auf das Gebiet der Bundesrepublik haben. Reine Auslandssachverhalte bleiben dagegen ausgeschlossen. Durch die Vorschrift soll verhindert werden, dass Deutschland zum Tummelplatz von Waffenhändlern wird.[178] Der Genehmigungspflicht unterliegen:
- die Vermittlung eines Vertrages über den Erwerb oder das Überlassen von KW, die sich außerhalb des Bundesgebiets befinden (§ 4 a Abs. 1 KWKG),
- der Nachweis der Gelegenheit zum Abschluss eines solchen Vertrages (§ 4 a Abs. 1 KWKG) und
- der Abschluss eines Vertrages über das Überlassen von KW, die sich außerhalb des Bundesgebietes befinden (§ 4 a Abs. 2 KWKG).

---

[171] *Pottmeyer* KWKG § 3 Rdnr. 131 ff.
[172] *Holthausen* NStZ 1988, 206 ff.
[173] Hucko/Wagner/*Hucko* HdBAWR Kriegswaffenkontrollrecht 8. Auflage, S. 16.
[174] Beschluss der Bundesregierung v. 28.4.1982, Bulletin v. 5.5.1982; *Hucko* HdBAWR Kriegswaffenkontrollrecht, 6. Auflage, 236 ff. Neufassung: Bulletin vom 19.1.2000, nachrichtlich bekannt gemacht im BAnz. Nr. 19 vom 28.1.2000, S. 1299; *Hucko/Wagner,* Außenwirtschaftsrecht Kriegswaffenkontrollrecht, 8. Auflage, S. 337 ff. bzw. 9. Auflage, S. 387 ff.
[175] Ausführlichere Darstellung: *Wessels* AW-Prax 2000, S. 181–183; *von Poser* und *Groß Naedlitz* AW-Prax 2000, S. 217–219.
[176] *Holthausen* NStZ 1988, 206 ff., 256 ff.; ders. JZ 1995, 284 ff.
[177] Erbs/Kohlhaas/*Steindorf* § 22 a KWKG Rdnr. 7.
[178] BT-Drucksache 8/1614, 14, 16.

Die Begriffe „Vermitteln" und „Nachweis der Gelegenheit zum Vertragsabschluss" entstammen dem Maklerrecht (§§ 652 ff. BGB). Der Tatbestand schließt Strafbarkeitslücken, indem bereits Vorbereitungshandlungen einbezogen werden. Auf die Gesinnung, d. h. ein gewerbsmäßiges oder altruistisches Verhalten kommt es ebenso wenig an, wie auf ein etwaiges Entgelt.

b) Tatgegenstände. Konventionelle Kriegswaffen des Teils B der Kriegswaffenliste sind Tatgegenstände des § 22 a KWKG. Ausgenommen sind davon nur die Antipersonenminen, für die § 20 a KWKG gesondert eingeführt wurde. Beispielsweise sind das Flugkörper, Kampfflugzeuge und –hubschrauber, Kriegsschiffe, Panzer, Rohrwaffen, Flammenwerfer, Torpes u.v.m.

c) Genehmigungspflichten. Genehmigungspflichten bestehen nach den §§ 2 bis 4 a KWKG ihrem Wortlaut nach für sämtliche Kriegswaffen, die in der KWL näher beschrieben werden. Allerdings sind nach § 1 Abs. 3 KWKG auf A-Waffen (§ 17 Abs. 2 KWKG), B- und C-Waffen nur noch die Bestimmungen des dritten und vierten Abschnitts anzuwenden.[179] Durch die spezialgesetzlichen Verbotsnormen in den §§ 17, 18 und 18 a KWKG beziehen sich die §§ 2 bis 4 a KWKG deshalb nur auf konventionelle Waffen, d. h. auf die in Teil B der KWL genannten Waren mit Ausnahme der Antipersonenminen und auch der Atomwaffen.[180]

Die Genehmigungspflichten beziehen sich grundsätzlich[181] nicht auf Rechtsgeschäfte, sondern auf Handlungen (Realakte). Genehmigungsbedürftig sind nur Handlungen im Bundesgebiet (territorialer Ansatz). Die territoriale Beschränkung auf das Bundesgebiet ergibt sich einerseits aus der konkreten Ausgestaltung der Bestimmungen[182] und andererseits – im Umkehrschluss – aus § 21 KWKG.

Ungenehmigtes Handeln liegt vor, wenn
- keine Genehmigung eingeholt wurde,
- die eingeholte Genehmigung die tatsächlich vorgenommene Handlung nicht abdeckt oder
- die Genehmigung erst nach Durchführung der Handlung eingeholt wurde.

Obwohl eine den § 34 Abs. 8 AWG oder § 16 Abs. 4 CWÜ-AG entsprechende Regelung zur Genehmigungserschleichung im KWKG fehlt, gehen Rechtsprechung und Literatur davon aus, dass dies nur ein theoretisches Problem sei. Wenn eine Genehmigung falsch beantragt wird, dann gilt eben nur das Falsche. Der tatsächlich anders ausgeführte Transfer, ist damit ungenehmigt.[183]

Die erforderliche Genehmigung muss vor Verbringung der KW über die deutsche Hoheitsgrenze erteilt sein. Es kommt nicht auf den Zeitpunkt der zollamtlichen Abfertigung an. Auch bei der Ausfuhr muss die Genehmigung vor Beginn der „Ausfuhrbeförderung" und zwar (u. a.) für das zutreffende Ausfuhrzielland/Endverbleibsland und den zutreffenden Endempfänger/Endverbleib erteilt sein. Falsche Angaben über das Endziel bei der Antragstellung oder im Erlaubnisverfahren machen eine etwaig erteilte Erlaubnis unwirksam (Umgehungsausfuhr).[184]

d) Besonders schwere Fälle (§ 22 a II KWKG). Durch § 22 a II KWKG sind Regelbeispiele für besonders schwere Fälle mit Freiheitsstrafen von einem bis zehn Jahre eingeführt worden. Das ist vor allem das gewerbsmäßige und das bandenmäßige Verhalten. Für die Ausfüllung dieser Begriffe gelten die von der Rechtsprechung entwickelten Kriterien:
- Gewerbsmäßig handelt, wer sich durch wiederholte Tatbegehung eine fortlaufende Einnahmequelle von Dauer und einigem Umfang verschaffen will.[185]
- Bandenmäßig handelt, wer sich mit mindestens zwei weiteren Personen mit dem Willen verbunden hat, künftig für eine gewisse Dauer mehrere selbständige, im Einzelnen noch

---

[179] BT-Drucks. 11/4609, 8.
[180] Z. B. im Rahmen der Ausnahmeregelungen des § 16 KWKG und für die zwar in Nr. 2 der KWL, nicht jedoch in § 17 Abs. 2 KWKG genannten „Teile, Vorrichtungen, Baugruppen oder Substanzen, die für Atomwaffen wesentlich sind".
[181] Ausnahme (streitig): § 4 a Abs. 2 KWKG, der neben dem Realakt des „Abschließens" auch eine rechtsgeschäftliche Komponente beinhaltet; vgl. *Holthausen*, Anm. zum Urteil des AG Bergisch Gladbach v. 27.1.1981 – E 43 – Ls 121 Js 215/80, NStZ 1982, 515 ff.
[182] *Spohn* in *Bebermeyer*, Deutsche Ausfuhrkontrolle 1992, 13–19.
[183] Achenbach/Ransiek/*Fehn* Teil IV.4. Rdnr. 32.
[184] Vgl. ausführlich LG Düsseldorf v. 27.5.1986 – X – 64/83 – NStZ 1988, 231 ff.; zum selben Fall OLG Düsseldorf v. 15.12.1983 – 1 WS 1053 – 1055/83, NStZ 1987, 565 ff.
[185] *Fehn* a. a. O. Rdnr. 78.

ungewisse Taten zu begehen, wobei ein gefestigter Bandenwille oder ein Tätigwerden im Bandeninteresse nicht erforderlich ist.[186]

201 e) **Minder schwere Fälle (§ 22 a III KWKG).** Unbenannt sind die Strafmilderungsmöglichkeiten nach § 22 a III KWKG. Das konkrete Tatbild muss in einem minder schweren Fall so deutlich von dem durchschnittlichen Fall zugunsten des Täters abweichen, dass die Anwendung des Regelstrafrahmens nicht gerechtfertigt ist. Der Strafrahmen sinkt auf Geldstrafe oder Freiheitsstrafe bis zu drei Jahren.

202 f) **Fahrlässigkeit (§ 22 a IV KWKG).** Die Tathandlungen nach § 22 a I Nrn. 1-4, 6 und 7 KWKG können nach § 22 a IV auch fahrlässig begangen werden. Leichtfertigkeit ist nicht erforderlich. Das bedeutet, dass jeder, der pflichtwidrig handelt, die Erfüllung des Tatbestandes vorhersehen kann und die Rechtswidrigkeit für ihn erkennbar wird, mit Freiheitsstrafe bis zu zwei Jahren oder Geldstrafe bestraft werden kann.

203 g) **Vorbereitung, Versuch, Vollendung.** Den Einfuhrversuch von Kriegswaffen nimmt man an, wenn der Abtransport Richtung Grenze sich in Bewegung gesetzt und ein grenznaher Bereich erreicht wird.[187] Diese Meinung ist sehr von der Praxis geprägt, die einen Transport noch vor Überschreiten der Grenze anhalten und umlenken möchte. Begrifflich kann der Grenzübertritt erst unmittelbar an der Grenze anfangen.

204 Der Ausfuhrversuch soll ebenfalls erst dann beginnen, wenn der Transport sich der Grenze nähert.[188] Dagegen wird eingewandt, dass diese Abgrenzung zu spät ansetze, Wenn nur eine Beförderungsgenehmigung, nicht aber eine Ausfuhrgenehmigung erteilt sei, soll der Versuch nach dieser Meinung bereits mit dem Beladen des Transportfahrzeuges angenommen werden.[189]

205 Der Versuchsbeginn bei Genehmigungsdelikten nach § 4 a liegt wesentlich früher. Das BGH-Urteil vom 27.7.1993[190] grenzt die reine Vorbereitungshandlung vom Versuch dadurch ab, dass das Ansetzen bereits im Einreichen eines unvollständigen Antrages liegt.[191] Es komme weder darauf an, ob die für den Genehmigungsantrag vorgeschriebenen Punkte alle hätten angegeben werden können, noch ob der Endabnehmer an das Handelsgeschäft gebunden sei oder später kein Interesse mehr hatte. Allerdings befinden sich die Handelnden noch im Vorbereitungsstadium, wenn sie lediglich die Lieferung ins Ausland verabreden, ohne einen Antrag gestellt und einen Vertragspartner gefunden zu haben.[192] Eine Vollendung kann erst mit dem Vertragsabschluss angenommen werden.

206 Eine Tat nach § 22 a I Nr. 7 versucht, wer die Wesentlichen, für einen Vertragsabschluss notwendigen Angaben über den Lieferanten an einen Dritten übermittelt. Sondierungen, die nur das Ziel haben, eine Vertragsbereitschaft zu erkunden, sind reine Vorbereitungshandlungen.[193]

207 h) **Tätige Reue (§ 22 a V KWKG).** Nach vollendeter Einfuhr kann ein Strafaufhebungsgrund bei tätiger Reue eintreten. Das gilt sowohl Waffenträger der früheren DDR, die nach der Vollendung der Einheit die in ihrem Besitz befindlichen Kriegswaffen ablieferten, wie auch für alle anderen Personen, die nach der Einfuhr einer Kriegswaffe diese freiwillig und unverzüglich einer Überwachungsbehörde, der Bundeswehr oder einer anderen für die öffentliche Sicherheit zuständigen Dienststelle abliefert. Unverzüglich bedeutet ohne schuldhaftes Zögern und entscheidet sich der Rechtsprechung zufolge nach dem Grad der Autonomie des Täters.[194] In der Literatur wird teilweise Zustimmung zur Rechtsprechung,[195] teilweise eine rein subjektive normative Vernunfttheorie[196] vertreten. Da eine Abgrenzung und Objektivierung schwierig ist,

---

[186] BGHSt. 46, 321 = NJW 2001, 2266.
[187] BGH NJW 1985, 1035; OLG Düsseldorf, NJW 1993, 2253/2255 = wistra 1993, 195/196.
[188] BGHSt. 20, 150/156 (zur alten Gesetzeslage), BGHSt. 36, 249/250; wistra 1993, 26; StV 1996, 548.
[189] Achenbach/Ransiek/*Fehn* Teil IV.4 Rdnr. 55.
[190] BGH v. 27.7.1993 – 1 StR 339/93, m. w. N., NStZ 1994, 135 ff., ZfZ 1994, 151 ff.
[191] And. Auff. *Pottmeyer* KWKG Rdnr. 88 ff. zu § 4 a, der von einem nicht genehmigungsfähigen Antrag und damit nur von einem Entwurf ausgeht.
[192] LG Hamburg v. 22.2.1991 – (99) 17/88 KLs – 141 Js 117/87, n. v.; dazu auch *Pottmeyer* AW-Prax 2001, 309.
[193] BGH NJW 1988, 3109/ 3110; BayObLG NStZ 1990, 85.
[194] Schönke/Schröder-*Eser* § 24 Rdnr. 42.
[195] *Fehn* a. a. O. Rdnr. 83 ff.
[196] *Roxin* ZStW 77 (1965), 60/97; Bockelmann/Volk § 27 V 4, S. 214 f.

wird man in der Praxis am ehesten mit der „Franck'schen Formel" arbeiten können: Ein Täter handelt freiwillig (autonom), wenn er sich sagt „Ich will nicht mehr zum Ziele kommen, selbst wenn ich es könnte".

i) **Einziehung, Verfall.** Die Tatgegenstände unterliegen der Einziehung zugunsten des Bundes (§§ 24 I KWKG, 74, 74 a StGB). Der (Brutto-)gewinn aus einem Geschäft wie auch der Wertersatz können durch Verfallsanordnung abgeschöpft werden, wenn gewerbsmäßiges oder bandenmäßiges Verhalten festgestellt wird (§§ 24 III KWKG, 73 d StGB).

6. Ordnungswidrigkeiten (§ 22 b KWKG)

a) **Zuständige Verwaltungsbehörden.** Für die Verfolgung und Ahndung von Ordnungswidrigkeiten nach § 22 b KWKG sind nach § 23 KWKG das Bundeswirtschaftsministerium und das Bundesfinanzministerium, soweit der Überwachungsbereich nach § 14 KWKG reicht, zuständig. Das BMWI hat seine Zuständigkeit auf das BAFA, das BMF auf die HZÄ delegiert (§ 1 der 3. DVO zum KWKG).

b) **Tathandlungen.** Das mit § 22 b KWKG verfolgbare Verwaltungsunrecht erschöpft sich weitgehend in Formalverstößen, die zu den Straftatbeständen subsidiär sind.

Verwaltungsvorgaben nach dem KWKG	Ordnungswidrigkeit
Nichterfüllung einer vollziehbaren Auflage (nicht aber eine Befristung oder Bedingung, die zur Erfüllung einer Strafnorm führen können) nach § 10 KWKG	§ 22 b I Nr. 1
Verstöße gegen Pflichten zur Führung und Aufbewahrung des Kriegswaffenbuches (§§ 12 II, 15 KWKG und § 9 2. DVO)	§ 22 b I Nr. 2
Verstoß gegen die Verpflichtung zur rechtzeitigen und vollständigen Bestandsmeldung (§ 12 V KWKG) Verstoß gegen Anzeige- und Meldepflichten für Erben und Finder (§§ 12 VI, 14 KWKG) Verstoß gegen Auflagen an Erben und Finder über die Ausübung der tats. Gewalt	§ 22 b I Nr. 3
Verstoß gegen die Kriegswaffenmeldeordnung	§ 22 b I Nr. 3 a, § 4 KWMO
Verstöße gegen Auskunfts- und Duldungspflichten (Auskunftspflichten, Einsichts- und Betretungsrechte der Kontrollbehörden nach §§ 12, 14 III-V)	§ 22 b I Nr. 4-6
Verstoß gegen die Führungs- und Übergabepflichten nach § 12 III, IV KWKG	§ 22 b III

b) **Sanktionen.** Die Ordnungswidrigkeiten können mit Geldbuße bis zu 5000 EUR geahndet werden. Da die Norm als Sondertatbestand gilt, kann eine Einziehung nach § 22 OWiG nicht durchgesetzt werden. Eine Vermögensabschöpfung nach § 29 a OWiG bleibt hingegen möglich.[197] Wird eine Geldbuße verhängt, schließt das einen Verfall aus (§§ 17 IV, 29 a OWiG).

7. Verstöße gegen das Chemiewaffenübereinkommen

a) **Anwendungsbereich.** Mit dem Chemiewaffenübereinkommen (CWÜ)[198] werden das Verbot der Entwicklung, Herstellung, Lagerung und des Einsatzes chemischer Waffen, die Vernichtung solcher Waffen sowie Meldepflichten und Inspektionen gesetzlich geregelt. Das Ausführungsgesetz vom 2.8.1994 (CWÜ-AG) ist ein Rahmen- und Ermächtigungsgesetz, das in

---

[197] Achenbach/Ransiek/*Fehn* Teil IV.4 Rdnr. 92.
[198] Pariser Vertrag vom 13.1.1993; das Zustimmungsgesetz zum CWÜ datiert vom 5.7.1994, BGBl. II S. 806; nach Artikel 1 des Gesetzes wurde das CWÜ (in englischer und französischer Sprache) dabei mit einer amtlichen deutschen Übersetzung veröffentlicht, BGBl. II S. 807 ff; das CWÜ ist am 29.4.1997 in Kraft getreten, BGBl. 1996 II 2618.

Aufbau und Struktur weitgehend dem AWG nachgebildet ist. Es enthält Bußgeld- und Strafbestimmungen in §§ 15–17. § 18 CWÜAG weitet den Anwendungsbereich der § 16 Abs. 1 Nr. 2, Abs. 5 und § 17 unabhängig vom Recht des Tatorts auf Taten aus, die im Ausland begangen wurden, wenn der Täter Deutscher ist. Die Vorschrift entspricht §§ 35 AWG, 21 KWKG.

213   Die Ausführungsverordnung zum Chemiewaffenübereinkommen – CWÜV – vom 20.11. 1996[199] enthält die eigentlichen materiell-rechtlichen Beschränkungen (Verbote/Genehmigungsvorbehalte) und Meldepflichten, die in Umsetzung des CWÜ erforderlich sind.

214   b) Verbote nach dem CWÜ.

§	Inhalt/Ware	CWÜV	CWÜAG
1 Nr. 1 a)	Einfuhr aus einem Nichtvertragsstaat Chemikalien der Liste 1	§ 13 I Nr. 1	§ 16 I Nr. 2
1 Nr. 1 b)	Ausfuhr in einen Nichtvertragsstaat Chemikalien der Liste 1	wie vor	wie vor
1 Nr. 1 c)	Ausfuhr in einen Vertragsstaat nach (vorheriger) Einfuhr aus einem Vertragsstaat Chemikalien der Liste 1	wie vor	wie vor
1 Nr. 1 d)	Durchfuhr, wenn Ursprungsland usw. ein Nichtvertragsstaat ist Chemikalien der Liste 1	wie vor	wie vor
1 Nr. 1 e)	Handlungen nach § 1 Nr. 1 Buchst. a) bis d) als Deutscher im Ausland	wie vor	wie vor
1 Nr. 2	Errichtung von Einrichtungen, die zur Produktion von Chemikalien der Liste 1 bestimmt sind ... als Deutscher im Ausland	§ 13 I Nr. 2	§ 16 I Nr. 2
1 Nr. 3	Produktion, Verarbeitung usw. von Waren der Liste 1 als Deutscher in einem Nichtvertragsstaat	§ 13 I Nr. 4	§ 16 I Nr. 2
1 a Nr. 1	Einfuhr aus einem Nichtvertragsstaat Chemikalien der Liste 2	§ 13 I Nr. 1	§ 16 I Nr. 2
1 a Nr. 2	Ausfuhr in einen Nichtvertragsstaat Chemikalien der Liste 2	wie vor	wie vor
1 a Nr. 3	Handlungen nach § 1 a Nr. 1. und 2. Als Deutscher im Ausland	wie vor	wie vor
2 I Nr. 2 c)	Ein-, Aus- und Durchfuhr von Chemikalien der Liste 1 (soweit nicht nach § 1 verboten)	§ 13 III Nr. 2	§ 16 II
2 I Nr. 3	Ausfuhr in einen Nichtvertragsstaat Chemikalien der Liste 3	§ 13 III Nr. 3	§ 16 II
2 III	Anmelde-/Vorführpflicht für genehmigungspflichtige Ein-, Aus- und Durchfuhr	§ 12 Nr. 3	§ 15 I Nr. 1 a)

215   Die §§ 12 (Ordnungswidrigkeiten) und 13 (Straftaten) CWÜV sind i. V. m. den die Beschränkungen bzw. Meldepflichten anordnenden Bestimmungen der CWÜV die ausfüllenden Vorschriften zu den Blankettbußgeld- und -strafbestimmungen des CWÜAG.

216   c) **Straftaten des CWÜAG.** Die Strafbestimmungen des CWÜAG (§§ 16, 17) sind nach ihrem Wortlaut jeweils **nur** dann anzuwenden, wenn die Tat nicht nach § 20 KWKG mit Strafe bedroht ist.

---

[199] BGBl. I 1794.

aa) § 16 CWÜAG. Soweit nicht das allgemeine Chemiewaffenverbot (§ 17 CWÜAG) eingreift, wird nach § 16 CWÜAG jeder Verstoß gegen das CWÜ bestraft. Unter chemischen Waffen versteht das Abkommen jegliche chemischen Kampfstoffe und Vorprodukte, die bei der Synthese solcher Kampfstoffe eingesetzt werden (können). 217

Gemäß § 16 Abs. 1 Nr. 1 werden Ordnungswidrigkeiten nach § 15 Abs. 1 Nr. 1 Buchstabe b), 3 oder 4 als Straftat geahndet, wenn die Handlung geeignet ist, die auswärtigen Beziehungen **erheblich zu gefährden**. Die Vorschrift entspricht insoweit § 34 Abs. 2 Nr. 3 AWG. Tathandlungen sind hier jedoch die Verletzung von Melde- und Auskunftspflichten sowie von Duldungs- und Mitwirkungspflichten im Zusammenhang mit Inspektionen. Derartige Pflichtverletzungen können im Einzelfall die Gefahr einer Verletzung des Übereinkommens durch den Staat herbeiführen, wenn dieser z. B. dadurch nicht in der Lage ist, die geforderten Meldungen an die Organisation weiterzugeben.[200] Nach § 16 Abs. 3 CWÜAG wird strafschärfend die Zuwiderhandlung nach § 16 Abs. 1 Nrn. 2 und 3 verfolgt. Die Norm entspricht den vergleichbaren Bestimmungen in § 34 Abs. 6 AWG, § 19 Abs. 2 KWKG. 218

bb) § 17 CWÜAG. Die Verbote des **§ 17 Abs. 1 und 2 CWÜAG** sind § 20 KWKG nachgebildet. Die Vorschrift ergänzt § 20 KWKG insoweit, als sie auch den Umgang mit etwaigen neu entwickelten, noch nicht in die KWL aufgenommenen chemischen Kampfstoffen unter Strafe stellt. Außerdem wird der missbräuchliche Umgang mit toxischen Chemikalien (Vorprodukten) erfasst, die wegen ihrer umfangreichen zivilen Verwendung nicht in die KWL eingestellt sind, die sich aber zur Waffenproduktion eignen.[201] 219

d) **Ermittlungsbehörden.** Verwaltungsbehörden für die Genehmigungen nach dem CWÜAG sind die BAFA und die HZÄ. Als Ermittlungsbehörden werden die örtlich zuständigen ZFÄ bzw. HZÄ eingeschaltet. Die Befugnisse nach § 20 CWÜAG und § 37 AWG sind identisch. 220

8. Sonstige Strafbestimmungen

Die ungenehmigte bzw. verbotswidrige Ein-, Aus- und Durchfuhr von Kriegswaffen oder Chemikalien nach dem CWÜAG sind stets auch ein **Bannbruch** gemäß § 372 AO. Die Strafvorschriften des KWKG verdrängen aber die Tatbestände der AO (§ 372 Abs. 2 AO). 221

IV. Weiterführende Informationen

1. Merkblätter / BAFA-Veröffentlichungen

Vom BAFA sind diverse Merkblätter veröffentlicht, die besonders relevante außenwirtschaftsrechtliche Bereiche näher erläutern. Hierzu gehören: 222
- Embargos (allgemein)
- Embargos gegenüber einzelnen Ländern
- Terrorismus
- Kriegswaffen und Kriegswaffenbuchführung sowie Umgang mit Film- und Theaterwaffen und Beförderung von Kriegswaffen innerhalb des Bundesgebiets
- CWÜ-Inspektions- und Meldepflichten
- Technische Unterstützung
- Allgemeingenehmigungen
- Güter der Informationssicherheit (GIS)
- Sammelausfuhrgenehmigung und Gemeinschaftsprogramme
- IEB / WEB
- Auskunft zur Güterliste (AzG)
- Auslegung der Allgemeinen Technologie-Anmerkung für militärische Güter
- Neue EU-Mitgliedstaaten – Exportkontrollfragen – samt Checkliste zur Prüfsystematik
- bei Verbringungen in die neuen EU-Mitgliedstaaten ab dem 1.5.2004

Diese Merkblätter und Veröffentlichungen können auf der Internetseite des BAFA unter http://www.ausfuhrkontrolle.info/publikationen.htm eingesehen und heruntergeladen wer-

---

[200] Vgl. ausführlich BT-Drucks. 12/7207, 17.
[201] Vgl. ausführlich BT-Drucks. 12/7207, 18.

den. Einzelne Bekanntmachungen des BAFA zum Beispiel zu Endverbleibsdokumenten finden sich auf der Seite http://www.ausfuhrkontrolle.info/bekanntmachungen.htm.

2. Umschlüsselungsverzeichnis

223 Im Umschlüsselungsverzeichnis wird für jede Warennummer aus dem Warenverzeichnis für die Außenhandelsstatistik ausgewiesen, ob und welche Positionen der AL eingreifen könnten (Indikatorenliste). Das Umschlüsselungsverzeichnis kann auf den Internetseiten des BAFA eingesehen und heruntergeladen werden.

3. HADDEX

224 Das vom BAFA herausgegebene Handbuch der Deutschen Exportkontrolle – HADDEX erläutert in Band 1 die bestehenden Verbote und Genehmigungspflichten, das Genehmigungsverfahren und die Verfahrenserleichterungen. Die Bände 2, 3 und 4 enthalten die wichtigsten Materialien (AWG, AWV, AL, Umschlüsselungsverzeichnis, Bekanntmachungen, Formulare und Muster). Alle Bände werden regelmäßig überarbeitet und aktualisiert. Das Handbuch wird im Bundesanzeiger-Verlag verlegt.

Aktuelle Texte des AWG, der AWV, der AL und des Umschlüsselungsverzeichnisses können über das Internet oder im Ausdruck bezogen werden bei der Bundesanzeiger Verlagsgesellschaft mbH, Postfach 10 05 34, 50445 Köln. Rechtsänderungen, aber auch Bekanntmachungen des BAFA werden im werktäglich erscheinenden Amtsblatt „Bundesanzeiger" veröffentlicht.

4. Internetadressen

225

Amtsblatt der EG	http://www.europa.eu.int/eur-lex/de/index.html
Resolutionen und Beschlüsse des Sicherheitsrats der UN	http://www.un.org/Docs/sc/
Bundesanzeiger	http://www.bundesanzeiger.de
Beiträge zur Exportkontrolle seitens des Bundesministeriums für Wirtschaft und Arbeit	http://www.bmwa.bund.de/Navigation/Aussenwirtschaft-und-Europa/finanzierung-und-recht/exportkontrolle-embargos.html
Wassenaar Arrangement	www.wassenaar.org
MTCR	www.mtcr.info
Australische Gruppe	www.australiagroup.org
NSG	www.nsg-online.org
CWÜ	www.opcw.org
US-Exportkontrollrecht des Bureau of Industry and Security (BIS)	www.bxa.doc.gov

§ 27 Arbeitsstrafrecht

Übersicht

	Rdnr.
I. Einführung	1/2
II. Materielles Recht	3–203
1. Überblick	3–8
2. Ausgewählte Tatbestände der illegalen Beschäftigung	9–31
a) Vorbemerkung	9
b) Ordnungswidrigkeiten gemäß § 404 SGB III	10–20
c) Straftaten nach den §§ 406, 407 SGB III a. F. – §§ 10, 11 SchwarzArbG	21–31
3. Straf- und Bußgeldvorschriften nach dem Ausländergesetz (AuslG) – seit dem 1.1.2005 nach dem Aufenthaltsgesetz (AufenthG)	32–63
a) Vorbemerkung	32–34
b) Straftaten nach dem AuslG a. F.	35–45
c) Straftaten nach dem AufenthG n. F.	46–63
4. Lohnwucher (§ 291 StGB)	64
5. Arbeitnehmerüberlassung	65–127
a) Vorbemerkung	65
b) Voraussetzungen der Arbeitnehmerüberlassung	66–82
c) Durchführungsanweisungen (DA) zum Arbeitnehmerüberlassungsgesetz	82–84
d) Tatbestände der illegalen Arbeitnehmerüberlassung	85–121
e) Betretungs- und Prüfungsrechte (§ 7 Abs. 2 und 3 AÜG)	122
f) Folgen illegaler Arbeitnehmerüberlassung	123–126
g) Auftragssperre und Auskunftsverlangen nach § 5 SchwarzArbG a. F./§ 21 SchwarzArbG n. F	127
6. Illegale Arbeitsvermittlung und Anwerbung	128–133
a) Vermutete Arbeitsvermittlung nach § 1 Abs. 2 AÜG	128–132
b) Auslandsvermittlung und Anwerbung aus dem Ausland	133
7. Verstöße nach dem Arbeitnehmerentsendegesetz (AEntG)	134–145
a) Vorbemerkung	134
b) Tarifliche Mindestbedingungen	135–137
c) Ordnungswidrigkeiten nach dem AEntG	138–143
d) Ausschluss von öffentlichen Aufträgen	144
e) Durchgriffshaftung gemäß § 1 a AEntG	145
8. Verstöße nach dem Gesetz zur Bekämpfung der Schwarzarbeit (SchwarzArbG a. F. – bis zum 31.7.2004)	146–161
a) Vorbemerkung	146
b) Ordnungswidrigkeiten nach § 1 SchwarzArbG a. F	147–151
c) Ordnungswidrigkeit nach § 2 SchwarzArbG a. F	152
d) Ordnungswidrigkeit nach § 4 SchwarzArbG a. F	153
e) Änderungen durch das Gesetz zur Intensivierung der Bekämpfung der Schwarzarbeit	154–160
f) Sonstige Folgen	161
9. Vorenthalten von Arbeitnehmer- und Arbeitgeberbeiträgen zur Sozialversicherung (§§ 263, 266 a StGB)	162–180
a) Vorbemerkung	162
b) Strafbarkeit gemäß § 266 a StGB	163–175
c) Verhältnis zu § 263 StGB	176–180
10. Arbeitsschutz	181–203
a) Vorbemerkung	181/182
b) System des Arbeitsschutzes	183–188
c) Kernvorschriften des Arbeitsschutzes	189–202
III. Verfahrensrechtliche Besonderheiten	203–212
1. Zuständige Behörden im Bereich der illegalen Beschäftigung	203–207
2. Zuständige Behörden im Bereich des Arbeitsschutzes	208/209
3. Anforderungen an tatrichterliche Feststellungen	210–212

Schrifttum: *Berend,* Neues zum Scheinwerkvertrag: Die vermutete Arbeitsvermittlung im AÜG, BB 2001, 2641 ff.; *Bittmann/Volkmer,* Zahlungsunfähigkeit bei (mindestens) 3-monatigem Rückstand auf Sozialversicherungsbeiträge, wistra 2005, S. 167 ff.; *Düwell,* Arbeitnehmerüberlassung in Betrieben des Baugewerbes, BB 1995, 1082 ff.; *Erbs/Kohlhaas,* Strafrechtliche Nebengesetze, Stand: Februar 2004; *Geisler,* Bekämpfung der Schleuserkriminalität, ZRP 2001, 171 ff.; *Goretzki/Hohmeister,* Scheinselbständigkeit – Rechtsfolgen im Sozialversicherungs-, Steuer- und Arbeitsrecht, BB 1999, 635 ff.; *Greeve,* Arbeitnehmerüberlassung?, IBR 2001, 338; *dies.,* Der Einfluss des Europäischen Rechts auf die Verhängung von Geldbußen in Deutschland bei Verstößen wegen illegaler Beschäftigung, NZBau 2001, 246 ff.; *dies,* Unterschreitung des Mindestlohnes nach dem Arbeitnehmerentsendegesetz (AEntG)?, IBR 2002, 286; *dies.,* Verstoß gegen das Gesetz zur Bekämpfung der Schwarzarbeit?, IBR 2002, 526; *dies.,* Arbeitnehmerüberlassung und Durchführung einer Bau-ARGE mit Auslandsbezug auf der Grundlage des Muster-ARGE-Vertrages, NZ-Bau 2001, 525 ff.; *Greeve/Leipold,* Handbuch des Baustrafrechts, 2004; *Hammacher,* Der Einsatz von Fremdfirmen – Eingliederung und Haftung, BB 1997, 1686 ff.; *Heil,* Die Ordnungswidrigkeit des Unternehmers bei illegaler Ausländerbeschäftigung durch Nachunternehmer, BB 1999, 2609 ff.; *Hoppe,* Das Ermittlungsrecht der Bundesanstalt für Arbeit zur Bekämpfung der illegalen Beschäftigung und des Leistungsmissbrauchs, DB 1982, 2571 ff.; *Hromadka,* Zur Begriffsbestimmung des Arbeitnehmers, DB 1998, 195 ff.; *Ignor/Rixen,* Handbuch des Arbeitsstrafrechts, 2002; *ders.,* Grundprobleme und gegenwärtige Tendenzen des Arbeitsstrafrechts, NStZ 2002, 510 ff.; *Kunz/Kunz,* Freie Mitarbeiter als Freiberufler im Fokus der Sozialversicherungsträger?, DB 1999, 583 ff.; *dies.,* Scheinselbständig oder (arbeitnehmerähnlich-) selbständig?, DB 1999, 864 ff.; *Lorenz,* Die „Schreibtisch-Schleusung" – eine Einführung in das Ausländerstrafrecht, NStZ 2002, 640 ff.; *Mosbacher,* Straffreie illegale Ausländerbeschäftigung (und andere Überraschungen zum neuen Jahr), wistra 2005, 54 ff.; *Möschel,* BB-Forum: Lohndumping und Entsendegesetz, BB 2005, 1164 ff.; *Reiserer,* Endlich Schluss mit der „Scheinselbständigkeit"! Das neue Gesetz zur Förderung der Selbständigkeit, BB 2000, 94 ff.; *dies.,* Schluss mit dem Missbrauch der Scheinselbständigkeit, BB 1999, 366 ff.; *Rolletschke,* Die Konkurrenz zwischen Beitragsbetrug (§§ 263, 266 a StGB) und Lohnsteuerhinterziehung (§ 370 Abs. 1 AO) – Eine Anmerkung zu BGH wistra 2004, 262, wistra 2005, 211 ff.; *Rönnau,* Die Strafbarkeit des Arbeitgebers gemäß § 266 a StGB I StGB in der Krise des Unternehmens, wistra 1997, 13 ff.; *Sandmann/Marschall,* Arbeitnehmerüberlassungsgesetz, Stand: Januar 2005; *Schäfer,* Die Strafbarkeit des unerlaubt handelnden Verleihers wegen Nichtzahlung von Sozialversicherungsbeiträgen, wistra 1984, 6 ff.; *Schüren,* Arbeitnehmerüberlassungsgesetz, 1994; *Schönke/Schröder,* Strafgesetzbuch, Kommentar, 26. Aufl., 2001; *Stahlschmidt,* Steuerhinterziehung, Beitragsvorenthaltung und Betrug im Zusammenhang mit illegaler Beschäftigung, wistra 1984, 209 ff.; *Tröndle/Fischer,* Strafgesetzbuch und Nebengesetze, Kommentar, 52. Aufl., 2004; *Ulber,* Arbeitnehmerüberlassungsgesetz und Arbeitnehmerentsendegesetz, 2. Aufl., 2002; *Urban-Crell/Schulz,* Arbeitnehmerüberlassung und Arbeitsvermittlung, 2003; *Schwedler,* Anmerkung zu OLG Schleswig, Beschluss vom 10.8.2004, NStZ 2005, 409 f.; *Westphal/Stoppa,* Straftaten im Zusammenhang mit der unerlaubten Einreise und dem unerlaubten Aufenthat von Ausländern nach dem Ausländergesetz, NJW 1999, 2137 ff.

I. Einführung

1   Das Arbeitsstrafrecht als Teil des Wirtschaftsstrafrechts ist durch arbeits- und sozialrechtliche Aspekte bestimmt.[1] Es richtet sich im Wesentlichen an den Arbeitgeber und nachrangig an den Arbeitnehmer. Erhebliche Bedeutung kommt dem Ordnungswidrigkeitenrecht zu, da eine Vielzahl von einzelnen (Verweisungs-)Tatbeständen existieren, die in der Struktur als Grundtatbestand häufig eine Ordnungswidrigkeit und als Qualifikation eine Straftat darstellen.

2   Neben den erheblichen Straf- und Bußgeldsanktionen ist das Arbeitsstrafrecht im Weiteren durch empfindliche flankierende Maßnahmen gekennzeichnet. Es existieren über die Straf- und Bußgeldbestimmungen hinaus weitgehende Haftungsnormen, die sich an Auftraggeber richten und insbesondere die Zahlung von Lohnsteuer, Sozialversicherungsbeiträgen sowie besondere Mindestarbeitsbedingungen in speziellen Wirtschaftszweigen sicherstellen sollen. Daneben gilt als weitere empfindliche Maßnahme der Ausschluss von der Teilnahme am Wettbewerb um öffentliche Aufträge sowie die registerrechtliche Eintragung (Gewerbezentralregister), die für die gewerberechtliche Zuverlässigkeitsprüfung erheblich ist.

In formeller Hinsicht ist das Arbeitsstrafrecht durch eine Reihe von besonderen Zuständigkeitsregelungen hinsichtlich der Ermittlungsbefugnisse und auch der Datenübermittlung gekennzeichnet. Hervorzuheben ist das oft spannungsreiche Nebeneinander von reinen Verwaltungsvorschriften und Verwaltungshandeln und der Ermittlungstätigkeit nach dem OWiG bzw. der StPO.

---

[1] Siehe zum Begriff des Arbeitsstrafrechts umfassend *Ignor/Rixen* § 1 Rdnr. 1 ff.; *ders.* NStZ 2002, 510.

II. Materielles Recht

1. Überblick

Die **Bereiche des (Kern)Arbeitsstrafrechts** sind neben der eigentlichen Schwarzarbeit im engen Sinne – verstanden als illegale Beschäftigung – die unzulässige Handwerkstätigkeit als die Verstöße gegen das Gesetz zur Bekämpfung von Schwarzarbeit sowie Delikte der illegalen Ausländerbeschäftigung (§§ 284, 404 II Nr. 2 SGB III), der illegalen Arbeitnehmerüberlassung (§§ 15 ff. AÜG) und Verstöße gegen das Arbeitnehmerentsendegesetz (§ 5 AEntG). Weitere (mit)begangene Delikte betreffen die Steuerhinterziehung (insbesondere Lohnsteuerhinterziehung im Falle der „Schwarzarbeit" oder aber bei Einsatz von Scheinfirmen und Scheinselbständigen), das Nichtabführen von Sozialversicherungsleistungen, Betrug und Lohnwucher.[2]

In erster Linie dient das Arbeitsstrafrecht der Aufrechterhaltung der sozialstaatlichen Ordnung des Arbeitsmarktes. Ein sehr wesentlicher Bereich des Arbeitsstrafrechts betrifft aber auch Sanktionsnormen, die die Missachtung sozialstaatlicher Arbeitsbedingungen (so insbesondere das Arbeitszeit- und das Arbeitsschutzgesetz sowie eine Vielzahl von Regelungen zum Arbeitsschutz) zum Gegenstand haben.

Die für den Bereich des Arbeitsstrafrechts **anzuwendenden Vorschriften** sind in zahlreichen Einzeltatbeständen des SGB III, AÜG, SchwarzArbG, AEntG sowie im ArbZG und ArbSchG und den darauf Bezug nehmenden ebenfalls zahlreichen Unfallverhütungsvorschriften geregelt. Die arbeitsstrafrechtlichen relevanten Normen befinden sich bedauerlicherweise zerstreut und unübersichtlich in einer Vielzahl von unterschiedlichen Gesetzen. Erschwerend kommt hinzu, dass es sich oft um unbestimmte Blankettnormen handelt, die durch eine Vielzahl von Verweisungen auf Rechtsverordnungen, Satzungen oder Verwaltungsvorschriften gekennzeichnet sind. Die einzelnen Ordnungswidrigkeiten und Straftatbestände werden häufig nur durch paralleles Erfassen verschiedener Vorschriften deutlich.

Im Einzelnen dienen die Regelungen des Dritten Sozialgesetzbuches (SGB III) der Bekämpfung der illegalen Beschäftigung von Ausländern in der Bundesrepublik Deutschland sowie dem Schutz ausländischer Arbeitnehmer vor Ausbeutung durch Arbeitgeber im Inland. Die illegale Ausländerbeschäftigung soll daher in erster Linie durch das SGB III – aber auch durch das AuslG/AufenthG – mit Straf- und Bußgeldvorschriften verhindert werden. Das SGB III enthält in § 404 SGB III eine Reihe von Bußgeldvorschriften. Strafvorschriften waren in den §§ 406, 407 SGB III a. F. vorgesehen. Diese sind mit Wirkung zum 1.8.2004 in das Gesetz zur Bekämpfung der Schwarzarbeit[3] eingestellt worden (§§ 10, 11 SchwarzArbG n. F.).

Die illegale Arbeitnehmerüberlassung ist im Arbeitnehmerüberlassungsgesetz (AÜG) geregelt; das AÜG sieht hier in den §§ 15, 15 a AÜG Straftatbestände vor, die ebenfalls dem Schutz vor illegaler Überlassung ausländischer Arbeitnehmer dienen. Darüber hinaus sind in § 16 AÜG Einzeltatbestände der generellen illegalen Arbeitnehmerüberlassung erfasst.

Im Hinblick auf den Schutz ausländischer und inländischer Arbeitnehmer ist im Weiteren das Gesetz über zwingende Arbeitsbedingungen bei grenzüberschreitenden Dienstleistungen (Arbeitnehmer-Entsendegesetz – AEntG) hervorzuheben, welches insbesondere im Bereich der Bauwirtschaft – aber auch für andere Wirtschaftszweige – zwingende Arbeitsbedingungen für Arbeitgeber mit Sitz im **In- und Ausland** und deren im Inland beschäftigten Arbeitnehmern festlegt. Das AEntG dient zum einen der Gewährleistung gleicher Wettbewerbsbedingungen in Deutschland; zum anderen aber zugleich dem Schutz ausländischer und inländischer Arbeitnehmer vor Ausbeutung.

Das Gesetz zur Bekämpfung der Schwarzarbeit (SchwarzArbG) beinhaltet ausgewählte Ordnungswidrigkeiten, die – entgegen dem allgemeinen Sprachgebrauch und Verständnis – nicht jede Art von illegaler Aktivität erfassen, sondern in erster Linie Verstöße gegen gewerbe- und handwerksrechtliche Pflichten, Verstöße gegen Nachweis- und Unterrichtspflichten sowie speziell die Beauftragung von Gewerbetreibenden bzw. ausführenden Unternehmern, die gegen

---

[2] Siehe hierzu *Stahlschmidt* wistra 1984, 209 ff.
[3] BGBl. 2004 I S. 1842.

die ihnen obliegenden gewerbe- und handwerksrechtlichen Pflichten verstoßen. Mit Wirkung zum 1.8.2004 ist das SchwarzArbG insgesamt neu strukturiert worden: Neu aufgenommen wurden insbesondere die Straftatbestände des Leistungsmissbrauchs (§ 9 SchwarzArbG, Erschleichen von Sozialleistungen) und der illegalen Beschäftigung von Ausländern (§§ 10, 11 SchwarzArbG).

7   Der Arbeitszeitschutz und der Arbeitsschutz werden im Wesentlichen über das Arbeitszeitgesetz (ArbZG), das Arbeitsschutzgesetz (ArbSchG)/Jugendarbeitsschutzgesetz (JArbSchG) sowie das Siebte Sozialgesetzbuch (SGB VII) gewährleistet. Darüber hinaus findet eine Vielzahl von Unfallverhütungsvorschriften Anwendung.

Die Strafandrohungen stellen in diesem Bereich zumeist Qualifikationen dar, die im Grundtatbestand eine Ordnungswidrigkeit bedeuten.

8   Das Arbeitsstrafrecht ist schließlich durch eine **Vielzahl von Schnittstellen** zu anderen Rechtsgebieten gekennzeichnet. Der **Umgang mit dem Arbeitsstrafrecht** setzt daher sowohl Kenntnisse des einschlägigen Nebenstrafrechts wie auch des Zivil-, Arbeits-, Ausländer- und Verwaltungsrechts voraus. Häufig besteht insoweit eine Verwaltungsaktakzessorietät, die die Ahndung von Ordnungswidrigkeiten und auch Straftaten mitbegründet.

2. Ausgewählte Tatbestände der illegalen Beschäftigung

9   a) Vorbemerkung. Die Verstöße der illegalen Beschäftigung knüpfen in materieller Hinsicht im Wesentlichen an die Arbeitsgenehmigungsvoraussetzungen an. Heranzuziehen sind daher im Einzelnen die Arbeitsgenehmigungsvoraussetzungen und ihre Ausnahmen in den §§ 285 ff. SGB III sowie die Arbeitsgenehmigungsverordnung (ArGV)/Beschäftigungsverordnung (BeschäftigungsVO), insbesondere im Hinblick auf ihre Befreiungstatbestände. Darüber hinaus existieren eine Reihe von Rechtsverordnungen,[4] die Bezug nehmen auf die ArGV/BeschäftigungVO und weitere Befeiungstatbestände vorsehen. Seit dem 1.1.2005 gilt für das Arbeitsgenehmigungsrecht das neue Aufenthaltsgesetz (AufenthG).[5]

10   b) Ordnungswidrigkeiten gemäß § 404 SGB III. Die Vorschrift des § 404 SGB III erfasst nicht nur Bußgeldtatbestände der unmittelbaren illegalen Beschäftigung ausländischer Arbeitnehmer, sondern auch solche der mittelbaren. Erfasst werden ebenfalls Auftraggeber bei der Vergabe von Werkleistungen, wenn diese Nachunternehmer verpflichten, die ihrerseits als Arbeitgeber illegal Arbeitnehmer beschäftigen. Im Weiteren hat § 404 SGB III Tatbestände zum Gegenstand, die sich generell auf Verstöße von Arbeitgeberpflichten beziehen.

11   *aa) Verstoß des Arbeitgebers gegen das Ausländerbeschäftigungsverbot (§ 404 Abs. 2 Nr. 3 SGB III).*[6] Bußgeldbewehrt ist zunächst, wenn ein Arbeitgeber oder aber seine Beauftragten im Sinne des § 9 OWiG ausländische Arbeitnehmer beschäftigen, die nicht im Besitz der erforderlichen Arbeitsgenehmigung sind (§§ 284, 285 SGB III/§ 4 AufenthG). Die Genehmigungspflicht ergibt sich aus den §§ 284, 285 SGB III bzw. seit dem 1.1.2005 § 4 Abs. 3 S. 1 AufenthG.[7] Nach § 404 Abs. 3 SGB III a. F. kann für vorsätzliche Taten, die bis zum 30.7.2002 begangen wurden, eine Geldbuße bis zu DM 500.000,00/€ 250.000,00 verhängt werden, bei fahrlässigem Handeln beträgt das Höchstmaß die Hälfte des für vorsätzliches Handeln angedrohten Höchstbetrages der Geldbuße (§ 17 Abs. 2 OWiG). Durch das Gesetz zur Erleichterung der Bekämpfung von illegaler Beschäftigung und Schwarzarbeit vom 23.7.2002, in Kraft getreten am 1.8.2002,[8] beträgt die Geldbuße nunmehr gemäß § 404 Abs. 3 SGB III n. F. für vorsätzliche Taten € 500.000,00 für fahrlässige € 125.000,00.

---

[4] Z. B. Anwerbestoppverordnung (ASAV), IT-ArGV sowie zahlreiche EWG-Verordnungen.

[5] Mit In-Kraftreten des Zuwanderungsgesetzes zum 1.1.2005, BGBl. I S. 1950 wurde das AuslG aufgehoben und zugleich das AufenthG in Kraft gesetzt; zuletzt geändert durch das Gesetz zur Änderung des Aufenthaltsgesetzes und weiterer Gesetze v. 14.3.2005, BGBl. I S. 721.

[6] Geändert durch das Gesetz zur Erleichterung der Bekämpfung von illegaler Beschäftigung und Schwarzarbeit v. 23.7.2002, in Kraft getreten am 1.8.2002, BGBl. I S. 2787 ff.; geändert durch das Gesetz zur Änderung des Aufenthaltsgesetzes und weiterer Gesetze v. 14.3.2005, BGBl. I S. 721; zuletzt geändert durch Gesetz v. 22.12.2005, BGBl. I S. 3686.

[7] § 284 Abs. 1 SGB III gilt ab dem 1.1.2005 nur noch für Staatsangehörige der neuen EU-Mitgliedstaaten während der Übergangsfristen zur Freizügigkeit.

[8] BGBl. I S. 2787 ff.

Wenn gleichzeitig mehr als fünf ausländische Arbeitnehmer ohne die jeweils erforderliche **12** Arbeitsgenehmigung beschäftigt werden oder aber ein beharrliches Wiederholen vorsätzlicher Verstöße der Ordnungswidrigkeit nach § 404 Abs. 2 SGB III angenommen wird, liegt eine Straftat entweder nach § 407 Abs. 1 Nr. 1 SGB III a. F. oder aber nach § 404 Abs. 1 Nr. 2 SGB III a. F./§ 404 Abs. 1 Nr. 3 SGB III n. F. – bzw. seit dem 1.8.2004 nach den §§ 10, 11 SchwarzArbG – vor. Diese betrifft sowohl den Arbeitgeber, seine Beauftragten (§ 9 OWiG, § 14 StGB) und den Entleiher gleichermaßen wie den Verleiher im Falle illegaler Arbeitnehmerüberlassung. Zu beachten ist insoweit, dass nach § 10 AÜG der Entleiher in dem Fall als Arbeitgeber der entliehenen Arbeitnehmer gilt, wenn der Verleiher ohne die nach § 1 AÜG erforderliche Erlaubnis gehandelt hat, mithin illegale Arbeitnehmerüberlassung vorliegt. Besitzt in diesem Fall daher der Arbeitnehmer nicht die erforderliche Arbeitsgenehmigung, handelt (auch) der Entleiher nicht nur nach § 404 Abs. 2 Nr. 3 SGB III, sondern tateinheitlich ebenfalls nach § 16 Abs. 1 Nr. 1 a AÜG (und nicht nach § 16 Abs. 1 Nr. 2 AÜG)[9] ordnungswidrig.

Werden neben der Ordnungswidrigkeit nach § 404 Abs. 2 Nr. 2 SGB III a. F./§ 404 Abs. 2 **13** Nr. 3 n. F. Arbeitnehmerbeiträge zur Sozialversicherung durch den Arbeitgeber gemäß § 266 a Abs. 1 StGB vorenthalten, so liegen mehrere Taten im verfahrensrechtlichen Sinn (§ 264 StPO) vor.[10]

bb) Verstoß des ausländischen Arbeitnehmers gegen das Beschäftigungsverbot im Inland **14** *(§ 404 Abs. 2 Nr. 3 SGB III a. F./§ 404 Abs. 2 Nr. 4 n. F. SGB III).*[11] Nach § 404 Abs. 2 Nr. 3 SGB III a. F./§ 404 Abs. 2 Nr. 4 SGB n. F. handelt ein ausländischer Arbeitnehmer ordnungswidrig, der entgegen den gesetzlichen Regelungen zur Arbeitserlaubnis eine Tätigkeit im Inland aufnimmt, also insbesondere ohne die erforderliche Arbeitsgenehmigung tätig wird. Eine solche Ordnungswidrigkeit kann im Falle vorsätzlicher Begehung mit einer Geldbuße bis zu € 15.000,00, im Falle fahrlässiger Begehung bis zu € 7.500,00 geahndet werden (§ 404 Abs. 3 SGB III, § 17 Abs. 2 OWiG).

cc) Unrichtige Auskunftserteilung des Arbeitgebers (§ 404 Abs. 2 Nr. 4 SGB III a. F./§ 404 **15** *Abs. 2 Nr. 5 a. F. SGB III*[12] *sowie § 404 Abs. 2 Nr. 5 SGB III n. F.).*[13] Nach § 284 Abs. 3 SGB III a. F./§ 39 Abs. 2 AufenthG ist der Arbeitgeber, bei dem ein ausländischer Arbeitnehmer beschäftigt werden soll, verpflichtet, Auskunft über Arbeitsentgelt, Arbeitszeiten und sonstige Arbeitsbedingungen zu erteilen. Zu beachten ist, dass es sich bei den genannten Arbeitsbedingungen nur um beispielhaft genannte handelt. Der Begriff der „Arbeitsbedingungen" ist daher als ein Oberbegriff zu verstehen; darunter fallen auch weiter gehende, nicht ausdrücklich aufgezählte Bedingungen des Arbeitsverhältnisses, wie etwa Sachbezüge, Wohnungsgewährung, Zulagen, Kündigungs- und Arbeitszeitregelungen, Urlaub und auch Arbeitsplatzgestaltung.

Zu bedenken ist hier, dass unrichtige Auskünfte als Tathandlung nur im Rahmen eines (ech- **16** ten) Auskunftsverlangens erteilt werden, da eine Auskunft – im Gegensatz zur bloßen Anzeige – nur auf Verlangen der zuständigen Behörde zu erteilen ist. Das Verlangen nach Auskunft ist ein (anfechtbarer) Verwaltungsakt. Das Verlangen an den Arbeitgeber, eine Auskunft zu erteilen, muss daher mit der erforderlichen Klarheit ergehen, da der Arbeitgeber – für ihn erkennbar – zur Erteilung bestimmter Auskünfte bindend verpflichtet werden soll. Eine schlichte Anfrage genügt diesen Voraussetzungen nicht.[14]

Bei einem vorsätzlichen Verstoß kann eine Geldbuße im Höchstmaß bis zu € 30.000,00, im **17** Falle fahrlässiger Begehung bis zu € 15.500,00 (§ 17 Abs. 2 OWiG) verhängt werden.

---

[9] BGH wistra 1988, 27.
[10] So BGH NStZ 1988, 77; BGHSt 35, 14; BGH STV 1990, 295; OLG Düsseldorf wistra 1988; a. A. jedoch OLG Stuttgart NStZ 1982, 514 f., wonach Tatidentität angenommen wurde.
[11] Geändert durch das Gesetz zur Erleichterung der Bekämpfung von illegaler Beschäftigung und Schwarzarbeit v. 23.7.2002, in Kraft getreten am 1.8.2002, BGBl. I S. 2787 ff.
[12] Geändert durch das Gesetz zur Erleichterung der Bekämpfung von illegaler Beschäftigung und Schwarzarbeit v. 23.7.2002, in Kraft getreten am 1.8.2002, BGBl. I S. 2787 ff.; zuletzt geändert durch das Gesetz zur Änderung des Aufenthaltsgesetzes und weiterer Gesetze v. 14.3.2005, BGBl. I S. 721.
[13] Geändert durch das Gesetz zur Änderung des Aufenthaltsgesetzes und weiterer Gesetze v. 14.3.2005, BGBl. I S. 721.
[14] BGH EzAÜG Nr. 350.

18 dd) *Verstoß gegen das Gebührenübertragungsverbot (§ 404 Abs. 2 Nr. 5 SGB III a. F./§ 404 Abs. 2 Nr. 1 SGB III n. F.)*[15] Die Vorschrift des § 404 Abs. 2 Nr. 5 SGB III a. F./§ 404 Abs. 2 Nr. 1 SGB III n. F. steht in Zusammenhang mit der Beschäftigung ausländischer Arbeitnehmer. Geahndet wird der Pflichtverstoß des Arbeitgebers, sich die von ihm zu entrichtenden Gebühren wegen Bearbeitung der Arbeitserlaubnisse durch die Landes- bzw. Arbeitsämter z. B. im Rahmen von Werkvertragsabkommen aufgrund zwischenstaatlicher Vereinbarungen von den ausländischen Arbeitnehmern oder Dritten erstatten zu lassen.

19 ee) *Mittelbare illegale Ausländerbeschäftigung (§ 404 Abs. 1 Nr. 1 und Nr. 2 SGB III n. F.).* Die Bußgeldtatbestande des § 404 Abs. 1 Nr. 1 und Nr. 2 SGB III n. F. haben den Fall einer mittelbaren illegalen Ausländerbeschäftigung zum Gegenstand. Er umfasst die Beauftragung eines Unternehmens, das bei Durchführung des Auftrages ausländische Arbeitnehmer unter Verstoß gegen § 284 Abs. 1 S. 1 SGB III/§ 4 AufenthG beschäftigt oder aber seinerseits weitere Nachunternehmer einsetzt, die illegal ausländische Arbeitnehmer beschäftigen.[16]

20 Wesensgehalt der Vorschriften ist allein die Beauftragung (bzw. das Ausführenlassen von Dienst- oder Werkleistungen) eines oder mehrerer Nachunternehmer, sofern der eingesetzte Nachunternehmer bzw. sämtliche weitere eingesetzten Nachunternehmer ausländische Arbeitnehmer illegal – also entgegen den Voraussetzungen der § 284 SGB III/§ 4 AufenthG – tätig werden lassen. Voraussetzung des Bußgeldtatbestandes ist – neben der Feststellung der illegalen Beschäftigung ausländischer Arbeitnehmer durch Nach- bzw. Nach-Nachunternehmer –, dass Dienst- oder Werkvertragsleistungen in erheblichem Umfang in Auftrag gegeben werden. Diesbezüglich ist ebenfalls die Feststellung eines vorsätzlichen Verstoßes zur Begründung einer Ordnungswidrigkeit erforderlich. Zu bedenken ist aber auch, dass für die Kenntnis über die Ausführung des Auftrages durch den Nachunternehmer bereits das fahrlässige Nichtwissen ausreicht.

21 **c) Straftaten nach den §§ 406, 407 SGB III a. F.**[17] **– §§ 10, 11 SchwarzArbG.** Die Strafvorschriften der §§ 406, 407 SGB III a. F. betreffen die Beschäftigung von Ausländern ohne die erforderliche Arbeitsgenehmigung. Darüber hinaus ist für die Strafbarkeit erforderlich, dass die Beschäftigung zu Arbeitsbedingungen in einem auffälligen Missverhältnis zu den Arbeitsbedingungen deutscher Arbeitnehmer steht (§ 406 Abs. 1 Nr. 3 SGB III a. F.), die Beschäftigung von mehr als fünf Ausländern über mindestens 30 Kalendertage hinaus erfolgt (§ 407 Abs. 1 Nr. 1 SGB III a. F.) und eine beharrliche Wiederholung der illegalen Ausländerbeschäftigung vorliegt (§ 407 Abs. 2 Nr. 2 SGB III a. F.).

22 Die Strafvorschriften sind mit Wirkung zum 1.8.2004 in das Gesetz zur Bekämpfung der Schwarzarbeit[18] eingestellt worden (§§ 10, 11 SchwarzArbG n. F.). § 10 SchwarzArbG stellt die Beschäftigung von Ausländern ohne Genehmigung oder ohne Aufenthaltstitel und zu ungünstigeren Arbeitsbedingungen unter Strafe und stellt damit eine Erweiterung der Bußgeldvorschrift des § 404 Abs. 2 Nr. 3 SGB III n. F. zum Straftatbestand dar. § 11 SchwarzArbG ersetzt § 407 SGB III a. F. und stellt entsprechend § 407 SGB III a. F. die in größerem Umfang oder unter beharrlicher Wiederholung erfolgte Beschäftigung oder Erwerbstätigkeit von Ausländern ohne Genehmigung oder ohne Aufenthaltstitel unter Strafe.

23 *aa) Illegale Beschäftigung ausländischer Arbeitnehmer unter ausbeuterischen Arbeitsbedingungen (§ 406 Abs. 1 Nr. 3 SGB III a. F. – seit 1.8.2004 § 10 SchwarzArbG).* Nach § 406 Abs. 1 Nr. 3 SGB III a. F./n. F. § 10 SchwarzArbG wird mit Freiheitsstrafe bis zu 3 Jahren oder mit Geldstrafe bestraft, wer vorsätzlich eine in § 404 Abs. 2 Nr. 2 a. F./§ 404 Abs. 2 Nr. 3 n. F. bezeichnete Handlung begeht, indem er einen Ausländer, der eine Genehmigung nach § 284 Abs. 1 SGB III bzw. einen Aufenthaltstitel nach § 4 Abs. 3 AufenthG nicht besitzt, zu Arbeitsbedingungen beschäftigt, die in einem auffälligen Missverhältnis zu den Arbeitsbedingungen

---

[15] Geändert durch das Gesetz zur Erleichterung der Bekämpfung von illegaler Beschäftigung und Schwarzarbeit v. 23.7.2002, in Kraft getreten am 1.8.2002, BGBl. I S. 2787 ff.; zuletzt geändert durch das Gesetz zur Änderung des Aufenthaltsgesetzes und weiterer Gesetze v. 14.3.2005, BGBl. I S. 721.
[16] Siehe hierzu *Heil* BB 1999, 2609 ff.
[17] Geändert durch das Gesetz zur Erleichterung der Bekämpfung von illegaler Beschäftigung und Schwarzarbeit v. 23.7.2002, in Kraft getreten am 1.8.2002, BGBl. I S. 2787 ff.; zuletzt geändert durch das Gesetz zur Änderung des Aufenthaltsgesetzes und weiterer Gesetze v. 14.3.2005, BGBl. I S. 721.
[18] BGBl. I S. 1842.

deutscher Arbeitnehmer stehen, die die gleiche oder eine vergleichbare Tätigkeit ausüben. In besonders schweren Fällen ist die Strafe Freiheitsstrafe von 6 Monaten bis zu 5 Jahren. Ein besonders schwerer Fall liegt in der Regel vor, wenn der Täter gewerbsmäßig oder aus grobem Eigennutz handelt (§ 406 Abs. 2 SGB III a. F./n. F. – § 10 Abs. 2 SchwarzArbG).

Die Tat setzt zunächst voraus, dass ein ausländischer Arbeitnehmer ohne die erforderliche Arbeitserlaubnis beschäftigt wird. Als weitere Voraussetzung ist erforderlich, dass der ausländische Arbeitnehmer zu Arbeitsbedingungen beschäftigt wurde, die in einem auffälligen Missverhältnis zu den Arbeitsbedingungen deutscher Arbeitnehmer stehen. Für die Frage, was eine vergleichbare Tätigkeit darstellt, kommt es auf den Inhalt der jeweiligen Tätigkeit an, wobei die für die entsprechenden Branchen geltenden Tarifverträge wesentliche Anhaltspunkte liefern. Heranzuziehen sind das Arbeitsentgelt, Urlaub, Sachbezüge, Wohnungsgewährung und Zulagen, aber auch Kündigungs- und Arbeitszeitregelungen sowie Arbeitsplatzgestaltung.[19] Als ein auffälliges Missverhältnis gilt ein Lohnunterschied in Höhe von 20 %.[20] Ein auffälliges Missverhältnis kann auch dann vorliegen, wenn keine Anmeldung zur Sozialversicherung für den ausländischen Arbeitnehmer vorgenommen worden ist.[21]

Ein besonders schwerer Fall nach § 406 Abs. 2 SGB III a. F./§ 10 Abs. 2 SchwarzArbG liegt in der Regel vor, wenn der Täter gewerbsmäßig und aus grobem Eigennutz handelt. Insbesondere ist dies anzunehmen, wenn umfangreiche finanzielle Vorteile aus der illegalen Beschäftigung gezogen werden können, insbesondere durch Nichtabführen der Sozialversicherungsbeiträge.[22]

bb) Illegale Beschäftigung von Ausländern ohne Genehmigung in größerem Umfang (§ 407 SGB III a. F.)[23] *– seit dem 1.8.2004 § 11 SchwarzArbG).* Nach § 407 Abs. 1 Nr. 1 SGB III a. F. § 11 Abs. 1 SchwarzArbG ist die vorsätzliche Beschäftigung von Ausländern ohne Genehmigung in größerem Umfang unter Strafe gestellt. Die Norm sieht einen Strafrahmen von Freiheitsstrafe bis zu einem Jahr (§ 407 SGB III a. F.) bzw. seit dem 1.8.2004 bis zu drei Jahren (§ 11 SchwarzArbG) oder Geldstrafe vor. Erforderlich ist ursprünglich, dass mindestens sechs Arbeitnehmer ohne die erforderliche Arbeitsgenehmigung beschäftigt werden; darüber hinaus musste eine Beschäftigung über mindestens 30 Kalendertage hinweg erfolgen (alte Rechtslage).[24] Hervorzuheben ist hier, dass mit dem Gesetz zur Erleichterung der Bekämpfung von illegaler Beschäftigung und Schwarzarbeit vom 23.7.2002, in Kraft getreten am 1.8.2002,[25] bereits § 407 Abs. 1 Nr. 1 SGB III a. F. in der Voraussetzung dahingehend geändert wurde, dass nunmehr eine Beschäftigung von mindestens 30 Kalendertagen nicht mehr erforderlich ist. Das bedeutet, dass die vorsätzliche Beschäftigung von Ausländern ohne Genehmigung in größerem Umfang bereits bei einer Mehrzahl von Arbeitnehmern ab dem ersten Beschäftigungstag unter Strafe steht. § 11 SchwarzArbG ist entsprechend gefasst.

Nach § 407 Abs. 1 Nr. 1 SGB III a. F. sowie § 11 SchwarzArbG ist nur vorsätzliches Handeln unter Strafe gestellt.

Nach **§ 407 Abs. 1 Nr. 2 SGB III a. F./§ 11 Abs. 1 Nr. 2 SchwarzArbG** ist schließlich die beharrliche Wiederholung eines Verstoßes nach § 404 Abs. 2 Nr. 2 SGB III a. F./§ 404 Abs. 2 Nr. 3 SGB III n. F. unter Strafe gestellt. Vorgesehen ist Freiheitsstrafe bis zu einem Jahr oder Geldstrafe.

Beharrliches Wiederholen setzt nicht voraus, dass der Täter wegen der gleichen Zuwiderhandlung bereits mit einer Geldbuße belegt worden ist. Es genügt, dass er die Zuwiderhandlung – vorsätzlich – wiederholt hat, auch wenn die frühere Ordnungswidrigkeit nicht geahndet wurde.

---

[19] Siehe hierzu Erbs/Kohlhaas/*Ambs* § 406 Rdnr. 26.
[20] Nach *Ignor/Rixen* § 3 Rdnr. 375, 647 soll eine Abweichung von 30 % maßgeblich sein.
[21] Siehe hierzu Erbs/Kohlhaas/*Ambs* § 406 Rdnr. 26.
[22] Siehe hierzu Erbs/Kohlhaas/*Ambs* § 406 Rdnr. 28 f.
[23] Durch das Gesetz zur Erleichterung der Bekämpfung illegaler Beschäftigung und Schwarzarbeit v. 23.7.2002 (BGBl. I S. 2787 ff.) ist mit Wirkung zum 1.8.2002 § 407 SGB neu gefasst worden; SGB III zuletzt geändert durch das Gesetz zur Änderung des Aufenthaltsgesetzes und weiterer Gesetze v. 14.3.2005, BGBl. I S. 721.
[24] Siehe zur Berechnung der 30 Kalendertage *Ignor/Rixen* § 3 Rdnr. 386.
[25] BGBl. I S. 2787 ff.; zuletzt geändert durch das Gesetz zur Änderung des Aufenthaltsgesetzes und weiterer Gesetze v. 14.3.2005, BGBl. I S. 721.

30 Im Allgemeinen meint Beharrlichkeit, dass der Täter gegen das Verbot aus Missachtung oder Gleichgültigkeit immer wieder verstößt. Voraussetzung ist jedoch, dass der Täter zumindest gegen das Verbot schon mindestens ein Mal vorsätzlich verstoßen haben muss.[26] Im Übrigen ist aber Beharrlichkeit auch dann anzunehmen, wenn der Täter trotz Abmahnung, Ahndung oder sonst hemmend wirkender Erfahrungen oder Erkenntnisse die Verstöße gegen das Verbot der illegalen Beschäftigung fortsetzt.[27] An einer beharrlichen Wiederholung der Tat kann es gegebenenfalls fehlen, wenn zwischen früheren Vorfällen und der neuen Tat ein längerer Tatzeitraum liegt.[28]

31 Nach § 407 Abs. 2 SGB III a. F./§ 11 Abs. 2 SchwarzArbG ist eine Strafverschärfung für Täter vorgesehen, die aus grobem Eigennutz handeln. Hier gilt ein Strafrahmen von Freiheitsstrafe bis zu 3 Jahren oder Geldstrafe. Aus grobem Eigennutz handelt der Täter, der sich von seinem Streben nach eigenem Vorteil in einem besonders anstößigen Maße leiten lässt. Sein Streben muss deshalb das üblicherweise bei Tätern von Vermögensdelikten vorhandene Gewinnstreben deutlich übersteigen. Von Bedeutung sind insbesondere die kriminelle Energie, die Art und Häufigkeit der Begehung und der Grad der zu Tage tretenden Gewinnsucht.[29]

3. Straf- und Bußgeldvorschriften nach dem Ausländergesetz (AuslG) – seit dem 1.1.2005 nach dem Aufenthaltsgesetz (AufenthG)

32 *a) Vorbemerkung aa) AuslG.* Das AuslG sieht zunächst eine Reihe von Straftatbeständen vor, die u. a. Passpflichten und Verstöße gegen die Genehmigungsvorschriften zum Aufenthalt in Deutschland sowie die unerlaubte Einreise in die Bundesrepublik Deutschland (§ 92 AuslG) zum Gegenstand hat. Darüber hinaus sind Ordnungswidrigkeiten festgehalten, die sich im Besonderen auf Verstöße gegen erforderliche Anzeige- und Meldepflichten sowie Ausweispflichten von **Ausländern** beziehen (§ 93 AuslG).[30] Die einzelnen Tatbestände nehmen jeweils Bezug auf eine Reihe von Genehmigungsvoraussetzungen sowie Pflichten, die generell im AuslG festgelegt sind. Das Aufenthaltsgenehmigungsrecht ist als Verbot mit Erlaubnisvorbehalt ausgestaltet. Wesentliche Vorschriften sind im Ausländergesetz (AuslG) nebst Durchführungsverordnung zum Ausländergesetz (DVAuslG) und der Arbeitsaufenthalteverordnung (AAV) zu finden. Darüber hinaus existieren generell speziell für Asylbewerber relevante Vorschriften im Asylverfahrensgesetz (AsylVfG). Im Hinblick auf sonstige Ausnahmen der Genehmigungspflicht des Aufenthaltes sind ebenfalls das Gesetz über die Rechtsstellung heimatloser Ausländer im Bundesgebiet (HAG), das Schengener Durchführungsübereinkommen (SDÜ) sowie das Aufenthaltsgesetz/EWG (AufenthG/EWG) und die Freizügigkeitsverordnung/EG (FreizügV/EG) sowie das Assoziationsabkommen EWG/Türkei sowie das Freizügigkeitsgesetz/EU (FreizügG/EU) heranzuziehen.

33 Die wesentlichen Regelungen zum Aufenthaltsrecht sind dem AuslG zu entnehmen. Im AuslG befinden sich ebenfalls die relevanten und erheblichen Straf- und Bußgeldvorschriften.

34 *bb) AufenthG.* Mit dem Gesetz zur Steuerung und Begrenzung der Zuwanderung und zur Regelung des Aufenthaltes und der Integration von Unionsbürgern und Ausländern (Zuwanderungsgesetz vom 20.6.2002) sollte bereits im Jahr 2002 eine umfassende Neuregelung des Ausländerrechtes erreicht werden. Das AuslG ist nunmehr durch das Zuwanderungsgesetz über den Aufenthalt, die Erwerbstätigkeit und die Integration von Ausländern im Bundesgebiet (Aufenthaltsgesetz)[31] zum 1.1.2005 ersetzt worden. Hierin sind jetzt die wichtigsten Bestimmungen des Arbeitserlaubnisrechts aufgenommen worden. Ziel war es, die entscheidenden Bestimmungen des Aufenthaltsrechts und des Arbeitserlaubnisrechts für Ausländer in einem Gesetz zusammenzufassen. Die Zahl der Aufenthaltstitel ist zudem reduziert worden (befristete Aufenthaltserlaubnis sowie unbefristete Niederlassungserlaubnis).[32]

---

[26] Vgl. hierzu BGHSt 23,167,172.
[27] Siehe hierzu BT-Drucks. 10/2102, 32.
[28] Siehe hierzu im Einzelnen *Ignor/Rixen* § 3 Rdnr. 390 f.
[29] *Erbs/Kohlhaas/Ambs* § 407 Rdnr. 15; BGH wistra 1991, 106 ff.
[30] Siehe zum Ausländerstrafrecht *Lorenz* NStZ 2002, 640 ff.; *Westphal/Stoppa* NJW 1999, 2137 ff.
[31] BGBl. 2004 I S. 1950; zuletzt geändert durch das Gesetz zur Änderung des Aufenthaltsgesetzes und weiterer Gesetze v. 14.3.2005, BGBl. I S. 721.
[32] Siehe hierzu auch *Mosbacher* wistra 2005, 54 ff.

b) Straftaten nach dem AuslG a. F. aa) *Strafbarkeit des illegalen Aufenthaltes.* Täter im Sinne 35
des § 92 Abs. 1 Nr. 1 AuslG kann nur ein Ausländer sein (Strafbarkeit des illegalen Aufenthaltes). Nach den §§ 92 a, 92 b AuslG wird hingegen die Beteiligung am illegalen Aufenthalt bestraft, es gelten weit höhere Strafen als für den illegalen Aufenthalt des Ausländers.[33]

Eine Strafbarkeit des Ausländers nach § 92 Abs. 1 Nr. 1 AuslG setzt voraus, dass dieser sich 36
illegal in der Bundesrepublik Deutschland aufhält, mithin keine Aufenthaltsgenehmigung besitzt: Der Ausländer muss vollziehbar zur Ausreise verpflichtet sein. Eine solche Verpflichtung besteht, wenn er eine erforderliche Aufenthaltsgenehmigung nicht oder nicht mehr besitzt und keine Duldung gemäß § 55 Abs. 2 AuslG erteilt wurde.[34] § 92 Abs. 1 Nr. 1 AuslG sieht Freiheitsstrafe bis zu einem Jahr oder Geldstrafe vor. Der Arbeitgeber kann im Falle einer Straftat nach § 92 Abs. 1 Nr. 1 AuslG nur wegen Teilnahme (§§ 26, 27 StGB) strafbar sein.

Einen qualifizierten Fall des illegalen Aufenthalts sieht § 92 Abs. 2 Nr. 1 b AuslG vor, wo- 37
nach Freiheitsstrafe bis zu 3 Jahren oder Geldstrafe angedroht ist, wenn sich der Ausländer entgegen § 8 Abs. 2 AuslG unerlaubt im Bundesgebiet aufhält.

bb) Beteiligung am illegalen Aufenthalt. Die Strafandrohung in den §§ 92 a, b AuslG richtet 38
sich hingegen u. a. gegen Arbeitgeber und – im Falle der illegalen Arbeitnehmerüberlassung – gegen Entleiher, wenn der Entleiher als Arbeitgeber gilt (§§ 9, 10 AÜG).

Nach § 92 a AuslG (Einschleusen von Ausländern) sind bestimmte qualifizierte Teilnahme- 39
handlungen an Verstößen gegen §§ 92 Abs. 1 Nr. 1, 2, 6 oder Abs. 2 AuslG unter besondere Strafdrohung gestellt. Es handelt sich hierbei immer um einen Fall der zur Täterschaft erhobenen Beteiligung.[35] Täter kann wie bei der Beteiligung an einer Straftat gemäß § 92 Abs. 1 Nr. 1 AuslG jedermann sein. Der Qualifikationstatbestand des § 92 a AuslG setzt zunächst die Feststellung einer Anstiftung oder Beihilfe zu einem in § 92 Abs. 1 Nr. 1, 2, 6 oder den in Abs. 2 genannten Delikt voraus. Erforderlich ist daher u. a. die Beihilfe zu einem illegalen Aufenthalt durch illegale Beschäftigung.[36] Hinzukommen muss, dass nach § 92 Abs. 1 Nr. 1 AuslG der Täter für seine Gehilfentätigkeit einen Vermögensvorteil erhält oder sich versprechen lässt.[37]

Nach § 92 a Abs. 1 Nr. 2 Alt. 1 AuslG wird mit Freiheitsstrafe bis zu 5 Jahren oder Geld- 40
strafe bestraft, wenn in den Fällen der Teilnahme zu Taten nach § 92 Abs. 1 Nr. 1, 2 oder 6 oder Abs. 2 AuslG wiederholt oder zugunsten von mehreren Ausländern gehandelt wird. Erforderlich ist hier, dass der Täter mehr als einmal zu einer der in § 92 Abs. 1 Nr. 1, 2 oder 6 oder Abs. 2 AuslG bezeichneten Handlungen anstiftet oder Hilfe leistet.[38] Ein Handeln zugunsten mehrerer Ausländer i. S. d. § 92 a Abs. 1 Nr. 2 Alt. 2 AuslG liegt vor, wenn zugunsten von mindestens zwei Ausländern gehandelt wird.[39]

Straftaten nach § 92 a Abs. 1 AuslG werden gemäß § 92 a Abs. 2 AuslG mit Freiheitsstrafe 41
von 6 Monaten bis zu 10 Jahren bestraft, wenn sie gewerbs- oder bandenmäßig begangen werden. Die gewerbs- und bandenmäßige Begehung von Taten nach § 92 a Abs. 1 AuslG wird – wie bei § 92 b Abs. 1 AuslG – mit Freiheitsstrafe von einem bis zu zehn Jahren bestraft.

Gewerbsmäßigkeit bedeutet Gewinnstreben, also das Verschaffen einer fortlaufende Ein- 42
nahmequelle durch wiederholte Tatbegehung von einiger Dauer und einigem Umfang.[40] Der Begriff der Bande setzt den Zusammenschluss von mindestens drei Personen voraus, die sich mit dem Willen verbunden haben, künftig für eine gewisse Dauer mehrere selbständige, im Einzelnen noch ungewisse Straftaten des im Gesetz genannten Deliktstypus zu begehen.[41]

---

[33] Siehe zur Strafbarkeit im Falle der Beschäftigung BGH NStZ 2005, 407 f.
[34] Siehe zu den einzelnen vollziehbaren Ausreiseverpflichtungen wegen fehlender erforderlicher Aufenthaltsgenehmigung und zur Duldung im Einzelnen *Ignor/Rixen* § 3 Rdnr. 412 ff.; siehe hierzu auch OLG Schleswig NStZ 2005, 408 f. - mit Anm. *Schwedler* NStZ 2005, 409 f.
[35] BGH NStZ 1999, 409; BGH NStZ 2004, 45.
[36] Siehe zur Strafbarkeit sog. Vielfacheinlader zur Erlangung eines Visums AG Bremen NStZ 2005, 410 f.; s. zur Strafbarkeit aufgrund von Falschangaben zwecks Erlangung eines Aufenthaltstitels OLG Karlsruhe NStZ-RR 2004, 376 m. w. N.; zur Beihilfe durch Gewährung von Unterkunft s. OLG Köln NStZ-RR 2003, 184.
[37] Siehe zur Bekämpfung der Schleuserkriminalität *Geisler* ZRP 2001, 171 ff.
[38] Vgl. hierzu BGH StV 2000, 361, 362.
[39] BGH NStZ 1999, 409, 410.
[40] Vgl. hierzu BGH StV 2000, 357, 360; BGH wistra 2001, 431.
[41] BGH wistra 2001, 431.

43 cc) *Zuwiderhandlungen gegen Auflagen.* § 92 Abs. 1 Nr. 3 AuslG sowie § 93 AuslG (Bußgeldtatbestände) umfassen u. a. Zuwiderhandlungen gegen vollziehbare Auflagen (Verbot oder Beschränkungen der Erwerbstätigkeit) und richten sich gegen **Ausländer**. Die Beteiligung an diesen Taten ist allerdings möglich. Insbesondere ist immer zu bedenken, dass allein durch die Beschäftigung eines ausländischen Arbeitnehmers, der gegen das Aufenthaltsrecht in der Bundesrepublik Deutschland oder aber gegen mit der Aufenthaltsgenehmigung erteilte Auflagen verstößt, auch eine Teilnahme nach den allgemeinen Grundsätzen (§§ 26, 27 StGB) in Betracht gezogen werden kann. Im Übrigen kann beispielsweise der Arbeitgeber, der einen Ausländer entgegen einem Auflagenverbot beschäftigt, gemäß § 82 Abs. 4 S. 1 AuslG für die Kosten einer Ab- oder Zurückschiebung des beschäftigten Ausländers haften. Zu berücksichtigen ist ferner, dass eine Arbeitsgenehmigung (§ 284 Abs. 5 SGB III) nicht erteilt werden darf, wenn die Ausübung einer Beschäftigung wiederum durch eine ausländerrechtliche Auflage ausgeschlossen ist. Bei Verstoß hiergegen (unmittelbarer Verstoß des Ausländers sowie Beschäftigung durch den Arbeitgeber) werden zugleich Vorschriften des Arbeitsgenehmigungsrechtes missachtet. Insoweit können ebenfalls eine Ordnungswidrigkeit nach § 404 Abs. 2 Nr. 2 oder 3 SGB III a. F./§ 404 Abs. 2 Nr. 3 oder 4 SGB III n. F. oder aber Straftaten nach §§ 406 Abs. 1 Nr. 3, 407 SGB III a. F. bzw. seit 1.8.2004 §§ 10, 11 SchwarzAbG – in Betracht kommen.

44 dd) *Straftaten im Zusammenhang mit Asylbewerbern.* Nach § 61 Abs. 1 Asylverfahrensgesetz (AsylVfG) darf ein Asylbewerber keine Erwerbstätigkeit aufnehmen, solange er verpflichtet ist, in einer Aufnahmeeinrichtung zu wohnen. Im Übrigen kann die Verwaltung durch besondere Auflagen die Ausübung einer Erwerbstätigkeit verbieten oder beschränken (§ 60 Abs. 1 AsylVfg). Verstöße hiergegen können mit Geldstrafe oder Freiheitsstrafe bis zu einem Jahr geahndet werden.

45 § 86 Abs. 1 AsylVfg sieht darüber hinaus ein Bußgeld im Falle des Erstverstoßes eines Asylbewerbers gegen die nach § 56 Abs. 1 oder 2 AsylVfg bestehende Beschränkung des Aufenthalts auf den Bezirk einer bestimmten Ausländerbehörde vor. Ein wiederholter Verstoß gegen diese Aufenthaltsbeschränkung kann gemäß § 85 Nr. 2 AsylVfg mit Freiheitsstrafe bis zu einem Jahr oder Geldstrafe geahndet werden. Auch hier ist zu bedenken, dass eine Beteiligung an den vorgenannten Taten, insbesondere durch deutsche Arbeitgeber, möglich ist.[42]

46 c) **Straftaten nach dem AufenthG n. F.** *aa) Vorbemerkung.* Das Aufenthaltsgesetz (AufenthG) enthält – wie das alte Ausländergesetz – nunmehr in den §§ 95 ff. die erheblichen Straftatbestände. Die Systematik ist dem Ausländergesetz entsprechend. Die Straf- sowie Bußgeldandrohungen dieser Vorschriften richten sich in erster Linie an den Arbeitgeber von illegal beschäftigten Ausländern in der Bundesrepublik Deutschland. Es sind ebenfalls Straftaten enthalten, die unmittelbar den Arbeitnehmer selbst betreffen. Auch hinsichtlich dieser Straftatbestände droht allerdings eine Strafbarkeit des Arbeitgebers im Rahmen einer Beteiligung/Teilnahme an diesen Straftaten, die grundsätzlich durch die Beschäftigung des ausländischen Arbeitnehmers verwirklicht wird.

47 Das AufenthG sieht ebenfalls die sog. Einschleusungstatbestände (illegales Einschleusen von Ausländern)[43] vor, die wiederum an den illegalen Aufenthalt von Ausländern im Bundesgebiet anknüpfen und unter besonders hohe Strafandrohungen gestellt sind. Die Strafandrohung der §§ 96 und 97 AufenthG richtet sich insoweit unter anderem gegen den Arbeitgeber und im Falle der illegalen Arbeitnehmerüberlassung beispielsweise auch gegen den Entleiher, wenn der Entleiher wegen der Unwirksamkeit der Verträge gem. §§ 9, 10 AÜG als Arbeitgeber gilt.

Hervorzuheben ist, dass im Rahmen der „Schleuserkriminalität" im Falle der gewerbs- oder bandenmäßigen Begehung eine erhebliche Strafe droht (Freiheitsstrafe von 6 Monaten bis zu 10 Jahren – §§ 96 Abs. 2 sowie 97 Abs. 2 AufenthG).

---

[42] Siehe zu den einzelnen Bußgeld- und Straftatbeständen *Ignor/Rixen* § 3 Rdnr. 481 ff.
[43] Bloße Änderungen des persönlichen Anwendungsbereichs der Genehmigungspflicht stellen keine relevanten Änderungen des Einschleusungstatbestandes i. S. d. § 2 Abs. 3 StGB dar, BGH NStZ 2005, 408.

bb) *Übersicht über die wesentlichen neuen Tatbestände im AufenthG (nicht abschließend)*

§ 95 AufenthG	Illegale Einreise/illegaler Aufenthalt eines Ausländers.	Ausländischer Arbeitnehmer.		Straftat FS bis zu einem Jahr oder GS. Ordnungswidrigkeit s. § 98 AufenthG.
§ 95 Abs. 1 Nr. 1 AufenthG i. V. m.. §§ 26, 27 StGB	Anstiftung oder Beihilfe zum illegalen Aufenthalt eines Ausländers.	Arbeitgeber/ illegaler Entleiher.	Beihilfe des Arbeitgebers zum illegalen Aufenthalt des Ausländers, der durch illegale Beschäftigung des Ausländers ermöglicht wird.	Straftat Wie der Täter: FS bis zu einem Jahr oder GS. Ordnungswidrigkeit Bei fahrl. Handeln, s. § 98 Abs. 1 AufenthG.
§ 95 Abs. 2 Nr. 2 AufenthG	Erschleichen eines Aufenthaltstitels für sich oder einen anderen durch unrichtige Angaben sowie Gebrauchmachen dieses erschlichenen Aufenthaltstitels.	Ausländischer Arbeitnehmer sowie Arbeitgeber und Entleiher.	Strafbar macht sich, wer unrichtige oder unvollständige Angaben macht oder benutzt, um für sich oder einen anderen einen Aufenthaltstitel zu beschaffen oder einen so beschafften Aufenthaltstitel wissentlich zur Täuschung im Rechtsverkehr gebraucht.	Straftat FS bis zu drei Jahren oder GS.
§ 96 AufenthG i. V. m. § 95 Abs. 1 Nr. 1, 2 Nr. 3, Abs. 2 AufenthG	Einschleusen von Ausländern durch illegale Einreise und illegalen Aufenthalt sowie aufgrund eines erschlichenen Aufenthaltstitels.	Arbeitgeber/ illegaler Entleiher. (Zur Täterschaft erhobene Beteiligung).	Bandenmäßige Begehung (mindestens drei Personen) schließt regelmäßig Gewerbsmäßigkeit ein.	Straftat FS bis zu fünf Jahren oder GS; bei gewerbsmäßigem/bandenmäßigem Handeln FS von sechs Monaten bis zu zehn Jahren.
§ 97 AufenthG	Einschleusen mit Todesfolge (Abs. 1), banden- und gewerbsmäßiges Einschleusen (Abs. 2).	Arbeitgeber/ illegaler Entleiher.	Qualifikationstatbestand.	Straftat FS nicht unter drei Jahren (Abs. 1), FS von einem Jahr bis zu zehn Jahren (Abs. 2).

§ 98 AufenthG	Bußgeldvorschriften – u. a. Zuwiderhandlung gegen Auflagen.	Ausländische AN, Arbeitgeber/illegaler Entleiher.	Betrifft u. a. den illegalen Aufenthalt von Ausländern im Bundesgebiet sowie Zuwiderhandlungen von Ausländern gegen vollziehbare Auflagen. Eine Teilnahme des Arbeitgebers an dieser Ordnungswidrigkeit ist durch Beschäftigung des Ausländers möglich.	Ordnungswidrigkeit Geldbuße von € 1.000 bis zu € 5.000.
§ 66 Abs. 4 AufenthG	Haftung für Kosten einer Ab- oder Zurückschiebung von illegal beschäftigten Ausländern.	Unmittelbarer Arbeitgeber, Entleiher, subsidiär Ausländer.	Für die Kosten der Abschiebung oder Zurückschiebung haftet, wer den Ausländer als Arbeitnehmer illegal beschäftigt hat. In gleicher Weise haftet, wer eine nach § 96 strafbare Handlung begeht. Der Ausländer haftet für die Kosten nur, soweit sie von dem anderen Kostenschuldner nicht beigetrieben werden können.	

49   cc) *Aufenthaltstitel im Sinne des AufenthG.* Insbesondere der illegale Aufenthalt sowie das Erschleichen eines Aufenthaltstitels im Sinne der §§ 95, 96 AufenthG knüpfen nach wie vor an den Aufenthaltstitel an, der – unter Vernachlässigung von Ausnahmetatbeständen – von **Ausländern** zur Einreise bzw. Aufenthalt im Bundesgebiet benötigt wird. Als Ausländer gilt jeder, der nicht Deutscher ist (§ 2 AufenthG). Das Erfordernis eines Aufenthaltstitels besteht für Ausländer gemäß § 4 AufenthG, sofern nicht u. a. das Recht der Europäischen Union etwas anderes bestimmt.

50   Von großer Bedeutung für die Beurteilung der Strafbarkeit ist das aktuell ergangene Urteil des BGH vom 27.4.2005 – 2 StR 457/04,[44] durch das die bislang zwischen den Straf- und Verwaltungsgerichten sowie in der ausländerrechtlichen Literatur umstrittene Frage entschieden wurde, dass der einem Ausländer nach verwaltungsrechtlichen Grundsätzen wirksam erteilten Aufenthaltsgenehmigung für die Straftatbestände der §§ 95, 96 AufenthG Tatbestandswirkung zukommt. Folglich ist für die Strafbarkeit im Rahmen der genannten Vorschriften allein

---

[44] BGH StV 2005, 330 ff.

maßgeblich, ob eine formell wirksame Einreise- oder Aufenthaltsgenehmigung vorgelegen hat oder ob diese fehlte.

dd) Beitritt zur EU/FreizügG/EU. Das Freizügigkeitsgesetz/EU (Freizüg/EU)[45] trat am 1.1.2005 in Kraft und löste das AufenthG/EWG ab.

Nach Beitritt der neuen Unionsländer zur EU im Jahr 2004 benötigt ein beispielsweise **nicht erwerbstätiger** Unionsbürger für die Einreise und den Aufenthalt in der BRD kein Visum bzw. keinen Aufenthaltstitel mehr, sondern genießt das allgemeine Freizügigkeitsrecht (§§ 2, 4 FreizügG/EU). Diesbezüglich sind keine Übergangsregelungen vorgesehen, so dass ab dem 1.1.2004 (Beitritt) das Recht grundsätzlich auf eine visumsfreie Einreise und einen genehmigungsfreien Aufenthalt besteht.

Den Unionsbürgern wird von Amts wegen eine Bescheinigung über das Aufenthaltsrecht von der zuständigen Melde-/Ausländerbehörde ausgestellt (§ 5 FreizügG/EU). Sie müssen allerdings während des Aufenthaltes in der BRD einen Pass oder anerkannten Passersatz besitzen (Verstoß hiergegen: Ordnungswidrigkeit nach § 10 FreizügG/EU). Die von Amts wegen zu erteilende „Bescheinigung über das gemeinschaftliche Aufenthaltsrecht" stellt auch keinen Aufenthaltstitel im Sinne des § 4 Abs. 1 S. 2 AufenthG (Aufenthaltserlaubnis) dar. Dies ergibt sich daraus, dass mit Erteilung der Arbeitsgenehmigung unmittelbar das FreizügG/EU Anwendung findet.

Eine Einschränkung hinsichtlich der allgemein freizügigen Einreise und des Aufenthaltes in der BRD ergibt sich allerdings aus den Übergangsregelungen zur Arbeitnehmerfreizügigkeit: Die **Arbeitnehmerfreizügigkeit** unterliegt – insbesondere im Baugewerbe (gemäß NACE-Code) einschließlich verwandter Wirtschaftszweige auch nach EU-Beitritt – **Übergangsregelungen.** Erforderlich ist danach weiterhin eine Arbeitsgenehmigung **vor** Aufnahme der Beschäftigung. Für Arbeitnehmer sowie grenzüberschreitende Dienstleistungserbringer mit eigenen Arbeitskräften gilt danach Folgendes:

§ 13 FreizügG/EU sieht einschränkend in Bezug auf die Übergangsregelungen im Sinne des Beitrittsvertrages mit den neuen Beitrittsländern vom 16.4.2003 für den Anwendungsbereich des FreizügG vor, dass dieses („erst") Anwendung findet, wenn die Beschäftigung durch die Bundesagentur für Arbeit gemäß § 284 Abs. 1 SGB III genehmigt **wurde**. Erhält der neue Unionsbürger eine Arbeitserlaubnis-EU bzw. eine Zusicherung oder Bescheinigung zum Aufenthaltsrecht, bescheinigt die Ausländerbehörde – sofern die übrigen Voraussetzungen vorliegen – von Amts wegen das gemeinschaftsrechtliche Aufenthaltsrecht (§ 5 FreizügG/EU).

Auch wenn die Arbeitserlaubnis vom Heimatland aus über die Auslandsvertretungen beantragt werden kann, wird erst das Aufenthaltsrecht nach Zustimmung durch die Bundesagentur für Arbeit (Arbeitsgenehmigungserteilung) bescheinigt und begründet. Die Freizügigkeit kann – nach dem Wortlaut des 13 FreizügG/EU – gerade im Falle der Einreise und des Aufenthaltes **zum Zwecke der Tätigkeit im Rahmen von Werkvertragsabkommen** – erst dann greifen, wenn die Arbeitsgenehmigung („vorher") erteilt **wurde**. Im Umkehrschluss bedeutet dies, dass die Einreise und der Aufenthalt **ausschließlich zum Zweck** der Tätigkeit im Rahmen von Werkverträgen auf der Grundlage der nach wie vor geltenden Werkvertragsabkommen erst dann im Sinne des § 2 FreizügG/EU möglich ist, wenn zuvor die erforderliche Arbeitsgenehmigung erteilt wurde. Die Erteilung der Arbeitsgenehmigung-EU ist die erforderliche Voraussetzung für das Aufenthaltsrecht **zum Zwecke der Tätigkeit im Rahmen von Werkverträgen** – denn erst nach Erteilung der Arbeitsgenehmigung gilt in diesen Fällen die Anwendung des Freizügigkeitsgesetzes und damit die freie Einreise bzw. der freie Aufenthalt (§ 2 Abs. 4 AufenthG).

Hierfür spricht ebenfalls der neu gefasste Wortlaut des § 284 SGB III (geändert durch Art. 9 Nr. 2 a ZuwG mit Wirkung ab 1.1.2005): Diese Vorschrift befasst sich ausschließlich mit der Arbeitsgenehmigung-EU für Staatsangehörige der neuen Mitgliedstaaten; für „sonstige Ausländer – Drittstaatler" gilt im Hinblick auf die erforderliche Arbeitsgenehmigung nunmehr § 4 Abs. 3 AufenthG. Nach § 284 Abs. 6 SGB III gilt das Aufenthaltsgesetz und die aufgrund des § 42 AufenthG erlassenen Rechtsverordnungen zum Arbeitsmarktzugang entsprechend, soweit sie für die Ausländer nach § 284 Absatz 1 SGB III (gemeint sind mit „Ausländern" die Bürger der neuen Beitrittsländer aus dem Jahr 2004) günstigere Regelungen enthalten.

---

[45] BGBl. 2004 I S. 1950.

Rechtsverordnungen im Sinne des § 42 AufenthG sind u. a. die Beschäftigungsverordnung vom 22.11.2004. Diese nimmt u. a. Bezug auf § 39 AufenthG. Bei Anwendung der Vorschriften steht die Arbeitsgenehmigung-EU der Zustimmung zu einem Aufenthaltstitel nach § 4 Abs. 3 des AufenthG gleich.

58 Findet schließlich das FreizügG/EU Anwendung, so gilt § 11 Abs. 1 FreizügG/EU, in dem diejenigen Vorschriften des AufenthG aufgezählt sind, die auch unter Zugrundelegung des FreizügG/EU Geltung haben. Nicht umfasst ist die Strafvorschrift des § 95 Abs. 2 Nr. 2 AufenthG (unrichtige und unvollständige Angaben zur Erlangung eines Aufenthaltstitels). Erwähnt und damit anwendbar sind allerdings die Straftatbestände der §§ 96 und 97 AufenthG; § 96 Abs. 1 AufenthG nimmt Bezug u. a. auf die Vorschrift des § 95 Abs. 2 Nr. 2 AufenthG (zur eigenständigen Täterschaft erhobene Anstiftungs- und Teilnahmehandlungen). Diese setzen jedoch die Erlangung eines **Aufenthaltstitels** im Sinne des AufenthG voraus, was zumindest nicht bei den neuen Unionsbürgern der Fall ist, die keinen Aufenthaltstitel im Sinne des AufenthG benötigen.

59 Anzumerken ist, dass generell Verstöße gegen die Arbeitsgenehmigungspflicht für sich genommen grundsätzlich nicht zum Erlöschen des Aufenthaltsrechts führen, selbst wenn diese sanktioniert werden können (siehe § 6 FreizügG/EU: eine strafrechtliche Verurteilung allein genügt noch nicht für den Verlust des Rechts nach § 2 FreizügG/EU).

60 Hinzuweisen ist schließlich auf den Beschluss des 5. Strafsenats vom 11.5.2005,[46] wonach weder der Beitritt osteuropäischer Staaten zur Europäischen Union noch die Änderungen durch das Zuwanderungsgesetz in Altfällen des Einschleusens osteuropäischer Ausländer zur Straffreiheit nach § 2 Abs. 3 StGB führen

61 *ee) Unrichtige Angaben im Sinne des § 404 Abs. 1 Nr. 5 SGB III.* Gemäß § 404 Abs. 2 Nr. 5 SGB III handelt ordnungswidrig, wer vorsätzlich oder fahrlässig entgegen **§ 39 Abs. 2 S. 3 des AufenthG** eine Auskunft nicht richtig erteilt. In § 39 Abs. 2 S. 3 AufenthG ist vorgesehen, dass der Arbeitgeber, bei dem ein Ausländer beschäftigt werden soll und der dafür eine Zustimmung benötigt, gegenüber der Bundesagentur für Arbeit Auskunft über Arbeitsentgelt, Arbeitszeiten und sonstige Arbeitsbedingungen zu erteilen hat. Ausländer im Sinne des AufenthG ist jeder, der nicht Deutscher ist – also auch Unionsbürger (§ 2 AufenthG). Auf der Grundlage des § 42 Abs. 1 und 2 des AufenthG (Verordnungsermächtigung) ist zudem die BeschV ergangen, die in Abschnitt 5, § 38 dem Grundsatz nach festlegt, dass sich die Erteilung der Zustimmung im Falle einer zwischenstaatlichen Vereinbarung, die die Ausübung einer Beschäftigung regelt (z. B. Werkvertragsabkommen), nach § 39 AufenthG bestimmt.

62 Wenngleich die BeschV selbst keinen Verweis auf den Bußgeldtatbestand des § 404 Abs. 1 Nr. 5 SGB III beinhaltet und auch § 11 FreizügG/EU nicht auf die Anwendbarkeit der Vorschrift des § 39 AufenthG verweist, ergibt sich die Anwendung des § 39 AufenthG jedoch unmittelbar aus dem AufenthG, da im Sinne des AufenthG auch Unionsbürger als Ausländer gelten. Nur im Hinblick auf das Erfordernis eines Aufenthaltstitels ist insoweit in § 4 AufenthG ausdrücklich auf das Recht der Europäischen Union oder sonstige Rechtsverordnungen Bezug genommen worden („...Aufenthaltstitel erforderlich, sofern nicht durch Recht der europäischen Union ... anderes bestimmt ist" – wie es im FreizügG zum Ausdruck kommt).

63 Unrichtige Angaben im Sinne des § 39 Abs. 2 AufenthG können daher auch in dem Fall als Ordnungswidrigkeit sanktioniert werden, wenn diese im Zusammenhang mit Arbeitnehmern aus EU-Beitrittsländern erteilt werden. Die in § 39 Abs. 2 AufenthG vorgesehenen Auskünfte betreffen aber nur solche, die sich auf die Arbeitsbedingungen (Arbeitsentgelt, Arbeitszeiten, sonstige Arbeitsbedingungen) beziehen.

4. Lohnwucher (§ 291 StGB)

64 Im Rahmen der illegalen Beschäftigung, insbesondere bei Beschäftigung ausländischer Arbeitnehmer, wird oftmals der Tatbestand des Wuchers in Form des Lohnwuchers begangen, da Leistungen im Sinne des § 291 Abs. 1 S. 1 Nr. 3 StGB insbesondere auch Lohnzahlungen aus einem Arbeitsverhältnis[47] bedeuten. Ob der Tatbestand des Lohnwuchers anzunehmen ist, ist zunächst danach zu beurteilen, ob zwischen der geleisteten Arbeit und dem gezahlten Lohn

---

[46] BGH NStZ 2005, 408.
[47] BGHSt 43, 53, 59.

ein auffälliges Missverhältnis besteht. Hierfür sind zum einen die tarifvertraglichen Regelungen heranzuziehen, zum anderen ist der marktübliche Lohn festzustellen. Im Weiteren sind die Vorteile, die dem Arbeitgeber aus der wucherischen Lohnzahlung zufließen, mit dem Wert der Leistung zu vergleichen, die der Arbeitnehmer erbracht hat. In der Regel gilt, dass die Auffälligkeit des Missverhältnisses umso eher zu bejahen ist, je größer der Abstand zwischen dem marktüblichen und dem tatsächlich entrichteten Entgelt ist.[48] Nach der Rechtsprechung sind teilweise Unterschreitungen des Tariflohnes um 33 % als ausreichend erachtet worden.[49] Darüber hinaus ist aber auch bereits eine Unterschreitung um mindestens 20 % als genügend angesehen worden.[50] Als strafrechtliche Formel für ein Missverhältnis im Sinne des § 291 Abs. 1 S. 1 Nr. 3 StGB wird die 30 %-ige Unterschreitung der tarifvertraglichen Regelungen oder aber des allgemein üblichen Entgeltes angesehen.[51]

5. Arbeitnehmerüberlassung

a) **Vorbemerkung** Dem Bereich der illegalen Arbeitnehmerüberlassung kommt in der Praxis eine erhebliche Rolle zu, da jede Art der Zusammenarbeit von verschiedenen Unternehmen bzw. Arbeitgebern die Gefahr einer Arbeitnehmerüberlassung mit sich bringen kann. Die Abgrenzung der Arbeitnehmerüberlassung zu anderen Formen der Zusammenarbeit und des Einsatzes von Personal gestaltet sich darüber hinaus außerordentlich schwierig. Für eine effektive und sinnvolle Verteidigung muss auf die in der Rechtsprechung entwickelten Kriterien im Einzelnen zurückgegriffen werden.[52] Eine schematische Beurteilung, wie sie häufig von den Ermittlungsbehörden vorgenommen wird, verbietet sich. 65

b) **Voraussetzungen der Arbeitnehmerüberlassung** *aa) Erlaubnispflichtige Arbeitnehmerüberlassung.* Bei der Arbeitnehmerüberlassung handelt es sich um einen drittbezogenen Personaleinsatz: Arbeitnehmer werden von ihrem Arbeitgeber an Dritte zur Erbringung von Arbeitsleistung zur Verfügung gestellt. Die gewerbsmäßige Arbeitnehmerüberlassung steht unter dem Erlaubnisvorbehalt (§ 1 Abs. 1 S. 1 i. V. m. § 2 AÜG). Erforderlich ist daher eine Arbeitnehmerüberlassungserlaubnis vor Ausübung der Tätigkeit. 66

Für das Baugewerbe gilt hiervon abweichend, dass Arbeitnehmerüberlassung in Betriebe des Baugewerbes für Arbeiten, die üblicherweise von Arbeitern verrichtet werden, grundsätzlich unzulässig ist (§ 1 b S. 1 AÜG). Ausnahmen hiervon ergeben sich allerdings wiederum aus § 1 b S. 2 AÜG, wonach Arbeitnehmerüberlassung dann grundsätzlich möglich ist zwischen Betrieben des Baugewerbes und anderen Betrieben, wenn diese Betriebe erfassende, für allgemeinverbindlich erklärte Tarifverträge dies bestimmen sowie zwischen Betrieben des Baugewerbes, wenn der verleihende Betrieb nachweislich seit mindestens drei Jahren von denselben Rahmen- und Sozialkassentarifverträgen oder von deren Allgemeinverbindlichkeit erfasst wird. Darüber hinaus ist Arbeitnehmerüberlassung für Betriebe des Baugewerbes mit Geschäftssitz in einem anderen Mitgliedstaat des Europäischen Wirtschaftsstaates möglich, wenn die ausländischen Betriebe nicht von deutschen Rahmen- und Sozialkassentarifverträgen oder für allgemeinverbindlich erklärten Tarifverträgen erfasst werden, sie aber nachweislich seit mindestens drei Jahren überwiegend Tätigkeiten ausüben, die unter den Geltungsbereich derselben Rahmen- und Sozialkassentarifverträge fallen, von denen der Betrieb des Entleihers erfasst wird.[53] 67

Ausnahmen der Überlassungserlaubnispflicht ergeben sich aus § 1 Abs. 3 AÜG. Hiervon erfasst werden insbesondere Fälle der konzerninternen vorübergehenden Entsendung von Arbeitnehmern. 68

bb) Abgrenzung zu anderen Vertragsformen. Da in einem Bußgeldbescheid bzw. Urteil konkrete Feststellungen[54] darüber getroffen werden müssen, ob die Voraussetzungen einer unerlaubten Arbeitnehmerüberlassung vorliegen, kommt schließlich der Abgrenzung von Perso- 69

---

[48] Siehe hierzu i.E. *Ignor/Rixen* § 3 Rdnr. 627 ff.
[49] BGHSt 43, 53, 59.
[50] ArbG Bremen DB 2000, 2278.
[51] Siehe hierzu *Ignor/Rixen* § 3 Rdnr. 631.
[52] Siehe hierzu umfassend *Greeve/Leipold* § 31 Rdnr. 4 ff., 11 ff.
[53] Siehe hierzu i.E. *Greeve/Leipold* § 31 Rdnr. 4 ff., 11 ff., 45 ff.; zur Arbeitnehmerüberlassung im Rahmen einer ARGE § 31 Rdnr. 50 ff.; *dies.* NZBau 2001, 525 ff.
[54] Siehe hierzu BayObLG NStZ-RR 1996, 149, 150.

nenüberlassung und anderen vertraglichen Beziehungen mit Personaleinsatz, die keine Arbeitnehmerüberlassung darstellen, besondere Bedeutung zu.

70   Die Arbeitnehmerüberlassung erschöpft sich in dem bloßen Zurverfügungstellen geeigneter Arbeitskräfte, die der Dritte nach eigenen betrieblichen Erfordernissen in seinem Betrieb einsetzt. Hiervon ist allerdings nicht auszugehen, wenn Arbeitgeber im Rahmen einer unternehmerischen Zusammenarbeit mit dem Einsatz des Arbeitnehmers jeweils ihre eigenen Betriebszwecke verfolgen.[55]

71   *(1) Arbeitnehmereigenschaft.* Eine Arbeitnehmerüberlassung setzt ein Arbeitsverhältnis zwischen dem Verleiher und dem Leiharbeitnehmer voraus. Der Leiharbeitnehmer muss daher Arbeitnehmereigenschaften aufweisen. Nach ständiger Rechtsprechung ist Arbeitnehmer, wer aufgrund eines privatrechtlichen Vertrages im Dienste eines anderen zu fremdbestimmter Arbeit in persönlicher Abhängigkeit verpflichtet ist. Für die Frage, ob jemand Dienstleistungen als Arbeitnehmer erbringt oder als Selbständiger bzw. freier Mitarbeiter tätig ist, kommt es in erster Linie auf den Grad der persönlichen Abhängigkeit an.[56] Leiharbeitnehmer ist deshalb, wer seine vertraglich geschuldete Leistung im Rahmen einer von einem Dritten bestimmten Arbeitsorganisation zu erbringen hat. Die Leiharbeitnehmereigenschaft kann daher angenommen werden, wenn der Beschäftigte persönlich, zeitlich und örtlich in eine vorgegebene Arbeitsorganisation voll eingegliedert ist, ohne dass ersichtlich wird, inwieweit die Eingliederung durch die Art und den Inhalt – beispielsweise zu erbringender Werkleistung – bedingt ist.[57]

72   Typisch für das Vorliegen eines Arbeitsverhältnisses ist, dass der Arbeitgeber die Arbeitgeberpflichten trägt, also arbeits-, steuer- und sozialversicherungsrechtliche Pflichten übernimmt.[58]

73   Die Frage, ob Arbeitnehmereigenschaft vorliegt, ist immer im Einzelfall im Rahmen einer Gesamtbetrachtung zu beurteilen.

74   Für die Beurteilung sind insbesondere folgende Kriterien unter Zugrundelegung neuerer Rechtsprechung zu berücksichtigen:

- Arbeitsrechtliche Weisungsgebundenheit/Arbeitgeberweisungsrecht (Ort, Zeit, Dauer, Art),
- Unterordnung unter andere im Dienste des Geschäfts stehende Personen,
- Bindung an feste Arbeitszeiten,
- Ort der Erledigung der Tätigkeit/Eingliederung in die Betriebsorganisation,
- Form der Vergütung (Monatsentgelt),
- Ausübung weiterer Tätigkeiten,
- Überwachung,
- Freiheit bei Annahme von Aufträgen,
- Kriterien neuerer Rechtsprechung zu einzelnen Kriterien beachten, insbesondere zum Weisungsrecht (z.B. BAG ZIP 2001, 302)

75   Von besonderer Bedeutung ist in der Praxis das Kriterium der Weisungsgebundenheit des Arbeitnehmers bzw. der Weisungsbefugnis des Arbeitgebers. Die Abgrenzung der Arbeitnehmerüberlassung vom Werk- bzw. Dienstvertrag kann in diesem Punkt besonders schwierig sein.

76   *(2) Werk-, Dienst-, Dienstverschaffungsvertrag und Scheinselbständigkeit.* Im Gegensatz zur Arbeitnehmerüberlassung wird der Unternehmer im Rahmen eines **Werkvertrages** zur Herstellung des versprochenen Werkes verpflichtet. Gegenstand des Werkvertrages kann sowohl

---

[55] Siehe hierzu BAG ZIP 2001, 302 ff.; *Greeve* IBR 2001, 338.
[56] Vgl. BAG AP Nr. 54 zu § 611 BGB – Abhängigkeit; BAG AP Nr. 102 zu § 611 BGB – Abhängigkeit.; s. zum Begriff des Arbeitnehmers auch *Hromadka* DB 1998, 195 ff.; zur Scheinselbständigkeit *Kunz/Kunz* DB 1999, 846 ff; *dies.* DB 1999, 583 ff.
[57] Vgl. hierzu BAGE 36, 77; BAGE 41, 247; LAG Düsseldorf BB 1995, 1293; s. zur Eingliederung von Arbeitnehmern auch *Hammacher* BB 1997, 1686 ff.
[58] Siehe hierzu i.E. *Ulber* § 1 AÜG Rdnr. 21, 22 ff.; *Ignor/Rixen* § 2 Rdnr. 51 ff., 57 ff.; BayObLG EZAÜG § 16 AÜG Nr. 4 – technische Zeichnerin.

die Herstellung oder Veränderung einer Sache als auch ein anderer durch Arbeit oder Dienstleistung herbeizuführender Erfolg sein (§ 631 BGB). Ein selbständiger **Dienstvertrag** liegt hingegen vor, wenn der dienstleistende Unternehmer die Dienste in **eigener Verantwortung** ausführt (Organisation der Dienstleistung, zeitliche Disposition, Zahl der Erfüllungsgehilfen, Eignung der Erfüllungsgehilfen, frei von Weisungen des Drittbetriebes usw.). Im Gegensatz zum Werkvertrag schuldet der dienstleistende Unternehmer keinen Erfolg, sondern lediglich selbständige Dienstleistungen.

Werk- und Dienstverträge sind dadurch gekennzeichnet, dass die vertraglich Verpflichteten den geschuldeten Erfolg (Werkvertrag) oder die geschuldete Leistung (Dienstvertrag) entweder in eigener Person oder mittels Erfüllungsgehilfen in eigener Verantwortung sowie nach den eigenen Vorstellungen ausführen und für die eigene Erbringung der Leistung selbst das geeignete Personal aufweisen.

Ein **Dienstverschaffungsvertrag** liegt schließlich vor, wenn ein Vertragspartner die Verpflichtung übernimmt, dem anderen Vertragspartner nicht eine Arbeitsleistung, sondern eine selbständige Dienstleistung eines Dritten zu verschaffen. Voraussetzung hier ist, dass der Dritte in **wirtschaftlicher** und **sozialer Selbständigkeit** und **Unabhängigkeit** die Dienste leistet.

Arbeitnehmerüberlassung scheidet ebenfalls aus, wenn **Selbständige** für einen Auftraggeber tätig sind. Selbständigkeit liegt nur vor, wenn den Weisungen eines Dritten nicht gefolgt werden muss und auf eigene Rechnung und Gefahr gearbeitet wird.[59] Das Problem der Arbeitnehmerüberlassung stellt sich daher in Fällen der **Scheinselbständigkeit** (§ 7 Abs. 1 SGB IV), wenn folglich die als freier Mitarbeiter oder als unabhängig/selbständig tätige Person faktisch als Arbeitnehmer zu betrachten ist.[60] Die Frage der Scheinselbständigkeit betrifft häufig sog. Ein-Personen-Unternehmen (z. B. Ich-AG's), die in der Regel keine oder nur wenige Personen selbst beschäftigen, kein nennenswertes Eigenkapital haben und überwiegend oder ausschließlich nur für einen Auftraggeber (auch projektbezogen) arbeiten und daher von diesem wirtschaftlich abhängig sind. Wesentlicher Anhaltspunkt für ein Arbeitsverhältnis und damit für die Annahme von Scheinselbständigkeit ist eine Beschäftigung nach Weisung des Auftraggebers hinsichtlich Zeit, Dauer und Art sowie die Eingliederung in dessen Betrieb, also auch eine Tätigkeit ohne unternehmerisches Eigenrisiko. Weitere erhebliche Kriterien sind die Vereinbarung eines festen Lohns, bestehende Urlaubsansprüche, Fortzahlung der Vergütung bei Krankheit, gesonderte Vergütung von Überstunden, Leistungserbringung im Namen und auf Rechnung des Auftraggebers, Produktions- und Arbeitsmittelbereitstellung durch den Auftraggeber, ständige Zusammenarbeit mit Mitarbeitern des Auftraggebers und Kontrolle des Auftraggebers sowie die unselbständige eigene Organisation und Durchführung der Tätigkeit. Erheblich ist auch, wenn nur einem Auftraggeber die gesamte eigene Arbeitskraft zur Verfügung gestellt wird.[61]

Abgrenzungskriterium für die Frage, ob Arbeitnehmer im Rahmen eines Werk- oder Dienstvertrages mit (Nach)Unternehmern oder aber für den Auftraggeber als Arbeitnehmer im Sinne eines arbeitsrechtlichen Arbeitsverhältnisses tätig sind, ist in erster Linie der Grad der persönlichen Abhängigkeit des Beschäftigten und seine Eingliederung in den Betrieb des Auftraggebers. Diese Kriterien sprechen jedoch dann nicht für Arbeitnehmerüberlassung, wenn Arbeitgeber im Rahmen einer unternehmerischen Zusammenarbeit mit dem Einsatz des Arbeitnehmers jeweils ihre eigenen Betriebszwecke verfolgen.[62]

Für die Abgrenzung der Eingliederung in eine Arbeitsorganisation des Auftraggebers von dem Bestehen eines echten Werkvertrages sind im Einzelnen sowohl die vertraglichen Pflichten, mithin die Ausgestaltung der Werkverträge, als auch die tatsächliche Ausgestaltung des Arbeitseinsatzes erheblich, die im Rahmen einer Gesamtabwägung zu beurteilen sind.[63] Wider-

---

[59] BFH BStBl. II 1990 S. 664; FG Hessen EFG 1990, 310; s. hierzu auch *Kunz/Kunz* DB 1999, 846 ff.
[60] Siehe hierzu *Schüren* § 1 Rdnr. 36; *Ulber* § 1 AÜG Rdnr. 27; LAG Baden-Württemberg EzAÜG § 10 AÜG – Fiktion, Nr. 30.
[61] Siehe zur Versicherungs-, Beitrags- und Meldepflicht *Buchner* DB 1999, 533 ff.; zu den Rechtsfolgen im Sozialversicherungs-, Steuer- und Arbeitsrecht siehe *Goretzki/Hohmeister* BB 1999, 635 ff.; generell zur Scheinselbständigkeit *Reiserer* BB 2000, 94 ff.; *dies.* BB 1999, 366 ff.; *Kunz/Kunz* DB 1999, 864 ff.; *dies.* DB 1999, 583 ff.
[62] Siehe hierzu BAG ZIP 2001, 302 ff.; *Greeve* IBR 2001, 338.
[63] Siehe hierzu OLG Frankfurt OLG-RR 1999, 77 f.; *Sandmann/Marschall* AÜG § 1 Rdnr. 17 ff.

sprechen sich schriftliche Vereinbarung und tatsächliche Durchführung, kommt der faktischen Durchführung des Vertrages erhebliche Bedeutung zu.[64] Maßgeblich für die Einordnung im Strafverfahren bleibt hierbei der nach strafprozessualen Grundsätzen festzustellende Wille der Vertragsparteien[65]

82 c) **Durchführungsanweisungen (DA) zum Arbeitnehmerüberlassungsgesetz.** In der Praxis sind vom Präsidenten der BfA für die Abgrenzung zwischen Arbeitnehmerüberlassung und Entsendung von Arbeitnehmern im Rahmen von Werk- und selbständigen Dienstverträgen sowie anderen Formen drittbezogenen Personaleinsatzes Durchführungsanweisungen (DA) in Form eines Runderlasses vorgegeben worden. Diese Durchführungsanweisungen binden allerdings nur die Dienststellen der BfA, nicht hingegen die Gerichte oder andere Behörden.[66]

83 Die Beurteilung, ob Arbeitnehmerüberlassung oder aber die Durchführung beispielsweise eines Werkvertrages vorliegt, ist jedoch immer im Einzelfall aufgrund einer Gesamtabwägung vorzunehmen. Eine schematische Betrachtung der in den Durchführungsanweisungen aufgestellten Kriterien darf daher nicht erfolgen.

84 Von den Ermittlungsbehörden werden insbesondere Kriterien der Weisungsbefugnis und der Eingliederung in den Betrieb ausschlaggebend herangezogen, zumeist aufgrund von Aussagen der betroffenen Arbeitnehmer. Hierbei ist jedoch zu beachten, dass die Durchführungsanweisungen nicht ständig aktualisiert werden und daher auch nicht die aktuelle Rechtsprechung wiedergeben. Den in der DA aufgeführten (klassischen) Kriterien, wie „Hand-in-Hand-Arbeit", „zeitlich gemeinsam ausgeführte Arbeit" sowie „Arbeitsanweisungen" kommen nach aktueller höchstrichterlicher Rechtsprechung nicht mehr die Indizwirkung zu, wie häufig angenommen.

85 d) **Tatbestände der illegalen Arbeitnehmerüberlassung** *aa) Taten nach §§ 15 Abs. 1 und 15 a Abs. 1 AÜG n. F.* Nach § 15 Abs. 1 AÜG n. F. ist in Ergänzung zu den §§ 404 Abs. 2 Nr. 2 a. F. bzw. Nr. 3 n. F., 407 SGB III a. F. (da entfallen) die Überlassung von ausländischen Arbeitnehmern ohne die erforderliche Arbeitsgenehmigung unter Strafe gestellt. Im Einzelnen macht sich gemäß § 15 Abs. 1 AÜG der **Verleiher** strafbar, der einen **Ausländer**, der ohne erforderlichen Aufenthaltstitel (§ 4 Abs. 3 AufenthG) oder erforderliche Arbeitsgenehmigung (§ 284 Abs. 1 SGB III a. F./n. F.) tätig ist, einem Dritten ohne die erforderliche Verleiherlaubnis nach § 1 AÜG überlässt. Der Strafrahmen umfasst Freiheitsstrafe bis zu drei Jahren oder Geldstrafe.

86 In besonders schweren Fällen ist die Freiheitsstrafe von sechs Monaten bis zu fünf Jahren (§ 15 Abs. 2 AÜG a. F./n. F.). Ein besonders schwerer Fall liegt u. a. vor, wenn der Täter gewerbsmäßig und sich daher aus wiederholter Tatbegehung eine nicht nur vorübergehende Einnahmequelle verschafft. Ferner liegt ein besonders schwerer Fall vor, wenn der Täter aus grobem Eigennutz handelt, also in besonders anstößigem Maße nach wirtschaftlichen Vorteilen strebt.[67] Dies ist insbesondere dann anzunehmen, wenn der Täter die Notlage von ausländischen Arbeitnehmern ausnutzt und diese zu menschenunwürdigen Arbeitsbedingungen (z. B. im Falle des Lohnwuchers – § 291 StGB) beschäftigt, um hieraus einen wirtschaftlichen Vorteil zu ziehen.

87 Ist der Verleiher im Besitz der Erlaubnis zur Arbeitnehmerüberlassung, liegt bei unerlaubter Ausländerbeschäftigung eine Ordnungswidrigkeit nach § 404 Abs. 2 Nr. 2 SGB III a. F. (bzw. Nr. 3 n. F.) vor, die wiederum unter den Voraussetzungen der §§ 406 Abs. 1 Nr. 3, 407 SGB III a. F. als Straftat qualifiziert war. Die §§ 406, 407 SGB III a. F. befinden sich nunmehr aufgrund der letzten Gesetzesnovellierung in §§ 10, 11 SchwarzArbG.

88 Hervorzuheben ist, dass vom Anwendungsbereich des § 15 AÜG ebenfalls umfasst wird, wenn Arbeitnehmerüberlassung im Rahmen von Scheinwerkverträgen betrieben wird. Es reicht bereits die Überlassung nur eines Arbeitnehmers, um eine Strafbarkeit auszulösen.[68]

---

[64] BAG EZAÜG, § 631 BGB Werkvertrag Nr. 4, Nr. 7 – Ingenieur, Nr. 11.
[65] BGH NStZ 2003, 552 f.
[66] Die Durchführungsanweisungen sind z. B. abgedruckt in *Ulber* Anhang 3; s. hierzu *Sandmann/Marshall* § 1 Rdnr. 20 a; *Ignor/Rixen* § 3 Rdnr. 129 ff.
[67] Vgl. BT-Drucks. 7/3100, 6.
[68] Vgl. BGH JR 1982, 260 ff.; BayObLG DB 1989, 154 ff.

Die Tat nach § 15 Abs. 1 AÜG setzt vorsätzliche Begehung voraus, wobei die Annahme ei- 89
nes bedingten Vorsatzes (dolus eventualis) ausreicht. Fahrlässiges Handeln ist nicht mit Strafe
bedroht. Der Vorsatz muss sich auf alle Tatbestandsmerkmale des § 15 Abs. 1 AÜG erstrecken.
Insbesondere müssen dem Verleiher das Vorliegen einer erlaubnispflichtigen Arbeitnehmerüberlassung sowie die Überlassung ausländischer Arbeitnehmer ohne den erforderlichen Aufenthaltstitel bzw. die erforderliche Arbeitserlaubnis bekannt gewesen sein.[69] Kann der Vorsatz
nicht nachgewiesen werden, kommt bei fahrlässigem Verhalten allerdings eine Ordnungswidrigkeit nach § 16 Abs. 1 Nr. 1 AÜG a. F./n. F. bzw. § 404 Abs. 1 Nr. 2 SGB III a. F. (bzw. § 404
Abs. 1 SGB III n. F.) in Betracht.

Entsprechend der Vorschrift des § 15 AÜG, die ausschließlich die Strafbarkeit des Verleihers 90
umfasst, sieht § 15 a AÜG a. F./n. F. die Strafbarkeit des **Entleihers** vor, der einen ausländischen Arbeitnehmer tätig werden lässt, der nicht die erforderliche Arbeitserlaubnis besitzt.

Der Tatbestand des § 15 a Abs. 1 S. 1 AÜG setzt im Einzelnen voraus, dass ein Entleiher 91
einen ihm überlassenen Ausländer, der eine erforderliche Genehmigung nach § 284 Abs. 1 SGB
III a. F./n. F. bzw. einen erforderlichen Aufenthaltstitel nach § 4 Abs. 3 AufenthG nicht besitzt,
zu Arbeitsbedingungen des Leiharbeitsverhältnisses tätig werden lässt, die in einem auffälligen
Missverhältnis zu den Arbeitsbedingungen deutscher Leiharbeitnehmer stehen, die die gleiche
oder eine vergleichbare Tätigkeit ausüben (ausbeuterische Arbeitsbedingungen). Als Strafrah-
men ist Freiheitsstrafe bis zu drei Jahre oder Geldstrafe vorgesehen. Gemäß § 15 a Abs. 1 S. 2
AÜG a. F./n. F. ist in besonders schweren Fällen ein Strafrahmen von sechs Monaten bis zu fünf
Jahren Freiheitsstrafe vorgesehen. Ein besonders schwerer Fall ist in der Regel anzunehmen,
wenn der Entleiher gewerbsmäßig und aus grobem Eigennutz handelt. Die Tat nach § 15 a
AÜG a. F./n. F. setzt – wie bei § 15 AÜG für die Strafbarkeit des Verleihers – vorsätzliches
Handeln voraus; bedingter Vorsatz ist ausreichend.

bb) Taten nach § 15 a Abs. 2 Nr. 1 AÜG a. F./n. F. Der Tatbestand des § 15 a Abs. 2 Nr. 1 92
AÜG stellte bis zum 30.7.2002 unter Strafe, wenn der Entleiher gleichzeitig mehr als fünf –
also mindestens sechs – Ausländer, die eine erforderliche Genehmigung nach § 284 Abs. 1
SGB III a. F./n. F. nicht besitzen, mindestens dreißig Kalendertage tätig werden lässt[70]. Mit In-
Kraft-Treten des Gesetzes zur Erleichterung der Bekämpfung von illegaler Beschäftigung und
Schwarzarbeit vom 23.7.2002[71] wurde mit Wirkung zum 1.8.2002 in § 15 a Abs. 2 Nr. 1 AÜG
a. F. die Voraussetzung der Beschäftigung von ausländischen Arbeitnehmern für mindestens
dreißig Tage gestrichen. Seit dem 1.8.2002 steht daher die Beschäftigung von Ausländern ohne
die erforderliche Arbeitsgenehmigung – bzw. nunmehr auch ohne den erforderlichen Aufenthaltstitel nach § 4 Abs. 3 AufenthG – ab dem ersten Tag der Beschäftigung unter Strafe. Nicht
erforderlich ist, dass Arbeitnehmer nur von einem Verleiher überlassen werden. Vorgesehen ist
Freiheitsstrafe bis zu einem Jahr oder Geldstrafe. Handelt der Täter aus grobem Eigennutz, ist
die Strafe Freiheitsstrafe bis zu drei Jahren oder Geldstrafe (§ 15 a Abs. 2 S. 2 AÜG a. F./n. F.).

cc) Strafbarkeit nach §§ 15 a Abs. 2 Nr. 2, 16 Abs. 1 Nr. 2 AÜG a. F./n. F. Nach § 15 a 93
Abs. 2 Nr. 2 AÜG a. F./n. F. wird mit Freiheitsstrafe bis zu einem Jahr oder mit Geldstrafe bestraft, wer eine in § 16 Abs. 1 Nr. 2 AÜG a. F./n. F. bezeichnete vorsätzliche Zuwiderhandlung
beharrlich wiederholt. Handelt auch hier der Täter aus grobem Eigennutz, ist die Strafe Freiheitsstrafe bis drei Jahren oder Geldstrafe (§ 15 a Abs. 2 AÜG a. F./n. F.). Voraussetzung für
die Strafbarkeit ist zunächst eine vorsätzlich begangene Ordnungswidrigkeit nach § 16 Abs. 1
Nr. 2 AÜG a. F./n. F. Nach § 16 Abs. 1 Nr. 2 AÜG a. F./n. F. handelt ordnungswidrig, wer
einen ihm überlassenen ausländischen Leiharbeitnehmer, der eine erforderliche Genehmigung
nach § 284 Abs. 1 SGB III a. F./n. F. bzw. den erforderlichen Aufenthaltstitel gemäß § 4 Abs. 3
AufenthG nicht besitzt, tätig werden lässt. Weitere Voraussetzung ist, dass eine beharrliche
Wiederholung des Tätigwerdenlassens von Arbeitnehmern ohne Arbeitsgenehmigung vorliegt.
Beharrliche Wiederholung bedeutet zumindest, dass zum zweiten Mal eine Ordnungswidrigkeit nach § 16 Abs. 1 Nr. 2 AÜG a. F./n. F. begangen wurde.[72]

---

[69] Siehe hierzu *Ulber* § 15 AÜG Rdnr. 10; BayObLG BB 1991, 1718 ff.; *Schüren* § 16 AÜG Rdnr. 40.
[70] Siehe hierzu i.E. *Schüren* § 15 a Rdnr. 20 ff.; *Ignor/Rixen* § 3 Rdnr. 209 ff.
[71] BGBl. I S. 2787 ff.
[72] Siehe hierzu i.E. *Ignor/Rixen* § 3 Rdnr. 197 ff. m. w. N.

94 dd) *Ordnungswidrigkeiten wegen und in Zusammenhang mit illegaler Arbeitnehmerüberlassung (§ 16 AÜG a. F./n. F.)* *(1) Verleih und Entleih ohne Erlaubnis (§ 16 Abs. 1 Nr. 1, § 16 Abs. 1 Nr. 1 a AÜG a. F./n. F.).* Nach § 16 Abs. 1 Nr. 1 AÜG a. F./n. F. handelt ordnungswidrig, wer vorsätzlich oder fahrlässig entgegen § 1 AÜG einen Leiharbeitnehmer einem Dritten ohne Erlaubnis überlässt. Die Ordnungswidrigkeit kann mit einer Geldbuße bis zu € 25.000,00 geahndet werden (§ 16 Abs. 2 AÜG a. F./n. F.). Bei fahrlässiger Begehung beträgt das Bußgeld höchstens € 12.500,00 (§ 17 Abs. 2 OWiG).

95 § 16 Abs. 1 Nr. 1 AÜG a. F./n. F. setzt tatbestandlich voraus, dass ein Leiharbeitnehmer an einen Dritten ohne die erforderliche Erlaubnis überlassen wird. Es muss sich daher um eine erlaubnispflichtige gewerbsmäßige Überlassung im Sinne des § 1 AÜG a. F./n. F. handeln. Die Bußgeldvorschrift ist ebenfalls auf Fälle des Scheinwerkvertrages anzuwenden. Zudem werden Verleiher erfasst, die zwar nach ausländischem Recht eine Erlaubnis zur Arbeitnehmerüberlassung besitzen, jedoch keine inländische Erlaubnis.

96 Der Bußgeldtatbestand des § 16 Abs. 1 Nr. 1 AÜG a. F./n. F. ist bereits dann erfüllt, wenn nur ein Arbeitnehmer ohne die erforderliche Erlaubnis überlassen wird.[73]

97 Darüber hinaus soll dem Verleiher eine Garantenpflicht zukommen, wonach er verpflichtet ist, den ihm bekannt gewordenen irregulären Einsatz von verliehenen Leiharbeitnehmern unverzüglich abzustellen.[74] Sobald der Verleiher daher eine illegale Überlassung von Arbeitnehmern feststellt, muss er unverzüglich diesen Zustand beenden.[75]

98 Während § 16 Abs. 1 Nr. 1 AÜG a. F./n. F. eine Ordnungswidrigkeit für den Verleiher ohne die erforderliche Verleiherlaubnis vorsieht, handelt nach § 16 Abs. 1 Nr. 1 a AÜG a. F./n. F. der **Entleiher** ordnungswidrig, wenn er einen Leiharbeitnehmer tätig werden lässt, der ihm von einem Verleiher ohne die erforderliche Erlaubnis überlassen wurde. Diese Ordnungswidrigkeit kann ebenfalls mit einer Geldbuße bis zu € 25.000,00, im Falle fahrlässigen Handelns mit einer Geldbuße bis zu € 12.500,00 geahndet werden (§ 16 Abs. 2 AÜG a. F./n. F., § 17 Abs. 2 OWiG).

99 Voraussetzung für eine Ahndung nach § 16 Abs. 1 Nr. 1 AÜG a. F./n. F. ist, dass der Leiharbeitnehmer in tatsächlicher Hinsicht für den Entleiher tätig wird, also eine tatsächliche Arbeitsaufnahme beim Entleiher vorliegt.

100 Da auch fahrlässiges Handeln den Bußgeldtatbestand erfüllt, muss der Entleiher alle zumutbaren Anstrengungen unternehmen, sich vom Vorliegen einer gültigen Erlaubnis zu vergewissern, anderenfalls lässt er die im Verkehr erforderliche Sorgfalt außer Acht. Zumutbar ist, dass sich der Entleiher die gültige Verleiherlaubnis vorlegen lässt. Der Entleiher muss daher die Vorschrift des § 12 Abs. 1 AÜG a. F./n. F., wonach der Verleiher in einer Urkunde zu erklären hat, ob er die Erlaubnis nach § 1 AÜG a. F./n. F. besitzt, kennen und von dem Verleiher die Durchschrift einer gültigen Erlaubnis zur Arbeitnehmerüberlassung anfordern. Hierbei ist zu berücksichtigen, dass die im Regelfall von dem Arbeitsamt ausgestellte Verleiherlaubnis nicht den Verleih im Betriebe des Baugewerbes einschließt.

101 *(2) Unzulässiger Verleih (mit Erlaubnis) im Baugewerbe (§ 16 Abs. 1 Nr. 1 b AÜG a. F./n. F.).* Gemäß § 16 Abs. 1 Nr. 1 b AÜG a. F./n. F. handelt ordnungswidrig, wer unter Verstoß gegen das Verbot der Arbeitnehmerüberlassung in Betriebe des Baugewerbes[76] (§ 1 b S. 1 AÜG) gewerbsmäßig Arbeitnehmer an einen Dritten überlässt oder als Entleiher Arbeitnehmer tätig werden lässt. Hervorzuheben ist, dass § 16 Abs. 1 Nr. 1 b AÜG a. F./n. F. unabhängig davon zur Anwendung kommt, ob sich der Verleiher im Besitz der Erlaubnis nach § 1 Abs. 1 S. 1 AÜG befindet oder nicht. Dies folgt daraus, dass eine Arbeitnehmerüberlassung in Betrieben des Baugewerbes grundsätzlich nach § 1 b S. 1 AÜG a. F./n. F. unzulässig ist.

102 Ist eine Arbeitnehmerüberlassung nach § 1 b S. 2 AÜG a. F./n. F. ausnahmsweise in Baubetriebe gestattet, muss ebenfalls eine Verleiherlaubnis eingeholt werden, anderenfalls würde wiederum eine unzulässige Arbeitnehmerüberlassung (ohne erforderliche Erlaubnis) vorliegen.

---

[73] Vgl. BayObLG DB 1989, 154 ff.
[74] Vgl. BayObLG wistra 1999, 277, 278.
[75] Krit. hierzu *Ignor/Rixen* § 3 Rdnr. 188.
[76] Siehe zur Arbeitnehmerüberlassung im Baugewerbe auch *Greeve/Leipold* § 31 Rdnr. 4 ff.; *Düwell* BB 1995, 1082 ff.

Dies wird oft von den verantwortlich Handelnden verkannt. Hierauf ist insbesondere im Rahmen der Präventivberatung aufmerksam zu machen.

Die Ordnungswidrigkeit kann mit einer Geldbuße bis zu € 25.000,00, im Falle fahrlässigen Handelns bis zu € 12.500,00 geahndet werden (§ 16 Abs. 2 AÜG a. F./n. F. und § 17 Abs. 2 OWiG). 103

(3) Entleih von ausländischen Arbeitnehmern ohne Arbeitsgenehmigung (§ 16 Abs. 1 Nr. 2 AÜG a. F./n. F.). Nach § 16 Abs. 1 Nr. 2 AÜG a. F./n. F. handelt ordnungswidrig, wer vorsätzlich oder fahrlässig einen ihm überlassenen ausländischen Leiharbeitnehmer, der eine erforderliche Arbeitsgenehmigung nach § 284 Abs. 1 SGB III a. F./n. F. bzw. den erforderlichen Aufenthaltstitel gemäß § 4 Abs. 3 AufenthG nicht besitzt, tätig werden lässt. Diese Ordnungswidrigkeit kann für Taten, die bis zum 30.7.2002 begangen sind, mit einer Geldbuße bis zu DM 500.000,00/€ 250.000,00, im Falle fahrlässigen Handelns bis zu DM 250.000,00/€ 125.000,00 geahndet werden (§ 16 Abs. 2 a. F., § 17 Abs. 2 OWiG). 104

§ 16 Abs. 1 Nr. 2 AÜG sieht eine Ordnungswidrigkeit für den Entleiher vor, der einen überlassenen ausländischen Leiharbeitnehmer ohne die erforderliche Arbeitserlaubnis tätig werden lässt. Für die Arbeitgeber, d. h. den Verleiher, besteht eine entsprechende Ordnungswidrigkeit nach § 404 Abs. 2 Nr. 2 SGB III a. F. – nunmehr in Nr. 3 geregelt –, die ebenfalls bis zum 30.7.2002 einen Bußgeldrahmen bis DM 500.000,00/€ 250.000,00 vorsieht. 105

Mit In-Kraft-Treten des Gesetzes zur Erleichterung der Bekämpfung von illegaler Beschäftigung und Schwarzarbeit vom 23.7.2002[77] wurde mit Wirkung zum 1.8.2002 der Bußgeldrahmen sowohl nach § 16 Abs. 2 AÜG n. F. wie auch nach § 404 Abs. 3 SGB III a. F. für die oben genannten Taten von bis zu € 250.000,00 auf bis zu € 500.000,00 angehoben. 106

(4) Verstöße gegen Anzeige- und Auskunftspflichten (§ 16 Abs. 1 Nr. 2 a-8 AÜG a. F./n. F.). Die in § 16 Abs. 1 Nr. 2 a-8 AÜG a. F./n. F. enthaltenen Ordnungswidrigkeiten betreffen Verstöße gegen Kontrollermöglichungspflichten. Das AÜG enthält diesbezüglich eine Reihe von Anzeige- und Auskunftspflichten, die eine Kontrolle über die Einhaltung des AÜG ermöglichen sollen. 107

Nach § 16 Abs. 1 Nr. 2 AÜG a. F./n. F. besteht eine Ordnungswidrigkeit, wenn die erforderliche Anzeige der Arbeitnehmerüberlassung (§ 1 a AÜG a. F./n. F.) fehlerhaft, d. h. nicht richtig, unvollständig oder nicht rechtzeitig, erfolgt. Adressat der erforderlichen schriftlichen Anzeige ist das zuständige Landesarbeitsamt. Vollständig ist die Anzeige, wenn die in § 1 a Abs. 2 AÜG a. F./n. F. genannten Angaben gemacht sind. Richtig sind die Angaben nur, wenn sie insgesamt der Wahrheit entsprechen. Die Anzeige hat vor der tatsächlichen Arbeitnehmerüberlassung zu erfolgen. Sie muss so zeitig beim zuständigen Landesarbeitsamt eingehen, dass eine Präventivkontrolle möglich ist, d. h. die Anzeige muss mindestens einen Werk- bzw. Arbeitstag vor der Überlassung zugegangen sein.[78] 108

Ein Verstoß gegen die Anzeigepflicht begründet eine Ordnungswidrigkeit mit einer Geldbuße bis zu € 2.500,00, bei fahrlässiger Begehung bis zu € 1.250,00 (§ 16 Abs. 2 AÜG a. F./n. F., § 17 Abs. 2 OWiG). 109

Die Tatbestände des § 16 Abs. 1 Nr. 4 und Nr. 5 AÜG a. F./n. F. betreffen Verstöße gegen die Anzeige und Auskunftspflichten nach § 7 Abs. 1 und Abs. 2 S. 1 AÜG a. F./n. F. Nach § 16 Abs. 1 Nr. 4 AÜG a. F./n. F. handelt der Verleiher ordnungswidrig, wenn er gegen seine Anzeigepflichten nach § 7 Abs. 1 S. 1 AÜG a. F./n. F. verstößt. Gemäß § 7 Abs. 1 S. 1 AÜG a. F./n. F. ist der Verleiher verpflichtet, der Erlaubnisbehörde unaufgefordert die Verlegung, Schließung und Errichtung von Betrieben, Betriebsteilen oder Nebenbetrieben vorher anzuzeigen. Gemäß § 7 Abs. 1 S. 2 AÜG a. F./n. F. ist der Erlaubnisbehörde für den Fall, dass die Erlaubnis Personengesamtheiten (nicht rechtsfähiger Verein, Erbengemeinschaft), Personengesellschaften (KG, OHG, BGB-Gesellschaft) oder juristischen Personen (GmbH, AG) erteilt ist, auch anzuzeigen, wenn nach Erteilung der Erlaubnis eine andere Person zu Geschäftsführung oder Vertretung nach Gesetz, Satzung oder Gesellschaftsvertrag berufen wird. Auch hier muss die Anzeige rechtzeitig vor der geplanten Änderung unaufgefordert erfolgen. 110

---

[77] BGBl. I S. 2787 ff.
[78] Vgl. hierzu OLG Hamm NStZ-RR 2000, 55 ff.

111 Gemäß § 16 Abs. 1 Nr. 5 AÜG a. F./n. F. wird ein Verstoß gegen Auskunftspflichten des Verleihers sanktioniert. Nach § 7 Abs. 2 S. 1 AÜG a. F./n. F. ist der Verleiher diesbezüglich verpflichtet, der Erlaubnisbehörde auf Verlangen Auskünfte zu erteilen, die zur Durchführung des AÜG erforderlich sind. Hervorzuheben ist, dass § 7 Abs. 5 AÜG a. F./n. F. ein Auskunftsverweigerungsrecht vorsieht, da sich der Verleiher hinsichtlich der Einleitung von Straf- und Ordnungswidrigkeitenverfahren nicht selbst belasten muss. Der Verleiher kann daher die Auskunft auf solche Fragen verweigern, deren Beantwortung ihn selbst, seinen Verlobten, seinen früheren oder jetzigen Ehegatten, Verwandte oder Verschwägerte in gerader Linie, Verwandte in der Seitenlinie bis zum 3. Grad oder verschwägerte in der Seitenlinie bis zum 2. Grad (§ 383 Abs. 1 Nr. 1-3 ZPO) der Gefahr wegen Verfolgung einer Straftat oder einer Ordnungswidrigkeit aussetzen würde. In einem solchen Fall kann die berechtigte Auskunftsverweigerung nicht zu einem Bußgeld nach § 16 Abs. 1 Nr. 5 AÜG führen. Hervorzuheben ist ferner, dass das Auskunftsverweigerungsrecht auch für die Fälle gilt, in denen der Verleiher seinen Pflichten zur Vorlage von Unterlagen oder zur Glaubhaftmachung nach § 7 Abs. 2 S. 3 AÜG a. F./n. F. nicht nachkommt, da die Vorschrift auch im Zusammenhang mit § 16 Abs. 1 Nr. 6 AÜG a. F./n. F. vom Katalog der Ordnungswidrigkeitentatbestände des § 16 Abs. 1 AÜG a. F./n. F. ausgenommen ist.[79]

112 Nach § 7 Abs. 2 S. 3 AÜG a. F./n. F. sind Geschäftsunterlagen die geschäftlichen Unterlagen (alle unmittelbar den Geschäftszwecken dienenden Unterlagen), wie z. B. Geschäftsbücher, Inventare, Bilanzen, die empfangenen und abgesandten Handels- oder Geschäftsbriefe und Buchungsbelege. Ebenfalls sind Geschäftsunterlagen alle schriftlichen Unterlagen, Daten, Datenträger oder Tonbandaufnahmen, die einen Bezug zu der vom Verleiher betriebenen Arbeitnehmerüberlassung haben (etwa Überlassungsverträge, Leiharbeitsverträge, Korrespondenz mit Vertragspartnern und Behörden, Lohnlisten, Belege über die Abführung von Sozialversicherungsbeiträgen und Steuerbescheide).

113 Die Ordnungswidrigkeiten nach § 16 Abs. 1 Nr. 4 und Nr. 5 AÜG a. F./n. F. können mit einer Geldbuße bis zu € 500,00, im Falle fahrlässiger Begehung bis zu € 250,00 geahndet werden (§ 16 Abs. 2 AÜG a. F./n. F., § 17 Abs. 2 OWiG).

114 *(5) Verstöße gegen Aufbewahrungs- und Dokumentationspflichten (§§ 16 Abs. 1 Nr. 6 und Nr. 8 a. F./n. F., 11 Abs. 1 S. 1, 2, 5 und 6 AÜG a. F. bzw. § 11 Abs. 1 und 2 AÜG n. F. i. V. m. § 2 NachwG).* Geschäftsunterlagen sind gemäß §§ 7 Abs. 2 S. 4 a./n. F., 11 Abs. 1 S. 5 AÜG a. F. vom Verleiher drei Jahre lang aufzubewahren. Diese Aufbewahrungspflicht galt nach § 11 Abs. 1 S. 5 und 6 AÜG a. F. explizit auch für die Durchschrift einer Urkunde bzw. einer schriftlichen Vereinbarung über das Arbeitsverhältnis bzw. dessen Änderungen. Trotz Streichung des § 11 Abs. 1 S. 5 und 6 AÜG a. F. blieb die dreijährige Aufbewahrungspflicht aufgrund des gleich gebliebenen § 7 Abs. 2 S. 4 AÜG a. F./n. F. faktisch unverändert, da der Nachweis bzw. der schriftliche Arbeitsvertrag sowie etwaige Änderungen/Ergänzungen unter den Begriff Geschäftsunterlagen i. S. d. § 7 Abs. 2 S. 4 AÜG a. F./n. F. fallen. Verstöße gegen die vorgenannten Pflichten des § 16 Abs. 1 Nr. 6 AÜG a. F./n. F. sind mit einer Geldbuße bis zu € 500,00, im Falle fahrlässiger Begehung bis zu € 250,00 (§ 16 AÜG a. F./n. F., § 17 Abs. 2 OWiG) bedroht.

Weitere Verstöße gegen Dokumentationspflichten ergeben sich aus den §§ 11 Abs. 1 u. 2 AÜG, 16 Abs. 1 Nr. 8 AÜG a. F./n. F. Dabei stellt der in § 11 Abs. 1 AÜG n. F. eingeführte Verweis auf das NachwG eine Rechtsgrundverweisung dar. Aufgrund der Modifikation des allgemeinen Nachweisrechts durch § 11 Abs. 1 Nr. 1 und 2 AÜG n. F. ist die Handhabung der Normen in der Praxis jedoch umständlicher als früher: Der Verleiher muss alle nach § 2 Abs. 1 NachwG und ggf. § 2 Abs. 2 NachwG erforderlichen Angaben machen und außerdem § 11 Abs. 1 Nr. 1 u. 2 AÜG n. F. erfüllen.

115 Weitere Verstöße gegen Dokumentationspflichten ergeben sich aus den §§ 11, 16 Abs. 1 Nr. 8 AÜG.

116 *(6) Verstoß gegen die statistische Meldepflicht (§ 16 Abs. 1 Nr. 7 AÜG a. F./n. F., § 8 Abs. 1 AÜG a. F./n. F.).* Schließlich ist nach § 8 Abs. 1 AÜG der Verleiher verpflichtet, der Erlaubnisbehörde, dem zuständigen Landesarbeitsamt, eine halbjährliche statistische Meldung des in § 8

---

[79] So ausdr. *Ulber* § 16 AÜG Rdnr. 14.

Abs. 1 S. 1 Nr. 1 bis Nr. 5 AÜG a. F./n. F. aufgeführten Inhalts zu machen. Verstößt der Verleiher gegen seine in § 8 Abs. 1 AÜG a. F./n. F. festgelegten statistischen Meldepflichten, handelt er nach § 16 Abs. 1 Nr. 7 AÜG a. F./n. F. ordnungswidrig. Auch hier gilt, dass die erforderliche statistische Meldung rechtzeitig, richtig und vollständig zu erfolgen hat. Die Erlaubnisbehörde kann die Meldepflicht einschränken. In diesem Fall kommen nur Verstöße des Verleihers auf der Grundlage einer eingeschränkten Meldepflicht in Betracht. Die Ordnungswidrigkeit nach § 16 Abs. 1 Nr. 7 AÜG a. F./n. F. kann mit einer Geldbuße bis zu € 500,00, im Falle fahrlässiger Begehung bis zu € 250,00 (§ 16 Abs. 2 AÜG a. F./n. F., § 17 Abs. 2 OWiG) geahndet werden.

(7) Verstöße gegen erteilte Auflagen (§ 16 Abs. 1 Nr. 3, § 2 Abs. 2 AÜG a. F./n. F.). § 16 Abs. 1 Nr. 3 AÜG a. F./n. F. sieht Ordnungswidrigkeiten im Hinblick auf Verstöße gegen Auflagen, die im Zusammenhang mit der Erlaubnis zur Arbeitnehmerüberlassung auferlegt worden sind. Im Einzelnen handelt nach § 16 Abs. 1 Nr. 3 AÜG a. F./n. F. der Verleiher ordnungswidrig, wenn er einer solchen Auflage (§ 2 Abs. 2 AÜG a. F./n. F.) nicht, nicht vollständig oder nicht rechtzeitig nachkommt. Hervorzuheben ist, dass die Auflagen noch nicht bestandskräftig geworden sein müssen, d. h., dass auch im Falle der Anfechtung einer Auflage, welche keine aufschiebende Wirkung hat, ein Bußgeld verhängt werden kann.

Der Verstoß gegen Auflagen nach § 16 Abs. 1 Nr. 3 AÜG a. F./n. F. kann mit einer Geldbuße bis zu € 2.500,00 im Falle fahrlässiger Begehung bis zu € 1.250,00 geahndet werden.

(8) Verstöße gegen die zulässige Höchsteinsatzfrist von Leiharbeitnehmern (§ 16 Abs. 1 Nr. 9 AÜG i. V. m. § 3 Abs. 1 Nr. 6 AÜG a. F.). § 3 Abs. 1 Nr. 6 AÜG a. F. legte fest, dass ein Leiharbeitnehmer maximal bis zu 24 Monate gewerbsmäßig überlassen werden durfte.[80] Der Verleiher, der einen Leiharbeitnehmer länger als die gesetzlich vorgesehene Höchsteinsatzfrist einem Dritten überließ, beging nach § 16 Abs. 1 Nr. 9 AÜG a. F. eine Ordnungswidrigkeit, die mit einer Geldbuße bis zu DM 5.000,00/€ 2.500,00, im Falle fahrlässiger Begehung bis zu DM 2.500,00/€ 1.250,00 geahndet werden konnte (§ 16 Abs. 2 AÜG a. F., § 17 Abs. 2 OWiG). Die bisher in § 16 Abs. 2 Nr. 9 AÜG a. F. geregelte Ordnungswidrigkeit wurde schließlich durch das Zweite Gesetz für moderne Dienstleistungen am Arbeitsmarkt[81] aufgehoben, da die zeitliche Beschränkung der Arbeitnehmerüberlassung entfiel. Zu beachten ist hier jedoch die Übergangsregelung nach § 19 AÜG, wonach u. a. § 16 in der vor dem 1.1.2003 geltenden Fassung bis zum 31.12.2003 auf Leiharbeitsverhältnisse Anwendung findet, wenn diese vor dem 1. Januar begründet wurden.[82]

(9) Verstoß gegen die Entleiherkontrollmeldung (§ 28 a Abs. 4 SGB IV, § 29 DEÜV a. F.). § 28 a Abs. 4 SGB IV verpflichtete den Entleiher im Falle der Arbeitnehmerüberlassung zur Abgabe einer Kontrollmeldung, die die Angaben zum entliehenen Arbeitnehmer, dessen Arbeitgeber sowie Beginn und Ende der Überlassung zum Gegenstand hat. Unabhängig von der Meldepflicht des Entleihers ist der Verleiher als Arbeitgeber verpflichtet, seine Meldung für seine Arbeitnehmer vorzunehmen – wie auch der Entleiher für die in seinem Betrieb fest Beschäftigten.

Ein Verstoß gegen die Entleiherkontrollmeldung konnte mit Geltung bis zum 30.7.2002, also für Taten, die bis zum 30.7.2002 begangen wurden, mit einem Bußgeld im Falle eines vorsätzlichen Verstoßes in Höhe von bis zu DM 10.000,00/€ 5.000,00 (§ 111 Abs. 1 Nr. 2, Abs. 4 SGB IV a. F.), im Falle eines leichtfertigen Verstoßes mit Geldbuße bis zu DM 5.000,00/€ 2.500,00 (§ 111 Abs. 4 SGB IV a. F., § 17 Abs. 2 OWiG) geahndet werden. Durch das Gesetz zur Erleichterung der Bekämpfung von illegaler Beschäftigung und Schwarzarbeit vom 23.7.2002[83] war der Bußgeldrahmen für vorsätzliche Taten auf bis zu € 25.000,00 erhöht worden; im Falle der fahrlässigen Begehung betrug der Bußgeldrahmen € 12.500,00. Diese

---

[80] Bis zum 31.3.1997 betrug die Höchsteinsatzfrist 9 Monate, anschließend 12 und ab 1.1.2002 24 Monate, s. hierzu *Ulber* § 16 AÜG a. F./n. F. Rdnr. 20. Umstr. ist hierbei, ob ein Verstoß gegen die Höchsteinsatzfrist nur die gewerbsmäßige Arbeitnehmerüberlassung erfasst oder auch die nicht gewerbsmäßige, siehe hierzu *Ignor/Rixen* § 3 Rdnr. 218; *Ulber* § 16 AÜG a. F. Rdnr. 21.
[81] BGBl. I S. 4607.
[82] Siehe zur Überlassungsdauer nach neuer Rechtslage durch das Erste Gesetz für moderne Dienstleistungen am Arbeitsmarkt *Urban-Crell/Schulz* A Rdnr. 61; C Rdnr. 316; D Rdnr. 586.
[83] BGBl. I S. 2787 ff.

Änderungen traten zum 1.8.2002 in Kraft. Mit Wirkung zum 1.1.2003 müssen schließlich Entleiher keine Kontrollmeldungen mehr an Einzugsstellen übermitteln. Durch das Zweite Gesetz für moderne Dienstleistungen am Arbeitsmarkt ist § 28 a Abs. 4 SGB IV ersatzlos weggefallen.

122 e) **Betretungs- und Prüfungsrechte (§ 7 Abs. 2 und 3 AÜG).** Nach § 7 Abs. 3 AÜG sind in bestimmten Einzelfällen die von der Erlaubnisbehörde beauftragten Personen befugt, Grundstücke und Geschäftsräume des Verleihers zu betreten und dort Prüfungen vorzunehmen (§ 7 Abs. 3 S. 1 AÜG). Der Verleiher hat die Maßnahmen nach § 7 Abs. 3 S. 1 AÜG zu dulden; das Grundrecht der Unverletzlichkeit der Wohnung (Art. 13 GG) ist insoweit eingeschränkt. Dieses Betretungs- und Prüfungsrecht (Nachschaurecht) ist eines der gesetzlichen Kontrollmittel und darf unter Beachtung des Grundsatzes der Verhältnismäßigkeit nur dann ausgeübt werden, wenn eine ordnungsgemäße Überwachung auf andere Weise nicht sichergestellt werden kann. Die Ausübung des Nachschaurechtes setzt nicht voraus, dass die Erlaubnisbehörde zunächst ein Auskunftsverlangen nach § 7 Abs. 2 AÜG an den Verleiher gerichtet hat. Es erfordert auch nicht stets den vorherigen Erlass einer Duldungsverfügung.[84]

123 f) **Folgen illegaler Arbeitnehmerüberlassung.** Im Interesse einer effektiven Verteidigung sind ebenfalls sonstige Folgen illegaler Arbeitnehmerüberlassung im Rahmen der individuellen Vorgehensweise zu berücksichtigen. Aufgrund der umfassenden Mitteilungspflichten der Behörden untereinander muss sich der Betroffene oder Beschuldigte bereits in Ermittlungsverfahren mit einer Vielzahl von Behörden auseinander setzen, die Regress nehmen wollen. Ganz erheblich können auch Ansprüche einzelner Arbeitnehmer sein, die im Falle illegaler Arbeitnehmerüberlassung als solche des Entleihers gelten.

124 Zumindest in dem Fall, in dem eine Konfliktverteidigung nicht zielführend ist, ist es vor dem vorgenannten Hintergrund ratsam, eine umfassende Lösung mit allen Behörden möglichst zeitgleich herbeizuführen.

125 Folgende Besonderheiten gelten:
- Im Falle der unerlaubten Arbeitnehmerüberlassung gelten die Arbeitsverträge zwischen Verleiher und Leiharbeitnehmer sowie die Überlassungsverträge zwischen Verleiher und Entleiher nach § 9 Nr. 1 AÜG als unwirksam. Es wird ein Arbeitsverhältnis zwischen Entleiher und Leiharbeitnehmer nach § 10 Abs. 1 AÜG gesetzlich begründet. Nach § 10 Abs. 3 S. 2 AÜG gilt neben dem Entleiher auch der Verleiher als Arbeitgeber, wenn dieser wiederum den Arbeitnehmer entlohnt. Sofern der Verleiher – insbesondere bei Scheinwerkverträgen der vermeintliche Auftragnehmer – den Lohn an die Arbeitnehmer auszahlt, gelten sowohl Verleiher wie auch Entleiher als Arbeitgeber.
- Die Pflicht zur Abgabe von Lohnsteuer bzw. Lohnsteuervoranmeldungen obliegt dem Arbeitgeber (§ 42 d EStG). Im Falle der illegalen Arbeitnehmerüberlassung wird im steuerrechtlichen Sinn der Entleiher dann als Arbeitgeber angesehen – mit der weiteren Folge der Verpflichtung zur Abgabe von Lohnsteuer – wenn dieser die Löhne in eigenem Namen und auf eigene Rechnung ausbezahlt und dies mit den Beteiligten vereinbart ist. Wird die Lohnsteuer nicht abgeführt, besteht eine Strafbarkeit nach § 370 Abs. 1 Nr. 1 AO.
- Darüber hinaus haftet der Entleiher – im Falle erlaubter wie auch unerlaubter Arbeitnehmerüberlassung – für die Abgabe der Lohnsteuer. Im Falle der legalen Arbeitnehmerüberlassung ist eine Haftung nur dann ausgeschlossen, wenn der Entleiher seinen Mitwirkungspflichten nach § 42 d Abs. 6 EStG nachgekommen ist und eine Haftungsschuld des Verleihers vorliegt.
- Werden vom Verleiher in der Rechnungslegung als zugrunde liegende Leistung Werkvertragsarbeiten angeführt, obwohl tatsächlich Arbeitnehmerüberlassung vorliegt, handelt es sich um eine falsche Leistungsbezeichnung (§ 14 UStG) mit der Folge, dass in der Regel der Vorsteuerabzug versagt[85] und eine Umsatzsteuerhinterziehung angenommen wird. Gleiches gilt im Falle der Scheinselbständigkeit (§§ 14 Abs. 3, 18, 16 UStG). Darüber hinaus muss der Auftraggeber (Arbeitgeber) eines Scheinselbständigen die Lohnsteuer einbehalten und an das Finanzamt abführen (§§ 38, 41 a EStG). Da der Arbeitnehmer Schuldner der Lohnsteuer ist,

---

[84] So BSG Urt. v. 29.7.1992 – 11 Rar 57/91 (Vorinstanz: LSG Nordrhein-Westfalen Urt. v. 13.6.1991 – L9 Ar 217/88), NZA 1993, 524 ff.
[85] BFH BstBl. II S. 384; BFH BstBl. II S. 395.

der Arbeitgeber für die Steuer nach § 42 d Abs. 1 EStG haftet, kann sowohl der Auftraggeber als auch der Scheinselbständige Täter einer Lohnsteuerhinterziehung sein.[86]
- Nach § 10 Abs. 3 AÜG gilt neben dem Entleiher auch der Verleiher als Arbeitgeber, wenn dieser wiederum den Arbeitnehmer entlohnt. Sofern der Verleiher – insbesondere bei Schweinwerkverträgen der vermeintliche Auftragnehmer – den Lohn an die Arbeitnehmer auszahlt, gelten sowohl Verleiher wie auch Entleiher als Arbeitgeber im Sinne des § 266 a StGB. Werden die Sozialversicherungsbeiträge nicht abgeführt kann Strafbarkeit nach § 266 a StGB für ggf. Verleiher und Entleiher begründet sein.[87]

Zu bedenken ist auch, dass in Zusammenhang mit illegaler Arbeitnehmerüberlassung ein besonders schwerer Fall des § 266 a StGB (Nichtabführen der Sozialversicherungsbeiträge für Verleiher und/oder Entleiher) in Betracht kommen kann, wenn u. a. aus grobem Eigennutz in großem Ausmaße Beiträge vorenthalten werden. Grober Eigennutz ist jedoch dann ausgeschlossen, wenn u. a. ein umfassendes Geständnis abgelegt wird oder wenn gegenüber dem Sozialversicherungsträger Schadenersatz geleistet wird bzw. diesbezügliche Vereinbarungen und Abwicklungen bereits getroffen und begonnen wurden.[88]

g) Auftragssperre und Auskunftsverlangen nach § 5 SchwarzArbG a. F./§ 21 SchwarzArbG n. F.[89] Bei Verstößen gegen §§ 15, 15 a, 16 Abs. 1 Nr. 1, 1 b und 2 des AÜG, die bei Vertretungsberechtigten zu einer Freiheitsstrafe von mehr als drei Monaten oder zu einer Geldstrafe von mehr als 90 Tagessätzen oder mit einer Geldbuße von wenigstens € 2.500,00 geführt haben, soll eine Auftragssperre bis zu **drei Jahren** verhängt werden. Das Gleiche gilt ausdrücklich auch schon vor Durchführung eines Straf- oder Bußgeldverfahrens, wenn im Einzelfall angesichts der Beweislage kein vernünftiger Zweifel an einer schwerwiegenden Verfehlung besteht (§ 5 SchwarzArbG/§ 21 ScharzArbG n. F.). Ferner dürfen die für die Verfolgung oder Ahndung zuständigen Behörden den Vergabestellen auf Verlangen die erforderlichen Auskünfte geben. Öffentliche Auftraggeber können bei Bauaufträgen Auskünfte aus dem Bundeszentralregister und Auskünfte aus dem Gewerbezentralregister über rechtskräftige Bußgeldentscheidungen anfordern oder vom Bewerber die Vorlage entsprechender Auskünfte verlangen, die nicht älter als drei Monate sein dürfen (§ 5 SchwarzArbG/§ 21 SchwarzArbG n. F.).

6. Illegale Arbeitsvermittlung und Anwerbung

a) Vermutete Arbeitsvermittlung nach § 1 Abs. 2 AÜG a. F./n. F. Nach § 1 Abs. 2 AÜG a. F./n. F. wird vermutet, dass Arbeitsvermittlung betrieben wird, wenn Arbeitnehmer Dritten zur Arbeitsleistung überlassen werden und der Überlassende nicht die üblichen Arbeitgeberpflichten oder das Arbeitgeberrisiko (§ 3 Abs. 1 Nr. 1 bis Nr. 3 AÜG n. F.) übernimmt oder aber – so nach alter Rechtslage bis zum 27.7.2003 – die Dauer der Überlassung im Einzelfall die festgelegte Höchsteinsatzfrist übersteigt.[90] Als Bußgeldtatbestand ist bis zum 27.3.2002 § 404 Abs. 2 Nr. 9 SGB III a. F. heranzuziehen. Gemäß § 404 Abs. 2 Nr. 9 SGB III a. F. handelt ordnungswidrig, wer vorsätzlich oder fahrlässig ohne Erlaubnis nach § 291 Abs. 1 SGB III a. F. Ausbildungs- oder Arbeitsvermittlung betreibt. Diese Ordnungswidrigkeit kann bei vorsätzlichem Handeln mit einer Geldbuße bis zu DM 50.000,00/€ 25.000,00 geahndet werden, im Falle fahrlässiger Begehung bis zu DM 25.000,00/€ 12.500,00 (§ 404 Abs. 3 SGB III a. F., § 17 Abs. 2 OWiG).

Durch das Gesetz zur Vereinfachung der Wahl der Arbeitnehmervertreter in den Aufsichtsrat vom 23.3.2002,[91] in Kraft getreten am 27.3.2002, ist insbesondere das Recht der Arbeitsvermittlung neu geregelt worden. Die in § 291 SGB III a. F. festgelegte Genehmigungspflicht der privaten Arbeitsvermittlung wurde aufgehoben. Aus diesem Grund entfiel die Ordnungswidrigkeit nach § 404 Abs. 2 Nr. 9 SGB III a. F. Ordnungswidrig handelt nunmehr gemäß § 404 Abs. 2 Nr. 9 SGB III n. F., wer vorsätzlich oder fahrlässig einer Rechtsverordnung nach § 292

---

[86] Siehe hierzu Ignor/Rixen/*Schmitt* § 4 Rdnr. 671 ff., 680 ff.
[87] Siehe hierzu *Schäfer* wistra 1984, 6 ff.
[88] Siehe hierzu nur *Ignor/Rixen* NStZ 2002, 510 ff., 513 m. w. N. aus der Rspr.
[89] Seit 1.8.2004, BGBl. I S. 1842; zuletzt geändert durch das Gesetz zur Änderung des Aufenthaltsgesetzes und weiterer Gesetze v. 14.3.2005, BGBl. I S. 721.
[90] Siehe hierzu i.E. auch *Behrend* BB 2001, 2641 ff.
[91] BGBl. I S. 1130.

SGB III n. F. zuwiderhandelt, sofern diese Rechtsverordnung auf § 404 Abs. 2 Nr. 9 SGB III n. F. verweist. Das Bundesministerium für Arbeit und Sozialordnung ist ermächtigt, durch Rechtsverordnung zu bestimmen, ob und für welche Beschäftigungen die Arbeitsvermittlung außerhalb der EU bzw. des EWR ausschließlich von der Bundesagentur durchgeführt wird.

130 Die Anwerbung und Vermittlung ausländischer Saisonkräfte, Gastarbeitnehmer, Hilfskräfte im Schaustellergewerbe, Haushaltshilfen für Pflegebedürftige oder von Studenten ist ausschließlich der Bundesagentur für Arbeit vorbehalten. Die Vermittlung/Anwerbung wird unter Verweis auf § 404 Abs. 2 Nr. 9 SGB III n. F. geahndet (§§ 43, 42 BeschäftigungsVO i. V. m. §§ 292, 404 Abs. 2 Nr. 9 SGB III n. F.).

131 Anzumerken ist generell, dass die Vermutungsregelung nach § 1 Abs. 2 AÜG a. F./n. F. widerlegbar ist. Die nicht widerlegte Vermutung führt zum Vorliegen von Arbeitsvermittlung und damit zu einem Verstoß gegen die Vorschrift des § 291 Abs. 1 SGB III a. F. Hervorzuheben ist allerdings auch, dass die Vermutungsregelung im Rahmen eines Bußgeldverfahrens unerheblich ist, da diese nur als Beweislastumkehr im Rahmen des Verwaltungsverfahrens maßgeblich sein darf. Hintergrund ist, dass im Straf- wie im Ordnungswidrigkeitenverfahren der Amtsermittlungsgrundsatz gilt, d. h., dass das Vorliegen von Arbeitsvermittlung im Einzelnen vom Gericht festgestellt werden muss.[92]

132 Zu beachten ist, dass im Falle der vermuteten Arbeitsvermittlung nach § 1 Abs. 2 AÜG a. F./n. F. auch eine Beteiligung an der zwischen zwei anderen Firmen betriebenen illegalen Arbeitnehmerüberlassung angenommen werden kann, insbesondere, wenn der Betroffene weder als Verleiher noch als Entleiher gilt. Eine Beteiligung an einer von einem anderen betriebenen unerlaubten Arbeitnehmerüberlassung neben der Vermittlung und deren Ahndung sind rechtlich nicht ausgeschlossen, wozu aber notwendige tatrichterliche Feststellungen getroffen werden müssen.[93]

133 **b) Auslandsvermittlung und Anwerbung aus dem Ausland.** Durch das Gesetz zur Vereinfachung der Wahl der Arbeitnehmervertreter in den Aufsichtsrat vom 23.3.2002,[94] in Kraft getreten am 27.3.2002, ist ebenfalls die ausnahmslos verbotene Auslandsvermittlung und Anwerbung aus dem Ausland entfallen. Die Strafbestimmungen in § 406 Abs. 1 Nr. 2 und Abs. 2 SGB III a. F. sind ersatzlos gestrichen worden. Verstöße gegen datenschutzrechtliche Pflichten bleiben hingegen weiterhin bußgeldbewehrt (siehe hierzu §§ 404 Abs. 2 Nr. 12, 298 Abs. 1 SGB III). Ordnungswidrig handelt gemäß § 404 Abs. 2 Nr. 9 SGB III n. F., wer vorsätzlich oder fahrlässig einer Rechtsverordnung nach § 292 SGB III n. F. zuwiderhandelt. Die Anwerbung und Vermittlung ausländischer Saisonkräfte, Gastarbeitnehmer, Hilfskräfte im Schaustellergewerbe, Haushaltshilfen für Pflegebedürftige oder von Studenten ist ausschließlich der Bundesagentur für Arbeit vorbehalten. Die Vermittlung/Anwerbung wird unter Verweis auf § 404 Abs. 2 Nr. 9 SGB III n. F. geahndet (§§ 43, 42 BeschäftigungsVO i. V. m. §§ 292, 404 Abs. 2 Nr. 9 SGB III n. F.).

7. Verstöße nach dem Arbeitnehmerentsendegesetz (AEntG)

134 **a) Vorbemerkung.** Ziel des Arbeitnehmerentsendegesetzes (AEntG) ist es, in bestimmten Wirtschaftsbereichen zwingende Arbeitsbedingungen für alle Arbeitnehmer in der Bundesrepublik Deutschland festzulegen. Das AEntG bietet insoweit die Festlegung der tariflichen Mindestbedingungen, mithin den Anwendungsbereich des AEntG sowie die Vorschriften zur Durchsetzung der Einhaltung der festgelegten Mindestbedingungen (Kontrollrechte und Mitwirkungspflichten).

135 **b) Tarifliche Mindestbedingungen.** Welche tariflichen Mindestbedingungen Geltung haben, ist in § 1 Abs. 1 S. 1 und 2 und § 7 AEntG festgehalten. Gemeint sind nur solche Bedingungen, die durch Rechtsnormen eines für allgemein verbindlich erklärten Tarifvertrages, insbesondere des Bauhaupt- und Baunebengewerbes, ergangen sind und den Anforderungen des § 1 AEntG entsprechen. Umfasst sind von tariflichen Mindestbedingungen ein Mindestlohn, die Dauer des Erholungsurlaubes, das Urlaubsentgelt, zusätzliches Urlaubsgeld und das Abführen von

---

[92] Vgl. hierzu *Ignor/Rixen* § 3 Rdnr. 261; *Schüren* § 16 AÜG Rdnr. 75.
[93] Siehe hierzu OLG Brandenburg NStZ 1996, 46 ff.
[94] BGBl. I S. 1130.

Beiträgen an gemeinsame Einrichtungen der Tarifvertragsparteien.[95] Derzeit bestehen tarifliche Mindestbedingungen im Baugewerbe, im Elektrohandwerk, Dachdeckerhandwerk sowie im Bereich des Garten-, Landschafts- und Sportplatzbaus.[96]

Da die tariflichen Mindestbedingungen jeweils nur zeitlich begrenzt gelten, ist es für eine effektive Verteidigung erforderlich, jeweils die Zeiträume der Einzelnen tariflichen Mindestbedingungen zu kennen. Dies auch vor dem Hintergrund, dass teilweise tarifliche Mindestbedingungen, insbesondere der Mindestlohn, für bestimmte Bereiche für bestimmte Zeitabschnitte nicht gilt. Dies ist dann der Fall, wenn die Tarifvertragsparteien keine Einigung für einen neuen Tarifvertrag erzielen konnten. Darüber hinaus ist die Höhe der sonstigen Beiträge ebenfalls aktuell zu ermitteln, da sich die tariflichen Grundlagen auch in dieser Hinsicht ändern können.

Hervorzuheben ist, dass die Bundesregierung beabsichtigt, den Anwendungsbereich des AEntG auf sämtliche Wirtschaftssektoren zu erweitern. Anlass soll die Niedriglohnkonkurrenz aus den neuen Unionsländern sein, insbesondere im Bereich der Fleischer.[97] Eine solche Erweiterung des Anwendungsbereiches des AEntG wird voraussichtlich zu einem erheblichen Anstieg an Ermittlungsverfahren führen.

c) **Ordnungswidrigkeiten nach dem AEntG.** *aa) Nichteinhaltung tariflicher Mindestbedingungen.* § 5 Abs. 1 Nr. 1 bis 2 AEntG sieht Ordnungswidrigkeiten für den Fall vor, wenn die im AEntG festgelegten tariflichen Mindestbedingungen nicht gewährt werden.[98] Sanktioniert wird auch ein fahrlässiger Verstoß. Darüber hinaus handelt nach § 5 Abs. 2 ordnungswidrig, wer Bauleistungen im Sinne des § 211 Abs. 1 SGB III in erheblichem Umfang ausführen lässt, indem er als Unternehmer einen anderen Unternehmer beauftragt, von dem er weiß oder fahrlässig nicht weiß, dass dieser bei Erfüllung dieses Auftrages entweder gegen § 1 AEntG oder aber einen Nachunternehmer einsetzt oder den Einsatz zulässt, dass ein Nachunternehmer tätig wird, der gegen § 1 AEntG verstößt. Auch hier wird eine fahrlässige Begehung sanktioniert. § 5 Abs. 2 AEntG ahndet daher ausdrücklich, wenn sich ein (Haupt-)Unternehmer bei Ausführung von Bauleistungen Nachunternehmern bedient, die ihrerseits die tariflichen Mindestbedingungen nicht gewähren oder aber weitere Nachunternehmer beauftragen, die ebenfalls gegen das AEntG verstoßen.

Zu bedenken ist ebenfalls, dass im Falle der Unterschreitung des erforderlichen Mindestlohnes eine Straftat gemäß § 266 a StGB angenommen werden kann, da Sozialversicherungsbeiträge – gemessen an der Differenz zum Mindestlohn – nicht abgeführt werden. Es werden insoweit auch Ermittlungsverfahren wegen § 266 a StGB eingeleitet, wenn lediglich statt des erforderlichen Mindestlohnes/West der Mindestlohn/Ost gezahlt wird.

bb) Verstöße gegen Mitwirkungs-, Auskunfts-, Duldungs- und Aufzeichnungspflichten. Weitere Bußgeldtatbestände sind in § 5 Abs. 1 Nr. 3 AEntG festgelegt und beziehen sich auf einzelne Verstöße gegen die Mitwirkungs-, Auskunfts-, Duldungs- und Aufzeichnungspflicht. In § 2 AEntG sind insoweit eine Reihe von Prüfungs- und Kontrollrechten der zuständigen Behörden auf der einen Seite, andererseits aber auch Mitwirkungs-, Auskunfts- und Duldungspflichten der Betroffenen festgehalten. Die im AEntG bußgeldbewährten Mitwirkungspflichten ergeben sich aus § 2 Abs. 2 AEntG sowie aus § 306 Abs. 1 SGB III. Danach besteht eine Mitwirkungspflicht, die Prüfung zu dulden und hierbei mitzuwirken sowie die erforderlichen Unterlagen vorzulegen. Ein Vorlageverweigerungsrecht besteht nicht.[99] Zu bedenken ist, dass die Mitwirkungspflicht nicht nur den einzelnen Arbeitgeber, sondern auch Arbeitnehmer und sonstige Dritte, die beispielsweise auf der Baustelle tätig sind, betrifft. Die Mitwirkung umfasst auch die Auskunftspflicht, also Auskünfte über Fragen, deren Beantwortung den Auskunftspflichtigen oder eine ihm nahe stehende Person nicht der Gefahr einer Rechtsverfolgung wegen einer Straftat oder Ordnungswidrigkeit aussetzen würde. Wäre dies der Fall, können solche Auskünfte verweigert werden (§ 306 Abs. 1 S. 1 SGB III).

---

[95] Nach dem Urt. des EuGH v. 14.5.2005 sind die von Arbeitgebern in einem anderen Mitgliedstaat an entsandte Arbeitnehmer in Deutschland gezahlten Zuschläge Bestandteile des Mindestlohnes, EuGH RIW 2005, 533 ff.
[96] Siehe hierzu i.E. *Greeve/Leipold* § 33 Rdnr. 5 ff., 21 ff.
[97] Siehe hierzu nur *Möschel* BB 2005, 1164 ff. m. w. N.
[98] Siehe hierzu z. B. *Greeve* IBR 2002, 286.
[99] Siehe hierzu BayObLG wistra 2000, 434.

141 Ebenfalls bußgeldbedroht ist die fehlerhafte oder lückenhafte Aufzeichnung der Arbeitszeitnachweise im Sinne des AEntG (§ 2 a AEntG), die von denjenigen des Arbeitszeitgesetzes (§ 16 ArbZG) abweichen, sowie ein Verstoß gegen die im Einzelnen festgelegten Aufbewahrungspflichten dieser Aufzeichnungen (§ 5 Abs. 1 Nr. 3 AEntG).

142 *cc) Verstoß gegen Meldepflichten nach § 3 AEntG.* In § 3 AEntG sind besondere Pflichten festgelegt, die ausschließlich den Arbeitgeber mit Sitz im Ausland betreffen, der einen oder mehrere Arbeitnehmer in Deutschland beschäftigen will. Die Pflichten umfassen die Anmeldung, mithin Angaben über Namen, Geburtsdaten, Beginn und voraussichtliche Dauer der Beschäftigung der Arbeitnehmer, genaue Bezeichnung des Ortes der Beschäftigung sowie Angaben über die verantwortlich Handelnden und den Zustellungsbevollmächtigten. Die in § 3 AEntG normierten Meldepflichten werden als zulässig angesehen.[100] Ein Verstoß gegen die gesetzlich vorgesehenen Meldepflichten bedeutet eine Ordnungswidrigkeit nach § 5 Abs. 1 Nr. 3 AEntG und kann mit einer Geldbuße bis zu € 25.000,00 geahndet werden.

143 Im Weiteren muss der Arbeitgeber oder auch Verleiher mit Sitz im Ausland bei der Anmeldung eine Versicherung abgeben, dass die vorgeschriebenen deutschen Mindestarbeitsbedingungen eingehalten werden (§ 3 Abs. 3 AEntG). Wird insoweit zwar bestätigt, dass die Arbeitsbedingungen eingehalten werden, werden diese jedoch faktisch unterlaufen, so liegt der Bußgeldtatbestand des § 404 Abs. 2 Nr. 4 SGB III a. F./§ 404 Abs. 1 Nr. 5 SGB n. F. – unter Bezugnahme auf § 39 AufenthG – vor, der eine unrichtige Auskunft über die Einhaltung der Arbeitsbedingungen zum Gegenstand hat.

144 **d) Ausschluss von öffentlichen Aufträgen.** Auch das AEntG – wie das AÜG – sieht einen Ausschluss von öffentlichen Aufträgen vor, wenn ein Verstoß nach § 5 AEntG mit einer Geldbuße von wenigstens EZR 2.500,00 belegt worden ist. Hervorzuheben ist, dass ein Ausschluss auch schon dann erfolgen kann, wenn im Einzelfall angesichts der Beweislage kein vernünftiger Zweifel an einer schwerwiegenden Verfehlung besteht. Auch dürfen die für die Verfolgung der Ordnungswidrigkeiten zuständigen Behörden auf Verlangen den Vergabebehörden bzw. Vergabestellen Auskunft erteilen.

145 **e) Durchgriffshaftung gemäß § 1 a AEntG.** Gemäß § 1 a AEntG haftet der Auftraggeber für die Einhaltung der tariflichen Mindestbedingungen sämtlicher (Nach)Unternehmer verschuldensunabhängig wie ein selbstschuldnerischer Bürge (Durchgriffshaftung). Bei Nichtgewährung tariflicher Mindestbedingungen durch Nachunternehmer drohen daher erhebliche Regressansprüche sowohl seitens der Arbeitnehmer wie auch der zuständigen Einzugsstellen. Im Rahmen einer Präventivberatung ist hierauf im Besonderen hinzuweisen. Darüber hinaus sind im Rahmen von Ermittlungsverfahren ebenfalls diese Regressansprüche zu berücksichtigen und ggf. im Sinne einer effektiven Verteidigung eine frühzeitige Regelung arbeits- und sozialrechtlicher Ansprüche herbeizuführen.

8. Verstöße nach dem Gesetz zur Bekämpfung der Schwarzarbeit (SchwarzArbG a. F. – bis zum 31.7.2004)

146 **a) Vorbemerkung.** Die alte Fassung des Gesetzes zur Bekämpfung der Schwarzarbeit (Geltung bis zum 31.7.2004) umfasste aus dem eigentlichen Spektrum der illegalen Erwerbstätigkeit nur einen geringen Teil. Gemäß der Kernvorschrift, § 1 SchwarzArbG a. F., gelten als Ordnungswidrigkeiten die Erwerbstätigkeit trotz des Bezugs von Leistungen der Sozialbehörden (Leistungsmissbrauch), ohne die erforderliche Gewerbeanmeldung oder Reisegewerbekarte oder ohne die erforderliche Eintragung in die Handwerksrolle. Ausgenommen hiervon sind Dienst- oder Werkleistungen, die als Gefälligkeit oder im Rahmen einer Nachbarschaftshilfe erbracht werden (§ 1 Abs. 3 SchwarzArbG a. F. sowie § 6 Abs. 2 und 4 SchwarzArbG a. F. hinsichtlich der Selbsthilfe nach dem 2. Wohnungsbaugesetz). Mit Wirkung zum 1.8.2004 ist das SchwarzArbG neu strukturiert worden und wesentliche Straftatbestände aus dem SGB III (§§ 406, 407 SGB III a. F.) ergänzt worden (nunmehr §§ 10, 11 SchwarzArbG). Im Folgenden wird zunächst die alte Rechtslage vorangestellt. Im Anschluss hieran werden die wesentlichen Neuerungen mit Wirkung zum 1.8.2004 aufgezeigt.

---

[100] So KG wistra 2002, 227 ff.; s. auch OLG Düsseldorf GewA 2000, 341 ff.; OLG Karlsruhe wistra 2001, 477 ff.

b) Ordnungswidrigkeiten nach § 1 SchwarzArbG a. F. § 1 Abs. 1 Nr. 2 SchwarzArbG a. F. 147
sieht eine Ordnungswidrigkeit für den Fall vor, wenn die gebotene Anzeige des Beginns eines
selbständigen Betriebes oder eines stehenden Gewerbes unterlassen oder aber die erforderliche Reisegewerbekarte nicht erworben wurde. Ebenfalls heranzuziehen ist in diesem Zusammenhang § 14 Abs. 1 S. 1 Gewerbeordnung (GewO), wonach der Beginn eines selbständigen
Betriebes, eines bestehenden Gewerbs oder des Betriebes einer Zweigniederlassung oder einer
unselbständigen Zweigniederlassung der zuständigen Behörde anzuzeigen ist. Das Unterlassen
der in § 14 GewO vorgeschriebenen Anzeige ist bereits für sich genommen eine Ordnungswidrigkeit nach § 146 Abs. 2 Nr. 1 GewO.

Des Weiteren sieht § 1 Abs. 1 Nr. 3 SchwarzArbG a. F. eine Ordnungswidrigkeit wegen Betreibens eines Handwerks ohne erforderliche Eintragung in die Handwerksrolle vor.[101] Diese 148
Ordnungswidrigkeit hat insbesondere im Baubereich besondere Bedeutung. In diesem Zusammenhang kann sich die Abgrenzung von Handwerk und Nichthandwerk bzw. handwerksähnlicher und damit nicht eintragungspflichtiger Tätigkeit als außerordentlich schwierig erweisen.

Die Voraussetzungen für die selbständige Handwerksausübung sind im Einzelnen in der 149
Handwerksordnung (HWO) geregelt. Voraussetzung für die handwerkliche Tätigkeit ist eine
gewerbliche Erlaubnis, die grundsätzlich einen Befähigungsnachweis voraussetzt (§ 7 Abs. 1
HWO). Welches Gewerbe im Weiteren als eintragungspflichtig gilt, ergibt sich aus der Anlage A
zur HWO. Dort sind die einzelnen Gewerbe genannt, u. a. z. B. das Bau- und Ausbaugewerbe,
das Elektro- und Metallgewerbe und das Holzgewerbe. Hiervon zu unterscheiden sind diejenigen Gewerbe, die nur handwerksähnlich betrieben werden. Diese sind im Einzelnen in der
Anlage B zur HWO benannt. Zu beachten ist, dass zumindest Beginn und Ende des Betriebes
angezeigt werden müssen (§ 18 HWO), selbst wenn diese Betriebe keine Verpflichtung zur Eintragung in die Handwerksrolle begründen. Verpflichtungen dieser Art bestehen jedoch nur für
Handwerksbetriebe, also nicht für industriell geführte Unternehmen.

Hervorzuheben ist die Novellierung der HWO, Handwerksnovelle 2003, die zu erheblichen 150
Veränderungen in der HWO geführt hat. Die Neuregelungen, die am 1.1.2004 in Kraft getreten sind,[102] haben Auswirkungen darauf, ob überhaupt noch bußgeldrelevantes Verhalten
vorliegt: Von wesentlicher Bedeutung ist, dass Tätigkeiten, die innerhalb von drei Monaten
erlernbar oder aber für das Gesamtbild des betreffenden Gewerbes der Anlage A nebensächlich sind, keine wesentlichen Tätigkeiten mehr für ein Handwerk darstellen. Die Anlage A der
HWO wurde neu geordnet. Insgesamt sind nunmehr 53 Handwerke vom Meisterzwang befreit und in die Anlage B überführt. Bis auf Weiteres unterliegen nur noch 41 Handwerke dem
Meisterzwang. Auch besteht kein Meisterzwang mehr für Friseure im Reisegewerbe. Vor der
Handwerksnovelle durfte das Friseurhandwerk nur von Personen im Reisegewerbe ausgeübt
werden, die die Voraussetzungen für die Eintragung in die Handwerksrolle erfüllt haben (§ 56
Abs. 1 Nr. 5 GewO). Die Voraussetzung, dass der Betriebsinhaber in der Regel selbst den Meisterbrief vorweisen muss (Inhaberprinzip), ist ebenfalls dahin gehend geändert worden, dass der
Handwerksbetrieb der neuen Anlage A mit eingestellten Betriebsleitern geführt werden kann,
wenn der Betriebsleiter die Voraussetzungen für die Eintragung in die Handwerksrolle erfüllt.

Die Ordnungswidrigkeit gemäß § 1 Abs. 1 Nr. 3 SchwarzArbG a. F. kann – im Unterschied 151
zu den Ordnungswidrigkeiten im AÜG und AEntG – nur vorsätzlich (bedingter Vorsatz) begangen werden.

c) Ordnungswidrigkeit nach § 2 SchwarzArbG a. F. Gemäß § 2 SchwarzArbG a. F. handelt 152
ferner der Auftraggeber ordnungswidrig, der Dienst- und Werkleistungen in erheblichem Umfang erbringen lässt. Voraussetzung ist, dass das jeweils beauftragte Unternehmen seinerseits
gegen § 1 Abs. 1 Nr. 1 bis 3 SchwarzArbG a. F. verstößt. Erforderlich ist ebenfalls, dass Dienstoder Werkleistungen in erheblichem Umfang ausgeführt werden. In der Ermittlungspraxis wird
teilweise pauschal erst dann von einem erheblichen Umfang ausgegangen, wenn ein Auftragsvolumen von mehr als € 1.500,00 erreicht wird.

---

[101] Siehe hierzu *Greeve* IBR 2002, 526; *ders.* im Hinblick auf Unternehmen aus dem EWR NZ-Bau 2001, 246 ff.
[102] Drittes Gesetz zur Änderung der Handwerksordnung und anderer handwerkrechtlicher Vorschriften v. 24.12.2003, BGBl. 2003 I S. 66.

153 **d) Ordnungswidrigkeit nach § 4 SchwarzArbG a. F.** § 4 SchwarzArbG a. F. sieht schließlich eine Ordnungswidrigkeit vor, wenn vorsätzlich für die selbständige Erbringung handwerklicher Dienste oder Werkleistungen durch eine Anzeige in Zeitungen, Zeitschriften oder anderen Medien oder auf andere Weise geworben wird, ohne die erforderliche Eintragung in die Handwerksrolle aufzuweisen.

154 **e) Änderungen durch das Gesetz zur Intensivierung der Bekämpfung der Schwarzarbeit.** Mit dem Gesetz zur Intensivierung der Bekämpfung der Schwarzarbeit und damit zusammenhängender Steuerhinterziehung[103] wurde die Verfolgung von Schwarzarbeit und der damit einhergehenden Steuerhinterziehung auf eine neue gesetzliche Grundlage gestellt. Insbesondere ist beabsichtigt, die in verschiedenen Gesetzen enthaltenen Regelungen zur Schwarzarbeitsbekämpfung weitestgehend in einem Gesetz, dem SchwarzArbG,[104] zusammenzufassen. Des Weiteren wurden die vielfältigen Erscheinungsformen der Schwarzarbeit erstmalig gesetzlich definiert, die Prüfungs- und Ermittlungsrechte der Zollverwaltung zusammengefasst und Strafbarkeitslücken geschlossen.

155 § 1 SchwarzArbG n. F. knüpft mit der Definition von Schwarzarbeit ausschließlich an fiskalische Gesichtspunkte an und umfasst Verstöße gegen Melde-, Aufzeichnungs- und Zahlungspflichten nach Steuer- und Sozialrecht. Nachbarschaftshilfe, Gefälligkeit und Selbsthilfe gelten jedoch weiterhin nicht als Schwarzarbeit. Voraussetzung hierfür ist jedoch, dass die erbrachten Dienst- oder Werkleistungen nicht nachhaltig auf Gewinn gerichtet sind. Die Hilfe durch Angehörige und Lebenspartner ist im Rahmen der Selbsthilfe möglich und fällt nicht unter die Begriffsbestimmung der Schwarzarbeit.

156 Die Ordnungswidrigkeiten nach dem bisherigen § 1 SchwarzArbG a. F. entfallen. Es verbleiben insoweit allerdings die in der HWO und GewO geregelten Verstöße. In § 8 SchwarzArbG n. F. sind sämtliche Bußgeldvorschriften eingestellt worden, insbesondere die Taten der Handwerkstätigkeiten ohne erforderliche Eintragung in die Handwerksrolle sowie das Ausführenlassen solcher Tätigkeiten durch den Auftraggeber (§ 8 Abs. 1 Nr. 1 e, Nr. 2 SchwarzArbG n. F.).

157 Von besonderer Bedeutung sind die in § 2 SchwarzArbG n. F. vorgesehenen, gebündelten Prüfungskompetenzen der Zollverwaltung, wonach zusätzlich die Prüfung der Einhaltung der steuerlichen Pflichten vorgesehen ist. Die Kompetenz der Zollverwaltung soll sich insoweit jedenfalls auf steuerlichem Gebiet auf das Ausmaß der Prüfung beschränken, welches ausreicht, um die Finanzämter über steuerlich relevante Sachverhalte informieren zu können. Die §§ 3 und 4 SchwarzArbG n. F. erweitern darüber hinaus die Möglichkeit von Prüfungen während der Arbeitszeit des Arbeitnehmers (nicht mehr nur auf Geschäftszeiten des Arbeitsgebers beschränkt). Im Besonderen ist ein Prüfungsrecht beim Generalunternehmer vorgesehen, um über dessen Buchhaltung Schwarzarbeit beim Subunternehmer feststellen zu können. Ferner sind zu Prüfungszwecken Fahrzeuganhalte- und Betretungsrechte von Fahrzeugen vorgesehen. Schließlich sind ebenfalls Einsichtsrechte in Rechnungen beim privaten Auftraggeber über ausgeführte Werklieferungen oder sonstige Leistungen eines Unternehmens im Zusammenhang mit einem Grundstück festgelegt. Korrespondierend hierzu ist in § 5 Abs. 2 SchwarzArbG n. F. die Rechnungsvorlagepflicht des privaten Auftraggebers einer Werklieferung oder sonstigen Leistung eines Unternehmers im Zusammenhang mit einem Grundstück gesetzliche Pflicht. Die Nichtvorlage durch den privaten Auftraggeber ist bußgeldbedroht. Darüber hinaus sieht § 9 SchwarzArbG n. F. den neuen Straftatbestand des Erschleichens von Sozialleistungen im Zusammenhang mit der Erbringung von Dienst- oder Werkverträgen vor, sofern die Tat nicht von § 263 StGB erfasst wird.

158 Im Einzelnen sind des Weiteren in den §§ 10 und 11 SchwarzArbG n. F. die Tatbestände der illegalen Beschäftigung von Ausländern (Beschäftigung zu ungünstigen Arbeitsbedingungen und in erheblichem Umfang) eingestellt worden, die bislang in den §§ 406 und 407 SGB III a. F. geregelt waren.

---

[103] BGBl. 2004 I S. 1842.
[104] Zuletzt geändert durch das Gesetz zur Änderung des Aufenthaltsgesetzes und weiterer Gesetze vom 14.3.2005, BGBl. I S. 721.

§ 27 Arbeitsstrafrecht

Die Ermittlungsbefugnisse der Behörden der Zollverwaltung sind in § 14 SchwarzArbG n. F. 159 vorgesehen. Sie haben die Befugnisse der Polizeivollzugsbehörden und sind insoweit Hilfsbeamte (nunmehr Ermittlungspersonen) der Staatsanwaltschaft. Darüber hinaus sind die Befugnisse der Finanzbehörde nach § 402 Abs. 1 AO eingeräumt worden, wenn bei einer Prüfung der Verdacht einer Steuerstraftat oder Steuerordnungswidrigkeit besteht. Erst nach Durchführung der unaufschiebbaren Maßnahmen ist die Abgabe der Sache an die zuständigen Finanzbehörden zur Durchführung des Besteuerungs- und Steuerstraf- bzw. Steuerordnungswidrigkeitenverfahrens vorgesehen.

Von erheblicher Bedeutung sind die §§ 16 ff. SchwarzArbG n. F., die die Datenerhebung, 160 Auskunftserteilungen über gespeicherte Daten sowie Löschungen zum Gegenstand haben. In einer zentralen Datenbank – zu führen als Prüfungs- und Ermittlungsdatenbank beim Arbeitsbereich Finanzkontrolle Schwarzarbeit der Zollverwaltung – werden bereits umfangreich persönliche Daten dann aufgenommen, wenn sich Anhaltspunkte für das Vorliegen von Schwarzarbeit, illegaler Beschäftigung sowie Verstößen nach dem AÜG und AEntG ergeben (§ 16 Abs. 2 SchwarArbG n. F.). Unabhängig vom Ausgang eines Verfahrens sollen grundsätzlich die gespeicherten Daten nach fünf Jahren – gerechnet ab dem Zeitpunkt der Einleitung eines Verfahrens oder der Abgabe an die Staatsanwaltschaft – gelöscht werden (§ 19 SchwarzArbG n. F.). Im Falle des rechtskräftigen Freispruchs, der unanfechtbaren Ablehnung der Eröffnung der Hauptverhandlung oder der nicht nur vorläufigen Einstellung des Verfahrens sind die Daten zwei Jahre nach Erledigung des Strafverfahrens zu löschen. Im Falle des Abschlusses des Verfahrens durch Verwarnung (§ 56 OWiG) werden daher die Daten – da nach Einleitung des Bußgeldverfahrens – erst nach fünf Jahren gelöscht (§ 19 Abs. 1 Nr. 2 SchwarzArbG n. F.)!

f) Sonstige Folgen. Gemäß § 5 SchwarzArbG a. F./§ 21 SchwarzArbG n. F. soll eine Auf- 161 tragssperre u. a. wegen Verstoßes nach § 2 SchwarzArbG a. F./§ 8 SchwarzArbG n. F. und §§ 9 bis 11 ScharzArbG n. F. bis zu einer Dauer von 3 Jahren erteilt werden. Voraussetzung hierfür ist, dass wenigstens eine Geldbuße in Höhe von € 2.500,00, eine Freiheitsstrafe von mehr als drei Monaten oder eine Geldstrafe von mehr als 90 Tagessätzen auferlegt wurde. Auch hier ist zu berücksichtigen, dass schon vor Durchführung eines Bußgeld- oder Strafverfahrens die Auftragssperre erteilt werden kann, wenn im Einzelfall angesichts der Beweislage kein vernünftiger Zweifel an einer schwerwiegenden Verfehlung besteht.

9. Vorenthalten von Arbeitnehmer- und Arbeitgeberbeiträgen zur Sozialversicherung (§§ 263, 266 a StGB)

a) Vorbemerkung. Von erheblicher Bedeutung sind Betrugstaten und Taten nach § 266 a 162 StGB im Zusammenhang mit dem Nichtabführen von Sozialversicherungsbeiträgen, was insbesondere in wirtschaftlichen Krisensituationen häufig der Fall ist. Die Beiträge zur Sozialversicherung und zur Bundesagentur für Arbeit sind grundsätzlich vom Arbeitgeber und Arbeitnehmer je zur Hälfte zu tragen. Für die Zahlung und ordnungsgemäße Anmeldung und Abführung an die zuständige Krankenkasse als Einzugsstelle ist der Arbeitgeber verantwortlich (§ 249 Abs. 1 SGB V, § 58 SGB XI, § 168 Abs. 1 Nr. 1 SGB IV, § 346 Abs. 1 SGB III, § 28 h Abs. 1 S. 1 SGB IV). Auch die Berechnung und die erforderlichen Erklärungen sind dem Arbeitgeber als öffentlich-rechtliche Pflicht übertragen (§ 28 f Abs. 3 SGB IV).

b) Strafbarkeit gemäß § 266 a StGB. aa) Tatalternativen. Nach § 266 a Abs. 1 StGB ist zu- 163 nächst nur das Vorenthalten der Arbeitnehmeranteile zur Sozialversicherung, nicht hingegen das Nichtabführen von Arbeitgeberanteilen, unter Strafe gestellt – der zu ermittelnde und bei der Strafzumessung zu berücksichtigende Schaden umfasst daher nur die Arbeitnehmeranteile an den Sozialversicherungsabgaben. Dagegen ist Tathandlung des § 266 a Abs. 2 StGB, dass der Arbeitgeber bestimmte Teile des Arbeitsentgeltes einbehält und diese einbehaltenen Beträge nicht an die anderen Stellen – z. B. im Falle von Pfändungen und Sparzulagen – abführt. In § 266 a Abs. 3 StGB ist schließlich erfasst, wenn der Arbeitgeber von seinem Arbeitnehmer Beiträge zur Sozialversicherung oder zur BfA erhält und diese als Arbeitnehmer der Einzugsstelle vorenthält. Eine Strafbarkeit des Arbeitnehmers ist ebenfalls gegeben, wenn an ihn abgeführte Beiträge zur Arbeitsförderung vorenthalten werden.[105]

164 *bb) Neufassung des § 266 a Abs. 1 und Abs. 4 StGB.* Erheblich umstritten war, ob eine Strafbarkeit nach § 266 a StGB auch dann in Betracht kommt, wenn der Arbeitgeber keinen Lohn an seinen Arbeitnehmer auszahlt.[106] Mit dem Gesetz zur Erleichterung der Bekämpfung von illegaler Beschäftigung und Schwarzarbeit vom 23.7.2002, in Kraft getreten am 1.8.2002,[107] ist § 266 a StGB dahin gehend geändert worden, dass Strafbarkeit nach § 266 a Abs. 1 StGB vorliegt, unabhängig davon, ob Arbeitsentgelt gezahlt wird oder nicht. Darüber hinaus wurde ein besonders schwerer Fall mitaufgenommen, der in der Regel anzunehmen ist, wenn u. a. aus grobem Eigennutz in großem Ausmaß Beiträge vorenthalten werden (§ 266 a Abs. 4 StGB n. F.).

165 Grober Eigennutz ist jedoch dann ausgeschlossen, wenn u. a. ein umfassendes Geständnis abgelegt wird oder wenn gegenüber dem Sozialversicherungsträger Schadenersatz geleistet wird bzw. diesbezügliche Vereinbarungen und Abwicklungen bereits getroffen und begonnen wurden.[108]

166 *cc) Neuregelung des § 266 a Abs. 2 StGB.* Mit dem Gesetz zur Intensivierung der Bekämpfung der Schwarzarbeit und damit zusammenhängender Steuerhinterziehung[109] ist in Anlehnung an § 370 Abs. 1 AO ein neuer Absatz 2 über das Vorenthalten u. a. von Arbeitgeberbeiträgen zur Sozialversicherung in § 266 a StGB eingeführt worden. Strafbar ist danach, wer als Arbeitgeber gegenüber den Einzugsstellen über sozialversicherungserhebliche Tatsachen **keine**, falsche oder unvollständige Angaben macht und dadurch Arbeitgeberbeiträge vorenthält.

167 Hintergrund hierfür war, dass § 266 a StGB bislang nur das Nichtabführen der Arbeitnehmeranteile zur Sozialversicherung unter Strafe stellte. Die Nichtabgabe der Arbeitgeberanteile konnte insoweit nur über § 263 StGB sanktioniert werden. Dies setzte jedoch auch voraus, dass zwischen dem Arbeitgeber und der Einzugsstelle ein Rechtsverhältnis besteht. Sofern der Arbeitgeber seine Arbeitnehmer insgesamt illegal beschäftigt und eine Anmeldung in keinem Fall vorgenommen hat, fehlte es bereits an der im Rahmen des § 263 StGB erforderlichen Irrtumserregung. Lücken dieser Art sind daher über die Neuregelung des § 266 a Abs. 2 StGB geschlossen worden.[110]

168 Angesichts des geringen Unrechts- und Schuldgehalts im Falle der Vorenthaltung bei geringfügig Beschäftigten in Privathaushalten (§ 8 a SGB IV), sind diese nicht (mehr) dem Anwendungsbereich des § 266 a StGB unterliegend. Als ausreichend wird insoweit eine Ahndung als Ordnungswidrigkeit gemäß § 111 Abs. 1 Nr. 2 a SGB IV und § 209 Abs. 1 Nr. 5 SGB VII angesehen. Unberührt hiervon bleibt gleichwohl eine etwaige Strafbarkeit nach § 263 StGB.

169 Soweit die Neuregelungen Sachverhalte des Betrugstatbestandes umfassen, gilt § 266 a StGB schließlich als lex specialis gegenüber § 263 StGB.[111]

170 Während nach alter Rechtslage in Krisenzeiten eines Unternehmens dem Arbeitgeber bzw. den verantwortlich Handelnden dringend anzuraten war, zumindest die Arbeitnehmeranteile – auch wenn kein Lohn mehr ausgezahlt wird – abzuführen oder zumindest eine Stundung mit der Einzugsstelle zu vereinbaren, kann dies nach Neuregelung des § 266 Abs. 2 StGB nun nicht mehr als ausreichend angesehen werden. Um einer Strafbarkeit zu entgehen, müssen vielmehr ebenfalls vorrangig die Arbeitgeberbeiträge gezahlt werden – sofern dies noch zumutbar ist.

171 *dd) Besondere Probleme der Sozialversicherungspflicht im Rahmen der Entsendung von Arbeitnehmern bzw. Scheinselbständigkeit.* Von besonderer Bedeutung sind bei Einsatz von ausländischen Unternehmen oder solchen aus den neuen EU-Beitrittsländern die Fragen, ob Scheinselbständigkeit (und damit Arbeitnehmereigenschaft ggf. im eigenen Betrieb) vorliegt

---

[105] Eingeführt durch das Gesetz zur Erleichterung der Bekämpfung von illegaler Beschäftigung und Schwarzarbeit v. 23.7.2002, BGBl. I S. 2787 ff., in Kraft getreten am 1.8.2002.
[106] Siehe hierzu nur *Tröndle/Fischer* § 266 a Rdnr. 13 m. w. N.
[107] BGBl. I S. 2878 ff.
[108] Siehe hierzu nur *Ignor/Rixen* NStZ 2002, 510 ff., 513 m. w. N. aus der Rspr.
[109] BGBl. I 2004 S. 1842.
[110] Siehe hierzu BT-Drucks. 15/2573, 28.
[111] Siehe hierzu Begr. zum Gesetzesentwurf, BT-Drucks. 14/2573, 32, auch abrufbar unter www.bundesfinanzministerium.de/BMF-.336.21981/Artikel/index.htm.

und ob das Unternehmen einen Betriebssitz im Heimatland aufweist. Letzteres betrifft insbesondere die Frage, ob eine Entsendung von Arbeitnehmern – z. B. auf der Grundlage von Werkvertragsabkommen – vorliegt. Entscheidungserheblich sind u. a. neben bestehender Sozialversicherungsabkommen die Vorschriften der §§ 3 ff. SGB III, im Besonderen § 5 SGB III (sog. Einstrahlung). Liegen insbesondere die Voraussetzungen des § 5 SGB III nicht vor, ist das ausländische sowie EU-Unternehmen im Hinblick auf seine eingesetzten Arbeitnehmer im Bundesgebiet sozialversicherungspflichtig. Da jedoch im Falle der Entsendung die Sozialversicherungsbeiträge regelmäßig im Heimatland abgeführt werden und die Arbeitnehmer gerade nicht in Deutschland gemeldet werden, kann Strafbarkeit gemäß der §§ 263, 266 a StGB vorliegen (im Falle der illegalen Arbeitnehmerüberlassung auch für den Entleiher). Die Frage der Scheinselbständigkeit betrifft gerade auch Handwerksbetriebe (Gesellschafter der Handwerksbetriebe) aus den neuen EU-Ländern, die Freizügigkeit genießen.

ee) Verantwortliche. Mit Ausnahme des § 266 a Abs. 3 StGB kommen als Verantwortliche nur Arbeitgeber bzw. die für den Arbeitgeber im Sinne des § 14 StGB verantwortlich Handelnden als Täter in Betracht. Hierzu zählen ebenfalls faktische Verantwortliche, insbesondere der faktische Geschäftsführer einer GmbH.[112] Einzelne Verantwortliche können sich auch nicht durch Zuständigkeitsvereinbarungen untereinander bzw. durch Delegation an andere Personen solcher wesentlicher Pflichten gänzlich entledigen.[113] Im Falle der Delegation ist zu beachten, dass geeignete organisatorische Maßnahmen sicherstellen müssen, dass die Delegiertenpflichten tatsächlich eingehalten werden. Insoweit darf sich auch der Geschäftsführer grundsätzlich auf die Erledigung dieser Aufgaben durch den von ihm Betrauten verlassen, solange zu Zweifeln kein Anlass besteht. Zu beachten ist aber auch, dass eine Überwachungspflicht in jedem Fall besteht.[114] Umfang und Höhe der Beitragspflicht bestimmt sich nach den entsprechenden öffentlich-rechtlichen Bestimmungen. Hervorzuheben ist, dass die gesetzlichen Beiträge an die Einzugsstelle zum Fälligkeitszeitpunkt entrichtet werden müssen. Unter Vorenthalten der Sozialversicherungsbeiträge im Sinne des § 266 a StGB versteht man die Nichtzahlung bei Fälligkeit – also bereits das Überschreiten des Fälligkeitszeitpunktes.

ff) Unzumutbarkeit der Beitragsabführung. Ist der Täter faktisch nicht in der Lage, die geschuldeten Beiträge zum Fälligkeitszeitpunkt zu leisten, ist eine Beitragsabführungspflicht nicht mehr zumutbar. Die Zahlungsunfähigkeit muss am Fälligkeitstag vorliegen.[115]

Unterlässt der Verantwortliche während des Laufs der Insolvenzantragsfrist die Abführung von Arbeitnehmerbeiträgen an die Sozialversicherung, macht er sich nicht nach § 266 a StGB strafbar.[116] Die Strafvorschrift des § 266 a StGB verlangt jedoch vorrangige Abführung der Beiträge, auch wenn die Zahlung möglicherweise im Insolvenzverfahren später angefochten werden kann.

gg) Strafaufhebung durch Selbstanzeige. In § 266 a Abs. 5 StGB ist schließlich die Möglichkeit vorgesehen, von Strafe abzusehen, wenn eine Selbstanzeige erfolgt. Voraussetzung hierfür ist, dass eine entsprechende Mitteilung zum Fälligkeitszeitpunkt oder unverzüglich, also ohne schuldhaftes Zögern, im Anschluss daran gemacht wird, die sowohl die Höhe der vorenthaltenen Beiträge als auch die Angabe des Hinderungsgrundes umfassen muss. Zwingende Straffreiheit ist dann vorgesehen, wenn die Zahlung innerhalb einer von der Einzugsstelle gesetzten, angemessenen Frist nachgeholt wird (§ 266 a Abs. 5 S. 2 StGB).

c) **Verhältnis zu § 263 StGB.** Anders als nach § 266 a StGB umfasst § 263 StGB als Täter nicht nur den Arbeitgeber, sondern jedermann. Von wesentlicher Bedeutung ist des Weiteren, dass sich der zu ermittelnde und bei der Strafzumessung zu berücksichtigende Schaden im Rahmen der Betrugstat nicht nur auf die Arbeitnehmeranteile an den Sozialversicherungsabgaben bezieht, sondern alle Beitragsbestandteile umfasst, also insbesondere auch die Arbeitgeberan-

---

[112] Siehe z. B. BGHSt 35, 14, 17 ff.
[113] Siehe BGHZ 133, 370 ff.; grundlegend BGHSt 37, 106, 123 ff.
[114] Siehe hierzu BGH 5 StR-Beschl. v. 28.5.2002 (LG Neuruppin).
[115] Siehe hierzu BGH NJW 1997, 1237 f.; BGH NStZ 2000, 91, 94; BGH NJW 1997, 130, 132 f.; OLG Hamm BB 2000, 113, 114; a. A. OLG Celle NStZ 1998, 303, 304; *Rönnau* wistra 1997, 13 ff.
[116] So BGH Beschl. v. 30.7.2003 – 5 StR 221/03 (LG Potsdam) wistra 2004, 26 ff.; s. zur Frage der Zahlungsunfähigkeit bei Rückstand auf Sozialversicherungsbeiträge *Bittmann/Volkmer* wistra 2005, 167 ff.

teile. Im Gegensatz zur Beitragsvorenthaltung ist schließlich schon der Versuch des Betruges unter Strafe gestellt (§§ 263 Abs. 2, 23 Abs. 1 StGB).

177 Nach der Rechtsprechung liegt der Betrugstatbestand in jedem Fall dann vor, wenn der Arbeitgeber gegenüber der Einzugsstelle bewusst unwahre oder unvollständige Angaben macht, da der Arbeitgeber gemäß § 28 a SGB IV alle für die Bemessung des Gesamtsozialversicherungsbeitrages maßgeblichen Anknüpfungstatsachen mitzuteilen hat. Im Falle der Falschmeldung gegenüber der Einzugsstelle tritt § 266 a Abs. 1 StGB hinter § 263 StGB zurück.[117]

178 Sofern der Arbeitgeber seine Arbeitnehmer insgesamt illegal beschäftigt und eine Anmeldung in keinem Fall vorgenommen hat, findet nunmehr § 266 a Abs. 2 StGB Anwendung.[118]

179 Tatmehrheit kann dann angenommen werden, wenn über falsche Anmeldungen hinaus zusätzlich Beiträge vorenthalten werden.[119]

180 Wenn der Arbeitgeber schließlich keinen der Arbeitnehmer angemeldet hat, es sich daher insgesamt um illegal Beschäftigte handelt, fehlt es bereits an der im Rahmen des § 263 StGB erforderlichen Irrtumserregung, so dass keine Strafbarkeit gemäß § 263 StGB vorliegt.[120] In Betracht kommt allerdings die Beitragsvorenthaltung nach § 266 a StGB.

10. Arbeitsschutz

181 a) **Vorbemerkung.** Gesetzliche Arbeitsschutzvorschriften sollen die Verhütung von Arbeitsunfällen und arbeitsbedingten Gesundheitsgefahren sowie die menschengerechte Gestaltung der Arbeit gewährleisten (§ 2 Abs. 1 ArbSchG). Arbeitsschutzbestimmungen werden nicht nur durch den Staat, sondern auch von den Unfallversicherungsträgern erlassen (duales Arbeitsschutz- und Aufsichtssystem). Die Aufgabenkompetenz der Unfallversicherungsträger ist insoweit im SGB VII (§§ 17 – 19 SGB VII) vorgesehen. Darüber hinaus haben der Arbeitgeber in seinem Verantwortungsbereich und sonstige mit diesen Aufgaben in Betrieben betrauten Personen die Durchführung des Arbeitsschutzes zu gewährleisten, insbesondere durch die Mitarbeitervertretungen, die einzelnen Beschäftigten selbst (z. B. § 14 ArbSchG) und die vom Arbeitgeber aufgrund öffentlich-rechtlicher Verpflichtung zu bestellenden Personen (vor allem Fachkräfte für Arbeitssicherheit und Betriebsärzte nach dem ASiG, Sicherheitsbeauftragte nach dem SGB VII). In Betrieben mit mehr als zwanzig Beschäftigten ist ein Arbeitsschutzausschuss zu bilden (§ 11 ASiG); in Unternehmen mit regelmäßig mehr als 20 Beschäftigten hat der Unternehmer Sicherheitsbeauftragte unter Berücksichtigung der im Unternehmen für die Beschäftigten bestehenden Unfall- und Gesundheitsgefahren und der Zahl der Beschäftigten zu bestellen (§ 22 SGB VII).

182 Das Arbeitsschutzrecht ist schließlich durch eine Vielzahl von Normen sowie weiter gehende Verweisungen auf Straftat- oder Bußgeldtatbestände gekennzeichnet. Tatbestand und Rechtsfolge fallen daher häufig auseinander, was das Verständnis erschwert. Für die Strafverteidigerpraxis ist daher wesentlich, das System des Arbeitsschutzes zu erfassen.

183 b) **System des Arbeitsschutzes.** Dem Arbeitgeber ist zunächst eine Vielzahl von Arbeitsschutzvorschriften auferlegt. Hierzu gehören u. a. das Arbeitszeitgesetz, Mutterschutzgesetz, Jugendarbeitsschutzgesetz, Gesetze und Regeln zum Schutz der Sicherheit und Gesundheit der Beschäftigten an der Arbeitsstätte und Unfallverhütungsvorschriften, deren Einhaltung durch entsprechende, von den Genossenschaften zu bestellende Aufsichtspersonen überprüft werden. Folgende Arbeitsschutzvorschriften sind mit eigenen Bußgeld- und Straftatregelungen versehen bzw. verweisen direkt auf entsprechende Regelungen in anderen Vorschriften:
- Arbeitsschutzgesetz (§§ 25, 26 ArbSchG),
- Arbeitszeitgesetz (§§ 22, 23 ArbZG),
- Arbeitssicherheitsgesetz (§ 20 ASiG),

---

[117] Str., so *Tröndle/Fischer* § 266 a, Rdnr. 37; BGH NJW 2003, 1821 ff.; s. auch Schönke/Schröder/Lenckner/Perron § 266 a, Rdnr. 28.; s. auch zur Konkurrenz zwischen Beitragsbetrug (§§ 263, 266 a StGB) und Lohnsteuerhinterziehung BGH Beschl. v. 12.2.2003 – 5 StR 165/02 mit Anm. von *Rolletschke* wistra 2005, 211 ff.

[118] Siehe hierzu BT-Drucks. 15/2573, 28.

[119] BGHSt 32, 236, 240 ff.; BFH wistra 1984, 66 f.

[120] Siehe hierzu BGH wistra 1992, 141 f.

- Baustellenverordnung mit Verweis auf die Bußgeld- und Strafregelung der §§ 25, 26 Arbeitsschutzgesetz (§ 7 BaustellV),
- Biostoffverordnung, als Umsetzung der Richtlinie 90/679/EWG, § 19 Arbeitsschutzgesetz (§ 18 BiostoffV),
- Gewerbeordnung (insbesondere § 120 b bis f GewO),
- Verordnung über besondere Arbeitsschutzanforderungen bei Arbeiten im Freien mit Verweis auf die Strafvorschriften des § 147 Abs. 1 Nr. 4 GewO,
- das Siebte Buch des Sozialgesetzbuches (§ 209 SGB VII),
- zahlreiche Unfallverhütungsvorschriften (UVV) mit Verweis auf die Bußgeldvorschrift des § 209 SGB VII.

Die Unfallverhütungsvorschriften werden von den gesetzlichen Unfallversicherungsträgern im Rahmen ihres Präventionsauftrages, Arbeitsunfälle und Berufskrankheiten sowie arbeitsbedingte Gesundheitsgefahren zu verhüten (§§ 1, 14 Nr. 1 SGB VII), erlassen. Verstöße gegen Unfallverhütungsvorschriften gelten als Ordnungswidrigkeiten, sofern sie auf die Bußgeldvorschrift des § 209 SGB VII verweisen. Darüber hinaus sind die Unfallversicherungsträger befugt, Maßnahmen zur Verhütung von Arbeitsunfällen anzuordnen, deren Nichtbeachtung ebenfalls bußgeldbewehrt ist (§§ 209, 17 SGB VII). **184**

Zu beachten ist, dass der Missachtung von Unfallverhütungsvorschriften erhebliche Indizwirkung (Beweisanzeichen für die Voraussehbarkeit eines tatbestandlichen Erfolges) zukommt.[121] Das über Jahre hinweg praktizierte Fehlverhalten im Sinne einer Unfallverhütungsvorschrift kann dann im Hinblick auf die Pflicht zur Gefahrvermeidung entkräftet werden, wenn insbesondere Prüfungen der Arbeitsschutzbehörden/Berufsgenossenschaften beanstandungslos blieben.[122] **185**

Darüber hinaus gibt es zahlreiche Regeln und Verordnungen zum Arbeitsschutz, die selbst keine Sanktionstatbestände vorsehen. Die zuständigen Behörden (Gewerbeaufsichtsämter und Landesbehörden für den Arbeitsschutz) sind jedoch zum Erlass von Anordnungen aufgrund dieser Verordnungen und Vorschriften befugt (z. B. § 22 Abs. 3 ArbSchG, § 24 ArbZG). Ein Nichtbeachten dieser Anordnungen berechtigt die Behörden zur Verhängung von Bußgeldern nach dem Gesetz, aufgrund dessen die Verordnung erlassen wurde. **186**

Beispiele für Vorschriften ohne eigenen Sanktionsregelungsgehalt sind: Arbeitsstättenverordnung, Arbeitsstättenrichtlinien, Arbeitsmittelbenutzungsverordnung, Gefahrstoffverordnung, Lastenhandhabungsverordnung, PSA-Benutzungsverordnung für die Benutzung persönlicher Schutzausrüstung bei der Arbeit sowie verschiedene DIN-Normen (z. B. DIN 4420 – Leitergerüste[123]). **187**

Ein Verstoß gegen diese Normen kann zu strafrechtlichen Konsequenzen führen, wenn durch Nichtbeachtung Schäden an Leben und Gesundheit von Menschen verursacht oder diese gefährdet werden (§§ 222, 229, 319 StGB). Der Arbeitgeber hat als verantwortliche Person (§ 13 ArbSchG) eine Garantenstellung gemäß § 13 StGB, da ihm aufgrund gesetzlicher und arbeitsvertraglicher Verpflichtung die Einhaltung des Arbeitsschutzes obliegt. **188**

c) Kernvorschriften des Arbeitsschutzes *aa) Arbeitsschutzgesetz.* Eine zentrale Norm des Arbeitsschutzes ist das Arbeitsschutzgesetz (ArbSchG), welches eine Reihe von allgemeinen Pflichten des Arbeitgebers, aber auch des Arbeitnehmers vorsieht. § 25 ArbSchG beinhaltet einzelne Bußgeldtatbestände, § 26 ArbSchG einzelne Straftatbestände. Das ArbSchG gilt für alle Tätigkeitsbereiche mit Ausnahme der Hausangestellten in privaten Haushalten. **189**

(1) Grundpflichten des Arbeitgebers. Das ArbSchG richtet sich in erster Linie an den Arbeitgeber (§ 3 ArbSchG – Grundpflichten des Arbeitgebers). Der Arbeitgeber muss für eine Arbeitsgestaltung Sorge tragen, die eine Gefährdung für Leben und Gesundheit möglichst vermeidet und eine verbleibende Gefährdung möglichst gering hält. Darüber hinaus ist eine mögliche Gefährdung durch Schutzmaßnahmen zu unterbinden. Arbeitsschutzmaßnahmen müssen sich im Weiteren an dem aktuellen und neuesten Stand der Technik orientieren (arbeitstechnische sowie arbeitsmedizinische Erkenntnisse). Der Arbeitgeber ist insoweit verpflichtet, den **190**

---

[121] OLG Karlsruhe StraFo 2000, 94 ff.
[122] Siehe hierzu BGH StV 2001, 108 ff.; i.E. *Ignor/Rixen* § 5 Rdnr. 925 ff.
[123] Vgl. OLG Düsseldorf OLGR 1998, 28.

Beschäftigten geeignete Anweisungen zu erteilen. Der Arbeitgeber ist darüber hinaus zur Beurteilung der für die Beschäftigten gegebenen Gefährdungen sowie zur Festlegung und Durchführung der erforderlichen Arbeitsschutzmaßnahmen verpflichtet (§§ 5, 6 ArbSchG). Eine solche Gefährdungsbeurteilung muss in allen Betrieben, unabhängig von ihrer Größe und ihrem Zweck, durchgeführt werden. Den Beschäftigten obliegen dagegen nur Mitwirkungspflichten (Unterstützungs- und Handlungspflichten) zur Vermeidung arbeitsbezogener Gesundheitsgefährdungen (§§ 15, 16 ArbSchG; vgl. auch § 21 Abs. 3 SGB VII).

191 *(2) Ordnungswidrigkeiten gemäß § 25 ArbSchG.* § 25 Abs. 1 Nr. 1 ArbSchG sieht eine Ordnungswidrigkeit vor, wenn vorsätzlich oder fahrlässig einer Rechtsverordnung nach § 18 Abs. 1 oder § 19 ArbSchG zuwidergehandelt wird, soweit diese RechtsVO für einen bestimmten Tatbestand auf diese Bußgeldvorschrift verweist. In welchen Fällen einer Zuwiderhandlung ein Bußgeld vorgesehen ist, ergibt sich daher nicht direkt aus dem ArbSchG, sondern aus Rechtsverordnungen, die auf der Grundlage der §§ 18 Abs. 1 und 19 ArbSchG erlassen wurden. § 18 ArbSchG sieht eine besondere Verordnungsermächtigung für die Bundesregierung vor, § 19 ArbSchG eine solche für Rechtsakte der Europäischen Gemeinschaft und zwischenstaatliche Vereinbarungen. Darüber hinaus handelt nach § 25 Abs. 1 Nr. 2 lit. a ArbSchG ordnungswidrig, wer als Arbeitgeber oder als verantwortliche Person (leitende Angestellte, Führungskräfte) einer vollziehbaren (also bestandskräftig oder sofort vollziehbar, d. h. ohne Aussetzung der sofortigen Vollziehung) Anordnung der Verwaltungsbehörde nach § 22 Abs. 3 ArbSchG zuwiderhandelt. Damit wird sanktioniert, dass sich der Arbeitgeber oder eine verantwortliche Person nach § 13 ArbSchG als Anordnungsadressat über eine behördliche Verfügung hinwegsetzt. Kommt der Arbeitgeber beispielsweise einer vollziehbaren Anordnung, eine Dokumentation nach § 6 ArbSchG zu erstellen, nicht nach, begeht er eine Ordnungswidrigkeit nach § 25 Abs. 1 Nr. 2 lit. a ArbSchG. Nach § 25 Abs. 1 Nr. 2 lit. b ArbSchG handelt des Weiteren ordnungswidrig, wer als Beschäftigter einer vollziehbaren Anordnung nach § 22 Abs. 3 S. 1 Nr. 1 ArbSchG zuwiderhandelt. Nach § 22 Abs. 3 S. 1 Nr. 1 ArbSchG kann die zuständige Behörde auch gegenüber einem Beschäftigten im Einzelfall anordnen, welche Maßnahmen er zur Erfüllung seiner Pflichten aus dem Arbeitsschutzgesetz und den Rechtsverordnungen zu treffen hat. Anders als nach der Gewerbeordnung kann der Beschäftigte Anordnungsadressat sein, da für ihn erstmals öffentlich – rechtliche Pflichten im Rahmen des Arbeitsschutzes festgeschrieben sind.

192 *(3) Straftatbestände gemäß § 26 ArbSchG.* Gemäß § 26 ArbSchG ist Freiheitsstrafe bis zu einem Jahr oder Geldstrafe vorgesehen, wenn der Arbeitgeber und/oder die verantwortliche Person einer vollziehbaren Anordnung beharrlich zuwiderhandelt. Täter einer Straftat nach § 26 Nr. 1 ArbSchG kann entsprechend der Bezugnahme auf § 25 Abs. 1 Nr. 2 lit. a ArbSchG nur der Arbeitgeber oder eine verantwortliche Person, nicht aber der Beschäftigte sein. Beharrlich bedeutet, dass der Täter der Anordnung aus Missachtung oder Gleichgültigkeit immer wieder nicht nachkommt und ihr auch nicht nachzukommen bereit ist. Von Beharrlichkeit kann ausgegangen werden, wenn aus der erneuten Zuwiderhandlung eine rechtsfeindliche Einstellung des Täters gegenüber den arbeitsschutzrechtlichen Vorgaben ersichtlich wird. Anhaltspunkt dafür ist die Zuwiderhandlung trotz einer bereits erfolgten Ahndung oder Abmahnung. Um beharrliches Wiederholen bejahen zu können, genügt es nicht, wenn der Anordnungsadressat der Anordnung einmal zuwidergehandelt hat. Ob Beharrlichkeit vorliegt, ergibt sich vielmehr aus einer Gesamtwürdigung, wonach frühere gleichartige oder ähnliche Handlungen zu berücksichtigen sind. Aus dem Begriff beharrlich wird deutlich, dass nur vorsätzliches Handeln des Täters relevant ist.

193 § 26 Nr. 2 ArbSchG ist ein konkretes Gefährdungsdelikt, d. h. schon das Schaffen einer konkreten Gefahr durch bestimmte Tathandlungen ist strafwürdig; der Geschädigte braucht nicht zu Schaden gekommen zu sein. Die Gefahr für den Beschäftigen muss allerdings konkreter Art sein. Dies ist anzunehmen, wenn nach den konkreten Umständen des Einzelfalls eine begründete Wahrscheinlichkeit für einen Schadenseintritt besteht; die Möglichkeit einer Schädigung muss bedrohlich nahe liegen. Eine abstrakte, nicht nach den Einzelfallumständen, sondern bloß allgemein denkbare Gefahr genügt demgegenüber nicht. Der Vorsatz des Täters muss sich dabei nur auf die Tathandlung und den Eintritt der Gefahrenlage – nicht jedoch auf einen etwaigen Schadenseintritt – beziehen.

Da in § 26 Nr. 2 ArbSchG nur die Gefährdung von Leben oder Gesundheit eines Beschäftigten unter Strafe gestellt ist, fällt unter diesen Tatbestand nicht die Gefährdung des Arbeitgebers selbst oder eines Dritten. Führt eine tatbestandsmäßige Handlung nach § 26 ArbSchG tatsächlich zu einer Schädigung des Beschäftigten oder auch eines Dritten, kann der Täter insoweit eine Straftat nach dem Strafgesetzbuch begangen haben (in Betracht kommen insbesondere die §§ 222, 223, 229 StGB). Erkennt der Arbeitgeber oder eine verantwortliche Person, dass von einem Arbeitsplatz eine ernstzunehmende Gefahr für andere ausgeht, hat er alle erforderlichen Maßnahmen zu treffen, um mögliche Schäden abzuwenden. Unterlässt er dies pflichtwidrig und kommt aus diesem Grund jemand zu Schaden, ist im Regelfall ein Straftatbestand durch Unterlasen nach § 13 StGB (Garantenstellung aufgrund arbeitsrechtlicher Schadensabwendungspflicht) verwirklicht. **194**

bb) Arbeitszeitgesetz (1) Regelungsgehalt des ArbZG. Vor dem Hintergrund der sehr unterschiedlichen Regelungsmaterie in Bezug auf die Schutzbedürftigkeit Einzelner, die einzelnen Branchen sowie die verschiedenen Berufsgruppen und Tätigkeiten, befinden sich die arbeitschutzrechtlichen Normen, die die Arbeitszeit zum Gegenstand haben, ebenfalls in verschiedenen Gesetzen und Verordnungen. Das Arbeitszeitgesetz (ArbZG) enthält insoweit jedoch Kernvorschriften, die die Sicherstellung des Gesundheitsschutzes der Arbeitnehmer, der Sonn- und Feiertagsruhe sowie der Durchführung der gesetzlichen Vorschriften in Form von Kontrollermöglichungspflichten umfassen. Mit dem ArbZG wollte der Gesetzgeber die erlassene Richtlinie 93/104/EG vom 23.11.1993 (Arbeitszeitrichtlinie)[124] in das deutsche Recht umsetzen. Ab dem 2.8.2004 gilt die Arbeitszeitrichtlinie in geänderter Form als Richtlinie 2003/88/EG vom 4.9.2003. **195**

In der Arbeitszeitrichtlinie ist eine Vielzahl von Mindestschutzbedingungen zugunsten der Arbeitnehmer vorgesehen. Hiervon umfasst sind insbesondere Höchstarbeitszeiten, Mindestruhezeiten sowie Pausenregelungen.[125]

Besonders umstritten war, ob ärztlicher Bereitschaftsdienst als Arbeitszeit gilt. Mit Urteil vom 9.9.2003 hat der EuGH[126] ausdrücklich klargestellt, dass Bereitschaftsdienst auch in Deutschland als Arbeitszeit anzusehen ist. Aus diesem Grund war es erforderlich, das ArbZG der Rechtsprechung des EuGH entsprechend zu ändern, was mit Gesetz zu Reformen am Arbeitsmarkt vom 24.12.2003[127] erfolgt ist. Die ab dem 1.1.2004 geltenden Änderungen sehen nunmehr vor, dass Arbeitsbereitschaft und Bereitschaftsdienste in vollem Umfang bei der Berechnung der wöchentlichen Höchstarbeitszeit (48 Stunden) und der täglichen Höchstarbeitszeit (8 bzw. 10 Stunden im Falle des Arbeitsausgleichs) zu berücksichtigen sind. Die Tarifvertragsparteien erhalten allerdings Gestaltungsspielräume und können die Arbeitszeit in einem abgestuften Modell auf über zehn Stunden pro Tag mit Zeitausgleich verlängern. Der Ausgleichszeitraum darf auf bis zu zwölf Monate ausgeweitet werden. Darüber hinaus wurde es ermöglicht, dass sich der Arbeitnehmer durch schriftliche Erklärung, die er mit einer Frist von sechs Monaten widerrufen kann, zu längeren täglichen oder wöchentlichen Arbeitszeiten – allerdings nur bei Vorliegen eines entsprechenden Tarifvertrages – verpflichtet. Es muss sichergestellt sein, dass die Gesundheit des Arbeitnehmers nicht gefährdet wird. Im Falle einer Verlängerung der täglichen Arbeitszeit über zwölf Stunden hinaus muss unmittelbar hieran anschließend eine Ruhezeit von elf Stunden gewährt werden. **196**

Die Änderungen des ArbZG traten zum 1.1.2004 in Kraft, allerdings gilt eine Übergangsfrist bis zum 31.12.2005, innerhalb derer die bestehenden Tarifverträge und darauf beruhende Betriebsvereinbarungen sowie Allgemeine Vertragsbedingungen im kirchlichen Bereich,[128] die Bereitschaftsdienste regeln, in Kraft bleiben, auch wenn sie die neuen gesetzlichen Höchstgrenzen überschreiten. **197**

---

[124] EGRL 104/93, Richtlinie des Rates v. 23.11.1993, ABl. L 307, 18.
[125] Siehe hierzu z. B. auch die Regelung der Arbeitszeit von im Transportgewerbe Tätigen, Richtlinien 3820/85 EWG; 93/104 EG; 2000/34/EG; 2002/15EG, die nach dem Urt. des EuGH v. 9.9.2004 als verhältnismäßiger und tragbarer Eingriff angesehen wird, EuGH NJW 2005, 1637.
[126] EuGH Urt. v. 9.9.2003, NZA 2003, 1019 ff.; s. auch schon BAG Urt. v. 18.2.2003 NZA 2003, 742 ff.
[127] Umsetzung der EGRL 104/93 durch Gesetz zu Reformen am Arbeitsmarkt v. 24.12.2003, BGBl. I S. 3001.
[128] Siehe z. B. zur Arbeitszeit im kirchlichen Krankenhaus BAG Urt. v. 16.3.2004 – 9 AZR 93/03 – DB 2004, S. 1732.

198 *(2) Ordnungswidrigkeiten gemäß § 22 ArbZG.* In § 22 ArbZG ist eine Reihe von Ordnungswidrigkeiten vorgesehen, die dem Schutz des Arbeitnehmers dienen sollen. Bußgeldbedroht ist danach, wer Arbeitnehmer über die im Einzelnen im ArbZG festgehaltenen Arbeitszeiten (§§ 3, 6 Abs. 2, 11 Abs. 2 ArbZG) hinaus beschäftigt (§ 22 Abs. 1 Nr. 1 ArbZG). Im Einzelnen bestimmt grundsätzlich das ArbZG, was unter Arbeitszeit zu verstehen ist. Die Bestimmungen zur Arbeitszeit – z. B. im Hinblick auf Höchstarbeitszeiten oder Ausgleichszeiträume, Pausen und Ruhezeiten – können darüber hinaus gemäß § 5 Abs. 2 und 3 ArbZG für bestimmte Bereiche durch Tarifvertrag angepasst werden. Gemäß § 22 Abs. 1 Nr. 2 ArbZG handelt im Weiteren ordnungswidrig, wer entgegen § 4 ArbZG Ruhepausen nicht, nicht mit der Mindestdauer oder aber nicht rechtzeitig gewährt. Auch hier sind tarifvertragliche Flexibilisierungsmöglichkeiten zur Bestimmung von Pausen vorgesehen (§§ 7 Abs. 1 Nr. 2, Abs. 2 Nr. 3 und 4 ArbZG). Ebenfalls bußgeldbewehrt ist (§ 22 Abs. 1 Nr. 3 ArbZG), wenn entgegen § 5 Abs. 1 ArbZG die Mindestruhezeit nicht gewährt oder entgegen § 5 Abs. 2 ArbZG die Verkürzung der Ruhezeit durch Verlängerung einer anderen Ruhezeit nicht oder nicht rechtzeitig ausgeglichen wird.

199 Gemäß § 22 Abs. 1 Nr. 4 ArbZG handelt derjenige ordnungswidrig, der gegen eine im Rahmen der § 8 S. 1, § 13 Abs. 1 oder 2 sowie § 24 ArbZG erlassenen Rechtsverordnung zuwiderhandelt, sofern diese auf die Bußgeldvorschrift verweist.

200 Im Weiteren ist die Zuwiderhandlung gegen vollziehbare Anordnungen der Aufsichtsbehörde bußgeldbedroht (§ 22 Abs. 1 Nr. 7 ArbZG).

201 In § 22 Abs. 1 Nr. 8 ArbZG sind schließlich die Kontrollermöglichungspflichten des Arbeitgebers erfasst (§ 22 Abs. 1 Nr. 8-10 ArbZG). Eine wiederholte Zuwiderhandlung führt hier allerdings nicht zu einer Strafbarkeit.

202 *(3) Straftatbestände gemäß § 23 ArbZG.* Die Strafvorschriften sind in § 23 ArbZG geregelt. Danach macht sich insbesondere strafbar, wer gegen die Vorschriften über die höchstzulässigen Arbeitszeiten, die Gewährung von Mindestpausen und Ruhezeiten verstößt sowie unzulässig an Sonn- und Feiertagen beschäftigt und dadurch Gesundheit oder Arbeitskraft eines Arbeitnehmers gefährdet. Darüber hinaus ist der beharrliche Verstoß gegen v.g. Vorschriften – ähnlich wie in § 26 ArbSchG – unter Strafe gestellt. Nach § 23 ArbZG ist ebenfalls die fahrlässige Gefahrenverursachung strafbewehrt (§ 23 Abs. 2 ArbZG).

III. Verfahrensrechtliche Besonderheiten

1. Zuständige Behörden im Bereich der illegalen Beschäftigung

203 Zu den verfahrensrechtlichen Besonderheiten gehört, dass zur Bekämpfung wesentlicher Bereiche des Arbeitsstrafrechts – insbesondere im Hinblick auf illegale Beschäftigung, Leistungsmissbrauch und Verstöße gegen das AÜG, AEntG und SchwarzArbG – behördenübergreifende Koordinierungsstellen und gemeinsame Ermittlungsgruppen Schwarzarbeit (GES) eingerichtet worden sind und fortlaufend eingerichtet werden. Ordnungswidrigkeiten nach dem Arbeitnehmerüberlassungsgesetz (AÜG), wegen illegaler (Ausländer)Beschäftigung sowie Verstöße gegen das AEntG wurden insbesondere von der Bundesanstalt für Arbeit[129] – nunmehr Bundesagentur für Arbeit[130] – bzw. von den Landesarbeitsämtern/Arbeitsämtern und den Hauptzollämtern bzw. nunmehr den Behörden der Zollverwaltung[131] ermittelt. Diesbezüglich waren zunächst sog. „Bearbeitungsstellen für die Bekämpfung illegaler Beschäftigung" sowie „Prüfgruppen Außendienst Bau" eingerichtet worden. Nach § 405 Abs. 1 S. 2 SGB III führte die BA bei der Verfolgung und Ahndung von Ordnungswidrigkeiten im Bereich des § 404 Abs. 1 Nr. 2, Abs. 2 Nr. 1 bis 5, 17 bis 26 und des § 16 Abs. 1 Nr. 1 bis 2 AÜG die Bezeichnung „Arbeitsmarktinspektion für die Bekämpfung illegaler Beschäftigung" (Arbeitsmarktinspek-

---

[129] Siehe generell zu Ermittlungskompetenzen der BA *Hoppe* DB 1982, 2571 ff.
[130] Geändert durch das Dritte Gesetzt für moderne Dienstleistungen am Arbeitsmarkt v. 23.12.2003 BGBl. 2003 I S. 2848 ff.
[131] Geändert durch das Gesetz zur Erleichterung der Bekämpfung von illegaler Beschäftigung und Schwarzarbeit v. 23.7.2002, in Kraft getreten am 1.8.2002, BGBl. I S. 2878 ff. Geändert wurden diesbezüglich die §§ 304 Abs. 1, 306 Abs. 1 u. Abs. 2, 307 Abs. 1, 308 Abs. 1, Abs. 1 a sowie Abs. 2 u. 3 SGB III; § 405 Abs. 1 u. 5 SGB III; § 95 Abs. 3 S. 2 SGB IV; §§ 150 Abs. 4 S. 1, 321 S. 1 SGB V; §§ 2 Abs. 1, 5 Abs. 6 AEntG; § 18 Abs. 1 Nr. 7 AÜG.

tion).¹³² Diese Arbeitsmarktinspektionen sind mittlerweile in großen Teilen den Behörden der Zollverwaltung zugeteilt worden, die u. a. für die Außenprüfungen Bau ausschließlich zuständig sind. Die Verlagerung von Aufgaben und Personal zum Zoll ist eine Nebenwirkung des Dritten Gesetzes für moderne Dienstleistungen am Arbeitsmarkt (Hartz III). Das Personal der Arbeitsmarktinspektionen wechselte insoweit zu den Prüfgruppen „Bekämpfung der illegalen Beschäftigung Zoll (BillZB)" bzw. den Prüfgruppen „Finanzkontrolle Schwarzarbeit", die unmittelbar bei den Behörden der Zollverwaltung angesiedelt sind. Bei der Oberfinanzdirektion Köln besteht nunmehr eine Informations- und Koordinationszentrale (InKoBillBZ).

Nach dem Gesetz zur Erleichterung der Bekämpfung von illegaler Beschäftigung und Schwarzarbeit vom 23.7.2002, in Kraft getreten am 1.8.2002,¹³³ sind darüber hinaus Sozialhilfeträger und Behörden, die für Leistungen nach dem Asylbewerbegesetz zuständig sind, an der Bekämpfung der illegalen Beschäftigung beteiligt. Außerdem wurde der Informationsaustausch zwischen den beteiligten Behörden verbessert. Im Steuerrecht sind die Finanzbehörden nunmehr verpflichtet, die Bekämpfungsbehörden von Verhältnissen des Steuerpflichtigen zu unterrichten, soweit dies für die Bekämpfung illegaler Beschäftigung erforderlich ist. Entstanden sind insoweit neue Mitteilungspflichten (§ 31 Abs. 1 und 2 Abgabenordnungen n. F.). Datenübermittlungen sind im Übrigen auch im Hinblick auf die Auftragssperre zulässig. Hervorzuheben ist, dass § 4 Abs. 3 S. 1 SchwarzArbG ausschließlich für die Ordnungswidrigkeit nach § 4 Abs. 1 SchwarzarbG a. F./§ 7 ScharzArbG n. F. (unlautere Werbung für Schwarzarbeit) eine Mitteilungspflicht von Telekommunikations-Unternehmen begründet, die der Handwerkskammer Name und Anschrift anonymer Chiffreanzeige melden müssen. Die zuständigen Verfolgungsbehörden können insoweit über zentrale Abfragestellen gemäß § 90 Abs. 3 und 4 TKG Auskünfte über Namen und Anschrift des Anschlussinhabers einholen (§ 4 Abs. 3 S. 2 SchwarzArbG/§ 7 SchwarzArbG) n. F.). 204

Den zuständigen Behörden sind umfangreiche Besichtigungs-, Betretungs- und Prüfrechte eingeräumt; korrespondierend hierzu bestehen bußgeldbewehrte Mitwirkungs-, Duldungs- und Auskunftspflichten der Betroffenen und Dritten (siehe § 7 AÜG, § 2 AEntG, § 306 SGB III, insbesondere §§ 2, 3, 4 und 5 SchwarzArbG bezüglich der Kompetenzen der Zollverwaltung). 205

Neben der Verfolgung von Ordnungswidrigkeiten und Straftaten besteht das ordentliche Betriebsprüfungsverfahren der Einzugsstelle (§ 28 p SGB IV) sowie ein weiteres Verwaltungsverfahren (§§ 107 i. V. m. 99, 102 SGB IV sowie §§ 304 ff. SGB III), mit dem u. a. die Einhaltung der Vorschriften über die Meldepflicht für geringfügig Beschäftigte und den Sozialversicherungsausweis (§ 95 SGB IV) kontrolliert werden. 206

Mit dem Gesetz zur Intensivierung der Bekämpfung der Schwarzarbeit und damit zusammenhängender Steuerhinterziehung ist schließlich erreicht worden, die bereits in den letzten Jahren kontinuierlich erweiterten Befugnisse der Behörden der Zollverwaltung um Kompetenzen der Finanzbehörden zu erweitern. 207

2. Zuständige Behörden im Bereich des Arbeitsschutzes

Im Bereich des Arbeitsschutzes sind die Gewerbeaufsichtsämter, die Unfallversicherungsträger sowie die Landesbehörden für Arbeitsschutz (Arbeitsschutzbehörden) für die Überwachung der Einhaltung der Vorschriften zuständig. Nach § 139 b GewO überwacht die Gewerbeaufsicht auch die Verletzung von (speziellen) Arbeitsschutzvorschriften (siehe i.E. §§ 120 b, 120 d, 120 e, 133 g bis 134, 134 i, 139 a GewO). Es besteht das Recht zur Besichtigung und Prüfung des Betriebes (siehe auch § 29 GewO), mithin eine bußgeldbewehrte Duldung der Prüfung (§ 147 Abs. 2 und 3 GewO). Die unrichtige, nicht vollständige oder unterlassene Auskunftserteilung auf Verlangen nach § 29 Abs. 1 GewO ist ebenfalls bußgeldbewehrt (§ 146 Abs. 2 Nr. 4 GewO). Den Unfallversicherungsträgern obliegen für die Durchführung von Maßnahmen zur Verhütung von Arbeitsunfällen und arbeitsbedingten Gesundheitsgefahren eine Beratungs- wie auch Überwachungspflicht (§ 17 SGB VII). Auch hierfür sind ihnen Betretungsrechte zu Betriebs- und Geschäftszeiten hinsichtlich der Grundstücke und Betriebsstätten eingeräumt, die von den Betroffenen bußgeldbewehrt geduldet werden müssen (§ 209 SGB IV). Darüber hinaus können Auskünfte verlangt sowie geschäftliche und betriebliche 208

---

¹³² Siehe i.E. hierzu *Ignor/Rixen* NStZ 2002, 510, 516.
¹³³ BGBl. I S. 2787 ff.

Unterlagen gesichtet werden (siehe i.E. § 19 SGB VII). Die Unfallversicherungsträger arbeiten mit den Arbeitsschutzbehörden zusammen (u. a. gegenseitige Unterrichtung, § 20 SGB VII). Es besteht eine Zusammenarbeit bei der Verfolgung von Ordnungswidrigkeiten mit der BfA, den Krankenkassen, Ausländerbehörden (§ 63 AuslG), Finanzbehörden sowie den Behörden der Zollverwaltung (§ 211 SGB VII a. F./n. F.[134]). Entsprechende Regelungen befinden sich für die Arbeitsschutzbehörden in §§ 21 Abs. 3, 23 Abs. 3 ArbSchG (siehe auch §§ 17 Abs. 5, 22 Abs. 1 Ziff. 10 ArbZG n. F.).

209 Den Arbeitsschutzbehörden stehen ebenfalls entsprechende Befugnisse zu, insbesondere Betretungs- und Prüfungsrechte (§ 22 Abs. 1 ArbSchG). Die auskunftspflichtigen Personen haben diese Maßnahmen zu dulden (§ 22 Abs. 2 ArbSchG). Eine diesbezügliche Pflichtverletzung ist allerdings im ArbSchG – im Gegensatz auch zum ArbZG (§ 22 Abs. 1 Ziff. 10 ArbZG) – nicht als Bußgeldtatbestand vorgesehen.

3. Anforderungen an tatrichterliche Feststellungen

210 Tatrichterliche Feststellungen müssen in ausreichendem Maße erkennen lassen, inwieweit die einzelnen Voraussetzungen der Bußgeld- und Straftatbestände vorliegen. Eine erfolgreiche Anfechtung von Urteilen kann häufig schon deshalb erzielt werden, weil die Gründe lückenhaft und unvollständig sind.[135]

211 Hinsichtlich einzelner, häufig nicht in ausreichendem Maße berücksichtigter Anforderungen sollen an dieser Stelle beispielhaft für die Spezialmaterie des AEntG, AÜG, SchwarzArbG sowie SGB III lediglich exemplarisch – ohne Anspruch auf Vollständigkeit – folgende Lücken bzw. unzureichende Feststellungen dahin gehend aufgezeigt werden:
- ob das Unternehmen überhaupt unter einen anzuwendenden Tarifvertrag fällt, z. B. im Sinne des AEntG überwiegend Bauleistungen erbringt,
- zum Umfang der Einzelnen erbrachten Leistungen der Arbeitnehmer (AÜG, AEntG, SchwarzArbG),
- für welche Arbeiten die Arbeitnehmer im Einzelnen eingesetzt wurden (AEntG, AÜG, SchwarzArbG),
- hinsichtlich der Arbeitszeiten der Arbeitnehmer (Frage des Umfanges),
- hinsichtlich des Auftragsvolumens (Kriterien des erheblichen Umfanges als erforderliche Voraussetzung einer Bebußung, z. B. nach SchwarzArbG),
- ob und welche Arbeiten der Betrieb in Deutschland – nach der Rechtsprechung des EuGH[136] auch im EU- bzw. im EWR-Heimatland eingesetzt werden (Anwendungsbereich des AEntG oder Verbotsnormen des AÜG),
- ob alle betroffenen Arbeitnehmer dem persönlichen Geltungsbereich (z. B. § 1 Abs. 3 AEntG und für die Frage einer unzulässigen Arbeitnehmerüberlassung im Baugewerbe) unterfallen (nach Alter und Tätigkeit),
- fehlende, aber erforderliche Gesamtbetrachtung (AEntG, AÜG, SchwarzArbG),[137]
- widersprüchliche und lückenhafte Feststellungen zu gezahltem Lohn (insbesondere Stundenlohn, AEntG, § 266 a StGB).[138]

212 Eine Urteilsaufhebung kommt schließlich auch deshalb in Betracht, weil das Verfahrenshindernis der Doppelverfolgung (insbesondere § 84 OWiG) vorliegt. Dies gilt beispielsweise dann, wenn bereits Bußgeldbescheide, die die Nichtzahlung des Mindestlohnes für Arbeitnehmer nach dem AEntG umfassen, erlassen wurden und in einem späteren Verfahren Feststellungen zu denselben prozessualen Taten getroffen werden, obwohl der Bußgeldbescheid nicht Gegenstand des Verfahrens ist.[139]

---

[134] Geändert durch das Gesetz zur Erleichterung der Bekämpfung von illegaler Beschäftigung und Schwarzarbeit v. 23.7.2002, BGBl. I S. 2787 ff., in Kraft getreten am 1.8.2002.
[135] Siehe hierzu OLG Hamm Beschl. v. 30.1.2002 – 2 Ss OWI 1175/2001 – *Metzger* IBR 2002, 226; OLG Celle wistra 2002, 230 f.; *Greeve* IBR 2002, 286; KG wistra 2002, 227.
[136] Siehe hierzu EuGH NJW 2001, 3767 ff.
[137] Siehe hierzu BGH NStZ 2003, 552 ff.
[138] Siehe hierzu KG wistra 2002, 227 ff.
[139] Siehe hierzu KG wistra 2002, 227 ff.

§ 28 Umweltstrafrecht

Übersicht

	Rdnr.
I. Einleitung	1–4
II. Grundlagen	5–107
1. Verwaltungsakzessorietät des Umweltstrafrechts	5–44
a) Begrifflichkeiten	6–23
b) Rechtfertigung behördlicher Genehmigungen	24–26
c) Rechtswidrige Genehmigungen	27–30
d) Genehmigungsfähigkeit	31
e) Die behördliche Duldung	32–36
f) Nachträgliche Genehmigung	37
g) Aufhebung einer Auflage oder Genehmigung	38/39
h) Genehmigungsverstoß	40/41
i) Anzeigepflichten	42–44
2. Rechtfertigender Notstand	45–48
3. Strafrechtliche Verantwortlichkeit von Amtsträgern	49–64
a) Personenkreis	49–54
b) Fehlerhafte Genehmigungen	55–59
c) Unterlassene Rücknahme fehlerhafter Genehmigungen	60–63
d) Unterlassenes Einschreiten gegen Umweltbeeinträchtigungen	64
4. Strafrechtliche Verantwortung im Unternehmen	65–83
a) Der Betriebsbeauftragte	65–70
b) Delegation bestimmter Pflichten	71–74
c) Verantwortlichkeit des Unternehmens, des Betriebsinhabers und der Mitarbeiter	75–83
5. Begriffsbestimmungen des § 330 d StGB	84–98
a) Gewässer	84–92
b) Kerntechnische Anlage	93/94
c) Gefährliches Gut	95/96
d) Verwaltungsrechtliche Pflicht	97
e) Handeln ohne Genehmigung, Planfeststellung oder sonstige Zulassung	98
6. Rechtsfolgen	99–107
a) Allgemein	99
b) Besonders schwerer Fall, § 330 StGB	100–102
c) Tätige Reue, § 330 b StGB	103–106
d) Verfall, §§ 73 ff. StGB	107
III. Die einzelnen Straftatbestände	108–221
1. Gewässerverunreinigung (§ 324 StGB)	108–135
a) Fallbeispiele	109/110
b) Die Tatbestandsmerkmale	111–129
c) Die Rechtsfolgen	130–135
2. Bodenverunreinigung, § 324 a StGB	136–148
a) Begriff des Bodens	137/138
b) Tatbestandsmerkmale	139–148
3. Luftverunreinigung, § 325 StGB	149–163
a) Luftverunreinigung, § 325 Abs. 1 StGB	150–155
b) Freisetzen von Schadstoffen, § 325 Abs. 2 StGB	156–160
c) Vorsatz und Fahrlässigkeit	161–163
4. Verursachen von Lärm, Erschütterungen, nichtionisierenden Strahlungen, § 325 a StGB	164–175
a) Lärmverursachung, § 325 a Abs. 1 StGB	165–170
b) Schutz vor Lärm, Erschütterung und nicht ionisierenden Strahlen, § 325 Abs. 2 StGB	171–175
5. Unerlaubter Umgang mit gefährlichen Abfällen, § 326 StGB	176–204
a) Abfallbegriff	179–183
b) Tatbestandsmerkmale	184–195
c) Vorsatz, Fahrlässigkeit und Unterlassen	196–201

e) Abfalltourismus, § 326 Abs. 2 StGB 202/203
f) Minima-Klausel, § 326 Abs. 6 StGB 204
6. Unerlaubtes Betreiben von Anlagen, § 327 StGB 205–210
7. Unerlaubter Umgang mit gefährlichen Stoffen und Gütern, § 328 StGB 211–216
8. Gefährdung schutzbedürftiger Gebiete, § 329 StGB 217–221
IV. Nebenstrafrecht 222–234
1. Verhältnis zum Kernstrafrecht 222/223
2. Übersicht 224–234
V. Europäisches und internationales Umweltstrafrecht 235–251
1. Einfluss des Europäischen Gemeinschaftsrechts auf das nationale
Umweltstrafrecht 235–243
a) Rahmenbeschluss 235–239
b) Abfallbegriff 240–243
2. Internationales Umweltstrafrecht 244–251

Schrifttum: *Alleweldt*, Zur Strafbarkeit der geduldeten Gewässerverunreinigung, NuR 1992, 312 ff.; *Apel*, Die Strafbarkeit von Grundwasserverunreinigungen durch undichte Abwasserkanäle, Korrespondenz Abwasser 1990, 669 ff.; *Bottke*, Das zukünftige Umweltstrafrecht, JuS 1980, 539 ff.; *Busch*, Unternehmen und Umweltstrafrecht, 1997; *Busch/Iburg*, Umweltstrafrecht, 2002; *Dahs*, Der Überwachungswert im Strafrecht – ein untauglicher Versuch, NStZ 1987, 440 f.; *Franzheim*, Die Umgrenzung der wasserrechtlichen Einleitungserlaubnis als Rechtfertigungsgrund des Straftatbestandes der Gewässerverunreinigung, NStZ 1987, 437 ff.; *Franzheim/Pfohl*, Umweltstrafrecht, 2. Aufl., 2001; *Gossow* (Hrsg.), Altlastensanierung – Genehmigungsrechtliche, bautechnische und haftungsrechtliche Aspekte, 1995; *Greeve/Leipold*, Handbuch des Baustrafrechts, 2004; *Heine*, Strafrecht und Abfalltourismus, Festschrift für Otto Trifferter 1996, 265; *ders.*, Verwaltungsakzessorietät des Umweltstrafrechts, NJW 1990, 2425 ff.; *Himmelmann/Pohl/Tünnesen-Harmes*, Handbuch des Umweltrechts, 2000; *Hoppe/Beckmann/Kauch*, Umweltrecht, 2. Aufl., 2000; *Kloepfer*, Umweltrecht, 3. Aufl., 2004; *Kloepfer/Vierhaus*, Umweltrecht, 2. Aufl., 2002; *Lackner/Kühl*, Strafgesetzbuch-Kommentar, 25. Aufl., 2004; *Langkeit*, Zweites Gesetz zur Bekämpfung der Umweltkriminalität – Heilsweg oder Sackgasse?, WiB 1994, 710 ff.; Leipziger Kommentar LK-Steindorf, 11. Aufl., Bd. 8, 1997; *Meinberg/Möhrenschlager* (Hrsg.), Umweltstrafrecht, 1989; *Michalke*, Umweltstrafsachen, 2. Aufl., 2000; *Möhrenschlager*, Neuere Entwicklungen im Umweltstrafrecht, NuR 1983, 209 ff.; *ders.*, Revision des Umweltstrafrechts – Das Zweite Gesetz zur Bekämpfung der Umweltkriminalität, NStZ 1994, 514 ff., 566 ff.; *Rengier*, Überlegungen zu den Rechtsgütern und Deliktstypen im Umweltstrafrecht, in: Ökologie und Recht (Hrsg. Schulz), 1992, 33 ff.; *Rogall*, Die Strafbarkeit von Amtsträgern im Umweltbereich, 1991; *ders.*, Grundprobleme des Abfallrechts 2. Teil, NStZ 1992, 360-364, 561-567; *Rudolphi*, Primat des Strafrechts im Umweltschutz?, NStZ, 1984, 193 ff.; *Sack*, Zur Frage, inwieweit ein mit Bauschutt aufgefüllter Teil eines Betriebsgrundstücks, auf dem ein Steinbruch mit Schotterwerk betrieben wird, eine Abfallentsorgungsanlage im Sinne von § 327 Abs. 2 Nr. 2 StGB sein kann, JR 1992, 516 ff.; *Schall*, Systematische Übersicht der Rechtsprechung zum Umweltstrafrecht, NStZ-RR 2001, 1 ff., NStZ-RR 2002, 33 ff.; NStZ-RR 2003, 65 ff.; NStZ-RR 2005, 33 ff.; NStZ 1992, 209 ff.; NStZ 1997, 420 ff., 462 ff., 577 ff.; *ders.*, Umweltschutz durch Strafrecht: Anspruch und Wirklichkeit, NJW 1990, 1263 ff.; *Schmid/Schöne*, Das neue Umweltstrafrecht, NJW 1994, 2514 ff.; *Schönke/Schröder*, Strafgesetzbuch – Kommentar, 26. Aufl., 2001; *Schünemann*, Die Strafbarkeit von Amtsträgern im Gewässerrecht, wistra 1986, 235 ff. *Schroth, U.*, Ist die Benutzung von giftigen Schlacken im Straßenbau strafbar?, NStZ 1996, 547 ff.; *Tröndle/Fischer*, Strafgesetzbuch – Kommentar, 53. Aufl., 2006; *Wasmuth/Koch*, Rechtfertigende Wirkung der behördlichen Duldung im Umweltstrafrecht, NJW 1990, 2435 ff.

I. Einleitung

1   Durch das 18. StrÄndG vom 28.3.1980[1] wurde das Umweltstrafrecht, das bislang im sog. Nebenstrafrecht geregelt war, weitestgehend durch die Strafbestimmungen zum Schutz der Umwelt dem 29. Abschnitt des StGB (§§ 324 ff. StGB) zugeordnet. Mit dieser „strafrechtlichen Aufwertung" sollte durch umfassende strafrechtliche Sanktionsmöglichkeiten schwerwiegenden Schädigungen und Gefährdungen der Umwelt wirksamer entgegengetreten werden und dabei der „sozialschädliche Charakter" solcher Delikte mehr in das Bewusstsein der Allgemeinheit gerückt werden.[2] Novellierungen fanden durch das 31. Strafrechtsänderungsgesetz (2. UKG vom 27.6.1994, in Kraft seit 1.11.1994)[3] sowie das 6. Strafrechtsreformgesetz (6. StrRG vom 26.1.1998, in Kraft seit 1.4.1998)[4] statt.

---

[1] Gesetz zur Bekämpfung der Umweltkriminalität vom 28.3.1980, BGBl. I S. 373.
[2] So die Begründung des Gesetzes BT-Drucks. 8/2382, S. 1.
[3] BGBl. I S. 1440.
[4] BGBl. I S. 164.

Die Vorschriften der §§ 324 ff. StGB sind mit Ausnahme des § 330 a StGB **verwaltungsak-** 2
zessorisch ausgestaltet, das heißt, strafbar kann nur solches Verhalten sein, das auch nach der
Verwaltungsrechtslage nicht zulässig ist. Grund hierfür ist, dass ein Handeln dann nicht bestraft werden kann, wenn es aufgrund anderer Rechtsquellen gestattet ist. Dies wird im Gesetzestext mit Begriffen wie „unter Verletzung verwaltungsrechtlicher Pflichten" oder „ohne
die erforderliche Genehmigung" deutlich gemacht. Das Umweltstrafrecht wird in seiner Wirkungsweise also maßgeblich durch das Umweltverwaltungsrecht und die Verwaltungspraxis
bestimmt und muss bei zu großzügiger Praxis beschränkt bleiben, kann also somit nur sekundär eingreifen.[5]

Das Umweltstrafrecht geht vom **Schutz einzelner Umweltmedien**, wie Boden, Luft und Was- 3
ser aus, die als eigenständige Schutzgüter anerkannt wurden. Daneben genießen noch die Tier-
und Pflanzenwelt einen unabhängigen Schutz. Diese Güter werden aber nicht um ihrer selbst
willen geschützt. Nach herrschender Auffassung hat das Umweltstrafrecht nämlich einen doppelten Rechtsgutsbezug, d. h. die Umweltmedien werden zwar geschützt, Bezugspunkt ist aber
der Mensch, den in seiner natürlichen Umwelt zu schützen, Aufgabe des Strafrechts ist. Diese
beiden Akzente der „ökologisch-anthropozentrischen" Sichtweise sind bei den einzelnen Straftatbeständen unterschiedlich stark ausgeprägt.

Den „Verantwortlichen eines Unternehmens", wie namentlich nicht benannte beschuldigte 4
Personen von den Ermittlungsbehörden häufig bezeichnet werden, stehen Fachabteilungen der Staatsanwaltschaft und der Polizei gegenüber, die nicht zögern, strafprozessuale
Zwangsmaßnahmen wie z. B. Hausdurchsuchungen, Beschlagnahmen u. s. w. anzuwenden,
wenn dies aus deren Sicht zum schnellen Ermittlungserfolg führt. Um so wichtiger ist die frühzeitige Hinzuziehung eines auf Strafrecht spezialisierten Rechtsanwalts. Umweltstrafverfahren
erfordern erfahrungsgemäß sowohl einen „Individualverteidiger", als auch zusätzlich einen
weiteren Rechtsanwalt, der die Firmeninteressen vertritt. Eine große Bedeutung kommt hier
der Prävention zu. Unternehmen ist die frühe Beratung über Verhaltensmassregeln beim „Erscheinen des Staatsanwalts" und die Vermeidung von Umweltdelikten anzuempfehlen. Wenn
es dann doch zum Ermittlungsverfahren kommt, sollte das Verteidigungsmandat so früh als
irgend möglich erteilt werden, um Fehler im Frühstadium zu vermeiden. Hier ist insbesondere
das Aussageverhalten zu nennen, durch das der rechtlich nicht beratene Beschuldigte nicht
mehr zu korrigierende Fehler machen kann. Aber auch die Auslotung der Möglichkeiten mit
der Staatsanwaltschaft zu kooperieren, können bereits zu Beginn der Ermittlungen angezeigt
sein.

II. Grundlagen

1. Verwaltungsakzessorietät des Umweltstrafrechts

Das Umweltstrafrecht ist in hohem Maß von der Verwaltungsakzessorietät beeinflusst. Hier 5
gilt als Faustregel: „Was das Verwaltungsrecht erlaubt, kann das Strafrecht nicht verbieten."[6]

a) Begrifflichkeiten. *aa) Begriff der Verwaltungsrechtsakzessorietät.* Verwaltungsakzessorie- 6
tät bedeutet, dass der Gesetzgeber auf die Umschreibung der Strafbarkeit verzichtet hat und
stattdessen auf die vorgegebenen Reglungen des Verwaltungsrechts verweist.[7] Dies ist nach
ganz h. M. notwendig,[8] um Umweltverstöße weitgehend strafrechtlich erfassen zu können.
Dadurch ist aber das Umweltstrafrecht in besonderem Maße abhängig von umweltpolitischen
Entscheidungen der verschiedenen Gesetz- und Verordnungsgeber des Bundes und der Länder
sowie der unterschiedlichen Verwaltungspraxis der zuständigen Umweltbehörden.

Die Strafbarkeit hängt damit einerseits davon ab, dass gegen Vorschriften z. B. des Bundes- 7
simmissionsschutzgesetzes,[9] des Wasserhaushaltsgesetzes,[10] des Kreislaufwirtschafts- und Ab-

---

[5] *Franzheim/Pfohl* Rdnr. 23.
[6] *Rogall* NStZ 1992, 565; *Lackner/Kühl* Vorbem. § 324 Rdnr. 3.
[7] *Busch/Iburg* Ziff. 2.
[8] *Tröndle/Fischer* Vorbem. § 324 Rdnr. 6.
[9] BImSchG i. d. F. v. 26.9.2002 BGBl. I S. 3830 m. Änd. v. 25.6.2005 BGBl. I S. 1865.
[10] WHG i. d. F. v. 19.8.2002 BGBl. I S. 3245 m. Änd. v. 25.6.2005 BGBl. I S. 1746.

fallgesetzes,[11] des Bundesbodenschutzgesetzes,[12] oder einer aufgrund dieser Gesetze erlassenen Rechtsverordnung (z. B. 4. BImSchV-VO über genehmigungspflichtige Anlagen)[13] verstoßen wurde. Das Umweltverwaltungsrecht genießt damit einen Vorrang[14] bei der Definition des Schutzumfanges der Umweltgüter, worauf „blankettartig" in den Strafvorschriften (z. B. „Wer unter Verletzung verwaltungsrechtlicher Pflichten ...", z. B. §§ 311 d, 324 d, 324 a, 325, 325 a, 326 III, 328 III StGB) verwiesen wird.

8   *bb) Begriff der Verwaltungsaktakzessorietät.* Andererseits hängt eine Strafbarkeit von der Einzelfallentscheidung der Verwaltungsbehörden ab, die sog. Verwaltungsaktakzessorietät. Sie ist legaldefiniert in § 330 d Nr. 4 c StGB und bedeutet die Zuwiderhandlung gegen einen umweltschützenden vollziehbaren Verwaltungsakt i. S. d. § 35 VwVfG,[15] also gegen eine Untersagung, Anordnung oder Auflage (§ 330 d Nr. 4 d StGB).

9   Die Verwaltungsaktakzessorietät stellt die überwiegende Abhängigkeit des Umweltstrafrechts dar.[16] Sie ist nicht unproblematisch, denn der umweltrechtliche Verwaltungsakt muss nach h. M. nur formell wirksam sein, eine etwa materiell-rechtliche Unrichtigkeit ist unschädlich.[17] Zudem hängt eine Strafbarkeit davon ab, welche Beurteilungs- und Entscheidungsgrundsätze die Behörde leiten, umweltschädigende Verhaltensweisen zu erfassen oder nicht. Der Inhalt umweltrechtlicher Verwaltungsakte ist darüber hinaus einem ständigen Wandel ausgesetzt,[18] was insgesamt verfassungsrechtlich nicht unbedenklich erscheint.[19]

10 Bei der Verwaltungsaktakzessorietät erfolgt die Verknüpfung des Umweltrechts mit Umweltstraftatbeständen durch Formulierungen, wie „ohne die erforderliche Genehmigung oder entgegen einer vollziehbaren Untersagung" (§§ 327, 328 I StGB) bzw. „unbefugt" (§§ 324, 326 I StGB). Die verwaltungsrechtlichen Vorgaben können sich dabei auf den strafrechtlichen Tatbestand oder die Rechtswidrigkeit auswirken.[20]

11 *cc) Begriff der Verwaltungsvertragsakzessorietät.* Die neue Verwaltungsvertragsakzessorietät, wie sie in § 330 d Nr. 4 e StGB normiert wurde, soll öffentlich-rechtliche Verträge erfassen, deren Pflichten auch durch Verwaltungsakt hätten auferlegt werden können. Sie verhindert eine Umgehung des Umweltstrafrechts durch den Abschluss öffentlich-rechtlicher Verträge.[21]

12 *dd) Begriff der Verwaltungsjudikatsakzessorietät.* Schließlich werden mit der Verwaltungsjudikatsakzessorietät[22] verwaltungsgerichtliche Entscheidungen (§ 330 d Nr. 4 b StGB) in den Pflichtenkatalog des Umweltstrafrechts einbezogen.[23]

13 *ee) Verhältnis von Verwaltungsakts- und Verwaltungsrechtsakzessorietät.* Auch wenn im Urteil des OVG Münster[24] keine direkte Konkurrenz zwischen Verwaltungsakt und Rechtsnorm zu entscheiden war, sieht es das Gericht jedenfalls als rechtlich unbedenklich an, wenn im Wege der Normsetzung Befugnisse entzogen werden, die in einer Einzelfallentscheidung durch Verwaltungsakt gewährt wurden. Eine schützenswerte Vertrauensposition bei einer verwaltungsrechtlichen Zulassungsentscheidung kann wegen der gesetzlichen Möglichkeit einer späteren Änderung nicht entstehen.

14 Daraus wird man auch für das Umweltstrafrecht einen Vorrang der Verwaltungsrechtsakzessorietät gegenüber der Verwaltungsaktsakzessorietät folgern können. Dies gilt allerdings nur

---

[11] KrW-/AbfG i. d. F. v. 27.9.1994 BGBl. I S. 2705 m. Änd. v. 1.9.2005 BGBl. I S. 2618.
[12] BBodSchG i. d. F. v. 17.3.1998 BGBl. I S. 502 m. Änd. v. 9.12.2004 BGBl. I S. 3214.
[13] 4. BImSchV i. d. F. v. 14.3.1997 BGBl. I S. 504 m. Änd. v. 20.6.2005 BGBl. I S. 1687.
[14] *Heine* NJW 1990, 2427.
[15] VwVfG i. d. F. v. 23.1.2003 BGBl. I S. 102 m. Änd. v. 5.5.2004 BGBl. I S. 718.
[16] *Busch/Iburg* Ziff. 2.1.3.
[17] *Tröndle/Fischer* Vorbem. § 324, Rdnr. 7.
[18] *Lackner/Kühl* Vorbem. § 324 Rdnr. 3
[19] *Schall* NJW 1990, 1266; *Schmidt/Schöne* NJW 1994, 2514.
[20] *Hoppe/Beckmann* § 13 Rdnr. 20.
[21] *Kloepfer/Vierhaus* Rdnr. 26; *Busch/Iburg* Ziff. 2.1.4.
[22] *Kloepfer* § 7 Rdnr. 12.
[23] „Z. B. eine verwaltungsgerichtliche Betriebsuntersagung", *Busch/Iburg* Ziff. 2.1.5.
[24] OVG Münster NuR 2004, 472.

für diese besondere Fallkonstellation, denn bei aktueller Konkurrenz zwischen Verwaltungsakt und Rechtsnorm hat nach h. M. der normkonkretisierende Verwaltungsakt den Vorrang.[25]

Aus Sicht des Gesetzgebers gibt es zu dieser Verwaltungsakzessorietät des Strafrechts kaum eine Alternative. Immerhin hat der Gesetzgeber einem Missbrauch insofern einen Riegel vorgeschoben, als rechtsmissbräuchliche Verhaltensweisen dem genehmigungslosen Handeln gleichgestellt worden sind. Die den Behörden eingeräumten Ermessens- und Beurteilungsspielräume sollen dem Ausgleich widerstreitender Interessen dienen – dem Schutz und der Bewahrung der Umwelt einerseits, der wirtschaftlichen, gewerblichen oder sonstigen Nutzung der Umwelt andererseits. Soll diese Ausgleichsfunktion erhalten bleiben, muss diese Entscheidungsbefugnis auch für das Strafrecht Geltung haben. Einem autonomen Umweltstrafrecht sind deshalb sehr enge Grenzen gesetzt, wie § 330 a StGB zeigt, der einen konkreten Lebens- und Gesundheitsgefährdungstatbestand beschreibt.

Die praktisch wichtigste Konsequenz der Verwaltungsaktakzessorietät besteht darin, dass Genehmigungen, die nicht durch Drohung, Bestechung oder Kollusion erwirkt oder durch falsche Angaben erschlichen sind, die Strafbarkeit ausschließen. Da es nur auf die formelle Rechtmäßigkeit ankommt (ausgenommen die in § 330 d Nr. 5 StGB geregelte Fallgruppe des kollusiven Zusammenwirkens), hindert selbst ein materiell rechtswidriger Verwaltungsakt die Strafbarkeit nicht. Ein Teil der Lehre geht sogar von einer rechtfertigenden Wirkung bloßer behördlicher Duldung aus, sofern diese „aktiv" erfolgt, also in Kenntnis des umweltbeeinträchtigenden Verhaltens.[26]

Der Zugriff des Umweltstrafrechts bleibt deshalb weitgehend beschränkt auf die nicht genehmigten, eher alltäglichen Vorgänge. Gerade die gewichtigeren Umweltbeeinträchtigungen, insbesondere aus dem gewerblich-industriellen Verantwortungsbereich, erfüllen sehr viel seltener die Strafbarkeitsvoraussetzungen, weil sie von den Umweltbehörden antragsgemäß gestattet sind oder zumindest geduldet werden. Hier entsteht eine Strafbarkeit allenfalls dadurch, dass die Genehmigungsbehörde die Genehmigung von vornherein mit Auflagen versieht bzw. dass sie die von der Anlage ausgehenden Gefahren frühzeitig erkennt und sich daher zu einer vollziehbaren Anordnung oder Untersagung gegenüber dem Anlagenbetreiber entscheidet und das Unternehmen dann dagegen verstößt. Fehlt es nun aber an dieser häufig zeit- und arbeitsintensiven Überwachungstätigkeit durch die Verwaltung, so werden die vielbeklagten Vollzugsdefizite des Verwaltungsrechts in das Strafrecht transportiert, so dass aufgrund der verwaltungsaktsakzessorischen Ausgestaltung zwangsläufig auch der strafrechtliche Umweltschutz weitgehend leerläuft.

Gerade alte Genehmigungen sind häufig weit gefasst. Es sind und können vielfach später auftretende Umweltbeeinträchtigungen und Gefahren nicht erfasst werden. Gleiches gilt für technische Verbesserungen. Hier hat die Verwaltungsbehörde ggf. den begünstigenden Verwaltungsakt mit Wirkung für die Zukunft zu widerrufen.

Selbst dort, wo eine Genehmigung fehlt, wird es vielfach deshalb nicht zu einer Verurteilung kommen, weil die verwaltungsrechtliche Vorgeschichte zu komplex, vielschichtig und unklar ist, als dass im Einzelfall objektive Pflichtwidrigkeiten, geschweige denn ein individuelles Verschulden, ohne weiteres erkennbar bzw. nachweisbar wäre. Selbst ein auf dem Gebiet des Umweltrechts Kundiger hat dann häufig Probleme, über die vergangenen Jahre hinweg die Gesetzeslage zu rekonstruieren.

Sofern eine Umweltbeeinträchtigung zwar nicht genehmigt ist, materiellrechtlich aber genehmigungsfähig wäre, wird zwar teilweise über das Vorliegen eines Strafaufhebungsgrundes diskutiert, beispielsweise wenn eine Genehmigungspflicht oder eine Ermessensreduzierung auf Null vorliegt.[27] Tatbestandlich liegt jedoch ein strafbares Verhalten vor.

Neben den Genehmigungen ist die zweite große Fallgruppe, die unter dem Gesichtspunkt der Verwaltungsaktakzessorietät von Bedeutung ist, die der belastenden Verwaltungsakte, also z. B. die Untersagungen oder Auflagen. Ein Verstoß hiergegen stellt die in zahlreichen Umweltstraftatbeständen tatbestandlich erforderliche „Verletzung verwaltungsrechtlicher Pflichten"

---

[25] *Schall* NStZ-RR 2005, 102.
[26] Vgl. LK/*Steindorf* Vorbem. § 324 Rdnr. 44 ff.; *Tröndle/Fischer* Vorbem. § 324 Rdnr. 11.
[27] LK/*Steindorf* Vorbem. § 324 Rdnr. 43.

dar. Bei einem Zusammenwirken zwischen Behörde und Unternehmen können in der Praxis die nach der Rechtslage gebotenen Verwaltungsakte wie Anordnungen, Auflagen oder Untersagungen mit der Folge unterbleiben, dass die strafrechtliche Anknüpfung vereitelt wird. In Betracht kommt dann lediglich eine Strafbarkeit des Amtsträgers, sofern für diesen eine Pflicht zum Einschreiten bestand.

22 Nichtige Verwaltungsakte i. S. d. § 44 VwVfG sind unwirksam (§ 43 Abs. 3 VwVfG) und nicht zuletzt wegen der Verwaltungsakzessorietät strafrechtlich unbeachtlich.

23 Wegen dieser Verwaltungsakzessorietät hat das Umweltstrafrecht eine das Umweltverwaltungsrecht flankierende und ergänzende Funktion. Eine Verbesserung des Umweltschutzes muss – auch wenn man mit der „ultima-ratio"-Funktion des Strafrechts ernst machen möchte – in erster Linie mit außerstrafrechtlichen Mitteln angestrebt werden, also durch Fortentwicklung des Umweltverwaltungsrechts. Im Rahmen dieses Handbuchs kann auf diesen auch dogmatisch umstrittenen und interessanten Bereich nicht näher eingegangen werden.[28]

24 **b) Rechtfertigung behördlicher Genehmigungen.** Genehmigungen, Bewilligungen oder Erlaubnisse der Behörde lassen wegen der Verwaltungsakzessorietät die Rechtswidrigkeit einer Umweltstraftat nach der Rechtsprechung entfallen.[29]

25 Voraussetzung ist allerdings, dass das Täterverhalten von der Regelungswirkung des Verwaltungsakts tatsächlich gedeckt ist. So kann z. B. auch nur eine wasserrechtliche Erlaubnis rechtfertigend im Sinne des § 324 StGB sein, denn nur diese ist auf eine mögliche Gewässerverunreinigung gerichtet und stellt von dem entsprechenden Verbot frei (Legalisierungswirkung).[30] Von der Regelungswirkung der Genehmigung wird hingegen nicht erfasst das von der Behörde ursprünglich falsch eingeschätzte Risiko, d. h. die konkrete Gefahr für die umweltrechtlich geschützten Güter.[31]

26 Allerdings dürfte ein Irrtum des Verursachers über die Folgen einer Umweltverschmutzung eine Strafbarkeit ausschließen, wenn er die Folgen seines Handelns nicht kennt und er auf die richtige Gefahrenbeurteilung der Behörde vertraut.[32]

27 **c) Rechtswidrige Genehmigungen.** Wird aufgrund der Verwaltungsakzessorietät nur auf die formelle Wirksamkeit eines Verwaltungsakts im Sinne von § 43 I VwVfG abgestellt, kann gegen einen Straftatbestand auch dann verstoßen werden, wenn der zugrunde liegende Verwaltungsakt materiell rechtswidrig ist. Umgekehrt ist die rechtfertigende Berufung auf eine materiell rechtswidrige Genehmigung möglich.[33]

28 Ein nach § 44 VwVfG nichtiger Verwaltungsakt ist unwirksam (§ 43 Abs. 3 VwVfG) und damit unbeachtlich. Ein Berufen darauf scheidet deshalb aus.

29 Die durch Täuschung, Drohung oder Bestechung erlangte Genehmigung genießt keinen Vertrauensschutz und kann jederzeit zurückgenommen werden (§ 48 Abs. 2 VwVfG). Ein Berufen darauf ist rechtsmissbräuchlich.[34] Gleiches gilt für kollusives Zusammenwirken des Antragstellers mit der Genehmigungsbehörde.[35]

30 Der Gesetzgeber hat diese Problematik klarstellend in § 330 d Nr. 5 StGB aufgenommen und ein Handeln einer durch Drohung, Bestechung, Kollusion und Erschleichen bewirkten Genehmigung, Planfeststellung oder sonstigen Zulassung als genehmigungslos eingestuft.[36]

31 **d) Genehmigungsfähigkeit.** Die Genehmigungsfähigkeit eines strafrechtlich relevanten Verhaltens führt nicht zu dessen Rechtfertigung.[37] Andernfalls würde die Strafbarkeit nach den

---

[28] Ausführlich beispielsweise LK/*Steindorf* Vorbem. § 324 Rdnr. 22 ff.
[29] Z. B. OLG Köln wistra 1991, 74; a. A. *Schall* NJW 1990, 1267 ff.: „Dem Strafrichter ist die volle Überprüfung der Rechtmäßigkeit eines Verwaltungsakts zu belassen."
[30] *Schall* NStZ 1992, 33.
[31] LG Hanau NJW 1988, 127.
[32] *Himmelmann/Pohl* A.8 Rdnr. 11.
[33] A. A. *Schall* NJW 1990, 1267 ff.
[34] *Tröndle/Fischer* Vorbem. § 324 Rdnr. 9.
[35] *Tröndle/Fischer* Vorbem. § 324 Rdnr. 9.
[36] In Anlehnung an § 48 Abs. 2 VwVfG, *Tröndle/Fischer* § 330 d Rdnr. 12.
[37] BGHSt 37, 21, 28 ff.; OLG Frankfurt NJW 1987, 2755.

Normen, die ausdrücklich eine fehlende umweltrechtliche Genehmigung voraussetzen, ausgehöhlt. Nicht zuletzt sollte aus rechtsstaatlichen Gründen eine klare Grenze für ein strafbares Verhalten gezogen werden.[38]

e) **Die behördliche Duldung.** Umweltbehörden machen oft von ihrer Befugnis, gegen ein umweltschädigendes Verhalten einzuschreiten, keinen Gebrauch, obwohl eine Genehmigung nicht oder noch nicht vorliegt.

Beispiel:
Der Betreiber einer Tongrube errichtet eine Reifenwaschanlage für Lkw. Das teilweise mit Motor-, Getriebe- und Hydrauliköl verunreinigte Abwasser leitet er in einen nahe gelegenen Bach ab. Auf die seit längerer Zeit beantragte wasserrechtliche Erlaubnis nach § 7 a WHG[39] wartet er vergeblich.

Die Rechtsprechung sieht in der behördlichen Duldung einen Rechtfertigungsgrund.[40] Allerdings ist bei dem unterschiedlichen Verhalten der Behörden zu unterscheiden, ob sie auf Anträge eines Anlagenbetreibers zeitweilig überhaupt nicht reagieren, zusichern oder auf andere Weise erkenntlich machen, bis zum Abschluss des Verwaltungsverfahrens nicht gegen ein ordnungswidriges Verhalten einzuschreiten oder bereits zum Ausdruck bringen, den beantragten Eingriff in die Umwelt für rechtmäßig zu halten („aktive Duldung").[41] Eine Duldung liegt jedenfalls noch nicht vor, wenn die zuständige Behörde trotz Kenntnis eines bestimmten Verhaltens nicht einschreitet, d. h. bloß stillschweigend duldet („passive Duldung").[42] Hinzutreten muss vielmehr, dass die zuständige Behörde z. B. dem Anlagenbetreiber erkennbar zu verstehen gegeben hat, das ordnungswidrige Verhalten oder den rechtswidrigen Zustand zu kennen und von den gesetzlich eingeräumten Befugnissen nicht in der Weise Gebrauch machen zu wollen, das unweltschädigende Verhalten zu unterbinden.[43]

Eine Duldung mit rechtfertigender Wirkung scheidet aber dann aus, wenn z. B. ein immissionsschutzrechtliches Genehmigungsverfahren nach § 10 BImSchG von der Öffentlichkeitsbeteiligung abhängt, die außerhalb der Dispositionsbefugnis der Behörde liegt.[44]

Ein von der Verwaltungsbehörde vorgegebener Zeitplan, wonach – ggf. stufenweise – ein Missstand (z. B. Abwasserbeseitigungskonzept) zu beseitigen ist, beinhaltet gleichzeitig eine Duldung rechtswidriger Zustände bis zum Sanierungszeitpunkt.[45]

f) **Nachträgliche Genehmigung.** Von der Genehmigungsfähigkeit ist der Umstand einer tatsächlich nachträglich erteilten Genehmigung zu unterscheiden, allerdings mit der gleichen Rechtsfolge, als derjenige, der eine Umweltstraftat begeht, sich nicht darauf berufen kann, dass sein Verhalten nachträglich genehmigt wurde. Die nachträglich erteilte Genehmigung oder Erlaubnis führt nicht zur Rechtfertigung einer einmal begangenen Umweltstraftat.[46]

g) **Aufhebung einer Auflage oder Genehmigung.** Die Zuwiderhandlung gegen eine vollziehbare, d. h. gegenüber dem Betroffenen verbindliche Auflage[47] kann bei deren nachträglichen Aufhebung die einmal begründete Strafbarkeit nicht beseitigen.[48] Andernfalls würde eine bedingte Rechtswidrigkeit vorliegen, die im Strafrecht nicht existiert.

Rechtfertigende Wirkung kommt dagegen einer behördlichen Genehmigung bis zum Zeitpunkt ihrer Aufhebung zu.[49]

---

[38] *Schall* NStZ 1992, 213.
[39] WHG i. d. F. v. 19.8.2002 BGBl. I S. 3245 m. Änd. v. 25.6.2005 BGBl. I S. 1746.
[40] BGHSt 37, 21, 28; BVerwGE 19, 162; LG Bonn NStZ 1988, 224.
[41] *Wasmuth/Koch* NJW 1990, 2436; *Michalke* Rdnr. 94 ff.
[42] BGHSt 37, 21, 28.
[43] *Franzheim/Pfohl* Rdnr. 104.
[44] *Franzheim/Pfohl* Rdnr. 301.
[45] *Franzheim* Rdnr. 106 ff.
[46] OLG Köln NStE Nr. 11 zu § 327 StGB.
[47] *Tröndle/Fischer* § 330 d Rdnr. 9.
[48] BGHSt 23, 93.
[49] OLG Frankfurt NJW 1987, 2756; OLG Celle ZfW 1987, 126, 127 ff.

h) Genehmigungsverstoß

Beispiel:

40 Der Betreiber einer Autowaschanlage leitet aufgrund einer wasserrechtlichen Genehmigung das Abwasser unter Überschreitung der festgelegten Grenzwerte in den am Grundstück vorbeifließenden Bach ein.

41 Hier wird eine Strafbarkeit lediglich dann begründet, wenn es sich bei den festgesetzten Grenzwerten um Höchstwerte handelt, die der Reinhaltung des Gewässers – nicht etwa für eine Abgabenfestsetzung[50] – dienen, wobei eine einmalige Überschreitung genügt. Sie erfolgt ohne behördliche Erlaubnis.[51]

i) Anzeigepflichten

Beispiel:

42 Der Betreiber einer Kläranlage will Klärschlamm auf Felder aufbringen. Die Aufbringung des Schlammes muss den materiellen Anforderungen des § 3 Abs. 1 AbfKlärV[52] genügen, wonach der Schlamm auf landwirtschaftlich oder gärtnerisch genutzten Böden nur so aufgebracht werden darf, dass „das Wohl der Allgemeinheit nicht beeinträchtigt wird und die Aufbringung nach Art, Menge und Zeit auf den Nährstoffbedarf der Pflanzen unter Berücksichtigung der im Boden verfügbaren Nährstoffe und organischen Substanzen sowie der Standort- und Anbaubedingung ausgerichtet wird". Dieser Voraussetzung genügte der aufzubringende Klärschlamm nicht. Der Kläranlagenbetreiber zeigte die Aufbringung aber gem. § 7 Abs. 1 AbfKlärV ordnungsgemäß vorher an.

43 Eine Strafbarkeit im Sinne des § 324a StGB wegen „Verletzung verwaltungsrechtlicher Pflichten" kommt hier wohl nicht in Betracht. Sie entfällt bei erfolgter Anzeige, auch wenn die Aufbringung nicht den materiellen Anforderungen des § 3 Abs. 1 AbfKlärV entspricht. § 3 Abs. 1 AbfKlärV dürfte andererseits keine hinreichend bestimmte Verhaltensanweisung darstellen, die unmittelbar „verwaltungsrechtliche Pflichten" begründet.[53]

44 Im Gegensatz etwa zum Bau- oder Immissionsschutzrecht bedarf die Klärschlammaufbringung keiner Genehmigung, sondern gem. § 7 Abs. 1 AbfKlärV nur einer Anzeige. Lediglich das Unterlassen einer solchen Anzeige könnte eine Ordnungswidrigkeit gem. § 9 Nr. 13 AbfKlärV begründen.[54]

2. Rechtfertigender Notstand

45 Die strafbewehrte Beeinträchtigung eines geschützten Umweltguts kann durch Notstand im Sinne von § 34 StGB gerechtfertigt sein.[55]

Beispiel:

46 Ein Klärwerksleiter hat zu entscheiden, ob ein unerwarteter Schadstoffausstoß, der geeignet ist, die biologische Kläranlage für 14 Tage außer Kraft zu setzen, an dieser vorbei ungeklärt direkt in den Vorfluter zu leiten ist.

47 Ein rechtfertigender Notstand kommt nur bei kurzfristig auftretenden Störfällen, Unfällen, d. h. Notfällen in Betracht,[56] andernfalls ist die Entscheidungsbefugnis der zuständigen Behörde zu beachten. Der Verantwortliche hat eine Güterabwägung vorzunehmen, die ergeben kann, dass z. B. das zeitweilige ungeklärte Einleiten von Schadstoffen in eine Gewässer zur Schonung der Kläranlage gerechtfertigt ist.[57]

48 Grundsätzlich kann der Erhalt von Arbeitsplätzen in Einzelfällen die Verunreinigung eines Umweltmediums, z. B. ein Gewässer, rechtfertigen.[58] Dies wird jedoch nur ausnahmsweise und in eng gesteckten Grenzen in Frage kommen.[59]

---

[50] *Franzheim/Pfohl* Rdnr. 77; *Michalke* Rdnr. 97 ff.
[51] *Schall* NStZ 1992, 214; *Franzheim/Pfohl* Rdnr. 77 f.
[52] Klärschlammverordnung vom 15.4.1992 BGBl. I S. 912.
[53] VG Osnabrück NuR 2003, 63.
[54] *Schall* NStZ-RR 2005, 35.
[55] *Schall* NStZ 1992, 215 m. w. N.; *Franzheim/Pfohl* Rdnr. 108; *Michalke* Rdnr. 104 ff.
[56] *Franzheim/Pfohl* Rdnr. 108.
[57] *Franzheim/Pfohl* Rdnr. 109.
[58] Z. B. OLG Stuttgart NJW 1977, 1406.
[59] Näher dazu *Franzheim/Pfohl* Rdnr. 111; *Michalke* Rdnr. 106.

3. Strafrechtliche Verantwortlichkeit von Amtsträgern

a) Personenkreis. Das Umweltstrafrecht enthält keinen speziellen Amtsträgertatbestand. Der Gesetzgeber befürchtete, dass dies zur Verunsicherung der Umweltverwaltung und zur Beeinträchtigung der Zusammenarbeit mit der Staatsanwaltschaft bei der Aufklärung von Umweltdelikten geführt hätte. Es sollte zudem der (falsche) Eindruck vermieden werden, schuldhaft-rechtswidriges Verhalten von Amtsträgern sei gerade im Umweltbereich besonders häufig.[60]

Nichts desto trotz geht die herrschende Meinung in Literatur und Rechtsprechung von einer prinzipiellen Anwendbarkeit jedenfalls der §§ 324, 324 a, 326, 328 Abs. 1, 2 und 4, 329 Abs. 3 StGB auf Amtsträger aus. Diese Delikte (Allgemeindelikte) sind von jedermann und somit auch von Amtsträgern begehbar.[61]

Wenn eine öffentliche Körperschaft oder Anstalt des öffentlichen Rechts eine eigene Anlage betreibt, dann sind die für diese Anlage verantwortlichen Amtsträger direkte Normadressaten, wenn ihr Handeln oder Unterlassen ursächlich für eine Umweltschädigung ist.[62]

Beispiel:
Der Bürgermeister einer Gemeinde ist für den Betrieb der Mülldeponie, der Kläranlage, des Schwimmbades u. s. w. strafrechtlich zur Verantwortung zu ziehen, wenn sein Verhalten etwa durch eine fehlerhafte Anordnung zu einer Gewässerverunreinigung geführt hat.

Besonderer Bedeutung kommt hier der Garantenstellung zu, die beispielsweise ein Bürgermeister insoweit hat, als dass ihn die Verpflichtung trifft, rechtswidrige Gewässerverunreinigungen abzuwenden, die dadurch entstehen, dass ortsansässige Grundstückseigentümer ungenehmigt Abwässer in die Kanalisation ableiten.[63] Die Gemeinde und damit den Bürgermeister trifft eine allgemeine Pflicht, Gewässerverunreinigungen zu verhüten.

Sämtliche dieser so genannten „Betreiberfälle" (weitere denkbare Fälle ergeben sich aus dem Betreiben von Krankenhäusern, Kraftwerken, Mülldeponien oder Kläranlagen) führen zu keiner Sonderstellung der Amtsträger als Täter.[64]

b) Fehlerhafte Genehmigungen. Erteilt der Amtsträger einen fehlerhaften und damit rechtswidrigen oder nichtigen Genehmigungs- oder Bewilligungsbescheid, und führt dies zu einer Umweltbeeinträchtigung, so kann sich hieraus ebenfalls eine Strafbarkeit des Handelnden oder desjenigen, der die gebotene Handlung unterlässt, ergeben.

Diejenigen Umweltdelikte, die ausschließlich den Bürger zum Adressaten haben und zu deren Tatbestandsvoraussetzung die Verletzung verwaltungsrechtlicher Pflichten gehören (§§ 324 a, 325, 325 a, 328 Abs. 3, 329 Abs. 1 und 2 StGB) kann der die Genehmigung erteilende Amtsträger im Regelfall nicht selbst verwirklichen.[65] Allerdings kann er Gehilfe zu einer solchen Tat sein.[66] Dies gilt allerdings nicht, wenn der fehlerhafte Erlaubnisakt verwaltungsrechtlich wirksam ist. In diesem Fall fehlt es an einer Haupttat und eine Beteiligung des Amtsträgers der Erlaubnisbehörde ist wegen des Akzessorietätserfordernisses nicht möglich.[67]

Bei Allgemeindelikten (§§ 324, 326, 330 a StGB), die also nicht verwaltungs-aktakzessorisch sind, ist dagegen eine Täterschaft möglich. Zu dieser Problematik hat der Bundesgerichtshof eine viel beachtete Entscheidung getroffen;[68] hier das entsprechende

Beispiel:
Eine AG betreibt eine eigene Deponie für Sonderabfälle, die umgelagert werden musste. Hierzu schaltete das Regierungspräsidium die hessische Landesanstalt für Umwelt als Fachbehörde ein und bat um eine Stellungnahme.

---

[60] *Kloepfer/Vierhaus* Rdnr. 49 a mit Hinweis auf Ausschussbericht, BT-Drucks. 12/7300, S. 27.
[61] *Michalke* Rdnr. 54.
[62] Vgl. BGHSt 38, 325 ff., der klarstellt, dass eine Gewässerverunreinigung nach § 324 Abs. 1 StGB auch von Amtsträgern begangen werden kann, da eine entsprechende Straftat „nach der gesetzlichen Ausgestaltung des Tatbestands im Allgemeindelikt ist".
[63] BGHSt 38, 332.
[64] BGH NJW 1992, 3247, 3249.
[65] *Lackner/Kühl* Vorbem. § 324, Rdnr. 9; *Tröndle/Fischer* Vorbem. § 324, Rdnr. 6.
[66] Vgl. hierzu ausführlich *Rogall*, S. 192 – 200.
[67] *Tröndle/Fischer* Vorbem. § 324, Rdnr. 15; *Tiedemann/Kindhäuser* NStZ 1988, 345.
[68] BGHSt 39, 381 ff.

Zunächst teilte die dort zuständige Sachbearbeiterin mit, dem Vorhaben könne nicht zugestimmt werden, da bestimmte Abfälle der Kategorie II nicht in Haus- und Sondermüll getrennt werden könnten (Anm. vereinfachte Darstellung). Der Vorgesetzte der Sachbearbeiterin – er war im vorliegenden Verfahren der Angeklagte – billigte die Stellungnahme.

Nachdem die AG Analysen übersandt hatte, wurde in einer erneuten Stellungnahme vom Angeklagten eine Trennung nunmehr für durchführbar erachtet. Daraufhin stimmte das Regierungspräsidium dem Antrag der AG zu.

Bei der daraufhin erfolgten Umlagerung stellte sich heraus, dass es sich überwiegend um „Sonderabfälle" handelte, die auf einer Hausmülldeponie nicht sicher beseitigt werden konnten.

59 Der Bundesgerichtshof sah den Angeklagten als Täter einer umweltgefährdenden Abfallbeseitigung (nach neuer Terminologie „unerlaubter Umgang mit gefährlichen Abfällen") gem. § 326 StGB an. In seiner Begründung führt er aus, dass der Angeklagte durch seinen Beitrag zur Genehmigung unter vorsätzlicher Missachtung des materiellen Umweltrechts die entscheidende „Rechtsschranke" für die Herbeiführung des tatbestandsmäßigen Erfolgs war.[69] Der Angeklagte wurde als sog. mittelbarer Täter angesehen, weil nach Ansicht des Gerichts die Verantwortlichen der AG die Umlagerung im guten Glauben an die Rechtmäßigkeit der Genehmigung vornahmen.[70] Für die strafrechtliche Beurteilung der Täterschaft kommt es also vor allem auf den tatsächlichen Einfluss an, den der Amtsträger auf den Geschehensablauf genommen hat.

60 c) **Unterlassene Rücknahme fehlerhafter Genehmigungen.** Fraglich ist, ob der Amtsträger dann strafrechtlich verantwortlich gemacht werden kann, wenn er eine von seiner Behörde erteilte Erlaubnis, die von Anfang an oder zu einem späteren Zeitpunkt rechtswidrig war, nicht zurücknimmt oder widerruft.

61 Auch hier ist wieder zwischen Sonder- und Allgemeindelikten zu unterscheiden. Aus den oben dargestellten Gründen kann eine Täterschaft (durch Unterlassen) nur bei den Allgemeindelikten der §§ 324, 326 und 330 a StGB in Betracht kommen.

62 Dies setzt zunächst das Vorliegen einer Garantenstellung des Amtsträgers voraus. In Betracht kommt zunächst die Garantenstellung aus vorangegangenem Tun (Ingerenz) oder die sog. „Beschützergarantenstellung". Diese bedeutet, dass derjenige Amtsträger, der speziell für den Umweltschutz eingesetzt ist und dem die Umweltgüter gewissermaßen „anvertraut" sind, im Sinne von § 13 StGB als „Garant einzustehen hat".[71] Es gibt also aus der Position des Amtsträgers heraus eine konkrete Rechtspflicht, bestimmte Umweltverstöße zu verhindern und gegen entsprechende Beeinträchtigungen einzuschreiten.[72]

63 Die strafrechtliche Erfolgsabwendungspflicht kann aber niemals weiter reichen, als die verwaltungsrechtliche Pflicht der betreffenden Behörde. Verhält sich der Amtsträger also innerhalb des ihm verwaltungsrechtlich eingeräumten Ermessens- oder Beurteilungsspielraums, handelt er auch strafrechtlich nicht rechtswidrig.[73] Eine Verpflichtung zur Rücknahme ist nur dann zur Vermeidung strafrechtlicher Verfolgbarkeit notwendig, wenn keine andere Entscheidung mehr möglich ist (= Ermessensreduzierung auf Null).[74]

64 d) **Unterlassenes Einschreiten gegen Umweltbeeinträchtigungen.** Sofern Amtsträger aufgrund spezialgesetzlicher Regelungen nicht zum Einschreiten gegen Umweltbeeinträchtigungen verpflichtet sind, kann sich eine solche Verpflichtung aus ordnungsrechtlichen Vorschriften des jeweiligen Bundeslandes ergeben.[75] Danach würde sich ein Amtsträger strafbar machen, der nicht gegen eine Umweltstraftat einschreitet, obwohl sein Ermessensspielraum im konkreten Fall auf Null reduziert und ein Eingreifen erforderlich ist. Unsachliche und willkürliche Motive sind also Ursache für seine Untätigkeit.[76]

---

[69] BGHSt 39, 381, 386.
[70] Kritisch hierzu u. a. *Knopp* DÖV 1994, 676; *Michalke* NJW 1994, 1693; Schönke/Schröder/*Cramer/Heine* Vorbem. § 324, Rdnr. 34.
[71] *Kloepfer/Vierhaus* Rdnr. 51 m. w. N. zur Lit. und Rspr.
[72] Vgl. OLG Frankfurt NJW 1987, 2753.
[73] *Kloepfer/Vierhaus* Rdnr. 52. m. w. N.
[74] Schönke/Schröder/*Cramer/Heine* Vorbem. § 324 ff. Rdnr. 38.
[75] Z. B. Art. 6 und Art. 7 Bayer. Landesstraf- und Verordnungsgesetz i. d. F. v. 13.12.1982 (BayRS 2011-2-I).
[76] *Himmelmann/Pohl* 8. Aufl., Rdnr. 30.

4. Strafrechtliche Verantwortung im Unternehmen

a) Der Betriebsbeauftragte. Betriebsbeauftragter kann entweder eine nicht betriebsangehörige Person oder aber ein Betriebsangehöriger sein, sofern er von seinen sonstigen arbeitsvertraglichen Pflichten entbunden ist.[77]

Seine Aufgabe ist, als sachkundiger und unabhängiger „Überwacher" für die Einhaltung umweltverwaltungsrechtlicher Vorschriften zu sorgen. Da er selbst kein Amtsträger ist, gewährt ihm diese Position eine gewisse Unabhängigkeit sowohl gegenüber dem Unternehmen als auch gegenüber der Überwachungsbehörde.

Speziell zu nennen ist der
- Immissionsschutzbeauftragte (§§ 53 ff. BImSchG)
- Gewässerschutzbeauftragte (§§ 21 a ff. WHG)
- Störfallbeauftragte (§§ 58 a BImSchG, 5 II 12. BImSchV)
- Gefahrgutbeauftragte (§ 3 I Nr. 14 GGBefG, § 1 GbV)
- Betriebsbeauftragte für Abfall (§ 54 f. KrW-/AbfG).

Aber auch der allgemein als Umweltschutzbeauftragter bezeichnete „Kontrolleur" ist zulässig.

Der Betriebsbeauftragte hat grundsätzlich keine Entscheidungs- oder auch nur Anordnungsbefugnisse. Das hat entscheidende Konsequenzen bezüglich seiner strafrechtlichen Verantwortlichkeit. Da er nicht „den Betrieb zum Teil leitet" und wegen seiner Unabhängigkeit dem Betriebsinhaber gegenüber auch nicht Aufgaben wahrnimmt, die dem Betriebsinhaber obliegen, kann er nicht als „Handelnder" im Sinn von § 14 Abs. 2 StGB gelten. Nach dieser Vorschrift wird der Anwendungsbereich derjenigen Tatbestände, die sich an einen bestimmten Personenkreis richten ausgedehnt auf Personen, die stellvertretend für diese handeln.[78] Das bedeutet, dass der Betriebsbeauftragte regelmäßig nur Teilnehmer einer Umweltstraftat und nicht Täter sein kann, wenn er pflichtwidrig seinen Kontroll-, Informations- und Initiativpflichten nicht nachkommt.[79]

Meist handelt es sich beim Fehlverhalten des Betriebsbeauftragten um die pflichtwidrig unterlassene Information der Unternehmensleitung, wenn feststeht, dass diese durch die Information veranlasst worden wäre, die Umweltbeeinträchtigung abzuwenden.[80] Dann kommt der Betriebsbeauftragte auch als Täter in Betracht.

Der Betriebsbeauftragte bedeutet also keine Verantwortungsentlastung der Unternehmensleitung und der übrigen Mitarbeiter in strafrechtlicher Hinsicht. Er hat keine „Sündenbockfunktion".[81]

b) Delegation bestimmter Pflichten. Am Beispiel des Betriebsbeauftragten ist zu sehen, dass die Übertragung von Pflichten den Delegierenden nicht grundsätzlich aus der eigenen strafrechtlichen Verantwortung entlässt.[82] Allerdings muss die Geschäftsführung die Möglichkeit des Delegierens gerade im Pflichtenkreis der Umweltdelikte haben. Dann muss aber sichergestellt sein, dass der Übernehmende zuverlässig und qualifiziert ist. Er muss die Möglichkeit und ausreichend Zeit haben, die ihm übertragenen Pflichten zu erfüllen.[83]

Eine Besonderheit stellt in der Praxis die so genannte „faktische Pflichtenübernahme" dar:

Beispiel:
Der qualifizierte Polier, der entsprechend einer lange währenden Gewohnheit Aufgaben des Bauleiters mit übernimmt, ohne dazu nach dem Organisationsplan oder seinem Arbeitsvertrag ausdrücklich berufen zu sein, hat de facto die Pflichten des Bauleiters übernommen.

Hierdurch ist zwar eine Entlastung, aber noch keine Befreiung von der Verantwortlichkeit des Bauleiters eingetreten.

---

[77] *Kloepfer/Vierhaus* Rdnr. 60.
[78] Vgl. *Tröndle/Fischer* § 14 Rdnr. 1 a.
[79] *Lackner/Kühl* § 324, Rdnr. 16; Schönke/Schröder/*Cramer/Heine* § 324 Rdnr. 17.
[80] *Kloepfer/Vierhaus* Rdnr. 60.
[81] *Vierhaus* NStZ 1991, 466, 469.
[82] Schönke/Schröder/*Cramer/Heine* Vorbem. § 324 Rdnr. 28 a ff.
[83] *Franzheim/Pfohl* Rdnr. 509.

73 So wie auf den nachfolgenden Mitarbeiter kann die Delegation auch auf den **Subunternehmer** erfolgen. Dessen Betriebsausstattung, Zuverlässigkeit und Qualifikation müssen vom Übertragenden aber genau geprüft werden. Seine Pflichten sind Auswahls-, Instruktions-, Kontroll- und Eingriffspflichten in Ausnahmesituationen und aus konkretem Anlass.[84]

Beispiel:

74 Zum mechanischen Brechen von Steinen setzt der Unternehmer ein Spezialunternehmen ein, das über die entsprechenden Geräte verfügt. Der Unternehmer muss darauf achten, dass beispielsweise ein staubarmes Verfahren vom Subunternehmer eingesetzt wird, das den immissionrechtlichen Bestimmungen gerecht wird.

75 **c) Verantwortlichkeit des Unternehmens, des Betriebsinhabers und der Mitarbeiter.** Das Unternehmen selbst kann sich nach deutschem Recht nicht strafbar machen. Grundsätzlich gilt auch beim unternehmensbezogenen Verhalten, dass jeder täterschaftlich für den Erfolg verantwortlich ist, den er selbst durch sein Tun oder Unterlassen verursacht hat oder aber er ist Teilnehmer, wie z. B. Gehilfe an einer fremden Tat. Wegen der im betreffenden Unternehmen speziellen Aufgabenverteilungen ist bei der Frage der strafrechtlichen Individualverantwortlichkeit immer darauf Rücksicht zu nehmen, welches Verhalten nun zurechenbar den Umweltschaden verursacht hat.

76 Selten trifft in der Praxis nur eine einzelne Person die strafrechtliche Verantwortlichkeit. Die Ermittlungsbehörden sind „bemüht", neben dem Direktverursacher, also beispielsweise dem Arbeiter, der den kontaminierten Bauschutt zur falschen Deponie fährt, auch diejenigen als Beschuldigte in ihren Ermittlungen zu führen, die kraft ihrer Position innerhalb des Unternehmens für das Fehlverhalten, sei es wegen gegebener Anweisungen, sei es wegen der Vorgesetzteneigenschaft als solcher u.ä. verantwortlich gemacht werden sollen. Solche „top-down" Ermittlungen[85] gehen davon aus, dass die maßgeblichen Entscheidungen auf der Ebene der Geschäftsführung getroffen oder auf Ebenen darunter delegiert werden.

77 Eine Strafbarkeit setzt nicht notwendig die eigene Verwirklichung des Straftatbestandes voraus, es genügt unter Umständen eine mittelbare Beziehung zum konkreten Geschehen.[86] Es können also beispielsweise Mitglieder der Leitungsebene eines Unternehmens für den Vertrieb eines schadenstiftenden Produkts auch dann strafrechtlich einzustehen haben, wenn sie das Produkt in Kenntnis des Mangels weitervertreiben.[87]

78 Der Tatbestand der Gewässerverunreinigung (§ 324 StGB) z. B. kann auch durch Unterlassen verwirklicht werden. Hier ist die Gefahr, strafrechtlich zur Verantwortung gezogen zu werden, für die verschiedenen Hierarchieebenen in einem Unternehmen besonders groß. Der Unterlassende muss verpflichtet sein, die geforderte Handlung zu tätigen. Eine solche Handlungspflicht kann denjenigen treffen, der für ein bestimmtes Rechtsgut eine Obhutspflicht inne hat („Beschützergarant") oder bezogen auf eine bestimmte Gefahrenquelle eine Überwachungspflicht („Überwachungsgarant").[88] Der Firmeninhaber, der verpflichtet ist, die aus seinen Betriebsanlagen resultierenden Gefahren zu kontrollieren und zu verhindern, dass hieraus Schäden entstehen, ist „Überwachungsgarant". Die Bediensteten der Wasser- und Wasseraufsichtsbehörden sind nach überwiegender Auffassung in Rechtsprechung und Literatur[89] „Beschützergaranten", da diesen durch das Wasserhaushaltsgesetz der Schutz für das Gewässer aufgegeben ist.[90] Die Grenzen der Garantenpflicht können durch die Verwaltungsakzessorietät bestimmt sein. Das bedeutet, dass der Amtsträger verwaltungsrechtlich

---

[84] *Franzheim/Pfohl* Rdnr. 512.
[85] So *Franzheim/Pfohl* Rdnr. 515.
[86] BGH NJW 1990, 2560; NJW 1995, 2933, 2934; *Kloepfer/Vierhaus* Rdnr. 62.
[87] Leitsatz zu BGH NJW 1995, 2933.
[88] Im Gegensatz zu den formellen Begriffsdefinitionen der Garantenstellung stellt die neuere Betrachtungsweise auf den materiellen Gegenstand und Inhalt der Rechtspflicht ab. Vgl. im Einzelnen hierzu: LK-*Jescheck* § 13 Rdnr. 7 ff.; Schönke/Schröder/*Stree* § 13 Rdnr. 9 ff.; Greeve/Leipold/*Leipold* S. 609 Rdnr. 25.
[89] LG Bremen NStZ 1981, 268; LK/*Steindorf* § 324 Rdnr. 24; *Tröndle/Fischer* § 13 Rdnr. 5 b; *Schünemann* wistra 1986, 235 ff.
[90] Zum Ganzen vgl. *Michalke* Rdnr. 47.

gehindert sein kann, eine fehlerhafte Erlaubnis zu beseitigen oder er handelt verwaltungsrechtlich ermessensfehlerfrei; es tritt dann keine Garantenpflicht ein:[91]
Was verwaltungsrechtlich erlaubt oder geboten ist, kann nicht strafbar sein.

Eine generelle Festlegung, bis zu welcher Hierarchieebene in einem Unternehmen eine Garantenpflicht zur Abwehr von Umweltbeeinträchtigungen angenommen werden kann, ist nicht möglich.[92] Vielmehr kommt es im Einzelfall darauf an, wer welche Pflichten im Unternehmen übernommen hat. Eine oben beschriebene „Beschützergarantenstellung" ist bei Betriebsangehörigen wegen des Fehlens einer generellen Obhutspflicht für die Allgemeingüter Gewässer, Luft und Boden nicht denkbar. 79

Weitere Voraussetzung des strafbaren Unterlassens ist, dass die verlangte Handlung dem Garanten nach den tatsächlichen Umständen des Einzelfalles **möglich und zumutbar** ist. 80

Beispiel:
Die Firma F-GmbH ist zum Auffüllen einer Kiesgrube berechtigt. Der Firmengründer A trifft die kaufmännischen und betriebswirtschaftlichen Entscheidungen im Unternehmen. Der Geschäftsführer B war lediglich für technische Frage zuständig und half im Betrieb teilweise als Fahrer aus. In einem bestimmten Zeitraum befanden sich unter dem Füllmaterial Absiebrückstände mit grundwassergefährdenden Schadstoffen. Zunächst entschied der Firmengründer A selbst über die Verfüllung, später wurde dieser Aufgabenbereich dem Geschäftsführer B übertragen. Jedoch trat dieser nur nach außen als Verantwortlicher auf, während das Sagen im innerbetrieblichen Ablauf nach wie vor der Firmeninhaber hatte. Grund, an der fachlichen Kompetenz des A zu zweifeln, hatte er nicht, war aber tatsächlich von jeder Entscheidungsfindung ausgeschlossen. Trotz oder besser wegen der „formalen" Eigenschaft als Geschäftsführer und dem ihm zugewiesenen Aufgabenbereich der Verfüllung, die zum tatbestandlichen Erfolg des unerlaubten Umgangs mit gefährlichen Abfällen führte, wurde B in beiden Instanzen freigesprochen.[93] 81

Es kann also bei der Frage der Möglichkeit und Zumutbarkeit einer Erfolgsabwendung nicht allein an die formale Stellung als Geschäftsführer angeknüpft werden, vielmehr müssen die tatsächlichen Umstände des Einzelfalls geprüft werden. 82

§ 130 OWiG begründet eine bußgeldrechtliche Verantwortlichkeit des Inhabers von Betrieben und Unternehmen[94] im Falle der Verletzung seiner Aufsichtspflicht. Durch die Vorschrift soll bezweckt werden, dass in Betrieben und Unternehmen Vorkehrungen gegen die Begehung betriebsbezogener Zuwiderhandlungen getroffen werden.[95] Es handelt sich hier um eine Auffangvorschrift für die Fälle, in denen der Betriebsinhaber als Täter ausscheidet, weil er selbst nicht gehandelt hat oder außerstande gewesen ist, die Pflichten wahrzunehmen.[96] Wichtig ist die Anwendung der Vorschrift auch für die Fälle, in denen die Ahndungsmöglichkeiten gegenüber dem eigentlichen Täter beschränkt sind oder von der Höhe der Ahndung wegen der (meist schlechteren) wirtschaftlichen Verhältnisse des Täters nicht ausreichen. 83

5. Begriffsbestimmungen des § 330 d StGB
§ 330 d StGB definiert verschiedene Begrifflichkeiten.[97] 84

a) **Gewässer.** Der Begriff des Gewässers wurde durch das 2. UKG[98] 1995 deutlich erweitert. Oberirdische Gewässer, das Grundwasser und das Meer werden global erfasst.

aa) *Oberirdisches Gewässer.* Ein oberirdisches Gewässer ist gem. § 1 Abs. 1 Nr. 1 WHG das „ständige oder zeitweilig in Betten fließende oder stehende oder aus Quellen wild abfließende 85

---

[91] *Tröndle/Fischer* Vorbem. § 324 Rdnr. 18 m. w. N.
[92] So zu Recht *Franzheim/Pfohl* Rdnr. 519.
[93] Verkürzter Sachverhalt, ausführlich nachzulesen bei BGH NStZ 1997, 545 f.
[94] Als Unternehmen bezeichnet man eine rechtliche Wirtschaftseinheit, in der die Gewinnung von Rohstoffen oder die Herstellung oder Weiterverarbeitung von Gütern erfolgt oder Dienstleistungen erbracht werden. Demgegenüber ist der Betrieb eine Produktionsstätte, d. h. die technisch-organisatorische Wirtschaftseinheit. Ein Unternehmen kann also mehrere Betriebe umfassen.
[95] KK/*Rogall* § 130 Rdnr. 1.
[96] Es handelt sich um einen subsidiären Tatbestand, der nicht greift, wenn der Aufsichtspflichtige wegen einer vorsätzlichen oder fahrlässigen Straftat verfolgt werden kann; vgl. *Göhler* § 130 Rdnr. 3 m. w. N.
[97] Im Einzelnen vgl. Greeve/*Leipold/Leipold* S. 599 ff.
[98] BGBl I 249.

Wasser". Hierunter fallen also Bäche, Flüsse, Seen, Heilquellen, u. s. w., nicht aber Wasser, das sich in festen Behältnissen (z. B. Schwimmbecken, Kläranlagen, Kanalisation, Feuerlöschteiche, Springbrunnen, Pumpspeicherbecken u.ä.) befindet.[99]

86 Aber auch anderes Wasser, dem ein Gewässerbett fehlt, zählt nicht zu den oberirdischen Gewässern. So fallen Wasseransammlungen in Baugruben,[100] Regenpfützen, durch Straßenverkehr verursachte Vertiefungen mit Wasseransammlungen, Moore und Sümpfe nicht unter die Strafvorschrift, vorausgesetzt es besteht keine Verbindung zum Grundwasser.[101]

87 Erfolgt jedoch nur eine teilweise Durchleitung von Bächen und Flüssen durch Rohre und Tunnel, bleibt hiervon die Gewässereigenschaft unberührt.[102]

88 *bb) Das Grundwasser.* Nach § 1 Abs. 1 Nr. 2 WHG bezeichnet man als Grundwasser das gesamte unterirdische Wasser,[103] wobei es unerheblich ist, ob es sich um fließendes, stehendes oder sich in Erdhöhlen befindliches Wasser handelt.[104] Das Wasser muss auch hier dem natürlichen Wasserkreislauf zuzurechnen sein,[105] weshalb grundsätzlich das in Rohren und Leitungen künstlich gefasste Wasser auch hier nicht unter den Begriff des Grundwassers fällt. Auch das in einen Keller oder eine Baugrube eingedrungene Grundwasser verliert in der Regel seine natürliche Verbindung zum unterirdischen Wasserkreislauf und damit seine Gewässereigenschaft im Sinne des § 324 StGB.[106]

89 *cc) Das Meer.* Hierzu gehören alle Küstengewässer und die „Hohe See" ohne räumliche Begrenzung.[107] Dieser weite Tatbestand erfährt über §§ 3 ff. StGB insoweit eine Beschränkung, als dass nur Deutsche gem. § 7 Abs. 2 Nr. 1 StGB bestraft werden können sowie Ausländer, die die Tat auf einem unter deutscher Flagge fahrenden Schiff oder im Bereich der ausschließlichen Wirtschaftszone der Bundesrepublik Deutschland begangen haben (§ 5 Nr. 11 StGB), oder im Inland betroffene Ausländer, die nicht ausgeliefert werden (§ 7 Abs. 2 Nr. 2 StGB).

90 Durch die Streichung der Beschränkung auf Gewässer und Grundwasser „im räumlichen Geltungsbereich dieses Gesetzes" (§ 330 d Nr. 1 a. F. StGB) umfasst die Vorschrift nunmehr auch beispielsweise **ausländische** Flüsse, so dass auch Auslandstaten Deutscher erfasst werden können, wenn der Tatsächsl im Ausland eintritt, der Deutsche aber wieder nach Deutschland zurückkehrt. Diese Erweiterung des Geltungsbereichs wirkt sich z. B. bei Betrieben, die in Grenznähe angesiedelt sind, aus. Im Ausland durch Ausländer begangene Gewässerbeeinträchtigungen können allerdings nach wie vor nicht bestraft werden.[108]

91 Was die Beachtlichkeit **ausländischer Genehmigungen** angeht, so ist zu unterscheiden: Tritt die Verunreinigung im inländischen Gewässer ein, handelt es sich um eine Inlandstat (§ 9 Abs. 1 StGB) mit der Folge, dass sich der Verantwortliche nur in engen Grenzen[109] auf die Rechtfertigungswirkung ausländischer Genehmigungen berufen kann.[110] Wenn allerdings die Verunreinigung allein im Ausland erfolgt, so kann diese „Auslandstat", die über § 7 Abs. 2 StGB erfasst ist, nur aufgrund der Rechtslage am Tatort erfasst werden.

92 Nicht vom Gewässerbegriff miteinbezogen sind alle Formen gefassten Wassers (in Wasser- oder Abwasserleitungen, Kläranlagen, Schwimmbecken u. s. w.).[111]

93 **b) Kerntechnische Anlage.** Hierunter ist eine Anlage zur Erzeugung oder zur Bearbeitung oder Verarbeitung oder zur Spaltung von Kernbrennstoffen oder zur Aufbereitung bestrahlter

---

[99] Schönke/Schröder/*Cramer/Heine* § 324 Rdnr. 4 m. w. N. zur Rspr. für die einzelnen Beispiele.
[100] Vgl. *Möhrenschlager* NuR 1983, 211.
[101] BVerwG ZfW 1969, 117; vgl. auch OVG Greifswald ZVR 2002, 419.
[102] Hierunter fallen z. B. die Zuleitungen zu einer Klärwerksanlage, wenn die Verbindung zum natürlichen Wasserkreislauf erhalten bleibt, vgl. *Michalke* Rdnr. 22.
[103] BVerwG ZfW 69, 116.
[104] *Tröndle/Fischer* § 324 Rdnr. 3.
[105] *Michalke* Rdnr. 24.
[106] LK/*Steindorf* § 324 Rdnr. 17.
[107] Vgl. Schönke/Schröder/*Cramer/Heine* § 324 Rdnr. 6.
[108] Vgl. hierzu Schönke/Schröder/*Cramer/Heine* § 330 d Rdnr. 5.
[109] Zu diesen Grenzen bei grenzüberschreitenden Umweltbeeinträchtigungen vgl. Schönke/Schröder/*Eser*, Vorbem. 24 zu §§ 3-7.
[110] *Lackner/Kühl* Vorbem. § 324 Rdnr. 14.
[111] LK/*Steindorf* § 330 d Rdnr. 2.

Kernbrennstoffe zu verstehen. Auf die Ortsgebundenheit der Anlage kommt es nicht an.[112] Die Formulierung in § 330 d Nr. 2 StGB entspricht wörtlich § 7 Abs. 1 und 5 AtomG. Diejenigen Anlagen oder Anlagenteile, die mit der typischen nuklearen Gefahrensphäre der Anlage nicht in Verbindung stehen, wie z. B. Bürogebäude, Sozialgebäude, Garagen, Werkstätten oder auch Kühltürme fallen nicht unter den Begriff der „kerntechnischen Anlage".[113]

c) **Gefährliches Gut.** Der Begriff des gefährlichen Guts wird nur in § 328 Abs. 3 Nr. 2 StGB verwendet. Er definiert sich nach § 2 Abs. 1 des Gesetzes über die Beförderung gefährlicher Güter (GBG), wonach gemeint sind „Stoffe und Gegenstände, von denen aufgrund ihrer Natur, ihrer Eigenschaft oder ihres Zustandes im Zusammenhang mit der Beförderung Gefahren für die öffentliche Sicherheit oder Ordnung, insbesondere für die Allgemeinheit, für wichtige Gemeingüter, für Leben und Gesundheit von Menschen sowie für Tiere und Sachen ausgehen können". Aufgeführt werden in § 2 Abs. 1 GBG im Einzelnen bestimmte explosive Stoffe, bestimmte Gase, Stoffe, die in Berührung mit Wasser entzündliche Gase entwickeln, selbstentzündliche, entzündbare, entzündend wirkende, giftige, ätzende sowie ekelerregende oder ansteckungsgefährliche Stoffe, oder organische Peroxide.[114]

In den **Gefahrengutverordnungen** (GGVS, GGVBinSch, GGVSee und GGVE) werden insbesondere genannt bestimmte explosive Stoffe, Zündwaren, Feuerwerkskörper, bestimmte Gase, Stoffe, die in Berührung mit Wasser entzündliche Gase entwickeln, selbstentzündliche, entzündbare, entzündend wirkende, giftige, radioaktive, ätzende sowie ekelerregende oder ansteckungsgefährliche Stoffe und organische Peroxide.[115]

d) **Verwaltungsrechtliche Pflicht.** Eine verwaltungsrechtliche Pflicht kann sich nach § 330 d Nr. 4 StGB ergeben aus
- einer Rechtsvorschrift wie z. B. einem formellen Gesetz
- einer gerichtlichen Entscheidung
- einem vollziehbaren Verwaltungsakt (im Sinne des § 35 VwVfG und der entsprechenden Vorschriften der VwVfG der Länder)
- einer vollziehbaren Auflage und
- einem öffentlich-rechtlichen Vertrag.

Gemeinsame Voraussetzung ist, dass die Pflicht dem Schutz vor abstrakten, potentiellen oder konkreten Gefahren oder schädlichen Einwirkungen auf die Umwelt dient.[116]

e) **Handeln ohne Genehmigung, Planfeststellung oder sonstige Zulassung.** Wird durch ein rechtsmissbräuchliches Verhalten, wie vorsätzlich falsche Angaben, Drohung oder Bestechung ein Verwaltungsakt erlangt, so wird dies in Nr. 5 dem genehmigungslosen Handeln gleichgestellt. Als weiteren Fall des Rechtsmissbrauchs hat der Gesetzgeber die „Kollusion" in die abschließend formulierte[117] Aufzählung aufgenommen. Allerdings wird die inhaltliche Ausfüllung des Begriffs der Rechtsfortentwicklung überlassen. Gemeint ist damit in erster Linie ein konspiratives, unlauteres Zusammenspiel zwischen Bürger und Behörde zur Erlangung einer Genehmigung.

6. Rechtsfolgen

a) **Allgemein.** Die im Strafgesetzbuch in den §§ 324 ff. enthaltenen Vergehen gegen die Umwelt sind bei vorsätzlicher Tatbegehung meist mit Freiheitsstrafen bis zu 5 Jahren oder mit Geldstrafe bedroht. Die praktisch bedeutsameren Fahrlässigkeitsdelikte werden in der Regel mit einer Höchststrafe von 3 Jahren oder mit Geldstrafe bedroht.

b) **Besonders schwerer Fall, § 330 StGB.** Die Vorschrift des § 330 StGB regelt in ihrem ersten Absatz eine Erhöhung der Freiheitsstrafe bei Vorliegen eines besonders schweren Falles einer vorsätzlichen Umweltstraftat gemäß den §§ 324 bis 329 StGB auf 6 Monate bis zu 10 Jahren.

---

[112] *Tröndle/Fischer* § 327 Rdnr. 2.
[113] *Michalke* Rdnr. 300.
[114] LK/*Steindorf* § 330 d Rdnr. 4.
[115] *Tröndle/Fischer* § 330 d Rdnr. 4; BT-Drucks. 8/2382 S. 27.
[116] *Tröndle/Fischer* § 330 d Rdnr. 11.
[117] LK/*Steindorf* § 330 d Rdnr. 7.

Absatz 2 enthält 2 Qualifikationstatbestände mit Strafdrohungen von 1 bis zu 10 Jahren beziehungsweise nicht unter 3 Jahren.

101 Die Regelbeispiele des 1. Absatzes setzen besonders schwere Tatfolgen voraus, die aus einem vorsätzlichen Handeln heraus resultieren. Dies soll in der Regel dann vorliegen, wenn
- der Täter ein Gewässer, den Boden oder ein Schutzgebiet derart beeinträchtigt, dass die Beeinträchtigung nicht, nur mit außerordentlichem Aufwand oder erst nach längerer Zeit beseitigt werden kann (Nr. 1)
- der Täter die öffentliche Wasserversorgung gefährdet (Nr. 2)
- der Täter einen Bestand von Tieren oder Pflanzen der vom Aussterben bedrohten Arten nachhaltig schädigt (Nr. 3) oder
- der Täter aus Gewinnsucht handelt (Nr. 4).

102 Durch die Qualifikationstatbestände des 2. Absatzes werden frühere Regelbeispiele nunmehr als Qualifikationen und als Verbrechen eingestuft. Die Nr. 1 ist als konkretes Gefährdungsdelikt ausgestaltet und bedroht die Verursachung der konkreten Gefahr des Todes oder einer schweren Gesundheitsschädigung eines Menschen mit Strafe. Auch die Gesundheitsschädigung einer großen Zahl von Menschen[118] ist hier erfasst. Die Tat wird mit Strafe von 1 bis 10 Jahren bedroht, in minder schweren Fällen gemildert. Die Nr. 2 ist eine Erfolgsqualifikation, d. h. das Gesetz knüpft an den Eintritt einer bestimmten Folge eine strengere Strafdrohung. Diese Folge ist hier die wenigstens fahrlässige Todesverursachung. Diese muss durch die vorsätzliche Tat nach §§ 324 bis 329 StGB verursacht sein, dann beträgt die Strafdrohung 3 bis 15 Jahre, in minder schweren Fällen 1 bis 10 Jahre.

103 c) Tätige Reue, § 330 b StGB. Derjenige, der nach Verursachung einer Umweltgefahr freiwillig die Gefahr abwendet, bevor ein erheblicher Schaden entsteht (bei konkreten Gefährdungsdelikten) oder den von ihm verursachten Zustand beseitigt, bevor ein erheblicher Schaden entsteht (bei abstrakter Gefahrenlage) kann durch das Gericht milder bestraft werden oder es kann ganz von Strafe absehen. Auch wenn ohne sein Zutun die Gefahr abgewendet wird, der Täter sich aber freiwillig und ernsthaft darum bemüht hat, dieses Ziel zu erreichen, wird ihm gemäß Abs. 2 dieser Vorschrift die Möglichkeit der o.g. Vergünstigungen zuteil. Diese vom Gesetzgeber gebaute „goldene Brücke" soll einen Anreiz zu Abwehrmaßnahmen geben.

104 Anwendbar ist die Vorschrift auf die Gefährdungstatbestände der §§ 325 a (Verursachen von Lärm), 326 (unerlaubter Umgang mit Abfall), 328 (unerlaubter Umgang mit radioaktiven Stoffen) und 330 a StGB (schwere Gefährdung durch Freisetzen von Giften).

105 Die Vorschrift schreibt dem Richter in den Fällen der Fahrlässigkeitsdelikte (§§ 325 a Abs. 3 Nr. 2, 326 Abs. 5, 328 Abs. 5 und 330 a Abs. 5 StGB) sogar vor, von Strafe ganz abzusehen.[119]

106 Bei allen übrigen, nicht in § 330 b StGB genannten Tatbeständen kann die Tätige Reue nur im Rahmen der Strafzumessung Berücksichtigung finden.

107 d) Verfall, §§ 73 ff. StGB. Der Verfall spielt im Umweltstrafrecht eine immer größere Rolle.[120]

Beispiel:
Die Firma S erhält die Erlaubnis bestimmte Grundstücke auszubeuten. Nach der Ausbeutung war das Gelände zu rekultivieren, wobei der Firma zur Auflage gemacht wurde, zur Verfüllung nicht Müll, Abfall, Schutt u. a. in die ausgebaggerte Kiesgrube einzubringen.
Der Angeklagte ließ es dennoch zu, daß insbesondere von Bauunternehmungen der im Rahmen dieser Betriebe anfallende Bauschutt, Schutt aus dem Abbruch ganzer Gebäude und mit Teerbrocken vermengter Straßenbruch auf den zu verfüllenden Flächen abgelagert wurden. Die Schuttmassen wurden in bestimmten Abständen mit einer Raupe planiert.
Ab einem bestimmten Zeitpunkt verlangte der Angeklagte pro Kubikmeter Schutt ein Entgelt von DM 5,00. Die Firma nahm dadurch pro Jahr etwa DM 6.000,00 ein.[121]
Das Gericht sah es als erwiesen an, daß die DM 6.000,00 jährlich ein Vermögensvorteil sind, der dem Verfall unterliegt. Auch die Einwendung, die Planierarbeiten seien Aufwendungen, die den Vermögensvor-

---

[118] Die untere Grenze wird bei etwa 20 Personen liegen, vgl. *Tröndle/Fischer* § 330 Rdnr. 7 m. w. N.; anders *Michalke* a. a. O., die das Merkmal „eher im Sinne der Verursachung einer Gemeingefahr" versteht.
[119] Sog. persönlicher Strafaufhebungsgrund.
[120] Eingehend hierzu *Rönnau* Strafverteidigerpraxis Band 1; Greeve/Leipold/*Leipold*, S. 614 Rdnr. 35 ff.
[121] Auszugsweise aus OLG Frankfurt wistra 1988, 155 f.

teil aufzehren, lies das Gericht nicht gelten, da Planierarbeiten auch hätten stattfinden müssen, wenn die Verfüllung ordnungsgemäß erfolgt wäre.

III. Die einzelnen Straftatbestände

1. Gewässerverunreinigung (§ 324 StGB)

Nach § 324 StGB wird bestraft, wer unbefugt ein Gewässer verunreinigt oder sonst dessen Eigenschaften nachteilig verändert. Die Vorschrift der Gewässerverunreinigung ist die praktisch bedeutsamste innerhalb des Umweltstrafrechts. 108

a) **Fallbeispiele.** *aa) Erdgebundene Ölleitungen.* Bei Bauarbeiten erfolgen umfangreiche Erdarbeiten. Dabei ist bekannt, dass in diesem Bereich erdgebundene Ölversorgungsleitungen liegen. Dennoch werden keine Erkundigungen über deren genauen Verlauf eingeholt. Der Bagger reißt die Leitung auf, so dass Öl ins Erdreich sickert.[122] 109

bb) Dieselölfass. Auf einer Baustelle werden Dieselölfässer am Rande des Geländes in der Nähe eines Abwasserschachts gelagert. Beim Rangieren mit einem Lkw stößt dieser ein Fass um, das ein paar Meter rollt und sodann in den Schacht fällt. Dabei läuft es aus.[123] 110

b) **Die Tatbestandsmerkmale.** *aa) Das Gewässer.* Schutzobjekt der Vorschrift ist das Gewässer. Nach der gesetzlichen Definition des § 330 d Nr. 1 StGB versteht man hierunter die oberirdischen Gewässer, das Grundwasser und das Meer.[124] 111

bb) Verunreinigung und nachteilige Veränderung. Tatbestandlich muss das Gewässer verunreinigt oder seine Eigenschaften nachteilig verändert werden. Beide Begriffe lassen sich nicht scharf voneinander abgrenzen,[125] was wegen der identischen Rechtsfolgen auch unerheblich ist. 112

Verunreinigen ist die Beeinträchtigung der Benutzungsmöglichkeit und Verschlechterung der physikalischen, chemischen, biologischen Eigenschaften des Gewässers.[126] Der Begriff stellt einen Unterfall der nachteiligen Veränderung dar, da die Verunreinigung am äußeren Erscheinungsbild des Gewässers erkennbar ist.[127] 113

Auch ein **bereits verschmutztes Gewässer** kann taugliches Objekt einer weiteren Verunreinigung sein. Entscheidend ist die Veränderung des „status quo".[128] 114

Ein sonst **nachteiliges Verändern** eines Gewässers liegt nach ökologisch orientierter Auslegung dann vor, wenn keine Verunreinigungen im engeren Sinn existieren, aber sonst die physikalischen, chemischen, biologischen oder thermischen Eigenschaften des Gewässers in erheblicher Weise verschlechtert werden. Als Beispiel kann ein erheblicher Entzug von Sauerstoff oder das Absenken des Wasserspiegels mit einhergehender Verschlechterung der Wasserqualität dienen.[129] Auch die Beschleunigung oder Hemmung des Wasserabflusses (z. B. durch Hindernisse) oder die nachteilige Erwärmung (Kühlwasser aus einem Kraftwerk) oder Abkühlung fallen unter den Begriff der nachteiligen Veränderung. 115

Dabei ist es unerheblich für die Erfüllung des Tatbestandes, ob die nachteilige Veränderung nur vorübergehend war oder nur einen Teil des Gewässers betraf.[130] 116

Allerdings erfüllen **nur geringfügige oder unerhebliche Veränderungen** der Wasserqualität den objektiven Tatbestand nicht. Hierzu zählen beispielsweise die rein optischen Veränderungen, wie das folgenlose Einfärben des Wassers[131] ebenso wie eine geringfügige Trübung des Wassers durch Sand oder Lehm.[132] An der so genannten **Erheblichkeitsschwelle** scheitert bei- 117

---

[122] OLG Düsseldorf NJW 1991, 1123 ff.
[123] BayObLG ZfW 1993, 178 ff.; *Schall* NStZ-RR 1998, 354.
[124] Vgl. oben Rdnr. 85 ff.
[125] OLG Köln NJW 1988, 2119, 2120; OLG Frankfurt NStZ-RR 1996, 103.
[126] *Tröndle/Fischer* § 324 Rdnr. 5.
[127] *Michalke* Rdnr. 27.
[128] OLG Frankfurt NStZ-RR 1996, 103 ff.
[129] *Tröndle/Fischer* § 324 Rdnr. 6.
[130] BGH NuR 1991, 498.
[131] *Michalke* Rdnr. 28.
[132] Schönke/Schröder/*Cramer/Heine* § 324 Rdnr. 8.

spielsweise auch das Einbringen von scharfen Gegenständen in das Wasser, die zwar u. U. zu Beeinträchtigungen der Schifffahrt führen können, aber keine Veränderungen der Wassereigenschaften bedingen. Entscheidend ist, ob die Wasserqualität durch die Verunreinigung oder nachteilige Veränderung verschlechtert wurde. Ob dies im Einzelnen der Fall ist, hängt von der Größe und Tiefe des Gewässers, der Wasserführung, der Geschwindigkeit des fließenden Gewässers, der Menge und Gefährlichkeit des eingebrachten Stoffes ab.[133]

118 Jede Handlung oder garantenpflichtwidrige Unterlassung, die für eine Verunreinigung oder eine nachteilige Veränderung der Gewässereigenschaften ursächlich geworden ist, reicht zur Tatbestandserfüllung aus.

Beispiel:

119 Wird eine unterirdisch verlegte Rohrleitung nicht ordnungsgemäß gewartet und bildet sich deshalb korrosionsbedingt ein Loch, was zum Austritt von Heizöl in das Erdreich und in das Grundwasser führt, wird regelmäßig der Tatbestand der Gewässerverunreinigung erfüllt sein.[134]

120 An diesem Beispiel wird deutlich, welch entscheidende Rolle die **Kausalität** in diesem Zusammenhang spielt. Nur derjenige, der die Ursache dafür setzt, dass das Gewässer verunreinigt oder dessen Eigenschaften nachteilig verändert werden, erfüllt den Tatbestand. Dabei können die Schadstoffe dem Gewässer unmittelbar oder mittelbar, beispielsweise durch die Kanalisation,[135] zugeführt werden.

Beispiele:

121 – Ablassen von Altöl in einen Sickerschacht[136]
– Auslaufenlassen von Benzin aus einem Fahrzeug[137]
– Beschädigung eines Öltanks durch Erdarbeiten[138]

122 Durch **Unterlassen** kann der Tatbestand beispielsweise dann erfüllt werden, wenn es der Täter unterlässt, Sicherheitsvorkehrungen gegen das Überlaufen seines Öltanks vorzusehen.[139] Eine Garantenstellung hat auch derjenige, der die Sachherrschaft über altlastenverseuchte Grundstücke ausübt.[140] Die Verantwortung hierfür wird regelmäßig den Betriebsinhaber treffen; inwieweit andere Personen, wie z. B. der Bauleiter, eigene Garantenstellungen begründen, hängt u. a. von der Position desjenigen in der Betriebshierarchie ab.[141]

123 *cc) Grenzwerte und Überwachungswerte.* Für die Einleitung von Schadstoffen in ein Gewässer gibt es gesetzlich oder behördlich festgelegte **Grenzwerte**. Das sind Höchstwerte, die den Rahmen der Befugnis einer wasserrechtlichen Einleitungserlaubnis festlegen. Sie dienen als **Rechtfertigungsgrund**, der eine Strafbarkeit entfallen lässt.[142] Dementsprechend führt schon eine einmalige Überschreitung solcher Grenzwerte regelmäßig zu der unwiderleglichen Beweisvermutung einer Veränderung der Gewässereigenschaften.[143]

124 Auch dem Begriff des **Überwachungswertes** kommt in der Praxis eine entscheidende Bedeutung zu. Dieser gilt dann als eingehalten, wenn im Rahmen der Gewässeraufsicht das arithmetische Mittel der Ergebnisse der letzten 5 amtlichen Untersuchungen – wobei nur 4 gewertet werden (sog. „Vier-von-Fünf-Wert") – den in der Erlaubnis aufgeführten Überwachungswert nicht überschreitet.[144] Ob allerdings der Überwachungswert ein taugliches Mittel zur Begren-

---

[133] Schönke/Schröder/*Cramer/Heine* § 324 Rdnr. 8; OLG Karlsruhe JR 1983, 339 m. Anm. *Triffterer/Schmoller.*
[134] OLG Celle NJW 1995, 3197.
[135] OLG Hamm NJW 1975, 747.
[136] OLG Düsseldorf VRS 44, 236.
[137] *Tröndle/Fischer* § 324 Rdnr. 5.
[138] OLG Düsseldorf NJW 1991, 1123.
[139] Schönke/Schröder/*Cramer/Heine* § 324 Rdnr. 10.
[140] Schönke/Schröder/*Cramer/Heine* § 324 Rdnr. 10 m. w. N.
[141] BGH NJW 1992, 122.
[142] Weitere Rechtfertigungsgründe sind die aktive Duldung der Wasserbehörde, der rechtfertigende Notstand gem. § 34 StGB und die Sozialadäquanz; im Einzelnen hierzu: *Franzheim/Pfohl* Rdnr. 67 ff.
[143] SK/*Horn*, § 324 Rdnr. 4 a; *Kloepfer/Vierhaus* Rdnr. 89; *Rudolphi* NStZ 1984, 191, 197.
[144] *Franzheim* NStZ 1987, 437; *Schall* NStZ-RR 2003, 66.

zung der im strafrechtlichen Sinne rechtfertigenden Wirkung einer wasserrechtlichen Erlaubnis ist, ist höchst umstritten.[145]

dd) Tatbestandsmerkmal „unbefugt". Der Täter muss unbefugt handeln, also gegen ein gesetzliches Verbot oder gegen Nebenbestimmungen verstoßen. Wann dieses Merkmal vorliegt, richtet sich nach der wasserrechtlichen Erlaubnis oder Bewilligung (§§ 7, 8 WHG), den darin enthaltenen Auflagen beziehungsweise den Benutzungsbedingungen.[146] 125

Beispielsweise ist die Erlaubnis gem. § 7 WHG, ein Gewässer zu einem bestimmten Zweck in einer nach Art und Maß bestimmten Weise zu benutzen, eine Gestattung, die das Merkmal unbefugt entfallen lässt. Auch die Bewilligung nach § 8 WHG, die im Gegensatz zur Erlaubnis des § 7 WHG nicht nur eine Befugnis, sondern ein Recht darstellt,[147] das in einem förmlichen Verfahren mittels eines Bescheids wirksam wird, lässt das Merkmal „unbefugt" entfallen. 126

Sog. „alte Rechte" gem. § 15 WHG können der Gewässerbenutzung die Rechtmäßigkeit verleihen. Von praktischer Bedeutung sind hier alte Genehmigungsbescheide, die möglicherweise nicht mehr den neuesten Stand der Wissenschaft und Technik entsprechen. 127

Weitere Befugnisse können sich aufgrund von Planfeststellungen und Widmungen ergeben (§§ 15 Abs. 2, 31 WHG). 128

Von praktischer Bedeutung ist, dass sich der Vorsatz nicht auf das Merkmal „unbefugt" erstreckt.[148] Dies hat zur Konsequenz, dass ein Verbotsirrtum vorliegt, wenn der Betroffene nichts von der Erforderlichkeit einer Genehmigung weiß, also die Fehlvorstellung hat, befugt zu handeln oder sich in einem Irrtum über Art, Umfang und Grenzen einer Befugnis oder eines anderen Rechtfertigungsgrundes befindet.[149] Ein solcher Verbotsirrtum führt jedoch nur dann zu einem gerechtfertigten Handeln, wenn er unvermeidbar war. Hierbei wird von der Rechtsprechung ein strenger Maßstab angelegt. Dem Verursacher wird eine Erkundigungspflicht dahin gehend auferlegt, dass er Fachverbände, die Wasserbehörde oder auch Rechtsanwälte befragen muss.[150] 129

c) Die Rechtsfolgen. aa) Vorsatztat. Ist nachgewiesen, dass sich der Täter durch die Tat zu bereichern versucht oder bereichert hat, kann neben einer Freiheitsstrafe ausnahmsweise[151] nach § 41 StGB zusätzlich eine Geldstrafe verhängt werden. 130

Strafschärfend wirkt das Handeln gegen Entgelt oder mit Bereicherungsabsicht. Auch das Zuführen besonders giftiger, stark konzentrierter oder schwer abbaubarer Schadstoffe oder solcher die nach ihrer Beschaffenheit geeignet sind, eine große Wassermenge zu verunreinigen, wie z. B. Öl, werden regelmäßig zu einer Erhöhung der Strafe führen. 131

Zugunsten des Täters kann die behördliche Duldung, widersprüchliches, unklares Verhalten des zuständigen Amtsträgers oder eine Notsituation[152] sprechen.[153] 132

bb) Fahrlässigkeitstat. Der Begriff der Fahrlässigkeit beurteilt sich nach den allgemeinen Maßstäben.[154] Im Wesentlichen geht es auch hier um die Verletzung von Sorgfaltspflichten, die für eine Gewässerverunreinigung ursächlich waren. Das kann eine Gewässerverunreinigung aufgrund eines Straßenverkehrsunfalls oder einer Schiffskollision[155] sein. 133

---

[145] Vgl. hierzu nur *Dahs* NStZ 1987, 441 f.; *Michalke* Rdnr. 100; *Schall* NStZ-RR, 2003, 66.
[146] Greeve/Leipold/*Leipold* S. 621 f. Rdnr. 10 f.; *Kloepfer/Vierhaus* Rdnr. 90; *Schall* NStZ-RR, 2001,1.
[147] *Michalke* Rdnr. 87.
[148] H. M., vgl. LK/*Steindorf* 11. Aufl., 1997, § 324 Rdnr. 113 m. w. N.
[149] Dies gilt allerdings nicht, wenn der Irrtum darauf beruht, dass tatsächliche Umstände im Bereich der Befugnis verkannt worden sind oder der Gestattungsempfänger irrtümlich meint, die Frist für seine Befugnis bestehe noch, obwohl sie bereits abgelaufen ist; vgl. LK/*Steindorf* § 324 Rdnr. 113.
[150] Der „Hausjurist" einer Firma ist diesbezüglich wegen seiner möglichen „Befangenheit" nicht in allen Fällen geeignet.
[151] BGHSt 26, 330.
[152] Das gilt für die Fälle, in denen noch kein rechtfertigender Notstand i. S. des § 34 StGB zum Ausschluß der Rechtswidrigkeit geführt hat, vgl. dazu oben Rdnr. 45 ff.
[153] LK/*Steindorf* § 324 Rdnr. 117.
[154] Vgl. oben Rdnr. 65 ff.
[155] OLG Hamburg NStZ 1983, 170.

Beispiel:

134 Ein Baggerführer stellt nachts seinen Bagger auf unbefestigtem Boden ab, ohne – wie in der Betriebsgenehmigung in einer Auflage vorgeschrieben – eine Ölwanne unter das Fahrzeug zu stellen. Aus einer undichten Leitung fließt Hydrauliköl unbemerkt ins Erdreich und verunreinigt das nahegelegene Grundwasser erheblich.

135 Aber auch die Nichteinhaltung der Regeln der Technik beispielsweise beim Umgang mit Baumaschinen oder Gewerken können einen Verstoß gegen die Sorgfaltspflichten begründen und zur Bejahung eines fahrlässigen Handelns führen. Diese Regeln der Technik werden regelmäßig unter Mitwirkung von Fachverbänden zusammengestellt und sind beispielsweise in technischen Baubestimmungen, Unfallverhütungsvorschriften der Berufsgenossenschaften oder in sonstigen Veröffentlichungen zu finden.[156] DIN-Normen, VDE-Vorschriften, Verwaltungsvorschriften und sonstige Regeln können den „Stand der Technik" oder auch die „anerkannten Regeln der Technik" widerspiegeln. Die Bezugnahme auf solche Regelwerke in Gesetzen ist zulässig.[157]

2. Bodenverunreinigung, § 324 a StGB

136 Unsachgemäßer Umgang mit Chemikalien: Bei einem Unfall auf dem Betriebsgelände der Fa. X sind erhebliche Mengen flüssiger, chlorierter Kohlenwasserstoffe ausgelaufen und ins Erdreich versickert. Der Beschuldigte hatte den Befüllschlauch seines Tankwagens falsch angeschlossen, nämlich an einen Blindstutzen, der im Kellergeschoss eines Gebäudes endete. Untersuchungen ergaben, dass eine Verseuchung des Grundwassers unter den gegebenen Umständen wenig wahrscheinlich ist. Allerdings wurde festgestellt, dass das unter dem Kellergeschoss liegende Erdreich die Chemikalie vollständig aufsaugen wird.[158]

137 **a) Begriff des Bodens.** Anders als das Gewässer (vgl. § 330 d Nr. 1 StGB) ist der Begriff des Bodens im Strafrecht nicht definiert. Es könnte daher die Legaldefinition des § 2 Abs. 1 und 2 BBodSchG herangezogen werden, derzufolge Boden „die obere Schicht der Erdkruste ist, soweit sie Träger der in § 2 II BBodSchG genannten Bodenfunktionen ist, einschließlich der Bodenlösung und der Bodenluft". Da das BBodSchG keine räumliche, sondern nur eine funktionale Begriffsbestimmung vornimmt,[159] bleibt indes zweifelhaft, bis zu welcher Tiefe der Boden als geschütztes Rechtsgut von § 324 a StGB umfasst sein soll. Insbesondere auch in tieferen, unbelebten Bodenschichten können Wesentliche chemische und physikalische Prozesse ablaufen, die eine Einbeziehung des gesamten Bodens ohne räumliche Begrenzung sinnvoll erscheinen lassen.

138 Nicht zum Boden gehört das Grundwasser, wohl aber das „Bodenwasser"[160] und die sog. „Bodenluft". Die Bodenbedeckung wie der Bewuchs oder die Asphaltdecke einer Straße unterfällt nicht dem Bodenbegriff, wohl aber deren Untergrund.[161]

139 **b) Tatbestandsmerkmale.** Das **Einbringen** von Stoffen erfordert eine bewusste, zweckgerichtete Tätigkeit, die auf das Hineingelangen von Stoffen in den Boden gerichtet ist.[162] In der Praxis sind vor allem die Fälle des unsachgemäßen Umgangs mit Chemikalien in der gewerblichen Wirtschaft als Bodenverunreinigungen bedeutsam,[163] wie z. B. das Ablassen von Altöl in das unbefestigte Erdreich.

140 Wenn der Täter pflichtwidrig nicht verhindert, dass der Boden durch Stoffe verunreinigt wird, ist das Merkmal des **Eindringenlassens** erfüllt. Die Täterschaft setzt daher eine Garan-

---

[156] *Michalke* Rdnr. 117.
[157] BVerfGE 49, 89 f., 134 ff.
[158] StA Stuttgart, Einstellungsverfügung vom 28.11.1986, wistra 1987, 305 f. zum alten Recht, nach dem die bloße Bodenverunreinigung nicht strafbar war.
[159] *Kloepfer/Vierhaus* Rdnr. 104.
[160] Zum Begriff des Bodenwassers, das durch Niederschlag in den Boden eingedrungen ist, vgl. LK/*Steindorf* § 324 a Rdnr. 12.
[161] LK/*Steindorf* § 324 a Rdnr. 10.
[162] Greeve/Leipold/*Leipold* S. 624 Rdnr. 16; *Michalke* Rdnr. 135.
[163] LK/*Steindorf* § 324 a Rdnr. 28.

tenstellung voraus. Hier ist als Beispiel das Nichtverhindern des Eindringens von Flüssigkeiten aus einem undichten Heizöltank in das Erdreich[164] zu nennen.

Der Begriff des **Freisetzens** soll wie in § 330 a StGB diejenigen Fälle erfassen, in denen der Täter eine Lage schafft, durch die sich der Stoff ganz oder teilweise unkontrollierbar in der Umwelt ausbreiten kann.[165] Solche Einwirkungen können unmittelbar durch Immission industrieller Anlagen oder durch Abgase in die Luft oder das Gewässer geschehen. Es muss im Ergebnis jedoch der Boden betroffen sein.[166] 141

Absatz 1 stellt nur die nachteilige Einwirkung auf den Boden durch **Stoffe** unter Strafe. Der Begriff des Stoffes i. S. d. § 324 a StGB ist weit auszulegen. Er umfasst alle organischen oder anorganischen Substanzen, gleich auf welche Art sie wirken.[167] Zwar kommt es auf ihren Aggregatzustand nicht an, der Einsatz von Strahlen oder sonstige Einwirkungen wie z. B. Erosionen erfüllt den Tatbestand indes nicht.[168] Abgrabungen, Aufschüttungen, Grundwasserabsenkungen, Entwässerungen, Rodungen, die zu Bodenerosionen führen können, fallen also nicht unter den Tatbestand. Auch das ungenehmigte Errichten von Gebäuden, auch soweit es Bodenverdichtungen bewirkt, ist vom Tatbestand nicht umfasst. Solche Vorgehensweisen sind unter strafrechtlichen Gesichtspunkten allenfalls von § 329 Abs. 2, 3 StGB (Gefährdung schutzbedürftiger Gebiete) erfassbar.[169] 142

Ein weiteres in der Praxis häufig auftauchendes Problem sind die so genannten **Altlasten**. Unabhängig, ob diese unter der Tatbestandsalternative des Eindringenlassens[170] oder des Freisetzens[171] einzuordnen sind, werden damit Bodenverunreinigungen an Standorten stillgelegter Anlagen der gewerblichen Wirtschaft oder öffentlicher Betriebe, sowie an Stätten der Altablagerung bezeichnet, die vor dem In-Kraft-Treten des Abfallgesetzes am 11.6.1972 abgelagert wurden.[172] 143

Beispiel:
Ein Unternehmer überlässt seine ausgebeutete Kiesgrube der Kommune als Mülldeponie. Die Verfüllung mit Bodenüberdeckung wurde vor ca. 40 Jahren abgeschlossen. Bei einem neuerlichen Bauvorhaben kommen Altablagerungen sowie eine Grundwasserverseuchung mit PCB zu Tage. Das Ermittlungsverfahren gegen den nach § 4 Abs. 3 BBodSchG verantwortlichen Eigentümer wird eingestellt. 144

Solche Altlasten sind jedoch nur insoweit durch § 324 a StGB erfassbar, als nach In-Kraft-Treten dieser Norm eine weitere Einwirkung auf den Boden vorgenommen wird, die im Zusammenwirken mit den Altlasten einen neuen tatbestandsmäßigen Erfolg verursacht.[173] 145

§ 324 a StGB setzt in jedem Fall voraus, dass der Boden **unter Verletzung verwaltungsrechtlicher Pflichten** verunreinigt oder sonst nachteilig verändert wurde. Eine verwaltungsrechtliche Pflicht kann sich nach der in § 330 d StGB nunmehr festgelegten Definition aus einer Rechtsvorschrift, einer gerichtlichen Entscheidung, einem vollziehbaren Verwaltungsakt, einer vollziehbaren Auflage oder einem öffentlich-rechtlichen Vertrag ergeben. In Betracht kommen hier Vorschriften, die den Schutz der Bodenqualität zumindest mittelbar oder als Nebenzweck zum Ziel haben (z. B. §§ 7, 23 BImSchG; § 17 ChemG i. V. m. der GefStoffV u. s. w.).[174] Auch Grundwasserschutzvorschriften oder Ländervorschriften über das Lagern von wassergefährlichen Stoffen können herangezogen werden. 146

c) **Vorsatz und Fahrlässigkeit.** Der für Absatz 1 erforderliche **Vorsatz** (bedingter Vorsatz genügt) muss sich auf alle Tatbestandsmerkmale beziehen. Wer also den Schadstoffgehalt eines Stoffes, den er in den Boden einbringt, überhaupt nicht kennt, kann nicht vorsätzlich han- 147

---

[164] *Franzheim/Pfohl* Rdnr. 165; zur Verantwortlichkeit des Zustandsstörers, siehe BVerfG JZ 2000, 37.
[165] *Tröndle/Fischer* § 324 a Rdnr. 4.
[166] *Michalke* Rdnr. 144; LK/*Steindorf* § 324 a Rdnr. 36.
[167] *Kloepfer/Vierhaus* Rdnr. 107.
[168] Vgl. §§ 310, 311 StGB.
[169] Vgl. *Franzheim/Pfohl* Rdnr. 166.
[170] So *Michalke* Rdnr. 137.
[171] So *Langkeit* WiB 1994, 711.
[172] *Michalke* Rdnr. 137 m. w. N. zur Lit.; *Schall* NStZ-RR 2002, 34.
[173] LK/*Steindorf* § 324 a Rdnr. 29.
[174] Vgl. *Tröndle/Fischer* § 324 a Rdnr. 3: weitere Nachweise zum Meinungsstand bei *Schall* NStZ-RR 2003, 65, 66 (Fn. 10).

deln.[175] Der Täter muss wenigstens eine laienhafte Vorstellung von der nachteiligen Wirkung seines Handelns auf den Boden haben. Den genauen Wirkungsgrad des Schadstoffs muss er nicht kennen.[176] Auch das Merkmal der „Verletzung verwaltungsrechtlicher Pflichten" gehört wie oben dargestellt zum Tatbestand, weshalb ein Tatbestandsirrtum vorliegt, wenn der Täter irrig annimmt, dass eine in Wahrheit erforderliche Erlaubnis entbehrlich ist.[177] Gleiches gilt für die irrige Annahme, die behördliche Duldung rechtfertige die Bodenverunreinigung

148 Nach Absatz 3 ist die Tat auch **fahrlässig** begehbar. Sie kommt vor allem dann in Betracht, wenn sich der Täter hinsichtlich eines Merkmals des Absatzes 1 in einem Tatbestandsirrtum befindet. Dies ist etwa beim sorglosen Umgang mit Schadstoffen denkbar, wenn der Täter deren Eintritt in das Erdreich nicht erkennt.

3. Luftverunreinigung, § 325 StGB

Beispiel:

149 Ein Betonbrecher wird entgegen den Richtlinien betrieben, so daß große Staubwolken in der Umgebung niedergehen.

150 a) **Luftverunreinigung, § 325 Abs. 1 StGB.** Die Vorschrift stellt in Absatz 1 nicht auf eine konkrete Schädigung ab, vielmehr muss sich die Tathandlung zur Schädigung eignen (sog. potentielles Gefährdungsdelikt).[178]

151 Jedes **Verursachen von nachteiligen Veränderungen der Luft**, wie z. B. Temperaturveränderung oder Sauerstoffentzug, das die Lufteigenschaften im physikalischen, chemischen, biologischen oder thermischen Sinn beeinflusst, ist von der Tathandlung des Absatz 1 erfasst. Die Regelbeispiele des § 325 Abs. 1 Nr. 1 a. F. (Staub, Gase, Dämpfe, Geruchsstoffe) zeigen nach wie vor eine Orientierung auf.[179]

152 Absatz 1 knüpft, wie die §§ 311, 324 a, 325 a und 328 StGB, als Grundvoraussetzung der Strafbarkeit an die Verletzung verwaltungsrechtlicher Pflichten an.

153 **Beim Betrieb einer Anlage** muss die Luftverunreinigung begangen sein. Unter einer **Anlage** versteht man eine auf gewisse Dauer vorgesehene, als Funktionseinheit organisierte Einrichtung von nicht ganz unerheblichen Ausmaßen, die der Verwirklichung beliebiger Zwecke dient.[180] Schon an dieser Definition erkennt man, dass der Anlagenbegriff „uferlos weit"[181] ist. Er umfasst nicht nur ortsfeste Anlagen, wie Betriebsstätten oder Heizungsanlagen, sondern auch bewegliche Gegenstände wie Maschinen. Der gewollte technische Akzent wird damit auf den gewerblichen und industriellen Bereich gesetzt. Weitere Beispiele für Anlagen, die eine praktische Rolle spielen: Großfeuerungsanlagen, Flugplätze, öffentliche Verkehrswege, Grundstücke, soweit auf ihnen Stoffe gelagert oder immissions-trächtige Arbeiten durchgeführt werden, Autofriedhöfe, Müllverbrennungsanlagen, Hochöfen, Baumaschinen, wie Betonmischer, Transportmischer, Motorkompressoren, Turmdrehkräne, Schweiß- oder Kraftstromerzeuger, Planierraupen, Bagger, Drucklufthämmer usw.

154 **Beim Betrieb** einer Anlage muss die Luftveränderung verursacht sein, d. h. sobald die Anlage für ihre Zwecke in Gang gesetzt ist und solange sie nicht vollständig stillgelegt ist. Erfasst ist schon die Erprobung der Anlage.[182]

155 Der novellierte § 325 StGB[183] enthält keine eigene Definition von **verwaltungsrechtlichen Pflichten** und knüpft an die oben erwähnte Rahmenregelung des § 330 d Nr. 4 und 5 StGB an.[184] Es kommt nun also auch auf die Beachtung der Rechtsvorschriften an, die dem Schutzzweck des § 325 StGB entsprechen. Es sind dies insbesondere die Verordnungen nach dem

---

[175] *Michalke* Rdnr. 161.
[176] LK/*Steindorf* § 324 a Rdnr. 64.
[177] *Michalke* Rdnr. 162.
[178] *Tröndle/Fischer* § 325 Rdnr. 1; LK/*Steindorf* § 325 Rdnr. 55.
[179] *Kloepfer/Vierhaus* Rdnr. 113.
[180] *Lackner/Kühl* § 325 Rdnr. 2 a. Der Anlagenbegriff orientiert sich vorwiegend an § 3 Abs. 5 BImSchG, wenn er auch nicht identisch ist.
[181] *Tröndle/Fischer* § 325 Rdnr. 4.
[182] *Tröndle/Fischer* § 325 Rdnr. 5; vgl. § 15 a Abs. 1 Nr. 2 und 3 BImSchG.
[183] Derzeit geltende Fassung gem. 31. StrÄG/2. UKG, in Kraft getreten am 1.11.1994.
[184] Vgl. oben Rdnr. 97 f.; *Michalke* Rdnr. 195.

Bundesimmissionsschutzgesetz (BImSchG), wie z. B. die Verordnung über Großfeuerungsanlagen(13. BImSchV) und die Störfallverordnung (12. BImSchV).[185]

b) Freisetzen von Schadstoffen, § 325 Abs. 2 StGB. Absatz 2 („Emissionstatbestand"[186]) ist als abstraktes Gefährdungsdelikt ausgestaltet, bei dem es nicht des Nachweises einer eingetretenen Luftverunreinigung bedarf. Es reicht hier vielmehr aus, dass Schadstoffe in bedeutendem Umfang außerhalb eines Betriebsgeländes in die Luft abgegeben werden. Absatz 2 sollte nach dem Willen des Gesetzgebers Beweisschwierigkeiten, die bei Absatz 1 dadurch entstehen können, dass die Luftveränderung nicht (mehr) nachgewiesen werden kann, entgegenwirken.[187] 156

Unter **Schadstoffen** versteht man nach der Definition des § 325 Abs. 4 Stoffe mit der Eignung, potentiell auf die Gesundheit eines Menschen, Tiere, Pflanzen oder andere Sachen von bedeutendem Wert[188] zu wirken sowie nachteilig ein Gewässer, die Luft oder den Boden zu verunreinigen oder sonst nachteilig zu verändern.[189] Das bedeutet, dass die Schadstoffe von vornherein so beschaffen sein müssen, dass sie die Schädigungseignung bzgl. der beschriebenen Schutzgüter in sich tragen. In Betracht kommen Luftverunreinigungen durch Rauch, Ruß, Staub, Gase, Aerosole, Dämpfe oder Geruchsstoffe (§ 3 Abs. 4 BImSchG). Feste oder nicht verdampfungsfähige flüssige Stoffe scheiden aus, da sie nicht „in die Luft freigesetzt" werden können. 157

Tathandlung ist das anlagenbezogene **Freisetzen** dieser Schadstoffe. Dies ist dann der Fall, wenn eine Situation geschaffen wird, in der sich Stoffe ganz oder teilweise unkontrollierbar ausbreiten können. Die Emission muss aus der Anlage herrühren, die Schädigungseignung der Immission muss sich – anders als bei Absatz 1 – auf den Bereich „außerhalb des Betriebsgeländes" beziehen.[190] In der Konsequenz kann das dazu führen, dass der Tatbestand nicht erfüllt ist, wenn beispielsweise bei großen Betriebsgeländen der Schadstoff zwar aus der Anlage in die Luft gelangt, sich aber nicht außerhalb des Betriebsgeländes ausbreitet. Der Schutz der Betriebsangehörigen vor den Schadstoffen ist nach den Vorstellungen des Gesetzgebers durch die Arbeitsschutzbestimmungen abschließend geregelt.[191] 158

Die Schadstoffe müssen in bedeutendem Umfang in die Luft freigesetzt werden. Es kommt nicht auf die absolute Menge der Emission an, sondern auf ihren Umfang im Verhältnis zu Art und Beschaffenheit.[192] Es geht also um den Ausschluss unbedeutender Mengen. 159

Die verwaltungsrechtlichen Pflichten[193] müssen grob verletzt worden sein, d. h. entweder der Grad der Pflichtwidrigkeit oder auch die Bedeutung der verletzten Pflicht müssen von erheblichem Gewicht sein.[194] Dies wird grundsätzlich bei Überschreitung von behördlich festgesetzten Emissionswerten unterstellt, wobei nur die wirklich gravierenden Fälle erfasst werden sollen.[195] In der Praxis bedeutet das, dass all diejenigen Fälle ausscheiden, in denen sich die Verpflichtung aus einem Verwaltungsakt ergibt, der nicht bestandskräftig ist oder bei genehmigungslosem, aber materiell rechtmäßigem Verhalten, bei nachträglicher Änderung der Rechtsauffassung oder bei späterem Wiederaufheben des Verwaltungsaktes.[196] 160

---

[185] *Michalke* Rdnr. 196. Die TA Luft unterfällt nicht dem Rechtsbegriff „Rechtsvorschrift"; jedoch wird einer Überschreitung der festgesetzten Grenzwerte Indizwirkung beigemessen (vgl. auch BVerwG ZUR 2002, 109).
[186] Es ist das „Herausschicken" (Emitieren) von Schadstoffen aus einer Anlage unter Strafe gestellt, BT-Drucks. 12/7300, S. 22; bei Absatz 1 handelt es sich dagegen um einen „Immissionstatbestand", da dabei auf die Luft (hin)eingewirkt (Immitieren) und diese dadurch verändert wird, vgl. *Michalke* Rdnr. 207.
[187] LK/*Steindorf* § 325 Rdnr. 53.
[188] Hierunter versteht man solche Sachen, die ökologisch, wirtschaftlich, historisch oder anderweitig erhaltenswert sind, wie z. B. Kunstdenkmäler.
[189] *Tröndle/Fischer* § 325 Rdnr. 17.
[190] *Kloepfer/Vierhaus* Rdnr. 117.
[191] BT-Drucks. 8/2382, S. 16.
[192] *Tröndle/Fischer* § 325 Rdnr. 18.
[193] Gemäß der Definition des § 330 d Nr. 4 StGB sind verwaltungsrechtliche Pflichten solche, die sich aus einer Rechtsvorschrift, einer gerichtlichen Entscheidung, einem vollziehbaren Verwaltungsakt, einer vollziehbaren Auflage oder einem öffentlich-rechtlichen Vertrag ergeben und dem Schutz vor Gefahren oder schädlichen Einwirkungen auf die Umwelt dienen.
[194] BT-Drucks. 8/2382, S. 16.
[195] LK/*Steindorf* § 325 Rdnr. 55; *Michalke* Rdnr. 212.
[196] *Lackner/Kühl* § 325 Rdnr. 11; LK/*Steindorf* § 325 Rdnr. 64 sowie *Michalke* Rdnr. 212.

161 **c) Vorsatz und Fahrlässigkeit.** Sowohl die Schädigungseignung im Hinblick auf die in Absatz 1 genannten Schutzgüter als auch in Bezug auf das Wesensmerkmal der in Absatz 2 genannten Schadstoffe muss der Täter kennen, wobei bedingter Vorsatz ausreicht. Er muss weiter wissen, dass er seine Anlage unter Verletzung verwaltungsrechtlicher Pflichten betreibt. Der Betreiber muss also die Rechtsvorschrift, die gerichtliche Entscheidung, den Verwaltungsakt, die Auflage oder den öffentlich-rechtlichen Vertrag, gegen den er verstößt, kennen.[197]

162 Er muss im Hinblick auf Absatz 2 auch die Umstände kennen, aus denen sich die grobe Pflichtwidrigkeit seines Handelns ergibt.

163 Fahrlässiges Handeln ist gemäß § 325 Abs. 3 StGB unter Strafe gestellt. Dies ist dann der Fall, wenn der Betreiber aus Unachtsamkeit seine verwaltungsrechtlichen Pflichten vernachlässigt oder verkennt, dass Luftveränderungen aufgrund seines Handelns entstehen können.[198] Da bei einem Verstoß gegen Absatz 2 „grob pflichtwidrig" gehandelt worden sein muss, reicht „leichte" Fahrlässigkeit hier nicht aus.[199]

4. Verursachen von Lärm, Erschütterungen, nichtionisierenden Strahlungen, § 325 a StGB

Beispiel:

164 Beim Abbruch einer großen Fabrikansiedlung wird eine mobile Brechanlage in unmittelbarer Nähe eines Wohngebiets eingesetzt. Wegen Zeitdrucks wird bis spät in die Nacht gearbeitet, was bereits zu gesundheitlichen Störungen der Anwohner geführt hat.

165 **a) Lärmverursachung, § 325 a Abs. 1 StGB.** Nach Absatz 1 wird bestraft, wer beim Betrieb einer Anlage unter Verletzung verwaltungsrechtlicher Pflichten[200] Lärm verursacht, der geeignet ist, außerhalb des zur Anlage gehörenden Bereichs die Gesundheit eines anderen zu schädigen. Der Straftatbestand ist damit als abstraktes Gefährdungsdelikt ausgestaltet.

166 Unter **Lärm** werden „beträchtliche Geräusche", d. h. hörbare, durch Schallwellen verbreitete Einwirkungen verstanden, denen eine Schädigungseignung zukommt.[201] Dies soll nicht erst bei einem Dauerschallpegel von 80 Dezibel (dB [A]), sondern bei Schalleinwirkungen von 65 bis 90 Dezibel (dB[A]) oder bei Einzelschallpegeln von 100 Dezibel (dB[A]) in Betracht kommen.[202] Zur Verdeutlichung: Ein Presslufthammer erzeugt etwa 90 dB [A].

167 Der Lärm muss von einer **Anlage** ausgehen. Neben Betriebsstätten im Allgemeinen sind hierunter vor allem Maschinen zu verstehen. Beeinträchtigungen, die von Kraftfahrzeugen, Schienen-, Luft- und Wasserfahrzeugen ausgehen, werden von der Vorschrift nicht umfasst, § 325 a Abs. 4 StGB.

Beispiel:

168 Eine fehlerhaft konstruierte Baumaschine erzeugt über einen längeren Zeitraum einen so großen Lärm, dass er für die Anwohner untragbar wird; bei längerem Fortwirken kann der Lärm zu Gesundheitsschäden führen.[203]

169 Auch das Unterlassen des Schalldämpfers an einer Anlage kann zur Tatbestandsverwirklichung führen.

170 Voraussetzung ist weiterhin die **Verletzung von verwaltungsrechtlichen Pflichten.** Neben den einzelnen Verwaltungsakten kommen hier die lärmbezogenen Rechtsvorschriften der Bundessimmissionsschutzverordnung (BImSchV) in Betracht.[204] Spezielle Rechtsvorschriften, die den Schutz vor Erschütterungen bezwecken oder dem Schutz vor nichtionisierenden Strahlen dienen, sind nicht ersichtlich.[205]

171 **b) Schutz vor Lärm, Erschütterung und nicht ionisierenden Strahlen, § 325 Abs. 2 StGB.** Absatz 2 dient dem Schutz vor Lärm, Erschütterungen und nichtionisierenden Strahlen und ist ein

---

[197] *Michalke* Rdnr. 215.
[198] *Tröndle/Fischer* § 325 Rdnr. 22.
[199] LK/*Steindorf* § 325 Rdnr. 76.
[200] Nach h. M. auch Grenzwertüberschreitungen der TA-Lärm; näher dazu *Schall* NStZ-RR 2003, 67.
[201] *Kloepfer/Vierhaus* Rdnr. 119.
[202] *Lackner/Kühl* § 325 a Rdnr. 5; *Tröndle/Fischer* § 325 a Rdnr. 5.
[203] *Bottke* JuS 1980, 539, 540 f.; LK/*Steindorf* 11. Aufl., 1997, § 325 a Rdnr. 15.
[204] Von praktischer Bedeutung sind hier 8. BImSchV, 16. und 24. BImSchV sowie 18. BImSchV.
[205] Vgl. näher hierzu LK/*Steindorf* 11.Aufl., 1997, § 325 a Rdnr. 28-30.

konkretes Gefährdungsdelikt, d. h. neben der menschlichen Gesundheit werden auch fremde Sachen und Tiere mit nicht nur unbedeutendem „Wert"[206] miteinbezogen, deren Gefährdung eingetreten und besonders nachgewiesen sein muss.[207]

Was unter Lärm zu verstehen ist, wurde im vorherigen Abschnitt erörtert. **Erschütterungen** sind „stoßartige, periodische oder regellose Schwingungen".[208] Sie treten vor allem in der Maschinen- und Elektroindustrie sowie im Bauwesen auf. 172

Beispiele:
– Durch die Sprengung in einem Steinbruch werden Erschütterungen von so großem Ausmaß erzielt, dass die Vibrationen zu Gebäudeschäden in der Nachbarschaft des Steinbruchs führen. 173
– Rüttler, Verdichter oder Presslufthämmer können im Baubereich zu Erschütterungen führen und zu gesundheitlichen Beeinträchtigungen führen.

Zu den **nichtionisierenden Strahlen** zählen elektrische und magnetische Wellen sowie Mikrowellen, aber auch das sichtbare Licht, Radar- und Laserstrahlen. 174

Die konkrete Gefährdung von menschlicher Gesundheit, Tieren und Sachen von bedeutendem Wert muss von einer Anlage ausgehen. Anders als im Absatz 1 kann die Gefährdung auch innerhalb der Anlage eintreten.[209] 175

5. Unerlaubter Umgang mit gefährlichen Abfällen, § 326 StGB

Bei der Strafvorschrift über den unerlaubten Umgang mit gefährlichen Abfällen handelt es sich um ein sog. abstraktes Gefährdungsdelikt. Es sollen alle gefährlichen Fälle einer unzulässigen Abfallbeseitigung erfasst werden. Ein einheitliches geschütztes Rechtsgut gibt es nicht.[210] Einzelne Begehungsmodalitäten des § 326 StGB haben danach eher den Charakter allgemein gefährlicher Delikte (so braucht beispielsweise die unzulässige Ablagerung von Krankenhausabfällen nicht notwendigerweise für die ökologische Umwelt gefährlich zu sein). Bei anderen sind unmittelbares Schutzobjekt die Umweltmedien Wasser, Luft und Boden gegen Beeinträchtigungen durch Abfall. Aber auch ökologisch besonders bedeutsame Erscheinungsformen wie die Tier- und Pflanzenwelt sowie die menschliche Gesundheit können vom Schutzzweck des § 326 StGB umfasst sein. 176

Die Abfallentsorgung erfasst sowohl die Abfallverwertung als auch die Abfallbeseitigung. Somit dient das Abfallrecht gleichermaßen dem Umwelt- und Gesundheitsschutz und damit dem Wohl der Allgemeinheit (vgl. § 3 Abs. 4 KrW-/AbfG).[211] 177

Letztlich geht es also um den ordnungsgemäßen Umgang mit Abfällen.

Beispiel:
Die Autowerkstatt A entledigt sich seit längerem der Rückstände im Ölabscheider wegen der hohen Entsorgungskosten auf einer Brachfläche hinter dem Werkstattgebäude. 178

a) Abfallbegriff. Tatgegenstand sind **flüssige und feste Abfälle**. Der Begriff des Abfalls kann kaum schwieriger ausgestaltet sein. Der an sich selbständige strafrechtliche Abfallbegriff orientiert sich nämlich auch an bundesdeutschen sowie europäischen und internationalen Begrifflichkeiten.[212] Erfasst sind Stoffe, deren sich der Besitzer, weil er sie nicht verwenden will, entledigen will („**gewillkürter Abfall**") und Stoffe, deren geordnete Entsorgung zur Wahrung des Gemeinwohls, insbesondere zum Schutz der Umwelt geboten ist („**Zwangsabfall**"). 179

Damit kommen vornehmlich verseuchtes Erdreich oder Abbruchmaterialien als Abfall in Betracht. Insbesondere unsortierter Ausschuss aus dem Abriß eines Wohnhauses ist Abfall im objektiven Sinne.[213] 180

---

[206] Es kommt hierbei nicht auf den Wert der gefährdeten Sache an, sondern auf die Bedeutung des drohenden Schadens an der gefährdeten Sache, vgl. BGH NJW 1990, 194, 195.
[207] *Tröndle/Fischer* § 325 a Rdnr. 3; *Kloepfer/Vierhaus* Rdnr. 112.
[208] LK/*Steindorf* § 325 a Rdnr. 29.
[209] *Michalke* Rdnr. 230.
[210] Schönke/Schröder/*Lenckner/Heine* § 326 Rdnr. 1 a; Greeve/Leipold/*Leipold*, S. 632 Rdnr. 33.
[211] *Kloepfer/Vierhaus* Rdnr. 125.
[212] Vgl. *Tröndle/Fischer* § 326 Rdnr. 2.
[213] BVerwGE 92, 353, LS. 4.

181 § 3 Abs. 1 KrW-/AbfG unterscheidet weiter Abfälle „zur Verwertung" und „zur Beseitigung". Ausschlaggebend ist der Hauptzweck der Maßnahme.[214]

Beispiel:

182 Die Baufirma B will ein bestimmtes Gelände dergestalt nutzen, dass sie es mit Straßenaufbruch, Waschbergen, unsortiertem Bauschutt und ungereinigtem Bodenaushub verfüllen will.
Die hierzu erforderliche Genehmigung wurde im Vorverfahren nicht erteilt. Das Verwaltungsgericht hat die daraufhin angestrengte Klage abgewiesen. Auch die Berufung zum zuständigen Oberverwaltungsgericht blieb erfolglos.[215] Die Argumentation, es handele sich um „die Verwertung von Reststoffen" teilten die Gerichte nicht, vielmehr seien die genannten Stoffe unter den Begriff des Abfalls einzuordnen. Die Teerbestandteile im Straßenaufbruch, die den Waschbergen anhaftenden chemischen Trenn- und Lösungsmittel, die dem unsortierten Bauschutt oftmals beigemengten Kunst- und andere Stoffe sowie Verunreinigungen im Bodenaushub, insbesondere wenn dieser aus Altlastenstandorten stammt, führe zur Abfalleigenschaft dieser Materialien.[216]

183 In der Praxis findet § 326 Abs. 1 Nr. 4 a StGB am häufigsten Anwendung. Erfasst werden hier Abfälle, die „nach Art, Beschaffenheit oder Mängel geeignet sind, nachhaltig ein Gewässer, die Luft oder den Boden zu verunreinigen und sonst nachteilig zu verändern". Hiermit sind nur wirklich umweltgefährdende Abfälle gemeint, wie etwa die sog. besonders überwachungsbedürftigen Abfälle[217] bzw. nach § 19 g WHG besonders wassergefährdende Stoffe.[218]

184 b) **Tatbestandsmerkmale.** Tathandlung ist das Beseitigen der Abfälle, also insbesondere das Behandeln, das Lagern, das Ablagern und das Ablassen.

185 **Behandeln** kann Abbrennen, Entwässern, Verdichten, Zerkleinern und sonstiges Einwirken zur Beseitigung von Abfällen bedeuten. Strafrechtlich relevant ist das Behandeln allerdings nur dann, wenn hierdurch die im Abfall befindlichen schädlichen Stoffe freigesetzt werden.

186 Unter **Lagern** versteht man die Zwischenlagerung vor der endgültigen Beseitigung des Abfalls. Das Lagern mit dem Ziel einer späteren anderweitigen Verwendung oder Wiederverwertung ist nicht tatbestandsmäßig, solange der Verwertungsprozess noch nicht begonnen hat oder die Rückstände noch auf ihre Zielbestimmung „warten".[219]

187 **Ablagern** bedeutet, dass sich der Besitzer des Abfalls auf diese Art endgültig entledigen will, der Abfall also nicht weiter verwendet werden soll.[220] Bei dieser Alternative tritt gleichzeitig mit der Begehung auch der Tatererfolg (= umweltgefährdende Abfallbeseitigung) ein.

188 Vom Lagern bzw. Ablagern zu unterscheiden ist das bloße **Bereitstellen** von Abfällen zur Abholung. Wer Abfälle zusammenträgt und bereitstellt, um diese einer ordnungsgemäßen Entsorgung zuzuführen, handelt nicht tatbestandsmäßig. Dies gilt nach Ansicht des BGH allerdings nur dann, wenn ein Abnehmer „vorhanden ist und dessen Erscheinen alsbald gesichert ist".[221]

189 Das **Ablassen** bezieht sich im Wesentlichen auf Flüssigkeiten und erfasst deren Ausfließenlassen ohne Rücksicht auf die Ursache.[222]

Beispiel:

190 Das Ablassen von Altöl in das Meer oder in ein sonstiges Gewässer außerhalb einer dafür zugelassenen Anlage.

191 Der Begriff der Beseitigung **außerhalb einer dafür zugelassenen Anlage** ist rein räumlich zu verstehen. Gemeint sind in erster Linie Anlagen i. S. d. § 27 KrW-/AbfG (Abfallbeseitigungsanlagen). Zugelassen ist die Anlage, wenn für sie eine wirksame Genehmigung bzw. bei Deponien

---

[214] So auch EuGH NJW 2002, 1935.
[215] OVG Münster NVwZ-RR 1995, 441 f.
[216] OVG Münster a. a. O., 441.
[217] Vgl. Verordnung zur Bestimmung von besonders überwachungsbedürftigen Abfällen vom 10.9.1996, BGBl. I, 1366, geändert durch Verordnung vom 22.12.1998, BGBl. I S. 3956.
[218] BT-Drucks. 8/2382, S. 18.
[219] *Michalke* Rdnr. 265.
[220] Zum subjektiven Abfallbegriff *Schall* NStZ-RR, 2003, 68.
[221] BGH NJW 1991, 1621; hierzu *Michalke* Rdnr. 267.
[222] Schönke/Schröder/*Lenckner*/Heine § 326 Rdnr. 10 a.

eine bestandskräftige Planfeststellung vorliegt,[223] wenn sie als Altanlage von der zuständigen Behörde nicht untersagt wurde und nicht gegen Auflagen usw. verstößt oder wenn sie nach sonstigen Rechtsvorschriften zulässig ist. Zugelassen ist eine Anlage auch schon dann, wenn beispielsweise bei Zwischenlagern für Abfälle allenfalls noch die baurechtliche Genehmigung fehlt oder das Betreiben nicht ausdrücklich verboten ist.[224]

Beispiel:
A verbringt seinen Hausmüll zu einer behördlich genehmigten Bauschuttdeponie.

Das Merkmal ist allerdings auch dann erfüllt, wenn der gefährliche Abfall innerhalb einer zwar genehmigten, aber nicht nach Art und Menge dafür zugelassenen, also in einer Anlage beseitigt wird, die nicht gerade für die Beseitigung eines solchen Abfalls durch die jeweils zugrunde liegende verwaltungsrechtliche Genehmigung oder gesetzliche Norm zugelassen ist.[225]

Beispiel:
B lässt ein Autowrack zum Ausschlachten in seinem Garten stehen.[226]

Bei der Tatbestandsvariante der Abfallbeseitigung unter **wesentlicher Abweichung von einem vorgeschriebenen oder zugelassenen Verfahren** ist es gleichgültig, wo die Abfälle beseitigt werden. Tatbestandsmäßig ist danach jede Beseitigung von Abfällen i. S. d. Nr. 1 – 4, wenn sie unter wesentlicher Abweichung von einem durch Rechtsvorschrift oder Verwaltungsakt vorgeschriebenen oder zugelassenen Verfahren erfolgt. „Wesentlich" ist die Abweichung jedoch nicht schon dann, wenn zwingende Vorschriften verletzt sind. Erforderlich ist, dass durch das Verfahren die Gefährlichkeit des Abfalls wegen der Reststoffe nicht im Wesentlichen ausgeschaltet wurde oder wenn mit der Art und Weise der Behandlung eine Umweltgefährdung verbunden ist, die durch das vorgeschriebene Verfahren vermieden worden wäre.[227]

c) **Vorsatz, Fahrlässigkeit und Unterlassen.** Die Strafbarkeit nach Absatz 1 setzt **Vorsatz** voraus, wobei bedingter genügt. Dieser muss sich auf die Gefährlichkeit des Abfalls, in den Fällen des Abs. 1 Nr. 4 auf die Schädigungseignung sowie insgesamt auf das Handeln außerhalb einer zugelassenen Anlage oder unter wesentlicher Abweichung von einem vorgeschriebenen oder zugelassenen Verfahren erstrecken. Im Allgemeinen genügt hierbei die Kenntnis der Umweltgefährlichkeit,[228] wobei genaue oder zutreffende Vorstellungen über bestimmte Wirkungsweisen nicht erforderlich sind.[229]

Gem. Absatz 5 steht auch **fahrlässiges Verhalten** unter Strafe. Dabei kann sich die Sorgfaltswidrigkeit auf die jeweilige Tathandlung, aber auch nur auf die spezifische Gefährlichkeit des Abfalls nach Abs. 1 Nr. 1 – 4 beziehen. Die bei der Abfallbeseitigung gebotene Sorgfalt wird in allgemeinen Verwaltungsvorschriften[230] beschrieben.

Wer einen anderen mit der Beseitigung umweltgefährdenden Abfalls beauftragt, muss sich vergewissern, dass dieser zur ordnungsgemäßen Abfallbeseitigung auch tatsächlich im Stande und rechtlich befugt ist. Andernfalls verletzt er seine Sorgfaltspflicht und handelt fahrlässig.[231]

Zunächst einmal ist **Garant** dafür, dass tatbestandsmäßiger Abfall ordnungsgemäß entsorgt wird, regelmäßig der **Abfallbesitzer selbst**.[232] Dieser erfüllt den Tatbestand des Beseitigens durch Unterlassen, wenn er nicht entweder eigenhändig oder durch Einschaltung der zuständigen Stellen dafür sorgt, dass der drohende tatbestandsmäßige Beseitigungserfolg ausbleibt.[233]

---

[223] Vgl. § 31 KrW-/AbfG §§ 9 b, 9 c AtomG.
[224] Schönke/Schröder/*Lenckner/Heine* § 326 Rdnr. 12.
[225] BGH NStZ 1997, 544; SK/*Horn* § 326 a Rdnr. 20.
[226] Zur Abgrenzung „Autowrack" als Abfall *Schall* NStZ-RR 2002, 35 m. Rspr.Nw.
[227] Schönke/Schröder/*Lenckner/Heine* § 326 Rdnr. 12; vgl. auch BT-Drucks. 8/2382, S. 19.
[228] Vgl. hierzu BGHSt 34, 214.
[229] Vgl. SK/*Horn* § 326 Rdnr. 22.
[230] Vgl. § 12 Abs. 2 KrW-/AbfG.
[231] BGHSt 40, 84 ff.
[232] Vgl. § 3 Abs. 6 m. § 11 Abs. 1 KrW-/AbfG.
[233] SK/*Horn* § 326 Rdnr 23.

200 In diesem Zusammenhang ist wichtig zu wissen, dass der **Betriebsbeauftragte für Abfälle** (§§ 54 f. KrW-/AbfG; §§ 11 a ff. AbfG a. F.) als „Berater" des Anlagenbetreibers grundsätzlich kein tauglicher Täter des unerlaubten Umgangs mit gefährlichen Abfällen i. S. d. § 326 StGB sein kann.[234] Allerdings kann er Beihilfe hierzu leisten. Es kann aber in den Fällen die Strafbarkeit des Betriebsbeauftragten als Täter und nicht nur als Gehilfe in Betracht kommen, wenn feststeht, dass aufgrund pflichtwidrig unterlassener Informationen der Unternehmensleitung diese veranlasst worden wäre, die Umweltbeeinträchtigung abzuwenden.

201 **Altlasten**, also Bodenflächen oder Gewässer, die durch früheres menschliches Verhalten schadstoffbelastet sind, gründen im Zusammenhang mit der Unterlassungsstrafbarkeit keine abfallstrafrechtliche Pflicht des heutigen Grundstücksbesitzers zu deren ordnungsgemäßer Beseitigung.[235] Schon der tatbestandliche Erfolg, also der ordnungswidrig beseitigte gefährliche Abfall droht nicht erst noch, sondern ist bereits eingetreten. Für die Verbesserung desolater Zustände, wie z. B. die Rekultivierung einer stillgelegten Deponie, hat alleine der frühere Inhaber der Deponie nach § 36 Abs. 2 KrW-/AbfG zu sorgen. Diese Verpflichtung zu entsprechenden Vorkehrungen, ggf. auch aufgrund etwaiger Anweisungen der zuständigen Behörden nach § 36 Abs. 2 KrW-/AbfG, ist nicht über § 326 StGB strafbewehrt.[236]

202 **e) Abfalltourismus, § 326 Abs. 2 StGB.** Um auch das grenzüberschreitende Verbringen von Abfall in den, aus dem oder durch den Geltungsbereich dieses Gesetzes unter Strafe zu stellen, wurde der sog. „Abfalltourismus" erfasst. Hierdurch soll in Übereinstimmung mit dem Basler Übereinkommen[237] den Gefahren, die mit dem unkontrollierten oder illegalen Transport verbunden sind, begegnet werden.

203 Weil grundsätzlich jedes Land für die Beseitigung seiner gefährlichen Abfälle selbst zu sorgen hat,[238] ist nicht nur die Ein- und Ausfuhr, sondern auch die Durchfuhr in den Tatbestand mitaufgenommen worden.[239] Hierdurch wird der freie europäische Wirtschaftsverkehr mit Abfällen und Verwertungsgütern beschränkt durch strafbewehrte deutsche Genehmigungsvorbehalte, d. h. erteilt eine deutsche Verwaltungsbehörde einem inländischen Abfallerzeuger z. B. keine Ausfuhrgenehmigung, ist dieser unter Strafdrohung (§ 326 Abs. 2 StGB) gezwungen, seinen Abfall einem deutschen Verwerter oder Entsorger anzubieten, auch wenn im Ausland eine billigere und effizientere Entsorgungsmöglichkeit zur Verfügung steht.[240]

Die Tathandlung, also das „Verbringen" oder die „Ausfuhr, Einfuhr und Durchfuhr" muss entgegen einem Verbringungsverbot oder ohne die erforderliche Genehmigung begangen werden.[241] Das Genehmigungsverfahren selbst ist kompliziert und in hohem Maße fehleranfällig.[242]

204 **f) Minima-Klausel, § 326 Abs. 6 StGB.** Nach Absatz 6 ist die Tat dann nicht strafbar, wenn schädliche Einwirkungen auf die Umwelt, insbesondere auf Menschen, Gewässer, Luft, Boden, Nutztiere oder Nutzpflanzen, wegen der geringen Menge der Abfälle offensichtlich ausgeschlossen sind. Dieser Strafausschließungsgrund ist an objektive Kriterien geknüpft und somit von der subjektiven Vorstellung des Täters unabhängig. Im Wesentlichen ist nicht auf die geringe Menge des Abfalls, sondern der darin enthaltenen Schadstoffe abzustellen.[243]

---

[234] Vgl. OLG Frankfurt NJW 1987, 2756; *Kloepfer/Vierhaus*, Rdnr. 60.
[235] Nach § 4 Abs. 2 BBodSchG ist dieser gleichwohl zur Gefahrenabwehr verpflichtet.
[236] SK/*Horn* § 326 Rdnr. 23 a.
[237] „Übereinkommen von Basel über die Kontrolle der grenzüberschreitenden Verbringung gefährlicher Abfälle und ihrer Entsorgung vom 22.3.1989".
[238] Greeve/Leipold/*Leipold*, S. 636 Rdnr. 46; LK/*Steindorf* § 326 Rdnr. 120.
[239] BT-Drucks. 12/192, S. 40.
[240] *Michalke* Rdnr. 278; siehe hierzu auch erforderliche Transportgenehmigung nach § 49 u. Entsorgungsnachweis nach § 50 Abs. 2 Nr. 2 KrW-/AbfG.
[241] Vgl. hierzu im Einzelnen Schall NStZ-RR 2005, 97 ff.
[242] Heine FS Trifferer 413 f.
[243] Schönke/Schröder/*Lenckner/Heine* § 326 Rdnr. 14; SK/*Horn* § 326 Rdnr. 36.

6. Unerlaubtes Betreiben von Anlagen, § 327 StGB

§ 327 StGB behandelt als abstraktes Gefährdungsdelikt das unerlaubte Betreiben von Anlagen, die eine besondere Gefahr für die Umwelt darstellen können. Im Bereich solcher gefährlicher Anlagen soll die Dispositions- und Entscheidungsbefugnis der zuständigen Genehmigungsbehörden geschützt werden.

Beispiele:
Der ehrenamtliche Bürgermeister einer Gemeinde kann sich gemäß Abs. 2 Nr. 3 strafbar machen, wenn er nicht gegen die Weiterbenützung einer stillgelegten gemeindeeigenen Müllkippe einschreitet.[244]
Der Betreiber einer Bodenbehandlungsanlage nimmt mit Ausbauasphalt verunreinigten Erdaushub an, obwohl diese Schadstoffart in seiner Betriebsgenehmigung nicht enthalten ist.

Tatbestandsmerkmale.
§ 327 Abs. 1 StGB bezieht sich in Nr. 1 auf die kerntechnischen Anlagen, die Nr. 2 benennt die Betriebsstätte, in der Kernbrennstoffe verwendet werden.
In § 327 Abs. 2 StGB werden in den Nr. 1 – 3 neben genehmigungsbedürftigen Anlagen oder sonstigen Anlagen i. S. d. BImSchG, deren Betrieb zum Schutz von Gefahren untersagt worden ist, genehmigungsbedürftige oder anzeigepflichtige Rohrleitungsanlagen (zum Befördern wassergefährdender Stoffe) und Abfallentsorgungsanlagen i. S. d. KrW-/AbfG genannt.[245] Allein das Liegenlassen der Abfälle und das Nichtverhindern des Lagerns bzw. Ablagerns von Abfällen auf einem Grundstück kann dieses zu einer „Abfallentsorgungsanlage" machen. Daher ist grundsätzlich auch eine Unterlassungstäterschaft bei § 327 Abs. 2 StGB möglich.[246] Eine Tatbestandsvariante des Abs. 2 Nr. 3 ist also beispielsweise das Nichtunterbinden wilder Müllablagerung Dritter durch den Inhaber einer stillgelegten Abfallbeseitigungsanlage.[247]
Tathandlung ist das **Betreiben**, also die bestimmungsgemäße Nutzung[248] einer Anlage ohne die erforderliche Genehmigung oder Planfeststellung oder entgegen einer auf dem jeweiligen Gesetz beruhenden vollziehbaren Untersagung[249] bzw. das wesentliche Abweichen von einer erteilten Genehmigung.[250] Die Vorschrift bezieht sich auf alle Fälle unerlaubten Betreibens einer Anlage ohne Vorliegen der zur Errichtung, zum Betrieb oder der zu einer wesentlichen Änderung der Lage, Beschaffenheit oder des Betriebs erforderlichen Genehmigung. Vom Tatbestand nicht umfasst ist also beispielsweise das ungenehmigte Errichten einer Anlage.

7. Unerlaubter Umgang mit gefährlichen Stoffen und Gütern, § 328 StGB

Praxisrelevant dürfte allein Absatz 3 sein, der eine konkrete Gefährdung der Gesundheit eines anderen bzw. eine Gefährdung von dem Täter nicht gehörenden Tieren oder fremden Sachen von bedeutendem Wert betrifft.

Beispiel:
aa) A lagert ohne Genehmigung in seiner Kiesgrube eine große Anzahl gefüllter Benzinkanister für ein Stromaggregat.
bb) Der Inhaber der Galvanisieranstalt G liefert seine Säurerückstände beim Privatmann P auf dessen Bitte ab.

Tatbestandsmerkmale.
Das StGB definiert den in Absatz 3 Nr. 1 erwähnten Begriff des **Gefahrstoffs** nicht. Ausgegangen werden muss von § 19 Abs. 2 ChemG. Hiernach sind Gefahrstoffe solche, die chronisch schädigende Eigenschaft haben, explosionsfähig sind, Krankheitserreger übertragen können, aus denen bei der Herstellung oder Verwendung chronisch schädigende Stoffe, oder explosionsfähige Stoffe entstehen können, oder sonstige gefährliche Arbeitsstoffe.

---

[244] LG Koblenz NStZ 1987, 281.
[245] *Tröndle/Fischer* § 328 Rdnr. 12
[246] Vgl. hierzu *Tröndle/Fischer* § 327 Rdnr. 12.
[247] OLG Stuttgart NJW 1987, 1281 f.; a. A. BayObLG NStZ 1998, 465, das für ein „Betreiben" durch Unterlassen eine –wenn auch konkludente- Zweckbestimmung fordert.
[248] BayObLG VRS 67, 229.
[249] *Tröndle/Fischer* § 327 Rdnr. 12.
[250] BVerwG NuR 2001, 330; zur nur anzeigepflichtigen Anlage BayObLGSt 2000, 5 = NJW 2000, 407.

214 Der Begriff des **gefährlichen Gutes** aus Absatz 3 Nr. 2, der in § 330 d Nr. 3 StGB i. V. m. § 2 Abs. 1 GGBefG legaldefiniert ist, wurde bereits eingangs behandelt.[251] Die Rechtslage ist dabei aufgrund der komplexen Verweisungsregelung so kompliziert, dass in der Praxis meist allenfalls ein Fahrlässigkeitsvorwurf gemacht werden kann.

215 Der Tatbestand erfordert eine **grobe Verletzung verwaltungsrechtlicher Pflichten**. Grob ist eine Pflichtwidrigkeit, wenn die jeweilige Pflicht a) in besonders schwerem Maße verletzt wird oder b) der Verstoß sich gegen eine besonders gewichtige Pflicht richtet.[252] Einschlägig sind nur solche Vorschriften, die einerseits die in § 330 d Nr. 4 StGB aufgeführte Zielrichtung aufweisen und andererseits so präzise gefasst sind, dass der Normadressat ihnen die ihn betreffende konkrete Pflicht hinreichend deutlich entnehmen kann. Einzubeziehen sind aber auch straßenverkehrsrechtliche Vorschriften.[253] Ein Handeln ohne die erforderliche Genehmigung oder entgegen einer vollziehbaren Untersagung wird stets ein Indiz für die Annahme eines groben Verstoßes sein.[254]

216 § 328 StGB verdrängt § 27 ChemG durch die Subsidiaritätsklausel in § 27 Abs. 6 ChemG.

8. Gefährdung schutzbedürftiger Gebiete, § 329 StGB

217 § 329 StGB stellt bestimmte Umwelteinwirkungen auf Einzelne, besonders empfindliche Gebiete unter Strafe. Absatz 1 regelt dies für Kur- und Erholungsgebiete sowie Smog-Gebiete (vgl. § 49 BImSchG), Absatz 2 für Heilquellen- und Wasserschutzgebiete (vgl. § 19 WHG) und Absatz 3 für Naturschutzgebiete und Nationalparks (§§ 12 III Nr. 2, 13, 14 BNatSchG). Bei den Absätzen 2 und 3 ist nicht erforderlich, dass die Tathandlung innerhalb des Schutzgebietes erfolgt.[255]

Beispiel:

218 Der Bauunternehmer B errichtet in einem an sein Firmengelände angrenzendes Naturschutzgebiet einen provisorischen Car-Port für seine Baustellenfahrzeuge.

219 **Tatbestandsmerkmale.**
Absatz 3 harmonisiert Bundes- und Landesrecht auf dem Gebiet des Naturschutzes. Strafbar sind die einzelnen Tathandlungen, soweit sie verbotswidrig, also entgegen einer zum Schutz eines Gebietes erlassenen Rechtsvorschrift oder vollziehbaren Untersagung erfolgen. Der jeweilige Schutzzweck muss jedoch nicht unerheblich beeinträchtigt werden.

220 **Nr. 1** erfasst den Abbau und die Gewinnung von Bodenschätzen und Bodenbestandteilen, beispielsweise der unerlaubte Kies- und Sandabbau.

221 Gleichfalls praxisrelevant ist **Nr. 8**. Hiernach ist auch das Errichten eines Gebäudes[256] in einem solchen Gebiet strafbar. Es kommt nicht darauf an, dass das Gebäude zur Aufnahme von Menschen bestimmt ist; ausreichend ist also auch ein einfacher Verschlag. Dadurch sollen störende Einflüsse auf das Schutzgebiet und die Präsenz von Menschen und die damit für das Schutzgebiet hervorgerufenen Störungen des Schutzzwecks eingeschränkt werden.[257]

IV. Nebenstrafrecht

1. Verhältnis zum Kernstrafrecht

222 Es gibt keine feststehende Regelung, was im Kern- oder im Nebenstrafrecht zu regeln ist. Bis 1980 war das Umweltstrafrecht Nebenstrafrecht. Erst dann wurde es in das Kernstrafrecht übernommen. Ziel der Reform war es, „durch umfassende strafrechtlichen Sanktionsmöglichkeiten, schwerwiegenden Schädigungen und Gefährdungen der Umwelt wirksamer als bisher

---

[251] S. oben Rdnr. 95 f.
[252] RegE BT-Drucks. 12/292, S. 24 f.; LK/*Steindorf* § 328 Rdnr. 41.
[253] *Rengier* S. 33 ff.
[254] *Möhrenschlager* NStZ 1994, 566, 567.
[255] Vgl. *Michalke* Rdnr. 375.
[256] Vgl. dazu BGHSt 6, 107.
[257] *Tröndle/Fischer* § 329 Rdnr. 12; vgl. auch BT- Drucks. 12/192, S. 26 f.

entgegenzutreten und dabei den sozialschädlichen Charakter solcher Taten verstärkt in das Bewusstsein der Allgemeinheit zu bringen."[258]

In welchem Gesetz also die Strafbarkeit bestimmter Handlungsweisen geregelt ist, ist unerheblich. Im Kernstrafrecht ist es plakativer und rückt mehr ins Bewusstsein. Die sozialethische Missbilligung wird dadurch hervorgehoben.[259] 223

2. Übersicht

Wenngleich im 29. Abschnitt (§§ 324 ff. StGB) dem umweltrechtlichen Kernstrafrecht im Strafgesetzbuch ein zentraler Platz eingeräumt wurde, existiert dennoch eine Vielzahl weiterer Straf- und Bußgeldtatbestände in diversen Umweltgesetzen. Letztere werden an dieser Stelle mitbehandelt, da auch ihnen in der Praxis ein erheblicher Sanktionscharakter zukommen kann. Diese Normen sind zum einen leicht zu übersehen, da ihre Tatbestände erst im Zusammenhang mit entsprechenden Verwaltungsvorschriften (z. B. div. BImSchV) zum Vorschein kommen, zum anderen unterliegen sie auch einer häufigeren Neuregelung, weshalb die laufenden Aktualisierungen zu beobachten sind. 224

Der Gesetzgeber hat bewusst darauf verzichtet, das Nebenstrafrecht vollständig in das StGB zu integrieren, um dessen Charakter als Kernstrafrecht nicht zu verwässern.[260] 225

Zu den **wichtigsten praxisrelevanten Straf- und Bußgeldtatbeständen** sind zu zählen (nicht abschließend): 226

Abfallablagerungsverordnung, § 7 AbfAblV i. V. m. § 61 KrW-/AbfG
Abwasserabgabengesetz, § 14 AbwAG i. V. m. §§ 370 f. AO
Atomgesetz, § 46 AtomG
Benzinbleigesetz, § 7 BzBlG
Bundesartenschutzverordnung, § 13 BArtSchV
Bundesbodenschutzgesetz, § 26 BBodSchG
Bundesimmissionsschutzgesetz, § 62 BImSchG
Bundesjagdgesetz, § 38 BJagdG
Bundesnaturschutzgesetz, §§ 65, 66 BNatSchG
Bundesseuchengesetz, §§ 63 ff. BSeuchG
Bundeswaldgesetz, § 43 BWaldG
Chemiegesetz, §§ 26, 27 f. ChemG
Düngemittelgesetz, § 2 DMG
Energieeinsparungsgesetz, § 8 EnEG
Energieverbrauchskennzeichnungsgesetz, § 2 EnVKG
Gefahrgutbeförderungsgesetz, § 10 GGBefG
Gefahrstoffverordnung, § 47 – 51 GefStoffV
Gentechnikgesetz, §§ 38, 39 GenTG
Gewerbeordnung, § 148 GewO
Kreislaufwirtschafts- und Abfallgesetz, § 61 KrW-/AbfG
Lebensmittel- und Bedarfsgegenständegesetz, §§ 51, 52 LMBG
Luftverkehrsgesetz, §§ 59 ff. LuftVG
Pflanzenschutzgesetz, §§ 39, 40 PflSchG
Sprenggesetz, §§ 40, 42 SprengG
Strahlenschutzvorsorgegesetz, §§ 13, 14 StrVG
Tierschutzgesetz, §§ 17 ff. TierSchG
Tierseuchengesetz, § 74 TierSG
Umwelthaftungsgesetz, §§ 21, 22 UmweltHG
Wasch- und Reinigungsmittelgesetz, § 11 WRMG
Wasserhaushaltsgesetz, § 41 WHG

---

[258] So die Begründung des Gesetzes zur Bekämpfung der Umweltkriminalität vom 18.3.1980, BT-Drucks. 8/2382, S. 1.
[259] Ein weiteres Beispiel für die Verlagerung vom Neben- in das Kernstrafrecht ist § 12 UWG, der nunmehr § 299 StGB ist.
[260] *Kloepfer/Vierhaus* Rdnr. 9.

227 Einige dieser Normen erfahren ihre sanktionsrechtliche Wirksamkeit erst im Zusammenhang mit Rechtsverordnungen, so beispielsweise § 27 **ChemG**, welcher Verstöße gegen nach § 17 ChemG erlassene Verordnungen (§§ 7, 8 ChemVerbotsV, §§ 47 ff., 47-51 GefahrstoffV, § 9 FCKW-Halon-VerbotsV) erfasst.[261] Dabei können – je nach Tatbestand – Bußgelder bis EUR 50.000,00 verhängt werden (§ 26 Abs. 2 ChemG). So ergingen in den letzten Jahren z. B. einige Urteile aufgrund der verbotenen Verwendung und Weitergabe von teerölgetränkten Bahnschwellen, was durch die GefStoffV und ChemVerbotsV i. V. m. mit dem ChemG untersagt ist.[262]

228 Neben den zahlreichen in § 62 BImSchG aufgezählten Ordnungswidrigkeitentatbeständen werden diese über § 62 Abs. 1 Nr. 2, 7 **BImSchG** durch Bußgeldtatbestände in den einzelnen Bundesimmissionsschutzverordnungen ergänzt (z. B. § 22 der 1. BImSchV, § 18 der 2. BImSchV, § 21 der 12. BImSchV, § 35 der 13. BImSchV, § 21 der 17. BImSchV, § 9 der 26. BImSchV, § 18 der 30. BImSchV, § 12 der 31. BImschV, § 9 der 32. BImSchV).

229 Diese Ordnungswidrigkeitennormen kommen z. T. als Vorfeldtatbestände der §§ 325, 325 a StGB zum Tragen, wenn die in den Strafvorschriften geforderten Taterfolge – wie bspw. die Lärmverursachung – nicht auftreten oder nachgewiesen werden können.[263] Soweit Überschneidungen von Straftatbeständen nach dem StGB und Ordnungswidrigkeiten entstehen (z. B. § 327 Abs. 2 Nr. 1 StGB und § 62 Abs. 1 Nr. 3 und 4 BImSchG), ist vom Grundsatz des Zurücktretens des Ordnungswidrigkeitentatbestandes hinter der Strafnorm (gem. § 21 OWiG) auszugehen.

230 Neben den eigentlichen im § 61 **KrW-/AbfG** aufgeführten Bußgeldtatbeständen sind darüber hinaus über § 61 Abs. 1 Nr. 5 KrW-/AbfG weitere Ordnungswidrigkeitentatbestände in Einzelnen auf der Grundlage des KrW-/AbfG erlassenen Rechtsverordnungen zu beachten (z. B. § 7 Abfallablagerungsverordnung, § 33 Nachweisverordnung, § 11 Altfahrzeugverordnung, § 16 Batterieverordnung, § 15 Verpackungsverordnung, § 13 Bioabfallverordnung, § 5 PCB/PCT-Abfallverordnung, § 9 Klärschlamm-Verordnung, § 13 Altholzverordnung). Dagegen ist § 10 Altölverordnung wohl nicht mehr anwendbar.[264]

231 Nicht unerwähnt soll bleiben, dass zudem landesrechtliche Vorschriften der Länderabfallgesetze einschlägig und auch Satzungen der Kommunen (bspw. gemeindliche Abwassersatzungen) mit Ordnungswidrigkeitentatbeständen versehen sein können.

232 Im Naturschutzrecht können Bußgeldnormen der, auf den landesrechtlichen Naturschutzgesetzen basierenden, speziellen Verordnungen (z. B. Baumschutzverordnung) einschlägig sein.[265]

233 Im Zusammenhang mit der Beförderung gefährlicher Güter wurden aufgrund § 3 **GGBefG** (Gefahrgutbeförderungsgesetz) zahlreiche konkretisierende Rechtsverordnungen erlassen, welche nach den einzelnen Beförderungsarten (Straße und Eisenbahn,[266] Luft, Binnenschifffahrt) unterscheiden.[267] Ordnungswidrigkeiten werden direkt in § 10 GGBefG erfasst, bzw. ergeben sich i. V. m. mit den einzelnen Verordnungen.

234 Bei der Bemessung der Höhe von verwirkten Bußgeldern haben die Behörden sich – soweit vorhanden – an länderrechtliche Bußgeldkataloge zu halten.[268] Die dort festgelegten Beträge orientieren sich bspw. bei Ordnungswidrigkeiten nach § 61 Abs. 1 Nr. 1 und 2 KrW-/AbfG an der Menge von behandelten oder gelagerten Abfällen. Der Bußgeldkatalog kann somit auch der Überprüfung der Angemessenheit eines verhängten Bußgeldes (z.B. durch den Rechtsanwalt) dienen.[269]

---

[261] *Franzheim/Pfohl* Rdnr. 468 ff.
[262] OVG Lüneburg NVwZ-RR 1997, 620 L mit Anm. *Maaß*; OLG Oldenburg NuR 1999, 199; AG Burgwedel NuR 2000, 64; zuletzt BayObLG NStZ-RR 2002, 152.
[263] *Franzheim/Pfohl* Rdnr. 493.
[264] *Franzheim/Pfohl* Rdnr. 496 m. w. N.
[265] *Franzheim/Pfohl* Rdnr. 498 mit Hinweis auf *Günther* NuR 1998, 637.
[266] Gefahrgutverordnung Straße und Eisenbahn (GGVSE) vom 11.12.2001 BGBl. I S. 3529.
[267] *Hoppe/Beckmann/Kauch* § 34 Rdnr. 58 ff.
[268] Z. B. Bußgeldkatalog Umwelt Baden-Württemberg.
[269] *Franzheim/Pfohl* Rdnr. 499.

V. Europäisches und internationales Umweltstrafrecht
1. Einfluss des Europäischen Gemeinschaftsrechts auf das nationale Umweltstrafrecht

a) **Rahmenbeschluss.** Der „Rahmenbeschluss über den Schutz der Umwelt durch das Strafrecht" wurde am 27.1.2003 vom Rat der Europäischen Union „verabschiedet".[270]

Inhaltlich lehnt sich der Rahmenbeschluss weitgehend an das noch nicht in Kraft getretene „Übereinkommen des Europarates über den Schutz der Umwelt durch Strafrecht" vom 24.11.1998 an. Der Rahmenbeschluss ist nach seinem Art. 10 Abs. 1 bis zum 27.1.2005 umzusetzen.

Die Mitgliedsstaaten sind nach Art. 2 und 3 verpflichtet, bestimmte vorsätzlich oder zumindest grob fahrlässig begangene Handlungen mit Strafe zu bedrohen. Auch die Teilnahme ist unter Strafe zu stellen. Zumindest in schwerwiegenden Fällen muss nach Art. 5 Abs. 1 die Freiheitsstrafe so hoch sein, dass sie zur Auslieferung führen kann, d. h. gem. § 3 Abs. 2 IRG mindestens 1 Jahr.

Streit besteht darüber, ob dieser Rahmenbeschluss nichtig ist. Der Rat hat die von der Kommission vorgeschlagene, auf Art. 175 „EG" (neue Normbenennung) gegründete und vom Europaparlament unterstützte Wahl einer Richtlinie abgelehnt, da keine Kompetenz für umweltstrafrechtliche Regelungen bestünde. Die Kommission ist weiterhin anderer Auffassung und hat daher eine Klage auf Nichtigkeit des Rahmenbeschlusses durch den EuGH eingereicht.

Die Kommission hat einen „Vorschlag für eine Richtlinie des europäischen Parlaments und des Rates über die Meeresverschmutzung durch Schiffe und die Einführung von Sanktionen, einschließlich strafrechtlicher Sanktionen, für Verschmutzungsdelikte"[271] in das europäische Gesetzgebungsverfahren eingebracht. Es ist damit zu rechnen, dass es bei der Beratung zu dieser Richtlinie wieder zu einer Grundsatzdebatte über strafrechtliche Kompetenzen in der ersten Säule kommen wird.[272]

b) **Abfallbegriff.** Der Abfallbegriff des § 326 StGB wird durch europäisches Gemeinschaftsrecht nicht eingeschränkt.[273]

Der EuGH hatte zunächst den zu engen nationalen Abfallbegriff moniert.[274] Seit In-Kraft-Treten des Kreislaufwirtschafts- und Abfallgesetzes (KrW-/AbfG) ist diese Beanstandung jedoch obsolet geworden;[275] damit wurde mit der Auslegungsschwierigkeiten verbundene § 1 AbfG durch § 3 KrW-/AbfG ersetzt und der deutsche Abfallbegriff den europarechtlichen Vorgaben der Richtlinie 91/156/EG angeglichen.[276] Mit der „Verordnung zur Einführung des Europäischen Abfallkatalogs (EAKV)" liegen auch die Ausführungsbestimmungen hierzu vor.[277]

Gerade diese europarechtlichen Vorgaben führen dann auch dazu, dass § 326 StGB nicht nur Abfälle zur Beseitigung, sondern auch zur Verwertung umfassen soll.[278]

Jedoch ist zu beachten, dass Deutschland immer noch nicht vollständig die geltenden europäischen Abfallrichtlinien in nationales Recht umgesetzt hat. Deshalb existieren in Deutschland mehr und andere Abfallkategorien. Da aber Richtlinien, die nicht fristgerecht umgesetzt werden, eine unmittelbare Drittwirkung entfalten, kann sich die Verteidigung ggf. auf eine etwa fehlende Abfalleigenschaft nach europäischem Recht stützen.[279]

---

[270] EU-Abl. L 29 v. 5.2.2003.
[271] KOM [2003] 92 endg. = BR-Drucks. 179/03.
[272] Vgl. *Möhrenschlager* wistra 2003, Heft 5, V, VII.
[273] *Tröndle/Fischer* § 326 Rdnr. 2 a.
[274] EuGH NuR 1995, 573.
[275] LK/*Steindorf* § 326 Rdnr. 10.
[276] *Franzheim/Pfohl* Rdnr. 251.
[277] LK/*Steindorf* § 326 Rdnr. 10.
[278] Ausführlich *Franzheim/Pfohl* Rdnr. 253.
[279] Ausführlich *Michalke* Rdnr. 251.

2. Internationales Umweltstrafrecht

244 Wichtige Umweltgüter sind oft transnational: Dies gilt insbesondere für Flüsse, Seen und Meere sowie die Luft. Gerade das Meer, aber auch die Arktis und Antarktis sind nicht einem Staat zugeordnet. Es stellt sich damit die Frage, inwieweit auch hier deutsches Strafrecht Anwendung finde. Explizit geregelt ist das beispielsweise für den sog. „Abfalltourismus".[280]

245 Unproblematisch gilt das deutsche Umweltstrafrecht im Inland, vgl. das Territorialprinzip des § 3 StGB. Das Flaggenprinzip gem. § 4 StGB erstreckt die deutsche Strafgewalt auf deutsche Schiffe oder Luftfahrzeuge. Für den Bereich des deutschen Festlandsockels ist § 5 Nr. 11 StGB lex specialis. Das deutsche Küstenmeer unterfällt als Inland § 3 StGB; dagegen ist das Flaggenprinzip für einige Umweltstraftatbestände von vornherein irrelevant, weil Luft- und Wasserfahrzeuge ausgeklammert wurden (vgl. §§ 325 Abs. 5, 352 a Abs. 4, 329 Abs. 1 S. 3 StGB).

246 Das Schutzprinzip des § 5 Nr. 11 StGB greift in den Fällen der §§ 324, 326, 300 und 330 a StGB, die im Bereich der deutschen ausschließlichen Wirtschaftszone begangen werden, soweit völkerrechtliche Übereinkommen zum Schutze des Meeres ihre Verfolgung als Straftaten gestatten.

247 Zudem werden Straftaten nach § 328 Abs. 2 Nr. 3 und 4, Abs. 4 und 5 auch i. V. m. § 330 StGB erfasst, wenn der Täter zur Zeit der Tat Deutscher ist.

248 Das Weltrechtsprinzip des § 6 schützt durch Nr. 9, wenn es sich um Taten handelt, die aufgrund eines für die BRD verbindlich zwischenstaatlichen Abkommens auch dann zu verfolgen ist, wenn sie im Ausland begangen werden.

249 Über § 9 StGB, der auf Grundlage des Ubiquitätsprinzips darauf abstellt, wo Handlung oder Erfolg eingetreten sind, macht bei Verletzungsdelikten (z. B. § 324 StGB) und bei konkreten Gefährdungsdelikten (z. B. 330 a StGB) keine Schwierigkeiten, weil diese einen „zum Tatbestand gehörenden Erfolg" aufweisen.[281] Für die abstrakten Gefährdungsdelikte hingegen scheitert dies.

250 Ein weiteres Problem stellt die Frage der Verwaltungsakzessorietät bei grenzüberschreitenden Umweltbeeinträchtigungen dar. So ist bislang noch offen, ob das völkerrechtliche Prinzip der beschränkten territorialen Souveränität und Integrität dazu verpflichtet, die Störung aus dem Nachbarstaat zu dulden.[282] Gleiches gilt für die Frage, welche Konsequenz aus dem genehmigten oder aber rechtswidrigen Handeln im Nachbarstaat zu ziehen ist.

251 Umfangreiche Nachweise zum ausländischen Umweltstrafrecht finden sich bei *Kloepfer/Vierhaus*.[283] Auch das Völkerstrafrecht, dass sich bislang eher mit Verbrechen gegen die Menschlichkeit und gegen Frieden sowie mit Kriegsverbrechen befasst hat, diskutiert zunehmend die Ahndung besonders schwerwiegender Umweltverstöße.[284]

---

[280] Vgl. oben Rdnr. 202 f.
[281] *Kloepfer/Vierhaus* Rdnr. 169.
[282] *Kloepfer/Vierhaus* Rdnr. 169.
[283] *Kloepfer/Vierhaus* Rdnr. 171. Vgl. auch *Tröndle/Fischer* Vorbem. § 324 Rdnr. 2 a.
[284] *Martin*, Strafbarkeit Grenzüberschreitung der Umweltbeeinträchtigungen. Zugleich ein Beitrag zur Gefährdungsdogmatik und zum Umweltvölkerrecht, 1989; *Tomuschat*, Sanktionen durch internat. Strafgerichtshöfe, in: Verhandlungen des 60. DJT, Münster, 1994.

Teil D. Steuern, Abgaben und Subventionen

§ 29 Steuerstrafrecht und Steuerordnungswidrigkeiten

Übersicht

	Rdnr.
I. Einleitung	1–33
1. Allgemeines	1–11
2. Steuerstraftaten und Steuerordnungswidrigkeiten	12–15
a) Steuerstraftaten	12/13
b) Steuerordnungswidrigkeiten	14
c) Zusammentreffen von Ordnungswidrigkeit und Straftat	15
3. Überblick über die Tatbestände	16
4. Geltung der allgemeinen Strafgesetze (§ 369 Abs. 2 AO)	17
5. Räumlicher Geltungsbereich (Territorialitätsprinzip)	18–24
6. Zeitlicher Geltungsbereich – Rückwirkungsverbot	25–29
7. Analogieverbot und Gebot der Tatbestandsbestimmtheit	30–33
II. Steuerlich relevante Straftatbestände oder Steuerordnungswidrigkeiten	34–88
1. Straftatbestände der AO (§ 369 AO – Steuerstraftaten / Zollstraftaten) ...	34–45
a) Taten, die nach den Steuergesetzen strafbar sind (§ 369 Abs. 1 Nr. 1 AO) ...	35–43
b) Geltung der allgemeinen Gesetze / Verweisungsnorm des § 369 Abs. 2 AO	44/45
2. Straftatbestände außerhalb der Abgabenordnung	46–88
a) Begünstigung (§ 257 StGB)	46–58
b) Geldwäsche (§ 261 StGB)	59–69
c) Subventionsbetrug (§ 264 StGB)	70–78
d) Wertzeichenfälschung (§§ 148, 149 StGB)	79–84
e) Gefährdung des Umsatzsteueraufkommens	85/86
f) Rennwett- und Lotteriegesetz	87
g) Abgabengesetze der Länder	88
III. Steuerhinterziehung (§ 370 AO)	89–337
1. Allgemeines	89–97
2. Geschütztes Rechtsgut	98/99
3. Täterkreis	100–105
4. Tatbestandsmäßiges Verhalten	106–337
a) Steuerhinterziehung durch Handeln (§ 370 Abs. 1 Nr. 1 AO)	109–130
b) Steuerhinterziehung durch Unterlassen (§ 370 Abs. 1 Nr. 2 AO)	131–162
c) Steuerhinterziehung durch Nichtverwendung von Steuerzeichen und Steuerstempeln (§ 370 Abs. 1 Nr. 3 AO)	163
d) Der Tatererfolg	164–195
e) Kausalität zwischen Handlung und Erfolg	196–198
f) Besonders schwere Fälle (§ 370 Abs. 3 AO)	199–208
g) Rechtswidrigkeit	209/210
h) Subjektiver Tatbestand	211–221
i) Versuch	222–229
j) Täterschaft und Teilnahme	230–236
k) Konkurrenzen	237–256
l) Strafrechtliche Verjährung	257/258
m) Einzelfälle	259–282
n) Rechtsfolgen	283–337
IV. Schwere Steuerhinterziehung (§ 370 a AO)	338–361
1. Allgemeines	338/339
2. Qualifikationsalternative	340–350
a) In großem Ausmaß	341–343
b) Gewerbsmäßige Begehung	344–350
3. Versuch	351
4. Täterschaft und Teilnahme	352
5. Rechtsfolgen	353/354

6. Selbstanzeige und § 370 a AO	355–357
7. Vortat als Geldwäsche gem. § 261 StGB	358
8. Konkurrenzen	359
9. Strafrechtliche Verjährung	360
10. Sonstige Rechtsfolgen	361
V. Selbstanzeige (§ 371 AO)	362–528
1. Allgemeines	362–371
a) Ziel und Bedeutung der Regelung	362–364
b) Begriff der Selbstanzeige	365/366
c) Motivation des Steuerpflichtigen	367–369
d) Grund der Regelung	370/371
2. Anwendungsbereich des § 371 AO	372–377
3. Die Berichtigungserklärung	378–416
a) Person des Anzeigeerstatters	378–380
b) Inhalt der Selbstanzeige	381–405
c) Form der Selbstanzeige	406–408
d) Adressat der Selbstanzeige	409–412
e) Widerruf oder Änderung der Selbstanzeige	413/414
f) Erneute Selbstanzeige	415/416
4. Die Sperrwirkung des § 371 Abs. 2 AO	417–478
a) Erscheinen eines Amtsträgers, (§ 371 Abs. 2 Nr. 1 a AO)	420–443
b) Einleitung und Bekanntgabe eines Straf- oder Bußgeldverfahrens (§ 371 Abs. 2 Nr. 1 b AO)	444–465
c) Entdeckung der Tat (§ 371 Abs. 2 Nr. 2 AO)	466–477
5. Nachentrichtung verkürzter Steuern	479–498
a) Entrichtungsschuldner	482/483
b) Umfang der Entrichtungsschuld	484–487
c) Art der Nachentrichtung	488
d) Zahlungsfrist	489–498
6. Wirkung der Selbstanzeige	499–504
a) Strafrechtliche Nebenfolgen	501
b) Subsidiäre Ordnungswidrigkeiten	502
c) „Verunglückte" Selbstanzeige	503/504
7. Drittanzeige	505–510
8. Konkurrenzfragen	511–526
a) Verhältnis des § 371 AO zu § 24 StGB	511–514
b) Verhältnis zu § 153 AO	515–521
c) Verhältnis zu § 46 a StGB	522/523
d) Verhältnis zu § 264 Abs. 4 StGB	524
e) Verhältnis zu § 266 a Abs. 6 StGB	525
f) Verhältnis zu § 261 Abs. 9 StGB	526
9. Kosten der Selbstanzeige	527/528
VI. Bannbruch (§ 372 AO)	529–562
1. Allgemeines	529–531
2. Gesetzessystematik	532
3. Objektiver Tatbestand	533–545
a) Objekt des Bannbruchs: „Gegenstände"	533
b) Verbringungsverbote	534–539
c) Verbringenlassen	540
d) Ein-, Aus- und Durchfuhrverbote	541–545
4. Subjektiver Tatbestand	546
5. Versuch, Vollendung und Beendigung der Tat	547–551
a) Versuch	547–549
b) Vollendung der Tat	550
c) Beendigung der Tat	551
6. Täterschaft und Teilnahme	552/553
7. Selbstanzeige	554
8. Subsidiaritätsklausel des § 372 Abs. 2 AO	555/556
9. Konkurrenzen	557
10. Strafen und Nebenfolgen	558
11. Verfahrensfragen im Hinblick auf die AO	559–562
VII. Gewerblicher, gewaltsamer und bandenmäßiger Schmuggel (§ 373 AO)	563–598
1. Allgemeines	563–571
a) Hinterziehung von Einfuhr- oder Ausfuhrabgaben	566–568
b) Bannbruch	569/570

§ 29 Steuerstrafrecht und Steuerordnungswidrigkeiten

c) Steuerhehlerei	571
2. Einzelne Strafschärfungsgründe	572–591
a) Grunddelikte	572
b) Gewerbsmäßige Tatbegehung gem. § 373 Abs. 1 AO	573–576
c) Tatbegehung mit Schusswaffen gem. § 373 Abs. 2 Nr. 1 AO	577–579
d) Tatbegehung mit sonstigen Waffen gem. § 373 Abs. 2 Nr. 2 AO	580–584
e) Bandenmäßige Begehung gem. § 373 Abs. 2 Nr. 3 AO	585–591
3. Strafbarkeit des Versuchs	592
4. Strafen und Nebenfolgen	593–595
5. Konkurrenzen	596/597
6. Selbstanzeige	598
VIII. Steuerhehlerei (§ 374 AO)	599–623
1. Allgemeines	599
2. Vortaten der Steuerhehlerei	600–610
a) Allgemeines	600/601
b) Die Vortaten im Einzelnen	602–607
c) Die abgeschlossene Vortat	608
d) Die subjektiven Merkmale der Vortat	609
e) Verhältnis der Steuerhehlerei zur Täterschaft und Teilnahme an der Vortat	610
3. Tathandlungen der Steuerhehlerei	611–615
a) Ankaufen	611
b) Sich oder einem Dritten verschaffen	612
c) Absetzen	613
d) Absatzhilfe	614
e) Steuerhehlerei durch Unterlassen	615
4. Subjektiver Tatbestand	616–618
a) Vorsatz	616/617
b) Bereicherungsabsicht	618
5. Versuch der Steuerhehlerei	619
6. Strafen und Nebenfolgen	620/621
7. Konkurrenzen	622
8. Wahlfeststellung zwischen Steuerhinterziehung und Steuerhehlerei	623
IX. Nebenfolgen (§ 375 AO)	624–666
1. Allgemeines	624–626
2. Die Aberkennung der Amtsfähigkeit und Wählbarkeit gem. § 375 Abs. 1 AO	627–637
a) Zweck und Anwendungsbereich	628–631
b) Tatbestandsvoraussetzungen	632–634
c) Sonstige Fragen	635–637
3. Die Einziehung gem. § 375 Abs. 2 AO	638–663
a) Die neben § 375 Abs. 2 AO anzuwendenden allgemeinen Vorschriften des StGB	639/640
b) Rechtsnatur, Zweck und Anwendungsbereich	641–643
c) Der Einziehung unterworfene Gegenstände	644–648
d) Einziehung und Eigentum	649–656
e) Der Grundsatz der Verhältnismäßigkeit	657–659
f) Einziehung des Wertersatzes	660
g) Selbständige Einziehung gem. § 76 a StGB	661
h) Rechtsfolgen der Einziehung	662/663
4. Der Verfall (§ 369 Abs. 2 AO i. V. m. §§ 73 ff. StGB)	664–666
X. Unterbrechung der Verfolgungsverjährung (§ 376 AO)	667–740
1. Allgemeines	667/668
2. Bedeutung des § 376 AO	669
3. Anwendungsbereich des § 376 AO	670–672
4. Allgemeine Strafverfolgungsverjährung	673–681
a) Zweck der Verjährung	674
b) Beachtung der Verjährungsvorschriften im Strafverfahren	675–681
5. Verjährungsbeginn bei der Steuerhinterziehung	682–702
a) Steuerhinterziehung durch positives Tun	683–689
b) Steuerhinterziehung durch Unterlassen	690–697
c) Versuch	698/699
d) Die fortgesetzte Tat	700
e) Teilnahme	701
f) Die straflose Nachtat	702
6. Unterbrechung der Verjährung	703–723
7. Ruhen der Verfolgungsverjährung (§ 78 b StGB)	724–730

8. Die Vollstreckungsverjährung	731–740
a) Beginn der Vollstreckungsverjährung	732
b) Verjährungsfrist bei der Vollstreckungsverjährung	733/734
c) Ruhen der Vollstreckungsverjährung (§ 79 a StGB)	735–738
d) Verlängerung der Vollstreckungsverjährung (§ 79 b StGB)	739/740
XI. Steuerordnungswidrigkeiten (§ 377 AO)	741–795
1. Der Begriff der Steuer- / Zollordnungswidrigkeit	741–744
a) Steuergesetz	742
b) Zuwiderhandlung	743
c) Zollordnungswidrigkeiten	744
2. Geltung des OWiG	745–795
a) Abweichende Regelungen der AO	746
b) Anwendbarkeit des OWiG	747–753
c) Vorsatz und Fahrlässigkeit	754–758
d) Versuch	759
e) Beteiligung	760/761
f) Handeln für einen Anderen	762/763
g) Rechtfertigungsgründe	764
h) Vorwerfbarkeit	765–767
i) Opportunitätsprinzip	768–770
j) Ahndung durch Bußgeldbescheid	771–773
k) Höhe der Geldbuße	774–778
l) Zusammentreffen mehrerer Gesetzesverletzungen	779/780
m) Einziehung	781
n) Verfall	782
o) Geldbuße gegen juristische Personen und Personenvereinigungen	783–788
p) Verletzung der Aufsichtspflicht in Betrieben und Unternehmen	789–795
XII. Leichtfertige Steuerverkürzung (§ 378 AO)	796–841
1. Allgemeines	796–798
2. Täterkreis	799–807
3. Tathandlung	808–811
a) Steuerverkürzungen durch aktives Tun (§ 378 Abs. 1 S. 1 i. V. m. § 370 Abs. 1 Nr. 1 AO)	809
b) Steuerverkürzungen durch Unterlassen (§ 378 Abs. 1 S. 1 i. V. m. § 370 Abs. 1 Nr. 2 AO)	810
c) Steuerverkürzungen durch das pflichtwidrige Unterlassen der Verwendung von Steuerzeichen oder Steuerstemplern (§ 378 Abs. 1 S. 1 i. V. m. § 370 Abs. 1 Nr. 3 AO)	811
4. Kausalität und Rechtswidrigkeitszusammenhang	812/813
5. Leichtfertigkeit	814–819
6. Leichtfertigkeit des steuerlichen Beraters	820–823
7. Steuerstraftaten bei geringfügiger Beschäftigung in Privathaushalten	824
8. Selbstanzeige nach § 378 Abs. 3 AO	825–831
a) Verpflichtung zur Selbstanzeige	825/826
b) Durchführung der Selbstanzeige	827–830
c) Wirkung der Selbstanzeige	831
9. Verhältnis des § 378 AO zu anderen Straf- und Bußgeldtatbeständen	832–837
a) Vorsätzliche Steuerhinterziehung	833
b) Gefährdungstatbestände gem. §§ 379 bis 382 AO	834/835
c) § 378 AO und allgemeine Straftatbestände	836
d) Mehrfache leichtfertige Steuerverkürzung	837
10. Verfahrensfragen	838–840
a) Erlass eines Bußgeldbescheids gegen einen Rechtsanwalt, Steuerberater, Wirtschaftsprüfer oder vereidigten Buchprüfer	838
b) Übergang vom Bußgeldverfahren zum Strafverfahren	839
c) Strafklageverbrauch	840
11. Verjährung	841
XIII. Steuergefährdung (§ 379 AO)	842–880
1. Allgemeines	842/843
2. Steuergefährdung durch falsche Belege (§ 379 Abs. 1 S. 1 Nr. 1 AO)	844–847
a) Beleg	844
b) Unrichtigkeit	845
c) Ausstellen der Belege	846
d) Täterkreis	847

3. Steuergefährdungen durch das In-Verkehr-Bringen von Belegen gegen Entgelt (§ 379 Abs. 1 S. 1 Nr. 2 AO) 848–852
   a) Zielsetzung 849/850
   b) In-Verkehr-Bringen gegen Entgelt 851/852
4. Steuergefährdung durch falsche Buchungen und Aufzeichnungen (§ 379 Abs. 1 S. 1 Nr. 3 AO) 853–862
   a) Abgrenzung 854–858
   b) Zielsetzung 859/860
   c) Tathandlungen 861
   d) Täterkreis 862
5. Verkürzung von Steuern bzw. Erlangen von nicht gerechtfertigten Steuervorteilen 863
6. Erweiterter Anwendungsbereich 864–866
   a) Einfuhr-/Ausfuhrabgaben 864/865
   b) Umsatzsteuer 866
7. Verletzung von Mitteilungspflichten (§ 379 Abs. 2 Nr. 1 AO) 867–871
   a) Mitteilungspflichten 868/869
   b) Zweck 870
   c) Unvollständige oder verspätete Meldung 871
8. Verletzung der Pflicht zur Kontenwahrheit (§ 379 Abs. 2 Nr. 2 AO) 872–874
   a) Zweck 873
   b) Täterkreis 874
9. Das Zuwiderhandeln gegen eine Auflage nach § 120 Abs. 2 Nr. 4 AO (§ 379 Abs. 3 AO) 875/876
10. Geldbuße 877
11. Keine Straffreiheit durch Selbstanzeige 878
12. Konkurrenzfragen 879
13. Verjährung 880

XIV. Gefährdung der Abzugsteuern (§ 380 AO) 881–907
1. Allgemeines 881
2. Anwendungsbereich 882/883
3. Täterkreis 884/885
4. Objektiver Tatbestand 886–895
5. Subjektiver Tatbestand 896–899
6. Keine Versuchsstrafbarkeit 900
7. Geldbuße 901
8. Selbstanzeige 902
9. Konkurrenzen 903–905
10. Verjährung 906
11. Verfolgung 907

XV. Verbrauchsteuergefährdung (§ 381 AO) 908–922
1. Allgemeines 908
2. Anwendungsbereich 909–911
3. Täterkreis 912
4. Objektiver Tatbestand 913–917
   a) Pflichten i. S. d. § 381 Abs. 1 Nr. 1 AO 914
   b) Pflichten i. S. d. § 381 Abs. 1 Nr. 2 AO 915/916
   c) Pflichten i. S. d. § 381 Abs. 1 Nr. 3 AO 917
5. Subjektiver Tatbestand 918
6. Geldbuße 919
7. Selbstanzeige 920
8. Konkurrenzen 921
9. Verjährung 922

XVI. Gefährdung der Einfuhr- und Ausfuhrabgaben (§ 382 AO) 923–943
1. Allgemeines 923
2. Anwendungsbereich des § 382 AO 924/925
3. Täterkreis 926–928
   a) Pflichtige 927
   b) Personen, die bei der Wahrnehmung der Angelegenheiten eines Pflichtigen handeln 928
4. Objektiver Tatbestand 929–937
   a) § 382 Abs. 1 Nr. 1 AO 929
   b) § 382 Abs. 1 Nr. 2 AO 930–932
   c) § 382 Abs. 1 Nr. 3 AO 933/934
   d) § 382 Abs. 2 AO 935–937

5. Subjektiver Tatbestand	938
6. Geldbuße	939
7. Selbstanzeige und Ahndung	940/941
8. Konkurrenzen	942
9. Verjährung	943
XVII. Unzulässiger Erwerb von Steuererstattungs- und Vergütungsansprüchen (§ 383 AO)	944–957
1. Allgemeines	944/945
2. Anwendungsbereich des § 383 AO	946–954
a) Täterkreis	947
b) Objektiver Tatbestand	948–953
c) Subjektiver Tatbestand	954
3. Geldbuße (§ 383 Abs. 2 AO)	955
4. Selbstanzeige	956
5. Verjährung	957
XVIII. Zweckwidrige Verwendung des Identifikationsmerkmals nach § 139 a AO (§ 383 a AO)	958–967
1. Allgemeines	958
2. Anwendungsbereich des § 383 a AO	959–964
a) Täterkreis	962
b) Objektiver Tatbestand	963
c) Subjektiver Tatbestand	964
3. Geldbuße	965
4. Selbstanzeige	966
5. Verjährung	967
XIX. Verfolgungsverjährung bei Steuerordnungswidrigkeiten (§ 384 AO)	968–975
1. Allgemeines	968
2. Anwendungsbereich des § 384 AO	969–975

Schrifttum: *Hellmann*, Richterliche Überzeugungsbildung und Schätzung bei der Bemessung strafrechtlicher Sanktionen, GA 1997, 503; Quedenfeld/*Füllsack*, Verteidigung in Steuerstrafsachen, 3. Aufl. 2005; *Salditt*, Steuergerechtigkeit als Thema der Strafverteidigung, PStR 1999, 255; *Salditt*, Festschrift für Klaus Tipke zum 70. Geburtstag, Die Hinterziehung ungerechter Steuern, 1995; *Wulf*, Steuererklärungspflichten und „nemo tenetur", wistra 2006, 89.

I. Einleitung[1]

1. Allgemeines

1   Das Steuerstrafrecht ist die Schnittstelle zwischen dem Strafrecht und dem materiellen Steuerrecht. Der Begriff „Steuerstrafrecht" im weitesten Sinne umfasst alle Gesetze, die Sanktionen wegen Verstößen gegen Steuergesetze androhen. Die Tatbestände des Steuerstrafrechts sind Blanketttatbestände, d. h. offene Gesetze, die durch das materielle Steuerrecht ausgefüllt werden. Die vom Steuerstrafrecht sanktionierte Verfehlung ist daher in dem Missachten der in der konkreten Ausgestaltung der einschlägigen materiellrechtlichen Vorschriften begründeten unterschiedlichen Handlungsbefehle zu sehen.

2   Geschütztes **Rechtsgut** des Steuerstrafrechts ist ausschließlich das öffentliche Einnahmeninteresse am vollständigen und rechtzeitigen Aufkommen der einzelnen Steuern.[2] Wie die Praxis des „Aushandelns" zum Erreichen der Rechtsfolgen des § 153 a StPO in vielen Steuerstrafverfahren zeigt, führt das vielfach angeführte Rechtsgut der „Gleichbehandlung der Steuerpflichten" doch eher ein Schattendasein. Das Steuerstrafrecht verfolgt nämlich nur fiskalpolitische Gründe, möglichst hohe Einnahmen zu erzielen und hat vielfach den Charakter der Ultima Ratio im Besteuerungsverfahren.

3   Das Argument, die gleichmäßige Lastenverteilung sei ein durch das Steuerstrafrecht geschütztes Rechtsgut,[3] wird spätestens durch das Strafbefreiungserklärungsgesetz (StraBEG) vom 23.12.2003 widerlegt.[4] Die pauschale Geringbesteuerung bislang nicht erklärter Ein-

---

[1] Bearbeitet unter Mitarbeit von RA/FAfStR/StB *Jörg Kieborz*.
[2] Franzen/Gast/*Joecks* § 370 AO Rdnr. 17 m.w.N.; a.A.: *Salditt* PStR 1999, 255, 262.
[3] *Salditt*, FS Tipke, S. 477.
[4] BGBl. 2003 I S. 2928.

künfte ohne sachliche Rechtfertigung der Ungleichbehandlung lässt sich nur durch fiskalpolitische Gründe erklären, denn sonst wäre im Bundeshaushalt nicht von Einnahmen im Bereich von ursprünglich € 5 Mrd. ausgegangen worden. Die Annahme liegt nahe, dass die Regelungen des Gesetzes – zumindest in großen Teilbereichen – einen Verstoß gegen den Gleichheitssatz des Artikel 3 Abs. 1 GG darstellen. Ein solcher Verstoß kann aber nur dann verfassungsrechtlich begründet werden, wenn die Ungleichbehandlung durch überragende Gemeininteressen legitimiert wäre. Auch wenn der Gesetzgeber versucht, entsprechende Argumente für die Ungleichbehandlung anzuführen, sind diese verfassungsrechtlich ohne Relevanz. Weder ein „Neuanfang" noch ein „Herstellen von Rechtsfrieden" kann die Ungleichbehandlung gegenüber den Steuerehrlichen rechtfertigen, so dass das alte Problem des „strukturellen Vollzugsdefizites"[5] wieder auftaucht. Wenn der Staat nicht fähig ist, seinen Steueranspruch in bestimmten Bereichen durchzusetzen, dann kann die behauptete Beseitigung dieses Zustandes durch Ungleichbehandlungen diese nicht rechtfertigen. Das Strafbefreiungserklärungsgesetz war daher auch kein Neuanfang, sondern die Bankrotterklärung der gleichmäßigen Besteuerung nach der Leistungsfähigkeit.

Die Verbindung zwischen Straf- und Steuerrecht tritt auch verfahrensrechtlich zu Tage. Das Verfahren richtet sich nach der Verweisungsnorm des § 385 Abs. 1 AO grundsätzlich nach den Regelungen der StPO und des GVG. Allerdings enthält die Abgabenordnung Sonderregelungen. Dies sind im Einzelnen:

- §§ 386 bis 390 AO, Zuständigkeitsregelungen im Ermittlungsverfahren der Finanzbehörde
- § 391 AO, Gerichtszuständigkeit
- § 392 AO, Persönliche Qualifikation des Verteidigers
- §§ 393 bis 396, 404 AO, Befugnisse, Akteneinsicht- und Aussetzungsregelungen
- §§ 397 bis 403 AO, Ermittlungsverfahren
- §§ 409 bis 412 AO, Bußgeldverfahren.

Die besonderen Regelungen der AO haben zur Konsequenz, dass die im außersteuerlichen Strafrecht üblichen Organe der Kriminal- und Schutzpolizei sowie die Staatsanwaltschaft teilweise von besonderen Finanzbehörden ersetzt werden. Die Polizei wird als Ermittlungsorgan in den meisten Fällen durch die Steuerfahndung (§§ 208, 404 AO) vertreten, im Bereich der kleineren Steuerkriminalität kann die Staatsanwaltschaft durch die Strafsachen- und Bußgeldstelle, eine Finanzbehörde, ersetzt werden (§§ 386 f. AO).

Ergibt sich der Verdacht einer Steuerstraftat, so ist auf Grundlage von § 152 Abs. 2 StPO nach dem Legalitätsprinzip ein Strafverfahren einzuleiten. § 397 Abs. 1 AO regelt, wer befugt ist, ein Verfahren einzuleiten. Dies ist vor allem die Finanzbehörde im Sinne der §§ 386 ff. AO.

Die Einleitung des **Strafverfahrens** hat verschiedene Rechtsfolgen. Eine Selbstanzeige nach §§ 371, 378 Abs. 3 AO ist nicht mehr möglich (Sperrwirkung), die Mitwirkung des Steuerpflichtigen ist insoweit nicht mehr mit Zwangsmitteln durchsetzbar und die Verjährung wird unterbrochen. Im Ermittlungsverfahren stehen den zuständigen Behörden die gesamten strafprozessualen Ermittlungsbefugnisse, wie etwa Durchsuchung oder Beschlagnahme, zur Verfügung.

Bei Durchsuchungen und Beschlagnahmen beim steuerlichen oder rechtlichen Berater ist zu beachten, dass nach § 97 StPO bestimmte Gegenstände nicht der Beschlagnahme unterliegen. Beim Berater ist dies der Schriftverkehr mit dem Beschuldigten (§ 52 StPO) sowie Aufzeichnungen oder Erkenntnisse der in § 53 StPO genannten Personen.

Auf Grund der Regelungen der §§ 393, 404 AO wird im parallel laufenden Besteuerungs- und Strafverfahren der Sachverhalt von derselben Behörde und damit auch denselben Personen ermittelt. Zwar sollen nach § 393 Abs. 1 AO die Befugnisse der Finanzbehörde im Besteuerungs- und Strafverfahren voneinander abgegrenzt werden, dies führt jedoch zwangsläufig zu Konflikten. Nach den Regelungen der Einzelsteuergesetze sowie nach §§ 90, 153 AO ist der Steuerpflichtige zur umfassenden Mitwirkung im Steuerverfahren verpflichtet. Nach §§ 136, 136 a StPO ist allerdings niemand verpflichtet, durch eigene Handlungen die Voraussetzungen für eine Strafverfolgung zu schaffen (nemo tenetur se ipsum accusare)[6].

---

[5] BVerfG Urt. v. 2.3.2004 – 2 BvL 17/02 – BVerfGE 110, 94 = BStBl. II. 2005, 56 = NJW 2004, 1022.
[6] *Wulf* wistra 2006, 89.

Daher ist in § 393 Abs. 1 S. 2 AO geregelt, dass im Besteuerungsverfahren **Zwangsmittel** gegen den Steuerpflichtigen unzulässig sind, wenn dieser dadurch gezwungen wäre, sich selbst wegen einer von ihm begangenen Steuerstraftat oder Steuerordnungswidrigkeit zu belasten. Dies gilt zumindest dann, wenn wegen der Straftat ein Strafverfahren eingeleitet ist (§ 393 Abs. 2 S. 3 AO). Das Zwangsmittelverbot kann in Ausnahmefällen sogar zu einer Aussetzung der Strafbewehrung steuerlicher Erklärungspflichten führen. Dies ist seitens des BGH für solche Fälle anerkannt, in denen im selben Besteuerungszeitraum, für den das Ermittlungsverfahren eingeleitet wurde, weitere Erklärungspflichten bestehen.[7] Andere als die von dem eingeleiteten Ermittlungsverfahren erfassten Steuern und Veranlagungszeiträume werden von dem Zwangsmittelverbot hingegen nicht erfasst.[8]

11   Ein Verstoß gegen § 393 Abs. 1 S. 2 AO führt zu einem Verwertungsverbot nach § 136 a StPO im Strafverfahren. Nach einer Ansicht in der Literatur führt das strafrechtliche Verwertungsverbot auch zu einem entsprechenden steuerlichen Verwertungsverbot.[9]

2. Steuerstraftaten und Steuerordnungswidrigkeiten

12   a) **Steuerstraftaten.** Steuerstraftaten sind gem. § 369 Abs. 1 AO Taten, die nach den Steuergesetzen strafbar sind, der Bannbruch, die Wertzeichenfälschung und deren Vorbereitung, soweit die Tat Steuerzeichen betrifft, sowie die Begünstigung einer Person, die eine der vorgenannten Taten begangen hat. Zollstraftaten sind solche Steuerstraftaten, die sich auf Zölle beziehen.

13   Das Steuerstrafrecht ist im Wesentlichen in den §§ 369 bis 412 AO normiert. Darüber hinaus gibt es eine Anzahl weiterer Vorschriften in Einzelsteuergesetzen und in Kirchensteuer- und Kommunalabgabengesetzen.

14   b) **Steuerordnungswidrigkeiten.** Steuer- und Zollordnungswidrigkeiten sind nach § 377 Abs. 1 AO solche Zuwiderhandlungen, die nach den Steuergesetzen mit Geldbuße geahndet werden können.

15   c) **Zusammentreffen von Ordnungswidrigkeit und Straftat.** Soweit eine Handlung gleichzeitig **Straftat** und **Ordnungswidrigkeit** ist, wird gem. § 21 Abs. 1 S. 1 OWiG nur das Strafgesetz angewendet. Eine Ordnungswidrigkeit kann jedoch nach § 21 Abs. 2 OWiG dann geahndet werden, wenn eine Strafe nicht verhängt wird. Die Steuerordnungswidrigkeiten der §§ 379 bis 382 AO enthalten jedoch eigene, von § 21 Abs. 2 OWiG abweichende Subsidiaritätsklauseln. Diese Steuerordnungswidrigkeiten sind nur dann verfolgbar, wenn die Handlung nicht als vorsätzliche Steuerhinterziehung gem. § 370 AO oder als leichtfertige Steuerverkürzung gem. § 378 AO geahndet wurde. Nach u. E. abzulehnender Auffassung von *Tormöhlen* leben die subsidiären Steuerordnungswidrigkeiten gem. §§ 379 bis 382 AO nicht wieder auf, wenn das Verfahren wegen Steuerhinterziehung oder Steuerverkürzung aus Opportunitätsgründen im Sinne der §§ 153, 153 a StPO, § 398 AO eingestellt oder von der Verhängung einer Geldbuße abgesehen wird.[10] Soweit eine Ordnungswidrigkeit und eine Straftat in Tatmehrheit begangen wurden, wird keine Gesamtstrafe verhängt, sondern gesondert auf Strafe und Geldbuße erkannt.

3. Überblick über die Tatbestände

16   Die einzelnen **Steuerstraftatbestände** nach den § 369 ff. AO sind:
- Steuerhinterziehung, § 370 AO
- Gewerbsmäßige oder bandenmäßige Steuerhinterziehung, § 370 a AO
- Bannbruch, § 372 AO
- Gewerbsmäßiger, gewaltsamer und bandenmäßiger Schmuggel, § 373 AO
- Steuerhehlerei, § 374 AO.

---

[7] BGH Beschl. v. 26.4.2001 – 5 StR 587/00 – wistra 2001, 341 = BGHSt 47, 8.
[8] *Kohlmann* § 393 AO Rdnr. 55 bis 56; zur Zumutbarkeit derartiger Erklärungen für den Steuerpflichtigen vgl. Franzen/Gast/*Joecks* § 393 A Rdnr. 36 bis 39 a; BGH Beschl. v. 23.1.2002 – 5 StR 540/01 – wistra 2002, 150; BGH Beschl. v. 12.1.2005 – 5 StR 191/04 – wistra 2005, 148.
[9] *Kohlmann* § 393 AO Rdnr. 60 m.w.N.
[10] *Wannemacher/Tormöhlen* Steuerstrafrecht S. 406 Rdnr. 1693; a.A. Franzen/Gust/Joecks/*Jäger* § 380 Rdnr. 31.

Mögliche **Steuerstraftatbestände außerhalb der AO** sind:
- Wertzeichenfälschung und deren Vorbereitung, soweit Steuerzeichen betroffen sind, § 369 Abs. 1 Nr. 3 AO i. V. m. §§ 148, 149 StGB
- Begünstigung, § 257 StGB
- Geldwäsche, § 261 StGB
- Subventionsbetrug, § 264 StGB
- Gefährdung des Umsatzsteueraufkommens, § 26 c UStG
- Vertrieb / Besorgung unversteuerter ausländischer Lose, § 23 Rennwett- und Lotteriegesetz
- Abgabenvorschriften der Länder.

Steuerordnungswidrigkeiten nach den §§ 377 ff. AO sind:
- Leichtfertige Steuerverkürzung, § 378 AO
- Steuergefährdung, § 379 AO
- Gefährdung von Abzugsteuern, § 380 AO
- Verbrauchsteuergefährdung, § 381 AO
- Gefährdung der Einfuhr und Ausfuhrabgaben, § 382 AO
- Unzulässiger Erwerb von Steuererstattungs- und Vergütungsansprüchen, § 383 AO
- Zweckwidrige Verwendung des Identifikationsmerkmals nach §§ 139 a, 383 a AO.

Mögliche **Steuerordnungswidrigkeiten außerhalb der AO** sind:
- §§ 132 f WPO   (Verbot verwechslungsfähiger Berufsbezeichnungen, Verletzung der Berufsbezeichnungen)
- §§ 160 ff StBerG   Unerlaubte Hilfe in Steuersachen etc.
- § 31 a ZollVG   Verletzung zollrechtlicher Anzeigepflichten im grenzüberschreitenden Zahlungsverkehr
- § 26 a UStG   Verletzung umsatzsteuerlicher Aufbewahrungs- oder Meldepflichten
- § 26 b UStG   Schädigung des Umsatzsteueraufkommens
- § 33 Abs. 4 ErbStG Verletzung der Anzeigepflicht im Todesfall
- § 50 e Abs. 1 EStG Verletzung der Mitteilungspflicht nach § 45 e EStG
- § 50 e Abs. 2 EStG Nichtanmeldung geringfügig Beschäftigter im Privathaushalt
- § 130 OWiG   Verletzung der Aufsichtspflicht
- Landesrechtliche Ordnungswidrigkeiten.

4. Geltung der allgemeinen Strafgesetze (§ 369 Abs. 2 AO)

Nach § 369 Abs. 2 AO gelten für das Steuerstrafrecht die allgemeinen Gesetze über das Strafrecht, soweit die §§ 369 bis 412 AO nichts anderes bestimmen. Vorwiegend gelten daher das Strafgesetzbuch (StGB) und das Gesetz über Ordnungswidrigkeiten (OWiG) für Bußgeldsachen. Ferner findet die Strafprozessordnung (StPO) Anwendung. Sonderregelungen außerhalb der Straf- und Bußgeldvorschriften finden sich zusammenfassend nur bei der Verfolgungsverjährung nach § 376 AO.

5. Räumlicher Geltungsbereich (Territorialitätsprinzip)

Im deutschen Strafrecht gilt das **Territorialitätsprinzip** gem. § 3 StGB. Das deutsche Strafrecht ist auf jede in Deutschland begangene Tat anwendbar.[11] Dabei spielt es keine Rolle, ob die Tat durch einen Ausländer oder einen Deutschen begangen wurde.

Der Geltungsbereich des deutschen Strafrechts wird durch § 4 StGB – unabhängig vom Recht des Tatorts – auf Schiffe und Luftfahrzeuge erweitert, die berechtigt sind, die Bundesflagge oder das Staatszugehörigkeitszeichen der Bundesrepublik Deutschland zu führen.

Eine Straftat ist gem. § 9 Abs. 1 StGB an jedem Ort begangen, an dem der Täter gehandelt hat oder im Falle des Unterlassens hätte handeln müssen oder an dem der zum Tatbestand gehörende Erfolg eingetreten ist oder nach der Vorstellung des Täters eintreten sollte.

Die Teilnahme an einer Straftat ist nach § 9 Abs. 2 StGB an dem Ort begangen, an dem die Tat geschehen ist, als auch an jedem Ort, an dem der Teilnehmer gehandelt hat oder im Falle des Unterlassens hätte handeln müssen oder an dem nach seiner Vorstellung die Tat begangen werden sollte. Soweit der Teilnehmer an einer Auslandstat im Inland gehandelt hat, gilt für

---

[11] Inlandstat, § 3 StGB.

die Teilnahme das deutsche Strafrecht auch dann, wenn die Tat nach dem Recht des anderen Staates nicht mit Strafe bedroht ist.

21   Bei der **Steuerhinterziehung** tritt der tatbestandsmäßige Erfolg, die Steuerverkürzung, regelmäßig im Inland ein. Daher ist § 370 AO anzuwenden, wenn die Steuerverkürzung eine inländische Steuer betrifft. Demzufolge gelten die §§ 370 ff. AO grundsätzlich nicht für die Verkürzung ausländischer Steuern und Zölle.

22   Eine Ausnahme vom Territorialitätsprinzip gilt nach §§ 370 Abs. 6, 7, 373 Abs. 2 Nr. 3, 374 Abs. 2 AO dann, wenn sich die Tat auf Einfuhr- oder Ausfuhrabgaben bezieht, die von einem anderen Mitgliedstaat der Europäischen Gemeinschaft verwaltet werden oder die einem Mitgliedstaat der Europäischen Freihandelsassoziation oder einem mit diesem assoziierten Staat zustehen.[12] Das Gleiche gilt, wenn sich die Tat auf Umsatzsteuern oder auf harmonisierte Verbrauchsteuern, für die in Artikel 3 Abs. 1 der Richtlinie 92/12/EWG des Rates vom 25. Februar 1992[13] genannten Waren bezieht, die von einem anderen Mitgliedstaat der Europäischen Gemeinschaften verwaltet werden.

23   § 370 Abs. 7 AO schützt ab dem In-Kraft-Treten des EG-Finanzschutzgesetzes[14] auch ausländische Einfuhr- und Ausfuhrabgaben im Sinne des Abs. 6 und die von einem anderen EG-Staat verwaltete Umsatzsteuer oder harmonisierte Verbrauchssteuern unabhängig vom Tatort.[15] Die blankettausfüllenden steuerlichen Normen im Sinne des § 370 Abs. 6 AO sind die Steuergesetze des jeweiligen EG-Staates.[16]

24   **Checkliste:**

Es ergibt sich daher folgendes Prüfungsschema für Taten mit Auslandsbezug:
☐ Deutscher Straftatbestand (§§ 370 ff. AO) bzw. Ausnahme der §§ 370 Abs. 6, 7, 373 Abs. 2 Nr. 3, 374 Abs. 2 AO erfüllt?
☐ Deutsches Strafrecht anwendbar? Ort der Tat gem. § 9 StGB?
☐ Inlandstat, § 3 StGB oder
☐ Deutsches Schiff oder Luftfahrzeug, § 4 StGB.

6. Zeitlicher Geltungsbereich – Rückwirkungsverbot

25   Aus § 2 Abs. 1 StGB ergibt sich der **zeitliche Geltungsbereich** der Strafgesetze. Grundsätzlich bestimmen sich die Strafe und ihre Nebenfolgen nach dem Gesetz, das zur Zeit der Tat gilt. Bei Dauerdelikten und fortgesetzten Taten gilt gem. § 2 Abs. 2 StGB das Gesetz, das bei Beendigung der Tat gilt. Soweit ein Gesetz, welches bei Beendigung einer Straftat gilt, vor der Aburteilung geändert wird, ist nach § 2 Abs. 3 StGB das mildere Gesetz anzuwenden.

26   Strafgesetze, die nur für einen bestimmten Zeitraum gelten sollen, sind, soweit das Gesetz keine anderweitige Regelung enthält, nach § 2 Abs. 4 StGB auch dann auf Taten, die während ihrer Geltungsdauer begangen wurden, anzuwenden, wenn sie im Zeitpunkt der Aburteilung nicht mehr gelten.

27   Materielle Steuergesetze, wie z. B. die Einkommen-, Gewerbe- und Körperschaftsteuer, begründen einen Steueranspruch für einen bestimmten Veranlagungszeitraum. Änderungen der materiellen Steuergesetze lassen grundsätzlich den einmal entstandenen Steueranspruch unberührt und wirken regelmäßig nur für die Zukunft. Materielle Steuergesetze sind somit in der Regel zeitlich begrenzt, sodass Änderungen der Steuergesetze für die begangene Straftat unerheblich sind.[17] Etwas anderes gilt für die steuerlichen Verfahrensvorschriften, da diese grund-

---

[12] OLG Karlsruhe Beschl. v. 7.12.2000 – 3 Ws 243/00 – wistra 2001, 229.
[13] ABl. EG L 76, 1.
[14] BGBl. II 1998 S. 2322.
[15] BVerfG Beschl. v. 19.12.2002 – 2 BvR 666/02 – wistra 2003, 255; BayObLG Urt. v. 28.11.2000 – 4 St RR 117/2000 – NStZ 2001, 320.
[16] BGH Beschl. v. 25.9.1990 – 3 StR 8/90 – wistra 1991, 29.
[17] *Quedenfeld/Füllsack*, Verteidigung in Steuerstrafsachen, S. 88 Rdnr. 282.

sätzlich auf Dauer und nicht nur für einzelne Veranlagungszeiträume angelegt sind.[18] Selbst bei blankettausfüllenden Normen des materiellen Steuerrechts, die das Bundesverfassungsgericht für verfassungswidrig erklärt hat (wie z. B. die Vermögensteuer[19]) bejaht der BGH[20] die Strafbarkeit einer begangenen Steuerhinterziehung.

Weiterhin gilt der in Art. 103 Abs. 2 GG enthaltene Grundsatz des **Rückwirkungsverbotes**. 28 Der Gesetzgeber darf danach die Anwendung von Strafgesetzen nicht auf Taten anordnen, die vor in Kraft treten des Gesetzes begangen wurden und der Richter darf ein Strafgesetz nicht auf eine Tat anwenden, die vor Geltung des Gesetzes begangen wurde.

Über Maßregeln der Besserung und Sicherung ist gem. § 2 Abs. 6 StGB, soweit nichts anderes 29 bestimmt ist, nach dem Gesetz zu entscheiden, das zur Zeit der Entscheidung gilt. Bei Steuerstraftaten kommen als Maßnahmen der Besserung und Sicherung im Sinne des § 61 StGB vor allem die Anordnung des Berufsverbots gem. § 70 StGB in Betracht. Da solche Vorschriften der Gefahrenabwehr dienen, ist § 2 Abs. 6 StGB auch auf andere Maßnahmen mit Sicherungszweck (z. B. die Einziehung von Gegenständen) anwendbar.

7. Analogieverbot und Gebot der Tatbestandsbestimmtheit

Nach § 1 StGB, der mit dem Wortlaut des § 103 Abs. 2 GG identisch ist, darf eine Tat nur 30 dann bestraft werden, wenn die Strafbarkeit gesetzlich bestimmt war, bevor die Tat begangen wurde. Aus dem darin enthaltenen Grundsatz „nulla poena sine lege" ergeben sich das Verbot der Anwendung von **Gewohnheitsrecht**, das **Analogieverbot** und das **Bestimmtheitsgebot**.

Das **Analogieverbot** verbietet die Ausdehnung eines Straftatbestandes auf einen vom Tatbe- 31 stand des Strafgesetzes nicht geregelten Fall zu Lasten des Täters. Eine analoge Anwendung eines Strafgesetzes zu Gunsten eines Täters ist hingegen zulässig. Da die Auslegung eines Gesetzes nach Sinngehalt und Reichweite unter Berücksichtigung von Wortlaut, Entstehungsgeschichte, Systematik und Zweck zulässig ist, entstehen Abgrenzungsprobleme zum Analogieverbot. Entscheidend ist, ob der mögliche Wortsinn des Strafgesetzes noch das Ergebnis der Auslegung deckt.[21]

Das **Bestimmtheitsgebot** besagt, dass Strafgesetze hinsichtlich ihrer Straftatbestände und 32 Rechtsfolgen ein Mindestmaß an Bestimmtheit aufweisen müssen. Zwar sind Generalklauseln und wertausfüllende Begriffe in der Strafgesetzgebung nicht unzulässig, die Tragweite und der Anwendungsbereich der Strafgesetze muss jedoch hinreichend erkennbar sein, damit der Bürger verstehen kann, was konkret verboten ist.

Im Steuerstrafrecht müssen die Blanketttatbestände der §§ 370 ff. AO durch Heranziehung 33 der sie ausfüllenden Normen des Steuerrechts ausgefüllt werden. Soweit diese ausfüllenden Normen hinreichend bestimmt sind, ist das Erfordernis des Bestimmtheitsgebots erfüllt.

II. Steuerlich relevante Straftatbestände oder Steuerordnungswidrigkeiten[22]

Schrifttum: *Joecks*, Strafvorschriften im Steuerverkürzungsbekämpfungsgesetz, wistra 2002, 201; *Körner*, Rechtsprechungsübersicht zu Geldwäschedelikten in Deutschland und in der Schweiz, NStZ 1996, 64; *Krey/Dierlamm*, Gewinnabschöpfung und Geldwäsche, JR 1992, 353; *Kruhl*, Reichen die Maßnahmen des Steuerverkürzungsbekämpfungsgesetzes zur Betrugsbekämpfung aus oder ist eine Änderung des Umsatzsteuersystems notwendig?, BB 2002, 1020; *Meyer-Goßner*, 48. Aufl. 2005; *Müller*, Der Beginn der Strafverfolgungsverjährung bei Steuerhinterziehung, StBp 2003, 78; *Müller*, Die Verjährung der Strafverfolgung bei Steuerhinterziehung, Steuer & Studium, 2003, 371; *Quedenfeld/Füllsack*, Verteidigung in Steuerstrafsachen, 3. Aufl. 2005; *Samson/Schillhorn*, Beitrag zur Steuerhinterziehung durch anonymisierten Kapitaltransfer?, wistra 2001, 1; *Schönke/Schröder*, Strafgesetzbuch, 27. Aufl. 2005; *Tröndle/Fischer*, Strafgesetzbuch und Nebengesetze, 53. Aufl. 2006; *Weyand*, Neue Straf- und Bußgeldtatbestände infolge des Steuerverkürzungsbekämpfungsgesetzes, INF 2002, 183.

---

[18] Franzen/Gast/*Joecks* § 369 AO Rdnr. 28.
[19] BVerfG Beschl. v. 22.6.1995 – 2 BvL 37/91 – DB 1995, 1740.
[20] BGH Beschl. v. 7.11.2001 – 5 StR 395/01 – NJW 2002, 762.
[21] BGH Urt. v. 12.3.1953 – 3 StR 819/53 – BGHSt 4, 144, 148.
[22] Bearbeitet unter Mitarbeit von RA/FAfStR/StB *Jörg Kieborz*.

1. Straftatbestände der AO (§ 369 AO – Steuerstraftaten / Zollstraftaten)

34 § 369 Abs. 1 AO regelt, was als **Steuerstraftat** (Zollstraftat) im Sinne des Gesetzes zu verstehen ist. § 369 AO beinhaltet eine Sammelbezeichnung und damit keinen eigenen Straftatbestand. Die Regelung hat durch die Begriffsbestimmungen der Steuerstraftat besondere Bedeutung für die Vorschriften zur Verjährung und der Unterbrechung der Verfolgungsverjährung (§ 376 AO) wie auch für die Vorschriften zum Strafverfahren (§ 385 ff. AO). Aufgrund der Legaldefinition der Steuerstraftat als Sammelbegriff wird das Gesetz in den sich anschließenden Regelungen besser strukturiert, da eine Bezugnahme auf die einzelnen Regelungen, welche nunmehr eine Steuerstraftat sind, nicht mehr erforderlich ist. Die allgemeinen Vorschriften des materiellen Steuerstrafrechts, wie auch die Vorschriften über das Verfahren, werden daher auf die unter dem Begriff der Steuerstraftat fallenden Straftaten bezogen, ohne dass die Straftat jeweils im Einzelnen aufgeführt zu werden braucht.[23] Zollstraftaten sind solche Steuerstraftaten, die sich auf Zölle beziehen.[24]

35 *a) Taten, die nach den Steuergesetzen strafbar sind (§ 369 Abs. 1 Nr. 1 AO).* § 369 Abs. 1 Nr. 1 AO gilt für **Taten,** die nach den Steuergesetzen strafbar sind. Es stellt sich die Frage, welche einzelnen Regelungen unter den Begriff des Steuergesetzes fallen. Der Begriff „**Steuergesetz**" ist nicht legal definiert. Aus diesem Grunde ist es erforderlich, den Begriff des Steuergesetzes im Sinne der Vorschrift auszulegen. Da § 3 AO bestimmt, was als Steuer im Sinne des Gesetzes zu verstehen ist, kann unter Zugrundelegung dieser Begriffsbestimmung abgeleitet werden, dass Steuergesetze sämtliche Gesetze sind, die im Zusammenhang mit den in § 3 AO definierten Steuern stehen. Dies sind zum einen die Regelungen der besonderen Steuergesetze, aber auch die Regelungen der Abgabenordnung zum Steueranspruch und zur Steuerdurchsetzung. Ein Gesetz ist daher als Steuergesetz anzusehen, wenn es in seiner Gesamtheit steuerlichen Zwecken dient, die von der Ermittlung der Besteuerungsgrundlagen bis hin zur Beitreibung des Steueranspruchs reichen können.[25] Eine Tat ist dann nach diesen Steuergesetzen strafbar, wenn sie den zutreffend nach den Steuergesetzen entstandenen staatlichen Steueranspruch rechtswidrig vereiteln will. Diese für strafbar erklärten Handlungen sind zunächst die Steuerhinterziehung gem. § 370 AO, die gewerbsmäßige oder bandenmäßige Steuerhinterziehung gem. § 370 a AO, der Bannbruch gem. § 372 AO, der gewerbsmäßige, gewaltsame oder bandenmäßige Schmuggel gem. § 373 AO, die Steuerhehlerei gem. § 374 AO und die gewerbsmäßige oder bandenmäßige Schädigung des Umsatzsteueraufkommens gem. 26 c UStG sowie darüber hinaus die in § 13 WStG (bis 1.1.1992) und § 23 RennlottG geregelten Tatbestände, die das Steueraufkommen gefährdende Handlungen sanktionieren.

36 Darüber hinaus liegt eine Steuerstraftat vor, wenn steuerlich erhebliche Sachverhalte aktiv vorgetäuscht werden. Der BGH hat festgestellt, dass das Vorspielen falscher Tatsachen zum Erschleichen von Steuervorteilen tatbestandlich als Steuerhinterziehung zu werten ist.[26]

Beispiel:
Der Steuerpflichtige spiegelt vor, Unternehmer zu sein, um Vorsteuererstattungen in Anspruch zu nehmen oder der Steuerpflichtige erreicht einen Steuererlass durch Vorspiegeln einer tatsächlich nicht gegebenen Notlage.

37 Mangels konkreter Strafbarerklärung durch Steuergesetze sind die Regelungen des § 353 StGB, Abgabenüberhebung, sowie des § 355 StGB, Steuergeheimnisbruch, nicht als Steuerstraftaten im Sinne von § 369 AO zu verstehen.

38 Die Steuerstraftaten in § 369 Abs. 1 AO können in natürliche Steuerstraftaten sowie in Steuerstraftaten qua definitionem unterschieden werden. Steuerstraftaten qua definitionem sind der Bannbruch (§ 372 AO), die Wertzeichenfälschung (§ 148 StGB) und die Begünstigung (§ 257 StGB).

39 *aa) Der Bannbruch (§ 369 Abs. 1 Nr. 2 AO).* § 369 Abs. 1 Nr. 2 AO hat zur Folge, dass der in § 372 AO definierte **Bannbruch** konstitutiv zur Steuerstraftat erklärt wird. Aufgrund der

---

[23] Franzen/Gast/*Joecks* § 369 AO Rdnr. 3.
[24] Franzen/Gast/*Joecks* § 369 AO Rdnr. 8.
[25] *Kohlmann* § 369 AO Rdnr. 9.
[26] BGH Beschl. v. 23.3.1994 – 5 StR 91/94 – BGHSt 40, 109 = NJW 1994, 2302 = wistra 1994, 194.

Subsidiaritätsregelung in § 372 AO wird der Bannbruch nur bestraft, wenn die Tat nicht in anderen Vorschriften als Verstoß gegen ein Einfuhr-, Ausfuhr- oder Durchfuhrverbot mit Strafe oder mit Geldstrafe bedroht ist. Verfahrensrechtlich sind über § 369 Abs. 1 Nr. 2 AO strafbare Verstöße gegen Einfuhr-, Ausfuhr- und Durchfuhrverbote im nicht steuerlichen Bereich als Steuerstraftaten zu qualifizieren. Dies hat zur Folge, dass die Anwendbarkeit des Steuerstrafverfahrensrechts auch auf gesetzliche Verbote nicht steuerlicher Art ermöglicht wird. Damit ist die Ermittlungszuständigkeit der Zollverwaltung unter Berücksichtigung der speziellen verfahrensrechtlichen Regelungen gegeben. Es steht allerdings außer Frage, dass als Steuerstraftat im Sinne von § 369 Abs. 1 Nr. 2 AO nur solche Taten des Bannbruchs zu verstehen sind, welche auch mit Strafe und nicht lediglich mit Bußgeld bedroht sind. Im Ergebnis führt der Verweis in § 369 AO dazu, dass Fälle, die nach außersteuerlichen Vorschriften strafbar sind, aufgrund der Verweisung insoweit auch zur Steuerstraftat erklärt werden, was wiederum zu den damit verbundenen Ermittlungsbefugnissen der Steuerbehörden führt.

bb) Wertzeichenfälschung (§ 369 Abs. 1 Nr. 3 AO). § 148 ff. StGB regeln die Rechtsfolgen **40** der **Fälschung von Steuerzeichen**. Sinn und Zweck der Regelung ist vordergründig zwar der Schutz des öffentlichen Geschäftsverkehrs bei Verwendung von Steuerzeichen, tatsächlich aber das rein fiskalpolitische Interesse an Steuereinnahmen.

Hierunter fallen heutzutage nur noch Tabaksteuerbanderolen. Das Strafmaß beträgt gem. **41** § 148 Abs. 1 StGB Freiheitsstrafe bis zu fünf Jahren oder Geldstrafe. Sofern es sich um eine Vorbereitungshandlung zur Wertzeichenfälschung handelt, beträgt das Strafmaß gem. § 149 Abs. 1 StGB bis zu zwei Jahre oder Geldstrafe. Bei banden- oder gewerbsmäßigem Begehen ist darüber hinaus gem. § 150 Abs. 1 u. 2 StGB der erweiterte Verfall gem. § 73 d StGB anzuordnen. Die Einziehung der Steuerzeichen und der Fälschungsmittel ist zwingend vorgeschrieben (§ 150 Abs. 2 StGB).

cc) Begünstigung (§ 369 Abs. 1 Nr. 4 AO). Im besonderen Teil des Strafgesetzbuches wird **42** zwischen der sachlichen Begünstigung nach § 257 StGB und der persönlichen Begünstigung nach § 258 StGB unterschieden. Bei der **sachlichen** Begünstigung leistet der Täter Hilfe bei der Sicherung des Vorteils aus einer anderen Tat. Bei der **persönlichen** Begünstigung vereitelt der Täter die Strafe eines anderen. Eine Steuerstraftat ist nur die sachliche Begünstigung.[27]

Wichtig ist die im Einzelfall schwierige Abgrenzung zwischen Begünstigung und Beihilfe für **43** die Selbstanzeige gem. § 371 AO.[28] § 371 AO gilt nur für den Gehilfen und nicht für denjenigen, der begünstigt.[29] Das Strafmaß der Begünstigung beträgt gem. § 257 StGB Freiheitsstrafe bis zu fünf Jahren oder Geldstrafe.

b) Geltung der allgemeinen Gesetze / Verweisungsnormen des § 369 Abs. 2 AO. Gem. § 369 **44** Abs. 2 AO gelten für die in § 369 Abs. 1 AO geregelten Steuerstraftaten die allgemeinen Gesetze über das Strafrecht, soweit die Strafvorschriften der Steuergesetze nichts anderes bestimmen. Demnach wird geregelt, dass für das Steuerstrafrecht grundsätzlich erstrangig das besondere Steuerstrafgesetz als lex specialis gilt. Im Range danach gelten die allgemeinen Strafgesetze ergänzend, dies wiederum unter der Voraussetzung, dass durch die Abgabenordnung keine abschließende Regelung getroffen wurde. § 369 Abs. 2 AO verweist auf den Allgemeinen und Besonderen Teil des Strafgesetzbuches, weiterhin aber auch auf die §§ 1 bis 32, 105, 106 und 112 a JGG, § 1 Abs. 1 und 2, § 2 Nummer 2, §§ 3, 5, 7, 12, 14 WehrStG und sonstige strafrechtliche Nebengesetze wie z. B. das Bundeszentralregistergesetz. Über § 369 Abs. 2 AO erhalten aber auch die allgemeinen Grundsätze des Strafverfahrens Geltung. So etwa der Grundsatz „in dubio pro reo", der allerdings erst im eigentlichen Strafverfahren als Beweiswürdigungsregel und damit als Entscheidungsregel gilt. Dieser Grundsatz besagt, dass für den Fall, dass das Gericht nicht die volle Überzeugung von der Täterschaft des Angeklagten oder von dem Bestehen unmittelbar entscheidungserheblicher Tatsachen hat, für den Angeklagten die jeweils günstigsten Rechtsfolgen eintreten müssen.[30] *Müller* folgert z. B. aus diesem Grundsatz, dass bei bestehenden Zweifeln darüber, wann ein Steuerbescheid, der eine Hinterziehung

---

[27] Franzen/Gast/*Joecks* § 369 AO Rdnr. 12.
[28] *Quedenfeld/Füllsack*, Verteidigung in Steuerstrafsachen, S. 79 Rdnr. 249.
[29] Franzen/Gast/*Joecks* § 369 AO Rdnr. 193.
[30] *Meyer-Goßner* § 261 Rdnr. 26.

manifestiert, den Steuerpflichtigen erreicht hat, grundsätzlich zugunsten des Steuerpflichtigen dahin gehend auszulegen ist, dass die Verjährung zum frühest möglichen Zeitpunkt beginnt. Wegen des Grundsatzes „in dubio pro reo" gilt insoweit die Bekanntgabefiktion des § 122 Abs. 2 AO nicht.[31] Will die Strafverfolgungsbehörde von der dem Steuerpflichtigen günstigsten Postlaufzeit von einem Tag abweichen, ist sie hinsichtlich der Zustellung des Steuerbescheides beweisbelastet.[32]

45 Eine den Steuergesetzen immanente **Strafvorschrift**, die abweichend von den allgemeinen Regelungen des StGB gilt, ist beispielsweise § 371 AO, die strafbefreiende Selbstanzeige, aufgrund derer ein bereits strafrechtlich beendetes Delikt nachträglich aufgrund eines eingetretenen Strafverfolgungshindernisses durch die wirksame Selbstanzeige nicht mehr strafrechtlich relevant verfolgt werden kann. Darüber hinaus sieht § 376 AO eine Unterbrechung der Strafverfolgungsverjährung durch die Bekanntgabe oder der Androhung der Bekanntgabe der Einleitung des Bußgeldverfahrens vor. Der Katalog der Unterbrechenstatbestände des § 78 c StGB wird hiermit entsprechend um eine steuerspezifische Regelung erweitert.

2. Straftatbestände außerhalb der Abgabenordnung

46 a) **Begünstigung (§ 257 StGB)**. *aa) Objektiver Tatbestand*. § 257 StGB[33] erfasst die **sachliche Begünstigung**. Sie setzt voraus, dass ein anderer eine rechtswidrige Tat begangen hat und dass der Begünstigte ihm Beistand leistet. Ihr Wesen liegt in der Hemmung der Rechtspflege, die dadurch bewirkt wird, dass der Täter die Wiederherstellung des gesetzmäßigen Zustands verhindert, der sonst durch einen Eingriff des Verletzten oder der Organe des Staates erfolgen könnte.[34] Die Begünstigung ist daher die nachträgliche Unterstützung irgendeiner rechtswidrigen Tat. Durch die Vereitelung der Wiederherstellung des gesetzmäßigen Zustands, welche auch als Restitutionsvereitelung bezeichnet wird, ist die Begünstigung als solche mit der **Hehlerei (§ 259 StGB)** vergleichbar. Unterschiede zur Hehlerei liegen darin, dass bei der Hehlerei der rechtswidrige Zustand durch das Verschieben der Beute in konkreter Bereicherungsabsicht fortgesetzt wird. Bei der **Begünstigung** hingegen wirkt der Täter auf eine Sicherung der aus der Vortat erlangten Vorteile hin, ohne dass eine Bereicherungsabsicht erforderlich wäre. Grundsätzlich ist bei der Begünstigung abzugrenzen, ob nicht eine **Beihilfe** zur eigentlichen Vortat gegeben ist.

47 Nach der herrschenden Meinung nach der **Willensrichtung** des Täters abzugrenzen. Wenn der Täter helfen will, die Vortat zu fördern, liegt Beihilfe vor, weswegen die gleichzeitige Annahme einer Begünstigung aufgrund von § 257 Abs. 3 S. 1 StGB ausscheidet. Davon macht § 257 Abs. 3 S. 2 StGB für den Fall eine Ausnahme, dass der an der Vortat Beteiligte die Begünstigung durch Anstiftung eines an der Vortat nicht Beteiligten leistet. Wenn der Täter dagegen die Vorteile der Vortat sichern helfen will, liegt nur eine Begünstigung vor.[35] Dies bedeutet also, dass eine Beihilfehandlung zur Haupttat dann für den Täter nachteiliger ist, wenn die Haupttat eine höhere Strafdrohung hat als die Begünstigung. Dies ergibt sich aus § 27 Abs. 2 S. 1 StGB, der bestimmt, dass sich die Strafdrohung der Beihilfe nach der der Haupttat richtet.

48 Nach § 369 Abs. 1 Nr. 4 AO ist die Begünstigung als Steuerstraftat einzustufen, wenn der aus der Tat Begünstigte eine Steuerstraftat im Sinne von § 369 Abs. 1 Nr. 1 bis 3 AO begangen hat. Wenn also die Begünstigung als Steuerstraftat verfolgt werden soll, muss als **Vortat** eine Steuerstraftat gegeben sein. Fehlt es allerdings an der Vortat, dann ist eine Begünstigung bereits begrifflich nicht möglich. Die Vortat muss auch eine Straftat sein, so dass die Begünstigung einer Ordnungswidrigkeit nicht strafbar ist. Hier ist darauf hinzuweisen, dass als Steuerstraftat nur die sachliche Begünstigung des § 257 StGB möglich ist. Die persönliche Begünstigung, also die Strafvereitelung im Sinne von § 258 StGB, kann nicht als Steuerstraftat begangen werden.

49 Tatbestandsmäßig ist nur ein Handeln, welches dem **Unmittelbarkeitserfordernis** des § 257 StGB gerecht wird. Nach Ansicht des BGH, welcher unter Zugrundelegung des Analogiever-

---

[31] *Müller* StBp 2003, 80.
[32] *Müller* Steuer & Studium 2003, 377.
[33] Im Folgenden werden nur die spezifischen Probleme des Steuerstrafrechts dargestellt.
[34] BGH Urt. v. 27.8.1986 – 3 StR 256/86 – NStZ 1987, 22; BGH Beschl. v. 16.11.1993 – 3 StR 458/93 – NStZ 1994, 187, 188.
[35] Franzen/Gast/*Joecks* § 369 AO Rdnr. 180.

bots den Begriff „Vorteile der Tat" ausgelegt hat, erfasst dieser Begriff nur die unmittelbaren, nicht dagegen die mittelbaren Tatvorteile.[36] Allerdings dürfen an das Unmittelbarkeitserfordernis des § 257 StGB nicht dieselben strengen Anforderungen gestellt werden, wie etwa an das Unmittelbarkeitserfordernis des § 259 StGB.[37] Grundsätzlich kann jedoch davon ausgegangen werden, dass Einigkeit darüber besteht, dass der zu sichernde Vorteil, welcher sich weiterhin beim Vortäter befinden muss, unmittelbar aus der Vortat stammen muss. Die **Unmittelbarkeit des Vorteils** wird bei reinen finanztechnischen Vorgängen nicht aufgehoben. Es ist also nicht erforderlich, dass eine Stoffgleichheit zwischen dem Vorteil aus der Tat und dem beim Täter befindlichen Vorteil besteht. Im Ergebnis wird auf eine wirtschaftliche Betrachtungsweise abgestellt.[38]

Beispiel:
An der Unmittelbarkeit wird jedenfalls nichts geändert, wenn der geldwerte Vorteil auf ein anderes Konto des Vortäters transferiert oder etwa bei einer anderen Bank zugunsten des Vortäters angelegt wird.

Maßgeblich für den BGH ist bei geldwerten Vorteilen letztlich, dass dieser Vorteil noch im wirtschaftlichen Vermögen des Vortäters nachvollziehbar vorhanden ist.[39] Damit ist nach Meinung von Kohlmann nicht nur in Erstattungsfällen, sondern auch bei Steuerverkürzungen der Vorteil unmittelbar aus der Steuerhinterziehung erlangt.[40] Solange also noch Vermögen in Höhe des Erlangten vorhanden ist, stellt sich die Frage der Unmittelbarkeit nicht. Der Vermögensvorteil ist im Sinne der Regelung nur dann nicht mehr vorhanden, wenn sich der Vortäter von dem Vorteil endgültig getrennt hat. Hat sich der Täter der Vortat des Vorteils gänzlich entäußert, in dem er beispielsweise die durch seine Straftat erlangten Geldbeträge verschenkt hat, so kann für eine sachliche Begünstigung im Hinblick auf seine Tat kein Raum mehr sein.[41]

Bei **Steuerstraftaten** muss zwischen dem aus der Straftat Erlangten und dem tatsächlichen Vorteil unterschieden werden. Wird beispielsweise durch eine Steuerhinterziehung eine Steuer nicht gezahlt, liegt der vermögenswerte Vorteil in der Ersparnis von Aufwendungen.[42] Bei einem bewussten Erschleichen von Leistungen ist der Vorteil in der damit verbundenen Steuererstattung zu sehen. Etwaige Anlagen des ersparten Geldes bzw. andere finanztechnische Umwandlungen sind daher für das Unmittelbarkeitserfordernis des § 257 StGB ohne Bedeutung.[43]

Die Tathandlung der Begünstigung muss eine solche sein, die eine objektiv taugliche Hilfe darstellt. Hilfe leistet daher grundsätzlich, wer eine Handlung vornimmt, die objektiv geeignet ist und subjektiv mit der Tendenz vorgenommen wird, die durch die Vortat erlangten oder entstandenen Vorteile gegen Entziehung zu sichern.[44] So hat der BGH in der richtungsweisenden Entscheidung zur Beihilfe bei Steuerhinterziehung durch anonymisierten Geldtransfer ins Ausland[45] festgestellt, dass entscheidend für die Beurteilung einer Hilfeleistung als Begünstigung ist, ob die Verwirklichung eines Steueranspruchs unmöglich gemacht oder noch weiter erschwert wird, als dies bereits durch die erfolgte Hinterziehung geschehen ist. Letztlich kann zusammengefasst werden, dass unter Hilfeleistung im Sinne des § 257 StGB jede Handlung zu verstehen ist, die objektiv geeignet ist, den Täter im Hinblick auf die Vorteilssicherung unmittelbar besser zu stellen, und subjektiv von diesem Willen getragen wird.[46]

Die **Begünstigung** als eigener Straftatbestand lässt sich daher von der Beihilfe zu einer Steuerstraftat dadurch abgrenzen, dass bei der Begünstigung die Vortat begangen sein muss, also zumindest das Stadium des Versuchs erreicht hat. Nach Beendigung der Vortat kommt nur noch

---
[36] BGH Urt. v. 27.8.1986 – 3 StR 256/86 – NStZ 1987, 22.
[37] *Tröndle/Fischer* § 257 Rdnr. 9.
[38] BGH Urt. v. 26.10.1998 – 5 StR 746/97 – wistra 1999, 103.
[39] BGH Urt. v. 24.10.1989 – 1 StR 504/89 – BGHSt 36, 277 = NJW 1990, 918 = NStZ 1990, 123.
[40] *Kohlmann* § 369 AO Rdnr. 69.
[41] BGH Urt. v. 16.6.1971 – 2 StR 191/71 – BGHSt 24, 166.
[42] BGH Urt. v. 26.10.1998 – 5 StR 746/97 – wistra 1999, 103.
[43] BGH Urt. v. 24.10.1989 – 1 StR 504/89 – BGHSt 36, 277 = NJW 1990, 918 = NStZ 1990, 123.
[44] BGH Urt. v. 30.4.1953 – 3 StR 364/52 – BGHSt 4, 221, 224.
[45] BGH Urt. v. 1.8.2000 – 5 StR 624/99 – BGHSt 46, 107 = BStBl. II 2002, 79 = NJW 2000, 3010 = wistra 2000, 340.
[46] BGH Urt. v. 30.4.1953 – 3 StR 364/52 – BGHSt 4, 221.

eine Begünstigung in Betracht.[47] Im Stadium des noch nicht beendeten Versuchs und der nicht beendeten Tat ist sowohl Beihilfe als auch Begünstigung möglich.[48] Maßgebend für die strafrechtliche Beurteilung der Tat wird letztlich die Relevanz des Tatbeitrages und der subjektive Tatbestand sein. Sofern der Beitrag des Handelnden den tatbestandsmäßigen Erfolg der Haupttat fördert, liegt Beihilfe vor; sofern er ohne Einfluss auf ihn bleibt und lediglich die Vorteile der Tat sichern soll, liegt Begünstigung vor.[49] Allerdings darf auch nicht übersehen werden, dass der Fall denkbar ist, dass dieselbe Handlung zugleich Beihilfe für zukünftige Steuerhinterziehungen als auch Begünstigung hinsichtlich bereits begangener Steuerhinterziehungen sein kann.[50] Das heißt, Beihilfe und Begünstigung schließen sich nicht gegenseitig aus.

Beispiel:
Sämtliche Maßnahmen zur Verschleierung von Steuervergehen sowie die Verwaltung der Vorteile aus Steuerstraftaten in Kenntnis der Herkunft für den Täter, aber auch der bewusste Transfer von Vorteilen ins Ausland oder die Beratung zu entsprechenden Verschleierungsmaßnahmen durch Dritte, die Kenntnis von der Herkunft haben.

54 So hat der BGH den anonymisierten Geldtransfer im objektiven Tatbestand als Begünstigung angesehen.[51] Der BGH ist hier der Auffassung, dass der anonymisierte Transfer die Gefahr der Entdeckung der bevorstehenden oder bereits begangenen Steuerhinterziehung gemindert hat.

Beispiel:
Bankmitarbeiter B richtet im Ausland ein Konto für den Kunden unter einem Decknamen ein, auf dem die hinterzogenen Beträge durch seine Mithilfe anonymisiert eingezahlt werden.

55 Es stellt sich die Frage, ob auch **berufstypisches Verhalten**, wie etwa das o.g. Einrichten eines Kontos durch einen Bankmitarbeiter, bereits tatbestandsmäßiges Hilfeleisten im Sinne der Beihilfe bzw. der Begünstigung ist. Zur Beantwortung dieser Frage können die Grundsätze der **professionellen Adäquanz** herangezogen werden. Diese Grundsätze haben zum Inhalt, dass professionell adäquates Verhalten den Tatbestand der Beihilfe nicht erfüllen kann. Gleiches muss im Übrigen auch für die Begünstigung gelten. Da dann jedoch bei Einschalten eines entsprechenden Berufsträgers die Verwirklichung des Tatbestandes ggfs. nicht mehr möglich wäre, kann die Klärung, ob berufstypisches Verhalten den Tatbestand der Beihilfe bzw. Begünstigung erfüllt, nur nach dem subjektiven Tatbestand, also dem Willen des Täters beurteilt werden. Die Grenze der professionellen Adäquanz zur strafbaren Mitwirkung ist dann überschritten, wenn beispielsweise bei Transaktionen von Bankmitarbeitern ironische Decknamen wie beispielsweise „Onkel Dagobert", „Theo" o.ä. benutzt werden.[52] Eine Handlung wird dann tatbestandsmäßig, wenn von dem berufsüblichen Ablauf in Kenntnis des Makels des Vermögens abgewichen wird. Berufstypisches Verhalten kann daher durchaus bei einer „besonderen Sachlage" tatbestandsmäßig sein, insbesondere, wenn der Täter der Beihilfe bzw. Begünstigung entsprechende Kenntnis hatte.[53]

Beispiel:
Bankmitarbeiter B hat vorher dem Steuerpflichtigen bei einer Auslandsanlage beraten und stellt jetzt sicher, dass die unversteuerten Erträge dem Zugriff entzogen werden, indem er ausländische anonymisierte Bankkonten einrichtet.

56 *bb) Subjektiver Tatbestand.* Der subjektive Tatbestand der Begünstigung erfordert das Vorliegen von Vorsatz. Dieser **Vorsatz** muss sich zumindest als bedingter Vorsatz darauf beziehen, dass der Vortäter – nicht zwingend in konkretem Ausmaß und Ablauf – von der Rechtswidrigkeit der Vortat Kenntnis haben muss.[54] Erforderlich für den Vorsatz ist nicht, dass der Täter

---

[47] *Tröndle/Fischer* § 257 Rdnr. 4.
[48] *Tröndle/Fischer* § 257 Rdnr. 4.
[49] Franzen/Gast/*Joecks* § 369 AO Rdnr. 180.
[50] Vgl. *Jäger* wistra 2000, 346.
[51] Vgl. BGH Urt. v. 1.8.2000 – 5 StR 624/9 – BGHSt 46, 107 = BStBl. II 2002, 79 = NJW 2000, 3010 – wistra 2000, 340.
[52] *Samson/Schillhorn* wistra 2001, 1 ff.
[53] BGH Urt. v. 1.8.2000 – 5 StR 624/99 – wistra 2000, 340, 342.
[54] OLG Düsseldorf Urt. v. 12.3.1964 – (1) Ss 57764 – NJW 1964, 2123.

der Begünstigung die konkrete Art der Vortat kennt. Ausreichend ist daher, dass dem Täter letztlich bekannt war, dass befangenes Vermögen vorliegt und seine Tat geeignet ist, dazu beizutragen, das Vermögen der Versteuerung zu entziehen, bzw. diese zu erschweren.

Als weiteres Merkmal des subjektiven Tatbestands ist ein Handeln des Täters in Vorteilssicherungsabsicht. Dies ist immer dann gegeben, wenn der Täter gemeinsam mit dem Vortäter die Wiederherstellung des rechtmäßigen, durch die Vortat verletzten Zustands zu verhindern bzw. zu erschweren sucht. Der Täter muss die Sicherung der Vorteile der Vortat zugunsten des Vortäters wollen, ohne dass dies allerdings der einzige Zweck des Tuns sein muss.[55]

Es dürfte unstreitig sein, dass die Einrichtung eines Kontos zur Verbuchung der Vorteile der Steuerhinterziehung bei entsprechender Absicht des Täters eine **Begünstigung** darstellt. Fraglich ist allerdings, ob der Täter damit auch die Erträge der Vorteile (wie beispielsweise Zinsen des angelegten hinterzogenen Betrages) sichert. Wie bereits erörtert, muss Gegenstand der Begünstigung der Vorteil sein, der unmittelbar durch die Vortat erlangt wurde. Früchte (§§ 99 ff. BGB) des Vorteiles sind nicht unmittelbar erlangt.[56] Allerdings ist die Nichterklärung dieser Erträge eine neue Haupttat, so dass nach Einrichten des Kontos und Gutschrift der Erträge der maßgebliche Bankmitarbeiter eine tatbestandsmäßige Beihilfe, jedoch keine Begünstigung, durch objektiv geeignete Maßnahmen zur Herbeiführung des Taterfolges begehen will. Eine solche Beihilfehandlung wäre spätestens mit jeder nicht erfolgten Erklärung der gutgeschriebenen Zinsen gegeben. Es stellt sich aber auch die Frage, ob eine einzige Handlung (Einrichten des Kontos) tatsächlich dann wieder strafrechtlich relevant neu aufleben kann, wenn die Steuerhinterziehung des Haupt- bzw. Vortäters wieder auflebt. Die zeitliche Reichweite einer Beihilfehandlung bestimmt sich nach dem Vorstellungsbild des Gehilfen im Einzelfall. Nimmt beispielsweise ein Bankangestellter an, der Bankkunde werde über mehrere Jahre hinweg die Erträge aus den Beträgen nicht versteuern, dann erstreckt sich die Hilfeleistung auch auf die insoweit begangenen weiteren Steuerhinterziehungen.[57]

b) Geldwäsche (§ 261 StGB). *aa) Objektiver Tatbestand.* Als **Geldwäsche**[58] wird das Einschleusen von Vermögensgegenständen, die häufig, aber nicht zwingend aus der organisierten Kriminalität herrühren, in den legalen Finanz- und Wirtschaftskreislauf verstanden.[59] Welches Rechtsgut § 261 StGB konkret schützt und wie der Tatbestand in die Systematik der Strafverfolgung einzuordnen ist, ist stark umstritten. Der BGH[60] vertritt zwar die Auffassung, dass § 261 StGB einen eigenständigen Unrechtsgehalt enthält, konkretisiert diesen aber nicht näher.

Tatobjekt der Geldwäsche gem. § 261 StGB sind Gegenstände, die aus bestimmten, in § 261 Abs. 1 S. 2 StGB abschließend aufgeführten, rechtswidrigen Vortaten herrühren. Dazu gehören nach § 261 Abs. 1 S. 2 Nr. 3 StGB auch die Gegenstände, die aus gewerbsmäßigem, gewaltsamen und bandenmäßigen Schmuggel gem. § 373 AO und, wenn der Täter gewerbsmäßig handelt, aus Steuerhehlerei gem. § 374 AO herrühren. Dabei wird über § 12 MOG, der auf die Vorschriften der AO verweist, auch die Hinterziehung von Marktordnungsabgaben einbezogen. Gem. § 261 Abs. 1 S. 3 StGB gelten im Fall des § 370 a AO auch die durch die Steuerhinterziehung ersparten Aufwendungen und die unrechtmäßig erlangten Steuererstattungen und Steuervergütungen als Tatobjekt der Geldwäsche.

§ 261 Abs. 1 und 2 StGB zählen die verschiedenen strafbaren Tathandlungen der Geldwäsche auf, die allesamt darauf gerichtet sind, die aus den aufgezählten Vortaten erlangten Gegenstände unter Verdeckung ihrer Herkunft in den legalen Finanz- und Wirtschaftskreislauf einzuschleusen.[61] **Tathandlungen** nach § 261 Abs. 1 StGB sind das Verbergen des Gegenstandes, die Verschleierung dessen Herkunft und alle weiteren Tathandlungen, die den Zugriff der Strafverfolgungsbehörden auf die in § 261 Abs. 1 StGB inkriminierten Gegenstände dadurch behindern, dass der Täter die Ermittlung der Herkunft, das Auffinden, den Verfall, die Einziehung oder die Sicherstellung eines solchen Gegenstandes vereitelt oder gefährdet. Die auf-

---

[55] Vgl. BGH Urt. v. 1.8.2000 – 5 StR 624/99 – wistra 2000, 340, 343.
[56] A.A. Franzen/Gast/*Joecks* § 369 AO Rdnr. 186 a.
[57] OLG Oldenburg Urt. v. 4.4.2005 – Ss 8/05 (I21) – wistra 2005, 352.
[58] Im Folgenden werden nur die spezifischen Probleme des Steuerstrafrechts dargestellt.
[59] *Krey/Dierlamm* JR 1992, 353 ff.
[60] BGH Urt. v. 17.7.1997 – 1 StR 208/97 – BGHSt 43, 149 = NJW 1997, 3322 f.
[61] *Krey/Dierlamm* JR 1992, 353, 354.

gezählten strafbaren Handlungen erfassen praktisch alle Aktivitäten, die darauf abzielen, die Strafverfolgungsbehörde daran zu hindern, auf den inkriminierten Gegenstand zuzugreifen. Die Herkunft eines Gegenstandes im Sinne des § 261 Abs. 1 StGB kann verschleiert werden, indem der Täter den Nachweis erschwert, dass der Gegenstand aus einer Straftat stammt.

62 Beim **Vereiteln** handelt es sich beim Tatbestand um ein Erfolgsdelikt, das aber schon bei einer teilweisen Vereitelung erfüllt ist. Die Handlung des Täters muss dabei konkret geeignet sein, den Vereitelungserfolg herbeizuführen. Das **Gefährden** ist hingegen ein konkretes Gefährdungsdelikt, welches dann begangen ist, wenn die bloße konkrete Gefahr eingetreten ist.

63 **Verschleiern** der Herkunft des Gegenstandes meint irreführende Machenschaften, die den Nachweis erschweren, dass der Gegenstand aus einer Straftat stammt.[62]

64 Nach § 261 Abs. 2 StGB wird ebenfalls bestraft, wer einen der in § 261 Abs. 1 StGB bezeichneten Gegenstände, sich oder einem Dritten verschafft, verwahrt oder für sich oder einen Dritten verwendet, wenn er die Herkunft des Gegenstandes zu dem Zeitpunkt gekannt hat, zu dem er ihn erlangt hat. Unter sich oder einem Dritten **verschaffen** ist die Verschaffung eigener Verfügungsgewalt auf abgeleitetem Wege gemeint. **Verwahren** ist die bewusste Gewahrsamsausübung, sei es für Dritte oder, falls keine eigene Verfügungsmacht begründet wird, für eigene Zwecke.[63]

Beispiel:
Der Täter verwahrt die Gegenstände, wenn er sie in Gewahrsam nimmt oder hält, um sie für sich oder einen Dritten zur Verfügung zu halten.

65 Unter **Verwenden** für sich oder einen Dritten fällt jeder bestimmungsgemäße Gebrauch des Gegenstandes, wobei der Täter im Zeitpunkt des Erlangens des Gegenstandes zumindest bedingten Vorsatz bezüglich der Herkunft der Gegenstandes haben muss.

66 bb) *Subjektiver Tatbestand.* Für alle strafbaren Tathandlungen des § 261 Abs. 1 und 2 StGB ist mindestens **bedingter Vorsatz** erforderlich.[64]

67 cc) *Versuch und Teilnahme.* § 261 Abs. 3 StGB stellt den **Versuch der Geldwäsche** unter Strafe. Bei der Geldwäsche sind nach den allgemeinen Regeln sowohl Täterschaft als auch Teilnahme möglich.

68 dd) *Tätige Reue.* Nach § 261 Abs. 9 S. 1 und Abs. 10 StGB wird nicht bestraft, wer **tätige Reue** zeigt. Das ist dann der Fall, wenn der Täter die Tat freiwillig und bevor die Tat von den Strafverfolgungsbehörden entdeckt wurde, bei der zuständigen Behörde anzeigt oder eine solche Anzeige veranlasst und der Täter durch die Anzeigenerstattung die Sicherstellung (gem. § 111 b StPO) des Gegenstandes bewirkt, auf den sich die Straftat bezieht.

69 Das Gericht kann die Strafe bei Geldwäsche nach seinem Ermessen gem. § 261 Abs. 10 StGB in Anwendung des § 49 Abs. 2 StGB mildern oder ganz davon absehen, wenn der Täter freiwillig sein Wissen offenbart und dadurch wesentlich dazu beiträgt, dass die Tat über seinen eigenen Tatbeitrag hinaus aufgedeckt wird, bzw. dass die Vortat eines anderen aufgedeckt werden kann.

70 c) **Subventionsbetrug (§ 264 StGB).** aa) *Objektiver Tatbestand.* Wegen **Subventionsbetrugs**[65] wird gem. § 264 Abs. 1 StGB bestraft, wer einer für die Bewilligung einer Subvention zuständigen Behörde oder einer anderen in das Subventionsverfahren eingeschalteten Stelle oder Person (Subventionsgeber) über subventionserhebliche Tatsachen für sich oder einen anderen unrichtige oder unvollständige Angaben macht, die für ihn oder den anderen vorteilhaft sind (§ 264 Abs. 1 Nr. 1 StGB). Des weiteren dann, wenn er einen Gegenstand oder eine Geldleistung, deren Verwendung durch Rechtsvorschriften oder durch den Subventionsgeber im Hinblick auf eine Subvention beschränkt ist, entgegen der Verwendungsbeschränkung verwendet. Aber auch dann, falls er den Subventionsgeber entgegen den Rechtsvorschriften über die Subventionsvergabe über subventionserhebliche Tatsachen in Unkenntnis lässt (§ 264 Abs. 1 Nr. 3 StGB) oder in einem Subventionsverfahren eine durch unrichtige oder

---

[62] *Tröndle/Fischer* § 261 Rdnr. 21.
[63] Schönke/Schröder/*Stree* § 261 Rdnr. 13.
[64] *Körner* NStZ 1996, 66.
[65] Im Folgenden werden nur die spezifischen Probleme des Steuerstrafrechts dargestellt.

unvollständige Angaben erlangte Bescheinigung über eine Subventionsberechtigung oder subventionserhebliche Tatsache gebraucht (§ 264 Abs. 1 Nr. 4 StGB).

§ 264 StGB schützt das Rechtsgut des öffentlichen Vermögens sowie Subventionen als wichtiges Instrument der staatlichen Wirtschaftslenkung und der durch die Subventionen verfolgten wirtschaftspolitischen Zielsetzungen. Ebenfalls werden EU-Subventionen durch § 264 StGB geschützt.

Beim Subventionsbetrug handelt es sich um ein abstraktes **Gefährdungsdelikt**, welches weder einen Tatbestandserfolg, noch eine konkrete Gefährdung voraussetzt, sondern lediglich eine abstrakt-generelle Gefährdung der geschützten Rechtsgüter ausreichen lässt. Subventionen sind in § 264 Abs. 7 StGB als Leistungen aus öffentlichen Mitteln nach Bundes- oder Landesrecht oder nach dem Recht der EU in Form einer Sonderunterstützung an Betriebe oder Unternehmen, die wenigstens zum Teil ohne marktmäßige Gegenleistung gewährt werden (§ 264 Abs. 7 Nr. 1 StGB) und der Förderung der Wirtschaft dienen sollen (§ 264 Abs. 7 Nr. 2 StGB) definiert. Damit werden Subventionen, die nicht wirtschaftsfördernd sind, vom Schutz des § 264 StGB nicht erfasst. **Öffentliche Mittel** sind alle aus einem öffentlichen Haushalt gedeckten Mittel. Unter **Wirtschaft** im Sinne des § 264 StGB ist die Gesamtheit der in unternehmerischer Form betriebenen Einrichtungen und Maßnahmen zu verstehen, die auf die Erzeugung, Herstellung oder Verteilung von Gütern oder auf das Erbringen sonstiger der Erfüllung menschlicher Bedürfnisse dienenden Leistungen gerichtet sind, soweit es sich dabei wegen ihrer besonderen Individualität nicht um Leistungen höherer Art handelt,[66] zu verstehen. **Förderung** bedeutet jede Stärkung der Leistungsfähigkeit von Wirtschaftsbetrieben oder Wirtschaftszweigen.

Subventionserhebliche Tatsachen sind solche, die entweder durch Gesetz oder aufgrund eines Gesetzes vom Subventionsgeber als subventionserheblich bezeichnet werden (§ 264 Abs. 8 Nr. 1 StGB), oder von denen die Bewilligung, Gewährung, Rückforderung, Weitergewährung oder das Belassen einer Subvention oder eines Subventionsvorteils gesetzlich abhängig ist (§ 264 Abs. 8 Nr. 2 StGB). Als lex specialis zum Betrug gem. § 263 StGB ist die Tathandlung des Subventionsbetruges ebenfalls eine Täuschungshandlung. Strafbare Handlungen sind das „Machen" falscher Angaben (§ 264 Abs. 1 Nr. 1 StGB) oder das entgegen den Rechtsvorschriften über die Subventionsvergabe in Unkenntnis lassen des Subventionsgebers über subventionserhebliche Tatsachen (§ 264 Abs. 1 Nr. 3 StGB).

Im Falle des Machens **falscher Angaben** (§ 264 Abs. 1 Nr. 1 StGB) muss der Täter zumindest bedingten Vorsatz haben, dass seine Angaben Subventionstatsachen betreffen, diese unrichtig oder unvollständig sind und er gegenüber dem Subventionsgeber handelt. Da es sich bei der Alternative „In-Unkenntnis-lassen" (§ 264 Abs. 1 Nr. 3 StGB) um ein echtes Unterlassungsdelikt handelt, können nur der Subventionsnehmer selbst oder gem. § 14 StGB sein Vertreter Täter sein.

bb) Subjektiver Tatbestand. Der Vorsatz des Täters muss das Wissen umfassen, dass er aufgrund der Vergabevorschriften zur Mitteilung verpflichtet ist.

cc) Verstoß gegen Verwendungsbeschränkung. Als weitere Handlungsalternative wird der Verstoß gegen eine Verwendungsbeschränkung gem. § 264 Abs. 1 Nr. 2 StGB bestraft. Verwendungsbeschränkungen können Rechtsvorschriften sein, die der Subventionsgewährung zugrunde liegen, oder Beschränkungen, die der Subventionsgeber getroffen hat. Beschränkungen des Subventionsgebers können vertragliche Zweckbestimmungen sein oder Verwaltungsakte, die unbestimmt formulierte Förderungszwecke ausfüllen. Vorsatz liegt vor, wenn der Täter die Verwendungsbeschränkung kennt und zumindest billigend in Kauf nimmt, dass die konkrete Verwendung der Subventionen hiergegen verstößt.[67]

dd) Tatbestand des § 264 Abs. 1 Nr. 4 StGB. Nach § 264 Abs. 1 Nr. 4 StGB ist das **Verwenden von Bescheinigungen** über eine Subventionsberechtigung oder subventionserhebliche Tatsachen, die aufgrund unrichtiger oder unvollständiger Angaben erlangt wurden, in einem Subventionsverfahren strafbar. Die Täuschungshandlung besteht in dieser Handlungsalternative darin, dass der Täter die Tatsache, dass die Bescheinigung nicht einwandfrei erlangt ist,

---

[66] Schönke/Schröder/*Lenckner* § 264 Rdnr. 14.
[67] Tröndle/Fischer § 264 Rdnr. 23.

verschweigt und den Eindruck zu erwecken versucht, es handle sich um eine durch richtige und vollständige Angaben erlangte Bescheinigung. Soweit es sich bei demjenigen, der die Bescheinigung erlangt hat, um denselben handelt, der von der Bescheinigung Gebrauch macht und er deswegen schon nach § 264 Abs. 1 Nr. 1 StGB strafbar ist, ist die Verwirklichung der Handlungsalternative aus § 264 Abs. 1 Nr. 4 StGB eine mitbestrafte Nachtat.

78 ee) *Tätige Reue.* Nach § 264 Abs. 5 StGB wird nicht bestraft, wer freiwillig verhindert, dass auf Grund der Tat die Subvention gewährt wird. Wird die Subvention ohne Zutun des Täters nicht gewährt, so wird er straflos, wenn er sich freiwillig und ernsthaft bemüht, das Gewähren der Subvention zu verhindern. Wenn eine Subvention unabhängig von den Bemühungen des Täters nicht gewährt wird, ist der Täter nur dann straflos, wenn er sich freiwillig und ernsthaft bemüht hat, die Gewährung der Subvention zu verhindern. Der § 264 Abs. 5 S. 2 StGB entspricht dem Rücktritt gem. § 24 S. 2 StGB, welcher auch den „untauglichen Versuch" umfasst.

79 d) **Wertzeichenfälschung (§§ 148, 149 StGB).** Nach §§ 148, 149 StGB ist die **Wertzeichenfälschung** und deren Vorbereitung eine Straftat. Im Steuerstrafrecht kommt die Fälschung von Steuerzeichen als Steuerstraftat gem. § 369 Abs. 1 Nr. 3 AO in Betracht. Da es sich bei den Steuerzeichen weder um Urkunden im Sinne der §§ 267 ff. StGB, noch um Wertpapiere handelt, war eine spezielle Regelung zum Schutz des Rechtsverkehrs mit Steuerzeichen erforderlich. Früher war die **Steuerzeichenfälschung** gesondert in § 399 RAO geregelt. Mit dem EGStGB wurde § 148 StGB eingeführt, der die bestehenden Einzelregelungen über die Wertzeichenfälschungen in einem Paragraphen vereinheitlichte. Die Bedeutung des Straftatbestandes der Wertzeichenfälschung ist im Steuerrecht mittlerweile nur noch sehr gering, da nur noch die Tabaksteuer mittels Steuerzeichen entrichtet wird. Dies geschieht in der Weise, dass Tabaksteuerbanderolen gem. § 12 Abs. 1 TabStG entwertet und an den Verkaufspackungen angebracht werden, bevor sie den Herstellungsbetrieb verlassen.

80 Die **Fälschung** von Steuerzeichen kann durch Nachmachen oder durch Verfälschen geschehen. Die Fälschungshandlung entspricht im Wesentlichen jener der Urkundenfälschung. Durch die Fälschung wird ein falscher Anschein über den Ausgeber des Steuerzeichens, d. h. die zuständige Finanzbehörde, erweckt. Beim **Nachmachen** fehlt dem Täter die Befugnis zur Herstellung der Steuerzeichen. Deshalb können Steuerzeichen auch nachgemacht sein, wenn sie mit den echten Platten und/oder dem echten Papier hergestellt worden sind. Beim **Verfälschen** eines echten Steuerzeichens wird durch Überkleben der Preisangabe durch eine höhere Preisangabe im Rechtsverkehr der Anschein eines höheren Wertes erweckt. Für die Fälschung von Steuerzeichen ist Voraussetzung, dass der fälschende Täter in der Absicht handelt, die Steuerzeichen in den Rechtsverkehr zu bringen, die Steuerzeichen als echt zu verwenden oder das In-Verkehr-Bringen zu ermöglichen. Wie bei allen Steuerstraftaten muss der Täter in der Absicht handeln, Steuern zu verkürzen. Die Steuerzeichenfälschung nach § 148 Abs. 1 Nr. 1 StGB ist vollendet, wenn der Täter das mit dem falschen, verfälschten oder nachgemachten Steuerzeichen versehene Produkt in Verkehr bringt und die Fälschung/Verfälschung/Nachmachung geeignet ist, einen arglosen, nicht besonders sachkundigen Betrachter zu täuschen.[68]

81 Nach § 148 Abs. 1 Nr. 2 StGB kann die **Wertzeichenfälschung** auch begangen werden, indem sich der Täter falsche amtliche Wertzeichen in der Absicht nach § 148 Abs. 1 Nr. 1 StGB verschafft. „Sich verschaffen" bedeutet,[69] falsche Steuerzeichen bewusst zur eigenen Verfügung in Besitz zu nehmen. Jede Besitzverschaffung in Kenntnis der Unechtheit der Steuerzeichen fällt unter den Tatbestand des § 148 Abs. 1 Nr. 2 StGB.

82 Als weitere Tathandlung der Wertzeichenfälschung kommen gem. § 148 Abs. 1 Nr. 3 StGB das „Als-echt-Verwenden", das „Feilhalten" und das „In-Verkehr-Bringen" von falschen Wertzeichen in Betracht. **„Als-echt-verwendet"** werden falsche/verfälschte Steuerzeichen, wenn sie zur Täuschung des Rechtsverkehrs auf den Verkaufsverpackungen von Tabakwaren angebracht werden und den Herstellungsbetrieb verlassen. **„Feilhalten"** bedeutet das Bereithalten zum Verkauf von gefälschten Steuerzeichen. Während der BGH,[70] die Auffassung vertritt, dass Eventualvorsatz hinsichtlich eines möglichen Verkaufs der falschen Steuerzeichen

---

[68] RG Urt. v. 18.4.1932 – III 321/32 – RGSt 66, 217.
[69] BGH Urt. v. 10.1.1952 – 3 StR 438/51 – BGHStZ, 116.
[70] BGH Beschl. v. 24.6.1970 – 4 StR 30/70 – BGHSt 23, 286, 292.

ausreicht, hat das OLG Celle[71] entschieden, dass der Täter den Verkauf zumindest ernsthaft beabsichtigen muss. Ebenfalls strafbar ist die Alternative des „In-Verkehr-Bringens". Hierfür reicht jede entgeltliche oder unentgeltliche Abgabe der Steuerzeichen an Dritte aus, mit dem zumindest bedingten Vorsatz, dass diese die falschen Steuerzeichen verwenden.

Nach § 148 Abs. 2 StGB ist ebenfalls das **Wiederverwenden von Steuerzeichen** strafbar. Eine Wiederverwendung liegt vor, wenn der Täter bereits verwendete Steuerzeichen, von denen das Entwertungszeichen beseitigt oder unkenntlich gemacht worden ist, als gültig verwendet oder in den Rechtsverkehr einbringt.

§ 148 Abs. 3 StGB stellt den **Versuch** sämtlicher Tatbestandsvarianten der Wertzeichenfälschung gem. § 148 Abs. 1 und 2 StGB unter Strafe. Gem. § 149 StGB sind bereits echte **Vorbereitungshandlungen** der Wertzeichenfälschung strafbar. In Anbetracht der geringen Bedeutung der Wertzeichenfälschung wird an dieser Stelle nicht näher auf die Strafbarkeit der Vorbereitungshandlungen gem. § 149 StGB eingegangen.[72]

e) **Gefährdung des Umsatzsteueraufkommens.** Der Ordnungswidrigkeiten-Tatbestand des § 26 b UStG, der die Nichtentrichtung oder die unvollständige Entrichtung der gem. § 14 UStG ausgewiesenen Umsatzsteuer zum Fälligkeitspunkt ahndet, wird gem. § 26 c UStG zum Straftatbestand, wenn hierdurch gewerbs- oder bandenmäßig das Umsatzsteueraufkommen geschädigt wird.

§ 26 c UStG schließt insoweit eine Strafbarkeitslücke, die insbesondere bei so genannten Umsatzsteuerkarussellgeschäften relevant ist. Hier wird in der Regel die strafbewährte Verpflichtung zur Abgabe einer Umsatzsteuererklärung eingehalten, jedoch die Umsatzsteuer vorsätzlich nicht gezahlt. Vor Einführung des § 26 c UStG war dies keine strafbewährte Steuerhinterziehung.[73] Die Strafe ist Freiheitsstrafe bis zu fünf Jahren oder Geldstrafe. Bislang ungeklärt ist, ob die Möglichkeit einer strafbefreienden Selbstanzeige im Rahmen des § 26 c UStG besteht oder nicht.[74]

f) **Rennwett- und Lotteriegesetz.** Wer im Inland den Vertrieb unversteuerter ausländischer Lose oder ausländische Lose über Ausspielungen besorgt, wird nach § 23 des Rennwett- und Lotteriegesetzes wegen Steuerhinterziehung gem. § 370 AO bestraft.

g) **Abgabengesetze der Länder.** Die Abgabengesetze der Länder verweisen zum Teil auf die Strafvorschriften der Abgabenordnung. Zum Teil sind in ihnen eigene Strafvorschriften enthalten.

III. Steuerhinterziehung (§ 370 AO)[75]

Schrifttum: *Beckemper*, Steuerhinterziehung in mittelbarer Täterschaft durch Täuschung des Steuerpflichtigen, wistra 2002, 401; *Beermann* (Hrsg.), Steuerliches Verfahrensrecht: AO, FGO, Nebengesetze-Kommentar. Loseblatt. Stand: 53. Lieferung September 2005; *Bender*, Ist der Zigarettenschmuggel seit dem 4. März 2004 straffrei, wistra 2004, 368; *Bilsdorfer*, Steuerberatung im Grenzbereich von Kreativität und Steuerhinterziehung, PStR 2000, 150; *Bilsdorfer*, Die Entwicklung des Steuerstraf- und Steuerordnungswidrigkeitenrechts, NJW 2006, 657; *Birkenstock*, Zur psychologischen Dialektik und zur Zuverlässigkeit der Strafverteidigung eines Beschuldigten durch seinen ständigen Berater in Wirtschafts- und Steuerstrafrecht, wistra 2002, 47; *Bittmann*, Die gewerbs- oder bandenmäßige Steuerhinterziehung und die Erfindung des gegenständlichen Nichts als geldwäscherelevante Infektionsquelle, wistra 2003, 161; *Blenckers*, Chi-Test oder „Jeder Mensch hat seine Lieblingszahl", StBp 2003, 261; *Böse*, Die Strafbarkeit wegen Steuerhinterziehung und der Nemo-tenetur-Grundsatz, wistra 2003, 47; *Bornheim*, Grenzen und Möglichkeiten der tatsächlichen Verständigung (Teil 1), AO-StB 2004, 363; *ders.*, Beratung im steuerlichen Verfahren: Verteidigungsstrategie gegen Schätzungen, (1). Maßnahmen gegen Schätzungen

---

[71] OLG Celle Urt. v. 11.5.1967 – 1 Ss 105/67 – GA 1968, 56.
[72] Zu den Einzelheiten siehe Franzen/Gast/*Joecks* § 369 AO Rdnr. 163 ff.
[73] *Kruhl* BB 2002, 1020
[74] Bejahend *Joecks* wistra 2002, 201; verneinend *Weyand* INF 2002, 183.
[75] Bearbeitet unter Mitwirkung von Dipl.-Finanzwirt (FH) Assessor iur. *Gerhard Link*. Zu dem gesamten Steuerstrafrecht vgl. die Anweisungen für das Straf- und Bußgeldverfahren (Steuer) – AStBV (St) 2004 – vom 18.12.2003 – 0720 – BStBl. I 2003, 654 ff.; nach Ansicht diverser Autoren sind die AStBV jedoch mangels einer entsprechenden Ermächtigungsgrundlage rechtswidrig. Vgl. dazu Franzen/Gast/*Joecks/Randt* § 385 AO Rdnr. 16 m.w.N. Nach *Hellmann* (wistra 1994, 13 bis 17) üben insoweit nicht die Landesfinanzverwaltungen, sondern die vorgesetzten Beamten der Staatsanwaltschaft sowie die Landesjustizverwaltungen die Sachaufsicht im finanzbehördlichen Steuerstrafverfahren aus; generell auch für den Verteidiger in einem Steuerstrafverfahren interessant: *Sowada* NStZ 2005, 1 bis 7.

im Besteuerungsverfahren, AO-StB 2003, 49; *ders.*, Möglichkeiten und Grenzen im Lichte der Rechtsprechung, PStR 1999, 219; *Braun*, Schätzungen im Rahmen von Betriebsprüfungen, PStR 2006, 38; *Burkhard*, Keine Ehegattenverantwortlichkeit im Steuerstrafrecht, StB 2002, 422; CW, Vollendung der Steuerhinterziehung bei pflichtwidriger Nichtabgabe der Erklärung, PStR 2005, 80; *Carlé*, Die Abwehr von Schätzungen in Betriebsprüfungen, KÖSDI 2005, 14717; *Dannecker*, Die Bedeutung der Pflicht zur Benennung von Gläubigern und Zahlungsempfängern nach § 160 AO im Rahmen der Steuerhinterziehung, wistra 2001, 241; *Degel/Haase*, Steuerliche Berücksichtigung von Strafverteidigungskosten in Zusammenhang mit dem Vorwurf der Untreue, DStR 2005, 1260; *Detter*, Zum Strafzumessungs- und Maßregelrecht, NStZ 2004, 134; *Dißars*, Aktieneinsicht im steuerlichen Verwaltungsverfahren, DStR 2005, 137; *Döm*, Steuerhinterziehung durch Unterlassen?, 2001; *Dörn*, Mitteilung von Steuerhinterziehungen von Beamten und Richtern an den Dienstvorgesetzten, wistra 2002, 170; *ders.*, Hinweispflicht bei Abweichung von der Rechtsansicht der Finanzverwaltung?, wistra 2000, 334; *Erbs/Kohlhaas*, Strafrechtliche Nebengesetze mit Straf- und Bußgeldvorschriften des Wirtschafts- und Verwaltungsrechts. Loseblatt. Stand: 158. Ergänzungslieferung August 2005; *Eschenbach*, „π-x-Daumen" – Strafzumessung durch die Buß- und Strafsachenstellen im steuerstrafrechtlichen Ermittlungsverfahren, DStZ 2002, 103; *Flore/Dörn/Gillmeister*, Steuerfahndung und Steuerstrafverfahren: Handbuch für die Strafverteidigung. 2. Aufl. 1999; *Füllsack*, Transparentes Verteidigungskonzept als Grundlage der erfolgreichen Verteidigung, PStR 2005, 94 und 219; *Gaede*, Das Recht auf Verfahrensbeschleunigung gemäß Art. 6 I 1 in Steuer- und Wirtschaftsverfahren, wistra 2004, 166; *Gericke*, Darlegungsanforderungen im Urteil, PStR 2005, 125; *ders.*, LSt-Hinterziehung und § 266 a Abs. 1 StGB, PStR 2005, 277; *Hagemeier*, Verwendungsverbot im Steuerstrafverfahren, NWB F 13, 1081; *Hardtke*, Feststellungsbescheid als Taterfolg der Steuerhinterziehung. Wann besteht noch die Chance auf Strafminderung?, AO-StB 2002, 92; *ders.*, Die Verjährung im Steuerstrafrecht, AO-StB 2001, 273; *Harms*, Steuerliche Beratung im Dunstkreis des Steuerstrafrechts, Stbg 2005, 12; *ders./Jäger*, Aus der Rechtsprechung des BGH zum Steuerstrafrecht -2003/2004-, NStZ 2004, 134; *Heerspink*, Zum Konflikt zwischen der steuerlichen Mitteilungspflicht des § 4 Abs. 5 Nr. 10 EStG und dem nemo-tenetur-Prinzip, wistra 2001, 441; *ders.*, Strafe aufgrund zutreffender Steuererklärung, AO-StB 2006, 51; *Hellmann*, Steuerstrafrechtliche Risiken umsatzsteuerfreier innergemeinschaftlicher Lieferungen, wistra 2005, 161; *Hild*, Kriminalisierung klassischer Steuerberatung?, DB 2001, 493; *Hirsch/Wolter/Brauns* (Hrsg.), Festschrift für Günter Kohlmann zum 70. Geburtstag, 2003; *Hoffmann/Knierim*, Selbstanzeige und Steuergeheimnis bei Beamten und Richtern, PStR 2000, 211; *Hübschmann/Hepp/Spittaler* (Hrsg.), Kommentar zur Abgabenordnung und Finanzgerichtsordnung (Loseblatt, zit. H/H/Sp); *Kaligin*, Keine Angst vor Betriebsprüfung und Steuerfahndung: Verhaltenstipps, Abwehrstrategien, Entzauberung der Steuerfahndung, Steuerfahndungsermittlungen gegen Bankkunden, Steueramnestie. 2. Aufl. 2004; *Kindshofer*, Tagesatz – Festsetzung ohne Rücksicht auf das Steuergeheimnis, PStR 2002, 68; *Kottke*, Verhältnis der Selbstanzeige vor Steuerhinterziehung zum Rücktritt vom Versuch, DStZ 1998, 151; *Kratzsch*, Die Wechselwirkung von Steuerstrafverfahren und tatsächlicher Verständigung bzw. Schätzung, PStR 2005, 10; *Kuhlmann*, Steuerstrafverfahren. In: Brüssow/Gatzweiler/Krekeler/Mehle (Hrsg.): Praxis der Strafverteidigung. 3. Aufl. 2003; *Langrock*, Das „große Ausmaß" der schweren Steuerhinterziehung, wistra 2004, 241; *Lilje/Müller*, Ansparrücklage versus Kompensationsverbot: Eine neue Verteidigungsstrategie, wistra 2001, 205; *Mack*, Testaments- und Nachfolgeberatung, 2003; *Meine*, Der Irrtum über das Kompensationsverbot, wistra 2002, 361; *List*, Das Verhältnis von Strafverfahren und Besteuerungsverfahren (§ 393 AO) in verfassungsrechtlicher Sicht, DB 2006, 469; *Menke*, Die Bedeutung des sog. Kompensationsverbot in § 370 AO, wistra 2005, 125; *Meyer*, Abwehrstrategien gegen die Schätzung von Besteuerungsgrundlagen im Betriebsprüfungsverfahren, DStR 2005, 2114; *ders.*, Erledigung von Steuerstrafverfahren außerhalb der Hauptverhandlung, DStR 2005, 1477; *ders.*, Steuer(straf)rechtliche Verantwortlichkeit und Haftung des GmbH-Geschäftsführers, PStR 2003, 185; *ders.*, Strafrechtliche Verantwortlichkeit und Haftung bei Personengesellschaften, PStR 2003, 126; *Minoggio*, Die Unsinnigkeit von Strafmessungstabellen, PStR 2003, 212; *Mösbauer*, Steuerstraf- und Steuerordnungswidrigkeitenrecht (einschließlich Steuer- und Zollfahndung). 2. Aufl. 2000; *ders.*, Aktuelle Rechtsfragen bei der Abgrenzung des Versuchs von der Vorbereitungshandlung im Steuerstrafrecht, DStZ 1997, 577; *Moritz*, Weitergabe steuerlicher Verfahrensakten anlässlich eines Disziplinarverfahrens, PStR 2000, 95; *Müller*, Der Erbgang im Verfahrensrecht, AO-StB 2006, 18; *ders.*, Ausgewählte Fragen zur Berichtspflicht nach § 153 AO, PStR 2005, 25; *ders.*, Ehegatten im Steuerstrafrecht: Mitunterzeichnung der Steuererklärung, AO-StB 5/2005, 147; *ders.*, Straflose Vorbereitungshandlung oder strafbarer Hinterziehungsversuch?, AO-StB 2005, 28; *ders.*, Die Anzeige- und Berichtigungspflicht im Erbfall, AO-StB 2004, 95; *ders.*, In dubio pro reo im Steuerrecht und Steuerstrafrecht, AO-StB 2004, 156; *ders.*, Wann beginnt die Strafverfolgungsverjährung bei Steuerhinterziehung, wistra 2004, 11; *ders.*, Der Irrtum im Steuerstrafrecht. Tat(bestands-) bzw. Verbotsirrtum verhindern eine Bestrafung, AO-StB 2003, 273; *ders.*, Das Erlangen nicht gerechtfertigter Steuervorteile über den Stiefbruder der Steuerkürzung, DStZ 2001, 613; *Plewka*, Checkliste: Tatsächliche Verständigung, PStR 2000, 273; *Pump/Fittkau*, Tatsächliche Verständigung und Zinsfestsetzung, AO-StB 2004, 402; *Pump/Leibner*, Möglichkeiten zur Abstimmung von Straf- und Besteuerungsverfahren, PStR 2002, 267; *Quedenfeld/Füllsack*, Verteidigung in Steuerstrafsachen. 3. Aufl. 2005; *Randt*, Der Steuerfahndungsfall, Beratung und Verteidigung in Steuerstrafsachen, 2004; *Rößler*, Externer Fremdvergleich und Beziehung Fremder zum finanzgerichtlichen Verfahren, StBP 2004, 336; *Rolletschke*, Die Konkurrenz zwischen Beitragsbetrug (§§ 263, 266 a StGB) und Lohnsteuerhinterziehung (§ 370 Abs. 1 AO), wistra 2005, 211; *ders.*, Die Abgabe einer unrichtigen Umsatzsteuerjahreserklärung und das nemo-tenetur-Prinzip, wistra 2004, 246; *ders.*, Die wiederholte Steuerhinterziehung, wistra 2002, 332; *ders.*, Einmal mehr: Die Steuerhinterziehung eines Ehegatten durch Mitunterzeichnung der gemeinsamen Steuererklärung, wistra 2002, 454; *ders.*, Die Hinterziehung von Erbschaft- /Schenkungsteuer, wistra 2001, 287; *ders.*, Die steuerstrafrechtliche Verantwortlichkeit des einen Antrag auf Zusammenveranlagung mitunterzeichnenden

Ehegatten, DStZ 1999, 216; *ders./Kemper*, Steuerverfehlungen. Kommentar zum materiellen Straf- und Ordnungswidrigkeitenrecht sowie zum Straf- und Bußgeldverfahren in Steuersachen (§§ 369 bis 415 AO). Loseblatt. Stand: 79. Lieferung September 2005; *Rüping*, Das Verbrechen der Steuerhinterziehung, DStR 2002, 1418; *Rüth/Winter*, Kein Vertrauensschutz bei lückenhaften Belegen über innergemeinschaftliche Lieferungen, DStR 2005, 681; *Salditt*, Steuergerechtigkeit als Thema der Strafverteidigung, PStR 1999, 255; *Samson/Schillhorn*, Beihilfe zur Steuerhinterziehung durch anonymisierten Kapitaltransfer?, wistra 2001, 1; *Schäfer/Sander/van Gemmeren*, Praxis der Strafzumessung, 3. Aufl. 2001; *Schiffer*, Strafmaßverteidigung, PStR 2000, 215; *Schmidt-Liebig*, Die Schätzungen im Steuerrecht, NWB 2004, Fach 17, 1847; *Schwedhelm/Wulf*, Wirksame „Amnestieerklärung" für steuerliche Sachverhalte aus 2002, DStR 2005, 1167; *Söffing/Pinternagel/Nommensen*, DStR-Fachliteratur-Auswertung: Verfahrensrecht, DStR 1998, 69; *Spatscheck/Dinkgrave*, Bestimmtheit von Strafverfolgungsverhandlungen, AO-StB 2004, 262; *Spatscheck/Ehnert*, Wann sind Rechnungen des Strafverteidigers abzugsfähig?, DStR 2006, 61; *Spatscheck/Mantas*, Tatsächliche Verständigung als Steuerhinterziehung, PStR 1999, 198; *Stahl*, Steuerverfolgung und strafrechtliche Risiken ungeklärter Vermögenszuwächse und minderungen, KÖSDI 2001, 13071; *ders./Carlé*, Die steuerliche Rechtsstellung des Betreuers eines steuerunehrlichen Betreuten und steuerstrafrechtliche Risiken, DStR 2000, 1245; *Stahlschmidt*, Das Kompensationsverbot bei der Steuerhinterziehung, StuB 2005, 361; *Stoffers/Landoroski*, Verjährung der Beihilfe zur Steuerhinterziehung, StraFO 2005, 228; *Van Meegen*, Neue Methoden der Außenprüfung, Stbg 2003, 488; *Vogelberg*, Die Bedeutung des § 160 AO bei Nichtbenennung von Zahlungsempfängern, PStR 2005, 294; *ders.*, Vorenthaltung von Arbeitnehmerbeiträgen zur Sozialversicherung: Strafbarkeit nach § 266 a StGB, PStR 2004, 95; *Volk*, Der Tatbegriff und die Bestimmtheit von Durchsuchungsbeschlüssen im Steuerstrafrecht, wistra 1998, 281; *Wabnitz/Janovsky* (Hrsg.), Handbuch des Wirtschafts- und Steuerstrafrechts. 2. Aufl. 2004; *Wannemacher*, Steuerstrafrecht: Handbuch, 5. Aufl. 2004; *Webel*, Erneut: Zinseinnahmen im Ausland, PStR 2005, 216; *Wedelstädt*, Strategien bei der Betriebsprüfung: Verbindliche Auskunft. Hinweise zum Antrag, Erteilung, Bindung und Korrektur, AO-StB 2001, 190; *ders.*, Grenzen der Hinzuschätzung beim Geldtransfer auf Luxemburger Konten, PStR 2005, 279; *ders.*, Steuerberater als Mittäter, PStR 2005, 201; *Weidemann/Weidemann*, Handeln und Unterlassen im Steuerstrafrecht, wistra 2005, 207; *Wulf*, Steuererklärungspflichten und „nemo tenetur", wistra 2006, 89.

1. Allgemeines

Zentrale Vorschrift des Steuerstrafrechts ist der § 370 AO, der die Steuerhinterziehung **89** regelt. Die Steuerhinterziehung ist eine besondere Form des Betrugs (§ 263 StGB).[76] *Birkenstock*[77] umschreibt daher Tatbestand und Erfolg mit: „Durch wahrheitswidrige oder das Unterlassen wahrheitsgemäßer Angaben wird der Fiskus getäuscht und in den Irrtum versetzt, es seien weniger Steuern angefallen bzw. festzusetzen, als der wahre Sachverhalt an Steuerbelastung entstehen lässt. Dies geschieht, um sich oder einem Dritten einen unrechtmäßigen Steuer- oder Vermögensvorteil zuteil werden zu lassen". § 370 AO ist gegenüber § 263 StGB ein Sonderstraftatbestand und schließt deshalb § 263 StGB nach den Grundsätzen der „Spezialität" aus.[78] Ein tateinheitliches Zusammentreffen zwischen Steuerhinterziehung und Betrug ist nur dann möglich, wenn der Täter mit den Mitteln der Täuschung außer der Verkürzung von Steuereinnahmen oder der Erlangung ungerechtfertigter Steuervorteile noch weitere Vermögensvorteile erstrebt.[79]

Von zentraler Bedeutung im Bereich des Steuerstrafrechts ist der Begriff der Tat.[80] Er wird **90** nahezu in allen zentralen steuerstrafrechtlichen Bestimmungen als Tatbestandsmerkmal zugrunde gelegt.[81] Der Tatbegriff betrifft prozessuale Vorschriften (z. B. Einleitung des steuerstrafrechtlichen Ermittlungsverfahrens gem. § 397 Abs. 1 AO) aber auch materiell-rechtliche Fragen, wie z. B. den Umfang der Selbstanzeige bzw. deren Sperrwirkung (§ 371 Abs. 1, 2 AO).

Ein **einheitlicher Tatbegriff** für alle Anwendungsfälle im Steuerstrafrecht hat sich nicht **91** durchgesetzt,[82] d. h. die herrschende Meinung berücksichtigt bei der Auslegung des Tatbegriffs die unterschiedlichen Regelungszwecke und Auslegungsgrundsätze der einzelnen Vorschriften und wendet bei prozessualen Vorschriften den prozessualen Tatbegriff (§§ 155, 264 StPO) und bei materiellen Vorschriften den materiell-rechtlichen Tatbegriff an.[83]

---

[76] Wabnitz/Janovsky/*Kummer* 18. Kapitel Rdnr. 11.
[77] Wistra 2002, 47.
[78] Rolletschke/Kemper § 370 AO Rdnr. 10; *Kohlmann* § 370 AO Rdnr. 942.
[79] Erbs/Kohlhaas/*Senge* § 370 AO Rdnr. 54; *Kohlmann* § 370 AO Rdnr. 942.
[80] Wannemacher/*Spiegel* § 370 AO Rdnr. 4547, 4556.
[81] *Quedenfeld/Füllsack*, Verteidigung in Steuerstrafsachen, S. 38 Rdnr. 127.
[82] *Quedenfeld/Füllsack*, Verteidigung in Steuerstrafsachen, S. 38 Rdnr. 129.
[83] *Kohlmann* § 370 AO Rdnr. 968; zu den Unterschieden des Tatbegriffs im allgemeinen Strafrecht und im Steuerrecht vgl. *Volk* wistra 1998, 281, 283.

92 Praxistipp:

Der Verteidiger sollte für seinen Mandanten den jeweils günstigsten Tatbegriff ermitteln und darauf dringen, dass bei steuerstrafrechtlichen Ermittlungen im Besteuerungsverfahren der Umfang des bestehenden Anfangsverdachts möglichst konkret festgehalten wird. Hierdurch besteht z. B. die Möglichkeit, bei einer bereits entdeckten Steuerstraftat im Bereich der Einkünfte aus Gewerbebetrieb (z. B. durch Nichtverbuchen von Bargeschäften) ggfs. noch zu einer wirksamen Selbstanzeige bei gleichzeitiger Nichtdeklaration von Kapitalerträgen zu gelangen.

93 Der Grundtatbestand der Steuerhinterziehung ist in § 370 Abs. 1 AO enthalten. Ergänzungen des Grundtatbestandes enthalten die Abs. 4 bis 7. § 370 Abs. 4 AO definiert und ergänzt den tatbestandlichen Erfolg der Steuerhinterziehung. Gem. § 370 Abs. 5 AO kann eine Steuerhinterziehung auch hinsichtlich solcher Waren begangen werden, deren Ein-, Aus- und Durchfuhr verboten ist. § 370 Abs. 6 AO dehnt die Anwendbarkeit der Vorschrift auf die Einfuhr- oder Ausfuhrabgaben anderer EG-Staaten, der EFTA-Staaten und den mit diesen assoziierten Staaten aus. Die Blankettvorschrift des § 370 AO wird in diesem Fall durch die materiellen steuerlichen Vorschriften der jeweiligen Staaten ausgefüllt.[84] Die typische Begehungsform des § 370 Abs. 6 S. 1 AO ist die Ausstellung unrichtiger Ursprungszeugnisse oder anderer unrichtiger Verzollungsunterlagen durch deutsche Exporteure. Der Tatbestand gem. § 370 Abs. 6 S. 1 AO im Gegensatz zu Satz 2 des Abs. 6 ist nicht von Gegenseitigkeit abhängig.[85] Durch das am 1.1.1993 in Kraft getretene Umsatzsteuer-Binnenmarktgesetz vom 25.8.1992[86] wurde § 370 Abs. 6 AO dahin geändert, dass auch das Umsatzsteuer-Aufkommen der anderen EG-Mitgliedstaaten geschützt wird. Hierbei ist aber zu berücksichtigen, dass § 370 Abs. 6 S. 2 AO zwar die Anwendung des Steuerhinterziehungstatbestands auf die Umsatzsteuer anordnet, die von einem anderen Mitgliedstaat der EG verwaltet wird. Die Verfolgung dieser Straftat setzt aber gem. § 370 Abs. 6 S. 4 AO die Verbürgung der Gegenseitigkeit voraus, die in einer vom BMF nach Maßgabe des § 370 Abs. 6 S. 4 AO zu erlassenden Rechtsverordnung festzustellen ist. Diese Rechtsverordnung stellt eine objektive Bedingung der Strafbarkeit dar.[87] Da bislang diese Rechtsverordnung fehlt, scheitert derzeit noch der Beihilfetatbestand.[88] § 370 Abs. 7 AO enthält eine Abweichung vom Territorialprinzip. Die Regelung entspricht dem § 6 StGB (Auslandstaten gegen international geschützte Rechtsgüter).[89] Insoweit wird klargestellt, dass auch die Hinterziehung von Eingangsabgaben in anderen EU-Mitgliedstaaten in Deutschland verfolgbar ist.[90]

Praxistipp:

Der in Deutschland ansässige Unternehmer macht sich durch die umsatzsteuerfreie innergemeinschaftliche Lieferung von Wirtschaftsgütern an einen anderen Unternehmer in einem EG-Staat derzeit nicht zur Beihilfe wegen einer Steuerhinterziehung seines Abnehmers gem. § 370 Abs. 6 AO strafbar, selbst wenn er weiß, dass der Abnehmer die beim Weiterverkauf der Waren erlangte Umsatzsteuer hinterziehen will.[91]

94 Die **Versuchsstrafbarkeit** ergibt sich aus § 370 Abs. 2 AO. § 370 Abs. 3 AO sieht eine Strafrahmenerhöhung für **besonders schwere Fälle** vor, für die die Freiheitsstrafe 6 Monate bis 10 Jahre beträgt.

---

[84] *Kohlmann* § 370 AO Rdnr. 369.
[85] *Kohlmann* § 370 AO Rdnr. 371.
[86] BGBl. I 1992 S. 1548.
[87] H/H/Sp/*Hellmann* § 370 AO Rdnr. 55.
[88] *Hellmann* wistra 2005, 161, 163; *Keßebömer/Schmitz* wistra 1995, 1; vgl. hierzu *Kohlmann* § 370 Rdnr. 366.
[89] Klein/*Gast-de Haan* § 370 AO Rdnr. 87.
[90] *Bilsdorfer* NJW 2006, 659.
[91] Offenlassend: BGH Urt. v. 12.5.2005 – 5 StR 36/05 – DStR 2005, 1272 = wistra 2005, 309.

§ 370 AO enthält im Grundtatbestand des Abs. 1 die Aufzählung von 3 Begehungsarten (Nr. 1 bis 3) sowie zwei mögliche Arten des Erfolgseintritts. Der strafrechtlich relevante Erfolg kann darin liegen, dass Steuern verkürzt wurden oder der Täter für sich oder einen anderen nicht gerechtfertigte Steuervorteile erlangt hat. Eine Steuerhinterziehung kann begangen werden, wenn der Täter entweder durch aktives Tun unrichtige oder unvollständige Angaben macht (§ 370 Abs. 1 Nr. 1 AO) oder aber durch pflichtwidriges Unterlassen von Angaben die Finanzbehörde über steuerlich erhebliche Tatsachen in Unkenntnis lässt (§ 370 Abs. 1 Nr. 2 AO). Hinsichtlich § 370 Abs. 1 Nr. 1 AO ist noch anzumerken, dass das Machen unvollständiger Angaben, das zugleich ein Element des Unterlassens enthält, von Gesetzes wegen als Begehungsdelikt behandelt wird.[92] Die weitere in § 370 Abs. 1 Nr. 3 AO eigenständig genannte Variante des pflichtwidrigen Unterlassens der Verwendung von Steuerzeichen oder Steuerstemplern fällt in der Praxis nicht ins Gewicht.[93] Gem. § 50 e Abs. 2 EStG werden Steuerstraftaten bei geringfügiger Beschäftigung in Privathaushalten auch bei Vorsatz nicht als Steuerstraftaten (§ 370 AO) sondern lediglich als Steuerordnungswidrigkeiten gem. § 378 AO verfolgt.

Den Tatbestand der Steuerhinterziehung erfüllt somit, wer einen der beiden Erfolge durch eine der drei Verhaltensweisen erfüllt.[94] Demnach enthält das Gesetz **sechs Tatbestandsalternativen.**

Übersicht:
Aufbau des Tatbestandes der Steuerhinterziehung (§ 370 AO) ohne den in der Praxis wenig relevanten Fall des § 370 Abs. 1 Nr. 3 AO

		Nr. 1 Begehungsdelikt	Nr. 2 Unterlassungsdelikt
1. Tathandlung:		Angaben machen • über Tatsachen • die steuerlich erheblich sind • gegenüber Finanzbehörden oder anderen Behörden • mit unrichtigem oder unvollständigem Inhalt	In Unkenntnis lassen der Finanzbehörde • über Tatsachen • welche steuerlich erheblich sind oder • Unterlassen eines rechtlich gebotenen Tuns
2. Kausalität:	„dadurch"	• conditio sine qua non • objektive Zurechnung	
3. Taterfolg:	entweder	Steuerverkürzung, d. h. es werden Steuern • nicht • nicht in voller Höhe • nicht rechtzeitig festgesetzt (ob die Steuern gezahlt werden oder nicht, ist insoweit irrelevant). • Kompensationsverbot, § 370 Abs. 4 S. 3 AO	
	oder	Erlangung nicht gerechtfertigter Steuervorteile; d. h. es werden Steuervorteile • objektiv rechtswidrig • gewährt oder belassen. • Kompensationsverbot, § 370 Abs. 4 S. 3 AO	
4. Vorsatz:	Vorsatz	bzgl. Nr. 1 bis 3 • Wissen und Wollen der Merkmale des objektiven Tatbestandes und mindestens billigendes In-Kauf-Nehmen der Rechtsfolgen • Versuch reicht aus, § 370 Abs. 2 AO	

---

[92] *Kohlmann* § 370 AO Rdnr. 201.
[93] *Randt* Der Steuerfahndungsfall S. 344 Rdnr. 2.
[94] Franzen/Gast/*Joecks* § 370 AO Rdnr. 12.

2. Geschütztes Rechtsgut

98 Schutzgut der Steuerhinterziehung nach § 370 Abs. 1 bis 5 AO ist nach ständiger höchstrichterlicher Rechtsprechung nicht allgemein die staatliche Steuerhoheit, sondern das öffentliche Interesse am vollständigen und rechtzeitigen Aufkommen der einzelnen Steuern, bezogen auf den jeweiligen Besteuerungsabschnitt.[95] Teile der Literatur sehen das Steueraufkommen im Ganzen als geschütztes Rechtsgut an.[96] Nach *Salditt*[97] ist durch § 370 AO die gerechte und gleichmäßige Lastenverteilung nach dem Grundsatz der Leistungsfähigkeit geschützt.[98]

99 Geschützes Rechtsgut des § 370 Abs. 6 AO ist das Interesse der dort genannten Völkerrechtssubjekte am rechtzeitigen und vollständigen Steueraufkommen.[99] Die Frage nach dem geschützten Rechtsgut wirkt sich vor allen Dingen bei der Auslegung der Tatbestandsmerkmale, den Konkurrenzen und der Verfolgungsverjährung aus.[100] § 370 AO ist kein Schutzgesetz im Sinne des § 823 Abs. 2 BGB.[101]

3. Täterkreis

100 Täter einer Steuerhinterziehung kann grundsätzlich jedermann sein.[102] Bei einer Steuerhinterziehung durch **aktives Tun** (§ 370 Abs. 1 Nr. 1 AO) kommt jeder in Betracht, der tatsächlich in der Lage ist, auf die Festsetzung, Erhebung oder Vollstreckung der gesetzlich geschuldeten Steuer zum Nachteil des jeweiligen Steuergläubigers einzuwirken.[103] Der Tatbestand der Steuerhinterziehung ist insoweit kein Sonderdelikt.[104] Es müssen lediglich die Voraussetzungen erfüllt sein, die das Gesetz an die Täterschaft stellt. Täter kann daher auch ein Drittschuldner sein, der eine falsche Drittschuldnererklärung abgegeben hat; z. B. auch ein Drittschuldner, der eine falsche Versicherung an Eides statt über aufrechenbare Schadenersatzforderungen abgibt.[105]

101 Bei den Tatbeständen des § 370 Abs. 1 Nr. 2 und 3 AO handelt es sich hingegen um Sonderdelikte, die als unechte **Unterlassungsdelikte** ein pflichtwidriges Unterlassen erfassen.[106] Eine Steuerhinterziehung durch Unterlassen kann nur begehen, wer zur Aufklärung besonders verpflichtet ist.[107] Zum Kreis der möglichen Täter kommen neben dem Steuerpflichtigen insbesondere die in §§ 34, 35 AO genannten Personen in Betracht (gesetzliche Vertreter, Vermögensverwalter, Verfügungsberechtigte).[108] Ferner kommen als Mittäter auch der Betreuer,[109] Ehegatte,[110] Lebenspartner, Bankmitarbeiter,[111] Finanzbeamter,[112] Erbe,[113] Testa-

---

[95] BGH Urt. v. 1.2.1989 – 3 StR 179/88 – BGHSt 36, 100 = wistra 1989, 226; BGH Beschl. v. 24.4.1996 – 5 StR 142/96 – StV 1996, 605; OLG Hamm Beschl. v. 23.5.2002 – 4 Ss 145/02 – wistra 2002, 400; Erbs/Kohlhaas/*Senge* § 370 AO Rdnr. 2; *Rolletschke*/Kemper § 370 AO Rdnr. 17 m.w.N.
[96] Franzen/Gast/*Joecks* § 370 AO Rdnr. 17 m.w.N.
[97] PStR 1999, 255 bis 262.
[98] Zur Kritik an der Auffassung von Salditt vgl. *Quedenfeld/Füllsack*, Verteidigung in Steuerstrafsachen, S. 58 Rdnr. 187.
[99] *Kohlmann* § 370 AO Rdnr. 39.
[100] *Kohlmann* § 370 AO Rdnr. 36.
[101] BFH Urt. v. 24.10.1996 – VII R 113/94 – BFHE 181, 552 = BStBl. II 1997, 308 = NJW 1997, 1725.
[102] BFH Urt. v. 21.11.2000 – VII R 8/00 – HFR 2001, 543.
[103] Franzen/Gast/*Joecks* § 370 AO Rdnr. 19.
[104] BGH Urt. v. 22.5.2003 – 5 StR 520/02 – NJW 2003, 2924 = PStR 2003, 193 = StV 2004, 24.
[105] Klein/*Gast-de Haan* § 370 AO Rdnr. 17; BGH Urt. v. 18.12.1975 – 4 StR 472/95 – NJW 1976, 525 = BStBl. II 1976, 445.
[106] Erbs/Kohlhaas/*Senge* § 370 AO Rdnr. 8; *Kohlmann* § 370 Rdnr. 86.
[107] Franzen/Gast/*Joecks* § 370 AO Rdnr. 161; *Rolletschke*/Kemper § 370 AO Rdnr. 14; kritisch zu den möglichen Konsequenzen hieraus: *Bender* wistra 2004, 368 ff.
[108] *Kohlmann* § 370 AO Rdnr. 107 ff.
[109] Dazu *Stahl/Carlé* DStR 2000, 1245 bis 1249.
[110] Franzen/Gast/*Joecks* § 370 AO Rdnr. 249.
[111] BGH Urt. v. 1.8.2000 – 5 StR 624/99 – BGHSt 46, 107 = NJW 2000, 3010 = wistra 2000, 340 mit Anm. *Jäger*; Franzen/Gast/*Joecks* § 370 AO Rdnr. 251 f.
[112] BGH Beschl. v. 21.10.1997 – 5 StR 328/97 – wistra 1998, 64; BFH Urt. v. 28.4.1998 – IX R 49/96 – BFHE 185, 370 = BStBl. II 1998, 458 = DStRE 1998, 610.
[113] *Mack*, Testaments- und Nachfolgeberatung 2003, 219; *Müller* AO-StB 2004, 95 bis 100.

mentsvollstrecker,[114] Steuerberater/Rechtsanwalt[115] und auch der sog. „**faktische Geschäfts-führer**"[116] in Betracht. Faktische Geschäftsführer haben dieselben Handlungspflichten wie ein bestellter Geschäftsführer.[117] Nach einem Urteil des BayObLG vom 20.2.1997[118] ist „Geschäftsführer auch, wer, ohne förmlich dazu bestellt oder im Handelsregister eingetragen zu sein, im Einverständnis der Gesellschafter die Stellung eines Geschäftsführers tatsächlich einnimmt. Allein die Tatsache, dass daneben formell eine andere Person als Geschäftsführerin bestellt war, ändert daran grundsätzlich nichts. Allerdings ist es in einem solchen Fall erforderlich, dass der faktische Geschäftsführer Geschäftsführerfunktionen „in maßgeblichem Umfang" übernommen hat, wobei seiner Geschäftsführung „ein Übergewicht", wenn nicht gar *„eine überragende Stellung"* zukommen muss."

Die Stellung des faktischen Geschäftsführers ist nach dem o.a. Urteil des BayObLG dann überragend, wenn er von den acht klassischen Merkmalen im Kernbereich der Geschäftsführung **mindestens sechs** erfüllt: 102

- Bestimmung der Unternehmenspolitik,
- Bestimmung der Unternehmensorganisation,
- Einstellung von Mitarbeitern,
- Gestaltung der Geschäftsbeziehungen zu Vertragspartnern,
- Verhandlung mit Kreditgebern,
- Gehaltshöhe,
- Entscheidung der Steuerangelegenheiten und
- Steuerung der Buchhaltung.

Folglich ist es für die Frage, ob der faktische Geschäftsführer neben dem bestellten Geschäftsführer als Mittäter einer Steuerhinterziehung in Betracht kommt, von entscheidender Bedeutung, ob dem faktischen Geschäftsführer eine „überragende Stellung" im Sinne der o.a. Rechtsprechung des BayObLG zukommt. 103

Zur strafrechtlichen Verantwortlichkeit und Haftung bei **Personengesellschaften** vgl. *Meyer*[119]. 104

Zur steuer(straf)rechtlichen Verantwortlichkeit und Haftung des **GmbH-Geschäftsführers** im Allgemeinen vgl. *Meyer*[120]. 105

4. Tatbestandsmäßiges Verhalten

In § 370 Abs. 1 AO ist das tatbestandsmäßige Verhalten normiert.[121] Das Gesetz erfasst in § 370 Abs. 1 Nr. 1 bis 3 AO eine Handlungs- und zwei Unterlassungsalternativen.[122] Hinsichtlich der Nr. 1 und Nr. 2 kann es zu Abgrenzungsschwierigkeiten kommen.[123] In der Praxis kommen diesen Fragen jedoch wenig Relevanz zu, da der Gesetzgeber den durch unrichtige Angabe oder unvollständige Angaben (Nr. 1) und den durch Nichtmitteilung steuerlich erheblicher Tatsachen (Nr. 2) bewirkten Taterfolg unter die gleiche Strafdrohung stellt.[124] 106

Andere als die in § 370 Abs. 1 AO bezeichneten Tathandlungen sind nicht als Steuerhinterziehung strafbar, z. B. die Erpressung von Finanzbehörden, die gewaltsame Behinderung der Vollstreckungsbeamten, die Verfälschung von Urkunden zur Verbesserung der 107

---

[114] BFH Beschl. v. 9.6.1999 – II B 101/98 – BFHE 188, 440 = DStR 1999, 1226; BFH Beschl. v. 7.12.1999 – II B 79/99 – BStBl. II 2000, 233 = FR 2000, 402 mit Anm. *Viskorf*.
[115] BGH Urt. v. 30.6.2005 – 5 StR 12/05 – PStR 2005, 201 mit Anm. *Wegner*.
[116] *Kohlmann* § 370 AO Rdnr. 112; zur *steuerlichen* Haftung eines faktischen Geschäftsführers vgl. BFH Urt. v. 11.3.2004 – VII R 52/02 – BFHE 205, 14 = BStBl. II 2004, 579 = PStR 2004, 126; zur Ermessensentscheidung im Rahmen eines Haftungsbescheides.
[117] BGH Urt. v. 8.11.1989 – 3 StR 249/89 – wistra 1990, 97.
[118] BayObLG Urt. v. 20.2.1997 – 5 St RR 159/96 – DB 1997, 923 = NJW 1997, 1936 = WiB 1997, 810 mit Anm. *Dietz*.
[119] PStR 2003, 126 bis 131.
[120] PStR 2003, 185 bis 191.
[121] Zum Tatbegriff im Steuerstrafrecht siehe *Volk* wistra 1998, 281 bis 283.
[122] Franzen/Gast/*Joecks* § 370 AO Rdnr. 105; vgl. auch *Weidemann/Weidemann* wistra 2005, 207 bis 211.
[123] *Kohlmann* § 370 AO Rdnr. 210.
[124] *Kohlmann* § 370 AO Rdnr. 210.

Beweislage.[125] In diesen Fällen sind Tatbestände des StGB erfüllt, es sei denn, eine mittelbare Täterschaft wäre gegeben.

108 Besonders ist darauf hinzuweisen, dass die bloße **Nichtzahlung** von Steuern keine Steuerhinterziehung im Sinne von § 370 AO darstellt.[126] Das strafbare Verhalten liegt folglich in der Verletzung der Erklärungspflichten, die dem Steuerpflichtigen von Gesetzes wegen auferlegt sind.[127] So ist zum Beispiel ein Steuerbeamter nicht wegen Steuerhinterziehung strafbar, wenn er, ohne dabei falsche Angaben zu machen, einem Steuerpflichtigen unerlaubt Stundung oder andere Vergünstigungen gewährt.[128]

109 a) **Steuerhinterziehung durch Handeln (§ 370 Abs. 1 Nr. 1 AO)**. Die Tathandlung des § 370 Abs. 1 Nr. 1 AO besteht darin, dass der Täter a) Angaben macht über b) Tatsachen, die c) steuerlich erheblich sind, dass diese Angaben d) unrichtig oder unvollständig sind und e) diese Angaben gegenüber den Finanzbehörden oder anderen Behörden gemacht werden.

110 *aa) Der Begriff des Angabenmachen.* Angaben im Sinne des § 370 Abs. 1 Nr. 1 AO macht, wer eine Tatsache gegenüber den bezeichneten Behörden bekundet.[129] Das Mittel der Bekundung einer Tatsache ist die Abgabe einer Erklärung. Diese kann schriftlich, mündlich oder konkludent erfolgen.[130]

111 Gegenüber den Finanzbehörden dienen der Abgabe einer solchen Erklärung in der Regel die nach §§ 149 ff. AO vorgesehenen Steuererklärungen, die der Steuerpflichtige auszufüllen, zu unterschreiben und abzugeben hat.[131] Darauf, ob die Steuererklärungen den formalen und inhaltlichen Anforderungen des § 150 AO genügen, kommt es insoweit nicht an.[132] Eine Strafbarkeit nach § 370 AO wegen Einreichung falscher Umsatzsteuervoranmeldungen wird deshalb nicht dadurch ausgeschlossen, dass die eingereichten Voranmeldungen sich auf nicht existente Firmen sowie fingierte Umsätze und Vorsteuern beziehen und nicht unterschrieben oder nur mit einem unleserlichen Namenszeichen versehen sind.[133]

112 Durch Schweigen kann der Tatbestand des § 370 Abs. 1 Nr. 1 AO jedoch nicht verwirklicht werden. Da § 370 Abs. 1 Nr. 2 AO die Strafbarkeit des Verschweigens steuerlich erheblicher Tatsachen abschließend regelt, kann die Tat des § 370 Abs. 1 Nr. 1 AO nicht nach § 13 StGB ihrerseits durch Unterlassen begangen werden.[134] Ob die Willens- oder Wissensbekundung des Täters aufgrund einer gesetzlichen Erklärungspflicht oder freiwillig erfolgt, ist für § 370 Abs. 1 Nr. 1 AO unerheblich.

113 Eine **unrichtige Verbuchung von Geschäftsvorfällen** ist keine Angabe, da sie nicht gegenüber den Behörden erfolgt.[135] Das Mittel zur Bekundung einer Tatsache ist die Abgabe einer Erklärung. Demgemäß führt die Einstellung von gefälschten Rechnungen in die Buchhaltung, die bis zur Abgabe der Steuererklärung nur eine straflose Vorbereitungshandlung ist, mit der Abgabe der Erklärung zu einer Verknüpfung der nach §§ 140 ff. AO zu führenden Bücher mit dem Zahlenwerk aus den Erklärungsvordrucken. Hierin liegt eine Steuerhinterziehung gem. § 370 Abs. 1 Nr. 1 AO. Offen gelassen hat der BGH[136] die Frage, wie zu entscheiden ist, wenn die Rechnungen zwar gefälscht sind, sich aber durch anderweitige Betriebsausgaben im Zusam-

---

[125] Erbs/Kohlhaas/*Senge* § 370 AO Rdnr. 12 m.w.N.
[126] BGH Beschl. v. 15.5.1997 – 5 StR 45/97 – wistra 1997, 302 = StV 1998, 473; BGH Beschl. v. 13.10.2005 – 5 StR 368/05 – wistra 2006, 66; vgl. jedoch den Straftatbestand des § 26 c UStG: Gewerbsmäßige oder bandenmäßige Schädigung des Umsatzsteueraufkommens; siehe ferner: Ordnungswidrigkeiten nach §§ 380 AO 26 b UStG.
[127] BGH Beschl. v. 15.5.1997 – 5 StR 45/97 – wistra 1997, 302 = StV 1998, 473; vgl. jedoch den Straftatbestand des § 26 c UStG: Gewerbsmäßige oder bandenmäßige Schädigung des Umsatzsteueraufkommens; siehe ferner: Ordnungswidrigkeiten nach §§ 380 AO 26 b UStG.
[128] Erbs/Kohlhaas/*Senge* § 370 AO Rdnr. 12.
[129] BGH Beschl. v. 3.8.1995 – 5 StR 63/95 – StV 1996, 375 = wistra 1995, 345.
[130] *Kohlmann* § 370 AO Rdnr. 212, 217.
[131] BGH Beschl. v. 3.8.1995 – 5 StR 63/95 – StV 1996, 375 = wistra 1995, 345.
[132] Erbs/Kohlhaas/*Senge* § 370 AO Rdnr. 15.
[133] BGH Urt. v. 27.9.2002 – 5 StR 97/02 – PStR 2003, 1 = StV 2004, 25.
[134] Erbs/Kohlhaas/*Senge* § 370 AO Rdnr. 15; *Kohlmann* § 370 AO Rdnr. 223; a.A. Franzen/Gast/*Joecks* § 370 AO Rdnr. 115.
[135] *Kohlmann* § 370 AO Rdnr. 212.
[136] BGH Urt. v. 17.3.2005 – 5 StR 461/04 – PStR 2005, 125 mit Anm. *Gericke.*

menhang mit den gefälschten Ausgaben kein Mehrergebnis ergibt. *Joecks*[137] vertritt die Auffassung, dass jedenfalls im Ergebnis eine „richtige" Erklärung im Sinne des § 370 Abs. 1 AO vorliegt, wenn dem Finanzamt allein ein Saldo in den Erklärungsvordrucken mitgeteilt wird und in der Buchhaltung zwar fiktive Betriebsausgaben gebucht, gleichzeitig aber tatsächlich geleistete Ausgaben in gleicher Höhe nicht gebucht werden.[138]

Bei **Ehegatten** stellt sich die Frage, ob der Ehepartner, der die Unrichtigkeit der Erklärung seines Ehegatten kennt, sich strafbar macht. Bei zusammenveranlagten Ehegatten (§ 26 b EStG) kann darüber hinaus fraglich sein, wer von ihnen die Angaben macht, da im Falle einer Zusammenveranlagung gem. § 25 Abs. 3 S. 2 EStG beide Ehegatten eine gemeinsame Einkommensteuererklärung abzugeben, diese auf dem Mantelbogen eigenhändig zu unterschreiben und zu versichern haben, dass die Angaben wahrheitsgemäß nach bestem Wissen und Gewissen gemacht wurden (§§ 150 Abs. 1, 2 AO, 25 Abs. 3 S. 5 EStG). Einige Autoren sind der Auffassung, dass jeder Unterzeichnende versichert, „dass die Angaben in diesem Vordruck nach bestem Wissen und Gewissen" gemacht wurden. Weil insoweit eine Einschränkung auf bestimmte eigene Angaben nicht enthalten sei, mache sich der mit unterzeichnende Ehegatte strafbar.[139] Diese Ansicht ist abzulehnen. Auch bei der Zusammenveranlagung gilt der Grundsatz der Individualbesteuerung. D. h. jeder Ehegatte ist strafrechtlich nur für seine eigenen Besteuerungsgrundlagen und die gemeinsamen Besteuerungsgrundlagen verantwortlich.[140] Nicht verantwortlich ist er für die Besteuerungsgrundlagen seines Ehegatten. Im Strafrecht gibt es keine verschuldensunabhängige Erfolgshaftung.[141] Der BFH hat mittlerweile entschieden, dass bei bloßer Mitunterschrift der Ehegatte bei einer Zusammenveranlagung nur für die ihn betreffenden Angaben verantwortlich ist, selbst wenn er weiß, dass die Angaben seines Gatten über dessen Einkünfte nicht der Wahrheit entsprechen.[142] Erschöpft sich die Unterstützung der Tat des Ehegatten in diesem Antrag, ist die Grenze der strafbaren Beihilfe noch nicht überschritten.[143] Etwas anderes gilt allerdings bei aktiver Unterstützung der falschen Abgaben des Ehepartners.[144] Insoweit liegt Mittäterschaft (§ 25 Abs. 2 StGB) vor. Im Falle der sog. **Nebentäterschaft**, in der der Hinterziehungserfolg der gemeinsamen Einkommensteuererklärung durch beide Ehegatten herbeigeführt wird, ohne dass der eine von der Hinterziehung des anderen weiß, liegt kein gemeinschaftliches Handeln vor. Jeder der beiden Ehegatten ist in diesem Fall als Einzeltäter zu bestrafen (§ 25 Abs. 1 StGB).

Außerhalb des Steuerfestsetzungsverfahrens werden Angaben z. B. auch in **Außenprüfungsverfahren** in Erfüllung steuerlicher Mitwirkungspflichten oder im Rahmen einer so genannten **tatsächlichen Verständigung**[145] gemacht.[146] Das Rechtsinstitut der tatsächlichen Verständigung ist seit längerem in der finanzgerichtlichen Rechtsprechung für Fälle erschwerter Sachverhaltsaufklärung anerkannt.[147] Auch im Rahmen einer tatsächlichen Verständigung besteht für den Steuerpflichtigen gem. § 90 Abs. 1 S. 2 AO die Pflicht, die für die Besteuerung erheblichen Tatsachen vollständig und wahrheitsgemäß anzugeben. Werden Sachverhalte bewusst verfälscht kann dadurch der Tatbestand der Steuerhinterziehung erfüllt sein.[148] Die Nichtein-

---

[137] Franzen/Gast/*Joecks* § 370 AO Rdnr. 71.
[138] Vgl. *Gericke* PStR 2005, 125, 126.
[139] *Reichle* wistra 1998, 91 bis 92; *Rolletschke* DStZ 1999, 216 bis 219; *ders.* wistra 2002, 454 bis 457.
[140] *Müller* AO-StB 2005, 147.
[141] *Müller* AO-StB 2005, 147.
[142] BFH Urt. v. 16.4.2002 – IX R 40/00 – BFHE 198, 66 = PStR 2002, 192 mit Anm. *Mahner;* vgl. dazu *Burkhard* StB 2002, 422 bis 429; Erbs/Kohlhaas/*Senge* § 370 AO Rdnr. 5; *Kohlmann* § 370 AO Rdnr. 213.
[143] Franzen/Gast/*Joecks* § 370 AO Rdnr. 249 m.w.N.; *Müller* AO-StB 2005, 148.
[144] *Kuhlmann,* Strafverteidigung in der Praxis, § 23 Rdnr. 68; *Müller* AO-StB 2005, 148.
[145] Verfügung der OFD München v. 2.6.1998 – S 0223 – 6 St 312 – NJW 1999, 626; im Einzelnen: *Seer,* FS G. Kohlmann, S. 537 ff.; zu den Grenzen und Möglichkeiten einer tatsächlichen Verständigung vgl. *Bornheim* AO-StB 2004, 363 bis 366, 399 bis 402 m.w.N; zur tatsächlichen Verständigung und Zinsfestsetzung vgl. *Pump/Fittkau* AO-StB 2004, 402 bis 404; zur tatsächlichen Verständigung im allgemeinen vgl. auch *Wedelstädt* AO-StB 2001, 190 bis 193.
[146] Rolletschke/Kemper § 370 AO Rdnr. 28.
[147] Rolletschke/Kemper § 370 AO Rdnr. 28.
[148] Vgl. zur Steuerhinterziehung im Rahmen einer tatsächlichen Verständigung: BGH Urt. v. 26.10.1998 – 5 StR 746/97 – PStR 1999, 1 = StV 2000, 474; *Spatscheck/Mantas* PStR 1999, 198 bis 202; zur tatsächlichen Verständigung im Steuerstrafverfahren vgl. *Bornheim* PStR 1999, 219 bis 224; *Plewka* PStR 2000, 273 bis 278; *Pump/Leibner* PStR 2002, 267 bis 271.

haltung der tatsächlichen Verständigung erfüllt jedoch nicht den Tatbestand der Steuerhinterziehung.[149]

116 *bb) Tatsachen.* Die Angaben müssen Tatsachen betreffen. **Tatsachen** sind – im Gegensatz zu aus Tatsachen gezogenen Schlussfolgerungen und Werturteilen – reale Fakten der Innen- und Außenwelt.[150] Vermutungen, Verdachtsmomente und Wahrscheinlichkeiten stellen als solche keine Tatsache dar.[151] Tatsachen sind jedoch auch die sog. inneren Tatsachen wie Einschätzungen, Absichten und Motive des Erklärenden. Zukünftige Ereignisse sind keine Tatsachen.[152] In der Aussage über ein zukünftiges Ereignis kann aber die Behauptung einer inneren Tatsache liegen.

Beispiel:
Unternehmer U stellt bei dem Finanzamt den Antrag, seine Vorauszahlungen zur Einkommensteuer herabzusetzen mit der Begründung, in den folgenden Vorauszahlungszeiträumen würden seine Einkünfte insoweit erheblich geringer sein. Das Finanzamt gibt daraufhin dem Antrag des U statt. In Wirklichkeit entwickeln sich die Geschäfte des U so wie immer. U wollte bei der Antragstellung die durch Herabsetzung der Vorauszahlungen freiwerdenden Mittel für andere Zwecke verwenden. Mit der Mitteilung über die angebliche künftige Entwicklung des Unternehmens macht der U eine unrichtige Angabe über eine gegenwärtige innere Tatsache, da U bereits bei der Antragstellung davon ausging, dass die zukünftige Einkommensentwicklung seines Unternehmens nicht anders ausfallen wird, wie in den Vorauszahlungszeiträumen zuvor.

117 Keine Tatsache ist die Steuererklärung als solche, wohl aber die Abgabe oder Nichtabgabe der Erklärung. Dagegen betreffen die in den Steuererklärungsformularen geforderten Angaben in der Regel Tatsachen, über die der Steuerpflichtige entsprechend seiner Erklärungspflichten (§§ 149 ff. AO) zu berichten hat.[153]

118 Von den Tatsachen sind die vom Erklärenden geäußerten **Rechtsauffassungen** abzugrenzen. Umstritten ist die Frage, ob Angaben unrichtig sind, die zwar unter Zugrundelegung einer bestimmten Rechtsauffassung nicht zutreffend sind, bei anderer Ansicht aber korrekt wären. Die Angaben gegenüber dem Finanzamt erfolgen regelmäßig nicht in Gestalt ausführlicher Mitteilungen von Tatsachen, sondern sie erschöpfen sich wegen der Formalisierung der Steuererklärung (vgl. § 150 Abs. 1 AO) meist auf quantifizierte Beträge, die wiederum erst das Ergebnis einer (steuerrechtlichen) Beurteilung sind, denn die Angabe einer Zahl in der Steuererklärung erfolgt, nachdem zuvor Tatsachen rechtlich eingeordnet und zwischen rechtlich erheblichen und rechtlich unerheblichen Tatsachen unterschieden wurde.[154]

119 In der Praxis stellt sich die Frage, ob Hinweise in der Steuererklärung erforderlich sind, wenn der Steuerpflichtige bei seiner Erklärung von einer Rechtsauffassung ausgeht, die nicht mit der Rechtsprechung bzw. der Verwaltungsmeinung übereinstimmt.[155] Steuerpflichtige, die eine von der Rechtsprechung abweichende Ansicht vertreten, könnten aus ihrer Sicht der Rechtslage bestimmte Tatsachen nicht erwähnen, da sie aufgrund der von ihnen vertretenen Auffassung nicht erheblich sind.[156]

120 Nach überkommener Ansicht in Literatur und Rechtsprechung hat der Steuerpflichtige bzw. sein Berater bei Abgabe der Steuererklärung die höchstrichterliche Rechtsprechung sowie die Richtlinien der Finanzverwaltung, welche dem **typisierten Empfangshorizont** der Finanzverwaltung entsprechen, zugrunde zu legen; gehe er von einer abweichenden Rechtsauffassung aus, so habe er dies kenntlich zu machen.[157] Nach *Krabbe*[158] kommt die Einleitung eines Steuerstraf- oder Ordnungswidrigkeitenverfahrens dann in Frage, wenn der Steuerpflichtige von der Rechtsauffassung in der Anleitung zur Ausfüllung der Steuererklärung abgewichen

---

[149] Klein/*Gast-de Haan* § 370 AO Rdnr. 37.
[150] *Tröndle/Fischer* § 263 Rdnr. 2 und 3.
[151] *Kohlmann* § 370 AO Rdnr. 230.
[152] Franzen/Gast/*Joecks* § 370 AO Rdnr. 123.
[153] *Kohlmann* § 370 AO Rdnr. 238.
[154] Dörn DStZ 1993, 478, 483; *Kohlmann* § 370 AO Rdnr. 234.
[155] *Kuhlmann*, Strafverteidigung in der Praxis, § 23 Rdnr. 66.
[156] *Kuhlmann*, Strafverteidigung in der Praxis, § 23 Rdnr. 66.
[157] Vgl. die Nachweise bei *Kohlmann* § 370 AO Rdnr. 235 Fn. 2.
[158] *Koch/Scholtz* § 150 AO Rdnr. 4/1.

ist. Die von *Krabbe*[159] vertretene Ansicht ist abzulehnen. Die Erläuterungen werden nicht immer gelesen und von Laien regelmäßig weithin nicht verstanden.[160] Im Übrigen gibt es keine Vorschrift, wonach Steuerpflichtige sich bei der Steuererklärung an der höchstrichterlichen Rechtsprechung und an den Steuerrichtlinien der Finanzverwaltung zu orientieren haben.[161] Der Steuerpflichtige ist (nur) verpflichtet den Vordruck (das Formular) gewissenhaft durchzulesen.[162] Im Übrigen haben die Erläuterungen zum Steuererklärungsvordruck keine Rechtsnormqualität. Die herrschende Meinung hält bereits jede Erklärung, der irgend eine **vertretbare Rechtsansicht** zugrunde liegt, für zutreffend.[163]

Der BGH hat in neuerer Rechtsprechung zur **Frage der abweichenden Rechtsauffassung** Stellung genommen.[164] Zunächst steht es dem Steuerpflichtigen frei, jeweils die ihm günstigste steuerrechtliche Gestaltung zu wählen. Er macht jedenfalls dann *keine* unrichtigen Angaben im Sinne von § 370 Abs. 1 Nr. 1 AO, wenn er offen oder verdeckt eine ihm günstige unzutreffende Rechtsansicht vertritt, aber die steuerlich erheblichen Tatsachen richtig und vollständig vorträgt und es dem Finanzamt dadurch ermöglicht, die Steuer unter abweichender rechtlicher Beurteilung zutreffend festzusetzen.[165] Bei der Abgabe einer Steuererklärung bestehe insoweit „eine Offenbarungspflicht für diejenigen Sachverhaltselemente, deren rechtliche Relevanz objektiv zweifelhaft ist. Dies ist insbesondere dann der Fall, wenn die von dem Steuerpflichtigen vertretene Auffassung über die Auslegung von Rechtsbegriffen oder die Subsumtion bestimmter Tatsachen von der **Rechtsprechung, den Richtlinien der Finanzverwaltung** oder **der regelmäßigen Verwaltungspraxis** abweichen".[166] Offengelassen hat der BGH die Frage, ob eine Mitteilungspflicht in allen Fällen besteht, in denen der Steuerpflichtige eine abweichende Rechtsansicht der Finanzverwaltung auch nur für möglich hält.[167] Die Rechtsprechung des BGH ist abzulehnen.[168] Der BGH überspannt die Erklärungspflichten, die der Steuerpflichtige (dem aber regelmäßig der Vorsatz fehlen wird), insbesondere aber sein sachkundiger Berater zu beachten hat.[169] In der Praxis stellt sich die Frage, wie denn die „regelmäßige Verwaltungspraxis" aussieht, zumal diese in der Finanzverwaltung auch nicht immer einheitlich ist. Auch die finanzgerichtliche Rechtsprechung ist nicht immer einheitlich, so dass es nicht angehen kann, dass der Steuerpflichtige sich diese zu Eigen machen muss.[170] Im Bereich der Steuerberaterhaftung ist überdies anerkannt, dass die Kenntnis der finanzgerichtlichen Entscheidungen nicht erwartet werden kann.[171] Somit kann eine zugestande Unkenntnis nicht in einen strafrechtlichen Vorwurf umqualifiziert werden.[172] Infolge der Kritik an der dargelegten BGH-Rechtsprechung sah sich die Vorsitzende des zuständigen 5. Strafsenats Harms zur Klarstellung veranlasst.[173] Die vorstehend zitierten Urteile vom 10.11.1999 und vom 23.2.2000 verlangen nicht, dass man jeden Buchungs- und Bilanzierungsvorgang, bei dem man sich auf die BFH-Rechtsprechung oder andere seriöse Quellen berufen kann, der aber nicht mit der Rechtsauffassung der Finanzverwaltung übereinstimmt, kenntlich zu machen habe. Allerdings sei man gut beraten, bei einer steuerlichen Gestaltung, die von der gängigen Rechtsauffassung abweiche, dies der Finanzverwaltung gegenüber offen zu legen.

---

[159] *Koch/Scholtz* § 150 AO Rdnr. 4/1.
[160] *Tipke/Kruse* § 150 AO Rdnr. 13.
[161] *Tipke/Kruse* § 150 AO Rdnr. 13.
[162] *Tipke/Kruse* § 150 AO Rdnr. 13 unter Hinweis auf BFH Urt. v. 10.8.1988 – IX R 219/84 – BFHE 154, 481 = BStBl. II 1989, 131 = BB 1989, 413 = DStR 1989, 54.
[163] H/H/Sp/*Hellmann* § 370 AO Rdnr. 84; *Kohlmann* § 370 AO Rdnr. 236; Klein/*Gast-de Haan* § 370 AO Rdnr. 28; Franzen/Gast/*Joecks* § 370 AO Rdnr. 128.
[164] BGH Urt. v. 10.11.1999 – 5 StR 221/99 – wistra 2000, 137 = PStR 2000, 24; BGH Urt. v. 23.2.2000 – 5 StR 570/99 – NStZ 2000, 320 = wistra 2000, 217.
[165] BGH Urt. v. 10.11.1999 – 5 StR 221/99 – wistra 2000, 137 = PStR 2000, 24; BGH Urt. v. 23.2.2000 – 5 StR 570/99 – NStZ 2000, 320 = wistra 2000, 217.
[166] BGH Urt. v. 10.11.1999 – 5 StR 221/99 – wistra 2000, 137 = PStR 2000, 24; BGH Urt. v. 23.2.2000 – 5 StR 570/99 – NStZ 2000, 320 = wistra 2000, 217.
[167] Zu weiteren klärungsbedürftigen Fragen in diesem Zusammenhang vgl. *Bilsdorfer* PStR 2000, 150 bis 153.
[168] So auch *Dörn* wistra 2000, 334 bis 336; *Hild* BB 2001, 493 bis 494.
[169] Zutreffend *Kohlmann* § 370 AO Rdnr. 237.
[170] *Kohlmann* § 370 AO Rdnr. 237.
[171] *Hild* BB 2001, 493, 494.
[172] *Hild* BB 2001, 493, 494.
[173] *Harms* Stbg 2005, 12, 14.

122 **Praxistipp:**
- Wer jegliches steuerstrafrechtliches Risiko ausschließen will, wird nicht nur den Sachverhalt vollständig erklären, sondern auch auf eine mögliche Abweichung von der Rechtsprechung, den Richtlinien der Finanzverwaltung und der regelmäßigen Verwaltungspraxis hinweisen müssen.
- Ist der Sachverhalt vollständig und richtig mitgeteilt worden, insbesondere auch Sachverhaltselemente, die nach eigener Auffassung unberücksichtigt bleiben könnten, jedoch wegen der Abweichung von der Rechtsprechung oder der Verwaltungspraxis für die Finanzverwaltung von Bedeutung sind, brauchen keine weiteren Ausführungen zur eigenen rechtlichen Würdigung gemacht werden. Der Finanzbehörde bleibt es aufgrund der vollständigen und richtigen Sachverhaltsschilderung unbenommen, eine andere rechtliche Würdigung vorzunehmen.[174]

123 Wird im Zusammenhang mit einer abweichenden Rechtsauffassung einem Beschuldigten seitens der Strafverfolgungsbehörde vorgehalten, er hätte die Unrichtigkeit seiner Erklärung bemerken müssen, ihm hätten Fehler der beauftragten Person auffallen müssen etc., so ist damit bereits ausgesagt, dass er die Unrichtigkeiten, Fehler etc. nicht bemerkt hat. Es fehlt dann also an dem für den Vorsatz erforderlichen Wissen, sodass man sich im Bereich der Fahrlässigkeit, ggf. Leichtfertigkeit bewegt.[175]

124 Abschließend bleibt anzumerken, dass sich in allen Fällen einer abweichenden Rechtsauffassung das Problem des Vorsatznachweises ergibt. Hier hilft man sich regelmäßig damit, den ersten Verstoß nicht als vorsätzlich anzusehen und erst im Wiederholungsfall strafrechtliche Schritte zu unternehmen.[176]

125 *cc) Steuerliche Erheblichkeit der Tatsachen.* Die unrichtigen oder unvollständigen Angaben müssen über „steuerlich erhebliche Tatsachen" gemacht werden. Die steuerliche Erheblichkeit muss darin bestehen, dass die Tatsachen auf die Entstehung, Höhe oder Fälligkeit der Steuer oder das Erlöschen des Steueranspruchs von Einfluss sind.[177] So sind zum Beispiel auch solche Angaben steuerlich erheblich, die für die Stundung oder die Vollstreckung von Bedeutung sind.[178] Steuerlich unerheblich sind hingegen die statistischen Angaben in den Steuererklärungen nach § 150 Abs. 5 AO.

126 *dd) Unrichtigkeit und Unvollständigkeit der Angaben.* Eine Angabe ist **unrichtig**, wenn zwischen der Erklärung und der Wirklichkeit ein Widerspruch besteht.[179] **Unvollständig** sind die Angaben, wenn sie sich den Anschein der Vollständigkeit geben, aber in wesentlichen Punkten lückenhaft sind.[180] Es ist daher im Einzelfall zu prüfen, ob der Erklärende ausdrücklich oder konkludent mitbehauptet, er habe sämtliche Umstände aus einem bestimmten Umkreis vollständig erklärt.[181] Dies ist allerdings nur relevant, wenn die gemachten Angaben als solche der Wahrheit entsprechen.

Beispiele für die Alternative „Unvollständigkeit":
- Auf dem Mantelbogen der Einkommensteuererklärung wird die abweichende Adresse des mittlerweile getrennt lebenden Ehegatten und das Datum seines Auszugs nicht vermerkt, um eine Zusammenveranlagung zu erreichen.[182]

---

[174] Vgl. auch *Randt* Der Steuerfahndungsfall S. 352 Rdnr. 28.
[175] *Kaligin* S. 57.
[176] *Rolletschke/Kemper* § 370 AO Rdnr. 47 a. E.
[177] *Erbs/Kohlhaas/Senge* § 370 Rdnr. 18.
[178] Zur Steuerhinterziehung im Beitreibungsverfahren siehe *Franzen/Gast/Joecks* § 370 AO Rdnr. 229 ff.; *Erbs/Kohlhaas/Senge* § 370 AO Rdnr. 18; *Klein/Gast-de Haan* § 370 AO Rdnr. 35; *Kahlen* PStR 1999, 162 bis 163; *Kottke* StB 1999, 63 bis 65.
[179] BGH Urt. v. 16.12.1954 – 3 StR 493/54 – BGHSt 7, 148; *Kohlmann* § 370 AO Rdnr. 241; *Franzen/Gast/Joecks* § 370 AO Rdnr. 129.
[180] *Erbs/Kohlhaas/Senge* § 370 AO Rdnr. 16.
[181] *Franzen/Gast/Joecks* § 370 AO Rdnr. 129.
[182] FG Düsseldorf Urt. v. 10.10.1996 – 15 K 313/93 E – EFG 1997, 414.

- In einem Antrag auf Herabsetzung der Vorauszahlungen wird zwar richtigerweise auf die einkommensmindernden Umstände hingewiesen, andere gleichzeitig vorliegende einkommenserhöhende Fakten werden jedoch nicht angegeben.[183]

ee) Finanzbehörden oder andere Behörden. Die unrichtigen oder unvollständigen Angaben müssen des Weiteren gegenüber den Finanzbehörden oder gegenüber anderen Behörden gemacht werden. Die Finanzbehörden im Sinne der Abgabenordnung sind die in § 6 Abs. 2 AO bezeichneten Bundes- und Landesfinanzbehörden. Dies ist in der Regel das zuständige Finanzamt. Andere Behörden sind nur solche, die für eine steuerlich erhebliche und durch unrichtige oder unvollständige Angaben beeinflussbare Entscheidung zuständig sein könnten.[184] **127**

ff) Unkenntnis der Finanzbehörden. Fraglich ist, ob bei § 370 Abs. 1 Nr. 1 AO eine Täuschung oder zumindest ein In-Unkenntnis-lassen der Finanzbehörde zu fordern ist.[185] Während sich das Erfordernis der Unkenntnis bei dem Tatbestand der Unterlassung (§ 370 Abs. 1 Nr. 2 AO) unmittelbar aus dem Gesetzeswortlaut ergibt, setzt der Wortlaut des § 370 Abs. 1 Nr. 1 AO eine Unkenntnis nicht voraus. Der BGH hat die Frage, ob die Vorschrift des § 370 Abs. 1 Nr. 1 AO eine Unkenntnis voraussetzt, bisher offen gelassen.[186] Er hat bisher lediglich ausgesprochen, dass die für eine Tatbestandsverwirklichung des § 370 Abs. 1 Nr. 1 AO erforderliche objektive kausale Verknüpfung zwischen den unrichtigen Angaben gegenüber dem Finanzamt und dem Eintritt der Steuerverkürzung keine gelungene Täuschung mit Irrtumserregung beim zuständigen Finanzbeamten voraussetze. Es genüge vielmehr, dass die unrichtigen oder unvollständigen Angaben über steuerlich erhebliche Tatsachen in anderer Weise als durch eine Täuschung für die Steuerverkürzung ursächlich werden.[187] § 370 Abs. 1 Nr. 1 AO verlangt somit keine Täuschung der Finanzverwaltung. Dementsprechend hat der BGH die rechtliche Würdigung einer Tat (auch) als Steuerhinterziehung gewürdigt, bei der eine Finanzbeamtin für nicht existente Steuerpflichtige Steuererklärungen erstellt hatte, die sie datenmäßig erfassen und verarbeiten ließ, sodass aufgrund der fingierten Erklärungen Steuererstattungen festgesetzt und an sie selbst erstattet wurden.[188] Eine Steuerhinterziehung ist auch nicht deshalb zu verneinen, weil „den Finanzbehörden" keine Angaben gemacht worden wären, sondern die falschen Daten, die zu den Zahlungen geführt haben, von einem Mitarbeiter der Finanzbehörde selbst stammen und möglicherweise von niemandem sonst zur Kenntnis genommen worden sind.[189] **128**

Praxistipp für den steuerlichen Bereich: **129**

Der BFH hat im Bereich des § 173 Abs. 1 Nr. 1 AO entschieden, dass der Inhalt archivierter Akten die zuständige Dienststelle dann als bekannt gegen sich gelten lassen muss, wenn zur Hinzuziehung dieser Vorgänge nach den Umständen des Falles, insbesondere nach dem Inhalt der zu bearbeitenden Steuererklärung oder der präsenten Akten, eine besondere Veranlassung bestand mit der Folge, dass das Unterlassen der Beiziehung eine Verletzung der Ermittlungspflicht nach sich zöge.[190]

Da im Steuerstrafverfahren § 173 Abs. 1 Nr. 1 AO immer in Betracht kommt, sofern die entsprechenden Bescheide nicht unter dem Vorbehalt der Nachprüfung ergangen sind, ist dem vorgenannten Urteil besondere Aufmerksamkeit zu schenken. **130**

b) Steuerhinterziehung durch Unterlassen (§ 370 Abs. 1 Nr. 2 AO). Eine Steuerhinterziehung durch Unterlassen kann nur begehen, wer die Finanzbehörden (nicht andere Behörden **131**

---

[183] OLG Stuttgart Urt. v. 21.5.1987 – 1 Ss 221/87 – wistra 1987, 263.
[184] Erbs/Kohlhaas/*Senge* § 370 AO Rdnr. 20.
[185] *Kohlmann* § 370 AO Rdnr. 261.
[186] BGH Urt. v. 7.9.1988 – 3 StR 178/88 – wistra 1989, 29 mit Bespr. *Bilsdorfer* StBp 1989, 138.
[187] BGH Urt. v. 19.10.1999 – 5 StR 178/99 –BStBl. II 1999, 854 = NJW 2000, 528 mit Anm. *Stahl/Carlé* wistra 2000, 99; BGH Urt. v. 19.12.1990 – 3 StR 90/90 – BGHSt 37, 266 = NJW 1991, 1306; a.A. H/H/Sp/*Hellmann* § 370 AO Rdnr. 200.
[188] BGH Beschl. v. 21.10.1987 – 5 StR 328/97 – wistra 1998, 69 = HFR 1998, 589.
[189] BFH Urt. v. 25.10.2005 – VII R 10/04 – wistra 2006, 113 = BStRE 2006, 177 mit Anm. *Nieland* AO-StB 2006, 37 und *Wegner* PStR 2006, 52.
[190] BFH Urt. v. 11.2.1998 – I R 82/97 – BFHE 185, 568 = BStBl. II 1998, 552 = DStR 1998, 1214.

im Sinne von § 6 Abs. 1 AO) pflichtwidrig über steuerlich erhebliche Tatsachen in Unkenntnis lässt. Pflichtwidrig handelt, wer einer Rechtspflicht zur Offenbarung steuerlich erheblicher Tatsachen nicht nachkommt.[191] Die Vorschrift ist ein unechtes **Unterlassungsdelikt**.[192] Das heißt, das Unterlassungsdelikt des § 370 Abs. 1 Nr. 2 AO setzt eine Handlungspflicht voraus, die sich aus dem Steuerrecht ergibt.[193] Tatbestandsmäßig sind sowohl die Nichtabgabe einer Steuererklärung, zu der der Steuerpflichtige kraft Gesetzes verpflichtet ist,[194] als auch die verspätete Abgabe einer Steuererklärung ohne Fristverlängerung nach § 109 AO sowie die nicht rechtzeitige Umsatzsteuervoranmeldung, Lohnsteueranmeldung und Kapitalertragsteueranmeldung.[195]

132 Voraussetzung einer Steuerhinterziehung durch Unterlassen ist folglich
- das Unterlassen einer dem Täter möglichen und zumutbaren Offenbarung steuerlich erheblicher Tatsachen
- eine dem Täter obliegende Rechtspflicht zur Offenbarung solcher Tatsachen und
- die Unkenntnis der Finanzbehörden über diese Tatsachen.[196]

Beispiel:[197]
Der Steuerpflichtige A hat eine Kapitalanlage bei einer ausländischen Kapitalanlagegesellschaft B getätigt, die ihm hierfür 15 bis 20 % Zinsen zugesagt hatte. Die B schrieb dem A die „Renditen" auf seinem Konto bei der B „gut". Nach einigen Jahren brach die B zusammen und A verlor sein gesamtes angelegtes Geld nebst Zinsen.

133 Sofern A die ihm bei der B „gutgeschriebenen" Renditen nicht in seiner Steuererklärung angegeben hat, hat er Steuerhinterziehung durch Unterlassen begangen, da bei Verzicht auf die Auszahlung von Zinsen zugunsten einer Wiederanlage eine Novation vorliegt, die zu einem Zufluss der „Renditen" gem. § 11 Abs. 1 S. 1 EStG führt, sofern grundsätzlich eine Zahlungsfähigkeit der Kapitalanlagegesellschaft bestand.

134 *aa) Pflicht zur Erklärung steuerlich erheblicher Tatsachen.* Der Steuerpflichtige muss zunächst pflichtwidrig gehandelt haben. Eine Steuerhinterziehung durch Unterlassen kann daher nur derjenige begehen, der zur Aufklärung besonders verpflichtet ist. Die **Erklärungspflichten** ergeben sich in erster Linie aus den Einzelsteuergesetzen (vgl. § 149 Abs. 1 S. 1 AO). Erklärungspflichtig ist aber auch derjenige, der zur Abgabe einer Steuererklärung aufgefordert wird (vgl. § 149 Abs. 1 S. 2 AO).[198]

135 Gesetzliche Offenbarungspflichten ergeben sich u. a. aus den folgenden Vorschriften:
- § 25 EStG in Verbindung mit § 56 EStDV: Pflicht zur Abgabe von Einkommensteuererklärungen
- § 41 a EStG: Pflicht zur Abgabe von Lohnsteueranmeldungen
- § 45 a EStG: Anmeldung von Kapitalertragsteuer
- § 18 UStG: Pflicht zur Abgabe von Umsatzsteuervoranmeldungen und -jahreserklärungen
- § 14 a GewStG in Verbindung mit § 25 GewStDV: Pflicht zur Abgabe von Gewerbesteuererklärungen
- § 31 ErbStG: Steuererklärungspflicht bei erbschaft- bzw. schenkungsteuerlich relevanten Sachverhalten (vorherige Anzeigepflicht nach § 30 ErbStG)
- § 33 ErbStG: Anzeigepflicht der Vermögensverwahrer, Vermögensverwalter und Versicherungsunternehmen
- § 34 ErbStG: Anzeigepflicht der Gerichte, Behörden, Beamte und Notare
- § 19 GrEStG: Anzeigepflicht der Beteiligten
- § 49 Abs. 1 KStG: Pflicht zur Abgabe von Körperschaftsteuererklärungen
- § 137 AO: Anzeigepflicht nicht natürlicher Personen

---

[191] BGH Beschl. v. 14.2.1990 – 3 StR 317/89 – HFR 1991, 177.
[192] BGH Urt. v. 25.1.1995 – 5 StR 491/94 – BGHSt 41, 1 = NJW 1995, 1764; *Kohlmann* § 370 AO Rdnr. 272.
[193] *Weidemann/Weidemann* wistra 2005, 210.
[194] BFH Beschl. v. 13.7.2005 – II B 68/05 – BFH/NV 2005, 1977.
[195] Erbs/Kohlhaas/*Senge* § 370 AO Rdnr. 21.
[196] *Kohlmann* § 370 AO Rdnr. 271.
[197] FG Hessen Beschl. v. 31.1.2005 – 6 V 3493/04 n.v.
[198] BGH Beschl. v. 7.11.2001 – 5 StR 395/01 – BStBl. II 2002, 259.

- § 138 AO: Anzeigepflicht über die Erwerbstätigkeit
- § 139 AO: Anmeldung von Betrieben in besonderen Fällen.

Eine Rechtspflicht zur Offenbarung steuerlich erheblicher Tatsachen kann sich auch aus den allgemeinen Garantenpflichten, wie zum Beispiel aus **Ingerenz** ergeben.[199] Vorauszusetzen ist ein pflichtwidriges Vorverhalten, mit dem die Position des Fiskus originär verschlechtert wird. Dies ist nicht schon der Fall, wenn der Steuerberater Fehler in den Vorgaben des Mandanten übersieht, sondern erst, wenn ein eigener Fehler die Gefahr der Steuerverkürzung begründet.[200]

Bei einer Verteilung der Geschäfte einer GmbH auf **mehrere Geschäftsführer** kann die Verantwortlichkeit eines Geschäftsführers für die Erfüllung der steuerlichen Pflichten, die diesem nicht zugewiesen sind, zwar nicht aufgehoben, aber begrenzt werden.[201] Dies erfordert aber eine vorweg getroffene, eindeutige – und deshalb schriftliche Klarstellung, welcher Geschäftsführer für welchen Bereich zuständig ist und gilt nur insoweit und so lange, als kein Anlass besteht, an der exakten Erfüllung der steuerlichen Verpflichtungen durch den hierfür zuständigen Vertreter zu zweifeln.[202] Die Pflichtverletzung muss sich des Weiteren auf steuerlich erhebliche Tatsachen erstrecken.

Die von der Rechtsprechung zum Umfang der steuerlichen Pflichten aufgestellten Grundsätze gelten auch für den Vorstand einer Aktiengesellschaft oder Genossenschaft. Anwendung finden sie auch auf die Gesellschafter einer GbR, einer OHG, den Komplementär einer KG (§ 34 Abs. 1, 2 AO) und den Insolvenzverwalter, Testamentsvollstrecker, Zwangsverwalter und Nachlassverwalter (§ 34 Abs. 3 AO).

> **Praxistipp:**
> Zwecks Vermeidung einer Verantwortlichkeit jedes Geschäftsführers für die Geschäftsführung im Ganzen sollte, sofern eine Aufgabenverteilung zwischen den einzelnen Geschäftsführern besteht, auf Basis der zuvor genannten BFH-Rechtsprechung vorweg eine eindeutige und klare Regelung, insbesondere, wer für die steuerlichen Angelegenheiten verantwortlich ist, schriftlich getroffen werden.

(1) Nichtabgabe von Steuervoranmeldungen und Steuererklärungen oder Steueranmeldungen. Eine Steuerhinterziehung durch Unterlassen kommt in erster Linie durch die Nichtabgabe von Steuervoranmeldungen und Steuererklärungen oder Steueranmeldungen in Betracht.

Gem. § 150 Abs. 1 S. 3 AO ist eine **Steueranmeldung** eine Steuererklärung, in der der Steuerpflichtige die Steuer selbst zu errechnen hat. Nach § 168 S. 1 AO steht eine Steueranmeldung einer Steuerfestsetzung unter Vorbehalt der Nachprüfung (vgl. § 164 AO) gleich. Die Steueranmeldung ist ein Unterfall der Steuererklärung. Eine Festsetzung der Steuer nach § 155 AO durch Steuerbescheid ist insoweit nach § 167 Abs. 1 S. 1 AO nur erforderlich, wenn die Festsetzung zu einer abweichenden Steuer führt oder der Steuer- oder Haftungsschuldner die Steueranmeldung nicht abgibt. Als Beispiel für Steueranmeldungen sind zu nennen die Umsatzsteuerjahreserklärung nach § 18 Abs. 3 UStG, die Lohnsteueranmeldung nach § 41 a EStG und die Kapitalertragsteueranmeldung nach § 45 a EStG. Die Pflicht zur Abgabe von Steuervoranmeldungen ergibt sich z. B. aus § 18 Abs. 1 UStG.

Eine **Steuererklärung** im engeren Sinne sind förmliche Erklärungen über die von einem Steuerpflichtigen in einem bestimmten Zeitraum (Kalenderjahr oder abweichendes Wirtschaftsjahr) oder – bei einmaligen Steuern – zu einem bestimmten Zeitpunkt verwirklichten Besteuerungsgrundlagen zum Zwecke der Steuerfestsetzung durch das Finanzamt.[203] Die Nichtabgabe von Steuererklärungen entgegen einer gesetzlichen Abgabeverpflichtung führt in dem Moment zur Pflichtwidrigkeit, in dem die jeweilige *Abgabefrist* verstrichen ist. Je nachdem ob es sich um eine Veranlagungssteuer (z. B. Einkommensteuer) oder eine Fälligkeitssteuer (z. B. Umsatz-

---

[199] BGH Urt. v. 19.12.1997 – 5 StR 569/96 – BGHSt 43, 381 = NJW 1998, 1568.
[200] Franzen/Gast/*Joecks* § 370 AO Rdnr. 162 a.
[201] *Kohlmann* § 370 AO Rdnr. 109; BFH Urt. v. 13.3.2003 – VII R 46/02 – BFHE 202,22 = DStR 2003, 1022 = PStR 2003, 168.
[202] BFH Urt. v. 23.6.1998 – VII R 4/98 – BFHE 186, 132 = NJW 1998, 3374.
[203] Franzen/Gast/*Joecks* § 370 AO Rdnr. 170.

steuer) handelt führt die Verletzung der Abgabefrist – bei Vorliegen der übrigen Voraussetzungen – zu einer vollendeten bzw. versuchten Steuerhinterziehung.

143 *(2) Unterlassen der nach § 153 AO gebotenen Berichtigung von Erklärungen.* Ein in der Praxis wesentlicher Anwendungsfall des § 370 Abs. 1 Nr. 2 AO ist die unterlassene Anzeige und Richtigstellung gem. § 153 AO.[204]

144 Erkennt ein Steuerpflichtiger nachträglich vor Ablauf der Festsetzungsfrist, dass eine von ihm oder für ihn abgegebene Erklärung unrichtig oder unvollständig ist und dass es dadurch zu einer Verkürzung von Steuern kommen kann oder bereits gekommen ist, so ist er verpflichtet, dies unverzüglich anzuzeigen und die erforderliche Richtigstellung vorzunehmen (§ 153 Abs. 1 S. 1 Nr. 1 AO). Der Begriff der Unverzüglichkeit ergibt sich aus § 121 BGB. D. h. „unverzüglich" bedeutet nicht sofort, sondern Handeln ohne schuldhaftes Zögern. Hierbei sollte die Monatsfrist nicht überschritten werden.[205] Nach § 153 Abs. 1 AO sind nur der Steuerpflichtige (§ 33 Abs. 1 AO), sein Gesamtrechtsnachfolger sowie die nach §§ 34, 35 AO für beide handelnden Personen zur Berichtigung verpflichtet.[206] Beruht die Kenntnis der Finanzbehörde über den steuerbaren Tatbestand dagegen auf anderen Quellen, etwa der Anzeigepflicht Dritter (z. B. der Behörden und Notare), greift die Berichtigungspflicht selbst dann nicht ein, wenn der Steuerpflichtige diese Dritten bewusst getäuscht und damit die Unrichtigkeit der Steuerfestsetzung mittelbar herbeigeführt hat.[207]

145 **Steuerberater** und ihre Mitarbeiter gehören nicht zu dem in § 153 AO genannten Personenkreis, so dass sie bei nachträglicher Kenntnisnahme von einer Steuerhinterziehung mit Rücksicht auf ihre Verschwiegenheitspflicht und den Grundsatz der Mandantentreue gehalten sind, nach außen ihr Wissen für sich zu behalten. Sie sind nicht zu einer nachträglichen Berichtigung verpflichtet.[208] Anders verhält es sich nach herrschender Meinung, wenn der Steuerberater die Erklärung selbst unterschrieben hat. Dann umfasst das Mandat auch das Recht und die Pflicht, eine solche Erklärung namens des Steuerpflichtigen gem. § 153 AO zu berichten.[209]

146 Soweit es bei der Zusammenveranlagung um Einkünfte des anderen **Ehegatten** geht, handelt es sich um eine fremde Steuersache; folglich hat der eine Ehegatte nicht die Verpflichtung zur Berichtigung, wenn er nachträglich erkennt, dass die Erklärung über die Einkünfte des anderen Ehegatten unrichtig ist.[210]

147 Eine Berichtigungspflicht besteht auch nicht, wenn dem Finanzamt bei der Bearbeitung einer zutreffenden und vollständigen Erklärung ein Fehler unterlaufen ist, ebenfalls nicht für Erwerber von Unternehmen sowie Sondernachfolger von Grund- und Betriebsvermögen; außerdem nicht, wenn die Festsetzungsfrist nach § 169 AO bereits abgelaufen ist.[211] Ebenso wenig besteht eine Berichtigungspflicht, wenn sich nach Abgabe der Erklärung die Rechtsprechung wandelt oder einschlägige Verwaltungsvorschriften geändert werden.[212]

148 Eine Berichtigungspflicht nach § 153 Abs. 1 Nr. 1 i. V. m. Abs. 2 AO ist ferner dann nicht zu bejahen, wenn einem mit zutreffenden Angaben versehenen Antrag auf Herabsetzung der **Vorauszahlungen** entsprochen worden ist und erst danach Umstände (nachträglich höhere Umsatz- und Ertragsentwicklung) eintreten, die zu einer höheren Steuer führen.[213]

149 Eine Berichtigungspflicht greift des Weiteren nicht, wenn eine Erklärung gegenüber der Finanzbehörde nicht vorliegt, sei es, weil eine bestehende Erklärungspflicht nicht erfüllt wurde

---

[204] Vgl. dazu *Müller* DStZ 2005, 25 bis 31.
[205] *Müller* AO-StB 2006, 18, 23.
[206] *Franzen/Gast/Joecks* § 370 AO Rdnr. 180.
[207] *Kühn/v. Wedelstädt/Kuhfus* § 153 AO Rdnr. 4.
[208] BGH Beschl. v. 20.12.1995 – 5 StR 412/95 – wistra 1996, 184; zur Frage der Berichtigungspflicht eines nachträglich bösgläubigen Steuerberaters vgl. *Söffing/Pinternagel/Nommensen* DStR 1998, 69 bis 70.
[209] OLG Koblenz Beschl. v. 15.12.1982 – 1 Ss 559/82 – wistra 1983, 270; Tipke/Kruse/*Tipke* § 153 AO Rdnr. 4; Koch/Scholtz/*Krabbe* § 153 AO Rdnr. 3; a.A. Kühn/v. Wedelstädt/*Kuhfus* § 153 AO Rdnr. 7; H/H/Sp/*Trzaskalik* § 153 AO Rdnr. 4; *Kohlmann* § 370 Rdnr. 346.
[210] Tipke/Kruse § 153 AO Rdnr. 2; H/H/Sp/*Trzaskalik* § 153 AO Rdnr. 6; Kühn/v. Wedelstädt/*Kuhfus* § 153 AO Rdnr. 5.
[211] Rolletschke/Kemper § 370 AO Rdnr. 272; vgl. auch Franzen/Gast/*Joecks* § 370 AO Rdnr. 181.
[212] Tipke/Kruse/*Tipke* § 153 AO Rdnr. 8; Kühn/v. Wedelstädt/*Kuhfus* § 153 AO Rdnr. 8; FG Berlin Urt. v. 11.3.1998 – 6 K 6305/93 – EFG 1998, 1166.
[213] OFD Münster Verfügung v. 4.7.1994 – S 0324-8-St 31-342 (2) – DStR 1994, 1235.

(weil dann die Steuererklärungspflicht selbst nach Schätzung der Besteuerungsgrundlagen nach § 149 Abs. 1 S. 4 AO ohnehin fortbesteht), sei es, weil eine Erklärungspflicht gar nicht besteht.[214]

Voraussetzung des § 153 AO ist ferner, dass der Steuerpflichtige, die Unrichtig- bzw. Unvollständigkeit seiner Erklärung nach deren Abgabe erkennt. Der Steuerpflichtige muss insoweit die Unrichtigkeit tatsächlich erkennen. Erkennenmüssen oder Erkennenkönnen genügt nicht.[215] Wusste der Steuerpflichtige schon bei Abgabe der Erklärung, dass sie fehlerhaft war, bildet bereits die Abgabe der unrichtigen oder unvollständigen Erklärung die Tathandlung einer vorsätzlichen Steuerverkürzung; jedes weitere, auf Verbergen der selbst bewirkten Steuerhinterziehung gerichtete Verhalten hat keine selbständige Bedeutung mehr.[216] Ein Fall des § 153 Abs. 1 AO liegt insoweit nicht vor.[217]

Hat der Stpfl. dagegen **ohne Verschulden** oder leicht bzw. grob fahrlässig (leichtfertig) etwas Unrichtiges oder Unvollständiges erklärt, so entsteht die Berichtigungspflicht nach § 153 Abs. 1 Nr. 1 AO, wenn er nachträglich die Fehlerhaftigkeit der Steuererklärung erkennt.[218] Soweit eine Ahndung wegen leichtfertiger Steuerverkürzung gem. § 378 AO droht, bleibt insoweit die Berichtigungspflicht gem. § 153 AO bestehen.[219] Das Gesetz verpflichtet den Steuerpflichtigen insoweit zu einer Selbstanzeige nach § 378 Abs. 3 AO.[220]

bb) Pflichtbegrenzung durch das Verbot des Zwangs zur Selbstbelastung.[221] Des weiteren stellt sich im Bereich des § 370 Abs. 1 Nr. 2 AO die Frage der Pflichtwidrigkeit des Unterlassens im Zusammenhang mit dem Verbot des Zwangs zur Selbstbelastung („nemo tenetur se ipsum accusare").

§ 393 AO[222] regelt das Verhältnis des Strafverfahrens zum Besteuerungsverfahren, die beide von unterschiedlichen Prinzipien beherrscht werden. Während der Beschuldigte im Steuerstrafverfahren wegen der Geltung des verfassungsrechtlichen Grundsatzes „Nemo tenetur se ipsum accusare"[223] die Aussage verweigern kann, wie es im § 136 Abs. 1 S. 2 StPO vorausgesetzt wird, treffen ihn als Steuerpflichtigen im Besteuerungsverfahren Mitwirkungspflichten, die mit seiner Stellung als Beschuldigter im Strafverfahren unvereinbar sind.[224] Das BVerfG hat in seinem sog. Gemeinschuldner-Beschluss[225] anerkannt, dass jeder Zwang zur Selbstbelastung einen Eingriff in die allgemeine Handlungsfreiheit und das Persönlichkeitsrecht darstellt und mit der Würde des Menschen (Art. 2 GG) unvereinbar ist.[226]

Im Bereich des § 370 Abs. 1 Nr. 2 AO spielt vor allen Dingen die Problematik der unterlassenen Umsatzsteuerjahreserklärung nach Abgabe unrichtiger oder ebenfalls unterlassener Umsatzsteuervoranmeldungen eine große Rolle.

---

[214] Kühn/v. Wedelstädt/*Kuhfus* § 153 AO Rdnr. 3; vgl. auch BFH Urt. v. 30.1.2002 – II R 52/99 – PStR 2002, 165 = EStB 2002, 349 mit Anm. *Hartmann.*
[215] *Tipke*/Kruse § 153 AO Rdnr. 12; Pahlke/König/*Coester* § 153 AO Rdnr. 18; Kühn/v. Wedelstädt/*Kuhfus* § 153 AO Rdnr. 11; a.A. Klein/*Brockmeyer* § 153 AO Rdnr. 5.
[216] Franzen/Gast/*Joecks* § 370 AO Rdnr. 182.
[217] Franzen/Gast/*Joecks* § 370 AO Rdnr. 182; Kohlmann § 370 AO Rdnr. 332; Pahlke/König/*Coester* § 153 AO Rdnr. 19; a.A. OLG Hamburg Urt. v. 2.6.1992 – 1 Ss 119/91 – wistra 1993, 274.
[218] Pahlke/König/*Coester* § 153 AO Rdnr. 20.
[219] OLG Hamm Urt. v. 12.1.1959 – 2 Ss 156/58 – NJW 1959, 1504; a.A. Pahlke/König/*Coester* § 153 AO Rdnr. 20; Beermann/*Stöcker* § 153 AO Rdnr. 19; *Schick* StuW 1988, 301.
[220] *Tipke*/Kruse § 153 AO Rdnr. 11; krit. *Kohlmann* § 370 AO Rdnr. 333 und Franzen/Gast/*Joecks* § 370 AO Rdnr. 183 der insoweit zwar eine Berichtigungspflicht bejaht, aber es als angemessen erachtet, für diesen Fall zwingend die Einstellung des Bußgeldverfahrens gem. § 47 OWiG vorzusehen.
[221] Vgl. dazu vor allem *Joecks,* FS G. Kohlmann, S. 451 bis 464; *Aselmann* NStZ 2003, 71 bis 75.
[222] Vgl. auch *Randt* Der Steuerfahndungsfall S. 355 bis 359, Rdnr. 35 bis 47; zur möglichen Verfassungswidrigkeit dieser Vorschrift vgl. *List* DB 2006, 469.
[223] BVerfG Beschl. v. 13.1.1981 – 1 BvR 116/77 – BVerfGE 56, 37 = NJW 1981, 1431 = wistra 1982, 25 „Gemeinschuldner-Beschl."; BGH Beschl. v. 13.5.1996 – GSSt 1/96 – BGHSt 42, 139 = NJW 1996, 2940; *Seer* StB 1987, 128; der Grundsatz wird zum Teil auch als „Nemo tenetur se ipsum prodere" bezeichnet.
[224] Erbs/Kohlhaas/*Senge* § 393 AO Rdnr. 2.
[225] BVerfG Beschl. v. 13.1.1981 – 1 BvR 116/77 – BVerfGE 56, 37 = NJW 1981, 1431 = wistra 1982, 25- „Gemeinschuldner-Beschl.".
[226] BVerfG Beschl. v. 13.1.1981 – 1 BvR 116/77 – BVerfGE 56, 37 = NJW 1981, 1431 = wistra 1982, 25 „Gemeinschuldner-Beschl.".

155 Der BGH hat im Jahre 2001 zu dieser Problematik Stellung bezogen.[227] Dem Beschluss des BGH lag folgender Sachverhalt zugrunde: Der Angeklagte L. hatte im Jahr 1997 von Januar bis Oktober jeweils inhaltlich unrichtige monatliche Umsatzsteuervoranmeldungen abgegeben, insoweit ist er vom Landgericht auch verurteilt worden. Bereits mit seiner Verhaftung im Dezember 1997 wurde ihm eröffnet, dass ein Steuerstrafverfahren gegen ihn am 9.12.1997 eingeleitet worden war. Die unrichtigen Umsatzsteuervoranmeldungen des Jahres 1997 waren sodann Gegenstand des Haftbefehles vom 5.3.1998, wobei dieser zusätzlich noch die Umsatzsteuervoranmeldung für November 1997 umfasste. Bei dieser Sachlage entschied der BGH[228] wie folgt: „Angesichts dieser Situation war der Angeklagte L. – unter dem steuerstrafrechtlichen Aspekt – nicht mehr verpflichtet, eine Umsatzsteuerjahreserklärung für 1997 abzugeben. Einer Verurteilung steht hier das in § 393 Abs. 1 Sätze 2 und 3 AO normierte Zwangsmittelverbot („nemo tenetur se ipsum accusare") entgegen. Danach sind im Besteuerungsverfahren Zwangsmittel im Sinne des § 328 AO gegen den Steuerpflichtigen unzulässig, wenn er dadurch gezwungen würde, sich selbst wegen einer von ihm begangenen Steuerstraftat oder Steuerordnungswidrigkeit zu belasten, insbesondere wenn insoweit bereits ein Strafverfahren eingeleitet worden ist." Nach dieser Entscheidung des BGH entfällt während der Dauer des Strafverfahrens die Strafbarkeit wegen Nichtabgabe der Umsatzsteuerjahreserklärung für 1997.

156 Einen Schritt weiter geht das LG Frankfurt a. M.[229] in einem aktuellen Beschluss. Nach Ansicht des LG Frankfurt a. M. bewirkt der Grundsatz „nemo tenetur se ipsum accusare"[230] hier nicht nur die Straffreiheit der Nichtabgabe einer Umsatzsteuererklärung, wenn vorab wegen unrichtiger Umsatzsteuervoranmeldungen ein Strafverfahren eingeleitet worden ist, sondern auch die Straffreiheit der Abgabe einer unrichtigen, jedoch den Steuervoranmeldungen entsprechenden Steuererklärung.[231] Nach dem Beschluss des LG Frankfurt[232] gilt dies jedenfalls in Fällen, in denen die Umsatzsteuerjahreserklärung vor Bekanntwerden der Entscheidung des Bundesgerichtshofes vom 26.4.2001[233] abgegeben worden ist, in der der Bundesgerichtshof entschieden hat, dass während der Dauer eines wegen der Abgabe unrichtiger Steuervoranmeldungen anhängigen und dem Beschuldigten bekannt gewordenen Strafverfahrens die Strafbarkeit wegen Nichtabgabe der Steuererklärung (§ 370 AO) entfällt.

157 Der BGH hat demgegenüber jedoch jüngst klar gestellt, dass aus dem „Nemo tenetur-Grundsatz" die Straflosigkeit der Wiederholung unrichtiger Angaben aus USt-Voranmeldungen in der entsprechenden Jahreserklärung nicht hergeleitet werden kann.[234]

158 Problematisch ist die Gefahr der **mittelbaren Selbstbelastung für nachgelagerte Jahre**. Ist zum Beispiel ein Steuerstrafverfahren wegen des Verdachts der Umsatzsteuerhinterziehung 2001 bis 2002 eingeleitet worden, ist der Beschuldigte grundsätzlich verpflichtet mit Ablauf des 31.5.2004 (vgl. § 149 Abs. 2 AO) eine Umsatzsteuerjahreserklärung für das Jahr 2003 abzugeben, sofern insoweit nicht Fristverlängerung gewährt wurde. Mit fristgemäßer Abgabe einer dann zutreffenden Umsatzsteuerjahreserklärung für das Jahr 2003 kann aber unter Umständen eine Rückrechnung für den strafbefangenen Zeitraum, vorliegend die Jahre 2001 bis 2002

---

[227] BGH Beschl. v. 26.4.2001 – 5 StR 587/00 – BGHSt 47, 8 = NJW 2001, 3638 = wistra 2001, 341 = NStZ 2001, 432.

[228] BGH Beschl. v. 26.4.2001 – 5 StR 587/00 – BGHSt 47, 8 = NJW 2001, 3638 = wistra 2001, 341 = NStZ 2001, 432.

[229] LG Frankfurt a. M. Beschl. v. 31.10.2003 – Az: 5/13 KLs 75/94 Js 9639.0/99 – wistra 2004, 78 = PStR 2004, 81; krit. hierzu *Rolletschke* wistra 2004, 246.

[230] Siehe hierzu auch *Böse* wistra 2004, 47 und zum Konflikt des nemo-tenetur-Prinzips mit § 4 Abs. 5 Nr. 10 EStG vgl. *Heerspink* wistra 2001, 441.

[231] LG Frankfurt a. M. Beschl. v. 31.10.2003 – Az: 5/13 KLs 75/94 Js 9639.0/99 – wistra 2004, 78 = PStR 2004, 81; krit. hierzu *Rolletschke* wistra 2004, 246.

[232] LG Frankfurt a. M. Beschl. v. 31.10.2003 – Az: 5/13 KLs 75/94 Js 9639.0/99 – wistra 2004, 78 = PStR 2004, 81; krit. hierzu *Rolletschke* wistra 2004, 246.

[233] BGH Beschl. v. 26.4.2001 – 5 StR 578/00 – BGHSt 47, 8 = NJW 2001, 3638 = wistra 2001, 341 = NStZ 2001, 432.

[234] BGH Beschl. v. 17.3.2005 – 5 StR 328/04 – wistra 2005, 228 = PStR 2005, 103 mit Anm. *Gericke*; Kritisch hierzu *Wulf* wistra 2006, 89 und *Heerspink* AO-StB 2006, 51.

möglich sein. Basierend auf den Angaben in der Umsatzsteuerjahreserklärung für das Jahr 2003 könnte sodann eine Schätzung der Besteuerungsgrundlagen nach § 162 AO erfolgen.[235] Der BGH hat in diesem Zusammenhang entschieden, dass das in § 393 Abs. 1 AO normierte Zwangsmittelverbot nicht die Begehung neuen Unrechts erlaube.[236] Dies bedeutet, dass der Steuerpflichtige die Einleitung eines Steuerstrafverfahrens für die Vorjahre nicht zum Anlass nehmen darf, für einen späteren Veranlagungszeitraum keine oder gar unrichtige Angaben zu machen.[237] Selbst wenn die Gefahr zu entsprechenden Rückschlüssen auf die Vorjahre bestehen sollte, könne dies nicht ein neuerliches Fehlverhalten im Hinblick auf zukünftige Veranlagungszeiträume rechtfertigen.[238]

Allerdings ist die Erfüllung der steuerrechtlichen Offenbarungspflichten dem Steuerpflichtigen nur dann zumutbar, wenn die im Besteuerungsverfahren erzwingbaren Angaben in einem Strafverfahren nicht gegen ihn verwendet werden dürfen.[239] Das Verbot des Selbstbelastungszwangs führt dazu, dass die Erklärung des Steuerpflichtigen, die er in Erfüllung seiner weiter bestehenden steuerrechtlichen Pflichten für nicht strafbefangene Besteuerungszeiträume und Steuerarten gegenüber den Finanzbehörden macht, **allein** im Besteuerungsverfahren verwendet werden dürfen. Für das Strafverfahren dürften sie nicht herangezogen werden.[240]

Allerdings führt dieses Verwendungsverbot nicht dazu, dass der Steuerpflichtige besser als andere Steuerpflichtige gestellt wird. Ergeben sich – neben den Angaben des Steuerpflichtigen – für die Ermittlungsbehörden anderweitige Verdachtsmomente für eine Steuerstraftat, sind sie nicht gehindert, diese zu verfolgen. Alleine der Rückgriff auf die wahrheitsgemäßen Angaben des Steuerpflichtigen ist ihnen verwehrt.[241]

Gibt der Steuerpflichtige für den späteren Zeitraum eine zutreffende Steuererklärung nicht fristgemäß ab, so kann dieses Verhalten als Steuerhinterziehung durch Unterlassen zu werten sein. Hat der Steuerpflichtige jedoch dem Finanzamt angezeigt, dass er nach Abschluss des Strafverfahrens die ausstehenden Steuererklärungen abgeben wird, bleibt ggfs. nur der Vorwurf einer Steuerverkürzung auf Zeit übrig.[242] Zeitliche Verkürzungen bewirken in der Regel lediglich einen Zinsschaden.[243]

c) Steuerhinterziehung durch Nichtverwendung von Steuerzeichen und Steuerstempeln (§ 370 Abs. 1 Nr. 3 AO). Hat der Steuerpflichtige eine Steuer ohne Mitwirkung der Finanzbehörde durch Verwenden von Steuerzeichen oder Steuerstemplern zu entrichten, macht er sich der Steuerhinterziehung schuldig, wenn er es in Kenntnis der Steuerpflicht willentlich unterlässt, die Steuerzeichen vorschriftsmäßig zu verwenden.[244] Unter Steuerzeichen werden Wertzeichen verstanden, die bei den einzelnen Steuerarten zur Entrichtung der Steuer verwendet werden (§ 167 S. 2 AO).[245] § 12 TabStG vom 21.12.1992[246] schreibt die Verwendung von Steuerzeichen vor.[247] Steuerstempler waren zur Entrichtung der Wechselsteuer anstelle der Steuermarken zugelassen (§ 4 Abs. 1 Nr. 2, § 14 WStDV).[248]

---

[235] Zur Problematik nachteiliger Schätzungen im Steuerstrafverfahren vgl. *Kohlmann* § 393 AO Rdnr. 33 bis 36; Franzen/Gast/*Joecks* § 393 AO Rdnr. 30 a.
[236] BGH Beschl. v. 23.1.2002 – 5 StR 540/01 – NJW 2002, 1733 = wistra 2002, 150; BGH Beschl. v. 12.1.2005 – 5 StR 191/04 – wistra 2005, 148.
[237] BGH Beschl. v. 23.1.2002 – 5 StR 540/01 – NJW 2002, 1733 = wistra 2002, 150; BGH Beschl. v. 12.1.2005 – 5 StR 191/04 – wistra 2005, 148.
[238] BGH Beschl. v. 10.1.2002 – 5 StR 452/01 – NJW 2002, 1134 = wistra 2002, 149.
[239] *Joecks*, FS G. Kohlmann, S. 451, 463.
[240] BGH Beschl. v. 12.1.2005 – 5 StR 191/04 – wistra 2005, 148.
[241] BGH Beschl. v. 12.1.2005 – 5 StR 191/04 – wistra 2005, 148; zur Reichweite des Verwendungsverbots vgl. *Hagemeier* NWBF 13, 1081.
[242] *Randt* Der Steuerfahndungsfall S. 359 Rdnr. 46.
[243] Vgl. Klein/*Gast-de Haan* § 370 AO Rdnr. 51; Franzen/Gast/*Joecks* § 370 AO Rdnr. 78.
[244] Franzen/Gast/*Joecks* § 370 AO Rdnr. 193.
[245] *Kohlmann* § 370 AO Rdnr. 361; zur Steuerzeichenfälschung vgl. *Kohlmann* § 369 AO Rdnr. 25 bis 27; Franzen/Gast/*Joecks* § 369 AO Rdnr. 151 bis 155.
[246] BGBl. I S. 2150, 2153.
[247] Erbs/Kohlhaas/*Senge* § 370 AO Rdnr. 25.
[248] Erbs/Kohlhaas/*Senge* a.A. O.

164 d) **Der Taterfolg.** aa) *Normatives Tatbestandsmerkmal.* Die Steuerhinterziehung ist ein Erfolgsdelikt.[249] Die Erfüllung des objektiven Tatbestandes des § 370 AO setzt neben der Tathandlung den Eintritt des Taterfolges im Sinne des § 370 Abs. 4 S. 1 1. Halbsatz, S. 2 AO (=Verkürzung von Steuern oder Erlangung eines nicht gerechtfertigten Steuervorteils) voraus.[250] Solange der Erfolg nicht eingetreten ist, kommt nur eine Bestrafung nach den Grundsätzen des Versuchs in Betracht (§ 370 Abs. 2 AO).

165 *bb) Steuerverkürzung.* Nach der Legaldefinition des § 370 Abs. 4 S. 1 AO sind Steuern namentlich dann verkürzt, wenn sie nicht, nicht in voller Höhe oder nicht rechtzeitig festgesetzt werden, was auch für vorläufig (§ 165 AO) oder für unter dem Vorbehalt der Nachprüfung (§ 164 AO) festgesetzte Steuern bzw. für Steueranmeldungen (§§ 167, 168 AO) gilt.[251] Verkürzt müssen Steuern im Sinne des § 3 Abs. 1 AO sein. Gegenstand der Steuerhinterziehung können demnach nicht die **steuerlichen Nebenleistungen** im Sinne von § 3 Abs. 4 AO wie Verspätungszuschläge, Säumniszuschläge, Zwangsgelder, Zinsen und Kosten sein. Zu den Steuern zählen hingegen der Solidaritätszuschlag und das Kindergeld[252] als Steuervergütungsanspruch gem. § 31 S. 3 EStG.[253]

166 Gegenstand der Steuerverkürzung sind nicht die Steuereinnahmen, sondern der **Steueranspruch**.[254] Bei einer Verurteilung wegen Steuerhinterziehung reicht es regelmäßig nicht aus, dass die das Blankett ausfüllende steuerrechtliche Norm bezeichnet und die Summe der verkürzten Steuern in den Urteilssprüchen mitgeteilt wird. Der Tatrichter muss vielmehr für jede Steuerart und für jeden Besteuerungszeitraum unter Schuldgesichtspunkten so klare eigene Feststellungen treffen, dass sowohl die dem Schuldspruch zugrunde liegenden steuerrechtlichen Gesichtspunkte als auch die Berechnung der verkürzten Steuern der Höhe nach erkennbar werden.[255]

167 Hierbei reicht die bloße Bezugnahme auf den, dem Urteil als Anlage beigefügten, Betriebsprüfungsbericht (aus dem sich die Berechnung der verkürzten Steuer ergeben soll), nicht aus. Die Anwendung steuerrechtlicher Vorschriften auf den festgestellten Sachverhalt ist ebenso Rechtsanwendung wie die daraus folgende Berechnung der verkürzten Steuern, durch die der jeweilige Schuldumfang der Straftat bestimmt wird. Diese Rechtsanwendung obliegt dem Strafrichter.[256]

168 Die Steuerverkürzung liegt insoweit in der Gefährdung der rechtzeitigen und vollständigen Verwirklichung des Steueranspruchs.[257] Die Verkürzung kann daher auch nach Abschluss des Steuerermittlungsverfahrens noch im Vollstreckungsverfahren eintreten, wenn die Beitreibung der geschuldeten Gelder verzögert oder verhindert wird. Wenn der Steueranspruch durch Erlass oder Verjährung untergegangen ist, kann die Steuer nicht mehr verkürzt werden.[258]

169 Wer pflichtwidrig eine Steuererklärung nicht abgibt, macht sich keiner Steuerhinterziehung schuldig, wenn die rechtzeitig abgegebene Steuererklärung dazu geführt hätte, dass eine Steuerschuld nicht festgesetzt worden wäre.[259] Ob der Steueranspruch überhaupt **einbringbar** oder

---

[249] *Kohlmann* § 370 AO Rdnr. 40, 400; Franzen/Gast/*Joecks* § 370 AO Rdnr. 20; Erbs/Kohlhaas/*Senge* § 370 AO Rdnr. 29; Klein/*Gast-de Haan* § 370 AO Rdnr. 50.
[250] *Rolletschke/Kemper* § 370 AO Rdnr. 74.
[251] *Wabnitz/Janovsky/Kummer* 18. Kapitel Rdnr. 30.
[252] Zum Schutz des Familienleistungsausgleichs ab dem 1.1.1996 durch das Steuerstrafrecht vgl. *Blesinger* wistra 1996, 255 f. Die Dienstanweisung zur Durchführung von Steuerstraf- und Ordnungswidrigkeitenverfahren (DA-FamBuStra) im Bereich des Kindergeldes kann im Internet von der Seite des Bundesamtes für Finanzen http://www.bff-online.de/kige/DA_BUSTRA1998.pdf heruntergeladen werden.
[253] *Kohlmann* § 370 AO Rdnr. 108.1 und 108.2 a.
[254] BGH Urt. v. 14.1.1987 – 3 StR 473/86 – wistra 1987, 177.
[255] BGH Beschl. v. 15.3.2005 – 5 StR 469/04 – wistra 2005, 307.
[256] OLG Düsseldorf Beschl. v. 4.4.2005 – III 2 Ss 139/04 – 6/05 III – wistra 2005, 353 = NJW 2005, 1960.
[257] BFH Urt. v. 15.4.1997 – VII R 74/96 – BFHE 182, 499 = NJW 1997, 2543; vgl. *Kohlmann* § 370 AO Rdnr. 432; Franzen/Gast/*Joecks* § 370 AO Rdnr. 22 sieht dagegen die Steuerverkürzung in dem Zurückbleiben der Ist-Einnahme hinter der Soll-Einnahme.
[258] Erbs/Kohlhaas/*Senge* § 370 AO Rdnr. 38.
[259] Franzen/Gast/*Joecks* § 370 AO Rdnr. 174.

die Beitreibung wegen Zahlungsunfähigkeit des Steuerschuldners aussichtslos ist, spielt für den Tatbestand des § 370 AO keine Rolle.[260]

§ 370 Abs. 4 S. 1 AO enthält keine Definition des Begriffs Steuerverkürzung, sondern legt nur fest, wann bei Fälligkeits- und Veranlagungssteuern die Gefährdung bereits zur Steuerverkürzung führt.[261] Der Eintritt des Erfolgs der Steuerverkürzung hängt davon ab, ob es sich um eine Veranlagungssteuer wie die Einkommen-, Gewerbe- und Körperschaftsteuer oder eine Fälligkeitssteuer wie die Umsatz-, Lohn- und Kapitalertragsteuer handelt. **170**

Bei den **Veranlagungssteuern** ist maßgeblich für die Tatvollendung – sofern die Abgabe der Steuererklärung fristgemäß aber mit falschen Inhalt erfolgte – der Tag der Bekanntgabe des Bescheides mit dem die Steuern zu niedrig festgesetzt worden sind.[262] **171**

Werden aufgrund unrichtiger Erklärungen **Feststellungsbescheide** erlassen, so kommt es trotz der in § 182 AO festgelegten Bindungswirkung dieser Bescheide zur vollendeten Steuerverkürzung erst, wenn die in den Feststellungsbescheiden getroffenen Feststellungen in Bescheide über eine Steuerfestsetzung übernommen werden, z. B. bei einer Publikums-KG erst mit dem Steuerbescheid beim letzten Gesellschafter.[263] Für den Täter beinhaltet das den Vorteil, dass die Tat bis zur Umsetzung des Feststellungsbescheides beim letzten Gesellschafters das Stadium des Versuchs nicht verlässt und bei Tatentdeckung eine mildere Strafe zur Folge sind.[264] Der Nachteil besteht jedoch darin, dass der Lauf der Verjährung nicht bereits mit Erlass des unrichtigen Feststellungsbescheides beginnt, sondern gleichfalls erst mit Umsetzung im Steuerbescheid des letzten Gesellschafters.[265] **172**

Bei **Veranlagungssteuern** beginnt die vollendete Steuerhinterziehung **durch Unterlassen** erst, wenn das zuständige Finanzamt die Veranlagungsarbeiten für den maßgeblichen Zeitraum allgemein abgeschlossen sind.[266] Das ist in der Praxis der Zeitpunkt, in dem die Veranlagungsarbeiten **zu etwa 95 %** (sog. 95 %-Grenze) in dem betreffenden Finanzamt allgemein abgeschlossen hat.[267] Bis zu diesem Zeitpunkt liegt nur eine versuchte Tat vor. Abgestellt wird hier auf einen hypothetischen Verlauf, den das Besteuerungsverfahren ohne das pflichtwidrige Verhalten voraussichtlich genommen hätte.[268] In der Praxis können die Veranlagungsarbeiten für die Einkommensteuer bis zu 2,5 Jahre nach Ende der Veranlagungsjahres andauern.[269] Wendet man den Grundsatz „in dubio pro reo" konsequent an, müsste dem Täter zu seinem Nachteil eine vollendete Steuerhinterziehung erst dann vorwerfbar sein, wenn die allgemeinen Veranlagungsarbeiten insgesamt abgeschlossen sind. Erst zu diesem Zeitpunkt lässt sich strafbegründend zweifelsfrei feststellen, dass der Täter zu diesem Zeitpunkt bei Abgabe der Erklärung veranlagt worden wäre.[270] In der Praxis ist es empfehlenswert, sich an der 95 %-Grenze zu orientieren. Zur Tatvollendung durch Unterlassen kann es insoweit nicht mehr kommen, wenn vor Erreichen der 95 %-Grenze ein Steuerstrafverfahren eingeleitet wurde, weil danach der Beschuldigte nicht mehr verpflichtet ist, sich selbst zu belasten (nemo-tenetur se ipsum accusare),[271] d. h. es liegt nur ein Versuch vor.[272] Sind allerdings seitens der Finanzbehörde vor Erreichen der 95 %-Grenze die Besteuerungsgrundlagen des Steuerpflichtigen nach § 162 AO geschätzt worden, gelten insoweit dieselben Grundsätze wie bei einer Veranlagung aufgrund von Steuererklärungen.[273] Dies bedeutet, dass für den Fall der zutreffenden bzw. zu hohen Schätzung der Besteuerungsgrundlagen nur eine versuchte Steuerhinterziehung in Betracht **173**

---

[260] H.M.; vgl. Erbs/Kohlhaas/*Senge* § 370 AO Rdnr. 37 m.w.N.
[261] Erbs/Kohlhaas/*Senge* § 370 AO Rdnr. 35.
[262] BGH Urt. v. 31.1.1984 – 5 StR 706/83 – wistra 1984, 182.
[263] *Kohlmann* § 370 AO Rdnr. 447; BGH Urt. v. 7.2.1984 – 3 StR 413/83 – NStZ 1984, 414 mit Anm. *Streck*.
[264] *Hardtke* AO-StB 2002, 92, 93.
[265] *Hardtke* AO-StB 2001, 273, 274.
[266] BGH Beschl. v. 7.11.2001 – 5 StR 395/01 – BGHSt 47, 138 = BStBl. II 2002, 259 = NJW 2002, 762 = wistra 2002, 64, 67.
[267] BayObLG Beschl. v. 9.11.2000 – 4 St RR 126/00 – wistra 2001, 194; *Dörn* wistra 1993, 241; *Kohlmann* § 370 AO Rdnr. 811.
[268] *Mösbauer* S. 123.
[269] *Dörn*, Steuerhinterziehung durch Unterlassen, 2001, S. 35.
[270] *Schwedhelm/Wulf* DStR 2005, 1167, 1170.
[271] BGH Beschl. v. 23.1.2002 – 5 StR 540/01 – NJW 2002, 1733 = wistra 2002, 150.
[272] *Schwedhelm/Wulf* DStR 2005, 1167, 1170.
[273] BayObLG Beschl. v. 9.11.2000 – 4 St RR 126/00 – wistra 2001, 194.

kommt während für den Fall der Bekanntgabe der zu niedrigen Steuerfestsetzung bei Vorliegen der übrigen Voraussetzungen bereits Tatvollendung eingetreten ist.[274] Erfolgt die Schätzung nach Erreichen der 95 %-Grenze, liegt auch dann eine vollendete Steuerhinterziehung vor, wenn der Schätzungsbescheid die Steuer richtig oder höher festsetzt, als sie tatsächlich geschuldet wird, da auch eine Steuerverkürzung auf Zeit eine vollendete Steuerhinterziehung ist.[275] In diesem Zusammenhang ist anzumerken, dass die Finanzbehörde auch bei einem parallel laufenden Steuerstrafverfahren zur Schätzung der Besteuerungsgrundlagen berechtigt und verpflichtet ist.[276]

174 Gem. § 370 Abs. 4 S. 1 AO sind Steuern auch dann verkürzt, wenn sie **nicht rechtzeitig** festgesetzt werden. In Folge der verspäteten Abgabe der Steuererklärung bzw. Steueranmeldung tritt objektiv eine Steuerverkürzung auf Zeit ein.[277] Welche Hinterziehungstat vorliegt, richtet sich nach dem **inneren Vorstellungsbild** des Täters zum Zeitpunkt der Tathandlung, das heißt zum Beispiel bei Abgabe einer Voranmeldung.[278] Für die Strafzumessung ist es von entscheidender Bedeutung, ob der Täter in der Vorstellung gehandelt hat, die Steuern auf Dauer oder auf Zeit zu verkürzen.[279] Der Umstand, dass letztendlich ein Dauerschaden eingetreten ist, führt nicht dazu, dass der Täter, der lediglich eine Verkürzung auf Zeit erstrebte, so zu bestrafen ist, als habe er eine dauernde Verkürzung gewollt.[280]

175 Bei den **Fälligkeitssteuern** (z. B. Umsatzsteuer, Lohnsteuer, Kapitalertragsteuer, Kfz-Steuer) ist die rechtzeitige und vollständige Verwirklichung des Steueranspruchs gefährdet und damit der Verkürzungserfolg eingetreten, wenn sie überhaupt nicht, nicht rechtzeitig oder nicht in der richtigen Höhe angemeldet oder festgesetzt worden sind (§ 370 Abs. 4 S. 1 2. Halbs. AO).[281] D. h. bei Fälligkeitssteuern gibt es grundsätzlich kein **Versuchsstadium**.[282] Für die Tatvollendung ist somit grundsätzlich der **Fälligkeitszeitpunkt** maßgebend (z. B. Ablauf des 10. des Folgemonats bei den Umsatzsteuervoranmeldungen, Ablauf des 31.5. des Folgejahres bei den Umsatzsteuerjahreserklärungen). Um diese Rechtsfolge zu vermeiden, besteht hinsichtlich der Umsatzsteuervoranmeldungen die Möglichkeit der Dauerfristverlängerung (§ 46 UStDV). Nach § 46 S. 1 UStDV hat das Finanzamt dem Unternehmer auf Antrag die Fristen für die Abgabe der Vorauszahlungen um einen Monat zu verlängern. Auch hinsichtlich der Umsatzsteuerjahreserklärung tritt bei einer Nichtabgabe die Tatvollendung bei beratenen Steuerpflichtigen aufgrund gestellter Fristverlängerungsanträge erst mit Ablauf des 31.12. des Folgejahres bzw. mit Ablauf des 28.2. des übernächsten Kalenderjahres ein. Setzt die Finanzbehörde nach Ablauf des Fälligkeitszeitpunkt die Steuer durch Bescheid fest, so ist hinsichtlich der Tatvollendung dennoch auf den Ablauf des Fälligkeitszeitpunktes abzustellen. Die bescheidmäßige Festsetzung vermag insoweit an der bereits zum gesetzlichen Fälligkeitszeitpunkt eingetretenen Tatvollendung nichts mehr zu ändern.

176 Bei einer **fristgemäßen** aber inhaltlich unrichtigen Steueranmeldung ist für die Tatvollendung grundsätzlich der Tag maßgeblich, an dem die unrichtige Erklärung bei der Finanzbehörde eingeht (§ 168 S. 1 AO). Wird mit der Steueranmeldung eine Erstattung erstrebt, bedarf es hierfür gem. § 168 S. 2 AO der Zustimmung seitens der Finanzbehörde. Erst mit erteilter Zustimmung gilt die Anmeldung als Steuerfestsetzung unter Vorbehalt der Nachprüfung. Tatvollendung und -beendigung liegen insoweit erst ab **Zustimmung** vor.[283] Bis zur erteilten Zustimmung ist lediglich eine versuchte Steuerhinterziehung gegeben.[284]

---

[274] CW PStR 2005, 180; BayObLG Beschl. v. 9.11.2000 – 4 St RR 126/00 – wistra 2001, 194.
[275] OLG Düsseldorf Beschl. v. 4.4.2005 – III 2 Ss 139/04 – 6/05 III – wistra 2005, 353.
[276] BFH Beschl. v. 19.9.2001 – XI B 6/01 – BFHE 196, 200 = BStBl. II 2002, 4 = NJW 2002, 847 = PStR 2002, 29 mit Entscheidungsbesprechung von *Burkhard* AnwBl. 2003, 70 bis 77 (zugleich zur Taktik der Steuerfahndungsstellen in Steuerstrafverfahren). Allerdings ist zu beachten, dass auch im Besteuerungsverfahren der „in dubio pro reo"-Grundsatz gilt, vgl. BFH Urt. v. 14.8.1991 – X R 86/88 – BStBl. II 1992, 128, 131.
[277] *Randt* Der Steuerfahndungsfall S. 349 Rdnr. 16.
[278] *Randt* Der Steuerfahndungsfall S. 349 Rdnr. 16.
[279] Vgl. *Kohlmann* § 370 AO Rdnr. 1038.
[280] BayObLG Beschl. v. 3.11.1989 – RReg 4 St 135/89 – wistra 1990, 159, 163.
[281] *Kohlmann* § 370 AO Rdnr. 144; Erbs/Kohlhaas/*Senge* § 370 AO Rdnr. 40.
[282] *Kohlmann* § 378 AO Rdnr. 768.
[283] BGH Urt. v. 5.4.2000 – 5 StR 226/99 – NStZ 2000, 427 = wistra 2000, 219; BGH Urt. v. 24.11.2004 – 5 StR 220/04 – wistra 2005, 56.
[284] *Kohlmann* § 376 AO Rdnr. 768.

cc) **Erlangung eines nicht gerechtfertigten Steuervorteils.** Neben dem Verkürzen von Steuern 177
kann nach § 370 Abs. 1 AO der Taterfolg durch das Erlangen nicht gerechtfertigter **Steuervorteile** für sich oder für einen anderen herbeigeführt werden. Der Begriff des Steuervorteils wird im Gesetz nicht definiert.[285] Nach § 370 Abs. 4 S. 2 AO gehören zu den Steuervorteilen zumindest die Steuervergütungen. Abweichend von Steuererstattungen setzen Steuervergütungsansprüche nicht voraus, dass der Anspruchsberechtigte eine der Vergütung entsprechende Steuer gezahlt hat.[286] Ausgehend davon, dass der Steuervorteil den umfassenderen Grundbegriff und die Steuervergütung eine Sonderform darstellt, handelt es sich bei den Steuervorteilen um solche, die außerhalb des Steuerfestsetzungsverfahrens entstehen.[287] Die Vorschrift meint folglich nicht die bei jeder Steuerverkürzung notwendig eintretenden Steuervorteile, sondern nur die Vergünstigungen, die nach den Steuergesetzen als Ausnahme von der sonst eintretenden Regelsteuer oder den sonst geltenden Zahlungsbedingungen besonders bewilligt werden.[288]

Nicht gerechtfertigt ist der Steuervorteil, wenn kein Rechtsanspruch auf ihn besteht oder, 178
sofern seine Bewilligung im Ermessen der Finanzbehörde steht (z. B. Erlass und Stundung), wenn er durch unwahre Angaben erwirkt wird.[289] Nach § 370 Abs. 4 S. 2 2. Halbs. AO sind nicht gerechtfertigte Steuervorteile erlangt, soweit sie zu Unrecht gewährt oder belassen werden. Der Taterfolg der Vorteilserlangung durch „**Gewähren**" tritt nicht erst dann ein, wenn der Vorteil dem Steuerpflichtigen zugute kommt (also zum Beispiel mit der Auszahlung der Steuervergütung), sondern bereits mit Bekanntgabe der Verfügung selbst.[290] Der Steuervorteil kann „**belassen**" werden durch ausdrückliche Verfügung oder durch stillschweigendes Unterlassen eines Widerrufs, letzteres setzt aber eine willensgetragene Entscheidung der Finanzbehörde voraus.[291]

Nach allgemeiner Ansicht kann eine Steuerhinterziehung auch noch im **Beitreibungsverfahren** 179
(§§ 249 ff. AO) durch Vereitelung der **Vollstreckung** begangen werden.[292] Steuerhinterziehung kann im Zusammenhang mit der Vollstreckung durch jedes täuschende Verhalten begangen werden, das darauf abzielt, die zwangsweise Einziehung einer fälligen Steuer zu vermeiden, das Zwangsverfahren zu verzögern oder das Vollstreckungsergebnis zu schmälern.[293] Ein **Erfolg** im Sinne des § 370 Abs. 4 S. 1 AO liegt jedoch nicht vor, wenn die Manipulation des Täters eine Untätigkeit des Fiskus verursacht, sondern setzt voraus, dass damit eine aussichtsreiche Vollstreckungsmöglichkeit vereitelt wurde.[294] Entsprechendes gilt für unrichtige Angaben des Vollstreckungsschuldners gem. § 284 AO. Sie sind nur dann ursächlich für eine Beeinträchtigung des Vollstreckungsaufkommens, wenn bei zutreffenden Angaben der Fiskus die Möglichkeit des Zugriffs auf gegenwärtige Vermögensgegenstände gehabt hätte.[295]

Täter kann auch ein **Drittschuldner** sein, wenn er das Finanzamt durch unzutreffende Erklärungen in die Irre führt und dadurch die Beitreibung der gepfändeten Forderung des Steuerschuldners hintertreibt.[296] Der Drittschuldner hat auf Verlangen der Vollstreckungsbehörde jedoch nur zur erklären, ob und inwieweit er die Forderungen anerkennt und bereit sei, zu zahlen (§ 316 Abs. 1 Nr. 1 AO). Er erfüllt diese Pflicht schon, wenn er die Frage lediglich bejaht 180

---

[285] Zum Begriff des Steuervorteils und allgemein zur Erlangung eines nicht gerechtfertigten Steuervorteils vgl. *Müller* DStZ 2001, 613 bis 621.
[286] Franzen/Gast/*Joecks* § 370 AO Rdnr. 100.
[287] Rolletschke/Kemper § 370 AO Rdnr. 112; vgl. Franzen/Gast/*Joecks* § 370 AO Rdnr. 98.
[288] Erbs/Kohlhaas/*Senge* § 370 AO Rdnr. 47 m.w.N.
[289] BGH Urt. v. 6.6.1973 – 1 StR 82/72 – BGHSt 25, 190, 202; *Kohlmann* § 370 AO Rdnr. 558 f.; Franzen/Gast/*Joecks* § 370 AO Rdnr. 102; Erbs/Kohlhaas/*Senge* § 370 AO Rdnr. 49; Klein/*Gast-de Haan* § 370 AO Rdnr. 57.
[290] Franzen/Gast/*Joecks* § 370 AO Rdnr. 104; *Kohlmann* § 370 AO Rdnr. 559.
[291] *Kohlmann* § 370 AO Rdnr. 564; Erbs/Kohlhaas/*Senge* § 370 AO Rdnr. 52.
[292] *Kohlmann* § 370 AO Rdnr. 1567, 1590; Klein/*Gast-de Haan* § 370 AO Rdnr. 35.
[293] BGH Urt. v. 19.12.1997 – 5 StR 569/96 – BGHSt 43, 381 = NJW 1998, 1568 = PStR 1998, 20 = wistra 1998, 180 mit Anm. *Gribbohm* NStZ 1998, 572 f.; Franzen/Gast/*Joecks* § 370 AO Rdnr. 229.
[294] Franzen/Gast/*Joecks* § 370 AO Rdnr. 230; BGH Urt. v. 19.12.1997 – 5 StR 569/96 – BGHSt 43, 381 = NJW 1998, 1568 = PStR 1998, 20 = wistra 1998, 180 mit Anm. *Gribbohm* NStZ 1998, 572 f.
[295] *Kohlmann* § 370 AO Rdnr. 1579.
[296] BGH Beschl. v. 2.2.1981 – 3 StR 510/80 – HFR 1981, 430 = ZfZ 1982, 178; BGH Urt. v. 18.12.1975 – 4 StR 472/75 – BStBl. II 1976, 445 = NJW 1976, 525.

oder verneint.²⁹⁷ Zur Aufklärung der Finanzbehörde ist er nicht verpflichtet.²⁹⁸ Bei unwahren Angaben zu der Frage nach § 316 Abs. 1 S. 1 Nr. 1 AO kommt eine Steuerhinterziehung dann in Betracht, wenn der Drittschuldner statt eines bloßen „ja" oder „nein" über Tatsachen unrichtige oder unvollständige Erklärungen abgibt.²⁹⁹ Die Erklärung muss vollständig und hinsichtlich der Fragen nach § 316 Abs. 1 S. 1. Nr. 2 und 3 AO auch wahr sein.³⁰⁰

181 In der Hingabe eines **ungedeckten Schecks** an die Finanzkasse oder den Vollziehungsbeamten kann z. B. eine Täuschung liegen, wenn der Aussteller seiner eigenen Erwartung zuwider zum Ausdruck gebracht hat, dass der Scheck bei Vorlage eingelöst werde.³⁰¹ Die Hingabe eines Schecks enthält die schlüssige Erklärung, dieser sei bei Begebung gedeckt oder zumindest bei Vorlage, oder werde jedenfalls trotz mangelnden Guthabens eingelöst.³⁰²

182 Zu den **Steuervorteilen**³⁰³ zählen u. a.:
- Steuerstundungen, § 222 AO
- Erlass, §§ 163, 227 AO
- Zahlungsaufschub, § 223 AO
- Verbindliche Zusagen aufgrund einer Außenprüfung, §§ 204 bis 207 AO
- Aussetzung der Vollziehung, § 361 Abs. 2 AO
- Eintragung zu hoher Freibeträge, § 39 a EStG
- Herabsetzung von (Einkommensteuer-) Vorauszahlungen,³⁰⁴ § 37 EStG
- Niederschlagung, § 261 AO
- Einstweilige Einstellung der Vollstreckung, § 258 AO
- Pfändung von Sachen und Forderungen, §§ 281 ff. AO
- Zurücknahme einer Verfügung, §§ 130 bis 132 AO
- Verlängerung der Frist für die Abgabe einer Steuererklärung, § 109 AO
- Gewährung von Wiedereinsetzung in den vorherigen Stand, § 110 AO
- Rücknahme und Änderung von Bescheiden, § 172 AO
- Abweichende Steuerfestsetzung aus Billigkeitsgründen, § 163 AO
- Steuerbefreiungen, z. B. §§ 3 ff. EStG, 13 ErbStG
- Vergünstigungen in Vollstreckungsverfahren.

183 Ein unrichtiger Feststellungsbescheid ist hingegen nicht stets ein Steuervorteil,³⁰⁵ denn erst mit der Festsetzung ist der angestrebte Steuervorteil erlangt.³⁰⁶ Auch ist die betragsmäßige Bestimmung des Verkürzungserfolges Voraussetzung der Tatbestandsmäßigkeit.³⁰⁷

184 Zu den **Steuervergütungen**³⁰⁸ zählen:
- Arbeitnehmersparzulagen
- Vorsteuerabzug und -erstattungen bei der Umsatzsteuer
- Das Kindergeld nach Maßgabe des X. Abschnittes des EStG
- Im Zoll- und Verbrauchsteuerrecht vorgesehene Zoll- und Steuervergütungen.

185 *dd) Kompensationsverbot.* Nach § 370 Abs. 4 S. 3 AO ist es für den Tatbestand der Steuerverkürzung unerheblich, dass die Steuer, auf die sich die Tat bezieht, aus anderen Gründen

---

²⁹⁷ BGH Beschl. v. 2.2.1981 – 3 StR 510/80 – HFR 1981, 430 = ZfZ 1982, 178; BGH Urt. v. 18.12.1975 – 4 StR 472/75 – BStBl. II 1976, 445 = NJW 1976, 525.
²⁹⁸ BGH Beschl. v. 2.2.1981 – 3 StR 510/80 – HFR 1981, 430 = ZfZ 1982, 178; BGH Urt. v. 18.12.1975 – 4 StR 472/75 – BStBl. II 1976, 445 = NJW 1976, 525.
²⁹⁹ FG Münster Beschl. v. 23.10.2001 – 8 V 3710/01 L – EFG 2002, 374; zur Haftung des Drittschuldners wegen falscher Berechnung des Arbeitslohnes des Steuerpflichtigen und wegen dementsprechend nicht ausreichender Zahlungen des Drittschuldners vgl. *Braun* EFG 2002, 377.
³⁰⁰ FG Münster Beschl. v. 23.10.2001 – 8 V 3710/01 L – EFG 2002, 374.
³⁰¹ FG Münster Beschl. v. 18.2.1998 – 8 V 8438/97 – EFG 1998, 1240.
³⁰² FG Münster Beschl. v. 18.2.1998 – 8 V 8438/97 – EFG 1998, 1240; *Kohlmann* § 370 AO Rdnr. 1574.
³⁰³ Vgl. auch *Kohlmann* § 370 AO Rdnr. 552; *Rolletschke/Kemper* § 370 AO Rdnr. 113; *Erbs/Kohlhaas/Senge* § 370 AO Rdnr. 47; *Klein/Gast-de Haan* § 370 AO Rdnr. 56.
³⁰⁴ OLG Stuttgart Urt. v. 21.5.1987 – 1 Ss 221/87 – wistra 1987, 263.
³⁰⁵ So jedoch *Hardtke* AO-StB 2002, 92 bis 95.
³⁰⁶ Zutreffend *Klein/Gast-de Haan* § 370 AO Rdnr. 56 unter Hinweis auf BGH Beschl. v. 7.2.1984 – 3 StR 413/83 – wistra 1984, 142.
³⁰⁷ *Klein/Gast-de Haan* § 370 AO Rdnr. 56; *HHSp/Hellmann* § 370 AO Rdnr. 159 f.
³⁰⁸ Vgl. auch *Kohlmann* § 370 AO Rdnr. 557; *Rolletschke/Kemper* § 370 AO Rdnr. 114; *Erbs/Kohlhaas/Senge* § 370 AO Rdnr. 48.

hätte ermäßigt oder der Steuervorteil aus anderen Gründen hätte beansprucht werden können. Mit „anderen Gründen" sind Tatsachen gemeint, auf die sich der Täter zur Rechtfertigung seines Verhaltens im Strafverfahren beruft, obwohl er sie im Besteuerungsverfahren nicht vorgebracht hat.[309] Demnach liegt eine Steuerhinterziehung auch dann vor, wenn letztlich durch die Tat wegen der Existenz von bisher noch unberücksichtigt gebliebenen steuerermäßigenden Tatsachen überhaupt kein Steueranspruch entsteht oder sich sogar im Ergebnis ein Steuerguthaben für den Steuerpflichtigen ergibt.[310] Der Streit um den letztendlich bestehenden Steueranspruch und um die lückenlose Aufklärung des steuerlichen Sachverhalts dadurch soll nicht im Rahmen des Strafverfahrens ausgetragen werden müssen, dass der einer Steuerhinterziehung Beschuldigte zu seiner Verteidigung steuermindernde Ausgaben aus entfernteren Bereichen anführt.[311] Bei der Subsumtion soll der Täter an seiner Steuererklärung festgehalten werden.[312]

Allerdings sind Ermäßigungsgründe und Steuervorteile, die wegen des Kompensationsverbots nicht berücksichtigungsfähig sind, im Rahmen der **Strafzumessung** zu bedenken und strafmildernd einzustellen; denn dem Täter einer Steuerhinterziehung sind nur die tatsächlichen steuerlichen Auswirkungen der Tat zur Last zu legen.[313] Der BGH macht von diesem Grundsatz jedoch eine Ausnahme. Danach sollen solche den Steueranspruch mindernden, in der Steuererklärung gleichwohl verschwiegenen Umstände zu berücksichtigen sein, die mit den verschwiegenen steuererhöhenden Tatsachen in einem **unmittelbaren wirtschaftlichen Zusammenhang** stehen.[314] Bei der Beurteilung des unmittelbaren Zusammenhangs ist die Rechtsprechung uneinheitlich, wie die nachfolgende Einzeldarstellung zeigt:[315]

Kein Kompensationsverbot besteht danach in folgenden Fällen:
- Bei der Ermittlung des durch eine Einkommensteuerhinterziehung entstandenen Schadens ist die Gewerbesteuer als mindernd zu berücksichtigen, die bei wahrheitsgemäßen Angaben zu entrichten gewesen wäre,[316]
- Betriebseinnahmen mit den damit zusammenhängenden Aufwendungen (Schwarzeinkauf),[317]
- Benennung eines anderen Empfängers bei einem in der Steuererklärung aufgeführten, tatsächlich erfolgten Geschäftsvorgang,[318]
- vorgetäuschte Einnahmen im Verhältnis zu vorgetäuschten Betriebsausgaben,[319]
- bei einer verdeckten Gewinnausschüttung ist die früher anrechenbare Körperschaftsteuer zu berücksichtigen,[320]
- Fingierung von Rechnungen, um Schwarzeinkäufe als Betriebsausgaben geltend machen zu können.[321]

Ein **Kompensationsverbot** liegt hingegen in folgenden Fällen vor:
- nicht erklärte Umsätze im Verhältnis zu nicht geltend gemachten Vorsteuern (in der Praxis der wichtigste Anwendungsfall des § 370 Abs. 4 S. 3 AO),[322]

---

[309] BGH Urt. v. 28.1.1987 – 3 StR 373/86 – BGHSt 34, 272 = NJW 1987, 1274 = wistra 1987, 139.
[310] Menke wistra 2005, 125, 126.
[311] Randt Der Steuerfahndungsfall S. 359 f. Rdnr. 51; krit. hierzu Schindhelm, Das Kompensationsverbot im Delikt der Steuerhinterziehung, der eine Abschaffung des Kompensationsverbots fordert.
[312] Müller AO-StB 2003, 131.
[313] BGH Urt. v. 5.2.2004 – 5 StR 420/03 – NStZ 2004, 579 = wistra 2004, 147 = PStR 2004, 79; BGH Beschl. v. 10.1.2002 – 5 StR 452/01 – wistra 2002, 149; BGH Beschl. v. 20.3.2002 – 5 StR 448/01 – wistra 2002, 221; Kohlmann § 370 AO Rdnr. 1043 ff.
[314] BGH Urt. v. 5.2.2004 – 5 StR 420/03 – NStZ 2004, 579 = wistra 2004, 147 = PStR 2004, 79; Franzen/Gast/Joecks § 370 AO Rdnr. 67.
[315] Kohlmann § 370 AO Rdnr. 508.
[316] BGH Beschl. v. 7.12.1978 – 4 StR 1978 – DB 1979, 1876.
[317] BGH Urteil v. 20.7.1988 – 3 StR 583/87 – wistra 1988, 356.
[318] OLG Karlsruhe Beschl. v. 6.3.1985 – 3 Ws 80/84 – wistra 1985, 163
[319] BGH Beschl. v. 15.11.1989 – 3 StR 211/89 – wistra 1990, 59
[320] BGH Urt. v. 12.1.2005 – 5 StR 301/04 – wistra 2005, 144.
[321] Vogelberg PStR 2005, 294.
[322] BGH Urt. v. 11.7.2002 – 5 StR 516/01 – BGHSt 47, 343 = NJW 2002, 3036 = PStR 2002, 214; krit. hierzu Kohlmann § 370 AO Rdnr. 524.

- nachträgliche Berufung auf die Ansparrücklage nach § 7 g Abs. 3 EStG zum Ausgleich zu gering erklärter Betriebseinnahmen,[323]
- wenn sich der Steuerpflichtige auf seiner Lohnsteuerkarte für fingierte Werbungskosten einen Freibetrag eingetragen lässt und hierdurch eine ihm nicht zustehende Steuerermäßigung erhält, kann er im Strafverfahren nicht geltend machen, die Steuerermäßigung stünde ihm aber aufgrund außergewöhnlicher, durch Krankheit verursachten Belastungen zu,[324]
- Berücksichtigung von Verlustvorträgen,[325]
- Buchung eines Vorgangs als Betriebsausgabe unter falscher Benennung des Betriebsausgabengrundes, um einer Nachfrage des Finanzamts nach § 160 AO vorzubeugen.[326]

189 Durch das Kompensationsverbot des § 370 Abs. 4 S. 3 AO wird klargestellt, dass als verkürzte Steuern diejenigen Beträge angesehen werden müssen, die auf die unrichtig erklärten oder verschwiegenen steuerlichen Vorgänge entfallen. Ermäßigungsgründe bzw. Steuervorteile, die hiermit in unmittelbarem wirtschaftlichen Zusammenhang stehen (das sind solche, die der Steuerpflichtige gegenüber dem Finanzamt nicht geltend machen konnte, weil er damit sogleich seine unrichtigen Angaben aufgedeckt hätte sowie die an verschwiegene oder unrichtig erklärte Vorgänge anknüpfenden Vorteile, die von Gesetzes wegen zu gewähren sind) sind zu berücksichtigen.[327]

190 Alle anderen Ermäßigungsgründe unterliegen dem Kompensationsverbot.

191 Aus dem Zweck des Kompensationsverbotes folgt die **Unanwendbarkeit des Kompensationsverbotes** bei der Nichtabgabe einer Steuererklärung bzw. bei Schätzungen, denn „andere Gründe" können begrifflich nur dort vorliegen, wo der Steuerpflichtige Angaben gemacht hat.[328]

192 Aufgrund dessen sind im Fall der Steuerhinterziehung durch **Unterlassen** gem. § 370 Abs. 1 Nr. 2 AO sämtliche Besteuerungstatsachen, die für die festzusetzende Steuer von Bedeutung sind, mit in die Berechnung des Verkürzungserfolges einzubeziehen.[329] Nach Auffassung des BGH[330] ist bei Steuerermäßigungsansprüchen der Vorsatz einer genauen Prüfung zu unterziehen, da insoweit ein Tatbestandsirrtum nahe liegt.[331]

193 Durch das Kompensationsverbot ist der Steuerpflichtige aber nicht an seine ursprüngliche steuerliche Wertung gebunden. So können bspw. Steuerberatungskosten anstatt bei den Sonderausgaben (bis 31.12.2005) nunmehr als Werbungskosten Kapitalvermögen berücksichtigt werden. Sofern der Steuerpflichtige bislang Betriebsausgaben/Werbungskosten nicht berücksichtigt hat, die nicht in unmittelbarem Zusammenhang mit den bisher nicht berücksichtigten Einnahmen stehen, ist trotz des Kompensationsverbots eine steuerliche Berücksichtigung gem. § 177 Abs. 1 AO bis zur Höhe der nicht deklarierten Einnahmen möglich.

194 **Praxistipp:**

In der Praxis ist in erster Linie das Kompensationsverbot im Verhältnis der Umsatzsteuer zu den entsprechenden Vorsteuerbeträgen relevant. Selbst wenn es aufgrund der Höhe der Vorsteuerbeträge zu keiner Steuerschuld kommt, kann aufgrund des Kompensationsverbotes der Tatbestand der Steuerhinterziehung erfüllt sein.[332] Im Hinblick auf die Umsatzsteuer als Fälligkeitssteuer ist daher genau auf die fristgemäße Abgabe der Steueranmeldungen zu achten. Es sollte daher seitens des Beraters frühzeitig ein Fristverlängerungsantrag bzw. hinsichtlich der Voranmeldungen ein Dauerfristverlängerungsantrag im Sinne von § 46 UStDV gestellt werden.

---

[323] Franzen/Gast/*Joecks* § 370 AO Rdnr. 74 b; *Lilje/Müller* wistra 2001, 205 bis 210; a.A. *Beck* wistra 1998, 131 bis 137.
[324] *Müller* AO-StB 2003, 131, 134.
[325] *Stahlschmidt* StuB 2005, 361.
[326] *Dannecker* wistra 2001, 241, 245.
[327] *Kohlmann* § 370 AO Rdnr. 509.
[328] *Kohlmann* § 370 AO Rdnr. 510.
[329] *Simon/Vogelberg* Steuerstrafrecht, 58; a.A. BGH Urt. v. 24.10.1990 – 3 StR 16/90 – NStZ 1991, 89.
[330] BGH Urt. v. 24.10.1990 – 3 StR 16/90 – HFR 1991, 619.
[331] *Meise* wistra 2002, 361, 364.
[332] FG Hamburg Urt. v. 24.6.2005 – I 349/04 – DStRE 2005, 1486.

Aus der Rechtsprechung des BGH lassen sich folgende Grundlinien bei der Frage nach einem 195
Kompensationsverbot herauslesen.[333]
- **Kein Kompensationsverbot**
  - Steuerbefreiungstatbestand ist von Amts wegen zu berücksichtigen.
- **Kompensationsverbot**
  - Der Steuerbefreiungstatbestand ist von einem Antrag des Steuerpflichtigen abhängig.
  - Der Steuerbefreiungstatbestand ist von einem weiteren Verwaltungsverfahren abhängig, das erst nach der Tat durchgeführt wird.
  - Die Annahme eines Steuerbefreiungstatbestands ist in das Ermessen der Finanzbehörde gestellt.

e) **Kausalität zwischen Handlung und Erfolg.** Zwischen der Tathandlung und dem Eintritt 196 des Verkürzungserfolges muss wegen des Merkmals „dadurch" in § 370 Abs. 1 AO ein Kausalzusammenhang bestehen. Der für eine Erfolgszurechnung zunächst erforderliche Kausalzusammenhang besteht, wenn die Handlung des Täters in irgendeiner Weise für den konkreten Erfolg wirksam geworden ist. Nach der herrschenden, von der Gleichwertigkeit aller Bedingungen eines Erfolgs ausgehenden Bedingungs- oder Äquivalenztheorie ist dies in ihrer traditionellen Version der Fall, wenn die Handlung des Täters nicht hinweggedacht werden kann, ohne dass der Erfolg in seiner konkreten Gestalt entfiele: Ursächlich ist also jede „**conditio sine qua non**".[334] Die Kausalität der Tathandlung entfällt folglich nicht deshalb, weil das Verhalten der Finanzbehörde mitursächlich war.

Ist dem Angeklagten sein betrügerisches Vorgehen durch sorgloses oder nachlässiges Verhal- 197 ten von Beamten des Finanzamtes erleichtert worden, kann dies jedoch bei der Strafzumessung berücksichtigt werden.[335] Das BayObLG[336] hält bereits bei Verdacht der Fälschung von Belegen sowie Meldung an die Strafsachenstelle und anschließendem Erlass eines Vorbehalts-Steuerbescheids eine für die Strafzumessung bedeutsame Tatsachen für gegeben, da bei anderer Verfahrensweise durch das Finanzamt es beim Hinterziehungsversuch geblieben wäre.[337]

In den Fällen, in denen den Finanzbehörden der wahre Sachverhalt bereits aufgrund anderer 198 Umstände bekannt ist, der Angeklagte dies aber nicht weiß, kommt nur eine Bestrafung wegen eines (untauglichen) Versuchs in Betracht, da die kausale Verknüpfung von Tathandlung und Taterfolg unterbrochen ist.[338] Kausalität muss auch zwischen unzutreffenden Angaben und **unterbliebenen Zwangsvollstreckungsmaßnahmen** vorliegen.[339]

f) **Besonders schwere Fälle (§ 370 Abs. 3 AO). aa) Allgemeines.** § 370 Abs. 3 AO sieht eine 199 Strafschärfung für besonders schwere Fälle vor, für die die Freiheitsstrafe 6 Monate bis 10 Jahre beträgt. Die vom Gesetz verwendete sog. Regelbeispieltechnik für besonders schwere Fälle kombiniert das Prinzip der unbenannten Strafschärfungen mit der tatbestandlichen Bestimmtheit von Qualifizierungen.[340] Somit liegt weder stets ein besonders schwerer Fall vor, wenn die Merkmale eines Regelbeispiels gegeben sind, noch ist das Gericht daran gehindert, in Fällen, die von Regelbeispielen nicht erfasst werden, den erhöhten Strafrahmen anzuwenden.[341] Ist ein Regelbeispiel erfüllt, dann stellt dies nur ein Indiz für das Vorliegen eines besonders schweren Falls dar, das entkräftet werden kann. Dazu sind sämtliche Umstände heranzuziehen, die das Unrecht oder die Schuld gemindert erscheinen lassen.[342]

Die Regelbeispiele des § 370 Abs. 3 AO sind wie Tatbestandsmerkmale zu behandeln und 200 dürfen deshalb bei der Strafzumessung im engeren Sinne nicht zu Lasten des Angeklagten be-

---
[333] *Quedenfeld/Füllsack*, Verteidigung in Steuerstrafsachen, S. 106 Rdnr. 335.
[334] *Schönke/Schröder/Lenckner* Vorbem. zu den §§ 13 ff. Rdnr. 73 m.w.N.
[335] BGH Beschl. v. 3.5.1983 – 1 StR 25/83 – wistra 1983, 145; vgl. auch BGH Urt. v. 21.7.1998 – 5 StR 174/98 – wistra 1998, 348; *Kohlmann* § 370 AO Rdnr. 1062 und Teil B Rdnr. 564.
[336] BayObLG Beschl. v. 18.11.1997 – 3 StR RR 227/97 – wistra 1998, 117.
[337] *Kohlmann* Teil B Rdnr. 564.
[338] OLG Oldenburg Urt. v. 16.11.1998 – Ss 319/98 (I/107) – wistra 1999, 151 = PStR 1999, 108; BayObLG Beschl. v. 3.11.1989 – RReg 4 St 135/89 – wistra 1990, 159; *Kohlmann* § 370 AO Rdnr. 571.
[339] BGH Urt. v. 19.12.1997 – 5 StR 569/96 – BGHSt 43, 381 = NJW 1998, 1568 = wistra 1998, 180 = PStR 1998, 20.
[340] *Franzen/Gast/Joecks* § 370 AO Rdnr. 267.
[341] *Erbs/Kohlhaas/Senge* § 370 AO Rdnr. 87.
[342] *Franzen/Gast/Joecks* § 370 AO Rdnr. 267; BGH Beschl. v. 24.4.2003 – 4 StR 94/03 – wistra 2003, 297.

rücksichtigt werden (Verstoß gegen das Doppelverwertungsverbot).[343] Ob die Straftat des Gehilfen einen besonders schweren Fall darstellt, ist nach dessen Beihilfehandlung zu beurteilen.[344]

201 bb) *Grober Eigennutz und Großes Ausmaß (§ 370 Abs. 3 Nr. 1 AO)*. Grob eigennützig handelt nach der Rechtsprechung, wer seinen Vorteil in besonders anstößiger Weise erstrebt, dessen Gewinnstreben also das bei jedem Steuerstraftäter vorhandene Gewinnstreben deutlich übersteigt, wobei die kriminelle Energie, insbesondere Art und Häufigkeit der Begehung und der Grad der zu Tage getretenen Gewinnsucht von Bedeutung sind.[345] Je nach den Umständen des Einzelfalles kann zwar eine Steuerhinterziehung großen Ausmaßes indizielle Wirkung für die Annahme eines grob eigennützigen Verhaltens des Täters entfalten. Erforderlich ist jedoch eine Gesamtbetrachtung der Tatumstände, nämlich der von dem Täter hinterzogenen Vorteile, Art, Häufigkeit und Intensität der Aktivitäten und zu welchem Zweck er die erlangten Vorteile verwendet hat.[346] Diese Umstände müssen im Zusammenhang gesehen und daraufhin überprüft werden, ob sie den Schluss auf groben Eigennutz des Täters rechtfertigen.[347] War der Täter, dem es vor allem um den Aufbau der eigenen Existenz ging, steuerlich schlecht beraten, und hätte er bei besserer Beratung sein steuerunehrliches Verhalten früher aufgegeben, kann dies gegen ein grob eigennütziges Verhalten sprechen.[348]

202 Für die Annahme eines Regelbeispiels nach § 370 Abs. 3 Nr. 1 AO müssen beide Merkmale – großes Ausmaß und grober Eigennutz – gleichzeitig gegeben sein.[349] Im Kernstrafrecht wird das Merkmal „großes Ausmaß" ausschließlich quantitativ verstanden.[350] Demgegenüber orientiert sich das Steuerstrafrecht auch an qualitativen Merkmalen. Der BGH berücksichtigt neben dem kumulativen Vorliegen von „großem Ausmaß" und „grobem Eigennutz" beispielsweise auch ein „Täuschungsgebilde von großem Ausmaß" mit Hilfe fingierter Rechnungen.[351] Das heißt, ein **großes Ausmaß** der Steuerhinterziehung ist zahlenmäßig nicht zu beschreiben.[352] Allerdings wird eine Verkürzung in großem Ausmaß regelmäßig erst bei einem Steuerschaden in Millionenhöhe anzunehmen sein.[353] Die Regelbeispiele müssen für jeden Einzelfall geprüft werden. Der Blick nur auf den Gesamtschaden einer Serie von Steuerhinterziehungen genügt nicht, auch für jeden Fall muss das „große Ausmaß" zu bejahen sein, ungeachtet des im Einzelnen verursachten Schadens.[354]

203 Des Weiteren ist zu differenzieren, ob die Steuern auf Zeit oder auf Dauer verkürzt werden sollen.[355] Trotz der im Wortlaut ähnlichen Voraussetzungen des besonders schweren Falles nach § 370 Abs. 3 Nr. 1 AO wie in § 370 a AO (Steuerverkürzung „aus grobem Eigennutz in großem Ausmaß") bestehen bei der Strafzumessungsregel nach Ansicht des BGH[356] im Falle des § 370 Abs. 3 Nr. 1 AO nicht dieselben verfassungsrechtlichen Bedenken gegenüber der weiten Fassung der Regelmerkmale wie bei der Abgrenzung zwischen Vergehens- und Verbrechenstatbestand. Im Rahmen des § 370 Abs. 3 Nr. 1 AO handelt es sich ausschließlich um Merkmale der jeweiligen Strafzumessungstatbestände.

204 cc) *Missbrauch der Befugnis oder Stellung als Amtsträger (§ 370 Abs. 3 Nr. 2 AO)*. § 370 Abs. 3 Nr. 2 AO zielt auf solche Fälle ab, in denen ein Finanzbeamter oder ein Angestellter der

---

[343] BGH Beschl. v. 22.4.2004 – 3 StR 113/04 – NStZ-RR 2004, 262.
[344] BGH Beschl. v. 20.8.1982 – 2 StR 296/82 – NJW 1983, 54 = wistra 1983, 28; BGH Beschl. v. 3.11.1999 – 3 StR 406/99 – wistra 2000, 55
[345] BGH Urt. v. 13.6.1985 – 4 StR 219/85 – NStZ 1985, 459 = StV 1985, 506.
[346] BGH Beschl. v. 22.6.1990 – 3 StR 471/89 – NStZ 1990, 497 = StV 1991, 21.
[347] BGH Beschl. v. 22.6.1990 – 3 StR 471/89 – NStZ 1990, 497 = StV 1991, 21.
[348] *Kohlmann* § 370 AO Rdnr. 1098.
[349] BGH Urt. v. 23.3.1994 – 5 StR 38/94 – wistra 1994, 228.
[350] *Quedenfeld/Füllsack*, Verteidigung in Steuerstrafsachen, S. 67 Rdnr. 215.
[351] BGH Urt. v. 7.11.1986 – 1 StR 280/86 – wistra 1987, 71.
[352] *Franzen/Gast/Joecks* § 370 AO Rdnr. 270; *Kohlmann* § 370 AO Rdnr. 1099.
[353] Klein/*Gast-de Haan* § 370 AO Rdnr. 68; *Franzen/Gast/Joecks* § 370 AO Rdnr. 270; *Kohlmann* § 370 AO Rdnr. 1099; Kühn/v. Wedelstädt/*Blesinger* § 370 AO Rdnr. 114.
[354] BGH Urt. v. 5.2.2004 – 5 StR 580/03 – wistra 2004, 185 = PStR 2004, 78 = StV 2004, 211; BGH Urt. v. 12.1.2005 – 5 StR 301/04 – wistra 2005, 144, 145.
[355] Vgl. *Kohlmann* § 370 AO Rdnr. 1099 m.w.N.
[356] BGH Urt. v. 28.10.2004 – 5 StR 276/04 – wistra 2005, 30, 32.

Finanzverwaltung in den Ursachenzusammenhang von Tathandlung und Taterfolg dergestalt einbezogen ist, dass er die Hinterziehungstat des Pflichtigen oder des für diesen Handelnden zum Erfolg bringt oder hierzu auf irgendeine Weise förderlich beiträgt.[357] Als Täter oder Teilnehmer einer Steuerhinterziehung kommen folglich insbesondere die Veranlagungssachbearbeiter und die entsprechenden Sachgebiets- und Dienststellenleiter in Betracht.[358]

Die im Schrifttum[359] vertretene Ansicht, dass ein Mitarbeiter des Finanzamts keine Steuerhinterziehung begehen könne, solange er in seinem Zuständigkeitsbereich tätig werde, lehnt der BFH[360] ausdrücklich ab. Er hält eine Differenzierung zwischen zuständigen und nicht zuständigen Mitarbeitern nicht für gerechtfertigt.

Wird die Steuerverkürzung durch einen Finanzbeamten bewirkt, der seine Befugnisse oder seine Stellung als Amtsträger missbraucht (§ 370 Abs. 3 Nr. 2 AO), ist regelmäßig auch der Tatbestand der **Untreue** gem. § 266 StGB erfüllt. Der Tatbestand der Untreue tritt – anders als im Betrug gem. § 263 StGB – nicht hinter der spezielleren Vorschrift des § 370 AO zurück.[361] Denn mit dem Unrechtsgehalt des Straftatbestandes der Steuerhinterziehung nach § 370 Abs. 1 AO wird regelmäßig nicht zugleich der des Tatbestandes nach § 266 StGB erfasst. Allerdings muss der Tatrichter bei einer Verurteilung aus dem erhöhten Strafrahmen des § 370 Abs. 3 Nr. 2 AO darauf Bedacht nehmen, dass damit regelmäßig das typische Unrecht des Straftatbestandes nach § 266 StGB abgegolten ist und nicht nochmals strafschärfend berücksichtigt werden darf.[362]

dd) Ausnutzen der Mithilfe eines Amtsträgers (§ 370 Abs. 3 Nr. 3 AO). In diesem Fall muss sich der Täter bewusst sein, dass der Amtsträger seine Befugnisse missbraucht.[363] Hierfür ist erforderlich, dass der Amtsträger im Rahmen einer Diensthandlung vorgeht, für deren Vornahme er zuständig ist.[364] Ein Ausnützen liegt dagegen nicht vor, wenn der Amtsträger außerhalb seiner unmittelbaren Zuständigkeit Ware schmuggelt und ihm dies allein aufgrund seiner Zugehörigkeit zu einem bestimmten Amt (hier: BGS) leichter fällt.[365] Der Strafschärfungsgrund greift nicht ein, wenn der außenstehende Dritte davon ausgeht, der Amtsträger werde die Unrichtigkeit seiner Steuererklärung übersehen oder wenn er die Mithilfe des Beamten nicht erkennt.[366] Einen besonders schweren Fall im Sinne des § 370 Abs. 3 Nr. 3 AO hat das LG Saarbrücken[367] trotz der Ausnutzung der Mitwirkung eines Finanzbeamten verneint, weil die erschlichenen Erstattungsbeträge von rund € 10.000,– gemessen an den im Wirtschaftsleben vorkommenden Beträgen, verhältnismäßig unbedeutend waren.[368]

ee) Fortgesetzte Steuerhinterziehung unter Verwendung nachgemachter oder verfälschter Belege (§ 370 Abs. 3 Nr. 4 AO). Fortgesetzt ist im Sinne von Wiederholung zu verstehen, nicht im Sinne der mittlerweile überholten Rechtsfigur der fortgesetzten Tat.[369] Unter nachgemachten und verfälschten Belegen sind ausschließlich Urkunden zu verstehen.[370] Der Gebrauch inhaltlich falscher Belege, die lediglich eine schriftliche Lüge enthalten und vom Aussteller selbst stammen oder mit dessen Kenntnis und Einverständnis hergestellt worden sind, reicht folglich hierfür nicht aus.[371] Zur Verwendung genügt es nicht, dass die Belege in die Buchführung

---

[357] Kühn/v. Wedelstädt/*Blesinger* § 370 AO Rdnr. 116.
[358] *Kohlmann* § 370 AO Rdnr. 1100 ff.
[359] *Kohlmann* § 370 AO Rdnr. 16.6 b; Franzen/Gast/*Joecks* § 370 AO Rdnr. 194, 199.
[360] BFH Urt. v. 25.10.2005 – VIII R 10/04 – wistra 2006, 119 = DStRE 2006, 177 mit Anm. *Nieland* AO-StB 2006, 37 und *Wegner* PStR 2006, 52.
[361] BGH Urt. v. 21.10.1997 – 5 StR 328/97 – wistra 1998, 64.
[362] BGH Urt. v. 21.10.1997 – 5 StR 328/97 – wistra 1998, 64.
[363] Klein/*Gast-de Haan* § 370 AO Rdnr. 70.
[364] OLG Brandenburg Beschl. v. 3.3.2005 – 2 Ss 10/05 – wistra 2005, 315.
[365] OLG Brandenburg Beschl. v. 3.3.2005 – 2 Ss 10/05 – wistra 2005, 315.
[366] Klein/*Gast-de Haan* § 370 AO Rdnr. 70; *Kohlmann* § 370 AO Rdnr. 1112.
[367] LG Saarbrücken Urt. v. 14.7.1987 – 5 II 1/87 – wistra 1988, 202.
[368] Krit. hierzu *Weyand* wistra 1988, 180; zweifelnd auch Klein/*Gast-de Haan* § 370 AO Rdnr. 70; OLG Brandenburg Beschl. v. 3.3.2005 – 2 Ss 10/05 – wistra 2005, 315: € 25,– liegen unter der Geringwertigkeitsgrenze.
[369] *Kohlmann* § 370 AO Rdnr. 1121; BGH Beschl. v. 21.4.1998 – 5 StR 79/98 – wistra 1998, 265 = PStR 1998, 166.
[370] Franzen/Gast/*Joecks* § 370 AO Rdnr. 274; vgl. BGH Beschl. v. 16.8.1989 – 3 StR 91/89 – wistra 1990, 26.
[371] BGH Beschl. v. 16.8.1989 – 3 StR 91/89 – wistra 1990, 26.

eingeführt worden sind oder Eingang in das Zahlenwerk der Steuererklärung finden.[372] Die Belege müssen als solche beim Finanzamt oder einem zur Prüfung erschienenen Amtsträger vorgelegt werden; die Vorlage beim Steuerberater, ohne dass dieser die Belege an das Finanzamt weiterleitet, reicht nicht.[373] Möglicherweise liegt dann jedoch ein besonders schwerer Fall der Steuerhinterziehung außerhalb der Regelbeispiele vor.[374]

209   g) **Rechtswidrigkeit.** Die Tat ist regelmäßig dann rechtswidrig, wenn der Tatbestand der Steuerhinterziehung erfüllt ist und keine Rechtfertigungsgründe vorliegen. Im Steuerstrafrecht spielen Rechtfertigungsgründe keine besondere Rolle.[375] Im Bereich des § 370 AO sind nur die Einwilligung und der rechtfertigende Notstand relevant. Die in einer Befreiung von der Erfüllung steuerlicher Pflichten liegende **Einwilligung** seitens der Finanzbehörde vermag aber nur dann zu rechtfertigen, wenn der zuständige Beamte über das betreffende Recht verfügen kann, wenn also die Steuerbefreiung gesetzlich erlaubt ist.[376]

Beispiel:
Bei Unternehmer U findet eine Betriebsprüfung statt. U hat für den Prüfungszeitraum seine Steuererklärungen nicht fristgerecht abgegeben und auch Geschäftsvorfälle unrichtig verbucht. Der Betriebsprüfer B stellt dies auch fest und gewährt dem U nachträglich Fristverlängerung und gestattet dem U die unrichtig verbuchten Geschäftsvorfälle entgegen den steuerlichen Bestimmungen zu bilanzieren.

210   Im vorliegenden Beispiel vermag die Einwilligung des Betriebsprüfers nicht zu rechtfertigen, da er außerhalb seiner Befugnisse handelt. Hält der Täter jedoch eine unrechtmäßige Einwilligung für wirksam und geht er daher davon aus, dass sein Handeln rechtmäßig ist, so irrt er über die tatsächlichen Voraussetzungen eines Rechtfertigungsgrundes (Einwilligung).[377] Der sog. Erlaubnistatbestandsirrtum lässt den Vorsatz entfallen.[378] Oft beruft sich der Täter auch auf den rechtfertigenden **Notstand** im Sinne von § 34 StGB mit der Begründung, er habe seine steuerlichen Pflichten deshalb nicht erfüllen können, weil er sonst frühere Gesetzesverstöße hätte offenbaren müssen bzw. weil sonst Arbeitsplätze in Gefahr geraten wären. In diesen Fällen wird das Vorliegen eines rechtfertigenden Notstands regelmäßig zu verneinen sein.[379]

211   h) **Subjektiver Tatbestand.** Die Straftat nach § 370 AO kann nur vorsätzlich begangen werden; die leichtfertige Steuerverkürzung wird nach § 378 AO als Ordnungswidrigkeit geahndet.[380] Hatte der Steuerpflichtige den Vorsatz, Steuern zu verkürzen, fehlt es aber an einer Vollendung der Tathandlung, etwa weil die unrichtige Steuererklärung beim Finanzamt nur eingereicht, darauf hin aber noch kein Steuerbescheid ergangen ist, oder im Falle des Unterlassens die Abgabefrist noch nicht abgelaufen ist, so liegt nur ein **Versuch** einer Steuerhinterziehung vor, der gleichwohl strafbar ist (§ 370 Abs. 2 AO).[381]

212   aa) **Vorsatz.** Zum Inhalt des Vorsatzes gehört, dass der Täter den nach Grund und Höhe bestimmten Steueranspruch kennt oder wenigstens für möglich hält und ihn auch verkürzen will.[382] Über den genauen Umfang der Steuerpflicht und -verkürzung braucht der Täter jedoch nicht unterrichtet zu sein.[383] Hinsichtlich sämtlicher Merkmale muss der Täter die „Parallelwirkung in der Laiensphäre" aufweisen,[384] d. h. er muss wissen, dass ein Steueranspruch gegen ihn oder einen anderen, auf den er einwirkt, existiert. Strafbar ist die Tat auch, wenn sie mit

---

[372] *Rolletschke/Kemper* § 370 AO Rdnr. 183.
[373] Erbs/Kohlhaas/*Senge* § 370 AO Rdnr. 91.
[374] BGH Beschl. v. 5.4.1989 – 3 StR 87/89 – wistra 1989, 228; BGH Beschl. v. 24.1.1989 – 3 StR 313/88 – wistra 1989, 190.
[375] Franzen/Gast/*Joecks* § 369 AO Rdnr. 95.
[376] *Kohlmann* § 370 AO Rdnr. 602.
[377] *Kohlmann* § 370 AO Rdnr. 602.
[378] Vgl. Franzen/Gast/*Joecks* § 369 AO Rdnr. 102; *Kohlmann* § 370 AO Rdnr. 233.
[379] Vgl. Franzen/Gast/*Joecks* § 369 AO Rdnr. 95.
[380] Erbs/Kohlhaas/*Senge* § 370 AO Rdnr. 61.
[381] *Randt* Der Steuerfahndungsfall S. 362 Rdnr. 61.
[382] Klein/*Gast-de Haan* § 370 AO Rdnr. 92; BGH Beschl. v. 19.5.1989 – 3 StR 590/88 – wistra 1989, 263; zum Vorsatz bei der Nichtdeklaration von Zinseinnahmen im Ausland vgl. *Webel* PStR 2005, 216 bis 218.
[383] Erbs/Kohlhaas/*Senge* § 370 AO Rdnr. 62.
[384] Franzen/Gast/*Joecks* § 370 AO Rdnr. 235; *Kohlmann* Teil B Rdnr. 138.

bedingtem Vorsatz begangen wird.³⁸⁵ **Bedingter Vorsatz** liegt nach der Rechtsprechung vor, wenn der Täter die Tatbestandsverwirklichung billigt bzw. billigend in Kauf nimmt oder sich mit ihr zur Erreichung anderer Ziele abfindet.³⁸⁶ Der bedingte Vorsatz darf nicht vorschnell angenommen werden, sondern muss im Hinblick auf die Abgrenzung zur bewussten Fahrlässigkeit/Leichtfertigkeit sorgfältig unterschieden werden.³⁸⁷ Vorsatz scheidet nämlich trotz Erkennens des Risikos aus, wenn der Täter – ernsthaft und nicht nur vage – darauf vertraut, dass es sich nicht realisieren wird; die bloße Hoffnung auf einen guten Ausgang schließt den Eventualvorsatz dagegen nicht aus.³⁸⁸ Holt der Steuerpflichtige eine **Auskunft seines Beraters** über eine Steuerrechtsfrage ein und legt er dessen falsche Rechtsauffassung seiner Steuererklärung zugrunde, so wird in der Regel davon auszugehen sein, dass der Steuerpflichtige auf die Richtigkeit der Auskunft vertraut hat.³⁸⁹ Besteht im Ergebnis kein Zahlungsanspruch des Fiskus, sondern ein Erstattungsanspruch des Steuerpflichtigen und kann jedenfalls mit der für eine Verurteilung erforderlichen Sicherheit nicht ausgeschlossen werden, dass der Steuerpflichtige sich aufgrund seiner langjährigen kaufmännischen Erfahrung über diesen Sachverhalt durchaus im klaren gewesen sein könnte, ist auch bei Eingreifen des **Kompensationsverbotes** im Verhältnis zwischen Umsatz- und Vorsteuer der Nachweis einer wissentlichen und gezielten Steuerverkürzung nicht vorstellbar.³⁹⁰ Vorsätzlich handelt ein Steuerpflichtiger dann nicht, wenn er nach Übersendung einer vordergründig auf einen bestimmten Zeitraum bezogenen **Schenkungsteuer-Erklärung** irrtümlich annimmt, Vorschenkungen nicht offen legen zu müssen, insoweit eine gesonderte Aufforderung erwartet und den Erklärungsvordruck unausgefüllt zurücksendet.³⁹¹

> **Praxistipp:** 213
>
> In der Praxis wird den Beschuldigten seitens der Strafverfolgungsbehörde öfters vorgeworfen werden, diese hätten sich nach der Rechtslage erkundigen bzw. eine fachkundige Person wie Steuerberater/Rechtsanwalt um Rat fragen müssen.³⁹² Insoweit werden den Beschuldigten jedoch Sorgfaltspflichtverletzungen vorgeworfen, so dass man sich insoweit allenfalls im Bereich der Leichtfertigkeit (grobe Fahrlässigkeit) befindet und dementsprechend nur ein Ordnungswidrigkeitenverfahren im Sinne von § 378 AO in Betracht kommt. Ein entsprechendes Steuerstrafverfahren wäre mangels Vorsatzes nach § 170 Abs. 2 StPO einzustellen, sofern lediglich eine Sorgfaltspflichtverletzung festgestellt werden kann. Es ist somit besonderes darauf zu achten, dass nicht aufgrund von Sorgfaltspflichtverletzungen auf Vorsatz geschlossen wird.

Im Fall des **Unterlassens** muss der Täter die Tatsachen kennen, die ihn zum Handeln verpflichten.³⁹³ Der Umstand allein, dass er die Frist zur Abgabe der Steuererklärung hat verstreichen lassen, kann daher die Annahme des Vorsatzes nicht begründen.³⁹⁴ 214

Bleiben im **Besteuerungsverfahren**, insbesondere im Zusammenhang mit der Frage der verlängerten Festsetzungsfrist nach § 169 Abs. 2 S. 2 AO, hinsichtlich der Frage des Vorliegens eines Hinterziehungsvorsatzes Zweifel, so gehen diese zum Nachteil der Finanzverwaltung.³⁹⁵ Diese trägt die Feststellungslast.³⁹⁶ 215

---

³⁸⁵ *Kohlmann* Teil B Rdnr. 125; Franzen/Gast/*Joecks* § 370 AO Rdnr. 238.
³⁸⁶ H/H/Sp/*Hellmann* § 370 AO Rdnr. 223.
³⁸⁷ *Kohlmann* Teil B Rdnr. 129.
³⁸⁸ H/H/Sp/*Hellmann* § 370 AO Rdnr. 224.
³⁸⁹ H/H/Sp/*Hellmann* § 370 AO Rdnr. 227.
³⁹⁰ LG Oldenburg Beschl. v. 15.4.1994 – IV Qs 65/94 – wistra 1994, 276; vgl. auch BGH Urt. v. 24.10.1990 – 3 StR 16/90 – wistra 1991, 89.
³⁹¹ FG Köln Urt. v. 23.3.1998 – 9 K 5355/96 – EFG 1998, 1171 = PStR 1998, 189.
³⁹² Vgl. dazu auch *Rolletschke/Kemper* § 370 AO Rdnr. 142.
³⁹³ Erbs/Kohlhaas/*Senge* § 370 AO Rdnr. 62; Franzen/Gast/*Joecks* § 370 AO Rdnr. 236.
³⁹⁴ Erbs/Kohlhaas/*Senge* § 370 AO Rdnr. 62.
³⁹⁵ Niedersächsisches FG Urt. v. 2.6.2003 – 1 K 59/02 – EFG 2003, 1279 = PStR 2003, 248.
³⁹⁶ BFH Urt. v. 5.11.1970 – V R 71/67 – BFHE 101, 156 = BStBl. II 1971, 220.

216 Da der Nachweis des Vorsatzes im Steuerrecht auch bei
- der Festsetzung von Hinterziehungszinsen,[397]
- der verlängerten Festsetzungsfrist im Sinne von § 169 Abs. 2 S. 2 AO,
- im Bereich des § 173 Abs. 2 AO und
- im Rahmen eines Haftungsbescheides wegen § 71 AO

erforderlich ist, wird in diesem Zusammenhang darauf hingewiesen, dass bei einer Einstellung des Strafverfahrens nach **§ 153 a StPO**, das Finanzamt und das Finanzgericht wegen der Unschuldsvermutung daran gehindert sind, allein aufgrund der Zustimmung des Beschuldigten zur Einstellung und der Verfahrenseinstellung davon auszugehen, dem Beschuldigten sei die vorgeworfene Straftat nachgewiesen worden.[398]

217 Das Finanzgericht darf sich jedoch grundsätzlich tatsächliche Feststellungen, Beweiswürdigungen und rechtliche Beurteilungen aus einem Strafverfahren zu Eigen machen, wenn und soweit es zu der Überzeugung gelangt ist, dass diese zutreffend sind.[399] Werden jedoch **substantiierte Einwendungen** gegen die im Strafverfahren getroffenen tatsächlichen Feststellungen erhoben, muss es ihnen aber nachgehen und aufklären, ob die Feststellungen den Tatsachen entsprechen.[400]

218 *bb) Irrtum.* Irrt der Steuerpflichtige bei der Anwendung des § 370 AO als Blankettgesetz über das Bestehen eines Steueranspruchs,[401] so erliegt er einem Vorsatz ausschließenden **Tatbestandsirrtum**.[402] Das Blankettgesetz ist so zu lesen, als stünden die steuerrechtlichen Ausführungsnormen der §§ 370, 370 a AO, 26 c UStG im Strafgesetz.[403]

219 Dabei ist unbeachtlich, ob der Täter den Irrtum hätte vermeiden können, ob der Irrtum auf seiner Unkenntnis oder sonst einer Fehlvorstellung beruht oder verschuldet war.[404] Die Vermeidbarkeit des Irrtums und seine Vorwerfbarkeit gegenüber dem Täter ist jedoch im Hinblick auf § 16 Abs. 1 S. 2 StGB relevant.

Beispiel:
- Geht der Steuerpflichtige davon aus, dass die steuerliche Behandlung der Angelegenheit richtig war, liegt ein Tatbestandsirrtum vor, der den Vorsatz ausschließt.[405]
- Bei der irrigen Annahme eines Steuerpflichtigen, die Bundesrepublik Deutschland habe in einem **Doppelbesteuerungsabkommen** auf ihr Recht, bestimmte Einkünfte zu besteuern, verzichtet, handelt es sich um einen Tatbestandsirrtum hinsichtlich des inländischen Steueranspruchs.[406]
- Ein Tatbestandsirrtum kann auch vorliegen, wenn sich der Angeklagte unwiderlegt einlässt, er hätte sich über die Berechtigung zum **Vorsteuerabzug** geirrt.[407]
- Die Lektüre eines Zeitungsartikel über die Nichtsteuerbarkeit von Anlageerträgen begründet keinen Tatbestandsirrtum.[408]
- Ein Tatbestandsirrtum kann sich durch eine missverständliche oder unzutreffende telefonische Auskunft des Finanzamts ergeben.[409]
- Ebenfalls kann ein Tatbestandsirrtum vorliegen, wenn der Täter aufgrund einer Vorsteuerabzugsberechtigung sich über das Vorliegen einer Umsatzsteuerschuld irrt.[410]

Im Zusammenhang mit der Erstellung von **Scheinrechnungen** schuldet der Rechnungsaussteller nach § 14 c Abs. 2 S. 2 UStG den zu Unrecht ausgewiesenen Steuerbetrag. Zur Einlas-

---

[397] Zur Beachtung des Grundsatzes „in dubio pro reo" bei der Festsetzung von Hinterziehungszinsen im Zusammenhang mit Sicherheitszuschlägen vgl. BFH Urt. v. 14.8.1991 – X R 86/88 – BFHE 165, 458 = BStBl. II 1992, 128 = BB 1992, 333.
[398] BFH Beschl. v. 20.12.2000 – I B 93/99 – BFH/NV 2001, 639.
[399] BFH Beschl. v. 29.7.2004 – V B 79/03 – n. v.
[400] BFH Beschl. v. 29.7.2004 – V B 79/03 – n. v.
[401] Zur Steueranspruchstheorie und zum Tatbestandsirrtum im Steuerstrafrecht vgl. *Thomas* NStZ 1987, 260 bis 264; vgl. auch *Reiß* wistra 1987, 161 bis 165.
[402] OLG Köln Beschl. v. 4.3.2004 – 2 Ws 702/03 – NJW 2004, 3504.
[403] *Müller* AO-StB 2003, 273, 274.
[404] *Kohlmann* Teil B Rdnr. 140.
[405] BGH Beschl. v. 19.5.1989 – 3 StR 590/88 – wistra 1989, 263.
[406] BayObLG Urt. v. 30.1.1990 – RReg 4 St 132/89 – wistra 1990, 202 = MDR 1990, 655.
[407] BGH Urt. v. 23.4.1986 – 3 StR 57/86 – wistra 1986, 220.
[408] BGH Urt. v. 23.2.2000 – 5 StR 570/99 – wistra 2000, 217 = PStR 2000, 123 mit Anm. *Roßkamp*.
[409] BFH Beschl. v. 10.3.2005 – VII B 307/04 – BFH/NV 2005, 1474.
[410] BGH v. 24.10.1990 – 3 StR 16/90 – HFR 1991, 619.

sung des Beschuldigten, er habe diese Vorschrift nicht gekannt vgl. BGH, Urteil vom 17.2.1998 (Frage der Beweiswürdigung).[411]

Dem Täter fehlt das **Unrechtsbewusstsein** wenn er die Rechtswidrigkeit seines Verhalten nicht kennt.[412] Es genügt jedoch für die Annahme eines Unrechtsbewusstseins, dass der Täter es für möglich hält, Unrecht zu tun, und diese Möglichkeit in derselben Weise wie beim bedingten Vorsatz in seinen Willen aufnimmt.[413]

Beruht der **Irrtum über die Rechtswidrigkeit** nicht auf einem vorsatzausschließenden Tatbestandsirrtum, dann handelt es sich um einen (isolierten) Verbots- oder (bei Unterlassungsdelikten) Gebotsirrtum, der nach § 17 StGB zu behandeln ist.[414] Der **Verbotsirrtum** nach § 17 StGB entlastet den Täter nur dann, wenn er unvermeidbar ist. Vermeidbar ist der Verbotsirrtum jedoch dann, wenn der Täter angesichts seiner konkreten Fähigkeiten und Kenntnisse Anlass gehabt hätte, über die mögliche Rechtswidrigkeit seines Handelns nachzudenken oder sich zu erkundigen, um auf diesem Wege zu einer Unrechtseinsicht zu gelangen.[415] Hinsichtlich der Erkundigungspflicht muss der Täter jedoch einen Anlass haben, sich um die rechtliche Erheblichkeit seines Verhaltens zu kümmern, sei es, dass er an dessen Rechtmäßigkeit zweifelt, sei es, dass er sich in einem rechtlich geregelten Bereich bewegt und er wenigstens dies weiß.[416] Da an die Erkundigungspflichten im Allgemeinen hohe Anforderungen gestellt werden, wird der Verbotsirrtum in der Regel vermeidbar sein.[417] Dem Rat eines kompetenten Beraters kann der Steuerpflichtige aber regelmäßig vertrauen, wenn der Sachverhalt von diesem umfassend geprüft worden ist.[418] Ist der Rat aber lediglich „zwischen Tür und Angel" gegeben oder für den Rat suchenden unter Berücksichtigung seiner Ausbildung und Berufsstellung erkennbar vordergründig und mangelhaft oder liegt etwa seine Unrichtigkeit auf der Hand, so darf sich ein Betroffener auf ihn nicht verlassen.[419]

i) **Versuch.** Der Versuch der Steuerhinterziehung ist nach § 370 Abs. 2 AO in Verbindung mit § 23 Abs. 1 StGB strafbar. Der Versuch einer Straftat liegt vor, wenn der Täter nach seiner Vorstellung zur Verwirklichung des strafbaren Tatbestandes unmittelbar ansetzt (§ 22 StGB). Ein unmittelbares Ansetzen zur Tat ist dann zu bejahen, wenn unrichtige Belege bei der Finanzbehörde eingereicht bzw. einem zur Prüfung erschienenen Amtsträger vorgelegt werden.[420] Ferner ist die Schwelle zum Versuch mit Einreichung der falschen Erklärung beim Finanzamt überschritten.[421] Kennzeichnend[422] für das Vorliegen eines Versuchs ist, dass die Tat subjektiv gewollt und objektiv begonnen sein muss. D. h. es müssen Tatentschluss und Beginn der Ausführungshandlung vorhanden sein. Der Versuch dauert im Fall, dass das Finanzamt der unrichtigen/unvollständigen Steuererklärung nicht folgt und materiell-rechtlich zutreffend veranlagt, so lange an, wie dieselbe Steuererklärung im Streit ist, das heißt wie der Täter noch nicht alle Rechtsbehelfsmöglichkeiten ausgenutzt hat und der Steuerbescheid noch nicht formell bestandskräftig ist.[423] Der Versuch ist somit erst mit der Bestandskraft des ablehnenden Steuerbescheides fehlgeschlagen und beendet im Sinne von § 24 Abs. 1 StGB.[424] Strafbar ist auch der untaugliche Versuch (vgl. § 23 Abs. 3 StGB), bei dem der Täter irrig von einem

---

[411] BGH Urt. v. 17.2.1998 – 5 StR 624/97 – wistra 1998, 225 = PStR 1998, 187.
[412] Franzen/Gast/*Joecks* § 370 AO Rdnr. 237.
[413] BGH Urt. v. 7.3.1996 – 4 StR 742/95 – NJW 1996, 1604 = NStZ 1996, 338; H/H/Sp/*Hellmann* § 370 AO Rdnr. 256.
[414] Franzen/Gast/*Joecks* § 370 AO Rdnr. 237.
[415] *Müller* AO-StB 2003, 273, 277.
[416] Franzen/Gast/*Joecks* § 369 AO Rdnr. 100.
[417] *Kohlmann* § 370 AO Rdnr. 705.
[418] OLG Bremen Beschl. v. 2.3.1981 – Ss (B) 120/80 – NStZ 1981, 265 = BB 1981, 1855.
[419] BayObLG Beschl. v. 27.2.1992 – 3 ObOWi 11/92 – wistra 1992, 273.
[420] Kühn/v. Wedelstädt/*Blesinger* § 370 AO Rdnr. 68 m.w.N.
[421] BGH Urt. v. 27.9.2002 – 5 StR 97/02 – wistra 2003, 20 = PStR 2003, 1 = StV 2004, 25; BGH Beschl. v. 19.6.2003 – 5 StR 160/03 – NJW 2003, 3068 = PStR 2003, 218 = NStZ 2004, 580.
[422] *Müller* AO-StB 2005, 29.
[423] *Rolletschke/Kemper* § 370 AO Rdnr. 155.
[424] BGH Beschl. v. 17.7.1991 – 5 StR 225/91 – BGHSt 38, 37 = NJW 1991, 3227.

Sachverhalt ausgeht, der, wenn er vorläge, die Steuerpflicht und die Strafbarkeit begründen würde, etwa beim „Schmuggel" bereits verzollter Waren.[425]

223 In der **Unterlassungsalternative** des § 370 Abs. 1 Nr. 2 AO beginnt der Versuch in dem Zeitpunkt, in dem der Täter die Steuererklärung bei pflichtgemäßem Verhalten spätestens hätte abgeben müssen.[426] Werden bei **Nichtabgabe** der Steuererklärung die Besteuerungsgrundlagen richtig oder zu hoch geschätzt, so bleibt es beim Versuch, vorausgesetzt, dass der Steuerbescheid nicht wegen Fehlens der Erklärung verspätet, das heißt nach Abschluss der allgemeinen Veranlagungsarbeiten zu 95 % in dem Bezirk der jeweiligen Finanzbehörde, erlassen wird; in diesem Fall ist die Tat vollendet.[427]

224 Im Gegensatz zum Versuch sind **Vorbereitungshandlungen** nicht strafbar.[428] Die Vorbereitungshandlung ist im Gesetz nicht beschrieben. Sie schafft die Voraussetzungen für die Begehung der Tat, d. h. sie soll die Straftat ermöglichen oder erleichtern, ist aber für den Rechtsfrieden noch ungefährlich. D. h., immer dann, wenn noch weitere Willensentscheidungen erforderlich werden, um die bisherige Tätigkeit in die Deliktsbegehung einfließen zu lassen, liegt nur eine Vorbereitungshandlung vor.[429] Da die Vorbereitungshandlung nicht strafbar ist, ist es irrelevant, wie sie gestaltet ist. D. h. sie kann wirksam oder unwirksam sein, sie kann bedeutend oder unbedeutend sein.[430]

225 In folgenden Fällen liegt lediglich eine Vorbereitungshandlung vor:
- Ausfüllen und unterschreiben von (unrichtigen) Steuererklärungen,[431]
- Verbringen zoll- und verbrauchsteuerpflichtiger Waren in einen Freihafen, selbst wenn der Täter bereits plant, unrichtige Zollanmeldungen abzugeben,[432]
- vorsätzliches Führen falscher Bücher oder vorsätzliches Erstellen falscher Bilanzen, wenn die verfälschte Buchführung noch keinen Niederschlag in Erklärungen gegenüber dem Finanzamt gefunden hat,[433]
- Einreichung gefälschter Firmenunterlagen zur Erlangung von Steuernummern,[434]
- Erschleichen einer Freistellungsbescheinigung nach § 48 b EStG, damit der Empfänger von Bauleistungen nicht den gesetzlich vorgeschriebenen Betrag von 15 % des Bruttoentgelts einzubehalten und an das Finanzamt abzuführen hat (vgl. §§ 48 Abs. 1 S. 1, 48 a EStG),[435]
- Absprachen mit Lieferanten oder Kunden über den Austausch unrichtiger Rechnungen oder die Nichterteilung von Rechnungen (OR-Geschäfte) zum Zwecke einer wechselseitig unrichtigen oder unterlassenen Buchführung von Geschäftsvorfällen, die sich beim Abschluss umsatz-, ertrags- und gewinnmindernd auswirkt,[436]
- Die datenmäßige Erfassung und Verbuchung von Belegen sowie die Erstellung des falschen Zahlenwerks für die später abzugebende Umsatzsteuervoranmeldung durch ein (gutgläubiges) Steuerberaterbüro stellt sich erst als Vorbereitungshandlung für die vom mittelbaren Täter beabsichtigte Steuerhinterziehung dar.[437]

---

[425] Erbs/Kohlhaas/*Senge* § 370 AO Rdnr. 68.
[426] OLG Düsseldorf Beschl. v. 3.10.1986 – 3 Ws 493/86 – wistra 1987, 354; *Rolletschke/Kemper* § 370 AO Rdnr. 154; zu den Auswirkungen von Fristverlängerungen vgl. *Rolletschke/Kemper* § 376 AO Rdnr. 22; zum Versuchsbeginn, Vollendung und Beginn der Verfolgungsverjährung bei ausgebliebener Steuerfestsetzung vgl. *Schmitz*, FS G. Kohlmann, S. 517 bis 534.
[427] Erbs/Kohlhaas/*Senge* § 370 AO Rdnr. 74; BGH Beschl. v. 7.11.2001 – 5 StR 395/01 – BGHSt 47, 138 = NJW 2002, 762 = StV 2002, 200; OLG Düsseldorf Beschl. v. 4.4.2005 – III 2 Ss 139/04 – 6/05 III – wistra 2005, 353.
[428] *Müller* AO-StB 2005, 28.
[429] BGH Urt. v. 21.12.1982 – 1 StR 662/82 – BGHSt 31, 178, 182.
[430] *Müller* AO-StB 2005, 29.
[431] Klein/*Gast-de Haan* § 370 AO Rdnr. 60.
[432] BGH Beschl. v. 19.6.2003 – 5 StR 160/03 – NJW 2003, 3068 = PStR 2003, 218.
[433] *Kohlmann* § 370 AO Rdnr. 1205 m.w.N.; die unrichtige Buchführung kann allerdings als Steuergefährdung nach § 379 Abs. 1 Nr. 2 AO geahndet werden.
[434] BGH Urt. v. 27.9.2002 – 5 StR 97/02 – wistra 2003, 20 = PStR 2003, 1 = StV 2004, 25; im Hinblick auf die Einreichung falscher Urkunden kommt jedoch eine Strafbarkeit nach § 267 StGB in Betracht.
[435] *Randt* Der Steuerfahndungsfall S. 367 Rdnr. 78; vgl. auch *Kindshofer* PStR 2003, 160 bis 165.
[436] Franzen/Gast/*Joecks* § 370 AO Rdnr. 261; Wabnitz/Janovsky/*Kummer* 18. Kapitel Rdnr. 40 m.w.N.
[437] BGH Beschl. v. 7.6.1994 – 5 StR 272/94 – wistra 1994, 268.

> **Praxistipp:** 226
> Die Abgrenzung des (strafbaren) Versuchs von der (straflosen) Vorbereitungshandlung ist in jedem Einzelfall gesondert vorzunehmen. In den Fällen, in denen nicht zu klären ist, wie die Situation strafrechtlich zu beurteilen ist, gilt auch für die Frage, ob eine straflose Vorbereitungshandlung oder ein strafbarer Versuch vorliegt, der Grundsatz „in dubio pro reo".[438]

Im Zusammenhang mit **Scheinrechnungen** kommt eine Beihilfe des Rechnungsempfängers für den Scheinrechnungsaussteller nicht in Betracht, weil sie für den Rechnungsempfänger eine ihm steuerlich zuzurechnende Vorbereitungshandlung für die eigene Steuerhinterziehung darstellt.[439] 227

Ein **Rücktritt** vom Versuch der Steuerhinterziehung ist nach § 24 StGB möglich, auch beim beendeten Versuch.[440] § 24 StGB und § 371 AO stehen gleichberechtigt nebeneinander.[441] Abweichend von § 371 AO erfordert der Strafaufhebungsgrund des Rücktritts objektiv keine Selbstanzeige, subjektiv aber – explizit – Freiwilligkeit des Rücktritts.[442] § 371 AO unterscheidet sich von § 24 StGB im Wesentlichen dadurch, dass er die Möglichkeiten, durch „Rückkehr zur Steuerehrlichkeit" Straffreiheit zu erlangen, aus fiskalischen Gesichtspunkten wesentlich erweitert (Straffreiheit auch dann, wenn der tatbestandmäßige Erfolg bereits eingetreten ist; damit wird quasi der Rücktritt vom vollendeten Delikt ermöglicht) und subjektiv nicht voraussetzt, dass der Täter „freiwillig" gehandelt hat.[443] § 24 StGB ist für den Täter ungünstiger, da jeder beliebige Umstand die Freiwilligkeit auszuschließen vermag, während § 371 Abs. 2 Nr. 1 bis 2 AO „Unfreiwilligkeit" nur bei den dort aufgezählten Umständen unterstellt.[444] Die Freiwilligkeit ist als subjektives Moment aus der Tätersicht zu beurteilen.[445] Ein freiwilliger Rücktritt ist u. U. noch möglich, wenn ein Amtsträger zur steuerlichen Prüfung erschienen ist und der Täter ihm vor Beginn der Prüfung oder während der laufenden Prüfung berichtigende Angaben zu einer bereits eingereichten Steuererklärung, die Gegenstand der Prüfung ist, aber noch nicht zu einem Steuerbescheid führte, macht.[446] § 24 StGB ist für den Täter insoweit günstiger, als nicht notwendig eine Berichtigung, Nachholung oder Ergänzung der Angaben gefordert wird und der Rücktritt von einer versuchten Steuerhinterziehung nicht durch das Vorliegen der Tatbestände des § 371 Abs. 2 AO ausgeschlossen ist. Darüber hinaus ist die Straffreiheit nach § 24 StGB auch nicht von einer Steuernachzahlung (§ 371 Abs. 3 AO) abhängig.[447] 228

Bleibt die Vollendung der Steuerhinterziehung ohne Zutun des Täters aus, zum Beispiel weil die Finanzbehörde die Unrichtigkeit der Angaben erkennt oder die Besteuerungsgrundlagen trotz Fehlens der Steuererklärung zutreffend schätzt, so kann er nach § 24 Abs. 1 S. 2 StGB schon dadurch Straffreiheit erlangen, dass er sich **freiwillig und ernsthaft** um die Verhinderung der Vollendung bemüht.[448] Das ist allerdings nur der Fall, solange der Täter noch nicht weiß, dass die Finanzbehörde die Tat bereits entdeckt hat.[449] 229

j) **Täterschaft und Teilnahme.** Bei der Täterschaft werden Alleintäter, Mittäter und mittelbare Täter unterschieden (§ 25 StGB). Teilnahme ist Anstiftung oder Beihilfe (§ 28 StGB).[450] 230

---

[438] BGH Urt. v. 7.4.1995 – 2 StR 118/94, NStZ 1996, 38; *Müller* AO-StB 2005, 31.
[439] BGH Urt. v. 22.3.2003 – 5 StR 520/02 – NJW 2003, 2924 = wistra 2003, 344 = NStZ 2004, 578.
[440] BGH Urt. v. 19.3.1991 – 5 StR 516/90 – BGHSt 37, 340 = NJW 1991, 2844 = wistra 1991, 223; vgl. auch BGH Urt. v. 5.5.2004 – 5 StR 548/03 – BGHSt 49, 136 = wistra 2004, 309.
[441] *Kohlmann* § 370 AO Rdnr. 838.
[442] Franzen/Gast/*Joecks* § 371 AO Rdnr. 232; zum Verhältnis der Selbstanzeige bei Steuerhinterziehung zum Rücktritt vom Versuch vgl. *Kottke* DStZ 1998, 151 bis 153; vgl. auch *Mösbauer* DStZ 1997, 577 bis 581.
[443] *Kohlmann* § 371 AO Rdnr. 839.
[444] *Kohlmann* § 371 AO Rdnr. 839; Franzen/Gast/*Joecks* § 369 AO Rdnr. 64.
[445] Schönke/Schröder/*Eser* § 24 Rdnr. 44 m.w.N.
[446] Franzen/Gast/*Joecks* § 371 AO Rdnr. 234.
[447] *Kohlmann* § 370 AO Rdnr. 839.
[448] H/H/Sp/*Hellmann* § 370 AO Rdnr. 345.
[449] H/H/Sp/*Hellmann* § 370 AO Rdnr. 345.
[450] Zur Abgrenzung Beihilfe/Mittäterschaft vgl. BGH Urt. v. 10.11.2004 – 5 StR 403/04 – NStZ-RR 2005, 71.

231   aa) *Täterschaft*. **Alleintäter** ist, wer die Straftat selbst begeht. **Mittelbarer Täter** ist, wer eine Straftat durch einen anderen begeht, also die Tatbestandsmerkmale nicht selbst verwirklicht, sondern sich dazu eines „Werkzeugs", des so genannten Tatmittlers, bedient.[451] Auch im Steuerstrafrecht gelten dabei die allgemeinen Grundsätze zur Abgrenzung der **Mittäterschaft** von Anstiftung und Beihilfe.[452] Während der Gehilfe im Wesentlichen fremdes Tun fördern will, setzt Mittäterschaft ein bewusstes und gewolltes Zusammenwirken voraus, in dem jeder seine Tätigkeit als Ergänzung des Handelns des anderen versteht.[453] Der Täter hat insoweit Täterwillen (animus auctoris), der Teilnehmer Teilnehmerwillen (animus socii).[454] Mittäter ist, wer nicht nur fremdes Tun fördert, sondern einen eigenen Tatbeitrag derart in eine gemeinschaftliche Tat einfügt, dass sein Beitrag als Teil der Tätigkeit des anderen und umgekehrt dessen Tun als Ergänzung seines eigenen Tatanteils erscheint.[455]

232   Ob **Mittäterschaft** (§ 25 Abs. 2 StGB) oder **Beihilfe** (§ 27 StGB) vorliegt, hat der Tatrichter aufgrund einer wertenden Betrachtung aller Tatumstände zu bestimmen.[456] Dabei bilden der Grad des eigenen Interesses, der Umfang der Tatbeteiligung und die Tatherrschaft oder wenigstens der Wille zur Tatherrschaft die wesentlichen Beurteilungskriterien.[457] Da der Grad des Tatinteresses nur Indiz für eine Täterschaft ist, kann allein aufgrund des fehlenden Tatinteresses eine (Mit-)Täterschaft nicht verneint werden, insbesondere wenn der Geschehensablauf beherrscht oder mitbeherrscht wird.[458] Mittäter einer Steuerhinterziehung nach § 370 Abs. 1 Nr. 1 AO kann auch sein, wer nicht Steuerschuldner oder sonst Steuerpflichtiger in Bezug auf die verkürzte Steuer ist.[459] Bei der durch pflichtwidriges Unterlassen begangenen Steuerhinterziehung nach § 370 Abs. 1 Nr. 2 oder Nr. 3 AO hat die Mittäterschaft dagegen zur Voraussetzung, dass auch der Mittäter zur Aufklärung steuerlich erheblicher Tatumstände besonders verpflichtet ist.[460] Aus der beruflichen Stellung des **Steuerberaters** ergibt sich keine Garantenstellung im Sinne von § 13 Abs. 1 StGB.[461]

233   bb) *Teilnahme*. **Beihilfe** ist die dem Täter vorsätzlich geleistete Hilfe zur Begehung einer rechtswidrigen Tat.[462] Gehilfenvorsatz liegt vor, wenn der Gehilfe die Haupttat in ihren wesentlichen Merkmalen kennt und in dem Bewusstsein handelt, durch sein Verhalten das Vorhaben des Haupttäters zu fördern, ohne dass er dabei Einzelheiten der Haupttat zu kennen braucht.[463] Ob der Gehilfe den Erfolg der Haupttat wünscht oder ihn lieber vermeiden würde, ist nicht entscheidend.[464] Als Hilfeleistung im Sinne des § 27 StGB ist dabei grundsätzlich jede Handlung anzusehen, welche die Herbeiführung des Taterfolgs des Haupttäters objektiv fördert, ohne dass sie für den Erfolg selbst ursächlich sein muss.[465] Die Hilfeleistung muss auch nicht zur Ausführung der Tat selbst geleistet werden, es genügt schon die Unterstützung bei einer vorbereitenden Handlung.[466] Das kann grundsätzlich auch durch **äußerlich neutrale Handlungen** geschehen.[467] Es ist jedoch anerkannt, dass nicht jede Handlung, die sich im Ergeb-

---

[451] BGH Beschl. v. 27.11.2002 – 5 StR 127/02 – BGHSt 48, 108 = NJW 2003, 907 = wistra 2003, 266; *Beckemper* wistra 2002, 401.
[452] BGH Beschl. v. 6.10.1989 – 3 StR 80/89 – wistra 1990, 100.
[453] BGH Urt. v. 30.6.2005 – 5 StR 12/05 – PStR 2005, 201 mit Anm. *Wegner*; OLG Karlsruhe Beschl. v. 7.12.2000 – 3 Ws 243/00 – wistra 2001, 229.
[454] Sog. Animus-Theorie; vgl. Franzen/Gast/*Joecks* § 369 AO Rdnr. 71.
[455] BGH Urt. v. 30.6.2005 – 5 StR 12/05 – wistra 2005, 380 mit Anm. *Wegner* PStR 2005, 201.
[456] BGH Urt. v. 30.6.2005 – 5 StR 12/05 – wistra 2005, 380 mit Anm. *Wegner* PStR 2005, 201.
[457] BGH Urt. v. 24.10.2002 – 5 StR 600/01 – wistra 2003, 147; BGH Urt. v. 30.10.2003 – 5 StR 274/03 – wistra 2004, 63 = PStR 2004, 202.
[458] *Kohlmann* Teil B Rdnr. 342.
[459] BGH Urt. v. 28.5.1986 – 3 StR 103/86 – wistra 1986, 263.
[460] Erbs/Kohlhaas/*Senge* § 370 AO Rdnr. 80; *Kohlmann* Teil B Rdnr. 343; BGH Urt. v. 22.5.2003 – 5 StR 520/02 – NJW 2003, 2924 = NStZ 2004, 578.
[461] *Kohlmann* § 370 AO Rdnr. 345.
[462] Zur Verjährung der Beihilfe zur Steuerhinterziehung vgl. *Stoffers/Landoroski* StraFO 2005, 228 bis 233.
[463] FG Köln Urt. v. 19.12.2001 – 10 K 2330/96 – EFG 2002, 513.
[464] FG Köln Urt. v. 19.12.2001 – 10 K 2330/96 – EFG 2002, 513.
[465] St. Rspr.; vgl. z. B. BGH Urt. v. 1.8.2000 – 5 StR 624/99 – BGHSt 46, 107 = BStBl. II 2002, 79 = NJW 2000, 3010; *Samson/Schillhorn* wistra 2001, 1, 5.
[466] BGH Urt. v. 18.6.2003 – 5 StR 489/02 – NJW 2003, 2996 = PStR 2003, 194 = NStZ 2004, 41.
[467] BGH Urt. v. 23.1.1985 – 3 StR 515/84 – HFR 1985, 429.

nis objektiv tatfördernd auswirkt, als (strafbare) Beihilfe gewertet werden kann.[468] Vielmehr bedarf es insbesondere in Fällen, die sog. „neutrale" Handlungen betreffen, einer bewertenden Betrachtung im Einzelfall.[469] Fraglich ist, ob Beihilfe auch bei berufstypischem Verhalten, d. h. bei **professioneller Adäquanz** möglich ist.[470] Im Schrifttum werden hierzu unterschiedliche Auffassungen vertreten.[471] Praxisbedeutung hat diese Frage z. B. in den Fällen, in denen **Bankmitarbeiter** getarnte Kapitaltransaktionen in das Ausland vornehmen. Die Rechtsprechung[472] sieht als Hilfeleistung i. S. d. § 27 StGB grundsätzlich jede Handlung an, welche die Herbeiführung des Taterfolgs des Haupttäters objektiv fördert, ohne dass sie für den Erfolg selbst ursächlich sein muss.

Bezogen auf den Bankmitarbeiter bedeutet dies:[473]
- Sofern der Bankmitarbeiter sicher wusste, dass eine Steuerhinterziehung vom Kunden geplant war, liegt immer eine strafbare Beihilfe vor.
- Sofern der Bankmitarbeiter lediglich Eventualvorsatz in Bezug auf die künftigen Steuerhinterziehungen des Kunden hatte, kommt es darauf an, ob er sich die Tatpläne „angelegen sein ließ".[474] Sofern das einzige Motiv für die Anonymisierung des Transfers in einer Reduzierung der Entdeckungsgefahr zukünftiger Steuerhinterziehungen liegt, ist auch hier eine strafbare Beihilfe gegeben.[475] D. h. die Grenze vom akzeptierten und für die Aufrechterhaltung eines funktionsgerechten Bankverkehrs unabdingbaren Verhaltens zum strafbaren Tun ist dann überschritten, wenn der Bankangestellte gegen Schutzgesetze bewusst verstößt bzw. er positive Kenntnis davon hat, dass das Bankgeschäft der Verschleierung oder der Ermöglichung einer Steuerstraftat dient.[476]

Anstifter ist nach § 26 StGB, wer einen anderen vorsätzlich zur Begehung einer vorsätzlich rechtswidrigen Tat bestimmt. Der Anstifter wird gem. § 26 StGB wie der Haupttäter bestraft. War der Täter jedoch bereits zu einer konkreten Tat fest entschlossen (sog. omni modo facturus), kann er nicht mehr angestiftet werden.[477] Insoweit kommt nur eine Beihilfe oder eine versuchte Anstiftung in Betracht, die aber lediglich im Rahmen des § 30 StGB bei Verbrechen mit Strafe bedroht ist und folglich bei Steuerdelikten nur bei § 370 a AO in Betracht kommt.[478] Die Entwicklung eines „Steuermodells" für einen Mandanten durch einen Rechtsanwalt (Fachanwalt für Steuerrecht) und vereidigten Buchprüfer, das diesem ermöglicht, unter Verwendung überhöhter Rechnungen in der Buchhaltung über einen längeren Zeitraum eine Verkürzung von Körperschaft-, Gewerbe-, Umsatz- und Einkommensteuer herbeizuführen, ist als Anstiftung zur Steuerhinterziehung zu werten und grundsätzlich geeignet, ein Berufsverbot für die Berufe Rechtsanwalt und vereidigter Buchprüfer auszulösen.[479]

Ist es zweifelhaft, ob eine Anstiftung oder eine Beihilfe vorliegt, so ist in entsprechender Anwendung des Grundsatzes **in dubio pro reo** wegen des geringeren Unwertsgehalts eine Beihilfe anzunehmen.[480]

k) Konkurrenzen. Verletzt ein Täter mehrere Strafgesetze oder dasselbe Strafgesetz mehrmals, stellt sich die Frage, wie sich die verschiedenen Strafvorschriften untereinander verhalten und nach welchen Grundsätzen die Strafe festzusetzen ist. Die Lösung ergibt sich grundsätzlich aus den §§ 52, 53 StGB. Hiernach unterscheidet man Tateinheit (Idealkonkurrenz) oder

---

[468] BGH Urt. v. 18.6.2003 – 5 StR 489/02 – NJW 2003, 2996 = PStR 2003, 194 = NStZ 2004, 41.
[469] BGH Urt. v. 18.6.2003 – 5 StR 489/02 – NJW 2003, 2996 = PStR 2003, 194 = NStZ 2004, 41.
[470] Vgl. hierzu *Samson/Schillhorn* wistra 2001, 1 m.w.N.
[471] Vgl. hierzu *Kohlmann* § 370 AO, Rdnr. 161.
[472] BGH Beschl. v. 20.9.1999 – 5 StR 729/98 – wistra 1999, 459; BGH Urt. v. 1.8.2000 – 5 StR 624/99 – wistra 2000, 340.
[473] *Samson/Schillhorn* wistra 2001, 1, 3.
[474] BGH Urt. v. 1.8.2000 – 5 StR 624/99 – wistra 2000, 340.
[475] *Samson/Schillhorn* wistra 2001, 1, 3.
[476] *Kohlmann* § 370 AO Rdnr. 162.
[477] *Kohlmann* Teil B Rdnr. 371.
[478] *Kohlmann* Teil B Rdnr. 371.
[479] BGH Beschl. v. 20.2.2001 – 5 StR 544/00 – wistra 2001, 220 = NStZ 2001, 380.
[480] BGH Urt. v. 28.10.1982 – 4 StR 480/82 – BGHSt 31, 136 = NJW 1983, 239 = JZ 1983, 115 mit Anm. *Baumann*.

Tatmehrheit (Realkonkurrenz).⁴⁸¹ Die Differenzierung ist für die Festsetzung der **Strafe** erheblich. Bei **Tateinheit** wird auf die Strafe erkannt, die dem Strafgesetz zu entnehmen ist, das die schwerste Strafe androht. Bei **Tatmehrheit** wird für jede Handlung zunächst die Strafe festgesetzt, dann aber die Gesamtstrafe durch Erhöhung der verwirkten schwersten Einzelstrafe gebildet.⁴⁸²

238 Die Frage, ob **Tateinheit** (§ 52 StGB) oder **Tatmehrheit** (§ 53 StGB) vorliegt, ist für jeden Täter oder Teilnehmer unabhängig und selbständig zu prüfen.⁴⁸³ Dies gilt auch für den mittelbaren Täter.⁴⁸⁴ Hier kommt es darauf an, ob die mehrfachen Gesetzesverletzungen durch dieselbe Handlung begangen sind. Handlungseinheit liegt dann vor, wenn zwischen einer Mehrheit gleichartiger strafrechtlich erheblicher Verhaltensweisen ein derart unmittelbarer räumlicher und zeitlicher Zusammenhang besteht, dass das gesamte Handeln des Täters objektiv auch für einen Dritten als ein einheitlich zusammengehöriges Tun erscheint und wenn die einzelnen Betätigungsakte durch ein gemeinsames subjektives Element miteinander verbunden sind.⁴⁸⁵

239 Zur Tateinheit von **Teilnahmehandlungen** hat der BGH⁴⁸⁶ Folgendes entschieden: „Die Frage, ob das Verhalten eines Tatbeteiligten eine Einheit oder Mehrheit von Handlungen bildet, richtet sich nicht nach der Haupttat, sondern nach dem Tatbeitrag, den der Beteiligte geleistet hat. Beziehen sich mehrere Hilfeleistungen auf eine Tat, liegt nur eine Beihilfe vor. Fördert der Gehilfe durch eine Handlung mehrere Haupttaten eines oder mehrerer Haupttäter, liegt ebenfalls nur eine einheitliche Beihilfe vor".

240 *aa) Hinterziehung mehrerer Steuern.* Bei Abgabe mehrerer unrichtiger Erklärungen zu verschiedenen Steuerarten, z. B. Umsatz- und Einkommensteuer, besteht grundsätzlich **Tatmehrheit**.⁴⁸⁷ Mit Beschluss vom 24.11.2004⁴⁸⁸ hat der BGH entschieden, dass grundsätzlich die Abgabe jeder einzelnen unrichtigen Steuererklärung als eine selbständige Tat zu werten ist. Von Tatmehrheit ist auszugehen, wenn die abgegebenen Steuererklärungen verschiedene Steuerarten, verschiedene Besteuerungszeiträume oder verschiedene Steuerpflichtige betreffen. Im Beschlussfall wurden für 456 verschiedene Firmen Umsatzsteuervoranmeldungen in derselben Nacht in den gleichen Briefkasten geworfen und zur Versendung gebracht. Dies ändert an der konkurrenzrechtlichen Beurteilung im Sinne von Tatmehrheit nichts, da hier gerade nicht gewollt war, dass die den Erklärungen zugrunde liegenden Angaben in die Prüfung der anderen Steuerschuldverhältnisse einfließen sollten.⁴⁸⁹ Tatmehrheit besteht auch bei Steuerhinterziehung durch Nicht-Erklärung von Scheinumsätzen des Rechnungsausstellers (§ 14 c Abs. 2 UStG) und dessen Beihilfe zur Steuerhinterziehung durch den Rechnungsempfänger.⁴⁹⁰ Insoweit handelt es sich jedoch um eine einheitliche Tat im verfahrensrechtlichen Sinne.⁴⁹¹ Tatmehrheit liegt außerdem vor, wenn die Abgabe der Erklärungen pflichtwidrig unterlassen worden ist und wenn die eine Erklärung falsch war und die Abgabe der anderen unterlassen worden ist.⁴⁹² Bei Tatbegehung durch **Unterlassen** ist bei gleichzeitiger Hinterziehung mehrerer Veranlagungssteuern Tateinheit nur dann anzunehmen, wenn die erforderlichen Angaben, die der Täter pflichtwidrig unterlassen hat, durch ein und dieselbe Handlung zu machen gewesen wären.⁴⁹³

241 Verkürzt der Steuerpflichtige **Einkommen- und Gewerbesteuer** durch Nichtabgabe der entsprechenden Steuererklärungen, so liegt Tatmehrheit auch dann vor, wenn sich die Unterlassungen auf den gleichen Veranlagungszeitraum beziehen, auf einem einheitlichen Entschluss

---

⁴⁸¹ *Kohlmann* § 370 AO Rdnr. 860.
⁴⁸² *Kohlmann* § 370 AO Rdnr. 860.
⁴⁸³ *Kühn/v. Wedelstädt/Blesinger* § 370 AO Rdnr. 84.
⁴⁸⁴ BGH Beschl. v. 30.3.2004 – 1 StR 99/04 – wistra 2004, 264.
⁴⁸⁵ BGH Urt. v. 19.12.1997 – 5 StR 569/96 – wistra 1998, 199.
⁴⁸⁶ BGH Urt. v. 18.6.2003 – 5 StR 489/02 – NJW 2003, 2996 = NStZ 2004, 41.
⁴⁸⁷ *Franzen/Gast/Joecks* § 370 AO Rdnr. 307.
⁴⁸⁸ BGH Beschl. v. 24.11.2004 – 5 StR 220/04 – wistra 2005, 56; vgl. auch BGH Beschl. v. 20.9.1995 – 5 StR 197/95 – wistra 1996, 62.
⁴⁸⁹ *Rolletschke* wistra 2005, 213.
⁴⁹⁰ BGH Urt. v. 17.2.1998 – 5 StR 624/97 – wistra 1998, 225 = PStR 1998, 187.
⁴⁹¹ BGH Urt. v. 17.2.1998 – 5 StR 624/97 – wistra 1998, 225 = PStR 1998, 187.
⁴⁹² *Erbs/Kohlhaas/Senge* § 370 AO Rdnr. 99.
⁴⁹³ BGH Urt. v. 28.10.2004 – 5 StR 276/04 – wistra 2005, 30 = PStR 2005, 3 mit Anm. *Wegner.*

beruhen und in den Erklärungen teilweise die gleichen Angaben zu machen wären.[494] Allein der einheitliche Entschluss, zu keiner in Frage kommenden Steuerart eine Steuererklärung abzugeben, begründet folglich noch keine Tateinheit zwischen den einzelnen Steuerhinterziehungen durch Unterlassen.[495] Tatmehrheit liegt auch bei der Verkürzung von Lohn- und Einkommensteuer vor, wenn durch einen Scheinvertrag sowohl die Lohn- als auch die Einkommensteuer verkürzt werden, da die Hinterziehung der Lohnsteuer als auch der Einkommensteuer voneinander unabhängig auch bei Vorliegen nur eines Vertrags begangen werden kann. Ein einheitliches Tatmotiv oder das Vorhandensein eines Gesamtplans reichen nicht zur Annahme einer einheitlichen Tat aus.[496]

Bei Verkürzung verschiedener Steuern durch Handeln kann **Tateinheit** nur dadurch hergestellt werden, dass die Hinterziehungen durch dieselbe Erklärung bewirkt werden oder durch Erklärungen in gleichzeitig abgegebenen Formblättern.[497] Entscheidend ist dabei, dass die Abgabe von mehreren Steuererklärungen in einem **äußeren Vorgang** (zum Beispiel gleichzeitige Aufgabe zur Post oder gleichzeitiger Einwurf in den Briefkasten der Finanzbehörde) zusammenfällt und überdies in den Erklärungen übereinstimmende unrichtige Angaben über die Steuergrundlagen enthalten sind.[498] Folglich wird zwischen der Hinterziehung mehrerer Steuerarten, z. B. Einkommensteuer, Gewerbesteuer und Umsatzsteuer, Tateinheit dadurch hergestellt, dass die entsprechenden Steuererklärungen gleichzeitig beim Finanzamt eingereicht werden und in den für die Steuerhinterziehung entscheidenden Punkten inhaltsgleich sind.[499] Ferner liegt unter den gleichen Voraussetzungen zwischen Körperschaft- und Gewerbesteuerhinterziehung einerseits und der Umsatzsteuerhinterziehung andererseits Tateinheit in den einzelnen Jahren vor.[500]

Bei der Umsatzsteuerhinterziehung bilden die Umsatzsteuervoranmeldungen eines Jahres und die anschließende Umsatzsteuerjahreserklärung des nämlichen Jahres eine einheitliche Tat im Sinne des § 264 StPO.[501] Zwar handelt es sich bei der Verkürzung von Umsatzsteuern durch die monatlichen oder vierteljährlichen Voranmeldungen und die entsprechende Jahreserklärung um materiellrechtlich selbständige Taten, denen jeweils ein eigener Unrechtsgehalt zukommt. Allerdings führen die aus dem materiellen Steuerrecht Folgenden engen Verzahnungen dazu, dass Umsatzsteuervoranmeldungen und die Umsatzsteuerjahreserklärung eines Jahres hinsichtlich ihrer strafrechtlichen Bedeutung innerlich derart miteinander verknüpft sind, dass der Unrechts- und Schuldgehalt der einzelnen Taten nur in ihrem Zusammenhang richtig gewürdigt werden kann.[502]

bb) Gesetzeskonkurrenz. Bei der Gesetzeskonkurrenz treffen auf eine Straftat dem Wortlaut nach **mehrere** Strafgesetze zu, jedoch ergibt sich aus dem Verhältnis der Vorschriften zueinander, dass nur **eines** von ihnen anwendbar ist.[503]

Im Bereich der **Handlungseinheit** empfiehlt sich die folgende Unterscheidung:
- Spezialität
- Subsidiarität
- Konsumtion
- Wahlfeststellung und
- Postpendenz.[504]

---

[494] BayObLG Beschl. v. 14.7.1992 – RReg 4 St 31/91 – BayObLGSt 1992, 71= wistra 1992, 314 = MDR 1993, 75.
[495] BGH Urt. v. 28.11.1984 – 2 StR 309/84 – NJW 1985, 1719 = wistra 1985, 66.
[496] OLG Zweibrücken Beschl. v. 29.4.2005 – 1 Ws 137/05 – PStR 2005, 207.
[497] BGH Beschl. v. 21.3.1985 – 1 StR 583/84 – BGHSt 33, 163 = NJW 1985, 1967.
[498] BGH Beschl. v. 24.11.2004 – 5 StR 206/04 – wistra 2005, 66; Kühn/v. Wedelstädt/*Blesinger* § 370 AO Rdnr. 84.
[499] BGH Beschl. v. 5.3.1996 – 5 StR 73/96 – wistra 1996, 231.
[500] BGH Beschl. v. 20.9.1995 – 5 StR 197/95 – wistra 1996, 62.
[501] BGH Beschl. v. 24.11.2004 – 5 StR 206/04 – wistra 2005, 66.
[502] BGH Beschl. v. 24.11.2004 – 5 StR 206/04 – wistra 2005, 66, 67; a.A. Franzen/Gast/*Joecks* § 370 AO Rdnr. 308 f.
[503] Franzen/Gast/*Joecks* § 369 AO Rdnr. 115; *Kohlmann* § 370 AO Rdnr. 861.
[504] *Kohlmann* Teil B Rdnr. 456.

246 Im Bereich der **Handlungsmehrheit**:
- mitbestrafte Vortat und
- mitbestrafte Nachtat.[505]

247 **Spezialität** liegt vor, wenn mehrere Strafgesetze denselben Sachverhalt erfassen und sich in ihren Voraussetzungen nur dadurch unterscheiden, dass das eine Gesetz eines oder mehrere der Begriffsmerkmale enger begrenzt und spezieller ausgestaltet.[506] So stellt zum Beispiel der gewerbs- und bandenmäßige Schmuggel nach § 373 AO gegenüber § 370 a AO a. F. die speziellere Norm dar.[507] Die gewerbs- und bandenmäßige Steuerhinterziehung gem. § 370 a AO verdrängt als eigenständiger Qualifikationstatbestand den allgemeinen Tatbestand der einfachen Steuerhinterziehung des § 370 AO im Wege der Spezialität.[508] Bei **Subsidiarität** tritt das Gesetz zurück, das aufgrund einer ausdrücklichen Vorschrift (Subsidiaritätsklausel) oder sonst erkennbar nur für den Fall gelten soll, dass kein anderes Gesetz eingreift, zum Beispiel § 372 AO (Bannbruch) gegenüber § 29 Abs. 1 Nr. 1 BtMG, § 74 TierSG usw.[509] Subsidiarität wird angenommen zwischen Versuch und Vollendung, zwischen Anstiftung und Beihilfe einerseits und Täterschaft andererseits.[510] Beihilfe ist wiederum subsidiär gegenüber der Anstiftung.[511] Von **Konsumtion** spricht man, wenn ein Straftatbestand in einem anderen nicht notwendig enthalten ist, die eine Tat aber regelmäßig und typischerweise mit der Begehung einer anderen zusammentrifft, so dass ihr Unrechts- und Schuldgehalt durch die schwerere Deliktsform miterfasst und aufgezehrt wird.[512] Diese Form der Gesetzeskonkurrenz liegt z. B. im Verhältnis von § 370 AO zu § 380 AO (Gefährdung der Abzugsteuern) vor.[513]

248 **Wahlfeststellung** kommt in Betracht, wenn sich zwar nach Ausschöpfung aller Beweismöglichkeiten nicht feststellen lässt, dass der Täter einen bestimmten Steuerstraftatbestand erfüllt hat, es aber sicher ist, dass er entweder § 370 AO oder einen anderen vergleichbaren Tatbestand erfüllt hat.[514]

249 In folgenden Fällen hat die Rechtsprechung die Wahlfeststellung anerkannt:[515]
- Steuerhinterziehung und Steuerhehlerei,
- Gewerbsmäßige Steuerhinterziehung und Steuerhinterziehung,
- Beihilfe zur Steuerhinterziehung und zur Steuerhehlerei,
- Anstiftung und Täterschaft oder Beihilfe und Täterschaft zum selben Delikt,
- Monopolhinterziehung und -hehlerei,
- Bannbruch und Zollhinterziehung.

250 Unzulässig ist die Wahlfeststellung bei:
- Beihilfe oder Mittäterschaft,
- Versuch oder Vollendung,
- Fahrlässigkeit oder Vorsatz,
- Begünstigung oder Beihilfe.

In diesen Fällen gilt „in dubio mitius".[516]

251 Von der Wahlfeststellung zu unterscheiden ist die **Postpendenzfeststellung**. Sie ist gegeben, wenn eine nur „einseitige" Sachverhaltsunsicherheit dergestalt besteht, dass von zwei tatbestandsrelevanten Sachverhalten der zeitlich frühere nur möglicherweise, der spätere hingegen sicher gegeben ist. Dies ist insbesondere im Bereich der Hehlerei von Bedeutung.

---

[505] *Kohlmann* Teil B Rdnr. 457.
[506] *Schönke/Schröder/Stree* Vorbem. §§ 25 ff. Rdnr. 110.
[507] BGH Beschl. v. 19.6.2003 – 5 StR 160/03 – NJW 2003, 3068 = wistra 2003, 389 = NStZ 2004, 580.
[508] *Kohlmann* § 370 a AO Rdnr. 29; H/H/Sp/*Hellmann* § 370 a AO Rdnr. 37.
[509] Franzen/Gast/*Joecks* § 369 AO Rdnr. 117; vgl. auch Schönke/Schröder/*Stree* Vorbem. §§ 25 ff. Rdnr. 105 ff.
[510] *Kohlmann* Teil B Rdnr. 463.
[511] *Kohlmann* Teil B Rdnr. 463.
[512] Str. *Kohlmann* Teil B Rdnr. 466; vgl. auch Schönke/Schröder/*Stree* Vorbem. §§ 25 ff. Rdnr. 131 f.; LK/*Rissing-van Saan* Vorbem. §§ 25 ff. StGB Rdnr. 116 ff.
[513] Str. vgl. *Kohlmann* § 380 AO Rdnr. 62.
[514] *Kohlmann* § 370 AO Rdnr. 958.
[515] *Kohlmann* § 370 AO Rdnr. 959.
[516] *Kohlmann* § 370 AO Rdnr. 960.

Mitbestrafte Vortat ist ein Versuch gegenüber dem später vollendeten Vergehen oder eine Anstiftung im Verhältnis zu der Tat, an der sich der Anstifter später als Mittäter erweist.[517] **Mitbestrafte Nachtat** ist eine Handlung, die nicht besonders bestraft wird, weil (und soweit) sie sich in der Sicherung oder Auswertung einer durch die Vortat erlangten Position erschöpft.[518] Dies ist dann der Fall, wenn und soweit die spätere Jahreserklärung lediglich die vorangegangenen oder auch unterlassenen Erklärungen wiederholt hat und gegenüber der **Haupttat** betragsmäßig keine weitere Steuerverkürzung eingetreten ist. Bleibt die **Haupttat** jedoch, aus welchen Gründen auch immer, **straffrei**, so entfällt der Grund für die Straflosigkeit der Nachtat und ihre Strafbarkeit lebt wieder auf.[519] **252**

cc) Konkurrenz mit Nichtsteuerdelikten.[520] Die **Urkundenfälschung** (§ 267 StGB) kann zur Steuerhinterziehung in Tateinheit treten, wenn diese als Mittel dient, um die Finanzbehörde irrezuführen oder Hinterziehungshandlungen zu verschleiern.[521] In diesem Zusammenhang ist darauf hinzuweisen, dass ein **Verwertungsverbot** im Sinne von § 393 Abs. 2 AO in den Fällen vorliegt, in denen der Täter zum Nachweis seiner falschen Angaben dem Finanzamt unechte Urkunden im Sinne des § 267 StGB vorlegt.[522] Für die Annahme einer Tateinheit ist das Gebrauchen der gefälschten Urkunde zur Steuerhinterziehung notwendig.[523] Ein einheitlicher Vorsatz des Täters, Steuerhinterziehung und Urkundenfälschung miteinander zu verbinden, begründet noch keine Tateinheit.[524] Das Herstellen oder Verfälschen von Urkunden ist im Hinblick auf eine (geplante) Steuerhinterziehung eine bloße straflose Vorbereitungshandlung.[525] **253**

Eine Verwendung unechter Belege zur Steuerverkürzung liegt **nicht** schon darin, dass der Täter den unrichtigen Inhalt der Belege in seine Steuererklärungen einfließen lässt; denn dabei verwendet er nicht die Belege, sondern nur deren Inhalt zur Täuschung.[526] Jedoch kann er die unechten Belege zur Steuerverkürzung verwenden, wenn er sie dem Finanzamt einreicht oder einem zur Prüfung erschienen Amtsträger vorlegt.[527] Werden gefälschte Belege einem nicht dolos handelnden Werkzeug wie zum Beispiel demjenigen übergeben, welches eine Steuererklärung erstellt, liegt **Tatmehrheit** vor.[528] **254**

Wird die Steuerverkürzung durch einen Finanzbeamten bewirkt, der seine Befugnisse oder seine Stellung als Amtsträger missbraucht (§ 370 Abs. 3 Nr. 2 AO) ist regelmäßig auch der Tatbestand der **Untreue** gem. § 266 StGB erfüllt.[529] Dieser tritt – anders als bei § 263 StGB – nicht hinter der spezielleren Vorschrift des § 370 AO zurück. Denn mit dem Unrechtsgehalt des Straftatbestandes der Steuerhinterziehung nach § 370 Abs. 1 AO wird regelmäßig zugleich der des Tatbestandes nach § 266 StGB erfasst.[530] Zwischen Untreue und Steuerhinterziehung besteht Tatmehrheit.[531] **255**

Dient das täuschende Verhalten im Rahmen eines **Betruges** allein der Verkürzung des Steueranspruchs, liegt **Gesetzeskonkurrenz** vor.[532] Tateinheit von Steuerhinterziehung und Betrug **256**

---

[517] Franzen/Gast/*Joecks* § 369 AO Rdnr. 120.
[518] Franzen/Gast/*Joecks* § 369 AO Rdnr. 118.
[519] BGH Beschl. v. 26.5.1993 – 5 StR 190/93 – BGHSt 39, 233 = NJW 1993, 2692 = wistra 1993, 223; a.A. Schönke/Schröder/*Stree* Vorbem. §§ 25 ff. Rdnr. 116 m.w.N.; *Schneider* wistra 2001, 408 bis 414 mit Erwiderung von *Rolletschke* wistra 2002, 332 bis 334.
[520] Vgl. dazu auch die Rechtsprechungsübersicht in: Franzen/Gast/*Joecks* § 370 AO Rdnr. 319.
[521] Kühn/v. Wedelstädt/*Blesinger* § 370 AO Rdnr. 90; BGH Urt. v. 24.10.2002 – 5 StR 600/01 – wistra 2003, 147.
[522] BGH Urt. v. 5.5.2004 – 5 StR 548/03 – BGHSt 49, 136 = PStR 2004, 181; vgl. dazu auch BVerfG, Nichtannahmebeschluss vom 15.10.2004 – 2 BvR 1316/04, n. v.; BGH Beschl. v. 11.9.2003 – 5 StR 253/03 – wistra 2003, 429 = PStR 2003, 241 = NStZ 2004, 582; Franzen/Gast/*Joecks* § 393 AO Rdnr. 54 b; a.A. *Kohlmann* § 393 AO Rdnr. 76 ff.
[523] BGH Beschl. v. 22.9.1993 – 5 StR 554/93 – wistra 1993, 342.
[524] *Kohlmann* § 370 AO Rdnr. 944.
[525] *Kohlmann* § 370 AO Rdnr. 944.
[526] BGH Beschl. v. 25.1.1983 – 5 StR 814/82 – BGHSt 31, 225 = NJW 1983, 1072 = wistra 1983, 116.
[527] BGH Beschl. v. 25.1.1983 – 5 StR 814/82 – BGHSt 31, 225 = NJW 1983, 1072 = wistra 1983, 116.
[528] BGH Beschl. v. 7.6.1994 – 5 StR 272/94 – wistra 1994, 268.
[529] BGH Beschl. v. 21.10.1997 – 5 StR 328/97 – wistra 1998, 64.
[530] BGH Beschl. v. 21.10.1997 – 5 StR 328/97 – wistra 1998, 64.
[531] OLG Hamm Beschl. v. 23.5.2002 – 4 Ss 145/02 – wistra 2002, 400.
[532] *Kohlmann* § 370 AO Rdnr. 942.

ist nur möglich, wenn außer den Steuervorteilen weitere Vorteile erstrebt werden.[533] Der Betrug gegenüber der sozialversicherungsrechtlichen **Einzugsstelle** sowie die Lohnsteuerhinterziehung gegenüber den Finanzbehörden wird tatmehrheitlich begangen.[534] Ebenfalls Tatmehrheit besteht zwischen der Lohnsteuerhinterziehung einerseits und dem Vorenthalten von Arbeitsentgelt gem. § 266 a StGB.[535]

257 l) **Strafrechtliche Verjährung.** Die **Verjährung** richtet sich gem. § 369 Abs. 2 AO auch bei den Steuerstraftaten der AO nach den §§ 78 ff. StGB. Die Dauer der Verjährungsfrist richtet sich nach der abstrakten Strafandrohung für die Verwirklichung des betreffenden Tatbestands. Hierbei ist die Regelstrafdrohung maßgebend, nicht die verwirkte Strafe. Strafschärfungen und Strafmilderungen bleiben gem. § 78 Abs. 4 StGB unberücksichtigt.[536] Sie beginnt frühestens mit der Beendigung der Tat.[537] § 376 AO ergänzt § 78 c StGB dahin gehend, dass im Steuerrecht auch der Bekanntgabe der Einleitung eines Bußgeldverfahrens oder deren Anordnung Unterbrechungswirkung zukommt. Die Verfolgung von Steuerstraftaten verjährt regelmäßig in 5 Jahren, da die Höchststrafe 5 Jahre nicht überschreitet, § 78 Abs. 3 Nr. 4 StGB.[538] Die erhöhte Strafandrohung für **besonders schwere Fälle** (§ 370 Abs. 3 AO) ist für die Dauer der Verjährungsfrist unbeachtlich, da diese eine Strafschärfung darstellt (§ 78 Abs. 4 StGB).

258 Steuerstraftaten nach § 370 a AO verjähren hingegen gem. § 78 Abs. 3 Nr. 3 StGB in 10 Jahren unabhängig davon, ob ein minder schwerer Fall angenommen wird, § 78 Abs. 4 StGB. Die absolute Verjährungsfrist beträgt nach § 78 c Abs. 3 S. 2 StGB das Doppelte der gesetzlichen Verjährungsfrist. D. h. sie beträgt bei der Steuerhinterziehung 10 Jahre und bei Steuerstraftaten gem. § 370 a AO 20 Jahre.[539] Die Verjährung beginnt nach jeder Unterbrechungshandlung aber nur dann von neuem, wenn diese hinreichend bestimmt ist.[540] So ist ein Schreiben der Bußgeld- und Strafsachenstelle des Finanzamtes, welches die Bekanntgabe an den Angeklagten enthält, dass gegen ihn ein Ermittlungsverfahren eingeleitet worden ist, zur Verjährungsunterbrechung nicht geeignet, wenn es nur einen allgemeinen formelhaften Text ohne tatsächliche Spezifizierung und ohne Hinweis auf eine tatsächliche Grundlage enthält.[541] Das Gleiche gilt für Durchsuchungs- und Beschlagnahmeanordnungen, die den verfassungsrechtlichen Mindestvoraussetzungen nicht entsprechen.[542] Unzulässig ist zum Beispiel die Umschreibung des Tatzeitraums mit „nicht rechtsverjährter Zeit".[543] Im Übrigen muss die Unterbrechungshandlung zur Förderung der Strafverfolgung geeignet sein.[544] Dient zum Beispiel die erneute richterliche Vernehmung des Beschuldigten (§ 78 c Abs. 1 Nr. 2 StGB) ausschließlich dem Zweck, die Verjährung zu unterbrechen, so ist sie zur Förderung der Strafverfolgung nicht geeignet; die Unterbrechung tritt nicht ein.[545] Steht fest, dass der Beschuldigte gar nicht vernommen werden kann, etwa weil er überhaupt nicht erreichbar ist, so ist die Anordnung der Vernehmung

---

[533] *Kohlmann* § 370 AO Rdnr. 942; vgl. auch *Franzen/Gast/Joecks* § 370 AO Rdnr. 318.
[534] BGH Beschl. v. 12.2.2003 – 5 StR 165/02 – NJW 2003, 1821 = wistra 2003, 262; *Rolletschke* wistra 2005, 213; *Gericke* PStR 2005, 277. a.A. *Franzen/Gast/Joecks* § 370 AO Rdnr. 320 m.w.N.; s. auch *Vogelberg* PStR 2004, 95.
[535] BGH Beschl. v. 21.9.2005 – 5 StR 263/05 – wistra 2005, 458 und wistra 2006, 105 mit Anm. *Rolletschke*.
[536] *Müller* wistra 2004, 11.
[537] OLG Oldenburg Urt. v. 4.4.2005 – Ss 8/05 (I 21) – wistra 2005, 352.
[538] *Franzen/Gast/Joecks* § 376 AO Rdnr. 9.
[539] *Müller* wistra 2004, 11.
[540] Zur Bestimmtheit von Strafverfolgungshandlungen vgl. *Spatscheck/Dinkgrave* AO-StB 2004, 262 bis 267.
[541] OLG Hamburg Beschl. v. 24.3.1987 – 2 Ss 134/86 – wistra 1987, 189 mit Entscheidungsbesprechung von *Marx* wistra 1987, 207 f.
[542] *Franzen/Gast/Joecks* § 376 AO Rdnr. 52; BGH Beschl. v. 27.5.2003 – 4 StR 142/03 – wistra 2003, 382 = NStZ 2004, 275; BGH Beschl. v. 5.4.2000 – 5 StR 226/99 – wistra 2000, 219 = NStZ 2000, 427; zu den Anforderungen einer Durchsuchungsanordnung bei Dritten vgl. BGH Beschl. v. 15.10.1999 – 2 BJs 20/97 – 2 – StB 9/99 – NStZ 2000, 154; BGH Beschl. v. 21.11.2001 – 3 BJs 22/00 – 4 (9) – StB 20/01 – wistra 2002, 109 = StV 2002, 62; zu Form und Inhalt der Durchsuchungsanordnungen im allgemeinen vgl. *Kohlmann* § 385 AO Rdnr. 150 bis 150.2.
[543] LG Darmstadt Beschl. v. 8.12.1999 – 13 Qs 810/99 – 13 KLs – wistra 2000, 238.
[544] *Franzen/Gast/Joecks* § 376 AO Rdnr. 47; *Kohlmann* § 376 AO Rdnr. 68; *Schönke/Schröder/Stree/Sternberg-Lieben* § 78 c Rdnr. 6 und 8; *Spatscheck/Dinkgrave* AO-StB 2004, 262, 267; a.A. BayObLG Beschl. v. 13.6.1979 – 2 ObOWi 240/79 – MDR 1980, 253.
[545] *Franzen/Gast/Joecks* § 376 AO Rdnr. 47.

von vornherein sinnlos und als Scheinanordnung anzusehen; es kann ihr dann keine Unterbrechungswirkung zukommen.[546]

m) Einzelfälle. aa) *Schätzung im Steuerstrafverfahren.* Auch im Steuerstrafverfahren 259 können für die Ermittlung der verkürzten Beträge die Besteuerungsgrundlagen geschätzt werden.[547] Die strafrechtlichen Verfahrensvorschriften haben keinen Vorrang vor den Verfahrensvorschriften im Besteuerungsverfahren. Das Steuerstrafverfahren und das Besteuerungsverfahren sind gem. § 393 Abs. 1 S. 1 AO voneinander unabhängig und stehen gleichrangig nebeneinander.[548] Die Mitwirkungspflichten eines Steuerpflichtigen im Besteuerungsverfahren bleiben auch bei Einleitung eines Steuerstrafverfahrens gegen ihn bestehen.[549] Das Finanzamt kann bei Verletzung der Mitwirkungspflicht einen **Schätzungsbescheid** erlassen.[550] Ein Schätzungsbescheid ist auch wegen der Höhe der Schätzung zu begründen, wenn hierfür ein **besonderer Anlass** besteht.[551] Ein besonderer Anlass besteht, wenn der Bescheid von den Angaben des Steuerpflichtigen abweicht (z. B. die geschätzten Jahresumsätze von den Voranmeldungen).[552] Wenn das Finanzamt Teile der Erklärung durch Schätzungen ersetzt oder ergänzt, muss es im Erläuterungstext nicht nur die Höhe der Schätzung, sondern auch die Bemessungsgrundlagen (oder den Teil derselben) kenntlich machen, die von der Schätzung betroffen ist.[553] Unzulässig ist, eine besonders nachteilige Schätzung durchzuführen, weil der Steuerpflichtige die Mitwirkung verweigert.[554] Allerdings dürfen bei der Schätzung auch ungeklärte Bareinzahlungen berücksichtig werden; dies gilt jedenfalls dann, wenn der Steuerpflichtige seine Mitwirkungspflicht bei der Aufklärung des Sachverhalts verletzt hat.[555] Gegenstand der Schätzung sind nur die unbekannten Besteuerungsgrundlagen, nicht der zugrunde liegende Lebenssachverhalt und nicht die Steuer selbst; diese ist vielmehr aus den geschätzten Besteuerungsgrundlagen zu errechnen.[556] Für eine Vielzahl von Schätzungen sind spezielle Methoden entwickelt worden. Die Schätzungsmethoden sind Hilfsmittel, um zu dem Wert mit der größtmöglichen Wahrscheinlichkeit zu gelangen.[557] Dazu gehören der innere und äußere Betriebsvergleich, die Geldverkehrs- oder die Vermögenszuwachsrechnung.[558]

Beim **inneren Betriebsvergleich** werden die wirtschaftlichen Daten des zu beurteilenden 260 Betriebes selbst herangezogen, das heißt eine **Nachkalkulation** von Umsatz und Gewinn vorgenommen.[559] Mittels einer Kennzahlenrechnung, die über einen mehrjährigen Zeitraum

---

[546] Schönke/Schröder/Stree/Sternberg-Lieben § 78 c Rdnr. 6; vgl. OLG Koblenz Beschl. v. 17.3.1976 – 1 Ss 122/76 – MDR 1976, 780.
[547] Kohlmann § 370 AO Rdnr. 497; umfassend zur Schätzung im Steuerrecht: Schmidt-Liebig NWB 2004, Fach 17, 1847 bis 1904; zur Schätzung im Steuer- und Steuerstrafrecht vgl. auch Hild DB 1996, 2300 bis 2303; zum Verhältnis der Schätzungen im steuerlichen Ermittlungsverfahren zum Steuerstrafverfahren siehe Haas, FS 50 Jahre Deutsches Anwaltsinstitut e. V., 2003, 469 bis 488; zu Verteidigungsstrategien gegen Schätzungen im Besteuerungsverfahren siehe Bornheim AO-StB 2003, 49 bis 54; zur Schätzung im Steuerstrafrecht allgemein vgl. Volk, FS G. Kohlmann, S. 579 bis 589; zu Verteidigungsstrategien gegen Schätzungen im Steuerstrafverfahren siehe Bornheim AO-StB 2003, 94 bis 98; zur Wechselwirkung von Strafverfahren und tatsächlicher Verständigung bzw. Schätzung siehe Kratzsch PStR 2005, 10 bis 15; zur Schätzung bei Einkünften aus Kapitalvermögen bei vorherigem Transfer von Geldern ins Ausland: Niedersächsisches FG Beschl. v. 31.3.2005 – 14 V 194/04 – PStR 2005, 279 f. – mit Anm. von Wegner; zu den Abwehrstrategien gegen die Schätzung von Besteuerungsgrundlagen im Betriebsprüfungsverfahren siehe Meyer DStR 2005, 2114.
[548] BFH Beschl. v. 3.4.2003 – XI B 60/02 – BFH/NV 2003, 1034.
[549] BFH Beschl. v. 19.9.2001 – XI B 6/01 – BFHE 196, 200 = BStBl. II 2002, 4 = NJW 2002, 847.
[550] BFH Beschl. v. 19.9.2001 – XI B 6/01 – BFHE 196, 200 = BStBl. II 2002, 4 = NJW 2002, 847; BFH Beschl. v. 29.9.2004 – X B 66/03 – n. v.; zu „nachteiligen Schätzungen" im Steuerstrafverfahren vgl. Kohlmann § 393 AO Rdnr. 33 ff.
[551] BFH Urt. v. 11.2.1999 – V R 40/98 – BFHE 188, 10 = BStBl. II 1999, 382 = NJW 1999, 2063.
[552] Schmidt-Liebig NWB 2004, Fach 17, 1847, 1887.
[553] Schmidt-Liebig NWB 2004, Fach 17, 1847, 1887.
[554] Niedersächsisches FG Urt. v. 31.3.2005 – 14 V 194/04 PStR 2005, 279; Franzen/Gast/Joecks § 393 AO Rdnr. 30.
[555] FG Berlin Urt. v. 16.12.2003 – 7 K 7 100/01 – Rev. eingelegt AZ BFH: V R 44/04 – DStRE 2005, 1362.
[556] Franzen/Gast/Joecks § 370 AO Rdnr. 58.
[557] BFH Urt. v. 26.2.2002 – X R 59/98 – BFHE 198, 20 = BStBl. II 2002, 450 = DStRE 2002, 978.
[558] Zur Eignung der einzelnen Schätzungsmethoden vgl. Carlé KÖSBl 2005, 14718.
[559] Randt Der Steuerfahndungsfall S. 533 f. Rdnr. 167; BFH Urt. v. 17.11.1981 – VIII R 174/77 – BFHE 135, 11 = BStBl. II, 1982, 430 = DB 1982, 1249: Die Nachkalkulation ist eine Methode des inneren Betriebsvergleichs.

vergleichbare betriebliche Zahlen untersucht und deren Abweichung analysiert, werden z. B. im Rahmen einer wirtschaftlichen Verprobung funktionale Beziehungen zwischen verschiedenen betrieblichen Faktoren untersucht, die Rückschlüsse auf die Vollständigkeit und Richtigkeit des verbuchten Materials zulassen.[560] Kalkulationsgrundlagen sind der Wareneinsatz, und/oder andere Betriebsausgaben (Lohnaufwendungen, Produktionsmittel, Energie-, Raumkosten u.ä.).[561] Bei der Nachkalkulation entscheidet die Anzahl der ausgewählten Warengruppen, der Materialbestände oder -einkäufe über die Qualität der Nachkalkulation und damit der Schätzung.[562] Es sind alle **Sondereinflüsse** herauszuarbeiten und es ist darauf zu achten, dass der Prüfer von jeweils nachvollziehbaren Grundlagen ausgeht.[563]

261 Zuschätzungen aufgrund einer Nachkalkulation bei einer **Kapitalgesellschaft** sind als verdeckte Gewinnausschüttung (**vGA**) an die Gesellschafter zu beurteilen, wenn die Nachkalkulation den Schluss zulässt, dass die Kapitalgesellschaft Betriebseinnahmen nicht vollständig gebucht hat und diese nicht gebuchten Betriebseinnahmen den Gesellschaftern außerhalb der gesellschaftsrechtlichen Gewinnverteilung zugeflossen sind.[564]

262 Beim **äußeren (externen) Betriebsvergleich** werden die Verhältnisse des zu prüfenden Betriebs mit denen anderer vergleichbarer Unternehmen verglichen. Häufig ist es zweifelhaft, welche Betriebe als **Vergleichsbetriebe** heranzuziehen sind. Die Zugehörigkeit zur gleichen Branche reicht nicht aus; die Vergleichsbetriebe müssen gleichartig und gleichwertig sein, d. h. es müssen die Betriebsgröße, das Geschäftsgebaren, die Organisation, die Absatzmöglichkeiten, der Kundenstamm, die Lieferanten und alle wesentlichen Wirtschaftsfaktoren vergleichbar sein.[565] Schon wegen der schwierigen Ausgangssituation ist der Beweiswert eines äußeren Betriebsvergleich gering.[566] Der äußere Betriebsvergleich führt überdies zum Konflikt zwischen dem **Steuergeheimnis** (§ 30 AO) des Vergleichsbetriebs und dem **Informationsrecht** des Steuerpflichtigen.[567] In diesem Zusammenhang ist anzumerken, dass die AO zwar keine Regelung enthält, nach der ein Anspruch auf Akteneinsicht im steuerlichen Verwaltungsverfahren besteht, der Steuerpflichtige hat jedoch ein Recht darauf, dass die Finanzbehörde über seinen Antrag auf Gewährung von **Akteneinsicht** nach pflichtgemäßem Ermessen entscheidet.[568] Die Ablehnung eines Antrags auf Akteneinsicht ist mit dem Einspruch (§ 347 AO) anfechtbar.[569] Nach § 78 Abs. 1 FGO besteht im Klageverfahren jedoch ein Recht auf Akteneinsicht. Das Akteneinsichtsrecht der Beteiligten erstreckt sich auch auf vom FG beigezogene „fremde" Steuerakten.[570] Das Finanzgericht kann jedoch von der Beiziehung solcher Akten absehen, wenn die Gefahr einer Verletzung von § 30 AO im Falle der Akteneinsichtnahme durch die Beteiligten besteht.[571]

263 Als Vergleichsmaßstab wird oft die vom Bundesministerium der Finanzen herausgegebene **amtliche Richtsatzsammlung** zu diversen Branchen herangezogen.[572] Eine eigene Kalkulation des Steuerpflichtigen anhand betriebsinterner Kennzahlen entkräftet nicht ohne weiteres eine Richtsatzkalkulation des Finanzamts.[573] Die Gewerbeklasse und Betriebsgröße der Richtsatzsammlung müssen zu dem Betrieb passen, dessen Besteuerungsgrundlagen zu schätzen sind; dies ist in der Praxis überraschenderweise häufig nicht der Fall.[574] Der Verteidiger hat die

---

[560] *Bornheim* AO-StB 2003, 49, 51.
[561] *Schmidt-Liebig* NWB 2004, Fach 17, 1847, 1880; vgl. BFH Urt. v. 31.7.1974 – I R 216/72 – BFHE 113, 400 = BStBl. II, 1975, 96 = DStR 1975, 227; Urt. v. 13.3.1985 – I R 9/81 – BFH/NV 1986, 116.
[562] *Bornheim* AO-StB 2003, 49, 51.
[563] *Bornheim* AO-StB 2003, 49, 52.
[564] BFH Urt. v. 22.9.2004 – III R 9/03 – DStRE 2005, 10 mit Anm. *Gosch* StBp 2005, 26 bis 28.
[565] *Schmidt-Liebig* NWB 2004, Fach 17, 1847, 1877.
[566] *Randt* Der Steuerfahndungsfall, S. 533, Rdnr. 165.
[567] *Schmidt-Liebig* NWB 2004, Fach 17, 1847, 1877; *Rößler* StBP 2004, 336.
[568] BFH Beschl. v. 4.6.2003 – VII B 138/01 – BFHE 202, 231 = BStBl. II 2003, 790 = wistra 2004, 71 = NJW 2004, 1760 Ls. mit Anm. *Teubner* PStR 2003, 246 f. und Bespr. *Stöcker* AO-StB 2003, 380 f.; vgl. auch AEAO zu § 91 Rdnr. 4 Satz 2; zur Akteneinsicht im steuerlichen Verfahren siehe *Dißars* DStR 2005, 137 bis 141.
[569] AEAO zu § 91 Rdnr. 4 Satz 5.
[570] BFH Urt. v. 17.10.2001 – I R 103/00 – BFHE 197, 68 = BStBl. II 2004, 171 = DStR 2001, 2149.
[571] BFH Urt. v. 17.10.2001 – I R 103/00 – BFHE 197, 68 = BStBl. II 2004, 171 = DStR 2001, 2149.
[572] Abrufbar unter: www.bundesfinanzministerium.de/richtsatz/frame.htm.
[573] FG Münster Urt. v. 31.10.2000 – 5 K 6660/98 E – EFG 2001, 401.
[574] *Schmidt-Liebig* NWB 2004, Fach 17, 1847, 1878 m.w.N.

Aufgabe, den pauschalierenden Annahmen der Richtsatzsammlung im weiten Rahmen aus der Buchführung des Steuerpflichtigen herauszufilternde Detailannahmen gegenüberzustellen.[575] Es genügt nach strafprozessualen Beweisgrundsätzen die Erschütterung der durch die Richtsätze ermittelten Größen, es ist kein Gegenbeweis erforderlich.[576]

Bei der **Vermögenszuwachsrechnung** (auch Gesamtvermögensvergleich genannt) wird nicht der Gewinn, sondern das steuerpflichtige Einkommen eines gewissen Zeitraums ermittelt nach dem Grundsatz, dass ein Vermögenszuwachs nur aus steuerpflichtigem Einkommen, steuerfreien Einnahmen und einmaligen Vermögensanfällen abzüglich der Aufwendungen für den Lebensunterhalt bzw. für Schenkungen usw. entstanden sein kann.[577] Die Schätzungsmethode der Vermögenszuwachsrechnung unterscheidet sich von derjenigen der Geldverkehrsrechnung lediglich dadurch, dass die Mittelverwendung für Vermögensanlagen stärker betont wird.[578] Beide Rechnungen vollziehen die Geldflüsse nach. Sie lassen sich ineinander überführen.[579] Von einem ungeklärten Vermögenszuwachs ist in der Regel jedoch nur dann auszugehen, wenn mit Hilfe einer Vermögenszuwachsrechnung oder Geldverkehrsrechnung *nachgewiesen* werden kann, dass die auf ein Privatkonto eingezahlten Beträge nicht aus den sog. ungebundenen Entnahmen oder aber aus anderen versteuerten oder steuerbefreiten Einkunftsquellen stammen können.[580] Bei der Prüfung, ob Einlagen gegeben sind, bzw. wo die hierzu verwendeten Mittel herkommen, ist der Steuerpflichtige jedoch bei einer von ihm selbst hergestellten Verbindung zwischen Privatvermögen und Betriebsvermögen verstärkt zur Mitwirkung verpflichtet.[581] Bei Verletzung dieser Pflicht kann das FG von einer weiteren Sachaufklärung absehen und den Sachverhalt dahin würdigen, dass unaufgeklärte Kapitalzuführungen auf nicht versteuerten Einnahmen beruhen.[582]

Die **Geldverkehrsrechnung** untersucht den **Geldverkehr** (Einnahmen und Ausgaben) während des Vergleichszeitraums.[583] Der Grundgedanke der Geldverkehrsrechnung ist der, dass ein Steuerpflichtiger während eines Vergleichszeitraumes nicht mehr Geld ausgeben oder anlegen kann, als ihm aus Einkünften oder sonstigen Quellen zufließt.[584] Die Schätzungsmethode der Geldverkehrsrechnung weist unabhängig von Buchführungsmängeln eine Gewinnverkürzung nach und muss gerade deswegen strengen Anforderungen genügen:
- überschaubarer Vergleichszeitraum,
- Ansatz von Anfangs- und Endbeständen,
- keine Berücksichtigung von Verhältnissen außerhalb des Vergleichszeitraums,
- Unterscheidung zwischen Gesamt- und Teilrechnung und
- Vollständigkeit.[585]

Wird lediglich eine beschränkte Geldverkehrsrechnung durchgeführt, bestehen meist Möglichkeiten hiergegen vorzugehen, da nur ein Teilspektrum des gesamten Einflussbereichs analysiert wird.[586]

Bei schwerwiegenden Pflichtverletzungen wie in Fällen nachgewiesener, in der Buchführung nicht erfasster Mehreinnahmen ist jedoch ohne Bindung an das Maß einer großen oder gar überwiegenden Wahrscheinlichkeit „griffweise" ein **Sicherheitszuschlag** im Wege der Schätzung zulässig.[587] Die Schätzung durch Zu- und Abschläge muss aber – wie jede Schätzung –

---

[575] Zur Widerlegung der Richtsatzschätzung sollten auch externe Erkenntnisquellen wie z. B. die des Instituts für Handelsforschung an der Universität zu Köln (www.ifhkoeln.de) herangezogen werden.
[576] *Bornheim* AO-StB 2003, 49, 51.
[577] *Kohlmann* § 370 AO Rdnr. 491; zur Geldverkehrs- und Vermögenszuwachsrechnung vgl. *Dörn* Stbg 1994, 366 bis 371; zu den Steuerfolgen und strafrechtliche Risiken ungeklärter Vermögenszuwächse und -minderungen siehe auch *Stahl* KÖSDI 2001, 13071 bis 13079.
[578] BFH Urt. v. 8.11.1989 – X R 178/87 – BFHE 159, 20 = BStBl. II 1990, 268.
[579] BFH Urt. v. 8.11.1989 – X R 178/87 – BFHE 159, 20 = BStBl. II 1990, 268.
[580] BFH Urt. v. 7.6.2000 – III R 82/97 – BFH/NV 2000, 1462.
[581] BFH Beschl. v. 30.7.2002 – X B 40/02 – BFH/NV 2003, 56.
[582] BFH Beschl. v. 30.7.2002 – X B 40/02 – BFH/NV 2003, 56.
[583] *Schmidt-Liebig* NWB 2004, Fach 17, 1847, 1882.
[584] BFH Urt. v. 2.3.1982 – VIII R 225/80 – BFHE 136, 28 = BStBl. II 1984, 504.
[585] BFH Urt. v. 2.3.1982 – VIII R 225/80 – BFHE 136, 28 = BStBl. II 1984, 504.
[586] *Bornheim* AO-StB 2003, 49, 52.
[587] BFH Beschl. v. 1.12.1998 – III B 78/97 – BFH/NV 1999, 741.

in sich schlüssig, wirtschaftlich vernünftig und möglich sein.[588] Ihre Grundlagen müssen in den Urteilsgründen für das Revisionsgericht nachvollziehbar mitgeteilt werden.[589] Im **Besteuerungsverfahren** darf die Übernahme von tatsächlichen Feststellungen und rechtlichen Beurteilungen der Strafgerichte nur dann erfolgen, wenn keine substantiierten Einwendungen hiergegen erhoben werden.[590] Eine Verpflichtung, die im Strafverfahren getroffenen Feststellungen tatsächlich zu übernehmen, besteht im Besteuerungsverfahren nicht.[591] Somit ist es Aufgabe des Beraters im FG-Verfahren, die Richtigkeit des Strafurteils – wenn möglich – stichhaltig in Zweifel zu ziehen, so dass dieses Urteil im Besteuerungsverfahren außer Betracht zu bleiben hat.[592] Willkürlich und damit nichtig i. S. d. § 125 Abs. 1 AO 1977 ist eine Schätzung wegen fehlender Steuererklärung wenn das Schätzungsergebnis trotz vorhandener Möglichkeiten, den Sachverhalt aufzuklären und Schätzungsgrundlagen zu ermitteln, krass von den tatsächlichen Gegebenheiten abweicht und in keiner Weise erkennbar ist, dass überhaupt und ggf. welche Schätzungserwägungen angestellt wurden.[593]

268 Im **Steuerstrafverfahren** darf der Strafrichter Schätzungen des Finanzamts nicht einfach übernehmen.[594] Er kann Schätzungen des Finanzamts oder der Steuerfahndungsstellen nur übernehmen, wenn er sie überprüft hat und von ihrer Richtigkeit auch unter Berücksichtigung der vom Besteuerungsverfahren abweichenden strafrechtlichen Verfahrensgrundsätze (§ 261 StPO) überzeugt ist.[595] Wenn nicht ein glaubhaftes Geständnis hinsichtlich von der Finanzbehörde festgestellten Steuerverkürzung vorliegt, muss der Strafrichter die Besteuerungsgrundlagen selbst schätzen.[596] Dabei steht er unter dem Gebot, dass unüberwindbare Zweifel zugunsten des Angeklagten ausschlagen müssen.[597] Schätzungsunsicherheiten sind unter Anwendung des Grundsatzes „**in dubio pro reo**" durch Vornahme von **Abschlägen** auszugleichen, so dass unter Umständen nur ein Mindestbetrag, der auf jeden Fall verkürzt wurde, anzusetzen ist.[598] Der Grundsatz „in dubio pro reo" gilt nach ständiger Rechtsprechung des BFH auch im Steuerfestsetzungsverfahren.[599] Verteidigungsstrategisch bieten gerade die Schätzungsfälle vielfältige Möglichkeiten für eine tatsächliche Verständigung.[600]

269 *bb) Umsatzsteuer.* Im Bereich der Umsatzsteuer sind zwei Teilbereiche sowohl steuerlich als auch daran anknüpfend strafrechtlich zu unterscheiden: die Umsatzsteuervoranmeldung (§ 18 Abs. 1 UStG) und die (zusammenfassende) Umsatzsteuerjahreserklärung (§ 18 Abs. 3 UStG).[601] Nach § 18 Abs. 1 S. 1 UStG hat der Unternehmer bis zum 10. Tag nach Ablauf jedes Voranmeldungszeitraums eine Voranmeldung nach amtlich vorgeschriebenem Vordruck auf elektronischem Weg nach Maßgabe der Steuerdaten-Übermittlungsverordnung zu übermitteln, in der er die Steuer für den Voranmeldungszeitraum (Vorauszahlung) selbst zu berechnen hat; auf Antrag kann das Finanzamt zur Vermeidung von unbilligen Härten auf eine elektro-

---

[588] BFH Beschl. v. 1.12.1998 – III B 78/97 – BFH/NV 1999, 741; BGH Beschl. v. 4.2.1992 – 5 StR 655/91 – wistra 1992, 147 = StV 1992, 260.
[589] BFH Beschl. v. 1.12.1998 – III B 78/97 – BFH/NV 1999, 741.
[590] BFH Urt. v. 13.7.1994 – I R 112/93 – BFHE 175, 489 = BStBl. II 1995, 198 = NJW-RR 1995, 996; BFH Beschl. v. 9.12.2004 – VII B 17/04 – BFH/NV 2005, 935; *Schmidt-Liebig* NWB 2004, Fach 17, 1847, 1895.
[591] BFH Beschl. v. 9.12.2004 – VII B 17/04 – BFH/NV 2005, 935.
[592] *Müller* AO-StB 2004, 156, 157.
[593] FG des Saarlandes Urt. v. 26.5.2004 – 1 K 181/02, nv; OLG Düsseldorf Beschl. v. 4.4.2005 – III 2 Ss 139/04 – 6/05 III – wistra 2005, 353; Niedersächsisches FG, Urt. v. 13.12.2005 – 13 K 327/05 – n. v.
[594] *Volk*, FS G. Kohlmann, S. 579, 586.
[595] BGH Beschl. v. 4.2.1992 – 5 StR 655/91 – wistra 1992, 147; *Braun* PStR 2006, 38, 40; zum Beweiswert eines sog. **Chi-Quadrat-Tests** vgl. FG Münster Beschl. v. 10.11.2003 – 6 V 4562/03 – E – U – EFG 2004, 236 = DStRE 2004, 115; vgl. allgemein zum Chi-Quadrat-Test *van Meegen* Stbg 2003, 488 bis 491; *Blenkers* StBp 2003, 261 bis 264; zur Bedeutung des § 160 AO bei der Nichtbenennung von Zahlungsempfängern vgl. *Vogelberg* PStR 2005, 294.
[596] Franzen/Gast/*Joecks* § 370 AO Rdnr. 59.
[597] *Volk*, FS G. Kohlmann, S. 579, 586; Franzen/Gast/*Joecks* § 370 AO Rdnr. 59.
[598] H/H/Sp/*Hellmann* § 370 AO Rdnr. 165; *Kohlmann* § 370 AO Rdnr. 497; *Meyer* DStR 2005, 2119; zum Grundsatz „in dubio pro reo" im Steuerrecht und Steuerstrafrecht siehe *Müller* AO-StB 2004, 156 bis 160.
[599] BFH Urt. v. 14.8.1991 – XR 86/88 – BStBl. II 1992, 128 – BFH Urt. v. 21.10.1988 – III R 194/84 – BStBl. II 1989, 216; BFH Beschl. v. 15.9.1992 – VII B 62/92 – BFH/NV 1994, 149; FG Düsseldorf Urt. v. 4.11.2004 – 11 K 2702/02 E – Rev. eingelegt (AZ des BFH: VIII R 81/04); *Wagner* PStR 2005, 27, 28.
[600] *Kohlmann* § 370 AO Rdnr. 499; *Kratsch* PStR 2005, 10 ff.
[601] Rolletschke/Kemper § 370 AO Rdnr. 225.

nische Übermittlung verzichten. Nach § 18 Abs. 2 S. 1 UStG ist **Voranmeldungszeitraum** das Kalendervierteljahr. Beträgt die Steuer für das vorangegangene Kalenderjahr mehr als EUR 6.136, ist der **Kalendermonat** Voranmeldungszeitraum. Beträgt die Steuer für das vorangegangene Kalenderjahr nicht mehr als EUR 512, kann das Finanzamt den Unternehmer von der Verpflichtung zur Abgabe der Voranmeldungen und der Entrichtung der Vorauszahlungen befreien. Die Voranmeldung ist eine Steueranmeldung im Sinne von § 150 Abs. 1 S. 3 AO. Nach § 168 S. 1 AO steht die Steueranmeldung einer Steuerfestsetzung unter Vorbehalt der Nachprüfung gleich. Führt hingegen die Steueranmeldung zu einer Herabsetzung der bisher zu entrichtenden Steuer oder zu einer Steuervergütung, so gilt § 168 S. 1 AO erst, wenn die Finanzbehörde zustimmt (§ 168 S. 2 AO).

Nach der ständigen Rechtsprechung des Bundesgerichtshofs führen unrichtige Umsatzsteuervoranmeldungen grundsätzlich zu einer Verkürzung der Steuer auf Zeit.[602] Eine endgültige Verkürzung auf Dauer wird erst durch die Abgabe einer falschen Umsatzsteuerjahreserklärung bewirkt.[603] Gleiches gilt auch dann, wenn der Steuerpflichtige nach der Abgabe unrichtiger monatlicher Voranmeldungen keine Jahreserklärung mehr abgibt.[604] Dies macht es regelmäßig erforderlich, bei einer angenommenen Verkürzung der Umsatzsteuer auf Dauer auf die Jahreserklärung als Tathandlung abzustellen und sinnvollerweise die lediglich eine Verkürzung auf Zeit bewirkenden Umsatzsteuervoranmeldungen gem. § 154 StPO auszuscheiden.[605] Bei der Umsatzsteuerhinterziehung bilden die Umsatzsteuervoranmeldungen eines Jahres und die anschließende Umsatzsteuerjahreserklärung des nämlichen Jahres eine **einheitliche Tat** im Sinne des § 264 StPO.[606]

Eine Ausnahme hiervon ergibt sich, wenn der Täter von Anfang an, d. h. schon bei der Abgabe der falschen Umsatzsteuervoranmeldung, beabsichtigt, eine Steuerverkürzung auf Dauer zu bewirken oder er die Finanzverwaltung dauerhaft pflichtwidrig in Unkenntnis über die von ihm bewirkten Umsätze belassen hat und keine zutreffende Jahreserklärung abgeben will. In solchen Fällen geht die Hinterziehung auf Zeit hinsichtlich der Umsatzsteuervoranmeldung bereits in diesem Stadium in eine solche auf Dauer über.[607]

Bei der **Steuerverkürzung auf Zeit** liegt der Verkürzungserfolg allein im Zinsverlust des Staates.[608] Der zu ermittelnde Zinsverlust des Staates wird unter Beachtung der §§ 235, 238 AO mit 1/2 vH je Monat des nicht rechtzeitig festgesetzten Steuerbetrags zu errechnen sein.[609] Stellt das Gericht jedoch fest, dass der Angeklagte von Anfang an beabsichtigt hat, keine zutreffenden Umsatzsteuerjahreserklärungen abzugeben und es mit seinen Hinterziehungshandlungen vielmehr darauf angelegt hat, die zunächst bewirkte Hinterziehung auf Zeit später in eine solche auf Dauer übergehen zu lassen, darf es den gesamten jeweils monatlich erlangten Vorteil als vom Vorsatz umfasstes Handlungsziel bei der Strafzumessung erschwerend berücksichtigen.[610] Bestehen jedoch hinsichtlich derselben Steuer und desselben Besteuerungszeitraums bei einem bereits eingeleiteten Ermittlungsverfahren weitere Erklärungspflichten, zum Beispiel bei einem wegen des Verdachts der Umsatzsteuerhinterziehung Januar bis Juni 2004 eingeleiteten Steuerstrafverfahren im Hinblick auf die später noch abzugebende Umsatzsteuerjahreserklärung, so ist zu beachten, dass insoweit die **Strafverfolgung** ausgesetzt ist.[611]

Als problematisch hat sich in jüngster Zeit die Umsatzsteuerhinterziehung im Zusammenhang mit dem **unberechtigten Umsatzsteuerausweis nach § 14 c UStG** erwiesen. Nach § 14 Abs. 4 Nr. 8 UStG hat ein Unternehmer in Rechnungen, die er für von ihm ausgeführte Liefe-

---

[602] BGH Beschl. v. 6.2.2002 – 5 StR 443/01 – wistra 2002, 185.
[603] BGH Beschl. v. 6.2.2002 – 5 StR 443/01 – wistra 2002, 185.
[604] BGH Beschl. v. 6.2.2002 – 5 StR 443/01 – wistra 2002, 185.
[605] BGH Beschl. v. 6.2.2002 – 5 StR 443/01 – wistra 2002, 185.
[606] BGH Beschl. v. 24.11.2004 – 5 StR 204/04 – wistra 2005, 66 mit Anm. *Salditt* PStR 2005, 30 bis 33.
[607] BGH Urt. v. 12.1.2005 – 5 StR 271/04 – wistra 2005, 125.
[608] BGH Beschl. v. 4.2.1997 – 5 StR 680/96 – wistra 1997, 186 = NStZ 1997, 553.
[609] *Kohlmann* § 370 AO Rdnr. 1358, 467; Franzen/Gast/*Joecks* § 370 AO Rdnr. 78.
[610] BGH Urt. v. 10.11.1999 – 5 StR 221/99 – wistra 2000, 137 = PStR 2000, 24.
[611] BGH Beschl. v. 26.4.2001 – 5 StR 587/00 – BGHSt 47, 8 = NJW 2001, 3638 = wistra 2001, 341 = NStZ 2001, 432; zur Suspendierung der Pflicht zur Abgabe von Einkommen- und Gewerbesteuererklärungen nach Bekanntgabe eines Steuerstrafverfahrens vgl. BGH Beschl. vom 23.1.2002 – 5 StR 540/01 – NJW 2002, 1733 = wistra 2002, 150 = PStR 2002, 49.

rungen oder sonstige Leistungen ausstellt, neben dem Entgelt den darauf entfallenden Steuerbetrag gesondert auszuweisen. Bei Ausweis eines höheren Steuerbetrags schuldet der Unternehmer den Mehrbetrag, § 14 c Abs. 1 S. 1 UStG. Weist ein Nichtunternehmer in einer Rechnung einen Steuerbetrag gesondert aus, obwohl er dazu nicht berechtigt ist, so schuldet er gem. § 14 c Abs. 2 S. 1 UStG den ausgewiesenen Betrag.

274   Bei der Ausstellung einer **Scheinrechnung** (§ 14 c Abs. 2 S. 2 UStG) mit gesondert ausgewiesener Umsatzsteuer kommt es zu einer Gefährdung des Steueraufkommens, wenn die Rechnung zum Vorsteuerabzug benutzt werden kann und der Rechnungsaussteller die ausgewiesene Umsatzsteuer nicht an das Finanzamt abführt.[612] In den Fällen in denen von vornherein eine Gefährdung des Steueraufkommens ausgeschlossen ist (etwa Vorlage einer Scheinrechnung bei der Bank zwecks Erlangung eines Darlehens), scheidet wegen des Grundsatzes der Neutralität der Umsatzsteuer eine Steuerstraftat oder -ordnungswidrigkeit schon aus objektiven Gründen aus, zumindest scheitert aber eine Ahndung wegen fehlenden Vorsatzes oder Leichtfertigkeit in Bezug auf eine Steuerverkürzung.[613]

275   Die Strafbarkeit eines unberechtigten Vorsteuerabzugs aus einer Scheinrechnung entfällt auch nicht deswegen, weil der Aussteller der Rechnung die dort gesondert ausgewiesene Umsatzsteuer an das Finanzamt abgeführt hat.[614] Trotz der auf § 14 c Abs. 2 UStG beruhenden Umsatzsteuerschuld ist der Empfänger der Scheinrechnung nicht berechtigt, die ausgewiesene Umsatzsteuer als Vorsteuer geltend zu machen, wenn der Rechnung tatsächlich keine Lieferung oder sonstige Leistung im Sinne des § 14 Abs. 2 S. 2 UStG in Verbindung mit § 1 Abs. 1 Nr. 1 UStG eines Unternehmers zugrunde liegen.[615] Sofern Scheinrechnungen nach den vom Gerichtshof der Europäischen Gemeinschaften[616] vorgegebenen steuerlichen Grundsätzen gem. § 14 c Abs. 2 S. 3-5 UStG berichtigt werden können, hat dies regelmäßig **keinen** Einfluss auf den Schuldspruch, ist aber im Rahmen der **Strafzumessung** zu berücksichtigen.[617] Die **Berichtigung** eines unrichtig oder unberechtigt berechneten Steuerbetrages setzt insoweit nach richtlinienkonformer Beurteilung voraus, dass das Steueraufkommen nicht gefährdet wird.[618] Das Steueraufkommen wäre gefährdet, wenn eine Berichtigung der Steuer ohne den Nachweis des Ausstellers der Rechnung zugelassen würde, dass der Rechnungsempfänger die in der Rechnung ausgewiesene Umsatzsteuer nicht als Vorsteuer abgezogen hat, dass ihm der Vorsteuerabzug versagt worden ist oder dass ein etwaiger Vorsteuerabzug durch Rückzahlung oder Verrechnung der abgezogenen Vorsteuer rückgängig gemacht worden ist.[619] Weist ein Unternehmer in einer Rechnung Umsatzsteuer gesondert erst zu einem Zeitpunkt aus, in dem die ursprünglich entstandene Steuer für seine Leistung wegen Ablaufs der **Festsetzungsfrist** nicht mehr erhoben werden kann, so schuldet er die ausgewiesene Steuer ebenfalls nach § 14 c UStG.[620]

276   cc) *Hinterziehung von Erbschaft- und Schenkungsteuer.* Das System der Erbschaft-/Schenkungsteuer ist von einem zweistufigen Verfahren geprägt.[621] Auf der ersten Stufe sind die in §§ 30 Abs. 1 und 2, 33 und 34 ErbStG Genannten verpflichtet, der Erbschaft-/Schenkungsteuerstelle eine **Anzeige** zu erstatten.[622] Die Frist für die Anzeige gegenüber dem für die Verwaltung der Erbschaft-/Schenkungsteuer zuständigen Finanzamt beträgt **drei Monate** nach erlangter Kenntnis von dem Anfall. Ist diese Frist verstrichen, hat die Tat bereits das **Versuchsstadium**

---

[612] BGH Beschl. v. 20.2.2001 – 5 StR 544/00 – wistra 2001, 220 = NJW 2001, 3349.
[613] *Kohlmann* § 370 AO Rdnr. 1388.
[614] BGH Beschl. v. 20.3.2002 – 5 StR 448/01 – NJW 2002, 1963 = wistra 2002, 221.
[615] BFH Urt. v. 11.4.2002 – V R 26/01 – BFHE 198, 238 = BStBl. II 2004, 317 = DStR 2002, 992.
[616] EuGH Urt. v. 19.9.2000 – C-454/98 – EUGHE I 2000, 6973 = PStR 2000, 271.
[617] BGH Urt. v. 11.7.2002 – 5 StR 516/01 – BGHSt 47, 343 = NJW 2002, 3036 = PStR 2002, 214; kritisch hierzu *Kohlmann* § 370 AO Rdnr. 1387.
[618] BFH Urt. v. 22.3.2001 – V R 11/98 – BFHE 194, 528 = BStBl. II 2004, 313 = NJW 2001, 3806.
[619] BFH Urt. v. 22.3.2001 – V R 11/98 – BFHE 194, 528 = BStBl. II 2004, 313 = NJW 2001, 3806.
[620] BFH Urt. v. 13.11.2003 – V R 79/01 – BFHE 204, 332 = BStBl. II 2004, 375 = DStR 2004, 629.
[621] *Rolletschke/Kemper* § 370 AO Rdnr. 213.
[622] *Rolletschke/Kemper* § 370 AO Rdnr. 213; zu den Anzeige- und Berichtigungspflichten im Erbfall vgl. *Müller* AO-StB 2004, 95 bis 100; *Groß* ErbStB 2004, 190 bis 193.

erreicht.[623] Danach prüft das Finanzamt gem. § 31 ErbStG, ob eine Steuererklärung angefordert wird.

Die Abgabe einer Steuererklärung ist nur auf Verlangen des Finanzamts erforderlich.[624] Ein nachträglicher Fund von Nachlassgegenständen begründet keine Anzeige- und Berichtigungspflicht (§ 153 AO), wenn der Steuerpflichtige gegenüber dem **Nachlassgericht** vor dem Fund eine insoweit unvollständige Erklärung über den Nachlasswert abgegeben hat.[625] Unrichtige Angaben gegenüber dem Nachlassgericht sind keine gem. § 370 AO relevanten Angaben, da das Nachlassgericht keine „andere Behörde" im Sinne des § 370 Abs. 1 Nr. 1 AO ist.[626] Besteht weder eine Anzeigepflicht noch eine Erklärungspflicht und sind auch gegenüber der Finanzbehörde (oder einer anderen Behörde, die steuerlich erhebliche Entscheidungen trifft) über steuerlich erhebliche Tatsachen keine Angaben gemacht worden, kommt auch eine Anzeigepflicht oder Richtigstellungspflicht nach § 153 Abs. 1 S. 1 Nr. 1 AO nicht in Betracht.[627] Erfährt der Erbe jedoch bei der Erbauseinandersetzung, dass der Erblasser Steuern hinterzogen hatte, ist der Erbe auch zur **Berichtigung der Steuererklärungen** des Erblassers nach § 153 Abs. 1 S. 1 Nr. 1, S. 2 AO verpflichtet, soweit keine Strafbarkeit des Erben in Form der Mittäterschaft (§ 25 Abs. 2 StGB) bzw. Beihilfe (§ 27 StGB) zur Steuerhinterziehung des Erblassers gegeben ist.[628] § 153 AO gibt dem Gesamtrechtsnachfolger aber nicht auf, nach Unrichtigkeiten oder Unvollständigkeiten zu suchen.[629]

Unrichtige Angaben im Sinne von § 370 Abs. 1 Nr. 1 AO macht, wer eine unrichtige oder unvollständige Erbschaft- bzw. Schenkungsteuererklärung abgibt. Der Täter lässt das Finanzamt im Sinne des § 370 Abs. 1 Nr. 2 AO pflichtwidrig über steuerlich erhebliche Tatsachen in **Unkenntnis**, wenn er der Anzeigepflicht (§ 30 ErbStG, §§ 1 bis 11 ErbStDV) nicht nachkommt.[630] Wegen der vielen Ausnahmen von der Anzeigepflicht bedarf deren Feststellung (objektiv wie subjektiv) besonderer Sorgfalt.[631] Ein Steuerpflichtiger handelt insoweit nur dann mit dem für eine Steuerhinterziehung erforderlichen **Tatvorsatz**, wenn er sich seiner Erklärungspflicht gegenüber der Finanzbehörde bewusst ist.[632] Daran fehlt es, wenn er nach Übersendung einer vordergründig auf einen bestimmten Zeitraum bezogenen Schenkungsteuererklärung irrtümlich annimmt, Vorschenkungen nicht offen legen zu müssen, insoweit eine gesonderte Aufforderung erwartet und den Erklärungsvordruck unausgefüllt zurücksendet.[633]

Probleme wirft die Feststellung des **Vollendungs-/Beendigungszeitpunkts im Unterlassungsfall** (Nichtabgabe der Steuererklärung/Nichterstattung der Anzeige, § 370 Abs. 1 Nr. 2 AO) auf.[634] Fehlt es an einer (unvollständigen) Anzeige und wird keine Erbschaftsteuererklärung abgegeben, so ist für die Beurteilung, wann die Steuerhinterziehung be- und damit vollendet ist, eine hypothetische Betrachtungsweise anzustellen.[635] Maßgeblich ist der Zeitpunkt, in dem nach einer abgegebenen Anzeige die Steuer spätestens festgesetzt worden wäre.[636] Da es jedoch im Bereich der Erbschaft-/Schenkungsteuer keinen allgemeinen Abschluss der Veranlagungsarbeiten gibt („95 %-Grenze"), ist insoweit auf eine fiktive Steuerfestsetzung – unter Zugrundelegung des konkreten Fristverlängerungsverhaltens und der zu erwartenden Bearbeitungsdauer

---

[623] *Randt* Der Steuerfahndungsfall S. 422 Rdnr. 251; a.A. Franzen/Gast/*Joecks* § 370 AO Rdnr. 233 h, der davon ausgeht, dass in einer unrichtigen Anzeige im Sinne von § 30 ErbStG noch nicht der Anfang der Ausführung liegt, da nach der Vorstellung des Täters weitere Schritte – nämlich die Einreichung einer unrichtigen Erklärung – nötig sind. Der Versuch würde daher frühestens beginnen, wenn das Finanzamt (fiktiv) eine entsprechende Steuererklärung anfordert und die damit gesetzte Frist ungenutzt verstreicht.
[624] BFH Urt. v. 5.5.1999 – II R 96/97 – DStRE 1999, 922 = HFR 1999, 996.
[625] *Kohlmann* § 370 AO Rdnr. 1516.
[626] *Kohlmann* § 370 AO Rdnr. 1516; BFH Urt. v. 30.1.2002 – II R 52/99 – PStR 2002, 165.
[627] BFH Urt. v. 30.1.2002 – II R 52/99 – PStR 2002, 165.
[628] *Müller* AO-StB 2004, 95.
[629] *Müller* AO-StB 2004, 95.
[630] Franzen/Gast/*Joecks* § 370 AO Rdnr. 233 e.
[631] Franzen/Gast/*Joecks* § 370 AO Rdnr. 233 e.
[632] FG Köln Urt. v. 23.3.1998 – 9 K 5355/96 – EFG 1998, 1171.
[633] FG Köln Urt. v. 23.3.1998 – 9 K 5355/96 – EFG 1998, 1171.
[634] *Rolletschke/Kemper* § 370 AO Rdnr. 214.
[635] *Randt* Der Steuerfahndungsfall S. 425 Rdnr. 264.
[636] *Randt* Der Steuerfahndungsfall S. 425 Rdnr. 264.

abzustellen.[637] Bei „normalen" Erbschaften/Schenkungen wird man bei einem – zugunsten des Beschuldigten fiktiv unterstellten – nicht näher begründeten Fristverlängerungsantrag von einer pauschalen Fristverlängerung von 3 Monaten ausgehen können.[638] Bei einer Regelbearbeitungsdauer von wiederum 3 Monaten ergibt sich insoweit eine fiktive Bearbeitungsdauer von 3 bis 6 Monaten nach dem in der Erklärungsanforderung verfügten Abgabetermin.[639] Bei **Nichterstattung der Anzeige** tritt zu den genannten Zeitabläufen zusätzlich das dreimonatige Anzeigeverfahren und die gesetzliche Einmonatsfrist des § 31 Abs. 1 S. 2 ErbStG.[640]

280 dd) *Nichtbenennung von Gläubigern und Zahlungsempfängern nach § 160 AO.* Gem. § 160 Abs. 1 S. 1 AO sind Schulden und andere Lasten, Betriebsausgaben, Werbungskosten[641] und andere Ausgaben steuerlich regelmäßig nicht zu berücksichtigen, wenn der Steuerpflichtige dem Verlangen der Finanzbehörde nicht nachkommt, die Gläubiger oder die Empfänger genau zu benennen.

281 Gem. § 370 AO kommt eine Strafbarkeit nur in Betracht, sofern der Steuerpflichtige eine Steuerverkürzung unter Verletzung einer steuerrechtlichen Offenlegungspflicht bewirkt. Die Offenlegungspflicht gem. § 160 AO entsteht erst auf Verlangen der Finanzbehörde, d. h. erst dann, wenn die Finanzbehörde ihr Ermessen auf Empfängerbenennung ausübt. Somit ist das Verlangen der Finanzbehörde konstitutiv für die Pflicht zur Empfängerbenennung. Bis zu diesem Zeitpunkt liegt keine Versuchshandlung vor, selbst wenn der Steuerpflichtige, der den Betriebsausgabenabzug vorgenommen hat, § 160 AO kennt und der Pflicht zur Empfängerbenennung nicht nachkommen will.[642] Selbst wenn der Leistende die Betriebsausgaben unter unzutreffender Empfängerbenennung in den Buchführungsunterlagen erfasst, um das Benennungsverlangen nach § 160 AO zu verhindern, liegt nach neuerer Rechtsprechung des BGH hierin keine strafbare Handlung.[643] Etwas anderes ergibt sich lediglich dann, wenn die Betriebsausgabe unter falscher Benennung des Betriebsausgabengrundes gebucht wurde, um einer Nachfrage des Finanzamts nach § 160 AO vorzubeugen.[644] Der Beschluss des BGH betraf den Fall, dass ein Steuerpflichtiger Kundenschecks über ein als Betriebskonto getarntes schwarzes Konto eingelöst hatte, um einen Teil der Einnahmen an seine Bardamen weiterzugeben. Er wollte das Risiko vermeiden, dass das Finanzamt die Schwarzzahlungen an die Bardamen nicht als Betriebsausgaben anerkennen würde und deklarierte deshalb den entsprechenden Teil der Einnahmen nicht. Insoweit greift das Kompensationsverbot gem. § 370 Abs. 4 S. 3 AO.[645] Bei der Bestimmung der Höhe der verkürzten Steuer ist zu berücksichtigen, inwieweit das Finanzamt die Betriebsausgaben gem. § 160 AO zum Abzug zugelassen hätte.

282 Im Ergebnis kann festgehalten werden, dass die Verletzung der Pflicht zur Empfängerbenennung gem. § 160 AO keine strafbare Hinterziehung eigener Abgaben des Leistenden darstellt. Sofern allerdings der Leistende dem Leistungsempfänger eine Zusage macht, der Pflicht zur Empfängerbenennung nach Aufforderung durch die Finanzbehörde nicht nachzukommen, kann dies als Anstiftung oder Beihilfe zur Steuerhinterziehung des Leistungsempfängers qualifiziert werden, sofern der Leistende Vorsatz bezüglich der Steuerstraftat des Leistungsempfängers hat.[646] Bloßes Dulden der von dem Leistungsempfänger begangenen Straftat reicht für die Annahme einer strafbaren Beihilfe nicht aus.

---

[637] *Rolletschke/Kemper* § 370 AO Rdnr. 214.
[638] *Rolletschke* wistra 2001, 287, 289; bei bedeutenden Steuerfällen seit dem Steuerentstehungszeitpunkt 1.1.1998 wird in NRW bei einem Rohvermögen über € 1,5 Mio. bzw. voraussichtlicher Steuerforderung über € 75.000 keine Fristverlängerung gewährt.
[639] *Rolletschke* wistra 2001, 287, 289.
[640] *Rolletschke/Kemper* § 370 AO Rdnr. 214.
[641] BFH Urt. v. 14.6.2005 – VIII R 37/03 – DStRE 2006, 117, 118.
[642] *Dannecker* wistra 2001, 241, 245.
[643] BGH Urt. v. 22.11.1985 – 2 -StR 64/85 – wistra 1986, 110.
[644] BGH Beschl. v. 26.1.1990 – 3 StR 472/89 – BGHR AO § 160 – Betriebsausgaben 1.
[645] *Dannecker* wistra 2001, 241, 245.
[646] *Dannecker* wistra 2001, 241, 247.

n) Rechtsfolgen. aa) Strafen- und Strafzumessung.⁶⁴⁷ Steuerhinterziehung ist gem. § 370 Abs. 1 AO mit Freiheitsstrafe bis zu 5 Jahren oder mit Geldstrafe bedroht. In den besonders schweren Fällen des § 370 Abs. 3 AO gilt der erhöhte **Strafrahmen** von sechs Monaten bis zu 10 Jahren. Zu den Regelbeispielen, die einen besonders schweren Fall nach § 370 Abs. 3 S. 1 AO indizieren, gehören:
- grober Eigennutz bei Steuerverkürzung in großem Ausmaß (Nr. 1),
- Missbrauch der Befugnisse oder der Stellung als Amtsträger (Nr. 2),
- Ausnutzung der Mithilfe eines Amtsträgers (Nr. 3),
- fortgesetzte Steuerverkürzung unter Verwendung nachgemachter oder verfälschter Belege (Nr. 4).⁶⁴⁸

Für die **Grundkonstellationen** ergibt sich folgender Strafrahmen:⁶⁴⁹
- Einfacher Fall von Steuerhinterziehung
  - Freiheitsstrafe von einem Monat bis fünf Jahre (§§ 370 Abs. 1 AO, 38 Abs. 2 StGB, jedoch § 47 StGB; Bewährung nach Maßgabe des § 56 StGB; Kumulation von Geldstrafe und Freiheitsstrafe gem. § 41 StGB möglich.
  - Geldstrafe: 5 bis 360 Tagessätze zu je € 1 bis € 5.000 (§§ 370 Abs. 1 AO, 40 Absätze 1 und 2 StGB).
- Schwerer Fall von Steuerhinterziehung
  - Freiheitsstrafe: sechs Monate bis zehn Jahre (§§ 370 Abs. 3 AO, 38 Abs. 2 StGB); Bewährung nach Maßgabe des § 56 StGB; Kumulation von Geldstrafe und Freiheitsstrafe gem. § 41 StGB möglich.
  - Geldstrafe: 5 bis 360 Tagsätze zw. je € 1 bis € 5.000 (§§ 370 Abs. 1 AO, 40 Absätze 1 und 2 StGB).
- Steuerhinterziehung in mehreren Fällen (Tatmehrheit)
  - Freiheitsstrafe: maximal fünfzehn Jahre (§§ 370 Abs. 1 AO, 53, 54 Abs. 2 StGB); Bewährung nach Maßgabe des § 56 StGB; Kumulation von Geldstrafe und Freiheitsstrafe gem. § 41 StGB möglich.
  - Geldstrafe: maximal 720 Tagessätze (§§ 370 Abs. 1 AO, 53, 54 Abs. 2 StGB).

Modifizierungen dieser Strafrahmen ergeben sich aus § 49 Abs. 1 StGB, dessen Anwendbarkeit auf die Beihilfe (§ 27 S. 2 StGB) und bei Fehlen strafbegründender persönlicher Merkmale (§ 28 Abs. 1 StGB) sowie in § 35 Abs. 2 StGB vorgeschrieben und bei unechten Unterlassungsdelikten (§ 13 Abs. 2 StGB), Verbotsirrtum (§ 17 StGB), verminderter Schuldfähigkeit (§ 21 StGB) und Versuch (§ 23 Abs. 2 StGB) zugelassen ist.⁶⁵⁰

Zwischen sechs Monaten und einem Jahr werden Freiheitsstrafen bei günstiger Sozialprognose regelmäßig zur **Bewährung** ausgesetzt. Bei einer Freiheitsstrafe zwischen einem Jahr und zwei Jahren wird die Freiheitsstrafe erfahrungsgemäß ebenfalls zur Bewährung ausgesetzt, obwohl das Gesetz die Bewährung nur ausnahmsweise bei günstiger Sozialprognose vorsieht. Eine Freiheitsstrafe über zwei Jahre kann nicht mehr zur Bewährung ausgesetzt werden. Als Bewährungsauflagen kommen üblicherweise Geldauflagen, vermehrt auch Arbeitsleistungen in Betracht (§ 56 b Abs. 2 Nr. 2 u. 3 StGB).⁶⁵¹ Die Verhängung einer **Geldstrafe** neben einer Freiheitsstrafe ist gem. § 41 StGB ausnahmsweise zulässig, wenn sich der Täter durch die Tat bereichert oder sich zu bereichern versucht hat und wenn die Geldstrafe auch unter Berücksichtigung der persönlichen und wirtschaftlichen Verhältnisse des Täters angebracht ist.⁶⁵² Eine Kumulation beider Strafen ist gem. § 41 StGB nur innerhalb des Höchstrahmens der Freiheitsstrafe erlaubt, d. h. die Geldstrafe muss mit einer dem Schuldprinzip entsprechenden Reduzierung der Freiheitsstrafe einhergehen.⁶⁵³

---

⁶⁴⁷ Vgl. zum allgemeinen Strafzumessungs- und Maßregelrecht *Detter* NStZ 2004, 134 bis 141, 486 bis 493; speziell zum Steuerstrafrecht: *Harms/Jäger* NStZ 2004, 191 bis 197; speziell zu der Straferwartung in der Praxis: *Füllsack* PStR 2005, 91, 94; zum Verteidigungskonzept: *Füllsack* PStR 2005, 219 bis 221.
⁶⁴⁸ *Randt* Der Steuerfahndungsfall S. 369 Rdnr. 87.
⁶⁴⁹ *Schiffer* PStR 2000, 215; *Meyer* DStR 2005, 1478.
⁶⁵⁰ Franzen/Gast/*Joecks* § 369 AO Rdnr. 132.
⁶⁵¹ *Füllsack* PStR 2005, 91.
⁶⁵² BGH Urt. v. 27.9.2002 – 5 StR 97/02 – wistra 2003, 20.
⁶⁵³ *Meyer* DStR 2005, 1478.

287 **Praxistipp:**
Die Kombination von Geldstrafe und Freiheitsstrafe ist für den Täter immer dann besonders vorteilhaft, wenn ohne Verhängung einer Geldstrafe eine Freiheitsstrafe von mehr als einem Jahr verhängt werden müsste und damit das Verfahren nicht mehr außergerichtlich abgeschlossen werden könnte oder ohne Geldstrafe eine Freiheitsstrafe von mehr als zwei Jahren verhängt werden müsste, die nicht mehr zur Bewährung ausgesetzt werden kann.[654]

288 Die **Geldstrafe** erlegt dem Verurteilten die öffentlich rechtliche Pflicht auf, den festgesetzten Geldbetrag an den Staat zu entrichten.[655] Die Geldstrafe wird gem. § 40 StGB nach Tagessätzen verhängt. Der Strafzumessungsvorgang gliedert sich in 2 Phasen. Zunächst ist die Zahl der Tagessätze nach der Tatschwere zu bestimmen, anschließend die Höhe der Tagessätze nach den persönlichen und wirtschaftlichen Verhältnissen des Täters.[656] Bestimmende Norm für die Strafzumessung ist § 46 StGB. Nach § 46 Abs. 1 StGB ist die Schuld des Täters die Grundlage für die Bemessung der Strafe. Das Maß der Schuld ergibt sich bei der Steuerhinterziehung insbesondere auch aus der Höhe der schuldhaft verkürzten Steuern.[657] Da sehr häufig die Straf- und Bußgeldsachenstellen der Finanzämter eine durch Strafbefehl festzusetzende Geldstrafe beantragen (§ 400 AO), denen die Gerichte durchweg entsprechen, spielen in der Praxis die **Strafmaßkataloge bzw. Taxtabellen** der Finanzverwaltung, die von den Oberfinanzdirektionen für den jeweiligen Bezirk erlassen werden und die doch recht unterschiedliche, an der hinterzogenen Steuer orientierte Mittelwerte/Richtwerte zur Ermittlung der Anzahl der Tagessätze bei Geldstrafen bezogen auf den Durchschnittsfall enthalten, eine maßgebliche Rolle.[658] Eine **Verwarnung mit Strafvorbehalt** (§ 59 StGB) kommt nur bei Verwirkung einer Geldstrafe von nicht mehr als 180 Tagessätzen in Betracht.

289 In PStR 2001, 18 findet sich eine tabellarische Übersicht, mit welchem Strafmaßantrag der Staatsanwaltschaft oder der Bußgeld- und Strafsachenstelle des Finanzamts ein Steuerhinterzieher in den Zuständigkeitsbereichen der einzelnen Oberfinanzdirektionen rechnen muss.[659] Die Tabelle nennt, bezogen auf die in bekannt gewordenen Fällen hinterzogenen Steuerbeträge, die jeweils zur Antragstellung gelangte Anzahl der Tagessätze. Für die Berechnung der Anzahl der Tagessätze bedienen sich auch viele Strafsachenstellen der so genannten „Leise-Tabelle",[660] die bei steigendem Verkürzungsvolumen von einer degressiven Strafbemessung ausgeht.[661] Die nachfolgenden Werte wurden im Verhältnis 2:1 von DM in EUR umgerechnet. Die ersten € 10.000,– des hinterzogenen Betrages werden durch 125 dividiert. Für den Betrag von € 10.001,– bis € 50.000,– ist der Divisor 250. Soweit der Hinterziehungsbetrag € 50.000,– übersteigt ist der Divisor 375 (in der Praxis wird teilweise der Divisor 500 verwandt).

Beispiele (unter Verwendung des Divisors 500 für die Beträge über € 50.000,–,)
- Die hinterzogene Steuer beträgt € 5.000,–, dividiert durch 125 ergibt 40 Tagessätze.
- Die hinterzogene Steuer beträgt € 50.000,–. Auf die ersten € 10.000,– entfallen 80 Tagessätze (€ 10.000,–/125 = 80), auf die restlichen € 40.000,– entfallen 160 Tagessätze (€ 40.000,–/250 = 160). Auf den verkürzten Steuerbetrag von € 50.000,– entfallen folglich 240 Tagessätze (80+160).
- Die hinterzogene Steuer beträgt € 87.500,–. Auf die ersten € 50.000,– entfallen laut obiger Berechung 240 Tagessätze, der Betrag von € 37.500,– wird durch 500 dividiert, was 75 Tagessätze entspricht. Auf den verkürzten Steuerbetrag von € 87.500,– entfallen folglich 315 Tagessätze (240+75).

Zur „Bayern-Formel" vgl. *Schiffer*.[662]

---

[654] *Meyer* DStR 2005, 1478.
[655] LK/*Häger* vor § 40 StGB Rdnr. 20.
[656] Schönke/Schröder/*Stree* § 40 Rdnr. 1.
[657] Abschnitt 149 Abs. 1 AStBV (St) 2004 – BStBl. I 2003, 654, 688.
[658] *Kohlmann* § 370 AO Rdnr. 1075; zur Kritik an den Strafzumessungstabellen vgl. *Minoggio* PStR 2003, 212 bis 216; *Eschenbach* DStZ 2002, 103 bis 107.
[659] Eine Strafmaßtabelle für die einzelnen OFD-Bezirke befindet sich auch in der Kommentierung von *Kohlmann* § 370 AO Rdnr. 1075.
[660] Benannt nach dem Begründer des Kommentars „Steuerverfehlungen".
[661] *Rolletschke/Kemper* § 369 AO Rdnr. 64 a; vgl. auch Kühn/v. Wedelstädt/*Blesinger* § 370 AO Rdnr. 106.
[662] PStR 2000, 215.

Nach Füllsack ergibt sich folgende Straferwartung in der Praxis:⁶⁶³

- € 5.000,- bis € 7.500,-: In einzelnen Bundesländern ist dies die Obergrenze für die Verfahrenseinstellung nach § 153 a StPO. In Bankermittlungsfällen beträgt die Grenze etwa 10.000,- EUR. Es bestehen große regionale Unterschiede: In manchen Bundesländern sind in vergleichsweise einfach gelagerten Fällen Einstellungen gegen Geldauflage auch noch bei Steuerverkürzungsbeträgen von über € 50.000 möglich.
- € 7.500,- bis € 250.000,-: In dieser Bandbreite werden Steuerstraftaten regelmäßig mit Geldstrafen in Form eines Strafbefehls sanktioniert. In Einzelfällen ergehen Strafbefehle mit entsprechend hohen Geldstrafen auch bei noch höheren Steuerverkürzungsbeträgen. Teilweise kommt es im Strafbefehlswege auch zu einer Freiheitsstrafe bis zu einem Jahr auf Bewährung, wobei neben einer höheren Geldauflage auch Arbeitsauflagen verhängt werden. Die Verfahrenseinstellung nach § 153 a StPO kann hier nur nach vollständiger Schadenswiedergutmachung erfolgen.
- € 250.000,- bis € 500.000,-: Hier werden regelmäßig Freiheitsstrafen zwischen einem und zwei Jahren zur Bewährung verhängt, seltener ergehen Strafbefehle mit Geldstrafen oder Freiheitsstrafen zur Bewährung. In Einzelfällen ist auch hier eine Einstellung nach § 153 a StPO möglich, allerdings regelmäßig erst im Rahmen der Hauptverhandlung.
- Über € 500.000,-: Der Verteidiger muss hier oftmals um die Strafaussetzung zur Bewährung kämpfen. Bei (zumindest teilweiser) Schadenswiedergutmachung und keinen einschlägigen Vorstrafen des Mandanten liegt dies aber im Bereich des Möglichen. Hauptverhandlungsfeld für den Verteidiger bleibt hier die Höhe der Geldauflage im Rahmen des Bewährungsbeschlusses.
- Über € 1.000.000,-: Im Regelfall ergeht auch hier bei Schadenswiedergutmachung eine Haftstrafe ohne Bewährung. Es bestehen erhebliche regionale Unterschiede. In Ausnahmefällen kann der Verteidiger trotz einer „Millionenklage" mit Erfolg anregen, das bereits zur Wirtschaftsstrafkammer angeklagte Steuerstrafverfahren im allseitigen Einverständnis der Prozessparteien nach §§ 153, 153 a StPO wegen geringer Schuld in der Hauptverhandlung einzustellen.

In den Fällen der **Verkürzung auf Zeit** ist der Strafzumessung regelmäßig nur der Zinsschaden zugrunde zu legen.⁶⁶⁴ Bei der Bemessung der Geldstrafe bieten die Strafmaßtabellen jedoch nur **Orientierungshilfen**.⁶⁶⁵ Aus § 46 Abs. 2 StGB ergeben sich die weiteren Umstände, die bei der Strafzumessung zu berücksichtigen sind. Von Bedeutung sind: Die Beweggründe und die Ziele des Täters; die Gesinnung, die aus der Tat spricht, und der bei der Tat aufgewendete Wille; das Maß der Pflichtwidrigkeit; die Art der Ausführung der Tat; das Vorleben des Täters und seine persönlichen und wirtschaftlichen Verhältnisse sowie sein Verhalten nach der Tat, besonders sein Bemühen, den Schaden wieder gutzumachen, sowie das Bemühen des Täters, einen Ausgleich mit dem Verletzten zu finden.⁶⁶⁶

Strafmildernd sind insbesondere zu berücksichtigen:⁶⁶⁷

- Handeln aus nicht selbst verschuldeter Zwangs- oder Notlage heraus oder zum fremden Vorteil
- Verletzung von Pflichten, die vornehmlich andere wahrzunehmen hatten
- aktive Mithilfe bei der Tataufklärung
- „verunglückte" Selbstanzeige
- geständige Einlassung
- Wiedergutmachung (Zahlung der verkürzten Steuern)
- Krankheit, Alter, steuerliche Unerfahrenheit, soweit diese Umstände die Tat beeinflusst haben
- besondere wirtschaftliche oder sonstige (nicht steuerliche) Nachteile, z. B. berufs- oder ehrengerichtliche Strafen

---

⁶⁶³ *Füllsack* PStR 2005, 94; die angegebenen Beträge beziehen sich auf die hinterzogenen Steuern.
⁶⁶⁴ Vgl. BGH Beschl. v. 4.2.1997 – 5 StR 680/96 – wistra 1997, 186; BGH Beschl. v. 22.10.1997 – 5 StR 223/97 – wistra 1998, 67; BGHSt 43, 270 = NJW 1998, 390 = wistra 1998, 67.
⁶⁶⁵ *Kohlmann* Teil B Rdnr. 514.
⁶⁶⁶ *Kühn/v. Wedelstädt/Blesinger* § 370 AO Rdnr. 107.
⁶⁶⁷ Vgl. Abschnitt 150 AStBV (St) 2004 – BStBl. I 2003, 654, 688; *Meyer* DStR 2005, 1477.

- dem Kompensationsverbot unterliegende Steuerermäßigungsgründe (z. B. die bei der Berechnung der hinterzogenen Umsatzsteuer außer Ansatz gebliebene Vorsteuer)[668]
- spontane Entscheidungen (z. B. aufgrund Drittbeeinflussung oder plötzlich eingetretenem finanziellen Engpass)[669]
- Abschlagzahlung vor Fälligkeit der verkürzten Steuern[670]
- langer Zeitraum zwischen Tat und Aburteilung[671]
- fehlende Vorstrafen[672]
- nachlässiges Verhalten von Finanzbeamten, das die Steuerhinterziehung erleichtert hat.[673]

293 Allgemein kann eine **rechtstaatswidrige Verfahrensverzögerung** strafmildernd wirken.[674] Bei der Prüfung, ob eine Strafsache insgesamt in angemessener Frist im Sinne von Art. 6 Abs. 1 S. 1 EMRK verhandelt worden ist, sind neben der gesamten Dauer von dem Zeitpunkt an, in dem der Beschuldigte von den Ermittlungen in Kenntnis gesetzt wird, bis zum rechtskräftigen Abschluss des Verfahrens die Schwere und die Art des Tatvorwurfs, der Umfang und die Schwierigkeit des Verfahrens, die Art und Weise der Ermittlungen, das Verhalten des Beschuldigten sowie das Ausmaß der mit dem andauernden Verfahren verbundenen Belastungen für den Beschuldigten als maßgebende Kriterien zu berücksichtigen.[675] Bei der Beurteilung, ob ein durch kompensatorische Strafzumessung zu berücksichtigender Verstoß gegen Art. 6 Abs. 1 EMRK vorliegt, kommt es auf die Bekanntgabe des Schuldvorwurfs und nicht auf die Beendigung der Tat an.[676] Der zeitliche Abstand zwischen Tat und Urteil kann freilich zu einem eigenständigen wesentlichen Strafzumessungsgesichtspunkt führen, jedoch außerhalb der kompensatorischen Strafzumessung.[677] Ein Revisionsführer, der das Vorliegen einer Art. 6 Abs. 1 S. 1 EMRK verletzenden Verfahrensverzögerung geltend machen will, muss grundsätzlich eine **Verfahrensrüge** erheben.[678] Eine rechtsstaatswidrige Verfahrensverzögerung kann sogar zum Absehen von Strafe nach § 60 StGB führen.[679]

Bei der Hinterziehung von **Umsatzsteuer** ist die Korrekturmöglichkeit von Scheinrechnungen im Rahmen der Strafzumessung zu berücksichtigen.[680] Andererseits ist bei einem **Umsatzsteuer-Karussell** der durch das System verursachte Gesamtschaden zu ermitteln und in die Strafzumessung einzustellen, wenn den einzelnen Beteiligten die Struktur und die Funktionsweise des Karussells bekannt sind.[681] Hinsichtlich der Strafzumessung bei **Serienstraftaten** ist zu beachten, dass die wiederholte Verwirklichung gleichartiger Taten auch Ausdruck einer von Tat zu Tat geringer werdenden Hemmschwelle sein kann.[682] Auch die **berufsrechtlichen Folgen** einer Verurteilung sind bei der Strafzumessung zu berücksichtigen, so zum Beispiel der sicher zu erwartende Verlust der Approbation.[683]

Bleiben **Mittäter** nach gewichtigem oder gar noch gewichtigerem Tatbeitrag aus nicht nachvollziehbaren Gründen unbestraft, kann dies dazu führen, dass der verfolgte Täter milder zu

---

[668] BGH Urt. v. 23.7.1985 – 5 StR 465/85 – wistra 1985, 225.
[669] *Kohlmann* Teil B Rdnr. 525.
[670] *Schäfer/Sander/van Gemmeren*, Praxis der Strafzumessung, Rdnr. 1040.
[671] BGH Urt. v. 9.12.1987 – 3 StR 104/87 – wistra 1988, 320.
[672] BGH Urt. v. 26.9.1983 – 3 StR 111/82 (S) – StV 1983, 237.
[673] BGH Beschl. v. 3.5.1983 – 1 StR 25/83 – wistra 1983, 145.
[674] EGMR Urt. v. 2.10.2003 – 41444/98 – wistra 2004, 177 = PStR 2004, 271; EGMR Urt. v. 20.1.2005 – 64387/01 – PStR 2005, 149 mit Anm. *Wegner*; BGH Beschl. v. 3.11.2005 – 5 StR 321/05 – wistra 2006, 69; zum Recht auf Verfahrensbeschleunigung gem. Art. 6 Abs. 1 S. 1 EMRK in Steuer- und Wirtschaftsstrafverfahren vgl. *Gaede* wistra 2004, 166 bis 174.
[675] BGH Beschl. v. 17.12.2003 – 1 StR 445/03 – wistra 2004, 140.
[676] BGH Urt. v. 21.4.2004 – 5 StR 540/03 – PStR 2004, 149.
[677] BGH Urt. v. 21.4.2004 – 5 StR 540/03 – PStR 2004, 149.
[678] BGH Beschl. v. 11.11.2004 – 5 StR 376/03 – NJW 2005, 518 = wistra 2005, 117 mit Anm. *Wohlers* JR 2005, 187 ff.
[679] BGH Beschl. v. 4.5.2004 – 5 StR 588/03 – wistra 2004, 337.
[680] BGH Urt. v. 11.7.2002 – 5 StR 516/01 – BGHSt 47, 343 = NJW 2002, 3036 = PStR 2002, 214 mit Anm. *Alvermann/Wulf* NStZ 2003, 213 f.
[681] *Franzen/Gast/Joecks* § 369 AO Rdnr. 139 c; *Kohlmann* § 370 AO Rdnr. 1412; BGH Beschl. v. 11.12.2002 – 5 StR 212/02 – wistra 2003, 140 = NStZ 2003, 268; zum Schuldspruch und Strafzumessung bei USt-Karussellen vgl. *Berhoff* PStR 2002, 214.
[682] BGH Beschl. v. 20.4.1998 – 5 StR 153/98 – wistra 1998, 262 = StV 2000, 254.
[683] BGH Beschl. v. 16.10.2003 – 5 StR 377/03 – StV 2004, 71.

bestrafen ist.[684] Dies verlangt der Grundsatz des gerechten Strafens, der auch die gleichmäßige Behandlung aller Tatbeteiligten umfasst.[685]

Strafschärfend sind insbesondere zu berücksichtigen:[686] 294
- Handeln aus Gewinnsucht, grober Eigennutz oder Habgier; gewissenloses und rücksichtsloses Vorgehen; Hartnäckigkeit, mit der das Ziel verfolgt wird; Steuerverkürzung über einen längeren Zeitraum; vorausgegangene Einstellungen unter Auflagen und einschlägige Vorstrafen (siehe aber § 51 BZRG); besonders verwerfliche Ausführung (z. B. Urkundenfälschung, falsche eidesstattliche Versicherung nach § 95 AO, Verleitung Dritter – insbesondere abhängiger Personen – zur Teilnahme, Buch- und Belegmanipulationen, Konten auf falschem oder erdichtetem Namen,
- Verletzung von besonderen Erklärungs- und Zahlungspflichten, wie z. B. bei Lohn- und Umsatzsteuer,
- Behinderung der Tataufklärung, z. B. Vernichten oder Beiseiteschaffen von Beweismitteln, Beeinflussung von Zeugen, bewusste Irreführung der Ermittlungsbehörden (dagegen nicht: Schweigen oder bloßes Leugnen); aktives Verhalten, um den Steueranspruch zu vereiteln, zum Beispiel Verbringen des Vermögens in das Ausland und
- berufliche und soziale Stellung des Täters, die besondere Pflichten begründet.

Es ist **rechtsfehlerhaft** die Gesamtstrafe durch Erhöhung der Einzelstrafe um 50 % der 295 Summe der übrigen Einzelstrafen zu berechnen.[687]

Nachdem die Zahl der Tagessätze bestimmt wurde, findet in der zweiten Phase des Straf- 296 zumessungsvorgangs die Festsetzung der **Höhe der Tagessätze** nach Maßgabe des § 40 Abs. 2 StGB statt; dies soll sicherstellen, dass für die gleiche Tat dem Wohlhabenden ein in gleicher Weise spürbarer Verlust wie dem finanziell Minderbemittelten zugefügt wird.[688] Die **Beiziehung der (aktuellen) Steuerakten** zur Ermittlung der für die Bestimmung der Tagessatzhöhe wesentlichen Faktoren ist unzulässig.[689] Hier greift das in § 30 AO (vgl. auch § 355 StGB) geregelte Steuergeheimnis ein.[690] Der in Artikel 19 Nr. 51 EGStGB enthaltene Vorschlag, die Finanzbehörden zu verpflichten, Gerichten und Staatsanwaltschaft auf deren Ersuchen Auskünfte über die ihnen bekannten wirtschaftlichen Verhältnisse des Beschuldigten zu erteilen (vgl. BT-Drucks. 7/550, S. 300 f.), ist nicht Gesetz geworden (vgl. Prot. VII 1070 ff., 1275).[691] In diesem Zusammenhang ist es auch erwähnenswert, dass die Regelung in Abschnitt 112 Abs. 3 S. 2 AStBV (St) a. F., wonach „zur Durchführung eines Steuerstrafverfahrens der Staatsanwaltschaft und dem Gericht auf deren Ersuchen die für die Festsetzung des Tagessatzes erforderlichen Angaben über die Einkommens- und Vermögensverhältnisse mitgeteilt werden, sich nicht mehr in der neuen Fassung der AStBV (St) findet.[692]

Die Höhe des einzelnen Tagessatzes hängt vom aktuellen durchschnittlichen Nettoeinkom- 297 men des Täters pro Kalendertag ab.[693] Es kommt also nicht auf das besonders günstige oder besonders ungünstige Tageseinkommen an, das der Täter zur Zeit der Entscheidung gerade bezieht.[694] Abzuheben ist vielmehr auf einen längeren Zeitraum (nicht nur Arbeitstage), der das Durchschnittseinkommen erkennbar macht, und aus den in dieser Zeit erzielten Nettoeinkünften ist der Tagesdurchschnitt zu ermitteln.[695] Wirtschaftliche Engpässe bleiben regel-

---

[684] *Schäfer/Sander/van Gemmeren*, Praxis der Strafzumessung, Rdnr. 1020; BGH Urt. v. 3.3.1993 – 5 StR 546/92 – BGHSt 39, 146 = NJW 1993, 1604 = wistra 1993, 185.
[685] *Schäfer/Sander/van Gemmeren*, Praxis der Strafzumessung, Rdnr. 1020.
[686] Abschnitt 150 AStBV (St) 2004 – BStBl. I 2003, 654, 688; *Meyer* DStR 2005, 1477.
[687] BGH Urt. v. 7.2.2001 – 2 StR 487/00 – NStZ 2001, 365 = StV 2001, 346.
[688] *Tröndle/Fischer* § 40 Rdnr. 6.
[689] LK/*Häger* § 40 StGB Rdnr. 75 m.w.N.; *Kindshofer* PStR 2002, 68; *Wieczorek* wistra 1987, 173; *Kohlmann* § 370 AO Rdnr. 321; *Franzen/Gast/Joecks* § 369 AO Rdnr. 137; *Klein/Gast-de Haan* § 370 AO Rdnr. 109; wohl auch *Tröndle/Fischer* § 40 Rdnr. 18; vgl. auch BGH Urt. v. 30.9.1992 – 5 StR 169/92 – wistra 1993, 19; a.A. *Koch/Scholtz/Scheurmann-Kettner* § 369 AO Rdnr. 57 unter Berufung auf § 30 Abs. 4 Nr. 1 AO.
[690] LK/*Häger* § 40 StGB Rdnr. 75.
[691] Schönke/Schröder/*Stree* § 40 Rdnr. 19.
[692] Abschnitt 112 Abs. 3 AStBV (St) 2004 – BStBl. I 2003, 654, 681.
[693] *Kohlmann* § 370 AO Rdnr. 1011.
[694] LK/*Häger* § 40 StGB Rdnr. 50.
[695] Schönke/Schröder/*Stree* § 40 Rdnr. 10; vgl. zur Berechnung des durchschnittlichen Nettoeinkommens bei Sach- und Geldzuwendungen von Mutter und Freundin des Angeklagten: OLG Düsseldorf Beschl. v. 29.4.1998 – 2 Ss 109/98 – 51/98 II – NStZ 1998, 464 = StraFo 1998, 275.

mäßig außer Betracht, auch eine mehrmonatige Arbeitslosigkeit, falls in absehbarer Zeit wieder mit Rückgliederung in den Arbeitsprozess und mit den bisherigen Einkünften zu rechnen ist.[696] **Bloße Erwerbsaussichten** sind bei der Bestimmung des (zukünftigen) Nettoeinkommens nur zu berücksichtigen, wenn ihre Realisierung mit Sicherheit für den Zeitraum zu erwarten ist, in dem die Geldstrafe zu bezahlen ist.[697] Einnahmequellen, die für die Zukunft nicht mehr bestehen, können nicht dem Einkommen zugerechnet werden.[698] Das Nettoeinkommen ist ein strafrechtlicher Begriff, der nach wirtschaftlicher Betrachtungsweise auszulegen ist.[699]

298 Nach dem Zweck der Vorschrift umfasst das Nettoeinkommen im Sinne des § 40 Abs. 2 StGB alle Einkunftsarten, sowohl Arbeitslohn und Vermögenserträgnisse als auch Rentenleistungen, Versorgungsleistungen und Unterhaltsleistungen.[700] Regelmäßige Zuwendungen Dritter, gleich welcher Art und aus welchem Rechtsgrund sind zu berücksichtigen.[701] Einkünfte aus Vermögenswerten, die auf **andere Personen** übertragen sind, können für die Ermittlung der Tagessatzhöhe herangezogen werden, wenn sie ungeachtet der formell fremden Rechtsträgerschaft tatsächlich doch dem Täter unmittelbar oder mittelbar zufließen (oder er sonst über sie verfügen kann).[702] Mittelbar wirken sie sich auch zugunsten des Täters aus, wenn der Ertrag solcher übertragenen Vermögenswerte die Unterhaltspflicht des Täters mindert. Kommen solche Einkünfte dem Täter dagegen nicht (mehr) zugute, so müssen sie in aller Regel außer Betracht bleiben.[703] Aber auch **Naturalbezüge** wie zum Beispiel freie Kost und Wohnung oder der Mietwert des selbstgenutzten Eigenheims sind zu berücksichtigen.[704] Der Mietwert des **selbst genutzten Eigenheims** ist insoweit bei der Ermittlung des Nettoeinkommens mit dem Unterschiedsbetrag zwischen der für eine vergleichbare Wohnung zu zahlenden Miete und den Aufwendungen, die den Angeklagten als Eigentümer treffen (Grundsteuern, Grundstücksgebühren, Gebäudeversicherungen, Instandhaltungskosten usw.), zu veranschlagen.[705] Zum Nettoeinkommen gehört ferner auch das, was der Täter an **Kindergeld** und sonstigen familienbezogenen Zuwendungen bezieht.[706] **Steuerfreibeträge** mindern das Nettoeinkommen ebenso wenig wie etwa Lohnpfändungsfreigrenzen.[707]

299 Von den Einkünften sind abzuziehen die laufenden Steuern, bei Unselbständigen die Sozialversicherungsbeiträge und Werbungskosten, bei Selbständigen die Betriebsausgaben und Verluste.[708] Steuerrechtlich zulässige „Abschreibungen" sind in der Regel nicht zu berücksichtigen, da sie keiner laufenden realen Einkommensminderung entsprechen.[709] Außer Betracht bleiben grundsätzlich Lohnpfändungen, sonstige Verbindlichkeiten wie Schuldzinsen und Abzahlungsraten.[710]

300 Im Übrigen kommt es nach § 40 Abs. 2 S. 2 StGB nicht nur auf das tatsächliche, sondern auch auf das **zumutbar erzielbare Einkommen** an. Der Rückgriff hierauf ist indes auf Fälle beschränkt, in denen der Zweck der Geldstrafe ihn gebietet, weil ohne ihn deren Wirksamkeit herabgesetzt wäre.[711] Für die Annahme eines erzielbaren (fiktiven) Nettoeinkommens im Sinne

---

[696] LK/Häger § 40 StGB Rdnr. 51.
[697] OLG Hamm Urt. v. 19.1.1977 – 4 Ss 248/76 – JR 1978, 165 mit Bspr. von *Grebing* JR 1978, 142 bis 146; *Tröndle/Fischer* § 40 Rdnr. 6.
[698] BGH Urt. v. 8.9.1992 – 1 StR 118/92 – NJW 1993, 408 = wistra 1993, 59.
[699] LK/Häger § 40 StGB Rdnr. 26; *Tröndle/Fischer* § 40 Rdnr. 7.
[700] OLG Köln Urt. v. 24.8.1976 – Ss 380/75 – NJW 1977, 307.
[701] OLG Köln Urt. v. 24.8.1976 – Ss 380/75 – NJW 1977, 307.
[702] BGH Urt. v. 8.9.1992 – 1 StR 118/92 – NJW 1993, 408 = wistra 1993, 59; zur Frage, wann das Tatgericht bei der Bestimmung der Tagessatzhöhe das deutlich höhere Einkommen des Ehegatten berücksichtigen kann vgl. OLG Zweibrücken Beschl. v. 28.10.1999 – 1 Ss 248/99 – wistra 2000, 152 = StV 2000, 202.
[703] BGH Urt. v. 8.9.1992 – 1 StR 118/92 – NJW 1993, 408 = wistra 1993, 59.
[704] Vgl. *Tröndle/Fischer* § 40 Rdnr. 7.
[705] BayObLG Beschl. v. 25.8.1999 – 2 St RR 137/99 – StV 1999, 651 = StraFo 1999, 385.
[706] OLG Celle Beschl. v. 15.12.1976 – 2 Ss 447/76 – NJW 1977, 1248 = JR 1977, 246 mit Anm. *Tröndle* – OLG Düsseldorf Urt. v. 29.9.1976 – 3 Ss 1047/76 – NJW 1977, 260 = MDR 1977, 332; LK/*Häger* § 40 StGB Rdnr. 27; *Tröndle/Fischer* § 40 Rdnr. 7; a.A. Schönke/Schröder/*Stree* § 40 Rdnr. 14 m.w.N.
[707] LK/*Häger* § 40 StGB Rdnr. 27.
[708] *Tröndle/Fischer* § 40 Rdnr. 13.
[709] Vgl. OLG Zweibrücken Beschl. v. 5.2.1993 – 1 Ss 148/92 – wistra 1993, 271; LK/*Häger* § 40 StGB Rdnr. 27; a.A. BayObLG Beschl. v. 11.1.1977 – RReg 1 St 452/76 – NJW 1977, 2088.
[710] *Tröndle/Fischer* § 40 Rdnr. 13.
[711] Schönke/Schröder/*Stree* § 40 Rdnr. 11.

der 2. Alternative des § 40 Abs. 2 S. 2 StGB ist grundsätzlich nur Raum, wenn tatsächlich erzielte Einkünfte zur Erfassung mit der Geldstrafe nicht zur Verfügung stehen oder zumutbare Erwerbsmöglichkeiten ohne billigenswerten Grund nicht wahrgenommen werden und deshalb nur ein geringeres Nettoeinkommen zur Verfügung steht.[712] Es kommt jedoch nicht darauf an, ob der Täter bei abstrakter Lebensweise mehr verdienen könnte, vielmehr ist nach der konkreten Lebenssituation zu beurteilen, ob es ihm zuzumuten ist, potentiellen Erwerbsquellen nachzugehen.[713] Die Entscheidung für eine bestimmte Lebensgestaltung ist zu respektieren.[714] Potentielles Einkommen darf auch nicht zugrunde gelegt werden, wenn der Täter die Einkommensminderung nicht bewusst, wenn auch verschuldet herbeigeführt hat.[715]

301 Wer jedoch zur Vermeidung einer höheren Geldstrafe seine wirtschaftliche Leistungsfähigkeit nach der Tat bewusst herabsetzt, indem er seine Arbeitsstelle aufgibt oder zu einer schlechter bezahlten Arbeitsstelle überwechselt, ist nach der tatsächlich vorhandenen Möglichkeit zur Ausschöpfung seiner Erwerbskraft zu beurteilen.[716] Entsprechendes gilt für den Täter, der nach der Tat eine Verbesserung seiner wirtschaftlichen Lage ausschlägt oder verschiebt, um einer höheren Geldstrafe zu entgehen.[717] Wer nach dem Gesagten gehalten ist, potentielle Erwerbsquellen einzusetzen, wird im Zweifel jede Arbeit, die er zu leisten in der Lage ist, annehmen müssen.[718]

302 Die „Regel-Richtlinie" des § 40 Abs. 2 StGB beinhaltet die Möglichkeit und die Pflicht, zur besseren Anpassung der Strafe auf die **persönlichen Verhältnisse** des Täters und seine Belastbarkeit von dem ermittelten Nettoeinkommen nach unten oder nach oben abzuweichen.[719] **Unterhaltspflichten** des Täters sind daher bei der Festsetzung der Tagessatzhöhe angemessen zu berücksichtigen. Richtigerweise wird – da es sich nicht um ein Rechenwerk handeln soll – weder auf Regelunterhaltssätze noch auf irgendwelche Tabellen zurückgegriffen, sondern man geht vom tatsächlich bezahlten Unterhalt aus.[720] Bezieht der **Ehegatte** kein eigenes Einkommen, so wird der Unterhaltsanspruch entsprechend den Unterhaltsfeststellungen im Scheidungsverfahren mit 3/7 des Nettoeinkommens zu Grunde gelegt. Bezieht der Ehegatte eigene Einkünfte, so wird entweder keine Unterhaltsverpflichtung angenommen oder es erfolgt eine anteilige Anrechnung, so dass der zu zahlende Unterhalt angerechnet, jedoch der eigene Anspruch gegen den anderen Ehegatten gegengerechnet wird.[721] Im Übrigen orientiert man sich in der Praxis an Faustregeln wie der **Formel von Tröndle**, indem der Unterhalt für die nicht verdienende Ehefrau mit 20 %,[722] der für unterhaltsberechtigte Kinder mit 10 % des Nettoeinkommens angesetzt wird, wobei bei Einzelkindern der Betrag zu erhöhen, bei vielen Kindern zu ermäßigen ist.[723] Aus Vereinfachungsgründen wird jedoch auch oftmals pro Kind € 3.000,- im Jahr in Ansatz gebracht.[724]

303 Andere Verbindlichkeiten sind nur in besonderen Fällen bei der Tagessatzhöhe zu berücksichtigen. **Schulden**, die zur Sicherung einer angemessenen Lebensführung und nicht unbesonnen gemacht worden sind, können bei der Bemessung der Tagessatzhöhe nur berücksichtigt werden, wenn sie den Lebenszuschnitt des Täters im Verhältnis zu den Beziehern gleicher Einkommen ganz erheblich einschränken, sodass eine deutliche Abweichung von durchschnittlichen Verhältnissen besteht.[725] Des weiteren können sie nur Berücksichtigung finden, wenn dies zur Vermeidung einer **unbilligen Härte** angezeigt ist.[726] In Betracht kommen überdurch-

---

[712] BayObLG Beschl. v. 2.2.1998 – 1 St RR 1/98 – wistra 1998, 233 mit Anm. *Dölling* JR 1999, 215 und Anm. *Krehl* NStZ 1999, 189; KG Beschl. v. 16.9.1998 – (4) 1 Ss 199/98 (92/98) – StV 2000, 203.
[713] LK/*Häger* § 40 StGB Rdnr. 49.
[714] OLG Köln Beschl. v. 13.9.1978 – 3 Ss 429/78 – NJW 1979, 277 mit Anm. *Baumann* JZ 1979, 411.
[715] OLG Koblenz Beschl. v. 14.8.1997 – 2 Ss 228/97 – StV 1998, 424.
[716] Schönke/Schröder/*Stree* § 40 Rdnr. 11.
[717] Schönke/Schröder/*Stree* § 40 Rdnr. 11.
[718] LK/*Häger* § 40 StGB Rdnr. 49.
[719] OLG Schleswig Urt. v. 13.8.1975 – 1 Ss 228/75 – MDR 1976, 243.
[720] BayObLG Beschl. v. 8.7.1992 – 2 St RR 127/92 – NJW 1992, 2582 = wistra 1992, 310.
[721] *Kohlmann* § 370 AO Rdnr. 1012.
[722] So auch *Schäfer/Sander/van Gemmeren*, Praxis der Strafzumessung, Rdnr. 88.
[723] *Schäfer/Sander/van Gemmeren*, Praxis der Strafzumessung, Rdnr. 85; LK/*Häger* § 40 StGB Rdnr. 56.
[724] *Kohlmann* § 370 AO Rdnr. 1012; *Mester* PStR 1999, 57.
[725] OLG Köln Beschl. v. 7.10.1982 – 1 Ss 566/82 – VRS 64, 114; *Tröndle/Fischer* § 40 Rdnr. 15.
[726] OLG Stuttgart Urt. v. 26.4.1994 – 3 Ss 49/94 – NJW 1995, 67 = wistra 1994, 236.

schnittliche Verpflichtungen auf wirtschaftlich angemessener Grundlage wie Aufwendungen für ein Familieneigenheim (Hypotheken), Ratenzahlung für notwendige Einrichtungen, Versicherungen, Altersvorsorge etc.[727] Immer wird jedoch zu bedenken sein, dass Aufwendungen der erwähnten Art meist mit einem Vermögensgewinn oder einem Gebrauchsvorteil einhergehen und sich daher schon aus diesem Aspekt eine volle Anrechnung der Aufwendungen auf das Nettoeinkommen verbietet.[728] **Steuerrückstände**, die durch vorsätzliche Steuerhinterziehung oder eine sonstige bewusst nachlässige Handhabung von Steuerpflichten entstanden sind, können bei der Festsetzung der Tagessatzhöhe nicht berücksichtigt werden, selbst wenn sie vom Angeklagten in überdurchschnittlicher Höhe getilgt werden.[729]

304 Auch **Schuldzinsen** für die Finanzierung der eigengenutzten Immobilie können bei der Ermittlung der Tagessatzhöhe berücksichtigt werden. Andererseits ist der Mietwert des selbstgenutzten Eigenheims bei der Ermittlung des Nettoeinkommens mit dem Unterschiedsbetrag zwischen der für eine vergleichbare Wohnung zu zahlenden Miete einschließlich allfälliger Nebenkosten zu berücksichtigen.[730]

305 Eine **Verringerung der Tagessatzhöhe** kann ferner **auf Grund der Tagessatzzahl** angebracht sein; denn mit zunehmender Zahl steigert sich die Fühlbarkeit der Geldstrafe bei gleich bleibender Tagessatzhöhe nicht in entsprechender Weise, sondern wächst progressiv.[731] Deshalb sehen die einhellige Rechtsprechung[732] und die herrschende Meinung im Schrifttum[733] die Möglichkeit vor, in solchen Fällen – namentlich bei Geldstrafen von **jenseits 90 Tagessätzen** – die Tagessatzhöhe zu reduzieren. Eine Senkung kommt im Einzelfall – unter Beachtung von § 42 StGB – bei Einkünften am Rande des Existenzminimums in Betracht.[734]

306 **Einzelne Fallgruppen:**

Bei **nicht berufstätigen verheirateten Personen**, die über sonstige Einkünfte nicht verfügen, bestimmt sich das gem. § 40 Abs. 2 S. 2 StGB maßgebende Einkommen nach dem ihnen zufließenden oder von ihnen beanspruchten Unterhalt, zu dem auch das Taschengeld gehört.[735] Entstehung und Höhe des Taschengeldanspruchs hängen davon ab, in welchen wirtschaftlichen Verhältnissen die Eheleute leben, insbesondere wie die Einkommensverhältnisse des Ehemannes sind. Der Taschengeldanspruch bewegt sich in Höhe von etwa 5 % des Nettoeinkommens des Ehemannes.[736] Zur Berechnung der Tagessatzhöhe dürfen jedoch auch Einkommen Dritter berücksichtigt werden, vorausgesetzt diese Einkünfte fließen dem Täter unmittelbar oder mittelbar zu oder kommen ihm sonst zu Gute.[737]

307 Bei **einkommensschwachen Personen** (zum Beispiel Arbeitslosengeld II oder Sozialhilfe) kommt es auf die Unterstützungs- und Versorgungsleistungen samt etwaiger Sachbezüge (freie Kost und Wohnung) an.[738] Beim unterhaltspflichtigen Sozialhilfeempfänger bestimmt sich die Tagessatzhöhe allein nach dem für diesen selbst geleisteten Sozialhilfebetrag.[739] Mehr als die Differenz zwischen tatsächlich gewährten Sozialleistungen und dem unerlässlichen Lebensbe-

---

[727] *Tröndle/Fischer* § 40 Rdnr. 15; OLG Karlsruhe Beschl. v. 14.7.1976 – 1 Ss 179/76 – MDR 1977, 65.
[728] LK/*Häger* § 40 StGB Rdnr. 57.
[729] OLG Stuttgart Urt. v. 26.4.1994 – 3 Ss 49/94 – NJW 1995, 67 = wistra 1994, 236.
[730] BayObLG Beschl. v. 25.8.1999 – 2 St RR 137/99 – StV 1999, 651 = StraFo 1999, 385; LK/*Häger* § 40 StGB Rdnr. 57; *Schäfer/Sander/van Gemmeren*, Praxis der Strafzumessung, Rdnr. 84; a.A. Abschnitt 151 Abs. 2 AStBV (St) 2004 – BStBl. I 2003, 654, 689.
[731] Schönke/Schröder/*Stree* § 40 Rdnr. 15 a.
[732] BGH Urt. v. 28.4.1976 – 3 StR 8/76 – BGHSt 26, 325 = NJW 1976, 1510; BGH Beschl. v. 10.6.1986 – 1 StR 445/85, BGHSt 34, 90 = NJW 1987, 199; OLG Hamburg Beschl. v. 14.4.1997 – 2 Ss 32/97 – StV 1997, 472; OLG Düsseldorf Beschl. v. 29.4.1998 – 2 Ss 109/98 – 51/98 II – NStZ 1998, 464.
[733] *Tröndle/Fischer* § 40 Rdnr. 24; Schönke/Schröder/*Stree* § 40 Rdnr. 15 a; LK/*Häger* § 40 StGB Rdnr. 60.
[734] *Tröndle/Fischer* § 40 Rdnr. 24; OLG Hamburg Urt. v. 18.7.2001 – III – 42/01 – 1 Ss 65/01 – NStZ 2001, 655.
[735] OLG Köln Beschl. v. 24.9.1982 – 1 Ss 657/82 – OLGSt StGB § 40 Nr. 1 = JMBL NW 1983, 126; OLG Düsseldorf Beschl. v. 24.5.1984 – 1 Vs 1/84 – JZ 1984, 682 = MDR 1984, 959; *Tröndle/Fischer* § 40 Rdnr. 9; Schönke/Schröder/*Stree* § 40 Rdnr. 11 a.
[736] OLG Köln Beschl. v. 24.9.1982 – 1 Ss 657/82 – OLGSt StGB § 40 Nr. 1 = JMBL NW 1983, 126.
[737] OLG Zweibrücken Beschl. v. 28.10.1999 – 1 Ss 248/99 – wistra 2000, 152 = StV 2000, 202.
[738] *Tröndle/Fischer* § 40 Rdnr. 11; LK/*Häger* § 40 StGB Rdnr. 36.
[739] OLG Düsseldorf Beschl. v. 23.4.1993 – 2 Ss 67/93 – 34/93 II – NJW 1994, 744 = wistra 1993, 272.

darf kann einem Sozialhilfeempfänger nicht genommen werden.[740] Die Tagessatzhöhe ist bei einem am **Existenzminimum** lebenden Angeklagten in der Weise zu berechnen, dass ihm der zur Sicherung seines Lebensbedarfs unerlässliche Betrag in Höhe von **75 % des Regelsatzes der Sozialhilfe** (bei Berücksichtigung der Aufwendungen für Miete und Heizung) nach Abzug des auf die Geldstrafe zu zahlenden monatlichen Teilbetrages noch verbleibt.[741] Nach § 1 der Verordnung der Regelsätze über die Sozialhilfe vom 30.11.2004[742] (vgl. § 28 Abs. 2 SBG XII) beträgt für die Zeit vom 1.1.2005 bis 30.6.2005 zum Beispiel in NRW der monatliche Regelsatz für die Sozialhilfe für den Haushaltsvorstand und für Alleinstehende € 345,–, für sonstige Haushaltsangehörige bis zur Vollendung des 14. Lebensjahres € 207,– und für sonstige Haushaltsangehörige ab dem 15. Lebensjahr € 276,–. Nach § 29 Abs. 1 SGB XII werden die Leistungen für die Unterkunft in tatsächlicher Höhe erbracht. Nach § 29 Abs. 2 SGB XII kann der Träger der Sozialhilfe in bestimmten Fällen für seinen Bereich die Leistungen für die Unterkunft durch eine monatliche Pauschale abgelten. Nach § 29 Abs. 3 SGB XII werden Leistungen für Heizung in tatsächlicher Höhe erbracht, soweit sie angemessen sind. Die Leistungen können jedoch durch eine monatliche Pauschale abgegolten werden. Bei **arbeitslosen Personen** ist ggf. zu berücksichtigen, dass das Arbeitslosengeld zunächst für längere Zeit gesperrt war oder gesperrt wird; eine absehbar nur kurzfristige Arbeitslosigkeit kann im Einzelfall außer Betracht bleiben.[743]

Nach § 40 Abs. 3 StGB können die Einkünfte des Täters, sein Vermögen und andere Grundlagen für die Bemessung eines Tagessatzes **geschätzt** werden.[744] Eine Schätzung kommt in Betracht, wenn der Angeklagte keine oder unzureichende (auch unglaubhafte) Angaben über seine wirtschaftlichen Verhältnisse macht, genaue Feststellungen der Bemessungsgrundlagen nicht möglich sind oder unverhältnismäßig große Schwierigkeiten bereiten und einen übermäßigen, der jeweiligen Strafsache nicht entsprechenden Aufwand erfordern.[745] Wenn das Gericht die Einkünfte des Täters für die Bemessung des Tagessatzes gem. § 40 Abs. 3 StGB schätzt, hat es in den Urteilsgründen darzulegen, warum eine Schätzung erfolgt ist, auf welchen Einzelumständen sie beruht und welche Maßstäbe ihr zugrunde liegen.[746] Das OLG Celle führte in einem Urteil[747] dazu aus: „Allerdings muss eine Schätzung der Einkünfte des Täters, wie allgemein anerkannt ist, auf einer konkreten Grundlage beruhen. Das kann aber nicht heißen, dass das Gericht hierbei die Höhe des Tagessatzes nur unter Heranziehung genauer Beträge bestimmen dürfte, aus denen sich das zu ermittelnde Einkommen zusammensetzt. Könnte das Gericht solche genauen Beträge ermitteln, so wäre es gerade nicht auf eine Schätzung angewiesen, sondern könnte das Einkommen zahlenmäßig errechnen. Eine so verstandene Konkretisierung der Grundlagen der Schätzung wäre also ein Widerspruch in sich selbst. Eine Konkretisierung der Schätzungsgrundlagen durch den Tatrichter ist vielmehr in dem Umfang zu fordern, dass es dem Revisionsgericht möglich ist, die Schätzung seinerseits nachzuvollziehen. Dazu reichen formelhafte Wendungen ebenso wenig aus wie etwa ein pauschaler Hinweis auf „gute Einkommensverhältnisse".[748] Ferner ist es fehlerhaft, wenn der Tatrichter seine Überzeugung von zusätzlichen Unterstützungshandlungen auf eine „ohne jeden Zweifel" geäußerte Vermutung stützt.[749] Mit der als alleinigen Begründung mitgeteilten Tatsache, dass der Angeklagte noch kurz vor der erstmaligen Hauptverhandlung eine Geldstrafe von € 5750,– bezahlt hat, lässt

---

[740] *Tröndle/Fischer* § 40 Rdnr. 11; LK/*Häger* § 40 StGB Rdnr. 37.
[741] OLG Celle Beschl. v. 7.4.1998 – 23 Ss 56/88 – NStZ-RR 1998, 272 = StV 1999, 213; zur Einschränkung der Leistungen hinsichtlich der Sozialhilfe vgl. § 39 SGB XII.
[742] GV. NRW 2004, 747.
[743] *Tröndle/Fischer* § 40 Rdnr. 11.
[744] Siehe hierzu im Einzelnen *Hellmann* GA 1977, 503.
[745] Schönke/Schröder/*Stree* § 40 Rdnr. 20; *Tröndle/Fischer* § 40 Rdnr. 19; BayObLG Beschl. v. 2.2.1998 – 1 St RR 1/98 – wistra 1998, 233.
[746] LK/*Häger* § 40 StGB Rdnr. 72 m.w.N.; OLG Hamm Beschl. v. 2.11.1999 – 2 Ss 699/99 – StraFo 2001, 19; OLG Düsseldorf Beschl. v. 7.11.1996 – 5 Ss 333/96 – 99/96 I – StV 1997, 460; vgl. auch zur Schätzung und tatrichterlichen Aufklärungspflicht bei der tatrichterlichen Sachverhaltsfeststellung vgl. *Hofmann* StraFo 2003, 70 bis 76.
[747] OLG Celle Urt. v. 24.5.1982 – 1 Ss 106/82 – NJW 1984, 185 mit Anm. *Stree* JR 1983, 205.
[748] OLG Celle Urt. v. 24.5.1982 – 1 Ss 106/82 – NJW 1984, 185 mit Anm. *Stree* JR 1983, 205.
[749] KG Beschl. v. 7.9.2001 – (3) 1 Ss 140/01 (57/01) – n. v.

sich der Nachweis für regelmäßige Unterstützungszahlungen nicht führen. Dieser Umstand ist auch nicht als Grundlage einer Schätzung geeignet.[750]

309 Bei mehreren, voneinander unabhängigen Einkommensgrundlagen sind die Schätzwerte für die Einzelposten anzugeben; eine globale Einkommensschätzung ist unangemessen.[751] Es gilt für die Schätzungsgrundlage der Zweifelsgrundsatz (**in dubio pro reo**), für die Schätzung hingegen nicht.[752]

Die **Einstellung gegen Geldauflage** im Sinne von § 153 a StPO stellt in der Praxis eine häufige Option der Verfahrensbeendigung dar. Selbst bei einem verkürzten Steuerbetrag von weit über € 100.000,- kommt bei diversen Straf- und Bußgeldsachenstellen der Finanzämter bzw. den Staatsanwaltschaften eine Einstellung des Verfahrens gegen Geldauflage in Betracht.[753] Dies gilt jedoch nur dann, wenn die Auflage geeignet ist, das öffentliche Interesse an der Strafverfolgung zu beseitigen und die Schwere der Schuld nicht entgegensteht. Für die Beurteilung der Schwere der Schuld sind die für die Strafzumessung geltenden Grundsätze, insbesondere § 46 StGB, heranzuziehen.[754] Das öffentliche Interesse an der Strafverfolgung wird in der Praxis in erster Linie durch die vollständige Zahlung der hinterzogenen Steuern beseitigt.[755] Hinsichtlich der Bemessung der Geldauflage wird in der Praxis oft von einer Geldauflage in Höhe von 50 % der hinterzogenen Steuern ausgegangen.[756] Diese Praxis ist jedoch regelmäßig ungerecht, weil sie die wirtschaftlichen Verhältnisse des Beschuldigten außer Acht lässt. Gerechter erscheint es – und so wird auch oft verfahren – die Geldauflage so zu berechnen wie die Geldstrafe.[757] Über die Ermittlung der Höhe der Tagessätze werden auf diesem Wege die wirtschaftlichen Verhältnisse des Beschuldigten berücksichtigt. Teilweise wird als Ausgleich für die ersparte Durchführung des weiteren Verfahrens noch ein Zuschlag von 10 % vorgenommen.[758] Vorteil einer Einstellung gegen Geldauflage ist, dass es zu keiner Hauptverhandlung kommt, somit keine weiteren Verfahrenskosten entstehen und dass es zu keiner Eintragung in das Bundeszentralregister wie bei der Verhängung einer Geld- bzw. Freiheitsstrafe kommt. Weiterer Vorteil ist, dass bei Erfüllung der Geldauflage die Tat nicht mehr als Vergehen verfolgt werden kann.

310 Bereits der Strafrahmen der einfachen Steuerhinterziehung ermöglicht es, gewichtige **Freiheitsstrafen** zu verhängen. Sollte eine Freiheitsstrafe nicht vermieden werden können, so muss der Verteidiger im Interesse des Mandanten tätig werden, um eine Aussetzung der Vollstreckung des Urteils zur Bewährung zu erreichen. Eine Gesamtfreiheitsstrafe kann nicht aus mehreren Einzelstrafen gebildet werden, da es sich um verschiedene Arten von Strafen handelt.[759] Nach § 47 Abs. 1 StGB soll eine Freiheitsstrafe **unter 6 Monaten** nur verhängt werden, wenn besondere Umstände, die in der Tat oder der Persönlichkeit des Täters liegen, die Verhängung einer Freiheitsstrafe zur Einwirkung auf den Täter oder zur Verteidigung der Rechtsordnung unerlässlich machen. Das ist der Fall, wenn auf Grund einer Gesamtwürdigung aller die Tat und den Täter kennzeichnenden Umstände die notwendige Einwirkung auf den Täter oder die Verteidigung der Rechtsordnung eine Freiheitsstrafe unverzichtbar erscheinen lässt, weil andere Sanktionen keinesfalls ausreichen.[760] Die Verhängung einer Freiheitsstrafe unter 6 Monaten kann keinesfalls schematisch mit dem **bloßen Vorliegen einschlägiger Vorbelastungen** begründet werden, sondern bedarf in jedem Fall einer gesonderten Erörterung des Einzelfalles.[761]

---

[750] KG Beschl. v. 7.9.2001 – (3) 1 Ss 140/01 (57/01) – n. v.
[751] Schönke/Schröder/*Stree* § 40 Rdnr. 21 a.
[752] BGH Urt. v. 20.4.1989 – 4 StR 73/89 – wistra 1989, 223 = NStZ 1989, 361.
[753] Vgl. auch *Mester* PStR 1998, 71; *Meyer* DStR 2005, 1481 f.
[754] Abschnitt 78 Abs. 1 AStBV (St) 2004 – BStBl. I 2003 – 654, 673.
[755] So auch *Mester* PStR 1998, 71.
[756] *Schiffer* PStR 2000, 215; *Mester* PStR 1998, 71.
[757] So auch *Schäfer/Sander/van Gemmeren*, Praxis der Strafzumessung, Rdnr. 1037; zur Erledigung von Steuerstrafverfahren und den Bemessungskriterien vgl. auch *Joecks* StraFo 1997, 2 bis 8.
[758] Vgl. *Schiffer* PStR 2000, 215.
[759] BGH Beschl. v. 5.5.1999 – 1 StR 133/99 – wistra 1999, 297 = StV 1999, 598.
[760] Schönke/Schröder/*Stree* § 47 Rdnr. 10.
[761] OLG Köln Beschl. v. 18.2.2003 – Ss 36/03 – NStZ 2003, 421.

Die Vollstreckung einer Freiheitsstrafe von **sechs Monaten bis zu einem Jahr** ist zur Verteidigung der Rechtsordnung nur dann geboten, wenn eine Aussetzung der Strafe zur Bewährung im Hinblick auf schwerwiegende Besonderheiten des Einzelfalls für das allgemeine Rechtsempfinden unverständlich erscheinen müsste und dadurch das Vertrauen der Bevölkerung in die Unverbrüchlichkeit des Rechts erschüttert werden könnte.[762] Soweit die verwirkte Freiheitsstrafe nicht mehr als 1 Jahr, höchstens 2 Jahre beträgt, kann sie noch **zur Bewährung ausgesetzt** werden (§§ 56 ff. StGB), auch in den Fällen des § 370 Abs. 3 AO.[763] Zur Vermeidung einer Freiheitsstrafe von mehr als 2 Jahren, die nach § 56 StGB nicht mehr zur Bewährung ausgesetzt werden kann, kann nach § 41 StGB zusätzlich eine **Geldstrafe** verhängt werden, sofern beide das Maß des Schuldangemessenen erreichen.[764] Der Verteidiger hat in diesem Zusammenhang auch darauf zu achten, dass nach § 53 Abs. 2 S. 2 StGB die Möglichkeit besteht, ein gesonderte Geldstrafe zu verhängen. Die Nichtanwendung des § 53 Abs. 2 S. 2 StGB bedarf insbesondere dann einer ausdrücklichen Erörterung, wenn bei der gesonderten Festsetzung einer Geldstrafe die zeitige Freiheitsstrafe noch zur Bewährung hätte ausgesetzt werden können.[765] Können durch das Erkenntnis einer gesonderten Gesamtgeldstrafe (§ 53 Abs. 2 S. 2 StGB) die verbleibenden Einzelfreiheitsstrafen zu einer Gesamtfreiheitsstrafe von unter einem Jahr zurückgeführt werden, die nicht den zwingenden **Verlust der Beamtenrechte** des Angeklagten zur Folge hat, so darf auf die Prüfung dieser Möglichkeit nicht verzichtet werden.[766]

Sollte sich der Mandant bereits in **Untersuchungshaft** befinden, so kommt möglicherweise **312** eine Aussetzung der Vollstreckung des Urteils nach Anrechnung der Untersuchungshaft in Betracht (vgl. § 51 Abs. 1 S. 1 StGB). Anrechnungsfähige Zeiten sind neben der Untersuchungshaft etwa der Freiheitsentzug zum Zwecke der psychischen Begutachtung des Beschuldigten (§ 81 StPO) in Folge einer vorläufigen Festnahme (§ 127 Abs. 2 StPO) oder Auslieferungshaft (§ 39 Abs. 3 b StVollstrO).[767] Gem. § 51 Abs. 1 S. 2 StGB kann das Gericht jedoch anordnen, dass die Anrechnung ganz oder zum Teil unterbleibt, wenn sie im Hinblick auf das Verhalten des Verurteilten nach der Tat nicht gerechtfertigt ist. Nach der Rechtsprechung des Bundesgerichtshofes ist dies nur dann der Fall, wenn ein nach der Tat gezeigtes Verhalten des Täters im Verfahren eine Anrechnung „als ungerecht erscheinen lässt".[768] Dies kann bei solchem Verhalten des Täters in Betracht kommen, das nicht seiner Verteidigung dient und entweder gerade darauf abzielt, eine (angeordnete) Untersuchungshaft zu verlängern, um sich durch deren spätere Anrechnung einen Vorteil bei der Strafvollstreckung zu verschaffen, oder den Zweck verfolgt, das Verfahren aus anderen Gründen **böswillig zu verschleppen**.[769] Bei Handlungen, die selbst Haftgrund sind und allein dem Täter durch seine Inhaftierung Nachteile erbringen, ist dies aber nur dann der Fall, wenn diese Handlungen auch tatsächlich zu einer vom Angeklagten beabsichtigten Verschleppung des Verfahrens geführt haben.[770]

Hat der Strafverteidiger das Strafverfahren durch wiederholt gestellte und ersichtlich aussichtslose Anträge, die Sache an ein anderes Gericht zu übertragen, böswillig verschleppt, kann die teilweise Nichtanrechnung der erlittenen Untersuchungshaft gem. § 51 Abs. 1 S. 2 StGB nur angeordnet werden, wenn dem Angeklagten das Verhalten seines Verteidigers ausnahmsweise zuzurechnen ist.[771] Dass der Angeklagte keine verfahrensfördernde Handlung vorgenommen hat, ist kein Grund für die Nichtanrechnung, da eine Pflicht zur Förderung des Strafverfahrens nicht besteht.[772]

bb) Verfahrenskosten. Auch im Steuerstrafverfahren finden über die Generalverweisung **314** in § 385 Abs. 1 AO die allgemeinen Kostenvorschriften der Strafverfahrensgesetze Anwen-

---

[762] BGH Beschl. v. 11.1.2001 – 5 StR 580/00 – wistra 2001, 216 = NStZ 2001, 319.
[763] *Kohlmann* § 370 AO Rdnr. 1006.
[764] BGH Urt. v. 24.8.1993 – 5 StR 229/93 – wistra 1993, 297.
[765] BGH Beschl. v. 6.2.2002 – 5 StR 443/01 – wistra 2002, 185.
[766] BGH Beschl. v. 19.4.2004 – 5 StR 119/04 – wistra 2004, 264 = StraFo 2004, 247.
[767] *Randt* Der Steuerfahndungsfall S. 377 Rdnr. 115.
[768] BGH Urt. v. 23.7.1970 – 4 StR 241/70 – BGHSt 23, 307.
[769] BGH Beschl. v. 23.2.1999 – 4 StR 49/99 – wistra 1999, 221 = NStZ 1999, 347.
[770] BGH Beschl. v. 23.2.1999 – 4 StR 49/99 – wistra 1999, 221 = NStZ 1999, 347.
[771] BGH Beschl. v. 8.1.2002 – 3 StR 453/01 – NStZ 2002, 367 = wistra 2002, 138.
[772] Schönke/Schröder/*Stree* § 51 Rdnr. 19.

dung.⁷⁷³ In Ergänzung dazu enthält § 408 AO eine **Sonderregelung**, in der unter Bezugnahme auf die entsprechende Regelung der StPO (§ 464 a Abs. 2 Nr. 2 StPO) für das Steuerstrafverfahren der Begriff der sog. notwendigen Auslagen erweitert (§ 408 S. 1 AO) und darüber hinaus festgelegt wird, wie zu verfahren ist, wenn eine gesetzliche Regelung der Gebühren und Auslagen nicht vorhanden ist (§ 408 S. 2 AO).⁷⁷⁴ Nach § 410 Abs. 1 Nr. 12 AO ist die Vorschrift des § 408 AO auch im **Bußgeldverfahren** anwendbar. Nach § 408 S. 1 AO gehören zu den notwendigen Auslagen auch die gesetzlichen Gebühren und Auslagen eines Steuerberaters, Steuerbevollmächtigten, Wirtschaftsprüfers oder vereidigten Buchprüfers. Gem. § 392 Abs. 1 AO können diese Berufsangehörigen abweichend von § 138 Abs. 1 StPO in Steuerstrafverfahren zu (Mit-)Verteidigern gewählt werden. Wenn ein Steuerberater nach § 392 AO die Strafverteidigung übernimmt, kann er seinen Gebührenanspruch in entsprechender Anwendung des RVG geltend machen (§ 45 StBGebV).⁷⁷⁵ Grundsätzlich sind die Kosten **mehrerer Verteidiger** jedoch nach § 464 a Abs. 2 Nr. 2 StPO in Verbindung mit § 91 Abs. 2 S. 3 ZPO nur insoweit erstattungsfähig, als sie die Kosten eines Rechtsanwalts nicht übersteigen oder als in der Person des Rechtsanwalts ein Wechsel eintreten musste.⁷⁷⁶ Streitig ist, ob dieser Grundsatz auch bei gemeinschaftlicher Verteidigung durch einen Rechtsanwalt und einen Angehörigen der steuerberatenden Berufe nach § 392 Abs. 1 Halbsatz 2 AO gilt.⁷⁷⁷

315 Nach § 464 a Abs. 1 StPO sind Kosten des Verfahrens die Gebühren und Auslagen der Staatskasse. Eine Kostentragungspflicht für die Kosten der **steuerrechtlichen Ermittlungen** kann aus § 408 AO bzw. § 465 StPO nicht hergeleitet werden.⁷⁷⁸ Die Außenprüfung wird nicht dadurch zum Strafverfahren, dass festgestellte Mehrergebnisse strafrechtlich ausgewertet werden.⁷⁷⁹ Zu den Kosten gehören auch die durch die Vorbereitung der öffentlichen Klage entstandenen sowie die Kosten der Vollstreckung einer Rechtsfolge der Tat. Zu den Kosten des Verfahrens zählen die Auslagen der **Steuerfahndung**, wenn sie nur die verfahrensgegenständliche Tat betreffen.⁷⁸⁰ Diese Auslagen der Finanzbehörde sind, auch wenn – nach Beschränkung der Strafverfolgung – keine Verurteilung des Angeklagten wegen einer Steuerstraftat, sondern nur eine Verurteilung wegen Untreue erfolgt ist, dann vom Angeklagten zu tragen und damit in Ansatz zu bringen, wenn dem Angeklagten – ohne Einschränkung – die Kosten des Verfahrens auferlegt wurden.⁷⁸¹ Die Auslagen der Steuerfahndung zählen jedoch nicht zu den Verfahrenskosten, wenn die Steuerfahndung gem. § 208 Abs. 1 Nr. 3 AO Besteuerungsgrundlagen für Zeiträume ermittelt, für die nur die strafrechtliche Verfolgung, nicht aber die steuerliche Festsetzung verjährt ist.⁷⁸²

316 Die von dem Beschuldigten geltend gemachten Auslagen für einen **Finanzdienst und Wirtschaftsdienst**, der in einem Steuerstrafverfahren Schriftsätze gefertigt hat, sind aus der Staatskasse nicht zu erstatten, wenn es sich um eine unzulässige Rechtsberatung handelt.⁷⁸³ Die durch die Beauftragung eines **auswärtigen Fachanwalts für Steuerrecht** entstandenen Mehrkosten sind erstattungsfähig, wenn es für den freigesprochenen Angeklagten aufgrund der schwerwiegenden Tatvorwürfe (Steuerhinterziehung in 53 Fällen) und der besonderen Schwierigkeit des Verfahrens geboten war, einen auf dem Gebiet des Steuerrechts besonders fachkundigen Verteidiger mit seiner Interessenvertretung zu beauftragen.⁷⁸⁴

317 cc) *Steuerrechtliche Nebenfolgen.* Ist der Täter nicht zugleich Steuerpflichtiger, so haftet er nach § 71 AO für die durch ihn verkürzten Steuerbeträge, die zu Unrecht gewährten Steuervor-

---

⁷⁷³ *Kohlmann* § 408 AO Rdnr. 1.
⁷⁷⁴ *Kohlmann* § 408 AO Rdnr. 1.
⁷⁷⁵ *Randt* Der Steuerfahndungsfall S. 55 Rdnr. 231; zum neuen RVG aus Sicht des Steuerberaters vgl. *Steffen* DSWR 2004, 271 bis 272.
⁷⁷⁶ Franzen/Gast/Joecks/*Gast-de Haan* § 408 AO Rdnr. 15; *Kohlmann* § 408 AO Rdnr. 21.
⁷⁷⁷ Siehe dazu *Kohlmann* § 408 AO Rdnr. 22 ff.; Franzen/Gast/Joecks/*Gast-de Haan* § 408 AO Rdnr. 15; *Meyer-Goßner* § 464 a Rdnr. 13; KG Beschl. v. 16.10.1981 – 1 Ws 43/81 – NStZ 1982, 207.
⁷⁷⁸ *Kohlmann* § 408 AO Rdnr. 9.
⁷⁷⁹ Franzen/Gast/Joecks/*Gast-de Haan* § 408 AO Rdnr. 9.
⁷⁸⁰ OLG Koblenz Beschl. v. 19.4.1995 – 1 Ws 191/95 – NStZ 1995, 563.
⁷⁸¹ OLG Koblenz Beschl. v. 19.4.1995 – 1 Ws 191/95 – NStZ 1995, 563.
⁷⁸² Franzen/Gast/Joecks/*Gast-de Haan* § 408 AO Rdnr. 9.
⁷⁸³ LG Bayreuth Beschl. v. 21.10.1985 – Qs 103/85 – JurBüro 1986, 891.
⁷⁸⁴ Thüringer Oberlandesgericht Beschl. v. 18.12.2000 – 1 Ws 283/00 – StV 2001, 242 = StraFo 2001, 387.

teile sowie die Hinterziehungszinsen im Sinne von § 235 AO.[785] § 71 AO soll eine Schadensersatzpflicht in Höhe der verkürzten Beträge begründen. Die **Haftung** nach § 71 AO erfasst nicht nur den Täter sondern auch den **Teilnehmer**. Die Haftung kann vor allem Angestellte treffen, die für den Steuerpflichtigen tätig sind, wie zum Beispiel Geschäftsführer, Prokuristen usw., aber auch den Steuerberater.[786] Wer als **Ehegatte** die gemeinsame Einkommensteuererklärung lediglich mitunterschreibt, ist weder Mittäter noch Teilnehmer einer Steuerhinterziehung und haftet daher nicht nach § 71 AO.[787] Eine Inhaftungnahme des nominell bestellten Geschäftsführers für die Steuerschulden der GmbH ist auch dann von der Finanzbehörde in Betracht zu ziehen, wenn dieser lediglich als „**Strohmann**" eingesetzt worden ist.[788] Bei einer vorsätzlichen Beihilfe zur Steuerhinterziehung ist insoweit die Inanspruchnahme des Gehilfen als Haftungsschuldner auch ohne nähere Darlegung der Ermessenserwägungen als ermessensgerecht nach § 102 FGO anzusehen; die Vorprägung der Ermessensentscheidung durch die Teilnahme an der Steuerhinterziehung ist nicht nur für die Inanspruchnahme dem Grunde nach, sondern auch für die Inanspruchnahme der Höhe nach gegeben.[789] Sind die Steuern im Festsetzungsverfahren **geschätzt** worden, können sie bei der Anforderung von Hinterziehungszinsen nicht ohne weiteres als verkürzt angesehen werden. Das FA bzw. das FG muss vielmehr von der Steuerverkürzung überzeugt sein.[790] Dabei ist der strafverfahrensrechtliche Grundsatz in dubio pro reo zu beachten.[791] Der im Veranlagungsverfahren zulässige Schätzungsrahmen kann insoweit nicht auf die Haftung gem. § 71 übertragen werden.[792] Bei der Prüfung, ob die Haftungsvoraussetzungen erfüllt sind, trifft die Finanzbehörde **Feststellungslast** für die Erfüllung des objektiven und des subjektiven Tatbestands der Steuerstraftat.[793] Das FA muss, will es sich die Feststellungen eines Steuerstrafverfahrens im Haftungsverfahren nach § 71 AO zu Eigen machen, die Strafakten geprüft und die dortigen Feststellungen in tatsächlicher und rechtlicher Hinsicht übernommen haben.[794] Ein auf § 71 AO gestützter Haftungsanspruch ist nicht schlüssig begründet, wenn das FA lediglich den Gesetzestext wiederholt, ohne dies mit Tatsachen zu unterlegen.[795] Die Geltendmachung der Haftung nach § 71 AO wird nicht dadurch ausgeschlossen, dass das strafrechtliche Ermittlungsverfahren noch nicht abgeschlossen ist.[796] Wurde das Strafverfahren gem. **§ 153 a StPO** eingestellt, ist das FG wegen der Unschuldsvermutung daran gehindert, allein aufgrund der Zustimmung des Beschuldigten zur Einstellung und der Verfahrenseinstellung davon auszugehen, dem Beschuldigten sei die vorgeworfene Straftat nachgewiesen worden.[797] Für hinterzogene Steuern beträgt die **Festsetzungsfrist** für Haftungsbescheide 10 Jahre (§ 191 Abs. 3 S. 2 AO). Nach § 191 Abs. 3 S. 3 AO beginnt die Festsetzungsfrist mit Ablauf des Kalenderjahres, in dem der Tatbestand verwirklicht ist, an dem das Gesetz die Haftungsfolge anknüpft. Insoweit ist auf die Verwirklichung der Tatbestandsvoraussetzungen einer Haftungsnorm sowie die Entstehung der Steuerschuld abzustellen.[798]

Die **Verlängerung der Festsetzungsfrist** für hinterzogene Steuerbeträge auf 10 Jahre (bzw. 5 Jahre bei Leichtfertigkeit) berücksichtigt, dass die Steuerhinterziehung oft erst lange Zeit nach der Entstehung der Steuer, dem Ablauf einer Anmeldungs- oder Erklärungsfrist oder der Ab-

---

[785] BFH Urt. v. 16.4.2002 – IX R 40/00 – BFHE 198, 66 = BStBl. II 2002, 501.
[786] Franzen/Gast/Joecks/*Gast-de Haan* § 370 AO Rdnr. 282.
[787] BFH Urt. v. 16.4.2002 – IX R 40/00 – BFHE 198, 66 = BStBl. II 2002, 501 = NJW 2002, 2495.
[788] BFH Urt. v. 11.3.2004 – VII R 52/02 – BFHE 205, 14 = BStBl. II 2004, 579 = NJW 2004, 3061.
[789] BFH Urt. v. 21.1.2004 – XI R 3/03 – BFHE 205, 394 = BStBl. II 2004, 919 = wistra 2004, 313 = PStR 2004, 151.
[790] BFH Urt. v. 14.8.1991 – X R 86/88 – BFHE 165, 458 = BStBl. II 1992, 128.
[791] BFH Urt. v. 14.8.1991 – X R 86/88 – BFHE 165, 458 = BStBl. II 1992, 128.
[792] Pahlke/König/*Intemann* § 71 AO Rdnr. 15.
[793] BFH Urt. v. 21.10.1988 – III R 195/84 – BFHE 155, 232 = BStBl. II 1989, 216.
[794] FG des Landes Sachsen-Anhalt Beschl. v. 3.2.2004 – 1 V 1019/03 – EFG 2004, 705 = PStR 2004, 220 mit Anm. *Wegner* und *Fumi* EFG 2004, 706 f.
[795] FG des Landes Sachsen-Anhalt Beschl. v. 3.2.2004 – 1 V 1019/03 – EFG 2004, 705 = PStR 2004, 220 mit Anm. *Wegner* und *Fumi* EFG 2004, 706 f.
[796] BFH Beschl. v. 21.4.1999 – VII B 313/98 – BFH/NV 1999, 1358.
[797] BFH Beschl. v. 20.12.2000 – I B 93/99 – BFH/NV 2001, 639; zur Geltung des Grundsatzes „in dubio pro reo" im Verfahrensrecht der AO vgl. *Kamps/Wulf* DStR 2003, 2045 bis 2052.
[798] BFH Beschl. v. 4.9.2002, I B 145/01, BFHE 199, 95 = BStBl. II 2003, 223 = wistra 2003, 27.

gabe einer unrichtigen Erklärung entdeckt wird.⁷⁹⁹ Ist dagegen die hinterzogene oder verkürzte Steuer festgesetzt, besteht kein Grund mehr für eine Verlängerung, so dass die Zahlungsfrist für titulierte Forderungen von 5 Jahren greift (§ 228 S. 2 AO). Die verlängerte Festsetzungsfrist gilt gem. § 169 Abs. 2 S. 3 AO grundsätzlich auch dann, wenn die Steuerhinterziehung nicht durch den Steuerschuldner selbst begangen worden ist. Die verlängerte Festsetzungsfrist des § 169 Abs. 2 S. 2 AO greift daher auch dann ein, wenn eine Steuerfachangestellte der vom Steuerpflichtigen beauftragten **Steuerberatungsgesellschaft** den Gewinn des Steuerpflichtigen grob fahrlässig unzutreffend ermittelt und das FA diesen Gewinn der Steuerveranlagung zugrunde legt.⁸⁰⁰ Voraussetzung für die zehnjährige Festsetzungsfrist nach § 169 Abs. 2 S. 2 AO ist, dass die objektiven und subjektiven Tatbestandsmerkmale einer Steuerhinterziehung vorliegen müssen; diese sind vom FG zu prüfen.⁸⁰¹ Die zehnjährige Festsetzungsfrist des § 169 Abs. 2 S. 2 AO ist nicht anwendbar, wenn hinsichtlich der Steuerhinterziehung ein Schuldausschließungsgrund vorliegt.⁸⁰² Nach § 171 Abs. 5 S. 1 AO hat der Beginn von Ermittlungen der Steuerfahndungsbehörden zur Folge, dass die Festsetzungsfrist insoweit nicht abläuft, bis die aufgrund dieser Ermittlungen zu erlassenden Steuerbescheide unanfechtbar geworden sind. Wird der Umfang einer Fahndungsprüfung nachträglich auf zusätzliche Veranlagungszeiträume erweitert, so wird hierdurch der Ablauf der Festsetzungsfrist für diese Veranlagungszeiträume nur dann gehemmt, wenn der Steuerpflichtige die Erweiterung bis zum Ablauf der Frist erkennen konnte.⁸⁰³ Der Eintritt der Ablaufhemmung setzt jedoch nicht voraus, dass für den Steuerpflichtigen erkennbar war, auf welche Sachverhalte sich die zusätzlichen Ermittlungen erstrecken sollten.⁸⁰⁴ Mit dem Tod des Steuerhinterziehers endet die Ablaufhemmung.⁸⁰⁵

319 Hinterzogene Steuern sind nach **§ 235 AO zu verzinsen**, um dem Nutznießer einer Steuerhinterziehung den steuerlichen Vorteil der verspäteten Zahlung oder der Gewährung oder Belassung von Steuervorteilen zu nehmen. Rechtfertigungs- und Schuldausschließungsgründe schließen die Festsetzung von Hinterziehungszinsen aus, nicht hingegen Strafausschließungs- und Strafaufhebungsgründe wie z. B. die Selbstanzeige.⁸⁰⁶ Die Erhebung von **Hinterziehungszinsen** hat keinen Strafcharakter.⁸⁰⁷ Einer **strafrechtlichen Verurteilung** des Täters bedarf es nicht.⁸⁰⁸ Die Zinspflicht tritt nur ein, wenn der **objektive und subjektive Tatbestand** des § 370 Abs. 1 AO oder des § 370 a AO erfüllt und die Tat i. S. d. § 370 Abs. 4 AO vollendet ist.⁸⁰⁹ Entsprechendes gilt, wenn der Tatbestand der §§ 263, 264 StGB erfüllt ist, soweit sich die Tat auf Prämien und Zulagen bezieht, für die die für Steuervergütungen geltenden Vorschriften der AO entsprechend anzuwenden sind.⁸¹⁰ Der **Versuch** einer Steuerhinterziehung (§ 370 Abs. 2 AO, § 370 a AO i. V. m. § 23 StGB) reicht zur Begründung einer Zinspflicht ebenso wenig aus wie die leichtfertige Steuerverkürzung (§ 378 AO) oder die übrigen Steuerordnungswidrigkeiten (§ 379 ff. AO).⁸¹¹ Ob der objektive und subjektive Tatbestand der Steuerhinterziehung insoweit gegeben ist, richtet sich im finanzgerichtlichen Verfahren nicht nach der Strafprozessordnung, sondern nach den Vorschriften der Abgabenordnung und der Finanzgerichtsordnung.⁸¹² Für die Feststellung der Steuerhinterziehung, die nach § 76 Abs. 1 S. 1 und 5 FGO von Amts wegen zu treffen ist, ist kein höherer Grad von Gewissheit notwendig als für die Feststellung anderer Tatsachen, für die das Finanzamt die Feststellungslast trägt.⁸¹³ Wurde das

---

⁷⁹⁹ Franzen/Gast/Joecks/*Gast-de Haan* § 370 AO Rdnr. 285.
⁸⁰⁰ BFH Urt. v. 19.12.2002 – IV R 37/01 – BFHE 200, 495 = BStBl. II 2003, 385 = NJW 2003, 1894.
⁸⁰¹ BFH Urt. v. 20.2.2001 – IX R 94/97 – BFHE 194, 38 = BStBl. II 2001, 415 = DStRE 2001, 837.
⁸⁰² BFH Urt. v. 2.4.1998 – V R 60/97 – BFHE 186,1 = BStBl. II 1998, 530 = DStRE 1998, 609.
⁸⁰³ BFH Urt. v. 24.4.2002 – I R 25/01 – BFHE 198, 303 = BStBl. II 2002, 586 = PStR 2002, 216.
⁸⁰⁴ BFH Urt. v. 24.4.2002 – I R 25/01 – BFHE 198, 303 = BStBl. II 2002, 586 = PStR 2002, 216.
⁸⁰⁵ *Kohlmann* § 370 AO Rdnr. 1140.
⁸⁰⁶ Franzen/Gast/Joecks/*Gast-de Haan* § 370 AO Rdnr. 287; BFH Urt. v. 2.4.1998 – V R 60/97 – BFHE 186,1 = BStBl. II 1998, 530 = DStRE 1998, 609.
⁸⁰⁷ BFH Urt. v. 1.8.2001 – II R 48/00 – HFR 2002, 278 = PStR 2002, 123.
⁸⁰⁸ Pahlke/*König* § 235 AO Rdnr. 8.
⁸⁰⁹ AEAO zu § 235 Rdnr. 1.2.
⁸¹⁰ AEAO zu § 235 Rdnr. 1.2.
⁸¹¹ AEAO zu § 235 Rdnr. 1.2.
⁸¹² BFH Beschl. v. 5.10.2004 – V B 220/03; BFH Beschl. v. 19.3.1998 – V R 54/97 – BFHE 185, 351 = BStBl. II 1998, 466 = NJW 1998, 3000 Ls.
⁸¹³ BFH Beschl. v. 19.3.1998 – V R 54/97 – BFHE 185, 351 = BStBl. II 1998, 466 = NJW 1998, 3000 Ls.

Strafverfahren gem. § 153 a StPO eingestellt, ist das FG wegen der Unschuldsvermutung daran gehindert, allein aufgrund der Zustimmung des Beschuldigten zur Einstellung und der Verfahrenseinstellung davon auszugehen, dem Beschuldigten sei die vorgeworfene Straftat nachgewiesen worden.[814] Das Finanzgericht kann sich aber die tatsächlichen Feststellungen, Beweiswürdigungen und die rechtlichen Beurteilungen des Strafverfahrens jedenfalls dann zu Eigen machen, wenn keine **substantiierten Einwendungen** gegen die im Strafverfahren getroffenen tatsächlichen Feststellungen erhoben werden.[815] So können nach dem Tod des Täters auch Zinsen gegen die **Erben** festgesetzt werden.[816] Etwaige Zweifel am subjektiven Tatbestand der Steuerhinterziehung seitens des Erblassers gehen zu Lasten der Finanzbehörde, zum Beispiel wenn gesicherte Indizien für die Kenntnis der Zinsdeklaration fehlen.[817] Nach § 235 Abs. 1 S. 2 AO ist derjenige **Zinsschuldner**, zu dessen Vorteil die Steuern hinterzogen worden sind. Allein der Steuerschuldner kann daher Zinsschuldner für hinterzogene Steuern im Sinne des § 235 Abs. 1 Sätze 1 und 2 AO sein, und zwar unabhängig davon, ob er an der Steuerhinterziehung beteiligt war.[818] § 235 Abs. 1 S. 2 AO meint nur den steuerlichen, nicht den wirtschaftlichen Vorteil.[819] Der steuerliche Vorteil ist danach unabhängig davon, ob und in welchem Umfang der Steuerpflichtige wirtschaftlichen Nutzen aus der Steuerhinterziehung gezogen hat. Auf die Gründe, die dazu geführt haben, dass der Steuerpflichtige durch die Steuerhinterziehung keinen wirtschaftlichen Vorteil erlangt hat, kommt es nicht an.[820]

dd) Verwaltungsrechtliche Nebenfolgen. § 35 Abs. 1 S. 1 GewO verpflichtet die zuständige Behörde, einem unzuverlässigen Gewerbetreibenden die **Ausübung seines Gewerbes zu untersagen.** § 35 Abs. 1 S. 1 GewO ist unter Berücksichtigung der Schutzzwecke der Vorschrift ferner dahin zu verstehen, dass in den sog. Strohmann-Fällen sowohl gegen den **Strohmann** als auch gegen den hinter diesem Stehenden eine Gewerbeuntersagung ausgesprochen werden kann.[821] Auch die steuerliche Unzuverlässigkeit kann für sich alleine oder im Verbund mit der Nichtabführung von Sozialversicherungsbeiträgen eine Gewerbeuntersagung begründen.[822]

Steuerrückstände sind (nur) dann geeignet, einen Gewerbetreibenden als unzuverlässig erscheinen zu lassen, wenn sie sowohl ihrer absoluten Höhe nach als auch im Verhältnis zur Gesamtbelastung des Gewerbetreibenden von Gewicht sind; auch die Zeitdauer, während derer der Gewerbetreibende seinen steuerlichen Verpflichtungen nicht nachgekommen ist, ist von Bedeutung.[823] Steuerschulden können auch dann die Annahme einer gewerberechtlichen Unzuverlässigkeit begründen, wenn sie auf **Schätzungen** basieren.[824] Die Steuerrückstände müssen aber, gemessen an der steuerlichen Gesamtbelastung des Betriebes, erheblich sein, Beträge unter € 2.500,– reichen regelmäßig nicht aus.[825] Eine Gewerbeuntersagung wegen erheblicher Steuerrückstände kann nur dadurch abgewendet werden, wenn der Steuerpflichtige ein tragfähiges **Sanierungskonzept** vorlegt.[826] Stellt ein wirtschaftlich leistungsunfähiger Schuldner einen auf Erteilung der Restschuldbefreiung gerichteten Antrag auf Eröffnung des Insolvenzverfahrens und wird das vereinfachte Verfahren eröffnet, so können jedoch allein darin noch keine Anzeichen für eine Besserung der Situation gesehen werden.[827] Die Nichtabgabe von Steuererklärungen begründet für sich alleine eine steuerliche Unzuverlässigkeit nur dann, wenn die

---

[814] BFH Beschl. v. 20.12.2000 – I B 93/99 – BFH/NV 2001, 639; zur Geltung des Grundsatzes „in dubio pro reo" im Verfahrensrecht der AO vgl. *Kamps/Wulf* DStR 2003, 2045 bis 2052.
[815] BFH Beschl. v. 29.7.2004 – V B 79/03, n.v.; BFH Urt. v. 14.10.1999 – IV R 63/98 – BFHE 190, 37 = BStBl. II 2001, 239 = DStR 2000, 20.
[816] BFH Urt. v. 1.8.2001 – II R 48/00 – PStR 2002, 123.
[817] Franzen/Gast/Joecks/*Gast-de Haan* § 370 AO Rdnr. 287; *Klos* StB 1995, 374 bis 379; vgl. auch *Vogelberg* PStR 2000, 63 bis 65.
[818] BFH Urt. v. 27.6.1991 – V R 9/86 – BFHE 165, 10 = BStBl. II 1991, 822 = BB 1991, 2070.
[819] BFH Urt. v. 5.11.2002 – II R 58/00 – BFH/NV 2003, 353.
[820] BFH Urt. v. 5.11.2002 – II R 58/00 – BFH/NV 2003, 353.
[821] BVerwG Urt. v. 14.7.2003 – 6 C 10/03 – NVwZ 2004, 103.
[822] BVerwG Urt. v. 2.2.1982 – 1 C 146/80 – BVerwGE 65,1 = NVwZ 1982, 503.
[823] BVerwG Beschl. v. 9.4.1997 – 1 B 81/97 – GewArch 1999, 72.
[824] VG Gießen Beschl. v. 26.4.2004 – 8 G 1361/04 – GewArch 2004, 302.
[825] *Kohlmann* § 370 AO Rdnr. 1165; Franzen/Gast/Joecks/*Gast-de Haan* § 370 AO Rdnr. 297.
[826] Vgl. BVerwG Beschl. v. 11.11.1996 – 1 B 226/96 – GewArch 1997, 68.
[827] OVG Münster Beschl. v. 2.6.2004 – 4 A 223/04 – NVwZ-RR 2004, 746.

Erklärungen trotz Erinnerung hartnäckig über längere Zeit nicht abgegeben werden.[828] Begeht der Gewerbetreibende **Steuerstraftaten,** kann dadurch ohne weiteres seine Unzuverlässigkeit abgeleitet werden.[829]

322 Bei der verwaltungsgerichtlichen Beurteilung einer Verfügung, durch die eine Gewerbeausübung untersagt worden ist, muss insoweit auf den Zeitpunkt der letzten Verwaltungsentscheidung abgehoben werden.[830] Das **Steuergeheimnis** wird grundsätzlich nicht verletzt, wenn die Offenbarung von erheblichen Steuerrückständen gegenüber den Gewerbebehörden dazu dienen kann, diesen die Erfüllung der ihnen durch § 35 GewO auferlegten Aufgabe zu ermöglichen.[831] Eine Mitteilung auch über nicht bestandkräftig festgesetzte Steuerforderungen ist danach grundsätzlich zulässig und nicht unverhältnismäßig. Dies darf jedoch nicht gelten, soweit hinsichtlich der streitigen Steuerbescheide **Aussetzung der Vollziehung** gewährt wurde, da nur so verhindert werden kann, dass aus einer zweifelhaften Steuerforderung dem Steuerpflichtigen mittelbar Nachteile entstehen. Die Finanzbehörde hat des Weiteren die Offenbarung von solchen Tatsachen zu unterlassen, die eindeutig von vornherein nicht geeignet sind, alleine oder in Verbindung mit anderen Tatsachen eine Gewerbeuntersagung zu rechtfertigen.[832]

323 Bei Steuerstraftaten ist eine **Ausweisung eines Ausländers** möglich.[833] Nach § 55 Abs. 1 AufenthG kann ein Ausländer ausgewiesen werden, wenn sein Aufenthalt die öffentliche Sicherheit und Ordnung oder sonstige erhebliche Interessen der Bundesrepublik Deutschland beeinträchtigt. § 55 Abs. 2 AufenthG konkretisiert diese Generalklausel und zählt einzelne Ausweisungsgründe auf. So kann nach § 55 Abs. 2 Nr. 2 AufenthG ein Ausländer insbesondere dann ausgewiesen werden, wenn er einen nicht nur vereinzelten oder geringfügigen Verstoß gegen Rechtsvorschriften oder gerichtliche bzw. behördliche Entscheidungen oder Verfügungen begangen bzw. außerhalb des Bundesgebiets eine Straftat begangen hat, die im Bundesgebiet als vorsätzliche Straftat anzusehen ist. Eine **Verurteilung** ist insoweit nicht erforderlich.[834]

324 Zum Schutz des staatlichen Steueranspruchs kann einem Steuerpflichtigen gem. § 7 Abs. 1 Nr. 4 PassG die Erteilung eines **Passes** versagt werden, wenn er sich seinen steuerlichen Verpflichtungen entziehen oder den Vorschriften des Zoll- oder Monopolrechts bzw. des Außenwirtschaftsrechts zuwiderhandeln will.[835] Da jedoch die Ausreisefreiheit grundgesetzlich geschützt ist, ist die Vorschrift des § 7 Abs. 1 Nr. 4 PassG eng auszulegen.[836] Der Passversagungsgrund des § 7 Abs. 1 Nr. 4 PassG ist in objektiver Hinsicht erfüllt, wenn sich aus vollstreckbaren Steuerbescheiden, die nicht offenbar rechtswidrig sind, ergibt, dass erhebliche Steuerrückstände bestehen; eine rechtskräftige Feststellung der Steuerrückstände ist nicht erforderlich.[837] Der von der Behörde zu erbringende Nachweis des Steuerfluchtwillens ist geführt, wenn sich aufgrund bestimmter Tatsachen aus dem gesamten Verhalten des Passbewerbers und aus sonstigen Umständen ergibt, dass er in der Absicht handelt, seinen steuerlichen Verpflichtungen aus dem Wege zu gehen; der unwiderlegbaren Feststellung des Steuerfluchtwillens bedarf es nicht.[838] Passversagung oder -entzug dürfen nur auf Tatsachen gestützt werden; bloße Vermutungen, der Steuerpflichtige werde seinen Wohnsitz ins Ausland verlegen, reichen nicht aus.[839] Unter den gleichen Voraussetzungen kann gem. § 8 PassG dem Inhaber der Pass entzogen werden. Zur Untersagung der Ausreise vgl. § 10 PassG. Unter

---

[828] Franzen/Gast/Joecks/*Gast-de Haan* § 370 AO Rdnr. 297.
[829] *Randt* Der Steuerfahndungsfall S. 393 Rdnr. 162; zur Gewerbeuntersagung bei der Begehung von Steuerdelikten siehe *Hofmann* PStR 1999, 33 bis 36.
[830] BVerwG Beschl. v. 11.11.1996 – 1 B 226/96 – GewArch 1997, 68.
[831] BFH Urt. v. 29.7.2003 – VII R 39 – 43/02 – BFHE 202, 411 = BStBl. II 2003, 828 = PStR 2003, 266; zu den Auskünfte an Gewerbebehörden vgl. BMF-Schreiben v. 17.12.2004 – IV A 4-S 0130-113/04 – BStBl. I 2004, 1178 bis 1181 = DStR 2005, 69 bis 71.
[832] BFH Urt. v. 29.7.2003 – VII R 39 – 43/02 – BFHE 202, 411 = BStBl. II 2003, 828 = PStR 2003, 266.
[833] BVerwG Beschl. v. 22.11.1993 – 1 B 184/93 – InfAuslR 1994, 100.
[834] Vgl. OVG Münster Urt. v. 1.10.1997 – 17 A 1888/92 – NVwZ-RR 1998, 398.
[835] *Randt* Der Steuerfahndungsfall S. 395 Rdnr. 169.
[836] Franzen/Gast/Joecks/*Gast-de Haan* § 370 AO Rdnr. 300.
[837] VGH Baden-Württemberg Urt. v. 28.11.1988 – 1 S 3045/87 – NJW 1990, 660.
[838] VGH Baden-Württemberg Urt. v. 28.11.1988 – 1 S 3045/87 – NJW 1990, 660.
[839] Franzen/Gast/Joecks/*Gast-de Haan* § 370 AO Rdnr. 300; VGH München Urt. v. 26.7.1995 – 5 B 94.2279 – BayVBl 1996, 50.

den Voraussetzungen des § 7 Abs. 1 PassG kann die zuständige Behörde im Einzelfall auch anordnen, dass der **Personalausweis** abweichend von den Bestimmungen einer Rechtsverordnung nach § 2 Abs. 1 PassG nicht zum Verlassen des Gebietes des Geltungsbereichs des Grundgesetzes über eine Auslandsgrenze berechtigt.[840]

Eine **Waffenbesitzkarte** ist zu versagen (§§ 4 ff. WaffG) oder zu widerrufen (§ 45 WaffG), wenn Tatsachen die Annahme rechtfertigen, dass der Betreffende nicht die erforderliche Zuverlässigkeit besitzt.[841] Nach § 5 Abs. 1 Nr. 1 WaffG besitzen Personen die erforderliche Zuverlässigkeit nicht, die a) wegen eines Verbrechens bzw. b) wegen sonstiger vorsätzlicher Straftaten zu einer Freiheitsstrafe von mindestens einem Jahr, wenn seit dem Eintritt der Rechtskraft der letzten Verurteilung zehn Jahre noch nicht verstrichen sind, rechtskräftig verurteilt worden sind. Nach § 5 Abs. 2 Nr. 1 a WaffG besitzen Personen die erforderliche Zuverlässigkeit *in der Regel* nicht, die wegen einer vorsätzlichen Straftat, zu einer Freiheitsstrafe, Jugendstrafe, Geldstrafe von **mindestens 60 Tagessätzen** oder mindestens zweimal zu einer geringeren Geldstrafe rechtskräftig verurteilt worden sind oder bei denen die Verhängung von Jugendstrafe ausgesetzt worden ist, wenn seit dem Eintritt der Rechtskraft der letzten Verurteilung fünf Jahre noch nicht verstrichen sind.[842] Auch wenn sich der Betroffene nachweislich stark sozial engagiert hat, kann dies nicht mit einer Rücknahme des Widerrufs belohnt werden.[843] Entsprechendes gilt nach § 17 Abs. 4 Nr. 1 a und b BJagdG für die Entziehung des **Jagdscheines.** 325

ee) Beamtenrechtliche Nebenfolgen. Wird ein Beamter rechtskräftig zu einer Freiheitsstrafe von mindestens einem Jahr wegen einer vorsätzlichen (Steuer-) Straftat verurteilt, so endet kraft Gesetz gem. § 48 Abs. 1 BBG das Beamtenverhältnis und er verliert seine Ansprüche auf Dienstbezüge und Beamtenversorgung (§ 49 BBG).[844] Unter denselben Voraussetzungen verlieren Berufssoldaten und Soldaten auf Zeit ihre Rechtsstellung, §§ 48, 54 Abs. 2 Nr. 2 SoldG). Nr. 15 MiStra[845] regelt die entsprechende Mitteilungspflicht der Strafverfolgungsbehörden an den Dienstherrn. § 24 BRRG setzt nach seinem Wortlaut insoweit ein in einem ordentlichen Strafverfahren ergangenes Urteil voraus. Die einen rechtskräftigen **Strafbefehl** tragenden tatsächlichen Feststellungen sind für ein sich anschließendes Disziplinarverfahren folglich nicht bindend.[846] Damit eröffnet sich für den Beamten die Möglichkeit, sich im Disziplinarverfahren erneut gegen die erhobenen Vorwürfe auch durch neue Beweistatsachen und zusätzliche Feststellungen zu verteidigen und damit unter Umständen im Dienst zu verbleiben.[847] Der Verteidiger eines Beamten hat immer zu prüfen, welche berufsrechtlichen Auswirkungen sich für seinen Mandanten bei einer Erledigung eines Verfahrens durch Hinnahme eines Strafbefehls bzw. einer Einstellung des Verfahrens gem. § 153 a StPO gegen Zahlung einer Geldauflage ergeben können, da er sich ansonsten **regresspflichtig** machen könnte.[848] 326

Werden in einem Verfahren nach § 30 Abs. 4 Nr. 1 AO Verfehlungen eines Beamten oder Richters festgestellt, die dieser außerhalb des Dienstes begangen hat, so steht nach Ansicht der Finanzverwaltung das **Steuergeheimnis** der Unterrichtung der zuständigen Stelle nicht entgegen, soweit es für die Durchführung eines Disziplinarverfahrens oder sonstiger dienstrechtlicher Maßnahmen erforderlich ist und für die Mitteilung im Einzelfall ein zwingendes öffentliches Interesse gem. § 30 Abs. 4 Nr. 5 AO besteht; dieses sei insbesondere anzunehmen bei a) unbefugter Hilfeleistung in Steuersachen durch Beamte der Steuerverwaltung; dies gilt jedoch nicht, wenn die unbefugte Hilfeleistung in Steuersachen nur gelegentlich z. B. in Form sporadischer Nachbarschaftshilfe ausgeübt wird oder von geringer Bedeutung ist; 327

---

[840] OVG Münster Beschl. v. 2.1.1996 – 25 B 3037/95 – DVBl 1996, 576.
[841] *Kohlmann* § 370 AO Rdnr. 1178.
[842] Zu § 5 Abs. 2 S. 1 Nr. 1 b) alte Fassung vgl. BVerwG Urt. v. 24.4.1990 – 1 C 56/89 – DVBl 1990, 1043 = NVwZ-RR 1990, 604.
[843] VG Münster Entscheidung v. 20.8.2001 – 1 K 2141/00 – PStR 2001, 263 Ls.
[844] Entsprechende Regelungen sehen in Übereinstimmung mit § 24 BRRG die Landesbeamtengesetze vor.
[845] Anordnung über Mitteilungen in Strafsachen (MiStra) vom 29.4.1998, BAnz. Nr. 99 a, ber. BAnz. Nr. 128.
[846] BVerwG Urt. v. 16.6.1992 – 1 D 11/91 – BVerwGE 93, 255 = NVwZ-RR 1993, 253; vgl. auch BGH Urt. v. 12.4.1999 – AnwSt (R) 11/98 – BGHSt 45, 46 = BGHZ 141, 194 = NJW 1999, 2288.
[847] *Kohlmann* § 370 AO Rdnr. 1188.
[848] Vgl. *Kohlmann* § 370 AO Rdnr. 1188; OLG Nürnberg Urt. v. 29.6.1995 – 8 U 4041/93 – StV 1997, 481 = StraFo 1997, 186.

b) bei Steuerstraftaten, einschließlich solcher, bei denen durch Selbstanzeige nach § 371 AO Straffreiheit eingetreten ist, wenn die verkürzte Steuer € 2.500,- oder mehr pro Veranlagungszeitraum beträgt oder der Beamte oder Richter bei Steuerverkürzungen von weniger als € 2.500,- eine erhebliche kriminelle Energie aufgewendet hat (z. B. durch Fälschung von Belegen).[849]

328 Ob eine solche Mitteilung aber rechtmäßig ist, ist umstritten, da nicht klar ist, ob der Durchbrechungsgrund des § 30 Abs. 4 Nr. 5 AO in diesen Fällen tatsächlich gegeben ist.[850] § 30 Abs. 4 Nr. 5 AO setzt ein zwingendes öffentliches Interesse voraus. Wenn die Finanzverwaltung eine solche Situation schon bejahen will, wenn es um Verkürzungsbeträge von € 2.500,- pro Veranlagungszeitraum geht, ist dies nicht nachvollziehbar.[851] In Fällen, in denen erst die strafbefreiende Selbstanzeige dem Steuerpflichtigen für die Zukunft ein steuerehrliches Verhalten ohne Entdeckungsrisiko ermöglicht, wird der nemo-tenetur Grundsatz die Weitergabe der Informationen von Verfassung wegen verbieten.[852] Überdies ist es zweifelhaft, ob die Finanzverwaltung jedenfalls für den Bereich strafrechtlicher Ermittlungsverfahren befugt ist, Verwaltungsanweisungen zu erlassen, denn § 12 Abs. 5 EGGVG enthält eine entsprechende Ermächtigung nur für das Bundesministerium der Justiz.[853]

329 Nach einem Urteil des BAG ist eine Steuerhinterziehung in erheblicher Höhe bei einem **Angestellten einer Finanzbehörde** als wichtiger Grund zur fristlosen Kündigung an sich auch dann geeignet, wenn der Angestellte die Hinterziehung gem. § 371 AO selbst angezeigt hat.[854] Für das Begehren eines Beamten, dem für seine Veranlagung zuständigen FA zu untersagen, Kenntnisse aus den Steuerakten an eine mit Disziplinarbefugnissen ausgestattete Dienststelle zur Prüfung disziplinarrechtlicher Maßnahmen gegen den Beamten weiterzugeben, ist nicht der Rechtsweg zu den FG, sondern zu den **Disziplinargerichten** gegeben.[855]

330 *ff) Folgen für Angehörige freier Berufe.* Im berufsgerichtlichen Verfahren drohen dem Angehörigen der rechts- und steuerberatenden Berufe die vorgesehenen Sanktionen (vgl. § 89 StBerG, § 114 BRAO), im schlimmsten Fall die Ausschließung aus dem Beruf (vgl. § 114 Abs. 1 Nr. 5 BRAO, 90 Abs. 1 Nr. 4 StBerG).[856] Im Verhältnis zu den ehrengerichtlichen Verfahren haben nach §§ 118 BRAO, 109 StBerG und 83 WPO die strafrechtlichen Verfahren Vorrang. Die einen rechtskräftigen **Strafbefehl** tragenden tatsächlichen Feststellungen sind für die Entscheidung im anwaltsgerichtlichen Verfahren nicht bindend.[857]

331 Bevor gegen einen Rechtsanwalt, Steuerberater, Wirtschaftsprüfer oder vereidigten Buchprüfer wegen einer Steuerordnungswidrigkeit, die er in Ausübung seines Berufs bei der Beratung in Steuersachen begangen hat, ein **Bußgeldbescheid** erlassen wird, ist gem. § 411 AO der zuständigen Berufskammer Gelegenheit zur Stellungnahme zu geben. Ob auf die Anhörung der zuständigen Kammer verzichtet werden kann, ist strittig.[858] Aber auch wenn ein Verzicht des Beraters auf Anhörung der Kammer nach § 411 AO möglich sein sollte, so entbindet dies die Finanzbehörde nicht von ihrer Mitteilungspflicht nach § 10 StBerG.[859] Nach § 10 Abs. 1 StBerG *haben* die Finanzbehörden Tatsachen, die den Verdacht begründen, dass eine der in § 3 oder § 4 Nr. 1 und 2 StBerG genannten Personen eine Berufspflicht verletzt hat, der zuständigen Stelle mitzuteilen, soweit deren Kenntnis aus Sicht der übermittelnden Behörde für die Verwirklichung der Rechtsfolgen *erforderlich* ist. Insoweit ist jedoch zu beachten, dass

---

[849] AEAO zu § 30 Rdnr. 8.6; kritisch hierzu *Dörn* wistra 2002, 170 ff.
[850] Franzen/Gast/*Joecks* § 371 AO Rdnr. 218 e f.; *Kohlmann* § 370 AO Rdnr. 1190, § 371 Rdnr. 263; *Hardtke* AO-StB 2003, 98 bis 102; *Dörn* wistra 2002, 170 bis 174; *Brauns*, FS G. Kohlmann, S. 387 bis 411; *Rogall*, FS G. Kohlmann, S. 465 bis 498; *Hoffmann/Knieriem* PStR 2000, 211.
[851] Franzen/Gast/*Joecks* § 371 AO Rdnr. 218 e.
[852] Franzen/Gast/*Joecks* § 371 AO Rdnr. 218 f.
[853] *Kohlmann* § 370 AO Rdnr. 1190.
[854] BAG Urt. v. 21.6.2001 – 2 AZR 325/00 – NZA 2002, 1030 = HFR 2003, 183 = NJW 2002, 2582 Ls.
[855] FG Düsseldorf Beschl. v. 8.3.1999 – 18 V 6743/98 AE (AO) – EFG 2000, 87; siehe dazu *Moritz* PStR 2000, 95 f.
[856] *Kohlmann* § 370 AO Rdnr. 1184.
[857] BGH Urt. v. 12.4.1999 – AnwSt (R) 11/98 – BGHSt 45, 46 = BGHZ 141, 194 = NJW 1999, 2288 mit Anm. *Bockemühl* BRAK-Mitt 2000, 164 bis 166.
[858] Verneinend Abschnitt 104 Abs. 3 AStBV; bejahend *Kohlmann* § 411 AO Rdnr. 8 m.w.N.
[859] Franzen/Gast/Joecks/*Gast-de Haan* § 411 AO Rdnr. 10.

nicht jede berufliche Fehlleistung eine Berufspflichtverletzung darstellt.[860] Nr. 24 und 26 der MiStra[861] begründen weitere Mitteilungspflichten.

gg) *Ertragsteuerliche Behandlung von Geldstrafen, Geldbußen und Strafverfahrenskosten.* Gem. § 4 Abs. 5 S. 1 Nr. 8 EStG, § 9 Abs. 5 EStG dürfen Geldbußen, Ordnungsgelder und Verwarnungsgelder, die von einem inländischen Gericht oder einer inländischen Behörde oder von Organen der EU festgesetzt werden, nicht als Betriebsausgaben (Werbungskosten) abgezogen werden. Dasselbe gilt für Leistungen zur Erfüllung von Auflagen oder Weisungen, die in einem berufsgerichtlichen Verfahren erteilt werden, soweit die Auflagen oder Weisungen nicht lediglich der Wiedergutmachung des durch die Tat verursachten Schadens dienen.[862] Das Bundesverfassungsgericht hat § 4 Abs. 5 Nr. 8 EStG für verfassungsgemäß erklärt, wenn die Ordnungsbehörden bzw. Strafgerichte die Einkommensteuerbelastung bei der Abschöpfung des wirtschaftlichen Vorteils im Rahmen der Geldbuße berücksichtigen.[863] Ist ernstlich in Betracht zu ziehen, dass entweder die **EG-Kommission** stillschweigend von der steuerlichen Abziehbarkeit einer Geldbuße wegen Beteiligung an einem unzulässigen Kartell ausgegangen ist oder dass sie sich hierüber keinerlei Gedanken gemacht hat, kann dies zur Anwendung des § 4 Abs. 5 Nr. 8 S. 4 EStG (Nichtgeltung des Abzugsverbots) ausreichen.[864] Eine **Rückstellung** darf in der Steuerbilanz nicht gebildet werden, wenn ein steuerliches Abzugsverbot besteht.[865] Auch die Hinterziehungszinsen gem. § 235 AO gehören zu den nicht abzugsfähigen Betriebsausgaben (§ 4 Abs. 5 S. 1 Nr. 8 a EStG). Sinngemäß gilt dieses auch für den Bereich der Werbungskosten (§ 9 Abs. 5 EStG).

Kosten der Strafverteidigung sind grundsätzlich nicht als Werbungskosten abzugsfähig.[866] Sie können jedoch – im Gegensatz zur Strafe (§ 12 Nr. 4 EStG, § 10 Nr. 3 KStG) – auch bei einer Verurteilung ausnahmsweise Werbungskosten/Betriebsausgaben sein, wenn die zur Last gelegte Tat in Ausübung der beruflichen Tätigkeit begangen worden ist.[867] Dabei kommt der Frage, ob das Verfahren mit einer Verurteilung oder einem Freispruch endet, keine Bedeutung zu, da ausschließlich die betriebliche Veranlassung maßgebend ist.[868] Eine betriebliche Veranlassung besteht nur, wenn die dem Steuerpflichtigen zur Last gelegte Tat ausschließlich und unmittelbar aus seiner betrieblichen oder beruflichen Tätigkeit heraus erklärbar ist.[869] Im Hinblick auf den Umfang der Werbungskosten/Betriebsausgaben sei angemerkt, dass nunmehr – sofern ein Rechtsanwalt Hilfe in Steuersachen, das heißt bei der Erfüllung allgemeiner Steuerpflichten oder steuerlicher Buchführungs- und Aufzeichnungspflichten, Hilfe leistet – § 35 RVG auf die entsprechenden Vergütungstatbestände der StBGebV (§§ 23 bis 39 i. V. m. §§ 10, 13) verweist.[870]

Strafverfahrenskosten wegen eines Tatvorwurfs, der mit dem Beruf des Steuerpflichtigen nichts zu tun hat, führen nicht bereits deswegen zu Werbungskosten, weil die verhängte Strafe beim Verurteilten disziplinarrechtliche Folgen haben kann, durch die künftige beamtenrechtliche Bezüge gefährdet würden.[871] Kosten der Strafverteidigung und aus Kautionsbürgschaften zur Vermeidung von Haft sind als **Werbungskosten** abzugsfähig, wenn der Aufwand auch das

---

[860] Zu den Einzelheiten vgl. die gleich lautenden Erlasse der obersten Finanzbehörden der Länder vom 13.8.2002 - BStBl. I 2002, 796 bis 800.
[861] Anordnung über Mitteilungen in Strafsachen (MiStra) vom 29.4.1998 - BAnz. Nr. 99 a - ber. BAnz. Nr. 128.
[862] Franzen/Gast/Joecks/*Gast-de Haan* § 370 AO Rdnr. 294.
[863] BVerfG Beschl. v. 23.1.1990 - 1 BvL 4/87 - BVerfGE 81, 228 = BStBl. II 1990, 483 = wistra 1990, 223.
[864] BFH Beschl. v. 24.3.2004 - I B 203/03 - BB 2004, 2121 = I. S.tR 2004, 802.
[865] BFH Urt. v. 9.6.1999 - I R 64/97 - BFHE 189, 75 = BStBl. II 1999, 656 = DStR 1999, 1522.
[866] BFH Urt. v. 13.12.1994 - VIII R 34/93 - BFHE 176, 564 = BStBl. II 1995, 457 = NJW 1995, 2743.
[867] BFH Urt. v. 13.12.1994 - VIII R 34/93 - BFHE 176, 564 = BStBl. II 1995, 457 = NJW 1995, 2743; BFH Beschl. v. 30.6.2004 - VIII B 265/03 - BFH/NV 2004, 1639; *Degel/Haase* DStR 2005, 1260 bis 1265; *Spatschek/Ehnert* PStR 2006, 61.
[868] BFH Urt. v. 19.2.1982 - VI R 31/78 - BStBl. II 1982, 467.
[869] BFH Urt. v. 12.6.2002 - XI R 35/01 - PStR 2003, 30 - BFH Urt. v. 9.12.2003 VI R 35/96 - BStBl. II 2004, 641.
[870] Zum Rechtsanwaltvergütungsgesetz im Zusammenhang mit der Strafverteidigung vgl. auch *Kroiß* JuS 2005, 33 bis 37; zur Abrechnung im Steuerstraf- und Bußgeldverfahren nach dem RVG vgl. auch *Berners* NWB F 30, 1567.
[871] BFH Beschl. v. 8.9.2003 - VI B 109/03 - BFH/NV 2004, 42.

Ziel hat, die weitere Berufstätigkeit zu gewährleisten oder zu fördern.[872] Die Auflage an den in einem Steuerstrafverfahren Verurteilten, die hinterzogenen Betriebssteuern zu zahlen, hat Wiedergutmachungscharakter, so dass die Betriebssteuer als Betriebsausgabe abzugsfähig ist.[873]

335 Ob Strafverteidigungskosten als **Steuerberatungskosten** im Sinne des § 10 Abs. 1 Nr. 6 EStG bis zum 31.12.2005 abzugsfähig sein können, ist streitig.[874] Abzugsfähig als **Sonderausgaben** sind Honorare, die für die erstmalige oder korrigierte Erstellung der Steuererklärungen im Rahmen der Selbstanzeige bzw. im Strafverfahren entstehen, d. h. abzugsfähig bleiben die Honorare, die auch ohne das Ordnungswidrigkeits- bzw. das Strafverfahren entstanden wären.[875] Dahingegen gehören Aufwendungen, die nach Einleitung des Strafverfahrens entstehen, nicht zu den als Sonderausgaben abzugsfähigen Steuerberatungskosten, selbst wenn die Aufwendungen zugleich die Ermittlung des objektiven Steuerstraftatbestands betreffen.[876]

336 Aufwendungen für ein nach § 153 a StPO eingestelltes Strafverfahren sollen keine **außergewöhnliche Belastung** sein.[877] Eine außergewöhnliche Belastung kann vorliegen, wenn mangels beruflicher Veranlassung der Abzug der Strafverteidigungskosten als Werbungskosten oder Sonderausgaben ausscheidet, jedoch nur, wenn der Steuerpflichtige freigesprochen wird.[878] Im Urteil vom 23.5.1990[879] vertritt der BFH die Auffassung, dass nur die Aufwendungen innerhalb der durch das Rechtsvergütungsgesetz (RVG) festgelegten Rahmensätze als außergewöhnliche Belastung berücksichtigt werden können. Höhere Gebühren seien nicht zwangsläufig und damit nicht zu berücksichtigen.[880]

337 Die Übernahme der Bezahlung einer Geldauflage nach § 153 a StPO, die gegen einen Arbeitnehmer verhängt wurde, durch den Arbeitgeber stellt **steuerpflichtigen Arbeitslohn** dar, auch wenn der Arbeitnehmer bei der Begehung der Tat zum Vorteil des Arbeitgebers gehandelt hat. Die Bezahlung steht nicht im überwiegend eigenbetrieblichen Interesse des Arbeitgebers.[881] Allerdings kann sie beim Unternehmen betrieblich veranlasster Aufwand sein.[882] Die Bezahlung einer Geldstrafe durch einen **Dritten** führt nicht zu dem Tatbestand der Strafvollstreckungsvereitelung gem. § 258 Abs. 2 StGB.[883]

IV. Schwere Steuerhinterziehung (§ 370 a AO)[884]

Schrifttum: *Bittmann,* Die gewerbs- oder bandenmäßige Steuerhinterziehung und die Erfindung des gegenständlichen Nichts als geldwäscherelevante Infektionsquelle, wistra 2003, 161; *Burchert,* Beschränkung der Reichweite der gewerbs- oder bandenmäßigen Steuerhinterziehung auf Fälle großen Ausmaßes und Einführung einer Regelung für minderschwere Fälle, INF 2002, 534; *Esskundari,* Steuerstrafrecht – Rechtsprechung der Strafgerichte 2004/2004, DStZ 2005, 811; *Fahl,* Der neue § 370 a AO – causa finita, wistra 2003, 10; *Füllsack,* Klarstellung des EuGH zum Vorsteuerabzug bei Umsatzsteuerkarussellen, DStR 2006, 456; *Harms,* § 370 a AO – Optimierung des steuerstrafrechtlichen Sanktionssystems oder gesetzgeberischer Fehlgriff, in:

---

[872] FG Düsseldorf Urt. v. 19.6.1996 – 5 K 7682/91 U – EFG 1996, 1185 = BRAK-Mitt 1997, 38.
[873] *Kohlmann* § 370 AO Rdnr. 1151.
[874] Verneinend: BFH Urt. v. 20.9.1989 – X R 43/86 – BFHE 158, 356 = BStBl. II 1990, 20 = NJW 1990, 732; a.A. *App* DStZ 1990, 424; *Offerhaus* StBp 1990, 21; zur Abgrenzung siehe FinMin Hessen Erl. v. 23.10.2001 – S 2221 A – 57 – II B 21 – DStR 2001, 2072 f.
[875] FinMin NRW v. 28.9.2001 – S. 2221-402-VB3 – DB 2001, 2173; OFD Frankfurt/M. Vfg. v. 10.10.2005 – S 2221 A – 37 – St II 2.08 – DB 2005, 2495.
[876] BFH Urt. v. 20.9.1989 – XR 43/86 – BStBl. II 1990, 20; OFD Frankfurt a. M. Vfg. v. 10.10.2005 – S 2251 A-St-II 2.08 – DB 2005, 2495.
[877] BFH Urt. v. 19.12.1995 – III R 177/94 – BFHE 179, 383 = BStBl. II 1996, 197 = NJW 1996, 2120; zu möglichen Ausnahmen vgl. *Depping* DStZ 1996, 588 f.; siehe auch *von Briel/Ehlscheid* BB 1999, 2539 bis 2542; zur Zwangsläufigkeit bei Aufwendungen der Eltern für die Strafverteidigung eines volljährigen Kindes vgl. BFH Urt. v. 30.10.2003 – III R 23/02 – BStBl. II 2004, 267.
[878] *Schmidt/Drenseck* EStG § 33 Rdnr. 35 „Prozesskosten".
[879] BFH Urt. v. 23.5.1990 – III R 185/85 – BStBl. II 1990, 895.
[880] Kritisch hierzu *Degel/Haase* DStR 2005, 1264 da zurecht darauf hingewiesen wird, dass diese Auffassung dazu führt, dass de facto keine außergewöhnlichen Belastungen entstehen können, da bei einem Freispruch die Staatskasse die (gesetzlichen) Strafverteidigungskosten tragen muss.
[881] FG Köln Urt. v. 10.11.2004 – 14 K 459/02 – EFG 2005, 756; FG Bremen Urt. v. 6.10.2005 – 1 K 55/03 – EFG 2006, 202.
[882] *Kohlmann* § 370 AO Rdnr. 1151.
[883] *Kohlmann* § 370 AO Rdnr. 1151.
[884] Bearbeitet unter Mitwirkung von Dipl.-Finanzwirt (FH) Assessor iur. *Gerhard Link*.

Hirsch u. a. (Hrsg.), Festschrift für Günter Kohlmann, s. 4713; *ders.,* Festschrift Günter Kohlmann, S. 419; *Hellmann,* Steuerstrafrechtliche Risiken umsatzsteuerfreier innergemeinschaftlicher Lieferungen, wistra 2005, 161; *Langrock,* Das „große Ausmaß" der schweren Steuerhinterziehung, wistra 2004, 241; *Park,* Die Vereinbarkeit des § 370 a AO n. F. mit dem Bestimmtheitsgebot des Art. 103 Abs. 2 GG, wistra 2004, 328; *Randt,* Der Steuerfahndungsfall, Beratung und Verteidigung in Steuerstrafsachen, 2004; *Rolletschke,* Die Verfassungswidrigkeit des § 370 a AO, DStZ 2004, 763; *Rüping,* Das Verbrechen der Steuerhinterziehung, DStR 2002, 1418; *Rüth/Winter,* Kein Vertrauensschutz bei lückenhaften Belegen über innergemeinschaftliche Lieferungen, DStR 2005, 681; *Schmittmann,* Gewerbsmäßige oder bandenmäßige Steuerhinterziehung – Zur Verfassungsmäßigkeit des Straftatbestands des § 370 a AO, StuB 2005, 1106; *Schmitz,* § 370 u. AO endgültig verfassungswidrig?, StB 2005, 300; *Seer,* Kriminalisierung des Steuerbürgers, Stbg 2006, 7; *Spatscheck/Wulf,* „Schwere Steuerhinterziehung" und Geldwäsche, DB 2002, 392; *Wegner,* Zur Auswahl des Haftungsschuldners nach einer vorsätzlichen Steuerstraftat, PStR 2005, 104; *Vogelberg,* Der minder schwere Fall gem. § 370 a AO, PStR 2002, 229; *Weyand,* „Großes Ausmaß" bei § 370 a AO, PStR 2006, 31.

1. Allgemeines

Nach dem Wortlaut des Gesetzes handelt es sich bei § 370 a AO ersichtlich nicht um einen Anwendungsfall der sog. „Regel-Beispieltechnik" wie bei § 370 Abs. 3 AO, der Steuerhinterziehung in besonders schweren Fällen, oder um eine unselbständige Qualifizierung wie § 373 AO, sondern um einen eigenständigen **Qualifikationstatbestand** gegenüber dem allgemeinen Tatbestand der („einfachen") Steuerhinterziehung gem. § 370 AO („in den Fällen des § 370"), der eine Strafschärfung durch Hochstufung zum Verbrechen für den Fall der gewerbs- und bandenmäßigen Begehung enthält.[885] § 370 a AO ist grundsätzlich auf die Hinterziehung **aller Steuerarten** anwendbar.[886]

338

Die Strafdrohung hat zur Folge, dass die Strafverfolgungsverjährung nach § 78 Abs. 2 Nr. 3 StGB zehn Jahre beträgt. Sie hat weiter zur Folge, dass eine Verfahrenseinstellung nach § 153 a StPO ausgeschlossen ist.

339

2. Qualifikationsalternative

Neben den Tatbestand des § 370 AO müssen noch weitere Umstände treten, welche die Steuerhinterziehung zum Verbrechen qualifizieren. Insoweit muss zum einen noch hinsichtlich des Umfangs des Taterfolgs eine Steuerhinterziehung „in großem Ausmaß" vorliegen und zum anderen muss der Täter gewerbsmäßig und/oder bandenmäßig gehandelt haben.

340

a) In großem Ausmaß. § 370 a AO setzt eine Steuerhinterziehung in großem Ausmaß voraus.[887] Was dies konkret bedeutet, ist unklar. Die Gesetzesbegründung erläutert dieses Merkmal auch nicht näher.[888] Nähme man die Rechtsprechung zum § 370 Abs. 3 Nr. 1 AO zum Maßstab, der auch den Begriff des „großen Ausmaßes" enthält, wäre das Merkmal „großes Ausmaß" qualitativ auszulegen. Das heißt, auf die Frage nach einem exakten Grenzwert käme es nicht an. Die Bestimmtheit des § 370 a AO bedürfte dann einer Prüfung unter anderen Aspekten.[889] Die Meinungen, ob die Rechtsprechung zu § 370 Abs. 3 Nr. 1 AO direkt übertragbar ist, sind geteilt.[890] Zusätzlich soll noch eine betragsmäßige Begrenzung hinzutreten, über deren Höhe naturgemäß heftig gestritten wird.[891] Auf keinen Fall können jedoch bei mehreren in Tatmehrheit zueinander stehenden Steuerhinterziehungen die verkürzten Beträge der einzelnen Taten addiert werden, um so ein „großes Ausmaß" i. S. d. § 370 a S. 1 AO begründen zu können.[892] Der neue Verbrechenstatbestand wirft in verfassungsrechtlicher Hinsicht insbesondere Zweifel auf, ob die Gesetzesfassung mit dem Tatbestandsmerkmal des großen Ausmaßes dem Bestimmtheitsgebot des Art. 103 Abs. 2 GG entspricht.[893]

341

---

[885] *Kohlmann* § 370 a AO Rdnr. 1; H/H/Sp/*Hellmann* § 370 a AO Rdnr. 13.
[886] H/H/Sp/*Hellmann* § 370 a AO Rdnr. 14; Franzen/Gast/*Joecks* § 370 a AO Rdnr. 13; *Kohlmann* § 370 a AO Rdnr. 10.
[887] Zum großen Ausmaß der schweren Steuerhinterziehung vgl. *Langrock* wistra 2004, 241 bis 246.
[888] *Kohlmann* § 370 a AO Rdnr. 12.
[889] *Langrock* wistra 2004, 241 ff.
[890] Pro: H/H/Sp/*Hellmann* § 370 a AO Rdnr. 28; *Rolletschke* DStZ 2004, 763, 765; *Burchert* INF 2002, 534; *Sommer/Füllsack* Stbg 2002, 356; contra: *Harms,* FS G.Kohlmann, S. 425; *Rüping* DStR 2002, 1418.
[891] *Rüping* DStR 2002, 1418, *Bittmann* wistra 2003, 164 und *Weyand* PStR 2006, 31 (€ 50.000,–); *Vogelberg* PStR 2002, 229 (€ 1 Mio.); *Burchert* INF 2002, 534 (€ 1,65 Mio.).
[892] LG Saarbrücken Beschl. v. 10.5.2005 –5 SJs 141/02 – wistra 2005, 355; bestätigt durch SaarOLG v. 9.12.2005 – 1 Ws 101 - 103/05 – PStR 2006, 31 mit ablehnender Anmerkung von *Weyand*.
[893] *Randt* Der Steuerfahndungsfall S. 430 f. Rdnr. 288; *Park* wistra 2005, 328, 332.

342 Der BGH[894] weist insoweit in einem obiter dictum darauf hin, dass er **Bedenken hinsichtlich der Verfassungsmäßigkeit des § 370 a AO hat**: „Das danach entscheidende Verbrechensmerkmal der Steuerverkürzung „in großem Ausmaß" erscheint indes unter Bedacht auf Art. 103 Abs. 2 GG nicht ausreichend bestimmt. Es lässt sich nicht erkennen, unter welchen Voraussetzungen dieses Tatbestandsmerkmal erfüllt ist, welche Anknüpfungspunkte maßgeblich sein sollen und ob es auf den jeweiligen Einzelfall ankommt oder ob bei einer Vielzahl von Hinterziehungstaten – wie etwa bei der monatlich anzumeldenden Lohnsteuer – eine Gesamtbetrachtung des Tatbildes entscheidend sein soll; bei diesem Befund ist nicht ersichtlich, wie der Normadressat – der dem Gesetz unterworfene Steuerbürger – durch Auslegung Tragweite und Anwendungsbereich des Verbrechenstatbestandes ermitteln und konkretisieren soll." In einer weiteren Entscheidung hat der BGH[895] seine grundlegenden Bedenken gegen die Verfassungsmäßigkeit des § 370 a AO bekräftigt: „Die gegen die Verbrechensnorm des § 370 a AO bestehenden verfassungsrechtlichen Bedenken sind jedoch grundsätzlicher Natur; sie können nicht dadurch ausgeräumt werden, dass ein unbestimmtes Gesetz durch die Rechtsprechung in geeignet erscheinenden Einzelfällen allmählich nachgebessert und ausgefüllt wird. Wie der Senat in seinem Beschluss vom 22.7.2004 bereits ausgeführt hat, erscheint das „entscheidende Verbrechensmerkmal der Steuerverkürzung ‚in großem Ausmaß' unter Bedacht auf Art. 103 Abs. 2 GG nicht ausreichend bestimmt. Es lässt sich nicht erkennen, unter welchen Voraussetzungen dieses Tatbestandsmerkmal erfüllt ist, welche Anknüpfungspunkte maßgeblich sein sollen und ob es auf den jeweiligen Einzelfall ankommt oder ob bei einer Vielzahl von Hinterziehungstaten – wie etwa bei der monatlich anzumeldenden Lohnsteuer – eine Gesamtbetrachtung des Tatbildes entscheidend sein soll; bei diesem Befund ist nicht ersichtlich, wie der Normadressat – der dem Gesetz unterworfene Steuerbürger – durch Auslegung Tragweite und Anwendungsbereich des Verbrechenstatbestandes ermitteln und konkretisieren soll. Auch ist dem Gesetz eine Beschränkung – sei es auf bestimmte Steuerarten, sei es auf bestimmte besonders gravierende Erscheinungsformen steuerstrafrechtlichen Handelns – nicht zu entnehmen, die es andernfalls erlauben könnten, über eine deliktsspezifische Auslegung unter Bedacht auf das vorgestellte Tatbild eine Eingrenzung des unbestimmten Tatbestandsmerkmals „in großem Ausmaß" zu versuchen. Die vom Senat im Beschluss vom 22.7.2004 dargelegten Zweifel an der Bestimmtheit der Verbrechensnorm des § 370 a AO gelten folglich auch im vorliegenden Fall der „Serviceunternehmen". Die vom Landgericht postulierte Grenze von € 250.000,- ist ebenso willkürlich gegriffen, wie jeder andere Hinterziehungsbetrag (vgl. etwa MdB Poß gegenüber dem Handelsblatt vom 3.9.2004: ab DM 100.000,-/€ 50.000,-; sowie die Aufzählung möglicher Ansätze bei *Rüping* DStR 2004, 1780, 1781); insoweit verbleibt es bei der bereits geäußerten Auffassung des Senats, dass eine Norm, die es dem jeweiligen Rechtsanwender überlässt, die Grenze zum Verbrechenstatbestand nach eigenem wirtschaftlichen Vorverständnis und den von ihm herangezogenen rechtlichen Anknüpfungspunkten zu ziehen, dem Bestimmtheitsgebot nach Art. 103 Abs. 2 GG nicht genügen kann. Anders als bei dem ähnlich unscharfen Verbrechensmerkmal der „nicht geringen Menge" in § 29 a Abs. 1 Nr. 2 BtMG lässt sich eine Eingrenzung auch nicht durch wissenschaftlich nachprüfbare und allgemein anerkannte Kriterien erzielen wie es bei den medizinisch ermittelten Wirkstoffmengen im Betäubungsmittelrecht der Fall ist. Es bleibt vielmehr der jeweiligen wirtschaftlichen Betrachtung überlassen, wie die Grenze zum „großen Ausmaß" bestimmt wird. Damit ist lediglich die Subsumierbarkeit unter den Wortlaut der Norm gegeben, aber nicht vorhersehbar, wie die Norm auszulegen ist."

343 In den vorgenannten Entscheidungen des BGH war eine Vorlage an das BVerfG mangels Entscheidungserheblichkeit nicht erforderlich. Aufgrund der eindeutigen Rechtsprechung des BGH wird zu erwarten sein, dass eine einschlägige Revision unmittelbar zur Vorlage zum BVerfG (Art. 100 GG) führen wird. Unter Hinweis auf das o.a. Urteil des BGH vom 28.10.2004 erübrigt es sich auch auf die Maßgeblichkeit von Schwellenwerten wie € 50.000,-,[896] € 250.000,- bzw. mindestens € 500.000,- für die Annahme eines „großen

---

[894] BGH Beschl. v. 22.7.2004 – 5 StR 85/04 – NJW 2004, 2990 = wistra 2004, 393 = PStR 2004, 204 mit Anm. *Jäger/Birke*; siehe auch die Entscheidungsbesprechung von *Rüping* DStR 2004, 1780 f.
[895] BGH Urt. v. 28.10.2004 – 5 StR 276/04 – NJW 2005, 374 mit Anm. *Hild/Albrecht* NJW 2005, 336 bis 340.
[896] Nach LG Saarbrücken Beschl. v. 10.5.2005 – 5 Js 141/02 – wistra 2005, 355 und Saarländisches OLG Beschl. v. 9.12.2005 – 1 Ws 101-103/05 – wistra 2006, 117 mit Anm. *Weyand* PStR 2006, 31; kommen unterhalb

Ausmaßes" einzugehen. Eine Entscheidung des BVerfG sollte insoweit abgewartet werden.[897] Gegebenenfalls sind schon im Ermittlungsverfahren entsprechende Maßnahmen der Ermittlungsbehörden mit der Beschwerde anzugreifen.

b) Gewerbsmäßige Begehung. aa) Allgemeine Definitionsmerkmale der Gewerbsmäßigkeit. Auf der Grundlage der ständigen Rechtsprechung des BGH ist das Tatbestandsmerkmal der „Gewerbsmäßigkeit" festgeschrieben und über § 369 AO auch im Steuerstrafrecht zugrunde zu legen.[898] Eine davon abweichende Auslegung im Rahmen der Abgabenordnung im Sinne einer teleologischen Reduktion, wie sie in der Literatur vielfach befürwortet wird, ist vom Gesetzgeber ersichtlich nicht gewollt.[899] 344

Gewerbsmäßig handelt derjenige Täter oder Teilnehmer der die **Absicht** hat, sich durch **wiederholte Begehung** von Straftaten der fraglichen Art eine **fortlaufende Einnahmequelle** von mindestens einiger Dauer und einigem Umfang zu verschaffen.[900] Gewerbsmäßig ist insoweit nicht gleichbedeutend mit Ausübung eines Gewerbes.[901] 345

bb) Absicht der wiederholten Begehung. Schon eine einzelne Handlung kann ausreichen, wenn sie einen auf Wiederholung gerichteten Willen erkennen lässt.[902] Hinsichtlich der wiederholten Tatbegehung wird man die jährliche Begehung der Tat ausreichen lassen müssen.[903] Jede einzelne Betätigung der Absicht gewerbsmäßigen Handelns stellt eine selbständige Straftat dar.[904] 346

cc) Absicht der Schaffung einer fortlaufenden Einnahmequelle. Nicht erforderlich ist, dass die erzielten Erträge die Haupteinnahmequelle des Täters darstellen oder er ein „kriminelles Gewerbe" führt.[905] Es darf dem Täter jedoch nicht nur auf lediglich geringfügige Einnahmen ankommen. Vorausgesetzt wird vielmehr, dass die Einnahmequelle einigen Umfang aufweist.[906] Nur demjenigen Täter oder Teilnehmer ist die Absicht der Gewerbsmäßigkeit zuzurechnen, bei dem sie vorliegt; die gewerbsmäßige Begehung setzt eigennütziges Handeln voraus; Handeln zu fremdem Vorteil kann allenfalls Beihilfe zur fremden Tat sein.[907] Der Täter muss eine fortlaufende Einnahmequelle für sich selbst erstreben, zumindest aber sich mittelbare geldwerte Vorteile über Dritte aus Tathandlungen versprechen.[908] In der Mehrzahl der Steuerhinterziehungsfälle scheidet eine gewerbsmäßige Begehung aus, weil der Täter sich durch die Steuerverkürzung keine Einnahmen verschaffen will, sondern erreichen will, dass ihm bereits zugeflossenes Vermögen ungeschmälert erhalten bleibt.[909] 347

dd) Begehung als Mitglied einer Bande. Der Begriff der Bande setzt den Zusammenschluss von mindestens **drei Personen** voraus, die sich mit dem Willen verbunden haben, künftig für eine gewisse Dauer mehrere selbständige, im Einzelnen noch ungewisse Straftaten des im Gesetz genannten Deliktstyp zu begehen.[910] Ein „gefestigter Bandenwille" oder ein „Tätigwerden in einem übergeordneten Bandeninteresse" ist nicht erforderlich.[911] Mitglied einer Bande 348

---

eines Betrags von € 50.000,– die Bejahung eines „großen Ausmaßes" im Sinne von § 370 a Abs. 1 AO von vornherein nicht in Betracht.
[897] *Schmittmann* StuB 2005, 1106.
[898] BGH Beschl. v. 22.7.2004 – 5 StR 85/04 – NJW 2004, 2990 = wistra 2004, 393 = PStR 2004, 204.
[899] BGH Beschl. v. 22.7.2004 – 5 StR 85/04 – NJW 2004, 2990 = wistra 2004, 393 = PStR 2004, 204; a.A. *Seer* Stbg 2006, 7, 8, der eine teleologische Reduktion des Begriffs „gewerbsmäßig" für das Steuerstrafrecht fordert.
[900] *Kühn*/v. *Wedelstädt*/*Blesinger* § 370 a AO Rdnr. 6; vgl. auch BGH Beschl. v. 16.8.1996 – 1 StR 745/95 – BGHSt 42, 219 = NJW 1996, 3220 = wistra 1997, 25.
[901] OLG Stuttgart Urt. v. 10.6.2002 – 1 Ss 185/02 – NStZ 2003, 40.
[902] BGH Urt. v. 11.10.1994 – 1 StR 522/94 – wistra 1995, 60 = NStZ 1995, 85; BGH Urt. v. 14.4.1981 – 1 StR 676/80 – JR 1982, 260; *Franzen/Gast/Joecks/Voß* § 373 AO Rdnr. 11.
[903] *Franzen/Gast/Joecks* § 370 a AO Rdnr. 33.
[904] BGH Urt. v. 10.4.1953 – 1 StR 115/53 – NJW 1953, 955; BGH Urt. v. 20.2.1951 – 3 StR 64/50 – BGHSt 1, 41; RG GRS v. 21.4.1938 – GSSt 2/37 – 3 D 871/36 – RGSt 72, 164; *Kohlmann* § 373 AO Rdnr. 19.
[905] *Randt* Der Steuerfahndungsfall S. 433 f. Rdnr. 298.
[906] *Kohlmann* § 370 a AO Rdnr. 6.
[907] BGH Beschl. v. 19.12.1979 – 3 StR 370/79 – HFR 1980, 250; BGH Urt. v. 13.7.1954 – 1 StR 464/53 – BGHSt 6, 260 f.; *Franzen/Gast/Joecks/Voß* § 373 AO Rdnr. 14.
[908] LG Hamburg Urt. v. 20.3.2000 – 6187 KLs 8/99 – NStZ-RR 2001, 277; *Kohlmann* § 373 AO Rdnr. 15.
[909] *H/H/Sp/Hellmann* § 370 a AO Rdnr. 18.
[910] BGH Beschl. v. 22.3.2001 – GSSt 1/00 – BGHSt 46, 321 = NJW 2001, 2266 = wistra 2001, 298.
[911] BGH Beschl. v. 22.3.2001 – GSSt 1/00 – BGHSt 46, 321 = NJW 2001, 2266 = wistra 2001, 298.

kann auch derjenige sein, dem nach der Bandenabrede nur Aufgaben zufallen, die sich bei wertender Betrachtung als **Gehilfentätigkeit** darstellen.[912] Es ist nicht erforderlich, dass die Bande aus dem Zusammenschluss von 3 verschiedenen Steuerpflichtigen besteht.[913] Eine solche Einschränkung ist dem Gesetzeswortlaut nicht zu entnehmen. So könnten zum Beispiel eine Familie (Vater, Mutter, Kind), die gemeinsam ein Unternehmen betreiben und dabei einen Teil ihrer Einnahmen schwarz vereinnahmen, 3 Geschäftsführer einer GmbH bzw. Eheleute und ihr Steuerberater als Bande angesehen werden. Der Zweck der Bande muss in der fortgesetzten Steuerhinterziehung liegen.[914] Einen der typischen Anwendungsbereiche stellen nach der Vorstellung des Gesetzgebers sog. „Umsatzsteuerkarusselle" dar.[915] Umsatzsteuerkarussellgeschäfte nutzen den umsatzsteuerfreien Handel in der EU. Gem. § 4 Nr. 1 b i. V. m. 6 a UStG sind innergemeinschaftliche Lieferungen steuerfrei, wobei gem. § 15 Abs. 3 UStG für den Lieferer, sofern er Unternehmer ist, gleichwohl das Recht zum Vorsteuerabzug verbleibt. Umsatzsteuerkarusselle existieren hauptsächlich im innergemeinschaftlichen Handel mit Computerhardware, Handys und neuerdings auch PKW's.[916] Vielfach sind Bestandteile von Umsatzsteuerkarussellen gutgläubige Unternehmer, die Betrügern aufgesessen sind. Sofern eine Lieferung an einen ausländischen Scheinkäufer fingiert wird, liegt eine Steuerhinterziehung vor, selbst wenn die Ware tatsächlich in das EU-Ausland geht, da wegen unzutreffender Angaben über den Abnehmer keine steuerbefreite innergemeinschaftliche Lieferung vorliegt, sofern der deutsche Lieferer weiß, dass der Scheinkäufer den tatsächlichen Abnehmern dient, die im EU-Mitgliedstaat anfallende Erwerbsumsatzsteuer zu verkürzen.[917]

349 Beispielhaft soll im folgenden ein Umsatzsteuerkarussell aus dem PKW-Bereich dargestellt werden: Ein inländischer Vermittler (V) vermittelt den Auftrag zur Lieferung eines fabrikneuen PKW für ein inländisches Autohaus (A) an einen spanischen gewerblichen Abnehmer (E). Der Vermittler beauftragt zum Schein einen spanischen Spediteur (S) mit dem Transport des PKW. Auf Weisung des Autohauses (A) holt der Spediteur den fabrikneuen PKW beim Autohersteller (MB) im Werk in S ab. Das Autohaus hat sich durch eine qualifizierte Abfrage der USt-Identifikationsnummer beim Bundesamt für Finanzen über die Existenz des spanischen Abnehmers (E) erkundigt und weist demgemäß keine Umsatzsteuer in der Rechnung an E aus. Im Nachhinein stellt sich heraus, dass es sich bei E um einen sogenannten „Missing Trader" handelt. Auf Weisung des Vermittlers (V) liefert S den PKW tatsächlich an den deutschen Zwischenhändler Z und stellt diesem für seine Lieferung zum „Sonderpreis" deutsche Umsatzsteuer in Rechnung. Zur Verschleierung der Vorgehensweise meldet V nach Abschluss des Geschäfts Insolvenz an und führt die Umsatzsteuer nicht an das Finanzamt ab. Zahlenmäßig stellt sich der Vorgang wie folgt dar: Der Autohersteller stellt dem Autohaus den Nettopreis des PKW in Höhe von € 100.000,- zuzüglich 16 % USt (das sind € 16.000,-) in Rechnung. Das Autohaus macht die in der Rechnung gestellte Umsatzsteuer in Höhe von € 16.000,- als Vorsteuer geltend und verkauft den PKW für € 105.000,- EUR (5 % Gewinnaufschlag) nach Spanien (USt-frei gem. § 4 Nr. 1 b i. V. m. § 6 a UStG, sofern es sich um ein ordnungsmäßiges Geschäft handeln würde). Der Vermittler erhält eine Provision von € 1.000,- zuzüglich 16 % USt. Der Vermittler seinerseits verkauft den PKW für brutto € 105.000,- (netto € 90.517,- zuzüglich 16 % USt in Höhe von € 14.483,-) an den Zwischenhändler weiter. Im Ergebnis erhält der Zwischenhändler nunmehr den PKW für € 90.517,- anstatt für € 105.000,-. Bei einem mehrmaligen Durchlauf des PKW durch das Umsatzsteuerkarussell lässt sich im Extremfall der Einkaufspreis auf € 0,- reduzieren. Die steuerlichen Folgen für den gutgläubigen Autohändler sind: Sofern er den buch- und belegmäßigen Nachweis gem. § 17 a bis c UStDV nicht vollständig erbringen kann, findet die Vertrauensschutzregelung gem. § 6 a Abs. 4 UStG keine Anwendung.[918] Das heißt, mangels Nachweises einer innergemeinschaftlichen Lieferung hat er die

---

[912] BGH Beschl. v. 15.1.2002 – 4 StR 499/01 – BGHSt 47, 214 = NJW 2002, 1662 = wistra 2002, 183.
[913] *Kohlmann* § 370 a AO Rdnr. 16; Franzen/Gast/*Joecks* § 370 a AO Rdnr. 26; H/H/Sp/*Hellmann* § 370 a AO Rdnr. 23; a.A. *Spatscheck/Wulf* DB 2002, 392, 395.
[914] Kühn/v. Wedelstädt/*Blesinger* § 370 a AO Rdnr. 10.
[915] Kühn/v. Wedelstädt/*Blesinger* aaO; *Hellmann* wistra 2005, 161; zu den Karussellgeschäften vgl. *Kohlmann* § 370 a AO Rdnr. 19 sowie *Kemper* UR 2005, 1 bis 4; zum Vorsteuerabzug des sog. „Buffer II" in einem Umsatzsteuerkarussell; dergl. PStR 2005, 143; vgl. FG Baden-Württemberg Beschl. v. 7.5.2004 – 12 V 10/04 – EFG 2004, 1405 = PStR 2004, 243, nrkr; mit Anm. *Wegner*.
[916] *Füllsack* JHR 2006, 456.
[917] BGH Urt. v. 12.5.2005 – 5 StR 36/05 – DStR 2005, 1272 mit Anm. *Schauf/Winter* und Besprechung von *Gericke* PStR 2005, 176.
[918] FG Rheinland-Pfalz Urt. v. 14.9.2004 – 2 K 2835/02 – DStRE 2005, 212; Zur Problematik des buch- und belegmäßigen Nachweises z. B. auch FG Bremen v. 1.12.2004 – 2 V 64/04 – DStRE 2005, 464; Niedersächsisches FG v. 17.8.2004 – 5 V 84/04 – EFG 2004, 1876 = DStRE 2005, 42.

Umsatzsteuer auf die Lieferung an E in Höhe von € 14.493,– zu bezahlen (der Kaufpreis in Höhe von € 105.000,– stellt den Bruttopreis dar).

> **Praxistipp:**
> Bei innergemeinschaftlicher Lieferung ist die qualifizierte Abfrage der USt-Identifikationsnummer des EU-Abnehmers für die Vertrauensschutzregelung des § 6 a Abs. 4 UStG nicht ausreichend.[919] Erforderlich ist vielmehr der vollständige buch- und belegmäßige Nachweis. Der Vermittler (V) begeht eine Ordnungswidrigkeit gem. § 26 b UStG bzw. – wenn er die Schädigung des Umsatzsteueraufkommens gewerbs- oder bandenmäßig durchführt – eine Steuerstraftat (§ 26 c UStG), da durch die planmäßige herbeigeführte Insolvenz die Umsatzsteuer nicht entrichtet wird. Der Zwischenhändler (Z) begeht entweder eine Steuerordnungswidrigkeit gem. § 26 b UStG oder eine Steuerstraftat gem. § 26 c UStG, wenn er Mittäter oder Teilnehmer der Steuerverkürzung des V ist. Darüber hinaus haftet er gem. § 25 d UStG für die schuldhaft von V nicht abgeführte Umsatzsteuer.[920]

3. Versuch

Die Strafbarkeit des **Versuchs** ergibt sich aus § 369 Abs. 2 AO in Verbindung mit §§ 12 Abs. 1, 23 Abs. 1 StGB. Eine Vorverlagerung der Versuchsstrafbarkeit erfolgt insbesondere nicht durch den Zusammenschluss zur Bande, denn darin liegt keine Ausführungshandlung der Steuerhinterziehung, sondern eine bloße Vorbereitungshandlung.[921] Die Einstufung als Verbrechen begründet gleichzeitig auch über § 30 StGB in Verbindung mit § 369 Abs. 2 AO die Strafbarkeit der dort genannten Vorbereitungshandlungen, soweit sie sich auf die gewerbs- oder bandenmäßige Steuerhinterziehung erstrecken.[922]

4. Täterschaft und Teilnahme

Ob ein an der gewerbs- bzw. bandenmäßigen Steuerhinterziehung Beteiligter als Täter oder Teilnehmer mitgewirkt hat, richtet sich nach § 369 Abs. 2 AO in Verbindung mit § 25 ff. StGB. Zu berücksichtigen ist des Weiteren, dass die Gewerbsmäßigkeit[923] und die Bandenmitgliedschaft[924] **besondere persönliche Merkmale** im Sinne von § 28 StGB sind. Da sie die Strafe – des § 370 AO – verschärfen, ist § 28 Abs. 2 StGB anwendbar mit der Folge, dass sie nur dem Täter oder Teilnehmer zur Last gelegt werden, bei dem sie vorliegen.[925] Der Steuerberater, der selbst nicht gewerbsmäßig handelt, wird also nur wegen Beihilfe zur einfachen Steuerhinterziehung nach § 370 AO bestraft, nicht jedoch wegen Beihilfe zu einer Tat nach § 370 a AO.[926] Insoweit kommt für den Steuerberater auch eine strafbefreiende Selbstanzeige im Sinne von § 371 AO in Betracht, die sonst im Bereich des § 370 a AO lediglich zu einem minder schweren Fall führen würde.[927]

5. Rechtsfolgen

§ 370 a AO sieht Freiheitsstrafe von einem bis zehn Jahre vor. In minderschweren Fällen ist nach § 370 a S. 2 AO die Strafe Freiheitsstrafe von drei Monaten bis zu fünf Jahren. Somit ist § 370 a AO als Verbrechenstatbestand ausgestaltet, da die Mindeststrafe ein Jahr Freiheitsstrafe beträgt (§ 12 Abs. 1 StGB). Hiermit stellt § 370 a AO einen Fremdkörper in Strafrahmengefüge der Abgabenordnung dar.[928] Der Höchststrafrahmen ist doppelt so hoch wie in

---

[919] *Rüth/Winter* DStR 2005, 681.
[920] Zur Frage der Vorsteuerabzugsberechtigung im Umsatzsteuerkarussell, *Wegner* PStR 2005, 104 f.
[921] H/H/Sp/*Hellmann* § 370 a AO Rdnr. 32.
[922] *Kohlmann* § 370 a AO Rdnr. 23.
[923] BGH Urt. v. 10.9.1986 – 3 StR 292/86 – wistra 1987, 30.
[924] BGH Beschl. v. 15.1.2002 – 4 StR 499/01 – BGHSt 47, 214 = NJW 2002, 1662 = wistra 2002, 183; a.A. Schönke/Schröder/*Eser* 244 Rdnr. 28.
[925] H/H/Sp/*Hellmann* § 370 a AO Rdnr. 33.
[926] Franzen/Gast/*Joecks* § 370 a AO Rdnr. 50.
[927] Vgl. § 370 a S. 3 AO.
[928] *Quedenfeld/Füllsack*, Verteidigung in Steuerstrafsachen, S. 69 Rdnr. 218.

den Fällen des vom Unrechtsgehalt sicher nicht geringer einzustufenden Tatbestands der gewerbsmäßigen Steuerhehlerei (§ 374 AO) oder des gewerbs-, bandenmäßigen und gewaltsamen Schmuggels (§ 373 AO). Auch gegenüber dem gesamtstrafrechtlichen Strafgefüge stellt § 370 a AO einen Bruch dar, wenn man einen Vergleich zu den Tatbeständen des Raubes gem. § 249 Abs. 1 StGB, der räuberischen Erpressung nach § 255 StGB oder dem gewerbsmäßigen Betrug nach § 263 Abs. 3 Nr. 1 StGB zieht.

354 Dieser Bruch im Strafrahmensystem im Vergleich zu anderen Straftaten lässt sich nur durch die Intention des Gesetzgebers erklären um mit § 370 a AO als tauglige Vortat zur Geldwäsche zu einer Mitteilungspflicht der Finanzbehörden an die Strafverfolgungsbehörden zu kommen (§ 10 Abs. 2 GWG).[929] Für Richter und Beamte droht bei einer Verurteilung die Entfernung aus dem Dienst, § 24 Abs. 1 Nr. 1 BRRG. Auch Freiberufler wie Rechtsanwälte, Wirtschaftsprüfer und Steuerberater hätten bei einer Verurteilung im Sinne von § 370 a AO mit einer Entziehung der Zulassung durch die jeweilige Kammer zu rechnen (z. B. § 46 Abs. 2 Nr. 2 StBerG i. V. m. § 45 Abs. 1 StGB). Nach § 45 StGB verlieren öffentliche Amtsträger bei einer Verurteilung zwingend das passive Wahlrecht und sämtliche bestehenden öffentlichen Ämter. Nach § 140 Abs. 1 Nr. 2 StPO ist im Übrigen die Bestellung eines Pflichtverteidigers erforderlich, da es sich um einen Verbrechenstatbestand handelt.

6. Selbstanzeige und § 370 a AO

355 Eine Selbstanzeige hat nach § 370 a S. 3 AO keine strafbefreiende,[930] sondern nur strafmildernde Wirkung.[931] Die Selbstanzeige ist in diesem Zusammenhang als Geständnis zu werten. Der minderschwere Fall des § 370 a S. 3 AO setzt voraus, dass die Selbstanzeige alle Anforderungen erfüllt, die die Strafbarkeit im Sinne des § 370 AO beseitigen.[932]

356 **Praxistipp:**

Hinsichtlich der Selbstanzeigeberatung haben die Betroffenen und ihre Berater das verbleibende nicht unerhebliche Strafbarkeitsrisiko mit zu bedenken haben. Für die Praxis ist es empfehlenswert, in zweifelhaften Fällen ein abstraktes Vorgespräch mit der Straf- und Bußgeldsachenstelle bzw. der Staatsanwaltschaft zu führen, ob ein Fall des § 370 a AO anzunehmen ist. Auch wenn nur die Staatsanwaltschaft in den Fällen des § 370 a AO Herrin des Ermittlungsverfahrens ist,[933] erscheint es sinnvoll sich mit der Straf- und Bußgeldsachenstelle zu unterhalten, da diese „ihren Fall" erst gar nicht an die Staatsanwaltschaft abgegeben wird, wenn sie glaubt, es läge gar kein Fall des § 370 a AO vor.[934]

357 Allerdings hilft auch eine Vorbesprechung mit der zuständigen Straf- und Bußgeldsachenstelle nicht, wenn die Staatsanwaltschaft von ihrem Evokationsrecht gem. § 386 Abs. 4 S. 2 AO Gebrauch macht.

7. Vortat als Geldwäsche gem. § 261 StGB

§ 370 a AO ist wegen der Ausgestaltung als Verbrechenstatbestand automatisch Vortat zur Geldwäsche (§ 261 Abs. 1 S. 2 Nr. 1 StGB).[935] Nach § 261 Abs. 1 S. 3 StGB gilt § 261 Abs. 1 S. 1 StGB in den Fällen der gewerbsmäßigen oder bandenmäßigen Steuerhinterziehung nach § 370 a AO für die durch die Steuerhinterziehung ersparten Aufwendungen und unrechtmäßig erlangten Steuererstattungen und -vergütungen sowie in den Fällen des Satzes 2 Nr. 3 auch für einen Gegenstand, hinsichtlich dessen Abgaben hinterzogen worden sind.

---

[929] *Quedenfeld/Füllsack*, Verteidigung in Steuerstrafsachen, S. 69 Rdnr. 218.
[930] H/H/Sp/*Hellmann* § 370 a AO Rdnr. 30.
[931] Klein/*Gast-de Haan* § 370 a AO Rdnr. 17; *Kohlmann* § 370 a AO Rdnr. 27; Franzen/Gast/*Joecks* § 370 a AO Rdnr. 44.
[932] Franzen/Gast/*Joecks* § 370 a AO Rdnr. 45.
[933] Franzen/Gast/*Joecks* § 370 a AO Rdnr. 58 a, Klein/*Gast-de Haan* § 370 a AO Rdnr. 9; a.A. *Kohlmann* § 370 a AO Rdnr. 45, der auch in den Fällen des § 370 a AO den Finanzbehörden eine selbständige Ermittlungsbefugnis im Sinne von § 399 Abs. 1 AO zugesteht.
[934] Vgl. auch *Randt* Der Steuerfahndungsfall S. 440 Rdnr. 326.
[935] Klein/*Gast-de Haan* § 370 a AO Rdnr. 22.

Für die **Beraterschaft** relevanter wird die Möglichkeit der Tatbestandsverwirklichung nach 358
§ 261 Abs. 2 StGB sein, wonach sich derjenige strafbar macht, der einen Gegenstand, der aus
den in § 261 Abs. 1 S. 2 StGB genannten Straftaten herrührt, **verschafft**, ihn **verwahrt** oder für
sich oder einen Dritten **verwendet**.[936] Der Geldwäschetatbestand gilt auch für Strafverteidiger
und Berater bei der Annahme von Honorarzahlungen.[937] Das BVerfG hat in einer aktuellen
Entscheidung der Anwendbarkeit des § 261 StGB auf Strafverteidiger Grenzen gesteckt.[938] Das
BVerfG entschied insoweit, dass die Entgegennahme eines Honorars oder Honorarvorschusses
durch einen Strafverteidiger nur dann mit Strafe bedroht sein, wenn der Strafverteidiger im
Zeitpunkt der Entgegennahme **sichere Kenntnis** von dessen bemakelter Herkunft habe. Damit
steht zugleich fest, dass § 261 Abs. 5 StGB, der in subjektiver Hinsicht **Leichtfertigkeit** genügen
lässt, auf die Honorarannahme durch Strafverteidiger keine Anwendung finden kann.[939] Für
die Angehörigen der steuerberatenden Berufe gilt dieses Berufsprivileg jedoch nicht.[940] Ist der
Berater in einem Steuerstrafverfahren gleichzeitig als Steuerberater und Verteidiger bestellt,
dürften allerdings nur die vom BVerfG aufgestellten Regeln des Verteidigermandats gelten.[941]

8. Konkurrenzen

§ 370 a AO verdrängt die einfache Steuerhinterziehung gem. § 370 AO im Wege der Spe- 359
zialität.[942] Das gilt auch in Bezug auf die schweren Fälle einer Steuerhinterziehung gem. § 370
Abs. 3 AO.[943] §§ 26 b, 26 c UStG sind nicht anwendbar, wenn die Umsatzsteuer nicht nur nicht
gezahlt, sondern bereits nicht angemeldet wurde.[944] Unklar ist das Verhältnis des § 370 a AO
zu § 373 Abs. 1, Abs. 2, Nr. 3 AO, soweit es sich um Fälle der Einfuhr- oder Ausfuhrabgabenhinterziehung handelt.[945] Nach *Joecks* und *Fahl*[946] verdrängt § 370 a AO n. F. § 373 Abs. 1,
Abs. 2 Nr. 3 AO. Da das Merkmal des „großen Ausmaßes" nicht konkret bestimmt werden
kann, ist es jedoch als Abgrenzungskriterium gänzlich ungeeignet.[947] U.E. hat § 373 AO Vorrang vor § 370 a AO, da § 373 AO das speziellere Gesetz ist.[948]

9. Strafrechtliche Verjährung

Die strafrechtliche Verfolgungsverjährung für die gewerbs- und bandenmäßige Steuerhinter- 360
ziehung im Sinne von § 370 a AO beträgt gem. §§ 369 Abs. 2 AO, 78 Abs. 3 Nr. 3 StGB 10
Jahre. Die Verabredung zu einer solchen Tat ist nach § 30 StGB strafbar.

10. Sonstige Rechtsfolgen

Aufgrund der Ausgestaltung des § 370 a AO als Verbrechenstatbestand kommt eine Ein- 361
stellung des Verfahrens wegen geringer Schuld gem. §§ 153 ff. StPO oder ein Abschluss des
Verfahrens durch Erlass eines Strafbefehls (§§ 407 ff. StPO) nicht in Betracht, da diese Normen
nur für Vergehen, nicht aber für Verbrechen gelten. Der Abschluss des Verfahrens kann daher,
neben der Einstellung mangels Tatverdachts gem. § 170 Abs. 2 StPO, nur durch ein öffentliches und förmliches Hauptverfahren erreicht werden. Eine Einstellung gem. § 398 AO wegen
Geringfügigkeit scheidet aus. Dies gilt gem. § 12 Abs. 3 StGB auch für die minder schweren
Fälle.

---

[936] *Randt* Der Steuerfahndungsfall S. 40 f. Rdnr. 161.
[937] Vgl. BGH Urt. v. 4.7.2001 – 2 StR 513/00 – BGHSt 47, 68 = NJW 2001, 2891 = wistra 2001, 379; vgl. zur steuerlichen Beratung im Dunstkreis des Steuerstrafrechts auch *Harms* Stbg 2005, 12 bis 19.
[938] BVerfG Urt. v. 30.3.2004 – 2 BvR 1520/01 – 2 BvR 1521/01 – BVerfGE 110, 226 = NJW 2004, 1305 = wistra 2004, 217; vgl. auch BVerfG 2. Senat 3. Kammer, stattgebender Kammerbeschl. vom 14.1.2005 – 2 BvR 1975/03 – NJW 2005 1707 = wistra 2005 217 = PStR 2005, 76.
[939] BVerfG Urt. v. 30.3.2004 – 2 BvR 1520/01 – 2 BvR 1521/01 – BVerfGE 110, 226 = NJW 2004, 1305 = wistra 2004, 217.
[940] *Kohlmann* § 370 a AO Rdnr. 56.1.
[941] *Kohlmann* § 370 a AO Rdnr. 56.1.
[942] H/H/Sp/*Hellmann* § 370 a AO Rdnr. 37.
[943] *Kohlmann* § 370 a AO Rdnr. 29.
[944] Franzen/Gast/*Joecks* § 370 a AO Rdnr. 54.
[945] H/H/Sp/*Hellmann* § 370 a AO Rdnr. 38.
[946] Franzen/Gast/*Joecks* § 370 a AO Rdnr. 55; *Fahl* wistra 2003, 10.
[947] *Kohlmann* § 370 a AO Rdnr. 30.
[948] Ebenso *Kohlmann* § 373 AO Rdnr. 531.

V. Selbstanzeige (§ 371 AO)[949]

Schrifttum: *App*, Checkliste zur Erstattung einer Selbstanzeige nach Steuerhinterziehung, DB 1996, 1009; *Berhoff*, Einzelfragen zur Wirkung einer Selbstanzeige, PStR 1998, 79; *Bilsdorfer*, Die straf- und bußgeldbefreiende Selbstanzeige, NWB Fach 13, 909; *ders.*, Aktuelle Probleme der Selbstanzeige, wistra 1984, 131; *Blesinger*, Das Steuergeheimnis im Strafverfahren (Teil I), wistra 1991, 239; *Braun*, Die verfahrensrechtlichen Auswirkungen, PStR 2002, 199; *Burkhard*, Die Sperrwirkung des § 371 Abs. 2 Nr. 1 a AO, wistra 1998, 216; *Dörn*, Ausschluss der Selbstanzeige durch Tatentdeckung (§ 371 Abs. 2 Nr. 2 AO) nur bei Kenntnis des Täters?, wistra 1998, 175; *Eidam*, Neuere Entwicklungen zu dem Grundsatz der Selbstbelastungsfreiheit und das Rechtsinstitut der Selbstanzeige im Steuerstrafverfahren, wistra 2006, 11; *ders.*, Einschränkende Auslegung des Verwendungsverbots aus § 393 II 1 AO im Fall der Selbstanzeige gem. § 371 AO?, wistra 2004, 412; *Ekanayake Mudiyanselage*, 14 wichtige Fragen zur Berichtigungspflicht, PStR 2006, 18; *Götz*, Nachdeklarationspflicht durch den Erben, NWB F 10, 1511; *Hagemeier/Hunsmann*, Strafbefreiende Selbstanzeige, NWB F 13, 1085; *Heerspink*, Strafe aufgrund zutreffender Steuererklärung, AO-StB 2006, 51; *Hoffmann/Knierim*, Selbstanzeige und Steuergeheimnis bei Beamten und Richtern, PStR 2000, 211; *Jarke*, Strafbefreiende Drittanzeige nach § 371 Abs. 4 AO bei vorsätzlich falscher Steuererklärung?, wistra 1999, 286; *Joecks*, Bekämpfung der Schwarzarbeit und damit zusammenhängend der Steuerhinterziehung, wistra 2004, 441; *ders.*, Strafvorschriften im Steuerverkürzungsbekämpfungsgesetz, wistra 2002, 201; *Kahlen*, 14 wichtige Regeln für die Erstellung einer strafbefreienden Selbstanzeige, PStR 1998, 13; *Keller/Kelnhofer*, Die Sperrwirkung des § 371 Abs. 2 AO unter besonderer Berücksichtigung der neuen Rechtsprechung des BGH, wistra 2001, 369; *Kemper*, Die Offenbarung außersteuerlicher Gesetzesverstöße im Steuerstrafverfahren, wistra 2005, 290; *Kottke*, Verhältnis der Selbstanzeige bei Steuerhinterziehung zum Rücktritt vom Versuch, DStZ 1998, 151; *Kutzner*, Strafrechtliche Relevanz steuerberatender Tätigkeit, NWB 2005, Fach 30, 1543; *Löffler*, Grund und Grenzen der steuerstrafrechtlichen Selbstanzeige, 1992; *Marschall*, Die Selbstanzeige im Umfeld steuerlicher Beratung, BB 1998, 2496; *Mösbauer*, Zum Umfang der steuerrechtlichen Haftung der gesetzlichen Vertreter, Vermögensverwalter und Verfügungsberechtigten nach § 69 AO, DB 2005, 1816; *Müller/Lutz*, Steuergeheimnis und Verwertungsverbot bei nichtsteuerlichen Straftaten, DStR 1986, 699; *Müller*, Jürgen R., Löst eine rechtswidrige Betriebsprüfung die Sperrwirkung des § 371 Abs. 2 Nr. 1a AO aus?, StBg 2006, 137; *Peter*, Die Selbstanzeige – Wirksamkeitsvoraussetzungen zur Erlangung der Straffreiheit und Problemfelder, Steuer & Studium 2005, 557 *Quedenfeld/Füllsack*, Verteidigung in Steuerstrafsachen, 3. Aufl. 2005; *Randt*, Der Steuerfahndungsfall, 2004; *ders.*, Die gestufte Selbstanzeige, wistra 2002, 17; *ders.*, Die Nachzahlungsfrist des § 371 Abs. 3 AO, DStZ 1999, 287; *Rüping*, Tatausschluß durch Selbstanzeige, wistra 2001, 121; *Samson*, Strafbefreiende Fremdanzeige (§ 371 Abs. 4 AO) und Berichtigungspflicht (§ 153 Abs. 1 AO), wistra 1990, 245; *Scheu*, Evokations- und materielles Prüfungsrecht der Staatsanwaltschaft, wistra 1983, 136; *Schmitz*, Aktueller Leitfaden zur Selbstanzeige bei Steuerhinterziehung unter Berücksichtigung neuester Rechtsprechung und Literatur DStR 2001, 1821; *Schuhmann*, Zur Selbstanzeige bei der Umsatzsteuer, wistra 1994, 253; *Simon/Vogelberg*, Steuerstrafrecht, 2. Auflage 2000; *Skok/Vogelberg*, Selbstanzeige im Konkursfall, PStR 1998, 170; *Spatschek/Alvermann*, Die verdeckte Stellvertretung bei der Selbstanzeige – Argumentationshilfe und Praxisempfehlungen, INF 2001, 23; *Streck*, Die Selbstanzeige – Beratungssituation, DStR 1996, 288; *Vogelberg*, Sperrwirkung bei Vorfeldermittlungen?, PStR 2000, 1999; *Wassmann*, Der Ausschlussgrund bei der Selbstanzeige nach § 371 Absatz 2 Nr. 1 a AO, ZfZ 1990, 242; *von Wedelstädt*, Die Änderungen im Anwendungserlass zur AO durch das BMF-Schreiben vom 10.3.2005, DB 2005, 1759; *Wenzler*, Sperrwirkung nach § 371 Abs. 2 Nr. 1a AO bei rechtswidriger Prüfungsanordnung, PStR 2006, 59; *Weyand*, Neue Straf- und Bußgeldtatbestände infolge des Steuerverkürzungsbekämpfungsgesetzes, INF 2002, 183; *Wolfsfeld*, Wer ist Amtsträger i. S. d. § 371 Abs. 2 Nr. 1 a AO?, PStR 2006, 20; *Wulf*, Steuererklärungspflichten und „nemo tenetur", wistra 2006, 89.

1. Allgemeines

362 **a) Ziel und Bedeutung der Regelung.** Der **Täter** oder **Teilnehmer** einer versuchten oder vollendeten Steuerhinterziehung kann durch eine **Selbstanzeige** gem. § 371 AO **Straffreiheit** erlangen. In den Absätzen 1 und 3 des § 371 AO sind die positiven Wirksamkeitsvoraussetzungen der Selbstanzeige geregelt, während die Ausschlussgründe in Abs. 2 genannt sind. Abs. 4 beinhaltet, inwieweit die Berichtigung eines Dritten gem. § 153 AO strafbefreiende Wirkung für den Steuerhinterzieher haben kann. Im Überblick ergeben sich folgende Voraussetzungen für die Straffreiheit des Steuerhinterziehers, der sich zur Selbstanzeige entschließt:

---

[949] Bearbeitet unter Mitarbeit von WP/StB *Dr. Markus Terhürne*.

Positiv	Negativ (Abs. 2)
Berichtigungserklärung (Abs. 1)	**Erscheinen eis Amtsträgers**
• (Berichtigung, Ergänzung oder Nachholung von unterlassenen Angaben bei der Finanzbehörde)	• zur steuerlichen Prüfung oder • zur Ermittlung einer Steuerstraftat oder einer Steuerordnungswidrigkeit
Fristgerechte Nachzahlung (Abs. 3)	**Einleitung des Verfahrens**
• Nachzahlung der verkürzten Steuern durch den Steuerschuldner in einer bestimmten Frist	• Dem Täter oder seinem Vertreter wurde die Einleitung des Straf- oder Bußgeldverfahrens wegen der Tat bereits bekannt gegeben
Fremdanzeige (Abs. 4)	**Tatentdeckung**
• Demjenigen, dem eine Berichtigung gem. § 153 AO eines Dritten zu Gute kommt	• Die Tat ist im Zeitpunkt der Selbstanzeige bereits ganz oder teilweise entdeckt und der Täter wusste dies bzw. musste damit bei verständiger Würdigung der Sachlage rechnen
	Gewerbs- oder bandenmäßige Steuerhinterziehung
	• Es liegt ein Fall von § 370 a AO vor

Die **Selbstanzeige** stellt ihrer Rechtsnatur nach einen persönlichen **Strafaufhebungsgrund** dar,[950] der Anspruch des Fiskus auf die Steuer, Hinterziehungszinsen und steuerliche Nebenleistungen wird hierdurch nicht berührt.[951] Grundsätzlich kommt nur derjenige in Genuss der Straffreiheit, der die Selbstanzeige abgegeben hat. Bei mehreren Beteiligten ist daher genauestens zu prüfen, wer als Erklärender in die Selbstanzeige aufzunehmen ist.[952] In der Praxis ergeben sich hier insbesondere Schwierigkeiten bei zerstrittenen Erbengemeinschaften. Bei der Frage, wer in die Selbstanzeige aufzunehmen ist, sind auch Anstifter, Mittäter oder Beteiligte wie z. B. etwaige Gehilfen zu berücksichtigen. Eine Drittwirkung der Selbstanzeige ist nur unter der Voraussetzung des § 371 Abs. 4 AO möglich, das heißt, wenn die in § 153 AO vorgesehene Anzeige rechtzeitig und ordnungsgemäß erstattet wird, kein Ausschlussgrund vorliegt und bei einem Handeln zum eigenen Vorteil des Dritten die hinterzogenen Steuern entrichtet werden. Die Regelungen zur **strafbefreienden Selbstanzeige** gem. § 371 AO gelten nur für Fälle der Steuerhinterziehung des § 370 AO und gem. § 378 Abs. 3 AO für die leichtfertige Steuerverkürzung. Auf Fälle des § 370 a AO (gewerbs- oder bandenmäßige Steuerhinterziehung) ist § 371 AO nicht anwendbar.[953]

b) **Begriff der Selbstanzeige.** Der Begriff „Selbstanzeige" ist nicht umfassend, da im Regelfall die Straffreiheit nach § 371 Abs. 3 AO auch zusätzlich von der fristgerechten Entrichtung der hinterzogenen Steuer abhängt, er trifft aber den Kern der Sache.[954] Für den **Laien** ist er allerdings missverständlich, denn dass der Täter sich selbst anzeigt, d. h. sich gegenüber der Finanzbehörde einer strafbaren Handlung bezichtigt, wird von ihm nicht verlangt.[955] Darüber hinaus ist es nicht erforderlich, dass der Anzeigende zur Einsicht kommt, dass die vom ihm begangene Steuerhinterziehung Unrecht ist. Das bedeutet, weder Vorsatz noch Verbotskenntnis müssen sich auf die Voraussetzungen des § 371 AO beziehen. Das Vorliegen der objektiven Voraussetzungen für eine Selbstanzeige genügt zur Straffreiheit, wobei ein Irrtum des Anzeigenden unbeachtlich ist.[956] Die Selbstanzeige ist gem. § 371 AO freiwillig, d. h. eine Verpflichtung zur Selbstanzeige besteht nicht.[957] Der Täter kann die Selbstanzeige auch als bloße Berichtigung

---

[950] Franzen/Gast/*Joecks* § 371 AO Rdnr. 32.
[951] FG Hamburg v. 14.7.2004 – I 127/04 – DStRE 2004, 1493.
[952] *Randt* Der Steuerfahndungsfall S. 61 Rdnr. 3.
[953] Kühn/v. Wedelstädt/*Blesinger* § 371 AO Rdnr. 3.
[954] Franzen/Gast/*Joecks* § 371 AO Rdnr. 12.
[955] *Kohlmann* § 371 AO 1977 Rdnr. 5.
[956] *Quedenfeld/Füllsack*, Verteidigung in Steuerstrafsachen, S. 135 Rdnr. 376.
[957] *Quedenfeld/Füllsack*, Verteidigung in Steuerstrafsachen, S. 147 Rdnr. 405 ff.

seiner Steuererklärung bezeichnen oder lediglich die für die Steuerfestsetzung erforderlichen Zahlenwerke nebst kurzer Erläuterung an das zuständige Finanzamt senden. Es ist bei einer Nacherklärung nicht erforderlich, dass hierbei § 371 AO als Rechtsgrundlage angegeben wird.

366   Zusätzlich gibt es keine speziellen formellen Anforderungen an eine Selbstanzeige (wie z. B. beim **Strafbefreiungserklärungsgesetz:** Anwendung eines bestimmten Formblatts). Es reicht aus, dass die Finanzverwaltung aufgrund der Mitteilung des Steuerpflichtigen oder seines hierzu ausdrücklich bevollmächtigten Vertreters alle relevanten Informationen erhält um die hinterzogene Steuer festsetzen zu können. Nicht erforderlich ist, dass der Bevollmächtigte die Selbstanzeige im Namen des Täters erstattet. Eine verdeckte Stellvertretung ist möglich.[958] Wenn die Besteuerungsgrundlagen nicht mehr eindeutig zu ermitteln sind, ist für die Wirksamkeit einer Selbstanzeige grundsätzlich auch eine Schätzung möglich.[959]

367   c) **Motivation des Steuerpflichtigen.** In der Praxis dominieren zwei Fälle, die Steuerpflichtige zur Abgabe der Selbstanzeige motivieren. Zum einen ist es das **Entdeckungsrisiko,**[960] d. h. der Steuerpflichtige fürchtet sich vor der Entdeckung, z. B. weil einem Liechtensteiner Treuhänder Daten aus seiner EDV gestohlen wurden; weil er sich scheiden lassen will und seine Ehefrau von der Hinterziehung weiß; weil er sich von Mitarbeitern trennen will, die an der Hinterziehung beteiligt waren, etc.

368   Folgende Indizien sprechen für eine Selbstanzeige aufgrund des **Entdeckungsrisikos:**[961]
- Steuerfahndungsmaßnahmen bei Geschäftspartnern (z. B.: Zahnarzt/Dentallabor)
- Durchsuchung bei der Hausbank (Prüfung der CPD Konten)
- Aufdeckung nicht deklarierter Einkünfte in Scheidungs-/ Unterhaltsprozessen
- Die Betriebsprüfung kündigt sich an
- Betriebsprüfung bei Geschäftspartnern, sofern Kontrollmitteilungen drohen (z. B.: Prüfung bei Lebensmittel-Großhändlern, die auch so genannte „Tagesausweise" speichern; bedeutsam für Bäcker, Metzger und Wirtshäuser)
- Presseberichte über gestohlenes (nicht deklariertes) Vermögen
- Chiffreanzeige über verkehrsfähige Wirtschaftsgüter mit hohem Wert (z. B. Yachten)
- Streitige Trennung von informierten Mitarbeitern
- Bei einem Grundstückskauf, der der GrESt-Stelle des FA gemeldet werden muss (§ 18 GrEStG), fragt die Veranlagungsstelle nach der Herkunft des Geldes für die Zahlung des Kaufpreises
- Branche des Steuerpflichtigen wird von der Finanzverwaltung schwerpunktmäßig überprüft und mit Fahndungsmaßnahmen überzogen (z. B. PKW-Handel im Zusammenhang mit innergemeinschaftlichen Lieferungen)
- Auseinandersetzung mit Geschäftspartnern, mit denen Schwarzgeschäfte getätigt wurden, weiten sich zu (gerichtlichen) Streitigkeiten aus.

369   Zum anderen wollen viele Steuerpflichtige vor ihrem eigenen Ableben ihre steuerlichen Angelegenheiten bereinigen, d. h. sie wollen nicht die Steuerhinterziehung „vererben". Dies ist in der Praxis häufig der Fall bei bislang nicht deklariertem Kapitalvermögen, das sich im Ausland befindet. Neben der Erlangung der Steuerfreiheit ist der weitere Vorteil der Selbstanzeige, dass das – nach der Zahlung der hinterzogenen Steuern einschließlich der hierauf entfallenden Zinsen – verbleibende Kapital wieder frei verfügbar ist und damit auch wieder für Anschaffungen größerer Art (z. B. Grundstückskauf) oder auch zur Existenzgründung (z. B. der Kinder) verwendet werden kann.

370   d) **Grund der Regelung.** Die Rechtfertigung und der Zweck der Selbstanzeige sind seit Jahrzehnten umstritten. Die Regelung des § 371 AO stellt sich im Verhältnis zu anderen Bestimmungen des Strafrechts als „Ausnahmeerscheinung" dar.[962] Als Erklärungsansätze werden vor allem die steuerpolitische und die kriminalpolitische Zwecksetzung des § 371

---

[958] BayObLG Urt. v. 7.10.1953 – 1 St 61/50 – NJW 1954, 244; BGH Urt. v. 5.5.2004 – 5 StR 548/03 – HFR 2004, 1253.
[959] *Randt* Der Steuerfahndungsfall S. 62 Rdnr. 4.
[960] *Joecks* DStR 2001, 2184.
[961] *Kahlen* PStR 1985, 13; *App* DB 1996, 1009.
[962] BayObLG Beschl. v. 23.1.1985 – RReg. 4 St 309/84 – wistra 1985, 117; *Rüping* wistra 2001, 122.

AO genannt.⁹⁶³ **Steuerpolitisch** geht es hauptsächlich um die „Erschließung bisher nicht bekannter Steuerquellen".⁹⁶⁴ Hierbei kommt es nicht darauf an, ob der Steuerpflichtige die Selbstanzeige „freiwillig" oder „unfreiwillig" erstattet. D. h. die Tatsache, dass eine Betriebsprüfung angekündigt ist und der Steuerpflichtige vermutet, dass der Betriebsprüfer die Steuerhinterziehung aufdecken wird, spielt für die Wirksamkeit der Selbstanzeige keine Rolle. **Kriminalpolitisch** spielt eine Rolle, dass sich Steuerverkürzungen in der Regel nur schwer ermitteln lassen, sie im Gegensatz zu anderen Straftaten meist keine sichtbaren Spuren hinterlassen und sich vielfach (insbesondere im Bereich des Kapitalvermögens) im Ausland abspielen. Darüber hinaus bietet die Selbstanzeige dem steuerunehrlichen Bürger eine „**goldene Brücke zur Straflosigkeit**".⁹⁶⁵ Hierdurch besteht die Möglichkeit insbesondere bei persönlichen Steuern (z. B. Einkommensteuer, Umsatzsteuer) die Steuerunehrlichkeit zu durchbrechen, da sich der Steuerpflichtige nach Erstattung der Selbstanzeige für die Zukunft steuerehrlich verhalten kann, ohne frühere Verfehlungen gegebenenfalls strafrechtlich relevant preiszugeben zu müssen.

Strafrechtlich wird § 371 AO meistens im Rücktrittssystem des StGB eingeordnet.⁹⁶⁶ Die Übertragung der Rücktrittsregelung gem. § 24 StGB auf die Selbstanzeige scheitert aber an der Möglichkeit bei der Selbstanzeige auch nach vollendeter Tat Straffreiheit zu erlangen und an dem fehlenden Erfordernis der Freiwilligkeit bei der Selbstanzeige. Darüber hinaus wird der Aspekt der Wiedergutmachung hervorgehoben, der auch im allgemeinen Strafrecht (z. B. Täter-Opfer-Ausgleich gem. § 46 a StGB) als belohnenswertes Nachtatverhalten seinen Niederschlag gefunden hat.⁹⁶⁷ § 371 AO ist gemäß dem Beschluss des Bundesverfassungsgerichts vom 9.1.1963 und einer Entscheidung des Bundesgerichtshofes vom 13.5.1983 **verfassungskonform**, da die Besonderheiten des Steuerrechts einen Vergleich mit dem allgemeinen Strafrecht ausschließen und in Folge dessen keine willkürliche Ungleichbehandlung zu anderen Straftätern vorliegt.⁹⁶⁸

2. Anwendungsbereich des § 371 AO

Die Selbstanzeige wirkt unter der Einschränkung, dass kein Fall des § 370 a AO vorliegt, strafbefreiend für:
- Vollendete Steuerhinterziehung (§ 370 Abs. 1 AO)
- Versuchte Steuerhinterziehung (§ 370 Abs. 2 AO)
- Pflichtwidrig unterlassene Verwendung von Steuerzeichen oder Steuerstemplern (§ 370 Abs. 1 Nr. 3 AO).

Die Wirkung der **Selbstanzeige** erstreckt sich auch auf
- Einfuhr- und Ausfuhrabgaben, die von einem anderen EU-Mitgliedsstaat verwaltet werden oder die einem Mitgliedsstaat der Europäischen Freihandelsassoziation oder einem mit dieser assoziierten Staat zustehen,
- Umsatzsteuer oder harmonisierte Verbrauchsabgaben für die in Artikel 3 Abs. 1 der Richtlinie 92/12/EWG des Rates vom 25. Februar 1992 (ABL. EG Nr. L 76 S. 1) genannten Waren,
- Monopolabgaben (§ 128 BranntweinmonopolG),
sowie kraft Verweisung entsprechend für
- Abgaben zu Marktordnungszwecken (§§ 12 Abs. 1 S. 1, 35 MOG),
- Abwasserabgaben (§ 14 AbwAG),
- Prämien und Zulagen (z. B. § 8 Abs. 2 S. 1 WoPG, § 5 a Abs. 2 S. 1 BergPG, § 14 Abs. 3 S. 1 5.VermBG),
- Kommunalabgaben, soweit die Kommunalabgabengesetze der Bundesländer auf § 371 AO verweisen.

---

⁹⁶³ *Kohlmann* § 371 AO Rdnr. 10.
⁹⁶⁴ BGH Urt. v. 19.3.1991 – 5 StR 516/90 – wistra 1991, 223; BGH Urt. v. 5.5.2004 – 5 StR 548/03 – HFR 2004, 1253 – wistra 2004, 309.
⁹⁶⁵ BGH Urt. v. 13.11.1952 – 3 StR 398/52 – BGHSt 3, 373, 374.
⁹⁶⁶ *Löffler*, Grund und Grenzen der steuerstrafrechtlichen Selbstanzeige, 1992, 104 ff.
⁹⁶⁷ Franzen/Gast/*Joecks* § 371 AO Rdnr. 24 ff.
⁹⁶⁸ BVerfG Beschl. v. 9.1.1963 – 1 BvR 85/82 – BVerfGE 64, 252 ff.; BGH Urt. v. 13.5.1983 – 3 StR 82/83 – wistra 1983, 197.

Die vorstehende **Aufzählung** ist abschließend.[969]
Die analoge Anwendung des § 371 AO auf andere Steuervergehen, wie z. B.
- Bannbruch (§ 372 AO),
- Steuerhehlerei (§ 374 AO),
- Steuerzeichenfälschung (§ 369 Abs. 1 Nr. 3 AO, §§ 148, 149 StGB),
- Begünstigung einer Steuerstraftat (§ 369 Abs. 1 Nr. 4 AO i. V. m. § 257 StGB),
- gewerbsmäßiger, gewaltsamer und bandenmäßiger Schmuggel (§ 373 AO)

ist ausgeschlossen.[970]

373 Keine Anwendung findet § 371 AO auch auf die Hinterziehung von Kirchensteuern, denn diese ist keine Steuerstraftat.[971] Ebenso ist § 371 AO auf Investitionszulagen sowie auf das Erschleichen von sonstigen Subventionen i. S. d. § 264 StGB nicht anwendbar. Strittig ist, ob § 371 AO bei der gewerbs- oder bandenmäßigen Schädigung des Umsatzsteueraufkommens gem. § 26 c UStG Anwendung findet.[972]

Fraglich ist, ob bei einer Selbstanzeige der Steuerpflichtige hinsichtlich anderer Straftaten durch das Steuergeheimnis gem. § 30 AO oder das Verwertungsverbot gem. § 393 AO geschützt ist.

374 Durch das **Steuergeheimnis** gem. § 30 Abs. 2 AO beispielsweise nicht geschützt sind:
- Mitteilungen an die Träger der gesetzlichen Sozialversicherung, der Bundesagentur für Arbeit und die Künstlersozialkasse (§ 31 Abs. 2 AO),
- Mitteilungen zur Bekämpfung der illegalen Beschäftigung und des Leistungsmissbrauchs (§ 31 a AO),[973]
- Mitteilungen zur Bekämpfung der Geldwäsche (§ 31 b AO).

375 Weitere Durchbrechungen des Steuergeheimnisses enthalten § 30 Abs. 4, 5 AO.[974] Allerdings kann auch in diesen Fällen das **Verwertungsverbot** gem. § 393 Abs. 2 S. 1 AO greifen. Durch diese Vorschrift soll verhindert werden, dass es durch die Erfüllung steuerlicher Pflichten zu einer **Selbstbelastung** von Nichtsteuerstraftätern kommt. Sie verhindert allerdings nur die Verwertung gegenüber dem Steuerpflichtigen selbst und nicht gegenüber Dritten. Insoweit bleibt der Regelungsinhalt des § 393 Abs. 2 AO hinter dem des § 30 Abs. 2 AO zurück.[975] Die Regelung des § 393 Abs. 2 S. 1 AO untersagt – soweit es sich um die Verfolgung einer Nichtsteuerstraftat handelt – die Verwendung von Tatsachen und Beweismitteln, die der Steuerpflichtige der Finanzbehörde vor Einleitung des Strafverfahrens oder in Unkenntnis der Einleitung des Strafverfahrens in Erfüllung steuerrechtlicher Pflichten offenbart hat. § 393 Abs. 2 S. 2 AO gilt nicht für Straftaten, an deren Verfolgung ein zwingendes öffentliches Interesse besteht. Wer vorsätzlich falsche Angaben gegenüber der Finanzbehörde macht, erfüllt keine steuerrechtlichen Erklärungs- und Mitwirkungspflichten. Gleiches gilt für die dabei erfolgte Vorlage gefälschter oder verfälschter Unterlagen. Falsche Angaben zur Erlangung unberechtigter Steuervorteile führen bei Kenntnis der Finanzbehörde dazu, dass ein Steuerstrafverfahren in Gang gesetzt wird. Während dieses Steuerstrafverfahrens besteht keine strafbewehrte oder mit steuerrechtlichen Zwangsmitteln (§ 328 AO) durchsetzbare Pflicht zu einer Richtigstellung wie im Besteuerungsverfahren.

376 Entschließt sich der Steuerpflichtige zur Selbstanzeige, besteht kein Verwertungsverbot für ein weiteres, zusammen mit der Steuerhinterziehung begangenes, Allgemeindelikt, das keine Steuerstraftat darstellt (wie z. B. eine Urkundenfälschung), da er zur Selbstanzeige nicht verpflichtet ist.[976]

377 Darüber hinaus wird in der Literatur ein weiterer Anwendungsbereich des Verwertungsverbots in der Praxis gesehen, wenn die Staatsanwaltschaft von ihrem Evokationsrecht Gebrauch

---

[969] *Peter*, Steuer & Studium 2005, 557.
[970] *Kohlmann* § 371 AO Rdnr. 34; *Quedenfeld/Füllsack*, Verteidigung in Steuerstrafsachen, S. 138 Rdnr. 384.
[971] Ausnahme: Land Niedersachsen
[972] Bejahend *Joecks* wistra 2002, 201; verneinend *Weyand* INF 2002, 183.
[973] Vgl. hierzu *von Wedelstädt* DB 2005, 1759.
[974] Vgl. hierzu *Kemper* wistra 2005, 290.
[975] Klein/*Wisser* § 393 AO Anm. 7.
[976] BGH Urt. v. 5.5.2004 – 5 StR 548/03 – HFR 2004, 1253 – wistra 2004, 309; BVerfG Beschl. v. 15.10.2004 – 2 BvR 1316/94 – wistra 2005, 175, 176; kritisch hierzu *Eidam* wistra 2004, 412, 413; *ders.* wistra 2006, 11, 13; *Heerspink* AO-StB 2006, 51 und *Wulf* wistra 2006, 89.

macht (§ 386 Abs. 4 S. 2 AO) oder wenn die Finanzbehörde den Fall an die Staatsanwaltschaft selber abgibt (§ 386 Abs. 4 S. 1 AO). In diesem Fall soll die Staatsanwaltschaft den Akteninhalt nur für das Steuerstrafverfahren verwerten dürfen.[977] Diese Ansicht dürfte, sofern das Verfahren durch eine Selbstanzeige in Gang gesetzt wurde, durch den Beschluss des BVerfG vom 15.10.2004 überholt sein.[978]

3. Die Berichtigungserklärung

a) **Person des Anzeigeerstatters.** Gem. § 371 Abs. 1 AO wird straffrei, „wer in den Fällen des § 370 unrichtige oder unvollständige Angaben bei den Finanzbehörden berichtigt oder ergänzt oder unterlassene Angaben nachholt ... ". Somit besteht die **Anzeigemöglichkeit** gem. § 371 Abs. 1 AO für denjenigen, der ansonsten wegen der in § 370 AO genannten Taten bestraft würde.

Dies sind
- der Allein- oder Mittäter oder der mittelbare Täter (§ 25 StGB) sowie
- der Teilnehmer (Anstifter oder Gehilfe gem. §§ 26, 27 StGB) und
- ein Dritter, sofern die Voraussetzungen des § 371 Abs. 4 AO vorliegen.

Dem sachlich Begünstigten einer Steuerstraftat steht die Möglichkeit der Selbstanzeige gem. § 371 Abs. 1 AO nicht offen.[979]

b) **Inhalt der Selbstanzeige.** Eine wirksame Selbstanzeigehandlung nach § 371 Abs. 1 AO setzt positiv voraus, dass der Täter
- unrichtige Angaben berichtigt,
- oder unvollständige Angaben ergänzt,
- oder unterlassene Angaben wahrheitsgemäß nachholt

und die zu seinen Gunsten hinterzogenen Steuern innerhalb einer ihm von der Finanzbehörde bestimmten Frist entrichtet (§ 371 Abs. 3 AO).

Darüber hinaus darf keiner der in § 371 Abs. 2 AO genannten **Ausschlussgründe** vorliegen. Die Anzeige soll sich auf **steuererhebliche Tatsachen** erstrecken. Aufgrund dieser Tatsachen soll das Finanzamt ohne eigene langwierige Nachforschungen den bislang verschwiegenen Sachverhalt steuerlich würdigen können.[980] Das heißt, durch die Anzeige muss das Finanzamt nunmehr eine ordnungsgemäße Steuerfestsetzung durchführen können. Andererseits scheitert eine Selbstanzeige nicht daran, dass die Berechnung der nachzuentrichtenden Steuer gewisse eigene Aufklärungsarbeiten der Finanzbehörde erfordert.[981]

Nicht erforderlich ist, dass der Steuerpflichtige eigene steuerliche Würdigungen des Sachverhalts in Zweifelsfällen vornimmt.[982] So obliegt z. B. die steuerliche Beurteilung der Frage, ob die Ausstattung ausländischer Stiftungen der Schenkungsteuer unterliegt, grundsätzlich der Finanzverwaltung.[983] Der Steuerpflichtige hat lediglich im Rahmen der Selbstanzeige darauf hinzuweisen, dass er sein bislang nicht deklariertes Kapitalvermögen über eine ausländische Stiftung hält bzw. gehalten hat und die Ein- und Auszahlungen betreffend der Stiftung offen zu legen.

Der Steuerpflichtige,[984] der eine Selbstanzeige erstattet, sollte daher grundsätzlich seine Angaben vor dem Hintergrund, dass die **Finanzverwaltung** durch die Selbstanzeige in die Lage versetzt werden muss, ohne langwierige Nachforschungen den Sachverhalt vollends aufzuklären und hieraus einen (geänderten) nunmehr zutreffenden Steuerbescheid zu erlassen, so genau

---

[977] *Blesinger* wistra 1991, 244; *Scheu* wistra 1983, 138; *Müller* DStR 1986, 701.
[978] BVerfG Beschl. v. 15.10.2004 – 2 BvR 1316/04 – wistra 2005, 175, 176.
[979] *Quedenfeld/Füllsack*, Verteidigung in Steuerstrafsachen, S. 79 Rdnr. 249.
[980] BGH Urt. v. 18.6.2003 – 5 StR 489/02 – wistra 2003, 385, 386; BGH Urt. v. 5.9.1974 – 4 StR 369/74 –HFR 1975, 147.
[981] *Kühn/von Wedelstädt/Blesinger* § 371 AO Rdnr. 4; BGH v. 5.9.1974 – 4 StR 369/74 – HFR 1975, 147.
[982] *Schmitz* DStR 2001, 1822.
[983] Zur Vermögensübertragung auf eine liechtensteinische Stiftung vgl. FG Rheinland-Pfalz Urt. v. 14.3.2005 – 4 K 1590/03 – EFG 2005 981 (Rev. eingelegt, AZ des BFH: II R 21/05).
[984] Zu den Pflichten des Insolvenzverwalters vgl. *Schumann* wistra 1994, 253.

wie möglich abfassen.⁹⁸⁵ Für die Wirksamkeit der Selbstanzeige reicht es nicht aus, dass der Anzeigende nur die Quelle seiner Einkünfte, nicht aber deren Umfang angibt. Er muss die fehlerhaften Angaben nach Art und Umfang richtig stellen. Erforderlich sind Zahlenangaben.⁹⁸⁶ Die Selbstanzeige muss vollständig sein,⁹⁸⁷ d. h. Tatsachenangaben reichen aus. Nicht erforderlich ist eine formelle Steuererklärung, da in einer Steuererklärung neben Tatsachenangaben auch Rechtsfragen eine Rolle spielen, die für die Wirksamkeit einer Selbstanzeige unerheblich sind.⁹⁸⁸

385 Auf keinen Fall ausreichend für eine wirksame Selbstanzeige ist die Beantragung einer Außenprüfung, eine Absichtserklärung gegenüber dem Finanzamt, eine Selbstanzeige abgeben zu wollen, die Anerkennung von Feststellungen des Finanzamts,⁹⁸⁹ die Auflösung einer zur Steuerhinterziehung gebildeten Rückstellung, die stillschweigende Nachzahlung verkürzter Steuern⁹⁹⁰ oder die Abgabe der Buchführungsunterlagen beim Finanzamt.⁹⁹¹ Der Steuerpflichtige muss stets durch eine eigene Tätigkeit einen Beitrag zur Ermöglichung einer richtigen nachträglichen Steuerfestsetzung geleistet haben.⁹⁹² Allein die nachträgliche Bekundung eines möglicherweise vorhandenen Mitwirkungswillens reicht nicht aus.⁹⁹³

386 Die oben angeführten Fälle stellen eine „missglückte Selbstanzeige" dar. Das heißt, es ist regelmäßig eine Sperre gem. § 371 Abs. 2 AO zur wirksamen Abgabe einer Selbstanzeige eingetreten. Eine Teilselbstanzeige, in der die steuerlich erheblichen Tatsachen nur zum Teil zutreffend offenbart werden, bewirkt Straffreiheit nur in dem mitgeteilten Umfang.⁹⁹⁴ Dies folgt aus dem Wort „insoweit" des § 371 Abs. 1 S. 1 AO.

387 Inwieweit eine „**Stufenselbstanzeige**", d. h. eine Selbstanzeige, die dem Grunde aber nicht der Höhe nach erstattet wird, zur Straffreiheit führen kann, ist umstritten.⁹⁹⁵ Die „Stufenselbstanzeige" ist riskant, denn es besteht keine Sicherheit, dass das Finanzamt dem Weg der gestuften Selbstanzeige folgt.⁹⁹⁶ Für das Finanzamt besteht kein Hinderungsgrund, bei Abgabe einer „Stufenselbstanzeige" ein Strafverfahren einzuleiten. Es ist nicht verpflichtet, dem Anzeigenerstatter eine Frist zur Vervollständigung seiner Selbstanzeige zu setzen.⁹⁹⁷ Wegen der damit verbundenen Rechtsunsicherheit und im Besonderen mit der mit Einleitung des Strafverfahrens eintretenden Sperrwirkung für eine weiter gehende, vollständige Selbstanzeige sollte bei der Absicht eine „Stufenselbstanzeige" abzugeben vorab mit der zuständigen Straf- und Bußgeldsachenstelle abgeklärt werden, ob dem Täter bzw. dem Teilnehmer Gelegenheit gegeben wird, seine Angaben zu ergänzen.⁹⁹⁸

388 Problematisch ist die Abgabe einer Selbstanzeige, wenn – aufgrund fehlender oder nicht in der erforderlichen Zeit beschaffbaren Unterlagen – der Steuerpflichtige nicht in der Lage ist, genaue Angaben über die Besteuerungsgrundlagen zu machen. Dies ist oft der Fall, wenn der Steuerpflichtige über Bargeschäfte keinerlei Aufzeichnungen geführt hat oder wenn zu befürchten ist, dass die Steuerstraftat alsbald entdeckt wird, weil z. B. im Rahmen von Erb- oder Ehestreitigkeiten mit einer Mitteilung der Steuerstraftat an die Finanzbehörde oder an die Staatsanwaltschaft gedroht wird oder weil der Steuerpflichtige unter Fristsetzung von der Finanzbehörde angeschrieben wurde mit der Bitte um Überprüfung ob z. B. seine Kapitaleinkünfte im Ausland in der Vergangenheit ordnungsgemäß deklariert wurden.

---

[985] BGH Urt. v. 5.5.2004 – 5 StR 548/03 – HFR 2004, 1253.
[986] BGH Urt. v. 2.6.1992 – 1 Ss 119/91 – wistra 1993, 274.
[987] *Streck* DStR 1996, 284.
[988] OLG Frankfurt Urt. v. 18.10.1961 – 1 Ss 854/61 – NJW 1962, 974.
[989] BGH Beschl. v. 16.6.2005 – 5 StR 118/05 – wistra 2005, 381; *Hagemeier/Hunsmann* NWB F 13, 1085, 1089.
[990] OLG Oldenburg Beschl. v. 18.9.1997 – Ss 335/97 – wistra 98/71.
[991] *Marschall* BB 1998, 2500.
[992] BGH Urt. v. 13.11.1952 – 3 StR 898/58 – NJW 1953, 475.
[993] *Berhoff* PStR 1998, 79.
[994] Franzen/Gast/*Joecks* § 371 AO Rdnr. 75.
[995] Zum Meinungsstand: *Rolletschke* wistra 2002, 17.
[996] *Bilsdorfer* NWB Fach 13, 916.
[997] LG Hamburg v. 18.6.1996 – 50 L 17/86 Ns – wistra 1998, 120, 122.
[998] *Quedenfeld/Füllbeck*, Verteidigung in Steuerstrafsachen, S. 147 Rdnr. 404 mit Verweis auf Nr. 120 der AStBV.

In den Fällen der **Entdeckungsgefahr** ist in der Regel Eile geboten, sodass eine Selbstanzeige notfalls auf Schätzungen basieren muss. Ist der Steuerpflichtige in der Lage, jedenfalls diejenigen Tatsachen mitzuteilen, die Grundlage für eine **Schätzung** gem. § 162 AO sind, ist dies für eine wirksame Selbstanzeige ausreichend.[999] Dies ist er dann, wenn einige Anhaltspunkte vorliegen, wie z. B. die Höhe und die Zusammensetzung des bislang nicht deklarierten Kapitalvermögens. Setzt sich das nicht deklarierte Kapitalvermögen z. B. aus Aktien, festverzinslichen Wertpapieren und Liquidität zusammen, kann anhand der historischen laufenden Rendite der jeweiligen Anlageklasse eine sachgerechte Schätzung durchgeführt werden. Schlecht oder gar nicht schätzbar sind allerdings Einkünfte aus privaten Veräußerungsgeschäften. Hier sollte vorab mit der jeweiligen Bank/dem jeweiligen Vermögensverwalter eine Abstimmung über die durchschnittliche Umschlaghäufigkeit der Anlagen durchgeführt werden.

Ein weiteres Problem ist die Bestimmung der Einkünfte aus Investmentfonds, insbesondere aus so genannten schwarzen bzw. intransparenten Fonds (§ 18 Abs. 3 AuslInvestmG, § 6 InvStG). Auch hier ist – ohne Vorhandensein einer Einzelaufstellung der Fonds – in der Regel kaum eine geeignete Schätzung durchführbar.

Fraglich ist, ob eine Selbstanzeige wirksam ist, wenn z. B. aufgrund **mangelhafter Buchführung** eine Schätzung nicht den Anforderungen des § 371 Abs. 1 AO („berichtigen", „ergänzen" oder „Angaben nachholen") genügt. Die ältere Rechtsprechung[1000] kommt zu dem Ergebnis, dass – sofern keine oder keine ordnungsgemäße Buchführung vorliegt – einer Schätzung keine strafbefreiende Wirkung zukommt, da aufgrund der fehlenden oder mangelhaften Buchführung keine Berichtigung der ursprünglichen Erklärung möglich sei. Die Gegenansicht ist der Auffassung, dass eine ordnungsgemäße Buchhaltung nicht Voraussetzung für die Anforderungen des § 371 Abs. 1 AO ist.[1001] Es reiche aus, dass sich aus den Angaben des Anzeigenden eine in etwa zutreffende Schätzung durchführen lässt, denn soweit die Angaben für eine Verurteilung nach § 370 AO ausreichen, genügen sie auch für eine Selbstanzeige nach § 371 AO.[1002] *Quedenfeld/Füllsack*[1003] sind sogar der Auffassung, dass ungeachtet einer nicht ordnungsmäßigen Buchführung eine Selbstanzeige auch anhand von frei geschätzten Umsatz- bzw. Gewinnzahlen seitens der Finanzbehörde akzeptiert werden sollte. Sie begründen dies damit, dass nach dem fiskalischen Grundgedanken der Regelung der Selbstanzeige eine großzügige Verfahrensweise seitens der Finanzverwaltung angebracht sei.

Zur Vermeidung unnötiger Risiken sollte allerdings, sofern die Möglichkeit besteht, eine plausible Schätzung abgegeben und gegenüber der Finanzbehörde erwähnt werden, dass die Zahlen der Selbstanzeige ganz oder teilweise geschätzt wurden. Des weiteren sollte mit **Sicherheitszuschlägen** gearbeitet werden.[1004] Der Umfang der Sicherheitszuschläge richtet sich nach der für die Schätzung vorhandenen Grunddaten, d. h. je eher davon ausgegangen werden kann, dass die effektiven Zahlen den geschätzten Zahlen entsprechen, desto geringer können die Sicherheitszuschläge ausfallen. Hierbei sollte aber berücksichtigt werden, dass eine zu niedrige Schätzung die volle Straffreiheit des Täters gefährden kann, denn der Täter erlangt diese nur dann, wenn die Schätzung nur geringfügig (jedenfalls wohl nur unter 10 % liegend)[1005] unter den effektiven Zahlen liegt. Es gilt der Grundsatz, dass der Anzeigenerstatter gem. § 371 AO das Schätzungsrisiko trägt. Die Selbstanzeige wird nur dann wirksam, wenn sich der Anzeigende nur zu seinem Nachteil aber nur geringfügig zu seinem Vorteil verschätzt.[1006]

Da im Wege des **Einspruchsverfahrens** – bei Vorliegen der effektiven Zahlen oder bei Einigung mit dem Finanzamt über die Schätzungsgrundlage im Wege einer tatsächlichen Verständigung – jederzeit eine Reduktion der Sicherheitszuschläge möglich ist, sollten diese nicht zu

---

[999] Franzen/Gast/*Joecks* § 371 AO Rdnr. 54.
[1000] BGH v. 14.12.1976 – 1 StR 196/76 – StRK AO 1977 § 371 Rdnr. 1; OLG Köln Urt. v. 20.12.1957 – Ss 426/57 – ZfZ 1959, 312; BayObLG Urt. v. 24.1.1963 – R Reg 4 St 365/1962 – DStZ 1963 B, 112.
[1001] *Kohlmann* § 371 AO Rdnr. 69 ff.; BGH Urt. v. 5.9.1974 – 4 StR 369/74 – NJW 1974, 2293.
[1002] Franzen/Gast/Joecks § 371 AO Rdnr. 55; *Kohlmann* § 371 AO Rdnr. 71.
[1003] *Quedenfeld/Füllsack*, Verteidigung in Steuerstrafsachen, S. 143 Rdnr. 398.
[1004] *Streck* DStR 1996, 288; *Schmitz* DStR 2001, 1826.
[1005] BGH Beschl. v. 13.10.1998 – 5 StR 392/98 – NStZ 1999, 27, 28 (3,33%); OLG Köln Urt. v. 28.8.1979 – 1 Ss 574-575/79 – DB 1980, S. 1 (6%); OLG Frankfurt Urt. v. 18.10.1961 – 1 Ss 854/61 – NJW 1962, 974 (6,5%).
[1006] OLG Stuttgart Beschl. v. 31.1.1996 – 1 Wo 1/96 – wistra 1996, 190.

knapp bemessen werden, vorausgesetzt der Anzeigenerstatter ist in der Lage zu zahlen (§ 371 Abs. 3 AO). Des weiteren ist darauf zu achten, dass die Schätzung schlüssig ist. Der Steuerpflichtige muss sich im Klaren sein, dass seine Selbstanzeige von der Finanzverwaltung sorgfältig auf Richtigkeit und Vollständigkeit geprüft wird. Dies geschieht in der Regel im Rahmen eines strafrechtlichen Ermittlungsverfahrens, das regelmäßig nach Eingang der Selbstanzeige in Gang gesetzt wird. Folgt die **Finanzverwaltung** den Schätzungsangaben, so ist die Selbstanzeige wirksam, sofern darüber hinaus gezahlt wird (§ 371 Abs. 3 AO).

394 Erstattet ein Steuerpflichtiger eine Selbstanzeige, so besteht zunächst ein **Anfangsverdacht** im Sinne des § 152 Abs. 2 StPO,[1007] denn es ist möglich, dass eine verfolgbare Straftat in Form einer Steuerhinterziehung vorliegt. Eine Ausnahme hiervon besteht, wenn neben der Erstattung der Selbstanzeige die verkürzten Steuern zugleich in voller Höhe an die Finanzkasse entrichtet werden. In diesem Fall steht die Wirksamkeit der Selbstanzeige und damit das Vorliegen des persönlichen Strafaufhebungsgrundes in der Regel fest.[1008] Das heißt, die Selbstanzeige begründet kein den Anfangsverdacht ausschließendes Strafverfolgungshindernis, sie ist vielmehr für die Selbstanzeigenerstatter eine Anwartschaft auf Straffreiheit, die bei Vorliegen der gesetzlichen Voraussetzungen zu einer endgültigen Straffreiheit führt.[1009]

395 Fehlt es an der Schlüssigkeit der Selbstanzeige, z. B. weil die Vermögensstände des bislang nicht deklarierten Kapitalvermögens nicht mit dem nachdeklarierten Einkommen verzahnt werden können oder weil es wesentliche Zu- und Abflüsse im Zusammenhang mit dem nachdeklarierten Vermögen gibt, die nicht erklärt werden können, kann die Selbstanzeige Anlass für weitere Ermittlungen seitens der Finanzbehörde geben. Vor der Erstattung der Selbstanzeige sollten daher sämtliche mögliche „Nachlässigkeiten" im Zusammenhang mit der betreffenden Steuer untersucht werden, auch solche, die mit dem in der Selbstanzeige beschriebenen Sachverhalt nichts zu tun haben.

396 Folgende Fragen[1010] sollten z. B. untersucht werden:
- Wurde die Verbuchung von Einnahmen unterlassen?
- Sind Ausgaben als Betriebsausgaben verbucht worden, obwohl es sich um Privatausgaben handelt?
- Wurden Betriebsausgaben aufgrund fingierter Belege bzw. gekaufter Belege (z. B. über Ebay) angesetzt?

397 Für die strafrechtliche Wirkung der Selbstanzeige gilt der Grundsatz „in dubio pro reo", d. h. Unklarheiten können nicht zu Lasten des Steuerpflichtigen gehen. Bei der strafrechtlichen Würdigung der Selbstanzeige kann nur derjenige Sachverhalt zugrunde gelegt werden, der bei Ausschluss sämtlicher Unklarheiten übrig bleibt. Der Grundsatz „in dubio pro reo" ist auch im Steuerfestsetzungsverfahren zu berücksichtigen.[1011] Aufgrund der unterschiedlichen **Beweislastverteilung** im Steuer- und im Strafrecht[1012] ist es durchaus möglich, dass die Selbstanzeige strafrechtlich wirksam ist, während sie steuerlich – insbesondere bei Schätzungen – nachzubessern ist.

398 Der Anzeigenerstatter kann die Selbstanzeige im eigenen Namen, aber auch durch einen hierzu ausdrücklich bevollmächtigten Vertreter abgeben. Dabei ist auch eine **verdeckte Stellvertretung** unter falschem Namen zulässig.[1013] Entscheidend ist, dass der Täter die Mitteilung veranlasst hat und sie ihm daher zuzurechnen ist. Es ist allerdings regelmäßig erforderlich, dass durch die Mitteilung die Person des Vertretenden den Finanzbehörden bekannt wird.[1014] Nicht möglich ist allerdings eine Stellvertretung im mutmaßlichen Willen eines Dritten.[1015]

[1007] Wannemacher/*Vogelberg* Steuerstrafrecht Rdnr. 1426.
[1008] *Hoffmann/Knierim* PStR 2000, 211.
[1009] *Rolletschke* wistra 2002, 18.
[1010] *App* DB 1996, 1009, 1010.
[1011] BFH Urt. v. 14.8.1991 – X R 86/88 – BStBl. II 1992, 128.
[1012] *Randt* Der Steuerfahndungsfall S. 67 Rdnr. 22.
[1013] BGH Urt. v. 5.5.2004 – 5 StR 548/03 – HFR 2004, 1253 – wistra 2004, 309.
[1014] BGH Urt. v. 5.5.2004 – 5 StR 548/03 – HFR 2004, 1253 – wistra 2004, 309; a.A.: *Spatschek/Alvermann* INF 2001, 23.
[1015] *Kohlmann* § 371 AO Rdnr. 43 f.; H/H/Sp/*Rüping* § 371 AO Rdnr. 41.

Der Täter oder Teilnehmer einer (versuchten) Steuerhinterziehung muss in der Selbstanzeige grundsätzlich neben den Besteuerungsgrundlagen auch seinen **eigenen Tatbeitrag** offen legen.[1016] 399

Da sich die Selbstanzeige nur auf unrichtige eigene Angaben bezieht, verliert der Steuerpflichtige die Anwartschaft auf Straffreiheit nicht, wenn er sich weigert, Angaben zu steuerlichen Verhältnissen eines Dritten zu machen (z. B. bei OR-Geschäften, Nichtangabe von Schenknehmern), an deren Verschleierung er nicht beteiligt war.[1017] Etwas anderes gilt nur dann, wenn er als Mittäter, Anstifter oder Gehilfe an der Steuerhinterziehung des Dritten beteiligt war.[1018] Hier kann er insoweit nur Straffreiheit durch die Benennung des Dritten erlangen. Liegt eine Beteiligung nicht vor, kann ggfs. Begünstigung i. S. d. § 257 StGB vorliegen, sofern eine Garantenstellung für den Dritten vorliegt.[1019] 400

Wird der Täter vertreten, kann die für die Selbstanzeige erforderliche **Vollmacht** vom Täter auch mündlich erteilt werden. In der Praxis hat sich jedoch die schriftliche Vollmacht durchgesetzt. Diese wird regelmäßig dem Finanzamt mit der Übergabe der Selbstanzeige übermittelt. Im Rahmen der Abgabe der Selbstanzeige besteht nicht das Problem des Verbots der **Mehrfachverteidigung** (§ 146 StPO), da die Erstattung der Selbstanzeige vorrangig der Erfüllung steuerlicher Vorschriften dient.[1020] Das heißt, es kann eine Selbstanzeige z. B. für eine Erbengemeinschaft oder ein Ehepaar von einem Berater abgegeben werden.[1021] Allerdings ist das Verbot der Mehrfachverteidigung dann zu beachten, wenn nach Erstattung der Selbstanzeige z. B. der Erbengemeinschaft oder den Ehegatten die Einleitung eines Strafverfahrens bekannt gegeben wird. 401

Sofern mehrere Personen an der Steuerhinterziehung beteiligt sind, hat grundsätzlich jede Person eigenständig eine Selbstanzeige für die von ihr unkorrekt gemachten Angaben abzugeben. 402

Praxistipp: 403
In der Praxis ergeben sich immer wieder Probleme, wenn mehrere Beteiligte Selbstanzeigen abgeben wollen. Insbesondere bei mehreren beteiligten Finanzämtern erscheint eine koordinierte Abgabe der Selbstanzeige ratsam, da ansonsten die Gefahr besteht, dass für einzelne Beteiligte, die die Selbstanzeige zeitlich später abgeben, aufgrund der Entdeckung der Tat, eine strafbefreiende Selbstanzeige nicht mehr möglich ist.

Strittig ist, ob eine Anzeige des Täters im Zusammenspiel mit § 371 Abs. 4 AO gegebenenfalls für den Mittäter strafbefreiend wirkt.[1022] 404

Bei **Gehilfen** besteht die Besonderheit, dass die Selbstanzeige grundsätzlich wirksam ist, wenn sie das Finanzamt in die Lage versetzt, aufgrund der Angaben des Gehilfen die Steuer richtig festzusetzen. Dies wird dem Gehilfen allerdings regelmäßig Probleme bereiten, da er die Tat meistens nicht vollumfänglich kennt. Grundsätzlich sollte daher die Offenlegung des von ihm erbrachten Tatbeitrags ausreichend sein.[1023] Eine abschließende Klärung dieser Frage ist bislang nicht erfolgt. Der BGH[1024] hat bislang lediglich entschieden, dass der Gehilfe „jedenfalls" seinen eigenen Tatbeitrag offen legen muss. 405

c) Form der Selbstanzeige. Die Selbstanzeige kann (fern-)schriftlich, per E-Mail,[1025] mündlich[1026] oder zu Protokoll bei der Finanzbehörde (§ 151 AO) sowie grundsätzlich sogar 406

[1016] BGH v. 13.6.2003 – 5 StR 489/02 – NJW 2003, 2996, 3000.
[1017] Franzen/Gast/*Joecks* § 371 AO Rdnr. 60; *Kohlmann* § 371 AO Rdnr. 64.1.
[1018] Franzen/Gast/*Joecks* § 371 AO Rdnr. 60; *Kohlmann* § 371 AO Rdnr. 64.1.
[1019] Franzen/Gast/*Joecks* § 371 AO Rdnr. 60.
[1020] OLG Düsseldorf v. 3.3.2004 – 23 U 66/03 – GI 2004, 182.
[1021] H/H/Sp/*Rüping* § 371 AO Rdnr. 46.
[1022] Bejahend wohl BGH Urt. v. 24.10.1984 – 3 StR 315/84 – wistra 1985, 75 ff.; zum Meinungsstand: Franzen/Gast/*Joecks* § 371 AO Rdnr. 80 ff.
[1023] *Quedenfeld/Füllsack*, Verteidigung in Steuerstrafsachen, S. 145 Rdnr. 400.
[1024] BGH Urt. v. 18.6.2003 – 5 StR 489/02 – wistra 2003, 385, 388.
[1025] Die schriftliche Erklärung sollte unterschrieben sein oder zumindest die Person des Anzeigenden zweifelsfrei erkennen lassen.
[1026] OLG Karlsruhe Beschl. v. 30.11.1995 – 2 Ss wistra 1996 – 117; OLG Hamburg Urt. v. 2.6.1992 – 1 Ss 119/91 – wistra 1993, 274.

telefonisch[1027] abgegeben werden. Bei mündlichen Erklärungen sollte aus Beweisgründen auf die Protokollierung Wert gelegt werden. Für die Selbstanzeige gibt es keine bestimmte Form.[1028] Insbesondere muss sie nicht als Selbstanzeige bezeichnet werden. Empfehlenswert ist es, Selbstanzeigen schlicht als Nacherklärungen zu bezeichnen, weil gem. Nr. 115 AStBV (St)[1029] Selbstanzeigen, die als solche bezeichnet oder erkennbar sind, der Straf- und Bußgeldstelle zur Verfolgung zuzusenden sind. Keine Vorlagepflicht besteht demgegenüber für Erklärungen, die auf nachträglichen Erkenntnissen des Steuerpflichtigen beruhen (§ 153 AO) und bei der Vorlage verspäteter Steueranmeldungen.

407 Diese Vorgehensweise ist vorteilhaft für den Steuerpflichtigen, wenn aufgrund dessen kein Strafverfahren eingeleitet wird und der Sachverhalt bei der **Veranlagungsstelle** verbleibt, weil dann mitunter bei „Nacherklärungen" keine Zinsen gem. § 235 AO, sondern nur nach § 233 a AO festgesetzt werden. Dies hat den Vorteil, dass der Zinslauf erst 15 Monate nach Ablauf des Kalenderjahres, in dem die Steuer entstanden ist, beginnt. Darüber hinaus besteht der Vorteil, dass der Zinslauf für Zinsen, die vor dem 1.1.1995 entstanden sind, gem. § 233 a AO auf 4 Jahre begrenzt war.[1030] Zinsen gem. § 235 AO sind gem. § 4 Abs. 5 Nr. 8 a EStG i. V. m. § 9 Abs. 5 EStG nicht als Betriebsausgaben bzw. Werbungskosten abzugfähig, während Zinsen gem. § 233 a AO bei betrieblichen Steuern abzugsfähig sein können.

408 Bei unrichtigen Steuervoranmeldungen reicht die Einreichung einer korrekten Jahreserklärung, ohne dass es einer Aufschlüsselung des nacherklärten Betrags auf einzelne Voranmeldungszeiträume oder eines ausdrücklichen Hinweises auf die Berichtigung bedarf.[1031]

409 d) **Adressat der Selbstanzeige.** Gem. § 371 Abs. 1 AO ist Adressat der Selbstanzeige die „Finanzbehörde". Die Auslegung des Begriffs „Finanzbehörde" wird kontrovers diskutiert. Die Meinungen reichen von der engsten Auffassung, wonach Adressat nur die zuständige Amts- bzw. Veranlagungsstelle sein soll, bis zur weiten Auslegung, nach der jede Finanzbehörde im Sinne des § 6 AO, gegebenenfalls auch die Staatsanwaltschaft oder sogar das Gericht, Adressat sein können.[1032] Nach der herrschenden Meinung ist Adressat der Selbstanzeige die örtlich und sachlich für den Steuerpflichtigen zuständige Finanzbehörde.[1033]

410 **Praxistipp:**
Hierauf ist größtes Augenmerk zu legen, da die Gefahr besteht – sofern die Selbstanzeige bei einer sachlich oder örtlich unzuständigen **Finanzbehörde** abgegeben wird – dass diese nicht strafbefreiend wirkt, da insoweit die Tat als entdeckt gilt.[1034] Von der Abgabe der Selbstanzeige gegenüber der **Staatsanwaltschaft** ist abzuraten. Diese hat zwar die Selbstanzeige gem. § 116 Abs. 1 AO an die zuständige Finanzbehörde weiterzuleiten. Ob darin eine wirksame Selbstanzeige liegt, hat der BGH ausdrücklich offen gelassen.[1035]

411 **Praxistipp:**
Bei der Abgabe einer Selbstanzeige mit komplexen Sachverhalten ist zu beachten, dass regelmäßig mehrere Steuerarten betroffen sein werden. So ist z. B. bei einer Nachdeklaration von ausländischem Kapitalvermögen neben der Einkommensteuer regelmäßig auch die Erbschaft-/

[1027] OLG Hamburg Beschl. v. 21.11.1985 – 1 Ss 108/85 – wistra 1986, 116.
[1028] BGH Urt. v. 5.5.2004 – 5 StR 548/03 – HFR 2004, 1253 – wistra 2004, 309.
[1029] Anweisungen für das Straf- und Bußgeldverfahren. Gleichlautende Erlässe der Bundesländer vom 18.12.2003 – S 0720, BStBl. I 2003, 654.
[1030] AEAO zu § 233 a AO Rdnr. 4, S. 3.
[1031] BGH Beschl. v. 13.10.1998 – 5 StR 392/98 – NStZ 1999, 38.
[1032] Zum Meinungsstand vgl. *Kohlmann* § 371 AO Rdnr. 78 ff.
[1033] OLG Frankfurt Urt. v. 18.10.1961 – 1 Ss 854/61 – VSW 1962, 974; *Burkhard* wistra 1998, 258; a.A. *Kühn/von Wedelstädt/Blesinger* § 371 AO Rdnr. 9; *Quedenfeld/Füllsack*, Verteidigung in Steuerstrafsachen, S. 139 Rdnr. 5.
[1034] a.A. *Quedenfeld/Füllsack*, Verteidigung in Steuerstrafsachen, S. 139 Rdnr. 385.
[1035] BGH Urt. v. 18.6.2003 – 5 StR 489/02 – wistra 2003, 385, 388.

Schenkungsteuer zu beachten, z. B. wenn die Erben sich entschlossen haben, die Selbstanzeige zu erstatten oder wenn aus dem bislang nicht deklarierten Vermögen Schenkungen an Familienangehörige oder Dritte erfolgt sind.

Hier ist zu berücksichtigen, dass für die Einkommensteuer und für die Erbschaft-/Schenkungsteuer regelmäßig getrennte Finanzämter zuständig sind, sodass – um die Wirksamkeit der Selbstanzeige nicht zu gefährden – bei beiden Finanzämtern die Selbstanzeige möglichst gleichzeitig abgegeben werden sollte. In diesen Fällen bietet es sich an, sich den Eingang der Selbstanzeige und die Uhrzeit zu der die Abgabe erfolgt, von dem jeweiligen Finanzbeamten bestätigen zu lassen. Die Selbstanzeige muss der Finanzbehörde im amtlichen Verkehr übergeben werden. Eine Erstattung der Selbstanzeige im Rahmen einer Privatunterhaltung mit dem zuständigen Beamten auf einer öffentlichen Straße oder in einem Lokal genügen nicht.[1036] Der Zeitpunkt des Zugangs der Selbstanzeige richtet sich nach § 130 BGB. Danach ist eine Willenserklärung dann zugegangen, wenn sie so in den Bereich des Empfängers gelangt ist, dass dieser unter normalen Umständen die Möglichkeit hat, von ihrem Inhalt Kenntnis zu nehmen. So geht eine schriftliche Selbstanzeige z. B. mit der Aushändigung an einen Amtsträger der Finanzbehörde oder bei Einwurf in den Behördenbriefkasten in dem Zeitpunkt zu, in dem mit der Leerung regelmäßig zu rechnen ist.[1037]

e) Widerruf oder Änderung der Selbstanzeige. Widerruft oder ändert der Anzeigende seine ursprünglich in der Selbstanzeige gemachten Angaben, stellt sich die Frage nach der Richtigkeit der ursprünglichen Erklärung und der damit verbundenen Straffreiheit.

Folgende Differenzierung ist hier erforderlich:

- War die ursprüngliche Selbstanzeige (teilweise) falsch und führt der Widerruf bzw. die Änderung zu einer Richtigstellung der Tatsachenangaben, liegt nunmehr eine wirksame Selbstanzeige vor. Problematisch ist, dass ihre strafbefreiende Wirkung gem. § 371 Abs. 2 AO möglicherweise ausgeschlossen sein kann.
- War die ursprüngliche Selbstanzeige richtig, führt der Widerruf oder die Änderung dazu, dass die ursprünglich richtige Selbstanzeige als nicht existent gilt. Dies hat den Wegfall der Straffreiheit zur Folge.[1038] In den Fällen des Widerrufs einer richtigen Selbstanzeige soll sogar eine neuerliche Steuerhinterziehung vorliegen.[1039]

f) Erneute Selbstanzeige. Nach Ansicht von Kohlmann ist auch eine Selbstanzeige nach einer Selbstanzeige möglich.[1040] Eine unvollständige Selbstanzeige wird als Teilselbstanzeige von der Rechtsprechung und der Finanzverwaltung anerkannt.[1041] Auch wenn ein Steuerpflichtiger zunächst mit dem Hintergedanken, andere Verfehlungen durch die Selbstanzeige zu verdecken und das Finanzamt von diesen Verfehlungen abzulenken (dolose Selbstanzeige), eine Selbstanzeige abgibt, ist diese insoweit gültig.[1042] Dies wird mit der fiskalpolitischen Zweckrichtung des § 371 AO begründet. Für eine Selbstanzeige werden keine ethisch anerkennenswerten Motive gefordert. Die zweite Selbstanzeige hat noch strafbefreiende Wirkung, wenn hierdurch dem Finanzamt eine neue, bislang nicht entdeckte Steuerquelle offenbart wird.

Beispiel:

Der Steuerpflichtige S hat für das Jahr 2002 eine Selbstanzeige abgegeben, in der er bisher nicht versteuerte Zinseinkünfte auf einem Luxemburger Konto angibt. Von der Straf- und Bußgeldstelle wird daraufhin ein Strafverfahren eingeleitet. Dies wird dem S auch mitgeteilt. Das Finanzamt überprüft die gemachten Angaben und akzeptiert die Selbstanzeige. Daraufhin wird das Strafverfahren gem. § 170 Abs. 2 StPO eingestellt. S überlegt sich nun, ob er für das Jahr 2002 erneut eine wirksame Selbstanzeige abgeben kann, in der er bisher nicht erklärte Einkünfte aus Vermietung und Verpachtung angibt. Es stellt sich die Frage, ob er für die Einkommensteuererklärung 2002 den Anspruch auf Straffreiheit verwirkt hat oder

---

[1036] *Burkhard* wistra 1998, 258.
[1037] *Marschall* BB 1998, 2499.
[1038] Klein/*Gast-de Haan* § 371 AO Rdnr. 3.
[1039] Franzen/Gast/*Joecks* § 371 AO Rdnr. 95.
[1040] *Kohlmann* § 371 AO Rdnr. 198.1.
[1041] BGH Beschl. v. 13.10.1998 – 5 StR 392/98 – wistra 1999, 27.
[1042] *Kohlmann* § 371 AO Rdnr. 198.1.

ob erneut eine Selbstanzeige möglich ist. Nach der Anerkennung der ersten Selbstanzeige (Zinsen) durch die Finanzverwaltung und der Einstellung des Verfahrens war mit einer Aufnahme weiterer Ermittlungen nicht mehr zu rechnen. Die zweite Selbstanzeige ist damit wirksam.

416 Die Vorgehensweise, die Selbstanzeige „in Häppchen" abzugeben bzw. die Finanzverwaltung nur stückchenweise mit dem Sachverhalt zu konfrontieren, stellt allerdings für den Steuerpflichtigen ein erhebliches Risiko dar. Wird auf Anfragen des Finanzamts jeweils mit anerkannten (Teil-)Selbstanzeigen reagiert, könnte das Finanzamt bei weiteren Auffälligkeiten, die Strafsanktion derart erhöhen, dass sie die ersten Fälle mit umfassen. Ist der Sachverhalt erkennbar unvollständig dargestellt, ergibt sich zudem das Risiko der Nichtanerkennung der Selbstanzeige.

4. Die Sperrwirkung des § 371 Abs. 2 AO

417 Das Erreichen der **Straffreiheit** durch eine Selbstanzeige setzt voraus, dass neben den zwei positiven Wirksamkeitsvoraussetzungen (Abgabe einer wirksamen Selbstanzeige und Nachentrichtung der geschuldeten Steuern innerhalb angemessener Frist) auch die negative Voraussetzung des Nichtvorliegens von Sperrgründen erfüllt sein muss. Die strafbefreiende Wirkung der Selbstanzeige tritt nicht ein, wenn

- vor Berichtigung, Ergänzung oder Nachholung ein Amtsträger der Finanzbehörde zur steuerlichen Prüfung oder zur Ermittlung einer Steuerstraftat erschienen ist (§ 371 Abs. 2 Nr. 1 a AO), oder
- vor Berichtigung, Ergänzung oder Nachholung dem Täter oder seinem Vertreter die Einleitung eines Straf- oder Bußgeldverfahrens wegen der Tat bekannt gegeben worden ist (§ 371 Abs. 2 Nr. 1 b AO), oder
- die Tat im Zeitpunkt der Berichtigung, Ergänzung oder Nachholung ganz oder zum Teil bereits entdeckt war und der Täter dies wusste oder bei verständiger Würdigung der Sachlage damit rechnen musste (§ 371 Abs. 2 Nr. 2 AO).

418 Die Aufzählung ist abschließend, sonstige Gründe gibt es nicht.[1043] Liegen die vorgenannten **Ausschlussgründe** nicht vor, unterstellt das Gesetz die (vorläufige) Wirksamkeit der Selbstanzeige und gewährt demgemäß die Straffreiheit für die begangene Steuerhinterziehung, sofern § 371 Abs. 3 AO (Zahlung der hinterzogenen Steuern) erfüllt wird. Liegt einer der Ausschlussgründe vor, unterstellt das Gesetz, dass keine Wirksamkeit der Selbstanzeige vorliegt und gewährt folgerichtig keine Straffreiheit.

419 Vor Abgabe einer Selbstanzeige ist daher zu prüfen, ob die Ausschlussgründe des § 371 Abs. 2 AO vorliegen. Die Ausschlussgründe sind voneinander unabhängig. Das Vorliegen der Tatbestandsvoraussetzungen ist jeweils selbständig zu prüfen.[1044] Dies hat insbesondere wegen der unterschiedlichen Sperrwirkung Bedeutung: Durch § 371 Abs. 2 Nr. 1 a AO tritt eine sachbezogene Sperrwirkung ein; § 371 Abs. 2 Nr. 1 b AO löst die tatbezogene Sperrwirkung aus und § 371 Abs. 2 Nr. 2 entfaltet die personenbezogene Sperrwirkung.[1045]

420 a) **Erscheinen eines Amtsträgers, (§ 371 Abs. 2 Nr. 1 a AO)**. Nach § 371 Abs. 2 Nr. 1 a AO tritt Straffreiheit nicht ein, wenn vor der Berichtigung, Ergänzung oder Nachholung ein **Amtsträger** der Finanzbehörde zur steuerlichen Prüfung oder zur Ermittlung einer Steuerstraftat oder einer Ordnungswidrigkeit erschienen ist.

421 *aa) Amtsträger.* Amtsträger der Finanzbehörde sind Beamte oder Angestellte einer örtlichen Finanzbehörde (insbesondere des Finanzamts), einer Oberfinanzdirektion, des Bundesamtes für Finanzen oder einer Gemeinde-Steuerbehörde, die zur steuerlichen Prüfung oder zur Ermittlung einer mit Strafe oder Geldbuße bedrohten steuerlichen Zuwiderhandlung erscheinen.[1046] In § 7 AO wird definiert, wer **Amtsträger** ist. Dort wird allerdings keine Einschränkung auf Amtsträger der Finanzbehörden gemacht. Gleichwohl sind nach herrschender Meinung im Rahmen des § 371 Abs. 2 Nr. 1 a AO ausschließlich sämtliche Angehörige der Finanzverwaltung gemeint, die im Rahmen ihrer dienstlichen Aufgaben und Befugnisse prüfend oder

---

[1043] *Keller/Kelnhofer* wistra 2001, 370.
[1044] *Kohlmann* § 371 AO Rdnr. 116.
[1045] *Franzen/Gast/Joecks* § 371 AO Rdnr. 133.
[1046] *Franzen/Gast/Joecks* § 371 AO Rdnr. 135.

ermittelnd tätig werden.[1047] Im Hinblick auf den eindeutigen Wortlaut des § 371 Abs. 2 Nr. 1 a AO „der Finanzbehörde" sowie auf das Analogieverbot im Steuerstrafrecht ist der Anwendungsbereich der Vorschrift auf Bedienstete der Finanzverwaltung beschränkt. Die Einschränkung gilt damit nicht für Amtsträger anderer Verwaltungsbehörden.[1048] Als Amtsträger der Finanzbehörde kommen insbesondere Betriebsprüfer, Umsatzsteuer-Sonderprüfer, Lohnsteuerprüfer sowie Zoll- und Steuerfahndungsbeamte in Betracht, außerdem Veranlagungsbeamte und Beamte der betriebsnahen Veranlagung, sofern sie zur Prüfung erscheinen. Beamte der Steuerfahndung sind auch dann Amtsträger der Finanzbehörde, wenn sie in einem von der Staatsanwaltschaft geführten steuerstrafrechtlichen Verfahren weisungsgebunden tätig werden.[1049] Diese Ansicht ist jedoch umstritten.[1050] Amtsträger anderer Behörden, die im Wege der Amtshilfe für Behörden der Finanzverwaltung zur Prüfung tätig werden, sind keine „Amtsträger der Finanzbehörde".[1051] Entsprechendes gilt für Polizei und Staatsanwaltschaft, wenn sie kraft eigener Befugnisse ermitteln.[1052] In der Praxis ist allerdings zu beachten, dass sofern der Staatsanwalt oder andere Beamte bei ihrer Ankunft dem Steuerpflichtigen die Einleitung des Steuerstraf- oder Bußgeldverfahrens bekannt geben, der Ausschlussgrund des § 371 Abs. 2 Nr. 1 b AO gegeben ist. Auf die Definition des Amtsträgers kommt es in diesem Fall nicht an.

bb) Steuerliche Prüfung. Die Sperrwirkung im Sinne von § 371 Abs. 2 Nr. 1 a AO tritt nur **422** ein, wenn der Amtsträger mit seinem Erscheinen ernsthaft die Absicht verfolgt, eine Prüfung i. S. d. § 371 Abs. 2 Nr. 1 a AO durchzuführen. Steuerliche Prüfung im Sinne von § 371 Abs. 2 Nr. 1 a AO ist jede von der Finanzbehörde vorgenommene zulässige Maßnahme zur Ermittlung und Erfassung der steuerlichen Verhältnisse eines Steuerpflichtigen mit dem Ziel der richtigen und vollständigen Erfassung der Steuerfestsetzung. Ebenso fällt jede der Feststellung dienende Maßnahme, ob der Steuerpflichtige seine steuerlichen Pflichten richtig erfüllt hat, darunter. Neben den Außenprüfungen und den Ermittlungen der Zoll- und Steuerfahndung (§ 208 Abs. 1 Nr. 2, 3; Abs. 2 Nr. 1 AO) zählen hierzu auch die Prüfungen von Angaben zu Stundungs- und Erlassanträgen (§§ 222, 227 AO) und Maßnahmen der Steueraufsicht wie z. B. die Nachschau (§ 210 AO), die Prüfung von Büchern, Geschäftspapieren und sonstigen Urkunden (§ 97 AO), nicht hingegen die Liquiditätsprüfungen, die Richtsatzprüfungen[1053] und die Prüfungen der Abteilung Finanzkontrolle Schwarzarbeit.[1054] Fraglich ist, ob die Umsatzsteuer-Nachschau gem. § 27 b UStG eine steuerliche Prüfung darstellt.[1055] Die betriebsnahe Veranlagung stellt u.E. in der Regel keine steuerliche Prüfung dar. Es handelt sich bei ihr um ein Ermittlungsverfahren im Vorfeld der Veranlagung. Sie ist gleichbedeutend mit jeder im Amt vorgenommenen Überprüfung eingereichter Steuerunterlagen. Nicht jedes Prüfen einer Unterlage ist eine Prüfung im Sinne von § 371 Abs. 2 Nr. 1 a AO. Vielmehr muss es sich dabei um eine von den „normalen" Ermittlungen im Rahmen der Veranlagung abgekoppelte Prüfungsmaßnahme handeln. Reine Vorfeldermittlungen führen im Regelfall nicht zu einer Sperrwirkung im Sinne des § 371 Abs. 2 Nr. 1 a AO.[1056] Diese einschränkende Auslegung gebietet das strafrechtliche Analogieverbot zu Lasten des Täters.

cc) Erscheinen. Erst durch das tatsächliche Erscheinen eines Amtsträgers wird die Sperrwirkung **423** nach § 371 Abs. 2 Nr. 1 a AO ausgelöst, nicht hingegen bereits durch die Ankündigung

---

[1047] *Franzen/Gast/Joecks* § 371 AO Rdnr. 135.
[1048] *Kohlmann* § 371 AO Rdnr. 122.
[1049] *Simon/Vogelberg* Steuerstrafrecht 190.
[1050] *Kohlmann* § 371 AO Rdnr. 122.
[1051] *Burkhard* wistra 1998, 219.
[1052] *Wolsfeld* PStR 2006, 20.
[1053] *Quedenfeld/Füllsack,* Verteidigung in Steuerstrafsachen, S. 155 Rdnr. 422; differenzierter bei Richtsatzprüfungen: *Franzen/Gast/Joecks* § 371 AO Rdnr. 141, der danach unterscheidet, ob die für die Richtsatzprüfung maßgeblichen Zahlen ohne nähere Prüfung aus der Buchführung entnommen werden oder ob die Richtsatzprüfung zugleich mit einer Betriebsprüfung verbunden werden soll.
[1054] *Joecks* wistra 2004, 441, 446.
[1055] **Pro:** *Braun* PStR 2002, 199; *Klein/Gast de Haan* § 371 AO Anm. 18 f.; **Contra:** *Kollmann* § 371 AO Rdnr. 136; *Franzen/Gast/Joecks* § 371 AO Rdnr. 140 a; *Quedenfeld/Füllsack,* Verteidigung in Steuerstrafsachen, S. 155 Rdnr. 422.
[1056] *Vogelberg* PStR 2000, 1999.

der Prüfung.[1057] Wenn der Täter erfährt, dass eine Prüfung stattfinden wird, ist die **Sperrwirkung** noch nicht eingetreten. Mit Absendung der Prüfungsanordnung oder mit Erhalt der Prüfungsanordnung (§ 196 AO) ist die Sperrwirkung des § 371 Abs. 2 Nr. 1 a AO noch nicht entstanden. Das Ankündigen des Erscheinens ist noch kein Erscheinen. Auch in einem Telefonat mit dem Betriebsprüfer zur Abstimmung des Prüfungstermins liegt noch kein Erscheinen des Betriebsprüfers. Dies gilt selbst dann, wenn der Betriebsprüfer bei dem Steuerpflichtigen persönlich erscheint, um einen Prüfungstermin zu vereinbaren.[1058] Unter dem Aspekt der Freiwilligkeit ist zwar schon mit der Ankündigung der Prüfung die Selbstanzeige als weniger wertvoll zu qualifizieren; der Gesetzgeber hat sich hier aber für formalisierte Regelungen entschieden. Die Motivation des Steuerpflichtigen ist irrelevant.

424 Zur steuerlichen Prüfung oder zur Ermittlung einer Steuerstraftat oder Steuerordnungswidrigkeit ist ein Amtsträger erst erschienen, wenn er sich in die **Sphäre des Betroffenen** begeben hat, insbesondere wenn er körperlich an dem Ort ankommt, an dem die Prüfung durchgeführt wird („Fußmattentheorie"). Dies ist spätestens der Fall, wenn er das Grundstück mit den Betriebs- oder Wohnräumen eines Steuerpflichtigen in der Absicht betritt, dessen steuerliche Verhältnisse zu überprüfen oder eine Steuerstraftat bzw. eine Steuerordnungswidrigkeit zu ermitteln. Eine optische Wahrnehmung des erschienenen Prüfers durch den Täter ist ebenso wenig erforderlich wie die Kenntnis des Täters oder seine Anwesenheit am Prüfungsort. Trifft der Täter den zur Prüfung erscheinenden Amtsträger allerdings bereits vor dem Betriebsgelände oder sieht er ihn eintreffen, löst dies nach Ansicht einzelner Autoren bereits die Sperrwirkung aus.[1059] Diese weite Auslegung wird von der überwiegenden Mehrheit im Schrifttum abgelehnt. Es wird vielmehr als erforderlich gehalten, dass – je nach den örtlichen Gegebenheiten –, das Betreten des Betriebsgrundstücks, das Durchschreiten des Fabriktores oder das Überschreiten der Schwelle zur Eingangstür erfolgt ist.[1060]

425 **Praxistipp:**
Man sollte es in dieser Frage nicht auf eine Ausfechtung des Meinungsstreits ankommen lassen, sondern im Vorfeld der Selbstanzeige keine Zeit verlieren und den Mandanten systematisch und intensiv auf die Situation vorbereiten und einen selbstanzeigewilligen Mandanten auf die Möglichkeit hinweisen, dass es durch die Ankündigung einer Betriebsprüfung zu einer unbeabsichtigten aber unvermeidbaren Beschleunigung des Selbstanzeigeprozesses kommen kann. Weiterhin besteht teilweise die Möglichkeit, im Rahmen der Vorabstimmung, die Betriebsprüfung zeitlich nach hinten zu verlegen und so das Zeitfenster für die Selbstanzeige zu vergrößern.

426 Kritisch ist ebenfalls eine Konstellation, bei der der Betriebsprüfer während einer laufenden **Betriebsprüfung** den Prüfungszeitraum erweitert. Dies setzt eine ausdrückliche Erweiterung der Prüfungsanordnung voraus.[1061] Waren beispielsweise zunächst die Einkommen- und Umsatzsteuer der Jahre 2000 bis 2003 Gegenstand der Betriebsprüfung und wird bei der Betriebsprüfung der Prüfungszeitraum auf das Jahr 1999 dadurch ausgedehnt, dass der Betriebsprüfer die schriftliche Erweiterung der Prüfungsanordnung bei sich führt und die Räume des Steuerpflichtigen zur Prüfung betritt, kann eine Selbstanzeige für 1999 nicht mehr erfolgen. Die Bekanntgabe der erweiterten Prüfungsanordnung und das Erscheinen des Betriebsprüfers darf zeitlich zusammenfallen.[1062] Der Prüfer muss in der Absicht der Prüfung erscheinen und dies erkennbar zum Ausdruck bringen. **Scheinprüfungshandlungen** lassen die Sperrwirkung nicht eintreten.

427 Das Recht zur **strafbefreienden Selbstanzeige** verliert der Steuerpflichtige nicht deshalb, wenn der Amtsträger bei ihm lediglich erscheint, um

---

[1057] *Eidam* wistra 2006, 11, 12.
[1058] *Burkhard* wistra 1998, 217.
[1059] Vgl. hierzu im Einzelnen Franzen/Gast/*Joecks* § 371 AO Rdnr. 138.
[1060] OLG Stuttgart Urt. v. 22.5.1989 – 3 Ss 21/89 – DB 1989, 2586.
[1061] BayObLG Beschl. v. 23.1.1985 – 4 St 309/84 – wistra 1985, 117.
[1062] FG Bremen Urt. v. 6.10.2004 – 2 K 152/04 – EFR 2005, 15 = wistra 2005, 196, 198 f.; (Rev. eingelegt: Az. des BFH: IV R 58/04).

- durch Vornahme entsprechender Scheinhandlungen dem Täter die Möglichkeit zur Selbstanzeige zu nehmen oder den Ablauf der Verjährungsfrist zu unterbrechen,
- um mit ihm private, dienstliche oder sonstige Fragen zu besprechen, die mit einer Prüfung nicht unmittelbar im Zusammenhang stehen,
- um dem Steuerpflichtigen den Prüfungstermin mitzuteilen oder eine Prüfung anzukündigen, etwa indem er die Prüfungsanordnung lediglich persönlich beim Steuerpflichtigen abgibt,
- um eine Betriebsbesichtigung vorzunehmen; etwas anderes kann gelten, wenn sich der Amtsträger mit dem Buchhaltungssystem oder der Codierung elektronischer Buchungsmaschinen vertraut macht; dies können bereits notwendige Bestandteile der Prüfung sein[1063] oder wenn er eine informatorische Vorbesprechung führt.[1064]

Dem gegenüber ist der Amtsträger auch dann mit der Folge der Sperrwirkung zur Prüfung erschienen, wenn er entgegen seiner Absicht Prüfungshandlungen tatsächlich nicht vornimmt, z. B. weil er den Steuerpflichtigen nicht antrifft, dieser nicht öffnet oder weil die zu prüfenden Unterlagen (noch) nicht verfügbar sind.

Bei der Prüfung an **Amtsstelle** ist ein Erscheinen des Prüfers nach dem Gesetzeswortlaut nicht möglich.[1065] Allenfalls dann, wenn der Steuerpflichtige eine schriftliche Vorladung zur Prüfung in den Amtsräumen erhalten hat oder wenn die Außenprüfung mangels geeigneter Geschäfts- oder Wohnräume an der Amtsstelle vorgenommen wird und der Steuerpflichtige beim Prüfer erscheint um ihm die zu prüfenden Unterlagen auszuhändigen, kann die Sperrwirkung eintreten.[1066]

Hat der Steuerpflichtige mehrere Betriebe, die eine **wirtschaftliche Einheit** darstellen, tritt die Sperrwirkung in aller Regel auch für eine Steuerhinterziehung ein, die der Unternehmer im anderen Betrieb begangen hat.[1067] Entscheidend ist aber letztlich die Prüfungsanordnung, die eine persönliche und sachliche Begrenzung der Sperrwirkung begründen kann. Grundsätzlich tritt bei **Konzerngesellschaften** die Sperrwirkung nur für die Gesellschaft ein, bei der der Amtsträger zur Prüfung erscheint. Dies basiert auf der rechtlichen Selbständigkeit der Steuersubjekte, d. h. die Sphären von Mutter- und Tochterunternehmen bzw. gleichberechtigter Konzerngesellschaften sind zu trennen. Ob das Erscheinen bei der Konzernspitze für die Sperrwirkung bei den Tochtergesellschaften ausreicht, wird regelmäßig verneint.[1068] Etwas anderes soll gelten, wenn der Prüfer den Auftrag hat, den gesamten Konzern zu prüfen. In diesem Fall soll es ausreichen, dass der Amtsträger bei der Konzernspitze – d. h. sofern vorhanden – bei der zentralen Steuerabteilung erscheint.[1069] Gegen diese Ansicht wird u.E. zutreffend mit dem Hinweis argumentiert, dass der umfängliche Prüfungsauftrag nicht die tatsächliche Erfordernis ersetzt, dass der Amtsträger bei jeder der rechtlich selbständigen, zu prüfenden Gesellschaften zu erscheinen hat.[1070]

Erscheint der Amtsträger beim steuerlichen Berater zur Prüfung, weil sich dort absprachegemäß die Unterlagen des Mandanten befinden, löst das Erscheinen des Amtsträgers auch für den Mandanten die Sperrwirkung aus.

dd) Umfang der Sperrwirkung. Das Erscheinen des Amtsträgers zur Prüfung löst die Sperrwirkung nicht allumfassend aus. Vielmehr hängt sie auch vom persönlichen, sachlichen und zeitlichen Umfang der Prüfungsanordnung ab. Auch ein Wiederaufleben der Selbstanzeigemöglichkeit besteht.

(1) Persönlicher Umfang der Sperrwirkung. In § 371 Abs. 2 Nr. 1 a AO wird nicht definiert, für welche Person, d. h. für welche Tatbeteiligten, durch das Erscheinen zur steuerlichen Prüfung die Sperrwirkung ausgelöst wird. Es stellt sich damit die Frage nach dem Adressaten des Erscheinens. Dies ist insbesondere dann von Bedeutung, wenn es sich um mehrere Tatbeteiligte

---

[1063] *Kohlmann* § 371 AO Rdnr. 131 m.w.N.
[1064] *Burkhard* wistra 1998, 217.
[1065] Strittig, vgl. zum Meinungsstand: *Burkhard* wistra 1998, 217.
[1066] *Franzen/Gast/Joecks* § 371 AO Rdnr. 145; *Kohlmann* § 371 AO Rdnr. 126; *Quedenfeld/Füllsack*, Verteidigung in Steuerstrafsachen, S. 154 Rdnr. 419; a.A. H/H/Sp/*Rüping* § 371 AO Rdnr. 214.
[1067] *Quedenfeld/Füllsack*, Verteidigung in Steuerstrafsachen, S. 153 Rdnr. 417.
[1068] *Kohlmann* § 371 AO Rdnr. 128 m.w.N.
[1069] *Franzen/Gast/Joecks* § 371 AO Rdnr. 147.
[1070] *Wassmann* ZfZ 1990, 242, 243.

handelt und bei einem Erscheinen in einem Unternehmen. Von der Sperrwirkung des § 371 Abs. 2 Nr. 1 a AO wird grundsätzlich nur der Täter oder Teilnehmer betroffen, bei dem der Amtsträger zur Prüfung erschienen ist.[1071]

434 Bei einer **Außenprüfung** tritt die Sperrwirkung nur für den Steuerpflichtigen ein, gegen den sich die Prüfungsanordnung richtet.[1072] Der Gesellschafter einer Personengesellschaft kann somit noch Selbstanzeige hinsichtlich seiner persönlichen Steuern erstatten, wenn sich die Prüfungsanordnung nur gegen die Personengesellschaft richtet. Gleiches gilt für die Geschäftsführer der GmbH, wenn nur die GmbH – wie es in der Regel der Fall ist – Prüfungsadressat ist. Allerdings ist strittig, inwieweit **Betriebsangehörige**, die in eine Steuerhinterziehung ihres Unternehmens als Täter oder Teilnehmer verwickelt sind, von der Sperrwirkung betroffen sind. Üblicherweise erstreckt sich die Prüfungsanordnung nicht auf die Betriebsangehörigen. Einzelne Stimmen lassen deshalb vor der Tatentdeckung die Selbstanzeige von Betriebsangehörigen noch während der laufenden Außenprüfung zu. Kohlmann stellt in diesen Fällen jeweils auf den Einzelfall ab und lässt die Sperrwirkung nur bei den Betriebsangehörigen eintreten, die an der Sphäre eines Betriebes in der Weise teilhaben, dass unter gewöhnlichen Umständen die Möglichkeit der Kenntnisnahme vom Erscheinen des Prüfers besteht.[1073] *Joecks* setzt demgegenüber die positive Kenntnis des anzeigewilligen Betriebsangehörigen vom Prüfungsbeginn für den Eintritt der Sperrwirkung voraus.[1074] Ein Amtsträger ist unseres Erachtens für einen Betriebsangehörigen nur dann zur Prüfung erschienen, wenn dies für den Betroffenen positiv erkennbar war. Unbefriedigend ist in diesem Fall, dass einem Täter oder Teilnehmer, dem die Prüfungsanordnung bekannt ist, die Möglichkeit der rechtzeitigen Selbstanzeige vor Erscheinen des Amtsträgers offen steht, während der nicht informierte Mittäter oder Teilnehmer diese Möglichkeit nicht besitzt. Er wird von der Erkenntnis des Beginns der Prüfung und dem Eintritt der Sperrwirkung überrascht.

435 Bei **außenstehenden Dritten** tritt die Sperrwirkung durch das Erscheinen des Prüfers im Unternehmen nicht ein. Dies gilt z. B. für ausgeschiedene Mitarbeiter oder bei einem an der Tat beteiligten externen Berater.

436 *(2) Sachlicher und zeitlicher Umfang der Sperrwirkung.* Der sachliche und zeitliche Umfang der Sperrwirkung ist umstritten. Bei wörtlicher Auslegung des Gesetzes tritt bei Erscheinen jedes Amtsträgers einer Finanzbehörde die **Sperrwirkung** für alle Steuerarten und Steuerabschnitte ein. Aufgrund der starken Untergliederung und Spezialisierung der Finanzverwaltung erscheint eine differenzierte Betrachtung geboten. Nach heute vertretener Auffassung tritt die Sperrwirkung auch in sachlicher und zeitlicher Hinsicht nur in dem Umfang ein, in dem die Prüfung des Amtsträgers vorgesehen ist.[1075] Die vom Ermittlungswillen der Amtsträger erfassten Sachverhalte bestimmen sich nach dem Inhalt der Prüfungsanordnung. In den Fällen der Außenprüfung gilt die Sperrwirkung nur für die nach der Anordnung zu prüfenden Steuerarten und hinsichtlich der genannten Prüfungszeiträume. Insbesondere Sonderprüfungen wie Umsatzsteuersonderprüfungen und Lohnsteuerprüfungen schließen deshalb die Selbstanzeige hinsichtlich anderer Steuerarten nicht aus und zwar selbst dann nicht, wenn kraft Sachzusammenhangs eine konkrete Entdeckungsgefahr besteht. Die Rechtsprechung stellt hier nicht mehr auf das Kriterium des Sachzusammenhangs ab.[1076] Entsprechendes gilt auch für den zeitlichen Umfang der Sperrwirkung. Schließlich hängt die Sperrwirkung auch von der sachlichen Zuständigkeit der prüfenden Behörde ab. So können beispielsweise Gemeindebeamte, die Realsteuern prüfen, keine Sperrwirkung für die Einkommensteuer auslösen. Gleiches gilt für Angehörige der Bundesfinanzverwaltung, die zwar z. B. für Zölle, Abschöpfungen und bundesgesetzlich geregelte Verbrauchssteuern zuständig sind, nicht aber für die der Verwaltung der

---

[1071] *Quedenfeld/Füllsack*, Verteidigung in Steuerstrafsachen, S. 156 Rdnr. 425.
[1072] BGH Beschl. v. 15.1.1988 – 3 StR 465/87 – wistra 1988, 151; BGH Urt. v. 5.5.2004 – 5 StR 548/03 – wistra 2004, 309, 311.
[1073] *Kohlmann* § 371 AO Rdnr. 139 ff.
[1074] Franzen/Gast/*Joecks* § 371 AO Rdnr. 148.
[1075] BGH Beschl. v. 15.1.1988 – 3 StR 465/87 – wistra 1988, 151; LG Stuttgart Beschl. v. 21.8.1989 – 10 KLs 137/88 – wistra 1990, 72; BGH Urt. v. 5.5.2004 – 5 StR 548/03 – wistra 2004, 309, 311.
[1076] BGH Beschl. v. 15.1.1988 – 3 StR 465/87 – wistra 1988, 151; LG Stuttgart Beschl. v. 21.8.1989 – 10 KLs 137/88 – wistra 1990, 72.

Landesfinanzbehörden unterstehenden Steuern. Die Sperrwirkung tritt somit in aller Regel nur insoweit ein, als ein zuständiger Amtsträger mit einem konkreten Auftrag zur Prüfung der betreffenden Steuerart und des betreffenden Zeitabschnitts erscheint. Es ist sehr genau nach Erscheinen eines Amtsträgers zu prüfen, ob nicht doch noch die Möglichkeit einer strafbefreienden Selbstanzeige betreffend der von der Prüfungsanordnung nicht erfassten Steuerarten und Besteuerungszeiträume gegeben ist.[1077]

Es besteht jedoch weiterhin das Problem, dass es eine Vielzahl von Prüfungen gibt, die einer **Prüfungsanordnung** nicht bedürfen. *Joecks*[1078] findet es seltsam, dass aus Sicht der Rechtsprechung die Sperrwirkung bei der punktuellen Prüfung einzelner Unterlagen bzw. bei der Prüfung von Büchern, Geschäftspapieren und sonstigen Urkunden teilweise weiter reichen soll als bei der auf eine systematische Überprüfung ausgerichteten Außenprüfung. Die gleiche Problematik besteht im Rahmen der Steuerfahndungs- und Zollfahndungsprüfung, bei der in der Regel lediglich ein Einleitungsvermerk die Vorwürfe konkretisiert, ohne dass dieser dem Steuerpflichtigen vorliegt. Hier soll es auf den Inhalt von Durchsuchungs- und Beschlagnahmungsanordnungen bzw. – soweit vorhanden – auf den Inhalt von Haftbefehlen ankommen.[1079] Weiterhin lässt auch die formale Außenprüfungsanordnung Raum zu Einzelermittlungsmaßnahmen außerhalb des Prüfungszeitraumes, so dass auch im Rahmen der Außenprüfung (§§ 193 ff. AO) immer das Risiko für den Täter besteht, dass der Prüfer auf weitere, von der Prüfungsanordnung sachlich und zeitlich nicht erfasste Fehler stößt.

ee) Fehlerhafte Prüfungsanordnung. Fraglich ist, welche Auswirkungen Fehler des Außenprüfungsverfahrens im Rahmen des § 371 Abs. 2 Nr. 1 a AO haben. Hierbei ist wie folgt zu unterscheiden:

- **Nichtige Prüfungsanordnung**
  Die nichtige Prüfungsanordnung entfaltet keine Wirkung (§ 125 AO). Demgemäß kann eine nichtige Prüfungsanordnung keine Sperre gem. § 371 Abs. 2 Nr. 1 a AO auslösen.[1080]
- **Rechtswidrige Prüfungsanordnung**
  Sofern eine Prüfung infolge einer rechtswidrigen Prüfungsanordnung durchgeführt wird, löst dies nach überwiegender Auffassung in der Literatur keine Sperrwirkung gem. § 371 Abs. 2 Nr. 1 a AO aus.[1081] Voraussetzung hierfür sei allerdings, dass die Prüfungsanordnung mit einem Einspruch gem. § 347 AO angefochten wird und ihre Rechtswidrigkeit festgestellt wird.[1082] Der steuerliche Berater sollte insoweit genauestens die Rechtmäßigkeit der Prüfungsanordnung überprüfen und bei Rechtswidrigkeit fristgemäß Einspruch einlegen. Dieser Auffassung ist der BGH mit Beschluss vom 16.6.2005 entgegengetreten.[1083] Die formelle oder materielle Rechtswidrigkeit der Außenprüfung führt – außer in den Fällen der Nichtigkeit – nicht zur Aufhebung der Sperrwirkung gem. § 371 Abs. 2 Nr. 1 a AO. Der BGH begründet dies damit, dass ein Abstellen auf die Rechtswidrigkeit der Prüfungsanordnung oder der Prüfungsdurchführung oder auf die steuerliche oder strafrechtliche Verwertbarkeit des Prüfungsergebnisses zu erheblichen Unsicherheiten führt, da solche Mängel in vielen Fällen nicht ohne Weiteres erkennbar sind. D. h. lediglich bei einer nichtigen Prüfungsanordnung lebt die Möglichkeit einer strafbefreienden Selbstanzeige wieder auf.[1084]

[1077] *Quedenfeld/Füllsack*, Verteidigung in Steuerstrafsachen, S. 157 Rdnr. 427.
[1078] *Franzen/Gast/Joecks* § 371 AO Rdnr. 154; dies ist allerdings nur dann ein Problem, wenn die betriebsnahe Veranlagung entgegen unserer Auffassung eine Außenprüfung darstellt.
[1079] *Keller/Kelnhofer* wistra 2001, 370.
[1080] BFH Urt. v. 10.4.1987 – III R 202/83 – BStBl. II 1988, 165 (Prüfungsanordnung § 371); BFH Urt. v. 21.4.1993 – X R 112/91 – BStBl. II 1993, 649; BGH Beschl. v. 16.6.2005 – 5 StR 118/05 – PStR 2005, 204 mit Anm. *Gericke*.
[1081] Ausführlich hierzu: *Kohlmann* § 371 AO Rdnr. 151 ff.
[1082] *Quedenfeld/Füllsack*, Verteidigung in Steuerstrafsachen, S. 158 Rdnr. 430.
[1083] BGH Beschl. v. 16.6.2005 – 5 StR 118/05 – wistra 2005, 381; a.A. *Wenzler* PStR 2006, 59.
[1084] a.A. *Hagemeier/Hunsmann* NWB F 13, 1085, 1088, die die Auffassung vertreten, dass auch einer lediglich rechtswidrigen Prüfungsanordnung keine Sperrwirkung zukommen sollte, sofern ein strafprozessuales Verwertungsverbot aufgrund des Verstoßes der Finanzbehörde gegen ihre Mitteilungs- und Belehrungspflichten gem. § 393 Abs. 1 AO vorliegt und *Müller* AO-StB 2006, 140, der die Auffassung vertritt, dass die Sperrwirkung des § 371 Abs. 2 Nr. 1a AO auch ohne erfolgreiche Anfechtung einer rechtswidrigen Prüfungsordnung eintritt.

439 *ff) Zur Ermittlung einer Steuerstraftat oder einer Steuerordnungswidrigkeit.* Neben der steuerlichen Prüfung besteht Sperrwirkung für die Selbstanzeige, wenn ein Amtsträger zur steuerstraf- oder steuerbußgeldrechtlichen Prüfung erscheint, speziell bei Ermittlungen der Zoll- und Steuerfahndung (§ 208 Abs. 1 Nr. 2, 3 AO). Bedeutung und Umfang des Begriffs „Ermittlungen" ergeben sich aus §§ 160, 161 StPO. Gem. § 160 Abs. 1 StPO ist unter Ermittlung die Erforschung eines Sachverhalts aufgrund eines konkreten Anfangsverdachts einer Straftat oder Ordnungswidrigkeit zu verstehen.

440 Der BGH[1085] bejaht die Möglichkeit einer Selbstanzeige für Sachverhalte, die zum Zeitpunkt, in dem ein Amtsträger zur Ermittlung einer Steuerstraftat erschienen ist, nicht vom Ermittlungswillen des Amtsträgers erfasst waren. Anders ist es jedoch, wenn die Sachverhalte, die in der Selbstanzeige offen gelegt wurden, in engem sachlichen Zusammenhang mit dem bisherigen Ermittlungsstand des Amtsträgers standen. Unklar ist derzeit, wann von einem engen sachlichen Zusammenhang gesprochen werden kann.[1086] Fehlt es hieran, tritt ein Ausschlussgrund für die Selbstanzeige gem. § 371 Abs. 2 Nr. 1 a AO nicht ein.[1087]

441 *gg) Selbstanzeige nach Erscheinen des Amtsträgers.* Ist ein Amtsträger der Finanzbehörde erschienen, so stellt sich für viele Steuerpflichtige aus Laiensicht die Frage nicht mehr, ob sie dennoch Selbstanzeige erstatten sollen, da der Gesetzeswortlaut eindeutig erscheint. Kohlmann weist zurecht darauf hin, dass auch zu diesem Zeitpunkt noch über das Verhalten während der Prüfung nachgedacht werden sollte, dies vor allem aus zwei Gründen:[1088] Eine **verunglückte Selbstanzeige**, d. h. eine Selbstanzeige, die verspätet abgegeben wurde, wirkt strafmindernd. Dies gilt besonders dann, wenn der Täter seiner Nachzahlungspflicht genügt.[1089] Weiterhin besteht die Chance, dass jedenfalls Teile der Nacherklärung doch noch strafbefreiend wirken können.

Beispiel:
Bei U findet eine Betriebsprüfung für die Jahre 2001 bis 2003 statt. Dabei wird es sehr wahrscheinlich, dass der Prüfer einen Hinterziehungssachverhalt entdeckt, der bereits 1999 begonnen hat. Erstattet S nun Selbstanzeige für die Jahre 1999 und 2000 reduziert sich die Strafsanktion auf die Jahre 2001 bis 2003. Dies ermöglicht gegebenenfalls auch die strafrechtliche Erledigung mittels Strafbefehl.

442 Weiterhin ist bei einer **leichtfertig begangenen Steuerverkürzung** eine Selbstanzeige auch noch während einer Prüfung möglich, und zwar bis zu dem Zeitpunkt, in dem dem Täter die Einleitung eines Strafverfahrens mitgeteilt wird (§ 378 Abs. 3 AO). Vorsätzliche und leichtfertige Steuerhinterziehungen lassen sich in der Praxis nur schwer abgrenzen. Kann dem Vorsatztäter im Strafverfahren sein vorsätzliches Verhalten nicht nachgewiesen werden, so kann er mit der abgegebenen Selbstanzeige trotz der Abgabe während der Prüfung noch Straffreiheit erlangen.

443 *hh) Wiederaufleben der Selbstanzeige.* Sobald die die Sperrwirkung auslösende Prüfung ohne Entdeckung der Steuerhinterziehung abgeschlossen wurde, soll nach herrschender Meinung die Möglichkeit der Selbstanzeige bzgl. der nicht aufgedeckten Taten wieder aufleben.[1090] Die Prüfung ist erst dann abgeschlossen, wenn eine Mitteilung ergeht, dass die Prüfung zu keiner Änderung der Besteuerungsgrundlagen geführt hat (§ 202 Abs. 1 S. 3 AO) oder wenn die aufgrund der Prüfung geänderten oder erstmalig erlassenen Steuerbescheide versandt worden sind.[1091] Der Weggang des Prüfers oder der Abschluss der Schlussbesprechung beendet die Prüfung noch nicht; auch dann nicht, wenn sie einvernehmlich endet.

444 **b) Einleitung und Bekanntgabe eines Straf- oder Bußgeldverfahrens (§ 371 Abs. 2 Nr. 1 b AO).** Nach § 371 Abs. 2 Nr. 1 b AO tritt Straffreiheit nicht ein, wenn dem Täter oder seinem Vertreter die Einleitung des Straf- oder Bußgeldverfahrens wegen der Tat bekannt gege-

---

[1085] BGH Urt. v. 5.4.2000 – 5 StR 226/99 – wistra 2000, 219, 225 mit Anm. *Jäger*.
[1086] Franzen/Gast/*Joecks* § 371 AO Rdnr. 158 c.
[1087] *Quedenfeld/Füllsack*, Verteidigung in Steuerstrafsachen, S. 159 Rdnr. 433.
[1088] *Kohlmann* § 371 AO Rdnr. 162 ff.
[1089] OLG Köln Urt. v. 7.6.1957 – Ss 40/57 – ZfZ 1958, 87.
[1090] BGH Beschl. v. 23.3.1994 – 5 StR 38/94 – wistra 1994, 228; vgl. zur Diskussion verschiedener möglicher Zeitpunkte *Kohlmann* § 371 AO Rdnr. 161.
[1091] BGH Beschl. v. 24.8.1988 – 3 StR 323/88 – wistra 1989, 23.

ben worden ist. Bei der Selbstanzeige wegen leichtfertiger Steuerhinterziehung ist dies der einzige Ausschlussgrund (§ 378 Abs. 3 AO). Dieser tatbezogene **Ausschlussgrund** entspricht dem Grundgedanken des § 371 AO. Die Kooperation des Steuerpflichtigen ist nach der Einleitung eines Straf- oder Bußgeldverfahrens nicht mehr Ausdruck autonomer Motive soweit der in der Einleitung enthaltene Vorwurf reicht.[1092] Bei Durchsicht der Ermittlungsakten ist vom Berater darauf zu achten, dass die Einleitung des Strafverfahrens exakt dokumentiert wird, da sich die Rechtsposition eines Steuerpflichtigen beim Wechsel vom Besteuerungsverfahren zum Strafverfahren verändert. Gem. § 208 Abs. 1 S. 3 AO werden in Steuerstrafverfahren die allgemeinen Mitwirkungspflichten des Steuerpflichtigen gem. § 200 AO aufgehoben. Die Durchsicht kann hier für den Verteidiger Ansatzpunkte ergeben, für bestimmte Unterlagen oder Informationen ein Verwertungsverbot nach § 393 Abs. 2 AO und § 136 a StPO zu beanspruchen.[1093]

aa) Zuständige Behörde. Die Zuständigkeit für die Einleitung des Straf- oder Bußgeldverfahrens richtet sich nach § 397 Abs. 1 AO. Zuständig sind die Finanzbehörde, die Polizei, die Staatsanwaltschaft, einer ihrer Hilfsbeamten oder der Strafrichter. Welche Finanzbehörde zuständig ist, bestimmt § 386 Abs. 1 S. 2 AO. Danach ist Finanzbehörde das Hauptzollamt (für Zölle und Verbrauchsteuern), das Finanzamt, das Bundesamt für Finanzen und die Familienkasse. Zuständig für die Einleitung des Strafverfahrens ist jede der in § 397 Abs. 1 AO genannten Behörden. Eine besondere Zuständigkeitsvoraussetzung in örtlicher oder sachlicher Hinsicht besteht nicht. Innerhalb der Behörde ist jeder Amtsträger befugt, eine Maßnahme zu treffen, die die Rechtsfolge der Einleitung des Strafverfahrens oder des Bußgeldverfahrens auslöst. Unbeachtlich ist u. a., ob der Amtsträger Beamter ist oder ob er im Laufe des weiteren Verfahrens mit der Angelegenheit betraut sein wird. Auch der Veranlagungsbeamte kommt in Betracht.[1094]

445

bb) Einleitung des Verfahrens. Sobald die zuständige Behörde eine Maßnahme trifft, die erkennbar darauf abzielt, gegen jemanden wegen einer Steuerstraftat strafrechtlich vorzugehen, ist das Strafverfahren eingeleitet. Gem. § 410 Abs. 1 Nr. 6 AO gilt § 397 AO für die Einleitung des Bußgeldverfahrens entsprechend.

446

Grundsätzlich wird der Beschuldigte mittels Einleitungsverfügung ins Bild gesetzt über
- die ihm vorgeworfenen Handlungsweise
- die Bezeichnung der durch die oben angeführte Handlungsweise verkürzten Steuerart
- den Zeitraum der Tatvorwürfe.

447

Die Beschreibung der Tat muss erkennen lassen, um welche Tatvorwürfe es sich handelt.[1095] Ein **Anfangsverdacht** (§ 152 Abs. 2 StPO) ist Grundlage für die Einleitung eines (steuerstrafrechtlichen) Ermittlungsverfahrens. Hiernach muss bei Vorliegen zureichender tatsächlicher Anhaltspunkte für eine Steuerstraftat das Strafverfahren eingeleitet werden. Da die Einleitung des Straf- oder Bußgeldverfahrens ein tatsächlicher Vorgang ist, sind dem Begriff „Maßnahme" denkbar viele Tätigkeiten zuzuordnen. Diese müssen allerdings für den Steuerpflichtigen erkennbar sein. Bei neutralen Maßnahmen, die sowohl der steuerlichen Ermittlung als auch strafrechtlichen Zwecken dienen können, ist die Frage nach der Einleitung des Verfahrens umstritten.[1096]

448

Der Begriff der „**erkennbar strafrechtlichen Schritten dienenden Maßnahme**" wird von der herrschenden Meinung weit gefasst. Hierbei ist zu klären, ob die jeweils zuständige Stelle gegen jemanden wegen eines Steuervergehens strafrechtlich vorgehen will.[1097] Eine ausdrückliche Einleitung des Ermittlungsverfahrens ist nicht notwendig. Ob und wann der Verdächtige von der Maßnahme etwas erfährt, ist für die verfahrenseinleitende Wirkung unerheblich (§ 397 Abs. 3 AO). Als erkennbare Maßnahme wird eine Handlung bezeichnet, die objektiv geeignet ist, dem Ziel der Bestrafung des Verdächtigen oder der Beseitigung des Verdachtes näher zu kommen. Die Maßnahme muss sich gegen einen bestimmten Beschuldigten richten

449

[1092] Franzen/Gast/*Joecks* § 371 AO Rdnr. 163.
[1093] *Simon/Vogelberg* Steuerstrafrecht S. 195.
[1094] *Simon/Vogelberg* Steuerstrafrecht S. 196.
[1095] *Quedenfeld/Füllsack*, Verteidigung in Steuerstrafsachen, S. 164 Rdnr. 449.
[1096] *Klein/Wisser* § 397 AO Anm. 6.
[1097] *Kohlmann* § 397 AO Anm. 18.

und wirkt üblicherweise aus dem Bereich der Behörde nach außen. Auch das Verfahren gegen Unbekannt wird zur Ermittlung des Täters und damit gegen einen bestimmten Beschuldigten geführt.[1098] Der Vorbehalt einer strafrechtlichen Würdigung in der Schlussbesprechung einer Außenprüfung oder im Betriebsprüfungsbericht reicht hingegen noch nicht aus.[1099]

450 Die Beurteilung, ob tatsächlich ein Strafverfahren eingeleitet wurde, hat angesichts der gravierenden Folge der Sperrwirkung und mit Rücksicht auf den Gesetzeszweck zurückhaltend zu erfolgen. § 371 Abs. 2 Nr. 1 b AO ist eng auszulegen.[1100] **Durchsuchungen, Beschlagnahme** und **Vernehmung** sind in der Regel einleitende Maßnahmen. Der Einleitungsvermerk nach § 397 Abs. 2 AO hat nur deklaratorische Wirkung.[1101] Er darf als solcher nicht mit der tatsächlichen Einleitung verwechselt werden. Eine Einleitung des Strafverfahrens reicht als solches nicht aus, um die Sperrwirkung für die Straffreiheit zu bewirken, denn zusätzlich ist die Bekanntgabe erforderlich.

451 cc) *Bekanntgabe.* Die Einleitung eines Straf- oder Bußgeldverfahrens ist bekannt gegeben, wenn dem Täter oder seinem Vertreter durch amtliche Mitteilung eröffnet worden ist, dass die Behörde steuerstrafrechtliche oder bußgeldrechtliche Ermittlungen in Gang gesetzt hat.[1102] Die **Bekanntgabe** bedarf keiner besonderen Form und kann schriftlich oder mündlich erfolgen. Eindeutige amtliche Handlungen (z. B. Verhaftung, vorläufige Festnahme, Durchsuchung, Beschlagnahme oder Beschuldigtenvernehmung) sind mit der Bekanntgabe der Einleitung gleichbedeutend.[1103] Hierzu gehört auch die Gewährung von Akteneinsicht für den Verteidiger des Beschuldigten, wenn sich in der Ermittlungsakte entsprechende Verfügungen der Ermittlungsbehörden finden.[1104] Gleiches gilt für die Vernehmung oder die Belehrung des Steuerpflichtigen anlässlich eines Verdachts bei der Außenprüfung gem. § 10 BpO (St).[1105] Mitteilungen von privater Seite oder Informationen aus der Finanzverwaltung, die dem Steuerpflichtigen infolge einer Indiskretion bekannt werden, ohne dass sie von einem Erklärungswillen der Behörde getragen werden, genügen nicht dem Erfordernis einer Bekanntgabe.[1106] Die Belehrung nach § 393 Abs. 1 S. 4 AO stellt nur dann eine Bekanntgabe im Sinne von § 371 Abs. 2 Nr. 1 b AO dar, wenn sich die Verfahrenseinleitung nach Ort, Umfang und Täter ergibt. Gem. § 397 Abs. 3 AO ist dem Beschuldigten die Einleitung eines Strafverfahrens spätestens dann mitzuteilen, wenn er dazu aufgefordert wird, Tatsachen darzulegen oder Unterlagen vorzulegen, die im Zusammenhang mit der Straftat stehen, derer er verdächtigt ist.

452 Der Betroffene muss von der **Verfahrenseinleitung** konkret Kenntnis erlangt haben. Bestreitet er z. B., dass ihm das Bekanntgabeschreiben förmlich zugegangen ist, handelt es sich um einen Fall der tatrichterlichen Beweiswürdigung.[1107] Die Bekanntgabe muss an den oder die Täter, den oder die Teilnehmer bzw. deren Vertreter erfolgen. Als Vertreter gelten alle Personen, die in den (betrieblichen) Machtbereich des Adressaten, insbesondere in die (betriebliche) Organisation des Täters, eingegliedert sind und von denen unter gewöhnlichen Umständen die Weiterreichung der Mitteilung unter normalen Umständen erwartet werden kann. Zudem fallen unter den Vertreterbegriff rechtsgeschäftliche Vertreter (§ 80 AO), gesetzliche Vertreter (§ 34 AO), von Amts wegen bestellte Vertreter (§ 81 AO) und Verfügungsberechtigte (§ 35 AO). Eine Vollmacht ist nicht erforderlich. Inwieweit auch Ehegatten und andere Familienangehörige oder gegebenenfalls auch Bekannte Vertreter sein können, ist strittig. Zum einen wird vorgeschlagen, auf die zur Sphäre des Täters gehörenden Personen abzustellen.[1108] Dagegen wird eingewandt, dass es von reinen Zufälligkeiten abhängt, ob der Täter in diesem Sinne eine große „Sphäre" besitzt oder auf gar keine anderen „Zustellungsmöglichkeiten" zu-

---

[1098] Franzen/Gast/Joecks/*Jäger* § 397 AO Rdnr. 65.
[1099] *Simon/Vogelberg* Steuerstrafrecht S. 196; Franzen/Gast/Joecks/*Jäger* § 397 AO Rdnr. 78.
[1100] BGH Urt. v. 13.5.1983 – 3 StR 396/79 – wistra 1983, 197; BGH Urt. v. 24.10.1984 – 3 StR 315/84 – wistra 1985, 74; *Simon/Vogelberg* Steuerstrafrecht S. 196; *Kohlmann* § 371 AO Rdnr. 166.
[1101] Franzen/Gast/Joecks/*Jäger* § 397 AO Rdnr. 86.
[1102] LG Stuttgart Beschl. v. 21.9.1989 – 10 KLs 137/88 – wistra 1990, 75.
[1103] BGH Beschl. v. 5.4.2000 – 5 StR 226/99 – wistra 2000, 219.
[1104] *Keller/Kelnhofer* wistra 2001, 371.
[1105] *Quedenfeld/Füllsack*, Verteidigung in Steuerstrafsachen, S. 166 Rdnr. 455.
[1106] Franzen/Gast/*Joecks* § 371 AO Rdnr. 165.
[1107] Franzen/Gast/*Joecks* § 371 AO Rdnr. 167.
[1108] *Kohlmann* § 371 AO Rdnr. 187 ff.

rückgegriffen werden kann. Der allein stehende Täter wäre besser gestellt als der verheiratete Täter, der Täter mit hoher sozialer Einbindung wäre gegenüber dem zurückgezogen lebenden Täter schlechter gestellt. Unseres Erachtens sind Vertreter im Sinne des § 371 Abs. 2 Nr. 1 b AO neben den gesetzlichen Vertretern nur die von dem Täter ausdrücklich zur Entgegennahme oder Abgabe von Erklärungen bevollmächtigten Personen.[1109]

dd) Persönlicher Umfang der Sperrwirkung. Die Sperrwirkung des § 371 Abs. 2 Nr. 1 b AO tritt nur für den Täter oder den Teilnehmer ein, dem die Einleitung eines Straf- oder Bußgeldverfahrens bekannt gegeben worden ist. An der Tat beteiligte Dritte können dem gemäß weiterhin strafbefreiend Selbstanzeige erstatten. 453

ee) Sachlicher Umfang der Sperrwirkung. Nach dem Wortlaut und dem Zweck des Gesetzes beschränkt sich die von § 371 Abs. 2 Nr. 1 b AO ausgehende Sperrwirkung auf die Tat, hinsichtlich derer die Einleitung des Straf- oder Bußgeldverfahrens bekannt gegeben worden ist. Außerhalb dieser Tat ist eine Selbstanzeige weiterhin möglich. 454

Fraglich ist, wie der Tatbegriff auszulegen ist. In der Literatur und Rechtsprechung werden drei Tatbegriffe diskutiert: 455
- prozessualer Tatbegriff im Sinne des § 264 StPO[1110]
- materiell-rechtlicher Tatbegriff im Sinne des § 52 StPO[1111]
- der am Inhalt der Einheitsverfügung orientierte Tatbegriff.[1112]

Der **prozessuale Tatbegriff** des § 264 StPO umfasst als Tat alle Einzelheiten, tatsächlich ermittelte wie auch unbekannt gebliebene, aber im sachlichen Zusammenhang stehende Einzelakte der Steuerhinterziehung. Das heißt, auch bei tatmehrheitlichen Steuerhinterziehungen, denen der gleiche Lebenssachverhalt zugrunde liegt, würde die Sperrwirkung gem. § 371 Abs. 2 Nr. 1 b AO eintreten.[1113] 456

Nach herrschender Meinung wird der Begriff der **Tat materiell/rechtlich** verstanden.[1114] Der Begriff der Tat bedeutet dem gemäß frei von jeder rechtlichen Wertung: Menschliches Tun, das der Vergangenheit angehört. Gemeint ist die Straftat, also eine tatbestandsmäßige, rechtswidrige und schuldhafte Handlung.[1115] Diese erfasst nur den Sachverhalt, wegen dem sich der Täter aufgrund der bisherigen Aufdeckung der unmittelbaren Gefahr der Strafverfolgung gegenüber sieht. 457

Somit umfasst die materiell rechtliche Tat die 458
- Tateinheit (§ 52 StGB)[1116]
- natürliche Handlungseinheit[1117]
- tatbestandliche oder gesetzliche Handlungseinheit.[1118]

Hiernach wäre regelmäßig die jeweilige Steuererklärung die Tat.[1119]

Für *Kohlmann*[1120] ist der materiell-rechtliche Tatbegriff demgegenüber in dem Sinne zu verstehen, dass nicht die Steuererklärung sondern die Nichterfüllung materieller Mitwirkungspflichten bzgl. einzelner Besteuerungsgrundlagen entscheidend ist. 459

Orientiert man sich an der dem Täter durch die **Ermittlungsverfügung mitgeteilten Tat**, die wiederum auf die Nichterfüllung bestimmter, konkreter Mitwirkungspflichten abstellt, die in Bezug auf einzelne Besteuerungsgrundlagen zur Steuerverkürzung führen, wird regelmäßig der Tatbegriff gegenüber der materiell-rechtlichen Auslegung weiter eingegrenzt. 460

[1109] *Quedenfeld/Füllsack*, Verteidigung in Steuerstrafsachen, S. 160 Rdnr. 436; Franzen/Gast/*Joecks* § 371 AO Rdnr. 178.
[1110] LG Stuttgart Urt. v. 16.4.1985 – 8 KLs 306/84 – wistra 1985, 203; *Franzen* wistra 1988, 194.
[1111] BGH Beschl. v. 6.6.1990 – 3 StR 183/90 – wistra 1990, 308.
[1112] *Kohlmann* § 371 AO Rdnr. 191.
[1113] *Quedenfel/Füllsack*, Verteidigung in Steuerstrafsachen, S. 161 Rdnr. 438.
[1114] *Kohlmann* § 371 AO Rdnr. 191.2.
[1115] *Kohlmann* § 371 AO Rdnr. 191.2.
[1116] BGH Beschl. v. 5.3.1996 – 5 StR 73/96 – wistra 1996, 231.
[1117] BGH Urt. v. 1.2.1989 – 3 StR 450/88 – wistra 1989, 184, 186; BGH Beschl. v. 23.3.1990 – 1 StR 283/89 – wistra 1990, 263.
[1118] BGH Urt. v. 30.11.1995 – 5 StR 365/95 – NJW 1996, 936.
[1119] *Quedenfeld/Füllsack*, Verteidigung in Steuerstrafsachen, S. 162 Rdnr. 439.
[1120] *Kohlmann* § 371 AO Rdnr. 206.

461 Praxistipp:

Der BGH hat in seiner ersten Entscheidung zum Begriff der Tatentdeckung nach Aufgabe der fortgesetzten Handlung im Jahre 1994 bezüglich der Sperrwirkung weder den materiell-rechtlichen noch den strafprozessualen Tatbegriff herangezogen, sondern zur Bestimmung der „Tat" auf die einzelne Handlung (d. h. die Nichtabgabe bzw. Abgabe einer unrichtigen Steuererklärung) abgestellt.[1121] Nach Auffassung des BGH bestimmt sich die Tat nach Steuerart, Besteuerungszeitraum und Steuerpflichtigem.

462 Die herrschende Meinung geht derzeit von dem materiell-rechtlichen Tatbegriff aus.[1122] Sofern der Täter neben der entdeckten Steuerhinterziehung z. B. dem Verschweigen von Einkünften aus Kapitalvermögen weitere Verfehlungen im gleichen Veranlagungszeitraum begangen hat, wie z. B. die Nichterklärung von Betriebseinnahmen aus selbständiger Arbeit, könnte – sofern sich die Einleitungsverfügung nur auf die Einkünfte aus Kapitalvermögen bezieht – eine Selbstanzeige hinsichtlich der nicht erklärten Einnahmen aus selbständiger Arbeit mit Verweis auf die vordringende Auffassung,[1123] dass sich die Tat aus dem Erhalt der Einleitungsverfügung ergibt oder unter Berücksichtigung der Auslegung des Begriffs „materiell-rechtlich" im Sinne von *Kohlmann*, erwogen werden.

463 Eine abschließende gerichtliche Klärung dieser Frage steht u.E. noch aus. Die Rechtssicherheit gebietet es, dass der Täter durch die Bekanntgabe über die ihm zur Last gelegte Tat konkret informiert wird. Nur eine hinreichend konkrete Mitteilung über die Tat im vorbezeichneten Sinne ist geeignet, die Sperrwirkung des § 371 Abs. 2 Nr. 1 b AO auszulösen. Ist die Einleitungsverfügung nicht eindeutig bestimmt oder bestimmbar, entspricht sie nicht diesen Anforderungen.

464 Praxistipp:

Es empfiehlt sich aber in Grenzfällen immer, allgemein die Zweckmäßigkeit einer Selbstanzeige für Vorgänge zu prüfen, die von der Sperrwirkung nicht eindeutig umfasst werden, wenn die Entdeckung wegen der laufenden Ermittlungen droht. Auch wenn die strafbefreiende Wirkung der Selbstanzeige nicht eintritt, wird sie sich strafmindernd auswirken.

465 *ff) Wiederaufleben der Möglichkeit zur Selbstanzeige.* Eine Selbstanzeige ist wieder möglich, wenn das eingeleitete **Strafverfahren** abgeschlossen ist, d. h. wenn die Einstellungsverfügung zu den Akten gebracht ist.[1124] Führen die Ermittlungen der Behörde letztendlich zu keinem Ergebnis, so hat sie das Verfahren einzustellen. Die Aussicht auf Entdeckung der Steuerstraftat nach dem eingestellten Ermittlungsverfahren ist noch geringer als nach Abschluss einer Betriebsprüfung. Wurde das Verfahren wegen nicht ausreichendem Tatverdacht eingestellt, erfolgt in der Regel eine erneute Aufnahme der Ermittlungen nur bei Eintreten besonderer Umstände. Nachdem der Beschuldigte von der **Einstellung** unterrichtet worden ist, hat er die Möglichkeit der Selbstanzeige hinsichtlich der nicht nachgewiesenen Tat. Sofern der Beschuldigte nicht benachrichtigt wird, muss der interne Vermerk der Einstellungsverfügung ausreichen.[1125] Die Einstellung des Verfahrens ist nach § 170 Abs. 2 S. 2 StPO auf Antrag zu bescheinigen.

466 c) **Entdeckung der Tat (§ 371 Abs. 2 Nr. 2 AO).** Ist die Tat im Zeitpunkt der Berichtigung, Ergänzung oder Nachholung ganz oder zum Teil bereits entdeckt und wusste der Täter dies oder hätte er bei verständiger Würdigung der Sachlage damit rechnen müssen, so tritt die Straffreiheit der Selbstanzeige nach § 371 Abs. 2 Nr. 2 AO nicht ein. Der Tatbegriff ist in § 371 Abs. 2 Nr. 2 AO derselbe wie in § 371 Abs. 2 Nr. 1 AO.[1126]

[1121] BGH Beschl. v. 5.4.2000 – 5 StR 226/99 – wistra 2000, 214.
[1122] *Kohlmann* § 371 AO Rdnr. 191.2.
[1123] *Quedenfeld/Füllsack*, Verteidigung in Steuerstrafsachen, S. 163 f. Rdnr. 447.
[1124] *Kohlmann* § 371 AO Rdnr. 198.
[1125] *Simon/Vogelberg* Steuerstrafrecht 198.
[1126] *Kohlmann* § 371 AO Rdnr. 206.

aa) Entdeckung der Tat. Allein schon die wörtliche Auslegung des Begriffs „Entdeckung" 467
bedeutet mehr als nur einen bloßen Anfangsverdacht, der zur Einleitung eines Verfahrens Anlass geben kann.[1127] Noch weniger reicht die Entdeckungsgefahr oder eine hohe Wahrscheinlichkeit der Entdeckung. Eine Tat kann erst dann als entdeckt im Sinne des § 371 Abs. 2 Nr. 2 AO angesehen werden, wenn der Entdecker zumindest teilweise das wirkliche Tatgeschehen oder die Tatfolgen selbst wahrgenommen hat.[1128] Durch das Erfordernis der unmittelbaren Selbstwahrnehmung der Tatwirklichkeit unterscheidet sich die Tatentdeckung von dem bloßen Tatverdacht, der sich auf Bekundungen von Zeugen auf Hörensagen stützen kann.[1129]

Es ist umstritten, wann eine **Tatentdeckung** i. S. d. § 371 Abs. 2 Nr. 2 AO gegeben ist. Nach 468
herrschender Auffassung ist eine Tat dann entdeckt, wenn durch die objektive Kenntnis der Tatumstände eine Lage geschaffen ist, die bei vorläufiger Tatbewertung eine Verurteilung wahrscheinlich macht, wenn also hinreichender Tatverdacht im Sinne des § 203 StPO besteht.[1130] Die Tat muss allerdings noch nicht abschließend ermittelt sein. Damit entspricht der Begriff der Tatentdeckung dem des „hinreichenden Tatverdachts", wie er für die Anklageerhebung sowie für die Eröffnung des Hauptverfahrens gefordert wird.[1131] Die Tat ist dann entdeckt, wenn der Amtsträger einer Behörde mindestens einen Teil des wirklichen Tatgeschehens oder der Tatfolgen bzw. die wesentlichen Beweismittel unmittelbar selbst wahrgenommen hat. Die Tatentdeckung erfordert über den objektiven Verstoß hinaus auch, dass die Umstände der subjektiven Tatbestandsmerkmale bekannt sind. Somit muss der Tatentdecker auch das vorsätzliche Verhalten erkannt haben.[1132] Aus dem Wortlaut der Vorschrift „... ganz oder zum Teil bereits entdeckt ..." ergibt sich, dass eine **Teilentdeckung** der Tat bereits schädlich ist. Damit tritt die Sperrwirkung also bereits dann ein, wenn nur ein Teil eines Tatkomplexes (in subjektiver und objektiver Hinsicht) entdeckt wurde.

Beispiel:[1133]
- Die Kenntnis der Behörde über ein steuerlich nicht deklariertes Depot in Luxemburg in 2003 schließt nicht die Selbstanzeige für 2002 aus, da es sich bei der Abgabe einer falschen oder unvollständigen Einkommensteuererklärung für 2002 um eine andere Tat handelt. Ausgeschlossen wäre aber die Selbstanzeige für 2003 für ein vom Steuerpflichtigen zusätzlich gehaltenes, nicht versteuertes Depot in der Schweiz. Die teilweise entdeckte Tat ist hier die Abgabe einer falschen bzw. unvollständigen Einkommensteuererklärung für 2003.
- Eine Kontrollmitteilung in der Steuerakte stellt in der Regel allein noch keine Tatentdeckung dar. Die Tat ist jedoch zumindest teilweise entdeckt, wenn die Finanzbehörde erfährt oder aufgrund eigener Nachforschungen (z. B. Aktenstudium) feststellt, dass die in der Kontrollmitteilung aufgeführten Geschäfte tatsächlich nicht verbucht worden sind und dabei vorsätzliches Verhalten nahe liegt.
- Der Steuerpflichtige kann aber noch rechtzeitig eine Selbstanzeige abgeben, wenn er von einem Geschäftspartner erfährt, dass der Betriebsprüfer bei ihm eine Kontrollmitteilung geschrieben hat. Gleiches gilt, wenn im Rahmen einer Fahndungsmaßnahme Unterlagen Dritter aufgefunden werden, die den Verdacht auf eine Steuerstraftat nahe legen, aber noch keine Kenntnis darüber vorliegt, ob der Dritte die von den Unterlagen betroffenen Sachverhalte steuerlich erklärt hat oder nicht. Hierzu müssten zunächst die Steuerunterlagen des Dritten überprüft werden.
- Werden bei einer Durchsuchung eines privaten Pkw an der Schweizer Grenze von den Zollbeamten Kontoauszüge eines anonymen Kontos einer Schweizer Bank gefunden und hiervon Kopien angefertigt, so liegt noch keine Tatentdeckung vor. Es handelt sich lediglich um eine bevorstehende Tatentdeckung. In diesem Stadium ist eine strafbefreiende Selbstanzeige noch möglich.
- Wenn der Steuerpflichtige aufgefordert wird, sich hinsichtlich steuerlicher Angelegenheiten zu erklären, bedeutet der fruchtlose Ablauf der gesetzten Frist noch nicht, dass die Tat damit entdeckt ist. Für eine Tatentdeckung reichen Mahnungen und die Androhung von Zwangsmitteln ebenfalls nicht aus.

[1127] BGH Urt. v. 13.5.1983 – 3 StR 82/83 – wistra 1983, 197.
[1128] BayObLG Urt. v. 4.6.1970 – RReg. 4 St 23/70 – DStR 1971, 87.
[1129] *Kohlmann* § 371 AO Rdnr. 201 m.w.N.
[1130] BGH Urt. v. 13.5.1983 – 3 StR 82/83 – wistra 1983, 197.
[1131] *Kohlmann* § 371 AO Rdnr. 204; *Dörn* wistra 1998, 175.
[1132] *Simon/Vogelberg* Steuerstrafrecht S. 199.
[1133] *Simon/Vogelberg* Steuerstrafrecht S. 200.

469 **Praxistipp:**
Ist es zweifelhaft, ob eine Tat entdeckt ist, oder, bei Tatentdeckung, ob dem Steuerpflichtigen bereits das Wissen oder das Rechnen-Müssen der Tatentdeckung zugerechnet werden kann, sollte gleichwohl der Weg der Selbstanzeige beschritten werden.[1134]

470 Ist die Tat noch nicht entdeckt, so bewirkt die Selbstanzeige eine entsprechende Straffreiheit. Ist die Tat entdeckt, wirkt sich die verunglückte Selbstanzeige strafmindernd aus.

471 *bb) Tatentdecker.* Über die Person des Entdeckers werden im Gesetz keine Angaben gemacht. Jeder, der das Vorliegen der Tatbestandsmerkmale einer Steuerstraftat festgestellt hat, kann **Tatentdecker** im Sinne des § 371 Abs. 2 Nr. 2 AO sein, d. h. nicht nur ein Amtsträger der Finanzbehörde oder die Polizei, sondern jeder private Dritte.[1135] In der Regel wird es aber bei unbeteiligten Dritten an der oben beschriebenen Tatentdeckung fehlen. Es wird insbesondere keine Lage geschaffen, nach der bei vorläufiger Bewertung eine Verurteilung wahrscheinlich ist, denn das würde die Kenntnis einer Behörde, insbesondere der Finanzbehörde, von den Besteuerungsumständen voraussetzen. Bei eingeweihten Dritten kommt es darauf an, ob der Täter damit rechnen musste, dass der Dritte seine Erkenntnisse an die Behörde weiterleitet. Grundsätzlich kommen als Tatentdecker solche Personen nicht in Betracht, die zum Vertrauenskreis des Täters gehören oder bevollmächtigt sind, für ihn tätig zu werden. Dies sind z. B. der Ehegatte, Berater, Mitarbeiter oder Mittäter, Anstifter und Gehilfe. Das gilt auch nach Beendigung des Vertrauensverhältnisses. Werden dem eigenen Rechtsanwalt oder Mitgesellschaftern jahrelange Steuerverfehlungen offenbart, macht dies diese nicht zu tauglichen Tatentdeckern. Als Tatentdecker scheiden regelmäßig auch Personen aus, die bevollmächtigt sind, für den Steuerpflichtigen tätig zu werden, d. h. wenn sich die Anzeige des Dritten als eine im Auftrag des Steuerpflichtigen abgegebene Selbstanzeige darstellt.[1136] Eine Tatentdeckung durch private Dritte wird nur ausnahmsweise in Betracht kommen, wenn aufgrund persönlicher Feindschaften, Neid, Missgunst, Rache etc. mit einer Weitergabe der Informationen an die Finanzbehörde zu rechnen ist. In der Praxis wird es der Finanzbehörde aber schwer fallen, die Erfüllung der Voraussetzungen des Ausschlussgrundes zu beweisen.[1137]

472 In den Fällen **internationaler Rechtshilfe** ist nach der Auffassung des BGH mit der Weiterleitung an die zuständigen Behörden nicht erst zu dem Zeitpunkt zu rechnen, in dem sich die ausländischen Behörden nach der Auffindung von Beweismitteln zur Bewilligung von Rechtshilfe entschließen.[1138] Sie kann vielmehr schon mit der Auffindung der Unterlagen selbst zusammenfallen. Dies hängt jedoch von den Umständen des Einzelfalls ab und hier insbesondere von der Wahrscheinlichkeit, dass Rechtshilfe gewährt wird.

473 *cc) Person des Täters.* Es ist umstritten, ob die Entdeckung der Tat voraussetzt, dass die Person des Täters bekannt ist.[1139] Im Ergebnis liegt „entdecken" nur vor, wenn die Person des Täters bestimmbar ist.[1140] Konkret muss der Täter nicht bekannt sein. Allerdings wird in der Regel für die Beurteilung der subjektiven Tatbestandsmerkmale (Vorsatz) die Kenntnis des Täters notwendig sein. Etwas anderes wird sich nur dann ergeben, wenn sich der Vorsatz aus den verfügbaren Unterlagen entnehmen lässt.[1141] Im Ergebnis dürfte zwischen persönlichen Steuern (z. B. ESt) und betrieblichen Steuern (USt, GewSt, KSt) zu differenzieren sein.[1142] Stellt sich bei persönlichen Steuern heraus, dass der ursprünglich Verdächtigte nicht der Täter ist, so muss ein Dritter, der die Einnahmen erzielte, diese noch nicht verschwiegen haben. Das heißt, für den Dritten ist nicht klar, ob überhaupt eine Tathandlung vorliegt. Darüber hinaus ist nicht

---

[1134] *Streck* DStR 1996, 289.
[1135] BGH Urt. v. 13.5.1987 – 3 StR 37/87 – wistra 1987, 293; BGH Urt. v. 27.4.1988 – 3 StR 55/88 – wistra 1988, 308.
[1136] *Kohlmann* § 371 AO Rdnr. 216.
[1137] *Kohlmann* § 371 AO Rdnr. 217.
[1138] BGH Urt. v. 13.5.1987 – 3 StR 37/87 – wistra 1987, 293; *Kohlmann* § 371 AO Rdnr. 219 m.w.N.
[1139] Zum Meinungsstreit siehe *Kohlmann* § 371 AO Rdnr. 209.
[1140] BGH Urt. v. 24.10.1984 – 4 StR 315/84 – NStZ 1985, 126.
[1141] *Dörn* wistra 1998, 176.
[1142] *Dörn* wistra 1998, 176.

bekannt, ob – sofern eine Tathandlung des Dritten vorliegt – ein Verkürzungserfolg eingetreten ist. Das heißt, für den Dritten besteht weiterhin die Möglichkeit der Selbstanzeige.

Beispiel:
Dem Finanzamt wird bekannt, dass der Vermögensverwalter X von der Bank Y Provisionen für die Vermittlung von Kunden erhalten hat. Gegenüber X wird das Strafverfahren wegen Verkürzung von Einkommensteuer eingeleitet und bekannt gegeben. Daraufhin geht beim zuständigen Finanzamt eine Selbstanzeige des Sohnes von X ein, wonach dieser die Provisionen der Y ohne Kenntnis des X vereinnahmt hat. Die Selbstanzeige des Sohnes ist möglich.

Anders ist die Sachlage zu beurteilen, wenn die Finanzverwaltung wegen der Verkürzung 474 betrieblicher Steuern ermittelt. Hier bleibt der zuvor vom Finanzamt festgestellte Tatbestand der Falsch- oder Nichtabgabe (Tathandlung) und der Steuerverkürzung (Taterfolg) unverändert bestehen, wenn später ein Dritter erklärt, für die Verkürzungen verantwortlich zu sein.

dd) Kenntnis des Täters von der Tatentdeckung. Die Kenntnis des Täters von der Tatent- 475 deckung liegt vor, wenn der Täter aus den ihm bekannten Tatsachen den Schluss gezogen hat, dass die Finanzbehörde oder ein sonstiger, zur Anzeige entschlossener Dritter von der Tat und ihren objektiven sowie subjektiven Merkmalen so hinreichende Kenntnisse hat, dass eine Verurteilung wahrscheinlich ist. Dabei ist unerheblich, ob eine derartige Kenntnis durch eigene Beobachtungen oder durch Äußerungen von Amtsträgern oder durch Mitteilungen Dritter erlangt wurde. Entscheidend ist, dass der Täter Kenntnis hatte. Hierbei wird ausschließlich auf das individuelle Vorstellungsbild des Täters abgestellt. Diese Kenntnis muss dem Täter nachgewiesen werden, was in der Praxis schwer sein dürfte. Es gilt der „in dubio pro reo"-Grundsatz, d. h. Zweifel bezüglich der Kenntnis wirken sich zugunsten des Täters aus.[1143] Geht der Täter hingegen irrtümlich davon aus, dass die Tat bereits entdeckt ist, schließt dies die strafbefreiende Wirkung der Selbstanzeige nicht aus. Der Wortlaut des § 371 Abs. 2 Nr. 2 AO setzt eine objektive Tatentdeckung voraus.[1144]

ee) Rechnen-Müssen mit der Tatentdeckung. Musste der Täter im Zeitpunkt der Erstattung 476 der Selbstanzeige bei verständiger Würdigung mit der Entdeckung der Tat rechnen, steht dies der Kenntnis von der Entdeckung der Tat gleich. Dies ist dann der Fall, wenn er aus den ihm nachweislich bekannten Tatsachen den Schluss hätte ziehen müssen, dass eine Behörde oder ein anzeigewilliger Dritter von der Steuerhinterziehung erfahren hat. Steht fest, dass der Täter die die Tatentdeckung kennzeichnenden Umstände positiv gekannt hat und ihm sich die Tatentdeckung daher gleichsam aufdrängen musste, ist eine strafbefreiende Selbstanzeige ausgeschlossen. Abgestellt wird auf die subjektive Sicht des Täters.[1145] Dem Täter ist dies zu beweisen, wobei auch hier der Grundsatz des „in dubio pro reo" zu beachten ist.

ff) Persönlicher Umfang der Sperrwirkung. Die Sperrwirkung des § 371 Abs. 2 Nr. 2 AO gilt 477 nur für den Täter oder Teilnehmer, dem unter Beachtung des „in dubio pro reo"-Grundsatzes nachgewiesen wird, dass er die Tatentdeckung kannte oder mit ihr rechnen musste.

gg) Wiederaufleben der Möglichkeit zur Selbstanzeige. Zum Wiederaufleben der Selbstan- 478 zeige gelten die oben gemachten Ausführungen analog, wenn die Tatentdeckung zu einer Prüfung oder Ermittlung führt bzw. die Einleitung eines Bußgeld- oder Strafverfahrens bekannt gegeben wird. Allerdings wirkt der Ausschluss der Strafbefreiung unbegrenzt (im Gegensatz zu § 371 Abs. 2 Nr. 1 a u. 1 b AO), weil durch die Tatentdeckung im Regelfall eine gesetzgeberische Motivation unbekannte Steuerquellen zu erschließen, regelmäßig nicht mehr existiert. Wird der **Tatvorwurf** jedoch entkräftet, ist grundsätzlich die Möglichkeit der Selbstanzeige erneut gegeben.[1146]

[1143] *Kohlmann* § 371 AO Rdnr. 233.
[1144] *Kohlmann* § 371 AO Rdnr. 234.
[1145] BayObLG Urt. v. 24.2.1972 – 4 St 135/71, BB 1972, 524; BayObLG Beschl. v. 1.12.1980 – 4 St 241/80 – DB 1981, 777; a.A. Suhr/Naumann/Bilsdorfer § 371 AO Rdnr. 477: Abzustellen ist auf die objektive Sichtweise eines unbeteiligten Beobachters, der ein Laie ist.
[1146] *Quedenfeld/Füllsack*, Verteidigung in Steuerstrafsachen, S. 174 Rdnr. 478.

5. Nachentrichtung verkürzter Steuern

479 Solange die hinterzogenen Steuern noch nicht nachgezahlt sind, hat der Täter, der die Selbstanzeige rechtzeitig abgegeben hat, nur eine Anwartschaft auf die Straffreiheit. Der Strafanspruch besteht noch,[1147] ist aber durch die Nachzahlung der hinterzogenen Steuern innerhalb der gesetzten Frist auflösend bedingt.[1148] Das Nachzahlungsgebot des § 371 Abs. 3 AO regelt die Wiedergutmachung der Straftat.[1149] Die **Nachentrichtung** der Steuer bei vollendeter Steuerhinterziehung ist eine objektive Voraussetzung für die strafbefreiende Wirkung der Selbstanzeige. Bei Fällen der lediglich versuchten Steuerhinterziehung besteht demgegenüber kein Grund für eine Steuernachzahlung. Dies folgt aus dem Gesetzeswortlaut gem. § 371 Abs. 3 AO ("Steuerverkürzungen bereits eingetreten").

480 **Praxistipp:**

Es muss daher vor der Abgabe der Selbstanzeige genau geprüft werden, ob der Anzeigewillige in der Lage ist, die Steuerzahlung zu leisten. Die Frist ist von der Behörde zwar angemessen zu bemessen, wird aber erfahrungsgemäß relativ kurz festgesetzt. Die Frist darf mit der Fälligkeit der Steuer nicht verwechselt werden. Der Berater sollte dies im Beratungsgespräch zur Selbstanzeige ausführlich mit dem Mandanten besprechen. Entsprechende Liquidität muss zur Verfügung stehen oder innerhalb kürzester Zeit beschafft werden können.

481 Kann der Anzeigewillige die Nachentrichtung der hinterzogenen Steuern nicht leisten, entfällt die strafbefreiende Wirkung der Selbstanzeige. Dieser Aspekt ist auch bei der zweistufigen Selbstanzeige zu beachten: Die in der ersten Stufe der Selbstanzeige aus Sicherheitsgründen vorgenommene Schätzung, die mit Zuschlägen versehen wurde, darf nur so hoch sein, wie der Anzeigewillige die damit ausgelösten Steuern bezahlen kann. Häufig wartet das Finanzamt bei einer geschätzten Selbstanzeige nicht bis der Anzeigenerstatter die Daten genau ermittelt hat. Es wird dann entsprechend der Schätzung veranlagt und die Steuer wird fällig. Benachteiligt der insolvenzreife Beschuldigte zur Wirksamkeit der Selbstanzeige durch Begleichung der Steuerschuld andere Gläubiger (§ 131 InsO), kann der Verwalter gem. § 146 InsO die Zahlung binnen einer 2-Jahresfrist anfechten. Sobald das Finanzamt die Rückzahlung vornimmt, entfällt das Verfolgungshindernis.[1150]

482 a) **Entrichtungsschuldner.** Nicht nur der in eigener Sache handelnde Täter, sondern auch der Mittäter oder Teilnehmer, der sich an der Hinterziehung fremder Steuern beteiligt hat, ist verpflichtet, die hinterzogene Steuer zu entrichten.[1151] Die Verpflichtung zur **Nachentrichtung** besteht allerdings nur, soweit der Tatbeteiligte Steuern zu seinen Gunsten hinterzogen hat. Dies kann u. U. dazu führen, dass er allein durch die rechtzeitige Mitteilung seines Tatbeitrages die Straffreiheit erreicht, ohne dass er eine Zahlung zu leisten hat, und zwar dann, wenn er an der Hinterziehung fremder Steuern mitgewirkt hat, ohne selbst davon zu profitieren.

483 Der **Mittäter** oder **Teilnehmer** an einer fremden Steuerhinterziehung haftet aber gem. § 71 AO für die fremde verkürzte Steuer. Kommt der Tatbeteiligte seinen Zahlungsverpflichtungen als Haftender nicht nach, droht ihm keine Strafe, wenn er keine Steuern zu seinen Gunsten hinterzogen hat, im Übrigen aber die Voraussetzungen der Selbstanzeige erfüllt.[1152] Aus dem Wortlaut des Gesetzes („er ... die hinterzogenen Steuern entrichtet") ergibt sich, dass es sich bei der Nachzahlungspflicht nicht um eine höchstpersönliche Pflicht handelt. Die Zahlung muss also nicht durch den Täter persönlich und aus eigenen Mitteln erfolgen. Es genügt vielmehr auch die Erfüllung durch Dritte.[1153] In hohem Maße praxisrelevant ist aber nun die Frage,

---

[1147] BGH Urt. v. 3.6.1954 – 3 StR 302/53 – BGHSt. 7, 336; BayObLG Beschl. v. 3.11.1989 – RReg. 4 St 135/89 – wistra 1990, 159.
[1148] *Kohlmann* § 371 AO Rdnr. 86.
[1149] *Simon/Vogelberg* Steuerstrafrecht S. 178.
[1150] *Skok/Vogelberg* PStR 1998, 173.
[1151] Z. B. OLG Stuttgart Beschl. v. 4.5.1984 – 1 Ss (23) 205/84 – wistra 1984, 239; *Simon/Vogelberg* Steuerstrafrecht S. 180 m.w.N.
[1152] *Simon/Vogelberg* Steuerstrafrecht S. 180.
[1153] *Kohlmann* § 371 AO Rdnr. 87.1.

wann ein Täter oder Teilnehmer „zu seinen Gunsten" hinterzogen hat. Dies ist umstritten. Zu seinen Gunsten heißt nicht, dass der Täter oder Teilnehmer einen Vorteil jeglicher Art hat. Nach weit überwiegender Meinung ist das Tatbestandsmerkmal wirtschaftlich und nicht steuerlich zu verstehen.[1154] Neben steuerlichen Vorteilen des Täters oder Teilnehmers können also durchaus auch rein wirtschaftliche Vorteile in Betracht kommen. Es kommt darauf an, ob dem Täter oder Teilnehmer bei wirtschaftlicher Betrachtungsweise der unmittelbare Vorteil aus der Steuerhinterziehung zugeflossen ist.[1155] Unmittelbar ist der Vorteil dann zugeflossen, wenn nicht zunächst ein Anderer Verfügungsmacht über den hinterzogenen Betrag erhalten hat. Auch wer nicht persönlich Steuerschuldner ist, kann demnach zur Nachzahlung verpflichtet sein. Die Erlangung eines lediglich nur mittelbaren Vorteils reicht nicht aus.

Beispiel:
- Ein Angestellter hinterzieht Steuern zugunsten seines Arbeitgebers. Dies macht er in der Absicht, seinen Arbeitsplatz zu sichern. Er erlangt durch die Steuerhinterziehung lediglich einen mittelbaren Vorteil.[1156]
- Ein angestellter Geschäftsführer einer GmbH erhält gewinnabhängige Tantiemen und weitere gewinnabhängige Leistungen von der GmbH. Hat er für die GmbH Steuern hinterzogen, führt die Gewinnabhängigkeit der Tantiemen und Leistungen zu einer Unmittelbarkeit des Vorteils.
- G ist Geschäftsführer einer KG. Er gibt zugunsten der KG falsche USt-Anmeldungen ab. Entsprechend seinem Plan entnimmt er eigenmächtig die „ersparten" Beträge der von ihm verwalteten Hauptkasse der KG, um sie für eigene Zwecke zu verwenden. G hat hier einen unmittelbaren wirtschaftlichen Vorteil erlangt.
- Umstritten ist, ob der Geschäftsführer zu eigenen Gunsten handelt, wenn er die Steuerhinterziehung begeht, um sich einer bestehenden oder zu erwartenden Haftung zu entziehen. Fraglich ist hier, ob die geforderte Unmittelbarkeit gegeben ist. Allein die Haftung eines Geschäftsführers nach § 69 AO oder nach § 71 AO führt nicht dazu, dass der Geschäftsführer zu eigenen Gunsten handelt.[1157]
- Bei leitenden Angestellten besteht ein erhöhtes Risiko, dass ihr Tatbeitrag als zu eigenen Gunsten vorgenommen behandelt wird. Dann hängt das Erlangen der Straffreiheit zusätzlich von der Erfüllung der Nachzahlungsverpflichtung ab. Der leitende Angestellte würde dann also nicht nur als Haftungsschuldner in Anspruch genommen werden können.
- Hinterzieht der Gesellschafter-Geschäftsführer einer Ein-Mann GmbH Steuern, erfolgt die Verkürzung der Steuern unmittelbar zu seinen Gunsten. Bei der relevanten wirtschaftlichen Betrachtungsweise steht der Vorteil grundsätzlich dem Gesellschafter zu. Auf die Entnahme oder Gewinnausschüttungen soll es nicht ankommen.[1158] Bei mehreren Gesellschaftern entspricht der unmittelbare Vorteil dem Geschäftsanteil.[1159]
- Der im Unternehmen des Ehepartners angestellte Ehegatte begeht eine Steuerhinterziehung zugunsten des Unternehmens. Die Ehebeziehung alleine führt nicht dazu, dass die Steuerhinterziehung unmittelbar zu seinen Gunsten erfolgt.[1160]
- Macht sich ein Steuerberater zugunsten eines Mandanten der Teilnahme an dessen Steuerhinterziehung schuldig, begeht er sie nicht unmittelbar zu seinen Gunsten, wenn er nur verhindern will, das Mandat zu verlieren.[1161] Etwas anderes gilt, wenn der Steuerberater entgegen § 9 Abs. 1 StBerG ein Erfolgshonorar vereinbart hat.[1162]

b) Umfang der Entrichtungsschuld. Zur Erlangung der Straffreiheit ist nur die hinterzogene Steuer nachzuentrichten. Steuerliche Nebenleistungen nach § 3 Abs. 3 AO fallen nicht hierunter.[1163] Bei der Beurteilung der Wirksamkeit der Selbstanzeige bleiben also Verspätungszuschläge (§ 152 AO), Säumniszuschläge (§ 240 AO), Nachzahlungszinsen (§ 233 a AO), Hinterziehungszinsen (§ 235 AO) und Stundungszinsen (§ 234 AO) unberücksichtigt.

[1154] *Schmitz* DStR 2001, 1822.
[1155] BGH Urt. v. 4.7.1979 – 3 StR 130/79 – HFR 1979, 537.
[1156] BGH Urt. v. 22.7.1987 – 3 StR 224/87 – wistra 1987, 343.
[1157] *Simon/Vogelberg* Steuerstrafrecht S. 181.
[1158] *Simon/Vogelberg* Steuerstrafrecht S. 181.
[1159] *Bilsdorfer* wistra 1984, 135.
[1160] *Kohlmann* § 371 AO Rdnr. 89.7 m.w.N.
[1161] *Simon/Vogelberg* Steuerstrafrecht S. 182.
[1162] *Quedenfeld/Füllsack*, Verteidigung in Steuerstrafsachen, S. 178 Rdnr. 489.
[1163] Z. B. BGH Urt. v. 19.12.1997 – 5 StR 569/96 – NJW 1998, 1568.

485 Werden infolge der Selbstanzeige **Mehrsteuern** aufgedeckt, die unverschuldet oder fahrlässig verkürzt wurden, fallen diese nicht unter § 371 Abs. 3 AO und eine Fristsetzung für die Nachentrichtung dieser Mehrsteuern spielt für die Wirksamkeit der Selbstanzeige keine Rolle.[1164]

486 Wird die Nachzahlung fristgerecht, aber nur zum Teil geleistet, tritt eine entsprechende Straffreiheit ebenfalls nur teilweise ein. Aus dem Wortlaut des § 371 Abs. 3 AO („wenn") ergibt sich dies weniger eindeutig als aus dem Wortlaut des § 371 Abs. 1 AO („insoweit"). Es ist aber unangemessen, den zwar vollständig Berichtigenden, aber nur teilweise Zahlenden schlechter zu stellen als denjenigen, der das Volumen seiner Berichtigungserklärung von vornherein dem seiner Geldmittel angepasst hat. Allerdings steht das ernstliche Bemühen des Täters um eine fristgerechte Nachzahlung einer tatsächlichen Nachzahlung nicht gleich, wird aber in der Regel strafmindernd berücksichtigt werden, wenn der Täter sich in einer wirtschaftlichen Notlage befunden hat (§ 46 a StGB).[1165]

487 Gibt es mehrere Beteiligte an einer Tat, zu deren Vorteil sich die Steuerhinterziehung ausgewirkt hat, so trifft sie die Pflicht, die Steuern nachzuentrichten, in der Höhe, in der sich die Hinterziehung jeweils zu ihren Gunsten ausgewirkt hat. Die Festsetzung des nachzuzahlenden Betrags erfolgt nach den Aufteilungsvorschriften der §§ 270 bis 273 AO. Der Nachzahlungsbetrag gem. § 371 Abs. 3 AO bezieht sich damit ausschließlich auf den dem jeweiligen Tatbeteiligten zugute gekommenen Vorteil.[1166] Abweichend hiervon sehen die Haftungsvorschriften (§§ 69, 71 AO) vor, dass gesamtschuldnerische Haftung besteht, d. h. jeder Haftungsschuldner haftet für den gesamten Steuerbetrag (§ 421 BGB).

488 **c) Art der Nachentrichtung.** Über die Zahlungsweise ist im Gesetz nicht besonderes vorgeschrieben. In der Regel erfolgt die Zahlung durch Überweisung. Es gelten die allgemeinen Regelungen des § 223 AO. Neben der Erfüllung bewirkenden Geldzahlung (Barzahlung, sofern dies bei der Finanzkasse noch möglich ist, oder Überweisung) kommen die erfüllungshalber wirkende Hingabe von Schecks oder Wechseln in Betracht, soweit wie sie gedeckt sind. Im Lastschriftverfahren besteht eine auflösend bedingte Erfüllung bis zum Ende der 6-wöchigen Widerspruchsfrist.[1167] Zulässig wäre auch die Aufrechnung gem. § 226 AO. Bei der Erklärung der Aufrechnung sollte sich der Zahlungspflichtige jedoch sicher sein, dass sein Erstattungsguthaben vor Ablauf der Nachzahlungsfrist fällig wird.[1168] Die bloße Sicherheitsleistung stellt kein Zahlungssurrogat dar, da sie zunächst ein Pfandrecht bzw. einen Bürgschaftsanspruch gewährt (§§ 241 f. AO). Erst die spätere Verwertung der Sicherheitsleistung durch die Finanzbehörde bewirkt das Erlöschen der Forderung.[1169]

489 **d) Zahlungsfrist.** *aa) Fristsetzung.* Derjenige, der die Selbstanzeige erstattet, hat Anspruch auf die Festsetzung der Nachzahlungsfrist. Dies ergibt sich allein schon aus dem Wortlaut des § 371 Abs. 3 AO („… innerhalb der ihm bestimmten angemessenen Frist …"). Das Setzen der Nachzahlungsfrist ist aber keine Wirksamkeitsvoraussetzung für die Selbstanzeige. Zahlt der Steuerpflichtige nach erfolgter Selbstanzeige die hinterzogene Steuer, ohne dass ihm eine Frist gesetzt wurde, wird die Straffreiheit sofort wirksam, da die aufschiebende Bedingung der Straffreiheit eingetreten ist.[1170]

490 Regelmäßig wird eine Frist erst dann gesetzt, wenn der Steuerpflichtige nach Fälligkeit der festgesetzten Steuer, d. h. in der Regel einen Monat nach Zugang der geänderten/erlassenen Bescheide, die Steuer nicht entrichtet. Zu beachten ist, dass die Fälligkeit der Steuer nicht mit der Setzung der Nachzahlungsfrist identisch ist.[1171] Die Zahlungsfrist gem. § 371 Abs. 3 AO hat als Norm des Strafrechts ausschließlich strafrechtliche und strafprozessuale Bedeutung.[1172] Von der Erfüllung der Voraussetzung des § 371 Abs. 3 AO hängt es ab, ob der Täter straffrei wird

---

[1164] *Kohlmann* § 371 AO Rdnr. 91.
[1165] Franzen/Gast/*Joecks* § 371 AO Rdnr. 216.
[1166] *Kohlmann* § 371 AO Rdnr. 93.2.
[1167] Abkommen über den Lastschriftverkehr vom 1.7.1982 – Abschnitt III Nr. 2.
[1168] *Simon/Vogelberg* Steuerstrafrecht S. 188.
[1169] *Kohlmann* § 371 AO Rdnr. 112.2; H/H/Sp/*Rüping* § 371 AO Rdnr. 139.
[1170] BayObLG Beschl. v. 3.11.1989 – RReg. 4 St 135/89 – wistra 1990, 159.
[1171] *Simon/Vogelberg* Steuerstrafrecht 183; *Kohlmann* § 371 AO Rdnr. S. 98.
[1172] BFH Urt. v. 17.12.1981 – IV R 94/77 – BStBl. II 1982, 352.

oder nicht.[1173] Weiterhin dürfen mit der Fristsetzung keine weiteren Auflagen verbunden werden, insbesondere nicht die Verpflichtung, die laufenden Steuern fristgemäß zu entrichten.

bb) Zuständigkeit für die Fristsetzung. Zuständig für die Bestimmung der Nachfrist ist die Strafverfolgungsbehörde, d. h. die für das zuständige Finanzamt zuständige Bußgeld- und Strafsachenstelle.[1174] Sollte die Verfahrensherrschaft bei der Bußgeld- und Strafsachenstelle ruhen, besteht eine dementsprechende staatsanwaltschaftliche Zuständigkeit.[1175] Darüber hinaus besteht die Möglichkeit der Bestimmung einer Nachfrist auch für das zuständige Gericht.[1176] **491**

cc) Kenntnis der Fristsetzung. Der Nachzahlungspflichtige muss die Frist positiv kennen, um die Frist in Gang zu setzen.[1177] Eine Belehrung über die Folgen der Fristversäumnis muss formal nicht vorgenommen werden, wird aber gemeinhin durchgeführt. **492**

dd) Dauer der Nachzahlungsfrist. Die Nachzahlungsfrist wird nach pflichtgemäßem Ermessen bestimmt. Hierbei ist auch die wirtschaftliche Lage des Täters zu berücksichtigen. Sie soll es ihm ermöglichen, den notwendigen Geldbetrag zu beschaffen, etwa durch den Verkauf oder die Beleihung von Sachwerten.[1178] Für die Frist gilt, dass sie angemessen sein muss. Dabei gehen strafrechtliche Gesichtspunkte den wirtschaftlichen oder steuerpolitischen vor.[1179] Die Frage, welche Frist als angemessen anzusehen ist, ist bedeutsam, weil eine unangemessene Frist nicht im Wege einer geltungserhaltenden Reduktion in eine angemessene Frist umgedeutet werden kann.[1180] Eine unangemessene Frist entfaltet überhaupt keine Rechtswirkung.[1181] Fristbeginn ist der Tag nach der Bekanntgabe der Frist (§ 108 Abs. 2 AO). Mangels positiver Kenntnis des Beschuldigten ist eine öffentliche Bekanntgabe (§§ 122 Abs. 3 S. 1, 371 Abs. 3 AO) ebenso wie eine öffentliche Zustellung (analog § 40 StPO, § 15 KiZG) unzulässig.[1182] Bei der Fristsetzung als Ermessensentscheidung ist umstritten, ob die Entscheidung nur auf ihre Ermessensfehlerhaftigkeit überprüft werden kann[1183] oder ob insoweit eine uneingeschränkte gerichtliche Kontrolle[1184] stattfindet. **493**

In der Rechtsprechung wird die Frage der Angemessenheit der Zahlungsfrist uneinheitlich beurteilt: **494**
- Das LG Hamburg hielt eine Frist von 8 Tagen für angemessen, wenn der Täter zuvor monatelang positiv wusste, dass er die offenbarten Steuern zur Erlangung der Straffreiheit noch entrichten muss.[1185]
- Das LG Koblenz erachtete die gleiche Frist als für zu knapp bemessen.[1186]
- Das AG Saarbrücken sah einen Zeitraum von nicht mehr als 6 Monaten als angemessen an.[1187]
- Das OLG Karlsruhe wiederum hält einen Zeitraum von einem Monat dann für angemessen, wenn zwischen Selbstanzeige und Nachfristsetzung ca. 15 Monate liegen.[1188]

Die Literatur begnügt sich im Wesentlichen mit der Wiedergabe der vorstehend zitierten Rechtsprechung.[1189] Die Anweisungen für die Straf- und Bußgeldsachstellen der Landesfinanzverwaltungen enthalten auch keine Konkretisierung.[1190] In der Praxis ist bei der Bearbeitung **495**

[1173] BFH Urt. v. 17.12.1981 – IV R 94/77 – BStBl. II 1982, 352; *Kohlmann* § 371 AO Rdnr. 98.
[1174] LG Hamburg Urt. v. 4.3.1987 – [50] 187/86 – wistra 1988, 317, 319.
[1175] *Rolletschke* DStZ 1999, 287, 288.
[1176] *Kohlmann* § 371 AO Rdnr. 103.
[1177] LG Hamburg Urt. v. 4.3.1987 – (50) 187/86 Ns – wistra 1988, 317.
[1178] LG Koblenz Beschl. v. 13.12.1985 – 105 Ss (Wi) 17.301/83-10; *Kils* wistra 1986, 79.
[1179] BFH Urt. v. 17.12.1981 – IV R 94/77 – BStBl. 1982 II, 352.
[1180] *Rolletschke* DStZ 1999, 287, 288.
[1181] LG Koblenz Beschl. v. 13.12.1985 – 105 Ss. (Wi) 17.301/83-10 KLs – wistra 1986, 79.
[1182] Zum Meinungsstand: *Quedenfeld/Füllsack*, Verteidigung in Steuerstrafsachen, S. 183 Rdnr. 506.
[1183] OLG Karlsruhe Beschl. v. 18.4.1974 – 1 Ss 8/74 – NJW 1974, 1577.
[1184] LG Hamburg Urt. v. 4.3.1987 – (50) 187/86 Ns – wistra 1988, 317.
[1185] LG Hamburg Urt. v. 4.3.1987 – (50) 187/86 Ns – wistra 1988, 317.
[1186] LG Koblenz Beschl. v. 13.12.1985 – 105 Ss. (Wi) 17.301/83-10 KLs – wistra 1986, 79.
[1187] AG Saarbrücken Beschl. v. 21.6.1983 – 9 As 86/83 – wistra 1983, 26 f.
[1188] OLG Karlsruhe Urteil v. 18.4.1974 – 1 Ss 8/74 – NJW 1974, 1577.
[1189] H/H/Sp/*Engelhardt* § 371 AO Rdnr. 181.
[1190] Nr. 120 Abs. 1 S. 1 AStBV (St) verweist insoweit lediglich auf das Setzen einer angemessenen Frist.

von Selbstanzeigen (durch die Landesfinanzbehörde) der folgende Verfahrensablauf[1191] anzutreffen: Das Festsetzungsfinanzamt wertet die Selbstanzeige in einem oder mehreren Steuerbescheiden steuerlich aus und gibt sie an die örtlich zuständige Straf- und Bußgeldsachenstelle weiter. Diese leitet ein entsprechendes Strafverfahren ein (§§ 152 Abs. 2 StPO, 385 Abs. 1 AO) und weist im Begleittext zur Mitteilung der Einleitung darauf hin, dass die Straffreiheit nur eintritt, wenn die Steuern fristgerecht nachentrichtet werden. Gleichzeitig verfügt sie die Nachentrichtung gemäß des schon erlassenen oder – im Regelfall – künftig zu erlassenden Steuerbescheids. Dieser Steuerbescheid sieht wiederum den gesetzlichen Regelfall der einmonatigen Fälligkeit vor (z. B. §§ 36 Abs. 4 S. 1 EStG, 220 Abs. 1 AO).

496 Der Täter bleibt bei fristgerechter Entrichtung des Nachzahlungsbetrags straffrei, während es bei Ausbleiben der Zahlung – egal ob verschuldet oder unverschuldet[1192] – zwingend zu einer Bestrafung in Höhe des offenen Betrags kommt.[1193]

497 *ee) Verlängerung der Nachzahlungsfrist.* Sofern der Täter nicht in der Lage ist, die Nachentrichtung nicht, nicht vollständig oder nicht in der gesetzten Frist zu entrichten, ist Folgendes zu beachten: Grundsätzlich kann die Frist zur Nachentrichtung nur vor Ablauf der Frist durch das zuständige Strafverfolgungsorgan auf Antrag verlängert werden. Eine nachträgliche Fristverlängerung sieht das Gesetz nicht vor.[1194] In der Praxis ist die Gewährung einer kurzen Nachfrist nicht ungewöhnlich.[1195] Hierbei ist zu beachten, dass eine Stundung gem. § 222 AO, die vom Veranlagungsfinanzamt für die Steuerzahlung ausgesprochen wird, grundsätzlich die Nachzahlungsfrist gem. § 371 Abs. 3 AO nicht verlängert.[1196] Bei Einwendungen gegen die **Steuerfestsetzung** stehen dem Täter die Rechtsmittel des Besteuerungsverfahrens gem. § 347 AO (Einspruch) bzw. § 33 FGO (Finanzrechtsweg) zur Verfügung. Sofern die Voraussetzungen gem. § 361 Abs. 2 AO vorliegen, nämlich dass ernsthafte Zweifel an der Rechtmäßigkeit des angefochtenen Verwaltungsaktes bestehen oder wenn die Vollziehung für den Betroffenen eine unbillige, nicht durch überwiegend öffentliche Interessen gebotene Härte zur Folge hätte, ist Aussetzung der Vollziehung zu gewähren. Hierbei ist zu beachten, dass grundsätzlich auch die Gewährung der Aussetzung der Vollziehung keine aufschiebende Wirkung für die Nachzahlungsfrist gem. § 371 Abs. 3 AO hat. Allerdings ist die herrschende Meinung zutreffenderweise der Auffassung, dass eine Verlängerung der Nachzahlungsfrist bis zur Entscheidung über die Aussetzung der Vollziehung geboten ist.[1197]

498 *ff) Anfechtung der Fristsetzung.* Gegen die Fristsetzung gem. § 371 Abs. 3 AO ist im Gesetz kein eigenes **Rechtsmittel** vorgesehen. Eine Anfechtung der Fristsetzung ist nach herrschender Meinung möglich.[1198] Welche Rechtsmittel jedoch zulässig sind und welche Gerichtsbarkeit zuständig ist, ist umstritten.[1199] Die Anwendung der steuerlichen Rechtsbehelfe gem. § 347 Abs. 3 AO und § 33 Abs. 3 FGO für das Straf- und Bußgeldverfahren, wozu auch die Fristbestimmung nach § 371 Abs. 3 AO als strafprozessuale Maßnahme zählt, sind ausgeschlossen.[1200] Die herrschende Meinung geht davon aus, dass bei Rechtsmitteln gegen die Fristsetzung gem. § 371 Abs. 3 AO der ordentliche Rechtsweg gegeben ist.[1201] Zuzustimmen ist der Ansicht von Kohlmann, dass bereits im Vorfeld eines gerichtlichen Hauptverfahrens die Fristsetzung gem. § 371 Abs. 3 AO selbständig anfechtbar ist.[1202] Der Betroffene kann den Antrag auf gerichtliche Entscheidung analog §§ 304 ff. StPO i. V. m. Art. 19 Abs. 4 GG stellen, um die Angemessenheit der Fristsetzung durch die Straf- und Bußgeldsachenstelle überprüfen zu lassen. Zuständig für die Entscheidung über die Beschwerde ist nicht der Ermittlungsrichter beim

---

[1191] *Rolletschke* DStZ 1999, 287, 289.
[1192] H/H/Sp/*Rüping* § 371 AO Rdnr. 118.
[1193] *Quedenfeld/Füllsack*, Verteidigung in Steuerstrafsachen, S. 183 Rdnr. 507.
[1194] *Kohlmann* § 371 AO Rdnr. 106.
[1195] *Kohlmann* § 371 AO Rdnr. 106.
[1196] Nr. 120 Abs. 2 S. 2 AStBV.
[1197] *Kohlmann* § 371 AO Rdnr. 108; Franzen/Gast/*Joecks* § 371 AO Rdnr. 119.
[1198] *Kohlmann* § 371 AO Rdnr. 109 m.w.N.
[1199] *Simon/Vogelberg* Steuerstrafrecht S. 187.
[1200] BFH Urt. v. 17.12.1981 – IV R 94/77 – BStBl. 1982 II, 352.; *Kohlmann* § 371 AO Rdnr. 110 m.w.N.
[1201] *Kohlmann* § 371 AO Rdnr. 110.1 m.w.N; a.A. *Rolletschke* DStZ 1999, 287, 290.
[1202] *Kohlmann* § 371 AO Rdnr. 110.3.

Amtsgericht, sondern das Gericht der Hauptsache, regelmäßig das Amtsgericht. Die vorzeitige Klärung macht eine nachträgliche Prüfung erst im Rahmen der gerichtlichen Überprüfung eines von der Finanzbehörde beantragten Strafbefehls oder über die Zulassung der Anklage überflüssig, so dass insbesondere auch verfahrensökonomische Gründe für diese Sichtweise sprechen.

6. Wirkung der Selbstanzeige

Die in § 370 AO festgelegten Strafen dürfen nicht verhängt werden, wenn die Selbstanzeige zulässig erstattet worden ist und die Nachzahlung innerhalb der Frist geleistet wurde. Es tritt insoweit Straffreiheit ein.

Die steuerrechtlichen Folgen einer **Steuerhinterziehung** werden durch eine strafbefreiende Selbstanzeige nicht beseitigt.[1203] Dies gilt z. B. für
- die Haftung der gesetzlichen Vertreter und Vermögensverwalter (§ 34 AO) und der Verfügungsberechtigten (§ 35 AO) für die Folgen einer vorsätzlichen Verletzung der ihnen auferlegten Pflichten nach § 69 AO sowie die Haftung der Vertreter, wenn die in den §§ 34, 35 AO bezeichneten Personen bei der Ausübung ihrer Pflichten eine Steuerhinterziehung begehen oder als Teilnehmer einer Steuerhinterziehung in Erscheinung treten, für die durch die Tat verkürzten Steuern und die zu Unrecht gewährten Steuervorteile nach § 70 AO,[1204]
- die Haftung des Steuerhinterziehers nach § 71 AO für die hinterzogenen Steuern und die zu Unrecht gewährten Steuervorteile,
- die Verlängerung der steuerrechtlichen Festsetzungsfrist für hinterzogene Steuern auf zehn Jahre nach § 169 Abs. 2 S. 2 AO,
- die Zulässigkeit der Aufhebung oder Änderung von Steuerbescheiden nach § 173 AO, auch wenn sie aufgrund einer Außenprüfung ergangen sind,
- die Verpflichtung zur Zahlung von Hinterziehungszinsen nach § 235 AO[1205] oder von Säumniszuschlägen nach § 240 AO.[1206]

a) Strafrechtliche Nebenfolgen. Ist die Tat in Tateinheit mit anderen Straftaten, wie z. B. **Steuerzeichenfälschung** (§ 148 StGB i. V. m. § 369 Abs. 1 Nr. 3 AO) oder **Urkundenfälschung** (§ 267 StGB) erfolgt, kann die Tat nur noch nach den anderen Vorschriften bestraft werden. Hierbei sind die Verwertungsverbote (§ 393 AO) zu beachten. Die Steuerhinterziehung darf weder bei der Strafzumessung berücksichtigt werden noch im Tenor des wegen der anderen Straftaten ergehenden Urteils erwähnt werden.[1207]

b) Subsidiäre Ordnungswidrigkeiten. Die Auswirkung der Selbstanzeige einer vorsätzlichen oder leichtfertigen Steuerverkürzung (§§ 370, 378 AO) auf die Ahndung anderer **Ordnungswidrigkeiten** (§ 379 bis 382 AO, § 130 OWiG) ist umstritten.[1208] Die Rechtsprechung und teilweise auch die Literatur halten die Ahndung wegen Ordnungswidrigkeiten im Vorfeld der vorsätzlichen oder leichtfertigen Steuerverkürzung für möglich. Andere halten die Ahndung der Tat als Steuergefährdung im Sinne der §§ 379 bis 382 AO für unzulässig.[1209] Da eine Subsidiarität der Ordnungswidrigkeitentatbestände von der Ahndung des Verhaltens nach anderen Vorschriften abhängt, bleiben diese Ordnungswidrigkeitentatbestände anwendbar.[1210] Allerdings sollte üblicherweise hinsichtlich der Gefährdungstatbestände nach § 47 OWiG eine Einstellung erfolgen.[1211] Der Bußgeldtatbestand des § 379 AO (Steuergefährdung) tritt gem. § 379 Abs. 4 AO zurück, wenn Steuerhinterziehung (§ 370 AO) vorliegt oder wenn der Tatbestand der leichtfertigen Steuerverkürzung (§ 378 AO) erfüllt ist.

[1203] Franzen/Gast/*Joecks* § 371 AO Rdnr. 219.
[1204] Vgl. *Mösbauer* DB 2005, 1816 zum Umfang der steuerrechtlichen Haftung der gesetzlichen Vertreter, Vermögensverwalter und Verfügungsberechtigten nach § 69 AO.
[1205] BFH Urt. v. 7.12.1981 – IV R 94/77 – BStBl. II 1974, 125 f.
[1206] BayObLG Beschl. v. 1.12.1980 – RReg. 4 St 241/80 – NStZ 1981, 147.
[1207] Franzen/Gast/*Joecks* § 371 AO Rdnr. 211.
[1208] Franzen/Gast/*Joecks* § 371 AO Rdnr. 212.
[1209] Zum Meinungsstreit Franzen/Gast/*Joecks* § 371 AO Rdnr. 212 m.w.N.
[1210] Franzen/Gast/*Joecks* § 371 AO Rdnr. 212.
[1211] BMF v. 29.7.1981 – IV A 8 S 0711 – 3/81 – n.v.; BVerfG Beschl. v. 21.4.1988 – 2 BvR 330/88 – wistra 1988, 302.

503 c) „Verunglückte" Selbstanzeige. Hat eine Selbstanzeige z. B. wegen Verspätung (§ 371 Abs. 2 AO), Versäumung der gesetzten Zahlungsfrist, wegen inhaltlicher Mängel oder aus sonstigen Gründen keine strafbefreiende Wirkung erlangt, spricht man von einer „**verunglückten**" Selbstanzeige.

504 Eine verunglückte Selbstanzeige kann unter Umständen im Strafverfahren eine bedeutende Rolle spielen. Abhängig vom Einzelfall, insbesondere von der Schwere der Tat, der Person des Täters, des Umfangs der in der verunglückten Selbstanzeige enthaltenen Berichtigung, kann sie für das Gericht, die Staatsanwaltschaft oder die Finanzbehörde, insbesondere bei Nachzahlung der hinterzogenen Steuern, Anlass sein,

- das Verfahren nach § 398 AO, §§ 153 ff. StPO einzustellen oder
- eine mildere Bestrafung im Falle der Verurteilung vorzunehmen oder
- von einer Strafe bei Anwendung des Täter-Opfer-Ausgleichs gem. § 46 a StGB abzusehen oder sie zu mildern.[1212]

7. Drittanzeige

505 Gem. § 371 Abs. 1 AO wird grundsätzlich nur derjenige von der Strafbefreiung begünstigt, der selbst eine Selbstanzeige abgibt, d. h. die Selbstanzeige ist grundsätzlich ein persönlicher Strafaufhebungsgrund.[1213] § 371 Abs. 4 AO regelt die strafrechtliche Wirkung einer Anzeige im Sinne des § 153 AO zugunsten Dritter, die ihre steuerlichen Erklärungspflichten verletzt haben. Die Reichweite der Norm ist derzeit noch nicht abschließend geklärt.[1214] § 371 Abs. 4 AO bestimmt: „Wird die in § 153 AO vorgesehene Anzeige rechtzeitig und ordnungsgemäß erstattet, so wird ein Dritter, der die in § 153 bezeichneten Erklärungen abzugeben unterlassen oder unrichtig oder unvollständig abgegeben hat, strafrechtlich nicht verfolgt, es sei denn, dass ihm oder seinem Vertreter vorher die Einleitung eines Straf- oder Bußgeldverfahrens hinsichtlich der Tat bekannt gegeben worden ist. Hat der Dritte zum eigenen Vorteil gehandelt, so gilt Abs. 3 entsprechend."

506 § 153 AO, auf den § 371 Abs. 4 AO verweist, betrifft die Berichtigung von Steuererklärungen. Nach § 153 AO ist ein Steuerpflichtiger nachträglich vor Ablauf der Festsetzungsfrist verpflichtet, wenn er erkennt, dass

- eine von ihm oder für ihn abgegebene Erklärung unrichtig oder unvollständig ist und dass es dadurch zu einer Verkürzung von Steuern kommen kann oder bereits gekommen ist oder
- eine durch Verwendung von Steuerzeichen oder Steuerstempeln zu entrichtende Steuer nicht in der richtigen Höhe entrichtet worden ist

dies unverzüglich, d. h. ohne schuldhaftes Zögern im Sinne des § 121 Abs. 1 BGB, anzuzeigen und die erforderliche Richtigstellung vorzunehmen. Diese Verpflichtung trifft auch die Gesamtrechtsnachfolger eines Steuerpflichtigen und die nach §§ 34 und 35 AO für die/den Gesamtrechtsnachfolger oder den Steuerpflichtigen handelnden Personen.

507 Die Vorschrift des § 371 Abs. 4 AO stellt ein **Verfolgungshindernis** und keinen Strafaufhebungsgrund dar.[1215] Die Vorschrift soll verhindern, dass jemand, der nach § 153 AO eine Erklärung berichtigt oder diese nachholt, Dritte der Strafverfolgung durch diese Erklärung aussetzt.[1216] Zweck des § 371 Abs. 4 AO ist es, den Dritten aus steuerpolitischen Gründen von Hemmungen zu befreien, die ihn davon abhalten könnten, durch die Erstattung der in § 153 AO vorgesehenen Berichtigung dem Staat bislang verborgene Steuerquellen zu erschließen. Die **Anzeige** nach § 153 Abs. 1 S. 1 Nr. 1 AO setzt **objektiv** voraus, dass es durch die Abgabe einer unrichtigen oder unvollständigen Erklärung zu einer Steuerverkürzung gekommen ist bzw. kommen kann. Ausreichend für die Drittanzeige gem. § 371 Abs. 4 AO ist die bloße Anzeige der Pflichtverletzung. Eine Berichtigung im Sinne des § 153 AO ist nicht erforderlich, d. h. es bestehen keine besonderen Formerfordernisse.[1217] Die objektiven Voraussetzungen der Be-

---

[1212] *Kohlmann* § 371 AO Rdnr. 260.
[1213] BGH Urt. v. 5.5.2004 – 5 StR 548/03 – HFR 2004, 1253.
[1214] *Randt* Der Steuerfahndungsfall S. 94 Rdnr. 127.
[1215] Franzen/Gast/*Joecks* § 371 AO Rdnr. 221.
[1216] Begründung zu § 354 EAO, BT-Drucks. VI/1982, 195.
[1217] OLG Stuttgart Beschl. v. 31.1.1996 – 1 Ws 1/96 – wistra 1996, 191; OLG Karlsruhe Urt. v. 8.2.1996 – 2 Ss 107/95 – NStZ-RR 1996, 373; AG und LG Bremen Beschl. v. 26.7.1998 – 42 Qs 84 b Ds 860 Js 22051/97 – wistra 1998, 317 ff.

richtigungspflicht darf der Steuerpflichtige/der Gesamtrechtsnachfolger bzw. die in den §§ 34, 35 AO genannten Personen **subjektiv** erst nachträglich erkennen, d. h. die Pflicht der Anzeige besteht nicht, wenn der Steuerpflichtige bei Abgabe der Erklärung positive Kenntnis der Fehlerhaftigkeit hatte.[1218]

Wirkungslos ist die Anzeige nach § 371 Abs. 4 S. 1 letzter Halbsatz AO für den Dritten, wenn ihm oder seinem Vertreter vorher die Einleitung eines Straf- oder Bußgeldverfahrens wegen den Tat bekannt gegeben worden ist. Die anderen Ausschlussgründe des § 371 Abs. 2 AO gelten nicht. 508

Umstritten ist der Anwendungsbereich des § 371 Abs. 4 AO, sofern der Dritte die Steuerhinterziehung vorsätzlich begangen hat.[1219] Das heißt, fraglich ist, ob Dritter im Sinne des § 371 Abs. 4 AO nur derjenige ist, der lediglich seine Berichtigungspflicht nach § 153 AO verletzt hat oder auch derjenige unter § 371 Abs. 4 AO fällt, der zuvor die ursprüngliche Erklärung, die zu berichtigen ist, vorsätzlich unrichtig oder unvollständig abgegeben hat. Die herrschende Meinung geht davon aus, dass auch der Dritte, der vorsätzlich die ursprüngliche Erklärung unrichtig oder unvollständig abgegeben hat, vom Schutzbereich des § 371 Abs. 4 AO erfasst wird.[1220] Hat der Dritte, dem die Anzeige zugute kommt, zum eigenen Vorteil gehandelt, so ist für seine Straffreiheit Voraussetzung, dass er die dementsprechenden Steuern nachzahlt.[1221] 509

Da eine **Drittanzeige** lediglich die Einleitung eines Straf- oder Bußgeldverfahrens als Ausschlussgrund vorsieht, bestehen – folgt man der herrschenden Meinung – für einen Täter Gestaltungsmöglichkeiten, wenn bei ihm ansonsten im Hinblick auf eine strafbefreiende Selbstanzeige bereits eine Sperrwirkung nach § 371 Abs. 2 Nr. 1 a AO (laufende Prüfung) oder nach § 371 Abs. 2 Nr. 2 AO (Tatentdeckung) eingetreten ist. In diesem Fall muss der Täter der Steuerhinterziehung lediglich eine Person im Sinne der §§ 34, 35 AO bestellen, die dann ihrerseits die Pflicht aus § 153 Abs. 1 AO erfüllt, um Straffreiheit zu erlangen. Besondere Relevanz hat dies regelmäßig bei Betrieben, die der Anschlussprüfungspflicht laut BPO unterliegen. Hier kann es zu einer permanenten Anwesenheit von Betriebsprüfern kommen, die eine Selbstanzeige nach § 371 Abs. 2 Nr. 1 a AO unmöglich machen. Sofern in diesem Fall z. B. ein neuer Geschäftsführer einer GmbH oder ein neues Vorstandsmitglied einer AG bestellt wird und diese Person die Anzeige nach § 153 Abs. 1 AO erstattet, würde zugunsten der bisherigen Geschäftsführungs-/Vorstandsmitglieder Straffreiheit gem. § 371 Abs. 4 AO eingreifen. Die Gegenansicht[1222] lässt in diesem Fall die oben angeführten Gestaltungsmöglichkeiten nicht zu, da nach dieser Auffassung die Drittanzeige nur zugunsten eines Dritten wirkt, der lediglich § 153 AO und nicht § 370 AO verletzt hat. Solange zu dieser Frage weder eine höchstrichterliche Rechtsprechung ergeht oder der Gesetzgeber für Rechtsklarheit sorgt, besteht erhebliche Rechtsunsicherheit, wieweit die Drittanzeige wirkt. 510

8. Konkurrenzfragen

a) **Verhältnis des § 371 AO zu § 24 StGB.** Beide Vorschriften stehen selbständig nebeneinander.[1223] 511

Der Strafaufhebungsgrund nach § 24 StGB erfordert: 512
- objektiv: keine Selbstanzeige
- subjektiv: Freiwilligkeit des Rücktritts.

§ 371 AO ist auch bei einem **Versuch der Steuerhinterziehung** anwendbar. Im Ergebnis soll § 371 AO allgemeine Straffreiheitsvorschriften, wie z. B. § 24 StGB, nicht einschränken sondern erweitern.[1224] Das heißt, der Täter einer Steuerstraftat ist gegenüber anderen Straftätern besser gestellt, weil er bei einer versuchten Steuerhinterziehung neben der Möglichkeit des Rücktritts gem. § 24 StGB auch die Möglichkeit der Selbstanzeige gem. § 371 AO hat, um 513

[1218] *Samson* wistra 1990, 245, 246.
[1219] Zum Meinungsstand siehe *Randt* Der Steuerfahndungsfall S. 94 Rdnr. 188.
[1220] Franzen/Gast/*Joecks* § 371 AO Rdnr. 228 a; LG Bremen Beschl. v. 26.6.1998 – 42 Qs 84 b Ds 860 Js 22051/97 – wistra 1998, 317; a.A. OLG Stuttgart Beschl. v. 31.1.1996 – 1 WS 1/96 – wistra 1996, 190 ff.
[1221] Erbs/Kohlhaas/*Senge* § 371 AO Rdnr. 39.
[1222] OLG Stuttgart Beschl. v. 31.1.1996 – 1 Wo 1/96 – wistra 1996, 190 ff.
[1223] Franzen/Gast/*Joecks* § 371 AO Rdnr. 232; BGH Urt. v. 19.3.1991 – 5 StR 516/90 – BGHSt 37, 340.
[1224] *Kottke* DStR 1998, 151.

straflos zu werden.[1225] Da bei der Verletzung von Steuererklärungspflichten ein bloßes Nicht-weiter-Handeln die Vollendung der Tat nicht aufhalten kann und auch die Nichtabgabe einer Steuererklärung zu einer Steuerhinterziehung führt, hat § 24 Abs. 1 S. 1 StGB 1. Alt. (Aufgabe der weiteren Ausführung der Tat) im Steuerrecht regelmäßig keine Bedeutung. Von Bedeutung ist allerdings in § 24 Abs. 1 S. 1 StGB 2. Alt. (Verhinderung der Vollendung). § 24 Abs. 1 S. 1 StGB 2. Alt. kann zur Anwendung kommen, wenn gem. § 371 Abs. 2 Nr. 1 a AO (Erscheinen eines Amtsträgers der Finanzbehörde zur steuerlichen Prüfung) eine Selbstanzeige nicht mehr möglich ist.

Beispiel:
Ein Amtsträger ist zur steuerlichen Prüfung bei dem Steuerpflichtigen erschienen. A erklärt dem Betriebsprüfer, dass seine für den Veranlagungszeitraum 01 abgegebene Steuererklärung, auf die sich die Betriebsprüfung bezieht, für die aber noch kein Steuerbescheid vorliegt, unrichtig ist, weil ausländische Kapitaleinkünfte nicht erklärt sind.

514 Entscheidend ist in diesem Fall, ob der Rücktritt in Form berichtigter Angaben zu einer bereits eingereichten Steuererklärung auf die sich die Prüfung bezieht und die noch nicht zu einem Steuerbescheid führte, noch als freiwillig angesehen werden.[1226] *Marschall*[1227] gibt in diesem Zusammenhang folgendes Beispiel: Ein Steuerpflichtiger ist auf dem Weg zum Finanzamt, um Selbstanzeige zu erstatten, weil er sich noch nicht entdeckt wähnt. Er betritt das Finanzamt und erstattet eine „Selbstanzeige". Tatsächlich ist der Prüfer jedoch schon in seinem Betrieb zur Prüfung erschienen. Da das objektive Tatbestandsmerkmal des Erscheinens – im Gegensatz zu § 371 AO – im Falle des § 24 Abs. 1 StGB keine Rolle spielt, soll nach Auffassung von Marschall noch ein strafbefreiender Rücktritt vom Versuch der Steuerhinterziehung möglich sein. Wegen § 370 Abs. 4 S. 1 AO kommt § 24 StGB bei Fälligkeitssteuern (z. B. die Umsatzsteuer) in der Regel nicht zur Anwendung, da es bereits bei Ablauf des Fälligkeitszeitpunktes zu einer vollendeten Tat gekommen ist und nicht nur – wie von § 24 Abs. 1 StGB gefordert – die Ausführung der weiteren Tat aufgegeben oder deren Vollendung verhindert wird.

515 **b) Verhältnis zu § 153 AO.** Eine Steuerhinterziehung verlangt einen **Hinterziehungsvorsatz** bereits bei der Abgabe der falschen Erklärung. Ist dieser Hinterziehungsvorsatz bei Abgabe der Erklärung nicht vorhanden, führt eine spätere Bösgläubigkeit des Täters nicht zwangsläufig zu einer Strafbarkeit.[1228] Diese Lücke wird durch § 153 AO dergestalt geschlossen, dass der Steuerpflichtige verpflichtet wird, eine unrichtige Steuererklärung zu korrigieren, wenn er die Unrichtigkeit im Nachhinein erkennt.[1229] Nimmt er die Berichtigung nicht vor, begeht er eine Steuerhinterziehung durch Unterlassen.

516 Die Verpflichtung zur Anzeige nach § 153 AO besteht innerhalb der jeweiligen Festsetzungsfrist. Dies ist grundsätzlich der in § 169 Abs. 2 S. 1 Nr. 2 AO genannte Vierjahreszeitraum, der sich bei einer leichtfertigen Steuerverkürzung auf fünf Jahre bzw. bei einer Steuerhinterziehung auf zehn Jahre verlängert (§ 169 Abs. 2 S. 2 AO). Gem. § 153 Abs. 1 S. 2 AO trifft die Pflicht zur Berichtigung neben dem Steuerpflichtigen den Gesamtrechtsnachfolger des Steuerpflichtigen und die nach den §§ 34, 35 AO für den Steuerpflichtigen oder den Gesamtrechtsnachfolger[1230] handelnden Personen. Darüber hinaus sind auch Personen, die sich der leichtfertigen Steuerverkürzung nach § 378 AO schuldig gemacht haben, zu einer Berichtigung verpflichtet.[1231]

517 Die Berichtigung gem. § 153 AO umfasst nur den Fall, dass unrichtige Tatsachen mitgeteilt wurden oder die Mitteilung richtiger Tatsachen unterblieben ist.[1232] Sofern keine Steuererklärung abgegeben worden ist, soll § 153 AO ggfs. analog anwendbar sein.[1233] Allerdings ist zu

---

[1225] BGH Urt. v. 5.5.2004 – 5 StR 548/03 – HFR 2004, 1253.
[1226] Franzen/Gast/*Joecks* § 371 AO Rdnr. 234; a.A. *Kohlmann* § 371 AO Rdnr. 269.
[1227] *Marschall* BB 1998, 2497.
[1228] *Randt* Der Steuerfahndungsfall S. 95 Rdnr. 134.
[1229] Allgemein zu § 153 AO vgl. *Ekanayake Mudiyanselage* PStR 2006, 18.
[1230] *Götz* NWB F 10, 1511.
[1231] *Quedenfeld/Füllsack*, Verteidigung in Steuerstrafsachen, S. 195 Rdnr. 533.
[1232] OLG Hamburg Urt. v. 2.6.1992 – 1 Ss 119/91 – wistra 1993, 274.
[1233] OLG Hamburg Urt. v. 2.6.1992 – 1 Ss 119/91 – wistra 1993, 274; OLG Köln Beschl. v. 12.7.1987 – S 141/87-154- – wistra 1988, 274; OLG Karlsruhe Urt. v. 5.3.1964 – 1 Ss 335/63 – BB 1966, 1379.

berücksichtigen, dass § 153 AO in diesen Fällen nur dann greift, wenn durch die fehlerhafte Erklärung keine Steuerhinterziehung begangen wurde,[1234] denn ansonsten würde der Täter einer Steuerhinterziehung permanent verpflichtet, über § 153 AO seine Tat aufzudecken. Dies würde mit dem verfassungsrechtlich[1235] verankerten **nemo tenetur-Grundsatz** kollidieren.[1236] Fehlerhafte Rechtsansichten führen nicht zu einer Korrekturpflicht nach § 153 AO, wenn der Finanzbehörde die zugrunde liegenden Tatsachen bekannt sind.[1237]

Bei **Ehegatten** verneint die herrschende Meinung bei einer Zusammenveranlagung die Berichtigungspflicht für die Einkünfte des jeweils anderen Ehegatten.[1238] Begründet wird dies über Art. 6 Abs. 1 GG.[1239]

Steuerberater, sofern sie nicht ausnahmsweise eine Stellung gem. §§ 34, 35 AO innehaben, sind grundsätzlich nicht verpflichtet, eine Berichtigung nach § 153 AO durchzuführen.[1240] Ausnahmen können sich dann ergeben, wenn der Steuerberater in eigener Verantwortung gegenüber der Steuerbehörde auftritt, indem er z. B. für den Mandanten eine Erklärung (z. B. Umsatzsteuer-, Lohnsteuervoranmeldungen) unterschreibt und später erkennt, dass diese Erklärung unrichtig war oder wenn der Steuerberater aufgrund eines kanzleiinternen Rechenfehlers in der von ihm erstellten Steuerbilanz den Gewinn reduziert, er den Fehler aber erst bei der Erstellung der Steuerbilanz für das Folgejahr bemerkt. Der BGH hat die Frage der Berichtigungspflicht des Steuerberaters bislang ausdrücklich offen gelassen.[1241] *Randt*,[1242] *Joecks*[1243] und *Kutzner*[1244] vertreten zutreffenderweise die Auffassung, dass der Berater das von ihm selbstgeschaffene Risiko der Steuerhinterziehung durch eine Korrektur ausräumen muss, weil er insoweit ein Garant aus vorangegangenem gefährdenden Tun (sog. Ingerenz) ist und sich nach § 370 Abs. 1 Nr. 2 AO strafbar machen würde, wenn er untätig bleibt. Problematisch ist für den Steuerberater in diesen Fällen die Abgrenzung, wann er handeln muss und wann nicht, denn grundsätzlich verlangt der Grundsatz der Mandatstreue, sein Wissen für sich zu behalten, auch wenn er anhand der Bücher oder anderer Aufzeichnungen des Steuerpflichtigen erkennt, dass eine Steuerhinterziehung vorliegt oder ihm dies der Mandant offenbart. Der Schutz des **Beratungsverhältnisses**[1245] wird z. B. durch § 57 Abs. 1 StBerG, § 102 Abs. 1 Nr. 3 b AO (Auskunftsverweigerungsrecht in Besteuerungsverfahren) und § 53 Abs. 1 Nr. 3 StPO (Zeugnisverweigerungsrecht im Strafverfahren) geregelt. Allerdings ist zu beachten, dass der Schutz des Beratungsverhältnisses nicht die Fälle erfasst, in denen der Steuerberater in Kenntnis der Steuerhinterziehung seines Mandaten Steuererklärungen anfertigt, die ebenfalls mit denselben Mängeln behaftet sind. Hierdurch würde der Steuerberater Beihilfe zur Steuerhinterziehung leisten.[1246]

> **Praxistipp:**
>
> Im Ergebnis ist der Steuerberater zwar für die Altjahre nicht korrekturpflichtig, für das aktuelle Jahr und die Folgejahre ist jedoch – bei Kenntnis der Steuerhinterziehung des Mandanten – sofern sie sich in diesen Erklärungen fortsetzt, zwingend die Niederlegung des Mandats geboten, sofern der Steuerpflichtige sich nicht entscheidet, steuerehrlich zu werden.

Hat der Berater allerdings bereits Tatbestandsmerkmale des § 370 AO erfüllt, hat er sich z. B. als Mittäter oder Teilnehmer an der Tat seines Mandanten beteiligt und verweigert der Man-

---

[1234] Wannemacher/*Vogelberg* Rdnr. 2482.
[1235] BVerfG Urt. v. 30.5.1956 – 2 BvP 1/56 – BVerfGE 56, 37, 41 f.
[1236] *Randt* Der Steuerfahndungsfall S. 97 Rdnr. 138.
[1237] BFH Urt. v. 7.9.1993 – VII R 128/92 – BFH/NV 1994, 672, 673.
[1238] *Tipke/Kruse* § 153 AO Rdnr. 2.
[1239] *Quedenfeld/Füllsack*, Verteidigung in Steuerstrafsachen, S. 195 Rdnr. 534.
[1240] BGH Beschl. v. 20.12.1995 – 5 StR 412/95 – wistra 1996, 184, 188.
[1241] BGH Beschl. v. 20.12.1995 – 5 StR 412/95 – wistra 1996, 184, 188.
[1242] *Randt* Der Steuerfahndungsfall S. 98 Rdnr. 141.
[1243] *Joecks*, Praxis des Steuerstrafrechts, S. 52.
[1244] *Kutzner* NWB 2005, F 30, 1543, 1548.
[1245] Ausnahme: Verdachtsanzeige nach dem Geldwäschegesetz.
[1246] BGH Urt. v. 30.6.2005 – 5 StR 12/05 – PStR 2005, 201 mit Anm. *Wegner*.

dant eine gemeinschaftliche Selbstanzeige, ist der steuerliche Berater aus dem Gesichtspunkt der Mandantentreue nicht gehindert, für sich allein Selbstanzeige zu erstatten.[1247]

522 c) **Verhältnis zu § 46 a StGB.** § 46 a StGB gibt dem Gericht die Möglichkeit, nach seinem Ermessen von einer Strafe abzusehen, wenn keine höhere Freiheitsstrafe bis zu einem Jahr oder Geldstrafe bis zu 360 Tagessätzen verwirkt ist, oder die Strafe zu mildern, wenn der Täter den Schaden wieder gutmacht oder sich zumindest ernsthaft um **Wiedergutmachung** bemüht. Die Regelung des § 46 a StGB findet über § 369 Abs. 2 AO auch Anwendung im Steuerstrafrecht,[1248] wobei allerdings lediglich im Einzelfall eine Anwendung von § 46 a Nr. 2 StGB möglich ist, da § 46 a Nr. 1 StGB nicht einschlägig ist.

523 Denkbare Anwendungsfälle von § 46 a Nr. 2 StGB sind:
- Der Täter ist nicht in der Lage, eine korrekte Berichtigungserklärung einzureichen. Aber seine Kooperation mit den Finanzbehörden versetzt diese in die Lage, die zutreffende Steuer zu ermitteln.
- Im Rahmen einer Betriebsprüfung gibt der Steuerpflichtige dem Betriebsprüfer Hinweise auf eine Steuerstraftat, bei der kein Entdeckungsrisiko bestanden hätte.
- Der Steuerpflichtige deckt seine Steuerstraftat auf und ist aufgrund nicht vorhandener Liquidität nicht in der Lage, die hinterzogenen Steuern ganz oder teilweise zu begleichen.

524 d) **Verhältnis zu § 264 Abs. 4 StGB.** Zwischen § 264 Abs. 4 StGB und § 371 AO besteht tatbestandliche Exklusivität, da es keine Überschneidungen zwischen beiden Vorschriften gibt.[1249]

525 e) **Verhältnis zu § 266 a Abs. 6 StGB.** Gem. § 266 a Abs. 6 StGB besteht die Möglichkeit einer strafbefreienden Selbstanzeige für den zahlungsunfähigen Betrugsstraftäter. Zu einem Zusammentreffen gem. § 266 a Abs. 6 StGB und § 371 AO, die beide selbständig nebeneinander stehen, kann es vornehmlich bei der Lohnsteuer- und Beitragshinterziehung im Bereich der Schwarzarbeit kommen.[1250]

526 f) **Verhältnis zu § 261 Abs. 9 StGB.** Auch der Geldwäschetatbestand enthält in § 261 Abs. 9 StGB einen persönlichen Strafaufhebungsgrund bei vollendeter Tatbegehung.[1251]

9. Kosten der Selbstanzeige

527 Sofern ein Steuerpflichtiger eine Selbstanzeige nach § 371 AO erstattet, kommt er seiner Verpflichtung nach § 153 AO nach, indem er seine Erklärung richtig stellt. Insoweit erfüllt er seine abgabenrechtlichen Erklärungspflichten, sodass seine diesbezüglichen Steuerberatungskosten nach den allgemeinen Grundsätzen als Werbungskosten bzw. Betriebsausgaben oder als Sonderausgaben i. S. d. § 10 Abs. 1 Nr. 6 EStG (bis 31.12.2005) steuermindernd berücksichtigt werden können.[1252]

528 Steuerberatungskosten, die für die Geltendmachung und die Durchsetzung der strafbefreienden Wirkung der Selbstanzeige entstehen, stehen wie Strafverteidigungskosten nicht in unmittelbarem Zusammenhang mit dem Besteuerungsverfahren und können daher nicht steuermindernd berücksichtigt werden.[1253]

VI. Bannbruch (§ 372 AO)[1254]

Schrifttum: *Bender*, Ist der Zigarettenschmuggel seit dem 4. März 2004 straffrei, wistra 2004, 368; *ders.*, Betäubungsmittelschmuggel als Steuerstraftat, ZfZ 1984, 322; *ders.*, Der EuGH und das Zollstrafrecht, wistra 2006, 41; *Fehn*, Ermittlungszuständigkeit der Zollfahndung beim Rauschgiftschmuggel nach Verwirklichung des Binnenmarktes, ZfZ 1991, 104; *Janovsky*, Die Strafbarkeit des grenzüberschreitenden Warenverkehrs, NStZ 1998, 117; *Quedenfeld/Füllsack*, Verteidigung in Steuerstrafsachen, 3. Aufl. 2005; *Reiß*, Hinterziehung von

---
[1247] *Marschall* BB 1998, 2498.
[1248] Franzen/Gast/*Joecks* § 371 AO Rdnr. 240.
[1249] Franzen/Gast/*Joecks* § 371 AO Rdnr. 241.
[1250] *Kohlmann* § 371 AO Rdnr. 272.
[1251] *Kohlmann* § 371 AO Rdnr. 273.
[1252] OFD Frankfurt/M. Vfg. v. 10.10.2005 – S 2221 A – 37 – St II 2.08 – DB 2005, 2495.
[1253] OFD Frankfurt/M. Vfg. v. 10.10.2005 – S 2221 A – 37 – St II 2.08 – DB 2005, 2495.
[1254] Bearbeitet unter Mitarbeit von RA/StB *Jörg Kanzler*.

Steuern, die der Fiskus nicht erhebt?, wistra 1983, 55; *Roxin*, Täterschaft und Tatherrschaft, 7. Aufl. 2000; *Thietz-Bartram*, Ausfuhrbeschränkungen und ihre Strafsanktionen im Lichte des Gemeinschaftsrechts, wistra 1993, 201; *Weidemann*, Replik zu Bender: keine strafrechtlichen Konsequenzen des Urteils des EuGH vom 3.3.2005, wistra 2006, 45; *Witte/Wolfgang*, Lehrbuch des Europäischen Zollrechts, 4. Aufl. 2004.

1. Allgemeines

Bannbruch i. S. d. § 372 Abs. 1 AO bedeutet die **Zuwiderhandlung** gegen ein Einfuhr-, Ausfuhr- oder Durchfuhrverbot. Die Vorschrift dient dem Gesundheitsschutz von Menschen und Tieren, dem Pflanzenschutz, der öffentlichen Sicherheit sowie dem Schutz des Branntweinmonopols, aber auch der Außenwirtschafts- und Verteidigungspolitik und damit insgesamt vornehmlich steuerfremden Zwecken. Ausschließlich in den Fällen, in denen Branntwein verbotswidrig eingeführt wird, bezweckt die Vorschrift den Schutz von Abgaben. Die Bedeutung des einfachen Bannbruchs ist gering. Der Grund dafür liegt in der **Subsidiaritätsklausel** des § 372 Abs. 2 AO. Eine Bestrafung wegen Bannbruchs kommt danach nur in Betracht, wenn die Tat nicht in anderen Vorschriften als Zuwiderhandlung gegen ein Einfuhr-, Ausfuhr- oder Durchfuhrverbot mit Strafe oder Geldbuße bedroht ist.[1255] 529

Praktische Bedeutung erlangt der Straftatbestand des **Bannbruchs** insbesondere in den folgenden Fällen: 530
- Zuwiderhandlungen gegen das Einfuhrverbot des § 3 BranntwMonG oder andere nicht eigenständig strafbewehrte Einfuhrverbote, z. B. durch EG-Recht, sind unmittelbar nach § 372 Abs. 1 AO strafbar und
- Zuwiderhandlungen gegen nichtsteuerliche, strafbewehrte Verbringungsverbote werden zu Steuerstraftaten mit der Folge, dass die Zuwiderhandlungen in die Ermittlungszuständigkeit der Zollverwaltung und den dafür geltenden verfahrensrechtlichen Regelungen (§ 208 und §§ 385 – 408 AO) fallen (sog. formelle Konsequenz) und Zuwiderhandlungen gegen bußgeldbewehrte Verbringungsverbote unter den Voraussetzungen des § 373 AO als Steuerstraftaten zu qualifizieren sind (sog. materielle Konsequenz).

Der Anwendungsbereich des § 372 Abs. 1 (i. V. m. § 373 Abs. 2) AO ist aufgrund der weiten Fassung des Wortlauts, der Zuwiderhandlungen gegen jedes Einfuhr-, Ausfuhr- oder Durchfuhrverbot sanktioniert, restriktiv auszulegen. Anderenfalls könnten aus Verbotsnormen, von denen manche weder untereinander noch mit dem Strafrecht abgestimmt sind, Folgerungen gezogen werden, die unter strafrechtlichen Gesichtspunkten als systemwidrig erscheinen.[1256] 531

2. Gesetzessystematik

Der Straftatbestand des Bannbruchs ist eine sog. **Blankettvorschrift**. Die Beschreibung des Straftatbestands erfolgt nicht erschöpfend, sondern bedarf der Ausfüllung durch andere Gesetze (scil. Verbotsgesetze). Hierbei ist das Bestimmtheitsgebot zu beachten. Die Tatbestandsmäßigkeit des Bannbruchs kann danach – wie bei den anderen Steuerstrafblanketttatbeständen auch – nur durch Gesetz oder Rechtsverordnung oder durch Rechtsakte des Rates oder der Kommission der EG, nicht aber auch durch Verwaltungsanordnungen, ausgefüllt werden.[1257] 532

3. Objektiver Tatbestand

a) Objekt des Bannbruchs: „**Gegenstände**". Objekt des Bannbruchs sind nur Gegenstände. Gegenstände sind nach allgemeinem juristischen Verständnis alles, was Objekt von Rechten sein kann, also nicht nur körperliche Sachen, sondern auch Forderungen, Immaterialgüterrechte und sonstige Vermögensrechte.[1258] Im Rahmen des § 372 Abs. 1 AO ist der Begriff der Gegenstände aber – entsprechend der Besonderheiten des Bannbruchs – enger auszulegen. Gegenstände im Sinne von § 372 AO sind nur körperliche, bewegliche Sachen.[1259] Deckungsgleichheit besteht im Wesentlichen mit dem Begriff der Waren im Sinne des Artikel 23 EGV-Nizza. Darüber hinaus erfüllen insbesondere Waffen, Munition und Kriegsmaterial sowie Zah- 533

[1255] *Janovsky* NStZ 1998, 117.
[1256] Vgl. im Einzelnen zu den Abgrenzungskriterien Franzen/Gast/Joecks/*Voß* § 372 AO Rdnr. 5 ff.
[1257] BGH Beschl. v. 16.10.1981 – 2 StR 408/81 – wistra 1982, 31 und *Reiß* wistra 1983, 55.
[1258] Palandt/*Heinrichs* Übbl. Vor § 90 BGB Rdnr. 2.
[1259] BGH Beschl. v. 7.9.1956 – 1 BJs 182/55/StB 28/56 – BGHSt. 9, 351, 353; BGH Urt. v. 11.1.1963 – 3 StR 46/62 – NJW 1963, 671; so auch *Kohlmann* § 372 AO Rdnr. 6.

lungsmittel, Falschgeld, Betäubungsmittel, Leichen und Feten die Merkmale der Gegenstände im Sinne von § 372 AO.[1260]

534 **b) Verbringungsverbote.** Der objektive Tatbestand des § 372 Abs. 1 AO ist erfüllt, wenn Gegenstände entgegen einem gesetzlichen Verbot eingeführt, ausgeführt oder durchgeführt werden. Oberbegriff für das Einführen, Ausführen und Durchführen ist das **Verbringen**. Hierunter versteht man das Verschaffen eines Gegenstandes durch einen Menschen mit Handlungswillen über eine Außengrenze.[1261] Der BFH hat in seinen Beschlüssen vom 7. Mai 2002[1262] die Auffassung vertreten, dass es im Rahmen der zollrechtlichen Gestellungspflicht zweifelhaft sei, ob ein Handlungswille bei demjenigen vorhanden sei, der ohne sein Wissen in seinem LKW versteckte Ware in das Zollgebiet einführt und hat diese Frage dem EUGH vorgelegt. Der EUGH[1263] ist dem nicht gefolgt, sondern geht davon aus, dass eine Gestellungspflicht auch ohne konkreten Handlungswillen der die Ware befördernden Person vorliegt.

535 Die Tatbestandsalternativen der Einfuhr, Ausfuhr und Durchfuhr sind nicht in § 372 AO definiert. Sie sind wie folgt zu verstehen:

536 *aa) Einfuhr.* Nach dem allgemeinen Sprachgebrauch ist unter Einfuhr das Verbringen eines Gegenstands über die Grenze nach innen zu verstehen. Zum Teil wird der Begriff der Einfuhr in den Verbotsgesetzen ausdrücklich definiert. Soweit das nicht der Fall ist, muss durch Auslegung des jeweiligen Verbotsgesetzes ermittelt werden, ob eine Einfuhr gegeben ist bzw. ein Verbringen als Einfuhr gilt.[1264] Aus den jeweiligen Verbotsgesetzen ergibt sich weiterhin, welche Grenze (Banngrenze) und welches Gebiet (Banngebiet) nach innen durch den Straftatbestand des Bannbruchs geschützt wird. Ein Teil der Gesetze versteht unter Einfuhr das Verbringen in das Bundesgebiet (z. B. § 22 a Abs. 1 Nr. 4 KriegswaffKG; § 8 Abs. 1 GetrG), wohingegen der überwiegende Teil der Gesetze den Begriff der Einfuhr als das Verbringen in den „Geltungsbereich dieses Gesetzes" definiert (vgl. insbesondere das BtMG, das WaffG, das SprengG sowie sämtliche Einfuhrverbote nach StGB). Die Begriffe des Bundesgebiets und des „Geltungsbereichs dieses Gesetzes" sind seit der Herstellung der deutschen Einheit identisch. Umfasst werden jeweils die alten und neuen Bundesländer einschließlich Berlin.[1265] Die Einführung des Europäischen Binnenmarktes und der damit verbundene Wegfall der Zollstellen an den Binnengrenzen hat nicht den Fall der Banngrenze zur Folge gehabt. Daher führt weiterhin das Verbringen über die fortbestehenden Staatsgrenzen unter Verletzung der Einfuhr-, Ausfuhr- und Durchfuhrbestimmungen zur Tatbestandsverwirklichung des § 372 AO.[1266]

537 Gelangt ein Gegenstand ohne menschliches Zutun über die Grenze in das Inland, so wird er noch nicht eingeführt. Verbleibt er aber mit menschlichem Willen im Banngebiet, dann ist er in dieses Gebiet verbracht.[1267] Andere Gesetze bestimmen schließlich das Banngebiet abweichend vom deutschen Hoheitsgebiet. Zum Beispiel erklärt § 2 BranntwMonG das Monopolgebiet als Banngebiet. Hierunter fällt das Gebiet der Bundesrepublik Deutschland mit Ausnahme von Zollfreigebieten und Zollausschlussgebieten. § 4 Abs. 1 Nr. 1, Abs. 2 Nr. 3 bis 5 AWG bestimmt als Banngebiet das Wirtschaftsgebiet. Als Wirtschaftsgebiet definiert § 4 Abs. 1 Nr. 1 AWG den Geltungsbereich des Gesetzes, wobei auch die österreichischen Gebiete Jungholz und Mittelberg als Teil des Wirtschaftsgebiets gelten. Die deutsche Gemeinde Büsingen, die dem schweizerischen Zollgebiet angeschlossen ist, gilt nicht als Teil des Wirtschaftsgebiets.

538 *bb) Ausfuhr.* Nach dem allgemeinen Sprachgebrauch ist unter Ausfuhr das Verbringen von Gegenständen von innen über die Grenze nach außen zu verstehen. Zum Teil wird der Begriff der Ausfuhr in den blankettausfüllenden Gesetzen definiert (z. B. § 4 Abs. 2 Nr. 3 AWG; § 4 Abs. 1 Nr. 12 FleischHG; § 1 Abs. 2 Nr. 3 TierSG). Das AWG bestimmt den Begriff der Ausfuhr zum Beispiel als: „das Verbringen von Sachen und Elektrizität aus dem Wirtschaftsgebiet

---

[1260] Franzen/Gast/Joecks/*Voß* § 372 AO Rdnr. 8.
[1261] BFH Urt. v. 20.7.2004 – VII R 20/02 – BFH/NV 2005, 318.
[1262] BFH Beschl. v. 7.5.2002 – VII R 39/01 – BFHE 198, 255 und VII R 38/01 – BFH/NV 2002, 1191.
[1263] EUGH Urt. v. 4.3.2004 – Rs L-238/02 und L-246/02 – ZfZ 2004, 159 = wistra 2004, 376; vgl. auch *Bender* wistra 2004, 368, 370; *ders.* wistra 2006, 41 und *Weidemann* wistra 2006, 45.
[1264] BGH Urt. v. 21.1.1983 – 2 StR 698/82 – NJW 1983, 1276.
[1265] Vgl. Präambel des GG i. d. F. des Art. 4 des Einigungsvertrages vom 31.8.1990 – BGBl II 1990, 889 ff.
[1266] Vgl. auch *Fehn* ZfZ 1991, 104.
[1267] Vgl. auch Franzen/Gast/Joecks/*Voß* § 372 AO Rdnr. 13.

nach fremden Wirtschaftsgebieten, soweit in einer zu diesem Gesetz erlassenen Rechtsordnung nichts anderes bestimmt ist." § 4 Abs. 1 Nr. 12 FleischHG erklärt als Ausfuhr das Verbringen von Sachen „aus dem Inland in Drittländer" bzw. § 1 Abs. 2 Nr. 3 TierSG „aus dem Inland in ein Drittland". Ist der Begriff Ausfuhr nicht ausdrücklich definiert, ist im Übrigen auch hier durch Auslegung des jeweiligen Verbotsgesetzes zu ermitteln, ob ein Vorgang die Merkmale einer Ausfuhr erfüllt.

cc) Durchfuhr. Unter Durchfuhr ist nach dem allgemeinen Sprachgebrauch das Verbringen **539** eines Gegenstandes über eine Außengrenze nach innen und wieder über eine Grenze nach außen zu verstehen. Das heißt, dass das Banngebiet nur Durchgangsgebiet ist. Hierbei darf der Gegenstand nicht in den freien Verkehr des Banngebietes gelangen. Dementsprechend kann sich die Durchfuhr nicht aus einer Einfuhr und einer Ausfuhr zusammensetzen.[1268] Ob eine Durchfuhr gegeben ist, richtet sich auch insoweit nach dem jeweiligen Verbotsgesetz.

c) Verbringenlassen. Der Gesetzgeber hat in einzelnen Verbotsgesetzen auch den Begriff des **540** Verbringenlassens normiert, zum Beispiel in §§ 8 Abs. 1 S. 1, 23 Abs. 1 AWV und § 36 Abs. 2 Nr. 1 MOG. Hierdurch werden zunächst die Fälle der mittelbaren Täterschaft selbständig erfasst. Streitig ist, ob der Begriff des Verbringenlassens darüber hinaus die Teilnahmeformen der Anstiftung gem. § 26 StGB und der Beihilfe gem. § 27 StGB umfasst. *Hübner*[1269] versteht als Verbringenlassen, jemanden eine Ware verbringen zu lassen, sich seiner zur Ein-, Aus- oder Durchfuhr zu bedienen, sich von ihm hierbei helfen zu lassen, ihn zur Ein-, Aus- oder Durchfuhr zu veranlassen oder ihn dabei gewähren zu lassen. Damit sind nach Auffassung von *Hübner* auch die Beihilfe und die Anstiftung als eigenständige Begehungsformen des Verbringens anzusehen. Anderer Auffassung ist insbesondere *Voß*.[1270] Beim Begriff des Verbringenlassens handle es sich ausschließlich um eine „vorsorglich" in den Wortlaut aufgenommene „Ausprägung der intellektuellen Täterschaft oder der mittelbaren Täterschaft". *Hübner* zeige in seiner Definition lediglich die Teilnahmeformen der Anstiftung (§ 26 StGB) und der Beihilfe (§ 27 StGB) sowie darüber hinaus das Unterlassen (§ 13 StGB) auf. Nach *Kohlmann*[1271] ist im Einzelfall zu prüfen, ob der Gesetzgeber mit dem Verbringenlassen auch die Teilnahmeformen der Anstiftung und der Beihilfe verselbständigen wollte.

d) Ein-, Aus- und Durchfuhrverbote. Ein-, Aus- und Durchfuhrverbote im Sinne des § 372 **541** AO können durch Gesetz, Rechtsverordnung oder Rechtsakte des Rates oder der Kommission der EG angeordnet sein. Ob Einfuhr- oder Ausfuhrverbote vorliegen, ist ebenso durch Auslegung zu ermitteln wie die Frage, ob nur die Einfuhr, die Ausfuhr oder eben auch die Durchfuhr verboten ist.[1272]

Zu unterscheiden ist zwischen **Verbringungsverboten** und **Verbringungsbeschränkungen**. **542** Ob Verbringungsbeschränkungen Verbote sind, d. h. Zuwiderhandlungen hiergegen den Straftatbestand des Bannbruchs erfüllen, ist – wie bereits das Reichsgericht entschieden hatte – im Zweifel nicht nach dem Wortlaut, sondern allein nach dem Inhalt der jeweils einschlägigen Vorschriften zu ermitteln.[1273] Denn die Vorschriften verwenden die Begriffe Verbote und Beschränkungen nicht einheitlich.

Das Reichsgericht[1274] kam hier zu dem Schluss, dass Verbringungsbeschränkungen nur auf **543** der Grundlage freier Ein-, Aus- und Durchfuhr denkbar sind. Im Einzelfall ist damit erheblich, ob die Verbringung grundsätzlich verboten und nur ausnahmsweise zulässig oder grundsätzlich frei, aber in Ausnahmefällen untersagt ist.[1275] Weniger kommt es u.E. hingegen auf die terminologische Unterscheidung zwischen absoluten und relativen Verbringungsverboten

---

[1268] H/H/Sp/*Hübner* § 372 AO Rdnr. 16; a.A. OLG Schleswig Beschl. v. 15.7.1971 – 1 Ws 133/71 – NJW 1971, 2319.
[1269] H/H/Sp/*Hübner* § 372 AO Rdnr. 42.
[1270] Franzen/Gast/Joecks/*Voß* § 372 AO Rdnr. 14.
[1271] *Kohlmann* § 372 AO Rdnr. 18.
[1272] Vgl. EuGH Urt. v. 6.4.2000 – C 383/98 – EuGHE 2000 I, 2519 The Polo/Leasure Company.
[1273] RG Urt. v. 3.7.1918 – V 32/18 – RGSt 52, 124; RG Urt. v. 14.1.1930 – I 526/29 – RGSt 63, 358; RG Urt. v. 12.3.1934 – 3 D 1364/33 – JW 1934, 1914.
[1274] RG Urt. v. 3.7.1918 – V 32/18 – RGSt 52, 124; RG Urt. v. 14.1.1930 – I 526/29 – RGSt 63, 358; RG Urt. v. 12.3.1934 – 3 D 1364/33 – JW 1934, 1914.
[1275] Vgl. auch *Kohlmann* § 372 AO Rdnr. 8 m.w.N.

an.[1276] Denn selbst relative Verbringungsverbote untersagen im Allgemeinen – vorbehaltlich einer Ausnahmebewilligung – die Ein-, Aus- und Durchfuhr von Waren. Soweit die Ein- oder Ausfuhrbeschränkungen die Verbringung über die Grenze nur von der Einhaltung bestimmter Förmlichkeiten abhängig machen, die der Überwachung der Verbote dienen sollen, so erfüllen Zuwiderhandlungen hiergegen nicht den Straftatbestand des Bannbruchs. Solche Förmlichkeitsvorschriften sind zum Beispiel die Einhaltung bestimmter Verkehrswege nach § 2 ZollVG, die Bindung an Zollstellenöffnungszeiten nach §§ 3 ff. ZollVG, die Warenanmeldung bei bestimmten Zollstellen nach § 7 ZollVG und die Anzeigepflichten nach § 12 a Abs. 1 ZollVG.

544 Wird die Vorlage von Nachweisen über den Ursprung, die Gesundheit oder die Beschaffenheit von Gegenständen oder Untersuchungsbefunde oder Bescheinigungen verlangt, so ist es für die Tatbestandsmäßigkeit des § 372 AO entscheidend, ob die Waren, für welche die erforderlichen Nachweise nicht vorliegen, nach den jeweils maßgeblichen Vorschriften von der Einfuhr, Ausfuhr oder Durchfuhr ausgeschlossen sein sollen oder ob die Nachweise nur als Förmlichkeiten zur Kontrolle des Warenverkehrs über die Grenze zu verstehen sind. Im ersteren Fall erfüllen Zuwiderhandlungen den Straftatbestand des Bannbruchs gem. § 372 AO, im letzteren Fall nicht.[1277] Zuwiderhandlungen gegen Bedingungen und Auflagen, die lediglich den Zweck verfolgen, die Überwachung der Verbote des Warengrenzverkehrs zu erleichtern oder zu vereinfachen, sind nicht tatbestandsmäßig im Sinne von § 372 AO.[1278] Demgegenüber sind Zuwiderhandlungen gegen Einfuhrbeschränkungen insbesondere dann tatbestandsmäßig im Sinne von § 372 AO, wenn ein allgemeiner Erlaubniszwang besteht (§ 15 Abs. 1 SprengG, §§ 3, 11 Abs. 1 Nr. 1 AtG), das Verbringen nur gegenüber bestimmten Personen in stück- und mengenmäßiger Begrenzung gestattet ist (§ 9 BtMG) oder die Verbringung von der Zustimmung einer Behörde abhängig ist (§ 16 FleischHygG).

545 **Nationale Einfuhr-, Ausfuhr und Durchfuhrverbote**, die sich auf den innergemeinschaftlichen Verkehr der EG auswirken, sind auf die Übereinstimmung mit dem EGV zu prüfen.[1279] Das ist insbesondere dann der Fall, wenn ein Verbringungsverbot die Grundfreiheiten beschränkt, namentlich den freien Warenverkehr, den Dienstleistungsverkehr und den annexen Zahlungsverkehr. In der Regel wird hier zu prüfen sein, ob die nationalen Verbringungsverbote aus Gründen der öffentlichen Sittlichkeit, der öffentlichen Sicherheit und Ordnung, zum Schutz der Gesundheit und des Lebens von Menschen, Tieren oder Pflanzen, des nationalen Kulturguts von künstlerischem, geschichtlichem oder archäologischem Wert oder des gewerblichen und kommerziellen Eigentums gerechtfertigt sind. So hat der EuGH mit Urteil in der Rechtssache C-115/02 vom 23.10.2003[1280] entschieden, dass auch Waren im Durchfuhrverkehr in den Anwendungsbereich der Art. 28 bis 30 EGV fallen und dass die Durchfuhr von rechtmäßig in einem Mitgliedstaat hergestellten für einen Drittstaat bestimmten Waren von dem Durchfuhrstaat nicht unter dem Aspekt des Markenrechts behindert werden darf. Verletzt das nationale Recht das Gemeinschaftsrecht, so ist wegen des Vorrangs des Gemeinschaftsrechts das nationale Recht nicht anzuwenden. Das gilt sowohl für die nationale Straf- und Bußgeldandrohung als auch für das nationale Verbringungsverbot. Über die Nichtanwendbarkeit nationaler Verbringungsverbote entscheiden Verwaltungsbehörden und Gerichte kraft eigener Zuständigkeit. Bestehen Zweifel an der Auslegung des Gemeinschaftsrechts in Bezug auf die Vereinbarkeit nationalen Rechts mit Gemeinschaftsrecht, so ist ausschließlich der EuGH mittels Vorabentscheidungsersuchen gemäß Artikel 234 EGV-Nizza anzurufen. Gerichte in letzter Instanz sind zur Vorlage an den EuGH verpflichtet. Andere Gerichte sollten von ihrer Vorlagebefugnis Gebrauch machen, um das Verfahren abzukürzen. Die Nichtanwendbarkeit eines nationalen Verbringungsverbots im innergemeinschaftlichen Verkehr gilt nach Gemeinschaftsrecht nicht im Verhältnis zu Drittstaaten.[1281] Das nationale Verbringungsverbot bleibt insoweit wirksam. Eine hierauf beruhende – sog. umge-

---

[1276] So aber Franzen/Gast/Joecks/*Voß* § 372 AO Rdnr. 19.
[1277] Vgl. hierzu auch die Rechtsprechungsnachweise bei H/H/Sp/*Hübner* § 372 AO Rdnr. 49.
[1278] Franzen/Gast/Joecks/*Voß* § 372 AO Rdnr. 19.
[1279] *Thietz-Bartram* wistra 1993, 201.
[1280] Rioglass Tätigkeitsbericht 28/03.
[1281] EuGH Urt. v. 15.7.1976 – Rs 51/75 – EuGHE 1976, 811 „EMI/CBS – Warenzeichenrecht".

kehrte – Diskriminierung für den Inlands- und Drittlandsverkehr ist nicht gemeinschaftsrechtswidrig.[1282]

4. Subjektiver Tatbestand

Der Täter muss hinsichtlich sämtlicher Merkmale des objektiven Tatbestands vorsätzlich handeln. Dolus eventualis, d. h. dass der Täter die Tatbestandsverwirklichung billigend in Kauf nimmt, ist ausreichend. Der Vorsatz muss sich auch auf das Einfuhr-, Ausfuhr- oder Durchfuhrverbot beziehen. Kannte der Täter das Verbot nicht, liegt ein vorsatzausschließender Tatbestandsirrtum im Sinne von § 16 Abs. 1 StGB vor. 546

5. Versuch, Vollendung und Beendigung der Tat

a) **Versuch.** Der Versuch des Bannbruchs ist gem. § 372 Abs. 2 i. V. m. § 370 Abs. 2 AO strafbar. Abzugrenzen ist der (strafbare) **Versuch** von der bloßen **Vorbereitungshandlung**, die straflos ist. Die Vorbereitungshandlung ist die vor dem Versuchsstadium liegende Tätigkeit, die zwar auf die Tatbestandsverwirklichung hinzielt, aber noch nicht dazu im Sinne von § 22 StGB unmittelbar ansetzt. Zu differenzieren ist dabei zwischen dem Versuch der Einfuhr und Durchfuhr einerseits und dem Versuch der Ausfuhr andererseits.[1283] 547

Die im Ausland **versuchte Einfuhr** im Sinne von § 372 AO ist grundsätzlich nicht deutschem Strafrecht unterworfen, da der Bannbruch als schlichtes Tätigkeitsdelikt einen Erfolg im Inland voraussetzt und damit auch nicht ein im Inland gelegener Tatort im Sinne eines Erfolgsortes nach § 9 StGB anzunehmen ist. In aller Regel wird die jeweilige Handlung dann aber als versuchte Hinterziehung von Abgaben und Zöllen strafbar sein. Die Schwelle der (straflosen) Vorbereitungshandlung zum strafbaren Versuch ist dann überschritten, wenn der Täter aus dem fremden Machtgebiet heraustritt und sich anschickt, in das deutsche Banngebiet einzudringen.[1284] Abweichend hiervon ist die Rechtslage, wenn das eingeführte Gut nicht mit Eingangsabgaben belegt ist, was nach ständiger Rechtsprechung des EuGH insbesondere für die Einfuhr von Betäubungsmitteln für nicht medizinische oder wissenschaftliche Zwecke[1285] sowie für die verbotene Einfuhr von Falschgeld gilt.[1286] Hier kommt nur eine Bestrafung wegen versuchten Bannbruchs in Betracht, wenn die Tat dem deutschen Strafrecht als Auslandstat gem. § 6 StGB unterfällt und nach § 7 Abs. 2 StGB bestraft werden kann.[1287] 548

Bei der **versuchten Ausfuhr** i. S. v. § 372 AO ist der Versuchsbeginn als unmittelbares Ansetzen im Sinne von § 22 StGB bereits dann anzunehmen, wenn die Ware auf den Weg in Richtung Grenze gebracht wird. Dem entspricht es, dass die unmittelbare Gefährdung der Banngrenze bereits mit dem Beginn des Transportvorgangs zur Grenze hin einsetzt.[1288] Demgegenüber sind zum Beispiel die bloße Übernahme der Bannware oder das Anbringen eines Geheimfaches im Autotank oder das Aufladen der Ware noch als straflose Vorbereitungshandlungen zu qualifizieren. 549

b) **Vollendung der Tat.** Vollendet ist eine Straftat, sobald alle Merkmale des gesetzlichen Tatbestandes erfüllt sind. Der Zeitpunkt der Vollendung ist maßgebend für die Abgrenzung zum Versuch. Der Bannbruch ist vollendet, wenn die Gegenstände verbotswidrig über die Grenze verbracht werden. Ein besonderer Erfolgseintritt ist darüber hinaus nicht erforderlich, da der Bannbruch seiner Deliktsnatur nach ein schlichtes Tätigkeitsdelikt ist. Die Durchfuhr ist vollendet, wenn die Ware das deutsche Hoheitsgebiet wieder verlassen hat.[1289] 550

[1282] EuGH Urt. v. 14.7.1988 – Rs C 308/86; EuGHE 1988, 4369 – „Lambert"; EuGH Urt. v. 12.10.1995 – C-104/94 – EuGHE 1995, 301 – „Aubertin u. a.".
[1283] H/H/Sp/*Hübner* § 372 AO Rdnr. 62 und *Kohlmann* § 372 AO Rdnr. 23.
[1284] BGH Urt. v. 17.2.1976 – 1 StR 863/75 – BGHSt 26, 281; BGH Urt. v. 19.1.1968 – 4 StR 559/67 – BGHSt 22, 81; BGH Urt. v. 19.1.1965 – 1 StR 541/64 – BGHSt 20, 150; RG v. 12.3.1934 – 3 D 1364/33 – JW 1934, 1914.
[1285] EuGH Urt. v. 26.10.1982 – 221/81 – EuGHE 1982, 3681, 3699 – ZfZ 1983, 10; EuGH Urt. v. 28.2.1984 – 294/82 – EuGHE 1984, 1177 – ZfZ 1984, 140.
[1286] EuGH Urt. v. 6.12.1990 – C-343/89 – EuGHE 1990, 4492 – ZfZ 1991, 106.
[1287] *Bender* ZfZ 1984, 322 ff.; vgl. OLG Karlsruhe Urt. v. 21.2.1985 – 4 Ss 1/85 – NStZ 1985, 317.
[1288] BGH Urt. v. 19.1.1965 – 1 StR 541/64 – BGHSt 20, 150; BGH Beschl. v. 7.4.1983 – 1 StR 207/83 – MDR 1983, 685.
[1289] BGH Urt. v. 4.5.1983 – 2 StR 661/82 – BGHSt 31, 374, 379.

551 **c) Beendigung der Tat.** Von der Vollendung ist die tatsächliche Beendigung des gesamten Handlungsgeschehens, mit dem das Tatunrecht den Abschluss findet, zu unterscheiden.[1290] Die **Beendigung** der Tat ist entscheidend für die Frage der Teilnahme an der Tat, die Zurechnung tatbestandsmäßiger Strafschärfungsgründe,[1291] den Beginn der Verfolgungsverjährung[1292] und die Möglichkeit der Einziehung.[1293] Für den Bannbruch kommt die für Tätigkeitsdelikte geltende Regel, dass Vollendung und Beendigung der Tat zusammenfallen, nicht zum Tragen. Vielmehr können hier Tatvollendung und Beendigung durchaus auseinander fallen. Beendet ist der Bannbruch nach ständiger Rechtsprechung, wenn „die Bannware an ihren endgültigen Bestimmungsort gelangt und dort zur Ruhe gekommen ist."[1294] Bestimmungsort ist dabei der eng begrenzte Raum, der das konkrete Ziel der Beförderung ist, so zum Beispiel die Geschäftsräume des Täters.[1295]

6. Täterschaft und Teilnahme

552 Der Bannbruch ist weder ein Sonderdelikt noch verlangt er im Allgemeinen eine besondere **Täterqualifikation**. Als Täter kann grundsätzlich jedermann in Betracht kommen, zum Beispiel der Lieferant, der das Verbringen beginnt, der Abnehmer, der es in Auftrag gegeben hat, und insbesondere derjenige, der die Bannware zur Grenze und/oder über die Grenze und/oder von der Grenze zum konkreten Zielort befördert. Hinsichtlich der Beteiligung gelten damit an sich keine Besonderheiten. Nach allgemeinen Grundsätzen ist eine Beteiligung nach Beendigung des Bannbruchs ausgeschlossen. Die hiernach einsetzende Mitwirkung kann aber als Begünstigung gem. § 257 StGB, als Strafvereitelung gem. § 258 StGB oder als Steuerhehlerei gem. § 374 AO strafbar sein.[1296]

553 **Mittelbarer Täter** ist, wer den Bannbruch durch einen anderen begeht (§ 25 Abs. 1 2. Alt. StGB). Soweit einzelne Verbotsgesetze das sog. Verbringenlassen als selbständigen Begriff verwenden, wird auf die Ausführungen oben verwiesen. Auch hinsichtlich der **Mittäterschaft** sind die allgemeinen Grundsätze gem. § 25 Abs. 2 StGB heranzuziehen. Mittäter ist, wer gemeinschaftlich mit einem anderen, d. h. also auch vorsätzlich, denselben Bannbruch begeht. Ob die Mittäterschaft beim Bannbruch eine arbeitsteilige Mitwirkung im Ausführungsstadium der Tat verlangt, ist streitig.[1297] Jedenfalls ist nicht erforderlich, dass der „Mittäter" körperlich am Verbringen mitwirkt. Ausreichend ist, wenn er zum Beispiel durch Funk auf den Tatablauf beherrschend Einfluss nimmt. Für die **Teilnahmeformen** der Anstiftung und Beihilfe gelten schließlich keine Besonderheiten.

7. Selbstanzeige

554 Eine strafbefreiende Selbstanzeige gem. § 371 AO ist in den Fällen des Bannbruchs nicht möglich, da § 372 AO nicht auf § 371 AO verweist.[1298] Ist ein Bannbruch tateinheitlich oder tatmehrheitlich mit einer Steuerhinterziehung verwirklicht worden, so bleibt deshalb im Falle der Selbstanzeige die Straffreiheit auf die Abgabenhinterziehung beschränkt.[1299] Die **Selbstanzeige** kann sich beim Bannbruch allenfalls strafmildernd im Rahmen der Strafzumessung auswirken. Gegebenenfalls kommt auch eine Einstellung nach §§ 153, 153 a StPO in Betracht.

[1290] BGH Urt. v. 23.4.1953 – 4 StR 743/52 – BGHSt 4, 133; BGH Urt. v. 10.1.1956 – 5 StR 399/55 – BGHSt 8, 391; BGH Urt. v. 6.4.1965 – 1 StR 73/65 – BGHSt 20, 196.
[1291] BGH Urt. v. 6.4.1965 – 1 StR 73/65 – BGHSt 20, 194, 197.
[1292] BGH Urt. v. 22.5.1958 – 1 StR 551/57 – BGHSt 11, 346; RG Urt. v. 17.12.1928 – III 1006/28 – RGSt 62, 418.
[1293] BGH Urt. v. 6.10.1955 – 3 StR 279/55 – BGHSt 8, 212.
[1294] BGH Urt. v. 24.6.1952 – 1 StR 316/51 – BGHSt 3, 40; BGH Urt. v. 5.4.1955 – 1 StR 355/54 – BGHSt 7, 291; BGHSt Urt. v. 24.10.1989 – 5 StR 314/89 – NStZ 1990, 39.
[1295] RG Urt. v. 9.11.1933 – II 756/33 – RGSt 67, 345, 348.
[1296] BGH Urt. v. 24.6.1952 – 1 StR 316/51 – BGHSt 3, 40; RG Urt. v. 3.12.1901 – Rep 2306/01 – RGSt 35, 13; RG Urt. v. 9.11.1933 – II 756/33 – RGSt 67, 345.
[1297] Vgl. zum Meinungsstand allgemein *Roxin*, Täterschaft und Tatherrschaft, S. 645 ff.
[1298] *Quedenfeld/Füllsack*, Verteidigung in Steuerstrafsachen, S. 76 Rdnr. 239.
[1299] BGH Urt. v. 11.11.1958 – 1 StR 370/58 – BGHSt 12, 100; *Kohlmann* § 372 AO Rdnr. 40; *Franzen*/Gast/Samson § 371 AO Rdnr. 24.

8. Subsidiaritätsklausel des § 372 Abs. 2 AO

Nach der **Subsidiaritätsklausel** des § 372 Abs. 2 AO kommt eine Bestrafung wegen Bannbruchs nur in Betracht, wenn die Tat nicht in anderen Vorschriften als Zuwiderhandlung gegen ein Einfuhr-, Ausfuhr- oder Durchfuhrverbot mit Strafe oder mit Geldbuße bedroht ist. Zunächst scheidet eine Bestrafung wegen Bannbruchs aus, wenn die Tat nach anderen Strafvorschriften unter Strafe gestellt ist. An der Verwirklichung des Straftatbestandes ändert sich hierdurch aber nichts. Die Tat bleibt Bannbruch, auch wenn sie nach einer anderen Vorschrift und unter einer anderen Bezeichnung geahndet wird.[1300] Streitig ist, ob die Subsidiaritätsklausel anzuwenden ist, wenn die Tat in einer anderen Vorschrift **nur** mit Geldbuße bedroht ist, sie also nur als eine Ordnungswidrigkeit geahndet wird. U.E. kommt die Subsidiaritätsklausel auch in diesen Fällen zur Anwendung. Hierfür spricht der Wortlaut der Subsidiaritätsklausel des § 372 Abs. 2 AO, der Strafe und Geldbuße nebeneinander aufführt und daher nicht ausschließlich für strafrechtliche Verbote, sondern auch für Ordnungswidrigkeiten gilt, die typischerweise nur mit einer Geldbuße geahndet werden. Eine Umkehrung des in § 21 Abs. 1 OWiG enthaltenen Grundsatzes ist daher gewollt.[1301] Eine Bestrafung wegen Bannbruchs entfällt nach der Subsidiaritätsklausel selbst dann, wenn die Verfolgungsbehörde das Ordnungswidrigkeitsverfahren nach § 47 OWiG einstellt.[1302] Allerdings erfasst die Subsidiaritätsklausel nicht § 373 AO. Begeht also der Täter den Bannbruch unter den erschwerenden Begleitumständen des § 373 AO, so ist er nach dieser Vorschrift zu bestrafen. Das gilt u.e. auch für Ordnungswidrigkeiten, die unter den Voraussetzungen des § 373 AO begangen werden.[1303]

Fraglich ist der Anwendungsbereich der Subsidiaritätsklausel im Falle des **versuchten Bannbruchs**. Der Wortlaut des § 372 Abs. 2 AO ist insoweit nicht eindeutig. Ausgangspunkt für die Beantwortung der hier aufgeworfenen Frage ist die Feststellung, dass nicht nur der vollendete, sondern auch der versuchte Bannbruch gem. § 372 Abs. 2 i. V. m. § 370 Abs. 1 und 2 AO strafbar ist. Im Vollendungsfall führt die „andere Vorschrift" im Sinne des § 372 Abs. 2 AO dazu, dass sich die Ahndung der Tat als Straftat oder Ordnungswidrigkeit nach der „anderen Vorschrift" richtet. Nichts anderes kann dann aber auch für den Fall des versuchten Bannbruchs gelten. Eine Ahndung nach dem anderen Gesetz ist nur möglich, wenn der Versuch nach dieser anderen Vorschrift als Straftat oder Ordnungswidrigkeit verfolgt wird. Soweit das nicht der Fall ist, bleibt auch der versuchte Bannbruch straflos.[1304]

9. Konkurrenzen

Bei der Alternative „Einfuhr" ist Konkurrenz insbesondere mit der Steuerhinterziehung gem. § 370 AO möglich. In der Regel wird Tateinheit gem. § 52 StGB vorliegen, wenn bei der Einfuhr zugleich Eingangsabgaben, wie insbesondere Zoll, Abschöpfung, Verbrauchsteuer oder Einfuhr-Umsatzsteuer hinterzogen werden.[1305] Darüber hinaus kommt **Tateinheit** insbesondere mit der mittelbaren Falschbeurkundung gem. § 271 StGB, mit dem Diebstahl gem. § 242 StGB, mit dem gefährlichen Eingriff in den Straßenverkehr gem. § 315 b StGB und mit dem Widerstand gegen Vollstreckungsbeamte gem. § 113 StGB in Betracht.

10. Strafen und Nebenfolgen

Die Strafe für den Bannbruch richtet sich nach § 370 Abs. 1 und 2 AO (vgl. § 372 Abs. 2 AO). Im Einzelnen wird insoweit auf die Kommentierung zu § 370 AO verwiesen. Beim versuchten Bannbruch kann die Tat nach § 370 Abs. 2 AO i. V. m. § 23 Abs. 2 und § 49 Abs. 1 StGB milder bestraft werden. Aus § 49 Abs. 1 Nr. 2 StGB folgt, dass der Versuch höchstens mit 3 Jahren und 9 Monaten Freiheitsstrafe bzw. einer Geldstrafe von 270 Tagessätzen geahndet werden darf. § 375 Abs. 1 AO i. V. m. § 45 Abs. 2 StGB eröffnet die Möglichkeit, neben Freiheitsstrafe von mindestens einem Jahr, Amtsfähigkeit und Wählbarkeit abzuerkennen. Eine Einziehung kommt gegebenenfalls nach den blankettausfüllenden Vorschriften (z. B. § 24

[1300] BGH Urt. v. 22.2.1973 – 1 StR 606/72 – BGHSt 25, 137.
[1301] *Kohlmann* § 372 AO Rdnr. 43.
[1302] Franzen/Gast/Joecks/*Voß* § 372 AO Rdnr. 41 ff.
[1303] So auch *Kohlmann* § 372 AO Rdnr. 46; a.A. H/H/Sp/*Hübner* § 372 AO Rdnr. 99.
[1304] Vgl. hierzu auch Klein/*Orlopp*/Brockmeyer § 372 AO Anm. 5; H/H/Sp/*Hübner* § 372 AO Rdnr. 98; Franzen/Gast/Joecks/*Voß* § 372 AO Rdnr. 43.
[1305] Franzen/Gast/Joecks/*Voß* § 372 AO Rdnr. 46.

KriegswaffKG), nach § 375 Abs. 2 AO und daneben nach den Einziehungsvorschriften der §§ 74 ff. StGB in Betracht. Schließlich ist auch die Anordnung des Verfalls der Vermögensvorteile, die der Täter oder Teilnehmer aus der Tat erlangt hat, möglich (vgl. §§ 73 bis 73 e StGB).

11. Verfahrensfragen im Hinblick auf die AO

559 In allen Fällen der Strafbarkeit eines Bannbruchs stellt sich die Frage, ob die Verfahrensvorschriften der Abgabenordnung, das heißt die §§ 385 bis 408 AO für Straftaten und die §§ 409 bis 412 AO für Ordnungswidrigkeiten Anwendung finden. Hier ist nach **drei Fallgruppen** zu unterscheiden:[1306]

560 Die **erste Fallgruppe** betrifft die Fälle, in denen der Bannbruch nach § 372 Abs. 2 i. V. m. § 370 Abs. 1 und 2 AO zu bestrafen ist. In diesen Fällen kommen die besonderen Verfahrensvorschriften der §§ 385 bis 408 AO zur Anwendung. Selbstverständlich sind hiervon diejenigen Verfahrensvorschriften ausgenommen, die eine Abgabenangelegenheit (§ 388 Abs. 1 Nr. 2, Abs. 2 S. 2 AO), ein Besteuerungsverfahren (§ 393 AO) oder einen Steueranspruch oder Steuervorteil (§ 396 AO) bedingen.

561 Die **zweite Fallgruppe** betrifft die Fälle, in denen der Bannbruch entsprechend der Subsidiaritätsklausel nach anderen Vorschriften als Straftat strafbar ist. Auch in diesen Fällen gelten nach ganz herrschender Meinung die besonderen Verfahrensvorschriften der §§ 385 bis 408 AO. Für diese Auffassung spricht nicht nur der Gesetzeswortlaut,[1307] sondern insbesondere auch Praktikabilitätserwägungen. Denn mit der straf- und bußgeldrechtlichen Verfolgung von Zuwiderhandlungen gegen Verbringungsdelikte soll die Behörde beauftragt sein, die – wie die Zollverwaltung – für die Beachtung der jeweiligen Verbote und Beschränkungen zuständig ist. Dies bedeutet, dass die Zollverwaltung auch für die Verfolgung von nicht steuerlichen Verstößen zuständig wird.

562 Die **dritte Fallgruppe** betrifft schließlich die Fälle, in denen der Bannbruch entsprechend der Subsidiaritätsklausel nach anderen Vorschriften als Ordnungswidrigkeit zu ahnden ist. In diesen Fällen kommen die besonderen Verfahrensvorschriften der §§ 409 bis 412 AO nicht zum Tragen.[1308] Abzugrenzen ist diese Fallgruppe aber wiederum von den Fällen, in denen eine Zuwiderhandlung gegen ein Einfuhrverbot als Ordnungswidrigkeit geahndet wird und darüber hinaus durch diese Zuwiderhandlung Einfuhrabgaben hinterzogen werden. Hier kommt nach § 21 Abs. 1 OWiG nur das Strafgesetz des § 370 AO und damit auch das besondere Strafverfahrensrecht der §§ 385 bis 408 AO zur Anwendung. Wenn also der Tatbestand des § 370 AO nicht gleichzeitig erfüllt ist, ist das Strafverfahren einzustellen.

VII. Gewerblicher, gewaltsamer und bandenmäßiger Schmuggel (§ 373 AO)[1309]

Schrifttum: *Fischer*, Waffen, gefährliche und sonstige Werkzeuge nach dem Beschluss des Großen Senats, NStZ 2003, 569; *Grabitz/Hilf*, Das Recht der Europäischen Union, Loseblatt, 2005; *Harms/Jäger*, Aus der Rechtsprechung des BGH zum Steuerstrafrecht 2002/2003, NStZ 2003, 189; *Herzberg/Hartung*, Grundfälle zur Abgrenzung von Tatumstandsirrtum und Verbotsirrtum, JuS 1999, 1073; *Hettinger*, Der „beschuhte Fuß" als Werkzeug i. S. des § 250 I Nr. 2 StGB – BGHSt 30, 375, JuS 1982, 895; *Montenbruck*, Zum Verhältnis von Steuerhinterziehung und gewerbsmäßigem Schmuggel, wistra 1987, 7; *Quedenfeld/Füllsack*, Verteidigung in Steuerstrafsachen, 3. Aufl. 2005; *Schild*, Der Strafdogmatische Begriff der Bande, GA 1982, 55; *Weidemann*, Zollhinterziehung in mittelbarer Täterschaft, wistra 2003, 241.

1. Allgemeines

563 Der so genannte gewerbsmäßige, gewaltsame und bandenmäßige Schmuggel ist kein selbständiger Straftatbestand, sondern enthält **Strafschärfungsgründe** für den Fall, dass eine Steuerhinterziehung gem. § 370 AO oder ein Bannbruch gem. § 372 AO unter erschwerenden Voraussetzungen begangen wird.[1310] Verurteilt wird dann nicht wegen Steuerhinterziehung oder

---

[1306] *Kohlmann* § 372 AO Rdnr. 54.
[1307] *Kohlmann* § 372 AO Rdnr. 54.
[1308] *Franzen/Gast/Joecks/Voß* § 372 AO Rdnr. 55 mit Hinweis auf § 12 ZollVG.
[1309] Bearbeitet unter Mitarbeit von RA/StB *Jörg Kanzler*.
[1310] BGH Beschl. v. 6.6.1994 – 5 StR 229/94 – StRK AO 1977 § 373 R 5; BGH Urt. v. 20.4.1999 – 5 StR 604/98 – NStZ 1999, 571; Beschl. v. 15.3.2005 – 5 StR 592/04 – wistra 2005, 227, 228.

Bannbruch, sondern wegen Schmuggels.[1311] Als Qualifikation verdrängt § 373 Abs. 1 AO den Grundtatbestand der Steuerhinterziehung gem. § 370 AO.[1312] § 373 stellt damit nach herrschender Meinung keine bloße Strafzumessungsregelung dar, sondern ist eine unselbständige tatbestandliche Abwandlung der §§ 370, 372 AO bei der Hinterziehung von Einfuhr- und Ausfuhrabgaben, wenn diese unter den erschwerenden Voraussetzungen der Gewerbsmäßigkeit, Gewalt oder Bandenmäßigkeit begangen wurden.[1313]

Der Grund der Strafschärfung liegt in allen Fällen des § 373 AO in der besonderen Gefährlichkeit des Täters oder der Tat. Im Fall des § 373 Abs. 1 AO ist diese besondere Gefährlichkeit darin begründet, dass der jeweilige Täter einen stärkeren gesetzwidrigen Willen entfaltet als ein Täter, der nur einer gelegentlichen Versuchung zum Schmuggel erliegt. Darüber hinaus geht von einem gewerbsmäßig handelnden Täter eine erhöhte Gefahr für die Einfuhr, Ausfuhr- oder Monopolabgaben aus. In den Fällen des § 373 Abs. 2 Nr. 1 bis 3 AO stellt der gewaltsam oder bandenmäßig handelnde Täter eine erhöhte Gefahr für die persönliche Sicherheit der Zolldienstbeamten dar.[1314] Besondere Bedeutung hat der Tatbestand beim **Zigarettenschmuggel**, wobei Deutschland sowohl Bestimmungsland als auch Durchgangsland ist.[1315]

Der sachliche Anwendungsbereich des § 373 AO umfasst die Steuerhinterziehung gem. § 370 AO, den Bannbruch gem. § 372 Abs. 1 AO und – durch die Verweisung in § 374 AO – die Steuerhehlerei gem. § 374 AO. Unerheblich ist, ob die jeweilige Tat vollendet oder über den Versuch nicht hinausgegangen ist.

a) **Hinterziehung von Einfuhr- oder Ausfuhrabgaben.** Den Strafschärfungstatbestand erfüllt zunächst, wer unter den zusätzlichen Voraussetzungen des § 373 AO Einfuhr- und Ausfuhrabgaben hinterzieht. Die Begriffe Einfuhr- und Ausfuhrabgaben bedeuten ihrem Wortlaut nach an sich alle Abgaben, die anlässlich der Einfuhr oder Ausfuhr von Waren entstehen. Dieser weite Wortlaut gilt indes nicht für den Strafschärfungstatbestand des § 373 AO. Einfuhr- und Ausfuhrabgaben können vielmehr nur solche Abgaben sein, die zugleich auch durch § 370 AO geschützt sind. Denn der Strafschärfungstatbestand des § 373 AO kann nicht über das Grunddelikt des § 370 AO hinausgehen. **Einfuhrabgaben (ggf. Ausfuhrabgaben)** sind danach (vgl. auch § 1 Abs. 1 S. 2 ZollVG):

- Die bei einer **Einfuhr** aus einem Nicht EG-Mitgliedstaat erhobenen Verbrauchsteuern allgemeiner (Einfuhrumsatzsteuer) und besonderer Art (z. B. Steuern auf Tabak, Bier, Schaumwein, Kaffee). Hierzu zählen auch die bei einer Einfuhr aus einem Mitgliedstaat des Europäischen Wirtschaftsraums – EWR –, das heißt derzeit aus Norwegen, Island und Liechtenstein erhobenen Verbrauchsteuern. Verbrauchsteuern auf inländische Erzeugnisse und auf Erzeugnisse aus Mitgliedstaaten der EG gehören hingegen nicht zu den Einfuhr- und Ausfuhrabgaben. Insoweit fehlt es an einem Einfuhr- oder Ausfuhrvorgang. Für den EG-Raum folgt das aus der Existenz des Binnenmarktes, der nach der deutschen Steuergesetzgebung dazu führt, dass die Hinterziehung von Verbrauchsteuern auf Erzeugnisse aus EG-Mitgliedstaaten wie eine Hinterziehung von Verbrauchsteuern auf deutsche Erzeugnisse anzusehen ist.
- **Zölle.** Hierbei handelt es sich um Abgaben, die an den Übergang von Waren aus einem fremden Wirtschaftsgebiet in das eigene Wirtschaftsgebiet anknüpfen und formell nach Maßgabe eines Zolltarifs erhoben werden.[1316] Keine Einfuhr- und Ausfuhrabgaben sind hingegen sog. zollgleiche Abgaben.[1317]

[1311] *Kohlmann* § 373 AO Rdnr. 5.
[1312] BGH Beschl. v. 6.6.1994 – 5 StR 229/94 – StRK AO 1977 § 373 Rdnr. 5.
[1313] *Quedenfeld/Füllsack*, Verteidigung in Steuerstrafsachen, S. 76 Rdnr. 240.
[1314] BGH Urt. v. 13.7.1954 – 1 StR 464/53 – BGHSt 6, 260; st. Rspr., vgl. BayObLG Urt. v. 25.2.1932 – RevReg. II Rr 55/32 – JW 1932, 2820 bis 2822; RG Urt. v. 11.2.1935 – 5 D 469/34 – RGSt 69, 105; BGH Beschl. v. 10.11.1958 – GSSt 1/58 – BGHSt 12, 220.
[1315] Der deutsche Zoll hat im Jahr 2004 trotz der Osterweiterung der EU am 1.5.2004 und dem damit verbundenen Wegfall der stationären Zollkontrollen an den Grenzen zu Polen und Tschechien 418 Mio. Schmuggelzigaretten sichergestellt, 19 Mio. mehr als im Jahr 2003. Die sichergestellten unversteuerten Zigaretten waren zu über 40 % gleichzeitig Markenfälschungen, so dass der Zigarettenschmuggel neben dem allgemeinen Steuerschaden auch erhebliche Schäden für die Wettbewerber in der Wirtschaft verursacht.
[1316] Vgl. Grabitz/Hilf/*Voß* EGV Art. 25 Rdnr. 10; *Harms/Jäger* NStZ 2003, 189.
[1317] Str., vgl. hierzu im einzelnen Franzen/Gast/Joecks/*Voß* § 373 AO Rdnr. 6.

- Abgaben zu Marktordnungszwecken, die an Einfuhr- oder Ausfuhrvorgänge anknüpfen (vgl. dazu Art. 16, 17 VOC (EWG) Nr. 1766/92).

568 Nicht vom Anwendungsbereich des § 373 AO umfasst sind Einfuhr- und Ausfuhrabgaben, die von anderen EG-Mitgliedstaaten verwaltet werden oder die einem Mitgliedstaat der Europäischen Freihandelsassoziation oder einem mit dieser assoziiertem Staat zustehen.[1318] Das bedeutet, dass die Hinterziehung dieser Abgaben (nur) als Steuerhinterziehung nach § 370 Abs. 1 bis 5 AO i. V. m. § 370 Abs. 6 AO und nicht auch nach § 373 AO bestraft werden kann.

569 **b) Bannbruch.** In den Fällen des Bannbruchs ist im Rahmen des § 373 AO wie folgt zu unterscheiden: Handelt der Täter eines **Bannbruchs** gewerbsmäßig, kommt die Strafschärfung des § 373 Abs. 1 AO ausschließlich dann zum Tragen, wenn der Bannbruch durch Zuwiderhandlung gegen Monopolvorschriften des BranntwMonG erfüllt wird. Gewerbsmäßige Zuwiderhandlungen gegen andere Ein-, Aus- und Durchfuhrverbote werden nicht nach § 373 Abs. 1 AO bestraft.

570 Für die Verwirklichung der Strafschärfungstatbestände nach § 373 Abs. 2 AO genügt demgegenüber jeder Bannbruch. Das gilt unabhängig davon, ob eine Tat als Bannbruch i. e. S. nach § 372 Abs. 2 AO strafbar ist oder ob sie bei einfacher Tatausführung nach anderen Vorschriften mit Strafe bedroht ist oder als Ordnungswidrigkeit nur mit einer Geldbuße belegt werden kann. Hierfür spricht, dass derjenige, der mit Waffen oder als Mitglied einer Bande schmuggelt, stets eine Straftat verwirklicht, auch wenn die Zuwiderhandlung ohne die strafschärfenden Umstände als Ordnungswidrigkeit nur mit Geldbuße geahndet werden kann.[1319]

571 **c) Steuerhehlerei.** Kraft ausdrücklicher Verweisung des § 374 Abs. 1 AO findet der Strafschärfungstatbestand des gewerbsmäßigen Handelns gem. § 373 Abs. 1 AO auch auf die **Steuerhehlerei** gem. § 374 AO Anwendung. Hierdurch wird der Anwendungsbereich des § 373 Abs. 1 AO auf die Hinterziehung von Verbrauchsteuern erweitert, die mit der Entfernung verbrauchsteuerpflichtiger Erzeugnisse aus inländischen Herstellungsbetrieben entstehen.[1320]

2. Einzelne Strafschärfungsgründe

572 **a) Grunddelikte.** Grunddelikte des § 373 AO sind die **Hinterziehung von Einfuhrabgaben** gem. § 370 AO[1321] und der **Bannbruch** gem. § 372 Abs. 1 AO sowie – im Rahmen der Verweisung des § 374 Abs. 1 AO – die **Steuerhehlerei** gem. § 374 AO. Erst wenn festgestellt ist, dass eines der Grunddelikte versucht oder vollendet worden ist, stellt sich hieran anschließend die Frage, ob darüber hinaus auch strafschärfende Gründe im Sinne des § 373 AO erfüllt sind.

573 **b) Gewerbsmäßige Tatbegehung gem. § 373 Abs. 1 AO.** Der in vielen Tatbeständen des StGB und des Nebenstrafrechts verwandte Begriff der Gewerbsmäßigkeit ist gesetzlich nicht definiert. Allgemein anerkannt ist die von der Rechtsprechung insbesondere zu § 260 StGB entwickelte Begriffsbestimmung. **Gewerbsmäßig** handelt danach derjenige Täter und Teilnehmer, der die Absicht hat, sich durch wiederholte Begehung von Straftaten der fraglichen Art eine fortlaufende Einnahmequelle zu verschaffen.[1322] Einnahmequelle im Sinne der Rechtsprechung verlangt nicht, dass Bareinnahmen erzielt werden; auch andere Vermögensvorteile können genügen.[1323]

574 Der Täter muss in der Absicht handeln, sich eine **Einnahmequelle** zu verschaffen. Das kann auch dann der Fall sein, wenn der Täter sich die Sache verschafft, um sie unmittelbar für sich zu behalten. Das setzt allerdings voraus, dass der Täter durch den Eigenerwerb einen Vermögensvorteil erlangt (s. o.). Dieser kann auch darin bestehen, dass er sich notwendige Ausgaben oder Luxusaufwendungen, auf die er sonst nicht verzichtet hätte, erspart.[1324] Das

---

[1318] BGH Beschl. v. 3.6.1987 – 3 StR 146/87 – wistra 1987, 239; Saarländisches OLG Beschl. v. 25.2.1999 – Ss 89/98 – wistra 1999, 276.; zustimmend Franzen/Gast/Joecks/*Voß* § 373 AO Rdnr. 6 m.w.N.
[1319] Str.; vgl. Franzen/Gast/Joecks/*Voß* § 373 AO Rdnr. 8.
[1320] Vgl. auch *Kohlmann* § 373 AO Rdnr. 12; H/H/Sp/*Engelhardt* § 373 AO Rdnr. 28.
[1321] *Weidemann* wistra 2003, 241.
[1322] BGH Urt. v. 10.9.1986 – 3 StR 292/86 – wistra 1987, 30; BGH Urt. v. 8.11.1951 – 4 StR 563/51 – BGHSt 1, 383; RG Urt. v. 5.5.1930 – II 331/30 – RGSt 64, 153; RG Urt. v. 2.5.1930 – I 397/30 – RGSt 64, 151; RG Urt. v. 27.11.1923 – IV 389/23 – RGSt 58, 19; RG Urt. v. 5.12.1919 – IV 985/19 – RGSt 54, 184.
[1323] RG Urt. v. 27.11.1923 – IV 389/23 – RGSt 58, 19; RG Urt. v. 5.12.1919 – IV 985/19 – RGSt 54, 184.
[1324] RG Urt. v. 5.12.1919 – IV 985/19 – RGSt 54, 184.

OLG Stuttgart[1325] hat hierzu entschieden, dass bei Genussmitteln (z. B. Zigaretten oder Kaffee) die erforderliche Einsparung nur dann vorliegt, wenn der Täter sich die Waren auf dem legalen Markt nur zu einem höheren Preis hätte verschaffen können und nicht darauf verzichtet hätte.

Der Täter muss **eigennützig** handeln. Das ist der Fall, wenn der Täter eine fortlaufende Einnahmequelle für sich selbst erstrebt. Hierfür müssen sich die Einnahmen aber nicht unmittelbar aus der Tathandlung ergeben. Ausreichend ist insoweit auch ein mittelbarer geldwerter Vorteil von Dritten, zum Beispiel durch den Verkauf eingeschwärzter Ware.[1326] Handeln zu fremdem Vorteil ist allenfalls als Beihilfe zu fremder Tat strafbar.[1327] Die Einnahmequelle, die sich der Täter verschaffen will, muss weder der Erschließung ständiger Einnahmen dienen noch Haupteinnahmequelle des Täters sein.[1328] Nicht erforderlich ist insbesondere, dass der Täter den Betrieb eines kriminellen Gewerbes plant und seinen Lebensunterhalt auf Dauer ganz oder teilweise hieraus bestreiten will. Jedoch muss der Täter sich eine Einnahme von einer gewissen, wenn auch nicht unbegrenzten Dauer verschaffen wollen,[1329] was zum Beispiel nicht der Fall ist, wenn jemand unverzollte und unversteuerte Zigaretten für gelegentliche Gefälligkeiten annimmt.[1330] Die Einnahmen müssen zudem von einigem Umfang sein,[1331] es darf dem Täter also nicht nur auf geringfügige Einnahmen ankommen.

Gewerbsmäßigkeit erfordert nicht, dass der Täter tatsächlich mehrere Einzelhandlungen begeht. Bereits die Feststellung seiner Absicht, das heißt des subjektiven Moments, die Tat in der fraglichen Art zu wiederholen, genügt. Hier kann also schon eine einmalige Gesetzesverletzung ausreichen.[1332] Jede einzelne Betätigung der Absicht gewerbsmäßigen Handelns ist als selbständige Straftat zu ahnden. Die Absicht, gleichartige Taten gewerbsmäßig zu begehen, lässt die Handlungen, die aus derselben Absicht resultieren, insbesondere rechtlich nicht zu einem Kollektivdelikt verschmelzen.[1333] Die Gewerbsmäßigkeit ist ein besonderes persönliches, strafschärfendes Merkmal im Sinne des § 28 Abs. 2 StGB.[1334] Wer selbst nicht gewerbsmäßig handelt, unterliegt daher gem. § 28 Abs. 2 StGB nicht der höheren Strafandrohung des § 373 AO. Die Strafbarkeit wegen Beihilfe zur gewerbsmäßigen Begehung setzt voraus, dass der Gehilfe selbst gewerbsmäßig gehandelt hat.[1335] Dem entsprechend kann sich der gewerbsmäßig handelnde Teilnehmer selbst dann nach § 373 Abs. 1 AO strafbar machen, wenn der Haupttäter selbst nicht gewerbsmäßig handelt.[1336]

c) **Tatbegehung mit Schusswaffen gem. § 373 Abs. 2 Nr. 1 AO.** § 373 Abs. 2 Nr. 1 AO bedroht allein das Beisichführen von Schusswaffen mit erhöhter Strafe, selbst wenn ihr Träger nicht den Vorsatz hat, bei der Tat von der Schusswaffe Gebrauch zu machen.[1337] Der Grund hierfür besteht in der von Schusswaffen ausgehenden Lebensgefahr.

Schusswaffen im Sinne des § 373 Abs. 2 Nr. 1 AO sind Instrumente, mit denen mechanisch wirkende Geschosse mittels Explosivstoffen oder auf andere Weise, zum Beispiel mittels Luftdruck, durch einen Lauf nach vorne getrieben werden.[1338] Schusswaffen sind auch Luftgewehre, Luftpistolen sowie Gaspistolen, bei denen die Gase nach vorne austre-

---

[1325] OLG Stuttgart Urt. v. 10.6.2002 – 1 Ss 185/02 – wistra 2003, 33.
[1326] BGH Urt. v. 1.7.1998 – 1 StR 246/98 – wistra 1999, 25; BGH Beschl. v. 16.2.1994 – 5 StR 578/93 – wistra 1994, 230; BGH Urt. v. 18.1.1994 – 1 StR 745/993 – wistra 1994, 234.
[1327] BGH Beschl. v. 19.12.1979 – 3 StR 370/79 – HFR 1980, 250; BGH Urt. v. 13.7.1954 – 1 StR 464/53 – BGHSt 6, 260 f.
[1328] *Harms*, FS G. Kohlmann, S. 413.
[1329] LG Hamburg Urt. v. 20.3.2000 – 6187 KLs 8/99 – NStZ-RR 2001, 277.
[1330] So auch BayObLG Urt. v. 7.5.1952 – III 927/1951 – ZfZ 1952, 249.
[1331] BGH Urt. v. 14.5.1975 – 3 StR 124/75 – bei *Dallinger* MDR 1975 725.
[1332] BGH Urt. v. 11.10.1994 – 1 StR 522/94 – wistra 1995, 60 = NStZ 1995, 85; BGH Urt. v. 14.4.1981 – 1 StR 676/80 – JR 1982, 260.
[1333] BGH Urt. v. 10.4.1953 – 1 StR 115/53 – NJW 1953, 955; BGH Urt. v. 20.2.1951 – 3 StR 64/50 – BGHSt 1, 41; RG GRS v. 21.4.1938 – GSSt 2/37 – 3 D 871/36 – RGSt 72, 164.
[1334] BGH Urt. v. 10.9.1986 – 3 StR 292/86 – wistra 1987, 30.
[1335] BGH Urt. v. 10.9.1986 – 3 StR 292/86 – StRK AO 1977 § 373 R 3.
[1336] Vgl. auch *Kohlmann* § 373 AO Rdnr. 18 m.w.N.
[1337] BGH Urt. v. 6.5.1971 – 4 StR 114/71 – BGHSt 24, 136.
[1338] BGH Urt. v. 6.5.1971 – 4 StR 114/71 – BGHSt 24, 136; BGH Urt. v. 17.1.1974 – 4 StR 601/73 – bei *Dallinger* MDR 1974 547.

ten,[1339] nicht hingegen lediglich akustisch oder optisch wirkende Schießinstrumente, wie Signalpistolen, die insbesondere Berufs- oder Sportschiffer aus nautischen Sicherheitsgründen bei sich führen, sowie sonstige chemisch wirkende Schießinstrumente.[1340] Die Schusswaffe muss funktionstüchtig und zum Einsatz konkret geeignet sein.[1341] Hieran fehlt es, wenn die Waffe defekt oder ungeladen ist,[1342] es sei denn, die Munition ist jederzeit griffbereit.[1343] Erst recht genügt nicht eine Attrappe (z. B. eine Kinderpistole).[1344] Der Täter oder Teilnehmer muss die Schusswaffe bei sich führen. Von der Schusswaffe muss nicht tatsächlich Gebrauch gemacht werden. Selbst eine bestimmte Gebrauchsabsicht ist nicht erforderlich.[1345] Nach der Rechtsprechung führt auch derjenige eine Schusswaffe bei sich, der diese Waffe erst am Tatort an sich nimmt,[1346] nicht dagegen derjenige, der die Waffe nur während der Anfahrt zum Tatort bei sich führt und dann im abgestellten Wagen liegen lässt.[1347] Unerheblich ist, ob eine dienstliche Verpflichtung zum Tragen von Schusswaffen besteht. Das heißt, auch derjenige, der mit schussbereiter Waffe das Grunddelikt verwirklicht, ist der Strafschärfung nach § 373 Abs. 2 Nr. 1 AO unterworfen.[1348] Ist eine Schusswaffe selbst das **Schmuggelgut**, greift § 373 Abs. 1 Nr. 1 AO grundsätzlich nicht ein, insbesondere wenn die Schusswaffe verpackt oder in einem Kraftfahrzeug schwer zugänglich verborgen ist. Das bloße Befördern einer Schusswaffe ist kein Beisichführen.[1349] Beides kann aber auch zusammenfallen, wenn der Täter die zu schmuggelnde Waffe griffbereit bei sich führt.

579 In subjektiver Hinsicht ist **Vorsatz** des Täters oder Teilnehmers Voraussetzung. Er muss wissen und wollen, dass entweder er selbst oder ein (Mit-)Täter oder Teilnehmer bei Begehung der Tat eine funktionsfähige Schusswaffe einsatzbereit bei sich führt. Dolus Eventualis genügt. Ein vorsatzausschließender **Tatbestandsirrtum** liegt vor, wenn der unbewaffnete Täter oder Teilnehmer irrtümlich glaubt, der bewaffnete (Mit-)Täter oder Teilnehmer führe nur eine ungeladene oder sonst gebrauchsunfähige Waffe bei sich. Glaubt er hingegen irrig, eine bei sich geführte Schusswaffe falle nicht unter die gesetzliche Begriffsbestimmung, so ist das ein bloßer, den Vorsatz nicht ausschließender Subsumtionsirrtum. Ein Subsumtionsirrtum kann allenfalls zu einem **Verbotsirrtum** gem. § 17 StGB führen, der eine Milderung des Strafrahmens bei Vermeidbarkeit des Irrtums vorsieht.[1350] Ist dem Täter nicht bekannt, dass sein Gehilfe über eine Schusswaffe verfügt, macht sich nur der Gehilfe der Strafschärfung nach § 373 Abs. 2 Nr. 1 AO schuldig.

580 **d) Tatbegehung mit sonstigen Waffen gem. § 373 Abs. 2 Nr. 2 AO.** Das Beisichführen einer sonstigen Waffe führt nur dann zu einer Strafschärfung nach § 373 Abs. 2 Nr. 2 AO, wenn damit der Widerstand eines Anderen verhindert oder überwunden werden soll. Waffe im Sinne des § 373 Abs. 2 Nr. 2 AO ist jede Sache, die den Zweck hat, ihrem Besitzer bei einem Kampfe, in den er verwickelt werden sollte, als Angriffs- oder Verteidigungsmittel zu dienen.[1351] Hierfür ist nicht Voraussetzung, dass die Sache tödliche Wirkung haben kann. Ausreichend

---

[1339] BGH Beschl. v. 17.6.1998 – 2 StR 167/98 – BGHSt 44, 103; BGH Beschl. v. 26.2.1999 – 3 A Rs 1/99 – NStZ 1999, 301.
[1340] BGH Urt. v. 21.11.1961 – 1 StR 444/61 – GA 162, 145; BGH Urt. v. 16.4.1953 – 4 StR 771/52 – BGHSt 4, 125.
[1341] BGH Urt. v. 6.5.1971 – 4 StR 114/71 – BGHSt 24, 136.
[1342] BGH Beschl. v. 3.7.1998 – 2 StR 246/98 – StV 1998, 487; BGH Urt. v. 1.7.1998 – 1 StR 185/98 – NJW 1998, 3131; BGH Beschl. v. 17.6.1998 – 2 StR 167/98 – BGHSt 44, 103.
[1343] BGH Beschl. v. 26.2.1999 – 3 A Rs 1/99 – NStZ 1999, 301.
[1344] BGH Urt. v. 6.4.1965 – 1 StR 73/65 – BGHSt 20, 194.
[1345] BGH Urt. v. 6.5.1971 – 4 StR 114/71 – BGHSt 24, 136.
[1346] BGH Urt. v. 6.4.1965 – 1 StR 73/65 – BGHSt 20, 194.
[1347] BGH Urt. v. 10.8.1982 – 1 StR 416/82 – BGHSt 31, 105 ff. zu § 250 StGB.
[1348] BGH Urt. v. 18.2.1981 – 2 StR 720/80 – BGHSt 30, 44; zu § 244 Abs. 1 Nr. 1 StGB für Polizeibeamte und OLG Köln v. 20.9.1977 – Ss 514/77 – NJW 1978, 652, zu § 244 Abs. 1 Nr. 1 StGB für Soldaten; vgl. auch Franzen/Gast/Joecks/Voß § 373 AO Rdnr. 23 m.w.N. zum Meinungsstand.
[1349] BGH Urt. v. 27.3.1956 – 1 StR 447/55 – ZfZ 1956, 275; OLG Braunschweig Urt. v. 31.7.1964 – Ss 126/64 – JR 1965, 266.
[1350] BGH Urt. v. 16.1.1959 – 4 StR 444/58 – BGHSt 13, 138, Herzberg/Hartung JuS 1999, 1073 ff.; BGH Urt. v. 21.8.1956 – 5 StR 153/56 – BGHSt 9, 347; BGH Urt. v. 17.3.1955 – 3 Ars 79/54 – BGHSt 1, 265.
[1351] BGH Urt. v. 11.2.1982 – 4 StR 689/81 – BGHSt 30, 375; RG Urt. v. 18.12.1931 – 1 D 985/31 JW 1932, 952.

ist, dass von einer Sache bei ihrem Einsatz wenigstens die Gefahr einer Körperverletzung ausgeht.[1352] Als Waffen im Sinne des § 373 Abs. 2 Nr. 2 AO kommen danach z. B. Hieb-, Stoß- oder Stichwaffen (vgl. auch § 1 Abs. 2 Nr. 2 a WaffG), Schlagringe sowie Tränengassprühdosen in Betracht.[1353] Unter der Voraussetzung, dass Gaspistolen nicht als Schusswaffen qualifiziert werden (vgl. oben), sind sie jedenfalls sonstige Waffen. Aufgrund ihrer erheblichen Blendwirkung gilt dasselbe für Pistolen, die mit Blitzmunition ausgestattet sind, und insbesondere auch für Signalpistolen, die wegen ihrer Raketenmunition darüber hinaus auch mechanische Verletzungen und Verbrennungen verursachen können.

Ein **Werkzeug** im Sinne des § 373 Abs. 2 Nr. 2 AO ist eine Sache, die nicht als Waffe gedacht ist, aber als solche verwandt werden kann, zum Beispiel ein schwerer Schraubenschlüssel,[1354] gegebenenfalls auch ein Kraftfahrzeug[1355] oder ein Hund.[1356] Ein am Fuß getragener Schuh ist demgegenüber kein Werkzeug.[1357] Mittel im Sinne des § 373 Abs. 2 Nr. 2 AO sind Sachen ohne feste Form, die als Angriffs- oder Verteidigungsmittel eingesetzt werden können, wie z. B. Tränengas, chemische Mittel, Narkotika, Säuren, gegebenenfalls sogar Pfeffer.[1358]

Der Täter oder Teilnehmer muss die sonstige Waffe bzw. das Werkzeug oder Mittel – im Folgenden auch **Tatmittel** genannt – bei sich führen. Für das Merkmal des Beisichführens gelten die Ausführungen zu § 373 Abs. 2 Nr. 1 AO entsprechend. Insbesondere ist auch hier nicht Voraussetzung, dass von dem mitgeführten Tatmittel tatsächlich Gebrauch gemacht wird. Das Beisichführen der Tatmittel muss erfolgen, um den möglichen Widerstand eines anderen, der sich der Tatausführung in den Weg stellt oder den Rückzug vereiteln will, zu verhindern (bevor er einsetzt) oder zu überwinden. Es müssen also die Tatmittel mitgeführt werden, um einen etwa geleisteten Widerstand eines Dritten zu brechen. „**Dritte**" sind hierbei nicht nur Zollbeamte, Beamte der Polizei und des Bundesgrenzschutzes, sondern gegebenenfalls auch Personen, die keine Amtsträger sind. Ausreichend ist der Zweck, den Rückzug sicherzustellen, falls die Tatausführung fehlschlagen sollte.[1359]

Der Täter oder Teilnehmer muss darüber hinaus entschlossen sein, möglichen Widerstand durch Gewalt oder durch Drohung mit Gewalt zu brechen. Daraus folgt, dass Tatmittel solche sein müssen, die der Täter oder Teilnehmer für geeignet hält, Gewalt zu üben oder mit ihnen zu drohen, selbst wenn es sich hierbei um bloße Scheinwaffen oder scheingefährliche Werkzeuge oder Mittel handelt.[1360] Handelt der Täter oder Teilnehmer ohne den Entschluss, möglichen Widerstand durch Gewalt oder durch Drohung mit Gewalt zu brechen, erfüllt das Beisichführen der Tatmittel nicht den Strafschärfungstatbestand des § 373 Abs. 2 Nr. 2 AO. Nicht tatbestandsmäßig ist demgemäß zum Beispiel, wenn ein tatausführender Berufs- oder Sportschiffer eine Signalpistole lediglich bei sich führt, um im Seenotfall auf sich aufmerksam machen zu können. Zu den Begriffen der Gewalt und Drohung mit Gewalt soll an dieser Stelle im Übrigen der Hinweis auf die umfangreiche Rechtsprechung genügen, die zum Straftatbestand der Nötigung gem. § 240 StGB ergangen ist und hier entsprechend gilt.[1361] In subjektiver Hinsicht ist das Wissen und Wollen des Täters oder Teilnehmers Voraussetzung, das Tatmittel bei sich zu führen, um den Widerstand eines anderen durch Gewalt oder Drohung mit Gewalt zu verhindern oder zu überwinden. Mehr als eine bloße Verwendungsabsicht, das heißt eine nähere Vorstellung zur Verwendungsweise, ist dabei nicht erforderlich. Die Verwendungsabsicht kann auch noch später im Zuge des Tathergangs gefasst werden.

[1352] BGH Urt. v. 3.8.1965 – 1 StR 277/65 – NJW 1965, 2115.
[1353] BGH Urt. v. 30.8.1968 – 4 StR 319/68 – BGHSt 22, 230.
[1354] BGH Urt. v. 10.9.1968 – 1 StR 384/68 – NJW 1968, 2386; zur Abgrenzung von Waffen und Werkzeugen s. *Fischer* NStZ 2003, 569.
[1355] BGH Urt. v. 30.8.1968 – 4 StR 319/68 – BGHSt 22, 230; BGH Urt. v. 28.11.1957 – 4 StR 572/57 – VRS 14, 182, 186 zu § 233 a StGB.
[1356] BGH Urt. v. 26.2.1960 – 4 StR 582/59 – BGHSt 14, 152.
[1357] BGH Urt. v. 18.2.1981 – 2 StR 720/80 – BGHSt 30, 375 zu § 250 Abs. 1 StGB; vgl. hierzu aber auch die ablehnende Anm. von *Hettinger* JuS 1982, 895.
[1358] Vgl. Klein/*Wisser* § 373 AO Rdnr. 10.
[1359] BGH Urt. v. 30.8.1968 – 4 StR 319/68 – BGHSt 22, 230.
[1360] BGH Urt. v. 4.5.1972 – 4 StR 134/72 – BGHSt 24, 339.; a.A. Franzen/Gast/Joecks/*Voß* § 373 AO Rdnr. 27 m.w.N. zum Streitstand.
[1361] Vgl. hierzu die Nachweise bei *Tröndle/Fischer* § 240 Rdnr. 8 ff. und 30 ff.

584 Mittäter oder Gehilfen, die selbst keine Waffen bei sich führen, erfüllen § 373 Abs. 2 Nr. 2 AO nur dann, wenn sie an demjenigen Teil der Tatbegehung körperlich mitwirken, an dem ein anderer Täter oder Gehilfe bewaffnet ist, und sie dies wissen und billigen.[1362] Ist dem Gehilfen nicht bekannt, dass der Täter eine Waffe mitführt, macht er sich nicht nach § 373 Abs. 2 Nr. 2 AO strafbar. Weiß demgegenüber der Täter nicht, dass der Gehilfe eine Waffe bei sich führt, macht sich nur der Gehilfe nach § 373 Abs. 2 Nr. 2 AO strafbar.

585 e) **Bandenmäßige Begehung gem. § 373 Abs. 2 Nr. 3 AO.** Der Strafschärfungstatbestand der bandenmäßigen Begehung berücksichtigt die erhöhte Gefährlichkeit des verbrecherischen Treibens, die aus einer Tätergruppe resultiert, die bewusst zusammenwirkt, dadurch den Zollbeamten die Bekämpfung der Grunddelikte erschwert und ggf. die amtlichen Auseinandersetzungen mit ihnen verschärft.[1363] Eine Bande im Sinne von § 373 Abs. 2 Nr. 3 AO ist eine lose Gruppe von Personen, die sich mit dem Willen verbunden haben, künftig für eine gewisse Dauer die Hinterziehung von Einfuhr- und Ausfuhrabgaben oder des Bannbruchs zu verüben.[1364] Nach früherer ständiger Rechtsprechung genügte früher hierfür die Verbindung von 2 Personen.[1365] Der Große Senat für Strafsachen des BGH hat diese Rechtsprechung nunmehr im Anschluss an die hiergegen insbesondere im Schrifttum erhobenen Bedenken korrigiert.[1366] Der Begriff der Bande setzt seitdem die Verbindung von mindestens drei Personen voraus. Demgemäß können Ehegatten oder zwei in sonstiger Gemeinschaft lebende Personen heute keine Bande mehr bilden.[1367]

586 Eine **bandenmäßige Begehung** liegt nicht vor, wenn sich die Tätergruppe von vornherein nur zu einer einzigen Tat verbunden hat oder in der Folgezeit jeweils aus neuem Entschluss wiederum derartige Deliktstypen begeht.[1368] Andererseits kann bereits die Begehung einer einzigen Tat ausreichen, wenn die Verbindung auf mehrere Taten abzielt und die Tatbegehung in Ausführung dieser Bandenabrede erfolgte, das heißt die Tat nach der Vorstellung der Tätergruppe die erste von mehreren Taten sein sollte.[1369] Eine organisatorische Stabilität mit bestimmter Rollenverteilung und einheitlicher Führung ist ebenso wenig erforderlich wie gewerbsmäßiges Handeln und eine feste Verabredung mit wechselseitig bindenden Verpflichtungen,[1370] auch ein Wechsel der Mitglieder schadet nicht.

587 Die Mitglieder der Bande müssen sich zur Verwirklichung ihrer kriminellen Pläne aber für eine gewisse Dauer – auch lose – verabreden. Ein solches Bandenabreden, d. h. die deliktische Vereinbarung, kann selbst noch nach der ersten Tat erfolgen. Sie kann auch bei stillschweigendem Zusammenwirken oder schlüssigem Verhalten mehrerer Personen vorliegen.[1371] **Bandenmitglied** kann jede Person sein, die an der bandenmäßigen Verbindung mit dem Willen beteiligt ist, an den beabsichtigten Taten als Mittäter oder Gehilfe selbst teilzunehmen,[1372] nicht hingegen der Anstifter, der zur Teilnahme an der Tatausführung nicht gewillt ist; dieser kann sich aber wegen Anstiftung gem. § 26 StGB strafbar machen.[1373] Unerheblich ist, wenn Bandenmitglieder untereinander ein falsches Spiel betreiben und einer die anderen um den „Lohn" bringen will.[1374] Selbst an der Tatausführung mitwirkende Zollbeamte können Mitglieder einer

---

[1362] Str.; so auch Franzen/Gast/Joecks/Voß § 373 AO Rdnr. 31 m.w.N. zum Streitstand.
[1363] BGH Urt. v. 21.6.1955 – 2 StR 271/54 – BGHSt 8, 70, 71; RG Urt. v. 11.2.1935 – 5 D 469/34 – RGSt 69, 105, 106; RG Urt. v. 3.5.1932 – I 434/32 – RGSt 66, 236, 241; RG Urt. v. 30.10.1913 – I 499/13 – RGSt 47, 377, 379.
[1364] BGH GrS Beschl. v. 22.3.2001 – GSSt 1/00 – wistra 2001, 298 zu § 244 Abs. 1 Nr. 2 StGB; zum strafdogmatischen Begriff der Bande vgl. *Schild* GA 1982, 55.
[1365] BGH Urt. v. 20.4.1999 – 5 StR 604/98 – NStZ 1999, 571; *Kohlmann* § 373 AO Rdnr. 32 m.w.N.
[1366] *Kohlmann* § 373 AO Rdnr. 32 m.w.N.
[1367] So aber noch BGH Urt. v. 23.4.1998 – 1 StR 180/98 – NJW 1998, 2914.
[1368] BGH Urt. v. 4.6.1996 – 1 StR 235/96 – NStZ 1996, 442; Franzen/Gast/Joecks/Voß § 373 AO Rdnr. 34.
[1369] BGH Urt. v. 25.9.1956 – 5 StR 318/56 – GA 1957, 85.
[1370] BGH Urt. v. 25.1.1996 – 5 StR 402/95 – NStZ 1996, 339.
[1371] BGH Urt. v. 16.6.2003 – 3 StR 492/04 – wistra 2005, 430.
[1372] BGH Beschl. v. 15.1.2002 – 4 StR 499/01 – NStZ 2002, 318; BGH Urt. v. 16.6.2005 – 3 StR 492/04 – wistra 2005, 430.
[1373] Franzen/Gast/Joecks/Voß § 373 AO Rdnr. 36 m.w.N.; a.A. *Kohlmann* § 373 AO Rdnr. 34 und 48.
[1374] OLG Köln Urt. v. 19.10.1956 – Ss 221/56 – GA 1957, 124.

Bande sein, wenn hierdurch andere Beamte gefährdet werden können,[1375] was hingegen nicht der Fall ist, wenn keine anderen Beamten am Tatort sind.

Bandenmäßige Tatbegehung setzt voraus, dass die Tat unter Mitwirkung eines anderen Bandenmitglieds begangen wird. Ein Zusammenwirken nur bei Vorbereitungshandlungen reicht allerdings nicht aus.[1376] Bandenmäßige Begehung verlangt somit kein unmittelbares körperliches Zusammenwirken.[1377] Mittäter kann vielmehr auch derjenige sein, der als sog. Hintermann nur die geistige Leitung ausübt, ohne selbst bei der Tatausführung am Tatort körperlich präsent zu sein.[1378] Entsprechendes gilt für nicht anwesende Bandenmitglieder, die sonstige für die Durchführung erforderliche Tatbeiträge leisten. 588

Für die Abgrenzung von Täterschaft und Teilnahme gelten die allgemeinen Grundsätze. Die Mittäterschaft verlangt keine tatbestandlichen Ausführungshandlungen in eigener Person des Mittäters. Es genügt ein aufgrund gemeinsamen Wollens fördernder Beitrag des Mittäters, der sich auch lediglich auf eine Vorbereitungs- oder Unterstützungshandlung beschränken kann.[1379] Beihilfe liegt bereits dann vor, wenn der Gehilfe dem Haupttäter die Zusage gibt, diesen im Tatentschluss durch Übernahme einer bestimmten Aufgabe zu unterstützen.[1380] 589

Bandenmäßig können Mittäter und Gehilfen handeln, nicht hingegen der Anstifter (vgl. bereits oben). Das Merkmal der Bandenmitgliedschaft ist nach der Rechtsprechung des BGH ein besonderes persönliches Merkmal im Sinne von § 28 Abs. 2 StGB.[1381] Tatbeteiligte Nichtmitglieder (Mittäter und Gehilfen) können sich daher nicht nach der Strafschärfung, sondern nur nach dem Grunddelikt strafbar machen, gleichgültig ob sie am Tatort anwesend oder abwesend sind. Hiernach kann es sogar möglich sein, dass sämtliche Teilnehmer der Tatausführung gem. § 373 Abs. 2 Nr. 3 AO nur Gehilfen eines Täters sind, der selbst nicht bandenmäßig mitwirkt.[1382] 590

In subjektiver Hinsicht ist **Vorsatz** erforderlich. Der Täter oder Gehilfe muss wissen und wollen, dass er mit mindestens zwei weiteren Personen zu mehreren Tatbegehungen verbunden war und dass er bei der Tatausführung mit mindestens zwei Bandenmitgliedern zeitlich und örtlich zusammengewirkt hat.[1383] 591

3. Strafbarkeit des Versuchs

Der Versuch ist gem. § 370 Abs. 2 AO i. V. m. § 373 AO bzw. § 370 Abs. 2 i. V. m. § 372 und § 373 AO strafbar. Unerheblich ist, dass die Versuchsstrafbarkeit nicht in § 373 AO ausdrücklich bestimmt ist (vgl. § 23 Abs. 1 StGB).[1384] Einer solchen Bestimmung bedarf es nicht, da der Strafschärfungstatbestand lediglich eine unselbständige tatbestandliche Qualifizierung der §§ 370, 372 AO ist.[1385] 592

4. Strafen und Nebenfolgen

Die Strafdrohung des § 373 AO umfasst eine Freiheitsstrafe von drei Monaten bis zu fünf Jahren. Darüber hinaus kann nach allgemeinen Vorschriften eine Geldstrafe in Betracht kommen, und zwar anstelle der Freiheitsstrafe oder fakultativ neben der Freiheitsstrafe. Anstelle der Freiheitsstrafe ist gem. § 47 Abs. 2 S. 1 StGB zwingend eine Geldstrafe zu verhängen, wenn im konkreten Fall eine Freiheitsstrafe von 6 Monaten oder darüber nicht in Betracht kommt 593

[1375] RG Urt. v. 11.2.1935 – 5 D 469/34 – RGSt 69, 105; RG Urt. v. 1.12.1892 – Rep 3011/92 – RGSt 23, 330, 333.
[1376] BGH Urt. v. 5.4.1955 – 1 StR 355/54 – BGHSt 7, 291.
[1377] BGH Beschl. v. 22.3.2001 – 6 SSt 1/00 – NJW 2001, 421.
[1378] BGH GrS Beschl. v. 22.3.2001 – GSSt 1/00 – wistra 2001, 298 zu § 244 StGB; BGH Urt. v. 16.6.2005 – 3 StR 492/04 – wistra 2005, 430; Kohlmann § 373 AO Rdnr. 42 m.w.N.
[1379] BGH Urt. v. 15.7.1999 – 5 StR 155/99 – wistra 1999, 386.
[1380] BGH Urt. v. 15.7.1999 – 5 StR 155/99 – wistra 1999, 386.
[1381] BGH Beschl. v. 10.11.1958 – GSSt 1/58 – BGHSt 12, 220; BGH Urt. v. 13.2.1953 – 2 StR 737/52 – BGHSt 4, 32.
[1382] OLG Bremen Urt. v. 5.10.1955 – Ss 62/55 – ZfZ 1955, 371.
[1383] BGH Beschl. v. 10.11.1958 – GSSt 1/58 – BGHSt 12, 220; BGH Urt. v. 13.2.1953 – 2 StR 737/52 – BGHSt 4, 32.
[1384] Zum Beginn des Versuchs bei Einfuhrdelikten durch Abgabe inhaltlich falscher Anmeldungen vgl. BGH Beschl. v. 19.6.2003 – 5 StR 160/03 – wistra 2003, 389.
[1385] Kohlmann § 373 AO Rdnr. 51.

und besondere Umstände, die in der Tat oder in der Persönlichkeit des Täters liegen, die Verhängung einer Freiheitsstrafe zur Einwirkung auf den Täter oder zur Verteidigung der Rechtsordnung nicht unerlässlich ist. Das Mindestmaß der Geldstrafe beträgt 90 Tagessätze (§ 47 Abs. 2 S. 2 StGB). Neben einer Freiheitsstrafe kann eine Geldstrafe gem. § 41 StGB fakultativ verhängt werden, wenn der Täter sich durch die Tat bereichert oder zu bereichern versucht hat und die Geldstrafe unter Berücksichtigung der persönlichen und wirtschaftlichen Verhältnisse des Täters angebracht ist. Die Bemessung der Geldstrafe richtet sich nach § 40 StGB.

594 Darüber hinaus besteht die Möglichkeit, die Amtsfähigkeit und die Wählbarkeit abzuerkennen (vgl. § 375 Abs. 1 AO i. V. m. § 45 Abs. 2 StGB) sowie die Möglichkeit, das Schmuggelgut und das zur Tat benutzte Beförderungsmittel einzuziehen (vgl. § 375 Abs. 2 AO i. V. m. § 74 a StGB). Maßstab für die Berechnung der hinterzogenen Steuer ist der Wert der legalen Einfuhr, nicht der tatsächlich erzielte geringere Schwarzmarktpreis.[1386]

595 Die Strafmilderung für den Gehilfen gem. § 27 Abs. 2 StGB führt zwingend zu einer Beschränkung des Höchstmaßes der Freiheitsstrafe von 5 Jahren auf 3 Jahre und 9 Monate (§ 49 Abs. 1 Nr. 2 S. 2 StGB). Die Mindeststrafe reduziert sich von 3 Monaten auf 1 Monat, was dem gesetzlichen Mindestmaß gem. § 38 Abs. 2 StGB entspricht.

5. Konkurrenzen

596 Tateinheit mit § 370 und § 372 AO scheidet begrifflich aus,[1387] da § 373 AO gegenüber diesen Straftatbeständen lediglich eine unselbständige tatbestandliche Qualifizierung ist. Zu bestrafen ist wegen einer Tat nach §§ 370, 373 AO bzw. §§ 372, 373 AO. Werden die Merkmale des § 373 AO durch Einfuhr- und Ausfuhrabgabenhinterziehung erfüllt und zugleich ein besonders schwerer Fall im Sinne von § 370 Abs. 3 AO verwirklicht, bemisst sich der Strafrahmen nach § 370 Abs. 3 AO.[1388] Ein besonderes Konkurrenzproblem ergibt sich gegenüber dem Verbrechenstatbestand des § 370 a AO, der in gleicher Weise wie § 373 AO die gewerbs- oder bandenmäßige Hinterziehung von Einfuhrabgaben erfasst. Die Bedeutung liegt darin, dass § 373 AO gegenüber § 370 a AO eine wesentlich geringere Strafandrohung enthält und aufgrund der Mindeststrafe von drei Monaten auch die Möglichkeit einer Ersatzgeldstrafe gem. § 47 Abs. 3 StGB eröffnet. Darüber hinaus kann bei minder schweren Fällen des § 373 AO das Verfahren sogar gem. §§ 153, 153 a StPO oder § 398 AO eingestellt werden, wohingegen dies bei § 370 a AO wegen der Verbrechensqualität ausgeschlossen ist. Der Gesetzgeber scheint diese Problematik nicht bedacht zu haben. U.E. hat nach den allgemeinen Konkurrenzregeln § 373 AO als das speziellere Gesetz Vorrang vor § 370 a AO.[1389] Besonders strafwürdige Fälle können dann ggf. als besonders schwer im Sinne des § 370 Abs. 3 AO bestraft werden, der dasselbe Höchstmaß wie § 370 a AO zulässt, allerdings nur Vergehensqualität hat.[1390] Der BGH kommt in einem Beschluss vom 19.6.2003[1391] für die Ursprungsfassung des § 370 a AO zum selben Ergebnis. Wegen des ausdrücklichen Schutzes von Einfuhr- und Ausfuhrabgaben geht der gewerbs- und bandenmäßige Schmuggel nach § 373 AO dem § 370 AO a. F. als lex specialis vor.[1392] Zwar hat der BGH im weiteren ausdrücklich offen gelassen, ob der Vorrang des § 373 AO auch im Verhältnis zum neu gefassten § 370 a AO gilt oder ob durch das zusätzliche Tatbestandsmerkmal des „großen Ausmaßes" nunmehr diese Norm zum spezielleren Tatbestand werde, weil das Merkmal der Einfuhrabgaben dadurch enger gefasst werde.[1393] U.E. dürfte aber auch insoweit nichts anderes gelten. Hierfür spricht bereits die Unbestimmtheit dieses zusätzlichen Tatbestandsmerkmals.[1394] Innerhalb des § 373 AO schließen sich die Begehung mit Schusswaffen (Abs. 2 Nr. 1) und die Begehung mit sonstigen Waffen usw. (Abs. 2

[1386] BGH Beschl. v. 7.7.2004 – 5 StR 554/03 – wistra 2004, 348.
[1387] BGH Urt. v. 27.3.1956 – 1 StR 447/55 – ZfZ 1956, 275.
[1388] BGH Urt. v. 10.9.1986 – 3 StR 292/86 – wistra 1987, 30; BGH Urt. v. 28.9.1983 – 3 StR 280/83 – BGHSt 32, 95; zur Kritik hieran vgl. *Montenbruck* wistra 1987, 7.
[1389] Vgl. auch *Kohlmann* § 373 AO Rdnr. 53.1.
[1390] Vgl. zur Anwendbarkeit des § 370 Abs. 3 AO bereits die vorstehenden Ausführungen und Nachweise.
[1391] BGH Beschl. v. 19.6.2003 – 5 StR 160/03 – wistra 2003, 389.
[1392] BGH Beschl. v. 19.6.2003 – 5 StR 160/03 – wistra 2003, 389.
[1393] So Franzen/Gast/*Joecks* § 370 a AO Rdnr. 55.
[1394] Vgl. auch *Kohlmann* § 373 AO Rdnr. 53.1.

Nr. 2) aus. Im Übrigen können Abs. 2 Nr. 1 oder Abs. 2 Nr. 2 mit dem Bandenschmuggel (Abs. 2 Nr. 3) in Tateinheit stehen.[1395]
Tateinheit ist insbesondere möglich zwischen bandenmäßiger Begehung im Sinne von § 373 Abs. 2 Nr. 3 AO und Diebstahl gem. § 242 Abs. 1 StGB, zwischen gewaltsamer Begehung im Sinne von § 373 Abs. 2 Nr. 1 AO und Widerstand gegen die Staatsgewalt gem. § 113 Abs. 1 StGB sowie ggf. gefährlichen Körperverletzung gem. § 223 a StGB, zwischen gewaltsamer Begehung im Sinne von § 373 Abs. 2 Nr. 1 AO und unerlaubtem Führen einer Schusswaffe gem. § 51 Abs. 1 WaffG oder – unter der Voraussetzung, dass die Schusswaffe das Schmuggelgut ist – unerlaubter Einfuhr einer Schusswaffe gem. § 51 Abs. 1 WaffG, zwischen bandenmäßiger Begehung im Sinne von § 373 Abs. 2 Nr. 3 AO und Bildung krimineller Vereinigungen gem. § 129 Abs. 1 StGB sowie zwischen bandenmäßiger Begehung im Sinne von § 373 Abs. 2 Nr. 3 AO und Urkundenfälschung gem. § 267 Abs. 1 StGB.

6. Selbstanzeige

Eine strafbefreiende **Selbstanzeige** gem. § 371 AO ist in den Fällen des gewerblichen, gewaltsamen und bandenmäßigen Schmuggels gem. § 373 AO nicht möglich.[1396]

VIII. Steuerhehlerei (§ 374 AO)[1397]

Schrifttum: Bauer, Erneute Neubestimmung des prozessualen Tatbegriffs als Konsequenz der Postpendenz-Rechtsprechung des BGH, wistra 1990, 218; *Dauses*, Handbuch des EU-Wirtschaftsrechts, Loseblatt, 2004; *Grabitz/Hilf*, Das Recht der Europäischen Union, Loseblatt, 2005; *Janovsky*, Die Strafbarkeit des illegalen grenzüberschreitenden Warenverkehrs, NStZ 1998, 117; *Rönnau*, Moderne Probleme der Steuerhehlerei (§ 374), NStZ 2000, 513; *Stree*, Mitwirken zum Absatz strafbar erworbener Güter, GA 1961, 33; *Wegner*, Der „agent provokateur" im Zollstrafrecht, PStR 2006, 50.

1. Allgemeines

Der Straftatbestand der Steuerhehlerei ist ein **abstraktes Gefährdungsdelikt** gegen die durch die Steuerhinterziehung gem. § 370 AO und den Bannbruch gem. § 372 AO geschützten Rechtsgüter.[1398] Je nachdem, ob die Vortat eine Steuerhinterziehung gem. § 370 AO oder ein Bannbruch gem. § 372 AO ist, schützt der Straftatbestand der Steuerhehlerei daher entweder das Steueraufkommen[1399] oder die – sehr unterschiedlichen – Rechtsgüter des § 372 AO, wie insbesondere den Gesundheitsschutz von Menschen und Tieren, den Pflanzenschutz, die öffentliche Sicherheit sowie den Schutz des Branntweinmonopols.

Der Tatbestand der Steuerhehlerei enthält im Wesentlichen drei Merkmale:[1400]
- Eine mit dem Makel einer bestimmten Vortat behaftete Sache,
- eine bestimmte hehlerische Handlung,
- die Bereicherungsabsicht.

Der Straftatbestand der Steuerhehlerei erhält seine kriminalpolitische Bedeutung im Wesentlichen dadurch, dass Personen strafrechtlich zur Verantwortung gezogen werden können, denen zwar der Umgang mit nichtversteuertem bzw. verbotswidrig eingeführten Waren, jedoch nicht die Hinterziehung der Steuern bzw. das verbotswidrige Verbringen nachgewiesen werden kann.[1401]

[1395] Vgl. zu § 244 StGB: BGH Urt. v. 10.7.1975 – GSSt 1/75 – BGHSt 26, 167; BGH Urt. v. 24.11.1970 – 2 StR 538/70 – bei *Dallinger* MDR 1971, 363; a.A. Schönke/Schröder/*Eser* § 244 Rdnr. 33 und LK/*Ruß* § 244 StGB Rdnr. 18, nach denen bei Verwirklichung mehrerer Modalitäten nur eine Tat vorliegen soll.
[1396] *Kohlmann* § 373 AO Rdnr. 57.
[1397] Bearbeitet unter Mitarbeit von RA/StB Jörg Kanzler.
[1398] Franzen/Gast/Joecks/*Voß* § 374 AO Rdnr. 2.
[1399] BGH Urt. v. 27.10.2004 – 5 StR 368/04 – wistra 2005, 33.
[1400] *Rönnau* NStZ 2000, 513.
[1401] Franzen/Gast/Joecks/*Voß* § 374 AO Rdnr. 3; zum Tatbegriff bei der Hehlerei s. *Bauer* wistra 1990, 218.

2. Vortaten der Steuerhehlerei

600 a) *Allgemeines.* Bei der Steuerhehlerei kommen als Vortaten die im Gesetzestext aufgeführten Straftatbestände der Steuerhinterziehung gem. § 370 AO und des Bannbruchs gem. §§ 372 Abs. 2, 373 AO in Betracht.[1402]

601 Wegen der Subsidiarität des § 372 Abs. 1 AO kommt ein einfacher Bannbruch nicht als Vortat in Betracht, der nach am Sondergesetz als Ordnungswidrigkeit oder als Vergehen einzuordnen ist.[1403] Gegenstände der Steuerhehlerei können nach § 374 Abs. 1 AO nur „Erzeugnisse" oder „Waren" sein. Die Begriffshäufung „Erzeugnisse oder Waren" geht auf den unterschiedlichen Sprachgebrauch in den Verbrauchsteuer- und Zollgesetzen zurück. Einer Verbrauchsteuer werden insbesondere Bier, Tabakerzeugnisse, Mineralöl, Kaffee, Schaumwein und schaumweinähnliche Getränke sowie Branntwein unterworfen. Ein Zoll wird für die Einfuhr von Waren auf Basis des Zolltarifs erhoben. Im Übrigen kommt auch eine Steuerhehlerei als Vortat mittelbar in Betracht (sog. Kettenhehlerei). Dem steht insbesondere nicht entgegen, dass die Steuerhehlerei nicht ausdrücklich in § 374 Abs. 1 AO als Vortat aufgeführt ist. Denn an jedem Gegenstand einer Steuerhehlerei ist begriffsnotwendigerweise irgendwann, wie durch § 374 Abs. 1 AO ausdrücklich verlangt wird, eine Steuerhinterziehung oder ein Bannbruch begangen worden. Dass einer dieser Steuerstraftatbestände unmittelbare Vortat ist, verlangt § 374 Abs. 1 AO demgegenüber nicht. Wie bei der Sachhehlerei des § 259 StGB ist die Steuerhehlerei dagegen an solchen Gegenständen ausgeschlossen, die lediglich mittelbar aus der Vortat herrühren, wie z. B. der Verkaufserlös für eingeschmuggelte Waren (sog. Ersatzhehlerei).[1404]

602 b) *Die Vortaten im Einzelnen. aa) Verbrauchsteuerhinterziehungen im Sinne von § 374 Abs. 1 AO.* Verbrauchsteuerhinterziehungen können Vortaten einer Steuerhehlerei sein. Von dem Begriff der Verbrauchsteuern erfasst werden zunächst die bei einer Einfuhr aus einem Nicht EG-Mitgliedstaat erhobenen Verbrauchsteuern allgemeiner (Einfuhrumsatzsteuer) und besonderer Art (z. B. Steuern auf Tabak, Bier, Schaumwein, Kaffee). Eine Hinterziehung von Verbrauchsteuern kommt darüber hinaus auch dann in Betracht, wenn die Steuer bei der Entfernung einer Ware aus dem inländischen Herstellungsbetrieb bzw. der Entnahme aus dem Steueraussetzungsverfahren verwirklicht ist. Wegen des Begriffs der Verbrauchsteuern kann im Übrigen grundsätzlich auf die Kommentierung zu § 373 AO verwiesen werden. Gegenüber § 373 AO besteht aber die Besonderheit, dass die Vorschrift auch die Verbrauchsteuern erfasst, die auf inländische Produkte oder die im Inland auf Produkte aus EG-Mitgliedstaaten erhoben werden.

603 *bb) Einfuhr- und Ausfuhrabgabenhinterziehung im Sinne von § 374 Abs. 1 AO.* Einfuhr- und Ausfuhrabgabenhinterziehungen können Vortaten einer Steuerhehlerei sein. Bei den Einfuhr- oder Ausfuhrabgaben muss es sich – anders als im Rahmen des § 373 AO – um solche handeln, die Artikel 4 Nr. 10 und 11 des Zollkodexes entsprechen. Hierdurch werden neben Zöllen dem Grunde nach auch Abgaben mit zollgleicher Wirkung erfasst. Hierbei handelt es sich um Abgaben, die an einen Grenzübertritt anknüpfen, dem Zoll also funktionell gleichstehen, aber nicht als Zoll bezeichnet werden und regelmäßig nicht auf Basis eines Zolltarifs erhoben werden.[1405] Materiell kann es sich um verwaltungsrechtliche Gebühren oder Steuern handeln, soweit sie funktionell dem Zoll entsprechen.[1406] Zu beachten ist allerdings, dass Abgaben mit zollgleicher Wirkung nach derzeitiger Rechts- und Gesetzeslage nicht Gegenstand einer Hinterziehung sein können und daher als Grundlage einer Bestrafung nach § 374 AO ausscheiden.[1407] Erfasst werden grundsätzlich auch Abgaben zu Zwecken der Marktordnung, die den Regelungen im Sinne des § 1 Abs. 2 MOG unterliegen. Eine Einschränkung ergibt sich hier aber aus dem Umstand, dass die Steuerhehlerei nur für Waren und Erzeugnisse in Betracht kommt, hinsichtlich derer Abgaben hinterzogen worden sind. Hieraus folgt, dass es sich um

---

[1402] *Rönnau* NStZ 2000, 513.
[1403] Franzen/Gast/Joecks/*Voß* § 374 AO Rdnr. 6; *Rönnau* NStZ 2000, 513.
[1404] BGH Urt. v. 12.4.1956 – 4 StR 60/56 – BGHSt 9, 137, 139.
[1405] Vgl. auch Grabitz/*Hilf*/Voß Art. 25 EGV Rdnr. 15 ff.
[1406] Vgl. zu den weiteren Einzelheiten Grabitz/*Hilf*/Voß Art. 25 EGV Rdnr. 14 ff.
[1407] Vgl. hierzu im Einzelnen Franzen/Gast/Joecks/*Voß* § 374 AO Rdnr. 5 b.

abgabenbelastete Waren bzw. Erzeugnisse handeln muss, für die auch eine Sachhaftung gem. § 76 AO greifen kann, was zum Beispiel für die Abgabe aufgrund der Quotenregelung im Milchsektor gemäß der Verordnung (EWG) Nr. 856/84 (Abl 1984 L90/10) nicht der Fall ist.[1408]

cc) Hinterziehung von EG- und EFTA-Einfuhr- oder Ausfuhrabgaben im Sinne von § 374 Abs. 2 AO. Hinterziehungen von Einfuhr- und Ausfuhrabgaben, die von einem anderen EG-Mitgliedstaat verwaltet werden oder die einem Mitgliedstaat der Europäischen Freihandelsassoziation oder einem mit dieser assoziierten Staat zustehen, können Vortaten einer Steuerhehlerei sein. Mitgliedstaaten der Europäischen Freihandelsassoziation sind derzeit Island, Liechtenstein, Norwegen und die Schweiz. Mit der Europäischen Freihandelsassoziation assoziierte Staaten gibt es zur Zeit nicht. Das sind insbesondere auch nicht die 10 Staaten, die mit den o.g. Mitgliedstaaten der Europäischen Freihandelsassoziation Freihandelsabkommen abgeschlossen haben.[1409] Freihandelszonen sind keine Assoziationen.[1410]

Die Begriffe Einfuhr- und Ausfuhrabgaben im Sinne von § 374 Abs. 2 AO stimmen mit den entsprechenden Begriffen des § 373 AO überein. Erfasst sind insbesondere Zölle, Marktordnungsabgaben, die auf Grund der Einfuhr bzw. Ausfuhr erhoben werden sowie die bei einer Einfuhr aus einem Nicht EG-Mitgliedstaat erhobenen Verbrauchsteuern allgemeiner (Einfuhrumsatzsteuer) und besonderer Art (z. B. Steuern auf Tabak, Bier, Schaumwein, Kaffee). Nicht erfasst sind hingegen – und insoweit anders als im Rahmen des § 374 Abs. 1 AO – Abgaben mit zollgleicher Wirkung und Verbrauchsteuern, die auf inländische Produkte und im Inland auf Produkte aus EG-Mitgliedstaaten erhoben werden.[1411]

dd) Bannbruch im Sinne von § 374 Abs. 1 AO. Als Vortat im Sinne von § 374 Abs. 1 AO kommt ein **Bannbruch** in Betracht. Voraussetzung ist, dass der Bannbruch als Vortat über § 372 Abs. 2 AO nach § 370 AO oder nach § 373 AO strafbar ist. Daher scheiden Bannbruchsfälle, die nach anderen speziellen Gesetzen als nach den §§ 372 Abs. 2, 373 AO, z. B. nach § 29 Abs. 1 Nr. 1 und 5 i. V. m. § 11 Abs. 1 Satz 2 BTMG, als Zuwiderhandlungen gegen Einfuhr-, Ausfuhr- und Durchfuhrverbote mit Strafe oder Geldbuße bedroht sind, als Vortaten für eine Steuerhehlerei aus. Als Vortaten kommen damit im Wesentlichen nur noch der Monopolbannbruch (vgl. § 3 BranntwMonG) oder ein Bannbruch in Gestalt der qualifizierten Tatbegehung gem. § 373 AO in Betracht.[1412]

ee) Steuerhehlerei. Nach den Grundsätzen der sog. **Kettenhehlerei** kann als Vortat schließlich auch die Steuerhehlerei in Betracht kommen.[1413]

c) Die abgeschlossene Vortat. Nach dem Gesetzeswortlaut des § 374 Abs. 1 AO müssen im Hinblick auf die tatbefangenen Waren oder Erzeugnisse Verbrauchsteuern bzw. Einfuhr- oder Ausfuhrabgaben hinterzogen oder Bannbruch begangen worden sein. Der Straftatbestand setzt damit eine rechtswidrige und hinsichtlich des objektiven Tatbestandes abgeschlossene Vortat voraus. Hierfür ist erforderlich, dass die jeweilige Vortat nicht nur rechtlich vollendet, sondern auch tatsächlich beendet ist.[1414]

d) Die subjektiven Merkmale der Vortat. Eine Strafbarkeit wegen Steuerhehlerei gem. § 374 AO setzt voraus, dass der Vortäter mindestens mit „natürlichem" Vorsatz gehandelt hat.[1415] Unerheblich hierfür ist die Schuldfähigkeit des **Vortäters**.[1416] Selbst ein unvermeidbarer Verbotsirrtum des Vortäters gem. § 17 StGB lässt eine Bestrafung des Nachtäters wegen

---

[1408] Franzen/Gast/Joecks/*Voß* § 374 AO Rdnr. 5.
[1409] Vgl. hierzu auch *Dauses/Hummer,* Handbuch des EU-Wirtschaftsrechts, K III Rdnr. 286.
[1410] Vgl. auch Grabitz/Hilf/*Voß* Art. 23 EGV Rdnr. 69 ff.
[1411] Vgl. hierzu im Einzelnen Franzen/Gast/Joecks/*Voß* § 374 AO Rdnr. 7 b m.w.N.
[1412] Vgl. auch BGH Beschl. v. 4.1.1989 – 3 StR 415/88 – wistra 1989, 190.
[1413] Vgl. hierzu im Einzelnen *Kohlmann* § 374 AO Rdnr. 18.
[1414] BGH Beschl. v. 17.12.1980 – 3 StR 387/80 – StV 1981, 127; BGH Urt. v. 16.7.1968 – 1 StR 25/68 – BGHSt 22, 206; siehe aber auch die gegenteilige Rspr. des BGH Beschl. v. 29.12.1988 – 1 StR 721/88 – bei *Holtz* MDR 1989, 493; BGH Urt. v. 20.11.1959 – 4 StR 370/59 – BGHSt 13, 403 ff.; BGH Urt. v. 8.5.1959 – 4 StR 28/59 – NJW 1959, 1377; OLG Düsseldorf Beschl. v. 18.10.1989 – 5 Ss 306/89 – wistra 1990, 108, die eine vollendete Vortat für ausreichend erachtet.
[1415] BGH Urt. v. 26.2.1953 – 5 StR 735/52 – BGHSt 4, 78.
[1416] BGH Urt. v. 27.2.1951 – 4 StR 123/51 – BGHSt 1, 47.

Steuerhehlerei gem. § 374 AO zu. Hat der Vortäter dagegen nur fahrlässig oder in einem vorsatzausschließenden Tatbestandsirrtum gem. § 16 StGB gehandelt, scheidet eine Bestrafung des Nachtäters mangels natürlichem Vorsatz des Vortäters aus.[1417] Eine fahrlässige Steuerverkürzung ist als Vortat für eine Steuerhehlerei nicht genügend, und zwar selbst dann nicht, wenn sie gem. § 378 AO als Steuerordnungswidrigkeit verfolgt werden kann. Ebenso wenig geeignet ist eine Vortat, bei der die objektiven Merkmale des Bannbruchs gem. § 372 Abs. 1 AO nur fahrlässig erfüllt werden. Sofern aber in diesen Fällen der **Nachtäter** mit Wissen und Wollen der Tatbestandsmerkmale der Vortat gehandelt hat, wird zu prüfen sein, ob nicht tatsächlich der Nachtäter den vorsatzlos handelnden Vortäter von Anfang an nur als „Werkzeug" benutzt hat und er sich hierdurch als mittelbarer Täter gem. § 25 Abs. 1, 2. Alternative StGB wegen Steuerhinterziehung gem. § 370 Abs. 1 AO bzw. wegen Bannbruch gem. § 372 Abs. 1 AO strafbar gemacht hat.

610 e) **Verhältnis der Steuerhehlerei zur Täterschaft und Teilnahme an der Vortat.** Der Vortäter einer Steuerhinterziehung gem. § 370 AO oder eines Bannbruchs gem. §§ 372, 373 AO kann regelmäßig nicht noch Steuerhehlerei an denselben Waren oder Erzeugnissen begehen; eine etwaige Hehlereihandlung ist eine mitbestrafte Nachtat. Entsprechend der zu § 259 StGB ergangenen Rechtsprechung gilt eine Ausnahme aber dann, wenn der Vortäter die von ihm selbst geschmuggelten Waren bzw. Erzeugnisse nachträglich aus dritter Hand oder nach Verteilung des Schmuggelguts von einem Mittäter erwirbt.[1418] Wer an der Vortat als Anstifter gem. § 26 StGB oder als Gehilfe gem. § 27 StGB teilnimmt, und hiernach an den geschmuggelten Waren bzw. Erzeugnissen Hehlereihandlungen im Sinne von § 374 AO begeht, macht sich nicht nur der Anstiftung bzw. der Beihilfe zur Vortat strafbar, sondern zusätzlich auch einer – rechtlich selbständigen – Steuerhehlerei. Das gilt auch dann, wenn es dem Anstifter oder Gehilfen bereits im Zeitpunkt der Teilnahmehandlung auf das Schmuggelgut ankam.[1419]

3. Tathandlungen der Steuerhehlerei

611 a) **Ankaufen.** ie Tathandlung des „Ankaufens" ist ein Unterfall des „Sich-Verschaffens".[1420] Demgemäß wird das Ankaufen im Sinne von § 374 AO noch nicht durch den Abschluss eines schuldrechtlichen Kaufvertrages erfüllt. Erforderlich hierfür ist vielmehr das käufliche Erwerben des Besitzes und der tatsächlichen Verfügungsgewalt des Steuerhehlers von dem Vortäter oder dessen Mittelsmann.[1421]

612 b) **Sich oder einem Dritten verschaffen.** „Sich-Verschaffen" ist die Herstellung einer vom Vortäter abgeleiteten tatsächlichen Herrschaftsgewalt über die Waren bzw. Erzeugnisse im einverständlichen Zusammenwirken mit dem Vortäter.[1422] Eine Steuerhehlerei begeht demgemäß nicht, wer sich die Herrschaftsgewalt ohne Einvernehmen des Vortäters verschafft, zum Beispiel durch Diebstahl gem. § 242 StGB oder Unterschlagung gem. § 246 StGB.[1423] Erforderlich ist, dass der Steuerhehler die Waren bzw. Erzeugnisse zur eigenen Verfügungsgewalt bekommt, und zwar in dem Sinne, dass er hierüber als eigene oder zu eigenen Zwecken verfügen kann und dies auch will.[1424] Bei einer Mitverfügungsbefugnis von Vortäter und Erwerber liegt § 374 AO nur vor, wenn der Erwerber unabhängig vom Willen des Vortäters über die

---

[1417] BGH Urt. v. 26.2.1953 – 5 StR 735/52 – BGHSt 4, 78.
[1418] BGH GrS Beschl. v. 20.12.1954 – GSSt 1/54, 7, 134; BGH Urt. v. 2.10.1952 – 3 StR 642/51 – BGHSt 3, 191; RG Urt. v. 5.2.1937 – 4 D 54/37 – RGSt 71, 49.
[1419] BGH GrS Beschl. v. 20.12.1954 – GSSt 1/54, 7, 134.
[1420] BGH v. 9.7.1953 – 4 StR 189/53 – bei *Herlan* GA 1954, 58 zu § 259 StGB.
[1421] BGH v. 9.7.1953 – 4 StR 189/53 – bei *Herlan* GA 1954, 58 zu § 259 StGB.
[1422] BGH Urt. v. 11.9.1991 – 3 StR 96/91 – NStZ 1992, 36 jeweils zu § 259 StGB; BGH Urt. v. 22.6.1960 – 2 StR 192/60 – BGHSt 15,57; RG Urt. v. 6.10.1930 – II 445/30 – RGSt 64, 326.
[1423] BGH Urt. v. 21.2.1957 – 4 StR 525/56 – BGHSt 10, 151; BGH Urt. v. 11.3.1959 – 2 StR 29/59 – BGHSt 13, 43.
[1424] BGH GRS Beschl. v. 17.12.1980 – 3 StR 387/80 – BGHSt 7, 134, 137; BGH GRS Beschl. v. 29.3.1977 – 1 StR 646/76 – BGHSt 27, 163; BGH GRS Urt. v. 4.11.1976 – 4 StR 255/76 – BGHSt 27, 46; BGH Urt. v. 26.5.1976 – 2 StR 634/75 – NJW 1976, 1698 jeweils zu § 259 StGB; BGH GRS Urt. v. 22.7.1960 – 2 StR 192/60 – BGHSt 15, 56; BGH GRS Urt. v. 21.2.1957 – 4 StR 525/56 – BGHSt 10, 151.

Waren bzw. Erzeugnisse verfügen kann.[1425] Bloßes Verwahren oder Mitverzehren von Nahrungs- oder Genussmitteln genügt nicht.[1426] Einem Dritten verschafft der Täter die Waren bzw. Erzeugnisse, wenn er diese zum Beispiel unmittelbar vom Vortäter an den Dritterwerber vermittelt.

c) **Absetzen.** „Absetzen" bedeutet die Waren bzw. Erzeugnisse durch rechtsgeschäftliche 613
Weitergabe an einen gut- oder bösgläubigen Dritten wirtschaftlich zu verwerten, insbesondere zu verkaufen, zu versteigern, zu verpfänden, aber auch zu verschenken. Ein bloßes Verleihen, Vermieten oder In-Verwahrung-geben genügt hingegen nicht.[1427] Streitig ist, ob das Absetzen – was von der herrschenden Meinung vertreten wird – bereits durch eine auf den Absatz hinzielende Handlung vollendet ist[1428] oder hierfür vielmehr noch ein Gelingen des Absatzes, d. h. ein Absatzerfolg, erforderlich ist.[1429] U.E. ist der herrschenden Meinung zuzustimmen, da bereits das bloße Tätigwerden beim Absatz geeignet ist, die steuer- oder bannwidrig erlangte Rechtsposition aufrecht zu erhalten oder zu vertiefen.[1430]

d) **Absatzhilfe.** „Absatzhilfe" ist eine Handlung, mittels derer sich der Hehler am Absatz des 614
Vortäters oder Zwischenhehlers unselbständig beteiligt. Die Vollendung der Absatzhilfe setzt nicht voraus, dass der Absatz erfolgreich ist, die Waren bzw. Erzeugnisse also in den Besitz eines anderen gelangt sind.[1431] Vielmehr genügt bereits der Versuch der Absatzhilfe für die Vollendung der Steuerhehlerei.[1432]

e) **Steuerhehlerei durch Unterlassen.** Der Straftatbestand der Steuerhehlerei kann in jeder 615
Form der Tatbegehung, d. h. auch durch Unterlassen, verwirklicht werden. Voraussetzung hierfür ist, dass dem Täter eine besondere Rechtspflicht im Sinne von § 13 Abs. 1 StGB zur Verhinderung des Ankaufens, des Sich-Verschaffens oder des Absetzens bzw. der Absatzhilfe obliegt. Eine solche Rechtspflicht hat die Rechtsprechung zum Beispiel im Verhältnis von Eltern zu ihren minderjährigen Kindern angenommen.[1433] Für Zollbeamte und Strafverfolgungsbeamte besteht eine solche Rechtspflicht, da sie von Amts wegen zum Einschreiten verpflichtet sind.[1434] Derjenige, der Schmuggelware gutgläubig erwirbt, aber später von der Vortat Kenntnis erhält, hat keine Rechtspflicht zur Anzeige.[1435]

4. Subjektiver Tatbestand

a) **Vorsatz.** Zum subjektiven Tatbestand des § 374 AO gehört Vorsatz. Erforderlich ist er- 616
stens das Wissen des Täters, dass hinsichtlich der Waren bzw. Erzeugnisse, die den Gegenstand seiner Handlung bilden, Verbrauchsteuern oder Einfuhr- oder Ausfuhrabgaben hinterzogen oder Bannbruch begangen worden ist, ohne dass er über die Einzelheiten der Vortat Kenntnis haben muss.[1436] Zweitens muss er trotz Kenntnis der Vortat den Willen haben, die Waren bzw. Erzeugnisse anzukaufen, sich oder einem anderen zu verschaffen, abzusetzen oder absetzen zu helfen. Dolus Eventualis genügt.[1437]

Verwirklicht der Täter den Straftatbestand der Steuerhehlerei durch ein „**Sich-Verschaffen**", 617
so müssen die Merkmale des Vorsatzes zur Zeit des Erwerbs vorliegen. Erlangt der Erwerber

---

[1425] BGH Beschl. v. 28.4.1998 – 4 StR 167/98 – StV 1999, 604 jeweils zu § 259 StGB; BGH Urt. v. 17.6.1997 – 1 StR 119/97 – BGHSt 35, 176.
[1426] Franzen/Gast/Joecks/Voß § 374 AO Rdnr. 19.
[1427] Franzen/Gast/Joecks/Voß § 374 AO Rdnr. 20.
[1428] BGH Beschl. v. 16.12.1988 – 3 StR 509/88 – wistra 1989, 182; BGH Urt. v. 4.11.1976 – 4 StR 255/76 – BGHSt 27, 45; BGH Urt. v. 7.12.1954 – 2 StR 471/54 – NJW 1955, 350; RG Urt. v. 18.10.1921 – IV 882/21 – RGSt 56, 191; H/H/Sp/Engelhardt § 374 AO Rdnr. 54; Kohlmann § 374 AO Rdnr. 52.
[1429] BGH Urt. v. 26.5.1976 – 2 StR 634/75 – NJW 1976, 1698; Stree GA 1961, 40.
[1430] Vgl. auch BGH Urt. v. 17.6.1997 – 1 StR 119/97 – BGHSt 43, 111.
[1431] BGH Urt. v. 26.5.1976 – 2 StR 634/75 – NJW 1976, 1698.
[1432] BGH Beschl. v. 16.12.1988 – 3 StR 509/88 – wistra 1989, 182 f.; BGH Urt. v. 4.11.1976 – 4 StR 255/76 – BGHSt 27, 45; BGH Urt. v. 16.6.1976 – 3 StR 62/76 – NJW 1976, 1900; vgl. auch Franzen/Gast/Joecks/Voß § 374 AO Rdnr. 21.
[1433] OLG Braunschweig Urt. v. 18.3.1963 – Ss 15/63 – GA 1963, 211 ff.
[1434] So auch Franzen/Gast/Joecks/Voß § 374 AO Rdnr. 22; Kohlmann § 374 AO Rdnr. 62.
[1435] So auch Franzen/Gast/Joecks/Voß § 374 AO Rdnr. 22; Kohlmann § 374 AO Rdnr. 62.
[1436] BGH Urt. v. 2.11.1976 – 1 StR 259/76 bei Holtz MDR 1977, 280 jeweils zu § 269 StGB; RG Urt. v. 12.2.1921 – IV 1758/20 – RGSt 55, 234.
[1437] BGH Urt. v. 27.10.1999 – 3 StR 241/99 – NStZ-RR 2000, 106.

erst später vom steuerrechtlichen Makel der Waren bzw. Erzeugnisse Kenntnis, muss er den Vorsatz durch eine den objektiven Tatbestand des § 374 Abs. 1 AO erneut erfüllende Handlung begehen, z. B. indem er bei einem weiteren Absetzen hilft.[1438]

618   b) **Bereicherungsabsicht**. Der Täter muss mit der Absicht handeln, sich oder einen Dritten zu bereichern. Ob es dazu kommt, ist nicht entscheidend.[1439] Bereicherung bedeutet die Erlangung eines Vermögensvorteils. **Vermögensvorteil** ist jede Verbesserung der Vermögenslage. Er scheidet aus, wenn gleichwertige Leistungen ausgetauscht werden, z. B. wenn der Täter die Waren bzw. Erzeugnisse anderswo zum gleichen Preis hätte kaufen können.[1440] Stoffgleichheit verlangt die Bereicherung nicht. Der Täter muss den Vermögensvorteil also nicht unmittelbar aus der Tathandlung selbst beziehen.[1441] Mittelbare Vorteile genügen.[1442]

5. Versuch der Steuerhehlerei

619   Die versuchte Steuerhehlerei ist gem. § 374 Abs. 1 AO i. V. m. § 370 Abs. 2 AO strafbar. Abzugrenzen ist der (strafbare) Versuch von der bloßen Vorbereitungshandlung, die straflos ist. Das Vorbereitungsstadium ist die vor dem Versuchsstadium liegende Tätigkeit, die zwar auf die Tatbestandsverwirklichung hinzielt, aber noch nicht dazu im Sinne von § 22 StGB unmittelbar ansetzt. Die Abgrenzung kann im Einzelfall schwierig sein. Das wird insbesondere dann der Fall sein, wenn der Täter erst Kaufverhandlungen führt. U.E. wird es hier auf den Einzelfall und das Stadium der Kaufverhandlungen ankommen.[1443] Ein bloß informelles Gespräch wird nicht für die Annahme eines Versuchs genügen.[1444] Entsprechendes gilt für das bloße Beobachten von weiteren Absatzmöglichkeiten.[1445]

6. Strafen und Nebenfolgen

620   Die Bestrafung des Steuerhehlers richtet sich nach §§ 370, 373 AO. Gewerbsmäßige Steuerhehlerei ist der verschärften Strafandrohung des § 373 AO unterstellt. Zu den Voraussetzungen der gewerbsmäßigen Tatbegehung wird auf die Kommentierung zu § 373 AO verwiesen. Gem. § 375 Abs. 1 AO kann dem Steuerhehler die Fähigkeit, öffentliche Ämter zu bekleiden (sog. **Amtsfähigkeit**), und die Fähigkeit, Rechte aus öffentlichen Wahlen zu erlangen (sog. **Wählbarkeit**), für die Dauer von zwei bis fünf Jahren aberkannt werden, wenn er zu einer Freiheitsstrafe von mindestens einem Jahr verurteilt wird. Gem. § 375 Abs. 2 AO können Waren und Erzeugnisse, die Gegenstand der Steuerhehlerei sind, sowie die bei der Tat benutzen Beförderungsmittel eingezogen werden.

621   § 71 AO normiert als steuerliche Nebenfolge die Haftung des Steuerhehlers für die verkürzten Steuern und die zu Unrecht gewährten Steuervorteile. Zu beachten ist, dass die Finanzverwaltung bei der Geltendmachung der Haftung nicht an die im Strafverfahren getroffenen Feststellungen gebunden ist.[1446] Der strafrechtliche Grundsatz „**in dubio pro reo**" gilt aber auch im Rahmen des § 71 AO.[1447] Dies bedeutet, dass die Finanzbehörde die Feststellungslast trägt und der Steuerpflichtige zur Mitwirkung nicht verpflichtet ist.

7. Konkurrenzen

622   Soweit der Täter an denselben Waren und Erzeugnissen nacheinander verschiedene hehlerische Tathandlungen begeht, so ist die spätere Handlung nachbestrafte Tat der Vortat. Hehlerische Handlungen eines Steuerhinterziehers sind im Verhältnis zur Steuerhinterziehung mitbestrafte Nachtat. Dagegen schließt die Beteiligung an der Vortat als Anstifter oder Gehilfe, und unter bestimmten Voraussetzungen auch als Mittäter, die Anwendung des § 374 AO nicht aus.

[1438] Franzen/Gast/Joecks/*Voß* § 374 AO Rdnr. 25.
[1439] RG Urt. v. 18.10.1921 – IV 882/21 – RGSt 56, 191; RG Urt. v. 26.5.1921 – I 1687/20 – RGSt 56, 100.
[1440] RG Urt. v. 25.3.1924 – I 248/24 – RGSt 58, 122; vgl. auch Franzen/Gast/Joecks/*Voß* § 374 AO Rdnr. 28 m.w.N.
[1441] *Kohlmann* § 373 AO Rdnr. 73.
[1442] BGH Urt. v. 11.3.1954 – 3 StR 553/53 – BGHSt 6, 59.
[1443] So auch *Kohlmann* § 374 AO Rdnr. 64.
[1444] Zu weitgehend BGH Urt. v. 10.11.1970 – 1 StR 366/70 – bei *Dallinger* MDR 1971, 545.
[1445] So auch *Kohlmann* § 374 AO Rdnr. 64.
[1446] RFH Urt. v. 24.11.1931 – IV A 262 – StW 1932, 363.
[1447] BFH Urt. v. 14.12.1951 – II Z 127/51S – BStBl. III 1952, 21.

Die Steuerhehlerei steht dann zu der Vortat in Realkonkurrenz gem. § 53 StGB.[1448] Tateinheit gem. § 52 StGB kommt insbesondere in Betracht mit der Begünstigung gem. § 257 StGB, der Sachhehlerei gem. § 259 StGB,[1449] dem Betrug gem. § 263 StGB und der Vorteilsannahme sowie der Bestechlichkeit gem. §§ 331, 332 StGB. Im Verhältnis zum Zigaretten-Kleinschmuggel gem. § 30 a TabStG besteht Gesetzeskonkurrenz. § 30 a TabStG verdrängt § 374 AO mit der Folge, dass die Steuerhehlerei zur Ordnungswidrigkeit herabgestuft wird.

8. Wahlfeststellung zwischen Steuerhinterziehung und Steuerhehlerei

Eine Wahlfeststellung zwischen Steuerhinterziehung gem. § 370 AO und Steuerhehlerei gem. § 374 AO ist statthaft.[1450] Das gilt auch für das Verhältnis zwischen gewerbsmäßiger Steuerhinterziehung gem. § 373 Abs. 1 AO und gewerbsmäßiger Steuerhehlerei gem. § 374 Abs. 1 AO sowie zwischen Beihilfe zur Steuerhinterziehung gem. §§ 370 AO, 27 StGB[1451] und Beihilfe zur Steuerhehlerei gem. §§ 374 AO, 27 StGB.[1452] Der Täter ist im Falle einer wahldeutigen Feststellung wegen Steuerhinterziehung oder Steuerhehlerei zu bestrafen. Die Strafe ist einheitlich dem § 370 AO zu entnehmen, da § 374 Abs. 1 AO auf den Strafrahmen des § 370 AO verweist und auch im Hinblick auf die strafrechtlichen Nebenfolgen gem. § 375 AO keine Unterschiede bestehen.[1453] Dies gilt auch für die Haftung nach § 71 AO.[1454] Wahldeutige Feststellung genügt auch für die Steuerhaftung gem. § 71 AO.[1455] Ausgenommen hiervon ist aber die Haftung für Hinterziehungszinsen gem. § 235 AO, die den Steuerhehler nicht trifft.[1456] Die Wahlfeststellung hat auch Bedeutung für die **Selbstanzeige**. Grundsätzlich ist eine Straffreiheit durch eine Selbstanzeige bei der Steuerhehlerei nicht möglich, da § 371 Abs. 1 AO nur den Fall des § 370 AO erwähnt und § 374 AO nicht auf § 371 AO verweist. Lässt sich nicht eindeutig ermitteln, ob der Anzeigenerstatter eine Steuerhehlerei oder eine Steuerhinterziehung begangen hat, ist unter Anwendung des Grundsatzes „in dubio pro reo" eine Steuerhinterziehung anzunehmen.[1457]

IX. Nebenfolgen (§ 375 AO)[1458]

Schrifttum: *Bach*, Die steuerliche Seite des (strafrechtlichen) Verfalls, wistra 2006, 46; *Kaiser*, Gewinnabschöpfung als kriminologisches Problem und kriminalpolitische Aufgabe, 1989, 685; *Kichling*, Die vermögensbezogene Bekämpfung der Organisierten Kriminalität, wistra 2000, 241; *Wulf*, Dinglicher Arrest: Tatbestandsvoraussetzungen und Verteidigungsmöglichkeiten, PStR 2006, 10.

1. Allgemeines

Der dritte Abschnitt des allgemeinen Teils des Strafgesetzbuchs regelt die Rechtsfolgen der (Steuerstraf-)Tat. Diese sind einerseits Strafen und andererseits Maßnahmen. Im System der **Strafen** ist zwischen Hauptstrafen und Nebenstrafen zu unterscheiden. **Hauptstrafen** sind insbesondere die Freiheitsstrafe und die Geldstrafe. **Nebenstrafen** sind solche, die nur neben einer Freiheitsstrafe verhängt werden können. Hierzu zählen u.E. grundsätzlich auch die in § 375 AO vorgesehenen **Nebenfolgen**.[1459]

§ 375 AO ermöglicht als strafrechtliche Nebenfolgen bestimmter Steuerstraftaten:
- die Aberkennung der **Amtsfähigkeit**, d. h. der Fähigkeit, öffentliche Ämter zu bekleiden (§ 375 Abs. 1 Alt. 1 AO),

---

[1448] BGH Urt. v. 16.7.1968 – 1 StR 25/68 – BGHSt 22, 206, 207 zu § 259 StGB.
[1449] RG Urt. v. 22.12.1922 – I 1653/21 – RGSt 57, 105.
[1450] BGH Urt. v. 16.4.1953 – 4 StR 377/52 – BGHSt 4, 128; Franzen/Gast/Joecks/*Voß* § 374 AO Rdnr. 48 m.w.N.
[1451] BGH Urt. v. 16.4.1953 – 4 StR 377/52 – BGHSt 4, 128.
[1452] BFH Urt. v. 12.5.1955 – Vz 48/53 U – BStBl. III 1955, 215.
[1453] Franzen/Gast/Joecks/*Voß* § 374 AO Rdnr. 49.
[1454] Franzen/Gast/Joecks/*Voß* § 374 AO Rdnr. 50.
[1455] BFH Urt. v. 11.1.1952 – II 152/51 – BStBl. III 1952, 43.
[1456] *Kohlmann* § 374 AO Rdnr. 83; a.A. Franzen/Gast/Joecks/*Voß* § 374 AO Rdnr. 50.
[1457] Franzen/Gast/Joecks/*Voß* § 374 AO Rdnr. 36.
[1458] Bearbeitet unter Mitarbeit von RA/StB Jörg Kanzler.
[1459] Das ist zwar streitig, entspricht aber der h. M.; vgl. Franzen/Gast/*Joecks* § 375 AO Rdnr. 8 und 30 m.w.N.

- die Aberkennung der **Wählbarkeit**, d. h. der Fähigkeit, Rechte aus öffentlichen Wahlen zu erlangen (§ 375 Abs. 1 Alt. 2 AO) und
- die **Einziehung** von Erzeugnissen, Waren und anderen Sachen sowie der Beförderungsmittel, die zur Tat benutzt worden sind (§ 375 Abs. 2 AO).[1460]

626 Neben § 375 AO gelten wegen der Verweisung des § 369 Abs. 2 AO die allgemeinen Strafgesetze, die wesentliche Anwendungsvoraussetzungen und ergänzende Regelungen normieren, namentlich die §§ 45 bis 45 b StGB für die Aberkennung der Amtsfähigkeit und der Wählbarkeit sowie die §§ 74, 74 a bis c, 74 e und f StGB für die Einziehung. Hierdurch kommen noch weitere strafrechtliche Nebenfolgen in Betracht, wie insbesondere das Fahrverbot gem. § 44 StGB, die Maßregeln der Sicherung und Besserung gem. §§ 61 ff. StGB, das Berufsverbot gem. § 70 StGB und der Verfall gem. §§ 73 ff. StGB.

2. Die Aberkennung der Amtsfähigkeit und Wählbarkeit gem. § 375 Abs. 1 AO

627 § 375 Abs. 1 AO ermöglicht die Aberkennung der Amtsfähigkeit und der Wählbarkeit. Die Aberkennung der **Wählbarkeit** betrifft ausschließlich das passive Wahlrecht. Das aktive Wahlrecht, das heißt das Recht, zu wählen oder zu stimmen, bleibt hiervon unberührt.

628 **a) Zweck und Anwendungsbereich.** Die Aberkennung der Amtsfähigkeit und der Wählbarkeit bezweckt, öffentliche Ämter und die durch öffentliche Wahlen verliehenen Rechtsstellungen von ungeeigneten Personen freizuhalten und gleichzeitig dem Verurteilten bewusst zu machen, dass Zuwiderhandlungen gegen staatliche Gesetze mit einer Repräsentation staatlicher Autorität nicht vereinbar ist.[1461]

629 § 375 Abs. 1 AO enthält einen abschließenden Katalog der Steuerstraftaten, für die die Aberkennung der Amtsfähigkeit und Wählbarkeit in Betracht kommt, namentlich die **Straftatbestände**
- der Steuerhinterziehung gem. §§ 370, 370 a AO,
- des Bannbruchs gem. §§ 372 Abs. 2, 373 AO,
- der Steuerhehlerei gem. § 374 AO und
- der Begünstigung dieser Taten gem. § 369 Abs. 1 Nr. 4 AO i. V. m. § 257 StGB.

630 Daneben finden die Nebenfolgen des § 375 Abs. 1 AO mittels ausdrücklicher Verweisung bei bestimmten nichtsteuerlichen Straftaten entsprechende Anwendung, so z. B. § 5 a Abs. 2 S. 1 BergPG und § 8 Abs. 2 S. 1 WoPG. Für die Monopolhinterziehung gelten ab 1.1.1997 die Strafbestimmungen der §§ 369 bis 376 AO unmittelbar, für die Abgaben zu Marktordnungszwecken finden die §§ 370 bis 376 AO gem. § 12 Abs. 1 MOG entsprechende Anwendung.

631 Für **Jugendliche** findet § 375 Abs. 1 AO keine Anwendung (§ 6 JGG). Gegenüber Ausländern bestehen hinsichtlich der Anwendung des § 375 AO keine Besonderheiten.[1462]

632 **b) Tatbestandsvoraussetzungen.** Voraussetzung für die Aberkennung der Amtsfähigkeit und der Wählbarkeit ist die Verhängung einer Freiheitsstrafe von mindestens einem Jahr wegen einem der im Tatbestand aufgeführten Katalogstraftatbestände. Unerheblich ist hierbei, ob der Verurteilte den Katalogstraftatbestand nur versucht hat oder hieran nur als Anstifter gem. § 26 StGB oder als Gehilfe gem. § 27 StGB teilgenommen hat. Unerheblich ist des Weiteren, ob der Katalogstraftatbestand in Tateinheit zu einem anderen, nicht in § 375 Abs. 1 AO aufgeführten Katalogstraftatbestand steht. Dagegen kommt eine Aberkennung der Amtsfähigkeit und Wählbarkeit gem. § 375 Abs. 1 AO nicht in Betracht, wenn bei Tatmehrheit die Freiheitsstrafe von mindestens einem Jahr erst durch eine gem. §§ 53, 54 StGB gebildete Gesamtstrafe erreicht wird, die auf Einzelstrafen beruht, die jeweils unter der Mindestgrenze von einem Jahr Freiheitsstrafe liegen.[1463]

633 **Öffentliche Ämter** sind Einrichtungen mit öffentlich-rechtlich abgegrenzten Zuständigkeiten zur Wahrnehmung von Verrichtungen, die sich aus der Staatsgewalt ableiten und staatlichen Zwecken dienen.[1464] Hierzu gehören insbesondere die Ämter der öffentlichen Verwaltung, der Justiz, der Körperschaften des öffentlichen Rechts und der öffentlich-rechtlichen

---

[1460] Allgemein zur Gewinnabschöpfung vgl. *Kaiser*, FS Tröndle, S. 685 und *Kichling* wistra 2000, 241.
[1461] Franzen/Gast/*Joecks* § 375 AO Rdnr. 8.
[1462] BGH Urt. v. 4.12.1951 – 1 StR 594/51 – NJW 1952, 234; a.A. H/H/Sp/*Engelhardt* § 375 AO Rdnr. 26.
[1463] Str., so auch *Kohlmann* § 373 AO Rdnr. 13 m.w.N.
[1464] RG Urt. v. 2.2.1928 – III 607/27 – RGSt 62,26; *Tröndle/Fischer* § 45 Rdnr. 2.

Anstalten, nicht hingegen der Kirche. Öffentliche Ämter bekleiden des Weiteren zum Beispiel Notare und ehrenamtliche Richter, nicht hingegen Rechtsanwälte.[1465]

Öffentliche Wahlen sind inländische Wahlen in öffentlichen Angelegenheiten, das heißt solche, die nicht ausschließlich Einzelne natürliche oder juristische Personen und deren Privatinteressen, sondern die Gesamtheit des Gemeinwesens oder das öffentliche Wohl betreffen.[1466] Dazu gehören vor allem Wahlen zu Gesetzgebungsorganen, Kreistagen, Stadt- und Gemeinderäten, aber auch zu den Organen der Sozialversicherung,[1467] zu Organen berufsständischer Organisationen, die Körperschaften des öffentlichen Rechts sind, wie zum Beispiel der Industrie- und Handelskammer, der Rechtsanwaltskammer oder der Steuerberaterkammer. Keine öffentlichen Wahlen sind hingegen Wahlen zu kirchlichen Organen, Wahlen innerhalb von Vereinen oder Gesellschaften des bürgerlichen Rechts, zu denen zum Beispiel die Gewerkschaften gehören, sowie Betriebsratswahlen, die dem zivilen Arbeitsrecht unterworfen sind. 634

c) **Sonstige Fragen.** Die Entscheidung über die Aberkennung der Amtsfähigkeit und der Wählbarkeit gem. § 375 Abs. 1 AO steht im pflichtgemäßen Ermessen des Gerichts. Dabei hat das Gericht die Grundsätze der Strafzumessung gem. § 46 StGB zu beachten.[1468] Das gilt auch für die Dauer, für welche dem Verurteilten die Amtsfähigkeit und die Wählbarkeit abzuerkennen sind. Nach § 45 Abs. 2 StGB steht dem Gericht hierfür ein Zeitrahmen von zwei bis fünf Jahren zur Verfügung. An die Höchstfrist von fünf Jahren ist das Gericht auch bei einer Gesamtstrafe gebunden.[1469] Die Wirksamkeit der Aberkennung und die Fristberechnung bestimmen sich nach § 45 a StGB i. V. m. § 369 Abs. 2 AO. Berechnet wird die Frist, während der die Wirkung der Aberkennung eintritt, gem. § 45 a Abs. 2 StGB erst mit dem Tage, an dem die Freiheitsstrafe durch Verbüßung, Verjährung oder Erlass erledigt ist. Ist die Vollstreckung der Strafe zur Bewährung oder im Gnadenwege ausgesetzt, so wird die Bewährungszeit gem. § 45 a Abs. 3 StGB in die Frist eingerechnet. 635

Das Gericht ist frei darin, die Amtsfähigkeit und die Wählbarkeit alternativ oder kumulativ abzuerkennen.[1470] Die Aberkennung der Amtsfähigkeit und der Wählbarkeit gem. § 375 Abs. 1 AO muss als **Nebenstrafe** im Urteil besonders ausgesprochen und gem. § 267 Abs. 3 S. 1 StPO begründet werden.[1471] Nicht statthaft ist eine Anordnung der Nebenstrafe durch Strafbefehl (§ 407 Abs. 2 StPO). Berufung und Revision können, soweit sie gegen das Urteil zulässig sind (§ 312 StPO bzw. § 333 StPO), auf die Verurteilung zu der Nebenstrafe gem. § 375 Abs. 1 AO beschränkt werden (§ 318 StPO bzw. § 344 Abs. 1 StPO). 636

Bei Aberkennung der Wählbarkeit ist im Übrigen § 10 Abs. 1 S. 4 ParteiG zu beachten. Danach kann nicht Mitglied einer Partei sein, wer infolge Richterspruchs die Wählbarkeit verloren hat. 637

3. Die Einziehung gem. § 375 Abs. 2 AO

Die Einziehung ist eine sog. Eigentumssanktion, die auf die Einziehung eines bestimmten, irgendwie in die Tat verwickelten Gegenstandes gerichtet ist. § 375 Abs. 2 AO erlaubt die Einziehung von Erzeugnissen, Waren und anderen Sachen sowie der Beförderungsmittel, die zur Tat benutzt worden sind, bei der Steuerhinterziehung, dem Bannbruch gem. § 372 Abs. 2, § 373 Abs. 1 AO und der Steuerhehlerei. 638

a) **Die neben § 375 Abs. 2 AO anzuwendenden allgemeinen Vorschriften des StGB.** Gem. § 369 Abs. 2 AO sind die allgemeinen Vorschriften des Strafrechts über die Einziehung (§§ 74 ff. StGB) heranzuziehen, die wesentliche Anwendungsvoraussetzungen und ergänzende Regelungen zur Einziehung nach § 375 Abs. 2 AO enthalten. Die allgemeinen Voraussetzungen der **Einziehung** sind in § 74 StGB normiert. Aus §§ 74 Abs. 2 Nr. 2, 74 a StGB ergibt sich, unter welchen Voraussetzungen Erzeugnisse, Waren und andere Sachen sowie Beförderungsmittel 639

[1465] Vgl. im Einzelnen *Tröndle/Fischer* § 45 Rdnr. 2.
[1466] RG Urt. v. 18.9.1930 – II 548/29 – RGSt 64, 303.
[1467] RG Urt. v. 24.2.1908 – I 1103/07 – RGSt 41, 121.
[1468] BGH Urt. v. 31.8.1955 – 2 StR 110/55 – bei *Dallinger* MDR 1956, 9.
[1469] RG Urt. v. 29.5.1934 – 4 D 455/34 – RGSt 68, 176.
[1470] So auch Franzen/Gast/*Joecks* § 375 AO Rdnr. 11 m.w.N.
[1471] Vgl. *Tröndle/Fischer* § 45 Rdnr. 9.

auch dann eingezogen werden können, wenn sie dem Täter oder Teilnehmer nicht gehören. Gem. § 74 b Abs. 1 StGB muss die Einziehung sich an dem Grundsatz der Verhältnismäßigkeit messen lassen. § 74 c Abs. 1 StGB sieht die Einziehung des Wertsatzes vor, insbesondere wenn der Täter oder Teilnehmer den einzuziehenden Gegenstand bereits verwertet und hierdurch die Einziehung vereitelt hat. § 76 a Abs. 1 StGB ermöglicht im Einzelfall die von einer Bestrafung unabhängige Einziehung im Wege einer selbständigen Anordnung. Die mit einer Einziehung verbundenen Rechtsfolgen bzw. Wirkungen einschließlich einer etwaigen Entschädigung für Dritte ergeben sich aus §§ 74 f. StGB. Verfall nach § 73 Abs. 1 StGB und erweiterter Verfall nach § 73 d StGB sind denkbar. Sondervorschriften für Organe und Vertreter enthält § 75 StGB.

640   Das **Einziehungsverfahren** ist in den §§ 430 bis 441 StPO geregelt. Ergänzend hierzu ist das Antragsrecht der Finanzbehörden gem. §§ 401, 406 Abs. 2 AO und die Verteidigung durch steuerberatende Berufe gem. § 392 AO zu beachten. Die Einziehung bei Steuerordnungswidrigkeiten ist in der AO nicht geregelt. Zur Anwendung kommen hier allein die §§ 22 bis 29 OWiG und § 87 OWiG.

641   b) **Rechtsnatur, Zweck und Anwendungsbereich.** Die Einziehung gem. § 375 Abs. 2 AO ist kein einheitliches Rechtsinstitut. Sie ist – außer im Fall der selbständigen Einziehung nach § 76 a StGB – **Nebenstrafe**[1472] und hat daneben in den meisten Fällen den Zweck, die Allgemeinheit durch die Wegnahme der Sache vor weiteren Straftaten zu schützen.[1473] Die Einziehung gem. § 375 Abs. 2 AO kann nur angeordnet werden, sofern eine Steuerhinterziehung, ein Bannbruch gem. §§ 372 Abs. 2, 373 AO oder eine Steuerhehlerei vollendet oder versucht worden ist, nicht dagegen bei Begünstigung einer Person, die eine der vorstehend genannten Taten begangen hat.

642   In den Fällen des Bannbruchs muss sich die Strafbarkeit aus der AO ergeben. Ist die Tatbegehung dagegen nach anderen Vorschriften über Zuwiderhandlungen gegen Einfuhr-, Ausfuhr- und/oder Durchfuhrverbote zu ahnden, so richtet sich die Einziehung nach dem jeweiligen Verbotsgesetz, zum Beispiel nach § 51 WaffG, § 24 KriegswaffKG oder § 33 BtMG, oder dem StGB, zum Beispiel nach §§ 74 Abs. 1, 74 d StGB.[1474]

643   Kann ein Täter oder Teilnehmer aus tatsächlichen oder rechtlichen Gründen nicht wegen einer der in § 375 Abs. 2 S. 1 AO bezeichneten Taten verfolgt oder verurteilt werden, kommt unter den weiteren Voraussetzungen des § 76 a StGB eine Einziehung im Wege einer selbständigen Anordnung in Betracht.

644   c) **Der Einziehung unterworfene Gegenstände.** *aa) Erzeugnisse, Waren und andere Sachen im Sinne von § 375 Abs. 2 S. 1 Nr. 1 AO.* Der Einziehung nach § 375 Abs. 2 Nr. 1 AO unterliegen Erzeugnisse, Waren und andere Sachen, auf die sich die Hinterziehung von Verbrauchsteuer oder Einfuhr- und Ausfuhrabgaben im Sinne des Artikel 4 Nr. 10 und 11 des Zollkodexes, der Bannbruch oder die Steuerhehlerei bezieht. Verbrauchsteuerpflichtige Erzeugnisse sind zum Beispiel Bier, Tabakerzeugnisse, Kaffee, Tee, darüber hinaus Gegenstände, für die Einfuhrumsatzsteuer anfällt. Die zollpflichtigen Waren sind in dem Deutschen Teil-Zolltarif enthalten, soweit nicht EG-Recht unmittelbar anzuwenden ist. Andere Sachen sind Sachen, für die ein Einfuhr-, Ausfuhr- oder Durchfuhrverbot besteht, ohne dass auf sie ein Zoll, eine Abschöpfung oder eine Verbrauchsteuer erhoben wird.

645   Behältnisse, in denen unversteuerte oder unverzollte Erzeugnisse, Waren oder sonstige Sachen transportiert werden, sind grundsätzlich nicht von § 375 Abs. 2 Nr. 1 AO erfasst und daher nicht der Einziehung nach dieser Vorschrift zugänglich. Eine Einziehung ist hier allenfalls nach § 74 Abs. 1 StGB möglich. Eine Ausnahme gilt aber für Behältnisse, die nach der Verkehrsauffassung die Eigenschaft reinen Zubehörs haben, wie z. B. Einwegflaschen; nicht dagegen beispielsweise bei Bierfässern, Siphons, Tanks, die regelmäßig auch ohne Inhalt übereignet werden können.[1475]

[1472] BGH Urt. v. 18.10.1951 – 4 StR 530/51 – BGHSt 2, 337.
[1473] Franzen/Gast/*Joecks* § 375 AO Rdnr. 30.
[1474] *Kohlmann* § 375 AO Rdnr. 27.
[1475] BGH Urt. v. 3.12.1954 – 2 StR 287/53 – BGHSt 7, 78; vgl. auch Franzen/Gast/*Joecks* § 375 AO Rdnr. 34.

bb) Beförderungsmittel im Sinne von § 375 Abs. 2 S. 1 Nr. 2 AO. Die Einziehung nach § 375 **646** Abs. 2 S. 1 Nr. 2 AO gilt für Beförderungsmittel, die zur Tat benutzt worden sind. Beförderungsmittel im Sinne von § 375 Abs. 2 S. 1 Nr. 2 AO sind Fahrzeuge und Tiere, die der Fortbewegung von Personen oder Sachen dienen, nicht aber auch Umhüllungen, wie Rucksäcke, Koffer, Handtaschen und Fässer, die selbst mit befördert werden, und Beförderungsgegenstände im Gegensatz zu Beförderungsmitteln sind.[1476] Keine Beförderungsmittel im Sinne von § 375 Abs. 2 S. 1 Nr. 2 AO sind Fahrzeuge und Tiere, die selbst das Schmuggelgut sind.[1477] Neben einem Fahrzeug können als dessen Zubehör auch der KFZ-Schein und der KFZ-Brief eingezogen werden.

Zur Tat benutzt ist ein Beförderungsmittel dann, wenn Gegenstände zur Erreichung eines **647** dem Steuer- oder dem Zollrecht widersprechenden Zwecks von einem Ort an den anderen verbracht werden sollen und wenn das Beförderungsmittel hierzu unmittelbar verwendet wird.[1478] Das ist z. B. auch dann der Fall, wenn ein Kraftfahrzeug dem Schmuggeltransport zur Sicherung gegen Grenz- und Zollkontrollen voraus- oder nachfährt.[1479] Die Benutzung eines Beförderungsmittels durch den Täter allein zur Tatvorbereitung oder allein zu dem Zweck, sich selbst nach der Tatbegehung zu entfernen, genügt nicht.[1480] Zur Tat benutzt ist ein Beförderungsmittel auch dann, wenn nicht der Täter, sondern der Gehilfe es zu dem gesetzeswidrigen Zweck verwendet hat.[1481]

cc) Tatprodukte oder Tatwerkzeuge. § 74 Abs. 1 StGB bleibt neben § 375 Abs. 2 AO an- **648** wendbar. Das heißt, bei allen vorsätzlich begangenen Steuerstraftatbeständen können auch diejenigen Sachen eingezogen werden, die nicht von § 375 Abs. 2 S. 1 Nr. 2 AO erfasst werden und nur die allgemeinen Merkmale des § 74 Abs. 1 StGB erfüllen.

d) Einziehung und Eigentum. *aa) Der Eigentümer als Einziehungsbetroffener.* Für die Einzie- **649** hung nach § 74 Abs. 2 Nr. 1 StGB ist erforderlich, dass die Sache im Zeitpunkt der Einziehung dem Täter oder Teilnehmer gehört oder ihm zusteht. Maßgeblich sind die Eigentumsverhältnisse zur Zeit der letzten tatrichterlichen Entscheidung.[1482]

Steht eine Sache im **Gesamthands- oder Miteigentum** mehrerer Personen, kann die Sache **650** gem. § 74 Abs. 2 Nr. 1 StGB nur bei Tatbeteiligung aller Gesamthands- bzw. Miteigentümer eingezogen werden.[1483] Allerdings können bei Beteiligung von einzelnen Gesamthands- oder Miteigentümern deren Eigentumsanteile eingezogen werden.[1484] Für tatunbeteiligte Miteigentümer gelten die Regeln der Dritteinziehung. Eine dingliche Belastung, z. B. durch ein Pfandrecht, steht der Einziehung gem. § 74 Abs. 2 Nr. 1 StGB nicht entgegen.[1485]

Streitig ist, ob eine Sache dem Täter gehört, die noch im **Sicherungs- oder Vorbehaltseigen-** **651** **tum** eines Dritten steht. Die Rechtsprechung stellt insoweit auf die formale Rechtsposition des Sicherungsnehmers und Vorbehaltsverkäufers ab, die vollwertigem Eigentum entsprechen soll, sieht aber zugleich die Einziehung des Anwartschaftsrechts als zulässig an.[1486] Demgegenüber wird in Teilen des Schrifttums eine wirtschaftliche Betrachtungsweise vertreten. Danach soll das Sicherungs- und Vorbehaltseigentum in Anlehnung an die im Zivilrecht vorherrschende Auslegung als rechtsgeschäftliches besitzloses Pfandrecht zu qualifizieren sein mit der Folge, dass die sicherungsübereignete oder unter Eigentumsvorbehalt stehende Sache der Einziehung nach § 74 Abs. 2 Nr. 1 StGB unterliegt, wenn der Sicherungsgeber oder Vorbehaltskäufer sie

---

[1476] BGH Urt. v. 3.12.1954 – 2 StR 287/53 – BGHSt 7, 78; RG Urt. v. 6.2.1934 – 4 D 199/33 – RGSt 68, 44 ff.; vgl. auch Franzen/Gast/*Joecks* § 375 AO Rdnr. 35.
[1477] RG Urt. v. 15.4.1935 – 3 D 142/35 – RGSt 69, 193; Franzen/Gast/*Joecks* § 375 AO Rdnr. 35.
[1478] BGH Urt. v. 23.5.1952 – 4 StR 6/51 – BGHSt 3, 1.
[1479] BGH Urt. v. 14.10.1952 – 2 StR 354/52 – BGHSt 3, 355; BGH Urt. v. 23.5.1952 – 4 StR 6/51 – BGHSt 3, 1.
[1480] BGH Urt. v. 23.5.1952 – 4 StR 6/51 – BGHSt 3, 1; vgl. auch Franzen/Gast/*Joecks* § 375 AO Rdnr. 39.
[1481] RG Urt. v. 30.4.1931 – III 178/31 – RGSt 65, 283, 285; OLG Köln Urt. v. 9.7.1954 – Ss 356/53 – ZfZ 1954, 345; vgl. auch Franzen/Gast/*Joecks* § 375 AO Rdnr. 41.
[1482] BGH Urt. v. 6.10.1955 – 3 StR 279/55 – BGHSt 8, 212.
[1483] BGH Urt. v. 18.10.1951 – 4 StR 530/51 – BGHSt 2, 337.
[1484] Franzen/Gast/*Joecks* § 375 AO Rdnr. 54.
[1485] *Kohlmann* § 375 AO Rdnr. 38.
[1486] BGH Urt. v. 24.10.1972 – 4 StR 308/72 – BGHSt 25, 10; BGH Beschl. v. 28.9.1971 – 1 StR 261/71 – BGHSt 24, 222.

zur Tat benutzt. Der Sicherungsnehmer oder Vorbehaltsverkäufer sei in diesem Fall dann entsprechend einem Pfandgläubiger nach § 74 Abs. 1 StGB zu entschädigen.[1487] Im Ergebnis sind die Unterschiede, die sich je nach Auffassung ergeben, regelmäßig aber nicht erheblich. Sieht man mit der Rechtsprechung das Anwartschaftsrecht als der Einziehung unterliegend an, kann eine Einziehung der Sache nur dann in Betracht kommen, wenn die Voraussetzungen dafür geschaffen werden, dass das Anwartschaftsrecht zum Vollrecht erstarkt, mithin die noch offene Schuld bezahlt wird. Entsprechendes gilt auch nach der wirtschaftlichen Betrachtungsweise. Hier ist im Fall der Einziehung der Sache der Sicherungsnehmer oder Vorbehaltsverkäufer grundsätzlich nach § 74 Abs. 1 StGB zu entschädigen, was letztlich ebenfalls auf die Begleichung der noch offenen Schuld hinausläuft.[1488]

652 Die Sondervorschrift des § 75 StGB ermöglicht unter den weiteren Voraussetzungen der §§ 74 bis 74 c, 74 f StGB die Einziehung von **Verbandseigentum** juristischer Personen und Personenvereinigungen. Hiernach kommt eine Einziehung des Verbandseigentums in Betracht, wenn vertretungsberechtigte Organe und Mitglieder das Verbandseigentum zu strafbaren Handlungen benutzen oder sich solche Handlungen hierauf beziehen.

653 *bb) Unerheblichkeit des Eigentums gem. § 74 Abs. 2 Nr. 2 StGB.* Gem. § 74 Abs. 2 Nr. 2 StGB sind Sachen unabhängig von den Eigentumsverhältnissen der Einziehung unterworfen, wenn sie nach ihrer Art und den Umständen die Allgemeinheit gefährden oder wenn die Gefahr besteht, dass sie der Begehung rechtswidriger Taten dienen werden. Hier ist es unerheblich, ob der Täter oder Teilnehmer oder ein Dritter im Zeitpunkt der letzten tatrichterlichen Entscheidung oder zu einem anderen Zeitpunkt Eigentümer der Sache (gewesen) ist. Zu beachten ist, dass die besonderen Voraussetzungen des § 74 Abs. 2 Nr. 2 StGB entbehrlich sind, wenn die Einziehung bereits kraft Gesetzes zwingend ist, z. B. bei gefälschten Steuerzeichen gem. § 148 StGB.

654 *cc) Die strafähnliche Dritteinziehung gem. § 74 a StGB.* § 74 a StGB ermöglicht die sog. strafähnliche Dritteinziehung täterfremder Gegenstände aufgrund eines quasischuldhaften Verhaltens des Eigentümers bzw. Rechtsinhabers. Gegenüber einem solchen Dritten erweitert § 74 a StGB die Einziehung als Blankettvorschrift, die erst durch Verweisung in einzelnen Einziehungsvorschriften anwendbar wird. Diese Verweisung ist für das Steuerstrafrecht in § 375 Abs. 2 S. 2 AO erfolgt. Bei den in § 375 Abs. 2 AO genannten Steuerstraftatbeständen ist mithin eine strafähnliche Dritteinziehung gegenüber einem tatunbeteiligten Dritten möglich, wenn er

655 • wenigstens leichtfertig, das heißt mit einem erhöhten Grad von Fahrlässigkeit, die etwa der groben Fahrlässigkeit des bürgerlichen Rechts entspricht,[1489] dazu beigetragen hat, dass die Sache oder das Recht Mittel oder Gegenstand der Tat oder ihrer Vorbereitung gewesen ist (vgl. § 74 a Nr. 1 StGB), oder
• die Gegenstände in Kenntnis der Umstände, welche die Einziehung zugelassen hätte, in verwerflicher Weise, das heißt insbesondere in der Absicht, die Einziehung zu vereiteln, oder in hehlerischer Absicht[1490] erworben hat (vgl. § 74 a Nr. 2 StGB).

656 Sofern der Täter oder Teilnehmer die Sache nach der Tat an einen gutgläubigen Dritten veräußert und hierdurch dessen Einziehung verhindert hat, kommt gegen den Täter oder Teilnehmer die Einziehung des Wertersatzes nach § 74 c StGB in Betracht.

657 **e) Der Grundsatz der Verhältnismäßigkeit.** Die Anordnung der Einziehung nach § 74 Abs. 1 StGB oder § 375 Abs. 2 AO steht im pflichtgemäßen Ermessen des Gerichts. Die richterliche **Ermessensausübung** muss sich am Grundsatz der Verhältnismäßigkeit orientieren und findet in diesem Grundsatz ihre Schranken. Gem. § 74 b Abs. 1 StGB darf die Einziehung in den Fällen des § 74 Abs. 1 Nr. 1 StGB und des § 74 a StGB nicht angeordnet werden, wenn sie außer Verhältnis zur Bedeutung der begangenen Tat oder zum persönlichen Schuldvorwurf gegen den betroffenen Tatbeteiligten oder Dritten steht.

[1487] Schönke/Schröder/Lenckner/Eser § 74 Rdnr. 24; SK/Horn, § 74 StGB Rdnr. 16 ff.
[1488] Vgl. hierzu Franzen/Gast/Joecks § 375 AO Rdnr. 55; Kohlmann § 375 AO Rdnr. 39 jeweils m.w.N.
[1489] BGH Urt. v. 9.11.1984 – 2 StR 257/84 – BGHSt 33, 67; BGH Urt. v. 13.4.1960 – 2 StR 593/59 – BGHSt 14, 255.
[1490] Tröndle/Fischer § 74 a Rdnr. 8.

Die Bedeutung der begangenen Tat bemisst sich für Schmuggeltaten nicht allein anhand des 658
hinterzogenen Abgabenbetrags oder für den Bannbruch anhand der Gefährlichkeit der verbotswidrig ein-, aus- oder durchgeführten Sachen, sondern auch anhand der die Tat begleitenden Umstände, wie zum Beispiel die Merkmale des § 373 AO.[1491] Entsprechendes gilt für den persönlichen Schuldvorwurf, für den darüber hinaus insbesondere die Motive und die innere Einstellung des Täters, Teilnehmers oder des Dritteigentümers maßgebend sind.[1492] Die Bedeutung der begangenen Tat und dem persönlichen Schuldvorwurf ist der Eingriff gegenüberzustellen, der aus der Einziehung resultiert. Die Schwere des Eingriffs ergibt sich insbesondere aus dem objektiven Wert der Sache, deren Einziehung beabsichtigt ist, und der Umstände, unter denen der Betroffene sie erworben hat sowie der Bedeutung ihrer bestimmungsgemäßen Verwendung. Ausschlaggebend ist eine Gesamtwürdigung aller Umstände. Unter Umständen kann danach z. B. die Einziehung eines von einem Schwerbehinderten benutzten PKW verhältnismäßig sein, wenn er regelmäßig zu gewerbsmäßigem Schmuggel mit erheblicher Abgabenhinterziehung verwendet worden ist. Unverhältnismäßig ist hingegen z. B. die Einziehung eines PKW bei Zollhinterziehung in Bagatellfällen.[1493]

Zu beachten ist, dass der **Grundsatz der Verhältnismäßigkeit** aufgrund seines Verfassungs- 659
rangs für jede Einziehung gilt.[1494] § 74 Abs. 1 Nr. 2 StGB sieht hierfür vor, dass die Einziehung nicht außer Verhältnis zur Gefährlichkeit des einzuziehenden Gegenstandes stehen darf. Als Ausfluss des Verhältnismäßigkeitsgrundsatzes eröffnen § 74 b Abs. 2 und 3 StGB die Möglichkeit weniger einschneidender Maßnahmen. § 74 b Abs. 2 StGB bestimmt, die Einziehung zunächst nur unter Vorbehalt zu verfügen und zunächst eine weniger einschneidende Maßnahme (zum Beispiel Unbrauchbarmachung, Beseitigung bestimmter Einrichtungen oder Veränderung der Gegenstände, Verfügung über Gegenstände) anzuordnen, wenn der Zweck der Einziehung auch durch sie erreicht werden kann. Der Vorbehalt der Einziehung darf hier erst dann aufgehoben werden, wenn die angeordnete, weniger einschneidende Maßnahme befolgt worden ist. Anderenfalls ist die Einziehung – sofern sie dem Grundsatz der Verhältnismäßigkeit entspricht – nachträglich anzuordnen (vgl. zum Verfahren § 462 StPO). § 74 b Abs. 3 StGB lässt eine – für die Steuerstraftatbestände praktisch kaum relevant werdende – Teileinziehung, das heißt eine auf einen Teil der Gegenstände beschränkte Einziehung, zu.

f) Einziehung des Wertersatzes. Sofern ein Täter oder Teilnehmer die Einziehung vereitelt, sei 660
es rechtlich oder tatsächlich, zum Beispiel durch Verbrauchen, Veräußern, Zerstören, Beiseiteschaffen oder Verschenken, ermöglicht § 74 c StGB unter bestimmten Voraussetzungen die Einziehung des Wertersatzes. **Einziehung des Wertersatzes** bedeutet, dass gegen den Täter oder den Teilnehmer die Einziehung eines Geldbetrages bis zu der Höhe angeordnet werden kann, die dem Wert der Sache entspricht. Gegebenenfalls ist der Wert der Sache zu schätzen. Für die Zahlung des Wertersatzes können gem. § 74 c Abs. 4 StGB die bei Geldstrafen in § 42 StGB zugelassenen Erleichterungen bewilligt werden.

g) Selbständige Einziehung gem. § 76 a StGB. Kann wegen der Tat aus tatsächlichen oder 661
rechtlichen Gründen keine bestimmte Person verfolgt oder verurteilt werden, eröffnet § 76 a StGB die Möglichkeit der Einziehung durch selbständige Anordnung.

h) Rechtsfolgen der Einziehung. Die Rechtsfolgen der Einziehung regelt § 74 e StGB. Danach 662
geht das Eigentum an der eingezogenen Sache oder das eingezogene Recht mit der Rechtskraft der Entscheidung auf den **Staat** über. Staat im Sinne des § 74 e StGB ist dasjenige Bundesland der Bundesrepublik Deutschland, dem das Gericht angehört, das die Einziehung angeordnet hat. Ob die in den Fällen des § 375 Abs. 1 Nr. 1 AO hinterzogenen Abgaben dem Bund oder den Bundesländern zustehen, ist unerheblich.[1495] Das Schicksal der Rechte Dritter, die an den eingezogenen Gegenständen bestehen, bestimmt sich nach § 74 e Abs. 2 StGB. Zu beachten ist, dass mit der Einziehung zollpflichtiger Waren die Zollschuld gem. Artikel 8 Abs. 1

[1491] Franzen/Gast/*Joecks* § 375 AO Rdnr. 65.
[1492] Franzen/Gast/*Joecks* § 375 AO Rdnr. 65.
[1493] OLG Schleswig Beschl. v. 15.3.1988 – I Ss 85/88 – StV 1989, 156.
[1494] BVerfG Beschl. v. 25.7.1963 – 1 BvR 542/62 – BVerfGE 17, 100, 109, 117.
[1495] BFH Gutachten v. 20.11.1952 – V z D 2/52S – BFHE 57, 108.

ZschuldVO erlischt. Die Verbrauchsteuerschuld bleibt demgegenüber auch bei Einziehung bestehen.[1496]

663 Für Dritte, die ihr Eigentum bzw. Recht infolge der Einziehung verloren haben oder deren Recht am eingezogenen Gegenstand infolge der Einziehung erloschen oder beeinträchtigt ist, sehen die §§ 74 ff. StGB mit Rücksicht auf die Eigentumsgarantie des Art. 14 GG eine Entschädigung vor. Entsprechendes gilt, wenn das Gericht gem. § 74 b Abs. 2 Nr. 1 StGB statt auf Einziehung auf Unbrauchbarmachung erkannt hat.

4. Der Verfall (§ 369 Abs. 2 AO i. V. m. §§ 73 ff. StGB)

664 Die strafrechtliche Nebenfolge des Verfalls gem. §§ 73 ff. StGB ist grundsätzlich auch im Steuerstrafrecht zu beachten.[1497] Die Tatsache, dass § 375 AO den Verfall nicht ausdrücklich aufführt, steht dem nicht entgegen. Grundlage hierfür ist die Verweisung des § 369 Abs. 2 AO auf die allgemeinen Strafgesetze und damit auch auf die Verfallsregelungen der §§ 73 ff. StGB. Der Verfall ist wie die Einziehung eine sog. Eigentumssanktion. Verfall bedeutet hierbei Abschöpfung des Vermögensvorteils, den der Täter oder Teilnehmer für eine rechtswidrige (strafbedrohte) Tat oder aus einer solchen erlangt hat. Der Verfall setzt gem. § 73 Abs. 1 S. 1 StGB voraus, dass der Täter für die Tat oder aus ihr etwas erlangt hat. Bei einer Steuerstraftat wäre dies regelmäßig der rechtswidrig erlangte Steuervorteil.

665 Praktisch hat der Verfall im Steuerstrafrecht aber keine Bedeutung. Im Einzelnen ergibt sich das aus dem Folgenden:

666 Der Verfall ist gemäß § 73 Abs. 1 S. 2 StGB ausgeschlossen, „soweit dem Verletzten aus der Tat ein Anspruch erwachsen ist, dessen Erfüllung dem Täter oder Teilnehmer den Wert des aus der Tat Erlangten entziehen würde." Die Bedeutung des Verfalls im Steuerstrafrecht steht und fällt deshalb mit der Entscheidung, ob nach § 73 Abs. 1 S. 2 StGB Steueransprüche des Fiskus die Anordnung des Verfalls ausschließen. Der Bundesgerichtshof hat das mit Beschluss vom 28. November 2000 bejaht.[1498] Hierfür hat der Bundesgerichtshof zunächst festgestellt, dass die Ausschlussklausel gem. § 73 Abs. 1 S. 2 StGB sich auf Ansprüche schlechthin bezieht und damit auch Steueransprüche erfasst. Sodann sind nach Auffassung des BGH auch bestehende Steueransprüche „aus der Tat erwachsen" im Sinne von § 73 Abs. 1 S. 2 StGB. Mit anderen Worten: Für die Ausschlussklausel gem. § 73 Abs. 1 S. 2 StGB ist es ausreichend, wenn die Steuerstraftat den Steueranspruch zum Gegenstand hat. Entstehungsgrund des Steueranspruchs muss nicht die Straftat sein; es genügt vielmehr ein enger wirtschaftlicher Zusammenhang zwischen Straftat und Anspruch. Der BGH begründet diese Auffassung mit der Funktion der Ausschlussklausel, die darin liegt, ein solches Vermögen vor dem Verfall zu schützen, in das der durch die Straftat Verletzte vollstrecken kann.[1499] Im Ergebnis schließen Steueransprüche des Fiskus damit die Anordnung des Verfalls nach § 73 Abs. 1 S. 2 StGB aus. Der in § 73 Abs. 2 StGB vorgesehene Verfall hinsichtlich der möglichen Erträge aus Steuerhinterziehungen ist ebenso nach § 73 Abs. 1 S. 2 StGB ausgeschlossen.[1500] Zusammenfassend kann man daher feststellen, dass der Verfall im Steuerstrafrecht praktisch keine Bedeutung hat.[1501]

X. Unterbrechung der Verfolgungsverjährung (§ 376 AO)[1502]

Schrifttum: *Beckemper*, Steuerhinterziehung durch Erschleichen eines unrichtigen Feststellungsbescheids?, NStZ 2002, 518; *Burkhard*, Verjährungsbeginn bei verspäteter Abgabe der Steuererklärung, DStZ 2004, 443; *Müller*, Wann beginnt die Strafverfolgungsverjährung bei Steuerhinterziehung?, wistra 2004, 11; *Pelz*, Wann verjährt die Beihilfe zur Steuerhinterziehung?, wistra 2001, 11; *Reiche*, Die strafrechtliche Ermittlungskompetenz der Zollfahndung, wistra 1990, 90; *ders.*, Verjährungsunterbrechende Wirkung finanzbehördlicher oder fahndungsdienstlicher Ermittlungsmaßnahmen hinsichtlich allgemeiner Strafdelikte, insbesondere bei tateinheitlichem Zu-

---

[1496] *Kohlmann* § 375 AO Rdnr. 49.
[1497] Zur steuerlichen Auswirkung des strafrechtlichen Verfalls: *Bach* wistra 2006, 46; BGH Urt. v. 21.3.2002 – 5 StR 138/01 – wistra 2002, 255.
[1498] BGH Beschl. v. 28.11.2000 – 5 StR 371/00 – wistra 2001, 96.
[1499] BGH Beschl. v. 28.11.2000 – 5 StR 371/00 – wistra 2001, 96.
[1500] BGH Beschl. v. 28.11.2000 – 5 StR 371/00 – wistra 2001, 96.
[1501] *Wulf* PStR 2006, 10.
[1502] Bearbeitet unter Mitarbeit von RA/StB *Jörg Kanzler* und RA/FAfStR/StB *Jörg Kieborz*.

sammentreffen mit Steuerstraftaten, wistra 1988, 329; *Riehl*, Zur Frage der Tatbeendigung in Fällen der Umsatzsteuerhinterziehung nach § 370 AO durch einen steuerlich beratenden Unternehmer, wistra 1996, 130; *Schmitz*, Der Beginn der Verjährungsfrist nach § 78 a StGB bei der Hinterziehung von Einkommensteuer durch Unternehmer, wistra 1993, 248; *Sigismund/Wickern*, Das Gesetz zur Entlastung der Rechtspflege – ein Überblick über die Änderungen der Strafprozessordnung, des Gerichtsverfahrensgesetzes, des Jugendgerichtsgesetzes und des Strafgesetzbuches, wistra 1993, 136; *Wulf*, Beginn der Verjährung der Steuerhinterziehung bei ausgebliebener Steuerfestsetzung, wistra 2003, 89.

1. Allgemeines

Im Strafrecht wird zwischen der **Verfolgungs- und der Vollstreckungsverjährung** unterschieden. Die **Verfolgungsverjährung** schließt gem. § 78 Abs. 1 StGB die Ahndung der Tat und die Anordnung von Maßnahmen gem. § 11 Abs. 1 Nr. 8 StGB aus. Die **Vollstreckungsverjährung** bewirkt nach § 79 Abs. 1 StGB, dass eine rechtskräftig verhängte Strafe oder Maßnahme gem. § 11 Abs. 1 Nr. 8 StGB nach Ablauf der Verjährungsfrist nicht mehr vollstreckt werden darf. Mit Eintritt der Verjährung darf keine Strafverfolgung mehr eingeleitet werden und bereits begonnene Strafverfahren müssen eingestellt werden. Während die Vollstreckungsverjährung ausschließlich in den §§ 79 bis 79 b StGB geregelt ist, enthält § 376 AO eine spezielle Regelung bezüglich der Verfolgungsverjährung bei Zuwiderhandlungen gegen Steuergesetze, welche die §§ 78 bis 78 c StGB ergänzen.

Besondere Probleme ergeben sich im Steuerstrafrecht daraus, dass zwischen der Tathandlung, dem Erfolg und der Beendigung der Tat häufig große Zeiträume liegen, die die Verfolgungsverjährung in die Länge ziehen.

2. Bedeutung des § 376 AO

§ 376 AO erweitert den in § 78 c StGB enthaltenen Katalog der Verjährungsunterbrechungstatbestände um einen weiteren für das Steuerstrafrecht speziellen Unterbrechungstatbestand.[1503] Der Grund für die spezielle Unterbrechungsregelung des § 376 AO liegt darin, dass am Anfang des Ermittlungsverfahrens oftmals nicht absehbar ist, ob das Verhalten des Verdächtigen den Tatbestand einer Ordnungswidrigkeit oder den einer Steuerstraftat erfüllt.

3. Anwendungsbereich des § 376 AO

Zum unmittelbaren Anwendungsbereich des § 376 AO gehören
- alle Steuerstraftaten des § 369 Abs. 1 AO,
- Monopolstraftaten, d. h. Straftaten im Zusammenhang mit Branntweinabgaben, entsprechend gilt § 376 AO für
- die Hinterziehung von Wohnungsbau- (§ 8 Abs. 2 S. 1 WoPG), Bergmannsprämien (§ 5 a Abs. 2 S. 1 BergPG) und Arbeitnehmer-Sparzulagen (§ 14 Abs. 3 S. 1 des 5. VermBG, § 29 a Abs. 1 BerlinFG),
- die Hinterziehung von Abgaben auf Marktordnungswaren, die keine Zölle, Abschöpfungen, Ausfuhrabgaben oder Abgaben im Rahmen von Produktionsregelungen sind (§§ 12 Abs. 1 S. 1, 35 MOG).

Nicht erfasst von § 376 AO werden die Zulagen gem. § 20 BerlinFG und § 9 InvZulG. Diese fallen unter den Subventionsbetrug gem. § 264 StGB, was zur Folge hat, dass das Steuerstrafrecht gem. §§ 369 ff. AO und somit auch § 376 AO keine Anwendung findet.

4. Allgemeine Strafverfolgungsverjährung

Die allgemeinen Vorschriften zur Strafverfolgungsverjährung in den §§ 78 ff. StGB sind über § 369 Abs. 2 AO auch im Steuerstrafrecht anwendbar. Dies bedeutet:
- die Verjährungsfrist für Steuervergehen (§ 78 Abs. 3 Nr. 4 StGB),
- der Beginn (§ 78 a StGB),
- die Dauer (§ 78 Abs. 2 bis 4 StGB),
- die Unterbrechung (§ 78 c StGB),
- das Ruhen (§ 78 b StGB) und
- die Wirkung (§ 78 Abs. 1 StGB) der Verfolgungsverjährung
  bestimmen sich ausschließlich nach den genannten Regelungen des allgemeinen Teils des Strafgesetzbuches.

[1503] *Müller* wistra 2004, 11, 13.

674 a) **Zweck der Verjährung.** Der Zweck der Verfolgungsverjährung ist,
- dem Rechtsfrieden zu dienen,[1504]
- einer Untätigkeit der Behörden entgegenzuwirken,[1505]
- Beweisschwierigkeiten zu verhindern, die mit zunehmendem Zeitablauf eintreten,
- anzuerkennen, dass mit zunehmendem Zeitablauf das Strafbedürfnis schwindet.[1506]

675 b) **Beachtung der Verjährungsvorschriften im Strafverfahren.** *aa) Berücksichtigung der Verjährung bis zur Rechtskraft des Strafausspruchs.* Grundsätzlich stellt der Eintritt der Verfolgungsverjährung ein Verfahrenshindernis dar, welches in allen Abschnitten des Strafverfahrens zu beachten ist, d. h. bis zur Rechtskraft des Strafausspruchs.[1507] Mit der Rechtskraft endet die Verfolgungsverjährung und die Strafvollstreckungsverjährung (§ 79 Abs. 6 StGB) beginnt.

676 *bb) Beseitigung rechtskräftiger Entscheidungen.* Ob der Lauf der Verfolgungsverjährung mit der Beseitigung rechtskräftiger Entscheidungen wieder eröffnet wird, oder der Lauf der alten, bis dahin ruhenden Verjährung fortgesetzt wird,[1508] ist umstritten. Zur Beseitigung einer rechtskräftigen Entscheidung kann es in folgenden Fällen kommen:

677
- Wiederaufnahme des Verfahrens (§ 370 Abs. 2 StPO),
- Aufhebung eines Urteils durch das Bundesverfassungsgericht (Art. 93, 100 GG, §§ 78, 79, 95 Abs. 2 BVerfGG) oder
- Wiedereinsetzung in den vorigen Stand wegen einer versäumten Rechtsmittelfrist (§ 46 Abs. 2 StPO).

678 *cc) Rechtsfolgen der Verfolgungsverjährung.* Nach § 78 Abs. 1 StGB wird durch den Ablauf der Verjährungsfrist die Ahndung der Tat und die Anordnung von Maßnahmen ausgeschlossen. Der Begriff „Maßnahmen" ist in § 11 Abs. 1 Nr. 8 StGB gesetzlich definiert, auch der Verfall, die Einziehung und die Unbrauchmachung fallen darunter. Die selbständige Anordnung von Verfall oder Einziehung ist hingegen auch noch nach Eintritt der Verfolgungsverjährung gem. §§ 76 a Abs. 2 Nr. 1, 78 Abs. 1 S. 2 StGB möglich. Das heißt, die Verfolgungsverjährung steht der Einziehung mit Sicherungscharakter und der Unbrauchbarmachung i. S. d. §§ 74 Abs. 2 Nr. 2 und Abs. 3, 74 d StGB nicht entgegen. Bei hinterzogenen und leichtfertig verkürzten Steuern begründet § 171 Abs. 7 AO eine besondere Ablaufhemmung für die steuerliche Festsetzungsverjährung (§§ 169 bis 170 AO). Danach endet die Festsetzungsfrist nicht, bevor die Verfolgung der Steuerhinterziehung oder der Steuerordnungswidrigkeit verjährt ist.

679 *dd) Verjährungsfrist.* Die Verfolgungsverjährung bei **Steuerordnungswidrigkeiten** im Sinne der §§ 378 bis 380 AO ist ausdrücklich in § 384 AO normiert. Während Ordnungswidrigkeiten nach § 31 OWiG in 6 Monaten bis höchstens 3 Jahren verjähren, verlängert § 384 AO die Verfolgungsverjährung bei Steuerordnungswidrigkeiten auf 5 Jahre. Bei der **Steuerhinterziehung** nach § 370 AO, dem **Bannbruch** gem. § 372 AO, dem gewerbsmäßigen, gewaltsamen und bandenmäßigen **Schmuggel** nach § 373 AO, der **Steuerhehlerei** gem. § 374 AO, der **Begünstigung** gem. § 257 StGB, der **Geldwäsche** gem. § 261 StGB und dem **Subventionsbetrug** nach § 264 StGB tritt die Verfolgungsverjährung gem. § 78 Abs. 3 Nr. 4 StGB nach 5 Jahren ein. Bei der **gewerbsmäßigen oder bandenmäßigen Steuerhinterziehung** gem. § 370 a AO, die mit einer Freiheitsstrafe von bis zu 10 Jahren geahndet wird, tritt die Verfolgungsverjährung nach § 78 Abs. 3 Nr. 3 StGB nach 10 Jahren ein. Die Wiederverwendung gebrauchter Steuerzeichen (§ 148 Abs. 2 StGB) verjährt gem. § 78 Abs. 3 Nr. 5 StGB nach 3 Jahren, da die Höchststrafe ein Jahr Freiheitsstrafe beträgt.

680 *ee) Beginn der Verjährung.* Der Lauf der **Verjährungsfrist** beginnt gem. § 78 a StGB, sobald die Tat beendet ist. Tritt ein zum Tatbestand gehörender Erfolg erst später ein, so beginnt die Verjährung mit diesem Zeitpunkt. Bei der Berechnung der Frist ist der Tag mitzuzählen, an dem die Tat beendet wurde. Soweit mehrere Delikte tateinheitlich begangen wurden, bestimmt sich

---

[1504] BGH Beschl. v. 19.2.1963 – 1 StR 318/62 – BGHSt 18, 274.
[1505] BGH Urt. v. 26.6.1958 – 4 StR 145/58 – BGHSt 11, 393 ff.
[1506] BGH Urt. v. 28.11.1984 – 2 StR 309/84 – wistra 1985, 66 = NJW 1985, 1719.
[1507] BGH Urt. v. 28.11.1984 – 2 StR 309/84 – wistra 1985, 66 = NJW 1985, 1719.
[1508] BGH Urt. v. 29.11.1972 – 2 StR 498/72 – GA 1974, 149; OLG Düsseldorf Beschl. v. 29.1.1988 – 4 Ws 1043/87 – GA 1988, 426; OLG Stuttgart Beschl. v. 24.1.1986 – 1 Ss 40/86 – MDR 1986, 608.

die Verjährung für jedes Delikt gesondert.[1509] Kann nicht festgestellt werden, wann eine Tat beendet wurde, ist eine Tat im Zweifel nach dem Grundsatz „in dubio pro reo" verjährt.[1510]

Nach allgemeinen strafrechtlichen Grundsätzen ist eine Tat dann beendet, wenn nach Erfüllung aller objektiven Tatbestandsmerkmale die Rechtsgutsverletzung in dem vom Täter angestrebten Umfang eingetreten ist. Wann eine Beendigung der Tat vorliegt, ist unterschiedlich, je nach dem, ob es sich um Tätigkeits-, Erfolgs-, erfolgsqualifizierte, echte oder unechte Unterlassungsdelikte handelt. Bei **Tätigkeitsdelikten** ist ein bloßes Tun Bestrafungsgrund. Sie gelten dann als beendet, wenn die strafbare Handlung abgeschlossen ist.[1511] **Erfolgsdelikte** sind i. S. d. § 78 a StGB beendet, sobald der tatbestandsmäßige Erfolg eingetreten ist und der Täter nichts mehr zur Vertiefung oder Wiederholung dieses Erfolgs unternimmt. Da eine direkte Übertragung dieser Regeln auf das Steuerstrafrecht zu ungewollten Ergebnissen führen würde, gelten bei den Steuerstraftaten bestimmte Modifikationen. 681

5. Verjährungsbeginn bei der Steuerhinterziehung

Obwohl die Steuerhinterziehung gem. § 370 Abs. 1 AO ein **Erfolgsdelikt** ist, stellt man für den Beginn der Verjährung nicht auf den tatsächlichen Abschluss, den das Tatunrecht gefunden hat, ab, sondern nach überwiegender Auffassung auf den Eintritt des tatbestandsmäßigen Erfolges. Wann die Verjährungsfrist gem. § 78 a StGB beginnt, bedarf je nach Steuerart der Unterscheidung zwischen Tathandlung und Eintritt des tatbestandsmäßigen Erfolgs. 682

a) Steuerhinterziehung durch positives Tun. Bei der Steuerhinterziehung gem. § 370 Abs. 1 AO liegt der tatbestandsmäßige Erfolg in einer Verkürzung von Steuern oder der Erlangung eines ungerechtfertigten Steuervorteils. Bei den einzelnen Steuerarten gibt es Besonderheiten: 683

aa) Veranlagungssteuern. Veranlagungssteuern sind Steuern, die durch förmlichen Steuerbescheid festgesetzt werden, insbesondere die Einkommen-, die Körperschaft-, die Gewerbe-, die Grunderwerb-, die Erbschaft- und die Schenkungsteuer. 684

Bei den Veranlagungssteuern tritt der Erfolg dann ein, wenn das Finanzamt aufgrund einer unrichtigen Erklärung die Steuer zu niedrig festgesetzt hat und dies dem Steuerpflichtigen bekannt gegeben worden ist.[1512] Die Verjährung beginnt demnach in dem Zeitpunkt, in dem der unrichtige Bescheid dem Steuerpflichtigen bekannt gegeben wird.[1513] Ein vorläufiger Bescheid reicht dazu aus.[1514] Unterschieden wird, ob der Steuerbescheid zu einer Steuernachzahlung oder -erstattung führt. Bei einer Steuernachzahlung ist die Tat mit Bekanntgabe des Steuerbescheides beendet, während bei einer Steuererstattung auf die Zahlung des Erstattungsbetrages abzustellen ist, soweit diese erst nach Bekanntgabe des unrichtigen Steuerbescheides erfolgt. Die Bekanntgabe erfolgt, wenn der Steuerpflichtige den Steuerbescheid tatsächlich erhalten hat; die Bekanntgabefiktion des § 122 Abs. 2 AO hat insoweit keine Bedeutung.[1515] Im Zweifel ist für den Beschuldigten der günstigere Verlauf (Bekanntgabe am Folgetag) zugrunde zu legen.[1516] 685

Soweit ein unrichtiger Feststellungsbescheid erwirkt wird, beginnt die Verjährung erst dann, wenn der jeweilige Folgebescheid bekannt gegeben worden ist. Feststellungsbescheide bereiten die Steuerfestsetzung erst vor.[1517] Der materielle Erfolg der Tathandlung tritt hingegen erst dann ein, wenn der Grundlagenbescheid bei dem einzelnen Beteiligten entsprechend umgesetzt wird. Das heißt, werden durch Feststellungsbescheide Steuerverkürzungen zugunsten der Gesellschafter bewirkt, ist die Tat noch nicht mit dem falschen Grundlagenbescheid des Betriebsstättenfinanzamts, sondern erst mit der Bekanntgabe des ersten unrichtigen Folgebescheids des Wohnsitzfinanzamts an den letzten Gesellschafter beendet.[1518] 686

[1509] BGH Beschl. v. 20.12.1989 – 3 StR 276/88 – wistra 1990, 149; BGH Urt. v. 25.5.1982 – 5 StR 660/81 – wistra 1982, 188.
[1510] OLG Hamburg Beschl. v. 24.3.1987 – 2 Ss 134/86 – wistra 1987, 189.
[1511] BGH Urt. v. 23.7.1971 – 4 StR 207/71 – BGHSt 24, 220.
[1512] *Kohlmann* § 376 AO Rdnr. 26.
[1513] BGH Beschl. v. 7.2.1984 – 3 StR 413/83 – wistra 1984, 142.
[1514] BGH Urt. v. 31.1.1984 – 5 StR 706/83 – wistra 1984, 182.
[1515] *Burkhard* DStZ 2004, 443; *Müller* wistra 2004, 11; a.A. *Rolletschke/Kemper* § 370 AO Rdnr. 69.
[1516] Franzen/Gast/*Joecks* § 376 Rdnr. 28; *Müller* wistra 2004, 11.
[1517] Vgl. hierzu *Beckemper* NStZ 2002, 518.
[1518] BGH Beschl. v. 7.2.1984 – 3 StR 413/88 – wistra 1984, 142.

687 bb) *Fälligkeitssteuern.* Fälligkeitssteuern sind Steuern, bei denen die Fälligkeit kraft Gesetz eintritt, z. B. die Lohnsteuer, die Kapitalertragsteuer, die Umsatzsteuer und viele Verbrauchsteuern.

688 Bei Fälligkeitssteuern ist die jeweilige Steuer zu einem gesetzlichen Termin fällig. Daher ist die Steuerstraftat bei einer durch positives Tun bewirkten Tat schon dann vollendet und beendet, wenn der Steuerpflichtige die Steuer bei Fälligkeit nicht oder zu niedrig entrichtet. Dabei ist jedoch zu unterscheiden zwischen Selbsterrechnungssteuern und Erstattungsanmeldungen. Bei den Selbsterrechnungssteuern muss der Steuerpflichtige die Höhe der zu entrichtenden Steuern selbst errechnen und am gesetzlich bestimmten Termin anmelden und entrichten. Der tatbestandsmäßige Erfolg der Steuerverkürzung tritt spätestens ein, wenn der Steuerpflichtige am gesetzlichen Termin eine zu niedrige Steuer anmeldet und abführt. Da die Anmeldung gem. §§ 167 S. 1 und 168 S. 1 AO den Charakter einer Steuerfestsetzung unter dem Vorbehalt der Nachprüfung hat, kann es schon früher zum Steuerverkürzungserfolg kommen, nämlich dann, wenn der Steuerpflichtige vor dem gesetzlichen Termin eine unrichtige Anmeldung abgibt. Gem. § 18 Abs. 1 und 3 UStG müssen bei der Umsatzsteuer i. d. R. monatliche Steuervoranmeldungen und eine Umsatzsteuerjahreserklärung abgegeben werden. Die Steuerverkürzung ist erst mit dem Eingang der Jahressteuererklärung beim Finanzamt beendet, soweit diese nicht zu einer Steuerherabsetzung oder Steuervergütung führt.[1519]

689 Soweit der Steuerpflichtige bei der Anmeldung von Steuervorauszahlungen oder einer berichtigten Anmeldung einen Erstattungsbetrag angibt, hängt der tatbestandsmäßige Erfolg der Steuerverkürzung davon ab, dass das Finanzamt gem. § 168 Abs. 2 AO dem angemeldeten Erstattungsbetrag zustimmt. Vor der Zustimmung des Finanzamtes handelt es sich um eine versuchte Steuerhinterziehung.

690 **b) Steuerhinterziehung durch Unterlassen.** Steuerverkürzungen durch (pflichtwidriges) Unterlassen kommen nach § 370 Abs. 1 Nr. 2 AO dann in Betracht, wenn z. B. Steuererklärungen oder -voranmeldungen nicht abgegeben werden.

691 aa) *Veranlagungssteuern.* Bei der Hinterziehung von Veranlagungssteuern durch Unterlassen soll die Steuerverkürzung in dem Zeitpunkt beendet sein, in dem eine hypothetische Veranlagung wirksam geworden wäre. Wann eine hypothetische Veranlagung wirksam geworden wäre, ist im Einzelnen umstritten:

692 Richtigerweise ist nach dem Grundsatz „in dubio pro reo" zugunsten des Steuerpflichtigen der frühest mögliche Beendigungszeitpunkt gem. § 78 a StGB maßgeblich.[1520] Für den Verjährungsbeginn ist demgemäß darauf abzustellen, wann bei einer hypothetischen Veranlagung nach einer rechtzeitigen Abgabe der Steuererklärung (bis zum 31.5. des Folgejahres, § 149 Abs. 2 AO) – unter Umständen bei verlängerter Erklärungsfrist (zum Beispiel zum 31.12. des Folgejahres bei steuerlicher Beratung) – frühestens eine Veranlagung erfolgt wäre.[1521]

693 Entsprechend hatte auch das OLG Hamm entschieden.[1522] Für den Beginn der Verfolgungsverjährung müsse der Anknüpfungspunkt der Beendigung der Tat zugunsten des Steuerpflichtigen so weit wie möglich vorgezogen werden. Er sei demzufolge auf den Beginn und nicht auf das Ende der Veranlagungsarbeiten zu legen. Unter Berücksichtigung einer minimalen Bearbeitungszeit und einer Postlaufzeit soll nach Auffassung des OLG Hamm die Verjährungsfrist am 15.10. des Folgejahres beginnen, da stets vom 30.9. des Folgejahres als Erklärungsfrist auszugehen sei.[1523] Das folgert das Gericht aus § 109 Abs. 1 AO und insbesondere den regelmäßig jährlich durch gleich lautende Erlasse der obersten Finanzbehörden der Länder vorgegebenen Steuererklärungsfristen bei steuerlicher Beratung.

[1519] BGH Urt. v. 10.12.1991 – 5 StR 536/91 – wistra 1992, 93, 94; BGH Urt. v. 12.5.1989 – 3 StR 24/89 – wistra 1989, 301, 303.
[1520] *Müller* wistra 2004, 11, 14.
[1521] Vgl. *Schmitz* wistra 1993, 248; *Riehl* wistra 1996, 130; Franzen/Gast/*Joecks* § 376 AO Rdnr. 28; vgl. aber auch *Burkhard* DStZ 2004, 443, 447, der für den Verjährungsbeginn auf den Anfang des Folgejahres abstellen will.
[1522] OLG Hamm Beschl. v. 2.8.2001 – 2 Ws 156/01 – wistra 2001, 474; zustimmend *Wulf* wistra 2003, 89; *Müller* wistra 2004, 11, 14.
[1523] Ab 2006: 31.12. des Folgejahres bzw. 15.1. des nächstfolgenden Jahres.

Der BGH[1524] vertritt demgegenüber die Auffassung, dass bei Veranlagungssteuern eine Unterlassungstat i. S. d. § 370 Abs. 1 Nr. 2 AO erst dann beendet ist, wenn das zuständige Finanzamt die Veranlagungsarbeiten in dem betreffenden Bezirk für den maßgeblichen Zeitraum abgeschlossen hat (**95 %-Grenze**). Voraussetzung für die Beendigung einer Steuerhinterziehung durch Unterlassen sei, dass der Verkürzungserfolg eingetreten ist. Nach § 370 Abs. 4 S. 1 AO seien Steuern zwar bereits dann verkürzt, wenn sie nicht rechtzeitig festgesetzt sind. Diese Tatvollendung falle aber nicht mit der Tatbeendigung bei einer Steuerhinterziehung durch Unterlassen zusammen. Die für den Beginn der Verfolgungsverjährung maßgebliche **Tatbeendigung** sei vielmehr erst dann gegeben, wenn ein Steuerbescheid ergangen ist oder wenn feststeht, dass ein solcher Bescheid nicht mehr ergehen wird. Erst dann liege eine endgültige Steuerhinterziehung vor.

694

bb) Fälligkeitssteuern. Bei Fälligkeitssteuern ist der Ablauf des Fälligkeitstages maßgeblich. Da bei den verschiedenen Steuerarten Vollendung und Beendigung der Tat auseinander fallen, muss auch hier unterschieden werden. Im Zweifel greift jedoch der Grundsatz „in dubio pro reo" zugunsten des Steuerpflichtigen.

695

Bei unterlassener Abgabe der Umsatzsteuer-Voranmeldungen und der Jahresumsatzsteuererklärung beginnt die Verjährungsfrist mit Fristablauf für die Jahreserklärung, also am 31. Mai des Folgejahres. Das Gleiche gilt wenn der Steuerpflichtige falsche Umsatzsteuervoranmeldungen abgibt, aber keine Jahressteuererklärung.[1525] Soweit aufgrund falscher Umsatzsteuervoranmeldungen eine Steuervergütung erfolgt ist und weder die Jahressteuererklärung beim Finanzamt eingegangen, noch die Frist für die Jahreserklärung abgelaufen ist, ist die Steuerverkürzung solange nicht beendet, wie die Steuervergütung dem Steuerpflichtigen zugute gekommen ist.[1526]

696

Eine Steuerhinterziehung durch Unterlassen ist auch dann möglich, wenn der Steuerpflichtige nachträglich die Unrichtigkeit einer abgegebenen Steuererklärung erkennt und die gebotenen Anzeige- und Berichtigungspflichten gem. § 153 AO missachtet. Die Verjährung beginnt mit dem Ablauf der Frist zur Richtigstellung. Eine Berichtigung nach Ablauf der Frist zur Richtigstellung gem. § 153 AO entspricht einer Selbstanzeige gem. § 371 AO.

697

c) Versuch. Beim Versuch beginnt die Verjährung mit der Beendigung der Versuchshandlung, d. h. der Handlung, die zum Erfolg führen soll.[1527] Der Versuch einer Straftat ist nach allgemeinen Regeln dann beendet, wenn der Täter alle Handlungen ausgeführt hat, die nach seiner Vorstellung von der Tat zur Tatbestandsverwirklichung erforderlich schienen und die er dementsprechend vornehmen wollte.[1528] Bei **Fälligkeitssteuern** ist der Versuch (wie bei der Vollendung) regelmäßig dann beendet, wenn der Steuerpflichtige es unterlässt, bis zum Ablauf der Fälligkeitsfrist die Steuererklärung abzugeben. Die versuchte Steuerhinterziehung einer **Veranlagungssteuer** ist beendet, wenn der Steuerpflichtige seinen Entschluss, eine Steuerverkürzung zu begehen, in die Tat umsetzt, d. h. bei der Steuerverkürzung durch positives Tun mit der Abgabe der falschen Steuererklärung an die Finanzbehörde. Die versuchte Steuerhinterziehung einer Veranlagungssteuer durch Unterlassen beginnt und endet in dem Moment, in dem es zu einer konkreten Gefährdung des staatlichen Steueranspruchs kommt.[1529]

698

Soweit mehrere Versuchshandlungen von Mittätern vorliegen, ist die letzte Versuchshandlung der Mittäter für den Beginn der Verjährungsfrist für alle Mittäter entscheidend, da ihnen diese Handlung über § 25 Abs. 2 StGB als ihre eigene zugerechnet wird.[1530]

699

d) Die fortgesetzte Tat. Nach bisheriger Rechtsprechung sollte eine fortgesetzte Tat erst mit Verwirklichung des letzten Teilaktes beendet sein und damit die Verjährungsfrist zu laufen beginnen. Mit Beschluss vom 20.6.1994 hat der BGH seine Rechtsprechung zur fortgesetzten Tat bei Steuerhinterziehungen aufgegeben.[1531] Demzufolge stellt jeder Einzelakt eine selbständige

700

[1524] BGH Beschl. v. 7.11.2001 – 5 StR 395/01 – wistra 2002, 64, 67.
[1525] BGH Urt. v. 10.12.1991 – 5 StR 536/91 – wistra 1992, 93, 94.
[1526] BGH Urt. v. 27.3.1991 – 3 StR 358/90 – wistra 1991, 222.
[1527] BGH Beschl. v. 26.2.1988 – 3 StR 477/87 – wistra 1988, 185.
[1528] BGH Urt. v. 15.1.1960 – 4 StR 501/59 – BGHSt 14, 75.
[1529] Franzen/Gast/*Joecks* § 376 AO Rdnr. 33.
[1530] BGH Urt. v. 1.2.1989 – 3 StR 450/88 – BGHSt 36, 105.
[1531] BGH Beschl. v. 20.6.1994 – 5 StR 595/93 – wistra 1994, 266.

Straftat dar. Die Verjährung beginnt mit der Beendigung der jeweiligen Einzeltat gesondert. Dies gilt selbst dann, wenn es sich um eine Serie von Einzelfällen handelt und der Täter von vornherein einen dementsprechenden Plan gefasst hat.[1532] Im Regelbeispiel des § 370 Abs. 3 Nr. 4 AO ist die Rede von einer fortgesetzten Steuerverkürzung. Mit „fortgesetzt" ist eine mehrfach wiederholte Begehungsweise gemeint.[1533]

701 e) **Teilnahme.** Aufgrund der Akzessorietät der Teilnahme beginnt die Verjährungsfrist für Teilnehmer (Anstifter/Gehilfen) an einer Steuerstraftat erst mit dem Eintritt des tatbestandsmäßigen Erfolges der Haupttat oder mit deren strafbarem Versuch.[1534] Erstreckt sich eine einheitliche Beihilfetat auf mehrere Jahre, so beginnt die Verjährung erst mit der letzten Beihilfetat.[1535] D. h. die Verjährung der Beihilfetat kann später beginnen, als die der Tat, da es bei der Tat keinen Fortsetzungszusammenhang gibt.

702 f) **Die straflose Nachtat.** Eine straflose Nachtat liegt vor, wenn der Täter eine weitere Tat begeht, um die durch die Vortat erlangten Vorteile zu verwerten oder zu sichern. Für den Verjährungsbeginn ist die Haupttat maßgeblich. Eine mitbestrafte Nachtat kann nicht angenommen werden, wenn die Nachtat den eingetretenen Schaden erweitert. Nach der Rechtsprechung des BGH handelt es sich beispielsweise bei einer falschen Jahresumsatzsteuererklärung im Verhältnis zu den zugrunde liegenden unrichtigen Umsatzsteuervoranmeldungen nicht um eine mitbestrafte Nachtat.[1536]

6. Unterbrechung der Verjährung

703 Die Verjährung wird gem. § 78 c Abs. 1 StGB durch bestimmte Strafverfolgungshandlungen unterbrochen. Zweck der Verjährungsunterbrechung ist, zu gewährleisten, dass die Verjährung nicht während des Straf- bzw. Ordnungswidrigkeitenverfahrens gegen den Täter eintritt. Die Verjährungsunterbrechung bewirkt gem. § 78 c Abs. 3 S. 1 StGB, dass die Verjährungsfrist vom Tage der Unterbrechung an erneut zu laufen beginnt. Zwar kann die Verjährung beliebig oft unterbrochen werden, nach § 78 c Abs. 3 S. 2 StGB ist die Strafverfolgung jedoch nach Ablauf der doppelten Verjährungsfrist (und wenn die Verjährungsfrist nach besonderen Gesetzen kürzer ist als drei Jahre, mindestens nach dem drei Jahre verstrichen sind) verjährt. Dabei sind jedoch die Zeiten des Ruhens gem. § 78 b StGB nicht zu berücksichtigen.

Beispiel:

704 Der Steuerpflichtige hat für das Jahr 1992 steuerpflichtige Einkünfte aus Kapitalvermögen und für das Jahr 1993 Einkünfte aus Gewerbebetrieb bewusst nicht erklärt. Der unrichtige Steuerbescheid für 1992 und für 1993 wurde im April 1994 dem Steuerpflichtigen bekannt gegeben. Im März 1999 wird dem Steuerpflichtigen mitgeteilt, dass ein Ermittlungsverfahren wegen nicht erklärter Einnahmen aus Kapitalvermögen im Jahre 1993 gegen ihn eröffnet wurde.

705 Die verjährungsunterbrechende Wirkung erstreckt sich stets nur auf solche Steuerarten und Zeiträume, auf die in der verjährungsunterbrechenden Maßnahme Bezug genommen wird. Dies bedeutet, dass eine Verjährungsunterbrechung für 1992 nicht gegeben ist. Für 1993 allerdings ist trotz unrichtiger Bezeichnung wegen der eindeutigen Steuerart (Einkommensteuer) wohl eine Unterbrechung gegeben. Damit ist für 1992 Verjährung ab Mai 1999 eingetreten.

706 Nicht jede richterliche Handlung bewirkt die Unterbrechung, dafür aber besonders bestimmte Maßnahmen der Staatsanwaltschaft, der Finanzbehörde, der Polizei und der Steuerfahndung. Welche konkreten Handlungen die Verjährungsunterbrechung bewirken, ist im Katalog des § 78 c StGB abschließend geregelt.[1537]

707 Voraussetzung für eine wirksame Unterbrechung ist,
- dass sich die Unterbrechungshandlung gegen eine bestimmte Person als Beschuldigten richtet,
- die verfolgte Tat hinreichend bestimmt ist,

[1532] Franzen/Gast/*Joecks* § 376 AO Rdnr. 34.
[1533] BGH v. 9.10.1979 – 5 StR 586/79 – StRK AO 1977, § 370 R 18.
[1534] BGH Urt. v. 1.8.2000 – 5 StR 624/99 – BGHSt 46, 107.
[1535] OLG Oldenburg Urt. v. 4.4.2005 – Ss 8/05 (I 21) – wistra 2005, 352; a.A. *Pelz* wistra 2001, 11, 13.
[1536] BGH Urt. v. 2.11.1995 – 5 StR 414/95 – wistra 1996, 106.
[1537] BGH Urt. v. 10.4.1979 – 4 StR 127/79 – BGHSt 28, 381.

- die verfolgende Behörde zuständig ist und
- die unterbrechende Amtshandlung geeignet und bestimmt ist, den Fortgang des Verfahrens gegen den Täter zu fördern.

Die Unterbrechungswirkung tritt nur für Straftaten ein, auf die sich die Unterbrechungshandlung erstreckt (**sachliche Wirkung**). Die sachliche Reichweite muss nicht mit der Unterbrechungshandlung zusammen bestimmt werden. Diese kann sich vielmehr aus dem Zusammenhang ergeben. Die **Unterbrechungshandlung** betrifft das konkrete geschichtliche Ereignis, das den Verdacht der Strafbarkeit hervorgerufen hat,[1538] auch wenn zur Zeit der Unterbrechungshandlung nähere Einzelheiten der Tat noch nicht ermittelt sind.[1539] Die Unterbrechungshandlung unterbricht die Verjährung unabhängig davon, unter welchem rechtlichen Gesichtspunkt die Tat verfolgt wird, sodass die Verjährungsunterbrechung auch dann gilt, wenn die Tat später unter einem anderen rechtlichen Gesichtspunkt verfolgt wird, als ursprünglich.[1540] Die Unterbrechungshandlung erstreckt sich auf Delikte die in Tateinheit stehen,[1541] auf Gesetzesverletzungen, die nach § 154 a StPO aus dem Verfahren ausgeschieden worden sind[1542] und konkurrierende **Antragsdelikte**, auch auf solche für die noch kein Strafantrag gestellt worden ist.[1543] Soweit sich der Verfolgungswille nicht nur auf einen Teil der Straftaten bezieht,[1544] erstreckt sich die Unterbrechungshandlung in der Regel auf alle Delikte eines Verfahrens, so dass die Verjährung bei allen in Frage kommenden Delikten unterbrochen wird.[1545] In Zweifelsfällen gilt jedoch der Grundsatz „in dubio pro reo", so dass z. B. bei Ermittlungen der Finanzbehörde wegen einer Steuerstraftat die Unterbrechungshandlungen nicht auch die Verjährung allgemeiner Straftaten unterbrechen, die in Tatmehrheit zur Steuerstraftat stehen.[1546] Steht die Steuerstraftat jedoch in Tateinheit zu den allgemeinen Straftaten, bewirkt die Unterbrechungshandlung der Finanzbehörde auch die Unterbrechung der Verjährung der allgemeinen Straftaten.[1547]

Die Unterbrechung wirkt gem. § 78 c Abs. 4 StGB nur gegenüber demjenigen, auf den sich die Unterbrechungshandlung bezieht (**persönliche Wirkung**). Gegen den Täter gerichtet ist die Unterbrechungshandlung, wenn sie dazu dient, das ihn betreffende Verfahren fortzusetzen,[1548] oder im Fall des § 78 c Abs. 1 Nr. 10, 11 StGB das Verfahren gegen ihn vorläufig einzustellen. Verfolgungshandlungen gegen unbekannte Personen, die namentlich noch nicht bekannt sind, unterbrechen die Verjährung nicht. Zwar muss sich die Unterbrechungshandlung nicht gegen den Täter unter seinem wirklichen Namen richten,[1549] er muss aber zumindest individuell bestimmt sein.[1550] Maßnahmen gegen eine GmbH unterbrechen in der Regel nicht die Verjährung hinsichtlich des Geschäftsführers der GmbH,[1551] Maßnahmen „gegen die Verantwortlichen" eines Unternehmens auch dann nicht, wenn nach der Sachlage nur Vorstandsmitglieder in Betracht kommen.[1552] Der Grundsatz der persönlichen Wirkung gilt

---

[1538] BGH Beschl. v. 22.3.1968 – 5 StR 115/68 – BGHSt 22, 105, 106; LG Saarbrücken Beschl. v. 7.1.1974 – Ss 99/73 – NJW 1974, 1009.
[1539] BGH Urt. v. 17.2.1981 – 1 StR 546/80 – NStZ 1981, 309; OLG Hamm Beschl. v. 29.8.1980 – 6 Ws 254/80 – NJW 1981, 2425.
[1540] BayObLG Urt. v. 2.6.1964 – RReg 2 St 186/64 – NJW 64, 1813.
[1541] RG Urt. v. 8.10.1900 – Rep 2645/00 – RGSt 33, 427.
[1542] BGH Beschl. v. 22.3.1968 – 5 StR 115/68 – BGHSt 22, 105; OLG Hamm Urt. v. 17.1.1967 – 3 Ss 878/66 – NJW 67, 1433.
[1543] BGH Beschl. v. 22.3.1968 – 5 StR 115/68 – BGHSt 22, 105, 107.
[1544] BGH Urt. v. 5.5.1970 – 4 StR 50/70 im Anschluss an 2 StR 53/64 v. 27.1.1965; vgl. auch LK I 3 zu § 68 StGB zitiert bei *Dallinger* MDR 70, 897; BGH Urt. v. 12.12.1995 – 1 StR 491/95 – wistra 1996, 101 = NStZ 1996, 274.
[1545] BGH Urt. v. 24.4.1956 – 5 StR 619/55 – bei *Dallinger* MDR 1956, 394; BGH Beschl. v. 23.5.1991 – 5 StR 9/91 – wistra 1991, 272, 273.
[1546] *Reiche* wistra 1988, 329; OLG Frankfurt Beschl. v. 5.9.1986 – 1 Ws 163/86 – wistra 1987, 32.
[1547] BGH Urt. v. 24.10.1989 – 5 StR 238-239/89 – BGHSt 36, 283 = NJW 1990, 845; a. M. *Reiche* wistra 1990, 90 bis 93.
[1548] BGH Urt. v. 16.2.1955 – 6 StR 310/54 – BGHSt 7, 202, 204; OLG Köln Beschl. v. 26.4.1955 – WS 120/55 – MDR 55, 435.
[1549] BGH Beschl. v. 29.10.1996 – 4 StR 394/96 – BGHSt 42, 283, 290 = NJW 1997, 598; GA 61, 239.
[1550] OLG Hamburg Beschl. v. 9.10.1998 – II – 148/98- 2 Ss 141/98 OWi – NStZ-RR 1999, 20 f.
[1551] OLG Düsseldorf Beschl. v. 25.3.1988 – 2 Ss (OWi) 17/88-52/88 II – MDR 1988, 801.
[1552] OLG Brandenburg Beschl. v. 10.4.1997 – 2 Ss (OWi) 22B/97 – NZV 1998, 424 mit Anm. *Huppertz*.

auch bei **Mittätern**, so dass eine gegen einen Mittäter vorgenommene Unterbrechungshandlung nicht ohne weiteres auch gegen die anderen Mittäter wirkt.[1553] Eine Unterbrechungshandlung gegen einen Teilnehmer wirkt sich ebenfalls auch nicht gegen den Haupttäter aus.[1554]

710   Die Unterbrechungshandlung muss nicht dazu bestimmt sein, den Täter einer Verurteilung zuzuführen, vielmehr genügen sogar Handlungen, die der Aufklärung zu seinen Gunsten dienen.

Folgende Unterbrechungshandlungen bestehen:

711   • **Die erste Vernehmung des Beschuldigten (§ 78 c Abs. 1 Nr. 1 StGB).**

Unter „erster Vernehmung" ist eine Vernehmung i. S. d. § 163 a StPO i. V. m. § 136 StPO zu verstehen. Entscheidend ist bei der Vernehmung, dass dem Beschuldigten Gelegenheit gegeben wurde, sich zu äußern. Ob der Beschuldigte davon Gebrauch macht, ist hingegen unerheblich. Er muss jedoch informiert werden, dass und weshalb gegen ihn ermittelt wird.[1555] Der ersten Vernehmung gleichgestellt ist deren Anordnung. Soweit sie unmittelbar aktenkundig gemacht wird, reicht eine mündliche Anordnung aus. Sie braucht nicht zur Kenntnis des Beschuldigten gelangen;[1556] sie muss aber ausdrücklich erfolgen. Ein allgemeiner Ermittlungsauftrag der Staatsanwaltschaft an die Polizei führt selbst dann nicht zu einer Verjährungsunterbrechung, wenn der Auftrag die Vernehmung des Beschuldigten mit einschließt.[1557] Notwendig ist ein konkreter Auftrag, dessen Ausführung nicht von weiteren polizeilichen Ermittlungen abhängig gemacht wird.[1558]

712   • **Die richterliche Vernehmung (§ 78 c Abs. 1 Nr. 2 StGB).**

Jede richterliche Vernehmung des Beschuldigten oder deren Anordnung unterbricht die Verjährung gem. § 78 c Abs. 1 Nr. 2 StGB.

713   • **Die Beauftragung eines Sachverständigen (§ 78 c Abs. 1 Nr. 3 StGB).**

Sofern der Beschuldigte vorher Kenntnis von dem Ermittlungsverfahren erhalten hat, unterbricht gem. § 78 c Abs. 1 Nr. 3 StGB jede Beauftragung eines Sachverständigen durch den Richter, den Staatsanwalt oder die selbständig ermittelnde Finanzbehörde die Verjährung. Unter „Beauftragung" ist eine Anordnung zu verstehen, das Gutachten eines Sachverständigen zu einem bestimmten Thema einzuholen.[1559] Als Sachverständiger kann auch ein Wirtschaftsreferent der Staatsanwaltschaft eingesetzt werden. Voraussetzung für die Verjährungsunterbrechung ist aber, dass dieser eigenverantwortlich und frei von jeder Beeinflussung durch Vorgesetzte arbeitet[1560] und dass die Beauftragung als „Sachverständiger" und nicht als bloßer Ermittlungsgehilfe der Verfolgungsbehörde beabsichtigt wird.[1561]

714   • **Die richterliche Anordnung der Beschlagnahme oder Durchsuchung (78 c Abs. 1 Nr. 4 StGB).**

Jede richterliche Anordnung einer Beschlagnahme (§§ 98, 100, 111 e StPO) oder einer Durchsuchung (§ 105 StPO) und richterliche Entscheidungen, welche diese aufrechterhalten, können die Verjährung gem. § 78 c Abs. 1 Nr. 4 StGB unterbrechen. Bei dem Beschluss gegenüber einem Kreditinstitut, der Staatsanwaltschaft Einblick in die Kontounterlagen zu gewähren und die Anfertigung von Kopien zu dulden, handelt es sich nicht um eine Anordnung gem. § 78 c Abs. 1 Nr. 4 StGB.

715   • **Der Haft-, Unterbringungs- oder Vorführungsbefehl (§ 78 c Abs. 1 Nr. 5 StGB)**

Die Verjährung wird gem. § 78 c Abs. 1 Nr. 5 StGB durch den Haftbefehl, den Unterbringungsbefehl, den Vorführungsbefehl und richterliche Entscheidungen, welche diese aufrechterhalten, unterbrochen. Da gem. § 120 Abs. 1 StPO inzident auch über den Bestand des Haftbefehls entschieden wird, handelt es sich bei Entscheidungen, bei denen der Haftbefehl außer Vollzug gesetzt wird bzw. Haftverschonungsauflagen abgeändert werden, um „aufrechterhal-

---

[1553] BGH Beschl. v. 2.9.1992 – 3 StR 110/92 – StV 1993, 72.
[1554] RG Urt. v. 12.12.1907 – I 125/25 – RGSt 41, 18.
[1555] BGH Urt. v. 21.5.1992 – 4 StR 577/91 – wistra 1992, 253.
[1556] BGH Beschl. v. 24.8.1972 – 4 StR 292/72 – BGHSt 25, 8.
[1557] BGH Urt. v. 8.1.1997 – 5 StR 525/96 – StV 1997, 634.
[1558] LG Hamburg Beschl. v. 27.11.1996 – 615 QS 48/96 – NStZ-RR 1997, 265.
[1559] BGH Beschl. v. 16.12.1976 – 4 StR 281/76 – BGHSt 27, 76.
[1560] BGH Beschl. v. 2.7.1986 – 3 StR 87/86 – wistra 1986, 257, 258.
[1561] BGH Beschl. v. 20.12.1983 – 1 StR 821/83 – NStZ 1984, 215.

tende Entscheidungen".¹⁵⁶² Bei der Beihilfe zur Steuerhinterziehung wird der Lauf der Verjährungsfrist nach § 78 c Abs. 1 Nr. 5 StGB nicht durch einen Haftbefehl unterbrochen, der eine andere Tat betrifft.¹⁵⁶³

- Die Erhebung der öffentlichen Klage (§ 78 c Abs. 1 Nr. 6 StGB)
Die Erhebung der öffentlichen Klage durch die Staatsanwaltschaft oder des entsprechenden Antrags auf Erlass eines Strafbefehls gem. § 407 StPO sind gem. § 78 c Abs. 1 Nr. 6 StGB die Verjährung unterbrechende Handlungen. Diese Anträge kann gem. §§ 400, 406 AO i. V. m. § 407 StPO auch die Finanzbehörde stellen. Die Verjährungsunterbrechung tritt mit Eingang der Anklage- bzw. des Antrages bei Gericht ein, soweit die Anklage den Prozessgegenstand hinreichend konkretisiert und den Voraussetzungen des § 200 StPO entspricht.¹⁵⁶⁴

- Die Eröffnung des Hauptverfahrens (§ 78 c Abs. 1 Nr. 7 StGB)
Die Eröffnung des Hauptverfahrens unterbricht die Verjährung gem. § 78 c Abs. 1 Nr. 7 StGB. Die Unterbrechung tritt nicht erst mit der Zustellung, sondern bereits mit der Unterzeichnung des Eröffnungsbeschlusses ein.

- Die Anberaumung einer Hauptverhandlung (§ 78 c Abs. 1 Nr. 8 StGB)
Jede Anberaumung einer Hauptverhandlung unterbricht gem. § 78 c Abs. 1 Nr. 8 StGB die Verjährung. Zur Anberaumung einer Hauptverhandlung gehört auch die Verlegung eines Termins.

- Der Strafbefehl (§ 78 c Abs. 1 Nr. 9 StGB)
Der Strafbefehl oder eine andere dem Urteil entsprechende Entscheidung unterbricht gem. § 78 c Abs. 1 Nr. 9 StGB die Verjährung. Urteile lassen die Verjährung gem. § 78 b Abs. 3 StGB ruhen, weshalb sie nicht von der Unterbrechungsregelung des § 78 c Abs. 1 Nr. 9 StGB erfasst werden.

- Die vorläufige Einstellung wegen Abwesenheit (§ 78 c Abs. 1 Nr. 10 StGB)
Nach § 78 c Abs. 1 Nr. 10 StGB führt die vorläufige Einstellung des Verfahrens wegen Abwesenheit des Angeklagten, sowie jede Anordnung des Richters oder Staatsanwalts, die nach einer solchen Verfahrenseinstellung zur Ermittlung des Aufenthaltes des Beschuldigten im Verfahren gegen Abwesende oder zur Sicherung von Beweisen führt, zur Verjährungsunterbrechung. Soweit die Staatsanwaltschaft solche Handlungen analog § 205 StPO vornimmt, unterbrechen sie nicht die Verjährung, da § 78 c Abs. 1 Nr. 10 StGB die Erhebung der öffentlichen Klage voraussetzt.¹⁵⁶⁵

- Die vorläufige Einstellung wegen Verhandlungsunfähigkeit (§ 78 c Abs. 1 Nr. 11 StGB)
Auch die vorläufige Einstellung des Verfahrens wegen Verhandlungsunfähigkeit des Angeschuldigten gem. § 205 StPO sowie die von Richter oder Staatsanwalt getroffenen Anordnungen zur Überprüfung der Verhandlungsfähigkeit unterbrechen gem. § 78 c Abs. 1 Nr. 11 StGB die Verjährung.

- Das richterliche Ersuchen um eine Untersuchungshandlung im Ausland (§ 78 c Abs. 1 Nr. 12 StGB)
Jedes richterliche Ersuchen, eine Untersuchungshandlung im Ausland vorzunehmen, unterbricht schließlich gem. § 78 c Abs. 1 Nr. 12 StGB die Verjährung. Voraussetzung für die Unterbrechung ist, dass die Amtshandlung von einem inländischen Ermittlungsbeamten vorgenommen wird.¹⁵⁶⁶ Eine einfache Ermittlungshandlung des Amtsträgers im Ausland kann für eine Unterbrechung ausreichen, wenn der inländische Amtsträger (Staatsanwalt, Strafrichter, Betriebsprüfer, Steuer- oder Zollfahnder) im Einvernehmen mit dem ausländischen Staat an den Ermittlungshandlungen teilnimmt und diese ihrerseits Unterbrechungsgründe erfüllen.

- Unterbrechungsgründe gem. § 376 AO
Für das Steuerstrafrecht erweitert § 376 AO den ansonsten abschließenden Katalog der Unterbrechungshandlungen des § 78 c StGB. Nach § 376 AO wird die Verfolgungsverjährung im Hinblick auf eine Steuerstraftat auch dann unterbrochen, wenn dem Beschuldigten die Einleitung eines Bußgeldverfahrens bekannt gegeben oder diese Bekanntgabe angeordnet wird.

---

¹⁵⁶² BGH Beschl. v. 26.5.1993 – 5 StR 190/93 – wistra 1993, 223, 224.
¹⁵⁶³ BGH Beschl. v. 26.6.1987 – 3 StR 216/87 – HFR 1988, 300.
¹⁵⁶⁴ OLG Bremen Beschl. v. 24.7.1989 – Ws 104/89 – StV 1990, 25.
¹⁵⁶⁵ BGH Beschl. v. 13.10.1995 – 3 StR 436/95 – StV 1996, 207.
¹⁵⁶⁶ BGH Urt. v. 2.10.1951 – 1 StR 193/51 – BGHSt 1, 325.

7. Ruhen der Verfolgungsverjährung (§ 78 b StGB)

724 Die Wirkung des Ruhens der **Verfolgungsverjährung** besteht darin, dass der Beginn der Verjährungsfrist hinausgeschoben wird, bzw. der Weiterlauf einer bereits begonnenen Frist gehemmt wird. Sinn und Zweck der Vorschrift ist, den Verjährungseintritt in solchen Fällen hinauszuschieben, in denen tatsächliche Gründe dem Bekanntwerden einer Straftat und damit deren Verfolgung entgegenstehen oder rechtliche Gründe jede Verfolgungshandlung einschließlich einer Verjährungsunterbrechung verhindern. § 78 b StGB gilt jeweils nur für denjenigen Tatbeteiligten, bei dem auch die Voraussetzungen des § 78 b StGB vorliegen.[1567]

725 Die **Verjährung** ruht gem. § 78 b Abs. 1 Nr. 2 StGB, solange nach dem Gesetz die Verfolgung nicht begonnen oder nicht fortgesetzt werden kann. Dies gilt sowohl für die Fälle, in denen ein Hindernis die Verfolgung im einzelnen Fall ausschließt, sowie auch dann, wenn gesetzliche Vorschriften die Strafverfolgung allgemein unmöglich machen.[1568] Dabei ist unerheblich, ob die Tat den Strafverfolgungsbehörden bekannt war.[1569] Die Vorschriften müssen während einer gewissen Zeit alle Verfolgungshandlungen ausschließen. Es reicht nicht aus, dass nur einzelne Verfolgungshandlungen verboten sind.

726 **Beispiel:**
Die Verjährung ruht im Falle der Exterritorialität (s. §§ 18 bis 20 GVG); ebenfalls ruht die Verjährung während der Bewährungszeit, wenn eine Verwarnung mit Strafvorbehalt gem. § 59 StGB verhängt wurde.

727 Soweit zur Verfolgung ein Antrag, eine Ermächtigung oder ein Strafverlangen erforderlich ist, hemmt das Fehlen des Antrags, der Ermächtigung oder des Strafverlangens gem. § 79 b Abs. 1 Nr. 2, 2. Halbsatz StGB nicht den Lauf der Verjährung. Steht der Verfolgung gem. § 78 b Abs. 2 StGB entgegen, dass der Täter **Mitglied des Bundestages** oder eines **Gesetzgebungsorgans eines Landes** ist, ruht die Verjährung erst mit Ablauf des Tages, an welchem die Staatsanwaltschaft, eine Behörde oder ein Beamter des Polizeidienstes von der Tat und der Person des Täters Kenntnis erlangt oder gem. § 158 StPO eine Strafanzeige, bzw. einen Strafantrag gegen den Täter angebracht wird. Bei Strafanzeigen und Strafanträgen reicht es aus, wenn diese bei dem zuständigen Gericht gestellt werden. Die **Immunität** verhindert auch die Verfolgung der bei Übernahme des Mandats bereits anhängigen Verfahren. Das Verfahrenshindernis der Immunität endet erst mit der Verfolgungsgenehmigung des Parlaments oder mit dem Ende des Mandats.[1570] Unter Behörden im Sinne des § 78 b Abs. 2 StGB fallen ausschließlich Polizeibehörden. § 79 b Abs. 2 StGB gilt entsprechend für den Bundespräsidenten. Die Verjährung ruht auch dann, wenn der Beginn oder die Festsetzung eines Strafverfahrens von einer Vorfrage abhängt, deren Entscheidung in einem anderen Verfahren erfolgen muss. In diesen Fällen ruht die Verjährung bis zur Beendigung des anderen Verfahrens. Der Fall greift jedoch nur ein, soweit die Entscheidung eines anderen Verfahrens notwendig abzuwarten ist. Insofern ruht die Verjährung nicht, wenn ein Gericht ein Verfahren nur aussetzt, um eine andere Entscheidung abzuwarten. Diese Variante des Ruhens der Verjährung war früher in § 69 (a. F.) StGB geregelt und ergibt sich nunmehr – obwohl nicht konkret geregelt – aus § 79 b Abs. 1 Nr. 2 StGB. Eine spezielle Regelung dieser Fälle findet sich in § 154 e Abs. 3 StPO für die Fälle, in denen ein Verfahren wegen falscher Verdächtigung gem. § 164 StGB oder Beleidigung gem. §§ 185 bis 187 a StGB nicht weitergeführt wird, solange wegen der angezeigten oder behaupteten Handlung ein Straf- oder Disziplinarverfahren anhängig ist.

728 Im Steuerrecht führt auch eine Aussetzung nach § 396 AO zum Ruhen der Verjährung. Nach § 78 b Abs. 3 StGB ruht die Verjährung bis zum rechtskräftigen Abschluss des Verfahrens, wenn ein Urteil des ersten Rechtszuges ergeht und in diesem Zeitpunkt die Tat noch nicht verjährt ist. Die Vorschrift soll verhindern, dass in Rechtsmittelverfahren durch unbegründete Rechtsmittel und unsachgemäße Anträge das Verfahren verzögert und dadurch der Verjährungseintritt herbeigeführt wird. Die Regelung gilt auch bei fehlerhaften Urteilen,[1571] nicht aber bei nichtigen Urteilen. Die verjährungshemmende Wirkung bleibt auch dann bestehen,

---

[1567] RG Urt. v. 31.3.1925 – I 125/25 – RGSt 59, 200.
[1568] BGH Urt. v. 3.4.1951 – 1 StR 77/50 – BGHSt 1, 84, 89; a.A. Weber MDR 1951, 500.
[1569] BGH Urt. v. 2.10.1962 – 1 StR 299/62 – NJW 1962, 2309.
[1570] BGH Beschl. v. 15.10.1991 – 3 StE 7/91 – 2 – StB 24/91 – NJW 1992, 701 = NStZ 1992, 94.
[1571] BGH Urt. v. 6.7.1993 – 1 StR 280/93 – NJW 1994, 808, 809.

wenn das erstinstanzliche Urteil nachträglich aufgehoben wird. Die Hemmungswirkung umfasst die den Gegenstand des erstinstanzlichen Verfahrens bildende Tat.[1572] § 78 b Abs. 3 StGB betrifft nur Urteile, nicht aber andere dem Urteil entsprechende Entscheidungen, wie z. B. Strafbefehle. Solche Entscheidungen bewirken nicht das Ruhen der Verjährung, sondern unterbrechen diese gem. § 78 c Abs. 1 Nr. 9 StGB. Nach § 78 b Abs. 4 StGB ruht die Verjährung in den Fällen des § 78 Abs. 3 Nr. 4 StGB ab Eröffnung des **Hauptverfahrens** höchstens für einen Zeitraum von 5 Jahren, wenn das Gesetz strafschärfend für besonders schwere Fälle Freiheitsstrafe von mehr als fünf Jahren androht und das Hauptverfahren vor dem Landgericht eröffnet worden ist.

Im Steuerstrafrecht sind dies z. B. die Steuerhinterziehung (§ 370 AO), die gewerbs- oder bandenmäßige Steuerhinterziehung (§ 370 a AO), der Bannbruch (§ 372 AO), der gewerbsmäßige, gewaltsame und bandenmäßige Schmuggel (§ 373 AO), die Steuerhehlerei (§ 374 AO), die Begünstigung (§ 257 StGB), die Geldwäsche (§ 261 StGB), der Subventionsbetrug (§ 264 StGB) und die Wertzeichenfälschung (§§ 148, 149 StGB).

Zweck der Vorschrift, die den Eintritt der **absoluten Verjährung** um bis zu 5 Jahre hinausschiebt, ist, eine Einstellung von Großverfahren wegen des Eintritts der absoluten Verjährung zu verhindern.[1573] Für die Anwendung ist unerheblich, ob die Eröffnung des Hauptverfahrens oder die Verurteilung auf einen besonders schweren Fall gestützt wird,[1574] vielmehr ist ausreichend, dass ein Delikt abgeurteilt wird, für das abstrakt eine Strafverschärfung in besonders schweren Fällen vorgesehen ist.[1575] Sofern das Verfahren i. S. des § 78 b StGB ruht, wird nicht nur die Verjährungsfrist nach § 78 StGB sondern auch gem. § 78 c Abs. 3 StGB auch die „absolute" doppelte Verjährungsfrist gehemmt. Dies gilt trotz Fehlens einer entsprechenden Regelung in § 396 Abs. 3 AO auch für das Steuerstrafverfahren.[1576]

8. Die Vollstreckungsverjährung

Die Vollstreckungsverjährung betrifft nach § 79 Abs. 1 StGB Strafen und Maßnahmen im Sinne von § 11 Abs. 1 Nr. 8 StGB, nicht aber die Vollstreckung der Sicherungsverwahrung gem. § 66 StGB, welche nach § 79 Abs. 4 StGB explizit unverjährbar ist.

a) Beginn der Vollstreckungsverjährung. Die **Vollstreckungsverjährung** beginnt gem. § 79 Abs. 6 StGB mit der Rechtskraft der Entscheidung. Die Rechtskraft der Entscheidung tritt an dem Tag ein, an dem das Urteil oder der dem Urteil nach § 410 StPO gleichstehende Strafbefehl im Strafausspruch bzw. im Maßnahmenausspruch rechtskräftig geworden ist. Bis zur Rechtskraft der Entscheidung läuft die Verfolgungsverjährung.[1577] Soweit nachträglich nach § 55 StPO oder § 460 StPO eine Gesamtstrafe festgesetzt wird, beginnt die **Vollstreckungsverjährung** mit Rechtskraft der die Gesamtstrafe festsetzenden Entscheidung,[1578] wobei die Frist, die für die Einzelstrafen bereits angelaufen ist, ihre Bedeutung verliert.

b) Verjährungsfrist bei der Vollstreckungsverjährung. Die **Verjährungsfrist** bezüglich der Vollstreckung von Strafen ist in § 79 Abs. 3 StGB geregelt. Die Verjährungsfrist bei der Vollstreckungsverjährung richtet sich nach der Höhe der erkannten Strafe, wobei ausgerechnet U-Haft (§ 51 StGB) oder ein gnadenweise erlassener Teil außer Betracht bleiben.[1579] Im Steuerstrafrecht beträgt die höchste mögliche Freiheitsstrafe zehn Jahre (§§ 370 Abs. 3 AO und 370 a AO). Insofern spielen lediglich die Nummern 2 bis 5 des § 79 Abs. 3 StGB im Steuerstrafrecht eine Rolle. Nach § 79 Abs. 3 Nr. 2 StGB beträgt die **Verjährungsfrist** zwanzig Jahre bei Freiheitsstrafen von mehr als fünf bis zu zehn Jahren, gem. § 79 Abs. 3 Nr. 3 StGB zehn Jahre bei Freiheitsstrafen von mehr als einem Jahr bis zu fünf Jahren, gem. § 79 Abs. 3 Nr. 4 StGB fünf Jahre bei Freiheitsstrafen bis zu einem Jahr und bei Geldstrafen von mehr als

---

[1572] BGH Urt. v. 9.10.1996 – 3 StR 352/96 – NStZ-RR 1997, 167, 168.
[1573] *Sigismund/Wickern* wistra 1993, 141.
[1574] BGH Beschl. v. 1.8.1995 – 1 StR 275/95 – wistra 1995, 309 = StV 1995, 585.
[1575] *Sigismund/Wickern* wistra 1993, 141.
[1576] Franzen/Gast/*Joecks* § 376 AO Rdnr. 73 m.w.N.
[1577] BGH Urteil v. 26.6.1958 – 4 StR 145/58 – BGHSt 11, 393 = NJW 1958, 1307.
[1578] OLG Düsseldorf Beschl. v. 7.10.1992 – 4 Ausl (A) 289/92 – 50/92 III – NJW 1993, 2128.
[1579] *Tröndle/Fischer* § 79 Rdnr. 4.

dreißig Tagessätzen und nach § 79 Abs. 3 Nr. 5 StGB drei Jahre bei Geldstrafen bis zu dreißig Tagessätzen.

734 Soweit in einem Urteil zugleich Freiheitsstrafe und Geldstrafe festgesetzt worden ist oder neben einer Strafe eine freiheitsentziehende Maßregel, Verfall, Einziehung oder Unbrauchbarmachung festgesetzt worden, verjährt die Vollstreckung der einen Strafe oder Maßnahme nach § 79 Abs. 5 StGB nicht früher als die der anderen. Eine zugleich angeordnete Sicherungsverwahrung hindert jedoch nach § 79 Abs. 5 S. 2 StGB nicht die Vollstreckungsverjährung von Strafen oder anderen Maßnahmen. Das heißt, dass die jeweils längere Frist maßgeblich ist, wobei gem. § 79 Abs. 5 S. 2 StGB eine zugleich angeordnete, nach § 79 Abs. 4 S. 1 StGB unverjährbare Sicherungsverwahrung nicht den Ablauf der für die anderen Deliktsfolgen geltenden Fristen hindert.

735 **c) Ruhen der Vollstreckungsverjährung (§ 79 a StGB).** Die Wirkung des Ruhens der Vollstreckungsverjährung entspricht der des Ruhens der Verfolgungsverjährung. Der Lauf der Verjährungsfrist wird gehemmt. Nach § 79 a StGB ruht die **Vollstreckungsverjährung**, solange nach dem Gesetz die Vollstreckung nicht begonnen oder nicht fortgesetzt werden kann (§ 79 a Nr. 1 StGB), dem Verurteilten Aufschub oder Unterbrechung der Vollstreckung (§ 79 a Nr. 2 a StGB), Aussetzung zur Bewährung durch richterliche Entscheidung oder im Gnadenweg (§ 79 a Nr. 2 b StGB) oder Zahlungserleichterung bei Geldstrafe, Verfall oder Einziehung bewilligt ist (§ 79 a Nr. 2 c StGB) oder der Verurteilte im In- oder Ausland auf behördliche Anordnung in einer Anstalt verwahrt wird (§ 79 a Nr. 3 StGB).

736 Für die Frage, ob die Vollstreckung nach dem Gesetz nicht begonnen hat oder nicht fortgesetzt werden kann (§ 79 a Nr. 1 StGB), ist unerheblich, ob ein gesetzliches Hindernis die Vollstreckung im einzelnen Fall ausschließt oder gesetzliche Vorschriften der Vollstreckung allgemein entgegenstehen. § 79 a Nr. 2 StGB umfasst die Fälle, in denen die Vollstreckung durch eine dem Verurteilten gewährte Vergünstigung gehindert wird. Ein **Aufschub** der Vollstreckung (§ 79 a Nr. 2 a StGB) kommt z. B. auf Antrag des Verurteilten gem. § 456 StPO oder bei Vollzugsuntauglichkeit gem. § 455 StPO in Betracht. Eine Vollstreckungsunterbrechung kann z. B. aus Gründen der Vollzugsorganisation (§ 455 a StPO) oder bei schwerer Erkrankung des Verurteilten (§ 455 Abs. 4 StPO) angeordnet werden. Die Aussetzung zur Bewährung durch richterliche Entscheidung oder im Gnadenweg bewirken nach § 79 a Nr. 2 b StGB das Ruhen der Verjährung während der **Bewährungszeit**. Das Ruhen endet entweder in diesen Fällen durch Ablauf oder mit vorherigem Widerruf der Strafaussetzung.

737 Nach § 79 a Nr. 2 c StGB ruht die Verjährung auch, solange dem Verurteilten **Zahlungserleichterungen** bei Geldstrafen (§ 42 StGB), Verfall (§ 73 c Abs. 2 StGB) oder Einziehung (§ 74 c Abs. 4 StGB) bewilligt worden sind. Ruhen der Vollstreckungsverjährung tritt auch ein, wenn Zahlungserleichterungen nach Rechtskraft des Urteils oder Zahlungserleichterungen bei Vermögensstrafe bewilligt werden.

738 Die Verjährung ruht im Falle des § 79 a Nr. 3 StGB schließlich, solange der Verurteilte im In- oder Ausland auf behördlicher Anordnung in einer Anstalt verwahrt wird. Erfasst werden hierdurch die Fälle, in denen der Verurteilte wegen einer anderen Straftat eine Freiheitsstrafe verbüßt. Zweck der Vorschrift ist, zu verhindern, dass die Vollstreckungsverjährung infolge einer Freiheitsentziehung wegen einer anderen Straftat eintritt. Die Art der Freiheitsentziehung ist unerheblich, solange sie auf behördlicher Anordnung beruht. Entsprechend ruht die Verjährung auch bei einer stationären Drogentherapie auf behördlicher Anordnung. Der Lauf der Verjährungsfrist wird nicht während des Vollzugs der Führungsaufsicht gehemmt.

739 **d) Verlängerung der Vollstreckungsverjährung (§ 79 b StGB).** Nach § 79 b StGB kann das Gericht auf Antrag der Vollstreckungsbehörde die **Verjährungsfrist** vor ihrem Ablauf einmal um die Hälfte der gesetzlichen Verjährungsfrist verlängern, wenn der Verurteilte sich in einem Gebiet aufhält, aus dem seine Auslieferung oder Überstellung nicht erreicht werden kann.

740 Ein Gebiet, aus welchem keine Auslieferung oder Überstellung möglich ist, ist ein solches, mit dem kein Rechtshilfeverkehr stattfindet, aber auch wenn die besonderen Voraussetzungen der Rechtshilfe nicht erfüllt sind, oder ein Auslieferungsgesuch aus einem sonstigen Grund erfolglos geblieben ist. Erforderlich ist, dass der Verurteilte sich außerhalb der Bundesrepublik Deutschland aufhält und dass die Verjährungsfrist noch nicht abgelaufen war. In Zweifelsfragen entscheidet das Gericht. Die Zuständigkeit des Gerichts ergibt sich aus § 462 StPO.

Das Gericht entscheidet ohne vorherige mündliche Verhandlung durch Beschluss. Erheblich für die Entscheidung des Gerichts ist, ob ein fortdauerndes Bedürfnis besteht, die Strafe noch zu vollstrecken.[1580] Der Beschluss ist gem. § 462 Abs. 2 StPO mit der sofortigen Beschwerde anfechtbar. Die Fristverlängerung richtet sich nach den Fristen des § 79 StGB und ist auch dann möglich, wenn der Ablauf der Frist bereits durch Ruhen der Verjährung gehemmt war.

XI. Steuerordnungswidrigkeiten (§ 377 AO)

Schrifttum: *Adam*, Die Begrenzung der Aufsichtspflichten in der Vorschrift des § 130 OWiG, wistra 2003, 285; *Eidam*, Die Verbandsgeldbuße des § 30 Abs. 4 OWiG – eine Bestandsaufnahme, wistra 2003, 447; *Göhler*, Ordnungswidrigkeitengesetz, 14. Aufl. 2006; *ders.*, Die „Beteiligung" an einer unvorsätzlichen Ordnungswidrigkeit, wistra 1983, 242; *Katholnigg*, Das Gesetz zur Änderung des Gesetzes über Ordnungswidrigkeiten und anderer Gesetze, NJW 1998, 568; *Landscheidt*, Recht der Ordnungswidrigkeiten, NWB F 19, 3421; *Rolletschke/Kemper*, Steuerverfehlungen, Loseblatt, 2005; *Wannemacher*, Steuerstrafrecht, 5. Aufl. 2004; *Wegner*, Festsetzung von unternehmensbezogenen Geldbußen in Steuerstrafverfahren, PStR 2003, 180.

1. Der Begriff der Steuer- / Zollordnungswidrigkeit

Nach § 1 Abs. 1 OWiG, welcher gem. § 377 Abs. 2 AO für Steuerordnungswidrigkeiten gilt, ist eine Ordnungswidrigkeit eine rechtswidrige und vorwerfbare Handlung, die den Tatbestand eines Gesetzes verwirklicht, das die Ahndung mit einer Geldbuße zulässt. § 377 Abs. 1 AO definiert Steuerordnungswidrigkeiten als Zuwiderhandlungen, die nach den Steuergesetzen mit Geldbuße geahndet werden können. Aus der Verbindung der beiden Definitionen ergibt sich, dass eine Steuerordnungswidrigkeit eine rechtswidrige und vorwerfbare Zuwiderhandlung gegen Steuergesetze ist, die mit einer Geldbuße geahndet werden kann.

a) **Steuergesetz.** Unter Steuergesetz im Sinne von § 377 Abs. 1 AO ist jede Rechtsnorm zu verstehen, welche die Ermittlung oder Erklärung von Besteuerungsgrundlagen oder die Anmeldung, Festsetzung, Erhebung oder Vollstreckung einer Steuer regelt, für deren Verwaltung die AO gilt. Soweit ein Tatbestand der §§ 378 bis 383 a AO verletzt wurde, handelt es sich um eine Steuerverfehlung, da auch die AO selbst ein „Steuergesetz" i. S. d. § 377 Abs. 1 AO ist.

b) **Zuwiderhandlung.** Eine Zuwiderhandlung gegen Steuergesetze liegt vor, wenn der Täter gegen eine Rechtspflicht verstoßen hat, die ihm im Interesse der Besteuerung auferlegt ist. Eine solche steuerliche Rechtspflicht kann sich aus dem Bußgeldtatbestand selbst oder auch aus anderen Normen ergeben. Eine Ahndung der Ordnungswidrigkeit kommt nur dann in Betracht, wenn die Zuwiderhandlung gem. § 1 Abs. 1 OWiG tatbestandsmäßig, rechtswidrig und vorwerfbar ist.

c) **Zollordnungswidrigkeiten.** Unter „Zollordnungswidrigkeiten" i. S. d. § 377 Abs. 1 AO sind Verstöße gegen Zollgesetze mit entsprechender Bußgeldandrohung zu verstehen, die ausdrücklich auf die §§ 381, 382 AO verweisen. Da Zölle begrifflich zu den Steuern gehören (§ 3 Abs. 1 S. 2 AO), sind derartige Sanktionsnormen gleichfalls Steuerordnungswidrigkeiten.[1581] Bedeutung erlangt die Hervorhebung des Begriffs „Zollordnungswidrigkeiten" in § 377 Abs. 1 AO erst dadurch, dass andere Gesetze (z. B. KaffeesteuerG) Verweisungen auf die Vorschriften über Zölle enthalten.

2. Geltung des OWiG

Nach § 377 Abs. 2 AO gelten die Vorschriften des Ersten Teils des Gesetzes über Ordnungswidrigkeiten (§§ 1 bis 34 OWiG), soweit die Bußgeldvorschriften der Steuergesetze nichts anderes bestimmen.

a) **Abweichende Regelungen der AO.** § 384 AO trifft eine für die Verfolgungsverjährung von den allgemeinen Vorschriften des Ordnungswidrigkeitenrechts abweichende Regelung. Diese Vorschrift gilt für § 378 AO (leichtfertige Steuerverkürzung), für §§ 379, 380 AO (Steuergefährdungen) und die Nicht- bzw. nicht rechtzeitige Abführung der pauschalen Lohnsteuer gem. § 50 e Abs. 2 EStG. Die Steuerordnungswidrigkeiten nach §§ 378 bis 381, 383 a AO setzen

---

[1580] OLG Hamm Beschl. v. 17.8.1990 – 4 Ws 33/90 – NStZ 1991, 186.
[1581] Franzen/Gast/Joecks/*Samson* § 377 AO Rdnr. 7.

Leichtfertigkeit voraus, während nach § 10 OWiG fahrlässiges Handeln ausreicht. Eine Abweichung zu § 17 Abs. 1 OWiG gilt ebenfalls bezüglich des Höchstmaßes der zulässigen Geldbuße bei den Steuerordnungswidrigkeiten.

747 **b) Anwendbarkeit des OWiG.** *aa) Sachlich.* Das OWiG gilt gem. § 2 OWiG für Ordnungswidrigkeiten nach Bundes- und Landesrecht. Steuerordnungswidrigkeiten nach Landesrecht gibt es heute nicht mehr, da sie mittlerweile allesamt bundeseinheitlich geregelt wurden.

748 *bb) Zeitlich.* Die zeitliche Geltung von Bußgeldvorschriften bestimmt sich nach den §§ 3 und 4 OWiG.

749 Eine Handlung kann gem. § 3 OWiG nur dann als Ordnungswidrigkeit geahndet werden, wenn die Möglichkeit der Ahndung vor Begehung der Handlung gesetzlich bestimmt war. Nach § 4 Abs. 1 OWiG bestimmt sich die zeitliche Geltung der Bußgeldvorschriften nach dem Gesetz, das zur Zeit der Tat galt. Soweit das Gesetz zwischen Begehung und Ahndung der Steuerordnungswidrigkeit geändert wurde, gilt das **Rückwirkungsverbot**, d. h. bestehenden oder neu geschaffenen Bußgeldtatbeständen darf keine rückwirkende Wirkung beigelegt werden. Soweit sich die Bußgeldandrohung aufgrund einer Gesetzesänderung nach Beendigung der Handlung ändert, gilt gem. § 4 Abs. 3 OWiG das mildeste Gesetz.

750 Bei **Zeitgesetzen** gilt das Rückwirkungsverbot gem. § 4 Abs. 4 OWiG nicht. Besteuerungsvorschriften sind durchweg als Zeitgesetze anzusehen. Eine Zuwiderhandlung kann selbst dann geahndet werden, wenn das Zeitgesetz außer Kraft getreten ist. Dabei sollte die Finanzbehörde allerdings gem. § 47 OWiG prüfen, ob noch ein öffentliches Interesse an der Verfolgung besteht.

751 *cc) Räumlich.* Der räumliche Geltungsbereich wird durch die §§ 5 und 7 OWiG bestimmt:
752 Nach § 5 OWiG gilt das **Territorialitätsprinzip**, wonach das Gebiet der Bundesrepublik Deutschland sowie der Luftraum darüber und das Küstenmeer bis zu 12 Seemeilen vom Geltungsbereich des OWiG umfasst wird. Bei Zoll- und Einfuhrordnungswidrigkeiten gehört auch das Zollgebiet der Gemeinschaft, das auch die Freizonen und Freilager umfasst, zum Inland.

753 Nach §§ 378 Abs. 1 S. 2, 379 Abs. 1 S. 2 AO jeweils in Verbindung mit § 370 Abs. 7 AO können auch im Ausland begangene Steuerordnungswidrigkeiten verfolgt werden, wenn sie sich auf die Verkürzung der in diesen Vorschriften bezeichneten ausländischen Eingangsabgaben und Steuern beziehen. Bei Zuwiderhandlungen sind sowohl der Tätigkeitsort (§ 7 Abs. 1 OWiG) als auch der Erfolgsort (§ 7 Abs. 2 OWiG) maßgebend für den Begehungsort.

754 **c) Vorsatz und Fahrlässigkeit.** Nach § 10 OWiG können nur vorsätzlich begangene Ordnungswidrigkeiten geahndet werden, es sei denn das Gesetz sieht eine Geldbuße für fahrlässiges bzw. leichtfertiges Handeln ausdrücklich vor. Bei den Steuerordnungswidrigkeiten ist der unzulässige Erwerb von Steuererstattungs- und Vergütungsansprüchen gem. § 383 AO nur vorsätzlich begehbar.

755 Die Steuergefährdung gem. § 379 Abs. 1 AO, die Verletzung der Mitteilungspflicht gem. § 138 Abs. 2 AO i. V. m. § 379 Abs. 2 Nr. 1 AO, die Verletzung der Pflicht zur Kontenwahrheit im Sinne von § 154 Abs. 1 AO i. V. m. § 379 Abs. 2 Nr. 2 AO, die Gefährdung von Abzugsteuern gem. § 380 AO, die Verbrauchsteuergefährdung gem. § 381 AO und die zweckwidrige Verwendung des Identifikationsmerkmals nach § 139 a AO können sowohl vorsätzlich als auch leichtfertig begangen werden. Dies gilt auch für die Zuwiderhandlungen gegen eine Auflage im Sinne der § 120 Abs. 2 Nr. 4 AO i. V. m. § 379 Abs. 3 AO und die Gefährdung von Eingangsabgaben gem. § 382 AO. Nur leichtfertig begehbar ist die Steuerverkürzung gem. § 378 AO.

756 *aa) Vorsatz.* Unter **Vorsatz** ist das Wissen und Wollen der objektiven Tatbestandsmerkmale zu verstehen. Soweit sich der Täter über ein zum gesetzlichen Tatbestand gehörendes Tatbestandsmerkmal irrt bzw. ein solches Tatbestandsmerkmal nicht kennt, befindet er sich in einem **Tatbestandsirrtum**, der den Vorsatz gem. § 11 Abs. 1 OWiG ausschließt. Da die Einzelsteuergesetze zur Ausfüllung der Blankettnormen über Steuerordnungswidrigkeiten herangezogen werden müssen, stellen diese auch Tatbestandsmerkmale der einzelnen Steuerordnungswidrigkeiten dar.

bb) Fahrlässigkeit. Fahrlässig (unbewusst fahrlässig) handelt, wer die Sorgfalt außer Acht **757** lässt, zu der er nach den Umständen und seinen persönlichen Fähigkeiten verpflichtet sowie imstande ist und deshalb die rechtswidrige Tatbestandsverwirklichung nicht erkennt. Bewusst fahrlässig handelt, wer den Eintritt der Tatbestandsverwirklichung zwar voraussieht, aber pflichtwidrig darauf vertraut, dass er nicht eintritt.[1582]

cc) Leichtfertigkeit. Leichtfertig handelt derjenige, der die gebotene Sorgfalt in ungewöhn- **758** lich hohem Maße verletzt.[1583] Die Leichtfertigkeit stellt ein erhöhtes Maß an Fahrlässigkeit dar.

d) Versuch. Der **Versuch** einer Ordnungswidrigkeit kann gem. § 13 Abs. 2 OWiG nur ge- **759** ahndet werden, wenn das Gesetz es ausdrücklich bestimmt. Eine solche Bestimmung fehlt in den §§ 378 ff. AO, sodass es grundsätzlich keine versuchten Steuerordnungswidrigkeiten (in der AO) gibt. Lediglich im Bereich der Ordnungswidrigkeiten, für welche die Zollbehörden zuständig sind, gibt es Ausnahmen.

e) Beteiligung. Im OWiG wird nicht wie im StGB unterschieden zwischen Täter und den ver- **760** schiedenen Formen der Teilnahme. Stattdessen geht § 14 OWiG von einem **einheitlichen Täterbegriff** aus. Jeder, der sich an einer Ordnungswidrigkeit beteiligt, handelt gem. § 14 Abs. 1 Nr. 1 OWiG ordnungswidrig, gleichgültig in welcher Weise er zur Tatbestandsverwirklichung beigetragen hat. Eine Beteiligung liegt vor, wenn jemand an einer nicht nur allein von ihm begangenen Tat bewusst und gewollt (vorsätzlich) mitwirkt.[1584] § 14 OWiG setzt einen vorsätzlichen oder zumindest bedingt vorsätzlich begangenen Handlungsbeitrag voraus.[1585] Der Tatbeitrag muss für die Verwirklichung des Bußgeldtatbestandes ursächlich oder förderlich gewesen sein.[1586] Bei **Sonderdelikten** reicht es gem. § 14 Abs. 1 S. 2 OWiG aus, wenn nur einer der Beteiligten mit den entsprechenden Qualifikationsmerkmalen vorsätzlich an der Tatbestandsverwirklichung mitgewirkt hat.

Soweit einer der Beteiligten nicht vorwerfbar gehandelt hat, ist dadurch gem. § 14 Abs. 3 **761** OWiG nicht die Möglichkeit der Ahndung bei den Anderen ausgeschlossen. Derjenige, der nur **fahrlässig** verursacht, dass ein anderer eine ordnungswidrige Handlung begeht, kann nicht Beteiligter im Sinne des § 14 OWiG sein.[1587] Eine Beteiligung an einer Fahrlässigkeitstat wie z. B. § 378 AO ist daher nicht möglich. Die Beteiligung an einer Ordnungswidrigkeit eines anderen setzt nach der Auffassung des BGH[1588] voraus, dass auch der andere vorsätzlich handelt. Begründet wurde der Beschluss damit, dass im Falle der Anerkennung einer Beteiligung an einer unvorsätzlich begangenen Haupttat ein erheblicher Wertungswiderspruch zum Strafrecht bestehen würde, da im Strafrecht die vorsätzliche Mitverursachung einer fahrlässig begangenen Straftat nicht bestraft werden kann. Göhler hingegen vertritt die Auffassung, dass sich ein Wertungswiderspruch zum Strafrecht nur bei den Sondertatbeständen des Ordnungswidrigkeitenrechts, die beim Täter besondere Qualifikationsmerkmale voraussetzen, nicht aber bei Tatbeständen, die jedermann verwirklichen kann, ergeben.[1589] Demnach fallen nach der herrschenden Meinung die Alleintäterschaft, die Mittäterschaft, die mittelbare Täterschaft (soweit kein Sonderdelikt) sowie die Anstiftung und die Beihilfe unter den Einheitstäterbegriff des § 14 OWiG. Eine Abgrenzung im Einzelnen ist nicht erforderlich.

f) Handeln für einen Anderen. Da viele Vorschriften des Steuerrechts Sonderdelikte sind, **762** die sich an einen bestimmten Täterkreis (Arbeitgeber, Betriebsinhaber, Unternehmer, Gewerbetreibender) richten und diese Normadressaten selten selbst handeln, sondern ihre Rechtspflichten durch Vertreter erfüllen lassen, die ihrerseits nicht zu dem „Täterkreis" der Bußgeldtatbestände gehören, könnten die eigentlich Handelnden (oder Unterlassenden) für Gesetzesverstöße nicht zur Verantwortung gezogen werden, da bei ihnen die besonderen persönlichen Merkmale nicht vorliegen. § 9 OWiG soll diese Lücke schließen indem die Haftung bestimmter

---

[1582] BGH Urt. v. 10.7.1958 – 4 StR 180/58 – BGHSt 12, 75.
[1583] BGH Urt. v. 13.4.1960 –2 StR 593/59 – BGHSt 14, 240.
[1584] *Göhler* wistra 1983, 245.
[1585] BayObLG Beschl. v. 28.7.1983 – 1 ObOWi 122/83 – NStZ 1984, 29.
[1586] OLG Köln Beschl. v. 1.12.1989 – Ss 494-495/89 – wistra 1990, 116, 117.
[1587] *Rolletschke/Kemper* § 377 AO Rdnr. 30.
[1588] BGH Beschl. v. 6.4.1983 – 2 StR 547/82 – BGHSt 31 309, 311 = NJW 1983, 2272.
[1589] *Göhler* wistra 1983, 245.

Personen mit besonderen persönlichen Merkmalen auch auf deren handelnde Vertreter ausgeweitet wird.

763 Im Steuerstrafrecht hat § 9 OWiG jedoch eine relativ geringe Bedeutung, da die in § 9 Abs. 1 OWiG aufgezählten Personengruppen mit denen der §§ 34, 35 AO übereinstimmen. Außerdem erweitern einige Vorschriften – wie z. B. § 378 AO oder 382 AO – durch die Formulierung „oder bei Wahrnehmung der Angelegenheiten eines Steuerpflichtigen" die steuerlichen Pflichten auf die Vertreter und sonstigen Beauftragten im Sinne des § 9 Abs. 2 OWiG. Darunter fallen vor allem auch Steuerberater, Wirtschaftsprüfer und mit der Gestellung des Zollgutes Beauftragte. Bedeutung hat § 9 OWiG vor allem bei dem Normadressatenkreis des § 380 AO und bei einigen Ordnungswidrigkeiten des Verbrauchsteuerrechts und Marktordnungszuwiderhandlungen, die sich an einen bestimmten Personenkreis wenden.

764 **g) Rechtfertigungsgründe.** Rechtfertigungsgründe, die die Rechtswidrigkeit einer Handlung ausschließen, haben bei Steuerordnungswidrigkeiten nur geringe Bedeutung. Die in § 15 OWiG geregelte Notwehr kommt im Steuerordnungswidrigkeitenrecht nicht in Betracht. Auch der in § 16 OWiG geregelte rechtfertigende Notstand hat praktisch keine Bedeutung.

765 **h) Vorwerfbarkeit.** Voraussetzung für die Ahndung einer Ordnungswidrigkeit ist gem. § 1 Abs. 1 OWiG die **Vorwerfbarkeit.** Obwohl die Vorwerfbarkeit deckungsgleich ist mit dem strafrechtlichen Begriff „Schuld", hat der Gesetzgeber für Ordnungswidrigkeiten bewusst einen anderen Begriff verwendet, da der Begriff „Schuld" eine Missbilligung ausdrückt, die im Bereich der Ordnungswidrigkeiten vermieden werden sollte.

766 Die Vorwerfbarkeit kann gem. § 12 OWiG aufgrund des Alters von unter 14 Jahren oder seelischer Störungen sowie bei einem unvermeidbaren Verbotsirrtum fehlen. Während ein Tatbestandsirrtum, bei dem der Täter sich über einen zum gesetzlichen Tatbestand gehörenden Umstand irrt, gem. § 11 Abs. 1 OWiG zum Wegfall des Vorsatzes führt, hat ein Verbotsirrtum gem. § 11 Abs. 2 OWiG zur Folge, dass die Vorwerfbarkeit entfällt. Eine Ahndung der Tat wegen eines Verbotsirrtums entfällt gem. § 11 Abs. 2 OWiG jedoch nur dann, wenn dem Täter das fehlende Bewusstsein, etwas Unlauteres zu tun, nicht vorzuwerfen ist.

767 Ein Irrtum ist dann vorwerfbar, wenn der Täter bei Anwendung der Sorgfalt, die nach der Sachlage objektiv zu fordern war und die er nach seinen persönlichen Verhältnissen erbringen konnte, das Unerlaubte seines Handelns zu erkennen vermochte. Welcher Maßstab an das Erkennungsvermögen des Täters zu stellen ist, hängt von den Umständen des Einzelfalls, insbesondere der Persönlichkeit des Täters und seinem Lebens- und Berufskreis ab.[1590] Aber auch bei einem vorwerfbaren Verbotsirrtum kann die Geldbuße gemildert werden, wobei die für die Ahndung zuständige Stelle nicht auf den Bußgeldrahmen für fahrlässiges (leichtfertiges) Handeln gem. § 17 Abs. 2 OWiG beschränkt ist.

768 **i) Opportunitätsprinzip.** § 47 OWiG regelt, dass im Bußgeldverfahren das **Opportunitätsprinzip** gilt. Danach besteht keine wie auch immer geartete Verpflichtung der Behörde, ein Bußgeldverfahren durchzuführen. Die Verfolgung liegt nur im pflichtgemäßen Ermessen der Behörde. Das Ordnungswidrigkeitenrecht unterscheidet sich damit wesentlich vom Strafverfahren, für welches gem. § 152 Abs. 2 StPO das **Legalitätsprinzip** gilt, wonach die Staatsanwaltschaft grundsätzlich zur Verfolgung strafbarer Handlungen verpflichtet ist.

769 Die **Finanzbehörde** kann daher bei unklarer Sachlage von der weiteren Verfolgung Abstand nehmen, wie etwa, wenn die Aufklärung des Sachverhaltes erhebliche Schwierigkeiten macht oder die Rechtsanwendung unklar ist. Allerdings muss die Behörde bei der Ausübung ihres Ermessens eine Abwägung vornehmen und darf nicht willkürlich entscheiden. Gerade die notwendige Beachtung des Gleichheitssatzes des Artikel 3 GG verlangt das Vermeiden willkürlicher Entscheidungen, wobei jedoch kein Anspruch auf Gleichbehandlung im Unrecht besteht. Die Behörde kann daher durchaus in demselben Verfahren gegen zwei Beteiligte gegen den einen Beteiligten einstellen und gegen den anderen Beteiligten weiterverfolgen.[1591] Das Opportunitätsprinzip gilt auch für das **Gericht.** Soweit das Gericht die Ahndung für nicht geboten hält, kann es nach § 47 Abs. 2 OWiG einstellen. Nach dem Grundsatz „minima non curat praetor" kann und wird die Einstellung erfolgen, wenn die Tat ohne Bedeutung ist.

[1590] BayObLG Beschl. v. 13.10.1999 – 3 ObOWi 88/99 – wistra 2000, 117.
[1591] Vgl. dazu OLG Hamburg Beschl. v. 7.7.1988 – 1 Ss 104/88 OWi – NJW 1988, 2630.

Die **Einstellung des Verfahrens** kann mangels Geltung des § 153 a StPO im Bußgeldverfahren nicht von der Zahlung einer Geldbuße abhängig gemacht werden.

j) Ahndung durch Bußgeldbescheid. Die Finanzbehörde wird dann einen **Bußgeldbescheid** erlassen, wenn der zugrunde liegende Sachverhalt genügend aufgeklärt, die Ahndung geboten, der Betroffene gehört wurde und kein sonstiges Verfahrenshindernis vorliegt. Wenn die Finanzbehörde einen Bußgeldbescheid zu erlassen beabsichtigt, vermerkt sie den Abschluss der Ermittlungen in den Akten (§ 61 OWiG i. V. m. § 410 Abs. 1 AO). Erst ab diesem Zeitpunkt hat der Verteidiger ein uneingeschränktes Akteneinsichtsrecht.[1592] Die Mindestangaben des Bußgeldbescheides sind in § 66 OWiG geregelt.

Gem. § 67 OWiG ist der Einspruch das zulässige Rechtsmittel gegen den Bußgeldbescheid. Die Einspruchsfrist beträgt zwei Wochen ab Zustellung. Auf Grund eines rechtzeitig eingelegten Einspruchs bestehen verschiedene Reaktionsmöglichkeiten der Finanzverwaltung:[1593]
- Der Bescheid kann zurückgenommen werden (§ 69 Abs. 2 S. 1 OWiG),
- der Bescheid kann zurückgenommen und neu – auch verbösernd (reformatio in peius) – erlassen werden,
- die Sache wird an die Staatsanwaltschaft zur Durchführung des gerichtlichen Verfahrens abgegeben (§ 69 Abs. 3 S. 1 OWiG).

Soweit die Sache in das gerichtliche Verfahren übergeht und in der Sache entschieden wird, geschieht dies durch Urteil, wobei ebenfalls kein **Verböserungsverbot** besteht. Nach § 79 OWiG ist unter äußerst engen Voraussetzungen die Rechtsbeschwerde zum Oberlandesgericht möglich.

k) Höhe der Geldbuße. Der Regelrahmen der Geldbuße ist in § 17 Abs. 1 OWiG normiert. Soweit das Gesetz nichts anderes bestimmt, werden Ordnungswidrigkeiten mit einer Geldbuße von mindestens € 5,- und höchstens € 1.000,- geahndet. Geldbuße und Zwangsmittel (§ 328 AO) sind nebeneinander zulässig, wobei das Zwangsgeld bei der Zumessung der Geldbuße berücksichtigt werden kann. Im Gegensatz zum Tagessatzsystem des § 40 StGB wird die Geldbuße gem. § 17 OWiG in einem Betrag festgesetzt.

Abweichend davon wird der Höchstbetrag der Geldbuße bei einigen Steuerordnungswidrigkeiten speziell festgelegt:
€ 50.000,-
- bei der leichtfertigen Steuerverkürzung gem. § 378 Abs. 2 AO,
- beim unzulässigen Erwerb von Steuererstattungs- und Vergütungsansprüchen gem. § 383 Abs. 2 AO und
- bei der Schädigung des Umsatzsteueraufkommens gem. § 26 b UStG.
€ 25.000,-
- bei der Gefährdung von Abzugssteuern gem. § 380 Abs. 2 AO.
€ 10.000,-
- bei der zweckwidrigen Verwendung des Identifikationsmerkmals nach § 139 a AO gem. § 383 a AO und § 50 f EStG.
€ 5.000,-
- bei der Steuergefährdung gem. § 379 Abs. 1 AO,
- bei der Verbrauchsteuergefährdung gem. § 381 Abs. 2 AO,
- bei der Gefährdung von Einfuhr- und Ausfuhrabgaben gem. § 382 Abs. 3 AO,
- bei der vorsätzlichen oder leichtfertigen Nichterfüllung der in § 26 a UStG genannten Sachverhalte (mit Ausnahme von Nr. 3) und
- bei Mitteilungen gemäß Rechtsverordnung nach § 45 e und § 50 e Abs. 1 EStG.
€ 500,-
- bei der Nichtaufbewahrung von Rechnungen etc. im Zusammenhang mit Grundstücksumsätzen auch bei Nichtunternehmern bzw. Unternehmern, sofern die Leistung für den nichtunternehmerischen Bereich ausgeführt wurde.

Soweit das Gesetz einen Höchstbetrag sowohl für vorsätzliches als auch für fahrlässiges Handeln androht, kann die Geldbuße für fahrlässiges Handeln gem. § 17 Abs. 2 OWiG im

---

[1592] *Wannemacher* Steuerstrafrecht S. 858.
[1593] *Wannemacher* Steuerstrafrecht S. 861.

Höchstmaß mit der Hälfte des in der Vorschrift angedrohten Höchstbetrages festgesetzt werden.[1594] Die Steuerordnungswidrigkeiten der §§ 379, 381 und 382 AO sehen einen solchen einheitlichen Höchstbetrag von € 5.000,- für vorsätzliches und fahrlässiges Handeln vor.

777 Da die Leichtfertigkeit einen erhöhten Grad an Fahrlässigkeit darstellt, gilt § 17 Abs. 2 OWiG für die Leichtfertigkeit entsprechend. Daher beträgt nach herrschender Meinung die Geldbuße bei der leichtfertig/fahrlässig begangenen Steuergefährdung gem. § 379 AO, der leichtfertigen Verbrauchsteuergefährdung gem. § 381 AO und der fahrlässig begangenen Eingangsabgabengefährdung gem. § 382 AO im Höchstmaß € 2.500,-. Dementsprechend beträgt die Geldbuße im Höchstmaß € 5.000,- bei der leichtfertigen zweckwidrigen Verwendung des Identifikationsmerkmals nach § 139 a AO.

778 Nach § 17 Abs. 3 S. 1 OWiG sind die Bedeutung der Ordnungswidrigkeit und der Vorwurf, der den Täter trifft, Grundlage für die Zumessung der Geldbuße. Außerdem sind die wirtschaftlichen Verhältnisse des Täters – allerdings nur nachrangig – gem. § 17 Abs. 3 S. 2 OWiG zu berücksichtigen. § 17 Abs. 4 OWiG bestimmt, dass die **Geldbuße** den wirtschaftlichen Vorteil, den der Täter aus der Tat gezogen hat, übersteigen soll. Dazu darf das gesetzliche Höchstmaß der Geldbuße gem. § 17 Abs. 4 S. 2 OWiG auch überschritten werden. Der wirtschaftliche Vorteil ist, soweit möglich, aufgrund der vermögensrechtlichen Gesamtsituation nach Saldierungsgrundsätzen zu berechnen, anderenfalls kann der wirtschaftliche Vorteil aber auch geschätzt werden, wobei jedoch die insoweit tragenden Grundlagen in der Entscheidung dargelegt werden müssen. Auch Zinsersparnisse können einen wirtschaftlichen Vorteil darstellen, wobei Zinsen gem. § 233 a AO hierbei grundsätzlich gegenzurechnen sind. Inwieweit der nachträgliche Wegfall des wirtschaftlichen Vorteils zu berücksichtigen ist, ist umstritten. Die h. M. will bei der Berechnung des Vorteils sämtliche den Vorteil kompensierende Nachteile (z. B. Steuerzahlungen) abziehen.[1595]

779 **l) Zusammentreffen mehrerer Gesetzesverletzungen.** Aus den §§ 19 bis 21 OWiG ergeben sich die Rechtsfolgen des Zusammentreffens mehrerer Verletzungen.

780 Wenn eine Handlung mehrere Ordnungswidrigkeitentatbestände oder denselben Tatbestand mehrmals verletzt, wird nur eine **Sanktion** verhängt, und zwar gem. § 19 Abs. 2 OWiG nach dem Gesetz, welches die höchste Geldbuße anordnet. Soweit Ordnungswidrigkeit und Straftat in derselben Handlung zusammentreffen, ist gem. § 21 Abs. 1 OWiG nur das Strafgesetz anzuwenden. Nach § 21 Abs. 2 OWiG kann die Handlung jedoch als Ordnungswidrigkeit geahndet werden, wenn eine Strafe für die Straftat nicht verhängt wird.

781 **m) Einziehung.** Als Nebenfolge einer Ordnungswidrigkeit dürfen Gegenstände gem. § 22 Abs. 1 OWiG nur eingezogen werden, soweit das Gesetz dies ausdrücklich zulässt. Die Vorschriften über die Steuerordnungswidrigkeiten in den §§ 378 bis 383 AO sehen jedoch keine Einziehung vor. Eine **Einziehung** kommt aber gem. §§ 36, 33 AWG in Betracht. Dabei sind die §§ 22, 24 bis 29 OWiG anwendbar. Für die Anwendbarkeit des § 23 OWiG ist eine weitere ausdrückliche Verweisung notwendig.

782 **n) Verfall.** Der **Verfall** stellt im Gegensatz zur Geldbuße eine verschuldensunabhängige Maßnahme dar, mit welcher die Gewinne abgeschöpft werden können, die der zwar rechtswidrig, aber nicht vorwerfbar handelnde Täter erlangt hat. Berechnungsgrundlage für den Verfall ist gem. § 29 a OWiG nicht der erlangte Vermögensvorteil, sondern das erlangte „Etwas". Im Gegensatz zum Verfall gem. § 73 StGB darf das durch die ordnungswidrige Handlung Erlangte beim Täter nur dann im Wege des Verfalls gem. § 29 a OWiG abgeschöpft werden, wenn dies nicht alternativ durch eine Geldbuße möglich ist.

783 **o) Geldbuße gegen juristische Personen und Personenvereinigungen.** § 30 OWiG eröffnet die Möglichkeit gegen eine juristische Person oder Personenvereinigung eine Geldbuße festzusetzen, wenn deren vertretungsberechtigte Organe eine Ordnungswidrigkeit begangen haben, durch die Pflichten, welche die juristische Person bzw. die Personenvereinigung treffen, verletzt worden sind oder die juristische Person / Personenvereinigung bereichert worden ist oder werden sollte.

[1594] *Landscheidt* NWB F 19, 3421, 3426.
[1595] Franzen/Gast/*Joecks* § 377 AO Rdnr. 30 a m.w.N.

Unter „**juristische Person**" im Sinne des § 30 OWiG fallen alle Gebilde mit eigener Rechts- **784** persönlichkeit, wie z. B. die AG, GmbH, KGaA, der eingetragene Verein oder die Genossenschaft. Nach § 54 BGB sind die nichtrechtsfähigen Vereine diesen gleichgestellt. Nach herrschender Meinung fallen auch Körperschaften, selbständige Anstalten und Stiftungen des öffentlichen Rechts unter „juristische Personen" i. S. d. § 30 OWiG.[1596] **Täter** einer Handlung gem. § 30 OWiG können das vertretungsberechtigte Organ einer juristischen Person, oder dessen Mitglieder (§ 30 Abs. 1 Nr. 1 OWiG), der Vorstand eines nichtrechtsfähigen Vereins oder dessen Mitglieder (§ 30 Abs. 1 Nr. 2 OWiG) und die vertretungsberechtigten Gesellschafter einer OHG, KG, GbR oder Partnergesellschaft (§ 30 Abs. 1 Nr. 3 OWiG) sein. Außerdem können Prokuristen und Handlungsbevollmächtigte in leitender Stellung (§ 30 Abs. 1 Nr. 4 OWiG) und Generalbevollmächtigte Täter i. S. d. § 30 OWiG sein, soweit sie für eine juristische Person oder Personenvereinigung i. S. d. § 30 Abs. 1 Nr. 2 oder 3 OWiG gehandelt haben. Obwohl § 30 Abs. 1 Nr. 1 und 3 OWiG das Merkmal „vertretungsberechtigt" benennt, kommt es auf die rechtsgeschäftliche Vertretungsbefugnis nicht an. Vielmehr dient das Merkmal der Abgrenzung zu Mitgliedern anderer Organe, wie z. B. der Mitgliederversammlung.

Gem. § 30 Abs. 1 Nr. 5 OWiG können auch solche Personen die Festsetzung einer Unterneh- **785** mensgeldbuße auslösen, die für die Leitung des Betriebs oder Unternehmens verantwortlich handeln. Dazu gehört auch die Überwachung der Geschäftsführung oder die sonstige Ausübung von Kontrollbefugnissen in leitender Stellung. In Abgrenzung zu § 30 Abs. 1 Nr. 4 OWiG bedarf es hierzu keiner Prokura oder Handlungsvollmacht. D. h. in steuerstrafrechtlicher Hinsicht ist hier an Personen zu denken, denen die Verantwortung für einen bestimmten Unternehmensbereich obliegt, wie z. B. die Rechnungsprüfung oder die interne Finanz- und Steuerkontrolle.[1597]

Voraussetzung für die Verhängung einer **Geldbuße** gegen die juristische Person / Personen- **786** vereinigung ist, dass der Verantwortliche eine Straftat oder Ordnungswidrigkeit in seiner Eigenschaft als Organ begangen hat, das Bestellungsverhältnis wirksam ist und die Handlung zu einer Pflichtverletzung oder Bereicherung führt. Unter „Pflichten, welche die juristische Person oder Personenvereinigung treffen" sind solche gemeint, die sich aus deren besonderen Wirkungskreis ergeben. Zu diesen Pflichten gehören z. B. diejenigen, die der juristischen Person als Steuerpflichtigem obliegen, sowie solche, die sich aus anderen Gesetzen ergeben.

Alleine eine **Bereicherung** kann für eine Geldbuße gem. § 30 OWiG ausreichen, wenn ein **787** innerer Zusammenhang zwischen der Tat des Handelnden und dem Wirkungsbereich des Vertretenen besteht. Die Geldbuße wird grundsätzlich nicht in einem selbständigen Verfahren gegen die juristische Person / Personenvereinigung festgesetzt, sondern regelmäßig im Verfahren gegen die handelnde natürliche Person als Nebenfolge der Straftat / Ordnungswidrigkeit. Eine Festsetzung in einem selbständigen Verfahren ist ausnahmsweise möglich, wenn das Verfahren gegen die handelnde Person nicht durchgeführt werden kann, das Verfahren eingestellt worden ist oder das Gericht von einer Strafe absieht.[1598] Allerdings ist dann die Feststellung notwendig, dass ein Verantwortlicher i. S. d. § 30 Abs. 1 OWiG eine vorwerfbare Handlung begangen hat.[1599] Auch bei der Festsetzung der Geldbuße gilt – wie bei der Verfolgung der Ordnungswidrigkeit gem. § 47 OWiG – das **Opportunitätsprinzip**.[1600] Dies ergibt sich aus dem Wortlaut in § 30 OWiG „kann". Ob eine Geldbuße verhängt wird, richtet sich danach, welche Sanktion verhängt worden wäre, wenn das Organ die Tat als Einzelunternehmer begangen hätte.[1601]

Die Höchstgrenze der Geldbuße beträgt bei der vorsätzlich begangenen Straftat eines Re- **788** präsentanten als Anknüpfungstat bis zu € 1 Mio. (§ 30 Abs. 2 Nr. 1 OWiG), bei einer fahrlässigen Straftat als Vortat bis zu € 500.000,– (§ 30 Abs. 2 Nr. 2 OWiG). Liegt der Geldbuße gegen das Unternehmen eine Ordnungswidrigkeit als Anknüpfungstat zugrunde, dann darf die Unternehmensbuße die für diese Ordnungswidrigkeit vorgesehene Höchstgeldbuße nicht

---

[1596] *Eidam* wistra 2003, 449.
[1597] *Wegner* PStR 2003, 180; *Eidam* wistra 2003, 447 nach dessen Auffassung der „faktische" Geschäftsführer durch § 30 Abs. 1 Nr. 5 OWiG nicht erfasst wird.
[1598] Vgl. im Einzelnen *Eidam* wistra 2003, 447.
[1599] BGH Beschl. v. 8.2.1994 – KRB 25/93 – NStZ 1994, 346.
[1600] *Katholnigg* NJW 1998, 568.
[1601] *Göhler* § 30 OWiG Rdnr. 35.

übersteigen.[1602] Eine Überschreitung ist allerdings dann erlaubt, wenn nur auf diese Weise der wirtschaftliche Vorteil, den der Täter aus der Ordnungswidrigkeit gezogen hat, abgeschöpft werden kann (§ 17 Abs. 4 OWiG).

789   **p) Verletzung der Aufsichtspflicht in Betrieben und Unternehmen.** § 130 OWiG ermöglicht die Verhängung einer Geldbuße gegen Inhaber eines Betriebes oder Unternehmens, die vorsätzlich oder fahrlässig **Aufsichtsmaßnahmen** unterlassen haben, die erforderlich sind, um in dem Betrieb oder Unternehmen Zuwiderhandlungen gegen Pflichten zu verhindern. Die Vorschrift stellt auf die garantenähnliche Stellung des Betriebsinhabers ab. Der Gesetzgeber hat in § 130 OWiG für alle Ordnungswidrigkeiten einheitlich und abschließend die bußgeldrechtliche Verantwortlichkeit von aufsichtspflichtigen Personen für die Verletzung von Aufsichtspflichten geregelt. Somit gilt § 130 OWiG auch für das Steuerordnungswidrigkeitenrecht.

790   Als **Täter** kommen nach § 130 Abs. 1 OWiG der Inhaber eines Betriebes oder Unternehmens, aber auch die dem Inhaber gleichstehenden in § 9 Abs. 1 OWiG bezeichneten Organe und Vertreter sowie die in § 9 Abs. 2 OWiG aufgeführten Beauftragten in Betracht.[1603] Er muss nicht Betriebsangehöriger sein, eine vorübergehende Beschäftigung eines betriebsfremden Beauftragten reicht aus. Die bußgeldrechtliche Verantwortlichkeit des nach § 130 OWiG Hauptverpflichteten entfällt nicht, weil ein Dritter mit der Wahrnehmung der Unternehmerpflichten beauftragt wurde.

791   **Tathandlung** ist gem. § 130 Abs. 1 OWiG das Unterlassen der erforderlichen Aufsichtsmaßnahmen. Unter die „erforderlichen Aufsichtsmaßnahmen" fallen gem. § 130 Abs. 1 S. 2 OWiG auch die Bestellung, sorgfältige Auswahl und Überwachung von Aufsichtspersonen.[1604] Der Umfang der Aufsichtspflicht richtet sich nach der Größe des Unternehmens und den konkreten Überwachungsmöglichkeiten. Daher kann sich der Betriebsinhaber bzw. die ihm gleichgestellten Personen nicht darauf berufen, dass ihnen selbst keine Beaufsichtigung möglich gewesen sei. Eine fehlende Aufsichtsperson bedeutet vielmehr einen Organisationsmangel, den der Unternehmer zu vertreten hat. Nach dem Wortlaut des § 130 Abs. 1 S. 1 OWiG genügt für die Verantwortlichkeit sogar schon, dass die Gefahr von Zuwiderhandlungen durch unterlassene Aufsichtsmaßnahmen erhöht bzw. pflichtwidrig nicht vermindert worden ist.

792   Im subjektiven Tatbestand ist erforderlich, dass die **Aufsichtspflicht** (Aufsichtsmaßnahme) vorsätzlich oder fahrlässig verletzt wurde. Es kommt nicht darauf an, ob es voraussehbar ist, dass eine bestimmte Zuwiderhandlung die Folge der Aufsichtsverletzung sein wird. Dies folgt daraus, dass der Gesetzgeber die Zuwiderhandlung als objektive Bedingung der Ahndung konstruiert hat.[1605] Weiterhin muss eine betriebliche Pflicht verletzt sein. Der Begriff deckt sich mit dem des § 30 OWiG, d. h. Pflichten, die in den besonderen Wirkungskreis des Unternehmens fallen, wie z. B. Pflichten als Arbeitgeber, Gewerbetreibender, Auskunfts- oder Meldepflichtiger, Ein- oder Ausführer, usw. Steuerrechtliche Pflichten im Zusammenhang mit der Führung des Unternehmens sind immer „betriebsbezogen". Die Zuwiderhandlung gegen betriebliche Pflichten ist objektive Bedingung der Strafbarkeit und wird nicht vom subjektiven Tatbestand erfasst.

793   Eine Ahndung mit Geldbuße gem. § 130 Abs. 1 OWiG ist nur dann möglich, wenn die Zuwiderhandlung gegen betriebliche Pflichten mit Strafe oder Geldbuße bedroht ist, d. h. die Pflichtverletzung rechtswidrig ist. Weiterhin muss die unterlassene Aufsichtsmaßnahme hinreichend kausal gewesen sein für die Zuwiderhandlung. Dies ist dann der Fall, wenn die Zuwiderhandlung durch die gebotene Aufsichtsmaßnahme verhindert oder wesentlich erschwert worden wäre. Die Zuwiderhandlung müsste durch die Aufsichtsmaßnahme mit an Sicherheit grenzender Wahrscheinlichkeit verhindert worden sein.[1606] Das Höchstmaß der Geldbuße richtet sich danach, ob die Pflichtverletzung eine Straftat oder eine Ordnungswidrigkeit war. Wenn die Pflichtverletzung mit Strafe bedroht ist, beträgt das Höchstmaß der Geldbuße € 1 Mio., bei Bedrohung mit Geldbuße richtet sich das Höchstmaß gem. § 130 Abs. 4 OWiG i. V. m.

[1602] *Eidam* wistra 2003, 447.
[1603] *Adam* wistra 2003, 285.
[1604] Thüringer OLG Beschl. v. 2.11.2005 – 1 Ss 242/05 – wistra 2006, 157.
[1605] *Adam* wistra 2003, 285.
[1606] BGH Beschl. v. 24.3.1981 – KRB 4/80 (KG) – wistra 1982, 34.

§ 17 Abs. 2 OWiG nach dem für jene Zuwiderhandlung angedrohten Höchstmaß. Nach §§ 17 Abs. 4, 29 a Abs. 2 OWiG kann aber das Höchstmaß zur Abschöpfung des Vorteils überschritten werden.

Die **sachliche Zuständigkeit** bei der Verfolgung und Ahndung von Ordnungswidrigkeiten im Sinne des § 130 OWiG, bei denen eine steuerrechtliche Pflicht verletzt wird, liegt regelmäßig bei der Finanzbehörde i. S. d. § 386 Abs. 1 S. 2 AO.

Die **Verjährung** der Verletzung der Aufsichtspflicht richtet sich grundsätzlich nach § 31 Abs. 2 OWiG. Sie ist an die zugrunde liegende Zuwiderhandlung gekoppelt und beträgt dementsprechend regelmäßig fünf Jahre.[1607] Die Verjährung beginnt, wenn die Zuwiderhandlung beendet ist, d. h. der konkrete Verstoß als solcher beendet ist. Hierbei kommt es maßgeblich auf die betroffene Steuerart an.[1608] Bei Voranmeldungen kommt es darauf an, ob nur Voranmeldungen abzugeben sind oder ob zusätzlich zu den Voranmeldungen noch eine Jahreserklärung einzureichen ist. So ist z. B. die Zuwiderhandlung im Bereich der Lohnsteuer die Einreichung der jeweiligen Voranmeldung, während im Bereich der Umsatzsteuer die Zuwiderhandlung erst mit der Abgabe der Umsatzsteuerjahreserklärung beendet wird.

XII. Leichtfertige Steuerverkürzung (§ 378 AO)[1609]

Schrifttum: *Bublitz*, Die Kausalität bei der leichtfertigen Steuerverkürzung durch den Steuerberater und sonstige Dritte, DStR 1984, 435; *Dörn*, Feststellung von Steuerverkürzungen durch die Außenprüfung, DStR 1995, 558; *ders.*, Steuerstraf- und bußgeldrechtliche Verantwortlichkeit des Steuerberaters, wistra 1994, 215; *Duttge*, Zur Verantwortlichkeit des gutgläubigen Steuerberaters nach § 378 AO, wistra 2000, 201; *H. L.*, Leichtfertige Steuerverkürzung, DB 1998, 2198; *Jestädt*, „Kleine Selbstanzeige" nach § 378 Abs. 3 AO und Anerkenntnis nach Außenprüfung, DStR 1994, 1605; *Joecks*, Bekämpfung der Schwarzarbeit und damit zusammenhängender Steuerhinterziehung, wistra 2004, 441; *Kretschmar*, Zum Begriff der leichtfertigen Steuerverkürzung (§ 378 AO), DStR 1983, 58; *Marx*, Steuerstrafrechtliche und bußgeldrechtliche Verantwortung des Steuerberaters, DStR 1993, 1901; *Quedenfeld/Füllsack*, Verteidigung in Steuerstrafsachen, 3. Aufl. 2005; *Reitz*, Die bußgeldrechtliche Verantwortlichkeit des steuerlichen Beraters, DStR 1984, 91, 439; *Rolletschke*, Steuerliche Berater als Täter einer leichtfertigen Steuerverkürzung, wistra 2004, 49; *Weinreuter*, Selbstanzeige und Fremdanzeige im Steuerstrafrecht, DStZ 2000, 398.

1. Allgemeines

Durch § 378 AO als **Bußgeldtatbestand** wird das staatliche Interesse am vollständigen und rechtzeitigen Aufkommen der Steuern im Ganzen gegen leichtfertige Verkürzung geschützt. Das geschützte Rechtsgut stimmt mit dem des § 370 AO überein.[1610] § 378 AO bildet im Bereich der Ordnungswidrigkeiten das Gegenstück zur Steuerhinterziehung (§ 370 AO).

Der Tatbestand des § 378 AO stimmt mit dem des § 370 AO weitgehend überein. In objektiver Hinsicht ist der Täterkreis des § 378 AO enger gefasst. Amtsträger und Auskunftspersonen sind aus dem Täterkreis ausgenommen. Der wesentliche Unterschied ist im subjektiven Bereich zu finden. In § 370 AO wird vorsätzliches Handeln, in § 378 AO dagegen leichtfertiges Handeln vorausgesetzt. (Ausnahme: Steuerstraftaten bei geringfügiger Beschäftigung in Privathaushalten gem. § 50 e Abs. 2 EStG.) In der Praxis bezieht sich die Anwendung des § 378 AO zu einem erheblichen Anteil auf Fälle, in denen der Verdacht vorsätzlichen Handelns fortbesteht, aber der Beweis des Vorsatzes nicht erbracht werden kann.[1611] In diesen Fällen wirkt § 378 AO als Auffangtatbestand. Es darf aber aus dem Anzeichen für den nicht nachweisbaren Vorsatz nicht unmittelbar auf Leichtfertigkeit geschlossen werden.[1612]

Der Bußgeldrahmen ist abweichend von § 17 OWiG gem. § 378 Abs. 2 AO auf € 50.000,- erweitert. Dieser Betrag kann überschritten werden, sofern dies erforderlich ist, um den wirtschaftlichen Vorteil des Täters abzuschöpfen (§ 17 Abs. 4 OWiG). Insbesondere bei lang zurückliegenden Taten liegt dies nicht fern, weil die Verzinsung nach § 235 AO eine Steuerhin-

---

[1607] Franzen/Gast/*Joecks* § 377 AO Rdnr. 62.
[1608] Franzen/Gast/*Joecks* § 377 AO Rdnr. 64.
[1609] Bearbeitet unter Mitarbeit von WP/StB *Dr. Markus Terhürne*.
[1610] *Kohlmann* § 378 AO Rdnr. 5 m.w.N.
[1611] *Kohlmann* § 378 AO Rdnr. 7 m.w.N.
[1612] Franzen/Gast/*Joecks* § 378 AO Rdnr. 5.

terziehung voraussetzt und die Vorschriften über die Vollverzinsung gem. § 233 a AO nicht ausreichen, um die Vorteile des Täters abzuschöpfen.[1613] Ansonsten sind Nebenfolgen (z. B. die Einziehung), wie etwa bei der vorsätzlichen Steuerhinterziehung, in § 378 AO nicht vorgesehen.

2. Täterkreis

799 Gem. § 378 Abs. 1 AO kommt als **Täter** nur in Betracht, wer die Steuerverkürzung als „Steuerpflichtiger" oder „bei Wahrnehmung der Angelegenheiten eines Steuerpflichtigen" bewirkt. Damit gehören Amtsträger der Finanzverwaltung, die bei der Ermittlung der Besteuerungsgrundlagen, der Festsetzung, Erhebung und Beitreibung der geschuldeten Steuer leichtfertig Fehler begehen, die zu einer Verringerung des Steuerertrags führen, nicht zum Täterkreis und müssen sich bußgeldrechtlich nicht verantworten. Dies gilt auch für Amtsträger anderer Verwaltungen, die der Finanzbehörde leichtfertig falsche Auskünfte erteilen.[1614] Auskunftspersonen (§§ 93 ff. AO), Drittschuldner im Beitreibungsverfahren (§ 316 AO) und Sachverständige (§ 96 AO) können gem. § 378 AO bußgeldrechtlich nicht zur Verantwortung gezogen werden.

800 **Einheitstäter** ist der Betroffene gem. § 66 Abs. 1 Nr. 3 OWiG, worunter neben dem Steuerpflichtigen auch solche Personen fallen, die seine steuerlichen Aufgaben wahrnehmen. Die Begriffsdefinition des „**Steuerpflichtigen**" gem. § 33 AO gilt auch für § 378 AO. Gem. § 33 Abs. 1 AO ist ein Steuerpflichtiger, „wer eine Steuer schuldet, für eine Steuer haftet, eine Steuer für Rechnung eines Dritten einzubehalten und abzuführen hat, wer eine Steuererklärung abzugeben, Sicherheit zu leisten, Bücher und Aufzeichnungen zu führen oder andere ihm durch die Steuergesetze auferlegte Verpflichtungen zu erfüllen hat." § 33 Abs. 2 AO schließt eine Person als Steuerpflichtigen aus, die „in einer fremden Steuersache Auskunft zu erteilen, Urkunden vorzulegen, ein Sachverständigengutachten zu erstatten oder das Betreten von Grundstücken, Geschäfts- und Betriebsräumen zu gestatten hat." Der Kern der gesetzlichen Definition des Steuerpflichtigen ist die Formulierung „... oder andere ihm durch die Steuergesetze auferlegte Verpflichtungen zu erfüllen hat".[1615] Durch diese Generalklausel werden die übrigen angeführten Fälle zu bloßen Beispielen. Danach kann auch der potentielle Steuerschuldner Täter nach § 378 AO sein, soweit er Aufzeichnungs- und Erklärungspflichten hat. Ebenfalls zu den Steuerpflichtigen gehören Personen, die steuerliche Pflichten aufgrund eines Gesetzes für andere zu erfüllen haben (vgl. § 34 AO), wie z. B. gesetzliche Vertreter, Geschäftsführer, Mitglieder und Gesellschafter nicht rechtsfähiger Personenvereinigungen sowie die Vermögensverwalter bzw. die Verfügungsberechtigten (§ 35 AO). Der Erweiterung des Kreises der möglichen Täter durch § 9 OWiG kommt keine besondere Bedeutung zu, da die in § 9 Abs. 1 OWiG genannten Personen mit denen in §§ 34, 35 AO genannten Personen übereinstimmen und die in § 9 Abs. 2 OWiG bezeichneten gewillkürten Vertreter in § 378 AO „bei Wahrnehmung der Angelegenheiten eines Steuerpflichtigen" bereits durch die Täterbeschreibung erfasst sind.

801 **Personen, die in Wahrnehmung der Angelegenheiten eines Steuerpflichtigen** handeln, sind Personen, deren Tun oder pflichtwidriges Unterlassen mit den steuerrechtlichen Pflichten eines Steuerpflichtigen in Zusammenhang stehen. Der Begriff ist weit auszulegen.[1616] Es spielt keine Rolle, ob
- die Wahrnehmung der Angelegenheiten geschäftsmäßig oder berufsmäßig erfolgt,
- ob eine befugte oder unbefugte geschäftsmäßige Hilfeleistung in Steuersachen vorliegt,
- ob der Handelnde die Tätigkeit, die eine Steuerverkürzung zur Folge hat, mit oder ohne Vertretungsmacht, mit oder ohne Auftrag, auf oder gegen eine Weisung des Steuerpflichtigen ausübt,
- ob ein für den Steuerpflichtigen tätiger Angestellter sich in leitender Stellung befindet oder nur untergeordnete Arbeiten ausführt (die Grenze soll hier aber bei einfachen Schreib- und Rechenarbeiten liegen).[1617]

[1613] Franzen/Gast/*Joecks* § 378 AO Rdnr. 64.
[1614] Franzen/Gast/*Joecks* § 378 AO Rdnr. 6; *Kohlmann* § 378 AO Rdnr. 55.
[1615] Franzen/Gast/*Joecks* § 378 AO Rdnr. 11.
[1616] Franzen/Gast/*Joecks* § 378 AO Rdnr. 12 m.w.N.
[1617] Franzen/Gast/*Joecks* § 378 AO Rdnr. 13 bis 16.

Wirtschaftsprüfungs- und Steuerberatungsgesellschaften, die etwa in der Rechtsform der 802 GmbH oder AG organisiert sind, handeln zwar in Wahrnehmung der Angelegenheiten eines Steuerpflichtigen, jedoch wird die Steuerberatung nicht durch die Gesellschaft als solche, sondern durch natürliche Personen eigenverantwortlich durchgeführt (§§ 60 StBerG, 44 WPO). Nur diese können eine leichtfertige Steuerverkürzung nach § 378 AO begehen.[1618] Die **Organmitglieder** der Wirtschaftsprüfungs- oder Steuerberatungsgesellschaft können gem. § 14 OWiG (bei gesetzwidrigen Weisungen) oder nach § 130 OWiG (Verletzung der Aufsichtspflichten) in Anspruch genommen werden. Eine Inanspruchnahme der Gesellschaft kann gem. § 30 OWiG erfolgen. Ob Täter einer leichtfertigen Steuerverkürzung auch derjenige sein kann, der nicht die unrichtigen Angaben gemacht, sondern nur verursacht hat, ist umstritten.[1619] Praktische Relevanz hat diese Frage für die Fälle, in denen es um die Verantwortlichkeit des lediglich intern tätig gewordenen Beraters geht.

Es geht hier meist um folgenden Fall: Ein Steuerpflichtiger betraut einen steuerlichen Berater 803 mit der Erstellung der Buchführung und der Vorbereitung der Steuererklärung. Dem steuerlichen Berater (oder einer seiner Hilfspersonen) unterläuft ein Fehler. Der Steuerpflichtige unterschreibt die Steuererklärung und reicht sie beim zuständigen Finanzamt ein. Das Finanzamt veranlagt entsprechend der eingereichten (fehlerhaften) Steuererklärung.

Das BayObLG hat sich in seinem Beschluss vom 9.11.1993[1620] mit dem Meinungsstreit 804 auseinander gesetzt und ist zu dem Ergebnis gekommen, dass der nur im Innenverhältnis tätige Steuerberater bei leichtfertigem Verhalten nicht nach § 378 AO verantwortlich zu machen ist.[1621] D. h. nach dieser Auffassung kann grundsätzlich eine Steuerverkürzung nur von dem Steuerpflichtigen bzw. von dem bei Wahrnehmung der Angelegenheiten eines Steuerpflichtigen Handelnden begangen werden, der insoweit **eigene Angaben** gegenüber der Finanzbehörde macht.[1622]

Unter dem Begriff „Angabenmachen" wird man die willentliche Entäußerung einer Er- 805 klärung fassen können.[1623] In diesem Zusammenhang ist es unerheblich, ob sich die Angaben auf den Erklärenden oder auf einen Dritten beziehen.[1624] § 378 AO verlangt keine **Höchstpersönlichkeit** der Angaben.[1625] Allerdings sind hierbei Äußerlichkeiten, z. B. auf was sich die Angaben beziehen, die Leistung einer Unterschrift und Einreichung beim Finanzamt, unerheblich.[1626] Entscheidend für das Angabenmachen ist „wer hinter den Angaben steht", wer sie gewissermaßen für und gegen sich gelten lassen will. Dies wird sowohl aus Sicht des Erklärungsempfängers als auch aus Sicht des potentiell Erklärenden der Steuerpflichtige und nicht der qua Geschäftsbesorgungsvertrag gem. §§ 675, 611 BGB tätige Steuerberater sein. Er steht insoweit gegenüber den Finanzbehörden nicht hinter den Angaben.[1627]

Kohlmann[1628] ist der Auffassung, dass das o.a. Ergebnis den Besonderheiten des Rechts 806 der Steuerverfehlungen, das geprägt ist durch die Delegation der Steuerpflichten durch den Steuerpflichtigen auf Hilfspersonen wie Angestellte oder steuerliche Berater, nicht gerecht wird. Nach seiner Auffassung sprechen durchaus gewichtige Argumente dafür, für den Sondertatbestand des § 378 AO die Möglichkeit einer (grob) fahrlässigen mittelbaren Täterschaft

---

[1618] Franzen/Gast/*Joecks* § 378 AO Rdnr. 18.
[1619] Vgl. im Einzelnen hierzu Franzen/Gast/*Joecks* § 378 AO Rdnr. 23 bis 25 a.
[1620] BayObLG Beschl. v. 9.11.1993 – 4 St RR 54/93 – wistra 1994, 34; bestätigt durch OLG Braunschweig Beschl. v. 8.3.1996 – Ss (B) 100/95 – DStR 1997, 515; a.A. BFH Urt. v. 19.12.2002 – IV R 37/01 – wistra 2003, 312. Der BFH bejaht die Frage, ob ein steuerlicher Berater bei eigener Leichtfertigkeit Täter einer leichtfertigen Steuerhinterziehung sein kann.
[1621] Ausführlich zu dem Beschl. des BayObLG vgl. *Dörn* wistra 1994, 215 und *ders.* DStR 1995, 558.
[1622] a.A. BFH v. 19.12.2002 – IV R 37/01 – wistra 2003, 312 der insoweit keine eigenen Angaben des Steuerberaters fordert.
[1623] Franzen/Gast/*Joecks* § 370 AO Rdnr. 120.
[1624] *Rolletschke* wistra 2004, 49.
[1625] *Klein/Gast-de Haan* § 370 AO Rdnr. 17.
[1626] *Rolletschke* wistra 2004, 49.
[1627] *Rolletschke* wistra 2004, 49.
[1628] *Kohlmann* § 378 AO Rdnr. 43.

des Steuerberaters anzuerkennen.[1629] Nach Auffassung des BFH[1630] wächst die straf- und ordnungswidrigkeiten-rechtliche Verantwortung des Beraters, je weitgehender der Steuerpflichtige Pflichten auf den Berater überträgt und sich hierdurch entlastet.

807 **Beteiligter** einer Ordnungswidrigkeit kann nur derjenige sein, der vorsätzlich die leichtfertige Tatbegehung des Anderen verursacht.[1631] Insoweit dürfte regelmäßig die Grenze zur **Mittäterschaft** d. h. zur Steuerhinterziehung gem. § 370 Abs. 1 Nr. 1 AO überschritten sein.[1632] § 378 AO kann insoweit nur eingreifen, wenn der Dritte vorsätzlich und der Haupttäter leichtfertig handelt, ohne dass der Dritte Kraft Überlegenheit zum mittelbaren Täter würde.[1633]

3. Tathandlung

808 Aufgrund der Verweisung in § 378 Abs. 1 AO kommen als **Tathandlung** nur die in § 370 Abs. 1 Nr. 1 bis 3 AO normierten Handlungen in Frage. Gem. § 378 Abs. 1 S. 2 AO gilt § 370 Abs. 4 bis 7 AO entsprechend. Das heißt, der Versuch (§ 370 Abs. 2 AO) ist von der Tathandlung des § 378 AO nicht erfasst. Jedoch kann in dem Stadium des **Versuchs** bereits ein Gefährdungstatbestand der §§ 379-382 AO erfüllt sein.

809 a) **Steuerverkürzungen durch aktives Tun (§ 378 Abs. 1 S. 1 i. V. m. § 370 Abs. 1 Nr. 1 AO).** Diese Tatbestandsalternative erfasst die Begehung durch aktives Tun; d. h. ordnungswidrig handelt, wer als Täter den Erfolg der Steuerverkürzung durch unrichtige oder unvollständige Angaben gegenüber den Finanzbehörden über steuerlich erhebliche Tatsachen herbeiführt. Dies kann auch konkludent (z. B. durch das Einreichen von Belegen wie Spendenbescheinigungen) erfolgen.[1634] Diese Tatbestandsalternative kann durch den Steuerpflichtigen oder für ihn gem. §§ 34, 35 AO handelnde Personen oder durch den steuerlichen Berater, der eigene Erklärungen im Rahmen seines Mandatsverhältnisses gegenüber den Finanzbehörden abgibt, verwirklicht werden.

810 b) **Steuerverkürzungen durch Unterlassen (§ 378 Abs. 1 S. 1 i. V. m. § 370 Abs. 1 Nr. 2 AO).** Zusätzlich kann eine leichtfertige Steuerverkürzung auch dadurch begangen werden, dass der Täter die Finanzbehörden **pflichtwidrig** über steuerlich erhebliche Tatsachen in Unkenntnis lässt. Als Täter kommt somit nur derjenige in Betracht, der die Pflicht zur Inkenntnissetzung der Finanzbehörde hat. Für den Steuerpflichtigen ergeben sich die Handlungspflichten aus den Steuergesetzen. Demgegenüber erscheint es fraglich, ob die dem Steuerpflichtigen rechtsgeschäftlich zur Wahrnehmung seiner steuerlichen Interessen verpflichteten Personen, Täter einer Unterlassung sein können. Sofern die zweite Täterbeschreibung des § 378 AO nicht ins Leere gehen soll, wird man auch rein rechtsgeschäftliche Verpflichtungen zur Tatbefüllung genügen lassen.[1635] Hierbei ergibt sich allerdings ein enger Rahmen. Bei **Angestellten** muss die verletzte Pflicht die Hauptpflicht des Arbeitsverhältnisses sein.[1636] Bei **Steuerberatern** kommt ebenfalls nur in Ausnahmefällen eine leichtfertige Steuerverkürzung durch Unterlassen in Betracht. Der Steuerberater hat keine Garantenpflicht.[1637] Ebenfalls trifft ihn regelmäßig keine Berichtigungspflicht gem. § 153 AO. (Ausnahme: Er hat die Steuererklärung gem. § 150 Abs. 3 AO selbst unterschrieben oder hat auf Anfrage der Finanzbehörde selbst Erklärungen abgegeben.)[1638]

811 c) **Steuerverkürzungen durch das pflichtwidrige Unterlassen der Verwendung von Steuerzeichen oder Steuerstempeln (§ 378 Abs. 1 S. 1 i. V. m. § 370 Abs. 1 Nr. 3 AO).** Der Tatbestand der leichtfertigen Steuerverkürzung kann auch durch das **pflichtwidrige Unterlassen der Ver-**

[1629] So auch BFH v. 19.12.2002 – IV R 37/01 – wistra 2003, 312.
[1630] BFH v. 19.12.2002 – IV R 37/01 – wistra 2003, 312; a.A. Franzen/Gast/*Joecks* § 378 AO Rdnr. 25; *Rolletschke* wistra 2004, 49.
[1631] *Reitz* DStR 1984, 91.
[1632] Franzen/Gast/*Joecks* § 378 AO Rdnr. 25.
[1633] *Reitz* DStR 1984, 91.
[1634] *Kohlmann* § 378 AO Rdnr. 34.
[1635] *Kohlmann* § 378 AO Rdnr. 44.
[1636] Franzen/Gast/*Joecks* § 378 AO Rdnr. 20.
[1637] *Kohlmann* § 378 AO Rdnr. 44, 47.
[1638] *Kohlmann* § 378 AO Rdnr. 48.

wendung von **Steuerzeichen oder Steuerstemplern** verwirklicht werden. Auch hier gelten im Fall des Unterlassens die oben beschriebenen Einschränkungen des Täterkreises.

4. Kausalität und Rechtswidrigkeitszusammenhang

Zwischen dem Erfolg, d. h. dem Verkürzen von Steuern bzw. dem Erlangen ungerechtfertigter Steuervorteile, und dem leichtfertigen Verhalten muss außer der **Kausalität**[1639] zusätzlich der so genannte **Rechtswidrigkeitszusammenhang** bestehen. Bei der Kausalität ist lediglich zu fragen, ob der konkrete Erfolg ausgeblieben wäre, wenn der Täter (beim Begehungsdelikt) die Handlung unterlassen hätte. Der Rechtswidrigkeitszusammenhang entfällt schon dann, wenn die konkrete leichtfertige Handlung den Erfolg zwar verursacht hat, jedoch bei sorgfältigem Verhalten der Erfolg ebenfalls eingetreten wäre.[1640] Nach herrschender Meinung soll die Erfolgzurechnung bereits dann ausscheiden, wenn es auch nur offen bleibt, ob bei sorgfältigem Verhalten derselbe Erfolg eingetreten wäre.[1641]

Beispiel:
Der Steuerpflichtige S bedient sich zur Erledigung seiner steuerlichen Pflichten eines Beraters B. Der Berater wird bei der Erledigung der steuerlichen Angelegenheiten seines Mandanten S von seinem Mitarbeiter M unterstützt. Durch einen Flüchtigkeitsfehler des M, der B nicht aufgefallen ist, werden in der Umsatzsteuervoranmeldung des S zu geringe steuerpflichtige Umsätze angegeben und zu wenig Umsatzsteuer von S an das Finanzamt abgeführt.

Der **Leichtfertigkeitsvorwurf** könnte sich nun bei B darauf stützen, dass er die Arbeit seines Mitarbeiters M nicht stichprobenartig überprüft hat. Für die Zurechnung der eingetretenen Steuerverkürzung reicht dies allerdings nicht aus. Es muss vielmehr feststehen, dass die Einhaltung der Sorgfalt, also die stichprobenartige Überprüfung des Mitarbeiters, das Abgeben der fehlerhaften Umsatzsteuervoranmeldung verhindert hätte. Diese Feststellung wird nur schwer zu erbringen sein, da dem Berater nicht bestimmte, auf spezielle Geschäftsvorfälle bezogene Überwachungsmaßnahmen, sondern nur solche Maßnahmen abverlangt werden, die generell die Zuverlässigkeit des Mitarbeiters zu überwachen geeignet sind.[1642] Sofern zweifelhaft bleibt, ob die allgemeine stichprobenweise Überwachung gerade den Vorgang betroffen hätte, der dann zur Steuerverkürzung geführt hat, scheidet nach den allgemeinen Fahrlässigkeitsregeln die Anwendung des § 378 AO aus.

5. Leichtfertigkeit

Der Begriff „leichtfertig" bezeichnet einen erhöhten Grad von **Fahrlässigkeit**.[1643] Leichtfertig handelt derjenige, der aus besonderem Leichtsinn oder besonderer Gleichgültigkeit fahrlässig handelt, wobei sich die Gefahr der Tatbestandsverwirklichung dem Täter hätte aufdrängen müssen.[1644] Gewissenlosigkeit ist mehr als Leichtfertigkeit.[1645] Das heißt, leichtfertig handelt, wer in etwa grob fahrlässig handelt.[1646] Leichtfertigkeit kann nicht mit **bewusster Fahrlässigkeit** gleichgesetzt werden.[1647] D. h. es gibt durchaus Fälle **unbewusster Fahrlässigkeit**, die leichtfertig begangen werden können.[1648]

Nach *Kohlmann*[1649] handelt leichtfertig, „... wer die Sorgfalt außer Acht lässt, zu der er nach den besonderen Umständen des Falles und seinen persönlichen Fähigkeiten und Kenntnissen verpflichtet und imstande ist, obwohl sich ihm hätte aufdrängen müssen, dass dadurch eine Rechtsverletzung eintreten wird.". D. h. allein der **objektive Sorgfaltsverstoß** lässt den Rückschluss auf leichtfertiges Verhalten nicht zu. Hinzu kommen muss, dass der Steuerpflichtige den

---

[1639] Zum Kausalitätsproblem beim Fahrlässigkeitsdelikt vgl. *Bublitz* DStR 1984, 435.
[1640] Franzen/Gast/*Joecks* § 378 AO Rdnr. 43.
[1641] Franzen/Gast/*Joecks* § 378 AO Rdnr. 43.
[1642] Franzen/Gast/*Joecks* § 378 AO Rdnr. 44.
[1643] Franzen/Gast/*Joecks* § 378 AO Rdnr. 27; *Kretschmar* DStZ 1983, 58; *H. L.* DB 1998, 2198.
[1644] *Kohlmann* § 378 AO Rdnr. 61.
[1645] Franzen/Gast/*Joecks* § 378 AO Rdnr. 29.
[1646] Begr. BT Drucks. IV/650, S. 18 f.; kritisch hierzu *Kohlmann* § 378 AO Rdnr. 59 und Franzen/Gast/*Joecks* § 378 AO Rdnr. 37.
[1647] BGH Urt. v. 23.2.1994 – 3 StR 572/93 – BGH StV 1994, 480.
[1648] *Kohlmann* § 378 AO Rdnr. 55.
[1649] *Kohlmann* § 378 AO Rdnr. 61.

Sorgfaltsverstoß auch hätte subjektiv erkennen können. Somit ist die individuelle Erkenntnismöglichkeit des Täters entscheidend.[1650]

816 Nachfolgend werden **Indizien** dargestellt, die leichtfertiges Verhalten nahe legen bzw. dagegen sprechen:

Pro leichtfertiges Verhalten:
- besondere Gleichgültigkeit gegenüber den Steuerpflichten,
- Verletzung der Erkundungspflichten,
- Auswahlverschulden, bei der Übertragung der steuerlichen Angelegenheiten des Steuerpflichtigen an Dritte, sofern die beauftragten Personen nicht ausreichend sachkundig sind,
- Keine hinreichende Überprüfung von Angestellten,
- Zweifel an der Zuverlässigkeit der Helfer des Steuerpflichtigen,
- Auffällige Unstimmigkeiten bei den erklärten Einkünften,
- Aufgrund einer Betriebsprüfung werden dem Steuerpflichtigen Fehler seines steuerlichen Beraters bekannt. In der Zukunft treffen den Steuerpflichtigen erhöhte Kontrollpflichten.

Kontra leichtfertiges Verhalten:
- Jahrelange unbeanstandete Hinnahme regelmäßiger Fristüberschreitungen seitens des Finanzamts,
- Bei Mitunternehmerschaften Übertragung der laufenden Geschäfte auf einen anderen Mitunternehmer, sofern dieser grundsätzlich persönlich vertrauenswürdig ist,
- Übertragung der Bearbeitung von steuerlichen Angelegenheiten auf einen hinreichend sachkundigen und zuverlässigen Angestellten.

817 **Leichtfertigkeit** im Sinne des § 378 AO setzt nicht voraus, dass das Ausmaß der Steuerverkürzung besonders groß ist. Es besteht aber zwischen dem Grad der Fahrlässigkeit und dem Umfang der Steuerverkürzung eine gewisse Wechselbeziehung. Ein Versehen müsste umso eher auffallen und berichtigt werden, je höher die Abweichung von der tatsächlichen Besteuerungsgrundlage ist. Besonders problematisch sind die Fälle, in denen der Steuerpflichtige eine fehlerhafte Steuererklärung unterschreibt, die sein Steuerberater für ihn angefertigt hat. In der Praxis nehmen die Straf- und Bußgeldstellen sehr schnell Leichtfertigkeit des Steuerpflichtigen an, da er den Inhalt der Steuererklärung nochmals auf Richtigkeit hin hätte überprüfen müssen.

818 **Praxistipp:**

Vor dem Hintergrund, dass der nicht besonders vorgebildete Steuerpflichtige bei komplexen Steuererklärungen kaum noch in der Lage sein wird, die Richtigkeit bzw. Unrichtigkeit einer Steuererklärung zu erkennen, sollte die oben angeführte Schlussfolgerung der Straf- und Bußgeldstelle regelmäßig nicht hingenommen werden.

819 Leichtfertigkeit ist allerdings gegeben, wenn der Steuerpflichtige seinem steuerlichen Berater blanko unterschriebene Steuererklärungen überlässt und der Berater diese mit falschen Erklärungen versehen beim Finanzamt einreicht.[1651]

6. Leichtfertigkeit des steuerlichen Beraters

820 Die **Angehörigen der steuerberatenden Berufe** stehen im Spannungsfeld zwischen dem Steuerpflichtigen und der Finanzverwaltung.[1652] Für sie besteht die Gefahr, in ein Straf- oder Bußgeldverfahren verwickelt zu werden.[1653] Nach dem Anfangsverdacht gegen den Steuerpflichtigen stellt sich häufig die Frage, ob der Steuerberater wusste, dass die ihm vom Mandanten erteilten Informationen oder übergebenen Unterlagen unrichtig oder unvollständig waren oder sich diese Unrichtigkeit hätte aufdrängen müssen. Bei der Frage der Verantwortlichkeit des steuerlichen Beraters geht es im Wesentlichen darum, das Maß der Sorgfalt festzulegen, das

---

[1650] *Kohlmann* § 378 AO Rdnr. 62; BFH v. 19.12.2002 – IV R 37/01 – wistra 2003, 312.
[1651] Bay ObLG Beschl. v. 1.3.2002 – 4 StR RR 2/2002 – wistra 2002, 355.
[1652] *Marx* DStR 1993, 1901.
[1653] *Dörn* wistra 1994, 290.

der Steuerberater bei Wahrnehmung der Angelegenheiten des Steuerpflichtigen zu beachten hat.[1654]

Der Maßstab für die anzuwendende Sorgfalt richtet sich nach objektiven Kriterien. Als allgemeines Mindestmaß, was jeder Berater an Steuerrechtskenntnissen bei Ausübung seines Berufs wissen muss, können neben den einschlägigen Steuergesetzen die Steuerrichtlinien sowie die Erlasse der Finanzverwaltung und die Rechtsprechung des BFH, die in den Bundessteuerblättern Teil I und II veröffentlicht werden, angesehen werden. Bei schwierigen Rechtsfragen oder bei Fragestellungen, die dem Steuerberater zum ersten Mal begegnen, ist zu erwarten, dass er die einschlägige Fachliteratur heranzieht oder erfahrene Kollegen befragt sowie die Angelegenheit mit der zuständigen Stelle des Finanzamts erörtert.[1655] Die Sorgfaltspflichten sind in erheblichem Umfang abhängig vom Inhalt des jeweiligen Beratungsauftrags. Es sind verschiedene Beratungsverhältnisse zu unterscheiden:[1656]
- Vorübergehende Beratung,
- Erstellung der Steuererklärung auf Basis der vom Mandanten selbst gefertigten Unterlagen (sog. Einzelauftrag),
- Jahresabschlussarbeiten und Erstellung der Steuerbilanz sowie der Steuererklärung (sog. Teilauftrag),
- Buchhaltung, Abschlusserstellung und Erstellung der Steuererklärungen (sog. Vollauftrag),
- Funktion eines gesetzlichen Vertreters oder eines Bevollmächtigten.

Mit zunehmendem Umfang der Beratungstätigkeit erhöht sich auch das Maß der Sorgfaltspflicht.[1657] Der **Berater** ist nicht generell verpflichtet, die ihm vom Mandanten übergebenen Unterlagen auf ihre Richtigkeit zu überprüfen und ggf. weitere Nachforschungen anzustellen.[1658] Er muss seinem Mandanten gegenüber nicht von Anfang an mit Misstrauen begegnen und kann sich grundsätzlich auf die Ordnungsmäßigkeit der erteilten Informationen verlassen. Der Steuerberater ist Helfer des Steuerpflichtigen und nicht Sachwalter der Finanzverwaltung.[1659] Auch steuerrechtlich gibt es keine entsprechende Prüfungsvorschrift. Da der Berater selbst nicht Steuerpflichtiger ist, können ihm nur eigene Pflichtwidrigkeiten vorgeworfen werden, die er in Wahrnehmung der Angelegenheiten des Steuerpflichtigen begangen hat.[1660] Nicht leichtfertig handelt der steuerliche Berater, wenn er unbemerkt materiell unrichtige Belege oder sonstige Vorarbeiten übernimmt. Leichtfertigkeit im Sinne des § 378 AO kann dem Berater nur dann vorgeworfen werden, wenn sich die Fehlerhaftigkeit oder Unvollständigkeit der vom Mandanten übergebenen Unterlagen ihm ohne weiteres hätte aufdrängen müssen. Bloße Zweifel an der Richtigkeit der Mandanteninformation sind für den Berater jedoch kein Verpflichtung, weitere Nachforschungen anzustellen.[1661] Es hängt jeweils vom Einzelfall ab, welche Fehler sich einem gewissenhaften und umsichtigen Berater hätten aufdrängen müssen, um offenkundig zu sein.

Unterdrückt der Berater seine Zweifel oder ignoriert er ein offensichtliches Missverhältnis zwischen dem Ergebnis der Buchhaltung und anderen Anhaltspunkten wie z. B. dem Lebenswandel des Mandanten, so kann – je nach Art und Umfang der Unstimmigkeiten – eine Leichtfertigkeit des Beraters vorliegen.[1662] Sofern der Steuerpflichtige sich in diesem Fall der Aufklärung in den Weg stellt, ist der Steuerberater nicht verpflichtet, die Finanzbehörde über seine Zweifel zu informieren oder das Mandat zurückzulegen; er hat jedoch kenntlich zu machen, dass seine Arbeiten „ausschließlich auf den Angaben des Steuerpflichtigen beruhen".[1663] Übernimmt der steuerliche Berater auch die Führung der Bücher für seinen Mandanten, treffen ihn erweiterte und erhöhte Sorgfaltspflichten.[1664] Der Berater darf sich nicht darauf beschrän-

---

[1654] *Kohlmann* § 378 AO Rdnr. 105.
[1655] *Franzen/Gast/Joecks* § 378 AO Rdnr. 46.
[1656] *Kohlmann* § 378 AO Rdnr. 110.
[1657] *Franzen/Gast/Joecks* § 378 AO Rdnr. 47; *Duttge* wistra 2000, 201.
[1658] *Kohlmann* § 378 AO Rdnr. 113.
[1659] BGH Urt. v. 26.1.1954 – 5 StR 433/53 – DStR 1955, 324.
[1660] *Kohlmann* § 378 AO Rdnr. 113.
[1661] *Kohlmann* § 378 AO Rdnr. 113.
[1662] *Franzen/Gast/Joecks* § 378 AO Rdnr. 48.
[1663] *Kohlmann* § 378 AO Rdnr. 117 m.w.N.
[1664] *Franzen/Gast/Joecks* § 378 AO Rdnr. 52.

ken, aus lückenhaften, widersprüchlichen und fehlerhaften Angaben des Steuerpflichtigen eine Buchführung zu erstellen, die rein äußerlich einen zutreffenden Anschein erweckt. Er muss die undurchsichtigen Sachverhalte durch eigene Erkundigungen aufklären.[1665] Sofern der Berater von der Rechtsprechung und der herrschenden Meinung im Steuerrecht abweicht, stellt sich die Frage, ob er dies für die Finanzverwaltung kenntlich zu machen hat.[1666] Legt der Berater hierbei umfassend und der Wahrheit gemäß den steuerlich erheblichen, auf Tatsachen gestützten, Sachverhalt dar, ist der objektive Tatbestand der §§ 370, 378 AO nicht erfüllt, selbst wenn seine rechtliche Würdigung des Sachverhalts unrichtig ist.[1667]

7. Steuerstraftaten bei geringfügiger Beschäftigung in Privathaushalten

824   Steuerstraftaten bei **geringfügiger Beschäftigung in Privathaushalten** werden gem. § 50 e Abs. 2 EStG auch bei vorsätzlichem Handeln sowohl beim Arbeitgeber als auch beim Arbeitnehmer lediglich als Steuerordnungswidrigkeit gem. §§ 377 bis 384 AO verfolgt. § 378 AO ist anwendbar.[1668]

8. Selbstanzeige nach § 378 Abs. 3 AO

825   a) **Verpflichtung zur Selbstanzeige.** *aa) Bei abgegebener Steuererklärung.* Der Täter einer leichtfertigen Steuerverkürzung weiß bei der Abgabe der Steuererklärung nicht von der Unrichtigkeit oder rechnet allenfalls entfernt damit. Erlangt er aber nachträglich vor Ablauf der Festsetzungsfrist (§§ 169 ff. AO) Kenntnis von der leichtfertigen Steuerverkürzung, trifft ihn – im Gegensatz zum vorsätzlichen Steuerhinterzieher – nach § 153 AO eine Berichtigungspflicht. In der Folge kann der Steuerbescheid auch nach dem Abschluss einer Außenprüfung gem. § 173 Abs. 2 S. 1 AO berichtigt werden. Die Berichtigungspflicht gem. § 153 AO soll auch greifen, wenn keine Steuererklärung abgegeben wurde und bei einer anschließenden Schätzung nachträglich erkannt wird, dass diese zu niedrig ist.[1669] Es ist zu beachten, dass die Unrichtigkeit der Erklärung sich grundsätzlich nach dem Zeitpunkt der Abgabe der Erklärung richtet.[1670] Das heißt, niemand ist verpflichtet, von der Finanzverwaltung selbst verursachte Fehler zu berichtigen.[1671]

826   *bb) Bei Nichtabgabe der Steuererklärung.* Bei einer leichtfertigen Nichtabgabe der Steuererklärung ergibt sich die Fortdauer der Erklärungspflicht aus § 149 AO.[1672]

827   b) **Durchführung der Selbstanzeige.** In § 378 Abs. 3 AO wird festgelegt, dass eine **Geldbuße** nicht festgesetzt werden darf, soweit der Täter eine Berichtigungserklärung vor der Bekanntgabe eines Straf- oder Bußgeldverfahrens abgibt und die verkürzten Steuern fristgerecht nachzahlt. § 378 Abs. 3 AO honoriert, wie § 371 AO, den Willen des Täters zur Schadenswiedergutmachung. § 378 Abs. 3 AO umfasst allerdings nicht die Gefährdungshandlungen nach §§ 379 bis 382 AO.

828   Die **Ausschlussgründe**, die einem Anspruch auf **Bußgeldfreiheit** entgegenstehen, sind abweichend von § 371 Abs. 2 AO auf die Bekanntgabe der Einleitung eines Straf- oder Bußgeldverfahrens beschränkt.[1673] Dies hat den Grund, dass der Täter sich bei einer ohne Vorsatz bewirkten Steuerverkürzung regelmäßig erst nach der Tat darüber klar wird, dass er Unrecht getan hat. In der Regel geschieht dies dann, wenn der Amtsträger bereits zur Prüfung erschienen ist und er sich selbst an der Prüfung seiner Verhältnisse in den abgeschlossenen Zeiträumen beteiligt.[1674] Der Täter kann also auch noch nach Erscheinen des Prüfers eine wirksame Berichtigungserklärung gem. § 378 Abs. 3 AO abgeben. Die Regelung des § 371 Abs. 2 Nr. 2

[1665] Franzen/Gast/*Joecks* § 378 AO Rdnr. 52.
[1666] Zum Meinungsstand vlg. *Döm* wistra 1992, 241 und DStZ 1993, 483.
[1667] BGH Urt. v. 19.12.1990 – 3 StR 90/90 – wistra 1991, 138; BGH Urt. v. 10.11.1999 – 5 StR 221/99 – wistra 2000, 137; BGH Urt. v. 23.2.2000 – 5 StR 570/99 – NStZ 2000, 320 = wistra 2000, 217.
[1668] *Joecks* wistra 2004, 441, 444.
[1669] OLG Hamburg Urt. v. 2.6.1992 – 1 Ss 119/91 – wistra 1993, 274; OLG Karlsruhe Urt. v. 5.3.1964 – 1 Ss 335/63 – BB 1966, 1379.
[1670] H/H/Sp/*Trzaskalik* § 153 AO Rdnr. 9.
[1671] *Quedenfeld/Füllsack*, Verteidigung in Steuerstrafsachen, S. 201, Rdnr. 551.
[1672] Nicht bei vorsätzlicher Steuerhinterziehung: BGH Urt. v. 2.6.1992 – 5 StR 519/90 – NJW 1991, 1315.
[1673] *Weinreuter* DStR 2000, 398.
[1674] Franzen/Gast/*Joecks* § 378 AO Rdnr. 67.

AO ist ebenfalls nicht in § 378 Abs. 3 AO übernommen worden, was den Schluss zulässt, dass eine Berichtigungserklärung i. S. d. § 378 Abs. 3 AO auch dann noch zulässig und wirksam ist, wenn der Steuerpflichtige im Zeitpunkt der Berichtigung wusste oder damit rechnen musste, dass die Tat ganz oder zum Teil bereits entdeckt war.[1675]

Die Anforderungen an eine **Berichtigung** im Sinne des § 378 Abs. 3 AO sind strittig. Auf 829 der einen Seite gibt es Meinungen, die sich dafür aussprechen, dass es genügen soll, wenn der Täter das Ergebnis einer Außenprüfung anerkennt und dabei zum Ausdruck bringt, dass es richtig und vollständig sei,[1676] oder wenn er falsche Steuererklärungen nach der Prüfung unter Verwertung der vom Prüfer ermittelten Ergebnisse durch richtige Steuererklärungen berichtigt oder wenn der Täter die Berichtigung nur anbahnt.[1677] Andererseits wird die Auffassung vertreten, solch eine extensive Auslegung des Begriffs Berichtigung würde einer Auslegung nach dem Zweck und dem Wortlaut des Gesetzes widersprechen. Es wird die Auffassung vertreten, auch § 378 Abs. 3. S. 1 AO verlange als Berichtigung einen eigenen, von der Ermittlungstätigkeit der Behörde unabhängigen Beitrag des Täters zur Richtigstellung der bisher unrichtigen Angaben.[1678] Dieser Beitrag kann nur aus Handlungen bestehen, die der Finanzbehörde Tatsachen offenbart, die ihr bisher unbekannt waren.[1679] Bei dem Meinungsstreit ist zu beachten, dass § 378 Abs. 3 AO als **Ausschlussgrund** nur die Einleitung eines Strafverfahrens kennt, so dass die bloße Entdeckung der Tat Spielräume für die Berichtigung zulassen muss. Die Voraussetzung einer Originalität der Angaben des Steuerpflichtigen würde damit durch die Hintertür den Ausschlussgrund der Tatentdeckung in den § 378 Abs. 3 AO wieder einführen, was gegen Art. 103 Abs. 2 GG verstoßen würde.[1680] *Kohlmann*[1681] ist der Auffassung, dass § 378 Abs. 3 AO voraussetzt, dass der Steuerpflichtige den Prüfer bei seinen Feststellungen oder weiteren Aufklärungsarbeiten durch aktive Mitwirkungshandlungen (z. B. Beibringung der steuererheblichen Unterlagen) unterstützt. *Joecks*[1682] ist der Auffassung, dass Voraussetzung für die Anwendung des § 378 Abs. 3 AO sei, dass sich das Mitwirken des Steuerpflichtigen nicht in dem bloßen Tolerieren des BP-Ergebnisses erschöpft, sondern dass er „berichtigt oder ergänzt oder unterlassene Angaben nachholt". Hierbei lasse das Gesetz offen, in welcher Form dies zu erfolgen hat. Die Feststellung, inwieweit das Verhalten des Steuerpflichtigen im Rahmen einer laufenden Außenprüfung diese Voraussetzung erfüllt, ist Tatfrage. Zur Erstattung der Selbstanzeige durch Beauftragte soll es bei der leichtfertigen Steuerverkürzung ausreichen, dass der Beauftragte keinen besonderen, nach der Tat erteilten Auftrag benötigt.[1683]

Der Täter muss zur Erlangung der Straffreiheit die verkürzten Steuern innerhalb der ihm 830 gesetzten Frist nachentrichten (§ 378 Abs. 3 S. 2 i. V. m. § 371 Abs. 3 AO).[1684] Keine Nachzahlungsverpflichtung trifft den Beteiligten, der keinen eigenen Steuervorteil aus der Tat gezogen hat.

c) **Wirkung der Selbstanzeige.** Ebenso wie bei § 371 AO kommt die Bußgeldfreiheit gem. 831 § 378 Abs. 3 AO nur dem Täter bzw. Beteiligten zugute, der die Selbstanzeige erstattet hat (§§ 14 Abs. 3 S. 2 OWiG, 377 Abs. 2 AO). Unbenommen bleibt dem Dritten die Möglichkeit, sich die Fremdanzeige zu Eigen zu machen. Ein Ausschlussgrund existiert nur, wenn gegen den Dritten bereits ein Straf- oder Bußgeldverfahren eingeleitet wurde.

[1675] Franzen/Gast/*Joecks* § 378 AO Rdnr. 67 m.w.N.
[1676] Siehe Literaturübersicht in *Kohlmann* § 378 AO Rdnr. 134; a.A. BGH Urt. v. 9.7.1997 – 5 StR 234/96 – NStZ 1998, 312, wonach ein bloßes „Abnicken" des Prüfungsergebnisses möglicherweise nicht ausreicht.
[1677] OLG Karlsruhe Beschl. v. 30.11.1995 – 2 Ss 158/95 – wistra 1996, 117; Franzen/Gast/*Joecks* § 378 AO Rdnr. 68 m.w.N.
[1678] *Jestädt* DStR 1994, 1605.
[1679] OLG Oldenburg Beschl. v. 18.9.1997 – Ss 335/97 – wistra 1998, 71; Franzen/Gast/*Joecks* § 378 AO Rdnr. 68 m.w.N.
[1680] *Kohlmann* § 378 AO Rdnr. 136.
[1681] *Kohlmann* § 378 AO Rdnr. 137.
[1682] Franzen/Gast/*Joecks* § 378 Rdnr. 89.
[1683] RG Urt. v. 24.3.1930 – III 148/30 – RGSt 64, 76; kritisch hierzu *Quedenfeld/Füllsack*, Verteidigung in Steuerstrafsachen, S. 202 Rdnr. 554; Franzen/Gast/*Joecks* § 378 AO Rdnr. 70.
[1684] Zu den Ausnahmen s. *Kohlmann* § 378 AO Rdnr. 144, 145.

9. Verhältnis des § 378 AO zu anderen Straf- und Bußgeldtatbeständen

832 Grundsätzlich sind die **Konkurrenzverhältnisse** im Ordnungswidrigkeitenrecht genauso geregelt wie im Strafrecht. D. h. es wird zwischen **Tateinheit** und **Tatmehrheit** unterschieden. Bei der Tateinheit wird auf eine einzige Geldbuße erkannt, die der Bußgeldvorschrift zu entnehmen ist, die die höchste Buße androht (§ 19 OWiG). Bei Tatmehrheit wird für jede Handlung eine gesonderte Buße verhängt (§ 20 OWiG). Sofern **Gesetzeskonkurrenz** vorliegt, schließt das Vorliegen eines Tatbestandes die Ahndung des anderen aus.[1685]

833 a) **Vorsätzliche Steuerhinterziehung.** Die Steuerordnungswidrigkeit gem. § 378 AO wird gem. § 21 Abs. 1 S. 1 OWiG durch die Straftat des § 370 AO verdrängt. Wird jedoch eine Strafe nicht verhängt, kann die Tat gem. § 21 Abs. 2 OWiG als Ordnungswidrigkeit geahndet werden. Beispiele hierfür sind:
- Immunität (Art. 46 Abs. 2 GG; § 152 a StPO)
- Absehen von Strafverfolgung gem. §§ 153 ff. StPO
- Einstellung des Strafverfahrens wegen Geringfügigkeit (§ 398 AO).

834 b) **Gefährdungstatbestände gem. §§ 379 bis 382 AO.** aa) Vollendete leichtfertige Steuerverkürzung. § 378 AO geht vor (§§ 379 Abs. 4, 380 Abs. 2, 381 Abs. 2 und 382 Abs. 3 AO).

835 bb) Versuchte leichtfertige Steuerverkürzung. Da § 378 AO keine versuchte Tat kennt, besteht keine Gesetzeskonkurrenz. Im Verhältnis zur Gefährdung der Eingangsabgaben nach § 382 AO besteht die Besonderheit, dass § 382 AO auch dann anzuwenden ist, wenn die vollendete Steuerverkürzung nur durch gewöhnliche Fahrlässigkeit bewirkt worden ist. Dies gilt auch in den Fällen des § 379 Abs. 3 AO.

836 c) **§ 378 AO und allgemeine Straftatbestände.** Hier kann sowohl **Tatmehrheit** oder **Tateinheit** vorkommen.[1686] Gem. § 21 Abs. 1 OWiG ist bei Tateinheit nur das Strafgesetz anzuwenden. Bei Tatmehrheit können beide Verstöße in einem einheitlichen Verfahren geahndet werden (§§ 42, 45, 83 OWiG).

837 d) **Mehrfache leichtfertige Steuerverkürzung.** Führt dasselbe leichtfertige Verhalten des Täters zu einer Verkürzung mehrerer Steuerarten, so liegt **Tateinheit** vor, wenn hierfür ein und derselbe Fehler verantwortlich ist. Ansonsten besteht bei der leichtfertigen Verkürzung mehrerer Steuerarten grundsätzlich **Tatmehrheit**.[1687] Sofern dieselbe Steuerart in einem oder in mehreren Besteuerungszeiträumen mehrfach verkürzt wurde, liegt Tatmehrheit vor. Sofern die Verkürzungen in einen Besteuerungszeitraum zusammenfallen, kann allenfalls **Gesetzeskonkurrenz** anzunehmen sein, wenn die späteren Handlungen dazu dienen, die bereits vorher bewirkte Steuerverkürzung zu verschleiern. Es gelten insoweit die Grundsätze der straflosen Vor- bzw. Nachtat.[1688] Die früher verwendete Rechtsfigur der Dauerordnungswidrigkeit durch Unterlassen ist durch die Aufgabe des Fortsetzungszusammenhangs im Steuerrecht obsolet, d. h. auch hier ist Tatmehrheit gegeben.[1689]

10. Verfahrensfragen

838 a) **Erlass eines Bußgeldbescheids gegen einen Rechtsanwalt, Steuerberater, Wirtschaftsprüfer oder vereidigten Buchprüfer.** Bevor ein Bußgeldbescheid gegen einen Rechtsanwalt, Steuerberater, Wirtschaftsprüfer oder vereidigten Buchprüfer wegen einer Steuerordnungswidrigkeit, die er in Ausübung seines Berufs bei der Beratung in Steuersachen begangen hat, erlassen werden soll, ist der zuständigen Berufskammer Gelegenheit zu geben, hierzu Stellung zu nehmen (§ 411 AO). Dies bezieht sich nur auf die Beratungstätigkeit, nicht jedoch auf die Führung der Bücher des Mandanten und auch nicht auf die Erfüllung der eigenen Steuerpflichten des Beraters.

839 b) **Übergang vom Bußgeldverfahren zum Strafverfahren.** Stellt sich im Verlauf des Bußgeldverfahrens heraus, dass durch dieselbe Handlung ein Strafgesetz verletzt wurde, muss zum Strafverfahren übergegangen werden. Geschieht dies im Gerichtsverfahren, das z. B. durch den

---
[1685] *Kohlmann* § 378 AO Rdnr. 149.
[1686] *Kohlmann* § 378 AO Rdnr. 163; Franzen/Gast/*Joecks* § 378 AO Rdnr. 63.
[1687] *Kohlmann* § 378 AO Rdnr. 151.
[1688] *Kohlmann* § 378 AO Rdnr. 154.
[1689] Franzen/Gast/*Joecks* § 378 AO Rdnr. 56 bis 59; *Kohlmann* § 378 AO Rdnr. 157.

Einspruch gegen einen Bußgeldbescheid angelaufen ist, hat der Richter den Angeklagten gem. § 265 StPO auf die Veränderung hinzuweisen.

c) Strafklageverbrauch. Der Umkehrschluss aus § 84 Abs. 2 OWiG ergibt, dass ein Strafklageverbrauch bei nachträglicher Feststellung einer Steuerhinterziehung nicht eintritt, da er nur für gerichtliche Bußgeldentscheidungen eintritt. Falls der Betroffene im Anschluss zu einer Steuerhinterziehung verurteilt wird, ist der Bußgeldbescheid gem. § 86 OWiG aufzuheben. 840

11. Verjährung

Die Frist für die Verfolgungsverjährung der leichtfertigen Steuerverkürzung beträgt abweichend von § 31 Abs. 2 OWiG gem. § 384 AO fünf Jahre. Die Verjährung beginnt mit der Vollendung der Tat.[1690] 841

XIII. Steuergefährdung (§ 379 AO)[1691]

Schrifttum: *Dörn,* Anwendung der §§ 379, 380 AO auch bei Selbstanzeigen gemäß §§ 371, 378 Abs. 3 AO, wistra 1995, 7; *Hentschel,* Die Bedeutung des Steuerordnungswidrigkeitenrechts bei grenzüberschreitender Umsatzsteuerhinterziehung – wistra 2005, 371; *Mösbauer,* Die Steuergefährdung nach § 379 AO, wistra 1991, 41; *Quedenfeld/Füllsack,* Verteidigung in Steuerstrafsachen, 3. Aufl. 2005; *Wegner,* Missbrauch von Tankquittungen, PStR 2005, 115; *ders.,* Vorsteuerabzug im Umsatzsteuerkarussell, PStR 2005, 115.

1. Allgemeines

Eine Einordnung der in § 379 AO genannten Zuwiderhandlungen lässt sich derart vornehmen, dass in Abs. 1 Steuergefährdungen durch falsche Belege, Buchungen und Aufzeichnungen und in den Absätzen 2 und 3 Verstöße gegen Mitteilungs- bzw. Mitwirkungspflichten im steuerlichen Ermittlungsverfahren sanktioniert sind. 842

2. Steuergefährdung durch falsche Belege (§ 379 Abs. 1 S. 1 Nr. 1 AO)

a) Beleg. Nach § 379 Abs. 1 Nr. 1 AO handelt ordnungswidrig, wer vorsätzlich oder leichtfertig Belege ausstellt, die in tatsächlicher Hinsicht unrichtig sind und dadurch ermöglicht, Steuern zu verkürzen oder nicht gerechtfertigte Steuervorteile zu erlangen. Als **Beleg** im Sinne des § 379 Abs. 1 Nr. 1 AO ist jedes Schriftstück anzusehen, welches Aussagen über einen steuerlich erheblichen Vorgang enthält.[1692] 843

Zu den Belegen gehören z.B. Rechnungen, Lieferscheine, Quittungen über erhaltene Leistungen, Vertragsurkunden, Spesen- und Reisekostenabrechnungen, Spendenquittungen, ärztliche Bescheinigungen, Krankenzettel, Frachtbriefe, Handelsbriefe, Ursprungszeugnisse, Nachnahmekarten, Warenverkehrsbescheinigungen und Ausfuhrbescheinigungen.[1693] 844

b) Unrichtigkeit. Der Beleg muss in tatsächlicher Hinsicht unrichtig sein, d. h. von den richtigen Tatsachen abweichen oder einen anderen als den zutreffenden Sachverhalt darlegen.[1694] Unrichtigkeit liegt auch dann vor, wenn der Beleg unecht ist, d. h. wenn er jemanden benennt, der nicht Hersteller ist. Beide Merkmale können gleichzeitig vorliegen.[1695] Mit dem Ausstellen, d. h. mit dem Gelangen in den Verfügungsbereich dessen, für den der Beleg bestimmt ist, wird die Ordnungswidrigkeit erbracht.[1696] 845

c) Ausstellen der Belege. Das Ausstellen der Belege erfordert, abgesehen von den Fällen der Eigenbelege, eine Hingabe, d. h. Aushändigung eines Belegs. Nicht das Herstellen, sondern nur das Ausstellen eines unrichtigen Belegs ist ordnungswidrig.[1697] D. h. der Beleg muss in dem 846

[1690] Vgl. hierzu die entsprechende Kommentierung zu § 370 AO.
[1691] Bearbeitet unter Mitarbeit von WP/StB *Walter Fabisch.*
[1692] *Mösbauer* wistra 1991, 41, 42.
[1693] BayObLG Beschl. v. 13.6.1989 – RReg 4 St 206/88 – wistra 1989, 313; Franzen/Gast/Joecks/*Jäger* § 379 AO Rdnr. 11.
[1694] *Wegner* PStR 2005, 115.
[1695] *Mösbauer* wistra 1991, 41, 42.
[1696] BayObLG Beschl. v. 13.6.1989 – RReg 4 St 206/88 – wistra 1989, 313; Franzen/Gast/Joecks/*Jäger* § 379 AO Rdnr. 13.
[1697] Franzen/Gast/Joecks/*Jäger* § 379 AO Rdnr. 13.

Verfügungsbereich dessen gelangt sein, für den er bestimmt ist.[1698] Entsprechendes gilt auch für den Eigenbeleg. Ausstellen ist nicht identisch mit Empfangen. Grundsätzlich handelt der Empfänger nicht ordnungswidrig i. S. d. § 379 Abs. 1 S. 1 Nr. 1 AO; es sei denn, er hat bewusst und gewollt an dem Ausstellen teilgenommen (§ 14 Abs. 1 S. 1 OWiG). Das Ausstellen eines Belegs kann gleichzeitig den Tatbestand der Urkundenfälschung i. S. d. § 267 StGB erfüllen. Sofern Tateinheit zwischen der Straftat (= Urkundenfälschung) und der Ordnungswidrigkeit (= Steuergefährdung gem. § 379 AO) besteht, wird nach § 21 Abs. 1 S. 1 OWiG nur das Strafgesetz angewendet.[1699] Wird eine Strafe nicht verhängt, kann die Handlung gem. § 21 Abs. 2 OWiG als Ordnungswidrigkeit geahndet werden.

847   d) **Täterkreis.** Die Vorschrift ist nicht auf den Steuerpflichtigen beschränkt, vielmehr kann jeder **Täter** sein, der in der Lage ist, für sich oder einen Dritten einen unrichtigen Beleg auszustellen, dessen Gebrauch es ihm oder dem Empfänger des Belegs ermöglicht, eine Steuerverkürzung herbeizuführen.[1700]

Beispiel:
- Die Datierung von Taxiquittungen von Sonn- und Feiertagen auf Werktage.
- Die Aufteilung eines aufwendigen Geschenkes auf mehrere Rechnungen, die jeweils die Grenze von € 35,– gem. § 4 Abs. 5 S. 1 Nr. 1 EStG nicht übersteigen.

3. Steuergefährdungen durch das In-Verkehr-Bringen von Belegen gegen Entgelt (§ 379 Abs. 1 S. 1 Nr. 2 AO)

848   § 379 Abs. 1 S. 1 Nr. 2 AO wurde durch das Gesetz zur Eindämmung missbräuchlicher Steuergestaltungen[1701] in die Abgabenordnung eingefügt.

849   a) **Zielsetzung.** Bei Internetauktionen (z. B. bei Ebay) wurden vor Einführung der Nr. 2 in § 379 Abs. 1 S. 1 AO vermehrt Tankquittungen angeboten, die die Käufer in der Folge vielfach zur unrechtmäßigen Geltendmachung von Betriebsausgaben oder Werbungskosten nutzten. Vor Einführung des Satz 2 in § 379 Abs. 1 S. 1 AO konnten sich die Verkäufer der Tankbelege darauf berufen, dass sie für die weitere Verwendung der Belege durch den Käufer nicht verantwortlich seien.

850   Nunmehr wird den Finanzbehörden die Möglichkeit eröffnet, auch die unberechtigte Weitergabe von Belegen durch den Verkäufer als Steuerordnungswidrigkeit zu verfolgen.

851   b) **In-Verkehr-Bringen gegen Entgelt.** Da nur das In-Verkehr-Bringen gegen Entgelt als Steuerordnungswidrigkeit eingestuft wird, soll nur die gezielte Weitergabe von Belegen gegen Entgelt zu einer Ordnungswidrigkeit führen.

852   Eine unbeabsichtigte Verschaffung der Verfügungsmacht an Belegen (z. B. durch Zurücklassen von Kassenbelegen an der Verkaufstheke) wird dagegen nicht als Steuerordnungswidrigkeit eingestuft.

4. Steuergefährdung durch falsche Buchungen und Aufzeichnungen (§ 379 Abs. 1 S. 1 Nr. 3 AO)

853   Nach § 379 Abs. 1 Nr. 3 AO handelt ordnungswidrig, wer vorsätzlich oder leichtfertig nach Gesetz buchungs- oder aufzeichnungspflichtige Geschäftsvorfälle oder Betriebsvorgänge nicht oder in tatsächlicher Hinsicht unrichtig verbucht, nicht verbuchen lässt oder in tatsächlicher Hinsicht unrichtig verbuchen lässt und dadurch – auch unbeabsichtigt – ermöglicht, Steuern zu verkürzen oder nicht gerechtfertigte Steuervorteile zu erlangen.[1702]

854   a) **Abgrenzung.** § 379 Abs. 1 Nr. 3 AO ist einschlägig für alle Geschäftsvorfälle oder Betriebsvorgänge für die nach Gesetz Buchungs- oder Aufzeichnungspflichten bestehen. Gesetzliche Buchführungs- und Aufzeichnungspflichten ergeben sich zum Beispiel aus den §§ 140 bis 146 AO, den Vorschriften über die Führung von Handelsbüchern gem. den §§ 238 ff. HGB oder Sondervorschriften in Einzelsteuergesetzen wie zum Beispiel § 22 UStG.

[1698] *Mösbauer* wistra 1991, 41, 42.
[1699] *Mösbauer* wistra 1991, 41.
[1700] Franzen/Gast/Joecks/*Jäger* § 379 AO Rdnr. 14.
[1701] BGBl. I 2006 S. 1095.
[1702] *Mösbauer* wistra 1991, 41, 42.

Da Gesetz nach § 4 AO „jede Rechtsnorm" ist, kann sich die Buchführungs- und Aufzeichnungspflicht auch aus einer Rechtsverordnung ergeben.[1703] Verwaltungsanweisungen sind keine Rechtsnormen.[1704] **Betriebsvorgänge** und **Geschäftsvorfälle** sind Sammelbegriffe, denen eine gesetzliche oder durch die Rechtsprechung herausgearbeitete Definition fehlt.[1705]

Unter Geschäftsvorfällen versteht man Vorgänge des rechtsgeschäftlichen Liefer- und Leistungsverkehrs des Unternehmens mit außenstehenden Dritten.[1706] Betriebsvorgänge stellen „steuerrechtlich bedeutsame Vorgänge des innerbetrieblichen Werteflusses dar".[1707] Praktisch ist die Abgrenzung ohne Bedeutung, da das Gesetz beide Begriffe verwendet.

Der objektive Tatbestand des § 379 Abs. 1 S. 1 Nr. 3 AO setzt die Verletzung von **nach Gesetz bestehenden Aufzeichnungs- oder Buchführungspflichten** voraus. Beide Pflichten sind nach Art der Gewinnermittlung abzugrenzen, wobei der Aufzeichnungsverpflichtete reine Geld- und Warenbewegungen zu erfassen hat, während der Buchführungspflichtige bereits Forderungen und Schulden buchmäßig festhalten muss.

Aufbewahrungspflichten (z. B. §§ 257 HGB, 147 AO) bilden die notwendige Ergänzung zu den gesetzlichen Aufzeichnungs- und Buchführungspflichten. Mangels Erwähnung in § 379 Abs. 1 S. 1 Nr. 3 AO erfüllen Verletzungen gegen die Aufbewahrungspflichten nicht den Tatbestand des § 379 AO.[1708]

b) Zielsetzung. Die Vorschrift zielt in erster Linie auf **Bilanzmanipulationen** jeglicher Art, wie zum Beispiel der Nichtansatz bzw. die Unterbewertung von Aktiva, der unzutreffende Ansatz bzw. die Überbewertung von Passiva oder die aufwandswirksame Behandlung aktivierungspflichtiger Geschäftsvorfälle. Hierunter sind auch die in einigen Branchen verbreiteten Ohne-Rechnung-Geschäfte zu sehen.

Mit dem Gesetz zur Intensivierung der Bekämpfung der Schwarzarbeit und damit zusammenhängender Steuerhinterziehung[1709] hat der Gesetzgeber weitere Maßnahmen zur Bekämpfung von Ohne-Rechnung-Geschäften getroffen. Nach § 14 b Abs. 1 S. 5 i. V. m. § 14 Abs. 1 S. 1 Nr. 1 UStG sind nicht nur Unternehmer, sondern auch Nichtunternehmer verpflichtet, Rechnungen über einen bestimmten Zeitraum aufzubewahren. Bei Leistungen im Zusammenhang mit einem Grundstück sind **Nichtunternehmer** und **Unternehmer**, die die Leistung für den nichtunternehmerischen Bereich erlangt haben, verpflichtet, die Rechnung, einen Zahlungsbeleg oder andere beweiskräftige Unterlagen zwei Jahre lang aufzubewahren. Ein Verstoß hiergegen gilt gem. § 26 a Abs. 2 UStG als Ordnungswidrigkeit, die mit einer Geldbuße bis zu € 500,– geahndet werden kann. Mit § 14 b UStG ist erstmalig eine Rechnungsaufbewahrungspflicht für Nichtunternehmer geregelt. Diese zusätzliche Rechnungsaufbewahrungspflicht des nichtunternehmerischen Leistungsempfängers soll nach Ansicht des Gesetzgebers dazu führen, dass sowohl der leistende Unternehmer als auch der Leistungsempfänger ein erhebliches Interesse daran haben, das Geschäft legal abzuwickeln.[1710]

c) Tathandlungen. Die Tathandlungen gem. § 379 Abs. 1 Nr. 3 AO umfassen das **Nichtverbuchen** und das **unrichtige Verbuchen**. Eine „unvollständige" Verbuchung erfüllt nicht den Tatbestand des § 379 Abs. 1 S. 1 Nr. 3 AO,[1711] da dieser denkbare Tatbestand nicht vom Wortlaut des § 379 Abs. 1 S. 1 Nr. 3 AO erfasst wird. Der Unterlassungstatbestand des Nichtverbuchens umfasst sowohl das vollständige Unterlassen der vorgeschriebenen Buchführung als auch das Unterlassen einzelner Eintragungen. Von unrichtigem Verbuchungen ist auszugehen, wenn der buchführungspflichtige Vorgang anders wiedergegeben wird, als er sich in Wirklichkeit abgespielt hat, z. B. in dem eine private Taxifahrt des Unternehmers als Betriebsausgabe verbucht wird. Schließlich wird auch das Nicht- oder Falschverbuchenlassen als Ordnungswidrigkeit er-

---

[1703] *Mösbauer* wistra 1991, 41, 42.
[1704] Franzen/Gast/Joecks/*Jäger* § 379 AO Rdnr. 15.
[1705] Franzen/Gast/Joecks/*Jäger* § 379 AO Rdnr. 16.
[1706] Franzen/Gast/Joecks/*Jäger* § 379 AO Rdnr. 16.
[1707] *Kohlmann* § 379 AO Rdnr. 25.
[1708] *Kohlmann* § 379 AO Rdnr. 31.
[1709] BGBl. I 2004 S. 1842 ff.
[1710] Vgl. Begründung zum Gesetzentwurf der Fraktionen der SPD und Bündnis 90/Die Grünen BT-Drucks. 15-2573.
[1711] *Kohlmann* § 379 AO Rdnr. 33; Franzen/Gast/Joecks/*Jäger* § 379 AO Rdnr. 20 b.

fasst. Die Tat kann nicht nur durch positives Tun zum Beispiel durch eine Anweisung, sondern auch durch ein Unterlassen erfolgen.

862 **d) Täterkreis.** Zum Täterkreis zählt grundsätzlich jeder, der tatsächlich die Möglichkeit hat, eine Buchung vorzunehmen. Hinsichtlich des Nicht- oder Falschverbuchenlassens hingegen kann nur derjenige Täter sein, der als Steuerpflichtiger oder aufgrund seiner Stellung für die Führung der Bücher und Aufzeichnungen verantwortlich ist.

5. Verkürzung von Steuern bzw. Erlangen von nicht gerechtfertigten Steuervorteilen

863 Die in § 379 Abs. 1 Nr. 1 bis 3 AO genannten Tathandlungen müssen geeignet sein, Steuern zu verkürzen oder nicht gerechtfertigte Steuervorteile zu erlangen. Hierbei ist es jedoch ausreichend, wenn die Handlung eine abstrakte Verkürzungsgefahr herbeiführt. Das heißt, § 379 AO enthält einen reinen **Gefährdungstatbestand**.[1712] Dieser gilt nur subsidiär und ist nicht anwendbar, wenn ein Verletzungstatbestand, sei es als Straftat oder leichtfertige Verkürzung, gegeben ist. Das bedeutet, § 379 AO kann unabhängig davon, ob es tatsächlich zu einer Steuerverkürzung kommt, erfüllt sein.[1713] Der subjektive Tatbestand verlangt in Bezug auf das Ermöglichen einer Steuerverkürzung vorsätzliches oder leichtfertiges Handeln, wobei im Sonderfall des § 379 Abs. 3 AO (Zuwiderhandlung gegen eine Auflage gem. § 120 Abs. 2 Nr. 4 AO, die einem Verwaltungsakt für Zwecke der besonderen Steueraufsicht (§§ 209 bis 217 AO) beigefügt worden ist) über die Leichtfertigkeit hinaus schon einfache Fahrlässigkeit genügt.

6. Erweiterter Anwendungsbereich

864 **a) Einfuhr-/Ausfuhrabgaben.** Das vorsätzliche oder leichtfertige Ausstellen unrichtiger Belege ist gem. § 379 Abs. 1 S. 2 AO auch dann als Ordnungswidrigkeit zu behandeln, wenn hierdurch Einfuhr- und/oder Ausfuhrabgaben verkürzt werden können, die von einem anderen Mitgliedstaat der Europäischen Gemeinschaft verwaltet werden oder die einem Staat zustehen, der für Waren aus den europäischen Gemeinschaften aufgrund eines Assoziations- oder Präferenzabkommens eine Vorzugsbehandlung gewährt. § 370 Abs. 7 AO gilt insoweit entsprechend.

865 **Einfuhrabgaben** sind Zölle und Abgaben gleicher Wirkung bei der Einfuhr von Waren und Abschöpfungen und sonstige bei der Einfuhr erhobene Abgaben, die im Rahmen der gemeinsamen Agrarpolitik oder aufgrund der für bestimmte landwirtschaftliche Verarbeitungserzeugnisse geltenden Sonderregelungen vorgesehen sind (vgl. Artikel 4 Nr. 10 des Zollkodex). Die Einfuhrumsatzsteuer und andere für eingeführte Waren zu erhebende Verbrauchsteuern fallen ebenfalls unter die Einfuhrabgaben (§ 1 Abs. 1 Nr. 3 ZollVG). **Ausfuhrabgaben** umfassen die Zölle und Abgaben gleicher Wirkung sowie die Agrarabgaben bei der Ausfuhr von Waren (Art. 4 Nr. 11 des Zollkodex).

866 **b) Umsatzsteuer.** Auch die **Gefährdung ausländischer Umsatzsteuer**, die von einem anderen Mitgliedstaat der Europäischen Gemeinschaft verwaltet wird, durch unrichtig ausgestellte Belege, wird bei Vorsatz oder Leichtfertigkeit als Ordnungswidrigkeit behandelt (§ 379 Abs. 1 S. 3 AO). D. h. anders als § 370 Abs. 6 AO erlaubt § 379 Abs. 1 S. 3 AO schon jetzt ausdrücklich die Verfolgung von Taten als Ordnungswidrigkeit, wenn sich die Taten auf Umsatzsteuern beziehen, die von einem anderen Mitgliedstaat verwaltet werden.[1714]

7. Verletzung von Mitteilungspflichten (§ 379 Abs. 2 Nr. 1 AO)

867 Nach § 379 Abs. 2 Nr. 1 AO handelt derjenige ordnungswidrig, der vorsätzlich oder leichtfertig der Mitteilungspflicht nach § 138 Abs. 2 AO nicht, nicht vollständig oder nicht rechtzeitig nachkommt.

[1712] Franzen/Gast/Joecks/*Jäger* § 379 AO Rdnr. 26 a.
[1713] *Kohlmann* § 379 AO Rdnr. 38.
[1714] *Hentschel* wistra 2005, 371, 373.

a) **Mitteilungspflichten.** Nach § 138 Abs. 2 AO[1715] müssen Steuerpflichtige mit Wohnsitz, gewöhnlichem Aufenthalt, Geschäftsleitung oder Sitz im Geltungsbereich der Abgabenordnung dem zuständigen Finanzamt nach amtlich vorgeschriebenem Vordruck melden
- die Gründung und den Erwerb von Betrieben und Betriebstätten im Ausland
- die Beteiligung an ausländischen Personengesellschaften oder deren Aufgabe oder Änderung
- den Erwerb von Beteiligungen an einer Körperschaft, Personenvereinigung oder Vermögensmasse, die weder ihre Geschäftsleitung noch ihren Sitz im Inland haben, wenn damit unmittelbar eine Beteiligung von mindestens 10 % oder mittelbar eine Beteiligung von mindestens 25 % am Kapital oder am Vermögen der Körperschaft, Personenvereinigung oder Vermögensmasse erreicht wird oder wenn die Summe der Anschaffungskosten aller Beteiligungen mehr als € 150.000,– beträgt.

Die durch das Unternehmensteuerfortentwicklungsgesetz zum 1.1.2002 eingefügte **Anschaffungskostengrenze** von € 150.000,– führt nach Auffassung der Finanzverwaltung nicht zu einer Meldepflicht im Fall des Erwerbes börsennotierter Beteiligungen, soweit die jeweilige Beteiligung weniger als 1% beträgt.[1716] Die Anzeigepflichten nach § 138 Abs. 2 Nr. 3 AO gelten nicht für Anteile an Kapitalgesellschaften, die bei Kreditinstituten und Finanzdienstleistungsinstituten i. S. d. KWG dem Handelsbuch zuzurechnen sind bzw. auf der Aktivseite der Bilanz der Versicherungsunternehmen entsprechend dem Formblatt 1 zu § 2 der Verordnung über die Rechnungslegung von Versicherungsunternehmen vom 8.11.1994 (BGBl. I S. 3378) unter C III 1 auszuweisen sind.[1717]

b) **Zweck.** Durch die Vorschrift soll die steuerliche Überwachung bei **Auslandsbeziehungen** erleichtert werden. Die Finanzbehörden werden durch die Mitteilung rechtzeitig auf steuerrelevante Sachverhalte im Zusammenhang mit Beteiligungen an ausländischen Gesellschaften bzw. auf ausländische Betriebsstätten steuerpflichtiger Personen bzw. Gesellschaften aufmerksam gemacht.[1718]

c) **Unvollständige oder verspätete Meldung.** Neben der nicht bzw. der unvollständigen Meldung gilt auch die verspätete Meldung im Falle des Vorsatzes oder der Leichtfertigkeit als Ordnungswidrigkeit. § 138 Abs. 3 AO bestimmt, dass die Meldungen innerhalb eines Monats nach dem meldepflichtigen Ereignis zu erstatten sind. Die früher geltenden, wesentlich längeren Fristen wurden durch das Unternehmensteuerfortentwicklungsgesetz zum 1.1.2002 abgeschafft.

8. Verletzung der Pflicht zur Kontenwahrheit (§ 379 Abs. 2 Nr. 2 AO)

Nach § 379 Abs. 2 Nr. 2 AO handelt derjenige ordnungswidrig, der vorsätzlich oder leichtfertig die Pflicht zur **Kontenwahrheit** nach § 154 Abs. 1 AO verletzt. Nach § 154 AO darf niemand auf einen falschen oder erdichteten Namen für sich oder einen Dritten ein Konto errichten oder Buchungen vornehmen lassen, Wertsachen in Verwahrung geben oder verpfänden oder sich ein Schließfach geben lassen. Eine Kontoerrichtung liegt vor, wenn jemand mit einer anderen Person in eine offene Geschäftsverbindung tritt, die buch- oder rechnungsmäßig in ihrem jeweiligen Stande festgehalten wird. Wer ein Konto führt, Wertsachen verwahrt oder als Pfand nimmt oder ein Schließfach überlasst, hat sich Gewissheit über die Person und Anschrift des Verfügungsberechtigten zu verschaffen und die entsprechenden Angaben in geeigneter Form, bei Konten auf dem Konto, festzuhalten. Er hat sicherzustellen, dass er jederzeit Auskunft darüber geben kann, über welche Konten oder Schließfächer eine Person verfügungsberechtigt ist. Die Legitimationspflicht ist nicht auf gewerbsmäßig handelnde natürliche und juristische Personen beschränkt, sondern umfasst auch Privatpersonen, die für einen anderen ein Konto führen, Wertsachen verwahren oder zum Pfand nehmen oder Schließfächer überlassen.[1719]

[1715] Zur Bedeutung dieser Vorschrift bei grenzüberschreitenden Umsatzsteuerkarussellgeschäften vgl. *Hentschel* wistra 2005, 371, 373.
[1716] Vgl. BMF-Schreiben v. 17.8.2004 – IV B 4-S1300-247/04 – DStR 2004, 1481.
[1717] Vgl. BMF-Schreiben v. 17.8.2004 – IV B 4-S1300-247/04 – DStR 2004, 1481.
[1718] Vgl. Regr. Begr. BT-Drucks. VI 1982, S. 123; *Tipke* § 138 AO Rdnr. 5.
[1719] *Mösbauer* wistra 1991, 41, 45.

873 a) **Zweck.** Die Vorschrift soll die formale **Kontenwahrheit** sichern und verhindern, dass die Nachprüfung steuerlicher Verhältnisse durch Verwendung falscher oder erdichteter Namen erschwert wird.[1720]

874 b) **Täterkreis.** Die Vorschrift richtet sich gleichermaßen an denjenigen, der ein Konto oder ein Schließfach begehrt, Buchungen vornehmen lässt bzw. Wertsachen in Verwahrung oder zur Verpfändung gibt, als auch an denjenigen, der das Konto führt, das Schließfach überlässt, die Wertsachen verwahrt oder das Pfand nimmt.

9. Das Zuwiderhandeln gegen eine Auflage nach § 120 Abs. 2 Nr. 4 AO (§ 379 Abs. 3 AO)

875 Ist einem Verwaltungsakt für Zwecke der besonderen **Steueraufsicht** eine Auflage nach § 120 Abs. 2 Nr. 4 AO beigefügt worden, so gilt die vorsätzliche oder fahrlässige Zuwiderhandlung als Ordnungswidrigkeit gem. § 379 Abs. 3 AO. Als Auflage gilt hierbei eine Bestimmung, durch die dem Begünstigten ein Tun, Dulden oder Unterlassen vorgeschrieben wird. Unter Steueraufsicht ist hier der unter der zollamtlichen Überwachung unterliegende Warenverkehr über die Grenze und in den Freizonen und Freilagern sowie die Gewinnung und Herstellung, Lagerung, Beförderung, gewerbliche Verwendung und der Handel mit verbrauchsteuerpflichtigen Waren zu verstehen (§ 209 Abs. 1 AO). Die besondere Steueraufsicht gem. §§ 209 bis 217 AO dient der laufenden Kontrolle bestimmter Betriebe und Vorgänge. Die hierzu den Finanzbehörden zustehenden Befugnisse ergeben sich aus § 210 AO. § 211 Abs. 1 AO regelt die Pflichten des Betroffenen. Während sich § 212 AO mit den Durchführungsvorschriften befasst, regelt § 213 AO die besonderen Aufsichtsmaßnahmen. Der Zustimmung der **Finanzbehörde** bedarf die Vertretungsbeauftragung (§ 214 AO). Die Bestimmungen hinsichtlich der Sicherstellung im Aufsichtsweg enthält § 215 AO. Hiernach sichergestellte Waren sind in das Eigentum des Bundes zu überführen, sofern sie nicht nach § 375 Abs. 2 AO eingezogen werden (§ 216 AO). Die Möglichkeit der Bestellung von Steuerhilfspersonen ist in § 217 AO geregelt.

876 Hintergrund für die insoweit umfangreichen und detaillierten Regelungen ist, dass durch Zölle und Verbrauchsteuern bestimmte Waren im Verhältnis zu ihrem Warenwert oft sehr hoch belastet sind, was den Anreiz zu Hinterziehungen erhöht. Nach Ansicht des Gesetzgebers ist deshalb bei der Herstellung, Bearbeitung, Verarbeitung oder der steuerbegünstigten Verwendung zusätzlich zur Überwachung des technischen Herstellungsprozesses auch die Überwachung der Betriebseinrichtungen und der Buchführung geboten.

10. Geldbuße

877 Eine Ordnungswidrigkeit i. S. d. § 379 AO kann mit einer Geldbuße von mindestens € 5,- bis maximal € 5.000,-, bei Leichtfertigkeit höchstens € 2.500,- gem. § 379 Abs. 4 AO geahndet werden. Die Höhe der Geldbuße soll nach dem vorwerfbaren Verhalten des Täters, dem sachlichen Umfang der Tat und den wirtschaftlichen Verhältnissen des Täters bemessen werden, wobei sie den wirtschaftlichen Vorteil, den der Täter durch die Tat erlangt hat, übersteigen soll. Soweit hierzu das gesetzlich vorgesehene Höchstmaß der Geldbuße nicht ausreicht, kann dieses Höchstmaß gem. § 17 Abs. 4 S. 2 OWiG auch überschritten werden.[1721]

11. Keine Straffreiheit durch Selbstanzeige

878 Straffreiheit durch Selbstanzeige kann der Täter einer Ordnungswidrigkeit gem. § 379 AO nicht erlangen. Sie kommt erst dann in Betracht, wenn die Gefährdung zu einem **Verletzungstatbestand** als Straftat oder als leichtfertige Verkürzung führt. Diese Ungereimtheit kann dadurch beseitigt werden, dass die Finanzbehörde gem. § 47 OWiG von einem Bußgeldverfahren absieht, wenn der Täter den ordnungswidrigen Zustand beseitigt, bevor aus der Tat ein Schaden entstanden ist.[1722]

[1720] Vgl. Regr. Begr. BT-Drucks. VI 1982, S. 123.
[1721] *Hentschel* wistra 2005, 371, 373.
[1722] *Quedenfeld/Füllsack*, Verteidigung in Steuerstrafsachen, S. 81 Rdnr. 258.

12. Konkurrenzfragen

Der Bußgeldtatbestand des § 379 AO als reiner **Gefährdungstatbestand** tritt zurück, wenn 879
ein **Verletzungstatbestand** in Form einer Steuerhinterziehung (§ 370 AO) oder eine leichtfertige
Steuerverkürzung (§ 378 AO) vorliegt (§ 379 Abs. 4 AO). Dies gilt auch dann, wenn die Tat nur
als Beihilfe zur Steuerhinterziehung geahndet werden kann oder im Versuchsstadium steckengeblieben ist. Sofern die Tat nach § 378 AO geahndet werden kann, tritt § 379 AO zurück
(§ 379 Abs. 4 AO i. V. m. § 47 OWiG). Diese Subsidiarität gilt allerdings nur, wenn dasselbe
Rechtsgut (d. h. dieselbe Steuerart) betroffen ist und die Gefährdung nicht über die Verletzung
hinausreicht.[1723] Sofern die Handlung mehrere Bußgeldtatbestände in Tateinheit erfüllt, wird
gem. § 19 OWiG nur eine einzige Geldbuße festgesetzt, die sich nach dem Gesetz bestimmt,
das die höchste Geldbuße androht (§ 19 Abs. 2 S. 1 OWiG). Die §§ 381, 382 AO gehen § 379
AO als Spezialnorm vor, sofern dieselbe Steuerart betroffen ist. Sofern § 379 AO mit einer
Straftat zusammentrifft, wird gem. § 21 Abs. 1 OWiG nur das Strafgesetz angewendet. Allerdings kann nach § 21 Abs. 2 OWiG, sofern eine Strafe nicht verhängt wird, die Handlung als
Ordnungswidrigkeit geahndet werden.[1724] Die Ordnungswidrigkeiten gem. § 379 Abs. 1 Nr. 1
bis 3 AO können in Tatmehrheit ausgeübt werden (z. B. Ausstellung eines falschen Belegs, der
als Unterlage für eine Falschbuchung genutzt wird).

13. Verjährung

Die Verfolgung einer Steuerordnungswidrigkeit im Sinne des § 379 AO verjährt gem. § 384 880
AO – abweichend von § 31 OWiG – in fünf Jahren.

XIV. Gefährdung der Abzugsteuern (§ 380 AO)[1725]

Schrifttum: Dauses/Voß, Handbuch des EU-Wirtschaftsrechts, Band 2/J, Rdnr. 241; *Dörn*, Anwendung der §§ 379, 380 AO auch bei Selbstanzeigen gemäß §§ 371, 378 Abs. 3 AO, wistra 1995, 7; *Gerber*, Stundung von Abzusteuern, DB 1999; *Quedenfeld/Füllsack*, Verteidigung in Steuerstrafsachen, 3. Aufl. 2005.

1. Allgemeines

Zweck des § 380 AO ist, die Erfüllung derjenigen Pflichten, die dritten Personen im Besteue- 881
rungsverfahren hinsichtlich fremder Steuerschulden obliegen, zu gewährleisten.

2. Anwendungsbereich

Der Anwendungsbereich des § 380 AO umfasst vor allem den Lohnsteuerabzug durch den 882
Arbeitgeber (§§ 38 ff. EStG), die Bauabzugsteuer gem. §§ 48 b ff. EStG und den Steuerabzug
bei Kapitalerträgen (§§ 43 ff. EStG). Darüber hinaus ist § 380 AO in bestimmten Fällen der beschränkten Steuerpflicht (z. B. Quellensteuereinbehalt bei ausländischen Sportlern oder Künstlern gem. § 50 a EStG) anwendbar.[1726]

Keine Anwendung findet § 380 AO auf die Versicherungsteuer, da der Abzug nicht vom 883
Leistungspflichtigen, sondern vom Leistungsempfänger (Versicherer) vorgenommen wird.
Ebenfalls nicht anwendbar ist § 380 AO auf die pauschalierte Lohnsteuer, die nicht im
Abzugsverfahren erhoben wird und die Kirchenlohnsteuer, die zwar noch im Abzugsverfahren
erhoben wird, auf die aber die Straf- und Bußgeldvorschriften der Abgabenordnung für die
Hinterziehung bzw. Nichtabführung (mit Ausnahme von Niedersachsen) nicht anwendbar
sind. Ebenfalls ist § 380 AO nicht auf die Umsatzsteuer anwendbar, da gem. §§ 13 a, 13 b UStG
Steuerschuldner grundsätzlich der Unternehmer ist.

[1723] Franzen/Gast/Joecks/*Jäger* § 379 AO Rdnr. 53.
[1724] Strittig, s. die Übersicht bei Erbs/Kohlhaas/*Senge* § 379 AO Rdnr. 33; vgl. auch BMF v. 29.7.1981 – IV A 8 S 0711 – 3/81 – n.v., wonach in diesem Fall regelmäßig eine Einstellung des Verfahrens erfolgen soll.
[1725] Bearbeitet unter Mitwirkung von WP/StB *Walter Fabisch*.
[1726] Franzen/Gast/Joecks/*Jäger* § 380 AO Rdnr. 2 f.

3. Täterkreis

884 Täter der **Abzugsteuergefährdung** kann nur derjenige sein, der durch ein Steuergesetz verpflichtet ist, Steuerabzugsbeträge einzubehalten und abzuführen. Insofern handelt es sich bei § 380 AO um ein Sonderdelikt. Die Verpflichtung, Steuerabzüge einzubehalten und abzuführen, muss sich unmittelbar aus einem einzelsteuerlichen Gesetz ergeben. Ein Verwaltungsakt reicht nicht aus. Abgesehen von dem Steuerpflichtigen im Steuerabzugsverfahren können nach § 9 Abs. 2 OWiG, § 34 AO i. V. m. § 377 Abs. 2 AO auch die gesetzlichen Vertreter, z. B. die Organe (Vorstand/Geschäftsführer) juristischer Personen bzw. Personenvereinigungen sowie Treuhänder und sonstige Vermögensverwalter sowie Verfügungsberechtigte gem. § 35 AO Täter sein.[1727]

885 Nicht zu dem in § 35 AO genannten Personenkreis gehören die Personen, die von dem zur Durchführung des Steuerabzugsverfahrens Verpflichteten lediglich mit der Einhaltung und Abführung des Steuerabzugsbetrags beauftragt sind, d. h. z. B. die Angehörigen der rechts- und steuerberatenden Berufe, sofern sie nicht in Ausnahmefällen eine Sonderstellung gem. § 9 Abs. 2 Nr. 2 OWiG innehaben.[1728]

4. Objektiver Tatbestand

886 § 380 Abs. 1 AO ist eine **Blankettnorm**.[1729] Die Pflichtverletzungen, die bußgeldrechtlich geahndet werden, ergeben sich nicht unmittelbar aus § 380 AO, sondern aus anderen steuerlichen Normen, die zur Tatbestandsausfüllung herangezogen werden müssen.

887 Der zum Steuerabzug Verpflichtete wird durch die Abzugspflicht selbst zum Steuerpflichtigen gem. § 33 Abs. 1 AO.[1730] Die Durchführung des Steuerabzugsverfahrens bringt für den gesetzlich hierzu Verpflichteten regelmäßig erhebliche Belastungen und Kosten mit sich. Gleichwohl ist die unentgeltliche Einschaltung Dritter als Verwaltungshelfer nach h. M. verfassungsrechtlich unbedenklich.[1731]

888 **Ordnungswidrig** i. S. v. § 380 AO handelt, wer nicht, nicht vollständig oder nicht rechtzeitig Steuerabzugsbeträge, für die ein Dritter Steuerschuldner ist, einbehält oder abführt. Für die Tatbestandsverwirklichung reicht aus, dass der Täter eine der beiden Pflichten, nämlich das Einbehalten oder das Abführen, verletzt. Soweit der Täter beide Tatbestandsalternativen verwirklicht, ist § 380 Abs. 1 AO bereits dann vollendet, wenn er die Steuerabzüge nicht einbehalten hat. Das spätere Nichtabführen der einbehaltenen Beträge wird als Nachtat nicht gesondert bestraft. Eine Einschränkung ist allerdings für den Fall zu machen, in dem eine Abzugsteuer nicht einbehalten, aber gleichwohl abgeführt wird. Dies ist z. B. der Fall, wenn der Arbeitgeber bei einer Nettolohnvereinbarung gleichwohl den Bruttolohn an den Arbeitnehmer auszahlt und die anfallende Lohnsteuer aus anderen Mitteln begleicht. In diesem Fall liegt kein ordnungswidriges Verhalten i. S. d. § 380 AO vor.[1732]

889 „Einbehalten" bedeutet das Nichtauszahlen der Steuerabzugsbeträge an den Steuerschuldner, unabhängig davon, ob der Abzugsbetrag tatsächlich ausgesondert wurde oder nicht.[1733] **Abgeführt** sind die einbehaltenen Steuerabzüge, wenn sie zu dem vorgeschriebenen Zeitpunkt bei dem jeweils zuständigen Finanzamt eingehen.

890 Der **Zeitpunkt**, bis zu welchem die Steuerabzugsbeträge abgeführt werden müssen, richtet sich nach den einzelnen Steuergesetzen. Bei der **Lohnsteuer** ist der einbehaltene Abzugsbetrag grundsätzlich gem. § 41 a Abs. 1 EStG spätestens am 10. Tag nach Ablauf eines jeden Kalendermonats abzuführen. Soweit der Abzugsbetrag im Vorjahr mehr als € 800,– aber nicht mehr als € 3.000,– betragen hat, gilt gem. § 41 a Abs. 2 EStG das Kalendervierteljahr als Voranmeldungszeitraum. Sofern der Abzugsbetrag für das vorangegangene Kalenderjahr nicht mehr als € 800,– betragen hat, ist Lohnsteueranmeldungszeitraum das Kalenderjahr.[1734]

[1727] *Kohlmann* § 380 AO Rdnr. 17.
[1728] Franzen/Gast/Joecks/*Jäger* § 380 AO Rdnr. 18.
[1729] *Kohlmann* § 380 AO Rdnr. 12.
[1730] Franzen/Gast/Joecks/*Jäger* § 380 AO Rdnr. 4.
[1731] *Kohlmann* § 380 AO Rdnr. 11; Franzen/Gast/Joecks/*Jäger* § 380 AO Rdnr. 4.
[1732] *Quedenfeld/Füllsack*, Verteidigung in Steuerstrafsachen, S. 82 Rdnr. 260.
[1733] RG Urt. v. 25.2.1907 – III 995/06 – RGSt 40, 42, 43.
[1734] Zur möglichen Stundung der Lohnsteuer vgl. *Gerber* DB 1999, 1729.

Die innerhalb eines Monats einbehaltene **Kapitalertragsteuer** ist gem. § 44 Abs. 1 S. 5 EStG bis zum 10. des folgenden Monats an das Finanzamt abzuführen bzw. bei Kapitalerträgen i. S. d. § 43 Abs. 1 S. 1 Nr. 1 EStG ist die einbehaltene Steuer in dem Zeitpunkt abzuführen, in dem die Kapitalerträge dem Gläubiger zufließen. Zusätzlich muss in bestimmten Fällen gem. § 45 e EStG i.V.m. § 45 d EStG eine Mitteilung an das Bundeszentralamt für Steuern abgegeben werden, dessen vorsätzliche oder fahrlässige Verletzung gem. § 50 e Abs. 1 EStG eine Ordnungswidrigkeit darstellt. Die Ordnungswidrigkeit kann mit einer Geldbuße bis zu € 5.000,– geahndet werden (§ 50 e Abs. 1 S. 2 EStG).

In bestimmten Fällen der **beschränkten Steuerpflicht** wird die Einkommensteuer im Wege des Abzugs einbehalten (§ 50 a EStG, §§ 73 a bis 73 f EStDV), nämlich bei
- beschränkt steuerpflichtigen Mitgliedern des Aufsichts-/Verwaltungsrats inländischer Kapitalgesellschaften,
- Einkünften, die durch im Inland ausgeübte oder verwertete künstlerische, sportliche, artistische oder ähnliche Darbietungen erzielt werden (§ 50 a Abs. 4 S. 1 Nr. 1 EStG),
- Einkünften aus der Ausübung oder Verwertung einer Tätigkeit als Künstler, Berufssportler, Schriftsteller, Journalist oder Bildberichterstatter (§ 50 a Abs. 4. S. 1 Nr. 2 EStG),
- Einkünften, die aus Vergütungen für die Nutzung beweglicher Sachen oder für die Verwertung von Urheberrechten, gewerblichen Schutzrechten und gewerblichen, technischen, wissenschaftlichen und ähnlichen Erfahrungen, Kenntnissen und Fertigkeiten herrühren (§ 50 a Abs. 4 S. 1 Nr. 3 EStG).

Die aufgrund der beschränkten Einkommensteuerpflicht innerhalb eines Kalendervierteljahres einbehaltenen Beträge sind gem. § 50 a Abs. 5 S. 3 EStG jeweils bis zum 10. des dem Vierteljahr folgenden Monats abzuführen.

§ 48 Abs. 1 S. 1 EStG (**Bauabzugsteuer**) verpflichtet den Empfänger einer im Inland ausgeführten Bauleistung, für Rechnung des Leistenden von der Gegenleistung einen Steuerabzug von 15 % vorzunehmen, sofern der Leistungsempfänger ein Unternehmer i. S. d. § 2 UStG oder eine juristische Person des öffentlichen Rechts ist.[1735] Der Steuerabzug muss gem. § 48 Abs. 2 EStG nicht vorgenommen werden, wenn der Leistende dem Leistungsempfänger eine im Zeitpunkt der Gegenleistung gültige Freistellungsbescheinigung gem. § 48 b Abs. 1 S. 1 EStG vorlegt oder die Gegenleistung im Kalenderjahr bestimmte Mindestbeträge nicht überschreitet. Gem. § 48 a Abs. 1 EStG hat der Leistungsempfänger nach Ablauf des Monats, in dem die Gegenleistung i. S. d. § 48 EStG erbracht wurde, eine Steueranmeldung abzugeben und abzuführen.

Eine verspätete Zahlung liegt auch dann vor, wenn sie gem. § 240 Abs. 3 AO innerhalb der **Schonfrist** von drei Tagen nach Fälligkeit geleistet wird. Auf eine Ahndung der Tat wird nach dem Opportunitätsprinzip jedoch in aller Regel verzichtet. Soweit die Steuer vor dem Fälligkeitstermin wirksam **gestundet** worden ist und die Zahlung erst nach dem Fälligkeitstermin erfolgt, fehlt es an einer tatbestandsmäßigen Handlung. Eine erst nach dem Fälligkeitstermin gewährte Stundung bewirkt hingegen weder, dass die Verspätung beseitigt noch, dass sie gerechtfertigt wird. Eine **Aufrechnung** des Abzugsverpflichteten mit Gegenansprüchen aus anderen Steuerarten gegenüber dem Finanzamt ist nur unter den in § 226 Abs. 3 und 4 AO bezeichneten Voraussetzungen möglich.

5. Subjektiver Tatbestand

Beim subjektiven Tatbestand des § 380 Abs. 1 AO ist direkter oder bedingter Vorsatz oder Leichtfertigkeit erforderlich.[1736]

Der **Vorsatz** des Täters muss sich auf die pflichtbegründenden Umstände erstrecken und der Täter muss diese Umstände zumindest in ihrer Bedeutung erkannt haben. Es reicht für das Vorliegen des bedingten Vorsatzes aus, wenn der Täter die rechtswidrige Nichtabführung der Steuer gewollt oder eine solche Möglichkeit zumindest gebilligt hat. Ein Entfall des Vorsatzes kommt in Betracht, wenn der Täter in Unkenntnis eines Tatbestandsmerkmals handelt oder sich in einem Irrtum bezüglich eines Tatbestandsmerkmals (sog. **Tatbestandsirrtum**) be-

---

[1735] Vgl. im Einzelnen Schmidt/*Drenseck* § 48 EStG Rdnr. 1 ff.
[1736] Franzen/Gast/Joecks/*Jäger* § 380 AO Rdnr. 21.

findet.[1737] Das ist z. B. dann der Fall, wenn der Täter meint, dass er aufgrund bestehender Guthaben aus anderen Steuerarten eine Gegenforderung gegenüber dem Finanzamt habe.[1738] Fehlt dem Täter die Einsicht, etwas Verbotenes zu tun, befindet er sich in einem **Verbotsirrtum**. Soweit dieser unvermeidbar war, entfällt nicht der Vorsatz, sondern die Vorwerfbarkeit des Handelns.[1739]

898 **Leichtfertigkeit** wird angenommen, wenn der Täter die Sorgfalt in besonders grobem Maße außer Acht lässt, zu der er nach den jeweiligen Umständen und seinen persönlichen Fähigkeiten verpflichtet und imstande gewesen wäre. Dabei wird von jedem Steuerpflichtigen erwartet, dass er sich über die steuerlichen Pflichten informiert, die ihn betreffen. Leichtfertigkeit entspricht somit einem erhöhten Grad von Fahrlässigkeit.[1740]

899 Rechtfertigungsgründe werden im Rahmen des § 380 AO regelmäßig nicht gegeben sein. Die Handlungspflicht bleibt grundsätzlich auch bei Zahlungsschwierigkeiten des Arbeitgebers bestehen.[1741] Wirtschaftliche Schwierigkeiten rechtfertigen keinen Verstoß gegen § 380 AO.[1742] Sie sind allenfalls bei der Geldbuße zu berücksichtigen. Sofern die vorhandenen Mittel nicht zur Zahlung des vollen Lohnes und der darauf entfallenden Steuer ausreichen, ist der Lohn insoweit zu kürzen und die auf den gekürzten Lohn entfallende Lohnsteuer abzuziehen und abzuführen.[1743]

6. Keine Versuchsstrafbarkeit

900 Nach § 377 Abs. 2 AO i. V. m. § 13 Abs. 2 OWiG kann der Versuch einer Ordnungswidrigkeit nur dann geahndet werden, wenn das Gesetz es ausdrücklich vorsieht. § 380 AO sieht eine Ahndung des Versuchs nicht vor.

7. Geldbuße

901 Die Abzugsteuergefährdung kann mit einer Geldbuße von mindestens € 5,- (§ 377 Abs. 2 AO i. V. m. § 17 Abs. 1 OWiG) bis zu höchstens € 25.000,- (§ 380 Abs. 2 AO) geahndet werden. Bei leichtfertigem Verhalten beträgt das Höchstmaß der Geldbuße (§ 380 Abs. 2 AO i. V. m. § 17 Abs. 2 OWiG) die Hälfte, somit € 12.500,-. Die Höhe der Geldbuße soll nach dem vorwerfbaren Verhalten des Täters, dem sachlichen Umfang der Tat und den wirtschaftlichen Verhältnissen des Täters bemessen werden, wobei sie den wirtschaftlichen Vorteil, den der Täter durch die Tat erlangt hat, übersteigen soll. Soweit hierzu das gesetzlich vorgesehene Höchstmaß der Geldbuße nicht ausreicht, kann dieses Höchstmaß gem. § 17 Abs. 4 S. 2 OWiG auch überschritten werden.[1744]

8. Selbstanzeige

902 Eine strafbefreiende Selbstanzeige ist für die Ordnungswidrigkeit gem. § 380 AO nicht möglich.[1745] Strittig ist, ob bei einer gleichzeitig begangenen Steuerhinterziehung gem. § 370 AO oder einer leichtfertigen Steuerverkürzung gem. § 378 AO eine Selbstanzeige die Ahndung nach § 380 AO ausschließt.[1746] Die herrschende Meinung geht davon aus, dass nach einer wirksamen Selbstanzeige die Verfolgung einer an sich subsidiären Ordnungswidrigkeit wieder möglich wird.[1747] Wie bei § 379 AO ließe sich über § 47 OWiG auch hier eine sachgerechte Lösung finden.

[1737] Franzen/Gast/Joecks/*Jäger* § 380 AO Rdnr. 21.
[1738] OLG Köln Beschl. v. 2.3.1984 – 3 Ss 40/84 B – wistra 1984, 154.
[1739] *Kohlmann* § 380 AO Rdnr. 49.
[1740] *Kohlmann* § 380 AO Rdnr. 48.
[1741] Franzen/Gast/Joecks/*Jäger* § 380 AO Rdnr. 24 a.
[1742] *Kohlmann* § 380 AO Rdnr. 45.
[1743] Franzen/Gast/Joecks/*Jäger* § 380 AO Rdnr. 24 a.
[1744] *Hentschel* wistra 2005, 371, 373.
[1745] Franzen/Gast/Joecks/*Jäger* § 380 AO Rdnr. 27.
[1746] Franzen/Gast/*Joecks* § 371 AO Rdnr. 212 m.w.N. zum Meinungsstand.
[1747] Franzen/Gast/Joecks/*Jäger* § 380 AO Rdnr. 30.

9. Konkurrenzen

Soweit der Täter durch sein Verhalten sowohl den Tatbestand einer Gefährdung von Abzugssteuern gem. § 380 AO, als auch den der vorsätzlichen **Steuerhinterziehung** gem. § 370 AO verwirklicht, ist die gesamte Tat gem. § 21 Abs. 1 OWiG als Steuerhinterziehung gem. § 370 AO zu bestrafen. Das gilt selbst dann, wenn sich die Tathandlungen nicht decken, da mit der Nichtanmeldung zumeist auch die Nichtabführung einhergeht.

Eine tatmehrheitliche Begehung ist jedoch dann möglich, wenn der Täter es mit Ablauf des Fälligkeitstages unterlässt, die angemeldete Lohnsteuer abzuführen und durch anschließende Handlungen (z. B. erschlichener Billigkeitserlass, Täuschung des Vollziehungsbeamten) eine Steuerhinterziehung gem. § 370 Abs. 1 AO begeht.

Die Gefährdung von Abzugsteuern tritt gem. § 380 Abs. 2 AO auch zurück, wenn die Tat als **leichtfertige Steuerverkürzung** gem. § 378 Abs. 1 AO geahndet werden kann. Eine Ahndung der Abzugsteuergefährdung lebt wieder auf, wenn das Verfahren wegen der gleichzeitig begangenen Steuerhinterziehung gem. §§ 153, 153 a StPO eingestellt oder gem. § 47 Abs. 1 OWiG von der Verhängung einer Geldbuße abgesehen wird.[1748] Soweit der Täter den Tatbestand des § 380 AO verwirklicht und zugleich keine Sozialversicherungsbeiträge abführt (§ 266 a StGB) oder gegen sozialversicherungsrechtliche Aufzeichnungs- und/oder Meldepflichten (§ 111 Abs. 1 Nr. 3 i. V. m. § 28 f SGB IV) verstößt, liegt Tatmehrheit vor.

10. Verjährung

Die Verfolgungsverjährung des § 380 AO beträgt gem. § 384 AO fünf Jahre.

11. Verfolgung

Nach § 47 Abs. 1 OWiG steht die Verfolgung von Ordnungswidrigkeiten im pflichtgemäßen Ermessen der Verfolgungsbehörde. Davon betroffen sind sowohl die Einleitung des Bußgeldverfahrens, als auch der Umfang der Verfolgung. Von einer Verfolgung kann gem. Nr. 97 AStBV nach § 47 OWiG in der Regel abgesehen werden, wenn der gefährdete Abzugsbetrag weniger als € 1.500,- beträgt, soweit nicht ein besonders verwerfliches Verhalten für die Durchführung eines Bußgeldverfahrens spricht. Das Gleiche gilt, wenn der gefährdete Abzugsbetrag unter € 2.500,- liegt und der gefährdete Zeitraum drei Monate nicht übersteigt.

XV. Verbrauchsteuergefährdung (§ 381 AO)[1749]

Schrifttum: *Beermann*, Das Verbrauchsteuerbinnenmarktgesetz, DStZ 1993, 257; *Dauses*, Handbuch des EU-Wirtschaftsrechts, Loseblatt, 2004; *Friedrich*, Das neue Verbrauchsteuerrecht ab 1993, DB 1992, 2000; *Quedenfeld/Füllsack*, Verteidigung in Steuerstrafsachen, 3. Aufl. 2005; *Rendels*, Schwerpunkte des Verbrauchsteuer-Binnenmarktgesetzes, DStR 1993, 113; *Voß*, Unordentlichkeit des Rechts der Ordnungswidrigkeiten im Bereich des Zoll- und Verbrauchsteuerrechts, BB 1996, 1695.

1. Allgemeines

§ 381 AO soll das Verbrauchsteueraufkommen sichern. Ordnungswidrig sind danach solche Pflichtverletzungen, die noch keine Steuerverkürzung zur Folge hatten oder bei denen ein auf Steuerverkürzung gerichteter Schuldvorwurf nicht besteht oder nicht bewiesen werden kann.

2. Anwendungsbereich

§ 381 AO ist für **Verbrauchsteuern**[1750] anwendbar, die nicht als Einfuhr- oder Ausfuhrabgaben (§ 382 AO) erhoben werden. Verbrauchsteuern sind v.a. Steuern, die auf Bier, Branntwein, Kaffee, Mineralöle, Schaumwein, schaumweinähnliche Getränke und Tabak anfallen. Abgesehen von örtlichen Verbrauch- und Aufwandsteuern (Art. 105 Abs. 2 a GG) sind Verbrauchsteuern Steuern, die die wirtschaftliche Leistungsfähigkeit erfassen, welche sich in der Verwendung von Einkommen zum Zwecke des Verbrauchs von bestimmten Waren

---

[1748] Strittig, vgl. zum Meinungsstand die Übersicht bei Franzen/Gast/Joecks/*Jäger* § 380 AO Rdnr. 30.
[1749] Bearbeitet unter Mitarbeit von WP/StB *Walter Fabisch*.
[1750] Allgemein zum Verbrauchsteuerrecht vgl. *Friedrich* DB 1992, 2000; *Beermann* DStZ 1993, 257; *Rendels* DStR 1993, 113.

manifestiert.[1751] Formal knüpfen sie an die Einfuhr in das jeweilige Erhebungsgebiet aus einem Drittland oder an den Übergang aus dem Herstellungsbetrieb bzw. aus der Steueraussetzung in den verbrauchsteuerrechtlich freien Verkehr an.[1752] Verbrauchsteuern, die auf Waren aus anderen EU-Mitgliedstaaten erhoben werden, sind auf Grund des Binnenmarktprinzips keine Einfuhrabgaben und unterliegen damit dem Anwendungsbereich des § 381 AO. Die straf- und bußgeldrechtlichen Länderregelungen der örtlichen Verbrauch- und Aufwandsteuern sind sehr unterschiedlich. Einige Landesgesetze enthalten eigenständige Bußgeldtatbestände, die mit § 381 AO vergleichbar sind, andere schreiben eine entsprechende Anwendung der gesamten AO vor.

910 Als **Blankettvorschrift** wird § 381 AO durch die in den einzelnen Verbrauchsteuergesetzen oder den dazu erlassenen Rechtsverordnungen enthaltenen Ge- und/oder Verbote ausgefüllt. Als Ordnungswidrigkeit kommen nur Verletzungen von unmittelbar auf Gesetz beruhenden Pflichten, nicht aber von Verwaltungsakten in Betracht. Verstöße gegen Verbrauchsteuern können nach § 381 Abs. 1 AO nur dann geahndet werden, wenn in den Verbrauchsteuergesetzen und Rechtsverordnungen Tatbestände im Sinne des § 381 Abs. 1 Nr. 1 bis 3 AO enthalten sind und das den § 381 AO ausfüllende Verbrauchsteuergesetz bzw. die dazu erlassene Rechtsverordnung wegen dieser Tatbestände ausdrücklich auf § 381 AO verweisen (Vorbehalt der Rückverweisung).[1753]

911 Folgende Verbrauchsteuergesetze/Verordnungen enthalten Verweisungen auf § 381 AO: § 24 BierStG, § 153 BranntwMonG, § 51 BrStV, § 12 HeizölkennzV, § 18 KaffeeStG, § 28 KaffeeStV, § 29 MinöStG, § 60 MinöStV, § 29 SchaumwZwStG, § 43 SchaumZwStV, § 30 TabStG und § 33 TabStV.

3. Täterkreis

912 § 381 AO ist ein **Sonderdelikt**. Täter können nur diejenigen Personen sein, denen die den § 381 AO ausfüllenden verbrauchsteuerrechtlichen Normen besondere Pflichten auferlegen. Als Täter kommen der Betriebsinhaber (§ 139 AO), der beauftragte Betriebsleiter (i. S. d. § 214 AO) oder Personen, die kraft Gesetzes dem Steuerpflichtigen gleichgestellt sind, in Betracht. Andere Personen können sich an der Tat des Haupttäters beteiligen. Der vorsätzliche Tatbeitrag kann gem. § 14 Abs. 1 OWiG mit einem Bußgeld geahndet werden.

4. Objektiver Tatbestand

913 Die **Verbrauchsteuergefährdung** gem. § 381 AO setzt die Verletzung einer der in Abs. 1 Nr. 1 bis 3 aufgeführten Pflichten voraus. Die Verletzungshandlung kann die Nichterfüllung, die unvollständige Erfüllung oder die nicht rechtzeitige Erfüllung einer der Pflichten sein. Da sich die Verletzungstatbestände des § 381 Abs. 1 AO nicht immer voneinander abgrenzen lassen, muss diejenige Tatbestandalternative herangezogen werden, unter welche sich die Vorschrift am leichtesten einordnen lässt. Obwohl die meisten Ordnungswidrigkeitsvorschriften der Verbrauchsteuergesetze, die auf § 381 Abs. 1 AO verweisen, bereits in eine der Tatbestandsalternativen aufgeteilt sind, besteht die Möglichkeit einer **wahlweisen Bestrafung**.

914 a) **Pflichten i. S. d. § 381 Abs. 1 Nr. 1 AO.** § 381 Abs. 1 Nr. 1 AO erfasst Pflichten jeder Art, die der Vorbereitung, der Sicherung oder der Nachprüfung der Besteuerung dienen. Im Einzelnen ergeben sich diese Pflichten aus den Rückverweisungen in den Verbrauchsteuergesetzen und Verordnungen. Hierzu gehören vor allem die Buchführungs-, Aufzeichnungs-, Aufbewahrungs- und Vorlagepflichten, die zur Sicherung und Nachprüfung der Besteuerung unverzichtbar sind. § 381 Abs. 1 Nr. 1 AO stellt in Bezug auf Verstöße gegen Buchführungs- und Aufzeichnungspflichten, die sich aus Verbrauchsteuergesetzen ergeben, eine Spezialvorschrift dar, die die gleichzeitig verwirklichte Bußgeldvorschrift des § 379 Abs. 1 Nr. 2 AO verdrängt.

Ein **Verstoß** gegen die Buchführungs-, Anzeige- oder Erklärungspflichten liegt dann vor, wenn die vorgeschriebene Erklärung nicht, nicht rechtzeitig, inhaltlich unrichtig oder unvollständig abgegeben wird.

[1751] Dauses/Voß, Handbuch des EU-Wirtschaftsrechts, Band 2/J, Rdnr. 241.
[1752] Franzen/Gast/Joecks/Voß § 381 AO Rdnr. 3.
[1753] Zu den Mängeln der Ermächtigungsgrundlage und des Zitiergebots vgl. Voß BB 1996, 1695.

b) Pflichten i. S. d. § 381 Abs. 1 Nr. 2 AO. Von § 381 Abs. 1 Nr. 2 AO werden Verstöße 915
gegen Verpackungs- oder Kennzeichnungsvorschriften und Verkehrs- oder Verwendungsbeschränkungen erfasst. Da sich § 381 Abs. 1 Nr. 2 AO explizit nur auf verbrauchsteuerpflichtige Erzeugnisse und Waren, die solche Erzeugnisse enthalten, bezieht, ist § 381 Abs. 1 Nr. 2 AO nicht auf Rohstoffe, die zur Herstellung der Erzeugnisse dienen und nicht selbst steuerpflichtig sind, anwendbar.

Unter dem Begriff „Verpackung" ist die Umhüllung der Ware zu verstehen, unter „Kenn- 916
zeichnung" die Deklaration der Waren bzw. die Kennzeichnung von Papieren. Unter „Verkehrsbeschränkungen" sind Einschränkungen des „In-Verkehr-Bringens" des verbrauchsteuerpflichtigen Erzeugnisses zu verstehen, wobei jedes Überlassen des Erzeugnisses oder der Ware an Dritte außerhalb des eigenen Haushaltes gemeint ist (z. B. § 24 Abs. 1 TabStG). „Verwendungsbeschränkungen" meint Beschränkungen bereits in den Verkehr gebrachter Waren und betrifft den Gebrauch oder Verbrauch von Waren.

c) Pflichten i. S. d. § 381 Abs. 1 Nr. 3 AO. Seit In-Kraft-Treten des Verbrauchsteuer- 917
Binnenmarktgesetzes 1992[1754] am 1.1.1993 gehören **Freizonen** zum Erhebungsgebiet der Verbrauchsteuern. Damit ist die spezielle Regelung des § 381 Abs. 1 Nr. 3 AO für Freihäfen, die rechtlich zu den Freizonen gehören, unnötig geworden.

5. Subjektiver Tatbestand

Die Verbrauchsteuergefährdung gem. § 381 AO muss vorsätzlich oder leichtfertig begangen 918
worden sein. Bedingter Vorsatz reicht aus. Leichtfertigkeit ist aufgrund der unübersichtlichen, unsystematischen und unklaren Vorschriften des Verbrauchsteuerrechts nur schwer nachweisbar und spielt vor allem in den Fällen eine Rolle, in denen der Täter seine im Zusammenhang mit seiner gewerblichen bzw. freiberuflichen Tätigkeit stehenden Pflichten vernachlässigt, weil er es unterlassen hat, sich über diese Pflichten zu informieren.[1755]

6. Geldbuße

Die Geldbuße beträgt gem. §§ 17 Abs. 1 OWiG i. V. m. § 377 Abs. 2 AO mindestens € 5,– 919
und gem. § 381 Abs. 2 AO höchstens € 5.000,–. Bei leichtfertigem Verhalten beträgt das Höchstmaß der Geldbuße (§ 381 Abs. 2 AO i. V. m. § 13 Abs. 1 OWiG) die Hälfte, somit € 2.500,–. Die Höhe der Geldbuße soll nach dem vorwerfbaren Verhalten des Täters, dem sachlichen Umfang der Tat und den wirtschaftlichen Verhältnissen des Täters bemessen werden, wobei sie den wirtschaftlichen Vorteil, den der Täter durch die Tat erlangt, übersteigen soll. Soweit hierzu das gesetzlich vorgesehene Höchstmaß der Geldbuße nicht ausreicht, kann dieses Höchstmaß gem. § 17 Abs. 4 S. 2 OWiG auch überschritten werden.

7. Selbstanzeige

Eine bußgeldbefreiende **Selbstanzeige** i. S. der §§ 371, 378 Abs. 3 AO ist nach § 381 AO 920
mangels entsprechender Verweisung nicht möglich. Beim Zusammentreffen von §§ 371, 378 AO und § 381 AO lebt bei erfolgter Selbstanzeige die Möglichkeit wieder auf, die an sich subsidiäre Ordnungswidrigkeit wieder zu verfolgen.[1756] Über § 47 OWiG ließe sich eine sachgerechte Lösung finden.

8. Konkurrenzen

Die Verbrauchsteuergefährdung ist aufgrund der allgemeinen Konkurrenzregeln gegenüber 921
§ 370 AO und gem. § 381 Abs. 2 AO im Verhältnis zu § 378 AO subsidiär. Dies gilt auch, wenn die Handlung nur als Beihilfe zur Steuerhinterziehung geahndet werden kann.[1757] § 381 AO tritt nach § 21 Abs. 1 OWiG i. V. m. § 377 Abs. 2 AO auch gegenüber dem qualifizierten Schmuggel gem. § 373 AO zurück. Wenn Einfuhrtatbestände der Verbrauchsteuergesetze erfüllt sind, handelt es sich um Eingangsabgaben, für welche § 382 AO als Sondervorschrift

---

[1754] BGBl. I 1992 S. 2150.
[1755] *Quedenfeld/Füllsack*, Verteidigung in Steuerstrafsachen, S. 83 Rdnr. 267.
[1756] *Quedenfeld/Füllsack*, Verteidigung in Steuerstrafsachen, S. 83 Rdnr. 268.
[1757] Franzen/Gast/Joecks/*Voß* § 381 AO Rdnr. 23.

und nicht § 381 AO anwendbar ist. Darüber hinaus geht § 381 AO der Steuergefährdung gem. § 379 AO als Sonderdelikt vor.[1758]

9. Verjährung

922 Die Verjährung der Verbrauchsteuergefährdung richtet sich mangels Auflistung im Katalog des § 384 AO nach den allgemeinen Verjährungsvorschriften gem. § 377 Abs. 2 AO i. V. m. §§ 31 ff. OWiG. Die Verjährungsfrist für die Verbrauchsteuergefährdung beträgt gem. § 31 Abs. 2 Nr. 2 OWiG zwei Jahre. Die Verjährungsfrist beginnt beim Tätigkeitsdelikt des § 381 AO mit der Vornahme der Verletzungshandlung, beim Unterlassen mit dem Fälligkeitstermin, an welchem die Handlung hätte vorgenommen werden müssen.

XVI. Gefährdung der Einfuhr- und Ausfuhrabgaben (§ 382 AO)[1759]

Schrifttum: *Quedenfeld/Füllsack*, Verteidigung in Steuerstrafsachen, 3. Aufl. 2005; *Voß*, Unordentlichkeit des Rechts der Ordnungswidrigkeiten im Bereich des Zoll- und Verbrauchsteuerrechts, BB 1996, 1695.

1. Allgemeines

923 § 382 AO schützt die vollständige Erfassung der Einfuhr- und Ausfuhrabgaben und soll die zollamtliche Überwachung des grenzüberschreitenden Warenverkehrs über die Grenzen des Zollgebietes der Europäischen Gemeinschaft sowie über die Freizonengrenzen sicherstellen. Die Norm erfasst solche Handlungen, die noch keine Verkürzung von Eingangsabgaben und Verbrauchsteuern darstellen, aber für das Steueraufkommen besonders gefährlich erscheinen. Da es zur Zeit in der Europäischen Gemeinschaft keine Ausfuhrzölle gibt, ist die Gefährdung von Ausfuhrabgaben nicht möglich.[1760]

2. Anwendungsbereich des § 382 AO

924 Während die §§ 372, 373 AO Zuwiderhandlungen gegen Ein-, Aus- und Durchfuhrverbote und -beschränkungen betreffen, ergibt sich aus der Überschrift des § 382 AO, dass nur Zuwiderhandlungen bezüglich Einfuhr- und theoretisch Ausfuhrabgaben, also Zölle einschließlich Abschöpfungen und die Einfuhrumsatzsteuer sowie die anderen für eingeführte Waren zu erhebenden Verbrauchsteuern erfasst werden. Bei § 382 AO handelt es sich um ein abstraktes **Gefährdungsdelikt**.[1761] Durch das Gesetz wird unwiderlegbar vermutet, dass die Vornahme bestimmter Handlungen generell für das geschützte Rechtsgut gefährlich ist. Eine tatsächliche Gefährdung der Einfuhr- bzw. theoretisch der Ausfuhrabgaben ist im Gegensatz zu § 379 Abs. 1 AO nicht Tatbestandsvoraussetzung. Demgemäß werden auch Handlungen, welche die Verkürzung der Einfuhr- oder theoretisch der Ausfuhrabgaben vorbereiten können, mit Bußgeld bewehrt.[1762]

925 § 382 AO ist eine **Blankettnorm**.[1763] Das die Blankettnorm ausfüllende, die Verhängung eines Bußgelds begründende Verhalten, ergibt sich nicht aus § 382 AO, sondern aus den Zollvorschriften des Bundes und der Europäischen Gemeinschaft.[1764] Wie bei § 381 AO ist auch bei § 382 AO eine Rückverweisung erforderlich. Voraussetzung für die Ahndung von Zuwiderhandlungen gegen Vorschriften der Zollgesetze und der dazu erlassenen Rechtsverordnungen ist nach § 382 AO, dass diese Gesetze und Rechtsverordnungen wegen des verletzten Tatbestandes auf die in § 382 Abs. 1 Nr. 1 bis 3 AO genannten Tatbestandsalternativen verweisen. Eine Zuwiderhandlung gegen Verwaltungsvorschriften oder -verfügungen der Zollbehörden reicht demnach nicht aus. Da EG-Verordnungen nicht auf deutsche Bußgeldvorschriften verweisen können, wurde das Bundesministerium der Finanzen in § 382 Abs. 4 AO ermächtigt, Vorschriften aus diesen Verordnungen zu bezeichnen, deren Verletzung als

---

[1758] Franzen/Gast/Joecks/*Voß* § 381 AO Rdnr. 22.
[1759] Bearbeitet unter Mitarbeit von WP/StB *Walter Fabisch*.
[1760] *Quedenfeld/Füllsack*, Verteidigung in Steuerstrafsachen, S. 83 Rdnr. 269; *Kohlmann* § 382 AO Rdnr. 11; a.A. Franzen/Gast/Joecks/*Voß* § 382 AO Rdnr. 7.
[1761] Franzen/Gast/Joecks/*Voß* § 382 AO Rdnr. 2.
[1762] Franzen/Gast/Joecks/*Voß* § 382 AO Rdnr. 2.
[1763] Zu den Mängeln der Ermächtigungsgrundlage und des Zitiergebots vgl. *Voß* BB 1996, 1695.
[1764] *Kohlmann* § 382 AO Rdnr. 6.

Ordnungswidrigkeit geahndet werden kann, soweit dies zur Durchführung der Verordnungen erforderlich ist. Nach den vom Bundesministerium der Finanzen aufgrund der Ermächtigung gem. § 382 Abs. 4 AO erlassenen Rechtsverordnungen wird auf den Zollkodex sowie die Zollkodex-Durchführungsverordnung verwiesen. Die Ermächtigung des § 382 Abs. 4 AO engt den Kreis der in § 382 Abs. 1 AO beschriebenen Pflichten ein.[1765] Im Zollrecht enthalten § 31 ZollVG und § 30 ZollV abschließende Verweisungskataloge.[1766]

3. Täterkreis

Täter kann sein, wer die ihm durch rückverweisende Normen des Zollrechts auferlegten Pflichten verletzt oder gegen fremde, von ihm wahrgenommene Pflichten verstößt. Nach § 382 Abs. 1 AO kann der Pflichtige selbst, aber auch derjenige, der die Angelegenheiten eines Pflichtigen wahrnimmt, Täter sein. Wer Täter i. S. d. § 382 Abs. 1 AO ist, ergibt sich somit aus den blankettausfüllenden zollrechtlichen Vorschriften (mit Rückverweisung). **Beteiligter** kann gem. § 14 Abs. 1 S. 2 OWiG jeder sein, der sich an der die Einfuhrabgaben gefährdenden Tat beteiligt, selbst wenn er nicht zum Täterkreis i. S. d. § 382 Abs. 1 AO gehört.

a) **Pflichtige.** Der Personenkreis der Pflichtigen ergibt sich aus den drei Tatbestandsalternativen des § 382 Abs. 1 AO. Bei der Einfuhr in das **Zollgebiet** der Gemeinschaft ist bei der Verbringung der Waren der Verbringer oder der Beförderer, der die Waren nach ihrem Verbringen übernimmt, zur **Gestellung**[1767] verpflichtet. Gestellungspflichtig ist – unabhängig davon, ob er tatsächlicher Besitzer oder Eigentümer ist – diejenige natürliche Person, die mit der Ware die EG-Zollgrenze überschreitet. Neben dem Gestellungspflichtigen selbst kommt jedermann als **Täter** in Betracht, den die in § 31 ZollVG und § 30 ZollV aufgezählten Einzelpflichten betreffen. Dazu gehört insbesondere der **Zollanmelder**.[1768] Zollanmelder kann jede Person sein, die in der Lage ist, eine Ware bei der zuständigen Zollstelle zu gestellen oder gestellen zu lassen und alle einschlägigen Unterlagen vorzulegen.

b) **Personen, die bei der Wahrnehmung der Angelegenheiten eines Pflichtigen handeln.** In Wahrnehmung der Angelegenheiten eines Pflichtigen kann jeder handeln, dessen Tun oder Unterlassen mit den Pflichten eines Pflichtigen i. S. d. § 382 Abs. 1 AO in Zusammenhang steht. Dazu gehören insbesondere die in den §§ 34, 35 AO genannten Personen. Das sind der gesetzliche Vertreter und Vermögensverwalter (§ 34 AO), der Verfügungsbefugte i. S. d. § 35 AO und Vertreter im Sinne von Art. 5 ZK bzw. Beauftragte i. S. d. § 9 OWiG. Aus den Worten „bei Wahrnehmung" geht hervor, dass über den bereits vorgenannten Personenkreis hinaus, jede Person, die dem Pflichtigen tatsächlich Hilfe leistet, Täter sein kann.[1769] Ein Spediteur handelt in eigenem Namen und nicht in Wahrnehmung der Angelegenheiten eines Pflichtigen; es sei denn, er erklärt, dass er in fremdem Namen handelt (Art. 5 Abs. 4 ZK).[1770]

4. Objektiver Tatbestand

a) **§ 382 Abs. 1 Nr. 1 AO.** Nach § 382 Abs. 1 Nr. 1 AO sind Zuwiderhandlungen gegen Vorschriften über die zollamtliche Erfassung des Warenverkehrs über die Grenze des Zollgebiets der Europäischen Gemeinschaft sowie über die Freizonengrenzen ordnungswidrig. Die Erfassung des **Warenverkehrs** ist in den Art. 37 bis 57 ZK und in den §§ 1 bis 5 ZollVG geregelt. Durch die in diesen Vorschriften geregelte Erfassung des grenzüberschreitenden Warenverkehrs soll die Erhebung von Einfuhr- und Ausfuhrabgaben gesichert sowie die Einhaltung von Warenverkehrsbeschränkungen überwacht werden. Die **Freizonen** werden in § 382 Abs. 1 Nr. 1 AO erwähnt, da sie nach Art. 166 ZK, § 20 ZollVG zum Zollgebiet der Gemeinschaft gehören.

b) **§ 382 Abs. 1 Nr. 2 AO.** Nach § 382 Abs. 1 Nr. 2 AO sind Verstöße gegen nationale Zollvorschriften oder solche des Gemeinschaftszollrechts, die für die Überführung von Waren in ein

---

[1765] Vgl. im Einzelnen Franzen/Gast/Joecks/*Voß* § 382 AO Rdnr. 13.
[1766] Franzen/Gast/Joecks/*Voß* § 382 AO Rdnr. 12, der diese Verweisungen mangels ausreichender Ermächtigung für nichtig hält.
[1767] Def. in Art. 4 Nr. 19 ZK.
[1768] Def. in Art. 4 Nr. 18, Art. 64 ZK.
[1769] *Kohlmann* § 382 AO Rdnr. 22.
[1770] Franzen/Gast/Joecks/*Voß* § 382 AO Rdnr. 15.

Zollverfahren und dessen Durchführung oder für die Erlangung einer sonstigen zollrechtlichen Bestimmung gelten, ordnungswidrig. Mittelpunkt des Zollkodex bilden die zollrechtlichen Bestimmungen in Art. 58 bis 182 ZK. Darin wird unterschieden zwischen der Überführung von Waren in ein **Zollverfahren** (Art. 59 bis 165 ZK) und der sonstigen **zollrechtlichen Bestimmung** (Art. 166 bis 182 ZK).

931 Die Art. 4 Nr. 15 und 16 ZK bestimmen die Begriffe zollrechtliche Bestimmung und Zollverfahren. In Art. 4 Nr. 16 ZK wird zwischen acht **Zollverfahren** unterschieden:
- Überführung in den zollrechtlich freien Verkehr (Art. 79 bis 83 ZK),
- Versandverfahren (extern: Art. 91 bis 97 u. intern: 163 bis 165 ZK),
- Zolllagerverfahren (Art. 98 bis 113 ZK),
- aktive Veredelung (Art. 114 bis 129 ZK),
- Umwandlungsverfahren (Art. 130 bis 136 ZK),
- vorübergehende Verwendung (Art. 137 bis 144 ZK),
- passive Veredelung (Art. 145 bis 160 ZK),
- Ausfuhrverfahren (Art. 161 bis 162 ZK).

932 Sonstige **zollrechtliche Bestimmung** ist gem. Art. 4 Nr. 15 ZK die
- Überführung in ein Zollverfahren,
- Verbringung in eine Freizone oder ein Freilager (Art. 166 bis 181 ZK),
- Wiederausfuhr (Art. 182 ZK),
- Vernichtung, Zerstörung oder Aufgabe zugunsten der Staatskasse (Art. 182 ZK).

933 c) **§ 382 Abs. 1 Nr. 3 AO.** Nach § 382 Abs. 1 Nr. 3 AO ist die **Zuwiderhandlung** gegen Vorschriften über Freizonen, den grenznahen Raum und die der Grenzaufsicht unterworfenen Gebiete ordnungswidrig.

934 **Freizonen** sind Zollfreigebiete, die aber Teil des Zollgebiets der Gemeinschaft sind (Art. 166 ZK). Waren, die aus Drittländern in die Freizonen verbracht werden, gelten nach Art. 166 a ZK als nicht im Zollgebiet befindlich. Die Freizonen werden gem. Art. 167 ZK von den Mitgliedstaaten eingerichtet, in Deutschland durch Gesetz (§ 20 Abs. 1 ZollVG). Zu den deutschen Freizonen zählen die Freihäfen in Bremen, Bremerhaven, Cuxhaven, Deggendorf, Duisburg, Emden, Hamburg und Kiel. Die den § 382 AO ausfüllenden Pflichten im Gebiet der Freizonen ergeben sich aus §§ 20 – 23 ZollVG. Danach bedarf das Wohnen und Bauen in den Freizonen einer besonderen Erlaubnis des Hauptzollamtes (§§ 21, 22 ZollVG). Unter **grenznahem Raum** (bisher Zollgrenzbezirk) wird gem. § 14 Abs. 1 ZollVG der deutsche Teil des Zollgebietes der Gemeinschaft verstanden, bis zu einer Tiefe von 30 km, von der seewärtigen Begrenzung des Zollgebiets der Gemeinschaft an bis zu einer Tiefe von 50 km. Die der **Grenzaufsicht unterworfenen Gebiete** sind gem. § 2 der VO über die Ausdehnung des grenznahen Raumes und der Grenzaufsicht unterworfenen Gebiete v. 1.7.1993 i. d. F. der Ersten VO zur Änderung der VO v. 10.4.1995 die bezeichneten Binnengewässer einschließlich ihrer Inseln und Ufergelände, die benannten Flugplätze und verkehrsrechtlich zugelassenen Flugplätze sowie die um die Freizonen gelegenen Bereiche. Die den § 382 AO ausfüllenden Pflichten im grenznahen Raum und den der Grenzaufsicht unterliegenden Gebiete ergeben sich aus den §§ 14 Abs. 2, 15 Abs. 1 bis 4 ZollVG.

935 d) **§ 382 Abs. 2 AO.** Nach § 382 Abs. 2 AO ist § 382 Abs. 1 AO auch anwendbar, soweit die Zollgesetze und die dazu erlassenen Rechtsverordnungen für Verbrauchsteuern sinngemäß gelten. Dies betrifft nur Verbrauchsteuern, die bei der Einfuhr verbrauchsteuerpflichtiger Waren erhoben werden, wobei Verbrauchsteuern für Waren aus anderen Mitgliedstaaten der EU nicht unter diese Vorschriften fallen.

936 Für die **Einfuhrumsatzsteuer** gilt gem. § 21 Abs. 2 UStG allgemein das Zollrecht mit bestimmten, ausdrücklich geregelten Ausnahmen (Vorschriften über den aktiven Veredlungsverkehr nach dem Verfahren der Zollrückvergütung und über den passiven Veredlungsverkehr). Da die Ausnahmen nicht § 31 ZollVG und § 30 ZollV betreffen, ist § 382 Abs. 1 AO auch für die Verletzung der Einfuhrumsatzsteuer anwendbar.

937 Für die **übrigen Verbrauchsteuern** gelten die zollrechtlichen Vorschriften für das Verbringen von verbrauchsteuerpflichtigen Waren aus dem freien Verkehr anderer **Mitgliedstaaten der EU** in das deutsche Erhebungsgebiet bzw. im innergemeinschaftlichen Versandhandel nicht. Im Warenverkehr mit EU-Mitgliedstaaten ist § 382 AO nicht anwendbar. Für verbrauchsteuer-

5. Subjektiver Tatbestand

§ 382 Abs. 1 AO erfordert, dass die Zuwiderhandlung vorsätzlich oder fahrlässig begangen werden muss. Anders als bei den Gefährdungstatbeständen der §§ 379-381 AO, die leichtfertiges Handeln voraussetzen, ist bei § 382 AO einfache Fahrlässigkeit ausreichend.[1772] **938**

6. Geldbuße

Bei der vorsätzlichen Einfuhrabgabengefährdung beträgt die Geldbuße gem. § 17 Abs. 1 OWiG i. V. m. § 377 Abs. 2 AO mindestens € 5,- und gem. § 382 Abs. 3 AO höchstens € 5.000,-, sofern die Handlung nicht nach § 378 AO geahndet werden kann. Nach § 378 AO kann eine Geldbuße bis € 50.000,- zur Anwendung kommen. Bei Fahrlässigkeit beträgt die Geldbuße höchstens € 2.500,- (§ 17 Abs. 2 OWiG). Die Geldbuße soll den wirtschaftlichen Vorteil, den der Täter aus der Ordnungswidrigkeit gezogen hat, übersteigen (§ 377 Abs. 2 AO, § 17 Abs. 4 OWiG). Somit kann die Geldbuße über das oben angeführte Höchstmaß der Geldbuße hinausgehen.[1773] **939**

7. Selbstanzeige und Ahndung

Die Möglichkeit einer Selbstanzeige ist in § 382 AO nicht vorgesehen. Beim Zusammentreffen von § 382 AO mit §§ 370, 378 AO lebt nach erfolgter Selbstanzeige die Möglichkeit wieder auf, die subsidiäre Ordnungswidrigkeit zu verfolgen.[1774] Für bestimmte leichtere Steuervergehen und Steuerordnungswidrigkeiten, die im Reiseverkehr im Zusammenhang mit der Zollbehandlung begangen werden, besteht gem. § 32 Abs. 1 ZollVG ein **Verfolgungshindernis**. Wenn dessen Voraussetzungen vorliegen, darf die Tat nicht verfolgt werden, es sei denn, die Voraussetzungen des § 32 Abs. 2 ZollVG sind erfüllt. Gem. § 32 Abs. 3 ZollVG kann in Fällen der Nichtverfolgung nach Abs. 1 oder einer Einstellung nach § 398 AO ein Zuschlag bis zur Höhe der Eingangsabgaben, höchstens jedoch bis zu EUR 130,- erhoben werden. **940**

Von einer Verfolgung kann nach pflichtgemäßem Ermessen gem. § 47 OWiG abgesehen werden, wenn eine Gefährdung der Einfuhrabgaben ausgeschlossen ist oder durch nachträgliche Wiedergutmachung kompensiert wird. Bei sonstigen geringfügigen Verstößen kann gem. § 56 OWiG ein Verwarnungsgeld in Höhe von € 5,- bis € 35,- erhoben werden. **941**

8. Konkurrenzen

§ 382 AO ist als Sondervorschrift gegenüber § 381 AO vorrangig. Im Verhältnis zur Steuerhinterziehung gem. § 370 AO und der leichtfertigen Steuerverkürzung gem. § 378 AO tritt § 382 AO zurück. § 382 Abs. 1 Nr. 2 AO geht als Sondertatbestand dem § 379 AO vor. Bei der grundsätzlich möglichen Tateinheit zwischen einem Strafgesetz und § 382 AO wird nach § 21 Abs. 1 OWiG nur das Strafgesetz angewandt. **942**

9. Verjährung

Die Verjährung richtet sich nach den allgemeinen Verjährungsvorschriften der §§ 31 ff. OWiG, 377 Abs. 2 AO. Nach § 31 Abs. 2 Nr. 2 OWiG beträgt die Verjährungsfrist zwei Jahre. **943**

XVII. Unzulässiger Erwerb von Steuererstattungs- und Vergütungsansprüchen (§ 383 AO)[1775]

Schrifttum: *Bergmann,* Die Behandlung von Erstattungsansprüchen im Steuerrecht, BB 1992, 893; *Hein,* Überlegungen zur Entstehung des steuerrechtlichen Erstattungsanspruchs, DStR 1990, 301; *Quedenfeld/Füllsack,* Verteidigung in Steuerstrafsachen, 3. Aufl. 2005; *Lenke/Widera,* Zur Abtretbarkeit von Steuererstattungs- und Vergütungsansprüchen nach § 46 Abs. 4 AO, DB 1985, 1367; *Mink,* Abtretung von Steuererstattungs- und

---

[1771] Vgl. im Einzelnen Franzen/Gast/Joecks/*Voß* § 382 AO Rdnr. 31.
[1772] *Kohlmann* § 382 AO Rdnr. 40.
[1773] Franzen/Gast/Joecks/*Voß* § 382 AO Rdnr. 34.
[1774] *Quedenfeld/Füllsack,* Verteidigung in Steuerstrafsachen, S. 84 Rdnr. 271.
[1775] Bearbeitet unter Mitarbeit von WP/StB *Walter Fabisch.*

-vergütungsansprüchen nach § 46 AO, DB 1994, 702; *Slapio,* Geschäftsmäßiger Erwerb von Steuererstattungsansprüchen nach § 46 Abs. 4 AO, DStR 1994, 1368.

1. Allgemeines

944 § 383 Abs. 1 AO nimmt Bezug auf § 46 Abs. 4 S. 1 AO, der lautet: „Der geschäftsmäßige Erwerb von Erstattungs- und Vergütungsansprüchen zum Zwecke der Einziehung oder sonstigen Verwertung auf eigene Rechnung ist nicht zulässig."[1776]

945 Ein Erwerb von Erstattungs- und Vergütungsansprüchen entgegen der Vorschrift des § 46 Abs. 4 AO führt zur Nichtigkeit.[1777] Die Regelung des § 383 AO beruht auf den Problemen, die früher im Zusammenhang mit § 107 a Abs. 3 Nr. 4 RAO a. F. gemacht wurden. Danach war es möglich, dass sich so genannte „**Lohnsteuerhilfevereinigungen**" bildeten. In Wahrheit handelte es sich dabei aber oftmals um unseriöse Vereine, die die Unkenntnis von v.a. ausländischen Arbeitnehmern über die tatsächliche Höhe ihrer voraussichtlichen Lohnsteuerrückzahlung ausnutzten, indem sie zur eigenen Bereicherung entweder die Erstattungsansprüche der Mitglieder zu einem weit unter den tatsächlichen Erstattungsansprüchen liegenden Preis aufkauften oder in Zusammenarbeit mit wenigen bundesweit agierenden Teilzahlungsbanken die Vorfinanzierung gegen Abtretung der Erstattungsansprüche zu Zinssätzen von bis zu 50 % vornahmen. Indem der Gesetzgeber in § 46 Abs. 4 S. 1 i. V. m. Abs. 5 AO den geschäftsmäßigen Erwerb von Erstattungs- und Vergütungsansprüchen für unzulässig und damit für nichtig erklärt hat, hat er diese Art der Wirtschaftskriminalität unterbunden.[1778] Die Bußgeldvorschrift des § 383 AO bezweckt, die durch derartige Geschäfte gefährdeten Personen zusätzlich zu schützen.

2. Anwendungsbereich des § 383 AO

946 § 383 AO ist anwendbar auf Erstattungs- und Vergütungsansprüche,[1779] soweit sie sich aus dem Steuerschuldverhältnis (§ 37 Abs. 1 AO) ergeben, und sich gegen den Steuergläubiger, d. h. gegen den Fiskus, richten.[1780] Der Erwerb privatrechtlicher Ansprüche gegen den Steuergläubiger ist hingegen zulässig und fällt nicht unter § 383 AO. Weiterhin ist § 383 AO aufgrund gesetzlicher Verweisung entsprechend anwendbar auf die Sparprämie, die Wohnungsbauprämie (§ 8 Abs. 2 WoPG) sowie die Arbeitnehmer-Sparzulage (§ 14 Abs. 3 des 5. VermBG). § 383 AO ist hingegen nicht, auch nicht analog, auf die Bergmannsprämien (§ 5 a Abs. 2 BergPG), auf die Investitionszulagen nach dem Investitionszulagengesetz (§ 6 InvZulG) und auf die Eigenheimzulage (§ 15 EigZulG) anwendbar.[1781] Ebenfalls können Ansprüche auf Erstattung von Eingangsabgaben nach § 46 AO abgetreten werden.

947 **a) Täterkreis.** Täter des Sonderdelikts des § 383 AO kann nur derjenige sein, der das besondere persönliche Merkmal der Geschäftsmäßigkeit erfüllt.[1782] Bei Handlungen von vertretungsberechtigten Organen ist § 9 OWiG zu beachten.[1783] Als Täter kommt nach § 383 AO nur der **Abtretungsempfänger** in Betracht. Der Abtretende ist allenfalls Beteiligter i. S. d. § 377 Abs. 2 AO, § 14 Abs. 1 OWiG.

948 **b) Objektiver Tatbestand.** *aa) Erstattungsanspruch.* Ein Erstattungsanspruch i. S. d. § 383 AO i. V. m. § 46 Abs. 4 S. 1 AO liegt vor, wenn eine Steuer, eine Steuervergütung, ein Haftungsbetrag oder eine steuerliche Nebenleistung ohne rechtlichen Grund gezahlt worden ist (§ 37 Abs. 2 S. 1 AO) oder der rechtliche Grund für die Zahlung später wegfällt (§ 37 Abs. 2 S. 2 AO). Erstattungsberechtigter ist der Steuerpflichtige für dessen Rechnung die Zahlung ge-

---

[1776] Generell zur Entstehung von steuerrechtlichen Erstattungsansprüchen vgl. *Hein* DStR 1990, 301 und *Bergmann* BB 1992, 893.
[1777] *Slapio* DStR 1994, 1368; *Mink* DB 1994, 702.
[1778] Zweifelnd, ob das gesetzgeberische Ziel erreicht wird: Franzen/*Gast*/Joecks § 383 AO Rdnr. 2; *Kohlmann* § 383 AO Rdnr. 3.
[1779] Inwieweit § 383 AO auch für Auszahlungsansprüche gilt, für die die Vorschriften über Vergütungsansprüche anwendbar sind, ist zweifelhaft, vgl. Franzen/*Gast*/Joecks § 383 AO Rdnr. 3.
[1780] *Kohlmann* § 383 AO Rdnr. 4.
[1781] Franzen/*Gast*/Joecks § 383 AO Rdnr. 4.
[1782] HHSp/*Rüping* § 383 AO Rdnr. 6 f.
[1783] *Kohlmann* § 383 AO Rdnr. 6.

leistet worden ist.[1784] Rechtsgrund und Entstehung der Erstattungsansprüche ergeben sich aus den jeweiligen Einzelsteuergesetzen (Beispiele: §§ 44 b, c EStG, § 16 KaffeeStG, § 4 KraftStG).

bb) Vergütungsanspruch. Ein Steuervergütungsanspruch ist ein Anspruch auf Auszahlung von Steuerbeträgen an denjenigen, der die Steuer, ohne ihr Schuldner zu sein, infolge Überwälzung, insbesondere im Preis gelieferter Waren, getragen hat. Im Gegensatz zum Erstattungsanspruch, bei dem die Steuer ohne zureichenden Grund gezahlt worden ist, ist beim Vergütungsanspruch die Steuer zu Recht geleistet worden.[1785] **Vergütungsansprüche** werden in Steuergesetzen für ein gesamtwirtschaftlich erwünschtes Verhalten gewährt und sind insbesondere auf dem Gebiet der Umsatzsteuer, der Zölle und Verbrauchsteuern zu finden. (Beispiele: § 16 Abs. 2 UStG zum Vorsteuerüberhang sowie der Anspruch auf Vorsteuerabzug bei der Umsatzsteuer gem. § 15 UStG, § 19 KaffeeStG i. V. m. §§ 20 bis 26 KaffeeStV, § 4 a UStG für die Umsatzsteuervergütung bei gemeinnützigen Körperschaften).[1786] Wer im Einzelnen Anspruchsberechtigter ist und welcher Tatbestand den Vergütungsanspruch zur Entstehung bringt, ergibt sich aus den Einzelsteuergesetzen. 949

cc) Geschäftsmäßiger Erwerb. Erwerb im Sinne des § 383 Abs. 1 und § 46 Abs. 4 S. 1 AO ist die Abtretung (§ 398 BGB) und nach der Verweisung des § 46 Abs. 6 S. 3 AO die Verpfändung (§§ 1279 bis 1290 BGB). Von § 383 AO erfasst werden sowohl der in steuerrechtlicher Hinsicht untaugliche, da nichtige (§ 46 Abs. 5 AO) Erwerbsversuch, als auch die formgerecht angezeigte Abtretung (§ 46 Abs. 3 AO) oder die Verpfändung. Nicht unter das Verbot des § 46 Abs. 4 S. 1 AO fallen gem. § 46 Abs. 4 S. 2 AO die Sicherungsabtretung von Steuererstattungs- und Vergütungsansprüchen. 950

Geschäftsmäßigkeit des Erwerbs ist dann gegeben, wenn es sich um eine selbständige Tätigkeit handelt, die mit der Absicht der Wiederholung ausgeübt wird. Für eine Wiederholungsabsicht spricht, wenn für den Erwerb von Erstattungsansprüchen organisatorische Vorkehrungen getroffen werden, wie z. B. das Bereithalten vorformulierter Abtretungserklärungen.[1787] Eine Gewinnerzielungsabsicht oder gewerbsmäßiges Handeln ist nicht erforderlich.[1788] Letztendlich ist die Frage, ob ein geschäftsmäßiger Erwerb eines Steuererstattungsanspruchs vorliegt, nur durch die Würdigung aller Umstände des konkreten Einzelfalls zu beantworten.[1789] 951

dd) Zweck des Erwerbs. Der geschäftsmäßige Erwerb muss zum Zwecke der Einziehung oder sonstigen Verwertung (z. B. Weiterveräußerung, Forderungskauf, Verrechnung) auf eigene Rechnung des Erwerbers erfolgen. Daran fehlt es bei einer echten Sicherungsabtretung i. S. d. § 46 Abs. 4 S. 2 AO oder bei einem Erwerb der Ansprüche zur Einziehung oder Verwertung für Rechnung des Zedenten. Eigennützigkeit liegt aber vor bei einer Abtretung erfüllungshalber.[1790] 952

ee) Bankenprivileg (§ 46 Abs. 4 S. 3 AO). Der geschäftsmäßige Erwerb und die geschäftsmäßige Einziehung der zur Sicherung abgetretenen oder verpfändeten Ansprüche ist gem. § 46 Abs. 4 S. 3 AO nur Unternehmen gestattet, denen nach § 32 KWG das Betreiben von Bankgeschäften erlaubt ist. Allerdings sind auch den Banken sog. Factoring-Geschäfte bei der Vorfinanzierung von Lohnsteuer-Erstattungsansprüchen nicht gestattet.[1791] 953

c) Subjektiver Tatbestand. Da § 383 AO fahrlässiges Handeln nicht ausdrücklich nennt, ist ausschließlich vorsätzliches Handeln tatbestandsmäßig (§ 377 Abs. 2 AO i. V. m. § 10 OWiG).[1792] Dies gilt auch für den Versuch (z. B. versuchte Kreditvermittlung), der mangels eindeutiger Regelung nicht geahndet werden kann (§ 377 Abs. 2 AO i. V. m. § 13 Abs. 2 OWiG). Eine bereits vollendete Tatbegehung i. S. d. § 383 Abs. 1 AO liegt jedoch bei dem in 954

[1784] *Kohlmann* § 383 AO Rdnr. 7.
[1785] *Franzen/Gast/*Joecks § 383 AO Rdnr. 7.
[1786] Weiterführend: *Lenke/Widera* DB 1985, 1367.
[1787] BFH Urt. v. 4.2.2005 – VII R 54/04 – DB 2005, 1257, 1258.
[1788] *Kohlmann* § 383 AO Rdnr. 15.
[1789] BFH Urt. v. 4.2.2005 – VII R 54/04 – DB 2005, 1257, 1258.
[1790] *Kohlmann* § 383 AO Rdnr. 16.
[1791] *Kohlmann* § 383 AO Rdnr. 17.
[1792] *Quedenfeld/Füllsack*, Verteidigung in Steuerstrafsachen, S. 84 Rdnr. 272.

steuerrechtlicher Hinsicht untauglichen, da nichtigen (§ 46 Abs. 5 AO) Erwerbsversuchs durch Vornahme der Abtretung/Verpfändung vor.

3. Geldbuße (§ 383 Abs. 2 AO)

955   Der Rahmen der Geldbuße liegt bei mindestens € 5,- gem. § 377 Abs. 2 i. V. m. § 17 Abs. 1 OWiG und höchstens € 50.000,– gem. § 383 Abs. 2 AO. Die Geldbuße soll jedoch den wirtschaftlichen Vorteil, den der Täter aus der Ordnungswidrigkeit gezogen hat, übersteigen (§ 377 Abs. 2 AO, § 17 Abs. 4 OWiG). Somit kann die Geldbuße über das oben angeführte Höchstmaß der Geldbuße hinausgehen.[1793]

4. Selbstanzeige

956   Eine strafbefreiende Selbstanzeige kommt bei § 383 AO nicht in Betracht, da § 383 AO im Gegensatz zu § 378 Abs. 3 AO keine Verweisung auf § 371 AO enthält. Bei einer Rückgängigmachung des unzulässigen/nichtigen Erwerbs (§ 46 Abs. 5 AO) kann die „Wiedergutmachung" bei der Bußgeldbemessung berücksichtigt werden bzw. es kann gem. § 47 OWiG von einer Verfolgung der Ordnungswidrigkeit abgesehen werden.[1794]

5. Verjährung

957   Die Verjährung folgt aus den allgemeinen Vorschriften des OWiG. Danach beträgt die an der Höhe der Bußgeldandrohung auszurichtende Frist der Verfolgungsverjährung gem. § 31 Abs. 2 Nr. 1 OWiG drei Jahre. Für den Beginn der Verjährungsfrist ist auf die Tatbeendigung, also auf die Vornahme der Erwerbshandlung (Abtretung oder Verpfändung) bzw. auf den Eingang der späteren formgerechten Abtretungs- und Verpfändungsanzeige bei der Finanzbehörde abzustellen.

XVIII. Zweckwidrige Verwendung des Identifikationsmerkmals nach § 139 a AO (§ 383 a AO)

1. Allgemeines

958   § 383 a AO wurde durch das Richtlinien-Umsetzungsgesetz – EURLUmsG vom 9.12. 2004[1795] in die Abgabenordnung eingefügt. Ziel war es, Zuwiderhandlungen gegen die strikte Zweckbindung des bundeseinheitlichen Ordnungsmerkmals, d. h. der zukünftig zu vergebenden Identifikationsnummer bzw. der Wirtschafts-Identifikationsnummer als Steuerordnungswidrigkeit mit Geldbuße zu ahnden. Hiermit sollen Bedenken, die gegen die Einführung der Identifikationsmerkmale in Bezug auf eine zweckwidrige Verwendung durch Dritte geäußert wurden (z. B. durch Erstellung von Persönlichkeitsprofilen), begegnet werden.

2. Anwendungsbereich des § 383 a AO

959   § 383 a AO soll die Vertraulichkeit der Verwendung der Daten in Zusammenhang mit der gem. § 139 b AO zu vergebenden Identifikationsnummer und der nach § 139 c AO zu vergebenden Wirtschafts-Identifikationsnummer sicherstellen. Beide Vorschriften sind durch das SteuerÄndG 2003 in die Abgabenordnung aufgenommen worden. Künftig soll jeder Bürger bereits nach der Geburt ein eindeutiges **Identifikationsmerkmal** bekommen. Dieses Identifikationsmerkmal ist bei allen Anträgen, Erklärungen oder Mitteilungen gegenüber den Finanzbehörden anzugeben. Wer wirtschaftlich tätig wird, bekommt (zusätzlich) eine **Wirtschafts-Identifikationsnummer**.

960   Die Identifikationsnummer für natürliche Personen wird durch das **Bundesamt für Finanzen** nach Datenübermittlung der Meldebehörden zum Zwecke der erstmaligen Zuteilung der Identifikationsnummer bzw. später bei Speicherung von Geburten, von Personen ohne bisherige Identifikationsnummer (z. B. bei Zuzug aus dem Ausland) oder von Änderungen relevanter Daten (z. B. Wohnsitzwechsel) vergeben. Die Meldebehörden erhalten die zugeteilte Identifikationsnummer zur Speicherung im Melderegister. Die Wirtschafts-Identifikationsnummer für natürliche Personen, die wirtschaftlich tätig sind, für juristische Personen sowie für Personen-

---

[1793] Franzen/*Gast*/Joecks § 383 AO Rdnr. 15.
[1794] Franzen/*Gast*/Joecks § 383 AO Rdnr. 16.
[1795] BGBl. I S. 3242.

vereinigungen wird auf Anforderung des Finanzamts vom Bundesamt für Finanzen vergeben. Sie soll später die Umsatzsteuer-Identifikationsnummer ersetzen. Der tatsächliche Zeitpunkt der erstmaligen Zuteilung der Identifikationsmerkmale ist noch per Rechtsverordnung zu bestimmen. Die Rechtsverordnung ist bislang noch nicht erlassen. Mit der Einführung der Zuteilung der Identifikationsmerkmale wird derzeit zum 1.1.2007 gerechnet.

§ 139 b Abs. 2 S. 2 AO und § 139 c Abs. 2 S. 2 AO sehen vor, dass andere öffentliche und nicht öffentliche Stellen nur unter besonders im Gesetz zugelassenen Voraussetzungen die Identitätsmerkmale erheben, verwenden, ordnen oder für den Zugriff erschließen dürfen. Zuwiderhandlungen gegen diese, in den o.a. Vorschriften angegebene, Zweckbindung sollen nach der Regelung des § 383 a AO als Steuerordnungswidrigkeit mit Geldbuße geahndet werden können.

a) **Täterkreis.** Als Täter im Sinne des § 383 a AO kommen nur nicht öffentliche Stellen in Betracht (§ 383 a Abs. 1 AO), da ausweislich der Gesetzesbegründung[1796] aufgrund der Möglichkeit öffentlicher Stellen, Zuwiderhandlungen mittels dienstrechtlicher Instrumentarien zu regeln (Disziplinarrecht), eine Bußgeldbewehrung für öffentliche Stellen nicht notwendig sei.

b) **Objektiver Tatbestand.** Objektiver Tatbestand des § 383 a AO ist die Zuwiderhandlung in vorsätzlicher oder leichtfertiger Weise in Bezug zur Erhebung oder Verwendung der Identifikationsnummer oder Wirtschafts-Identifikationsnummer entgegen den in § 139 b Abs. 2 S. 2 Nr. 1 AO oder § 139 c Abs. 2 S. 2 AO genannten Zwecken oder die vorsätzliche oder leichtfertige Ordnung oder Zugriffserschließung von Daten betreffend die Identifikationsnummer entgegen den in § 139 b Abs. 2 S. 2 Nr. 2 AO genannten Zwecken.

c) **Subjektiver Tatbestand.** § 383 a AO erfasst vorsätzliches oder leichtfertiges Handeln (§ 383 a Abs. 1 AO). Der Versuch ist nicht strafbar (§ 377 Abs. 2 AO i. V. m. § 13 Abs. 2 OWiG).

3. Geldbuße

Der Rahmen der Geldbuße liegt bei mindestens € 5,– gem. § 377 Abs. 2 i. V. m. § 17 Abs. 1 OWiG und höchstens € 10.000,– gem. § 383 a Abs. 2 AO. Die Geldbuße soll den wirtschaftlichen Vorteil, den der Täter aus der Ordnungswidrigkeit gezogen hat, übersteigen (§ 377 Abs. 2 AO, § 17 Abs. 4 OWiG). Somit kann die Geldbuße über das oben angeführte Höchstmaß der Geldbuße hinausgehen.

4. Selbstanzeige

Eine strafbefreiende Selbstanzeige kommt bei § 383 a AO nicht in Betracht, da § 383 a AO keine Verweisung auf §§ 371, 378 Abs. 3 AO enthält. Eine nachträgliche Rückgängigmachung der Tathandlungen des § 383 a AO kann höchstens bei der Bemessung der Höhe des Bußgeldes berücksichtigt werden. In den Fällen des § 47 OWiG kann von der Verfolgung der Ordnungswidrigkeit abgesehen werden.

5. Verjährung

Die Verjährung folgt aus den allgemeinen Vorschriften des OWiG. Danach beträgt die an der Höhe der Bußgeldandrohung auszurichtende Frist der Verfolgungsverjährung gem. § 31 Abs. 2 Nr. 2 OWiG zwei Jahre. Für den Beginn der Verjährung ist auf die Tatbeendigung, also auf die zweckwidrige Erhebung oder Verwendung der Identifikationsnummer bzw. der Wirtschafts-Identifikationsnummer oder der zweckwidrigen Ordnung bzw. deren zweckwidrige Erschließung, abzustellen.

XIX. Verfolgungsverjährung bei Steuerordnungswidrigkeiten (§ 384 AO)[1797]

1. Allgemeines

Zweck der Verlängerung der Verjährungsfrist für die **Steuerordnungswidrigkeiten** der §§ 378 bis 380 AO auf fünf Jahre war, den Finanzbehörden bei der Aufklärung der vorge-

---

[1796] BGBl. I S. 3242.
[1797] Bearbeitet unter Mitarbeit von WP/StB *Walter Fabisch*.

nannten Steuerordnungswidrigkeiten entgegenzukommen.[1798] Denn diese werden oftmals erst Jahre später bei einer Außenprüfung entdeckt.

2. Anwendungsbereich des § 384 AO

969 Im Gegensatz zu § 31 Abs. 2 OWiG, der die Verjährungsfrist nach der Höhe der Bußgeldandrohung des jeweiligen Ordnungswidrigkeitentatbestands bemisst, verjährt die Verfolgung
- der leichtfertigen Steuerverkürzung (§ 378 AO),
- der Steuergefährdung (§ 379 AO),
- der Gefährdung von Abzugsteuern (§ 380 AO),
- der nicht oder nicht rechtzeitigen Anmeldung der pauschalen Lohnsteuer gem. § 50 e Abs. 2 S. 3 EStG

gem. § 384 AO einheitlich nach fünf Jahren. Diese eigenständige Regelung der Verfolgungsverjährung der Steuerordnungswidrigkeiten geht somit der allgemeinen Vorschrift des Ordnungswidrigkeitengesetzes über die Frist der Verfolgungsverjährung in § 31 Abs. 2 OWiG als lex specialis vor.

970 Für die von § 384 AO nicht umfassten Steuerordnungswidrigkeiten
- der Verbrauchsteuergefährdung (§ 381 AO),
- der Gefährdung von Eingangsabgaben (§ 382 AO),
- des unzulässigen Erwerbs von Steuererstattungs- und Vergütungsansprüchen (§ 383 AO),
- der zweckwidrigen Verwendung des Identifikationsmerkmals nach § 139 a AO gem. § 383 a AO und § 50 f EStG,
- der Verletzung von Aufbewahrungs-, Melde-, Berichtigungs- und Vorlagepflichten (§ 26 a UStG) und
- der Verletzung von Mitteilungspflichten (§ 45 d EStG bzw. § 50 e Abs. 1 EStG)

gelten hingegen die allgemeinen Regelungen der Verfolgungsverjährung, die in § 31 Abs. 2 OWiG geregelt sind.

971 D. h. die Verfolgung verjährt, sofern das Gesetz nichts anderes bestimmt,
- in drei Jahren bei Ordnungswidrigkeiten, die mit Geldbuße im Höchstmaß von mehr als € 15.000,– bedroht sind,
- in zwei Jahren bei Ordnungswidrigkeiten, die mit Geldbuße im Höchstmaß von mehr als € 2.500,– bis zu € 15.000,– bedroht sind
- in einem Jahr bei Ordnungswidrigkeiten, die mit Geldbuße im Höchstmaß von mehr als € 1.000,– bis zu € 2.500,– bedroht sind,
- in sechs Monaten bei den übrigen Ordnungswidrigkeiten.

972 Somit ergibt sich für die Steuerordnungswidrigkeiten im Überblick folgende Verjährung:

Ordnungswidrigkeit	Verjährung	Rechtsgrundlage
Leichtfertige Steuerverkürzung gem. § 378 AO	5 Jahre	§ 384 AO
Steuergefährdung gem. § 379 AO	5 Jahre	§ 384 AO
Gefährdung von Abzugsteuern gem. § 380 AO	5 Jahre	§ 384 AO
Verstöße bei der Anmeldung der pauschalen Lohnsteuer gem. § 50 e Abs. 2 EStG	5 Jahre	§ 50 e EStG i. V. m. § 384 AO
Unzulässiger Erwerb von Steuererstattungs- und Vergütungsansprüchen gem. § 383 AO	3 Jahre	§ 31 Abs. 2 Nr. 1 OWiG
Verbrauchsteuergefährdung gem. § 381 AO	2 Jahre	§ 31 Abs. 2 Nr. 2 OWiG
Gefährdung der Einfuhr- und Ausgangsabgaben gem. § 382 AO	2 Jahre	§ 31 Abs. 2 Nr. 2 OWiG

[1798] Kritisch hierzu *Kohlmann* § 384 AO Rdnr. 3.

Ordnungswidrigkeit	Verjährung	Rechtsgrundlage
Zweckwidrige Verwendung des Identifikationsmerkmals nach § 139 a AO gem. § 383 a AO und § 50 f EStG	2 Jahre	§ 31 Abs. 2 Nr. 2 OWiG
Die Verletzung der Mitteilungspflichten (§§ 45 e, 50 e Abs. 1 EStG)	2 Jahre	§ 31 Abs. 2 Nr. 2 OWiG
Verstoß gegen die Aufbewahrungs-, Melde-, Berichtigungs- und Vorlagepflichten gem. § 26 a Abs. 1 UStG mit Ausnahme von Nr. 3	2 Jahre	§ 31 Abs. 2 Nr. 2 OWiG
Verstoß gegen die Aufbewahrungspflichten gem. § 26 a Abs. 1 Nr. 3 UStG	6 Monate	§ 31 Abs. 2 Nr. 4 OWiG

Monopolordnungswidrigkeiten nach § 126 Abs. 3 BranntweinMonG verjähren in 5 Jahren (§ 128 Abs. 3 BranntweinMonG).

Im Übrigen gelten die allgemeinen Verjährungsvorschriften des OWiG bezüglich:
- der Wirkung der Verfolgungsverjährung, § 31 Abs. 1 OWiG,
- des Beginns der Verfolgungsverjährung, § 31 Abs. 3 OWiG,
- des Ruhens der Verfolgungsverjährung, § 32 OWiG,
- der Unterbrechung der Verfolgungsverjährung, § 33 OWiG und
- der Vollstreckungsverjährung, § 34 OWiG.

Es gilt Folgendes:

Die **Verfolgungsverjährung** wirkt als ein Verfahrenshindernis, d. h. durch sie werden die Verfolgung von Ordnungswidrigkeiten und die Anordnung der Nebenfolgen ausgeschlossen (§ 31 Abs. 1 S. 1 OWiG). In den Fällen der leichtfertigen Steuerverkürzung endet die Frist für die Steuerfestsetzung gem. § 169 Abs. 2 S. 2 AO nicht, bevor die Verfolgung der Steuerordnungswidrigkeit verjährt ist (§ 171 Abs. 7 AO). Die Verfolgungsverjährung **beginnt** mit der Beendigung der Tat (§ 31 Abs. 3 OWiG). Es gelten insoweit die gleichen Grundsätze wie bei der Steuerhinterziehung gem. § 370 AO.[1799] Die Verjährung **ruht**, solange nach dem Gesetz die Verfolgung nicht begonnen oder fortgesetzt werden kann (z. B. bei Fehlen inländischer Zuständigkeit oder Aussetzung des Verfahrens gem. Art. 100 GG bzw. nach Art. 234 EGV). Sie ruht auch, wenn das Bußgeldverfahren gem. §§ 410 Abs. 1 Nr. 5, 396 AO bis zum rechtskräftigen Abschluss des Besteuerungsverfahrens ausgesetzt wurde (§ 396 Abs. 3 AO).

Für die **Unterbrechung** der Verjährung gilt der Katalog des § 33 OWiG, der weitgehend dem des § 78 c StGB entspricht.[1800] Nach jeder Unterbrechungshandlung beginnt die Verjährungsfrist von neuem (§ 33 Abs. 3 S. 1 OWiG). Spätestens tritt die Verfolgungsverjährung ein, wenn seit Verjährungsbeginn das Doppelte der gesetzlichen Verjährungsfrist, mindestens aber zwei Jahre, verstrichen sind (§ 33 Abs. 3 S. 2 OWiG).

[1799] Vgl. im Einzelnen Franzen/Gast/Joecks/*Jäger* § 384 AO Rdnr. 13.
[1800] Vgl. im einzelnen die Kommentierung zu § 376 AO.

§ 30 Das Verfahren in Steuerstrafsachen

Übersicht

	Rdnr.
I. Einleitung	1–26
1. Allgemeines	1–10
2. Zur Bedeutung des Steuerstrafverfahrensrechts im Rahmen anwaltlicher Tätigkeit	11–17
3. Die fiskalischen Interessen im Steuerstrafverfahren	18–22
4. Steuerdelinquenz und Verfolgungsintensität	23–26
II. Die Rechtsquellen des Steuerstrafverfahrensrechts im Überblick	27–34
1. §§ 386 bis 404 AO	29
2. Die allgemeinen Vorschriften über das Strafverfahren	30
3. Höherrangiges Recht	31
4. Weitere Gesetze im formellen Sinn	32
5. Rechtsnormen ohne formelle Gesetzesqualität	33/34
III. Die Verfahrensgrundsätze im Überblick	35–155
1. Rechtsstaatliche Grundprinzipien	36/37
2. Prozessmaximen	38–41
3. Prozessvoraussetzungen	42/43
4. Steuerstrafverfahrensrechtliche Besonderheiten gegenüber dem allgemeinen Strafverfahrensrecht, insbes. § 393 AO	44–155
a) § 393 AO	46–52
b) § 393 Abs. 1 AO	53–90
c) § 393 Abs. 2 AO	91–154
d) § 400 AO	155
IV. Die Ermittlungsbehörden und ihre Kompetenzen	156–293
1. Die Ermittlungsbehörden im Überblick	156–195
a) Regelkompetenz der Finanzbehörde nach § 386 AO	159–195
2. Die Ermittlungsorgane	196–210
a) Die Finanzbehörde betreibt das Steuerstrafverfahren (Regelkompetenz)	197–205
b) Die Staatsanwaltschaft betreibt das Steuerstrafverfahren	206–210
3. Die Fahndungsdienste: Organisation und Aufgaben	211–280
a) Organisation	211–221
b) Die Aufgaben der Fahndungsdienste, § 208 AO	222–279
4. Die Kompetenzen der Ermittlungsbehörde und der Fahndungsdienste	281–293
a) Die Befugnisse der Ermittlungsbehörden	281–284
b) Die Befugnisse der Fahndungsdienste bei Ermittlungen in Steuerstrafverfahren (§ 208 Abs. 1 Ziff. 1 AO)	285–293
V. Die Durchführung des Ermittlungsverfahrens	294–413
1. Die Informationsgewinnung der Ermittlungsbehörden	295–313
a) Mitteilungen Dritter, insbesondere Strafanzeigen	296
b) Anhaltspunkte in der Presse	297
c) Steuerliche Ermittlungen	298
d) Kontrollmitteilungen	299–305
e) Fahndungsinterne Informationssysteme	306–309
f) § 93 b AO	310–313
2. Die Einleitung des Ermittlungsverfahrens	314–327
a) Der Regelungszweck des § 397 AO	314–316
b) Die Rechtsfolgen des § 397 AO	317–319
c) Einzelheiten zu § 397 Abs. 1 AO	320–327
3. Zeugen- und Beschuldigtenvernehmungen	328–336
a) Allgemeine Pflichten des Zeugen und des Beschuldigten	329/330
b) Vernehmung eines (früheren) (Mit)Beschuldigten als Zeuge	331–336
4. Durchsuchungen und Beschlagnahmen	337–405
a) Durchsuchungen	339–360
b) Beschlagnahmen	361–405
5. Akteneinsicht	406–411
6. Telefonüberwachung, § 100 a StPO	412/413

§ 30 Das Verfahren in Steuerstrafsachen

VI. Sonderprobleme	414–604
1. Allgemeine Fragen	414–512
a) Steuerschätzungen nach § 162 AO im Kontext von Steuerstrafverfahren	414–434
b) Treuhandschaft	435–441
c) Fehlende Empfängerbenennung, § 160 AO	442–444
d) Tatsächliche Verständigung	445–464
e) Informationsweitergabe und Mitteilungen	465–481
f) Haftungsfolgen bei Steuerdelikten	482–488
g) Außerstrafrechtliche Konsequenzen von Steuerstrafverfahren	489–512
2. Besondere Verteidigungssituationen	513–571
a) Verteidigung während der Außenprüfung	513–525
b) Verteidigung von namentlich nicht genannten Verantwortlichen eines Unternehmens	526–537
c) Verteidigung beschuldigter Eheleute	538–547
d) Ermittlungen bei Kreditinstituten	548–571
3. Internationale Entwicklungen (Schweiz und Luxemburg)	572–604
a) Schweiz	573–587
b) Luxemburg	588–603
VII. Strafbefreiungserklärungsgesetz	605–694
1. Die Voraussetzungen einer strafbefreienden Erklärung nach dem StraBEG	612–622
a) Vortaten	613–617
b) Inhalt der Erklärung	617–619
c) Zahlung	620–622
2. Die zur Abgabe der Erklärung nach dem StraBEG berechtigten Personen	623–627
3. Inhalt, Form und Adressat der strafbefreienden Erklärung	628–632
4. Ausschlussgründe	633–652
a) Erscheinen des Amtsträgers zur steuerlichen Prüfung oder zu steuerstrafrechtlichen Ermittlungen, § 7 Abs. 1 Ziff. 1 lit. a AO	634–640
b) Tatentdeckung, § 7 Abs. 1 Ziff. 1 lit. b StraBEG	641–645
c) Bekanntgabe der Einleitung eines Ermittlungsverfahrens, § 7 Ziff. 2 StraBEG	646–648
d) Berichtigungserklärungen, § 7 Ziff. 3 StraBEG	649–651
e) Zeitliche Komponente	652
5. Straf- und bußgeldrechtliche Konsequenzen: Umfang der Strafbefreiung, § 4 StraBEG	653–661
a) Sachliche Reichweite	653–658
b) Persönliche Reichweite der Strafbefreiung	659/660
c) Folgen einer unvollständigen Erklärung	661
6. Steuerliche Konsequenzen der strafbefreienden Erklärung	662–670
a) Sachliche Reichweite der Abgeltungswirkung durch Erklärung und fristgerechte Zahlung, § 8 StraBEG	662–666
b) Persönliche Reichweite der Abgeltungswirkung, § 9 StraBEG	667
c) Besondere Vorschriften, § 10 StraBEG	668–670
7. Verjährungsregeln	671–673
a) Besondere Verfolgungsverjährung	672
b) Besondere Festsetzungsverjährung	673
8. Verwendungsbeschränkung	674–678
9. Bedeutung in anderen Verfahren	679–685
10. Selbstanzeige nach § 371 AO oder Erklärung nach § 1 StraBEG	686–693
11. Ausschluss der Verbandsgeldbuße gegen juristische Personen nach § 30 OWiG durch eine strafbefreiende Erklärung nach dem StraBEG	694

Schrifttum: *Baumbach/Hueck*, GmbHG, 17. Aufl. 2000; *Bauwens*, „Beschlagnahme von Buchführungsunterlagen" wistra 1985, 179; *Beermann*, Steuerliches Verfahrensrecht, Kommentar, 54. Lieferung 09/2005; *Bilsdorfer*, „Aktuelle Fragen aus der Praxis der Außenprüfung", Die Steuerliche Betriebsprüfung 2002, 25; *ders.*, „Die Betriebsprüfung und die erweiterte Möglichkeit des Datenzugriffs", PStR 2001, 76; *ders.*, „Aktuelle Probleme der Selbstanzeige, 2. Teil", wistra 1984, 131; *Birmanns*, „Die Beschlagnahme von Buchführungsunterlagen bei dem Steuerberater", MDR 1981, 102; *Boos/Fischer/Schulte-Mattler*, Kreditwesengesetz, 2000; *Bundesministerium der Justiz*, Richtlinien für den Verkehr mit dem Ausland in strafrechtlichen Angelegenheiten, Anlage II – Länderteil, Std. Aug. 2000; *Burhoff*, „Begründung: Anordnung einer Durchsuchung nach § 103 StPO", PStR 2000, 224; *Burkhard*, „Ehegattenverantwortlichkeit im Steuerstrafrecht", DStZ 1998, 829; *Burkhard*, „Zur Begründung einer Durchsuchung beim Berater nach § 103 StPO", PStR 2000, 7; *Carl/Klos*, „Das ungelöste Problem des ‚Verfügungsberechtigten' im Sinne des § 154 Abs. 2 AO aus Sicht der Ermittlungsbehörden", wistra 1990, 41; *Dannecker*, Steuerhinterziehung im internationalen Wirtschaftsverkehr, 1984; *Debatin/Wassermeyer* (Hrsg.), DBA, 96. Lieferung 05/2005; Der Deutsche Wirtschaftsbrief 45/2002, www.deutscher-wirtschaftsbrief.de; *Dietz/Cratz/Rolletschke/Kemper*, Steuerverfehlungen, 7/02; *Dörn*, „Ausschluß der Selbstanzeige durch Tatentdeckung (§ 371 Abs. 2 Nr. 2 AO) nur bei Kenntnis des Täters?", wistra 1998, 175; *Eich*, „Die tatsächliche Verständigung im Steuerverfahren und im Steuerstrafverfahren", 1991, 65; *Endres*, „Gewährung von Rechtshilfe in Steuerstrafsachen durch das Großherzogtum Luxemburg", wistra 2002, 457; *Franzen/Gast/Joecks*, Steuerstrafrecht 5. Aufl. 2001 (zit. F/G/J); *Feuerich/Weyland*, BRAO, 6. Aufl. 2003; *Gass*, „Das Schweizer Bankgeheimnis – Mythos und Realität", CH-D Wirtschaft 12/99, 24; *Gehre*, Steuerberatungsgesetz, 4. Aufl., 1999; *Gisselbrecht*, „Besteuerung von Zinserträgen in der Europäischen Union," Basler Schriftenreihe zur europäischen Integration, Nr. 50, S. 38; *Göggerle*, „Durchsuchungen und Beschlagnahmen bei den Angehörigen der rechts- und steuerberatenden Berufe", BB 1986, 41; *Götzenberger*, „Die neuen Steuerpläne: Nichts wie weg von hier", Financial Times Deutschland, Do. 31.10.2002; *Gotzens*, „Die Steueramnestie – ein erster Überblick", PStR 2004, 6; *Hamacher*, „Neue Rechtsprechung zu den Voraussetzungen von Ermittlungsmaßnahmen der Finanzbehörden", DStZ 1987, 224; *ders.*, „Aufgaben und Befugnisse der Steuerfahndung bei Ermittlungen nach § 208 Abs. 1 Satz 1 Nr. 1 und Nr. 2 AO", DStZ 1983, 493; *Hardtke/Westphahl*, „Die Bedeutung der strafrechtlichen Ermittlungskompetenz der Finanzbehörde für das Steuergeheimnis", wistra 1996, 91; *Henneberg*, „Weisungsrecht, Übernahmerecht und Substitutionsrecht der vorgesetzten Beamten der Staatsanwaltschaften und der Finanzbehörden im steuerstrafrechtlichen Ermittlungsverfahren und die Grenzen dieser Rechte", BB 1973, 82; *Hollatz*, NWB Nr. 5 vom 28.1.2002, Fach 2, 7873; *Hübschmann/Hepp/Spitaler*, Kommentar zur Abgabenordnung und Finanzgerichtsordnung (Loseblatt; zit. H/H/Sp); *Jäger*, „Erklärungspflicht trotz Strafverfahrens", PStR 2002, 52; *Jarke*, „Das Verwertungsverbot des § 393 Abs. 2 Satz 1 AO", wistra 1997, 325; *Jean-Paul Frising* in www.forum-online.lu/textarchiv/biever.html.; *Joecks*, „Der Regierungsentwurf eines Gesetzes zur Förderung der Steuerehrlichkeit", DB 2003, 1807; *ders.*, Referat auf dem Praktikerseminar für Beratung und Verteidigung in Steuerstrafsachen in Berlin am 6. März 2003; *ders.*, „Urkundenfälschung ‚in Erfüllung steuerlicher Pflichten' (§ 393 Abs. 2 Satz 1 AO)", wistra 1998, 86; *Keuchel*, „Luxemburg öffnet Banken für deutsche Steuerfahnder", Handelsblatt, Di. 5.11.2002; *Klein*, Abgabenordnung, 8. Aufl. 2003; *ders.*, „Die Auswirkungen der unterschiedlichen Beweislast im Steuerrecht und im Steuerstrafrecht", 1989; *Klein/Orlopp*, Abgabenordnung, 3. Aufl. 1986; *dies.*, Abgabenordnung, 4. Aufl. 1989; *dies.*, Abgabenordnung, 5. Aufl. 1995; *Klos*, NWB Fach 13, 711; *Koch*, Abgabenordnung, 5. Aufl. 1996; *Kohlmann*, Steuerstrafrecht, Bd. II, Losebl. Std. 11/2004; *Kramer*, „Zur Zulässigkeit gemeinsamer Ermittlungsgruppen des Polizeivollzugsdienstes und des Zollfahndungsdienstes in Zusammenhang mit der Bekämpfung der Betäubungsmittelkriminalität", wistra 90, 169; *Kretzschmar*, „Umfang der finanzbehördlichen Ermittlungsbefugnis einer allgemeinen Straftat in Tateinheit mit einer Steuerstraftat", DStR 1983, 641; *Küster*, „Die Befugnisse der Steuerfahndung im Steuerstrafverfahren", BB 1980, 1371; *Leis*, „Gesetzesentwurf zur Förderung der Steuerehrlichkeit", FR 2003, 703; *Meyer*, „Steuerstrafrechtliche Probleme bei Betriebsprüfungen", DStR 2001, 461; *Müller*, „Beratungshinweise vor Erstattung einer Selbstanzeige", Die Steuerliche Betriebsprüfung 2002, 356; *Noack*, „Aufgaben und Befugnisse der Steuerfahndung in Fällen eingetretener Strafverfolgungsverjährung", wistra 1997, 175 f.; *OFD München/OFD Nürnberg*, „Tatsächliche Verständigung über der den der Steuerfestsetzung zu Grunde liegenden Sachverhalt", DStR 2003, 1663; *Park*, Handbuch Durchsuchung und Beschlagnahme, 2002; *Pütz*, „Steuer- und Zollfahnder als Hilfsbeamte der Staatsanwaltschaft", wistra 90, 212; *Ranft*, „Das strafrechtliche Verwertungsverbot des § 428 Abs. 2 Abgabenordnung", DStR 1969, 364; *Reischauer/Kleinhans*, Kreditwesengesetz, Losebl. Std. 10/2005; *Robert Biever* in www.forum-online.lu/textarchiv/biever.html; *Rüping*, „Steuerfahndung im Rechtsstaat", DStZ 1980, 179; *Salditt*, „ Die Entlastungsspirale. Über Theorie und Praxis eines schlanken Strafverfahrens", Festschrift für Günther Bemmann, 1997, S. 614; *Samson*, Vortrag auf dem 5. IWW Kongreß „Praxis Steuerstrafrecht" am 17.10.2003 in Düsseldorf; *Schick*, „Steuerfahndung im Rechtsstaat", JZ 1982, 125; *Schmidt*, „Tatsächliche Verständigungen im Steuerverfahren und ihre Auswirkungen auf das Steuerstrafverfahren", DStR 1998, 1733; *ders.*, Einkommensteuergesetz, 25. Aufl. 2006; *ders.*, „Die Beschlagnahme von (Geschäfts-) Unterlagen beim Zeugnisverweigerungsberechtigten" wistra 1991, 245; *Sell*, „Entwurf eines Gesetzes zur Förderung der Steuerehrlichkeit", DStR 2003, 1185; *Stahl*, „Verwertungsverbote im Steuer- und Strafrecht", KÖSDI 1991, 8457; *Stapf*, „Steuerliche Folgen der Zuwendung korrumpierender Vorteile ab 1999", DB 2000, 1092; *Streck*, „Betriebsprüfung und Steuerstrafverfahren", BB 1980, 1537; *ders.*, Die Steuerfahndung, 3. Aufl. 1996; *ders./Spatscheck*, „Steuerliche Mitwirkungspflicht trotz Strafverfahrens", wistra 1998, 334; *Stypmann*, „Methoden zur Feststellung der Steuerverkürzung und Schätzung im Steuerstrafverfahren", wistra 1983, 95; *Suhr*, „Die Mitwirkungspflichten und Mitwirkungsverweigerungspflichten bei einer Außenprüfung nach der Abgabenordnung 1977", StBp. 1978, 97; *Teske*, „Das Verhältnis von Besteuerungs- und Steuerstrafverfahren unter besonderer Berücksichtigung des Zwangsmittelverbotes (§ 393 Abs. 1, S. 2 und S. 3 Abgabenordnung), wistra 1988, 207; *Tettinger/Wank*, GewO, 6. Aufl., 1999; *Teubner/Wattenberg*, „Auskunftsersuchen der Steuerfahndungsämter gegenüber Kreditinstituten bei Spekulationsgewinnen im Wertpapierbereich", BB 2003, 444; *Tipke/Kruse* Abgabenordnung, Band I, 102. Lief. [oder 10/2003]; *Tormöhlen*, „Befugnisse der Steuerfahndung bei Sachverhalten, in denen Festsetzungsverjährung, aber noch keine Festsetzungsverjährung nach § 169 Abgabenordnung eingetreten ist", wistra 1993, 174; *ders.*, „Steuerstrafrechtliche Verantwortlichkeit des Ehegatten unter besonderer Berücksichtigung der Haftungsnorm des § 71 AO", wistra 2000, 406; *ders./Klepsch*, „Steuerstrafrechtliche Problemfelder der strafbefreienden Erklärung", wistra 2003, 362; *Tröndle/Fischer*, Strafgesetzbuch, 51. Aufl. 2003; *Volk*, „Steuerhinterziehung unter Beteiligung von Amtsträgern der Finanzbehörde", wistra 1988, 180; *von Briel/Ehlscheid*, Steuerstrafrecht, 1997; *Wegner*, „Auch weiterhin keine Amtshilfe der Schweiz bei Steuerhinterziehungen", PStR 2003, 139.

I. Einleitung

1. Allgemeines

Die Bearbeitung steuerstrafrechtlicher Mandate mündet in vielen Fällen nicht in einer 1
gerichtlichen Hauptverhandlung. Oftmals gelingt es, das Strafverfahren noch in seinem
ersten Abschnitt, dem Ermittlungsverfahren, und damit außerhalb der Hauptverhandlung
zu beenden. Nicht selten steht die einvernehmliche Regelung am Ende solcher Strafverfahren,
deren Ergebnis in einer Vielzahl von Fällen in einer Einstellung gegen Auflage nach § 153 a
StPO oder in einem Strafbefehl besteht. Wenn danach das formenstrenge gerichtliche (Steuer-)
Strafverfahren in der Rechtswirklichkeit eher den Ausnahmefall darstellt, bedeutet dies jedoch
nicht, dass fundierte prozessrechtliche Kenntnisse des Verteidigers nicht erforderlich wären.

Zum einen beschränken sich die Regeln des Prozessrechts keineswegs auf die Durchführung 2
der strafgerichtlichen Hauptverhandlung, zum anderen kreist die Diskussion zwischen Verteidigung und Ermittlungsbehörden in der Vielzahl von Fällen auch um prozessrechtliche Belange und um die Möglichkeiten der Ermittlungsbehörde, ein Steuerstrafverfahren vor Gericht erfolgreich durchfechten zu können. Kann etwa die Ermittlungsbehörde in den verfahrensbegleitenden Gesprächen davon überzeugt werden, dass im Fall einer strafgerichtlichen Auseinandersetzung bestimmte behördliche Erkenntnisse einem Verwertungsverbot unterlägen oder dass etwa Durchsuchungs- und Beschlagnahmebeschlüsse mit Erfolg angreifbar wären, kann hier durch prozessrechtliche Argumentation nicht selten ein Verhandlungsklima geschaffen werden, welches den Interessen des Beschuldigten zugute kommt und einen einvernehmlichen Verfahrensabschluss fördert.

Auch werfen verschiedentlich die Situationen im Ermittlungsverfahren selbst prozessrecht- 3
liche Fragen auf. Wird etwa bei einem Steuerberater wegen des Verdachts eigener Steuerverfehlungen durchsucht und wird Korrespondenz mit Mandanten beschlagnahmt, stellt sich nicht nur die Frage der behördlichen Zugriffsbefugnis auf diese Unterlagen, sondern auch die Frage, wie in verfahrenstechnischer Hinsicht gewährleistet werden kann, dass etwa bestehende Beschlagnahme- und Einsichtsverbote respektiert werden.

Das Steuerstrafverfahrensrecht spielt daher im steuerstrafrechtlichen (Ermittlungs-) Verfah- 4
ren eine bedeutende Rolle.

Die nachfolgende Darstellung der steuerstrafverfahrensrechtlichen Materie orientiert sich 5
an den praktischen Beratungs- und Verteidigungsbedürfnissen bzw. -möglichkeiten. Bewusst wird hier keine Darstellungsweise mit dem Anspruch auf vollständige Abbildung der gesamten Rechtsmaterie gewählt.

Bedarf nach steuerstraf(verfahrens)rechtlicher Kompetenz entsteht nicht erst mit der Einlei- 6
tung eines Ermittlungsverfahrens. Zwar stellt steuer(recht)liche Gestaltung keinen originären Bestandteil steuerstrafrechtlicher Tätigkeit dar, doch bringt es etwa das Institut der steuerstrafrechtlichen Selbstanzeige mit sich, steuerstrafrechtlichen und damit auch steuerstrafverfahrensrechtlichen Fragestellungen weit im Vorfeld eines Ermittlungsverfahrens nachzugehen. Mit dem rechtskräftigen Abschluss des Erkenntnisverfahrens – ggf. nach Durchlaufen mehrerer Instanzen – schließlich endet der Bedarf an spezifisch steuerstrafverfahrensrechtlicher Kompetenz. Ein sich u. U. anschließendes (Straf-) Vollstreckungsverfahren weist keinerlei steuerstrafrechtliche Spezifika auf.

Steuerstrafrecht ist Blankettstrafrecht. Ausgefüllt werden die Straf- und Bußgeldtatbestände 7
der Abgabenordnung durch die Einzelsteuergesetze. Steuerstrafverteidigung verlangt daher profunde Kenntnisse auf den Gebieten des materiellen Steuerstrafrechts, des formellen Strafverfahrensrechts, der (materiellrechtlichen) Einzelsteuergesetzes, vor allem aber auf dem Gebiet der Abgabenordnung. Soweit die Abgabenordnung in ihrem Achten Teil spezielle Regelungen für das Straf- und Bußgeldverfahren bereithält, darf sich der Steuerstrafverteidiger mit diesbezüglichen Kenntnissen nicht zufrieden geben. Auch andere Abschnitte der AO müssen ihm geläufig, in Teilen auch eingehend vertraut sein.

Sinn und Zweck der nachfolgenden Darstellung ist es, den im Steuerstrafecht tätigen Anwalt 8
in die Lage zu versetzen, erkennen zu können, welche Handlungsoptionen er im einzelnen Fall hat und welche Konsequenzen die jeweiligen Optionen haben.

9   Der Verteidiger muss in der Lage sein, im Einzelfall diejenigen Voraussetzungen zu schaffen, die es ihm ermöglichen, für seinen Klienten bestmöglichen Einfluss auf den Fortgang des Verfahrens zu nehmen. Hier zeigt die Erfahrung, dass ein Steuerstrafverfahren – insbesondere in Umfangsachen – von der Verteidigung nachhaltig beeinflusst werden kann. Die Tätigkeit der Verteidigung erschöpft sich keineswegs in reiner Reaktion auf ermittlungsbehördliches Handeln. Vielfach kann ein Strafverfahren gesteuert, die Ermittlungsrichtung beeinflusst und die Ermittlungsintensität gehemmt oder vorangetrieben werden. Ein in der Verfahrenspraxis nicht zu unterschätzender Faktor ist dabei die Menge an (Zahlen-)Material, welche angesichts begrenzter personeller Ressourcen der Ermittlungsbehörden geeignet sein kann, die Ermittlungsbehörden auf einen Kooperationskurs einzustimmen. Die Erfahrung zeigt, dass Steuerstrafverfahren noch im Ermittlungsverfahren beendet werden können, ohne dass die in der Euphorie des ersten Zugriffs beschlagnahmten Beweismittel ausgewertet bzw. auch nur vollständig eingesehen wurden. Bereits an diesem Beispiel wird ein Kennzeichen ersichtlich, welches den Verhandlungen mit der Ermittlungsbehörde regelmäßig eigen ist. Die Verteidigung baut argumentativ komplexe Probleme auf, welche die Ermittlungsbehörde abzuarbeiten hätte, wollte sie den Vorschlägen der Verteidigung kein Gehör schenken. Entsprechendes resümiert *Salditt* für den Deal mit dem Strafgericht:

„Viele Strafrichter glauben, dass Vereinbarungen, die sie mit den Verteidigern über das noch zu verkündende Urteil treffen, ein wirksamer Beitrag zur Justizentlastung seien. Angeblich werden so Verfahren verkürzt und Rechtsmittel entbehrlich. Doch wird ungern bedacht, welche Folgen diese Praxis auslöst. Vereinbarungen setzen Verhandlungen voraus. Deren Ausgang hängt von den Verhandlungspositionen ab. Diese müssen durch Rügen, Anträge und Einlassungen ausgebaut werden. Je größer die schon aufgetürmten oder die noch zu erwartenden Hindernisse, desto höher werden die Gegenleistungen, um den Weg freizumachen oder freizuhalten. [...] Wer das mehrmals exerziert hat, lernt daraus, dass es darauf ankommt, die Schwierigkeiten ausreichend zu steigern, wenn ein besonders schwerer Fall vermieden und eine Bewährungsstrafe erwirkt werden soll."[1]

10 Die werthaltige Verhandlungsposition der Verteidigung setzt regelmäßig voraus, dass der Verteidiger des einer Steuerverfehlung beschuldigten Klienten auch mit dem Steuerstrafverfahrensrecht eingehend vertraut ist. Sofern die Verhandlungsposition daneben Kenntnis des allgemeinen Strafrechts bzw. des allgemeinen Strafverfahrensrechts erfordert, bleibt deren Erörterung hier ausgespart. Im Zentrum dieses Abschnitts steht das spezifisch steuerstrafverfahrensrechtliche am Steuerstrafverfahrensrecht. Gegenstand sind ausschließlich diejenigen Rechtsregeln, mit denen sich das Recht des Steuerstrafverfahrens vom Recht des allgemeinen Strafverfahrens abhebt. § 385 Abs. 1 AO bestimmt, dass für das Strafverfahren wegen Steuerstraftaten die allgemeinen Gesetze über das Strafverfahren, namentlich die Strafprozessordnung, das Gerichtsverfassungsgesetz und das Jugendgerichtsgesetz gelten, sofern nicht die Vorschriften des Achten Teils, insbesondere der §§ 385 ff. AO etwas anders bestimmen. Die durch § 385 Abs. 1 AO in Bezug genommenen Regelungen außerhalb der Abgabenordnung werden hier grundsätzlich nicht erläutert. Auf sie wird jedoch ausnahmsweise dann näher eingegangen, wenn ausgewählte Aspekte eine entsprechende Erörterung verlangen oder nahe legen.

2. Zur Bedeutung des Steuerstrafverfahrensrechts im Rahmen anwaltlicher Tätigkeit

11 Die Anlässe für die Befassung mit steuerstrafrechtlichen Fragestellungen sind vielfältig und entziehen sich einem gemeinsamen Nenner. Typischerweise werden Unternehmensanwälte häufig mit Fragestellungen der nachfolgend geschilderten Art konfrontiert.

Beispiel 1:
So ist die Frage eines Geschäftsführers denkbar, wie mit der betriebsintern jüngst gewonnenen Erkenntnis umzugehen sei, derzufolge seit einigen Jahren Angestellte als „geringfügig Beschäftigte" gem. § 40 a EStG geführt werden, obwohl die Voraussetzungen für eine derartige Erfassung möglicherweise nicht vorliegen.

12 Im Zeitpunkt der Anfrage durch den Geschäftsführer ist ein Strafverfahren noch in weiter Ferne; gleichwohl wirft die Anfrage neben sozialversicherungsrechtlichen und lohnsteuerrechtlichen schließlich strafrechtliche Fragen auf. Strafrechtliche Relevanz erhält der Fall jedenfalls

---
[1] *Salditt*, FS Bemmann, S. 614 f.

dann, wenn ins Kalkül gezogen werden muss, dass bei der zeitlich zurückliegenden Gestaltung entweder bekannt war oder leichtfertig verkannt wurde, dass es sich nicht um geringfügig Beschäftigte, sondern um sozialversicherungs- und lohnsteuerpflichtige Beschäftigte handelte. Die strafrechtliche Dimension erschöpft sich dabei nicht in der Frage einer Verantwortlichkeit der seinerzeit zuständigen Entscheidungsträger, sondern zwingt den aktuellen Geschäftsführer im eigenen Interesse zu eingehender Prüfung und ggf. zur sofortigen Abhilfe. Der Geschäftsführer wird wissen wollen, was er konkret zu veranlassen hat und welche Nachzahlungen auf das Unternehmen bzw. etwaige verantwortliche Personen zukommen (können).

Beispiel 2:
Denkbar ist überdies die Mitteilung eines Mandanten, seit Anfang der 90er Jahre in der zinsabschlagsteuerfreien Schweiz eine rentable Kapitalanlage zu unterhalten und diese über die Jahre aus nicht versteuerten gewerblichen Einkünften gespeist zu haben. Dem Anwalt gegenüber räumt er ein, die deutschen Steuerbehörden durch unzutreffende Bilanzen und Jahresabschlüsse seines Unternehmens im Unklaren über die tatsächlichen Unternehmensgewinne gelassen zu haben.

Der Mandant wird wissen wollen, ob und unter welchen Umständen die Enttarnung durch deutsche Behörden droht; er wird fragen, ob es kurzfristig einen Weg in die Legalität gibt und welche Steuern und Zinsen er nachzuzahlen hat. Er wird – möglicherweise verunsichert aus der Presseberichterstattung zu § 370 a AO – fragen, ob ihm eine Selbstanzeige Straffreiheit verschaffen kann, oder ob damit zu rechnen sei, dass der Vorwurf der gewerbsmäßigen Steuerhinterziehung erhoben werde, mit der Folge, dass eine Selbstanzeige keine Straffreistellung erreichen kann. Der Mandant wird ebenfalls überlegen wollen, ob es unter Verzicht auf eine Selbstanzeige mittelfristig eine Rückkehr in die Legalität gibt. Diesbezüglich wird sich wiederum der Anwalt die Frage stellen müssen, ob er zur Durchführung der letztgenannten Alternative unterstützenden Rat überhaupt erteilen darf. Beabsichtigt der Mandant, das Anwaltshonorar aus dem Guthaben der ausländischen Anlage zu bestreiten, ist der Anwalt überdies aus eigenen Interessen zu einer sorgfältigen Prüfung angehalten. Weiterer Beratungsbedarf ergibt sich aus dem Gesetz zur Förderung der Steuerehrlichkeit zur Abschätzung der Möglichkeiten, um in den Genuss einer Amnestiewirkung zu gelangen.

Beide Beispiele zeigen, dass steuerstrafrechtliche Fragestellungen oftmals nicht isoliert auftreten, sondern in einem größeren Kontext zu erörtern sind. Da in den Beispielsfällen die Ermittlungsbehörden noch nicht mit der Sache befasst sind, liegt es in beiden Fällen nahe, die Erstattung einer Selbstanzeige oder die Abgabe einer Amnestieerklärung in Betracht zu ziehen und deren Konsequenz zu prüfen. Die Handlungs- und Gestaltungsoptionen in Fällen der vorstehenden Art zu finden und zu bewerten, ist originärer und zentraler Bestandteil steuerstrafrechtlicher Beratung, obwohl ein Strafverfahren (noch) nicht eingeleitet ist.

Beispiel 1 veranschaulicht, dass nicht isoliert steuerstrafrechtlich über eine Selbstanzeige nachgedacht werden darf, sondern andere als steuerstrafrechtliche Erwägungen ebenfalls in die Betrachtung einbezogen werden müssen. Kann dort hinsichtlich des Vorwurfs der vorsätzlichen (§ 370 AO) oder leichtfertigen (§ 378 AO) Verkürzung von Lohnsteuern möglicherweise noch Straffreistellung erreicht werden, wird der Berater dennoch prüfen, ob andere Gründe gegen eine Selbstanzeige sprechen. Er wird die Entscheidung über die Selbstanzeige in dem Wissen treffen, dass neben der (Lohn)Steuerverkürzung (§ 370 AO) in strafbarer Weise Arbeitnehmeranteile zur Sozialversicherung vorenthalten wurden (§ 266 a StGB, sofern Vorsatz vorgelegen haben sollte) oder sogar noch wird (wenn der aktuelle Geschäftsführer nicht zwischenzeitlich abgeholfen haben sollte). Ferner kommt hinsichtlich der Arbeitgeberanteile zur Sozialversicherung ein Betrug (§ 263 StGB) in Betracht und schließlich würde nach Erstattung einer Selbstanzeige der Vorwurf einer Steuerordnungswidrigkeit nach § 380 AO aufleben. Zwar sieht § 266 a StGB in engen Grenzen eine Straffreistellung ähnlich der steuerstrafrechtlichen Selbstanzeige vor, doch kann die entsprechend erforderliche Erklärung nicht zu einem beliebigen Zeitpunkt abgegeben werden. Hinsichtlich des möglichen Betrugsvorwurfs und der Steuerordnungswidrigkeit würde eine Selbstanzeige quasi ein Geständnis darstellen. Insoweit wird der Anwalt zu prüfen haben, ob und mit welcher Reichweite eine nachträgliche Meldung der zutreffenden Besteuerungsgrundlagen ein Verwertungsverbot nach § 393 Abs. 2 AO für entsprechend mitgeteilte Nichtsteuerstraftaten auslöst.

16 Ähnlich wird der Anwalt im Beispiel 2 weitgreifende Überlegungen anstellen. Er wird prüfen, ob ein Verdacht wegen gewerbsmäßiger Hinterziehung i. S. v. § 370 a AO in Betracht kommt, für den eine Selbstanzeige keine Strafbefreiung verschaffen kann. Er wird ferner Enttarnungsrisiken durch die deutschen Ermittlungsbehörden nachgehen und diesbezüglich einen Blick auf die bilateralen Rechtshilfeabkommen zwischen der Schweiz und Deutschland werfen. Hier wird er feststellen, dass die Schweiz zwar nicht in einfachen Hinterziehungssachverhalten Rechtshilfe erteilt, wohl aber in Fällen des sog. Steuerbetruges nach schweizerischem Recht, also dann, wenn die Hinterziehung unter Verwendung falscher Urkunden und Belege begangen wurde. Jenseits der Selbstanzeige wird der Anwalt dem Mandanten Verhaltensalternativen vorschlagen; so mag er – entsprechend dem Wunsch des Mandanten nach mittelfristiger Rückkehr in die Legalität – vorschlagen, das Kapital ertraglos zu stellen, indem mit dem Kapital etwa Gold oder Immobilien angeschafft werden, um zu vermeiden, dass auch weiterhin fortwährend falsche Erklärungen abgegeben werden. Allerdings hat der Berater hier wiederum zu prüfen, ob er nicht gerade zu einer Geldwäsche anstiftet. Die Beantwortung dieser Frage hängt ihrerseits davon ab, ob das Guthaben der Geldanlage aus Straftaten nach § 370 a AO resultiert. Würde allerdings durch eine – im Einzelfall legale – Ertragslosstellung ein Fünfjahreszeitraum unerkannt überbrückt werden können, wäre dem Mandanten die Rückkehr in die Legalität ermöglicht, denn spätere Spekulationsgewinne könnten im Fall ihrer Realisierung ordnungsgemäß versteuert werden; einem Strafverfahren aber stünde nach Ablauf von fünf Jahren seit dem letzten unzutreffenden Steuerbescheid die (strafrechtliche, wenn auch nicht die steuerliche) Verjährung entgegen. Gegebenenfalls würden die Modelle mit und ohne Selbstanzeige durchgespielt werden müssen. Hat der Anwalt indes Grund anzunehmen, dass ein Fall des § 370 a AO verwirklicht wäre, müsste er die Zulässigkeit eines solchen Ratschlags wie auch seine Honorierung aus den ausländischen Mitteln unter dem Gesichtspunkt eigener möglicher Geldwäscheverantwortlichkeit nach § 261 StGB kritisch prüfen und überdenken.

17 Die Beispiele zeigen, dass die Lebenswirklichkeit isoliert steuerstrafrechtlich relevante Sachverhalte nur in seltenen Ausnahmefällen präsentiert. Der Anwalt ist daher aufgefordert, den Blick über die steuerstrafrechtliche Dimension auf die weiteren jeweils einschlägigen Rechtsbereiche zu richten.

3. Die fiskalischen Interessen im Steuerstrafverfahren

18 Mit einer aus Sicht der Ermittlungsbehörden erfolgreichen Durchführung eines Steuerstrafverfahren geht bis auf wenige Ausnahmen ein steuerliches Mehrergebnis einher. Sieht man von diesen in der Praxis eher unbedeutenden Ausnahmen ab, gilt:

19 Jedes Steuerstrafverfahren, das nicht wegen fehlenden Tatverdachts nach § 170 Abs. 2 StPO eingestellt wird, führt zu einer Steuernachzahlung.

20 Die Steuerhinterziehung nach § 370 AO setzt zu ihrer Vollendung voraus, dass Steuern verkürzt oder ein Steuervorteil erlangt wurde. Dieser Taterfolg wird in § 370 Abs. 4 AO weiter gehend konkretisiert. Die verkürzten Steuern oder die zu Unrecht erhaltenen Erstattungen beansprucht der Fiskus meist im Wege eines parallel zum Strafverfahren geführten Besteuerungsverfahrens. Nicht denkbar ist der Fall, dass zwar ein Strafverfahren durchgeführt werden kann, ein auf Abschöpfung des erlangten Vorteils oder Festsetzung nicht gezahlter Steuern gerichtetes Strafverfahren an der steuerlichen Festsetzungsverjährung scheitern würde. Entsprechende steuerrechtliche Verjährungsregelungen finden sich in § 169 Abs. 2 AO. Prinzipiell darf ein Steueranspruch vier Jahre lang festgesetzt werden, also ein Jahr weniger als eine (vorsätzliche) Hinterziehung strafrechtlich verfolgt werden kann. Die AO hält jedoch von der vierjährigen Festsetzungsverjährung Ausnahmen bereit. Wurde die Steuer leichtfertig verkürzt, beträgt die (steuerliche) Festsetzungsfrist immerhin schon fünf, bei vorsätzlicher Hinterziehung sogar zehn Jahre, § 169 Abs. 2 S. 2 AO. Da strafrechtliche Verfolgungsverjährung gem. § 78 Abs. 3 Nr. 4 StGB (bereits) nach fünf Jahren eintritt gilt: Ist der Strafvorwurf noch verfolgbar, ist es der Steueranspruch erst recht. Es bedarf keiner näheren Begründung, dass in Zeiten strapazierter öffentlicher Haushalte das steuerstrafrechtliche Instrumentarium aus fiskalischer Sicht besonderen Reiz entfaltet.

21 Hinzu kommt, dass der vorhandene staatliche Apparat zur Verfolgung von Steuerstraftaten rentabel arbeitet. In den letzten Jahren konnte eine fortwährende Aufstockung entsprechender Ermittlungskapazitäten beobachtet werden.

Fiskalischen Interessen dient auch die Selbstanzeige. Es wäre bei weitem zu kurz gegriffen und würde ihrem Verständnis und ihrer Handhabung in der Praxis nicht entsprechen, wollte man dieses Institut lediglich als einen Ausdruck tätiger Reue verstehen, der dem Täter die Rückkehr in die Legalität erlaubt. Der fiskalische Charakter der Selbstanzeige erschließt sich bereits durch das Studium der entsprechenden Kommentarliteratur. Dort zeigt sich, dass sich Auslegung und Verständnis der einzelnen Voraussetzungen oftmals an fiskalischen Interessen ausrichten.

4. Steuerdelinquenz und Verfolgungsintensität

Steuerdelinquenz ist zwar ein Massenphänomen aber kein Bagatelldelikt. So hat der Bundesgerichtshof in seinem Urteil vom 1. August 2000 über die Strafbarkeit von Bankangestellten wegen Beihilfe zur Steuerhinterziehung durch Anleger nachdrücklich seine Absicht betont, Steuerverfehlungen in aller Schärfe zu ahnden.

Auch die jüngste Entwicklung des Steuerstrafrechts trägt eine eindeutige Handschrift. Zum Januar 2002 trat der Verbrechenstatbestand der gewerbs- bzw. bandenmäßigen Steuerhinterziehung als § 370 a AO in Kraft; eine erste Änderung erfuhr die Vorschrift bereits im Sommer desselben Jahres. Dass der Straftatbestand des § 370 a AO nur um der höheren Bestrafung von Delinquenten geschaffen wurde, darf bezweifelt werden. Bereits vor In-Kraft-Treten dieser Norm gestattete es der bisherige § 370 AO aufgrund der Regelbeispiele in § 370 Abs. 3 AO, eine nachhaltige Steuerverfehlung mit einer Freiheitsstrafe von bis zu zehn Jahren zu ahnden. Der Wunsch nach höherer Sanktionierung kann die Entscheidung zugunsten des nunmehrigen § 370 a AO nicht motiviert haben. Der Anlass für die Aufnahme dieses Straftatbestandes ist verfahrensrechtlicher Natur. Anders als eine Tat nach § 370 Abs. 3 StGB handelt es sich bei einer gewerbs- oder bandenmäßigen Hinterziehung nach § 370 a AO um ein Verbrechen im Sinne des § 12 StGB. Als solches ist es taugliche Vortat einer Geldwäsche gemäß § 261 StGB. Auch diese Vorschrift wurde kurzerhand dem neuen § 370 a AO angepasst, denn offenbar sah der Gesetzgeber hier noch Änderungsbedarf. Wegen Geldwäsche macht sich strafbar, wer Gegenstände, die aus einer tatbestandsmäßigen und rechtswidrigen Vortat herrühren, in den Wirtschaftskreislauf einschleust. Vorausgesetzt ist, dass es sich bei der Vortat entweder um ein Verbrechen oder um eine Katalogtat nach § 261 Abs. 1 S. 2 StGB handelt. Obwohl der 5. Strafsenat eine entsprechende Auslegung seit geraumer Zeit praktizierte, hielt es der Gesetzgeber für zweckmäßig, in § 261 Abs. 1 S. 3 StGB eine Klausel aufzunehmen, die klarstellt, dass auch „durch Steuerhinterziehung ersparte Aufwendungen" Gegenstände im Sinne des § 261 Abs. 1 S. 1 StGB sind, die aus einer rechtswidrigen Tat herrühren. Bei unbefangener Lesart hätte ansonsten eingewandt werden können, dass nicht versteuerte Einnahmen aus Gewerbebetrieb gerade keine Gegenstände aus einer Vortat sind. Der BGH sah dies anders, der Gesetzgeber ist ihm gefolgt. § 261 StGB soll nun den Vortäter mit seinem inkriminierten Vermögen wirtschaftlich isolieren, da er Dritten untersagt, solchermaßen bemakeltes Geld entgegen zu nehmen, und es dem Steuerdelinquenten verbietet, solches Geld an Dritte weiterzugeben. Dies wäre zunächst nur eine materiell-rechtliche Zielsetzung, wenn nicht wiederum die StPO in Fällen des Geldwäscheverdachts ein weitgreifendes Repertoire an besonderen Ermittlungsmaßnahmen zur Verfügung stellen würde. Heimliche Ermittlungsmaßnahmen – prinzipiell der Ausnahmefall nach der StPO – sind im Fall des Geldwäscheverdachts möglich. So kann nach § 100 a StPO unter den dort genannten Voraussetzungen die Telekommunikation überwacht werden; nach § 100 c StPO ist der große Lauschangriff gestattet. Hier sind die eigentlichen Gründe für die Einfügung des § 370 a AO beheimatet. Auf der Jagd nach dem Geld gönnt sich der Fiskus ein quasi „geheim"-polizeiliches Überwachungsinstrumentarium.

Neben diesen mittelbar verfahrensrechtlichen Neuerungen finden sich weitere in den Steuergesetzen und ergänzenden Vorschriften. Die Umsatzsteuernachschau ist dabei nur eine verfahrensrechtliche Nuance, die Änderung der BpO eine andere. Hierauf soll an dieser Stelle nicht weiter eingegangen werden.

Unverkennbar ist die Tendenz des Staates, dem Steuerdelinquenten mit einem übermächtigen Apparat zu Leibe zu rücken. Es darf heute nicht davon ausgegangen werden, dass der Zenit dieser Entwicklung schon erreicht oder gar überschritten wurde. Ein Blick auf die europäische Rechtsentwicklung lässt weitere Schritte in diese Richtung erwarten. Nicht nur die

Fach- sondern auch die Tagespresse vermuten, dass die europäischen Steueroasen (Schweiz, Liechtenstein, Luxemburg) in wenigen Jahren dem internationalen Druck nachgebend, das Bankgeheimnis nicht länger werden aufrechterhalten können. So wird – nicht nur in Fachkreisen – erwartet, dass Kapitalflüsse innerhalb Europas in den kommenden zehn Jahren vollauf transparent werden, und sich mancher Anleger, der heute noch glaubt, sein Kapitalvermögen in Luxemburg oder in der Schweiz vor dem Fiskus in sich Sicherheit gebracht zu haben, sich in einigen Jahren unangenehme Fragen wird gefallen lassen müssen.

II. Die Rechtsquellen des Steuerstrafverfahrensrechts im Überblick

27   Die spezifisch verfahrensrechtlichen Regelungen des Steuerstrafrechts finden sich in den Vorschriften der §§ 385 bis 404 AO.

28   § 385 Abs. 1 AO erklärt in Form einer Grundsatzregel zunächst die allgemeinen Gesetze über das Strafverfahren für anwendbar und nennt ausdrücklich die Strafprozessordnung, das Gerichtsverfassungsgesetz und das Jugendgerichtsgesetz. Die in Bezug genommenen Vorschriftenkataloge gelten mit der Maßgabe, dass in den §§ 385 bis 404 AO nichts Abweichendes bestimmt ist.

1. §§ 386 bis 404 AO

29   Abweichendes im Sinne des vorstehenden Absatzes wird jedoch in den Vorschriften der §§ 386 ff. AO normiert. Hierin findet sich spezifisch steuerstrafrechtliches Verfahrensrecht. Die Vorschriften regeln eine gegenüber der StPO abweichende ermittlungsbehördliche und strafgerichtliche Zuständigkeit, erweitern gegenüber § 138 StPO in § 392 AO den Kreis der Verteidiger und bestimmen in § 393 AO das Verhältnis zwischen Besteuerungs- und Steuerstrafverfahren. In § 397 AO wird unter den dort genannten Voraussetzungen die Einleitung eines Ermittlungsverfahrens fingiert und § 398 AO sieht neben den Regelungen der §§ 153 und 153 a StPO – zumindest formal – weitere Möglichkeiten der Einstellung von minder schwerer Steuerdelinquenz aus Opportunitätsgesichtspunkten vor. Hervorzuheben sind schließlich die §§ 399 bis 404. Hierin werden Ermittlungskompetenzen verteilt, wobei insbesondere § 404 AO der Steuer- bzw. Zollfahndung Kompetenzen einräumt, die der Polizei im allgemeinen Strafverfahren nicht zur Verfügung stehen.

2. Die allgemeinen Vorschriften über das Strafverfahren

30   Auf die Vorschriften der StPO, des Gerichtsverfassungsgesetzes und des Jugendgerichtsgesetzes wird nicht gesondert eingegangen. Erörtert werden diese Regelungen ausnahmsweise dann, wenn spezifisch steuerstrafverfahrensrechtliche Fragestellungen dies nahe legen.

3. Höherrangiges Recht

31   Die einfach-gesetzlichen Vorschriften der Abgabenordnung sind nicht in der Lage, höherrangiges Recht zu suspendieren. So haben sich Auslegung und Anwendung des spezifischen Steuerstrafrechts insbesondere an den verfassungsrechtlichen Vorgaben zu orientieren.

4. Weitere Gesetze im formellen Sinn

32   Neben den Genannten existieren zahlreiche Kodifizierungen mit steuerstrafrechtlichen Bezügen. Beispielhaft seien erwähnt die BRAO, das RVG, das GKG, das Wehrstrafgesetz. Eine abschließende Aufzählung ist kaum möglich und wenig sinnvoll, der Nutzen einer ausführlichen Darstellung für die tägliche Praxis wäre gering. *Kohlmann* hat einen Katalog der einschlägigen Normen zusammengestellt.[2]

5. Rechtsnormen ohne formelle Gesetzesqualität

33   Auch unterhalb der Ebene einfach-gesetzlicher Regelungen finden sich zahlreiche Rechtsnormen, die im Steuerstrafrecht eine mitunter bedeutende Rolle spielen. Zwar sind diese Regelun-

---

[2] *Kohlmann* Steuerstrafrecht Bd. II § 385 Rdnr. 25 m.w.N.

gen aus Gründen des verfassungsrechtlichen Gesetzesvorbehalts nicht geeignet, als selbständige Grundlage einer belastenden Maßnahme zu dienen, sofern sie nicht ihrerseits auf einer entsprechenden Ermächtigungsgrundlage beruhen, doch geben diese Normen vielfach die bestehende Rechtslage unter Einarbeitung höchst- und obergerichtlicher Rechtsprechung wieder. Regelmäßig handelt es sich bei diesen untergesetzlichen Vorschriften um reines behördliches Innenrecht, welches naturgemäß Bindung zunächst nur für die Angehörigen der Verwaltung entfaltet. Faktische Außenwirkung erhalten die entsprechenden Regelungen jedoch über das Willkürverbot des Art. 3 GG. Der Bürger kann aus diesem behördlichen Innenrecht – ähnlich dem Fall der ständigen Verwaltungspraxis – gegenüber der Behörde den Anspruch herleiten, gemäß der untergesetzlichen Norm behandelt zu werden. Insofern hat er einen Anspruch auf Rechtsanwendungsgleichheit. Ist die Verwaltung dagegen in einzelnen Fällen von den Verwaltungsvorschriften abgewichen, kann der Betroffene prinzipiell nicht geltend machen, dass auch in seinem Fall das Innenrecht nicht zu beachten sei.

Vorschriften dieser Kategorie mit steuerstraf(verfahrens)rechtlicher Bedeutung sind insbesondere:
- Richtlinien über das Straf- und Bußgeldverfahren (RiStBV)
- Richtlinien für den Verkehr mit dem Ausland in strafrechtlichen Angelegenheiten (RiVASt)
- Anordnungen über Mitteilungen in Strafsachen (MiStrA)
- Anweisungen für das Steuer- und Bußgeldverfahren (Steuer), diese existieren jedoch nicht in allen Bundesländern
- Betriebsprüfungsordnung (BpO)

III. Die Verfahrensgrundsätze im Überblick

Von den Rechtsquellen zu trennen, sind die inhaltlichen Grundsätze, an denen sich ein rechtsförmiges Verfahren, insbesondere ein Strafverfahren zu orientieren hat.

1. Rechtsstaatliche Grundprinzipien

Rechtsstaatliche Grundprinzipien können nicht spezifischer Bestandteil des Steuerstrafverfahrensrechts sein. Sie sind als Ausdruck der verfassungsrechtlichen Grundentscheidungen jedwedem einfach- oder untergesetzlich geregeltem Verfahrensrecht übergeordnet. Im Rahmen dieser Darstellung reicht es daher, die auch im Steuerstrafverfahren einschlägigen Rechtsgrundsätze von Verfassungsrang kurz aufzuzeigen. Zu deren Interpretation im Einzelfall wird auf die einschlägige Literatur verwiesen. Soweit nachfolgend mitunter einfach-gesetzliche Vorschriften zitiert sind, geben diese verfassungsrechtliche Direktiven wieder und haben insoweit nur klarstellende Funktion:

Checkliste:

☐ Grundsatz des rechtlichen Gehörs: Art. 103 Abs. 1 GG, vgl. auch §§ 33, 136, 163 a StPO
☐ Grundsatz des gesetzlichen und unabhängigen Richters, Art. 101 Abs. 1 GG, § 16 GVG, Art. 97 Abs. 1 GG, § 1 GVG
☐ Der „Fair-Trial"-Grundsatz; jedes (behördliche und) gerichtliche Verfahren hat rechtsstaatlichen Ansprüchen zu genügen
☐ Der Grundsatz der Verhältnismäßigkeit
☐ Der Grundsatz des „ne bis in idem", Art. 103 Abs. 3 GG
☐ Der Grundsatz von der Freiheit vom Zwang zur Selbstbelastung, „nemo tenetur se ipsum accusare", Art. 1 GG, § 53 StPO, § 136 Abs. 1 S. 2 StPO, § 393 Abs. 1 S. 2 AO

37 Aus dem vorstehend genannten Katalog ist die Vorschrift des § 393 Abs. 1 S. 2 AO spezifisch steuerstrafrechtlicher Natur. Die Regelung will die Freiheit vom Zwang zur Selbstbelastung in Situationen gewährleisten, in denen zeitgleich Besteuerungs- und Steuerstrafverfahren gegen einen Steuerpflichtigen, der zugleich Beschuldigter ist, betrieben werden. Die Darstellung dieser auf den ersten Blick schwer verständlichen Vorschrift bleibt einem gesonderten Abschnitt vorbehalten.

2. Prozessmaximen

38 Prozessmaximen bestimmten die grundsätzlichen Kriterien und Prinzipien eines rechtsförmigen Verfahrens. Sie sind zum Teil Ausdruck der verfassungsrechtlichen Grundsatzentscheidungen. Ein Steuerstrafverfahren ist ein Strafverfahren. Für letzteres gelten folgende Verfahrensgrundsätze, die hier keiner näheren Erläuterung bedürfen, da sie aus dem allgemeinen Strafverfahrensrecht bekannt sind:

Checkliste:

- ☐ Das Offizialprinzip
- ☐ Das Akkusationsprinzip, § 151 StPO
- ☐ Das Legalitätsprinzip, § 152 Abs. 2 StPO
- ☐ Der Grundsatz der Öffentlichkeit
- ☐ Der Grundsatz der Mündlichkeit
- ☐ Der Ermittlungsgrundsatz, §§ 160, 163 StPO
- ☐ Die Konzentrationsmaxime (sog. Beschleunigungsgrundsatz)
- ☐ Der Grundsatz der Unmittelbarkeit, § 250 Satz 2 StPO
- ☐ Der Grundsatz der freien Beweiswürdigung, § 261 StPO
- ☐ Der (Zweifels-)Grundsatz „in dubio pro reo"

39 Mit zwei Einschränkungen gelten diese Grundsätze auch für Verfahren in Steuerstrafsachen:
40 § 400 AO durchbricht das Anklagemonopol der Staatsanwaltschaft, denn nach dieser Vorschrift ist (auch) die Finanzbehörde berechtigt, bei bestehendem hinreichenden Tatverdacht beim Richter den Erlass eines Strafbefehls zu beantragen.
41 Von besonderer Bedeutung ist jedoch die in § 393 Abs. 2 S. 1 AO vorgesehene Durchbrechung des Legalitätsprinzips. Das Legalitätsprinzip verpflichtet die Behörden, „wegen aller verfolgbaren Straftaten einzuschreiten, sofern zureichende tatsächliche Anhaltspunkte vorliegen", § 152 Abs. 2 StPO. Hiervon abweichend ordnet § 393 Abs. 2 S. 1 AO an, dass Staatsanwaltschaft und Gericht bestimmte Kenntnisse nicht für die Verfolgung einer Nichtsteuerstraftat verwendet werden dürfen. Weder die eigentliche Aussage des § 393 Abs. 2 AO noch sein Sinn und Zweck erschließen sich auf den ersten Blick. Angesichts der zentralen Bedeutung dieser Vorschrift für das Steuerstrafverfahrensrecht insbesondere ihr sachlicher und systematischer Zusammenhang mit § 393 Abs. 1 AO (siehe vorstehend Ziff. 1.) erfordern eine ins Einzelne gehende Darstellung. Die Vorschrift des § 393 AO bleibt daher einer gesonderten Darstellung in der nachfolgenden Ziffer 4 vorbehalten.

3. Prozessvoraussetzungen

42 Abweichend von den Prozessmaximen, welche die Grundsätze der Verfahrensdurchführung festlegen, bestimmen die Prozessvoraussetzungen diejenigen Erfordernisse, die entweder positiv gegeben sein müssen, um ein Steuerstrafverfahren durchführen zu können bzw. deren Vorliegen der Einleitung bzw. Durchführung eines Strafverfahrens zwingend entgegenstehen (sog. negative Prozessvoraussetzungen). Das (allg.) Strafverfahrensrecht kennt folgende Prozessvoraussetzungen:

> **Checkliste:**
>
> ☐ Strafantrag: Dieses Erfordernis spielt bei Steuerverfehlungen keine Rolle, es handelt sich insoweit sämtlich um Offizialdelikte, deren ermittlungsbehördliche Verfolgung eines Strafantrags nicht bedarf.
> ☐ Eingetretene Verfolgungsverjährung. Dieses Prozesshindernis (negative Prozessvoraussetzung) steht der Einleitung eines Ermittlungsverfahrens zwingend im Wege, wird es erst im Laufe eines bereits eingeleiteten Ermittlungsverfahrens bekannt, ist das Verfahren umgehend einzustellen.
> ☐ Anderweitige Rechtshängigkeit / entgegenstehende Rechtskraft
> ☐ Strafklageverbrauch
> ☐ eine überlange Verfahrensdauer ist kein Prozesshindernis und wandelt sich im Laufe des Verfahrens auch nicht zu einem solchen. Nach der Rechtsprechung kann jedoch eine überlange Verfahrensdauer Anlass für eine Einstellung aus Opportunitätsgesichtspunkten nach § 153 Abs. 2 StPO sein.[3]

43 Eine abgegebene Selbstanzeige stellt kein Prozesshindernis dar. Zwar führt die wirksame Selbstanzeige zur Straffreistellung, doch wird im Anschluss an eine Selbstanzeige regelmäßig erst ein Strafverfahren eingeleitet, in dessen Rahmen Wirksamkeit und Reichweite der Selbstanzeige überprüft werden. Dieses auf den ersten Blick wenig einleuchtende Prozedere dient jedoch zugleich den Interessen des Steuerpflichtigen. Durch die Einleitung eines Ermittlungsverfahrens werden dessen strafprozessuale Garantien ausgelöst. So kann – worauf noch im Einzelnen eingegangen wird – die Erfüllung steuerlicher Mitwirkungspflichten nicht erzwungen werden, solange begleitend zum Besteuerungsverfahren ein Steuerstrafverfahren betrieben wird, § 393 Abs. 1 AO.

4. Steuerstrafverfahrensrechtliche Besonderheiten gegenüber dem allgemeinen Strafverfahrensrecht, insbes. § 393 AO

44 Die allgemeinen und prinzipiell für alle Arten des Strafverfahrens geltenden Verfahrensgrundsätze, Prozessmaximen und -voraussetzungen werden durch die Vorschriften der AO für Strafverfahren in Steuerstraftaten teilweise modifiziert.

45 Während auf kleinere Abweichungen bereits eingegangen wurde, finden sich grundlegende und im Einzelnen schwer verständliche Regelungen in der Vorschrift des § 393 AO.

46 a) § 393 AO. § 393 Abs. 1 S. 1 AO sieht eine grundsätzliche Trennung zwischen Besteuerungs- und Strafverfahren vor. Beide Verfahren werden daher prinzipiell selbstständig nebeneinander geführt. Dabei gelten für das Besteuerungsverfahren die Regeln der Abgabenordnung, für das Strafverfahren die allgemeinen Regeln des Strafverfahrensrechts unter Berücksichtigung der sich nach den §§ 385 – 404 AO ergebenden Besonderheiten.

47 Dem Grundsatz der Freiheit vom Zwang zur Selbstbelastung trägt § 393 Abs. 1 S. 2 AO Rechnung. Die Regelung erklärt in Abweichung von den allgemeinen Vorschriften der AO für das Steuerfestsetzungsverfahren (etwa § 93 AO) Mitwirkungspflichten des Steuerpflichtigen für nicht erzwingbar, wenn sich der Steuerpflichtige durch die (ordnungsgemäße) Mitwirkung einer Steuerstraftat oder einer Steuerordnungswidrigkeit bezichtigen würde. Damit durchbricht § 393 Abs. 1 S. 2 AO die grundsätzliche Selbständigkeit beider Verfahren. Hierdurch soll gewährleistet werden, dass ein Nebeneinander von Besteuerungs- und Steuerstrafverfahren nicht die strafprozessualen Garantien des Beschuldigten nur deshalb unterläuft, weil er zugleich auch Steuerpflichtiger ist.

48 Den Gedanken des § 393 Abs. 1 S. 2 AO führt § 393 Abs. 2 AO fort. Was in § 393 Abs. 1 S. 2 AO als Ausdruck des nemo-tenetur-Grundsatzes gestaltet ist, wird in § 393 Abs. 2 AO in Form einer Durchbrechung des Legalitätsprinzips weitergeführt. Teilt nämlich der Steuerpflichtige im Rahmen seiner steuerlichen Mitwirkungspflichten dem Finanzamt einen Sachverhalt mit,

---

[3] BVerfGE 46, 17, 28 f.

der gegen ihn den Verdacht einer Nichtsteuerstraftat begründet, so dürfen die behördlichen Erkenntnisse unter den dort genannten Voraussetzungen nicht zur Verfolgung der Nichtsteuerstraftat verwendet werden.

49 Hier dominiert ein fiskalischer Zweck. Der Hintergrund für § 393 Abs. 2 AO liegt in § 40 AO. Nach § 40 AO ist es für die Besteuerung grundsätzlich unerheblich, ob das einen Steueranspruch auslösende Geschehen gesetzes- oder sittenwidrig ist. So steht es der Besteuerung der Einkünfte des Drogenhändlers nicht entgegen, dass dieser durch seine Aktivitäten nachhaltig gegen die (strafbewehrten) Regelungen des BtMG verstößt. Ebenso wenig würde der gewerbsmäßig handelnde Betrüger unter Hinweis auf das strafgesetzliche Verbot des § 263 StGB aus seiner Steuerpflicht entlassen. Diese Problematik steht derzeit beispielsweise im Mittelpunkt einer finanzgerichtlichen Auseinandersetzung in der Flowtex-Affäre.

50 Derjenige Straftäter, der aus seinen Straftaten steuerpflichtige Einkünfte generiert, hat diese zur Steuer zu erklären und hierauf Steuern zu entrichten. Verheimlicht er diese Einkünfte vor dem Finanzamt, verwirklicht er eine Steuerverkürzung.

51 Nach der Abgabenordnung dominiert das fiskalische Besteuerungsinteresse unter bestimmten Voraussetzungen über das staatliche Interesse an der Strafverfolgung. Der Täter wird um den Preis der Strafverfolgung zur korrekten Besteuerung aufgefordert. Ein Überwiegen des Fiskalinteresses besteht nach § 393 Abs. 2 S. 2 AO jedoch dann nicht, wenn an der Verfolgung der Nichtsteuerstraftat ein zwingendes öffentliches Interesse besteht.

52 Insgesamt enthält die Vorschrift des § 393 AO zahlreiche grundsätzliche Aussagen und Regelungen, zugleich wirft sie ebenso viele Fragen auf. Selbst ihre Regelungszwecke werden kontrovers diskutiert:

Checkliste:

☐ § 393 Abs. 1 S. 1 AO enthält den Grundsatz der Trennung von Besteuerungs- und Steuerstrafverfahren; § 393 Abs. 1 S. 2 bis 4 AO sehen Ausnahmen von dem Grundsatz der Verfahrenstrennung vor. Die Regelungen der § 393 Abs. 1 S. 2 bis 4 AO sollen verhindern, „dass die rechtsstaatlichen Schranken des Strafverfahrens dadurch umgangen und in ihrer Wirkung aufgehoben werden, dass Ermittlungen förmlich im Besteuerungsverfahren mit den dort zulässigen, strafprozessual aber unzulässigen Mitteln, dem Anschein nach im Steuerinteresse, in Wirklichkeit aber zur strafrechtlichen Überführung des Steuerpflichtigen betrieben werden".[4] Es soll danach keine Benachteiligung des Beschuldigten eintreten, nur weil er gleichzeitig auch Steuerpflichtiger ist.

☐ Es soll aber auch keine Privilegierung des Steuerpflichtigen stattfinden, nur weil er gleichzeitig auch Beschuldigter ist.

☐ *Kohlmann* geht davon aus, dass § 393 Abs. 1 AO auch dem Zweck der „Funktionserhaltung" diene. Er will den Regelungen der § 393 Abs. 1 S. 2 bis 4 AO entnehmen, dass diese Verfahrensdirektiven auch die Amtsträger verpflichten sollen, sich stets Gewissheit darüber zu verschaffen, in welchem Verfahren sie gerade tätig sind und welche Rechtsregeln zu berücksichtigen sind. *Kohlmann* stellt die § 393 Abs. 1 S. 2 bis 4 AO in einen engen sachlichen Zusammenhang mit § 397 AO und § 9 BpO.[5]

53 b) **§ 393 Abs. 1 AO.** Bei der Darstellung der Verfahrensgrundsätze wurde bereits darauf hingewiesen, dass § 393 AO dazu dient, das Prinzip der Freiheit zum Zwang zur Selbstbelastung zu gewährleisten.

54 *aa) Problemstellung.* Gegenüber allgemeinen Strafverfahren besteht in Verfahren wegen Steuerverfehlungen die Besonderheit, dass regelmäßig zeitgleich zwei Verfahren durchgeführt werden, die auf unterschiedliche Zwecke gerichtet sind und unterschiedlichen Regeln folgen. Soweit oben ausgeführt wurde, dass ein – aus Sicht der Ermittlungsbehörde erfolgreiches –

---

[4] H/H/Sp/*Hübner* § 428 a.F. Rdnr. 4.
[5] *Kohlmann* Bd. II § 393 Rdnr. 23.

Steuerstrafverfahren regelmäßig zu einer Steuernachzahlung führt, bedarf diese Aussage der Präzisierung. Letztlich führt das Strafverfahren zu einer Sanktion und erst das begleitend betriebene Besteuerungsverfahren zu einem steuerlichen Mehrergebnis und damit zu einem Steuerbescheid, der den Steuerpflichtigen auf Nachzahlung der (in strafbarer Weise) verkürzten Steuern nebst Zinsen in Anspruch nimmt. Bereits der Anfangsverdacht einer Steuerstraftat ist den Behörden Anlass, auch in das Besteuerungsverfahren einzutreten. Beide Verfahren werden vielfach von derselben Behörde, nicht selten sogar von derselben Person bearbeitet.

Angesichts der voneinander abweichenden Verfahrensziele und -folgen, gelten unterschiedliche Verfahrensgrundsätze. So kennt das streng justizförmige Strafverfahren weitgreifende Garantien des Beschuldigten, wie etwa das Recht, Aussagen und Einlassungen zur Sache (nicht zur Person) verweigern zu dürfen. Im Strafverfahren kann eine Mitwirkung des Beschuldigten, durch die er sich selbst wegen einer Straftat oder Ordnungswidrigkeit belasten würde, nicht erzwungen werden (vgl. nur §§ 136, 163 a StPO). Demgegenüber geht die Abgabenordnung im Besteuerungsverfahren von umfangreichen Mitwirkungspflichten des Steuerpflichtigen aus, deren zwangsweise Durchsetzung in der AO ausdrücklich vorgesehen ist. Verletzt der Steuerpflichtige jene Mitwirkungspflichten, ist die Finanzbehörde – im Besteuerungsverfahren – nicht gehindert, aus dem Unterlassen der Mitwirkung nachteilige Schlussfolgerungen für den Steuerpflichtigen zu ziehen. So ist sie insbesondere berechtigt, die Grundlagen der Besteuerung nach § 162 AO zu schätzen, wenn andere Mittel zur Sachverhaltsaufklärung nicht zur Verfügung stehen. Da das Besteuerungsverfahren nicht auf eine staatliche Sanktion zielt und der Zweifelsgrundsatz „in dubio pro reo" nicht gilt, kann die Behörde bei Schätzung der Bemessungsgrundlage Sicherheitszuschläge kalkulieren, welche zu höheren Mehrsteuern führen. Es dürfe, so die entsprechenden Überlegungen, nicht prämiert werden, wenn ein Steuerpflichtiger sich seinen steuerlichen Verpflichtungen entzieht und zum Zwecke der Erschwerung einer nachträglichen Steuerfestsetzung etwa vorhandene Beweismittel vernichtet oder sich seinen Auskunftspflichten entzieht. Dies gilt nicht im Strafrecht. Der Untersuchungsgrundsatz (Amtsaufklärung) verbunden mit dem Zweifelsgrundsatz (in dubio pro reo) stehen einer Verwertung solchermaßen im Schätzungswege ermittelter „Feststellungen" entgegen. Der Strafrichter kann geschätzte Besteuerungsgrundlagen einer Verurteilung nicht ohne weiteres zugrunde legen.[6] Ohne auf die Details einzugehen, wird bereits aus diesem kurzen Überblick deutlich, dass Besteuerungsverfahren und Steuerstrafverfahren streng voneinander abzugrenzen sind. Angesichts des institutionellen und personellen Ineinandergreifens beider Verfahren ist dies nicht immer eine leichte Aufgabe. Hier ist der Verteidiger in Steuerstrafsachen zu besonderer Aufmerksamkeit aufgerufen; er hat die Ermittlungen genauestens zu beobachten und gegebenenfalls mit Nachdruck einzuschreiten. Besondere praktische Relevanz hat die Verfahrenstrennung auch für die Kompetenzen, welche den Behörden in den einzelnen Verfahren eingeräumt sind. Zwar kennt das Strafprozessrecht das Verbot vom Zwang zu Selbstbelastung, doch steht dem ein scharfes Eingriffsinstrumentarium gegenüber; das Besteuerungsverfahren kennt die Mitwirkungspflichten des Steuerpflichtigen, sieht aber kein der Strafprozessordnung an Schärfe vergleichbares Eingriffsinstrumentarium vor, so gibt die AO keine rechtliche Grundlage für eine Durchsuchung oder eine Beschlagnahme.

bb) Die Regelungen des § 393 Abs. 1 AO im Einzelnen. (1) § 393 Abs. 1 S. 1 AO. Anders als im (Steuer-)Strafverfahren treffen den Steuerpflichtigen im Besteuerungsverfahren umfassende Mitwirkungspflichten, allen voran etwa die Auskunftspflicht nach § 93 AO. Entsprechende Mitwirkungspflichten bestehen aber auch dann, wenn der steuerlich relevante und in der Erklärung mitzuteilende Sachverhalt strafrechtlich relevant bzw. bußgeldbewehrt ist, denn nach § 40 AO „ist es für die Besteuerung unerheblich, ob ein Verhalten, das den Tatbestand eines Steuergesetzes ganz oder zum Teil erfüllt, gegen ein gesetzliches Verbot", d.h. u.a. Strafgesetze verstößt.

Teilt der Steuerpflichtige strafgesetzwidrige aber steuerrelevante Angaben nicht mit, kann die Angabe in steuerlicher Hinsicht erzwungen werden. Hat die Behörde Anlass anzunehmen, dass die Angaben unvollständig sind, können nach vorausgehender Androhung Zwangsmittel (Zwangsgeld, Ersatzvornahme, unmittelbarer Zwang) gegen den Steuerpflichtigen festgesetzt

---

[6] Zur Schätzung im Besteuerungsverfahren und ihrer Verwertbarkeit im Strafverfahren s.u. V. 6.

werden (§§ 328 ff. AO). Wird die Behörde in den Irrtum darüber versetzt, der Steuerpflichtige hätte sämtliche Besteuerungsgrundlagen mitgeteilt, kommt eine Steuerhinterziehung in Betracht.

58 Anstelle einer zwangsweisen Einflussnahme auf den Steuerpflichtigen kann die Finanzverwaltung bei Verletzung von Mitwirkungspflichten alternativ die Besteuerungsgrundlagen im Wege der Schätzung ermitteln (§ 162 Abs. 1 S. 2 AO). Zwar ist das Finanzamt hier nicht zur behördlichen Willkür befugt, sondern hat alle Umstände zu berücksichtigen, die für die Schätzung von Bedeutung sind, doch kann sich eine Schätzung im Ergebnis durchaus zum Nachteil des Steuerpflichtigen auswirken. Ein durch Schätzung ermittelter Mehrsteuerbetrag genügt der strafrichterlichen Überzeugungsbildung regelmäßig nicht und verletzt den Zweifelsgrundsatz. Der durch Schätzung ermittelte Betrag darf daher dem Strafverfahren nicht ohne weiteres zugrunde gelegt werden.

59 Soweit § 393 Abs. 1 S. 1 AO anordnet, dass sich die Durchführung von Steuerstraf- und Besteuerungsverfahren grundsätzlich nach den für das jeweilige Verfahren geltende Vorschriften richtet, machen die Sätze 2 bis 4 Ausnahmen vom Grundsatz der gegenseitigen Nichtbeeinflussung beider Verfahren. Anerkannt ist, dass neben den in den Sätzen 2 bis 4 aufgezählten weitere unbenannte Ausnahmen bestehen.

60 Steuerstrafrecht ist Blankettstrafrecht. Ein steuerstrafrechtlicher Vorwurf ist daher immer an einen steuerlich relevanten Sachverhalt geknüpft, dessen rechtliche Beurteilung nach Maßgabe der Einzelsteuergesetze und der AO erfolgt. Schon sachlich sind daher Steuerstraf- und Besteuerungsverfahren aufs Engste miteinander verwoben, so dass die Grundaussage des § 393 Abs. 1 S. 1 AO schon aus diesem Grunde illusorisch wirkt.

61 *(2) § 393 Abs. 1 S. 2 AO.* Nach dieser Vorschriften sind im Besteuerungsverfahren Zwangsmittel (§ 328 AO) gegen den Steuerpflichtigen unzulässig, wenn er dadurch gezwungen würde, sich selbst wegen einer von ihm begangenen Steuerstraftat oder Steuerordnungswidrigkeit zu belasten.

62 Zunächst erstreckt sich das Zwangsmittelverbot nicht auf die Pflicht Dritter, Angaben zu machen; ihre Mitwirkung bleibt erzwingbar und wird durch den Umstand, dass eine Mitwirkung des Steuerpflichtigen nicht erzwungen werden kann, nicht berührt. Rechte Dritter, die Auskunft zu verweigern, sind nicht in § 393 Abs. 1 AO, sondern in den §§ 101 bis 104 AO geregelt.

63 Das Verbot des § 393 Abs. 1 S. 2 AO unter den dort genannten Voraussetzungen im Besteuerungsverfahren Zwangsmittel gegen den Steuerpflichtigen anzuwenden, soweit hierdurch eine Selbstbezichtigung erzwungen würde, führt in seiner Konsequenz zu einem „faktischen" Aussageverweigerungsrecht. Kann nämlich der Steuerpflichtige nicht gezwungen werden, wird er von seiner Mitwirkung vielfach absehen. Der Gesetzgeber hat jedoch ganz bewusst kein Recht des Steuerpflichtigen zur Verweigerung der Mitwirkung formuliert. Die Konzeption des (bloßen) Zwangsmittelverbots fußt auf der Überlegung, dass ein Mitwirkungs- oder Aussageverweigerungsrecht den Steuerpflichtigen aus seiner Mitwirkungs- bzw. Aussagepflicht entlassen hätte. Würden aber Mitwirkungs- und Aussagepflichten entfallen, könnte es zweifelhaft sein, ob das Finanzamt in diesen Fällen die Besteuerungsgrundlagen im Wege der Schätzung nach § 162 AO ermitteln darf, da § 162 AO in Abs. 2 an die Verletzung von Mitwirkungspflichten anknüpft. Diese Möglichkeit sollte der Finanzverwaltung jedoch erhalten bleiben, so dass nicht die Mitwirkungspflicht, sondern nur deren Durchsetzbarkeit eingeschränkt werden sollte. Vor dem Hintergrund dieser Überlegungen ist es nicht verwunderlich, dass die herrschende Auffassung[7] in dem pflichtwidrigen Unterlassen einer gleichwohl nicht erzwingbaren Mitwirkung einen hinreichenden Anlass für eine im Einzelfall durchaus auch negative Schätzung zu Lasten des Steuerpflichtigen sieht. Diese Auffassung ist jedoch nicht ohne Widerspruch geblieben.[8]

64 Nach dem Wortlaut des § 393 Abs. 1 S. 2 AO sind lediglich solche Mitwirkungshandlungen nicht erzwingbar, die zu einer Selbstbezichtigung wegen Steuerstraftaten und Steuerordnungswidrigkeiten führen würden. Erzwingbar, und damit nicht von einem „faktischen" Aus-

---

[7] Dietz/Cratz/Rolletschke/Cratz § 393 Rdnr. 18; F/G/J/Joecks § 393 Rdnr. 30 m.w.N.
[8] Beermann/*Wannemacher/Seipl* § 393 Rdnr. 40.

sageverweigerungsrecht gedeckt, sind Mitwirkungspflichten des Steuerpflichtigen dann, wenn ihre Befolgung zur Aufdeckung von anderen als Steuerstraftaten und Steuerordnungswidrigkeiten führt. Da der verfassungsrechtlich verankerte Grundsatz von der Freiheit zum Zwang zur Selbstbelastung hier nur unzureichend realisiert sei, wird die Regelung des § 393 Abs. 1 S. 2 AO zum Teil als rechtsstaatswidrig angesehen.[9] Dieser Schlussfolgerung wird entgegengehalten, dass der insoweit erforderliche Schutz des Steuerpflichtigen über § 393 Abs. 2 AO und § 30 AO hergestellt werde, denn diese Vorschriften stünden einer Verwertung steuerlicher Angaben für die Verfolgung von anderen als Steuerverfehlungen entgegen. Der durch die §§ 393 Abs. 2 und § 30 AO hergestellte Schutz ist jedoch unzureichend. So besteht ein Verfolgungsrisiko wegen der offenbarten Nichtsteuerstraftat dann, wenn den Finanzämtern nach § 30 Abs. 4 Nrn. 4 oder 5 AO die Mitteilung an die Strafverfolgungsbehörden gestattet ist und/oder ein zwingendes Verfolgungsinteresse nach § 30 Abs. 4 Nr. 5 AO gegeben ist, welches die Verwertung der erlangten Kenntnisse für Zwecke der Strafverfolgung nach § 393 Abs. 2 S. 2 AO ausdrücklich nicht ausschließt.[10] Aus diesem Grunde gehen *Zeller* und *Kohlmann* davon aus, dass Zwangsmittel im Besteuerungsverfahren gegen den Steuerpflichtigen auch dann nicht angewandt werden dürfen, wenn diese zur Selbstbezichtigung wegen einer Nichtsteuerstraftat bzw. Nichtsteuerordnungswidrigkeit führen würden;[11] dies gebiete der Grundsatz des umfassend geltenden nemo-tenetur-Grundsatzes. Als einfach gesetzliche Norm habe sich § 393 Abs. 1 AO den weiter gehenden verfassungsrechtlichen Vorgaben unterzuordnen.

Der Steuerstrafverteidiger hat – gegebenenfalls in engem Kontakt mit dem steuerlichen Berater – stets zu beobachten, ob der Vorschrift des § 393 Abs. 1 AO entsprochen wird. Ist bereits ein Strafverfahren eingeleitet, kann der beschuldigte Steuerpflichtige nach § 136 StPO die Aussage verweigern. 65

Ergeben sich während einer begonnenen Außenprüfung Anhaltspunkte für den Verdacht einer (Steuer)Straftat, schreibt § 9 BpO den Außenprüfern zwingend vor, die begonnene Außenprüfung abzubrechen. Die zuständige (Ermittlungs-)Behörde ist zu unterrichten. Richtet sich der Verdacht gegen den Steuerpflichtigen, ist diesem die Einleitung eines Ermittlungsverfahrens bekannt zu geben; der Steuerpflichtige ist über die Nichtzwingbarkeit von Mitwirkungshandlungen zu belehren. Erst nach diesen formalen Erfordernissen darf die Prüfung fortgesetzt werden. Es liegt auf der Hand, dass entsprechende Konstellationen eine erhebliche Missbrauchsgefahr in sich bergen. Nicht selten drängt sich bei der oftmals späteren Befassung des Steuerstrafverteidigers mit der Angelegenheit der Eindruck auf, als hätten die Außenprüfer ihnen durch die Prüfung bekannt gewordene Verdachtsmomente zumindest vorläufig zurückgedrängt, um den Steuerpflichtigen als Informationsquelle nicht zu verlieren. Ist der Verteidiger in der Lage, diese Annahme zu belegen, wird er gegen die Verwertung solchermaßen gewonnener Informationen einschreiten. Haben die Prüfer entsprechende Verdachtsmomente gewonnen, die Prüfung aber nicht abgebrochen, um die Informationsquelle zu erhalten oder um das Prüfungsklima nicht zu beeinträchtigen, liegt hierin ein Verstoß gegen § 136 a StPO,[12] da die Freiheit der Willensentschließung und der Willensbetätigung des Beschuldigten nicht durch Täuschung beeinträchtigt werden darf. Ein Verstoß gegen das Beweisgewinnungsverbot des § 136 a StPO zieht nach § 136 a Abs. 3 StPO zwingend ein Beweisverwertungsverbot nach sich. Das Verwertungsverbot erstreckt sich nach einhelliger Auffassung im Schrifttum auf die Verwertung der Erkenntnisse sowohl im Besteuerungs- als auch im Strafverfahren.[13] 66

Lange Zeit umstritten waren die beweisrechtlichen Konsequenzen jedoch dann, wenn die Vorgaben des § 9 BpO nicht vorsätzlich, sondern nur aus Versehen oder Rechtsirrtum nicht beachtet werden. Zwischenzeitlich hat sich hierzu auch die Rechtsprechung[14] geäußert. Danach kann heute davon ausgegangen werden, dass auch ein versehentlicher Verstoß gegen die Be- 67

---

[9] H/H/Sp/*Hübner* § 428 a.F. Rdnr. 61.
[10] Koch/*Zeller* § 393 Rdnr. 10.
[11] Koch/*Zeller* § 393 Rdnr. 10; *Kohlmann* Bd. II § 393 Rdnr. 37 a.E.
[12] *Kohlmann* Bd. II § 393 Rdnr. 39 a.E.
[13] H/H/Sp/*Söhne* § 88 Rdnr. 119 m.w.N.
[14] BGH Beschl. v. 27.2.1992 – 5 StR 190/91 – wistra 1992, 187; die übrigen Senate haben sich angeschlossen, wobei der 4. StR seine bisherige abweichende Auffassung aufgegeben hat, vgl. *Kohlmann* Bd. II § 385 Rdnr. 387; *ders.* a.a.O. § 397 Rdnr. 43.

lehrungspflicht zu einem Verwertungsverbot nach §§ 136 Abs. 1, 163 a StPO führt. Allerdings kann das Recht, dieses Verwertungsverbot geltend zu machen, verwirkt werden, wenn nicht bis zum Zeitpunkt der Befragung nach § 257 StPO der Verwertung widersprochen wurde. Ein Verwertungsverbot besteht allerdings dann nicht, wenn der Beschuldigte/Steuerpflichtige in Kenntnis des Schweigerechts freiwillig ausgesagt hat. Dagegen können Angaben, die der steuerliche Berater in Kenntnis des Rechts zur Aussageverweigerung des steuerpflichtigen Beschuldigten macht, diesem nicht zugerechnet werden. In diesen Fällen ist das Verwertungsverbot daher nicht verwirkt.[15]

68 Anders als im Fall des vorsätzlichen Verstoßes gegen Belehrungspflichten ist die Verwertbarkeit der unter fahrlässigem Verstoß gegen die Belehrungspflicht gewonnenen Erkenntnisse nach Auffassung des BFH im Besteuerungsverfahren gegeben, unverwertbar seien die Erkenntnisse lediglich im Strafverfahren.[16]

69 Das „faktische Recht zur Aussageverweigerung" beschränkt sich auf den Teil des zu ermittelnden Sachverhalts, der Gegenstand der in Frage stehenden Straftat ist.

70 Der Begriff der Zwangsmittel im Sinne des § 393 Abs. 1 S. 2 AO umfasst auch die Androhung von Zwangsmitteln. Soweit die Vorschrift ausdrücklich auf § 328 AO hinweist, wird klargestellt, dass lediglich steuerrechtliche Zwangsmaßnahmen, nicht aber strafprozessuale Zwangsmittel ausgeschlossen sind. Selbstverständlich bleiben Maßnahmen nach der StPO weiterhin statthaft, sofern im konkreten Fall die tatbestandlichen Eingriffsvoraussetzungen gegeben sind.

71 § 393 Abs. 1 S. 2 AO konkretisiert die Maßnahme, deretwegen Zwang nicht angewendet werden darf, nicht. Unspezifisch unterfallen damit zunächst alle aktiven Mitwirkungshandlungen der Nichterzwingbarkeit. Nicht einheitlich beurteilt wird die Frage nach der Erzwingbarkeit von Duldungen. Entgegen verschiedenen – pauschalen – Ansätzen favorisieren *Joecks*[17] und *Suhr*[18] eine einzelfallbezogene Prüfung. Danach fehlt es an der Erzwingbarkeit einer Duldung, wenn diese die Gefahr der Aufdeckung begründet. Diese Gefahr sei etwa bei der Zurverfügungstellung eines Arbeitsplatzes für den Prüfer (§ 200 Abs. 2 AO) nicht gegeben, während ein entsprechendes Enttarnungsrisiko durch die in § 200 Abs. 3 AO erwähnte Betriebsbesichtigung bestehe. Nach richtiger Ansicht ist deren Erzwingbarkeit daher ausgeschlossen.[19]

72 Nach § 393 Abs. 1 S. 2 AO ist ein Zwangsmittel nur dann unzulässig, wenn der Steuerpflichtige gezwungen würde, sich selbst zu belasten. Damit gilt das Zwangsmittelverbot nach dieser Vorschrift nicht, wenn der Steuerpflichtige Dritte – etwa Angehörige – belasten müsste. Ein faktisches Zwangsmittelverbot etwa von Angehörigen resultiert indes aus § 101 AO. Danach haben Angehörige das Recht, die Auskunft auf solche Fragen zu verweigern, deren Beantwortung einen Angehörigen der Gefahr strafrechtlicher oder ordnungswidrigkeitenrechtlicher Verfolgung aussetzen würde. Das Auskunftsverweigerungsrecht ist gegenüber dem bloßen Zwangsmittelverbot das stärkere und umfassende Recht. Aus diesem Grunde sieht denn auch die h. M. keinen Anlass, das Zwangsmittelverbot des § 393 Abs. 1 S. 2 AO auf die Belastung Dritter auszudehnen; der durch die §§ 101 bis 104 AO vermittelte Schutz wird als ausreichend angesehen.[20]

73 Ob sich der Steuerpflichtige einer täterschaftlichen Begehung einer Straftat bezichtigen müsste oder nur einer Teilnahme in Form von Anstiftung oder Beihilfe ist unerheblich, da auch die Teilnahmeformen der §§ 26 und 27 StGB von § 393 Abs. 1 S. 2 AO erfasst sind. Dem Recht der Ordnungswidrigkeiten ist eine solche Unterscheidung ohnehin fremd, da dort gem. § 14 OWiG der sog. Einheitstäterbegriff gilt.

74 Streit besteht schließlich, unter welchen Voraussetzungen der hinreichende Nachweis möglicher Selbstbelastung erbracht ist. Aus dem nachfolgenden Satz 3 ergibt sich dabei zunächst nur, dass Satz 2 auch bereits vor Einleitung eines Ermittlungsverfahrens gilt. Anders als im Fall des

---

[15] *Kohlmann* Bd. II § 397 Rdnr. 43 a.E.
[16] BFH Urt. v. 23.1.2002 – XI R 10, 11/01 – DB 2002, 989.
[17] F/G/J/*Joecks* § 393 Rdnr. 24.
[18] *Suhr* StBp. 1978, S. 105.
[19] *Kohlmann* Bd. II § 393 Rdnr. 32.
[20] *Kohlmann* Bd. II § 393 Rdnr. 40 f. mit Schilderung problematischer Konstellationen.

Satz 3 ist im Fall der zeitlich früheren Berufung auf Satz 2 der konkrete Nachweis drohender Selbstbelastung zu erbringen. Zu Recht nehmen *Joecks*[21] und *Kohlmann*[22] einen weiten Standpunkt ein und sehen es als ausreichend an, wenn der Steuerpflichtige „allgemein auf die Gefahr der Selbstbezichtigung hinweist".

(3) § 393 Abs. 1 S. 3 AO. Ab dem Zeitpunkt der Einleitung des Strafverfahrens (oder dessen Fiktion, vgl. § 397 AO) – wegen einer Steuerstraftat – wird die mögliche Selbstbezichtigung unwiderleglich vermutet, eines besonderen Nachweises bedarf es nicht. § 393 Abs. 1 S. 3 AO beschränkt sich jedoch auf das Steuerstrafverfahren, die Einleitung eines Verfahrens wegen einer Steuerordnungswidrigkeit ist nicht erfasst. In diesem Fall greift die Vermutungswirkung nicht. Der Steuerpflichtige muss daher die mögliche Selbstbelastung dartun, wobei es auch hier reicht, dass er allgemein auf die Gefahr der Selbstbezichtigung hinweist. 75

Soweit § 393 Abs. 1 S. 3 AO die Einleitung eines Ermittlungsverfahrens voraussetzt, stellt sich die Frage nach der sachlichen Reichweite des Zwangsmittelverbots. Hierzu werden unterschiedliche Auffassungen vertreten. Der BFH[23] stellt hier auf den Gedanken des Sachzusammenhangs ab. Danach gelte das Zwangsmittelverbot nicht, wenn sich aus der geforderten Mitwirkung mit an Sicherheit grenzender Wahrscheinlichkeit keine Rückschlüsse auf einen Tatvorwurf ergäben. Diese Auffassung ist problematisch, da sie an eine materiellrechtliche Überprüfung anknüpft. Soweit § 393 Abs. 1 S. 3 AO gilt, ist der Nachweis der konkreten Selbstbelastungsgefahr gerade nicht geschuldet, sodass die Auffassung von *Hellmann*[24] und *Kohlmann*[25] den Vorzug verdient, der zufolge die Reichweite der strafprozessualen Verfahrenseinleitung zugleich die Reichweite des Zwangsmittelverbots bestimmt. Danach bestimmt der prozessuale Begriff der Straftat nach § 264 StPO die Reichweite des Zwangsmittelverbots. 76

Werden unter Verstoß gegen § 393 Abs. 1 S. 3 AO Zwangsmittel gegen den Steuerpflichtigen angewandt, unterliegen die betreffenden Tatsachenfeststellungen einem Verwertungsverbot, da § 136 a StPO die Anwendung von Zwang nur in den ausdrücklich geregelten Fällen zulässt, und bei Verstoß ein zwingendes Verwertungsverbot ausspricht. 77

Näher einzugehen ist in diesem Zusammenhang auf Konstellationen, in denen sich der Steuerpflichtige durch eine korrekte Erklärung wegen früherer Steuerverfehlungen verdächtig machen würde. Der Steuerpflichtige ist hier regelmäßig in einer Konfliktsituation: Erklärt er unzutreffend und täuscht auch weiterhin über die Bemessungsrundlagen, begeht er eine Steuerhinterziehung. Erklärt er dagegen ordnungsgemäß, fällt auf ihn der Verdacht, in früheren Jahren unzutreffend erklärt und Straftaten nach § 370 AO begangen zu haben. 78

Der BGH hat zu dieser Frage in der jüngeren Vergangenheit mehrfach Stellung genommen:[26] Zunächst stellt das Gericht fest, dass der nemo-tenetur-Grundsatz keine Befugnis verleihe, weiteres Unrecht zu begehen. Damit ist es dem Steuerpflichtigen nicht gestattet bzw. bei Strafe verboten, auch in der noch abzugebenden Erklärung die Bemessungsgrundlagen unzutreffend mitzuteilen. Der BGH sieht jedoch ebenfalls, dass es in Konstellationen dieser Art zu einer erheblichen Konfliktsituation des Steuerpflichtigen kommt, und stellt das Nichtabgeben der – aktuellen – Steuererklärung unter engen Voraussetzungen straffrei. Käme die korrekte Erklärung einem Geständnis gleich, könne sie nicht erzwungen werden (sofern nicht noch eine strafbefreiende Selbstanzeige möglich sei). 79

Eine Geständniswirkung habe die Erklärung aber nur in denjenigen (wenigen) Fällen, in welchen die noch ausstehende Erklärung dieselbe Steuerart und dieselben Besteuerungszeiträume betrifft, bezüglich derer das Strafverfahren eingeleitet ist. Im Vorlagefall hatte der BGH über eine Umsatzsteuerjahreserklärung zu befinden. Die Voranmeldungen November und Oktober waren Gegenstand des bereits eingeleiteten Ermittlungsverfahrens. Hier bestand die seltene Situation, dass eine korrekte Jahreserklärung nicht nur den Verdacht früherer Steuerverfehlungen nahe legte, sondern tatsächlich ein Geständnis falscher Voranmeldungen darstellen würde. 80

---

[21] F/G/J/*Joecks* § 393 Rdnr. 27.
[22] *Kohlmann* Bd. II § 393 Rdnr. 44.
[23] BFH v. 11.9.1996 – VII B 176/94 – BFH/NV 1997, 166.
[24] H/H/Sp/*Hellmann* § 393 Rdnr. 89.
[25] *Kohlmann* Bd. II § 393 Rdnr. 49.
[26] BGH wistra 2001, 341; BGH wistra 2002, 149; BGH wistra 2002, 150.

In dieser Situation sah der BGH allein im Unterlassen der Abgabe der – korrespondierenden – Jahreserklärung kein selbständig verfolgbares Unrecht.

81 Bezieht sich – wie in der Mehrzahl der Fälle – die noch ausstehende Steuererklärung nicht auf dieselben Steuern und dieselben Zeiträume, welche Gegenstand eines Strafverfahrens sind, macht der BGH die Strafbarkeitseinschränkung nicht. Kern seiner Begründung ist u. a. die Aussage, dass ansonsten der nichtehrliche Steuerpflichtige gegenüber dem ehrlichen privilegiert würde. Diese Konstellation ist aber die in der Praxis häufige:

Beispiel:
Ein Steuerpflichtiger unterhält seit Anfang der 90er Jahre in Luxemburg eine Kapitalanlage, deren Erträge er in den vergangenen Jahren nicht zur Steuer erklärt hat. Gegen ihn wird 2002 ein Strafverfahren wegen Verdachts der ESt-Hinterziehung in den Jahren 1996 – 2001 eingeleitet. Er fragt nun, ob er angesichts des lfd. Strafverfahrens in 2003 eine Erklärung für 2002 abzugeben habe und welchen Inhalt diese haben müsse.

82 Die Vorgaben des BGH sind eindeutig. Nemo-tenetur rechtfertigt kein weiteres Unrecht. Damit darf der Steuerpflichtige jedenfalls in 2003 für 2002 keine inhaltlich unzutreffende Erklärung abgeben. Fraglich bleibt allein, ob er während der Dauer des Strafverfahrens überhaupt eine Erklärung abgeben muss. Der BGH nimmt eine solche Pflicht an. Hier nämlich hätte die zutreffende Erklärung für 2002 gerade nicht die Wirkung eines Geständnisses, da sich das Strafverfahren nicht auf 2002 erstrecke. Allenfalls liefere der Steuerpflichtige Anhaltspunkte für frühere Verfehlungen. Dies reiche jedoch nicht, seine Erklärungspflicht oder deren Strafbewehrung – auch nur vorübergehend – zu suspendieren.

83 In der Literatur[27] wird – teilweise unter Heranziehung der Erwägungen des Gemeinschuldnerbeschlusses des BVerfG[28] – vertreten, dass die Angaben einer zutreffenden Erklärung nicht im Strafverfahren für frühere Zeiträume verwertet werden dürften.

84 *Kohlmann* formuliert: „Wegen des engen tatsächlichen Zusammenhangs zwischen dem vom Strafverfahren umfassten Lebenssachverhalt und dem gleichartigen Geschehen in den Folgejahren folgt aus dem nemo-tenetur-Grundsatz ein strafrechtliches Verwertungsverbot".[29]

85 Die jüngste Rechtsprechung des Bundesgerichtshofs liegt auf dieser Linie. In seinem Beschluss vom 12.1.2005 bejaht der 5. Strafsenat eine Pflicht des Steuerpflichtigen, auch dann eine vollständige und wahrheitsgemäße Steuererklärung für nicht strafbefangene Steuerarten und/oder Besteuerungszeiträume abzugeben, wenn der Inhalt der Erklärung Rückschlüsse auf steuerliche Verfehlungen zulässt, die bereits Gegenstand eines Steuerstraf- oder -bußgeldverfahrens sind. Allerdings ist nach Auffassung des **Senats** in diesen Fällen ein Verwendungsverbot ausgelöst.

86 „Das Verbot des Selbstbelastungszwangs führt daher dazu, dass die Erklärungen eines Beschuldigten, die er in Erfüllung seiner weiterbestehenden steuerrechtlichen Pflichten für nicht strafbefangene Besteuerungszeiträume und Steuerarten gegenüber der Finanzbehörde macht, allein im Besteuerungsverfahren verwendet werden dürfen. Für das laufende Strafverfahren dürfen diese Informationen soweit sie unmittelbar oder auch mittelbar zum Nachweis einer Steuerhinterziehung für die zurückliegenden Steuerjahre führen können, nicht herangezogen werden"[30]

87 Leider lässt der Beschluss ausdrücklich offen, wie weit das von ihm selber so bezeichnete Verwendungsverbot reicht. Der Senat gibt lediglich den Hinweis, dass etwa aus Kontrollmitteilungen gewonnene anderweitige Verdachtsmomente für das Vorliegen einer Steuerstraftat bzw. -ordnungswidrigkeit im Straf- bzw. Bußgeldverfahren verwertet werden dürfen.[31] Insoweit lässt die Entscheidung des 5. *Strafsenats* wichtige Fragen offen. Der Berater/Verteidiger wird die bislang ungeklärte Reichweite des Verwendungsverbots berücksichtigen müssen und sollte daher nach wie vor bemüht sein, durch Verhandlungen mit dem Finanzamt einen späteren Termin zur Abgabe der noch ausstehenden Erklärungen zu erreichen.

---

[27] *Jäger* PStR 2002, 52; H/H/Sp/*Hellmann* § 393 Rdnr. 30; *Kohlmann* Bd. II § 393 Rdnr. 56.
[28] BVerfGE 56, 37, 41 ff.
[29] *Kohlmann* Bd. II § 393 Rdnr. 56 a.E.
[30] BGH Beschl. v. 12.1.2005 – 5 StR 191/04, abrufbar unter www.iww.de, Abrufnr. 050383, S. 5.
[31] BGH Beschl. v. 12.1.2005 – 5 StR 191/04, a.a.O.

(4) § 393 Abs. 1 S. 4 AO. Der Steuerpflichtige ist über die Selbstständigkeit beider Verfahren, das grundsätzliche Fortbestehen der Mitwirkungspflichten und darüber zu belehren, dass Zwangsmittel bei Selbstbezichtigungsgefahr nicht angewandt werden dürfen. **88**

Die Belehrung hat dabei spätestens in dem Zeitpunkt zu erfolgen, in welchem objektiv ein Anfangsverdacht vorliegt; auf eine abweichende subjektive Einschätzung der Prüfer kommt es nicht an.[32] **89**

Das Schrifttum ist der Auffassung, dass eine Belehrung in abstrakter Form – etwa durch Merkblätter oder vorbereitete Hinweise bei der Außenprüfung – nicht genüge. Erforderlich sei vielmehr eine mündliche Belehrung in der konkreten Situation.[33] Die Merkblätter stellen damit keine nach § 393 Abs. 1 S. 4 AO erforderliche Belehrung dar, überdies wird allein durch Aushändigung der Merkblätter nicht die Einleitung eines Ermittlungsverfahrens bekannt gegeben. Folglich unterbrechen sie die Verjährung nicht und schließen die Möglichkeit zur strafbefreienden Selbstanzeige nicht aus. **90**

c) § 393 Abs. 2 AO. Anders als § 393 Abs. 1 AO betrifft § 393 Abs. 2 AO nicht das Verhältnis zwischen Besteuerungsverfahren und Steuerstrafverfahren, sondern dasjenige zwischen dem Besteuerungsverfahren und dem Strafverfahren wegen einer anderen als einer Steuerstraftat (Nichtsteuerstraftat). § 393 Abs. 2 AO formuliert folgende Rechtsfolge: „[...] dürfen diese Kenntnisse gegen [den Steuerpflichtigen] nicht für die Verfolgung einer Tat verwendet werden, die keine Steuerstraftat ist." **91**

Die Vorschrift dient dem Schutz des Steuergeheimnisses nach § 30 AO. Sie begründet unter den genannten – aber auf den ersten Blick kaum verständlichen – Voraussetzungen dem Wortlaut nach ein „Verwendungsverbot". Was hiermit gemeint ist, wird im Rahmen der Rechtsfolgenanordnung des § 393 Abs. 2 AO näher erörtert. Für das Verständnis des § 393 Abs. 2 AO ist es zunächst unerlässlich, die Einbindung der Vorschrift in das steuerliche und steuerstrafrechtliche Regelungsgefüge nachzuvollziehen. **92**

Wenn in der Literatur darauf verwiesen wird, dass § 393 Abs. 2 AO dem Schutz des Steuergeheimnisses diene, darf dies nicht dahin gehend verstanden werden, als ordne § 393 Abs. 2 AO ein Verwendungs- oder Verwertungsverbot für jene Erkenntnisse an, welche die Staatsanwaltschaft durch unzulässige – das Steuergeheimnis verletzende – Mitteilungen von Seiten der Finanzbehörden erlangt hat. Darum geht es in § 393 Abs. 2 AO nicht einmal ansatzweise. **93**

§ 393 Abs. 2 AO ist vor dem Hintergrund des § 40 AO zu sehen. § 40 AO ordnet an, dass es für die Besteuerung unerheblich ist, ob ein Verhalten, das den Tatbestand eines Steuergesetzes ganz oder zum Teil erfüllt, gegen ein gesetzliches Gebot oder Verbot oder gegen die guten Sitten verstößt. Entsprechend verpflichten die Vorschriften über die steuerlichen Erklärungs- und Mitwirkungspflichten den Steuerpflichtigen auch dann zu einer – wahrheitsgemäßen – Erklärung oder Mitwirkung, wenn er sich durch die ordnungsgemäße Pflichterfüllung der Gefahr der Strafverfolgung oder einer Bußgeldverhängung aussetzen würde. Vor dem Hintergrund dieser Regelungen verkürzt auch der Drogenhändler Steuern, wenn er Einnahmen aus regelmäßigen – strafbaren – Drogenverkäufen nicht zur Einkommensteuer erklärt. **94**

Verfassungsrechtlich verbrieft ist demgegenüber jedoch das Recht des Beschuldigten auf Freiheit vom Zwang zur Selbstbelastung (nemo tenetur se ipsum accusare). Würde daher der Steuerpflichtige aus steuerlichen Gründen zur Selbstbezichtigung gezwungen, geriete er in eine Konfliktsituation, die der nemo-tenetur-Grundsatz gerade vermeiden will. Diese Konfliktlage will die Regelung des § 393 Abs. 2 AO auflösen, wenn sie Erkenntnisse über Straftaten, welche dem Finanzamt durch den Steuerpflichtigen im Rahmen seiner steuerlichen Erklärungs- und Mitwirkungspflichten verschafft worden sind, nicht als Grundlage einer korrespondierenden Strafverfolgung zulässt. Nach § 393 Abs. 2 S. 2 AO ergibt sich ein anderes erst dann, wenn ein in § 30 Abs. 4 Ziff. 5 AO näher definiertes zwingendes (Straf-) Verfolgungsinteresse besteht. **95**

Da § 393 Abs. 2 AO im Lichte der Regelung des Steuergeheimnisses zu lesen ist, werden die entsprechenden Vorschriften im Folgenden kurz skizziert: **96**
Das Steuergeheimnis im strafverfahrensrechtlichen Kontext:

---

[32] *Kohlmann* Bd. II § 393 Rdnr. 57.
[33] *F/G/J/Joecks* § 393 Rdnr. 40.

97 Nach § 30 Abs. 1 AO haben Finanzbeamte das Steuergeheimnis zu wahren; sie sind nicht befugt, Dritten dem Steuergeheimnis zugrunde liegende Sachverhalte, mitzuteilen. Dritte sind für die Beamten der Finanzämter auch Staatsanwälte, so dass von einem qualifizierten Amtsgeheimnis gesprochen werden kann.[34] Das Steuergeheimnis ist verfahrensrechtliches Gegenstück zu den steuerlichen Offenbarungs- und Mitwirkungspflichten des Steuerpflichtigen.[35] Dieser Schutz ist aus verfassungsrechtlichen Gründen geboten,[36] da § 40 AO bestimmt, dass der Steuerpflichtige dem Finanzamt die Grundlagen der Besteuerung auch dann mitzuteilen hat, wenn sie aus strafrechtlich relevanten Sachverhalten herrühren.

98 Das Steuergeheimnis gilt jedoch nicht uneingeschränkt, sondern wird durch einen abschließenden Katalog von (übergeordneten) Offenbarungsinteressen durchbrochen. Das übergeordnete Interesse folgt dabei nicht aus fiskalischen Zwecken, da diesen bereits durch die uneingeschränkte Mitteilungsverpflichtung des Steuerpflichtigen Rechnung getragen wird. Der – hier interessierende – höherrangige Zweck resultiert aus dem unter bestimmten Voraussetzungen als höher bewerteten Zweck der Durchsetzung des staatlichen Strafanspruchs. Durchbrechungen des Steuergeheimnisses, welches Mitteilungen entsprechender Daten an die Staatsanwaltschaften rechtfertigt, sind nur unter den Voraussetzungen des § 30 Abs. 4 gestattet. Von besonderem Interesse sind dessen Ziffern 2, 4 und 5.[37]

99 § 30 Abs. 4 Ziff. 2 AO sieht eine Durchbrechung des Steuergeheimnisses vor, wenn sie durch Gesetz ausdrücklich zugelassen ist. Dies ist etwa der Fall bei § 4 Abs. 5 Ziff. 10 EStG. Dort benutzt das Gesetz Folgende unmissverständliche Formulierung: „Die Finanzbehörde teilt Tatsachen, die den Verdacht einer Straftat oder einer Ordnungswidrigkeit im Sinne des Satzes 1 begründen, der Staatsanwaltschaft [...] mit."

Checkliste:

§ 30 Abs. 4 Ziff. 4 AO gestattet die Weitergabe von Daten nur dann, wenn
☐ die Mitteilung der Durchführung eines Strafverfahrens wegen einer Nichtsteuerstraftat dient und
☐ die Kenntnisse in einem Verfahren wegen einer Steuerstraftat oder Steuerordnungswidrigkeit erlangt worden sind. Nicht erfasst ist folglich die behördliche Kenntniserlangung in anderen als Steuerstraf- oder -ordnungswidrigkeitenverfahren, insbesondere rechtfertigt § 30 Abs. 4 Ziff. 4 AO danach nicht die Weitergabe solcher Daten, welche die Finanzbehörde im Besteuerungsverfahren gewonnen hat.
☐ Nicht durch § 30 Abs. 4 Ziff. 4 AO gedeckt ist jedoch die Weitergabe solcher (geschützter) Daten, die der Steuerpflichtige in Unkenntnis der Einleitung des Strafverfahrens oder Bußgeldverfahrens offenbart hat oder die bereits vor Einleitung des Strafverfahrens oder des Bußgeldverfahrens im Besteuerungsverfahren bekannt geworden sind. Unzulässig ist ferner die Weitergabe solcher Daten, die ohne Bestehen einer steuerlichen Verpflichtung oder unter Verzicht auf ein Auskunftsverweigerungsrecht erlangt worden sind.

---

100 Liegen die Voraussetzungen einer Mitteilung an die Staatsanwaltschaft nach § 30 Abs. 4 Ziff. 4 AO nicht vor, kann sich ihre Zulässigkeit im Einzelfall auch aus § 30 Abs. 4 Ziff. 5 AO ergeben.

101 Nach § 30 Abs. 4 Ziff. 5 AO ist die Datenweitergabe im zwingenden öffentlichen Interessen zulässig. Anders als § 30 Abs. 4 Ziff. 4 AO beschränkt Ziff. 5 die Befugnis zur Offenbarung nicht auf Daten, die anlässlich eines Steuerstraf- oder -ordnungswidrigkeitenverfahrens ge-

---

[34] *Tipke/Kruse* § 30 Tz. 4 m.w.N.
[35] *Tipke/Kruse* § 30 Rdnr. 8.
[36] *Tipke/Kruse* § 30 Rdnr. 8
[37] Das Steuergeheimnis, seine Ausprägung und seine Reichweite sind derzeit Gegenstand lebhafter Diskussion. Vor diesem Hintergrund kann nicht ausgeschlossen werden, dass das noch bei Drucklegung geltende Recht der AO kurzfristig eine andere Ausprägung finden wird.

wonnen wurden. Unter den dort genannten Voraussetzungen rechtfertigt § 30 Abs. 4 Ziff. 5 AO eine Offenbarung – und damit eine Durchbrechung des Steuergeheimnisses – auch dann, wenn es sich um Daten handelt, die dem Finanzamt im Besteuerungsverfahren bekannt wurden. Im Kontext des § 393 Abs. 2 AO kommt es daher im besonderen Maße auf diese Vorschrift an, zumal auch § 393 Abs. 2 S. 2 AO genau auf diese Offenbarungsbefugnis Bezug nimmt.

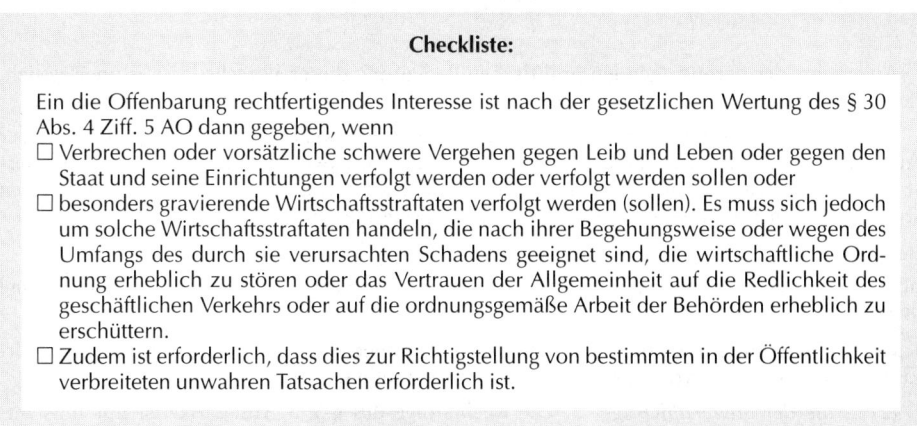

Checkliste:

Ein die Offenbarung rechtfertigendes Interesse ist nach der gesetzlichen Wertung des § 30 Abs. 4 Ziff. 5 AO dann gegeben, wenn
☐ Verbrechen oder vorsätzliche schwere Vergehen gegen Leib und Leben oder gegen den Staat und seine Einrichtungen verfolgt werden oder verfolgt werden sollen oder
☐ besonders gravierende Wirtschaftsstraftaten verfolgt werden (sollen). Es muss sich jedoch um solche Wirtschaftsstraftaten handeln, die nach ihrer Begehungsweise oder wegen des Umfangs des durch sie verursachten Schadens geeignet sind, die wirtschaftliche Ordnung erheblich zu stören oder das Vertrauen der Allgemeinheit auf die Redlichkeit des geschäftlichen Verkehrs oder auf die ordnungsgemäße Arbeit der Behörden erheblich zu erschüttern.
☐ Zudem ist erforderlich, dass dies zur Richtigstellung von bestimmten in der Öffentlichkeit verbreiteten unwahren Tatsachen erforderlich ist.

Eine weitere Durchbrechung des Steuergeheimnisses findet sich in dem neu eingefügten § 31 b AO. Hierauf wird unten [lit dd.] gesondert eingegangen.

Vor dem Hintergrund dieser Regelungen über das Steuergeheimnis und seine Durchbrechungen werden Sinn und Zweck des § 393 Abs. 2 AO transparent. Soweit die Erklärungs- und Mitwirkungspflichten des Besteuerungsrechts vom Steuerpflichtigen verlangen, auch Angaben aus bzw. zu strafrechtlich relevanten Sachverhalten zu machen, nimmt das formelle Steuerstrafrecht den Steuerpflichtigen vor Verfolgung wegen der eingeräumten Taten in Schutz, solange nicht ein überwiegendes staatliches Verfolgungsinteresse diesen Schutz suspendiert. Gewährleistet wird der Schutz dabei auf zweierlei Weise. Zunächst ist es den Finanzbeamten aufgrund des Steuergeheimnisses untersagt, entsprechend erlangte Kenntnisse weiterzugeben; zum anderen flankiert § 393 Abs. 2 AO das Steuergeheimnis, wenn entsprechende Angaben des Steuerpflichtigen einem Verwendungsverbot unterstellt. Im Fall des § 30 Abs. 4 Ziff. 2 AO i.V.m. § 4 Abs. 5 Ziff. 10 EStG findet sich eine abweichende Regelung. Hier besteht das Steuergeheimnis angesichts der ausdrücklichen gesetzlichen Offenbarungspflicht nicht, jedoch wird das Verwendungsverbot des § 393 Abs. 2 AO nicht tangiert und besteht unter den dort genannten Voraussetzungen fort.[38]

aa) Die tatbestandlichen Voraussetzungen des § 393 Abs. 2 AO. Unübersichtlich zeigt sich die Tatbestandsformulierung jedoch bei der gesetzlichen Umschreibung derjenigen Voraussetzungen, von deren Eingreifen der Eintritt des Verwendungsverbots abhängt. Nach § 393 Abs. 2 AO geschützt sind Objekte, die sämtliche nachfolgend aufgezählte Voraussetzungen erfüllen:

Checkliste:

☐ Tatsachen und Beweismittel,
☐ die der Steuerpflichtige
☐ der Finanzbehörde offenbart hat
☐ in Erfüllung steuerrechtlicher Pflichten

---

[38] So auch *Kohlmann* Bd. II § 393 Rdnr. 79.6 a.E.

☐ vor Einleitung des Strafverfahrens
☐ oder in Unkenntnis der Einleitung eines Strafverfahrens
☐ soweit sie der Staatsanwaltschaft oder dem Gericht
☐ in einem Strafverfahren
☐ aus den Steuerakten
bekannt wurden.

105 Angesichts der herausragenden praktischen Bedeutung dieser Vorschrift ist es unerlässlich, deren tatbestandliche Voraussetzungen näher zu beleuchten und im Einzelnen darzustellen.

106 *(1) Tatsachen und Beweismittel...* Tatsachen sind dem Beweis zugängliche Geschehnisse der Außenwelt wie auch Vorstellungen und Absichten der Innenwelt. Umfangreiche Auseinandersetzungen mit dem – auch hier – relevanten Tatsachenbegriff finden sich in den einschlägigen strafrechtlichen Kommentierungen des Betrugstatbestandes (§ 263 StGB).

Beispiel:
Informationen zur Höhe der Einkünfte, Informationen über Werbungskosten oder Betriebsausgaben und dergl.

107 Unter Beweismitteln werden hier demgegenüber eigene Angaben des Steuerpflichtigen, Urkunden, und Aussagen von Auskunftspersonen verstanden.

108 *(2) ... die der Steuerpflichtige ...* Die Rechtsfolge des § 393 Abs. 2 AO ist nur hinsichtlich solcher Tatsachen und Beweismittel ausgelöst, deren behördliche Kenntnisnahme auf eine Veranlassung durch den Steuerpflichtigen zurückgeht. Hinsichtlich der vorstehend genannten Beweismittel sind diese daher zu begrenzen. Danach sind von § 393 Abs. 2 AO nur solche Urkunden erfasst, die vom Steuerpflichtigen selbst vorgelegt wurden; nur solche Aussagen zu berücksichtigen, die von Personen stammen, die der Steuerpflichtige selbst benannt hat.

Hinweis:
Der Begriff des Steuerpflichtigen ist in § 33 AO legaldefiniert und geht über den Begriff des Steuerschuldners hinaus. Steuerpflichtiger ist insbesondere auch der Haftungsschuldner.

109 Damit erstreckt sich die Rechtsfolge des § 393 Abs. 2 AO prinzipiell nicht auf Resultate polizeilicher Ermittlungsarbeit.

110 *(3) ... der Finanzbehörde offenbart hat ...* Der Finanzbehörde hat der Steuerpflichtige nur dann eine Tatsache oder ein Beweismittel offenbart, wenn erst der Steuerpflichtige der Finanzbehörde die entsprechende Kenntnis verschafft. Waren die mitgeteilten Umstände im Zeitpunkt der Mitteilung dort bereits bekannt, kommt eine Anwendung des § 393 Abs. 2 AO diesbezüglich nicht in Betracht. Allerdings erstreckt sich § 393 Abs. 2 AO auch auf solche Kenntnisse, die sich die Behörde selbst verschafft hat, wenn nur der Steuerpflichtige diese Kenntnisverschaffung geduldet hat.[39]

Beispiel:
Der Betriebsinhaber gewährt dem Betriebsprüfer des Finanzamts Zutritt zu den Geschäftsräumen und duldet die Einsichtnahme in die Buchhaltungsunterlagen des Unternehmens.

111 *(4) ... in Erfüllung steuerrechtlicher Pflichten ...* Diese Voraussetzung ist selbstverständlich auch dann gegeben, wenn die vorgenommene Offenbarung auch hätte erzwungen können, denn steuerliche Pflichten sind regelmäßig erzwingbar. Steuerliche Pflichten werden in diesem Sinne auch dann erfüllt, wenn die Offenbarung erst auf Veranlassung des Finanzamts erfolgt. Damit meint „in Erfüllung steuerlicher Pflichten" gerade nicht Freiwilligkeit – etwa im Sinne der strafgesetzlichen Rücktrittsvorschriften. Dies zeigt sich auch daran, dass von § 393 Abs. 2

---

[39] *Kohlmann* Bd. II § 393 Rdnr. 69.

AO solche Angaben nicht erfasst sind, zu denen der Steuerpflichtige nach den Steuergesetzen eben nicht verpflichtet war. Hier tritt der Unterschied zur „Freiwilligkeit" besonders deutlich hervor.

Ferner sind solche Angaben nicht erfasst, die bereits in Steuerakten anderer Personen vorhanden sind. Da etwa Anträge auf Steuererstattung nicht in der Erfüllung steuerlicher Pflichten gestellt werden, unterliegen ihre Inhalte nicht der Vorschrift des § 393 Abs. 2 AO. Ein diesbezügliches Verwertungsverbot wird nicht durch § 393 Abs. 2 AO ausgelöst. 112

> **Praxistipp:**
> Angaben in Selbstanzeigen sind erfasst, sofern diese in Erfüllung steuerlicher Pflichten gemacht werden, was regelmäßig der Fall ist, wenn (zuvor) pflichtwidrig nicht erklärte Besteuerungsgrundlagen zu einem späteren Zeitpunkt „nachgemeldet" werden.[40] Dem steht nicht entgegen, dass § 153 AO eine Nachmeldungspflicht für den vorsätzlichen Hinterzieher nicht begründet.[41]

Nicht von § 393 Abs. 2 S. 1 AO erfasst sind dagegen Angaben des Steuerpflichtigen, welche 113 dieser gegenüber der Finanzbehörde in einem Steuer*straf*verfahren gemacht hat.

(5) ... vor Einleitung eines Strafverfahrens ... Diese zeitliche Begrenzung soll den Steuer- 114 pflichtigen aus der Konfliktsituation entlassen, die ihm die steuerlichen Mitwirkungspflichten auferlegen, wenn eine zutreffende Steuererklärung geeignet ist, eine strafrechtliche Verfolgung des Steuerpflichtigen hervorzurufen. Gleichwohl erscheint die Regelung nicht weitgehend genug, wenn sie ein Verwertungsverbot nicht für „Offenbarungen" des Steuerpflichtigen nach Einleitung eines Ermittlungsverfahrens begründet.[42]

Gemeint ist hier nicht ein Steuerstrafverfahren.[43] § 393 Abs. 2 AO will im fiskalischen In- 115 teresse die Erhebung der Steuern sicherstellen, um den Preis, dass – unter den Voraussetzungen des § 393 Abs. 2 AO – die im Rahmen steuerlicher Pflichten gemachten Angaben nicht Anknüpfungspunkt für eine Strafverfolgung sein können. § 393 Abs. 2 AO knüpft damit an § 40 AO an, wonach es für die Verwirklichung eines Steuertatbestandes nicht darauf ankommt, ob „ein Verhalten, das den Tatbestand eines Steuergesetzes [...] erfüllt, gegen ein gesetzliches Gebot oder Verbot [...] verstößt." § 393 Abs. 2 AO geht es – unter dem Vorbehalt eines nicht überwiegenden zwingenden Verfolgungsinteresses – allein darum, auch in diesen Fällen eine Besteuerung sicherzustellen. Damit ist nur ein solches Strafverfahren gemeint, das sich gegen den Steuerpflichtigen selbst richtet und jenen Sachverhalt zum Gegenstand hat, auf den sich das Besteuerungsverfahren bezieht.[44] Insofern erscheint es verfehlt, mit *Cratz*[45] auf die Einleitung eines Steuerstrafverfahrens abzustellen; darum geht es bei § 393 Abs. 2 AO nicht. Ebenso bleibt auch *Kohlmann* eine Begründung schuldig, warum sich der Zeitpunkt der Verfahrenseinleitung hier nach § 397 AO bestimmen soll,[46] stellt doch diese Norm eine Sonderregel dar, die allein für Strafverfahren wegen Steuerstraftaten gilt.

Wann ein Strafverfahren (wegen einer Nichtsteuerstraftat) eingeleitet ist, beurteilt sich daher 116 ausschließlich nach den Regeln der StPO.

(6) ... (oder) in Unkenntnis der Einleitung eines Strafverfahrens ... Ist dem Steuerpflichtigen 117 die Einleitung eines gegen ihn geführten Strafverfahrens nicht bekannt, da ihm die Einleitung (noch) nicht mitgeteilt wurde, befindet er sich – wenngleich irrtümlich – in der selben Konfliktsituation, als wäre ein Verfahren noch nicht eingeleitet. Befangen in diesem Irrtum soll der

---

[40] F/G/J/*Joecks* § 393 Rdnr. 54 f.
[41] F/G/J/*Joecks* § 370 Rdnr. 182.
[42] *Kohlmann* Bd. II § 393 Rdnr. 71. Diese Lücke kann prinzipiell auf zweierlei Weise geschlossen werden: Entweder wird § 393 Abs. 1 AO auch auf andere als Steuerstrafverfahren ausgedehnt, oder die zeitliche Begrenzung des § 393 Abs. 2 AO wird aufgehoben.
[43] Anders allerdings *Dietz/Cratz/Rolletschke/Kemper* Steuerverfehlungen Losebl. Std. 7/02 § 393 Rdnr. 30 und H/H/Sp/*Hellmann* § 393 Rdnr. 142; dagegen zutreffend *Kohlmann* Bd. II. § 393 Rdnr. 79 a.E.: „Auf Steuerstraftaten ist die Vorschrift, das folgt aus ihrem Zweck, nicht anwendbar".
[44] *Kohlmann* Bd. II § 393 Rdnr. 71.
[45] Vgl. Fn. 46; *Cratz* § 393 Rdnr. 30.
[46] *Kohlmann* Bd. II § 393 Rdnr. 71.

Steuerpflichtige dieselben Rechtsfolgen auslösen können, als sei ein Strafverfahren noch nicht eingeleitet. Entgegen *Joecks*[47] will *Kohlmann*[48] der Unkenntnis von der Einleitung eines Strafverfahrens die irrige Annahme einer Offenbarungsverpflichtung gleichstellen. Einig sind sich *Joecks* und *Kohlmann*, dass ein Irrtum des Steuerpflichtigen über die Einleitung eines Strafverfahrens (wegen einer Nichtsteuerstraftat), der von den Finanzbeamten bewusst hervorgerufen oder ausgenutzt wird, zu einem Verwertungsverbot nach § 136 a Abs. 3 StPO führen kann.[49]

118 *(7) ... der Staatsanwaltschaft oder dem Gericht ...* Aus dem Zusammenhang zwischen den Merkmalen „Offenbaren" einerseits und „Staatsanwaltschaft oder Gericht" andererseits, folgert *Engelhardt*, dass von § 393 Abs. 2 AO nur solche Tatsachen und Beweismittel erfasst sind, die weder der Staatsanwaltschaft noch dem Gericht bekannt sind. § 393 Abs. 2 AO setzt danach voraus, dass die Tatsachen sowohl für das Gericht als auch für die Staatsanwaltschaft „neu" sind.[50]

119 *(8) ... in einem Strafverfahren ...* Nicht unter das Verwertungsverbot des § 393 Abs. 2 AO sollen staatsanwaltliche oder (straf-) gerichtliche Kenntnisse fallen, wenn sie in anderen Verfahren – etwa einem Zivilprozess – gewonnen wurden.[51] Die Formulierung erscheint missverständlich und irreführend. Nach hier vertretener Auffassung kommt dem Merkmal „in einem Strafverfahren" keine Selektionswirkung zu, da (Straf-)Gericht und Staatsanwaltschaft überhaupt nur in Strafverfahren tätig werden, so dass die Festlegung auf diese Verfahrensart bereits zwingende Folge des beschränkten Adressatenkreises „Staatsanwaltschaft oder Gericht" ist, wobei mit Gericht sinnvollerweise ohnehin nur ein Strafgericht gemeint sein kann. Ferner muss die Information aus den Steuerakten hervorgehen (dazu nachfolgend (9)), sodass auch die unmittelbare Informationsquelle festgelegt ist.

120 *(9) ... aus den Steuerakten.* Die Kenntnis des neuen Beweismittels oder der neuen Tatsache müssen Gericht oder Staatsanwaltschaft schließlich aus den Steuerakten gewonnen haben. Hierzu zählen ausschließlich die Prozessakten der Finanzgerichte und die Akten der Finanzbehörde, nicht jedoch die Prozessakten von Strafgerichten und Zivilgerichten, die Verfahrensakten der Staatsanwaltschaften, die Steuerstrafakten der Finanzbehörde als Ermittlungsbehörde,[52] und schließlich fallen Zufallsfunde nach § 108 StPO nicht in den Kreis der „gesperrten Quellen".

121 *bb) Die Rechtsfolge des § 393 Abs. 2 AO.* Die nach Maßgabe des § 393 Abs. 2 S. 1 AO erlangten Kenntnisse dürfen nicht für die Verfolgung einer Tat verwendet werden, die keine Steuerstraftat ist. Nach § 393 Abs. 2 S. 2 AO besteht dieses „Verwendungsverbot" dann nicht, wenn an der Verfolgung der Nichtsteuerstraftat ein zwingendes öffentliches Interesse besteht.

122 *(1) Inhalt und Reichweite des Verwendungsverbots. (a) Beschränkung in „gegenständlicher"* Hinsicht. Zunächst beschränkt sich das „Verwendungsverbot" in „gegenständlicher" Hinsicht auf Tatsachen und Beweismittel, die nach den in § 393 Abs. 2 S. 1 AO genannten Kriterien zur staatsanwaltschaftlichen oder (straf-)gerichtlichen Kenntnis gelangt sind.

123 *(b) Beschränkung in „personeller" Hinsicht.* In „personeller" Hinsicht schützt § 393 Abs. 2 AO nur den Steuerpflichtigen. Die im (Straf-) Verfahren gegen den Steuerpflichtigen nicht verwertbaren Tatsachen und Beweismittel können in einem Strafverfahren gegen Dritte verwertet werden. Im Strafverfahren gegen den Steuerpflichtigen selbst dürfen sie dagegen nur zu dessen Gunsten verwertet werden.

124 *(c) Beschränkungen in sachlicher Hinsicht.* In sachlicher Hinsicht bestehen zweierlei Einschränkungen. Zunächst betrifft § 393 Abs. 2 S. 1 AO nur die Verfolgung von Nichtsteuerstraftaten, weiterhin steht das „Verwendungsverbot" unter dem Vorbehalt des § 393 Abs. 2 S. 2 AO.

---

[47] F/G/J/*Joecks* § 393 Rdnr. 58.
[48] *Kohlmann* Bd. II § 393 Rdnr. 71.
[49] F/G/J/*Joecks* § 393 Rdnr. 58; *Kohlmann* Bd. II § 393 Rdnr. 71.
[50] H/H/Sp/*Engelhard* [116. EL] § 393 Rdnr. 106 ff., zit. in *Kohlmann* Bd. II § 393 Rdnr. 72.
[51] *Kohlmann* Bd. II § 393 Rdnr. 74.
[52] Zu entspr. Einschränkungen vgl. H/H/Sp/*Hellmann* § 393 Rdnr. 153.

§ 393 Abs. 2 S. 1 AO formuliert eindeutig. Danach „dürfen diese Kenntnisse [...] nicht für die Verfolgung einer Tat verwendet werden, die keine Steuerstraftat ist". Die Vorschrift ist nach dem eindeutigen Gesetzeswortlaut auf Steuerstraftaten und damit in Steuerstrafverfahren nicht anwendbar. Diese strikte Begrenzung des Verwendungsverbots auf die Verfolgung von Nichtsteuerstraftaten gilt auch dann, wenn mit einer Nichtsteuerstraftat tateinheitlich ein Steuerdelikt verwirklicht wurde. Für die nicht steuerliche Tat sind die Angaben unverwertbar, während sie im Rahmen der Verfolgung des Steuerdelikts uneingeschränkt herangezogen werden dürfen.[53]

125

Das BayObLG hat in mehreren Entscheidungen zur Reichweite des § 393 Abs. 2 S. 1 AO Stellung genommen. Die Entscheidungen kreisen um die Frage, hinsichtlich welcher Nichtsteuerstraftaten das „Verwendungsverbot" des § 393 Abs. 2 S. 1 AO ausgelöst ist. So waren die Vorlagefälle des BayObLG dadurch gekennzeichnet, dass das Nichtsteuerdelikt mit einem Steuerdelikt tateinheitlich zusammentraf. Die Nichtsteuerstraftat wurde in den Fällen des BayObLG daher nicht im Zusammenhang mit der Verwirklichung eines gesetzlichen Steuertatbestandes, sondern vielmehr im Zusammenhang mit der nachfolgenden Steuererklärung begangen. Die Unterscheidung in tatsächlicher Hinsicht soll anhand der folgenden Beispiele illustriert werden:

126

Beispiel 1:
Durch betrügerische Geschäfte (§ 263 StGB) erwirtschaftet A im Jahr 01 einen Unternehmensgewinn in Höhe von € 100.000,- A erklärt diese Einnahmen in Übereinstimmung mit § 40 AO zur Einkommensteuer.

Beispiel 2:
B erzielt im Jahr 01 aus legalen Geschäften Unternehmenseinkünfte in Höhe von € 200.000,–. Dem stehen tatsächliche Betriebsausgaben i.H.v. € 100.000,- gegenüber. Zur Einkommensteuer erklärt er dagegen nur einen Gewinn i.H.v. € 30.000,- Pflichtwidrig spiegelt er unter Vorlage falscher Urkunden – weitere – Betriebsausgaben i.H.v. € 70.000,- vor.

Die Konstellation in Beispiel 1 hatte der Gesetzgeber bei Erlass des § 393 Abs. 2 AO vor Augen. Kennzeichen dieser Fälle ist es, dass der Tatbestand des Nichtsteuerdelikts im Zusammenhang mit der Einkünfteerzielung verwirklicht wird, nicht aber im Zusammenhang mit deren steuerlicher Erklärung.

127

Beispiel 2 beschreibt die Konstellation, in denen ein Steuerdelikt und ein Nichtsteuerdelikt (hier: § 267 StGB in Form des Gebrauchmachens gefälschter Urkunden) tateinheitlich zusammentreffen.

128

Nach herrschender Auffassung[54] lässt sich § 393 Abs. 2 S. 1 AO eine Begrenzung auf Fälle, in denen das Nichtsteuerdelikt im Zusammenhang mit der Einkünfteerzielung steht, nicht entnehmen. Diese Auffassung teilt auch das BayObLG.

129

In zwei Entscheidungen[55] bestätigte das Gericht die Zulässigkeit der Verwertung falscher Belege im Rahmen der Verfolgung einer Steuerstraftat, während diese in dem Verfahren wegen Urkundenfälschung nicht verwertet werden durften. In einer weiteren Entscheidung[56] präzisiert das BayObLG weiter gehend, dass dem Schutz des § 393 Abs. 2 AO solche (gefälschten) Urkunden nicht unterliegen, die der Steuerpflichtige der Erklärung zwar beigefügt hatte, zu deren Vorlage er aber nicht aus steuerlichen Gründen verpflichtet war.

130

Beide Entscheidungen des BayObLG haben schwerwiegende Kritik erfahren. Ihnen wurde entgegen gehalten, dass eine Pflicht zu vorsätzlichen Falschangaben nicht bestehe und gefälschte Urkunden folglich niemals in Erfüllung steuerrechtlicher Pflichten an das Finanzamt gegeben werden können.[57] Tatsächlich bestehe für diese (extensive) Auslegung des § 393 Abs. 2 AO durch das BayObLG auch kein nachvollziehbares Bedürfnis, da der Steuerpflichtige durch eine Kombination aus Beweisverwertungsverbot (für die Nichtsteuerstraftat, § 393 Abs. 2

131

---

[53] *Kohlmann* Bd. II. § 393 Rdnr. 79.1 mit zahlr. N. aus Rspr. und Lit.
[54] Vgl. *Kohlmann* Bd. II § 393 Rdnr. 79.1. m.w.N.
[55] BayObLG wistra 1996, 353; BayObLG wistra 1998, 117.
[56] BayObLG wistra 1998, 197.
[57] *Jarke* wistra 1997, 325.

S. 1 AO) und Selbstanzeige (für die Steuerstraftat, §§ 370, 371 AO) hinreichend geschützt sei. Dieses Zusammenspiel von Verwertungsverbot und straffreistellender Selbstanzeige verpflichte den Steuerpflichtigen, im Interesse seiner Straffreistellung spätestens auf Aufforderung des Finanzamts frühere Unlauterkeiten aufzudecken. Ein – verfassungswidriger – Zwang zur Selbstbelastung sei nicht erkennbar;[58] § 393 Abs. 2 S. 1 AO verleihe nicht die Befugnis, weiteres Unrecht zu begehen.

132 *Kohlmann* befürwortet die Auffassung des BayObLG auch in Ansehung der zunächst plausibel erscheinenden Kritik.[59] Die Kritik versage jedenfalls in denjenigen Fällen, in welchen eine Selbstanzeige wegen Eintritt eines Sperrgrundes Straffreiheit nicht mehr gewährleisten könne; hier bedürfe es aufgrund der Zwangssituation des Steuerpflichtigen der Anwendbarkeit des § 393 Abs. 2 S. 1 AO. Der entgegenstehende Hinweis von *Joecks*, die Gefahr der Selbstbelastung rechtfertige die Begehung weiteren Unrechts nicht,[60] greife hier zur kurz und sei nicht geeignet, die Zwangssituation, in der sich der Steuerpflichtige befinde, vertretbar aufzulösen.

133 Die Freiheit vom Zwang zur Selbstbelastung kann daher nicht durch das vorgeschlagene Prozedere sichergestellt werden. Aufgelöst werden kann der Konflikt erst, wenn man mit dem BayObLG und *Kohlmann* annimmt, dass unter den Schutz des § 393 Abs. 2 S. 1 AO gefälschte Belege (Urkunden im Sinne des § 267 StGB) jedenfalls dann fallen, wenn sie anlässlich einer Inpflichtnahme durch die Finanzbehörden vorgelegt bzw. eingereicht werden.[61]

134 *(2) Wirkungen des Verwendungsverbots nach § 393 Abs. 2 S. 1 AO.* Die Vorschrift ordnet an, dass „Tatsachen oder Beweismittel" im Sinne des § 393 Abs. 1 S. 1 AO gegen den Steuerpflichtigen nicht für die Verfolgung einer Tat verwendet werden dürfen, die keine Steuerstraftat ist.

135 Zulässig ist daher zunächst die Verwendung entsprechender Tatsachen in Verfahren gegen andere als den Steuerpflichtigen. Zulässig ist die Verwendung gegen den Steuerpflichtigen nur dann, wenn dies der Überführung wegen einer Steuerstraftat dient. Diesen Konflikt regelt § 393 Abs. 1 AO.

136 Dreh- und Angelpunkt der Rechtsfolgenanordnung des § 393 Abs. 2 AO ist das Verbot, die gewonnenen Erkenntnisse zu verwenden. Was hierunter verstanden wird, ist Gegenstand lebhafter Diskussion.

137 Nach *Kohlmann*[62] und *Ranft*[63] stellt das Verwendungsverbot des § 393 Abs. 2 AO ein umfassendes Verfolgungshindernis dar. Nach dieser – extensiven – Auslegung des § 393 Abs. 2 AO besteht bei Erkenntnissen, die unter den Schutz des § 393 Abs. 2 AO fallen, schon kein Verdacht einer verfolgbaren Straftat. Als Verfolgungshindernis verstanden, verwehrt es § 393 Abs. 2 AO den Strafverfolgungsbehörden, einen für eine Anklageerhebung erforderlichen hinreichenden Tatverdacht anzunehmen, wobei die Verfolgung auch dann unzulässig wäre, wenn die Ermittlungsbehörden ihren Verdacht auf andere verdachtbegründende Tatsachen stützen als die Erklärungen und Mitteilungen, welche der Steuerpflichtige – in Erfüllung seiner steuerlichen Pflichten – gegenüber dem Finanzamt abgegeben hat.

138 Demgegenüber vertreten die Rechtsprechung und eine Meinung im Schrifttum die Auffassung, dass § 393 Abs. 1 S. 1 AO lediglich ein Beweisverwertungsverbot enthalte.[64] Da dem deutschen – anders als dem anglo-amerikanischen – Recht eine Fernwirkung von Beweisverwertungsverboten grundsätzlich fremd ist, könnte vor dem Hintergrund dieses Verständnisses der im Rahmen der steuerlichen Pflichterfüllung mitgeteilte Verdacht der Beteiligung an einer Nichtsteuerstraftat grundsätzlich verfolgt werden. Dürften die Staatsanwaltschaft ihren Verdacht bzw. der Richter seine Überzeugungsbildung zwar nicht auf die gegenüber dem Finanzamt abgegebene Erklärung stützen, wäre der Tatnachweis durch geeignete Anschluss- oder Parallelermittlungen jedoch gleichwohl möglich.

---

[58] *Joecks* wistra 1998, 86, 90 f.; vgl. i.Ü. die ausführliche Darstellung bei *Kohlmann* Bd. II § 393 Rdnr. 79.4.
[59] *Kohlmann* Bd. II § 393 Rdnr. 79.5.
[60] *Joecks* wistra 1998, 86, 91 unter Hinweis auf BGH wistra 1993, 66, 68.
[61] *Kohlmann* Bd. II § 393 Rdnr. 79.5.
[62] *Kohlmann* Bd. II § 393 Rdnr. 81.
[63] *Ranft* DStR 1969, 364.
[64] BGH wistra 1996, 353, m.w.N. zit. in *Kohlmann* Bd. II § 393 Rdnr. 80.

Kritisiert wird diese Auffassung von der wohl überwiegenden Literatur mit dem Hinweis darauf, dass der Steuerpflichtige wegen der Möglichkeit verwertbarer Anschlussermittlungen nachhaltig schlechter gestellt wäre als der „normale" Beschuldigte, der nicht durch außerstrafrechtliche Normen zur Selbstbelastung gezwungen wäre. Aus diesem Grund wird unter Rekurs auf die tragenden Erwägungen des Gemeinschuldner-Beschlusses des *BVerfG*[65] von Teilen der Literatur ausnahmsweise eine Fernwirkung des Beweisverwertungsverbots angenommen.[66]

In der Wirkung nähern sich Beweisverwertungsverbot mit Fernwirkung und das u. a. von *Kohlmann* vertretene Verfolgungshindernis an, da in beiden Varianten eine Verurteilung des Steuerpflichtigen wegen der Nichtsteuerstraftat faktisch nicht wird erfolgen können.

Die Rechtsprechung allerdings bejaht ein Verwertungsverbot mit Fernwirkung (derzeit) nicht, sodass sich die praktische Tätigkeit an dieser Position orientieren sollte.

cc) § 393 Abs. 2 AO im Spannungsverhältnis mit § 4 Abs. 5 Ziff. 10 EStG. Die Frage nach der Anwendbarkeit und der Reichweite des § 393 Abs. 2 AO gewinnt gegenwärtig besondere Bedeutung in Hinblick auf den zum 1.1.1999 geänderten § 4 Abs. 5 Ziff. 10 EStG. Fallkonstellationen, die um diesen Themenbereich kreisen, gehören bereits heute zum Kernbereich der Aufgaben des Steuerstrafverteidigers. Aus Gründen der besonderen Praxisrelevanz und der zahlreichen offenen Rechtsfragen, die mit dieser Thematik einhergehen, ist eine eingehende Erörterung zwingend erforderlich, wenngleich eine erschöpfende Darstellung in diesem Rahmen nicht möglich ist.[67]

Die Problematik ist im Einkommensteuerrecht angesiedelt und betrifft zunächst die Gewinneinkünfte, über § 9 Abs. 5 EStG aber auch die Überschusseinkünfte und damit letztlich alle Einkunftsarten des Einkommensteuerrechts. Schließlich sind nach § 8 Abs. 1 KStG auch die Einkünfte juristischer Personen nach Maßgabe des Körperschaftsteuerrechts gleichermaßen betroffen.

§ 4 Abs. 5 EStG legt in einem umfangreichen Katalog Betriebsausgaben fest, die den Gewinn nicht mindern dürfen (sog. nichtabzugsfähige Betriebsausgaben). Im Kontext der einkommens- bzw. körperschaftssteuerrechtlichen Gewinneinkünfte handelt es sich um sog. „nicht abziehbare Betriebsausgaben", im Kontext der Überschusseinkünfte um Kosten, die nicht als Werbungskosten von den Einnahmen abgezogen werden dürfen.

§ 4 Abs. 5 Ziff. 10 EStG untersagt die Berücksichtigung nachfolgender Kosten als Betriebsausgaben bzw. Werbungskosten:

„[Satz 1] Die Zuwendung von Vorteilen sowie die damit zusammenhängenden Aufwendungen, wenn die Zuwendung der Vorteile eine rechtswidrige Handlung darstellt, die den Tatbestand eines Strafgesetzes oder eines Gesetzes verwirklicht, das die Ahndung mit einer Geldbuße zulässt. [Satz 2] Gerichte, Staatsanwaltschaften oder Verwaltungsbehörden haben Tatsachen, die sie dienstlich erfahren und die den Verdacht einer Tat im Sinne des Satzes 1 begründen, der Finanzbehörde für Zwecke des Besteuerungsverfahrens und zur Verfolgung von Steuerstraftaten und Steuerordnungswidrigkeiten mitzuteilen. [Satz 3] Die Finanzbehörde teilt Tatsachen, die den Verdacht einer Straftat oder einer Ordnungswidrigkeit im Sinne des Satzes 1 begründen, der Staatsanwaltschaft oder der Verwaltungsbehörde mit. [Satz 4] Diese unterrichten die Finanzbehörde von dem Ausgang des Verfahrens und den zugrunde liegenden Tatsachen."

In Satz 1 schließt die Vorschrift (aufgewandte) Bestechungs- bzw. Schmiergelder vom Abzug als Betriebsausgabe aus.[68] Hat also ein Unternehmen € 100.000,– Schmiergeld gezahlt, kann es diese Kosten nicht als Betriebsausgaben steuermindernd geltend machen. Tut es dies gleichwohl, ist eine Steuerhinterziehung nach § 370 AO gegeben. Das Abzugsverbot des Satz 1 hat zunächst ausschließlich steuerrechtliche Relevanz, wenngleich es auch nichtsteuerlichen Zwecken dient. Das Abzugsverbot will Korruption eindämmen und damit generalpräventive

---

[65] BVerfG Urt. v. 13.1.1991 – 1 BvR 116/77 – BVerfGE 56, 37.
[66] F/G/J/*Joecks* Rdnr. 66 ff. m. w. N.
[67] So werden in der Praxis häufige Fälle mit Auslandsbezug nicht dargestellt, ferner wird nicht zwischen Zuwendungen im Rahmen der Amtskorruption (§§ 331 ff. StGB) und der Korruption in der Privatwirtschaft (§ 299 StGB) unterschieden. Erst recht werden die strafrechtlichen Voraussetzungen der einschlägigen Vorschriften nicht erörtert.
[68] Nicht erfasst sind von der Vorschrift dagegen Einnahmen aus rechtswidriger Korruption; diese sind gem. § 40 AO bei der Gewinnermittlung zu berücksichtigen, sofern sie an den Steuerpflichtigen geflossen sind.

Wirkung entfalten, indem es die zur aktiven Korruption aufgewandten Mittel der Besteuerung unterstellt, obwohl die Mittel aus dem Betriebsvermögen abgeflossen sind.

148 Der hier interessierende Konflikt resultiert erst aus Satz 3 der Vorschrift. Danach ist der Finanzbeamte verpflichtet, ihm bekannt gewordene Tatsachen, die den Verdacht aktiver Korruption nahe legen, der Staatsanwaltschaft mitzuteilen. Zwar avanciert der Finanzbeamte hierdurch nicht zum Korruptionsstaatsanwalt, doch ist er immerhin verpflichtet, der Staatsanwaltschaft einen entsprechenden Verdacht mitzuteilen. Verletzt der Finanzbeamte seine Mitteilungspflicht, kommt unter gewissen Voraussetzungen eine Strafbarkeit wegen Strafvereitelung im Amt, § 258 a StGB, in Betracht.[69]

149 Die Frage nach der Reichweite des Verwendungsverbots des § 393 Abs. 2 AO muss zunächst daran anknüpfen, ob der Finanzbehörde die entsprechenden Verdachtsmomente „in Erfüllung steuerlicher Pflichten" bekannt geworden sind. Ist dies nicht der Fall, kommt das Verwendungsverbot des § 393 Abs. 2 AO zweifelsfrei nicht in Betracht. Bringt daher das Unternehmen Schmiergelder entgegen dem Abzugsverbot des § 4 Abs. 5 Ziff. 10 EStG steuermindernd in Ansatz, liegt zumindest der objektive Tatbestand einer Steuerverkürzung vor. Der Behörde wurde die Schmiergeldzahlung daher nicht in Erfüllung steuerlicher Pflichten mitgeteilt. Die Frage nach einem Eingreifen des § 393 Abs. 2 AO stellt sich mithin überhaupt nur dann, wenn das Unternehmen die Schmiergeldzahlung im Einklang mit § 4 Abs. 5 Ziff. 10 AO gerade nicht als Betriebsausgabe, sondern als nicht abzugsfähige Betriebsausgabe behandelt hat. Da aber auch eine steuerliche Selbstanzeige nach § 371 AO in Erfüllung steuerlicher Pflichten erstattet wird, kann das Verwertungsverbot des § 393 Abs. 2 AO auch dann eingreifen, wenn ein früherer unzulässiger Betriebsausgabenabzug im Rahmen einer Selbstanzeige richtig gestellt wird.

150 In allen vorstehenden Varianten ist der Finanzbeamte – ungeachtet der steuerlichen Erfassung der nichtabzugsfähigen Betriebsausgaben – durch § 4 Abs. 5 Nr. 10 S. 3 EStG verpflichtet, der Staatsanwaltschaft die verdachtsbegründenden Tatsachen mitzuteilen.

151 Zum geltenden § 4 Abs. 5 Ziff. 10 AO wird vertreten, dass die durch den Finanzbeamten informierte Staatsanwaltschaft zu prüfen habe, ob das Verwertungsverbot des § 393 Abs. 2 S. 1 AO eingreife, oder ob nach den §§ 393 Abs. 2 S. 2, 30 Abs. 4 Ziff. 5 AO ein zwingendes Verfolgungsinteresse das Verfolgungsverbot im Einzelfall suspendiere.[70]

152 Rechtsstaatlich befriedigend ist dieser Rechtszustand aus mehreren Gründen nicht. Zum einen kann letztlich nicht verlässlich beurteilt werden, unter welchen Voraussetzungen das „zwingende Interesse" nach § 393 Abs. 2 S. 2 AO, § 30 Abs. 4 Ziff. 5 AO angenommen wird. § 30 Abs. 4 Ziff. 5 AO enthält in seinen Varianten lit. a und lit. b eine Vielzahl normativer Merkmale und unbestimmter Rechtsbegriffe, die es dem Steuerpflichtigen und seinem Berater nicht ermöglichen, verlässlich zu beurteilen, ob im Einzelfall ein Verwendungsverbot nach § 393 Abs. 2 S. 1 AO ausgelöst ist oder nicht. Ferner leuchtet vor dem Hintergrund des verfassungsrechtlich verbrieften Rechts auf Freiheit vom Zwang zur Selbstbelastung (nemo tenetur) nicht ein, warum dieser Verfassungsgrundsatz – letztlich in fiskalischem Interesse – nicht gelten soll, wenn Gegenstand der steuerlichen Mitwirkungspflichten Hinweise oder Eingeständnisse von Taten sind, hinsichtlich deren Verfolgung ein zwingendes Interesse im Sinne des § 393 Abs. 2 S. 2 AO besteht.

153 Der derzeitige Rechtszustand nimmt den Steuerpflichten unter den Voraussetzungen des § 30 Abs. 4 Ziff. 5 AO in die Pflicht, dem Finanzamt gegenüber entsprechende Verdachtsmomente mitzuteilen, ohne dass zu seinen Gunsten ein Verwertungsverbot ausgelöst wäre. Der Steuerpflichtige ist mit anderen Worten gezwungen, sich einer verfolgbaren Tat zu bezichtigen, will er seinen steuerlichen Pflichten gerecht werden. Diese Situation wird – mit Recht – als unbefriedigend und verfassungsrechtlich höchst fragwürdig empfunden, ist aber zwangsläufige Konsequenz des geltenden Regelungsgefüges.

154 *dd) § 393 Abs. 2 AO im Spannungsverhältnis mit § 31 b AO.* Der neu eingefügte § 31 b AO gestattet die Durchbrechung des Steuergeheimnisses dann, wenn dies der Durchführung eines

---

[69] OFD München DB 2000, 187; OFD Münster S-1506 – 2 St 4 32, zit. in *Kohlmann* Bd. II § 393 Rdnr. 79.6.
[70] *Stapf* DB 2000, 1092, 1999; wohl auch *OFD Frankfurt/M.* BB 2000, 1822, zit. in *Kohlmann* Bd. II § 393 Rdnr. 79.6 [S. 42 Fn 5], der hierin allerdings einen Verstoß gegen das – höherrangige – nemo-tenetur-Prinzip sieht.

Strafverfahrens wegen Geldwäsche (§ 261 StGB) dient. Ein Geldwäscheverdacht, der eine Offenbarung nach § 31 b AO zulässt, soll nach Auffassung des Gesetzgebers bereits dann gegeben sein, wenn bei der Betriebsprüfung ungeklärte Geldzuwächse festgestellt werden.[71] Ungeklärt ist derzeit, ob ein Geldwäscheverdacht, der – angesichts des mittlerweile fast uferlosen § 261 StGB – schnell bei der Hand ist und eine Mitteilungsbefugnis auslöst, in einem Verwertungsverbot mündet, oder aber, ob § 393 Abs. 2 S. 2 AO einen wirksamen Filter darstellt, der die strafrechtliche Verwertung nur in Fällen konkret zwingenden Verfolgungsinteresses zulässt. Vor dem Hintergrund der gesetzlichen Systematik ließe sich argumentieren, dass nicht jede Geldwäsche ein zwingendes öffentliches Interesse soll auslösen können, denn hätte der Gesetzgeber eine vom Einzelfall losgelöste Verfolgung befürwortet, hätte es nahe gelegen, Fälle der Geldwäsche in § 30 Abs. 4 Ziff. 5 AO aufzunehmen. Diese Norm entscheidet – anders als § 31 b AO – sowohl über Durchbrechungen des Steuergeheimnis als auch im Wege über § 393 Abs. 2 S. 2 AO über Reichweite und Grenzen des Verfolgungsverbots. Der Gesetzgeber hat aber diesen Weg nicht beschritten, so dass sich die Mitteilungsbefugnis nach § 31 b AO, die Verwendungsbefugnis gesondert über § 393 Abs. 2 (S. 2) AO nach § 30 Abs. 4 Ziff. 5 AO beurteilt. Geldwäsche wird jedoch – wie sich insbesondere aus den gravierenden strafprozessualen Kompetenzen, die sich aus einem Geldwäscheverdacht ergeben, zeigt – als Erscheinungsform besonders schwerer Kriminalität begriffen. Die gegenwärtigen auch legislativen Tendenzen lassen erahnen, dass ein Geldwäscheverdacht nicht nur in der jüngeren Vergangenheit, sondern sicherlich auch in der nahen Zukunft als Einfallstor ermittlungsbehördlicher Zugriffe verstanden wird. Es steht zu erwarten, dass in Fällen des § 31 b AO regelmäßig ein zwingendes Verfolgsinteresse im Sinne von § 393 Abs. 2 S. 2, § 30 Abs. 4 Ziff. 5 AO angenommen wird, so dass auch hier der rechtsstaatliche Gedanke des § 393 Abs. 2 S. 1 AO weiter verflacht zu werden droht.

d) § 400 AO. Eine weitere – wenngleich weniger erklärungsbedürftige – Besonderheit hinsichtlich der spezifisch steuerstrafrechtlichen Verfahrensmaximen ist die in § 400 AO vorgesehene Durchbrechung des Anklagemonopols. Ist die Finanzbehörde – entsprechend der Regelkompetenz nach § 386 AO (dazu nachfolgend) Ermittlungsbehörde – kann sie beim Richter den Erlass eines Strafbefehls beantragen. Insoweit ist das staatsanwaltliche Anklagemonopol durchbrochen. Liegen nach Auffassung der Finanzbehörde angesichts des gewonnenen Verdachts die Voraussetzungen für eine Erledigung im Strafbefehlsverfahren nicht vor, übersendet die Finanzbehörde die Akten zur weiteren Veranlassung an die Staatsanwaltschaft. Die Anklageschrift verbunden mit dem Antrag auf Durchführung der Hauptverhandlung ist stets von der Staatsanwaltschaft zu fertigen.

IV. Die Ermittlungsbehörden und ihre Kompetenzen
1. Die Ermittlungsbehörden im Überblick

Federführende Ermittlungsbehörde kann im Steuerstrafverfahren entweder die Staatsanwaltschaft oder die Finanzbehörde sein.

Das Gesetz räumt in § 386 Abs. 1 S. 1 AO der Finanzbehörde unter den Voraussetzungen des § 386 Abs. 2 AO die Regelkompetenz ein. In diesem Fall rückt die Finanzbehörde in diejenige Stellung ein, welche in allgemeinen Strafsachen die Staatsanwaltschaft inne hat. In diesem Fall kann die Finanzbehörde etwa auf Polizeikräfte als Hilfsbeamte der Staatsanwaltschaft zurückgreifen.

Ist federführende Ermittlungsbehörde – ausnahmsweise – die Staatsanwaltschaft, weil entweder die Voraussetzungen des § 386 Abs. 2 AO nicht oder aber die des § 386 Abs. 3 AO gegeben sind oder besteht eine Zuständigkeit der Staatsanwaltschaft nach § 386 Abs. 4 AO, kommt der Finanzbehörde die Funktion eines Ermittlungsorgans zu, § 402 AO; in diesem Fall leitet sie die Ermittlungen nicht. Vielmehr hat die Finanzbehörde hier (nur) dieselben Rechte und Pflichten wie die Behörden des Polizeidienstes nach der StPO (etwa §§ 161, 163 StPO). Aufgrund des Verweises in § 402 Abs. 1 letzter HS. AO sind die Beamten der Finanzbehörde nach § 399 Abs. 2 S. 2 AO überdies selbst Hilfsbeamte der Staatsanwaltschaft.

---

[71] Siehe bei *Kohlmann* Bd. II § 393 Rdnr. 79.7.

159 a) **Regelkompetenz der Finanzbehörde nach § 386 AO.** *aa) Zweckmäßigkeit der Zuständigkeit der Finanzbehörde.* § 386 AO betrifft die funktionelle Zuständigkeit der Finanzbehörde im Ermittlungsverfahren. Für diese Zuständigkeitsverlagerung gegenüber dem allgemeinen Strafverfahrensrecht bestehen nachvollziehbare Gründe. Würde die Finanzbehörde das Besteuerungsverfahren, die Staatsanwaltschaft daneben das (Steuer)Strafverfahren betreiben, wären zwei Behörden mit Ermittlung des – in wesentlichen Teilen – identischen Sachverhalts befasst. Dieser doppelte Verfahrensaufwand soll durch die Zuständigkeitsverlagerung der steuerstrafrechtlichen Ermittlungen auf die Finanzbehörde vermieden werden. Ferner verfügen die Beamten der Finanzbehörde über besondere Sachkunde bei der steuerlichen Auswertung der Ermittlungsergebnisse, die neben der Errechnung der Mehrsteuern für die steuerstrafrechtliche (Schadens-)Beurteilung von zentraler Bedeutung sind. Die Abhängigkeit des Steuerstrafrechts vom Steuerrecht ergibt sich bereits aus dem Blankettcharakter des Steuerstrafrechts. Überdies zeigt sich vielfach erst im Laufe des Ermittlungsverfahrens, ob der Verdacht einer vorsätzlichen Steuerverkürzung, also einer Straftat, besteht, oder ob der Beschuldigte lediglich einer leichtfertigen Verkürzung, mithin einer bußgeldbewehrten Ordnungswidrigkeit verdächtig ist. Die Verfolgung letzterer würde ohnehin nicht in den Zuständigkeitsbereich der Staatsanwaltschaft fallen. Auch aus diesem Grunde ist es zweckmäßig, die Ermittlung der Straftat in die Hände derjenigen Behörde zu legen, die auch die Verfolgung der Ordnungswidrigkeit betreibt.

160 *bb) Voraussetzungen der finanzbehördlichen Zuständigkeit als federführende Ermittlungsbehörde.* Die Voraussetzungen, unter denen die Finanzbehörde die Ermittlungen eigenverantwortlich führt, sind in § 386 AO geregelt. Dabei ist die gesetzliche Zuständigkeitsverteilung nach § 386 Abs. 1 und 2 AO von der Zuständigkeit kraft einvernehmlichen Ermessens im Sinne des § 386 Abs. 4 AO zu unterscheiden. Unter den Voraussetzungen des § 386 Abs. 3 AO ist eine ausschließliche Zuständigkeit der Staatsanwaltschaft gegeben.

161 *(1) Die gesetzliche Zuständigkeit der Finanzbehörde, § 386 Abs. 1 S. 1 i.V.m. § 386 Abs. 2 AO.* Nach § 386 Abs. 1 S. 1 AO ermittelt die Finanzbehörde bei Verdacht einer Steuerstraftat den Sachverhalt. Angesichts dieser grundsätzlichen Zuständigkeitsverlagerung der Ermittlungen auf die Finanzbehörden spricht man auch von einer sog. Regelkompetenz der Finanzbehörden in Verfahren wegen Steuerstraftaten.

162 Der Begriff der Steuerstraftat ist seinerseits in § 369 AO legaldefiniert. Zu den Steuerstraftaten im Sinne des Steuerstraf(verfahrens)rechts zählen demnach alle Taten, die nach den Steuergesetzen strafbar sind (§ 369 Abs. 1 Ziff. 1 AO), sowie weitere Taten, die hier nicht im Einzelnen wiedergegeben werden sollen, schließlich sind Steuerstraftaten auch die Begünstigung zu den entsprechenden Taten. Damit stellt auch die Begünstigung zu einer Steuerhinterziehung eine Steuerstraftat im steuerstrafrechtlichen Sinne dar.

163 Nach § 385 AO zählen zu den Steuerstraftaten grundsätzlich auch die sog. Vorspiegelungsstraftaten, wobei § 385 Abs. 2 AO ausdrücklich festlegt, dass eine Zuständigkeit der Finanzämter als Ermittlungsbehörden diesbezüglich gerade nicht besteht; § 386 Abs. 2 AO findet nämlich nach klarer Diktion des § 385 Abs. 2 AO bei Vorspiegelungsstraftaten gerade keine Anwendung.

164 Angesichts der jüngeren strafgerichtlichen Rechtsprechung hat diese Regelung an Bedeutung verloren, da die in Rede stehenden Straftaten nach heutiger Rechtsprechungsauffassung keine sog. Vorspiegelungsstraftaten, sondern (echte) Steuerstraftaten im Sinne des § 369 Abs. 1 Ziff. 1 AO darstellen. Lange Zeit wurden Fälle folgenden Zuschnitts als Betrug und nicht als Steuerhinterziehung gewertet:

165 Scheinunternehmer S erklärt steuerfreie Ausfuhrlieferungen, und erhält unter Vorlage gefälschter Rechnungen, denen ein Umsatz nicht zugrunde lag, vom Finanzamt die beantragte Vorsteuererstattung. Mit der Begründung, dass ein steuerlich relevanter Sachverhalt nicht vorgelegen habe, sondern nur vorgespiegelt worden sei, wurden diese Fälle früher als Betrug judiziert. Diese Rechtsprechung hat der **Bundesgerichtshof** spätestens seit seinem Beschluss vom 23.3.94 aufgegeben. Nach heutiger Auffassung liegt ein Fall der Steuerhinterziehung nicht aber ein Betrug vor.[72] Für die Annahme einer Steuerstraftat (§ 370 AO) reicht es danach aus, dass es eine Person gab, gegenüber der ein Steuerschuldverhältnis bestanden haben könnte und mit

---

[72] BGH wistra 1994, 194.

der – angesichts der Vorsteuererstattung – auch ein Steuerschuldverhältnis begründet wurde. Eine nähere Auseinandersetzung mit dem Begriff des Vorspiegelungsstraftat erübrigt sich daher aus Gründen fehlender Praxisrelevanz.

Liegt eine Steuerstraftat im Sinne des § 369 AO vor, ist die Finanzbehörde zuständige Ermittlungsbehörde, wenn überdies die Voraussetzungen des § 386 Abs. 2 AO gegeben sind. 166

(a) § 386 Abs. 2 Ziff. 1 AO. Nach § 386 Abs. 2 Ziff. 1 AO ist die Finanzbehörde Ermittlungsbehörde, wenn die Tat ausschließlich eine Steuerstraftat darstellt. Der Begriff der Tat orientiert sich hier nicht an den §§ 52, 53 StGB, sondern an dem prozessualen Verständnis des § 264 StPO. Diese Auslegung ist speziell für Steuerstrafsachen durch BGH*St* 38, 37 ff. [40] höchstrichterlich bestätigt. Danach umfasst der Begriff der Tat den gesamten, bei natürlicher Betrachtungsweise zusammengehörenden, Gesetzesverstoß als geschichtliches Ereignis. Eine einheitliche Tat liegt damit auch dann vor, wenn mehrere Tathandlungen so miteinander verknüpft sind, dass ihre getrennte Verfolgung und Aburteilung in verschiedenen erstinstanzlichen Verfahren einen einheitlichen Lebensvorgang unnötig aufspalten würde.[73] 167

Die Tat stellt daher ausschließlich eine Steuerstraftat dar, wenn der zu bewertende Lebenssachverhalt lediglich unter steuerstrafrechtlichen Gesichtspunkten relevant ist. 168

Aus § 386 Abs. 2 Ziff. 1 AO ergibt sich im Umkehrschluss, dass die Regelkompetenz der Finanzbehörde dann nicht gegeben ist, wenn Steuerstraftat und Allgemeindelikt zusammentreffen. 169

Vielfach zeigt sich jedoch erst im Zuge der Ermittlungen ein Verdacht hinsichtlich einer Nichtsteuerstraftat. *Kohlmann* nennt als Beispiel das Auffinden inhaltlich manipulierter Rechnungen im Zusammenhang etwa mit erhöhten Betriebsausgaben;[74] in diesem Fall führen erst die Untersuchungen in der Steuerstrafsache zu einem Verdacht der Urkundenfälschung als einer Nichtsteuerstraftat. Nach § 386 Abs. 2 Ziff. 1 AO ist eindeutig, dass die Zuständigkeit der Finanzbehörde als federführende Ermittlungsbehörde – jedenfalls insoweit – nicht gegeben ist. 170

Einhelliger Auffassung entspricht es, dass die Finanzbehörde jedenfalls solche Umstände mit aufklären darf, die sowohl für das Steuerdelikt als auch für die Nichtsteuerstraftat von Bedeutung sind.[75] Die Literatur spricht hier von einer sog. faktischen Ermittlungsbefugnis.[76] 171

Die rechtlichen Konsequenzen dieser zumindest faktischen Ermittlungsbefugnis sind bis heute umstritten. Dieser Streit hat weitgreifende praktische Auswirkungen; er betrifft insbesondere die Frage der Verjährungsunterbrechung und des Strafklageverbrauchs. 172

Fraglich ist bereits, ob in dem Fall, in welchem zunächst nur der Verdacht einer Steuerstraftat bestand und sich erst im Laufe der (finanzbehördlichen) Ermittlungen ein weiter gehender Verdacht hinsichtlich einer Nichtsteuerstraftat ergibt, die Zuständigkeit der Finanzbehörde erlischt oder ob eine Zuständigkeit zu keinem Zeitpunkt bestanden hat. 173

Hardtke/Westpfahl[77] und *Joecks*[78] nehmen an, dass mit Gewinnung des Verdachts einer Nichtsteuerstraftat die Ermittlungskompetenz auf die Staatsanwaltschaft übergeht. *Kohlmann* geht abweichend davon aus, dass auch in einem solchen Fall eine Zuständigkeit der Finanzbehörde zu keinem Zeitpunkt bestanden hat, da die Tat zu keinem Zeitpunkt ausschließlich eine Steuerstraftat im Sinne des § 386 Abs. 2 Ziff. 1 AO gewesen sei[79] und von Anfang an nur eine Zuständigkeit der Staatsanwaltschaft bestanden habe. 174

Beide vorstehend geschilderten Auffassungen führen nun nicht dazu, dass der Finanzbehörde jegliche Ermittlungen in dieser Angelegenheit untersagt sind. Ist nämlich nicht die Finanzbehörde, sondern die Staatsanwaltschaft federführende Ermittlungsbehörde rückt die Finanzbehörde in die Rolle eines (bloßen) Ermittlungsorgans ein. Sie hat in diesem Fall nach § 402 AO dieselben Rechte und Pflichten wie die Beamten des Polizeidienstes, zu denen insbesondere das Recht des ersten Zugriffs nach § 163 Abs. 1 StPO zählt. 175

---

[73] BVerfGE 45, 434.
[74] *Kohlmann* Bd. II § 386 Rdnr. 20.
[75] Kretzschmar DStR 1983, 641.
[76] *Kohlmann* Bd. II § 386 Rdnr. 20.
[77] *Hardtke/Westpfahl* wistra 1996, 92 m.w.N.
[78] F/G/J/*Joecks* § 386 Rdnr. 17.
[79] *Kohlmann* Bd. II § 386 Rdnr. 20.1.

176 Wenn danach Einvernehmen darüber herrscht, dass jedenfalls ab dem Zeitpunkt der Verdachtsgewinnung wegen einer – tateinheitlich begangenen – Nichtsteuerstraftat die Finanzbehörde nicht mehr zur eigenverantwortlichen Leitung der Ermittlungen (mehr) befugt ist, bleibt fraglich, welche Ermittlungsaufgaben und -kompetenzen das Finanzamt in seiner Rolle als (bloßes) Ermittlungsorgan nach § 402 AO hat.

177 Der Bundesgerichtshof hat einen Ermittlungsauftrag der Finanzbehörden nach § 402 AO angenommen, wenn sich im Laufe der Ermittlungen der Verdacht einer mit dem Steuerdelikt tateinheitlich verwirklichten Nichtsteuerstraftat ergibt.[80] Explizit hat das Gericht der ersten Vernehmung des Beschuldigten verjährungsunterbrechende Wirkung auch für das sich erst später zeigende Nichtsteuerdelikt angenommen. Konsequenz dieser Auffassung wäre aber auch der Eintritt des Strafklageverbrauchs bei Verurteilung – auch in Unkenntnis – der Nichtsteuerstraftat. *Kohlmann* hält die Entscheidung für unzutreffend, da offensichtliche Praktikabilitätserwägungen nicht in der Lage seien, gesetzliche Kompetenzzuweisungen zu suspendieren.[81]

178 Das Oberlandesgericht Braunschweig geht noch einen Schritt weiter und hält die Ermittlungsbefugnisse nach § 402 AO auch dann für gegeben, wenn Gegenstand des nachträglich gewonnenen Verdachts eine Nichtsteuerstraftat ist, die mit der Steuerstraftat real konkurriert, § 53 StGB, solange nur insgesamt eine Tat im Sinne des § 264 StPO gegeben ist.[82]

179 Schöpft die Finanzbehörde im Rahmen ihrer Ermittlungen Verdacht einer Nichtsteuerstraftat, stellt sich regelmäßig die Frage, inwieweit die Finanzbehörde die – spätestens ab diesem Zeitpunkt – zuständige Staatsanwaltschaft über ihr bisheriges Ermittlungsresultat informieren darf, denn zunächst gilt das in § 355 StGB strafrechtlich geschützte Steuergeheimnis, § 30 AO. Dem steht die Pflicht zur Abgabe des Verfahrens nicht entgegen, so dass sich die Frage darauf konzentriert, ob die – begleitend zur bzw. mit Abgabe erfolgende – Offenbarung den Regularien des § 30 AO unterliegt. Nach zutreffender Auffassung im Schrifttum kann das Legalitätsprinzip, dem die Finanzbehörden nur für Steuerstraftaten unterworfen sind, die einschränkenden Regeln des § 30 Abs. 4 Ziffern 4 und 5 AO nicht suspendieren. Für die tateinheitlich mit der Steuerstraftat begangene Nichtsteuerstraftat ergibt sich die Offenbarungsbefugnis bereits aus § 30 Abs. 4 Ziff. 1 AO. Für Nichtsteuerstraftaten, welche zur Steuerstraftat im Verhältnis der Tatmehrheit stehen, gelten dagegen die Einschränkungen des § 30 Abs. 4 Ziffern 4 und 5 AO. Die Verwertbarkeit der Erkenntnisse über die Nichtsteuerstraftat beurteilt sich dagegen nach § 393 Abs. 2 AO.

180 Probleme resultieren aus § 370 a AO. Bei der Vorschrift handelt es sich um einen Verbrechenstatbestand. Zwar knüpft § 386 AO in keiner seiner einzelnen Regelungen an die Differenzierung zwischen Vergehen und Verbrechen an, doch scheinen trotz der in diesem Fall in besonderem Maße erforderlichen Sachkunde der Finanzbeamten, Zweifel angezeigt, ob die Finanzbehörde hier zuständig sein kann. Wird sie einen entsprechenden hinreichenden Tatverdacht annehmen, ist das Verfahren zur Vorbereitung der Abschlussentscheidung in jedem Fall der Staatsanwaltschaft zuzuleiten, da § 400 AO der Finanzbehörde nicht die Fertigung einer Anklageschrift gestattet, ein Strafbefehlsantrag aber angesichts des Verbrechenscharakters nicht in Betracht kommt. Vor Abschluss eines Verfahrens bei Verdachts wegen § 370 a AO ist daher ausnahmslos die Staatsanwaltschaft mit der Sache zu befassen.

181 *(b) § 386 Abs. 2 Ziff. 2 AO.* Die Vorschrift räumt der Finanzbehörde auch dann die Verfahrensherrschaft ein, wenn neben dem Verdacht einer Steuerstraftat auch ein Verdacht hinsichtlich der in § 386 Abs. 2 Ziff. 2 AO gleichgestellten Straftaten vorliegt. Angesichts ihrer geringen praktischen Auswirkungen bedarf es im Rahmen dieser Darstellung keiner ausführlichen Erläuterung dieser Vorschrift.

182 *(2) § 386 Abs. 3 AO.* Ist eine Ermittlungszuständigkeit der Finanzbehörde auch zunächst gegeben, endet diese in jedem Fall mit Erlass eines Haft- oder Unterbringungsbefehls gegen den Beschuldigten, wenn dieser wegen derjenigen Tat, die Gegenstand der finanzbehördlichen Ermittlungen ist, ausgebracht wurde. Die Finanzbehörde verliert ihre Zuständigkeit, wenn auch

---

[80] BGH wistra 1990, 59.
[81] *Kohlmann* Bd. II § 385 Rdnr. 90 bis 93.
[82] OLG Braunschweig wistra 1998, 71.

nur gegen einen von mehreren Beschuldigten Haftbefehl erlassen wird. Der Finanzbehörde bleiben dann nur die Kompetenzen als (unselbständiges) Ermittlungsorgan nach § 402 AO.

(3) § 386 Abs. 4 AO. Die im Ermessen stehende Zuständigkeitsverteilung kommt nur in den Fällen zum Zuge, in welchen eine Zuständigkeit der Finanzbehörde überhaupt gegeben sein kann. Sie scheidet mithin aus, sobald Gegenstand der Ermittlungen auch eine Nichtsteuerstraftat ist.

Die Vorschrift kennt den Übergang der Zuständigkeit von der Finanzbehörde auf die Staatsanwaltschaft sowohl auf Veranlassung der Finanzbehörde („Abgabe") als auch auf Veranlassung der Staatsanwaltschaft („Evokation"). Ferner kann die Staatsanwaltschaft die Sache an die Finanzbehörde rückübertragen.

(a) Abgabe des Verfahrens von der Finanzbehörde an die Staatsanwaltschaft. Kein Fall der Abgabe im Sinne des § 386 Abs. 4 S. 1 AO ist die Abgabe des Verfahrens an die – ausschließlich – zuständige Staatsanwaltschaft, was etwa zu erfolgen hat, wenn sich der anfängliche Verdacht einer Steuerstraftat im Zuge der Ermittlungen auf ein Nichtsteuerdelikt ausdehnt.

In Betracht kommt eine Abgabe des Verfahrens an die Staatsanwaltschaft, wenn

Checkliste:

☐ Probleme allgemein strafrechtlicher Art bestehen,
☐ die Klärung grundsätzlicher Rechtsfragen erforderlich ist,
☐ in persönlicher oder sachlicher Zusammenhang mit einem bei der StA geführten Verfahren besteht
☐ ein Fall des § 370 Abs. 3 AO vorliegt. Nach hier vertretener Auffassung sollte auch in Fällen des § 370 a AO stets durch die Staatsanwaltschaft ermittelt werden. Nur sie kann im Fall hinreichenden Tatverdachts die Abschlussentscheidung umsetzen.
☐ Sowie bei Verdacht der Beteiligung eines Amtsträgers

Nr. 18 AStBV konkretisiert die Voraussetzungen, unter denen eine Abgabe des Verfahrens an die Staatsanwaltschaft zweckmäßig (i.e. ermessensfehlerfrei) ist, die Vorschrift ist aber in sich nicht fehlerfrei.[83]

Wird das Verfahren abgegeben, geht die Ermittlungszuständigkeit kraft Gesetzes über. Der Berechtigung der Finanzbehörde, das Verfahren abzugeben, steht die Pflicht der Staatsanwaltschaft gegenüber, anzunehmen und das Verfahren in eigener Verantwortung zu betreiben. Mit Abgabe verliert die Finanzbehörde ihre Ermittlungszuständigkeit. Nach Abgabe ist sie (bloßes) Ermittlungsorgan und lediglich mit den Kompetenzen aus § 402 AO ausgestattet. Für die Verteidigung hat die Abgabe an die Staatsanwaltschaft zunächst die Bedeutung, dass § 392 Abs. 1 S. 1 AO, der auch Vertretern der steuerberatenden Berufe die steuerstrafrechtliche Verteidigung gestattet, nicht (mehr) gilt, so dass als Verteidiger nur ein Rechtsanwalt oder ein Hochschullehrer auftreten darf.

Gegen die Abgabe des Verfahrens an die Staatsanwaltschaft steht dem Beschuldigten nach überwiegender Auffassung kein Rechtsbehelf zu. Auch § 23 EGGVG biete keine Überprüfungsmöglichkeit, da es sich bei der Abgabe nicht um einen Justizverwaltungsakt handele. Überdies fehle das Rechtsschutzbedürfnis. *Kohlmann* vertritt eine abweichende Auffassung und bejaht die Justizverwaltungsaktsqualität. Ein Rechtsschutzinteresse nimmt er an, wenn die Abgabe an die Staatsanwaltschaft das Verwendungsverbot des § 393 Abs. 2 AO unterlaufen könnte. Diese Gefahr bestehe dann, wenn ein zunächst steuerstrafrechtlich orientiertes Verfahren Erkenntnisse hinsichtlich eines Nichtsteuerdelikts zutage fördere und diese Erkenntnisse im Einzelfall vom Verwendungsverbot des § 393 Abs. 2 AO erfasst seien.

---

[83] Näher dazu *Kohlmann* Bd. II § 386 Rdnr. 24.3.

189 *(b) Evokation durch die Staatsanwaltschaft.* Auch hier gilt, dass eine Zuständigkeitsverlagerung durch Evokation nur dann vorliegt, wenn die Finanzbehörde ohne Evokation zuständig wäre. Ist angesichts des Ermittlungsgegenstandes ausschließlich die Staatsanwaltschaft zuständig, wird deren Zuständigkeit folglich nicht durch Evokation nach § 386 Abs. 4 S. 2 AO begründet.

190 Allein das Recht zur Evokation durch die Staatsanwaltschaft begründet keinerlei Sachaufsicht der Staatsanwaltschaft über die Finanzbehörde. Insbesondere verpflichtet das Evokationsrecht der Staatsanwaltschaft die Finanzbehörde nicht, die Staatsanwaltschaft (laufend) über die bei ihr anhängigen Steuerstrafsachen zu informieren. Dementsprechend hat die Staatsanwaltschaft keinen Anspruch auf entsprechende – ständige – Information.[84]

191 Zieht die Staatsanwaltschaft das Verfahren nach § 386 Abs. 4 S. 2 AO an sich, verbleiben auch hier der Finanzbehörde die (Rest-)Kompetenzen nach § 402 AO.

192 Keine Einigkeit besteht über den Zeitpunkt, bis zu welchem die Staatsanwaltschaft das Verfahren an sich ziehen kann. Nach teilweise vertretener Auffassung endet das Recht mit Anbringung des Abschlussvermerks (§ 196 a StPO), nach anderer Auffassung besteht das Recht bis zum materiellen Abschluss des Ermittlungsverfahrens fort. Nach Meinung *Kohlmanns* besteht das Recht zur Evokation solange, wie der Finanzbehörde ermittlungsbehördliche Kompetenzen eingeräumt sind. Die Kompetenzen der Finanzbehörde enden erst mit den Handlungsmöglichkeiten nach § 400 und § 406 AO, so dass erst zu diesem Zeitpunkt das Evokationsrecht erlischt.[85] So kann die Staatsanwaltschaft das Verfahren selbst noch nach Stellung eines Strafbefehlsantrags an sich ziehen.

193 *(c) Einvernehmliche Rückübertragung der Ermittlungszuständigkeit von der Staatsanwaltschaft auf die Finanzbehörde, § 386 Abs. 4 S. 3 AO.* Auch diese Variante kommt nur zum Zuge, wenn vor Abgabe / Evokation eine originäre Ermittlungszuständigkeit der Finanzbehörde bestanden hat. Das nach § 386 Abs. 4 S. 3 AO erforderliche Einvernehmen liegt nur dann vor, wenn sowohl Finanzbehörde als auch Staatsanwaltschaft über die Rückübertragung einig sind. Stimmt eine Seite der Rückübertragung nicht zu, findet ein Zuständigkeitswechsel im Sinne des § 386 Abs. 4 S. 3 AO nicht statt.

194 *cc) Kompetenzüberschreitungen.* Da die Staatsanwaltschaft das Ermittlungsmonopol inne hat, ist es nicht denkbar, dass sie unzulässigerweise in die Ermittlungskompetenzen der Finanzbehörde eingreift. Greift die Staatsanwaltschaft mit selbst veranlassten Maßnahmen in Ermittlungen der (federführenden) Finanzbehörde ein, liegt hierin regelmäßig eine konkludente Evokation.

195 Handelt dagegen die Finanzbehörde außerhalb ihrer Kompetenzen, sind die Ermittlungshandlungen unwirksam und müssen von der Staatsanwaltschaft nachgeholt werden. Gibt die Ermittlungsbehörde ihre Erkenntnisse unter Verstoß gegen § 30 Abs. 4 Nr. 4 oder Nr. 5 AO weiter, ist das Verwendungsverbot nach § 393 Abs. 2 AO ausgelöst.

2. Die Ermittlungsorgane

196 Welche Behörden, Dienststellen oder natürliche Personen als Ermittlungsorgane in Steuerstrafverfahren tätig werden, hängt davon ab, ob die federführende Ermittlungskompetenz bei der Finanzbehörde oder bei der Staatsanwaltschaft liegt.

197 **a) Die Finanzbehörde betreibt das Steuerstrafverfahren (Regelkompetenz).** In dieser Konstellation sind Ermittlungsorgane die Finanzbehörde als Ermittlungsbehörde, die Fahndungsdienste (Steuerfahndung, Zollfahndung) sowie die Außenprüfung der Finanzverwaltung.

198 *aa) Finanzbehörden im Sinne des § 386 AO.* Finanzbehörden im Sinne des § 386 AO und damit Ermittlungsbehörden sind die Hauptzollämter, die Finanzämter sowie das Bundesamt für Finanzen, wobei letzteres Ermittlungsbehörde nur im Rahmen der ihm nach § 5 FVG übertragenen Aufgaben sein kann. Nicht zu den Finanzbehörden im Sinne des § 386 AO zählen die Oberfinanzdirektionen, die Finanzministerien und schließlich die Zollfahndungsämter und Steuerfahndungsstellen. Ist das Finanzamt Ermittlungsbehörde, tritt auch nur das Finanzamt

---

[84] Vgl. *Kohlmann* Bd. II § 386 Rdnr. 25.6.
[85] Vgl. *Kohlmann* Bd. II § 386 Rdnr. 25.4.

nach außen auf. Lediglich behördenintern werden die Strafsachen- und Bußgeldstellen[86] mit der Angelegenheit befasst. Die tägliche Praxis zeigt jedoch, dass die Ermittlungstätigkeit faktisch von den Steuerfahndungsstellen maßgeblich gestaltet und durchgeführt wird.

Obwohl in den Ländern Nordrhein-Westfalen, Niedersachsen und mittlerweile auch in Berlin die Steuerfahndungsstellen als eigenständige Finanzämter für Steuerstrafsachen und Steuerfahndung eingerichtet sind, begründet dies gleichwohl keine Eigenschaft als Ermittlungsbehörde. Die Einrichtung entsprechender Stellen dient dem Zweck der gleichmäßigen Rechtsanwendung.[87] Eine solche Gestaltung ist aber nicht unumstritten, da contra legem jedenfalls die faktische Macht, das Verfahren zu leiten, vom Vorsteher der angeschlossenen Finanzämter auf den Vorsteher des Finanzamts für Steuerstrafsachen und Steuerfahndung übergeht. 199

Soweit die den Finanzämtern übergeordneten Behörden keine Ermittlungsbehörden im Sinne des § 386 AO sind, können diese nur im Wege der Dienstaufsicht durch begrenzte Weisungsrechte rechtlich vergleichsweise unbedeutenden Einfluss auf die Tätigkeit der Finanzbehörden in Steuerstrafsachen ausüben.[88] Der hierarchische Aufbau der Finanzverwaltung sollte jedoch in seiner faktischen Wirkung nicht unterschätzt werden. 200

Die sachliche und örtliche Zuständigkeit der nach § 386 AO ermittelnden Finanzbehörde beurteilt sich nach § 387 AO und §§ 388, 389 AO. Danach ist sachlich zuständig diejenige Finanzbehörde, welche die Steuer verwaltet (§ 387 Abs. 1 AO). Verwalten in diesem Sinne meint das Ermitteln und Festsetzen der Steuer sowie die Annahme entsprechender Steueranmeldungen (§§ 150, 155, 167 AO).[89] Abweichend hiervon gestattet § 387 Abs. 2 AO, dass einer Finanzbehörde die Zuständigkeit zur Verfolgung von Straftaten gegen mehrere Steuerarten übertragen werden kann. 201

Die örtliche Zuständigkeit richtet sich nach den §§ 388, 389 AO.

bb) Die Fahndungsdienste. Sog. Fahndungsdienste sind die Zollfahndungsämter sowie die Steuerfahndung. Weder die Zollfahndungsämter noch die Steuerfahndungsstellen sind selbständige Ermittlungsbehörden im Sinne des § 386 AO. Dies gilt unabhängig von der entsprechenden Organisationsform. 202

In organisatorischer Hinsicht handelt es sich bei den Zollfahndungsämtern um eigenständige Behörden, vgl. § 6 Ziff. 5 AO. Die Steuerfahndungsdienste stellen regelmäßig nur unselbständige Dienststellen dar. In einigen Bundesländern sind die Steuerfahndungsdienste zwar als eigenständige Finanzämter für Steuerstrafsachen und Steuerfahndung eingerichtet, doch sind weder Zoll- noch Steuerfahndung – unabhängig von ihrer jeweiligen Organisationsform – Finanzbehörden im Sinne des § 386 AO. 203

Die Aufgaben der Fahndungsdienste beurteilen sich nach § 208 AO, ihre Kompetenzen sind in § 404 AO geregelt. Als Hilfsbeamte der (federführenden) Ermittlungsbehörde werden die (einzelnen) Fahnder im Rahmen der strafverfahrensrechtlichen Zuständigkeit weisungsgebunden tätig. 204

cc) Außenprüfer. Auch die Außenprüfer der Finanzämter sind Ermittlungsorgane in Strafverfahren; die ihnen eingeräumte Kompetenz entspricht den Befugnissen der Polizeibeamten in allgemeinen Strafverfahren, vgl. §§ 402 Abs. 1 i.V.m. § 399 Abs. 2 S. 2, § 163 Abs. 1 StPO, § 397 AO, § 9 BpO. 205

b) Die Staatsanwaltschaft betreibt das Steuerstrafverfahren. *aa) Ermittlungsbehörde.* Ermittlungsbehörde ist in diesem Fall die Staatsanwaltschaft. Ihre Aufgaben und Kompetenzen resultieren zunächst aus der StPO, werden aber um die steuerstrafverfahrensrechtlichen Besonderheiten ergänzt, bzw. verändert. 206

Führt die Staatsanwaltschaft die Ermittlungen, ist nur sie, nicht aber das Finanzamt, befugt, das Verfahren einzustellen. Gespräche über die Einstellung eines Strafverfahrens – unabhängig, ob auf der Grundlage des § 170 Abs. 2 AO oder aus Opportunitätsgesichtspunkten – sind 207

---

[86] Teils werden diese Dienststellen abgekürzt als StraBu (Strafsachen- und Bußgeldstelle) oder in Berlin als BuStra (Bußgeld- und Strafsachenstelle).
[87] *Kohlmann* Bd. II § 385 Rdnr. 79.
[88] *Henneberg* BB 1973, 82.
[89] *Von Briehl/Ehlscheid* § 3 Rdnr. 21 m.w.N.

208 *bb) Stellung des Finanzamts.* Leitet die Staatsanwaltschaft die Ermittlungen, hat dies zunächst maßgeblichen Einfluss auf die Aufgaben und Kompetenzen der Finanzbehörde. Das Finanzamt ist unter diesen Umständen nicht (federführende) Ermittlungsbehörde, sondern wird weisungsgebunden tätig, § 402 AO. Seine Beamten sind Hilfsbeamte der Staatsanwaltschaft und (nur) mit entsprechenden Kompetenzen ausgestattet, § 402 Abs. 1 i. V. m. § 399 Abs. 2 S. 2 AO. Anders als im Fall der Zuständigkeit nach § 386 AO ist die Finanzbehörde in dieser Konstellation mangels Verfahrensherrschaft nicht befugt, das Strafverfahren einzustellen.

daher stets mit der Staatsanwaltschaft zu führen. Zusagen oder Erklärungen anderer Behörden oder Dienststellen binden die Staatsanwaltschaft nicht.

209 *cc) Fahndungsdienste.* Aufgaben und Kompetenzen der Fahndungsdienste werden durch eine Ermittlungszuständigkeit der Staatsanwaltschaft nicht tangiert. Da die Fahndungsdienste auch im Verfahren durch die Finanzbehörde nach § 386 AO niemals selbstständige Ermittlungsbehörden sind, ändert sich durch eine Verfahrensherrschaft der Staatsanwaltschaft bis auf den abweichenden Weisungsgeber nichts.

210 *dd) Sonstige Behörden oder Dienststellen.* Entsprechend werden auch die Kompetenzen weiterer Ermittlungsorgane, etwa der Beamten der Außenprüfung, nicht durch die Verfahrensherrschaft der Staatsanwaltschaft tangiert.

3. Die Fahndungsdienste: Organisation und Aufgaben

211 a) *Organisation. aa) Steuerfahndung.* Obwohl die Steuerfahndung – anders als die Zollfahndung – in organisatorischer Hinsicht i.d.R. keine eigenständige Behörde ist, ist sie „Justizbehörde" im Sinne des § 23 EGGVG, sodass ein entsprechender Rechtsbehelf gegen Justizverwaltungsakte der Fahndungsdienste gleichwohl statthaft ist.

212 Für die Organisation der Steuerfahndungsdienste existieren keine verbindlichen rechtlichen Vorgaben; ihre Einrichtung erfolgt auf der Grundlage bloßer Verwaltungsvorschriften, so dass es nicht wundert, dass mehrere Organisationsmodelle bestehen. Im Wesentlichen sind in den Bundesländern zwei alternative Modelle umgesetzt:

213 In zahlreichen Bundesländern sind die Steuerfahndungsdienststellen als unselbstständige Organisationseinheiten den jeweiligen Finanzämtern angegliedert, während in den Ländern Nordrhein-Westfalen, Niedersachsen und Berlin zentrale organisatorisch selbstständige Finanzämter für Steuerstrafsachen und Steuerfahndung eingerichtet worden sind. In beiden Fällen erstreckt sich deren örtliche Zuständigkeit über alle Bezirke der jeweils angeschlossenen Finanzämter.

214 Damit ist jedoch der Wirkungsbereich der Steuerfahndung nicht abschließend festgelegt. Anerkannt ist nämlich eine weiter gehende bezirksübergreifende Zuständigkeit der Steuerfahndung. So wird die Zuständigkeit der Steuerfahndung insbesondere durch die §§ 16 ff. AO nicht beschränkt, da diese Vorschriften für die Steuerfahndung nicht gelten. Damit erstreckt sich der Wirkungsbereich der Steuerfahndung zumindest bis an die Grenzen des jeweiligen Bundeslandes.[90] Tatsächlich gestattet § 17 Abs. 4 FVG den Abschluss von Staatsverträgen, aufgrund derer die Zuständigkeit der Steuerfahndung erst an der Bundesgrenze endet. Danach sind erst Amtshandlungen der Steuerfahndung auf ausländischem Territorium unzulässig. Sollen Erkenntnisse im Ausland gewonnen werden, sind die deutschen Behörden auf die Inanspruchnahme ausländischer Rechts- bzw. Amtshilfe verwiesen.

215 Unterstützt wird die Steuerfahndung durch verschiedene Hilfsinstitutionen wie etwa durch die Informationszentrale für den Steuerfahndungsdienst beim Finanzamt Wiesbaden II oder die Informationszentrale Ausland beim Bundesamt für Finanzen.

216 *bb) Zollfahndung.* Zollfahndungsämter sind zwar selbstständige Behörden, niemals aber selbstständige Ermittlungsbehörden im Sinne des § 386 AO. Die Zollfahndungsämter werden ihrerseits unterstützt durch das Zollkriminalamt Köln.

---

[90] Nachweise bei *Kohlmann* Bd. II § 404 Rdnr. 24.

Die Zollfahndung ist mit Gesetz vom 16. August 2002 auf eine neue Rechtsgrundlage gestellt worden. Das Zollfahndungsneuregelungsgesetz verleiht den Zollfahndungsämtern Befugnisse, die bisweilen an geheimdienstliche Tätigkeit erinnern.[91]

Prinzipiell gilt für die Zollfahndungsämter ebenfalls die Beschränkung ihrer örtlichen Zuständigkeit auf das Staatsgebiet der Bundesrepublik, doch sieht Art. 40 Abs. 1 und 7 des Schengener Abkommens Ausnahmen vor. Danach ist den Zollfahndungsämtern auch eine grenzüberschreitende Observation in Fällen auslieferungsfähiger Betäubungsmittelstraftaten, Außenwirtschafts- und Verbringungsverstößen gestattet.

cc) Zuständigkeitsverteilung zwischen der Steuerfahndung und den Zollfahndungsämtern. Die Abgrenzung der Zuständigkeitsbereiche von Steuerfahndung einerseits und Zollfahndung andererseits folgt den Zuständigkeiten der Finanzämter bzw. Hauptzollämter. Letztere sind sachlich zuständig im Rahmen der Aufgabenzuweisung nach § 12 Abs. 2 und 3 FVG. Danach fallen in den Zuständigkeitsbereich der Hauptzollämter und folglich der Zollfahndungsämter Angelegenheiten im Zusammenhang mit Zöllen, bundesgesetzlich geregelten Verbrauchssteuern einschl. der Einfuhrumsatzsteuer und der Biersteuer, Abgaben im Rahmen der Europäischen Gemeinschaften, sowie Abgaben im Zusammenhang mit der zollamtlichen Überwachung des grenzüberschreitenden Warenverkehrs, der Grenzaufsicht und sonstigen, den Hauptzollämtern übertragenen Aufgaben.

Demgegenüber sind die Finanzämter und folglich die Steuerfahndungsdienststellen zuständig auf den Gebieten der Besitz- und Verkehrssteuern.

Die nachfolgenden Erörterungen zu den Fahndungsdiensten konzentrieren sich auf die Steuerfahndung. Hinsichtlich etwaiger abweichender Aufgaben und Kompetenzen der Zollfahndungsämter wird auf entsprechend einschlägige Darstellungen verwiesen.

b) Die Aufgaben der Fahndungsdienste, § 208 AO. § 208 AO weist den Fahndungsdiensten bestimmte Aufgaben im Sinne der sachlichen Zuständigkeit zu. Schon ein erster Blick auf die Vorschrift lässt erkennen, dass die Fahndungsdienste sowohl im Strafverfahren als auch im Besteuerungsverfahren tätig werden. Dem rein steuerlichen Bereich ist die Aufgabenzuweisung nach § 208 Abs. 1 Ziff. 3 AO, nämlich die Ermittlung und Aufdeckung unbekannter Steuerfälle, zuzuordnen. Ersichtlich in steuerstrafrechtlichen Zusammenhängen werden die Fahndungsdienste dagegen im Rahmen der Aufgaben nach § 208 Abs. 1 Ziff. 1 AO tätig, soweit sie dadurch die Erforschung von Steuerstraftaten und Steuerordnungswidrigkeiten betreiben. Die Aufgabenzuweisung nach § 208 Abs. 1 Ziff. 2 AO bewegt sich an der Schnittstelle beider Verfahren. Die Vorschrift weist der Fahndung die Aufgabe der Ermittlung der Besteuerungsgrundlagen im Zusammenhang mit Steuerstraftaten und Steuerordnungswidrigkeiten zu. Auf die Zuordnung dieser Aufgabe zu dem einen oder anderen Aufgabenbereich wird gesondert eingegangen.

Da die Steuerfahndung sowohl im Rahmen des Besteuerungsverfahrens als auch im Rahmen des Steuerstrafverfahrens tätig werden kann, hat sich allgemein der Begriff von der „Janusköpfigkeit" der Steuerfahndung herausgebildet. Die Mehrdimensionalität der Aufgaben der Steuerfahndung erscheint vor dem Hintergrund des § 393 Abs. 1 S. 1 AO problematisch, da die Vorschrift – wie oben ausführlich dargelegt – die grundsätzliche Trennung von Besteuerungs- und Steuerstrafverfahren festschreibt. Betätigt sich aber die Steuerfahndung in beiden Verfahren, erscheint der Grundsatz der strikten Verfahrenstrennung gefährdet. Doch nicht nur § 393 Abs. 1 AO erfordert die strikte Trennung der Tätigkeit im Besteuerungsverfahren von derjenigen im Strafverfahren. Von herausragender Bedeutung ist die Verfahrenstrennung auch angesichts der unterschiedlichen Befugnisse, welche der Fahndung in den jeweiligen Verfahrensarten eingeräumt werden. Wird nämlich die Fahndung im Besteuerungsverfahren tätig, stehen ihr lediglich eingeschränkte Ermittlungsmöglichkeiten auf der Grundlage der AO zur Verfügung.[92] Weitergehender Ermittlungsmaßnahmen bedarf es zum Zwecke der Besteuerung nicht, da dem Finanzamt im Besteuerungsverfahren die Möglichkeit eingeräumt ist, im Fall

---

[91] *Joecks* Referat auf dem Praktikerseminar für Beratung und Verteidigung in Steuerstrafsachen in Berlin am 6.3.2003.
[92] Unter Berücksichtigung etwaiger sich aus § 208 Abs. 1 S. 3 AO ergebenden Erweiterungen des steuerlichen Repertoires.

der Verletzung von Mitwirkungsobliegenheiten des Steuerpflichtigen, die Bemessungsgrundlagen nach Maßgabe des § 162 AO zu schätzen. Betätigt sich die Fahndung dagegen auf dem Gebiet des Strafverfahrens, verfügt sie über das vergleichsweise scharfe Instrumentarium nach § 404 AO. Ohne die Einzelheiten hinsichtlich der Befugnisse und Kompetenzen an dieser Stelle vorwegzunehmen, sei nur kurz darauf hingewiesen, dass die Fahndung nach § 404 AO im Steuerstrafverfahren mit denselben Rechten und Pflichten ausgestattet ist, wie die Behörden und Beamten des Polizeidienstes in allgemeinen Strafsachen. So dürfen etwa Durchsuchungen, Beschlagnahmen und sonstige Ermittlungsmaßnahmen nach den für Hilfsbeamte der Staatsanwaltschaft geltenden Regeln ergriffen werden. Auf dem rein steuerlichen Feld bestehen derart eingriffsintensive Kompetenzen dagegen nicht.

224 Wird die Steuerfahndung tätig, obliegt es dem in Steuerstrafsachen tätigen Rechtsbeistand, jeden Schritt der Fahndung einem bestimmten Verfahren zuzuordnen und zu überprüfen, ob für die entsprechende Maßnahme das strafprozessuale Werkzeug oder nur die abgabenrechtlichen Instrumente zur Verfügung stehen. Hierbei handelt es sich mitunter um eine schwierige Aufgabe, da eine Maßnahme nicht immer auf den ersten Blick erkennen lässt, ob sie im Besteuerungs- oder im Steuerstrafverfahren ergriffen wurde oder überhaupt ergriffen werden durfte. Die Kommentarliteratur ist sich im Wesentlichen einig, dass § 208 AO entgegen dem gesetzgeberischen Anliegen kaum in der Lage ist zu erklären, in welchen Fällen die Steuerfahndung tätig werden kann und nach welchen Vorschriften sich das Verfahren bei der Durchführung von Steuerfahndungsmaßnahmen richtet. Die Vorschrift stifte, so eine verbreitete Meinung,[93] letztlich Verwirrung.

225 Im Folgenden wird den einzelnen Aufgabenzuweisungen an die Fahndungsdienste nach § 208 AO nachgegangen.

226 *aa) § 208 Abs. 1 S. 1 Ziff. 1 AO. (1) Die Reichweite des Erforschungsauftrages.* Den Fahndungsdiensten kommt nach § 208 Abs. 1 Ziff. 1 AO die Aufgabe zu, Steuerstraftaten und Steuerordnungswidrigkeiten zu erforschen.

227 Nach den Motiven des Gesetzgebers handelt es sich hierbei um die Hauptaufgabe der Steuerfahndung.[94]

228 Der Begriff der Steuerstraftaten wurde bereits oben im Zusammenhang mit der Regelzuständigkeit der Finanzbehörden erläutert. Auf die dortigen Ausführungen wird verwiesen.

229 Vom Erforschungsauftrag der Fahndungsdienste umfasst sind ferner die sog. Analogtaten nach § 386 Abs. 2 Nr. 2 AO sowie Vorspiegelungsstraftaten im Sinne des § 385 Abs. 2 AO. Die tatbestandlichen Steuerordnungswidrigkeiten ergeben sich aus der AO – etwa leichtfertige Verkürzung, § 378 AO, Steuergefährdung, § 379 oder die Gefährdung von Abzugsteuern nach § 380 AO, um nur einige zu nennen. Weitere Steuerordnungswidrigkeiten sind u.a. im StBerG erfasst.

230 Rechtsprechung[95] und Teile des Schrifttums[96] vertreten die Auffassung, dass die Zuständigkeit der Steuerfahndung zur Erforschung einer Steuerstraftat auch dann bestehen bleibe, wenn mit dieser tateinheitlich eine nicht steuerliche Straftat verbunden ist. Die Erforschungszuständigkeit der Steuerfahndung würde sich auf diese nichtsteuerliche Straftat erstrecken. Teile des Schrifttums[97] gehen noch weiter und nehmen einen Erforschungsauftrag für alle Teile einer einheitlichen prozessualen Tat an. Diese Sichtweise korrespondiert mit der Annahme eines entsprechend extensiven Ermittlungsauftrages der Finanzbehörde als federführender Ermittlungsbehörde.

231 Nach *Kohlmann*, der einen Ermittlungsauftrag der Finanzbehörde für nichtsteuerliche Straftaten rundheraus zurückweist,[98] hat die Steuerfahndung der Staatsanwaltschaft die Akten vorzulegen, sobald der Verdacht einer tateinheitlich begangenen Nichtsteuerstraftat geschöpft wird. Steht die Nichtsteuerstraftat zum Steuerdelikt dagegen in Tatmehrheit, bleibe die Fahndung dagegen für die Erforschung der Steuerstraftat auch weiterhin zuständig. Die real

---

[93] *Tipke/Kruse* AO § 208 Rdnr. 14.
[94] BT-Drucks. VII/4292, S. 36 zu § 208.
[95] Etwa BGH wistra 1990, 59; BGH NJW 1991, 1764.
[96] *Pütz* wistra 90, 212; *Kramer* wistra 90, 169.
[97] *F/G/J/Joecks* § 404 Rdnr. 19.
[98] *Kohlmann* Bd. II § 386 Rdnr. 14 a.E.; Rdnr. 20 ff.; *Hardtke/Westpfahl* wistra 1996, 91, 92 m.w.N.

konkurrierende Steuerstraftat falle dagegen in den ausschließlichen Zuständigkeitsbereich der Staatsanwaltschaft, so dass die Fahndung der Staatsanwaltschaft diesen Verdacht mitzuteilen hat, wobei sie ihre Zuständigkeit für die Ermittlungen wegen des Steuerdelikts nicht verliert. Ab dem Moment der Gewinnung eines Verdachts wegen einer (tateinheitlich begangenen) Nichtsteuerstraftat stellt sich nach *Kohlmann* die – bereits anfänglich aber nicht erkannte – Unzuständigkeit der Finanzbehörde als Ermittlungsbehörde heraus. Allein die Staatsanwaltschaft könne nun darüber entscheiden, ob sie auch weiterhin die Steuerfahndungsstellen mit der weiteren Aufklärung beauftrage.[99]

(2) Der hinreichende Anlass für ein Tätigwerden auf der Grundlage des § 208 Abs. 1 S. 1 Ziff. 1 AO. Die Erforschungszuständigkeit nach § 208 Abs. 1 Ziff. 1 AO besteht nur dann, wenn zureichende tatsächliche Anhaltspunkte für das Vorliegen einer Steuerstraftat bestehen. Ein Tätigwerden im Rahmen des § 208 Abs. 1 Ziff. 1 AO setzt daher den Anfangsverdacht einer Steuerstraftat oder einer Steuerordnungswidrigkeit im Sinne des § 152 StPO voraus. Eine bloße Vermutung reicht dagegen nicht aus, um über § 208 Abs. 1 Ziff. 1 AO auf das eingriffsintensive strafprozessuale Instrumentarium des § 404 AO zuzugreifen. Eine Vermutung unterhalb der Schwelle des Anfangsverdachts berechtigt die Fahndung lediglich zu Ermittlungen auf der Grundlage des § 208 Abs. 1 Ziff. 3 AO (sog. Vorfeldermittlungen), für welche die strafprozessualen Befugnisse des § 404 AO allerdings nicht bestehen. 232

Von der – für § 208 Abs. 1 Ziff. 1 AO nicht hinreichenden – Vermutung unterscheidet sich nach *Kohlmann*[100] der Anfangsverdacht dadurch, dass aus den tatsächlichen Anhaltspunkten nicht nur auf die Möglichkeit, sondern auf eine gewisse, wenn auch zweifelhafte, Wahrscheinlichkeit für eine strafbare Handlung geschlossen werden kann. Demgegenüber sieht *Gast-de Haan*[101] unter Hinweis auf die Rechtsprechung in allgemeinen Strafsachen zureichende tatsächliche Anhaltspunkte für das Vorliegen einer (Steuer)Straftat bereits dann, wenn „nach kriminalistischer Erfahrung die Möglichkeit besteht, dass eine verfolgbare [Steuer]Straftat vorliegt". Diese Möglichkeit bestehe bereits dann, wenn auch nur entfernte Indizien vorlägen. Demgegenüber rechtfertigten bloße Vermutungen es nicht, jemandem eine Tat zur Last zu legen. 233

Die Voraussetzungen des – hinreichenden – Anfangsverdachts von denen der – nicht hinreichenden – Vermutung anhand einer Formel im Einzelfall verlässlich abzugrenzen, ist kaum möglich, da die Grenzen fließend und weder exakt formulierbar noch bestimmbar oder subsumierbar sind.[102] Eine mehr oder minder verlässliche Richtschnur kann der Rechtsanwalt allein in der gerichtlichen Kasuistik und den Darstellungen im Schrifttum finden. 234

Nach *Kohlmann* liegt ein Anfangsverdacht noch nicht vor, wenn sich etwa aus Kontrollmitteilungen oder sonstigen Erkenntnisquellen (lediglich) ein steuerliches Mehrergebnis ergibt;[103] ebenso wenig genüge der Umstand, dass Geld in Luxemburg angelegt worden sei.[104] Nach Rechtsprechungsmeinung begründet allein der Besitz von Tafelpapieren für sich allein keinen Anfangsverdacht.[105] 235

Verschiedentlich vertretener Auffassung zufolge liege dagegen ein Anfangsverdacht vor, wenn fingierte oder gefälschte Belege aufgefunden, Vermögenszuwächse mit Spielgewinnen erklärt würden oder der Steuerpflichtige keine Steuererklärung abgegeben habe, ohne dass Anhaltspunkte für die Aufgabe seiner bisherigen steuerpflichtigen Tätigkeit vorlägen.[106] 236

Zu Recht betont *Gast-de Haan*, dass in jedem Fall zusätzliche Anhaltspunkte für die subjektive Tatseite erforderlich seien. Es müssten greifbare Anhaltspunkte für die Annahme vorliegen, dass der objektive und subjektive Tatbestand einer Straftat erfüllt sind und die Tat auch verfolgt werden könne.[107] 237

---

[99] *Kohlmann* Bd. II § 404 Rdnr. 38.
[100] *Kohlmann* Bd. II § 404 Rdnr. 39.
[101] F/G/J/*Gast-de Haan* § 397 Rdnr. 39.
[102] F/G/J/*Gast-de Haan* § 397 Rdnr. 39.
[103] *Kohlmann* Bd. II § 404 Rdnr. 39.
[104] *Kohlmann* Bd. II § 404 Rdnr. 39 unter Hinweis auf OLG Frankfurt/M. wistra 1996, 159.
[105] LG Itzehoe wistra 1999, 432.
[106] F/G/J/*Gast-de Haan* § 397 Rdnr. 40 m.w.N.
[107] F/G/J/*Gast-de Haan* § 397 Rdnr. 40.

238 Ein umfangreicher Kriterienkatalog findet sich bei *von Briel/Ehlscheid*,[108] der allerdings im Wesentlichen nicht auf Entscheidungen der Rechtsprechung, sondern auf Stimmen aus dem Schrifttum zurückgeht.

239 Liegt ein Anfangsverdacht vor, entsteht für die Strafverfolgungsbehörden nach dem Legalitätsprinzip die Pflicht, diesem Verdacht nachzugehen und den Sachverhalt daraufhin zu erforschen. Ab Gewinnung des Anfangsverdachts einer Steuerstraftat hat die Steuerfahndung auf der Grundlage des § 208 Abs. 1 Ziff. 1 AO tätig zu werden. Bei Durchführung dieser Aufgabe steht ihr das strafprozessuale Instrumentarium der StPO nach Maßgabe des § 404 AO zur Verfügung. Auf der anderen Seite bestehen ab Verdachtsgewinnung die strafprozessualen Garantien des Steuerpflichtigen/Beschuldigten. Daher ist mit Verdachtsgewinnung ein Steuerstraf- bzw. Bußgeldverfahren einzuleiten und die Einleitung dem Beschuldigten unter Angabe des gegen ihn erhobenen Vorwurfs bekannt zu geben. Ferner ist der Beschuldige über seine Rechte (nach GG und StPO) zu belehren; insbesondere ist ihm mitzuteilen, dass er nunmehr das Recht hat, zu dem gegen ihn erhobenen Vorwurf jegliche Aussage zu verweigern und auch seine steuerliche Mitwirkung nicht mehr erzwungen werden kann (§ 393 Abs. 1 Satz 4 AO). Eine Möglichkeit zur strafbefreienden Selbstanzeige besteht jedoch ab Bekanntgabe der Einleitung des steuerstrafrechtlichen Ermittlungsverfahrens hinsichtlich des verfahrensgegenständlichen Vorwurfs nicht mehr.

240 Contra legem reklamiert die Finanzverwaltung das strafprozessuale Instrumentarium bereits für sog. Vorermittlungen. Hierunter versteht sie Erforschungsmaßnahmen, die (erst) der Ermittlung eines Anfangsverdachts dienen sollen (vgl. Nr. 121, 146, 25 Abs. 1 AStBV). Eine solche Kompetenz ist nicht anzuerkennen, insbesondere kann sie nicht aus § 208 Abs. 1 Ziff. 1 AO hergeleitet werden.[109] Will die Steuerfahndung entsprechende Recherchen betreiben, sind ihr diese zwar nach § 208 Abs. 1 Ziff. 3 AO durchaus gestattet, jedoch nicht unter Rückgriff auf strafprozessuale Befugnisse. Hierfür steht ihr nur das abgabenrechtliche Repertoire zur Verfügung. Missachtet die Steuerfahndung diese Aufgabenzuweisung und bedient sich strafprozessualer Ermittlungsmaßnahmen, ohne dass im Zeitpunkt der einzelnen Ermittlungsmaßnahme (schon) ein Anfangsverdacht vorgelegen hat, sind die hierdurch gewonnenen Erkenntnisse im Steuerstrafverfahren nicht verwertbar.[110]

241 *(3) Ermittlungen in strafverfolgungsverjährten Zeiträumen.* Im Zusammenhang mit § 208 AO gehen viele Darstellungen der Frage nach, ob es die Vorschrift gestatte, Sachverhalte in strafverjährten Zeiträumen zu ermitteln. Ein Interesse der Fahndung an der Erforschung von Sachverhalten in strafrechtlich verjährter Zeit kann sich dabei aus unterschiedlichen Gesichtspunkten ergeben.

242 Ein spezifisch strafprozessuales Ermittlungsinteresse ist beispielsweise dann gegeben, wenn Unterlagen, Dokumente, Urkunden etc. für die Beurteilung strafrechtlich relevanten Geschehens in nicht verfolgungsverjährter Zeit bedeutsam sind. Verträge etwa, die Anfang der 90er Jahre geschlossen wurden und bis zur Gegenwart vollzogen werden, datieren zwar aus (straf)verfolgungsverjährter Zeit, können aber im Einzelfall für die Verfolgung nicht verjährter Steuerverfehlungen von Interesse sein.

243 Weiterhin rechtfertigt die Fahndung Ermittlungen in strafrechtsverjährter Zeit mitunter mit dem Hinweis auf die Zumessungsrelevanz verjährter Taten, zumal der Bundesgerichtshof die Berücksichtigung verjährter Taten im Rahmen der Strafzumessung zugelassen hat.[111]

244 Das dritte – und in der Praxis regelmäßig dominierende – Interesse an der Ermittlung strafverfolgungsverjährter Sachverhalte resultiert aus der Möglichkeit der Finanzämter, vorsätzlich hinterzogene Steuern zehn Jahre lang festsetzen zu können, § 169 Abs. 2 S. 2 AO, während Strafverjährung bereits fünf Jahren nach Beendigung eintritt. Steuerlich kann der Beginn der Festsetzungsverjährung überdies nach Maßgabe des § 170 AO gehemmt gewesen sein, so dass in steuerlicher Hinsicht Sachverhalte, die 13 Jahre zurückliegen, mitunter Bedeutung haben können.

---

[108] *Von Briel/Ehlscheid* Steuerstrafrecht § 3 Rdnr. 229 ff.
[109] *Kohlmann* Bd. II § 404 Rdnr. 39.
[110] *Kohlmann* Bd. II § 404 Rdnr. 39.
[111] BGHR § 46 II Vorl. 11; zit. bei *Tröndle/Fischer* § 46 Rdnr. 24.

§ 30 Das Verfahren in Steuerstrafsachen

Das letztgenannte fiskalische Interesse begründet keine Zuständigkeit nach § 208 Abs. 1 245
Ziff. 1 AO, da die Fahndung hier nicht zur Erforschung einer Steuerstraftat oder -ordnungswidrigkeit ermittelt. Vielmehr ist allein eine Zuständigkeit nach § 208 Abs. 1 Ziff. 2 AO gegeben. Die Fragestellung wird daher im Kontext der Erläuterungen des § 208 Abs. 1 Ziff. 2 AO aufgegriffen und fortgeführt werden.

Allein eine Strafzumessungsrelevanz verjährter Altfälle rechtfertigt aus Verhältnismäßig- 246
keitsgesichtspunkten nicht schlechthin den Erlass einer Durchsuchungs- und Beschlagnahmeanordnung. Die diesbezüglichen Grenzen sind allerdings noch nicht abschließend geklärt.[112]

Werden Durchsuchungs- bzw. Beschlagnahmemaßnahmen in Altakten – die augenscheinlich 247
nur strafverfolgungsverjährte Zeiträume betreffen – mit dem Hinweis auf eine Beweisbedeutung für die Verfolgung nicht verjährter Steuerverfehlungen begründet, setzt eine solche Ermittlungsmaßnahme nachvollziehbare Anhaltspunkte dafür voraus, dass jene Unterlagen konkrete Beweismittel enthalten. Fehlt es an entsprechenden Anhaltspunkten, darf eine entsprechende Maßnahme nicht auf § 208 Abs. 1 Ziff. 1 AO gestützt werden.

Über § 208 Abs. 1 Ziff. 1 AO sind daher grundsätzlich keine Ermittlungen in strafverjähr- 248
ten Altjahren möglich. Eine Ausnahme mag dann zu machen sein, wenn konkrete Hinweise vorliegen, dass Unterlagen aus verfolgungsverjährter Zeit Beweismittel für verfolgbare Verfehlungen enthalten. Aus Verhältnismäßigkeitserwägungen sind flächendeckende Ermittlungen in Altjahren unter dem Rubrum möglicher Zumessungsrelevanz nicht zulässig.

bb) § 208 Abs. 1 S. 1 Ziff. 2 AO. Nach dieser Vorschrift sind Steuerfahndung und Zollfahn- 249
dung zuständig für die Ermittlung der Besteuerungsgrundlagen im Zusammenhang mit der Erforschung von Steuerverfehlungen nach § 208 Abs. 1 Ziff. 1 AO.

(1) Der Aufgabenbereich nach § 208 Abs. 1 Ziff. 2 AO; insbesondere Ermittlungen in straf- 250
verfolgungsverjährter Zeit. Bestritten wird, ob § 208 Abs. 1 Ziff. 2 AO überhaupt den Charakter einer selbständigen Aufgabenzuweisung hat.

Eine rein deklaratorische Bedeutung der Vorschrift ließe sich aus ihrem Verhältnis zu § 208 251
Abs. 1 Ziff. AO herleiten, denn bereits Ziff. 1 beauftragt die Fahndung, die steuerliche Seite insoweit zu ermitteln, als es für die Erforschung der Steuerverfehlung hierauf ankommt; diese Sicht wird bereits durch eine Stellungnahme des *Finanzausschusses* in den Beratungen der Vorschrift nahe gelegt.[113] Da Steuerstrafrecht Blankettstrafrecht ist, kommen strafrechtliche Ermittlungen in diesem Bereich nicht ohne Erforschung der steuerlichen Seite aus, was eine bloß deklaratorische Bedeutung stützt.[114] Die Rechtsprechung[115] und Teile des Schrifttums teilen diese Auffassung nicht und weisen § 208 Abs. 1 Ziff. 2 AO einen selbständigen Aufgabenbereich, der nicht schon aus § 208 Abs. 1 Ziff. 1 AO folgt. Könne nämlich, so die Begründung, ein Strafverfahren wegen eines Verfolgshindernisses im Einzelfall nicht betrieben werden, müsse der Fahndung gleichwohl die Prüfung der steuerlichen Seite möglich sein,[116] zumal die fehlende Verfolgbarkeit der Straftat grundsätzlich keinerlei Auswirkungen auf die fortbestehende Festsetzbarkeit der Steuer hat. Überdies, so *Seer*, deute bereits die Existenz des § 208 Abs. 1 Ziff. 2 AO darauf hin, dass hier eine andere bzw. weiter gehende Aufgabe übertragen werde, die nicht schon aus Ziff. 1 folge; ansonsten hätte es ihrer Aufnahme in den Katalog des § 208 Abs. 1 AO nicht bedurft.[117]

Nach Rechtsprechungsmeinung und Teilen des Schrifttums überträgt § 208 Abs. 1 Ziff. 2 252
AO der Fahndung gerade die Aufgabe, den Sachverhalt in steuerlicher Hinsicht zu ermitteln, wenn und soweit eine Verfolgung wegen einer Steuerverfehlung nicht betrieben werden könne.

Als Beispiele nennt *Seer* Fälle, in denen die Ermittlungsbehörde nach Maßgabe des § 154 253
StPO von der Verfolgung des Steuerdelikts abgesehen oder die Verfolgung nach § 154 a StPO beschränkt hat. Ferner fiele in den Aufgabenbereich des § 208 Abs. 1 Ziff. 2 AO insbesondere die Aufgabe zur Erforschung noch festzusetzender Steuern, wenn ein korrespondierender

---
[112] Vgl. etwa BGH StV 1988, 90; *Park* Rdnr. 149.
[113] Siehe BT-Drucks. 7/4292, S. 36; vgl. auch BFH BStBl. 1977, 318, 320; BFH BStBl. 1981, 349, 350.
[114] Vgl. nur H/H/Sp/*Schick* § 208 Tz. 95. ff., *ders.* JZ 1982, 125, 130; *Rüping* DStZ 1980, 179, 181; *Hamacher* DStZ 1987, 224, 227.
[115] Etwa BFH BStBl. 1998, 231, 233.
[116] Tipke/Kruse/*Seer* Bd. II § 208 Rdnr. 24.
[117] Tipke/Kruse/*Seer* Bd. II § 208 Rdnr. 24.

Verkürzungsvorwurf wegen zwischenzeitlich eingetretener Verfolgungsverjährung nicht mehr strafrechtlich verfolgt werden kann.[118]

254 *Kohlmann* steckt den Aufgabenrahmen des § 208 Abs. 1 Ziff. 2 AO enger. Seiner Auffassung nach gestattet § 208 Abs. 1 Ziff. 2 AO die Ermittlung der Besteuerungsgrundlagen nur, soweit dies für die Erforschung der entsprechenden Steuerstraftat erforderlich ist. Die Aufgabenzuweisung des § 208 Abs. 1 Ziff. 2 AO finde daher dort ihre Grenze, wo die Erforschung der Steuerstraftat gem. § 208 Abs. 1 Ziff. 1 AO nicht mehr stattfinde.[119] Ab der Grenze der strafrechtlichen Verfolgungsverjährung können daher nach *Kohlmann* weiter gehende Ermittlungszuständigkeiten nicht aus § 208 Abs. 1 Ziff. 2 AO hergeleitet werden.

255 Dieser Streit relativiert sich jedoch, da für Ermittlungen in strafverfolgungsverjährten Zeiträumen nach allen Auffassungen das strafprozessuale Instrumentarium über § 404 AO nicht zur Verfügung steht. Hiervon gehen sowohl die Rechtsprechung[120] als auch diejenigen Teile des Schrifttums[121] aus, die in § 208 Abs. 1 Ziff. 2 AO eine Rechtsgrundlage gerade für Ermittlungen in strafverfolgungsverjährten Zeiträumen sehen.

256 Das Erforschungsinteresse nach § 208 Abs. 1 Ziff. 2 AO rechtfertigt daher keine spezifisch strafprozessualen Ermittlungsmaßnahmen wie etwa Durchsuchungen und Beschlagnahmen in verfolgungsverjährter Zeit.

257 Wenn allerdings *Kohlmann* entgegen der Rechtsprechungsmeinung in § 208 Abs. 1 Ziff. 2 AO keine Grundlage für steuerliche Ermittlungen in strafverfolgungsverjährter Zeit sieht, sind nach seiner Auffassung die – verbleibenden – abgabenrechtlichen Kompetenzen der Fahndung nicht nach Maßgabe des § 208 Abs. 1 S. 3 AO erweitert.[122] Die Rechtsprechung müsste – von ihrem Standpunkt aus – diese Befugnisse reklamieren.

258 Für die Recherche in steuerstrafverjährten Altjahren haben Gerichte verschiedentlich § 208 Abs. 1 Ziff. 3 AO herangezogen.[123] Zwar gibt diese Vorschrift das Recht zur Aufdeckung und Ermittlung unbekannter Steuerfälle, doch gewährt diese Aufgabe nach einhelliger Auffassung keinerlei strafprozessuale Befugnisse. Gleichwohl haben diese Entscheidungen zu Recht Kritik erfahren. Hier wird § 208 Abs. 1 Ziff. 3 AO eine Auffangfunktion zugewiesen, welche die Vorschrift nicht hat. *Joecks* hat zu Recht eingewandt, dass ein (verfolgungsverjährter) Steuerfall, auf den ein Anfangsverdacht hinweist, eben gerade kein unbekannter Steuerfall im Sinne des § 208 Abs. 1 Ziff. 3 AO (mehr) sei.[124]

259 Die behördliche Praxis orientiert sich gegenwärtig an der Auffassung des BFH.[125] Danach ist davon auszugehen, dass § 208 Abs. 1 Ziff. 2 AO die Aufgabe enthalte, auch in strafrechtlich verjährter Zeit zu ermitteln. Allerdings steht hierfür kein strafprozessuales Instrumentarium zur Verfügung; es bestehen lediglich die Befugnisse des Besteuerungsverfahrens, allerdings erweitert nach Maßgabe des § 208 Abs. 1 S. 3 AO. Durchsuchungen, Beschlagnahmen und Zeugenvernehmungen sind daher als spezifisch (steuer)strafrechtliche Ermittlungsmaßnahmen in entsprechendem Kontext nicht zulässig.

260 *(2) Die Trennung von Besteuerungs- und Steuerstrafverfahren.* § 391 Abs. 1 AO ist eindeutig. Danach sind Besteuerungs- und Steuerstrafverfahren auch im Rahmen ihrer Ausführung durch die Steuerfahndung strikt voneinander zu trennen. Hieran hält auch der BFH[126] vorbehaltlos fest.

261 Tatsächlich ergeben sich aber in der Praxis gravierende Abgrenzungsschwierigkeiten. *Kohlmann* bringt dies auf den Punkt:

„Die verfahrensrechtliche Gemengelage wird bei der Steuerfahndung noch dadurch verschärft, dass die ermittelnden Amtsträger identisch sind, es deshalb für den betroffenen Steuerpflichtigen nicht ohne weite-

---

[118] Tipke/Kruse/*Seer* AO Bd. II § 208 Rdnr. 24; i.d.S. auch *Tormöhlen* wistra 1993, 174, 177; *Noack* wistra 1997, 175 f.
[119] *Kohlmann* Bd. II § 404 Rdnr. 40.
[120] FG Köln wistra 1997, 237; BFH BStBl. 1998, 231, 234.
[121] Tipke/Kruse/*Seer* AO Bd. II § 208 Rdnr. 25.
[122] *Kohlmann* Bd. II § 404 Rdnr. 40, 78, 79.
[123] FG Kassel Beschl. v. 8.11.1996 – 4 V 3735/96, zit. in *Kohlmann* Bd. II § 404 Rdnr. 40.5.
[124] F/G/J/*Joecks* § 404 Rdnr. 32, 34.
[125] BFH DB 1998, 555.
[126] BFH BStBl. 1998, 231, 234.

res erkennbar ist, in welche Richtung die Beamten ermitteln und ob ihm gegebenenfalls ein Schweigerecht zusteht oder ob er mitwirkungspflichtig ist.[127]"

Aus diesem Rechtszustand folgt *Kohlmann* konsequent, dass dem Trennungsgrundsatz des § 393 Abs. 1 AO angesichts des § 208 Abs. 1 Ziff. 2 AO zumindest in der Verfahrenswirklichkeit nicht immer vollauf entsprochen werde.[128] **262**

Um den steuerpflichtigen Beschuldigten in die Lage zu versetzen, erkennen zu können, in welchem Verfahren die Beamten der Steuerfahndung gerade tätig werden, damit er danach sein Einlassungs- bzw. Mitwirkungsverhalten ausrichten kann, ist es der Steuerfahndung verwehrt, im Interesse einer Maximierung der Verfahrenseffizienz nach Belieben zwischen den beiden Verfahrensarten hin- und herzuspringen. Obgleich sich dem Wortlaut des § 208 Abs. 1 AO eine solche Einschränkung nicht entnehmen lässt, nehmen Schrifttum[129] und Rechtsprechung[130] entsprechende Beschränkungen an. Das Schrifttum spricht diesbezüglich vom Prinzip der Stetigkeit des Verfahrens und verbietet den Wechsel der Verfahrensart, soweit er vorrangig dem Ziel dient, schutzwürdige Verteidigungspositionen zu unterlaufen oder Verteidigungsmöglichkeiten zu beeinträchtigen.[131] Ein Rollenwechsel setzt vielmehr stets einen hinreichenden Anlass und eine richtige Ermessensausübung voraus.[132] **263**

Nach dem Verständnis der Rechtsprechung ist davon auszugehen, dass die Fahndung nach Einleitung eines Steuerstrafverfahrens (in Ausübung ihrer Primäraufgabe) im Rahmen des Steuerstrafverfahrens ermittelt, selbst wenn die einzelne Maßnahme zugleich dem Besteuerungsverfahren dient.[133] Damit allein ist jedoch noch kein hinreichender Schutz gegen einen denkbaren hoheitlichen Machtmissbrauch etabliert. **264**

Gefordert ist zunächst Transparenz.[134] Der Beschuldigte/Steuerpflichtige muss in jeder Lage des Verfahrens beurteilen können, ob ihm die Beamten der Steuerfahndung als Hilfsbeamte der Ermittlungsbehörde oder als Finanzbeamte im Rahmen des Besteuerungsverfahrens entgegen treten. Das Wissen um das jeweilige Verfahren ist nicht nur bedeutsam für die Frage nach Schweigerechten oder Mitwirkungspflichten, sondern notwendige Voraussetzung für die Frage nach etwa einzulegenden Rechtsbehelfen. **265**

Die „Janusköpfigkeit" der Steuerfahndung bietet für die Beamten systembedingt einen Anreiz, sich der jeweils meisteffizienten Maßnahme zu bedienen. Um behördlicher Willkür entgegenzutreten, gehen Teile des Schrifttums richtigerweise von einem Verbot der zweckwidrigen Verfahrensnutzung aus.[135] Danach ist es der Steuerfahndung untersagt, etwa zur Gewinnung steuerstrafrechtlich relevanter Erkenntnisse auf die Mitwirkungspflichten des Besteuerungsverfahrens zurückzugreifen. Ermittelt die Fahndung trotz zwischenzeitlich gewonnenen Anfangsverdachts bewusst unter Ausnutzung der Ahnungslosigkeit des Steuerpflichtigen auch weiterhin auf der Grundlage der AO mit dem Ziel, die Resultate im Strafverfahren zu nutzen, liegt ein täuschendes und damit ein nach § 136 a StPO verbotenes Verhalten vor, dessen Erkenntnisse nach § 136 a Abs. 3 S. 2 StPO einem Verwertungsverbot unterliegen. Angesichts des Verfassungsverstoßes erstreckt sich das Verwertungsverbot nach herrschender Lehre sowohl auf das Straf- als auch auf das Besteuerungsverfahren.[136] **266**

Die Rechtsprechung weist in dieselbe Richtung, indem sie ein Verwertungsverbot in Fällen (unbewusst) verspäteter oder unterlassener Beschuldigtenbelehrung i.S.v. § 136 Abs. 1 S. 2 StPO annimmt.[137] **267**

Von besonderer praktischer Relevanz ist in diesem Zusammenhang die Ausgestaltung des Übergangs vom Besteuerungs- zum Strafverfahren anlässlich einer Außenprüfung. Eine ins **268**

---

[127] *Kohlmann* Bd. II § 404 Rdnr. 40.
[128] *Kohlmann* Bd. II § 404 Rdnr. 40.
[129] Tipke/Kruse/*Seer* AO § 208 Rdnr. 25.
[130] BFH BStBl. 1977, 318, 320; BFH BStBl. 1981, 349, 351; BFH BStBl. 1983, 482, 483.
[131] *Hamacher* DStZ 1983, 493; Tipke/Kruse/*Seer* AO § 208 Tz. 25; *Kohlmann* Bd. II § 404 Rdnr. 40.3.
[132] *Carl/Klos* wistra 1990, 41, 47.
[133] BFH BStBl. 1977, 318, 320; BFH BStBl. 1981, 349, 351; BFH/NV 1992, 254, 255.
[134] BFHE 148, 108.
[135] *Kohlmann* Bd. II § 404 Rdnr. 40.2 m.w.N.
[136] Tipke/Kruse AO Bd. I § 88 Rdnr. 7; *Streck* BB 1980, 1537; *Kohlmann* Bd. II § 404 Rdnr. 40.2.
[137] BGH NJW 1992, 1463.

Stocken geratene Außenprüfung darf, so *Kohlmann*, grundsätzlich nicht mit den Mitteln der StPO unter Hinweis auf § 208 Abs. 1 Ziff. 1 AO weitergeführt werden.[138] Allein eine erfolgreiche Anfechtung der Prüfungsanordnung oder eine Mitwirkungsverweigerung des Steuerpflichtigen begründet keinen Anfangsverdacht, der aber für die Einleitung eines Strafverfahrens zwingende Voraussetzung ist. Wird – trotz fehlenden Anfangsverdachts – gleichwohl ein Strafverfahren eingeleitet, sind sämtliche Resultate aus einzelnen Ermittlungsmaßnahmen im Strafverfahren unverwertbar.[139] Etwaige auf diese Weise sichergestellte Unterlagen dürfen auch den Beamten der Außenprüfung nicht zur Verfügung gestellt werden, denn diese sind – anders als die Beamten der Steuerfahndung – nicht Hilfsbeamte der Staatsanwaltschaft.[140]

269 cc) § 208 Abs. 1 S. 1 Ziff. 3 AO. Die Vorschrift weist den Fahndungsdiensten die Aufgabe zu, unbekannte Steuerfälle aufzudecken und solche zu ermitteln.

270 Was unter einem unbekannten Steuerfall zu verstehen ist, ergibt sich erst aus der Abgrenzung zu den Aufgaben nach § 208 Abs. 1 Ziff. 1 und 2 AO. Unter § 208 Abs. 1 Ziff. 3 AO können daher nur solche Ermittlungen fallen, denen ein Anfangsverdacht im Sinne des § 152 StPO (noch) nicht zugrunde liegt, denn sobald ein solcher gegeben ist, greifen § 208 Abs. 1 Ziffern 1 und 2 AO ein. Es geht bei § 208 Abs. 1 Ziff. 3 AO um Ermittlungen im Vorfeld eines Anfangsverdachts. Die Literatur spricht in diesem Zusammenhang von sog. Vorfeldermittlungen.[141] Die diesbezügliche Ermittlungszuständigkeit der Steuerfahndung ist Ausdruck der Allgemeinen finanzbehördlichen Steueraufsicht nach den §§ 85 ff. AO. Damit sind Vorfeldermittlungen Teil des Besteuerungsverfahrens. Konsequenterweise stehen für diese Aufgaben auch nur die abgabenrechtlichen Befugnisse (modifiziert durch § 208 Abs. 1 S. 3 AO) zur Verfügung; ein Rückgriff auf die Kompetenzen nach § 404 AO ist ausgeschlossen.

271 Auf § 208 Abs. 1 Ziff. 3 AO kann eine Zuständigkeit nur gegründet werden, wenn das Tätigwerden der Steuerfahndung der Aufdeckung bzw. Ermittlung unbekannter Steuerfälle dient. Unbekannt in diesem Sinne ist ein Steuerfall dann, wenn entweder bei bekanntem oder unbekanntem Steuerpflichtigen ein unbekannter Sachverhalt ermittelt wird oder aber bei bekanntem oder unbekanntem Sachverhalt ein unbekannter Steuerpflichtiger ermittelt wird. Von einem Strafverfahren „gegen Unbekannt" ist die Zuständigkeit nach § 208 Abs. 1 Ziff. 3 AO jedoch zu unterscheiden, denn dem Verfahren „gegen Unbekannt" liegt ein Anfangsverdacht zugrunde, woran es bei § 208 Abs. 1 Ziff. 3 AO fehlt bzw. sogar fehlen muss.

272 Nach § 208 Abs. 1 Ziff. 3 AO dürfen abgabenrechtliche Ermittlungen aufgenommen werden, sobald ein „begründeter Anlass aufgrund konkreter Momente oder allgemeiner Steuerfahndungserfahrungen" gegeben ist.[142] Nach zutreffender BFH-Auffassung fehlt es hieran bei sog. „Ermittlungen ins Blaue" oder in Fällen der sog. „Rasterfahndung". Ein Tätigwerden auf der Grundlage des § 208 Abs. 1 Ziff. 3 AO ist damit keineswegs voraussetzungslos; der BFH fordert zu Recht auch hier einen – wenngleich gegenüber dem Anfangsverdacht deutlich

273 herabgesetzten – Ermittlungsanlass.

Checkliste:

Zu den Ermittlungen im Sinne des § 208 Abs. 1 Ziff. 3 AO zählen insbesondere nachfolgende Maßnahmen:
☐ Auswertung von Chiffre-Anzeigen. Hier bestehe die Vermutung, dass ausländische Grundstücke oder unter ausländischer Flagge fahrende Segel- oder Motoryachten mit nicht versteuerten Mitteln angeschafft worden seien.
☐ Entsprechend bestehe die Vermutung, dass Zahnärzte ihre Einkünfte aus Goldgeschäften mit Scheideanstalten nicht deklarieren, so dass entsprechende Recherchen von § 208 Abs. 1 Ziff. 3 AO gedeckt seien.

---

[138] *Hamacher* DStZ 1983, 493.
[139] *Stahl* KÖSDI 1991, 8457, 8462; *Kohlmann* Bd. II § 404 Rdnr. 40.4.
[140] *Kohlmann* Bd. II § 404 Rdnr. 40.4.
[141] F/G/J/*Joecks* § 404 Rdnr. 32; *Kohlmann* Bd. II § 404 Rdnr. 41.
[142] BFH BStBl. 1987, 484.

☐ Nach der Rechtsprechung des BFH sind nach § 208 Abs. 1 Ziff. 3 AO auch Sammelauskünfte an Kreditinstitute möglich, um Provisionseinkünfte von Kreditvermittlern aufzudecken. Ihre Grenze finden diese Auskunfts- und Vorlagepflichten erst bei unzumutbarer Belastung des Geschäftsbetriebs.[143]

Da Ermittlungen auf der Grundlage des § 208 Abs. 1 Ziff. 3 AO nicht an einen Anfangsverdacht anknüpfen, stellen solche Ermittlungen keinen Sperrgrund für eine Selbstanzeige (§ 371 AO) dar. Ferner bewirken sie keine Unterbrechung der Strafverfolgungsverjährung. Der Ablauf der steuerlichen Festsetzungsverjährung wird dagegen gem. § 171 Abs. 5 AO gehemmt.[144] 274

Wird im Zuge der Ermittlungen nach § 208 Abs. 1 Ziff. 3 AO ein Anfangsverdacht im Sinne des § 152 StPO geschöpft, richtet sich die Zuständigkeit der Steuerfahndung fortan nach § 208 Abs. 1 Ziff. 1 und 2 AO; es ist ein Steuerstrafverfahren einzuleiten, der Beschuldigte ist hiervon in Kenntnis zu setzen und über seine strafprozessualen Rechte und die Nichtzwingbarkeit steuerlicher Mitwirkungspflichten zu belehren, § 397 AO. Ab Einleitung des Ermittlungsverfahrens steht dann über § 404 AO das strafprozessuale Eingriffsinstrumentarium zur Verfügung. Werden die Ermittlungen nach § 208 Abs. 1 Ziff. 3 AO dagegen verbotswidrig fortgeführt, unterliegen die hieraus gewonnenen Ermittlungsresultate einem Verwertungsverbot.[145] 275

dd) § 208 Abs. 2 AO. Die Vorschrift begründet weitere Ermittlungszuständigkeiten der Fahndungsdienste. Hierbei handelt es sich jedoch nicht um originär eigene, sondern entweder um Aufgaben, um deren Wahrnehmung die Finanzämter die Fahndungsdienste ersuchen, § 208 Abs. 2 Ziff. 1 AO oder solche Aufgaben, die den Fahndungsdiensten auf anderer Grundlage übertragen wurden. 276
In der Praxis spielen diese sog. sekundären Ermittlungsfunktionen eine nur untergeordnete Rolle.

(1) § 208 Abs. 2 Ziff. 1 AO. Auf Ersuchen der Finanzbehörde können Steuer- bzw. Zollfahndung sonstige steuerliche Ermittlungen, insbesondere Außenprüfungen durchführen. In diesem Rahmen haben Steuer- und Zollfahndung auch die §§ 193 ff. AO zu beachten. 277

Gegenüber § 208 Abs. 2 Ziff. 1 AO sind mit Recht verfassungsrechtliche Bedenken geäußert worden.[146] Auch der BFH betont, dass von dieser Vorschrift „nur mit gebotener Vorsicht" Gebrauch zu machen ist.[147] 278

Die Skepsis gegenüber der Übertragung von Außenprüfungsaufgaben auf die Fahndungsdienste resultiert aus dem regelmäßig dominierenden Interesse der Fahnder, belastendes Material zu ermitteln. Aufgrund dieser Tendenz besteht die Gefahr, dass im Rahmen der in einer Außenprüfung gebotenen Ermittlung von Umständen zugunsten des Steuerpflichtigen nicht dieselbe Intensität und Aufmerksamkeit gewidmet werde.[148] 279

(2) § 208 Abs. 2 Ziff. 2 AO. Bei den nach dieser Vorschrift auf die Fahndungsdienste übertragenen Aufgaben handelt es sich in erster Linie um Vollstreckungs- und Steueraufsichtsmaßnahmen. *Kohlmann* rät auch hier zur Zurückhaltung, denn auf keinen Fall dürfen diese rein steuerlichen Ermittlungsbefugnisse zur strafprozessualen Ausforschung missbraucht werden.[149] 280

4. Die Kompetenzen der Ermittlungsbehörde und der Fahndungsdienste

a) Die Befugnisse der Ermittlungsbehörden. Führt die Staatsanwaltschaft das Ermittlungsverfahren, stehen ihr alle Befugnisse zu, die sie nach Maßgabe der StPO auch in Strafverfahren wegen anderer als Steuerverfehlungen hat. Leitet dagegen die Finanzbehörde das Ermittlungs- 281

---

[143] BFH BStBl. 1987, 484.
[144] *Klos* NWB Fach 13, 711.
[145] *Kohlmann* Bd. II § 404 Rdnr. 42.
[146] H/H/Sp/*Schick* § 208 Rdnr. 158.
[147] BFH BStBl. III 1963, 49, 51.
[148] *Klein*/*Orlopp* § 208 Anm. 7.
[149] *Kohlmann* Bd. II § 404 Rdnr. 45.

verfahren, nimmt sie nach § 399 Abs. 1 AO die Rechte und Pflichten wahr, die (ansonsten) der Staatsanwaltschaft im Ermittlungsverfahren zustehen.

282 Gegenüber der Staatsanwaltschaft sind die Kompetenzen der Finanzbehörde als Ermittlungsbehörde durch § 400, § 406 AO beschnitten. Gelangt die Finanzbehörde beim Abschluss ihrer Ermittlungen zu einem hinreichenden Tatverdacht, ist sie nach § 400 AO befugt, beim zuständigen Richter den Erlass eines Strafbefehls zu beantragen. Ist die Sache für eine Erledigung im Strafbefehlsverfahren jedoch nicht geeignet, darf das Finanzamt – anders als die Staatsanwaltschaft – weder eine Anklage fertigen, noch darf es die Durchführung einer mündlichen Hauptverhandlung beantragen. In diesem Fall legt die Finanzbehörde der Staatsanwaltschaft die Akten vor.

Führt die Staatsanwaltschaft das Ermittlungsverfahren, ist nur sie, nicht aber das Finanzamt Ermittlungsbehörde. In diesem Fall stehen der Finanzbehörde auch nicht die ihr bei selbständiger Verfahrensleitung nach § 399 Abs. 1 AO zugewiesenen Kompetenzen zu. Die Befugnisse der Finanzbehörde richten sich in diesem Fall nach § 402 AO. Die Finanzbehörde hat hier nach § 402 Abs. 1 AO dieselben Rechte und Pflichten wie die Behörden des Polizeidienstes sie nach der StPO haben.

283 Ist einer Finanzbehörde nach § 387 Abs. 2 AO in strafverfahrensrechtlicher Hinsicht eine Ermittlungszuständigkeit auch für den Bereich anderer Finanzämter eingeräumt, richten sich die Befugnisse der anderen Finanzämter im Ermittlungsverfahren der regional übergreifend tätigen Finanzbehörde nach § 399 Abs. 2 AO. Danach verbleiben den anderen Finanzämtern letztlich die Kompetenzen des § 402 AO. Diese anderen Finanzämter haben damit jene Befugnisse, die auch demjenigen Finanzamt zustehen, in dessen Zuständigkeitsbereich die Staatsanwaltschaft das Verfahren führt.[150]

284 Die Befugnisse der jeweiligen Ermittlungsbehörde werden hier nicht im Einzelnen dargestellt, da sich diese aus der StPO ergeben und insoweit auf die einschlägigen Darstellungen verwiesen werden kann. Soweit Durchsuchung und Beschlagnahme im Steuerstrafverfahren eine herausgehobene Bedeutung haben, wird auf diese strafprozessualen Zwangsmittel an entsprechender Stelle gesondert eingegangen.

285 **b) Die Befugnisse der Fahndungsdienste bei Ermittlungen in Steuerstrafverfahren (§ 208 Abs. 1 Ziff. 1 AO).** *aa) § 399 AO.* § 399 Abs. 1 AO gibt (lediglich) den Finanzbehörden das strafprozessuale Instrumentarium an die Hand, welches in allgemeinen Strafsachen der Staatsanwaltschaft zusteht. Nach dem ausdrücklichen Wortlaut der Vorschrift sind diese Befugnisse nur der Finanzbehörde und dieser auch nur dann eingeräumt, wenn sie das Steuerstrafverfahren selbständig durchführt (Regelkompetenz gem. § 386 Abs. 1 S. 1 AO).

286 Die Fahndungsdienste sind jedoch nicht Finanzbehörde (im Sinne des § 386 Abs. 1 S. 2 AO), sodass § 399 AO weder der Steuer- noch der Zollfahndung strafprozessuale Kompetenzen verleiht.

287 Damit scheidet eine unmittelbare Anwendung der Vorschrift des § 399 AO auf die Fahndungsdienste aus.

288 *bb) § 399 AO i.V.m. § 208 Abs. 1 S. 2 AO.* Gleichwohl verbleibt die Frage nach einer entsprechenden Anwendbarkeit des § 399 AO auf Steuer- und Zollfahndung, denn § 208 Abs. 1 S. 2 AO bestimmt, dass die mit der Steuerfahndung betrauten Dienststellen der Landesfinanzbehörden und die Zollfahndungsämter außer den Befugnissen nach § 404 Satz 2 erster Halbsatz [AO] auch diejenigen Befugnisse haben, die den Finanzämtern (Hauptzollämtern) zustehen. § 208 Abs. 1 S. 2 AO ist missverständlich formuliert. Es ist daher geboten, auf seine Aussagen näher einzugehen.

289 Entgegen der vereinzelt gebliebenen Auslegung von *Küster*[151] geht die im Übrigen einhellige Auffassung davon aus, dass § 208 Abs. 1 S. 2 AO den Fahndungsdiensten über § 404 AO hinaus keine weiteren strafprozessualen Kompetenzen einräume.[152] Auch die Rechtsprechung teilt die Auffassung *Küsters* nicht. Herrschende Lehre und Rechtsprechung berufen sich dabei auf eine gesetzessystematische Erwägung, wonach § 404 S. 2 AO, der die Fahndungsbeamten zu

---

[150] Vgl. *Kohlmann* Bd. II § 399 Rdnr. 36.
[151] *Küster* BB 1980, 1371 ff.
[152] Tipke/Kruse/*Seer* § 208 Rdnr. 51 m.w.N.

Hilfsbeamten der Staatsanwaltschaft erklärt, keinen Sinn mache, wenn die Fahndungsdienststelle bereits über § 208 Abs. 1 S. 2 AO i.V.m. § 399 Abs. 1 AO mit – originär – staatsanwaltschaftlichen Kompetenzen ausgestattet wäre.[153] Soweit § 208 Abs. 1 S. 2 AO hier weitere als die Kompetenzen nach § 404 AO einräumt, sind ausschließlich abgabenrechtliche, nicht aber strafprozessuale Kompetenzen gemeint.

Die sich aus § 404 AO ergebenden strafprozessualen Befugnisse der Fahndungsdienste werden daher durch § 208 Abs. 1 S. 2 AO nicht erweitert.

§ 208 Abs. 1 S. 3 AO räumt den Fahndungsdienststellen abgabenrechtliche Kompetenzen ein. Dabei befreit die Vorschrift die Fahndungsdienste von bestimmten Einschränkungen, welche die Finanzbehörde bei Durchführung des Besteuerungsverfahrens zu beachten hat. Nach § 208 Abs. 1 S. 3 letzter HS AO bleibt § 393 Abs. 1 AO unberührt. Hierdurch wird klargestellt, dass auch bei Tätigwerden der Fahndung das Gebot der Trennung von Steuerstraf- und Besteuerungsverfahren zu beachten ist. So dürfen sich die Fahndungsdienste bei vorhandenem Anfangsverdacht nicht des steuerlichen Instrumentariums bedienen und Mitwirkungen erzwingen. Auch vor dem Hintergrund des § 208 Abs. 1 S. 2 AO gilt uneingeschränkt, dass sich die Rechte und Pflichten des Steuerpflichtigen und der Finanzbehörde im Besteuerungsverfahren und im Strafverfahren nach den für das jeweilige Verfahren geltenden Vorschriften richten.[154]

cc) *§ 404 AO.* In § 404 AO findet sich die abschließende Regelung über die den Fahndungsdiensten eingeräumten Befugnisse, wenn diese im Rahmen des Steuerstrafverfahrens auf der Grundlage des § 208 Abs. 1 Ziff. 1 AO tätig werden. Gemäß § 404 S. 1 AO verfügen die Fahnder bei Erforschung von Steuerstraftaten und Steuerordnungswidrigkeiten (§ 404 i.V.m. § 410 AO) zunächst über diejenigen Kompetenzen, die den Behörden und Beamten des Polizeidienstes nach der Strafprozessordnung (d. h. in allgemeinen Strafsachen) eingeräumt sind. § 404 S. 2 letzter Halbsatz AO bestellt die Beamten der Steuer- und Zollfahndung zu Hilfsbeamten der Staatsanwaltschaft.

Gegenüber den polizeilichen Befugnissen nach der StPO erweitert § 404 S. 2 HS 1 AO die spezifisch steuerstrafverfahrensrechtlichen Befugnisse der Fahnder in einem entscheidenden Punkt. Anders als Polizeibeamte in allgemeinen Strafsachen, sind die Fahnder befugt, beschlagnahme-irrelevante Unterlagen durchzusehen. In allgemeinen Strafsachen ist nach dem klaren Wortlaut des § 110 StPO ausschließlich die Staatsanwaltschaft hierzu autorisiert, soweit der Betroffene nicht einer Durchsicht durch andere Beamte zugestimmt hat, § 110 Abs. 2 StPO.

Ferner haben die Beamten der Fahndungsdienste im Rahmen der Erfüllung ihrer Aufgabe nach § 208 Abs. 1 Ziff. 1 AO folgende Befugnisse:
- Annahme von Strafanzeigen
- Recht und Pflicht des ersten Zugriffs
- Ladung und Vernehmung von Zeugen, wobei ein Zwang zum Erscheinen auf Ladung der Fahndung oder zur Aussage nicht besteht. Zeugen und Beschuldigte sind entsprechend zu belehren. Ist der Beschuldigte zugleich Steuerpflichtiger, hat sich die Belehrung auf die Nichterzwingbarkeit steuerlicher Mitwirkungshandlungen zu erstrecken.
- Identitätsfeststellungen
- Auskunftsersuchen an Behörden, wenn nicht überwiegende Geheimhaltungsinteressen entgegenstehen. Rechtstechnisch handelt es sich bei Auskunftsersuchen an Dritte außerhalb von Behörden um eine formlose Art der Zeugenvernehmung.
- Anfragen bei Post und Telekommunikationsunternehmen
- Anfragen bei Banken

Als Hilfsbeamte der Staatsanwaltschaft treten folgende Befugnisse hinzu:
- Beschlagnahmen im Rahmen der Rückgewinnungshilfe, § 111 b Abs. 1 i.V.m. § 111 e Abs. 1 StPO
- Durchführung (richterlich angeordneter) Durchsuchungen
- Beschlagnahmen aufgrund richterlicher Anordnung
- Anordnung von Durchsuchungen und Beschlagnahmen bei Gefahr im Verzug

---

[153] Tipke/Kruse/*Seer* § 208 Rdnr. 51 m.w.N.
[154] Tipke/Kruse/*Seer* § 208 Rdnr. 49.

V. Die Durchführung des Ermittlungsverfahrens

294 Die nachfolgende Darstellung konzentriert sich auf die Besonderheiten des Steuerstrafverfahrens. Stehen der Ermittlungsbehörde – gleich ob Finanzamt oder Staatsanwaltschaft – zwar sämtliche strafprozessualen Ermittlungsbefugnisse nach der StPO zu – spielen dennoch nicht alle im Steuerstrafverfahren eine Rolle. So sind etwa erkennungsdienstliche Maßnahmen im Rahmen eines Steuerstrafverfahrens regelmäßig nicht von Bedeutung.

1. Die Informationsgewinnung der Ermittlungsbehörden

295 In der Regel bezieht die Ermittlungsbehörde ihre Kenntnisse aus Mitteilungen Dritter, etwa Strafanzeigen, Zeugen- und Beschuldigtenvernehmungen, Angaben des Beschuldigten oder Dritter in Besteuerungsverfahren, steuerlichen Ermittlungen der Fahndungsdienste, der Außen- oder Betriebsprüfung und insbesondere aus Durchsuchungen und Beschlagnahmen; in einigen Fällen werden verdachtsbegründende Umstände auch der Presse oder anderen Medien entnommen.

296 **a) Mitteilungen Dritter, insbesondere Strafanzeigen.** Vielfach werden Steuerstrafverfahren durch – anonyme – Anzeigen bei den Finanzbehörden in Gang gebracht. Zwar ist der Anzeigeerstatter nicht Verletzter des angezeigten Vorwurfs, so dass Motiv der Anzeige nicht ein berechtigtes Wiedergutmachungsinteresse ist, doch münden nicht selten persönliche Zerwürfnisse in entsprechenden Anzeigen. In der Praxis werden anonyme Anzeigen gegen einen Arbeitgeber nicht selten von – früheren – Mitarbeitern des Unternehmens erstattet, die sich vom Unternehmen im Streit getrennt haben. Nicht selten endet auch eine Affäre zwischen Beschäftigten eines Unternehmens in einer Strafanzeige wegen Steuerverfehlungen. Ebenso neigt bisweilen auch ein geschiedener Ehegatte, der sich vom früheren Partner übervorteilt sieht, zur Anzeige beim Finanzamt. Die Sachverhalte sind vielgestaltig, die Anzeigemotive regelmäßig privater Natur. Gleichwohl werden entsprechende – oftmals von erkennbarer persönlicher Belastungstendenz getragene – Anzeigen von den Ermittlungsbehörden aufgegriffen und verfolgt.

297 **b) Anhaltspunkte in der Presse.** Informationen, die in der Folge zu einem Anfangsverdacht wegen einer Steuerverfehlung führen können, finden Finanzbeamte auch in überregionalen Zeitungen oder Fachzeitschriften. Werden etwa aufwendige Yachten, Fahrzeuge, Auslandsimmobilien etc. unter Verwendung einer Chiffre-Nummer zum Kauf angeboten, nimmt die Fahndung dies mitunter zum Anlass für die Prüfung, ob ein derartiger Vermögenswert zu den erklärten Einkünften und dem ggf. bekannten Vermögen des veräußernden Steuerpflichtigen passt. Ist dies nicht der Fall, können Anschlussermittlungen nach § 208 Abs. 1 S. 1 Ziff. 3 AO zu einem Anfangsverdacht führen.

298 **c) Steuerliche Ermittlungen.** Betriebsprüfung, Lohnsteuer- und Umsatzsteuersonderprüfung sind, um nur einige Beispiele zu nennen, als rein abgabenrechtliche Ermittlungen oftmals Grundlagen der Verdachtsgewinnung. Zwar weiß der von der Prüfung Betroffene im Vorfeld von der bevorstehenden Prüfung, so dass er, hinreichende Liquidität zur Tilgung verkürzter Mehrsteuern unterstellt, regelmäßig die Möglichkeit hat, im Wege einer ggf. auch kurzfristig oder in Stufen zu erstattenden Selbstanzeige eine Bestrafung seiner Person zu verhindern. Risiken drohen jedoch für Geschäftspartner, wenn diesen vom Prüfungsadressaten nicht die Möglichkeit gegeben wurde, sich der Selbstanzeige in einer konzertierten Aktion anzuschließen. Hier drohen nachhaltige Risiken. Benachrichtigt nämlich der von der Prüfung Betroffene in wohlmeinender Absicht seine Geschäftspartner und erstatten diese Selbstanzeige noch bevor der Prüfungsbetroffene diesen Schritt vollzogen hat, kann der Prüfungsadressat Straffreiheit nicht mehr erreichen. Mit Eingang, spätestens aber mit behördlicher Kenntnisnahme der zeitlich ersten Selbstanzeige ist der verfahrensgegenständliche Sachverhalt bekannt; der Sperrgrund nach § 371 Abs. 1 Ziff. 2 AO ist ausgelöst.

299 **d) Kontrollmitteilungen.** Kontrollmitteilungen sind Mitteilungen einer Finanzbehörde an eine andere Finanzbehörde oder dritte Behörden (vgl. § 93 a AO), deren Inhalt zumeist auch – aber nicht notwendigerweise – die steuerlichen Verhältnisse eines Dritten betrifft.

300 Ihre Rechtsgrundlage finden Kontrollmitteilungen im Grundsatz der Amtsaufklärung, § 88 AO, und in der gesetzlichen Aufgabe der Finanzbehörden, für eine gleichmäßige und richtige Besteuerung Sorge zu tragen und Steuerdelinquenz zu vermeiden, § 85 AO.[155]

301 Kontrollmitteilungen können insbesondere dort erhoben werden, wo konzentrierte Informationen nicht nur über die steuerlichen Verhältnisse des Steuerpflichtigen, sondern darüber hinaus über steuerlich relevante Tatsachen Dritter vorliegen. Ein Unternehmen, das am Wirtschaftsleben teilnimmt, verfügt über einen Datenbestand, der die Lieferbeziehungen zu Kunden ebenso abbildet, wie etwaige Einkaufsgeschäfte mit Zulieferern und dergl. Es liegt daher auf der Hand, dass insbesondere Außenprüfungen in Gewerbebetrieben zur Fertigung von Kontrollmitteilungen animieren. Dass sich eine Außenprüfung nicht streng auf die steuerlichen Verhältnisse des Prüfungsadressaten zu beschränken hat, sondern es den Finanzbehörden gestattet, auch Verhältnisse über Dritte festzustellen, ergibt sich, ebenso wie die korrespondierende Berechtigung zur Fertigung von Kontrollmitteilungen aus § 194 Abs. 3 AO. Kontrollmitteilungen setzen keinerlei Verdacht oder auch nur eine vage Möglichkeitsvorstellung einer Steuerverfehlung voraus; vielmehr dienen sie der stichprobenweisen und routinemäßigen Kontrolle.[156] Der in § 194 Abs. 3 AO ausgesprochenen Befugnis zur Fertigung von Kontrollmitteilungen kann dagegen nicht im Wege eines Umkehrschlusses entnommen werden, dass Kontrollmitteilungen auch außerhalb einer Außenprüfung unzulässig seien.

302 Nicht gefertigt werden dürfen Außenprüfungen bei Berufsgeheimnisträgern (§ 102 AO), wenn die steuerliche Prüfung beim Berufsgeheimnisträger in den steuerlichen Angelegenheiten des Berufsgeheimnisträgers selbst erfolgt. Erfolgt eine Außenprüfung etwa bei einer Steuerberatungsgesellschaft und sind Gegenstand der Prüfung die steuerlichen Verhältnisse dieser Gesellschaft, dürfen Kontrollmitteilungen, soweit ihr Inhalt die Mandate bzw. die Mandanten der Steuerberater betrifft, nicht erfolgen.

303 Unzulässig wäre es, eine Außenprüfung(-sanordnung) gleichsam nur als „Türöffner" zu missbrauchen, um Zugriff auf Unterlagen und EDV des Unternehmens zu erhalten, mit dem Ziel, unter Rückgriff auf diesen Datenbestand zielgerichtet und flächendeckend Kontrollmitteilungen zu fertigen; Kontrollmitteilungen dürfen nicht der eigentliche Zweck einer Außenprüfung sein.[157]

304 Eingeschränkt ist die Berechtigung zur Fertigung von Kontrollmitteilungen bei Banken. Dies ergibt sich aus dem in § 30 a AO – wenn auch nur rudimentär – verbrieften Bankgeheimnis. § 30 a AO schränkt den Zugriff der Finanzbehörden auf in Banken vorhandene Daten ein; das besondere Vertrauensverhältnis zwischen der Bank und ihren Kunden wird geschützt. Nicht gewährt wird dieser Schutz jedoch in Strafverfahren. Dort gelten die Beschränkungen des § 30 a AO nicht; vielmehr kann dort nach den Allgemeinen strafprozessualen Regeln ermittelt werden. Etwaige Besonderheiten sind gesondert dargestellt. Nach § 30 a Abs. 3 AO soll anlässlich der Außenprüfung bei einem Kreditinstitut die Ausschreibung von Kontrollmitteilungen bzgl. legitimationsgeprüfter Konten (zu denen etwa bankinterne Verrechnungskonten und sog. CpD-Konten nicht zählen) unterbleiben; es besteht ein sog. gebundenes Ermessen.[158] Während im Rahmen von Außenprüfungen nach § 194 Abs. 3 AO mehr oder weniger nach Belieben des Prüfers Kontrollmitteilungen gefertigt werden dürfen, zieht § 30 a Abs. 3 AO für den Bereich der Banken Grenzen. „Sollen [...] unterbleiben" in § 30 a Abs. 3 AO meint zunächst, dass Kontrollmitteilungen in Banken gerade nicht ohne besonderen Anlass in Form von routinemäßigen Stichproben gefertigt werden dürfen.[159] Ist die „anlasslose" Kontrollmitteilung im Bankenbereich unzulässig, stellt sich die Frage, wann denn ein hinreichender Anlass vorliegt. Nicht vorausgesetzt ist ein strafrechtlicher Anfangsverdacht,[160] denn dieser würde unweigerlich aus abgabenrechtlichen Ermittlungen hinaus und auf die Ebene strafprozessualer Recherchen führen, dort aber gilt § 30 a AO ohnehin nicht. Die Finanzgerichte[161] einschließlich des

---

[155] Klein/*Brockmeyer* § 85 Rdnr. 4.
[156] Klein/*Rüsken* § 194 Rdnr. 28.
[157] Klein/*Rüsken* § 194 Rdnr. 31.
[158] BFH/NV 1998, 424; Klein/*Rüsken* AO § 30 a Rdnr. 19.
[159] BFH BStBl. 1997, 499; BFH/NV 1992, 791.
[160] Klein/*Rüsken* AO § 30 a Rdnr. 20.
[161] FG Münster EFG 2000, 299.

BFH[162] orientieren sich hier an dem abgabenrechtlichen Ermittlungsanlass nach § 208 Abs. 1 S. 1 Ziff. 3 AO und lassen eine prognostische Einschätzung aufgrund allgemeiner Erfahrungen ausreichen, sofern sich hieraus „mehr als das immer vorhandene Risiko einer Steuerhinterziehung ergibt".[163] Wann diese Voraussetzungen gegeben sind, lässt sich regelmäßig nur anhand des konkreten Einzelfalls unter Berücksichtigung der zahlreichen Entscheidungen des BFH ermitteln.[164] *Tipke* hält die in § 30 a Abs. 3 S. 2 AO gewählte Formulierung „soll [...] unterbleiben", für einen „Lapsus"; da sich ein „gebundenes Ermessen" in Satz 2 nicht mit dem Verbot des § 30 a Abs. 3 S. 1 AO vereinbaren lasse;[165] dennoch wird man hier für die Praxis die Interpretation durch den BFH zugrunde legen müssen.

305 Für das Steuerstrafverfahren sind Kontrollmitteilungen insoweit interessant, als sie Aufdeckungs- oder Enttarnungsrisiken begründen. Ist der Verdacht einer strafbaren oder ordnungswidrigen Steuerverfehlung bereits geschöpft, kann sich die Ermittlungsbehörde aller Erkenntnisquellen und Erkenntnismittel der StPO bedienen. Ob Einzelne abgabenrechtliche Gesichtspunkte die Befugnis zur Fertigung von Kontrollmitteilungen einschränken, ist im Strafverfahren ohne Belang, da diese Restriktionen im Straf- oder Bußgeldverfahren ohnehin nicht zum Tragen kämen. Als abgabenrechtliches Instrument ermöglichen Kontrollmitteilungen dagegen dem jeweils zuständigen Veranlagungsfinanzamt den Abgleich des mitgeteilten Sachverhalts mit der Erklärung eines Steuerpflichtigen und führen oftmals zu einem strafrechtlichen Anfangsverdacht, der die Einleitung eines Strafverfahrens nach sich zieht. Wenn – wie dargelegt – gerade bei Außenprüfungen von Gewerbebetrieben im großen Stil Kontrollmitteilungen gefertigt werden, besteht für den Prüfungsadressaten die Möglichkeit, seine Geschäftspartner auf diesen Umstand hinzuweisen und zur umgehenden Selbstanzeige anzuhalten. Eine solche ist allein durch den Versand der Kontrollmitteilung noch nicht gesperrt, da die Kontrollmitteilung dient nur dem Abgleich des Erklärung mit den Besteuerungsgrundlagen, trifft aber keine Aussage dahin gehend, dass der in der Kontrollmitteilung festgestellte Sachverhalt unzutreffend erklärt wurde; diese Folgerungen kann erst der Empfänger der Kontrollmitteilung, das jeweils zuständige Veranlagungsfinanzamt, ziehen. Ein Hinweis des Prüfungsadressaten an Geschäftspartner auf mögliche Selbstanzeigen ist zulässig und stellt eine strafbare Begünstigung oder Strafvereitelung schon deswegen nicht dar, weil der Appell auf steuerlich korrektes Verhalten, nämlich die ordnungsgemäße Nacherklärung von Besteuerungsgrundlagen gerichtet ist und nicht etwa eine Verdunkelung, Verschleierung oder eine Sicherung von deliktisch erlangten Vorteilen zum Gegenstand hat.

306 **e) Fahndungsinterne Informationssysteme.** Informationen, die den Anstoß für eine Fahndungsprüfung geben können, rühren mitunter auch aus einem regen internen Informationsaustausch der Steuerfahndungsstellen her. Institutionalisiert ist dieser Informationsaustausch durch die Zentralen Fahndungsnachrichten (ZFN), die von der OFD Münster herausgegeben und allen bundesdeutschen Steuerfahndungsstellen zugänglich gemacht werden. Erfolgsberichte einzelner Fahndungsstellen führen so oft zu flächendeckenden Aktionen. Die ZFN erscheinen vier Mal im Jahr als gedrucktes Exemplar und als Online-Dienst sowie bei Bedarf in Form von Sonderausgaben.

307 Ein weiteres Informationssystem wird vom Bundesamt für Finanzen unterhalten, die so genannte „Zauberdatei". Hier werden besondere Erkenntnisse über Umsatzsteuerhinterziehung gespeichert und allen Fahndungsstellen zugänglich gemacht.

308 Darüber hinaus sind meist auf Ebene der Bundesländer Informationssysteme eingerichtet, die die Steuerfahndungsstellen in den Informationsfluss der Polizeidienststellen integrieren. Beispielsweise erscheint in Nordrhein-Westfalen ein monatlicher Newsletter LKA, in dem über Erkenntnisse im Bereich der Wirtschaftskriminalität durch die Polizeidienststellen in Nordrhein-Westfalen berichtet wird.

309 Schließlich haben die Steuerfahndungsstellen auch Zugriff auf eine ganze Reihe von Datenbanken der Zollverwaltung.

---

[162] BFH BStBl. 1997, 506.
[163] Klein/*Rüsken* AO § 30 a Rdnr. 20.
[164] Vgl. etwa BFH BStBl. 2002, 495.
[165] Tipke/Kruse/*Tipke* § 30 a Tz. 18.

f) § 93 b AO. Nach Auslaufen der unten (VII.) erläuterten Amnestieregelung des StraBEG 310 wird ab dem 1. April 2005 § 93 b AO in Kraft treten. Die Vorschrift dient der Sicherstellung der Besteuerung von im Inland erzielten Kapitalerträgen und ist im Kontext mit der Vorschrift des § 24 c Abs. 1 KWG zu lesen. Nach § 24 c KWG sind Kreditinstitute bereits jetzt verpflichtet, ein EDV-System vorzuhalten, das es der Bundesanstalt für Finanzdienstleistungsaufsicht (BAFin) ermöglicht, jederzeit und unbemerkt sog. Kontostammdaten abzurufen. Nach § 24 c Abs. 1 KWG unterliegen dem Zugriff der BAFin folgende Daten: Kontonummer, alternativ Tag der Errichtung sowie Tag der Auflösung, ferner der Name des Kontoinhabers bzw. eines Verfügungsberechtigten, bei natürlichen Personen auch der Tag der Geburt sowie schließlich Name und Anschrift eines abweichend wirtschaftlich Berechtigten. Nach § 24 c KWG dürfen diese Daten durch die BAFin im Rahmen der Erfüllung ihrer Aufsichtsaufgaben verwendet werden. Gemäß § 93 b AO werden die Daten einzelfallbezogen auch den Finanzämtern zur Verfügung stehen, um durch Stichproben die Gleichmäßigkeit der Besteuerung von Kapitaleinkünften gewährleisten zu können. Die Abfrage, die über das Bundesamt für Finanzen erfolgt, welches nach § 93 b Abs. 2 AO den Datenabruf selbst vornimmt, ist subsidiär; ihr muss grundsätzlich ein erfolgloses Auskunftsersuchen beim Steuerpflichtigen vorausgehen, wobei es auch ausreicht, dass ein solches Auskunftsersuchen keinen Erfolg verspricht. In der Literatur wird ersten Stellungnahmen in der Regelung nahezu jegliche Brisanz abgesprochen. „Die so ermittelten Daten über Konten und Depots sind im Übrigen bereits nach geltendem Recht (§ 154 AO) im Wesentlichen zum Zwecke der Besteuerung von den Kreditinstituten bereitzuhalten. Neu ist im Kern lediglich die Möglichkeit einer automatisierten bundesweiten Abfrage dieser Daten".[166] Die Praxis wird zeigen, dass die Möglichkeiten elektronischer Datenverarbeitung eine erneute Verschärfung der Überwachung und Kontrolle nach sich ziehen werden. Noch ein Stück informationeller Selbstbestimmung wird auf der Strecke bleiben.

Der vorbeschriebene Zugriff auf die Kontostammdaten ist keine Ermittlungsmaßnahme, die 311 dem Steuerstraf- oder -bußgeldverfahren vorbehalten ist. Die Finanzämter sind hierzu schon im Rahmen ihrer abgabenrechtlichen Kompetenzen berechtigt, § 93 Abs. 7 AO.

Bereits sehr früh wurden verfassungsrechtliche Bedenken gegen dieses Rechtsinstitut eingewandt. Entsprechende Verfassungsbeschwerden zum Bundesverfassungsgericht waren jedoch erfolglos.[167] Zwischenzeitlich hat das Bundesfinanzministerium in seinem Anwendungserlass zur Abgabenordnung vom 10.3.2005 Einzelheiten zu Voraussetzungen und Reichweite der Kontenabfrage festgelegt.[168] Darin ist insbesondere eine Mitteilung an den Steuerpflichtigen über eine vorausgegangene Abfrage der Kontostammdaten vorgesehen. Ferner kann nicht nur die Abfrage der Kontostammdaten Verfügungsberechtigter, sondern auch der (abweichend) wirtschaftlich Berechtigten erfolgen. Auch der Zugriff auf Stammdaten der Konten von Berufsgeheimnisträgern einschließlich der Anderkonten ist vorgesehen. Insoweit sind allerdings in besonderem Maße Verhältnismäßigkeitsgesichtspunkte zu berücksichtigen.[169] Dem Bundesverfassungsgericht lag der Anwendungserlass bei der Entscheidung über die Verfassungsbeschwerden bereits vor, so dass auch dessen Inhalte bereits Gegenstand der verfassungsgerichtlichen Überprüfung waren.

Ungeachtet der abgabenrechtlichen Befugnisse aus § 93 Abs. 7 AO teilt die Bundesanstalt für 313 Finanzdienstleistungsaufsicht den für die Verfolgung und Ahndung von Straftaten zuständigen Behörden und Gerichten nach § 24 c Abs. 3 Ziff. 2 KWG auf Ersuchen die Kontostammdaten mit. Ermittlungsbehörden in Steuerstrafsachen sind im Rahmen der Regelkompetenz des § 386 Abs. 1 AO die Finanzämter.

2. Die Einleitung des Ermittlungsverfahrens

a) Der Regelungszweck des § 397 AO. Eine Regelung über die Einleitung des Steuerstraf- 314 verfahrens findet sich in § 397 AO. § 397 Abs. 1 AO betrifft die Einleitung des Steuerstrafverfahrens. Die Vorschrift legt fest, unter welchen Voraussetzungen ein Ermittlungsverfahren als eingeleitet gilt (Einleitungsfiktion). Abs. 2 der Vorschrift verpflichtet die Finanzbehörde, die

---

[166] *Sell* DStR 2003, 1185, 1189.
[167] BVerfG Urt. v. 22.3.2005 – 1 BvR 2357/04 – 1 BvQ 2/05.
[168] Abrufbar über die Internetseiten des **Bundesministeriums der Finanzen**.
[169] Siehe **Bundesministerium der Finanzen**, Anwendungserlass zur Abgabenordnung v. 10.3.2005, Ziff. 2.5.

Einleitung aktenkundig zu machen. § 397 Abs. 3 AO bestimmt schließlich den Anlass, bei dem der Steuerpflichtige spätestens von der Einleitung des gegen ihn gerichteten Ermittlungsverfahrens zu informieren ist.

315 § 397 AO, insbesondere dessen Abs. 1 und 3 dienen dem Schutz des Steuerpflichtigen soweit dieser zugleich Beschuldigter in einem Steuerstraf- bzw. Steuerordnungswidrigkeitenverfahren ist. Nimmt die Finanzbehörde eine Maßnahme im Sinne des § 397 Abs. 1 AO vor, gilt das Verfahren als eingeleitet. Hierdurch treten zum einen die strafprozessualen Garantien zugunsten des Steuerpflichtigen/Beschuldigen in Kraft, zum anderen darf seine Mitwirkung in Steuerstrafverfahren nicht mehr erzwungen werden. Gilt das Strafverfahren nach Maßgabe des § 397 Abs. 1 AO als eingeleitet, ist der steuerpflichtige Beschuldigte hierüber spätestens dann zu informieren, wenn er gebeten wird, Tatsachen dar- oder Unterlagen vorzulegen, die im Zusammenhang mit der Straftat stehen, derer er verdächtigt wird. Dieser Regelungsmechanismus soll gewährleisten, dass der Steuerpflichtige/Beschuldigte jederzeit weiß, in welchem Verfahren ihm die Finanzbehörde entgegentritt. Erst durch dieses Wissen wird er in die Lage versetzt zu beurteilen, welches Ziel die Finanzbehörde mit den Ermittlungsmaßnahmen verfolgt, in welcher Funktion ihm die Behörde gegenübertritt und insbesondere, welche Rechte und Verhaltensoptionen ihm in der konkreten Situation zustehen. Die Einleitungsfiktion des § 397 Abs. 1 AO verhindert mit der Belehrungspflicht nach § 397 Abs. 3 AO behördlichen Machtmissbrauch dergestalt, dass der Steuerpflichtige in der Annahme für Zwecke der Durchführung des Besteuerungsverfahrens möglicherweise bereitwillig Auskünfte erteilt, die er bei Kenntnis des tatsächlichen Zwecks – der Strafverfolgung – nicht abgegeben haben würde.

316 Nicht selten werden Besteuerungs- und Steuerstrafverfahren gleichzeitig geführt; oftmals ergeben sich in einem Steuerverfahren Verdachtsmomente, die zu strafrechtlichen Ermittlungen Anlass geben; die ermittelnden Behörden sind vielfach identisch. Ohne die Regelung des § 397 Abse. 1 und 3 AO wäre es angesichts dieser Gemengelage verschiedener Verfahren und Verfahrensziele für den Steuerpflichtigen/Beschuldigten unmöglich, seine Rechte und Optionen in der konkreten Situation zutreffend beurteilen zu können. Verfahren in allgemeinen Strafsachen weisen diese Besonderheiten regelmäßig nicht auf, sodass es gerade im Steuerstrafrecht einer Regelung wie derjenigen des § 397 AO aus rechtsstaatlichen Gründen dringend bedurfte.

317 **b) Die Rechtsfolgen des § 397 AO.** Mit der (fingierten) Einleitung des Steuerstrafverfahrens und nicht erst mit deren Bekanntgabe rückt der Steuerpflichtige zugleich in die Position des Beschuldigten ein. Ab Einleitung bestehen zu seinen Gunsten die strafverfahrensrechtlichen Garantien, etwa das Recht, jede aktive Mitwirkung an seiner Überführung verweigern zu dürfen (nemo tenetur se ipsum accusare), insbesondere das Schweigerecht des Beschuldigten, §§ 136 Abs. 1 S. 2, 163 a StPO. In steuerlicher Hinsicht darf ab Einleitung des Strafverfahrens eine Mitwirkung des beschuldigten Steuerpflichtigen nicht mehr erzwungen werden, § 393 Abs. 1 S. 3 AO.

318 Ist die Einleitungsfiktion des § 397 Abs. 1 AO ausgelöst, dürfen Ermittlungen der Finanzbehörde beim Steuerpflichtigen erst nach Belehrung erfolgen. Dem steuerpflichtigen Beschuldigten ist die Einleitung des gegen ihn geführten Strafverfahrens nach § 397 Abs. 3 AO mitzuteilen; er ist nach Maßgabe der §§ 136 Abs. 1 S. 2 StPO über sein Schweigerecht und nach § 393 Abs. 1 S. 4 AO darüber zu belehren, dass seine Mitwirkung im Besteuerungsverfahren nicht (mehr) erzwungen werden kann.

319 Nicht die Einleitung, wohl aber deren Bekanntgabe schließt die Möglichkeit der strafbefreienden Selbstanzeige aus, § 371 Abs. 2 Ziff. 1 lit. b AO. Ferner unterbricht die Bekanntgabe bzw. deren Anordnung den Lauf der strafrechtlichen Verfolgungsverjährung, § 73 c Abs. 1 Ziff. 1 StGB.

320 **c) Einzelheiten zu § 397 Abs. 1 AO.** Das Legalitätsprinzip verpflichtet das Finanzamt, ein Steuerstrafverfahren einzuleiten, sobald Tatsachen bekannt werden, die einen Anfangsverdacht einer Steuerstraftat ergeben. Erlangt das Finanzamt dagegen Kenntnis von Umständen, die auch den Verdacht einer (tateinheitlich begangenen) Nichtsteuerstraftat ergeben, hat das Finanzamt die Sache an die Staatsanwaltschaft abzugeben.

321 Allein der Anfangsverdacht löst die Einleitungsfiktion des § 397 Abs. 1 AO noch nicht aus. Hinzukommen muss eine behördliche oder richterliche Maßnahme, die erkennbar darauf abzielt, gegen eine bestimmte Person wegen einer Steuerstraftat zu ermitteln.

In allgemeinen Strafsachen – und damit außerhalb des Geltungsbereichs des § 397 AO – ist derjenige Tatverdächtige Beschuldigter, gegen den das Ermittlungsverfahren aufgrund eines entsprechenden Willensaktes der Strafverfolgungsbehörde betrieben wird.[170] Solange ein solcher, die Beschuldigteneigenschaft begründender, Willensakt noch nicht vorgenommen wurde, soll es an der Beschuldigteneigenschaft fehlen. Hieraus wird z. T. gefolgert, dass im Vorfeld jenes Willensaktes eine informatorische Befragung zulässig sei, die erst darauf abziele, die Beschuldigteneigenschaft zu klären.[171] § 397 Abs. 1 AO räumt der Ermittlungsbehörde in Steuerstrafsachen weit weniger Entscheidungsspielraum ein. Die Beschuldigteneigenschaft orientiert sich hier an objektiven Kriterien. Nach § 397 Abs. 1 AO ist sie gegeben, sofern gegen den Verdächtigen eine Maßnahme ergriffen wird, die objektiv erkennbar als Ausdruck steuerstrafrechtlicher Ermittlungen erscheint.

Dies setzt zunächst einen Anfangsverdacht voraus, der regelmäßig aus den oben dargestellten Quellen gewonnen wird.

Daneben bedarf es einer Einleitungsmaßnahme. Diese braucht nicht von der Ermittlungsbehörde ergriffen worden zu sein; nach § 397 Abs. 1 AO ist ein Ermittlungsverfahren dann eingeleitet, wenn die Maßnahme entweder von der Finanzbehörde, der Polizei, der Staatsanwaltschaft, einer ihrer Hilfsbeamten oder vom Strafrichter vorgenommen wird.

Der Begriff der die Einleitung begründenden Maßnahme ist nicht näher definiert. Er ist aus Rechtsschutzgesichtspunkten bewusst weit gefasst. Allerdings gibt es kaum ein Tätigwerden der in § 397 Abs. 1 AO genannten Behörden, das sich nicht unter den Maßnahme-Begriff subsumieren lässt. Damit wird der möglicherweise von Seiten der Behörde erhobene Einwand, es habe sich nicht um eine Maßnahme im Sinne von § 397 Abs. 1 AO gehandelt, von vornherein ausgeschlossen.

Als auf Strafverfolgung gerichtet ist die Maßnahme objektiv erkennbar dann, wenn sie „ex post aus Sicht eines außenstehenden Dritten" diesen Zweck erkennen lässt.[172] Hierfür ist nicht erforderlich, dass sie dem Beschuldigten zur Kenntnis gelangt oder auch nur gegenüber außenstehenden Dritten vorgenommen wurden, auch innerbehördliche Vorgänge reichen aus.[173] Ausgehend von den objektivierten Einleitungskriterien des § 397 Abs. 1 AO kommt es nicht darauf an, ob der Amtsträger in subjektiver Hinsicht mit der Maßnahme Zwecke der Strafverfolgung überhaupt verfolgt.[174] Aus seiner Schutzfunktion heraus ist es für die Einleitungsfiktion des § 397 Abs. 1 AO schließlich unerheblich, ob die Maßnahme rechtswidrig oder rechtmäßig war.[175] Ist die Maßnahme rechtwidrig, leitet sie zwar das Ermittlungsverfahren ein, sperrt aber – anders eine rechtmäßige Maßnahme – nicht die Möglichkeit, strafbefreiende Selbstanzeige zu erstatten.[176]

Wann eine Handlung nach ihrer objektiven Zielsetzung auf die Ermittlung einer Steuerstraftat gerichtet ist, ist zwar in einigen Fällen offensichtlich; etwa im Fall von Durchsuchungen, Beschlagnahmen und anderen eindeutig strafverfahrensrechtlichen Maßnahmen, denkbar sind daneben aber auch mehrdeutige Handlungen, bei denen es nicht ohne weiteres auf der Hand liegt, welchem Zweck sie dienen. Eine umfassende Darstellung findet sich bei *Kohlmann*.[177]

3. Zeugen- und Beschuldigtenvernehmungen

Hierzu kommt es, wenn ein Strafverfahren bereits eingeleitet worden ist. Sowohl zur Zeugen- als auch zur Beschuldigtenvernehmung kann von der Ermittlungsbehörde als auch von den Fahndungsdiensten geladen werden.

a) Allgemeine Pflichten des Zeugen und des Beschuldigten. Lädt die Ermittlungsbehörde zur Vernehmung, besteht sowohl für Zeugen als auch für Beschuldigte die Pflicht zum Erscheinen. Der Beschuldigte ist überdies verpflichtet, Angaben zur Person zu machen; zur Sache braucht

---

[170] *Meyer-Goßner* Einl. Rdnr. 76.
[171] KMR/*Paulus* § 17 Vor § 48 StPO; SK/*Rogall* Rdnr. 23 Vor § 48 StPO.
[172] *Kohlmann* Bd. II § 397 Rdnr. 18.
[173] F/G/J/*Gast-de Haan* § 397 Rdnr. 66.
[174] BFH/NV 1996, 451; *Kohlmann* Bd. II § 397 Rdnr. 18.
[175] H/H/Sp/*Hübner* § 397 Rdnr. 15 m. w. N.
[176] *Kohlmann* Bd. II § 397 Rdnr. 20.
[177] *Kohlmann* Bd. II § 397 Rdnr. 23 bis 36.

er dagegen nicht auszusagen, da ein Zwang zur (aktiven) Mitwirkung an der eigenen Überführung nicht besteht. Der Beschuldigte hat die Rechte aus § 136 StPO. Der Zeuge ist ebenfalls verpflichtet, Angaben zur Person zu machen. Eine Einlassung zur Sache kann er nur dann rundheraus verweigern, wenn ihm ein Zeugnisverweigerungsrecht im Sinne der §§ 52 bis 53 a StPO zusteht. Fehlt es hieran, kann er die Beantwortung einzelner Fragen verweigern, sofern er sich durch deren wahrheitsgemäße Beantwortung der Gefahr aussetzen würde, selbst wegen einer Straftat oder Ordnungswidrigkeit verfolgt zu werden, § 55 StPO.

330 Ohne dieser allgemein strafprozessualen Fragestellung hier im Einzelnen nachzugehen, sei kurz auf den Gegenstand des Zeugenbeweises hingewiesen. Gegenstand des Zeugenbeweises sind ausschließlich (Erinnerungen über die Wahrnehmung von) Tatsachen, nicht aber Rechtsfragen.[178] Ebenso wenig hat der Zeuge Erfahrungssätze, allgemeine Eindrücke, Schlussfolgerungen oder Mutmaßungen zu äußern. Bestehen Zeugnis- oder Aussageverweigerungsrechte nicht, ist der Zeuge verpflichtet, seine Erinnerung an die seinerzeitigen Wahrnehmungen zu schildern. Mutmaßungen darf der Zeuge nicht abgeben; Zweifel an der Verlässlichkeit seiner Erinnerung hat er den Vernehmungsbeamten mitzuteilen. Kann sich ein Zeuge an frühere Geschehnisse nicht erinnern, ist es nicht seine Aufgabe, den Sachverhalt, zu dem er vernommen wird, nach Plausibilitätsgesichtspunkten auf unsicherer Erinnerungsgrundlage zu rekonstruieren. Der Zeuge ist nicht verpflichtet, im Vorfeld der Vernehmung ihm zugängliche Quellen zu recherchieren, um sich auf die Vernehmung vorzubereiten. Gegebenenfalls werden dem Zeugen in der Vernehmung Unterlagen, Aussagen anderer Personen oder sonstiges Material vorgelegt, um die Erinnerung aufzufrischen oder den Zeugen zu veranlassen, seine bisherige Aussage selbstkritisch zu überdenken. Den Vernehmungsbeamten ist es nicht gestattet, den Zeugen durch nach § 136 a StPO verbotene Mittel zu beeinflussen, insbesondere ist es nicht zulässig, vorzuspiegeln, dass sich ein anderer Zeuge bereits in einer bestimmten Weise eingelassen habe, wenn dies tatsächlich nicht zutrifft. Aussagen, die unter Anwendung einer nach § 136 a StPO verbotenen Vernehmungsmethode gewonnen wurde, sind nicht verwertbar. Kann sich der Zeuge nicht exakt an seine früheren Wahrnehmungen erinnern, hat er die Zweifel mitzuteilen und bei der nachfolgenden Durchsicht des Vernehmungsprotokolls vor dessen Unterzeichnung sicherzustellen, dass seine Zweifel entsprechend protokolliert sind. Nicht selten wird hier versucht, mit ungenauen Formulierungen eine vermeintlich sichere Erinnerung des Zeugen schriftlich zu fixieren. Hinsichtlich der Einzelheiten wird auf das einschlägige strafprozessrechtliche Schrifttum verwiesen.

331 b) **Vernehmung eines (früheren) (Mit-)Beschuldigten als Zeuge.** Ob ein Zeuge befugt ist, die Beantwortung von Fragen aus Gründen des § 55 StPO zu verweigern, bedarf dann genauerer Prüfung, wenn ursprünglich gegen den Zeugen selbst ein Ermittlungsverfahren im Zusammenhang mit der Tat, zu der er jetzt als Zeuge aussagen soll, betrieben wurde, dieses Verfahren aber bereits beendet ist. In Steuerstraftaten ist oft zu beobachten, dass während eines „groß angelegten" Steuerstrafverfahrens nach und nach Verfahren gegen Mitbeschuldigte abgetrennt und beendet werden. § 55 StPO ist Ausdruck des nemo-tenetur-Grundsatzes und entlässt den Zeugen aus der Pflicht zur wahrheitsgemäßen Wiedergabe seiner Wahrnehmungen, wenn er sich durch seine (wahrheitsgemäßen) Angaben der Gefahr der Strafverfolgung oder der Verfolgung wegen einer Ordnungswidrigkeit aussetzen würde. Aus diesem Grunde kann sich auf § 55 StPO nicht berufen, wer wegen der zu schildernden Tat nicht mehr verfolgt werden kann. Ist daher die Straftat oder Ordnungswidrigkeit, derer sich der Zeuge belasten würde, bereits verjährt, so kann er die entsprechende Selbstbezichtigung nicht verweigern. Entsprechendes gilt, wenn eine Einstellung des Verfahrens gegen den (nunmehrigen) Zeugen zu einem Strafklageverbrauch geführt hat. Ein vorausgegangener Verfahrensabschluss im Wege des Strafbefehls oder nach § 153 a StPO steht einer erneuten Verfolgung entgegen, soweit ein Strafklageverbrauch eingetreten ist. Vor dem Hintergrund des geltenden § 410 StPO verbraucht der Strafbefehl die Strafklage insgesamt. Ein rechtskräftiger Strafbefehl lässt damit eine erneute Verfolgung derjenigen prozessualen Tat, auf die sich der Strafbefehl erstreckt, nicht zu. Unter diesen Voraussetzungen kann sich der Zeuge nicht auf § 55 StPO berufen. Müsste sich der Zeuge bei wahrheitsgemäßer Antwort dagegen einer anderen – verfolgbaren – Tat bezichtigen, gestattet ihm § 55

---

[178] *Kleinknecht/Meyer-Goßner* 44. Aufl. 1999, Vor § 48 Rdnr. 2.

StPO, die Antworten auf entsprechende Fragen zu verweigern. Wird ein verantwortlicher Entscheidungsträger eines Unternehmens zu berufsbezogenen Verfehlungen seiner Angestellten als Zeuge vernommen, hat er zu prüfen, ob er sich durch eine wahrheitsgemäße Auskunft auf die gestellten Fragen einer Ordnungswidrigkeit nach § 130 OWiG (bußgeldbewehrtes Aufsichtsverschulden) bezichtigt. Wäre dies der Fall, greift § 55 StPO zu seinen Gunsten ein.

332 Wurde ein Verfahren gegen den Zeugen dagegen auf der Grundlage des § 153 a StPO eingestellt, tritt ein beschränkter Strafklageverbrauch ein. Die Tat, auf welche sich die Einstellung bezieht ist – nach Auflagenerfüllung und endgültiger Einstellung – nicht mehr als Vergehen verfolgbar. Müsste daher der Zeuge befürchten, dass er bei wahrheitsgemäßer Aussage eine Straftat oder eine Ordnungswidrigkeit einräumen würde, deren Verfolgung nach § 153 a StPO eingestellt wurde, kann er sich nicht auf § 55 StPO berufen, da insoweit ein Verfolgungshindernis vorliegen würde. Würde er dagegen ein Verbrechen einräumen müssen, wäre er nach § 55 StPO berechtigt, die Antwort zu verweigern.

333 Ist ein Verfahren gegen den Zeugen jedoch wegen fehlenden Tatverdachts nach § 170 Abs. 2 StPO eingestellt worden, so ist die Strafklage nicht verbraucht. Die Staatsanwaltschaft kann die Ermittlungen jederzeit wieder aufnehmen. Mit dieser Verfolgungsmöglichkeit der Staatsanwaltschaft korrespondiert das Recht des Zeugen, Antworten auf einzelne Fragen nach § 55 StPO zu verweigern.

334 Entsprechendes gilt auch im Fall einer vorausgegangenen Einstellung nach § 153 StPO. Erfolgt eine Einstellung nach § 153 StPO im Laufe des Ermittlungsverfahrens tritt keinerlei Strafklageverbrauch ein; die Staatsanwaltschaft kann – wie im Fall des § 170 Abs. 2 StPO auch – die Ermittlungen jederzeit wieder aufnehmen und das Verfahren fortführen. Wird das Verfahren dagegen nach Erhebung der Anklage auf der Grundlage des § 153 StPO eingestellt, sollen nach herrschender Auffassung neue Tatsachenerkenntnisse oder neue Beweismittel dem Einstellungsbeschluss die Grundlage entziehen und eine weitere Verfolgung des zunächst eingestellten Verfahrens rechtfertigen können. Muss daher der Zeuge davon ausgehen, den Behörden mit seiner wahrheitsgemäßen Aussage neue – ihn belastende – Informationen zu verschaffen, besteht ein Verfolgungsrisiko; folglich kann der Zeuge die Antworten auf entsprechende Fragen nach § 55 StPO verweigern.

335 Die Auskunfts- und Vorlageverweigerungsrechte nach den §§ 101 bis 106 AO gelten dagegen nur für Auskunftsersuchen im Rahmen des Besteuerungsverfahrens. In Steuerstrafverfahren gelten ausschließlich die Regeln der StPO.

336 Werden durch den Beschuldigten oder den Zeugen vor der Steuerfahndung, dem Finanzamt oder der Staatsanwaltschaft vorsätzlich oder fahrlässig falsche Angaben gemacht, liegt ein strafbares Aussagedelikt nicht vor. § 153 StGB erfasst ohnehin nicht die Aussagen des Beschuldigten, sondern nur diejenigen von Zeugen und Sachverständigen. Aber auch für Zeugen besteht bei Aussagen vor den genannten Stellen keine Strafdrohung wegen falscher Aussage, da § 153 StGB nur dann verwirklicht ist, wenn die vernehmende Stelle zur eidlichen Vernehmung von Zeugen und Sachverständigen befugt ist. Staatsanwaltschaft und Polizei sowie Finanzbehörden und Fahndungsdienste haben diese Kompetenz nicht. Der Zeuge kann jedoch durch unzutreffende Schilderungen Straftaten nach § 145 d StGB oder § 164 StGB verwirklichen.

4. Durchsuchungen und Beschlagnahmen

337 Durchsuchungen und Beschlagnahmen sind die in Steuerstrafverfahren am häufigsten angewandten strafprozessualen Zwangsmittel.

338 Ihre alleinige Rechtsgrundlage finden diese Ermittlungsmaßnahmen zwar in den allgemeinen strafverfahrensrechtlichen Vorschriften der StPO, doch wird aus Gründen ihrer besonderen Relevanz auf diese Instrumente eingegangen. Durchsuchung und Beschlagnahme sind unterschiedliche Zwangsmittel, wenngleich entsprechende richterliche Beschlüsse nicht selten sowohl die Durchsuchung als auch eine Beschlagnahme anordnen. Beide Zwangsmittel werden daher nacheinander vorgestellt.

339 **a) Durchsuchungen.** Als hoheitliche Maßnahme mit Eingriffscharakter und nachhaltiger Grundrechtsrelevanz bedarf die Durchsuchung aus Gründen des Gesetzesvorbehalts einer Ermächtigungsgrundlage. Diese finden sich in den §§ 102 und 103 StPO. § 102 StPO regelt die Durchsuchung der Räumlichkeiten des Beschuldigten und nennt als hinreichende Zwecke

neben der Ergreifung des Täters auch das Auffinden von Beweismitteln. § 103 StPO hat die Durchsuchung bei unverdächtigen Dritten zum Gegenstand und ergänzt die Durchsuchungszwecke des § 102 StPO um die Verfolgung von Spuren. Angesichts der unterschiedlichen Zwecke hat sich in der Literatur das Begriffspaar von der Ergreifungsdurchsuchung einerseits und der Ermittlungsdurchsuchung andererseits herausgebildet.

340   aa) *Die Durchsuchung beim Verdächtigen nach § 102 StPO.* Eine Durchsuchung nach § 102 StPO darf nur angeordnet und durchgeführt werden, wenn ein Tatverdacht besteht. Dieser braucht aber weder hinreichend noch dringend zu sein. Zwar reichen allgemeine Vermutungen nicht aus, doch wenn die Rechtsprechung das Vorliegen zureichender tatsächlicher Anhaltspunkte fordert,[179] ist dies – angesichts des gegen den Betroffenen regelmäßig bestehenden Verdachts – oftmals keine Hürde für den Erlass eines Durchsuchungsbeschlusses. Neben dem Tatverdacht muss die Erwartung vorliegen, dass die Durchsuchung zur Ergreifung des Beschuldigten oder zur Auffindung von Beweismitteln führen wird. Hier genügt es, dass nach kriminalistischer Erfahrung die Vermutung besteht, der Zweck der Durchsuchung könne erreicht werden. Konkreter Tatsachen bedarf es daher bei einer auf § 102 StPO gestützten Durchsuchung nicht.

341   Die Durchsuchung erstreckt sich auf Wohnungen und Räume, Personen, Sachen und EDV-Anlagen.

342   Räumlichkeiten des Verdächtigen im Sinne des § 102 StPO sind solche, die der Verdächtige tatsächlich inne hat, wobei es keine Rolle spielt, ob sie befugt oder unbefugt nutzt, ob er Allein- oder Mitinhaber ist. Bewohnt der Verdächtige daher eine gemeinsame Wohnung mit seiner Ehegattin, Lebensgefährtin etc., erfolgt die Durchsuchung gleichwohl beim Verdächtigen. Ihre Zulässigkeit beurteilt sich nach § 102 StPO; dass ein Mitberechtigter vorhanden ist, begründet nicht die Pflicht, die engeren Voraussetzungen des § 103 StPO einzuhalten. Zu den Räumlichkeiten zählen auch Pkw.

343   EDV-Anlagen können durch Inbetriebnahme bzw. Datenträgerreproduktion durchsucht werden.[180]

344   Nicht zu den Durchsuchungsobjekten des § 102 StPO zählt eine Mailbox, ein Anrufbeantworter und ein E-Mail-Account. Bei diesen Objekten handelt es sich um technische Geräte bzw. Programme, die Bestandteile der Telekommunikation aufzeichnen. Der Zugriff hierauf ist nur unter den engen Voraussetzungen der Telekommunikationsüberwachung nach § 100 a StPO gestattet.[181]

345   Nach § 102 StPO darf die Durchsuchung mit dem Ziel der Ergreifung des Verdächtigen erfolgen, wobei ein Haftbefehl nicht vorzuliegen braucht. Die Ergreifung darf auch dann mit der Durchsuchung bezweckt werden, wenn lediglich eine Vernehmung des Beschuldigten durchgeführt werden soll. Die – alternative – Ermittlungsdurchsuchung dient der Verfolgung von Spuren und der Auffindung solcher Gegenstände, die der Beschlagnahme unterliegen. Damit ist auch die im Wortlaut des § 103 StPO nicht aber in § 102 StPO erwähnte Spurenverfolgung zulässiger Zweck einer Durchsuchung nach § 102 StPO.[182] Dem liegt die Überlegung zugrunde, dass die Durchsuchungszwecke der Durchsuchung beim Nichtverdächtigen nicht weiter gehen können, als sie gegenüber dem Verdächtigen gestattet sind, so dass Zwecke, die nur in § 103 StPO genannt sind, mit einer Durchsuchung nach § 102 StPO erst recht verfolgt werden dürfen.

346   bb) *Die Durchsuchung beim Nichtverdächtigen gem. § 103 StPO.* Die Voraussetzungen, unter denen beim Nichtverdächtigen durchsucht werden darf, sind enger. Erforderlich ist zunächst ein auf konkrete Gründe gestützter Verdacht einer strafbaren Handlung gegen einen anderen. Hinzutreten müssen – und hier liegt die eigentliche Erschwernis des § 103 gegenüber § 102 StPO – bestimmte Tatsachen, die auf den Erfolg der Durchsuchung, d. h. die erfolgreiche Realisierung des Durchsuchungszwecks schließen lassen; abweichend genügt für § 102 StPO eine bloße kriminalistische Vermutung, die eben nicht mit bestimmten Tatsachen zu begründen ist.

---

[179] *Meyer-Goßner* § 102 Rdnr. 2 mit zahlr. N. aus der Rspr.
[180] *Kohlmann* Bd. II § 385 Rdnr. 141.
[181] BGH NJW 1997, 1934; *Kohlmann* Bd. II § 385 Rdnr. 141 a.E. m. w. N.
[182] *Kohlmann* Bd. II § 395 Rdnr. 145.

Mit einer Durchsuchung nach § 103 StPO dürfen sämtliche Durchsuchungszwecke verfolgt werden, zu deren Realisierung auch beim Verdächtigen durchsucht werden darf. Die Ermittlungsdurchsuchung zum Zweck der Auffindung von Beweismitteln darf sich jedoch nur auf bestimmte Gegenstände beziehen. Ebenso muss es sich um die Verfolgung bestimmter Spuren handeln. Das über § 102 StPO hinausgehende Bestimmtheitserfordernis resultiert aus dem Erfordernis bestimmter Tatsachen, welche die Erwartung gerechtfertigt erscheinen lassen, dass die Durchsuchung voraussichtlich Erfolg haben wird. Daher müssen konkrete Anhaltspunkte auch hinsichtlich der gesuchten Beweismittel bzw. der verfolgen Spuren vorliegen.

cc) Anordnung einer Durchsuchung. Unabhängig, ob sich die Durchsuchung auf § 102 oder auf § 103 StPO stützt, ist der Erlass einer Durchsuchungsanordnung in Form eines Beschlusses Aufgabe des Richters, § 105 StPO. Daneben kann unter den (engen) Voraussetzungen der Gefahr im Verzug ausnahmsweise auch die Staatsanwaltschaft bzw. im Fall der Regelkompetenz auch das Finanzamt eine Durchsuchungsanordnung treffen. Als Hilfsbeamte der Ermittlungsbehörde sind bei Gefahr im Verzug hierzu auch die Beamten der Fahndungsdienste (Zoll- und Steuerfahndung) befugt, vgl. §§ 386, 399 Abs. 1, 404 AO, § 105 Abs. 1 StPO. In den vergangenen Jahren konnte beobachtet werden, dass über ein extensives Verständnis des Begriffs der Gefahr im Verzug Staatsanwaltschaften, Finanzämter und Beamte der Fahndungsdienste Durchsuchungsanordnungen trafen. Das *Bundesverfassungsgericht* hat gegengesteuert und auf die Einhaltung gerade der richterlichen Vorab-Kontrolle gedrängt.[183]

Den Antrag auf Erlass einer richterlichen Durchsuchungsanordnung stellt die Ermittlungsbehörde, das Finanzamt jedoch nur dann, wenn nicht auch der Verdacht einer Nichtsteuerstraftat im Raum steht. Ist ein solcher Verdacht gegeben, ist die Staatsanwaltschaft zuständige Ermittlungsbehörde. Die Beamten der Fahndungsdienste sind zur Antragstellung nicht berechtigt. Die Befugnis zur Antragstellung kann nicht etwa unter Hinweis auf Gefahr im Verzug reklamiert werden. In der Praxis zeigt sich allerdings ein großer faktischer Einfluss der Steuerfahndung bei der Beantragung von Durchsuchungsbeschlüssen.

dd) Inhalt und Form des Durchsuchungsbeschlusses. Auch die richterlichen Durchsuchungsanordnungen, die letztlich vielfach in der mehr oder weniger reflektierten Unterzeichnung eines Durchsuchungsantrages der Ermittlungsbehörde bestehen, wiesen in der Vergangenheit oftmals gravierende Mängel auf. Nicht selten abstrahierten sie vom konkreten Einzelfall so sehr, dass eine qualifizierte Verteidigung gegen die Durchsuchungsanordnung nicht möglich war, da sich der Beschluss zwar am Inhalt des Gesetzes und bisweilen auch der Kommentierungen, nicht aber am konkreten Einzelfall orientierte. Dieser rechtstaatswidrigen Praxis hat das *Bundesverfassungsgericht* einen Riegel vorgeschoben.[184] Danach müssen schon in der Beschlussformel ein Tatverdacht konkretisiert, eine oder mehrere Steuerarten, bei denen Hinterziehungsverdacht besteht und schließlich der – vorläufige – Hinterziehungszeitraum angegeben werden. Ferner sind die gesuchten Beweismittel in einem mit dem Durchsuchungsbeschluss üblicherweise verbundenen Beschlagnahmebeschluss möglichst genau anzugeben. Entsprechend sind die Durchsuchungsobjekte genau zu bezeichnen.

Soweit diese Angaben auch in einem Beschluss für Durchsuchungen bei unverdächtigen Dritten aufzunehmen sind, steht hier das Steuergeheimnis nach § 30 AO nicht entgegen; diese gerichtliche Auffassung wird im Schrifttum allerdings bestritten.[185]

Entspricht ein Durchsuchungsbeschluss diesen formalen Begründungsnotwendigkeiten nicht, ist er nicht in der Lage, die Verjährung zu unterbrechen.[186]

Die StPO bestimmt keinen Zeitraum, binnen dessen von einem erlassenen Durchsuchungsbeschluss Gebrauch zu machen ist. Das *Bundesverfassungsgericht* hat nunmehr festgelegt, dass ein Durchsuchungsbeschluss nach Ablauf von 6 Monaten ab Erlass seine den Grundrechtseingriff rechtfertigende Kraft verliert.[187]

---

[183] BVerfG wistra 2001, 137.
[184] Vgl. etwa BVerfGE 20, 162, 227; BVerfGE 42, 212, 220; BVerfGE 44, 353, 371.
[185] Etwa *Burkhard* PStR 2000, 7; *Burhoff* PStR 2000, 224.
[186] LG Frankfurt wistra 2001, 28; *Volk* wistra 1988, 181.
[187] BVerfG NJW 1997, 2165, 2166.

354 Erlässt die Ermittlungsbehörde bzw. ihre Hilfsbeamten wegen Gefahr im Verzug in eigener (Eil-)Kompetenz eine Durchsuchungsanordnung, so ist die Anordnung formfrei. Die Verjährung unterbricht eine solche Maßnahme jedoch nicht, da § 78 c Abs. 1 Ziff. 4 StGB nur der richterlichen Durchsuchungsanordnung verjährungsunterbrechende Wirkung zuerkennt.

355 Der Beschluss ist dem von der Durchsuchung Betroffenen mitzuteilen, spätestens mit Beginn der Durchsuchung. Die Mitteilung kann formlos geschehen.

356 Entgegen verbreiteter Annahme verwehrt eine begonnene Durchsuchung oder Beschlagnahme dem Betroffenen prinzipiell nicht das Recht zu telefonieren. Nur unter den Voraussetzungen des § 164 StPO kann vorübergehend eine Telefonsperre verhängt werden. Diese Voraussetzungen sind allerdings nur dann gegeben, wenn die Kontaktaufnahme zu Dritten dem Zweck dient, Beweismittel zu vernichten oder beteiligte Dritte zu warnen.[188] Jederzeit gestattet ist die – auch telefonische – Kontaktaufnahme zu einem Rechtsanwalt oder Steuerberater.

357 Werden bei der Durchsuchung Papiere des Durchsuchungsbetroffenen durchgesehen, ist hierzu zunächst die Ermittlungsbehörde befugt, § 110 StPO, § 386, § 399 Abs. 1 AO. In Abweichung vom allgemeinen Strafprozessrecht sind nach § 404 S. 2 HS 1 AO in Steuerstrafverfahren auch die Beamten der Steuerfahndung als Hilfsbeamte der Ermittlungsbehörde hierzu berechtigt. Papiere im Sinne des § 110 StPO meint auch (sonstige) Datenträger. Die Mitnahme von Papieren zum Zwecke der Durchsicht ist noch keine Beschlagnahme; erst wenn das beschlagnahmefähige Material – nach Durchsicht – ausgesondert ist, wird beschlagnahmt.

358 Sog. Zufallsfunde, § 108 StPO, d. h. Beweismittel, die zum einen weder im Beschluss erwähnt, noch im Zusammenhang mit der im Beschluss genannten Tat stehen, aber auf eine andere Tat hindeuten, sind einstweilen in Beschlag zu nehmen. Hat die Finanzbehörde, bzw. haben die an der Durchführung der Durchsuchung beteiligten Steuerfahnder einen Zufallsfund gemacht, der auf eine Nichtsteuerstraftat hindeutet, ist dieser der Staatsanwaltschaft mitzuteilen. § 393 Abs. 2 AO, der Mitteilungen an die Staatsanwaltschaft prinzipiell nur unter den engen Voraussetzungen des § 30 Abs. 4 Nr. 5 AO zulässt, steht nicht entgegen, da § 393 Abs. 2 sich nicht auf solche Erkenntnisse erstreckt, die in einem laufenden (Steuer-) Strafverfahren gewonnen werden.

359 Eine gezielte Suche nach Zufallsfunden ist unzulässig. Wird aber im Rahmen einer aus diesem Grunde unzulässigen Maßnahme ein Beweismittel für eine andere Tat vorgefunden, kann unter engen Voraussetzungen ein Verwertungsverbot eingreifen. Nach Rechtsprechungsmeinung ist ein Verwertungsverbot jedoch nur dann ausgelöst, wenn die Grenzen des Beschlusses bewusst – und nicht nur fahrlässig – überschritten wurden und es sich bei der anderen Tat nicht um ein Kapitalverbrechen handelt.[189]

360 Die Beendigung der Durchsuchung ist schriftlich festzuhalten. Ist die Beendigung vermerkt, ist der Durchsuchungsbeschluss verbraucht.[190] Dem Durchsuchungsbetroffenen ist ein Verzeichnis sichergestellter Gegenstände zu überlassen.

361 **b) Beschlagnahmen.** Beschlagnahme bedeutet die förmliche Sicherstellung eines Gegenstandes durch Überführung in amtlichen Gewahrsam oder auf andere Weise.[191] Aus dem Kontext der § 94 und § 95 StPO ergibt sich, dass die Beschlagnahme nur eine von drei gesetzlich vorgesehenen Arten der amtlichen Sicherstellung ist. So sieht § 94 Abs. 1 StPO zunächst die amtliche Inverwahrnahme vor. Diese Modalität kommt zum Zuge bei gewahrsamslosen Gegenständen oder im Fall der freiwilligen Herausgabe.[192] Daneben sieht § 95 Abs. 2 StPO die Erzwingung der Herausgabe durch Festsetzung von Zwangsmitteln vor. § 94 Abs. 2 StPO schließlich gestattet auch den Zugriff auf Gegenstände im Wege der (zwangsweisen) Wegnahme; hierbei handelt es sich um die Beschlagnahme.

362 Objekte der Beschlagnahme können neben Beweismitteln auch Gegenstände sein, die der Einziehung oder dem Verfall unterliegen, §§ 111 b ff. StPO.

363 Werden Beweismittel beschlagnahmt, dient dies der Sicherung des Verfahrens, werden dagegen der Einziehung oder dem Verfall unterliegende Gegenstände beschlagnahmt, wird hiermit

---

[188] *Kohlmann* Bd. II § 385 Rdnr. 156.
[189] LG Bonn NJW 1981, 292.
[190] Hierzu und den ermittlungsbehördlichen Missbrauchsmöglichkeiten, vgl. *Park* Rdnr. 146.
[191] *Meyer-Goßner* Vor § 94 Rdnr. 3.
[192] *Meyer-Goßner* § 94 Rdnr. 12.

nicht die Durchführung des Strafverfahrens, sondern vielmehr die Strafvollstreckung gesichert. Unter den Voraussetzungen des § 111 b Abs. 5 StPO kann eine Beschlagnahme von „Tatbeute" auch der Sicherung von Rückgewähransprüchen Geschädigter dienen (sog. Rückgewinnungshilfe).

aa) Verdachtsgrad. Die Anordnung einer Beschlagnahme ist nicht voraussetzungslos. Dient **364** sie verfahrenssichernden Zwecken und ist sie auf Beweismittel gerichtet, verlangt § 94 Abs. 1 StPO, dass die Gegenstände als Beweismittel für die Untersuchung von Bedeutung sein können. Insofern verlangt die Beschlagnahme einen einfachen Anfangsverdacht im Sinne des § 152 StPO. Dient die Beschlagnahme dagegen der Vollstreckungssicherung und bezieht sich auf Gegenstände, die dem Verfall oder der Einziehung unterliegen, gelten engere Kriterien. Hier sind Gründe für die Annahme erforderlich, dass die Voraussetzungen für Verfall bzw. Einziehung vorliegen. Dauert die Beschlagnahme letztgenannter Gegenstände über einen Zeitraum von 6 Monaten fort, kann die Beschlagnahme gem. § 111 b Abs. 3 StPO nur dann aufrechterhalten werden, wenn sich aufgrund der zwischenzeitlichen Ermittlungen die anfänglichen zu dringenden Gründen verdichtet haben.[193] Hat sich der Verdacht dagegen binnen 6-monatiger Beschlagnahme nicht entsprechend verdichtet, ist die Beschlagnahme aufzuheben.

bb) Sanktionsbewehrte Erzwingung der Herausgabe, § 95 Abs. 2 StPO. Die Erzwingung **365** der Herausgabe (beschlagnahmefähiger Gegenstände), welche § 95 Abs. 2 StPO vorsieht, geschieht durch Festsetzung von Ordnungs- und Zwangsmitteln im Sinne des § 70 StPO. Sie kommt insbesondere in Betracht, wenn Beweismittel nicht aufgefunden werden können. Die Erzwingung der Herausgabe ist jedoch nur gegen unverdächtige Dritte, nicht aber gegen den Beschuldigten zulässig. Dem steht der Grundsatz vom Freiheit zum Zwang zur Selbstbelastung (nemo tenetur se ipsum accusare) zwingend entgegen; der Beschuldigte darf nicht verpflichtet werden, an seiner eigenen Überführung durch aktives Tätigwerden mitzuwirken. Damit ist die Herausgabe nur gegenüber solchen Personen erzwingbar, gegen die kein Ermittlungsverfahren geführt wird.

Obwohl die Strafprozessordnung hierzu nicht eindeutig Stellung nimmt, ist entgegen **366** ermittlungsbehördlicher Auffassung auch für die Anordnung des sanktionsbewehrten Herausgabeverlangens eine richterliche Anordnung erforderlich.[194] Dies ergibt sich zunächst aus dem systematischen Kontext, da das sanktionsbewehrte Herausgabeverlangen nur eine unselbständige Alternative neben Durchsuchung und Beschlagnahme ist. Auch scheint das *Bundesverfassungsgericht* diese Auffassung nahe zu legen, wenn es betont hat, dass strafprozessuale Zwangsmaßnahmen grundsätzlich unter dem Vorbehalt richterlicher Anordnung stehen.[195]

Ein Herausgabeverlangen darf dann nicht mit Sanktionen bewehrt werden, wenn es an Per- **367** sonen gerichtet wird, denen ein Zeugnisverweigerungsrecht zusteht, § 95 Abs. 2 S. 2 StPO. Hierdurch wird sichergestellt, dass das Zeugnisverweigerungsrecht nicht über den Weg sonstigen Mitwirkungszwangs ausgehöhlt wird. Das strafprozessuale Schrifttum konkretisiert die Reichweite des Zwangsmittelverbots. Danach ergibt sich in Fällen des § 52 StPO (Zeugnisverweigerungsrecht der Angehörigen) keine Beschränkung auf Schriftstücke; in den Fällen des § 53 StPO (Zeugnisverweigerungsrecht der Berufsgeheimnisträger) erfasse das Herausgabeverweigerungsrecht die Gegenstände, die aus der beruflichen Tätigkeit des Zeugnisverweigerungsberechtigten erlangt oder entstanden sind.[196] Entbindet der Beschuldigte den zeugnisverweigerungsberechtigten Berufsgeheimnisträger von der Schweigepflicht, sei eine Erzwingung der Herausgabe dagegen statthaft.[197]

cc) Beschlagnahme im Sinne des § 94 Abs. 2 StPO. (1) Anordnung. Sie ist zulässig, wenn **368** die entsprechend beschlagnahmefähigen Gegenstände nicht freiwillig herausgegeben werden. Ihre Anordnung steht unter Richtervorbehalt, § 98 Abs. 1 StPO. Ausnahmsweise darf bei Gefahr im Verzug die Beschlagnahmeanordnung auch von der Ermittlungsbehörde oder ihren

---

[193] Meyer-Goßner § 111 b Rdnr. 8.
[194] H.M. im Schrifttum, vgl. nur *Kohlmann* Bd. II § 385 Rdnr. 167 m. w. N. auch aus der Rspr.
[195] BVerfG wistra 2001, 137.
[196] Meyer-Goßner § 95 Rdnr. 10.
[197] Meyer-Goßner § 95 Rdnr. 10.

Hilfsbeamten getroffen werden, § 98 Abs. 1 StPO; für Steuerstrafverfahren, die im Rahmen der Regelkompetenz von der Finanzbehörde geleitet werden, steht die Eilkompetenz daher der (ermittelnden) Finanzbehörde beziehungsweise den Beamten der Fahndungsdienste als Hilfsbeamten zu.

369 Wird im Rahmen der Eilkompetenz eine Beschlagnahme nicht durch den Richter angeordnet, braucht diese Maßnahme grundsätzlich nicht später durch richterliche Entscheidung bestätigt zu werden. Richterlicher Bestätigung bedarf es nach § 98 Abs. 2 StPO nur, wenn bei der Beschlagnahme weder der Betroffene noch ein erwachsener Angehöriger anwesend war oder wenn der Beschlagnahme widersprochen wurde. Der Betroffene ist gem. § 98 Abs. 2 S. 7 StPO über sein Recht zu belehren, eine richterliche Entscheidung herbeiführen zu können.

370 Für die Beschlagnahmeanordnung gilt das Bestimmtheitsgebot. Die zu beschlagnahmenden Beweismittel sind daher bereits in der Anordnung möglichst genau zu bezeichnen. Ist dies nicht geschehen, ist die Anordnung unbestimmt und daher rechtswidrig.[198]

371 *(2) Durchführung.* Vollzogen wird die Beschlagnahme durch Überführung des Gegenstandes in amtliche Verwahrung, es wird amtlicher Gewahrsam durch Herausgabe bzw. Wegnahme begründet. Durch den Beschlagnahmevollzug entsteht ein öffentlich-rechtliches Verwahrungsverhältnis zwischen dem Betroffenen und dem Staat. Bei Gegenständen, die nicht durch Gewahrsamswechsel in amtliche Verwahrung überführt werden können, erfolgt die amtliche Sicherstellung in anderer Weise. Dies betrifft insbesondere Räumlichkeiten, nicht transportable oder mit Immobilien fest verbundene Safes oder etwa Schließfächer. Die Sicherstellung erfolgt hier durch Versiegelung oder Anordnung eines Betretungsverbots.

372 Über das Ergebnis der Beschlagnahme hat die Ermittlungsbehörde gemäß § 168 b StPO eine Niederschrift zu fertigen.[199]

373 Eine vollzogene Beschlagnahme genießt strafrechtlichen Schutz. Dem Beschlagnahmebetroffenen und Dritten ist es unter Strafdrohung untersagt, das Siegel zu beschädigen oder zu zerstören, abzulösen oder unkenntlich zu machen, § 136 Abs. 2 StGB. Auch darf die in dienstlichen Beschlag genommene Sache weder beschädigt noch zerstört oder über sie verfügt werden, § 136 Abs. 1 StGB. Entsprechend ist der Bruch der amtlichen Verwahrung in § 133 StGB unter Strafe gestellt.

374 *(3) Verhältnismäßigkeit.* Wie alle strafprozessualen Zwangsmaßnahmen steht auch die Beschlagnahme unter dem Grundsatz der Verhältnismäßigkeit. Die Frage nach einer unangemessenen und daher unverhältnismäßigen Beschlagnahme stellt sich regelmäßig im Zusammenhang mit der Beschlagnahme von Unterlagen, die für die Aufrechterhaltung eines laufenden Geschäftsbetriebes erforderlich sind. Der Verhältnismäßigkeitsgrundsatz gebietet in diesen Fällen, dass die beschlagnahmten Unterlagen nach Fertigung von Kopien unverzüglich zurückgegeben werden. Ebenso sind Unterlagen umgehend herauszugeben, nachdem erkannt wurde, dass die keine Beweisbedeutung für das Ermittlungsverfahren haben. Nach einer Entscheidung des *LG Aachen* sind beschlagnahmte Computeranlagen spätestens zwei Monate nach der Beschlagnahme herauszugeben, wenn sie für die Fortführung des Betriebes erforderlich sind. Ist die Auswertung oder eine Kopie des Datenträgers bis zu diesen Zeitpunkt nicht gelungen, ist die Beschlagnahme aufzuheben.[200]

375 *(4) Beschlagnahmefreie Gegenstände.* Bestimmte Gegenstände im Gewahrsam unverdächtiger Dritter unterliegen nicht der Beschlagnahme; sie sind beschlagnahmefrei.

376 *(a) § 96 StPO.* Der Beschlagnahme unterliegen nach § 96 StPO nicht Schriftstücke in Ämtern, wenn die oberste Dienstbehörde in einer sog. Sperrerklärung mitteilt, dass das Bekanntwerden des Inhalts dieser Akten oder Schriftstücke dem Wohl des Bundes oder eines deutschen Landes Nachteile bereiten würde. Ist die Sperrerklärung im Einzelfall aber rechtsmissbräuchlich erteilt worden, da die behaupteten Nachteile nicht drohen, dürfen entsprechende Akten und Schriftstücke beschlagnahmt werden.[201]

---

[198] *Kohlmann* Bd. II § 385 Rdnr. 172.
[199] *Meyer-Goßner* § 168 b Rdnr. 1 a.E.
[200] LG Aachen StV 2000, 584.
[201] KG NStZ 1989, 541.

(b) § 97 StPO. Die Regelungen über die Beschlagnahmefreiheit in § 97 StPO dienen dem Zweck, das Zeugnisverweigerungsrecht abzusichern. Zwar setzt sich § 97 StPO auch mit Gegenständen im Besitz von Angehörigen auseinander, für das Steuerstrafverfahren ist jedoch die Beschlagnahmefreiheit von Gegenständen im Gewahrsam von Berufsgeheimnisträgern, insbesondere Steuerberatern und Wirtschaftsprüfern von besonderer Bedeutung. 377

Der Beschlagnahme unterliegen nach § 97 StPO nicht schriftliche Mitteilungen zwischen dem Beschuldigten und seinen Angehörigen, § 97 Abs. 1 Ziff. 1 StPO i. V. m. § 52 StPO. Beschlagnahmefrei sind danach ferner schriftliche Mitteilungen zwischen dem Beschuldigten und den in § 53 Abs. 1 Ziff. 1 bis 3 StPO genannten Berufsgeheimnisträgern. Auch Kopien dieser Mitteilungen unterliegen nicht der Beschlagnahme. Aus Sinn und Zweck des § 97 StPO ergibt sich, dass nur solche Gegenstände beschlagnahmefrei sind, die dem Berufsgeheimnisträger gerade aufgrund seiner beruflichen Stellung anvertraut bzw. bekannt geworden sind. Sämtliche Aufzeichnungen der Berufsgeheimnisträger über Mitteilungen des Beschuldigten oder über Umstände, auf die sich das Zeugnisverweigerungsrecht bezieht, sind daher beschlagnahmefrei. Nach § 97 Abs. 1 Ziff. 3 StPO erstreckt das Beschlagnahmeverbot auf sämtliche Gegenstände auf die sich das Zeugnisverweigerungsrecht des § 53 Abs. 1 Ziff. 1 bis 3 b StPO erstreckt. 378

Der scheinbar weitgehende Wortlaut wird jedoch in mehrfacher Hinsicht eingeschränkt. Zum einen – und dies ist unstreitig – sind Unterlagen, Schriftstücke und dergl. nur geschützt, soweit sie sich im Gewahrsam des Berufsgeheimnisträgers befinden, wobei dessen Mitgewahrsam ausreicht (Bürogemeinschaft mehrerer Steuerberater, Wirtschaftsprüfer etc.). Originale und Kopien, die sich dagegen bei dem beschuldigten Mandanten befinden, dürfen dort beschlagnahmt werden. 379

Eine diesbezügliche Ausnahme besteht lediglich für Korrespondenz zwischen dem Beschuldigten und seinem Verteidiger. Korrespondenz mit dem Verteidiger ist auch beim Mandanten nicht beschlagnahmefähig. Zwar ist dies der Regelung des § 97 StPO nicht zu entnehmen, doch garantiert § 148 StPO freien und unüberwachten Verkehr zwischen dem Beschuldigten und seinem Verteidiger. Könnte daher Verteidigerkorrespondenz zwar nicht beim Verteidiger wohl aber beim Beschuldigten beschlagnahmt werden, liefe diese Verfahrensgarantie letztlich leer; eine Befugnis zur Beschlagnahme besteht ausnahmsweise dann, wenn der Verdacht auf eine Straftat nach § 129 a StGB gerichtet ist. 380

Ein Beschlagnahmeverbot besteht auch dann nicht, wenn der Berufsgeheimnisträger selbst der täterschaftlichen oder teilnehmenden Beteiligung an der dem Mandanten vorgeworfenen Tat oder einer diesbezüglichen Anschlusstat verdächtig ist, § 97 Abs. 2 S. 3 StPO. Der Verdacht braucht weder dringend noch hinreichend zu sein, eine bloße Vermutung oder ein schlichter Anfangsverdacht reichen jedoch nicht hin.[202] Nach Auffassung des *Bundesgerichtshofs* soll die Verwertbarkeit auch dann fortbestehen, wenn der Verdacht später wegfällt.[203] 381

Nicht vom Beschlagnahmeverbot umfasst sind ferner Deliktsgegenstände (producta oder instrumenta sceleris) oder deren Surrogate. 382

Entbindet der (beschuldigte) Mandant den Berufsgeheimnisträger von der Schweigepflicht, entfällt auch das Beschlagnahmeverbot; in diesem Fall darf auch die Herausgabe mit Ordnungsmitteln gem. § 95 Abs. 2 StPO erzwungen werden. 383

Eine weitere – wesentliche – Einschränkung wird bis heute kontrovers diskutiert. Die Finanzverwaltung vertritt unter auf Nr. 58 AStBV den Standpunkt, dass beschlagnahmefrei nur solche Schriftstücke seien, die in einem laufenden Beratungsmandat bzw. Vertrauensverhältnis entstanden sind. Diese Sicht hätte zur Folge, dass Unterlagen, die außerhalb des Beratungsmandats entstanden sind, dem Beschlagnahmeverbot nicht unterfallen würden. Betroffen wären in erster Linie Buchhaltungs- und Geschäftsunterlagen des beschuldigten Mandanten, die dieser dem Berater zum Zwecke der Erstellung von Jahresabschlüssen, Steuererklärungen etc. überlassen hat. 384

Die von der Finanzverwaltung reklamierte Berechtigung wird im Schrifttum bestritten. Im Rahmen dieser Auseinandersetzung haben sich im Wesentlichen drei Positionen herausgebildet: 385

---

[202] *Kohlmann* Bd. II § 385 Rdnr. 184.
[203] BGH NStZ 1983, 85.

386 Teile von Rechtsprechung und Literatur halten Unterlagen, die nicht im Beratungs- bzw. Vertrauensverhältnis entstanden sind, für uneingeschränkt beschlagnahmefähig,[204] denn diese Unterlagen beträfen schon nicht das Vertrauensverhältnis zwischen dem Beschuldigten und seinem Berater.

387 Diese Auffassung wertet die zum Zwecke der Erstellung einer Steuererklärung oder eines Jahresabschlusses überlassenen Unterlagen nicht als beschlagnahmefrei, räumt jedoch ein, dass die daraufhin erstellte Steuererklärung bzw. der Jahresabschluss selbst als Produkt der Tätigkeit des Beraters nicht der Beschlagnahme unterliegt.

388 Diesem restriktiven Verständnis des Beschlagnahmeverbots steht eine vermittelnde Auffassung gegenüber, wonach Bilanz- und Buchführungsunterlagen solange unter das Beschlagnahmeverbot fallen würden, wie sie für die Erstellung der Jahresabschlüsse bzw. Steuererklärungen benötigt würden.[205]

389 Teile der Rechtsprechung vertreten in Übereinstimmung mit Stimmen aus dem Schrifttum eine dritte Position.[206] Danach sei die Beschlagnahmefähigkeit abschließend in § 97 StPO geregelt. Weitere als die in § 97 Abs. 2 StPO genannten Einschränkungen der Beschlagnahmefreiheit seien nicht anzuerkennen. Soweit § 97 Abs. 1 Ziff. 3 StPO die Beschlagnahmefreiheit auf alle Gegenstände erstrecke, auf die sich das Zeugnisverweigerungsrecht bezieht, sei bereits vor diesem Hintergrund unerfindlich, wie Geschäfts- oder Buchhaltungsunterlagen hiervon ausgenommen werden könnten. Steuerberater, Wirtschaftsprüfer und Rechtsanwälte seien berufsrechtlich auch und gerade zur Verschwiegenheit über diese Unterlagen verpflichtet. Diese Auffassung ist zutreffend. Sie allein entspricht rechtsstaatlichen Anforderungen.

390 *Kohlmann* weist nicht ohne einen gewissen Zynismus darauf hin, dass der vorstehend abgebildete Meinungsstreit in der Praxis nur von untergeordneter Bedeutung sei,[207] da die Beschlagnahmefähigkeit auch über einen Teilnahmevorwurf gegen den Berufsgeheimnisträger hergestellt werden könne.

391 Zwar kann nach § 392 AO die Verteidigung (auch) dem Steuerberater übertragen werden, so dass hierdurch zunächst eine weitgehende Beschlagnahmefreiheit verfolgt werden kann, doch besteht die Gefahr, dass bei Übertragung der Verteidigung auf den langjährigen Steuerberater die behördliche Annahme eines Teilnahmeverdachts gegen den Berater provoziert werden kann, mit der Folge, dass eine Beschlagnahme aus den Gründen des § 97 Abs. 2 StPO möglich wird. Derjenige Rechtsanwalt oder Steuerberater, der erst nach Einleitung des Strafverfahrens mandatiert wird, ist gegen entsprechende Teilnahmevorwürfe dagegen weitgehend geschützt.

392 Nach *Kohlmann* werde zum Teil auch versucht, die Beschlagnahmefähigkeit entsprechender Unterlagen unter Hinweis auf ihre vermeintliche Eigenschaft als Tatmittel zu begründen.[208]

393 *(c) Sonderproblem: Beschlagnahme von Mobiltelefonen.* Das *Bundesverfassungsgericht* hat mit Beschluss vom 4.2.2005 sichergestellt, dass die Beschlagnahme eines Mobiltelefons nicht allein auf § 94 StPO gestützt werden darf.[209] Vielmehr sind in diesem Fall die besonderen Voraussetzungen der §§ 100 g, 100 h StPO einzuhalten. Zu Recht geht die Kammer davon aus, dass die SIM-Karte und sonstige Speicher in Mobiltelefonaten Daten über abgegangene, angenommene und empfangene aber nicht abgenommene Gespräche enthalten und durch Beschlagnahme und Auswertung der Daten folglich der Schutzbereich des Fernmeldegeheimnisses im Sinne des Art. 10 Abs. 1 GG berührt ist. Vor diesem Hintergrund ist es zwingend, die Zulässigkeit der Kenntnisnahme von Telekommunikationsverbindungsdaten an den gegenüber § 94 StPO erhöhten Anforderungen der §§ 100 g und 100 h StPO zu messen. Danach dürfen sich die Ermittlungsbehörden Zugriff auf die in Mobiltelefonen gespeicherten Informationen grund-

---

[204] LG Braunschweig NJW 1981, 2108; OLG Hamburg MDR 1981, 603; LG Aachen MDR 1981, 603; LG Saarbrücken wistra 1984, 200; LG München wistra 1985, 41 und wistra 1988, 326; LG Stuttgart wistra 1985, 41 und 1988, 40; *Birmanns* MDR 1981, 102; w.N. bei *Kohlmann* Bd. II § 385 Rdnr. 190.
[205] LG Berlin NJW 1977, 725; LG Stade wistra 1986, 41.
[206] LG Köln NJW 1960, 1874; LG Stuttgart NJW 1976, 2030; LG Bonn DB 1984, 2193; LG Koblenz StV 1985, 9; LG München NJW 1984, 1191; *Bauwens* wistra 1985, 179; *Göggerle* BB 1986, 41; *Schmidt* wistra 1991, 245; *Kohlmann* Bd. II § 285 Rdnr. 195.
[207] *Kohlmann* Bd. II § 385 Rdnr. 200.
[208] *Kohlmann* Bd. II § 385 Rdnr. 201.
[209] BVerfG Beschl. v. 4.2.2005 – 2 BvR 308/04 (3. Kammer) wistra, 2005, 219 ff.

sätzlich[210] nur bei Ermittlung einer im Sinne des § 100 g StPO erheblichen Straftat verschaffen; wobei ergänzend auch der Subsidiaritätsregelung in § 100 g Abs. 2 StPO Rechnung zu tragen ist. Die Anordnung entsprechender Maßnahmen steht nach § 100 h StPO unter Richtervorbehalt; im Fall von Gefahr im Verzug hat lediglich die Staatsanwaltschaft bzw. das Finanzamt im selbständigen Steuerstrafverfahren eine Eilkompetenz. Sonstige Ermittlungspersonen (Steuerfahndung, Polizei) sind dagegen auch bei Gefahr im Verzug nicht anordnungsbefugt. Eine Verwertungsbeschränkung ergibt sich aus § 100 h Abs. 3 StPO.[211]

(5) Datenbeschlagnahme bei Berufsgeheimnisträgern. In seinem Beschluss vom 12.4.2005 nimmt das Bundesverfassungsgericht Stellung zu der Frage nach den rechtlichen Grenzen einer Beschlagnahme elektronisch gespeicherter Daten bei Berufsgeheimnisträgern.[212] Die Frage stellt sich zunächst nur, sofern sich nicht schon aus § 97 StPO Beschlagnahmefreiheit ergibt. Im Vorlagefall wurden Rechtsanwalts- bzw. Steuerberaterkanzleien durchsucht, wobei einzelne Sozii im Verdacht einer strafbaren Beteiligung an Straftaten Einzelner namentlich bekannter Mandanten standen. Entsprechende Ermittlungsverfahren gegen die Berufsgeheimnisträger waren im Zeitpunkt des Erlasses der Durchsuchungs- bzw. Beschlagnahmebeschlüsse bereits eingeleitet. Das *Bundesverfassungsgericht* leitet aus dem Verhältnismäßigkeitsprinzip eine Art Stufenfolge ab, um zu gewährleisten, dass der jeweilige Datenzugriff im Einzelfall nicht eingriffsintensiver ist als nach den konkreten Umständen erforderlich. „Der Zugriff auf den gesamten Datenbestand [einer Sozietät von Berufsgeheimnisträgern]", so der Senat, „ist nicht erforderlich, wenn die Sicherung der beweiserheblichen Daten auf eine andere, den Betroffenen weniger belastende Weise ebenso gut erreicht werden kann". Zunächst sei zu prüfen, ob eine Unterscheidung der Daten nach ihrer potentiellen Beweiserheblichkeit vorgenommen werden kann. Ist dies der Fall, so ist die Möglichkeit einer Trennung der potentiell erheblichen von den restlichen Daten zu prüfen. Je nach den Umständen des Einzelfalls können für die Begrenzung des Zugriffs unterschiedliche, miteinander kombinierbare Möglichkeiten der materiellen Datenzuordnung in Betracht gezogen werden. „Sie müssen", so der Senat, „bevor eine endgültige Beschlagnahme sämtlicher Daten erwogen wird, ausgeschöpft werden". Diese Datentrennung müsse jedoch nicht zwingend am Durchsuchungsort erfolgen, sie könne auch im Rahmen der vorläufigen Sicherstellung des Datenträgers vorgenommen werden. Der [durch den Durchsuchungs- bzw. Beschlagnahmebeschluss] begrenzte Zweck der Datenerhebung gebiete ferner die Löschung aller nicht zur Zweckerreichung erforderlichen kopierten Daten. Die Entscheidung des *Bundesverfassungsgerichts* ist ausdrücklich zu begrüßen. Allerdings wird erst die Zukunft zeigen, ob die Verfahrenspraxis die engen Vorgaben einhalten wird. Die Berufsgeheimnisträger sind jedoch – gerade vor dem Hintergrund dieser Entscheidung – gehalten, ihre Daten so zu speichern, dass Trennbarkeit im Sinne des bundesverfassungsgerichtlichen Beschlusses gewährleistet ist. Hier bieten sich auf einer ersten Ebene Mandantenverzeichnisse, innerhalb derer in Unterverzeichnissen weiter nach verschiedenen Angelegenheiten differenziert werden kann.

(6) Fehlerfolgen und Verwertungsverbote. Wurden Beweismittel durch prozessual unzulässige Beweisgewinnungsmethoden erhoben, dürfen die solchermaßen gewonnenen Beweise im Strafverfahren grundsätzlich nicht verwertet werden. Werden daher Beweismittel unter Verstoß gegen § 97 StPO beschlagnahmt, dürfen die beschlagnahmefreien aber unzulässigerweise sichergestellten Beweismittel im Strafverfahren grundsätzlich nicht verwertet werden.[213] Ein Verwertungsverbot ist jedoch dann nicht ausgelöst, wenn beschlagnahmefreie Gegenstände nach freiwilliger Herausgabe des Beschlagnahmebetroffenen sichergestellt werden.
Im Einzelnen gilt Folgendes:
War die Beschlagnahme im Zeitpunkt ihrer Durchführung zulässig, weil in diesem Zeitpunkt alle Voraussetzungen vorlagen, bleibt die Verwertung der beschlagnahmten Beweismittel auch

---

[210] Ausnahmen gelten nach umstrit. Auffassung von *Meyer-Goßner* § 100 g Rdnr. 6 nur für solche nicht erheblichen Taten, die gerade mittels des Mobiltelefons begangen worden sein sollen, da ansonsten die Tat nicht aufklärbar wäre.
[211] Siehe zum Ganzen BVerfG Beschl. v. 4.2.2005 – wistra 2005, 219, 221 f.
[212] BVerfG Beschl. v. 12.4.2005 – 2 BvR 1027/02, abrufbar unter www.iww.de, Abrufnr.: 051895.
[213] BGH NJW 1963, 870.

dann zulässig, wenn später Voraussetzungen entfallen. Fällt etwa nachträglich der Teilnahmeverdacht gegen Steuerberater fort, hindert dies die Verwertbarkeit der beschlagnahmten Unterlagen nach Auffassung der Rechtsprechung ebenso wenig wie der Umstand, dass nach Beschlagnahme der „langjährige" Steuerberater zum (Mit)Verteidiger bestellt wird.[214]

397 War die Beschlagnahme dagegen im Zeitpunkt ihrer Durchführung unzulässig, weil nicht alle Beschlagnahmevoraussetzungen erfüllt waren, greift ein Verwertungsverbot ausnahmsweise dann nicht ein, wenn sich nachträglich ein Umstand herausstellt, der die seinerzeit vorgenommene Beschlagnahme gerechtfertigt hätte.[215] Dies gilt jedoch dann nicht, wenn sich jener Umstand erst aus der Auswertung des unzulässigerweise beschlagnahmten Materials ergibt.[216]

398 Wurde die Beschlagnahme dagegen aufgrund eines fehlerhaften Durchsuchungsbeschlusses durchgeführt, ist die Beschlagnahme nicht schlechthin unzulässig. Die Zulässigkeit beider Maßnahmen ist prinzipiell gesondert zu beurteilen.[217] Lediglich bei besonders gravierenden Verstößen kann die Unzulässigkeit der Durchsuchung auf die Beschlagnahme durchschlagen.[218] Lag dagegen im Zeitpunkt der Beschlagnahme eine rechtswirksame Durchsuchungsanordnung nicht vor, dürfen die beschlagnahmten Beweismittel nach Rechtsprechungsmeinung gleichwohl verwertet werden, wenn dem Erlass einer Durchsuchungsanordnung rechtliche Hinderungsgründe nicht entgegen gestanden hätten.[219]

399 Die Beschlagnahme erlischt mit dem rechtskräftigen Abschluss des Verfahrens, gegebenenfalls auch mit einer nicht in Rechtskraft erwachsenden Verfahrenseinstellung. Spätestens in diesem Zeitpunkt sind die beschlagnahmten Gegenstände herauszugeben. Etwa anderes gilt nur, wenn die Beschlagnahme auf Vollstreckungssicherung gerichtet war. In diesem Fall ist herauszugeben, wenn und soweit das Gericht nicht auf Verfall bzw. Einziehung erkannt hat.

400 Stellt sich bereits während der laufenden Verfahrens heraus, dass beschlagnahmte Gegenstände zur Beweisführung nicht erforderlich sind oder entgegen erster Annahme nicht dem Verfall oder Einziehung unterliegen, sind diese – aus Gründen der Verhältnismäßigkeit – noch im laufenden Verfahren herauszugeben.

Die Rückgabe erfolgt gegen Quittung durch die Ermittlungsbehörde.

401 *(7) Verteidigerhandeln.* Durchsuchungen und Beschlagnahmen sind vom Verteidiger zu begleiten. Wird bereits im Vorfeld mit einer Durchsuchung gerechnet, empfiehlt sich eine intensive Vorbereitung des Mandanten und gegebenenfalls weiterer Durchsuchungsbetroffener. Durchsuchungen und Beschlagnahmen werden zwar in Steuerstrafverfahren regelmäßig durchgeführt, sind aber andererseits kein spezifischer Bestandteil gerade steuerstrafrechtlicher Verfahren. In diesem Zusammenhang wird auf die ausführlichen Darstellungen von *Park*[220] und *Streck*[221] verwiesen, in welchen genaue Verhaltensempfehlungen bei Durchsuchungen gegeben werden. Zwar sollen die dortigen Ausführungen hier nicht wiederholt werden, doch erscheint eine kurze Einführung zweckmäßig.

402 Zunächst zeigt die Praxis, dass es oftmals nur ein Pyrrhussieg ist, wenn der Durchsuchungsbetroffene oder ein anwesender Anwalt während der laufenden Durchsuchung vorbehaltlos prozessual unzulässiges Handeln der Ermittlungsbehörde beanstanden. Den Ermittlungsbeamten bleibt es in der Situation unbenommen, durch telefonischen Kontakt zum Richter die Durchsuchungsanordnung gegebenenfalls nachzubessern oder aber die richterliche Durchsuchungsanordnung im Wege der eigenen Eilkompetenz auszudehnen. Strategisch vorteilhaft erscheint es daher, nachbesserungsfähige Mängel nicht in der Durchsuchungssituation, sondern später – ggf. im Beschwerdewege – zu beanstanden. Während der laufenden Durchsuchung können dagegen solche rechtliche Bedenken eingewandt werden, denen nicht kurzerhand abgeholfen werden kann.

---

[214] *Kohlmann* Bd. II § 385 Rdnr. 209 m. w. N.
[215] BGHSt 25, 168.
[216] LG Koblenz StV 1985, 8, [10]; LG Saarbrücken NStZ 1988, 424; *Kohlmann* Bd. II § 385 Rdnr. 209.
[217] LG Wiesbaden NJW 1979, 175.
[218] BVerfG NJW 1999, 273, [274]; *Kohlmann* Bd. II § 385 Rdnr. 210 m. w. N.
[219] BGH NJW 1989, 1741, [1744].
[220] *Park* S. 373 ff.
[221] *Streck* S. 9 bis 15, 124 f.

Das besondere Augenmerk des Verteidigers gilt jedoch seinem Mandanten. Der Durchsuchungsbetroffene ist mit der Situation einer plötzlichen und nicht vorhergesehenen Durchsuchung bzw. Beschlagnahme überfordert. Bereits im Vorfeld, spätestens aber bei Beginn einer Durchsuchung, wird der Verteidiger seinen Mandanten über das Prozedere bei Durchsuchung und Beschlagnahme informieren. Er wird in Ansehung der bisweilen nachhaltigen psychischen Belastung des Mandanten Verhaltensratschläge erteilen und den Mandanten auf die Situation vorbereiten. Anwaltliche Aufklärungsarbeit steht hier an erster Stelle, denn oftmals ist der Mandant nicht in der Lage, situationsangemessen zu reagieren. Er sieht sich einer ermittlungsbehördlichen Übermacht ausgesetzt und ist regelmäßig nicht ansatzweise in der Lage, zwischen zulässigem und unzulässigem Behördenhandeln zu unterscheiden. Nur der Verteidiger kann hier besonnenes Verhalten fördern. Falsches Handeln des Beschuldigten während einer Durchsuchung und Beschlagnahme kann sogar, wenn der Eindruck entstehen sollte, der Beschuldigte würde Beweismittel vernichten oder an die Seite schaffen, einen Haftbefehl provozieren.

Der Verteidiger hat gegebenenfalls bereits im Vorfeld sonst spätestens bei der Durchsuchung bzw. Beschlagnahme seinen Mandanten darüber aufzuklären, dass dieser Gegenstände, welche die Ermittlungsbehörde herausverlangt, nicht freiwillig überlassen sollte.

Andernfalls droht der Betroffene das Recht zu verlieren, sich später gegen die Sicherstellung verteidigen zu können. Hier ist der Mandant auch darüber zu informieren, dass die Ablehnung der freiwilligen Herausgabe von Unterlagen keinesfalls zu einem Konfrontationsklima in der Durchsuchungssituation führt. Der Mandant sollte sein Verhalten gegenüber den Beamten mit dem Hinweis auf anwaltlichen Rat erklären. Die freiwillige Herausgabe ist dagegen dann in Erwägung zu ziehen, wenn bei einer sich anschließenden Durchsuchung mit dem Auffinden von Zufallsfunden im Sinne des § 108 StPO zu rechnen ist.

5. Akteneinsicht

Der Strafverteidiger hat das Recht, die Ermittlungsakte, soweit sie den von ihm vertretenen Beschuldigten betrifft, einzusehen, § 147 Abs. 1 StPO. Dem Beschuldigten selbst steht dieses Recht nur in Bußgeld-, nicht aber in Strafsachen zu.

Beantragt der Verteidiger Akteneinsicht, wird die Ermittlungsbehörde die Akte für einige Tage in die Kanzleiräumlichkeiten des Verteidigers übersenden. Selbstverständlich ist der Verteidiger nicht nur befugt, sondern aus dem Mandatsverhältnis heraus auch verpflichtet, dem Beschuldigten die Akte und ihren Inhalt zur Kenntnis zu bringen. Dem Beschuldigten ist – nicht nur auf dessen Wunsch – eine Kopie der gesamtem dem Verteidiger überlassenen Akte zur Verfügung zu stellen. Dem Beschuldigten ist gestattet, Kenntnisse aus der Akte Dritten zu vermitteln; er ist – anders als sein Verteidiger – nicht verpflichtet, den Inhalt vertraulich zu behandeln. Eine Grenze findet die Offenbarungsbefugnis dort, wo Inhalte der Akte genutzt werden, in unlauterer Weise auf Mitbeschuldigte oder Zeugen einzuwirken. Allein der Hinweis des Beschuldigten an einen Zeugen, darauf, dass der Zeuge ein Aussage- oder Zeugnisverweigerungsrecht habe, stellt dabei noch keine unzulässige Beeinflussung dar.

Der Akteneinsichtsantrag sollte einen Passus enthalten, der die Ermittlungsbehörde bittet, die Gewährung von Akteneinsicht an Dritte, insbesondere an den Verletzten, dem Beschuldigten bzw. seinem Verteidiger im Vorfeld mitzuteilen. Nur hierdurch können der Beschuldigte bzw. sein Verteidiger sicherstellen, dass Informationen nicht in die Hände des Verletzten, der oftmals Anzeigeerstatter ist, gelangen, die dort „nichts zu suchen" haben. § 406 e StPO gewährt dem Verletzten bzw. dessen Rechtsanwalt Akteneinsicht, soweit er hieran ein berechtigtes Interesse hat. Ein solches Interesse besteht etwa regelmäßig nicht an Betriebs- oder Geschäftsgeheimnissen eines Unternehmens. Durch Bitte um Vorabmitteilung der Akteneinsichtsgewährung an Dritte kann die Verteidigung diese Informationsweitergabe – bis zu einem gewissen Grade – kontrollieren. Auf diese Möglichkeit sollte nicht ohne Not verzichtet werden. In Einzelfällen konnte im Dialog mit der Ermittlungsbehörde bereits während der noch laufenden Durchsuchung Einvernehmen erzielt werden, dass bestimmte beschlagnahmte Unterlagen dem Verletzten/Anzeigeerstatter nicht zur Ansicht übergeben werden. Entsprechende Möglichkeiten, den Informationsfluss zu beschränken, sind möglichst frühzeitig zu nutzen.

Die vom Verteidiger beantragte Akteneinsicht kann nach Maßgabe des § 147 Abs. 2 StPO abgelehnt bzw. beschränkt werden, wenn die Gewährung der Akteneinsicht vor Abschluss der

Ermittlungen den Ermittlungszweck gefährden würde. Für diesen Fall sollte die Verteidigung beantragen, die ablehnende oder beschränkende Entscheidung zu begründen. Hier ist zumindest Einsicht in die Unterlagen nach § 147 Abs. 3 StPO zu beantragen, da diese Dokumente der Verteidigung zu keinem Zeitpunkt vorenthalten werden dürfen.

410 Das strafprozessuale Akteneinsichtsrecht des Beschuldigten bzw. seines Verteidigers umfasst – jedenfalls nach Abschluss der Ermittlungen, arg e § 147 Abs. 2 StPO, alle Unterlagen und Beweismittel, die dem Gericht bei Erhebung der Anklage vorgelegt wurden oder vorzulegen sind. Auf Handakten, Fallhefte etc. bezieht sich das Aktensichtsrecht grundsätzlich nicht, denn Staatsanwaltschaft bzw. Bußgeld- und Strafsachenstelle des Finanzamts sind unter der Maxime der Wahrheitserforschung und der Verpflichtung zur Objektivität (§ 160 Abs. 2 StPO) gehalten, die Ermittlungsakte vollständig zusammenzustellen.[222] Dementsprechend ist – sofern entgegenstehende Anhaltspunkte nicht bestehen – davon auszugehen, dass die sonstigen Unterlagen der Staatsanwaltschaft bzw. der Bußgeld- und Strafsachenstelle weitere fallrelevante Informationen nicht enthalten, sodass es prinzipiell kein anzuerkennendes Bedürfnis der Verteidigung gibt, auch diese Unterlagen einzusehen. Ein weiter gehender, sich – auf Fallakten etc. – beziehender Einsichtsanspruch der Verteidigung kann jedoch dann bestehen, wenn nachvollziehbare Gesichtspunkte darauf hindeuten, dass jene Unterlagen entscheidungsrelevante Informationen enthalten. Die Verteidigung hat ein solches Akteneinsichtsrecht jedoch nicht schon dann, wenn sie vorträgt, ein Interesse an der Akteneinsicht in das Fallheft der Steuerfahndung zu haben, da nicht ausgeschlossen werden könne, dass sich hieraus entlastende Umstände ergeben.[223] Nach Auffassung des Oberlandesgerichts Frankfurt/Main ist es vielmehr erforderlich, dass die Verteidigung konkrete Anhaltspunkte dafür benennt, welche relevanten Erkenntnisse sich gerade aus dem Fallheft der Steuerfahndung für das konkrete Verfahren ergeben.[224] Gegebenenfalls, so das OLG Frankfurt/M., könne sich auch im Laufe des Verfahrens ein entsprechender Anspruch der Verteidigung ergeben, wenn etwa ein Steuerfahnder im Laufe der Hauptverhandlung Aussagen tätigt, die er auf das – bisher nicht zur Einsicht überlassene – Fallheft stützt.[225]

411 Aus der Praxis ist bekannt, dass Berechnungen, Darstellungen und Berichte der Steuerfahndung bzw. des Veranlagungsfinanzamts mitunter gravierende Mängel aufweisen, die in dieser Form aus den zur Strafakte genommenen Unterlagen nicht – ohne weiteres – ersichtlich sind. Ein diesbezügliches abgabenrechtliches Akteneinsichtsrecht besteht auf der Grundlage des § 364 AO. Insbesondere in Schätzungsfällen wird es oftmals unerlässlich sein, von der Möglichkeit umfassender Einsicht in die Steuerakten Gebrauch zu machen.

6. Telefonüberwachung, § 100 a StPO

412 Wegen des Verdachts einer Steuerhinterziehung i. S. v. § 370 AO darf eine Telefonüberwachung nicht angeordnet werden, da diese den Verdacht einer Katalogtat i. S. d. § 100 a Ziffern 1 bis 5 StPO voraussetzt und die einfache Steuerhinterziehung in diesem Katalog nicht enthalten ist. Richtet sich der Verdacht jedoch auf eine Katalogtat und sind die weiteren Voraussetzungen des § 100 a StPO gegeben, darf eine Überwachung der Telekommunikation erfolgen. In diesen Fällen dürfen auch gewonnene Erkenntnisse über mit der Katalogtat tateinheitlich begangene Nichtkatalogtaten, etwa eine Steuerhinterziehung nach § 370 AO, verwertet werden.[226] Der Verwertung steht es nicht entgegen, wenn sich ein anfänglicher Verdacht einer Katalogtat nicht erhärtet, sondern im Zuge der fortschreitenden Ermittlungen zerstreut hat.[227]

413 Dagegen stellt Geldwäsche im Sinne des § 261 StGB eine zur Telefonüberwachung berechtigende Katalogtat dar. Da es sich bei der gewerbs- oder bandenmäßigen Steuerhinterziehung gem. § 370 a AO um ein Verbrechen und damit um eine geldwäschetaugliche Vortat handelt, scheint in diesen Fällen die Anordnung einer Telefonüberwachung vorbehaltlich der weite-

---

[222] OLG Frankfurt/M. Beschl. v. 10.6.2003 – 2 Ws 01/03 – wistra 2003, 470 [471] unter Hinweis auf BVerfGE 63, 45 [63].
[223] OLG Frankfurt/M. wistra 2003, 470 [471].
[224] OLG Frankfurt/M. wistra 2003, 470 [471].
[225] OLG Frankfurt/M. wistra 2003, 470 [471].
[226] *Meyer-Goßner* 46. Aufl. 2003 § 110 a Rdnr. 17 m. w. N.
[227] *Meyer-Goßner* 46. Aufl. 2003 § 110 a Rdnr. 17 m. w. N.

ren Voraussetzungen des § 100 a StPO möglich. Allerdings hat *OLG Hamburg* eine wichtige Grenze zulässiger Überwachung der Telekommunikation markiert. Nach § 261 Abs. 9 StGB wird wegen Geldwäsche nicht bestraft, wer wegen Beteiligung an der Vortat strafbar ist. Ist daher der Täter der Geldwäsche zugleich Täter oder Beteiligter einer vorausgegangenen Tat nach § 370 a AO, so ist ausschließlich nach § 370 a AO (ggf. i. V. m. §§ 26, 27 StGB) zu bestrafen, nicht aber nach § 261 StGB. Das *OLG Hamburg* sieht mangels Verdachts gerade der Strafbarkeit nach § 261 StGB daher keine Möglichkeit, eine Überwachung der Telekommunikation nach § 100 a StPO anzuordnen.[228]

VI. Sonderprobleme

1. Allgemeine Fragen

a) Steuerschätzungen nach § 162 AO im Kontext von Steuerstrafverfahren. *aa) Die grundsätzlichen Regelungen in § 162 AO*. Unter den in § 162 AO genannten Voraussetzungen darf die Finanzbehörde die Bemessungsgrundlage einer Steuer schätzen. Hierzu ist sie nach § 162 AO allerdings nur dann berechtigt, wenn die genaue Ermittlung der Besteuerungsgrundlagen nicht möglich ist, § 162 Abs. 1 AO. Aus § 162 Abs. 1 S. 2 AO ergibt sich, dass sämtliche verfügbaren und für die Festsetzung der Steuer relevanten Informationen zu berücksichtigen sind; die Schätzung hat sich daher um größtmögliche Realitätsnähe zu bemühen.[229]

§ 162 Abs. 2 S. 1 AO sieht die Möglichkeit zur Schätzung insbesondere dann vor, wenn der mitteilungspflichtige Steuerpflichtige die erforderlichen Angaben nicht machen kann oder will.

Die Schätzung nach § 162 AO ist subsidiär. Geschätzt werden darf erst, nachdem alle zur Verfügung stehenden Beweismittel genutzt und ausgewertet worden sind.[230]

Besteht ein den Erfordernissen des § 162 AO gerecht werdender Schätzungsanlass, so dürfen nur die Besteuerungsgrundlagen, niemals aber die hierauf entfallende Steuer geschätzt werden. Die Praxis zeigt jedoch, dass die Finanzverwaltung den Begriff der Besteuerungsgrundlagen mitunter signifikant überdehnt. Sehr präzise definiert das *Finanzgericht Rheinland-Pfalz* den Begriff der Besteuerungsgrundlage und zeigt dessen Grenzen auf. In seinem Urteil vom 19.12.97 führt das Gericht wörtlich aus: „Besteuerungsgrundlagen im Sinne dieser Vorschrift [§ 162 Abs. 1 S. 1 AO] sind jedoch nicht die „reinen Fakten des Sachverhalts" oder Tatbestandsmerkmale, sondern Quantitäten, die numerisch festgelegt sein müssen, damit an sie die Steuer geknüpft werden kann. [...] Fehlende Tatbestandsmerkmale können nicht im Wege der Schätzung fingiert werden".[231] Geschätzt werden darf daher nur der Höhe, nicht aber dem Grunde nach. Schon diese Grundsätze werden in der Praxis oft verletzt.

Auf Einzelheiten der Schätzung kann im Rahmen dieser Darstellung nicht eingegangen werden; diesbezüglich wird auf das abgabenrechtliche Schrifttum und die korrespondierende Rechtsprechung der Finanzgerichte verwiesen.

§ 162 Abs. 3 und 4 AO sehen in bestimmten – im Einzelnen aufgezählten – Fällen neben der Steuer die Verhängung eines gesonderten Zuschlages vor, der – erstmalig im deutschen Steuerrecht – den Charakter einer Strafsteuer hat. § 162 Abs. 3 und 4 AO finden jedoch nur in Fällen der Verletzung von Pflichten nach § 90 Abs. 3 AO Anwendung. Betroffen sind von § 162 Abs. 3 und 4 AO daher nur Sachverhalte mit dem in § 90 Abs. 3 AO näher bezeichneten Auslandsbezug. Auf diese Besonderheiten wird im Rahmen dieser Darstellung nicht eingegangen.

§ 162 Abs. 5 AO schließlich ist für die hier interessierenden Fragen ohne Bedeutung.

bb) Schätzungen und Steuerstrafverfahren. Für Steuerstrafverfahren haben Schätzungen in mehrfacher Hinsicht Bedeutung.

Evident ist zunächst ein Widerspruch zu der in Art. 6 Abs. 2 MRK verbrieften Unschuldsvermutung und damit dem Grundsatz des in dubio pro reo. Da sich das verurteilende Strafgericht vom Nachweis der Schuld des Angeklagten überzeugen muss, was die Überzeugung

---

[228] OLG Hamburg Beschl. v. 19.6.2002 – 3 Ws 70/02, www.iww.de, Abrufnr.: 021377.
[229] Bundesfinanzhof BStBl. 1967, 686.
[230] Bundesfinanzhof Urt. v. 29.11.1960 – I 137/59 U – BStBl. III 1961, 154.
[231] FG Rheinland-Pfalz Urt. v. 19.12.1997 – 3 K 1515/94 – EFG 1998, 759 [760].

von der Tatbestandsmäßigkeit des Handeln/Unterlassens einschließt, können steuerrechtliche Schätzungen grundsätzlich keine tragfähige Grundlage für einen Schuldspruch sein. Folglich ist *Seer* zuzustimmen, wenn er formuliert: „In Steuerstrafverfahren und Verfahren über Steuerordnungswidrigkeiten findet § 162 AO keine Anwendung".[232] Auf der anderen Seite besteht ein aus Sicht der Justiz nachvollziehbares Bedürfnis, auch in Strafverfahren auf Schätzungen der Finanzbehörden zurückgreifen zu können. Es wäre illusorisch anzunehmen, dass der Hinweis auf lediglich geschätzte Besteuerungsgrundlagen ein Strafgericht von einer Verurteilung abhalten könnte. Hier kommt es vielmehr darauf an, die finanzbehördliche Schätzung in einer Weise zu bereinigen, dass sie für strafverfahrensrechtliche Zwecke verwertbar wird. Anders als im Besteuerungsverfahren reicht es für die Verteidigung im Strafverfahren hin, die finanzbehördliche Schätzung zu erschüttern. Eines Gegengutachtens bedarf es hierzu nicht.

422 Eine Schätzung kann sowohl im Besteuerungs- als auch im Steuerstrafverfahren auf unterschiedliche Weise angegriffen werden. In sachlogischer Reihenfolge bieten sich folgende Prüfungsschritte an: Bestand ein hinreichender Schätzungsanlass? Wurden alle verfügbaren Beweismittel ausgewertet? Beschränkt sich die Schätzung auf Besteuerungsgrundlagen? Wurde das richtige Schätzverfahren gewählt? Sind die zutreffenden Basisdaten zugrunde gelegt worden? Wurde das Schätzverfahren richtig durchgeführt? Wird das Ergebnis der Schätzung dem Zweifelsgrundsatz gerecht?

423 Weiterhin ist die Schätzung von Besteuerungsgrundlagen in der Vergangenheit zu einem beliebten Handwerkszeug der Finanzverwaltung avanciert, den sein Schweigerecht beanspruchenden Beschuldigten zur Schilderung der Besteuerungsgrundlagen zu veranlassen. Ist der Steuerpflichtige zugleich Beschuldigter, darf er im Strafverfahren, ohne dass ihm dies zum Nachteil gereichen dürfte, jegliche Einlassung zur Sache verweigern. Wird gegen ihn zeitgleich ein Besteuerungsverfahren betrieben, welches sich auf den Gegenstand des Strafverfahrens bezieht, so ist die fortbestehende Mitwirkungspflicht des Steuerpflichtigen im Besteuerungsverfahren nicht (mehr) erzwingbar. Die Besteuerungsgrundlagen können in diesen Fällen jedoch regelmäßig im Wege der Schätzung nach § 162 AO ermittelt und darauf eine Steuer festgesetzt werden. Es versteht sich von selbst, dass die Finanzbehörden in solchermaßen gelagerten Fällen mitunter den Rahmen der Schätzungsmöglichkeiten ausschöpfen, bisweilen auch – nachhaltig – überdehnen. Will sich der Steuerpflichtige gegen die seiner (u. U. berechtigten) Auffassung nach bei weitem zu hohen Mehrsteuern erwehren, kann er dies oftmals nur durch eine Mitteilung des tatsächlichen Sachverhalts. Im begleitend geführten Strafprozess kann eine solche Einlassung des Steuerpflichtigen regelmäßig auch gegen den steuerpflichtigen Beschuldigten verwertet werden. Eine (zu) hohe Schätzung fördert nicht selten – in rechtlich höchst fragwürdiger Weise – die Geständnisbereitschaft.

424 *cc) Die Verwertbarkeit von Schätzungen im Strafprozess.* Die Frage bewegt sich an der Schnittstelle zwischen materiellem Steuerstrafrecht und formellem Steuerstraf(verfahrens)recht. Selbstverständlich gilt auch für die Ermittlung des Verkürzungsschadens (§ 370 Abs. 4 AO) der Zweifelsgrundsatz, was das erkennende Strafgericht dazu zwingt, das Vorliegen des Verkürzungsschadens selbst zu prüfen und sich von seinem Vorliegen eine eigene für eine Verurteilung hinreichende Überzeugung zu bilden. Hierbei hat der Strafrichter unter Zugrundelegung der für den Strafprozess geltenden Regeln den Steuerschaden als Tatbestandsvoraussetzung des § 370 AO mit dem für eine Verurteilung erforderlichen Beweismaß festzustellen. Die Anwendung der steuerrechtlichen Regeln auf den konkreten Sachverhalt ist Rechtsanwendung und damit dem Strafrichter vorbehalten, sie darf nicht ersetzt werden etwa durch eine Vernehmung des Finanzbeamten als Zeugen.[233]

425 An begleitend getroffene Feststellungen des Finanzamts ist das Strafgericht dabei nicht gebunden. Dass die steuerliche Beurteilung eines steuerlichen Mehrergebnisses anderen Regeln folgt als die strafgerichtliche Schadensfeststellung, liegt auf der Hand und findet prägnanten Ausdruck im Kompensationsverbot des § 370 Abs. 4 Satz 3 AO. Die strafgerichtliche Feststellungslast geht jedoch noch einen Schritt weiter. Das verurteilende Strafgericht darf finanzbe-

---

[232] Tipke/Kruse/*Seer* § 163 Rdnr. 16.
[233] Vgl. BGH Beschl. v. 15.5.1997 wistra 1997, 302.

hördliche Feststellungen nicht einmal unbesehen zur Grundlage einer Verurteilung machen. Tut es dies dennoch, liegt ein mit der Revision angreifbarer Verstoß gegen § 267 StPO vor.

Steuerrechtliche Schätzungen sind im Strafverfahren unter Berücksichtigung folgender Maßgaben verwertbar: 426
Bestreitet der Angeklagte die im Wege der Schätzung ermittelten Besteuerungsgrundlagen und die hierauf entfallende Steuer nicht, kann hierin im Einzelfall ein verwertbares Geständnis des Angeklagten liegen.[234] Bestreitet der Angeklagte die Höhe des Verkürzungserfolges unter Hinweis auf eine unzutreffende Bemessungsrundlage, hat das Strafgericht die Höhe des Verkürzungserfolges festzustellen. Zwar kann sich das Strafgericht im Einzelfall den finanzbehördlichen Angaben anschließen, muss dann aber die Gründe mitteilen, warum es von der Richtigkeit der Bemessungsgrundlage mit an Gewissheit grenzender Wahrscheinlichkeit überzeugt ist, § 261 StPO.

Teilweise wird vorgeschlagen, auch im Strafverfahren ein reduziertes Beweismaß dann ausreichen zu lassen, wenn der Beschuldigte die Unaufklärbarkeit zu verantworten hat, sei es, weil er die erforderlichen Auskünfte nicht geben will, sei es, weil er sie – aufgrund fehlender oder mangelhafter Aufzeichnungen nicht geben kann. Diese Überlegung will den Gedanken der aus dem Notwehrrecht früher vertretenen actio illicita in causa für den vorliegenden Zusammenhang fruchtbar machen.[235] Zu Recht hat dieser Ansatz keine nennenswerte Gefolgschaft gefunden. 427

Die gerichtliche Praxis behilft sich in Anlehnung an eine Entscheidung des Bundesgerichtshofs aus dem Jahr 1978[236] oft mit Sicherheitsabschlägen. *Stypmann* hat das Problem solchen Vorgehens exakt getroffen, wenn er resümiert: „Sicherheitsabschläge spiegeln [...] nicht die Sicherheit der Schätzung, sondern häufig die Unsicherheit der Gerichte wieder".[237]

In der vorstehend angesprochenen Entscheidung hatte der Bundesgerichtshof dem Strafgericht die Möglichkeit eingeräumt, selbst eine strafprozessual verwertbare Schätzung vornehmen zu dürfen. Die strafgerichtliche Schätzung muss jedoch – mehr noch als die steuerliche – auf exakte Abbildung des tatsächlichen Sachverhalts angelegt sein. Daher ist die sog. freie oder griffweise Schätzung im Strafverfahren nicht verwertbar, während eine Schätzung auf der Grundlage der Geldverkehrsrechnung, der Vermögenszuwachsrechnung oder des äußeren und inneren Betriebsvergleich eine zulässige Methode strafgerichtlicher Erkenntnisgewinnung darstellen kann. Die Validität der ermittelten Resultate nimmt zu, wenn mehrere Methoden kombiniert angewandt werden.[238] 428

Solange der strafrechtlich relevante Verkürzungserfolg aber mehr oder weniger geschätzt wird, handelt es sich in der Sache um einen Indizienbeweis, sodass die Beweisführung den an einen Indizienbeweis zu stellenden Anforderungen zu genügen hat.[239] 429

dd) Steuerliche Schätzungen als Mittel zur Förderung der Geständnisbereitschaft/Strafschätzungen. Nr. 28 S. 2 und 3 AStBV lauten: „Weigert sich der Steuerpflichtige, bei der Durchführung der Besteuerung mitzuwirken, ist er darauf hinzuweisen, dass dies im Besteuerungsverfahren berücksichtigt werden kann und die Besteuerungsgrundlagen ggf. geschätzt werden können. Der Eindruck, dass dadurch Druck zur Mitwirkung auf ihn ausgeübt werden soll, ist zu vermeiden". Schon die Regelung zeigt, dass sich die Finanzverwaltung des Drucks auf den Steuerpflichtigen bewusst ist, wenn eine Schätzung beabsichtigt ist. In besonderem Maße verfassungsrechtlich fragwürdig wird dieser Druck dann, wenn zeitgleich zum Besteuerungsverfahren ein Strafverfahren betrieben wird. Soweit § 393 Abs. 1 AO unter den dort genannten Voraussetzungen die Freiheit vom Zwang zur steuerlichen Mitwirkung gewährleisten soll, lassen Schätzungen der Besteuerungsgrundlagen bei zeitgleich betriebenem Strafverfahren die Regelung des § 393 Abs. 1 S. 3 AO jedenfalls dann illusorisch werden, wenn bei Schätzung der Bemessungsgrundlage sämtliche Möglichkeiten zuungunsten des 430

---

[234] BGH ZfZ 1959, 301 f.
[235] I.d.S. *Dannecker*, Steuerhinterziehung im internationalen Wirtschaftsverkehr, 1984, S. 35.
[236] BGH Urt. v. 18.4.1978 – DB 1979, 142.
[237] *Stypmann* wistra 1983, 95 [97].
[238] F/G/J/*Joecks* § 370 Rdnr. 59 m. w. N.
[239] Vgl. *Klein*, Die Auswirkungen der unterschiedlichen Beweislast im Steuerrecht und im Steuerstrafrecht, Köln, 1989, S. 74 m. w. N.

Steuerpflichtigen ausgeschöpft werden oder gar Strafschätzungen erfolgen, wie sie nunmehr im Zusammenhang mit Auslandsangelegenheiten im Sinne des § 90 Abs. 3 AO in § 162 Abs. 3 und 4 AO sogar ausdrücklich vorgesehen sind.

431 Rechtsprechung und Schrifttum sind im Wesentlichen einig, dass die steuerlichen Bemessungsgrundlagen auch im Fall eine parallel geführten Strafverfahrens geschätzt werden dürfen, sofern die entsprechenden Voraussetzungen des § 162 AO im Einzelfall gegeben sind. Hierfür besteht im Übrigen auch ein praktisches Bedürfnis. Ist die Schätzung um größtmögliche Realitätsnähe bemüht und werden nicht sämtliche erdenklichen Spielräume zuungunsten des Steuerpflichtigen ausgeschöpft, so begründet sie keinen Zwang zur Mitwirkung, welcher den Regelungen des § 393 Abs. 1 AO zuwiderlaufen würde.

432 Zu einem Verstoß gegen § 393 Abs. 1 AO kommt es jedoch dann, wenn eine Zuschätzung erfolgt, die ihren Grund in der vom Steuerpflichtigen verweigerten Mitwirkung hat.[240] Entsprechendes gilt, wenn die Schätzung nicht um größtmögliche Realitätsnähe bemüht ist, was sich im Einzelfall daran zeigen kann, dass etwaige Spielräume ohne tragfähige Begründung zuungunsten des Steuerpflichtigen ausgeschöpft werden. Sieht sich der Steuerpflichtige aufgrund einer seiner Auffassung nach zu hohen Schätzung zu einer Einlassung veranlasst und schildert dem Finanzamt seine Sicht, so ist diese Einlassung unter dem Druck der Schätzung abgegeben worden. Um dem verfassungsrechtlich verbrieften Grundsatz von der Freiheit zum Zwang zur (strafrechtlichen) Selbstbelastung auch hier Geltung zu verschaffen, nimmt *Kohlmann* hier zu Recht unter Bezugnahme auf die tragenden Erwägungen des Gemeinschuldnerbeschlusses des *Bundesverfassungsgerichts* ein Verwertungsverbot der im Besteuerungsverfahren gemachten Angaben für die Zwecke der Strafverfolgung an.[241]

433 Verfassungsrechtlich fragwürdiger Druck entsteht durch eine bevorstehende Schätzung dann, wenn eine Mitwirkung des Steuerpflichtigen dazu führen würde, dass sich dieser wegen einer verfolgbaren Straftat oder Ordnungswidrigkeit bezichtigt. Entsprechendes gilt, wenn zeitgleich zum Besteuerungsverfahren ein bereits eingeleitetes Strafverfahren betrieben wird. In diesem Zusammenhang wurde bereits an anderer Stelle darauf hingewiesen, dass es der Verteidigung auf dem Verhandlungswege mit dem Finanzamt oftmals gelingt, das Besteuerungsverfahren für die Dauer des Strafverfahrens auszusetzen. In diesem Fall droht keine Schätzung, deren Höhe dem Beschuldigten Anlass wäre, im Wege einer eigenen Einlassung die errechneten Mehrsteuern zu seinen Gunsten zu korrigieren.

434 Droht dagegen die Selbstbezichtigung wegen einer verfolgbaren Straftat oder Ordnungswidrigkeit, wenn die Schätzung angegriffen wird, hat die Verteidigung etwaige noch bestehende Möglichkeiten einer strafbefreienden Selbstanzeige auszuloten. In diesem Rahmen wäre auch der Frage nachzugehen, ob die Informationen des Steuerpflichtigen über von ihm begangene nichtsteuerliche Delikte die besonderen Kriterien des § 30 Abs. 4 Nr. 5 AO erfüllen und vom Finanzamt an die Staatsanwaltschaft weitergegeben werden müssen, oder ob statt dessen das Verwendungsverbot im Sinne von § 393 Abs. 2 AO zum Zuge kommt.[242]

435 **b) Treuhandschaft.** Die Frage der nach abgabenrechtlichen Kriterien zu beurteilenden Treuhandschaft ist in steuerstrafrechtlichen Zusammenhängen oftmals von Bedeutung. Dahinter steht die Frage nach der – abgabenrechtlichen – Zuordnung einzelner Wirtschaftsgüter zu ihrem Träger. Die zentrale Regelung findet sich in § 39 AO. Nach § 39 Abs. 1 AO ist ein Wirtschaftsgut grundsätzlich dem Eigentümer zuzuordnen. Für Treuhandverhältnisse rechnet § 39 Abs. 2 Ziff. 1 S. 2 AO das Treugut dem Treugeber zu.

436 Ihre prozessuale Komponente erhält die Vorschrift des § 39 Abs. 2 Ziff. 1 S. 2 AO durch § 159 AO. Danach hat derjenige, der eine Zurechnung von Wirtschaftsgütern unter Hinweis auf eine Treuhandabrede bestreitet, Nachweis über den Treugeber und die Treuabrede zu erbringen. An den Nachweis werden hohe Anforderungen gestellt.[243] Der Nachweis des mutmaßlichen Treugebers, dass ihm die Sache nicht gehört, ihm das Recht nicht zusteht, allein reicht nicht. Hinzukommen muss stets die Benennung des Treugebers sowie der Beweis der

---

[240] Vgl. nur *Streck/Spatscheck* wistra 1998, 339; *Teske* wistra 1988, 207 [214]; F/G/J/*Joecks* § 393 Rdnr. 30 a; *Kohlmann* Bd. II § 393 Rdnr. 34.
[241] *Kohlmann* Bd. II § 393 Rdnr. 36.
[242] Eine ausf. Darstellung dieser Problematik findet sich in Abschnitt III, 4, c).
[243] Klein/*Rüsken* AO § 159 Rdnr. 1 unter Hinweis auf BFH BStBl. 98, 152.

Treuhandabrede. Wird der vollständige Treuhandnachweis im Einzelfall nicht erbracht, so werden die Sachen/Rechte regelmäßig dem Treuhänder zugerechnet. Ob die Finanzbehörde insoweit eine Ermessensentscheidung zu treffen hat, deren leitende Gründe sie im Einzelfall mitteilen müsste, ist streitig.

In Steuerstrafverfahren haben Treuhandverhältnisse oftmals im Zusammenhang mit Vermögenszuordnungen zwischen Familienmitgliedern Bedeutung. Der mit einem Ermittlungsverfahren wegen Hinterziehung von Kapitalertragsteuer überzogene Vater erklärt den Finanzbehörden, das ermittelte auf ihn lautende Konto stehe nicht ihm sondern seiner im Ausland lebenden Tochter zu. Die Sachverhalte sind vielgestaltig. Die Verteidigung muss sich bewusst sein, im Besteuerungsverfahren den nach § 159 AO erforderlichen qualifizierten Treuhandnachweis erbringen zu müssen. 437

Im Strafverfahren gilt § 159 AO nicht,[244] das Strafgericht hat daher – anders als die Finanzbehörde im Besteuerungsverfahren – mit dem nach § 261 StPO erforderlichen Beweismaß festzustellen, dass ein behauptetes Treuhandverhältnis nicht besteht. 438

Wenn daher im Besteuerungsverfahren unter Berufung auf die Gefährdungshaftung[245] gemäß § 159 AO ohne vollständige Sachaufklärung eine behauptete Treuhandschaft nicht anerkannt wird, ist diese Zurechnung für den Strafrichter weder bindend, noch darf er sie ohne ergänzende Feststellungen einer Verurteilung zugrunde legen. Es ist daher nicht ausgeschlossen, dass im oben genannten Beispiel der Vater Einkommensteuer nachzuzahlen hat, während eine strafrechtliche Sanktion aus Gründen des Zweifelsgrundsatzes nicht verhängt werden kann. 439

Eine gewisse Bedeutung erhält § 159 AO wiederum im Rahmen der Bankenverfahren wegen Luxemburg-Transfers; allerdings nur für diejenigen Institute, die in Luxemburg unselbständige Zweigniederlassungen unterhalten haben, auf die Kundengelder zur Anlage transferiert wurden. 440

Die Finanzverwaltung vertrat in diesem Zusammenhang bei nicht zuordenbaren Kundentransfers unter Berufung auf § 39 AO die Auffassung, dass die Guthaben auf luxemburgischen Konten unter den gegebenen Voraussetzungen nicht einzelnen Anlegern sondern der Bank zuzurechnen seien. Folglich habe es sich bei Zinserträgen aus diesen Konten, nicht um Erträge von Kunden sondern um solche der Bank gehandelt. Beruft sich die Bank darauf, dass die nach Luxemburg transferierten Guthaben nicht ihr, sondern Vermögen der Kunden darstellen, hat sie einen Sachverhalt vorgetragen, den die Finanzverwaltung den Regeln der Treuhand unterstellen wollte. Begründet wurde diese Sicht mit § 159 AO. Danach ist das Recht/die Sache dem behaupteten Treuhänder solange als eigene zuzurechnen, wie er den qualifizierten Treuhandnachweis im Sinne des § 159 Abs. 1 AO nicht erbracht hat. Die Auffassung der Finanzverwaltung ist abzulehnen. § 159 AO begründet keine Gefährdungshaftung. Bei seiner Ermessensausübung im Rahmen des § 159 AO hat die Finanzverwaltung den festgestellten Sachverhalt zu beachten. Es schwebt derzeit ein Finanzgerichtsverfahren, das von einer Bank in Norddeutschland betrieben wird. 441

c) **Fehlende Empfängerbenennung, § 160 AO.** Schulden, Lasten, Betriebsausgaben Werbungskosten und andere Ausgaben sind nach § 160 Abs. 1 S. 1 AO in der Regel nicht zu berücksichtigen, wenn der Steuerpflichtige die Gläubiger oder Empfänger trotz Verlangens nicht benennt. Enthält daher die Bilanz eines Unternehmens Verbindlichkeiten gegenüber nicht benannten Dritten wird das Finanzamt zur namentlichen Nennung auffordern. Unterbleibt sie, werden die vorstehend aufgezählten Ausgaben nicht gewinn- und damit steuermindernd berücksichtigt. 442

Die Vorschrift dient nicht der Sicherstellung der Steuern des Steuerpflichtigen, dem der Abzug versagt wird. Denn die Ausgaben werden (i. d. R.) auch dann nicht zum Abzug gelassen, wenn sie zweifelsfrei getätigt wurden. Hintergrund ist vielmehr die Überlegung, dass mangels Empfängerangabe keine Überprüfung möglich ist, ob der Empfänger der Leistung ihren Erhalt versteuert. 443

---

[244] Beermann/*Schmieszek*, Steuerliches Verfahrensrecht. Kommentar, Losebl., Std. Jan. 2000, § 159 Rdnr. 3; Tipke/Kruse/*Seer* AO § 159 Rdnr. 6; *FG München* EFG 98, 524 f.
[245] Klein/*Rüsken* AO § 159 Rdnr. 1.

444 Für den strafrechtlichen Kontext bedeutet dies allerdings, dass eine Steuerhinterziehung trotz fehlender Empfängerbenennung dann nicht vorliegt, wenn Gewissheit besteht, dass die Ausgaben, deren Empfänger nicht benannt ist, tatsächlich vorgenommen wurden.[246]

445 d) **Tatsächliche Verständigung.** Tatsächliche Verständigung meint die einvernehmliche Beilegung eines steuerlichen Rechtsstreits, unabhängig davon, ob zeitgleich über den der tatsächlichen Verständigung unterliegenden Sachverhalt ein Strafverfahren betrieben wird. Die vorliegende Darstellung greift jedoch nur solche Verfahrensgesichtspunkte auf, die sich aus oder zumindest anlässlich eines Steuerstrafverfahrens ergeben, so dass hier allein diejenige Tatsächliche Verständigung von Interesse ist, wie sie in oder begleitend zu einem Steuerstrafverfahren abgeschlossen wird.

446 Bereits in der Einleitung wurde darauf hingewiesen, dass Steuerstrafverfahren in der Mehrzahl der Fälle nicht durch ein Strafurteil beendet werden; vielmehr sind Einstellungen aus Opportunitätsgesichtspunkten – allen voran die Einstellungen gegen Auflagen nach § 153 a StPO – die bei weitem häufigste Erledigungsform. Einstellungen nach § 153 und § 153 a StPO setzten nicht voraus, dass alle denkbaren Erkenntnisquellen ausgeschöpft wurden und der Sachverhalt vollständig ermittelt ist. Folglich wird in Fällen der Einstellung aus Opportunitätsgesichtspunkten vielfach auch der steuerrechtlich relevante Sachverhalt nicht ausermittelt sein. In diesen Fällen besteht oftmals die Möglichkeit, über offene und nur schwer aufzuklärende Sachverhaltsfragen eine bindende Abrede zu treffen, die sog. Tatsächliche Verständigung. Sind die Voraussetzungen zum Abschluss der Tatsächlichen Verständigung eingehalten, so bindet sie die Beteiligten.

447 Wird ein Steuerstrafverfahren betrieben, treffen in der Regel dreierlei verschiedene Interessen aufeinander. Die Bußgeld- und Strafsachenstelle fordert in der Regel eine substantielle Sanktion, das Veranlagungsfinanzamt will Mehrsteuern. Der Beschuldigte, der zugleich Steuerpflichtiger ist, will in der Regel eine möglichst geringe Steuerfestsetzung und eine möglichst milde Sanktion.

448 Ist der Fall nicht von besonderer Schwere und handelt es sich bei dem Beschuldigten um einen (mutmaßlichen) Ersttäter, kann bereits in frühen Kontakten mit der Bußgeld- und Strafsachenstelle eine Einstellung nach § 153 a StPO angeregt werden. Paradoxerweise gilt dies insbesondere dann, wenn die hinterzogenen Steuern nicht ohne weiteres aus vorhandenem Vermögen des Beschuldigten beglichen werden können und das Veranlagungsfinanzamt weiß, dass die vollständige Tilgung der Steuerschuld nur erfolgen kann, wenn der Beschuldigte auch weiterhin aktiv am Erwerbsleben teilnimmt. Kommt hinzu, dass der Beschuldigte Geschäftsführer ist, einen „verkammerten" oder einen zuverlässigkeitsgeprüften Beruf ausübt, konnte beobachtet werden, dass das Veranlagungsfinanzamt gegenüber der Bußgeld- und Strafsachenstelle zumindest unterschwellig auf eine Erledigungsform drängt, welche dem Beschuldigten nicht die Möglichkeit zur Erzielung substantieller Einkünfte in der Zukunft nimmt. Formulierungen wie etwa „Wir stellen Ihren Mandanten an den Abgrund, werfen ihn aber nicht hinein", fallen dabei nicht selten und sind signifikanter Ausdruck der erwarteten Koordination kollidierender Interessen. Kann zwischen den Beteiligten ein solcher Erledigungsmodus – zunächst in Form einer Art „Arbeitshypothese" – vereinbart werden, sind die Weichen für die strafrechtliche Erledigung oftmals gestellt. Sofern die sich anschließenden Ermittlungen nicht zu neuen gravierenden Verdachtsmomenten führen, kann erwartet werden, dass auch bei der Abschlussbesprechung, die unter Umständen erst Jahre später stattfinden wird, die Frage nach dem strafrechtlichen Verfahrensabschluss nur um die Höhe und die Modalitäten einer zu zahlenden Geldauflage kreist. Daneben muss jedoch das Besteuerungsverfahren abgeschlossen werden. Nicht selten gibt es hier zwei alternative Erledigungswege, die oftmals schon zu Beginn eines Steuerstraf- und begleitend des Besteuerungsverfahrens angesprochen werden. In der Praxis ging die Initiative zu solchen Gesprächen oftmals von der Finanzbehörde aus. Erste Besprechungen wurden von Seiten des Finanzamts nicht selten mit dem Hinweis darauf begonnen, dass im Rahmen der vorausgegangenen Beschlagnahme umfangreiches Material sichergestellt werden konnte, dieses aber noch nicht en detail ausgewertet wurde. Üblicherweise werden in diesem Zusammenhang Stichproben aus der Akte präsentiert, die eine gewisse Richtung erkennen lassen und

---

[246] Kruse/*Tipke* AO § 160 Rdnr. 22.

zumindest näherungsweise Rückschlüsse auf die Höhe mutmaßlich verkürzter Steuern zulassen. Dem Beschuldigten wird alsdann Gelegenheit gegeben, den Sachverhalt von seiner Seite aufzurollen und den Finanzbehörden darzulegen, wobei unterschwellig erwartet wird, dass die Sachverhaltsermittlung des Beschuldigten die Erwartung der Finanzbehörde bestätigt, wie sie durch die Stichprobe nahe gelegt wird. Legt nun der Beschuldigte mit Hilfe seines steuerlichen Beraters den Sachverhalt offen und ermittelt er einen plausiblen Anhaltspunkt verkürzter Mehrsteuern, so wird zwar die Diskussion über die Höhe der Mehrsteuern nicht verhindert werden können, doch ist eine Bereitschaft des Veranlagungsfinanzamts, sich auf die vom Beschuldigten bzw. dem steuerlichen Berater ermittelten Beträge in etwa einzulassen, jedenfalls dann gegeben, wenn auch das Finanzamt Art und Weise der Sachverhaltsaufklärung und die hieraus resultierenden Zahlen nachvollziehen kann und als plausibel bewertet. Es ist jedoch zu beachten, dass der Beschuldigte und sein Berater auch in entsprechenden Gesprächen, in denen etwaige verkürzte Mehrsteuern erörtert werden, keineswegs von der Pflicht zu wahrheitsgemäßen und vollständigen Angaben über die Bemessungsrundlagen entbunden sind, so dass im Fall vorsätzlicher oder leichtfertig falscher Darstellung auch in diesen Situationen Straftaten nach den §§ 370 f. AO oder Ordnungswidrigkeiten nach § 378 AO verwirklicht werden können. Sowohl der steuerliche Berater als auch der Verteidiger haben zwar im Interesse des Beschuldigten bestehende Handlungs- und Darstellungsoptionen auszunutzen, müssen aber stets penibel darauf achten, sich nicht auf ein nach §§ 370 ff. AO rechtlich fragwürdiges Terrain zu begeben.[247] Neben den spezifisch steuerstrafrechtlichen Gesichtspunkten ist von den Beteiligten ferner sicherzustellen, keine Konflikte mit den Straftatbeständen der Begünstigung, § 257 StGB, und in Ausnahmefällen auch der Geldwäsche nach § 261 StGB zu verursachen.

Wird ein Strafverfahren nach Opportunitätsgesichtspunkten eingestellt, da der Sachverhalt, wie es § 153 a StPO vorsieht, nicht vollständig durchermittelt wurde, wird es in begleitenden Besteuerungsverfahren oftmals zu einer Tatsächlichen Verständigung kommen. Der steuerliche Verfahrensabschluss im Wege der Tatsächlichen Verständigung ist jedoch nicht auf den Gegenstand des strafrechtlichen Ermittlungsverfahrens beschränkt.

Das Institut der Tatsächlichen Verständigung zur Beilegung einer steuerrechtlichen Auseinandersetzung ist zwar in der Abgabenordnung nicht vorgesehen, doch ist diese Form der Erledigung zwischenzeitlich anerkannt. Obwohl oder gerade weil grundsätzliche Bedenken an diesem „Handel mit der Gerechtigkeit" nicht verstummen, haben sich Finanzgerichte, Schrifttum und Strafgerichte mit Inhalt und Grenzen einer zulässigen Tatsächlichen Verständigung wiederholt auseinander gesetzt.

aa) Voraussetzungen der Tatsächlichen Verständigung. Nach der Rechtsprechung des *Bundesfinanzhofs* sind Tatsächliche Verständigungen zunächst dem Grunde nach zulässig.[248] Die Oberfinanzdirektionen München und Nürnberg haben zwischenzeitlich Verwaltungsanweisungen erlassen, in denen – unter Auswertung der bisherigen Rechtsprechung – die Kriterien einer zulässigen Tatsächlichen Verständigung zusammengefasst sind.[249]

(1) Tatsachen als Gegenstand der Tatsächlichen Verständigung. Die Tatsächliche Verständigung ist eine einvernehmliche Regelung über das Vorhandensein bestimmter Tatsachen. In diesem Rahmen ist es den Beteiligten gestattet, sich in bindender Weise zu einigen. Eine Absprache darf jedoch nie eine bestimmte rechtliche Handhabung oder Bewertung oder die Vereinbarung einer bestimmten Rechtsfolge zum Gegenstand haben; zulässig ist die Tatsächliche Verständigung nur über Tatsachenfragen. Über Rechtsfragen darf sie nicht getroffen werden,[250] denn das Steuerrecht steht nicht zur Disposition der Beteiligten des Besteuerungsverfahrens. Die Abgrenzung zwischen Rechts- und Tatsachenfragen kann im Einzelfall schwierig sein. Ein Beispiel hierfür liefert die Entscheidung des BFH vom 13.8.1997.[251] Während das *FG* hier eine (unzulässige und damit nicht bindende) Verständigung über eine Rechtsfrage angenommen

---

[247] Siehe BGH wistra 1999, 103, 106; F/G/J/*Joecks* § 404 Rdnr. 94.
[248] BFH BStBl. II 1985, 354; BFH/NV 1998, 498 und BFH/NV 2001, 829.
[249] OFD München/OFD Nürnberg, „Tatsächliche Verständigung über den der Steuerfestsetzung zugrunde liegenden Sachverhalt", abgedr. in DStR 2003, 1663.
[250] Vgl. nur BFH Urt. v. 11.12.1984 – VIII R 131/76 – BStBl. II 1985, 354 [358]; OFD München/OFD Nürnberg DStR 2003, 1663; F/G/J/*Joecks* § 404 Rdnr. 93.
[251] BFH Urt. v. 13.8.1997 – I R 12/97 – BFH/NV 1998, 498 [499].

hatte, sieht der BFH „in der Verständigung über die Angemessenheit der Geschäftsführer-Gesamtausstattung und einen als angemessen angesehenen Anteil der variablen Vergütung [...]" zwar eine Verständigung über eine rechtliche Beurteilung, zugleich liege darin aber die Verständigung über tatsächliche (Vor-) Fragen, so dass eine Tatsächliche Verständigung hierüber zulässig und bindend war.[252] Nach den Verwaltungsanweisungen der Oberfinanzdirektionen München und Nürnberg soll in Übereinstimmung mit dieser Rechtsprechung eine Tatsächliche Verständigung daher auch dann möglich sein, wenn im Rahmen einer rechtlichen Beurteilung über eine Vorfrage zum Sachverhalt zu entscheiden ist.[253]

453 *(a) Schwierigkeiten bei der Aufklärung des Sachverhalts.* Setzt die Tatsächliche Verständigung eine Absprache über Sachverhaltsfragen voraus, darf sie dennoch nicht stattfinden, wenn der zutreffende Sachverhalt offen zu Tage liegt und ernsthafte Aufklärungshindernisse nicht bestehen. In diesen Fällen kommt der Amtsaufklärungsgrundsatz zum Tragen; abweichende Tatsachen können in diesen Fällen nicht im Wege einer Absprache zur Grundlage des Steueranspruchs gemacht werden. Daher wird für die Tatsächliche Verständigung ein Sachverhalt verlangt, der nur unter erschwerten Umständen aufgeklärt werden kann.[254] Dies ist nach allgemeiner Auffassung der Fall, wenn sich einzelne Sachverhalte nur mit überdurchschnittlichem Arbeits- und Zeitaufwand und/oder mit überdurchschnittlicher Zeitdauer ermitteln lassen.[255]

454 *(b) Kein offensichtlich unrichtiges Ergebnis.* Die Tatsächliche Verständigung darf nicht zu einem „offensichtlich unrichtigen Ergebnis" führen.[256] Tut sie dies dennoch, ist sie unwirksam und bindet die Beteiligten nicht. Damit sind die Beteiligten einer Tatsächlichen Verständigung nicht gänzlich frei, vielmehr haben sie die Inhalte der Tatsächlichen Verständigung an der (mutmaßlichen) Richtigkeit des Ergebnisses auszurichten. Daher ist etwa der Einwand des Steuerpflichtigen, die sich aus dem Vorschlag zur Tatsächlichen Verständigung ergebenden Mehrsteuern nicht tragen zu können, grundsätzlich ungeeignet, der Tatsächlichen Verständigung einen anderen Inhalt zu geben. Dieser Einwand könnte höchstens im Rahmen von Tilgungs- bzw. Sicherungsvereinbarungen von Bedeutung sein.

455 Zur Verdeutlichung wird hier an den bereits im Rahmen der steuerlichen Haftung von Teilnehmern geschilderten Bankenfall angeknüpft. Dort stand nach mehrjähriger Ermittlungsarbeit fest, dass die Bank (bzw. einzelne Mitarbeiter) zahlreichen Kunden in nach § 370 AO, § 27 StGB strafbarer Weise bei der Hinterziehung von Kapitalertragsteuer durch anonymisierte Kapitaltransfers nach Luxemburg geholfen hat. Bei Abschluss der Ermittlungen war nur ein Teil der Kunden namentlich identifiziert; für nicht namentlich ermittelte Anleger wurde eine Inanspruchnahme aus Haftungsgesichtspunkten erwogen. Vor diesem Hintergrund bot die Finanzverwaltung den Abschluss einer tatsächlichen Verständigung an. Bemessungsgrundlage des Haftungsbetrages sollten – nach Abzug sog. Sicherheitsabschläge und nach Abzug der „enttarnten" Anleger – 50 % derjenigen (anhand der für die zurückliegenden Jahre recherchierbaren) Erträge sein, die aus dem Transfervolumen erzielt wurden, welches einzelnen Anlegern nicht zugeordnet werden konnte. Für die Annahme i.H.v. 50 % der Erträge gab es keine andere Rechtfertigung als die monetär gleichmäßige Verteilung von Prozessrisiken zwischen Bank und Fiskus in dem Verhältnis 50:50. Diese Vereinbarung wurde mit Rücksicht auf Obsiegens- und Unterliegenswahrscheinlichkeiten in einem ansonsten zu erwartenden finanzgerichtlichen Verfahren geschlossen. Die Tatsächliche Vereinbarung erhob zu keiner Zeit den Anspruch, die tatsächlichen Verhältnisse auch nur annähernd zutreffend wiederzugeben. Eine solche Tatsächliche Vereinbarung dürfte offensichtlich unzutreffend sein.

456 *(c) Beteiligte.* Die Tatsächliche Verständigung erfolgt zwischen dem Steuerpflichtigem und dem Veranlagungsfinanzamt. Nimmt der Steuerpflichtige nicht selbst teil, sondern wird er durch einen Rechtsanwalt oder Steuerberater vertreten, ist dessen ordnungsgemäße Bevollmächtigung sicherzustellen. Die Strafprozessvollmacht des Verteidigers wird hierfür regelmäßig nicht ausreichen; eine uneingeschränkte Vollmacht nach § 80 Abs. 1 S. 2 AO genügt

---

[252] BFH/NV 1998, 489 [499].
[253] OFD München/OFD Nürnberg DStR 2003, 1663.
[254] BFH BStBl. II 1985, 354 [358].
[255] Vgl. nur OFD München/OFD Nürnberg DStR 2003, 1663; F/G/J/*Joecks* § 404 Rdnr. 92.
[256] BFH BStBl. II 1985, 354 [358].

dagegen.[257] Auf Seiten des Veranlagungsfinanzamts ist ein Amtsträger zu beteiligen, der zur Entscheidung über die Steuerfestsetzung befugt ist. Nach der innerbetrieblichen Organisation der Finanzämter ist dies regelmäßig neben dem Vorsteher auch ein Sachgebietsleiter.[258] War an dem Abschluss einer Tatsächlichen Verständigung ein für die Entscheidung über die Steuerfestsetzung zuständiger Amtsträger nicht beteiligt, kann dieser Mangel nicht durch nachträgliche Zustimmung geheilt werden;[259] so heilt insbesondere die spätere Unterzeichnung des Steuerbescheides durch den Sachgebietsleiter seine fehlende Beteiligung an der Tatsächlichen Verständigung nicht.[260]

Der angesprochene Bankenfall bietet auch insoweit Anlass zum Nachdenken. An der Tatsächlichen Verständigung waren beteiligt das Finanzamt am Sitz der Bank sowie die Bank als mutmaßliche Haftungsschuldnerin. Gläubiger des Haftungsanspruchs ist aber das für die jeweilige Steuer zuständige Finanzamt. Dies wiederum sind die Wohnsitzfinanzämter der Anleger. Da aber schon die Anleger nicht bekannt waren, können auch die zuständigen Finanzämter als die jeweiligen Steuergläubiger nicht ermittelt werden, so dass die Tatsächliche Verständigung zwangsläufig nicht mit allen zuständigen Finanzämtern geschlossen wurde. Wird nun später ein Anleger enttarnt und kann dieser die Mehrsteuern nicht tilgen, wird sich das betreffende Finanzamt (sofern dies nicht das Finanzamt am Sitz der Bank ist) an die Bank als Haftungsschuldnerin wenden können. Wegen fehlender Beteiligung des entsprechenden Finanzamts an der Tatsächlichen Verständigung wird sich die Bank gegenüber dem inanspruchnehmenden Finanzamt nicht erfolgreich auf die Tatsächliche Verständigung berufen können.

Die Steuerfahndung Berlin regt an, auch einen Vertreter der Ermittlungsbehörde an dem Abschluss der Tatsächlichen Verständigung zu beteiligen.[261] Dieser Vorschlag überzeugt nicht. Zunächst wird mit der Tatsächlichen Verständigung nur eine Absprache im Sinne der Festlegung eines einvernehmlichen Verständnisses eines Sachverhalts getroffen. Diese Absprache bindet die Beteiligten des Besteuerungsverfahrens und setzt, wie der BFH in ständiger Rechtsprechung betont, eine erschwerte Aufklärbarkeit der fraglichen Tatsache voraus. Die Tatsache, über welche die Tatsächliche Verständigung getroffen wird, ist damit nicht bewiesen; wäre sie es, dürfte eine Tatsächliche Verständigung nicht erfolgen. Im Strafverfahren, spätestens im strafgerichtlichen Erkenntnisverfahren gilt der Zweifelsgrundsatz. Das Strafgericht hat sich mit einer an Gewissheit grenzenden Wahrscheinlichkeit vom Vorliegen derjenigen Tatumstände zu überzeugen, die einen Verkürzungserfolg im Sinne des § 370 Abs. 4 AO darstellen. Von dieser Feststellungslast wird das Strafgericht nach einhelligem Verständnis etwa durch eine abgabenrechtliche Schätzung nach § 162 AO nicht entbunden. Warum im Zusammenhang mit einer Tatsächlichen Verständigung überhaupt angenommen werden kann, dass diese den Strafrichter binde, ist nicht erfindlich. Wie auch bei der Schätzung mag allenfalls erwogen werden, den Abschluss einer Tatsächlichen Verständigung durch den Steuerpflichtigen als Geständnis zu werten, doch scheitert diese Möglichkeit letztlich daran, dass die Festlegungen in der Tatsächlichen Verständigung nicht den Anspruch erheben, die Wirklichkeit abzubilden; sie erheben lediglich den Anspruch nicht offensichtlich unzutreffend und damit möglich zu sein. Hat das Geständnis noch die Erklärung zum Inhalt „so war es", erschöpft sich die Festlegung in einer tatsächlichen Verständigung in der Aussage, „so könnte es gewesen sein".[262] Da eine Bindung der Strafjustiz durch eine Tatsächliche Verständigung folglich nicht möglich ist, fehlt dementsprechend ein Anlass, Vertreter der Ermittlungsbehörden als Beteiligte in die Tatsächliche Verständigung einzubeziehen.

---

[257] OFD München/OFD Nürnberg DStR 2003, 1663.
[258] *Hollatz* NWB Nr. 5 v. 28.1.2002, Fach 2, S. 7873; weiter präzisierend OFD München/OFD Nürnberg DStR 2003, 1663.
[259] OFD München/OFD Nürnberg DStR 2003, 1663 [1664] unter Berufung auf BFH/NV 1994, 290.
[260] OFD München/OFD Nürnberg DStR 2003, 1663 [1664].
[261] Vortrag des Leiters der Steuerfahndungsstelle des Finanzamtes für Fahndung und Strafsachen, Berlin, *Reg.-Dir. Wolfgang Lübke* auf der „Praktiker-Jahresarbeitstagung, ‚Beratung und Verteidigung in Steuerstrafsachen 2002'" des DAI am 7. und 8. März 2002 in Berlin, Tagungsband S. 215 f.
[262] *Eich*, Die tatsächliche Verständigung im Steuerverfahren und im Steuerstrafverfahren, 1991, S. 65; i.d.S. auch *Schmidt*, „Tatsächliche Verständigungen im Steuerverfahren und ihre Auswirkungen auf das Steuerstrafverfahren", DStR 1998, 1733 [1736 f.].

459 *(2) Rechtswirkungen der Tatsächlichen Verständigung.* Sind die vorstehend geschilderten Voraussetzungen erfüllt, entfaltet die Tatsächliche Verständigung Bindungswirkung zwischen den Beteiligten. Die Bindungswirkung tritt mit Abschluss der Tatsächlichen Verständigung und nicht erst mit einem auf ihrer Grundlage erlassenen Steuerbescheid ein.[263] Aufgrund der Bindungswirkung entfällt das Rechtsschutzbedürfnis für einen Rechtsbehelf bzw. für ein Rechtsmittel gegen die entsprechende Steuerfestsetzung.[264]

460 Aus Nachweisgründen und um Streit über ihre Reichweite zu vermeiden, sollte die Tatsächliche Verständigung schriftlich abgeschlossen werden; ein zwingendes Schriftformerfordernis besteht jedoch nicht.[265]

461 Die Tatsächliche Verständigung kann von den Beteiligten einvernehmlich aufgehoben werden,[266] ein Recht zur einseitigen Lösung besteht dagegen weder für die Finanzbehörde noch für den Steuerpflichtigen. Ein anderes ergibt sich nur, wenn sie in anfechtbarer Weise zustande gekommen ist und das Anfechtungsrecht ausgeübt wird. Diesbezüglich gelten die Anfechtungsregeln der §§ 119, 120, 123 BGB.[267]

462 *(3) Unwirksamkeitsgründe.* Unwirksam ist die Tatsächliche Verständigung, wenn das Ergebnis offensichtlich unzutreffend ist. In diesem Fall entfaltet sie keine Rechtswirkungen. Entsprechendes gilt, wenn ein zuständiger Amtsträger nicht beteiligt wurde.[268] Im Übrigen kann sich die Unwirksamkeit aus zivilrechtlichen Nichtigkeitsgründen ergeben. Hier gelten die bereits angesprochenen Regelungen über die Anfechtung von Willenserklärungen § 119, 120, 123 BGB, die Regeln über das Scheingeschäft, § 117 BGB, den offenen Einigungsmangel, § 154 BGB, Vorschriften über Vertretungsmängel z. B. nach §§ 164 ff. BGB und schließlich kann der Wegfall der Geschäftsgrundlage zum Tragen kommen.[269]

463 *(4) Verfahrensfragen.* Die Tatsächliche Verständigung setzt nicht selbst die Steuer fest, sie stellt lediglich das Einvernehmen über der Besteuerung zugrunde liegende Tatsachen dar; die Steuerfestsetzung erfolgt dagegen in einem Steuerbescheid, welcher allerdings auf der Grundlage des Inhalts der wirksamen Tatsächlichen Verständigung erstellt wird. Macht einer der Beteiligten die Unwirksamkeit der Tatsächlichen Verständigung geltend, ist es für die weitere Behandlung von Bedeutung, ob die Tatsächliche Verständigung bereits in einem Steuerbescheid umgesetzt oder nicht.[270] Ist ein Verwaltungsakt auf der Grundlage der Tatsächlichen Verständigung noch nicht ergangen, kann das Finanzamt von der Unwirksamkeit ausgehen. Behauptet dagegen der Steuerpflichtige die Unwirksamkeit, wird auf der Grundlage der Tatsächlichen Verständigung ein Verwaltungsakt nicht erlassen, sofern das Finanzamt die vom Steuerpflichtigen geltend gemachten Wirksamkeitsbedenken teilt. Bestreitet das Finanzamt dagegen die vom Steuerpflichtigen vorgetragenen Bedenken, teilt es dies dem Steuerpflichtigen mit und berücksichtigt die Tatsächliche Verständigung in dem zu erlassenden Steuerbescheid. Die Steuerfestsetzung berücksichtigt damit die Tatsächliche Verständigung, soweit das Finanzamt von ihrer Wirksamkeit ausgeht.

464 Ist dagegen bereits ein Steuerbescheid erstellt, der die Tatsächliche Verständigung zugrunde legt, kann sich die Unwirksamkeit der Tatsächlichen Verständigung überhaupt nur dann auswirken, solange die betreffende Steuerfestsetzung noch geändert werden kann. Im Zusammenhang mit den abgaberechtlichen Änderungsvorschriften ist zu berücksichtigen, dass die (festgestellte) Unwirksamkeit einer Tatsächlichen Verständigung weder eine nachträglich bekannt gewordene Tatsache im Sinne des § 173 AO noch ein rückwirkendes Ereignis gemäß § 175 Abs. 1 Ziff. 2 AO darstellt.[271] Allerdings sind nach Wegfall der Tatsächlichen Verständigung (im Fall der begründeten Anfechtung oder sich aus anderen Gründen ergebenden Unwirksamkeit) regelmäßig weitere Ermittlungen zu den Besteuerungsgrundlagen erforderlich, da die Tat-

---

[263] BFH BStBl. II 1985, 354 [358]; *Hollatz* NWB Nr. 5 v. 28.1.2002, Fach 2, S. 7873.
[264] OFD München/OFD Nürnberg/OFD DStR 2003, 1663 [1664].
[265] *Hollatz* NWB Nr. 5 v. 28.1.2002, Fach 2, S. 7873.
[266] OFD München/OFD Nürnberg, DStR 2003, 1663 [1664].
[267] OFD München/OFD Nürnberg DStR 2003, 1663 [1664].
[268] OFD München/OFD Nürnberg, DStR 2003, 1663 [1664].
[269] OFD München/OFD Nürnberg DStR 2003, 1663 [1664].
[270] OFD München/OFD Nürnberg DStR 2003, 1663 [1664].
[271] OFD München/OFD Nürnberg DStR 2003, 1663 [1664].

sächliche Verständigung gerade dem Zweck diente, vorhandene Ungewissheiten im Tatsächlichen einvernehmlich zu überbrücken. Soweit solche weiteren Ermittlungen zum erstmaligen Bekanntwerden von Tatsachen oder Beweismitteln führen, kann dies zu einer Änderung der Steuerfestsetzung nach § 173 AO berechtigen.[272]

e) **Informationsweitergabe und Mitteilungen.** *aa) Mitteilungen der Finanzbehörde an die Staatsanwaltschaft.* Bearbeitet das Finanzamt einen Steuerfall und schöpft den Verdacht einer straf- oder bußgeldbewehrten Steuerverfehlung ist es – im Rahmen seiner Regelkompetenz – zugleich für die Ermittlung der Straftat bzw. Ordnungswidrigkeit zuständig. Eine Mitteilung der Verdachtsmomente an die Staatsanwaltschaft ist grundsätzlich nicht vorgesehen.

Eine Berechtigung zur Mitteilung an die Staatsanwaltschaft besteht aber dann, wenn die Finanzbehörde im Rahmen einer Steuerstraf- oder Steuerordnungswidrigkeitenverfahrens Verdachtsmomente wegen einer Nichtsteuerstraftat erlangt, § 30 Abs. 4 Ziff. 4 lit. a HS 1 AO. Allerdings sieht § 30 Abs. 4 Ziff. 4 lit. a HS 2 AO Beschränkungen vor. Für die Verfolgung der Nichtsteuerstraftat ist nach den oben dargelegten Grundätzen ohnehin die Staatsanwaltschaft zuständig.

Werden die Verdachtsmomente außerhalb eines Steuerstraf- oder -bußgeldverfahrens nämlich im Rahmen eines Besteuerungsverfahrens bekannt, ergibt sich die Zulässigkeit der Weitergabe der Daten an die Staatsanwaltschaft gerade nicht aus § 30 Abs. 4 AO. In diesem Fall darf das Steuergeheimnis nur unter den – vergleichsweise engen – Voraussetzungen des § 30 Abs. 4 Ziff. 5 AO durchbrochen werden. Danach ist eine Weitergabe der gewonnenen Informationen an die Staatsanwaltschaft zulässig, wenn hierfür ein zwingendes öffentliches Interesse besteht, was nach § 30 Abs. 4 Ziff. 5 lit. a AO gegeben ist, wenn sich der Verdacht auf Verbrechen oder schwere Vergehen gegen Leib und Leben oder gegen den Staat und seine Einrichtungen richtet. Nach § 30 Abs. 4 Ziff. 5 lit. b AO besteht ein berechtigtes Interesse zur Weitergabe der Daten an die Staatsanwaltschaft auch in Fällen von Wirtschaftsstraftaten, sofern diese nach ihrer Begehung oder wegen des Umfangs des durch sie verursachten Schadens geeignet sind, die wirtschaftliche Ordnung erheblich zu stören oder das Vertrauen der Allgemeinheit auf die Redlichkeit des geschäftlichen Verkehrs oder auf die ordnungsgemäße Arbeit der Behörden und der öffentlichen Einrichtungen erheblich zu erschüttern.

Während § 30 Abs. 4 AO nur von einer Berechtigung zur Weitergabe der Daten an die Staatsanwaltschaft spricht, verpflichtet § 4 Abs. 5 Ziff. 10 EStG die Finanzbehörden sogar zur Weitergabe bestimmter Daten an die Staatsanwaltschaften. Der Finanzbeamte ist danach zur Mitteilung an die Staatsanwaltschaft gehalten, wenn er im Rahmen seiner Prüfungstätigkeit Vorteilszuwendungen feststellt, die den (objektiven[273]) Tatbestand eines Strafgesetzes oder einer Ordnungswidrigkeit verwirklichen. Gemeint sind Fälle der strafbaren Vorteilsgewährung sowie der Bestechung. Die Finanzbehörde, so § 4 Abs. 5 Ziff. 10 S. 3 EStG, teilt Tatsachen, die den Verdacht einer Straftat oder einer Ordnungswidrigkeit [...] begründen, der Staatsanwaltschaft oder der Verwaltungsbehörde mit. Der Finanzbeamte hat einen bindenden Auftrag; Ermessen ist ihm nicht eingeräumt.

§§ 31, 31 a und 31 b AO sehen weitere Durchbrechungen des Steuergeheimnisses vor. Ähnlich der Vorschrift des § 4 Abs. 5 Ziff. 10 S. 3 EStG sieht auch § 31 b AO nicht lediglich eine Befugnis zur Durchbrechung des Steuergeheimnisses vor, sondern verpflichtet die Finanzbehörde zur Weitergabe von Daten. Nach § 31 b AO müssen die Finanzbehörden den Strafverfolgungsbehörden solche Tatsachen miteilen, die der Durchführung eines Strafverfahrens wegen Geldwäsche gem. § 261 StGB dienen. Ein strafprozessualer Anfangsverdacht soll dabei nicht einmal erforderlich sein. *Rüsken* spezifiziert den praktischen Anwendungsbereich: „Anhaltspunkte für das Vorliegen von Geldwäsche [...] werden sich insbesondere im Rahmen der Außenprüfung oder einer Fahndungsprüfung sowie einer Umsatzsteuernachschau (§ 27 UStG) ergeben, wenn festgestellt wird, dass Geldflüsse durch die Geschäftstätigkeit des Stpfl./Unternehmers nicht wirtschaftlich plausibel erklärt werden können. Einen strafrechtlichen Anfangsverdacht setzt die Vorschrift nicht voraus; die Finanzbehörde wäre auch schwerlich in der Lage, ihn fest-

---

[272] OFD München/OFD Nürnberg DStR 2003, 1663 [1664].
[273] Schmidt/*Heinicke* EStG 22. Aufl. 2003 § 4 Rdnr. 611.

zustellen".²⁷⁴ Die Kommentierung von *Rüsken* zeigt die erhebliche – zumindest theoretische – Tragweite der Norm und lässt erahnen, dass unter dem Rubrum des § 31 b AO Informationen an die Ermittlungsbehörden gegeben werden, die wohl nur in seltenen Ausnahmefällen in einem geldwäscherelevanten Kontext stehen. Wenn bereits der „ungeklärte Vermögenszuwachs" nach § 31 b AO zu melden sein soll, hat sich das Verständnis der Norm bedenklich weit vom Geldwäscheverdacht entfernt.

470   *bb) Mitteilungen der Ermittlungsbehörden an öffentliche Stellen des Bundes oder des (jeweiligen) Landes (Behörden, Berufskammern).* Richtet sich ein Steuerstrafverfahren gegen einen Beamten oder einen Angestellten im öffentlichen Dienst oder unterliegt der Beschuldigte Maßnahmen der Aufsicht durch Behörden, sieht das EGGVG die Befugnis von Staatsanwaltschaften und Gerichten zu Mitteilungen an den öffentlich-rechtlichen Dienstherrn des Beschuldigten bzw. die jeweilige Aufsichtsbehörde vor. Aufsichtsbehörden in diesem Sinne sind etwa die Kreise und kreisfreien Städte im Bereich der Gewerbeaufsicht.

471   Nach § 14 i. V. m. § 13 EGGVG ist die Übermittlung personenbezogener Daten des Beschuldigten zulässig, wenn dies aus Sicht der übermittelnden Stelle erforderlich ist für dienstrechtliche Maßnahmen oder Maßnahmen der Aufsicht im Sinne des § 14 Abs. 1 Ziff. 4 EGGVG, bzw. der Strafvorwurf auf eine mögliche Verletzung beruflicher Pflichten hindeutet. Entsprechendes gilt, wenn der Strafvorwurf für die Entscheidung über die Kündigung eines (privatrechtlichen) Arbeitsverhältnisses erheblich ist, § 14 Abs. 1 Ziff. 5 EGGVG. Eine Mitteilung erfolgt nach § 14 Abs. 1 Ziff. 7 EGGVG insbesondere auch dann, wenn die Daten Bedeutung haben für die Frage nach einem Widerruf, einer Rücknahme, einer Versagung oder einer Änderung oder Anordnung einer Auflage, sofern der Betroffene in einem besonderen gesetzlichen Sicherheitsanforderungen unterliegenden genehmigungs- oder erlaubnispflichtigen Betrieb verantwortlich tätig ist. Hinsichtlich der Einzelheiten der komplexen Vorschrift wird auf die einschlägigen Kommentierungen verwiesen.

472   Für die Praxis sind die gesetzlichen Befugnisse nach den Vorschriften des EGGVG in der Anordnung über Mitteilungen in Strafsachen (MiStRA)²⁷⁵ konkretisiert. Nach Abschn. 15 MiStrA sind bei Strafsachen gegen Beamte der Erlass und Vollzug eines Haft- oder Unterbringungsbefehls, die Anklageschrift oder eine an ihre Stelle tretende Antragsschrift, der Antrag auf Erlass eines Strafbefehls und die einen Rechtszug abschließende Entscheidung unter Hinweis auf ein ggf. eingelegtes Rechtsmittel mitzuteilen. Nach Abschn. 15 Abs. 3 MiStrA sollen dem Dienstvorgesetzten auch Entscheidungen über Verfahrenseinstellungen mitgeteilt werden. Mitteilungen an privatrechtliche Arbeitgeber erfolgen in den Grenzen des Abschn. 16 MiStrA.

473   Eine weitere Mitteilungspflicht findet sich etwa in § 60 a Abs. 1 KWG (vgl. Abschnitt 25 MiStrA). Strafverfahren gegen Inhaber bzw. Geschäftsleiter von Finanzdienstleistungsinstituten sowie gegen Inhaber bedeutender Beteiligungen solcher Institute und weitere verantwortliche Personen und Funktionsträger sind nach § 60 a Abs. 1 KWG der Bundesanstalt für Finanzdienstleistungsaufsicht mitzuteilen.

474   Entsprechend sind bei berufsbezogenen Straftaten von Angehörigen der Heilberufe die zuständigen Behörden bzw. die zuständigen Berufskammern zu informieren, vgl. Abschn. 26 MiStrA. Bei „verkammerten" Berufen liegen regelmäßig Mitteilungspflichten vor, vgl. Abschn. 29 MiStrA.

475   Insgesamt muss daher davon ausgegangen werden, dass Strafverfahren bei zuverlässigkeitsgeprüften oder genehmigungsbedürftigen Berufen an die Aufsichtsbehörden, bei „verkammerten" Berufen auch die jeweils zuständige Kammer jedenfalls dann mitgeteilt werden, wenn Anklage erhoben oder ein Strafbefehl beantragt wurde. Einzelheiten finden sich in den umfangreichen Regelungen der MiStrA.

476   *cc) Mitteilungen der Staatsanwaltschaften und Gerichte an die Finanzbehörden. (1) § 116 AO.* Nach § 116 AO haben Gerichte und Behörden von Bund, Ländern und Kommunen Tatsachen, die sie dienstlich erfahren und die den Verdacht einer Steuerstraftat begründen, der Finanzbehörde mitzuteilen. Beschränkt wird diese Verpflichtung durch § 116 Abs. 2 AO, der auf die Regelungen des § 105 Abs. 2 AO hinweist; Anzeigepflicht besteht daher nicht, wenn die

---

²⁷⁴ Klein/*Rüsken* AO 8. Aufl. 2003 § 31 b.
²⁷⁵ Abgedr. in *Meyer-Goßner* Anh. A 16.

Behörden und die mit postdienstlichen Verrichtungen betrauten Personen gesetzlich verpflichtet sind, das Brief, Post und Fernmeldegesetz zu wahren.

(2) § 10 GwG. Kreditinstitute und Angehörige bestimmter anderer Berufe haben nach dem Geldwäschegesetz (GwG) unter bestimmten Voraussetzungen Bartransaktionen ihrer Kunden/Mandanten aufzuzeichnen und diese Aufzeichnungen für eine Dauer von 6 Jahren (§ 9 Abs. 3 GwG) aufzubewahren. Besteht der Verdacht einer inkriminierten Herkunft des Geldes – das GwG spricht in § 6 von dem Verdacht, „dass die vereinbarte Finanztransaktion einer Geldwäsche nach § 261 StGB diene" – oder dient die Transaktion der Finanzierung einer terroristischen Vereinigung, hat der nach dem GwG Verpflichtete die ihm angetragene Transaktion der zuständigen Strafverfolgungsbehörde im Wege einer sog. Verdachtsanzeige (§ 11 GwG) mitzuteilen. Die Strafverfolgungsbehörde gibt die Transaktion entweder binnen 3 Tagen frei oder untersagt ihre Durchführung. Reagiert die Behörde nicht, darf die Transaktion nach drei Tagen durchgeführt werden (§ 11 Abs. 1 S. 3 GwG). Hierdurch sammeln sich bei den Strafverfolgungsbehörden Informationen über konkrete Bartransaktionen an. Sie enthalten Daten über die Transaktion selbst, die Identität des Kunden oder eines abweichenden wirtschaftlich Berechtigten sowie Hinweise auf mögliche Verdachtsmomente.

§ 10 GwG regelt die Frage der Verwendung entsprechender Daten. Die Aufzeichnungen nach § 9 GwG dürfen gemäß § 10 Abs. 1 GwG nur zur Verfolgung einer Geldwäschetat i. S. v. § 261 StGB oder einer geldwäschtauglichen Katalogtat im Sinne von § 261 Abs. 1 S. 1 Ziffern 1 bis 5 StGB herangezogen werden. Geldwäschetaugliche Vortaten sind Verbrechen, zu denen auch die gewerbs- oder bandenmäßige Steuerhinterziehung gem. § 370 a AO zählt, sowie zahlreiche Vergehen aus dem Bereich der Rauschgiftkriminalität, der Korruption, aber auch verschiedene Eigentums- oder Vermögensdelikte.

Leitet die Strafverfolgungsbehörde ein Ermittlungsverfahren wegen Verdachts der Geldwäsche oder wegen einer geldwäschetauglichen Vortat ein, werden die in den Aufzeichnungen gem. § 9 GwG enthaltenen Informationen auch der Finanzbehörde mitgeteilt. § 10 Abs. 2 S. 3 GwG gestattet der Finanzbehörde die Verwertung von Mitteilungen und Aufzeichnungen nach dem GwG sowohl für Zwecke der Besteuerung als auch für die Verfolgung von Steuerstraftaten.

(3) § 12 a ZollVG. Die Vorschrift tritt an die Stelle des früheren § 12 a FVG und betrifft die Überwachung des grenzüberschreitenden Bargeldverkehrs. Nach § 12 a Abs. 1 ZollVG haben Personen, die Bargeld ab einem Schwellenwert von € 15.000,– in das Gemeinschaftsgebiet in- aus- oder durchführen auf Verlangen der Zollbeamten Auskunft über Art, Zahl, Wert der Zahlungsmittel zu geben sowie die Herkunft, den wirtschaftlich Berechtigten und den Verwendungszweck darzulegen. Personenbezogene Informationen, welche die Zollbediensteten im Rahmen ihres Auftrages nach § 12 a ZollVG gewinnen, dürfen sie nach § 12 a Abs. 3 ZollVG an die Finanzbehörden weitergeben, welche ihrerseits die überlassenen Informationen sowohl für Zwecke eines Steuerstraf- oder bußgeldverfahrens als auch für die Durchführung eines Besteuerungsverfahrens nutzen dürfen.

dd) Mitteilungen der Finanzbehörden an die Berufskammern der Steuerberater bzw. Rechtsanwälte. Werden der Finanzbehörde Tatsachen bekannt, die den Verdacht begründen, dass eine nach § 3 oder § 4 Abs. 1 Ziff. 1 oder 2 StBerG zur steuerlichen Hilfeleistung berechtigte Person, etwa ein Steuerberater oder ein Rechtsanwalt, die ihr obliegenden Berufspflichten verletzt, so kann dies unter den in § 10 StBerG genannten Voraussetzungen der zuständigen Berufskammer gemeldet werden.

f) Haftungsfolgen bei Steuerdelikten. Nach § 71 AO haftet der Täter oder Teilnehmer einer Steuerhinterziehung oder Steuerhehlerei für die hinterzogenen Steuern. Die Vorschrift entfaltet ihre – sehr scharfe – Wirkung dann, wenn der Täter oder Teilnehmer einer Steuerhinterziehung nicht der Steuerschuldner selbst ist. In jeder Art von Steuerstrafverfahren hat die Verteidigung die Haftungsnorm des § 71 AO und ihre Konsequenzen für beteiligte natürliche (und über § 70 AO) juristische Personen eingehend zu prüfen. Dies gilt insbesondere dann, wenn der Steuerschuldner zur Tilgung etwaiger Mehrsteuern nicht (mehr) in der Lage ist. In Einzelfällen ist nicht ausgeschlossen, dass ein Strafverfahren trotz mutmaßlich geringen Verschuldens gerade zum Zwecke der späteren Inanspruchnahme aus Haftungsgesichtspunkten eingeleitet wird.

483 Vorsätzlich hinterzogene Steuern können (mindestens) zehn Jahre festgesetzt werden. Entsprechend erstreckt sich auch eine mögliche Haftungsfolge auf diesen Zeitraum. Der Eintritt der strafrechtlichen Verfolgungsverjährung – nach Ablauf von fünf Jahren – hindert daher die Festsetzung von Mehrsteuern und Haftungsbeträgen für weiter zurückliegende Zeiträume nicht.

484 Die Finanzbehörde hat bei der Inanspruchnahme von Haftungsschuldnern ein ihr eingeräumtes Ermessen auszuüben. Verteidiger bzw. steuerlicher Berater haben sicherzustellen, dass das Ermessen ordnungsgemäß betätigt, etwaige Grenzen eingehalten und der Haftungsbescheid entsprechend des gesetzlichen Erfordernissen begründet wird.

Hinsichtlich weiterer Einzelheiten wird auf das abgabenrechtliche Schrifttum verwiesen.

485 In der Praxis spielt die Frage der Inanspruchnahme von Gehilfen (§§ 370, 71 AO, 27 StGB) und den von ihnen vertretenen juristischen Personen (§ 71 AO) eine kaum zu überschätzende Rolle. Die Konstellationen sind vielgestaltig.

486 Hat der Einzelkaufmann vorsätzlich Steuern verkürzt, ist es nachrangig, ob er die Mehrsteuern nicht nur als Schuldner der Steuer, sondern überdies auch als Haftungsschuldner zu zahlen hat. Für den steuerlichen Berater aber, der sich erkanntermaßen den Hinterziehungsabsichten seines Mandanten angeschlossen hat, ist es dagegen erheblich, ob seine eigene strafbare Mitwirkung an der Steuerhinterziehung des Mandanten zu seinen Lasten ein Haftungsrisiko auslöst. Ebenso ist es für den Geschäftsführer einer GmbH eine zentrale Frage, ob ein Mehrsteueranspruch gegen die von ihm vertretene Gesellschaft eine Haftungsverbindlichkeit gegen seine Person auslösen kann, die er gegebenenfalls unter Rückgriff auf sein Privatvermögen zu tragen hat. Die Fälle lassen sich nahezu beliebig erweitern, die praktische Relevanz der Haftungsfolge ist enorm, Tendenz weiterhin steigend.

487 Auch in den Luxemburg-Fällen haben die Finanzämter in der jüngsten Vergangenheit einen entsprechenden Weg beschritten. Argumentiert wurde dabei wie folgt: Die Bank, bzw. deren verantwortliche Entscheidungsträger sowie Schalterpersonal haben in großem Stil, geradezu systematisch, Beihilfe zur Steuerhinterziehung durch Bankkunden geleistet, indem auf entsprechenden Kundenwunsch hin, anonymisierte Transfers von Kundenvermögen auf Konten luxemburgischer Banken vorgenommen wurden. Die Aufarbeitung der Fälle hat dazu geführt, dass im Laufe der Ermittlungsverfahren nur ein Teil des transferierten Gesamtkapitals einzelnen Anlegern zugeordnet werden konnte. Nur in diesen Fällen konnte der einzelne Bankkunde nach Durchführung weiterer Ermittlungen auf Zahlung der hinterzogenen Steuern in Anspruch genommen werden. In den verbleibenden Fällen konnte nichts veranlasst werden. Da die nicht zugeordneten Transfervolumina ins Ausland der Finanzverwaltung bekannt sind, diese teilweise Beträge über 1 Milliarde EURO erreichen und sich daraus nach Auffassung der beteiligten Steuerfahndungsstellen sehr hohe Steuerausfälle mangels konkreter Steuerpflichtiger ergeben, wurde nach Möglichkeiten gesucht, dieses Aufklärungsdefizit im Wege der Steuerhaftung zu kompensieren. Einer Reihe großer deutscher Kreditinstitute wurden daher in den letzten Jahren Haftungsbescheide gegen Bankmitarbeiter nach § 71 AO und gegen die Institute nach § 70 AO angedroht. Eine Grundlage haben solche Haftungsbescheide im geltenden Haftungsrecht der Abgabenordnung nicht. Die §§ 69 ff. AO sind gekennzeichnet durch eine Akzessorietät zur Hauptschuld.[276] Wo ein solcher Hauptschuldner, wie in diesen Fällen, der Finanzbehörde nicht bekannt ist und wo demnach eine konkrete steuerliche Hauptschuld weder errechnet, noch festgesetzt werden kann, ist auch für eine Inanspruchnahme durch Haftungsbescheid kein Raum.[277] Fiskalische Zwänge einerseits und die Angst vor weiteren, zeit- und kostenintensiven Ermittlungsaktivitäten seitens der Steuerfahndung, verbunden mit einer gewissen Unsicherheit der künftigen Rechtsentwicklung haben einige der so bedrohten Banken dazu veranlasst, trotz eindeutiger Rechtslage eine Einigung mit den beteiligten Steuerfahndungsstellen im Wege der so genannten tatsächlichen Verständigung zu suchen. Die Kompromissfindung wurde dadurch erleichtert, dass die Finanzverwaltung – wohl in Ansehung der schwachen rechtlichen Position de lege lata – auf ursprünglich exorbitant hohe Haftungsbeiträge weitgehend verzichtet hat und wegen großer Sicherheitsabschläge nur noch Bruchteile

---

[276] BFH BStBl. 1995 II 278.
[277] BFH BStBl. 1997 II 306.

der ursprünglichen Forderungen verfolgt. Die Umsetzung erfolgte dabei teilweise gemäß § 70 AO auf der Grundlage einer tatsächlichen Verständigung, teilweise – völlig unsystematisch – gemäß § 17 Abs. 4 OWiG im Wege der Gewinnabschöpfung.

Derzeit sind finanzgerichtliche Entscheidungen zu diesem Fragenkreis (noch) nicht bekannt. Es bleibt abzuwarten, welche Richtung die Finanzgerichte, sofern sie überhaupt mit entsprechenden Fragen befasst werden sollten, hier einschlagen.

g) Außerstrafrechtliche Konsequenzen von Steuerstrafverfahren. Ein bekannt gegebenes Ermittlungsverfahren bringt die Mandanten in eine zumindest subjektiv als in hohem Maße bedrohlich empfundene Situation. Nicht selten überfordert der psychische Druck einer drohenden Bestrafung die Mandanten. Auch Personen, die jahrzehntelang erfolgreich am Geschäftsleben teilgenommen haben, im Lichte der Öffentlichkeit standen und über Geschick im Umgang mit Presse und anderen Medien verfügen, sind mitunter kaum noch in der Lage, die durch das Strafverfahren eingetretene Situation rational mit der gewohnten geschäftsmännischen Routine zu bewältigen. Neben die Sorge vor Bestrafung tritt oftmals gleichberechtigt die Befürchtung der öffentlichen Rufschädigung, der Herabsetzung eines über Jahre mühevoll erreichten sozialen Geltungsanspruchs. In vielen Fällen, in denen die Durchführung einer öffentlichen Hauptverhandlung und damit ein Bekanntwerden des Falles vermieden werden und der Fall etwa mit einer Einstellung nach § 153 a StPO oder mit Erlass eines Strafbefehls beendet werden konnte, sind im Interesse des Mandanten wichtige Ziele verwirklicht worden, doch drohen u. U. berufsrechtliche Konsequenzen, deren Schärfe in vielen Fällen selbst die Zahlung einer angemessen Geldstrafe nachhaltig übersteigt und den Mandanten in seinem beruflichen Fortkommen oder auch nur im Erhalt des beruflichen status quo beeinträchtigt.

Es würde den Rahmen dieser Darstellung sprengen, alle denkbaren außerstrafrechtlichen Konsequenzen der Einleitung eines Strafverfahrens bzw. von dessen Abschluss in seinen verschiedenen Facetten umfassend zu schildern. Stattdessen werden nachfolgend einige Konstellationen herausgegriffen, die sich in der Beratungs- und Verteidigungspraxis als besonders relevant erwiesen haben.

aa) Eintragungen in das Bundeszentralregister/polizeiliches Führungszeugnis. Die Frage nach der Eintragung der das Strafverfahren abschließenden Entscheidung in das Bundeszentralregister ist unabhängig von Umständen in der Personen des Beschuldigten; insbesondere ist der ausgeübte Beruf hierfür ohne Bedeutung. Maßgeblich sind vielmehr die Art des Verfahrensabschlusses, sowie die Höhe einer gegebenenfalls verhängten Strafe.

Die Verfahrenseinleitung wird ebenso wenig eingetragen wie die Erhebung der öffentlichen Klage. Auch Einstellungen des Strafverfahrens wegen fehlenden hinreichenden Tatverdachts oder aus Opportunitätsgesichtspunkten nach den §§ 153 ff. StPO werden nicht im Bundeszentralregister vermerkt. Erfasst werden dagegen strafgerichtliche Verurteilungen und Entscheidungen nach Maßgabe der §§ 5 bis 8 BZRG; hierzu zählen gem. § 4 BZRG die rechtskräftige gerichtliche Verurteilung, der rechtskräftig gewordene Strafbefehl aber auch die Verwarnung mit Strafvorbehalt gem. § 59 StGB. Für den Eintrag in das Bundeszentralregister spielen Art oder Höhe der verhängten Sanktion keine Rolle; jede Verurteilung und jeder Strafbefehl werden eingetragen.

Von Bedeutung ist die Höhe der Sanktion jedoch für die Inhalte des polizeilichen Führungszeugnisses, welches als Auszug aus dem Bundeszentralregister mit den in § 32 BZRG vorgesehenen Inhalten erteilt wird. Danach gibt das polizeiliche Führungszeugnis keine Auskunft über eine Verwarnung mit Strafvorbehalt, über eine Verurteilung oder einen Strafbefehl, wenn die Sanktion entweder in Geldstrafe von nicht mehr als 90 Tagessätzen oder in Freiheitsstrafe von nicht mehr als drei Monaten besteht, § 32 Abs. 2 Ziff. 1 und 5 BZRG. § 32 Abs. 2 enthält daneben einen umfangreichen Katalog weiterer Entscheidungen, die ebenfalls nicht in das polizeiliche Führungszeugnis aufgenommen werden; doch ist deren praktische Relevanz in Steuerstraferfahren gering, so dass es einer eingehenden Darstellung nicht bedarf.

bb) (Allgemeines) Berufsverbot nach § 70 StGB. Nach § 70 StGB ist das Strafgericht berechtigt, ein befristetes – in Ausnahmefällen auch dauerndes – Berufsverbot zu verhängen. Die Regelung ist unspezifisch und betrifft prinzipiell Angehörige aller Berufe. Vorausgesetzt wird zunächst eine rechtswidrige Tat, die unter Missbrauch des Berufs oder Gewerbes oder unter grober Verletzung der mit ihnen verbundenen Pflichten begangen wurde. Hinzukommen muss die Prognose, dass die Gesamtwürdigung des Täters und der Tat die Gefahr erkennen lässt, dass bei weiterer Ausübung des Berufs, Berufszweiges, Gewerbe oder Gewerbezweiges voraussichtlich erheblich rechtswidrige Taten der bezeichneten Art begangen werden. Neben diesem allgemeinen Berufsverbot besteht eine unüberschaubare Fülle Einzelner berufsspezifischer Regelungen, von denen eine üblicherweise relevante Auswahl im Folgenden skizziert wird.

495 *cc) Selbständig Gewerbetreibende.* Mitteilungen an die zuständige Gewerbeaufsicht erfolgen auf der Grundlage von § 14 Abs. 1 Ziff. 5 EGGVG.

496 Die Ausübung eines Gewerbes ist nach § 35 Abs. 1 GewO ganz oder teilweise zu untersagen, wenn Tatsachen vorliegen, welche die Unzuverlässigkeit des Gewerbetreibenden oder einer mit der Leitung des Gewerbebetriebes beauftragten Person in Bezug auf dieses Gewerbe dartun, sofern die Untersagung zum Schutze der Allgemeinheit oder der im Betrieb Beschäftigten erforderlich ist. Eine Verurteilung oder ein Strafbefehl können daher wichtige Indizien für die Unzuverlässigkeitsbeurteilung liefern. Gegenstand des Urteils oder Strafbefehls muss ein gewerbebezogener Verstoß sein. Strafbare Verkürzungen gewerbebezogener Steuern haben den notwendigen Gewerbebezug,[278] auch Hinterziehungen persönlicher Steuern können Indikator einer Unzuverlässigkeit sein.[279] Nach herrschender gewerberechtlicher Auffassung kann auf Unzuverlässigkeit sogar dann geschlossen werden, wenn die Steuerrückstände in nicht strafbarer Weise verursacht worden sind.[280]

497 Die auf Unzuverlässigkeit gestützte gewerberechtliche Untersagung erfordert neben dem Fehlverhalten in der Vergangenheit die Prognose. Dieses prognostische Element kann im Strafverfahren genutzt werden. Gelingt es nicht, ein Steuerstrafverfahren durch Einstellung zu beenden und sind Strafbefehl oder Verurteilung unvermeidlich, so sollte darauf gedrängt werden, die Geldstrafe (von bis zu 180 Tagessätzen) nach § 59 StGB vorzubehalten und mit dieser sog. Verwarnung mit Strafvorbehalt nach § 59 a StGB eine Zahlungsauflage – möglicherweise in Höhe der vorbehaltenen Geldstrafe – zu verbinden. Wird dieser Vorschlag akzeptiert, kann eine Gewerbeuntersagung regelmäßig verhindert werden, da die Verwarnung mit Strafvorbehalt nach § 59 Abs. 1 Ziff. 1 StGB eine positive Sozialprognose voraussetzt, die Gewerbeuntersagung aber eine negative Prognose verlangt. Da aber die staatliche Gewerbeaufsicht im Rahmen des Gewerbeuntersagungsverfahrens nach § 35 Abs. 3 GewO an die Tatsachenfeststellungen in Strafbefehl oder Urteil gebunden sind, können sie sich über die positive Prognose in Strafbefehl oder Urteil grundsätzlich nicht hinwegsetzen. Um Sicherheit über die gewerberechtliche Handhabung zu erhalten, empfiehlt sich ein abstraktes Rechtsgespräch – ohne namentliche Nennung des Mandanten – mit der Gewerbeaufsichtsbehörde. Dort kann darauf hingewiesen werden, dass eine Verwarnung mit Strafvorbehalt zu erwarten ist; die Gewerbeaufsichtsbehörde wird – vorbehaltlich der besonderen Umstände des Einzelfalls – mitteilen, wie man dort mit der Verwarnung mit Strafvorbehalt umgeht. Es kann nicht vorausgesetzt werden, dass allerorten die dem § 59 StGB immanente positive Sozialprognose bekannt ist und in Hinblick auf § 35 Abs. 3 GewO die zutreffenden Schlüsse gezogen werden. Gegebenenfalls hat die Verteidigung hier Aufklärungsarbeit zu leisten. Ist die Gewerbeaufsicht für solche feinsinnige Überlegungen nicht zu gewinnen und wird die Möglichkeit einer Untersagungsverfügung entgegen § 35 Abs. 3 GewO trotz der begründeten Einwände für möglich erachtet, bietet dieser Umstand wiederum Argumentationspotential gegenüber dem Finanzamt. Wenn nämlich zur Begleichung der verkürzten Steuern die Aufrechterhaltung bisheriger Einkommensquellen erforderlich ist, wird sich das Finanzamt überlegen müssen, ob es den Fall so schwer bewertet, dass dieser zwingend einer Sanktionierung bedarf, welche zum Versiegen der Einkunftsquelle führt, was wiederum die Zahlung der verkürzten Steuern nachteilig beeinflussen kann.

498 *dd) Strafverfahren gegen Rechtsanwälte und Notare sowie gegen Steuerberater und Wirtschaftsprüfer.* Rechtsanwälte und Notare unterliegen der Aufsicht durch die jeweilige Berufskammer. Wie bereits im Abschnitt zu den Miteilungspflichten und Befugnissen dargestellt, wer-

---

[278] *Tettinger/Wank* § 35 Rdnr. 51.
[279] *Tettinger/Wank* § 35 Rdnr. 51 unter Hiweis auf *BVerwG* GewArch 1982, 233 [234].
[280] *Tettinger/Wank* § 35 Rdnr. 51.

den gemäß Abschnitt 23 MiStra unter den dort genannten Voraussetzungen gerichtliche bzw. behördliche Entscheidungen mitgeteilt.

Die Mitteilungen erfolgen an die jeweiligen Berufskammern. Im Fall von Strafverfahren 499 gegen Notare werden überdies die Landesjustizverwaltungen informiert, bei Rechtsanwälten wird die Angelegenheit an das Bundesministerium der Justiz gemeldet. Darüber hinaus sind in Abschnitt 23 MiStra zahlreiche weitere Adressaten vorgesehen.

Mitgeteilt werden Erlass oder Vollzug eines Haft- oder Unterbringungsbefehls; Entscheidun- 500 gen über ein vorläufiges Berufsverbot, die Erhebung der öffentlichen Klage, wozu auch der Antrag auf Erlass eines Strafbefehls zählt, Urteile – gleich ob verurteilend oder freisprechend. In besonderen Fällen – zu denen Steuerdelikte nicht zählen –, werden auch bereits Einleitung und Abschluss des Ermittlungsverfahrens gemeldet.

Angesichts dieses weitgreifenden Informationsflusses werden alle Entscheidungen, an die 501 sich berufsrechtliche Konsequenzen anschließen können, den Kammern mitgeteilt.

Für Rechtsanwälte drohen berufsrechtliche Maßnahmen bis hin zum Widerruf der Zulas- 502 sung, vgl. § 14 BRAO. Nach § 14 Abs. 1 i. V. m. § 7 Ziff. 5 BRAO ist die Zulassung zu widerrufen, wenn der Bewerber sich eines Verhaltens schuldig gemacht hat, das ihn unwürdig erscheinen lässt, den Beruf des Rechtsanwalts auszuüben. Zwar reicht hierfür nicht die Begehung einer beliebigen Straftat aus, doch wurde Unwürdigkeit in diesem Sinne vom BGH im Fall der Untreue angenommen; auch Aussagedelikte sollen zur Unwürdigkeit führen. Nach der Rechtsprechung des BGH soll auch steuerunehrliches Verhalten ausreichen können.[281] Unterhalb des Widerrufs der Zulassung droht die anwaltsgerichtliche Ahndung einer Pflichtverletzung gem. §§ 113 ff. BRAO, die über eine Geldbuße von bis zu € 25.000,– hinaus bis zur Ausschließung aus der Anwaltschaft reichen können.

Bei Notaren gelten noch strengere Regeln. Nach § 49 BNotO hat eine strafgerichtliche Ver- 503 urteilung für den Notar den Amtsverlust in gleicher Weise zur Folge wie für einen Landesjustizbeamten.

Die Regelungen für Steuerberater und Wirtschaftsprüfer sind denen für Rechtsanwälte ver- 504 gleichbar. Hier regelt Abschnitt 24 MiStra die Weitergabe von Informationen an Berufskammern und Behörden. Berufspflichtverletzungen können unter den Voraussetzungen des § 89 StBerG mit den Mitteln des § 90 StBerG geahndet werden. Es droht u. a. Geldbuße von bis zu € 25.000,–; im Fall mehrfacher grober Pflichtverletzungen – zu denen auch Steuerhinterziehungen oder andere Straftaten zählen – kann eine Ausschließung aus dem Beruf verhängt werden.[282]

ee) Ärzte. Strafverfahren gegen Angehörige der Heilberufe werden auf der Grundlage von 505 Abschn. 26 MiStra den Berufskammern und Behörden mitgeteilt, sofern „der Tatvorwurf auf eine Verletzung von Pflichten schließen lässt, die bei der Ausübung des Berufs zu beachten sind oder in anderer Weise geeignet sind, Zweifel an der Eignung, Zuverlässigkeit oder Befähigung hervorzurufen". Liegen diese Voraussetzungen vor, können gegen Ärzte im Anschluss an die Mitteilung berufsrechtliche Maßnahmen wie etwa Verwarnung, Verweis, Geldbußen etc. nach der Bundesärzteordnung ergriffen werden. § 5 Abs. 2 Bundesärzteordnung sieht sogar den zwangsläufigen Widerruf der Approbation vor, wenn Tatsachen eintreten, die nach § 3 Abs. 1 Ziff. 2 Bundesärzteordnung auf Unwürdigkeit oder Unzuverlässigkeit des Arztes schließen lassen. Zwar würde es sich bei einer strafbaren Steuerverfehlung nicht um eine berufsbezogene Straftat handeln, doch kann auch außerberufliches Verhalten das für den professionellen Dienst erforderliche Vertrauen einschränken oder zerstören.[283] Ein außerberufliches Verhalten des Arztes kann jedoch nur dann als Verstoß gegen die Standespflicht gelten, wenn es das Empfinden Dritter erheblich verletzt. Das Oberverwaltungsgericht Münster formuliert:

„[...] kann außerberufliches Verhalten eines Arztes [...] nur dann noch als Berufsvergehen 506 angesehen werden, wenn es nach den Umständen des Einzelfalls in besonderem Maße geeignet ist, Achtung und Vertrauen, die der ärztliche Beruf erfordert, in einer für die Ausübung oder das Ansehen dieses Berufes bedeutsamen Weise zu beeinträchtigen".[284]

---

[281] BGHZ 46, 230; *Feuerich/Weyland* BRAO § 7 Rdnr. 50 m. w. N.
[282] *Gehre* § 90 Rdnr. 11.
[283] *Laufs*/Uhlenbruck § 14 Rdnr. 7.
[284] OVG Münster NJW 1976, 2317.

507 Berufsrechtliche Sanktionen können aus Gründen des Verbots der Doppelbestrafung neben einer Kriminalstrafe allerdings nur dann verhängt werden, wenn und soweit ein durch das Strafurteil nicht gesühnter „Überhang" besteht. Dieser berufsrechtliche Überhang besteht nur, wenn das dem Arzt zur Last gelegte Verhalten den Kern seiner berufsrechtlichen Pflichten berührt.[285] Die Möglichkeiten zu berufsrechtlicher Ahndung neben Strafbefehl oder Verurteilung beurteilen sich daher nach den Gegebenheiten des Einzelfalls; eine einmalige Steuerverfehlung wird jedoch den Widerruf der Approbation regelmäßig nicht zur Folge haben können.

508 *ff) Beamte und Angestellte im öffentlichen Dienst.* Die Abschn. 15 und 15 MiStra sehen Mitteilungen an den Dienstvorgesetzten vor. Schwerwiegende disziplinarische Maßnahmen, die über Verwarnungen, Verweise, Geldbußen bis hin zur Entfernung aus dem Dienst und zur Aberkennung des Ruhegehalts reichen, können sich anschließen. Rechtsgrundlage hierfür sind bei Landesbeamten die Disziplinarordnungen der Länder. Anlass für disziplinarische Maßnahmen ist die Dienstverfehlung, vgl. § 2 DO NW, welche ihrerseits in den jeweiligen Landesbeamtengesetzen legaldefiniert ist. Nach § 83 Abs. 1 S. 1 LBG NW ist Dienstvergehen zunächst die schuldhafte Pflichtverletzung dienstlicher Pflichten. Nach § 83 Abs. 1 S. 2 LBG NW stellt aber auch ein außerdienstliches Verhalten ein Dienstvergehen dar, wenn es nach den Umständen des Einzelfalls in besonderem Maße geeignet ist, Achtung und Vertrauen in einer für sein Amt oder das Ansehen des öffentlichen Dienstes bedeutsamen Weise zu beeinträchtigen. Wird ein Beamter wegen einer vorsätzlichen Straftat zu einer Freiheitsstrafe von mindestens einem Jahr verurteilt, endet das Beamtenverhältnisses kraft Gesetzes (§ 51 LBG NW) mit Rechtskraft des Urteils. Auch die Zahlung der Dienstbezüge endet mit Eintritt der Rechtskraft des Strafurteils, § 51 Abs. 2 LBG NW.

509 *gg) GmbH-Geschäftsführer/Vorstandsmitglied einer Aktiengesellschaft.* § 6 GmbH bestimmt, dass Geschäftsführer einer GmbH nicht sein darf, wer innerhalb der letzten fünf Jahre wegen einer Straftat nach den §§ 283 bis 283 d StGB (Insolvenzstraftaten) des Strafgesetzbuches verurteilt worden ist. Steuerverfehlungen sind nicht erfasst; da sich die Vorschrift nicht auf andere wirtschaftliche Straftatbestände erstreckt.[286] Allerdings führt ein begleitend verhängtes Berufsverbot nach § 70 StGB oder eine Gewerbeuntersagung auf der Grundlage von § 35 GewO zum Wegfall der Geschäftsführerstellung. Dies gilt nach § 6 Abs. 2 S. 4 GmbH jedoch nur dann, wenn der Unternehmensgegenstand ganz oder teilweise im Bereich des vom Verbot umfassten Berufs- oder Berufszweiges bzw. Gewerbes oder Gewerbezweiges liegt.[287]

510 Für die Vorstandsmitglieder einer Aktiengesellschaft finden sich in § 76 AktG entsprechende Regelungen.

511 *hh) Inhaber und Leiter von Kredit- oder Finanzdienstleistungsinstituten.* Werden gegen Inhaber und Leiter von Kredit- und Finanzdienstleistungsinstituten Strafverfahren betrieben, bestimmen sich die Mitteilungspflichten der Ermittlungsbehörden nach § 60 a KWG (vgl. auch Abschnitt 25 MiStra). Die Mitteilungen erfolgen zur Bundesanstalt für Finanzdienstleistungsaufsicht (nachfolgende BAFin).

512 Kredit- oder Finanzdienstleistungsinstitute bedürfen einer Erlaubnis nach § 32 KWG. Nach § 35 Abs. 2 KWG erlischt diese Erlaubnis, wenn die BAFin Kenntnis von Tatsachen erhält, welche die Versagung der Erlaubnis rechtfertigen würden. Nach § 33 Abs. 1 Ziff. 3 KWG stellt etwa die Unzuverlässigkeit der Inhaber des Instituts einen solchen Versagungsgrund dar. Entsprechendes gilt bei Unzuverlässigkeit von Geschäftsleitern (§ 33 Abs. 1 Ziff. 2 i. V. m. § 1 Abs. 1 S. 1 KWG). Anstatt die Erlaubnis zum Betrieb des Instituts aufzuheben, kann ein unzuverlässiger Geschäftsleiter nach § 36 KWG abberufen werden. Unzuverlässigkeit liegt regelmäßig vor bei der Begehung von Straftaten, insbesondere bei Vermögensdelikten.[288] Während es nach *Fischer* in Fällen der Steuerhinterziehung auf den Einzelfall ankomme,[289] sehen *Reischauer/Kleinhans* die erforderliche Zuverlässigkeit bereits durch eine Steuerstraftat grund-

---

[285] Vgl. OVG Münster MedR 1991, 106, 156; *Laufs*/Uhlenbruck, Handbuch des Arztrechts, § 14 Rdnr. 25.
[286] Baumbach/Hueck/*Fastrich* GmbHG § 6 Rdnr. 10 unter Hinweis auf BayObLG Betriebs Berater 1991, 1730.
[287] Baumbach/Hueck/*Fastrich* GmbHG § 6 Rdnr. 11 unter Hinweis auf OLG Frankfurt/M. GmbHR 1994, 802.
[288] *Boos/Fischer*/Schulte-Mattler § 33 Rdnr. 32.
[289] *Boos/Fischer*/Schulte-Mattler § 33 Rdnr. 32.

sätzlich in Frage gestellt.[290] Die BAFin hat in der Vergangenheit nicht nur Verurteilungen und Strafbefehle sondern mitunter bereits Verfahrenseinstellungen nach § 153 a StPO zum Anlass für eine Überprüfung der Zuverlässigkeit genommen. Allerdings sind Ermittlungsverfahren, die entweder wegen fehlenden Tatverdachts oder nach Opportunitätsgesichtspunkten eingestellt werden, grundsätzlich nicht an die BAFin mitzuteilen; § 60 a KWG sieht dies nicht vor. Damit fehlt es an einer gesetzlichen Ermächtigungsgrundlage, welche es den Strafverfolgungsbehörden gestattet, Informationen über ein wegen fehlenden Tatverdachts oder aus Opportunitätsgesichtspunkten eingestelltes Ermittlungsverfahren an die BAFin weiterzugeben.

2. Besondere Verteidigungssituationen

a) **Verteidigung während der Außenprüfung.** Führt das zuständige Veranlagungsfinanzamt eine steuerliche Außenprüfung durch und werden im Rahmen der Prüfung Erkenntnisse gewonnen, die den Verdacht oder auch nur die Möglichkeit einer Straftat oder Ordnungswidrigkeit ergeben, darf die Prüfung nicht unbesehen fortgeführt werden. Ist der Prüfungsadressat zugleich der Steuerpflichtige, muss die Prüfung zunächst unterbrochen werden; die für die Verfolgung des gewonnenen Verdachts zuständige Stelle zu benachrichtigen; ein Straf- bzw. Bußgeldverfahren einzuleiten und dem Steuerpflichtigen mit den entsprechenden Belehrungen bekannt zu geben. § 10 BpO legt diese Schritte zwingend fest. Die Vorschrift lautet:

§ 10 BpO – Verdacht einer Steuerstraftat oder -ordnungswidrigkeit

(1) Ergeben sich während einer Außenprüfung zureichende tatsächliche Anhaltspunkte für eine Straftat (§ 152 Abs. 2 StPO), deren Ermittlung der Finanzbehörde obliegt, so ist die für die Bearbeitung dieser Straftat zuständige Stelle unverzüglich zu unterrichten. Dies gilt auch, wenn lediglich die Möglichkeit besteht, dass ein Verfahren durchgeführt werden muss. Richtet sich der Verdacht gegen den Steuerpflichtigen, dürfen hinsichtlich des Sachverhalts, auf den sich der Verdacht bezieht, die Ermittlungen (§ 194 AO) bei ihm erst fortgesetzt werden, wenn ihm die Einleitung eines Strafverfahrens mitgeteilt worden ist. Der Steuerpflichtige ist dabei, soweit die Feststellungen auch für Zwecke des Strafverfahrens verwendet werden können, darüber zu belehren, dass seine Mitwirkung im Besteuerungsverfahren nicht mehr erzwungen werden kann (§ 393 Abs. 1 AO). Die Belehrung ist unter Angabe von Datum und Uhrzeit aktenkundig zu machen und auf Verlangen schriftlich zu bestätigen (§ 397 Abs. 2 AO).

(2) Absatz 1 gilt beim Verdacht einer Ordnungswidrigkeit sinngemäß.

§ 10 BpO dient dem Schutz des Steuerpflichtigen und ist im Zusammenhang mit § 393 Abs. 1 AO zu lesen. Im Besteuerungsverfahren bestehen für den Steuerpflichtigen umfangreiche Mitwirkungspflichten. Diese können jedoch nicht mehr erzwungen werden, wenn der Steuerpflichtige sich durch ordnungsgemäße Auskunft und Mitwirkung wegen einer von ihm begangenen Steuerstraftat oder Ordnungswidrigkeit belasten würde, § 393 Abs. 1 S. 2 und 3 AO. Der gesetzlich vorgesehene Schutz vor drohender Selbstbelastung durch Auskunft und Mitwirkung würde jedoch unterlaufen, wenn der Steuerpflichtige über ein gegen ihn gerichtetes Verfahren im Unklaren gelassen werden dürfte und in der irrigen Annahme erzwingbarer Mitwirkungs- oder Auskunftspflichten letztlich aktiv an seiner eigenen Überführung mitwirkt. § 10 BpO stellt sicher, dass der Steuerpflichtige jederzeit weiß, ob ihm die Finanzbeamten zum Zweck der Steuerfestsetzung oder zur Verfolgung einer Straftat oder Ordnungswidrigkeit entgegentreten. Nur in diesem Wissen kann der Steuerpflichtige die ihm in den jeweiligen Verfahren zustehenden Rechtspositionen wahrnehmen.

Die nach § 10 BpO erforderliche Prüfungsunterbrechung ist dem Steuerpflichtigen jedoch nicht als Unterbrechung im Sinne des § 10 BpO mitzuteilen. Über seine Absicht, aufgrund eines gewonnenen Anfangsverdachts nunmehr die Einleitung eines Straf- oder Bußgeldverfahrens zu veranlassen, informiert der Prüfer den Steuerpflichtigen nicht. Der Steuerpflichtige selbst bzw. sein Berater haben eine Prüfungsunterbrechung zu bemerken und aus ihr die richtigen Schlüsse zu ziehen. Verabschiedet sich der Prüfer vom Steuerpflichtigen mit dem Hinweis auf eine bevorstehende Prüfungsunterbrechung wegen Fortbildung, Urlaub oder Kur handelt es sich regel-

---

[290] *Reischauer/Kleinhans* § 33 KWG Nr. 115, S. 10 a.

mäßig um Vorwände,[291] sodass die kurzfristige Einleitung eines Straf- oder Bußgeldverfahrens zu erwarten ist. Spätestens jetzt sind etwaige noch verbliebene Selbstanzeigemöglichkeiten in größter Eile auszuloten.

517 Wurde eine Außenprüfung eingeleitet und ist sie nicht unterbrochen worden, gibt es damit eine klassische Verteidigung (noch) nicht; sie setzt vielmehr erst mit Unterbrechung bzw. spätestens mit Bekanntgabe eines eingeleiteten Straf- oder Bußgeldverfahrens ein.

518 Nicht selten weiß jedoch der Prüfungsadressat oder im Fall juristischer Person deren handelndes Organ von steuerstrafrechtlich relevanten Sachverhalten aus der Vergangenheit. In diesem Fall ist das Einlassungs- und Erklärungsverhalten im Vorfeld mit dem steuerlichen Berater bzw. einem Strafverteidiger abzustimmen. Diese Abstimmung ist notwendig, sofern die Abgabe einer strafbefreienden Selbstanzeige, eine strafbefreiende Erklärung nach dem StraBEG oder in geeigneten Fällen noch ein strafbefreiender Rücktritt vom (versuchten) Steuerdelikt erwogen werden. Da dem Steuerpflichtigen die Außenprüfung im Vorfeld ihrer Durchführung angekündigt wird, bleibt ein Zeitkorridor, in welchem nicht nur die Entscheidung über die vorstehend geschilderten Schritte getroffen, sondern auch die entsprechend abzugebende Erklärung inhaltlich formuliert werden muss Dies mag bei einer Erklärung nach dem StraBEG noch einfach sein, kann bei einer Selbstanzeige nach § 371 AO oder im Fall des strafbefreienden Rücktritts vom Versuch nach § 24 StGB beträchtlichen Aufwand verursachen, da sowohl die Selbstanzeige als auch der strafbefreiende Rücktritt eine Mitteilung der exakten und zutreffenden Besteuerungsgrundlagen erfordert. Erscheint der Prüfer zur Prüfung, ist die Selbstanzeige für zurückliegende vorsätzliche Hinterziehungen nach § 371 Abs. 2 Ziff. 1 lit. a AO gesperrt, soweit der Prüfungsauftrag die in der Selbstanzeige mitzuteilenden Besteuerungsgrundlagen nach Steuerart und Besteuerungszeitraum umfasst.

519 Sind Steuern dagegen nicht vorsätzlich, sondern leichtfertig verkürzt worden und droht nach § 378 AO die Festsetzung einer Geldbuße, hat der betreffende Steuerpflichtige von der Steuerverfehlung oftmals mangels Vorsätzlichkeit keine Kenntnis. Die Ankündigung einer Außenprüfung wird er daher in der Regel nicht als Appell für eine bußgeldbefreiende Selbstanzeige verstehen. Aus diesem Grunde sperrt auch das Erscheinen des (Außen-)Prüfers die Möglichkeit zur Abgabe einer bußgeldbefreienden Selbsterklärung nicht. § 378 AO sieht in Abs. 3 die Möglichkeit der bußgeldbefreienden Selbstanzeige vor, verweist aber gerade nicht auf die Sperrgründe des § 371 Abs. 2 AO. Vielmehr tritt Sperrwirkung nur in den Grenzen des § 378 Abs. 3 AO ein; danach sperrt nur die Bekanntgabe der Einleitung eines Straf- oder Bußgeldverfahrens. Bei leichtfertiger Verkürzung gem. § 378 Abs. 1 AO sperren daher weder das Prüfererscheinen noch die Tatentdeckung. Hierdurch ergeben sich auch während einer laufenden Außenprüfung Möglichkeiten, die bei vorsätzlicher Hinterziehung nicht bestehen. Mit entsprechenden – verdächtigen – Feststellungen konfrontiert, oder auch im Fall einer – nicht näher begründeten – Unterbrechung der Prüfung kann durch Selbstanzeige nach § 378 Abs. 3 AO Bußgeldfreiheit noch erreicht werden. Soweit die gesetzliche Regelung hier weitgehende Möglichkeiten zur Selbstanzeige einräumt, darf dies nicht darüber hinwegtäuschen, dass sich die Verfahrenspraxis oftmals hierüber hinwegsetzt. Im Wissen um die in den Steuererklärungen gemachten Angaben recherchiert der Prüfer, ob diese Angaben zutreffend sind. Stellt er Abweichungen zwischen den erklärten und den tatsächlichen Besteuerungsgrundlagen fest, ist er nach § 10 BpO verpflichtet, die zuständige Ermittlungsbehörde zu informieren. Recherchen zur subjektiven Tatseite einer mutmaßlichen Steuerverfehlung betreibt der Prüfer regelmäßig nicht. Er wird – sofern er sich zur subjektiven Tatseite – überhaupt eine Vorstellung macht – oftmals von vorsätzlicher Hinterziehung ausgehen und damit einen Sperrgrund für eine Selbstanzeige annehmen. Letztlich wird der Prüfer seine Beurteilung der subjektiven Tatseite davon abhängig machen, ob die festgestellte Abweichung zwischen erklärten und tatsächlichen Besteuerungsgrundlagen möglicherweise Ergebnis einer versehentlichen Nicht- oder Falscherfassung sein kann, oder aber, ob die Differenz nach aller Lebenserfahrung mutmaßlich Ausdruck bewusst täuschenden Verhaltens war. Dennoch sollte Selbstanzeige erstattet werden, nachdem der Prüfer die fraglichen Feststellungen getroffen hat. Mit der Bußgeld- und Strafsachenstelle ist nach dem

---

[291] *Müller*, „Beratungshinweise vor Erstattung einer Selbstanzeige", Die Steuerliche Betriebsprüfung 2002, 356 [357].

zu erwartenden Abbruch der Prüfung die Diskussion über die subjektive Tatseite zu führen. Werden im Rahmen der sich anschließenden Ermittlungen (regelmäßig der Steuerfahndung nach § 208 Abs. 1 S. 1 Ziff. 1 und 2 AO) Feststellungen getroffen, die Vorsatz belegen, war die Selbstanzeige gesperrt und kann Straffreiheit nicht mehr verschaffen; die „fehlgeschlagene" Selbstanzeige kann sich jedoch strafmildernd auswirken, wobei hier keine zu großen Erwartungen geschürt werden sollen, soweit der Steuerpflichtige nur dasjenige nacherklärt, was der Prüfer ohnehin schon festgestellt hat. Können vorsatzbegründende Umstände dagegen nicht festgestellt werden und lässt der Sachverhalt nach allgemeiner Lebenserfahrung zu, dass die unrichtige Erklärung Folge eines Versehens ist, wird der Verteidiger – sofern im Einzelfall möglich – bei vorausgegangener Selbstanzeige auf Leichtfertigkeit hin argumentieren. In diesem Fall hätte eine nach Prüfererscheinen und selbst nach Prüfungsabbruch abgegebene Selbstanzeige bußgeldbefreiende Wirkung. Dass sowohl unbewusst als auch bewusst fahrlässig falsche Erklärungen unterhalb der Schwelle zur Leichtfertigkeit straf- oder bußgeldrechtlich nicht relevant sind, hat für die Frage nach der Sanktion bei vorausgegangener Selbstanzeige keine Bedeutung. Ist Selbstanzeige erstattet worden, reicht regelmäßig die Verteidigung in Richtung einer nur leichtfertigen Hinterziehung. Ist Selbstanzeige dagegen nicht erstattet worden, wird die Vereidigung einfache Fahrlässigkeit darlegen, um ein Bußgeld nach § 378 Abs. 2 AO zu vermeiden. Eine „Verteidigung" hin zur einfachen (bewussten oder unbewussten) Fahrlässigkeit mag jedoch je nach Lage des Falles auch bei Selbstanzeige sinnvoll sein, da sich an eine leichtfertige und nicht bloß einfach fahrlässige Falscherklärungen abgabenrechtliche Konsequenzen knüpfen. Täter einer leichtfertigen Hinterziehung sind Haftungsschuldner (§ 71 AO); bei leichtfertiger Verkürzung kann die verkürzte Steuer innerhalb von fünf anstatt sonst nur innerhalb von vier Jahren festgesetzt werden.

Anders als die Selbstanzeige wegen einer Ordnungswidrigkeit nach § 378 AO wird die strafbefreiende Erklärung nach dem StraBEG jedoch bereits mit Prüfererscheinen bzw. Tatentdeckung gesperrt, vgl. § 7 Ziff. 1 StraBEG.

Neben § 10 BpO begründet auch § 201 Abs. 2 AO eine Pflicht zur Belehrung durch den Außenprüfer. Gemäß § 201 Abs. 2 AO ist der Steuerpflichtige im Rahmen der die Außenprüfung abschließenden Schlussbesprechung auf ein Straf- oder Bußgeldverfahren hinzuweisen, wenn sich in der vorausgegangenen Prüfung ein entsprechender Anlass im Sinne eines Anfangsverdachts ergeben hat. Bis heute unklar ist das Verhältnis dieser Vorschrift zu § 10 BpO, denn letzterer verlangt unmittelbar nach Verdachtsgewinnung die Unterbrechung der Prüfung, die Einleitung eines Straf- oder Bußgeldverfahrens und schließlich die Belehrung des Steuerpflichtigen. Erst danach kann die Prüfung fortgesetzt werden. Nach *Bilsdorfer*[292] können diese Widersprüche vor dem Hintergrund des geltenden Rechts zwar nicht gelöst werden, doch ergeben sich unter Berücksichtigung der jüngeren Rechtsprechung des BGH zur Frage von Verwertungsverboten bei Verletzung von Belehrungspflichten aus § 201 Abs. 2 AO interessante Ansätze für die Verteidigung. Unter Aufgabe seiner früheren Rechtsprechung vertritt der BGH seit der Entscheidung vom 27.2.1992 die Auffassung, dass ein Verstoß gegen Belehrungspflichten nach §§ 136 Abs. 1 S. 2, 136 a Abs. 4 S. 2 StPO grundsätzlich ein Verwertungsverbot nach sich zieht,[293] wobei dies ausnahmsweise dann nicht der Fall sein soll, wenn der Beschuldigte die Aussage in Kenntnis des Vorwurfs macht oder ihrer späteren Verwertung nicht widerspricht. Umstritten ist jedoch bis heute, ob ein Verwertungsverbot nur aus einer böswillig unterlassenen Belehrung resultiert oder ob nicht schon die objektiv pflichtwidrige Unterlassung diese Folge auslöst und es daher auf die subjektive Vorstellung des Prüfers nicht ankommt. Die zitierte BGH-Entscheidung wird im letztgenannten Sinne verstanden.[294] Das jüngere Schrifttum lässt schon die objektive Pflichtwidrigkeit zur Annahme eines Verwertungsverbots hinreichen, da gerade die Konstellation in Steuerstrafverfahren es dem Beschuldigten jederzeit ermöglichen muss festzustellen, ob der Prüfer im Rahmen des Besteuerungs- oder aber in Hinblick auf ein Straf- oder Bußgeldverfahren ermittelt.[295] Uneinheitlich beurteilt werden die Konsequenzen

---

[292] *Bilsdorfer*, „Aktuelle Fragen aus der Praxis der Außenprüfung", Die Steuerliche Betriebsprüfung 2002, 25 [26].
[293] BGHSt 38, 214.
[294] Vgl. *Meyer* DStR 2001, 461 [463].
[295] Vgl. nur *Bilsdorfer* S. 25 ff.

eines Belehrungsverstoßes für seine Wirkungen im Besteuerungsverfahren. Zwar hat das FG Schleswig-Holstein bereits einen objektiven Verstoß gegen Belehrungspflichten für den Eintritt eines Verwertungsverbots hinreichen lassen,[296] doch wurde die Entscheidung in der Revision aufgehoben.[297] Mit sehr ausführlicher Begründung hat das FG Mecklenburg-Vorpommern jedoch auch im Besteuerungsverfahren ein Verwertungsverbot angenommen für Auskünfte, die durch den Steuerpflichtigen/Beschuldigten aufgrund einer vorsätzlich unterlassenen Belehrung erteilt wurden.[298] Die zitierte Rechtsprechung kann im Zusammenhang mit § 201 Abs. 2 AO von der Verteidigung wie folgt genutzt werden:

522 Wurde in der Schlussbesprechung ein Hinweis nach § 201 Abs. 2 AO nicht erteilt, kann der Verwertung gewonnener Erkenntnisse im anschließenden Rahmen eines Straf- oder bußgeldverfahrens widersprochen werden. Dies gilt jedenfalls dann, wenn nach Lage des Einzelfalls ein bewusst täuschendes Verhalten des an der Schlussbesprechung teilnehmenden Prüfers nahe liegt. Nach einer Entscheidung des FG Baden-Württemberg,[299] dürfen entsprechende Erkenntnisse auch im Rahmen eines Besteuerungsverfahrens jedenfalls dann nicht verwertet werden, wenn es zur Begründung des Steuer- bzw. Haftungsanspruchs des Nachweises einer Straftat oder Ordnungswidrigkeit bedarf, wie dies etwa für verlängerte Festsetzungsfristen oder im Rahmen einer Haftung nach § 71 AO der Fall ist.

523 Ist dagegen ein Hinweis nach § 201 Abs. 2 AO erfolgt, kann unter Hinweis auf die abweichende Regelung in § 10 BpO gerügt werden, dass der Hinweis nach § 201 Abs. 2 AO zu spät erfolgte, so dass Erkenntnisse, die zwischen Verdachtsschöpfung und Abschlussbesprechung gewonnen wurden, einem strafrechtlichen Verwertungsverbot unterliegen. Nach der zitierten Entscheidung des FG Mecklenburg-Vorpommern ist dagegen ein Verwertungsverbot für das Besteuerungsverfahren nur bei vorsätzlich täuschendem Verhalten des Prüfers ausgelöst.

524 Außenprüfungen dienen der Feststellung bzw. Überprüfung von Besteuerungsgrundlagen. Regelmäßig hat der Prüfungsbetroffene ein Interesse, dass der Prüfer etwaige Differenzen zwischen den erklärten und den tatsächlichen Besteuerungsgrundlagen nicht aufdeckt. Der Prüfungsbetroffene und/oder sein steuerlicher Berater werden im Einzelnen genau wissen wollen, an welchen Stellen der Prüfer ermittelt oder gar „tiefer in den Sachverhalt einsteigt". Es liegt in der Natur von Außenprüfungen, dass der Prüfungsbetroffene versucht ist, die Richtung der Prüfung oder deren Intensität zu beeinflussen. Hier ist Vorsicht geboten. Allzu offensichtliche Strategien des Prüfungsbetroffenen mit dem Ziel, das Augenmerk des Prüfers auf bestimmte Dinge zu lenken oder von ihnen abzuwenden, werden regelmäßig genau im entgegengesetzten Sinne verstanden. Der erfahrene Prüfer weiß, wie sich Steuerpflichtige verhalten und welche Strategien sie ergreifen, um den Prüfer in seiner Tätigkeit zu beeinflussen.

525 Ausführungen zur Verteidigung während einer Außenprüfung dürfen die abgabenrechtlichen Ermittlungsbefugnisse nicht unerwähnt lassen. In diesem Zusammenhang ist auf die geänderten Vorschriften der §§ 146 Abs. 5, 147 Abs. 6 und 200 Abs. 1 AO hinzuweisen. § 147 Abs. 6 AO gestattet der Finanzbehörde den Zugriff auf elektronisch gespeicherte Daten und deren Nutzung. Flankiert wird diese Vorschrift von § 146 Abs. 5 AO, wonach der Steuerpflichtige die Daten in jederzeit verfügbarer Form vorhalten muss. Nach § 200 Abs. 1 AO schließlich hat der Steuerpflichtige dem Prüfer den gewünschten Zugriff zu gestatten und ihm etwa erforderlich werdende Hilfestellung – ggf. sogar durch externe Kräfte – zu gewähren. Die praktische Bedeutung dieser zum 1. Januar 2002 in Kraft getretenen Vorschriften ist immens, denn den Prüfern ist nicht nur das Lesen, sondern auch das Filtern und Sortieren von Daten gestattet,[300] so dass die Buchhaltung und das Rechnungswesen eines Unternehmens auf Tastendruck durchleuchtet werden können. Auf Verlangen des Prüfers ist der Steuerpflichtige überdies verpflichtet, dem Prüfer die gespeicherten Daten auf einem Datenträger zur Auswertung zu überlassen.[301] Diese weitgehenden Kontrollbefugnisse des Außenprüfers lassen ein Vertrauen des Steuerpflichtigen, der Prüfer werde bestimmte fragwürdige Dinge nicht entdecken, illuso-

---

[296] FG Schleswig-Holstein Urt. v. 12.12.2000 – V 995/98 – EFG 2001, 252 [253] m. w. N. aus der Lit.
[297] BFH Urt. v. 23.1.2002 – XI R 10 und 11/01 – wistra 2002, 270.
[298] FG Mecklenburg-Vorpommern Urt. v. 21.8.2002 – 3 K 284/00 – wistra 2003, 473.
[299] FG Baden-Württemberg, Außensenate Stuttgart Urt. v. 13.6.1996 – 6 K 69/93 – EFG 1996, 1134 [1135].
[300] *Bilsdorfer* PStR 2001, 76, 79.
[301] *Bilsdorfer* PStR 2001, 76, 80.

risch erscheinen. *Bilsdorfer* rät zur Installation von Schutzsoftware, die nicht nur den Zugriff des Prüfers auf Daten beschränkt, auf die ein Zugriff gestattet werden muss, sondern darüber hinaus protokolliert, auf welche Daten der Prüfer zugegriffen hat. Nur hierdurch könne später nachvollzogen werden, ob nicht etwa gezielt nach Informationen gesucht wurde, die der Prüfer nicht hätte (gezielt) recherchieren dürfen.[302]

b) Verteidigung von namentlich nicht genannten Verantwortlichen eines Unternehmens. 526
Steuerstrafverfahren gegen „[namentlich nicht genannte] Verantwortliche eines Unternehmens" werden regelmäßig aus Anlass von Durchsuchungsmaßnahmen in den Räumlichkeiten des Unternehmens bekannt. In den Bankenfällen der letzten Jahre wegen Verstrickung von Bankangestellten in anonymisierte Kapitaltransfers ins zinsabschlagsteuerfreie Ausland erlangten die Banken Kenntnis von entsprechenden Ermittlungsverfahren mit Eintreffen der Beamten zum Zweck der Durchsuchung. Die Durchsuchungsbeschlüsse ergingen in Strafverfahren gegen „[namentlich nicht genannte] Verantwortliche" eines genau bezeichneten Kreditinstituts.

In diesen Fällen gibt es bei Durchsuchungsbeginn noch keinen konkret bezeichneten Beschul- 527
digten, wenngleich zu erwarten ist, dass im weiteren Verfahrensfortgang jeweils verantwortliche Entscheidungsträger namentlich identifiziert werden.

In dieser Situation sind durch die Unternehmensverantwortlichen und deren Rechtsbeistand 528
kurzfristig etwa verbleibende Möglichkeiten zur Erstattung einer strafbefreienden Selbstanzeige zu prüfen; kurzfristig hat die Prüfung deshalb zu erfolgen, da die fortschreitenden Ermittlungen der Finanzbehörde bzw. der Staatsanwaltschaft zur Feststellung Einzelner verantwortlicher Personen führen werden, welche dann Beschuldigtenstatus erlangen mit der Folge, dass spätestens mit der Bekanntgabe der Beschuldigteneigenschaft ein Sperrgrund für strafbefreiende Selbstanzeigen eingetreten ist.

Das besondere Augenmerk ist dabei auf die Sperrgründe nach § 371 Abs. 2 Ziff. 1 lit. a und lit. 529
b AO zu richten, wobei die Reichweite des Sperrgrundes der Bekanntgabe der Verfahrenseinleitung (§ 371 Abs. 2 Ziff. 1 litb. B AO) in diesem Zusammenhang als weitgehend geklärt betrachtet werden kann, während die Reichweite des Sperrgrundes des Prüfererscheinens (§ 371 Abs. 2 Ziff. 1 lit. a AO) in Rechtsprechung und Literatur noch kontrovers diskutiert wird.

Nach § 371 Abs. 2 Ziff. 1 lit. b AO tritt Sperrwirkung für eine Selbstanzeige ein, sobald dem 530
Täter oder seinem Vertreter die Einleitung eines Straf- oder Bußgeldverfahrens wegen der Tat bekannt gegeben worden ist. Dies verlangt grundsätzlich die Identifizierung des betreffenden Täters und setzt zumindest voraus, dass der Durchsuchungsbeschluss nach dem Prinzip der Einzelschuld die konkrete strafrechtliche Verantwortung des einzelnen Adressaten und die individuelle Schuld konkretisiert. Der bloß abstrakte Hinweis auf eine Tatbeteiligung genügt dafür nicht.[303] Regelmäßig wird die Bekanntgabe eines Strafverfahrens gegen namentlich nicht bezeichnete Verantwortliche eines Unternehmens diese Voraussetzungen nicht erfüllen, so dass § 371 Abs. 2 Ziff. 1 lit. b AO einer strafbefreienden Selbstanzeige (noch) nicht entgegenstehen wird.

Als problematisch erweist sich demgegenüber der Sperrgrund des Prüfererscheinens im Sinne 531
von § 371 Abs. 2 Ziff. 1 lit. a AO. Sind Prüfungsanordnung bzw. Prüfungsauftrag auf steuerliche Angelegenheiten des Betriebes gerichtet, ist sicher, dass mit Erscheinen des Amtsträgers der Finanzbehörde – zu denen Beamte der Staatsanwaltschaften nicht zählen[304] – für den Inhaber des Betriebes Sperrwirkung nach § 371 Abs. 2 Ziff. 1 lit. a AO eintritt und die Möglichkeit zur Selbstanzeige nicht mehr besteht.[305] Ist das Unternehmen in der Rechtsform einer Kapitalgesellschaft organisiert, trifft dasselbe für deren Organe bzw. alle Funktionsträger im Sinne des § 14 StGB zu.[306] Umstritten ist aber, inwieweit bzw. unter welchen Voraussetzungen Sperrwirkung nach § 371 Abs. 2 Ziff. 1 lit. a AO auch gegenüber solchen Unternehmensmitarbeitern

---

[302] *Bilsdorfer* PStR 2001, 76, 81.
[303] *Kohlmann* Bd. II § 371 Rdnr. 180.2.
[304] Vgl. nur F/G/J/*Joecks* 5. Aufl., § 371 Rdnr. 136 f.; entgegen der ganz herrschenden Auffassung will *Kohlmann* Bd. II § 371 Rdnr. 122, Beamte der Steuerfahndungsdienststellen jedenfalls dann nicht als Amtsträger einer Finanzbehörde i.S.d. § 371 Abs. 2 Ziff. 1 lit. a AO begreifen, sofern diese im Einzelfall als Hilfsbeamte der Staatsanwaltschaft auftreten. Diese Auffassung hat in Schrift. und Rspr. bisher keine Gefolgschaft gefunden.
[305] *Kohlmann* Bd. II § 371 Rdnr. 142.1; *Engelhardt* H/H/Sp § 371 Rdnr. 210.
[306] *Kohlmann* Bd. II § 371 Rdnr. 142.2.

eintritt, die nicht Vertreter bzw. Organe im Sinne des § 14 StGB sind. Das Oberlandesgericht Düsseldorf stellt dabei auf eine mehr oder weniger typisierte Entdeckungsgefahr ab:

532 „[...] Möglichkeit der strafbefreienden Selbstanzeige dann abzuschneiden, wenn die Entdeckung der Steuerverfehlungen ohnehin so nahe gerückt ist, dass das fiskalische Interesse an Anreizen für eine freiwillige Offenbarung wegfällt. [...] Daraus ergibt sich, dass nur die bei der Prüfung typischerweise entdeckungsgefährdeten und in Ausübung des geprüften Betriebes begangenen Steuerverfehlungen nach Erscheinen des Prüfers nicht mehr Gegenstand einer Selbstanzeige sein können"[307]

533 *Kohlmann* tritt dieser Auffassung mit einem – dem Zivilrecht entlehnten – Sphärengedanken entgegen. Ausgangspunkt seiner Überlegungen ist der Gedanke, dass § 371 Abs. 2 Ziff. 1 lit. a AO voraussetzt, dass der Amtsträger „zur Prüfung erschienen ist". *Kohlmann* sieht in der Auffassung des OLG Düsseldorf nicht ohne Berechtigung die Gefahr, dass sich die dort vertretene Auffassung über diese – personale – Begrenzung hinwegsetze. Nach *Kohlmann* ist mit Prüfererscheinen Sperrwirkung vielmehr für all jene Unternehmensmitarbeiter eingetreten, „die an der Sphäre des Betriebes in der Weise teilhaben, dass unter gewöhnlichen Umständen die Möglichkeit der Kenntnisnahme vom Erscheinen des Prüfers besteht".[308]

534 Vor diesem Hintergrund empfiehlt es sich für den rechtlichen Berater, im Rahmen der Durchsuchung oder unmittelbar im Anschluss daran, mit der Finanzbehörde, sofern deren Vertreter bei der Durchsuchung anwesend waren, die Diskussion über noch verbleibende Selbstanzeigemöglichkeiten zu führen. Insbesondere dann, wenn die Ermittlungsbehörden vor einer personal- und zeitintensiven Auswertung beschlagnahmten oder sonst eingesehenen Materials stehen, kann in dieser Situation nicht selten mit den Behörden Einvernehmen dahin gehend erzielt werden, dass die Sachverhaltsaufklärung – wird sie vom Unternehmen geleistet – im Rahmen einer von der Behörde als wirksam anerkannten Selbstanzeige mitgeteilt wird. Ob die Finanzbehörde zu solchen Vorgehen befugt ist, mag dahinstehen; sofern sie sich jedoch auf eine derartige Absprache einlässt, ist im Interesse der Verantwortlichen des Unternehmens hiervon Gebrauch zu machen.

535 Erscheint der Prüfer bei einer von mehreren Konzerngesellschaften, tritt aufgrund der rechtlichen Selbständigkeit der Steuersubjekte grundsätzlich keine Sperrwirkung für die (Verantwortlichen anderer) Konzerngesellschaften ein.[309] Ein anderes soll nach wohl herrschender Auffassung dann gelten, wenn sich der Prüfungsauftrag auf alle oder mehrere Konzerngesellschaften erstreckt.[310]

536 Solange das (Steuer-)Strafverfahren noch gegen „namentlich nicht benannte Verantwortliche eines Unternehmens" betrieben wird, unterbricht die Bekanntgabe des Strafverfahrens die Verfolgungsverjährung nicht. Nach § 78 c Abs. 1 Ziff. 1 StGB hat die Bekanntgabe eines Strafverfahrens nur dann verjährungsunterbrechende Kraft, wenn sie „gegenüber dem Beschuldigten" erfolgt; dies setzt zumindest voraus, dass der oder die Beschuldigten namentlich bekannt sind und das Verfahren gerade gegen diese Personen betrieben wird.

537 Mitunter können dem (ständigen) Dialog zwischen einem Unternehmen und den Finanzbehörden Indikatoren oder zumindest Hinweise entnommen werden, die eine Durchsuchung oder Beschlagnahme in naher oder ferner Zukunft als möglich oder sogar wahrscheinlich erscheinen lassen. Dies wäre etwa dann der Fall, wenn eine Betriebsprüfung ohne für das Unternehmen oder seine Verantwortlichen erkennbaren oder mitgeteilten Grund abgebrochen wird, denn der Abbruch der Betriebsprüfung ist zwingend vorgeschrieben, sofern die bisherigen Prüfungsresultate den Anfangsverdacht strafbarer oder bußgeldbewehrter Steuerverfehlungen nahe legen. In diesen Situationen empfiehlt es sich, Pläne „für den Ernstfall" vorzubereiten. Zumindest auf der Ebene der Unternehmensleitung sind Maßnahmen zu ergreifen, die im Fall einer Durchsuchung und Beschlagnahme kurzfristig umgesetzt werden (können). Ob zur Vorbereitung im Einzelfall eine Durchsuchung bzw. Beschlagnahme in Form eines „Planspiels" unter Einbindung entsprechender Unternehmensmitarbeiter durchgeführt wird, um Rollen, Funktionen und Verhaltensweisen einzustudieren, erscheint zwar u. U. zweckmäßig, führt aber

---

[307] OLG Düsseldorf Urt. v. 27. Mai 1981 – 2 Ss 214/81 – wistra 1982, 119 [120].
[308] *Kohlmann* Bd. II § 371 Rdnr. 145.
[309] *Kohlmann* Bd. II § 371 Rdnr. 128; F/G/J/*Joecks* 5. Aufl., § 371 Rdnr. 147.
[310] Vgl. F/G/J/*Joecks* § 371 Rdnr. 147.

zu einer – vermeidbaren – Publizität eines angenommenen Anfangsverdachts. In den Luxemburgfällen bestanden insoweit verständlicherweise nur geringe Ressentiments, da hier nahezu eine gesamte Branche mit entsprechenden Verdachtsmomenten überzogen wurde und sich ein Wettbewerbsnachteil aus einem entsprechenden Ermittlungsverfahren oder seines Bekanntwerdens nicht ergab. Jenseits dieser „Massenverfahren" mag die Situation anders zu beurteilen sein. Ist aber weitest gehende Diskretion gewünscht, birgt ein Planspiel nachhaltige Publizitätsrisiken. Zwingend erforderlich bleibt aber auch in diesen Fällen die genaue Vorbereitung der Durchsuchungssituation, hieran sind Mitarbeiter an den relevanten „Schaltstellen" des Unternehmens zu beteiligen. Es sind zumindest Handzettel vorzubereiten, die im Bedarfsfall an durchsuchungsbetroffene Mitarbeiter verteilt werden. Hierin sind sie über die Rechte und Pflichten in der konkreten Situation aufzuklären. Es ist darauf hinzuweisen, dass Entscheidungen über die Hausgabe von Unterlagen regelmäßig nur von den Unternehmensverantwortlichen getroffen werden dürfen. Nicht vertretungsbefugten Mitarbeitern ist dies schon aus arbeitsrechtlichen Gründen verwehrt. Ferner sollten Richtlinien für die unternehmensinterne Kommunikation aufgestellt werden.

c) **Verteidigung beschuldigter Eheleute.** Besondere Fragen treten auf, wenn Eheleute gemeinsam zur Steuer verlangt werden, die Inhalte der Steuererklärung unrichtig sind und zu einer Verkürzung im Sinne des § 370 AO führen. In diesem Fall stellt sich die Frage, ob den die gemeinsame Steuererklärung mitunterzeichnenden Ehegatten ebenfalls ein Hinterziehungsvorwurf trifft.

Beispiel:
Der Ehemann erzielt Einkünfte aus Vermietung und Verpachtung einer Immobilie, die ihm allein gehört. Im Rahmen der Werbungskosten macht er Malerarbeiten im Treppenhaus geltend. Tatsächlich sind die abgerechneten Malerarbeiten jedoch nicht an dem vermieteten Objekt sondern in der selbstbewohnten Immobilie durchgeführt worden. Beide Eheleute unterzeichnen die gemeinsame Steuererklärung und werden erklärungsgemäß veranlagt. Fraglos wurden durch den Ehemann Steuern in nach § 370 AO strafbarer Weise verkürzt. Es stellt sich jedoch die Frage nach der strafrechtlichen Verantwortlichkeit der mitunterzeichnenden Ehefrau.

Jedenfalls am Vorsatz der Ehefrau fehlt es, wenn sie keinerlei vorsatzbegründende Kenntnis von dem unlauteren Werbungskostenabzug hatte. Hat sie dies auch nicht leichtfertig verkannt, könnte gegen die Ehefrau auch der Vorwurf der in § 378 AO bußgeldbewehrten leichtfertigen Verkürzung nicht erhoben werden.

Bei fehlender Kenntnis bzw. fehlender Leichtfertigkeit des mitunterzeichnenden Ehegatten scheitert ein Vorwurf bereits an den Erfordernissen der subjektiven Tatseite.

Weiß dagegen die Ehefrau, dass ihr Mann unberechtigterweise Werbungskosten in Ansatz bringt, so stellt sich die Frage, ob das Recht von ihr verlangt bzw. überhaupt verlangen darf, die Unterzeichnung der gemeinsamen Erklärung zu verweigern. Im Schrifttum[311] wird seit geraumer Zeit die Auffassung vertreten, dass die Ehefrau nicht verpflichtet werden könne, die Unterzeichnung der gemeinsamen Erklärung zu verweigern, da eine gleichwohl abgegebene Erklärung, die lediglich von einem Ehegatten unterzeichnet ist, unmittelbar zu Ermittlungen der Steuerfahndung zumindest auf der Grundlage von § 208 Abs. 1 S. 1 Ziff. 3 AO führen könne. Faktisch würde die Verweigerung der Unterzeichnung durch den Ehegatten zu einem Verdacht steuerunehrlichen Verhaltens gegen den unterzeichnenden Ehegatten führen. Der Schutz von Ehe und Familie, der auch im Strafverfahren besteht (vgl. § 52 StPO), droht unterlaufen zu werden, wenn es dem mitunterzeichnenden Ehepartner „bei Strafe verboten wäre", eine gemeinsame Steuererklärung zu unterzeichnen, in welcher der andere Ehegatte die steuerlichen Verhältnisse im Sinne des § 370 AO unrichtig darstellt.

Der Bundesfinanzhof hat die Auffassung der Literatur mit seinem Urteil vom 16. April 2002[312] im Ergebnis bestätigt. Methodisch zutreffend geht der BFH davon aus, dass der Erklärungsgehalt der Unterschrift des jeweiligen Ehegatten sich zunächst nur auf solche Tatsachen bezieht, die den jeweiligen Ehegatten betreffen. Ein Ehegatte mache Angaben nur zu dem

---

[311] Vgl. nur H/H/Sp/*Hellmann* AO, 10. Aufl., § 370 Rdnr. 80; F/G/J/*Joecks* § 370 Rdnr. 249, *Burkhard* DStZ 1998, 829 ff.; *Tormöhlen* wistra 2000, 406.
[312] BFH Urt. v. 16.4.2002 – IX R 40/00 – wistra 2002, 353 f.

Sachverhalt, der seiner Wissenssphäre zuzurechnen ist. Daher sei der Inhalt der gemeinsamen Erklärung im Kontext mit den Vorschriften über die Zusammenveranlagung auszulegen. Nach § 26 Abs. 1 und 26 b EStG folge das Gesetz im Bereich des Erzielens steuerbarer Einkünfte dem Prinzip der Individualbesteuerung, so dass jeder Ehegatte für sich Einkünfte erziele, wenn er in seiner Person den Tatbestand einer Einkunftsart verwirklicht. Erst im Anschluss an die für jeden Ehegatten gesondert vorzunehmende Ermittlung der Einkünfte werden die von beiden Ehegatten erzielten Einkünfte bei der Zusammenveranlagung gemäß § 26 b EStG zusammen- und den Ehegatten gemeinsam zugerechnet. Vor diesem methodischen Ausgangspunkt gelangt der BFH zu folgendem Ergebnis:

„Mit der so jeweils zu unterscheidenden Wissenssphäre korrespondiert der Erklärungsgehalt der Unterschrift und damit der Verantwortungsbereich des jeweiligen Ehegatten: Betrifft die Erklärung Einkünfte, die nur von einem Ehegatten erzielt werden, so macht nur derjenige Ehegatte „Angaben", der den Tatbestand dieser Einkunftsart verwirklicht. Bezieht sich die Einkommensteuererklärung auf solche Besteuerungsmerkmale, die – wie z. B. Sonderausgaben oder außergewöhnliche Belastungen – beide Ehegatten betreffen, so beziehen sich auch ihre Erklärungen auf diese Merkmale".[313]

543 Danach ist die Mitunterzeichnung einer gemeinsamen Steuererklärung durch den Ehegatten, der sogar positiv von falschen Angaben seiner Ehepartners in der Erklärung weiß, keine strafbare Steuerhinterziehung für den Mitunterzeichner und kein Fall strafbarer Beihilfe.

544 Diese Grundsätze gelten aber nur dann, wenn sich die Mitwirkung in der Unterzeichnung der gemeinsamen Erklärung erschöpft, gehen die Beiträge des Mitunterzeichners darüber hinaus, nimmt er in strafbarer Weise an dem Delikt seines Ehepartners teil.

545 So klar und eindeutig die Entscheidung des BFH auch sein mag, trifft sie doch zunächst nur eine Aussage für das Steuerrecht; im Vorlagefall eine Inanspruchnahme aus Haftungsgesichtspunkten. Zwar kann der *Bundesfinanzhof* keine verbindlichen Direktiven zur strafrechtlichen Bewertung geben, doch nimmt er zu den entsprechenden Fragen in einem obiter dictum Stellung. In der Entscheidung heißt es:

„Indes gelten diese Aussagen nur für das Steuerverfahrensrecht, nicht aber für das Strafrecht, das auf die persönliche und subjektive Tatbestandsverwirklichung abstellt. [...] Ein Übertragen von Verantwortung, wie es das Steuerschuldrecht [in § 173 Abs. 1 Nr. 2 AO] durch die Zurechnung fremden Verschuldens als eigenes kennt, gibt es im Steuerstrafrecht nicht."[314]

546 Der BFH bringt hiermit sein – zutreffendes – Rechtsverständnis zum Ausdruck, dass strafrechtlich erst Recht Verantwortung dort nicht wechselseitig zugerechnet werden kann, wo dies schon im Steuerrecht nicht möglich ist.

547 Die Beratungs- und Verteidigungspraxis zeigt, dass sich die Finanzbehörden auf den Standpunkt zurückziehen, der BFH habe die Frage nur für das Steuer- nicht aber für das (Steuer-) Strafrecht entschieden. Bei dieser finanzbehördlichen Position scheint es sich jedoch mehr eine Drohgeste zu handeln als um die gesicherte Erwartung, vor den Strafgerichten Gehör mit einer abweichenden Position zu finden. Nach hier vertretener Auffassung sollte die Verteidigung im Streitfall nicht davor zurückscheuen, diese Frage durch die Strafgerichtsbarkeit überprüfen zu lassen.

548 **d) Ermittlungen bei Kreditinstituten.** Aus Sicht der Finanzbehörden stellen Geldinstitute interessante Fahndungsobjekte dar. Bei ihnen liegen Informationen über das Vermögen von Bankkunden in konzentrierter und in der Regel elektronisch abrufbarer Form vor. Vor diesem Hintergrund erstaunt es nicht, dass gerade im Zusammenhang mit den Luxemburg-Fällen die Banken das besondere Interesse des ermittlungsbehördlichen Fahndungsaktivitäten auf sich zogen. Zwar dürfte der Zenith dieser Ermittlungsaktivitäten zwischenzeitlich überschritten sein, doch besteht an den in Banken vorgehaltenen Informationen über ihre Kunden nach wie vor ein gesteigertes Informationsinteresse der Finanzämter. Waren es bis zum Ende der 90er Jahre insbesondere die Fälle des (anonymisierten) Kapitaltransfers ins zinsabschlagsteuerfreie Ausland, rücken mehr und mehr Sachverhalte im Zusammenhang mit Spekulationsgewinnen in den Focus der Ermittlungen. Fragen im Zusammenhang mit Ermittlungen in Kreditinstituten

---

[313] BFH wistra 2002, 353, 354.
[314] BFH wistra 2002, 353, 354.

haben daher auch heute – etwa 10 Jahre – nach Beginn der großangelegten Fahndungswelle in Banken nichts von ihrer Aktualität verloren.

Neben spezifisch steuerstrafrechtliche Fahndungsaktivitäten treten heute zusehends abgabenrechtliche Ermittlungen in unterschiedlichen Nuancen. Zwar setzt sich diese Darstellung prinzipiell nur mit den steuerstrafverfahrensrechtlichen Aspekten auseinander, doch erfordert deren mitunter engste Verzahnung mit abgabenrechtlichen Ermittlungen eine Ausweitung des Blickwinkels. Im Rahmen der Erörterung von Ermittlungen in Banken wird versucht, einen umfassenden Überblick über die Thematik zu geben, wobei auch rein abgabenrechtliche Maßnahmen aufgrund des engen Sachzusammenhangs nicht ausgeklammert werden sollen. 549

aa) Schutz von Bankkunden, § 30 a AO. Mit § 30 a AO hat der Gesetzgeber Ermittlungen in Banken einem grundsätzlichen Vorbehalt unterstellen wollen. Der Gesetzgeber hat eine besondere Schutzbedürftigkeit des Vertrauensverhältnisses zwischen der Bank und ihren Kunden angenommen. Im Interesse des Verbleibs von Kapitalvermögen im Inland[315] wurde der frühere Bankenerlass in den Rang eines formellen Gesetzes erhoben. Bereits kurz nach den Attentaten auf das World Trade Center am 11. November 2001 geriet die Regelung des geltenden § 30 a AO in die Diskussion. Im Rahmen der mitunter polemisch geführten Auseinandersetzung über das – in seinem Grundsatz nur allzu nachvollziehbare Anliegen –, die Finanzströme des internationalen Terrorismus auszutrocknen, wurden Zweifel geäußert, ob der geltende § 30 a AO weiterhin Bestand haben kann, oder ob nicht vielmehr überwiegende Interessen für seine Aufhebung sprechen. Diese Diskussion ist gegenwärtig nicht abgeschlossen. Mit den allgemeinen Tendenzen zu einer effizienteren Terrorismusprävention und eines sich nachhaltig verschärfenden Klimas bei der Verfolgung von Steuerverfehlungen sind gewisse Vorzeichen gegeben, welche auf eine zumindest mittelfristige Abschaffung des geltenden § 30 a AO hindeuten. Das Verlangen nach ersatzloser Streichung des § 30 a AO kann überdies auf eine nicht von der Hand zu weisende Kritik an der Vorschrift verweisen, welche so alt ist wie die Norm selbst. Nach In-Kraft-Treten des § 30 a AO wurde bald klar, dass die Vorschrift schon ihrem Anliegen nach dem Grundsatz einer gleichmäßigen Besteuerung prinzipiell entgegensteht, denn sie stellte finanzbehördliche Ermittlungen in Banken unter Vorbehalte, die für andere Bereiche zu keiner Zeit bestanden haben. 550

§ 30 a AO ist jedoch derzeit (noch) geltendes Recht, eine Auseinandersetzung mit den in der Vorschrift enthaltenen Regelungen ist daher im Rahmen dieser Darstellung unerlässlich. 551

§ 30 a AO dient dem Schutz von Bankkunden. Die Vorschrift begründet jedoch kein Bankgeheimnis. Im Geltungsbereich des § 30 a AO existiert damit im Bankensektor keine steuerfahndungsfreie Oase. 552

(1) § 30 a Abs. 1 AO. § 30 a Abs. 1 AO enthält zunächst nur eine programmatische Erklärung, wenn es dort heißt, dass die Finanzbehörden bei der Ermittlung des Sachverhalts „auf das Vertrauensverhältnis zwischen den Kreditinstituten und deren Kunden besonders Rücksicht zu nehmen haben". Worin die im Einzelfall zu nehmende Rücksicht besteht, sagt § 30 a Abs. 1 AO nicht. Das Maß der geschuldeten Rücksicht ergibt sich erst aus den folgenden Absätzen 2 bis 5. 553

(2) § 30 a Abs. 2 AO. Die Vorschrift enthält ein Verbot. Danach dürfen die Finanzbehörden zum Zweck (bzw. im Rahmen der) allgemeinen Überwachung von den Banken nicht die einmalige oder periodische Mitteilung von Konten bestimmter Art oder bestimmter Höhe verlangen. § 30 a Abs. 2 AO betrifft damit nicht steuerstrafrechtliche, sondern lediglich abgabenrechtliche Ermittlungen. Auch diese unterliegen aber nicht insgesamt der Schranke des § 30 Abs. 2 AO, sondern nur dann, wenn sie im Rahmen der sog. allgemeinen Überwachung erfolgen. Die Regelung schließt damit nicht jedes sog. Sammelauskunftsersuchen aus. Sie verbietet lediglich solche umfassenden Mitteilungsersuchen, die im Rahmen bzw. zum Zweck der allgemeinen Überwachung erfolgen. Eine allgemeine Untersuchung in diesem Sinne ist bereits dann nicht mehr gegeben, wenn konkrete Anhaltspunkte darauf hinweisen, dass es hinsichtlich der betreffenden Bankkunden zu einer unrichtigen Steuerfestsetzung gekommen ist.[316] Der Bundesfinanzhof hat die Reichweite des Verbots nach § 30 a Abs. 2 AO noch weiter gehend eingeschränkt: Danach sollen Fahndungsaktivitäten durch § 30 a Abs. 2 AO schon dann nicht mehr 554

---

[315] Vgl. Klein/*Rüsken* AO § 30 a Rdnr. 1.
[316] Klein/*Rüsken* AO § 30 a Rdnr. 14.

einschränkt sein, wenn nicht konkrete Tatsachen, sondern bereits allein die allgemeine Lebenserfahrung vermuten lasse, dass Steuern in einem bestimmten Bereich mit erhöhter Wahrscheinlichkeit hinterzogen würden.[317]

555 Die „Aufweichung", welche § 30 a Abs. 2 AO insbesondere durch die Rechtsprechung des Bundesfinanzhofs erfahren hat, lässt seine Filterfunktion illusorisch werden. Wenn die „Lebenserfahrung" über ein Eingreifen des § 30 a Abs. 2 AO entscheiden kann, sind finanzbehördlicher Ermittlungswillkür Tür und Tor geöffnet.

556 *(3) § 30 a Abs. 3 AO.* Legitimationsgeprüfte Konten und Depots dürfen „anlässlich einer Außenprüfung" nicht abgeschrieben werden; Kontrollmitteilungen „sollen" unterbleiben. Das Verbot des § 30 a Abs. 3 S. 1 AO und die „Sollvorschrift" des Satz 2 beziehen sich nach dem klaren Wortlaut ausschließlich auf Maßnahmen im Rahmen von Außenprüfungen. Strafprozessuale Ermittlungen fallen daher ersichtlich nicht unter die Regularien. Aber auch abgabenrechtliche Ermittlungen sind nicht schlechthin erfasst. Unter Aufgabe seiner bisherigen Position hat der Bundesfinanzhof in seiner jüngsten Rechtsprechung[318] die Tendenz erkennen lassen, Sammelauskunftsersuchen nicht funktional als Außenprüfungen zu begreifen, so dass nach dieser Lesart auch rein abgabenrechtliche Ermittlungen der Steuerfahndungen nicht durch § 30 a Abs. 3 AO beschränkt werden.

557 *(4) § 30 a Abs. 4 AO.* Die Vorschrift ist deklaratorischer Natur[319] und hat für die hier interessierenden steuerstrafrechtlichen Fragestellungen keine Bedeutung.

558 *(5) § 30 a Abs. 5 AO.* Soweit § 30 a Abs. 5 S. 1 AO die Banken über § 93 AO wie beliebige Dritte zur Auskunft verpflichtet, wird hierin klargestellt, dass es ein Steuergeheimnis nicht gibt. Nach § 93 Abs. 1 S. 3 AO ist die Bank nur subsidiär auf Auskunft in Anspruch nehmen. Soweit für Steuerfahndungsprüfungen die Subsidiarität in § 208 Abs. 1 S. 3 AO durchbrochen ist, und ohne vorheriges Auskunftsersuchen an den Beteiligten eine Anfrage beim (Kreditinstitut als) Dritten zulässig ist, stellt § 30 a Abs. 5 S. 2 AO jene Subsidiarität für den Fall wieder her, dass die Person des Steuerpflichtigen bekannt ist und gegen sie kein Verfahren wegen einer straf- oder bußgeldbewehrten Steuerverfehlung eingeleitet (worden) ist.

559 *bb) Steuerstrafrechtliche Ermittlungen bei Banken.* Im Steuerstrafverfahren gilt § 30 a AO nicht. Ermittlungsbehördliche Fahndungsaktivitäten werden durch die Vorschrift des § 30 a AO nicht eingeschränkt. So findet insbesondere die Subsidiaritätsregelung des § 30 a Abs. 5 S. 2 AO keine Anwendung; die Bank bzw. ihre Mitarbeiter können daher (nach den Grundsätzen der Zeugen- bzw. Beschuldigtenvernehmung) auf Auskunft in Anspruch genommen werden, bevor dem Kunden Gelegenheit zur Stellungnahme gegeben wurde. Banken sind nach Nr. 4 AGB verpflichtet, Kundeninformationen gegenüber Dritten vertraulich zu behandeln. Anders als Rechtsanwälte, Steuerberater etc. sind Mitarbeiter von Kreditinstituten jedoch keine Berufsgeheimnisträger, sodass ihnen ein Auskunftsverweigerungsrecht i. S. d. § 53 StPO nicht zusteht. Die zivilrechtliche Verschwiegenheitspflicht kommt dann nicht mehr zum Tragen, wenn kraft besonderer Vorschriften eine Pflicht zur Mitwirkung bzw. Auskunftserteilung besteht.

560 In Banken kann durchsucht und beschlagnahmt werden. Insoweit gelten die allgemeinen Regeln. Eine Durchsuchung bzw. Beschlagnahme kann i. d. R. durch Herausgabe der zu beschlagnahmenden Unterlagen abgewendet werden. Wegen der zivilrechtlichen Verschwiegenheitsverpflichtung der Bank nach Nr. 4 der AGB der Banken darf die Bank Informationen nur dann (freiwillig) erteilen und Unterlagen (freiwillig) herausgeben, wenn sich zuvor Gewissheit darüber verschafft hat, dass die Ermittlungsbehörde resp. die Steuerfahndung ansonsten zwangsweise auf die Unterlagen zugreifen oder die gewünschten Informationen einholen darf.

561 Wird ein Bankmitarbeiter als Zeuge vernommen hat er das Recht, die Antwort auf solche Fragen zu verweigern, deren wahrheitsgemäße Beantwortung ihn dem Risiko der Verfolgung wegen einer Straftat oder einer Ordnungswidrigkeit aussetzen würde. Wird er als Beschuldigter vernommen, hat er ein umfassendes Schweigerecht. Ob der Mitarbeiter gleichwohl zur Sache aussagen möchte, braucht er nicht von einer Zustimmung des durch den Gegenstand seiner

---

[317] BFH BStBl. 1987, 484.
[318] BFH v. 21.3.2002 – VII B 152/01 – BB 2002, 1076.
[319] Klein/*Rüsken* AO § 30 a Rdnr. 27.

Einlassung betroffenen Kunden abhängig zu machen. Das Recht zur Aussageverweigerung bzw. das Schweigerecht des Beschuldigten dient ausschließlich seinen Interessen, über die er frei disponieren kann. In seiner Entscheidung zur Einlassung ist der Mitarbeiter nicht durch Nr. 4 der AGB der Banken gebunden, da diese Vorschrift den Kunden, nicht aber den Mitarbeiter schützt und aus dieser rein zivilrechtlichen Verpflichtung eben gerade kein strafrechtlich geschütztes Berufsgeheimnis resultiert.

In Steuerstrafverfahren gegen Kunden ist die (juristische Person) Bank ebenso Dritte, wie deren Angestellte. Im Prinzip folgt eine Durchsuchung in dieser Konstellation den Regeln des § 103 StPO. Anders als die Durchsuchung beim Verdächtigen nach § 102 StPO erfordert die Durchsuchung beim unverdächtigen Dritten nach § 103 StPO das Vorliegen bestimmter (bewiesener) Tatsachen, aus denen sich die Annahme rechtfertigt, dass die Durchsuchung zur Auffindung des gesuchten Beweismaterials führen wird.[320] Im Jahr 1994 haben die Ermittlungsbehörden diese Schranke kurzerhand dadurch überwunden, dass auch Verantwortliche und Mitarbeiter von Banken über das Vehikel des Beihilfevorwurfs mit Ermittlungsverfahren überzogen wurden. Unter dieser Voraussetzung konnten auch die von den Beschuldigten benutzten Räumlichkeiten der Bank unter den geringeren Voraussetzungen des § 102 StPO durchsucht werden.

Zu Ermittlungen im Bankenbereich ist mittlerweile eine nahezu unüberschaubare Fülle von Aufsätzen, Urteilsanmerkungen und sonstigen Publikationen veröffentlicht. Es würde den Rahmen dieser Darstellung sprengen, allen im Einzelfall in Betracht kommenden Nuancen nachzugehen.

Strafrechtliche Ermittlungen in Banken werfen jedoch in vielen Fällen miteinander verwandte Fragen auf. Von besonderer Bedeutung ist hier das Ausmaß der Fahndungsmaßnahmen. Strafprozessuale Zwangsmaßnahmen, allen voran Durchsuchung und Beschlagnahme setzen den Verdacht einer Straftat voraus. Die Reichweite des Verdachts bestimmt das Ermittlungsinteresse und damit auch die „horizontale" Ausdehnung strafprozessualer Zwangsmaßnahmen. Für den steuerstrafrechtlichen Kontext dürfte die Entscheidung des Bundesverfassungsgerichts vom 23. März 1994[321] auch heute noch richtungsweisend sein. Das Bundesverfassungsgericht stützte seinerzeit die Durchsuchung eines großen Bankinstituts. Materiell-rechtlicher Aufhänger war der Vorwurf „systematischer" Beihilfe zur Steuerhinterziehung durch Angestellte der Bank. Im Zeitpunkt der Durchsuchungen waren einzelne Haupttaten (Hinterziehungsdelikte durch Anleger) nicht bekannt. Die bisherigen Ermittlungen hatten jedoch den Verdacht ergeben, dass bankseitig im „großen Stil" in anonymisierter Form Kapital von Kunden auf Banken in Luxemburg transferiert wurde, was nach höchstrichterlicher Rechtsprechung strafbare Beihilfe zur Hinterziehung darstellt. Entsprechend hat das Bundesverfassungsgericht auch weitgreifende Ermittlungsmaßnahmen für zulässig erachtet, die sich weder auf Konten und Depots Einzelner namentlich bekannter Anleger noch auf die Zuständigkeitsbereiche einzelner Bankmitarbeiter beschränken. Liegt daher im Einzelfall ein Verdacht gegen Mitarbeiter einer Bank vor, der nicht einen speziellen Einzelfall betrifft und gibt es Anhaltspunkte dafür, dass eine entsprechende bankseitige Unterstützung „im großen Stil", „mit System" erfolgte, so bieten die §§ 102, 103 StPO nach Lesart des Bundesverfassungsgerichts eine hinreichende Rechtsgrundlage für umfassende Ermittlungsaktivitäten. In dem Maße, in welchem die Entscheidung des Bundesverfassungsgerichts die umfassende Ermittlungstätigkeit stützt, wird zugleich der Einwand einer unzulässigen Suche nach Zufallsfunden abgeschnitten. Zufallsfunde dürften im konkreten Fall angesichts der Ermittlungsreichweite nur dann denkbar gewesen sein, wenn Sachverhalte ermittelt wurden, die unter anderen Gesichtspunkten als verdeckten Transfers (steuer-)strafrechtliche Relevanz entfaltet haben.

Die Entscheidung des Bundesverfassungsgerichts neigt dazu, als Rechtfertigung auch für solche Fälle herangezogen zu werden, in denen letztlich der Verdacht systematischen kriminellen Vorgehens nicht gegeben ist. Sie dürfte jedoch, wie *Kohlmann*[322] herausstellt, eine nicht verallgemeinerungsfähige Einzelfallentscheidung darstellen. Hier ist die Verteidigung ge-

---

[320] *Kleinknecht/Meyer-Goßner* § 103 Rdnr. 6.
[321] wistra 1994, 221.
[322] *Kohlmann* Bd. II § 385 Rdnr. 122.

fordert, gegebenenfalls unter Inanspruchnahme gerichtlicher Hilfe die notwendigen Grenzen ermittlungsbehördlichen Handeln bestimmen zu lassen.

566 Gegen teils vehementen Widerstand aus dem Schrifttum beanstandet das Bundesverfassungsgericht in der zitierten Entscheidung auch nicht die Durchsuchung und Auswertung bankinterner Konten (bankinterne Verrechnungskonten, CpD-Konten). Liege ein „struktureller" Verdacht für die strafbare Mitwirkung von Bankangestellten an Hinterziehungsdelikten der Kunden vor, so unterlägen auch diese bankinternen Konten dem ermittlungsbehördlichen Zugriff. Vor dem Hintergrund eines gegen Bankmitarbeiter bestehenden Verdachts ist diese Annahme durchaus folgerichtig. Wird dagegen gegen einzelne Kunden ermittelt oder besteht nicht der Verdacht strafbarer Teilnahme von Bankmitarbeitern, so kommt ein Zugriff auf bankinterne Verrechnungskonten, CpD-Konten und andere nicht einer Legitimationsprüfung unterliegende Konten nur nach den Grundsätzen einer Beschlagnahme von Zufallsfunden in Betracht. In diesem Fall dürfen entsprechende Konten jedoch nicht zielgerichtet durchforstet werden, denn verwertbare Zufallsfunde liegen dann nicht vor, wenn sie das Ergebnis einer zielgerichteten Recherche sind.

567 *cc) Steuerliche Ermittlungen bei Kreditinstituten.* Steuerliche Ermittlungen bei Kreditinstituten gewinnen an Bedeutung. In der Praxis scheinen sie die strafrechtlichen Ermittlungen abzulösen. Hier dürften auch Verjährungsfragen eine erhebliche Rolle spielen, denn während die strafrechtliche Verjährung fünf Jahre beträgt, tritt steuerliche Festsetzungsverjährung – im Fall der vorsätzlichen Hinterziehung – erst nach zehn Jahren ein.

568 Die jüngere Vergangenheit zeigt, dass insbesondere Auskunftsersuchen der Steuerfahndung auf der Grundlage des § 208 Abs. 1 S. 1 Ziff. 3 AO zusehends an Bedeutung gewinnen. Nach § 208 Abs. 1 S. 1 Ziff. 3 AO wird eine Zuständigkeit der Steuerfahndung für abgabenrechtliche Ermittlungen begründet. Folglich steht der Steuerfahndung im Rahmen solcher Ermittlungen auch nicht das strafprozessuale, sondern (nur) das abgabenrechtliche Instrumentarium zur Verfügung. Dieses wird jedoch nach Maßgabe des § 208 Abs. 1 S. 3 AO grundsätzlich erweitert, wobei allerdings § 30 a Abs. 5 AO unter den dort genannten Voraussetzungen eine Rückausnahme macht, sodass es im Einzelfall nach § 30 a Abs. 5 S. 2 AO dann doch bei den allgemeinen Regeln der §§ 85 ff. AO bleiben kann.

569 § 208 Abs. 1 S. 1 Ziff. 3 AO begründet – wie an anderer Stelle bereits ausführlich dargelegt – eine Zuständigkeit der Steuerfahndung zu (abgabenrechtlichen) Ermittlungen in unbekannten Steuerfällen. Gerade im Bankenbereich spielt diese Vorschrift gegenwärtig eine erhebliche Rolle. Der Bundesfinanzhof präzisiert den Normtext zwar dahin gehend, dass auch diese Vorschrift keine Ermittlungen aufs Geratewohl bzw. ins Blaue hinein zulässt und fordert auch für Maßnahmen auf der Grundlage von § 208 Abs. 1 S. 1 Ziff. 3 AO einen hinreichenden Ermittlungsanlass. Nach der Rechtsprechung des Bundesfinanzhofs liegt ein solcher Anlass aber bereits dann vor, wenn „augrund konkreter Anhaltspunkte (z. B. wegen der Besonderheit des Objekts oder der Höhe des Wertes) oder aufgrund allgemeiner Erfahrung (auch konkrete Erfahrung für bestimmte Gebiete) die Möglichkeit einer Steuerverkürzung in Betracht kommt und eine Anordnung bestimmter Art daher angezeigt ist".[323] Wann diese Voraussetzungen im Einzelfall gegeben sind, ist oftmals schwer zu beurteilen, zumal sich die Steuerfahndung auf für den Verteidiger/steuerlichen Berater nicht oder nur selten nachvollziehbare Erfahrungen berufen darf. Der Definition des hinreichenden Ermittlungsanlasses kann sich zunächst im Wege eines Ausschlussverfahrens genähert werden. Eine Zuständigkeit nach § 208 Abs. 1 S. 1 Ziff. 3 AO ist nicht gegeben, wenn es an einem solchen Anlass fehlt; sie ist ferner dann nicht gegeben, wenn (sogar) der Anfangsverdacht einer Steuerstraftat oder ordnungswidrigkeit besteht. Im letztgenannten Fall ist eine ausschließliche steuerstrafverfahrensrechtliche Zuständigkeit nach § 208 Abs. 1 S. 1 Ziff. 1 AO gegeben, für § 208 Abs. 1 S. Ziff. 3 AO bleibt daneben kein Raum. Wann im Einzelfall ein für § 208 Abs. 1 S. 1 Ziff. 3 AO hinreichender Ermittlungsanlass vorliegt, ist schwer überprüfbar. Zwar sind Ermittlungen „ins Blaue" bzw. „aufs Geratewohl" unzulässig, doch hilft diese Formulierung im Einzelfall kaum weiter. In seiner Entscheidung vom 21.3.2002 nennt der Bundesfinanzhof erste Kriterien: Danach stellen jedenfalls statistische Erkenntnisse über Kursentwicklungen am deutschen Aktienmarkt (auch) in Verbindung mit Er-

---

[323] Bundesfinanzhof Beschl. v. 4.9.2000 – I B 17/00.

kenntnissen über das allgemeine Erklärungsverhalten von Bankkunden keinen für § 208 Abs. 1 S. 1 Ziff. 3 AO hinreichenden Ermittlungsanlass dar.[324] Im Vorlagefall stützte der Bundesfinanzhof die Annahme eines solchen Anlasses auf die im Streitfall ebenfalls bekannte Tatsache, das „gerade Kunden eines bestimmten Kreditinstituts in erheblicher Zahl in einem bestimmten Marktsegment innerhalb der Spekulationsfrist Aktiengeschäfte getätigt und Spekulationsgewinne realisiert haben." Danach reichen jedenfalls bloß statistische Erkenntnisse bezogen auf einen mehr oder weniger unbekannten Personenkreis für Maßnahmen auf der Grundlage des § 208 Abs. 1 S. 1 Ziff. 3 AO nicht aus; hinzukommen muss zumindest ein Verdachtsmoment, das gerade bezogen auf Kunden des betroffenen Instituts die Annahme rechtfertigt, diese könnten steuerliche Verfehlungen begangen haben. Im Fall des Bundesfinanzhofs war es letztlich so, dass die Steuerfahndung mit sehr hoher Wahrscheinlichkeit zumindest von einem steuerlich relevanten Sachverhalt ausgehen durfte. Dessen strafrechtliche Relevanz stellte dagegen eine bloße Annahme dar, die jedoch nach der ständigen Rechtsprechung des Bundesfinanzhofs durchaus zur Aufnahme von Ermittlungen auf der Grundlage des § 208 Abs. 1 S. 1 Ziff. 3 AO hinreichen kann. Mit überzeugenden Gründen schränken *Teubner/Wattenberg* den für § 208 Abs. 1 S. 1 Ziff. 3 AO erforderlichen Ermittlungsanlass (anknüpfend an die Entscheidung des Bundesfinanzhofs vom 6.2.2001 VII B 277/00) in einem wichtigen Bereich ein, wenn für den Anlass nach § 208 Abs. 1 S. 1 Ziff. 3 AO gefordert wird, dass nachvollziehbare Anhaltspunkte für die Möglichkeit strafbarer Steuerverfehlungen dann nicht bestehen, sofern lediglich ein fraglos legales Bankhandeln die Steuerfahndung zur Mutmaßung über irgendwelche Hinterziehungspläne und -absichten von Bankkunden veranlasst.[325] Würden unter diesen Voraussetzungen gleichwohl Ermittlungen nach § 208 Abs. 1 Satz 1 Ziff. 3 AO durchgeführt, handele es sich um willkürliche Diskriminierungen. Insoweit dürften auch die vom EuGH aufgezeigten Grenzen überschritten sein.[326]

Ist der Begriff des für § 208 Abs. 1 Satz 1 Ziff. 3 AO hinreichenden Ermittlungsanlasses gegenwärtig noch weit davon entfernt, in verallgemeinerungsfähiger Weise hinreichend geklärt zu sein, hat der Bundesfinanzhof in seiner Tafelpapierentscheidung eine weitere Grenzlinie eingezogen.[327] Diese betrifft zwar nicht die Voraussetzungen des § 208 Abs. 1 Satz 1 Ziff. 3 AO, doch regelt die Entscheidung die „horizontale" Ausdehnung der auf jener Grundlage erlassenen Auskunftsersuchen. Die Tafelpapierentscheidung lässt letztlich offen, ob eine Zuständigkeit nach § 208 Abs. 1 Satz 1 Ziff. 3 AO gegeben war; doch scheiterte das Auskunftsersuchen daran, dass es nach der zutreffenden Sicht des Bundesfinanzhofs angesichts seiner Reichweite eine (auch abgabenrechtlich) unzulässige Rasterfahndung darstellte. Der Bundesfinanzhof führt wörtlich aus: „Eine unzulässige Rasterfahndung kann [...] auch dann [vorliegen], wenn ein steuerstrafrechtliches Ermittlungsverfahren in einem Kreditinstitut mit einem bestimmten Auftrag dazu benutzt wird, ohne Rücksicht auf einen etwaigen Zusammenhang mit diesem Auftrag bestimmte Verhaltensweisen von Kunden dieses Kreditinstituts in ihrer Totalität oder jedenfalls möglichst vollständig zu erfassen mit dem Ziel, in allen Fällen undifferenziert, d. h. unabhängig von der Höhe der festgestellten Beträge oder von sonstigen Besonderheiten, die Vorgänge auf ihre steuerlich korrekte Erfassung einer Überprüfung zu unterziehen". In strafprozessualer Diktion stellt die unzulässige Rasterfahndung den Fall einer unzulässigen Suche nach Zufallsfunden dar. Für eine unzulässige Rasterfahndung spricht es, wenn die Steuerfahndung ihr Mitwirkungsersuchen nicht auf Fälle besonderer steuerlicher Gewichtigkeit beschränkt, etwa durch Einziehung einer betragsmäßig genannten Erheblichkeitsschwelle.[328]

Abschließend bleibt darauf hinzuweisen, dass ein Auskunfts- oder sonstiges auf § 208 Abs. 1 S. 1 Ziff. 3 AO gestütztes Mitwirkungsersuchen zwar grundsätzlich nach Maßgabe der §§ 328 ff. AO erzwingbar ist; die Erzwingbarkeit entfällt aber unter den Voraussetzungen des § 393 Abs. 1 S. 2 oder S. 3 AO. Steht eine straf- oder bußgeldbewehrte Mitverantwortlichkeit der Bank (§ 30 OWiG i. V. m. §§ 69, 71 AO, § 33 Abs. 1 AO) oder ihrer Mitarbeiter (etwa über

---

[324] Bundesfinanzhof Beschl. v. 21.3.2002 – VII B 152/01.
[325] *Teubner/Wattenberg* BB 2003, 444.
[326] EuGH Urt. v. 26.9.2000 – Rs. C-478/98 – Kommission/Belgien, Finanz Rundschau 2000, 1360.
[327] Bundesfinanzhof Beschl. v. 25.7.2000 – BStBl. II 2000, 643.
[328] Bundesfinanzhof Beschl. v. 25.7.2000 – BStBl. II 2000, 643 [647 f.].

§ 27 StGB i. V. m. § 71 AO) in Rede oder wird ein entsprechendes Verfahren parallel betrieben, so kann sich im Einzelfall hieraus die Nichterzwingbarkeit der verlangten Mitwirkung ergeben.

3. Internationale Entwicklungen (Schweiz und Luxemburg)

572 Die nachfolgende Darstellung zur Amts- und Rechtshilfe stellt eine Momentaufnahme dar; die Diskussion um Amts- und Rechtshilfe, um Bank- und Steuergeheimnis dauert an. Der nachfolgende Überblick wird daher sehr schnell überholt sein.

573 a) Schweiz. *aa) Doppelbesteuerungsabkommen.* Das DBA Schweiz sieht einen Informationsaustausch zwischen den schweizerischen und den deutschen Behörden gem. Art. 27 Abs. 1 DBA nur vor, soweit die auszutauschenden Informationen für die Durchführung des Doppelbesteuerungsabkommens notwendig sind. Seine Grenze findet der Auskunftsanspruch nach Art. 27 Abs. 2 DBA in entgegenstehenden Vorschriften des um Auskunft gebetenen Landes, dessen Verwaltungspraxis, seiner Sicherheit, allgemeinen Interessen sowie dem ordre public.

574 Dagegen sah das DBA für Zwecke der Strafverfolgung bisher keinen wechselseitigen Informationsaustausch vor. Lediglich zur Vermeidung einer Doppelbesteuerung durfte ein auf Art. 27 DBA-Schweiz gestützter Auskunftsaustausch erfolgen. Auf der Grundlage des im Dezember 2002 verabschiedeten Revisionsprotokolls wird gem. § 27 Abs. 1 atz 1 lit. b DBA-Schweiz Amtshilfe nunmehr auch zur Durchführung des innerstaatlichen Rechts bei Betrugsdelikten gewährt. Für Steuerverfehlungen gilt dies nicht, so dass es insoweit beim alten Rechtszustand verbleibt.[329] Auf die Schranken nach Art. 27 Abs. 2 DBA kommt es nicht entscheidend an, da ein Auskunftsersuchen zum Zwecke der Durchführung eines Strafverfahrens regelmäßig nicht zugleich der Durchführung des Doppelbesteuerungsabkommens im Sinne von Art. 27 Abs. 1 DBA erfolgt.[330]

575 *bb) Schweizerisches Bundesgesetz über die internationale Rechtshilfe in Strafsachen (IRSG).* Rechtshilfe in Strafsachen kann nicht beansprucht werden, Art. 1 Abs. 4 IRSG. Die Schweiz behält sich die Entscheidung über die Gewährung von Rechtshilfe im Einzelfall vor. Nach Art. 1 a IRSG findet die Rechtshilfe ihre Grenze in den Hoheitsrechten, der Sicherheit, der öffentlichen Ordnung oder anderen Interessen der Schweiz. Für die Verfolgung fiskalischer Delikte gewährt die Schweiz prinzipiell keine Rechtshilfe; sie darf ausnahmsweise dann gewährt werden, wenn Gegenstand des Verfahrens ein Abgabenbetrug ist. Art. 3 Abs. 3 IRSG lautet (auszugsweise):

„Einem Ersuchen wird nicht entsprochen, wenn Gegenstand des Verfahrens eine Tat ist, die auf eine Verkürzung fiskalischer Abgaben gerichtet erscheint oder Vorschriften über währungs-, handels- oder wirtschaftspolitische Maßnahmen verletzt. Jedoch kann einem Ersuchen um Rechtshilfe nach dem dritten Teil des Gesetzes entsprochen werden, wenn Gegenstand des Verfahrens ein Abgabebetrug ist."

576 § 24 Abs. 1 IRSV verweist auf die Legaldefinition des Abgabentruges in Art. 14 Abs. 2 des Verwaltungsstrafrechts. Art. 14 des schweizerischen Verwaltungsstrafrechts lautet:

577 „(1) Wer die Verwaltung, eine andere Behörde oder einen Dritten durch Vorspiegelung oder Unterdrückung von Tatsachen arglistig irreführt oder sie in einem Irrtum arglistig bestärkt und so für sich oder einen anderen unrechtmäßig eine Konzession, eine Bewilligung oder ein Kontingent, einen Beitrag, die Rückerstattung von Abgaben, eine andere Leistung des Gemeinwesens erschleicht, oder bewirkt, dass der Entzug einer Konzession, einer Bewilligung oder eines Kontingents unterbleibt, wird mit Gefängnis oder mit Busse bestraft.[331]

578 (2) Bewirkt der Täter durch sein arglistiges Verhalten, dass dem Gemeinwesen unrechtmäßig oder in einem erheblichen Betrag eine Abgabe, ein Beitrag oder eine andere Leistung vorenthalten wird oder dass es sonst am Vermögen geschädigt wird, so ist die Strafe Gefängnis bis zu einem Jahr oder Busse bis zu 30.000 Franken."

579 Entgegen der ausdrücklichen Bezugnahme von § 24 Abs. 1 IRSV auf § 14 des Bundesgesetzes über das Verwaltungsstrafrecht, geht die Literatur davon aus, dass der Begriff des Abgabenbetruges im Sinne des IRSG nicht in § 14 des Bundesgesetzes über das Verwaltungsstrafrecht legaldefiniert sei. Vielmehr sei als Maßstab der (engere) Begriff des Steuerbetruges i. S. v. Art. 186 DBG zugrunde zu legen. Tatbestandsmerkmale für den Steuerbetrug seien eine

---

[329] *Wegner*, Auch weiterhin keine Amtshilfe der Schweiz bei Steuerhinterziehungen, PStR 2003, 139.
[330] Vgl. auch Debatin/*Wasserrmeyer* Art. 27 Rdnr. 28
[331] Fassung gem. Ziff. III des BG v. 7.6.1994, in Kraft seit 1.1.1995/AS 1984, 2290, 2307; BB 1991 II 969.

Täuschung der Steuerbehörden durch Verwendung gefälschter, verfälschter oder inhaltlich unwahrer Urkunden und eine Steuerhinterziehung. Vereinfacht ausgedrückt müsse hiernach der Steuerbetrug regelmäßig das Tatbestandsmerkmal der Urkundenfälschung erfüllen, während bei Abgabebetrug das arglistige Bewirken einer Steuerverkürzung ausreiche.[332]

Das Schweizer. Bundesgericht hat jedoch am 27.11.1985 eine Entscheidung zu Art 3 Abs. 3 IRSG getroffen und entschieden, dass sich der im IRSG enthaltene Begriff des Abgabenbetruges mit Art. 14 des Verwaltungsstrafrechts decke. Das Bundesgericht hat klargestellt, dass der Begriff des Steuerbetruges nicht notwendigerweise die Verwendung falscher oder gefälschter Urkunden erfordere, sondern auch in anderen Fällen der arglistigen Täuschung der Steuerbehörden, z. B. durch ein für diese Behörden nicht durchschaubares Zusammenwirken des Steuerpflichtigen mit Dritten, vorliege.[333] **580**

Dennoch, so das Schrifttum,[334] bestehe auch gegenwärtig noch eine gewisse Unsicherheit darüber, in welchen Fällen Abgabebetrug anzunehmen ist, wenn keine Urkunden zur Täuschung der Behörden verwendet werden. **581**

Doch selbst dann, wenn mit überkommener Auffassung eine Urkunden(ver)fälschung für erforderlich gehalten wird, ist zu berücksichtigen, dass eine solche nach schweizerischem Verständnis auch diejenigen Fälle betrifft, die nach dem deutschen Rechtsverständnis lediglich eine schriftliche Lüge aber keine Urkundenfälschung darstellen. Nach schweizerischem Recht handelt es sich bei der Buchführung eines Unternehmens und ihren Bestandteilen (Bilanzen, Gewinn- und Verlustrechnungen, Kontenblätter, Rechnungen, Quittungen etc.) um Urkunden. Die mangelnde Übereinstimmung tatsächlicher Geschäftsvorfälle mit den Bucheintragungen wie z. B. die Nichtbuchung von Einnahmen und Ausgaben, die Buchung von Vorgängen auf falschen Konten oder die Buchführung fiktiver Transaktionen (z. B. gestützt auf Gefälligkeitsrechnungen) stuft das Schweizer Recht als steuerlich relevante Urkundenfälschung ein. In negativer Abgrenzung sei kein Abgabebetrug anzunehmen und daher auch keine Rechtshilfe zu gewähren, wenn lediglich falsche Steuererklärungen – ohne sie begleitende deliktische Verschleierungshandlungen – abgegeben werden. Das schweizerische Recht wertet die Steuererklärung selber nicht als Urkunde im vorstehend genannten Sinne.[335] **582**

„Dieser Tatbestand [Abgabebetrug] wurde 1997 [...] vom Bundesgericht dahingehend definiert, dass nach schweizerischem Verständnis dann ein Abgabebetrug vorliegt, wenn „der Täter durch sein arglistiges Verhalten bewirkt, dass dem Gemeinwesen unrechtmäßig und in einem erheblichen Umfang eine Abgabe, oder eine andere Leistung vorenthalten oder sonst am Vermögen geschädigt wird". Unter dem Begriff ist nicht nur der klassische Steuerbetrug mittels unrichtiger oder gefälschter Urkunden zu verstehen. Vielmehr kommt die weite Definition des verwaltungsrechtlichen Abgabenbetruges zum Zug, die in Anlehnung an den Tatbestand des Betruges nach Art. 146 StGB [Schweiz] auch andere Machenschaften als arglistig qualifizieren kann. Liegt dieser Tatbestand vor, wird die Schweiz – gestützt auf Art. 3 Abs. 3 IRSG – die sog. „kleine" oder „akzessorische" Rechtshilfe erteilen.[336]"

In Art. 67 IRSG behält sich die Schweiz vor, dass die aufgrund des IRSG erlangten Beweise nur in dem Strafverfahren verwertet werden dürfen, das in dem Rechtshilfeersuchen genannt ist. Einer Verwertung im Veranlagungsverfahren stimmt die Schweiz jedoch regelmäßig zu, wenn es im Strafverfahren zu einem Schuldspruch gekommen ist.[337] **583**

Liegt ein Abgabebetrug vor, kann Rechtshilfe nach Maßgabe des Dritten Teils des IRSG gewährt werden. Nach Art. 63 Abs. 2 IRSG kommen als Rechtshilfemaßnahmen insbesondere in Betracht: **584**
- die Zustellung von Schriftstücken
- die Beweiserhebung, insbesondere die Durchsuchung von Personen und Räumen, die Beschlagnahme, der Herausgabebefehl, Gutachten, die Einvernahme und Gegenüberstellung von Personen

---

[332] *Wassermeyer* Art. 27 Rdnr. 32.
[333] *Wassermeyer* Art. 27 Rdnr. 32.
[334] *Wassermeyer* Art. 27 Rdnr. 32.
[335] *Wassermeyer* Art. 27 Rdnr. 33.
[336] *Gisselbrecht*, „Besteuerung von Zinserträgen in der Europäischen Union." Basler Schriftenreihe zur europäischen Integration, Nr. 50, S. 38 m. w. N.
[337] *Wassermeyer* Art. 27 Rdnr. 34.

- die Herausgabe von Akten und Schriftstücken oder Vermögenswerten zur Einziehung oder Rückerstattung an den Berechtigten.

585 Diese Maßnahmen stehen jedoch nach Art. 63 Abs. 1 IRSG unter dem Vorbehalt, dass ihre Anordnung und Durchführung nach schweizerischem Recht zulässig sind.
Eine Auslieferung wegen fiskalischer Straftaten findet nicht statt.[338]

586 Es stellt sich jedoch die Frage, ob und unter welchen Voraussetzungen das strafbewehrte Schweizer Bankgeheimnis für Zwecke der Strafverfolgung in Deutschland gelockert werden kann. Wird in Fiskalstrafsachen Rechtshilfe erteilt, da ein Abgabenbetrug nach schweizerischem Verständnis zugrunde liegt, kann das Bankgeheimnis in diesen Fällen aufgehoben werden.[339]

„Dabei geht es jeweils darum, inwieweit am Bankgeheimnis gerüttelt werden darf. In den Verhandlungen um die Zinsbesteuerung sowie in jenen zur Betrugsbekämpfung besteht die Schweiz auf der doppelten Strafbarkeit. Eine Widerhandlung muss sowohl im ersuchenden als auch im ersuchten Staat strafrechtlich geahndet werden. Das heißt, Voraussetzung ist, dass das Delikt in der Schweiz nicht nur verwaltungsrechtlich, sondern vielmehr strafrechtlich verfolgt wird. Die EU macht diese Unterscheidung nicht. Bei Steuerbetrug ist die Strafbarkeit auch in der Schweiz gegeben. Die Steuerhinterziehung, das bloße „Vergessen" relevanter Steuerinformationen, eines Einkommens- oder Vermögenspostens in der Steuererklärung, dagegen wird nur verwaltungsrechtlich geahndet. In Fällen der Steuerhinterziehung wird somit keine Rechtshilfe geleistet und das Bankgeheimnis nicht gelüftet.[340]"

587 Wird das Bankgeheimnis in diesem Zusammenhang aufgehoben, können im Wege der Rechtshilfe durch die schweizerischen Behörden vor Ort Maßnahmen ergriffen werden, die auf das Bankgeheimnis nicht Rücksicht zu nehmen brauchen.

588 **b) Luxemburg.** *aa) Doppelbesteuerungsabkommen.* Das DBA Luxemburg sieht in Art. 23 Abs. 1 gegenseitige Amts- und Rechtshilfe vor. Der wechselseitige Informationsaustausch wird nach seinem Gegenstand und seinen Zwecken in den folgenden Abs. 2 bis 6 eingeschränkt, so dass letztlich nur eine sog. „kleine Auskunftsklausel" vereinbart ist. Folglich werden Auskünfte nur zur Durchführung des Doppelbesteuerungsabkommens gewährt, Art. 23 Abs. 2 DBA-Luxemburg. Diese Zweckbestimmung wird nach *Siegers* auch nicht durch den Zusatz „insbesondere zur Vermeidung von Steuerverkürzungen" ausgedehnt.[341]

589 Betroffen sind nach *Siegers* nur solche Steuerverkürzungen, die im Zusammenhang mit der Durchführung des Abkommens stehen, was immer dann der Fall sei, wenn der Steuerpflichtige aus dem ersuchten Vertragsstaat Einkünfte bezieht und sich daraus – und sei es nur im Rahmen des Progressionsvorbehalts – eine steuererhöhende Wirkung im ersuchenden Vertragsstaat ergeben kann.[342]

590 Nach Art. 23 Abs. 2 S. 2 DBA-Luxemburg beschränkt sich die Auskunftsverpflichtung auf Informationen, die aus den Steuerakten ersichtlich sind oder ohne besonderen Ermittlungsaufwand beschafft werden können.

591 Art. 23 Abs. 3 S. 1 Hs. 1 DBA-Luxemburg begründet die Verpflichtung der zuständigen Behörde, also des jeweiligen Finanzministeriums (Art. 2 Abs. 1 Nr. 3 DBA-Luxemburg), die betreffenden Informationen geheim zu halten. Ihre Weitergabe ist nur an diejenigen Personen erlaubt, „die nach den gesetzlichen Vorschriften bei der Veranlagung und der Erhebung der Steuern im Sinne des Abkommens mitwirken", womit in erster Linie die zuständigen Beamten der Oberfinanzdirektionen und der Finanzämter gemeint sind. Nach Art. 23 Abs. 3 S. 2 DBA-Luxemburg unterliegen auch diese Personen einer Geheimhaltungsverpflichtung, was bedeu-

---

[338] Richtlinien für den Verkehr mit dem Ausland in strafrechtlichen Angelegenheiten, Anlage II – Länderteil, Hrsg.: Bundesministerium der Justiz, Std. Aug. 2000.
[339] *Wassermayer* Art. 27 Rdnr. 31.
[340] *Gass*, „Das Schweizer Bankgeheimnis – Mythos und Realität", CH-D Wirtschaft 12/99, S. 24, [26], NZZ v. 21.9.2002.
[341] Debatin/Wassermeyer/*Siegers*, DBA Luxemburg, Art. 23 Rdnr. 18. Dieselbe Formulierung wird von *Wassermeyer* im Zusammenhang mit dem DBA-Schweiz anders interpretiert. Während *Siegers* annimmt, dass die Durchführung des Doppelbesteuerungsabkommens auch die innerstaatliche Besteuerung in den Vertragsstaaten erfasse, geht *Wassermeyer* davon aus, dass Zweck des Abkommens lediglich die Vermeidung einer Doppelbesteuerung ist. Auf die unterschiedliche Interpretation kommt es indes nicht entscheidend an, da das DBA-Luxemburg wechselseitige Auskünfte zur Vermeidung von Steuerverkürzungen ausdrücklich vorsieht.
[342] *Siegers* a. a. O. Art. 23 Rdnr. 21.

tet, dass diese Informationen an keine weiteren Personen mehr weitergegeben werden dürfen. Dies gilt insbesondere für die Weitergabe an die Strafverfolgungsbehörden. Die Bestimmung ist insofern enger als § 30 AO.[343]

Den Beamten der Straf- und Bußgeldsachenstelle dürften entsprechende Kenntnisse durch den Veranlagungsbeamten, an den die Weitergabe zulässig ist, nicht verschafft werden. Eine Befassung der Staatsanwaltschaft wäre ohnehin ausgeschlossen. Damit gibt das DBA-Luxemburg keine Handhabe zur Erlangung von Informationen, auf die zur Durchführung eines Strafverfahrens zurückgegriffen werden könnte.

Soweit daneben Ziff. 27 des Schlussprotokolls zu Art. 23 DBA-Luxemburg die Vertragsstaaten von der Pflicht entbindet, Informationen mitzuteilen, die ausschließlich von Banken erlangt wurden, und diese Mitteilungen in das Ermessen der Vertragsstaaten stellt,[344] kommt dieser Regelung angesichts des vorstehend erörterten Geheimhaltungsgebots keine darüber hinaus gehende Bedeutung zu.

bb) Internationale Rechtshilfe in Strafsachen. (1) Europäisches Rechtshilfeübereinkommen (EuRhÜbK). Luxemburg ist dem europäischen Rechtshilfeübereinkommen vom 20. April 1959 am 16. Februar 1977 beigetreten und ist damit die Verpflichtung eingegangen, Rechtshilfe im Rahmen dieses Abkommens zu leisten. Nach Art. 2 Absatz a) EuRhÜbK kann Rechtshilfe verweigert werden, wenn sich das Ersuchen auf strafbare Handlungen bezieht, die vom ersuchten Staat als fiskalische strafbare Handlungen angesehen werden.

Verschiedene Staaten sind dem Zusatzprotokoll (ZP-EuRhÜbK) beigetreten, dessen Art. 1 vorsieht, dass Rechtshilfe nicht ausschließlich wegen des fiskalischen Charakters einer Tat verweigert wird. Am 27. August 1997 erließ der Großherzog von Luxemburg ein Gesetz zur Annahme des Straßburger Zusatzprotokolls vom 17.3.1978 zum Europäischen Rechtshilfeübereinkommen. Am 8. August 2000 wurde in Luxemburg ein neues Rechtshilfegesetz verabschiedet. Das Zusatzprotokoll vom 17.3.1978 wurde schließlich in Luxemburg am 2. Oktober 2000 ratifiziert und trat am 31.12.2000 in Kraft.[345] Ähnlich dem schweizerischen Modell gewährt Luxemburg Rechtshilfe in Fiskalsachen bei direkten Steuern nur dann, wenn das im Ausland begangene Steuervergehen nach Luxemburger Recht den Tatbestand des § 396 Abs. 5 LGI (Steuerbetrug) oder des Art. 29 Abs. 1 des Gesetzes vom 28.1.1948 (Gesetz, das die richtige und genaue Erhebung der Einregistrierungsgebühren und Erbschaftssteuern anstrebt) erfüllt. Damit leistet Luxemburg Rechtshilfe stets nur unter der Bedingung, „dass *vorbehaltlich getroffener Übereinkünfte* jedes Rechtshilfeersuchen abgelehnt wird, das in Zusammenhang mit Verstößen gegen Zoll, Steuern und sonstige Abgaben nach Luxemburger Recht steht".[346] Ferner besteht ein Spezialitätsvorbehalt dergestalt, in welchem sich die Regierung des Großherzogtums Luxemburg vorbehält, die Gewährung von Rechtshilfe davon abhängig zu machen, „dass Ergebnisse von Ermittlungen, die in Luxemburg gemacht wurden und Informationen, die in übermittelten Dokumenten oder Akten enthalten sind, ausschließlich zur Verfolgung und Aburteilung von Straftaten benutzt werden, für welche die Rechtshilfe geleistet wurde".[347]

Für die direkten Steuern ist damit die Gewährung von Rechtshilfe durch das Großherzogtum an die Voraussetzung geknüpft, dass der in Rede stehende Strafvorwurf entweder einen Fall des Steuerbetruges i. S. v. § 396 Abs. 5 LGI oder aber eine Verfehlung im Sinne von Art. 29 des Gesetzes vom 28.1.1948 darstellt.

In der deutschen Übersetzung lautet § 396 Abs. 5 LGI wie folgt:

„Wenn der Betrug einen bedeutenden Wert ausmacht, ob absolut oder im Verhältnis zur geschuldeten Jahressteuer, und er durch die systematische Anwendung betrügerischer Machenschaften begangen wurde sowie im Bestreben erfolgt ist, die Verwaltung über wesentliche Tatsachen zu täuschen, oder sie von einer unzutreffenden Sachlage zu überzeugen, wird er als steuerlicher Schwindel [...] bestraft."[348]

---

[343] *Siegers* a. a. O. Art. 23 Rdnr. 32.
[344] *Siegers* a. a. O. Art 23 Rdnr. 42.
[345] Zur Genese des Rechtshilferechts siehe *Endres*, „Gewährung von Rechtshilfe in Steuerstrafsachen durch das Großherzogtum Luxemburg" wistra 2002, 457 [458].
[346] *Endres* wistra 2002, 457 [459].
[347] Nachweise bei *Endres* wistra 2002, 457 [459].
[348] Übersetzung nach *Endres* wistra 2002, 457 [459].

Art. 29 des Gesetzes vom 28.1.1948 wird wie folgt übersetzt:

„Ungeachtet der fiskalischen Strafmaßnahmen wird derjenige, der in betrügerischer Absicht unterschlägt oder der versucht, sich in betrügerischer Absicht der Steuer-, Zoll- oder Abgabenzahlung ganz oder teilweise zu entziehen, deren Veranlagung der Einregistrierungsverwaltung obliegt, auf Antrag der Einregistrierungsbehörde [...] bestraft.

„Wer in systematischer Weise und in betrügerischer Absicht handelt, um sachdienliche Tatsachen vor den Behörden zu verbergen, oder versucht, sie von unrichtigen Tatsachen zu überzeugen, gleichwohl ob der Betrug vollendet oder versucht wurde, und es sich hierbei entweder absolut oder im Verhältnis zur Jahressteuer um einen bedeutenden Betrag der Steuern, Abgaben und Zölle handelt, wird auf Antrag wegen betrügerischer Steuerhinterziehung [...] bestraft."[349]

598   Beide Straftatbestände enthalten unbestimmte Rechtsbegriffe, soweit zum einen von einem „nicht unerheblichen oder bedeutenden Betrag" zum anderen von „systematischer Vornahme betrügerischer Handlungen" die Rede ist. Damit soll gewährleistet werden, dass der Fall der einfachen Steuerhinterziehung – *Endres* spricht vom „Normalhinterzieher" – von dieser Regelung nicht erfasst wird.[350] Im Schrifttum wird die Auffassung vertreten, ein nicht unerheblicher bzw. bedeutender Betrag liege jedenfalls ab € 125.000,- oder bei einem Viertel der Jahressteuerschuld vor.[351]

599   Das gegenwärtige Meinungsbild zum Verständnis und zum Anwendungsbereich des ratifizierten Zusatzprotokolls lässt sich mit folgenden Zitaten umschreiben:

„In Luxemburg [...] wird man nur dann tätig, wenn seitens eines ersuchenden Staates aus der EU ein Steuer- oder Abgabenbetrug nachgewiesen werden kann. Ein solcher liegt vor, wenn eine Täuschung der Steuerbehörden durch gefälschte, verfälschte oder inhaltlich unwahre Urkunden wie Geschäftsbücher oder Bilanzen erfolgt. Nicht als Steuer- oder Abgabenbetrug gilt die Auslandsgeldanlage selbst oder das ‚Vergessen' von Kapitaleinkünften in der Steuererklärung."[352]

„[...] funktioniert die Zusammenarbeit mit Luxemburg allerdings bislang nur im Bereich der betrieblichen Steuern. Denn Voraussetzung zur Erlangung von Rechtshilfe in Luxemburg ist, dass die deutschen Steuerbehörden in Fällen von ‚qualifiziertem Steuerbetrug' ermitteln, bei denen also mit hoher krimineller Energie zu Werke gegangen wurde."[353]

„Bereits seit Ende 2000 leistet Luxemburg Rechtshilfe in Steuerstrafsachen. Vorausgesetzt, es geht um ‚qualifizierten Steuerbetrug'. Das sind Fälle mit hoher krimineller Energie. Hier kann die deutsche Steuerfahndung jetzt erste Erfolge verbuchen. In der bisherigen Praxis beschränkt sich die Amtshilfe regelmäßig auf den Bereich betrieblicher Steuern. Etwa die Hinterziehung von Körperschaftsteuer, Zollvergehen und Delikte im Umsatzsteuerbereich. Sicherlich wird eines Tages auch Amtshilfe bei Kapitalerträgen geleistet. Noch ist es aber nicht so weit."[354]

600   Der luxemburgische Staatsanwalt *Robert Biever* erklärt in einem Interview gegenüber dem Forum-online auf die Frage, bei welchen Wirtschaftsvergehen die Mithilfe der luxemburgischen Justizorgane international erbeten oder wird:

„[...] Ausgeschlossen sind [...] im Moment Vergehen gegen die direkte Steuergesetzgebung. Unter das Schengener Abkommen fallen aber die indirekten Steuern, d. h. etwa Mehrwertsteuer-, Akzisen- oder Zollvergehen."[355]

601   Im Folgenden teilt der Staatsanwalt mit, dass in Zukunft die Rechtshilfe auch für Vergehen im Ausland gegen Gesetze über die direkte Besteuerung erteilt werde.

„[...] das wird kommen. Luxemburg hat ein Protokoll zur europäischen Rechtshilfekonvention in Strafsachen ratifiziert – aber noch nicht in Kraft gesetzt –, das die Rechtshilfe auf Fälle der direkten Besteuerung ausdehnt."[356]

602   Nach Mitteilung des Staatsanwaltes muss es sich jedoch auch bei einem – rechtshilfefähigen – Verstoß gegen die Vorschriften der direkten Besteuerung um ein Vergehen handeln, welches

---

[349] Übersetzung nach *Endres* wistra 2002, 457 [459].
[350] *Endres* wistra 2002, 457 [460].
[351] *Endres* wistra 2002, 457 [460 m. w. N.].
[352] *Götzenberger*, Financial Times Deutschland, Do. 31.10.2002.
[353] *Keuchel* Handelsblatt, 5.11.2002.
[354] Der Deutsche Wirtschaftsbrief 45/2002, www.deutscher-wirtschaftsbrief.de.
[355] *Robert Biever* in www.forum-online.lu/textarchiv/biever.html.
[356] *Robert Biever* in www.forum-online.lu/textarchiv/biever.html.

systematischen Charakter hat, einen Steuerbetrug im luxemburgischen Sinne darstellt und einen erheblichen Steuerschaden nach sich zieht:

„[...] das Vergehen muss einen systematischen Charakter haben und es muss sich um einen Steuerbetrug mit einem erheblichen Betrag handeln"[357]

Staatsanwalt *Jean-Paul Frising* ergänzt: 603

„Einfache Steuerhinterziehung – wenn also Einnahmen einfach nicht angegeben werden, fallen nicht darunter. Ein Steuerbetrug liegt aber vor, wenn etwa Dokumente und Belege gefälscht wurden, um die Steuerbehörde zu täuschen. Hinzu kommt die Bedingung, dass diese Machenschaften einen systematischen Charakter haben müssen und der Umfang der hinterzogenen Steuern im absoluten Sinne bzw. proportional zu der jährlichen Steuerschuld bedeutsam ist."[358]

(2) Schengener Durchführungsabkommen (SDÜ). Luxemburg ist dem Abkommen am 604
19.12.1996 beigetreten. Art. 50 SDÜ regelt die Verpflichtung zur Rechtshilfe in „Steuersachen". Die Vorschrift begründet eine Verpflichtung zur Rechtshilfe jedoch nur in den Bereichen der Verbrauchsteuern, der Mehrwertsteuern und des Zolls, so dass Verstöße im Bereich der Ertragsteuern keine Verpflichtung zur Rechtshilfe nach dem SDÜ auslösen.[359] Im Bereich der genannten Steuerarten konnten aufgrund der Regelungen des SDÜ in Luxemburg bereits Durchsuchungen und Beschlagnahmen in Luxemburg vollzogen werden, auch stand das luxemburgische Bankgeheimnis bei sog. Bankbeschlüssen nach § 103 StPO nicht entgegen.[360] Die Verwertung der in diesen Zusammenhängen gewonnenen Erkenntnisse war jedoch – gem. Art. 50 Abs. 3 SDÜ – auf das Umsatzsteuerstraf- und das korrespondierende Besteuerungsverfahren beschränkt.

VII. Strafbefreiungserklärungsgesetz

Nach langer Diskussion ist zum 1. Januar 2004 das Strafbefreiungserklärungsgesetz (Stra- 605
BEG) in Kraft getreten. Dieses Regelungswerk bietet ähnlich, aber keineswegs identisch mit der abgabenrechtlichen Selbstanzeige nach § 371 AO, die Möglichkeit, eine Strafbefreiung für bereits begangene straf- oder bußgeldbewehrte Steuerverfehlungen zu erlangen.

Mit dem Erlass dieses Gesetzes war die Erwartung verbunden, dass Kapital nach Deutsch- 606
land zurückfließen werde, welches im Laufe der 90er Jahre zur Vermeidung der Zinsbesteuerung in das zinsabschlagsteuerfreie Ausland, insbesondere nach Luxemburg und in die Schweiz, transferiert wurde. Dieser Kapitalrückfluss sollte erreicht werden, indem den Anlegern die Rückkehr in die Legalität in Form einer straf- bzw. bußgeldrechtlichen Amnestie in Verbindung mit einer regelmäßig niedrigen Nachversteuerung eröffnet wurde. Allein für 2004 erhoffte sich die Bundesregierung durch die eingeräumten Optionen Steuermehreinnahmen in Höhe von € 5 Mrd. Ob sich diese teils als euphorisch bewertete Erwartung realisiert, bleibt abzuwarten.

Entgegen einem verbreiteten und durch die Gesetzesbezeichnung nahe gelegten Verständnis 607
besteht das Hauptanliegen des StraBEG keineswegs in seiner Amnestiewirkung. Zwar kann Strafbefreiung erlangen, wer eine Erklärung nach dem StraBEG abgibt und in strafbarer oder bußgeldbewehrter Weise verkürzte Steuern nach Maßgabe des StraEG nach entrichtet, doch geht es dem Gesetz vorrangig darum, dass Erträge von im Ausland angelegtem und dem deutschen Fiskus bislang verheimlichten Vermögen künftig im Inland ordnungsgemäß besteuert werden. Dies zeigt bereits ein kurzer Blick auf § 2 StraBEG, wonach zur Abgabe einer Erklärung nach dem StraBEG (auch) Personen befugt sind, denen mangels eigener Verfehlung ein Strafverfolgungs- oder Bußgeldrisiko nicht droht. An der Amnestie(wirkung) ist diesen Personen nicht gelegen; ein Anreiz, dennoch eine Erklärung nach dem StraBEG abzugeben, kann allein aus den – oftmals günstigen – steuerlichen Effekten resultieren.

---

[357] *Robert Biever* in www.forum-online.lu/textarchiv/biever.html.
[358] *Jean-Paul Frising* in www.forum-online.lu/textarchiv/biever.html.
[359] Vgl. auch Richtlinien für den Verkehr mit dem Ausland in strafrechtlichen Angelegenheiten, Ziff. 10 lit. b.
[360] Vgl. *Endres* wistra 2002, 457 [458].

608 Wie jede Amnestie wirft auch das StraBEG ein gravierendes Grundproblem aus: Begünstigt wird der Steuerunehrliche während der Ehrliche nicht in den Genuss der allein im Rahmen der Amnestie gewährten steuerlichen Vergünstigungen kommt. Die politischen und verfassungsrechtlichen Bedenken gegenüber einer Amnestieregelung sollen im Rahmen dieser Darstellung jedoch nicht vertieft werden. Die nachfolgende Darstellung bietet einen Überblick über die wesentlichen Eckpunkte der aktuellen gesetzlichen Regelung.

609 Das StraBEG sieht im Grundsatz folgende Regelung vor: Wird eine Erklärung nach dem StraBEG abgegeben und werden binnen kurzer Fristen Steuern nachgezahlt, tritt Strafbefreiung für bestimmte Steuerstraftaten bzw. Bußgeldbefreiung für bestimmte Steuerordnungswidrigkeiten ein. Von der strafbefreienden Selbstanzeige unterscheidet sich die Erklärung nach dem StraBEG dennoch erheblich. Zum einen erstreckt sich die sanktionsbefreiende Wirkung auch auf Ordnungswidrigkeiten, was bei der Selbstanzeige mit Ausnahme der leichtfertigen Verkürzung gem. § 378 AO grundsätzlich nicht der Fall ist. Zum anderen ist im Rahmen einer Selbstanzeige nach § 371 AO der nach Maßgabe der Einzelsteuergesetze ermittelte Mehrsteuerbetrag zu zahlen, während die Erklärung nach dem StraBEG eine pauschale Zahlung mit Abgeltungswirkung vorsieht. Hinterziehungszinsen und sonstige steuerliche Nebenleistungen fallen bei der Erklärung nach StraBEG nicht an. Hierin kann im Einzelfall ein gewichtiger wirtschaftlicher Anreiz für eine Erklärung nach dem StraBEG liegen. Schließlich ist die Erklärung nach dem StraBEG an bestimmte Formerfordernisse gebunden; sie ist zwingend in dem hierfür vorgesehenen Formblatt (BGBl. I S. 2928) abzufassen. Darüber hinaus gibt es zwischen der Selbstanzeige nach § 371 AO und der Erklärung nach StraBEG zahlreiche weitere Unterschiede, auf die im Folgenden eingegangen wird.

610 Für den Zeitraum bis zum 31. März 2005, innerhalb dessen eine Erklärung nach dem StraBEG abgegeben werden kann, besteht auch die Möglichkeit zur Erstattung strafbefreiender Selbstanzeige. Der steuerliche Berater bzw. Verteidiger und sein Mandant werden im Einzelfall entscheiden, welche der beiden Strafbefreiungsoptionen vorzugswürdig ist. Von der vorschnellen und unbesehenen Abgabe einer Erklärung nach dem StraBEG ist dringend abzuraten. Kriterien für die im Einzelfall richtige Entscheidung werden im folgenden Abschnitt mitgeteilt.

611 Für die nähere Befassung mit den Vorschriften des StraBEG wird darauf hingewiesen, dass sich Veröffentlichungen zu diesem Themenkreis vor Verabschiedung des Gesetzes oftmals an unterschiedlichen Entwurfsfassungen orientieren. Insbesondere kritische Bemerkungen zu den gesetzlichen Regelungen aus den Jahren 2002 und 2003 treffen die schließlich in Kraft getretene Fassung des Gesetzes nicht (mehr), da entsprechenden Einwänden jedenfalls zum Teil abgeholfen wurde.

1. Die Voraussetzungen einer strafbefreienden Erklärung nach dem StraBEG

612 a) Vortaten. Nach § 1 Abs. 1 StraBEG kann eine strafbefreiende Erklärung aufgrund dieses Gesetzes grundsätzlich nur abgeben, wer in der Vergangenheit Steuerstraftaten nach den §§ 370, 370 a AO oder nach § 26 c UStG begangen hat. Gemäß § 6 StraBEG gilt dies entsprechend für Ordnungswidrigkeiten nach den §§ 378 bis 380 AO und nach § 26 b UStG.

613 Dem klaren Wortlaut des § 1 Abs. 7 StraBEG zufolge kann Strafbefreiung nicht erreicht werden für Taten, die nach dem 17. Oktober 2003 begangen wurden. Hierdurch wird vermieden, dass ein Steuerpflichtiger in Kenntnis der bevorstehenden Amnestieregelung und in der Erwartung einer wirtschaftlich attraktiven Besteuerung seine Zahllast durch Hinterziehung und anschließende Amnestieerklärung mindern kann.

614 Soweit ersichtlich, interpretiert das Schrifttum jedenfalls bis zum In-Kraft-Treten des Gesetzes am 1. Januar 2004 die Vorschrift des § 1 Abs. 1 StraBEG dahin gehend, dass sowohl der objektive als auch der subjektive Tatbestand eines der genannten Delikte verwirklicht sein muss. *Samson* weist darauf hin, dass es Fälle geben kann, in welchen der Steuerpflichtige heute gegenüber den Finanzbehörden versuchen muss, die Vorsätzlichkeit einer früheren Verkürzung zu belegen, um durch die pauschale Nachzahlung die Abgeltungswirkung seiner steuerlichen Verbindlichkeiten zu erreichen.[361] Es stellt sich in diesem Zusammenhang allerdings die Frage, ob nicht die unzutreffende Vorspiegelung einer (vorsätzlichen) Straftat in der Vergangenheit,

---

[361] *Samson*, Vortrag auf dem 5. IWW Kongreß „Praxis Steuerstrafrecht" am 17.10.2003 in Düsseldorf.

mit dem Ziel, durch pauschale Nachzahlung Abgeltungswirkung zu erreichen, ihrerseits ein steuerstrafrechtlich relevantes Verhalten nach § 370 bzw. § 370 a AO darstellen kann.

Aus der Regelung des § 8 Abs. 2 StraBEG über die steuerliche Abgeltungswirkung ergeben sich weitere Kriterien für die Vortaten im Sinne des § 1 Abs. 1 StaBEG. Die Vorschrift ordnet an, dass durch Erklärung und fristgerechte Zahlung auch solche Steueransprüche und korrespondierende Nebenleistungen erlöschen, die zwar in strafbarer oder ordnungswidriger Weise verkürzt wurden, bei denen die Steuerverfehlungen aber „aus anderen Gründen nicht mehr geahndet werden können". Gemeint ist in erster Linie eine zwischenzeitlich eingetretene straf- bzw. bußgeldrechtliche Verfolgungsverjährung. Danach tritt auch für strafverfolgungsverjährte aber noch nicht festsetzungsverjährte Ansprüche steuerliche Abgeltungswirkung ein. Diese Fälle lassen sich nicht mehr unter dem Begriff einer Amnestieregelung begreifen, da der Steuerschuldner wegen der Steuerverfehlung ohnehin nicht mehr verfolgt werden kann und es zu seiner Straf- bzw. Bußgeldfreiheit einer Erklärung nach StraBEG nicht mehr bedarf. Gleichwohl soll ihm nach § 8 Abs. 2 StraBEG die steuerliche Abgeltungswirkung zuteil werden. 615

Danach kommen in beiden folgenden Beispielen strafbefreiende Erklärungen in Betracht: 616

Beispiel 1:
Der in Deutschland steuerpflichtige Anleger A hat Ende der 80er Jahre einen Schwarzgeldbetrag auf einem inländischen Konto angelegt. 1993 hat er diesen Betrag auf ein Konto bei einem luxemburgischen Institut transferiert. In den Jahren 1993 bis 1997 hat er Zinserträge aus dieser Anlage der Besteuerung vorenthalten. Die letzte unzutreffende Festsetzung erfolgte 1998, denn Ende 1997 hat er die Anlage aufgelöst und mit der Valuta Gold gekauft, das er bis heute nicht veräußert hat. Der Anleger befürchtet heute aus Gründen eines laufenden Scheidungsverfahrens, dass seine Ehefrau diesen Sachverhalt in einem Unterhaltsprozess mitteilen wird, so dass er in Erwägung zieht, über eine Erklärung nach dem StraBEG jedenfalls die steuerliche Abgeltungswirkung zu erzielen.

Beispiel 2:
A hat bis 2003 ein Konto in Luxemburg unterhalten, dessen Erträge er in Deutschland pflichtwidrig nicht erklärt hat. A ist im Sommer 2003 verstorben. Die Erbengemeinschaft fragt nach der Möglichkeit, in den Genuß der Abgeltungswirkung nach § 8 StraBEG zu gelangen.

b) Inhalt der Erklärung. Nach § 1 Abs. 1 Ziff. 1 StraBEG sind zu Unrecht nicht besteuerte Einnahmen zu erklären. Der Einnahmebegriff des StraBEG entspricht dabei nicht dem Einnahmebegriff des § 8 EStG, vielmehr legt das StraBEG in § 1 Abs. 2 bis 5 einen eigenen Einnahmebegriff zugrunde. Dieser variiert je nach der in Betracht kommenden Steuerart. 617

Checkliste:

§ 1 Abs. 2 StraBEG versteht im Zusammenhang mit Einkommen- und Körperschaftsteuer unter Einnahme:
☐ 60 % der einkommen- oder körperschaftsteuerpflichtigen Einnahmen oder Betriebsvermögensmehrungen, soweit diese aufgrund der zurückliegenden Straftaten (bzw. Ordnungswidrigkeiten, vgl. § 6 StraBEG) bei der Festsetzung der Einkommen- oder Körperschaftsteuer in den Veranlagungszeiträumen 1993 bis 2002 nicht berücksichtigt worden sind.
Der Abschlag von 40 % auf die Bruttoeinnahmen soll in typisierender Form die zur Einkunftserzielung notwendigen Ausgaben erfassen;[362] da eine gesonderte Berücksichtigung tatsächlicher Betriebsausgaben oder Werbungskosten im Rahmen des StraBEG nicht möglich ist. Schon hier zeigt sich, dass ein wirtschaftlicher Anreiz für die Abgabe einer Amnestieerklärung (ungeachtet der pauschalen Besteuerung mit 25 % in 2004 bzw. 35 % in 2005) bei Zinserträgen regelmäßig nahe liegt, da den Erträgen keine signifikanten Kosten gegenüberstehen und der Anleger mit der Pflicht, lediglich 60 % der Erträge zu versteuern, günstig steht, während bei hohen Betriebsausgaben, Werbungskosten, Sonderausgaben, außergewöhnlichen Belastungen, Verlustvorträgen etc. die Pflicht, (immerhin) 60 % der

---

[362] *Leis*, Gesetzesentwurf zur Förderung der Steuerehrlichkeit, FR 2003, 703 f.

618 Bei Hinterziehung von Erbschafts- bzw. Schenkungsteuer versteht § 1 Abs. 5 StraBEG unter Einnahme 20 % der steuerpflichtigen aber in der Zeit zwischen dem 31.12.1992 und dem 1.1.2003 zu Unrecht nicht berücksichtigten Erwerbe.

619 Für die Vermögenssteuer, die bis einschließlich 1996 erhoben wurde, findet sich keine Bestimmung der Einnahme. Hinterzogene Vermögenssteuer wird in die Bemessungsgrundlage der strafbefreienden Erklärung nach dem StraBEG nicht einbezogen. Einer Strafbefreiung bedarf es in diesen Fällen wohl nicht mehr, da die Taten – sofern ein Strafverfahren noch nicht eingeleitet worden ist – strafrechtlich verjährt sein dürften. Dennoch erstreckt § 4 Abs. 1 StraBEG die Strafbefreiung ausdrücklich auch auf die Verkürzung von Vermögensteuer. Auch die steuerliche Abgeltungswirkung nach § 8 StraBEG erstreckt sich ausdrücklich auch auf Vermögenssteuern.

620 **c) Zahlung.** Nach § 1 Abs. 1 Ziff. 2 StraBEG treten Strafbefreiung (und Abgeltungswirkung) erst ein, wenn binnen 10 Tagen nach Abgabe der Erklärung, spätestens aber bis zum 31. Dezember 2004 25 % der erklärten Einnahmen entrichtet werden. Der vom Gesetz eröffnete Zeitkorridor ist eng; eine Verlängerung durch das Finanzamt ist nicht vorgesehen.[365] Auch hierin unterscheiden sich Selbstanzeige und Erklärung nach dem StraBEG. Verfügt daher der Man-

---

[363] *Leis* FR 2003, 703 f.; vgl. auch *Sell*, Entwurf eines Gesetzes zur Förderung der Steuerehrlichkeit, DStR 2003, 1185, 1187.
[364] *Leis* FR 2003, 703 f.
[365] *Tormöhlen/Klepsch* wistra 2003, 362, 365.

dant nicht über die erforderliche Liquidität, kann er weder Strafbefreiung noch Abgeltungswirkung erreichen. Daher sollte eine Erklärung nach StraBEG erst dann abgegeben werden, wenn zuvor sichergestellt wurde, dass die Zahlung fristgerecht erfolgen kann. Zahlt der Erklärende nur einen Teilbetrag, treten Strafbefreiung und Abgeltung insgesamt nicht ein;[366] da der Erklärende den Gegenstand seiner Erklärung jedoch beschränken kann, mag es im Einzelfall zweckmäßig sein, nur solche Einnahmen (i. S. d. § 1 StraBEG) nachzumelden, hinsichtlich derer er die Nachzahlung leisten kann. Soweit Nacherklärung und Zahlung vorliegen, treten Strafbefreiung (vgl. § 4 Abs. 3 StraBEG) und Abgeltungswirkung ein.[367] Ob daneben eine ggf. gestufte Selbstanzeige zu erstatten ist, kann nur im Einzelfall entschieden werden.

Unter Vorbehalten empfehlen *Tormöhlen/Klepsch* eine weitere Erklärung nach dem Stra- 621 BEG, wenn im Anschluss an eine frühere Erklärung die Zahlung nicht innerhalb der 10-Tagesfrist erfolgt ist.[368] Diese Überlegung darf jedoch nicht dazu führen, dass ungeachtet der im Einzelfall verfügbaren Mittel leichtfertig Erklärungen nach dem StraBEG abgegeben werden in der Hoffnung, bei Verstreichen der Zahlungsfrist zu beliebiger Zeit entsprechende Erklärungen strafbefreiend wiederholen zu können. Ähnlich der Selbstanzeige nach § 371 AO kennt auch die strafbefreiende Erklärung nach dem StraBEG Sperrgründe. Löst der Erklärende durch voreilige Erklärung einen solchen Sperrgrund aus, kann er durch deren spätere Wiederholung und Zahlung weder Strafbefreiung noch Abgeltungswirkung erreichen. Auf diese Problematik wird an gesonderter Stelle eingegangen.

In § 1 Abs. 6 StraBEG ist die Möglichkeit zur strafbefreienden Erklärung auch für das erste 622 Quartal 2005 vorgesehen. Diesbezüglich gelten die bereits geschilderten Regelungen allerdings mit der Ausnahme, dass Strafbefreiung und steuerliche Abgeltung nur dann eintreten, wenn ein Betrag i.H.v. 35 % der erklärten Einnahmen gezahlt wird. In 2005 ist die Strafbefreiung daher teurer.

2. Die zur Abgabe der Erklärung nach dem StraBEG berechtigten Personen

Der berechtigte Personenkreis ist in § 2 StraBEG legaldefiniert. Nach § 2 Abs. 1 StraBEG ist 623 der Täter des zurückliegenden Steuerdelikts oder der Steuerordnungswidrigkeit zur Abgabe der Erklärung berechtigt. Anders als bei der Selbstanzeige nach § 371 AO können Anstifter und Gehilfen dagegen keine strafbefreiende Erklärung nach dem StraBEG abgeben. Die Regelung ist jedoch im Zusammenhang mit § 4 Abs. 2 StraBEG zu lesen, wonach sich die Strafbefreiungswirkung zugunsten von Teilnehmern (Anstiftern und Gehilfen) aus der Strafbefreiungserklärung eines zur Erklärung nach § 2 StraBEG Berechtigten ergibt.

Hat der Steuerschuldner die Erklärung nach StraBEG nicht selbst abgegeben, sondern ist dies 624 durch einen gesetzlichen Vertreter, Vermögensverwalter oder Verfügungsberechtigten erfolgt, ist auch der Steuerschuldner nach § 2 Abs. 3 StraBEG selbst berechtigt, eine entsprechende Erklärung nach dem StraBEG abzugeben.

§ 2 Abs. 3 StraBEG berechtigt schließlich auch Vertreter, Vermögensverwalter und Verfü- 625 gungsberechtigte zur Abgabe entsprechender Erklärungen, wenn die Taten von früheren Vertretern, Vermögensverwaltern und Verfügungsberechtigten begangen worden sind.

Für Fälle der Gesamtrechtsnachfolge sieht § 2 Abs. 4 StraBEG auch die Erklärung durch den 626 Rechtsnachfolger vor.

Die Angabe des Täters der jeweiligen vorausgegangenen Steuerhinterziehung ist weder er- 627 forderlich noch ratsam.

3. Inhalt, Form und Adressat der strafbefreienden Erklärung

Diesbezügliche Regelungen finden sich in § 3 StraBEG. Zwischenzeitlich existiert auch der 628 amtliche Vordruck, auf den § 3 Abs. 1 letzter HS StraBEG hinweist.

Anders als bei der Selbstanzeige hat der nach dem StraBEG Erklärende gemäß § 3 Abs. 1 S. 1 629 den nach § 1 zu entrichtenden Betrag selbst zu berechnen. Während in der Selbstanzeige nach § 371 AO die Mitteilung der zutreffenden Besteuerungsgrundlagen vorgesehen ist, geht das StraBEG einen anderen Weg. Es fordert den Erklärenden selbst zur Berechnung der Zahllast

---

[366] *Tormöhlen/Klepsch* wistra 2003, 362, 365.
[367] Vgl. *Tormöhlen/Klepsch* wistra 2003, 362, 367.
[368] *Tormöhlen/Klepsch* wistra 2003, 362, 365.

auf, wenngleich von ihm gerade nicht verlangt wird, die mitunter komplizierten Vorschriften der jeweils einschlägigen Einzelsteuergesetze anzuwenden; an ihre Stelle treten die vergleichsweise einfachen Berechnungsgrundsätze nach § 1 StraBEG. Anzugeben sind lediglich die nach § 1 StraBEG ermittelten Einnahmen getrennt nach Kalenderjahren und getrennt nach zugrunde liegenden Sachverhalten. Angaben zu den vorausgegangenen Steuerverfehlungen sind nicht gefordert und sollten auch nicht gemacht werden. Die bloße Angabe von Beträgen reicht aus,[369] zumal die Finanzbehörde die Erklärung ohnehin nicht inhaltlich, sondern nur den Eingang fristgerechter Zahlung prüft.[370]

630   Ist der Erklärende nicht zugleich der Schuldner, so ist in der Erklärung auch der (primäre) Steuerschuldner zu bezeichnen, die Angabe eines Steuerpflichtigen i. S. v. § 33 AO reicht nicht, § 3 Abs. 1 StraBEG.

631   Die Erklärung muss zwingend auf dem amtlichen Formblatt erfolgen und vom Erklärenden eigenhändig unterzeichnet sein, § 3 Abs. 1 StraBEG. Mittlerweile hat das Bundesministerium der Finanzen ein im Internet abrufbares Merkblatt veröffentlicht, welches nicht nur die einzelnen Regelungen des StraBEG erläutert, sondern gezielt Hilfestellung zum Ausfüllen des amtlichen Vordrucks gibt.[371]

632   Adressat der Erklärung ist nach § 3 Abs. 2 StraBEG die für den Steuerschuldner zuständige Finanzbehörde.

4. Ausschlussgründe

633   § 7 StraBEG formuliert verschiedene Sperrgründe, die dem Eintritt der Straf- oder Bußgeldfreiheit entgegenstehen. Die Strafbefreiung soll grundsätzlich nicht eintreten, wenn die fraglichen Steuerverkürzungen der Finanzbehörde bereits bekannt sind oder mit ihrer Aufdeckung zu rechnen ist.[372] In gesetzestechnischer Hinsicht lehnt sich § 7 StraBEG an § 371 Abs. 2 AO an, ohne mit der Vorschrift jedoch vollständig überein zu stimmen; im Einzelnen gibt es erhebliche Abweichungen.

634   a) Erscheinen des Amtsträgers zur steuerlichen Prüfung oder zu steuerstrafrechtlichen Ermittlungen, § 7 Abs. 1 Ziff. 1 lit. a AO. Straf- und Bußgeldfreiheit tritt nicht ein, soweit vor Eingang der Erklärung nach dem StraBEG wegen einer Tat im Sinne von § 1 Abs. 1 S. 1 oder einer Handlung im Sinne des § 6 StraBEG bei dem Erklärenden oder seinem Vertreter ein Amtsträger der Finanzbehörde zur steuerlichen Prüfung oder zur Ermittlung einer Steuerstraftat oder einer Steuerordnungswidrigkeit erschienen ist, § 7 Abs. 1 Ziff. 1 lit. a StraBEG.

635   Eine fast wortgleiche Regelung findet sich in § 371 Abs. 2 Ziff. 1 lit. a AO. Das Erscheinen des Amtsträgers zum Zweck der steuerlichen Prüfung oder wegen steuerstrafrechtlicher Ermittlungen sperrt die spätere strafbefreiende Erklärung nach dem StraBEG. Hinsichtlich der Auslegung der einzelnen Merkmale dieses Sperrgrundes kann auf die Kommentierungen zu § 371 Abs. 2 Ziff. 1 lit. a AO verwiesen werden. Von Bedeutung ist auch hier insbesondere die sachliche Reichweite der Sperrwirkung. Für § 371 Abs. 2 Ziff. 1 lit. a AO ist in Rechtsprechung[373] und Lehre[374] anerkannt, dass der interne Prüfungsauftrag des Finanzbeamten die Reichweite der Sperrwirkung markiert. Außerhalb dieses Rahmens erscheint der Finanzbeamte eben nicht zur Prüfung, so dass eine Selbstanzeige nach § 371 AO – und mangels entgegenstehender Hinweise – folglich auch eine strafbefreiende Erklärung nach § 1 StraBEG für außerhalb des Prüfungsauftrages liegende Steuerarten oder Besteuerungszeiträume weiterhin möglich sein muss.

636   Sperrwirkung tritt überdies nur ein, wenn der Amtsträger bei dem Erklärenden oder seinem Vertreter erscheint. Die Formulierung ist missverständlich und gibt zu zahlreichen Fragen Anlass, da es im Zeitpunkt des „sperrenden" Prüfererscheinens einen Erklärenden regelmäßig noch gar nicht gibt. Erscheint nämlich der Prüfer bei einer Person, die bereits eine Erklärung nach StraBEG abgegeben hat – nur dann kann letztlich von einem „Erklärenden" gesprochen

---

[369] *Tormöhlen/Klepsch* wistra 2003, 362, 365.
[370] *Sell* DStR 2003, 1185, 1188; *Tormöhlen/Klepsch* wistra 2003, 362, 365.
[371] Bundesministerium der Finanzen, IV A 4 – S 1928 – 18/04 v. 3.2.2004.
[372] *Sell* DStR 2003, 1185, 1189.
[373] BGHSt 35, 188; BayObLG wistra 1985, 117.
[374] F/G/J/*Joecks* § 371 Rdnr. 149 ff.; *Kohlmann* Bd. II § 371 Rdnr. 150 m. w. N.

werden – kann durch nachträgliches Prüfererscheinen eine Sperrwirkung sicherlich nicht ausgelöst werden. Diesen Fall meint die Vorschrift offensichtlich nicht. Gemeint ist vielmehr, dass das Erscheinen des Prüfers dem Prüfungsadressaten eine ansonsten nach StraBEG bestehende Möglichkeit zur strafbefreienden Erklärung nimmt.

Die Formulierung des Gesetzestextes zeigt, dass § 7 StraBEG der Behörde im Nachhinein die Prüfung der Wirksamkeit einer strafbefreienden Erklärung ermöglichen soll. In diesen Fällen liegt immer ein Erklärender vor und es kann gefragt werden, ob bei ihm oder seinem Vertreter zuvor ein Amtsträger im Sinne des § 7 Abs. 1 Ziff. 1 lit. a StraBEG erschienen war. 637

Danach ist ein Sperrgrund für diejenigen Steuerarten und Besteuerungszeiträume gegeben, wegen derer der Amtsträger bei dem – eine Erklärung nach StraBEG beabsichtigenden – Mandanten im Sinne des § 7 Abs. 1 Ziff. 1 lit. a StraBEG erschienen ist. 638

Soweit das Prüfererscheinen beim Vertreter des (später) Erklärenden sperrt, ist fraglich, welcher Vertreterbegriff gilt. Aus gesetzessystematischen Gründen scheint es nahe zu liegen, den Vertreterbegriff des § 34 AO heranzuziehen, doch kann dieser Begriff letztlich nicht gemeint sein, da jedenfalls der gesetzliche Vertreter einer juristischen Person niemals zugleich ein Vertreter des Erklärenden ist, denn eine juristische Person kann selbst keine Erklärung nach § 1 StraBEG abgeben. Da sich eine juristische Person nicht strafbar machen kann, benötigt sie auch keine Straffreistellung, wenngleich sie sehr wohl von der steuerlichen Abgeltungswirkung profitieren könnte. Der gesetzliche Vertreter einer juristischen Person ist vielmehr selbst Erklärender nach § 2 und nicht dessen Vertreter. 639

Danach kann mit Vertreter in § 7 StraBEG zunächst nur der Vertreter einer natürlichen Person gemeint sein, wobei nach Sinn und Zweck der Vorschrift sowohl der gesetzliche als auch der bevollmächtigte Vertreter gemeint sein dürfte. Bei rechtsgeschäftlicher Bevollmächtigung stellt sich die Frage nach dem notwendigen Gegenstand der Vollmacht. Es kann letztlich nur um Vertreter in steuerlichen Angelegenheiten gehen. Vor diesem Hintergrund scheint auch im Lichte des § 7 StraBEG grundsätzlich Vertreter zu sein, wer im Sinne des § 371 Abs. 2 Ziff. 1 lit. b AO als Vertreter begriffen wird, mit der Ausnahme gesetzlicher Vertreter juristischer Personen. Vertreter im Sinne von § 7 Ziff. 1 lit. a StraBEG sind danach: 640

- gesetzliche Vertreter natürlicher Personen
- gewillkürte Vertreter, z. B. Steuerberater[375] und Bevollmächtigte i. S. d. §§ 80, 81 AO[376]

b) Tatentdeckung, § 7 Abs. 1 Ziff. 1 lit. b StraBEG. Straf- und Bußgeldfreiheit tritt ferner dann nicht ein, soweit vor Eingang der Erklärung nach dem StraBEG wegen einer Tat im Sinne von § 1 Abs. 1 S. 1 oder einer Handlung im Sinne des § 6 StraBEG die Tat bereits entdeckt war und der Erklärende dies wusste oder bei verständiger Würdigung der Sachlage damit rechnen musste. 641

Dieser Sperrgrund entspricht in etwa der Regelung des § 371 Abs. 2 Ziff. 2 AO. Insofern kann auch hinsichtlich der Auslegung dieser Vorschrift auf die einschlägigen Kommentierungen zu § 371 AO verwiesen werden. 642

Tatentdeckung setzt mehr voraus als einen strafprozessualen Anfangsverdacht im Sinne von § 152 Abs. 2 StPO. Nach dem Bundesgerichtshof bedarf es „einer Konkretisierung des Tatverdachts, die gegeben ist, wenn bei vorläufiger Tatbewertung die Wahrscheinlichkeit eines verurteilenden Erkenntnisses gegeben ist".[377] Nach einer anderen Entscheidung des Bundesgerichtshofs genügt die Kenntnis, dass der Steuerpflichtige durch Nichtabgabe oder durch die Abgabe einer falschen Erklärung Steuern verkürzt hat,[378] wobei nicht die zur Verurteilung erforderliche Überzeugung erforderlich ist.[379] Angesichts dieser Rechtsprechung kann heute davon ausgegangen werden, dass der Begriff der Tatentdeckung einen hinreichenden Tatverdacht erfordert, wie er ansonsten für die Erhebung der Anklage erforderlich ist.[380] Ist ein Ermittlungsverfahren demnach (noch) nicht eingeleitet worden, wird man regelmäßig davon ausgehen können, dass die Tat noch nicht entdeckt ist. Rechtliche Bedeutung hat dies bei der weit verbreiteten Praxis 643

---

[375] *Bilsdorfer* wistra 1984, 131.
[376] F/G/J/*Franzen*, 3. Aufl., § 371 Rdnr. 105.
[377] BGH wistra 1983, 197.
[378] BGH wistra 1985, 74.
[379] BGH wistra 1993, 227.
[380] *Dörn* wistra 1998, 175 f.

der Finanzämter, Steuerpflichtige, insbesondere Bankkunden, zur Überprüfung ihrer früheren Steuererklärungen aufzufordern.

644 Die Tatentdeckung allein stellt noch keinen Sperrgrund dar; hinzutreten muss, dass der Erklärende von der Tatentdeckung wusste oder bei verständiger Würdigung damit rechnen musste. Ist die Tat entdeckt, ist für alle Personen der Weg in die Strafbefreiung versperrt, die entweder von der Entdeckung wussten oder damit hätten rechnen müssen. Fehlt es an dieser subjektiven Seite, besteht keine Sperrwirkung.

645 Die irrige Annahme, die Tat sei bereits entdeckt, stellt zwar keinen Sperrgrund dar, wird aber den Erklärungswilligen regelmäßig davon abhalten, eine Erklärung nach StraBEG abzugeben.

646 c) Bekanntgabe der Einleitung eines Ermittlungsverfahrens, § 7 Ziff. 2 StraBEG. Straf- und Bußgeldfreiheit tritt auch dann nicht ein, wenn vor Eingang der Erklärung nach dem StraBEG wegen einer Tat im Sinne von § 1 Abs. 1 S. 1 oder einer Handlung im Sinne des § 6 einem Tatbeteiligten (Täter oder Teilnehmer) oder seinem Vertreter die Einleitung des Straf- oder Bußgeldverfahrens bekannt geworden ist und der Erklärende dies wusste oder bei verständiger Würdigung der Sachlage damit rechnen musste.

647 Die Vorschrift ist an § 371 Abs. 2 Ziff. 1 lit. b AO angelehnt; auf die Kommentierungen zu § 371 AO kann jedoch nicht vorbehaltlos verwiesen werden, da der Wortlaut des § 7 Ziff. 2 StraBEG von dem des § 371 Abs. 2 Ziff. 1 lit. b AO abweicht.

648 Nach dem Wortlaut der Vorschrift tritt Sperrwirkung ein, sobald einem beliebigen Tatbeteiligten (Täter oder Teilnehmer) oder dessen Vertreter die Einleitung eines Straf- oder Bußgeldverfahrens bekannt gegeben wurde. Auch hier hat die Sperrwirkung objektive und subjektive Voraussetzungen:
In objektiver Hinsicht setzt § 7 Ziff. 2 StraBEG die Einleitung eines Straf- oder Bußgeldverfahrens voraus. Aus dem Einleitungssatz der Vorschrift ergibt sich, dass es sich bei dem Gegenstand des Verfahrens um eine Steuerverfehlung im Sinne des § 1 StraBEG handeln muss. Die Einleitung muss ferner einem beliebigen Tatbeteiligten bekannt gemacht worden sein. Liegt darüber hinaus das auf der subjektiven Tatseite erforderliche Wissen von der Bekanntgabe vor, oder musste der Betreffende mit Einleitung und Bekanntgabe rechnen, ist ihm der Weg in die Strafbefreiung verstellt. Die Vorschrift sperrt die strafbefreiende Erklärung für alle Beteiligten, soweit auch die subjektiven Voraussetzungen vorliegen.[381]

649 d) Berichtigungserklärungen, § 7 Ziff. 3 StraBEG. Straf- und Bußgeldfreiheit tritt nicht ein, soweit vor Eingang der Erklärung nach dem StraBEG wegen einer Tat im Sinne von § 1 Abs. 1 S. 1 oder einer Handlung im Sinne des § 6 StraBEG der Erklärende unrichtige oder unvollständige Angaben bei der Finanzbehörde berichtigt oder ergänzt oder unterlassene Angaben nachgeholt hat.

650 Die Regelung ist in der AO ohne Vorbild. Nach § 7 Ziff. 3 StraBEG kann den Weg über die strafbefreiende Erklärung nach StraBEG nicht (mehr) gehen, wer zuvor strafbefreiende (oder nicht strafbefreiende) Selbstanzeige erstattet hat. Durch eine Selbstanzeige nach § 371 AO legt sich der Erklärende fest; der Weg über das StraBEG ist versperrt.

651 *Sell* versteht § 7 Ziff. 3 StraBEG in dem Sinne, dass eine Berichtigung/Nachmeldung/Selbstanzeige lediglich für den Berichtigenden/Meldenden/Selbstanzeigenden einen Sperrgrund darstellt. Dieser Ausschluss schließe eine strafbefreiende Erklärung eines anderen nicht aus. Hierdurch solle vermieden werden, dass bei mehreren Tatbeteiligten derjenige, der die „Brücke in die Steuerehrlichkeit" betreten wolle, sich erst vergewissern müsse, ob nicht schon ein anderer eine Selbstanzeige erstattet hat und er daher mit einer strafbefreienden Erklärung „in eine Falle" laufen würde.[382] Beschränkt man den Blick auf die Regelung des § 7 Ziff. 3 StraBEG scheint diese Sicht durchaus folgerichtig. Nicht ausgeschlossen ist jedoch, dass durch die Selbstanzeige eines Dritten die Tat bereits im Sinne des § 7 Ziff. 1 lit. b StraBEG entdeckt ist, was jedoch – wie dargelegt – einen hinreichenden Tatverdacht erfordert, der sich regelmäßig aus dem Inhalt der Erklärung nach dem StraBEG nicht ohne weiteres schöpfen lässt. In einem solchen Fall wäre die Tat entdeckt und dem später Erklärenden wäre der Weg in die Straffrei-

---

[381] Vgl. auch *Sell* DStR 2003, 1185 [1189].
[382] *Sell* DStR 2003, 1185 [1189].

heit über eine Erklärung nach StraBEG jedenfalls dann versperrt, wenn er entweder von der Tatentdeckung wusste oder damit rechnen musste.

e) **Zeitliche Komponente.** Anders als die Regelungen über die Selbstanzeige in § 371 AO enthält § 7 letzter Satz StraBEG den deutlichen Hinweis, dass ein Erscheinen des Amtsträgers, eine Tatentdeckung oder ein eingeleitetes Straf- oder Bußgeldverfahren keine Sperrwirkung (mehr) haben, wenn die entsprechenden Verfahren abgeschlossen wurden und im Rahmen dieser Verfahren die Einnahmen, auf die sich die Erklärung nach dem StraBEG bezieht, nicht festgestellt wurden.

5. Straf- und bußgeldrechtliche Konsequenzen: Umfang der Strafbefreiung, § 4 StraBEG

a) **Sachliche Reichweite.** Nach § 4 Abs. 1 StraBEG führt die Erklärung zu weitgehender Straf- bzw. über § 6 Bußgeldfreiheit. Soweit die entsprechenden Einnahmen im Sinne des § 1 Abs. 2 bis 5 StraBEG in der Erklärung berücksichtigt sind, tritt mit fristgerechter Zahlung Straf- bzw. Bußgeldbefreiung für alle Taten im Sinne des § 1 Abs. 1 S. 1 StraBEG ein, die sich auf nach dem 31. Dezember 1992 und vor dem 1. Januar 2003 entstandene Ansprüche auf Einkommen- oder Körperschaftsteuer, Umsatzsteuer, Gewerbesteuer, Erbschafts- und Schenkungsteuer beziehen. Ausdrücklich einbezogen ist auch die Straffreistellung für die Verkürzung von Vermögensteuer, obwohl diesbezügliche Einnahmen in der Erklärung nicht mitgeteilt und folglich auch nicht (pauschal) besteuert werden.

§ 4 Abs. 1 S. 2 StraBEG geht noch weiter. Hat nämlich der Steuerschuldner – der nach § 3 StraBEG nicht der Erklärende sein muss – die in den strafbefreiende Erklärung berücksichtigten Einnahmen zu Zahlungen verwendet, aufgrund derer er nach dem Einkommensteuergesetz einen Steuerabzug hätte vornehmen müssen (Lohnsteuer), erstreckt sich die Strafbefreiung auch auf zu Unrecht nicht entrichtete Steuerabzugsbeträge. Der Gesetzeswortlaut ist an dieser Stelle schief, da die Nichtabführung von Lohnsteuern grundsätzlich nur eine Ordnungswidrigkeit im Sinne des § 380 AO darstellt; eine strafbare Hinterziehung liegt dagegen (nur dann) vor, wenn der Arbeitgeber nicht nur den Steuerabzug sondern darüber hinaus die erforderliche steuerliche Anmeldung des Arbeitnehmers und dessen Einkommen pflichtwidrig unterlässt. Da dies regelmäßig der Fall ist, wirkt sich die Formulierung im Gesetzestext allerdings im Ergebnis nicht aus. Der Arbeitgeber kann daher Straffreiheit erreichen, ohne auf diesen Umstand gesondert hinweisen zu müssen. Ferner erlangt nach § 4 Abs. 1 S. 2 StraBEG auch der Lohnempfänger ohne weiteres Zutun Straffreiheit für seine pflichtwidrige Nichterklärung erhaltener Schwarzlöhne.

Schließlich tritt Straffreiheit auch ein für Einkommensteuerverkürzungen auf der Ebene des Gesellschafters, sofern diesem verdeckte Gewinnausschüttungen gewährt wurden, § 4 Abs. 1 Satz 3 StraBEG.

Gemäß § 4 Abs. 1 StraBEG tritt Strafbefreiung für Straftaten nach § 370, § 370 a AO und § 26 c UStG ein.

Während für Steuerhinterziehungen nach § 370 AO auch in den besonders schweren Fällen des § 370 Abs. 3 AO alternativ Straffreiheit über eine Selbstanzeige nach § 371 AO erreicht werden kann, besteht diese Möglichkeit für den Vergehenstatbestand des § 26 c UStG ebenso wenig wie für ein Verbrechen der gewerbs- oder bandenmäßigen Hinterziehung im Sinne des § 370 a AO. Wurden diese Delikte verwirklicht, was angesichts des In-Kraft-Tretens erst in den Jahren 2002 und 2003 geschehen sein kann, bietet nur die Erklärung nach StraBEG den Weg in die Straflosigkeit.

Darüber hinaus hält § 5 StraBEG eine besondere Regelung für subsidiäre Delikte bereit. Kann wegen eines anderen als der in § 1 Abs. 1 StraBEG aufgezählten Straftaten, bzw. wegen der in § 6 StraBEG genannten Ordnungswidrigkeiten nicht bestraft bzw. kein Bußgeld verhängt werden, sofern eine der in § 1 bzw. § 6 StraBEG aufgezählten Verfehlungen sanktioniert wird, soll eine Bestrafung bzw. Bußgeldverhängung wegen subsidiärer Delikte auch dann nicht möglich sein, wenn die in § 1 und § 6 StraBEG genannten Verfehlungen aufgrund einer strafbefreienden Erklärung nicht sanktioniert werden können. Die Regelung betrifft u. a. eine mögliche Geldwäschestrafbarkeit gem. § 261 StGB von Tätern und Teilnehmern einer qualifizierten Steuerhinterziehung im Sinne des § 370 a AO. Nach § 261 Abs. 9 letzter S. StGB wird nämlich wegen Geldwäsche nicht bestraft, wer wegen Beteiligung an der Vortat strafbar ist.

Scheidet aber eine Bestrafung der geldwäschetauglichen Vortat des § 370 a AO wegen einer strafbefreienden Erklärung nach dem StraBEG aus, wäre im Prinzip eine Bestrafung aus § 261 StGB möglich. Diese Rechtsfolge vermeidet § 5 StraBEG, in dem eine Bestrafung aus dem das subsidiären Delikt auch dann gesperrt ist, sofern sich die Straflosigkeit der Steuerstraftat als Geldwäschevortat gerade aus der strafbefreienden Erklärung ergibt.

659 **b) Persönliche Reichweite der Strafbefreiung.** Straffrei werden grundsätzlich alle Tatbeteiligten, § 4 Abs. 2 S. 1 StraBEG. Ob sie selbst persönlich eine Erklärung abgegeben haben, ist irrelevant. Anstifter und Gehilfen können dies nicht einmal, da § 2 Abs. 1 letzter S. StraBEG ihnen ausdrücklich das Recht zur Abgabe einer strafbefreienden Erklärung versagt. Die Straffreistellung tritt damit unabhängig von einer persönlichen Erklärungsleistung ein.

660 Eine Straffreistellung kommt jedoch nicht demjenigen Täter oder Teilnehmer zugute, der eine Strafbefreiung wegen Vorliegens eines Sperrgrundes nicht (mehr) hätte erreichen können, § 4 Abs. 2 S. 2 StraBEG, sei es, weil er zuvor Selbstanzeige erstattet hat (vgl. § 7 Ziff. 3 StraBEG), sei es, weil einer der anderen Sperrgründe gem. § 7 Ziffern 1 und 2 StraBEG entgegensteht.

661 **c) Folgen einer unvollständigen Erklärung.** § 4 Abs. 3 StraBEG sieht vor, dass die Strafbarkeit von Taten, die sich auf nicht in der Erklärung berücksichtigte Einnahmen beziehen, so bestehen bleibt, wie sie vor der strafbefreienden Erklärung bestand. Die Regelung ist letztlich nur klarstellend, da sich ihre Aussage letztlich bereits aus Abs. 1 der Vorschrift ergibt.

6. Steuerliche Konsequenzen der strafbefreienden Erklärung

662 **a) Sachliche Reichweite der Abgeltungswirkung durch Erklärung und fristgerechte Zahlung, § 8 StraBEG.** Mit Eintritt der Straf- bzw. Bußgeldfreiheit aufgrund Erklärung und fristgerechter Zahlung erlöschen nach § 8 Abs. 1 S. 1 StraBEG zunächst alle Ansprüche auf Einkommen- oder Körperschaftsteuer, Umsatzsteuer, Vermögensteuer, Gewerbesteuer und Erbschafts- und Schenkungsteuer, soweit diese Ansprüche in der Zeit nach dem 31. Dezember 1992 aber vor dem 1. Januar 2003 entstanden sind.

663 Die Abgeltungswirkung geht jedoch in mehrfacher Hinsicht weiter. Nach § 8 Abs. 1 S. 1 letzter HS StraBEG erstreckt sich die Abgeltungswirkung auch auf steuerliche Nebenleistungen, soweit diese mit den abgegoltenen Steueransprüchen zusammenhängen. Diese Regelung betrifft in erster Linie Hinterziehungszinsen im Sinne des § 235 AO. Nach § 169 Abs. 2 S. 2 AO beträgt die steuerliche Festsetzungsfrist vorsätzlich hinterzogener Steuern vorbehaltlich eventueller Anlauf- oder Ablaufhemmungen zehn Jahre. Die Hinterziehungszinsen betragen 6 % p.a., so dass die Abgeltungswirkung auch für die Nebenleistungen insbesondere bei lang zurückliegenden aber noch nicht festsetzungsverjährten Sachverhalten in der Beratungssituation stets zu berücksichtigen ist. Schon diese steuerliche Konsequenz der strafbefreienden Erklärungen kann im Einzelfall einen besonderen wirtschaftlichen Anreiz zur Abgabe einer strafbefreienden Erklärung darstellen.

664 § 4 Abs. 1 StraBEG gewährt bei Erklärung und fristgerechter Zahlung Straf- bzw. Bußgeldfreiheit auch für Verstöße gegen steuerliche Abzugs- und Abführungspflichten, sofern die erklärten Einnahmen vom Steuerschuldner in einer Weise verwendet wurden, die zum Steuerabzug verpflichtet hätte, der Steuerschuldner diesen Abzug aber pflichtwidrig nicht vorgenommen hat. Korrespondierend zu dieser Straf- bzw. Bußgeldfreistellung tritt nach § 8 Abs. 1 S. 2 StraBEG auch in diesen Fällen steuerliche Abgeltungswirkung ein. Da nach § 8 Abs. 1 S. 2 StraBEG auch die Ansprüche auf zu Unrecht nicht entrichtete Steuerabzugsbeträge erlöschen, wird auch der Empfänger einer Schwarzlohnzahlung (als Schuldner der Lohnsteuer) frei. Trotz abweichender Formulierung besteht hier dennoch ein Gleichklang zwischen § 4 Abs. 1 und § 8 Abs. 1 StraBEG.

665 § 8 Abs. 2 StraBEG erstreckt die steuerliche Abgeltungswirkung auch auf Steueransprüche, die zwar in straf- bzw. bußgeldrelevanter Weise verkürzt wurden, die entsprechenden Verfehlungen aber nicht mehr, etwa wegen zwischenzeitlich eingetretener Verfolgungsverjährung, verfolgt werden können. Fragen, die sich in diesem Zusammenhang stellen, sind bereits im Rahmen des Ausführungen zu § 1 StraBEG erörtert worden.

666 § 8 Abs. 3 StraBEG enthält eine widerlegliche Beweisvermutung, die weniger die Erklärung nach dem SraBEG als vielmehr spätere oder parallele Straf-, Bußgeld- oder Besteuerungsver-

fahren betrifft. Aus Gründen des systematischen Zusammenhangs wird diese Vorschrift an späterer Stelle erörtert.

b) Persönliche Reichweite der Abgeltungswirkung, § 9 StraBEG. Nach § 9 StraBEG erstreckt sich die Abgeltungswirkung im Sinne des § 8 StraBEG neben dem Steuerschuldner auf alle Gesamtschuldner. Hierzu zählen die Haftungsschuldner, zu denen neben Mittätern und Gehilfen von Steuerverfehlungen auch gesetzliche Vertreter natürlicher oder juristischer Personen gehören.

c) Besondere Vorschriften, § 10 StraBEG. Der zu entrichtende Betrag gilt nach § 10 StraBEG insgesamt als Einkommensteuer. Für den Erklärenden ist diese Vorschrift ohne Bedeutung; sie betrifft ausschließlich die Verteilung des Steueraufkommens.

Nach § 10 Abs. 2 S. 1 StraBEG steht die Erklärung einer Steuerfestsetzung ohne Vorbehalt der Nachprüfung gleich. Damit prüft das Finanzamt die Angaben über die Bemessungsgrundlage nicht nach. Der Verzicht auf den Nachprüfungsvorbehalt hindert die Behörde jedoch nicht, den fristgemäßen Zahlungseingang nachzuhalten. Ferner müssen Finanzamt und Staatsanwaltschaften in der Lage sein zu überprüfen, ob im Einzelfall den Rechtswirkungen von Erklärung und Zahlung in Form von Straffreistellung und Abgeltung ein Ausschlussgrund gem. § 7 StraBEG entgegenstand. Die Prüfung eines Ausschlussgrundes nach § 7 StraBEG wird jedoch regelmäßig durch ein anderes zeitgleich oder später durchgeführtes Besteuerungs-, Steuerstraf- oder -bußgeldverfahren veranlasst. Alle Ausschlussgründe setzten voraus (§ 7 Ziff. 1 lit. a, Ziff. 2 und Ziff. 3 StraBEG) oder lassen zumindest erwarten (§ 7 Ziff. 1 lit. b StraBEG), dass ein Besteuerungs- oder Steuerstrafverfahren betrieben wird. Konfrontiert mit einem Strafbarkeits- bzw. Bußgeldvorwurf oder einer (beabsichtigten) Steuerfestsetzung wird sich der Beschuldigte bzw. Steuerpflichtige mit dem Hinweis auf seine frühere Erklärung nach dem StraBEG verteidigen. Die Prüfung der Ausschlussgründe nach § 7 StraBEG wird demnach in erster Linie außerhalb des Verfahrens nach dem StraBEG stattfinden. Prüfungseinschränkungen für andere Verfahren sind im StraBEG nicht vorgesehen.

§ 10 Abs. 3 StraBEG berechtigt das Finanzamt zur Aufhebung und Änderung der nach § 10 Abs. 2 S. 1 StraBEG durch die Abgabe der strafbefreienden Erklärung bewirkten Steuerfestsetzung, sofern keine Straf- oder Bußgeldfreiheit eintritt. Dies ist etwa dann der Fall, wenn entweder die Zahlung der Erklärung nicht fristgerecht nachfolgt oder sich herausstellt, dass dem Eintritt der Straf- bzw. Bußgeldfreiheit ein Ausschlussgrund im Sinne von § 7 StraBEG entgegen stand. In diesen Fällen tritt Abgeltungswirkung nicht ein. Soweit die Erklärung gem. § 10 Abs. 2 S. 1 StraBEG der Steuerfestsetzung ohne Vorbehalt der Nachprüfung gleichsteht, ist die Festsetzung aufzuheben, wenn die Voraussetzungen für den Eintritt der Straf- oder Bußgeldfreiheit nicht vorgelegen haben. Eine Befugnis zur Aufhebung und Änderung der Festsetzung besteht nach § 10 Abs. 3 S. 2 StraBEG jedoch dann nicht, wenn sich die Erklärung auf Steuerstraftaten oder ordnungswidrigkeiten bezieht, die aus anderen Gründen nicht mehr geahndet werden können. Gemeint sind hier insbesondere verfolgungsverjährte Verfehlungen, sowie Verfehlungen deren Täter bzw. Teilnehmer nicht mehr leben. Da die Erklärung in diesen Fällen ohnehin Straffreiheit nicht mehr verschaffen kann, steht dieser Umstand dem Eintritt der Abgeltungswirkung nicht entgegen.

7. Verjährungsregeln

Die §§ 11 und 12 StraBEG halten Regelungen über die Verfolgungsverjährung (§ 11 StraBEG) und die steuerliche Festsetzungsverjährung (§ 12 StraBEG) bereit.

a) Besondere Verfolgungsverjährung. § 11 StraBEG betrifft die Frage der Verfolgungsverjährung von Steuerstraftaten oder Steuerordnungswidrigkeiten, welche sich auf Steueransprüche beziehen, die vor dem 1. Januar 1993 entstanden sind. Diese Taten können nach § 11 StraBEG nicht mehr verfolgt werden, sofern sich eine wirksame strafbefreiende Erklärung auf solche Steueransprüche bezieht. Nach § 11 Abs. 1 S. 1 letzter HS soll dasselbe gelten, wenn sich später herausstellt, dass die Erklärung unvollständig war. Die Vorschrift wird kaum je praktische Bedeutung erlangen, da Steuerstraftaten, die sich auf Steueransprüche aus der Zeit vor dem 1. Januar 1993 beziehen, zwischenzeitlich verjährt sein dürften. *Joecks* erwägt, ob sich die Regelung – um irgendeine praktische Relevanz zu erhalten – möglicherweise auf Steuerstraftaten bezieht, die bereits Gegenstand eines Strafverfahrens sind, weist diese Möglichkeit aber in Hinblick auf die Sperrgründe des § 7 StraBEG mit Recht zurück; in diesen Fällen fehlt es nämlich bereits an einer wirksamen strafbefreienden Erklärung, die § 11 Abs. 1 S. 1 StraBEG aber gerade voraussetzt.[383]

673 b) **Besondere Festsetzungsverjährung.** Gemäß § 12 S. 1 StraBEG gelten die in § 11 StraBEG genannten Ansprüche als erloschen, soweit sie der zuständigen Finanzbehörde bei Eingang einer wirksamen strafbefreienden Erklärung noch nicht bekannt waren. Dies gilt nach § 12 S. 2 StraBEG auch dann, wenn sich später die Unvollständigkeit der Erklärung herausstellt. Für den Mandanten kann sich diese Regelung positiv auswirken in Fällen der Schenkungsteuer, denn dort beginnt der Lauf der Festsetzungsfrist nach § 170 Abs. 5 Ziff. 2 AO erst mit Ablauf des Kalenderjahres, in dem der Schenker gestorben ist, so dass Schenkungsfälle aus der Zeit vor 1993 auch im Fall einer unvollständigen Erklärung nach StraBEG auf diese Weise in die Festsetzungsverjährung gelangen,[384] ohne dass diesbezügliche Einnahmen Gegenstand der Erklärung und damit Bemessungsgrundlage für die 25 %ige Abgeltungsteuer sein würden. Mit Abgabe einer – auch unvollständigen – Erklärung nach StraBEG wären Schenkungsteueransprüche aus der Zeit vor 1993 nach § 12 StraBEG daher festsetzungsverjährt.

8. Verwendungsbeschränkung

674 § 13 StraBEG reglementiert die Verwendung der dem Finanzamt in den entsprechenden Erklärungen übersandten Daten.

675 Nach § 13 Abs. 1 StraBEG dürfen die in der strafbefreienden Erklärung enthaltenen Daten ohne Einwilligung des Betroffenen zunächst zur Durchführung des StraBEG verwendet werden. Verwendet werden dürfen sie ohne Einwilligung ferner nach § 30 Abs. 2 lit. a AO für die Durchführung von behördlichen und gerichtlichen Verfahren in Steuersachen sowie nach § 30 Abs. 2 lit. b AO für die Durchführung von Steuerstraf- oder Steuerordnungswidrigkeitenverfahren, sofern sich die Verfahren auf Besteuerungszeiträume bzw. -zeitpunkte nach 2002 beziehen. Diese Sachverhalte sind von den Amnestie- und Abgeltungswirkungen des StraBEG ohnehin nicht erfasst. Entsprechende Daten dürfen daher auf keinen Fall zum Gegenstand der (insoweit vermeintlich) strafbefreienden Erklärung gemacht werden. Geschieht dies aus Nachlässigkeit dennoch, scheint eine Umdeutung in eine Selbstanzeige nach § 371 AO grundsätzlich nicht möglich, da dort die Mitteilung der Besteuerungsgrundlagen verlangt wird, was die Erklärung nach StraBEG regelmäßig nicht leistet.[385]

676 § 13 StraBEG liegt die Erwägung zugrunde, dass Erklärung und Zahlung für den Erklärenden keine negativen weiteren steuerlichen oder außersteuerlichen Folgen haben sollen. Auf der anderen Seite soll der Erklärende auch nur die Vorteile erlangen können, die dieses Gesetz vorsieht.[386] Letzteres ergibt sich auch daraus, dass sich die Strafbefreiung nur auf abschließend aufgezählte Straftaten und Bußgeldtatbestände beschränkt und eine Ahndung aus subsidiären Straftatbeständen sperrt (§ 5 StraBEG). Im Übrigen kann Straffreistellung nicht erreicht werden.

677 § 13 Abs. 2 StraBEG schränkt das Verwendungsverbot des Abs. 1 für Zwecke der Strafverfolgung ein. Nach § 13 Abs. 2 StraBEG dürfen zur Durchführung von Strafverfahren wegen eines Verbrechens (§ 12 StGB) oder eines Vergehens, das im Höchstmaß mit Freiheitsstrafe von mehr als drei Jahren bedroht ist, die in der Erklärung enthaltenen Daten auch ohne bzw. gegen den Willen des Erklärenden an Strafverfolgungsbehörden und (Straf)Gerichte übermittelt werden. Da insbesondere mit Lohnsteuerhinterziehungen durch Schwarzlohnzahlungen regelmäßig Straftaten der Beitragsvorenthaltung nach § 266 a StGB hinsichtlich der Arbeitnehmeranteile und Betrug, § 263 StGB bezüglich der Arbeitgeberanteile einhergehen und diese mit Freiheitsstrafe von bis zu fünf Jahren bedroht sind, ist eine Weitergabe der entsprechenden Informationen aus der Erklärung an die Strafverfolgungsbehörden und Strafgerichte nicht ausgeschlossen. Allerdings wird aus den nach Maßgabe des § 3 StraBEG zu erstellenden Erklärungen regelmäßig nicht auf Schwarzlohnzahlungen geschlossen werden können, da Lohnzahlungen

---

[383] Vgl. *Joecks*, Der Regierungsentwurf eines Gesetzes zur Förderung der Steuerehrlichkeit, Der Betrieb 2003, 1807 [1810].
[384] Vgl. *Joecks* Der Betrieb 2003, 1807 [1810].
[385] Vgl. auch *Tormöhlen/Klepsch* wistra 2003, 362 [368].
[386] *Sell* DStR 2003, 185 [1189].

in der Erklärung nicht abgebildet sind. Hinzu kommt, dass auch in Fällen von Verbrechen und entsprechend hinreichenden Vergehen die Daten nicht auf Initiative des Finanzamts an die Strafverfolgungsbehörden gemeldet werden dürfen. § 13 Abs. 2 StraBEG beschränkt die Berechtigung zur Weitergabe der Daten durch die Finanzbehörden ausschließlich auf die Fälle eines vorausgegangenen Ersuchen durch die Strafverfolgungsbehörden bzw. die Gerichte. Sofern das Finanzamt den Verdacht strafbarer Beitragsvorenthaltung oder ähnlicher Delikte schöpfen sollte – was allerdings nach dem Inhalt der Erklärung schon fern liegen wird –, ist es nicht befugt, diese Informationen aus eigenem Antrieb an die Strafverfolgungsbehörden weiterzugeben. Zugunsten von Personen, die durch die Erklärung Straffreiheit erlangt haben, enthält § 13 Abs. 2 S. 3 StraBEG einen weiteren Schutzmechanismus. Danach dürfen die Daten auch im Fall ihrer befugten Weitergabe nicht zum Nachteil dieser Personen zu Beweiszwecken verwertet werden. Wer aus Schwarzeinnahmen Schwarzlöhne gezahlt hat, wird damit zwar nicht von der Strafbarkeit wegen Beitragsvorenthaltung befreit, kann aber sicher sein, dass seine Erklärung nicht gegen ihn verwendet werden wird.[387]

§ 13 StraBEG sagt nicht, welche Regeln für die Datenverwendung gelten, wenn etwa der Erklärung die Zahlung nicht fristgerecht nachfolgt oder ein Sperrgrund nach § 7 StraBEG bestand. Sicher ist zunächst, dass der Erklärende weder Straffreiheit noch steuerliche Abgeltung erzielt. § 13 Abs. 1 S. 1 StraBEG spricht von einer strafbefreienden Erklärung, so dass davon ausgegangen werden kann, dass die Verwendungsbeschränkung des § 13 StraBEG auch nur dann ausgelöst ist, wenn die Erklärung tatsächlich strafbefreiende Wirkung entfaltet, was wiederum fristgerechte Zahlung und Nichtvorliegen eines Sperrgrundes voraussetzt. Für den Erklärenden, der nicht pünktlich zahlt, dürfte danach kein Verwendungsverbot ausgelöst sein.

9. Bedeutung in anderen Verfahren

Die nach den Vorgaben des § 3 i. V. m. § 1 StraBEG zu erstellende Erklärung wird vermutlich nicht selten die Frage nach ihrer Wirksamkeit und Reichweite in persönlicher und sachlicher Hinsicht aufwerfen. Diese Fragen werden regelmäßig nicht im „Erklärungsverfahren" nach dem StraBEG selbst erörtert werden, sondern Diskussionspunkt in anderen Besteuerungs-, Steuerstraf- oder Steuerordnungswidrigkeitenverfahren sein.

Wird eine Steuer festgesetzt, mag der in Anspruch Genommene mit der Abgeltungswirkung einer (früheren) Erklärung und Zahlung nach StraBEG gegen die Festsetzung argumentieren. Konfrontiert mit einem Hinterziehungsvorwurf könnte sich der Beschuldigte mit dem Hinweis auf die Strafbefreiungswirkung einer (früheren) Erklärung und Zahlung nach StraBEG verteidigen. In diesen Fällen wird es darauf ankommen festzustellen, ob die frühere Erklärung – ihre Wirksamkeit unterstellt – sich auf diejenigen Sachverhalte bezieht, die nunmehr Gegenstand anderer Verfahren sind.

Diesbezüglich enthält § 8 Abs. 3 StraBEG eine widerlegliche Vermutung, wenngleich sie ihrem systematischen Standort nach nicht die Strafbefreiung, sondern (ausschließlich) die steuerliche Abgeltungswirkung betrifft.

Werden der Finanzbehörde aus anderem Anlass, d. h. außerhalb der Erklärung, Taten im Sinne des § 1 Abs. 1 StraBEG oder Handlungen im Sinne des § 6 StraBEG bekannt, wird vermutet, dass der Erklärende diese Taten oder Handlungen in seiner strafbefreienden Erklärung nicht berücksichtigt hat. Diese Vermutung kann nach § 8 Abs. 3 S. 2 StraBEG nur durch den Nachweis widerlegt werden, dass diese Taten oder Handlungen Gegenstand der strafbefreienden Erklärung waren. Diesen Nachweis hat der Erklärende zu erbringen.

Ob und wie dieser Nachweis geführt werden kann, bleibt offen. *Sell* begnügt sich mit dem Hinweis, dass im eigenen Interesse „jeder, der von der ‚Brücke in die Steuerehrlichkeit' Gebrauch macht, seine Unterlagen sorgfältig aufbewahren [sollte]".[388] Mit diesem Hinweis ist wenig gewonnen. Wird ein Hinterziehungsvorwurf erhoben, der eine Verkürzung zum Gegenstand hat, deren Beträge die Angaben in der Erklärung übersteigen, kann jedenfalls der Hinweis auf eine vorausgegangene Erklärung nach dem StraBEG nicht vollauf entlasten und darf dies auch nicht. Wird aber eine Verkürzung vorgeworfen, die in ihrer Höhe die Angaben in der Erklärung nicht überschreitet, muss der Beschuldigte die Tatidentität beweisen. Dieser Nachweis

---

[387] *Joecks* Der Betrieb 2003, 1807 [1810].
[388] *Sell* DSR 2003, 1185 [1189].

ist letztlich nur erbracht, wenn er lückenlos belegen kann, im fraglichen Zeitraum und in der jeweiligen Steuerart keine weiteren Hinterziehungen begangen zu haben. Er wird sich in diesem Zusammenhang nicht mit dem Hinweis auf seine Erklärung begnügen können, sondern u. U. seine gesamten betrieblichen Aufzeichnungen zu diesem Besteuerungszeitraum und zu dieser Steuerart zur Prüfung vorlegen müssen. Selbst dann, wenn diese Überprüfung keinen Verdacht weiterer Verkürzungen ergibt, stellt sich die Frage, ob der Nachweis erbracht ist.

684 Gelingt der Beweis nicht, greift die Vermutung nach § 8 Abs. 3 StraBEG mit der Folge, dass unbeschadet einer gegebenenfalls tatsächlich eingetretenen Abgeltungswirkung Steuern festgesetzt werden. § 8 Abs. 3 StraBEG hat mit § 159 und § 162 AO in gewisser Hinsicht Vorbilder in der Abgabenordnung. Im Zusammenhang mit abgabenrechtlichen Beweiserleichterungen wie etwa § 162 AO entspricht es ständiger Rechtsprechung der Finanzgerichte und des *Bundesfinanzhofs*,[389] dass Beweiserleichterungen dort ihre Grenze haben, wo eine steuerliche Inanspruchnahme zwingend eine strafrechtliche Verantwortlichkeit voraussetzt, etwa bei der Haftung von Hinterziehungsbeteiligten nach § 71 AO. Führt der Weg zum Steueranspruch über strafrechtliche Verantwortlichkeit, gilt – jedenfalls insoweit – nach zutreffender höchstrichterlicher Auffassung der Zweifelsgrundsatz. Auf § 8 StraBEG übertragen, bedeutet dies, dass die Beweislastverteilung des § 8 Abs. 3 StraBEG in steuerlicher Hinsicht von der behördlichen Feststellungslast jedenfalls dann nicht entbinden kann, wenn es zur Festsetzung der Steuer des Rückgriffs auf einen nach § 169 Abs. 2 AO verlängerten Festsetzungszeitraum bedarf, Hinterziehungszinsen nach § 235 AO festgesetzt werden sollen oder Haftungsansprüche auf der Grundlage des § 71 AO verfolgt werden. In diesen Fällen kann die Beweislastumkehr nach hier vertretener Auffassung nicht zum Zuge kommen.

685 Nicht gelten kann die Beweislastverteilung in § 8 Abs. 3 StraBEG ferner für Zwecke der Strafverfolgung oder der Verfolgung wegen einer Ordnungswidrigkeit.[390] Ist Straf- oder Bußgeldfreiheit aufgrund von Erklärung und Zahlung gemäß § 1 StraBEG eingetreten, ist es im Hinblick auf Art 6 Abs. 2 EMRK unzulässig, dem Beschuldigten nach Nachweis der Straffreistellung zu überbürden. In diesen Fällen muss es ausreichen, wenn der Beschuldigte Umstände vorträgt, die eine Strafbefreiung als nicht fern liegend erscheinen lassen und die Behörde nicht den Nachweis des Gegenteils erbringt. § 4 Abs. 2 StraBEG ordnet die Straffreiheit aller Tatbeteiligten an. Diese werden oftmals gar nicht wissen, ob zu ihren Gunsten Straffreistellung erwirkt wurde, etwa der Schwarzlohnempfänger im Fall der strafbefreienden Erklärung durch den Arbeitgeber. Schon wegen Art. 6 Abs. 2 EMRK kann es nicht sein, dass der Schwarzlohnempfänger mit dem von ihm nicht oder nur schwer zu erbringenden Beweis der Straffreistellung wegen Erklärung und Zahlung durch seinen Arbeitgeber belastet wird.

Es bleibt abzuwarten, wie sich die Praxis diesem Problem in Zukunft nähern wird.

10. Selbstanzeige nach § 371 AO oder Erklärung nach § 1 StraBEG

686 Angesichts der durch das StraBEG befristet eingeräumten Strafbefreiungs- und Steuerabgeltungsmöglichkeiten wird sich gegenwärtig mancher (Auslands-)Anleger fragen, ob nicht die sich derzeit bietenden Optionen eine Korrektur früherer Steuerverfehlungen nahe legen. Für einen solchen Schritt spricht neben der Amnestiewirkung und der pauschalen Besteuerung mit Abgeltungswirkung auch eine bereits seit Jahren kontinuierlich zunehmende Kontrolldichte. Der internationale Kapitalverkehr wird zusehends transparenter, Rechtshilfeabkommen werden erweitert und auch die innerdeutsche Überwachung nimmt zu.[391]

687 Personen, die in der Vergangenheit Steuern verkürzt haben, nunmehr aber die „Brücke in die Steuerehrlichkeit" beschreiten möchten, stehen (bis zum 31. März 2005) vor der Entscheidung, entweder eine strafbefreiende Erklärung nach dem StraBEG abzugeben, eine Selbstanzeige gemäß § 371 AO zu erstatten, oder beide Möglichkeiten miteinander zu kombinieren.

688 Soll der Schritt in die Legalität vollzogen werden, kann er für Täter der zwangsläufig nicht verjährten Delikte der gewerbs- oder bandenmäßigen Hinterziehung gem. § 370 a AO und der gewerbs- oder bandenmäßigen Schädigung des Umsatzsteueraufkommens gem. § 26 c UStG sowie der Bußgeldtatbestände nach §§ 379, 380 AO und § 26 b UStG ausschließlich durch

---

[389] Vgl. nur BFHE 107, 168; BFH BStBl. II 1973, 68; FG Baden-Württemberg EFG 1996, 1134.
[390] So auch *Gotzens*, Die Steueramnestie – ein erster Überblick, PStR 2004, 6 [9].
[391] Aktuelle Entwicklungen und Tendenzen sind skizziert u. a. bei *Joecks* Der Betrieb 2003, 1807 ff.

Erklärung und Zahlung nach den Vorschriften des StraBEG erfolgen. Die Selbstanzeige ist bei § 370 a AO zwar möglich, verschafft dort aber keine Straffreiheit, sondern lediglich eine Milderung der Strafe.

In Fällen des § 370 und des § 378 AO steht zur Rückkehr in die Legalität alternativ die Selbstanzeige nach § 371 AO zur Verfügung.

Die Entscheidung, ob Selbstanzeige oder Erklärung nach StraBEG erfolgen soll, wird vielfach an wirtschaftlichen Kriterien auszurichten sein und einen Vergleich der errechneten Zahllast auf der Grundlage einer strafbefreienden Selbstanzeige nach § 371 AO mit der sich aus den Regelungen des StraBEG resultierenden Zahllast erfordern. Prinzipiell scheinen die Regelungen nach dem StraBEG eine wirtschaftlich attraktive Variante zu sein, zumal keine Hinterziehungszinsen (§ 235 AO) zu zahlen sind. Bei hohen Werbungskosten oder Betriebsausgaben kann jedoch im Einzelfall die Selbstanzeige die kostengünstigere Variante darstellen. Dies gilt insbesondere dann, wenn die steuerlichen Verfehlungen noch nicht lange zurückliegen, so dass die Zinsbelastung (§ 235 AO) nicht gravierend ist.

Eine strafbefreiende Erklärung nach StraBEG ist jedoch ausgeschlossen für versuchte Steuerverfehlungen, die in den Fällen des § 370 und des § 370 a AO mit Strafe bedroht sind und daher Anlass für eine Strafbefreiung sein können.[392] Strafbefreiung kann hier im Wege des strafbefreienden Rücktritts vom Versuch nach § 24 StGB erreicht werden.

Nach § 2 Abs. 1 S. 2 StraBEG sind Anstifter und Gehilfen einer (vorsätzlichen) Steuerhinterziehung nicht zur Abgabe einer Erklärung nach dem StraBEG berechtigt, wenngleich sich die Straffreiheit einer vom Erklärungsbefugten abgegebenen Erklärung auch auf die Teilnehmer erstreckt. Will der Gehilfe selbst seine Straflosigkeit veranlassen, kann er dies regelmäßig nur über die Selbstanzeige nach § 371 AO, sofern er nicht einen zur Abgabe einer Erklärung nach StraBEG Befugten zur Abgabe der Erklärung mit nachfolgender Zahlung bewegen kann.

Nur eine Selbstanzeige kommt in den Fällen in Betracht, in welchen die Zahllast nach StraBEG nicht innerhalb des gesetzliches Zeitkorridors von 10 Tagen beglichen werden kann. Im Rahmen eines Selbstanzeigeverfahrens wird dagegen ein angemessener Zeitraum zur Zahlung gewährt (§ 371 Abs. 3 AO), der aus den Erfahrungen der Praxis regelmäßig deutlich länger ist als 10 Tage und teilweise sogar mehrere Monate betragen kann. Hier ist jedoch zu berücksichtigen, dass das StraBEG auch die Möglichkeit der sukzessiven Erklärungen bietet, der Erklärende also in aufeinander folgenden Erklärungen jeweils einzelne Steuerzeiträume korrigiert und innerhalb des jeweils folgenden 10Tageszeitraumes nur die aus der vorangegangenen Erklärung resultierende Zahllast trägt. Bei dieser Verfahrensweise läuft der Erklärende nicht Gefahr, sich für weitere Erklärungen einen Sperrgrund nach § 7 StraBEG „einzufangen", denn eine Prüfung der Vollständigkeit einer Erklärung findet nicht statt und ein Strafverfahren darf schon wegen der jeweils eintretenden Straffreiheit nicht eingeleitet werden. Die Selbstanzeige nach § 371 AO sollte dagegen nicht gestückelt erfolgen, da in diesen Fällen nach Abgabe der Anzeige regelmäßig ein Strafverfahren eingeleitet wird, um Vollständigkeit und Wirksamkeit der Selbstanzeige zu überprüfen; hier kann es ohne weiteres kurzfristig zu einem Sperrgrund wegen anderer Steuerhinterziehungen (§§ 370, 370 a AO) oder verkürzungen (§ 378 AO) kommen.

11. Ausschluss der Verbandsgeldbuße gegen juristische Personen nach § 30 OWiG durch eine strafbefreiende Erklärung nach dem StraBEG

Ob eine strafbefreiende Erklärung nach StraBEG der zuständigen Behörde die Möglichkeit versperrt, gegen eine juristische Person eine Verbandsgeldbuße festzusetzen, sagt das StraBEG nicht. § 4 Abs. 1 S. 1 StraEG i. V. m. § 1 Abs. 1 S. 1 StraEG kann lediglich entnommen werden, dass wegen der dort genannten Steuerstraftaten nicht bestraft wird und die in § 6 StraBEG aufgezählten Steuerordnungswidrigkeiten nicht mit einem Bußgeld belegt werden. Im Prinzip ist damit eine Anwendung des § 30 OWiG gegen eine juristische Person denkbar. Allerdings ist nach § 30 Abs. 4 S. 2 OWiG die selbständige Festsetzung einer Geldbuße gegen eine juristische Person oder Personenvereinigung ausgeschlossen, wenn die Straftat oder Ordnungswidrigkeit aus rechtlichen Gründen nicht verfolgt werden kann. Nach zutreffender Auffassung von *Tormöhlen/Klepsch* dürfte es sich bei der Amnestiewirkung um einen solchen Rechtsgrund

---

[392] Vgl. *Tormöhlen/Klepsch* wistra 2003, 362 [366].

handeln,[393] der einer selbständigen Festsetzung einer Verbandsgeldbuße gemäß § 30 OWiG entgegensteht.

---

[393] *Tormöhlen/Klepsch* wistra 2003, 362 [368].

§ 31 Zollstrafrecht

Übersicht

	Rdnr.
I. Das zollstrafrechtliche Mandat	1–14
1. Bedeutung des Zollstrafrechts	1–4
2. Begriff des Zollstraf- und -ordnungswidrigkeitenrechts	5–9
3. Gemeinsamkeiten mit anderen Mandaten	10
4. Besonderheiten des Zollstrafrechts	11–14
II. Das Zollrecht im Überblick	15–59
1. Rechtsquellen des Zollrechts	17–23
a) Gemeinschaftszollrecht	18/19
b) Internationales Recht	20
c) Nationales Zollrecht	21–23
2. Grundzüge des Rechts der Abgabenerhebung	24–59
a) Zollamtliche Überwachung	25–32
b) Zollschuld	33–57
c) Verbote und Beschränkungen (VuB)	58/59
III. Sanktionen	60–144
1. Zollstrafrecht	62–114
a) Zoll- bzw. Steuerhinterziehung (§ 370 AO)	63–105
b) Gewerbsmäßige Steuerhinterziehung (§ 370 a AO)	106
c) Bannbruch (§ 372 AO)	107
d) Steuerhehlerei (§ 374 AO)	108/109
e) Steuerzeichenfälschung	110
f) Begünstigung nach einer Steuerstraftat	111
g) Geldwäsche nach einer Steuerstraftat	112–114
2. Steuerordnungswidrigkeiten	115–144
a) Leichtfertige Steuerverkürzung (§ 378 AO)	120–124
b) Steuergefährdung (§ 379 AO)	125–129
c) Verbrauchsteuergefährdung (§ 381 AO)	130/131
d) Gefährdung der Einfuhr- und Ausfuhrabgaben (§ 382 AO)	132–134
e) Unternehmensgeldbuße (§ 30 OWiG)	135–138
f) Verletzung der Aufsichtspflicht (§ 130 OWiG)	139–144
IV. Die Verteidigung in Zollstrafsachen	145–187
1. Das Ermittlungsverfahren	146–178
a) Die Zollverwaltung	146–167
b) Der Verteidiger	168–178
2. Das Zwischenverfahren	179
3. Das Hauptverfahren	180–186
a) Allgemeines	180
b) Verteidigungsstrategien	181/182
c) Beweiswürdigung	183–186
4. Besonderheiten im Ordnungswidrigkeitenrecht	187
V. Rechtsschutz im Besteuerungsverfahren	188–195
1. Das Einspruchsverfahren	188–190
2. Antrag auf Aussetzung der Vollziehung	191
3. Das finanzgerichtliche Verfahren	192–195

Schrifttum: *Achenbach/Wannemacher*, Beraterhandbuch zum Steuer- und Wirtschaftsstrafrecht, Stand: 1999; *Anton*, Zum Begriff des Entziehens aus der zollamtlichen Überwachung, ZfZ 1995, 2; *Bender*, Das Zoll- und Verbrauchssteuerstrafrecht mit Verfahrensrecht, 7. Auflage 1990, 16. Ergänzungslieferung, Stand: Juni 2005; *ders.*, Neuigkeiten im Steuerstrafrecht 2002 für die Zollverwaltung, ZfZ 2002, 146; *ders.*, Steueranspruch im Straf- und im Besteuerungsverfahren, AWPrax 2004, 140; *Calliess/Ruffert*, Kommentar zu EU-Vertrag und EG-Vertrag, 2. Aufl. 2002; *Dorsch*, Zollrecht, 104. Ergänzungslieferung, Stand: März 2006; *Fehn/Wamers* (Hrsg.), Zollfahndungsdienstgesetz, Handkommentar, 1. Auflage 2003; *Franzen/Gast/Joecks*, Steuerstrafrecht mit Steuerordnungswidrigkeiten und Verfahrensrecht, 6. Aufl. 2005; *Frick*, Zollstrafrecht in der Praxis des Steuerberaters, DStR 1983, 346; *Glashoff/Kühle*, Rechtsschutz in Zollsachen, Leitfaden für die Praxis, 2. Aufl. 2003; *Göhler*, OWiG, 14. Aufl., 2006; *Harms/Jaeger*, Aus der Rechtsprechung des BGH zum Steuerstrafrecht

2001/2002, NStZ 2002, 245 ff.; *dies.*, Aus der Rechtsprechung des BGH zum Steuerstrafrecht 2002/2003, NStZ 2003, 189; *dies.*, Aus der Rechtsprechung des BGH zum Steuerstrafrecht 2003/2004, NStZ 2004, 191; *Janovsky*, Die Strafbarkeit des illegalen grenzüberschreitenden Warenverkehrs, NStZ 1998, 117 ff.; *Kindler*, Die zollamtliche Überwachung, ddz 2002, F. 17; *Klaßhoff/Reimer*, Zollberatung durch Steuerberater DStR 1997, Beiheft Nr. 39, 1: *Klein*, Abgabenordnung, Kommentar, 8. Aufl. 2003; *Kohlmann*, Steuerstrafrecht, Kommentar, 7. Aufl. 1997, 34. Lieferung, Stand: Dezember 2005; *Kreuzer*, Die Aufsichtspflichtverletzung (§ 130 OWiG) – Ein Mauerblümchen, AWPrax 2003, 189; *Lohmeyer*, Praxis der Steuerfahndung, 1985; *Müller-Eiselt*, EG-Zollrecht, Zollkodex/Zollwert, 52. Ergänzungslieferung, Stand: März 2006; *Lux*, Das Zollrecht der EG (Loseblatt), Stand: Mai 2005; *Müller*, Struktur, Entwicklung und Begriff der Verbrauchsteuern, 1997; *Müller-Gugenberger/Bieneck* (Hrsg.), Wirtschaftsrecht. Handbuch des Wirtschaftsstraf- und -ordnungswidrigkeitenrechts, 4. Auflage 2006; *Ohler*, Die fiskalische Integration der Gemeinschaft, 1997; *Peters/Bongartz/Schröer-Schallenberg*, Verbrauchsteuerrecht, 2000; *Prieß/Spitzer*, Kommentierung des Art. 280 EG, in: von der Groeben/Schwarze, EU-/EG-Vertrag Kommentar, 6. Aufl. 2004; *Prieß/Berrisch* (Hrsg.), WTO-Handbuch, 2003; *Schwarz/Wockenfoth/Rahn*, Zollrecht, Kommentar, 3. Aufl., 46. Ergänzungslieferung, Stand: März 2006, *Stoffers*, Der Schutz der EU-Finanzinteressen durch das deutsche Straf- und Ordnungswidrigkeitenrecht, EuZW 1994, 304; *Stüwe*, Verstöße gegen das Zollrecht und die Folgen, in: Bongartz (Hrsg.), Europa im Wandel, 2000; *Wabnitz/Janovsky*, Handbuch des Wirtschafts- und Steuerstrafrechts, 2. Aufl. 2004; *Wamers*, Der Bannbruch, AWPrax 1999, 112; *Wannemacher*, Steuerstrafrecht, Handbuch, 5. Aufl., 2004; *Witte*, Zollkodex, 3. Aufl. 2002, *ders./Wolffgang*, Lehrbuch des Europäischen Zollrechts, 4. Aufl. 2003; *ders.*, Ortswechsel in der vorübergehenden Verwahrung, AWPrax 2003, 150.

I. Das zollstrafrechtliche Mandat[*]

1. Bedeutung des Zollstrafrechts

1   Zollstrafrecht – das unbekannte Wesen. Für die meisten Anwälte ist das zollstrafrechtliche Mandat ebenso wie das allgemein-zollrechtliche Mandat nicht tägliche Praxis. Dabei wird die **praktische Bedeutung** des Zollrechts häufig unterschätzt. Diese ergibt sich schon aus dem Volumen des Außenhandels[1] und den damit verbundenen Einnahmen an Zoll und sonstigen Steuern.[2] Angesichts des Umfangs der Warenströme mag die Zahl der von der Zollfahndung eingeleiteten Ermittlungsverfahren nicht besonders hoch erscheinen.[3][4] Die Dunkelziffer der Straftaten und Ordnungswidrigkeiten im Bereich des Zollrechts liegt aber weit über den publizierten Daten. Dementsprechend ist der Ausfall an Einnahmen für die EG und deren Mitgliedstaaten beträchtlich.[5][6] Die Bedeutung des Zollstrafrechts zeigt sich auch daran, dass etwa nahezu die

---

[*] Die Autoren danken Herrn Rechtsanwalt Niestedt für die Mitarbeit an diesem Beitrag.

[1] In die EG wurden im Jahr 2004 Waren im Wert von € 1029.46 Mrd. (19,1% des Welthandels ohne Berücksichtigung des innergemeinschaftlichen Handels) importiert und Waren im Wert von € 968.21 Mrd. exportiert (19,2% des Welthandels ohne Berücksichtigung des innergemeinschaftlichen Handels), (Quelle: Eurostat). Das Außenhandelsvolumen für Deutschland lag im Jahre 2005 bei € 786,2 Mrd. für Ausfuhren und € 625,6 Mrd. für Einfuhren (Quelle: Statistisches Bundesamt, Pressemitteilung v. 10.4.2006).

[2] Die Zolleinnahmen beliefen sich 2005 auf rund € 3,4 Mrd. Die EUSt für Waren, die aus Nicht-EU- Mitgliedstaaten eingeführt wurden, betrugen € 31,37 Mrd. aus. Die Verbrauchsteuern erbrachten 2005 € 65, 2, Mrd. (vgl. BMF, Die Bundeszollverwaltung, Jahresstatistik 2005, Februar 2006).

[3] Das Zollkriminalamt führte 2004 auf dem Gebiet der Zollzuwiderhandlungen 16.344 Ermittlungsverfahren durch (Quelle: ZKA, „Zollordnungsdienst – Organisation, Funktion, Befugnisse", November 2005).

[4] Gemäß dem Jahresbericht der EG-Kommission „Schutz der finanziellen Interessen der Gemeinschaften und Betrugsbekämpfung" – Jahresbericht 2004 (KOM/2005/323 endg.) hat es 2004 mehr als 9400 von den Mitgliedstaaten gemeldete „Unregelmäßigkeiten" mit einem geschätzten Gesamtschadensvolumen von € 982 Millionen gegeben. Das Europäische Amt für Betrugsbekämpfung (OLAF) hat in diesem Zeitraum 720 Untersuchungen eingeleitet. Die seit 1999 aufgedeckten Fälle von Betrug und sonstigen Unregelmäßigkeiten haben ein Gesamtvolumen von € 5,8 Milliarden (s. „Report of the European Anti-Fraud Office" 2004, abrufbar auf der OLAF-Website unter http://europa.eu.int/comm/anti_fraud/reports/index_en.html#olaf). Es ist aber davon auszugehen, dass die aufgedeckten Betrugsfälle nur einen Bruchteil aller Verunreuungen ausmachen.

[5] Allein der Steuerausfall durch den Zigarettenschmuggel wird in Deutschland auf mindestens € 500 Mio. geschätzt, siehe Zollkriminalamt, Broschüre „Zollfahndungsdienst", November 2005, S. 11.

[6] Dabei sind typischerweise die hochbesteuerten Waren betroffen, vor allem Zigaretten mit 22 Prozent der gemeldeten Fälle und festgestellten Beträge. Die betroffenen Waren lassen sich der Liste der Waren mit erhöhtem Betrugsrisiko entnehmen: Rindfleisch, Milch, Butter, Bananen, Zucker, Alkohol und Tabakwaren, VO (EG) Nr. 2787/2000 v. 15.12.2000, ABl. EG Nr. L 330 S. 1, abgedruckt als Anhang 44 c zur ZK-DVO. Siehe auch BMF, Ergebnisse der Steuer- und Zollfahndung 2001, abrufbar unter: http://www.bundesfinanzministerium.de/lang_de/DE/Service/Downloads/Abt__IV/18892__1,templateId=raw,property=publicationFile.pdf.

Hälfte der vom für Steuer- und Zollstrafsachen zuständigen 5. (Leipziger) Strafsenat des BGH zu entscheidenden Fälle zollstrafrechtliche Sachverhalte betreffen, insbesondere im Bereich der Tabaksteuer und Branntweinsteuer.[7] Die hohe Zahl an Delikten mag damit zusammenhängen, dass die Abgaben in der EU teilweise sehr hoch sind und es dementsprechend lukrativ erscheinen mag, die Zahlung der Abgaben zu umgehen.[8]

Begünstigt werden die Zolldelikte durch die **Komplexität der Rechtsmaterie** und die Tatsache, dass Zuwiderhandlungen oft nur mit großem Aufwand aufgedeckt werden können. Unliebsame Begleiterscheinung der komplexen Materie ist allerdings, dass auch ehrliche Wirtschaftsteilnehmer sich nur allzu leicht im Gestrüpp der zollrechtlichen Bestimmungen verlieren, insbesondere wenn es an Erfahrung im Umgang mit den Vorschriften bzw. im Umgang mit der Finanzverwaltung mangelt. Wenn sich die Mandanten dann plötzlich mit einem Verfahren wegen – ggf. versuchter – Steuerhinterziehung konfrontiert sehen, ist es häufig nur schwer begreiflich zu machen, warum überhaupt eine Zollzuwiderhandlung vorliegen soll. 2

Beispiel:
Eine Firma möchte davon profitieren, dass Dieselkraftstoff in Österreich günstiger ist als in Deutschland und führt diesen nach Deutschland ein. Die Firma hatte sich nicht darüber informiert, dass trotz des EU-Binnenmarktes der Bezug von steuerlich relevanten Mineralölprodukten für gewerbliche Zwecke aus anderen EU-Mitgliedstaaten mineralölsteuerpflichtig ist. Wegen Abgabenhinterziehung wird nicht nur ein Abgabenbescheid erlassen, sondern gegen die Firma wird auch ein Bußgeldverfahren wegen Abgabenhinterziehung eingeleitet.

Gerade angesichts der Konsequenzen einer Zuwiderhandlung gegen zollrechtliche Bestimmungen – selbst wenn diese nicht in einer Strafe oder Geldbuße, sondern „nur" in einer Abgabenschuld bestehen – sollte der Anwalt bei der Beratung des Mandanten mögliche zollrechtliche Implikationen rechtzeitig bedenken und gegebenenfalls einen spezialisierten Kollegen zu Rate ziehen. Strafrechtliche Kenntnisse genügen auch dann nicht, wenn sich der Mandant bereits einem zollbehördlichen oder staatsanwaltlichen Ermittlungsverfahren ausgesetzt sieht. Ein zollstrafrechtlicher Fall bedarf für eine optimale Wahrnehmung der Interessen des Mandanten sowohl einer zollrechtlichen Expertise wie auch strafrechtlicher und strafprozessrechtlicher Spezialkenntnisse. Deshalb drängt das Zollstrafrecht im besonderen Maße zur **Zusammenarbeit zwischen Anwälten verschiedener Disziplinen**. 3

Da das zollstrafrechtliche Mandat, das – abgesehen z. B. vom Schmuggel im Reiseverkehr – typischerweise vor allem den Handel mit Waren zum Gegenstand hat, kommen als **Mandanten** insbesondere im Groß- und Außenhandel tätige Unternehmen in Betracht. Letztlich kann aber jedes Unternehmen oder jede natürliche Person Beschuldigter oder Betroffener eines Verfahrens werden, sofern es bzw. sie Waren ein-, aus- oder durchführt. 4

2. Begriff des Zollstraf- und -ordnungswidrigkeitenrechts

Dieses Kapitel beschränkt sich auf zollstrafrechtliche Fragen. Andere damit häufig in Zusammenhang stehende Fragen des Außenwirtschaftsrechts und Marktordnungsrechts werden an anderer Stelle abgehandelt.[9] Unter **Zollstraftaten und Zollordnungswidrigkeiten** versteht man solche Zuwiderhandlungen gegen Zollgesetze, die das Aufkommen an Zöllen direkt oder indirekt beeinträchtigen[10] und die nach Vorschriften außerhalb des Zollrechts mit Strafe oder mit Geldbuße bedroht sind.[11] Zollstrafrecht ist daher der Sammelbegriff für Zollstraftatbestände, deren Verfolgung den Zollbehörden obliegt: Zollhinterziehung (§§ 3 Abs. 3, 370 AO), Bannbruch (§ 372 AO), gewerbsmäßiger, gewaltsamer und bandenmäßiger 5

---

[7] *Harms/Jäger* NStZ 2002, 244 250, sprechen von einem gewichtigen Anteil der Zollstrafsachen an den Verfahren vor dem 5. Strafsenat im Jahre 2001. An diesem Befund hat sich auch in den Folgejahren nichts geändert, s. *Harms/Jäger* NStZ 2003, 189, 194, und *dies.* NStZ 2004, 191, 194.
[8] Für die Einfuhr von Zigaretten sind derzeit beispielsweise Zoll [der Drittlandszollsatz für handelsübliche Zigaretten beträgt 57,6 %, Tabaksteuer (seit dem 1.9.2005 gemäß § 4 TabStG 8,27 Cent pro Zigarette und 25,29 % des Kleinverkaufspreises, d. h. des v. Hersteller oder Einführer bestimmten Einzelhandelspreises) und 16 % Einfuhrumsatzsteuer (EUSt) zu entrichten.
[9] Siehe § 26.
[10] *Bender* C/II, S. 1, krit. *Wannemacher/Zorn* Rdnr. 1215.
[11] Nach engem Verständnis sind Zollstraftaten nur Hinterziehung, Hehlerei und Begünstigung. In diesem Sinne *Wannemacher/Zorn* Rdnr. 1215.

Schmuggel (§ 373 AO), Steuerhehlerei (§ 374 AO), Steuerzeichenfälschung (§§ 148, 149 StGB, § 369 Abs. 1 Nr. 3 AO) sowie die Begünstigung (§ 369 Abs. 1 Nr. 4 AO). Zollordnungswidrigkeiten sind u. a. die leichtfertige Steuerverkürzung (§ 378 AO), die Steuergefährdung (§ 379 AO), die Verbrauchsteuergefährdung (§ 381 AO) sowie die Gefährdung der Einfuhr- und Ausfuhrabgaben (§ 382 AO). Da Zölle zu den Steuern im Sinne der Abgabenordnung zählen (§ 3 Abs. 3 AO), sind Zollstraftaten Steuerstraftaten.

6   Zu den Zöllen zählen die warenabhängigen Abgaben oder Steuern, die im grenzüberschreitenden Warenverkehr durch die Zollverwaltung erhoben werden. Da Verbrauchssteuern keine Zölle sind, umfasst das Zollstrafrecht nach der oben gegebenen Definition nicht die **Verbrauchsteuern**, auch wenn diese als Einfuhrabgaben erhoben werden. Verbrauchsteuern im Sinne der Abgabenordnung sind neben der Einfuhrumsatzsteuer (§ 21 Abs. 1 UStG) die
- Mineralölsteuer (§ 1 Abs. 1 Satz 3 Mineralölsteuergesetz),
- Tabaksteuer (§ 1 Satz 3 Tabaksteuergesetz),
- Branntweinsteuer (§ 130 Abs. 1 Satz 3 Branntweinmonopolgesetz),
- Schaumwein-/Zwischenerzeugnissteuer (§ 1 Abs. 1 Satz 3 Gesetz zur Besteuerung von Schaumwein und Zwischenerzeugnissen)
- Biersteuer (§ 1 Abs. 1 Satz 3 Biersteuergesetz 1993),
- Kaffeesteuer (§ 1 Satz 2 Kaffeesteuergesetz),
- Stromsteuer (§ 1 Abs. 1 Satz 3 Stromsteuergesetz).

7   Verbrauchsteuern haben wirtschaftlich gesehen eine viel größere **Bedeutung** als Zölle.[12] Dass Verbrauchsteuern nicht zu den Zöllen zählen, ist für die Praxis bedeutungslos, weil die spezifisch zollstrafrechtlichen Vorschriften auch Verbrauchsteuern einschließen. In § 1 Abs. 1 Zollverwaltungsgesetz (ZollVG), der die Aufgaben der Zollverwaltung umreißt, ist ebenso wie in den Vorschriften der AO allgemein von Einfuhr- und Ausfuhrabgaben die Rede, zu denen Zölle zählen, aber auch sonstige nationale Abgaben wie die Einfuhrumsatzsteuer und die Verbrauchsteuern.[13] Die Verbrauchsteuern sind heute die wichtigsten Einnahmen, die der Zoll erhebt.[14]

8   Zölle werden in Deutschland und der gesamten EG heute nur noch zum Schutz der Wirtschaft gegen Drittlandserwerb erhoben (Schutzzölle). Zusätzlich zum Regelzollsatz werden teilweise zur Abwehr von Schädigungen oder drohenden Schädigungen gemeinwirtschaftlicher Wirtschaftszweige durch die Einfuhr von Waren aus Drittländern **Antidumpingzölle** (im Falle künstlich verbilligter Preise) oder **Ausgleichszölle** (im Falle staatlicher Subventionen im Ausfuhrland) erhoben.[15] **Ausfuhrabgaben** werden nur in Zeiten besonderer Marktsituationen erhoben und zwar insbesondere für Agrarprodukte.[16] Derzeit haben sie keine praktische Bedeutung.

9   Neben den speziellen Bestimmungen des Zollstrafrechts können auch die im **allgemeinen Strafrecht**[17] geregelten Tatbestände erfüllt werden. Insoweit gelten die speziellen Bestimmungen der AO und des ZollVG nicht.

3. Gemeinsamkeiten mit anderen Mandaten

10   Im Hinblick auf Fragen der Mandatsannahme wie der Erstberatung, der Vollmachtserteilung, der Honorarvereinbarung etc. unterscheidet sich das zollstrafrechtliche Mandat nicht von anderen strafrechtlichen Mandaten. Deshalb wird insoweit auf die jeweiligen Kapitel in diesem Buch verwiesen.[18]

---

[12] Ausführlich zu Verbrauchssteuern *Müller* und *Peters/Bongartz/Schröer-Schallenberg*.
[13] Der Begriff der „Einfuhrabgaben" i. S. d. ZollVG ist zu unterscheiden von dem des ZK, der nur Zölle und Abgaben mit zollgleicher Wirkung bei der Einfuhr von Waren sowie Agrarabgaben umfasst (Art. 4 Nr. 10 ZK), also enger ist. Hier ist der Einfachheit halber im Folgenden zumeist von „Zöllen" die Rede.
[14] Der Anteil der Verbrauchssteuern am Gesamtsteueraufkommen macht über 16% aus.
[15] *Fraedrich*, S. 91.
[16] Ausfuhrabgaben sollen verhindern, dass bei über dem Preisniveau der EG liegenden Weltmarktpreisen der Binnenmarkt durch überhöhte Ausfuhren erheblich gestört wird.
[17] Siehe entsprechende Ausführungen.
[18] Siehe oben Teil A. sowie *Widmaier* (Hrsg.), Münchener Anwaltshandbuch Strafverteidigung.

4. Besonderheiten des Zollstrafrechts

Zahlreiche Besonderheiten weist das Zollstrafrecht allerdings in materieller Hinsicht gegenüber dem Steuerstrafrecht – und erst recht gegenüber dem allgemeinen Strafrecht – auf. Zwar sind im Recht der Europäischen Gemeinschaft Verwaltungssanktionen vorgesehen,[19] die EG hat jedoch – wenngleich Details umstritten sind – nach zutreffender Ansicht keine strafrechtlichen Kompetenzen. Deshalb ist Zollstrafrecht als solches **nationales Recht**. Gleichwohl sind die Mitgliedstaaten nach Art. 280 Abs. 2 EG[20] dazu verpflichtet, Handlungen zum Schaden der finanziellen Interessen der Gemeinschaft wirksam zu sanktionieren.[21] Das nationale (Straf)Recht der EG-Mitgliedstaaten normiert die Tatbestände, die eine Zollstraftat bzw. Ordnungswidrigkeit begründen und legt die Rechtsfolgen hierfür fest. Das Zollstraf- und Zollordnungswidrigkeitenrecht ist im deutschen Recht vor allem in den §§ 370 Abs. 6, 373, 374 Abs. 2, 379 Abs. 1, 382 AO geregelt. Daneben gelten die sonstigen allgemein-strafrechtlichen Bestimmungen, soweit im Steuerstrafrecht nichts anderes bestimmt ist (§ 369 Abs. 2 AO).

Charakteristisch für das Zollstrafrecht ist insbesondere, dass sich zwar die strafrechtlichen oder bußgeldrechtlichen Folgen eines Verstoßes gegen formelle und materielle Bestimmungen des Zollrechts aus nationalen Vorschriften ergeben. Das Zollrecht selbst ist jedoch maßgeblich vom Recht der Europäischen Gemeinschaften, aber auch vom Völkerrecht geprägt. Das Gemeinschaftsrecht ist also heranzuziehen, wenn es um die Ausfüllung der Tatbestände des nationalen Steuerstrafrechts geht (Blanketttatbestände). Ob eine Pflichtverletzung vorliegt, richtet sich vor allem nach den Bestimmungen des **Zollkodex**, der dazugehörigen **Durchführungsverordnung** und den sonstigen zollrechtlichen Rechtsakten. Die nationalen Zollvorschriften haben nur am Rande strafrechtliche Bedeutung.

Für den zollstrafrechtlich tätigen Anwalt folgt daraus, dass er sich an vielen Stellen von nationalen Begrifflichkeiten lösen muss, wenn es um die Ausfüllung des jeweiligen Straftatbestandes geht. Der Anwalt muss auch aufmerksam die **Rechtsentwicklung** auf europäischer Ebene verfolgen. Das gilt nicht nur für legislative Akte, sondern auch für die Rechtsprechung des Europäischen Gerichtshofes. Andererseits hat die Harmonisierung auf europäischer Ebene nicht dazu geführt, dass das Zollrecht in den Mitgliedstaaten der EU auch einheitlich angewandt wird. Diese Vollzugsunterschiede kann sich der Anwalt unter Umständen zunutze machen. Es wird bei grenzüberschreitenden Sachverhalten aber regelmäßig angebracht sein, einen Anwalt vor Ort einzuschalten, der mit den jeweiligen Besonderheiten vertraut ist.

Eine weitere wesentliche Besonderheit, auf die der Anwalt zu achten hat, besteht in der „**Parallelität**" von Zollrecht und Strafrecht. Ein Verstoß gegen formelles oder materielles Zollrecht kann nicht nur strafrechtliche oder ordnungswidrigkeitenrechtliche Konsequenzen nach sich ziehen, sondern er hat auch abgabenrechtliche Konsequenzen, die gravierender ausfallen können als etwa eine Geldstrafe oder eine Geldbuße. Da das abgabenrechtliche Verfahren und das Straf- bzw. Ordnungswidrigkeitsverfahren parallel geführt werden, kann es auf Seiten der Ermittlungsbehörden zu einer Doppelzuständigkeit kommen. Dies kann im Einzelfall wiederum nicht nur in rechtsstaatlicher Hinsicht Probleme aufwerfen, da die Funktion als Strafverfolgungsbehörde unter Umständen nur schwer von der Funktion als Ermittlerin der Besteuerungsgrundlage zu trennen ist. Je nachdem ob die Behörde auf der abgabenrechtlichen oder auf der strafrechtlichen Ebene agiert, bestehen beispielsweise unterschiedliche Voraussetzungen für Zwangsmaßnahmen; auch die Verpflichtung zur Mitwirkung am Verfahren ist in den unterschiedlichen Verfahrensarten ausgestaltet (vgl. § 393 Abs. 1 AO) bzw. deren Nichtbeachtung unterschiedlich sanktioniert.

II. Das Zollrecht im Überblick

Die Blankettnormen des Strafrechts werden durch die zollrechtlichen Vorschriften ausgefüllt. Die Verhängung einer Strafe oder einer Geldbuße setzt einen Verstoß gegen formelles oder

---

[19] VO (EG) Nr. 2988/95 zum Schutz der finanziellen Interessen der Gemeinschaft; Erläuterungen im Erlass abgedruckt in: ZfZ 1999, 355.
[20] Und dem darauf beruhenden Übereinkommen v. 26.7.1995 nebst den Erläuterungen v. 26.5.1997.
[21] Siehe dazu von der Groeben/Schwarze/*Prieß*/*Spitzer* Art. 280 EG; *Stoffers* EuZW 1994, 304.

materielles Zollrecht voraus. Die Kenntnis wenigstens der Grundzüge des Zollrechts ist daher Voraussetzung für die sachgerechte Bearbeitung eines zollstrafrechtlichen Mandates. Eine geschlossene und umfassende Darstellung des Zollrechts ist an dieser Stelle naturgemäß nicht möglich. Zur Vertiefung wird die Folgende weiterführende Literatur empfohlen:

16 Leseempfehlungen zur Vertiefung:
I. Monographien/Gesamtdarstellungen
Witte/Wolffgang, Lehrbuch des Europäischen Zollrechts, 4. Aufl. 2003
Fraedrich, Zoll-Leitfaden für die Betriebspraxis, 13. Aufl. 2004
Lux, Das Zollrecht der EG, Stand: Mai 2005

II. Kommentare
Dorsch, Zollrecht, Stand: März 2006
Schwarz/Wockenfoth/Rahn, Zollrecht, Stand: März 2006
Witte (Hrsg.), Zollkodex, 4. Aufl. 2006 (im Erscheinen)

III. Zeitschriften
Außenwirtschaftliche Praxis (AWPrax), erscheint monatlich Zeitschrift für Zölle und Verbrauchssteuern (ZfZ), erscheint monatlich

1. Rechtsquellen des Zollrechts

17   Der Anwalt, dem ein zollstrafrechtliches Mandat angetragen wird, hat auf eine Vielzahl unterschiedlicher Rechtsquellen zu achten.

18   a) **Gemeinschaftszollrecht.** Das in Deutschland geltende und anzuwendende Zollrecht ist größtenteils durch das Gemeinschaftsrecht überlagert oder ersetzt worden. Mit fortschreitender Integration ist das Zollwesen auf die EG übertragen worden, die heute eine **Zollunion** bildet (Art. 23 EG).[22] Im Rahmen der Zollunion ist die Erhebung von Ein- und Ausfuhrzöllen und Abgaben gleicher Wirkung zwischen den Mitgliedstaaten verboten (vgl. Art. 23 und 25 EG). Das Verbot gilt für Gemeinschaftswaren, also Waren, die entweder vollständig im Zollgebiet der Gemeinschaft gewonnen oder hergestellt wurden oder die aus im freien Verkehr befindlichen Drittlandswaren zusammengesetzt wurden (Art. 4 Nr. 7 ZK). Nach außen hat die Gemeinschaft einen gemeinsamen Außenzoll. Die Einnahmen aus dem Zoll gehören zu den originären Eigenmitteln der EG.

19   Während sich anfänglich die gemeinschaftsrechtlichen Zollvorschriften in verschiedenen Rechtsnormen verstreut fanden, wurden diese mit Wirkung vom 1.1.1994 in einem einzigen Gesetz – dem **Zollkodex** (ZK)[23] – zusammengefasst. Der Zollkodex und die dazugehörige **Durchführungsverordnung** (ZK-DVO)[24] bilden heute das Grundgerüst des Gemeinschaftszollrechts. Der ZK und die ZK-DVO enthalten allgemeine Regeln sowie verfahrensrechtliche und abgabenrechtliche Bestimmungen einschließlich der Rechte und Pflichten sowohl der Zollverwaltung als auch der Wirtschaftsbeteiligten. Der ZK wird derzeit geändert[25] und soll

---

[22] *Ohler* S. 36 f.
[23] VO (EWG) Nr. 2913/92 des Rates v. 12.10.1992 (in der geltenden Fassung). Eine konsolidierte Fassung (Stand: 1.5.2004) ist unter http://europa.eu.int/eur-lex/de/consleg/main/1992/de_1992R2913_index.html abrufbar.
[24] VO (EWG) Nr. 2454/93 der Kommission v. 2.7.1993 mit Durchführungsvorschriften zu der VO (EWG) Nr. 2913/92 des Rates zur Festlegung des Zollkodex der Gemeinschaften, ABl. 1993 Nr. L 253/1 (in der geltenden Fassung). Eine konsolidierte Fassung (Stand: 1.5.2004) ist unter http://europa.eu.int/eur-lex/de/consleg/main/1993/de_1993R2454_index.html abrufbar.
[25] VO (EG) Nr. 648/2005 v. 13.4.2005, ABl. 2005 Nr. L 117/13. Die bereits in Kraft getretenen Änderungen betreffen v.a. sicherheitsrelevante Aspekte. Weitere Änderungen des ZK (z. B. Einführung der Person des „Zugelassenen Wirtschaftsbeteiligten", Abgabe der elektronischen summarischen Anmeldung vor dem Verbringen der Ware) gelten erst mit Inkrafttreten der geänderten ZK-DVO (geplant bis 2007). Inzwischen hat die Kommission am 30.11.2005 weitere Änderungsvorschläge unterbreitet (KOM/2005/608 und KOM/2005/609). Mit dem ersten Vorschlag sollen die Abläufe und Verfahren im Zollwesen vereinfacht und gestrafft werden. Ziele des zweiten Vorschlags sind u. a. die Kompatibilität der elektronischen Zollsysteme der Mitgliedstaaten untereinander, eine EU-weite elektronische Risikoanalyse und ein besserer Informationsaustausch zwischen den Grenzdienststellen.

in einem zweiten Schritt umfassend **reformiert**[26] werden. Neben dem ZK und der ZK-DVO sind die Zollbefreiungsverordnung,[27] die Fristenverordnung[28] und der Zolltarif (Kombinierte Nomenklatur) zu beachten.[29] Das Zolltarifrecht regelt Art und Höhe der Zölle.

b) Internationales Recht. Das Europäische Zollrecht ist seinerseits stark vom Internationalen Recht beeinflusst, insbesondere dem Völkervertragsrecht. Das gilt namentlich für das Recht der **Welthandelsorganisation (World Trade Organisation, WTO)**. Das wichtigste der verschiedenen WTO-Abkommen ist das „General Agreement on Tarifs and Trade" (GATT 1994), welches das GATT von 1947 abgelöst hat, ferner sind im Kontext des Zollrechts auch das Zollwertübereinkommen und das Abkommen über Ursprungsregeln bedeutsam.[30] Neben der WTO ist vor allem der 1950 gegründete Rat für die Zusammenarbeit auf dem Gebiete des Zollwesens (RZZ) von Bedeutung. Er wurde 1995 umbenannt in „**World Customs Organization" (WCO)** und trägt mit seinen Vereinbarungen insbesondere zur Vereinheitlichung und Vereinfachung von Zollformalitäten bei. Die WCO verwaltet das Harmonisierte System für die Bezeichnung und Codierung von Waren des internationalen Handels (HS). Dabei handelt es sich um ein weltweit einheitliches Tarifschema, das am 1.1.1988 in Kraft trat und das in der EG mit der Kombinierten Nomenklatur (KN) übernommen wurde. Nach der Rechtsprechung des EuGH bildet Völkerrecht einen „integrierenden Teil des Gemeinschaftsrechts"[31] und steht in der Normenhierarchie über dem Sekundärrecht der EG. Deshalb kann die Bezugnahme auf völkerrechtliche Bestimmungen für den Anwalt in der Praxis sehr hilfreich sein.

c) Nationales Zollrecht. Das Gemeinschaftsrecht wird durch die Vorschriften des nationalen Rechts abgerundet und ergänzt. In Deutschland sind das insbesondere das **Zollverwaltungsgesetz** vom 21.12.1992 (ZollVG),[32] das die Aufgaben und Befugnisse der deutschen Zollverwaltung regelt, und die **Zollverordnung** vom 23.12.1993 (ZollVO).[33] Die **Abgabenordnung 1977** (AO) ist nur eingeschränkt anwendbar. Soweit sie Gegenstände betrifft, für die ZK und ZK-DVO eigene Regelungen treffen, sind aufgrund des **Anwendungsvorrangs des Gemeinschaftsrechts**[34] allein letztere anwendbar. Dagegen behält die AO ihre Bedeutung vor allem hinsichtlich der Haftungsbestimmungen, des Steuerstrafrechts, der Ordnungswidrigkeiten sowie der Vollstreckungsbestimmungen. Zur Orientierung hat das BMF eine Synopse herausgegeben, in der die Vorschriften der AO den überlagernden Regelungen von ZK und ZK-DVO gegenübergestellt werden.[35] Sie entspricht allerdings nicht dem aktuellen Stand. Für die Praxis besonders wichtig sind die vom Bundesfinanzministerium herausgegebenen Dienstanweisungen, die sich in der **Vorschriftensammlung Bundesfinanzverwaltung** (VSF) finden. Die Dienstanweisungen dienen der einheitlichen Auslegung und Anwendung der Zollbestimmungen. Alle Änderungen erscheinen vorab in den VSF-N („N" steht für Nachrichten).

---

[26] Die große Reform des Zollkodex soll im Januar 2008 in Kraft treten. Derzeit liegt der vierte Entwurf des neuen Zollkodex vor (TAXUD/458/2004-REV 4). Die Reform soll weitreichende Änderungen mit sich bringen, es ist jedoch noch nicht absehbar, ob die Reform tatsächlich verabschiedet wird.
[27] VO (EWG) Nr. 918/83 des Rates v. 28.3.1983 über das gemeinschaftliche System der Zollbefreiungen, ABl. 1983 Nr. L 105/1 (in der geltenden Fassung).
[28] VO (EWG, Euratom) Nr. 1182/71 des Rates v. 3.6.1971 zur Festlegung der Regeln für Fristen, Daten und Termine, ABl. 1971 Nr. 124/1.
[29] VO (EWG) Nr. 2658/87 des Rates v. 23.7.1987 über die zolltarifliche und statistische Nomenklatur sowie den Gemeinsamen Zolltarif, ABl. 1987 Nr. L 256/1 (in der geltenden Fassung, zuletzt VO (EG) Nr. 1719/2005 v. 27.10.2005, ABl. 2005 Nr. L 286/1).
[30] Siehe dazu ausführlich Prieß/Berrisch/*Berrisch*, Das Allgemeine Zoll- und Handelsabkommen (GATT 1994), S. 71 ff.; Prieß/Berrisch/*Prieß*, Das Übereinkommen zur Durchführung des Artikels VII des Allgemeinen Zoll- und Handelsabkommens 1994 (Zollwertübereinkommen), S. 383 ff. und Prieß/Berrisch/*Prieß*, Das Übereinkommen über Ursprungsregeln , S. 407 ff.
[31] St. Rspr. des EuGH seit der Entscheidung Haegemann, Rs. 181/73, Slg. 1974, 460 Rdnr. 5.
[32] BGBl. I [1992] 2125.
[33] BGBl. I [1994] 2249.
[34] Siehe z. B. Calliess/Ruffert/*Wegener* Art. 220 EG-Vertrag Rdnr. 23.
[35] Abgedruckt in AWPrax 1996, 213 f.; Erläuterungen von *Henke/Huchartz* ZfZ 1996, 226 ff. und 262 ff.; kritisch Witte/*ders.*, Vor Art. 1 ZK, Rdnr. 16.

22

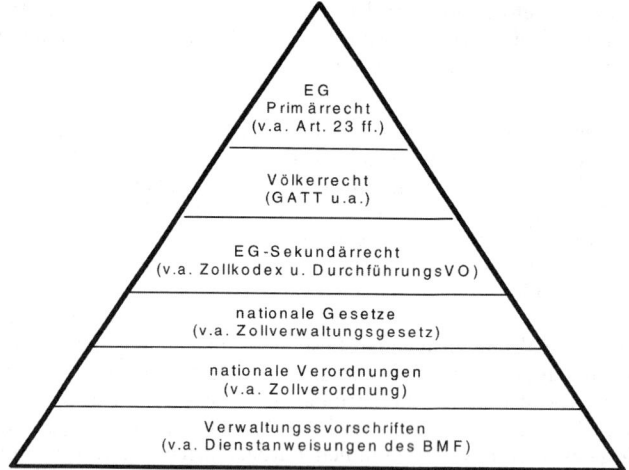

23 **Praxistipp:**
In der Beck-Sammlung „Zölle und Verbrauchsteuern" sind getrennt nach EG-Recht und nationalen Vorschriften die wichtigsten Gesetze und Verordnungen zum Zollrecht, zum Verbrauchsteuerrecht, zum Umsatzsteuerrecht sowie das alle drei Gebiete betreffende Verfahrensrecht enthalten.
Auf den Internetseiten der Europäischen Kommission (http://www.europa.eu.int/comm/taxation_customs/law_en.htm) lassen sich die EG-Rechtsakte in den verschiedenen Amtssprachen der Gemeinschaft finden.
Näheres zum Internationalen Recht lässt sich den Internetseiten der WTO (http://www.wto.org/) und der WCO (http://www.wcoomd.org/ie/En/en.html) entnehmen. Auf den Seiten der WCO gibt es auch einen link zu den nationalen Zollverwaltungen (http://www.wcoomd.org/app/customswebsites.jsp).

2. Grundzüge des Rechts der Abgabenerhebung

24 Straf- oder ordnungswidrigkeitenrechtliche Folgen setzen einen Verstoß gegen abgabenrechtliche Pflichten voraus. Darüber hinaus setzt der für die Praxis wichtigste zollstrafrechtliche Tatbestand (Steuerhinterziehung, § 370 AO) die Verkürzung von Abgaben voraus (Abs. 1 a.E.). Die persönliche Zahlungspflicht von Ein- oder Ausfuhrabgaben wird gem. Art. 4 Nr. 9 ZK als **Zollschuld** bezeichnet.

25 a) **Zollamtliche Überwachung.** Die zollamtliche Überwachung dient der Sicherung der Abgabenerhebung (einschließlich der Einfuhrumsatzsteuer [EUSt] und der Verbrauchsteuern) sowie der Einhaltung des Zollrechts (Art. 4 Nr. 13 ZK, § 1 Abs. 1 ZollVG). Eine Ware unterliegt der zollamtlichen Überwachung von dem Zeitpunkt des körperlichen Verbringens über die Grenze an (Art. 37 Abs. 1 Satz 1 ZK). Sie dauert solange an, wie es zur Ermittlung des zollrechtlichen Status der Waren erforderlich ist (Art. 37 Abs. 2 ZK).

26 Die in das Zollgebiet der Gemeinschaft[36] verbrachten Waren sind auf einer vorgeschriebenen Beförderungsroute – in der Regel zu der zuständigen Zollstelle – zu transportieren (Beförderungspflicht – Art. 38 ZK). An diesem Ort sind die Waren regelmäßig zu gestellen (Art. 40 ZK). **Gestellung** ist die Mitteilung an die Zollbehörde, dass die Waren bei der Zollstelle oder an dem von ihr zugelassenen Ort eingetroffen sind (Art. 4 Nr. 19 ZK). Eine Gestellung durch bloßes Erscheinen auf dem Amtsplatz gibt es zwar nicht mehr, jedoch genügen schlüssige Handlungen, durch deren Erklärungsgehalt der Zollbehörde die Kenntnis vermittelt wird, das Waren

---

[36] Zum Zollgebiet (Art. 3 ZK) siehe *Böhne,* Zollgebiet – Steuergebiet, AWPrax 2001, 105, 106.

eingetroffen sind (Empfängerhorizont). Die Gestellungspflicht ist keine persönliche Pflicht. Neben demjenigen, der die Ware persönlich in das Zollgebiet bringt (z. B. der LKW-Fahrer), ist auch der Importeur gestellungspflichtig.[37] Bei der Einfuhr sind zudem alle außenwirtschaftsrechtlichen Einfuhrbedingungen zu erfüllen sowie alle Bedingungen im Hinblick auf mögliche Verbote oder Beschränkungen.

Unterschiedlich bewertet wird die Frage, ob zur Gestellung in jedem Fall die Mitteilung ausreicht, dass sich die in das Zollgebiet der Gemeinschaft verbrachten Waren an einem bestimmten Ort befinden, oder ob darüber hinaus auf versteckte oder verheimlichte Waren ausdrücklich hinzuweisen ist. 27

Beispiel *(nachgebildet BGH v. 27.11.2002 – 5 StR 127/02 – NJW 2003, 907)*
Der Angekl. ließ unversteuerte und unverzollte Zigaretten in Containern von Zypern über Deutschland nach Tschechien befördern, ohne sie für den Transport durch das Gemeinschaftsgebiet zu einem Zollverfahren anzumelden oder Einfuhrabgaben abzuführen. Unter Aufsicht des zypriotischen Zolls wurden die Zigaretten mit anderen zur Ausfuhr angemeldeten Waren (Schuhe, Bekleidung etc.) in Containern verpackt. In das für die Verschiffung und den Transport auf dem Seewege erforderliche Konnossement („Bill of Lading") und die Cargo-Zollerklärung ließ der Angekl. nur die noch zugeladenen sonstigen Waren aufnehmen. Anknüpfend an einen Vorlagebeschluss des BFH zum EuGH[38] vertritt der BGH die Ansicht, dass der Gestellungspflicht nur dann genügt ist, wenn auch auf die versteckten Waren hingewiesen wird. Unabhängig von der Frage einer ordnungsgemäßen Gestellung lag nach Ansicht des BGH jedenfalls aber eine Abgabe falscher Versandanmeldungen vor (§ 370 Abs. 1 Nr. 1 AO).

Handelt es sich bei der Ware um eine **Gemeinschaftsware** (Art. 4 Nr. 7 ZK), ergeben sich über die Gestellung hinaus keine weiteren Verpflichtungen. Für die sog. **Nichtgemeinschaftswaren** geht mit der ordnungsgemäßen Gestellung die Allgemeine zollamtliche Überwachung in eine konkrete zollamtliche Überwachung über.[39] Nichtgemeinschaftswaren sind Waren, die nicht vollständig im Zollgebiet der Gemeinschaft gewonnen oder hergestellt worden sind. Über Nichtgemeinschaftswaren darf der Beteiligte grundsätzlich nicht oder nur in dem von der Zollverwaltung zugelassenen Umfang verfügen. 28

Um die Ware tatsächlich erfassen zu können, ist nach der Gestellung eine **summarische Anmeldung** (Verzeichnis der gestellten Waren) abzugeben. Vom Zeitpunkt der summarischen Anmeldung an befinden sich die Waren in der sog. „vorübergehenden Verwahrung" (Art. 50 ZK). Über die Ware darf dann nur sehr eingeschränkt verfügt werden. Die vorübergehende Verwahrung dauert bis zum Erhalt einer **zollrechtlichen Bestimmung** (Art. 48 ZK) an. Dafür sind gewisse Förmlichkeiten zu erfüllen, insbesondere die Zollanmeldung.[40] Die möglichen zollrechtlichen Bestimmungen einer Ware ergeben sich aus Art. 4 Nr. 15 ZK. Das sind die Überführung in die Zollverfahren i. S. d. Art. 4 Nr. 16 ZK, das Verbringen in eine Freizone oder ein Freilager, die Wiederausfuhr aus dem Zollgebiet der Gemeinschaft sowie die Aufgabe zugunsten der Staatskasse. Häufigste und wichtigste Bestimmung ist die Überführung in eines der acht **Zollverfahren** i. S. d. Art. 4 Nr. 16 ZK. Soll die Ware endgültig in der Gemeinschaft verbleiben und am Wirtschaftskreislauf teilnehmen, wird sie in den zollrechtlich freien Verkehr überführt. Möchte ein Wirtschaftsbeteiligter Waren in den zollrechtlich freien Verkehr überführen, muss er der schriftlichen Zollanmeldung noch eine Zollwertanmeldung mit Angaben über den Warenwert beifügen. Die Zollwertanmeldung ist auf dem Vordruck D.V.1 *www.zoll-d.de/e0_downloads/b0_vordrucke/b0-zoelle/0464_anmeldung_zollwert.pdf* abzugeben. Im Fall der Überführung in den freien Verkehr erhalten Nichtgemeinschaftswaren den Status von Gemeinschaftswaren. Sie werden dann verzollt und versteuert. 29

---

[37] LG Marburg NStZ 1992, 43 f.
[38] BFH ZfZ 2002, 309.
[39] Wabnitz/Janovsky/*Brandl* Kapitel 20 Rdnr. 83.
[40] In Art. 4 Nr. 17 ZK ist die Zollanmeldung definiert als „die Handlung, mit der eine Person in der vorgeschriebenen Form und nach den vorgeschriebenen Bestimmungen die Absicht bekundet, eine Ware in ein bestimmtes Zollverfahren überführen zu lassen."

30 Zollverfahren

Die acht Zollverfahren sind:
- die Überführung in den zollrechtlich freien Verkehr (Art. 4 Nr. 16 Buchst. a, 79 – 83 ZK, Art. 198 – 238 ZK-DVO);
- das Versandverfahren, das die abgabenfreie Beförderung von Nichtgemeinschaftswaren zwischen zwei Orten der Gemeinschaft ermöglicht (Art. 4 Nr. 16 Buchst. b, 93 ff., 163 – 165 ZK, Art. 309 – 496 ZK-DVO);
- das Ausfuhrverfahren, das die Ausfuhr von Gemeinschaftswaren überwacht (Art. 4 Nr. 16 Buchst. h, 161 ff. ZK, 788 – 798 ZK-DVO).

sowie fünf weitere sog. Zollverfahren mit wirtschaftlicher Bedeutung, für deren Inanspruchnahme eine Bewilligung benötigt wird:
- das Zolllagerverfahren, bei dem Nichtgemeinschaftswaren abgabenfrei in das Zollgebiet überführt werden können, wobei sie zunächst in einem Zolllager gelagert werden (Art. 4 Nr. 16 Buchst. c, 98 ff. ZK, Art. 503 – 548 ZK-DVO);
- die aktive Veredelung, die die Einfuhr, Veredelung und Wiederausfuhr von Nichtgemeinschaftswaren unter Zollvergünstigung ermöglicht (Art. 4 Nr. 16 Buchst. d, Art. 549 bis 648 ZK-DVO);
- das Umwandlungsverfahren, bei dem die Nichtgemeinschaftsware nach der Einfuhr auf eine geringere Produktionsstufe abgesenkt wird (Art. 4 Nr. 16 Buchst. e, 130 ff ZK, Art. 650 –669 ZK-DVO);
- die vorübergehende Verwendung von Waren. Diese gehen nicht endgültig in den Wirtschaftskreislauf ein, sondern werden nur zeitlich begrenzt genutzt und nach vorübergehendem Gebrauch unverändert wieder ausgeführt (Art. 4 Nr. 16 Buchst. f, 137 ff. ZK, Art. 670 – 747 ZK-DVO);
- die passive Veredelung, bei der Gemeinschaftswaren in einem Drittland veredelt und anschließend abgabenvergünstigt „wiedereingeführt" und in den freien Verkehr überführt werden können (Art. 4 Nr. 16 Buchst. g, 145 ff. ZK, Art. 748 – 787 ZK-DVO).

31 Für die verschiedenen Verfahren schreibt das Zollrecht unterschiedliche Bedingungen, Überwachungsmaßnahmen, Nachweispflichten oder die Hinterlegung einer Sicherheit vor. Auch die Beendigung eines der Zollverfahren erfordert die Einhaltung bestimmter Verfahrenspflichten. Daraus ergeben sich nahezu unübersehbare Pflichten, die verletzt werden können. Je nach Pflichtverletzung können dabei die zollrechtlichen und strafrechtlichen Folgen sehr unterschiedlich sein[41] (siehe Schaubild auf folgender Seite).

32 b) Zollschuld. Straf- bzw. bußgeldrechtliche Konsequenzen kommen im Zollrecht regelmäßig nur dann in Frage, wenn eine **Zollschuld** vorliegt und der Betroffene auch **Zollschuldner** ist.[42]

33 aa) Entstehen einer Zollschuld. Unter welchen Voraussetzungen eine Zollschuld entsteht, regelt das Gemeinschaftszollrecht in den Art. 201 bis 216 ZK. Für den Anwalt sind vor allem die Entstehungstatbestände, die die Entstehung einer Zollschuld wegen einer Unregelmäßigkeit betreffen (Art. 202 – 204 ZK), von Interesse.

34 (1) Normalfall. Für einfuhrabgabenpflichtige Waren entsteht die Zollschuld gem. Art. 201 Abs. 1 ZK ordnungsgemäß
a) mit der Überführung einer einfuhrabgabenpflichtigen Nichtgemeinschaftsware in den zollrechtlich freien Verkehr
b) mit der Überführung einer solchen Ware in das Verfahren der vorübergehenden Verwendung unter teilweiser Befreiung von den Einfuhrabgaben.

35 Die Zollschuld entsteht in dem Zeitpunkt, in dem die Zollanmeldung angenommen wird (Abs. 2). Zollschuldner ist der Anmelder und ggf. auch die Person, für deren Rechnung die Anmeldung abgegeben wird (Abs. 3). Die beiden Entstehungstatbestände des Art. 201 Abs. 1 ZK setzen die ordnungsgemäße Überführung der Ware in eines dieser Zollverfahren voraus, das bedeutet vor allem die Gestellung der Ware, die Abgabe einer Zollanmeldung und die Einhaltung der sonstigen Pflichten aus dem jeweiligen Verfahren. **Keine Zollschuld** entsteht, wenn Waren **abgabenbefreit** sind. Die Inanspruchnahme bestimmter Zollverfahren wie das Versandverfahren (Art. 91 ff. ZK), das Zolllagerverfahren (Art. 98 ff. ZK), die vorübergehende Verwendung (Art. 137 ff. ZK), die aktive Veredelung (Art. 121 ff. ZK) und das Umwandlungsverfahren (Art. 130 ff. ZK) ermöglichen es, eingeführte Waren frei von Eingangsabgaben zu befördern. Außertarifliche Zollbefreiungen richten sich nach der Zollbefreiungsverordnung.[43]

---

[41] Bender C/IV, S. 32 ff.
[42] Ausnahme ist Art. 861 ZK-DVO.
[43] Vgl. Fraedrich S. 161 ff.

```
┌─────────────────────────────────────────────────────────┐
│  Körperliches Verbringen der Ware über die Grenze (Art. 37 ZK) │
│       ⇒ Beginn der zollamtlichen Überwachung            │
└─────────────────────────────────────────────────────────┘
                            ↓
┌─────────────────────────────────────────────────────────┐
│      Beförderungspflicht (Art. 38 Abs. 1 ZK, II 2,3 ZollVG) │
└─────────────────────────────────────────────────────────┘
                            ↓
┌─────────────────────────────────────────────────────────┐
│               Gestellung (Art. 38, 40 ZK)               │
└─────────────────────────────────────────────────────────┘
      Nichtgemeinschaftswaren        Gemeinschaftswaren →
                            ↓
┌─────────────────────────────────────────────────────────┐
│      Summarische Anmeldung (Art. 43, 44 ZK)             │
│       ⇒ führt zur vorübergehenden Verwahrung            │
└─────────────────────────────────────────────────────────┘
                            ↓
┌─────────────────────────────────────────────────────────┐
│   Zollrechtliche Bestimmung einer Ware gem. Art. 4 Nr. 15 ZK │
├──────────┬──────────┬──────────┬──────────┬─────────────┤
│Verbringung│Wiederaus-│Überführung│Vernichtung│ Aufgabe    │
│in eine   │fuhr aus  │in ein    │und       │zugunsten der│
│Freizone  │dem Zoll- │Zoll-     │Zerstörung│Staatskasse  │
│oder ein  │gebiet der│verfahren │(Art. 182 │(Art. 182 ZK)│
│Freilager │Gemeinschaft│        │ZK)       │             │
│(Art. 166 │(Art. 182 │          │          │             │
│ZK)       │ZK)       │          │          │             │
└──────────┴──────────┴──────────┴──────────┴─────────────┘
                            ↓
┌─────────────────────────────────────────────────────────┐
│        Zollverfahren gem. Art. 4 Nr. 16 Buchst. a - b    │
├────────┬───────┬────────┬───────┬────────┬───────┬───────┬───────┤
│Überführung│Versand-│Zolllager-│Aktive │Umwand-│Vorüber-│Passive│Ausfuhr-│
│in den    │verfahren│verfahren│Veredelung│lungs-│gehende │Veredelung│verfahren│
│zollrecht-│(Art. 91/│(Art. 98 │(Art. 114│verfahren│Verwendung│(Art. 145│(Art. 161│
│lich freien│163 ZK) │ZK)     │ZK)    │(Art. 130│(Art. 137│ZK)    │ZK)    │
│Verkehr   │       │        │       │ZK)    │ZK)     │       │       │
│(Art. 79 ZK)│     │        │       │       │        │       │       │
└────────┴───────┴────────┴───────┴────────┴───────┴───────┴───────┘
```

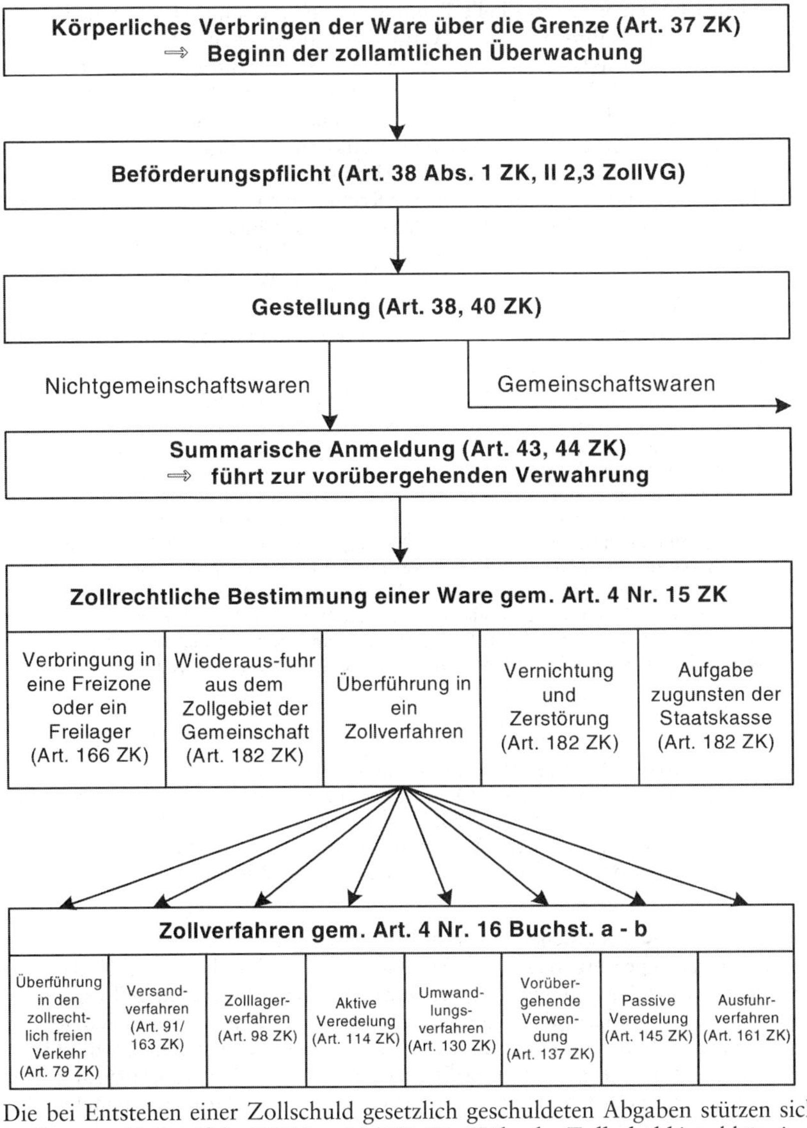

Die bei Entstehen einer Zollschuld gesetzlich geschuldeten Abgaben stützen sich auf den Gemeinsamen Zolltarif der EG (Art. 20 ZK). Die **Höhe der Zollschuld** ist abhängig vom **Zollwert**[44] der Einfuhrwaren und dem Zollsatz, der sich aus der Einreihung der Waren in den Zolltarif und der Bestimmung ihres Ursprungs ergibt. Der Bestimmung des Zollwerts einer Ware und ihrer Einreihung in den Zolltarif kommt in der täglichen Praxis eine zentrale Bedeutung zu. Der Zollwert wird nach den Zollwertvorschriften des Zollkodex (Art. 29 – 31 ZK) ermittelt.[45] Der Einfuhrabgabensatz wird anhand einer Warennomenklatur ermittelt. Die Klassifizierung und damit auch die Tarifierung einzelner Waren erfolgt anhand einer 11-stelligen Codenummer. Grundlage der 11-stelligen Codenummer ist das Harmonisierte System (HS), das durch die Weltzollorganisationen (WZO/WCO) verwaltet wird. Aufbauend auf diesen sechsstelligen Code wird das HS um zwei Stellen durch die Kombinierte Nomenklatur (KN) der Eu-

---

[44] Nur in Ausnahmefällen unterliegen Waren einem spezifischen Zollsatz, für den etwa Größe oder Gewicht der Ware maßgeblich sind.
[45] Vgl. dazu die ausführliche Kommentierung zu Art. 29 bis 31 ZK in *Müller-Eiselt* Band 2.

ropäischen Gemeinschaften erweitert (Stelle 7 und 8). Die neunte und zehnte Stelle verschlüsseln gemeinschaftliche Maßnahmen wie z. B. Antidumpingregelungen, Zollaussetzungen oder Zollkontingente. Die letzte Stelle der in die Einfuhranmeldung einzutragenden elfstelligen Codenummer wird für nationale Zwecke verwandt und dient z. B. der Verschlüsselung der Umsatzsteuersätze oder nationaler Verbote und Beschränkungen. Der Auslegung des Zolltarifs dienen die sog. Erläuterungen zur Kombinierten Nomenklatur, die als eine Art „Kommentar" der Kombinierten Nomenklatur bezeichnet werden können. Die deutsche Zollverwaltung arbeitet bei der Tarifierung und der Ermittlung dieser Rechtsfolgen mit dem sog. elektronischen Zolltarif (EZT), der seit Januar 2006 auch für Wirtschaftsbeteiligte online verfügbar ist (abrufbar über http://www.zoll.de/b0_zoll_und_steuern/a0_zoelle/c0_zollanmeldung/d10_atlas/e1_ezt_online/index.html). Alternativ können die 10-stellige Warennummer, Zollsätze und evtl. Handelsbeschränkungen mithilfe einer EG-Datenbank (TARIC – Integrierter Tarif der Europäischen Gemeinschaft) ermittelt werden (TARIC-Abfrage unter http://europa.eu.int/comm/taxation_custums/dds/cgi-bin/tarchap?Lang=DE).

Beispiel *(nachgebildet BFH v. 18.12.2001 – VII R 78/00 – BFH/NV 2002, 690)*
Der BFH hatte zu entscheiden, ob in Überraschungseiern enthaltene Figuren in die Unterposition 3926 4000 KN (Ziergegenstände, Zollsatz 6,5 %) oder in die Unterposition 9503 4930 KN (Spielzeug) einzureihen waren. Der BFH entschied sich unter Anwendung der allgemeinen Auslegungsgrundsätze und der Vorschriften für die Auslegung der Nomenklatur des HS dafür, die Waren als Spielzeug (Zollsatz 6,5 %) anzusehen. Die Frage, ob Waren als Spielzeug zu tarifieren sind, war so lange von Bedeutung, als für die Einfuhr bestimmter nichttextiler Waren mit Ursprung in der Volksrepublik China Importquoten bzw. ein Überwachungssystem bestanden. Mit der Verordnung (EG) Nr. 427/2003 vom 3.3.2003 wurde die gemeinschaftliche Überwachung später aufgehoben. Aus dem EZT ergibt sich nicht nur der allgemeine Zollsatz für die Einfuhr aus Drittländern, sondern unter anderem auch die reduzierten Zollsätze oder Zollbefreiungen für bestimmte Einfuhren. Soweit beispielsweise ein Überwachungsdokument erforderlich ist, wird das Kürzel „ÜD" angegeben. Zu beachten gilt, die jeweils aktuellste Fassung zu gebrauchen.

38 **Praxistipp:**
Da die Kombinierte Nomenklatur auf das Harmonisierte System zurückgeht, sollte der Anwalt ebenfalls die „Explanatory Notes" der WCO konsultieren, die nach der Rechtsprechung des EuGH ein wichtiges Hilfsmittel bei der Auslegung des Gemeinsamen Zolltarifs darstellen.[46] Band 3 der Kommentierung von Schwarz/Wockenfoth/Rahn zum Zollkodex hat ein umfangreiches Stichwortverzeichnis, das das Auffinden einschlägiger Judikatur erleichtert.

39   Besonderheiten in der zollrechtlichen Behandlung einer ein- bzw. ausgeführten Ware können sich aus **Präferenzregelungen** ergeben.[47] Die EG hat mit vielen Ländern Handelsabkommen geschlossen, die durch Begünstigungen (Präferenzen) Zollvorteile schaffen. Teilweise werden die Präferenzen auch autonom gewährt. Voraussetzung für die Erlangung eines solchen Vorteils ist die Herstellung der Ware im Gebiet eines Vertragspartners. Der Nachweis hierfür wird durch sog. Ursprungszeugnisse geführt. Allerdings gestaltet sich die Ursprungsprüfung für eine Ware oft schwierig, weil meist Erzeugnisse aus mehreren Ländern darin verarbeitet sind. Für das Zollstrafrecht sind die Ursprungsregeln von großer Bedeutung, weil es viele Fälle von Missbrauch gibt.

40 **Praxistipp:**
Um von vorneherein Schwierigkeiten zu vermeiden, sollten Wirtschaftsbeteiligte oder deren Anwälte bzw. Berater bei den zuständigen Zolltechnischen Prüf- und Lehranstalten (ZPLA) mit dem Vordruck 0307 eine „verbindliche Zolltarifauskunft" (VZTA) beantragen. Diese wird innerhalb der gesamten EU für die Dauer von sechs Jahren für das bestimmte

---

[46] Ständige Rechtsprechung, siehe zuletzt die Rs. C-467/03, Ikegami Electronics (Europe), Urt. v. 17.3.2005, Rdnr. 17, n.v., zu finden über die Homepage des EuGH, http://curia.eu.int/de/index.htm.
[47] Zu Warenursprung und Präferenzregelungen siehe die Kommentierung des Teils II, Kapitel 2, Ursprung (vor Art. 22 bis Art. 27 ZK) bei Witte/*Prieß*.

Produkt anerkannt. Wenn keine besonderen Schwierigkeiten auftreten, kann der Antragsteller eine VZTA nach einem Monat erhalten. Bestehende VZTA können über die Datenbank „Europäische Verbindliche Zolltarifauskünfte (EVZTA)" eingesehen werden, die unter http://europa.eu.int/comm/taxation_customs/ dds/de/ebticau.htm abrufbar sind.
Gibt es keine Zweifelsfragen, erteilen die Zollbehörden auch schriftlich unverbindliche Auskünfte. Fragen können auch an das Zoll-Infocenter beim Hauptzollamt Frankfurt am Main gerichtet werden. (Hansaallee 141, 60320 Frankfurt/M., Tel. 069-469976-00, Fax: 069-469976-99, eMail: info@zoll-infocenter.de)
Ebenso ist es möglich, eine „verbindliche Ursprungsauskunft" (VUA) zu erhalten. Für nichtpräferentielle Ursprungswaren sind die Industrie- und Handelskammern zuständig. Geht es um die Anwendung präferentieller Ursprungsregeln sind die Zollbehörden zuständig. Vordrucke sind unter der Internetseite www.zoll-d.de zu finden.

Im Gegensatz zur Einfuhrzollschuld haben **Ausfuhrzollschulden** keine praktische Bedeutung. Derzeit entstehen Zollschulden nur im Zusammenhang mit der Einfuhr.[48] Sonderregeln gelten für Waren, die in eine Freizone[49] oder ein Freilager verbracht werden (Art. 166 ff. ZK, Art. 799 ff. ZK-DVO). Das sind Teile des Hoheitsgebietes eines Staates, die dem Umschlag (z. B. Häfen), der Lagerung oder sonstigen Handelszwecken dienen. Obwohl sie zum Zollgebiet der EG zählen, werden auf sie die für das Zollgebiet geltenden Zollvorschriften nicht angewandt. 41

Eine Zollschuld wird auch dann **begründet**, wenn eine einfuhrabgabenpflichtige Ware unter Umgehung der einschlägigen Vorschriften in das EG-Zollgebiet verbracht, wenn sie der zollamtlichen Überwachung entzogen oder wenn sonst gegen Pflichten verstoßen wird, die sich aus der Inanspruchnahme bestimmter Zollverfahren ergeben; außerdem wenn eine Ware, die sich in einer Freizone bzw. einem Freilager befindet, verbraucht oder vorschriftswidrig verwendet wird (vgl. Art. 202-205 ZK). 42

(2) Vorschriftswidriges Verbringen von Waren (Art. 202 ZK). In der Phase vom Verbringen bis zur Gestellung der Waren kann eine Zollschuld durch das vorschriftswidrige Verbringen von Waren in das Zollgebiet der Gemeinschaft entstehen. Art. 202 ZK erfasst den klassischen „**Einfuhrschmuggel**", also das vorschriftswidrige Verhalten zwischen dem Überqueren der Grenze der EG (dem eigentlichen Verbringen) und der Gestellung der Nichtgemeinschaftswaren bei der zuständigen Zollstelle. 43

Typische Verstöße
- der Grenzübertritt mit abgabenpflichtigen Nichtgemeinschaftswaren über die „grüne Grenze";
- Verlassen einer Zollstraße während des Transports ohne Zustimmung der zuständigen Zollstelle;
- Nichtgestellung der Waren bei Ankunft auf dem Amtsplatz bzw. an einem anderen zugelassenen Ort;
- Benutzung des „grünen Ausgangs" für anmeldefreie Waren am Flughafen, obwohl im Reisegepäck abgabenpflichtige Waren mitgeführt werden.

44

Die Zollschuld entsteht in den genannten Fallgruppen in dem Zeitpunkt, in dem die Ware vorschriftswidrig in das Zollgebiet der Gemeinschaft verbracht wird (Art. 202 Abs. 2 ZK). **Zollschuldner** ist nach Art. 202 Abs. 3 ZK derjenige, der die Waren über die Grenze verbringt (1. Alt.); auf ein Verschulden kommt es nicht an.[50] Zollschuldner ist bei Kenntnis der Tatsache des pflichtwidrigen Verbringens aber auch ein hieran Beteiligter (2. Alt.) sowie der Erwerber oder der Besitzer (3. Alt.); schlichte Fahrlässigkeit reicht bei den letztgenannten Personen jedoch nicht aus, um ein Zollschuld zu begründen („vernünftigerweise hätten wissen müssen"). Den Regelungen über das vorschriftswidrige Verhalten beim Verbringen in das Zollgebiet der 45

---

[48] Die Bestimmungen zu Ausfuhrzollschulden finden sich in den Art. 209 ff. ZK.
[49] Zu den Freizonen in Deutschland zählen die Freihäfen Bremen, Bremerhaven, Cuxhaven, Deggendorf, Duisburg, Emden, Hamburg und Kiel; s. auch § 20 ZollVG.
[50] Insbesondere wird auch der gem. Art. 202 Abs. 2 und 3 Anstrich 1 ZK Zollschuldner, der ohne sein Wissen unverzollte Waren in die Gemeinschaft einführt. Das hat der EuGH mit Hinweis auf Art. 4 Nr. 19, Art. 38 Abs. 1 und Art. 40 ZK entschieden (EuGH, verb. Rs C-238/02 und C-246/02, Viluckas, Slg. 2004 I-2141 = ZfZ 2004, 159). Vgl. auch BFH ZfZ 2005, 13.

Gemeinschaft gleichgestellt ist der „Einfuhrschmuggel" aus Freizonen und Freilagern (Art. 202 Abs. 1 Buchst. b) ZK).

46 Erweitert wird der Anwendungsbereich des Art. 202 ZK durch Art. 234 Abs. 2 ZK-DVO. Die Vorschrift enthält – strafrechtlich allerdings irrelevante (vgl. u. Rdnr. 56) – **Fiktionen** vorschriftswidrigen Verbringens. D. h. selbst im Falle eines ordnungsgemäßen Verbringens wird eine Zollschuld fingiert, wenn eine Kontrolle ergibt, dass die Voraussetzungen für eine konkludente Zollanmeldung nicht gegeben sind. Ein Hauptanwendungsfall ist das Benutzen des grünen Ausgangs „anmeldefreie Waren" mit abgabenpflichtigen Waren an Flughäfen.[51]

47 *(3) Das Entziehen von Waren aus der zollamtlichen Überwachung (Art. 203 ZK).* Der Einfuhrschmuggel ist nur bis zum Zeitpunkt der Gestellung möglich. Mit der Gestellung beginnt die zollrechtliche Überwachung und es können Prüfungen an der Ware vorgenommen werden. Nach Ansicht des EuGH umfasst das **Entziehen** aus der zollamtlichen Überwachung i. S. v. Art. 203 ZK jedes Handeln oder Unterlassen, das dazu führt, dass die zuständige Zollbehörde – ggf. auch nur zeitweise – am Zugang zu einer unter zollamtlicher Überwachung stehenden Ware und an der Durchführung der in Art. 37 Abs. 1 ZK vorgesehenen Prüfung gehindert wird.[52] Ein Entziehen aus der zollamtlichen Überwachung ist somit vom Beginn der vorübergehenden Verwahrung über die gesamte Dauer der in Betracht kommenden Zollverfahren möglich.

48 Typische Entziehungshandlungen
- verspätete Abgabe einer summarischen Anmeldung
- Diebstahl und sonstiges unzulässiges Entfernen einer Ware vom Verwahrungsort oder aus einem Zollverfahren,
- unerlaubtes Entfernen gestellter Nichtgemeinschaftswaren vom Amtsplatz,
- Vernichtung oder Zerstörung einer Ware ohne vorherige Mitteilung an die Zollbehörde.

49 Die Zollschuld entsteht in dem Zeitpunkt des vollständigen Entziehens (Art. 203 Abs. 2 ZK). Zur Zahlung der Einfuhrabgaben verpflichtet – also **Zollschuldner** – sind nach Art. 203 Abs. 3 ZK der Entziehende, also die tatsächlich handelnde Person (1. Alt., z. B. der Dieb), oder an dem Entziehen beteiligte Personen (2. Alt.) oder der Erwerber oder spätere Besitzer der betreffenden Waren (3. Alt.) oder ggf. die Person, die die Verpflichtung aus der vorübergehenden Verwahrung bzw. dem betreffenden Zollverfahren einzuhalten hat (4. Alt., z. B. der Lagerinhaber oder der Hauptverpflichtete im Versandverfahren). Beteiligte und Übernehmende müssen allerdings auch von der Entziehungshandlung Kenntnis haben oder billigerweise hiervon hätten wissen müssen, um selbst Schuldner zu werden. Auf schlichter Fahrlässigkeit beruhende Unkenntnis reicht hierfür nicht aus. Beim Entzieher (1. Alt.) ist es dagegen unerheblich, ob er von dem Entziehen wusste oder nicht. Auf ein Verschulden kommt es bei ihm hinsichtlich der Entstehung der Zollschuld nicht an; in straf- bzw. bußgeldrechtlicher Hinsicht sind diese Unterscheidungen gleichwohl bedeutsam.

50 *(4) Die Nichterfüllung von Pflichten (Art. 204 ZK).* Die Einfuhrzollschuldentstehung bei Verfehlungen, die nicht bereits von Art. 203 ZK erfasst werden, regelt Art. 204 ZK. Ab dem Zeitpunkt der vorübergehenden Verwahrung bzw. der Inanspruchnahme eines Zollverfahrens hat der Inhaber des jeweiligen Verfahrens vielfältige **Pflichten** einzuhalten. Diese Pflichten können sich entweder aus den gesetzlichen Verfahrensvorschriften des Zollrechts oder aus Bewilligungen und Zulassungen für das entsprechende Verfahren ergeben. Werden diese Pflichten verletzt, löst dies grundsätzlich die Entstehung einer Zollschuld nach Art. 204 Abs. 1 Buchst. a) ZK aus, sofern es sich nicht bereits um ein Entziehen aus der zollamtlichen Überwachung nach Art. 203 ZK handelt.

---

[51] *Witte/Wolffgang* Rdnr. 1194.
[52] EuGH Rs C-66/99, Wandel, Slg. 2001 I-911, 933, Rs C-371/99, Liberexim, Slg. 2002 I-6227, 6275 = ZfZ 2002, 338, 341; BGH NJW 2003, 446, 449 mit Anm. *Bender* wistra 2003, 147; BGH NJW 2003, 907, 908; zum Begriff des Entziehens *Anton* ZfZ 1995, 2; siehe auch den Vorlagebeschluss des BFH an den EuGH ZfZ 2003, 130 ff.; EuGH Rs C-273/90, Meico-Fell, Slg. 1991 I-5569, 5586 f.

Typische Pflichtverletzungen aus der vorübergehenden Verwahrung 51
- Nichtabgabe einer summarischen Anmeldung (Art. 43 – 45 ZK);[53]
- nichtgenehmigtes Ab- oder Umladen vom Waren (Art. 46 ZK);
- nicht fristgerechte Abgabe einer Zollanmeldung oder eines Antrags zum Erhalt einer zollrechtlichen Bestimmung für die gestellten Nichtgemeinschaftswaren innerhalb der 20- bzw. 45-Tage-Frist (Art. 49 ZK);
- nicht fristgerechte Beendigung eines Zollverfahrens, z. B. der vorübergehenden Verwendung oder der aktiven Veredelung.

Eine Zollschuld nach Art. 204 ZK entsteht nicht bei geringfügigen Verfehlungen, die sich 52 nicht wirklich auf die Abwicklung des Verfahrens ausgewirkt haben (Art. 859 ZK-DVO). Das steht allerdings gemäß Art. 861 ZK-DVO einer strafrechtlichen Ahndung des Fehlverhaltens nicht entgegen. Die Unterscheidung zwischen einer Zollschuldentstehung nach Art. 203 ZK und nach Art. 204 ZK ist im Hinblick auf Heilungsmöglichkeiten wichtig.[54] Zudem ist der Kreis der Zollschuldner bei Art. 203 ZK weiter gezogen. Die Zollschuld entsteht im Zeitpunkt der Pflichtverletzungen (Art. 204 Abs. 2 ZK). Bei Fristversäumnissen entsteht die Zollschuld somit im Zeitpunkt des Fristablaufs. **Zollschuldner** ist nach Art. 204 Abs. 3 ZK die Person, die die Verpflichtungen aus der vorübergehenden Verwahrung bzw. dem betreffenden Zollverfahren einzuhalten hat (z. B. der Lagerinhaber oder der Hauptverpflichtete im Versandverfahren). Auf ein Verschulden kommt es bei ihm hinsichtlich der Entstehung der Zollschuld nicht an; in straf- bzw. bußgeldrechtlicher Hinsicht sind diese Unterscheidungen gleichwohl bedeutsam.

bb) Höhe der Zollschuld. Die **zu entrichtenden Abgaben** setzen sich zusammen aus dem 53 zu zahlenden Zoll, ggf. zu entrichtenden Verbrauchsteuern (wie der Tabaksteuer) und der Einfuhrumsatzsteuer (derzeit 16%, § 12 Abs. 1 UStG). Der Zoll bestimmt sich regelmäßig aus dem Produkt von Zollwert und Zollsatz. Der Zollsatz ergibt sich aus der Kombinierten Nomenklatur.[55] Der Zollwert, d. h. der Wert der eingeführten Ware, ist nach Art. 28 ff. ZK zu ermitteln. Die in den Art. 28 ff. ZK aufgeführten sechs Ermittlungsmethoden sind in der vorgesehenen Reihenfolge anzuwenden. Grundsätzlich ist dabei gemäß Art. 29 Abs. 1 ZK vom Transaktionswert auszugehen, d. h. dem tatsächlich gezahlten oder zu zahlenden Preis. In der Praxis bereitet die Berechnung der Abgabenhöhe teilweise erhebliche Schwierigkeiten. Um die Berechnung zu erleichtern hat das BMF beispielsweise für Zigaretten Richtwerte zur Zollwertermittlung vorgegeben.

> **Praxistipp:**
> Der Anwalt sollte in jedem Fall nachrechnen, ob die Höhe der Abgaben von der Zollbehörde 54
> bzw. vom Gericht richtig berechnet wurde. Das gilt insbesondere in einem Strafverfahren,
> weil die Strafzumessung erheblich von der Höhe der verkürzten Abgaben abhängt (vgl. § 46
> Abs. 2 Satz 2 StGB). Nicht selten treffen die Gerichte selbst keine Feststellungen hinsichtlich
> der verkürzten Abgaben, sondern übernehmen die vom Zoll berechneten Sätze ungeprüft.[56]

cc) Erlöschen der Zollschuld. In Art. 233 UAbs. 1 ZK ist geregelt, wann eine Zollschuld 55 erlischt. Für das Zollschuldrecht ist insbesondere Art. 233 Satz 1 Buchst. d) ZK von Bedeutung. Danach erlischt die Zollschuld, wenn Waren, für die eine Zollschuld gemäß Art. 202 ZK entstanden ist, bei dem vorschriftswidrigen Verbringen beschlagnahmt und gleichzeitig oder später eingezogen werden. Etwas anderes gilt aber – ähnlich wie bei Art. 212 Satz 3 ZK – für das strafrechtliche Verfahren. Ist das Bestehen einer Zollschuld Grundlage von Beschlagnahme oder Einziehung, wird das Bestehen der Zollschuld **fingiert** (Art. 233 Satz 2 ZK), auch wenn diese bereits erloschen ist. Damit sollen entsprechende Maßnahmen auch nach dem Erlöschen

---

[53] Art. 43-45 ZK wurden durch VO (EG) Nr. 648/2005 v. 13.4.2005 gestrichen und durch Art. 36 a-36 c ersetzt. Bisher gelten allerdings lediglich Art. 36 a Abs. 4 und Art. 36 b Abs. 1. Die übrigen Bestimmungen treten erst nach Erlass der betreffenden Durchführungsvorschriften in Kraft (vgl. Art. 2 Abs. 2 und 3 der o.g. VO). Bis dahin sind Art. 43-45 noch anwendbar.
[54] Zur Abgrenzung vgl. *Witte*, Ortswechsel in der vorübergehenden Verwahrung, AWPrax 2003, 150.
[55] Gemäß Art. 12 der Verordnung muss die Kommission zur Gewährleistung der Aktualität jedes Jahr die vollständige Fassung der Kombinierten Nomenklatur zusammen mit den Zollsätzen veröffentlichen. Zuletzt geschah dies durch die VO (EG) Nr. 1232/2002 der Kommission v. 1.8.2002 (ABl. EG Nr. L 290).
[56] Vgl. BGH wistra 2001, 308, 309 m. w. N.; BGH NJW 2003, 907, 910.

der Zollschuld möglich bleiben. Für die Steuerhinterziehung gemäß § 370 AO und die leichtfertige Steuerverkürzung gemäß § 378 AO hat die Fiktion aber keine Bedeutung, da diese Tatbestände schon dann erfüllt sind, wenn einmal eine Verkürzung eingetreten ist, unabhängig davon, ob die Zollschuld zum Zeitpunkt der Entscheidung erloschen ist oder noch fortbesteht.

> **Praxistipp:**
>
> 56 Das Zollrecht sieht für die Abgabenschuld in bestimmten Fällen eine **Heilungsmöglichkeit** vor.[57]
> Zudem gibt es die Möglichkeit, einen **Antrag auf Erlass oder Erstattung** der Abgabenschuld nach den Art. 236 ff. ZK zu stellen. Dieser Antrag kann bis vor Ablauf einer Frist von drei Jahren nach Mitteilung der Abgaben an den Zollschuldner gestellt werden. Unter bestimmten Umständen kann die Frist verlängert werden.
> Vordrucke sind auf der Internetseite www.zoll.de zu finden. Der Antrag kann auch formlos erfolgen. Er muss aber alle wesentlichen Angaben enthalten.

57 *dd) Verjährung.* Die Festsetzung der Zollschuld kann regelmäßig nur drei Jahre nach dem Zeitpunkt des Entstehens der Zollschuld erfolgen (Art. 221 Abs. 3 ZK). Ist die Zollschuld aufgrund einer strafbaren Handlung entstanden, kann die Festsetzung aber noch bis zu zehn Jahre (Art. 221 Abs. 4 ZK i. V. m. § 169 Abs. 2 AO) vorgenommen werden. Das gilt nicht für Ordnungswidrigkeiten.[58]

58 *c) Verbote und Beschränkungen (VuB).* Gemäß § 1 ZollVG sichert die zollamtliche Überwachung auch die Einhaltung der gemeinschaftsrechtlichen oder nationalen Vorschriften, die das Verbringen von Waren in den und aus dem Geltungsbereich des ZollVG verbieten.
Die VuB schützen diverse Rechtsgüter, die sich grob in vier Gruppen einteilen lassen:
- Schutz der öffentlichen Sittlichkeit, Ordnung und Sicherheit (z. B. Falschgeld, Kriegswaffen);
- Schutz der Gesundheit und des Lebens von Menschen, Tieren und Pflanzen;
- Schutz des nationalen Kulturguts von künstlerischem, geschichtlichem oder archäologischem Wert;
- Schutz des gewerblichen und kommerziellen Eigentums.

Ein Verstoß gegen VuB kann nicht nur die Beschlagnahme oder Einziehung der verbotenen Waren, sondern auch die Einleitung eines Bußgeld- oder Strafverfahrens zur Folge haben.

> **Praxistipp:**
>
> 59 Welche Tatbestände solche VuB enthalten, lässt sich der Kommentierung bei Kohlmann zum Steuerstrafrecht entnehmen.
> Zu den Begriffen siehe das „VuB-ABC" bei Witte/Henke, Art. 58 ZK Rdnr. 55.
> Ausführlich Henke, Verbote und Beschränkungen bei Ein- und Ausfuhr, 2000.

III. Sanktionen

60 Das Zollstraf- und -ordnungswidrigkeitenrecht ermöglichen in erster Linie die Verhängung von **Freiheits- und Geldstrafen** (§§ 38 ff. StGB) sowie die Festsetzung von **Geldbußen** (vgl. § 17 OWiG), die sich auch gegen Unternehmen richten können (§ 30 OWiG). Darüber hinaus besteht die Möglichkeit, sog. Nebenfolgen anzuordnen (Verfall und Einziehung gemäß §§ 73 ff. StGB, 29 f. OWiG), die sich auch aus dem Verwaltungsrecht ergeben können (§ 35 GewO, § 30 Abs. 1 Nr. 2 WaffG). Sanktioniert wird in den meisten Fällen die Verkürzung einer Zollschuld (insbesondere bei §§ 370, 378 AO). Über die Entstehung einer Zollschuld hinaus müssen die sonstigen tatbestandlichen Voraussetzungen der jeweiligen straf- oder bußgeldrechtlichen Sanktionsvorschriften erfüllt sein. Zu beachten ist, dass die zollrechtlichen Feststellungen

---

[57] Ausführlich dazu *Stüwe* S. 329 ff.
[58] EuGH, Rs C-273/90 – Meico-Fell, Slg. 1991 I-5569, 5586 f.

nicht ohne weiteres auch für das Straf- bzw. Ordnungswidrigkeitenrecht übernommen werden können. Darüber hinaus müssen die erforderlichen Feststellungen zum subjektive Tatbestand, zur Rechtswidrigkeit und zur Schuld getroffen werden.

Von enormer praktischer Bedeutung ist, dass die sanktionsrechtlichen Konsequenzen an strengere Anforderungen geknüpft sind als die rein zollrechtlichen Folgen. So existieren im Zollrecht zahlreiche **Vermutungsregelungen**, die mit dem Grundsatz in dubio pro reo nicht vereinbar sind[59] und deshalb nicht in das Zollstraf- und -ordnungswidrigkeitenrecht übertragen werden können. Beispielsweise begründet § 161 AO eine Vermutung der Steuerschuldentstehung bei Fehlmengen verbrauchsteuerpflichtiger Erzeugnisse; im Steuerstrafverfahren kann diese Vermutung nicht herangezogen werden, es sind tatsächliche Feststellungen zu den jeweiligen Fehlmengen zu treffen. Bedeutsam werden kann auch die Beschaffenheitsvermutung bei der Teilbeschau (Art. 70 Abs. 1 ZK). Ergeben Stichproben, dass die Warenbeschaffenheit nicht richtig angemeldet war, so wird im Zollrecht vermutet (Art. 70 Abs. 1 ZK), dass sämtliche angemeldeten Waren die Qualität der Stichprobe besitzen; dies gilt im Straf- und Ordnungswidrigkeitenverfahren nicht. Von erheblicher praktischer Bedeutung ist ferner die Vermutung des Ortes der Zollschuldentstehung (Art. 215 ZK, 454 Abs. 3 ZK-DVO). Als Ort der Zollschuldentstehung kann hiernach ein Ort in Deutschland vermutet werden, obwohl das keineswegs feststeht. Typischerweise ist das der Ort, an dem z. B. ein Einfuhrschmuggel festgestellt wird. Selbst wenn eine unter € 5.000 liegende Zollschuld in einem anderen Mitgliedstaat der EG entstanden ist, gilt die Zollschuld als in dem Mitgliedstaat entstanden, dessen Behörden die Entstehung der Zollschuld festgestellt haben (Art. 215 Abs. 4 ZK). Ist der Ort nicht zu ermitteln, ist der günstigste zugrunde zu legen.[60] Im Recht der Ordnungswidrigkeiten und im Strafrecht dagegen dürfen die Vermutungsregelungen keine Anwendung finden (s. o.). Es gilt die freie – d. h. nicht durch gesetzliche Vermutungsregelungen beschränkte – richterliche Überzeugungsbildung nach § 261 StPO.

1. Zollstrafrecht

Zollstraftaten i. e. S. sind die Steuerhinterziehung (§ 370 AO), der Bannbruch (§ 372 AO), die Steuerhehlerei (§ 374 AO), die Steuerzeichenfälschung (§§ 148, 149 StGB) sowie die Begünstigung (§ 257 StGB) nach einer Zollstraftat; dies ergibt sich aus § 369 Abs. 1 AO.[61]

a) **Zoll- bzw. Steuerhinterziehung (§ 370 AO).** aa) *Allgemeines.* Die Hinterziehung von Abgaben (§ 370 AO) ist die praktisch am häufigsten vorkommende Zollstraftat. Es handelt sich bei der Steuerhinterziehung um einen **Blanketttatbestand**, welcher der Ausfüllung durch – vor allem gemeinschaftsrechtliche – formelle und materielle Zollvorschriften bedarf. Voraussetzung ist die Verkürzung einer Zollschuld oder die Erlangung von sonstigen nicht gerechtfertigten Vorteilen (Abs. 1 a.E.). Das ist der Fall, wenn die Festsetzung der entstandenen Steuer nicht, nicht in voller Höhe oder verspätet erfolgt (Abs. 4). Ansonsten bleibt nur eine Strafbarkeit wegen Versuchs (Abs. 2).

Eine **Abgabenhinterziehung i. S. v. § 370 Abs. 1 AO** liegt vor, wenn
- den Finanzbehörden oder anderen Behörden über steuerlich erhebliche Tatsachen unrichtige oder unvollständige Angaben gemacht werden (Nr. 1);
- die Finanzbehörden pflichtwidrig über steuerlich erhebliche Tatsachen in Unkenntnis gelassen werden (Nr. 2) oder
- pflichtwidrig die Verwendung von Steuerzeichen oder Steuerstemplern unterlassen werden (Nr. 3).

Tatbestandsmäßiges Verhalten ist im Rahmen eines Zollverfahrens in vielfältiger Weise möglich: im Rahmen der Abgabenfestsetzung durch **Zuwiderhandlung gegen formelle und materi-**

---

[59] Vgl. *Beckemper/Wegner,* Der Abfallbegriff – Geltung des § 3 Abs. 3 S. 1 Nr. 2 KrW/AbfG im Abfallstrafrecht, wistra 2003, 281, 283; *Krause,* Besonderheiten der Beweislast bei der Feststellung von Steuerdelikten im finanzgerichtlichen Verfahren – Zur Unanwendbarkeit steuerlicher Beweisvermutungen und zum Erfordernis der umfassenden Aufklärung subjektiver Umstände, DStR 1998, 553, 556.
[60] BGH wistra 2001, 263; *Bender* D/I, S. 6.
[61] Schon das deutsche Vereinszollgesetz v. 1.7.1869, das 1871 zum Rechtsrecht wurde, bezeichnete die hauptsächlichen Vergehen die Konterbande, d. h. die Ein-, Aus- oder Durchfuhr solcher Gegenstände, welche einem Ein-, Aus- oder Durchfuhrverbot unterliegen, und die Zolldefraudation, d. h. die Hinterziehung von Zöllen.

elle **Zollvorschriften** sowie im Erhebungs- und Vollstreckungsverfahren. Zollhinterziehung ist auch möglich mit zollfreien Nichtgemeinschaftswaren, da diese – mit wenigen Ausnahmen – jedenfalls der EUSt unterliegen; ob diese als Vorsteuer absetzbar ist, hat für die Strafbarkeit wegen EUSt-Hinterziehung nur Bedeutung für das Strafmaß. Keine Zollhinterziehung ist möglich mit Gemeinschaftswaren, da es innerhalb der EG keine Binnenzölle oder andere Einfuhrabgaben mehr gibt. Das gilt auch für den Schmuggel mit verbrauchsteuerpflichtigen Erzeugnissen, der infolge der noch nicht harmonisierten Steuersätze zwischen den EG-Mitgliedsländern nach wie vor vorkommt.

66 Neben dem Zollschuldner kommen als Täter auch dritte Personen in Betracht. § 370 AO ist in seiner Begehungsalternative kein Sonderdelikt. In den Unterlassensalternativen der Nrn. 2 und 3 kann Täter allerdings nur derjenige sein, dem tatbestandlich relevante Pflichten auferlegt sind.[62] Bei Anstiftung und Beihilfe zur Zollhinterziehung ist weder der Kreis der möglichen Teilnehmer noch die Art der Teilnahmehandlung durch Besonderheiten des Zollstrafrechts beschränkt; es gelten die allgemeinen Grundsätze (§§ 26, 27 StGB). Für eine **mittäterschaftliche Verantwortlichkeit** (§ 25 Abs. 2 StGB) bedarf es eines auf der Grundlage eines gemeinsamen Tatplanes und -entschlusses erbrachten Tatbeitrages, der sich unter Umständen sogar auf eine Vorbereitungs- oder Unterstützungshandlung beschränken kann. Mittäter eines gewerbsmäßiges Schmuggels nach §§ 373, 370 Abs. 1 Nr. 2 AO kann daher auch sein, wer den Schmuggel nicht in eigener Person durchführt und selbst an der Grenze tätig wird, am Schmuggel aber als Hintermann beteiligt ist.[63] Im Falle des Schmuggels können Unterstützungshandlungen nach Ansicht des BGH auch noch im Stadium zwischen Vollendung und Beendigung Beihilfe oder mittäterschaftliches Handelns darstellen, wenn sie die erfolgreiche Beendigung des Schmuggels fördern sollen.[64] Der Schmuggel soll erst dann beendet sein, wenn das geschmuggelte Gut in Sicherheit gebracht und „zur Ruhe gekommen", d. h. seinem Bestimmungsort zugeführt worden ist. Eine **mittelbare Täterschaft** kommt z. B. in Betracht, wenn der Beschuldigte LKW-Fahrer beauftragt, diese (gutgläubig) bei den Zollbehörden vorstellig werden und unrichtige Versandanmeldungen abgeben lässt.[65]

67 Eine Abgabenhinterziehung nach § 370 AO kann nur **vorsätzlich** begangen werden (vgl. § 369 Abs. 2 AO, § 16 StGB).[66] Der Vorsatz muss sich auf alle diejenigen tatsächlichen Umstände erstrecken, die den Tatbestand erfüllen, sowie bei normativen Tatbestandsmerkmalen eine sog. Parallelwertung in der Laiensphäre enthalten. Voraussetzung ist, dass der Täter den angegriffenen Steueranspruch dem Grunde nach kennt und dessen Höhe zumindest für möglich hält.[67] Einer genauen Kenntnis bedarf es insoweit nicht.[68] Nicht zum Vorsatz gehört die Kenntnis vom Verbotensein des Verhaltens. Insoweit ist Unrechtsbewusstsein erforderlich, dessen Fehlen als Verbotsirrtum nach § 17 StGB behandelt wird. Grundsätzlich genügt Eventualvorsatz. Abweichendes gilt, wenn eine Erklärung deshalb unrichtig ist, weil der Betroffene von einer objektiv unzutreffenden Rechtsansicht ausgegangen ist.[69]

68 Verstöße, die die Hinterziehung von Eingangsabgaben betreffen und damit in die Zuständigkeit der Zollverwaltung fallen, werden in der Praxis mit Strafen geahndet, die die bei der Hinterziehung von sonstigen Steuern von den Straf- und Bußgeldstellen der Finanzämter festgesetzte Zahl von Tagessätzen teilweise weit übersteigen.[70]

69 *bb) Erscheinungsformen der Zollhinterziehung.* Als Zollhinterziehung strafrechtlich verfolgt werden kann zunächst der **Verstoß gegen Zollförmlichkeiten**. Dies sind zunächst die Fälle des klassischen Einfuhrschmuggels, in denen einfuhrabgabenpflichtige Waren vorschriftswidrig in das Zollgebiet der Gemeinschaft verbracht werden. Durch Verstoß vor allem gegen die

---

[62] BGH NJW 2003, 2924; BGH NJW 2003, 446, 447.
[63] BGH NStZ 1999, 609; LG Hamburg wistra 2000, 68.
[64] BGH wistra 2000, 425.
[65] BGH NJW 2003, 907, 908.
[66] Vgl. auch *Harms/Jäger* NStZ 2003, 189, 190
[67] BGH wistra 1998, 225, 226.
[68] BGH NJW 2003, 446.
[69] Näher Franzen/Gast/Joecks/*Joecks* § 370 Rdnr. 238.
[70] Vgl. die Strafzumessungstabelle von Finanz- und Zollbehörden in: *Achenbach/Wannemacher* Bd. 1, Teil 2, § 11 Rdnr. 35; vgl. auch BMF, Ergebnisse der Steuer- und Zollfahndung 1997, wistra 1997, 59.

Gestellungspflicht (Rdnr. 26, 45) lässt der Täter den Zoll pflichtwidrig über steuerlich erhebliche Tatsachen in Unkenntnis (§ 370 Abs. 1 Nr. 2 AO), so dass Einfuhrabgaben nicht festgesetzt und dadurch verkürzt werden. In dem Zeitpunkt, in dem bei ordnungsgemäßen steuerlichem Verhalten die Abgaben festgesetzt worden wären, ist die Tat vollendet (§ 370 Abs. 4 AO).

Beim Schmuggel im Reiseverkehr besteht die Tathandlung üblicherweise in der Nichtbeachtung der Anmeldepflicht (Art. 59 ZK, 199 ZK-DVO). Freimengen bzw. **Freigrenzen im Reiseverkehr** werden durch die Verordnung über die Eingangsabgabenfreiheit von Waren im persönlichen Gepäck der Reisenden[71] und durch die Zollbefreiungsverordnung[72] bestimmt. Im europäischen Binnenmarkt sind die mengen- und wertmäßigen Beschränkungen für Waren, die weder zum Handel noch zur gewerblichen Verwendung bestimmt sind, entfallen.

Übersicht: Mengen- und Wertgrenzen

- **Tabakwaren**, wenn der Einführer mindestens 17 Jahre alt ist:
    - 200 Zigaretten oder
    - 100 Zigarillos oder
    - 50 Zigarren oder
    - 250 g Rauchtabak oder
    - eine anteilige Zusammenstellung dieser Waren.
- **Alkohol** und **alkoholhaltige Getränke**, wenn der Einführer mindestens 17 Jahre alt ist:
    - 1 Liter Spirituosen mit einem Alkoholgehalt von mehr als 22 % vol oder unvergällter Ethylalkohol mit einem Alkoholgehalt von 80 % vol oder mehr oder
    - 2 Liter Spirituosen, Aperitifs aus Wein oder Alkohol, Taffia, Sake oder ähnliche Getränke mit einem Alkoholgehalt von 22 % vol oder weniger oder
    - 2 Liter Schaumweine oder Likörweine oder
    - eine anteilige Zusammenstellung dieser Waren und
- 2 Liter nicht schäumende Weine.
- **Kaffee**, wenn der Einführer mindestens 15 Jahre alt ist:
    - 500 g Kaffee oder
    - 200 g Auszüge, Essenzen oder Konzentrate aus Kaffee oder Zubereitungen auf der Grundlage dieser Waren oder auf der Grundlage von Kaffee.
- **Parfüms** und **Eau de Toilette**
    - 50 g Parfüms und
    - 0,25 Liter Eau de Toilette.
- **Arzneimittel**
    - die dem persönlichen Bedarf während der Reise entsprechende Menge.
- **Andere Waren**
    - bis zu einem Warenwert von insgesamt **175 EUR**. Ausgenommen davon sind jedoch Goldlegierungen und Goldplattierungen in unbearbeitetem Zustand oder als Halbzeug (Halbfabrikat) und Treibstoff.

Wer allerdings ausschließlich deshalb die Grenze ins Ausland überschreitet, um zollpflichtige Waren im Ausland zu kaufen und danach ohne weitere Tätigkeiten sofort wieder nach Deutschland zurückkehrt, ist nach Ansicht des LG Dresden[73] kein **Reisender** i. S. d. Einreisefreimengenverordnung; er kann die Freimenge an zollpflichtigen Waren nicht in Anspruch nehmen.

Die Zollschuld entsteht in den vorgenannten Fällen nach Art. 202 ZK. Eine Zollhinterziehung kann aber auch mit einer Zollschuldentstehung nach Art. 203 und 204 ZK aufgrund der Verletzung formeller Pflichten nach dem Zeitpunkt der Gestellung einhergehen (s. o.).

Einfuhrabgaben können auch dadurch hinterzogen werden, dass einfuhrabgabenpflichtige Waren durch Deutschland **durchgeschmuggelt** werden, um so leichter Einfuhrabgaben in Drittstaaten hinterziehen zu können, die nicht Mitglied der EU sind. Die Zollschuld und die Abgabenverkürzung entstehen hier aus formalen Gründen, denn grundsätzlich wäre die Durchfuhr nicht mit der Zahlung von Einfuhrabgaben verbunden. Den rein formalen Entstehungsgrund berücksichtigt der BGH allerdings bei der Strafzumessung.[74]

Ein **tatbestandsmäßiges Verhalten** i. S. d. § 370 Abs. 1 AO kann in der Anmeldung zu einem unzutreffenden Zollverfahren nach Art. 59 ZK, Art. 199 ZK-DVO liegen, wenn schon

---

[71] BGBl. I [1974] 3377.
[72] ABl. EG L 46 v. 14.2.1994, S. 5.
[73] NStZ-RR 1999, 371.
[74] BGH NJW 2003, 446; BGH NJW 2003, 907.

die Voraussetzung für ein Zollverfahren nicht gegeben sind. Regelmäßig wird das tatbestandsmäßige Verhalten jedoch erst in der weiteren pflichtwidrigen Verwendung liegen, die nicht dem gewählten Zollverfahren entspricht. Gemäß Art. 82 ZK bleiben Waren, die aufgrund ihrer Verwendung zu besonderen Zwecken zu einem ermäßigten Einfuhrabgabensatz oder abgabenfrei in den zollrechtlich freien Verkehr übergeführt werden, unter zollamtlicher Überwachung. Eine tatbestandsmäßige Handlung i. S. d. § 370 Abs. 1 AO liegt in der zweckwidrigen Verwendung der Ware ohne eine entsprechende Anzeige und Bewilligung. Werden z. B. Waren während des Versandverfahrens (Art. 4 Nr. 16 Buchst. b) ZK) entnommen oder aus dem Zolllager (Art. 4 Nr. 16 Buchst. c) ZK) entfernt, liegt eine Zollhinterziehung vor.

76   Jeder **Verstoß gegen materielle Pflichten** des Abgabenrechts kann ein Ermittlungsverfahren wegen Zollhinterziehung nach sich ziehen, wenn dadurch eine Abgabe verkürzt wird. Ein tatbestandsmäßiges Verhalten i. S. d. § 370 Abs. 1 AO liegt insbesondere bei **unrichtigen oder unvollständigen Angaben über die Bemessungsgrundlagen** der Einfuhr- bzw. Ausfuhrabgabe vor. Es handelt sich hierbei um die praktisch bedeutsamste Form der Zollhinterziehung im Importhandel. Die Angaben betreffen
- unrichtige Angaben über den Zollwert;
- unrichtige Tarifierung oder Ursprungsangaben;
- unrichtige Angaben im Erhebungs- und Vollstreckungsverfahren (also z. B. unrichtige Angaben zur Erwirkung einer Stundung).

77   Die praktisch wichtigste Form der Zollhinterziehung sind **unrichtige oder unvollständige Angaben über den Zollwert**.[75] Der Zollwert wird grundsätzlich nach dem tatsächlich gezahlten oder zu zahlenden Preis – ggf. nach Berichtigung gemäß Art. 32 ZK (Hinzurechnungen) oder Art. 33 ZK (Abzugsposten) – bemessen (Transaktionswert, Art. 29 ZK). Der tatsächliche Preis ist nicht identisch mit dem Rechnungspreis, sondern umfasst den Wert sämtlicher Leistungen, die nach dem Kaufvertrag über die eingeführte Ware vom Käufer an den Verkäufer bzw. einen Dritten zu erbringen sind. Preisermäßigungen sowie Preisminderungen, die zum Zeitpunkt der Zollwertermittlung dem Grunde und der Höhe nach feststehen, werden zollwertrechtlich anerkannt.

78   Zum Zollwert sind bestimmte geldwerte Positionen **hinzuzurechnen**, sofern sie nicht bereits im Transaktionswert enthalten sind (Art. 32 ZK):
- bestimmte Einkaufskosten des Käufers (z. B. Provisionen, Maklerlohn, Umschließungskosten, Verpackungskosten – Abs. 1 Buchst. a);
- der Wert bestimmter Beistellungen des Käufers (Abs. 1 Buchst. b);
- Lizenzgebühren (Abs. 1 Buchst. c);
- Erlöse aus späteren Weiterverkäufen, sonstigen Überlassungen oder Verwendungen der eingeführten Ware (Abs. 1 Buchst. d);
- Beförderungs- und Versicherungskosten (Abs. 1 Buchst. e).

79   Art. 33 ZK ermöglicht die **Nichteinbeziehung von Aufwendungen und Kosten**, vorausgesetzt, dass sie getrennt von dem für die eingeführten Waren tatsächlich gezahlten oder zu zahlenden Preis ausgewiesen werden:
- Transportkosten, die nach Ankunft am Ort des Verbringens in das Zollgebiet oder Gemeinschaft anfallen (Buchst. a);
- Kosten für die nach der Einfuhr an den Waren ausgeführten Montagen oder Instandhaltungstätigkeiten (Buchst. b);
- Zinsen für die Finanzierung des Kaufpreises (Buchst. c);
- Kosten für das Recht der Vervielfältigung der eingeführten Waren in der Gemeinschaft (Buchst. d);
- Einkaufsprovisionen (Buchst. e);
- Einfuhrabgaben und andere in der Gemeinschaft aufgrund der Einfuhr oder des Verkaufs der Waren zu zahlende Abgaben (Buchst. f).

80   Entgegen dem materiellen Zollrecht müssen im Zollstrafrecht die vorstehenden Positionen auch ohne förmlichen Nachweis berücksichtigt werden, wenn die Kosten tatsächlich nachgewiesen werden können.

---

[75] *Bender* C/IV, S. 4.

Die **Voraussetzungen** dafür, dass der Zollwert dem Transaktionspreis entspricht, sind in § 29 Abs. 1 ZK festgehalten: 81
- keine Einschränkungen bzgl. der Verwendung und des Gebrauchs der Waren durch den Käufer (Buchst. a);
- hinsichtlich des Kaufgeschäfts oder des Preises liegen weder Bedingungen vor noch sind Leistungen zu erbringen, deren Wert im Hinblick auf die zu bewertenden Waren nicht bestimmt werden kann (Buchst. b);
- kein Teil des Erlöses aus späteren Warenverkäufen, sonstigen Überlassungen oder Verwendungen der Waren durch den Käufer kommen dem Verkäufer unmittelbar oder mittelbar zugute (Buchst. c);
- Käufer und Verkäufer sind nicht miteinander verbunden (Buchst. d).

In der Praxis bedeutsam ist vor allem der letzte Punkt; die wirtschaftliche Verbundenheit allein ist jedoch kein Grund, den Transaktionswert als unangemessen anzusehen (Abs. 2). Darüber hinaus entstehen Streitigkeiten über den wirklichen Zollwert zumeist aus vermeintlichen doppelten oder gesonderten Rechnungen. 82

Neben **unrichtigen Angaben über den Zollwert** stellen auch unrichtige Tarifierungen (Einreihung von Waren in das Warenschema des Zolltarifs) oder **unrichtige Ursprungsangaben** eine Abgabenhinterziehung dar. 83

Beispiel:
X führt im Jahr 2006 Pullover aus der VR China ein, obwohl das für Einfuhren von Textilien und Bekleidung aus der VR China von der EG festgelegte Kontingent bereits erschöpft ist. X möchte die Zahlung der Zollgebühren und die Kontingentierung umgehen. Er gibt deshalb als Ursprungsland die Türkei an.

Unrichtige Angaben (§ 370 Abs. 1 Nr. 1 AO) können auch über die **Warenbeschaffenheit** oder über die **Voraussetzung einer Präferenzbehandlung** gemacht werden. Nach Art. 59 ZK, Art. 199 ZK-DVO schließt die Abgabe einer Zollanmeldung die Erklärung ein, dass die Angaben wahrheitsgemäß und die beigefügten Unterlagen echt sind. Eine Abgabenhinterziehung kann auch dadurch begangen werden, dass der Täter es unterlässt, der Ware die für deren anderweitige Verwendung erforderliche neue zollrechtliche Bestimmung zu geben (Art. 89 Abs. 1 ZK) bzw. bei einer bleibenden Verwendung unter Zollbefreiung diese unter Entrichtung der fälligen Abgaben durch die Zollbehörde bewilligen zu lassen (Art. 82 Abs. 1 ZK) (Missbrauch von bedingten Zollbefreiungen). Die Zollschuld entsteht durch Entziehen aus der zollamtlichen Überwachung gemäß Art. 203 ZK. 84

cc) Ausländische Abgaben. Zu beachten ist, dass sich nach § 370 Abs. 6 AO die Reichweite des deutschen Strafrechts auch auf **Einfuhr- und Ausfuhrabgaben der EG-Mitgliedstaaten und bestimmter anderer Staaten**[76] erstreckt. Die Hinterziehung sonstiger ausländischer Umsatz- oder Verbrauchersteuern wird demgegenüber, selbst wenn die Steuern harmonisiert sind, derzeit nicht verfolgt. Gemäß § 370 Abs. 6 Satz 3 AO muss diesbezüglich die Gegenseitigkeit der Strafverfolgung zur Tatzeit verbürgt und in einer Rechtsverordnung festgestellt sein, was momentan nicht der Fall ist.[77] Der Tatort spielt ebenso wie bei Verstößen im Hinblick auf inländische Zollstrafnormen gemäß § 370 Abs. 7 AO keine Rolle.[78] 85

dd) Schmuggelprivileg. Für kleine Zollstraftaten und -ordnungswidrigkeiten gilt gemäß § 32 Abs. 1 ZollVG das sog. **Schmuggelprivileg**.[79] Das Schmuggelprivileg stellt ein Verfahrenshindernis dar;[80] das von Amts wegen zu berücksichtigen ist. Die Norm setzt voraus, dass die Tat im Reiseverkehr über die Grenze im Zusammenhang mit der Zollbehandlung begangen wurde, sich auf „private" Waren bezieht und der Wert der Ware objektiv € 130 nicht übersteigt. Als Ausgleichssanktion sieht § 32 Abs. 3 ZollVG allerdings einen Abgabenzuschlag bis zur Höhe 86

---

[76] Mitglieder der EFTA (Island, Liechtenstein, Norwegen, Schweiz) oder mit dieser assoziierte Staaten.
[77] Im Augenblick ist noch nicht absehbar, wann eine derartige Rechtsverordnung in Kraft treten wird; *Dietz/Cratz/Rolletschke* § 370 AO Rdnr. 191; *Bender* C/III, S. 29.
[78] Vgl. BGH NStZ 2001, 279; *Bender* C/III, S. 29.
[79] Siehe dazu ausführlich die Kommentierung bei Franzen/Gast/Joecks/*Voß* § 32 ZollVG.
[80] BayObLG ZfZ 1981, 312.

der Einfuhrabgaben – höchstens jedoch bis zu € 130 – vor. Die Erhebung des Zuschlags steht im Ermessen der Behörde.

87 **Grenze** i. S. d. § 32 ZollVG ist der deutsche Teil der Außengrenze der Gemeinschaft. Die Absätze 1 bis 3 gelten aber auch bei der Einreise aus einer Freizone (§ 32 Abs. 4 ZollVG). Kein Grenzüberschreiten liegt im Reiseverkehr zwischen den Mitgliedstaaten der Europäischen Union. **Reiseverkehr** über die Grenze ist jeder Personenverkehr, d. h. nicht nur der gelegentliche Grenzverkehr aus Anlass einer Ferien- oder Geschäftsreise. Nicht erforderlich ist, dass es sich bei den mitgeführten Waren um solche handelt, die üblicherweise auf Reisen mitgeführt werden. Ein Zusammenhang mit einer Zollbehandlung ist nicht erforderlich, so dass auch ein Grenzübertritt über die „grüne Grenze" unter § 32 ZollVG fällt.

88 Nicht unter das Schmuggelprivileg fallen Waren, die **zum Handel oder zur gewerblichen Verwendung** bestimmt sind. Zum Handel bestimmt sind Waren, wenn der Betroffene zur Tatzeit in der Absicht tätig ist, diese gegen Entgelt zu veräußern. Ein dauerhafter Handels- und Geschäftswille ist nicht erforderlich. Unerheblich ist, wenn die Verkaufsabsicht später aufgehoben wird. Soll die Ware lediglich zum Selbstkostenpreis veräußert werden, liegt kein Handel i. S. v. § 32 ZollVG vor. Zur Gewerblichen Verwendung bestimmt ist die Ware, wenn der Betroffene in der Absicht handelt, sie bei einer von ihm ständig ausgeübten Tätigkeit i. S. v. § 15 EStG, § 2 GewO zu verwenden.

89 Der verkürzte Einfuhrabgabenbetrag oder der Einfuhrabgabenbetrag darf € 130 nicht übersteigen. Handeln mehrere Reisende in Mittäterschaft (§ 25 Abs. 2 StGB), so wird eine Zusammenrechnung des Wertes der gemeinschaftlich geschmuggelten Waren regelmäßig versagt. Lässt sich der Nachweis der Mittäterschaft nicht führen und besteht allein eine räumliche Nähe – z. B. beim Grenzübertritt mehrerer Personen in einem PKW – hat in jedem Fall eine Aufteilung nach Köpfen zu erfolgen.

90 § 32 Abs. 1 ZollVG gilt nicht, wenn der Betroffene die Waren durch besonders angebrachte Vorrichtungen verheimlicht oder an schwer zugänglichen Stellen versteckt hält (Abs. 2 Nr. 1) oder durch die Tat den Tatbestand einer Steuerstraftat innerhalb von sechs Monaten zum wiederholten Male verwirklicht (Abs. 2 Nr. 2). **Besonders angebrachte Vorrichtungen** sind Verstecke, die durch Veränderung in oder an den Beförderungs- und Verpackungsmitteln künstlich eingerichtet werden (z. B. doppelte Böden); **schwer zugängliche Stellen** sind bereits vorhandene natürliche Verstecke (z. B. der Kfz-Tank). Ein Verstecken liegt vor, wenn sich die Ware an einer Stelle befindet, an der sie nach der Anssicht des Reisenden bei einer üblichen – nicht gründlichen – Kontrolle vom Zollbeamten nicht entdeckt wird. Unerheblich ist, ob es sich bei dieser Stelle um ein von den Zollbeamten vielfach vermutetes Versteck handelt. Kein Verstecken liegt bei der Verwahrung in Handtaschen, Koffern und Ablagefächern im Fahrzeug vor. § 32 Abs. 2 Nr. 1 ZollVG wirkt – anders als Nr. 2 – wegen seines tatbezogenen Charakters für und gegen Täter und Teilnehmer.

91 *ee) Versuchsstrafbarkeit.* Gemäß § 370 Abs. 2 AO – auf den die §§ 372 – 374 AO auch insoweit Bezug nehmen – ist auch der Versuch strafbar. Nach den allgemeinen Grundsätzen zur Abgrenzung der straflosen Vorbereitungshandlung vom strafbaren Versuch liegt ein **unmittelbares Ansetzen** bei solchen Gefährdungshandlungen vor, die nach der Tätervorstellung in ungestörtem Fortgang unmittelbar zur Tatbestandserfüllung führen oder mit ihr in einem unmittelbar räumlichen und zeitlichen Zusammenhang stehen.[81] Dies ist insbesondere dann der Fall, wenn der Täter subjektiv die Schwelle zum „jetzt geht es los" überschreitet, es eines weiteren Willensimpulses nicht mehr bedarf und er objektiv zur tatbestandsmäßigen Angriffshandlung ansetzt, so dass sein Tun ohne Zwischenakte in die Erfüllung des Tatbestandes übergeht.[82] Im Einzelfall ist bei der Abgrenzung in wertender Betrachtung auf die strukturellen Besonderheiten des jeweiligen Tatbestandes Rücksicht zu nehmen. Bei **steuerlichen Einfuhrdelikten** folgt aus diesen Erwägungen, dass z. B. die Verbringung von zoll- und verbrauchsteuerpflichtigen Waren in einen Freihafen selbst dann noch nicht als versuchte Hinterziehung von Einfuhrabgaben zu werten ist, wenn der Täter plant, die Waren zu einem späteren Zeitpunkt mit falschen Zollmeldungen in das Gemeinschaftsgebiet weiterzubefördern. Bei Einfuhrdelikten, bei de-

---

[81] BGH NStZ 1989, 473.
[82] St. Rspr., vgl. BGHSt 48, 34, 35 f. m.w.N = NJW 2003 S. 150.

nen die beabsichtigte Steuerverkürzung durch Abgabe inhaltlich falscher Anmeldungen bei der zollamtlichen Abfertigung bewirkt werden soll, wird unmittelbar zur Tatbestandsverwirklichung erst mit der Vorlage der wahrheitswidrigen – weil unvollständigen – Zollanmeldung angesetzt.[83]

ff) Rücktritt vom Versuch. Gemäß § 24 StGB erlangt Straffreiheit, wer vom Versuch der Tatbestandsverwirklichung freiwillig zurücktritt. Hinsichtlich der **Anforderungen** an einem wirksamen Rücktritt ist zu differenzieren zwischen dem unbeendeten (Abs. 1 Satz 1) und dem beendeten (Abs. 1 Satz 2) Versuch. In der Konstellation des beendeten Versuchs geht die strafbefreiende Selbstanzeige (§ 371 AO) als Spezialvorschrift regelmäßig vor, jedoch sind Fälle denkbar, in denen der Eintritt des tatbestandlichen Erfolges auch auf andere Weise als durch eine Selbstanzeige abgewendet werden kann. 92

gg) Strafbefreiende Selbstanzeige. Wer in den Fällen des § 370 AO unrichtige oder unvollständige Angaben bei der Zollbehörde berichtigt oder ergänzt oder unterlassene Angaben nachholt, wird insoweit straffrei (§ 371 Abs. 1 AO). Die **Selbstanzeige** stellt einen persönlichen Strafaufhebungsgrund dar. Deshalb sind die Voraussetzungen des § 371 AO bei jedem Beteiligten selbständig zu prüfen. Grundsätzlich kommt Straffreiheit nur dem Betroffenen zugute, der die unrichtigen oder unvollständigen Angaben korrigiert und die sonstigen Voraussetzungen des § 371 AO (z. B. Nachzahlung gem. Abs. 3) erfüllt. Die Selbstanzeige braucht als solche nicht gekennzeichnet zu werden und bedarf keine Hinweises auf strafrechtliches Fehlverhalten. Sie kann schriftlich, mündlich und fernmündlich erstattet werden und muss auf eine **Berichtigung** und **Ergänzung der bisherigen Angaben** oder einer **Nachholung bisher unterlassener Angaben** abzielen. Die Nacherklärung muss diejenigen Informationen enthalten, die notwendig sind, damit die Behörde ohne weitere Mithilfe des Betroffenen den Zoll zutreffend festsetzen kann.[84] Zu berücksichtigen ist, dass mit der Hinterziehung von Einfuhrabgaben auch die Hinterziehung von gewinn- und ertragsabhängigen Steuern verbunden sein kann. Entsprechende Auswirkungen sind vor der Selbstanzeige zu untersuchen, damit der präsentierte Sachverhalt auch hinsichtlich dieser Steuern seine strafbefreiende Wirkung entfaltet. 93

§ 371 Abs. 3 AO macht die Straffreiheit von der fristgerechten **Nachzahlung** der zu Gunsten des Anzeigeerstatters hinterzogenen Abgaben abhängig. Wer von dieser Nachzahlungspflicht getroffen wird, ist umstritten und abhängig vom Einzelfall. Allgemein anerkannt ist, dass jeder von mehreren Tätern oder Teilnehmern zur Erlangung der Straffreiheit nur denjenigen Betrag nachentrichten muss, der seinem eigenen Vorteil entspricht.[85] 94

Straffreiheit tritt trotz einer inhaltlich ausreichenden Selbstanzeige nicht ein, wenn vor Zugang der Selbstanzeige bei der Zollbehörde die Voraussetzungen eines **Ausschlussgrundes** nach § 371 Abs. 2 AO eingetreten sind: 95
- Erscheinen eines Amtsträgers zur Prüfung (Nr. 1 Buchst. a);
- Bekanntgabe der Einleitung eines Straf- oder Bußgeldverfahrens (Nr. 1 Buchst. b);
- Entdeckung der Tat (Nr. 2).

Amtsträger ist jeder Beamter oder Angestellter, der Aufgaben der öffentlichen Verwaltung für eine Zollbehörde wahrnimmt (vgl. §§ 7, 386 Abs. 1 AO, § 17 ZollVG). **Erschienen** ist er grundsätzlich dann, wenn er am Ort der beabsichtigten Prüfung eingetroffen oder dort zumindest in das Blickfeld des Abgabenpflichtigen geraten ist. Hierbei muss der Prüfer den ernsthaften Willen zur Prüfung haben, was z. B. nicht der Fall ist, wenn er nur erscheint, um den Ablauf der Festsetzungsfrist zu hemmen (§ 171 Abs. 4 AO). Die Sperrwirkung des § 371 Abs. 2 AO entfällt auch dann, wenn die dem Erscheinen des Amtsträgers zu Grunde liegende Prüfungsanordnung wegen eines besonders schwerwiegenden und offenkundigen Fehlers nichtig ist (§ 125 AO), wohl aber nicht, wenn die Prüfung (nur) formell oder materiell rechtswidrig 96

---

[83] BGH NStZ 2004, 580.
[84] Vgl. i.ü. oben die Ausführungen von *Lohr* in § 29, sowie Klein/*Gast-deHaan* § 371 AO Rdnr. 1 ff. zur steuerlichen Selbstanzeige.
[85] Franzen/Gast/Joecks/*Joecks* § 371 Rdnr. 104.

ist bzw. die Prüfungsergebnisse einem steuer- oder strafrechtlichen Verwertungsverbot unterliegen.[86]

97 Für die **Einleitung eines Straf- oder Bußgeldverfahrens** müssen zureichende tatsächliche Anhaltspunkte für eine Straftat oder Ordnungswidrigkeit vorliegen (§ 152 Abs. 2 StPO). Hierüber ist im Zoll- und Steuerstrafrecht ein förmlicher Aktenvermerk anzufertigen (§ 397 Abs. 2 AO). Darin muss die Tat so genau beschrieben werden, wie dies nach dem Kenntnisstand der Behörde möglich ist (z. B. Handlungsweise, verkürzte Abgabenart, zeitliche Abgrenzung). Die Verfahrenseinleitung ist dem Betroffenen spätestens dann mitzuteilen, wenn er aufgefordert wird, Tatsachen darzulegen oder Unterlagen vorzulegen, die im Zusammenhang mit der Straftat oder Ordnungswidrigkeit stehen (§ 397 Abs. 3 AO). Verstöße hiergegen können zu einem Verwertungsverbot hinsichtlich der dargelegten Tatsachen oder vorgelegten Unterlagen führen (§ 393 Abs. 2 AO, §§ 136, 136 a StPO).

98 Der für § 371 Abs. 2 Nr. 2 AO maßgebliche Begriff der **Tatentdeckung** bedeutet mehr als nur ein strafprozessualer Anfangsverdacht i. S. v. § 152 Abs. 2 StPO. Eine Tat ist (erst) entdeckt, wenn durch die Kenntnis eine Lage geschaffen ist, die bei vorläufiger Bewertung eine Verurteilung wahrscheinlich macht, d. h. es müssen auch tatsächliche Anhaltspunkte einen Schluss auf das Vorliegen des subjektiven Tatbestandes zulassen. Bei mehreren Beteiligten tritt die Sperrwirkung der Entdeckung nur gegenüber der Person ein, deren Tatbeitrag entdeckt worden ist.

99 *hh) Die Verbrauchsteuerhinterziehung* ist vom Umfang her bedeutender als die Zollhinterziehung. Besonders relevant ist neben der Hinterziehung von **Tabaksteuer** und **Branntweinsteuer** die **Verdieselung von Heizöl**. Der Steuerausfall durch Verdieselung von Heizöl allein soll so hoch sein wie die Höhe der Hinterziehung sämtlicher übriger Zölle und Verbrauchsteuern.[87] Allgemeine Hinweise lassen sich hier kaum geben. Vielmehr ist der Anwalt gehalten, sich gegebenenfalls mit den Vorschriften der einzelnen Verbrauchsteuergesetze vertraut zu machen.

100 *ii) Strafschärfungen.* § 370 Abs. 3 AO normiert für **besonders schwere Fälle der Steuerhinterziehung** eine Strafschärfung. Ein besonders schwerer Fall liegt in der Regel vor, wenn der Täter
- aus grobem Eigennutz in großem Ausmaß Steuern verkürzt oder nicht gerechtfertigte Steuervorteile erlangt (Nr. 1);
- seine Befugnisse oder seine Stellung als Amtsträger missbraucht (Nr. 2);
- die Mithilfe eines Amtsträgers ausnutzt, der seine Befugnisse oder seine Stellung missbraucht (Nr. 3), oder
- unter Verwendung nachgemachter oder verfälschter Belege fortgesetzt Steuern verkürzt oder nicht gerechtfertigte Steuervorteile erlangt (Nr. 4).

101 **Grob eigennützig** handelt, wer sich bei seinem Verhalten von dem Streben nach eigenem Vorteil in besonders anstößigem Maße leiten lässt bzw. mit ausgeprägten Gewinnsucht handelt;[88] erforderlich ist eine Betrachtung der gesamten Tatumstände, greifbare Kriterien bestehen – wie auch beim Begriff des **großen Ausmaßes** – kaum. Der Umfang der Abgabenverkürzung kann dafür indizielle Bedeutung haben.[89]

102 Der erhöhte Strafrahmen des § 370 Abs. 3 AO gilt auch für § 373 AO (**gewerbs- oder bandenmäßigen oder gewaltsamen Schmuggel**) in der Form der Eingangsabgabenhinterziehung, nicht aber für die gewerbsmäßige Steuerhehlerei.[90] Wer gewerbsmäßig Eingangsabgaben hinterzieht oder gewerbsmäßig durch Zuwiderhandlungen gegen Monopolvorschriften Bannbruch begeht, wird im Mindestmaß mit einer Freiheitsstrafe von drei Monaten bestraft. Bei § 373 AO handelt es sich um eine unselbständige tatbestandliche Abweichung des § 370 AO.[91] **Gewerbsmäßigkeit** setzt ein Handeln in der Absicht voraus, sich durch die wiederholte Begehung von Straftaten der fraglichen Art eine fortlaufende Einnahmequelle (von einigem

---

[86] BGH NJW 2005, 2723 m. w. N. auf die dazu vertretenen Auffassungen; sowie vertiefend auch oben *Lohr* in § 29.
[87] *Bender* C /IV, S. 96.
[88] BGH wistra 1985, 228; BGH wistra 1987, 71.
[89] BGH wistra 1993, 109; s. auch oben *Lohr* in § 29.
[90] BGH NJW 1984, 2588 ff.
[91] BGH wistra 2005, 227

Gewicht) zu verschaffen;[92] hierfür reicht es aus, wenn der Beschuldigte sich mittelbar geldwerte Vorteile über Dritte aus den Tathandlungen verspricht.[93] Auf den Gehilfen ist der Qualifikationstatbestand nur anwendbar, wenn er selbst gewerbsmäßig gehandelt hat.[94]

Ebenfalls im **Mindestmaß** mit einer Freiheitsstrafe von drei Monaten wird gemäß § 373 Abs. 2 AO bestraft, wer
- eine Hinterziehung von Eingangsabgaben oder einem Bannbruch begeht, bei denen er oder ein anderer Beteiligter eine Schusswaffe bei sich führt (Nr. 1);
- eine Hinterziehung von Eingangsabgaben oder einem Bannbruch begeht, bei denen er oder ein anderer Beteiligter eine Waffe oder sonst ein Werkzeug oder Mittel bei sich führt, um den Widerstand eines anderen durch Gewalt oder Drohung mit Gewalt zu verhindern oder zu überwinden (Nr. 2), oder
- als Mitglied einer Bande, die sich zur fortgesetzten Begehung der Hinterziehung von Eingangsabgaben oder des Bannbruchs verbunden hat, unter Mitwirkung eines anderen Bandenmitglieds die Tat ausführt (Nr. 3).

103

Unter Berücksichtigung der für § 373 AO maßgeblichen besonderen Gefährlichkeit ist der Begriff der **Schusswaffe** enger zu bestimmen als in § 1 WaffG. Sie muss Verletzungen bewirken können, die nicht zwingend lebensgefährlich sein müssen. Nicht funktionsfähige Schusswaffen sowie lediglich optisch oder akustisch wirkende Schießgeräte fallen nicht hierunter. Die tatbestandlichen Voraussetzungen sind z. B. erfüllt, wenn sich bei Begehung der Tat eine Schusswaffe auf der zweiten Rückbank des vom Beschuldigten geführten Kleinbusses befindet, an die er bei einer Grenzkontrolle durch Öffnen der Seitentür gelangen kann.[95] Für die rechtliche Beurteilung als gewaltsamer Schmuggel ist es ausreichend, dass dem Täter die Waffe zu irgendeinem Zeitpunkt während des Tathergangs zur Verfügung stand.[96]

104

Eine **Bande** setzt den Zusammenschluss von mindestens drei Personen voraus, die sich mit dem Willen verbunden haben, künftig für eine gewisse Dauer mehrere selbstständige, noch ungewisse Straftaten des im Gesetz genannten Deliktstyps zu begehen.[97] Entgegen früherer Rechtsprechung ist nicht mehr erforderlich, dass wenigstens zwei Bandenmitglieder – wenn auch nicht notwendig körperlich – örtlich und zeitlich die Verbringung der Ware über die Grenze zusammen bewirken. Auch ein am Tatort selbst nicht mitwirkendes Bandesmitglied kann als Täter eines Bandendelikts bestraft werden. Die restriktivere Rechtsprechung, wonach erst die Effizienzsteigerung und die Gefahrerhöhung durch das zeitlich und örtliche Zusammenwirken durch zwei Bandenmitglieder vor Ort die Strafschärfung begründen kann,[98] hat auch der 5. Strafsenat des BGH im „Interesse einer Harmonisierung einschließlich des Nebenstrafrechts" aufgegeben.[99]

105

§ 371 AO findet auf § 373 AO keine Anwendung.

b) Gewerbsmäßige Steuerhinterziehung (§ 370 a AO). Durch das Steuerverkürzungsbekämpfungsgesetz[100] wurde Ende 2001 ein eigener **Verbrechenstatbestand** für die gewerbs- und bandenmäßige Steuerhinterziehung in die AO eingefügt. Mit Freiheitsstrafe von mindestens einem Jahr wurde u. a. sanktioniert, wer gewerbsmäßig oder als Mitglied einer Bande, die sich zur fortgesetzten Begehung solcher Taten verbunden hat, Steuern verkürzt. Die Vorschrift war äußerst umstritten.[101] Zweifelhaft war, ob die Norm nicht bereits nur auf die Umsatzsteuer – und deshalb nicht im Zollstrafrecht – anwendbar war; beanstandet wurde darüber hinaus, dass mit der Vorschrift und dem bloßen Rückgriff auf die gewerbsmäßige

106

---

[92] BGH wistra 1987, 30.
[93] BGH wistra 1999, 25.
[94] BGH wistra 1987, 30.
[95] Beispiel nach LG Dresden NStZ-RR 1999, 371.
[96] BGH StV 2000, 555.
[97] BGH BGHSt 46, 321.
[98] BGH StV 1999, 424.
[99] BGH NStZ-RR 2000, 301.
[100] Gesetz zur Bekämpfung von Steuerverkürzungen bei der Umsatzsteuer und zur Änderung anderer Steuergesetze v. 19.12.2001 (BGBl I, 3922); s. auch oben *Lohr* in § 29.
[101] Vgl. nur *Joecks*, Steuerstrafrechtliche Risiken in der Praxis – Ermittlungsschwerpunkte und Verschärfung der Rechtslage, DStR 2001, 2184; *Wegner*, Zum Anwendungsbereich des § 370 a AO, wistra 2002, 205; sowie oben *Lohr* in § 29.

Begehung der Steuerhinterziehung eine umfassende Verschärfung der Strafbarkeit erfolgte und hierin ein Verstoß gegen das Übermaßverbot liegen könnte. Mit Wirkung zum 28.7.2002 trat die aktuelle Version des § 370 a AO in Kraft.[102] Sanktioniert wird, wer in den Fällen des § 370 AO gewerbsmäßig oder als Mitglied einer Bande, die sich zur fortgesetzten Begehung solcher Taten verbunden hat, in großem Ausmaß Steuern verkürzt oder für sich oder einen anderen nicht gerechtfertigte Steuervorteile erlangt.[103] Judikate zu § 370 a AO sind vereinzelt geblieben; auch der Ausschluss der Selbstanzeige nach § 370 a Abs. 2 AO ist kurzzeitig zwar für die anwaltliche Beratungspraxis überaus bedeutsam geworden, hat jedoch in gerichtlichen Entscheidungen – soweit ersichtlich – keine Relevanz gewonnen. Gegenwärtig besteht ein Zustand der **Rechtsunsicherheit**, der im Wesentlichen daher rührt, dass der 5. Strafsenat des BGH die Vorschrift zwischenzeitlich als nicht mit dem Bestimmtheitsgrundsatz in Einklang stehend angesehen und von ihrer Anwendung Abstand genommen hat.[104] Es kann zwar davon ausgegangen werden, dass die Strafgerichte die Vorschrift vor diesem Hintergrund vorerst nicht weiter anwenden werden; ob dies aber auch hinsichtlich der Finanzbehörden gilt (insbesondere bezüglich des Ausschlusses der Selbstanzeige), bleibt abzuwarten.

107 c) **Bannbruch (§ 372 AO).** Gleich einem Steuerhinterzieher wird bestraft, wer Gegenstände entgegen einem Verbot ein-, aus- oder durchführt. Da der Bannbruch das Steueraufkommen nicht berührt, trifft das oben genannte Definition der Zollstraftat (Rdnr. 5) auf ihn eigentlich nicht zu. Er kann jedoch den Zollstraftaten zugerechnet werden, weil die Zollverwaltung gemäß § 1 Abs. 3 ZollVG für die Überwachung der Verbote zuständig ist.[105] Hauptanwendungsfall sind Verstöße gegen das **Branntweinmonopolgesetz**. Die praktische Bedeutung der Vorschrift ist aber wegen der in Abs. 2 ausdrücklich angeordneten Subsidiarität gering. Der Täter wird nach § 370 Abs. 1, 2 nur bestraft, wenn die Tat nicht in anderen Vorschriften als Zuwiderhandlung gegen ein Einfuhr-, Ausfuhr- oder Durchfuhrverbot mit Strafe oder Geldbuße bedroht ist.

108 d) **Steuerhehlerei (§ 374 AO).** Wer Erzeugnisse oder Waren, hinsichtlich deren Verbrauchsteuern oder Einfuhr- und Ausfuhrabgaben i. S. d. Art. 4 Nr. 10 und 11 ZK hinterzogen oder Bannbruch nach § 372 Abs. 2, § 373 begangen worden ist, ankauft oder sonst sich oder einem Dritten verschafft, sie absetzt oder abzusetzen hilft, um sich oder einen Dritten zu bereichern, wird nach § 370 Abs. 1 und 2 bestraft. Handelt der Täter **gewerbsmäßig**, ist § 373 einschlägig. § 374 Abs. 1 AO gilt auch dann, wenn Einfuhr- oder Ausfuhrabgaben hinterzogen worden sind, die von einem anderen Mitgliedstaat der Europäischen Gemeinschaften verwaltet werden oder die einem Mitgliedstaat der Europäischen Freihandelsassoziation oder einem mit dieser assoziierten Staat zustehen; § 370 Abs. 7 gilt entsprechend.

109 Die praktische Bedeutung der sog. Steuerhehlerei folgt schon daraus, dass der Schmuggler die Ware regelmäßig nicht für sich behalten will. Hinsichtlich der einzelnen Tathandlungen ist die Rechtsprechung und Literatur zu § 259 StGB zu beachten, da die Tathandlungen deckungsgleich formuliert sind: Das **Ankaufen** ist ein Unterfall des Verschaffens. Hieraus folgt, dass der Vertragsschluss allein nicht ausreicht, um eine Strafbarkeit zu begründen; erforderlich ist der Vollzug des Kaufvertrages. Erzeugnisse oder Waren **verschafft sich oder einem Dritten**, wer an ihr selbständige tatsächliche Verfügungsgewalt zu eigenen Zwecken (Zueignung) bzw. zu Zwecken des Dritten (Drittzueignung) erlangt und zwar im Einverständnis mit dem Vorbesitzer. Wer die Sache lediglich aufbewahrt, ist kein Hehler. **Absetzen** ist die selbständige – entgeltliche (str.) – wirtschaftliche Verwertung der Sache im Interesse des Vortäters. Die Rechtsprechung will hierbei auf den Erfolg der Absatzbemühung verzichten; es soll eine vom Absatzwillen getragene vorbereitende Tätigkeit ausreichen. Die **Absatzhilfe** ist eine unselbstän-

---

[102] Eingefügt durch das Fünfte Gesetz zur Änderung des Steuerbeamten-Ausbildungsgesetzes und zur Änderung anderer Gesetze v. 23.7.2002 (BGBl I, 2715); vgl. *Spatscheck/Wulf*, „Schwere Steuerhinterziehung" gemäß § 370 a AO – Zwischenbilanz zur Diskussion über eine missglückte Strafvorschrift, NJW 2002, 2983, 2984 ff.
[103] Vgl. *Gast-deHaan*, Formelle Verfassungswidrigkeit des § 370 a AO n. F., DStR 2003, 12, 13 f.
[104] BGH NStZ 2005, 105 m. Anm. *Hunsmann* NStZ 2005, 72; *Hild*, Zur verfassungsrechtlichen Problematik der Anwendung und Auslegung des § 370 a AO, NJW 2005, 336; *Rolletschke*, Die Verfassungswidrigkeit des § 370 a AO, DStZ 2004, 763; BGH NStZ-RR 2005, 53 m. Anm. *Wegner* PStR 2005, 4; *Schmitz*, § 370 a AO endgültig verfassungswidrig? StB 2005, 300.
[105] *Bender* C/II, S. 1; Wannemacher/ *Zorn* Rdnr. 1215.

dige Unterstützung des Vortäters bei der Verwertung der Tatgegenstände in dessen Interesse; gleichwohl fällt nicht jede Unterstützung, die dem Vortäter im Vorfeld von Absatzbemühungen geleistet wird, unter den Hehlereitatbestand. Die bloße Hilfe bei der Vorbereitung künftiger Absatzes ist nicht tatbestandsmäßig. Damit der Begriff des Absetzens oder des Absetzenshelfens erfüllt ist, müssen zur bloßen Verwahrung und Lagerung Begleitumstände in Gestalt einer Tätigkeit hinzutreten, die für den Vortäter einen Beginn des Absetzens bedeutet.[106]

e) **Steuerzeichenfälschung.** Die Steuerzeichenfälschung wird von den neu geschaffenen Vorschriften der **Wertzeichenfälschung** in den §§ 148 ff. StGB mitumfasst (Art. 19 Nr. 59 EGStGB). Die Steuerzeichenfälschung hat nach derzeitiger Rechtslage nur noch bei der Tabaksteuer Bedeutung, die nach § 12 TabStG durch Verwendung von Tabaksteuerbanderolen zu entrichten ist. Praktisch relevant ist der Import von mit gefälschten Steuerzeichen versehenen Billigzigaretten aus dem Ausland. 110

f) **Begünstigung nach einer Steuerstraftat.** Die Begünstigung einer Person, die eine Tat nach den § 369 Abs. 1 Nr. 1 bis 3 AO begangen hat, wird in Nr. 4 zur Steuerstraftat (Zollstraftat) erklärt. Die Steuerstraftat im Sinne des § 369 Abs. 1 Nr. 4 AO ist ausschließlich die (sachliche, nicht persönliche) Begünstigung im Sinne vom § 257 StGB, wenn **Vortat** eine Steuerstraftat im Sinne des § 369 Abs. 1 Nr. 1 bis 3 AO ist. Da zum Beispiel Schmuggelware der dinglichen Haftung nach § 76 AO unterliegt, kann Begünstigung nach einer Zollhinterziehung dadurch begangen werden, dass Schmuggelware versteckt wird, um dadurch die Bezahlung der verkürzten Einfuhrabgaben zu verhindern. 111

g) **Geldwäsche nach einer Steuerstraftat.** § 261 StGB sanktioniert Geldwäsche mit Freiheitsstrafe bis zu fünf, in besonders schweren Fällen bis zu zehn Jahren. Leichtfertige Verstöße können mit Freiheitsstrafe bis zu zwei Jahren oder mit Geldstrafe geahndet werden. Vergehen nach § 373 AO und, wenn der Täter gewerbsmäßig handelt, nach § 374 AO – jeweils i. V. m. § 12 Abs. 1 des Gesetzes zur Durchführung der Gemeinsamen Marktorganisation (MOG) stellen seit jeher taugliche Anknüpfungstaten für eine Geldwäsche dar.[107] 112

Praktische Bedeutung gewinnt die Verknüpfung zwischen Geldwäsche und Zollstrafrecht bereits im Ermittlungsverfahren. Allerdings hat der BGH[108] klargestellt, dass eine **Telefonüberwachung** nach § 100 a S. 1 Nr. 2 StPO dann nicht auf den Verdacht der Geldwäsche gestützt werden darf, wenn eine Verurteilung wegen Geldwäsche aufgrund der Vorrangklausel des § 261 Abs. 9 Satz 2 StGB nicht zu erwarten und die der Geldwäsche zugrunde liegende Tat keine Katalogtat im Sinne des § 100 a StPO ist. Letzteres trifft auf §§ 373, 374 AO zu. Die Rechtswidrigkeit der Anordnung der Telefonüberwachung führt regelmäßig zu einem Verwertungsverbot, wenn die Voraussetzungen nach § 100 a StPO bei ihrem Erlass nicht vorlagen.[109] Dies gilt jedenfalls in den Fällen, in denen der Verdacht einer Katalogtat von vornherein nicht bestanden hat.[110] 113

Im Zusammenhang mit dem Vorwurf der gewerbsmäßigen Steuerhehlerei ist zu beachten, dass § 374 AO als geldwäschetaugliche Vortat anzusehen ist (§ 261 Abs. 1 Satz 2 Nr. 3 StGB) und bei Steuerdelikten nach §§ 373, 374 AO die Geldwäsche sich gemäß § 261 Abs. 1 Satz 3 StGB auch auf einen Gegenstand beziehen kann, hinsichtlich dessen Abgaben hinterzogen wurden, z. B. durch den Besitzerwerb an unverzollten Zigaretten. Eine Strafbarkeit gemäß § 261 StGB entfällt jedoch aufgrund des **persönlichen Strafausschließungsgrundes** hinsichtlich der Sicherungs- und Verwertungshandlungen, die der Beschuldigte an dem gehehlten Gut vorgenommen hat, denn eine erhebliche zeitliche Zäsur zwischen Vortat und Geldwäschehandlung setzt § 261 Abs. 9 S. 2 StGB nicht voraus. Maßgeblich ist allein, dass die Gegenstände überhaupt durch die Hehlerei erworben sind. Auf eine Vollendung oder gar Beendigung der Vortat kommt es für eine Anwendung des § 261 Abs. 9 Satz 2 StGB nicht an.[111] 114

---

[106] OLG Düsseldorf wistra 2001, 157.
[107] Näher BGH NJW 2000, 3725.
[108] BGH NStZ 2003, 609.
[109] BGH BGHSt 32, 68, 70.
[110] BGHSt 41, 30, 31; rechtliche Bewertungsfehler des Ermittlungsrichters sind aber dann heilbar, wenn ex post der Verdacht einer Katalogtat aufgrund der damaligen Beweislage bejaht werden kann, solange der damals bestehenden Ermittlungssituation nicht ein völlig anderes Gepräge gegeben wird.
[111] BGH NJW 2000, 3725.

2. Steuerordnungswidrigkeiten

115 Die AO sanktioniert gewisse Zuwiderhandlungen gegen Zollgesetze als (Zoll-)Ordnungswidrigkeiten[112] mit Geldbuße. Die §§ 381, 382 AO erfassen zusammen mit den Verweisungsnormen in den Zoll- und Verbrauchsteuergesetzen mehr als 100 Bußgeldtatbestände.[113] Darüber hinaus ermöglicht § 130 OWiG bei innerbetrieblichen Pflichtverletzungen die Festsetzung einer Geldbuße gegen den Betriebs- oder Unternehmensinhaber und § 30 OWiG die Verhängung einer Geldbuße gegen das Unternehmen selbst.

116 Trifft eine Ordnungswidrigkeit tateinheitlich mit einer Straftat zusammen, wird **nur das Strafgesetz angewendet** (§ 21 Abs. 1 OWiG). Die Handlung kann jedoch dann als Ordnungswidrigkeit geahndet werden, wenn eine Strafe nicht verhängt wird (§ 21 Abs. 2 OWiG), z. B. wenn der Strafverfolgung ein Verfahrenshindernis entgegensteht, eine wirksame Selbstanzeige erstattet wurde oder eine Einstellung des Verfahrens gem. §§ 153, 153 b, 154 StPO erfolgt. Eine Einstellung nach § 153 a StPO hindert dagegen eine Verfolgung der Ordnungswidrigkeit, da hier eine Sachentscheidung getroffen wird (§ 153 a Abs. 1 Satz 4). In den Fällen, in denen eine Ordnungswidrigkeit und eine Straftat in **Tatmehrheit** zusammentreffen, wird auf Strafe und Geldbuße gesondert erkannt, nicht etwa auf eine Gesamtgeldstrafe.

117 Abweichend von § 21 Abs. 2 OWiG enthalten die Vorschriften über die Steuerordnungswidrigkeiten der §§ 379–382 AO eigene **Subsidiaritätsklauseln**. Die Steuergefährdung (§ 379 Abs. 4 AO), die Gefährdung der Abzugsteuern (§ 380 Abs. 2 AO), die Verbrauchsteuergefährdung (§ 381 Abs. 2 AO) und die Gefährdung der Eingangsabgaben (§ 382 Abs. 3 AO) sind danach nur dann verfolgbar, wenn die Handlung nicht schon nach § 370 AO als vorsätzliche Steuerhinterziehung oder nach § 378 AO als leichtfertige Steuerverkürzung geahndet werden kann. Daraus folgt: Wenn das Verfahren wegen Steuerhinterziehung oder Steuerverkürzung aus Opportunitätsgründen (§§ 153, 153 a StPO, § 398 AO) eingestellt oder von der Verhängung einer Geldbuße abgesehen wird, so lebt der subsidiäre Tatbestand nicht mehr auf.

118 Unter den Voraussetzungen des § 84 OWiG kann die Tat trotz eines rechtskräftigen Bußgeldbescheids später noch als Straftat verfolgt werden. Die insoweit **eingeschränkte Rechtskraft** des Bußgeldbescheides besteht aber nur dann, wenn die Verwaltungsbehörde gehindert ist, über die Straftat zu entscheiden. Da im Zollordnungswidrigkeitenrecht die Finanzbehörde (= Hauptzollamt) de facto als Spezial-Staatsanwaltschaft eigenständig darüber entscheidet, ob im Einzelfall ein Bußgeld- oder ein Strafverfahren einzuleiten ist und ob ein Bußgeldverfahren in ein Strafverfahren überzuleiten ist bzw. umgekehrt, besteht eine dem § 84 Abs. 2 OWiG vergleichbare (Sperr-)Situation. Dieser Punkt wird von den Strafverfolgungsbehörden teilweise nicht hinreichend beachtet.

119 Die **Verfolgungsverjährung** knüpft im Ordnungswidrigkeitenrecht üblicherweise an das Höchstmaß der angedrohten Geldbuße an (vgl. § 31 OWiG). Abweichend von dieser verjährungsrechtlichen Grundregel bestimmt § 384 AO für Steuerordnungswidrigkeiten nach §§ 378 – 380 AO eine Verjährungsfrist von fünf Jahren. Für Zollordnungswidrigkeiten nach §§ 381, 382 AO gilt – anknüpfend an die angedrohte Geldbuße – eine Verjährungsfrist von zwei Jahren (§ 31 Abs. 2 Nr. 2 OWiG). Kann eine fahrlässig begangene Steuerordnungswidrigkeit gem. § 17 Abs. 2 OWiG nur mit der Hälfte des im Höchstmaß angedrohten Betrages geahndet werden (vgl. § 381 AO), so ist dieser reduzierte Betrag für die Verjährung maßgebend.[114] Die Verjährung **beginnt** nicht bereits mit der Vollendung, sondern sobald die Handlung beendet ist. Tritt ein zum Tatbestand gehörender Erfolg erst später ein, so beginnt die Verjährung mit diesem Zeitpunkt. Die leichtfertige Steuerverkürzung nach § 378 AO ist beendet, wenn der Steuerbescheid zugestellt worden ist oder bei regelmäßiger Abwicklung des Veranlagungszeitraumes zugestellt worden wäre. Die Verjährung ruht, solange nach dem Gesetz die Verfolgung nicht begonnen oder nicht fortgesetzt werden kann (§ 32 Abs. 1 Satz 1 OWiG). Für die Unterbrechung der Verjährung gilt der dem § 78 c StGB weitgehend nachgebildete § 31 Abs. 1 OWiG.

---

[112] Vgl. zum Begriff *Göhler* § 1 Rdnr. 3.
[113] *Bender* E/I, S. 1.
[114] Franzen/Gast/Joecks/*Joecks* § 384 AO Rdnr. 6.

a) Leichtfertige Steuerverkürzung (§ 378 AO). Die leichtfertige Steuerverkürzung ergänzt 120
auf der Ebene der Ordnungswidrigkeiten die Zollstraftat des § 370 AO. Alle Abgaben, die
der Zollpflichtige vorsätzlich hinterziehen kann, kann er auch leichtfertig verkürzen. Tathandlungen und Tatererfolg entsprechen denen der Abgabenhinterziehung. Zur Verwirklichung des
Tatbestandes muss der Täter also eine der in § 370 Abs. 1 Nr. 1 bis Nr. 3 AO genannten Tathandlungen vornehmen. Der Tatererfolg liegt im Verkürzen von Steuern oder im Erlangen eines
nicht gerechtfertigten Steuervorteils.

Die **Abgrenzung** von bedingtem Vorsatz gegenüber einer leichtfertigen Tatbegehung ist von 121
immenser praktischer Bedeutung. Im Unterschied zur Zollstraftat muss das Verhalten des Täters nur leichtfertig, d. h. grob fahrlässig sein. Mag die Abgrenzung theoretisch leicht möglich
erscheinen, ist der Nachweis des Vorsatzes nicht immer einfach. Hier bestehen erhebliche Verteidigungsansätze. Finanzverwaltung und Rechtsprechung sehen § 378 Abs. 1 AO als Auffangtatbestand an. Immer dann, wenn Vorsatz nicht hinreichend sicher festgestellt werden kann,
besteht die Neigung der Strafverfolgungsbehörden, von einer leichtfertigen Steuerverkürzung
auszugehen. Im Zollordnungswidrigkeitenrecht wird ein besonders hohes Maß an Sorgfalt bei
der Anmeldung des Warenursprungs vorausgesetzt.[115]

Eine Verfolgung der leichtfertigen Zollverkürzung kann unterbleiben, wenn der Täter un- 122
richtige Angaben berichtigt, ergänzt oder unterlassene Angaben nachholt, bevor ihm oder seinem Vertreter die Einleitung eines Verfahrens bekannt gegeben geworden ist (§ 378 Abs. 3
AO). Die Regelung **gilt** ausschließlich für die leichtfertige Steuerverkürzung, **nicht** aber **für die
Gefährdungstatbestände** der §§ 379 – 382 AO und nicht für § 130 OWiG. Auch eine analoge
Anwendung kommt nicht in Betracht. Da im Rahmen des § 378 Abs. 3 AO nur die Bekanntgabe der Einleitung eines Straf- oder Bußgeldverfahrens die Selbstanzeige ausschließt, ist sie –
anders als bei der vorsätzlichen Steuerverkürzung – auch dann noch möglich, wenn ein Amtsträger der Zollbehörde zur zollrechtlichen Prüfung oder zur Ermittlung einer Zollstraftat bzw.
einer Zollordnungswidrigkeit erschienen ist oder die Tat zum Zeitpunkt der Berichtigung, Ergänzung oder Nachholung bereits entdeckt war und der Täter dies wusste oder bei verständiger
Würdigung der Sachlage damit rechnen musste. Deshalb ist in solchen Fällen, in denen ein Vorsatznachweis für die Ermittlungsbehörden ggf. schwer zu führen sein wird, eine Nacherklärung
selbst dann zu erwägen, wenn der Amtsträger bereits zur Prüfung erschienen ist.

Die Tat kann gemäß § 378 Abs. 2 AO mit einer **Geldbuße** bis zu € 50.000 belegt werden. 123
Grundlage für die konkrete Zumessung der Geldbuße ist die Bedeutung der Ordnungswidrigkeit und der Vorwurf, der den Täter trifft (§ 17 Abs. 3 Satz 1 OWiG). Auch die wirtschaftlichen
Verhältnisse des Täters kommen in Betracht, sollen aber bei geringfügigen Ordnungswidrigkeiten unberücksichtigt bleiben (Satz 2). Das gesetzliche Höchstmaß kann gemäß § 17 Abs. 4
OWiG überschritten werden, um den wirtschaftlichen Vorteil, den der Täter aus der Tat erlangt
hat, abzuschöpfen.[116]

Die Gefährdungsvorschriften der §§ 379 – 382 AO **treten zurück**, wenn die Tat nach § 378 124
AO geahndet werden kann (§§ 379 Abs. 4, 380 Abs. 2, 381 Abs. 2, 382 Abs. 3 AO). Auf
den subsidiären Bußgeldtatbestand soll aber dann zurückgegriffen werden können, wenn eine
Ahndung als vorsätzliche Steuerhinterziehung nach § 370 Abs. 1 AO oder als leichtfertige
Steuerverkürzung nach § 378 Abs. 1 AO nicht erfolgen kann, weil eine wirksame Selbstanzeige
vorliegt.[117]

b) Steuergefährdung (§ 379 AO). Die Steuergefährdung ist ein abstraktes Gefährdungsde- 125
likt. Durch § 379 AO werden solche Handlungen mit Bußgeld bedroht, die nur eine Vorbereitungshandlung zur Zollhinterziehung oder Zollverkürzung darstellen, aber das Rechtsgut der
§§ 370, 378 AO bereits stark gefährden. Solche Vorbereitungshandlungen sind z. B. das Ausstellen falscher Belege und die Vornahme von Fehlbuchungen (Abs. 1 Nr. 1) oder unrichtigen
Verbuchungen von buchungs- und aufzeichnungspflichtigen Geschäftsvorfällen (Abs. 1 Nr. 2).
Die praktische Bedeutung des § 379 ist gering, da zumeist später eine Zollhinterziehung oder

---

[115] OLG Düsseldorf ZfZ 1968, 20, 20 f.
[116] *Wegner*, Ist § 30 OWiG tatsächlich der 'Königsweg' in den Banken-Strafverfahren?, NJW 2001, 1978 ff.
[117] OLG Celle MDR 1980, 77; BayObLG NJW 1981, 1055; a. A. *Kohlmann* § 379 AO Rdnr. 74.

leichtfertige Zollverkürzung begangen wird und § 379 AO dann subsidiär ist.[118] Wenn dem Täter für die Anschlusstat jedoch kein Vorsatz nachgewiesen werden kann, ist die Verhängung eines Bußgeldes nach § 379 als Auffangtatbestand möglich.

126   **Belege** i. S. d. § 379 Abs. 1 Nr. 1 AO sind jedwede Schriftstücke, die geeignet sind, zollrechtlich erhebliche Tatsachen zu beweisen und einen Aussteller erkennen zu lassen. Es kann sich z. B. um Rechnungen, Quittungen, Lieferscheine oder Ursprungszeugnisse handeln. **Unrichtig** ist ein Beleg in tatsächlicher Hinsicht, wenn er eine Tatsache nicht wahrheitsgemäß wiedergibt.

127   Nach § 379 Abs. 1 Nr. 2 AO handelt ordnungswidrig, wer vorsätzlich oder leichtfertig nach Gesetz buchungs- oder aufzeichnungspflichtige Geschäftsvorfälle oder Betriebsvorgänge nicht oder in tatsächlicher Hinsicht unrichtig verbucht oder verbuchen lässt und dadurch ermöglicht, Steuern zu verkürzen oder nicht gerechtfertigte Steuervorteile zu erlangen. **Täter** einer Nicht- oder Falschbuchung kann jeder sein, der die tatsächliche Möglichkeit hat, eine Buchung vorzunehmen. Dagegen kann bei der Begehungsform des Nicht- oder Falsch-Buchen-Lassens nur derjenige Täter sein, der als Abgabenpflichtiger oder kraft seiner Stellung für die Buchungs- und Aufzeichnungspflicht verantwortlich ist.

128   Vergleichbar dem § 370 Abs. 6 AO wird auch in § 379 Abs. 1 Satz 2 AO der Anwendungsbereich der Vorschrift dahin gehend erweitert, dass die Gefährdungshandlungen auch dann bußgeldbewehrt sind, wenn sie dazu geeignet sind, Einfuhrabgaben bestimmter **Drittstaaten** und die Umsatzsteuer der **EG-Mitgliedstaaten** zu gefährden. Als Drittstaaten sind diejenigen Staaten geschützt, für deren Waren aufgrund von Assoziierungsabkommen oder Präferenzabkommen eine Vorzugsbehandlung gewährt wird. Gemäß § 370 Abs. 7 AO gilt die Bußgeldandrohung unabhängig vom Recht des Tatorts auch dann, wenn diese Taten im Ausland begangen werden.

129   Der Täter muss vorsätzlich handeln. Hinsichtlich der Handlungen des Abs. 1 Nr. 1 und 2 und Satz 2 reicht jedoch auch grobe Fahrlässigkeit. Für die Vorwerfbarkeit der Zuwiderhandlung nach § 379 Abs. 3 AO genügt einfache Fahrlässigkeit.

130   **c) Verbrauchsteuergefährdung (§ 381 AO).** Nach § 381 AO handelt ordnungswidrig, wer vorsätzlich oder leichtfertig bestimmten Vorschriften der Verbrauchsteuergesetze und der dazu erlassenen Rechtsverordnungen zuwiderhandelt, z. B. Vorschriften über die zur Vorbereitung, Sicherung oder Nachprüfung der Besteuerung auferlegten Pflichten oder über die Verpackung und Kennzeichnung verbrauchsteuerpflichtiger Erzeugnisse oder Waren. Es werden besonders gefährliche Handlungen sanktioniert, die für die Vorbereitung einer Steuerhinterziehung typisch sind. § 381 AO erfasst jedoch nur **Vorbereitungshandlungen** zur Verbrauchsteuerhinterziehung. Verbrauchsteuern sind nur noch die Mineralöl-, Tabak-, Branntwein-, Schaumwein- und Kaffeesteuer sowie die Biersteuer.[119] Das Verhalten ist nur tatbestandsmäßig, wenn es gegen eine Norm in einem Verbrauchsteuergesetz bzw. einer dazu erlassenen Rechtsverordnung verstößt und in diesem Gesetz ausdrücklich auf § 381 AO verwiesen wird. Verweisungen auf § 381 AO finden sich z. B. in § 19 Biersteuergesetz (BierStG), § 153 BranntwMonG, § 18 Kaffeesteuergesetz (KaffeeStG), § 29 MinÖStG und § 30 TabStG.

131   § 381 AO ist subsidiär im Verhältnis zu § 378 AO (§ 381 Abs. 2 AO). Gegenüber der allgemeinen Steuergefährdung nach § 379 AO geht § 381 AO als lex specialis vor. Bei vorsätzlichem Fehlverhalten beträgt die Geldbuße mindestens 5 Euro und höchstens 5.000 Euro, bei Leichtfertigkeit höchstens 2.500 Euro. Nach § 30 a TabStG ist der Erwerb unversteuerter Zigaretten bis zu 1.000 Stück zum Eigenverbrauch stets nur als Ordnungswidrigkeit zu ahnden.

132   **d) Gefährdung der Einfuhr- und Ausfuhrabgaben (§ 382 AO).** Die Gefährdung von Einfuhr- und Ausfuhrabgaben[120] erfasst bestimmte Vorbereitungs- und Gefährdungshandlungen, die zwar noch keine Steuerverkürzung oder einen Versuch hierzu darstellen, aber aufgrund ihrer Gefährlichkeit geahndet werden sollen. § 382 AO erfasst **Pflichtverstöße**, die sich auf die zollamtliche Überwachung des Warenverkehrs über die Grenze und die Durchführung von Zollverfahren beziehen und die noch keine Steuerverkürzungen zur Folge hatten. Der Inhalt der ahndungsfähigen Zuwiderhandlungen gegen Zollvorschriften wird in § 382 Abs. 1 Nr. 1

---

[118] S. o. Rdnr. 124.
[119] S. o. Rdnr. 6.
[120] Gemeint sind hier die Einfuhr- und Ausfuhrabgaben im Sinne von § 1 Abs. 1 ZollVG.

bis 3 AO umschrieben. Demnach sind ordnungswidrig Verstöße gegen Vorschriften über die Erfassung des Warenverkehrs (Nr. 1, z. B. die Vorschriften über die Gestellung oder die summarische Anmeldung), über die Anmelde- und Erklärungspflichten bei der Überprüfung von Waren in ein Zollverfahren sowie bei deren Durchführung usw. (Nr. 2, z. B. Nichtanmeldung der Ware) und über Freizonen, über den grenznahen Raum und die der Grenzaufsicht unterworfenen Gebiete (Nr. 3, z. B. die Nichteinhaltung der Halte- und Ausweispflicht, § 31 Abs. 2 Nr. 1–3 ZollVG i. V. m. §§ 10, 15 ZollVG). Die Zuwiderhandlungen sind allerdings nur dann ordnungswidrig, wenn sie eine ausdrückliche Verweisung auf die Bußgeldvorschrift des § 382 AO enthalten.[121] Das Unterlassen des Gestellens von Versandgut bei der Bestimmungsstelle (§ 30 Abs. 5 Nr. 3 ZollVO) hat in diesem Zusammenhang in der Praxis die größte Bedeutung.

Täter i. S. d. § 382 AO kann jeder sein, der die in § 382 Abs. 1 Nr. 1-3 AO bezeichneten Pflichten zu erfüllen hat. Subjektiv erforderlich ist ein vorsätzliches oder (einfach) fahrlässiges Fehlverhalten. Personen, denen entweder besondere Zollvergünstigungen eingeräumt sind oder die sich in besonderen, deutlich gekennzeichneten Gebieten bewegen (Freizonen: Freihäfen in Bremen, Bremerhaven, Cuxhaven, Deggendorf, Duisburg, Emden, Hamburg und Kiel), wird dabei ein erhöhtes Maß an Aufmerksamkeit zugemutet. **133**

Nach § 382 Abs. 2 AO gilt die Regelung in Abs. 1 auch für die **Verbrauchsteuern**, soweit die Zollgesetze und die dazu erlassenen Rechtsverordnungen auf sie sinngemäß anzuwenden sind. Insoweit ist § 382 AO eine Spezialvorschrift gegenüber § 381 AO. Im Übrigen tritt § 382 AO – wie die anderen Gefährdungstatbestände – zurück, wenn eine Steuerhinterziehung nach § 370 oder eine leichtfertige Steuerverkürzung nach § 378 AO vorliegt. Die Bußgeldandrohung entspricht der des § 381 AO (s. o. Rdnr. 131). **134**

e) **Unternehmensgeldbuße (§ 30 OWiG).** Hat jemand als vertretungsberechtigtes Organ oder Organmitglied einer juristischen Person (Nr. 1), als Vorstand oder Vorstandsmitglied eines nichtrechtsfähigen Vereins (Nr. 2), als vertretungsberechtigter Gesellschafter einer Personenhandelsgesellschaft (Nr. 3), als Generalbevollmächtigter oder in leitender Stellung tätiger Prokurist oder Handlungsbevollmächtigter (Nr. 4) oder als sonstige Person, die für die Leitung des Betriebs oder Unternehmens verantwortlich handelt (Nr. 5), eine (Zoll-)Straftat oder (Zoll-)Ordnungswidrigkeit begangen, so kann auch gegen die juristische Person oder Personenvereinigung eine Geldbuße festgesetzt werden (§ 30 Abs. 1 OWiG). Die Norm knüpft damit an das **Fehlverhalten einer Leitungsperson** an, deren Kreis in Absatz 1 enumerativ aufgeführt ist. Sind an einer Pflichtverletzung mehrere Personen beteiligt, so darf gegen das Unternehmen dennoch nur eine Geldbuße festgesetzt werden.[122] **135**

Voraussetzung einer Ahndung des Unternehmens ist weiter, dass das Organ bzw. der Vertreter in dieser Eigenschaft („als") eine Straftat oder Ordnungswidrigkeit begangen haben. Die Tat muss also **in Ausübung der Leitungsfunktion** begangen worden sein. Darüber hinaus muss der Individualtäter durch die Tat eine unternehmensbezogene Pflicht verletzt bzw. den Verband bereichert haben; ausreichend ist aber auch bereits die Intention einer solchen Bereicherung. Als unternehmensbezogene Pflichten kommen nur solche in Betracht, die sich aus dem spezifischen Wirkungsbereich des Verbandes ergeben,[123] vorliegend also solche im Zusammenhang mit zollrechtlichen Vorgaben. Von besonderer praktischer Relevanz sind daneben aber auch Pflichtverstöße nach § 130 Abs. 1 OWiG (s. u. Rdnr. 135 ff.). **136**

Die **Höhe der Geldbuße** beträgt im Falle einer vorsätzlichen Anknüpfungsstraftat bis zu einer Million Euro, im Falle einer fahrlässigen Tat bis zu € 500.000 (§ 30 Abs. 2 OWiG). Im Falle einer Ordnungswidrigkeit bestimmt sich das Höchstmaß nach der dort angedrohten Geldbuße (§ 30 Abs. 2 OWiG). Die Zumessung der konkreten Höhe der Geldbuße knüpft an § 17 Abs. 3 OWiG an, obwohl eine ausdrückliche Verweisung fehlt.[124] Zu berücksichtigen sind sowohl Charakter und Unrechtsgehalt der Anknüpfungstat als auch spezifisch verbandsbezogene Faktoren.[125] **137**

---

[121] Franzen/Gast/Joecks/*Voß* § 382 AO Rdnr. 10.
[122] KG NStZ 1999, 253; OLG Celle NStZ-RR 2005, 82.
[123] Hübschmann/Hepp/Spitaler/*Hellmann* § 401 AO Rdnr. 45.
[124] OLG Hamm wistra 2000, 393, 395.
[125] Näher *Wegner*, Die Auswirkungen fehlerhafter Organisationsstrukturen auf die Zumessung der Unternehmensgeldbuße, wistra 2000, 361.

138   Die **Verjährung** richtet sind nach den für die Tat der natürlichen Person maßgebenden Vorschriften über die Verjährung und nicht nach § 31 OWiG.[126] Die Geldbuße nach § 30 OWiG kann im **verbundenen Verfahren** (§ 88 OWiG, § 444 StPO) oder im **selbständigen Verfahren** (§ 30 Abs. 4 OWiG) festgesetzt werden. Im ersteren Fall wird die Geldbuße gegen das Unternehmen nicht in einem besonderen Verfahren, sondern im Verfahren gegen die betroffene natürliche Person festgesetzt. Dadurch soll vermieden werden, dass eine Handlung der natürlichen Person in zwei getrennten Verfahren beurteilt werden muss. Wenn aber kein Straf- oder Bußgeldverfahren gegen die natürliche Person eingeleitet oder es wieder eingestellt wird oder wenn von Strafe abgesehen wird, kann die Geldbuße in einem selbständigen Verfahren festgesetzt werden (§§ 30 Abs. 4, 88 OWiG). Das selbständige Verfahren ist aber ausgeschlossen, wenn die Straftat oder Ordnungswidrigkeit aus Rechtsgründen nicht verfolgt werden kann (z. B. wegen Verfolgungsverjährung).

139   f) **Verletzung der Aufsichtspflicht (§ 130 OWiG).**[127] § 130 OWiG ist kein spezifischer Tatbestand des Zollordnungswidrigkeitenrechts, die Norm gewinnt allerdings zunehmend auch hier an praktischer Bedeutung. Dies gilt namentlich in solchen Fällen, in denen sich ein individuell Verantwortlicher nicht sicher feststellen lässt oder Zollverkürzungen aufgrund von unklaren Organisationsstrukturen eintreten. Nach Absatz 1 begeht der Inhaber eines Betriebes oder Unternehmens eine Ordnungswidrigkeit, wenn er vorsätzlich oder fahrlässig **Aufsichtsmaßnahmen unterlässt**, die erforderlich sind, um Zuwiderhandlungen gegen Pflichten zu verhindern, die ihn als Inhaber treffen und die straf- oder bußgeldbewehrt sind. Tathandlung ist damit die Unterlassung der Aufsichtsmaßnahme. Konkret in Betracht kommende Aufsichtsmaßnahmen sind die sorgfältige Auswahl geeigneter und zuverlässiger Mitarbeiter, die Überwachung der Mitarbeiter durch stichprobenartige, überraschende Kontrollen oder die sorgfältige Auswahl und Überwachung von Aufsichtspersonen (§ 130 Abs. 1 Satz 2 OWiG).

140   Eine Zuwiderhandlung setzt voraus, dass eine – konkret nicht notwendig festzustellende – natürliche Person eine **betriebsbezogene Pflicht** verletzt und insofern objektiv einen Straf- oder Ordnungswidrigkeitstatbestand verwirklicht. In den hier interessierenden Fällen kommen also Verletzungen formeller und materieller zollrechtlicher Pflichten durch einen Betriebsangehörigen in Betracht. Sinn des § 130 OWiG ist es, betriebliche **Organisationsmängel** zu ahnden. Die konkrete Zuwiderhandlung gegen die betriebliche Pflicht muss daher, da sie selbst nicht Gegenstand der Vorwerfbarkeit gegenüber dem Inhaber ist, vom subjektiven Tatbestand nicht mit erfasst sein. Sie ist lediglich **objektive Bedingung der Ahndbarkeit**. Es reicht also der Nachweis, dass irgendein unter der Aufsicht des Betriebsinhabers oder Unternehmers stehender Täter rechtswidrig gehandelt hat.

141   Weiter ist erforderlich, dass die Pflichtverletzung des Zuwiderhandelnden verhindert oder wesentlich erschwert worden wäre, wenn die Aufsicht gehörig ausgeübt worden wäre. Zwar hängt das **Maß der Aufsichtspflicht** von Größe, Gliederung und sonstiger Gestaltung des Betriebes oder Unternehmens ab. Jedoch kann der Inhaber oder sonst verantwortliche Leiter nicht damit gehört werden, er habe keine eigenen zollrechtlichen Kenntnisse gehabt und sei deshalb zur Überwachung selbst nicht in der Lage. § 130 Abs. 1 Satz 2 OWiG besagt ausdrücklich, dass zu den erforderlichen Aufsichtsmaßnahmen auch die Bestellung, sorgfältige Auswahl und Überwachung von Aufsichtspersonen gehören.[128] In der unterlassenen Bestellung von Aufsichtspersonal liegt deshalb ein Organisationsmangel.[129] Im Bußgeldbescheid muss stets konkret dargelegt werden, welcher Art die gebotenen Aufsichtsmaßnahmen hätten sein müssen (arg. § 66 Abs. 1 Nr. 3 OWiG).

142   Ahndbar sind die **vorsätzliche und die fahrlässige** Aufsichtspflichtverletzung (§ 130 Abs. 1 Satz 1 OWiG). Die Anwendung des § 130 OWiG auf zollrechtliche Pflichtverletzungen kann deshalb – scheinbar – zu ungereimten Ergebnissen führen, da sowohl die Abgabenverkürzung nach § 378 AO als auch die Steuergefährdung (§ 379 AO) und die Gefährdung der Abzugsteuern (§ 380 AO) nur in vorsätzlicher oder leichtfertiger Begehungsweise ahndbar sind. Un-

---

[126] BGHSt 46, 207, 208 = NJW 2001, 1436 f.
[127] Vgl. allgemein die Rechtsprechungsübersicht von *Kreuzer*, Die Aufsichtspflichtverletzung (§ 130 OWiG) – Ein Mauerblümchen, AWPrax 2003, 189
[128] OLG Thüringen GewArch 2004, 414
[129] BayObLG wistra 2001, 478, 479.

ter Umständen haftet der Betriebsinhaber bzw. Unternehmer also schärfer als der unmittelbare Haupttäter. Dies ist allerdings kein Wertungswiderspruch, denn § 130 OWiG sanktioniert nicht die steuerliche Verfehlung, sondern ein allgemeines Organisationsverschulden.

Die maximale **Geldbuße** nach § 130 OWiG ist € 1.000.000, wenn die Zuwiderhandlung, die zugrunde liegt, eine Straftat darstellt (§ 130 Abs. 3 Satz 1 OWiG). Ist die Zuwiderhandlung selbst eine Ordnungswidrigkeit, so bestimmt sich das Höchstmaß der Geldbuße wegen der Aufsichtspflichtverletzung nach dem für die Pflichtverletzung angedrohten Höchstmaß der Geldbuße (§ 130 Abs. 3 Satz 2 OWiG). Bei Zolldelikten kann die Geldbuße nach § 130 OWiG somit maximal € 50.000 betragen (§§ 17 Abs. 1, 130 Abs. 3 OWiG; §§ 378 Abs. 2, 379 Abs. 4, 380 Abs. 2 AO). Die Geldbuße kann und soll so bemessen werden, dass der wirtschaftliche Vorteil, den der Täter erlangt hat, abgeschöpft wird.

Die **Verjährung** der Aufsichtspflichtverletzung richtet sich im Prinzip nach den Verjährungsvorschriften, die für die Anknüpfungstat des Mitarbeiters gelten (§ 131 Abs. 3 OWiG). Obwohl der Tatbestand des § 130 OWiG nicht zu den Steuerordnungswidrigkeiten gehört, ist die Finanzbehörde (Hauptzollamt) für das Verfahren sachlich zuständig. Dies ergibt sich aus §§ 36 Abs. 1, 131 Abs. 3 OWiG; 387, 409 AO.

IV. Die Verteidigung in Zollstrafsachen

Bei der Verteidigung in Zollstrafsachen erfolgt regelmäßig eine **enge Verzahnung mit dem parallel geführten Zollverfahren**. Bearbeiten die Angelegenheit verschiedene – jeweils im Zollrecht bzw. Zollstrafrecht spezialisierte – Anwälte, hat zwischen ihnen eine enge Abstimmung zu erfolgen. Zollstrafsachen sind im Übrigen vielfach davon gekennzeichnet, dass für die Zollbehörden die fiskalischen Interessen im Vordergrund stehen. Dies bietet die Möglichkeit, im Wege eines kooperativen Vorgehens im Zollverfahren – ggf. unter Einschluss wirtschaftlicher Zugeständnisses hinsichtlich (nach) zu zahlender Abgaben, eine vergleichsweise moderate Rechtsfolge im Zollstrafverfahren zu erzielen. Von besonderer Bedeutung ist regelmäßig, möglichst frühzeitig entlastende Tatsachen und Beweismittel festzustellen bzw. zu sichern.[130]

1. Das Ermittlungsverfahren

a) **Die Zollverwaltung.** Wird ein Anwalt mit einem zollstrafrechtlichen Mandat betraut, hat er sich zunächst genau über den Gegenstand des Verfahrens zu informieren. Dazu gehört es auch zu ermitteln, wer auf Seiten der Zollverwaltung der zuständige Ansprechpartner ist. Regelmäßig ist es zudem sinnvoll, sich mit den ermittelnden Behörden bereits in einem frühzeitigen Stadium in Verbindung zu setzen. Ein enger Kontakt zu den Dienststellen der Zollverwaltung und den Dienststellen des Zollfahndungsdienstes ist regelmäßig im Interesse des Mandanten empfehlenswert.

aa) Zuständigkeiten. Die Zuständigkeit richtet sich zunächst danach, ob es sich um ein reines Zoll-/Steuerstrafverfahren handelt, oder ob daneben **auch andere Straftaten** Gegenstand der Ermittlungen sind.[131] Weiterhin ist zu trennen zwischen dem strafrechtlichen Ermittlungsverfahren bzw. dem Bußgeldverfahren und dem Besteuerungsverfahren, das die Zollschuld betrifft. Die Trennung ist deshalb wichtig, weil von den Zuständigkeiten zugleich die jeweiligen Befugnisse der Behörden abhängen (vgl. § 393 AO).

Als **zuständige Behörden im Ermittlungsverfahren** kommen die Finanzbehörden (Hauptzollämter, Finanzämter und das Bundesamt für Finanzen), der Zollfahndungsdienst (derzeit 8 Zollfahndungsämter mit 24 angeschlossenen Fahndungszweigstellen sowie das Zollkriminalamt in Köln), die Staatsanwaltschaft und die Polizei sowie unter Umständen auch Beamte der Europäischen Kommission in Betracht. Zuletzt wurden die Zuständigkeiten im „Gesetz zur Neuregelung des Zollfahndungsdienstes" (ZFnrG), das in Art. 1 das „Gesetz über das Zollkriminalamt und die Zollfahndungsämter" (Zollfahndungsdienstgesetz, ZFdG) enthält,

---

[130] *Glashoff/Kühle* Rdnr. 663.
[131] Nach einer Entscheidung des BGH ist eine Zuständigkeit für Delikte der allgemeinen Kriminalität nur gegeben, wenn diese tateinheitlich mit einem Steuervergehen begangen werden, vgl. BGH NJW 1990 S. 845 ff. Das OLG Braunschweig sieht dagegen die Zuständigkeit dann als gegeben an, wenn eine Tat im prozessualen Sinn vorliegt, vgl. OLG Braunschweig wistra 1998, 71.

teilweise neu geregelt.[132] Durch die Neuregelung wurden die bisher den Oberfinanzdirektionen unterstellten Zollfahndungsämter unmittelbar dem Zollkriminalamt zugeordnet. Die Organisationsstruktur ist allerdings sehr unübersichtlich, was für den Steuerpflichtigen nachteilig sein kann. Hinzu kommt dass sich die Ermittlungsaufgaben aus zahlreichen Sondervorschriften ergeben.

> **Praxistipp:**
> 149 Hilfreich kann ein Blick in die Dienstvorschrift für Strafsachen und Bußgeldsachen (StraBuDV, abgedruckt als VSF S [Stoffgebiet Allgemeines Steuerrecht] 1985) sein, die die Zuständigkeiten und Befugnisse näher erläutert, aber auch – unverbindliche – Rahmen für Geldstrafen und Geldbußen angibt.[133]

150 Die **Finanzbehörden** können nur dann selbsttätig ermitteln, wenn es sich um reine Steuer- bzw. Zollstraftaten (einschließlich des Bannbruchs) handelt. Das Hauptzollamt nimmt dann gem. §§ 386, 399 AO die Rechte und Pflichten der Staatsanwaltschaft wahr. Es kann selbst Ermittlungen führen oder diese dem Zollfahndungsamt übertragen.[134] In den sonstigen Fällen handeln die Finanzbehörden als Hilfsorgan der Staatsanwaltschaft (§ 404 AO).

151 Werden die Ermittlungen auch wegen anderer Straftaten als Steuerstraftaten geführt, ist die **Staatsanwaltschaft** Herrin des Ermittlungsverfahrens (arg. e § 386 Abs. 2 AO). Die Staatsanwaltschaft kann zur Aufklärung der nichtsteuerlichen Sachverhalte eine Zollfahndungsstelle einschalten;Behörden des Zollfahndungsdienstes sind die Zollfahndungsämter und das Zollkriminalamt (§ 1 ZFdG).[135]

152 Die **Zollfahndungsämter** sind keine Finanzbehörde im Sinne des Steuerstrafrechts, sie werden aber als „Kriminalpolizei des Zolls" tätig. Auch das Zollkriminalamt kann gem. § 4 Abs. 1 ZFdG in Fällen von besonderer Bedeutung die Aufgaben der Zollfahndungsämter auf dem Gebiet der Strafverfolgung wahrnehmen und die Ermittlungen selbst durchführen. In der Praxis wird der Sachverhalt selbst dann mit Zustimmung der Staatsanwaltschaft von den Finanzbehörden – insbesondere der örtlichen Zollfahndungsstelle – durchermittelt, wenn es nicht nur um die Ermittlung von Steuerstraftaten geht.[136]

153 *bb) Befugnisse (1) Allgemeines.* Die Aufgaben der Zollverwaltung ergeben sich – ebenso wie für die Finanzverwaltung insgesamt – aus § 208 AO. Die in Abs. 1 Satz 1 Nr. 1 bis 3 vorgenommene Aufgabenzuweisung führt zu einer **Doppelstellung als Strafverfolgungs- und Finanzbehörde**. Dabei ist zwischen den Befugnissen im steuerstrafrechtlichen Verfahren und im Besteuerungsverfahren strikt zu trennen. Der unterschiedlichen Zuordnung zu § 208 Abs. 1 Nr. 1 oder Abs. 1 Nr. 2 AO kommt vor allem deshalb wesentliche Bedeutung zu, weil der Steuerpflichtige im Besteuerungsverfahren umfangreiche Mitwirkungspflichten hat (vgl. §§ 90 Abs. 1, 93 Abs. 1 AO), während er im Ermittlungsverfahren von jeder aktiven Mitwirkungspflicht frei ist (§ 136 StPO). Im Überschneidungsbereich dieser beiden Aufgabenbereiche liegen die Aufgaben der Fahndung nach § 208 Abs. 1 Satz 1 Nr. 3 (**Vorermittlungen**). Hier ist offen, ob die Ermittlungen in ein steuerverfahrensrechtliches und/oder steuerstrafrechtliches Verfahren gegen bestimmte Steuerpflichtige einmünden. Im Einzelfall kann es äußerst schwierig sein zu beurteilen, in welchem Bereich die Fahndung tätig ist. Der Anwalt ist jedoch gehalten, darauf zu achten, aufgrund welcher Befugnisse und unter welchen Voraussetzungen die jeweilige Behörde tätig wird. Welcher Funktion einzelne Ermittlungsmaßnahmen zuzuordnen sind, hängt von der dafür in Anspruch genommenen Rechtsgrundlage, dem gewählten Behördenweg (Nichtbeteiligung der Staatsanwaltschaft) und einer sonst erklärten Zweckbestimmung ab.

---

[132] Zollfahndungsneuregelungsgesetz v. 16.8.2002, BGBl. 2002, Teil I, Nr. 59, S. 3202 ff.
[133] Dazu *Vögele*, Die StraBuDV, AWPrax 2000, 246.
[134] Eine Ausnahme gilt gem. § 386 Abs. 3 AO nur, falls für den Beschuldigten wegen der Tat bereits ein Haftbefehl erlassen wurde.
[135] Vgl. auch Fehn/Wamers/*Fehn* § 1 ZFdG.
[136] Kritisch *Bender* D/II, S. 11.

Die **Hauptzollämter mit Grenzaufsichtsbeamten/Mobilen Kommandogruppen** haben im 154 Rahmen der zollamtlichen Überwachung die besonders weit reichenden Befugnisse des § 10 ZollVG; diese bestehen unabhängig von der StPO. Dazu gehört u. a. die Befugnis, Transportmittel ohne jeden Verdacht zu durchsuchen.[137] Im Bereich des Grenzaufsichts-, Grenzabfertigungs- und Steueraufsichtsdienstes sind die Beamten durch Verordnungen der Länder als Hilfsbeamte der Staatsanwaltschaft ernannt worden, soweit sie mindestens den Dienstrang eines Zollsekretärs innehaben oder wenigstens vier Jahre als Zollassistenten in dem entsprechenden Dienstzweig tätig sind.[138] In der Praxis ist die Befugniserweiterung durch die Länder-Verordnungen weitgehend unbedeutend, da zumeist bereits die weit reichenden Befugnisse der Finanzbehörden auf die genannten Beamten übertragen werden.

(2) Befugnisse im steuerrechtlichen Ermittlungsverfahren. Erfolgen die steuerlichen Ermitt- 155 lungen zur Aufklärung einer Steuerstraftat, steht hierfür das **Instrumentarium der StPO** zur Verfügung. Zugleich können die Zollfahndungsbeamten aber auch von ihren steuerlichen Ermittlungsbefugnissen Gebrauch machen (§ 208 Abs. 1 Satz 2 und 3 AO), d. h. sie können unmittelbar Dritte befragen, Bücher und Urkunden einsehen oder sich vorlegen lassen. Es besteht eine Auskunfts-, Vorlage- und Mitwirkungspflicht des Steuerpflichtigen und der Beteiligten gemäß §§ 93, 97, 200 AO. Dies gilt jedoch nur, soweit dadurch nicht die Grenzen des § 393 AO umgangen werden. Liegt ein strafprozessualer Anfangsverdacht vor (§ 152 Abs. 2 StPO), kann die Mitwirkung nicht dadurch erzielt werden, dass die Behörden von steuerlichen Ermittlungsbefugnissen Gebrauch macht.

Erfolgen die steuerlichen Ermittlungen **außerhalb eines strafrechtlichen Ermittlungsverfah-** 156 **rens**, stehen nur die steuerlichen Ermittlungsinstrumentarien sowie die Befugnisse aus der zollamtlichen Überwachung (Steueraufsicht) gemäß §§ 209, 210 ff. AO bzw. dem ZK und §§ 1, 10 ZollVG zur Verfügung. Völlig unabhängig von den Aufgaben und Kompetenzen nach den §§ 208 Abs. 1, 404 AO sind die Zollfahndungsämter aber nach § 208 Abs. 2 AO auf Ersuchung der ansonsten zuständigen Finanzbehörde auch zuständig für sonstige steuerliche Ermittlungen, vor allem für eine Außenprüfung gemäß §§ 193 ff. AO, sowie für die ihnen sonst im Rahmen der Zuständigkeit der Finanzbehörden übertragenen Aufgaben.

Die **Rechte und Pflichten des Steuerpflichtigen und des Zollfahndungsdienstes** richten sich 157 grundsätzlich nach dem für das jeweilige Verfahren geltenden Vorschriften. Jedoch darf die bestehende Auskunfts- und Mitwirkungspflicht im Besteuerungsverfahren nicht mit Zwangsmitteln (§ 328 AO) durchgesetzt werden, wenn der Steuerpflichtige dadurch gezwungen würde, sich selbst wegen einer von ihm begangenen Straftat oder Ordnungswidrigkeit zu belasten (nemo tenetur se ipsum accusare).

Eine in der Praxis wichtige Maßnahme der Finanzbehörden im Abgabenverfahren ist die **Be-** 158 **schlagnahme** zoll- und verbrauchsteuerpflichtiger Waren zur Sicherstellung der Sachhaftung, wenn nicht oder nicht mehr strafrechtlich ermittelt wird. Die Sachhaftung gem. § 76 AO ist ein öffentlich-rechtliches Pfandrecht,[139] das es der Finanzbehörde ermöglicht, sich als Sicherheit für die auf den Waren ruhenden Steuern an die Waren zu halten.[140] Die Sachhaftung setzt keine bereits entstandene Steuerschuld voraus. Mittel der Sicherstellung der Sachhaftung ist die Beschlagnahme nach § 76 Abs. 3 AO, die neben der Inbesitznahme auch durch ein Verfügungsverbot erfolgen kann, das einer gerichtlichen Vollziehungsaussetzung nicht zugänglich ist.[141] Beschlagnahme und Verwertung sind Ermessensentscheidungen (§ 5 AO) der Finanzbehörde. Der Betroffene hat das Recht des Einspruchs und die Möglichkeit, gegen eine nachteilige Einspruchsentscheidung das FG anzurufen.

(3) Befugnisse im strafrechtlichen Ermittlungsverfahren. Gleichrangig steht neben der steu- 159 erverfahrensrechtlichen Aufgabe der Fahndung ihre steuerstrafverfahrensrechtliche Aufgabe nach § 208 Abs. 1 Satz 1 Nr. 1 AO. Diese Aufgabe ergibt sich bei Straftaten aus § 163 StPO i. V. m. § 404 Satz 1 AO sowie bei Ordnungswidrigkeiten aus § 53 Abs. 1 OWiG i. V. m. § 410

---

[137] *Kindler* ddz 2002, F 17.
[138] Das ergibt sich aus gleichlautenden Verordnungen der Länder, *Bender* D/II, S. 18.
[139] Klein/*Rüsken* AO § 76 Rdnr. 1.
[140] BFH BStBl. II 1989, 491, 493.
[141] BFH BStBl. II 1980, 592.

Abs. 1 Nr. 9, § 404 Satz 1 AO. Soweit Fahndungsbehörden diese Aufgaben wahrnehmen, haben sie die **Befugnisse nach § 404 Satz 2 AO**,[142] der nunmehr durch das ZFdG für das Zollkriminalamt und die Zollfahndungsämter ergänzt wird. Der strafverfahrensrechtlich tätigen Fahndung stehen daneben die allgemeinen Ermittlungsbefugnisse der Finanzbehörden (Abs. 1 Satz 2) entgegen dem Wortlaut – wegen § 393 StPO – nicht zu.[143]

160   Die konkreten Befugnisse der Zollfahndungsämter ergeben sich aus **§§ 26 ff. ZFdG**. Die Zollfahndungsämter und ihre Beamten haben dieselben Rechte und Pflichten wie die Polizeibeamten nach der StPO. Darüber hinaus sind die Zollfahndungsbeamten Hilfsbeamte der Staatsanwaltschaft (§ 404 AO).

161   Für das **Verhältnis zwischen dem ZFdG und § 404 AO** gilt: Soweit in § 404 StPO die „Zollfahndungsämter" aufgeführt sind, ist diese Regelung mit der des § 26 Abs. 1 ZFdG identisch – streng genommen wird § 404 AO also teilweise überflüssig. Das neue ZFdG gibt den Zollfahndungsämtern aber mit den §§ 27 – 32 noch weiterreichende Befugnisse an die Hand. Zu erwähnen sind in diesem Zusammenhang insbesondere die Datenerhebung durch längerfristige Observation (§ 28 ZFdG), die Datenerhebung durch den verdeckten Einsatz technischer Mittel zur Anfertigung von Bildaufnahmen und -aufzeichnungen (§ 29 ZFdG), die Datenerhebung durch den verdeckten Einsatz technischer Mittel zum Abhören und Aufzeichnen des nicht öffentlich gesprochenen Wortes (§ 30 ZFdG) sowie die Datenerhebung durch den Einsatz von Privatpersonen, deren Zusammenarbeit mit den Zollfahndungsämtern Dritten nicht bekannt ist (§ 31 ZFdG). Die erhobenen Daten dürfen nach § 33 nicht nur Strafgerichten und Staatsanwaltschaften, sondern auch Polizeibehörden und damit wegen § 404 AO der Steuerfahndung zur Verfügung gestellt werden. Zuständig für die Anordnung der Maßnahmen ist der Behördenleiter oder sein Vertreter (§ 28 Abs. 2 ZFdG, der entsprechend auch für die übrigen besonderen Befugnisse gilt).

162   Den Schwerpunkt der Ermittlungstätigkeit bildet nach wie vor die **Vernehmung** des Beschuldigten oder von Zeugen. Insoweit gelten für die Verteidigung die allgemeinen Hinweise für Beschuldigtenvernehmungen, schriftliche Stellungnahmen gegenüber den Ermittlungsbehörden und die (vordringliche) Einsichtnahme in die Akten bzw. die Besichtigung sichergestellter Beweismittel. Für die Verteidigung in Zollstrafsachen gelten insoweit keine Besonderheiten. Zu beachten ist – wie regelmäßig in Fällen von Strafverfahren gegen Mitarbeiter eines Unternehmens –, dass genau zu klären ist, ob als Zeugen geladene bzw. zu vernehmende Mitarbeiter ihrerseits in der Gefahr stehen, wegen der Beteiligung an dem verfahrensgegenständlichen Sachverhalt zu Beschuldigten zu werden, d. h. ob ihnen ein ggf. umfassendes Auskunftsverweigerungsrecht zusteht. Dies kann es als Verteidiger eines Beschuldigten erforderlich machen, gegenüber dem Unternehmen die weitere Beauftragung eines Rechtsanwaltes anzuregen, der derartige – übergreifende – Fragestellungen prüft und ggf. für die Beratung potentiell betroffener Mitarbeiter im Hinblick auf ihr Auskunftsverweigerungsrecht zur Verfügung steht.

163   *(4) Prüfungen.* Von erheblicher Bedeutung in der zollrechtlichen Praxis sind Betriebsprüfungen, die u. a. gerade dazu dienen, eventuell bestehende Unregelmäßigkeiten aufzudecken. Unter zollamtliche Prüfungen (Art. 4 Nr. 14, 13 ff. ZK) fallen nicht abschließend genannte Kontrollen mit Ausnahme der körperlichen Untersuchung von Personen nach § 81 a StPO. Ermächtigungsgrundlagen dafür sind diverse Regelungen im ZK, aber auch § 10 ZVwG, §§ 193 ff., 209 ff. AO. Einzelheiten zur Durchführung der Außenprüfung können der **allgemeinen Verwaltungsvorschrift für die Betriebsprüfung** (BpO 2000) entnommen werden. Die Befugnis der Zollbehörden, Prüfungen durchzuführen, ergibt sich für die nachträgliche Überprüfung von Zollanmeldungen aus Art. 78 ZK, der dann insoweit die §§ 193 ff. AO überlagert. Ebenfalls können die Zollbehörden Prüfungen der Warenausfuhr zur Präferenzbedingung vornehmen.[144]

164   Regelmäßig (Ausnahme: § 210 Abs. 4 AO) geht der Prüfung eine **Prüfungsanordnung** voraus, die der betroffenen Person rechtzeitig bekannt zu geben ist (§ 197 Abs. 1 AO). Die Prüfung

---

[142] BFH wistra 1998, 110 und wistra 1998, 230.
[143] Näher Franzen/Gast/Joecks/*Randt* § 404 Rdnr. 46.
[144] Aufgrund des EG-Rechts aus Art. 13 ZK i. V. m. der jeweiligen Rechtsnorm (z. B. Art. 10 VO (EG) Nr. 1207/2001 für Prüfungen von Lieferantenerklärungen); für die Prüfung der Warenausfuhr zur Präferenzbedingungen aufgrund völkerrechtlicher Verträge (Ursprungsprüfung) aus dem jeweiligen Präferenzabkommen.

darf nicht über den in der Prüfungsanordnung vorgegebenen Rahmen hinausgehen. Gegen die Prüfungsanordnung kann Einspruch eingelegt werden, der jedoch keine aufschiebende Wirkung hat. Daher ist gleichzeitig ggf. ein Antrag auf Aussetzung der Vollziehung beim HZA (§ 361 AO) bzw. beim FG (§ 69 FGO) zu stellen. Ergibt sich im Verlauf der Prüfung der Verdacht einer Straftat oder Ordnungswidrigkeit, so ist der Steuerpflichtige über den bestehenden Verdacht zu **belehren**. Die Prüfung darf erst dann fortgesetzt werden, wenn dem Steuerpflichtigen die Einleitung des Strafverfahrens bekannt gegeben worden ist (§ 10 Abs. 1 Satz 3 BpO). Der Betroffene ist auch darüber zu informieren, dass er nicht zur Mitwirkung bei der Aufklärung des Sachverhalts verpflichtet ist und auch nicht gezwungen werden kann (§§ 393, 397 AO). Bei fehlender Mitwirkung können allerdings im Besteuerungsverfahren seitens der Zollverwaltung nachteilige Folgerungen gezogen werden. Das kann auch dazu führen, dass die Besteuerungsgrundlagen geschätzt werden (Art. 31 ZK, § 162 AO). Hinzuweisen ist aber auch auf die bestehenden **Auskunftsverweigerungsrechte** (§§ 101–103 AO). Grundsätzlich wird bei fehlender Belehrung ein Beweisverwertungsverbot angenommen.[145] Dies gewinnt in Zollverfahren nicht selten Bedeutung, namentlich dann, wenn die Belehrung unterbleibt und der Betroffene (nach Entstehung des Verdachtes) im Rahmen der Prüfung Angaben macht; diese sind im Strafverfahren unverwertbar, woraus sich vielfältige Verteidigungsansätze ergeben. Der Betroffene hat schließlich ein Recht auf eine Schlussbesprechung am Ende der Prüfung sowie auf die Übersendung des Prüfberichts, zu dem er eine Stellungnahme abgegeben kann. In der Praxis kann mit den Zollprüfern vereinbart werden, dass den Beteiligten noch vor der Schlussbesprechung ein vorläufiger Prüfbericht übersandt werden kann. Von der zollamtlichen Prüfung ist die Steueraufsicht zu trennen (§ 209 AO), die der laufenden Kontrolle dient.[146] Steueraufsichtsmaßnahmen werden vor allem im Bereich der Verbrauchsteuern und bei Zollverfahren mit wirtschaftlicher Bedeutung durchgeführt.

cc) Rechtsschutz. Soweit die Zollfahndungsämter nach der StPO handeln, richtet sich der Rechtsschutz **nach der StPO**. Im Regelfall werden Zwangsmaßnahmen – etwa die des 8. Abschnitts der StPO – durch einen richterlichen Beschluss angeordnet. Hiergegen kann nach § 304 StPO bei den ordentlichen Gerichten Beschwerde erhoben werden; darüber hinaus besteht unter den Voraussetzungen des § 310 StPO die Möglichkeit einer weiteren Beschwerde. Ist eine Maßnahme ausnahmsweise, d. h. unter engen Voraussetzungen,[147] wegen Eilbedürftigkeit durch die Staatsanwaltschaft oder die Ermittlungsbeamten angeordnet worden („Gefahr im Verzug"), kann entsprechend § 98 Abs. 2 S. 2 StPO Antrag auf gerichtliche Entscheidung gestellt werden. Der Antrag nach § 98 Abs. 2 StPO ist ohne weiteres zulässig, solange die Maßnahme des Zollfahndungsamtes noch andauert. Aber auch nach Abschluss der Maßnahme (Erledigung) kann – soweit hierfür ein Rechtsschutzinteresse besteht – ein Antrag auf Feststellung der Rechtswidrigkeit gestellt werden.[148] Der Betroffene kann Antrag auf gerichtliche Entscheidung im Übrigen auch noch stellen, wenn er Beweismittel zunächst freiwillig herausgegeben hat, seine Zustimmung aber später widerrufen hat oder widerrufen will. Ist die Maßnahme beendet und soll (nur) die Art und Weise ihrer Durchführung beanstandet werden, ist der Rechtsbehelf nach §§ 23 ff. EGGVG einschlägig.

Soweit die Zollfahndungsämter aufgrund der **speziellen Befugnisse der §§ 28-32 ff. ZFdG** handeln, ist für die Anordnung entsprechender Maßnahmen nicht der Richter, sondern der Behördenleiter zuständig, und zwar nicht nur in Eilfällen. Die Möglichkeit der Beschwerde nach § 304 StPO entfällt damit. Spezielle Rechtsschutzmöglichkeiten sieht das ZFdG nicht vor. Es gelten also die vorstehend beschriebenen allgemeinen Regeln (§ 98 Abs. 2 S. 2 StPO).

dd) Zusammenarbeit der Zollverwaltungen. Aufgrund zahlreicher bilateraler und multilateraler Abkommen sowie aufgrund diverser EG-Verordnungen und Empfehlungen der WCO besteht eine enge Zusammenarbeit der Zollbehörden und insbesondere der Zollfahndungsdienste, die teilweise miteinander vernetzt sind. Gerade bei Mandanten, die nicht nur in einem Land

---

[145] H. M., BFH BStBl. 1991 II, 204.
[146] Dazu *Wamers*, Der Begriff der zollamtlichen Überwachung, ZfZ 1999, 326; *Dißars/Dißars*, Die Steueraufsicht in besonderen Fällen und ihre verfassungsrechtlichen Ausübungsschranken, ZfZ 1996, 130.
[147] Vgl. BVerfGE 103, 442 = NJW 2001, 1121.
[148] Vgl. BVerfGE 96, 27 = NJW 1997, 2163; BGH NJW 2000, 84; BGH BGHSt 45, 183.

tätig sind, sollte der Anwalt von vorneherein bedenken, dass sich die **gleiche Problematik wie in Deutschland auch in anderen Staaten stellen kann** und die Zollverwaltungen sich gegenseitig informieren. Darauf muss er den Mandanten rechtzeitig hinweisen. Dies wird ggf. auch einen intensiven – über die Grenzen des deutschen Zollrechts hinausgehenden – Beratungsbedarf auslösen. Denn die meisten europäischen Staaten kennen der Selbstanzeige (§ 371 AO) vergleichbare Vorschriften, die bei einer rechtzeitigen Nacherklärung und Nachzahlung verkürzter Beträge Straffreiheit gewähren. Die Einleitung eines Ermittlungsverfahrens in Deutschland im Zusammenhang mit grenzüberschreitenden Sachverhalten kann daher die Notwendigkeit einer Beratung darüber auslösen, ob in anderen europäischen Ländern ggf. Nacherklärungen einzureichen sind, was regelmäßig die Hinzuziehung spezialisierter Rechtsanwälte in den jeweiligen Ländern nahe legen wird.

168   b) *Der Verteidiger. aa) Person des Verteidigers.* Wie auch sonst im Steuerstrafrecht sind im Rahmen des Ermittlungsverfahrens wegen einer Zollstraftat gem. § 392 Abs. 1 AO neben den in § 138 Abs. 1 StPO benannten Berufsgruppen auch Steuerberater, Steuerbevollmächtigte, Wirtschaftsprüfer und vereidigte Buchprüfer befugt, als Verteidiger des Beschuldigten aufzutreten. Um **Konfliktsituationen** zu vermeiden, ist dem Berater abzuraten, die Verteidigung eines Beschuldigten zu übernehmen, den er bereits vor der Einleitung des Ermittlungsverfahrens beraten hat.[149] Entsprechendes gilt für den steuer- bzw. zollrechtlichen Berater des Unternehmens, soweit dieser mit dem verfahrensgegenständlichen Sachverhalt vor Einleitung des Verfahrens in Berührung gekommen ist.

169   Aufgrund der oftmals sehr unübersichtlichen und komplizierten Rechtslage im Zollrecht sollte schon frühzeitig die Möglichkeit einer **gemeinschaftlichen Verteidigung** von Zollrechts- und Strafrechtsspezialisten erwogen werden. Dies gilt insbesondere dann, wenn der Verteidiger nicht zugleich Spezialist auf dem Gebiet des Zollrechts ist. So beruht z. B. der Vorwurf der Hinterziehung von Eingangsabgaben oftmals auf einer unzutreffenden Auslegung von materiell-rechtlichen Zollvorschriften durch die Hauptzollämter oder die Staatsanwaltschaft (z. B. bei der Auslegung gemeinschaftlicher Ursprungs- und Präferenzregeln oder der Bestimmung des Zollwertes der Ware).[150]

170   Wird der Anwalt als Verteidiger beauftragt, sollte er **den Beschuldigten** zunächst umfassend über den Ablauf des Strafverfahrens, mögliche Sanktionen, die Parallelität von Zollverfahren und Strafverfahren, berufsrechtliche Folgen und insbesondere über seine Rechte als Beschuldigter **informieren**. Hierzu gehört vor allem das Recht zu schweigen (§ 136 StPO) und das Recht, in jedem Stadium des Verfahrens einen Anwalt zu Rate zu ziehen (§ 137 StPO). Der Beschuldigte ist darüber zu informieren, dass eine Akteneinsicht grundsätzlich nur über den Verteidiger möglich ist (§ 147 StPO) und eine Einlassung zur Sache vor Akteneinsicht regelmäßig nicht sinnvoll ist, sondern u. U. sogar schädlich. Der Mandant ist darauf hinzuweisen, dass aus dem Schweigen keine nachteiligen Schlüsse gezogen werden dürfen. Der Akteneinsichtsantrag ist mit dem Hinweis zu verbinden, dass eine Stellungnahme erst nach Akteneinsicht erfolgen wird und diese binnen einer bestimmten Frist ausdrücklich vorbehalten bleibt. Diese Grundsätze gelten allgemein; für das Zollstrafverfahren gelten insoweit keine Besonderheiten.

171   *bb) Die Rechte des Verteidigers im Ermittlungsverfahren.* Die Rechte des Verteidigers im Ermittlungsverfahren wegen Zollstraftaten entsprechen im Wesentlichen denen des allgemeinen Strafprozessrechts nach §§ 137 ff StPO.[151] Das betrifft vor allem das **Anwesenheitsrecht** gem. § 136 StPO bei der Vernehmung des Beschuldigten durch den Richter, die Staatsanwaltschaft oder die Finanzbehörde. Bei einer Beschuldigtenvernehmung durch die Zollfahndung hingegen hat der Verteidiger kein Recht auf Anwesenheit.[152] In der Praxis wird es jedoch regelmäßig gewährt, insbesondere wenn der Verteidiger frühzeitig Kontakt zu den Zollbehörden aufgenommen hat. Sollte die Anwesenheit dennoch nicht gestattet werden, wird sie durch den Hinweis, dass der Beschuldigte nicht verpflichtet ist, der Ladung der Zollfahndung nachzukommen (arg e § 163 a Abs. 3 StPO) und sich auch gegenüber der Zollfahndung nur in Anwesenheit

---

[149] *Kohlmann* § 392 Rdnr. 13.
[150] *Glashoff/Kühle* Rdnr. 753 mit weiteren Beispielen.
[151] Vgl. insoweit *Meyer-Goßner* § 3 StPO Rdnr. 137 ff.
[152] H. M. *Meyer-Goßner* § 163 StPO Rdnr. 48.

seines Verteidiger äußern wird, zu erreichen sein. Dem Beschuldigten ist grundsätzlich nahe zu legen, Ladungen der Zollfahndung zur Vernehmung nur in Begleitung seines Verteidigers nachzukommen und im Übrigen auf § 163 a Abs. 3 StPO zu verweisen. Hierin wird auch kein „unkooperatives Verhalten" gegenüber den Fahndungsbehörden erblickt werden können, aus dem die Zollbehörden, die Staatsanwaltschaft oder auch das Gericht (nachteilige) Schlüsse ziehen können. Im Gegenteil: für die Ermittlungsbehörden entspricht ein solches Verhalten Beschuldigter dem Alltag; die unter strafrechtlich nicht spezialisierten Rechtsanwälten verbreitete Ansicht, ein „zurückhaltendes" Verhalten eines Beschuldigten bzw. seines Anwaltes würde zu nachteiligen Schlüssen auf Seiten der Ermittlungsbehörden führen, entbehrt der Grundlage.

Grundsätzlich sollte der Verteidiger versuchen, bei einer **Durchsuchung** am Durchsuchungsort anwesend zu sein und diese zu begleiten. Insbesondere hat er darauf zu achten, dass es anlässlich der Durchsuchung nicht zu einer informatorischen Befragung oder gar Vernehmung seines Mandanten kommt. Kann der Anwalt bei einer Durchsuchung nicht anwesend sein, sollte er den Mandanten darauf hinzuweisen, dass er vorsorglich gegen Durchsuchung und Beschlagnahme Widerspruch erhebt und sich in keiner Weise zur Sache äußert. 172

Auch bei sonstigen Ermittlungshandlungen der Zollfahndungsbehörde wie z. B. der **Zeugenvernehmung** besteht kein Anwesenheitsrecht des Verteidigers. Die Anwesenheit kann jedoch auch in diesen Fällen gestattet werden; der Verteidiger sollte – je nach der potenziellen Bedeutung des Zeugen – dringend erwägen, zu einer Vernehmung zugelassen zu werden. Vielfach wird dies vergeblich sein, da die Ermittlungsbehörden regelmäßig befürchten, dass sich der Zeuge in Anwesenheit eines Verteidigers weniger offen äußern werde. Wird der Verteidiger zur Vernehmung zugelassen, so bietet dies vielfach Gelegenheit zu Fragen, die für den weiteren Verlauf des Verfahrens und die Verteidigung Bedeutung gewinnen können. 173

Das **Recht auf Akteneinsicht** des Verteidigers bestimmt sich auch im Zollstrafverfahren nach § 147 StPO. Bei der Finanzbehörde besteht kein gebundener Anspruch auf Akteneinsicht; sie wird häufig mit dem Hinweis auf das Steuergeheimnis verweigert. Die Gewährung der Akteneinsicht steht im pflichtmäßigen Ermessen der Finanzbehörde (§ 5 AO); dies gilt nach Ansicht des BFH auch für das sog. Fallheft.[153] Im Übrigen wird die Behörde im steuerlichen Einspruchsverfahren schon wegen des Grundsatzes des rechtlichen Gehörs in der Regel verpflichtet sein, den Beteiligten die Besteuerungsgrundlage auf Antrag oder von Amts wegen mitzuteilen. Der Antrag auf Akteneinsicht ist zunächst an die Finanzbehörde bzw. die Staatsanwaltschaft und danach an das zuständige Gericht zu richten. 174

Nach Erhalt der Akte muss der Inhalt mit dem Mandanten durchgearbeitet und besprochen werden. Zu diesem Zweck sollte ihm ein Aktenauszug in Kopie übergeben werden. Anschließend ist zu erwägen, ob eine schriftliche Stellungnahme zur Akte gereicht wird. Auch mündliche Vernehmungen ohne Aktenkenntnis sind untunlich, es sei denn, der Mandant befindet sich in Haft und es bestehen Anhaltspunkte, durch die Aussage die Freiheit des Mandanten zu erreichen. Ein solcher Schritt bedarf jedoch gründlichster Überlegung und Abwägung. Regelmäßig spricht die Komplexität der Vorwürfe, die ohne Aktenkenntnis nicht abgeschätzt und gewürdigt werden kann, auch in dieser Konstellation gegen eine Vernehmung zur Sache, ohne dass zuvor Akteneinsicht gewährt und der Inhalt mit dem Mandant besprochen und vom Verteidiger rechtlich gewürdigt worden ist. 175

Der Verteidiger ist befugt, eigene **Erhebungen zum Sachverhalt** anzustellen (z. B. Befragung von Mitbeschuldigten, Zeugen oder Sachverständigen). Das kann deshalb sinnvoll sein, weil die Staatsanwaltschaft in der Regel keine spezifischen zollrechtlichen Kenntnisse besitzt und sich auf die Sachverhaltsermittlungen der Zollbehörden verlässt. Das hat wiederum zur Folge, dass eine Richtigstellung fehlerhafter Ermittlungen auf dieser Ebene oftmals unterbleibt.[154] Gleichwohl ist darauf zu achten, dass jeder Anschein einer Zeugenbeeinflussung vermieden wird. Kontakte zu Zeugen oder Mitbeschuldigte sollten – sofern sie überhaupt für sinnvoll erachtet werden – vom Verteidiger ausgehen, stets schriftlich angetragen werden und – bei einer persönlichen Befragung – in Anwesenheit eines Zeugen und unter Aufnahme eines Protokolls erfolgen. Der Verteidiger hat darüber hinaus über die Freiwilligkeit von Angaben zu belehren und dies aktenkundig zu machen. 176

---

[153] BFH NVwZ 2004, 382.
[154] Vgl. *Glashoff/Kühle* Rdnr. 763 mit Beispielen.

177   cc) *Verteidigungsstrategien.* Im Ermittlungsverfahren besteht regelmäßig das Verteidigungsziel, eine **Einstellung** des Verfahrens wegen fehlenden Tatverdachts gemäß § 170 Abs. 2 StPO zu erreichen. Daneben ist aber auch an eine Einstellung des Verfahrens gemäß §§ 153 ff. StPO zu denken oder – sofern eine Bestrafung nicht verhindert werden kann – an das Strafbefehlsverfahren nach §§ 407 ff. StPO. Welcher Weg letztlich gewählt wird, hängt vom Einzelfall ab. Der Verteidiger hat den Mandanten umfassend über die Vor- und Nachteile der verschiedenen Möglichkeiten der Verfahrensbeendigung zu unterrichten. Für eine Einstellung nach §§ 153 ff. StPO bei fortbestehendem Verdacht dürfte regelmäßig sprechen, dass der Mandant unbestraft bleibt und sich nicht einer öffentlichen Hauptverhandlung stellen muss, die vielfach bei Unternehmern als sehr belastend und rufschädigend empfunden wird. Zudem wird auf diese Weise das Verfahren regelmäßig schneller beendet als dies bei der Durchführung einer Hauptverhandlung möglich ist. Darüber hinaus werden bei einer Einstellung nach §§ 153 ff. StPO weder zur Schuldfrage noch zur materiellen Rechtslage Feststellungen getroffen, denen Bedeutung für die Zuweisung haftungsrechtlicher Verantwortlichkeit zukommen könnte (z. B. § 191 AO).

178   Gem. § 371 AO besteht im Falle der Zollhinterziehung – wie auch sonst im Steuerstrafrecht – die Möglichkeit, durch eine **Selbstanzeige** Straffreiheit zu erlangen. Eine solche kommt insbesondere in Betracht, wenn ein strafrechtlich relevantes Handeln kaum bezweifelt werden kann und die Tatentdeckung bzw. die Einleitung eines Ermittlungsverfahrens oder das Erscheinen eines Amtsträgers der Finanzbehörde tatsächlich unmittelbar bevorsteht bzw. hoch wahrscheinlich ist. Gem. § 378 Abs. 3 AO ist auch im Falle leichtfertiger Steuerverkürzungen eine Bußgeldbefreiung möglich. Die Anforderungen an die Selbstanzeige sind dabei geringer als bei § 371 AO. Von erheblicher Bedeutung – und jeweils genau zu prüfen – ist es, die Selbstanzeige gegenüber der zuständigen Behörde abzugeben (z. B. der Zollbehörde nach § 6 AO). Zudem muss die Abgabenschuld innerhalb der von den Finanzbehörden bestimmten Fristen nachentrichtet werden.

2. Das Zwischenverfahren

179   Kommt es zur Erhebung einer Anklage, so ist dem Angeschuldigten bzw. dessen Verteidiger gemäß § 201 Abs. 1 StPO Gelegenheit zu geben, zur Anklage **Stellung zu nehmen**. In Zollstrafverfahren ist regelmäßig ernstlich zu erwägen, von dieser Möglichkeit Gebrauch zu machen. Dies gilt auch dann, wenn im Ermittlungsverfahren bereits vorgetragen worden ist. Rein statistisch lehnen Gerichte zwar nur in 3% der Fälle die Eröffnung des Hauptverfahrens ab. Bei Zollstrafverfahren geht es häufig aber um schwierige Rechtsfragen, bei denen das Gericht – einen entsprechenden Vortrag vorausgesetzt – eher geneigt sein wird, zu einer von der Staatsanwaltschaft abweichenden Beurteilung zu gelangen. Vielfach kann über einen eingehenden Vortrag im Zwischenverfahren auch eine Bereitschaft des Gerichts herbeigeführt werden, eine Einstellung des Verfahrens gegenüber der Staatsanwaltschaft anzuregen. Dies gilt insbesondere in solchen Fällen, in denen ggf. verkürzte Abgaben zwischenzeitlich vollständig beglichen worden sind. Im Übrigen kann eine Stellungnahme im Zwischenverfahren auch der Vorbereitung und Strukturierung der Hauptverhandlung dienen. Die Möglichkeit, gemäß §§ 201 Abs. 1, 202 StPO weitere Beweiserhebungen zu beantragen, ist im Zollstrafverfahren nur von untergeordneter Bedeutung.

3. Das Hauptverfahren

180   a) *Allgemeines.* Kommt es in der Zollstrafsache zum Hauptverfahren, bestimmen sich die Rechte des Verteidigers im Zollstrafverfahren nach den allgemeinen Regeln der StPO. Als Besonderheit sind lediglich die **Beteiligungsrechte der Finanzbehörde** nach § 407 AO zu erwähnen. Auch im Übrigen gelten die allgemeinen Grundsätze: Der Mandant ist rechtzeitig und gründlich auf die Hauptverhandlung vorzubereiten, insbesondere ist der Gang der Hauptverhandlung zu erläutern. Soll sich der Mandant zur Sache einlassen, empfiehlt sich eine schriftliche Vorbereitung. Ob die schriftliche Vorlage abgelesen oder die Einlassung in freier Rede gehalten wird, hängt von der Persönlichkeit des Mandanten ab, insbesondere von seiner Ausdrucksfähigkeit. Der Mandant ist auf die Möglichkeit hinzuweisen, dass der Verteidiger die Einlassung für ihn abliest und er sich diese anschließend zu Eigen macht. Bereits vor Beginn

b) **Verteidigungsstrategien.** Auch hinsichtlich der Verteidigungsstrategien bestehen grundsätzlich keine Besonderheiten.[156] Zur Vorbereitung der Hauptverhandlung empfiehlt sich regelmäßig eine intensive **Erörterung mit dem Gericht**. In einem solchen Gespräch kann die Reihenfolge der Beweiserhebungen, die Strukturierung der Beweisaufnahme, aber beispielsweise auch die Frage erörtert werden, ob die Beauftragung eines Sachverständigen notwendig ist. Letzteres kann in Zollstrafverfahren nicht unerhebliche Bedeutung gewinnen, beispielsweise hinsichtlich der genauen Zusammensetzung einer Ware, ihres Ursprungs etc. Darüber hinaus bietet sich Gelegenheit, die Möglichkeit einer einvernehmlichen Verfahrensbeendigung zu thematisieren.

Zu beachten ist, dass auch in der Hauptverhandlung eine **Einstellung des Verfahrens** nach §§ 153 ff. StPO möglich ist. Eine entsprechende Anregung während der Hauptverhandlung kommt insbesondere dann in Betracht, wenn sich durch die bisherige Beweisaufnahme der Anklagevorwurf nicht erhärten ließ und abzusehen ist, dass bei Fortführung der Hauptverhandlung eine Beweisaufnahme erforderlich werden würde, die in ihrem Umfang in Bezug auf den Anklagevorwurf nicht verhältnismäßig wäre. Die Entscheidung, einer solchen Verfahrensbeendigung zuzustimmen oder mit dem Ziel eines Freispruchs zu verteidigen, kann im Einzelfall schwierig sein. Sie ist im Ergebnis immer vom Mandanten zu treffen, jedoch hat der Verteidiger auf der Grundlage des bisherigen Ergebnisses der Beweisaufnahme über Risiken und Chancen der verschiedenen Optionen zu beraten.

c) **Beweiswürdigung.** Für die Beweiswürdigung gelten im Zollstrafverfahren die selben Grundsätze wie in anderen Strafverfahren auch.[157] Besonders zu beachten ist im Zollstrafrecht, dass der Tatrichter nicht ungeprüft Beweislastregeln aus dem Zollrecht übernimmt und anwendet, sondern die Beweise nach dem Grundsatz der freien Beweiswürdigung unter Anwendung des Grundsatzes in dubio pro reo würdigt (s. o. Rdnr. 56). So hat der BGH etwa beanstandet, dass ein Landgericht den Schuldspruch wegen Einfuhrabgabenverkürzung darauf gestützt hatte, dass der Angeklagte den Nachweis der Verzollung durch entsprechende Zollformulare nicht erbracht hatte.[158]

Im Zollstrafrecht ist – wie im Steuerstrafrecht allgemein – überdies darauf zu achten, dass das Gericht das Vorliegen der für die zollrechtliche Beurteilung maßgeblichen Tatsachen als erwiesen erachtet und sich weder hinsichtlich der tatsächlichen Feststellungen noch hinsichtlich der daran anknüpfenden zollrechtlichen Bewertung auf die Ausführungen der regelmäßig fachlich überlegenen Zollbehörden zurückzieht. Die Rechtsanwendung **obliegt dem Strafrichter**; er ist nicht an die Entscheidungen der Zollbehörden gebunden[159] Die Verweisung auf Betriebsprüfungsberichte oder die Übernahme der Ermittlungsergebnisse in das Urteil ist ebenso unzureichend wie die Wiedergabe von Aussagen, die Finanzbeamte als Zeugen in der Hauptverhandlung gemacht haben.[160]

Schwierigkeiten ergeben sich in der Praxis vielfach bei der Konkretisierung von – für das Zollstrafrecht nicht untypischen – **Serienstraftaten**. Grundsätzlich ist es erforderlich, bei einer Tatserie die Einzelakte so konkret und individualisiert zu ermitteln und festzustellen, dass sich daraus die Verwirklichung des objektiven und subjektiven Deliktstatbestandes ergibt.[161] Steht nach tatrichterlicher Überzeugung ein strafbares Verhalten fest, so kann die Bestimmung des Schuldumfangs im Wege der Schätzung erfolgen. Diese ist stets zulässig, wenn sich Feststellungen auf andere Weise nicht treffen lassen; sie ist dann sogar unumgänglich, wenn – wie z. B.

---

[155] Vgl. i.ü. eingehend zur Verteidigung in der Hauptverhandlung Widmaier/*Krause* MAH Strafverteidigung § 7.
[156] Ausführlich § 9.
[157] Näher zu den Anforderungen an die tatrichterliche Überzeugungsbildung bei §§ 373, 374 AO: BGH wistra 2000, 307.
[158] BGH NStZ-RR 1999, 280.
[159] *Bender*, Steueranspruch im Straf- und im Besteuerungsverfahren, AWPrax 2004, 140, 141.
[160] BGH NJW 2003, 907, 910; vgl. a. *Harms*, Die Stellung des Finanzbeamten im Strafprozess, in GS Schlüchter (2002), S. 451.
[161] BGHSt 40, 374, 376.

regelmäßig beim Zigarettenschmuggel – über die Geschäfte keine Belege oder Aufzeichnungen vorhanden sind.[162] Der Tatrichter hat einen als erwiesen angesehenen Mindestschuldumfang festzustellen. Die Feststellung der Zahl der Einzelakte und die Verteilung des Gesamtschadens auf diese Einzelakte erfolgt sodann nach dem Grundsatz in dubio pro reo.[163] Lassen sich konkrete Kriterien für die Aufteilung des festgestellten Mindestschuldumfangs auf Einzeltaten trotz sorgfältiger Würdigung aller Beweisanzeichen nicht feststellen, liegt lediglich eine Tat vor; ein Freispruch kommt nicht in Betracht, wenn die Schuld des Täters als solche feststeht.[164]

186 Steht die Zahl der Taten, soweit erforderlich im Wege der Schätzung, zur tatrichterlichen Überzeugung fest, sind im Rahmen freier Beweiswürdigung (§ 261 StPO) auch die Besteuerungsgrundlagen festzustellen. In Zollstrafverfahren ist hierbei grundsätzlich auch die **Schätzung von Besteuerungsgrundlagen** zulässig.[165] Welche Schätzungsmethode dem Ziel, der Wirklichkeit durch Wahrscheinlichkeitsüberlegungen möglichst nahe zu kommen, dient, hat der Tatrichter im Rahmen seiner Überzeugungsbildung zu entscheiden. Er darf hierbei Schätzungen des Finanzamts oder der Steuerfahndungsstellen nach § 162 AO allerdings nur übernehmen, wenn er sie überprüft hat und von ihrer Richtigkeit auch unter Berücksichtigung der vom Besteuerungsverfahren abweichenden strafrechtlichen Verfahrensgrundsätze (§ 261 StPO) überzeugt ist. Die Schätzung muss schon nach steuerrechtlichen Grundsätzen in sich schlüssig sein; ihre Ergebnisse müssen darüber hinaus wirtschaftlich vernünftig und möglich sein.[166] Ihre Grundlagen müssen in den Urteilsgründen für das Revisionsgericht nachvollziehbar mitgeteilt werden.[167]

4. Besonderheiten im Ordnungswidrigkeitenrecht

187 Für Ordnungswidrigkeiten gilt – abweichend von § 152 Abs. 2 StPO – das Opportunitätsprinzip (§ 47 OWiG). Zuständige Behörden für das Bußgeldverfahren sind die Hauptzollämter und die Zollfahndungsämter (§ 208 Abs. 1 Nr. 1 AO), es sei denn die Ordnungswidrigkeiten stehen in einem engen Zusammenhang mit einer Straftat. Dann ist die Staatsanwaltschaft zuständig (s. o. Rdnr. 147). Für das **Verfahren** gelten grundsätzlich die Vorschriften über das Strafverfahren sinngemäß (§ 46 OWiG). Nach § 30 OWiG kann auch gegen eine juristische Person eine Geldbuße festgesetzt werden, wenn deren vertretungsberechtigtes Organ eine Straftat oder eine Ordnungswidrigkeit begangen hat, durch die eine der juristischen Person obliegende Pflicht verletzt worden ist (s. o. Rdnr. 131 ff.).

V. Rechtsschutz im Besteuerungsverfahren[168]

1. Das Einspruchsverfahren.

188 Zollstrafverfahren gehen regelmäßig mit einem Besteuerungsverfahren einher. Die Verteidigung hat schon deshalb beide Verfahren in den Blick zu nehmen, weil andernfalls aus dem Besteuerungsverfahren für die Verteidigung **nachteilige Rückwirkungen** in das Strafverfahren nicht ausgeschlossen werden können. Dies gilt beispielsweise für bestandskräftige Steuerbescheide, die bestimmte (nach) zu zahlende Abgaben dem Grunde und der Höhe nach festschreiben. Liegt ein derartiger Bescheid in Bestandkraft vor, lässt sich hiergegen nur schwer im Strafverfahren verteidigen. Faktisch kommt solchen Bescheiden für die zollrechtliche Beurteilung eine gewisse Präjudizwirkung zu, mag diese *de iure* auch nicht bestehen. Die Verteidigung wird daher stets auch über Rechtsschutzmaßnahmen im Besteuerungsverfahren nachzudenken und diese zu ergreifen haben.

189 Die mit Art. 19 Abs. 4 GG grundrechtlich geschützte Rechtsweggarantie gegen Maßnahmen der öffentlichen Gewalt gilt auch im Zollrecht. Besondere Bestimmungen sind im Zollrecht die

---

[162] BGHSt 40, 374, 376 f.
[163] BGHSt 40, 374, 377.
[164] BGH NStZ 1999, 581.
[165] BGH NStZ-RR 1999 184 ff.; BGHR AO § 370 Abs. 1 Steuerschätzung 1; *Kohlmann* § 370 AO Rdnr. 52, 157 ff.; im Einzelnen zur Schätzung *Krause*, Schätzung und Aufklärungspflicht bei der tatrichterlichen Sachverhaltsfeststellung, StraFo 2002, 249 ff.
[166] BFH BStBl. II 1986, 226.
[167] BGH NStZ 1999, 581.
[168] Ausführlich dazu *Glashoff/Kühle*.

Art. 243 ff. ZK. Nach Art. 243 ZK hat jede Person das Recht, gegen Entscheidungen einer Zollbehörde auf dem Gebiete des Zollrechts einen Rechtsbehelf einzulegen, sofern sie durch diese hoheitliche Maßnahme unmittelbar betroffen ist. Art. 243 Abs. 1 UAbs. 2 sieht auch für den Fall die Möglichkeit eines Rechtsbehelfs vor, in dem eine beantragte Entscheidung nicht innerhalb einer angemessenen Frist ergeht. Art. 243 Abs. 2 ZK legt ein **zweistufiges Verfahren** (außergerichtlicher und gerichtlicher Rechtsschutz) fest. In Ausnahmefällen kann auf das außergerichtliche Vorverfahren verzichtet werden.[169]

Nach Art. 245 ZK werden die Einzelheiten des Rechtsbehelfsverfahrens durch das nationale Recht geregelt. In Deutschland ist das **Einspruchsverfahren in** § 347 ff. AO geregelt und soll – wie das Widerspruchsverfahren gem. §§ 68 ff. VwGO – der Verwaltung die Möglichkeit geben, ihre Entscheidungen nochmals zu überprüfen. Gegen Entscheidungen der Zoll(finanz)verwaltung kann innerhalb eines Monats ab Bekanntgabe des belastenden Verwaltungsaktes Einspruch eingelegt werden. Zuständige Einspruchsbehörde ist gem. § 6 Abs. 2 Nr. 5, 367 AO das örtlich zuständige Hauptzollamt. Für die Einspruchsbegründung besteht keine gesetzliche Frist, da die Begründung gem. § 357 Abs. 3 AO nicht zwingend vorgeschrieben ist. Das Hauptzollamt kann aber eine Frist zur Begründung setzen und nach Ablauf dieser Frist über den Einspruch nach Aktenlage entscheiden.[170] Handeln andere Behörden als Finanzbehörden, ist der Widerspruch (§ 69 VwGO) der richtige Rechtsbehelf.

2. Antrag auf Aussetzung der Vollziehung.

Der Einspruch hat **keine Hemmung** der Vollziehbarkeit des angefochtenen Verwaltungsaktes zur Folge (Art. 244 Satz 1 ZK). Gemäß Art. 244 Satz 2 ZK hat die Behörde die Vollziehung aber auszusetzen, wenn sie **begründete (ernstliche) Zweifel an der Rechtmäßigkeit** des angefochtenen Bescheides hat oder die Vollziehung eine unbillige Härte für den Betroffenen darstellen würde. Zugleich mit dem Einspruch kann und sollte gegebenenfalls daher ein Antrag auf Aussetzung der Vollziehung gestellt werden. Allerdings muss der Anwalt abwägen, ob der Antrag nicht im Einzelfall wegen der Verzinsungspflicht unvorteilhaft sein kann (§ 237 Abs. 1 S. 1 AO).[171] Wegen Art. 244 ZK wird die Aussetzung der Vollziehung von der Leistung einer **Sicherheit** abhängig gemacht. Setzt die Behörde die Vollziehung nicht aus oder gewährt sie die Aussetzung der Vollziehung nur gegen Sicherheitsleistung, kann dagegen Einspruch eingelegt werden oder anstelle des Einspruchsverfahrens nach dessen Abschluss durch eine ganz oder teilweise ablehnende Einspruchsentscheidung gemäß § 69 Abs. 3 FGO die Aussetzung der Vollziehung beim Finanzgericht beantragt werden.

3. Das finanzgerichtliche Verfahren.

Hilft die Einspruchsbehörde dem Einspruch nicht oder nicht in vollem Umfang ab, steht dem Betroffenen der Rechtsweg zu den Finanzgerichten offen. Zugleich mit der **Klage** sollte bereits hilfsweise ein Antrag auf Zulassung der Revision gestellt werden (§ 115 FGO). Der Anwalt sollte auch immer daran denken zu beantragen, dass die Hinzuziehung eines Bevollmächtigten im Vorverfahren für notwendig erklärt wird. Hängt die Beurteilung eines Falles von der Auslegung oder der Gültigkeit von Gemeinschaftsrecht ab, sollte der Anwalt nicht zögern, im gerichtlichen Verfahren eine **Vorlage an den EuGH** nach Art. 234 EG anzuregen. Denn über die Auslegung des Gemeinschaftsrechts und die Gültigkeit der Handlungen der Gemeinschaftsorgane entscheidet allein der Europäische Gerichtshof.

---

[169] Zu den Ausnahmefällen Witte/*Alexander* Art. 243 Rdnr. 16.
[170] *Glashoff/Kühle* Rdnr. 120.
[171] *Hoffmann/Föhlersamb*, Ist eine AdV wirtschaftlich sinnvoll?, BB 1988, 112.

Muster:

193 Finanzgericht
......
In dem Rechtsstreit
X gegen Hauptzollamt Y
rege ich an, das Verfahren auszusetzen und dem Europäischen Gerichtshof gemäß Art. 234 Abs. 2 EG-Vertrag folgende Frage zur Vorabentscheidung vorzulegen:
Ist [Vorschrift des EG-Rechts] so auszulegen, dass ...

Begründung:
...
Da der Rechtsstreit wesentlich von der Auslegung ... abhängt, sollten dem EuGH die entscheidungserheblichen Fragen zur Vorabentscheidung vorgelegt werden. Die Klägerin verkennt nicht, dass keine Verpflichtung zur Aussetzung und zur Vorlage der eingangs formulierten Fragen an den Europäischen Gerichtshof besteht, da das Landgericht nicht letztinstanzlich entscheidet. Aus prozessökonomischen Gründen sollte jedoch jetzt eine Vorlage erfolgen, damit so bald wie möglich verbindlich Klarheit über die Rechtsfragen besteht, von denen der Ausgang dieses Rechtsstreits abhängt.[172]

Rechtsanwalt

Praxistipp:

194 Gedenkt der Anwalt eine Vorlage durch das innerstaatliche Gericht an den EuGH anzuregen, sollte er in seinem Antrag die Vorlagefrage selbst bereits vorformulieren.
Der EuGH hat „Hinweise zur Vorlage von Vorabentscheidungsersuchen durch die innerstaatlichen Gerichte" veröffentlicht, an denen sich auch der Anwalt orientieren sollte; http.//unia.eu.int/de/txtdocfr/index.htm
Ausführlich zu Fragen der Vorabentscheidungsverfahrens Prieß/Lübbig, Rechtsschutz vor den Gerichten der Europäischen Union, in: Beck'sches Prozessformularbuch, 10. Aufl. 2006, S. 2061 ff.

195 Das Recht auf **Akteneinsicht** richtet sich im finanzgerichtlichen Verfahren nach § 78 FGO. Von diesem Recht sollte unbedingt Gebrauch gemacht werden, da sich der Steuerpflichtige – bei Verwendung von bei den Akten befindlichen Schriftstücken durch das Finanzgericht – im Allgemeinen nicht auf eine Verletzung rechtlichen Gehörs berufen kann, wenn er die Akten nicht eingesehen hat.[173] In der Regel wird Akteneinsicht nur beim FG oder einer anderen vom Anwalt zu benennenden Dienststelle (Gericht oder Behörde, z. B. ein Hauptzollamt) gewährt. Über die Ablehnung oder Einschränkung der Akteneinsicht wird durch Beschluss entschieden, gegen den das Rechtsmittel der Beschwerde (§ 128 Abs. 1 FGO) gegeben ist.

---

[172] Ist das Gericht in letzter Instanz zuständig, besteht nach der herrschenden „konkreten Betrachtungsweise" eine Pflicht zur Vorlage, siehe ausführlich Schwarze/*ders.*, EU-Kommentar, 2000, Art. 234 EGV Rdnr. 41.
[173] *Tipke/Kruse* § 78 FGO Rdnr. 2.

§ 32 Subventionsbetrug

Übersicht

	Rdnr.
I. Allgemeines (Historische Entwicklung)	1–3
1. Anlass für die Einführung der Vorschrift	1
2. Änderungen durch das 6. StrRG und das EG-FinSchG	2/3
II. Statistiken	4–9
1. Umfang der Subventionsgewährung in Bund, Ländern und Gemeinden	4–7
2. Subventionierung durch die Europäischen Gemeinschaften	8/9
III. Politische Dimensionen des Tatbestandes	10–17
1. Nationale Politik (Motivationen von Subventionsgewährungen)	10–14
2. Europäische Subventionspolitik	15–17
a) Allgemeines	15
b) Einbeziehung europarechtlicher Subventionen in den Schutz des StGB	16/17
IV. Rechtsquellen	18–27
1. Strafgesetzbuch	18
2. Gesetz gegen die missbräuchliche Inanspruchnahme von Subventionen (Subventionsgesetz)	19–22
a) Subventionen nach Bundes- und Landesrecht	19
b) Subventionen nach EG-Recht	20–22
3. Verordnungen der Europäischen Gemeinschaft	23–26
a) Verordnung (EG, EURATOM) Nr. 2988/95 des Rates vom 18.12.1995 über den Schutz der finanziellen Interessen der Europäischen Gemeinschaften	23–25
b) Tatbestände gemeinschaftsrechtlicher punitiver Sanktionsvorschriften	26
4. Internationales Strafrecht	27
V. Der objektive Tatbestand des § 264 StGB	28–94
1. Schutzgut und dogmatische Einordnung	28/29
a) Geschütztes Rechtsgut	28
b) Dogmatische Einordnung	29
2. Täterkreis	30–38
a) Allgemeines	30
b) Das Sonderdelikt des § 264 Abs. 1 Nr. 3 StGB	31
c) Behördeninterne Amtsträger als Täter	32–35
d) Mittelbare Täterschaft	36/37
e) Täterschaft bei § 264 Abs. 1 Nr. 4	38
3. Der Subventionsbegriff	39–49
a) Leistung nach Bundes- oder Landesrecht	40
b) Aus öffentlichen Mitteln	41
c) Gewährung ohne marktmäßige Gegenleistung (Abs. 7 S. 1 Nr. 1 a)	42–44
d) Zur Förderung der Wirtschaft	45
e) Betriebe oder (öffentliche) Unternehmen als Subventionsnehmer	46
f) Subventionen nach EG-Recht	47
g) Überblick über bislang anerkannte Subventionen	48
h) Nicht wirtschaftlichen Zwecken dienende öffentliche Leistungen (Kultur-, Sozial-, Wissenschafts-„Subventionen")	49
4. Subventionserhebliche Tatsachen	50–56
a) Bezeichnung durch Gesetz (§ 264 Abs. 8 Nr. 1 Fall 1 StGB)	51
b) Bezeichnungspflicht gemäß § 2 SubvG	52
c) Bezeichnung aufgrund eines Gesetzes (§ 264 Abs. 8 Nr. 1 Fall 2 StGB)	53
d) Ausdrückliche Bezeichnung	54
e) Gesetzliche Abhängigkeit der Bewilligung, Gewährung, Rückforderung einer Subvention oder eines Subventionsvorteils (§ 264 Abs. 8 Nr. 2 StGB)	55
f) Unvollständige oder unwirksame Bezeichnungen durch den Subventionsgeber	56
5. Pflichtverstöße bei der Beantragung von Subventionen	57–72
a) Subventionsbetrug durch aktives Tun (§ 264 Abs. 1 Nr. 1 StGB; § 4 Abs. 1, 2 SubvG)	58–63
b) Subventionsbetrug durch Unterlassen	64

	c) Verletzung von Offenbarungspflichten (§ 264 Abs. 1 Nr. 3 StGB)	65
	d) Gebrauchmachen von einer durch unrichtige oder unvollständige Angaben erlangten Subventionsbescheinigung (§ 264 Abs. 1 Nr. 4 StGB)	66/67
	e) Besonders schwere Fälle	68–71
6.	Pflichtverstöße bei der Verwendung von Subventionen	73–87
	a) Allgemeines	74–77
	b) Quersubventionierung	78/79
	c) Unökonomische und illegale Verwendung von Subventionen	80–83
	d) Verhältnis zu Nr. 3	84/85
	e) Besonders schwerer Fall des Abs. 2 S. 2 Nr. 1	86/87
7.	Pflichtverstöße im Nachgang zu gewährten Subventionen	88–94
	a) Allgemeines	88–90
	b) Unkenntnis des Subventionsgebers	91
	c) Aufklärungs-/Mitteilungspflichten aufgrund von Rechtsvorschriften (insbes. § 3 SubvG)	92
	d) Täterkreis	93
	e) Besonders schwere Fälle	94
VI. Der subjektive Tatbestand		95–101
1. Vorsatz und Fahrlässigkeit		95
2. Irrtum		96–98
3. Leichtfertigkeit: §§ 264 Abs. 4, 264 Abs. 1 Nr. 1 bis 3 StGB		99–101
VII. Tätige Reue (§ 264 Abs. 5 StGB)		102–107
1. Freiwillige Verhinderung der Subventionsgewährung (§ 264 Abs. 5 S. 1 StGB)		103–106
2. Freiwilliges und ernsthaftes Bemühen um die Nichtgewährung der Subvention (§ 264 Abs. 5 S. 2 StGB)		107
VIII. Strafe und Strafmaß		108–110
IX. Nebenfolgen		111–114
1. Verlust der Amtsfähigkeit		112
2. Einziehung		113
3. Rückzahlung der Subvention und Herausgabe des Erlangten		114
X. Konkurrenzen		115–117
XI. Besonderheiten der Verteidigung		118–129
1. Allgemeines		118–120
2. Auskunftspflicht nach § 3 SubvG und das nemo tenetur-Prinzip		121/122
3. Anzeigepflicht von Gerichten und Behörden (§ 6 SubvG)		123–125
	a) Verpflichtete und Auslöser der Anzeigepflicht	124
	b) Verstoß gegen die Anzeigepflicht	125
4. Auswirkung in der strafrechtlichen Beratung und Verteidigung		126–128

Schrifttum: *Achenbach,* in: Roxin/Widmaier (Hrsg.), 50 Jahre Bundesgerichtshof – Festgabe aus der Wissenschaft, Band IV, Schwerpunkte der BGH-Rechtsprechung zum Wirtschaftsstrafrecht, S. 593 ff.; *Bender,* in: Müller-Gugenberger/Bieneck, Wirtschaftsstrafrecht, 3. Aufl. 2000, § 52 Rdnr. 1 ff.; *Dannecker,* in: Wabnitz/Janovsky, Handbuch des Wirtschafts- und Steuerstrafrechts, 2. Aufl. 2004, 2. Kapitel, Die Entwicklung des Wirtschaftsrechts unter dem Einfluß des Europarechts, S. 103 ff.; *Dieblich,* Der strafrechtliche Schutz der Rechtsgüter der Europäischen Gemeinschaften, 1985; *Diehl,* in: Greeve/Leipold, Handbuch des Baustrafrechts, 2005, Teil 5; *Dörn,* Leichtfertige Steuerverkürzung (§ 378 AO) und leichtfertiger Subventionsbetrug (§ 264 Abs. 1, Abs. 3 StGB) durch den Steuerberater, wistra 1994, 215; *Eberle,* Der Subventionsbetrug nach Paragraph 264 StGB – Ausgewählte Probleme einer verfehlten Norm, 1983; *Göhler/Wilts,* Das erste Gesetz zur Bekämpfung der Wirtschaftskriminalität, DB 1976, 1609; *Gössel,* Probleme notwendiger Teilnahme bei Betrug, Steuerhinterziehung und Subventionsbetrug, wistra 1985, 125; *Hack,* Probleme des Tatbestandes Subventionsbetrug, 1982; *Heinz,* Die Bekämpfung der Wirtschaftskriminalität mit strafrechtlichen Mitteln – unter besonderer Berücksichtigung des 1. WiKG, GA 1977, 193; *Heitzer,* Punitive Sanktionen im Europäischen Gemeinschaftsrecht, 1997; *Lüderssen,* Das Merkmal „vorteilhaft" in § 264 Abs. 1 Satz 1 StGB, wistra 1988, 43; *Lührs,* Subventionen, Subventionsvergabepraxis und Strafverfolgung, wistra 1999, 89; *Meine,* Vorteilsausgleich beim Subventionsbetrug, wistra 1988, 13; *Martens,* Subventionskriminalität zum Nachteil der EG, 2001; *Müller-Emmert/Maier,* Das Erste Gesetz zur Bekämpfung der Wirtschaftskriminalität, NJW 1976, 1657; *Partsch/Scheffner,* Die Anzeigepflicht nach § 6 Subventionsgesetz, NJW 1996, 2492; *Ranft,* Die Rechtsprechung zum sog. Subventionsbetrug, NJW 1986, 3163; *Reisner,* Die Strafbarkeit von Schein- und Umgehungshandlungen in der EG, 1995; *Sannwald,* Rechtsgut und Subventionsbetrug (§ 264 StGB), 1982; *Schmidt,* Zum neuen strafrechtlichen Begriff der „Subvention" in § 264 StGB, GA 1979, 121; *Schmidt-Baumann,* in: Achenbach/Wannemacher, Beraterhandbuch zum Steuer- und Wirtschaftsstrafrecht, Teil 3 Wirtschaftsstrafrecht, § 22 IV; *Schmidt-Hieber,* Verfolgung von Subventionserschleichungen nach Einführung des § 264 StGB, NJW 1980, 322; *Schünemann,* Anmerkung zu BGH, Urt. v. 14.12.1983, NStZ 1985, 73; *Sieber,* Subventionsbetrug und Steuerhinterziehung zum Nachteil der Europäischen Gemeinschaft, in: Streinz/Dannecker/Sieber/Ritter,

Die Kontrolle der Anwendung des Europäischen Wirtschaftsrechts in den Mitgliedstaaten, 1998, S. 75, sowie http://www.jura.uni-muenchen.de/sieber/article/subventionsbetrug/subventionsbetrug.pdf; *Tiedemann*, Der Strafschutz der Finanzinteressen der Europäischen Gemeinschaft, NJW 1990, 2226; *ders.*, Europäisches Gemeinschaftsrecht und Strafrecht, NJW 1993, 23; *ders.*, Handhabung und Kritik des neuen Wirtschaftsstrafrechts – Versuch einer Zwischenbilanz, FS für Dünnebier, 1982, 519; *Wassmann*, Strafrechtliche Risiken bei Subventionen, 1995; *Wattenberg*, in: *Achenbach/Ransiek*, Handbuch Wirtschaftsstrafrecht, IV 2 2004; *Zieschang*, Das Übereinkommen zum Schutz der finanziellen Interessen der EG und seine Auswirkungen, EuZW 1997, 78.

I. Allgemeines (Historische Entwicklung)

1. Anlass für die Einführung der Vorschrift

Der Subventionsbetrug ist eine vergleichsweise junge Vorschrift, die als § 264 StGB mit dem 1. Gesetz zur Bekämpfung der Wirtschaftskriminalität vom 29.7.1976[1] in das StGB aufgenommen wurde. Hintergrund für die Einführung war die Tatsache, dass öffentliche, zur Wirtschaftsförderung bestimmte Mittel jährlich in Milliardenhöhe zum Schaden der Allgemeinheit fehlgeleitet wurden, jedoch nur bei einem verschwindend geringen Teil Verantwortliche zur Rechenschaft gezogen werden konnten.[2] Der Zweck dieser Neuregelung bestand darin, die Strafverfolgung des Subventionsbetruges effektiver zu gestalten. Der oft schwierige Nachweis der komplizierten und durch eine Kausalitätskette verbundenen objektiven und subjektiven Tatbestandsmerkmale des § 263 StGB sollte erspart werden. Die für den Schutz individuellen Vermögens konzipierte Vorschrift des § 263 StGB ließ sich nur mit Mühe auf die Fehlleitung zweckgebundenen staatlichen Umlaufvermögens anwenden.[3] Auch bei einer extensiven Auslegung des § 263 StGB waren bestimmte sozialschädliche Verhaltensweisen nicht zu erfassen, beispielsweise das Verschweigen des nach Erlangung der Subvention erfolgten Wegfalls der Vergabevoraussetzungen oder des Verstoßes gegen eine Verwendungsbeschränkung, wenn der Entschluss zu der bestimmungswidrigen Verwendung erst nach Erhalt der Ware gefasst wurde.[4] Die strafrechtliche Verfolgung schwierig gestalteten auch Nachlässigkeiten in der Vergabepraxis. Durch unpräzise Formulierungen der Vergabevoraussetzungen konnten in zahlreichen Fällen strafwürdige Verhaltensweisen schon nicht als gesetzwidrig eingestuft oder zumindest aus subjektiven Gründen nicht beanstandet werden.[5] Letztlich werden in Betrieben Subventionserschleichungen oftmals arbeitsteilig vorgenommen, so dass nicht sämtliche Tatbestandsmerkmale des Betruges bei einem einzelnen Täter nachweisbar sind und der Subventionsnehmer auf diesem Weg die Verantwortung für die Antragstellung weitgehend aufteilen und verlagern kann.[6] Man beschloss deshalb, eine Bestimmung zu schaffen, die „bereits die Täuschungshandlung allein pönalisiert, ohne die zusätzlichen Merkmale des allgemeinen Betrugstatbestandes als Voraussetzung für die Strafbarkeit zu fordern".[7]

2. Änderungen durch das 6. StrRG und das EG-FinSchG

Änderungen des § 264 StGB traten mit dem **Sechsten Gesetz zur Reform des Strafrechts (6. StrRG)** vom 26.1.1998 mit Wirkung zum 1.4.1998 in Kraft.[8] Neu eingefügt wurde der jetzige Absatz 3 mit einem Verweis auf § 263 Abs. 5 StGB: die Begehung als gewerbsmäßig handelndes Bandenmitglied führt nunmehr zur Einstufung der Tat als Verbrechen.[9] Eine erneute Änderung erfolgte aufgrund des Gesetzes zu dem **Übereinkommen vom 26. Juli 1995 über den Schutz**

---

[1] BGBl. I 1976 S. 2034.
[2] *Müller-Emmert/Maier* NJW 1976, 1657.
[3] *Müller-Emmert/Maier* NJW 1976, 1657; Müller-Gugenberger/Bieneck/*Bender* § 52 Rdnr. 1; LK/*Tiedemann* § 264 Rdnr. 5; SK/*Samson/Günther* § 264 Rdnr. 7; krit. zu dieser Argumentation Schönke/Schröder/Lenckner/Perron § 264 Rdnr. 1 unter Hinweis auf die zu § 263 StGB entwickelte Zweckverfehlungstheorie.
[4] *Müller-Emmert/Maier* NJW 1976, 1657, 1658.
[5] *Müller-Emmert/Maier* NJW 1976, 1657, 1658.
[6] *Schmidt-Hieber* NJW 1980, 322.
[7] Bericht und Antrag des Sonderausschusses, BT-Drucks. 7/5291, S. 4; vgl. BGHSt 32, 203; *Schünemann* NStZ 1985, 73; *Tröndle/Fischer* § 264 Rdnr. 4: „verselbständigtes Versuchsdelikt im Vorfeld des Betruges"; SK/*Samson/Günther* § 264 Rdnr. 7.
[8] BGBl. I 1998 S. 164 bis 188.
[9] Die früheren Abs. 3 bis 7 des § 264 wurden zu Abs. 4 bis 8 umnummeriert und technisch geändert.

der finanziellen Interessen der Europäischen Gemeinschaften (EG-Finanzschutzgesetz – EG-FinSchG v. 10.9.1998[10]). Nach dem Übereinkommen sind die Mitgliedstaaten verpflichtet, einen umfassenden strafrechtlichen Schutz der Ausgabenseite der EG sicherzustellen, soweit aus EG-Haushalten zu zahlende Subventionen und Beihilfen betroffen sind.[11] Durch das EG-FinSchG neu eingefügt wurde der jetzige § 264 Abs. 1 Nr. 2 StGB, der die Verletzung einer Verwendungsbeschränkung unmittelbar unter Strafe stellt und (im Gegensatz zu § 3 Abs. 2 SubvG) nicht an die Verletzung einer Aufklärungspflicht anknüpft, sondern die Verletzung einer Verwendungsbeschränkung unmittelbar unter Strafe stellt. Nach früherem Recht war die missbräuchliche Verwendung von Mitteln zu anderen Zwecken als zu denjenigen, zu denen sie ursprünglich gewährt worden sind, nicht generell erfasst. Sie war auch nicht durch den allgemeinen Betrugstatbestand des § 263 StGB abgedeckt. Vielmehr erfasste § 264 Abs. 1 Nr. 2 StGB a. F. nur Fälle, in denen eine Verpflichtung bestand, die Absicht, eine Subvention entgegen einer Verwendungsbeschränkung zu verwenden, rechtzeitig vorher anzuzeigen, wie dies z. B. § 3 Abs. 2 SubvG vorsieht, der aber auf EG-Subventionen keine Anwendung findet.[12] Ferner wurde Absatz 7 der Vorschrift neu gefasst: Nach dessen Nr. 2 werden **alle Subventionen** bzw. Beihilfen, die **nach dem Recht der Europäischen Gemeinschaften** gewährt werden, sei es aus dem Gesamthaushaltsplan, den Haushaltsplänen einzelner Gemeinschaften oder aus Haushaltsplänen, deren Verwaltung im Auftrag der Gemeinschaften erfolgt, erfasst.[13] Vor dieser Gesetzesänderung waren nur die EG-Subventionen, die an Betriebe oder Unternehmen wenigstens zum Teil ohne marktmäßige Gegenleistung erbracht wurden und der Förderung der Wirtschaft dienten, durch die Strafandrohung des § 264 StGB geschützt.[14] Allerdings ist zu beachten, dass bei EG-Ausgaben nach einhelliger Auffassung auch § 263 StGB in Betracht kommen kann, da diese Vorschrift nicht nur inländisches, sondern auch ausländisches und EG-Vermögen schützt, wenn – was bei EG-Subventionen der Fall ist – die gemeinschaftlichen Interessen den Charakter von Individualrechtsgütern haben und nicht nur Ausfluss von Hoheitsgewalt sind.[15]

3 Zahlreiche Unklarheiten bestehen im Hinblick auf die Beantwortung der Frage, ob die europarechtlichen Verpflichtungen aus dem Übereinkommen vom 26. Juli 1995 über den Schutz der finanziellen Interessen der Europäischen Gemeinschaften[16] durch das EG-FinSchG[17] in jeder Hinsicht vollständig in deutsches Recht transformiert worden sind.[18] Die daraus resultierende Problematik einer europarechtskonformen Auslegung wird bei den entsprechenden Tatbestandsmerkmalen zu erörtern sein.

II. Statistiken

1. Umfang der Subventionsgewährung in Bund, Ländern und Gemeinden

4 Unter Subventionen versteht man Zuwendungen des Staates oder von Einrichtungen der Europäischen Gemeinschaften im Rahmen der Wirtschafts- und Sozialpolitik an Unternehmen für laufende Produktionszwecke, sei es zur Beeinflussung des Marktpreises oder zur Stützung von Produktion und Einkommen.[19] Bei der statistischen Erfassung der Subventionsgewährung bestehen je nach ermittelnder Institution teilweise erhebliche Differenzen. Das hat seinen Grund in der in Einzelfällen divergierenden inhaltlichen Ausfüllung des Subventionsbegriffs.

5 Grundlage für den **Subventionsbegriff des Bundes** ist das Stabilitätsgesetz.[20] Danach verstehen sich Finanzhilfen und Steuervergünstigungen als Subventionen. **Finanzhilfen** sind

---

[10] BGBl. II 1998 S. 2322.
[11] ABl. C 316/49 ff. v. 27.11.1995; s.i.e. dazu Wabnitz/Janovsky/*Dannecker* S. 472 ff.
[12] Wabnitz/Janovsky/*Dannecker* 2. Kapitel Rdnr. 43 ff..
[13] Achenbach/Wannemacher/*Schmidt-Baumann* § 22 IV Rdnr. 11.
[14] *Zieschang* EuZW 1997, 78, 79.
[15] *Dieblich* S. 87 ff.
[16] ABl. C 316/49 ff. v. 27.11.1995 ff.
[17] BGBl. II 1998 S. 2322.
[18] Vgl. hierzu ausführlich und mit zahlr. w. N. LK/*Tiedemann* Nachtrag zu § 264 StGB Rdnr. 2 bis 8; zum Übereinkommen *Zieschang* EuZW 1997, 78 ff.
[19] So eine allg. Definition des Statistischen Bundesamtes, die dieses auf seiner inzwischen veränderten Website veröffentlicht hatte. Auf der aktuellen Website fehlt eine Definition für Subventionen bislang.
[20] Gesetz zur Förderung der Stabilität und des Wachstums der Wirtschaft v. 8.6.1967 (BGBl. I S. 582).

Mittel des Bundes, die für bestimmte Zwecke an Stellen außerhalb der Bundesverwaltung gewährt werden.[21] Sie entsprechen dem wohl vorherrschenden Subventionsbild, weil der Bund Geld zur Unterstützung oder Stützung bestimmter Branchen oder Vorhaben einsetzt. **Steuervergünstigungen** sind dagegen spezielle steuerliche Ausnahmeregelungen, die für die öffentliche Hand zu Mindereinnahmen führen.[22] § 264 StGB erfasst Steuervergünstigungen allerdings nicht.[23] Über Finanzhilfen, Steuervergünstigungen und damit zusammenhängende Mindereinnahmen sowie andere Bundesmittel, die für bestimmte Zwecke an Stellen außerhalb der Bundesverwaltung gegeben werden, legt die Bundesregierung dem Bundestag und dem Bundesrat alle zwei Jahre eine zahlenmäßige Übersicht in einem **Subventionsbericht** vor, § 12 Abs. 2 und 3 StWG. Danach hat sich die Subventionsgewährung (inklusive Steuervergünstigungen) des Bundes im Zeitraum zwischen 1999 und 2004 auf ca. 22 Mrd. Euro eingependelt, zuletzt 22,3 Mrd. Euro im Jahr 2004.[24] Zuvor war ein stetiger Anstieg zu verzeichnen.[25] Der bedeutendste Subventionsempfänger ist die gewerbliche Wirtschaft mit 10,6 Mrd. Euro im Jahr 2004. Auf sie entfallen 47,6 Prozent aller Finanzhilfen und Steuervergünstigungen des Bundes.[26] Auf das Wohnungswesen entfallen als zweitgrößtem Subventionsbereich in 2004 mit 6,4 Mrd. Euro 28,6 Prozent der Subventionen des Bundes.[27]

Finanzhilfen des Bundes, der Länder und der Gemeinden nach dem Neunzehnten Subventionsbericht des Bundes[28]

Jahr	Bund	Länder und Gemeinden
1999	10,9 Mrd. EUR	
2000	10,1 Mrd. EUR	12,8 Mrd. EUR
2001	9,5 Mrd. EUR	12,8 Mrd. EUR
2002	8,1 Mrd. EUR	12,0 Mrd. EUR
2003	7,7 Mrd. EUR*	12,9 Mrd. EUR*
2004	7,0 Mrd. EUR**	

* Soll ** RegE

Die **Finanzhilfen** des Bundes sanken von 10,9 Mrd. Euro im Jahr 1999 auf 7,0 Mrd. Euro in 2004. Der Steinkohlebergbau ist hier weiterhin Spitzenreiter (2004: 2,2 Mrd. Euro). Es folgen Finanzhilfen für das Wohnungswesen, die Landwirtschaft und die regionale Strukturpolitik.[29] Im Jahr 2003 betrug das Subventionsvolumen in Deutschland insgesamt, das heißt zusammen mit den Finanzhilfen der Länder, den Marktordnungsausgaben der Europäischen Union und den Finanzhilfen aus dem European Recovery Program (ERP – umgangssprachlich „Marshallplan"), etwa 58,7 Mrd. Euro.[30]

Verschiedene Institutionen haben andere Subventionsabgrenzungen als der Bund entwickelt. Dies gilt unter anderem für die **Volkswirtschaftliche Gesamtrechnung** des Statistischen Bundesamts. Nach der Volkswirtschaftlichen Gesamtrechnung hat der Staat im Jahr 2005 insgesamt

---

[21] Das ergibt sich aus § 12 Abs. 1 StWG.
[22] Bericht der Bundesregierung über die Entwicklung der Finanzhilfen des Bundes und der Steuervergünstigungen für die Jahre 2002-2004 (Neunzehnter Subventionsbericht), herausgegeben vom Bundesministerium der Finanzen, 2003, S. 15.
[23] Näher LK/*Tiedemann* § 264 Rdnr. 27 m. w. N.
[24] Neunzehnter Subventionsbericht, S. 8.
[25] Fünfzehnter Subventionsbericht vom 1.9.1995, BT-Drs. 13/2230; LK/*Tiedemann* § 264 Rdnr. 2.
[26] Neunzehnter Subventionsbericht, S. 11.
[27] Neunzehnter Subventionsbericht, S. 11. Zu beachten ist, dass auch die nicht von § 264 StGB erfassten Steuervergünstigungen enthalten sind.
[28] Neunzehnter Subventionsbericht, S. 27 (Übersicht 9).
[29] Vgl. zu den Einzelheiten Neunzehnter Subventionsbericht, Übersicht 1 (S. 8) und Übersicht 5 (S. 22).
[30] Neunzehnter Subventionsbericht, S. 11 sowie Übersicht 9 (S. 27).

27,68 Mrd. Euro für Subventionen ausgegeben. Die Abweichung von den Zahlen der Bundesregierung begründet sich darin, dass der Bund von den Belastungen des Bundeshaushalts im jeweiligen Haushaltsjahr ausgeht, während die Institute versuchen, den Subventionsgrad der gesamten Volkswirtschaft zu erfassen.[31] So bleiben etwa die von § 264 StGB ohnehin nicht betroffenen Steuervergünstigungen vom Statistischen Bundesamt unberücksichtigt.

Subventionsgewährung des Staates nach der Volkswirtschaftlichen Gesamtrechnung des Statistischen Bundesamtes

Gegenstand der Nachweisung	2002	2003	2004	2005
Staat	31,67	29,90	28,95	27,68
Bund	7,58	6,42	5,92	6,26
Länder	13,88	13,44	13,56	13,71
Gemeinden	6,04	6,42	6,84	6,81
Sozialversicherung	4,17	3,62	2,63	0,90
Europäische Union	5,99	6,19	6,00	6,27

Quelle: Statistisches Bundesamt, Rechenstand: Januar 2006. Alle Angaben in Mrd. €.

2. Subventionierung durch die Europäischen Gemeinschaften

§ 264 Abs. 7 StGB umfasst auch Subventionen nach dem Recht der Europäischen Gemeinschaften. Der größte Teil des EG-Haushalts dient der Förderung wirtschaftlicher Zwecke durch Subventionen,[32] insbesondere für den Agrarbereich.[33] Der Finanzrahmen für die Strukturfonds im Zeitraum 2000 bis 2006 beläuft sich auf 195 Mrd. Euro.[34] Für 2001 hat die EU Mittel aus dem Bereich Strukturfonds (ohne den Agrarbereich und ohne Kohäsionsfonds) in Höhe von insgesamt 30 Milliarden Euro an die Mitgliedstaaten ausgezahlt;[35] für 2006 sind 38,5 Milliarden Euro veranschlagt.[36] Diese Gelder werden durch die Mitgliedstaaten an die Subventionsempfänger weitergeleitet. Die Haushaltspläne 2002[37] und 2003[38] sehen für den Bereich EAGFL-Garantie jeweils rund 44 Mrd. Euro vor, für das Jahr 2004 ist ein Finanzrahmen von 48 Mrd. Euro nach der Erweiterung angepeilt.[39] Für den Bereich Strukturfonds stellt die Europäische Union für die Jahre 2002 und 2003 jeweils rund 30 Mrd. Euro zur Verfügung,[40] für das Jahr 2004 sind – nach der Erweiterung – gut 40 Mrd. Euro avisiert.[41]

---

[31] Neunzehnter Subventionsbericht, S. 15.
[32] Vgl. *Tiedemann* NJW 1990, 2226.
[33] Vgl. dazu Müller-Gugenberger/Bieneck/*Bender* § 52 Rdnr. 34.
[34] Europäische Kommission, Allgemeine Bestimmungen zu den Strukturfonds, (Quelle: http://europa.eu.int/scadplus/leg/de/lvb/l60014.htm).
[35] Europäischer Rechnungshof, Jahresbericht 2001, S. 87, ABl. EG C 295 v. 28.11.2002.
[36] Europäische Kommission, Vorentwurf eines Gesamthaushalts der Europäischen Gemeinschaften für das Haushaltsjahr 2006 – Gesamtübersicht (Quelle: http://www.europa.eu.int/comm/budget/pdf/infos/APB_2006_Apercu_DE.pdf).
[37] Europäische Kommission, Gesamtbericht über die Tätigkeit der Europäischen Union 2002, Abschn. 2: Haushalt, Tabelle 26.
[38] Gesamthaushaltsplan der Europäischen Union für das Jahr 2003, Titel B1, ABl. EG L 54/409 ff. v. 28.2.2002.
[39] Europäische Kommission, Pressemitteilung IP/03/321 v. 5.3.2003 (Politischer und finanzieller Rahmen für 2004: die strategische Planung der Kommission für das Jahr der Erweiterung), Quelle: Internetseite der Europäischen Union (http://www.europa.eu.int).
[40] Gesamthaushaltsplan der Europäischen Union für das Jahr 2003, Titel B1, ABl. EG L 54/501 ff. v. 28.2.2002.
[41] Europäische Kommission, Pressemitteilung IP/03/321 v. 5.3.2003 (Politischer und finanzieller Rahmen für 2004: die strategische Planung der Kommission für das Jahr der Erweiterung), (Quelle: Internetseite der Europäischen Union http://www.europa.eu.int).

In Deutschland getätigte Zahlungen aus Subventionsmitteln der EU in Mio. EUR[42]

	2001	2002	2003	2004
EAGFL-Garantie	5861,7	6812,7	5876,9	6064,7
Strukturmaßnahmen	3573,6	3413,8	3788,1	4636,7

Quellen: Europäischer Rechnungshof, Jahresberichte zu den Haushaltsjahren 2001 bis 2004, abrufbar unter www.eca.eu.int

EU-Subventionen werden als besonders betrugsanfällig bezeichnet. Die Kommission fordert daher, die finanziellen Interessen der Gemeinschaft denen der Mitgliedstaaten gleichzustellen.[43] Um die finanziellen Interessen der Gemeinschaft zu schützen, sind die Mitgliedstaaten verpflichtet, der Kommission sämtliche Unregelmäßigkeiten mit einem Schadensvolumen von mehr als 4.000 Euro zu melden.[44] Daneben stellt die EU insbesondere die Prävention in den Vordergrund der Aktivität zum Schutz ihrer finanziellen Interessen. So hat die Kommission ein Konsultationsverfahren eingeführt, demzufolge das Europäische Amt für Betrugsbekämpfung OLAF möglichst frühzeitig zu beteiligen ist, damit bereits bei der Ausarbeitung von Legislativvorschlägen auf die operativen Erfahrungen des Amtes zurückgegriffen werden kann.[45] In operativer Hinsicht können die Mitgliedstaaten und Bewerberländer neuerdings über ein Kommunikationsnetz *Anti Fraud Information System* untereinander und mit OLAF Informationen austauschen.[46] Im Eigenmittelbereich beliefen sich die Auswirkungen der im Jahr 2004 gemeldeten Unregelmäßigkeiten auf 205 Mio. EUR, auf 82 Mio. EUR im Bereich EAGFL-Garantie und auf 694 Mio. EUR im Strukturfondsbereich.[47] Die Schätzungen über die Gesamtschäden gehen allerdings weit auseinander. Teilweise ist von einer Schadenssumme in Höhe von 20% des Haushaltsvolumens der EG, also von über 16 Milliarden ECU die Rede.[48] Andere Schätzungen sprechen von 15%[49] bzw. von 5 bis 10%.[50] Im Ergebnis sind umfassende quantitative Angaben über Umfang und Schaden des EG-Betrugs mit wissenschaftlich gesicherten Methoden wohl nicht möglich.[51]

III. Politische Dimensionen des Tatbestandes

1. Nationale Politik (Motivationen von Subventionsgewährungen)

Nachdem die staatliche oder sonst öffentliche Subventionierung Privater eine dem deutschen Liberalismus des 19. Jahrhunderts so gut wie unbekannte Methode war,[52] ist die Subventionierung seit der Weimarer Zeit bis heute ein selbstverständliches **Instrument der Wirtschaftslenkung**.[53] Insbesondere nach dem Zweiten Weltkrieg war die finanzielle Förderung des Wiederaufbaus durch die öffentliche Hand unerlässliche Voraussetzung für die Funktionsfähigkeit der wiedererstehenden Volkswirtschaft.[54] Subventionen sollen in der Sozialen Marktwirtschaft

---

[42] Dargestellt sind nicht die durch die EU an Deutschland geleisteten Zahlungen, sondern die Auszahlungen durch die Bundesrepublik an den Subventionsempfänger aufgrund EU-rechtlicher Vergabebestimmungen.
[43] Europäische Kommission, Schutz der finanziellen Interessen der Gemeinschaft und Betrugsbekämpfung, Jahresbericht 2003, S. 23.
[44] Europäische Kommission, Schutz der finanziellen Interessen, Jahresbericht 2001, S. 98.
[45] Europäische Kommission, Schutz der finanziellen Interessen, Jahresbericht 2003, S. 7 f.
[46] Näher zum AFIS-System Europäische Kommission, Schutz der finanziellen Interessen, Jahresbericht 2003, S. 8 f.
[47] Europäische Kommission, Schutz der finanziellen Interessen, Jahresbericht 2004, S. 8 (Tabelle 2.1) f.
[48] Vgl. *Sieber* S. 3.
[49] Bericht zum Übereinkommen über den Schutz der finanziellen Interessen des Gemeinschaft vom 26.7.1997, ABl. C 191 v. 23.6.1997 (für das Jahr 1994).
[50] *Kaiser* Kriminologie 1996, S. 869.
[51] Vgl. *Sieber*, Subventionsbetrug und Steuerhinterziehung zum Nachteil der Europäischen Gemeinschaft, S. 3.
[52] *Koettgen* DVBl. 1953, 485, 487.
[53] LK/*Tiedemann* § 264 Rdnr. 1.
[54] LK/*Tiedemann* § 264 Rdnr. 1.

allerdings nur als **Hilfe zur Selbsthilfe** gewährt werden.[55] Notwendiger **Strukturwandel** soll erleichtert, damit verbundene soziale Härten sollen abgefedert werden. Eindrückliches Beispiel für den Versuch einer Umsetzung dieser Zielsetzung ist die Subventionspolitik der Bundesregierung seit der Deutschen Wiedervereinigung im Jahr 1990. Diese war ausdrücklich darauf gerichtet, den wirtschaftlichen Anpassungsprozess in den neuen Ländern zu beschleunigen: „Der Aufbau eines modernen, am Markt ausgerichteten Unternehmenssektors [wurde] in den neuen Ländern mit erheblichen Finanzhilfen und Steuervergünstigungen unterstützt".[56]

11 Die Subventionsabgrenzung des Bundes konzentriert sich entsprechend dem Auftrag des Stabilitätsgesetzes (StWG) auf Hilfen aus dem Bundeshaushalt für private Unternehmen und Wirtschaftszweige: § 12 Abs. 2 Nr. 1 bis 3 StWG nennt ausdrücklich Erhaltungs-, Anpassungs- und Produktivitätshilfen des Bundes an Betriebe und Wirtschaftszweige. **Erhaltungshilfen** dienen dazu, im internationalen Wettbewerb nicht konkurrenzfähige Betriebe und Wirtschaftszweige dauerhaft wieder wettbewerbsfähig zu machen. Klassisches Beispiel für diese Art staatlicher Subventionierung mit Erhaltungsintention ist der deutsche Steinkohlenbergbau, dessen Absatz nur durch erhebliche Subventionen gesichert werden kann. Insbesondere bei den Steinkohlesubventionen ist die staatliche Hilfe aber stark rückläufig. Im Jahr 2000 beliefen sich die Kohlehilfen noch auf rund 4,6 Mrd. Euro,[57] an denen sich das Land Nordrhein-Westfalen als hauptbetroffenes Bundesland mit 0,5 Mrd. Euro beteiligte. 2004 wurden Zuschüsse nur noch in Höhe von 2,1 Mrd. Euro gewährt.[58] Hinzu kommt die „Bergmannsprämie" in Höhe von 5 Euro pro Schicht, die der Bund den unter Tage tätigen Bergarbeitern aus dem Lohnsteueraufkommen zahlt.[59] **Anpassungshilfen** sollen dagegen die Änderung bestimmter Strukturen von Betrieben und Wirtschaftszweigen unterstützen. Schließlich sollen **Produktivitätshilfen** den Produktivitätsfortschritt und das Wachstum von Betrieben und Wirtschaftszweigen fördern, insbesondere durch die Entwicklung neuer Produktionsmethoden. Daneben werden sonstige Hilfen berücksichtigt, die in wichtigen volkswirtschaftlichen Bereichen bestimmte Güter und Leistungen für private Haushalte verbilligen und gleichzeitig mittelbar dem Wirtschaftsgeschehen zugerechnet werden können (etwa Hilfen für den Wohnungsbau). Nicht zu den Subventionen gehören dagegen finanzielle Aufwendungen des Bundes für allgemeine Staatsausgaben wie etwa große Teile der allgemeinen Forschungs- und Entwicklungsförderung.

12 Die Subventionspolitik des Bundes verfolgt neben einer Unterstützung des **Aufbau Ost** das Ziel einer wirtschaftlich leistungsfähigen, sozial gerechten und ökologisch verträglichen Entwicklung durch die Berücksichtigung von **Umweltbelangen**.[60] Dabei spielt der Abbau ökologisch kontraproduktiver Subventionen in Verbindung mit dadurch notwendigen Konsolidierungsmaßnahmen ebenso eine Rolle wie die Förderung von Maßnahmen mit umweltpolitischer Zielsetzung.[61] In diesem Zusammenhang steht auch das Ziel der Schaffung geeigneter Rahmenbedingungen für einen wirksamen **Verbraucherschutz** und eine leistungs- und wettbewerbsfähige Land- und Forstwirtschaft unter Beachtung ökologischer Belange. Konkret geförderte Maßnahmen sind die Gemeinschaftsaufgabe „Verbesserung der Agrarstruktur und des Küstenschutzes",[62] die Gasölverbilligung und Agrardieselvergütung,[63] die landwirtschaftliche Unfallversicherung[64] sowie die Ermittlung des Gewinns in der Land- und Forstwirtschaft nach Durchschnittssätzen.[65] Weiteres Anliegen der Subventionspolitik ist die Förderung der **gewerblichen Wirtschaft**.

---

[55] Achtzehnter Subventionsbericht, S. 10.
[56] Achtzehnter Subventionsbericht, S. 10 und 27.
[57] Achtzehnter Subventionsbericht, S. 31.
[58] Neunzehnter Subventionsbericht, Übersicht 5, S. 22.
[59] Dies seit 1956 als „staatliche Anerkennung für die risikoreiche Tätigkeit", Achtzehnter Subventionsbericht, S. 32.
[60] Achtzehnter Subventionsbericht, S. 30; Nenzehnter Subventionsbericht, S. 30.
[61] Der Achtzehnte Subventionsbericht nennt als Beispiel die Förderung von Photovoltaikanlagen durch das „100 000-Dächer-Solarstromprogramm", s. dort S. 30.
[62] S. dazu den Achtzehnten Subventionsbericht, S. 30.
[63] A.a.O. S. 31.
[64] A.a.O. S. 31.
[65] A.a.O. S. 31.

Allerdings sollen Subventionen den nationalen und internationalen Wettbewerb nicht beeinträchtigen.[66] Diese Gefahr besteht insbesondere durch die langfristige Gewährung von Subventionen. Dauerhafte Subventionierung kann nämlich zu Wettbewerbsverzerrungen durch Fehlallokationen von Ressourcen und damit zu einer Verzögerung des für notwendig erachteten Strukturwandels führen, also zu dem gegenteiligen Effekt. Aus diesem Grund verfolgt der Bund das Ziel des langfristigen Abbaus von Subventionen „mit Augenmaß".[67]

Im Gesamtrahmen dieser Subventionspalette haben sich einige Bereiche als besonders manipulationsanfällig erwiesen – darunter der Agrarsektor.[68] Mit Blick auf den beträchtlichen Anteil etwa des EAGFL-Fonds Abteilung Garantie am Gesamthaushalt der EU wird die Bedeutung jeglicher Unregelmäßigkeit auf dem Gebiet der Agrarsubventionierung deutlich. Da insbesondere mangelhaft kontrollierte Leistungsgewährung zu Manipulationen anreizt (so genannte **kriminogene Wirkung der Subventionierung**[69]), richtet sich die Betrugsbekämpfung insbesondere der EU nicht allein, aber nicht unwesentlich auf das Gebiet der Strukturförderung.

2. Europäische Subventionspolitik

a) Allgemeines. Die Politik der Europäischen Gemeinschaften bezweckt vor allem die Angleichung der unterschiedlichen Strukturverhältnisse innerhalb der Gemeinschaft gemäß Art. 158 bis 162 EGV[70] (Art. 130 a bis 130 e a.F.) – eine Motivation, die im Zuge der Osterweiterung an Bedeutung gewinnen dürfte. Diese **Strukturpolitik** strebt die Förderung der Entwicklung und strukturellen Anpassung von Regionen mit Entwicklungsrückstand (Ziel 1), die wirtschaftliche und soziale Umstellung von Regionen mit Strukturproblemen außerhalb von Ziel 1 (Ziel 2) sowie Maßnahmen zur Entwicklung der Humanressourcen außerhalb der unter Ziel 1 genannten Regionen (Ziel 3 – sog. Europäische Beschäftigungsstrategie) an.[71]

b) Einbeziehung europarechtlicher Subventionen in den Schutz des StGB. Die Prüfung, ob eine Leistung unter den Subventionsbegriff des § 264 StGB fällt, obliegt dem Strafrichter wegen der rein strafrechtlichen Definition des Subventionsbegriffs anhand materieller Kriterien. Auf eine außerstrafrechtliche Wortwahl kommt es also nicht an.[72] Die Subsumtion von Leistungen nach dem Recht der EU unter den materiellen Subventionsbegriff des § 264 Abs. 7 StGB ist nach den gleichen Kriterien vorzunehmen, wie bei etwa nach Bundesrecht gewährten Leistungen. Grundlage für die Einbeziehung europarechtlicher Subventionen in den Schutz des deutschen Strafrechts ist das Übereinkommen über den Schutz der finanziellen Interessen der Europäischen Gemeinschaften.[73] Gemäß Artikel 2 des Übereinkommens trifft jeder Mitgliedsstaat die erforderlichen Maßnahmen um sicherzustellen, dass Betrugshandlungen[74] und der Versuch solcher Handlungen geahndet werden können.

Subventionen nach dem Recht der Europäischen Gemeinschaften werden – anders als nach nationalem Recht geleistete Mittel – gemäß § 264 Abs. 7 Nr. 2 StGB auch dann geschützt, wenn sie nicht wirtschaftsfördernden Zwecken dienen.[75] Auch müssen die Fördermittel nicht unmittelbar an Betriebe oder Unternehmen geleistet werden.[76] Denn aus öffentlichen Mitteln nach dem Recht der Europäischen Gemeinschaften erbracht ist eine Leistung, wenn sie aus

---

[66] Achtzehnter Subventionsbericht, S. 10.
[67] Achtzehnter Subventionsbericht, S. 10; Neunzehnter Subventionsbericht, S. 11 f.
[68] LK/*Tiedemann* § 264 Rdnr. 4, nennt neben dem Agrarsektor auf der Erzeuger- und der Handelsstufe auch die Bau- und Schrottwirtschaft, die Investitionsgüterindustrie sowie das Arbeitsförderungs- und Wohnungswesen.
[69] *Tiedemann* a. a. O.
[70] Vertrag zur Gründung der Europäischen Gemeinschaft i. d. Fassung vom 2.10.1997 (Amsterdam), geändert durch den Vertrag von Nizza vom 26.2.2001.
[71] Europäische Kommission, Allgemeine Bestimmungen zu den Strukturfonds, http://europa.eu.int/scadplus/leg/de/lvb/l60014.htm. Die dreifache Zielsetzung löst eine breit gefächertere Zielsetzung im Rahmen der Strukturhilfe ab; vgl. dazu *Martens* S. 21 ff. Zur Zielsetzung vgl. näher VO (EG) 1260/1999, ABl. EG L 161 v. 26.6.1999.
[72] Vgl. *Martens* S. 69; LK/*Tiedemann* § 264 Rdnr. 26.
[73] Abgedruckt in BT-Drs. 13/10425, S. 8 ff.
[74] Gemeint ist der europarechtliche Topos, der u. a. auch den Subventionsbetrug meint; vgl. Art. 1 Abs. 1 des Übereinkommens, BT-Drs. 13/10424, S. 8.
[75] *Martens* S. 99 f.; Schönke/Schröder/*Lenckner*/*Perron* § 264 Rdnr. 26.
[76] Vgl. Schönke/Schröder/*Lenckner*/*Perron* § 264 Rdnr. 26.

dem Gesamthaushaltsplan der EG, den Haushaltsplänen einzelner Gemeinschaften oder aus Haushaltsplänen, deren Verwaltung im Auftrag der EG erfolgt, gewährt wird.[77] Dabei spielt es keine Rolle, ob die Leistungen unmittelbar von Stellen der EG oder – was eher der Fall ist – nach deren Vorschriften von deutschen Stellen vergeben werden.[78] Insbesondere im Rahmen der Strukturpolitik werden von den Europäischen Gemeinschaften Fördermittel an öffentliche Verwaltungen innerhalb der Mitgliedstaaten bewilligt und gewährt, die die Subvention dann ihrerseits über Landeshauptkassen zur Auszahlung an den Subventionsempfänger gelangen lassen.[79] Neben den aus Strukturfonds geleisteten Mitteln[80] fallen unter den Subventionsbegriff des Abs. 7 insbesondere solche, die vom Europäischen Ausrichtungs- und Garantiefonds für die Landwirtschaft (EAGLF)[81] und von Fonds gewährt werden, die nicht im Haushaltsplan erfasst sind.[82]

IV. Rechtsquellen

1. Strafgesetzbuch

18 §§ 263 (Betrug), 264 (Subventionsbetrug) StGB.

2. Gesetz gegen die missbräuchliche Inanspruchnahme von Subventionen (Subventionsgesetz)

19 a) **Subventionen nach Bundes- und Landesrecht.** Das ebenfalls durch das 1. WiKG (Art. 2) eingeführte Gesetz gegen missbräuchliche Inanspruchnahme von Subventionen (Subventionsgesetz) ist von Bedeutung sowohl für die Subventionsvergabepraxis und ihre (präventive) Kontrolle als auch für die Auslegung und (repressive) Handhabung des § 264 StGB. Es findet unmittelbar und uneingeschränkt nur auf Subventionen nach Bundesrecht Anwendung, wurde allerdings von den Ländern weitgehend übernommen.[83] Damit fallen auch die nach Landesrecht gewährten Subventionen unter die Bestimmungen des (Bundes-) Subventionsgesetzes. Dieses statuiert insbesondere eine Offenbarungspflicht des Subventionsnehmers bei und nach der Inanspruchnahme von Subventionen (§ 3 SubvG) und erfasst Schein- und Umgehungshandlungen durch eine besondere Vorschrift (§ 4 SubvG). Es regelt ferner die in § 264 Abs. 8 Nr. 1 StGB vorausgesetzte ausdrückliche Bezeichnung der subventionserheblichen Tatsachen (§ 2 SubvG). Ihr kommt besondere Bedeutung zu, da für die Subventionierung zahlreiche Unklarheiten der normativen oder auch der rein praktischen Subventionsvergabevoraussetzungen typisch sind, nicht zuletzt der „Subventionszweck".[84]

20 b) **Subventionen nach EG-Recht.** Das Subventionsgesetz ist auf Subventionen nach EG-Recht nur anwendbar, soweit dieses **Verfahrensregeln** enthält und **deutsche Stellen** tätig werden.[85] Ansonsten gilt für Subventionen nach EG-Recht das nationale Subventionsrecht nicht.[86]

21 Insofern gilt die Regel über Umgehungshandlungen (**§ 4 Abs. 2 SubvG**) wegen des Vorrangs des Europarechts für EG-Subventionen nicht. Dies hat folgenden Grund: Mit der Bestimmung der Unbeachtlichkeit von Schein- und Umgehungshandlungen nach § 4 SubvG für die Subventionsentscheidung wird eine den Anspruch selbst betreffende materiellrechtliche Regelung in Bezug auf die Subvention getroffen. Die materiellrechtlichen Voraussetzungen von Subven-

---

[77] Vgl. BT-Drs. 13/10425, S. 7, 11.
[78] Vgl. BT-Drs, 13/10425, S. 11.
[79] Vgl. auch *Martens* S. 82.
[80] Vgl. *Martens* S. 82.
[81] Vgl. BT-Drs. 13/10425, S. 16; *Martens* S. 90.
[82] So etwa die des Europäischen Zentrums für die Förderung der Berufsbildung oder die der Europäischen Umweltagentur; vgl. BT-Drs. 13/10425, S. 16.
[83] Achenbach/Wannemacher/*Schmidt-Baumann*, Beraterhandbuch § 22 IV Rdnr. 6, 7: Baden-Württemberg, Bayern, Berlin, Brandenburg, Bremen, Hamburg, Hessen, Mecklenburg-Vorpommern, Niedersachsen, Nordrhein-Westfalen, Rheinland-Pfalz, Saarland, Sachsen-Anhalt, Schleswig-Holstein, Thüringen.
[84] LK/*Tiedemann* § 264 Rdnr. 7.
[85] LK/*Tiedemann* § 264 Rdnr. 8.
[86] Müller-Gugenberger/Bieneck/*Bender* Wirtschaftsstrafrecht § 52 Rdnr. 10, u. a. auch die Anzeigepflicht des § 3 SubvG.

tionen sind jedoch allein Gegenstand der gemeinschaftlichen Regelungskompetenz, da sie die Durchsetzung der verschiedenen Gemeinschaftspolitiken und den Gemeinschaftshaushalt betreffen. Die Kompetenz steht aufgrund der Übertragung auf die Gemeinschaften den Mitgliedstaaten nicht mehr zu.[87] Daher sind die in § 4 SubvG getroffenen Regelungen nicht auf Subventionen anwendbar, die nach Rechtsvorschriften der Europäischen Gemeinschaften vergeben werden.[88] Dies hat zur Folge, dass gerade der Bereich der Manipulation von Subventionen der EG, der u. a. wesentliches Motiv für die Einführung des § 264 StGB war, vom Gesetz zunächst nicht erfasst wurde. Inzwischen ist durch eine EG-Verordnung[89] eine dem § 4 Abs. 2 SubvG vergleichbare Regelung getroffen worden.[90]

Die Bezeichnungspflicht gemäß § 2 SubvG gilt ebenfalls nicht für EG-Subventionen, soweit sie unmittelbar von Organen der EG vergeben werden.[91] Der Bund und die Länder haben keine Gesetzgebungskompetenz, wenn EG-Stellen mit der Subventionsvergabe befasst sind. Aus diesem Grund ist die Vorschrift des § 264 Abs. 7 Nr. 2 StGB eingeführt worden, mit der auch EG-Subventionen strafrechtlich geschützt werden sollen.[92]

3. Verordnungen der Europäischen Gemeinschaft

a) **Verordnung (EG, EURATOM) Nr. 2988/95 des Rates vom 18.12.1995 über den Schutz der finanziellen Interessen der Europäischen Gemeinschaften.** Für den Bereich der EG- und EURATOM-Subventionen gilt seit Ende 1995 eine Vorschrift, die ähnlich wie § 4 Abs. 2 SubvG die Unbeachtlichkeit von Umgehungshandlungen regelt. Art. 4 Abs. 3 der Verordnung Nr. 2988/95 des Rates vom 18.12.1995[93] über den Schutz der finanziellen Interessen der Europäischen Gemeinschaften lautet: „Handlungen, die nachgewiesenermaßen die Erlangung eines Vorteils, der den Zielsetzungen der einschlägigen Gemeinschaftsvorschriften zuwiderläuft, zum Ziel haben, indem künstlich die Voraussetzungen für die Erlangung dieses Vorteils geschaffen werden, haben zur Folge, dass der betreffende Vorteil nicht gewährt bzw. entzogen wird." Sie gilt nach Art. 1 Abs. 1 als Teil einer „Rahmenlegung ... für verwaltungsrechtliche Maßnahmen und Sanktionen bei Unregelmäßigkeiten in Bezug auf das Gemeinschaftsrecht". Absatz 2 enthält einen Tatbestand der Unregelmäßigkeit: Dieser ist „bei jedem Verstoß gegen eine Gemeinschaftsbestimmung als Folge einer Handlung oder Unterlassung eines Wirtschaftsteilnehmers gegeben, die einen Schaden für den Gesamthaushaltsplan der Gemeinschaften oder die Haushalte, die von den Gemeinschaften verwaltet werden, bewirkt hat bzw. haben würde ...". Nach ihren Eingangserwägungen gilt diese Verordnung unbeschadet der Anwendung des Strafrechts der Mitgliedstaaten unmittelbar.[94] Allerdings sind geeignete Bestimmungen vorzusehen, um eine Anhäufung finanzieller Sanktionen der Gemeinschaft, wie sie in Art. 5 Abs. 1 aufgezählt werden, und einzelstaatlicher Sanktionen bei ein und derselben Person für dieselbe Tat zu verhindern.[95]

Mit der Umgehungsklausel des Art. 4 Abs. 3 der Verordnung (EG, EURATOM) Nr. 2988/95 wurde auf verwaltungsrechtlichem Weg über das Gemeinschaftsrecht eine allgemeine anspruchsausschließende Umgehungsregelung geschaffen, die unmittelbar materielle Wirkung für Subventionsansprüche hat. Eine Umsetzungsnorm in den jeweiligen Einzelregelungen ist nicht erforderlich, da die Umgehungsregelung weder Teil des Unregelmäßigkeitenbegriffs in Art. 1 Abs. 2[96] noch Voraussetzung für die Verhängung einer verwaltungsrechtlichen Maßnahme oder Sanktion ist. Die Umgehungsregelung hat deshalb direkte Wirkung für

---

[87] *Martens* S. 121; *Dieblich* S. 107; *Reisner* S. 7; LK/*Tiedemann* § 264 Rdnr. 110: auch als Ausdruck eines allgemeinen Rechtsgedankens findet § 4 Abs. 2 SubvG auf EG-Subventionen keine Anwendung.
[88] Schönke/Schröder/*Cramer* 25. Aufl. 1997, § 264 Rdnr. 45.
[89] Art. 4 Abs. 3 EG-VO Nr. 2988/95 (ABl. EG v. 23.12.1995 Nr. L 312/1 ff.); Schönke/Schröder/*Lenckner/Perron* § 264 Rdnr. 45.
[90] LK/*Tiedemann* § 264 Rdnr. 8.
[91] BT-Drs. 13/10425 v. 20.4.1998, S. 6; *Lührs* wistra 1999, 89, 94.
[92] *Lührs* wistra 1999, 89, 94.
[93] ABl. EG v. 23.12.1995 L 312/1 ff.
[94] Wabnitz/Janovsky/*Dannecker* 2. Kapitel Rdnr. 85.
[95] LK/*Tiedemann* § 264 Rdnr. 8; ausführlich zum Gesamtinhalt der Verordnung: *Dannecker* ZStW 108 (1996), 604; zum Regelungsgehalt des Art. 4 der Verordnung: *Martens* S. 121 bis 126.
[96] *Heitzer* S. 126.

die aus Gemeinschaftsmitteln vergebenen Subventionen und ihre gemeinschaftsrechtlichen Anspruchsgrundlagen. Damit ist der **Umgehungstatbestand nach Art. 4 Abs. 3** auch als **subventionserhebliche Tatsache i. S. von § 264 Abs. 8 StGB** anzusehen, da vom Vorliegen einer Umgehungshandlung die Gewährung bzw. Belassung einer Subvention gesetzlich abhängig ist. Unter diesen Voraussetzungen können daher auch Umgehungshandlungen i. S. des Art. 4 Abs. 3 VO/EG, EURATOM Nr. 2899/95 von § 264 StGB erfasst werden, die sich auf Subventionen aus Mitteln der Gemeinschaft beziehen und deren Vergabevoraussetzungen gemeinschaftsrechtlich geregelt werden.[97]

25   Im Übrigen existiert eine Vielzahl von EG-Verordnungen, die **Mitteilungspflichten** der Mitgliedstaaten an die Kommission der EG über Unregelmäßigkeiten zum Nachteil des Gemeinschaftshaushaltes statuieren. Die erste Regelung hierzu wurde 1972 für den Haushaltsbereich des EAGFL geschaffen, die nachfolgend als Vorbild aller weiteren Verordnungen über die Mitteilung von Unregelmäßigkeiten diente. Aus dem Zweck der ersten Meldeverordnung, der verwaltungstechnischen Ausgabenkontrolle, ist zu folgern, dass diese Regelungen keine Pflicht der Mitgliedstaaten beinhaltet, Einzelangaben zu Strafverfahren zu übermitteln. Überhaupt keine Regelungen enthalten die Verordnungen für den Fall, dass ein Mitgliedstaat seinen Mitteilungspflichten nicht oder nur unvollständig nachkommt.[98]

26   **b) Tatbestände gemeinschaftsrechtlicher punitiver Sanktionsvorschriften.** In Bezug auf nach EG-Recht gewährten Subventionen können unrichtige Angaben zugleich § 264 StGB und Tatbestände gemeinschaftsrechtlicher punitiver Sanktionsvorschriften erfüllen (z. B. Strafzuschläge bei der Wiedereinziehung von Einkommensbeihilfen, die von Landwirten durch unrichtige Angaben erwirkt worden waren: Art. 13 Abs. 3 lit. b VO EWG 1279/90;[99] zu wettbewerbsrechtlichen Aspekten siehe Rn. 79). Trotz des grundsätzlichen Vorrangs des Gemeinschaftsrechts bleibt § 264 StGB anwendbar, denn gemeinschaftsrechtliche Sanktionsvorschriften sollen nur einen Mindeststandard schaffen und lassen weiter gehende mitgliedstaatliche Strafvorschriften unberührt. Zur Verhängung kriminalrechtlicher Sanktionen fehlt der Europäischen Union selbst bislang die Kompetenz.[100] Auswirkung hat der Vorrang des Gemeinschaftsrechts nur insoweit, dass selbst dann, wenn die gemeinschaftsrechtliche Sanktionsvorschrift dasselbe Rechtsgut schützt wie § 264 StGB, keine Gesetzes-, sondern Idealkonkurrenz anzunehmen ist, § 84 OWiG also keine Anwendung findet.[101]

4. Internationales Strafrecht

27   Der Schutz der EG-rechtlichen Subventionen durch § 264 StGB ergibt sich unmittelbar aus dessen Absatz 7 Nr. 2, und zwar unabhängig davon, ob diese unmittelbar von der EG oder von deutschen Stellen verwaltet werden.[102] Diesen Schutz erweitert § 6 Nr. 8 StGB dahin gehend, dass § 264 StGB unabhängig vom Recht des Tatorts auch im Ausland begangene Taten erfasst („Weltrechtsprinzip"[103]). Die Legaldefinition des § 264 Abs. 7 StGB führt allerdings dazu, dass dies nur für Taten in Mitgliedstaaten der EU gilt („Europarechtsprinzip").[104] Begeht der deutsche Täter (z. B. als Inhaber eines deutschen Tochterunternehmens) die Tat im EU-Ausland, so findet § 264 StGB bereits nach § 7 Abs. 2 Nr. 1 StGB Anwendung, wenn die Tat am ausländischen Tatort mit Kriminalstrafe bedroht ist. Letzteres ist innerhalb der EU nicht durchgehend der Fall. (In Spanien beispielsweise ist die Subventionserschleichung bzw. deren missbräuchliche Verwendung bezogen auf EG-Subventionen erst ab einer bestimmten Wertgrenze [50.000 Euro] strafbar.) Zu beachten ist ferner Art. 7 des Übereinkommens über den Schutz der finanzi-

---

[97] *Martens* S. 126.
[98] *Martens* S. 148.
[99] ABl. EG 1990 L 371/17 ff.; LK/*Tiedemann* § 264 Rdnr. 165; *Heitzer* S. 84 ff., 174 ff.
[100] *Tiedemann* NJW 1993, 23; zu den Plänen, ein gemeinsames Corpus Iuris zu schaffen s. Wabnitz/Janovsky/ *Dannecker*, 2. Kapitel, Rdnr. 273 ff.
[101] *Heitzer* S. 174.
[102] Bericht Sonderausschuss BT Drucks. 7/5291, S. 10; *Zieschang* EuZW 1997, 78, 79 Fn. 11.
[103] Wabnitz/Janovsky/*Dannecker* 2. Kapitel Rdnr. 191.
[104] Näher dazu *Jescheck*/*Weigend*, Strafrecht AT, § 18 III 4.

ellen Interessen der EG,[105] der im Verhältnis der Mitgliedstaaten untereinander die Anwendung des Prinzips *ne bis in idem* vorsieht und durch Art. 1 EGFinSchG in Kraft gesetzt wurde.[106]

V. Der objektive Tatbestand des § 264 StGB

1. Schutzgut und dogmatische Einordnung

a) Geschütztes Rechtsgut. Der Diskurs über das durch § 264 StGB geschützte Rechtsgut soll in vorliegendem Zusammenhang keiner ausführlichen theoretischen Auseinandersetzung und Klärung zugeführt werden.[107] Die Diskussion erscheint überzeichnet.[108] Ihr kommt allerdings ein praktisches Moment insofern zu, als die Einbeziehung des Vermögensschutzes für die Auslegung des Tatbestandes maßgeblich ist. Deshalb sollen zumindest die Grundströmungen aufgezeigt werden. Eine weit verbreitete Auffassung stellt übereinstimmend mit dem Gesetzgeber auf den abstrakten Schutz der **staatlichen Planungs- und Dispositionsfreiheit** der öffentlichen Hand im Wirtschaftsbereich ab.[109] Die Verfehlung der mit der Subventionierung angestrebten wirtschaftspolitischen (wirtschaftsfördernden) Zwecke, nicht der Verlust der ohnehin zur Ausgabe bestimmten Finanzmittel präge den Unrechtskern des Subventionsbetruges.[110] Abgesehen davon, dass sich hiergegen dieselben Bedenken richten wie sie den Zweckverfehlungslehren bei den Diskussionen beim Betrugsschaden entgegengebracht werden,[111] wird gegen diese Deutung und Bezeichnung des Schutzgutes eingewandt, dass das Verwaltungshandeln normativ gebunden und nicht als Selbstzweck schützenswert sei.[112] Deshalb sei das Vermögen zumindest von § 264 StGB mitgeschützt. Die konkreten Ausformungen dieses Ansatzes sind facettenreich: Teilweise liest sich, dass geschütztes Rechtsgut neben dem primär zu schützenden **staatlichen Vermögen**[113] die „**Institution der Subvention** als wichtigem Instrument staatlicher Lenkung und der mit ihr verfolgten – bei Subventionen nach Bundes- und Landesrecht wirtschaftspolitischen, bei Subventionen nach EG-Recht auch sonstigen – **Zielsetzungen**"[114] anzusehen sei. In eine ähnliche Richtung geht der Vorschlag, das **Allgemeininteresse an einer wirksamen staatlichen Wirtschaftsförderung** und das staatliche Vermögen als Schutzgut des § 264 zu deklarieren.[115] Dass das Vermögen der öffentlichen Hand zumindest mitgeschützt wird, ergibt sich schon daraus, dass der Sonderstrafrahmen des § 264 Abs. 2 Nr. 1 StGB, der erschwindelte Subventionen großen Ausmaßes voraussetzt, andernfalls nicht in den Deliktsaufbau zu integrieren wäre.[116] Außerdem sind sonstige, nicht unter § 264 StGB fallende Subventionsbetrügereien nach wie vor von § 263 StGB erfasst. Die Tat nach § 264 StGB kann diesen gegenüber also kein völliges *aliud* sein.[117]

b) Dogmatische Einordnung. Vor dem Hintergrund der Diskussion um das Schutzgut des § 264 StGB werden auch in Bezug auf dessen Deliktsnatur unterschiedliche Ansätze vertreten.

---

[105] ABl. EG C 316/51.
[106] Schönke/Schröder/*Lenckner*/*Perron* § 264 Rdnr. 88.
[107] Vgl. hierzu eingehend *Sannwald*.
[108] *Achenbach* BGH-Festgabe, 593, 610 f.; *Wattenberg* HWStR IV 2 Rn. 11: „überzogen".
[109] OLG Karlsruhe NJW 1981, 1383 ff.; OLG Hamburg NStZ 1984, 218; LK/*Tiedemann* § 264 Rdnr. 11 m. w. N.; Achenbach/Wannemacher/*Schmidt-Baumann* § 22 IV Rdnr. 2; *Schmidt-Hieber* NJW 1980, 323 f.
[110] Vgl. BT-Drucks. 7/5291, S. 3; LK/*Tiedemann* § 264 Rdnr. 11.
[111] BT-Drucks. 7/5291, S. 3.
[112] Schönke/Schröder/*Lenckner*/*Perron* § 264 Rdnr. 4; *Ranft* NJW 1986, 3163, 3166; *Hack* S. 66; *Gössel* wistra 1985, 125, 129; krit. auch *Meine* wistra 1988, 13, 14, nach dessen Auffassung der Begriff nicht viel mehr als eine Worthülse sei und der kritisiert, dass Freiheiten des Staates vor seinen Bürgern geschützt werden sollen.
[113] Schönke/Schröder/*Lenckner*/*Perron* § 264 Rdnr. 4; *Ranft* NJW 1986, 3163, 3166.
[114] Schönke/Schröder/*Lenckner*/*Perron* § 264 Rdnr. 4; LK/*Tiedemann* § 264 Rdnr. 11; vgl. *Achenbach* BGH-Festgabe, 593, 613; *Wattenberg* HWStR IV 2 Rn. 11.
[115] *Lackner*/*Kühl* § 264 Rdnr. 1; *Wessels*/*Hillenkamp* Strafrecht BT 2 Rdnr. 680; *Göhler*/*Wilts* DB 1976, 1609; LK/*Tiedemann* § 264 Rdnr. 11.
[116] BGH wistra 1987, 214, 215; im Ergebnis Schutz des staatlichen Vermögens ebenfalls bejahend: Schönke/Schröder/*Lenckner*/*Perron* § 264 Rdnr. 4; *Tröndle*/*Fischer* § 264 Rdnr. 2; *Lackner*/*Kühl* § 264 Rdnr. 1; *Ranft* NJW 1986, 3163, 3166; Achenbach/Wannemacher/*Schmidt-Baumann* § 22 IV Rdnr. 2; *Meine* wistra 1988, 14.
[117] LK/*Tiedemann* § 264 Rdnr. 13.

Teilweise wird § 264 StGB als **konkretes**[118] oder auch **abstrakt-konkretes**[119] Gefährdungsdelikt eingeordnet. Überwiegend wird der Tatbestand als das Vermögen des Subventionsgebers vorwiegend schützendes **abstraktes Gefährdungsdelikt**[120] qualifiziert. Praktische Auswirkung hat die Beantwortung dieser zunächst rein theoretisch wirkenden Frage in der Hinsicht, dass bei einer Qualifizierung als konkretes bzw. abstrakt-konkretes Gefährdungsdelikt zur bloßen Verwirklichung der Tatbestandsmerkmale des § 264 StGB als tatbestandlicher „Erfolg" eine konkrete Gefährdung des geschützten Angriffsobjektes hinzukommen muss.[121] Bei einer systematischen Einordnung als abstraktes Gefährdungsdelikt reicht dagegen die Erfüllung der Tatbestandsmerkmale aus, denn bei diesen beschreibt das Gesetz nur die Bedingungen einer generellen Gefährlichkeit, ohne die Gefährdung eines bestimmten Objektes im Einzelfall vorauszusetzen. Die generelle Gefährlichkeit begründet bereits die Existenz der Vorschrift.[122] Nach der Entstehungsgeschichte und dem Zweck der Vorschrift, ein im Vorfeld des Betruges liegendes Verhalten ohne das Erfordernis eines Vermögensschadens zu pönalisieren,[123] spricht einiges für die mit der überwiegenden Meinung vorgenommene Einordnung als abstraktes Gefährdungsdelikt. Das schlägt sich auch im Wortlaut des Tatbestandes nieder, demzufolge eine über das täuschende Verhalten hinausgehende, konkrete Gefährdung des staatlichen Vermögens gerade nicht erforderlich ist. Dass daneben der Verwendungszweck der staatlichen Subvention mitgeschützt wird, hindert diese dogmatische Einordnung nicht.

2. Täterkreis

30 a) **Allgemeines.** Täter des § 264 StGB ist grundsätzlich der Subventionsnehmer. Dies ist nicht nur derjenige, der die Subvention empfangen soll. § 2 Abs. 1 SubvG zufolge ist Subventionsnehmer jeder, der für sich oder einen anderen eine Subvention beantragt, als auch derjenige, der eine Subvention oder eine mittelbar aus der Subvention erwachsenden Vorteil in Anspruch nimmt. Letztlich ist § 264 StGB damit (mit Ausnahme der Tathandlung nach Abs. 1 Nr. 3) ein **Jedermannsdelikt**.[124] Das zeigt sich auch darin, dass die in § 264 Abs. 1 Nr. 1 und Nr. 4 StGB strafbedrohten Handlungen gewisse Beihilfeformen zur selbständigen Tat erheben. Täter dieser Tatbestandsvarianten können auch andere als derjenige sein, der die Subvention unmittelbar erhält.[125] Die Weite täterschaftlicher Verwirklichung des Tatbestandes ist vom Gesetzgeber gezielt gewählt worden, um die Arbeitsteiligkeit des Wirtschaftslebens besser in den Griff zu bekommen.[126] Im Übrigen sind Täterschaft und Teilnahme nach allgemeinen Regeln möglich. Der Täter muss bei Nr. 1 Angaben machen, die für die Gewährung einer Subventionsleistung an einen Betrieb oder an ein Unternehmen[127] erheblich sind. Keine Rolle spielt, ob der Täter die Ausreichung einer Subvention für seinen Betrieb (Unternehmen) oder den Betrieb (Unternehmen) eines Dritten anstrebt. Als Täter kommen somit neben dem **Betriebsinhaber** (Unternehmensinhaber) vor allem seine **Angestellten**, aber auch außerhalb des Betriebes stehende Personen wie **Rechtsanwälte, Steuerberater**,[128] **Wirtschaftsprüfer** und **Berater der Land-**

---

[118] Bericht des Sonderausschusses für die Strafrechtsreform BT-Drs. 7/5291, S. 5.
[119] *Göhler/Wilts* DB 1976, 1609, 1613.
[120] *Tröndle/Fischer* § 264 Rdnr. 4 (§ 264 Abs. 1 Nr. 2 dagegen ein Erfolgsdelikt); Schönke/Schröder/*Lenckner/Perron* § 264 Rdnr. 5; SK/*Samson/Günther* § 264 Rdnr. 7; LK/*Tiedemann* § 264 Rdnr. 17; *Lackner/Kühl* § 264 Rdnr. 1; Achenbach/Wannemacher/*Schmidt-Baumann* § 22 IV Rdnr. 3; *Eberle* S. 164; Müller-Gugenberger/Bieneck/*Bender* § 52 Rdnr. 2; *Heinz* GA 1977, 193, 210; *Lüderssen* wistra 1988, 44, 47.
[121] *Lackner/Kühl* § 264 Rdnr. 32.
[122] BGHSt 26, 121, 123 ff.; *Lüderssen* wistra 1988, 43, 46.
[123] BGH wistra 1987, 214, 215.
[124] LK/*Tiedemann* § 264 Rdnr. 94; *Tröndle/Fischer* § 264 Rdnr. 21; Achenbach/Wannemacher/*Schmidt-Baumann* § 22 IV Rdnr. 50; Müller-Gugenberger/Bieneck/*Bender* § 52 Rdnr. 11.
[125] *Tröndle/Fischer* § 264 Rdnr. 22; LK/*Tiedemann* § 264 Rdnr. 20.
[126] *Tiedemann*, FS Dünnebier, S. 519, 535.
[127] Zur umstrittenen Differenzierung zwischen beiden Begriffen vgl. Schönke/Schröder/*Lenckner/Perron* § 14 Rdnr. 28/29. Als Unterscheidungsmerkmale werden genannt: Das Unternehmen sei mehr auf eine kaufmännische, der Betrieb dagegen auf eine mehr technische Tätigkeit gerichtet; der Betrieb sei die technisch-organisatorische, das Unternehmen die rechtlich-wirtschaftliche Einheit; der Betrieb sei die Einheit im Hinblick auf den arbeitstechnischen Zweck, der Unternehmensbegriff dagegen beschreibe den damit verfolgten weiteren Zweck; der Begriff des Unternehmens kennzeichne vor allem die Rechtsform des Betriebes (AG, OHG usw.) und den Zweck der betrieblichen Betätigung als einen wirtschaftlichen.
[128] Zur möglichen Strafbarkeit des Steuerberaters vgl. *Dörn* wistra 1994, 215.

wirtschaftskammer in Betracht, sofern sie „für" den Betrieb bzw. das Unternehmen Angaben über subventionserhebliche Tatsachen machen. Das Vorliegen von Vertretungsmacht ist hierzu nicht erforderlich. Es reicht bereits aus, dass der Täter nur für einen vorgetäuschten Betrieb handelt. Umstritten ist, ob die täterschaftliche Begehung der Tatbestandsvariante der Nr. 1 – „für einen anderen" – durch Angestellte voraussetzt, dass diesen eine gewisse Selbstständigkeit bei Ausübung ihrer Tätigkeit zukommt.[129] Zu beachten ist zudem, dass Beihilfe zur Tat bis zu deren Beendigung, d. h. bis zur Gewährung der Subvention möglich ist. Erst danach kommt Begünstigung nach § 257 in Betracht.[130]

b) **Das Sonderdelikt des § 264 Abs. 1 Nr. 3 StGB.** Das echte Unterlassungsdelikt des § 264 Abs. 1 Nr. 3 StGB ist ein **Sonderdelikt**, denn Täter kann nur der nach den Vergabevorschriften zur Mitteilung Verpflichtete sein.[131] Die entsprechende Verpflichtung ergibt sich vor allem aus § 3 Abs. 1 SubvG, der Mitteilungspflichten des Subventionsnehmers formuliert.[132] Daraus resultiert eine Pflichtenstellung z. B. auch für Rechtsanwälte, Steuerberater, Wirtschaftsprüfer usf. Die Täterstellung endet in solchen Fällen allerdings mit der Beendigung des Mandats,[133] bei Angestellten des begünstigten Betriebes soll Entsprechendes gelten.[134] Die Eigenschaft als Subventionsnehmer ist ein besonderes persönliches Merkmal,[135] so dass ggf. die Merkmalsüberwälzung des § 14 StGB anzuwenden ist. Die Pflichtennorm des § 3 SubvG bezieht sich allerdings nicht auf Subventionen nach **EG-Recht**.[136] Zwar knüpft Art. 1 Abs. 1 lit. a) 2. Spiegelstrich des Übereinkommens über den Schutz der finanziellen Interessen der EG[137] eine Strafbarkeit an die „Verletzung einer spezifischen Pflicht". Ein Grundsatz dahin gehend, dass nationale Pflichtennormen wie die des § 3 SubvG gleichsam automatisch auf EG-Subventionen anzuwenden seien, stellt das Übereinkommen aber nicht auf.[138]

c) **Behördeninterne Amtsträger als Täter.** Im Zusammenhang mit der Strafbarkeit von Amtsträgern stellen sich folgende Probleme:

aa) *Der „zwischengeschaltete" Amtsträger.* Einem vom BGH entschiedenen Fall lag folgender Sachverhalt zugrunde:[139] Der Angeklagte, ein Angestellter im Tiefbauamt einer Kreisverwaltung, hatte Anträge auf Subventionierung von Bodenverbesserungsmaßnahmen zu bearbeiten. Dabei oblag ihm, die Bewilligungsvoraussetzungen zu prüfen, die Höhe der Zuschüsse zu errechnen, die Bewilligungsbescheide auszufüllen und den Vorgang sodann seinem Vorgesetzten vorzulegen, der zur Unterschriftsleistung befugt war. Der Angeklagte hatte ferner nach Vorlage des Schlussverwendungsnachweises durch den Subventionsnehmer die Zahlungsanweisungen auszufüllen und diese mit den Subventionsakten seinem Vorgesetzten zur Unterschrift vorzulegen. In mehreren Fällen legte der Angeklagte seinem Vorgesetzten Unterlagen mit unrichtigen Angaben vor, die entweder von ihm selbst oder mit seinem Wissen für tatsächliche oder fingierte Antragsteller gefertigt wurden, und erreichte dadurch, dass Subventionen zu Unrecht bewilligt und ausgezahlt wurden. In zwei Fällen kamen dem Angeklagten Beträge zugute, die für tatsächlich nicht erbrachte Leistungen eines Ingenieurbüros in Ansatz gebracht worden waren, in einem Fall erhielt er von einem Subventionsnehmer eine Vergütung, und in zwei weiteren Fällen war geplant, Subventionszahlungen mit den Beteiligten zu teilen. Fraglich war insbesondere, ob der Angeklagte, der als Amtsträger behördenintern mit der Subventionsvergabe selbst befasst war, die unrichtigen Angaben „gegenüber einer Behörde" i. S. des § 264 Abs. 1 Nr. 1 StGB gemacht hatte. Wer mit einer Mindermeinung[140] davon ausgeht, dass

---

[129] Selbstständigkeit für eine Strafbarkeit fordernd: Schönke/Schröder/*Lenckner/Perron* § 264 Rdnr. 49; *Eberle* S. 136; dagegen: LK/*Tiedemann* § 264 Rdnr. 21, 136.
[130] *Tröndle/Fischer* § 264 Rdnr. 39.
[131] *Tröndle/Fischer* § 264 Rdnr. 28; LK/*Tiedemann* § 264 Rdnr. 22 und 93 f.
[132] Zum Begriff des Subventionsnehmers siehe oben Rdnr. 30.
[133] *Tröndle/Fischer* § 264 Rdnr. 28; LK/*Tiedemann* § 264 Rdnr. 94
[134] LK/*Tiedemann* § 264 Rdnr. 94 a. E.
[135] *Tröndle/Fischer* § 264 Rdnr. 28.
[136] LK/*Tiedemann* § 264 Rdnr. 8 und 93.
[137] ABl. EG Nr. C 316/48 ff. vom 27.11.1995; ebenso abgedruckt in BT-Drs. 13/10425, S. 8; zum Ganzen *Zieschang* EuZW 1997, 78 ff.
[138] Vgl. LK/*Tiedemann* § 264 Rdnr. 93.
[139] BGHSt 32, 203.
[140] *Dreher/Tröndle* 41. Aufl. § 264 Rdnr. 32; *Otto* JR 1984, 475 ff.

der Tatbestand interne Vorgänge innerhalb des Subventionsgebers nicht erfasst, hat die Strafbarkeit zu verneinen. Der BGH nimmt dagegen unter Berücksichtigung des Umstandes, dass der Angeklagte lediglich die Entscheidung seines Vorgesetzten vorzubereiten hatte, unter umfassender Auslegung des Tatbestandes eine Strafbarkeit an:[141] § 264 Abs. 1 Nr. 1 StGB könne täterschaftlich von jedermann begangen werden, der die Gefahr eines Irrtums der endgültig zur Entscheidung befugten Person zu begründen in der Lage ist. Dazu gehörten auch diejenigen Amtsträger, die die Unterlagen ihren Vorgesetzten oder anderen im Subventionsverfahren zur Entscheidung befugten Personen vorzulegen haben. Hat der Amtsträger – zum Beispiel von einer vorgeschalteten Behörde – eine Bescheinigung über die Subventionsberechtigung erlangt, die aufgrund unrichtiger oder unvollständiger Angaben des Antragstellers erstellt wurde, und legt er diese in Kenntnis der Unrichtigkeit der Bewilligungsbehörde vor, kommt neben einer Strafbarkeit nach Nr. 1 auch eine Strafbarkeit nach Nr. 4 StGB in Betracht; letztere Tat ist dann mitbestrafte Nachtat.[142]

33   bb) Der ausschließlich fremdnützig handelnde Amtsträger. Innerhalb der h. M., die die Strafbarkeit des in das Subventionsverfahren eingeschalteten (nicht aber den Bewilligungsbescheid erteilenden) Amtsträgers bejaht, herrschte Unklarheit darüber, ob der **ausschließlich fremdnützig** – nämlich für den Subventionsnehmer – tätige Amtsträger nach § 264 Abs. 1 Nr. 2 StGB strafbar sein kann. Das OLG Hamburg bejahte dies und verurteilte einen Chemiker der Zolltechnischen Prüf- und Lehranstalt Frankfurt, der in verschiedenen Untersuchungszeugnissen eine untersuchte Ware trotz einer Beimischung von Palmfett zwischen 10,4 und 19,2 % als „normale Butter" oder „wie normale Butter" bezeichnet und diese Untersuchungsergebnisse dem Hauptzollamt Hamburg-Jonas zu dort für die Firmen W und D anhängigen Subventionsverfahren übersandt hatte.[143] Die möglichst umfassende Einbeziehung von Amtsträgern sei vom Gesetzgeber gewollt, weshalb das Merkmal „für einen anderen" weit auszulegen sei. Es genüge, wenn die Angaben zugunsten des Subventionsnehmers gemacht werden.[144] Dem folgt auch die Literatur: eine zweckhafte Verfolgung des Interesses eines anderen sei nicht zu fordern.[145]

34   cc) Der entscheidungsbefugte Amtsträger. In Bezug auf den **entscheidungsbefugten Amtsträger** ist unklar, ob sich dieser bei Bewilligung der Subvention wegen Subventionsbetrugs strafbar machen kann.[146] Gegen die Strafbarkeit des entscheidungsbefugten Amtsträgers wird die Natur des Tatbestandes als eigenständig pönalisiertem Betrugsversuch angeführt. Die unrichtigen Angaben des Antragstellers seien nämlich dann funktionslos, wenn der Entscheidungsbefugte wissentlich auf der Grundlage falscher Angaben die Subvention bewillige. Der Staat werde nicht durch die Täuschung des Subventionsnehmers geschädigt, sondern durch das ungetreue Verhalten seines eigenen maßgeblichen Organs. Der Unrechtsgehalt solcher Fälle werde ausschließlich und vollständig durch die Heranziehung des § 266 StGB erfasst.[147] Für eine Einbeziehung des entscheidungsbefugten Amtsträgers in den Anwendungsbereich des § 264 StGB lässt sich dagegen anführen, dass eine Untreue nur vorsätzlich begehbar ist, § 264 Abs. 1 Nr. 1 StGB jedoch leichtfertig. Die Unanwendbarkeit von § 264 Abs. 1 Nr. 1 StGB bedeute eine Privilegierung des Entscheidungsbefugten, die angesichts der als besonders strafwürdig erscheinenden leichtfertigen Bewilligung von Fördermitteln befremde.[148] Für eine Strafbarkeit des Amtsträgers spricht schließlich der Wortlaut der Norm, der „Täuschung" nicht verlangt, sondern lediglich fordert, dass der Täter unrichtige Angaben macht. Dieses Merkmal kann der Amtsträger, der der von ihm vertretenen Bewilligungsbehörde als Privatperson gegenübertritt, erfüllen.

---

[141] BGHSt 32, 203, 204 ff. mit breiter Zustimmung in der Literatur: vgl. allein Schönke/Schröder/*Lenckner/Perron* § 264 Rdnr. 58 und 70; LK/*Tiedemann* § 264 Rdnr. 23.
[142] *Tröndle/Fischer* § 264 Rdnr. 29.
[143] OLG Hamburg NStZ 1984, 218.
[144] OLG Hamburg NStZ 1984, 218.
[145] Lackner/Kühl § 264 Rdnr. 19; vgl. Schönke/Schröder/*Lenckner/Perron* § 264 Rdnr. 49 m. w. N.
[146] Offengelassen von BGHSt 32, 203 ff.
[147] *Schünemann* NStZ 1985, 73.
[148] *Lührs* wistra 1999, 89, 92.

dd) Besonders schwere Fälle im Zusammenhang mit Amtsträgerhandeln. Wer seine Befugnisse oder seine Stellung als Amtsträger missbraucht, unterliegt regelmäßig der Strafandrohung für **besonders schwere Fälle** nach § 264 Abs. 2 Nr. 2 StGB. Dasselbe gilt für denjenigen, der die Mithilfe eines (anderen) Amtsträgers ausnutzt, der seine Befugnisse oder seine Stellung missbraucht (§ 264 Abs. 2 Nr. 3 StGB). Auf die besonders schweren Fälle wird im Zuge der Darstellung der einzelnen Tatmodalitäten näher einzugehen sein. 35

d) Mittelbare Täterschaft. Der BGH hat Subventionsbetrug gemäß § 264 Abs. 1 Nr. 1 StGB auch in mittelbarer Täterschaft angenommen. Das Gericht hatte im Jahr 1981[149] über die Strafbarkeit eines Zulieferers zu entscheiden, der Perlgraupen erster Kategorie gemäß den EWG-Qualitätsanforderungen herzustellen und für die Abnehmerfirma T direkt an das Außenhandelsunternehmen zu liefern hatte. Der Angeklagte wusste, dass Kalkulationsgrundlage der T die Ausfuhrerstattung und der Währungsausgleich nach den EWG-Marktordnungsvorschriften waren. Gleichwohl stellte er Graupen minderer Qualität her. Die zwischenzeitlichen Prüfungen hatte er mit den Qualitätsanforderungen erfüllenden Graupen bestanden. Obwohl der Angeklagte wusste, dass T durch ihre gutgläubigen Angestellten für alle Exportlieferungen im Subventionsverfahren die Gewährung der Ausfuhrerstattung und des Währungsausgleichs für Perlgraupen der ersten Kategorie beantragte, lieferte er die mangelhafte Ware weiter aus und unterließ es, die T hiervon zu unterrichten, weil er die aufwendige Nachschälung der mangelhaften Ware vermeiden wollte. T hat aufgrund ihrer Anträge für diese Ware Ausfuhrerstattung und Währungsausgleich erhalten, die ihr nicht zustanden. Dem BGH zufolge täuschte der Angeklagte die T durch schlüssiges Tun und brachte sie dazu, als gutgläubiger Tatmittler unrichtige Angaben gegenüber dem Subventionsgeber zu machen.[150] 36

Wenn allerdings der Urheber der Falschinformation als „Hintermann" irrig von der Gutgläubigkeit des Subventionsnehmers ausgeht, scheidet eine Strafbarkeit wegen täterschaftlicher Begehung aus.[151] Eine Mittäterschaft liegt bereits mangels gemeinsamen Tatentschlusses nicht vor, und auch arbeitsteiliges Handeln ist nicht ersichtlich. Nebentäterschaft ist ausgeschlossen, weil die Herstellung der mangelhaften Ware durch den „Hintermann" zwar kausal für die Tatbegehung des bösgläubigen Subventionsnehmers war, ihm aber dessen Tatbestandsverwirklichung nicht mehr objektiv zurechenbar ist. Der Vordermann allein hat die tatbestandsmäßig geforderte Handlung (unrichtige Angaben machen) vorsätzlich gegenüber der Behörde vollzogen und damit die durch den Hintermann gesetzte Gefahr eigenverantwortlich realisiert. Er ist nicht nur „näher" am Tatgeschehen, er ist aufgrund seiner Bösgläubigkeit auch der Einzige, der auf das „ob" der Tat noch Einfluss hat. Auch eine **mittelbare Täterschaft kraft Organisationsherrschaft**[152] liegt hier nicht vor. Der Hintermann geht nämlich irrig von der Gutgläubigkeit des Vordermanns aus und will diesen gerade nicht **unter Ausnutzung seiner Machtbefugnisse** zur Tatbestandsverwirklichung zwingen. Der Hintermann bleibt wegen des eigenverantwortlichen und umfassenden Dazwischentretens des bösgläubigen Subventionsnehmers vielmehr im Stadium eines **Versuchs der mittelbaren Täterschaft** stecken.[153] Dieser unterliegt in § 264 StGB allerdings keiner Strafandrohung. Jedoch hat der Hintermann den Antragsteller objektiv zu dessen Subventionsbetrug bestimmt (§ 26 StGB). Zwar irrte er über seine eigene Beteiligungsform. Sein Vorsatz zur Tatherrschaft enthält aber den Anstiftervorsatz, weshalb eine Strafbarkeit wegen **Anstiftung** zum Subventionsbetrug zu bejahen ist.[154] 37

e) Täterschaft bei § 264 Abs. 1 Nr. 4. Täter des § 264 Abs. 1 Nr. 4 kann jedermann sein. Die Ausführungen zur Strafbarkeit von beteiligten Amtsträgern gelten auch für diese Alternative; regelmäßig wird in derartigen Fällen allerdings eine Strafbarkeit bereits nach Nr. 1 zu bejahen sein.[155] 38

---

[149] BGH NJW 1981, 1744.
[150] BGH NJW 1981, 1744, 1745.
[151] A. A. Greeve/Leipold/*Diehl*, Handbuch des Baustrafrechts, 5. Teil Rdnr. 38.
[152] Grundlegend BGHSt 40, 218, 236.
[153] Vgl. *Kühl*, Strafrecht Allgemeiner Teil, 4. Aufl. 2002, § 20 Rdnr. 84.
[154] Vgl. *Kühl*, Strafrecht Allgemeiner Teil, 4. Aufl. 2002, § 20 Rdnr. 84; LK/*Roxin* § 25 Rdnr. 147.
[155] Vgl. oben Rdnr. 32 ff.

3. Der Subventionsbegriff

39 Der Begriff der Subvention ist sowohl im Zivilrecht als auch im öffentlichen Recht wissenschaftlich umstritten.[156] § 264 Abs. 7 StGB bietet deshalb eine eigene **Definition der Subvention im strafrechtlichen Sinn**. Auf die außerstrafrechtliche Wortwahl – etwa als Beihilfe, Beitrag, Erstattung, Finanzhilfe, Prämie, Strukturhilfe, Zuschuss usw. – kommt es bei der Einordnung als Subvention nicht an.[157] Entgegen dem Regierungsentwurf, der einen formellen Begriff („durch Gesetz als Subvention bezeichnete Leistung") vorgeschlagen hatte, stellt die gültige Definition in Anlehnung an den Alternativentwurf[158] auf materielle Kriterien ab.[159] Seit der Änderung durch das EGFinSchG sind Subventionen nach deutschem (Abs. 7 S. 1 Nr. 1) und nach europäischem Recht (Abs. 7 S. 1 Nr. 2) unterschiedlich geregelt. Während die EG-Subventionen uneingeschränkt geschützt werden, erfasst der Straftatbestand Leistungen nach **Bundes- oder Landesrecht** gemäß Abs. 7 S. 1 Nr. 1 nur dann, wenn es sich um an **Betriebe oder Unternehmen** gerichtete **wirtschaftsfördernde Subventionen** handelt. Außerhalb des Tatbestandes bleiben damit bei deutschen Subventionen sonstige Leistungen, insbesondere **Sozialsubventionen** (z. B. Sozialhilfe, Wohnungs- und Kindergeld, Ausbildungsbeihilfen) und Subventionen, die der Forschung, Technologie, kulturellen Zwecken usw. dienen. Für deren Einbeziehung wurde ein praktisches Strafbedürfnis verneint.[160] Bei einer „Erschleichung" dieser nicht wirtschaftsfördernden Subventionen bleibt es bei einer Strafbarkeit gemäß § 263 StGB. Zu den Voraussetzungen des Vorliegens einer Subvention im Einzelnen:

40 a) **Leistung nach Bundes- oder Landesrecht.** Erforderlich ist eine **geldwerte direkte Zuwendung** an den Empfänger, die aus Mitteln der öffentlichen Hand, sei es von Bund, Ländern oder Gemeinden einschließlich deren Sondervermögen, erbracht wird.[161] Leistungen sind nicht nur die Vollübertragungen von Geld, Waren oder Grundstücken, sondern auch bedingte Zuwendungen, so dass auch Verpflichtungen des Staates, für die Schuld eines Dritten bei dem Zuwendungsempfänger unter bestimmten Voraussetzungen einzustehen (Bürgschaften, Garantien und Gewährleistungen), bei nicht marktmäßiger Gegenleistung des Zuwendungsempfängers unter den strafrechtlichen Subventionsbegriff fallen können.[162] § 264 StGB erfasst allein **direkte Subventionen**, also nicht solche Leistungen, die in Form einer Verrechnung mit der Steuer im Besteuerungsverfahren gewährt werden. Erhält der Empfänger dagegen Leistungen nach steuerrechtlichen Vorschriften ausnahmsweise als echte Geldzahlung, sind die Voraussetzungen des Abs. 7 erfüllt.[163] **Keine Subventionen** i. S. des § 264 Abs. 7 StGB stellt die Ausfuhr- und Ausfuhrhändlervergütung (Umsatzsteuervergütung) als steuerrechtliche Leistung[164] dar; auch die kriminelle Ausnutzung der Abschreibungsmöglichkeiten nach § 14 BerlinförderungsG ist lediglich Steuerstraftat.[165] Die Rechtsgrundlage für die Vergabe öffentlicher Mittel als Subvention, die sich aus dem Bundes- oder Landesrecht ergeben muss, kann ein Spezialgesetz sein, ausreichend ist aber auch eine formellgesetzliche Festlegung, insbesondere ein entsprechender Ansatz in den durch Haushaltsgesetz festgelegten Haushaltsplänen.[166]

41 b) **Aus öffentlichen Mitteln.** Subventionspolitik ist Teil öffentlicher Wirtschaftspolitik. Subventionsgeber sind damit notwendigerweise die Träger öffentlicher Finanzwirtschaften, also die Haushalte des Bundes, der Länder, der Gemeinden und sonstigen öffentlich-rechtliche Körperschaften sowie zwischenstaatlicher Einrichtungen einschließlich der Sondervermögen die-

---

[156] Zu den zahlreichen unterschiedlichen Definitionsversuchen siehe Schönke/Schröder/*Lenckner*/*Perron* § 264 Rdnr. 7.
[157] LK/*Tiedemann* § 264 Rdnr. 26; Schönke/Schröder/*Lenckner*/*Perron* § 264 Rdnr. 12.
[158] BT-Drucks. 7/2605.
[159] Trotz seiner zweifellos vorhandenen Abgrenzungsschwierigkeiten dürfte dieser Subventionsbegriff noch dem Bestimmtheitsgebot des Art. 103 Abs. 2 GG entsprechen; Schönke/Schröder/*Lenckner*/*Perron* § 264 Rdnr. 3.
[160] Schönke/Schröder/*Lenckner*/*Perron* § 264 Rdnr. 7; BT-Drucks. 7/5291, S. 11.
[161] *Lackner*/*Kühl* § 264 Rdnr. 4; Tröndle/Fischer § 264 Rdnr. 7; *Martens* S. 70 bis 71.
[162] *Sannwald* S. 91.
[163] Schönke/Schröder/*Lenckner*/*Perron* § 264 Rdnr. 10; siehe auch dort zur überaus komplizierten Abgrenzung von Steuervorteilen und Subventionen und damit der Zuordnung zu § 370 AO bzw. 264 StGB m.w.N. und Bsp.; ferner *Sannwald* S. 93 bis 101; *Martens* S. 71; vgl. auch LK/*Tiedemann* § 264 Rdnr. 27.
[164] LK/*Tiedemann* § 264 Rdnr. 28; BGHSt 36, 100, 102 ff.
[165] LK/*Tiedemann* § 264 Rdnr. 28.
[166] LK/*Tiedemann* § 264 Rdnr. 30.

ser Träger.[167] Mittel privatrechtlicher Institutionen fallen aus dem Anwendungsbereich der Vorschrift auch dann, wenn die Einrichtung gemeinnützig anerkannt sind bzw. von der öffentlichen Hand unterstützt werden.[168] Ob Leistungen, die von einer öffentlichen Stelle gewährt werden, die aber aufgrund öffentlich-rechtlicher Vorschriften aus **Privatumlagen** finanziert werden, aus „öffentliche Mitteln" i. S. des Tatbestandes stammen, ist zumindest zweifelhaft. Dies betrifft etwa das **Wintergeld**, das durch vom Baugewerbe erhobenen Abgaben finanziert wird, sowie die europäischen **Lagerkostenvergütungen** und **Ausfuhrerstattungen**. Der Bundesgerichtshof hat im Jahr 1980 entschieden, dass Wintergeld keine aus öffentlichen Mitteln stammende Leistung sei, weil der Satz der Umlage, die die Bundesanstalt für Arbeit von den Arbeitgebern des Baugewerbes erhebt, so festgesetzt war, dass das Aufkommen aus der Umlage die Leistungen der Bundesanstalt deckt (§ 186 a AFG a. F.).[169] Nach dieser Rechtsprechung muss dasselbe für die im Rahmen der Europäischen Zuckermarktordnung gewährten Ausfuhrerstattungen[170] und Lagerkostenvergütungen[171] gelten: Diese Zahlungen werden durch korrespondierende Umlagen finanziert, die von den Zuckerherstellern erhoben werden und den gesamten Auszahlungsbetrag decken sollen. Dem ist insoweit zuzustimmen, als die Tatbestandsbeschreibung „aus öffentlichen Mitteln" in der Tat nahe legt, § 264 StGB allein die durch die öffentlichen Haushalte zur Verfügung gestellten Finanzmittel erfassen zu lassen. Allein aus privaten Umlagen deckend finanzierte und damit für die öffentliche Hand nicht budgetwirksame Zahlungen zu erfassen, erschiene schon mit Blick auf Art. 103 Abs. 2 GG problematisch. Angesichts der Schutzrichtung des § 264 StGB, die nach überwiegender Auffassung über den bloßen Vermögensschutz hinausgeht – sei es in Bezug auf die staatliche Planungs- und Dispositionsfreiheit oder hinsichtlich der Subvention als Institut staatlicher Wirtschaftslenkung beziehungsweise des Allgemeininteresses an einer wirksamen staatlichen Wirtschaftsförderung[172] –, zwingt die Entscheidung des BGH jedoch nicht zu dem allgemeinen Schluss, privatumlagefinanzierte Leistungen fielen aus dem Anwendungsbereich des Subventionsbetrugs gänzlich heraus. Wenn auch die Gesetzgebung in jüngerer Zeit bestrebt zu sein scheint, jedweden Einzelfall ausdrücklich zu erfassen, bedeutet dies nicht, dass das Fehlen einer Einzelfallregelung die Strafbewehr dieses Falls entfallen lässt. Denn § 1 StGB, Art. 103 Abs. 2 GG verlangen die Umschreibung der Strafbarkeitsvoraussetzung in so konkreter Weise, dass der Einzelne die Möglichkeit hat, sein Verhalten auf die Rechtslage einzurichten und sich Tragweite und Anwendungsbereich des Straftatbestandes erkennen oder durch Auslegung[173] ermitteln lassen.[174] Wird die Umlage in öffentlichen Haushalten ausgewiesen, spricht viel dafür, diese Leistungen zu den Schutzobjekten des Subventionsbetrugs zu zählen. Denn hier bestehen ähnliche Missbrauchsmöglichkeiten wie bei der unmittelbar staatlich durchgeführten Subventionierung.[175]

c) **Gewährung ohne marktmäßige Gegenleistung (Abs. 7 S. 1 Nr. 1 a).** Zentrales Charakteristikum einer Subvention ist, dass diese **wenigstens zum Teil ohne marktmäßige Gegenleistung** erfolgt, was bedeutet, dass für sie kein wirtschaftlich gleichwertiges Äquivalent – gleichgültig in welcher Form – zu entrichten ist. **Marktmäßig** ist die Gegenleistung, wenn sie nach ihrem objektiven Wert dem entspricht, was auch sonst unter den konkreten Verhältnissen des Marktes für die Leistung normalerweise aufgewendet werden muss. Schon das signifikante, d. h. mit prozessualen Mitteln eindeutig feststellbare Zurückbleiben der wirklichen hinter der marktmäßigen Gegenleistung genügt; auf ein auffälliges Missverhältnis kommt es nicht an.[176] Außer

42

---

[167] LK/*Tiedemann* § 264 Rdnr. 29.
[168] LK/*Tiedemann* § 264 Rdnr. 29.
[169] BGH bei *Holtz* MDR 1981, 268.
[170] Art. 15 Abs. 1 VO (EG) Nr. 1260/01 (ABl. L 178 v. 30.6.2001).
[171] Art. 8 VO (EWG) 1785/81 (ABl. L 177 v. 1.7.1981) – nicht mehr in Kraft. In der neuen Zuckermarktordnung VO (EG) Nr. 1260/2991 (ABl. L 178 v. 30.6.2001) ist eine Lagerkostenerstattung nicht mehr vorgesehen.
[172] Siehe dazu oben Rdnr. 28 m.N.
[173] Vgl. BGHSt 11, 365, 377.
[174] Vgl. nur BVerfGE 14, 174; 25, 269; 32, 346; 47, 120; 87, 224.
[175] LK/*Tiedemann* § 264 Rdnr. 29.
[176] *Lackner/Kühl* § 264 Rdnr. 6; a. A. *Schmidt* GA 1979, 121, 140; Schönke/Schröder/*Lenckner/Perron* § 264 Rdnr. 11 verlangen unter Berücksichtigung der noch marktüblichen Schwankungsbreite eine *eindeutige Differenz* zwischen Leistung und Gegenleistung; ausführlicher *Martens* S. 74 bis 81.

Betracht zu bleiben hat hierbei die Erfüllung des im öffentlichen Interesse liegenden Subventionszweckes, weil hier keine marktmäßige Gegenleistung in diesem Sinne vorliegt.[177] Dort, wo ein Markt tatsächlich fehlt, kann entweder auf die Kosten oder auf den hypothetischen Marktpreis eines fiktiven Vergleichsmarktes abgestellt werden.[178]

43 Der **staatliche Ankauf landwirtschaftlicher Erzeugnisse** stellt keine Subventionierung i. S. des § 264 StGB dar. Wegen der Marktmacht des Staates wirkt sich der Interventionspreis preisbildend aus, so dass eine „marktmäßige" Gegenleistung zu bejahen ist.[179] Dasselbe gilt für Lagerkostenvergütungen, die zwar als Leistungen „aus öffentlichen Mitteln" zu qualifizieren sind,[180] die aber – jedenfalls soweit sie tatsächlich die entstandenen Lagerkosten decken – eine marktmäßige Gegenleistung darstellen.[181] In Fällen **öffentlich-rechtlicher Entschädigungen** oder entschädigungsähnlicher Leistungen stellt sich die Frage, ob eine bloß indirekte Subvention oder eine Ausgleichsmaßnahme mit entschädigungsartigen Zügen vorliegt. Im Ergebnis ist *Tiedemann* zuzustimmen, der eine Subvention verneint, wo der Zahlungsempfänger die Leistung aufgrund eines Schadensersatzanspruchs erhält.[182] Da sich die Schutzrichtung von § 264 StGB auch auf die staatliche Wirtschaftslenkung und den von ihr konkret verfolgten Zweck bezieht, eine originäre Zweckbestimmung des Subventionsgebers bei Entschädigungszahlungen aber nicht vorliegt, findet § 264 StGB hier keine Anwendung.

44 Als Beispiele von Subventionen kommen insoweit in Frage:[183] **Verlorene Zuschüsse**, die der Empfänger nicht zurückzuzahlen braucht; **Zinszuschüsse**, bei denen die Zinsen für das von einem Dritten gewährte Darlehen ganz oder zum Teil aus öffentlichen Mitteln bezahlt werden; **Darlehen**, die aus öffentlichen Mitteln zu günstigeren Bedingungen als auf dem freien Geldmarkt vergeben werden; **Bürgschaften** und **Garantieerklärungen**, sofern der Empfänger nicht eine Gegenleistung zu erbringen hat, welche die Verwaltungskosten und das mit der Bürgschaft eingegangene Risiko abdeckt; sog. **Realförderungen** durch verbilligte Veräußerung, Vermietung usw. von Gegenständen oder durch Bezahlung eines Überpreises für Güter oder Leistungen; auch die Umlage zur Finanzierung von Wintergeld und Ausfuhrerstattungen[184] stellt als Sonderabgabe keine marktmäßige Gegenleistung dar.[185]

45 **d) Zur Förderung der Wirtschaft.** Die Zuwendung muss darüber hinaus wenigstens zum Teil der Förderung der Wirtschaft dienen (Abs. 7 S. 1 Nr. 1 b). Der Terminus „**Wirtschaft**" ist hier in einem umfassenderen Sinne zu verstehen als in Art. 74 Nr. 11 GG und meint die Gesamtheit der in unternehmerischer Form betriebenen Einrichtungen und Maßnahmen, die auf die Erzeugung, Herstellung oder Verteilung von Gütern oder auf das Erbringen sonstiger der Erfüllung menschlicher Bedürfnisse dienenden Leistungen gerichtet ist.[186] Zur Wirtschaft gehören damit insbesondere: Land- und Forstwirtschaft, Fischerei, Bergbau, Industrie, Handwerk, Gewerbe, Handel, Verlagswesen, Energiewirtschaft, Verkehrswirtschaft, Bank- und Versicherungswesen, Filmwirtschaft[187] (Produktion, Verleih, Filmtheater). Ausgeschlossen sind Leistungen zur Förderung von **Forschung** und Technologie sowie von kulturellen Einrichtungen und der weite Bereich der Sozialleistungen.[188] **Förderung der Wirtschaft** bedeutet jede Stärkung der Leistungsfähigkeit von Wirtschaftsbetrieben oder Wirtschaftszweigen.[189] Da der Zweck der Wirtschaftsförderung auch ein **untergeordneter** sein kann,[190] wird die finanzielle

---

[177] BGH NStZ 1990, 35, 36; *Sannwald* S. 110 ff.
[178] Insofern besteht eine Parallelität zum Schadensnachweis beim Submissionsbetrug, sofern dieser entsprechend der Rechtslage vor dem 6. StrafrechtsreformG noch unter § 263 StGB zu subsumieren war. Deshalb sei *Tiedemann* zufolge auch das Kostenprinzip zugrundezulegen; LK/*Tiedemann* § 264 Rdnr. 34 m. zahleichen w.N.
[179] Vgl. auch LK/*Tiedemann* § 264 Rdnr. 34.
[180] Siehe oben Rdnr. 41.
[181] LK/*Tiedemann* § 264 Rdnr. 34.
[182] Vgl. LK/*Tiedemann* § 264 Rdnr. 36; *Wattenberg* HWStR IV 2 Rn. 18.
[183] Vgl. Schönke/Schröder/*Lenckner/Perron* § 264 Rdnr. 12.
[184] Siehe dazu oben Rdnr. 31.
[185] Vgl. LK/*Tiedemann* § 264 Rdnr. 29.
[186] Schönke/Schröder/*Lenckner/Perron* § 264 Rdnr. 14.
[187] BGHSt 34, 111: Filmförderung nach dem Filmförderungsgesetz i. d. F. v. 18.11.1986, BGBl. I 1986 S. 2047.
[188] *Lackner/Kühl* § 264 Rdnr. 7.
[189] Schönke/Schröder/*Lenckner/Perron* § 264 Rdnr. 16.
[190] Zu den häufig anzutreffenden Gemengelagen unterschiedlichster Zwecke und zu sogenannten Primär- und Endzwecken siehe Schönke/Schröder/*Lenckner/Perron* § 264 Rdnr. 17 bis 19.

Unterstützung von Forschungsvorhaben dann als Subventionsleistung angesehen, wenn es sich um marktnahe, wirtschaftsorientierte Forschung handelt. Dies soll insbesondere dann der Fall sein, wenn die Subvention davon abhängig ist, dass die subventionsempfangenden Wirtschaftskreise mit eigenen Mitteln Forschungsvorhaben (etwa zur Produktionsverbesserung) ausführen. Hingegen wird das Vorliegen einer Subvention bei der marktfernen, „reinen" Grundlagenforschung verneint, die die Frage, wann und in welcher Form diese gegebenenfalls der Wirtschaft zugute kommen können, offen lässt.[191] „Zweck" meint nicht den subventionsrechtlichen Primärzweck, sondern den sich unter Berücksichtigung der Primärzwecke ergebende Endzweck.[192] Wirtschaftsfördernd ist eine Subvention jedenfalls dann, wenn bei mehreren Endzwecken nur *einer* den Zweck der Wirtschaftsförderung verfolgt.[193] Soweit hier eindeutige Aussagen nicht möglich sind, dürfte der Tatbestand mit Blick auf das Bestimmtheitsgebot keine Anwendung finden.[194]

e) Betriebe oder (öffentliche) Unternehmen als Subventionsnehmer. Letztlich muss die Leistung an einen Betrieb oder ein Unternehmen gerichtet sein. Hierbei muss es sich nicht um ein Unternehmen der Erwerbswirtschaft handeln. Entsprechend dem weiten Unternehmens- und Betriebsbegriff der §§ 11 Abs. 1 Nr. 4 b, 14 Abs. 2 StGB und dem Wirtschaftsbegriff[195] zählen zu den Unternehmen und Betrieben vielmehr auch Krankenhäuser, Theater, Forschungseinrichtungen und die so genannten freien Berufe (Arzt-, Anwaltspraxen usw.) sowie Unternehmen und Betriebe der Land- und Forstwirtschaft und der sonstigen Urproduktion. Ausreichend ist jede auf eine gewisse Dauer angelegte organisatorische Zusammenfassung von sächlichen und persönlichen Mitteln mit dem Zweck der Hervorbringung von Gütern oder Leistungen materieller oder immaterieller Art. Auch ein eingetragener Verein kann deshalb ein Betrieb oder Unternehmen sein.[196] Gemäß § 264 Abs. 7 S. 2 StGB sind öffentliche Unternehmen ausdrücklich erfasst, womit Organisationsformen der öffentlichen Verwaltung gemeint sind, die als Erzeuger oder Verteiler von Gütern am Wirtschaftsleben teilnehmen, gleichgültig ob sie öffentlich- oder privatrechtlich organisiert sind, z. B. kommunale Verkehrsbetriebe, Gas- und Elektrizitätswerke oder Wohnungsbaugesellschaften.[197]

f) Subventionen nach EG-Recht. Diese unterliegen gemäß Abs. 7 Nr. 2 StGB umfassend dem Schutz des § 264, und zwar unabhängig davon, ob sie der Wirtschaftsförderung dienen oder wer der Subventionsnehmer ist.[198] Damit werden z. B. neben Subventionen des EAGFL oder des Fonds für regionale Entwicklung auch Leistungen zum Schutz der Umwelt oder zur Förderung der Berufsbildung einbezogen, auch wenn sie an öffentliche Gebietskörperschaften, Idealvereine usw. gehen.[199] Aus öffentlichen Mitteln nach dem Recht der EG erbracht ist eine Leistung, wenn sie aus dem Gesamthaushaltsplan der EG, den Haushaltsplänen einzelner Gemeinschaften oder aus Haushaltsplänen, deren Verwaltung im Auftrag der EG erfolgt, gewährt wird. Ob die Leistung unmittelbar von Stellen der EG oder nach deren Vorschriften von deutschen Stellen vergeben werden, spielt keine Rolle. Das oben erwähnte Erfordernis der wenigstens teilweisen Gewährung der Leistung ohne Gegenleistung muss allerdings erfüllt sein.[200] Einschränkungen gelten aber bei der Tatbestandsalternative des § 264 Abs. 1 Nr. 3 StGB.[201]

g) Überblick über bislang anerkannte Subventionen. Zur Veranschaulichung sind nachfolgend einige der bislang anerkannten Subventionen im Sinne des § 264 StGB aufgelistet:[202]
- **Investitionszulagen** nach § 19 BerlinförderungsG i. d. F. der Bekanntmachung vom

---

[191] LK/*Tiedemann* § 264 Rdnr. 45.
[192] LK/*Tiedemann* § 264 Rdnr. 48; Schönke/Schröder/*Lenckner/Perron* § 264 Rdnr. 18.
[193] Schönke/Schröder/*Lenckner/Perron* § 264 Rdnr. 19.
[194] Schönke/Schröder/*Lenckner/Perron* § 264 Rdnr. 19.
[195] Siehe oben Rdnr. 45.
[196] BGH NJW 2003, 2179.
[197] Achenbach/Wannemacher/*Schmidt-Baumann* § 22 IV Rdnr. 15; *Lackner/Kühl* § 264 Rdnr. 8; *Tröndle/Fischer* § 264 Rdnr. 11; ausführliche Hinweise bei Schönke/Schröder/*Lenckner/Perron* § 264 Rdnr. 20 bis 25.
[198] Siehe oben Rdnr. 39.
[199] Müller-Gugenberger/Bieneck/*Bender* § 52 Rdnr. 5.
[200] Schönke/Schröder/*Lenckner/Perron* § 264 Rdnr. 26.
[201] Siehe dazu oben Rdnr. 22.
[202] LK/*Tiedemann* § 264 Rdnr. 52; *Wassmann* S. 31 bis 32.

22.12.1978 (BGBl. I 1979 S. 1), zuletzt geändert durch G vom 9.12.2005 (BGBl. I 2005 S. 3242), sowie nach §§ 1, 4 InvestitionszulagenG i. d. F. vom 30.9.2005 (BGBl. I 2005 S. 2961) und **Zuschüsse für betriebliche Investitionen** nach § 3 Gesetz über die Gemeinschaftsaufgabe „Verbesserung der regionalen Wirtschaftsstruktur" 6.10.1969 (BGBl. I 1969 S. 1861), zuletzt geändert durch G vom 25.11.2003 (BGBl. I 2003 S. 2304);

- Maßnahmen zur **einzelbetrieblichen Förderung** nach § 3 Gesetz über die Gemeinschaftsaufgabe „Verbesserung der **Agrarstruktur** und des **Küstenschutzes**" vom 6.10.1969 (BGBl. I 1969 S. 1573), neugefasst durch Bekanntmachung v. 21.7.1988, zuletzt geändert durch G v. 2.5.2002 (BGBl. I 2002 S. 1527);
- **Sanierungsfördermittel** nach §§ 43 bis 45 StädtebauförderungsG i. d. F. vom 18.8.1976 (BGBl. 1976 I S. 2318, 3617) – aufgehoben, vgl. aber § 164 a BauGB;
- Leistungen nach §§ 42, 45, 88 des II. **WohnungsbauG** i. d. F. vom 19.8.1994 (BGBl. I 1994 S. 2138);
- Leistungen nach § 2 Abs. 2 **FilmförderungsG** i. d. F. vom 6.5.1974 (BGBl. I 1974 S. 1048), neugefasst durch Bekanntmachung v. 25.8.1994 (BGBl. I 2004 S. 2277);
- Leistungen nach §§ 2 Nr. 2, 5 **ZonenrandförderungsG** vom 5.8.1971 (BGBl. I 1971 S. 1237), zuletzt geändert durch Bekanntmachung v. 6.6.1994 (BGBl. I 1994 S. 1184);
- Leistungen nach §§ 2 Nr. 2, 5 **ZonenrandförderungsG** v. 5.8.1971 (BGBl. I 1971 S. 1237), zuletzt geändert durch Bekanntmachung v. 6.6.1994 (BGBl. I 1994 S. 1184);
- Vergünstigungen und Leistungen nach § 6 Gesetz zur Durchführung der gemeinsamen **Marktorganisation** (MOG) vom 31.8.1972 (BGBl. I 1972 S. 1617), neugefasst durch Bek. v. 24.6.2005 (BGBl. I 2005 S. 1847), sowie nach den einzelnen ERP-Gesetzen;
- Leistungen nach § 2 a Gesetz zur Förderung des **Bergarbeiterwohnungsbaus** im Kohlebergbau i. d. F. vom 4.5.1957 (BGBl. I 1957 S. 418) – aufgehoben;
- Leistungen nach §§ 41 bis 43, 72 BundesvertriebenenG i. d. F. der Bekanntmachung vom 3.9.1971 (BGBl. I 1971 S. 1565, 1807); heute nach §§ 9, 11, 14 des Gesetzes über die Angelegenheiten der Vertriebenen und Flüchtlinge i. d. F. der Bekanntmachung v. 2.6.1993 (BGBl. I 1993 S. 829);
- **Verbilligungen** nach § 1 Gasöl-VerwendungsG-Landwirtschaft vom 22.12.1967 (BGBl. I 1967 S. 1339); aufgehoben zum 31.12.2000 und ersetzt durch §25 b Mineralölsteuer, der nunmehr allerdings Steuervergütungen anstelle von Verbilligungen vorsieht;
- Zuschüsse nach § 1 Gesetz zur Sicherung des Steinkohleeinsatzes in der Elektritzitätswirtschaft vom 5.9.1966 (BGBl. I 1966 S. 545) – aufgehoben;
- Leistungen nach § 2 Abs. 2 des Dritten VerstromungsG vom 13.12.1974 (BGBl. I 1974 S. 3473) i. d. F. der Bekanntmachung vom 19.4.1990 (BGBl. I 1990 S. 917);
- **Staatliche Beihilfen** und **Investitionshilfen** nach §§ 5, 6 MarktstrukturG i. d. F. vom 26.11.1975 (BGBl. I 1975 S. 2944); zuletzt geändert durch Bekanntmachung vom 26.9.1990 (BGBl. I 1990 S. 2134);
- **Staatliche Zuwendungen** nach § 41 Abs. 5 BundeswaldG vom 2.5.1975 (BGBl. I 1975 S. 1037);
- **Betriebsbeihilfen** nach Art. 2 § 1 VerkehrsfinanzG 1971 vom 28.2.1972 (BGBl. I 1972 S. 201) sowie nach Art. 4 VerkehrsfinanzG 1955 vom 6.4.1955 (BGBl. I 1955 S. 166) und Art. 9 StraßenbaufinanzierungsG 1960 vom 28.3.1960 (BGBl. I 1960 S. 201);
- **Abwrackprämien** nach § 32 a Binnenschiffsverkehrsgesetz i. d. F. vom 8.1.1969 (BGBl. I 1969 S. 66).

49 h) **Nicht wirtschaftlichen Zwecken dienende öffentliche Leistungen (Kultur-, Sozial-, Wissenschafts-„Subventionen")**. Neben den Subventionen im Sinne des § 264 Abs. 7 StGB gibt es eine Vielzahl öffentlicher Leistungen im kulturellen, sozialen und wissenschaftlichen Bereich, die ebenfalls ohne marktmäßige Gegenleistung und durch oder auf Grund von Gesetzen gewährt werden, die jedoch nicht der Wirtschaftsförderung dienen und nicht unbedingt an Betriebe oder Unternehmen geleistet werden und damit nicht als Subvention i. S. des § 264 Abs. 7 StGB einzuordnen sind (z. B. aus dem Bereich der umfangreichen Kohlesubventionierung: Anpassungsgelder sowie Leistungen nach AFG. Obwohl diese sonstigen „Subventionen" gemäß § 1 Abs. 1 SubvG nicht in den Anwendungsbereich des Subventionsgesetzes fallen, enthalten sie vielfach die in § 3 SubvG genannten Offenbarungspflichten und den Hinweis

auf das Verbot von Scheingeschäften und den Missbrauch von Gestaltungsmöglichkeiten nach Maßgabe des § 4 SubvG. Hierdurch wird zwar keine Strafbarkeit gemäß § 264 StGB begründet. Jedoch werden die Grundsätze, die für Subventionen i. S. des § 264 Abs. 8 StGB erarbeitet wurden, auf diese „subventionsähnlichen öffentlichen Leistungen" übertragbar und erlangen so für die verbleibende mögliche Strafbarkeit wegen Betruges Bedeutung. Sowohl für die rechtlichen als auch die verteidigungsstrategischen Überlegungen ergeben sich daher auch für diese nicht wirtschaftsbezogenen Subventionen zahlreiche Parallelen zum Subventionsbetrug gemäß § 264 StGB.

4. Subventionserhebliche Tatsachen

50 Den Begehungsmodalitäten des § 264 Abs. 1 Nr. 1, 3 und 4 StGB ist gemeinsam, dass sie sich auf subventionserhebliche Tatsachen beziehen.[203] Nach § 264 Abs. 8 StGB sind dies Tatsachen, die entweder **durch Gesetz oder auf Grund eines Gesetzes als subventionserheblich bezeichnet sind (Nr. 1)** oder von denen die **Subventionsberechtigung gesetzlich abhängt (Nr. 2)**. Wegen der erheblichen Vorverlagerung der Strafbarkeit und angesichts der zahlreichen Normativbegriffe des Subventionsrechts (z. B. Ausfuhr, Abwrackung, Bearbeitung, Frachtkosten) kommt der Pflicht des Subventionsgebers zur genauen Bezeichnung der relevanten Tatsachen besondere Bedeutung zu, indem der Kreis der Tatsachen eingeschränkt werden soll, über den in strafbarer Weise getäuscht werden kann.[204] Außerdem sollen der Subventionsgeber und die Strafverfolgungsbehörden etwaige Täuschungshandlungen schnell und eindeutig feststellen können.[205]

51 a) **Bezeichnung durch Gesetz (§ 264 Abs. 8 Nr. 1 Fall 1 StGB).** Das die Subventionserheblichkeit bezeichnende Gesetz kann ein Gesetz sowohl im formellen als auch im materiellen Sinne sein.[206] Nicht ausreichend ist damit die Bezeichnung in Verwaltungsvorschriften, Richtlinien usw.[207] Bezeichnet das Gesetz selbst eine Tatsache als subventionserheblich, so hat es dabei sein Bewenden, die Bezeichnung ist für § 264 StGB verbindlich.[208] Den Vorrang hat das Gesetz: Benennt der Subventionsgeber Tatsachen als subventionserheblich, die es in Wirklichkeit nicht sind, so können unrichtige Angaben über solche Tatsachen die durch § 264 StGB pönalisierte Gefährdung öffentlicher Mittel und damit eine Strafbarkeit nicht begründen. Umgekehrt erfüllen unrichtige Angaben über gesetzlich statuierte subventionserhebliche Tatsachen den objektiven Tatbestand auch dann, wenn der Subventionsgeber sie entgegen seiner Pflicht (z. B. aus § 2 SubvG) nicht als solche bezeichnet hat oder als EG-Subventionsgeber nicht zu bezeichnen braucht.[209] Allerdings wird in diesen Fällen dem Antragsteller die Kenntnis von der Subventionserheblichkeit und damit die subjektive Tatseite schwer nachzuweisen sein.[210]

52 b) **Bezeichnungspflicht gemäß § 2 SubvG.** Eine umfassende Bezeichnungspflicht enthält § 2 SubvG, der den Subventionsgeber dazu verpflichtet, dem Subventionsnehmer vor Bewilligung oder Gewährung einer Subvention die Tatsachen als subventionserheblich i. S. des § 264 StGB zu bezeichnen, die erstens nach dem Subventionszweck, zweitens nach den Rechtsvorschriften, Verwaltungsvorschriften und Richtlinien über die Subventionsvergabe, drittens den sonstigen Vergabevoraussetzungen für die Bewilligung, Gewährung, Rückforderung, Weitergewährung oder das Belassen einer Subvention oder eines Subventionsvorteils erheblich sind. Die Bezeichnungspflicht besteht auch dann, wenn sich die Subventionserheblichkeit bereits unmittelbar aus dem Gesetz ergibt; sie hat dann zwar für die Annahme des objektiven Tatbestandes keine Bedeutung, wohl aber für die subjektive Tatseite, weil sich der Täter dann nicht mehr darauf berufen kann, er habe nicht gewusst, dass die fragliche Tatsache nach dem Gesetz subventionserheblich sei.[211]

---

[203] Schönke/Schröder/*Lenckner/Perron* § 264 Rdnr. 27.
[204] SK/*Samson/Günther* § 264 Rdnr. 40; LK/*Tiedemann* § 264 Rdnr. 54.
[205] OLG München NJW 1982, 457.
[206] Schönke/Schröder/*Lenckner/Perron* § 264 Rdnr. 32.
[207] BGHSt 44, 233, 237.
[208] OLG München NJW 1982, 457; SK/*Samson/Günther* § 264 Rdnr. 43; *Tröndle/Fischer* § 264 Rdnr. 13.
[209] Müller-Gugenberger/Bieneck/*Bender* § 52 Rdnr. 15; Achenbach/Wannemacher/*Schmidt-Baumann* § 22 IV Rdnr. 27; LK/*Tiedemann* § 264 Rdnr. 58.
[210] Schönke/Schröder/*Lenckner/Perron* § 264 Rdnr. 35.
[211] Schönke/Schröder/*Lenckner/Perron* § 264 Rdnr. 35.

53 c) **Bezeichnung aufgrund eines Gesetzes (§ 264 Abs. 8 Nr. 1 Fall 2 StGB).** Die Bezeichnung auf Grund eines Gesetzes wird im Zusammenhang des § 264 Abs. 8 Nr. 1 StGB nicht als Frage des Gesetzesvorbehaltes im Sinne einer Eingriffsermächtigung verstanden, sondern soll hier heißen „in den Grenzen des gesetzlich Zulässigen" oder „auf Grund einer gesetzlichen Verpflichtung".[212] Gemeint sei damit, dass sich der Subventionsgeber – was an sich selbstverständlich sei – bei der Bezeichnung im Rahmen dessen halte, was nach dem Gesetz als (materiell) subventionserheblich benannt werden könne.[213] Erfolgt die Bezeichnung also auf Grund eines Gesetzes, so ist zu prüfen, ob die Bezeichnung dem Subventionszweck entspricht. Dies setzt voraus, dass die bezeichnete Tatsache materiell für die Bewilligung, Gewährung, Rückforderung, Weitergewährung oder das Belassen der Subvention von Bedeutung ist, m. a. W., ob sich der Subventionsgeber bei der Bezeichnung im Rahmen dessen hält, was nach dem Gesetz als (materiell) subventionserheblich benannt werden kann.[214] Hierzu bedarf es einer Auslegung des Zweckes des zugrunde liegenden Gesetzes. Diese Lösung ist erforderlich, weil die vergebende Stelle sonst ermächtigt würde, etwa aus Gründen der Verwaltungserleichterung, auch solche Tatsachen als subventionserheblich zu bezeichnen, die mit dem eigentlich vom Gesetzgeber zu bestimmenden Zweck nichts zu tun haben. § 264 Abs. 8 Nr. 1 StGB hat daher nur die Funktion, die gesetzlich subventionserheblichen Tatsachen besser erkennbar zu machen, indem die Verwaltung dazu angehalten wird, diese als solche zu bezeichnen.[215] Auch hier wird bei einer Überschreitung der gesetzlichen Grundlage der fragliche Umstand trotz der entsprechenden Bezeichnung nicht zu einer subventionserheblichen Tatsache. Eine an die Vortäuschung solcher objektiv nicht subventionserheblichen Tatsachen anknüpfende Strafbarkeit gem. § 264 StGB scheidet aus. Der Subventionsnehmer unterliegt insoweit einem umgekehrten Verbotsirrtum, der für ihn folgenlos bleibt.[216]

54 d) **Ausdrückliche Bezeichnung.** Eine Bezeichnung durch den Subventionsgeber liegt vor, wenn die für die Bewilligung der Subvention zuständige Behörde oder eine andere in das Subventionsverfahren eingeschaltete Stelle oder Person aus Anlass des fraglichen Subventionsverfahrens durch eine zugangsbedürftige Erklärung gegenüber dem Subventionsnehmer – bei mehreren Subventionsnehmern im selben Verfahren wenigstens gegenüber einem – die subventionserheblichen Tatsachen benennt.[217] Erforderlich ist eine ausdrückliche Bezeichnung, bei der allerdings der Ausdruck „subventionserheblich" nicht *expressis verbis* auftauchen muss.[218] Erforderlich sind klare und unmissverständliche, auf den konkreten Fall bezogene Angaben. Dass sich die Subventionserheblichkeit lediglich aus dem Zusammenhang ergibt, genügt nicht. Ebenso reichen pauschale oder formelhafte Bezeichnungen nicht aus, unzureichend ist insbesondere die bloße Wiederholung der in § 264 Abs. 8 Nr. 2 StGB abstrakt aufgeführten Umstände.[219] Unterlässt der Subventionsgeber eine Bezeichnung der subventionserheblichen Tatsachen, ist § 264 Abs. 1 Nr. 1 StGB nicht anwendbar, dann verbleibt gegebenenfalls eine Strafbarkeit im Zusammenhang mit § 264 Abs. 1 Nr. 2 StGB.

55 e) **Gesetzliche Abhängigkeit der Bewilligung, Gewährung, Rückforderung einer Subvention oder eines Subventionsvorteils (§ 264 Abs. 8 Nr. 2 StGB).** Diese Variante der Subventionserheblichkeit hat in erster Linie eine Ergänzungsfunktion zu der vorangehenden Nr. 1. Sie ist (nur) anwendbar auf Sachverhalte, auf die sich das Subventionsgesetz nicht erstreckt, weil sie der Gesetzgebungskompetenz des Bundesgesetzgebers entzogen sind,[220] oder für die Fälle, in

---

[212] LG Hamburg wistra 1988, 362; Schönke/Schröder/*Lenckner/Perron* § 264 Rdnr. 34; LK/*Tiedemann* § 264 Rdnr. 58.
[213] Schönke/Schröder/*Lenckner/Perron* § 264 Rdnr. 34.
[214] Schönke/Schröder/*Lenckner/Perron* § 264 Rdnr. 34; SK/*Samson/Günther* § 264 Rdnr. 42.
[215] *Hack* S. 153.
[216] Dabei spielen die in Rechtsprechung und Literatur bestehenden Unsicherheiten, ob der Irrtum über normative Tatbestandsmerkmale als strafloses Wahndelikt oder als untauglicher Versuch einzuordnen ist, mangels Versuchsstrafbarkeit bei § 264 StGB keine Rolle. Näher im Allgemeinen *Tröndle/Fischer* § 22 Rdnr. 51 ff. m. w. N.
[217] Achenbach/Wannemacher/*Schmidt-Baumann* § 22 IV Rdnr. 29; SK/*Samson/Günther* § 264 Rdnr. 42; Schönke/Schröder/*Lenckner/Perron* § 264 Rdnr. 34; LK/*Tiedemann* § 264 Rdnr. 55.
[218] OLG München NJW 1982, 457; BayObLG NJW 1982, 2202, 2203.
[219] BGHSt 44, 233, 238.
[220] Achenbach/Wannemacher/*Schmidt-Baumann* § 22 IV Rdnr. 34; z. B. Subventionen, die nach dem Recht der Europäischen Gemeinschaften unmittelbar von deren Stellen vergeben werden.

denen eine ausdrückliche Bezeichnung als subventionserheblich aber vom Subventionsgeber nicht vorgenommen wurde[221] und die materiellen Voraussetzungen der Vergabe einer Subvention durch Gesetz selbst näher geregelt sind. Das Gesetz muss die Subventionsvoraussetzungen hinreichend klar bestimmen. Daran fehlt es, wenn der Verwaltung ein Ermessensspielraum eingeräumt wird.[222] In Betracht kommt jedes formelle oder materielle Gesetz einschließlich EG-Recht,[223] wobei weder bloße Verwaltungsvorschriften noch lediglich ein Haushaltsansatz ausreichen. Diese Strafbarkeitslücke hat der Gesetzgeber bewusst in Kauf genommen.[224]

f) **Unvollständige oder unwirksame Bezeichnungen durch den Subventionsgeber.** Umstritten ist, ob § 264 Abs. 8 Nr. 2 StGB nur dort anwendbar ist, wo die Bezeichnungspflicht des § 2 SubvG nicht eingreift, oder hilfsweise auch dann, wenn der nach § 2 SubvG verpflichtete Subventionsgeber die Bezeichnung der subventionserheblichen Tatsachen nur unvollständig oder unwirksam vorgenommen hat. Ein Teil des Schrifttums verweist auf einen durch die Bezeichnung geschaffenen Vertrauenstatbestand und hält Nr. 2 für unanwendbar.[225] Die überwiegende Auffassung geht dagegen von einer Anwendbarkeit von § 264 Abs. 1 Nr. 2 StGB aus.[226] Für die erstgenannte Ansicht spricht, dass die Bezeichnungspflicht der Nr. 1 gerade geschaffen wurde, um dem Subventionsnehmer im weitgehend unklaren Subventionsrecht die Vergabevoraussetzungen deutlich zu machen.[227] Gegen eine Exklusivität von Nr. 1 lässt sich allerdings einwenden, dass der Gesetzgeber selbst Nr. 2 ausdrücklich eine lückenfüllende Funktion zuweist.[228] Zudem ist kaum einsichtig, wieso demjenigen Subventionsnehmer, dem die anders lautende Gesetzeslage bekannt ist, eine Exklusivität der Nr. 1 zugute kommen soll, obwohl er doch wissentlich gegen Subventionsvoraussetzungen verstoßen hat. Den Interessen des gutgläubigen Betroffenen wird dagegen über § 16 StGB hinreichend Rechnung getragen.[229] Deshalb ist der überwiegenden Meinung zuzustimmen: § 264 Abs. 8 Nr. 2 StGB bleibt auch dann anwendbar, wenn den Subventionsgeber eine Bezeichnungspflicht nach § 2 SubvG trifft.

5. Pflichtverstöße bei der Beantragung von Subventionen

Eine Strafbarkeit wegen Subventionsbetruges kommt bereits in der Beantragungsphase in Betracht, ganz unabhängig davon, ob die Subvention dann auch gewährt wird.

a) **Subventionsbetrug durch aktives Tun (§ 264 Abs. 1 Nr. 1 StGB; § 4 Abs. 1, 2 SubvG).** Die Tathandlung des § 264 Abs. 1 Nr. 1 StGB ist erfüllt, wenn der Täter dem in seinem Fall zuständigen Subventionsgeber für sich, seinen Betrieb oder sein Unternehmen oder für einen anderen über **subventionserhebliche Tatsachen unrichtige** oder **unvollständige Angaben** macht, die für ihn oder den anderen **vorteilhaft** sind. **Angaben** sind alle schriftlichen und mündlichen Erklärungen über das Vorliegen oder Nichtvorliegen eines bestimmten Sachverhalts, wobei dieser in subventionserheblichen Tatsachen[230] bestehen muss.[231] Vorliegen muss zumindest eine **konkludente Gedankenerklärung**, die z. B. auch in der Vorlage verfälschter Augenscheinsobjekte gesehen werden kann.[232] Die bloße Duldung von Prüfungshandlungen durch den Subventionsgeber erfüllt den Tatbestand noch nicht.[233] **Unrichtig** sind die Angaben, die mit der Wirklichkeit nicht übereinstimmen.[234] Diese können auch durch einen Amtsträger gemacht werden, der

---

[221] BGHSt 44, 233; LG Düsseldorf NStZ 1981, 223; LK/*Tiedemann* § 264 Rdnr. 64; *Eberle*, Der Subventionsbegriff nach § 264 StGB, S. 129.
[222] BGHSt 44, 233, 241.
[223] LK/*Tiedemann* § 264 Rdnr. 62.
[224] SK/*Samson/Günther* § 264 Rdnr. 49.
[225] *Ranft* NJW 1986, 3163, 3165; SK/*Samson/Günther* § 264 Rdnr. 47; *Wattenberg* HWStR IV 2 Rdnr. 32.
[226] OLG München NJW 1982, 457, 458; LK/*Tiedemann* § 264 Rdnr. 64; *Tröndle/Fischer* § 264 Rdnr. 17; *Lackner/Kühl* § 264 Rdnr. 12; Schönke/Schröder/*Lenckner/Perron* § 264 Rdnr. 36; Greeve/Leipold/*Diehl* 5. Teil Rdnr. 26; wohl auch BGHSt 44, 233, 237.
[227] BT-Drucks. 7/5291, S. 12; LK/*Tiedemann* § 264 Rn. 64.
[228] BT-Drucks. 7/5291, S. 13.
[229] LK/*Tiedemann* § 264 Rn. 64.
[230] Siehe dazu oben Rdnr. 38.
[231] Schönke/Schröder/*Lenckner/Perron* § 264 Rdnr. 43.
[232] LK/*Tiedemann* § 264 Rdnr. 77.
[233] BGH NJW 1981, 1744.
[234] BGHSt 34, 111, 115; BayObLG, NStE Nr. 3 zu § 264 StGB.

solche Angaben des Subventionsnehmers wider besseres Wissen als richtig bestätigt und der genehmigenden Stelle vorlegt.[235] Bilanzansätze und prognostische Hochrechnungen etwa der Wirtschaftlichkeit der zu subventionierenden Maßnahme sind nur dann unrichtig, wenn im Zeitpunkt der Erklärung eine sachliche Grundlage fehlte. Stellt sich nachträglich heraus, dass die Wirtschaftlichkeitsberechnung unzutreffend war, lässt dies einen Rückschluss auf einen von Anfang an gegebene Unrichtigkeit der Erklärung nicht zu.[236]

59 **Unvollständig** sind Angaben, wenn die im Rahmen einer den Anschein der Vollständigkeit erweckenden Erklärung enthaltenen Angaben als solche zwar richtig sind, durch Weglassung wesentlicher Tatsachen aber ein falsches Gesamtbild vermittelt wird.[237] Das ist etwa dann der Fall, wenn der Subventionsnehmer entgegen den Voraussetzungen im InvestitionszulagenG Wirtschaftsgüter nicht in neuem, sondern in gebrauchtem Zustand erworben hat, er die Gewährung eines erhaltenen Preisnachlasses für die zu subventionierenden Gegenstände verschweigt[238] oder er zum Nachweis einer tatsächlich erfolgten Zahlung die Hingabe eines Schecks unter Verschweigen einer Stundungsabrede aufführt.[239]

60 Ergänzend ist bei der Frage der Unrichtigkeit bzw. Unvollständigkeit § 4 Abs. 1 SubvG über **Schein- und Umgehungshandlungen** sowie die entsprechende Regelung für EG-Subventionen des **Art. 4 Abs. 3 EG-VO Nr. 2988/95**[240] zu beachten. Danach sind für die Subventionsbewilligung usw. Scheingeschäfte und Scheinhandlungen tatsächlicher Art unerheblich und der durch sie verdeckte Sachverhalt maßgeblich (§ 4 Abs. 1 SubvG). Neben fiktiven Exporten zur Erlangung von EG-Bar- und Mehrwertsteuererstattungen spielen vor allem auch Scheinfirmen eine Rolle. Außerdem ist nach § 4 Abs. 2 S. 1 SubvG die Bewilligung einer Subvention ausgeschlossen, wenn im Zusammenhang mit einer beantragten Subvention ein Rechtsgeschäft oder eine Handlung unter **Missbrauch von Gestaltungsmöglichkeiten** vorgenommen wird. Ein solcher liegt nach Abs. 2 S. 2 in der Benutzung einer nach den gegebenen Verhältnissen unangemessenen Gestaltungsmöglichkeit mit dem Ziel der dem Subventionszweck widersprechenden Inanspruchnahme oder Nutzung einer Subvention. Das ist nach Abs. 2 S. 3 namentlich dann anzunehmen, wenn die förmlichen Voraussetzungen einer Subvention in einer dem Subventionszweck widersprechenden Weise künstlich geschaffen werden. Hierzu gehören die Fälle, in denen die Durchführung des subventionierten Geschäfts oder der subventionierten Handlung wirtschaftlich völlig unvernünftig ist und allein zum Zweck der Subventionserlangung erfolgt. Dies ist etwa der Fall bei der Beantragung der Ausfuhrerstattung für Exporte in ein sog. Drittland, wohin die Ware jedoch nur zum Zweck des Weitertransportes in ein anderes Land gebracht wird. Ferner sind die Fälle des „Kreisverkehrs" zu nennen, in denen eine Ware nur dazu verwendet wird, nach Zufügung und Wiederausscheidung von Substanzen und dadurch bewirkter Veränderung ihrer Beschaffenheit unter Inanspruchnahme von Exportsubventionen exportiert, reimportiert und wieder exportiert zu werden.[241]

61 Bei der Regelung des § 4 Abs. 1 SubvG über Scheingeschäfte und Scheinhandlungen handelt es sich in erster Linie um die Klarstellung eines **allgemeinen Rechtsgrundsatzes**, der in der Rechtsgeschäftslehre in § 117 BGB seinen Ausdruck findet. Sie ist für § 264 StGB ohne zusätzliche Bedeutung, es bedarf also keines Rückgriffs auf das SubvG.[242] Für das **EG-Recht** ist davon auszugehen, dass die rechtliche Unerheblichkeit von Scheingeschäften und Scheinhandlungen (anders als von Umgehungsgeschäften und Umgehungshandlungen) ein allgemeiner Rechtsgedanke der Mitgliedstaaten ist und daher auch einen gemeinschaftsrechtlichen Rechtsgrundsatz darstellt.[243] Auch bei Umgehungshandlungen durch den Missbrauch von Gestaltungsmöglich-

---

[235] BGHSt 32, 203, 205; s. oben Rdnr. 32.
[236] Greeve/Leipold/*Diehl* 5. Teil Rdnr. 30.
[237] Schönke/Schröder/*Lenckner/Perron* § 264 Rdnr. 44.
[238] BGH wistra 1986, 67.
[239] LG Hamburg wistra 1988, 362.
[240] ABl. EG v. 23.12.1995 L 312/1 ff.
[241] Schönke/Schröder/*Lenckner/Perron* § 264 Rdnr. 45.
[242] Schönke/Schröder/*Lenckner/Perron* § 264 Rdnr. 46: z. B. wenn der Täter zur Erlangung einer Investitionszulage nach § 1 InvZulG 1999 behauptet, er habe in dem Fördergebiet einen Gewerbebetrieb „errichtet", während er dort in Wahrheit nur eine „Briefkastenfirma" eingerichtet hat, vgl. auch Koblenz OLGSt Nr. 1; LK/*Tiedemann* § 264 Rdnr. 103.
[243] LK/*Tiedemann* § 264 Rdnr. 103.

keiten hat § 4 Abs. 2 SubvG erst Bedeutung, wenn sich nicht schon durch Auslegung ergibt, dass die Subventionsvoraussetzungen nicht gegeben und die gemachten Angaben deshalb unrichtig bzw. unvollständig im Sinne der Nr. 1 sind.[244]

Die Angaben müssen darüber hinaus für den Subventionsnehmer **vorteilhaft** sein. Über die Auslegung dieses Tatbestandsmerkmals bestehen in solchen Fällen Unklarheiten, in denen der Täter über eine ihm vorteilhafte subventionserhebliche Tatsache täuscht, die Täuschung seine Lage jedoch im Ergebnis deswegen nicht verbessert, weil sich die Subventionsberechtigung aus anderen Umständen ergibt. Während die Rechtsprechung unter Zustimmung einer Mindermeinung im Schrifttum den Tatbestand des § 264 Abs. 1 Nr. 1 StGB auch dann als erfüllt ansieht, wenn aus einem anderen als dem im Subventionsantrag wahrheitswidrig behaupteten Sachverhalt ein Anspruch auf die Subvention begründet ist,[245] verlangt ein Teil des Schrifttums, dass sich im Ergebnis die Lage des Subventionsempfängers verbessert, was nicht der Fall ist, wenn die Voraussetzungen für die Subventionsgewährung aus einem anderen Grund gegeben sind.[246] Letztgenannter Auffassung ist zuzugeben, dass die Gefahr besteht, der Tatbestand der Nr. 1 werde so zum **Delikt gegen die bloße Unwahrhaftigkeit** vor Subventionsbehörden und die Beziehung zum Betrug in jeder Hinsicht abgeschnitten.[247] Es fällt jedoch schwer, die Ansicht des Schrifttums mit dem anerkannten wirtschaftlichen Vermögensbegriff in Einklang zu bringen. Sie muss sich die Frage gefallen lassen, wieso allein die juristische Existenz denkbarer alternativer Subventionsansprüche die durch die Beantragung begründete Gefahr der Fehlleitung von Subventionsmitteln ausschließen soll.[248] Und angesichts dessen, dass schon eine konkrete Vermögensgefährdung als Vermögensschaden angesehen wird, wenn mit wirtschaftlichen Nachteilen ernstlich zu rechnen ist,[249] wird man kaum leugnen können, dass das staatliche Vermögen durch die Tat zumindest betroffen ist. Nimmt man den ausdrücklichen Willen des Gesetzgebers in Blick, der die Durchkreuzung staatlicher Planung bei der Subventionsvergabe durch § 264 StGB bestraft wissen will, wird man der Rechtsprechung in ihrer Auffassung im Grundsatz folgen müssen. § 264 StGB wurde geschaffen, um bereits der Gefahr der Fehlleitung von Subventionen durch eine Vorschrift entgegenzuwirken, die einerseits eine klare Beschreibung der Vergabevoraussetzungen durch den Subventionsgeber verlangt, andererseits aber den Antragsteller zu wahrheitsgemäßen und vollständigen Angaben verpflichtet und schon allein die vorsätzliche oder auch nur leichtfertige Verletzung dieser Pflicht mit Strafe bedroht. Diesen angestrebten Zweck kann nur eine Vorschrift erfüllen, die lediglich die Prüfung der Richtigkeit der im Antrag behaupteten subventionserheblichen Tatsachen verlangt.[250] Andernfalls müsste stets untersucht werden, ob neben den unrichtigen und unvollständigen Angaben des Subventionsbewerbers auch andere Erfolg versprechende Begründungen durch Anführung richtiger Tatsachen und vollständiger Tatsachen den Antrag begründet hätten.[251] Das brächte praktische Probleme mit sich und würde bei auch nur kleinstem verbleibenden Zweifel zu einer Verneinung der Strafbarkeit in dubio pro reo führen.

Die Angaben sind **gemacht** und die Tat ist **vollendet**, wenn sie im Rahmen eines Subventionsverfahrens der zuständigen Behörde, Stelle oder Person zugegangen sind.[252] Dabei müssen unrichtige oder unvollständige Angaben unschwer und zweifelsfrei der Person zugerechnet werden können, die sich die als wahr versicherten Angaben durch die körperliche Vorlage des die die eigenhändige Unterschrift tragenden Antragsvordrucks zu Eigen gemacht hat. Hierfür bietet nur die Übermittlung des Originalantrags Gewähr, nicht aber die Übermittlung per Fern-

---

[244] Schönke/Schröder/*Lenckner/Perron* § 264 Rdnr. 46 m.w.Bsp.
[245] BGHSt 34, 265, 267 ff.; 36, 373; Greeve/Leipold/*Diehl* 5. Teil Rdnr. 35; Achenbach/Wannemacher/*Schmidt-Baumann* § 22 IV Rdnr. 43.
[246] Schönke/Schröder/*Lenckner/Perron* § 264 Rdnr. 47; Müller-Gugenberger/Bieneck/*Bender* § 52 Rdnr. 19; LK/*Tiedemann* § 264 Rdnr. 84; SK/*Samson/Günther* § 264 Rdnr. 58; *Sannwald*, Rechtsgut und Subventionsbegriff, S. 68; *Lackner/Kühl* § 264 Rdnr. 18; OLG Karlsruhe MDR 1981, 159.
[247] SK/*Samson/Günther* § 264 Rdnr. 58.
[248] *Achenbach* BGH-Festgabe, 593, 611.
[249] Das gilt insbesondere für die Einordnung der Vereitelung konkreter Exspektanzen als Vermögensschaden; vgl. *Achenbach* BGH-Festgabe, 593, 611 f. mit dortiger Fn. 95.
[250] Vgl. BGHSt 36, 373, 374; 34, 265, 267; BT-Drucks. 7/5291, S. 3 f.
[251] Greeve/Leipold/*Diehl* 5. Teil Rdnr. 35.
[252] BGHSt 34, 265, 267; Schönke/Schröder/*Lenckner/Perron* § 264 Rdnr. 48; LK/*Tiedemann* § 264 Rdnr. 85.

kopie.²⁵³ „Für sich" macht der Täter die Angaben, wenn er selbst Empfänger der Subvention ist, „für einen anderen", wenn dieser Subventionsempfänger ist und der Erklärende als dessen Vertreter oder jedenfalls zu dessen Gunsten handelt.²⁵⁴

64 b) **Subventionsbetrug durch Unterlassen.** Der Tatbestand des § 264 Abs. 1 Nr. 1 StGB ist im Hinblick auf Existenz und Inhalt des echten Unterlassungsdelikts der Nr. 3 zwar primär auf positives Tun beschränkt, kann aber in Ausnahmefällen auch durch Unterlassen verwirklicht werden. So macht z. B. der Betriebsinhaber falsche Angaben durch Unterlassen, wenn er unrichtige Angaben seines Angestellten geschehen lässt.²⁵⁵ Sobald die Angaben dem Subventionsgeber zugegangen sind, kommt eine Strafbarkeit durch Unterlassen jedoch nur noch unter dem Gesichtspunkt der Nr. 3, Unterlassen von Mitteilungs- bzw. Aufklärungspflichten, in Betracht.²⁵⁶ Da das Verschweigen von subventionserheblichen Tatsachen im Zusammenhang mit positiven Angaben bei der Antragsstellung unter die Unvollständigkeitsklausel des § 264 Abs. 1 Nr. 1 StGB fällt, findet die Unterlassungsvariante der Nr. 3 von der Sache her jeweils erst dann Anwendung, wenn ein Antrag mit positiven Angaben gestellt ist.²⁵⁷

65 c) **Verletzung von Offenbarungspflichten (§ 264 Abs. 1 Nr. 3 StGB).** Nach § 264 Abs. 1 Nr. 3 StGB wird bestraft, wer den Subventionsgeber entgegen den Rechtsvorschriften über die Subventionsvergabe über subventionserhebliche Tatsachen in Unkenntnis lässt. Die Mitteilungspflicht des Subventionsnehmers besteht bereits vor Bewilligung der Subvention und dauert über die Subventionsgewährung hinaus an. Hauptsächlicher Anwendungsbereich von Nr. 3 ist der Zeitraum nach Subventionsgewährung, weshalb § 264 Abs. 1 Nr. 3 StGB im Rahmen der Pflichtverstöße im Nachgang gewährter Subventionen (Rdnr. 85 ff.) dargestellt wird.

66 d) **Gebrauchmachen von einer durch unrichtige oder unvollständige Angaben erlangten Subventionsbescheinigung (§ 264 Abs. 1 Nr. 4 StGB).** § 264 Abs. 1 Nr. 4 StGB regelt einen Spezialfall der Täuschung durch Handeln.²⁵⁸ Der praktische Anwendungsbereich dieser Variante ist stark eingeschränkt, da die Fälle, für die sie gedacht ist, bereits nach Nr. 1 strafbar sind – mit dem Gebrauchmachen von einer unrichtigen Bescheinigung werden in der Regel auch unrichtige Angaben gemacht – und andererseits der Tatbestand so gefasst ist, dass er seinem Wortlaut nach auf Fälle zutrifft, die richtigerweise überhaupt nicht nach § 264 StGB strafbar sind.²⁵⁹ § 264 Abs. 1 Nr. 4 StGB erfasst danach nur noch solche Fälle, in denen eine Bescheinigung erst auf ausdrückliches Verlangen der Behörde oder einer anderen in das Vergabeverfahren eingeschalteten Stelle vorgelegt wird. Hier beinhaltet die Vorlage nämlich nicht notwendig auch eine eigene (konkludente) Erklärung des Verwenders.²⁶⁰

67 Der Tatbestand setzt voraus, dass die Bescheinigung durch **unrichtige oder unvollständige Angaben** des Täters selbst oder eines Dritten (z. B. Angestellter) erlangt, der Aussteller der Bescheinigung mithin tatsächlich getäuscht worden ist; anderenfalls entfällt Nr. 4, so z. B., wenn der Aussteller die Fehlerhaftigkeit der gemachten Angaben erkannt oder sogar mit dem Antragsteller kollusiv zusammengewirkt hat.²⁶¹ Eine **Bescheinigung** ist jede schriftliche, einen Aussteller erkennen lassende, amtliche oder private Bestätigung von Tatsachen, rechtlichen Eigenschaften oder eines Rechtsverhältnisses, die den Anspruch besonderer Glaubwürdigkeit erhebt. Obwohl nach dem Gesetzeswortlaut nicht ausdrücklich gefordert, müssen sich die Angaben, durch welche eine Bescheinigung über eine Subventionsberechtigung erlangt wird,

---

²⁵³ BFH Urt. v. 17.12.1998 – III R 101/96 = HFR 1999, 825 f.
²⁵⁴ Schönke/Schröder/*Lenckner/Perron* § 264 Rdnr. 49.
²⁵⁵ Schönke/Schröder/*Lenckner/Perron* § 264 Rdnr. 48; LK/*Tiedemann* § 264 Rdnr. 76.
²⁵⁶ Schönke/Schröder/*Lenckner/Perron* § 264 Rdnr. 48.
²⁵⁷ Tröndle/*Fischer* § 264 Rdnr. 28.
²⁵⁸ SK/*Samson/Günther* § 264 Rdnr. 61.
²⁵⁹ Schönke/Schröder/*Lenckner/Perron* § 264 Rdnr. 57 f.; krit. zu dieser Tatbestandsalternative auch LK/*Tiedemann* § 264 Rdnr. 96; *Berz* BB 1976, 1437 ff.; Achenbach/Wannemacher/*Schmidt-Baumann* § 22 IV Rdnr. 53.
²⁶⁰ Schönke/Schröder/*Lenckner/Perron* § 264 Rn. 58.
²⁶¹ Schönke/Schröder/*Lenckner/Perron* § 264 Rdnr. 60; LK/*Tiedemann* § 264 Rdnr. 97: Gedacht war vor allem an die (seltenen) Fälle, in denen eine andere Stelle als die Bewilligungsstelle eine Bescheinigung ausstellt, aufgrund derer die Subvention ohne zusätzliche Nachprüfung bewilligt wird. Außerdem sollen jene Fälle erfasst werden, in denen ein Dritter (z. B. ein Angestellter) die Falschangaben vorsätzlich, aber ohne Beteiligung des Täters gemacht hat.

auf subventionserhebliche Tatsachen im Sinne des Absatzes 8 beziehen.[262] Ferner muss die Bescheinigung von einer Stelle stammen, die über deren Ausstellung verbindlich entscheiden kann.[263] Nach der Entstehungsgeschichte ist damit insbesondere der Bewilligungsbescheid gemeint, wobei der Wortlaut allerdings diesbezüglich über Gebühr weit ausgelegt werden muss.[264] Bei den diesbezüglichen Bescheinigungen kann Aussteller sowohl eine in das Subventionsverfahren eingeschaltete als auch eine andere (amtliche oder private) Stelle sein. Aus der Auslegung ergibt sich schließlich, dass die Bescheinigung für den Subventionsnehmer **vorteilhaft** sein muss.[265] Das **Gebrauchen** der Bescheinigung in einem Subventionsverfahren setzt voraus, dass sie der als Subventionsgeberin tätig werdenden Stelle derart zugänglich gemacht wird, dass sie in dem Verfahren berücksichtigt werden kann. Nicht erforderlich ist die tatsächliche Kenntnisnahme.

e) **Besonders schwere Fälle.** § 264 Abs. 2 und 3 StGB drohen eine erhöhte Strafe für besonders schwere Fälle an. Abs. 2 enthält einen nicht abschließenden Regelbeispielkatalog. Das Vorliegen eines Regelbeispiels indiziert dabei lediglich einen schweren Fall. Das Gericht kann von der Verhängung einer erhöhten Strafe absehen, wenn Strafzumessungsfaktoren vorliegen, die jeweils für sich oder in ihrer Gesamtheit so gewichtig sind, dass sie bei der Gesamtabwägung die Regelwirkung entkräften.[266] Umgekehrt kann auch dann eine erhöhte Strafe verhängt werden, wenn keiner der genannten Fälle einschlägig ist.[267] Im Zusammenhang mit der Beantragung von Subventionen kommen bis auf § 204 Abs. 2 Nr. 1 – dort ist das Erlangen einer Subvention Voraussetzung – sämtliche Regelbeispiele zur Begründung eines schweren Falls in Frage:

68

aa) Schwere Fälle im Zusammenhang mit Amtsträgern, § 264 Abs. 2 Nr. 2 und Nr. 3 StGB. Ein schwerer Fall liegt vor, wenn der Täter gemäß § 264 Abs. 2 Nr. 2 StGB seine Befugnisse oder seine Stellung als Amtsträger missbraucht. **Missbrauch der Befugnisse** (Abs. 2 Nr. 2) liegt vor, wenn der Amtsträger im Rahmen seiner grundsätzlich gegebenen Zuständigkeit handelt; **Missbrauch der Stellung** dagegen, wenn der Amtsträger außerhalb des Zuständigkeitsbereichs, aber unter **Ausnutzung** der durch das Amt gegebenen Handlungsmöglichkeiten tätig wird.[268] § 264 Abs. 2 Nr. 2 StGB ist damit als **Sonderdelikt** unter den besonders schweren Fällen einzuordnen. Die Amtsträgereigenschaft bestimmt sich nach § 11 Abs. 1 Nr. 2 StGB. Aber auch derjenige, der die Mithilfe des die Voraussetzungen der Nr. 2 erfüllenden Amtsträgers ausnutzt, setzt sich der erhöhten Strafandrohung aus: Nach § 264 Abs. 2 Nr. 3 StGB liegt ein besonders schwerer Fall in der **Ausnutzung** der Mithilfe eines Amtsträgers, der seine Befugnisse oder seine Stellung missbraucht. Dies dürfte vor allem Fälle der Beamtenbestechung betreffen.[269] An das Merkmal des Ausnutzens werden keinen erhöhten Anforderungen gestellt: Dies soll bereits dann gegeben sein, wenn sich der Täter der Mithilfe des Amtsträgers bedient.[270]

69

Zu unterscheiden ist zwischen dem entscheidungsbefugten Amtsträger und demjenigen, der als zwischengeschaltete Stelle im Subventionsverfahren tätig ist. Der „zwischengeschaltete" Amtsträger kann im Zusammenhang mit § 264 Abs. 1 Nr. 1 und/oder Nr. 4 StGB einen besonders schweren Fall nach Abs. 2 Nr. 2 verwirklichen, indem er die Bescheinigung unrichtigen Inhalts an die entscheidungserhebliche Stelle weitergibt.[271] Der Amtsträger, der die Bescheinigung in Kenntnis oder leichtfertiger Unkenntnis (Abs. 4) ihrer Unrichtigkeit weiterleitet, macht sich den Inhalt der Bescheinigung zueigen[272] und erfüllt damit den Tatbestand des Abs. 1 Nr. 1.

70

---

[262] So mit überzeugender Argumentation Schönke/Schröder/*Lenckner/Perron* § 264 Rdnr. 60; a. A. LK/*Tiedemann* § 264 Rdnr. 100.
[263] SK/*Samson/Günther* § 264 Rdnr. 63; Schönke/Schröder/*Lenckner/Perron* § 264 Rdnr. 59.
[264] Schönke/Schröder/*Lenckner/Perron* § 264 Rdnr. 59.
[265] LK/*Tiedemann* § 264 Rdnr. 98; SK/*Samson/Günther* § 264 Rdnr. 64.
[266] BGH wistra 1991, 106.
[267] Zur Regelbeispielstechnik allg. siehe Schönke/Schröder/*Eser* § 1 Rdnr. 29.
[268] *Tröndle/Fischer* § 263 Rdnr. 125.
[269] Vgl. *Tröndle/Fischer* § 264 Rdnr. 48.
[270] *Tröndle/Fischer* § 264 Rdnr. 48.
[271] BGHSt 32, 203; *Schünemann* NStZ 1985, 73.
[272] Schönke/Schröder/*Lenckner/Perron* § 264 Rdnr. 58.

Daneben ist Abs. 1 Nr. 4 einschlägig, wenn der Amtsträger vorsätzlich handelt. Hinsichtlich des entscheidungsbefugten Amtsträgers hängt die Annahme eines schweren Falls von der umstrittenen Frage ab, ob dieser überhaupt nach § 264 StGB zu bestrafen ist.[273]

71 bb) *Weitere schwere Fälle.* Über die von § 264 Abs. 2 StGB genannten Beispiele hinaus kommt ein schwerer Fall insbesondere dann in Betracht, wenn extrem hohe Subventionen erschlichen werden.[274] Hier muss die Grenze aber erheblich über dem „großen Ausmaß" bei Nr. 1 liegen;[275] andernfalls liefen die Anforderungen der Nr. 1, die ersichtlich die „Hemmschwelle" für die Verhängung der erhöhten Strafe steigen lassen wollen, leer. Umgekehrt wird die Erschleichung eines besonders geringen Subventionsbetrags trotz Fehlens einer Geringfügigkeitsklausel wie etwa in den §§ 263 Abs. 4, 243 Abs. 2 StGB die Annahme eines besonders schweren Falls ausschließen.[276] Auch wenn eine der Voraussetzungen von Abs. 2 vorliegt, sollen eine „raffinierte Begehungsweise",[277] die Gefährdung des lebenswichtigen Bedarfs in einem bestimmten örtlichen Bereich durch die bestimmungswidrige Verwendung von Subventionen[278] oder die Erlangung nicht gerechtfertigter Subventionen durch die fortgesetzte oder wiederholte Verwendung nachgemachter oder verfälschter Belege, ohne dass ein großes Ausmaß i. S. der Nr. 1 erreicht wird,[279] schwere Fälle i. S. von Absatz 2 darstellen.

72 cc) *Gewerbs- und bandenmäßiger Subventionsbetrug gem. § 264 Abs. 3 i. V. mit § 263 Abs. 5 StGB.* Beachtenswert ist, dass über § 264 Abs. 3 StGB der schwere Fall des banden- und (!) gewerbsmäßigen Betrugs in den Subventionsbetrug transponiert wird. Für die **gewerbsmäßige** Straftat genügt die Absicht des Täters, sich durch wiederholte Begehung von Straftaten eine fortlaufende Einnahmequelle von einiger Dauer und einigem Umfang zu verschaffen.[280] Wer also erstmalig falsche Angaben bei der Beantragung einer Subvention macht und sich dabei vornimmt, dies bei günstiger Gelegenheit[281] zu wiederholen, handelt bereits gewerbsmäßig. Hinzukommen muss bandenmäßiges Verhalten. Der Begriff der **Bande** setzt den Zusammenschluss von mindestens drei Personen voraus, die allerdings einen gefestigten Bandenwillen ebenso wenig aufweisen müssen wie ein übergeordnetes Bandeninteresse:[282] Bedienen sich also zwei gewerbsmäßig handelnde Geschäfts- oder Bereichsleiter des Subventionsnehmers bei ihrer Tat eines bösgläubigen Amtsträgers, greift nicht allein der schwere Fall des § 264 Abs. 2 Nr. 3 StGB (mit einer Mindestfreiheitsstrafenandrohung von sechs Monaten) ein, sondern auch der Verbrechenstatbestand des § 264 Abs. 3 i. V. mit § 263 Abs. 5 StGB.

6. Pflichtverstöße bei der Verwendung von Subventionen

73 Nach § 264 Abs. 1 Nr. 2 StGB wird bestraft, wer eine unter **Verwendungsbeschränkungen** bereits gewährte Subvention entgegen der Beschränkung verwendet.

74 a) *Allgemeines.* § 264 Abs. 1 Nr. 2 StGB wurde durch das EG-FinSchG[283] eingefügt und ahndet den Verstoß gegen eine bestehende Verwendungsbeschränkung. Die Neufassung knüpft im Gegensatz zur bis zum Jahre 1998 geltenden Regelung nicht an die Verletzung einer Aufklärungspflicht an, sondern stellt die Verletzung einer Verwendungsbeschränkung unmittelbar unter Strafe. Nach früherem Recht war die missbräuchliche Verwendung von Mitteln zu anderen Zwecken als zu denjenigen, zu denen sie ursprünglich gewährt worden sind, nur in den Fällen strafbar, in denen eine Verpflichtung bestand, die Absicht, eine Subvention entgegen einer Verwendungsbeschränkung zu verwenden, rechtzeitig vorher anzuzeigen (z. B. aus § 3 Abs. 2 SubvG). Vorrangig sollte durch die Neuregelung die zweckentfremdete Verwendung

---

[273] Dazu oben Rdnr. 34.
[274] LK/*Tiedemann* § 264 Rdnr. 141; Schönke/Schröder/*Lenckner/Perron* § 264 Rdnr. 72.
[275] LK/*Tiedemann* § 264 Rdnr. 141.
[276] Vgl. LK/*Tiedemann* § 264 Rdnr. 141; Schönke/Schröder/*Lenckner/Perron* § 264 Rdnr. 72 gehen allerdings davon aus, dass derartig niedrige Subventionsbeträge ohnedies nicht vorkommen.
[277] Schönke/Schröder/*Lenckner/Perron* § 264 Rdnr. 72.
[278] Schönke/Schröder/*Lenckner/Perron* § 264 Rdnr. 72.
[279] LK/*Tiedemann* § 264 Rdnr. 142.
[280] BGHSt 1, 383; BGH GA 1955, 212.
[281] Dies reicht aus; OLG Bremen wistra 1993, 35.
[282] BGHSt (GS) 46, 321.
[283] Siehe hierzu oben Rdnr. 2.

von EG-Subventionen in Umsetzung des Übereinkommens über den Schutz der finanziellen Interessen der EU[284] erfasst werden, die vorher mangels Anwendbarkeit des Subventionsgesetzes – jedenfalls nach dieser Tatbestandsvariante – nicht strafbar war.[285] Gleichzeitig wird hierdurch der **Täterkreis** des § 264 StGB **erweitert**: Während nach Abs. 1 Nr. 1 Personen, die als Angestellte des Unternehmens für dieses Subventionen beantragen, Täter eines Subventionsbetruges werden können, ist tauglicher Täter von Nr. 2 darüber hinaus jeder Mitarbeiter, der weder Subventionsnehmer noch an der Antragstellung beteiligt war, wenn er die Subvention zweckentfremdet verwendet. Auch Dritte können je nach Inhalt und Reichweite der Verwendungsbeschränkung den Tatbestand verwirklichen, z. B. wenn sie einen von der Beschränkung betroffenen Gegenstand erworben haben und die Beschränkung aufgrund des Inhalts des Vergabeakts oder der Vergabenorm ihnen gegenüber fortwirkt.[286]

Grundlage einer **Verwendungsbeschränkung** kann eine Rechtsvorschrift (Gesetz, Verordnung, Satzung, wegen § 6 Nr. 8 StGB auch solche der EG oder ihrer Mitgliedstaaten), eine vertragliche Vereinbarung mit dem Subventionsgeber oder ein Verwaltungsakt des Subventionsgebers sein.[287] Eine ausdrückliche Kennzeichnung der Verwendungsbeschränkung als solche ist nicht erforderlich; es genügt, wenn sie sich in der Sache eindeutig aus dem Vergabeakt oder der Vergabenorm ergibt.[288] Die Verwendungsbeschränkung muss im Hinblick auf eine Subvention erfolgt sein, sie muss also den **Förderungszweck** der Subvention konkretisieren. Sie kann sich sowohl auf die Subventionsleistung selbst beziehen als auch auf sonstige Gegenstände (Sachen oder Rechte), die in einem spezifischen Zusammenhang zur Subventionsleistung oder den damit verbundenen Zwecken stehen. Neben den Gegenständen, die mit Subventionsmitteln erworben werden, sind damit auch solche erfasst, die bereits vor der Subventionsvergabe im Besitz oder Gebrauch des Subventionsnehmers standen und deren Einsatz zu einem bestimmten Zweck durch die Subvention gefördert werden soll (z. B. bei Stilllegungsprämien für landwirtschaftlich genutzte Flächen).[289]

Die Tathandlung besteht in der **Verwendung** des (rechtmäßig erlangten) Gegenstandes oder der Geldleistung **entgegen der Verwendungsbeschränkung**. Werden Geldzahlungen vom Subventionsgeber mit konkreten Maßstäben wie etwa der Anschaffung bestimmter Gegenstände geleistet, so kann ein solcher Verstoß bereits dann vorliegen, wenn der Betrag zunächst auf einem Konto stehen gelassen wird, um Zinsen zu ziehen oder Liquidität zu erhalten, oder wenn er ohne Zweckbindung und ohne Wertsicherung in ein zentrales Cash-Management eingebracht wird.[290] Als weitere Beispiele sind zu nennen: der Winzer, der Wein in seiner Straußwirtschaft ausschenkt, für den er eine Destillationsvergütung erhalten hat; der Bäcker, der von der Investitionsstelle verbilligte Butter zur Herstellung von feinen Backwaren bezogen hat, diese als Sonderangebot in seinem Laden verkauft.[291] Auch Fälle der Quersubventionierung dürften unter diese Tatbestandsalternative zu subsumieren sein.[292]

Ein- und derselbe Gegenstand kann mehrfach durch verschiedene Taten nach Nr. 2 zweckwidrig verwendet werden, so wenn im Rahmen einer insgesamt subventionsgemäßen Verwendung gelegentliche Zweckentfremdungen stattfinden. Sobald ein Gegenstand durch die Tat nach Nr. 2 allerdings dem Bereich subventionsgemäßer Verwendung vollständig entzogen ist, erfüllen weitere beschränkungswidrige Handlungen des Täters oder eines Dritten nicht mehr den Tatbestand.[293]

---

[284] ABl. C 316/49 ff. v. 27.11.1995; LK/*Tiedemann* Nachtrag zu § 264 Rdnr. 1 hält die Transformation für vertragskonform.
[285] BT-Drucks. 13/10425, S. 6.
[286] Schönke/Schröder/*Lenckner/Perron* § 264 Rdnr. 49 c; noch weitergehend Müller-Gugenberger/Bieneck/*Bender* § 52 Rdnr. 9, der Diebstahl in Kenntnis der Verwendungsbeschränkung genügen lässt.
[287] BT-Drucks. 13/10425, S. 6; *Tröndle/Fischer* § 264 Rdnr. 25.
[288] Schönke/Schröder/*Lenckner/Perron* § 264 Rdnr. 49 b.
[289] Schönke/Schröder/*Lenckner/Perron* § 264 Rdnr. 49 b; *Tröndle/Fischer* § 264 Rdnr. 25.
[290] Schönke/Schröder/*Lenckner/Perron* § 264 Rdnr. 49 c.
[291] Müller-Gugenberger/Bieneck/*Bender* § 52 Rdnr. 9.
[292] Zur Quersubventionierung siehe sogleich Rdnr. 78.
[293] Schönke/Schröder/*Lenckner/Perron* § 264 Rdnr. 49 c; vergleichbar mit der Problematik der wiederholten Zueignung bei der Unterschlagung.

78 **b) Quersubventionierung.** Unter Quersubventionierung versteht man das Verschieben von Subventionen von einem Unternehmensbereich in einen anderen bzw. von einer Konzerntochter in eine andere. Diese Form der innerbetrieblichen Umverteilung kann in zweierlei Hinsicht straf- bzw. bußgeldrechtliche Relevanz entfalten: Zum einen dürften Fälle der Quersubventionierung unter das Tatbestandsmerkmal des § 264 Abs. 1 Nr. 2 StGB subsumiert werden können sein: Denn wer ausdrücklich für einen bestimmten Unternehmensbereich bewilligte Gelder in einem anderen einsetzt, verwendet diese Leistung entgegen der spezifischen Verwendungsbeschränkung. Denn der faktische Wechsel des Subventionsnehmers führt zwingend auch zu einer anderen als der vorausgesetzten Verwendung. Das gilt auch für Subventionen, die innerhalb eines Konzerns durch die Konzernmutter an ein Tochterunternehmen geleitet werden, obwohl die Leistung zur Verwendung durch eine andere Tochter gedacht war. Strafbar ist der Ursprungsadressat der Subvention, d. h. derjenige, der im Bewilligungsbescheid benannt ist. Dessen beschränkungswidrige Verwendung der Subvention liegt in der Weitergabe der Subvention an einen Dritten.

79 Zum anderen kann die unternehmens- oder konzerninterne Umverteilung von Subventionen gegen **europäisches Wettbewerbsrecht** verstoßen: So hatte die Deutsche Post staatliche Beihilfen für „Dienstleistungen von Allgemeinem wirtschaftlichen Interesse" i. S. des Art. 86 Abs. 2 EGV erhalten, nämlich für die so genannte „Grundversorgung" durch das monopolgeschützte Briefgeschäft. 1999 äußerte die EU-Kommission die Vermutung, dass diese staatlichen Ausgleichszahlungen möglicherweise über diejenigen Kosten hinausgehen, die der Post durch die Erfüllung der Grundversorgung entstehen; mit dem Überschuss habe die Post die dem Wettbewerb offen stehende Paketsparte mitfinanziert.[294] Die Kommission kam zu dem Schluss, dass die Post den staatlichen Nettomehrkostenausgleich in Höhe von 572 Mio. Euro für andere Sparten verwendet hat als die Briefsparte. Diese Quersubventionierung verstößt gegen Art. 87 EGV, weshalb die Deutsche Post den Betrag zurückzuzahlen hatte.[295]

80 **c) Unökonomische und illegale Verwendung von Subventionen.** § 264 Abs. 1 Nr. 2 StGB kann auch solche Fälle erfassen, in denen der Subventionsnehmer den ihm gewährten Betrag zwar sachlich entsprechend der inhaltlichen Verwendungsbeschränkung gebraucht (z. B. zum Kauf einer Produktionsanlage), hierbei aber bewusst unökonomisch handelt oder einen Teil der Subvention ungesetzlich, z. B. zur Finanzierung von **Bestechungsgeldern** verwendet. Hierbei geht es vor allem um solche Konstellationen, in denen Subventionen zunächst nur dem Grunde nach gewährt werden, der Auszahlungsbetrag der Höhe nach von anderen Faktoren – z. B. von nachzuweisenden Produktions- bzw. Anschaffungskosten – abhängt.

81 Ein Fall **unökonomischen**, weil rein fremdnützigen Verwendens einer Subvention liegt etwa vor, wenn sich der Subventionsnehmer beim subventionierten Kauf eines Fahrzeugs vom verwandten Autohändler eine zu hohe Rechnung ausstellen lässt, woraufhin ihm ein entsprechender Subventionsbetrag gewährt wird und er den Überschuss dem Autohändler zahlt. Hier liegt unwirtschaftliches Handeln vor, das im Regelfall der Verwendungsbestimmung des Subventionsgebers wie auch § 4 Abs. 2 SubvG zuwiderläuft: § 4 Abs. 2 S. 2 SubvG nennt als Beispiel für einen Missbrauch von Gestaltungsmöglichkeiten gerade den Fall des künstlichen Schaffens der förmlichen Voraussetzungen einer Subvention entgegen dem Verwendungszweck. Dies liegt vorliegend im Stellen und Einreichen der erhöhten Rechnung, um den überschießenden Betrag dem verwandten Autohändler auszuzahlen. Ohnedies wird der Verwendungsbeschränkung regelmäßig die (ggf. konkludente) Bedingung innewohnen, dass sich der Subventionsnehmer wirtschaftlich vertretbar zu verhalten habe. Im Einzelfall kann zweifelhaft sein, wann unwirtschaftliches Verhalten vorliegt. Nicht ausreichend ist, wenn der Subventionsnehmer für die subventionierte Anschaffung mehr ausgegeben hat als den auf dem Markt erzielbaren Mindestpreis. Denn im Einzelfall spielen Faktoren wie Lieferzeit, Qualität, Standort usw. eine nicht unerhebliche Rolle für die Preisbildung. Auch die konkreten Bedürfnisse des Subventionsnehmers müssen Berücksichtigung finden, so dass der bloße Vergleich mit dem Durchschnittspreis des freien Marktes – sofern ein solcher existiert – keine Antwort auf die Frage nach der Wirtschaftlichkeit geben kann. Allerdings wird man bei Vorliegen signifikanter Indizien unökonomisches

---

[294] ABl. C 306 v. 23.10.1999.
[295] ABl. L 247/27 ff. v. 14.9.2002.

Handeln annehmen müssen: Erteilt der Subventionsnehmer für die subventionierte Maßnahme dem „erstbesten" Bewerber oder einem ihm bekannten oder verwandten Unternehmer den subventionsfinanzierten Auftrag, ohne ein privates **Submissionsverfahren** durchgeführt zu haben oder sich auf andere Weise einen Vergleichsmaßstab geschaffen zu haben, hat dies Indizwirkung für die Annahme unwirtschaftlichen Handelns.

Eine andere Variante liegt in der Verwendung eines Subventionsbetrags für **ungesetzliche Handlungsweisen** im Zusammenhang mit der Beantragung und Verwendung der Subvention. Wird der Einkäufer des subventionsnehmenden Unternehmens vom Maschinenhersteller bestochen und erteilt er diesem daraufhin den Auftrag zu einem Preis, der die Bestechungssumme enthält, wird ein Teil des Subventionsbetrages in strafbarer Weise (§§ 299 Abs. 1 und 2 StGB) verwendet. Hierin ist zwar nicht zwingend ein unwirtschaftliches Verhalten zu erkennen, denn Bestechung kann im konkreten Einzelfall betriebswirtschaftlich durchaus sinnvoll sein. Allerdings ist in der Einrechnung des Bestechungsgeldes ein Missbrauch einer Gestaltungsmöglichkeit zu sehen. Die den Bestechungsbetrag enthaltene Gesamtrechnung des beauftragten Unternehmers darf vor dem Hintergrund des Rechtsgedankens der §§ 117 BGB, 4 Abs. 1 SubvG bei der Beurteilung, ob die Subvention bestimmungswidrig verwendet wurde, nicht zugrunde gelegt werden. Denn durch sie wird das wirklich Gewollte (nämlich die Finanzierung von Anschaffung *und* Bestechungsgeld) und damit das für die Belassung der Subvention maßgebliche Moment nur verschleiert. Zudem dürfte jede durch die EU, den Bund, das Land oder die Gemeinde gewährte Förderleistung unter der konkludenten Bedingung der rechtmäßigen Verwendung ausgezahlt werden. Dies ist bei Strafbarkeit der Beteiligten zu verneinen, weshalb zumindest der auf die Bestechungssumme entfallende Teil des Subventionsbetrages beschränkungswidrig i. S. von § 264 Abs. 1 Nr. 2 StGB verwendet wurde. Daneben ist hier auch § 264 Abs. 1 Nr. 1 StGB einschlägig. Zwar ist der Beantragungsvorgang im engeren Sinne bereits abgeschlossen. Die Einreichung des Belegs über den Kauf oder die Produktionskosten für die subventionierte Maßnahme, nach dessen Inhalt sich der Umfang der Subventionierung richtet, ist allerdings als Teil der Beantragung zu erkennen, der der Bewilligung zeitlich nachgeordnet ist. Eine Strafbarkeit nach § 264 Abs. 1 Nr. 1 StGB ist ohnehin zu bejahen, wenn der Subventionsnehmer bereits bei Beantragung die überhöhten Belege – etwa in Form von Kostenvoranschlägen – einreicht. Lässt der Subventionsnehmer den Subventionsgeber über die bestimmungswidrige Verwendung in Unkenntnis, ist daneben der Tatbestand des § 264 Abs. 1 Nr. 3 StGB erfüllt. Hier können sich allerdings Besonderheiten im Zusammenhang mit dem *nemo tenetur*-Prinzip ergeben.²⁹⁶

Der Tatbestand des § 264 Abs. 1 Nr. 2 StGB ist auch dann erfüllt, wenn Gegenstand der Tathandlung nur ein Teil des Subventionsbetrages ist. Der ausschließlich fremdnützig bzw. als Bestechungsgeld verwandte Teil der Subvention fällt unter den Begriff der „Geldleistung" i. S. der Nr. 2, denn vom Wortsinn her kann eine Geldleistung auch in einem Teil der Gesamtsubvention liegen. Es entspricht auch Sinn und Zweck der Vorschrift des § 264, die missbräuchliche Verwendung auch nur eines Subventionsteils zu bestrafen; ansonsten liefe die Tatbestandsalternative der Nr. 2 weitgehend leer.

d) Verhältnis zu Nr. 3. Wer die Subvention beschränkungswidrig verwendet *hat*, ist gemäß Nr. 2 strafbar und löst gleichzeitig die Anzeigepflicht des § 3 Abs. 1 SubvG aus. Hier ergibt sich ein Spannungsverhältnis zum strafprozessualen Prinzip **nemo tenetur se ipsum accusare**, das den Betroffenen davor schützt, Selbstbelastendes unter Zwang preiszugeben. Dementsprechend wird mit Recht angenommen, dass Nr. 3 verdrängt wird, wenn der Verstoß gegen die Anzeigepflicht dem Verstoß gegen die beschränkungswidrige Verwendung zeitlich nachfolgt.²⁹⁷

Wer die ihm gewährte Leistung noch nicht beschränkungswidrig verwendet und damit nicht gegen Nr. 2 verstoßen hat, dies aber beabsichtigt, unterliegt gem. § 3 Abs. 2 SubvG einer diesbezüglichen Anzeigepflicht. Folgt dem dann tatsächlich die Verwendung entgegen einer Beschränkung i. S. des § 264 Abs. 1 Nr. 2 StGB, soll einer ersten Auffassung zufolge auch hier Nr. 3 verdrängt sein.²⁹⁸ Die Gegenmeinung sieht in diesen Fällen dagegen in der nachfolgend

---

²⁹⁶ Zum Verhältnis dieser Tatbestandsalternativen siehe Rdnr. 84.
²⁹⁷ *Tröndle/Fischer* § 264 Rdnr. 27; *Schönke/Schröder/Lenckner/Perron* § 264 Rdnr. 86.
²⁹⁸ *Schönke/Schröder/Lenckner/Perron* § 264 Rdnr. 86.

verwirklichten Handlungsvariante der Nr. 2 eine straflose Nachtat.[299] Letztlich dürfte aber keine Rolle spielen, welche Tatbestandsalternative in Fällen tatsächlicher zweckwidriger Verwendung zugunsten der anderen eintritt. Da in der Praxis der von § 3 Abs. 2 SubvG vorausgesetzte Willen zur zweckwidrigen Verwendung eines Nachweises kaum zugänglich ist, wird sich die Staatsanwaltschaft (gegebenenfalls unter Anwendung der §§ 154 f. StPO) einer Verfolgung des § 264 Abs. 1 Nr. 3 StGB entledigen, so dass im Ergebnis nur die Straftat nach Abs. 1 Nr. 2 verfolgt wird.

86 e) **Besonders schwerer Fall des Abs. 2 S. 2 Nr. 1.** Neben den besonders schweren Fällen des § 264 Abs. 2 Satz 2 Nr. 2 und 3 sowie des § 264 Abs. 3 i. V. mit § 263 Abs. 5 StGB kommt im Zusammenhang mit der Verwendung von Subventionen auch der schwere Fall des § 264 Abs. 2 Satz 2 Nr. 1 StGB in Betracht. Dieses Regelbeispiel setzt voraus, dass der Täter aus grobem Eigennutz oder unter Verwendung nachgemachter oder verfälschter Belege eine nicht gerechtfertigte Subvention **großen Ausmaßes** erlangt. Es setzt damit dem abstrakten Gefährdungsdelikt des § 264 Abs. 1 StGB eine Verletzungskomponente auf.[300] **Grober Eigennutz** charakterisiert sich in Anlehnung an § 370 Abs. 3 Nr. 1 AO durch besonders anstößiges Vorteilsstreben[301] und kann auch bei Erschleichung einer nicht gerechtfertigten Subvention zugunsten eines anderen vorliegen.[302] Wie dieser offene Begriff darüber hinaus inhaltlich auszufüllen ist, ist umstritten. Einerseits wird ein Gewinnstreben, das deutlich über dem üblichen kaufmännischen Maß liegt, gefordert.[303] An anderer Stelle wird eine allgemeine Wertung, der die jeweils feststellbare Verkehrsübung zugrunde liegt, favorisiert.[304] Die Rechtsprechung bejaht groben Eigennutz, wenn der Täter sich von seinem Streben nach eigenem Vorteil in einem besonders anstößigen Maß leiten lässt.[305] Dabei müsse sein Streben das bei jedem Straftäter vorhandene Gewinnstreben deutlich übersteigen, wobei die kriminelle Energie, insbesondere Art und Häufigkeit der Begehung der Tat und der Grad der zutage getretenen **Gewinnsucht** von Bedeutung seien.[306] Letztlich sind aber die Gesamtumstände der Tat maßgeblich wie Art, Häufigkeit und Intensität der Aktivitäten und zu welchem Zweck der Täter die Vorteile erlangen wollte.[307] Milderungsgründe wie ein Geständnis oder das Bemühen um Schadenswiedergutmachung dürfen im Rahmen dieser Gesamtschau nicht unbeachtet bleiben.[308]

87 Das **Nachmachen** oder **Verfälschen** ist im Sinne des § 267 StGB zu verstehen: Der Begriff des Belegs ist nicht spezifisch steuerrechtlich zu verstehen; das Vorliegen einer **Urkunde** oder einer **technischen Aufzeichnung** i. S. des § 268 StGB reicht aus.[309] Der „verfälschte" Beleg i. S. des § 264 Abs. 2 Nr. 1 StGB entspricht der verfälschten echten Urkunde des § 267 Abs. 1 2. Alt. StGB. Verfälschen ist danach jede nachträgliche Veränderung des gedanklichen Inhalts einer echten Urkunde, durch die der Anschein erweckt wird, als habe der Aussteller die Erklärung in der Form abgegeben, die sie durch die Verfälschung erlangt hat.[310] Daneben liegt nahe, den Begriff des „nachgemachten Belegs" dem Merkmal der hergestellten unechten Urkunde i. S. des § 267 Abs. 1 1. Alt. StGB gleichzusetzen.[311] **Nicht gerechtfertigt** ist eine Subvention, wenn sie nach den Vergabevoraussetzungen nicht gewährt werden durfte.[312] Wann eine Subvention ein **großes Ausmaß** erreicht, ist unklar: Teilweise wird von 50.000 Euro ausgegangen.[313] Dies stimmt mit den Vorgaben von Art. 2 Abs. 1 des Übereinkommens über den Schutz der finanzi-

---

[299] Müller-Gugenberger/Bieneck/*Bender* § 52 Rdnr. 10.
[300] Schönke/Schröder/*Lenckner/Perron* § 264 Rdnr. 73.
[301] BGH wistra 1991, 106.
[302] BGH wistra 1995, 223.
[303] So *Tröndle/Fischer* § 264 Rdnr. 46 m. w. N. zur Rechtsprechung bzgl. § 370 AO.
[304] LK/*Tiedemann* § 264 Rdnr. 144.
[305] BGH wistra 1991, 106; BGH NStZ 1990, 497.
[306] BGH wistra 1991, 106; a. A. *Tröndle/Fischer* § 264 Rdnr. 46: „Gewinnsucht" sei nicht zu verlangen.
[307] BGH NStZ 1990, 497; BGH wistra 1991, 106.
[308] BGH NStZ 1990, 497.
[309] LK/*Tiedemann* § 264 Rdnr. 145.
[310] RGSt 62, 12; Schönke/Schröder/*Cramer* § 267 Rdnr. 64.
[311] So Schönke/Schröder/*Lenckner/Perron* § 264 Rdnr. 75; zum Merkmal der unechten Urkunde siehe Schönke/Schröder/*Cramer* § 267 Rdnr. 48.
[312] Schönke/Schröder/*Lenckner/Perron* § 264 Rdnr. 74.
[313] *Tröndle/Fischer* § 264 Rdnr. 46; LK/*Tiedemann* § 264 Rdnr. 147.

ellen Interessen der Europäischen Gemeinschaften überein, der als „schweren Betrug" zulasten der EG einen solchen qualifiziert, durch den der Täter mindestens 50.000 ECU erlangt. Teilweise wird „mangels anderer Anhaltspunkte" die Ermittlung jeweiliger Durchschnittswerte anempfohlen, die dann erheblich überschritten sein müssen.[314] Hiergegen spricht freilich, dass dem erkennenden Gericht die jeweiligen Basiswerte nicht zur Verfügung stehen werden und eine Errechnung auf der Grundlage bisher gewährter Subventionen daher in der Praxis kaum stattfinden dürfte. Da auch die zu § 263 Abs. 3 Satz 2 Nr. 2 StGB entwickelten Grundsätze keine Anwendung finden können, weil beim Subventionsbetrug regelmäßig höhere Beträge in Rede stehen, bleibt die Entscheidung über das Vorliegen eines großen Ausmaßes in Richterhand. Trotz dieser unbefriedigenden Unschärfe dürften Bedenken, die der BGH gegen das Merkmal des „großen Ausmaßes" bei § 370 a AO mit Blick auf das Bestimmtheitsgebot geäußert hat,[315] hier nicht greifen, weil es sich hier lediglich um eine Strafzumessungsregel und nicht wie bei § 370 a AO um das entscheidende verbrechenstatbestandsbegründende Merkmal handelt.

7. Pflichtverstöße im Nachgang zu gewährten Subventionen

a) **Allgemeines.** Während die Pflichtverstöße bei der Beantragung von Subventionen (§ 264 Abs. 1 Nr. 1 StGB) oder durch Gebrauch unrichtiger oder unvollständiger Bescheinigungen (§ 264 Abs. 1 Nr. 4 StGB) im Laufe eines **Subventionsverfahrens**[316] verwirklicht sein müssen, um eine Strafbarkeit auszulösen, können sowohl ein Verstoß gegen eine **Verwendungsbeschränkung** gemäß § 264 Abs. 1 Nr. 2 StGB als auch eine Verletzung der Aufklärungspflicht nach Nr. 3 ebenso im Nachgang zu bereits abgeschlossenen Subventionsverfahren verwirklicht werden.[317] Mitteilungspflichten, deren Unterlassen mit Strafe bedroht ist, können sowohl bereits vor Bewilligung als auch nach Genehmigung der Subvention und sogar auch erst nach der Subventionsgewährung entstehen.[318] Dabei ist gleichgültig, ob der mitteilungspflichtige Sachverhalt von Anfang an bestanden hat oder erst nachträglich entstanden ist. Auf diese Ausdehnung der möglichen Strafbarkeit in zeitlicher Hinsicht hat der Verteidiger bei der Vertretung in Subventionsbetrugsverfahren besonderes Augenmerk zu legen. In der Praxis findet Nr. 3 hauptsächlich erst Anwendung, wenn ein Antrag mit positiven Angaben gestellt ist, vor allem aber nach Abschluss des Subventionsverfahrens, wenn die Voraussetzungen der §§ 3 Abs. 2; 4, 5 SubvG eintreten, die den Subventionsnehmer, also auch den, der nachträglich einen Subventionsvorteil erlangt, nach § 3 Abs. 1 SubvG zu Mitteilungen verpflichtet.[319]

Die strafbewehrte Verletzung von **Offenbarungspflichten** gemäß § 264 Abs. 1 Nr. 3 StGB i. V. mit § 3 Abs. 1 SubvG hat zur Folge, dass sämtliche Hierarchieebenen der Unternehmen in die Strafverfolgung miteinbezogen werden können. Hat beispielsweise ein einfacher oder leitender Angestellter eine Subvention zweckwidrig verwandt und damit die Tatbestandsvariante der Nr. 2 verwirklicht, und gelangt dies den Mitgliedern des Vorstandes zur Kenntnis, sind sie auch nach Abschluss des Subventionsverfahrens zur Mitteilung an den Subventionsgeber nach Maßgabe des § 264 Abs. 1 Nr. 3 StGB verpflichtet; anderenfalls machen sie sich auch im Nachgang zu bereits gewährten Subventionen wegen Subventionsbetruges strafbar. Bei der Beratung und Verteidigung empfiehlt sich eine unverzügliche Mitteilung an den Subventionsgeber.

§ 264 Abs. 1 Nr. 3 StGB stellt das **In-Unkenntnis-Lassen** des Subventionsgebers über subventionserhebliche Tatsachen unter Strafe, wenn der Täter durch Rechtsvorschriften zur Offenbarung verpflichtet ist. Der Tatbestand ist damit ein **echtes Unterlassungsdelikt**.[320] Da Täter nur der nach den Vergabevorschriften zur Mitteilung Verpflichtete sein kann, ist die Tat zu-

---

[314] Vgl. Schönke/Schröder/*Lenckner/Perron* § 264 Rdnr. 74.
[315] BGH Urt. v. 28.10.2004 – 5 StR 276/04 = HRRS 2004 Nr. 1004.
[316] Das Subventionsverfahren beginnt mit Einreichung des Bewilligungsantrags und endet mit der Gewährung oder endgültigen Ablehnung der Subvention; *Wassmann* S. 39.
[317] Schönke/Schröder/*Lenckner/Perron* § 264 Rdnr. 50; LK/*Tiedemann* § 264 Rdnr. 92, 95.
[318] Schönke/Schröder/*Lenckner/Perron* § 264 Rdnr. 53.
[319] LK/*Tiedemann* § 264 Rdnr. 92; *Tröndle/Fischer* § 264 Rdnr. 28.
[320] Schönke/Schröder/*Lenckner/Perron* § 264 Rdnr. 50; *Ranft* NJW 1986, 3163, 3169; Achenbach/Wannemacher/*Schmidt-Baumann* Teil 3 § 22 IV Rdnr. 50.

gleich ein **Sonderdelikt**.³²¹ Nimmt eine Leitungsperson einer die Tätervoraussetzungen erfüllenden juristischen Person oder Personengesellschaft die Tathandlung des § 264 Abs. 1 Nr. 3 StGB vor, erfolgt eine Zurechnung der Tätermerkmale über § 14 StGB. Dies ist regelmäßig unproblematisch bei vertretungsberechtigten Organen (§ 14 Abs. 1 StGB). Sorgfältiger Prüfung bedarf dagegen eine Zurechnung der Tätereigenschaften des Unternehmens an Beauftragte i. S. von § 14 Abs. 2 StGB. Hier kommt es auf die tatsächliche Leitungsmacht des Beauftragten (Nr. 1)³²² beziehungsweise auf einen ausdrücklichen Auftrag zur eigenverantwortlichen Wahrnehmung von Leitungsaufgaben (Nr. 2) an. Der Beauftragte muss auf Grund seines Auftrages handeln, wobei Handeln auch das pflichtwidrige Unterlassen meint.³²³

91 **b) Unkenntnis des Subventionsgebers.** Zur Zeit der Verletzung der Mitteilungspflicht darf der Subventionsgeber von der subventionserheblichen Tatsache noch keine Kenntnis gehabt haben.³²⁴ Hatte er diese bereits auf andere Weise erlangt und weiß der Mitteilungspflichtige hiervon nichts, kommt § 264 StGB mangels Versuchsstrafbarkeit nicht in Betracht. Der Begriff der Kenntnis ist abzugrenzen vom bloßen Verdacht und von Zweifeln. Kenntnis bedeutet vollständiges Wissen von der relevanten Wirklichkeit. Damit wird vor allem konkretes Wissen von den subventionserheblichen Umständen des Einzelfalles gefordert; andernfalls liegt Unkenntnis vor. Die Unkenntnis wird nicht beseitigt durch das Wissen, dass auf einem bestimmten Gebiet Missstände an der Tagesordnung sind oder durch den Verdacht, dass der Subventionsnehmer Manipulationen vorgenommen hat.³²⁵ Tatbestandsausschließende Kenntnis der Behörde liegt auch dann nicht vor, wenn die tatsächlichen Umstände dem in das Subventionsverfahren eingeschalteten Amtsträger bekannt sind, dieser jedoch kollusiv mit dem Subventionsnehmer zusammenwirkt. Der eingebundene Amtsträger ist nämlich – wenn er selbst nicht Entscheidungsperson ist – nicht „Behörde" i. S. des Gesetzeswortlautes.³²⁶

92 **c) Aufklärungs-/Mitteilungspflichten aufgrund von Rechtsvorschriften (insbes. § 3 SubvG).** Gegenstand der Aufklärungspflichten sind – spiegelbildlich zum Gegenstand der Unkenntnis der Behörde – **subventionserhebliche Tatsachen**.³²⁷ Als Grundlage für eine Pflicht zum Handeln kommen nur besondere Rechtsvorschriften in Frage, und zwar Gesetze und Verordnungen sowie Rechtsvorschriften der EG. Hingegen genügen allgemeine Grundsätze (z. B. Treu und Glauben) oder bloße Verwaltungsvorschriften nicht. Die Verpflichtung zur Mitteilung subventionserheblicher Tatsachen folgt aus § 3 Abs. 1 SubvG (der allerdings für EG-Subventionen nicht gilt³²⁸), soweit nicht zusätzliche Mitteilungspflichten gemäß § 2 Abs. 1 Nr. 3 SubvG begründet sind.³²⁹ Danach ist der Subventionsnehmer verpflichtet, dem Subventionsgeber unter anderem alle Tatsachen mitzuteilen, die der „Bewilligung, Gewährung, Weitergewährung, Inanspruchnahme oder dem Belassen der Subvention oder des Subventionsvorteils entgegenstehen oder für die Rückforderung erheblich sind." Da sich dem SubvG selbst keine subventionserheblichen Tatsachen entnehmen lassen, ist mit Blick auf Art. 103 Abs. 2 GG allerdings eine Konkretisierung notwendig. Andernfalls würde zudem der in § 264 Abs. 8 Nr. 1 StGB statuierte Schutz des Subventionsnehmers durch eine weitgehende Bezeichnungspflicht subventionserheblicher Tatsachen unterlaufen.³³⁰ Die Offenbarungspflicht nach § 3 Abs. 1 SubvG greift deshalb nur dann, wenn vom Antragsteller angegebene subventionserhebliche Tatsachen nachträglich weggefallen sind oder sich als falsch herausgestellt haben,³³¹ oder soweit die Mitteilungspflicht in vertraglichen Vereinbarungen, Richtlinien, Bedingungen oder Aufla-

---

³²¹ LK/*Tiedemann* § 264 Rdnr. 94; *Tröndle/Fischer* § 264 Rdnr. 28; Achenbach/Wannemacher/*Schmidt-Baumann* § 22 IV Rdnr. 50; Müller-Gugenberger/Bieneck/*Bender* § 52 Rdnr. 11; siehe dazu bereits oben Rdnr. 31.
³²² Vgl. *Tröndle/Fischer* § 14 Rdnr. 10.
³²³ *Tröndle/Fischer* § 14 Rdnr. 14.
³²⁴ OLG Stuttgart MDR 1992, 788.
³²⁵ BGH NStZ 2003, 313 ff. (für § 263 StGB); LK/*Tiedemann* § 264 Rdnr. 90.
³²⁶ Vgl. *Ranft* NJW 1986, 3163, 3172; auch BGHSt 32, 203.
³²⁷ Schönke/Schröder/*Lenckner/Perron* § 264 Rdnr. 55.
³²⁸ BayObLG NJW 1982, 2202; *Tröndle/Fischer* § 264 Rdnr. 28; Schönke/Schröder/*Lenckner/Perron* § 264 Rdnr. 53; *Sannwald* S. 48.
³²⁹ *Tröndle/Fischer* § 264 Rdnr. 28.
³³⁰ *Ranft* NJW 1986, 3163, 3170.
³³¹ Achenbach/Ransiek/*Wattenberg* IV 2 Rdnr. 58.

gen im Rahmen des Bewilligungsverfahrens statuiert ist und die fraglichen Umstände zugleich entscheidungserheblich i. S. des § 3 SubvG sind.[332] Daneben kommen als Grundlage für eine Mitteilungspflicht hinreichend bestimmte gesetzliche Regelungen in Betracht, aus denen sich besondere und meist detailliertere Offenbarungspflichten ergeben, wie z. B. in § 5 Abs. 3 Gasöl-VerwendungsG-Landwirtschaft v. 2.12.1967 (inzwischen aufgehoben).[333] Sind die Tatsachen zwar entscheidungserheblich i. S. des § 3 Abs. 2 SubvG, nicht aber subventionserheblich i. S. des Abs. 8, so ist das Unterlassen der Mitteilung zwar eine Verletzung der Offenbarungspflicht nach § 3 SubvG, aber nicht nach § 264 Abs. 1 Nr. 3 StGB strafbar.[334]

d) **Täterkreis.** Als Täter kommt bei § 264 Abs. 1 Nr. 3 StGB nur der **Subventionsnehmer** selbst bzw. eine **Leitungsperson** i. S. von § 14 StGB in Betracht.[335] Bei Personen, die nur deshalb Subventionsnehmer sind, weil sie für einen anderen den Antrag gestellt haben (z. B. Rechtsanwalt, Wirtschaftsprüfer, Steuerberater), endet mit dem entsprechenden Mandat auch die Eigenschaft als Subventionsnehmer und damit die Offenbarungspflicht.[336]

93

e) **Besonders schwere Fälle.** Die besonders schweren Fälle des Abs. 2 Nr. 1 und Abs. 3 i. V. mit § 263 Abs. 5 StGB können auch vom Täter des Sonderdelikts des § 264 Abs. 1 Nr. 3 StGB verwirklicht werden. Für § 264 Abs. 2 S. 2 Nr. 2 StGB gilt das oben (Rdnr. 69) Gesagte.

94

VI. Der subjektive Tatbestand

1. Vorsatz und Fahrlässigkeit

Für alle Tathandlungen des **Absatzes 1 Nr. 1 bis 4 des § 264 StGB** ist Vorsatz erforderlich, wobei **bedingter Vorsatz** genügt.[337] Das bedeutet, dass sich der Vorsatz des Täters auf das Vorliegen einer **Subvention** und je nach den Voraussetzungen der einzelnen Begehungsformen namentlich auch auf die **Unrichtigkeit** oder **Unvollständigkeit** der Angaben (Nr. 1, 4), die **Subventionserheblichkeit** der Tatsachen (Nr. 1 bis 4), deren **Vorteilhaftigkeit** für den Täter oder den anderen (Nr. 1), die **Verwendungsbeschränkung** (Nr. 2), den **Widerspruch zu den Vergabevorschriften** (Nr. 3) und die **Zuständigkeit** der den Subventionsgeber repräsentierenden Stelle oder Person (Nr. 1, 3) erstrecken muss.[338] Bezüglich der zahlreichen normativen Tatbestandsmerkmale des § 264 StGB wie Subvention, subventionserhebliche Tatsache, Subventionsnehmer, Betrieb und Förderung der Wirtschaft genügt die so genannte **Parallelwertung in der Laiensphäre**.[339] Diese setzt voraus, dass der Täter die Tatsachen kennt, die dem normativen Begriff zugrunde liegen und auf der Grundlage dieses Wissens den sozialen Sinngehalt des Begriffs richtig begreift.[340]

95

2. Irrtum

Wegen der komplizierten Tatbestandsmerkmale des § 264 StGB und der Verflechtung dieser Strafvorschrift mit den Bestimmungen über die Subventionsvergabevoraussetzungen nach dem Subventionsgesetz treten bei Subventionserschleichungen häufig Irrtumsfragen auf. Hier muss man sich klarmachen, dass es sich bei § 264 StGB jedenfalls zum Teil um eine **Blankettvorschrift** handelt, die durch subventionsrechtliche Bestimmungen – hierzu gehört vor allem das Subventionsgesetz – ausgefüllt wird. Solche blankettausfüllenden Normen werden als Bestandteil des Tatbestandes der Blankettvorschrift angesehen.[341] Beantragt der Subventionsnehmer für eine gebrauchte Maschine eine Subvention nach § 19 Abs. 2 des Berlinförderungsgeset-

96

---

[332] BayObLG NJW 1982, 2202, 2203; LK/*Tiedemann* § 264 Rdnr. 75; *Wassmann* Achenbach/Ransiek/Wattenberg S. 44; a. A. IV 2 Rdnr. 58: keine Strafbarkeit nach § 264 Abs. 1 Nr. 3 StGB.
[333] Schönke/Schröder/*Lenckner/Perron* § 264 Rdnr. 54.
[334] Schönke/Schröder/*Lenckner/Perron* § 264 Rdnr. 55.
[335] BayObLG NJW 1982, 2202; *Lackner/Kühl* § 264 Rdnr. 21.
[336] LK/*Tiedemann* § 264 Rdnr. 94; SK/*Samson/Günther* § 264 Rdnr. 72.
[337] Schönke/Schröder/*Lenckner/Perron* § 264 Rdnr. 62; LK/*Tiedemann* § 264 Rdnr. 119; *Tröndle/Fischer* § 264 Rdnr. 33; *Lackner/Kühl* § 264 Rdnr. 23; Achenbach/Wannemacher/*Schmidt-Baumann* § 22 IV Rdnr. 54; Müller-Gugenberger/Bieneck/*Bender* § 52 Rdnr. 20; *Wassmann*, S. 46.
[338] *Lackner/Kühl* § 264 Rdnr. 23.
[339] SK/*Samson/Günther* § 264 Rdnr. 90.
[340] BGHSt 3, 248, 255.
[341] Müller-Gugenberger/Bieneck/*Bender* § 52 Rdnr. 24.

zes, weil er infolge unsorgfältiger Lektüre des BerlinFördG übersehen hat, dass danach nur neue Wirtschaftsgüter begünstigt sind, handelt er im vorsatzausschließenden Tatbestandsirrtum (in diesem Fall über die Existenz der blankettausfüllenden Vorschriften). Ein vorsatzausschließender **Tatbestandsirrtum** gemäß § 16 StGB liegt auch vor, wenn der Täter irrig davon ausgeht, dass die von ihm gemachten Angaben zutreffend sind (Abs. 1 Nr. 1) oder wenn er eine Verwendungsbeschränkung im Sinne des Abs. 1 Nr. 2 nicht kennt oder ihre Reichweite falsch einschätzt. Vorsatzlos handelt auch der Subventionsnehmer, der die Mitteilungspflicht nach § 264 Abs. 1 Nr. 3 StGB auslösenden Umstände verkennt. Irrt der Täter über die **Subventionserheblichkeit** einer Tatsache, weil der Subventionsgeber diese entgegen § 264 Abs. 8 Nr. 1 StGB nicht hinreichend bestimmt bezeichnet hat, bleibt er ebenfalls straflos. Ein Tatbestandsirrtum ist ferner dann anzunehmen, wenn der Täter infolge Unkenntnis der tatsächlichen Umstände oder aufgrund mangelnder Bedeutungskenntnis nicht weiß, dass eine Subvention im Sinne des Absatzes 7 oder eine subventionserhebliche Tatsache im Sinne des Absatzes 8 vorliegt.[342] Schließlich handelt ohne Vorsatz, wer einzelne Tatsachen, die bei zutreffender Betrachtung einen Missbrauch von Gestaltungsmöglichkeiten nach § 4 Abs. 2 SubvG begründen, irrigerweise nicht als solche erkennt und deshalb auch nicht mitteilt.[343]

97 Einem **Verbotsirrtum** (§ 17 StGB) unterliegt der Täter, der seine Pflicht aus Abs. 1 Nr. 3 selbst nicht kennt.[344]

98 Lediglich ein **unbeachtlicher Subsumtionsirrtum** liegt hingegen vor, wenn der Täter meint, eine Bürgschaft sei keine Subvention im Sinne des Absatzes 8[345] oder es fehle an einer subventionserheblichen Tatsache i. S. des Abs. 8 Nr. 1 2. Alt., weil in der Bezeichnung durch den Subventionsgeber gerade nicht das Wort „subventionserheblich" verwendet wird.[346]

3. Leichtfertigkeit: §§ 264 Abs. 4, 264 Abs. 1 Nr. 1 bis 3 StGB

99 In den Fällen des § 264 Abs. 1 Nr. 1 bis 3 StGB – nicht aber im Fall von Nr. 4 – macht sich der Täter auch strafbar, wenn er **leichtfertig** handelt, § 264 Abs. 4 StGB. Der Strafrahmen ist für diesen Fall auf ein Höchstmaß von 3 Jahren Freiheitsstrafe reduziert. Diese Ausdehnung der Strafbarkeit wird mit der erhöhten Verantwortung desjenigen gerechtfertigt, der öffentliche Mittel unentgeltlich in Anspruch nimmt.[347] Insbesondere die Einbeziehung von Abs. 1 Nr. 2 n. F. durch das EGFinSchG bedeutet dabei eine nicht unerhebliche Verschärfung, weil über die Fälle der Verletzung von Mitteilungspflichten gemäß Abs. 1 Nr. 3 i. V. mit § 3 Abs. 2 SubvG hinaus jetzt alle Fälle einer zweckwidrigen Verwendung erfasst sind und dadurch nunmehr auch (grob) fahrlässige Verstöße gegen vertragliche Pflichten zu Straftaten werden.[348] Deshalb wird teilweise eine restriktive Auslegung des Leichtfertigkeitsmerkmals gefordert.[349] Von der Einbeziehung des Absatzes 1 Nr. 4 wurde mit der Begründung abgesehen, dass anderenfalls eine Prüfungspflicht bezüglich der inhaltlichen Richtigkeit der von einer anderen – u. U. amtlichen – Stelle erteilten Bescheinigung herausgelesen werden könnte.[350]

100 Die Leichtfertigkeitsstrafbarkeit ist als Fremdkörper im Bereich der Vermögensdelikte grundlegenden Bedenken ausgesetzt.[351] Die zunehmende Tendenz der Gesetzgebung, die Strafbarkeitsvoraussetzungen bei Vorsatzdelikten durch die Zufügung eines Leichtfertigkeitselements zu verwässern,[352] verdient angesichts der Unbestimmtheit des Leichtfertigkeitsbe-

---

[342] Schönke/Schröder/*Lenckner/Perron* § 264 Rdnr. 62.
[343] LK/*Tiedemann* § 264 Rdnr. 120; *Wattenberg* HWStR IV 2 Rdnr. 61; a. A. *Schmidt-Hieber* NJW 1980, 322, 327: Verbotsirrtum.
[344] Schönke/Schröder/*Lenckner/Perron* § 264 Rdnr. 62; SK-StGB/*Samson/Günther* § 264 Rdnr. 90; *Wassmann* S. 49.
[345] LK/*Tiedemann* § 264 Rdnr. 121.
[346] Schönke/Schröder/*Lenckner/Perron* § 264 Rdnr. 62.
[347] Achenbach/Wannemacher/*Schmidt-Baumann* § 22 IV Rdnr. 55; Müller-Gugenberger/Bieneck/*Bender* § 52 Rdnr. 30.
[348] Schönke/Schröder/*Lenckner/Perron* § 264 Rdnr. 62; krit. auch *Tröndle/Fischer* § 264 Rdnr. 36.
[349] Achenbach/Ransiek/*Wattenberg* IV 2 Rdnr. 63.
[350] *Müller-Emmert/Maier* NJW 1976, 1657, 1661. Dazu, dass u. U. auch bei Vorlage einer in Nr. 4 bezeichneten Bescheinigung Abs. 1 Nr. 1 verwirklicht sein kann, vgl. Schönke/Schröder/*Lenckner/Perron* § 264 Rdnr. 64.
[351] Vgl. ebenso *Tröndle/Fischer* § 264 Rdnr. 36.
[352] Vgl. dazu Schönke/Schröder/*Cramer/Sternberg-Lieben* § 15 Rdnr. 106.

griffs Kritik. Die Leichtfertigkeit befindet sich im „Niemandsland" zwischen Vorsatz und Fahrlässigkeit,[353] und Definitionsversuche finden sich reichlich. Dabei wird der Schwerpunkt teilweise auf den **objektiven Sorgfaltsverstoß** gelegt: So soll Leichtfertigkeit in der Verletzung einer besonders herausgehobenen Pflicht und in der hohen Wahrscheinlichkeit eines Erfolgseintritts zu erkennen sein.[354] Andere Stimmen heben die **subjektive Vorwerfbarkeit** hervor: Danach stelle Leichtfertigkeit im Gegensatz zur groben Fahrlässigkeit des bürgerlichen Rechts auf die persönlichen Fähigkeiten des Täters ab.[355] Unklar ist zudem, ob Absatz 4 im Bereich der **betrieblichen Arbeitsteilung** dem Verantwortlichen das strafrechtliche Risiko vollständig aufbürdet oder lediglich Fälle der **bewussten Fahrlässigkeit** erfasst sind, die sachlich „auf der Grenze zum Vorsatz" liegen.[356]

Letztlich wird man den Leichtfertigkeitsbegriff mit Blick auf Art. 103 Abs. 2 GG in deutlicher Abgrenzung zur einfachen Fahrlässigkeit definieren müssen. Das kann nur gelingen, wenn sowohl erhöhte Anforderungen an die (objektive) Sorgfaltspflichtverletzung als auch an die (subjektive) Vorwerfbarkeit gestellt werden. Allein auf die Verletzung einer besonders ernst zu nehmenden Pflicht abzustellen,[357] etwa weil ein besonders hochrangiges Rechtsgut schadensbedroht ist, reicht für die Annahme von Leichtfertigkeit nicht aus. Ebenso wenig handelt leichtfertig, wer unter Missachtung dessen, was jedem hätte einleuchten müssen, nur eine weniger ernst zu nehmende Sorgfaltspflicht verletzt (etwa weil nur eine abstrakte Gefahr für ein weniger bedeutendes Rechtsgut besteht). Beide Komponenten müssen kumulativ vorliegen, wobei eine besonders hohe Intensität des einen Aspekts die schwächere Ausprägung des anderen ausgleichen kann. Deshalb handelt der Geschäftsführer, der die von seinem Buchhalter vorbereiteten Formulare ohne weitere Prüfung unterschrieben hat, nicht ohne weiteres leichtfertig.[358] Wer sich im normalen Geschäftsgang auf seine Mitarbeiter verlässt und ihnen selbständige Arbeit auch dann zuweist, wenn es sich nicht um alltägliche Dienste handelt, dem ist im Schadensfall allenfalls einfache Fahrlässigkeit vorzuwerfen. Zur Annahme der Leichtfertigkeit wird man nur kommen können, wenn die Vorarbeit ein bekanntlich unzuverlässiger oder unerprobter Mitarbeiter gemacht hat[359] oder die Angaben auf den ersten Blick unrichtig sind.[360] Das bedeutet umgekehrt allerdings nicht, dass Leichtfertigkeit **nur** dann zu verneinen ist, wenn der Geschäftsführer zuverlässige Mitarbeiter mit langjähriger einwandfreier Tätigkeit eingesetzt hat.[361] Einschränkungen gelten auch für solche Täter, die nicht selbst Subventionsnehmer und daher nicht Adressat der formalisierten Klarstellung des 2 SubvG sind, zumal für sie nicht die erhöhte soziale Pflichtenstellung gilt. § 264 Abs. 4 StGB ist in solchen Fällen daher nur dann anzuwenden, wenn sich dem Täter die Unrichtigkeit oder Unvollständigkeit der Angaben auch ohne besondere Nachprüfung ohne weiteres aufdrängen musste.[362]

VII. Tätige Reue (§ 264 Abs. 5 StGB)

Als Ausgleich für die extreme zeitliche Vorverlagerung der Strafbarkeit beim Subventionsbetrug hat der Gesetzgeber die Möglichkeit eines **strafbefreienden „Rücktritts"** vom vollendeten Delikt geschaffen, § 264 Abs. 5 StGB.[363] An die Stelle der Vollendung der Tat bei § 24 StGB tritt hier die Gewährung der Subvention: Nach Gewährung derselben (tatsächlicher Eingang

---

[353] Greeve/Leipold/*Diehl* 5. Teil Rdnr. 56.
[354] Schönke/Schröder/*Cramer/Sternberg-Lieben* § 15 Rdnr. 206.
[355] OLG Hamburg NStZ 1984, 218, 219; SK/*Samson/Günther* § 264 Rdnr. 91.
[356] Dafür LK/*Tiedemann* § 264 Rdnr. 123; dagegen Schönke/Schröder/*Lenckner/Perron* § 264 Rdnr. 65, die Leichtfertigkeit schon bei geringeren Sorgfaltspflichtverstößen annehmen, sowie Schönke/Schröder/*Cramer/Sternberg-Lieben* § 15 Rdnr. 206 (keine Gleichsetzung mit bewusster Fahrlässigkeit).
[357] Achenbach/Wannemacher/*Schmidt-Baumann* § 22 IV Rdnr. 56.
[358] So aber BGH NJW 1989, 974, 975.
[359] Tröndle/Fischer § 264 Rdnr. 37; Müller-Gugenberger/Bieneck/*Bender* § 52 Rdnr. 29; Schönke/Schröder/*Lenckner/Perron* § 264 Rdnr. 65; LK/*Tiedemann* § 264 Rdnr. 123; Wassmann S. 48.
[360] Schönke/Schröder/*Lenckner/Perron* § 264 Rdnr. 65; vgl. BGHSt 33, 66, 67.
[361] Vgl. die in Fn. 365 Genannten.
[362] Schönke/Schröder/*Lenckner/Perron* § 264 Rdnr. 65; LK/*Tiedemann* § 264 Rdnr. 123; Tröndle/Fischer § 264 Rdnr. 37; Achenbach/Ransiek/*Wattenberg* IV 2 Rdnr. 63.
[363] LK/*Tiedemann* § 264 Rdnr. 126; Schönke/Schröder/*Lenckner/Perron* § 264 Rdnr. 66

des Subventionsvorteils beim Subventionsnehmer) ist für **tätige Reue** kein Platz mehr.[364] Da § 264 StGB keine Versuchsstrafbarkeit kennt (vgl. § 23 Abs. 1 StGB), kommt vor der (formellen) Vollendung des Subventionsbetruges § 24 StGB nicht zum Zuge.[365] Ein **strafloser Versuch** liegt etwa vor, wenn der Täter den täuschenden Brief abgesandt und ihn vor Zugang bei der zuständigen Stelle wieder abgefangen hat.[366] Der **Strafaufhebungsgrund** des Absatzes 5 gilt sowohl für die Vorsatztat nach Absatz 1 – auch bei Vorliegen der Strafzumessungsregel eines besonders schweren Falles nach Maßgabe des Absatzes 2 – als auch für die leichtfertige Begehung gemäß Abs. 4, nicht aber für Verbrechen nach Absatz 3 i. V. mit § 263 Abs. 5 StGB sowie hinsichtlich anderer Delikte, z. B. § 267 StGB.[367]

1. Freiwillige Verhinderung der Subventionsgewährung (§ 264 Abs. 5 S. 1 StGB)

103 Voraussetzung für die Straffreiheit nach § 264 Abs. 5 S. 1 StGB ist, dass der Täter **freiwillig** und **erfolgreich** verhindert, dass die Subvention gewährt wird. Mit Gewährung der Subvention ist die tatsächliche Zurverfügungstellung derselben gemeint, bei Darlehen etwa deren Auszahlung (nicht schon der Abschluss des Darlehensvertrages), bei der Übernahme einer Bürgschaft dagegen bereits der Abschluss eines entsprechenden Vertrages. Erst recht genügt es, wenn der Täter bereits die der Gewährung vorausgehende Bewilligung verhindert.[368] Durch welche aktive Handlung diese Verhinderung der Gewährung geschieht, sei es durch Berichtigung unrichtiger Angaben, Nachholen einer Mitteilung nach Abs. 1 Nr. 3 oder Antragsrücknahme, ist irrelevant. Ausreichend ist, dass der Täter für die Verhinderung der Subventionsgewährung zumindest mitursächlich ist.[369]

104 Der Täter erlangt auch dann Straffreiheit, wenn er die Subventionsgewährung dadurch verhindert, dass er freiwillig und endgültig von der Vornahme der dafür noch erforderlichen eigenen Handlungen Abstand nimmt, z. B. dadurch, dass er die für die Bewilligung oder Gewährung der Subvention noch offensichtlich notwendigen weiteren Angaben nicht macht. Die überwiegende Meinung lässt hier Abs. 5 zur Anwendung gelangen.[370] Der Gegenmeinung, die bereits die Tatbestandsverwirklichung verneint,[371] ist zu entgegnen, dass entsprechend dem zuerst bei der Auslegung einer Strafnorm maßgeblichen Wortlaut ein „unrichtiges Angaben machen" bereits mit der ersten falschen Erklärung vorliegt. Damit ist der Tatbestand erfüllt. Das gilt selbst dann, wenn infolge des Unterlassens weiterer Angaben durch den Subventionsnehmer eine Gefährdung sowohl des Vermögens als auch des Subventionszweckes ausgeschlossen ist.

105 Hat der Täter eine Subvention, die in mehreren Stufen gewährt wird, bereits erlangt, so kommt eine Strafbefreiung nach Absatz 5 allerdings nicht mehr in Betracht (z. B. durch freiwillige Rückgabe), auch nicht bei einem Verhindern der Weitergewährung nach Abschluss des ersten Gewährungsaktes.[372] In diesen Fällen aber müssen die Strafverfolgungsbehörden dem geringen Unrechts- und Schuldgehalt der Tat durch Absehen von der weiteren Strafverfolgung (§§ 153 ff. StPO) Rechnung tragen.[373]

106 Das Tatbestandsmerkmal der **Freiwilligkeit** setzt voraus, dass der Täter, obwohl er die Gewährung der Subvention noch für erreichbar hält, diese aus autonomen Motiven nicht mehr erreichen will. Entscheidend ist, ob der Täter Herr seiner Entschlüsse blieb und die Ausführung seines Planes noch für möglich hielt, also weder durch eine äußere Zwangslage daran gehindert noch durch einen seelischen Druck unfähig wurde, die Tat zu vollbringen. Freiwillig handelt auch, wer auf eine von seinem ursprünglichen Plan abweichende mögliche Durchführung verzichtet.[374]

---

[364] *Lackner/Kühl* § 264 Rn 28.
[365] SK/*Samson/Günther* § 264 Rdnr. 96.
[366] SK/*Samson/Günther* § 264 Rdnr. 96; LK/*Tiedemann* § 264 Rdnr. 126.
[367] *Tröndle/Fischer* § 264 Rdnr. 40.
[368] Schönke/Schröder/*Lenckner/Perron* § 264 Rdnr. 67; LK/*Tiedemann* § 264 Rdnr. 132.
[369] Achenbach/Ransiek/*Wattenberg* IV 2 Rdnr. 79.
[370] So OLG Stuttgart MDR 1992, 788; Schönke/Schröder/*Lenckner/Perron* § 264 Rdnr. 67; LK/*Tiedemann* § 264 Rdnr. 133; *Tröndle/Fischer* § 264 Rdnr. 41.
[371] *Wattenberg* HWSt IV 2 Rdnr. 78.
[372] Schönke/Schröder/*Lenckner/Perron* § 264 Rdnr. 67; *Tröndle/Fischer* § 264 Rdnr. 41.
[373] Vgl. grundlegend BVerfGE 90, 145, 189 – Cannabis.
[374] Achenbach/Wannemacher/*Schmidt-Baumann* § 22 IV Rdnr. 86.

2. Freiwilliges und ernsthaftes Bemühen um die Nichtgewährung der Subvention (§ 264 Abs. 5 S. 2 StGB)

Soweit die Subvention unabhängig vom Verhalten des Täters nicht gewährt wird, genügt es, wenn er sich um die Verhinderung ihrer Gewährung freiwillig und ernsthaft **bemüht**. Dasselbe gilt, wenn der Täter von weiteren für die Subventionsgewährung an sich erforderlichen Handlungen freiwillig und endgültig in einem Zeitpunkt Abstand nimmt, in dem er noch nicht weiß, dass die Subvention ohnehin nicht gewährt werden wird (z. B. weil der Subventionsgeber die Unrichtigkeit seiner Angaben bereits erkannt hat).[375] Auch hier ergibt sich die weitgehende Möglichkeit der Strafbefreiung daraus, dass der Grundtatbestand des Absatzes 1 insofern außerordentlich umfassend ist, als bereits die Unrichtigkeit bruchstückhaft gemachter Angaben für die Strafbarkeit des Täters ausreicht; diese weit reichende Vorverlegung der Strafbarkeit ist im Rahmen des Absatzes 5 zu korrigieren. Das Erfordernis der **Ernsthaftigkeit** schließt ein Handeln „bloß zum Schein" aus und setzt voraus, dass der Täter das nach seiner Kenntnis Notwendige und Mögliche tut.[376] An die Ernsthaftigkeit sind **hohe Anforderungen** zu stellen. Der Täter muss die ihm bekannten Möglichkeiten ausschöpfen, um die ihm noch möglich erscheinende Gewähr der Subvention zu verhindern.[377] Bei der **Beteiligung mehrerer** sind – auch ohne ausdrückliche Regelung in Absatz 5 – die Grundsätze des § 24 Abs. 2 StGB entsprechend anzuwenden.[378]

VIII. Strafe und Strafmaß

Bei der **Vorsatztat** ist die **Strafe** grundsätzlich dem gesetzlichen Regelstrafrahmen des Absatzes 1 – Freiheitsstrafe bis zu fünf Jahren oder Geldstrafe –, bei **Leichtfertigkeit** dem Rahmen des Absatzes 4 – Freiheitsstrafe bis zu 3 Jahren oder Geldstrafe – zu entnehmen. Für **besonders schwere Fälle** einer Vorsatztat nach Absatz 1 droht Absatz 2 im Falle der Verwirklichung der dort aufgeführten Regelbeispiele bzw. unbenannten besonders schweren Fälle eine verschärfte Strafe an: Freiheitsstrafe von 6 Monaten bis zu 10 Jahren. Das Gesetz nennt hierfür drei Regelbeispiele: Erlangen einer Subvention großen Ausmaßes aus grobem Eigennutz oder unter Verwendung nachgemachter oder verfälschter Belege, Befugnismissbrauch durch einen Amtsträger oder Mithilfe eines Amtsträgers. Ein besonders schwerer Fall kann jedoch auch über die genannten Regelbeispiele hinaus in Betracht kommen.[379] **§ 264 Abs. 3 StGB** (Verweis auf § 263 Abs. 5 StGB) enthält zudem einen qualifizierenden Verbrechenstatbestand – Freiheitsstrafe von einem bis zu 10 Jahren – für die **gewerbsmäßige** Tatbegehung durch **Bandenmitglieder**, um Erscheinungsformen organisierter Kriminalität nachdrücklicher zu verfolgen.[380]

Die **Strafzumessung** richtet sich nach den Grundsätzen des § 46 StGB. Sie orientiert sich u. a. an der Bedeutung der angestrebten bzw. erlangten Subvention (vgl. § 46 Abs. 2 Nr. 1) und der Art des Vorgehens (Abs. 2 Nr. 1 bis 3). Außerdem ist zu berücksichtigen, dass die Tat ihrem Charakter nach verschiedene Stadien erreicht. Sie kann im (möglicherweise untauglichen) Täuschungsversuch stecken bleiben, etwa in von vornherein geplanten üblen Machenschaften i. S. von § 4 Abs. 2 SubvG enden.[381] Sie kann aber auch zu einer Bewilligung und gar Gewährung[382] einer Subvention führen. Eine mildere Beurteilung kann im Fall des echten Unterlassungsdelikts des Absatzes 1 Nr. 3 nach dem Grundgedanken des § 13 Abs. 2 StGB – natürlich nur innerhalb des Regelstrafrahmens – angemessen sein.[383]

---

[375] Schönke/Schröder/*Lenckner/Perron* § 264 Rdnr. 68; LK/*Tiedemann* § 264 Rdnr. 133.
[376] LK/*Tiedemann* § 264 Rdnr. 133.
[377] Achenbach/Wannemacher/*Schmidt-Baumann* § 22 IV Rdnr. 89.
[378] Schönke/Schröder/*Lenckner/Perron* § 264 Rdnr. 69; LK/*Tiedemann* § 264 Rdnr. 133; Lackner/Kühl § 264 Rdnr. 28; Tröndle/Fischer § 264 Rdnr. 43.
[379] Zu den besonders schweren – benannten und unbenannten Fällen – siehe oben Rdnrn. 68 ff., 86 f., 94.
[380] Tröndle/Fischer § 264 Rdnr. 50.
[381] Schönke/Schröder/*Lenckner/Perron* § 264 Rdnr. 71; LK/*Tiedemann* § 264 Rdnr. 139.
[382] Vgl. BGH StV 1992, 462.
[383] Schönke/Schröder/*Lenckner/Perron* § 264 Rdnr. 71; LK/*Tiedemann* § 264 Rdnr. 139.

110 Gemäß § 30 OWiG, ggf. i. V. mit § 130 OWiG, ist die Verhängung einer **Unternehmensgeldbuße** möglich, und zwar auch unabhängig davon, ob gegen den Einzeltäter eine Strafe verhängt wird (§ 30 Abs. 4 OWiG). Das Höchstmaß der Geldbuße beträgt grundsätzlich eine Million Euro, kann aber nach Maßgabe der §§ 30 Abs. 3, 17 Abs. 4 S. 2 OWiG wegen der vermögensabschöpfenden Intention der Unternehmensgeldbuße auch empfindlich höher sein.[384] Allerdings dürfte die in § 5 SubvG geregelte Pflicht zur Herausgabe des Vorteils an den Subventionsgeber die Vermögensabschöpfung nach § 17 Abs. 4 OWiG im Wege der Spezialität verdrängen.

IX. Nebenfolgen

111 Als mögliche Nebenfolgen der Verurteilung sieht § 264 Abs. 6 S. 1 StGB die in § 45 Abs. 2 StGB vorgesehene Möglichkeit der Aberkennung der Amtsfähigkeit und der Wählbarkeit vor; S. 2 erweitert die Möglichkeit der Einziehung sachlich auf so genannte Beziehungsgegenstände und persönlich auf solche Dritte, die als Eigentümer oder Inhaber von Gegenständen der Tat vorwerfbar im Sinne des § 74 a StGB gehandelt haben.

1. Verlust der Amtsfähigkeit

112 Neben einer **Freiheitsstrafe von mindestens 1 Jahr** kann nach § 264 Abs. 6 S. 1 StGB für die Dauer von 2 bis 5 Jahren auf Verlust der Amtsfähigkeit und der Wählbarkeit erkannt werden. Dieser Nebenfolge liegt der Gedanke zugrunde, denjenigen, der sich **vorsätzlich** zu Unrecht öffentliche Mittel verschafft, für eine gewisse Zeit von der Ausübung öffentlicher Ämter und von Rechten aus öffentlichen Wahlen auszuschließen.[385]

2. Einziehung

113 In Erweiterung der in § 74 Abs. 1 StGB genannten Einziehungsmöglichkeiten lässt § 264 Abs. 6 S. 2 StGB auch die Einziehung von so genannten **Beziehungsgegenständen,** zu § 74 a StGB ist anzuwenden. Diese Einziehungsmöglichkeit geht über die des § 74 StGB hinaus, da nicht nur Gegenstände, die durch die Tat hervorgebracht oder zu ihrer Begehung oder Vorbereitung gebraucht worden oder bestimmt gewesen sind (§ 74 Abs. 1 StGB) eingezogen werden können. Eine Einziehung kommt auch bei **leichtfertiger** Begehung in Betracht. Der Begriff des Beziehungsgegenstandes ist weit auszulegen. Gedacht ist vor allem an solche Gegenstände (Waren), die im Hinblick auf einen bestimmten Verwendungszweck verbilligt abgegeben und anschließend der Beschränkung zuwider verwendet werden,[386] zum Beispiel von den Interventionsstellen verbilligt abgegebenes Rindfleisch zur Verarbeitung zu Konserven, das zweckwidrig verwendet wird. Sind solche Waren nicht mehr greifbar – etwa mit erschlichener Ausfuhrerstattung exportierte Argrarerzeugnisse –, kann gemäß § 74 c StGB **Wertersatz** eingezogen werden. Bedeutung erlangen diese Maßnahmen insbesondere dadurch, dass sie – anders als Geldstrafen – schon beim ersten Tatverdacht gemäß §§ 111 b, 111 d StPO durch Beschlagnahme oder Arrestanordnung gesichert werden können, während Geldstrafen nicht zuletzt wegen der Dauer eines Strafverfahrens – häufig wirkungslos bleiben. Da § 74 a StGB für anwendbar erklärt wird, kann die Einziehung auch gegenüber einem nicht tatbeteiligten Erwerber ausgesprochen werden, wenn gegen den Dritten ein Vorwurf im Sinne des § 74 a StGB erhoben werden kann:[387] Dies ist der Fall, wenn der Dritte wenigstens leichtfertig dazu beigetragen hat, dass die Sache oder das Recht Mittel oder Gegenstand der Tat oder ihrer Vorbereitung gewesen ist (Nr. 1), oder er die Gegenstände in Kenntnis der Umstände, welche die Einziehung zugelassen hätten, in verwerflicher Weise erworben hat (Nr. 2).

3. Rückzahlung der Subvention und Herausgabe des Erlangten

114 Keine „Nebenfolge" im strafrechtlichen Sinne, gleichwohl aber der Erwähnung wert, ist die Tatsache, dass der nach § 264 StGB strafbare Täter die Subvention **zurückzuzahlen** hat. Dies

---

[384] Näher zur Unternehmensgeldbuße Achenbach/Ransiek/*Achenbach* I 2 Rdnr. 1 ff.
[385] Schönke/Schröder/*Lenckner/Perron* § 264 Rdnr. 80; LK/*Tiedemann* § 264 Rdnr. 155, die beide für eine restriktive Anwendung dieser Ermessensvorschrift sind, da dieser Grundsatz im Hinblick auf §§ 263, 266 StGB, die sich ebenfalls gegen den Staat richten können, ohnehin nicht konsequent durchgehalten werde.
[386] *Tröndle/Fischer* § 264 Rdnr. 52.
[387] Schönke/Schröder/*Lenckner/Perron* § 264 Rdnr. 85.

kann sich einerseits aus einem **Rückforderungsbescheid** der bewilligenden Behörde ergeben, andererseits aus einem Schadensersatzanspruch gemäß § 823 Abs. 2 BGB in Verbindung mit der verletzten Strafnorm. Hervorzuheben ist schließlich § 5 SubvG. Danach muss der Subventionsnehmer den Vorteil an den Subventionsgeber herausgeben, den er dadurch erlangt, das er einen Gegenstand oder eine Geldleistung, deren Verwendung durch Gesetz oder durch den Subventionsgeber im Hinblick auf eine Subvention beschränkt ist, entgegen der Verwendungsbeschränkung verwendet hat. Aus diesem Grunde kann sich der Schadensausgleich durch den Täter gem. § 46 Abs. 2 StGB nicht strafmildernd auswirken.[388] Auch ein **Täter-Opfer-Ausgleich** findet beim Subventionsbetrug wohl keinen Anwendungsbereich.[389] Diese Rückzahlungspflicht nach § 5 SubvG geht der Vermögensabschöpfung zugunsten des Staates gem. §§ 30 Abs. 3, 17 Abs. 4 Satz 2 OWiG vor. Ggf. kann die frühzeitige freiwillige Rückzahlung zu Unrecht erhaltener Subventionen ein taktisch positives Signal setzen (siehe Rdnr. 128).

X. Konkurrenzen

Innerhalb der Tatmodalitäten des Abs. 1 verdrängt Nr. 1 die Nr. 3,[390] da hier ein Unterlassen vorausgesetzt und dort „unvollständige Angaben" gemacht werden müssen. Auch verdrängt Nr. 1 die Alternative der Nr. 4, sofern beide Modalitäten täterschaftlich begangen werden.[391] Ansonsten gelten die allgemeinen Regeln zum Verhältnis zwischen Täterschaft und Teilnahme. Zum Verhältnis von Abs. 1 Nr. 2 zu Nr. 3 siehe oben Rn. 84 f.

§ 264 Abs. 1 StGB stellt im Verhältnis zu § 263 StGB eine abschließende Sonderregelung dar, und zwar auch dann, wenn es im Einzelfall zu einer Vermögensschädigung kommt.[392] Wenn allerdings neben der Subvention andere Vermögensteile Gegenstand der Tat sind, liegt Idealkonkurrenz vor.[393] Ist der Tatbestand des § 264 Abs. 1 StGB nicht erfüllt, kommt gleichwohl eine Strafbarkeit wegen Betrugs in Betracht.[394]

§ 370 AO und § 31 MOG sind *leges speciales* zu § 264 StGB.[395] Allerdings soll Tateinheit mit § 370 AO dann möglich sein, wenn sich dieselbe Tat sowohl auf Steuer- als auch auf Subventionsvorteile bezieht.[396] Zwischen § 264 StGB – insbesondere in den besonders schweren Fällen des Absatzes 2 Nr. 1 bis Nr. 3 – und den §§ 267 und 269 StGB ist Tateinheit möglich.[397] Die Tatbestände der §§ 332 und 334 StGB konkurrieren realiter mit § 264 StGB. § 264 und § 265 b StGB schließen sich gegenseitig aus.[398]

XI. Besonderheiten der Verteidigung

1. Allgemeines

Die Verteidigung und Beratung von Unternehmern oder Personen im Rahmen des Subventionsbetruges wird geprägt von den Pflichten des Subventionsnehmers bzw. Mitarbeiters eines subventionierten Unternehmens auf der einen Seite und dem Recht des Beschuldigten zu schweigen (*nemo tenetur se ipsum accusare*) sowie dem Bedürfnis von Unternehmen, nicht notwendigerweise strafrechtlich relevantes Verhalten im eigenen Unternehmen anzuzeigen.

Der Subventionsbegriff des § 264 StGB beinhaltet das Merkmal „zur Förderung der Wirtschaft". Dementsprechend wird der Vorwurf des Subventionsbetruges in der Regel gegen die

---

[388] A. A. Greeve/Leipold/*Diehl* 5. Teil Rdnr. 68.
[389] Ebenso Achenbach/Ransiek/*Wattenberg* HWStR IV 2 Rdnr. 82.
[390] *Tröndle/Fischer* § 264 Rdnr. 54.
[391] *Tröndle/Fischer* § 264 Rdnr. 54.
[392] Schönke/Schröder/*Lenckner/Perron* § 264 Rdnr. 87; *Tröndle/Fischer* § 264 Rdnr. 54; Müller/Gugenberger/Bender § 52 Rdnr. 32.
[393] Schönke/Schröder/*Lenckner/Perron* § 264 Rdnr. 87.
[394] BGHSt 32, 208; *Tröndle/Fischer* § 264 Rdnr. 54; hierzu ausführlich Schönke/Schröder/*Lenckner/Perron* § 264 Rdnr. 87.
[395] *Tröndle/Fischer* § 264 Rdnr. 54.
[396] Schönke/Schröder/*Lenckner/Perron* § 264 Rdnr. 87.
[397] *Tröndle/Fischer* § 264 Rdnr. 54; a. A. SK/*Samson/Günther* § 264 Rdnr. 104: Konsumption.
[398] *Tröndle/Fischer* § 264 Rdnr. 54; a. A. Schönke/Schröder/*Lenckner/Perron* § 264 Rdnr. 87: Tateinheit.

Verantwortlichen (§ 14 StGB) des subventionierten Unternehmens bzw. deren Mitarbeiter erhoben. Dabei handelt es sich vorrangig um komplexe Sachverhalte, an denen mehrere Personen beteiligt sind und in denen die Organe des Unternehmens, die Pflichten des Unternehmens als Subventionsnehmer aus dem Subventionsgesetz zu wahren haben.

120 Für den Individualverteidiger gilt es hier, die Grundsätze der **Sockelverteidigung** und der Einbindung in die Unternehmensverteidigung zu beachten, um für den zu verteidigenden Mitarbeiter ein möglichst gutes Ergebnis zu erzielen. Dies ist in der Regel möglich, da der Subventionsbetrug für diese Personen als reine unternehmens- und nicht als eigennützige Straftat von den Strafverfolgungsbehörden als mit geringerer krimineller Energie begangen betrachtet wird. Auch hier, wie in vielen anderen wirtschaftsstrafrechtlichen Zusammenhängen, ist die Tendenz deutlich, auch die strafrechtliche Verantwortung dort zu suchen, wo Entscheidungen letztendlich getroffen wurden oder zumindest es unterlassen wurde, **Organisationsstrukturen** zu schaffen, die solche Sachverhalte verhindert hätten. Wesentlich für den Schwerpunkt der Ermittlungen der Strafverfolgungsbehörden dürfte es sein, an welcher Stelle der wirtschaftliche Vorteil des Subventionsbetruges letztendlich verblieben ist. Dies ist in der Regel jedoch nicht der einzelne Mitarbeiter, sondern das Unternehmen selbst, so dass das Interesse der Staatsanwaltschaften an der Verfolgung des Mitarbeiters, der – wenn auch nur vermeintlich oder im Vorauseilendem Gehorsam – zum Nutzen des Unternehmens und nicht eigennützig gehandelt hat. Besteht dementsprechend ein Interesse des Unternehmens und dessen Verantwortlichen an einer Gesamtlösung des Problems, so tut der Verteidiger im Sinne seines Mandanten gut daran, diesen Weg unter ständiger Beachtung der Individualinteressen seines Mandanten zu beschreiten.

2. Auskunftspflicht nach § 3 SubvG und das nemo tenetur-Prinzip

121 Gemäß § 3 Abs. 1 SubvG ist der Subventionsnehmer verpflichtet, dem Subventionsgeber alle Tatsachen mitzuteilen, die der Bewilligung, Gewährung, Weitergewährung, Inanspruchnahme oder dem Belassen der Subvention oder des Subventionsvorteils entgegensteht oder für die Rückforderung der Subvention oder des Subventionsvorteils erheblich sind. Diese Offenbarungspflicht trifft auch denjenigen Subventionsnehmer, der bei der Beantragung falsche Tatsachen erklärt hat. Er wäre nunmehr verpflichtet, die wahren Umstände zu offenbaren. Hier kollidiert das Interesse des Auskunftspflichtigen, sich durch seine Auskunft nicht der Verfolgung wegen einer Ordnungswidrigkeit oder einer Straftat auszusetzen, mit dem Informationsbedürfnis der Behörde.

122 Ist der Täter, der bei der Beantragung von Subventionen bereits unrichtige oder unvollständige Angaben gemacht und sich damit gem. § 264 Abs. 1 Nr. 1 StGB strafbar gemacht hat, personengleich mit dem nach § 3 SubvG Offenbarungspflichtigen, liegt im Schweigen über den Abschluss des Subventionsverfahrens hinaus zwar eine weitere Straftat nach § 264 Abs. 1 Nr. 3 StGB, die aber im Wege der Subsidiarität zurücktritt. Das Schweigen ist für den Täter damit nicht schädlich. Schwierigkeiten ergeben sich, wenn ein anderer als der Nr. 1 verwirklichende Täter auskunftspflichtig nach § 3 SubvG ist. Schweigt der Auskunftspflichtige, macht nun auch er sich strafbar, weil wegen Verschiedenheit der Handelnden eine Konkurrenz der Tatbestände nicht entsteht. Der nemo tenetur-Grundsatz ist hier mangels „Selbst-"bezichtigungsgefahr freilich nicht berührt.

3. Anzeigepflicht von Gerichten und Behörden (§ 6 SubvG)

123 Besonderer Hervorhebung bedarf schließlich die **Mitteilungspflicht** für Gerichte und Behörden von Bund, Ländern und kommunalen Trägern der öffentlichen Verwaltung. Diese haben nach § 6 SubvG Tatsachen, die sie dienstlich erfahren und die den Verdacht eines Subventionsbetrugs begründen, den Strafverfolgungsbehörden mitzuteilen. Zweck dieser Vorschrift ist die Sicherstellung einer wirksamen Verfolgung des Subventionsbetrugs durch Kenntniserlangung der Ermittlungsbehörden.[399] Dem Gesetzgeber zufolge erfasse der Tatbestand des Subventionsbetrugs „vielfach noch sozialschädlichere Verhaltensweisen ... als der Tatbestand des Steuervergehens", weshalb es „unangemessen [sei], auf die hier vorgesehene Pflicht zur Mitteilung zu

---

[399] BT-Drucks. 7/3441, S. 45.

verzichten".[400] Das Strafverfolgungsinteresse habe einen höheren Stellenwert als das Vertrauensverhältnis zwischen Antragsteller und Behörde.

a) **Verpflichtete und Auslöser der Anzeigepflicht.** Verpflichtet zur Anzeige sind die zur Vertretung Befugten einer Behörde.[401] Legt man allerdings diesen gesetzgeberischen Willen und den Wortlaut der Norm zugrunde, stünde es im Belieben der Behörde, durch Gestaltung des Organisationsplans den Verpflichtetenkreis willkürlich zu begrenzen, ggf. auf durch Immunität geschützte hochrangige Amtsträger. Deshalb liegt nahe, die Anzeigepflicht denen aufzuerlegen, die Träger des subventionserheblichen Fachwissens sind,[402] also innerhalb von Behörden denjenigen Abteilungsleitern, die für die Auszahlung und Überwachung der zweckbestimmten Verwendung der Subventionen zuständig sind. Das Vorliegen von Tatsachen, die dienstlich erfahren sind und den Verdacht eines Subventionsbetrugs begründen, löst die Anzeigepflicht aus. Dem Regierungsentwurf zufolge sollte erst die Wahrscheinlichkeit, nicht schon die Möglichkeit eines Subventionsbetrugs zur Anzeige verpflichten.[403] Das erinnert an die Formulierung des § 152 StPO, der ein Einschreiten der Strafverfolgungsbehörden vom Vorliegen zureichender tatsächlicher Anhaltspunkte abhängig macht. Da es auch bei § 6 SubvG um die Aktivierung der Strafverfolgungsbehörden geht, liegt nahe, die Weitergabe von „Tatsachen" an das Vorliegen eines Anfangsverdachts zu knüpfen. Eine bloße Vermutung reicht damit nicht aus.

b) **Verstoß gegen die Anzeigepflicht.** Das Subventionsgesetz enthält keine Regelung über die Konsequenzen der Unterlassung einer Anzeige nach § 6 SubvG. Allerdings kommt eine Strafbarkeit des Verpflichteten nach den §§ 258, 258a StGB wegen **Strafvereitelung** bzw. Strafvereitelung im Amt in Betracht.[404] Eine hierfür wegen § 13 StGB erforderliche Garantenstellung und die daraus erwachsende Pflicht zur Anzeige ergibt sich aus § 6 SubvG.[405] Auch die tatbestandlich vorausgesetzte Wissentlichkeit des Vereitelungserfolges bereitet keine Probleme, denn wenn ein Anfangsverdacht in Bezug auf einen Subventionsbetrug besteht und der Verpflichtete es daraufhin die ihm von § 6 SubvG auferlegte Anzeige unterlässt, weiß er sicher, dass sich die Ermittlungen zumindest auf geraume Zeit verzögern.[406] Dagegen wird eine Strafbarkeit nach § 257 StGB wegen **Begünstigung** regelmäßig am Nachweis der Absicht der Vorteilssicherung zugunsten eines Dritten scheitern. Ebenso ist ein **Subventionsbetrug** i. S. der §§ 264 Abs. 1 Nr. 1, 13 StGB zu verneinen, da Strafverfolgungsbehörden nicht „in das Subventionsverfahren eingeschaltete Stellen" sind. Eine **Beihilfe zum Subventionsbetrug** nach §§ 264 Abs. 1 Nr. 1, 27, 13 StGB ist freilich dann denkbar, wenn die Subventionsvergabe noch bevorsteht.[407]

4. Auswirkung in der strafrechtlichen Beratung und Verteidigung

Wird der das subventionierte Unternehmen beratende Rechtsanwalt mit der Situation konfrontiert, dass im Unternehmen eine subventionserhebliche Tatsache bekannt geworden ist, die den Vorwurf des Subventionsbetruges begründen könnte, muss er die verantwortlichen Organe des Unternehmens auf die Aufklärungspflicht des SubvG und die Strafbarkeit durch das Unterlassen der Aufklärung gemäß § 264 StGB in Verbindung mit § 3 SubvG hinweisen. Zumindest dann, wenn sich die nunmehr verantwortlichen Organe von den handelnden Personen im Rahmen des subventionserheblichen Sachverhalts unterscheiden, sollte er auf die Erfüllung der Pflichten aus dem SubvG dringen, um eine erneute strafbare Handlung durch die Geschäftsführung bzw. dem Vorstand zu vermeiden. In Anbetracht des Umstandes, dass eine solche subventionsrechtliche Meldung, wenn sie den Verdacht eines Subventionsbetruges begründen könnte, gemäß § 6 SubvG automatisch zu einer Einschaltung der Ermittlungsbehörden führt,

---

[400] BT-Drucks. 7/3441, S. 45.
[401] RegE BT-Drucks. 7/5291, S. 21 f.; krit. *Partsch/Scheffner* NJW 1996, 2492.
[402] *Partsch/Scheffner* NJW 1996, 2492.
[403] BT-Drucks. 7/3441, S. 45.
[404] LK/*Tiedemann* § 264 Rdnr. 138; näher *Partsch/Scheffner* NJW 1996, 2492, 2493.
[405] Vgl. allg. *Tröndle/Fischer* § 258 Rdnr. 6.
[406] Dies reicht zur Bejahung der „Strafvereitelung" aus: *Tröndle/Fischer* § 258 Rdnr. 5 m. umfangreichen N.
[407] Und nicht nur, wie *Partsch/Scheffner* NJW 1996, 2492, 2493 annehmen, wenn die Subventionsvergabe bereits erfolgt ist und in verschiedenen Abschnitten wiederholt zur Auszahlung gelangt. Denn § 264 Abs. 1 Nr. 1 StGB verlangt nur das Machen unrichtiger oder falscher Angaben, nicht, dass die Subvention tatsächlich zur Auszahlung gelangt.

stellt sich in diesem Zusammenhang die Frage, ob parallel zu der Meldung an den Subventionsgeber ein **proaktives Vorgehen** auch in Richtung der strafrechtlichen Ermittlungsbehörden angestrebt werden sollte. Wie bereits erläutert, besteht für die zuständigen Behörden bei der Frage der Einschaltung der Staatsanwaltschaft kein Ermessensspielraum, so dass eine eigenständige Einschaltung der Ermittlungsbehörden für das Unternehmen und die bis dahin unbelasteten verantwortlichen Organe den Vorteil hat, das Ermittlungsverfahren eng begleiten zu können. Durchsuchungsmaßnahmen und andere publizitätsträchtige Zwangsmaßnahmen könnten so vermieden werden. Es ist im Übrigen davon auszugehen, dass die Ermittlungsbehörden ein von öffentlicher Stelle angestoßenes Verfahren in der Regel mit größerer Intensität betreiben werden als die Untersuchung eines aktiv vom Unternehmen unterbreiteten Sachverhalts. Für das Unternehmen und auch die individuell Betroffenen gilt es in dieser Situation, das Risiko abzuschätzen: Kommt es ohnehin zu einem strafrechtlichen Ermittlungsverfahren, ist es auch unter Berücksichtigung weiterer strafrechtlicher Risiken sinnvoll, auch ein nicht zu vermeidendes Strafverfahren aktiv zu begleiten – ein Rat, der bei dem Mandanten zunächst automatisch auf Ablehnung stoßen wird. Doch die Vorteile dieser proaktiven Vorgehensweise liegen auf der Hand: Eine **Koordination** sowohl des subventionsrechtlichen als auch des strafrechtlichen Verfahrens wird ermöglicht, die Vermeidung einer Konfrontation mit den Ermittlungsbehörden führt zu einer gewissen **Steuerungsmöglichkeit** im Falle weiterer strafprozessualer Maßnahmen, insbesondere von **Durchsuchungen**.

127 Sind die gemäß § 3 SubvG auskunftspflichtigen Personen allerdings mit den potentiellen Beschuldigten eines Strafverfahrens identisch, vertieft sich das strafrechtliche Risiko wie bereits oben erläutert, nur unwesentlich, so dass die Risikoabwägung hier durchaus auch zugunsten einer **defensiven Strategie** ausfallen kann.

128 In Anbetracht der erheblichen Einschränkungen, die die Beratung und Verteidigung im subventionsstrafrechtlichen Verfahren durch die restriktiven Vorschriften des SubvG erfährt, ist sowohl bei der Beratung im Vorfeld eines Strafverfahrens als auch bei der Individualverteidigung immer im ersten Schritt zu prüfen, ob es sich bei den in Rede stehenden öffentlichen Mitteln überhaupt um Subventionen im Sinne des SubvG handelt. Die Beratung und Verteidigung, die sich dann mit Straftatbeständen wie § 263 und § 266 StGB beschäftigt, ist dann nach den dort erläuterten Grundsätzen zu führen und kann die Besonderheiten, die sich aus dem SubvG ergeben, außer Acht lassen. Handelt es sich jedoch nach eingehender Prüfung bei den öffentlichen Mitteln um Subventionen im Sinne des SubvG, ist es tunlich, soweit möglich und unabhängig davon, von wem das Verfahren angestoßen wurde, auch den **Kontakt zum Subventionsgeber** zu halten, um eine Eskalation des Verfahrens von dieser Seite zu verhindern und zumindest die wirtschaftliche Seite des Sachverhalts gegebenenfalls einvernehmlich mit dem Subventionsgeber zu regeln. Dabei ist auf der einen Seite die **faktische präjudizielle Wirkung einer Schadenswiedergutmachung** zu beachten, auf der anderen Seite kann eine Rückzahlung von öffentlichen Mitteln bzw. Subventionen auch dann gerechtfertigt oder gar erforderlich sein, wenn zwar ein subventionserheblicher Sachverhalt in Rede steht, der Vorwurf des Subventionsbetruges jedoch nicht aufrecht zu erhalten ist. Die Erfahrung zeigt, dass von Seiten des Subventionsgebers eine intensive strafrechtliche Verfolgung des Subventionsbetruges häufig dann nicht betrieben wird, wenn eventuelle wirtschaftliche Schäden ausgeglichen sind. Dies mag auch damit zusammenhängen, dass Subventionsbehörden in der Regel kein Interesse daran haben, dass das Subventionsverfahren den Prüfstand eines Gerichtes durchläuft, da Subventionen in der heutigen politischen Landschaft ohnehin sehr kritisch beurteilt werden.

§ 33 Gemeinsamer Markt

Übersicht

	Rdnr.
I. Einführung und Grundlegung	1–38
1. Die Dimension der finanziellen Interessen der Europäischen Gemeinschaften	1–12
2. Die Rechtsgrundlagen für Kontrollen und Sanktionen der EU	13–15
3. Das Agrarrecht und das Recht der anderen EU-Ausgaben	16–38
a) Die Agrarmarktordnungen der EU	16–27
b) Die Regelungen der Agrarstrukturpolitik	28–35
c) Die europäischen Fonds und andere Haushaltsmittel	36–38
II. Handelnde Behörden und drohende Sanktionen	39–88
1. Organisationen mit Überprüfungs- und Ermittlungsaufgaben	39–48
2. Sanktionen und Kontrollen nach dem Recht der Europäischen Gemeinschaften	49–83
a) Sanktionen nur bei sog. Unregelmäßigkeiten	49–52
b) Kontrollen vor Ort durch OLAF	53–64
c) Vorteilsentziehung und Zinspflicht als Zwangsmaßnahmen	65/66
d) Sanktionen nach der SanktionsVO	67–69
e) Quasi-Sanktionen (Gestaltungsmissbrauch)	70/71
f) Sektorbezogene Sanktionen (Schwarze Liste, Zuschläge, erhöhte Rückforderungen, Strafbeträge)	72–83
3. Bußgeld aufgrund nationalen Marktordnungsrechts	84–88
III. Hauptanwendungsbereich: Unregelmäßigkeiten im EG-Marktordnungsrecht	89–131
1. Rechtsgrundlagen	89–92
2. Hauptanwendungsfall Ausfuhrerstattung	93–124
a) Grundlagen	93–97
b) Erstattungsvoraussetzungen	98–100
c) Lizenzen	101–106
d) Ausfuhranmeldung	107–111
e) Nachweis der Ausfuhr innerhalb der gesetzten Frist	112–115
f) Herkunft/Ursprung/Qualität der Ware	116–119
g) Sonderfall der sog. differenzierten Ausfuhrerstattung	120/121
h) Rückforderung der Ausfuhrerstattung	122–124
3. Ausfuhrabgaben	125
4. Verjährung der Verfolgung von Unregelmäßigkeiten	126–131
IV. Unregelmäßigkeiten bei der Verwaltung anderer Haushaltsmittel der Europäischen Gemeinschaften	132–143
1. Direkte Einnahmen und Ausgaben der Europäischen Gemeinschaften	132–137
2. Die Befugnis zu internen Untersuchungen durch OLAF	138–141
3. Rechtsschutz gegen Maßnahmen des OLAF bei internen Untersuchungen	142/143
V. Inhalt und Grenzen der Kontroll- und Überprüfungsrechte bei Wirtschaftsteilnehmern	144–186
1. Rechtsgrundlagen für direkte Kontrollen durch EG-Behörden	144–153
a) Überprüfungsrechte bis zur Grenze strafrechtlicher Ermittlungen	144–149
b) Nachweis der Berechtigung zur Kontrolle	150–153
2. Befugnisse der EU-Kontrolleure	154–175
3. Abwehrrechte der betroffenen Wirtschaftsteilnehmer	176–186
a) Schutz von Geschäftsgeheimnissen und personenbezogenen Daten	176–183
b) Wahrung der Grundrechte der Betroffenen	184–186
VI. Rechtsschutz gegen Kontroll- und Überprüfungsmaßnahmen	187–226
1. Prüfung der Betroffenheit des Wirtschaftsteilnehmers	187–204
a) Betroffenheit aufgrund Verdachts der Unregelmäßigkeit oder aufgrund von Geschäftsbeziehungen zum verdächtigten Wirtschaftsteilnehmer	187–198
b) Prüfung von Inhalt und Umfang der Überprüfungsermächtigung	199–204
2. Verfahrensmaßnahmen zur Sicherstellung eines effektiven Rechtsschutzes	205–226
a) Zeitpunkt der Hinzuziehung eines Verteidigers	205–210
b) Rechtliches Gehör und Akteneinsicht	211–220
c) Vertraulichkeit von Beratung und Anwaltskorrespondenz	221–223
d) Übergang des Verwaltungsverfahrens in ein Strafverfahren	224–226

ANHANG: Anregungen zum Vorgehen in diesem weniger bekannten Rechtsbereich 227–254
1. Zeitpunkt der Beiziehung des Anwalts und erste Schritte zur Aufklärung der Sach- und Rechtslage 227–235
2. Bestandsaufnahme und klärendes Mandantengespräch zur Vorbereitung weiterer Maßnahmen 236–245
3. Erarbeitung der relevanten Rechtsfragen und Lagebesprechung 246–254

Schrifttum: *Böse*, Strafen und Sanktionen im europäischen Gemeinschaftsrecht, 1996; *Borchardt*, Der Grundsatz des Vertrauensschutzes im europäischen Gemeinschaftsrecht, 1988; *Dauses* (Hrsg.), Handbuch des EU-Wirtschaftsrechts (Loseblatt); *Dorsch*, Zollrecht, Kommentar (Loseblatt, ab 1993 Nachfolgewerk von *Bail/Schädel/Hutter*); *Ehlers/Wolffgang*, Rechtsfragen der europäischen Marktordnungen, 1998; *Esser*, Auf dem Weg zu einem europäischen Strafverfahrensrecht, 2002; *Feit*, Das System zum Schutz der finanziellen Interessen der Gemeinschaft im Ausfuhrerstattungsrecht, 2001; *Gemmel*, Kontrollen des OLAF in Deutschland: Die Anwendung der VO 2185/96 und der VO 1073/99 bei Kontrollen von Wirtschaftsunternehmen in Deutschland zum Schutz der finanziellen Interessen der Gemeinschaft, 2002; *van Gerven/Zuleeg* (Hrsg.), Sanktionen als Mittel der Durchsetzung des Gemeinschaftsrechts, 1996; *Henke/EFA* (Hrsg.), Beförderungen-Präferenzen-Trade Facilitation, Tagungsband der 14. Jahrestagung der EFA, 2003; *Henke/EFA* (Hrsg.), Hemmnisse und Sanktionen in der EU, Tagungsband des 8. Europäischen Forums für Außenwirtschaft, Verbrauchsteuern und Zoll (EFA), 1996; *Henke/EFA* (Hrsg.), Vertrauensschutz in der Europäischen Union, Tagungsband der 9. Jahrestagung des EFA, 1998; *Henke/EFA* (Hrsg.), Kontrollen – ATLAS – Risikoanalyse, Tagungsband der 11. Jahrestagung des EFA, 2000; *Henke/EFA* (Hrsg.), Erweiterung der Europäischen Union, Zusammenarbeit von Wirtschaft und Verwaltung, Entwicklung der Öko-/Energiesteuern, Tagungsband der 12. Jahrestagung des EFA, 2001; *Klein*, Abgabenordnung, 8. Aufl., 2003; *Lux*, Das Zollrecht der EG, 2003; *Müller-Eiselt*, EG-Zollrecht (Loseblatt); *Ulrich*, Kontrollen der EG-Kommission bei Wirtschaftsbeteiligten zum Schutz der finanziellen Interessen der Gemeinschaft, 1999; *Witte*, Kommentar, Zollkodex, 3. Aufl. 2004.

I. Einführung und Grundlegung

1. Die Dimension der finanziellen Interessen der Europäischen Gemeinschaften

1   Die Europäische Union (EU) bzw. die Europäischen Gemeinschaften (EG) geben in den Mitgliedstaaten viel Geld für Subventionen (im weitesten Sinne) aus. Daneben finanziert die EU – außer ihrer eigenen Verwaltungstätigkeit – eine Anzahl von Förderungsprogrammen mit erheblichen finanziellen Mitteln.

2   Werden Gelder der EU zu Unrecht erlangt, kann dies strafrechtliche Folgen haben. Insofern kommen neben Steuerhinterziehung[1] in allen ihren Formen vor allem Subventionsbetrug, Untreue und Fälschungsdelikte in Betracht. Ihre Verfolgung unterliegt grundsätzlich den nationalen Organen der Strafrechtspflege.

3   Es können sich auch bußgeldrechtliche Folgen ergeben, wenn Gelder der EU zu Unrecht durch Verstoß gegen Normen des Ordnungswidrigkeitenrechts erlangt sind. Derartige Verstöße zu ahnden, ist gleichfalls Aufgabe der nationalen Behörden.

4   Unrechtmäßig erlangte Gelder können aber auch – zeitlich vor und rechtlich neben nationalen Straf- oder Bußgeldmaßnahmen – andere „**Sanktionen**" zur Folge haben, die **verwaltungsrechtlicher Natur** sein sollen, weil die EU bislang von direkter Setzung von supranationalem „Finanzschutzstrafrecht" abgesehen hat.[2] Solche Sanktionen können etwa bestehen in einer Geldbuße nach EU-Vorschriften, in der Rückzahlung von erhaltenen Geldleistungen mit erheblichen Aufschlägen, im Verfall gestellter Sicherheiten, in einem zeitweiligen Entzug der Erlaubnis zur Teilnahme an EU-Beihilfemaßnahmen (sog. Leistungsausschluss) oder auch in der Aufnahme einer als unzuverlässig eingestuften Firma in die sog. Schwarze Liste.

5   Derartige „Sanktionen" sind oft belastender für die betroffenen Personen und Unternehmen als die Androhung und Verhängung von Bußgeld oder Strafe im herkömmlichen Sinne. Im Übrigen sind die Grenzen fließend, auch wenn an sich zwischen repressivem Verwaltungsstrafrecht (Ordnungswidrigkeiten) einerseits und eher präventiven verwaltungsrechtlichen und zivilrechtlichen Sanktionen andererseits (letztere überkompensieren einen entstandenen finan-

---

[1] Zur Problematik der Anwendung von § 370 AO bei Verstößen gegen Normen des europäischen Wirtschaftsverwaltungsrechts, insbesondere der Marktordnungen, vgl. *Niehaus* wistra 2004, 206.

[2] Vgl. umfassend dazu *Tiedemann*, Gegenwart und Zukunft des Europäischen Strafrechts, ZStW 116 (2004), 945, und *ders.*, EG und EU als Rechtsquellen des Strafrechts, FS Roxin 2001, S. 1401, 1408 ff.; *Zieschang* ZStW 118 (2001), 255, 260 ff.; jetzt dazu EuGH, Urt. v. 13.9.2005, C-176/03, betr. Umweltstrafrecht, aber auch mit Hinweis auf Art. 135 und 280 IV EGV.

ziellen Schaden) unterschieden werden kann.[3] In der **Praxis** spielt die Frage der Abgrenzung erst dann eine Rolle, wenn es um die Verhängung einer Sanktion nach der sog. **Sanktions-Verordnung** der EG (dazu unten Rdnr. 67) geht, die ausdrücklich Verschulden voraussetzt. Denn zumeist werden Sanktionen in der Form von – überdimensionierten – Geldleistungspflichten festgesetzt, mit denen objektiv-rechtliche Fehler von Wirtschaftsteilnehmern bei der Anwendung von EG-Recht „sanktioniert" werden, ohne dass Verschulden vorliegt. Kann eine Sanktion als Verwaltungsstrafrecht qualifiziert werden, und das ist bei Bußgeldern stets, bei Zwangsgeldern häufig der Fall,[4] verlangt jedenfalls der Europäische Gerichtshof für Menschenrechte, dass den Betroffenen dieselben Verteidigungsrechte zustehen wie Beschuldigten im Strafverfahren.[5]

Neben diesem bunten Strauß unterschiedlicher „Sanktionen" enthalten bestimmte Verordnungen (VO) der EG sehr einschneidende **Kontroll- und Überprüfungsrechte**, die durch eigene Organisationen der EU oder in ihrem Auftrag von nationalen Stellen wahrgenommen werden können. Die Kontrollen sollen „Unregelmäßigkeiten" bei der Anwendung von EG-Recht aufdecken und können so letztlich auch zur Feststellung der Verwirklichung von Tatbeständen des nationalen Ordnungswidrigkeitenrechts und des nationalen Strafrechts (insbesondere des Subventionsbetrugs) führen. Sie sind daher Ermittlungen im weitesten Sinne. Um beides, Sanktionen der EU im weitesten Sinne und Kontrollen durch alle dazu berechtigten EU-Organe, geht es im Recht der Sanktionen, die zum Ziel haben, „Betrügereien und sonstige gegen die finanziellen Interessen der Gemeinschaft gerichtete rechtswidrige Handlungen" zu bekämpfen (Art. 280 EG-Vertrag).

Grund für die Kontrollen und die Sanktionen ist die erhebliche finanzielle Dimension, die sich bei unrechtmäßigem Handeln der Wirtschaftsbeteiligten zum Nachteil der EU bei den **Einnahmen und Ausgaben der Haushalte der EG** ergibt:

Die EU nimmt im Jahr etwa 90 Milliarden Euro ein (in 2002 rund 100 Mrd.), und zwar zu fast 48 % durch die Erhebung von Einfuhrzöllen. Ausgaben erfolgen in gleichem Umfang, davon etwa 46 % durch Leistungen an die Landwirtschaft in der EU. Gerundet zeigt etwa das Jahr 2000 in Euro: Agrarausgaben 39 Milliarden, Ausgaben für Strukturmaßnahmen 29 Milliarden, direkte Ausgaben (z. B. Forschung, Maßnahmen im Außenbereich) 11 Milliarden.

Beeinträchtigt (und mit Sanktionsdrohung verbunden) wird die **Einnahmeerhebung** zumeist durch Falschdeklarierung im Rahmen des Zolltarifs einschließlich falscher Ursprungsangaben, aber auch durch Schmuggel (insbesondere von Zigaretten), durch Transitbetrug und Karussellverkehre.

Bei den **Ausgaben** der EU liegen die häufigsten Beeinträchtigungen im Agrarhandel mit Drittländern (insbesondere bei den sog. Ausfuhrerstattungen), im Übrigen in der Marktintervention (Lagerhaltung, diverse Prämien, z. B. für Abschlachtung oder Stilllegung), bei Submissionen und Ausschreibungen. Im direkten Ausgabenbereich sind die Beeinträchtigungen bei überhöhten Abrechnungen und – vor allem – bei missbräuchlicher Verwendung der bereitgestellten Finanzmittel zu finden.

Erhoben werden die gesamten Eigenmittel der Gemeinschaft von den Mitgliedstaaten. Auch ausgezahlt werden rund 80 % der Gemeinschaftsmittel, insbesondere im Agrarbereich und bei den Strukturfonds, von den Mitgliedstaaten (indirekte Ausgaben). Dabei werden die Agrarausgaben von bestimmten einzelstaatlichen Zahlstellen abgewickelt, die Strukturfonds von den zuständigen einzelstaatlichen Behörden verwaltet.

Nur die **direkten Ausgaben** nimmt die Kommission selbst durch Verträge vor, so dass den Mitgliedstaaten hierbei keine förmliche Verwaltungsverantwortung trifft. Dabei handelt es sich vor allem um Ausgaben in den Bereichen Energie, Forschung, Umwelt, Binnenmarkt, In-

---

[3] Vgl. dazu die Beiträge von *Sieber* und *Kadelbach* in: *van Gerven/Zuleeg* (Hrsg.), S. 72 f. bzw. S. 81 ff., mit Blick auf den Begriff „Betrug" auch *Wolffgang*, ebendort, S. 213 ff.
[4] Zwangsgeld und Geldbuße sind die primären Sanktionsformen im Bereich der Montanunion (EGKS), vgl. Art. 47, 54, 58, 59, 64, 66 und 68 EGKSV, und im EG-Wettbewerbsrecht, vgl. Art. 15, 16 VO Nr. 17/62, jetzt abgelöst durch VO (EG) Nr. 1/2003, bzw. Art. 14, 15 VO (EWG) Nr. 4068/89 (FusionskontrollVO), ABl. 1990 L 257/13.; vereinzelt finden sich aber auch Bußgeldregelungen im Marktordnungsrecht, z. B. in der DVO zur Verbrauchsbeihilfe für Olivenöl.
[5] Vgl. die Nachweise bei *Kadelbach*, oben Anm. 3, S. 82 m. Fn. 13, sowie im Einzelnen *Esser*, passim.

dustrie, Tourismus und Kultur sowie um verschiedene Programme mit Wirkung außerhalb der EU, etwa den Europäischen Entwicklungsfonds (EEF), die Zusammenarbeit mit den Ländern Mittel- und Osteuropas (PHARE), mit den unabhängigen Staaten der ehemaligen Sowjetunion (TACIS), den Mittelmeerländern (MED) sowie den Ländern Lateinamerikas und Asiens.

2. Die Rechtsgrundlagen für Kontrollen und Sanktionen der EU

13 Die Verpflichtung der Mitgliedstaaten, dafür zu sorgen, dass die Mittel der Europäischen Gemeinschaften zweckgerichtet ausgegeben und Betrügereien verhindert werden, ist, nachdem der EuGH Griechenland bereits 1989 im sog. *Mais*-Urteil dazu verurteilt hatte[6] jetzt in **Art. 280 EG-Vertrag** unmissverständlich niedergelegt:

(1) Die Gemeinschaft und die Mitgliedstaaten bekämpfen Betrügereien und sonstige gegen die finanziellen Interessen der Gemeinschaft gerichtete **rechtswidrige Handlungen** mit Maßnahmen nach diesem Artikel, die abschreckend sind und in den Mitgliedstaaten einen effektiven Schutz bewirken.

(2) Zur Bekämpfung von Betrügereien, die sich gegen die finanziellen Interessen der Gemeinschaft richten, ergreifen die Mitgliedstaaten die gleichen Maßnahmen, die sie auch zur Bekämpfung von Betrügereien ergreifen, die sich gegen ihre eigenen finanziellen Interessen richten...

(4) Zur Gewährleistung eines effektiven und gleichwertigen Schutzes in den Mitgliedstaaten beschließt der Rat ... die erforderlichen Maßnahmen zur Verhütung und Bekämpfung von Betrügereien, die sich gegen die finanziellen Interessen der Gemeinschaft richten. Die **Anwendung des Strafrechts der Mitgliedstaaten** und ihre Strafrechtspflege bleibt von diesen Maßnahmen **unberührt**.

14 Auf dieser Grundlage haben die Europäischen Gemeinschaften in der jüngeren Vergangenheit erhebliche Anstrengungen unternommen, um die Beeinträchtigung ihrer finanziellen Mittel zu verhindern. Insbesondere haben sie eine **eigene Kontroll- und Ermittlungsorganisation** geschaffen: das Europäische Amt für Betrugsbekämpfung, bezeichnet nach dem französischen Namen – Office Européen de Lutte Anti-Fraude – als **OLAF**. Seine Befugnisse werden unter II. 2.b) und IV. 2 und 3 näher dargelegt.

15 Rechtsgrundlage für Maßnahmen durch die EG gegenüber natürlichen Personen und Unternehmen und damit Maßstab für die Rechtmäßigkeit von Kontrollen und Sanktionen sind vor allem die nachfolgenden **Verordnungen** des Rates bzw. des Europäischen Parlaments und des Rates, deren Bezeichnung jeweils ihre Zielrichtung angibt:

(1) VO (EWG) Nr. 386/90 über die Kontrolle bei der Ausfuhr landwirtschaftlicher Erzeugnisse, für die Erstattungen oder andere Zahlungen geleistet werden (sog. **KontrollVO**, ABl. EG 1990 L 42/6), und die VO (EG) Nr. 2221/95 zur Durchführung der Kontroll-VO (ABl. EG 1995 L 224/13),

(2) VO (EG) Nr. 3122/94 zur Festlegung der Kriterien für die **Risikoanalyse** bei landwirtschaftlichen Erzeugnissen, für die eine Erstattung gewährt wird (ABl. EG 1994 L 330/31),

(3) VO (EG) Nr. 1469/95 über **Vorkehrungen gegenüber** bestimmten **Begünstigten** der von **EAGFL**, Abteilung Garantie, finanzierten Maßnahmen (ABl. EG 1995 L 145/1), mit Durchführungsverordnung Nr. 745/96 (ABl. EG L 102/15),

(4) VO (EG, EURATOM) Nr. 2988/95 vom 18. Dezember 1995 über den Schutz der finanziellen Interessen der Europäischen Gemeinschaften (sog. **SanktionsVO**, ABl. EG 1995 L 312/1),

(5) VO (EURATOM, EG) Nr. 2185/96 des Rates vom 11. November 1996 betreffend die **Kontrollen und Überprüfungen vor Ort** durch die Kommission zum Schutz der finanziellen Interessen der Europäischen Gemeinschaften vor Betrug und anderen Unregelmäßigkeiten (ABl. EG 1996 L 292/2),

(6) Verordnungen Nr. 1073/99 (EG) und Nr. 1074/99 (EURATOM) vom 25. Mai 1999 über die **Untersuchungen des Europäischen Amtes für Betrugsbekämpfung** (OLAF, ABl. EG 1999 L 136/1).

---

[6] Vgl. Rechtssache 68/88, Kommission ./. Griechische Republik, EuGHE 1989, 2965, Rdnr. 24; dazu Anm. von *Tiedemann* EuZW 1990, 100 f.

(7) Hierzu gehört auch die Inter-Institutionelle Vereinbarung vom 25. Mai 1999 zwischen dem Europäischen Parlament, dem Rat der Europäischen Union und der Kommission der Europäischen Gemeinschaften über die „internen Untersuchungen" des OLAF (ABl. EG L 136/15) mit dem im dortigen Anhang veröffentlichten „Standardbeschluss" über die Bedingungen und Modalitäten der internen Untersuchungen zur Bekämpfung von Betrug, Korruption und sonstigen rechtswidrigen Handlungen zum Nachteil der Interessen der Gemeinschaften.

(8) VO (EG) Nr. 800/99 (früher VO Nr. 3665/87) über gemeinsame Durchführungsvorschriften für Ausfuhrerstattungen bei landwirtschaftlichen Erzeugnissen (sog. **Ausfuhrerstattungs**VO, ABl. EG 1999 L 102/11), die erhebliche Einschränkungen des Anspruchs auf Ausfuhrerstattung im Interesse der Betrugsbekämpfung festlegt.

3. Das Agrarrecht und das Recht der anderen EU-Ausgaben

a) **Die Agrarmarktordnungen der EU.** Die oben genannten VOen betreffen ersichtlich die Kontroll-, Ermittlungs- und Sanktionsbefugnisse der EG. Sie sind relativ überschaubar. Das materielle Recht dagegen, auf das sich diese Befugnisse beziehen und das Ansprüche auf die Auszahlung finanzieller Mittel der EU enthält oder umgekehrt Zahlungspflichten des Wirtschaftsbeteiligten normiert, ist äußerst umfangreich und sehr detailliert gefasst. Dies gilt insbesondere für das wichtigste Teilgebiet des EU-Rechts mit direkter finanzieller Auswirkung auf die Wirtschaftsbeteiligten: das **Agrarmarktrecht** der EU. Dieses Recht, das den gemeinsamen Markt für Landwirtschaft und den Handel mit landwirtschaftlichen Erzeugnissen regelt, wird mit Recht als das „wohl komplexeste Gebilde der gemeinschaftlichen Rechtsordnung" (*Schwarze*) bezeichnet. Es ist trotz gewisser Verknüpfungen mit dem Zollrecht (z. B. durch die Einfuhr-Schutz-Zölle oder durch die Verwendung der zolltariflichen Warennummern bei Ausfuhrerstattungen) Wirtschaftsverwaltungsrecht und bildet ein eigenständiges Rechtsgebiet.[7]

Auf die breit angelegten völkervertragsrechtlichen Grundlagen (GATT 1994, WTO-Landwirtschaftsübereinkommen, EG-Vertrag) dieses speziellen Wirtschaftsverwaltungsrechts und seiner wirtschaftslenkenden Zielsetzung unter dem – auch rechtlich so gefassten – Oberbegriff der Gemeinsamen Agrarpolitik braucht hier nicht näher eingegangen zu werden.[8] Denn maßgebend für die praktischen Zwecke der Rechtsanwendung und ihres sanktionsbedrohten Fehlgehens im Einzelfall sind die auf der Grundlage des EG-Vertrags (speziell der Art. 33, 34) ergangenen „gemeinsamen Marktorganisationen". Sie umfassen zur Zeit unter dem **Regime von 22 „Marktordnungen"** sämtliche landwirtschaftlichen Erzeugnisse in der EU mit Ausnahme von Kartoffeln, Honig und landwirtschaftlichem Alkohol. Dabei werden neben Grunderzeugnissen, wie Getreide, Milch, Fleisch und Frischobst und Verarbeitungserzeugnissen einer ersten Verarbeitungsstufe, wie etwa Mehl, Butter, verarbeitetes Obst und Gemüse oder Wein und Olivenöl, auch bestimmte landwirtschaftliche **Produkte weiterer Verarbeitungsstufen** erfasst. Welche dies sind, ergibt sich aus der einschlägigen VO, im Zweifel aus **Anhang I zum EG-Vertrag** (früher Anhang II zum EWG-Vertrag).

Die in den einzelnen **Marktordnungen** jeweils festgelegten Maßnahmen greifen mit unterschiedlicher Intensität in das Marktgeschehen ein, und zwar – grob gefasst – mit folgenden Instrumenten:

(1) mit Preisfestsetzungen, bei denen zumeist ein Orientierungspreis zusammen mit davon abgeleiteten Interventionspreisen oder Schwellenpreisen eine „Preishierarchie" bildet, die die Grundlage bildet für die Anwendung von in der Marktordnung vorgesehenen finanziellen Stützungsmaßnahmen,

(2) mit Interventionsmaßnahmen, die im Binnenraum des geordneten Marktes wirken und vor allem die Gewährung von Direktbeihilfen betreffen, den Ankauf, die Lagerung und den Verkauf überschüssiger Produkte, die Förderung von privaten Marktentlastungsmaßnahmen, die Administration von Produktions- und Ablieferungsquoten („Milchquoten") usw., und

(3) mit Maßnahmen zur Regulierung des grenzüberschreitenden Agrarhandels, die zum Ziel haben, den Binnenmarkt vor Konkurrenz zu schützen (durch Einfuhrzölle) und den Außenhandel trotz hoher Binnenmarktpreise zu ermöglichen (sog. Ausfuhrerstattungen).

---

[7] So mit Recht EuGHE 1997, 451 ff. Rdnr. 39.
[8] Vgl. dazu vornehmlich Dauses/*Mögele/Priebe* G. Agrarrecht Rdnr. 15 bis 65.

19 Derzeit sind die Marktordnungen (erneut) der Umgestaltung unterworfen, so dass gerade für die Rechtsanwendung im Hinblick auf mögliche Sanktionen die jeweils zeitlich einschlägige Fassung derjenigen Verordnung herangezogen werden muss, die das betreffende Marktverhalten regelt.

20 Folgende – nach dem Datum ihrer Veröffentlichung geordneten – sog. **Grundverordnungen** kommen in Betracht:
Pflanzen/BlumenVO Nr. 234/68 über die Errichtung einer gemeinsamen Marktorganisation für lebende Pflanzen und Waren des Blumenhandels, ABl. EG 1968 L 55/1,
Anhang II-ErzeugnisseVO Nr. 827/68 über die gemeinsame Marktorganisation für bestimmte in Anhang II des EWG-Vertrages (jetzt Anhang I des EG-Vertrags) aufgeführte Erzeugnisse, ABl. EG 1968 L 151/16,
RohtabakVO Nr. 2075/92 über die gemeinsame Marktorganisation für Rohtabak, ABl. EG 1992 L 215/70,
Flachs/HanfVO Nr. 1308/70 über die gemeinsame Marktorganisation für Flachs und Hanf, ABl. EG 1970 L 146/1,
HopfenVO Nr. 1696/71 über die gemeinsame Marktorganisation für Hopfen, ABl. EG 1971 L 175/1,
Obst/GemüseVO Nr. 2200/96 über die gemeinsame Marktorganisation für Obst und Gemüse, ABl. EG 1996 L 297/1, berichtigt ABl. EG 1997 L 271/19,
TrockenfutterVO Nr. 603/95 über die gemeinsame Marktorganisation für Trockenfutter, ABl. EG 1995 L 63/1,
ZuckerVO Nr. 2038/1999 über die gemeinsame Marktorganisation für Zucker, ABl. EG 1999 L 252/1,
GetreideVO Nr. 1766/92 des Rates über die gemeinsame Marktorganisation für Getreide, ABl. EG 1992 L 181/12, und VO Nr. 1766/92, ABl. EG 1992, L 181/21,
SchweinefleischVO Nr. 2759/75 über die gemeinsame Marktorganisation für Schweinefleisch, ABl. EG 1975 L 281/1,
EierVO Nr. 2771/75 über die gemeinsame Marktorganisation für Eier, ABl. EG 1975 L 281/49,
GeflügelfleischVO Nr. 2777/75 über die gemeinsame Marktorganisation für Geflügelfleisch, ABl. EG 1975 L 281/77
FischereierzeugnisseVO Nr. 3759/92 über die gemeinsame Marktorganisation für Fischereierzeugnisse und Erzeugnisse der Aquakultur, ABl. EG 1992 L 388/1,
ReisVO Nr. 3072/95 über die gemeinsame Marktorganisation für Reis, ABl. EG 1995 L 329/18,
WeinVO Nr. 1493/1999 über die gemeinsame Marktorganisation für Wein, ABl. EG 1999 L 179/1
RindfleischVO Nr. 1294/1999 über die gemeinsame Marktorganisation für Rindfleisch, ABl. EG 1999 L 160/21
Obst und GemüseVO Nr. 2201/96 über die gemeinsame Marktorganisation für Verarbeitungserzeugnisse aus Obst und Gemüse, ABl. EG 1996 L 297/29, berichtigt ABl. EG 1997 L 179/10, und ABl. EG 1997 L 249/24,
SaatgutVO Nr. 2358/71 zur Errichtung einer gemeinsamen Marktorganisation für Saatgut, ABl. EG 1971 L 246/1,
MilchVO Nr. 1255/1999 über die gemeinsame Marktorganisation für Milch und Milcherzeugnisse, ABl. EG 1999 L 160/48,
FetteVO Nr. 136/66/EWG des Rates über die Errichtung einer gemeinsamen Marktorganisation für Fette, ABl. EG 1966 B 172/3025,
Schaf-/ZiegenfleischVO Nr. 2467/98 über die gemeinsame Marktorganisation für Schaf- und Ziegenfleisch, ABl. EG 1998 L 312/1,
BananenVO Nr. 404/93 über die gemeinsame Marktorganisation für Bananen, ABl. EG 1993 L 47/1

21 Die genannten Verordnungen enthalten zumeist **drei Regelungskomplexe:** die allgemeinen Bestimmungen, die (internen) Regeln für den Binnenmarkt und die Bestimmungen zum Handel mit Drittländern.

Unter den allgemeinen Bestimmungen finden sich **Definitionen**, die die unter die jeweilige Marktordnung fallenden Erzeugnisse festlegen. Unter den Regeln für den Binnenmarkt finden sich zumeist die Regelungen über Interventionen, über den Ankauf der Erzeugnisse durch die zuständigen Interventionsstellen und über den Absatz von Interventionsware sowie die Regelungen über Einkommensbeihilfen. Direkte **Einkommensbeihilfen**, die der Landwirt selbst erhält, sind inzwischen zum zentralen Stützungselement im gemeinsamen Markt geworden. Eine (abschließende) Liste der geltenden direkten Einkommensbeihilfen findet sich im Anhang zur VO Nr. 1259/1999, ABl. EG 1999 L 160/113. Zu den Maßnahmen im Innenbereich gehören auch die diversen **Quotenregelungen**, die der Begrenzung der Erzeugung dienen, durch ihre komplizierten Regelungen jedoch erheblich anfällig sind für Manipulationsmaßnahmen; dies gilt insbesondere für das Milchquotensystem und die Fischereiquotenregelung. Ähnlich anfällig sind die durchaus attraktiven **Vergünstigungen** zur Minderung oder Umstellung der Produktion, die als Nichtvermarktungs-, Extensivierungs-, Stilllegungs-, Umstellungs- und Aufgabeprämien ausgestaltet worden sind. Schließlich regeln manche Marktordnungen die Herstellung, Bezeichnung und Vermarktung der Erzeugnisse und gelegentlich sogar die Struktur, Organisation und Tätigkeit der Erzeugungs- und Vermarktungswirtschaft.

Da die internen Stützungsmaßnahmen nur ihre Wirkung entfalten können, wenn sie durch Instrumente für den grenzüberschreitenden Handel ergänzt werden, sehen die Marktordnungen in einem dritten Regelungskomplex Bestimmungen vor, die die Einfuhr und Ausfuhr der Erzeugnisse regeln, die von der jeweiligen Marktordnung erfasst werden. Während die **Schutzmaßnahmen** für die Erzeugnisse des Binnenmarkts gegen preisgünstigere Einfuhren aus Drittländern jetzt in den Zolltarif eingearbeitet worden sind, werden diejenigen Subventionen, die gewährt werden, damit die Erzeugnisse der EU im Weltmarkt konkurrenzfähig sind, in den Marktordnungen festgelegt. Es handelt sich um die sog. **Ausfuhrerstattungen**. Zwölf der 22 Marktordnungen sehen bei der Ausfuhr von Agrarprodukten derartige Ausfuhrerstattungen vor. Die Erstattungshöhe dafür wird von der EU-Kommission festgelegt; in einigen Bereichen, z. B. bei Getreide und Zucker, geschieht dies durch sog. Ausschreibungen, ohne dass damit allerdings ein echter Wettbewerb zustande käme, weil – jedenfalls im Zuckermarkt – nur sehr wenige Großunternehmen beteiligt sind.[9] Stets aber unterliegen Einfuhren wie Ausfuhren einer – täglich überwachten – **Lizenzpflicht**. Für die Lizenzerteilung und die Vorausfestsetzung von Erstattungen, die gegen Stellung einer Sicherheit gewährt werden, gelten spezielle Regeln, die inzwischen in die jeweiligen Marktordnungen eingearbeitet worden sind.

Schließlich ist darauf hinzuweisen, dass aufgrund der Beschlüsse des Rates vom 17.5.1999 (ABl. EG 1999 L 160 und L 179) **weitere Reformen** in den Bereichen Ackerkulturen, Rindfleisch, Milch und Wein vorgesehen sind, die **ab 2000** in Rechtsvorschriften umgesetzt werden. Deshalb ist für die Rechtsanwendung von entscheidender Bedeutung, dass die jeweils gültige Marktordnung der anwaltlichen Beratung zugrunde liegt.

Dass die Erkenntnis des geltenden Rechts sich nicht immer einfach gestaltet, folgt bereits aus dem bis hierher Dargelegten. Im Anhang (unten Rdnr. 227 ff.) soll deshalb praktische Hilfestellung dafür gegeben werden, wie den entscheidenden rechtlichen Beratungspunkten möglichst rasch nahegekommen werden kann.

Vorab sei zudem auf Folgendes hingewiesen: Die Marktordnungen werden von der Generaldirektion Landwirtschaft der EU-Kommission auf der Grundlage der Regelungen für den **Europäischen Ausrichtungs- und Garantiefonds für die Landwirtschaft**, kurz: EAGFL (engl. EAGGF) verwaltet. Der Fonds ist ein Teil des EU-Haushalts. An ihn müssen die nationalen Regierungen Rückzahlungen leisten, wenn festgestellt wird, dass Mittel des EAGFL (objektiv) fehlerhaft ausgegeben worden sind. Dies sind die sog. **Anlastungen**. Die dafür verantwortliche nationale „Zahlstelle" ist in Deutschland das Hauptzollamt (HZA) Hamburg-Jonas.

Wegen der beständigen Gefahr solcher „Anlastungen" sind **Rechtsstreitigkeiten** im Marktordnungsbereich praktisch niemals durch Kompromiss mit der Behörde beizulegen. Hintergrund der Kompromisslosigkeit,[10] die sich dadurch im Ergebnis als **Sanktionsmittel** beson-

---

[9] Vgl. Europäischer Rechnungshof, Sonderbericht Nr. 9/2003, S. 19, und Antwort der Kommission, ebendort, S. 9 ff.
[10] Zur Formstrenge als Grund dafür und vom Willen, dennoch im Einzelfall zu helfen, siehe Ehlers/Wolffgang/*von Rönn* S. 117, 123 f.

derer Art darstellt,[11] ist die Tatsache, dass jede fehlerhafte Rechtsanwendung der nationalen Behörden dem Mitgliedstaat angelastet wird, und zwar selbst geringfügige formale Verstöße gegen das Marktordnungsrecht, sogar solche, die sich nur indirekt auf den Haushalt der EU auswirken, wie etwa das Überschreiten einer zugeteilten Quote, z. B. der Fischfangquote, oder der zugelassenen Anbaufläche bei geförderten Ackerkulturen. Möglich bleibt allerdings eine **Vorabanfrage** der nationalen Behörde an die EG-Kommission über die richtige Auslegung von Gemeinschaftsrecht. Dies im Interesse eines betroffenen Wirtschaftsteilnehmers zu erreichen, ist naturgemäß schwierig, wenngleich bei unklarer Rechtslage nicht unmöglich. Die Unklarheit muss nur auch von der Verwaltung als solche empfunden werden. Auch insoweit ist anwaltliche „Hilfestellung" nutzbringend.

28 **b) Die Regelungen der Agrarstrukturpolitik.** Die Abgrenzung zwischen Agrarmarktpolitik und Agrarstrukturpolitik ist zwar fließend und auch bei der Rechtsetzung durch die EG nicht immer einheitlich und widerspruchsfrei. Gleichwohl sind klare Rechtsgrundlagen vorhanden:

29 Durch die für den neuen Förderzeitraum **ab 2000** geltenden Regelungen der beiden VO Nr. 1260/1999 (Strukturfonds, ABl. EG 1999 L 161/1) und VO Nr. 1257/1999 (Förderung der Entwicklung des ländlichen Raums, ABl. EG 1999 L 160/80) sowie mit der DurchführungsVO der Kommission Nr. 1750/1999 (ABl. EG 1999 L 214/31) sind für die Strukturpolitik der EU allgemeine Verwaltungs-, Finanzierungs- und **Kontrollregelungen** für die drei Strukturfonds, den **Regionalfonds**, den **Sozialfonds** und den **Agrarfonds**, eingeführt worden. Förderbar durch finanzielle Mittel der Gemeinschaft sind danach Maßnahmen in den einzelnen Mitgliedsstaaten, die Folgendes betreffen: Investitionen in landwirtschaftliche Betriebe, Niederlassung von Junglandwirten, Berufsbildung, Vorruhestand, benachteiligte Gebiete und Gebiete mit umweltspezifischen Einschränkungen, Agrarumweltmaßnahmen, Verbesserung der Verarbeitung und Vermarktung landwirtschaftlicher Erzeugnisse, Forstwirtschaft und die Anpassung und Entwicklung von ländlichen Gebieten generell.

30 Neben den Marktordnungen und den strukturellen Maßnahmen hat die EU weitere Maßnahmen im Agrarbereich getroffen, die zum Ziel haben, im Binnenmarkt **Qualitäts- und Verbraucherschutzbestimmungen** durchzusetzen und die Erzeugung und Vermarktung qualitativ hochstehender Erzeugnisse zu fördern. Dass die EU hierzu berechtigt ist, hat sich nach verschiedenen Urteilen des EuGH als richtig erwiesen.[12] Da die EU insoweit jedoch regelmäßig nur durch Richtlinien handeln kann, die in mitgliedsstaatliches Recht umzusetzen sind, kommen **Sanktionen** für Fehlverhalten nach europäischem Recht in der Regel **nicht** in Betracht. **Aber:** In einzelnen Bereichen gelten europäische Regelungen direkt, und zwar über die VO Nr. 2092/91 (ABl. EG 1991 L 198/1) **für den ökologischen Landbau** und die entsprechende **Kennzeichnung** der landwirtschaftlichen Erzeugnisse und Lebensmittel, die mit der VO Nr. 1804/1999 (ABl. EG 1999 L 222/1) jetzt auch für den tierischen Bereich gilt.

31 Die **Richtlinien** der EU enthalten zudem in einer Reihe von Fällen originäre **Kontroll- und Überprüfungsrechte** für die EU-Kommission. Dies gilt speziell im Veterinärbereich, wie Art. 12 der Frischfleischrichtlinie (64/433/EWG) oder Art. 20 der Importkontrollrichtlinie (90/675/EWG) zeigen. Derartige Rechte sind in einigen Verordnungen ausdrücklich normiert, z. B. in der VO Nr. 2081/92, ABl. EG 1992, L 208/1 (Anerkennung von Ursprungs- und Herkunftsbezeichnungen), VO Nr. 2082/92, ABl. EG 1992 L 208/9 (besondere Merkmale bei Agrarprodukten und bestimmten Lebensmitteln), der VO Nr. 2092/91, ABl. EG 1991 L 198/1 (Liste vermarktungsberechtigter Bioprodukte), und der VO Nr. 820/97, ABl. EG 1997 L 117/1 (Befugnis zur Ungültigerklärung von Genehmigungen zur Rindfleischetikettierung in Drittländern).

> **Praxistipp:**
> 32 Wegen der Verantwortung der Mitgliedsstaaten für den Vollzug der EU-Regelungen besteht nur in Ausnahmefällen ein direkter Kontakt zwischen den Marktbeteiligten und EU-Organisationen.

---

[11] Vgl. dazu – punktgenau – van Gerven/Zuleeg/*Priebe* 2, S. 57 f., 65.
[12] Vgl. EuGHE 1988, 855 (Hormone), 905 (Legehennenhaltung), 3743 und 3799, sowie EuGHE 1990 I, 4023.

> Wenn aber von den nationalen Behörden auf der Grundlage der EU-Vorschriften oder durch Beamte des OLAF selbst Maßnahmen erfolgen, ist höchste Konzentration erforderlich, um in der Fülle und Komplexität der Regelungen den richtigen Weg zu finden, der den Marktteilnehmer vor unangemessenen Beeinträchtigungen und vor übermäßigen Maßnahmen der finanziellen Inanspruchnahme durch die EU schützt.

Zu beachten ist insbesondere, dass es neben der Grundverordnung in vielen Fällen **eigenständige Verordnungen** zu den jeweiligen Marktordnungen gibt. Darin sind oft Vorgaben für die Verfahrensgestaltung normiert, die den nationalen Behörden kaum Spielraum zur eigenständigen Verfahrensgestaltung lassen. So enthalten bspw. die VOen Nr. 3508/92 und Nr. 3887/92 detaillierte Verfahrens-, Kontroll-, Rückforderungs- und Sanktionsregelungen, die die **Ausgleichszahlungen** in den Bereichen Getreide, Rindfleisch, Schaffleisch und Reis betreffen. Ähnliches gilt für die Rückforderungen und Sanktionen nach der VO Nr. 800/1999, die zu Unrecht gewährte Ausfuhrerstattungen betreffen. Die DurchführungsVO für Maßnahmen der ländlichen Entwicklung (VO Nr. 1957/1999) enthält vergleichbare Regelungen.

Dabei darf eine wichtige horizontale Verordnung nicht übersehen werden, die VO Nr. 4045/89 (ABl. EG 1989 L 388/18) mit ihren Vorschriften über die **Kontrolle der Geschäftsunterlagen** jener Unternehmen, die direkt oder indirekt in den Genuss von EU-Leistungen im Agrarsektor kommen. Es wundert daher nicht, dass auch im Bereich der Direktbeihilfen Kontrollbefugnisse geschaffen worden sind, die es ermöglichen, schon im Rahmen von Anträgen die darin enthaltenen Daten vor Ort zu überprüfen (z. B. durch Flächenmessungen, auch unter Einsatz von Luft- und Satellitenaufnahmen, durch Tierzählung, durch Registerprüfung usw.).

Zwar haben die mannigfachen Regelungen zur Kontrolle der Ausgaben der EU in erster Linie den Zweck, den Verwaltungsvollzug der nationalen Stellen zu überprüfen. Gleichwohl sind die EU-Beamten zur selbständigen Durchführung von Kontrollen unmittelbar bei Wirtschaftsbeteiligten nach Art. 9 Abs. 2 VO Nr. 1258/1999 befugt, und die Beamten des OLAF können in Einzelfällen Vor-Ort-Kontrollen durchführen, wenn die Voraussetzungen von Art. 2 der VO vorliegen, wenn nämlich – kurz gefasst – schwerwiegende oder grenzüberschreitende oder in verschiedenen Mitgliedsstaaten wurzelnde Unregelmäßigkeiten betroffen sind, wenn Vor-Ort-Kontrollen in einem Einzelfall erforderlich sind oder wenn ein Mitgliedsstaat sie beantragt hat.

c) Die europäischen Fonds und andere Haushaltsmittel. Haushaltsmittel der EU, die über die Mitgliedsstaaten und in Deutschland über die Bundesländer vergeben werden, betreffen im Wesentlichen verschiedene europäische Fonds, von denen der wichtigste der Europäische Fonds für regionale Entwicklung (EFRE) ist. Die Bewirtschaftung der Mittel wird in der Regel von den Wirtschaftsministerien der Länder, zum Teil aber auch von nachgeordneten Behörden wahrgenommen. Die Behörden bedienen sich zumeist der Banken oder besonderer Förderinstitute des Landes, wenn es um die konkrete Beantragung von Mitteln geht. Neben dem EFRE ist der Europäische Sozialfonds (ESF) von Bedeutung. Seine Mittel werden zum Teil von der Bundesagentur für Arbeit vergeben, zum andern Teil über die Länderministerien für Arbeit und Soziales und deren nachgeordnete Behörden, wie die Landesversorgungsämter und die Hauptfürsorgestellen. Die Mittel aus beiden Fonds sind für den Antragsteller nicht als solche der EU erkennbar. Sie werden vielmehr eingebunden in Programme des Bundes und der Länder, die die Mittel der EU in ihrem jeweiligen Haushalt eingestellt haben und als eigene Mittel vergeben.

Andere Haushaltsmittel der EU werden von der Kommission direkt vergeben. Dabei handelt es sich um Beschaffungen für die europäischen Institutionen, um Forschungsförderung im Bereich der verschiedenen Generaldirektionen der EU-Kommission und um einige spezielle Programme, die der Förderung der außenwirtschaftlichen Beziehungen der EU dienen.

Die **Verausgabung der Mittel** der EU erfolgt auf der Grundlage der Bundes- bzw. der jeweiligen Landeshaushaltsordnung, den dazu ergangenen Verwaltungsvorschriften und ggf. entsprechenden Förderrichtlinien und Förderprogrammen. Dementsprechend erfolgen **Prüfungen** der Rechtmäßigkeit der Verausgabung durch die jeweiligen Rechnungshöfe. Da es sich aber weitgehend um Mittel der EU handelt, bestehen daneben die bereits oben genannten Prüfungsrechte der EU, insbesondere aufgrund der SanktionsVO und aufgrund der Rechte und Pflichten des OLAF.

II. Handelnde Behörden und drohende Sanktionen

1. Organisationen mit Überprüfungs- und Ermittlungsaufgaben

39 Soweit Mittel der EU betroffen sind, übt die Kommission als verantwortliche Organisationseinheit für die Durchführung des EU-Haushalts und für den Schutz der finanziellen Interessen der Gemeinschaft die Exekutivfunktion aus (Art. 155, 205, 209 a EGV). Gremien des Europäischen Parlaments haben keine Mitwirkungsbefugnisse.

40 Die **Europäische Kommission** hat 20 (politische) Kommissare und als Verwaltungsorganisation 26 Generaldirektionen. Für die Durchführung der Marktorganisation Landwirtschaft ist der Agrarkommissar verantwortlich; die Verwaltung liegt bei der Generaldirektion VI (GD VI) mit zehn Direktionen (insofern vergleichbar einem deutschen Ministerium mit zehn Abteilungen). Im landwirtschaftlichen Bereich kann im Einzelfall statt der zuständigen Generaldirektion auch die Abteilung Landwirtschaftliche Verarbeitungsindustrie/Biotechnologie der GD III (Industrie) zuständig sein, ggf. auch die GD XI (Zollunion und indirekte Steuern), etwa bei Fragen der Ausfuhrerstattung, oder die GD I bei Fragen des Warenursprungs oder von Zollpräferenzen.

41 Die **Generaldirektionen** wirken aber in der Regel „nur" indirekt auf die nationale Durchführung der EG-Vorschriften ein, insbesondere durch die oben bereits genannte Möglichkeit der Anlastung, unter deren Überschrift auch die fehlerhafte Anwendung formeller Kriterien, wie Fristen und Nachweisformalitäten, durch die nationalen Verwaltungen rigoros geahndet wird.[13]

42 Die Mitgliedstaaten sind verpflichtet, das Recht der EU auf ihrem Hoheitsgebiet durchzusetzen. Sie tun dies durch ihre Ausführungsgesetzgebung (in Deutschland vor allem durch das Marktordnungsgesetz – MOG) und durch ihre Verwaltung, auch wenn die Strukturen sowie die Art und Zahl der Dienststellen, die etwa die Gemeinsame Agrarpolitik durchführen, in den Mitgliedstaaten höchst unterschiedlich sind.

43 In **Deutschland** ist die Bundesanstalt für landwirtschaftliche Marktordnung (BALM) zuständig für die Durchführung bestimmter Maßnahmen im Rahmen einiger Marktordnungen (Getreide, Zucker, Fleisch, Milch, Fette), das Bundesamt für Ernährung und Forstwirtschaft (BEF) für die Maßnahmen der anderen Marktordnungen. Beide Ämter erteilen Lizenzen, Erstattungszusagen und Vorausfestsetzungsbescheinigungen. Für den grenzüberschreitenden Handelsverkehr und für Kontrollen der Einhaltung der Vorschriften des Marktordnungsrechts ist die Zollverwaltung zuständig (unter Aufsicht der Abteilung III im BMF), z. T. auch der Europaabteilung des BMF. Regelmäßige direkte Ansprechpartner der Firmen sind daher das **HZA Hamburg-Jonas** (Zentralstelle für Erstattungen), die übrigen Hauptzollämter, soweit sie Prüfungen anordnen und durchführen lassen, sowie die Zollfahndungsämter unter der Leitung des Zollkriminalamtes und die Zolltechnischen Prüfungs- und Lehranstalten (ZPLA) der Oberfinanzdirektionen Berlin, Hamburg, Köln, Frankfurt/Main und München, die z. B. Proben von landwirtschaftlichen Produkten auf ihre Einordnung in den Zolltarif hin überprüfen (durch sog. Einreihungsgutachten). Die Einreihung durch die ZPLA ist für die Verwaltung maßgebend bei der Gewährung von Ausfuhrerstattungen.

44 Die Durchführung von EU-Strukturmaßnahmen (Ökologie, Bodenordnung, Forsten) obliegt den Bundesländern, zumeist den für Landwirtschaft zuständigen **Ministerien**. Die Mittel aus dem EFRE und dem ESF verwalten die Wirtschaftsministerien der Länder, z. T. werden Projekte letzteren Fonds durch die Bundesanstalt für Arbeit betreut.[14] **In allen Fällen sind die jeweils zuständigen Referate hilfreiche und kompetente Gesprächspartner für die antragstellenden Firmen.**

45 Überprüfungs- und Ermittlungsmaßnahmen im Marktordnungsbereich, die vor Ort erfolgen, werden in der Regel durch Beamte der **Hauptzollämter** durchgeführt, und zwar in der Form von **Außenprüfungen** (zumeist noch als „Betriebsprüfungen" bezeichnet). Ihre Tätigkeit

---

[13] Vgl. nur Dorsch/*Schrömbges*, D1: Marktordnung, Einführung, Rdnr. 151 ff.
[14] Vgl. näher Dorsch/*Schrömbges*, H, D1: Marktordnung, Einführung, Rdnr. 187 ff.

beruht auf § 33 MOG, wonach die dort aufgeführten Behörden bei den Erstattungsbeteiligten Auskünfte einholen und sich von ihnen geschäftliche Unterlagen vorlegen lassen können. Sie haben die nationalen Verfahrensvorschriften für Prüfungen bei Steuerpflichtigen einzuhalten, d. h. die Vorschriften der AO entsprechend anzuwenden.

Zur Ermittlung einzelbetriebsübergreifender Erstattungsfälle oder zur Aufdeckung bislang 46 der Verwaltung unbekannter Fälle erscheinen im Betrieb zumeist Beamte der Zollfahndungsämter, deren Rechte und Pflichten ebenfalls von den Vorschriften der AO bestimmt sind. Bei der Überprüfung der Voraussetzungen für die Zahlung von Beihilfen sind regelmäßig die Angehörigen der bewilligenden Behörde selbst tätig.

Anlass von Überprüfungen ist seit 1997 häufig die von der Verwaltung vorgenommene 47 Risikoanalyse, die je nach Sektor der landwirtschaftlichen Erzeugung unterschiedlich häufige Vollkontrollen vorschreibt, d. h. es werden sowohl die Waren beschaut als auch die Bücher der antragstellenden Firmen geprüft.

Neben den Behörden der Mitgliedsstaaten kann aber auch OLAF im Betrieb ermittelnd 48 tätig werden. Denn es besteht aufgrund der VO Nr. 2185/96 die Befugnis der Kommission, direkte **Ermittlungen bei Wirtschaftstreibenden** durchzuführen, die von der EU als Kontrolle und Überprüfung im Hinblick auf die beabsichtigte Betrugsbekämpfung verstanden werden.

2. Sanktionen und Kontrollen nach dem Recht der Europäischen Gemeinschaften

a) **Sanktionen nur bei sog. Unregelmäßigkeiten.** Die Reichweite der Kontrollen und mög- 49 lichen Sanktionen durch die Gemeinschaft wird von dem Begriff der „Unregelmäßigkeiten" bestimmt, der in Art. 1 Abs. 2 der VO Nr. 2988/95 – der SanktionsVO – so definiert worden ist:

Der Tatbestand der Unregelmäßigkeit ist bei jedem Verstoß gegen eine Gemeinschaftsbestim- 50 mung als Folge einer Handlung oder Unterlassung eines Wirtschaftsteilnehmers gegeben, die einen Schaden für den Gesamthaushalt der Gemeinschaften oder die Haushalte, die von den Gemeinschaften verwaltet werden, bewirkt hat bzw. haben würde, sei es durch die Verminderung oder den Ausfall von Eigenmitteleinnahmen, die direkt für Rechnung der Gemeinschaften erhoben werden, sei es durch eine ungerechtfertigte Ausgabe.

Diese Definition umfasst erkennbar sowohl die einfache Unterlassung infolge von Irrtum 51 oder Fahrlässigkeit, die sich negativ auf den Gemeinschaftshaushalt auswirken könnte, als auch vorsätzliche und absichtliche Handlungen, die in den enger gefassten Begriff des Betrugs nach der Definition im Strafrechtsübereinkommen fallen.[15] Um sicherzustellen, dass auch Scheingeschäfte und Umgehungshandlungen, die Einnahmen oder Ausgaben der EU betreffen, erfasst werden, ist in Art. 4 Abs. 2 der SanktionsVO eine spezielle Klausel zur **Verhinderung von Umgehungsgeschäften** geschaffen worden, mit der die Gewährung von Vorteilen aus Umgehungsgeschäften unterbunden werden sollen und Rückforderungen angeordnet werden können. Auch diese Handlungen sind vom Begriff der „Unregelmäßigkeiten" erfasst.[16]

Damit sind zwar die rechtlichen Rahmenregelungen geschaffen, innerhalb deren die Kom- 52 mission der EU tätig werden darf. Doch nach dem weiterhin bestehenden Subsidiaritätsprinzip kann die Kommission Überprüfungen und Kontrollen nur dann durchführen, wenn diese definitiv einen (zusätzlichen) Beitrag zur Überprüfung und Kontrolle durch die Mitgliedstaaten leisten können (Argument: Erwägung Nr. 7 SanktionsVO i. V. m. Art. 3 SanktionsVO).

b) **Kontrollen vor Ort durch OLAF.** Die Bereiche, in denen Überprüfungen und Kontrollen 53 vor Ort in den Mitgliedstaaten durchgeführt werden können, sind deshalb in der SanktionsVO ausdrücklich festgelegt. Nach Art. 2 der VO handelt es sich um Kontrollmaßnahmen mit dem Ziel

- schwerwiegende oder grenzüberschreitende Unregelmäßigkeiten oder Unregelmäßigkeiten aufzudecken, an denen in mehreren Mitgliedstaaten handelnde Wirtschaftsteilnehmer beteiligt sein könnten,
- Unregelmäßigkeiten aufzudecken, wenn es sich aufgrund der Lage in einem Mitgliedstaat in einem Einzelfall als erforderlich erweist, die Kontrollen und Überprüfungen vor Ort zu

---

[15] Vgl. Rechnungshof der EG, Sonderbericht Nr. 8/98, ABl. C 230/1, 25 mit Fn. 9.
[16] Vgl. dazu *Dannecker* ZStW 108 (1996), 577, 581, 604; insgesamt zu Sanktionen und Kontrollen van Gerven/Zuleeg/*Wolffgang* S. 217 ff.

straffen, um einen wirksamen Schutz der finanziellen Interessen zu erreichen und damit zu gewährleisten, dass die Interessen überall in der Gemeinschaft in gleichem Umfang geschützt werden.

Stets kann die Kommission Prüfungen vor Ort vornehmen, wenn der betreffende Mitgliedstaat dies beantragt.

54 Diese Handlungsermächtigung in Verbindung mit der weiten Definition der Unregelmäßigkeit zieht den **Kreis der zu Überprüfenden** ersichtlich **sehr weit**. Er soll neben den Marktbeteiligten, die Geld aus dem Gemeinschaftshaushalt erhalten oder ihm Gelder schulden, **auch „andere betroffene Wirtschaftsteilnehmer"** umfassen. Darunter fallen Lieferanten, Spediteure, Versicherungsgesellschaften usw.

55 Bei der Überprüfung selbst sollen die Bediensteten der Kommission in gleichem Maße **Zugang zu allen Informationen und Unterlagen** erhalten sowie Stichproben entnehmen und Räumlichkeiten betreten können wie die Kontrolleure der einzelstaatlichen Behörden. Auf die Problematik dieser Regelungen und ihre praktische Anwendung wird im Einzelnen zurückzukommen sein.

56 In erheblichem Umfang sind zudem weitere Rechtsvorschriften zu beachten, die die Formen der zwischenstaatlichen Zusammenarbeit in den Bereichen Justiz und Inneres, insbesondere die Zusammenarbeit in Zivil- und Strafsachen auf der Ebene der Justiz sowie die Zusammenarbeit im Zollwesen und in bestimmten Bereichen der Polizei (internationale Kriminalität, Europol), betreffen.

57 Sämtliche dieser Maßnahmen kulminieren jetzt in den **Verordnungen** Nr. 1073/1999 und Nr. 1074/1999 **über die Untersuchungen des OLAF**. Sie sind und bleiben potentiell weit reichend und tief greifend, auch wenn ausdrücklich in den Verordnungen darauf hingewiesen wird, dass sie „in keiner Weise die Befugnisse und Zuständigkeiten der Mitgliedstaaten auf dem Gebiet der Bekämpfung von Betrug zum Nachteil der finanziellen Interessen der Gemeinschaften" beschneiden (Erwägungsgrund Nr. 21) und dass die Untersuchungen des OLAF „nicht die Zuständigkeit der Mitgliedstaaten für die Strafverfolgung" berühren (Art. 2 der VOen).

> **Praxistipp:**
> 58 Die Verordnungen begrenzen die Rechte des OLAF in materieller und in formeller Hinsicht, obwohl diese an sich weitergehen könnten als die Rechte und Pflichten der Kontrolleure der Mitgliedstaaten. Die Bediensteten des OLAF werden ausdrücklich an die Vorschriften und „Gepflogenheiten" der Beamten des betreffenden Mitgliedstaats gebunden (Art. 6 Abs. 4 der VOen).

59 Speziell für **Deutschland** lässt sich feststellen, dass die deutschen Behörden die Erhebung von nationalen Steuern genauso behandeln wie Abgaben, die der EU zustehen. Steuerrechtlich wird die Hinterziehung von Zöllen und Agrarabgaben als „Steuerbetrug" behandelt, und zwar auch dann, wenn die Betrugshandlung in einem anderen Mitgliedstaat begangen wird. Eingeschaltet wird in diesen Fällen die Zollfahndung auf der Grundlage des Zollfahndungsdienstgesetzes.

60 Zur Kontrolle der Ausgaben nach dem Strukturfonds und dem Kohäsionsfonds sind in einigen Verwaltungsstellen der Bundesländer unabhängige Kontrollgruppen mit der Aufgabe eingerichtet worden, Vor-Ort-Kontrollen und jährliche Konsultationen durchzuführen.

Kritische Hinweise:

61 (1) Strafrechtliche Ermittlungen in den Mitgliedstaaten erfolgen im Rahmen der dort geltenden Verfahrensordnungen. Diese schützen auch die Rechte der Betroffenen. Die Kontrolleure des OLAF haben sich an diese Verfahrensordnungen zu halten. Maßnahmen, die von Kontrolleuren des OLAF vorgenommen werden, können demgemäß an den mitgliedstaatlichen Verfahrensvorschriften gemessen und (nur) in dessen Rahmen rechtlich überprüft werden. Dies wird zwar in der Wissenschaft zum Teil als problematisch angesehen, kann jedoch aus praktischen Gründen akzeptiert werden.[17]

---

[17] Vgl. *Rabe* in NJW-Sonderheft für *Weber*, 2001, S. 54, 55 mit Hinweis auf *Ulrich* EWS 2000, 137.

(2) In **Deutschland** sind die Vorschriften der AO und der BpO zu beachten, bei Einleitung 62 strafprozessualer Ermittlungen also die Regeln de § 397 AO. Ist aber ein nationales **strafrechtliches Ermittlungsverfahren** eingeleitet, wird dadurch eine gemeinschaftsrechtliche Kontrolltätigkeit und damit ein **Tätigwerden des OLAF ausgeschlossen**.[18] Die sich aus nationalem Strafprozessrecht ergebenen Grenzen gelten in jedem Fall, also auch für die Kontrolltätigkeit des OLAF im Rahmen von internen Untersuchungen. Liegt ein Anfangsverdacht im Sinne der StPO vor, hat OLAF daher seine Ermittlungen einzustellen und den Fall der Kommission zur Weiterleitung an die nationale Staatsanwaltschaft zu übertragen.

(3) Der interne Bereich der Einrichtungen, Ämter und Agenturen der **Europäischen Gemein-** 63 **schaften** ist jedoch anders zu behandeln: Für die Tätigkeit des OLAF, das weit in den strafrechtlichen Bereich hineinreichende Ermittlungsmöglichkeiten erhalten hat, fehlt es an rechtsstaatlich gebotenen Verfahrensvorschriften. Dies verkürzt den Rechtsschutz der Betroffenen und führt zugleich zu einer Rechtsunsicherheit, die die Effektivität der Maßnahmen selbst beeinträchtigen kann.[19]

(4) Es muss daher Folgendes beachtet werden: Grundsätzlich gelten für die Tätigkeit des 64 OLAF wie für die Tätigkeit der nationalen Ermittlungsorgane **rechtsstaatliche Grundsätze**, und zwar eines europäischen Mindeststandards.[20] Dazu gehören der Grundsatz der Gesetzmäßigkeit der Verwaltung, die Gewährung rechtlichen Gehörs und der Schutz der Vertraulichkeit der Rechtsberatung.[21]

c) **Vorteilsentziehung und Zinspflicht als Zwangsmaßnahmen**. Nach Art. 4 der VO Nr. 65 2988/95 (SanktionsVO)wirkt jede der in Art. 1 Abs. 2 definierten Unregelmäßigkeiten (finanzieller Schaden für die EU durch Verstoß gegen eine Gemeinschaftsbestimmung) „in der Regel"
(1) durch Entzug des rechtswidrig erlangten Vorteils, und zwar
  • durch Verpflichtung zur Zahlung des geschuldeten oder zur Rückerstattung des rechtswidrig erhaltenen Geldbetrags,
  • durch vollständigen oder teilweisen Verlust der Sicherheit, die für einen Antrag auf Gewährung eines Vorteils oder bei Zahlung eines Vorschusses geleistet worden ist, und
(2) durch die Erhebung von Zinsen, falls dies bei den obigen Maßnahmen vorgesehen war.

Diese **Verwaltungsmaßnahmen**, deren konkrete Regelung im Marktordnungsrecht sich in 66 der jeweiligen Durchführungsverordnung zu der einschlägigen Grundverordnung findet, versteht der EU-Gesetzgeber ausdrücklich nicht als Sanktionen (Art. 4 Abs. 4 SanktionsVO). Sie werden durchgeführt, **ohne** dass es der **Feststellung von Verschulden** bedarf.

d) **Sanktionen nach der SanktionsVO**. Als verwaltungsrechtliche Sanktionen werden vom 67 EU-Gesetzgeber dagegen die einzelnen, in Art. 5 der SanktionsVO festgelegten Folgen von Unregelmäßigkeiten verstanden, die „vorsätzlich begangen oder durch Fahrlässigkeit verursacht wurden". Als solche Sanktionen sind festgelegt worden:
(a) die Zahlung einer Geldbuße,
(b) die Zahlung eines Betrags, der den rechtswidrig erlangten Vorteil, einschließlich von Zinsen, übersteigt; dieser **zusätzliche Betrag** darf ausdrücklich „die zur Abschreckung unbedingt erforderliche Höhe nicht übersteigen",
(c) vollständiger oder teilweiser Entzug des gewährten Vorteils, falls der Wirtschaftsteilnehmer nur einen Teil des Vorteils rechtswidrig erlangt hat,
(d) vorübergehender Entzug einer Genehmigung oder Anerkennung, die für die Teilnahme an einem gemeinschaftlichen Beihilfesystem erforderlich ist,
(e) Verlust einer Sicherheit oder Garantie, die zur Gewährleistung der Erfüllung der Bedingungen einer Regelung geleistet wurde, oder Rückzahlung des Betrags einer in ungerechtfertigter Weise freigegebenen Sicherheit,

---

[18] Ebenso *Ulrich*, ebendort, S. 144, ferner *Mögele* EWS 1998, 1 f.
[19] Vgl. *Rabe*, ebendort, S. 56.
[20] Vgl. *Haibach* NVwZ 1998, 456 ff.
[21] Vgl. dazu die Urteile des EuGH, zusammengefaßt bei *Götz* EuR 1986, 29, 43 m. w. N. in Fn. 61, und *Bast* RIW 1992, 742 ff., bzw. *Ulrich* EWS 2000, 137, 144 f. m. w. N. in Fn. 105, 107, 109.

(f) weitere (ausschließlich wirtschaftliche) Sanktionen gleichwertiger Art und Tragweite, die in sektorbezogenen Regelungen vorgesehen sind.

68 Diesen Katalog der möglichen Sanktionen erklärt der EU-Gesetzgeber ausdrücklich zu finanziellen Sanktionen, die „nicht einer strafrechtlichen Sanktion gleichgestellt werden können", und bestimmt, dass die Verhängung von finanziellen Sanktionen durch Beschluss der zuständigen Behörde **ausgesetzt** werden müssen, **wenn** gegen die betreffende Person ein **Strafverfahren eingeleitet** worden ist, das dieselbe Tat betrifft (Art. 5 Abs. 2, 6 Abs. 1 der VO, vgl. näher dazu unten).

69 Wegen der in der VO Nr. 2988/95 geregelten Tatbestände und der Auflistung der Sanktionsmittel wird diese Verordnung auch als **SanktionsVO** bezeichnet. Anders als der Artikel des EGV, aufgrund dessen die Sanktionsverordnung ergangen ist (Art. 280 bzw. Art. 209 a (ex) EGV) und der die Bekämpfung von „Betrügereien und sonstige gegen die finanziellen Interessen der Gemeinschaft gerichtete rechtswidrige Handlungen" zum Gegenstand hat, spricht die SanktionsVO an keiner Stelle von „Betrügereien", sondern verwendet den Oberbegriff der finanziellen Interessen der Gemeinschaft und legt zu deren Sicherstellung den „Tatbestand der Unregelmäßigkeit" (Art. 1 Abs. 2) fest.

70 e) Quasi-Sanktionen (Gestaltungsmissbrauch). Neben den verwaltungsrechtlichen Maßnahmen des Art. 4 Abs. 1, 2 und den als solche festgelegten Sanktionen des Art. 5 enthält die VO Nr. 2988/95 eine weitere Vorschrift, mit deren Hilfe ein vom Wirtschaftsteilnehmer erwarteter Vorteil nicht zustande kommt. Diese **Quasi-Sanktion** des Art. 4 Abs. 3 ist in gewisser Weise vergleichbar mit § 42 AO, der den Missbrauch rechtlicher Gestaltungsmöglichkeiten betrifft. Allerdings bleibt auch der gröbste Missbrauch steuerrechtlicher Gestaltung strafrechtlich Vorbereitungshandlung, solange die Gestaltung den Finanzbehörden korrekt und vollständig offen gelegt wird.[22]

71 Nach Art. 4 Abs. 3 werden Vorteile dann nicht gewährt oder wieder entzogen, wenn Handlungen festgestellt werden, die „nachgewiesenermaßen die Erlangung eines Vorteils, der den Zielsetzungen der einschlägigen Gemeinschaftsvorschriften zuwiderläuft, zum Ziel haben, indem künstlich die Voraussetzungen für die Erlangung dieses Vorteils geschaffen werden". Ob unter dieser Vorschrift auch **Scheingeschäfte** zu erfassen sind oder ob diese nicht ohnehin bereits unter die vorsätzlich begangenen Unregelmäßigkeiten des Art. 5 fallen, mag zunächst dahinstehen. Jedenfalls sollen alle Umgehungshandlungen und missbräuchlichen Gestaltungen durch die Art. 4 und 5 der Sanktionsverordnung erfasst werden.

72 f) Sektorbezogene Sanktionen (Schwarze Liste, Zuschläge, erhöhte Rückforderungen, Strafbeträge). Neben den verwaltungsrechtlichen Maßnahmen und Sanktionen der SanktionsVO bestehen jedoch die „verwaltungsrechtlichen Sanktionen" der Gemeinschaft weiter, die auf der Grundlage weitergeltender sektorbezogener Regelungen verhängt werden können (Art. 6 Abs. 1 der SanktionsVO). Hierbei handelt es sich vor allem um Sanktionen, die im Zusammenhang mit der Einführung einer „Schwarzen Liste" stehen, sowie um die seit langem bestehenden Sanktionen nach der AusfuhrerstattungsVO Nr. 3665/87, jetzt VO Nr. 800/1999.

73 Mit der VO Nr. 1469/95 über Vorkehrungen im Rahmen der **EAGFL** sind Regelungen eingeführt worden, die jene Marktbeteiligten identifizieren und den zuständigen Behörden zur Kenntnis bringen sollen, die sich in der Vergangenheit als unzuverlässig erwiesen haben oder bei denen das Risiko der Unzuverlässigkeit besteht hinsichtlich bestimmter von der EU finanzierter Ausschreibungen, Ausfuhrerstattungen und Verkäufen von verbilligten Interventionserzeugnissen (Art. 1 Abs. 1 der VO). **Unzuverlässige Marktbeteiligte** können in eine „**Schwarze Liste**" aufgenommen werden mit der Folge, dass verstärkte Kontrollen der Geschäfte dieser Marktbeteiligten vorgenommen, bei laufenden Geschäften Zahlungen ausgesetzt oder solche Marktbeteiligte von bestimmten Geschäften insgesamt ausgeschlossen werden können (Art. 3 der VO).

74 Allerdings setzt die Anwendung dieser Vorschriften voraus, dass der Marktbeteiligte vorsätzlich oder grob fahrlässig eine Unregelmäßigkeit begangen hat und dies in einer bestandsbzw. rechtskräftigen Entscheidung einer Verwaltungsbehörde oder eines Gerichts festgestellt

---

[22] Vgl. näher *Kottke*, Das Tatbestandsmerkmal des ungewöhnlichen Weges in § 42 der Abgabenordnung, BB 1983, 1146.

worden ist (sog. Marktbeteiligte A) oder aber – und dies kann eher einmal der Fall sein[23] – als sog. Marktbeteiligter B „auf Grund konkreter Tatsachen **Gegenstand einer ersten amtlichen oder gerichtlichen Feststellung** seitens der zuständigen Stellen des Mitgliedsstaats geworden" ist (Art. 1 Abs. 2 der VO). Nur bei Marktbeteiligten A ist ein völliger Ausschluss von der Finanzierung künftiger Geschäfte zulässig.

Die Einzelheiten der Feststellungen und der vorgesehenen Sanktionen sind in der DurchführungsVO (EG) Nr. 745/96 vom 24.4.1996 (ABl. EG 1996 L 102/15) enthalten, beispielsweise dass die Feststellung schriftlich von einem zuständigen Amtsträger getroffen sein muss. Jeder Mitgliedstaat hat eine zentrale Stelle benannt; es kann aber auf nationaler Ebene auch mehrere „schwarze Listen" geben, die dann zentral zugänglich sind.[24] Insgesamt ergibt sich daraus ein **hochkomplexes System der Unterrichtung** zwischen den Mitgliedsstaaten, das dem Marktbeteiligten **lediglich** dann ein **Anhörungsrecht** gibt, wenn die Zahlungsaussetzung für laufende Geschäfte oder sein Ausschluss von bestimmten Geschäften droht.

Erste Gerichtsentscheidungen haben erwiesen, dass einem sich von der Eintragung in die schwarze Liste betroffen fühlenden Marktbeteiligten, gegen den also noch keine beschwerdefähige Maßnahme ergangen ist, ein **Anspruch aus Auskunft** darüber, ob er in die schwarze Liste aufgenommen worden ist, **nicht** zusteht.[25] Dies wird im Wesentlichen damit begründet, dass anderenfalls Maßnahmen, die darauf abzielen, Marktteilnehmer, bei denen das Risiko der Unzuverlässigkeit besteht, als solche zu identifizieren, nicht wirksam durchgeführt werden können.

Unter welchen Umständen und bei welchen zeitlichen Abläufen dennoch ein Auskunftsanspruch nach deutschem Recht besteht, etwa als Anspruch aus Art. 19 Abs. 3 i. V. m. Art. 2 Abs. 1 GG (Recht auf freie Entfaltung der Persönlichkeit auch in wirtschaftlichem Bereich) oder als Anspruch auf ermessensfehlerfreie Entscheidung über ein entsprechendes Auskunftsbegehren, ist offen. Ein Antrag hätte nur dann Aussicht auf Erfolg, wenn deutlich gemacht werden könnte, dass Beeinträchtigungen auf Seiten des Marktteilnehmers eingetreten sind, die aus der Anwendung der VO Nr. 1469/95 herzurühren scheinen, für deren Durchführung aber keinerlei Anlass auf Seiten des Marktteilnehmers gegeben ist.[26] Im Übrigen soll auch in der Praxis die Aufnahme in die schwarze Liste zeitlich begrenzt sein, und zwar je nach der gewählten Maßnahme zwischen 6 Monaten und 5 Jahren.[27]

Sanktionen nach der AusfuhrerstattungsVO (VO Nr. 800/1999, die die VO Nr. 3665/87 ersetzt hat) werden häufig verhängt. Sie sind gravierend und nach den neuesten Entscheidungen des EuGH und des BFH **nicht mehr rechtlich zweifelhaft**,[28] selbst etwa für den Fall, dass falsche Herstellerangaben, die dem Ausführer ohne eigenes Verschulden nicht bekannt waren, die Ursache für einen objektiv unrichtigen Erstattungsanspruch waren[29] Möglichkeiten, in diesem Zusammenhang zu Ergebnissen zu kommen, die für den Ausführer **günstiger** sind, bestehen daher m. E. nur noch in der präzisen Unterscheidung des jeweiligen Falles von den bisher entschiedenen Fallgestaltungen in der Rechtsprechung. Anhaltspunkte dafür können den Kommentierungen zur EuGH-Rechtsprechung entnommen werden.[30]

Grundsätzlich aber gilt (Art. gem. VO Nr. 3665/87):

Falls der Ausführer – aus welchen Gründen auch immer – eine **zu hohe Erstattung beantragt** hat, so erhält er, wenn dies im Laufe des Verfahrens erkannt wird, als Erstattungsbetrag nur die Summe der ihm bei korrekter Antragstellung zustehenden **Erstattung abzüglich der Hälfte** der Differenz von beantragter und zustehender Erstattung. Dieser 50 %-ige Abzugsbetrag, den

---

[23] Vgl. FG Hamburg zur Aussetzung von Zahlungen für laufende (Ausfuhr-)Geschäfte, ZfZ 2004, 239 und 387, z. T. (verschärfend) korrigiert durch BFH Beschl. v. 1.8.2005 – VII B 97/04 – BFH/NV 2005, 2255, 2257.
[24] Vgl. insgesamt zur Schwarzen Liste Ehlers/Wolffgang/*Hitzler* S. 245 ff., sowie *Feit*, S. 137 ff.
[25] Vgl. BFH-Urt. v. 29.7.2003 – VII R 66/02 – BFH/NV 2003, 1523, 1524, DStRE 2003, 1303.
[26] Vgl. hinsichtlich möglicher Argumentationslinien sowohl das Urteil des BFH, ebendort, als auch die darin zitierte Entscheidung der Vorinstanz.
[27] Vgl. Ehlers/Wolffgang/*Hitzler* S. 254 und 261, aber differenzierter: BFH in BFH/NV 2005, 2255.
[28] Vgl. EuGH Urt. v. 11.7.2002, C-210/00, EuGHE 2002, I-6453, ZfZ 2002, 341, Beilage zu BFH/NV 2002, 25, BFH-Urt. v. 21.11.2002 – VII R 67/98 – BFH/NV 2003, 358.
[29] Dazu die berechtigte Kritik von *Schrömbges* in der Anmerkung in ZfZ 2002, 346.
[30] Vgl. z. B. Anmerkung von *Schrömbges* ZfZ 2002, 346. Siehe auch unten Rdnr. 93.

Art. 11 VO Nr. 3665/87 selbst als Sanktion zeichnet, soll pauschalierend den Vermögensvorteil ausgleichen, den der Ausführer durch die Vorfinanzierung erhalten hat.[31]

80 Zusätzlich muss der Ausführer eine **Sanktion** nach Art. 33 Abs. 1 der VO hinnehmen, die in einem **Zuschlag von 20 %** besteht, berechnet nach der Differenz zwischen der beantragten und der – um den Abzugsbetrag verminderten – fälligen Erstattung.[32] Diese Sanktion hat den Zweck, den Ausführer von einer missbräuchlichen Inanspruchnahme der Vorfinanzierung einer Erstattung abzuhalten.[33]

Liegen Erstattungsvoraussetzungen überhaupt nicht vor (z. B. fehlende Ausfuhrlizenz), so wird die beantragte Erstattung als entsprechender Negativbetrag festgesetzt und eingefordert (Art. 1 Abs. 1 UAbs. 4 der VO), womit sich diese **Sanktion** gleichsam als „Strafe" **für unrichtige Antragsstellung** darstellt.

81 Mit Recht gilt allerdings: Hat der Ausführer **vorsätzlich falsche Angaben** gemacht, so wird als Sanktion **das Doppelte** der Differenz zwischen geschuldeter und vorsätzlich falsch beantragter Erstattung festgesetzt (Art. 11 Abs. 1 der VO).

82 Schließlich kann man als eine dem Bußgeld ähnliche Sanktion[34] auch die Tatsache der **Rückzahlungsverpflichtungen** bei Ausfuhrerstattungen und Verarbeitungsbeihilfen nach Art. 11 Abs. 3 VO 3665/87 bzw. § 10 Abs. 1 MOG ansehen. Anders als bei der Rückgängigmachung zu Unrecht gezahlter direkter Einkommenstransfers sind Ausfuhrerstattungen und Verarbeitungsbeihilfen marktordnungsrechtliche Maßnahmen, die dazu dienen, einheimische Unternehmen auf dem Weltmarkt konkurrenzfähig zu machen. Die Rückforderung der Zahlungen, die bereits für das erledigte Geschäft verwendet worden sind, führt in der Regel zu einem nicht wiedergutzumachenden Verlust und stellt deshalb nicht nur eine Maßnahme der Rückgängigmachung eines unrechtmäßigen Geschäftes, sondern zugleich eine Sanktion hierfür dar. Dies gilt auch für die Regelung, dass die Erstattung einem Zessionar gezahlt worden ist, der nunmehr zusammen mit dem Zedenten als Gesamtschuldner für die Rückzahlung zu Unrecht gezahlter Beträge, zu Unrecht freigegebener Sicherheiten und anfallender Zinsen als Gesamtschuldner haftet (Art. 11 Abs. 3 UAbs. 6 VO Nr. 3665/87).

83 Im Sonderfall der **Milchmarktordnung** hat die EU den Molkereien, die die von ihnen zu erhebenden und abzuführenden Milchgarantiemengen-Abgaben zum Stichtag nicht gemeldet haben, neben der Zinszahlung ausdrücklich einen **Strafbetrag** in erheblicher Höhe auferlegt, und zwar berechnet nach der angelieferten Milchmenge. Grund für die Regelung war die Erfahrung der EU-Kommission, dass Verzögerungen bei der Übermittlung der Daten zu stark verzögerten Zahlungen der Abgabenbeträge geführt hatten. Diese Regelung wird vom FG Düsseldorf für unverhältnismäßig gehalten und wurde deshalb dem EuGH vorgelegt: Die Höhe des Strafbetrags knüpft nämlich an die abgelieferte Milchmenge, nicht an die – wegen Überschreitens bereits fällige – Abgabenschuld an; sie lässt unberücksichtigt, ob sich die Fristüberschreitung auf die Abgabenerhebung – wegen ausreichender Zeitvorgaben für die behördliche Verarbeitung der gelieferten Daten – tatsächlich auswirkt; und der Strafbetrag wird unabhängig vom Verschulden oder einer Möglichkeit der Exkulpation fällig.[35] Die nunmehr geltende VO (EG) Nr. 1392/2001 vom 9.7.2001, ABl. EG L 187/19, hat immerhin als Entschuldigungsgrund den Tatbestand der höheren Gewalt aufgenommen.

3. Bußgeld aufgrund nationalen Marktordnungsrechts

84 Nationale Maßnahmen, die sicherstellen sollen, dass die Vorschriften der europäischen Marktorganisationen eingehalten und Anlastungen vermieden werden, die dem deutschen Steuerzahler über die Haushalte von Bund und Ländern aufgebürdet werden, sind die Bußgeldvorschriften in § 36 des Gesetzes zur Durchführung der gemeinsamen Marktorganisation (MOG). Danach können nicht nur die Gegenstände, auf die sich eine Ordnungswidrigkeit

---

[31] So schon EuGHE 1987, 621, 625 Tz. 14, und EuGHE 1992, I-1157, 1223 Tz. 36.
[32] So jetzt gegen FG Hamburg die BFH-Urt. v. 26.2.2004 – VII R 32/03 und VII R 34/03 – BFH/NV 2004, 900 bzw. 902, ZfZ 2004, 234 bzw. 235.
[33] Vgl. BFH-Urt. v. 7.4.1998 – VII R 68/97 – BFH/NV 1998, 1367.
[34] Vgl. dazu *Schweitzer/Raible* ZfZ 2001, 290, 293.
[35] Vgl. FG Düsseldorf Vorlagebeschl. v. 19.12.2001, 4 K 4014/01 Z, ZfZ 2002, 130, insoweit nicht beantwortet im EuGH-Urt. v. 1.4.2004 – C-1/02 – ZfZ 2004, 262.

bezieht, eingezogen werden, sondern in den meisten Fällen kann **auch der Versuch** einer Ordnungswidrigkeit bereits geahndet werden. § 36 MOG unterscheidet zwischen ordnungswidrigem Handeln, das mindestens leichtfertig (grob fahrlässig) geschieht und mit einer Geldbuße bis zu € 50.000 geahndet werden kann, und Ordnungswidrigkeiten, die zwar auch schon fahrlässig begangen, aber dann nur mit einer Geldbuße bis zu € 5.000 geahndet werden können.

Nicht ordnungswidrig handelt, wer nur fahrlässig „unrichtige oder unvollständige Angaben tatsächlicher Art macht oder benutzt, um für sich oder einen anderen eine Lizenz, Erlaubnis, Genehmigung, Zulassung, Anerkennung, Bewilligung oder Bescheinigung zu erlangen", die nach den Regelungen und Rechtsakten der EG erforderlich sind (§ 36 Abs. 1 MOG). 85

Dagegen handelt nach § 36 Abs. 2 MOG bereits ordnungswidrig, wer nur fahrlässig ohne die erforderlichen Bescheide oder auch nur ohne Vorlage dieser Bescheide **Marktordnungswaren über die deutschen Grenzen** verbringt oder sie ein- oder ausführt bzw. solche verbringen, einführen oder ausführen lässt. 86

Rechtsstaatlich einwandfrei, weil in seinen Voraussetzungen präzise festgelegt, ist in § 36 Abs. 3 geregelt, dass ordnungswidrig handelt, wer mindestens **leichtfertig** entgegen einer Vorschrift des EG-Marktordnungsrechts oder des § 33 MOG einer Melde-, Aufzeichnungs- oder Aufbewahrungspflicht zuwider handelt, eine Auskunft nicht richtig, nicht vollständig oder nicht fristgemäß erteilt, Geschäftsunterlagen nicht entsprechend vorlegt oder die Einsichtnahme nicht gestattet, schließlich die Besichtigung von Grundstücken oder Räumen oder die amtliche Überwachung zweck- oder fristgerechter Verwendung nicht gestattet. 87

Problematisch ist lediglich Nr. 2 dieser Vorschrift, soweit es für dessen Anwendung darauf ankommt, dass Umstände nach den EU-Marktordnungsvorschriften, nach dem MOG oder nach Rechtsverordnungen aufgrund des MOG „erheblich" sind. 88

III. Hauptanwendungsbereich: Unregelmäßigkeiten im EG-Marktordnungsrecht
1. Rechtsgrundlagen

Jede der oben (in I. 3a) aufgeführten Marktordnungen enthält eigene Bestimmungen und bildet für sich eine abgeschlossene Regelung. Die jeweilige **Grundverordnung** wird ergänzt durch gemeinschaftsrechtliche Ausführungsbestimmungen und durch nationale Durchführungsvorschriften. Abgesehen von der jeweils enthaltenen Aufzählung der Erzeugnisse, die unter die Marktordnung fallen, sind die Grundverordnungen unterschiedlich aufgebaut und unterscheiden sich z. T. erheblich hinsichtlich ihrer Regelungen über Preise, Interventionen, Binnenmarkt und Handel (siehe näher oben zu I.3). 89

Für die **Durchführung** der Grundverordnungen bildet das **MOG** die Grundlage, auch wenn dort nur dasjenige geregelt ist, was in den EG-Verordnungen für nationale Ergänzungen offen gelassen oder überhaupt ohne Regelung geblieben ist. Insbesondere enthält das MOG Begriffsbestimmungen über Einfuhr, Ausfuhr, Ausfuhrerstattungen und Ausfuhrabgaben sowie über Interventionen und Lizenzen. Von direkter Bedeutung sind zudem die Vorschriften über **Rücknahme und Widerruf** von begünstigenden Bescheiden (§ 10 MOG) sowie über die **Beweislast** für das Vorliegen der Voraussetzungen für die Gewährung von Vergünstigungen (§ 11 MOG[36]). 90

Als **Vergünstigungen** bezeichnet das deutsche Recht praktisch alle Maßnahmen, die aufgrund der EG-Marktordnungen dazu führen, dass finanzielle Mittel der Europäischen Union an die Wirtschaftsteilnehmer ausgezahlt werden. Sie werden in den §§ 6 und 8 MOG im Einzelnen aufgeführt. Zu ihnen gehören neben den verschiedenen Beihilfen, Prämien und Subventionen gerade auch die Produktionserstattungen und die Ausfuhrerstattungen. Ausfuhrerstattungen stellen im Übrigen den größten Anteil an Leistungen im Rahmen der EG-Marktordnungen dar. In absoluten Zahlen waren es € 5,6 Mrd. im Jahre 2000 und im 91

---

[36] Instruktives Beispiel dazu: BFH-Urt. v. 7.5.2001 – VII R 5/01 – BFH/NV 2002, 1189 bzw. ZfZ 2002, 349, und die Bemerkungen von *Schrömbges* ZfZ 2002, 218, 222; zum Verhältnis des MOG zur AusfuhrerstattungsVO BFH-Urt. v. 29.7.2003 – VII R 3/01 – BFH/NV 2003, 1521.

Jahre 2001 erneut € 3,4 Mrd; 84 % davon[37] betrafen die vier Erzeugergruppen: Fleisch und Fleischerzeugnisse (14 %), Milch und Milcherzeugnisse (32 %), Zucker (30 %) und Getreide (8 %).

92 Von großer Bedeutung kann die **Beweislastregel des § 11 MOG** werden. Danach trägt der Begünstigte auch noch nach Empfang der Vergünstigung in jenem Verantwortungsbereich, der nicht zum Verantwortungsbereich der die Begünstigung gewährende Behörde gehört, die Beweislast für das Vorliegen der Voraussetzungen für die Gewährung der Vergünstigung. Dies allerdings nur bis zum Ablauf des vierten Jahres, das dem Kalenderjahr der Gewährung folgt. Nach Ablauf dieser Vier-Jahresfrist finden die allgemeinen Beweislastregeln Anwendung mit der Folge, dass insbesondere die Beweislast für das Vorliegen der Voraussetzungen für die Rückforderung von Ausfuhrerstattungen dem Hauptzollamt obliegt. Nach der Rechtsprechung wird diese nationale Beweislastverteilung für den Marktordnungsbereich nicht durch Beweislastregeln des Gemeinschaftsrecht durchbrochen, die das Zollverfahren betreffen. Diese reichen nur soweit, wie die Ware sich noch in einem Zollverfahren befindet, d. h. dann nicht mehr, wenn die Ware dem Ausführer zur Ausfuhr aus dem Zollgebiet der Gemeinschaft überlassen worden ist.[38]

2. Hauptanwendungsfall Ausfuhrerstattung

93 a) **Grundlagen.** Die Grundvorschriften für die Gewährung von Ausfuhrvergünstigungen unter dem Begriff Ausfuhrerstattung sind heute in der **VO Nr. 800/99** enthalten. Sie ist **Nachfolgerin der früheren VO Nr. 3665/87**, deren Vorschriften zum größten Teil in die neue VO übernommen worden sind, so dass Kommentierungen und Rechtsprechung zu den entsprechenden Vorschriften der früheren VO für die Auslegung und Anwendung der neuen Vorschriften herangezogen werden können.[39]

94 Für **Nicht-Anhang-I-Waren**, die unter die (nach dem früheren Anhang II des EWG-Vertrags noch so bezeichnete) Anhang II-ErzeugnisseVO fallen, gibt es besondere Regelungen über die Gewährung von Ausfuhrerstattungen in der VO Nr. 1520/2000 (ABl. EG 2000 L 177/1; früher: VO Nr. 1222/94). Bei solchen Waren muss sichergestellt werden, dass nicht Erstattungsbeträge gezahlt werden, die bei der Ausfuhr unverarbeiteter landwirtschaftlicher Erzeugnisse gezahlten Erstattungen übersteigen. Dies setzt genau kontrollierbare Angaben des Herstellers über den Herstellungsprozess voraus, deren Verletzung leicht zu verwaltungsrechtlichen Rückforderungsmaßnahmen oder gar Sanktionen führen kann.

95 Ob und in welchem **Umfang** Ausfuhrerstattungen möglich sind, ergibt sich aus der GrundVO, die die betreffende Marktordnungsware regelt. Das sind derzeit die VOen über Milch und Milcherzeugnisse, Eier, Reis, Zucker, Getreide, Rindfleisch, Schweinefleisch, Geflügelfleisch, Obst und Gemüse, Verarbeitungserzeugnisse von Obst und Gemüse sowie Wein und Fette.

96 In der jeweiligen GrundVO ist allerdings der **Anspruch** auf Erstattung nicht ausdrücklich festgelegt. Er ergibt sich lediglich aus den verschiedenen Voraussetzungen für die Zahlung der Erstattung, die bestimmte Nachweise hierfür verlangen. Gleichwohl wird mit Recht auch vom EuGH davon ausgegangen, dass bei Erfüllung der in den Vorschriften genannten Voraussetzungen ein Erstattungsanspruch gegeben ist.[40] Dem entspricht die Regelung in § 16 der deutschen AusfuhrerstattungsVO.[41] **Ausgeschlossen** ist eine Erstattung bei den Waren, für die zwar ein Erstattungsanspruch vorgesehen, für die jedoch eine Ausfuhrabgabe im Voraus oder im Rahmen einer Ausschreibung festgesetzt worden ist.[42]

97 Für die **Praxis** ergeben sich die Voraussetzungen für eine Erstattung aus der MO-Warenliste. In diese Warenliste muss die betreffende Ware eingereiht werden, wofür die Vorschriften der Kombinierten Nomenklatur und deren Erläuterungen (wie bei der zollrechtlichen Einreihung)

---

[37] Vgl. Sonderbericht Nr. 9/2003 des Rechnungshofs der EG.
[38] Vgl. FG Hamburg Urt. v. 12.4.2002 – IV 246/99 – ZfZ 2003, 59, 61.
[39] Vgl. die beiden Urteile in BFH/NV 2004, 900 und 902, zu objektiver Falschanmeldung mit nachfolgender Sanktion bei Ausfuhrerstattung durch Vorfinanzierung. Das System der Ausfuhrerstattungen erläutert verständlich und präzise Ehlers/Wolffgang/*Halla-Heißen* S. 37 bis 87.
[40] Vgl. EuGH Rs. C-347/93 v. 9.8.1994.
[41] EWG-Ausfuhrerstattungsverordnung v. 24.5.1996 (BGBl. I S. 766).
[42] Vgl. Art. 14 VO Nr. 3665/87.

maßgebend sind. Aus der jeweilgen Grundverordnung selbst ergibt sich, für welche Erzeugnisse und unter welchen Voraussetzungen die Erstattungssätze je nach der Bestimmung oder dem Bestimmungsgebiet in unterschiedlicher Höhe festgesetzt werden.

b) **Erstattungsvoraussetzungen.** Der Erstattungsanspruch entsteht, vorbehaltlich einzelner Sonderbestimmungen in der einschlägigen VO, wenn folgende Voraussetzungen gegeben sind: 98
(1) Vorlage einer Ausfuhrlizenz,
(2) Abgabe der Ausfuhranmeldung (durch den Ausführer) und Annahme der Anmeldung durch die (Ausfuhr)Zollstelle,
(3) Ausfuhr der in der Anmeldung angegebenen erstattungsfähigen Ware,
(4) Nachweis der Ausfuhr unter Einhaltung der Frist,
(5) Herkunft der Ware aus dem freien Verkehr/mit Ursprung in der Gemeinschaft,
(6) gesunde und handelsübliche Qualität der Ware.
Für die **sog. differenzierte Erstattung** sind ferner Voraussetzung:
(7) Einfuhr der Ware in ein bestimmtes Drittland in unverändertem Zustand,
(8) Einfuhr dieser Ware innerhalb einer Frist.

Die Verletzung jeder dieser Voraussetzungen stellt einen Verstoß gegen eine Gemeinschaftsbestimmung dar. Wenn die Möglichkeit besteht, dass daraus ein Schaden für den Haushalt der Gemeinschaft entsteht, liegt eine **Unregelmäßigkeit** vor, an die sich die verwaltungsrechtlichen Maßnahmen oder auch Sanktionen nach Art. 4 der VO Nr. 2988/95 knüpfen. Deshalb ist die Einhaltung der Vorschriften des Gemeinschaftsrechts von absolut vorrangiger Bedeutung. 99

Aber: Eine Sanktion ist eben auch erst dann möglich, wenn ein Verstoß gegen eine Gemeinschaftsbestimmung (und ein daraus entstehender Schaden) tatsächlich festgestellt worden ist. Deshalb sind im Rahmen der o. g. Voraussetzungen für eine Erstattung insbesondere die nachfolgenden Vorschriften und Rechtserkenntnisse zu beachten. 100

c) **Lizenzen.** Die Vorlage der verwendeten Ausfuhrlizenz nach der VO Nr. 3719/88 (LizenzVO) ist Voraussetzung für den Erstattungsanspruch. 101

Art. 1 LizenzVO benennt alle Marktordnungen, die eine Lizenzpflicht vorsehen. Ob eine Lizenzpflicht besteht, lässt sich aus der Warenliste Ausfuhr unschwer erkennen. Einzelheiten über zu stellende Sicherheiten und zu den Fristen ergeben sich aus den Verordnungen VO Nr. 2220/85 (ABl. EG 1985 L 205/5) bzw. der FristenVO Nr. 1182/71 (ABl. EG 1971 L 124/1). 102

Die Ausfuhrlizenz enthält eine Vorausfestsetzung der Erstattung und ermöglicht damit die ordnungsgemäße Verwaltung der Marktorganisation und zugleich eine wertmäßige Beschränkung der Ausfuhr. 103

Seit dem 1.3.2000 sind für **Nicht-Anhang-I-Erstattungen** entsprechende Erstattungsbescheinigungen erforderlich (vgl. VO Nr. 1702/99, ABl. EG 1999 L 201/30). Daneben gibt es Einfuhrlizenzen, die eine abgabenbegünstigte besondere Verwendung im Wirtschaftsgebiet der Gemeinschaft überwachen, und Vorausfestsetzungsbescheinigungen, die der vorherigen Festsetzung der Agrarzölle dienen. Zu beachten bleibt: Mit einer Lizenz wird nicht nur eine Berechtigung erteilt, sondern auch eine **Verpflichtung** ausgesprochen. Die Verpflichtung wird mit einer Kautionszahlung abgesichert. 104

Probleme ergeben sich, wenn Lizenzinhaber und Erstattungsbeteiligter nicht identisch sind (unzulässig[43]), aber auch, wenn Rechte aus einer Lizenz (nicht die Lizenz selbst) auf einen Dritten übertragen wurden, obwohl dies nicht zugelassen war, und wenn das Problem nicht durch Teilung der Lizenz (zulässig nach Art. 20 LizenzVO) und anschließende Übertragung vorab gelöst wurde. 105

Am Tage der Ausfuhranmeldung muss die Lizenz gültig sein. Bei Zweifeln an der Richtigkeit der Angaben in der Lizenz lehnt die Zollstelle die Abfertigung ab, der Ausführer hat aber die Möglichkeit, die Lizenz durch die Lizenzstelle berichtigen zu lassen. Ggf., wenn nämlich die Berichtigung sich nicht als erforderlich herausstellt, bringt die Lizenzstelle einen Nachprüfungsvermerk auf der Lizenz an. Stellt sich dagegen heraus, dass die Lizenz zu Unrecht erteilt worden ist, kann die BLE die rechtswidrige Lizenz nach § 48 Abs. 1 VwVfG zurücknehmen. Geschieht dies mit Wirkung für die Vergangenheit, so wirkt sich dies unmittelbar auf die dem 106

---

[43] Vgl. BFH-Urt. v. 15.6.1993 – VII B 14/93 – ZfZ 1993, 351.

Ausführer gewährte Ausfuhrerstattung aus. Für eine Klage gegen eine Rücknahme der Lizenz ist der Verwaltungsrechtsweg gegeben.

107 d) **Ausfuhranmeldung.** Ausfuhrerstattung ist nur möglich, wenn die Ware in das zollrechtliche Ausfuhrverfahren nach Art. 161 Zollkodex überführt wird. Dieses Verfahren beginnt mit der Annahme der „Ausfuhranmeldung für Erstattungszwecke", und zwar des entsprechenden Einheitspapiers nach § 3 der deutschen AusfuhrerstattungsVO durch die Ausfuhrzollstelle. Der Tag der Abgabe einer ordnungsgemäßen Anmeldung ist zugleich der **Tag der Ausfuhr.** An ihn knüpfen sich die weiteren **Fristen**, nämlich die 60tägige Ausfuhrfrist, ggf. die zwölfmonatige Einfuhrfrist und die zwölfmonatige Frist für die Vorlage der Erstattungsdokumente (Art. 3, 4, 5, 47 VO Nr. 3665/87).

108 Neben der ordnungsgemäßen Anmeldung müssen die Waren auch bei der Zollstelle gestellt worden sein, d. h. die Zollstelle muss die Mitteilung des Ausführers erhalten haben, dass die Waren körperlich an dem angegebenen Ort vorhanden sind. Mängel im Rahmen der Ausfuhranmeldung, z. B. keine Verwendung der amtlichen Vordrucke, Fehlen erforderlicher Angaben, fehlende Unterschrift, können nur nach Maßgabe des Art. 65 Zollkodex berichtigt werden; ggf. kommt die Möglichkeit der Ungültigerklärung nach Art. 66 ZK i. V. m. Art. 251 DVO in Betracht.

109 Allerdings ist noch ungeklärt, ob **unzutreffende Angaben** in der Ausfuhranmeldung einen Anspruch auf Ausfuhrerstattung insgesamt ausschließen. Nach Auffassung der deutschen Rechtsprechung ist dies dann nicht der Fall, wenn im Anschluss an die Anmeldung eine Überprüfung stattgefunden hat und die Anmeldung daraufhin berichtigt worden ist.[44] Anders als bei **Nicht-Anhang-I-Waren**, bei denen der Ausführer verpflichtet ist, die Grunderzeugnisse genau anzugeben, die zur Herstellung der Ausfuhrwaren tatsächlich verwendet wurden,[45] ist bei **Anhang-I-Waren** eine ordnungsgemäße Anmeldung dann erfolgt, wenn das tatsächlich ausgeführte Erzeugnis in der Anmeldung „im Kern richtig bezeichnet" worden ist.[46]

110 Mögliche **Missbräuche**, die dazu führen könnten, dass Ausführer durch unzutreffende Angaben bei der Ausfuhranmeldung eine höhere Erstattung beantragen als ihnen für die Ausfuhr tatsächlich zusteht, muss nach **Auffassung des Finanzgerichts Hamburg** mit Hilfe der Vorschriften der Sanktionsverordnung, hier insbesondere Art. 11 Abs. 1 VO Nr. 3665/87, Rechnung getragen werden.[47] Es bleibt abzuwarten, wie der **EuGH** zu dieser Frage entscheidet. Immerhin hat er bereits – entgegen der Mehrzahl der Stimmen in der Literatur[48] – festgestellt, dass die Sanktion nach Art. 11 Abs. 1 VO Nr. 3665/87 zu Recht erfolgt ist, obwohl der Ausführer ohne eigenes Verschulden eine höhere als die ihm zustehende Ausfuhrerstattung beantragt hatte, weil er gutgläubig den Ausfuhrerstattungsantrag auf der Grundlage falscher Informationen des Herstellers der ausgeführten Waren ausgefüllt hatte und die Unrichtigkeit nur mit Hilfe von Kontrollen im Herstellungsbetrieb selbst hätte erkennen können.[49]

111 Diesem Urteil hat der **BFH** noch hinzugefügt, dass der Antragsteller beim Antrag auf Ausfuhrerstattung – ungeachtet möglicherweise weniger strenger Pflichten bei einer Zollanmeldung – **erstattungsrechtlich** nach Art. 3 Abs. 5 Satz 1 Buchst. a VO Nr. 3665/87 **verpflichtet** ist, Angaben über die **Tarifierung der auszuführenden Ware** zu machen.[50] Auch damit wird noch einmal deutlich, dass nach dieser Rechtsprechung weiterhin der Ausführer das **Risiko** trägt, aufgrund unrichtiger Angaben im Erstattungsantrag nicht nur der erwarteten Erstattung verlustig zu gehen, sondern auch noch mit einer Sanktion belegt zu werden. Diesem Grundsatz ist

---

[44] Vgl. BFH-Beschl. v. 16.10.2003 – VII B 6/03 – BFH/NV 2004, 544, 545 mit Hinweis auf EuGHE 2002, I-1133 Rdnr. 20 ff. und die Rs. C-411/01 – Gefco –, Urt. v. 2.10.2003, EuGHE Rdnr. 51 bis 53, sowie BFH-Urt. v. 16.11.2004 – VII R 46/01 – BFH/NV 2005, 933 im Anschluss an EuGH-Beschl. v. 30.4.2004, C-446/02, EuGHE 2004, I-5841.
[45] Vgl. BFH-Urt. v. 28.9.1993 – VII R 107/92 – BFH/NV 1994, 751, für Nicht-Anhang-I-Waren; aber auch den z. T. die Folgen bezweifelnden Vorlage-Beschluss des BFH v. 18.11.2003 – VII R 64/02 – BFH/NV 2004, 545, jetzt entschieden mit Urt. v. 30.8.2005, BFH/NV 2006, 380.
[46] Vgl. Vorlagebeschl. des BFH v. 29.10.2002 – VII R 46/01 – BFH/NV 2003, 218, 220.
[47] Vgl. FG Hamburg Urt. v. 6.9.2001, IV 185/99, ZfZ 2002, 97, und wohl auch EuGH-Beschl. v. 30.4.2004, C-446/02, EuGH I, 5841.
[48] Vgl. nur *Schweitzer/Raible* und *Schrömbges/Schrader* ZfZ 2001, 290 bzw. 2, jeweils m. w. N.
[49] Vgl. EuGH Urt. v. 11.7.2002, C-210/00, ZfZ 2002, 341 mit Anm. *Schrömbges/Schrader* S. 346 ff.
[50] Vgl. BFH Urt. v. 21.11.2002 – VII R 67/98 – BFH/NV 2003, 358, 359.

der EuGH inzwischen gefolgt, indem er auf die Richtigkeit der Dokumente „bei der Ausfuhr" abstellt.[51] Andererseits ist es jedoch ständige Rechtsprechung, dass die Zollbehörden von Amts wegen verpflichtet sind, einen Erstattungsantrag auf alle Erstattungsgründe hin zu überprüfen, die nach dem Vorbringen des Antragstellers einschlägig sein könnten.[52]

e) Nachweis der Ausfuhr innerhalb der gesetzten Frist. Die **Ausfuhr** der in der Ausfuhranmeldung angegebenen erstattungsfähigen Waren erfolgt in der Regel **im Wege des** – an sich für Drittlandswaren bestimmten – **externen Versandverfahrens** nach Art. 4 Nr. 16 b, 91 Zollkodex. Im Rahmen dieses Verfahrens, das trotz vielfältiger Probleme zunehmend auf elektronischer Basis abgewickelt wird – ab 1.4.2004 dürfen Papierladelisten nicht mehr verwendet werden – ist sichergestellt, dass die Tatsache, dass das Erzeugnis das Zollgebiet der Gemeinschaft verlassen hat, amtlich festgestellt wird.[53] Damit ist zugleich feststellbar, ob die vorgeschriebenen **Fristen** eingehalten worden sind. Insbesondere die Einhaltung der 60-Tage-Frist für die Ausfuhr ist von Bedeutung, weil diese verhindern soll, dass die Ausfuhrabfertigung von Erzeugnissen nur beantragt wird, um dem Risiko einer möglichen späteren ungünstigen Festsetzung der Erstattungssätze zu entgehen. Inwieweit eine Ausfuhr nachträglich bestätigt werden kann, ist trotz erster einschlägiger Entscheidungen noch nicht gänzlich geklärt.[54]

Nicht ausreichend ist der **Nachweis** lediglich **des Verlassens des Zollgebiets** der Gemeinschaft, **wenn ernstliche Zweifel** am Erreichen des tatsächlichen Bestimmungsorts der Ware (Drittland) bestehen oder wenn die Möglichkeit besteht, dass das ausgeführte Erzeugnis in die Gemeinschaft wieder eingeführt wird (sog. Kreisverkehr), weil zwischen dem Erstattungsbetrag für das ausgeführte Erzeugnis und den Eingangsabgaben für ein gleichartiges, eingeführtes Erzeugnis ein erheblicher Unterschied besteht. Nach Art. 5 Abs. 1 VO Nr. 3665/87 ist dann der **Nachweis der Einfuhr in das Drittland** erforderlich. Hinzu kommt, dass die Ware „in unverändertem Zustand" ausgeführt worden sein muss (Art. 4 der VO), was auch dann noch der Fall ist, wenn Abweichungen auf Wiegeungenauigkeiten oder ähnliches zurückzuführen sind,[55] und dass nachgewiesen werden muss, dass die **nämliche Ware**[56] in ein Drittland eingeführt wurde, für das der beantragte Erstattungssatz gilt.

Zur Kontrolle der Beschaffenheit der Ware werden bei landwirtschaftlichen Erzeugnissen von der Zollbehörde „repräsentative Proben" erhoben, wobei auch bei angemeldeter einheitlicher Beschaffenheit der Ware eine Stichprobe allein nach der jüngsten Rechtsprechung nicht mehr genügt, sondern – jedenfalls bei Rindfleischeinfuhren – mindestens zwei Proben von unterschiedlichen Stellen der Ausfuhrsendung erforderlich sind.[57] Ob die strengen Beweislastregelungen der deutschen AusfuhrerstattungsVO und des MOG in Anbetracht neuer EG-Normierungen zu Probeentnahmen noch Geltung beanspruchen können, ist höchst fraglich; ob die bisherige richterliche Praxis der Beweislastverteilung im Marktordnungsrecht generell haltbar ist, kann mit guten Gründen bezweifelt werden.[58] Zu **beachten** bleibt aber, dass alle diese Einschränkungen nur wirksam werden, bevor die Erstattung erfolgt ist. Für die Rückforderung bereits gezahlter Ausfuhrerstattungen gelten andere Regeln.

Zu der Frage, von welchen **Voraussetzungen** die Zahlung der **Ausfuhrerstattung** abhängig gemacht werden kann, die zum Nachweis der reinen Ausfuhr hinzutreten müssen, wenn ernstliche Zweifel an der tatsächlichen Einfuhr der Ware im Bestimmungsland bestehen oder wenn die Möglichkeit der Wiedereinfuhr der nämlichen Ware in die EU gegeben ist, mithin das Ziel der Ausfuhr nicht erreicht worden sein könnte, hat sich der EuGH kürzlich im Einzelnen ge-

---

[51] EuGH-Urt. v. 14.4.2005, C-385/03, Beilage zu BFH/NV 7/2005, 246, insbes. Rdnr. 25, 30 ff., auf BFH-Vorlagebeschl. v. 30.7.2003, BFH/NV 2003, 1525.
[52] So ausdrücklich der BFH im Urt. v. 20.7.2004 – VII R 99/00 – BFH/NV 2004, 1614, 1616 m. w. N.
[53] Zum Problem nachträglicher Bestätigung der Ausfuhr vgl. BFH-Urt. v. 30.3.2004 – VII R 27/03 – BFH/NV 2004, 1205.
[54] Vgl. dazu FG Hamburg ZfZ 2003, 273, und BFH-Urt. v. 30.3.2004 – VII R 27/03 – ebendort.
[55] Vgl. FG Hamburg, Urt. v. 14.5.2002, IV 482/98, ZfZ 2003, 58.
[56] Zu den Beweisfragen vgl. BFH-Urt. v. 30.7.2003 – VII R 6/02 – BFH/NV 2004, 837.
[57] Vgl. FG Hamburg Gerichtsbescheid v. 27.10.2003, IV 158/01, ZfZ 2004, 171, und mit grundsätzlichen Ausführungen Urt. v. 23.3.2004, ZfZ 2004, 425.
[58] Vgl. dazu *Schrömbges* ZfZ 2004, 146, aber auch die klaren Aussagen des BFH im Beschl. v. 9.6.2005 – VII B 19/02 – BFH/NV 2005, 1893, bzw. ZfZ 2005, 416.

äußert.⁵⁹ Wenn nach den tatsächlichen Umständen ein Missbrauch der Regelungen zur Ausfuhrerstattung nahe liegt und die Verwaltungsbehörde daher den positiven Nachweis verlangt, dass die Ware in den freien Verkehr des Drittlands gelangt ist, reicht eine **Verzollungsbescheinigung** des Drittlandes für diesen Nachweis allein nicht aus.⁶⁰ Auch eine **Entladungsbescheinigung** im Sinne von Art. 18 Abs. 2 VO Nr. 3665/87 ist nur dann als Nachweis hinreichend, wenn aus ihm eindeutig hervorgeht, welche Ausfuhrsendung im Drittland wann und wo entladen worden ist.⁶¹

116 f) **Herkunft/Ursprung/Qualität der Ware.** Von entscheidender Bedeutung für den Nachweis kann dann das jeweilige Beförderungspapier werden.⁶² Die Generaldirektion Landwirtschaft (GD AGRI) hat den für die Erstattung zuständigen Zahlstellen eine umfangreiche **Liste anzuerkennender Papiere** zugestellt, zu denen aus praktischer Sicht nicht mehr gehören: die EUR 1-Warenverkehrsbescheinigung, eine Rechnung des Beförderers (selbst wenn vom Zollamt bestätigt) und der Versandschein (Dok. AGRI/4583 Rev. 1 vom 19.5.2000). Der Ausführer hat in allen Fällen von differenzierter Ausfuhrerstattung (dazu unten Rdnr. 120) eine Durchschrift oder Fotokopie des Beförderungspapiers vorzulegen (so Art. 16 Abs. 3 VO 800/1999), damit nachgewiesen werden kann, dass die „nämliche" Ware am Bestimmungsort auch angekommen ist. Bei den o.g. ernstlichen Zweifeln ist Vorlage des Beförderungspapiers aber ebenso erforderlich (Art. 20 Abs. 4 VO 800/1999) wie überhaupt zum Nachweis der eingehaltenen Fristen, z. B. der Durchfuhrfrist nach Art. 9 VO 800/1999.

117 Die Ausfuhrerstattung wird nur für Erzeugnisse gewährt, die **aus dem freien Verkehr** der Gemeinschaft stammen oder – wie in einzelnen Grundverordnungen vorgesehen (z. B. für Milch und Milcherzeugnisse) – ihren **Ursprung in der Gemeinschaft** haben. Der Nachweis des Ursprungs muss sich auf die konkret auszuführende Ware beziehen, kann also nicht nur in der buchmäßigen Bestimmung einer bestimmten Menge der Ware zum Ausdruck kommen. Zugleich ist Art. 9 der VO Nr. 3035/80 zu beachten, wonach keine Erstattung für Waren gewährt werden kann, die zuvor als solche aus Drittländern eingeführt und in der Gemeinschaft in den freien Verkehr gebracht worden sind.

118 Nach Art. 13 VO Nr. 3665/87, jetzt Art. 21 VO Nr. 800/99, muss die auszuführende Ware von gesunder und **handelsüblicher Qualität** sein, wenn dafür Ausfuhrerstattung gezahlt werden soll. Nach der Rechtsprechung des EuGH ist dies der Fall, wenn die Erzeugnisse so beschaffen sind, dass sie unter normalen Verhältnissen in der Gemeinschaft bzw. unter normalen Bedingungen und unter der im Erstattungsantrag erscheinenden Bezeichnung vermarktet werden können.⁶³ Maßgebend für die entsprechende Beurteilung des Erzeugnisses ist dessen Bezeichnung in der Anmeldung.⁶⁴ Wann Erzeugnisse von offen ausgewiesener minderer Qualität noch derartige „handelsübliche Qualität" aufweisen, ist jedenfalls teilweise geklärt.⁶⁵ Bei deutlich überschrittenem Mindesthaltbarkeitsdatum ist jedoch handelsübliche Qualität nicht mehr gegeben.⁶⁶

119 Soweit die Erstattungsfähigkeit von besonderen **Qualitätsanforderungen** abhängig ist, die **in speziellen Vorschriften** der Marktordnungen niedergelegt sind, gehen diese Vorschriften der allgemeinen Regelung des Art. 13 VO Nr. 3665/87 vor (z. B. durch Kontrollbescheinigung nachgewiesene Einhaltung von EG-Qualitätsnormen bei bestimmtem frischen Obst wie Tomaten, Pfirsichen, Äpfeln usw.).

---

⁵⁹ Vgl. Urt. v. 14.12.2000 – Rs. C-110/99 – EuGHE 2000, I-11569, 11595.
⁶⁰ Vgl. näher dazu EuGH Urt. v. 16.12.1999 – Rs. C-74/98 – EuGHE 1999, I-8759 Rdnr. 28 ff.
⁶¹ FG Hamburg Beschl. v. 27.5.2002 – IV 43/02 – ZfZ 2003, 22 (Auslegung 1. und 2. Rußland-Entscheidung der EU-Kommission).
⁶² Vgl. im einzelnen dazu Henke/EFA/*Uhlig* 2003, S. 89, 93 ff., sowie die Diskussion S. 110.
⁶³ Vgl. EuGH-Urt. v. 19.11.1998, EuGHE 1998 – I-7555 bzw. Urt. v. 9.10.1973 – EuGHE 1973, 963 ff., zu beiden Urteilen auch BFH Beschl. v. 9.12.2002 – VII B 102/02 – BFH/NV 2003, 530.
⁶⁴ Vgl. nur BFH-Beschl. v. 21.3.2002 – VII B 197/02 – ZfZ 2003, 237.
⁶⁵ Vgl. EuGH-Urt. v. 26.5.2005, C-409/03, Beilage zu BFH/NV 10/2005, 342, aber auch die Anmerkung *Schrömbges* ZfZ 2004, 209, 210 mit Hinweis auf oft zweifelhafte „Feststellungen" der ZPLA Hamburg.
⁶⁶ So FG Hamburg in st. Rspr., z. B. Urt. v. 5.3.2003 – IV 238/00 – ZfZ 2004, 241; ferner BFH-Urt. v. 22.6.2004 – VII R 74/03 – ZfZ 2004, 417.

g) Sonderfall der sog. differenzierte Ausfuhrerstattung. Zusätzliche Voraussetzungen für die 120 Erstattung ergeben sich in den Fällen, in denen die **Erstattungssätze unterschiedlich** danach festgesetzt worden sind, in welches Drittland die Waren ausgeführt werden (sog. differenzierte Ausfuhrerstattung).

Während die nicht in dieser Weise differenzierte Erstattung schon zu gewähren ist, wenn 121 nachgewiesen ist, dass die Waren aus der Gemeinschaft ausgeführt worden sind und die weiteren Voraussetzungen von Art. 5 VO Nr. 3665/87 (Erreichen des vorgesehenen Bestimmungsorts und keine Möglichkeit der Wiedereinfuhr aufgrund des Unterschieds zwischen Erstattungsbetrag und Eingangsabgaben) vorliegen,[67] wird bei der **differenzierten Ausfuhrerstattung** verlangt, dass stets nachgewiesen wird, dass die durch die Gewährung einer Erstattung subventionierten Waren **tatsächlich** den Markt des Bestimmungslandes erreicht und dort **in den freien Verkehr gebracht** worden sind. Letzteres hat der EuGH in einer Reihe von Entscheidungen unmissverständlich niedergelegt.[68] Nicht zweifelhaft ist zudem, dass die ausgeführte Ware in unverändertem Zustand in das betreffende Drittland fristgerecht eingeführt und diese Einfuhr nach den erstattungsrechtlichen Vorschriften nachgewiesen sein muss.[69]

h) Rückforderung der Ausfuhrerstattung. Bis vor kurzem war nach der Rechtsprechung 122 des FG Hamburg auch im Falle nicht-differenzierter Ausfuhrerstattung die **Rückforderung einer** aufgrund bestandskräftigen Bescheids **gezahlten Erstattung** nach §§ 10 Abs. 1 MOG, 48 VwVfG möglich, wenn später festgestellt wird, dass das Erzeugnis den Markt des Bestimmungslandes deshalb nicht erreicht hat, weil wegen eines Schadens an der Ware eine Teilmenge davon wieder in das Zollgebiet der Gemeinschaft zurückgebracht worden ist[70] oder die Ware in irgendeiner Weise vor dem tatsächlichen Marktzugang untergegangen ist, ohne dass die Voraussetzungen des Ausnahmefalls der „höheren Gewalt" vorlagen[71] oder das Erzeugnis nur in eine Freihandelszone verbracht wurde.[72] Diese **Rechtsprechung** ist zum größten Teil **überholt**.

EuGH und BFH haben erkannt, dass die Voraussetzung für die Gewährung einer nach einem 123 einheitlichen Erstattungssatz für alle Drittländer festgelegten Ausfuhrerstattung erfüllt ist, wenn das für die Ausfuhrerstattung in Betracht kommende Erzeugnis innerhalb der vorgeschriebenen Frist und im Rahmen eines normalen Handelsgeschäfts aus dem Zollgebiet der Gemeinschaft ausgeführt worden ist. Die weiteren Voraussetzungen, dass nämlich das Erzeugnis innerhalb der vorgeschriebenen Frist auch in ein Drittland eingeführt wurde und in unverändertem Zustand auf dessen Markt gelangt ist, können zusätzlich nur **vor Zahlung** der Ausfuhrerstattung geltend gemacht werden.[73] Nur wenn dem Ausführer nachträglich nachgewiesen werden kann, dass er die **Ausfuhrerstattung missbräuchlich in Anspruch genommen** hat, kommt eine Rückforderung in Betracht.[74] Mit der Regelung in Art. 20 VO Nr. 800/99 ist ein weiterer Rückforderungstatbestand normiert worden: Die Ausfuhrerstattung ist zu Unrecht gewährt und deshalb zurückzuzahlen, wenn die zuständigen Behörden nachträglich feststellen, dass das Erzeugnis zerstört oder beschädigt wurde, bevor es in einem Drittland vermarktet wurde. Generell gilt dies, wenn die **Gemeinschaftsvorschriften zum Schutz von Tieren** beim Transport nicht eingehalten wurden, was gerade auch beim Überschreiten der höchstzulässigen Transportdauer der Fall ist.[75]

---

[67] Vgl. zusammenfassend BFH-Urt. v. 21.3.2002 – VII R 35/01 – BFH/NV 2002, 1114.
[68] Vgl. EuGH, Urt. v. 28.3.1996 – Rs. C-299/94 – EuGHE 1996, I-1925, und EuGH-Urt. v. 13.3.1997 – Rs. C-109/95 – EuGHE 1997, I-1385; vgl. auch BFH Urt. v. 7.5.2002 – VII R 5/01 – BFH/NV 2002, 1189 bzw. ZfZ 2002, 349: Abfertigung zum Veredelungsverkehr – Verarbeitung von Rindfleisch zu Corned Beef – statt zum freien Verkehr.
[69] Vgl. BFH Beschl. v. 27.5.2002 – VII B 187/01 – BFH/NV 2002, 1356 bzw. ZfZ 2002, 348.
[70] FG Hamburg Urt. v. 1.11.2001, ZfZ 2002, 424.
[71] Vgl. dazu FG Hamburg Urt. v. 17.5.2001 – IV 76/99 – ZfZ 2002, 25, 26 f. mit Hinweis auf die 23. Begründungserwägung zur VO Nr. 800/1999.
[72] Vgl. FG Hamburg Urt. v. 1.11.2001 – IV 20/99 – ZfZ 2002, 235.
[73] Zusammengefasst in BFH-Urt. v. 21.3.2002 – VII R 35/01 – BFH/NV 2002, 1114.
[74] Vgl. BFH, ebendort, S. 1116., sowie Beschl. v. 31.10.2005 – VII B 106/05 – BFH/NV 2006, 381.
[75] Vgl. dazu FG Hamburg Urt. v. 13.5.2005 – IV 253/03 – ZfZ 2005, 424, und BFH-Urt. v. 17.5.2005 – VII R 76/04 – BFH/NV 2005, 1713, aber Vorlagebeschl. v. 17.5.2005 – VII R 68/04 – BFH/NV 2005, 1888: Verhältnismäßigkeit bei nur einstündiger Überschreitung, dazu *Reiche* ZfZ 2006, 39; jetzt auch FG Hamburg Vorlagebeschl. v. 23.1.2006, IV 73/04, ZfZ 2006, 134.

124 Rückforderung erfolgt zu Recht auch **bei differenzierter Ausfuhrerstattung**, wenn bestimmte **Nachweise** und die Vorlage des Beförderungspapiers **nicht fristgerecht** bzw. erst nach Ablauf der Verlängerung der Frist eingereicht worden sind. Allerdings ist fraglich, ob eine Rückforderung in Betracht kommt, wenn bei Gewährung der Ausfuhrerstattung übersehen worden ist, dass bestimmte Beförderungspapiere nicht vorgelegt wurden, obwohl diese vorhanden waren und nach Bemerken des Fehlers unverzüglich nachgereicht worden sind.[76]

3. Ausfuhrabgaben

125 Ausfuhrabgaben werden erhoben, wenn der Weltmarktpreis über das Preisniveau der Gemeinschaft steigt und der Gemeinschaftsmarkt dann durch überhöhte Ausfuhren gestört werden könnte. Von Bedeutung war zuletzt insbesondere die Ausfuhrabgabe im Sektor Getreide, als die Weltmarktpreise für Weichweizen und Hartweizen den Stand der Gemeinschaftspreise erreichten (vgl. VO Nr. 865/97). Welche Erzeugnisse einer Ausfuhrabgabe unterliegen, ist der MO-Warenliste zu entnehmen. Die Ausfuhrabgaben sind Zölle, die Abgabenschuld entsteht nach Art. 209 ff. Zollkodex.

Ausgenommen von Ausfuhrabgaben sind diejenigen Waren, für die eine Ausfuhrlizenz besteht, und für Waren, die Gegenstand einer im Wege einer Ausschreibung bestimmten Erstattung sind.

4. Verjährung der Verfolgung von Unregelmäßigkeiten

126 Art. 3 der VO Nr. 2988/95 enthält in Abs. 1 für die Verfolgung der Unregelmäßigkeit eine Verjährungsfrist von vier Jahren, in Abs. 2 für die Vollstreckungsverjährung eine Frist von drei Jahren. Im Rahmen der Marktordnungsregelungen, die entweder keinerlei oder aber eine dreijährige Verjährungsfrist enthalten, ist **streitig** geworden, ob die **vierjährige Verjährungsfrist** der VO Nr. 2988/95 anwendbar ist.[77]

127 Während die Zollverwaltung der Auffassung ist, dass die Verjährungsfrist von vier Jahren bei Unregelmäßigkeiten grundsätzlich gelte, es sei denn, dass in einem bestimmten Sektor eine kürzere Frist vorgegeben sei, meint der Beschwerdeführer, die VO Nr. 2988/95 könne dem Marktordnungsregime überhaupt nicht zugeordnet werden, da sie eine Rahmenregelung sei für alle Bereiche, die die finanziellen Interessen der Europäischen Gemeinschaft berühren. Für seinen Standpunkt spreche gerade auch die Neufassung der AusfuhrerstattungsVO Nr. 800/99, die gerade erst in Art. 52 eine Rückzahlungsverpflichtung von vier Jahren aufgenommen hätte.

128 Ebenfalls umstritten ist, ob durch eine Betriebsprüfung die – angenommene – vierjährige Verjährungsfrist der VO Nr. 2988/95 **unterbrochen** werden kann. Argumentiert wird, dass eine Betriebsprüfung nicht zu den Ermittlungs- oder Verfolgungshandlungen im Sinne von Art. 3 Abs. 1 der VO Nr. 2988/95 gerechnet werden könne. Die Finanzverwaltung ist demgegenüber der Auffassung, dass eine Betriebsprüfung auch ohne konkrete Anhaltspunkte einer Ermittlungs- oder Verfolgungshandlung gleichzusetzen sei. Jedenfalls unterscheide bereits Art. 3 zwischen Ermittlungshandlungen und Verfolgungshandlungen mit der Folge, dass verwaltungsrechtliche Maßnahmen, bei denen nicht auf die Vorwerfbarkeit einer Verhaltensweise abgestellt würde, zu Sanktionen bei Unregelmäßigkeiten führt und dass daher Ermittlungshandlungen, die dazu dienten, Unregelmäßigkeiten festzustellen, die Verjährung solcher Unregelmäßigkeiten gerade unterbrächen.

129 Im Übrigen sei die Einführung der vierjährigen Verjährungsfrist in VO Nr. 800/99 keineswegs eine Umsetzung der Bestimmung des Art. 3 der VO Nr. 2988/95, weil lediglich eine absolut wirkende Verjährungsfrist für diejenigen Ausführer eingeführt werden sollte, die gutgläubig gehandelt hätten.

130 **Verjährungsbeginn** ist der Zeitpunkt, an dem die Unregelmäßigkeit beendet worden ist. Wann dies der Fall ist bei andauernden oder wiederholten gleichartigen Unregelmäßigkeiten, ist bislang ungeklärt. Zudem lässt sich aus den Regelungen der Verordnung nicht erken-

---

[76] Vgl. die Diskussion im BFH-Urt. v. 7.11.2002 – VII R 49/01 – BFH/NV 2003, 286 mit Hinweis des Gerichts auf die Entscheidung der Kommission vom 5.12.2000, mitgeteilt von *Schrömbges* ZfZ 2001, 148, die den Fall behandelte, dass die Voraussetzungen für die Ausfuhrerstattung papiermäßig erbracht wurden, sich aber später herausstellte, dass diese falsch, unvollständig oder unvollständig waren.

[77] Vgl. Vorlagebeschluss des Berufungssenats I der Region Linz bei der Finanzlandesdirektion für Oberösterreich vom 11.7.2002, abgedruckt in ZfZ 2003, 134.

nen, welche Zeiträume zwischen wiederholten Unregelmäßigkeiten liegen dürfen, damit die wiederholten Unregelmäßigkeiten als eine einheitliche Unregelmäßigkeit behandelt werden können. Ob und wenn ja, in welchem Umfang man auf das frühere Institut des strafrechtlichen Fortsetzungszusammenhangs zur Klärung dieser Fragen zurückgreifen kann, ist ebenfalls ungeklärt.

Andererseits beginnt die Verjährung jeweils nach jeder **Unterbrechung** wieder erneut. Dabei enthält das Gemeinschaftsrecht die Besonderheit, dass Verjährung unabhängig von Unterbrechungen dann eintritt, wenn die **doppelte Verjährungsfrist** abgelaufen und die Behörden innerhalb dieser Frist keine Sanktionen ausgesprochen haben. **131**

IV. Unregelmäßigkeiten bei der Verwaltung anderer Haushaltsmittel der Europäischen Gemeinschaften

1. Direkte Einnahmen und Ausgaben der Europäischen Gemeinschaften

Die Verordnung des Rates betreffend die Kontrollen und Überprüfungen vor Ort durch die Kommission zur Feststellung von Betrug und Unregelmäßigkeiten zum Nachteil der finanziellen Interessen der europäischen Gemeinschaften (VO Nr. 2185/96) nennt in ihrem Art. 1 als Anwendungsbereich für Kontrollen und Überprüfungen vor Ort „alle Tätigkeitsbereiche der Gemeinschaften". Kontrollen und Überprüfungen und als Folge davon **Sanktionen** sollen also in **allen Bereichen des Haushalts** der Europäischen Gemeinschaften, einschließlich der von der Kommission verwalteten Sonderbudgets, die nicht Bestandteil des Gemeinschaftshaushalts sind, durchgeführt werden können. **132**

Allerdings sind nicht sämtliche Einnahmen erfasst, weil die Mehrwertsteuereinnahmen der EU zunächst durch die nationalen Haushalte vereinnahmt werden und dann in einem Anteil von 1,4 % der Mehrwertsteuerbemessungsgrundlage an den Gemeinschaftshaushalt abgeführt werden müssen. Die Kontrolle der ordnungsgemäßen Erhebung der **Mehrwertsteuer** fällt damit in die Zuständigkeit der Mitgliedstaaten und soll deshalb keine Aufgabe von Dienststellen der EU-Kommission sein. **133**

Unklar ist, ob die **Mehrwertsteuer-Eigenmittel** der EU vom Anwendungsbereich der Verordnung erfasst werden. Die Formulierung von Art. 1 Abs. 2 VO Nr. 2988/95, der den Begriff der „Unregelmäßigkeit" definiert, erfasst in der Tat nur Einnahmen, „die direkt für Rechnung der Gemeinschaften erhoben werden". Damit ist trotz der Regelungen über die Befugnisse der Kommission bei der Kontrolle der nationalen Behörden eine Überprüfung der Erhebung der Mehrwertsteuer-Eigenmittel nach Art. 10 ff. VO Nr. 1553/89 aufgrund von Regelungen, mit denen Unregelmäßigkeiten festgestellt werden sollen, nicht möglich. Andererseits steht nach Art. 18 Abs. 3 VO Nr. 1150/00 und Art. 38 Abs. 2 UAbs. 2 VO Nr. 1260/99 der Kommission das Recht zu, aus eigener Befugnis im Bereich der Eigenmittel der Gemeinschaft **Untersuchungen bei den mitgliedstaatlichen Behörden** einleiten zu können, indem die Kommission selbst oder das OLAF eine derartige Untersuchung beantragt. Das **Verfahren der Untersuchung** regelt die VO Nr. 1026/99. Danach liegen Vorbereitung und Leitung der Untersuchung bei den mitgliedstaatlichen Behörden, Bedienstete des OLAF können auf Antrag hinzugezogen werden, ohne dass sie damit selbst Untersuchungsbefugnisse erhalten. Die Untersuchung selbst konzentriert sich naturgemäß auf die Frage, ob die nationalen Behörden die Vorschriften des Haushaltsrechts eingehalten haben, in Deutschland in erster Linie § 23 der Bundeshaushaltsordnung und die entsprechenden Vorschriften der Landeshaushaltsordnungen. Das OLAF kann aber ergänzend bei steuerpflichtigen Wirtschaftsteilnehmern **vor Ort eigene Untersuchungen** vornehmen, wenn auch nur und erst, nachdem der Kontakt zu diesen Wirtschaftsteilnehmern über die zuständigen Behörden des Mitgliedstaats hergestellt worden ist. Die Ergebnisse der Untersuchung müssen dem Mitgliedstaat binnen drei Monaten zur Kenntnis gebracht werden (Art. 6 VO Nr. 1026/99). **134**

Unabhängig von der Voraussetzung, dass ein Verdacht auf Unregelmäßigkeiten vorliegt, hat die Kommission und das OLAF Kontrollrechte im Bereich der **Administration der Strukturfonds**. Diese Rechte entsprechen denen bei der Überprüfung von Mehrwertsteuer-Eigenmitteln. Sie gehen lediglich im Bereich der Marktordnungen, die Mittel aus dem EAGFL ausgeben bzw. einnehmen, darüber hinaus, weil das MOG selbst Prüfungen bei Marktteil- **135** nehmern ermöglicht (vgl. § 33 MOG). Aufgrund von Art. 38 Abs. 2 UAbs. 3 VO 1260/99 kann das OLAF aber zum Zweck der Überprüfung der mitgliedstaatlichen Verwaltungs- und Kontrollinstrumente von dem Mitgliedstaat auch zusätzlich eine Kontrolle vor Ort bei Wirtschaftsteilnehmern verlangen und sich daran selbst beteiligen. Dadurch werden zwar keine eigenen Kontrollbefugnisse des OLAF begründet, aber das OLAF kann nach Art. 38 Abs. 2 UAbs. 2 der VO in eigener Verantwortung stichprobenartige Kontrollen vor Ort durchführen, soweit sie jene mitgliedstaatlichen Vorhaben betreffen, die aus Mitteln der Strukturfonds mit finanziert werden. Solche Kontrollen müssen mindestens einen Arbeitstag vorher angekündigt werden, und es besteht ein Teilnahmerecht von Bediensteten des Mitgliedstaats, in dem die Überprüfung stattfindet.

136 Neben diesen Kontrollen in den Mitgliedstaaten, bei denen es um die Überprüfung direkter Einnahmen oder Ausgaben der Europäischen Gemeinschaften geht und die mit Hilfe von mitgliedschaftlichen Behörden durchgeführt werden, bleibt für Überprüfungen und Kontrollen noch ein großer Bereich der Einnahmen und Ausgaben der EU-Haushalte übrig, in dem das Verwaltungsgebaren auf **Unregelmäßigkeiten** hin untersucht und nach der Feststellung von Unregelmäßigkeiten geahndet werden kann.

137 Dies gilt insbesondere für den großen Bereich der durch die Kommission direkt verwalteten Haushaltsmittel (sog. direkte Ausgaben). Hierzu gehört nicht nur der gesamte Verwaltungsbereich der EU, sondern insbesondere auch der Bereich der Förderung von Forschung und technologischer Entwicklung. In letzterem Bereich sind die Verwaltungsbehörden der Mitgliedsstaaten nicht für die Kontrolle der ihnen zur Verfügung gestellten Fördermittel zuständig. Vielmehr sind **eigene Kontrollbefugnisse der Kommission** zum Schutz vor Unregelmäßigkeiten geschaffen worden, die in Ergänzung der aufgrund der Haushaltsordnung bestehenden Befugnisse durch den besonderen Verwaltungsapparat des OLAF ausgeführt werden.

2. Die Befugnis zu internen Untersuchungen durch OLAF

138 Art. 4 der VO Nr. 1073/99 gibt OLAF weit reichende Befugnisse, um Unregelmäßigkeiten im Verwaltungsapparat der Europäischen Gemeinschaften festzustellen. Dies sind
(1) Zugang zu sämtlichen Informationen und Räumlichkeiten der Organe und Einrichtungen sowie der Ämter und Agenturen, und zwar unverzüglich und ohne Voranmeldung,
(2) Anfertigung von Kopien und ggf. Sicherstellung aller Dokumente und aller Datenträger,
(3) Informationen mündlicher wie schriftlicher Art von allen Mitgliedern der Organe und Einrichtungen, der Leiter der Ämter und Agenturen sowie der Mitglieder des Personals der Organe und Einrichtungen, der Ämter und Agenturen,
(4) Kontrolle der Rechnungsführung.

139 Über vorgenommene Kontrollen und Überprüfungen sind die Organe, Ämter und Einrichtungen lediglich „in Kenntnis zu setzen", wenn die Bediensteten von OLAF derartige Untersuchungen durchführen. Dem Text der Verordnung lässt sich entnehmen, dass interne **Untersuchungen auch in Abwesenheit** von Betroffenen erlaubt sind. Zudem umfassen die Befugnisse des OLAF eine Vielzahl von Ermessensentscheidungen, die von der Einleitung des Verfahrens selbst über die Ermittlung von Unregelmäßigkeiten im Einzelnen bis hin zu Folgemaßnahmen reichen, etwa der Entscheidung, ob OLAF seine Erkenntnisse an die Behörden der Mitgliedsstaaten übermittelt.

140 Schon die Fülle der Rechte wirft eine Reihe von Problemen auf. Entscheidend ist jedoch, mit welchen Mitteln und mit welchen Erfolgsaussichten sich betroffene Bedienstete gegen Maßnahmen des OLAF zur Wehr setzen können.

141 In der VO Nr. 1073/99 ist die Problematik durchaus gesehen worden. Wie der 10. Erwägungsgrund ausweist, sollen die Zielvorgaben umgesetzt werden unter Wahrung der Menschenrechte und Grundfreiheiten, des Billigkeitsgrundsatzes, des Rechts der Beteiligten, zu den sie betreffenden Sachverhalten Stellung zu nehmen, und des Grundsatzes, dass sich Schlussfolgerungen aus einer Untersuchung nur auf beweiskräftige Tatsachen gründen dürfen. Dennoch sind **bis heute keine näheren Vorschriften** erlassen worden, die diesen Zielsetzungen entsprechen. Deshalb muss festgestellt werden, dass die Ermittlungsbefugnisse des OLAF weit in den strafrechtlichen Bereich hineinragen, ohne dass rechtsstaatlich gebotene Verfahrensvorschriften hierbei festen Halt geben. Dieser Mangel an Verfahrensvorschriften führt zu einer **Rechtsunsicherheit**, die durchaus auch die Wirksamkeit der Maßnahmen des OLAF beeinträchtigen kann.[78]

3. Rechtsschutz gegen Maßnahmen des OLAF bei internen Untersuchungen

Die Bediensteten, bei denen oder gegen die interne Untersuchungen durch Bedienstete des OLAF durchgeführt werden, können sich im Rahmen von Art. 90 Abs. 2 EU-Beamtenstatut gegen die jeweilige Maßnahme durch **Beschwerde** an den Direktor von OLAF wehren. Wird die Beschwerde abgewiesen, bleibt ihnen nur die **Klage** vor dem europäischen Gericht I. Instanz (Art. 14 VO Nr. 1073/99). 142

Die internen Kontroll- und Überprüfungsmaßnahmen können von den mitgliedstaatlichen Gerichten nicht überprüft werden. Die EG und ihre Bediensteten genießen Immunität von der nationalen Gerichtsbarkeit aufgrund Art. 12 des Protokolls über die Vorrechte und Befreiungen der EG. Nur wenn den EG-Kontrolleuren persönliches Fehlverhalten bei der Ausübung ihrer Tätigkeit vorgeworfen wird, könnte die Immunität aufgehoben und anschließend ein strafrechtliches Verfahren eingeleitet werden. Verweigerte die EG-Kommission die Aufhebung der Immunität des Kontrolleurs, könnte diese Entscheidung mit Klage vor dem EuGH angegriffen werden.[79] Die Bediensteten der EG-Kommission bleiben also praktisch auf **die internen Wege des Rechtsschutzes** angewiesen. Das Gericht I. Instanz hat den unzulänglichen Rechtsschutz bereits gerügt.[80] 143

V. Inhalt und Grenzen der Kontroll- und Überprüfungsrechte bei Wirtschaftsteilnehmern

1. Rechtsgrundlagen für direkte Kontrollen durch EG-Behörden

a) **Überprüfungsrechte bis zur Grenze strafrechtlicher Ermittlungen.** Kontrollen durch nationale Behörden, die dem Schutz der finanziellen Interessen der EU dienen, und Kontrollen durch EU-Behören, wie gerade auch durch das OLAF, dürfen selbstverständlich nur auf der Grundlage rechtssatzmäßiger Kontroll- und Überprüfungsrechte der EU-Kommission durchgeführt werden. Solche Kontroll- und Überprüfungsrechte sind jedoch vielfältig vorhanden. Dies gilt insbesondere im Veterinärbereich (siehe dazu oben zu I. 3.b), aber auch in den verschiedenen Verordnungen, die zu den jeweiligen Marktordnungen ergangen sind (siehe oben I. 3.a). Die VO Nr. 4045/98 (oben I. 3.b a.E.), die die Kontrolle der Geschäftsunterlagen all jener Unternehmen zulässt, die direkt oder indirekt in den Genuss von EU-Leistungen **im Agrarsektor** gekommen sind, ist insoweit **von besonderer Bedeutung** (vgl. oben zu I. 3.b sowie II. 2.). 144

Generelle Rechtsgrundlage für Untersuchungen bei Wirtschaftsteilnehmern, die Mittel aus dem EAGFL erhalten haben, ist Art. 9 Abs. 2 UAbs. 4 VO Nr. 1258/99. Untersuchungen auf dieser Rechtsgrundlage erfolgen durch Bedienstete der Kommission im Einvernehmen mit dem betroffenen Mitgliedstaat. Hieran können sich Bedienstete des OLAF zwar beteiligen; sie haben aber keine eigenen Untersuchungsbefugnisse. Ein vergleichbares Teilnahmerecht für Bedienstete des **OLAF** besteht bei Untersuchungen der nationalen Behörden, die zu einer entsprechenden Kontrolle bei Wirtschaftsteilnehmern von OLAF aufgefordert worden sein können (vgl. Art. 6 VO Nr. 595/91). Allerdings sind in diesem Zusammenhang die Beteiligungsrechte des OLAF zusätzlich dadurch eingeschränkt, dass die Bediensteten der EU-Kommission von der Teilnahme an besonders sensiblen Maßnahmen der nationalen Behörden **ausgeschlossen** sind (vgl. Art. 6 Abs. 4 UAbs. 2 VO Nr. 595/91 sowie Art. 9 UAbs. 3 VO Nr. 515/97). 145

Wenn daher **Kontrollen** unter der Leitung von OLAF und **durch Bedienstete des OLAF** durchgeführt werden, besteht auf Seiten der EU-Bediensteten der Verdacht auf zumindest grenzüberschreitende Unregelmäßigkeiten oder aber auf so schwerwiegende Unregelmäßigkeiten, dass die EU-Kommission selbst sich genötigt sieht, Überprüfungen und Kontrollen vor Ort in den Mitgliedstaaten durchzuführen. Die sehr weitgehenden Rechte der Bediensteten des OLAF und der weit ausgedehnte Kreis der einer Überprüfung unterfallenden Personen 146

---

[78] Vgl. hierzu näher *Braum*, Die Informalität europäischer Betrugsermittlung, wistra 2005, 401, 404.
[79] Vgl. dazu *Henrichs* EuR 1987, 89. Zur Aufhebung der Immunität von OLAF-Mitarbeitern Art. 6 Anhang VO Nr. 1973/99.
[80] Vgl. Beschl. v. 2.5.2000 EuR 2000, 652, 667.

ist bereits oben dargelegt worden. Die Rechte und Pflichten der Bediensteten des OLAF finden sich in den Verordnungen Nr. 1073/99 und Nr. 1074/99. Die EU-Kontrolleure haben sich aber an die Verfahrensordnungen der Mitgliedstaaten zu halten, wie die jeweiligen Art. 6 Abs. 4 der Verordnungen festlegen.

147 Daraus folgt, dass die Maßnahmen der EU-Kontrolleure auch an den Verfahrensvorschriften der Mitgliedstaaten gemessen und in diesem Rahmen rechtlich überprüft werden können. In Deutschland sind dementsprechend die Vorschriften der Abgabenordnung und der Betriebsprüfungsordnung einzuhalten. Dies gilt gerade auch für die **Einleitung strafprozessualer Ermittlungen** nach § 397 AO. Wird also eine Maßnahme im Rahmen der Kontrollen getroffen, die erkennbar darauf abzielt, gegen jemanden wegen einer Steuerstraftat strafrechtlich vorzugehen (§ 397 Abs. 1 AO), ist ein **weiteres Tätigwerden der Bediensteten des OLAF ausgeschlossen**. Ergibt sich demgemäß im Rahmen der Kontrollen ein Anfangsverdacht im Sinne der StPO, so haben die EU-Bediensteten ihre Ermittlungen einzustellen und den Fall der EU-Kommission zur Weiterleitung an die nationale Staatsanwaltschaft zu übertragen.

148 Da in aller Regel die EU-Bediensteten jedoch nicht allein vor Ort „ermitteln", sondern dies im Zusammenwirken mit nationalen Behörden, vornehmlich der Zollfahndung, tun, halten sich die Möglichkeiten in Grenzen, weitere Überprüfungen – nunmehr zur Ermittlung der Besteuerungsgrundlagen im Rahmen eines Straf- oder Bußgeldverfahren[81] durch die deutschen Zoll- oder Steuerbehörden – zunächst zu unterbinden. Gleichwohl bedarf es im Zweifel der Feststellung, wie das Verhalten und die Aussagen der Kontrolleure zu werten sind, damit über das Vorliegen der Voraussetzungen des § 397 AO Klarheit geschaffen wird. Dies ist im Rahmen der Kontrollen nach dem EU-Recht eine der wichtigsten Aufgaben des Anwalts.

149 Der EuGH hat seit langem das **Recht auf anwaltliche Vertretung** als Verteidigungsrecht der Betroffenen anerkannt.[82] Das Recht auf anwaltliche Vertretung gilt gerade auch während der Kontrollen. Es ist hier auch von besonderer Bedeutung, damit sichergestellt wird, dass die Grenzen zwischen rechtlich zulässiger Überprüfung und für die EU-Bediensteten unzulässiger strafrechtlicher Ermittlung penibel eingehalten werden. Denn auch die weit reichenden Rechte der EU-Kommission zu Kontrollen und Überprüfungen zur Sicherung der finanziellen Interessen der Europäischen Gemeinschaften haben durchaus ihre Grenzen, und zwar sowohl im EU-Recht als auch im Recht des jeweiligen Mitgliedstaats.

150 b) **Nachweis der Berechtigung zur Kontrolle.** Wenn EU-Bedienstete eine Kontrolle vor Ort durchführen wollen, bedürfen sie dazu einer ausdrücklichen Berechtigung. Während die sektorbezogenen Kontrollmaßnahmen, die von den sachlich zuständigen Stellen der Kommission durchgeführt werden (etwa der Generaldirektion VI im Agrarbereich, der Generaldirektion XXI im Zollbereich), auf der Grundlage der jeweiligen Verordnung beruhen, bedarf das Tätigwerden der Bediensteten des OLAF der besonderen **Ermächtigung** nach Art . 6 Abs. 1 VO Nr. 2185/96. Nur wenn eine solche Ermächtigung vorliegt, ist das Tätigwerden der Bediensteten des OLAF vor Ort und in den Verwaltungen der EU wie der Mitgliedstaaten rechtlich überhaupt zulässig.

151 Die Ermächtigung besteht in der Regel in zwei Schriftstücken. Das ist einmal eine schriftliche Ermächtigung, die Auskunft gibt über Person und Dienststellung der Kontrolleure. Zum Zweiten ist dies ein schriftlicher Kontrollauftrag, aus dem das Ziel, der Zweck und die Ermächtigungsgrundlage der vorgesehenen Kontrolle hervorgeht. Diese beiden **Dokumente** sind dem Betroffenen **vor der Kontrolle** vorzulegen.

152 Hat in dem von den Bediensteten des OLAF zu überprüfenden Bereich vor relativ kurzer Zeit bereits eine Überprüfung stattgefunden, kann mit Hinweis hierauf die **Durchführung einer erneuten Überprüfung** verweigert werden. Das OLAF hat nämlich vor einem Tätigwerden zu überprüfen, ob die für die sektoralen Gemeinschaftsregelungen zuständigen Dienststellen nicht bereits aus denselben Gründen vor kurzem eine Kontrolle durchgeführt haben. War dies der Fall, darf das OLAF nicht tätig werden. Damit sollen zusätzliche Belastungen und Eingriffe in

---

[81] Vgl. nur BFH-Beschl. v. 6.2.2001 – VII B 277/00 – BStBl. II 2001, 306, 380 f. und v. 17.1.2002, V B 88/01, BFH/NV 2002, 748.
[82] Vgl. die verbundenen Rechtssachen 46/87 und 227/88 EuGHE 1998, 2859, 2924 Rdnr. 15, sowie Rechtssache 374/87, EuGHE 1989, 3283, 3351, Rdnr. 33.

die Rechte der Wirtschaftsbeteiligten verhindert werden.[83] Dennoch durchgeführte Überprüfungen durch Bedienstete des OLAF verstoßen deshalb gegen den auch gemeinschaftsrechtlich geltenden Grundsatz der Verhältnismäßigkeit.[84]

Derselbe Grundgedanke muss auch dann gelten, wenn die nationalen Behörden, etwa die Zollfahndung, in derselben Sache erst vor kurzem tätig gewesen ist. Nach Art. 3 Abs. 2 VO Nr. 2185/96 hat das OLAF seine eigenen Aktivitäten mit denen der Mitgliedsstaaten zu koordinieren. Ist dies nicht erfolgt, muss dargelegt werden, warum gleichwohl ein Tätigwerden des OLAF erfolgen soll. Betrifft der Kontrollauftrag denselben Sachbereich, der bereits vor kurzem durch die nationalen Behörden überprüft worden ist, widerspricht es dem Verhältnismäßigkeitsgrundsatz, wenn das OLAF ebenfalls tätig wird. Es kann dann auf die Erkenntnisse der nationalen Behörden verwiesen werden. Denn in jedem Einzelfall muss die Kommission dafür Sorge tragen, dass die eigenen Kontrollen nicht über das hinausgehen, was erforderlich ist, um die ordnungsgemäße Anwendung des Gemeinschaftsrechts sicherzustellen (so ausdrücklich der 8. Erwägungsgrund der VO Nr. 2185/06). 153

2. Befugnisse der EU-Kontrolleure

Da der Zweck der Überprüfungen durch die EU-Bediensteten nicht die Überprüfung der Verwaltungspraxis der nationalen Behörden ist, sondern die unmittelbare Kontrolle der Wirtschaftsteilnehmer darauf hin, ob vor Ort die Vorschriften des Gemeinschaftsrechts eingehalten worden sind, besteht für die EU-Bediensteten ein umfassendes Informations- und Zugangsrecht. Dieses besteht zunächst darin, dass die Kontrolleure alle **Informationen von den nationalen Behörden** verlangen können, die sie für bedeutsam halten, um das gemeinschaftsrechtlich relevante Tätigwerden von Wirtschaftsteilnehmern zu beurteilen. 154

Die Informationsmaßnahmen brauchen nicht nur den zu überprüfenden Einzelfall zu betreffen, sondern können in der Vorbereitung der Einzelfallprüfung auch allgemeine Informationen über das Verhalten der Wirtschaftsteilnehmer in einem bestimmten Wirtschaftszweig oder bei bestimmten wirtschaftlichen Aktionen bedeuten. Das Informationsbedürfnis muss sich nur auf den im schriftlichen Kontrollauftrag nach Ziel und Zweck umschriebenen Sachbereich beziehen. Dies kann zur Folge haben, dass den Kontrolleuren der EU ein umfassenderes Bild der Tätigkeit der Wirtschaftsteilnehmer im zu überprüfenden Sachbereich zur Kenntnis kommt, als es den Behörden der einzelnen Mitgliedstaaten vorliegt und/oder bewusst ist. 155

Die Informationsrechte der Kontrolleure betreffen allerdings in erster Linie die zu kontrollierenden Wirtschaftsbeteiligten selbst. 156

Nach Art. 7 der VO Nr. 2185/96 ist den EU-Bediensteten **Zugang zu allen Informationen und Unterlagen** einzuräumen, die für die ordnungsgemäße Durchführung der Kontrollen und Überprüfungen vor Ort erforderlich sind. Für die Beurteilung der Erforderlichkeit haben sie naturgemäß einen weiten Beurteilungsspielraum. Beschränkt sind die Kontrolleure lediglich dadurch, dass sie ihre Informationen nur unter denselben Bedingungen erlangen dürfen wie die Beamten der Mitgliedstaaten, nämlich unter Anwendung und Einhaltung der jeweils nationalen Vorschriften, d. h. in Deutschland der AO[85] und insbesondere der §§ 200 und 92 ff. AO. 157

Die Überprüfungsrechte beziehen sich deshalb auf **sämtliche Unterlagen** und Aufzeichnungen **des Wirtschaftsteilnehmers** sowie auf alle sonstigen Tatsachen materieller oder immaterieller Art, die geeignet sind, über die zu kontrollierenden Vorgänge Auskunft zu geben. Art. 7 Abs. 1 Unterabsatz 2 der VO Nr. 2185/96 enthält eine entsprechende Liste von Beispielen, hat also keinen abschließenden Charakter. Aufgeführt werden Rechnungsunterlagen, EDV-Daten, Unterlagen über Waren und Leistungen, Bilanzen usw. 158

Derartige Unterlagen können **mit Hilfe** sämtlicher **technischer Hilfsmittel** dingfest gemacht werden. Die Möglichkeit, Kopien anzufertigen, wird in der Verordnung ausdrücklich genannt. Die Kontrolleure sind aber nicht darauf beschränkt. Sie können mit Hilfe sämtlicher möglicher Kontrollmittel, etwa Fotoapparaten oder Geräten zur Entnahme von Proben, ihren Überprüfungsauftrag durchführen. 159

---

[83] Vgl. BR-Drucks. 405/96, S. 3.
[84] Vgl. z. B. EuGHE 1989, 2237, 2269, bzw. EuGHE 1994 I-3681, 3713.
[85] Vgl. dazu die Kurzfassung der einschlägigen Vorschriften im Hinblick auf mögliche Ermittlungen durch das OLAF von *Gemmel* S. 211 ff.

160 Ohne Zweifel sind die Kontrolleure nicht darauf beschränkt, die Vorlage von Unterlagen zu verlangen, die sie bereits genau bezeichnen können. Sie können auch nach nicht oder nicht vollständig bekannten **Informationsquellen** suchen.[86] Sie sind aber in ihrem Informationswunsch beschränkt durch die **Auskunftsverweigerungsrechte** der Wirtschaftsbeteiligten, die sich aus dem Überschreiten der Grenzen des Kontrollauftrags, aus der Pflicht zur Wahrung der Grundrechte, aus dem Erfordernis des Schutzes von Geschäftsgeheimnissen und personenbezogenen Daten sowie generell aus den Grenzen der nationalen Verfahrensregeln betreffend das Strafprozessrecht ergeben.

161 Nur durch das Grundrecht der Unverletzlichkeit der Wohnung beschränkt ist allerdings das umfassende Zugangsrecht der EU-Kontrolleure zu den Räumlichkeiten des Wirtschaftsteilnehmers. Die Kontrolleure haben nach § 5 Unterabs. 2 der VO 2185/96 das Recht, vom Betroffenen den Zugang zu allen **gewerblich** genutzten Räumlichkeiten, Grundstücken, Verkehrsmitteln und sonstigen Örtlichkeiten, die gewerblich genutzt werden.

162 Wenn auch stets betont wird, dass den Bediensteten des OLAF dieselben Kontrollmittel und Kontrollbefugnisse zur Verfügung stehen wie den Kontrolleuren der Mitgliedsstaaten,[87] so darf doch nicht übersehen werden, dass die Schwierigkeit darin liegt, den EU-Bediensteten klarzumachen, an welcher Stelle die **Grenzen der Befugnisse** der nationalen Behörden überschritten zu werden drohen. Insoweit stellt die Anwendung von § 397 AO die schwierigste Aufgabe für die anwaltliche Vertretung dar, weil gegenüber den EU-Bediensteten eine fiktive Ermessensentscheidung eines ebenso fiktiven nationalen Beamten plausibel gemacht werden muss.

> **Praxistipp:**
> 163 Die EU-Bediensteten sollen nach dem von der Kommission erarbeiteten Vademecum vorgehen, das Regeln für die Anwendung der VO Nr. 2185/96 enthält. Die Bediensteten im Zweifel an diese Regeln zu erinnern, kann nützlich sein, auch wenn dieses Vademecum nur eine Leitlinie für das Handeln der Kontrolleure ohne verbindlichen Charakter ist.

164 **Zwangsbefugnisse** haben die Bediensteten des OLAF selbst **nicht**. Die Regelung in Art. 9 VO Nr. 2185/96 entspricht inhaltlich Art. 14 Abs. 6 der Kartellverordnung Nr. 17. Zwangsmittel, insbesondere Ersatzvornahme und unmittelbare Zwangsrechte im Bereich der Verwaltungsvollstreckung, sowie das polizeiliche Erzwingen von Handlungen unter Eingriff in die Grundrechtsphäre des Betroffenen stehen danach nur den zuständigen nationalen Behörden zu. Dies hat der EuGH in *Hoechst*-Urteil (1989) im Einzelnen dargelegt.[88] Auch ein eigenständiges **Durchsuchungsrecht** haben die Kontrolleure des OLAF **nicht**.[89] Aber die nationalen Behörden müssen den Kontrolleuren die „erforderliche Unterstützung" gewähren, wenn sich ein Wirtschaftsteilnehmer einer Überprüfung vor Ort widersetzt (Art. 9 Abs. 1 der VO).

165 Entsprechend dem Gebot der Wirksamkeit des Gemeinschaftsrechts sind die nationalen Behörden generell verpflichtet, den EU-Kontrolleuren umfassende **Amtshilfe** zu leisten und die zulässigen und notwendigen Maßnahmen zu ergreifen, damit die Kontrolleure ihren Auftrag erfüllen können. Direkte Amtshilfe für EG-Behörden bei der Zwangsvollstreckung scheidet jedoch aus, weil den EU-Kontrolleuren Zwangsbefugnisse und Durchsuchungsrechte gerade nicht zustehen. Aus diesem Grunde ist auch eine gemeinschaftsrechtskonforme Auslegung von § 328 AO nicht möglich, der eine Zwangsmaßnahme der EU-Bediensteten in einen Verwaltungsakt nach deutschem Recht uminterpretieren würde, um so Amtshilfe nach § 250 AO durch die zuständige deutsche Behörde zu ermöglichen.[90]

---

[86] Vgl. *Ulrich* EWS 2000, 137, 143.
[87] Vgl. *Ulrich* EWS 2000, 137, 143 mit Hinweis auf *Schrömbges* ZfZ 1997, 290, 294, *Kuhl/Spitzer* EuZW 1998, 37, 41.
[88] EuGHE 1989, 2859, 2923 ff. bzw. NJW 989, 3080; ergänzend dazu die Zusammenfassung der Kritik und ihre Bewertung von *Idziok*, Die Vollstreckungshilfe nach deutschem Recht und europäischem Gemeinschaftsrecht, 1997, S. 133 ff.
[89] Vgl. die zutreffenden Erwägungen bei *Gemmel* S. 112 bis 114; anders *Ulrich* S. 188, und die weiteren Überlegungen von *Gemmel* S. 276 f.
[90] So aber die Lösung von *Gemmel* S. 276 f.

Hier muss m. E. vielmehr indirekte Amtshilfe dadurch geleistet werden, dass eine für die 166 von den EU-Kontrolleuren vorgesehene Ermittlungsmaßnahme zuständige **deutsche Behörde eigenständig entscheidet**, ob eine Zwangsmaßnahme und welche erforderlich ist, um das Begehren durchzusetzen. Denn auch der EuGH hält die nationale Stelle für befugt zu prüfen, ob die beabsichtigte Zwangsmaßnahme nicht willkürlich, nicht unverhältnismäßig und den nationalen Vorschriften konform ist.[91] Das Ersuchen um eine konkrete Maßnahme durch die EU-Kontrolleure bleibt dabei Voraussetzung eines ordnungsgemäßen Verfahrens der Unterstützung, zu der Art. 9 der VO 2186/95 die nationalen Behörden verpflichtet. Dass die zuständige deutsche Behörde sämtliche Voraussetzungen für das Ergreifen einer nach deutschem Recht zulässigen Zwangsmaßnahme prüft bzw. diese Voraussetzungen schafft, darf vorausgesetzt werden, also u. a. Androhung der Maßnahme, konkretes Leistungsgebot und Wochenfrist des § 254 AO.

Dies kann so weit gehen, dass die darum ersuchte Zollfahndung einen für erforderlich gehaltenen **Beschlagnahme- und Durchsuchungsbeschluss** beim zuständigen Gericht beantragt. Der Richter wird dann die Entscheidung aufgrund der vorzulegenden Dokumente über den Überprüfungsauftrag unter Beachtung des deutschen Verfassungsrechts und des Gemeinschaftsrechts, insbesondere des Verhältnismäßigkeitsgrundsatzes, treffen. Dabei kann sich die richterliche Kontrolle auch auf die Rechtmäßigkeit des Kontrollauftrags beziehen, wenngleich stets lediglich unter dem Gesichtspunkt der Verhältnismäßigkeit einer zwangsweisen Durchführung des Auftrags.[92] 167

Auch die Durchführung von Maßnahmen zur **Sicherung von Beweismitteln** obliegt allein den 168 nationalen Behörden, wie Art. 7 Abs. 2 VO Nr. 2185/96 feststellt. Aber die EU-Bediensteten können in jedem Einzelfall mit der nach Art. 9 der VO vorgeschriebenen Unterstützung durch die zuständigen Behörden rechnen. Dies kann so weit gehen, dass eine **Versiegelung der Räumlichkeiten des Unternehmens** durch die Polizei vorgenommen wird, damit die Vernichtung oder Beseitigung von Beweisunterlagen vor einer erst am folgenden Tag möglichen Überprüfung verhindert wird.[93]

Derartige Zuspitzungen zu vermeiden, obliegt der anwaltlichen Beratung, auch wenn es 169 im Einzelfall zweckmäßig sein kann, eine solche Maßnahme ohne Widerstand zu dulden, um dem Betroffenen Gelegenheit zu geben, über das weitere Vorgehen und sein künftiges Verhalten Klarheit zu gewinnen. Vieles spricht in einem solchen Fall dafür, dass der Übergang von Verwaltungsermittlungen in ein strafrechtliches Ermittlungsverfahren bevorsteht, in dem die Rechte des Betroffenen nach den nationalen Vorschriften klar definiert sind. Es kann sich in diesem Fall empfehlen, von Seiten des Betroffenen die **Hilfe und Unterstützung der nationalen Behörden**, etwa des Hauptzollamtes und der Oberfinanzdirektion, in Anspruch zu nehmen, die mit den Rechten und Pflichten der Wirtschaftsbeteiligten in der Regel besser vertraut sind als die ihrem Überprüfungsauftrag nachgehenden EU-Bediensteten.

Im Gegensatz zu Art. 15 Abs. 1, 16 Abs. 1 der Kartellverordnung Nr. 17 findet sich in den 170 Rechtsgrundlagen für das Handeln der Bediensteten des OLAF **keine** Regelung, die es diesen ermöglichte, **Sanktions- oder Zwangsgelder** festzusetzen, wenn sich ein Wirtschaftsteilnehmer zu Unrecht einer Kontrolle widersetzt, sich ihr entzieht, falsche Auskünfte gibt oder sonst pflichtwidrig Informationen vorenthält. Einer entsprechenden Forderung des Europäischen Parlaments ist bislang nicht nachgekommen worden.

Neben dem Recht auf umfassende Information und umfassenden Zugang ist ein besonderes 171 Recht der Bediensteten des OLAF von potentiell weit reichender Bedeutung: das Recht, einen **Bericht über die Kontroll- und Überprüfungsmaßnahmen** zu erstellen, der sich nicht in der Aufbereitung der vor Ort gesammelten Beweise erschöpfen muss, sondern auch Wertungen und Beurteilungen in durchaus nicht begrenzter Intensität und Reichweite enthalten kann.

Auch auf der Grundlage des sektoralen Verordnungsrechts können die EU-Bediensteten 172 Berichte erstellen. Diese Berichte haben jedoch nicht einen besonderen Rang und entfalten

---

[91] Vgl. EuGH ebendort S. 2928 Rdnr. 35.
[92] Vgl. den möglichen Präzedenzfall im Kartellrecht: AG Bonn, NStZ 2003, 688, sowie dazu *Toepel* NStZ 2003, 631.
[93] Vgl. für das EG-Kartellrecht die Kommissionsentscheidung im Fall MEWAC, ABl. EG L 20 v. 28.1.1993, S. 6.

auch keine Rechtswirkung gegenüber den Wirtschaftsteilnehmern. Dies soll nach Art. 8 Abs. 3 Satz 2 der VO Nr. 2185/96 bei den von den Kontrolleuren des OLAF auf der Basis der gesammelten Beweise erstellten Berichts ausdrücklich anders sein. Diese **Berichte des OLAF**, für die lediglich zur Voraussetzung gemacht wird, dass sie den nationalen Verfahrensregeln entsprechend erstellt worden sind, sollen durch ausdrückliche Anordnung des Verordnungsgebers **verwertbare Beweismittel** in nationalen Verwaltungs- und Gerichtsverfahren darstellen.

173 Wie weit diese europarechtliche Anordnung wirklich reicht, wird sich erst in entsprechenden Verfahren klären lassen. Im Ergebnis dürfte einem Schlussbericht des OLAF keinesfalls mehr Gewicht beizumessen sein als einem Prüfungsbericht nach § 202 AO. Andererseits ist seit den entsprechenden Entscheidungen des EuGH nicht mehr zweifelhaft, dass die gesammelten Beweise in Verfahren etwa wegen Rückforderung gewährter Beihilfen oder wegen Nacherhebung von Abgaben verwendet werden dürfen. Im Verwaltungsverfahren gelten Beweisverwertungsverbote, wie sie im Strafprozess von großer Bedeutung sind, eben nicht.[94] Höchst **zweifelhaft** ist die nach dem Text der Verordnung mögliche Qualifizierung der Berichte als stets und von vornherein zulässige „verwertbare Beweismittel". Auch wenn sich aus dem Text der Verordnung argumentieren lässt, dass eine derartige Bedeutung den Berichten nur beigemessen werden soll, wenn sie unter Einhaltung der nationalen Verfahrensvorschriften zustande gekommen sind, kann eine derartige Festlegung doch jedenfalls die nationalen Gerichte nicht binden. Dass Fahndungsbeamte und Staatsanwaltschaften die vorhandenen Beweismittel für ihre Zwecke verwenden, ist nahe liegend und zulässig. Ggf. muss **gegen ihre Verwendung** wegen Verstoßes gegen Verfahrensvorschriften bei der Erhebung der Beweise **gerichtlicher Rechtsschutz** gesucht werden.

174 Es wird jedoch entscheidend davon abhängen, wie die Berichte abgefasst und wie sie verwendet worden sind. Der **Abschlussbericht einer Überprüfung** durch das OLAF soll von den nationalen Beamten, die an der Überprüfung teilgenommen haben, mit unterzeichnet werden. Dies soll die Beweiskraft des Berichts wohl erhöhen. Die Mitunterzeichnung hat als solche jedoch keine weitere rechtliche Bedeutung. Viel wichtiger ist, welche konkreten **Feststellungen** in dem Bericht niedergelegt sind. Hier spielt das sog. Statement of Facts eine entscheidende Rolle. Soweit sich dieses Statement of Facts auf die Darstellung und Zusammenstellung der gesammelten Beweismittel beschränkt, besteht ihr Wert in der Darstellung als solcher, und zwar insbesondere wenn, wie vorgeschrieben, Kopien, schriftliche Unterlagen und sonstige Beweisstücke als Anlage dem Bericht beigefügt sind. Soweit sich in diesem Statement of Facts jedoch Wertungen oder auch nur „plausible Schlüsse" finden, nehmen sie als solche naturgemäß nicht an der Qualifizierung als Beweismittel teil. Hier ist es **Aufgabe des Verteidigers**, dafür zu sorgen, dass Fakten und Schlussfolgerungen eines solchen Berichts deutlich auseinandergehalten werden.

Praxistipp:

175 Im Falle der Rindfleischausfuhren nach Jordanien während des Irak-Embargos ist die Begrenzung der Beweiskraft von Schrömbges offenbar gegenüber den nationalen Behörden auch durchgesetzt worden. Jedenfalls sollen die Rechtsabteilungen der beteiligten deutschen Bundesministerien bestätigt haben, dass der Abschlussbericht der Vorgängerbehörde des OLAF, der UCLAF, jedenfalls urkundliche Beweiskraft im Sinne des § 418 ZPO nicht hat, und zwar im dortigen Fall deshalb, weil in dem Bericht keine Vorgänge geschildert wurden, die die vier Beamten selbst wahrgenommen hatten.[95]

3. Abwehrrechte der betroffenen Wirtschaftsteilnehmer

176 a) **Schutz von Geschäftsgeheimnissen und personenbezogenen Daten.** Korrespondierend zu den Befugnissen der EU-Kontrolleure bestehen Mitwirkungspflichten derjenigen Wirtschaftsteilnehmer, deren wirtschaftliche Betätigung überprüft werden soll. Sie müssen den Kontrolleuren jede erforderliche Unterstützung gewähren. Die Frage ist, wie weit die **Erforderlichkeit** reicht.

---

[94] Vgl. EuGHE 1989, 2859, 2924, Rdnr. 15, EuGHE 1989, 3283, 3351, Rdnr. 33.
[95] Vgl. *Schrömbges* ZfZ 2002, 218, 220 f.

Die EU-Kommission hat bereits Gelegenheit gehabt, im Rahmen des Kartellrechts einige **177** dabei auftretende Fragen aus ihrer Sicht zu klären. Nach ihrer Auffassung verstößt es gegen die Pflichten des Wirtschaftsteilnehmers, wenn dieser den Beginn der vorgesehenen Kontrolle deswegen verweigert, weil ein bestimmter Verantwortlicher des Unternehmens derzeit nicht anwesend sei oder auch ein bestimmter Rechtsvertreter. Die Kommission sieht hierin eine unerlaubte Weigerung, die, so ist anzunehmen, von den Kontrollbeamten aus diesem Grunde durch Inanspruchnahme nationaler Behörden und Gerichte zu überwinden versucht werden wird.

Ähnliches ist zu erwarten, wenn der Wirtschaftsteilnehmer sich weigert, bestimmte Unterlagen **178** herauszugeben mit der Begründung, sie seien nicht vorhanden oder derzeit nicht auffindbar.

Entscheidend ist, ob es sich bei der Weigerung, bestimmte Unterlagen herauszugeben, um das **179** Geltendmachen des Rechts handelt, **Geschäftsgeheimnisse** nicht preisgeben zu müssen. Dieser hoch sensible und schwer zu bestimmende Bereich steht bereits unter einem gewissen Schutz dadurch, dass Art. 287 EGV (früher Art. 214 EGV) eine Verpflichtung für alle Mitglieder von Organen, für alle Amtsträger und alle sonstigen Bediensteten der EG normiert, Informationen über Geschäftsgeheimnisse nicht preiszugeben. Solche Geschäftsgeheimnisse sind insbesondere Auskünfte über Art und Tätigkeit von Unternehmen, über ihre Geschäftsbeziehungen und gerade auch über ihre Kostenstruktur.

Art. 8 Abs. 1 VO Nr. 2185/96 spricht diese Verpflichtung, das **Amtsgeheimnis** zu wahren, **180** erneut an und normiert, dass bei Kontrollen erlangte Informationen nur an die zuständigen Dienststellen der Gemeinschaft oder der Mitgliedstaaten übermittelt werden dürfen. Damit wird aber zugleich klargestellt, dass es gegenüber den Kontrolleuren selbst einen **Schutz von Geschäftsgeheimnissen** per se nicht geben soll. Hier gilt es **genau abzugrenzen**: Die Wirtschaftsbeteiligten müssen den Kontrolleuren Zugang zu sämtlichen Informationen ermöglichen, die das gemeinschaftsrechtlich bestimmte Geschäftsgebaren der Wirtschaftsteilnehmer betrifft. Aber eben nur dieses! Die Wirtschaftsteilnehmer sind nicht verpflichtet, die Kontrolleure in ihre Kostenstruktur und ihre Zahlungsvorgänge einzuweihen, sofern dies für den Kontrollauftrag nicht von Bedeutung ist. Dabei muss der **Kontrollauftrag** allerdings im Lichte des generellen Auftrags der Kontrolleure bestimmt werden, nämlich die finanziellen Interessen der EU zu wahren und nur zu diesem Zweck Überprüfungen durchzuführen.

Insofern ist eine Diskussion der Rechtsvertretung des Wirtschaftsbeteiligten mit den **181** Kontrolleuren vor Ort durchaus angebracht und im Einzelfall eine **Weigerung**, bestimmte Unterlagen herauszugeben, gerechtfertigt. Es sollte darauf bestanden werden, dass die EU-Kontrolleure die unterschiedlichen **Rechtsauffassungen aktenkundig machen**, insbesondere für den Fall, dass die Kontrolleure im Rahmen der laufenden Überprüfung oder im Anschluss daran die Hilfe nationaler Behörden zur Durchsetzung ihres Rechtsstandpunkts in Anspruch nehmen sollten.

Dieselbe Problematik ergibt sich bei der Frage der **Herausgabe personenbezogener Daten**. **182** Die Datenschutz-Richtlinie der EU vom 24.10.1995[96] ist insofern eine nützliche Grundlage, aufgrund deren die Abgrenzungsdiskussion mit den Kontrolleuren vor Ort geführt werden kann.

Dagegen helfen die Vorschriften der AO über das Steuergeheimnis nicht weiter. Zwar müs- **183** sen sich die Kontrolleure der EU an § 30 AO halten; aber die VO Nr. 2186/95 ist ein Gesetz i. S. von § 30 Abs. 4 Nr. 2 AO, so dass die nach Art. 8 Abs. 1 der VO mögliche Weitergabe von Informationen an andere Staaten zulässig bleibt.[97]

b) Wahrung der Grundrechte der Betroffenen. Schon nach Erwägungsgrund Nr. 12 der VO **184** Nr. 2185/96 dürfen die EU-Kontrolleure nur unter Wahrung der Gemeinschaftsgrundrechte der betroffenen Wirtschaftsteilnehmer tätig werden. Die allgemeine Geltung der Grundrechte hat der EuGH anerkannt.[98]

---

[96] Richtlinie 95/46 (EG), ABl. EG 1995 L 281/31 ff.
[97] Vgl. näher Klein/*Rüsken* § 117 Rdnr. 9.
[98] Vgl. beispielsweise EuGHE 1970, 1125, 1135, RIW 1971, 181 mit Anm. *Rittstieg*.

185 Zu diesen Grundrechten gehört in unserem Zusammenhang vor allem das Recht auf **Unverletzlichkeit der Wohnung**, das nach der Rechtsprechung des EuGH gemeinschaftsrechtlich allerdings nur für Privatwohnungen gilt, nicht für Unternehmen.[99] Insofern besteht weiterhin ein Unterschied zur Rechtslage nach Art. 13 GG, der sich im Einzelfall durchaus auswirken kann.

186 Während das Grundrecht auf Berufsfreiheit und auf Eigentum wohl nur bei besonders drastischen Maßnahmen der EU-Kontrolleure im Zusammenwirken mit nationalen Behörden betroffen sein werden, spielt das **Recht auf effektiven Rechtsschutz**, den der EuGH ebenfalls anerkennt,[100] eine erhebliche Rolle, wenn EU-Kontrolleure zu Überprüfungsmaßnahmen bei einem Wirtschaftsteilnehmer erscheinen.

VI. Rechtsschutz gegen Kontroll- und Überprüfungsmaßnahmen

1. Prüfung der Betroffenheit des Wirtschaftsteilnehmers

187 a) Betroffenheit aufgrund Verdachts der Unregelmäßigkeit oder aufgrund von Geschäftsbeziehungen zum verdächtigten Wirtschaftsteilnehmer. Der Personenkreis, bei dem Kontrollen und Überprüfungen vorgenommen werden können, ergibt sich aus Art. 7 der VO Nr. 2988/95. Es handelt sich um natürliche und juristische Personen sowie sonstige, nach mitgliedschaftlichem Recht anerkannte Rechtssubjekte. Sie werden als **Wirtschaftsteilnehmer** bezeichnet. Ausgenommen von Kontrollen sind nur nationale öffentlich-rechtliche Einrichtungen hinsichtlich ihrer hoheitlichen Tätigkeit, die als solche gemeinschaftsrechtlich zu interpretieren ist und vom EuGH bislang eng aufgefasst wurde.[101]

188 Nach Art. 5 VO Nr. 2185/06 dürfen Kontrollen und Überprüfungen aber nur erfolgen, wenn die „begründete Annahme" besteht, dass Wirtschaftsteilnehmer eine Unregelmäßigkeit begangen oder daran mitgewirkt haben. Es muss daher ein konkreter Anlass zur Prüfung vorliegen; reine Stichprobenkontrollen reichen für ein Tätigwerden der Bediensteten des OLAF nicht aus.[102] Andererseits reicht auch aus, dass die „begründete Annahme" besteht, der Wirtschaftsteilnehmer hafte für die Unregelmäßigkeit oder sei in einer Position gewesen, in der er dafür Sorge zu tragen hatte, dass die Unregelmäßigkeit nicht begangen wurde.

189 Ist der Kreis der direkt betroffenen Wirtschaftsteilnehmer durch diese Definitionen bereits sehr weit gefasst, so erweitert sich der Kreis derjenigen, bei denen Kontrollen und Überprüfungen durchgeführt werden können, noch weiter durch die Formulierung in Art. 5 UAbs. 3 der VO Nr. 2185/96, dass Kontrollen vor Ort **auch bei „anderen betroffenen Wirtschaftsteilnehmern"** vorgenommen werden können. Dies sollen nach Auffassung der EU-Kommission solche Wirtschaftsteilnehmer sein, gegenüber denen zwar nicht die begründete Annahme der Begehung einer Unregelmäßigkeit besteht, die aber über Informationen verfügen, die einen derartigen Sachverhalt betreffen. Nach Ansicht der EU-Kommission fallen hierunter insbesondere Lieferanten, Kunden, Subunternehmer oder Zulieferbetriebe, Transportunternehmen, Zollagenten und Spediteure, Versicherungsanstalten, Verarbeitungsbetriebe und Eigentümer oder Mieter von Läden oder Lagern „die mit den Wirtschaftsteilnehmern, welche eine Unregelmäßigkeit begangen haben oder dessen verdächtigt sind, Geschäftsbeziehungen haben".

190 Der so umschriebene Kreis von Wirtschaftsteilnehmern unterliegt nach Auffassung der EU-Kommission Überprüfungen vor Ort, „wenn sich dies im Rahmen einer Untersuchung als notwendig erweist, um zusätzliche Beweisstücke zu erhalten, die bei den direkt implizierten Wirtschaftsteilnehmern nicht vorliegen, jedoch für die Feststellung einer von einer anderen Person begangenen Unregelmäßigkeit oder zur Aufdeckung eines von anderen Personen organisierten Betrugsrings unerlässlich sind".

191 Mit diesen Ausführungen macht die EU-Kommission zwar deutlich, dass Überprüfungen und Kontrollen bei anderen Wirtschaftsteilnehmern nur ergänzender Natur sind. Hieraus kann auch geschlossen werden, dass die Kontrolleure sich in erster Linie an die Wirtschaftsteilneh-

---

[99] Vgl. das *Hoechst*-Urteil EuGHE 1989, 2924 Rdnr. 17.
[100] Vgl. EuGHE 1986, 1651, 1682.
[101] Vgl. EuGHE 1974, 631, 651, RIW 1975, 36 m. Anm.
[102] So mit Recht Henke/EFA/*Spitzer* 2000, S. 35; ferner dazu *Nelles* ZStW 109 (1997), 727, 744.

mer halten sollen, bei denen Anhaltspunkte für begangene Unregelmäßigkeiten vorliegen. Dies bedeutet jedoch nicht, dass aus rechtlichen Gründen stets zuerst bei den direkt Betroffenen derartige Überprüfungen vor Ort durchgeführt werden müssen. Weder der Grundsatz der Verhältnismäßigkeit der Mittel noch Wortlaut und Sinn und Zweck der einschlägigen beiden Verordnungen verlangen dies aus rechtlichen Gründen von den EU-Kontrolleuren. Allerdings ist aus der Begründung der EU-Kommission, die auf Drängen einiger Mitgliedstaaten von Rat und Kommission in einem Protokoll zur Verordnung niedergelegt worden ist, zu entnehmen, dass nur dann bei einem Wirtschaftsteilnehmer, der selbst einer Unregelmäßigkeit nicht verdächtigt ist, Kontrollen vor Ort vorgenommen werden dürfen, wenn er Geschäftsbeziehungen zu einem derart Verdächtigten hat. Es müssen daher „**Geschäftsbeziehungen**" **dargelegt werden**, wenn EU-Kontrolleure bei einem unverdächtigen Wirtschaftsteilnehmer Kontrollen oder Überprüfungen vornehmen wollen.

Stellt ein Wirtschaftsteilnehmer fest, dass der für das Tätigwerden der EU-Kontrolleure erforderliche Verdacht nicht besteht, er gleichwohl aber von der Überprüfungsermächtigung betroffen ist, oder dass er in keinerlei Geschäftsbeziehungen zu dem als Verdächtigen genannten Wirtschaftsteilnehmer steht, muss dem Betroffenen wirksamer Rechtschutz gewährt werden. **192**

Wegen der Eilbedürftigkeit bei Kontrollen und Überprüfungen wird in aller Regel **vorläufiger Rechtschutz** erforderlich sein. Dieser ist durch Anrufung des EuGH jedoch nicht möglich, weil vorläufiger Rechtschutz vor dem EuGH nur dann gewährt wird, wenn ein entsprechender Rechtsstreit beim EuGH anhängig ist (Art. 242, 243 EGV, früher Art. 185, 186 EGV). **193**

Auch vor einem nationalen Gericht ist die direkte Überprüfung der Überprüfungsermächtigung des OLAF nicht möglich, weil das Gemeinschaftsrecht hier vorrangig ist. Der betroffene Wirtschaftsteilnehmer ist deshalb darauf angewiesen, sich mit **Zwangsmaßnahmen** überziehen zu lassen. Diese Zwangsmaßnahmen können die EU-Kontrolleure lediglich mit Hilfe der nationalen Behörden durchführen. Hiergegen wiederum kann sich der Wirtschaftsteilnehmer wenden, indem er Widerspruch gegen die Zwangsmaßnahme erhebt und dieses mit dem **Antrag auf Anordnung der aufschiebenden Wirkung** verbindet. **194**

In der Rechtsprechung des EuGH ist anerkannt, dass nationale Gerichte im Rahmen des jeweiligen nationalen Verfahrensrechts die Aussetzung der Vollziehung von Verwaltungsakten in indirektem Vollzug von Gemeinschaftsrecht anordnen können. Dies setzt voraus,[103] dass das angerufene Gericht erhebliche Zweifel an der Rechtmäßigkeit der angegriffenen Maßnahme hat und daher die ernsthafte Erfolgsmöglichkeit für die zu erhebende Klage besteht. Außerdem muss die Entscheidung dringend sein, weil dem Betroffenen ein schwerer und nicht wiedergutzumachender Schaden droht, bei dessen Beurteilung das Gemeinschaftsinteresse angemessen berücksichtigt werden muss (Art. 242, 288 Abs. 2 EGV, früher Art. 185, 215 abs. 2 EGV). Reiner Geldschaden reicht aber nicht aus, um einen nicht wiedergutzumachenden Schaden zu begründen.[104] **195**

Im Rahmen **der Beurteilung des Antrags auf einstweiligen Rechtschutz** wird das Gericht zwar nicht die Rechtmäßigkeit der Entscheidung über die Durchführung einer Kontrolle oder Überprüfung des Wirtschaftsteilnehmers überprüfen; diese Entscheidung unterliegt ausschließlich der Kontrolle des EuGH.[105] Aber das Gericht wird prüfen, ob die in der Überprüfungsermächtigung genannten Voraussetzungen im Hinblick auf den konkreten Wirtschaftsteilnehmer vorliegen und ob die beabsichtigten Maßnahmen nicht willkürlich oder, gemessen am Gegenstand der Nachprüfung, unverhältnismäßig sind. Stellt das Gericht das Vorliegen dieser Voraussetzungen fest, ist es verpflichtet, einstweiligen Rechtschutz zu gewähren. **196**

Der betroffene Wirtschaftsteilnehmer muss jedoch stets, um den einstweiligen Rechtschutz zu rechtfertigen, alsbald die den Sachverhalt des vorläufigen Rechtschutzes betreffende **Klage beim Europäischen Gerichtshof** einreichen. **197**

---

[103] Vgl. EuGHE 1991, I-415, 535, Rdnr. 22 ff., 33; NVwZ 1991, 460; EuGHE 1995, I-3761 ff.; EuGHE 1996, I-6065; NJW 1997, 1225 ff.; *Jannasch* NVwZ 1999, 495, 496 f.; *Sandner* DVBl. 1998, 262, 265 f.
[104] So EuGHE 1991 ebendort Rdnr. 29.
[105] Vgl. EuGHE 1998, 2928, Rdnr. 35.

198 Der EuGH gewährt jeder Person Rechtsschutz gegenüber Entscheidungen der Kommission. Die Handlungen von OLAF werden insofern der Kommission zugerechnet.[106] Deshalb ist Voraussetzung für die Klage, dass entweder der betroffene Wirtschaftsteilnehmer in dem Überprüfungsauftrag ausdrücklich genannt ist oder sich aus den tatsächlichen Umständen ergibt, dass ihm gegenüber die Entscheidung des OLAF ergangen ist, Überprüfungen vorzunehmen.[107] Die Voraussetzungen sind in der Klage im Einzelnen darzulegen.

199 **b) Prüfung von Inhalt und Umfang der Überprüfungsermächtigung.** Die EU-Kontrolleure bedürfen für ihre Prüfungstätigkeit einer schriftlichen Ermächtigung (siehe oben I. 1.b). Diese Ermächtigung ist dem zu Überprüfenden vorzulegen. Der Ermächtigung beigefügt sein muss eine Dokument, das den Überprüfungsauftrag nach Ziel und Zweck hinreichend genau umschreibt.

200 Auf der **Vorlage der schriftlichen Überprüfungsermächtigung** einschließlich des das Ziel und den Zweck der Maßnahme umschreibenden Dokuments muss der Wirtschaftsteilnehmer bestehen. Nur auf diese Weise kann er sicherstellen, dass die EU-Bediensteten ihm gegenüber überhaupt tätig werden dürfen. Dies gilt auch, wenn die Bediensteten des OLAF zusammen mit Beamten der nationalen Behörden, etwa der Zollfahndung oder der Steuerfahndung, erscheinen. Auch letztere müssen sich legitimieren. Von ihrem gesonderten Prüfungs- und Ermittlungsauftrag ist die Tätigkeit der EU-Bediensteten aber nicht umfasst.

201 Da sich die EU-Kontrolleure an die nationalen Vorschriften halten müssen, ist die Überprüfungsermächtigung dann nicht rechtmäßig, wenn sie den Vorschriften der deutschen Abgabenordnung nicht entspricht. Zum **notwendigen Inhalt einer rechtmäßigen Ankündigung der Außenprüfung** gehört aber, dass sie alle wesentlichen Informationen über die durchzuführende Prüfung enthält, den genauen Adressaten der Prüfung angibt und detaillierte Angaben darüber enthält, was den zu prüfenden Sachverhalt ausmacht. Außerdem muss der von der Außenprüfung Betroffene (und damit auch der von der EU-Kontrolle betroffene Wirtschaftsteilnehmer) schon bei dem Beginn der Untersuchung eine Aufstellung über seine wesentlichen Rechte und Pflichten bei der nun beginnenden Untersuchung erhalten.

202 Während letzteres vom Gemeinschaftsrecht selbst nicht vorgeschrieben ist, decken sich in der Regel die Angaben der ersteren Zulässigkeitsvoraussetzungen mit denen für die Anordnung einer Außenprüfung. Gleichwohl ist es möglich, dass die etwas strengeren Anforderungen der AO von der Überprüfungsermächtigung der EU-Bediensteten des OLAF nicht eingehalten werden. Hiergegen kann deshalb mit Erfolg vorgegangen werden. Dabei kann es zweckmäßig sein, die **Nichteinhaltung der Vorschriften der AO vor Ort zu rügen** und vor einer Zustimmung zur Ermittlungstätigkeit des OLAF auf einer präzisen, den Vorschriften der AO entsprechenden und damit rechtmäßigen Überprüfungsanordnung zu bestehen. Dies kann selbst dann sinnvoll sein, wenn es nur um die Einhaltung der Prüfung zu den üblichen Geschäfts- oder Arbeitszeiten geht. Wenn diese nicht eingehalten werden sollen, bedarf es dafür einer sich aus dem Zweck der Überprüfung ergebenden Begründung.

203 Während Betriebsprüfungen der Steuerbehörden im Regelfall angekündigt zu werden pflegen, erfolgen auch im nationalen Bereich die **Überprüfungen** der Zollfahndung zumeist **ohne vorherige Ankündigung**. Eine derartige Ankündigung von Überprüfungsmaßnahmen ist nach europäischem Recht ebenfalls nicht erforderlich. Zur Vermeidung der Gefährdung des Kontrollzwecks sollen unangekündigte Kontrollen sogar ein wesentliches Element des Kontrollinstruments sein, das sich die EU-Kommission mit der OLAF geschaffen hat.[108] Gleichwohl kann eine Ankündigung der Überprüfung im Einzelfall zweckmäßig sein, wenn die Beamten sicherstellen wollen, dass bestimmte Unterlagen bereitgestellt werden oder bestimmte Personen zur Auskunft vor Ort bereitstehen. Eine Ankündigung der Überprüfung durch die mitprüfenden nationalen Behörden bedarf zwar intern der Absprache mit den Bediensteten des OLAF. Aus dem Fehlen einer solchen Absprache kann der betroffene Wirtschaftsteilnehmer jedoch eigene Rechte nicht herleiten. Die Maßnahme des OLAF ist aus sich heraus zulässig, wenn die Vor-

---

[106] Vgl. 4. Erwägungsgrund der VO-Nr. 1093/99, sowie *Gless* EuZW 1999, 618, 620 f. m. Anm. 32 m. w. N.
[107] EuGHE 1993, II-1023 Rdnr. 26, 28 EuGHE 1995, I-4125 Rdnr. 20, 31.
[108] Vgl. *Ulrich* EWS 2000, 137, 145, *Kuhl/Spitzer* EuZW 1998, 37, 42.

aussetzungen dafür vorliegen und die zulässigen Modalitäten der Überprüfung, insbesondere eben die nationalen Vorschriften, eingehalten werden.

Zu beachten bleibt aber: Wird eine Überprüfung unangekündigt durchgeführt, muss aus dem Überprüfungsauftrag zumindest hervorgehen, welche Behörde tätig wird, was genau geprüft werden soll und auf welcher Rechtsgrundlage die Überprüfung erfolgt.

2. Verfahrensmaßnahmen zur Sicherstellung eines effektiven Rechtsschutzes

a) Zeitpunkt der Hinzuziehung eines Verteidigers. Vor dem Hintergrund des auch gemeinschaftsrechtlich begründeten Grundrechts auf effektiven Rechtsschutz hat die Kommission (und damit auch seine Bediensteten) während des gesamten Verwaltungsverfahren darauf zu achten, dass Verteidigungsrechte von betroffenen Wirtschaftsteilnehmern nicht in unfairer Weise beschnitten werden. Dies hat der EuGH in Anwendung allgemeiner Rechtsgrundsätze im Zusammenhang der Auslegung der Verfahrensregeln des EG-Kartellrechts bestätigt.[109]

Gerade dann, wenn die Überprüfungen darauf abzielen, mögliche Unregelmäßigkeiten bei der Durchführung des EG-Rechts festzustellen, muss das Verfahren in einer Weise durchgeführt werden, dass **Verteidigungsrechte** nicht etwa in nicht wiedergutzumachender Weise vereitelt werden. Hierzu gehört, dem Wirtschaftsteilnehmer Gelegenheit gegeben wird, **schon zu Beginn des Verfahrens**, sei es bei der Ankündigung einer Überprüfung oder zu Beginn einer unangemeldeten Überprüfung, einen Rechtsanwalt als Verteidiger beizuziehen. Zwar müssen die Kontrolleure nicht das Eintreffen des Anwalts abwarten, sie müssen ihn bei seinem Erscheinen aber über die ergriffenen Kontrollmaßnahmen umfassend informieren.[110]

Auch vor der Hinzuziehung eines Verteidigers sind die EU-Bediensteten verpflichtet, dem Betroffenen bei Beginn der Überprüfung vor Ort die wesentlichen Sachverhaltselemente, auf die sich die **Begründung für die Überprüfung** stützt, mitzuteilen und auf Gegenstand und Zweck der Überprüfung hinzuweisen, insbesondere wenn sich dies aus den vorzulegenden schriftlichen Unterlagen nicht in vollem Umfang erschließt. Dabei soll nach Auffassung der Literatur eine Beschreibung der wesentlichen Tatsachenelemente, die den Gegenstand der Überprüfung bilden, genügen. Allerdings ist es für den effektiven Rechtsschutz erforderlich, dass die EU-Kontrolleure dem Betroffenen auch die Qualifizierung ihrer Vermutungen als **Verdacht** der Begehung einer Unregelmäßigkeit **mitteilen**. Dies jedenfalls verlangt der EuGH in Kartellrechtssachen, wenn er auch feststellt, dass dem Adressaten der Nachprüfungsentscheidung nicht alle vorliegenden Informationen über vermutete Zuwiderhandlungen übermittelt werden müssen oder eine streng rechtliche Qualifizierung solcher Zuwiderhandlungen vorzunehmen ist.[111]

Eine **Angabe der Gründe für die Überprüfung** ist dann besonders wichtig und zur Wahrung effektiven Rechtsschutzes erforderlich, wenn die Überprüfung sich an frühere Kontrollen anschließt und nicht von vornherein für den betroffenen Wirtschaftsteilnehmer erkennbar ist, ob sich die Zuwendungsbehörde erneut um die Klärung von Sachverhalten bemüht oder ob etwa die Kontrolleure der OLAF daran anschließende oder davon gänzlich unabhängige Überprüfungsmaßnahmen im Sinne von Ermittlungstätigkeiten hinsichtlich von Unregelmäßigkeiten mit betrügerischem Hintergrund ergreifen.

Genaue Mitteilungen zu jedem Tatbestandsmerkmal müssen die EU-Kontrolleure insbesondere gegenüber demjenigen Wirtschaftsteilnehmer machen, bei dem als einem „Anderen" Überprüfungen vorgenommen werden sollen, weil er in „Geschäftsbeziehungen" zu jemandem steht, der einem „Verdacht auf Unregelmäßigkeiten" unterliegt.

Dieselben Informationen muss der Anwalt den prüfenden EU-Bediensteten abverlangen; denn nur so kann er seinen Rechten und Pflichten als Verteidiger sachgerecht nachkommen.

b) Rechtliches Gehör und Akteneinsicht. Unabhängig davon, ob der Wirtschaftsteilnehmer einen Rechtsanwalt als Verteidiger beigezogen hat, muss ihm nach § 5 Abs. 2 Satz 2 BpO schon vor der Einleitung der Überprüfung eine Übersicht über seine „Verteidigungsrechte" ausgehändigt werden. Zudem kann er nach dem Grundsatz effektiven Rechtsschutzes verlangen, dass ihm **Einsicht in die den Kontrolleuren vorliegenden Akten** gewährt wird. Dies gilt nicht nur dann, wenn der Wirtschaftsteilnehmer mit bestimmten Vorgängen, die sich in den Akten

---

[109] EuGHE 1989, 2859, NJW 1989, 3080, Rdnr. 10 f.
[110] Vgl. dazu schon EuGHE 1980, 2052.
[111] EuGH a. a. O. Rdnr. 28, 41.

befinden, konfrontiert werden und seine Aussage dazu zu Protokoll genommen werden soll. In letzterem Fall gilt dies selbstverständlich in erhöhtem Maße. Im Zweifel muss hierüber eine Entscheidung zunächst der mit der Überprüfung beauftragten Kontrolleure, bei Ablehnung ohne einsichtigen Grund ggf. der Gerichte nach Zwangsmaßnahmen herbeigeführt werden.

212 Nach dem Gemeinschaftsrecht ist – **weiter gehend als nach deutschem Verfahrensrecht** – Einsicht in den gesamten Aktenbestand zu gewähren, also auch in einschlägige Korrespondenz, die vor dem eingeleiteten Verwaltungsverfahren stattgefunden hat.[112] Fraglich ist allenfalls, **zu welchem Zeitpunkt** die Akteneinsicht zu gewähren ist. M.E. bedarf es einer ausdrücklich mit dem Zweck der Untersuchung bzw. der Gefahr der Zweckvereitelung begründeten Entscheidung, wenn Akten nicht unverzüglich zugänglich gemacht werden. Diese Entscheidung sollte angegriffen werden, um die Rechtmäßigkeit des Verfahrens sicherzustellen.

213 Der Grundsatz des rechtlichen Gehörs gilt im gesamten Verwaltungsverfahren. Andererseits darf der Betroffene – gerade wenn und solange er sich noch nicht des Beistands eines Verteidigers bedient – nicht direkt oder indirekt dazu gedrängt werden, Antworten auf **Fragen der Kontrolleure** zu geben, durch die er das Vorliegen einer Unregelmäßigkeit eingestehen müsste, für die die Kommission letztlich erst den Beweis zu erbringen hat. Ausdrücklich hat sich der EuGH in dieser Hinsicht allerdings noch nicht festgelegt.[113] Im Zweifel ist aber darauf zu bestehen, dass auf Fragen, deren Beantwortung als „Schuldeingeständnis" gewertet werden könnte, nicht geantwortet zu werden braucht.

214 Grundsätzlich ist der Wirtschaftsbeteiligte im Rahmen des Verwaltungsverfahrens dazu verpflichtet, **Auskünfte** zu geben, soweit es das Verständnis der Wirtschaftsvorgänge für Kontrolleure erforderlich macht. Erteilt er die zulässigerweise von ihm geforderten Auskünfte nicht, muss er mit für ihn nachteiligen Annahmen der Kontrolleure rechnen. Jedenfalls aber besteht **keine Verpflichtung**, im Rahmen des Verwaltungsverfahrens Auskünfte zu erteilen, die sich gegen ihn selbst richten und zu strafrechtlicher Verfolgung führen können. Insofern hat der Wirtschaftsbeteiligte ein **begrenztes Auskunftsverweigerungsrecht**, das bereits dann wirksam wird, wenn Fragen im Rahmen des Verwaltungsverfahrens gestellt werden, die mittelbar oder unmittelbar nicht nur zu strafrechtlichen, sondern auch zu verwaltungsrechtlichen Sanktionen führen können.

215 Selbst wenn der betroffene Wirtschaftsteilnehmer keine oder nur begrenzte Auskünfte gegeben hat, gebietet es der Grundsatz des rechtlichen Gehörs, wie er in der AO zum Ausdruck gekommen ist, dass die Kontrolleure den betroffenen Wirtschaftsteilnehmer darauf hinweisen, wenn während der Prüfung sich aus ihrer Sicht eine erhebliche Änderung in ihrer Beurteilung und/oder neue Sachverhalte ergeben haben. Der betroffene Wirtschaftsteilnehmer muss sich hierauf einstellen und ggf. sein Verhalten ändern können. Außerdem gebietet es die AO, dass dem beteiligten Wirtschaftsteilnehmer vor dem Erstellen des Prüfungsberichts eine **Schlussbesprechung** wenigstens angeboten wird. Zudem muss ihm Gelegenheit gegeben werden, zu dem Prüfungsbericht insgesamt Stellung zu nehmen.

216 Sind **Aussagen unter Verletzung der genannten Rechte** erlangt worden, stellt sich die Frage, ob die „Ermittlungsergebnisse" in der abschließenden Entscheidung verwertet werden dürfen. Dies dürfte bei eindeutiger Verletzung der Rechte des Betroffenen zu verneinen sein, auch wenn die Verletzung der Verfahrensvorschriften als „unwesentlich" beurteilt werden könnte.[114] Zur Beurteilung ist die vorhandene Rechtsprechung des EuGH hilfreich und maßgebend.[115] Sie betrifft aber nur die Frage, ob die EU-Kontrolleure bei ihrer Tätigkeit Verfahrensvorschriften, auch solche des nationalen Rechts, verletzt haben. Die andere Frage, ob nämlich die unter Verletzung von Verfahrensvorschriften ermittelten Sachverhalte Grundlage für eine Entscheidung

---

[112] Vgl. grundsätzlich und eindrucksvoll van Gerven/Zuleeg/*Bellamy* S. 115 ff., sowie *Gaede* StraFo 2004, 195, 196, im Übrigen näher *Gemmel* S. 81 f. m. w. N. Selbst im Strafverfahren können in Deutschland nicht alle Akten eingesehen werden, um zu klären, ob sich darin verteidigungsrelevante Hinweise befinden (z. B. im Fallheft der Steuerfahndung), vgl. nur OLG Frankfurt NStZ 2003, 566, und differenzierend nach VwVfG, AO sowie StPO und FGO der BFH Beschl. v. 28.5.2003 – VII B 119/01 – DStRE 2004, 112 m. w. N. sowie ergänzend zum Datenschutz Beschl. v. 4.6.2003 – VII B 138/01 – wistra 2004, 71.
[113] Vgl. die Nachweise zu Rspr. und Lit. bei *Gemmel* S. 83 ff.
[114] So aber *Ulrich* EWS 2000, 137, 146.
[115] Vgl. im Einzelnen EuGHE 1980, 2229, 2264; 1983, 3151, 3192; 1983, 3461, 3498; 1992 II-499, 524; ferner dazu *Arnold* EuR Beiheft 1/95, 7, 23 und *Gornig/Trüe* JZ 2000, 395, 406.

der nationalen Behörden sein können, die das Gemeinschaftsrecht anzuwenden haben, richtet sich jedoch nach nationalem Recht. Wenn deshalb z. B. aufgrund eines Abschlussberichts des OLAF eine Geldleistung, die aufgrund von EU-Recht gewährt worden ist, zurückgefordert werden muss, so richtet sich die Verwertung der unrechtmäßig erlangten Informationen nach deutschem Recht, mithin nach der AO und damit der zum Thema Verwertungsverbote ergangenen Rechtsprechung der deutschen Finanzgerichtsbarkeit.

Haben die Kontrolleure bei der Überprüfung vor Ort Feststellungen getroffen, die nach ihrer Auffassung geeignet sind, Unregelmäßigkeiten festzustellen, muss dem Betroffenen Gelegenheit gegeben werden, sich dazu zu äußern. Die **Gewährung rechtlichen Gehörs** zu derartigen Sachverhalten ist eines der fundamentalen Rechte auch des Gemeinschaftsrechts.[116] 217

Spätestens **nach Abschluss der Überprüfungen** kann der Wirtschaftsbeteiligte von den Kontrolleuren **Akteneinsicht** verlangen. Diese haben zwar über dieses Verlangen eine Entscheidung zu treffen, die berücksichtigen kann, ob vom Wirtschaftsbeteiligten sachliche Gründe für die Akteneinsicht vorgetragen worden sind, die darauf schließen lassen, dass er der Akteneinsicht zu seiner Rechtsverteidigung bedarf. Auch ist in die Abwägung, ob die Akteneinsicht gewährt werden muss, die Notwendigkeit der Wahrnehmung weiterer Untersuchungstätigkeiten und die gebotene Vertraulichkeit der Unterlagen einzubeziehen. Aber: Vor einer endgültigen Entscheidung der EU-Kontrolleure, etwa der Fertigstellung des Abschlussberichts, ist **stets Akteneinsicht** zu geben, es sei denn, die nationale Sicherheit, die Ermittlung von Schwerstverbrechen oder ähnlich schwerwiegende Rechtsgüter seien akut gefährdet. Im Zweifel ist vorläufiger Rechtsschutz zu beantragen. 218

Unabhängig von der Akteneinsicht hat der Wirtschaftsbeteiligte das Recht auf **Niederschrift** über die von den Kontrolleuren kopierten **Unterlagen**. Sollten die Kontrolleure der EU im Zusammenwirken mit nationalen Behörden Originale beschlagnahmt haben, hat der Betroffene ein Recht, von diesen Unterlagen Kopien zu erhalten. Ob diese Kopien unverzüglich angefertigt werden müssen, ist im Einzelfall zu entscheiden unter der Prämisse, dass die Unterlagen dem Betroffenen zum Zwecke seiner Verteidigung möglichst zeitnah zur Verfügung gestellt werden müssen. 219

Verlangt der Betroffene, eine **Gegendarstellung** zu den Überprüfungsergebnissen und auch zu dem Überprüfungsverfahren abzugeben, muss die überprüfende Behörde ihm dazu Gelegenheit geben, und zwar auf sein Verlangen hin sowohl **bereits während der Überprüfung** als auch im Anschluss daran. Ob und wann dies zweckmäßig ist, ist allerdings eine Frage, die der Wirtschaftsbeteiligte tunlichst mit seinem Verteidiger besprechen sollte. 220

c) **Vertraulichkeit von Beratung und Anwaltskorrespondenz.** Zum effektiven Rechtsschutz gehört auch nach dem Gemeinschaftsrecht der Grundsatz des Schutzes der Vertraulichkeit der Rechtsberatung.[117] Dies gilt für sämtliche Korrespondenz mit einem nicht von dem Unternehmen angestellten Anwalt und ist gerade während des Zeitraumes der Überprüfung vor Ort von besonderer Bedeutung. Oft können nur **vertrauliche Beratungsgespräche** im Frühstadium von Überprüfungen sicherstellen, dass der Kontrollauftrag nicht zu einer allgemeinen Ausforschung der Aktivitäten des Wirtschaftsteilnehmers am Markt ausartet, und zwar auch dort, wo finanzielle Interessen der Gemeinschaft nicht berührt sind. 221

Der effektive Rechtsschutz kann im Einzelfall sogar erforderlich machen, dass den Kontrolleuren vorübergehend der Zugang zu bestimmten Räumen oder Unterlagen verweigert wird. Auch die Entscheidung, ob eine **Verweigerung** durchgeführt werden soll mit den daraus sich ergebenden Folgen, muss im Rahmen effektiven Rechtsschutzes gewährleistet werden. Hierbei ist es zweckmäßig, die Kontrolleure auf die zu beratende Problematik aufmerksam zu machen, um ihnen nicht falsche Schlussfolgerungen nahe zu legen. Dies gilt insbesondere in Situationen, in denen es um Geschäftsgeheimnisse geht, die zu wahren möglich erscheint, ohne dass Sinn und Zweck der Überprüfung des Geschäftsgebarens des Wirtschaftsteilnehmers vereitelt wird. 222

---

[116] Vgl. EuGHE 1974, 1063, 1080; RIW 1975, 276; EuGHE 1979, 512 f.; ferner dazu *Bast* RIW 1992, 742; *Gassner* DVBl 1995, 16, 18 und *Haibach* NVwZ 1998, 456, 457.

[117] Vgl. grundlegend EuGHE 1982, 1575, 1611, sowie *Beutler* RIW 1982, 820, 831; ferner *Dannecker* ZStW 111 (1999), 256, 280.

Die Überprüfung darf eben von den Kontrolleuren stets nur mit dem Ziel betrieben werden, die finanziellen Interessen der Gemeinschaft zu wahren.

223 Sichergestellt werden muss im gesamten Verfahren, dass die **Korrespondenz** des Wirtschaftsteilnehmers mit seinem Anwalt **vertraulich** bleibt. Dies gilt sowohl für die entsprechenden schriftlichen Unterlagen als auch für mündliche Besprechungen und Telefonate, und es gilt nicht nur für den Zeitraum der Überprüfung, sondern auch für entsprechende Korrespondenz, die der Überprüfung vorangegangen ist.[118]

224 d) **Übergang des Verwaltungsverfahrens in ein Strafverfahren.** Es ist unbestritten, dass der Begriff der Unregelmäßigkeit entsprechend der Definition in Art. 2 Abs. 2 der VO Nr. 2988/95 auch betrügerische Praktiken im Sinne des Übereinkommens über den Schutz der finanziellen Interessen der Europäischen Gemeinschaften umfasst.[119] Hierauf ist in den Erwägungsgründen zur Verordnung ausdrücklich hingewiesen worden. Deswegen können die Überprüfungen vor Ort durchaus **strafrechtlich relevante Vorgänge** betreffen.

225 Die EU-Kontrolleure des OLAF sind gerade dazu da, Unregelmäßigkeiten mit betrügerischem Inhalt aufzudecken. Insofern besteht durchaus ein deutlicher Unterschied zur Tätigkeit der Steuerfahndung und der Zollfahndung, die in aller Regel primär zur Ermittlung steuerlich bedeutsamer Sachverhalte tätig werden und nur dann, wenn in diesem Zusammenhang strafrechtlich bedeutsames Verhalten festgestellt wird, strafrechtliche Ermittlungen einleiten. Zur **Einleitung strafrechtlicher Ermittlungen** bedarf es der Maßnahmen nach § 397 AO, nämlich des Ergreifens von Maßnahmen, die erkennbar darauf abzielen, gegen jemanden wegen einer Steuerstraftat strafrechtlich vorzugehen. Handelt es sich bei dem möglicherweise strafrechtlich Betroffenen um den Wirtschaftsteilnehmer, ist die Maßnahmen nach § 397 AO dem Wirtschaftsbeteiligten direkt mitzuteilen. Dies gilt spätestens dann, wenn der nunmehr als Beschuldigter Geltende dazu aufgefordert wird, Tatsachen darzulegen oder Unterlagen vorzulegen, die im Zusammenhang mit der Straftat stehen, derer er verdächtigt wird (§ 397 Abs. 3 AO).

226 Die Tätigkeit der EU-Kontrolleure des OLAF ist insoweit gewissermaßen ambivalent. Sobald sie sich jedoch in einer Situation befinden, in der die nationale Behörde nach § 397 AO tätig werden müsste, sind die EU-Kontrolleure verpflichtet, ihre Ermittlungstätigkeit einzustellen, weil der EU strafrechtliche und damit auch strafverfahrensrechtliche Kompetenzen fehlen. Tun sie dies nicht, auch wenn dies nur auf einem Übersehen der entsprechenden Vorschriften beruht, unterliegen ihre Erkenntnisse dem Verwertungsverbot.

ANHANG:
Anregungen zum Vorgehen in diesem weniger bekannten Rechtsbereich

1. Zeitpunkt der Beiziehung des Anwalts und erste Schritte zur Aufklärung der Sach- und Rechtslage

227 Vor dem Hintergrund der dargelegten Rechtsprobleme wird deutlich, dass der Zeitpunkt, zu dem der Mandant den Anwalt in eine sich streitig gestaltende Lage einbezieht, von besonderer Bedeutung ist. Jeder Rechtsanwalt braucht in diesem Geflecht von rechtlichen Regelungen und nicht immer erkennbaren behördlichen Zuständigkeiten Zeit zur Einarbeitung in die Rechtsmaterie und ihre Probleme. Dabei spielen die **Vorkenntnisse des Anwalts**, die **Expertise des Mandanten** und seiner bisherigen Berater bzw. der für den Mandanten tätigen Personen zu Beginn eine wichtige Rolle.

228 Üblicherweise wird der Anwalt beigezogen, wenn in einem Nacherhebungsverfahren oder in einem sonstigen Verfahren, das zu finanziellen Verpflichtungen des Mandanten führen kann, Auseinandersetzungen mit den nationalen (zumeist Zoll-) Behörden drohen oder eingetreten sind. Ist eine **Außenprüfung** durch eine Steuerbehörde (FA oder HZA) vorgenommen worden, ist die Beiziehung des Anwalts spätestens in der Schlussbesprechung für alle weiteren Verfahrensschritte und Maßnahmen hilfreich.

229 Leider erfolgt die Beiziehung eines Anwalts manchmal erst im Zusammenhang mit der **Eröffnung eines Ermittlungsverfahrens** durch die Steuerbehörde. Dies geschieht im Rahmen einer

---

[118] Vgl. grundsätzlich zur Vertraulichkeit der Anwaltskorrespondenz EuGHE 1982, 1575, Tz. 18 ff., 21.
[119] Vgl. etwa *Zieschang* EuZW 1997, 78.

Außenprüfung dann, wenn der Prüfer einen Anfangsverdacht gewonnen hat und die Prüfung abbricht oder aber sie fortsetzt, nachdem er dem Mandanten die Einleitung eines Strafverfahrens mitgeteilt und ihn über seine Rechte und Pflichten belehrt hat (§ 9 Betriebsprüfungsordnung).

Gelegentlich wird ein Anwalt überhaupt erst beigezogen, wenn Beamte der Fahndung (zumeist die Zollfahndung) mit einer Anordnung zur **Durchsuchung und Beschlagnahme** erscheinen und im Unternehmen in größerem Umfang Unterlagen beschlagnahmen wollen. Es gelten dann die üblichen anwaltlichen **Handlungsregeln**, die erforderlich sind, um die Rechte des Mandanten zu wahren: Feststellung, ob die Durchsuchung bei dem Mandanten stattfindet als Beschuldigtem, als Verdächtigem oder als unbeteiligtem Dritten; Klärung, ob ein Durchsuchungsbeschluss ausgehändigt wurde oder sich die Beamten auf „Gefahr im Verzug" berufen haben;[120] Einsichtnahme in den Beschluss bzw. Vorlesenlassen des Textes durch den Mandanten; Feststellung, was dem Mandanten gegenüber genau erklärt worden ist und ob die Erklärung aktenkundig gemacht wurde; Klärung, ob und gegebenenfalls welche bestimmten Gegenstände beschlagnahmt werden sollen. Falls dies nur telefonisch festzustellen war, wird sich der Anwalt **in aller Regel sofort zum Mandanten** begeben, um eine Kontrolle der Rechtmäßigkeit der Durchsuchungsanordnung durchzuführen und ggf. einen Antrag auf richterliche Entscheidung analog § 98 Abs. 2 Satz 2 StPO zu stellen, der auch nach Durchführung der Untersuchung noch möglich ist und dazu führen kann, dass für die erlangten Beweise ein Verwertungsverbot besteht. 230

Am wichtigsten ist jedoch, dass der Anwalt dem Mandanten dringend rät, auf keinen Fall Erklärungen zur Sache abzugeben und sich auch nach Möglichkeit nicht mit den Beamten zu unterhalten, weil sämtliche Angaben seinerseits sonst möglicherweise als Einlassung gewertet werden können.[121] Im Übrigen soll bereits der Mandant sich mit der Durchsuchung und anschließenden Beschlagnahme nicht einverstanden erklären, sondern den **Maßnahmen ausdrücklich widersprechen**. Unter allen Umständen soll er Handlungen unterlassen, die als Versuch ausgelegt werden könnten, er wolle etwas bei Seite schaffen (eine Handlungsweise, die später als Grundlage für Maßnahmen wegen „Verdunklungsgefahr" herangezogen werden könnte). Dass die Anwesenheit eines Anwalts abgewartet und unbeteiligte Durchsuchungszeugen beigezogen werden, ist für die Beamten der Steuerfahndung und der Zollfahndung normalerweise ebenso selbstverständlich wie das Anlegen eines Verzeichnisses der beschlagnahmten und mitgenommenen Gegenstände und Unterlagen sowie die Aushändigung einer Durchschrift dieses Verzeichnisses an den Betroffenen bzw. seinen Anwalt.[122] Andere, wie etwa EU-Kontrolleure des OLAF, müssen möglicherweise selbst hierauf hingewiesen werden. 231

> **Praxistipp:**
> Grundsätzlich müssen die Beweismittel in der Durchsuchungsanordnung mindestens annäherungsweise, etwa in Form einer beispielhaften Aufzählung, genannt werden, und zwar so genau, dass weder beim Betroffenen noch bei den Beamten Zweifel über die zu suchenden und zu beschlagnahmenden Gegenstände entstehen können. Allerdings kann es ausreichen, dass die Beweismittel nur der Gattung nach bestimmt sind, wenn sich nämlich aus den Gründen des Durchsuchungsbeschlusses eindeutig ergibt, welche Unterlagen als Beweismittel von Bedeutung sind.[123] Sollte sogar eine Einziehung nach § 74 oder § 74 a StGB erfolgt sein, muss 232

---

[120] Vgl. dazu die strengen Auflagen des BVerfG in BVerfGE 103, 141, NJW 2001, 1121; zur praktischen Anwendung *Uwe Schulz* NStZ 2003, 635, 636 und *Burhoff* PStR 2005, 278; zur Frage fernmündlicher Anordnung der Durchsuchung durch einen Richter näher *Höfling* JR 2003, 408, aber auch Anm. *Klemke* StraFo 2004, 94, sowie zur Prüfungspflicht des Richters BVerfG NStZ-RR 2004, 143.
[121] Vgl. nur *Burhoff* PStR 2004, 67, m. w. praktischen Hinweisen, insbesondere zur Frage der späteren Verwertbarkeit von Angaben des Mandanten mangels Belehrung nach § 136 StPO und zusätzlicher sog. qualifizierter Belehrung; ferner *Burhoff* PStR 2003, 132.
[122] Vgl. dazu *Burhoff* PStR 2003, 136 mit Hinweis auf die Unzulässigkeit, eine Vielzahl von Einzelbelegen mit einer Sammelbezeichnung – und so ungenau – zu belegen und die Notwendigkeit der Paginierung.
[123] Vgl. dazu zunächst *Burhoff* PStR 2005, 138 m. w. N., ferner etwa BVerfG PStR 2000, 244, BGH PStR 2002, 31 bzw. BGH wistra 2000, 29, und LG Ulm PStR 2002, 53.

> der Anwalt unverzüglich Beschwerde einlegen bzw. bei Gefahr im Verzug Antrag auf gerichtliche Entscheidung stellen. Zu **beachten** bleibt aber: Fahndungsbeamte dürfen abweichend von § 110 StPO Papiere durchsehen[124] (§ 404 Satz 2 AO).

233 Im Übrigen: Alle Maßnahmen im **Ermittlungsverfahren**, auch z. B. die Weiterleitung beschlagnahmter Unterlagen an die Zollbehörden, können nur vor den ordentlichen Gerichten angegriffen werden, **nicht vor dem Finanzgericht**.

234 Der häufigste Fall einer Beiziehung des Anwalts ist es jedoch, dass nach Durchführung der Außenprüfung dem Mandanten der **Prüfungsbericht** zugeht, in dem der Hinweis enthalten ist, dass die straf- und bußgeldrechtliche Wertung der Feststellungen einer gesonderten Prüfung unterworfen wird. Hintergrund der besonderen Aufmerksamkeit des Mandanten auf diese Klausel sind häufig Bemerkungen und Aussagen der Prüfer im Rahmen der Außenprüfung, die darauf schließen lassen, dass der Prüfer strafrechtliches Verhalten der Beteiligten für möglich hielt, eine Entscheidung darüber aber seiner Straf- und Bußgeldstelle überlassen wollte.

235 Je nach dem Zeitpunkt der Beiziehung des Anwalts sind unterschiedlich rasche und intensive erste Maßnahmen erforderlich.

2. Bestandsaufnahme und klärendes Mandantengespräch zur Vorbereitung weiterer Maßnahmen

236 Zu einer korrekten Beurteilung der Sach- und Rechtslage muss der Anwalt das einschlägige materielle Recht kennen oder – das ist bei Sachverhalten der hier zu besprechenden Art die Regel – sich rasch damit vertraut machen. Denn die abgabenrechtliche Lage ist meistens noch der Diskussion mit der handelnden Behörde zugänglich, und nur wenn abgabenrechtliche Fehler vorliegen, können Sanktionen überhaupt in Frage kommen, seien sie verwaltungsrechtlicher oder auch schon straf- und bußgeldrechtlicher Natur.

237 Ohne Anspruch auf Vollständigkeit der nachfolgenden Auflistung sind deshalb in der Regel folgende **Fragen** zu klären.

> **Checkliste:**
> ☐ Wie hat sich die Lage so entwickelt, dass jetzt Sanktionen im Raum stehen?
> ☐ Speziell: Was hat der Betroffene getan? Wie/Wo hat die Behörde gehandelt? Wie/Wann genau ist zwischen dem Betroffenen und der Behörde kommuniziert worden? Was ist daraus dem Betroffenen erinnerlich?
> ☐ Wer hat im Unternehmen (oder für das Unternehmen als Dritter) hinsichtlich des sanktionsbetroffenen Sachverhalts gehandelt? War er dazu befugt? Hat er in Absprache mit einem Vorgesetzten gehandelt? War Letzteres erforderlich? Wer ist im Unternehmen als Geschäftsführer für den Handlungsbereich verantwortlich? Was wusste dieser von dem sanktionsbetroffenen Sachverhalt? War er in Kenntnis davon veranlasst?
> ☐ Wenn überhaupt geschehen: Welche rechtlichen Wertungen sind angestellt worden? War ein Steuerberater/Wirtschaftsprüfer (StB/WP) beteiligt und wie? Was hat dieser ausgesagt über die Rechtmäßigkeit des Handelns? Wie war seine Empfehlung?

238 Die Aussagen zu den genannten Fragen sollte der Anwalt so genau, wie es ihm aufgrund des Stands seiner eigenen Rechtskenntnisse in diesem Bereich möglich ist, notieren und den Mandanten bitten, ihm Kopien sämtlicher Unterlagen, die der Mandant für die laufende Untersuchung für wichtig hält, zu beschaffen.

---

[124] Vgl. dazu in Abgrenzung zur Befugnis anderer Steuerbeamten *Dannecker/Bürger* wistra 2004, 81, 85 f.

Checkliste: 239

Im Rahmen der **Bestandsaufnahme** sollte bereits Folgendes unternommen werden:
☐ dem Mandanten erklären,
– dass die Rechtslage umfassend geklärt werden muss, bevor gezielt gegenüber der Behörde reagiert wird,
– dass die Rechtslage so rasch und so genau wie möglich geklärt werden wird, und
– dass wahrscheinlich Rückfragen zum Sachverhalt erforderlich werden würden, weil sich die Bedeutung der einzelnen Feststellungen zumeist erst nach Einschätzung der Rechtserheblichkeit eines bestimmten Handelns ergibt;
☐ mit dem Mandanten abklären,
– mit wem im Unternehmen über den Sachverhalt/die Rechtsfragen gesprochen werden kann (Chef/Gesellschafter allein, Geschäftsführer, Sachgebietsleiter, Mitarbeiter direkt),
– mit wem außerhalb des Unternehmens über die Streitfragen, ihre rechtliche Bewertung und ihre seinerzeitliche Einschätzung gesprochen werden kann (in Frage kommen neben StB/WP z. B. Speditionen und/oder Zollbevollmächtigte, Lieferanten/Kunden/sonstige Vertragspartner),
– ob die Möglichkeit besteht, dass Mitarbeiter von Kunden vom Ermittlungsverfahren dadurch Kenntnis erlangen, dass sie von der Behörde (Fahndung) als Zeugen vernommen werden können,
– ob für den Fall, dass noch Vernehmungen von Personen aus dem Unternehmen als Zeugen anstehen, der beigezogene Anwalt dem Unternehmensangehörigen als Zeugenbeistand angeboten werden kann,
– ob künftig alle Korrespondenz mit der Behörde in dieser Sache über die Anwaltskanzlei zu führen ist oder nicht.

Die Frage des Tätigwerdens des Anwalts im Rahmen von **Zeugenvernehmungen** durch die Behörden spielt dann eine besondere Rolle, wenn allein durch die Tätigkeit von Ermittlungsbehörden dem Unternehmen geschäftliche Beeinträchtigungen drohen (Rufschädigung oder auch Befürchtungen, dass bei hohen Nachforderungen durch die staatlichen Behörden die Liquidität des Unternehmens beeinträchtigt werden könnte). Es kann deshalb zweckmäßig sein, dass sich der Anwalt sofort bei der ermittelnden Behörde als Rechtsvertreter des Mandanten meldet mit der dringenden Bitte, bei Ladungen zu Zeugenvernehmungen eine neutrale Bezeichnung des Ermittlungsgegenstandes zu wählen, um Schädigungen der genannten Art zu vermeiden. 240

241

Beispiel:
Statt die Zeugen zu laden wegen „gewerblicher Steuerhinterziehung, § 373 AO" kann die Ermittlungsbehörde durchaus etwa formulieren „wegen unrichtiger Angaben im Rahmen eines Verfahrens der Ausfuhrerstattung".

Die Frage, ob Mitarbeitern des Unternehmens oder auch anderen als Zeugen in Frage kommenden Personen angeboten werden soll, dass der beigezogene **Anwalt als Zeugenbeistand** bei deren Zeugenvernehmung auftritt, sollte frühzeitig aufgeworfen werden. Die Tätigkeit als Zeugenbeistand kann zweckmäßig sein, um die betroffenen Zeugen zu beruhigen und ihre Aussage präziser werden zu lassen. Dem Anwalt ermöglicht die Tätigkeit als Zeugenbeistand zugleich, die Lage seines Mandanten besser einzuschätzen. Allerdings darf auf keinen Fall Druck auf den Zeugen von Seiten des Mandanten in dieser Richtung ausgeübt werden. Andererseits kann das Angebot für den Zeugen durchaus eine Hilfe sein und von ihm dankbar angenommen werden, insbesondere wenn ihm deutlich gemacht wird, dass es dem Anwalt als Zeugenbeistand möglich ist, etwa darauf hinzuwirken, dass der Zeuge im Zusammenhang aussagen kann (§ 68 Abs. 1 Satz 1 StPO) und dass unzulässige oder unnötig bloßstellende Fragen nicht beantwortet werden (§§ 241 Abs. 2, 68 a StPO). 242

243 Ob ein Angebot zur Zeugenbeistandschaft gemacht wird, hängt naturgemäß vom Einzelfall ab. Der Anwalt sollte allerdings die Frage sorgfältig prüfen.[125]

244 Aufgrund der dem Anwalt bekannten Aussagen des Mandanten und seiner Mitarbeiter kann der Anwalt in der Regel abschätzen, was unverzüglich veranlasst werden muss. Hierzu gehört die Frage, ob eine sofortige **Bestellung als Verteidiger** des Mandanten **oder als sein Vertreter im Verwaltungsverfahren** bei der gegenüber dem Mandanten handelnden Behörde in Frage kommt. Dies ist stets der Fall, wenn ein Ermittlungsverfahren bereits eingeleitet worden ist. Mit dem Mandanten muss geklärt werden, ob die Meldung als bevollmächtigter Rechtsvertreter mit der Bitte verbunden werden soll, dass künftige Korrespondenz allein über die Kanzlei zu führen ist.

245 Absolut erforderlich ist darüber hinaus, sämtliche **Fragen der Verjährung** zu klären. Hierbei ist zu beachten, dass die steuerliche Festsetzungsverjährung eine andere ist als die Strafverfolgungsverjährung (näher dazu der Beitrag Steuerstrafverfahrensrecht). Zur Sicherheit sollte in dieser ersten Phase von der für den Mandanten nachteiligsten Version ausgegangen und ggf. Steuerhinterziehung angenommen werden.

3. Erarbeitung der relevanten Rechtsfragen und Lagebesprechung

246 Für die rasche Einarbeitung in die materiellen Rechtsfragen des Falles hat sich folgende **Vorgehensweise** als zweckmäßig erwiesen:

Checkliste:

☐ die von den Beteiligten (Mandant, Behörde) genannten Rechtsvorschriften des EU-Rechts und des nationalen Rechts heraussuchen und sie im Kontext der übrigen Normen des einschlägigen Normenwerks (EG-VOen, nationales Gesetz, Rechtsverordnung, Richtlinie etc.) genau lesen;

☐ alles einschlägig erscheinende Recht ermitteln, beginnend mit der Überprüfung der in den Unterlagen der Behörde befindlichen Rechtsaussagen, besonders der evtl. zitierten Rechtsprechung;

☐ sodann Nachgehen aller Hinweise auf (andere) Rechtsgrundlagen, die im Gespräch mit dem Mandanten, seiner Mitarbeiter, dem Steuerberater oder anderen Beteiligten (z. B. Zollbevollmächtigter) angesprochen worden sind;

☐ spätestens jetzt die Konfliktpunkte ermitteln und die einschlägigen Vorschriften in ihrer Gesamtheit erneut auf ihre Relevanz überprüfen (dabei auch Verwaltungsvorschriften und Richtlinien der Verwaltung an Gesetz und Rechtsverordnung messen).

---

247 Zur Erarbeitung der materiellen Rechtsfragen ist es zumeist unerlässlich, die einschlägigen **Kommentare** zum anzuwendenden Recht zu beschaffen. Allein der neueste Stand der Kommentierungen gewährleistet Augenhöhe bei der zu erwartenden Auseinandersetzung mit der Behörde. Nicht selten ist hier schon der entscheidende Vorteil zu erreichen, weil deutsche staatliche Stellen unterhalb der Oberfinanzdirektion oft nicht besonders gut ausgestattet sind, allerdings inzwischen über JURIS und das Internet, wenn sie denn gefordert sind, ihren Informationsstand ebenfalls rasch verbessern können.

248 Über die manchmal schwer zu findenden bzw. zu beschaffenden Kommentierungen zu den erkannten Rechtsfragen (Kommentare, Aufsätze) lässt sich der Stand der einschlägigen **Rechtsprechung** ermitteln. Dies auch wirklich zu tun, ist fast immer erforderlich und der einzig sichere Weg zum Erfolg bzw. zu einer Beratung des Mandanten, die nicht Illusionen erzeugt und/oder im Laufe der Entwicklung des Mandats zu grundlegenden Änderungen des strategischen Vorgehens zwingt.

---

[125] Näher dazu etwa *Dahs*, Rdnr. 182 ff. und 283, 274 ff.

Oft findet sich allerdings in dem hier zu besprechenden Rechtsgebiet äußerst wenig einschlägige Rechtsprechung. Auch dies zu wissen, ist jedoch hilfreich. Die Heranziehung der einschlägigen Literatur wird dann zum wichtigsten Hilfsmittel. **249**

Lässt das Studium der einschlägigen Literatur oder der Sachverhalt Fragen offen, die spezifischen steuer- oder bilanztechnischen Sachverstands bedarf, sollte ein neutraler Steuerberater oder Wirtschaftsprüfer als **Berater des Anwalts** hinzugezogen werden. Bedarf es nur der Aufklärung des Anwalts in einer Fachfrage, bleibt es dabei. Geht es um eine umfangreichere Aufklärung unter Einsichtnahme in Firmenunterlagen oder gar um zweifelhaftes Verhalten des Steuerberaters des Mandanten, ist Aufklärung des Mandanten über und seine Einwilligung in die Beiziehung erforderlich und geraten. **250**

Nach Klärung der Rechtslage und Sicherung des Sachverhalts ist eine **umfassende Lagebesprechung mit dem Mandanten** ratsam. Geht es dabei noch (zunächst) um die materiellen Rechtsfragen, so kann (und sollte je nach Wunsch des Mandanten) die Besprechung mit den einschlägig Beteiligten (Mandanten, StB/WP, Sachgebietsleiter) erfolgen. Dies ist zum Zwecke der Versachlichung und der umfassenden Gewinnung von Sachverstand zumeist zweckmäßig. **251**

Kommt es nach den im Einzelfall einschlägigen Vorschriften auf **Verschulden** an, müssen die Kenntnis der Vorschriften und die praktischen Kenntnisse und Erfahrungen derjenigen, auf deren Verschulden es ggf. ankommt, genau ermittelt werden, und zwar bezogen auf den fraglichen Handlungszeitpunkt. Selbst einschlägig kenntnisreiche Mitarbeiter der Europäischen Kommission räumen ein, dass das subjektive Gefühl der Hilflosigkeit des einzelnen Exporteurs angesichts des unübersichtlichen Geflechts von Europarecht und Recht der Mitgliedstaaten nachvollziehbar sei.[126] Hierauf lässt sich bauen, wenn es um fahrlässiges Verhalten geht, an das das Gesetz Sanktionen knüpft. **252**

Geht es jedoch schon oder untrennbar auch um die strafrechtliche Relevanz früheren Verhaltens, ist in der Regel die individuelle Besprechung mit dem Mandanten erforderlich. **253**

In allen Fällen von Streitigkeiten, bei denen die finanziellen Interessen der EU betroffen sein und die deshalb möglicherweise zu Sanktionen führen können, muss sich der Anwalt sowohl in die materiellen Rechtsfragen vertiefen als auch sich der Pflichten und Rechte der handelnden Organisationen vergewissern, die zur Überprüfung und Kontrolle, ggf. auch zu strafrechtlich bedeutsamen Ermittlungen, von den Organen der Europäischen Union eingesetzt worden sind. **254**

---

[126] So Ehlers/Wolffgang/*Mögele* S. 152 f.

Sachverzeichnis

Fettgedruckte Zahlen bezeichnen die Kapitel, magere die Randnummern.

Abfall
- Betriebsbeauftragter **8** 82
- gewillkürter **28** 179

Abfall, gefährlicher, unerlaubter Umgang **28** 176

Abfallbegriff 28 179
- europäischer **28** 240

Abfallbeseitigung
- Altlasten **28** 201
- außerhalb zugelassener Anlage **28** 191
- Betriebsbeauftragter für Abfall **28** 200
- Fahrlässigkeit **28** 197
- grenzüberschreitende **28** 202
- minima-Klausel **28** 204
- unerlaubter Umgang mit gefährlichen Abfällen **28** 176
- unter wesentlicher Abweichung von vorgeschriebenen/zugelassenen Verfahren **28** 195
- Unterlassen **28** 196
- Vorsatz **28** 196

Abfallentsorgungsanlage, unerlaubtes Betreiben **28** 209

Abfallgesetz 1 59
- Umweltstraftat **28** 230

Abfallstrafrecht, europäischer Einfluss **11** 9

Abfalltourismus 28 202

Abfindung, Vermögensbetreuungspflicht **17** 22

Abführung, Mehrerlös **5** 53

Abgabefristverlängerung, Steuervorteil **29** 182

Abgaben, ausländische, Zollhinterziehung **31** 85

Abgabenerhebung, zollamtliche Überwachung **31** 25

Abgabenerhebung, zollrechtliche **31** 24

Abgabenhinterziehung, Zollstraftat **31** 63 f.

Abgabenmachen, Tatsachen **29** 116

Abgabenordnung 1 46

Abgabenordnung (AO) 31 21

Abgabenstrafrecht, Schutzbereich **14** 32

Abhörung, Ermittlungsverfahren Außenwirtschaftsrecht **26** 26

Ablagerung, gefährliche Abfälle **28** 187

Ablassen, gefährliche Abfälle **28** 189

Ablauforganisation, Kanzlei **7** 312

Ablehnung
- Beweisantrag **7** 336; **13** 67 f.
- Beweisantrag (weiteres) Sachverständigengutachten **13** 84
- Mandat **7** 72

Ablenken, Verteidigungsstrategien **7** 145

Ablöseantrag 7 303

Abmahnung, Mitarbeiter **8** 102

Abrechnungsbetrug 16 38
- Verjährung **6** 32

Abrechnungskurs, Marktmanipulation **22** 360

Abrechnungspraktiken, betrügerische **19** 267

Absatzeinschränkung 24 116

Absatzhilfe, Steuerhehlerei **29** 614

Abschluss, Begriff **25** 37

Abschlussbericht 25 35
- OLAF **33** 171

Abschlussmaßnahmen, Durchsuchung **11** 130

Abschlussprüfer
- Prüfungsberichtsverordnung **20** 162
- Publizitätsdelikt gegenüber **25** 210
- strafrechtliche Verantwortlichkeit **22** 794
- unrichtige Angaben gegenüber **25** 64

Abschlussprüfung
- Berufsrecht Wirtschaftsprüfer **25** 309
- Beschränkung **25** 344
- Funktion **25** 295
- Geldwäsche **21** 86
- Grenzen **25** 347
- Handlungsgrundsätze **25** 310
- Informationsbeschaffung **21** 21
- peer-review **25** 306
- Plausibilitätsbeurteilung **25** 346
- Prüfungsmechanismen **24** 350
- Prüfungsplanung/-durchführung **25** 343
- Prüfungsstandards **25** 311
- Publizitätsdelikt gegenüber Prüfer **25** 210
- Risikoüberlegungen **25** 342
- Sorgfaltsmaßstab
- unrichtige Berichterstattung **25** 323
- unrichtiger Bestätigungsvermerk **24** 325
- unrichtiger Prüfungsbericht **25** 293 f., 315
- unrichtiges Testat **25** 315, 325
- Unterlassen von Auskünften **25** 217
- unterlassene Berichterstattung **25** 324
- unternehmensexterne **7** 205
- Untersuchungsmethodik **25** 345
- verschweigen wesentlicher Umstände **25** 315
- Verteidigungsstrategien **25** 336
- Vollständigkeitserklärung **25** 221
- Wesentlichkeit **25** 344
- Zweck **25** 296

Abschlussprüfung, unzureichende 25 340

Abschlussvermittlung, Begriff **22** 701

Abschöpfung, Einfuhr Agrarerzeugnisse **26** 141

Abschöpfungsfunktion, Geldbuße Kartellordnungswidrigkeit **24** 386

Sachverzeichnis

fett gedruckte Zahlen = Paragrafen

Abschreibung
- Kredit **21** 242
- unrichtige Angaben **25** 139

Absehen,
Einziehung/Verfall/Vermögensabschöpfung **12** 364

Absetzen, Steuerhehlerei **29** 613

Absicht **2** 37
- fortgesetzte Begehung **16** 107
- gewerbsmäßige Begehung **16** 108

Absprache
- Betrug **16** 24
- Beweisantragsrecht **13** 39
- Produkthaftung **4** 239

Absprache, konkludente, wettbewerbswidrige Verhaltensform **24** 85

Absprache, wettbewerbsbeschränkende **16** 2
- bei Ausschreibung **24** 289
- Checkliste **24** 437

Absprache, wettbewerbswidrige **19** 253

Abstimmungsverhalten, Gremienentscheidung **3** 42

Abtrennung, Verfahren **7** 336

Aburteilung rechtskräftige, Begriff nach Art. 54 SDÜ **15** 193

abusive squeeze **22** 480

abusive squeezes, Marktmanipulation **22** 359

Abwehr, aktive, Verteidigungsstrategien **7** 142

Abwehrrechte, gegen EU-Kontrolleure/OLAF **33** 176

Abwesender Angeschuldigter, Verjährungsunterbrechung **6** 80

Abwesenheit, Verjährungsunterbrechung bei vorläufiger Einstellung **29** 720

Abwickler
- Insolvenzverschleppung **18** 225
- unrichtige Wiedergabe Verhältnisse der Gesellschaft **22** 769
- Vermögensbetreuungspflicht **17** 12

Abwicklung
- masselose Gesellschaft **18** 342
- unrichtige Angaben bei **25** 284

Abwrackprämie, Subvention **32** 48

Abzugsteuergefährdung **29** 881
- beschränkte Steuerpflicht **29** 892
- Geldbuße **29** 901
- Konkurrenzen **29** 903
- Leichtfertigkeit **29** 898
- Opportunitätsprinzip **29** 907
- Schonfrist **29** 895
- Selbstanzeige **29** 902
- Tatbestand, objektiver **29** 886
- Tatbestand, subjektiver **29** 896
- Täter **29** 884
- Verfolgungsverjährung **29** 906
- Versuch **29** 900
- Vorsatz **29** 897

Abzugsverbot, steuerliches, Verhältnis zu Verfall **19** 306

Ackerkulturen, gemeinsame Marktorganisation **33** 24

Adäquanz, professionelle, Lehre **3** 68

Adhäsionsverfahren, Unternehmensanwalt **10** 140

Ad-hoc-Mitteilung
- Bedeutung **22** 425
- elektronischer Handel **22** 429
- Haftung bei fehlerhafter **25** 188
- manipulativer Eingriff auf Börsenpreis **22** 424
- Notierungsaussetzung **22** 433
- Präsenzhandel **22** 430
- Veröffentlichung außerhalb Handelszeit **22** 437

Ad-hoc-Publizität, BAFin **22** 163, 167

Ad-hoc-Publizitätspflicht **1** 60
- Insiderinformationen **1** 76

advancing the bid, Marktmanipulation **22** 358

AG
- Falschangaben bei Grundkapitalerhöhung **22** 756
- Falschangaben zur Grundkapitalaufbringung **22** 752
- Insolvenzantragspflicht **18** 216
- Insolvenzdelikte **18** 22
- Insolvenzverschleppung **25** 288
- Pflichtabschlüsse **25** 73
- Täter Bankrottdelikt bei **18** 108, 113
- unrichtige Darstellung der Verhältnisse der Gesellschaft **22** 760, 771, 784
- unrichtige Gründungsangaben **25** 259, 269, 271
- unrichtige Kapitalveränderungsangaben **25** 277, 279
- Verhältnis unternehmerisches Handeln/Vermögensbetreuungspflichtverletzung **17** 56
- verschleppte Kapitalverlustmitteilung **25** 287

agent provocateur, Geldwäsche **20** 215

Agrarerzeugnisse, Abschöpfung bei Einfuhr **26** 141

Agrarfonds, Kontrollregelungen **33** 29

Agrarmarktordnung **33** 16
- Ausfuhrerstattung **33** 23
- Ausgleichszahlungen **33** 33
- Ausschreibung **33** 23
- Außenprüfungen **33** 34
- Bestandsaufnahme/Mandantenberatung **33** 236
- Einarbeitung in relevante Rechtsfragen **33** 246
- Einkommensbeihilfen **33** 22
- Grundverordnungen **33** 20
- Kontrolle der Geschäftsunterlagen des Unternehmens **33** 34, 144
- Mandantenberatung **33** 227 f.
- nationale Bußgelder **33** 84
- Quotenregelung **33** 22
- Reformbestrebungen **33** 24
- Schutzmaßnahmen **33** 23
- Unregelmäßigkeiten **33** 49
- Vergünstigungen **33** 22

magere Zahlen = Randnummern **Sachverzeichnis**

- Verhinderung Umgehungsgeschäfte 33 51
- Verjährung Unregelmäßigkeit 33 126
- Vorabanfrage 33 27

Agrarmarktrecht 33 16
Agrarprodukt, staatlicher Ankauf 32 43
Agrarstrukturpolitik 33 28
Agrarsubventionierung 32 14
Aktenanlage 7 326
- Organisation 7 316

Akteneinsicht
- Behörden-/Gerichtsakten 7 237, 242
- Beschränkung 7 336
- Beweisantragsrecht Ermittlungsverfahren 13 13
- Dritter 10 99
- Durchführung 7 236
- Einzelinformationen 7 237
- Ermittlungsverfahren Steuerstrafsache 30 406
- Ermittlungsverfahren Zollstrafsache 31 174
- EU-Kontrollmaßnahmen 33 211
- Geheimhaltungsinteresse 23 293
- Hörung des Betroffenen 10 100
- Informationssammlung 7 230, 242
- kartellrechtliche Ermittlungen 24 154
- Kartellverfahren 24 57
- nebenbeteiligtes Unternehmen 10 87
- Rechtsmittel 7 241
- unmittelbar Verletzter 10 87
- Unternehmen als Dritter 10 96
- Unternehmensanwalt 10 85 f.
- Unternehmensvertreter 11 150
- Wettbewerbsrecht 23 293

Akteneinsichtsrecht 7 235
- Schutz relevanter Unternehmensdaten 10 100, 108
- Umfang 7 237

Aktenüberlassung, an Mandant 7 248
Aktenversendungspauschale 7 240
Aktie, Begriff 21 41
Aktienausgabebetrag, unrichtige Registerangaben 25 263
Aktienkurs, Täuschung über 16 30
Aktienoptionshandel, Positionslimite 22 326
Aktienrückkaufprogramm 22 510
Aktienübernahme, unrichtige Registerangaben 25 260
Aktienumwandlung, Insiderinformation 22 607
Aktionen, konzertierte, Sockelverteidigung 9 85
Albanien, Unternehmensstrafbarkeit 15 216
Alkohol, Freimenge 31 71
Alleinvertriebsvereinbarung, wettbewerbswidrige Verhaltensform 24 88
Als-echt-Verwenden, Steuerzeichen 29 82
Altlasten
- Abfallbeseitigung 28 201
- Bodenverunreinigung 28 143
- Präventivberatung 8 50

Amalgam, Produkthaftung 4 17

Amnestie
- durch Schulungen 8 81
- StraBEG 30 606

Amtsfähigkeit
- Aberkennung 29 627
- Verlust bei Subventionsbetrug 32 112

Amtshaftungsklage 7 170
Amtshaftungsprozess 7 306

Amtshilfe
- Außenwirtschaftsrecht 26 16
- EU-Kontrolleure/OLAF 33 165

Amtshilfe, internationale 30 572 f.

Amtsträger
- Amtsträgereigenschaft 19 89
- Begriff 19 83
- Bestellung 19 98
- Ernennung 19 91
- Gleichstellung in-/ausländischer 19 118
- Steuerhinterziehung 29 204, 207
- Subventionsbetrug 32 32

Amtsträger, ausländischer, Bestechungsbekämpfung 14 41
Amtsträger, öffentlich-rechtlicher, Vermögensbetreuungspflicht 17 14

Amtsträgereigenschaft
- Amtsträger zur Tatzeit 19 128
- Bestellungsakt 19 98
- Dienstbringung außerhalb Aufgabenbereich 19 129
- Gleichstellung nach EU-BestG 19 118
- Gleichstellung nach IntBestG 19 126
- § 11 Abs. 1 Nr. 2 c StGB 19 96
- § 11 Abs. 1 Nr. 2a,b StGB 19 89
- § 11 Abs. 1 Nr. 3 StGB 19 89
- § 11 Abs. 1 Nr. 4 StGB 19 111
- Prüfung 19 87

Amtsträgererscheinen
- Selbstanzeige 29 420
- strafbefreiende Erklärung 30 634
- zur Prüfung 31 96

Amtsverhältnis, öffentlich-rechtliches, Amtsträger 19 89

Analogieverbot, Steuerstrafrecht 29 30
Anerkennung, erdichtetes Recht 18 159
Anerkennung, gegenseitige, Prinzip der 15 132, 195

Anfangsverdacht
- dringende Gründe 12 15
- einfache Gründe 12 17
- Erstzugriff 12 18
- Insolvenzdelikt 18 29
- Täuschung 22 408
- Vermögensabschöpfung 12 4

Anfechtung
- erledigte Sicherstellungsmaßnahme 12 353
- Nachzahlungsfristsetzung 29 498
- Vermögensabschöpfung 12 434
- vollstreckungssichernde Maßnahme 12 343 f.

Anfrage, informelle, Kartellverfahren 24 354
Anfüttern, korruptiver Kontakt 19 18

Sachverzeichnis

fett gedruckte Zahlen = Paragrafen

Angaben, unrichtige **29** 126
- AufenthG **27** 61
- gegenüber Abschlussprüfer **25** 64
- Jahresabschluss **25** 134, 139
- Subventionsbetrug **32** 58
- Zollhinterziehung **31** 76

Angaben, unvollständige **29** 126
- Subventionsbetrug **32** 59
- Zollhinterziehung **31** 76

Angabenmachen
- Außenprüfung **29** 115
- Ehegatten/Zusammenveranlagung **29** 114
- Steuerfestsetzung **29** 110
- Unrichtig-/Unvollständigkeit **29** 125
- unrichtige Verbuchung von Geschäftsvorfällen **29** 113

Angebotsabgabe, Submissionsabsprache **24** 295

Angeklagter, Entfernung aus Gerichtssaal **7** 336

Angestelltenbestechung **11** 41

Angriffsmittel, Interessenabwägung **7** 310

Anhang **25** 38
- unrichtige Angaben **25** 139
- Verstoß gegen Berichtspflicht **25** 93, 109, 134

Anhörungsbeauftragter **24** 152

Anhörungsrecht, SanktionsVO **33** 75

Anhörungsverfahren, kartellrechtliche Ermittlungen **24** 150

Ankauf, Steuerhehlerei **29** 611

Anknüpfungstat, Vermögensabschöpfung **12** 10

Anknüpfungstat, verjährte, Vermögensabschöpfung **12** 14

Ankündigung, EU-Kontrollmaßnahmen **33** 203

Ankündigung öffentliche, Publizitätsdelikt **25** 227

Ankündigung, öffentliche, unrichtige Registerangaben **25** 271

Anlageempfehlung **22** 472

Anlagenbetrieb, unerlaubter **28** 205

Anlagenwartung, Außenwirtschaftsstrafrecht **26** 103

Anlagevermittlung, Begriff **22** 700

Anlastungen, EAGFL **33** 26

Anleger, Information des **22** 664

Anleger, verständiger **22** 395

Anlegerschutz
- BAFin **22** 162
- Verteidigungsstrategien **25** 4

Anlegerschutzverbesserungsgesetz **1** 75
- Umsetzung EU-Richtlinien **22** 344

Annahme
- Geschenk/Belohnung **19** 63
- Mandat **7** 72

Annahme, begründete, Kontrolle Wirtschaftsteilnehmer **33** 187

Annahmen, Mandantenberatung **7** 133

Anonyme Schreiben, Mandantenberatung **7** 179

Anordnung
- Beschlagnahme **12** 175
- dinglicher Arrest **12** 201
- einfacher Verfall **12** 373
- erweiterter Verfall **12** 407
- strafprozessualer dinglicher Arrest **12** 247 f.
- Verfall Wertersatz **12** 373

Anordnung, richterliche, Schranken der Verteidigung **7** 336

Anordnung, selbständige, Einziehung/Verfall gem. §§ 76 a StGB, 440 ff. StPO **12** 423

Anpassungshilfen **32** 11

Anrechnung, Untersuchungshaft **29** 312

Anregungen, Mandantenberatung **7** 178

Anrufbeantworter, Durchsuchung **30** 344

Anrufung des Gerichts, Begrenzung **7** 336

Anschaffungskosten, unrichtige Angaben **25** 139

Anschlussstraftat, Täterschaft/Beihilfe **2** 16

Anstifter, Vorsatz **16** 77

Anstiftung
- Berater **18** 387
- Steuerhinterziehung **29** 235

Anteilserwerb, Täuschung über bewertungserhebliche Umstände **22** 385

Anteilsschein, Begriff **21** 42

Anteilsveräußerung, Täuschung über bewertungserhebliche Umstände **22** 385

Antidumpingzölle **31** 8

Antipersonenminen, Verbot **26** 183

Antiterrorismusverordnung **26** 134
- Umsetzung **26** 137

Antragserledigung, Mandantenberatung **7** 176

Antragsrecht, Anordnung der Schriftlichkeit **7** 336

Antragsrechte
- Mandantenberatung **7** 157; **7** 172

Antragsverfahren, Ausfuhrgenehmigung **26** 64

Anwaltsdienstleistung, grenzüberschreitende **15** 18

Anwaltstausch **7** 95

Anwaltswechsel **7** 93 f.
- bisheriges Mandat **7** 94
- Handakten **7** 97
- Informationsweitergabe **7** 96
- Rechtsanwaltshonorar **7** 97

Anwerbung
- aus dem Ausland **27** 133
- Saisonkräfte **27** 130

Anwesenheitspflicht, Mandantenberatung **7** 156

Anwesenheitsrecht
- Ausschluss des Verteidigers **7** 336
- Durchsuchung im Kartellverfahren **24** 334
- Entfernung des Angeklagten **7** 336
- Ermittlungsverfahren Zollstrafsache **31** 171
- Mandantenberatung **7** 159

Anzeige, anonyme **30** 296
- Korruptionsermittlungsverfahren **19** 408

Anzeige, unterlassene **29** 143

Sachverzeichnis

magere Zahlen = Randnummern

Anzeigepflicht
- Aufnahme selbständiger Betrieb/Gewerbe 27 147
- Geldwäscheverdacht 20 140
- Insiderverdacht 22 640
- Millionenkredit 22 724
- Subventionsbetrugsverdacht 32 123
- Umweltstrafrecht 28 42
- Zahlungsmittelfälschung 21 54

Anzeigepflichten 1 94
- Kreditinstitut nach KWG 21 272

Anzeigepflichtverletzung
- Arbeitnehmerüberlassung 27 107
- Subventionsbetrug

Arbeiterlaubnisrecht, AufenthG 27 34

Arbeitgeber
- unrichtige Auskunftserteilung bei Beschäftigung von Ausländern 27 15
- Verstoß gegen Ausländerbeschäftigungsverbot 27 11
- Veruntreuen/Vorenthalten von Arbeitsentgelt 18 256 f., 261

Arbeitgeberbeitrag, Vorenthaltung zur Sozialversicherung 27 162

Arbeitnehmer
- als Täter 11 53
- Arbeitnehmerüberlassung 27 71
- Kick-Back 19 281
- Produkthaftung 4 163
- Sanktionierung unternehmensinterner Aufklärung 10 80
- Schwarzlohnvereinbarung 18 264
- Übernahme der Vertretungskosten durch Unternehmen 11 200
- Zusammenarbeit mit Unternehmensvertreter 11 169

Arbeitnehmer, ausländischer, Verstoß gegen Ausländerbeschäftigungsverbot 27 14

Arbeitnehmer, gekündigter, als Täter 11 61

Arbeitnehmerbeitrag, Vorenthaltung zur Sozialversicherung 27 162

Arbeitnehmerentsendegesetz (AEntG) 27 134
- Auftrags-/Vergabesperre 27 144
- Aufzeichnungspflichten 27 140
- Auskunfts-/Mitwirkungspflichten 27 140
- Duldungspflichten 27 140
- Durchgriffshaftung 27 145
- Meldepflicht 27 142
- Nichteinhaltung Mindestbedingungen 27 138
- Ordnungswidrigkeit 27 138
- tarifliche Mindestbedingungen 27 135

Arbeitnehmerentsendung, Sozialversicherungspflicht 27 171

Arbeitnehmerfreizügigkeit 27 54

Arbeitnehmersparzulage, Steuervergünstigung 29 184

Arbeitnehmerüberlassung
- Abführung Sozialversicherungsbeiträge 27 126
- Abgrenzungen 27 69
- Anzeigepflicht 27 107
- Arbeitnehmer 27 71
- Aufbewahrungspflicht 27 114
- Auflagenverletzung 27 117
- Auftrags-/Vergabesperre 26 127
- Auskunftspflicht 27 107
- Auskunftsverlangen 26 127
- Ausländer ohne Aufenthaltstitel 27 85
- ausländischer Arbeitnehmer ohne Arbeitsgenehmigung 27 104
- Beteiligung am illegalen Aufenthalt 27 38
- Betretungsrecht 27 122
- Dienstverschaffungsvertrag 27 78
- Dienstvertrag 27 76
- Dokumentationspflicht 27 114
- Durchführungsanweisung (DA) 27 82
- Entleiherkontrollmeldung 27 120
- Erlaubnispflicht 27 66
- Höchsteinsatzfrist 27 119
- Lohnsteuer/-voranmeldung 26 125
- Mandantenberatung 27 123
- mehrere Ausländer ohne Genehmigung 27 92
- ohne Erlaubnis 27 94
- Ordnungswidrigkeit 27 94 f.
- Prüfungsrecht 27 122
- Rechtsfolgen illegaler 27 123
- Scheinselbständige 27 79
- statistische Meldepflicht 27 116
- Straftatbestände 27 85
- unzulässiger Verleih im Baugewerbe 27 101
- Werkvertrag 27 76
- wiederholte illegale 27 93

Arbeitnehmerüberlassung, illegale 27 65, 85

Arbeitsakte 7 326

Arbeitsamt, Spezialkompetenz 11 4

Arbeitsbedingungen, ausbeuterische, Ausländerbeschäftigung 27 23

Arbeitsentgelt
- Veruntreuung 18 256 f.
- Veruntreuung/Vorenthaltung 1 56
- Vorenthaltung 18 256 f.

Arbeitsentgeltveruntreuung, Schutzbereich 14 36

Arbeitsgenehmigung
- Ausländerbeschäftigung ohne 27 21, 26
- EU-Bürger 27 54

Arbeitsgerichtsprozess, Unternehmenskrise infolge 11 79

Arbeitslohn, Übernehme Geldauflage durch Arbeitgeber 29 337

Arbeitsschutz 1 25
- ArbSchG 27 189
- ArbZG 27 195
- Baustellenverordnung 27 183
- Biostoffverordnung 27 183
- Gewerbeordnung 27 183
- Mindestpausen 27 202
- Ruhezeiten 27 202
- Sonn-/Feiertag 27 202

Sachverzeichnis

fett gedruckte Zahlen = Paragrafen

- System **27** 183
- Unfallverhütung **27** 184
- Zuständigkeit **27** 208

Arbeitsschutzgesetz 27 189
Arbeitsschutzrecht 27 181 f.
Arbeitsstrafrecht 27 1 ff.
- Doppelverfolgung **27** 212
- illegale Beschäftigung **27** 9 f.
- materielles **27** 3
- tatrichterliche Feststellungen **27** 210
- Verfahrenrecht **27** 203
- Zuständigkeit **27** 203

Arbeitsthesen, Mandantenberatung **7** 133
Arbeitsverhältnis, faktisches,
  Veruntreuen/Vorenthalten von Arbeitsentgelt **18** 263
Arbeitsvermittlung
- illegale **27** 128
- Saisonkräfte **27** 130
- vermutete **27** 128

Arbeitsvertrag, Nutzungsrecht **23** 163
Arbeitszeitgesetz 27 195
Arrest, dinglicher
- Anordnung **12** 201
- Arrestgrund **12** 204
- Aufhebung durch Hinterlegung **12** 215
- Geldwäsche **20** 170
- nach §§ 111 b Abs. 2, 111 d StPO **12** 164 f., 170
- Sicherstellung **12** 200
- vollstreckungssichernder **12** 247 f.
- Vollziehung **12** 206
- Wirkung **12** 211
- Zuständigkeit **12** 201

Arrest, dinglicher strafprozessualer
- Anordnung **12** 247 f.
- Arrestgrund **12** 204, 249

Arrestanordnung, Antrag auf richterliche Entscheidung **12** 344
Arrestanspruch 12 204
- strafprozessualer dinglicher Arrest **12** 248

Arrestgrund 12 204
- strafprozessualer dinglicher Arrest **12** 249

Arresthypothek 12 212
Artenschutz, Einfuhrverbot **26** 158
Arzt, berufsrechtliche Maßnahmen bei Steuerstrafverfahren **30** 505
Ärzte, branchenbezogene Probleme **11** 85
asset tracing 11 36
Assimilisierungsverpflichtung 14 80
Asylbewerber, illegale Erwerbstätigkeit **27** 44
Atomwaffen 26 169
- Verbot **26** 175

Auditing, Zertifizierung **8** 59
Aufbau Ost 32 12
Aufbauorganisation, Kanzlei **7** 312
Aufbewahrung
- Buchführungspflicht **18** 170
- Verbindungsdaten **22** 173

Aufbewahrungsfrist, Geldwäschegesetz **20** 231

Aufbewahrungspflicht
- Belege/Rechnungen **29** 860
- Identifizierungspflicht GwG **20** 137

Aufbewahrungspflichtverletzung,
  Arbeitnehmerüberlassung **27** 114
Aufdeckung der Karten 9 40
Aufenthalt, illegaler 27 35, 49
- Beteiligung am **27** 38
- Einschleusung **27** 39, 47

Aufenthaltserlaubnis, befristete 27 34
Aufenthaltsgenehmigung, Verstoß gegen **27** 32
Aufenthaltsgesetz (AufenthG) 27 34
- Aufenthaltstitel **27** 49
- Straftaten gegen **27** 46 f., 48
- unrichtige Angaben **27** 61

Aufenthaltsrecht
- AuslG **27** 32
- EU-Bürger **27** 53

Aufenthaltstitel 27 58
- Erschleichen **27** 49

Auffanggesellschaft 18 292
- Vermögensübertragung auf **18** 187

Aufforderung, Boykott **24** 253
Aufgabegeschäft, Börsenpreismanipulation **22** 447
Aufgabenwahrnehmung der öffentlichen Verwaltung, Amtsträger **19** 96
Aufhebung
- dinglicher Arrest durch Hinterlegung **12** 215
- Insolvenzverfahren **18** 356
- Sicherstellungsmaßnahme **12** 342

Aufklären, Verteidigungsstrategien **7** 149
Aufklärung, unternehmensinterne
- Kontrollinstrumente **10** 72
- Sanktionierung **10** 77
- Unternehmensanwalt **10** 65

Aufklärungspflichtverletzung,
  Subventionsbetrug **32** 84, 92
Aufklärungsrüge, Anforderungen Beweisantrag **13** 91
Auflage
- Übernahme durch Unternehmen **10** 146
- Zuwiderhandlung gegen **29** 875

Auflagen, Zuwiderhandlung durch Ausländer **27** 43
Auflagenaufhebung, Umweltstraftat **28** 38
Auflagenverletzung, Arbeitnehmerüberlassung **27** 117
Auflösung, Kapitalgesellschaft **18** 303
Auflösungsverbot, unrichtige Angaben **25** 139
Aufrechnung, Abzugsteuergefährdung **29** 895
Aufrechterhaltung, Beschlagnahme gem. § 111 i StPO **12** 286
Aufschub, Vollstreckung **29** 736
Aufsichtgremium, Kreditvergabe **21** 230
- Treubruch **21** 231

Aufsichtsorgan, Vermögensbetreuungspflicht **17** 71
Aufsichtspflicht
- erhöhte **24** 202
- Kartellordnungswidrigkeitenrecht **24** 195

Sachverzeichnis

Aufsichtspflichtiger, Haftung Kartellordnungswidrigkeit **24** 186 f.
Aufsichtspflichtverletzung 31 139
– Checkliste **24** 419
– dauernde **24** 199
– Geldbuße **31** 143
– Kartellordnungswidrigkeitenrecht **24** 192
– Kollegialorgan **24** 198
– Mandantenberatung **24** 417
– mehrerer **24** 197
– Steuerordnungswidrigkeit **29** 789
– Verjährung **24** 194; **31** 144
– Vorsatz/Fahrlässigkeit **31** 142
Aufsichtsrat
– Bilanzdelikt **25** 75
– Bilanzdelikt nach § 331 Nr. 1, 3 HGB **25** 132
– Delegation Prüfungspflicht **25** 80
– Kontroll-/Überwachungspflicht **25** 79
– Kontrollfunktion **22** 793
– unrichtige Wiedergabe Verhältnisse der Gesellschaft **22** 769
– Vermögensbetreuungspflicht **17** 71
Aufsichtsrat, mehrgliedriger, Bilanzdelikt **25** 77
Aufsichtsratsbericht, unrichtige Information über Unternehmensverhältnisse **25** 184
Aufsichtsratsmitglied, Schweigen zu unrichtigen Informationen **25** 199
Aufsichtsratssitzungsprotokoll, Beschlagnahme **10** 48
Auftrag, der Strafverfolgungsbehörde **7** 156
Auftrag, manipulierter, Börsenpreismanipulation **22** 448
Auftraggeber, Schwarzarbeit **27** 152
Auftragslage, Täuschung über **16** 30
Auftragssperre 10 148
– AEntG **27** 144
– illegale Arbeitnehmerüberlassung **26** 127
– SchwarzArbG **27** 161
Auftragsvergabe, öffentliche
– Ausschluss von **19** 372
– Auswahl des Verfahrens **24** 275
– Bieter **24** 277
– Korruptionsregister **24** 398
– Selbstkostenfestpreis **24** 287
– Submission **24** 272
– Teilnahmewettbewerb **24** 276, 299
– Veranstalter **24** 277
– Verdachtssperre **19** 382
– Vergaberegister **19** 377
– Vergabesperre **19** 380; **24** 398
– Zuschlag **24** 277
Auftragswesen, öffentliches
– Ausschreibungsformen **24** 274
– Auswahl des Vergabeverfahrens **24** 275
Auftreten, gegenüber Ermittlungsbehörden/Gerichten **11** 233
Aufwendungen, Sockel **9** 26
Aufwertung, Insolvenzforderung **18** 159

Aufzeichnung, falsche 29 853
Aufzeichnungen, sonstige 25 150
Aufzeichnungspflicht
– Identifizierungspflicht GwG **20** 136; **21** 78
– Rechnungswesen **25** 147
– Steuergefährdung bei **29** 853
– Wertpapierdienstleistungsunternehmen **22** 189
Aufzeichnungspflichtverletzung, AEntG **27** 140
Augenschein, Antrag auf **13** 54
Ausbeutungsmissbrauch, Kartellordnungswidrigkeit **24** 238
Ausfallrisiko, Kreditvergabe **21** 215
Ausforschungsbeweis 10 105
Ausfuhr
– Begriff **29** 538
– Genehmigungspflichten **26** 40 f.
– Grenzübertritt **26** 71
– Kriegswaffen **26** 189
– Null-Bescheid **26** 40
Ausfuhr-/Ausfuhrhändlervergütung (Umsatzsteuervergütung) 32 40
Ausfuhr, ungenehmigte 26 90
– banden-/gewerbsmäßige **26** 106
– besonders schwere **26** 94
– Fahrlässigkeit **26** 109
– Förderung der **26** 111
– Gefährdung der äußeren Sicherheit **26** 100, 106
– Gefährdung der auswärtigen Beziehungen **26** 102
– Gefährdung des friedlichen Zusammenlebens der Völker **26** 101
– Konkurrenzen **26** 97, 110
– Qualifizierung **26** 98
– schwerwiegende Handlungen **26** 103
– Strafverschärfung **26** 106
– Tathandlung **26** 91
– Versuch **26** 96, 109
– Vorsatz **26** 108
– Vorsatz/Fahrlässigkeit **26** 95
Ausfuhrabfertigung 26 19
Ausfuhrabgaben 31 8; **33** 125
– Gefährdung **31** 132
– Hinterziehung **29** 566, 572
– leichtfertiges/vorsätzliches Ausstellen unrichtiger Belege **29** 864
– Schutzbereich **14** 34
Ausfuhrabgabengefährdung 29 923 f.
– Geldbuße **29** 939
– Konkurrenzen **29** 942
– Opportunitätsprinzip **29** 941
– Selbstanzeige **29** 940
– Tatbestand, objektiver **29** 929
– Tatbestand, subjektiver **29** 938
– Täter **29** 926
– Verjährung **29** 943
Ausfuhrabgabenhinterziehung, Vortat Steuerhehlerei **29** 603, 604
Ausfuhrangaben, unrichtige 26 140

Sachverzeichnis

fett gedruckte Zahlen = Paragrafen

Ausfuhranmeldung
- Ausfuhrerstattung **33** 107
- missbräuchliche **33** 110
- unzutreffende Angaben **33** 109

Ausfuhrbescheinigung, falsche 29 844

Ausfuhrerstattung 32 41
- Agrarmarktordnung **33** 23
- Anspruch **33** 96, 98
- Ausfuhranmeldung **33** 107
- Ausfuhrnachweis **33** 112
- Ausschluss **33** 96
- differenzierte **33** 98, 120
- Entladungsbescheinigung **33** 115
- Herkunft/Ursprung/Qualität der Ware **33** 116
- Lizenz **33** 101
- Rückforderung **33** 122
- Umfang **33** 95
- Unregelmäßigkeit **33** 99
- Verzollungsbescheinigung **33** 115
- Zahlung **33** 115

Ausfuhrerstattung, differenzierte 33 98, 120
- Rückforderung **33** 124

AusfuhrerstattungsVO
- Ausfuhrvergünstigung/-erstattung **33** 93
- EG **33** 15
- Rückforderung, erhöhte **33** 81
- Rückzahlungsverpflichtung **33** 82
- Sanktionen nach **33** 78
- Zuschläge **33** 80

Ausfuhrgenehmigung 26 50 f.
- allgemeine **26** 52
- Antragsverfahren **26** 64
- Ausfuhrverantwortlicher **26** 66
- Außenprüfung **26** 63
- Endverbleibsdokument **26** 67
- Genehmigungsverfahren **26** 61
- Nebenbestimmungen **26** 60
- technische Unterlagen **26** 69
- warenbezogene Auskunft zur Güterliste (AzG) **26** 70
- Zollnummer **26** 65
- Zuständigkeit **26** 61

Ausfuhrliste (AL) 26 82
Ausfuhrlizenz 33 101
Ausfuhrnachweis 33 112
Ausfuhrverbot
- Bannbruch **29** 529, 541
- Genehmigungsvorbehalt **26** 82

Ausfuhrverfahren, Zollverfahren 31 30
Ausfuhrzollschuld 31 41
Ausgaben, unwirtschaftliche Geschäfte **18** 157
Ausgleichsbemühungen, Betrug **16** 22
Ausgleichszahlungen, Agrarmarktordnung **33** 33
Ausgleichszölle 31 8
Ausknocken
- Barrior Optionsscheine **22** 330
- Strafbarkeit **22** 335

Auskunftei, Informationsbeschaffung **7** 252

Auskunftsanspruch
- gegenüber Eurojust **15** 109
- kartellrechtliche Ermittlungen **24** 135

Auskunftsdelikt
- Erheblichkeit der Angaben **25** 203
- Genossenschaft **25** 208
- unrichtige Publizität **25** 168 f.
- vergangenheits-/gegenwartsbezogene Tatsachendarstellung **25** 195
- Verschleierung **25** 202
- Versuch **25** 207
- Verteidigungsstrategien **25** 175

Auskunftsersuchen
- Börsenaufsichtsbehörde **22** 78
- gegen Beteiligte am Wertpapierhandel **22** 74
- Handelsüberwachungsstelle **22** 76
- Insiderhandelsverdacht **22** 73

Auskunftserteilung, Rechtsschutz im Rechtshilfeverfahren **15** 125

Auskunftserteilung, unrichtige, Arbeitgeber bei Beschäftigung von Ausländern von Ausländern **27** 15

Auskunftserzwingung, Verwaltungs-/Insolvenzverfahren **7** 209

Auskunftsperson, Anhörung zur Informationsbeschaffung **7** 255

Auskunftspflicht
- Insolvenzverfahren **18** 353; **18** 366

Auskunftspflichtverletzung
- AEntG **27** 140
- Arbeitnehmerüberlassung **27** 107

Auskunftsverlagen, förmliches, Kartellverfahren **24** 351

Auskunftsverweigerung, Kartellverfahren **24** 343

Auskunftsverweigerungsrecht, kartellrechtliche Ermittlungen **24** 138

Auslagen, Erstattung **7** 114

Ausländer
- Ausweispflicht **27** 32
- Ausweisung bei Steuerhinterziehung **29** 323
- Einschleusung **27** 39, 47
- illegale Arbeitnehmerüberlassung **27** 104
- illegaler Aufenthalt **27** 35
- stellvertretende Strafrechtspflege **14** 64
- Zuwiderhandlung gegen Auflagen **27** 43

Ausländerbeschäftigung
- ausbeuterische illegale **27** 23
- illegale in größerem Umfang **27** 26
- Lohnwucher **27** 64
- mittelbare illegale **27** 19
- ohne Arbeitsgenehmigung **27** 21
- unrichtige Auskunftserteilung des Arbeitgebers **27** 15
- Verstoß gegen Gebührenübertragungsverbot **27** 18
- wiederholte illegale **27** 28

Ausländerbeschäftigungsverbot
- Verstoß des Arbeitgebers **27** 11
- Verstoß des Arbeitnehmers **27** 14

Sachverzeichnis

magere Zahlen = Randnummern

Ausländergesetz (AuslG) 27 32
– Straftaten **27** 35
Ausländerrecht, Mandantenberatung **7** 213
Auslandsberührung, Wirtschaftsstrafrecht **14** 1
Auslandsbeweis, Verwertung **15** 201
Auslandsbezug
– Anhaltspunkte im inländischen Ermittlungsverfahren **15** 43
– Beiziehung von Dolmetschern **15** 75
Auslandsbörse, Terminals in Deutschland **22** 98
Auslandsgeschäfte, Kriegswaffen **26** 193
Auslandsinvestition, Mitteilungspflicht **29** 868
Auslandstat
– Bestechung/-lichkeit im geschäftlichen Verkehr **19** 233
– deutsche Strafgewalt **14** 58 f., 61
– Deutscher **14** 63
– gegen Deutsche **14** 62
– gegen inländisches Rechtsgut **14** 59
– gegen international geschütztes Rechtsgut **14** 59
– Irrtum über räumliche Geltung dt. Strafrechts **14** 65
Auslandsverfahren, deutscher Rechtsanwalt **15** 32
Auslandsvermittlung 27 133
Auslandszeuge
– Ablehnung Beweisantrag auf Vernehmung **13** 90
– Zeugenvernehmung **15** 197
Auslegung, Wettbewerbsrecht **23** 11
Auslesen, Zahlungskarten **21** 34
Auslieferung
– eigene Staatsangehörige **15** 146 f.
– Korruptionsdelikt **19** 432
Auslieferungsersuchen, Ruhen der Verjährung **6** 55
Auslieferungsrecht, Verjährung **6** 112
Auslieferungsunterlagen, Europäischer Haftbefehl **15** 143
Auslieferungsverbot, Auslandstat Deutscher **14** 63
Auslieferungsverfahren, Bestellung Rechtsbeistand **15** 173
Auslieferungsverweigerung 15 153
– drohende lebenslinde Freiheitsstrafe **15** 157
– Inlandsbezug der vorgeworfenen Tat **15** 158
Ausnutzung, missbräuchliche, marktbeherrschende Stellung **24** 229
Aussageverpflichtung, Schuldner bei Insolvenzdelikt **18** 38
Aussageverweigerung, Betroffener **24** 348
Ausschluss
– falscher **7** 62
– Verteidiger **7** 60, 336
Ausschluss von öffentlicher Auftragsvergabe 19 372

Ausschreibung
– Gemeinsamer Markt **33** 23
– Submissionsabsprache **24** 38, 298
– wettbewerbsbeschränkende Absprache **24** 289
Ausschreibung, beschränkte 24 274, 298
Ausschreibung, öffentliche 24 274, 298
Ausschreibungen, wettbewerbsbeschränkende Absprachen **1** 64
Ausschreibungsbetrug 16 2
– Vermögensschaden **16** 71
Ausschuss für Kartell- und Monopolfragen, kartellrechtliche Ermittlungen **24** 153
Ausschüttung, Täuschung über bewertungserhebliche Umstände **22** 385
Außendarstellung, unzulässige, Verteidigungsstrategien **25** 3
Außenhandelskontrolle 26 36
Außenhandelsrecht 26 1
Außenhandelsverkehr, Mandantenberatung **26** 31
Außenprüfer
– Belehrungspflicht Bußgeld-/Steuerstrafverfahren **30** 514, 521
– Ermittlungsorgan **30** 205, 210
Außenprüfung
– Abbruch bei Verdacht Steuerstraftat **30** 66
– abgabenrechtliche Ermittlungen **30** 525
– Angabenmachen **29** 115
– Beeinflussungsversuche **30** 524
– Belehrungspflicht Bußgeld-/Steuerstrafverfahren **30** 514, 521
– Datenzugriff/-schutz **30** 525
– HZA **33** 45
– Kontrollmitteilungen **30** 301
– Selbstanzeige im Vorfeld der **30** 518
– Sperrwirkung Selbstanzeige **29** 434
– Steuer-/Zollfahndung **30** 277
– Überprüfungsermächtigung **33** 201
– Unterbrechung **30** 513, 516
– unterlassene Belehrung **30** 522
– Verdacht Steuerstraftat/-ordnungswidrigkeit **30** 513
– Verteidigungsstrategien **30** 513 f.
– zollstrafrechtliche Relevanz **31** 163
Außenprüfung, steuerliche, Kundenbetreuungskosten **19** 291
Außenwirkung, Wettbewerbsbeschränkung **24** 95
Außenwirtschaftsbestimmungen, Verfassungsmäßigkeit **26** 10
Außenwirtschaftsprüfung 26 19
Außenwirtschaftsrecht 26 1 ff.
– Abhörung **26** 26
– Amts-/Rechtshilfe **26** 16
– Außenwirtschaftsstrafrecht **26** 72 f.
– BAFA -Veröffentlichungen **26** 222
– Bannbruch **26** 150
– Beschlagnahme **26** 21

Sachverzeichnis

fett gedruckte Zahlen = Paragrafen

- Beweismittelsicherstellung **26** 21
- Datenabgleich **26** 23
- Durchsuchung **26** 21
- Einziehung **26** 21
- Ermittlungsbehörden **26** 11
- Ermittlungsumfang **26** 21
- Ermittlungsverfahren **26** 18
- EU-Recht **26** 5
- Festnahme, vorläufige **26** 21
- Genehmigungsarten **26** 50 f.
- Genehmigungspflichten **26** 40
- Genehmigungsverfahren **26** 61
- großer Lauschangriff **26** 26
- HADDEX **26** 224
- Identitätsfeststellung **26** 29
- Informationsweitergabe **26** 30
- Internetadressen **26** 225
- Korruptionsbekämpfung **26** 152
- Mandantenberatung **26** 31
- Merkblätter **26** 222
- Netzfahndung **26** 28
- Normzweck **26** 4
- Null-Bescheid **26** 40
- Observierung **26** 24
- Ordnungswidrigkeit **26** 130
- polizeiliche Beobachtung **26** 28
- Postbeschlagnahme **26** 22
- Rasterfahndung **26** 23
- Rechtsmaterien **26** 3
- Schmuggel **26** 146
- Telekommunikationsaufzeichnung **26** 21
- Umschlüsselungsverzeichnis **26** 223
- Untersuchungshaft **26** 21
- verdeckte Ermittler **26** 27
- Verfall **26** 21
- Verfassungsmäßigkeit **26** 10
- Verteidigungsstrategien **26** 31
- Vorrang internationales Recht **26** 5
- Weltrechtsgrundsatz **26** 89

Außenwirtschaftsstrafrecht 26 72 ff.
- Embargoverstöße **26** 115
- Ordnungswidrigkeit **26** 130
- Steuerhinterziehung **26** 140
- Terrorismusbekämpfung **26** 134
- ungenehmigte Ausfuhr/Verbringung **26** 90
- ungenehmigte qualifizierte Ausfuhr/Verbringung **26** 98

Außenwirtschaftsüberwachung 26 18
Außenwirtschaftsverordnung (AWV) 26 78
- Ausfuhrliste (AL) **26** 82

Außergewöhnliche Belastung, Strafverteidigungskosten **29** 336
Außerstrafrechtliche Wirkung
- Mandantenberatung **7** 197
- Umgehung Schweigerecht **7** 08

Äußerung, unrichtige Information über Unternehmensverhältnisse **25** 192
Aussetzung, Ruhen der Verjährung **29** 728
Aussetzung der Vollziehung
- Steuervorteil **29** 182
- Zollstrafverfahren **31** 191

Aussetzung zur Bewährung, Strafe bei Betrugsdelikt **16** 110
Ausspähen
- Geheimnisverschaffung **23** 98
- von Daten **23** 129

Ausstellung, Beleg **29** 846
Ausstrahlung, internationale, Produkthaftung **4** 241
Australien, Unternehmensstrafbarkeit **15** 216
Auswahlhilfe, Individualverteidiger **11** 217
Ausweispflicht, Ausländer **27** 32
Ausweisung, Ausländer bei Steuerhinterziehung **29** 323
Auswirkungsprinzip, internationales Wirtschaftsstrafrecht **14** 15
Automobilindustrie, Produkthaftung **4** 255

Baden-Württemberg, Korruptionsbekämpfung **24** 400
Bananen, VO gemeinsame Marktorganisation **33** 20
Bandenbetrug 16 108
- gewerbsmäßiger **1** 66

Bank- und Kreditwesen 21 1 ff.
Bankakten, Informationsbeschaffung **7** 250
Bankenaufsicht 21 277
- Basler Ausschuss **21** 68 f., 89
- Geldwäsche **20** 162
- Geldwäscheprävention **21** 68 f., 84

Bankenprivileg, Erwerb Steuererstattungs-/Steuervergütungsanspruch **29** 953
Bankgeheimnis
- Strafverfahren **21** 287
- unbefugte Offenbarung Millionenkredit **22** 724

Bankgeschäft
- Begriff **21** 3
- unerlaubtes **21** 279, 281
- verbotenes **21** 280

Bankgeschäfte, unerlaubte **22** 711
- Verfolgung **22** 720

Bankgewerbe, Normstruktur **21** 4
Bankkunde, Steuerstrafverfahren gegen **30** 562
Bankkunden, Schutz nach § 30 a AO **30** 550 f.
Bankmanager, Verteidigung persönlicher Interessen **21** 6
Bankrottdelikt
- taugliche Täter **18** 104 f.
- Verjährung **6** 37

Bankrotthandlung 18 10; **18** 132 ff.
- Abgrenzung zu Untreue **18** 233
- Abgrenzung zur Untreue **18** 134
- Beendigung **18** 207
- besonders schwere **18** 208
- Buchführungsverstöße **18** 161 f.
- cash-pooling **18** 320
- Eintritt der Krise **18** 128
- Fahrlässigkeit **18** 206
- Gläubigerbegünstigung **18** 193
- innerer Zusammenhang **18** 210
- Liquidation **18** 304

Sachverzeichnis

magere Zahlen = Randnummern

– nach Abschluss Insolvenzverfahren 18 359
– objektive Bedingung der Strafbarkeit 18 209
– § 283 Abs. 1 Nr. 8 StGB 18 187
– Sanktionen 18 376
– Scheingeschäfte 18 158
– Schuldnerbegünstigung 18 202
– subjektiver Tatbestand 18 206
– treuhänderische Betriebsmittelübertragung 18 294
– Überwindung der Unternehmenskrise 18 209
– unwirtschaftliche Geschäfte 18 150 f.
– Verbrauch übermäßiger Beträge 18 156
– Verletzung Buchführungspflicht 18 188
– Vermögensverschiebung 18 135
– Versuch 18 207
– Vorsatz 18 206
– wirtschaftliche Notlage 18 208
Bankrottstrafrecht, Buchführungspflicht 25 153
Bankrottstraftat, unrichtige Registerangabe 25 291
Bankwesen
– Auswirkung Ermittlungsverfahren 21 13
– Funktionsweise 21 2
– Geld-/Zahlungsverkehr 21 30 ff.
– Geldwäsche 21 56 f.
– Informationsbeschaffung 21 20
– Kassengeschäfte 21 56 f.
– Mandantenberatung 21 11
– Mandatsannahme 21 10
– Verteidigungshandeln 21 20
– Verteidigungspraxis 21 1 f.
– Verteidigungsstrategie 21 14
Bannbruch 26 150; 29 39, 529 f.; 31 107
– Beendigung 29 551
– Gegenstände 29 533
– gewerbsmäßiger 29 569
– Konkurrenzen 29 557
– KWKG 26 221
– mittelbarer Täter 29 553
– Nebenfolgen 29 558
– Sanktion 29 558
– Selbstanzeige 29 554
– Subsidiaritätsklausel 29 555
– Tatbestand, subjektiver 29 546
– Täter 29 552
– Verbringungsverbote 29 534
– Verfahrensfragen 29 559
– Versuch 29 547
– Vollendung 29 550
– Vorsatz 29 546
– Vortat Steuerhehlerei 29 606
Bargeld
– Behandlung/Vorgaben GwG 20 196
– Identifizierungspflicht GwG 20 128
Bargeld, kontaminiertes, Umgang mit 20 203
Bargeldauszahlung, Kreditkarte 21 102
Bargeldtransaktion
– Geldwäsche 21 56 f.

– Informationsweitergabe nach § 10 GwG 30 477
Bargeldtransfer, grenzüberschreitender, Grenzkontrolle 21 91
Bargeldverfügung
– an Personenkasse 21 95
– fehlendes Guthaben 21 100
– Geldautomatenkarte 21 99
– Nichtberechtigter 21 101
– unerlaubte 21 95
Bargeldverkehr, grenzüberschreitender 20 188
Bargeldverkehr, grenzüberschreitender, Informationsweitergabe 30 480
Barmittelentnahme, unberechtigte 18 239
Barrior Optionsscheine, Ausknocken von 22 330
Basler Ausschuss für Bankenaufsicht 21 68 f., 89
Bauabzugsteuer, Abzugsteuergefährdung 29 882, 894
Baubranche, Produkthaftung 4 263
Baubuch
– fehlendes 25 160
– Führung 25 165
– unrichtiges 25 160
Baugeld, pflichtwidrige Verwendung 25 161
Baugewerbe
– Arbeitnehmerfreizügigkeit 27 54
– unzulässige Arbeitnehmerüberlassung 27 101
Bauproduktegesetz 4 124
Baustellenverordnung, Arbeitsschutz 27 183
Bauwirtschaft
– Ehtikmanagement 8 58
– Vergabesperre 8 104
Bayern, Korruptionsbekämpfung 24 400
Beamte
– disziplinarische Maßnahmen bei Steuerstrafverfahren 30 508
– Nebenfolgen Steuerhinterziehung 29 326
Beamter, Amtsträger 19 89
Beauftragter für wirtschaftskriminelle Handlungen 8 85
Beendigung
– Dauerstraftat 11 212
– Insolvenzverfahren 18 356
– Mandat 7 121
– Sicherstellung 12 338
Befangenheitsantrag 7 303
– Ablehnung 7 336
Befördern-lassen, Kriegswaffen 26 188
Beförderung, Kriegswaffen 26 187
Beförderung, außerdeutsche, Kriegswaffen 26 190
Beförderungsmittel, Einziehung 29 646
Befragung
– kartellrechtliche Ermittlungen 24 139
– Mandantenberatung 7 156
Befugnisse, EU-Kontrolleure/OLAF 33 154 f.
Befugnis-shopping 15 8

Hagen

Sachverzeichnis

fett gedruckte Zahlen = Paragrafen

Befugnis-Shopping, ausländische Ermittlungsverfahren **15** 61
Befugnisträger, öffentlich-rechtlicher
– Haushaltsuntreue **17** 16
– Vermögensbetreuungspflicht **17** 14
Begehung, fortgesetzte, Absicht der **16** 107
Begehung, gewerbsmäßige, Absicht der **16** 108
Begehungsort, Inlandsstat **14** 53
Begleitdelikte, Korruption **19** 252 f.
Begünstigung (§ 257 StGB) **29** 46
– Abgrenzung zu Beihilfe **29** 53
– berufstypisches Verhalten **29** 55
– Tatbestand, objektiver **29** 46
– Tatbestand, subjektiver **29** 56
– Vorsatz **29** 56
Begünstigung (§ 369 Abs. 1 Nr. 4 AO) **29** 42
Behandeln, gefährliche Abfälle **28** 185
Beherrschungs- und Gewinnabführungsvertrag, Täuschung über bewertungserhebliche Umstände **22** 385
Behinderungsmissbrauch, Kartellordnungswidrigkeit **24** 237
Behinderungsverbot, Kartellordnungswidrigkeit **24** 241, 244
Behörde, betroffene, Zusammenarbeit mit B. bei Korruptionsermittlungen **19** 407
Behördenakten, Akteneinsicht **7** 237, 242
Behördenanfrage, Mandantenberatung **7** 156
Behördenanzeige, Korruptionsermittlungsverfahren **19** 414
Beihilfe
– bedingter Vorsatz **16** 77
– Berater **18** 388
– Betrug **16** 77
– Bilanzmanipulation **25** 331
– durch berufsbedingtes Verhalten **3** 61 f.
– Kapitalanlagebetrug **25** 333
– Korruptionsdelikt **19** 180
– Kreditbetrug **25** 334
– kursbeeinflussende Marktpreismanipulation **25** 335
– Steuerhinterziehung **29** 233
– Übernahme Geldstrafe **4** 202
– zu Steuerhinterziehung **19** 302
Beihilfe, staatliche, Subvention **32** 48
Beiordnung, Verfahren **7** 87
Beiseiteschaffen, Vermögensverschiebung **18** 141, 144
Beisichführen, Schusswaffe **29** 577
Beistand, Rechtshilfeverfahren **15** 128
Beistandsrecht, Mandantenberatung **7** 159
Beitragsabführung
– Kollision §§ 823 Abs. 2 BGB, 266 a StGB/§ 64 Abs. 2 GmbHG **18** 275
– Rückstandsberechnung **18** 281
– Rückstellung für **18** 273
– Sozialversicherung **18** 256 f.
– Unmöglichkeit **18** 274, 282

Beitragsbetrug
– Konkurrenzen **16** 98
– Vermögensschaden **16** 65
Beitragsvorenthaltung, Verjährung **6** 36
Bekanntgabe, Verfahrenseinleitung Bußgeld-/Strafverfahren
Bekanntgabe Einleitung Ermittlungsverfahren, strafbefreiende Erklärung **30** 646
Bekanntheit, notorische **23** 191
Bekanntheitsschutz
– geografische Herkunftsangabe **23** 213
– Marke **23** 207
Bekanntmachung
– unwahre Werbung **23** 60
– Verurteilung bei Urheber-/Schutzrechtsverletzung **23** 282
Bekanntmachung der Geschäftsführung der Börse **22** 266
Bekanntwerden, Insiderinformation **22** 613
Beleg **29** 843
– Aufbewahrungspflicht **29** 860
– Ausstellung **29** 846
– entgeltliches In-Verkehr-Bringen **29** 851
– unberechtigte Weitergabe **29** 850
– unrichtiger **29** 845
Belegausstellung, falsche, Steuergefährdung **31** 125
Belehrungspflicht
– Beweisantragsrecht Ermittlungsverfahren **13** 8
– Bußgeld-/Steuerstrafverfahren infolge Außenprüfung **30** 514, 521
– steuerstrafrechtliche Relevanz Korruptionsdelikt **19** 321
Beleihungswertrichtlinie, Kreditvergabe **21** 247
Belgien
– Beschuldigtenrechte im Ermittlungsverfahren **15** 62
– Ermittlungsverfahren **15** 47
– Strafverteidiger **15** 37
– Unternehmensstrafbarkeit **15** 216
Belohnungsannahme **19** 63
Benachrichtigung, unterbliebene **7** 336
benchmark **22** 370
Benutzerkennung
– Börsenhändler/-teilnehmer **22** 136
– Zugangsmissbrauch Handelsplattform **22** 321
Benutzung, mangelnde, Markenschutz **23** 201
Beobachtung, polizeiliche, Ermittlungsverfahren Außenwirtschaftsrecht **26** 28
Berater
– Anstiftung Insolvenzdelikt **18** 387
– Beihilfehandlung Insolvenzdelikt **18** 388
– dienstleistender europäischer Rechtsanwalt **15** 29
– strafrechtliche Risiken bei Insolvenz **18** 385 f.
Berater, externer, Produkthaftung **4** 165

Sachverzeichnis

magere Zahlen = Randnummern

Berater, steuerlicher, Haftung Steuerstrafsache 30 486
Beratervertrag, Korruption 11 42
Beratung 7 125 ff.
– Leichtfertigkeit 29 820
Beratungen, unternehmensinterne 9 8
Beratungspflicht, Mandant 7 125
Beratungsschwerpunkte, Grenzüberschreitung 15 219
Berechnungsmodelle, Vermögensabschöpfung 12 71
Bereicherung, rechtswidrige, Betrug 16 84
Bereicherungsabsicht
– Betrug 16 79
– Provisionsbetrug 16 83
– Steuerhehlerei 29 618
Bereiterklärung, Verleitung zum Verrat 23 120
Bereitstellung, gefährliche Abfälle 28 188
Bergarbeiterwohnungsbau, Subvention 32 48
Bericht
– Erheblichkeit der Angaben 25 203
– EU-Kontrolleure/OLAF 33 171
– unrichtige Information über Unternehmensverhältnisse 25 190
Berichterstattung, vorsätzliche Verwendung unrichtiger Bilanz 25 68
Berichterstattung, unrichtige, Abschlussprüfung 25 323
Berichterstattung, unterlassene, Abschlussprüfung 25 324
Berichtigung
– Scheinrechnung 29 275
– Unterlassen gebotener 29 143
– Verbot des Zwangs zur Selbstbelastung 29 152
Berichtigungserklärung
– Selbstanzeige 29 378
– strafbefreiender Erklärung 30 649
Berichtigungspflicht
– Registerdelikt 25 254
– Verhältnis zu Selbstanzeige 29 515
Berichtspflicht 2 747
– KonTraG 8 34
– SEC 8 41
– Verletzung Prüfungspflicht 22 797
– Verstoß gegen 25 93
Berichtswesen, internes, Informationsbeschaffung 21 22
Berner Übereinkunft (BÜ) 23 21
Beruf, Auswirkung Bilanz-/Publizitätsdelikt 25 14
Berufsgeheimnisträger
– Beschlagnahme von Gegenständen im Gewahrsam von 30 377, 379
– Beschlagnahmeverbot 10 52
– Kontrollmitteilungen 30 302
Berufsgerichtliches Verfahren, Rechtsanwaltsgebühren 7 105

Berufskammer
– Mitteilung bei Steuerstrafverfahren 30 498, 505
– Mitteilungen in Steuerstrafsache 30 470, 481
– Stellungnahme vor Erlass Bußgeldbescheid 29 838
Berufskriminalität 1 9
Berufsrecht
– Steuerhinterziehung 29 330
– Wirtschaftsprüfer 25 309
Berufsrechtliche Sanktion, Verteidigungshandeln 7 360
Berufsrechtliches Verfahren, gegen Wirtschaftsprüfer 25 313
Berufsverbot
– Insolvenzdelikt 18 377
– Korruptionsdelikt 19 370
– Steuerstrafverfahren 30 494
Berufsverbot, vorläufiges 1 92
Beschädigung, Vermögensverschiebung 18 141, 149
Beschäftigung, illegale 27 9 f.
– Bekämpfung der 1 71
– Lohnwucher 27 64
– Zuständigkeit 27 203
Bescheidungsklausel, Hilfsbeweisantrag 13 53
Bescheinigung, ärztliche, falsche 29 844
Beschlagnahme
– Anordnung 12 175; 30 368
– Aufrechterhaltung 12 286
– Beendigung 12 339
– bei Durchsuchung 10 43
– beim Berufsgeheimnisträger 10 52; 30 394
– beim Syndikusanwalt 10 55
– beim Unternehmensvertreter 11 152
– beim Verteidiger 7 336
– beschlagnahmefreie Gegenstände 30 375
– beschlagnahmefreie Unterlagen 10 58
– Beschlagnahmefreiheit 30 377
– Deliktgegenstände/Surrogate 30 382
– doppelrelevante Sache 12 303
– Durchführung 12 187; 30 371
– Entbindung von Verschwiegenheitspflicht 10 61
– Ermittlungsverfahren Außenwirtschaftsrecht 26 21
– Ermittlungsverfahren Steuerstrafsache 30 337, 361 f.
– EU-Kontrolleure/OLAF 33 167
– Geldwäsche 20 169
– Gewahrsam von Berufsgeheimnisträgern 30 377, 379
– Herausgabe beweglicher Sachen an Verletzten 12 290
– Herausgabeerzwingung 30 365
– Kartellverfahren 24 341
– laufende Mandatsunterlagen 30 384
– Mandantenberatung 7 156
– Mobiltelefon 30 393

Hagen   2093

Sachverzeichnis

fett gedruckte Zahlen = Paragrafen

- nach §§ 111 b Abs. 1, 111 c StPO **12** 164 f., 170
- Nachbesserung während **30** 402
- Niederschrift **30** 372
- Notveräußerung **12** 196
- Rechtsschutz gegen B. für ausländisches Strafverfahren **15** 119
- Richtervorbehalt **12** 176
- Rückgabe **12** 194
- Schriftverkehr **30** 376
- Schriftverkehr Beschuldigter/Angehörige **30** 378
- Schriftverkehr Beschuldigter/Berufsgeheimnisträger **30** 378, 379
- Schweigepflichtentbindung **30** 383
- Sicherstellung durch **12** 174
- Sicherstellungsbedürfnis **12** 181
- Sicherungsbänder **10** 47
- Sperrerklärung **30** 376
- Umfang **12** 193
- Verdachtsgrad **30** 364
- Verhältnis insolvenzrechtlicher/strafprozessualer **12** 307
- Verhältnismäßigkeit **10** 50; **30** 374
- Vermögenswert **12** 160
- Verteidigerkorrespondenz **30** 380
- Verteidigungsstrategien **30** 401
- Verwertungsverbot bei unzulässiger **30** 395
- vollstreckungssichernde **12** 246
- Vollziehung **12** 189
- Vorstands-/Aufsichtsratssitzungsprotokoll **10** 48
- Weiterbenutzung **12** 194
- Wirkung **12** 190
- Zuständigkeit **12** 187

Beschlagnahmeanordnung 30 368
- Antrag auf richterliche Entscheidung **12** 344
- Gefahr im Verzug **30** 368
- Nachbesserung während **30** 402

Beschlagnahmeanordnung, richterliche
- Verjährungsunterbrechung **6** 72; **29** 714

Beschlagnahmeverbot, Mandatsunterlagen **10** 51

Beschlagnahmevermerk, Grundbuch **12** 189

Beschleunigungsgebot, Mandantenberatung **7** 159

Beschleunigungsgeld 11 42

Beschluss
- EG **23** 10
- wettbewerbswidrige Verhaltensform **24** 89

Beschränkung, vertikale, wettbewerbswidrige Verhaltensform **24** 85

Beschuldigtenrechte, ausländische Ermittlungsverfahren **15** 61 f.

Beschuldigtenvernehmung
- Ermittlungsverfahren Steuerstrafsache **30** 328
- Mandantenberatung **7** 156
- Rechtsschutz im Rechtshilfeverfahren **15** 125

- Verjährungsunterbrechung **6** 62; **29** 711

Beschuldigter
- Durchsuchung beim **10** 25
- Pflichten bei Vernehmung im Ermittlungsverfahren **30** 329
- Verzicht auf beschlagnahmte Vermögenswerte **12** 398
- Zeugenvernehmung des früheren (Mit-)Beschuldigten **30** 331

Beschwerde
- Maßnahme OLAF **33** 142
- Vermögenssicherstellungen **12** 345

Beschwerde, sofortige, Zulassungsbeschlüsse **12** 361

Besitz, Geldwäsche **20** 85

Besprechungen, Organisation **7** 316

Bestandsaufnahme
- Präventivberatung **8** 45
- Schattenstruktur **9** 15

Bestätigungsvermerk 25 295

Bestätigungsvermerk, unrichtiger, Abschlussprüfung **25** 315, 325

Bestechlichkeit 19 76 f.
- Abgrenzung strafbarer/-loser Verhaltensweise **19** 160
- Amtsträgereigenschaft **19** 83
- Beihilfe **19** 180
- besonders schwere **19** 191
- Dienstausübung **19** 156
- Dienstpflichtverletzung **19** 174
- im geschäftlichen Verkehr **19** 201 f.
- Konkurrenzen **19** 197
- Mittäterschaft **19** 178
- sozialadäquate Leistung **19** 161
- Submissionsabsprache **24** 310
- Täterschaft **19** 178
- Tathandlung **19** 150
- Unrechtsvereinbarung **19** 155
- Verjährung **19** 194
- Vorsatz **19** 183
- Vorteil **19** 133

Bestechlichkeit, im geschäftlichen Verkehr
- Antragsdelikt **19** 236
- Auslandstaten **19** 233
- besonders schwere **19** 238
- Drittzuwendung **19** 223
- erweiterter Verfall **19** 239
- Täter **19** 208
- Tathandlung **19** 232
- Unrechtsvereinbarung **19** 224
- Vorteil **19** 219
- Vorteil, sozialadäquater **19** 221

Bestechung 19 174
- besonders schwere **19** 191
- im geschäftlichen Verkehr **19** 201 f.
- privater Sektor **1** 72
- Submissionsabsprache **24** 310
- unionsrechtliche Vorgaben **14** 84
- Verjährung **6** 38

magere Zahlen = Randnummern **Sachverzeichnis**

Bestechung, im geschäftlichen Verkehr
- Antragsdelikt **19** 236
- Auslandstaten **19** 233
- besonders schwere **19** 238
- Drittzuwendung **19** 223
- erweiterter Verfall **19** 239
- Täter **19** 216
- Tathandlung **19** 232
- Unrechtsvereinbarung **19** 224
- Vorteil **19** 219
- Vorteil, sozialadäquater Täter **19** 221

Bestechungsbekämpfung **1** 63
- internationale Amtsträger **14** 41

Bestechungsgeld
- nicht abzugsfähige Betriebsausgaben **30** 142 f.
- steuerliche Behandlung **19** 299
- Verwendungsverbot **30** 142 f.

Bestellung
- Amtsträger **19** 98
- Pflichtverteidiger **7** 87

Besteuerung
- deliktisch erworbenes Vermögen **12** 376
- Verwertung Geldwäschedaten **20** 184

Besteuerungsgrundlagen, Steuerschätzung **30** 417

Betäubungsmittel, Einfuhrverbot **26** 154

Betäubungsmitteldelikt
- erweiterter Verfall **12** 407 f.
- Schätzung Verfallhöhe **12** 391

Beteiligung
- am illegalen Aufenthalt **27** 38
- Kreditinstitut **21** 272

Beteiligung, unseriöse, Bankrotthandlung **18** 151

Beteiligungserwerb, Mitteilungspflicht **29** 868

Beteiligungserwerb, ausländischer, Mitteilungspflicht **29** 868

Beteiligungsrecht, OLAF **33** 145

Betretungsrecht
- Arbeitnehmerüberlassung **27** 122
- kartellrechtliche Ermittlungen **24** 144, 148

Betrieb, geschäftlicher **19** 209

Betriebeswirtschaftliche Auswertung (BWA) **25** 35

Betriebsabläufe, Dokumentation **8** 100

Betriebsaufspaltung **18** 296, 299

Betriebsausgaben
- fehlende Empfängerbenennung **30** 442
- Geldbußen/-strafen **29** 332
- Verbrauch ungewöhnlich hoher **18** 157

Betriebsausgaben, nicht abzugsfähige
- Bestechungs-/Schmiergeld **30** 142 f.
- Verwendungsverbot **30** 142 f.

Betriebsausgabenabzug, verbotene Zuwendung/Korruption **19** 58

Betriebsbeauftragter **8** 82
- Umweltschutz **28** 65

Betriebsbeauftragter für Abfall **28** 200

Betriebsbeihilfe, Subvention **32** 48

Betriebsgeheimnis
- Begriff **23** 79
- Schutz im Verfahren **23** 267

Betriebsgeheimnisverletzung **23** 75 f.
- Checkliste **23** 300
- Datenschutz **23** 135
- Geheimnisverrat **23** 84
- Geheimnisverschaffung **23** 95
- gesellschaftsrechtlicher Schutz **23** 124
- strafrechtlicher Schutz **23** 128
- Straftaten im Amt **23** 132
- Strafverfolgung auf Antrag **23** 263
- Strafverfolgung Auslandstaten **23** 268
- Strafverfolgung von Amts wegen **23** 265
- Verjährung **23** 269
- Verleitung/Erbietung zum Verrat **23** 115
- Verwertung von Unterlagen **23** 108
- Vorbereitung **23** 115
- Wirtschaftsspionage **23** 134

Betriebsgeheimnisverrat **1** 55

Betriebsinhaber
- Haftung Kartellordnungswidrigkeit **24** 186
- Korruptionsdelikt **19** 356

Betriebsmittelkredit **21** 164

Betriebsmittelübertragung, treuhänderische **18** 294

Betriebsprüfung **30** 298
- Erweiterung Prüfungszeitraum **29** 426
- Korruptionsermittlungsverfahren **19** 411
- zollstrafrechtliche Relevanz **31** 163

Betriebsvergleich, externer, Schätzung **29** 262

Betriebsvergleich, innerer, Schätzung **29** 260

Betriebsverlegung, Kreditinstitut **21** 272

Betriebsvermögensvergleich, Begriff **25** 34

Betroffenenvernehmung, Kartellverfahren **24** 356

Betroffener
- Kartellverfahren **24** 348
- Verteidigung **24** 357

Betrug **16** 1 ff.
- Abgrenzung zu Wahndelikt **16** 89
- Absprachen **16** 24
- Ausgleichsbemühungen **16** 22
- Bandenbetrug **16** 108
- Beendigung **16** 91
- Beihilfe **16** 77
- Belehrungsfehler **16** 11
- Bereicherungsabsicht **16** 79
- betrügerische Abrechnungspraktiken **19** 267
- Bewertungsirrtum **16** 89
- Deliktstruktur **16** 26
- Dreiecksbetrug **16** 59
- Einreichung von Lastschriften **21** 116
- Einstellung nach §§ 153, 153 a StPO **16** 13
- Einwendungen gegen Überführung **16** 10
- Fahrlässigkeit **16** 76
- Finanzierungsgeschäft **21** 155, 176
- geschütztes Rechtsgut **16** 26
- gewerbsmäßige Begehung **16** 108
- institutionalisierte Anweisung **16** 97
- Irrtum **16** 41

Hagen

Sachverzeichnis

fett gedruckte Zahlen = Paragrafen

- Konkurrenzen **16** 92 f.
- kriminelle Vereinigung **16** 108
- Mandatsführung **16** 4 f., 9
- mehrere Beschuldigte **16** 25
- mitbestrafte Nachtat **16** 93
- mittelbare Täterschaft **16** 26
- Nebenkriegsschauplätze **16** 23
- Organisationsdelikt **16** 97
- Rechtswidrigkeit der Bereicherung **16** 84
- Schadenswiedergutmachung **16** 15
- Schneeballbetrug **16** 93
- Schutzbereich **14** 31, 36
- Serie **16** 95
- Statistik **16** 3
- Steuerhinterziehung **29** 256
- Stoffgleichheit Vermögensvorteil/-schaden **16** 81
- Strafzumessung **16** 99 f.
- Tatbestandsirrtum **16** 87
- Tateinheit **16** 94
- Täter-Opfer-Ausgleich **16** 15
- Tatmehrheit **16** 95
- Täuschung **16** 28 f.
- Überweisung des Nichtberechtigten **21** 110
- Unmittelbarkeit der Vermögensverschiebung **16** 82
- untauglicher Versuch **16** 88
- Verfügung des Berechtigten **21** 112
- Verfügungsbewusstsein **16** 57
- Verjährung **6** 28
- Vermögensminderung **16** 54
- Vermögensschaden **16** 61 f.
- Vermögensverfügung **16** 54 f.
- Versuch **16** 90
- Verteidigung des schuldigen Mandanten **16** 10
- Verteidigungskonzeption **16** 4 f.
- Verwarnung mit Strafvorbehalt **16** 22
- Vollendung **16** 91
- Vorbereitung **16** 90
- Vorsatz **16** 73 f.
- zum Nachteil ausländischen Vermögens **14** 46
- zum Nachteil des Auftraggebers **19** 257
- zum Nachteil des Mitbieters **19** 262

Betrugdelikt, Bewährungsstrafe **16** 110

Betrugsbekämpfung
- supranationale **15** 10
- unbare Zahlungsmittel **1** 73

Bewährung, Ruhen der Vollstreckungsverjährung **29** 736

Bewährungsstrafe, Betrugsdelikt **16** 110

Bewegungsmelder, Ermittlungsverfahren Außenwirtschaftsrecht **26** 25

Beweisanordnung 13 67

Beweisanordnung, europäische **15** 185

Beweisanregung 13 49

Beweisantizipation, Verbot der **13** 69

Beweisantrag
- Ablehnung **7** 336; **13** 67 f.
- Ablehnung Vernehmung Auslandszeuge **13** 90
- Ablehnung wegen eigener Sachkunde **7** 336
- Ablehnung (weiteres) Sachverständigengutachten **13** 84
- Ausschöpfung präsentiertes Beweismittel **13** 55
- Bedeutungslosigkeit **13** 74
- bedingter **13** 51
- Begriff **13** 42
- Begründung **13** 61
- Belehrungspflicht **13** 8
- Bescheidung **13** 67
- Beweisanregung **13** 49
- Beweisbehauptung **13** 47
- Beweisermittlungsantrag **13** 50
- Beweismittel **13** 43
- eigene Sachkunde des Gerichts **13** 84
- Ermittlungsverfahren **13** 3
- Form **13** 60
- gem. § 163 a Abs. 2 StPO **13** 10
- gem. § 166 StPO **13** 9
- gem. § 219 StPO **12** 25
- Hauptverhandlung **13** 29 f., 42
- Hilfsbeweisantrag **13** 52
- im Ausland lebender Zeuge **15** 197
- im Ermittlungsverfahren unerledigter **13** 19
- Inaugenscheinnahme, richterliche **13** 54
- Klärung behaupteter verbotener Vernehmungsmethode **7** 336
- Konnexität **13** 65
- nach §§ 245, 220 StPO **13** 55
- Negativtatsachen **13** 48
- Offenkundigkeit **13** 72
- positive Kenntnisse **13** 62
- Prozessverschleppung **13** 82
- Rücknahme **13** 59
- Rücknahmeanregung **13** 68
- Sachverständiger **13** 45
- schon erwiesene Tatsache **13** 73
- Unerreichbarkeit **13** 80
- Ungeeignetheit **13** 76
- unzulässige Beweiserhebung **13** 70
- Urkundenbeweis **13** 46
- Verbot der Beweisantizipation **13** 69
- Vermutungen **13** 62
- Wahrunterstellung **13** 83
- Zeitpunkt **13** 66
- Zeuge **13** 44
- Zwischenverfahren **13** 20

Beweisantragsrecht 13 1 ff.
- Anforderung Aufklärungsrügen **13** 91
- Entwicklung **13** 35
- Sachaufklärungspflicht **13** 36
- verfahrensfördernde Absprache/deal/Verständigung **13** 39

Beweisbehauptung 13 47

Beweiserhebung, unzulässige **13** 70

Beweiserhebungsverpflichtung, Ermittlungsverfahren **13** 9

magere Zahlen = Randnummern   **Sachverzeichnis**

Beweisermittlungsantrag 13 50
Beweiserschwerungsdelikt,
   Buchführungsverstoß 18 165
Beweisgewinnung, unzulässige 30 395
Beweislastregel, MOG 33 92
Beweismaterial, Beschlagnahme beim
   Verteidiger 7 336
Beweismittel 13 43
– beschlagnahmefreie 10 23
– grenzüberschreitende Sicherstellung 15 178
– unerreichbares 13 80
– ungeeignetes 13 76
– Verwertung von außerhalb des
   Rechtshilfeverkehrs erlangter 15 204
Beweismitteleinsicht, Durchführung 7 236
Beweismittelsicherstellung,
   Ermittlungsverfahren Außenwirtschaftsrecht
   26 21
Beweismittelsicherung
– Durchsuchung 11 104
– EU-Kontrolleure/OLAF 33 168
Beweismitteltransfer, EU 15 132
Beweisquelle, Trübung 7 347
Beweisrecht, grenzüberschreitende
   Tatvorwürfen 15 196
Beweissammlung
– Rechtsschutz gegen ausländische B. für
   inländisches Strafverfahren 15 130
– Rechtsschutz gegen B. für ausländisches
   Strafverfahren 15 114
Beweisverbot, Spezialitätsvorbehalt 15 203
Beweisvernichtung, Mandantenberatung 7 156
Beweisverwertung, europäisches
   Kartellverfahren 24 132
Beweiswürdigung, Zollstrafsache 31 183
Bewertung
– Forderung 21 251
– Realsicherheit 21 246
– Rückzahlungsforderung Kredit 21 244
– Verstoß gegen 25 93, 103
– Zweckerklärung 21 251
Bewertungserhebliche Umstände
– Checkliste 22 587
– Marktmanipulation 22 363
– Täuschung über 22 385
Bewertungsgutachten, Insiderinformation
   22 607
Bewertungsirrtum, Betrug 16 89
Bewertungsspielraum, Abschlussprüfung
   25 298
Bewertungsverstoß, Bilanzposten 25 103
Bewertungswahlrecht, Abschlussprüfung
   25 297
Bewirtung, steuerliche Abzugsfähigkeit 19 290
Bewirtung, betrieblich veranlasste, steuerliche
   Abzugsfähigkeit 19 290
Bezeichnung, geschäftliche
– Begriff 23 184
– Schutzentstehung 23 192

Beziehungen, auswärtige
– Gefährdung 26 102
– Störung 26 106
Beziehungsgegenstände,
   Urheber-/Schutzrechtsverletzung 23 276
Bezugssperre, Kartellordnungswidrigkeit
   24 247
BGB-Gesellschaft, Vermögensbetreuungspflicht
   17 78
Bienenstich, Produkthaftung 4 8
Biersteuer, Zollstrafrecht 31 6, 7
Bieterliste, Herausgabe gegen Zuwendung
   19 283
Bilanz
– Aufstellungsfristen 18 178
– Begriff 25 33
– Nichtaufstellung 18 163
– unrichtige Information über
   Unternehmensverhältnisse 25 183
– unübersichtliche 18 181
Bilanz, unrichtige, vorsätzliche Verwendung
   unrichtiger Bilanz 25 68
Bilanzansatz, Verstoß gegen 25 93
Bilanzauffassung
– dynamische 25 116
– Einfluss der 25 115
– statische 25 117
Bilanzaufstellungspflicht, Verstoß gegen 25 93
Bilanzausweis, unrichtige Angaben 25 139
Bilanzdelikt 22 742 f., 1 ff.
– Arbeitnehmerinteressen 25 54
– Aufsichtsrat 25 132
– Auswirkung auf berufliche Stellung 25 14
– Beginn/Beendigung 25 87
– Checkliste Strafnormen 25 46
– Einwirken auf rechtliche Beurteilung 25 29
– Einwirken auf Tatsachenstoff 25 27
– Fahrlässigkeit 25 81
– Finanzierungsgeschäft 21 157
– Gesellschafterinteressen 25 53
– Gläubigerinteressen 25 55
– Hinzuziehung von Spezialisten 25 25
– Informationsbeschaffung 25 21
– Interessen Aufsichtsbehörden 25 56
– Interessen Berufsverbände 25 59
– Interessen Ermittlungsbehörden 25 58
– Mandantenberatung 25 1 f., 11
– Mandatsannahme 25 11
– nach § 331 Nr. 1–3 HGB 25 92
– nach § 334 HGB 25 134
– Öffentlichkeitsarbeit, verfahrensbegleitende
   25 8
– Organisation Verteidigungsaufgaben 25 10
– Pflichtabschlüsse 25 72
– Sachverständige 25 126
– Sanktionen 25 85
– Schutzzweck 25 50
– sprachliche Darstellung 25 125
– Tatbestände 25 64
– Täter 25 75

Hagen   2097

Sachverzeichnis

fett gedruckte Zahlen = Paragrafen

- unrichtige Angaben bei Aufstellung Jahresabschluss 25 134, 139
- unrichtiger Unternehmensabschluss 25 31 ff.
- Verjährung 25 90
- Verletzter 25 91
- Versuch 25 87
- Verteidigung persönlicher Interessen 25 6
- Verteidigungshandeln 25 21
- Verteidigungsstrategien 25 15
- Vorsatz 25 81
- Vorstandsinteressen 25 52
- zeitlicher Anwendungsbereich 25 70

Bilanzerstellung 22 792

Bilanzgliederung, Verstoß gegen 25 93, 106, 134, 139

Bilanzierung
- Bilanzerstellungsverstoß 18 167, 171
- Einfluss der Bilanzauffassungen 25 115
- Falschbewertungen 18 182
- falsche 25 67
- fehlende/verspätete/unübersichtliche Erstellung 18 177
- freiwillige 25 74
- Gesellschaftswert 22 779
- Nachholung verspäteter 18 191
- Nichtbilanzierung Privatvermögen durch Einzelkaufmann 18 214
- Pflichtabschlüsse 25 72
- Rückstellungen 22 775
- sprachliche Unterschiede 25 125
- Unmöglichkeit 18 184
- unrichtige Wiedergabe Verhältnisse der Gesellschaft 22 766
- unterlassene 25 49, 66
- Vermögensbewertung 22 774

Bilanzierung, unrichtige, Beihilfe 25 331

Bilanzierungspflicht, Beginn 25 71

Bilanzierungsverbot, Abschlussprüfung 25 297

Bilanzklarheit, unrichtige Angaben 25 139

Bilanzkontrolle, Deutsche Prüfstelle für Rechnungslegung e.V. 22 186

Bilanzkosmetik 25 220
- Abgrenzung zu unzulässiger 18 182

Bilanzmanipulation 25 110, 114; 25 296
- Beihilfe 25 331
- repressive Maßnahmen 25 305
- Steuergefährdung durch falsche Buchung/Aufzeichnung 29 853
- Verhinderung 25 300
- vorbeugende Maßnahmen 25 303

Bilanzpolitik 25 110, 296
- Ausübung Wahlrechte 25 112

Bilanzposten
- Bewertungsverstöße 25 103
- unrichtige Angaben 25 139

Bilanzprüfung, Verstoß gegen 25 93

Bilanzstrafrecht, Kapitalgesellschaft 25 48

Bilanzumgehung 25 299

Bilanzunrichtigkeiten, Checkliste zur Prüfung 25 353

Bilanzwahrheit, unrichtige Angaben 25 139

Bildungsverbot, unrichtige Angaben 25 139

Biologische Waffen 26 170
- Verbot 26 180

Biostoffverordnung, Arbeitsschutz 27 183

Biotechnologie-Richtlinie 23 16

Blankettgesetze 2 75

Blankettstrafgesetze 1 103

Blinden-Ware, unwahre Werbung 23 63

Blockhandelsangebote, OTC 22 155

Boble-squeeze 22 478

Bobl-Squeeze 22 328

Bochumer Kreisel 11 27

Boden, Begriff 28 137

Bodenverunreinigung 28 136
- Altlasten 28 143
- Einbringen 28 139
- Eindringenlassen 28 140
- Fahrlässigkeit 28 148
- Freisetzen 28 141
- Vermögensabschöpfung 12 64
- verwaltungsrechtliche Pflichtverletzung 28 146
- Vorsatz 28 147

Bonitätsbeurteilung, Kreditvergabe 21 253

Bonusregelung, BKartA 24 390

Bonus-Regelung, Unternehmensgeldbuße 5 42

Börse
- amtlicher Handel 22 127
- Datenmaterial 22 222
- deutscher Wertpapiermarkt 22 122 f.
- Freiverkehr 22 127
- geregelter Markt 22 127
- Handelsüberwachung 22 181
- OTC 22 155
- Rechtsnatur 22 123
- Regelwerk 22 113
- Regelwerke 22 86
- Rundschreiben 22 266
- Sanktionsausschuss 22 270 ff.
- Terminhandel auf dem Parkett 22 137
- zugelassene Handelsteilnehmer 22 135

Börsen
- deutsche 22 96
- Terminals von Auslandsbörsen 22 98

Börsen, außerdeutsche, computerunterstützter Wertpapierhandel 22 145

Börsen-/Marktsegment 22 125

Börsenaufsicht
- Adressen 22 102
- Handelsdatensammlung 22 116
- internet-Adressen 22 86
- Länderbehörden 22 101, 177

Börsenaufsichtsbehörde
- Auskunftsersuchen 22 78
- Bundesländer 22 177
- Informationsgewinnung 22 179

Börseneinführungsankündigung, Falschangaben 22 755

Börseneinführungsprospekt, Beihilfe zur kursbeeinflussenden Marktpreismanipulation 25 335

Börsengeschäftsführung, Handlungspflichten 22 432
Börsenhandel
- Aufzeichnung Telefonhandel 22 259
- Datenmaterial/-auswertung 22 222
- Marktüberwachung 22 417
- Meistausführungsprinzip 22 414
- Notierungsaussetzung 22 433
- Regulierung 22 413
- Wiederaufnahme nach Notierungsaussetzung 22 435

Börsenhändler
- Benutzerkennung 22 136
- zugelassener 22 135

Börsenjournalist, Insiderinformation 22 569
Börsenordnung 22 115
Börsenpreis 22 373 f.
- Begriff 22 380
- Bekanntmachung 22 381
- Einwirken auf 22 420
- elektronischer Handel 22 382
- erlaubte Cross-Geschäfte 22 399
- Eröffnungspreis 22 383
- gesetzliche Bedeutung 22 374
- informationsbezogene Einflussnahme 22 422
- kapitalmarktbezogene Bedeutung 22 378
- Kursschwankungsursachen 22 628
- manipulativer Eingriff 22 424
- Präsenzhandel 22 384
- Schlusspreis 22 383
- Stabilisierungsmaßnahmen 22 486
- zulässige Marktpflege 22 486

Börsenpreisbewegung, Finanzanalyse 22 465
Börsenpreisfeststellung
- Handelsüberwachungsstelle 22 183
- Präsenzhandel 22 134
- Skontroführer 22 134

Börsenpreismanipulation 22 340 ff.
- Ad-hoc-Mitteilung außerhalb Handelszeit 22 437
- Beeinflussung durch Medien 22 462
- cornering 22 403
- Cross-Geschäft im Eigenhandel 22 449
- Einwirken auf Börsenpreis 22 420
- Einwirken auf Börsenpreis durch tatsächliches Handeln 22 447
- Gerüchte 22 463
- Insiderhandel 22 516
- Kurspflege 22 504
- Manipulation Derivatekurs 22 461
- manipulierter Auftrag 22 448
- market corner 22 477
- Nachweis der Einwirkung 22 92
- Notierungsaussetzung wegen Ad-hoc-Mitteilung 22 433
- Preisbewegung durch Finanzanalysen 22 465
- presserechtliche Verjährung 22 443
- Sachverständigengutachten 22 367
- scalping 22 571
- Skontroführer 22 447
- sonstige Täuschungshandlungen 22 387
- Stabilisierungsmaßnahmen 22 486
- tatsächliche Geschäfte als Täuschung 22 396
- Täuschung über bewertungserhebliche Umstände 22 385
- verdeckte in-sich-Geschäfte 22 454
- Verjährung 22 441
- versuchte 22 412
- Vorbeugung 22 412
- Vortäuschung regelkonformen Verhaltens 22 401
- zulässige Marktpraxis 22 512

Börsenprospekt, vorsätzliche Verwendung unrichtiger Bilanz 25 68
Börsenschlusskurs, Marktmanipulation 22 360
Börsenspekulation, Verleitung zur 22 650 ff.
Börsenspekulationsgeschäft
- Überwachung Verleitungsverbot 22 679
- Verdachtsanzeige 22 672

Börsenstrafrecht, Schutzbereich 14 37
Börsentermingeschäft
- cold calling 22 675
- Überwachung Verleitungsverbot 22 679
- Verleitung Unerfahrener zu 22 650 f.

Börsentipps 22 569
Börsenunternehmen
- Quartalsberichtspflicht 22 747
- Zwischenberichtspflicht 22 747

Börsenusancen 22 264
Börsenzwang, Wertpapierhandel 22 154
Boykottaufruf 24 253
Boykottverbot, Verstoß gegen 24 250
Branntweinsteuer
- Verbrauchssteuerhinterziehung 31 99
- Zollstrafrecht 31 6, 7

Bremen, Korruptionsbekämpfung 24 400
Briefgeheimnis 23 128
Bruttoprinzip
- Verfall 1 79
- Vermögensabschöpfung 12 41

Bücher führen, Begriff 25 143
Buchführung
- Begriff 25 145
- doppelte 25 148
- fehlende/verspätete/unübersichtliche 18 177
- ordnungsgemäße 25 149
- Unmöglichkeit 18 184
- unordentliche 17 118
- unterlassene 25 153

Buchführungspflicht
- Art 18 170
- Aufbewahrung 18 170
- Bankrottstrafrecht 25 153
- Beginn 18 168
- Buchführungsverstoß 18 167
- Geschäftsführer 18 173
- Umfang 18 170
- Verantwortlichkeit 18 173
- Verletzung 18 188
- Verstoß gegen 25 93, 134

Sachverzeichnis

fett gedruckte Zahlen = Paragrafen

Buchführungspflichtverletzung
- Bankrotthandlung 18 188
- Sanktionen 18 376
- Steuergefährdung/-verkürzung 25 159

Buchführungsverstoß
- Bankrotthandlung 18 161 f.
- Beweiserschwerungsdelikt 18 165
- Bilanzerstellungspflicht 18 167, 171
- Buchführungspflicht 18 167
- Tathandlungen 18 163
- Unmöglichkeit der Buchführung/Bilanzierung 18 184
- Verantwortlichkeit 18 173

Buchführungsverstoß, unübersichtliche Bilanz/Buchführung 18 177

Buchgeld, Behandlung/Vorgaben GwG 20 199

Buchprüfer, vereidigter
- Identifizierungspflicht GwG 20 124
- Meldepflicht Geldwäscheverdacht 20 142

Buchung, falsche 29 853

Buchungsjournal 25 35

Buchungspflicht, Steuergefährdung bei 29 853

Bundesamt für Ernährung und Forstwirtschaft (BEF) 33 43

Bundesamt für Wirtschaft und Ausfuhrkontrolle (BAFA)
- Veröffentlichungen 26 222
- Zuständigkeit Genehmigungsverfahren 26 61

Bundesanstalt für Finanzdienstleistungsaufsicht (BAFin) 21 3
- Anerkennung zulässiger Marktpraxis 22 513
- Aufbewahrung Verbindungsdaten 22 173
- Aufgaben 22 162, 163, 165
- Aufsicht Wertpapierhandel 22 157
- Auskunftsersuchen Insiderhandelsverdacht 22 73
- Bankenaufsicht 22 104
- Befugnisse nach § 4 WpHG 22 355
- Datenmaterial 22 251
- Emittentenleitfaden 22 49
- Erlaubnis zur Erbringung von Finanzdienstleistungen 22 687
- Finanzmarktaufsicht 22 45
- Interessen bei Bilanzdelikten 25 56
- Kapitalmarktstrafrecht 22 49
- Kompetenzen Insiderhandel 22 175
- Kontostammdatenabruf 30 310
- Marktmanipulationsbekämpfung 22 94
- Mitteilungen/Auskünfte 21 291
- Rechts-/Fachaufsicht über 22 166
- Rechtsgrundlagen 22 164
- Rechtshilfe 22 168
- Spezialkompetenz 11 4
- Überwachung Wertpapierdienstleistungsunternehmen 22 717
- Verdachtsanzeige § 10 WpHG 22 203
- Vorgaben GwG 20 162
- Wertpapieraufsicht 22 103

Bundesanstalt für landwirtschaftliche Marktordnung (BALM) 33 43

Bundesimmissionsschutzgesetz, Umweltstraftat 28 228

Bundeskartellamt (BKartA) 24 34
- Kronzeugen-/Bonusregelung 24 390
- Vollstreckungsbehörde 24 396

Bundessortenamt 23 252

Bundeszentralregister, Insolvenzdelikt 18 378

Bundeszentralregister (BRZ), Steuerstrafverfahren 30 491

Bürgermeister, Vermögensbetreuungspflicht 17 15

Bürgschaft, Subvention 32 44

Büroorganisation, Kanzlei 7 311

Bußgeldbemessung
- europäisches Kartellverfahren 24 159
- Kartellordnungswidrigkeit 24 384, 435

Bußgeldbescheid
- Kartellordnungswidrigkeit 24 361
- Steuerordnungswidrigkeit 29 771

Bußgelderlass, europäisches Kartellverfahren 24 164

Bußgeldrahmen
- Kartellordnungswidrigkeit 24 382, 435
- Verbandsgeldbuße 5 22

Bußgeldverfahren
- Belehrungspflicht infolge Außenprüfung 30 514, 521
- kartellrechtliches 24 315
- Rechtsanwaltsgebühren 7 104
- Selbstanzeige nach Einleitung/Bekanntgabe 29 444 f.
- Übergang zu Steuerstrafverfahren 29 839

Bußgeldverfahrenseinleitung, strafbefreiende Selbstanzeige 31 97

Cash-Management, Vermögenszuordnung im Konzern 25 101

cash-pooling 18 314
- Bankrotthandlung 18 320
- Grenzen 18 316
- Sicherheiten 18 315

Chancenbeurteilung, Kreditvergabe 21 213

Chart 22 234

Charta für eine langfristig tragfähige Entwicklung 8 61

Checkliste, Wirtschafts-/Steuerstrafrecht, internationales 14 105

Chemiegesetz, Umweltstraftat 28 227

Chemiewaffenübereinkommen (CWÜ) 26 212
- Ermittlungsbehörden 26 220
- Straftaten 26 216
- Verbote nach CWÜ 26 214
- Verstoß gegen 26 212

Chemische Industrie, Produkthaftung 4 259

Chemische Waffen 26 171
- Verbot 26 180

Chiffre-Anzeigenauswertung 30 273

Clearstream Banking 22 227

Coachen 7 277

cold calling 22 675

Sachverzeichnis

compliance officer 22 188
Compliance-Abteilung, unternehmensinterne Aufklärung 10 76
Complianceorganisationen 22 188
Computerbetrug 16 2
- Schutzbereich 14 31
- Vorbereitungshandlungen 1 73
Computerbörse 22 141
Computerdelikte 1 26
Computerhandel 22 138 f.
Computerkriminalität 1 51
- unionsrechtliche Vorgaben 14 84
Computerprogramm, Schutz fälschungsgeeignetes 1 72
Contergan, Produkthaftung 4 5
cornering
- MaKonV 22 403
- Marktmanipulation 22 359
Corporate Compliance Committee 8 74
corporate crime 1 9
Corporate Policy, Präventivberatung 8 53
cross bargaining 9 58
Cross Geschäft 22 318
Cross-Geschäft
- Eigenhandel 22 449
- erlaubtes 22 399
- illegales 22 418
- Täuschung über 22 388, 397
Crossing-Regel, Verletzung 22 319
Cyberkriminalität, Deliktkatalog Europäischer Haftbefehl 15 167

Dänemark
- Beschuldigtenrechte im Ermittlungsverfahren 15 63
- Ermittlungsverfahren 15 48
- Strafverteidiger 15 37
- Unternehmensstrafbarkeit 15 216
Darlehen, eigenkapitalersetzendes, Unternehmenskrise 18 322
Darlehengewährung, Subvention 32 44
Darlehensvereinbarung, Übernahme Verteidigerkosten 10 145
Darlehensvertrag, Vermögensbetreuungspflicht 17 29
Darstellung
- Erheblichkeit der Angaben 25 203
- Kundgabe/Weitergabe 25 189
- unrichtige Information über Unternehmensverhältnisse 25 180
- Vermögensgegenstand 22 789
Darstellung, unrichtige
- Unternehmensverhältnisse 25 64, 95
- Verhältnisse der Gesellschaft 22 760, 771, 784
- Vorsatz 22 790
Darstellung, verschleiernde, Unternehmensverhältnisse 25 64, 96
Datenabgleich, Ermittlungsverfahren Außenwirtschaftsrecht 26 23
Datenausspähen 23 129

Datenausspähung 19 324
- Kontendaten 21 108
Datenauswertung, Handelsüberwachungsstelle (HÜSt) 22 226
Datenbank, Urheberschutz 23 155
Datenbank-Richtlinie 23 14
Datenbeschlagnahme, beim Berufsgeheimnisträger 30 394
Datenfernleitung, Durchsuchung 11 120
Datenmaterial
- BAFin 22 251
- Börsenhandel 22 222
- Checkliste 22 249
- Checkliste BAFin 22 253
- Einzelaktionen 22 240
- handelbare Produkte 22 248
- Skontroführer 22 239
- WM Datenservice 22 243
- zugelassene Handelsteilnehmer 22 237
- Zulassungsverfahren handelbarer Produkte 22 241
Datenrasterfahndung, Geldwäsche 20 171
Datenschutz, Verletzung Betriebs-/Geschäftsgeheimnis 23 135
Datenschutzbeauftragter 8 82
Datenschutz-Richtlinie 23 13
Datenweitergabe, Steuerstrafverfahren 30 101
Datenzugriff
- Außenprüfung 30 525
- Außenwirtschaftsrecht 26 19
Dauerakte 7 326
Dauerstraftat, Beendigung 11 212
daytrading 22 555
de minimis- Bekanntmachung 24 96
deal, Beweisantragsrecht 13 39
Deal
- Mandantenberatung 7 196
- Produkthaftung 4 239
Depotanzeige, falsche 21 304
Depotbank, Insolvenz 21 312
Depotgesetz, Straftatbestände 21 300
Depotunterschlagung 21 301
Derivat, Finanzinstrument 22 697
Derivatenkurs, Manipulation 22 461
Detektei, Informationsbeschaffung 7 252
Deutsche Prüfstelle für Rechnungslegung e.V. 22 186
Deutsche Terminbörse (DTB) 22 137
Devisen, Finanzinstrument 22 694
Devisengeschäfte 21 92
Devisentermingeschäft, Bankrotthandlung 18 150, 152
Diebstahl 11 33
- Geldautomatenkarte 21 97
- Geldkarte 21 97
- Sparbuch 21 96
Dienstaufsichtsbeschwerde 7 302
- Vermögenssicherstellung 12 362
Dienstausübung, Korruptionsdelikt 19 156
Dienstgeheimnis
- Verletzung 19 324; 23 132

Sachverzeichnis

fett gedruckte Zahlen = Paragrafen

Diensthandlung, Korruptionsdelikt **19** 150
Dienstleistungsrichtlinie **15** 23, 32
Dienstleistungsverkehr, grenzüberschreitender **26** 1
Dienstpflichtverletzung **19** 174
Dienstrecht, öffentliches
– gesetzliche Grundlagen **19** 61
– Haftung des Verteidigers **19** 72
– Korruption **19** 60
– Richtlinien **19** 68
Dienststellen, Zusammenarbeit mit D. bei Korruptionsermittlungen **19** 406
Dienstvergehen **19** 61
– Begriff **19** 66
Dienstverhältnis
– Geheimnisverrat **23** 87
– Nutzungsrecht **23** 163
Dienstverschaffungsvertrag, Arbeitnehmerüberlassung **27** 78
Dienstvertrag, Arbeitnehmerüberlassung **27** 76
Differenzgeschäft, Bankrotthandlung **18** 150
DIN-Normung **4** 125
Direct Brokerage **22** 667
Directors & Officers-Versicherung (D&O) **10** 128
directors dealings, BAFin **22** 165, 167
Diskriminierung
– Marktbeherrschung **24** 116
– Wettbewerbsbeschränkung **24** 106
Diskriminierungsverbot, Kartellordnungswidrigkeit **24** 241, 245
Disziplinarrecht **19** 62
Disziplinarverfahren, Rechtsanwaltsgebühren **7** 105
Dividende, Täuschung über bewertungserhebliche Umstände **22** 385
Dokumentation
– Betriebsabläufe **8** 100
– Telefongespräche Wertpapierhandel **22** 257
Dokumentationspflicht
– MaKonV **22** 501
– Unternehmen **7** 210
Dokumentationspflichtverletzung, Arbeitnehmerüberlassung **27** 114
Dolmetscher
– ausländisches Ermittlungsverfahren **15** 75
– Beiziehung bei Auslandsbezug **15** 75
– Kosten **15** 76
– zur Gesprächsüberwachung **15** 81
dolus eventualis **2** 45
– Abgrenzung zu bewusster Fahrlässigkeit **4** 89
– Produkthaftung **4** 85
Domain, Markenschutz **23** 182, 199
Domizilgesellschaft, Insolvenzantragspflicht **18** 219
Doppelahndung, nationales/europäisches Kartellrecht **24** 168
Doppelbesteuerung, internationales Steuerrecht **14** 18

Doppelbesteuerungsabkommen
– Luxemburg **30** 588
– Schweiz **30** 573
Doppelbestrafung, ausländische Verurteilung **15** 189
Doppelverfahren, Zuständigkeit Kartellbehörde **24** 322
Doppelverfolgung, Arbeitsstrafrecht **27** 212
Doppelvertretung **7** 52
Downloads, kommerzielle Marken-/Produktpiraterie **23** 139
downloads, Urheberschutz **23** 156
Dreiecksbetrug, Vermögensverfügung **16** 59
Drittanzeige, Selbstanzeige **29** 505
Britteigentümer, Verfahrensbeteiligung **12** 369
Britteigentümerverfall **12** 107, 132
– erweiterter **12** 152
– Wertersatzeinziehung **12** 136
– Zinsvorteil **12** 138
Dritteinziehung, strafähnliche **29** 654
Drittempfänger, Verfahrensbeteiligung **12** 368
Drittempfängerverfall **5** 46, 107, 108 f.
– Erfüllungsfälle **12** 129
– erweiterter **12** 155
– Geheißerwerb **12** 117
– Handeln für anderen **12** 108
– mit Durchgangserwerb **12** 123
– ohne Durchgangserwerb **12** 113
– Umfang **12** 130
– Verschiebungsfälle **12** 124
– Vertretungsfälle **12** 114, 119
– Zurückgewinnungshilfe **12** 116
Dritter
– Akteneinsicht **10** 99
– Durchsuchung beim **10** 27
Drittmitteilung **30** 296
Drittmittel, Vermögensbetreuungspflicht **17** 19
Drittmitteleinwerbung **19** 164
Drittstaatenabgaben, Steuergefährdung **31** 128
Drittstaateneinlagenvermittlung, Begriff **22** 708
Drittverfall
– Geldwäsche **20** 112; **20** 168
Drittwiderspruchsklage **12** 347
Drittzuwendung, Korruptionsdelikt **19** 139
Drittzuwendung Bestechung/-lichkeit im geschäftlichen Verkehr **19** 223
Drogendelikt, gemeinschaftsrechtliche Vorgaben **14** 82
dual-use-Güter
– Exportkontrolle **26** 38, 43
– ungenehmigte Ausfuhr/Verbringung **26** 90
Duldung, Umweltstraftat **28** 32
Durchfuhr
– Begriff **29** 539
– Kriegswaffen **26** 189
Durchführungsverordnung, Kartellverfahrensrecht **24** 19
Durchfuhrverbot, Bannbruch **29** 529, 541

Sachverzeichnis

magere Zahlen = Randnummern

Durchgriffshaftung **18** 380
- AEntG **27** 145
- Insolvenzantragspflicht **18** 380
- Insolvenzverschleppung **18** 380

Durchschmuggel **31** 74

Durchsuchung
- Ablauf **10** 31
- Abschlussmaßnahmen **11** 130
- Abwendung **7** 156
- Anordnung **30** 348
- anwaltliche Begleitung der **11** 106, 112
- Atmosphäre **8** 113
- Beendigung **30** 360
- beim Beschuldigten **10** 25
- beim Dritten **10** 27
- beim Nichtverdächtigen **30** 346
- beim Verdächtigen **30** 340
- Beruhigung der Situation **11** 114
- Beschlagnahme bei **10** 43
- Besetzung strategischer Positionen **11** 113
- Beweismittelsicherung **11** 104
- Checkliste **8** 119
- Datenfernleitung **11** 120
- Einsetzung Koordinator **8** 106
- Ergreifung des Verdächtigen **30** 345
- Ermittlungsdurchsuchung **30** 345
- Ermittlungsperson **10** 38
- Ermittlungsverfahren Außenwirtschaftsrecht **26** 21
- Ermittlungsverfahren Steuerstrafsache **30** 337, 339 f.
- Ermittlungsverfahren Zollstrafsache **31** 172
- EU-Kontrolleure/OLAF **33** 167
- Gefahr im Verzug **11** 116
- Handlungsanweisung **8** 108
- informatorisches Gespräch mit Durchsuchungsführer **11** 109
- Instruktion leitender Mitarbeiter auf **8** 115
- Instruktion Mitarbeiter auf **8** 111
- Kartellverfahren **24** 329 f.
- Kontrolle der Maßnahmen **11** 116
- Korruptionsdelikt **19** 417
- Mandantenberatung **7** 156
- Maßnahmen nach **8** 116
- Maßnahmen während **8** 114
- Präventivberatung für Ernstfall **8** 105
- Rechtsschutz gegen D. für ausländisches Strafverfahren **15** 119
- Sofortmaßnahmen **11** 106
- Telefonsperre bei **30** 356
- Unternehmensanwalt **10** 18
- Unterrichtung des Mandanten **11** 123
- Verdachtsdurchsuchung **10** 26
- Verhältnismäßigkeit **11** 119
- Verhinderung Haftsituation **11** 128
- Verhinderung von Vernehmungen **11** 124
- Verstöße **11** 122
- Verteidigungsstrategien **30** 401
- Vorbereitung **11** 95
- Zeugnispflicht **11** 101
- Zufallsfunde **10** 42; **11** 121; **30** 358

Durchsuchungsanordnung **30** 348
- Form **30** 350
- Gefahr in Verzug **30** 354
- Inhalt **30** 350
- Kartellverfahren **24** 334
- Mitteilung der **30** 355
- namentlich nicht genannte Verantwortliche **30** 526 f.
- Prüfung der **11** 107, 111
- Rechtsmittel **24** 338

Durchsuchungsanordnung, richterliche
- Verjährungsunterbrechung **6** 72; **29** 714

Durchsuchungsanweisung **11** 99

Durchsuchungsbefugnis, Staatsanwaltschaft **1** 92

Durchsuchungsbegleitung **11** 106, 111

Durchsuchungsmappe, Anlegung einer **11** 105

Durchsuchungsrecht, EU-Kontrolleure/OLAF **33** 164

Durchsuchungsvorbereitung **11** 95
- Beweismittelsicherung **11** 104

Durchsuchungszweck
- Beschlagnahme **10** 46
- Durchsuchung **10** 28

DV-Verfahren KOBRA **26** 19

Eau de Toilette, Freimenge **31** 71

E-Commerce-Richtlinie **23** 13

Edelmetall, Identifizierungspflicht GwG **20** 128

Edelmetallgeschäfte **21** 92

EDV-Anlage, Durchsuchung **30** 343

EDV-Monitoring, Geldwäsche **20** 156

EFTA-Einfuhr-/Ausfuhrabgabenhinterziehung, Vortat Steuerhehlerei **29** 604

EG-Antiterrorismusverordnung **26** 134

EG-Einfuhr-/Ausfuhrabgabenhinterziehung, Vortat Steuerhehlerei **29** 604

EG-Finanzschutzgesetz **1** 67; **14** 41

EG-Transparenz-Richtlinie **22** 37

Ehegatten
- Angabenmachen **29** 114
- Unterlassen gebotener Berichtigung **29** 146

Eheleute, beschuldigte, Verteidigungsstrategien **30** 538

Ehre, persönliche, Verteidigungsstrategien **25** 4

Ehrengerichtliches Verfahren, Rechtsanwaltsgebühren **7** 105

Eidesstattliche Versicherung
- Anfangsverdacht Insolvenzdelikt **18** 32
- falsche **18** 355
- Mitteilung in Zivilsachen (MiZi) **18** 28

Eier, VO gemeinsame Marktorganisation **33** 20

Eigenermittlungen, im Ermittlungsverfahren

Eigenerwerb, Aktienrückkaufprogramm **22** 511

Eigengeschäft
- Börsenpreismanipulation **22** 447
- Kreditinstitut **21** 209

Hagen

Sachverzeichnis

fett gedruckte Zahlen = Paragrafen

Eigenhandel
- Begriff **22** 704
- Cross-Geschäft im **22** 449
- Finanzanalyse **22** 469
- Insiderinformationen **22** 522

Eigenkapitalausstattung, Kreditinstitut **21** 274

Eigenkapitalausweis, unrichtige Angaben **25** 139

Eigenmittel, Begriff **21** 3

Eigennutz, zum Nachteil Gesellschaftsvermögen **18** 240

Eigennutz, grober, Steuerhinterziehung **29** 201

Eigensanierung 18 345

Eigentum
- Schutzbereich **14** 31
- Vermögensabschöpfung **12** 25

Eigentum, geistiges
- EG-Richtlinie **23** 13
- Produktpirateriegesetz (PrPG) **23** 140

Eigentumsdelikt, Inlandstat **14** 57

Eigentumssanktion, Verfall **29** 664

Eigenverwaltung, Insolvenz **18** 331, 349

Einfuhr
- Begriff **29** 536
- Genehmigungspflichten **26** 77
- Kriegswaffen **26** 189

Einfuhrabgaben
- Gefährdung **31** 132
- Hinterziehung **29** 566, 572
- leichtfertiges/vorsätzliches Ausstellen unrichtiger Belege **29** 864
- Schutzbereich **14** 34
- Zollwert **31** 79

Einfuhrabgabengefährdung **29** 923 f.
- Geldbuße **29** 939
- Konkurrenzen **29** 942
- Opportunitätsprinzip **29** 941
- Selbstanzeige **29** 940
- Tatbestand, objektiver **29** 929
- Tatbestand, subjektiver **29** 938
- Täter **29** 926
- Verjährung **29** 943

Einfuhrabgabenhinterziehung, Vortat Steuerhehlerei **29** 603, 604

Einfuhrangaben, unrichtige 26 140

Einfuhrschmuggel 31 43

Einfuhrumsatzsteuer
- Steuergefährdung **29** 936
- zollamtliche Überwachung **31** 25

Einfuhrverbot
- Bannbruch **29** 529, 541
- Markenschutz **26** 160
- spezialgesetzliche Normen **26** 153

Einfuhrzollschuld 31 41

Eingehungsbetrug 16 92; **18** 245 f.
- Submissionsbetrug **24** 282
- Täuschung **18** 249
- Verantwortlichkeit im Unternehmen **18** 255
- Verjährung **6** 29
- Vermögensschaden **16** 70; **18** 251
- Zahlungsunfähigkeit **18** 71

- Zurechnung **18** 255

Eingriffsbefugnisse, Europäische Kommission **24** 156

Einkäufer, Täter als **11** 54

Einkaufskosten, Zollwert **31** 78

Einkaufsprovision, Zollwert **31** 79

Einkommensbeihilfe, Gemeinsamer Markt **33** 22

Einkommensteuer
- Verjährungsbeginn Steuerhinterziehung **29** 684, 691
- Zahlung aufgrund StraBEG **30** 668

Einkommensverhältnisse, Mandantenberatung **7** 156

Einladung, zu aufwendiger Firmenveranstaltung **19** 161, 221

Einlagegeschäft 22 711

Einlagen, Begriff **22** 711

Einlagenkreditinstitut, Begriff **21** 3

Einlagenleistung, unrichtige Gründungsangaben **25** 275

Einlagenübernahme, unrichtige Angaben über **25** 281

Einleitung
- Bußgeld-/Strafverfahren **29** 446
- Ermittlungsverfahren Steuerstrafsache **30** 314

Einnahmen-/Überschussrechnung 25 34

Einrede, Unterlassung der Geltendmachung **18** 159

Einreihungsgutachten, ZPLA **33** 43

Einreise, unerlaubte 27 32

Einrichtung, börsenähnliche, Handelssysteme **22** 146

Einsatz, Chemiewaffen **26** 212

Einschätzungen, unrichtige Information über Unternehmensverhältnisse **25** 192

Einschleusung, Ausländer **27** 39, 47

Einschreiten, unterlassenes, Umweltbeeinträchtigung **28** 64

Einspruchsverfahren
- Bußgeldbescheid Kartellordnungswidrigkeit **24** 363, 430
- Zollstrafverfahren **31** 188

Einvernehmensanwalt 15 24

Einwendung, Vollstreckungsmaßnahme **12** 350

Einwilligung
- Vermögensschädigung **18** 241
- Verwertung **23** 162

Einwirkung, Marktmanipulation **22** 364

Einzahlung auf Aktien, unrichtige Registerangaben **25** 261

Einzelangaben, unrichtige Information über Unternehmensverhältnisse **25** 191

Einzelausfuhrgenehmigung 26 50

Einzelbewertung, Verstoß gegen **25** 93, 103

Einzelgenehmigung, Ausfuhr **26** 52

Einzelhändler, Geldwäscherisiko **20** 235

Einzelinformationen, Akteneinsicht **7** 237

2104 *Hagen*

magere Zahlen = Randnummern **Sachverzeichnis**

Einzelkaufmann
– Nichtbilanzierung Privatvermögen 18 214
– Pflichtabschlüsse 25 73
Einzelstimme
– Gremienentscheidung 3 30
– Kausalität Mittäterschaft 3 37
Einzelverteidigung, Wahlverteidigung 7 74
Einzelwertberichtigung, Kredit 21 242
Einziehung 1 82
– Absehen 12 364
– Beförderungsmittel 29 646
– Eigentum des Einziehungsbetroffenen 29 649
– Embargoverstoß 26 129
– Ermittlungsverfahren Außenwirtschaftsrecht 26 21
– Geldwäsche 20 111, 168
– Gesamthandeigentum 29 650
– Grenzbeschlagnahme 23 280
– Kriegswaffen 26 208
– nachträgliche 12 445
– Nebenstrafe 29 638
– § 375 Abs. 2 AO 29 638
– Produkthaftung 4 219
– Rechtsfolgen 29 662
– selbständige 29 643, 661
– selbständige Anordnung gem. §§ 76 a StGB, 440 ff. StPO 12 423
– Sicherungseigentum 29 651
– Steuerordnungswidrigkeit 29 781
– strafähnliche Dritteinziehung 29 654
– Subventionsbetrug 32 113
– Tatprodukte/-werkzeuge 29 648
– Unerheblichkeit des Eigentums 29 653
– Unternehmensberatung 11 204
– unterworfene Gegenstände 29 644
– Urheber-/Schutzrechtsverletzung 23 276
– Verbandseigentum 29 652
– Verhältnis zu Verjährung 6 108
– Verhältnismäßigkeit 29 657
– Vorbehaltseigentum 29 651
– Waren/Erzeugnisse 29 644
– Wertersatz 29 660
– Zahlungsmittelfälschung 21 53
– Zweck 29 641
Einziehung, außergerichtliche 12 428
Einziehungsanordnung 5 50
Einziehungsbeteiligter
– Hauptverhandlung 11 249
– Unternehmensvertreter 11 153
Einziehungsverfahren 29 640
electronic eye 22 458, 478
Elektrische Wellen, Schutz vor 28 174
e-mail
– Kontrolle 11 74
– phishing 21 108
Embargo
– Embargoverstöße 26 115
– Merkblätter 26 222
– ungenehmigte technische Unterstützung bei 25 103

Embargomaßnahmen, Umsetzung 26 80
Embargoverstoß 26 115
– Einziehung 26 129
– Fahrlässigkeit 26 124
– Konkurrenzen 26 127
– Qualifikation 26 125
– Strafrahmen 26 125
– Tathandlung 26 117
– Totalembargo 26 119
– Verfall 26 128
– Versuch 26 124
– Vorsatz 26 124
– Waffenembargo 26 122
Emissionskurs
– Börsenpreismanipulation 22 505
– Kurspflege 22 505
Emittent, Insiderverzeichnis 22 195
Emittentenauskunft, Insiderhandelsverdacht 22 73
Emittentenleitfaden 22 49
Empfängerbenennung, Verletzung Offenlegungspflicht 29 281
Empfängerbenennung, fehlende 30 442
Empfehlung
– Anzeichen Täuschungshandlung 22 409
– EG 23 10
– wettbewerbswidrige Verhaltensform 24 89
Empfehlungsverbot, Insidergeschäft 1 76
Endverbleibsdokument (EVE), Ausfuhrgenehmigung 26 67
Endverbleibserklärung (IC) 26 67
Endverbraucher, Kausalität 4 80
Energiebörse 22 137
England
– Beschuldigtenrechte im Ermittlungsverfahren 15 64
– Ermittlungsverfahren 15 49
– Strafverteidiger 15 37
Entdeckung der Tat 29 466
Entdeckungsgefahr, Selbstanzeige 29 389
Entdeckungsrisiko, Steuerstraftat 29 368
Enthaltung, Abstimmung Kollegialentscheidung 4 115
Entladungsbescheinigung 33 115
Entleiherkontrollmeldung, Verstoß gegen 27 120
Entpflichtung, Pflichtverteidigung 7 92
Entschädigung, öffentlich-rechtliche 32 43
Entscheidung, richterliche, Arrest-/Beschlagnahmeanordnung 12 344
Entsorgungsentgelt, Unternehmensbestattung 18 308
Enttarnungsrisiko, Kontrollmitteilungen 30 305
Entwicklung, Chemiewaffen 26 212
Entwicklungseinschränkung 24 116
Entziehung, aus zollamtlicher Überwachung 31 47
Erbe, Insolvenzantragspflicht 18 24
Erbietung zum Verrat 23 115

Hagen 2105

Sachverzeichnis

fett gedruckte Zahlen = Paragrafen

Erbschaftsteuer
- Steuerhinterziehung **29** 276
- Verjährungsbeginn Steuerhinterziehung **29** 684

Erfahrenheit, Begriff **22** 660, 669

Erfindung, Täuschung über bewertungserhebliche Umstände **22** 385

Erfindung, technische
- Gebrauchsmusterschutz **23** 225
- Patentschutz **23** 215

Erfolgsaussichten, Mandantenberatung **7** 171

Erfolgskrise, Unternehmenskrise **18** 102

Erfolgsort, Inlandstat **14** 55

Erforschungsauftrag, Reichweite **30** 226

Erfüllungsbetrug
- Submissionsbetrug **24** 287
- Vermögensschaden **16** 72

Erfüllungsfälle, Drittempfängerverfall **12** 129

Erhaltungshilfen **32** 11

Erhebungen, eigene
- Ermittlungsverfahren Zollstrafsache **31** 176
- Informationsbeschaffung **7** 251

Erklärung, strafbefreiende
- Abgeltungswirkung **30** 662
- Adressat **30** 628
- Bedeutung in anderen Verfahren **30** 679
- Bekanntgabe Einleitung Ermittlungsverfahren **30** 646
- berechtigter Personenkreis **30** 623
- Berichtigungserklärung **30** 649
- Checkliste **30** 617
- Erscheinen des Amtsträgers zur steuerlichen Prüfung/zu steuerstrafrechtlichen Ermittlungen **30** 634
- Form **30** 628
- Inhalt **30** 628
- nach StraBEG **30** 612, 617
- persönliche Reichweite der Strafbefreiung **30** 659
- Sperrgründe **30** 633
- Steuerfestsetzung ohne Vorbehalt **30** 669
- steuerliche Folgen **30** 662
- Tatentdeckung **30** 641
- Umfang der Strafbefreiung **30** 653
- unvollständige **30** 661
- Verbandsgeldbuße gegen juristische Person nach § 30 OWiG **30** 694
- Verhältnis zu Selbstanzeige **30** 650, 686
- Zahlung, nicht fristgerechte **30** 670
- Zahlung/-sfrist **30** 620
- zeitliche Komponente **30** 652

Erklärung, strafbefreiende persönliche Reichweite der Abgeltungswirkung **30** 667

Erklärungsrecht, Beschränkung **7** 336

Erlass, Zollschuld **31** 56

Erlösdarstellung, unrichtige Angaben **25** 139

Ermessensprüfung **7** 206

Ermittler, verdeckter, Ermittlungsverfahren Außenwirtschaftsrecht **26** 27

Ermittlung, steuerliche **30** 298

Ermittlungen, in verfolgungsverjährten Zeiträumen **30** 241

Ermittlungen, eigene, Verteidigungsmittel **11** 74

Ermittlungen ins Blaue **30** 272
- bei Kreditinstitut **30** 569

Ermittlungen, kartellrechtliche
- Akteneinsicht **24** 154
- Anhörungsverfahren **24** 150
- Auskunftsanspruch **24** 135
- Auskunftsverweigerungsrecht **24** 138
- Ausschuss für Kartell- und Monopolfragen **24** 153
- Befragungen **24** 139
- Betreten von Räumlichkeiten **24** 144, 148
- Nachprüfungen **24** 142
- Verwertung **24** 149
- Zwangsmaßnahmen **24** 147

Ermittlungen, steuerliche, bei Kreditinstitut **30** 567

Ermittlungen, steuerstrafrechtliche, strafbefreiende Erklärung **30** 634

Ermittlungen, strafrechtliche, Existenzgefährdung **11** 48

Ermittlungen, unternehmensinterne, Präventivberatung **8** 49

Ermittlungsakten, schadensersatzrechtlicher Zugriff **22** 17

Ermittlungsanlass, Checkliste **30** 273

Ermittlungsantrag, Mandantenberatung **7** 174

Ermittlungsbefugnisse
- Eurojust **15** 98 f., 104
- Europäisches Amt zur Betrugsbekämpfung (OLAF) **15** 84
- Europol **15** 94
- Kartellbehörde **24** 327

Ermittlungsbehörden
- Auftreten gegenüber **11** 233
- Außenwirtschaftsrecht **26** 11
- Befugnisse europäische **15** 83
- Finanztransaktion unter Aufsicht der **20** 213
- Informationsgewinnung **30** 295
- Informationsweitergabe an Berufskammer **30** 470
- Informationsweitergabe an öffentliche Behörde **30** 470
- Kompetenzen Ermittlungsverfahren Steuerstrafsache **20** 281
- Steuerstrafverfahren **30** 156 f.

Ermittlungsdurchsuchung **30** 345

Ermittlungshandlung, Störung **7** 156

Ermittlungsorgane, Steuerstrafverfahren **30** 196 f.

Ermittlungsperson, Durchsuchung **10** 38

Ermittlungsperson Staatsanwaltschaft, Rechtsbehelf gegen **12** 350

Ermittlungstaktik, Mandantenberatung **7** 152

Ermittlungsverfahren
- Akteneinsicht/Beweisantragsrecht **13** 13
- Anhaltspunkte für Auslandsbezug **15** 43
- Anwesenheitsrecht Verteidiger **31** 171

magere Zahlen = Randnummern

Sachverzeichnis

– Außenwirtschaftsrecht 26 18
– Bedeutung für Hauptverhandlung 13 15
– Belehrungspflicht Beweisantragsrecht 13 8
– Beweisantrag 13 3
– Beweisantrag, unerledigter 13 19
– Beweiserhebung gem. § 163 a Abs. 2 StPO 13 10
– Beweiserhebung gem. § 166 StPO 13 9
– Eigenermittlungen der Verteidigung 13 12
– Geldwäsche 20 165 f.
– Insolvenzdelikt 18 32
– kartellrechtliches 24 327 f.
– Korruptionsdelikt 19 408 f.
– parallele 15 40, 44
– Parteigutachten 13 17
– Sachverständigengutachten 13 16
– Steuerstrafsache 30 294 ff.
– Unternehmensanwalt 10 4
– Verfahrensleitung im 11 139
– Verhältnis nationales E./Kontrolltätigkeit OLAF 33 62
– Verjährungsunterbrechung 6 62
– Verteidigungsstrategien Verjährung 6 127
– Zollstrafsache 31 146 f.
Ermittlungsverfahren, ausländisches 15 45 f.
– Befugnis-Shopping 15 61
– Beschuldigtenrechte 15 61 f.
– Dolmetscher 15 75
– Struktur 15 47 f.
– Übersetzung Verfahrenserklärungen 15 82
– Verteidigungsrechte 15 61 f.
Ermittlungsverfahren Steuerstrafsache 30 294 ff.
– Rückübertragung Ermittlungszuständigkeit von Staatsanwaltschaft auf Finanzbehörde 30 193
– Akteneinsicht 30 406
– außerstrafrechtliche Konsequenzen 30 489 f.
– Beschlagnahme 30 337, 361 f.
– Beschuldigtenvernehmung 30 328
– Durchsuchung 30 337, 339 f.
– Einleitung 30 314
– Evokation 30 189
– Telefonüberwachung 30 412
– Verfahrensabgabe Finanzbehörde an Staatsanwaltschaft 30 185
– Zeugenvernehmung 30 328
– Zuständigkeit Finanzbehörde 30 159 f.
Ermittlungsverfahrenseinleitung, strafbefreiende Erklärung 30 646
Ernennung, Amtsträger 19 91
Erneuerungsschein, Begriff 21 43
Eröffnung Hauptverfahren, Verjährungsunterbrechung 29 717
Eröffnungsbilanz, unrichtige/verschleiernde Darstellung Unternehmensverhältnisse 25 64
Eröffnungspreis, Börsenpreis 22 383
Erpressung
– bei Korruptionsdelikt 19 334
– bei Mitarbeitergespräch 11 75
– Submissionsabsprache 24 311

Erscheinungsform, Geschmacksmusterschutz 23 233
Erschütterungen, Schutz vor 28 171
Erschwerung, sachwidrige, Strafverfolgung 7 348
Erstattung, Zollschuld 31 56
Erstkredit
– Finanzierungsgeschäft 21 191
– Vermögensnachteil 21 239
Erstzugriff, Anfangsverdacht 12 18
Ersuchen, ausgehendes, internationale Rechtshilfe Vermögensabschöpfung 12 336
Ersuchen, eingehendes, internationale Rechtshilfe Vermögensabschöpfung 12 323
Erwartungswert 22 370
Erwerb
– Geldwäsche 20 85
– Kriegswaffen 26 186
Erwerb, geschäftsmäßiger 29 951
Erwerb, unzulässiger, Steuererstattungs-/Steuervergütungsanspruch 29 944
Erwerbstätigkeit, illegale, Asylbewerber 27 44
Erzeugnisse, Einziehung 29 644
Erzeugungseinschränkung 24 116
Eschede, Produkthaftung 4 21
Essenseinladung 19 163, 221, 290
– sozialübliche 19 290
Estland, Strafverteidiger 15 37
Ethikcode 8 42
Ethik-Hotline 8 80, 84
EU-Bestechungsgesetz 1 63; 14 84; 19 243
EU-Bürger
– Arbeitnehmerfreizügigkeit 27 54
– Arbeitsgenehmigung 27 54
– Freizügigkeitsgesetz/EU 27 51
EU-Finanzschutzgesetz 14 84
EU-Kontrolleure
– Abwehrrechte gegen 33 176
– Befugnisse 33 154 f.
– Bericht 33 171
– Geheimnisschutz 33 179
– Herausgabe personenbezogener Daten 33 182
– Informationsrecht 33 157
– Zugangsrecht 33 157
– Zwangsbefugnisse 33 164
EU-Kontrollmaßnahme
– Befugnisse der Kontrolleure 33 154 f.
– Verweigerung erneuter 33 152
EU-Kontrollmaßnahmen
– Akteneinsicht 33 211
– Ankündigung 33 203
– anwaltliche Vertretung bei 33 149
– rechtliches Gehör 33 211
– Rechtsschutz 33 187
– Rechtsschutz, vorläufiger 33 193
– Schlussbesprechung 33 215
– Übergang Verwaltungs- in Strafverfahren 33 224
– Verteidigungsstrategien 33 205

Hagen

Sachverzeichnis

fett gedruckte Zahlen = Paragrafen

- Vertraulichkeit der Rechtsberatung/Korrespondenz **33** 221
- **EU-Leistung,** Kontrolle der Geschäftsunterlagen **33** 34, 144
- **EUREX 22** 137
- **EU-Richtlinien**
 - Kontrollrechte **33** 31
 - Schadensersatz bei Umsetzung **22** 46
 - Überprüfungsrechte **33** 31
- **EU-Richtliniengesetzgebung,** Kapitalmarktstrafrecht **22** 37, 41
- **Eurojust 15** 8; **15** 98 f.
 - Aufgaben **15** 100
 - Auskunftsanspruch gegenüber **15** 109
 - Clearingstelle für Rechtshilfe **15** 104, 111
 - Datenverarbeitung/-übermittlung **15** 108
 - Ermittlungsbefugnisse **15** 100 f., 104
 - Kontrolle **15** 107
 - Schadensersatzansprüche gegen **15** 110
 - Zuständigkeit **15** 101
- **Europäische Aktiengesellschaft (SE),** unrichtige Registerangaben **25** 249
- **Europäische Beweisanordnung 15** 185
- **Europäische Gemeinschaft**
 - Ausfuhr-/Einfuhrabgabengefährdung **29** 929
 - finanzielle Interessen **33** 1
 - Gestaltungsmissbrauch **33** 70
 - Haushalt **33** 8
 - Kontrollen **33** 49 f., 144 f.
 - Kontrollrechte **33** 6, 13, 144 f.
 - OLAF **33** 14, 63
 - Quasi-Sanktionen **33** 70
 - Rechtsgrundlagen Kontrollrechte **33** 13
 - Sanktion nach AusfuhrerstattungsVO **33** 78
 - Sanktionen **33** 49 f.
 - Sanktionen der **33** 4, 13
 - Sanktions-Verordnung **33** 5
 - SanktionsVO **33** 67
 - Überprüfungsrechte **33** 6, 13, 144 f.
 - Unregelmäßigkeiten **33** 132
 - VO über den Schutz der finanziellen Interessen der EG **32** 23
 - Vorteilsentziehung **33** 65
 - Zinspflicht **33** 65
- **Europäische Kommission**
 - Anhörungsverfahren **24** 150
 - Auskunftsanspruch **24** 135
 - Befragungen **24** 139
 - Eingriffsbefugnisse, kartellrechtliche **24** 156
 - Ermittlungsbefugnisse, kartellrechtliche **24** 134
 - Kontrollbefugnisse bei Unregelmäßigkeiten **33** 137
 - Nachprüfungen **24** 142
 - Nachprüfungsbefugnis **24** 144
 - Unregelmäßigkeiten **33** 132
 - Zusammenarbeit mit E.K. bei Korruptionsermittlungen **19** 402
 - Zuständigkeit **33** 40
- **Europäische Menschenrechtskonvention 15** 12

- **Europäische Union**
 - Agrarmarktordnung **33** 16
 - Beweismitteltransfer **15** 132
 - Fonds **33** 36
 - grenzüberschreitende Sicherstellung **15** 178
 - Haushaltsmittel **33** 36
 - ne bis in idem-Grundsatz **15** 189
 - Prinzip der gegenseitigen Anerkennung gerichtlicher Entscheidungen **15** 132, 195
 - Prüfung der Mittelausgabung **33** 38
 - Strafverteidiger **15** 34
- **Europäische Verbindliche Zolltarifauskunft (EVZTA) 31** 40
- **Europäischer Ausrichtungs- und Garantiefonds für die Landwirtschaft (EAGFL) 33** 26
- **Europäischer Fonds für regionale Entwicklung (EFRE) 33** 36
- **Europäischer Haftbefehl 11** 10, 137 f.
 - Abschaffung beidseitiger Strafbarkeit **15** 167
 - Anfechtbarkeit der Bewilligungsentscheidung **15** 165
 - Auslieferung eigener Staatsangehöriger **15** 146 f.
 - Auslieferungsunterlagen **15** 143
 - Auslieferungsverweigerung **15** 153
 - Begriff **15** 143
 - Bestellung Rechtsbeistand **15** 173
 - Bewilligungshindernis **15** 153
 - Deliktskatalog **15** 167
 - drohende lebenslange Freiheitsstrafe **15** 157
 - europäischer ordre public **15** 170
 - Korruptionsdelikt **19** 420
 - Rahmenbeschluss **15** 137
 - Rücküberstellung **15** 150
 - Vorgeben BVerfG **15** 176
 - Zulässigkeit **15** 150
- **Europäischer Sozialfonds (ESF) 33** 36
- **Europäisches Amt zur Betrugsbekämpfung (OLAF) 15** 10
 - Abschlussbericht **33** 171
 - Abwehrrechte gegen **33** 176
 - Außenwirtschaftsrecht **26** 15
 - Befugnisse **33** 138, 154 f.
 - Bericht **33** 171
 - Beteiligungsrecht **33** 145
 - Durchsetzungsbefugnisse **15** 92
 - EG **33** 63
 - Einleitung strafrechtlicher Ermittlungen **33** 225
 - Ermittlungsbefugnisse **15** 84
 - Geheimnisschutz **33** 179
 - Herausgabe personenbezogener Daten **33** 182
 - Informationsrecht **33** 157
 - Kontrolle bei Unregelmäßigkeiten **33** 53
 - Kontrollen durch **33** 146
 - Kontrollverordnung **15** 87
 - Rechtsmittel gegen Kontrollen **15** 93
 - Rechtsschutz **33** 142, 187
 - rechtsstaatliche Grundsätze **33** 64

Sachverzeichnis

- Tätigkeit bei eingeleitetem nationalem Ermittlungsverfahren 33 62
- Teilnahmerecht bei Untersuchung durch nationale Behörden 33 145
- Überprüfungsermächtigung 33 150
- Verfahrensordnungen der Mitgliedstaaten 33 61
- VO über Untersuchungen 33 57
- Zugangsrecht 33 157
- Zwangsbefugnisse 33 164

Europäisches Amt zur Betrugsbekämpfung (OLAF)-Beteiligungsausschluss 33 147

Europäisches Geldwäscheübereinkommen (EuGeldwäscheÜbk), Vermögensabschöpfung 12 320

Europäisches Patentübereinkommen (EPÜ) 23 23

Europäisches Rechtshilfeübereinkommen (EuRhÜbK), Luxemburg 30 594

Europäisches Übereinkommen über die Rechtshilfe in Strafsachen (EuRhÜbk), Vermögensabschöpfung 12 320

Europäisierung, Wirtschafts-/Steuerstrafrecht 14 77

Europarat, völkerrechtliche Vorgaben 14 71

Europarecht
- gemeinschaftsrechtliche Vorgaben 14 80
- internationales Steuerstrafrecht 14 9, 68 f., 77
- internationales Strafrecht 14 7, 68 f.
- internationales Wirtschaftsstrafrecht 14 9, 68 f., 77
- Schutzbereichserweiterung durch 14 40
- unionsrechtliche Vorgaben 14 83
- Verwaltungssanktionenrecht 14 79

Europarechtsprinzip 14 7

European Competition Network (ECN) 24 129

Europol
- Außenwirtschaftsrecht 26 15
- Ermittlungsbefugnisse 15 94

Evokation, Zuständigkeitsverlagerung 30 189

EWIV
- Insolvenzantragspflicht 18 216
- Insolvenzverschleppung 25 288

Exempel, Sanktionierung unternehmensinterner Aufklärung 10 80

Existenzgefährdung
- pflichtwidrige 17 62
- strafrechtliche Ermittlungen 11 48

Export, fiktiver, Subventionsbetrug 32 60

Exportfinanzierung, Korruption 26 152

Exportkontrolle 26 36; 26 38
- Genehmigungspflichten 26 40

Exportverbot, Genehmigungsvorbehalt 26 82

Exportverbote 26 37

Fabrikationsfehler, Produkthaftung 4 53

Factoring 21 164
- Vermögensbetreuungspflicht 17 29

Fahndungsdienst
- Aufgaben 30 222 f.
- Ermittlungen bei Ersuchen der Finanzämter 30 276
- Ermittlungen der Besteuerungsgrundlagen bei Steuerverfehlungen 30 249
- Ermittlungen in unbekannten Fällen 30 269
- Ermittlungen in verfolgungsverjährten Zeiträumen 30 241
- hinreichender Anlass für Tätigwerden 30 232
- Kompetenzen bei Ermittlungen in Steuerstrafsache 30 285
- Organisation 30 211
- Reichweite Erforschungsauftrag 30 226
- Stellung im Ermittlungsverfahren 30 202, 209
- Trennung Besteuerungs-/Steuerstrafverfahren 30 260
- Zuständigkeitsverteilung Steuer-/Zollfahndung 30 219

Fahndungsinterne Informationssysteme 30 306

Fahrlässigkeit
- Bankrotthandlung 18 206
- Betrug 16 76
- Geldwäsche 20 102
- Produkthaftung 4 36, 92

Fahrlässigkeit, bewusste, Abgrenzung zu dolus eventualis 4 89

Fall, besonders schwerer, Strafzumessung 16 105

Fälligkeitssteuer
- Steuerverkürzung 29 175
- Verjährungsbeginn bei Steuerhinterziehung durch Unterlassen 29 695
- Verjährungsbeginn bei versuchter Steuerhinterziehung 29 698

Fälligkeitssteuern, Verjährungsbeginn 29 687

Falschangaben, Grundkapitalaufbringung AG 22 752

Falschbewertung, bilanzielle 18 182

Falschbuchung 29 853

Falschgeld, Feilhalten/Verschaffen/In-Verkehr-Bringen 21 34

Fälschung, Steuerzeichen 29 80

Fälschungsbekämpfung, unbare Zahlungsmittel 1 73

Fälschungsmittel, Einfuhrverbot 26 157

Fehlallokation, Subventionspolitik 32 13

Fehlbuchung, Steuergefährdung 31 125

Fehlgebrauch, Produkthaftung 4 54

Fehlüberweisung, Täuschung bei 16 38

Fehlvorstellung, Ausnutzen einer 16 46

Feilhalten, Steuerzeichen 29 82

Fernwirkung, Verwertungsverbot 15 203

Festnahme, vorläufige, Ermittlungsverfahren Außenwirtschaftsrecht 26 21

Festsetzungsfrist, Verlängerung bei Steuerhinterziehung 29 318

Festsetzungsverfahren, Rechtsanwaltsgebühren 7 106

Hagen

Sachverzeichnis

fett gedruckte Zahlen = Paragrafen

Festsetzungsverjährung,
  Strafbefreiungserklärungsgesetz **30** 673
Feststellungen, tatrichterliche, Arbeitsstrafrecht
  27 210
Feststellungsbescheid, Steuerverkürzung
  29 172
Fette, VO gemeinsame Marktorganisation
  33 20
Feuerschutzbeauftragter **8** 82
file-sharing, Urheberschutz **23** 156
Filmförderung, Subvention **32** 48
Financial Actio Task Force (FATF) **20** 8, 18
Finanzamt
  – Spezialkompetenz **11** 4
  – Stellung im Ermittlungsverfahren **30** 198, 208
Finanzanalyse
  – Anlageempfehlung **22** 472
  – bei Eigenhandel **22** 469
  – Finanzinstrumente **22** 474
  – Insidertatsache **22** 467
  – Offenlegung Interessenkollision **22** 468
  – Preisbewegung durch **22** 465
  – vergleichende **22** 466
Finanzaufsicht
  – BAFin **21** 3
  – Finanzierungsgeschäft **21** 153
Finanzbehörde
  – Abgabe des Verfahrens an Staatsanwaltschaft **30** 185
  – Anzeigepflicht Geldwäscheverdacht **20** 147
  – Ermittlungsorgan **30** 198
  – federführende Ermittlungsbehörde Steuerstrafsache **30** 157, 160
  – Kompetenzen als Ermittlungsbehörde **30** 282
  – Mitteilung an Berufskammer **30** 481
  – Mitteilung an Staatsanwaltschaft **30** 465
  – Strafbefehlsantrag **30** 155
  – Zuständigkeit Ermittlungsverfahren Steuer-/Zollstraftat **31** 150
  – Zuständigkeit Ermittlungsverfahren Steuerstrafsache **30** 159 f.
Finanzbereich, Täter aus **11** 54
Finanzdienstleistung
  – Abschlussvermittlung **22** 701
  – Anfangsverdacht **22** 692
  – Anlagevermittlung **22** 700
  – Begriff **21** 3
  – Drittstaateneinlagenvermittlung **22** 708
  – Eigenhandel **22** 704
  – Erlaubnis BAFin **22** 687
  – erlaubnispflichtige **22** 689
  – Finanzportfolioverwaltung **22** 702
  – Finanztransfergeschäft **22** 709
  – Sortengeschäft **22** 710
  – unerlaubte **22** 680
  – verbotene Geschäfte **22** 684
  – Verfolgung unerlaubter **22** 720
  – zivilrechtliche Haftung **22** 686

Finanzdienstleistungsunternehmen
  – Begriff **21** 3
  – Identifizierungspflicht GwG **20** 121
  – Insolvenz **21** 310
  – interne Sicherungsmaßnahmen GwG **20** 149, 216
  – Überwachung **22** 682
Finanzdienstleistungsunternehmensleiter/-inhaber, Konsequenzen bei Steuerstrafverfahren **30** 511
Finanzermittlungen
  – verfahrensintegrierte **12** 6
  – verfahrensunabhängige **12** 6
Finanzgerichtliches Verfahren, Zollstrafverfahren **31** 191
Finanzhilfen **32** 5
Finanzholding, Begriff **21** 3
Finanzierungsgeschäft
  – Anzeigepflichtige **22** 206
  – Aufsichtsgremium **21** 230
  – Ausweitung **21** 154
  – Betrieb **21** 163
  – Betrug **21** 176
  – Betrug/Kreditbetrug **21** 155
  – Chancen-/Risikobeurteilung **21** 213
  – Checkliste **21** 165
  – Eigengeschäft **21** 209
  – Erstkredit **21** 191
  – Fahrlässigkeit **21** 173
  – Finanzaufsicht **21** 153
  – Folgekredit **21** 198
  – Gefährdungslage **21** 151
  – gewerbliche **21** 145
  – Informationsbeschaffung **21** 166
  – Informationsgrundlage **21** 210
  – inländisches **21** 150
  – Insiderdelikt **21** 158
  – Kapitalanlagebetrug **21** 158
  – Kreditinstitut **21** 143
  – Kundengeschäft **21** 208
  – Kundentäuschung **21** 145
  – Offizialdelikt **21** 149
  – persönliche Verantwortung **21** 172
  – Pflichten bei Kreditvergabe **21** 190
  – Pflichtwidrigkeit **21** 202 f.
  – Pflichtwidrigkeitszusammenhang Kreditvergabe **21** 258
  – Prüfungsschema **21** 165
  – Restschuldbefreiung **21** 152
  – Sanierung Kreditmanagement **21** 201
  – strafrechtlicher Kreditbegriff **21** 164, 189
  – tätige Reue **21** 175
  – unerlaubtes **21** 285
  – Unternehmensfinanzierung **21** 159
  – Unternehmer **21** 160
  – Untreue durch Kreditvergabe **21** 185
  – Urkunden-/Bilanzdelikte **21** 157
  – Verdachtsanzeige **22** 203
  – Vermögensnachteil Kreditvergabe **21** 236
  – Verteidigungsstrategien **21** 146
  – Vertretbarkeit der Entscheidung **21** 220

magere Zahlen = Randnummern

Sachverzeichnis

– Vorsatz 21 173
– Zuständigkeit Wirtschaftsstrafkammer 21 148
Finanzierungszinsen, Zollwert 31 79
Finanzinstitut, Insolvenz 21 310
Finanzinstrument
– Analyse nach WpHG 22 474
– Begriff 22 521, 694
– EU-Richtlinie 22 37
– Geschäftstätigkeit mit 22 698
– Insiderhandel 22 542
Finanzkommissionsgeschäft 22 699
Finanzmarktaufsicht
– Aufbau 22 107
– BAFin 22 45
Finanzmarktförderungsgesetz 1 70
Finanzmarktförderungsgesetz, erstes 22 42
Finanzmarktförderungsgesetz, viertes 22 173
Finanzmarktförderungsgesetz, zweites 22 43
Finanzportfolioverwaltung, Begriff 22 702
Finanzquellen, Terrorismusbekämpfung 26 134
Finanztransaktion
– Identifizierungspflicht 20 126
– Zuverlässigkeit der Mitarbeiter 20 158
Finanztransfergeschäft, Begriff 22 709
Finanzunternehmen, Begriff 21 3
Finnland
– Beschuldigtenrechte im Ermittlungsverfahren 15 65
– Ermittlungsverfahren 15 50
– Strafverteidiger 15 37
– Unternehmensstrafbarkeit 15 216
Firmenanwalt, verfahrensbegleitende Öffentlichkeitsarbeit
Bilanz-/Publizitätsdelikte 25 8
Firmenbestatter 18 307
Firmenveranstaltung, Einladung zu aufwendiger 19 161, 221
Firmenwert 22 779
Fischereierzeugnisse, VO gemeinsame Marktorganisation 33 20
Flachs, VO gemeinsame Marktorganisation 33 20
Folgekredit, Finanzierungsgeschäft 21 198
Folgen, außerstrafrechtliche, Mandantenberatung 7 197
Folgen, unternehmensexterne, Mandantenberatung 7 197, 204
Folgen, unternehmensinterne, Mandantenberatung 7 197, 199
Fondsbeteiligung, OTC 22 155
Forderung
– Bewertung 21 251
– dinglicher Arrest 12 210
Förderung, ungenehmigte Ausfuhr/Verbringung 26 111
Forderung, fingierte, Begleichung 18 158
Forderungsausweis, unrichtige Angaben 25 139

Forderungsverkauf, Wechsel-/Scheckbetrug 21 124
Forderungsverzicht, Beseitigung Überschuldung 18 67
Formular, Anfangsverdacht
Finanzdienstleistung 22 693
Forschung, wirtschaftskriminologische 1 27
Forschungsmittel, überlegene 13 89
Fortführungsprognose
– Erstellung 18 63
– Liquidität 18 64
– Prognosezeitraum 18 66
– Überschuldung 18 55
Frachtbrief, falscher 29 844
Fragen, Zurückweisung 7 336
Fragerecht, Missbrauch 7 336
Frankreich
– Beschuldigtenrechte im Ermittlungsverfahren 15 66
– Ermittlungsverfahren 15 51
– Strafverteidiger 15 37
– Unternehmensstrafbarkeit 15 216
Freibetragseintragung, Steuervorteil 29 182
Freibeweisverfahren, Verjährung 6 10
Freie Berufe, Steuerhinterziehung 29 330
Freier Verkehr, Zollverfahren 31 30
Freigrenzen, Zollhinterziehung 31 70, 71
Freiheitsberaubung, bei Mitarbeitergespräch 11 75
Freiheitsentziehung, Rechtsanwaltsgebühren 7 105
Freiheitsstrafe
– Produkthaftung 4 188
– Steuerhinterziehung 29 310
Freiheitsstrafe, drohende lebenslange, Auslieferungsverweigerung 15 157
Freiheitsstrafe zur Bewährung, Steuerhinterziehung 29 311
Freilager 31 41
Freimengen, Zollhinterziehung 31 70, 71
Freisetzung, Schadstoffen 28 156
Freistellung
– Kartellordnungswidrigkeit 24 224
– Kartellverbot 24 14
Freiverkehr 22 127
– Pflichten des Antragstellers 22 130
– Präsenzhandel 22 128
– Prospekt 22 133
Freizone 31 41
– Verbrauchsteuergefährdung 29 917
Freizonen, Ausfuhr-/Einfuhrabgabengefährdung 29 934
Freizügigkeitsgesetz/EU 27 51
Fremdantrag, Insolvenzverschleppung 18 229
Fremdrechtsanwendung
– ordre public 14 28
– prozessuale Behandlung 14 103
– Wirtschafts-/Steuerstrafrecht 14 23
Fremdrechtswertung 14 27
Friedensverhandlungen 9 56

Hagen 2111

Sachverzeichnis

fett gedruckte Zahlen = Paragrafen

Frist, Beschränkung Stellungnahmemöglichkeit 7 336
frontrunning 22 597
Führungskräfte
– Begrenzung der Verantwortlichkeit 4 251
– Produkthaftung 4 158
Führungszeugnis, polizeiliches, Steuerstrafverfahren 30 491
Fundsache, Versteigerung 12 294
Fusionskontrolle 24 14; 24 117
Fusionskontrollverordnung (FKVO) 24 117
Fußmattentheorie 29 424
Future-Handel, Positionslimite 22 326
Futures, Terminhandel 22 137

Garantenpflichten
– Organe 8 29
– unechte Unterlassungsdelikte 2 70
Garantenstellung
– Herrschaftsgewalt 4 44
– Ingerenz 4 46
– Mitarbeiter 4 164
– Organisations-/Aufsichts-/Befehlsgewalt 4 45
– Produkthaftung 4 38 f.
Garantieerklärung, Subvention 32 44
Garentenstellung, Umweltstrafrecht 28 62
Gastarbeitnehmer, Anwerbung/Vermittlung 27 130
Gastronomie, Geldwäscherisiko 20 239
Gebiet, schutzbedürftiges, Gefährdung 28 217
Gebietskartell 24 3
Gebrauchsmusters Gebrauchsmusterschutz 23 224 f.
Gebrauchsmusterschutz 23 224 f.
– Entstehung 23 227
– Erlöschen 23 228
– Erteilung 23 227
– gewerbliche Anwendbarkeit 23 226
– Löschungsverfahren 23 227
– Schutzgegenstand 23 225
– Schutzumfang 23 229
– Strafvorschrift 23 230
– Verwertungsrecht 23 229
– Vorsatz 23 231
Gebrauchsmusterschutzgesetz (GebrMG) 23 29, 224 f.
– Produktpirateriegesetz (PrPG) 23 141
Gebrauchsvorteil, Vermögensabschöpfung 12 62
Gebührenübertragungsverbot, Verstoß bei Ausländerbeschäftigung 27 18
Geburtstagsgeschenk 19 163
Gefahr im Verzug, Durchsuchung 11 116
Gefährdung
– äußere Sicherheit 26 100
– auswärtige Beziehungen 26 102
– Einfuhr-/Ausfuhrabgaben 31 132
– friedliches Zusammenleben der Völker 26 101
– Geldwäsche 20 82
– öffentliche Wasserversorgung 28 101
– schutzbedürftiges Gebiet 28 217

Gefährdungsdelikt, Tun/Unterlassen 2 10
Gefährdungsdelikt, abstrakte 1 98
Gefährdungsdelikt, abstraktes, Inlandstat 14 56
Gefährdungsdelikt, konkretes, Inlandstat 14 56
Gefährdungsvorsatz 2 51
– Abgrenzung zu riskantem Handeln 2 55
– bedingter 2 54
Gefahrgutbeförderung, Umweltstraftat 28 233
Gefahrgutverordnung 28 96
Gefahrstoff, unerlaubter Umgang mit 28 211
Gefälligkeit, sozialadäquate Leistung 19 161
Geflügelfleisch, VO gemeinsame Marktorganisation 33 20
Gegenprüfung, KonTraG 8 37
Gegenstimme, Strafbarkeit bei Gremienentscheidung 3 44
Gegenüberstellung, Mandantenberatung 7 156
Gehaltskürzung, Mitarbeiter 8 102
Geheimhaltungsinteresse, Akteneinsicht 23 293
Geheimhaltungsinteressen, Schutz inter-/supranationaler Organisationen 14 41
Geheimhaltungspflicht
– Organmitglied 25 234
– Schutzumfang 25 229
– Verhältnis zu Insider-Informationen 25 236
Geheimhaltungspflicht, besondere, Verletzung 23 132
Geheimhaltungspflichtverletzung 25 229
– Geheimnisverwertung 25 239
– Intensität 25 238
– Offenbarung 25 237
– Wirtschafts-/Sonderprüfer 25 243
Geheimnis, Verwertung fremdes 19 324
Geheimnisschutz
– Aushöhlung 7 212
– EU-Kontrolleure/OLAF 33 179
Geheimnisverletzung, Submissionsabsprache 24 310
Geheimnisverrat 23 84
– bei Korruptionsdelikt 19 324
– besonders schwerer 23 93
– Checkliste 23 85
– Dienstverhältnis 23 87
– Eigennutz 23 92
– gewerbsmäßiger 23 94
– Korruptionsdelikt 19 324
– Schädigungsabsicht 23 92
– Tatbestand 23 87
– Täter 23 86
– Vorsatz 23 91
– Wettbewerbszweck 23 92
– zugunsten Dritter 23 92
Geheimnisverschaffung 23 95
– Ausspähen 23 98
– besonders schwere 23 106
– Checkliste 23 96
– Täter 23 97
– Verwerten 23 101
– Vorsatz 23 105

magere Zahlen = Randnummern **Sachverzeichnis**

Geheißerwerb, Drittempfängerverfall **12** 117
Gehilfe
– Haftung Steuerstrafsache **30** 485
– Vorsatz **16** 77
Gehör, rechtliches
– Ausschluss **7** 336
– EU-Kontrollmaßnahmen **33** 211
– Mandantenberatung **7** 159
Geistiges Eigentum, Schutzrechtsverletzung **1** 78
Geld
– ausländisches **21** 35
– Begriff **21** 37
– dinglicher Arrest **12** 210
– Fälschung/Nachmachung **21** 34
s.a. *Zahlungsmittelfälschung*
Geld, kontaminiertes, Umgang mit **20** 203
Geldauflage
– Bemessung **29** 309
– Einstellung Steuerhinterziehung gegen **29** 309
– Täuschung über **16** 30
– Übernahme durch Unternehmen **17** 89
Geldautomatenkarte
– Bargeldverfügung **21** 99
– Entwendung **21** 97
Geldbeschaffung, Wechsel-/Scheckbetrug **21** 126
Geldbuße
– Geldwäsche **20** 117
– Kartellordnungswidrigkeit **24** 381, 432
– Korruptionsdelikt **19** 355
– Produkthaftung nach OWiG **4** 196
– steuerliche Behandlung **29** 332
– Steuerordnungswidrigkeit **29** 774
– Übernahme durch Unternehmen **4** 200; **10** 146
Geldbuße Kartellverfahren, steuerliche Behandlung **24** 427
Gelddarlehen 21 164
Geldfälschung 1 72
– Anzeigepflichten **1** 94
– ausländisches Geld **14** 34
– unionsrechtliche Vorgaben **14** 84
Geldkarte, Entwendung **21** 97
Geldmarktinstrument, Finanzinstrument **22** 696
Geldpolitik, Ausnahme von Marktpreismanipulationsverbot **22** 485
Geldstrafe
– Produkthaftung **4** 188
– steuerliche Behandlung **29** 332
– Übernahme als Beihilfe **4** 202
– Übernahme als Strafvereitelung **4** 201
– Übernahme als Untreue **4** 204
– Übernahme durch Unternehmen **4** 200; **10** 146; **17** 89
Geldtransaktion, Informationsweitergabe nach § 10 GwG **30** 477
Geldtransfer, grenzüberschreitender **26** 1
Geldtransport, grenzüberschreitender **21** 91

Geldverkehr 21 30 ff.
Geldverkehr, Schutz des 21 33 f.
Geldverkehrsrechnung 29 265
Geldwäsche 7 350; **20** 1 ff.; **29** 59
– agent provocateur **20** 215
– Anschlussdelikt **20** 107
– Anzeige von Verdachtsfällen **20** 140
– Aufbewahrungsfrist GwG **20** 231
– Ausblick **20** 241
– ausländische Zweigstelle **21** 83
– Auslandsvortaten **20** 42
– Bankenaufsicht **20** 162; **21** 84
– Bargeldtransaktion **21** 56
– Begriff **20** 20
– Behandlung von Bargeld **20** 196
– bei Korruptionsdelikt **19** 337
– Besitz **20** 85
– Buchgeld **20** 199
– Datenrasterfahndung **20** 171
– dinglicher Arrest **20** 170
– Drittverfall **20** 112
– EDV-Monitoring **20** 156
– Einschränkungen **20** 91; **21** 65
– Einstellung **20** 116
– Ermittlungsverfahren **20** 165 f.
– Erscheinungsformen **20** 23
– erweiterter Verfall **20** 113
– Erwerb **20** 85
– Fahrlässigkeit **20** 102
– Feststellung des wirtschaftlich Berechtigten **20** 134
– Finanztransaktion unter Aufsicht Ermittlungsbehörde **20** 213
– freiwillige Selbstanzeige **20** 104
– Gefährdung **20** 82
– Gegenstand **20** 45
– Gegenstand aus Vortat **20** 52
– Gegenstand bei Steuerhinterziehung **20** 46
– Geldbuße **20** 117
– gemeinschaftsrechtliche Vorgaben **14** 82
– geschütztes Rechtsgut **20** 33
– grenzüberschreitender Bargeldverkehr **20** 188
– grenzüberschreitender Geldtransport **21** 91
– Grundsätze, interne **20** 155
– Haftung Kreditinstitut **20** 209
– Haftung Rechtsanwalt **20** 228
– Honorarzahlung **20** 93
– Identifizierungspflicht **20** 120 f.; **21** 70, 72
– integration stage **20** 27
– interne Sicherungsmaßnahmen **20** 148 f.; **21** 82
– Kassengeschäft **21** 56
– Kausalität **20** 53
– Kontamination **20** 54
– Kontrollen, interne **20** 155
– Kontrollmitteilung **20** 184
– konzernweite Kontrolle **21** 83
– Lauschangriff **20** 177
– layering stage **20** 26
– Leichtfertigkeit **21** 63

Hagen

Sachverzeichnis

fett gedruckte Zahlen = Paragrafen

- Mitarbeiterinformierung **20** 160
- Monitoring **20** 153
- nach Steuer-/Zollstraftat **31** 112
- Normadressaten **20** 120 f.
- Ordnungswidrigkeit **20** 31, 117
- paper trail **20** 26
- placement stage **20** 25
- Sammelanderkonto Rechtsanwalt **20** 230
- Sanktionen **20** 29, 109, 163
- Sanktionierung **21** 58
- Sicherungsmaßnahmen, vorläufige **20** 167
- smurfing **20** 25, 128, 156
- Steuerhehlerei als Vortat **31** 114
- Strafbefreiung durch Selbstanzeige **20** 104
- Strafrahmen **20** 110
- Straftatbestand **20** 32 f.
- Surrogate **20** 61
- täglicher Lebensbedarf **20** 92
- Tatbestand, objektiver **29** 59
- Tatbestand, subjektiver **29** 66
- Täter **20** 38
- Täterschaft/Beihilfe **2** 18
- Tatgegenstand **21** 59
- Tathandlungen **20** 80; **21** 62; **29** 61
- tätige Reue **21** 66; **29** 68
- Tatobjekt **29** 60
- Teilnahme **29** 67
- Telefonüberwachung **20** 173; **30** 413; **31** 113
- Umgang mit kontaminiertem Geld **20** 203
- Umgehung **20** 161
- unionsrechtliche Vorgaben **14** 84
- Verdünnung **20** 54
- Vereitelung **20** 82
- Verfall **20** 111
- Verhältnis der Tatbestandsalternativen untereinander **20** 89
- Verhältnis zu anderen Strafdelikten **20** 107
- Verlängerung **20** 61
- Vermögensbeschlagnahme **20** 167
- Vermögensstrafe **20** 114
- Verschleierung **20** 81
- Versuch **29** 67
- Verteidigungsstrategien **20** 194 f.
- Vervielfachung **20** 64
- Verwahrung **20** 87
- Verwendung **20** 88
- Verwertung Anzeigedaten **20** 184
- Vorfeldberatung **20** 195
- Vorsatz **20** 95; **21** 63; **29** 66
- Vortaten **20** 39; **21** 60
- Zuverlässigkeit der Mitarbeiter **20** 158
- Zweigstellen **20** 161

Geldwäschebeauftragter **20** 150, 207; **21** 82
- Aufgaben **20** 152
- Bestellung **20** 151

Geldwäschebekämpfung
- EU **20** 17
- Financial Actio Task Force (FATF) **20** 8, 18
- Institutionen **20** 16
- OrgKG **20** 1, 11

- Palermo Convention **20** 13
- Verdachtsmeldepflicht **20** 14
- Zentralstelle für Verdachtsanzeigen (FIU) **20** 19, 189

Geldwäschebekämpfungsgesetz **20** 15
Geldwäschegesetz **1** 58; **21** 68
- Informationsweitergabe nach § 10 GwG **30** 477
- Präventivberatung **8** 40

Geldwäschegesetzgebung, Entwicklung **20** 5
Geldwäscheprävention **21** 68 f.
- Abschlussprüfung **21** 86
- Bankenaufsicht **21** 84

Geldwäscherichtlinie **20** 10, 14
Geldwäscheverdacht
- Anzeigepflicht **20** 140
- Anzeigepflicht Finanzbehörde **20** 147
- Ausblick **20** 241
- Freistellung von der Verantwortlichkeit **20** 146
- Hinweisverbot **20** 144
- Identifizierungspflicht **21** 81
- Identifizierungspflicht GwG **20** 129
- Kreditinstitut **20** 210
- Meldepflicht **20** 142
- Sanktion Anzeigepflichtverletzung **20** 145
- Stillhaltefrist **20** 141
- Verteidigungsstrategien **20** 204
- Verwendungsverbot **30** 154

Geldzuwendung **19** 163, 221
Gemeinsamer Markt **33** 1 ff.
- Ausfuhrabgaben **33** 125
- Ausfuhrerstattung **33** 23
- Ausschreibung **33** 23
- Außenprüfungen **33** 34
- Bestandsaufnahme/Mandantenberatung **33** 236
- Einarbeitung in relevante Rechtsfragen **33** 246
- Einkommensbeihilfen **33** 22
- Europäische Kommission **33** 40
- Generaldirektion **33** 41
- Kontrollen **33** 49 f., 144 f.
- Mandantenberatung **33** 227 f.
- nationale Bußgelder **33** 84
- Organisationen/handelnde Behörden **33** 39
- Quotenregelung **33** 22
- Sanktionen **33** 49 f.
- Schutzmaßnahmen **33** 23
- Unregelmäßigkeiten **33** 49
- Vergünstigungen **33** 22, 91
- Verhinderung Umgehungsgeschäfte **33** 51
- Verjährung Unregelmäßigkeit **33** 126

Gemeinschaftsaufgabe „Verbesserung der Agrarstruktur und des Küstenschutzes", Subvention **32** 48
Gemeinschaftsgeschmacksmuster **23** 237
GemeinschaftsgeschmacksmusterVO **23** 17
Gemeinschaftsmarke **23** 179
- Verletzung **23** 209

GemeinschaftsmarkenVO **23** 15

magere Zahlen = Randnummern **Sachverzeichnis**

Gemeinschaftsrecht
- Assimilisierungsverpflichtung 14 80
- europarechtskonforme Auslegung 14 88
- Vorabentscheidungsverfahren 14 100

Gemeinschaftstreue, EG 14 80
Gemeinschaftsware, Gestellung 31 28
Gemeinschaftszollrecht 31 18
Gemeinschuldnerbeschluss, Verwertungsverbot 18 368
Gemüse, VO gemeinsame Marktorganisation 33 20
Genehmigung
- Korruptionsdelikt 19 186
- Umweltstraftat 28 34

Genehmigung, fehlerhafte
- Umweltstraftat 28 55
- unterlassene Rücknahme 28 60

Genehmigung, nachträgliche, Umweltstraftat 28 37
Genehmigung, rechtwidrige, Umweltstraftat 28 27
Genehmigungsarten, Außenwirtschaftsrecht 26 50 f.
Genehmigungsaufhebung, Umweltstraftat 28 38
Genehmigungsfähigkeit, Umweltstraftat 28 31
Genehmigungspflichten
- Ausfuhr 26 40 f.
- Ausfuhr in EU-Länder 26 42
- Ausfuhr in nicht EU-Länder 26 41
- KWKG 26 196
- technische Unterstützung 26 49
- Transithandel 26 48
- Verbringung mit Anschließender Ausfuhr in nicht EU-Länder 26 45
- Wareneinfuhr 26 77

Genehmigungsverfahren, Ausfuhrgenehmigung 26 61
Genehmigungsverstoß
- KWKG 26 185 f.
- Umweltstraftat 28 40

General Agreement on Tarifs and Trade (GATT) 31 20
General Standard 22 125
Generaldirektion, Zuständigkeit 33 41
Generally Accepted Accounting Principles (GAAP) 25 31
Genossenschaft
- Geschäftsführungsprüfung 25 225
- Informationspflichten 25 208
- Insolvenzantragspflicht 18 216
- Insolvenzdelikte 18 23
- Insolvenzverschleppung 25 288
- Pflichtabschlüsse 25 73
- Täter Bankrottdelikt bei 18 108, 114
- Verhältnis unternehmerisches Handeln/Vermögensbetreuungspflichtverletzung 17 57
- verschleppte Kapitalverlustmitteilung 25 287

gentlemen's agreement, wettbewerbswidrige Verhaltensform 24 85

Genussrechtausgabe, Finanzkommissionsgeschäft 22 699
Geograph-AngabenVO 23 15
Geräte- und Produktsicherheitsgesetz 4 124
Gericht
- Auftreten gegenüber 11 233
- Informationsweitergabe an Finanzbehörde 30 476

Gerichtsakten, Akteneinsicht 7 237, 242
Gerichtshof der Europäischen Gemeinschaften (EuGH), Antrag auf Vorabentscheidung (Formulierungsmuster) 31 193
Gerichtsstand, Wirtschaftsstrafrecht 14 29
Gerichtstermin, Mandantenberatung 7 156
Gerichtsvollzieherentscheidung, Rechtsbehelf gegen 12 350
Gerücht
- Anzeichen Täuschungshandlung 22 409
- Börsenpreismanipulation 22 463
- Insiderinformation 22 608

Gesamthaftungslösung, Vermögensabschöpfung 12 89
Gesamtvermögensvergleich 29 264
Geschäft, Gewerbsmäßigkeit 22 713
Geschäfte, unwirtschaftliche
- Ausgaben 18 157
- Bankrotthandlung 18 150 f.
- Verbrauch übermäßiger Beträge 18 156

Geschäftsbericht, unrichtige Information über Unternehmensverhältnisse 25 183
Geschäftsentwicklung, Täuschung über 16 30
Geschäftsführer
- Bilanzdelikt 25 75
- Buchführungspflicht 18 173
- Durchgriffshaftung 18 380
- Insolvenzverschleppung 18 225
- Täter Bankrottdelikt 18 108
- Tätigkeitsverbot bei Insolvenzstraftat 18 45
- unrichtige Registerangaben über 25 291
- Versicherung gegenüber Registergericht bez. des Nichtbestehens von Bestellungshindernissen 18 47
- Versicherung gem. § 8 Abs. 3 GmbH 18 379

Geschäftsführer, ausscheidender, Hinweis Insolvenzantrag 18 226
Geschäftsführer, faktischer 29 101
- Täter Bankrottdelikt 18 108
- Verbandsgeldbuße 5 13
- Vermögensbetreuungspflicht 17 35

Geschäftsführerforderung, Begleichung in Unternehmenskrise 18 200
Geschäftsführungsaufgabe, Kreditvergabe 21 205
Geschäftsführungsprüfung
- Abschlussprüfung 25 306
- Publizitätsdelikt 25 225

Geschäftsgeheimnis
- Begriff 23 79
- Schutz im Verfahren 23 267
- Verletzung 19 324

Hagen 2115

Sachverzeichnis

fett gedruckte Zahlen = Paragrafen

Geschäftsgeheimnisverletzung **23** 75 f.
- Checkliste **23** 300
- Datenschutz **23** 135
- Geheimnisverrat **23** 84
- Geheimnisverschaffung **23** 95
- gesellschaftsrechtlicher Schutz **23** 124
- strafrechtlicher Schutz **23** 128
- Straftaten im Amt **23** 132
- Strafverfolgung auf Antrag **23** 263
- Strafverfolgung Auslandstaten **23** 268
- Strafverfolgung von Amts wegen **23** 265
- Verjährung **23** 269
- Verleitung/Erbietung zum Verrat **23** 115
- Verwertung von Unterlagen **23** 108
- Vorbereitung **23** 115
- Wirtschaftsspionage **23** 134

Geschäftsgeheimnisverrat **1** 55
Geschäftslagetäuschung **25** 209
Geschäftsleiter, gekorener **21** 299
Geschäftsleitung, Produkthaftung **4** 144
Geschäftspartner **7** 322
- Akteneinsicht **10** 99

Geschäftspraktiken, unlautere, EG-Richtlinie **23** 13
Geschäftsrisiko, Kreditvergabe **21** 214
Geschäftsunterlagen, Kontrolle bei EU-Leistungen **33** 34, 144
Geschäftsvorfall
- Begriff **25** 146
- unrichtige Verbuchung **29** 113

Geschenk, steuerliche Abzugsfähigkeit **19** 290
Geschenk, kostbares **19** 161, 221
Geschenkannahme **19** 63
Geschmacksmustergesetz (GeschmMG) **23** 29, 232 f.
- Produktpiraterigesetz (PrPG) **23** 141

Geschmacksmusterrecht, EG **23** 17
Geschmacksmuster-Richtlinie **23** 17
Geschmacksmusterschutz **23** 232 f.
- Gemeinschaftsgeschmacksmuster **23** 237
- Anmeldung **23** 235
- Eintragung **23** 235
- Erlöschen **23** 236
- Erscheinungsform, zwei-/dreidimensionale **23** 233
- Schutzgegenstand **23** 233
- Strafvorschrift **23** 239

Geschmacksmusterschutz-Schutzumfang **23** 238
Gesellschaft bürgerlichen Rechts, Verbandsgeldbuße **5** 8
Gesellschaft, faktische, Geldbuße gegen **5** 8
Gesellschafter
- Einordnung in Insolvenz **18** 323
- Vermögensbetreuungspflicht **17** 67

Gesellschafterdarlehen, eigenkapitalersetzende, Überschuldungsstatus **18** 62
Gesellschafterforderung, Begleichung in Unternehmenskrise **18** 200
Gesellschaftsrecht, gemeinschaftsrechtliche Vorgaben **14** 82

Gesellschaftsverhältnisse
- Begriff **25** 98
- unrichtige Information über **25** 176
- unrichtige/verschleiernde Darstellung **25** 64, 95
- Wesentlichkeitsgrundsatz **25** 127

Gesellschaftswert **22** 779
Gesetz gegen den unlauteren Wettbewerb (UWG) **23** 26
Gesetz gegen Wettbewerbsbeschränkungen (GWB) **24** 6, 29
Gesetz zu Bekämpfung des illegalen Rauschgifthandels und anderer Erscheinungsformen der organisierten Kriminalität (OrgKG), Geldwäsche **20** 1, 11
Gesetz zur Durchführung der gemeinsamen Marktorganisation (MOG) **33** 90
- Beweislastregel **33** 92
- Bußgeld **33** 84

Gesetzlicher Richter, Mandantenberatung **7** 159
Gesprächsüberwachung, Dolmetscher zur **15** 81
Gestaltungsantrag, Mandantenberatung **7** 175
Gestaltungsmissbrauch
- SanktionsVO **33** 70
- Subventionsbetrug **32** 60

Geständnisbereitschaft, Förderung durch steuerliche Schätzung **30** 430
Gestellung, zollrechtliche **31** 26
Getreide, VO gemeinsame Marktorganisation **33** 20
Gewässer
- Begriff **28** 84
- Grundwasser **28** 88
- Meer **28** 89
- oberirdisches **28** 85

Gewässerschutzbeauftragter **8** 82
Gewässerverunreinigung **28** 108 f.
- alte Rechte **28** 127
- durch Unterlassen **28** 78, 122
- Fahrlässigkeit **28** 133
- geringfügige/unerhebliche **28** 117
- Grenzwerte **28** 123
- Tatbestand **28** 111
- Überwachungswerte **28** 124
- unbefugte **28** 125
- Vorsatz **28** 130

Gewerbeaufnahme, Verletzung Anzeigepflicht **27** 147
Gewerbeaufsichtsamt, Spezialkompetenz **11** 4
Gewerbeordnung, Arbeitsschutz **27** 183
Gewerberecht, Mandantenberatung **7** 214
Gewerbesteuer, Verjährungsbeginn Steuerhinterziehung **29** 684, 691
Gewerbetreibende, Steuerstrafverfahren **30** 495
Gewerbetreibende, unlautere, Zentralregister **1** 91

magere Zahlen = Randnummern **Sachverzeichnis**

Gewerbeuntersagung 29 320
- Korruptionsdelikt 19 368
- Steuerstrafverfahren 30 495
- Unzuverlässigkeit 18 340

Gewerbeverbot, Insolvenzdelikt 18 377

Gewerbezentralregister
- Insolvenzdelikt 18 378
- kartellrechtliche Verurteilung 24 401
- Korruptionsdelikt 19 368

Gewerblicher Rechtsschutz 23 29

Gewerbliches Schutzrecht
- Checkliste 23 301
- Verletzung 23 136 f.

Gewerbsmäßigkeit 22 713

Gewerkschaftliche Arbeit 7 297; 7 297

Gewinn- und Verlustrechnung (GuV), Begriff 25 36

Gewinnabschöpfung 1 79
- Bruttoprinzip 1 79
- Korruptionsdelikt 19 360
- Ordnungswidrigkeit 1 84
- Produkthaftung 4 216

Gewinnabschöpfungsanspruch, Korruptionsdelikt 19 389

Gewinnanteilsschein, Begriff 21 43

Gewinnausschüttung, verdeckte, Zuschätzung 29 261

Gewinnchance, Vermögensabschöpfung 12 37

Gewinnermittlungsprinzipien 25 122

Gewinnversprechen, unwahre Werbung 23 63

Glaubhaftmachung, Zurückgewinnungshilfe 12 264

Gläubiger
- Nichtbenennung 29 280
- Teilnahme an Gläubigerbegünstigung 18 201

Gläubigerbefriedigung, aus Privatvermögen 18 197

Gläubigerbegünstigung
- Bankrotthandlung 18 193
- Begleichung Geschäftsführer-/Gesellschafterforderung 18 200
- im Restschuldbefreiungsverfahren 18 364
- inkongruente Deckung 18 198
- Poolvereinbarung 18 301
- Sanierung 18 298
- Sanktionen 18 376
- Tathandlung 18 196
- Teilnahme 18 201
- Vermögensverschiebung 18 135, 141

Gläubiger-Fonds 18 302

Gläubigerpool, Sanierung durch 18 301

GmbH
- Aushöhlung durch Kapitalausschüttung 18 239
- Geschäftslagetäuschung 25 209
- Insolvenzantragspflicht 18 216
- Insolvenzdelikte 18 21
- Insolvenzverschleppung 25 288
- Kapitalherabsetzungsschwindel 25 283

- Pflichtabschlüsse 25 73
- Sachgründungsschwindel 25 276
- Täter Bankrottdelikt bei 18 108, 111
- unrichtige Gründungsangaben 25 274, 276
- unrichtige Kapitalveränderungsangaben 25 281, 282, 283
- unrichtige Registerangaben 25 253
- Verhältnis unternehmerisches Handeln/Vermögensbetreuungspflichtverletzung 17 58
- verschleppte Kapitalverlustmitteilung 25 287

GmbH & Co. KG
- Insolvenzantragspflicht 18 216
- Insolvenzdelikte 18 21
- Täter Bankrottdelikt bei 18 108, 112
- Vermögensbetreuungspflicht 17 81

GmbH-Geschäftsführer, Konsequenzen bei Steuerstrafverfahren 30 509

Gold/-legierung, Freigrenze 31 71

Goodwill 22 779

Grauer Kapitalmarkt 22 122
- Prospektpflicht 1 75

Greenshoe-Vereinbarung 22 507

Gremienentscheidung
- Abstimmungsverhalten 3 42
- Erfolgsabwendungspflicht 3 56
- fahrlässige Mittäterschaft 3 57
- Kausalität der Einzelstimme 3 30
- kriminogene Faktoren 3 4
- Mandantenberatung 3 10
- Mittäterschaft 3 18
- mittelbare Täterschaft 3 19
- Rechtsprechung 3 6
- Strafbarkeit Gegenstimme 3 44
- Strafbarkeit Stimmenthaltung 3 50
- strafrechtliche Verantwortlichkeit 3 1 ff.
- Vertrauensgrundsatz 3 58
- Zurechnung, horizontale 3 28
- Zurechnung strafbaren Erfolges 3 12
- Zurechnung, vertikale 3 15

Gremienentscheidung, Strafbarkeit wegen Unterlassen 3 54

Grenzbeschlagnahme
- ProduktpiraterieVO 23 140
- Urheber-/Schutzrechtsverletzung 23 279

Grenzkontrolle, grenzüberschreitender Bargeldtransfer 21 91

Grenzüberschreitung
- Beratungsschwerpunkte 15 219
- Beweismitteltransfer 15 132 f.
- Beweisrecht 15 196
- Checkliste Mandatsannahme 15 221
- Hauptverfahren 15 187 f.
- horizontale Perspektive 15 2
- materiellrechtliche Fragen 15 214
- vertikale Perspektive 15 5
- Vorabentscheidungsverfahren nach Art. 35 EUV 15 206

Grenzübertritt
- Ausfuhr 26 71

Hagen

Sachverzeichnis

fett gedruckte Zahlen = Paragrafen

- ausschließlich zum Kauf zollpflichtiger Waren **31** 72
Griechenland
- Beschuldigtenrechte im Ermittlungsverfahren **15** 67
- Ermittlungsverfahren **15** 52
- Strafverteidiger **15** 37
Großbritannien
- Beschuldigtenrechte im Ermittlungsverfahren **15** 64
- Ermittlungsverfahren **15** 49
- Strafverteidiger **15** 37
- Unternehmensstrafbarkeit **15** 216
Großkredit, Begriff **21** 3
Großkreditmeldung, Kreditinstitut **21** 277
Großverfahren, Unterbrechung Hauptverhandlung **1** 92
Grunderwerbsteuer, Verjährungsbeginn Steuerhinterziehung **29** 684
Grundgebühr 7 101
Grundkapitalaufbringung, Falschangaben bei AG **22** 752
Grundkapitalerhöhung, Falschangaben bei AG **22** 756
Grundsatz ordnungsmäßiger Unternehmensführung 18 143
Grundsätze ordnungsgemäßer Abschlussprüfung (GoA) 25 31
Grundsätze ordnungsgemäßer Buchführung (GoB) 25 31
Grundstück
- Arresthypothek **12** 212
- Beschlagnahmevermerk **12** 189
- Notveräußerung **12** 197
Grundstücksgeschäft, Aufbewahrungspflicht für Belege/Rechnungen **29** 860
Gründung
- Kreditinstitut **21** 272
- Mitteilungspflicht **29** 868
Gründungbericht, Falschangaben **22** 755
Gründungsangaben, unrichtige
- AG **25** 259, 269, 271
- GmbH **25** 274, 276
Gründungsaufwand, unrichtige Registerangaben **25** 264, 275
Gründungsbericht, unrichtige Registerangaben **25** 270
Gründungsphase
- Checkliste Informationspflichten **25** 44
- Checkliste Strafnormen **25** 47
- unrichtige Registerangaben **25** 248, 259
Gründungsprüfung, Publizitätsdelikt **25** 224
Gründungs-Prüfungsbericht, Falschangaben **22** 755
Gründungsschwindel
- AG **22** 758
- Verjährung **6** 40
Gründungssondervorteile, unrichtige Registerangaben **25** 264, 275
Gründungstheorie, Fremdrechtsanwendung **14** 26

Grundverordnungen
- Agrarmarktordnung **33** 20
- Durchführung **33** 90
Grundwasser 28 88
Gruppenfreistellungsverordnung 24 18, 103
- Kartellordnungswidrigkeit **24** 224
Gut, gefährliches, Begriff **28** 95
Gutachter
- Produkthaftung **4** 169
- Strategieberatung **11** 173
Güter, gefährliche, unerlaubter Umgang mit **28** 211
Güterliste, warenbezogene Auskunft **26** 70

Haager Musterabkommen (HMA) 23 24
HADDEX 26 224
Haftbefehl
- europäischer **11** 10
- Korruptionsdelikt **19** 419
- Mitteilung in Zivilsachen (MiZi) **18** 28
- Verjährungsunterbrechung **6** 74; **29** 715
Haftrecht, grenzüberschreitendes **11** 11
Haftsituation, Verhinderung bei Durchsuchung **11** 128
Haftung
- bei Steuerdelikt **30** 482 f.
- Kartellordnungswidrigkeitenrecht **24** 181 f.
- Steuerhinterziehung **29** 317
- strafrechtliche Produkthaftung **4** 1 ff.
- Verteidiger **7** 361
Haftungsausschluss 7 363
- vertraglicher **7** 365
Haftungsverhältnisse, unrichtige Angaben **25** 139
Halbjahresbericht 25 322
Halbleiterschutz 23 242 f.
- Anmeldung **23** 245
- EG **23** 18
- geschäftliche Verwertung **23** 245
- Löschung **23** 246
- Schutzgegenstand **23** 242
- Schutzumfang **23** 247
- Strafvorschrift **23** 248
- Struktur, dreidimensionale **23** 243
- Verwertungsrecht **23** 247
- Vorsatz **23** 249
Halbleiterschutzgesetz (HalblSchG) 23 29, 242 f.
- Produktpirateriegesetz (PrPG) **23** 141
Hamburg, Korruptionsbekämpfung **24** 400
Handakten
- Anwaltswechsel **7** 97
- Wahlverteidigung **7** 82
Handel, amtlicher 22 127
Handel, elektronischer, Börsenpreis **22** 382
Handel, unternehmerisches, Verhältnis zu Vermögensbetreuungspflichtverletzung **17** 56
Handelbuch
- Anforderungen an **25** 148
- Veränderung/Beseitigung **18** 163

magere Zahlen = Randnummern

Sachverzeichnis

Handeln, gewerbsmäßiges
- Korruptionsdelikt **19** 192
- Produktpirateriegesetz (PrPG) **23** 141

Handeln, riskantes, Abgrenzung zu Gefährdungsvorsatz **2** 55

Handelsbilanz **25** 34

Handelsbrauch, Sanktionsausschuss der Börsen **22** 314

Handelsbrief, falscher **29** 844

Handelsbuch
- Begriff **25** 143
- mangelhafte-/Nichtführung **18** 163
- unrichtiges **25** 151

Handelsdatensammlung **22** 116

Handelsplattform, Zugangsmissbrauch **22** 321

Handelsregister, Löschung Kapitalgesellschaft **18** 341

Handelssysteme
- außerbörslich elektronische **22** 144
- börsenähnliche Einrichtungen **22** 146

Handelssysteme, multilaterale (MTF) **22** 151

Handelsteilnehmer
- Datenmaterial über zugelassene **22** 237
- zugelassene **22** 135

Handelsüberwachungsstelle, Auskunftsersuchen **22** 76

Handelsüberwachungsstelle (HÜSt)
- Aufgaben **22** 183
- Börse **22** 181
- Börsenpreisfeststellung **22** 183
- Datenauswertung Börsenhandel **22** 226
- Informationsgewinnung **22** 184

Händler
- Produkthaftung **4** 177
- Sorgfaltspflichten **4** 178

Handlung, eigennützige, zum Nachteil Gesellschaftsvermögen **18** 240

Handlungsanweisung, für Durchsuchungsernstfall **8** 108

Handlungsort
- Inlandstat **14** 53
- mehrere Beteiligte **14** 54

Handlungspflichten, Börsengeschäftsführung **22** 432

Handwerkausübung, ohne Befähigungsnachweis **27** 149

Handwerksrolle, fehlende Eintragung **27** 148

Hanf, VO gemeinsame Marktorganisation **33** 20

Harmonisierungs-Richtlinie **23** 14

Härteklausel
- Vermögensabschöpfung **12** 72
- Vermögensabschöpfung gem. § 73 c StGB **12** 399

Hauptverfahren
- Grenzüberschreitungen **15** 187 f.
- Zollstrafsache **31** 180

Hauptverfahrenseröffnung
- Verjährungsunterbrechung **6** 76; **29** 717

Hauptverhandlung
- Beweisantrag **13** 29 f., 42
- Kartellgericht **24** 371
- unrichtige Information über Unternehmensverhältnisse **25** 197
- Unterbrechung in Großverfahren **1** 92
- Unternehmensanwalt **10** 126
- Unternehmensverteidiger **11** 249
- Verjährungsunterbrechung **29** 718
- Vermeidung **9** 73
- Verteidigungsstrategien **6** 131; **9** 77
- Verteidigungsstrategien Verjährung **6** 131

Hauptzollamt (HZA)
- Außenprüfungen **33** 45
- Zentralstelle für Erstattungen (HZA Hamburg-Jonas) **33** 43
- Zuständigkeit **33** 43

Haushaltshilfe, Anwerbung/Vermittlung **27** 130

Haushaltsmittel, Unregelmäßigkeiten **33** 132

Haushaltsrecht, Vermögensbetreuungspflicht **17** 14

Haushaltsuntreue **17** 16; **17** 106

Haustürwerbung, unwahre Werbung **23** 63

Hedging **18** 152

Hehlerei, Schutzbereich **14** 31

Heizölverdieselung, Verbrauchssteuerhinterziehung **31** 99

Herausgabe, Rechtsschutz gegen H. für ausländisches Strafverfahren **15** 115

Herausgabeanordnung, Zuständigkeit **12** 299

Herausgabeanspruch
- Korruptionsdelikt **19** 388
- Mandantenberatung **7** 156
- Surrogat **12** 296
- Verletzter/Geschädigter **12** 290

Herausgabeerzwingung **30** 365

Herausgabesperre **12** 297

Herausgabeverfahren, Rechtsschutz gegen Zwangsmaßnahmen **15** 121

Herkunft, vermutete deliktische **12** 411

Herkunftsangabe, geografische
- Bekanntheitsschutz **23** 213
- Checkliste **23** 210
- Irreführungsschutz **23** 212
- Markenschutz **23** 185, 210
- Schutzentstehung **23** 193

Herrschaftsdelikte, Täterschaft/Teilnahme **2** 25

Herrschaftsgewalt, Kriegswaffen **26** 191

Herstatt-Abwägungsformel **18** 325

Herstellung
- Chemiewaffen **26** 212
- Kriegswaffen **26** 186

Herstellungskosten, unrichtige Angaben **25** 139

Hilfsbeweisantrag **13** 52
- Bescheidungsklausel **13** 53

Hilfskräfte, Anwerbung/Vermittlung **27** 130

Hinterlegung, Aufhebung dinglicher Arrest **12** 215

Hagen

Sachverzeichnis

fett gedruckte Zahlen = Paragrafen

Hinterziehung, Einfuhr-/Ausfuhrabgaben 29 566, 572
Hinweispflichten, MaKonV 22 498
Hinweisverbot, Geldwäscheverdacht 20 144
Hinzuziehungszinsen 29 319
Höchstbetragsgenehmigung, Ausfuhr 26 51
Höchstbetragshypothek 12 212
Höchstbetrags-Sicherungshypothek 12 212
Höchsteinsatzfrist, Verstoß bei Arbeitnehmerüberlassung 27 119
Hoffnungen, unrichtige Information über Unternehmensverhältnisse 25 192
Höflichkeit, sozialadäquate Leistung 19 161
Hologramm, Schutz fälschungsverhinderndes 1 72
Holzschutzmittel, Produkthaftung 4 13
Hopfen, VO gemeinsame Marktorganisation 33 20
Hund, Strafschärfungsgrund 29 581
Hypothekenbrief, Ausgabe ungedeckter 21 306

iceberg-Order 22 419
Identifikationsmerkmal, zweckwidrige Verwendung 29 957
Identifikationsnummer 29 959
– zweckwidrige Verwendung 29 957
Identifizierungspflicht
– Aufbewahrungspflicht 20 137
– Aufzeichnungspflicht 20 136; 21 78
– Bargeld-/Wertpapier-/Edelmetallübergabe 20 128
– betroffene Geschäfte 21 73
– durch Dritte 21 77
– Fernidentifizierung 21 77
– Feststellung des wirtschaftlich Berechtigten 20 134
– Finanztransaktion 20 126
– Geldwäsche 21 70, 72
– Geldwäschegesetz 20 120 f.
– Geldwäscheverdacht 20 129; 21 81
– handelnde Person/Kunde 21 74
– juristische Person 21 76
– Lebens-/Unfallversicherungsvertrag 20 130
– natürliche Person 21 75
– Schließfach 20 127
– Verwahrung von Wertsachen 20 127
– wirtschaftlich Berechtigter 21 78
Identitätsfeststellung
– Ermittlungsverfahren Außenwirtschaftsrecht 26 29
– Mandantenberatung 7 156
Identitätsschutz, Kennzeichenverletzung 23 198, 203
Imageschaden
– Kartellverfahren 24 63
– Produkthaftung 4 238
Immaterialgüterrechte 1 78
Immissionsschutzbeauftragter 8 82
Immobilienmakler, Identifizierungspflicht GwG 20 124
Immobiliensicherheit, Objektwert 21 248
Immunität 29 727

Importeur, Produkthaftung 4 184
improper matched orders, Marktmanipulation 22 358
in dubio pro reo
– Selbstanzeige 29 397
– Verjährung 6 14
Inaugenscheinnahme, Antrag auf 13 54
Indexzertifikate 22 688
Individualbeschwerde, MRK-Verletzung 14 99
Individualrechtsgüter, Schutzbereich 14 31
Individualverteidiger
– abgestimmte Verfahrensbeendigung 11 246
– Auswahlhilfe 11 217
– Interessenkonflikt 11 216
– Sockelverteidigung mit Unternehmensverteidiger 11 220
– Verfahrensleitung bei Ermittlungsverfahren 11 143
– Verhalten gegenüber Unternehmensvertreter 11 177
– Zusammenarbeit mit Unternehmensvertreter 11 164
Industrial Organisation for Standardization (ISO) 8 101
Information
– anlagegerechte 22 666
– anlegergerechte 22 665
– Inhalt zur Beseitigung der Unerfahrenheit 22 670
– transaktionsbezogene 22 669
Information, fahndungsinterne 30 306
Informationen, externe, Informationsbeschaffung 21 23
Informationsantrag, Mandantenberatung 7 173
Informationsaustausch
– DBA Luxemburg 30 588
– DBA Schweiz 30 573
– europäisches Kartellverfahren 24 132
– Europäisches Rechtshilfeübereinkommen (EuRhÜbK) 30 594
– Kartellverfahren 24 320
– Schweizerisches Bundesgesetz über die internationale Rechtshilfe in Strafsachen (IRSG) 30 575
Informationsbeschaffung 7 226 f.
– Akteneinsicht 7 237
– aus Gesprächen 7 238
– Auskunftei/Detektei 7 252
– Auskunftspersonen 7 255
– Bank-/Versicherungsakten 7 250
– banken-/kreditrechtliche Fälle 21 20
– Beauftragung Sachverständiger 7 258
– Bilanz-/Publizitätsdelikt 25 21
– eigene Erhebungen des RA 7 251
– Finanzierungsgeschäft 21 166
– Informationen des Mandanten 7 245
– Informationen des Unternehmens 7 245
– Mandant 7 247
– Rechtsrecherche 7 261
– Registerinformationen 7 249

magere Zahlen = Randnummern **Sachverzeichnis**

- sonstige 7 238
- Spurensuche 7 257
- Tatortbesichtigung 7 257
- Verteidigerbestellung 7 230
- Zusammenarbeit zwischen Verteidigern 7 262

Informationsdelikt
- Checkliste 25 352
- Erheblichkeit der Angaben 25 203
- Genossenschaft 25 208
- unrichtige Publizität 25 168 f.
- vergangenheits-/gegenwartsbezogene Tatsachendarstellung 25 195
- Verschleierung 25 202
- Versuch 25 207
- Verteidigungsstrategien 25 175

Informationsfreiheitsgesetz 7 209

Informationsgewinnung
- Anzeige, anonyme 30 296
- Betriebsprüfung 30 298
- Drittmitteilung 30 296
- Ermittlung, steuerliche 30 298
- Ermittlungsbehörde 30 295
- Fahndungsinterne Informationssysteme 30 306
- Information, fahndungsinterne 30 306
- Kontostammdatenabruf 30 310
- Kontrollmitteilung 30 299
- Lohnsteuerprüfung 30 298
- Mitteilung Dritter 30 296
- Presseveröffentlichung 30 297
- Selbstanzeige, unkoordinierte 30 298
- Umsatzsteuersonderprüfung 30 298
- Zeitungsannonce 30 297

Informationsgrundlage, Finanzierungsgeschäft 21 210

Informationsmanagement, Kanzlei 7 326

Informationsmanipulation, Marktmanipulation 22 361

Informationsnetzwerk, Sockel 9 19

Informationspflichten
- Checkliste 25 44
- Händler 4 180
- Interessenskollisionen 25 45
- Unternehmen 25 43
- Unternehmensverhältnisse 25 42

Informationsrecht
- EU-Kontrolleure/OLAF 33 157
- Mandantenberatung 7 159

Informationssammlung, Akteneinsicht 7 230, 242

Informationsweitergabe
- Anwaltswechsel 7 96
- Ermittlungsbehörde an Berufskammer 30 470
- Ermittlungsbehörde an öffentliche Behörde 30 470
- Ermittlungsverfahren Außenwirtschaftsrecht 26 30
- Finanzbehörde an Berufskammer 30 481
- Finanzbehörde an Staatsanwaltschaft 30 465

- Geldwäschegesetz 30 477
- grenzüberschreitender Bargeldverkehr 30 480
- Staatsanwaltschaft/Gericht an Finanzbehörde 30 476
- Steuerstrafverfahren 30 465 f.

Ingangsetzungsaufwand, unrichtige Angaben 25 139

Inhaberpapier, hinkendes 21 96

Inhaberschuldverschreibung, Begriff 21 38

Initiatives Vorgehen 11 92

Inkasso, Wechsel-/Scheckbetrug 21 125

Inlandsbezug, Auslieferungsverweigerung 15 158

Inlandstat
- Eigentumsdelikt 14 57
- Erfolgsort 14 55
- Gefährdungsdelikte 14 56
- Handlungsort 14 53
- Territorialitätsprinzip 14 50

Innenrevision 8 97

in-sich-Geschäfte, verdeckte, Börsenpreismanipulation 22 454

Insider
- als Täter 11 59
- Begriff 22 520

Insiderauftrag 22 533

Insiderdelikt, Finanzierungsgeschäft 21 158

Insidergeschäft 22 519
- BAFin 22 163
- Empfehlungsverbot 1 76
- gemeinschaftsrechtliche Vorgaben 14 82
- Primärinsider 1 76
- Sekundärinsider 1 76
- Verwendung Insidertatsache 1 76

Insiderhandel
- Arbeitshypothese Marktüberwachung 22 524
- Aufbewahrung Verbindungsdaten 22 173
- Börsenpreismanipulation 22 516
- daytrading 22 555
- durch Unterlassen 22 649
- Finanzinstrumente 22 542
- frontrunning 22 597
- Handelsverbot 22 550
- Insiderpapier 22 542
- Kompetenzen BAFin 22 175
- Leerverkauf 22 557
- leichtfertige Unkenntnis 22 647
- Primärinsider 22 536, 558
- Verdacht 22 530
- Verdachtsanzeige 22 640
- Versuch 22 644
- Vorverdacht 22 529
- Zeitfaktor 22 582
- zufällige Erlangung Insiderinformation 22 538, 567

Insiderhandel, leichtfertiger 1 76

Insiderhandelsrichtlinie 1 60

Insiderhandelsverdacht, Emittentenauskunft durch BAFin 22 73

Hagen

Sachverzeichnis

fett gedruckte Zahlen = Paragrafen

Insiderinformation
- Ad-hoc-Publizitätspflicht **1** 76
- aus Händlersphäre **22** 590
- aus Sphäre des Skrontroführers **22** 591
- Ausnutzung **22** 634
- Begriff **22** 521, 573
- Bekanntmachung **22** 579
- Bewertungsgutachten **22** 607
- Börsenjournalist **22** 569
- Checkliste bewertungserheblicher Umstände **22** 587
- emittentenbezogene **22** 574, 582
- Erheblichkeit **22** 584, 621
- fahrlässige Unkenntnis **22** 565
- falsche **22** 551
- Geeignetheit **22** 581, 584
- Gerücht **22** 608
- Kursbeeinflussungspotential **22** 625
- Missbrauch **22** 342
- öffentliches Bekanntwerden **22** 613
- Ohrenzeuge/Zuhörer **22** 538, 567
- Orderlage **22** 594
- papierbezogene **22** 577
- Primärinsider **22** 536, 558
- Prognose **22** 612
- Rückkaufprogramm/Eigenhandel **22** 522
- safe harbour **22** 522
- Sekundärinsider **22** 563
- selbst verursachte **22** 609
- Verhältnis zu Geheimhaltungspflicht **25** 236
- Veröffentlichung **22** 580
- versuchtes mitteilen/zugänglich machen **22** 646
- Verwendung **22** 634

Insiderpapier 22 520, 542
Insiderstrafrecht, Schutzbereich **14** 37
Insiderstraftat 22 517 ff.
Insiderstraftatbestand 1 57
Insiderverdacht, Anzeigepflicht **22** 640
Insiderverzeichnis 22 195
- Ordnungswidrigkeit **22** 201

Insolvenz
- Buchführungspflicht **25** 153
- Depotbank **21** 312
- Finanzinstitut/-dienstleistungsinstitut **21** 310
- Kreditinstitut **21** 309
- Mitteilung in Zivilsachen (MiZi) **18** 26
- Pensionsfonds **21** 311
- Rückgewähr eigenkapitalersetzender Darlehen **18** 322
- Statistik **18** 5
- strafrechtliches Risiko des Beraters **18** 385
- Unternehmenskrise **18** 102
- Untreue im Zusammenhang mit **18** 231 f.
- Verhältnis strafprozessuale/insolvenzrechtliche Beschlagnahme **12** 307
- Versicherungsunternehmen **21** 311

Insolvenzantrag
- Abweisung mangels Masse **18** 337
- Antragstellung **18** 324
- Herstatt-Abwägungsformel **18** 325
- Schadensersatz bei verfrühtem **18** 327

Insolvenzantragsabweisung, Mitteilung in Zivilsachen (MiZi) **18** 27
Insolvenzantragsdelikt, Verjährung **6** 40
Insolvenzantragsfrist 18 221
Insolvenzantragspflicht 18 216
- drohende Zahlungsunfähigkeit **18** 221
- Durchgriffshaftung **18** 380
- Überschuldung **18** 221
- Zahlungsunfähigkeit **18** 221

Insolvenzdelikt 18 1 ff.
- Anfangsverdacht **18** 29
- Anstiftung des Beraters **18** 387
- Auskunftspflicht des Schuldners **18** 38
- Bankrotthandlung **18** 132 ff.
- Begriff **18** 12
- Beihilfehandlung des Beraters **18** 388
- Berufsverbot **18** 377
- Bundeszentralregister **18** 378
- Ermittlungsverfahren **18** 32
- gesetzliche Grundlagen **18** 20
- Gewerbeverbot **18** 377
- Gewerbezentralregister **18** 378
- Insolvenzverschleppung **18** 215 ff.
- Konkurrenzen **18** 384
- Nebenfolgen **18** 377
- Nichtkaufleute **18** 211
- Sanktionen **18** 376
- Statistik **18** 122
- Verwertungsverbot der Schuldneraussage **18** 38
- Vorermittlungen der Staatsanwaltschaft **18** 29

Insolvenzeröffnung, Mitteilung in Zivilsachen (MiZi) **18** 27
Insolvenzforderung, Aufwertung **18** 159
Insolvenzgeheimnis 18 366
Insolvenzgrund
- drohende Zahlungsunfähigkeit **18** 94
- Kooperation mit Insolvenzverwalter **18** 351
- Überschuldung **18** 50
- Verhältnis Überschuldung/drohende Z./Zahlungsunfähigkeit **18** 100
- Zahlungsunfähigkeit **18** 69

Insolvenzhäufigkeit, Ursachen **18** 1
Insolvenzmasse, Vermögensverschiebung zu Lasten der **18** 135 f., 140
Insolvenzordnung, Einführungsgesetz **1** 68
Insolvenzplanverfahren 18 348
Insolvenzrisiko, Kreditvergabe **21** 215
Insolvenzstrafrecht 1 68, 14
Insolvenzstraftat
- Eingehungsbetrug **18** 245 f.
- Schutzbereich **14** 36
- Statistik **18** 122
- Tätigkeitsverbot als Geschäftsführer/Vorstandsmitglied **18** 45
- Verteidigungsstrategien **18** 121 ff.
- Veruntreuen/Vorenthalten von Arbeitsentgelt **18** 256 f.

magere Zahlen = Randnummern

Sachverzeichnis

Insolvenzstraftaten 18 10
Insolvenzverfahren 18 330
- Aufhebung 18 356
- Auskunfts-/Mitteilungs-/Mitwirkungspflichten 18 353
- Auskunftserzwingung 7 209
- Auskunftspflicht 18 366
- Bankrotthandlung nach Abschluss des 18 359
- Beendigung 18 356
- Eigenverwaltung 18 331, 349
- Einstellung 18 357
- Kooperation mit Insolvenzverwalter 18 351
- Nichteröffnung mangels Masse 18 337
- Regelinsolvenzverfahren 18 344
- Täter Bankrottdelikt 18 109
- Verfahrenskosten 18 337
- Verwendungsverbot 18 368
Insolvenzverfahren, vereinfachtes 18 117
Insolvenzverschleppung 18 215 ff.; 25 288
- bei Fremdantrag 18 229
- Durchgriffshaftung 18 380
- Frist 18 85
- Konkurrenzen 18 384
- Normadressaten 18 225
- Sanktionen 18 376
- Schuldformen 18 230
- stille Liquidation 18 306
- Unternehmensbestattung 18 310
- Vorsatz 18 230
Insolvenzverwalter
- kick-back 18 394
- Kooperation mit 18 351
- strafrechtliche Risiken 18 390 f.
- Strafvereitelung 18 395
- Untreue 18 392
- Vermögensbetreuungspflicht 17 11
Insolvenzverwalter, vorläufiger 18 333
- schwacher 18 334
- starker 18 335
Insolvenzverwaltung, vorläufige 18 332
Instandhaltungskosten, Zollwert 31 79
Instruktionsfehler, Produkthaftung 4 54
IntBestG 19 244
Interesse, öffentliches
- Betriebs-/Geschäftsgeheimnisverletzung 23 264
- Mandantenberatung 23 287
- unwahre/progressive Werbung 23 259
Interesseformel, Abgrenzung Untreue/Bankrotthandlung 18 233
Interessen, kollidierende, Produktverantwortung 4 134
Interessenklärung 7 26 f.
- Interessenkollision 7 36 f.
- Notwendigkeit 7 26
- Prüfungsumfang 7 34
- stattlicher Eingriff 7 35
- Zeitpunkt 7 33

Interessenkollision 7 27, 36 f.
- Aufgabenüberschneidung 7 41
- Doppelvertretung 7 52
- Offenlegung bei Finanzanalyse 22 468
- Parteiverrat 77 46
- Personenidentität 7 39
- Prüfungsschema 7 37
- Sachverhaltsidentität 7 40
Interessenskonflikt, Individual-/Unternehmensverteidiger 11 216
Interessenwahrnehmung, unabhängige 7 20
Interna, Unternehmenskrise infolge 11 82
International Accounting Standards (IAS) 25 31
International Financial Reporting Standards (IFRS) 25 31
International Import Certificate (IC) 26 68
Internet, Handlungsort 14 53
Internethandel, Wertpapiere 22 152
Interpretation, Urheberschutz 23 171
Inus-Bedingung 3 36
Inventar 25 35
- Nichtaufstellung 18 163
Inventurpflicht, Verstoß gegen 25 93
In-Verkehr-bringen, Steuerzeichen 29 82
Investitionen, aussichtslose 18 157
Investitionshilfe, Subvention 32 48
Investitionszulage, Subvention 32 48
Investmentfonds, ausschließlich Optionsscheine 22 668
Investmentwesen, Gesetz zur Modernisierung des I. Und zur Besteuerung von Investmentvermögen (Investmentmoderisierungegesetz) 21 71
Irland
- Ermittlungsverfahren 15 53
- Strafverteidiger 15 37
Irreführungs-Richtlinie 23 13
Irreführungsschutz, geografische Herkunftsangabe 23 212
Irrtum
- arbeitsteilig tätige Unternehmen 16 51
- Betrug 16 41
- Erregung/Unterhaltung eines 16 46
- Feststellung 16 49
- Kausalität 16 60
- Korruptionsdelikt 19 184
- Mitverschulden/Leichtgläubigkeit 16 44
- Serienbetrug 16 50
- Subjekt 16 47
- über räumliche Geltung deutschen Strafrechts 2 19
- über Schutzbereich 14 43
- Widerspruch zwischen Vorstellung und Wirklichkeit 16 41
- Zurechnung 16 48
Island, Unternehmensstrafbarkeit 15 216

Sachverzeichnis

fett gedruckte Zahlen = Paragrafen

Italien
- Beschuldigtenrechte im Ermittlungsverfahren **15** 68
- Ermittlungsverfahren **15** 54
- Strafverteidiger **15** 37
- Unternehmensstrafbarkeit **15** 216

iura novit curia 14 97, 103

Jagdschein, Entziehung bei Steuerhinterziehung **29** 325

Jahresabschluss
- Begriff **25** 37
- Bestätigungsvermerk **25** 295
- Kreditinstitut **21** 275
- Täuschung über bewertungserhebliche Umstände **22** 385
- unrichtige Angaben bei Aufstellung **25** 134, 139
- unrichtige/verschleiernde Darstellung Unternehmensverhältnisse **25** 64

Jobrotation 8 77

Juristische Person
- Geldbuße Steuerordnungswidrigkeit **29** 783
- Täter Bankrottdelikt bei **18** 108

Justiz, unionsrechtliche Vorgaben **14** 83

Kaffee, Freimenge **31** 71
Kaffeesteuer, Zollstrafrecht **31** 6, 7
Kanzlei
- Ablauforganisation **7** 312
- Aufbauorganisation **7** 312
- Büroorganisation **7** 311
- Geschäftspartner **7** 322
- Informationsmanagement **7** 325
- Mitarbeiterführung **7** 323
- Qualität **7** 319
- Vertretungsregelungen **7** 317
- Wirtschaftlichkeit **7** 320
- Wissensmanagement **7** 325

Kanzleiausrichtung 7 323
Kapitalabzug, pflichtwidriger **17** 62
Kapitaladäquanzrichtlinie, Umsetzung **22** 44
Kapitalanlagebetrug 1 53; **16** 2; **22** 729
- Beihilfe **25** 333
- Finanzierungsgeschäft **21** 158
- Schadensersatz **11** 201
- Schutzbereich **14** 36
- Verjährung **6** 33

Kapitalanlageprospekt, unrichtige Angaben **25** 273
Kapitalausschüttung, Aushöhlung GmbH **18** 239
Kapitaleinbringung, unrichtige Angaben über **25** 281
Kapitalerhaltung, Kreditinstitut **21** 274
Kapitalerhöhung, Beseitigung Überschuldung **18** 67
Kapitalerhöhung aus genehmigtem Kapital, unrichtige Angaben über **25** 278
Kapitalerhöhung aus Gesellschaftsmitteln, unrichtige Angaben über **25** 279, 282

Kapitalerhöhung, bedingte, unrichtige Angaben über **25** 278
Kapitalerhöhung gegen Einlagen, unrichtige Angaben über **25** 278
Kapitalertragsteuer
- Abzugsteuergefährdung **29** 882, 891
- Steuerverkürzung **29** 175
- Verjährungsbeginn Steuerhinterziehung **29** 687

Kapitalfinanzierung, vorsätzliche Verwendung unrichtiger Bilanz **25** 68
Kapitalflussrechnung 25 35
Kapitalgesellschaft
- Auflösung **18** 303
- Bilanzstrafrecht **25** 48
- Liquidation **18** 303
- Löschung im Handelsregister **18** 341
- Verhältnis unternehmerisches Handeln/Vermögensbetreuungspflichtverletzung **17** 56
- Vermögenslosigkeit **18** 303

Kapitalherabsetzungsschwindel, GmbH **25** 283
Kapitallebensversicherung, Schwarzgeldwäsche **11** 86
Kapitalmarktstrafrecht, ständiges Rechtsänderungen **22** 14
Kapitalmarkt
- Adressen Börsenaufsicht **22** 102
- fremder Sachverstand/Sachverständige **22** 87
- Sachverständigenadressen **22** 89
- Schutzgutdiskussion **22** 120

Kapitalmarkt, deutscher, Struktur **22** 83
Kapitalmarktaufsicht 22 65 ff.
- Auskunftsersuchen Börsenaufsichtsbehörde **22** 78
- Auskunftsersuchen gegen Beteiligte am Wertpapierhandel **22** 74
- Auskunftsersuchen Handelsüberwachungsstelle **22** 76
- Emittentenauskunft durch BAFin **22** 73
- Informationsbestände **22** 69
- Mandantenberatung **22** 65
- Mandatsaufnahme **22** 80
- Mitwirkungspflichten **22** 72
- Verteidigungsstrategien **22** 80

Kapitalmarktdelikt Schutzgut **22** 120
Kapitalmarktforschung 22 367
Kapitalmarktmandat, Verteidigungsstrategien **22** 18
Kapitalmarktrecht 22 1 ff.
- Klagerecht **22** 16
- Prospektrichtlinie **21** 42
- schadensersatzrechtlicher Zugriff auf Ermittlungsakten **22** 17
- Zulassungsrichtlinie **21** 42
- Zwischenberichtsrichtlinie **21** 42

Kapitalmarktsache
- Reputationsschäden **22** 23
- Veröffentlichung von Sanktionen **22** 22

magere Zahlen = Randnummern **Sachverzeichnis**

Kapitalmarktstrafrecht 22 1 ff.
- Ausblick 22 26
- BAFin 22 49
- bei Marktinformationen 22 746
- Berichtspflichten 22 747
- Bilanzdelikte 22 742
- EU-Richtliniengesetzgebung 22 37
- Komitologieverfahren 22 39
- Mandantenberatung 22 10
- Prospektbetrug 22 733
- Regulierung Wertpapierhandel 22 31
- Regulierungsentwicklungen 22 52
- StGB 22 731
- Straftaten 22 56
- Umsetzung EU-Richtlinien 22 41
- Verteidigungsstrategien 22 60
- zivilrechtliche Aspekte 22 60

Kapitalmaßnahme, Täuschung über bewertungserhebliche Umstände 22 385

Kapitalveränderungen, unrichtige Angaben über 25 277

Kapitalverlustmitteilung, verschleppte 25 287

Kapitalzeichnung, unrichtige Angaben über 25 281

Kartell
- Begriff 24 1
- Formen 24 2
- Täterschaft/Beihilfe 2 19

Kartellabsprache, Submissionsabsprache 24 38

Kartellbehörde 24 34
- Beantwortung Auskunftsersuchen 24 406
- Beschlagnahme 24 341
- Durchsuchung 24 329 f.
- Ermittlungsbefugnisse 24 36, 327
- Kooperation mit 24 67, 410
- Sanktionsmöglichkeiten 24 36
- Zusammenarbeit mit K. bei Korruptionsermittlungen 19 397
- Zuständigkeit Kartellordnungswidrigkeit 24 319

Kartellbekämpfung, Sonderkommission 19 398

Kartellbildung 24 2

Kartellgericht, Einspruchsverfahren vor 24 363 f.

Kartellordnungswidrigkeit
- Aufsichtspflichtverletzung 24 192
- Ausbeutungsmissbrauch 24 238
- Behinderungsmissbrauch 24 237
- Behinderungsverbot 24 241, 244
- Bonusregelung BKartA 24 390
- Bußgeldbemessung 24 384, 435
- Bußgeldbescheid 24 361
- Bußgeldrahmen 24 382, 435
- Bußgeldtatbestände 24 173 f.
- Checkliste 24 432, 433
- Diskriminierungsverbot 24 241, 245
- einheitliches/verbundenes Kartellverfahren 24 209
- Ermittlungsverfahren 24 327 f.
- Fahrlässigkeit 24 260
- Freistellung 24 224
- Geldbuße 24 381, 432
- Haftung Aufsichtspflichtiger 24 186 f.
- Haftung Unternehmen 24 204
- Haftung Unternehmensvertreter 24 182
- Koppelungsgeschäft 24 237
- leichte Ungehorsamkeit 24 175, 179
- Rechtfertigung 24 262
- schwere Zuwiderhandlung 24 175, 177
- Strukturmissbrauch 24 239
- Submissionskartell 24 226
- Tatbestandsirrtum 24 256
- Unternehmensgeldbuße 24 209
- Verbotsirrtum 24 258
- Verfahrenseinstellung 24 358
- Verjährung 24 176, 196, 212
- Verstoß gegen Art. 81 EGV 24 214, 438, 440
- Verstoß gegen Art. 82 EGV 24 214, 439, 440
- Verstoß gegen § 1 GWB 24 217
- Verstoß gegen § 19 Abs. 1 GWB 24 229
- Verstoß gegen § 20 Abs. 1 GWB 24 241
- Verstoß gegen § 21 Abs. 1 GWB 24 250
- Verstoß gegen § 81 Abs. 1 GWB 24 177
- Verstoß gegen § 81 Abs. 2 Nr. 2 a GWB 24 178
- Verstoß gegen § 81 Abs. 2 Nr. 2 b GWB 24 180
- Verstoß gegen § 81 Abs. 2 Nr. 3 GWB 24 179
- Verstoß gegen § 81 Abs. 2 Nr. 4 GWB 24 179
- Verstoß gegen § 81 Abs. 2 Nr. 5 GWB 24 178
- Verstoß gegen § 81 Abs. 2 Nr. 6 GWB 24 180
- Verstoß gegen § 81 Abs. 3 GWB 24 177
- Verzinsung Geldbuße 24 395
- Vollstreckung 24 395
- Vorsatz 24 256
- Vorteilsabschöpfung 24 386
- Zugangsverweigerung 24 240
- Zuständigkeit 24 317 f.
- Zuständigkeit Kartellbehörde 24 319
- Zuständigkeit Staatsanwaltschaft 24 324

Kartellordnungswidrigkeitenrecht 5 40, 169 f.
- Aufsichtspflichten 24 195
- betriebsbezogene Pflichten 24 190, 207
- Bußgeldverfahren 24 315
- Haftung 24 181 f.
- Kartellverfahren 24 312 f.
- Sonderkommission Kartellbekämpfung (SKK) 24 394
- verbundene Verfahren 24 209
- Verwaltungsverfahren 24 314
- Zuständigkeit 24 317 f.

Kartellrecht 24 1 ff.
- Begriff 24 5
- Kompetenz europäischer Behörden 11 8
- Konsequenzen außerhalb Kartellverfahren 24 51

Hagen 2125

Sachverzeichnis

fett gedruckte Zahlen = Paragrafen

- Mandatsanbahnung **24** 42
- Mandatsaufnahme **24** 41
- Missbrauchsaufsicht **24** 32
- nationales **24** 29
- Rechtsgrundlagen **24** 30
- Reformbedarf **1** 113
- Verfahrensablauf **24** 47
- Verhältnis nationales/europäisches **24** 33
- Verteidigungsstrategien **24** 40 f., 55

Kartellrecht, europäisches 24 7, 69 f.
- Auskunftsanspruch **24** 135
- Auskunftsverweigerungsrecht **24** 138
- Befragungen **24** 139
- Beweisverwertung **24** 132
- Bußgelderlass **24** 164
- Bußgeldtatbestände **24** 72
- Doppelahndung **24** 168
- Durchführungsverordnung **24** 19, 103
- Eingriffsbefugnisse Europäische Kommission **24** 156
- Ermittlungsbefugnisse der Kommission **24** 134
- European Competition Network (ECN) **24** 129
- Geltungsbereich **24** 20
- Gruppenfreistellungsverordnung **24** 18
- Informationsaustausch **24** 132
- Kartellverfahren **24** 125
- Kartellverstöße **24** 77
- Nachprüfungen **24** 142
- Opportunitätsprinzip **24** 125
- primäres **24** 12
- Rechtsgrundlagen **24** 10
- Sanktionen **24** 158
- sekundäres **24** 16
- Spürbarkeit der Wettbewerbsbeschränkung **24** 95
- Territorialitätsprinzip **24** 25
- Unternehmenssanktionen **24** 75
- verbotene Verhaltensformen **24** 85
- Verhältnis europäisches/nationales **24** 26
- Verjährung **24** 79
- Verstoß gegen Art. 14 VO Nr. 139/04 **24** 117
- Verstoß gegen Art. 81 Abs. 1 EGV **24** 82
- Verstoß gegen Art. 82 S. 1 EGV **24** 108
- Vorrang **24** 26
- wettbewerbsbeschränkende Wirkung **24** 92
- Zielsetzung **24** 8
- Zuständigkeit **24** 128
- Zwischenstaatlichkeitsklausel **24** 20

Kartellsenat OLG 24 369

Kartellverbot
- Checkliste **24** 438, 439
- europäisches **23** 13
- Freistellung **24** 14

Kartellverfahren 24 312 f.
- Abschluss Ermittlungsverfahren **24** 358
- Akteneinsicht **24** 57
- Anfrage, informelle **24** 354
- arbeitsrechtliche Konsequenzen **24** 63

- Auskunftsverlagen, förmliches **24** 351
- Auskunftsverweigerung **24** 343
- Aussageverweigerung **24** 348
- berufsrechtliche Konsequenzen **24** 52
- Beschlagnahme **24** 341
- Bestandsaufnahme **24** 56
- Betroffene **24** 348
- Bußgeldbescheid **24** 361
- Checkliste Geldbuße nach § 130 OWiG **24** 433
- Checkliste Geldbuße nach § 81 GWB **24** 432
- Checkliste Unternehmensgeldbuße **24** 434
- Durchsuchung **24** 329 f.
- Durchsuchungsdurchführung/-umfang **24** 334
- einheitliches/verbundenes **24** 209
- Einspruchsverfahren gegen Bußgeldbescheid **24** 363, 430
- Einstellungsmöglichkeiten **24** 66
- Ermittlungsverfahren **24** 327 f.
- europäisches **24** 125
- Hauptverhandlung **24** 371
- Imageschaden **24** 63
- Informationsaustausch **24** 320
- Klärung der Interessenlage **24** 63
- Kontakt mit Mitverteidigern **24** 62
- Kooperation mit Kartellbehörden **24** 67
- Mandantenberatung **24** 46, 402 f., 414
- Mandantenrechte/-pflichten **24** 49
- Mandatsführung **24** 40
- mandatsinterne Abklärung **24** 59
- Mitarbeiterschutz im **24** 421
- Rechtsbeschwerde **24** 376
- steuerliche Behandlung Geldbuße/Verteidigungskosten **24** 427
- Täuschung über bewertungserhebliche Umstände **22** 385
- Übergang Bußgeld- zum Strafverfahren **24** 373
- unmittelbarer Zwang **24** 334
- Verfahrenseinstellung **24** 358
- Vergabesperre **24** 51
- Vernehmung Betroffener **24** 356
- Verschlechterung **24** 364, 430
- Verteidigertätigkeit **24** 68
- Verteidigung **24** 43
- Verteidigung Betroffener **24** 357
- Verteidigungskostenübernahme **24** 424
- Verteidigungsstrategien **24** 55
- Verteidigungsziel **24** 65
- Verwertungsverbot **24** 352
- Vorlage an OLG **24** 369
- Zeugenvernehmung **24** 342
- Zeugnisverweigerungsrecht **24** 345
- Zusammentreffen Ordnungswidrigkeit/Straftat **24** 377
- Zwischenverfahren **24** 368

Kartellverfahren, europäisches
- Anhörungsverfahren **24** 150

magere Zahlen = Randnummern **Sachverzeichnis**

- Beweisverwertung 24 132
- Bußgeldbemessung 24 159, 159
- Eingriffbefugnisse 24 156
- Ermittlungsbefugnisse 24 134
- Kronzeugenregelung 24 163
- Sanktionen 24 158
- Zuständigkeit 24 128

Kartellverstoß
- Bußgeldrahmen 24 37
- Diskriminierungsfälle 24 106
- Kontrollvereinbarung 24 106
- Koppelungsgeschäft 24 106
- Marktaufteilung 24 106
- Preis-/Konditionenabsprache 24 106
- Unternehmensgeldbuße 5 40

Kartellverstoß, leichter 24 77
Kartellverstoß, schwerer 24 78
Kassakurs, Marktmanipulation 22 360

Kassamarkt
- computerunterstützte Präsenzbörse 22 139
- Optionsscheinhandel 22 137

Kassengeschäft, Geldwäsche 21 56 f.
Kaufmann, Buchführungspflicht 18 167
Kaufvertrag, Vermögensbetreuungspflicht 17 29

Kausalität
- alternative 3 35
- conditio sine qua non 3 32
- Einzelstimme bei Gremienentscheidung 3 30
- Endverbraucher 4 80
- Inus-Bedingung 3 36
- Kollegialentscheidung 4 82
- kumulative 3 33
- Mehrfachkausalität 3 36
- Mittäterschaft Einzelstimme 3 37
- Produkthaftung 4 60 f.
- unterlassener Warnhinweis/Rückruf 4 77
- Vermögensverfügung 16 60

Kennzeichenverletzung
- Bekanntheitsschutz 23 207
- Checkliste 23 198
- Erschöpfung/Verwirkung 23 201
- Identitätsschutz 23 203
- Verwechslungsschutz 23 205
- Vorbereitung 23 208

Kennzeichnungsverstoß, Verbrauchsteuergefährdung 29 915
Kernbrennstoffe, Einfuhrverbot 26 159
Kerngeschäftsfelder, Täuschung über bewertungserhebliche Umstände 22 385
Kerntechnische Anlage, Begriff 28 93
Kettenbriefaktion 18 155
Kettenhehlerei 29 607
keylogging 21 108
Kfz, Durchsuchung 30 342
Kfz-Händler, Geldwäscherisiko 20 235
Kfz-Steuer, Steuerverkürzung 29 175

KG
- Insolvenzverschleppung 25 288
- Pflichtabschlüsse 25 73
- Vermögensbetreuungspflicht 17 78

KGaA
- Insolvenzdelikte 18 22
- Insolvenzverschleppung 25 288
- Pflichtabschlüsse 25 73
- Täter Bankrottdelikt bei 18 113
- Verhältnis unternehmerisches Handeln/Vermögensbetreuungspflichtverletzung 17 57
- verschleppte Kapitalverlustmitteilung 25 287

kick-back
- Arbeitnehmer 19 281
- Insolvenzverwalter 18 394
- Korruptionsmandant 19 40
- Kreditvergabe 21 225
- Pflichtwidrigkeit 17 53
- Untreue 19 280, 285
- Zuwendung als Schaden 19 285

Kindergeld, Steuervergünstigung 29 184
Klageerhebung, Verjährungsunterbrechung 29 716
Klageerhebung, öffentliche, Verjährungsunterbrechung 6 75
Klagerecht, Kapitalmarktrecht 22 16
Klimapflege 11 42
Knock-out, Barrior Optionsscheine 22 330
Know-how, Verletzung 23 75 f.
Know-Your-Customer-Prinzip (KYC) 21 68
Kock-out-Schwelle, Börsenpreis 22 378
Kohlesubvention 32 49

Kollegialentscheidung
- Abstimmungsverhalten 4 107
- Abwesenheit/Enthaltung bei Abstimmung 4 115
- Kausalität Produkthaftung 4 82
- Produkthaftung 4 99 f.

Kollegialorgan, Aufsichtspflichtverletzung 24 198
Komitologieverfahren 22 39
Kommunikation, Organisation 7 316
Kompensationsverbot, Steuerverkürzung 29 185
Kompetenzverteilungsprinzip 14 47
Konditionenabsprache 24 106
Konditionenmissbrauch 24 116
Konnexität, Beweisantrag 13 65
Konsolidierungspflicht, Verstoß gegen 25 93

Konstruktionsfehler
- Produkthaftung 4 7, 51

Konsumtion, Steuerhinterziehung 29 247
Kontaktaufnahme, schriftliche, Mandatsanbahnung 7 70
Kontaktaufnahme, unaufgefordert telefonische, Börsentermingeschäft 22 675

Kontamination
- Bagatellgrenze 20 59
- Geldwäsche 20 54
- Lehre von der Totalkontamination 20 55

Hagen

Sachverzeichnis

fett gedruckte Zahlen = Paragrafen

Kontenabfrage
- allgemeine Überwachung 30 554
- BAFin 30 310
- einmalige/periodische bestimmter Art/Höhe 30 554
- Sammelauskunftsersuchen 30 554

Kontendaten
- keylogging 21 108
- missbräuchliche Erlangung 21 108
- pharming 21 108
- phishing 21 108
- unerlaubte Beschaffung 21 32

Konteneinrichtung 21 103
Kontenwahrheitspflicht, Verletzung 29 872
Kontoabhebung, Täuschung bei 16 38
Kontostammdatenabruf 30 310
Kontoverfügung 21 107

KonTraG
- Frühwarnsystem 8 33
- Gegenprüfung 8 37
- Produkthaftung 4 117
- Überwachungssystem 8 35

Kontrolldelikt, Wirtschaftskriminalität 1 35
Kontrollebene, Zusammenarbeit mit Unternehmensvertreter 11 166

Kontrollen
- grenzüberschreitender Bargeldverkehr 20 188
- unternehmensinterne 7 200

Kontrollen, interne, Geldwäsche 20 155
Kontrollerwerb, Täuschung über bewertungserhebliche Umstände 22 385
Kontrollinstrumente, unternehmensinterne Aufklärung 10 72

Kontrollmaßnahme
- anwaltliche Vertretung bei 33 149
- Überprüfungsermächtigung 33 150

Kontrollmitteilung 30 299
- Enttarnungsrisiko 30 305
- Geldwäsche 20 184

Kontrollpflicht, Aufsichtsrat 25 79

Kontrollrechte
- EG 33 6, 13, 144 f.
- EU-Richtlinien 33 31

Kontrollregelungen, Strukturfonds/Agrarstrukturpolitik 33 29
Kontrollvereinbarung 24 106
Kontrollverordnung, EG 33 15

Konzern
- cash-pooling 18 314
- Sperrwirkung bei Durchsuchungsanordnung namentlich nicht genannter Verantwortlicher 30 535
- Vermögensbetreuungspflicht 17 73

Konzern, faktischer, cash-pooling 18 315
Konzernabschluss 25 41
- leichtfertige Offenlegung bei unrichtiger/verschleiernder Darstellung Unternehmensverhältnisse 25 64
- unrichtige Angaben bei Aufstellung 25 134, 140

Konzernbilanz, unrichtige/verschleiernde Darstellung Unternehmensverhältnisse 25 64
Konzerngesellschaften, Vermögensübertragungen zwischen 25 102

Konzernlagebericht
- unrichtige Angaben 25 141
- unrichtige/verschleiernde Darstellung Unternehmensverhältnisse 25 64

Kooperation
- mit Kartellbehörde 24 410
- Täuschung über bewertungserhebliche Umstände 22 385
- Zusammenarbeit zwischen Verteidigern 7 262

Kooperation, grenzüberschreitende
- Strafverfolgungsbehörden 15 38
- Strafverteidiger 15 38

Kooperationsvereinbarung, horizontale, wettbewerbswidrige Verhaltensform 24 87

Koordination, mangelnde, Unternehmensberatung 11 230
Koordinator, Einsetzung für Durchsuchungsernstfall 8 106
Kopieren von Unterlagen, Mandantenberatung 7 156
Kopierschutz, Umgehung 23 156
Kopiersperre, unerlaubter Eingriff in technische Schutzmaßnahmen 23 175

Koppelungsgeschäft
- Kartellordnungswidrigkeit 24 237
- Marktbeherrschung 24 116
- Wettbewerbsbeschränkung 24 106

Körperschaftsteuer, Verjährungsbeginn Steuerhinterziehung 29 684, 691
Korrespondenz, Organisation 7 316

Korruption 11 40; 19 1 ff.
- Anfüttern 19 18
- Begleitdelikte 19 252 f.
- Begriff 19 14
- Dienstvergehen 19 61
- Disziplinarrecht 19 62
- Durchsuchungen 19 417
- Ermittlungsverfahren 19 408 f.
- Formen 19 17
- grenzüberschreitende 19 240
- öffentliches Dienstrecht 19 60
- politische 1 9
- potentieller Mandant (Typologie) 19 34
- Schadensersatz 11 201
- situative 19 19
- strukturelle 19 20
- systematische 19 21
- Täterschaft/Beihilfe 2 21
- Verbot Betriebsausgabenabzug 19 58
- Verwendungsverbot 30 142 f.
- Zuwendungsempfänger 19 41

Korruptionsbeauftragter, Tätigkeit des 19 416

magere Zahlen = Randnummern

Sachverzeichnis

Korruptionsbekämpfung 1 86, 22; 26 152
- Begleitdelikte 19 252 f.
- EU-Bestechungsgesetz 19 243
- IntBestG 19 244
- internationale 19 240
- internationale Abkommen 19 53
- Mandantenberatung 24 402 f., 414
- öffentliches Dienstrecht 19 60
- Personalbereich 8 96
- Präventivberatung 8 58
- Richtlinien 19 68
- Sanktionen im Personalbereich 8 102
- Vergabesperre 8 104

Korruptionsbekämpfungsgesetz 1 61; 19 48
- Submissionsabsprache 24 270

Korruptionsdelikt 19 45 f.
- Abgrenzung strafbarer/-loser Verhaltensweise 19 160
- Amtsträger 19 83
- Auslieferung 19 432
- Ausschluss von öffentlicher Auftragsvergabe 19 372
- Begleitdelikte 19 252 f.
- Beihilfe 19 180
- Beihilfe zu Steuerhinterziehung 19 302
- Belehrungspflicht, steuerstrafrechtliche 19 321
- Berufsverbot 19 370
- Bestechlichkeit im geschäftlichen Verkehr 19 201 f.
- Bestechung im geschäftlichen Verkehr 19 201 f.
- Betriebs-/Unternehmensinhaber 19 356
- Betrug zum Nachteil des Auftraggebers 19 257
- Betrug zum Nachteil des Mitbieters 19 262
- betrügerische Abrechnungspraktiken 19 267
- Dienstausübung 19 156
- Dienstpflichtverletzung 19 174
- Drittmitteleinwerbung 19 164
- Drittzuwendung 19 139
- Durchsuchung 19 417
- Einwerbung Wahlkampfspende 19 169
- Ermittlungsverfahren 19 408 f.
- Erpressung 19 334
- erweiterter Verfall 19 193
- Europäischer Haftbefehl 19 420
- Geheimnisverrat bei 19 324
- Geldbuße 19 355
- Geldwäsche 19 337
- Genehmigung 19 186
- Gewerbeuntersagung 19 368
- Gewerbezentralregister 19 368
- gewerbsmäßiges Handeln 19 192
- Gewinnabschöpfung 19 360
- Gewinnabschöpfungsanspruch 19 389
- Haftbefehl 19 419
- Herausgabeanspruch 19 388
- internationale Rechtshilfe 19 422
- internationales 19 240
- Irrtum 19 184
- Konkurrenzen 19 197
- Konkurrenzen, steuerstrafrechtliche 19 318
- Kündigungsrecht 19 386
- Mittäterschaft 19 178
- Ordnungswidrigkeit 19 355
- Schadensersatz 19 387
- Schadensfeststellung 19 342
- Schadensschätzung 19 342
- sozialadäquate Leistung 19 161
- Steuerdelikt des Zuwenders 19 287
- Steuerdelikt des Zuwendungsempfängers 19 296
- steuerstrafrechtliche Delikte 19 286 f.
- Strafvereitelung im Amt 19 332
- Strafverteidigung 19 30
- Submissionsbetrug 19 253
- Systematik 19 76
- Täterschaft 19 178
- Tathandlung 19 150
- Unrechtsvereinbarung 19 155
- Untersuchungshaft 19 418
- Untreue 19 269 f.
- Urkundenfälschung bei 19 328
- Verfall 19 360
- Verhältnis Verfall/steuerliches Abzugsverbot 19 306
- Verjährung 19 194
- Verleitung von Untergebenen zur Straftat 19 331
- Vorsatz 19 182
- Vorteil 19 133
- wettbewerbswidrige Absprache 19 253
- zivilrechtliche Folgen 19 383
- Zuwendung, immaterielle 19 137
- Zuwendung, materielle 19 135

Korruptionsermittlungen
- Zusammenarbeit mit Behörden 19 390 f.
- Zusammenarbeit mit betroffener Behörde 19 407
- Zusammenarbeit mit Europäischer Kommission 19 402
- Zusammenarbeit mit internen ermittelnden Dienststellen 19 406
- Zusammenarbeit mit Kartellbehörde 19 397
- Zusammenarbeit mit Revisions-/Rechnungsprüfungsamt 19 393
- Zusammenarbeit mit Staatsanwaltschaft 19 390
- Zusammenarbeit mit Steuerfahndung 19 391

Korruptionsermittlungsverfahren 19 408 f.
- anonyme Anzeige 19 408
- Behördenanzeige 19 414
- Betriebsprüfung 19 411
- Einleitung 19 408
- Revisions-/Rechnungsprüfung 19 412

Korruptionskriminalität 19 1

Korruptionsmandant
- kick-back 19 40
- Typologie 19 34
- Zuwendungsempfänger 19 41

Hagen

Sachverzeichnis

fett gedruckte Zahlen = Paragrafen

Korruptionsregister **1** 91; **10** 148; **19** 372; **24** 398
KorruptionsregisterG **24** 399
Kosten, Vertretung **11** 198
Kostenauferlegung **7** 336
Kostenübernahme
– Verteidigungskosten von Mitarbeitern **11** 222
– Vertretungskosten für Mitarbeiter **11** 200
– Vielzahl von Unternehmensangehöriger **11** 219
KowHow-Transfer, grenzüberschreitender **26** 1
Kräfteverteilung, Strategie **9** 36
Kraftfahrzeug, Strafschärfungsgrund **29** 581
Krankenzettel, falscher **29** 844
Kredit, strafrechtlicher Begriff **21** 164, 189
Kreditbetrug **1** 48; **16** 2
– Beihilfe **25** 334
– Finanzierungsgeschäft **21** 155
– Schutzbereich **14** 36
Kreditbilanz **25** 35
Kreditfinanzierung, vorsätzliche Verwendung unrichtiger Bilanz **25** 68
Kreditinstitut
– allgemeine Überwachung **30** 554
– Anzeigepflichten KWG **21** 272
– Aufzeichnung Telfongespräche Handelsgeschäfte **22** 258
– Ausgabe ungedeckte Pfandbriefe **21** 307
– Ausgabe ungedeckter Hypothekenbriefe **21** 306
– Bankenaufsicht **21** 277
– Bankgeheimnis im Strafverfahren **21** 287
– bankspezifische Strafnormen **21** 270
– Begriff **21** 3
– Beteiligungen **21** 272
– Depotunterschlagung **21** 300, 301
– Devisengeschäfte **21** 92
– Durchsuchungsanordnung namentlich nicht genannter Verantwortlicher **30** 526
– Edelmetallgeschäfte **21** 92
– Eigenkapitalausstattung **21** 274
– Erlaubnispflicht Geschäftstätigkeit **21** 207
– falsche Depotanzeige **21** 304
– Finanzierungsgeschäfte **21** 143
– Finanztransaktion unter Aufsicht Ermittlungsbehörde **20** 213
– Garentenpflicht **21** 114
– Geldwäsche **21** 56 f.
– Geldwäscheprävention **21** 68 f., 84
– Geldwäscheverdacht **20** 210
– grenzüberschreitender Bargeldtransfer **21** 91
– Gründung **21** 272
– Identifizierungspflicht GwG **20** 121
– Insolvenz **21** 309
– Insolvenzdelikte **18** 23
– interne Revision **21** 88
– interne Sicherungsmaßnahmen GwG **20** 149, 207
– Jahresabschluss **21** 275
– Kapitalerhaltung **21** 274
– Kassengeschäfte **21** 56 f.
– Konteneinrichtung **21** 103
– Kontoverfügung **21** 107
– Kontrollmitteilungen **30** 304
– Kundenschutz nach § 30 a AO **30** 550 f.
– Kundentäuschung **21** 145
– Mitteilungen/Auskünfte BAFin **21** 291
– Mitteilungspflicht Ermittlungsbehörde **21** 294
– Niederlassung/Zweig **21** 272
– Ordnungswidrigkeiten **21** 295
– Pflichtabschlüsse **25** 73
– Sammelauskunftsersuchen **30** 554
– spätere Kenntnis Geldwäsche **20** 212
– steuerliche Ermittlungen bei **30** 567
– Steuerstrafverfahren gegen Kunden **30** 562
– Tafelgeschäfte **21** 93, 94
– Täter Bankrottdelikt bei **18** 115
– Überschuldung **21** 274
– Überweisung des Berechtigten **21** 112
– Überweisung des Nichtberechtigten **21** 110
– unbefugte Offenbarung **21** 286
– unerlaubte Bankgeschäfte **21** 279
– unerlaubte Bargeldverfügung **21** 95
– unerlaubtes Finanzierungsgeschäft **21** 285
– Verteidigungsstrategien bei Ermittlungen gegen **30** 548
– Verteidigungsstrategien bei steuerstrafrechtlichen Ermittlungen bei/gegen **30** 559
– Zahlungsunfähigkeit **21** 274
– zivilrechtliche Haftung bei Geldwäsche **20** 209
Kreditinstitute, Auslandsüberweisung **11** 84
Kreditinstitutsleiter/-inhaber, Konsequenzen bei Steuerstrafverfahren **30** 511
Kreditkarte
– Bargeldauszahlung **21** 102
– missbräuchliche Erlangung **21** 138
– missbräuchliche Verwendung **21** 139
Kreditkartenbetrug **16** 98
Kreditkartenmissbrauch **1** 52; **16** 98; **21** 136
– Schutzbereich **14** 31
Kreditkartenmissbrauch, Vorsatz **21** 142
Kreditkartenzahlung, Behandlung/Vorgaben GwG **20** 200
Kreditrisiko, Begriff **21** 3
Kreditschutzorganisation, Abweisung Insolvenzantrag **18** 339
Kredituntreue, Lastschriftreiterei **21** 118
Kreditvergabe
– Abschreibung **21** 242
– allg. Geschäftsrisiko **21** 214
– Beleihungswertrichtlinie **21** 247
– Beteiligung Aufsichtsgremien **21** 230
– Bonitätsbeurteilung **21** 253
– Chancen-/Risikobeurteilung **21** 213
– Checkliste **21** 204
– Eigen-/Kundengeschäft **21** 208
– eigennütziges Verhalten **21** 225

magere Zahlen = Randnummern

Sachverzeichnis

– Einwilligung Gesellschafter/-sorgane 21 227
– Einzelrisiko 21 215
– Einzelwertberichtigung 21 242
– Entlastung 21 228
– Entscheidungskompetenz 21 221
– Erstkredit 21 191
– externe Risiken 21 217
– Folgekredit 21 191
– Forderungsbewertung 21 251
– Gefährdungsvorsatz 2 57
– Geschäftsführungsaufgabe 21 205
– Informationsgrundlage 21 210
– interne Risiken 21 216
– Kausalität 21 256
– kick-back 21 225
– Krediterhöhung/-reduzierung 21 198
– Personalsicherheit 21 253
– Pflichten 21 190
– pflichtwidrige 21 202 f.
– Pflichtwidrigkeitszusammenhang 21 258
– Prolongation 21 198
– Realsicherheit 21 246
– Ressortverantwortung 21 229
– Risikocontrolling 21 219
– Rückzahlungsforderung 21 244
– Schadensindikatoren 21 242
– Schutzzweckzusammenhang, fehlender 21 264
– Treubruch Aufsichtsgremium 21 231
– Überschreitung Höchstkreditgrenze 21 224
– Umfinanzierung 21 198
– Untreue durch 21 185
– Verjährung 21 269
– Vermögensnachteil 21 236
– Versuch 21 269
– Vertretbarkeit der Entscheidung 21 220
– Vorsatz 21 267
– Zurechnung 21 256
– Zweckerklärung 21 251

Kreditvergabe, interne Kreditprüfung 21 228
Kreditwesen
– Auswirkung Ermittlungsverfahren 21 13
– Funktionsweise 21 2
– Geld-/Zahlungsverkehr 21 30 ff.
– Informationsbeschaffung 21 20
– Mandantenberatung 21 11
– Mandatsannahme 21 10
– Verteidigungshandeln 21 20
– Verteidigungspraxis 21 1 ff.
– Verteidigungsstrategie 21 14

Kreditwesengesetz, Straftaten nach 22 680 ff.
Kreislaufwirtschaftsgesetz, Umweltstraftat 28 230
Kreisverkehr, Subventionsbetrug 32 60
Kriegswaffen 26 163
– Auslandsgeschäfte 26 193
– Einziehung/Verfall 26 208
– Genehmigungsverstoß, fahrlässiger 26 202
– Genehmigungsverstoß, versuchter 26 203
– Genehmigungsverstöße 26 185 f.

– Genehmigungsverstöße, besonderes schwere 26 200
– Genehmigungsverstöße, minder schwere 26 201
– Nichterfüllung von Auflagen 26 210
– Ordnungswidrigkeit 26 209
– tätige Reue bei Genehmigungsverstoß 26 207
– Verstoß gegen Bestandsmeldung 26 210
– Verstoß gegenüber Kontrollbehörden 26 210
– Vorbereitung Genehmigungsverstoß 26 203

Kriegswaffenbuch, Verstoß gegen Aufbewahrungs-/Führungspflichten 26 210
Kriegswaffenkontrollgesetz (KWKG) 26 161
– Antipersonenminen 26 183
– Anwendungsbereich 26 173
– Atomwaffen 26 169, 175
– Aufbau 26 162
– Bannbruch 26 221
– Biologische Waffen 26 170, 180
– Chemische Waffen 26 171, 180
– Exportverbote 26 37
– Genehmigungspflichten 26 196
– Genehmigungsverstöße 26 185
– Kriegswaffen 26 163
– Kriegswaffenliste (KWL) 26 168
– Ordnungswidrigkeit 26 209
– Strafnormen 26 174

Kriegswaffenliste (KWL) 26 168
Kriegswaffenmeldeverordnung, Verstoß gegen 26 210
Kriegswaffenstrafrecht 26 161 f.
Kriminalpolitik, Wirtschaftsstrafrecht 1 106
Kriminologie 1 27
– Sozialprofil 1 29

Krise, Begriff 18 284
Krisenberatung, Unternehmen 11 1 ff.
Krisenerkenntnis 11 90
Kronzeugenregelung
– BKartA 24 390
– europäisches Kartellverfahren 24 163

Kultursubvention 32 49
Kundenbetreuung
– sozialübliche 19 290
– steuerrechtlich unbedenkliche 19 288

Kundenbetreuungskosten, steuerliche Außenprüfung 19 291
Kundengeschäft, Kreditinstitut 21 208
Kundentäuschung, Finanzierungsgeschäft 21 145
Kundenwerbung, unwirtschaftliches Geschäft 18 155
Kundenwerbung, progressive 1 55; 23 64
– Checkliste 23 66
– öffentliches Interesse 23 259
– Pyramidensystem 23 74
– Schneeballsystem 23 73
– Strafverfolgung 23 259
– Tatbestand 23 68
– Täter 23 67
– Verjährung 23 161

Hagen

Sachverzeichnis

fett gedruckte Zahlen = Paragrafen

– Vorsatz **23** 72
Kündigung
– Mandat **7** 123
– Mitarbeiter **8** 102
Kündigungsrecht, Korruptionsdelikt **19** 386
Kursbeeinflussungspotential,
  Insiderinformation **22** 625
Kursbetrug 1 54
Kursmanipulation 1 70
– Aufbewahrung Verbindungsdaten **22** 173
Kursmanipulationsstrafrecht, Schutzbereich
  14 37
Kurspflege
– Börsenpreismanipulation **22** 504
– Emissionskurs **22** 505
Kursschwankungen, Ursachen **22** 628

Ladung, Mandantenberatung **7** 156
Ladung, telefonische **7** 156
Lagebericht 25 35, 39
– unrichtige Angaben **25** 141
– unrichtige/verschleiernde Darstellung
  Unternehmensverhältnisse **25** 64
– Verstoß gegen Berichtspflicht **25** 93
Lagerkostenvergütung 32 41
Lagerung
– Chemiewaffen **26** 212
– gefährliche Abfälle **28** 186
Lamfalussy-Verfahren 22 39
Landbau, ökologischer, Agrarstrukturpolitik
  33 30
Ländliche Entwicklung, Agrarmarktordnung
  33 33
Lärm, Begriff **28** 166
Lärmschutz 28 171
Lärmverursachung 28 165
Laserstrahlung, Schutz vor **28** 174
Lastschrift, unerlaubte **21** 115
Lastschrift-Einzugsverfahren, Täuschung bei
  16 37
Lastschriftreiterei 21 115, 117
– Untreue von Bankangestellten **21** 118
Lastschriftverkehr 21 115
Lauschangriff
– Geldwäsche **20** 177
– Rechtsschutz **20** 182
Lauschangriff, großer, Ermittlungsverfahren
  Außenwirtschaftsrecht **26** 26
lean management 8 24
Lebensmittelbranche, Produkthaftung **4** 256
Lebensmittelkennzeichnung,
  Agrarstrukturpolitik **33** 30
Lebensmittelüberwachungsbehörde,
  Spezialkompetenz **11** 4
Lebensversicherungsvertrag,
  Identifizierungspflicht GwG **20** 130
Lederspray
– Organisationsverschulden **8** 18
– Produkthaftung **4** 9
Leerverkauf, Insiderhandel **22** 557
Legalitätsprinzip, Steuerstrafverfahren **30** 320

Leichtfertigkeit 1 99
– Begriff **29** 814
– Steuerberatender **29** 820
– Subventionsbetrug **32** 99
Leichtgläubigkeit, Irrtum **16** 44
Leiharbeitnehmer, Höchsteinsatzfrist **27** 119
Leise-Tabelle, Berechnung der Anzahl der
  Tagessätze **29** 289
Leistung, sozialadäquate, Korruptionsdelikt
  19 161
Leistungsaustauschvertrag,
  Vermögensbetreuungspflicht **17** 29
Leistungserschleichung 16 2
Leitungsebene
– Täter aus **11** 55
– Umsetzung Strategieberatung **11** 208
– Zusammenarbeit mit Unternehmensvertreter
  11 163
Leitungsperson, unrichtige Registerangaben
  über **25** 289
Lettland
– Strafverteidiger **15** 37
– Unternehmensstrafbarkeit **15** 216
Leuna 15 14
Lichtenstein, Rechtshilfe
  Außenwirtschaftsrecht **26** 17
Licht-Schutz vor 28 174
Lieferentenbetrug 18 247
Lieferschein, falscher 29 844
Liefersperre, Kartellordnungswidrigkeit **24** 247
Limited, Insolvenzantragspflicht **18** 220
Lipobay, Produkthaftung **4** 26
Liquidation
– Bankrotthandlung bei **18** 304
– bei Abweisung Insolvenzantrag **18** 338
– geregelte **18** 305
– Insolvenzantragspflicht **18** 304
– Kapitalgesellschaft **18** 303
– stille **18** 305
Liquidationsphase
– Checkliste Informationspflichten **25** 44
– Checkliste Strafnormen **25** 47
– unrichtige Registerangaben **25** 248
Liquidationswert, Überschuldungsstatus **18** 57
Liquidator
– Insolvenzverschleppung **18** 225
– Täter Bankrottdelikt **18** 109
– Vermögensbetreuungspflicht **17** 12
– Versicherung gegenüber Registergericht
  bez. des Nichtbestehens von
  Bestellungshindernissen **18** 47
Liquidität
– Begriff KWG **21** 3
– cash-pooling **18** 314
– Fortführungsprognose **18** 64
– Täuschung über bewertungserhebliche
  Umstände **22** 385
Liquiditätsbilanz 25 35
Liquiditätsgefährdung, pflichtwidrige **17** 62
Liquiditätskrise, Unternehmenskrise **18** 102
Liquiditätsverlust, Vermögensschaden **16** 69

magere Zahlen = Randnummern   **Sachverzeichnis**

Litauen, Unternehmensstrafbarkeit 15 216
Littauen, Strafverteidiger 15 37
Lizenz, Ausfuhrerstattung 33 101
Lizenzen
- Täuschung über bewertungserhebliche Umstände 22 385
- Zollwert 31 78
Lizenzpflicht, Agrarmarktordnung 33 23
Lohnpflichttheorie 1 71
Lohnsteuer
- Steuerverkürzung 29 175
- Verjährungsbeginn Steuerhinterziehung 29 687
Lohnsteuer/-voranmeldung, Arbeitnehmerüberlassung 26 125
Lohnsteuerabzug, Steuergefährdung 29 882, 890
Lohnsteuerprüfung 30 298
Lohnwucher 27 64
Löschungsverfahren, Gebrauchsmusterschutz 23 227
Lotterie 18 155
Lotteriegesetz, Steuerhinterziehung nach 29 87
Lotto 18 155
Luftleistung, Abrechnungsbetrug 16 38
Luftverunreinigung 28 149
- Fahrlässigkeit 28 163
- Freisetzung von Schadstoffen 28 156
- Vorsatz 28 161
Luxemburg
- Beschuldigtenrechte im Ermittlungsverfahren 15 69
- Doppelbesteuerungsabkommen 30 588
- Ermittlungsverfahren 15 55
- Europäisches Rechtshilfeübereinkommen (EuRhÜbK) 30 594
- Strafverteidiger 15 37
Luxusanschaffung, unwirtschaftliche Geschäfte 18 157

Madrider Abkommen (MMA/MHA) 23 22, 180
Magnetische Wellen, Schutz vor 28 174
mailbox, Durchsuchung 30 344
Malta, Strafverteidiger 15 37
Mandant, Informationsbeschaffung 7 247
Mandant, inhaftierter, Anbahnungsgespräch 7 69
Mandantenberatung 7 22; 7 125 ff.
- Annahmen 7 133
- anonyme Schreiben 7 179
- Anregungen 7 178
- Antragsrecht außerhalb Verfahren 7 177
- Antragsrechte 7 157, 172
- Anwesenheitsrecht 7 159
- Arbeitsthesen 7 133
- Aufsichtspflichtverletzung, kartellrechtliche 24 417
- Auskunftsersuchen Kartellbehörde 24 406
- ausländerrechtliche Folgen 7 213
- Außenhandelsverkehr 26 31
- Außenwirtschaftsrecht 26 31
- außerstrafrechtliche Wirkung 7 197
- banken-/kreditrechtliche Fälle 21 11
- Beistandsrecht 7 159
- Beratungspflicht 7 125
- Beratungsschwerpunkte Wettbewerbsrecht 23 286 f.
- Beschlagnahme 30 401
- Beschleunigungsgebot 7 159
- Beschränkung 7 126
- Bilanzdelikte 25 1 f., 11
- deal/Verständigungslösung 7 196
- Durchsuchung 30 401
- Durchsuchung im Kartellverfahren 24 408
- Erfolgsaussichten 7 171
- Ermittlungsantrag 7 174
- Ermittlungstaktik 7 152
- Gemeinsamer Markt/Agrarmarktordnung 33 227 f.
- Gesetzlicher Richter 7 159
- Gestaltungsantrag 7 175
- gewerberechtliche Folgen 7 214
- Gremienentscheidungen 3 10
- Grenzen 7 129
- illegale Arbeitnehmerüberlassung 27 123
- Informationsantrag 7 173
- Informationsrecht 7 159
- Kapitalmarktaufsicht 22 65
- Kapitalmarktstrafrecht 22 10
- Kartellverfahren 24 46
- Kooperation mit Kartellbehörde 24 410
- Korruptionsbekämpfung 24 402 f., 414
- Leichtfertigkeit 29 820
- Mitarbeiterschutz im Kartellverfahren 24 421
- Nebenfolgen 7 187, 193
- Nichtfeststellbarkeit 7 184
- öffentliches Interesse an Strafverfolgung 23 287
- Öffentlichkeit 7 159
- präventive 8 1 ff.
- Publizitätsdelikte 25 1 f., 11
- Rechtliches Gehör 7 159
- Rechtsfolgen 7 162
- Rechtslage 7 159
- Rechtsmittel 7 157
- Rechtsschutz 7 165
- Schweigerecht 7 159
- Situationsanalyse 7 130
- Steuerstrafverfahren 30 1 f., 11
- Straffreiheit 7 181
- Strafmilderungsgrund 7 183
- strafprozessuale Maßnahmen 7 152
- Strafrahmen 7 190
- Straftatbestände 7 160
- Strafverfolgungsmaßnahmen 7 152
- Strafzumessung 7 187
- Subventionsbetrug 32 118, 126
- Taktik 7 137 f.
- Umfang 7 127
- unternehmensexterne Folgen 7 197, 204
- unternehmensinterne Folgen 7 197, 199

Hagen

Sachverzeichnis

fett gedruckte Zahlen = Paragrafen

- Unternehmensverantwortung **7** 186
- Verfahrensbeendigung **7** 162
- Verfahrensgrundrechte **7** 159
- Verfahrenshindernis **7** 181
- Verpflichtung zur Antragserledigung **7** 176
- Verteidigungsrecht **7** 159
- Verteidigungsstrategien **7** 135
- Vollstreckung **7** 195
- Vollzug **7** 195
- vorgreifliche Rechtsfragen Wettbewerbsrecht **23** 295
- Wettbewerbsrecht **23** 35
- zoll-/zollstrafrechtliches Mandat **31** 145 f.
- Zollstrafrecht **31** 1
- Zweck-Mittel-Relation **7** 171

Mandanteninteressen
- außerstrafrechtliches Verfahren **7** 19
- OWi-/Strafverfahren **7** 18

Mandantenschutz 7 8

Mandat 7 66 f.
- Ablehnung **7** 72
- Annahme **7** 72
- Anwaltstausch **7** 95
- Anwaltswechsel **7** 93 f.
- Beendigung **7** 121
- Kündigung **7** 123
- Pflichtverteidigung **7** 83
- Prüfung Mandatsannahme **7** 71
- Rechtsanwaltshonorar **7** 100
- Übernahme **7** 73
- Vorgespräch **7** 66
- Wahlverteidigung **7** 74

Mandatsanbahnung 7 66
- inhaftierter Mandant **7** 69
- schriftliche Kontaktaufnahme **7** 70

Mandatsannahme
- banken-/kreditrechtliche Fälle **21** 10
- Bilanzdelikt **25** 11
- Checkliste Grenzüberschreitung **15** 221
- Prüfung **7** 71
- Publizitätsdelikt **25** 11

Mandatsaufnahme
- Kapitalmarktaufsicht **22** 80
- Kartellverfahren **24** 41
- Wettbewerbsrecht **23** 33

Mandatsbeendigung 7 121
- Mitteilung **7** 124

Mandatsführung 7 21
- Auslandsbezug **15** 42 ff.
- Betrug **16** 4 f., 9
- Kartellverfahren **24** 40
- Wettbewerbsrecht **23** 32 f.

Mandatsinteresse, Zusammenarbeit zwischen Verteidigern **7** 262

Mandatsniederlegung, Anwaltstausch **7** 95

Mandatsorganisation 7 21

Mandatsübernahme 7 73

Mandatsunterlagen, Beschlagnahmeverbot **10** 51

Manipulation
- Börsen-/Marktpreis **22** 340 ff.
- Derivatenkurs **22** 461
- Täuschung **16** 32

Marke
- Begriff **23** 182
- Benutzung **23** 190
- Eintragung **23** 188
- geschäftliche Bezeichnung **23** 184
- notorische Bekanntheit **23** 191
- Unterscheidungskraft **23** 183
- Verwechslungsgefahr **23** 183, 206

Markengesetz (MarkenG) 23 29, 178 f.
- Produktpirateriegesetz (PrPG) **23** 141

Markenpiraterie 23 136 f.
- Statistik **23** 138

Markenrecht
- EG **23** 15
- internationales **23** 22 f., 179

Markenrechtsvertrag 23 22

Marken-Richtlinie 23 15

Markenschutz 23 178 f.
- Einfuhrverbot **26** 160
- Entstehung **23** 186
- Erschöpfung **23** 201
- Gemeinschaftsmarkenverletzung **23** 209
- Kennzeichenverletzung **23** 198
- mangelnde Benutzung **23** 201
- Schutzgegenstand **23** 181
- Schutzumfang **23** 194
- Strafvorschriften **23** 196
- Verwirkung **23** 201

market corner, Marktmanipulation **22** 477

marking the close, Marktmanipulation **22** 360

Markpreismanipulation, Nachweis der Einwirkung **22** 92

Markt, außerbörslich regulierter 22 122

Markt, geregelter 22 127
- Begriff **22** 108
- Deutschland **22** 111
- EU **22** 110

Marktaufteilung 24 106

Marktbeherrschung
- Begriff **24** 111
- Diskriminierung **24** 116
- Einschränkung von Erzeugung/Absatz/Entwicklung **24** 116
- Kartellordnungswidrigkeit bei Missbrauch **24** 229
- Koppelungsgeschäft **24** 116
- missbräuchliche Ausnutzung **24** 115
- Preis-/Konditionenmissbrauch **24** 116

Marktbetreiber 22 109

Markteinwirkung, Marktmanipulation **22** 364

Marktinformationen, Pflicht zu **22** 747

Marktintegrität, BAFin **22** 162

Marktmanipulation
- Aufgaben/Befugnisse BAFin **22** 355
- Berechnung Vermögensschaden **22** 367
- Börsenpreis **22** 340 ff.

magere Zahlen = Randnummern   **Sachverzeichnis**

- Bußgeld (§ 39 WpHG) 22 354
- Einwirkung auf Markt 22 364
- Erweckung falscher Eindruck einer Aktivität 22 358
- informationsbezogene Handlungen 22 361
- market corner 22 477
- Marktpreis 22 340 ff.
- Sachverständigengutachten 22 367
- sonstige Täuschungshandlungen 22 387
- Strafvorschrift (§ 38 WpHG) 22 354
- Tathandlungen 22 356
- Tathandlungen/Konkretisierung durch MaKonV 22 362
- tatsächliche Geschäfte als Täuschung 22 396
- Täuschung über bewertungserhebliche Umstände 22 385
- Verbot (§ 20 a WpHG) 22 354
- Verknappung 22 359
- Vorbeugung 22 412
- zeitspezifische Handlungen 22 360

Marktmanipulation-Konkretisierungsverordnung (MaKonV) 22 362
- Dokumentationspflichten 22 501
- Hinweispflichten 22 498
- safe harbour 22 362

Marktmissbrauchsrichtlinie 1 75
Marktmissbrauchs-Richtlinie 22 37
Marktmissbrauchsrichtlinie
- Börsen-/Marktpreismanipulation 22 340
- Insiderstrafrecht 22 517
- Veröffentlichung von Sanktionen 22 22

Marktorganisation, gemeinsame, Vergünstigung/Leistung 32 48
Marktpflege, zulässige 22 486
Marktpraxis, zulässige 22 269, 5113
Marktpreis 22 373 f.
- gesetzliche Bedeutung 22 374
- kapitalmarktbezogene Bedeutung 22 378

Marktpreismanipulation 1 70, 77, 340 ff.
Marktpreismanipulation, kursbeeinflussende, Beihilfe 25 335
Marktprinzip, internationales Wirtschaftsstrafrecht 14 15
Marktransparenz, BAFin 22 162
Marktsanteilsschwellen, Spürbarkeit der Wettbewerbsbeschränkung 24 96
Marktüberwachung
- Arbeitshypothese Insiderhandel 22 524
- Börsenhandel 22 417

Marktzugangsangabenverordnung 22 145
Maßfiguren, Fremdrechtswertung 14 27
Maßnahme, vollstreckungssichernde, internationale Rechtshilfe 12 318
matching 22 382
Mauerschützenentscheidung, Täter hinter dem Täter 8 25
Medien, Beeinflussung Börsenpreis 22 462
Medienarbeit 7 283
Medizinindustrie, Produkthaftung 4 260
Medizinproduktegesetz 4 124

Medizintechnik, branchenbezogene Probleme 11 85
Meer 28 89
Mehrerlösabführung 5 53
Mehrfachverteidigung
- Kartellverfahren 24 44
- sukzessive 7 53
- Unternehmensanwalt 10 114
- Verbot 7 52
- Verbot der 11 216
Mehrwertsteuer, Unregelmäßigkeiten 33 133
Mehrwertsteuer-Eigenmittel, Unregelmäßigkeiten 33 134
Mehrzuteilungsoption 22 506
Meinung, Täuschung über 16 28
Meinungsverschiedenheiten, Sachverständigengutachten/mündlicher Vortrags 13 88
Meistausführungspreis, Abweichung von 22 483
Meistausführungsprinzip, Börsenhandel 22 414
Meldepflicht, Geldwäscheverdacht 20 142
Meldepflichtverletzung
- AEntG 27 142
- Arbeitnehmerüberlassung 27 116
Meldewesen, anonymes, Prävention 8 82
Middle-Management
- Begrenzung der Verantwortlichkeit 4 251
- Produkthaftung 4 158
Mietvertrag, Vermögensbetreuungspflicht 17 29
Mikrowellen, Schutz vor 28 174
Milch, VO gemeinsame Marktorganisation 33 20, 24
Milchmarktordnung, Sanktionen 44 83
Millionenkredit
- Anzeigepflicht 22 724
- Begriff 21 3
- unbefugte Offenbarung 22 725
Millionenkreditmeldung, Kreditinstitut 21 277
Mindestpausen, Arbeitsschutz 27 202
Mineralölsteuer, Zollstrafrecht 31 6, 7
Mineralölverbilligung, Subvention 32 48
Minima-Klausel, Abfallbeseitigung 28 204
Mischfinanzierung, Vermögensbetreuungspflicht 17 19
Missbrauch
- Fragerecht 7 336
- marktbeherrschende Stellung 24 108, 115
- Verhandlungsführung 7 336
Missbrauchsaufsicht, Verhältnis nationales/europäisches Kartellrecht 24 32
Missbrauchstatbestand, Untreue 17 6
Mitarbeiter
- als Täter 11 53
- Begrenzung der Verantwortlichkeit 4 252
- Produkthaftung 4 163
- Produkthaftung öffentlich-rechtlicher verpflichteter M. 4 170
- Stellung Zeugenbeistand 11 228

Hagen

Sachverzeichnis

fett gedruckte Zahlen = Paragrafen

- Übernahme der Vertretungskosten durch Unternehmen **11** 200
- Umsetzung Strategieberatung **11** 210
- Verhaltensempfehlungen **8** 74
- Vorbereitung auf Durchsuchung **8** 111
- Zusammenarbeit mit Unternehmensvertreter **11** 169
- Zuverlässigkeit bei Finanztransaktion **20** 158

Mitarbeiter, ausgeschiedener, Auswahlhilfe Individualverteidiger **11** 218
Mitarbeiter, gekündigter, als Täter **11** 61
Mitarbeiter, leitender, Vorbereitung auf Durchsuchung **8** 115
Mitarbeiterbeurteilung 8 93
Mitarbeiterführung, Kanzlei **7** 323
Mitarbeitergespräch 8 102
Mitarbeiterschulung, Präventivberatung **8** 78
Mitarbeiterschutz, im Kartellverfahren **24** 421
Mittäterschaft 2 22
- Gremienentscheidung **3** 18
- Kausalität Einzelstimme **3** 37
- Korruptionsdelikt **19** 178

Mittäterschaft, fahrlässige, Gremienentscheidung **3** 57
Mitteilung in Zivilsachen (MiZi) 18 26
Mitteilungspflicht
- Ermittlungsbehörde an Berufskammer **30** 470
- Ermittlungsbehörde an öffentliche Behörde **30** 470
- Finanzbehörde an Berufskammer **30** 481
- Finanzbehörde an Staatsanwaltschaft **30** 465
- Geldwäschegesetz **30** 477
- grenzüberschreitender Bargeldverkehr **30** 480
- Insolvenzverfahren **18** 353
- § 138 Abs. 2 Nr. 1 AO **29** 868
- Staatsanwaltschaft/Gericht an Finanzbehörde **30** 476
- Steuerstrafverfahren **30** 465 f.
- unvollständige/verspätete Meldung **29** 871

Mitteilungspflichtverletzung, Steuergefährdung **29** 867
Mittelstandskartell 24 224
Mitverfügungsgewalt, Vermögensabschöpfung **12** 89
Mitverschulden, Irrtum **16** 44
Mitverteidiger
- ausländischer Rechtsanwalt **15** 19
- deutscher Rechtsanwalt im Auslandsverfahren **15** 32
- dienstleistender europäischer Rechtsanwalt **15** 29

Mitwirkungspflicht, Insolvenzverfahren **18** 353
Mitwirkungspflichten, Kapitalmarktaufsicht **22** 72
Mitwirkungspflichtverletzung, AEntG **27** 140
Mitzeichnungsvorbehalte 8 76
Mobiltelefon, Beschlagnahme **30** 393
Moderator, Schattenstruktur **9** 14

Moldau, Republik, Unternehmensstrafbarkeit **15** 216
Monatsausweis, Kreditinstitut **21** 277
Mondpreis, unwahre Werbung **23** 63
Monitoring, Geldwäsche **20** 153
Montagekosten, Zollwert **31** 79
Montevideo, Übereinkunft von **23** 21
Monza-Steel, Produkthaftung **4** 7
MRK-Verletzung, Individualbeschwerde **14** 99
Multilateral Trading Facilitier (MTF) 22 151
Musterrecht, internationales **23** 24

Nachentrichtung
- Art **29** 488
- Schuldner **29** 482
- Umfang **29** 484
- verkürzter Steuern **29** 479
- Zahlungsfrist **29** 489

Nachgründungsbericht
- Falschangaben **22** 755
- unrichtige Registerangaben **25** 270

Nachkalkulation 29 260
Nachlassgericht, Vermögensbetreuungspflicht **17** 11
Nachlassverwalter, Insolvenzantragspflicht **18** 23
Nachmachen, Steuerzeichen **29** 80
Nachnahmekarte, falsche **29** 844
Nachprüfung, kartellrechtliche Ermittlungen **24** 142
Nachprüfungsbefugnis, Europäische Kommission **24** 144
Nachtat, mitbestrafte
- Sicherungsbetrug **16** 93
- Steuerhinterziehung **29** 252

Nachtat, straflose 29 702
Nachtatverhalten 11 213
Nachtragsanklage, Verjährungsunterbrechung **6** 75
Nachtsichtgerät, Ermittlungsverfahren Außenwirtschaftsrecht **26** 25
Nachweis
- Einwirkung auf Börsenpreis **22** 92
- Treuhandverhältnis **30** 436

Nachzahlungsfrist
- Anfechtung **29** 498
- Dauer **29** 493
- Fristsetzung **29** 489
- Verlängerung **29** 497

Naturschutz, Umweltstraftat **28** 232
ne bis in idem 14 94
- internationale Übereinkommen **15** 190

Nebenbeteiligter, Akteneinsicht **10** 87
Nebenbetroffener 24 349
Nebenfolgen
- Aberkennung Amtsfähigkeit **29** 627
- Aberkennung Wählbarkeit **29** 627
- Insolvenzdelikt **18** 377
- Mandantenberatung **7** 187, 193
- § 375 AO **29** 624 f.

Nebenfolgen, beamtenrechtliche, Steuerhinterziehung **29** 326

Sachverzeichnis

Nebenfolgen, steuerrechtliche, Steuerhinterziehung 29 317
Nebenfolgen, verwaltungsrechtliche, Steuerhinterziehung 29 320
Nebenleistung, steuerliche, Steuerhinterziehung 29 165
Nebenstrafe, Einziehung 29 638
Nebenstrafrecht 1 18
– Verteidigungsmittel 11 69
Nebentäterschaft, Steuerhinterziehung 29 114
Negativtatsachen, Beweisantrag 13 48
Neider, als Täter 11 62
NESS-Test 3 36
Nettoeinkommen, Tagessatz 29 297
Netzfahndung, Ermittlungsverfahren Außenwirtschaftsrecht 26 28
Neuer Markt, Regelwerk 22 114
Newsletter LKA 30 308
Nichtabgabe, Steuervoranmeldung/-anmeldung/-erklärung 29 140
Nichtbenennung, Gläubigern/Zahlungsempfängern 29 280
Nichterweislichkeit, Mandantenberatung 7 184
Nichtfeststellbarkeit, Mandantenberatung 7 184
Nichtgemeinschaftsware, Gestellung 31 28
Nichtunternehmer, Aufbewahrungspflicht von Rechnungen 29 860
Nichtverbuchen 29 861
Nichtverdächtiger, Durchsuchung beim 30 346
Nichtverwendung, von Steuerzeichen/-stempeln 29 163
Nichtvorlage, willkürliche 14 101
Niederlande
– Beschuldigtenrechte im Ermittlungsverfahren 15 70
– Ermittlungsverfahren 15 56
– Strafverteidiger 15 37
– Unternehmensstrafbarkeit 15 216
Niederlassung
– Aufsichtspflichtverletzung 24 197
– Kreditinstitut 21 272
Niederlassungserlaubnis, befristete 27 34
Niederlassungsrichtlinie 15 32
Niedersachsen, Korruptionsbekämpfung 24 400
Niederschlagung, Steuervorteil 29 182
Nizzaer Klassifikationsabkommen (NKA) 23 22
Nordrhein-Westfalen, Korruptionsbekämpfung 24 400
Normverifikationsverfahren 14 98
Norwegen
– Strafverteidiger 15 37
– Unternehmensstrafbarkeit 15 216

Notar
– berufsrechtliche Maßnahmen bei Steuerstrafverfahren 30 498, 503
– Identifizierungspflicht GwG 20 123, 232
– Meldepflicht Geldwäscheverdacht 20 142, 232
Notierungsaussetzung
– Ad-hoc-Mitteilung 22 433
– Wiederaufnahme Börsenhandel nach 22 435
Nötigung, Submissionsabsprache 24 311
Notlage, wirtschaftliche, Verbringung in 18 208
Notstand, rechtfertigender, Umweltstraftat 28 45
Notveräußerung
– Beschlagnahme 12 196
– Rechtsbehelf 12 356
Null-Bescheid, Ausfuhr 26 40
Nullpreisbildung 24 268
Nutzung, Vermögensabschöpfung 12 100
Nutzungsrecht
– Arbeitsvertrag/Dienstverhältnis 23 163
– urheberrechtliches 23 162
Nutzungsvorteil, Vermögensabschöpfung 12 62

Oberfinanzdirektion (OFD), Verwaltungsbehörde AWG 26 13
Objektwert, Immobiliensicherheit 21 248
Observierung, Ermittlungsverfahren Außenwirtschaftsrecht 26 24
Obst, VO gemeinsame Marktorganisation 33 20
occupational crime 1 9
OECD, völkerrechtliche Vorgaben 14 71
Offenbarung, unbefugte 21 286
Offenbarungspflichten, steuerliche 29 134
Offenbarungspflichtverletzung, Subventionsbetrug 32 65
Offenkundigkeit, Beweisantrag 13 72
Offenlegungspflicht
– Interessenkollision bei Finanzanalyse 22 468
– Verstoß gegen 25 93
Öffentliche Wahlen 29 634
Öffentlicher Auftrag, Auftragssperren 10 148
Öffentlicher Dienst, disziplinarische Maßnahmen bei Steuerstrafverfahren 30 508
Öffentliches Amt 29 633
Öffentlichkeit
– Mandantenberatung 7 159
– Wirtschaftsstrafrecht 11 15
Öffentlichkeitsarbeit 7 283
– Sockel 9 32
Öffentlichkeitsarbeit, verfahrensbegleitende, Bilanz-/Publizitätsdelikte 25 8
Office Européen de Lutte Anti-Fraude (OLAF) s. *Europäisches Amt zur Betrugsbekämpfung (OLAF)*
off-shore-Delikte, Rechtshilfe 15 7
Offshore-Gesellschaft, cash-pooling 18 320
OGAW-Richtlinie 22 37

Sachverzeichnis

fett gedruckte Zahlen = Paragrafen

OHG
- Insolvenzverschleppung 25 288
- Pflichtabschlüsse 25 73
- Vermögensbetreuungspflicht 17 78

OHG, atypische, Insolvenzantragspflicht 18 216

Ohrenzeuge, Insiderinformation 22 538, 567

Öko-Audit 8 59

Ökonometrische Untersuchungsmethoden 22 368

OLAF 33 14

Ombudsmann 8 85
- Korruption 19 416

Opportunitätsprinzip
- Abzugsteuergefährdung 29 907
- Ausfuhr-/Einfuhrabgabengefährdung 29 941
- europäisches Kartellrecht 24 125
- Steuerordnungswidrigkeit 29 768, 787

Option, Terminhandel 22 137

Optionsgeschäft, Verleitung Unerfahrener zu 22 650 f.

Options-Handel, Positionslimite 22 327

Optionsschein, Terminhandel 22 137

Optionsschein, volatiler 22 626

Orderbuch 22 383
- iceberg-Order 22 419

Orderlage
- Ad-hoc-Mitteilung 22 429, 430
- Insiderinformation 22 594

orderrouting system 22 458, 478

Orderroutingsystem
- Begriff 22 716
- Zugang zu Handelsplattform 22 667

Ordnungswidrigkeit
- Aufsichtspflichtverletzung 31 139
- Außenwirtschaftsrecht 26 130
- Geldwäsche 20 31, 117
- Korruptionsdelikt 19 355
- KWG 21 295
- KWKG 26 209
- Unternehmensgeldbuße 31 135
- Verbandsgeldbuße 5 15

Ordnungswidrigkeitenrecht 1 23; 1 83
- 2.WiKG 1 84

Ordnungswidrigkeitrecht, Zollsache 31 187

ordre public, Fremdrechtsanwendung 14 28

Organ, faktisches, Bilanzdelikt 25 76

Organhaftung, Produkthaftung 4 144, 153

Organisation
- äußerer Sockel 9 1 f.
- Verteidigungsstrategien 9 1 ff.

Organisation, terroristische, Terrorismusbekämpfung 26 134

Organisationsdelikt
- Betrug 16 97
- Täterschaft/Beihilfe 2 16

Organisationsherrschaft
- mittelbare Täterschaft 3 19
- Täterschaft 2 30

Organisationspflichten, Produkthaftung 4 121

Organisationsstruktur, Kommunikation 8 75

Organisationsstrukturen, Präventivberatung 8 72

Organisationsverschulden
- Kartellordnungswidrigkeitenrecht 24 196
- lean management 8 24
- Präventivberatung 8 15
- Täter hinter dem Täter 8 25
- Vertrauensprinzip 8 28

Organisierte Kriminalität 1 58
- erweiterter Verfall 12 407 f.
- gemeinschaftsrechtliche Vorgaben 14 82
- Gewinnabschöpfung 1 79

Organkredit, Begriff 21 3

Organkreditanzeige, Kreditinstitut 21 277

Organmitglied, Geheimhaltungspflicht 25 234

Organpflichten 8 29

Österreich
- Beschuldigtenrechte im Ermittlungsverfahren 15 71
- Ermittlungsverfahren 15 57
- Strafverteidiger 15 37
- Unternehmensstrafbarkeit 15 216

Outsourcing, Verlagerung von Spannungen 9 10

over the counter (OTC)-Markt 22 153

OWi-Verfahren, Wahrnehmung Mandanteninteressen 7 18

Pachtvertrag, Vermögensbetreuungspflicht 17 29

painting the tape, Marktmanipulation 22 358

Palermo Convention 20 13

paper trail, Geldwäsche 20 26

Papiere, Durchsuchungsbefugnis Staatsanwaltschaft 1 92

Parfüm, Freimenge 31 71

Pariser Verbandsübereinkunft (PVÜ) 23 23

Parteigutachten 11 174
- Ermittlungsverfahren 13 17

Parteispenden, Einwerbung 19 169

Parteiverrat 77 46
- bedingter Vorsatz 7 50
- Einwilligung 7 50
- Zeitpunkt 7 49

Passpflicht
- EU-Bürger 27 53
- Verstoß gegen 27 32

Passversagung, Steuerhinterziehung 29 324

Patenrecht, internationales 23 23

Patent 23 216
- Täuschung über bewertungserhebliche Umstände 22 385

Patentanwalt
- Identifizierungspflicht GwG 20 123
- Meldepflicht Geldwäscheverdacht 20 142

Patentgesetz (PatG) 23 29, 214 f.
- Produktpirateriegesetz (PrPG)

Patentrecht, EG 23 16

Patentschutz 23 214 f.
- Entstehung 23 217
- Erlöschen 23 218
- Patentanmeldung 23 217
- Schutzgegenstand 23 215
- Schutzumfang 23 219
- Schutzwirkung 23 217
- Strafvorschrift 23 221
- Verwertungsrecht 23 219
Patentzusammenarbeitsvertrag 23 23
Patronatserklärung, Beseitigung Überschuldung 18 67
peer to peer-Tauschbörse 23 156
Peilsender, Ermittlungsverfahren Außenwirtschaftsrecht 26 25
Pensionsfonds, Insolvenz 21 311
Personalauswahl 8 92
Personalbereich
- Korruptionsprävention 8 96
- Sanktionen 8 102
- Sanktionierung unternehmensinterner Aufklärung 10 77
Personalien, Mandantenberatung 7 156
Personalitätsprinzip, internationales Wirtschaftsstrafrecht 14 16, 47
Personalsicherheit, Kreditvergabe 21 253
Personalüberwachung 8 93
Personelle Änderungen, Täuschung über bewertungserhebliche Umstände 22 385
Personengesellschaft, Vermögensbetreuungspflicht 17 78
Personenhandelsgesellschaft, Täter Bankrottdelikte bei 18 106
Personenvereinigung, Geldbuße Steuerordnungswidrigkeit 29 783
Persönlichkeitsrecht, Urheberschutz 23 154
Pfandbrief, Ausgabe ungedeckter 21 307
Pfandbriefemission, ungedeckte 21 305
Pfandleiher, Identifizierungspflicht GwG 20 121
Pfändung, Steuervorteil 29 182
Pfändungspfandrecht 12 211
Pferdewette 18 155
Pfishing 21 32
Pflanzensorte, Sortenschutz 23 251
Pflichtabschlüsse 25 72
Pflichtdelikte, Täterschaft/Teilnahme 2 25
Pflichtendelegation, Umweltstrafrecht 28 71
Pflichtprüfung, unternehmensexterne 7 205
Pflichtuntersuchung, unternehmensinterne 7 200
Pflichtverletzung
- funktionaler Zusammenhang 17 52
- gravierende 17 43
- Unmittelbarkeit für Vermögensschaden 17 126
- Vermögensbetreuungspflicht 17 40
Pflichtverteidiger, Bestellung 7 87, 91

Pflichtverteidigung 7 83
- Beiziehung Dolmetscher 15 78
- Entpflichtung 7 92
- Fälle 7 85
- notwendige 7 85
- Verfahren der Beiordnung 7 87
- Wirkung der Bestellung 7 91
Pflichtwidrigkeit
- funktionaler Zusammenhang Verletzungshandlung/Vermögensbetreuungspflicht 17 52
- Kapitalgesellschaft 17 56
- Konzern 17 73
- Kreditvergabe/Finanzierungsgeschäft 21 202 f.
- Personengesellschaft 17 78
- Provision 17 91
- Risikogeschäft 17 83
- Schmiergeld 17 91
- Schutzzweck der Norm 17 125
Pflichtwidrigkeitszusammenhang
- Kreditvergabe 21 258
- Untreue 17 124
Pharmaindustrie, Produkthaftung 4 260
Pharma-Kodex 8 69
pharming 21 108
phishing 21 108
Polen
- Strafverteidiger 15 37
- Unternehmensstrafbarkeit 15 216
Politische Arbeit 7 297; 7 297
Polizeiakten, Akteneinsicht 7 237
Poolvereinbarung, Gläubigerbegünstigung 18 301
Portugal
- Beschuldigtenrechte im Ermittlungsverfahren 15 72
- Ermittlungsverfahren 15 58
- Strafverteidiger 15 37
Positionslimite 22 323
- Überschreitung 22 322
Postbank, Postgeheimnis 21 290
Postbeschlagnahme
- Ermittlungsverfahren Außenwirtschaftsrecht 26 22
- Staatsanwalt 1 92
Posteingang, Organisation 7 316
Postgeheimnis, Postbank 21 290
Postpendenz, Steuerhinterziehung 29 251
Präferenzregelungen, Zollvorteile 31 39
Präklusion 13 66
Präsenzbörse, computerunterstützte 22 139
Präsenzhandel
- Ad-hoc-Mitteilung 22 430
- Börsenpreis 22 384
- Börsenpreisfeststellung 22 134
- Freiverkehr 22 128
Prävention, unternehmensinterne Aufklärung 10 66
Präventionsstrategie, Checkliste 8 118

Hagen

Sachverzeichnis

fett gedruckte Zahlen = Paragrafen

Präventivberatung **8** 1 ff.
- Checkliste Präventionsstrategie **8** 118
- Altlasten **8** 50
- Bestandsaufnahme **8** 45
- Evaluierung spezieller gesetzlicher Vorschriften **8** 31
- für Ernstfall der Durchsuchung **8** 105
- Geldwäschegesetz **8** 40
- KonTraG **8** 33
- Korruptionsbekämpfung **8** 58
- Mitarbeiterschulung **8** 78
- Notwendigkeit **8** 8
- Organisationsstrukturen **8** 72
- Organisationsverschulden **8** 15
- Organpflichten **8** 29
- Risikoanalyse **8** 46
- Sarbanes Oxley Act (SOA) **8** 41
- Subvention **8** 30
- UMAG **8** 39
- Unternehmensethik **8** 53
- unternehmensinterne Ermittlungen **8** 49
- vergangenheitsbezogene
- Zielgruppen **8** 14
- zukunftsbezogene **8** 52

pre arranged trades, Täuschung über **22** 388

Preisabsprache 24 106

Preisaufschlagsprovision 17 91

Preiskartell 24 3

Preismissbrauch 24 116

Preisniveau, künstliches, Marktmanipulation **22** 363

Presseauskünfte, Mandantenberatung **7** 156

Presserecht, Verjährung **25** 5

Presseveröffentlichung 30 297
- Unternehmenskrise **11** 77

Primärinsider 1 76; **22** 536, 558

Primärmarkt, Wertpapiermarkt **22** 124

Prime Standard 22 125

Privatbedarf, Verbrauch übermäßiger Beträge **18** 157

Privatbereich, strafrechtlicher Schutz **23** 127

Privatgeheimnis, Verletzung **19** 324

Privatklage, Betriebs-/Geschäftsgeheimnisverletzung **23** 264

Privatvermögen, Nichtbilanzierung durch Einzelkaufmann **18** 214

Produktabnahme, behördliche **4** 129

Produktbenutzung, eigenverantwortliche Selbstgefährdung **4** 135

Produktbeobachtung, Produkthaftung **4** 5, 7, 11, 14

Produktbeobachtungspflicht
- öffentlich-rechtliche Vorgaben **4** 123
- Produkthaftung **4** 57

Produktfehler, Schadensersatz **11** 201

Produkthaftung
- Abgrenzung dolus eventualis/bewusste Fahrlässigkeit **4** 89
- Abgrenzung straf-/zivilrechtliche **4** 95
- Absprache **4** 239
- Amalgam **4** 17
- Auslandsdimension **4** 241
- Automobilindustrie **4** 255
- Baubranche **4** 263
- Begegungsformen **4** 36 f.
- Begrenzung der Verantwortlichkeit **4** 244 f.
- behördliche Produktabnahme **4** 129
- Berater **4** 165
- Bienenstich **4** 8
- Chemische Industrie **4** 259
- Contergan **4** 5
- dolus eventualis **4** 85
- eigenverantwortliche Selbstgefährdung **4** 135
- Einziehung **4** 219
- Erfahrungssätze maßgeblich betroffener Verkehrskreise **4** 127
- Esche **4** 21
- Fabrikation **4** 53
- Fahrlässigkeit **4** 36, 92
- Freiheitsstrafe **4** 188
- Führungskräfte **4** 158
- Garantenstellung **4** 38 f.
- Geldbuße nach OWiG **4** 196
- Geldstrafe **4** 188
- Gewinnabschöpfung **4** 216
- Grenzen Aufklärungspflicht **4** 56
- Gutachter/Sachverständiger **4** 169
- Händler **4** 177
- Hauptverhandlung **4** 195
- Holzschutzmittel **4** 13
- im Rahmen übertragener Aufgaben/Befugnisse **4** 160
- Imageschaden **4** 238
- Importeur **4** 184
- Instruktion **4** 54
- Kausalität **4** 60 f.
- Kausalität Kollegialentscheidung **4** 82
- Kollegialentscheidung **4** 99 f.
- kollidierende Interessen **4** 134
- Konstruktion **4** 51
- KontraG **4** 117
- Lebensmittelbranche **4** 256
- Lederspray **4** 9
- Lipobay **4** 26
- Medizinindustrie **4** 260
- Mitarbeiter **4** 163
- Monza-Steel **4** 7
- Nebenstrafrecht **4** 32
- öffentlich-rechtlich verpflichtete Mitarbeiter **4** 170
- öffentlich-rechtliche Vorgaben zum Sorgfaltsmaßstab **4** 123
- Organhaftung **4** 144, 153
- Organisationspflichten **4** 121
- parallele Verantwortlichkeit **4** 130
- Pharmaindustrie **4** 260
- Produktbeobachtung **4** 57
- prozessuale Besonderheiten **4** 232
- Quasi-Hersteller **4** 185
- Rechtsfolgen **4** 186 f.
- Rechtsfolgen, personenbezogene **4** 188 f.

magere Zahlen = Randnummern **Sachverzeichnis**

- Rechtsfolgen, unternehmensbezogene 4 215 f.
- Rechtsschutzversicherung 4 211
- Ressortzuständigkeit 4 145, 146
- Risikobegrenzung 4 253
- Rückruf 4 57
- Schadensursächlichkeit 4 64 f., 233
- Sorgfaltspflichten 4 50
- Strafbefehlsverfahren 4 194
- strafrechtlicher Begriff 4 31
- Strafverfahrenseinstellung 4 193
- Strafverfolgungsrisiko 4 189
- Strafverfolgungswahrscheinlichkeit 4 191
- Tathandlungsebenen 4 50
- technische Standards 4 125
- top-Management 4 144
- Tun/Unterlassen 2 5
- Typisierung 4 28
- Übernahmen von Strafen durch Unternehmen 4 200
- Unternehmensführung 4 144
- Unternehmensgeldbuße 4 222
- Verantwortlichkeit Dritter 4 171 f.
- Verantwortlichkeit/Konzern 4 148
- Verantwortlichkeit/Krisensituation 4 146
- Verantwortlichkeit/mittelbare Täterschaft 4 151
- Verantwortlichkeit/top-down-Betrachtung 4 143 f.
- Verfall 4 218
- Verjährung 6 42
- verlängerte Werkbank 4 176
- Vermögensstrafe 4 216
- Versicherbarkeit strafrechtlicher Risiken 4 211
- vertretungsberechtigte Organe 4 144
- Vorsatz 4 36, 83
- Warnpflicht 4 57
- Weinverschnitt 4 20
- zeitliche Dimension 4 238
- Ziegenhaar 4 4
- zivilrechtliche 4 95
- Zulieferer 4 172
- Zumutbarkeit 4 131
- Zurechnung 4 60 f.

Produkthaftung, strafrechtliche 4 1 ff.
Produktionsgrundlagenentzug, pflichtwidriger 17 62
Produktivitätshilfen 32 11
Produktpiraterie 23 136 f.
- Statistik 23 138

Produktpirateriebericht 23 138
Produktpirateriegesetz (PrPG) 23 140
- gewerbsmäßiges Handeln 23 141

ProduktpiraterieVO 23 140
Produktverantwortung 4 98 f.
- Begrenzung 4 244 f.

Prognose, Insiderinformation 22 612
Prognosen, unrichtige Information über Unternehmensverhältnisse 25 192

Prolongation
- Kreditvergabe 21 198
- Vermögensnachteil 21 241
- Wechsel-/Scheckbetrug 21 127

Propagandamittel, Einfuhrverbot 26 156
prosecuter shopping 11 70
Prospekt
- Anfangsverdacht Finanzdienstleistung 22 693
- Freiverkehr 22 133

Prospektbetrug 22 733
Prospektpflicht, Grauer Kapitalmarkt 1 75
Prospektrichtlinie 22 37
- Umsetzung 21 42

Protokoll, ausländisches, Verwertbarkeit 15 202
Provision
- Korruption 11 42
- Pflichtwidrigkeit 17 91

Provisionen, Zollwert 31 78
Provisionsbetrug, Bereicherungsabsicht 16 83
Provisionszahlung, Plichtwidrigkeit 17 53
Prozess, Unternehmenskrise infolge 11 78
Prozessverschleppung
- Ablehnung Beweisantrag 7 336
- Beweisantrag 13 82

Prüfbericht, Abschlussprüfung 25 295
Prüfbericht Gründung, unrichtige Registerangaben 25 270
Prüfer, strafrechtliche Verantwortlichkeit 22 794
Prüfung, Überprüfungsermächtigung 33 199
Prüfungsanordnung 31 164
Prüfungsanordnung, fehlerhafte, Sperrwirkung Selbstanzeige 29 438
Prüfungsauftrag 22 800
- Verletzung 22 800

Prüfungsbericht
- strafrechtliche Bedeutung 25 329
- Verletzung Berichtspflicht 22 797

Prüfungsbericht Abschlussprüfung, unrichtiger 25 315
Prüfungsbericht, unrichtiger 25 293 f.
- Beginn/Beendigung 25 328
- entgeltlicher 25 327
- Schädigungsabsicht 25 327
- Tatmittel 25 320
- Verjährung 25 328
- Verteidigungsstrategien 25 336
- Vorsatz 25 326

Prüfungsberichtsverordnung, Vorgaben GwG 20 162
Prüfungsrecht, Arbeitnehmerüberlassung 27 122
Prüfungsverfahren, selbstinitiierte 7 305
Prüfungszeitraumerweiterung, Selbstanzeige 29 426
Public Company Accounting Oversight Board (PCOAB) 8 41
Publicity, negative, Produkthaftung 4 238
Publikationspflicht, Unternehmenskrise 11 194

Hagen

Sachverzeichnis

fett gedruckte Zahlen = Paragrafen

Publizität, unrichtige **25** 169
Publizitätsdelikt **25** 168 ff.
- Abschlussprüfung **24** 210
- Anwendungsbereich **25** 180
- Auswirkung auf berufliche Stellung **25** 14
- Einwirken auf rechtliche Beurteilung **25** 29
- Einwirken auf Tatsachenstoff **25** 27
- Erheblichkeit der Angaben **25** 203
- gegenüber Abschlussprüfer **25** 210
- Geheimhaltungspflichtverletzung **25** 229
- Geschäftsführungsprüfung **25** 225
- Gründungsprüfung **25** 224
- Hinzuziehung von Spezialisten **25** 25
- Informationsbeschaffung **25** 21
- kapitalmarktrechtliche Normen **25** 228
- Mandantenberatung **25** 1 f., 11
- Mandatsannahme **25** 11
- Öffentlichkeitsarbeit, verfahrensbegleitende **25** 8
- Organisation Verteidigungsaufgaben **25** 10
- Schutzzweck **25** 179
- Sonderprüfung **25** 222
- Straftatbestände **25** 172
- Umwandlungsprüfung **25** 226
- unrichtige Information in öffentlicher Ankündigung **25** 227
- unrichtige Registerangaben **25** 247 f.
- unrichtiger Prüfungsbericht **25** 293 f.
- vergangenheits-/gegenwartsbezogene Tatsachendarstellung **25** 195
- Verschleierung **25** 202
- Versuch **25** 207
- Verteidigung persönlicher Interessen **25** 6
- Verteidigungshandeln **25** 21
- Verteidigungsstrategien **25** 15

pumping and dumping, Marktmanipulation **22** 358
Push-Technologie, Handlungsort **14** 53
Pyramidensystem, progressive Kundenwerbung **23** 74

Qualitätsanforderung, Ausfuhrerstattung **33** 118
Qualitätsmanagement, Risikobegrenzung Produkthaftung **4** 253
Qualitätssicherung 8 101
Quartalsbericht 25 322
Quartalsberichtspflicht, Börsenunternehmen **22** 747
Quasi-Hersteller, Produkthaftung **4** 185
Quasi-Sanktionen, EG **33** 70
Quellenprinzip, internationales Steuerrecht **14** 17
Quellensteuereinbehalt, Abzugsteuergefährdung **29** 882
Quersubventionierung, Subventionsbetrug **32** 78
Quittung, falsche **29** 844
Quotenkartell 24 3
Quotenregelung, Gemeinsamer Markt **33** 22

Rabatt, Vermögensschaden **16** 65

Radarstrahlung, Schutz vor **28** 174
Rahmenbeschluss,
Vorabentscheidungsverfahren nach Art. 35 EUV **15** 206
Raider, als Täter **11** 63
Rangfolge, Zurückgewinnungshilfe **12** 277
Rangrücktritt, Beseitigung Überschuldung **18** 67
Rasterfahndung 30 272
- Ermittlungsverfahren Außenwirtschaftsrecht **26** 23

Rating 22 466
Räumlichkeiten, Durchsuchung **30** 342
Räumungsverkauf, unwahre Werbung **23** 63
Rauschgifthandelbekämpfung 1 58
Realförderung, Subvention **32** 44
Realsicherheit, Bewertung **21** 246
Rechnung, falsche **29** 844
Rechnungsabgrenzung, unrichtige Angaben **25** 139
Rechnungsaufbewahrungspflicht 29 860
Rechnungslegung, unzureichende **25** 339
Rechnungsprüfung,
Korruptionsermittlungsverfahren **19** 412
Rechnungsprüfungsamt, Zusammenarbeit mit R. Bei Korruptionsermittlungen **19** 393
Rechnungswesen
- Aufzeichnungspflicht **25** 147
- falsches **25** 143 f.

Rechtsabteilung
- Verfahrensleitung bei Ermittlungsverfahren **11** 140
- Zusammenarbeit mit Unternehmensvertreter **11** 168

Rechtsanwalt
- Aufbewahrungsfrist nach GwG **20** 231
- berufsrechtliche Maßnahmen bei Steuerstrafverfahren **29** 498, 502
- berufsrechtliche Sanktion Steuerhinterziehung **29** 330
- Identifizierungspflicht GwG **20** 123, 131, 223
- Meldepflicht Geldwäscheverdacht **20** 142, 223
- Telefonüberwachung des **20** 175
- zivilrechtliche Haftung bei Geldwäsche **20** 228

Rechtsanwalt, europäischer
- dienstleistender **15** 23
- niedergelassener **15** 20

Rechtsanwaltsgebühren
- Bußgeldverfahren **7** 104
- Fälligkeit **7** 106
- Festsetzung **7** 106
- Freiheitsentziehung **7** 105
- gesetzliche **7** 101
- Rechtshilfe **7** 105
- Vorschuss **7** 106

Rechtsanwaltshaftung, Vollstreckungsmandat **12** 284

Sachverzeichnis

magere Zahlen = Randnummern

Rechtsanwaltshonorar 7 100
- Anwaltswechsel 7 97
- Erstattung notwendiger Auslagen 7 114
- Geldwäsche 7 354
- Rechtsschutzversicherung 7 119
- Vergütungsvereinbarung 7 107

Rechtsanwaltskammer, Stellungnahme bei Steuerordnungswidrigkeit 29 838

Rechtsanwaltsvergütung, Doppel-/Mehrfachvertretung 7 59

Rechtsauslegung, Einwirkung auf 7 280

Rechtsbehelf
- Entscheidung bei Notveräußerung 12 356
- gegen Anordnung dinglicher Arrest 12 344
- gegen Beschlagnahmeanordnung 12 344
- gegen Durchführung Sicherstellungsmaßnahme 12 347
- gegen Entscheidung des Rechtspflegers/Gerichtsvollziehers/Ermittlungsperson Staatsanwaltschaft 12 350
- gegen Entscheidung nach §§ 111i, 111k, 111 l StPO 12 355

Rechtsbeistand
- Bestellung im Auslieferungsverfahren 15 173
- Identifizierungspflicht GwG 20 123
- Meldepflicht Geldwäscheverdacht 20 142

Rechtsberater, externer, Zusammenarbeit mit Unternehmensvertreter 11 172

Rechtsbeschwerdeverfahren, Kartellrecht 24 376

Rechtsfolgen, Mandantenberatung 7 162

Rechtsfragen, Strategieberatung 11 187

Rechtsfragen, vorgreifliche, Wettbewerbsrecht 23 295

Rechtsgüter, ausländische 14 30
Rechtsgüter, individuelle 14 31
Rechtsgüter, inländische 14 30
- Auslandstat gegen 14 59

Rechtsgüter, internationale, Auslandstat gegen 14 60

Rechtsgüter, überindividuelle 14 32

Rechtshilfe
- Außenwirtschaftsrecht 26 16
- BAFin 22 168
- Clearingstelle Eurojust 15 104, 111
- grenzüberschreitende 15 7
- internationale 30 572 f.
- Korruptionsdelikt 19 422
- Luxemburg 30 588
- Rechtsanwaltsgebühren 7 105
- Schweiz 30 573

Rechtshilfe, internationale
- ausgehendes Ersuchen Vermögensabschöpfung 12 336
- eingehendes Ersuchen Vermögensabschöpfung 12 323
- vollstreckungssichernde Maßnahmen 12 318

Rechtshilfeverfahren
- Beistand/Verteidigung 15 128
- Rechtsschutz bei Auskunftserteilung 15 125
- Rechtsschutz bei Beschuldigtenvernehmung 15 125
- Rechtsschutz bei Zeugenvernehmung 15 125
- Rechtsschutz gegen erledigte Vornahmehandlung 15 126
- Verteidigungsstrategien im 15 112

Rechtsinhaberschaft, Vermögensabschöpfung 12 25

Rechtskraft, Vermögensabschöpfung 12 437

Rechtsmittel
- gegen Durchsuchungsanordnung im Kartellverfahren 24 338
- Mandantenberatung 7 157
- Vermögensabschöpfung 12 434

Rechtsmittelverfahren, Verjährung 6 115

Rechtspfleger, Vermögensbetreuungspflicht 17 11

Rechtspflegerentscheidung, Rechtsbehelf gegen 12 350

Rechtsrecherche 7 261

Rechtsschutz
- EU-Kontrollmaßnahmen 33 187
- fehlender 7 169
- gegen ausländische Beweissammlung für inländisches Strafverfahren 15 130
- gegen Beweissammlung für ausländisches Strafverfahren 15 114
- gegen erledigte Vornahmehandlung im Rechtshilfeverfahren 15 126
- gegen Maßnahmen im Rechtshilfeverfahren 15 125
- Mandantenberatung 7 165
- Maßnahmen OLAF 33 142
- OLAF 33 187
- polizeiliche Zwangsmaßnahmen 7 166
- richterliche Zwangsmaßnahmen 7 168
- staatsanwaltschaftliche Zwangsmaßnahmen 7 167
- Zollstrafverfahren 31 188 f.

Rechtsschutz, gewerblicher 23 29

Rechtsschutz, vorläufiger, EU-Kontrollmaßnahmen 33 193

Rechtsschutzversicherung
- Produkthaftung 4 211
- Rechtsanwaltsgebühren 7 119

Rechtsstreitigkeiten, Täuschung über bewertungserhebliche Umstände 22 385

Rechtswidrigkeit, Bereicherungsabsicht bei Betrug 16 84

Reformbedarf 1 113

Regelinsolvenzverfahren 18 344

Regelwerk, Börse 22 113

Regionalfonds, Kontrollregelungen 33 29

Registerangaben, unterlassene 25 252

Registerangaben, unrichtige, Publizitätsdelikt 25 247 f.

Hagen

Sachverzeichnis

fett gedruckte Zahlen = Paragrafen

Registerdelikt
- Berichtigungspflicht 25 254
- Insolvenzverschleppung 25 288
- nach § 399 Abs. 1 Nr. 1 AktG 25 259
- nach § 399 Abs. 1 Nr. 5 AktG 25 284
- nach § 399 Abs. 2 AktG 25 279
- nach § 399 Abs. 2 Nr. 2 AktG 25 269
- nach § 399 Abs. 2 Nr. 3 AktG 25 271
- nach § 82 Abs. 1 Nr. 1 GmbHG 25 274, 277
- nach § 82 Abs. 1 Nr. 2 GmbHG 25 276
- nach § 82 Abs. 1 Nr. 3 GmbHG 25 281
- nach § 82 Abs. 1 Nr. 4 GmbHG 25 282
- nach § 82 Abs. 1 Nr. 5 GmbHG 25 291
- nach § 82 Abs. 2 Nr. 1 GmbHG 25 283
- Rechtsfolgen 25 255
- Tatbestand 25 250
- unrichtige Angaben über Kapitalveränderungen 25 277
- unrichtige Angaben über Leitungspersonen 25 289
- unrichtige Gründungsangaben 25 259 f.
- unrichtige Registerangaben 25 247 f.
- verschleppte Kapitalverlustmitteilung 25 287
- Verteidigungsstrategien 25 256

Registergericht, Versicherung des Nichtbestehens von Bestellungshindernissen 18 47

Registerinformationen, Informationsbeschaffung 7 249

Regress, Vermögensabschöpfung 12 446

Regulierung, Wertpapierhandel 22 413

Reis, VO gemeinsame Marktorganisation 33 20

Reisescheck, Begriff 21 44

Reiseverkehr, Schmuggelprivileg 31 86

Reiskostenabrechnung, falsche 29 844

Release-Groups, kommerzielle Marken-/Produktpiraterie 23 139

Remote Membership 22 98

Renditeberechnung, Preisentwicklung 22 369

Rennwettgesetz, Steuerhinterziehung nach 29 87

Repräsentationsaufwand
- Verbrauch übermäßiger Beträge 18 157
- Vermögensbetreuungspflicht 17 21

Reputationsschäden, Kapitalmarktsache 22 23

Ressortzuständigkeit, Produkthaftung 4 145, 146

Restschuldbefreiung
- Ausschluss 18 381
- Finanzierungsgeschäft 21 152
- Versagung 18 362
- Wirkung 18 363
- Wohlverhaltensperiode 18 362

Restschuldbefreiungsverfahren 18 360
- Gläubigerbegünstigung 18 364

Reue, tätige 2 34
- Finanzierungsgeschäft 21 175
- Geldwäsche 21 66; 29 68
- Genehmigungsverstoß Kriegswaffen 26 207
- Submissionsabsprache 24 304
- Subventionsbetrug 29 78; 32 102
- Umweltstraftat 28 103

Review 25 322

Revision, interne, Geldwäscheprävention 21 88

Revisionsabteilung, Verfahrensleitung bei Ermittlungsverfahren 11 142

Revisionsamt, Zusammenarbeit mit R. bei Korruptionsermittlungen 19 393

Revisionsprüfung, Korruptionsermittlungsverfahren 19 412

Rheinland-Pfalz, Korruptionsbekämpfung 24 400

Richter, Amtsträger 19 89

Richter, ausländischer, Amtsträger 19 95

Richtervorbehalt, Beschlagnahme 12 176

Richtigstellung, unterlassene 29 143

Richtlinie, EG 23 9

Richtlinien, öffentliches Dienstrecht 19 68

Richtsatzsammlung, Schätzung 29 263

Rindfleisch, VO gemeinsame Marktorganisation 33 20, 24

Risikoanalyse
- Außenprüfung HZA 33 47
- Präventivberatung 8 46

Risikobegrenzung, Produkthaftung 4 253

Risikobeurteilung, Kreditvergabe 21 213

Risikocontrolling, Kreditvergabe 21 219

Risikogeschäft
- Bankrotthandlung 18 150
- Einwilligung 18 241
- Pflichtwidrigkeit 17 83

Risikomanagement
- Präventivberatung 8 8
- Produkthaftung 4 118

Risikoüberlegungen, Abschlussprüfung 25 342

Rohstoffoption, Täuschung bei 16 37

Rohtabak, VO gemeinsame Marktorganisation 33 20

Rom-Abkommen 23 21

Rückdatierung, Verträge 18 159

Rückforderung, Ausfuhrerstattung 33 122

Rückforderung, erhöhte, Sanktion nach AusfuhrerstattungsVO 33 81

Rückgabe, Beschlagnahme 12 194

Rückgewähr, eigenkapitalersetzendes Darlehen in Krise 18 322

Rückgewinnungshilfe, Unternehmensanwalt 10 134, 137

Rückkaufprogramm, Insiderinformationen 22 522

Rücklagen, freie, Überschuldungsstatus 18 61

Rücknahme, Beweisantrag 13 59

Rücknahme, unterlassene, fehlerhafte Genehmigung 28 60

Rücknahmeanregung, Beweisantrag 13 68

Rückruf
- Abwesenheit/Enthaltung bei Abstimmung 4 115
- Einzelvotum für 4 110
- Mehrheitsvotum gegen 4 109
- Produkthaftung 4 5, 7, 8, 11, 14
- Zumutbarkeit 4 131

Rückruf, unterlassener, Kausalität 4 77
Rückrufpflicht, Produkthaftung 4 57
Rückschlagsperre 12 313
Rückstandsberechnung, Sozialversicherungsbeiträge 18 281
Rückstellungen 22 775
- unrichtige Angaben 25 139

Rücktritt 2 34
- Verhältnis zu Selbstanzeige 29 511
- versuchte Steuerhinterziehung 29 228
- Zollhinterziehung 31 92

Rücküberstellung, Europäischer Haftbefehl 15 150
Rückübertragung, Ermittlungszuständigkeit von Staatsanwaltschaft auf Finanzbehörde 30 193

Rückwirkungsverbot
- Steuerordnungswidrigkeit 29 749
- Steuerstraftat 29 28

Rückzahlung, Subventionsbetrug 32 114
Rückzahlungsforderung, Bewertung bei Kredit 21 244
Rückzahlungsverpflichtung, AusfuhrerstattungsVO 33 82
Rückzug, geordneter 9 55

Ruhen
- gesetzliches Verfolgungshindernis 6 47
- Vollstreckungsverjährung 6 122

Ruhen der Verjährung 6 46
- bei Auslieferungsersuchen 6 55
- gesetzliche Anordnung 6 56
- nach Erlass erstinstanzliches Urteil 6 52
- nach Eröffnung Hauptverhandlung 6 53
- Verfolgungsverjährung 29 724
- Vollstreckungsverjährung 6 122; 29 735

Ruhezeiten, Arbeitsschutz 27 202
Rumänien, Unternehmensstrafbarkeit 15 216
Rundschreiben, der Geschäftsführung der Börse 22 266
Russische Föderation, Strafverteidiger 15 37

Rüstungsgüter
- Außenwirtschaftsrecht 26 7
- Einfuhrverbot 26 155
- Exportverbote 26 37
- ungenehmigte technische Unterstützung 25 103

Rüstungsgüterexport, Politische Grundsätze der Bundesregierung für den Export von Kriegswaffen und sonstigen Rüstungsgütern 26 37

Saatgut, VO gemeinsame Marktorganisation 33 20

Sache, bewegliche
- dinglicher Arrest 12 210
- Herausgabe an Verletzten 12 290

Sache, doppelrelevante 12 303
Sacheinlage
- unrichtige Angaben über 25 281
- unrichtige Registerangaben 25 265, 275

Sachfragen, Strategieberatung 11 178
Sachgründungsschwindel, GmbH 25 276
Sachkunde
- Bedenken/Zweifel an 13 86
- Gericht 13 84

Sachpatent 23 215
Sachübernahme, unrichtige Registerangaben 25 265
Sachverhaltsdarstellung, irreführende, Täuschung bei 16 39
Sachverhaltsverfälschung, Verbot 7 343
Sachverständigenbeauftragung
- Verjährungsunterbrechung 6 69; 29 713

Sachverständigenentlassung, vorzeitige 7 336
Sachverständigengutachten 7 258
- Ablehnung (weitere) Einholung 13 84
- Antrag gem. § 219 StPO 12 25
- Ermittlungsverfahren 13 16
- Marktmanipulation 22 367
- Meinungsverschiedenheiten/Widerspruch zu mündlichem Vortrag 13 88
- Wettbewerbsrecht 23 298

Sachverständiger 11 173
- Beauftragung zur Informationsbeschaffung 7 258
- Beweisantrag 13 45
- Kapitalmarkt 22 89
- Produkthaftung 4 169
- Veränderung der Verfahrensstellung 7 336
- Vorprägung 13 18
- Wettbewerbsrecht 23 298
- Zweifel an Sachkunde des 13 86

Sachwalter auf Zeit, Vermögensbetreuungspflicht 17 11

safe harbour
- Abweichung von Meistausführungspreis 22 482
- Befreiung von Veröffentlichungspflicht 22 482
- Dokumentationspflicht nach MaKonV 22 501
- geld-/währungspolitische Ausnahmen 22 485
- Greenshoe-Vereinbarung 22 507
- Hinweispflicht nach MaKonV 22 498
- Insiderinformationen 22 522
- Mehrzuteilungsoption 22 506
- nach MaKonV 22 489

safe harbour Regeln 22 481
Saisonkräfte, ausländische, Anwerbung/Vermittlung 27 130
Sammelanderkonto, Geldwäsche 20 230
Sammelauskunftsersuchen, Kreditinstitut 30 554

Hagen

Sachverzeichnis

fett gedruckte Zahlen = Paragrafen

Sammelgenehmigung, Ausfuhr **26** 50
Sanierung 18 345
– außerhalb Insolvenzverfahren **18** 288
– Eigensanierung **18** 345
– freie **18** 289
– Gläubigerbegünstigung **18** 298
– Gläubiger-Fonds **18** 302
– Gläubigerpool **18** 301
– übertragende **18** 292, 346
– unwirtschaftliche Ausgaben **18** 300
Sanierungsfördermittel, Subvention **32** 48
Sanierungsgesellschaft 18 292
– Vermögensübertragung auf **18** 187
Sanierungskosten, aussichtslose **18** 157
Sanktionen
– EG **33** 4, 13
– EU-Kontrolleure/OLAF **33** 170
– Insolvenzdelikt **18** 376
– Personalbereich **8** 102
Sanktionensystem, Wirtschaftskriminalität **1** 36
Sanktionierung
– Ergebnisse unternehmensinterner Aufklärung **10** 77
– Unternehmen **5** 1 ff.
Sanktionsausschuss, Drohung mit **22** 418
Sanktionsausschuss der Börsen 22 270 ff.
– Bekanntmachungen **22** 284
– Besetzung **22** 292
– Bobl-Squeeze **22** 328
– Börsengesetz **22** 279
– Crossgeschäfte **22** 318
– Ehrenausschuss **22** 272
– Entwicklung **22** 272, 275
– Handelsbräuche **22** 314
– Knock-out von Barrior Optionsscheinen **22** 330
– Konkurrenzen **22** 338
– ne bis in idem **22** 238
– öffentliches Interesse **22** 284
– Sachverhaltsermittlung **22** 306
– Sanktionensystem **22** 334
– Sanktionsgewalt **22** 272
– Sanktionsrahmen **22** 296
– Schrifttum **22** 339
– Spruchpraxis **22** 317
– Überschreitung Positionslimite **22** 322
– Verfahren **22** 305
– Verfahrenseinleitung **22** 293
– verfassungsrechtliche Vereinbarkeit **22** 280
– Verletzung des Anspruchs auf kfm. Vertrauen **22** 313, 328
– Verzicht auf Einrichtung **22** 287
– Zugangsmissbrauch Handelsplattform **22** 321
Sanktionsausschussverordnung 22 290
Sanktionsverfahren
– Vertraulichkeit **22** 339
– vor Sanktionsausschuss der Börsen **22** 305

SanktionsVO 33 5
– Anhörungsrecht **33** 75
– DurchführungsVO **33** 75
– Scheingeschäfte **33** 70
– Schwarze Liste **33** 72
– verwaltungsrechtliche Sanktionen **33** 67
Sarbanes Oxley Act (SOA), Präventivberatung **8** 41
Sarbanes-Oxley-Act, strafrechtliche Verantwortlichkeit **22** 749
Säumniszuschlag, Steuerhinterziehung **29** 165
scalping 22 569
– Marktmanipulation **22** 361
Schaden, Untreue **17** 97 f.
Schadensersatz 11 201
– bei Insolvenzantragstellung **18** 327
– mangelnde Koordination bei Abwehr **11** 230
– Umsetzung EU-Richtliniengesetzgebung **22** 46
– Zurückgewinnungshilfe **12** 285
Schadensersatzanspruch
– Eurojust **15** 110
– Korruptionsdelikt **19** 287
Schadensfeststellung, Korruptionsdelikt **19** 342
Schadenshöhe, Strafzumessung **16** 99, 106
Schadenskompensation, Sanktionierung unternehmensinterner Aufklärung **10** 81
Schadensschätzung, Korruptionsdelikt **19** 342
Schadensursächlichkeit
– Produkthaftung **4** 64 f.; **4** 233
Schadensversicherung, Rechtsanwaltsgebühren **7** 119
Schadenswiedergutmachung
– Betrug **16** 15
– Strafzumessung **16** 103
Schadstoff
– Begriff **28** 157
– Freisetzung von **28** 156
Schaffleisch, VO gemeinsame Marktorganisation **33** 20
Schattenstruktur 9 10
– Bestandsaufnahme **9** 15
– Moderator **9** 14
Schätzung
– Bemessungsgrundlagen Tagessatzhöhe **29** 308
– externer Betriebsvergleich **29** 262
– Geldverkehrsrechnung **29** 265
– interner Betriebsvergleich **29** 260
– Richtsatzsammlung **29** 263
– Sicherheitszuschlag **29** 267
– Steuerhinterziehung **29** 259 f.
– Steuerstrafverfahren **29** 259 f., 268
– Verfallhöhe **12** 391
– Vermögenszuwachsrechnung **29** 264
Schätzungsangaben, Sicherheitszuschlag **29** 392
Schaumweinsteuer, Zollstrafrecht **31** 6, 7
Schaustellergewerbe, Anwerbung/Vermittlung Hilfskräfte **27** 130

Sachverzeichnis

Scheck
- Begriff 21 46
- Nachmachen/Verfälschen/Verschaffen/Feilhalten/Gebrauchen 21 34

Scheckbetrug 16 98, 119
- Irrtum 21 129
- Täuschung 21 121
- Untreue durch Tolerierung 21 135
- Vermögensschaden 21 131
- Vermögensverfügung 21 130
- Vorsatz 21 134

Scheckfälschung 1 73
Scheckgeschäft, Täuschung bei 16 37
Scheckkarte, missbräuchliche Verwendung 21 139
Scheckkartenmissbrauch 1 52, 136
- Schutzbereich 14 31
- Vorsatz 21 142

Scheckweiterreichung, Gläubigerbegünstigung 18 199
Scheingeschäft
- Bankrotthandlung 18 158
- SanktionsVO 33 70

Scheinhandlung, Subventionsbetrug 32 61
Scheinhandlungen 1 105
Scheinprüfung, Selbstanzeige 29 427
Scheinrechnung
- Berichtigung 29 275
- unberechtigter Vorsteuerabzug 29 274

Scheinselbständige, Arbeitnehmerüberlassung 27 79
Scheinselbständigkeit, Sozialversicherungspflicht 27 171
Scheinverkauf, Gläubigerbegünstigung 18 199
Schengener Durchführungsübereinkommen (SDÜ), Vermögensabschöpfung 12 320
Schenkungsteuer
- Steuerhinterziehung 29 276
- Verjährungsbeginn Steuerhinterziehung 29 684

Schiedsrichter, Amtsträger 19 95
Schlachtfeld, Wahl des 9 49
Schleudergeschäft, Bankrotthandlung 18 150
Schleuserkriminalität 27 47
- gewerbs-/bandenmäßige 27 48

Schließfach, Identifizierungspflicht GwG 20 127
Schlussbesprechung, EU-Kontrollmaßnahmen 33 215
Schlusspreis, Börsenpreis 22 383
Schmiergeld
- nicht abzugsfähige Betriebsausgaben 30 142 f.
- Pflichtwidrigkeit 17 91
- Verwendungsverbot 30 142 f.

Schmiergeldzahlung
- Nichtherausgabe an Arbeitgeber 19 279
- Pflichtwidrigkeit 17 53
- Schaden 19 282

Schmuckhändler, Geldwäscherisiko 20 235

Schmuggel
- bandenmäßiger 26 146; 29 563 f., 585
- gewaltsamer 29 563 f., 577, 580
- gewerblicher/gewerbsmäßiger 29 563 f., 573
- gewerbsmäßiger 26 146
- Waffen 26 148

Schmuggel, gewaltsamer 31 104
Schmuggel, grenzüberschreitender, Selbstanzeige 26 144
Schmuggelprivileg 31 86
- Wertgrenze 31 89

Schneeballbetrug 16 93
Schneeballsystem 1 55
- progressive Kundenwerbung 23 73

Schonfrist, Abzugsteuergefährdung 29 895
Schreiben, anonyme, Mandantenberatung 7 179
Schriftverkehr, Beschlagnahme 30 376, 377
Schuldanerkenntnis, Sanktionierung unternehmensinterner Aufklärung 10 82
Schuldenbereinigungsplan 18 117
Schuldner, Aussageverpflichtung bei Insolvenzdelikt 18 38
Schuldnerbegünstigung
- Bankrotthandlung 18 202
- Vermögensverschiebung 18 135, 141

Schuldnerverzeichnis, Abweisung Insolvenzverfahren 18 339
Schusswaffe
- gewaltsamer Schmuggel 31 104
- Strafschärfungsgrund 29 577

schütt-aus-hol-zurück-Verfahren, Insiderinformation 22 607
Schutzbereich
- internationale Steuer-/Steuerstraf-/Wirtschaftsstrafsachen 14 29 f.
- Irrtum über 14 43

Schutzbereichserweiterung, europa-/völkerrechtliche 14 38
Schutzmaßnahme, unerlaubter Eingriff in technische Schutzmaßnahmen 23 175
Schutzmaßnahmen, Agrarmarktordnung 33 23
Schutzprinzip, internationales Wirtschaftsstrafrecht 14 16
Schutzrechte, gewerbliche, Verletzung 23 136 f.
Schutzrechte, verwandte, Urheberschutz 23 171
Schutzrechtsverletzung
- Bekanntmachung der Verurteilung 23 282
- Checkliste 23 301
- Einziehung 23 276
- Geistiges Eigentum 1 78
- Grenzbeschlagnahme 23 279
- Strafverfolgung auf Antrag 23 271
- Strafverfolgung von Amts wegen 23 274
- Verfall 23 278
- Verjährung 23 285
- Vernichtungsanspruch 23 277

Schutzschrift, Unternehmensanwalt 10 13

Sachverzeichnis

fett gedruckte Zahlen = Paragrafen

Schwarzarbeit
- Auftrags-/Vergabesperre 27 161
- Bekämpfung der 1 71
- Bekämpfung organisierter/gewerbsmäßiger 1 74
- illegale Ausländerbeschäftigung 27 21
- Werbung für 27 153

Schwarzarbeitbekämpfungsgesetz 1 74

Schwarzarbeitbekämpfungsgesetz (SchwarzArbG) a.F. 27 146
- Ordnungswidrigkeit 27 147, 152

Schwarzarbeitbekämpfungsgesetz (SchwarzArbG) n.F. 27 154

Schwarze Kasse, Untreue 17 123

Schwarze Liste, SanktionsVO 33 72

Schwarzeinkauf 29 1887

Schwarzgeld, Kapitallebensversicherung 11 86

Schwarzlohnvereinbarung
- Arbeitnehmer 18 264
- Unternehmenskrise 18 256

Schweden
- Beschuldigtenrechte im Ermittlungsverfahren 15 73
- Ermittlungsverfahren 15 59
- Strafverteidiger 15 37
- Unternehmensstrafbarkeit 15 216

Schweigen, Verteidigungsstrategien 7 138

Schweigerecht 7 138
- Mandantenberatung 7 159
- Umgehung 7 208
- Verteidigungsstrategien 9 48

Schweinefleisch, VO gemeinsame Marktorganisation 33 20

Schweiz
- Bundesgesetz über die internationale Rechtshilfe in Strafsachen (IRSG) 30 575
- Doppelbesteuerungsabkommen 30 573
- Rechtshilfe Außenwirtschaftsrecht 26 17
- Unternehmensstrafbarkeit 15 216

Schwerpunktstaatsanwaltschaften 1 90

Securities Exchange Commission (SEC), Berichtspflicht 8 41

Sekundärinsider 1 76; 22 563

Sekundärmarkt, Wertpapiermarkt 22 126

Selbstanzeige 7 305; 29 362 ff.
- Abzugsteuergefährdung 29 902
- Adressat 29 409
- Änderung 29 413
- Anfangsverdacht 29 394
- Anwendungsbereich 29 372
- Ausfuhrabgabengefährdung 29 940
- Ausschlussgründe 29 417 f.
- Bannbruch 29 554
- Begriff 29 365
- bei Durchsuchungsanordnung namentlich nicht genannter Verantwortlicher 30 526, 534
- bei mangelhafter Buchführung 29 391
- Bekanntgabe Bußgeld-/Strafverfahren 29 444 f.
- Berichtigungserklärung 29 378
- Drittanzeige 29 505
- Einfuhrabgabengefährdung 29 940
- Einleitung Bußgeld-/Strafverfahren 29 444 f.
- Entdeckung der Tat 29 466
- Entdeckungsgefahr 29 389
- Entdeckungsrisiko 29 368
- erneute 29 415
- Erscheinen eines Amtsträgers 29 420 f.
- fehlgeschlagene 30 519
- Form 29 406
- Fußmattentheorie 29 424
- Gehilfe 29 405
- gewerbs-/bandenmäßige/gewaltsamer Schmuggel 29 598
- im Vorfeld der Außenprüfung 30 518
- in dubio pro reo 29 397
- Inhalt 29 381 f.
- Konkurrenzen 29 511
- Konzernprüfung 29 430
- Kosten 29 528
- leichtfertige Steuerverkürzung 29 442, 825
- mehrere Beteiligte 29 402
- Mehrfachverteidigung 29 401
- Motivation 29 367
- nach Erscheinen des Amtsträgers 29 441
- Nachentrichtung verkürzter Steuern 29 479
- Prüfungszeitraumerweiterung 29 426
- Schätzung 29 389
- Scheinprüfung 29 427
- schwere Steuerhinterziehung 29 355
- Sicherheitszuschlag bei Schätzungsangaben 29 392
- Sperrwirkung 29 417 f.
- Sperrwirkungsumfang 29 432
- Steuergefährdung 29 878
- Steuerhehlerei 29 623
- Steuerhinterziehung 26 144
- Steuerpolitik 29 370
- Strafaufhebungsgrund 29 364
- strafbefreiende Wirkung 29 417 f.
- strafrechtliche Nebenfolgen 29 501
- Stufenselbstanzeige 29 387
- Teilselbstanzeige 29 415
- unschlüssige 29 395
- Unternehmensanwalt 10 16
- Verbrauchsteuergefährdung 29 920
- verdeckte Stellvertretung 29 398
- Verhältnis zu § 153 AO 29 515
- Verhältnis zu § 24 StGB 29 511
- Verhältnis zu § 261 Abs. 9 StGB 29 526
- Verhältnis zu § 264 Abs. 4 StGB 29 524
- Verhältnis zu § 266 a Abs. 6 StGB 29 525
- Verhältnis zu § 46 StGB 29 522
- Verhältnis zu Steuerordnungswidrigkeit 29 502
- Verhältnis zu strafbefreiender Erklärung 30 650, 686
- Vermögensabschöpfung 12 84
- verunglückte 29 441, 503
- Vollmacht 29 401
- Vorenthaltung Sozialversicherung 27 175

magere Zahlen = Randnummern

Sachverzeichnis

- Widerruf 29 413
- Wiederaufleben der Möglichkeit zur 29 443, 465, 478
- Wirkung 29 499
- Zweck 29 370

Selbstanzeige, freiwillige, Geldwäsche 20 104
Selbstanzeige, strafbefreiende
- Ausschluss 31 95
- Nachzahlung 31 94
- Zollhinterziehung 31 93

Selbstanzeige, unkoordinierte 30 298
Selbstbelastung, Verbot des Zwangs zur S. 29 152
Selbstbezichtigung, Steuerstrafverfahren 30 75
Selbstbezichtigung, drohende, Steuerschätzung 30 433
Selbstgefährdung, eigenverantwortliche, Produktbenutzung 4 135
Selbstkostenfestpreis 24 287
Selbstleseverfahren 7 336
- Urkunden 1 92
Selbstverpflichtung, Unternehmensleitbild 8 61
sentencing guidelines 8 31
Sequestration 18 332
Serienbetrug 16 95
Serienstraftat
- Tatsachenfeststellung 16 50
- Zollstrafsache 31 185
short selling, Insiderhandel 22 557
Sicherheit, äußere
- Gefährdung 26 100
- Störung 26 106
Sicherheiten, cash-pooling 18 315
Sicherheitenbestellung, Gläubigerbegünstigung 18 199
Sicherheitenverstärkung, Gläubigerbegünstigung 18 199
Sicherheitsabschlag
- Sicherstellung 12 78
- Steuerschätzung 30 427
Sicherheitsgewährung, Vermögensverschiebung 18 141
Sicherheitspolitik, unionsrechtliche Vorgaben 14 83
Sicherheitszuschlag
- Schätzung 29 267
- Schätzungsangaben bei Selbstanzeige 29 392
Sicherstellung
- Anfechtung erledigter Sicherstellungsmaßnahme 12 353
- Anfechtung vollstreckungssichernder Maßnahme 12 343 f.
- Aufhebung der Sicherstellungsmaßnahme 12 342
- Beendigung 12 338
- Beschlagnahme durch 12 174
- Dienstaufsichtsbeschwerde 12 362
- dinglicher Arrest 12 200
- Rechtbehelf gegen Ablehnung/Verlängerung 12 355
- Rechtsbehelfe gegen Art/Weise der Durchführung 12 347
- Sicherheitsabschlag 12 78
- staatliches Interesse 12 159 f.
- Steuer(nach)forderung 12 81
- Übersicherung 12 78
- Verfassungsbeschwerde 12 362
- Verletzteninteresse 12 217 f.
- Vermögensabschöpfung 12 72
- Zurückgewinnungshilfe 12 217 f.

Sicherstellung, grenzüberschreitende, Beweismittel 15 178
Sicherstellungsbedürfnis, Beschlagnahme 12 181
Sicherung nicht voll eingezahlter Einlagen, unrichtige Registerangaben 25 266, 275
Sicherungsband, Beschlagnahme 10 47
Sicherungsbedürfnis, Vollstreckungssicherstellung 12 251
Sicherungsbetrug 16 93
Sicherungsmaßnahmen, interne
- Geldwäsche 20 148 f.; 21 82
Sicherungsmaßnahmen, vorläufige, Geldwäsche 20 167
Sicherungspool 18 301
Sicherungsübereignung, Gläubigerbegünstigung 18 199
Sich-Verschaffen, Steuerhehlerei 29 612
Signal, falsches/irreführendes, Marktmanipulation 22 363
Signierung, unzulässige, Checkliste 23 169
Situationsanalyse, Mandantenberatung 7 130
Sitztheorie, Fremdrechtsanwendung 14 26
Skontroführer 22 130
- Börsenpreisfeststellung 22 134
- Börsenpreismanipulation 22 447
- computerunterstützte Präsenzbörse 22 140
- Cross-Geschäfte im Eigenhandel 22 449
- Datenmaterial über 22 239
- Einwirken auf Börsenpreis durch tatsächliches Handeln 22 447
- Insiderhandel 22 591
- verdeckte in-sich-Geschäfte 22 454
Slowakische Republik, Strafverteidiger 15 37
Slowenien, Strafverteidiger 15 37
smurfing, Geldwäsche 20 25, 128, 156
Sockel
- Abwicklung 9 26
- Aufwendungen 9 26
- äußerer 9 1 f.
- Informationsnetzwerk 9 19
- innerer 9 61 f.
- Öffentlichkeitsarbeit 9 32
- Schattenstruktur 9 10
- Transparenz 9 30
- Vertraulichkeit 9 25
Sockelaktivitäten 9 22

Hagen

Sachverzeichnis

fett gedruckte Zahlen = Paragrafen

Sockelverteidigung
- äußerer Sockel **9** 1 ff.
- Hauptverhandlung **9** 77
- innerer Sockel **9** 61 f.
- Intervalle **9** 66
- konzertierte Aktionen **9** 85
- Organisation **10** 110
- paradoxe Wechselwirkung **9** 88
- Unternehmensanwalt **10** 109 f.
- Weichenstellungen **9** 83
- Zusammenarbeit Individual-/Unternehmensverteidiger **11** 220

Sofortmaßnahmen, bei Durchsuchung **11** 106
Software, unternehmensinterne Aufklärung **10** 75
Sogwirkung 1 31
Sonderdelikte 1 96
Sonderfonds, Untreue **17** 123
Sonderkommission Kartellbekämpfung 19 398
Sonderkommission Kartellbekämpfung (SKK) 24 394
Sonderposten mit Rücklageanteil, unrichtige Angaben **25** 139
Sonderprüfer, Geheimhaltungspflichtverletzung **25** 243
Sonderprüfung 7 201
- Publizitätsdelikt **25** 222

Sorgfaltspflichten
- Händler **4** 178
- öffentlich-rechtliche Vorgaben **4** 123
- Produkthaftung **4** 50

Sortengeschäft, Begriff **22** 710
Sortenschutz 23 250 f.
- EG **23** 19
- Eintragung **23** 252
- Erlöschen **23** 253
- Pflanzensorte **23** 251
- Schutzgegenstand **23** 251
- Schutzumfang **23** 254
- Strafvorschrift **23** 255

Sortenschutzgesetz (SortSchG) 23 29, 250 f.
- Produktpiraterigesetz (PrPG) **23** 141

Sozialfonds, Kontrollregelungen **33** 29
Sozialprofil 1 29
Sozialsubvention 32 49
Sozialversicherung
- Arbeitnehmerentsendung **27** 171
- Beitragsabführung **18** 256 f.
- Scheinselbständigkeit **27** 171
- Selbstanzeige **27** 75
- unrichtige Angaben gegenüber Einzugsstellen **27** 166
- unzumutbare Abführung **27** 173
- Verantwortlichkeit Beitragsabführung **27** 172
- Verhältnis Vorenthaltung/Betrug **27** 176
- Vorenthalten von Arbeitsentgelt **18** 256 f
- Vorenthaltung von Beiträgen **27** 162

Sozialversicherungsbeitrag, Vorenthaltung **1** 74

Sozialversicherungsbeiträge
- Arbeitnehmerüberlassung **27** 126
- Fälligkeit **18** 265
- Rückstandsberechnung **18** 281
- Rückstellung zur Begleichung **18** 273
- Stundung/Vergleich **18** 266
- Teilzahlung **18** 269
- Vorenthaltung **18** 265

Spanien
- Beschuldigtenrechte im Ermittlungsverfahren **15** 74
- Ermittlungsverfahren **15** 60
- Strafverteidiger **15** 37
- Unternehmensstrafbarkeit **15** 216

Sparbuch, Entwendung **21** 96
Spekulationsgeschäft, Bankrotthandlung **18** 150, 151
Spendenquittung, falsche **29** 844
Sperrerklärung, Beschlagnahmeverbot **30** 376
Sperrgründe, Strafbefreiungserklärungsgesetz **30** 633
Sperrwirkung
- Außenprüfung **29** 434
- bei Durchsuchungsanordnung namentlich nicht genannter Verantwortlicher **30** 526
- Einleitung/Bekantgabe Bußgeld-/Strafverfahren **29** 444
- Entdeckung der Tat **29** 466
- Prüfungsanordnung, fehlerhafte **29** 438
- Selbstanzeige **29** 417 f.
- Umfang, persönlicher **29** 433, 453, 477
- Umfang, sachlicher **29** 436, 454
- Umfang, zeitlicher **29** 436
- Wiederaufleben der Möglichkeit zur Selbstanzeige **29** 443, 465, 478
- zur Ermittlung Steuerstraftat/-ordnungswidrigkeit **29** 439

Spesen, Verbrauch übermäßiger Beträge **18** 157
Spesenabrechnung, Untreue **11** 39
Spesenabrechnung, falsche **29** 844
Spezialität, Steuerhinterziehung **29** 247
Spezialitätsvorbehalt, Beweisverbot **15** 203
Spielbank
- Geldwäscherisiko **20** 237
- Identifizierungspflicht GwG **20** 124

Spieleinsatz, Bankrotthandlung **18** 150, 155
Spiralwirkung 1 31
Sponsoring, Gefährdungsvorsatz **2** 57
Spot Markt 22 137
Spurensuche, Informationsbeschaffung **7** 257
Squeeze, MaKonV **22** 403
Staatsangehörige, eigene
- Auslieferung **15** 146 f.
- Auslieferungshindernis **15** 149
- Rücküberstellung **15** 150

Staatsangehöriger, deutscher, Auslieferung bei Korruptionsdelikt **19** 432

magere Zahlen = Randnummern **Sachverzeichnis**

Staatsanwalt
– Durchsicht von Papieren bei Durchsuchung 1 92
– Postbeschlagnahme 1 92
Staatsanwalt, missbrauchter 11 47
Staatsanwaltschaft
– Ermittlungsorgan 30 206
– federführende Ermittlungsbehörde Steuerstrafsache 30 158
– Informationsweitergabe an Finanzbehörde 30 476
– Kompetenzen als Ermittlungsbehörde 30 281
– Rückübertragung Ermittlungszuständigkeit auf Finanzbehörde 30 193
– Strafverfolger 11 21
– Vorermittlungen wg. Insolvenzdelikt 18 29
– Zusammenarbeit mit S. bei Korruptionsermittlungen 19 390
– Zuständigkeit Ermittlungsverfahren Steuer-/Zollstraftat 31 151
– Zuständigkeit Kartellordnungswidrigkeit 24 324
Staatsanwaltschaftliche Akten, Akteneinsicht 7 237
Stabilisierungsmaßnahmen
– Börsenpreis 22 486
– Dokumentationspflichten 22 501
– Emissionskurs 22 503
– Hinweispflichten 22 498
– Insiderinformationen 22 522
Städtebauförderung, Subvention 32 48
Stammeinlage, unrichtige Gründungsangaben 25 275
Stammkapital, Überschuldungsstatus 18 61
Stammkapitalbeeinträchtigung, pflichtwidrige 17 62
Standards, technische 4 125
Stellungnahme, EG 23 10
Stellungnahmemöglichkeit, Beschränkung 7 336
Stellvertretung, verdeckte, Selbstanzeige 29 398
Steueranmeldung
– Nichtabgabe 29 141
– Steuerverkürzung bei unrichtiger 29 176
– Unterlassen gebotener Berichtigung 29 143
Steuerbeamten-Ausbildungsgesetz 1 69
Steuerbefreiung, Steuervorteil 29 182
Steuerbemessungsgrundlage, Steuerschätzung 30 414
Steuerberater
– berufsrechtliche Maßnahmen bei Steuerstrafverfahren 30 498, 504
– berufsrechtliche Sanktion Steuerhinterziehung 29 330
– Identifizierungspflicht GwG 20 124, 220
– Leichtfertigkeit 29 820
– Meldepflicht Geldwäscheverdacht 20 142, 220

– Verhältnis Berichtigungspflicht/Selbstanzeige 29 519
Steuerberaterkammer, Stellungnahme bei Steuerordnungswidrigkeit 29 838
Steuerbevollmächtigter
– Identifizierungspflicht GwG 20 124
– Meldepflicht Geldwäscheverdacht 20 142
Steuerbilanz 25 34
Steuerdelinquenz 30 23
Steuererklärung
– Nichtabgabe 29 142
– Unterlassen gebotener Berichtigung 29 143
– vorsätzliche Verwendung unrichtiger Bilanz 25 68
Steuererstattungsanspruch 29 948
– unzulässiger Erwerb 29 944
Steuerfahndung
– Aufgaben 30 222 f.
– Ermittlungen bei Kreditinstitut 30 567
– Organisation 30 211
– Spezialkompetenz 11 4
– Stellung im Ermittlungsverfahren 30 202, 209
– Zusammenarbeit mit S. bei Korruptionsermittlungen 19 391
Steuerfall, unbekannter, Aufdeckung/Ermittlung 30 269
Steuerfestsetzung, billige, Steuervorteil 29 182
Steuerfestsetzungsverfahren, Angabenmachen 29 110
Steuerflucht, internationales Steuerrecht 14 19
Steuerforderung, Vermögensabschöpfung 12 81
Steuergefährdung 29 842 f.; 31 125
– Buchführungspflichtverletzung 25 159
– durch falsche Belege 29 843
– durch falsche Buchung/Aufzeichnung 29 853
– Einfuhr-/Ausfuhrabgaben 29 864
– entgeltliches In-Verkehr-Bringen von Belegen 29 848
– Geldbuße 29 877
– Konkurrenzen 29 879
– Kontenwahrheitspflichtverletzung 29 872
– Mitteilungspflichtverletzung 29 867
– Selbstanzeige 29 878
– Täter 29 847
– Verfolgungsverjährung 29 880
– Zuwiderhandlung gegen Auflage 29 875
Steuergeheimnis
– Steuerstrafverfahren 30 97 f.
– Verletzung 23 132
Steuerhehlerei 26 151; 29 599 f.; 31 108
– Absatzhilfe 29 614
– Absetzen 29 613
– Ankauf 29 611
– Bannbruch als Vortat 29 606
– Bereicherungsabsicht 29 618
– durch Unterlassen 29 615
– Einfuhr-/Ausfuhrabgabenhinterziehung als Vortat 29 603, 604
– geldwäschetaugliche Vortat 31 114

Hagen

Sachverzeichnis

fett gedruckte Zahlen = Paragrafen

- gewerbsmäßige **29** 571
- Haftung des Täters **30** 482
- Kettenhehlerei **29** 607
- Konkurrenzen **29** 622
- Nebenfolgen **29** 621
- Sanktion **29** 620
- Selbstanzeige **29** 623
- Sich-/einem Dritten verschaffen **29** 612
- Tatbestand, subjektiver **29** 616
- Tatbestand, subjektiver der Vortat **29** 609
- Tathandlungen **29** 611
- Verbrauchsteuerhinterziehung als Vortat **29** 602
- Verhältnis der S. zur Täterschaft/Teilnahme an der Vortat **29** 610
- Versuch **29** 619
- Vorsatz **29** 616
- Vortaten **29** 600
- Wahlfeststellung Steuerhinterziehung/Steuerhehlerei **29** 623

Steuerhinterziehung 11 9, 89 f.
- Amtsträger **29** 204, 207
- Angaben gegenüber Behörde **29** 127
- Angabenmachen **29** 110
- Anrechnung Untersuchungshaft **29** 312
- Anstiftung **29** 235
- Ausnutzung der Mithilfe eines Amtsträgers **29** 207
- Außenwirtschaftsrecht **26** 140
- Ausweisung Ausländer **29** 323
- bandenmäßige **29** 338 f., 348; **31** 106
- Begehungsarten **29** 95
- Beihilfe **29** 233
- besonders schwere **29** 199
- Betriebsausgabenabzug verbotener Zuwendung **19** 59, 287
- durch aktives Tun **29** 100, 109 f.
- durch Unterlassen **29** 101, 131 f.
- Einreichung falscher UmsatzsteuerVA **29** 111
- Einstellung gegen Geldauflage **29** 309
- Entdeckungsrisiko **29** 368
- Erbschaftsteuer **29** 276
- Erlangung nicht gerechtfertigter Steuervorteil **29** 177
- faktischer Geschäftsführer **29** 101
- fortgesetzte/wiederholte **29** 208
- Freiheitsstrafe **29** 284, 310
- Freiheitsstrafe zur Bewährung **29** 311
- Garantenstellung **29** 232
- Geldstrafe **29** 284, 288
- geschütztes Rechtsgut **29** 98
- Gesetzeskonkurrenz **29** 244
- Gewerbeuntersagung **29** 320
- gewerbsmäßige **29** 338 f., 344; **31** 106
- grober Eigennutz **29** 201
- Grundtatbestand **29** 93
- Haftung **29** 317
- Haftung des Täters **30** 482
- Handlungsein-/Handlungsmehrheit **29** 244
- Hinzuziehungszinsen **29** 319

- in großem Ausmaß **29** 341
- Irrtum **29** 218
- Kausalität Handlung/Erfolg **29** 196
- Kompensationsverbot **29** 185
- Konkurrenzen **29** 237
- Konkurrenzen mit Nichtsteuerdelikten **29** 253
- Konsumtion **29** 247
- Korruptionsdelikt als Beihilfe zur **19** 302
- mehrere Steuern **29** 240
- Missbrauch Befugnis/Stellung als Amtsträger **29** 204
- mitbestrafte Vor-/Nachtat **29** 252
- Mittäter **29** 232
- Nachentrichtung verkürzter Steuern **29** 479
- Nebenfolgen, beamtenrechtliche **29** 326
- Nebenfolgen, berufsrechtliche **29** 330
- Nebenfolgen, steuerrechtliche **29** 317
- Nebenfolgen, verwaltungsrechtliche **29** 320
- Nebentäterschaft **29** 114
- Nichtabgabe Steuervoranmeldung/-anmeldung/-erklärung **29** 140
- Nichtbenennung von Gläubigern/Zahlungsempfängern **29** 280
- Nichtverwendung von Steuerzeichen/-stempeln **29** 163
- Offenbarungspflichten, steuerliche **29** 134
- Passversagung **29** 324
- Postpendenz **29** 251
- Rechtsfolgen **29** 283
- Rechtswidrigkeit **29** 209
- Rücktritt vom Versuch **29** 228
- Schätzungen **29** 259 f.
- Schenkungsteuer **29** 276
- Schwarzarbeitbekämpfungsgesetz **1** 74
- Selbstanzeige **26** 144; **29** 362 ff.
- Spezialität **29** 247
- steuerliche Behandlung Verfahrenskosten **29** 333
- steuerliche Behandlung von Geldbußen/-strafen **29** 332
- steuerliche Nebenleistungen **29** 165
- Steuerverkürzung **29** 165
- Strafaussetzung zur Bewährung **29** 286
- Strafmaßberechnung **29** 289
- strafmildernde Gründe **29** 292
- strafschärfende Gründe **29** 294
- Strafverschärfung **29** 199; **31** 100
- Strafzumessung **29** 283 f., 288
- Strohmann **29** 317
- Tatbegriff **29** 90
- Tatbestand, subjektiver **29** 211
- Tatbestandsaufbau **29** 97
- Tatbestandsirrtum **29** 218
- Tatein-/Tatmehrheit **29** 238
- Täter **29** 231
- Täter, mittelbarer **29** 231
- Taterfolg **29** 164
- Täterkreis **29** 100
- Tatsachen **29** 116

magere Zahlen = Randnummern

Sachverzeichnis

- Teilnahme 29 233
- Umsatzsteuerjahreserklärung 29 269
- Umsatzsteuervoranmeldung 29 269
- Unkenntnis der Finanzbehörden 29 128
- Unrechtsbewusstsein 29 220
- Unterlassen gebotener Berichtigung 29 143
- Verbotsirrtum 29 221
- Verfahrenskosten 29 314
- Verhalten, tatbestandmäßiges 29 106
- Verhältnis zu leichtfertiger Steuerverkürzung 29 833
- Verjährung 29 257
- Verjährungsbeginn 29 682 f.
- Verjährungsbeginn bei versuchter S. 29 698
- Verlängerung der Festsetzungsfrist 29 318
- Versuch 29 94, 222
- Verwarnung mit Strafvorbehalt 29 288
- Verwendung gefälschter/nachgemachter Belege 29 208
- Verzinsung 29 319
- Vorbereitungshandlungen 29 224
- Vorsatz 29 212
- Vortat zu Geldwäsche 20 46
- Waffenbesitzkarte 29 325
- Wahlfeststellung 29 248
- Zollstraftat 31 63 f.

Steuerhinterziehung, schwere 29 338 f.
- bandenmäßige 29 348
- gewerbsmäßige 29 344
- Konkurrenzen 29 359
- Rechtsfolgen 29 353, 361
- Selbstanzeige 29 355
- Täter 29 352
- Verjährung 29 258, 360
- Versuch 29 351
- Vortat zu Geldwäsche 29 358

Steuerliche Behandlung,
  Geldbuße/Verteidigerkosten im Kartellverfahren 24 427

Steuerliche Prüfung, Begriff 29 422

Steuern, Berücksichtigung bei Vermögensabschöpfung 12 376

Steuern, verkürzte, Nachentrichtung 29 479

Steuernachforderung, Vermögensabschöpfung 12 81

Steuerordnungswidrigkeit 29 14, 741 f.; 31 115
- Aufsichtspflichtverletzung 29 789
- Begriff 29 741
- Beteiligung 29 760
- Bußgeldbescheid 29 771
- eingeschränkte Rechtskraft 31 118
- Einstellung des Verfahrens 29 770
- Einziehung 29 781
- Fahrlässigkeit 29 757
- Geldbuße 29 774
- Geldbuße gegen Juristische Person/Personenvereinigung 29 783
- Geltung OWiG 29 745, 747
- Handeln für Anderen 29 762
- leichtfertige Steuerverkürzung 29 796 f.
- Leichtfertigkeit 29 758
- Opportunitätsprinzip 29 768, 787
- Rechtfertigungsgründe 29 764
- Rückwirkung 29 749
- Sanktion 29 771, 779
- Steuergefährdung 31 125
- Steuerverkürzung, leichtfertige 31 120
- Subsidiaritätsklausel 31 117
- Tatbestände 29 16
- Tatein-/Tatmehrheit mit Straftat 31 116
- Übergang zu Steuerstrafverfahren 29 839
- Verdacht infolge Außenprüfung 30 513
- Verfall 29 782
- Verfolgungsverjährung 29 746, 968; 31 119
- Versuch 29 759
- Vorsatz 29 754
- Vorwerfbarkeit 29 765
- Zusammentreffen mehrerer Gesetzesverletzungen 29 779

Steuerordnungswidrigkeitenrecht 29 1 ff.

Steuerpflicht, beschränkte,
  Abzugsteuergefährdung 29 892

Steuerrecht
- Abgrenzung privater/gewerbsmäßiger Wertpapierhandel/Vermögensverwaltung 22 715
- Fremdrechtsanwendung 14 23

Steuerrecht, internationales
- Doppelbesteuerung 14 18
- Gegenstand 14 17
- Steuerflucht 14 19
- Territorialitätsprinzip 14 17

Steuerschätzung
- Besteuerungsgrundlagen 30 417
- Besteuerungsverfahren 30 422
- Bestreiten im Prozess 30 426
- drohende Selbstbezichtigung 30 433
- Förderung Geständnisbereitschaft 30 430
- Sicherheitsabschlag 30 427
- Steuerbemessungsgrundlage 30 414
- Steuerstrafsache, 30 414 f.
- Steuerstrafverfahren 30 421
- Verwertbarkeit 30 424
- Zuschätzung 30 432
- Zuschlag bei Auslandsbezug 30 419

Steuerstempel, Nichtverwendung von 29 163

Steuerstrafprozess, Verwertbarkeit Steuerschätzung 30 424

Steuerstrafrecht 29 1 ff.
- Belehrungspflicht 19 321
- europa-/völkerrechtliche Vorgaben 14 68 f., 68 f.
- europarechtskonforme Auslegung 14 88
- Fremdrechtsanwendung 14 23
- geschütztes Rechtsgut 29 2
- Konkurrenzen 19 318
- Korruptionsdelikte 19 286 f.
- uropa-/völkerrechtliche Vorgaben 14 68 f.
- Verfolgungsintensität 30 23
- Verjährung 6 43
- völkerrechtskonforme Auslegung 14 86

Hagen

Sachverzeichnis

fett gedruckte Zahlen = Paragrafen

Steuerstrafrecht, europäisches, künftige Harmonisierung **14** 85
Steuerstrafrecht, internationales
- Checkliste **14** 105
- europarechtliche Vorgaben **14** 9, 68 f., 77
- Gerichtsbarkeit **14** 92
- Irrtum über Schutzbereich **14** 43
- Kompetenzkonflikte **14** 92
- Mindestharmonisierung **14** 10
- ne bis in idem **14** 94
- Prozessrecht **14** 91 f.
- räumliche Geltung **14** 5, 46 f.
- Schutzbereich **14** 29 f.
- Schutzbereichserweiterung **14** 38
- Verlagerung Auslegungszuständigkeit **14** 11
- völkerrechtliche Vorgaben **14** 9, 68 f., 71
- Vorfragen **14** 12
- Wechselwirkung mit Wirtschaftsstrafrecht **14** 20
Steuerstrafsache
- Einleitung Ermittlungsverfahren **30** 314
- Haftung **30** 482 f.
- Informationsgewinnung **30** 295
- inter-/supra-/transnationale Dimension **14** 1 ff.
Steuerstraftat 29 12, 34 ff.
- Abgabengesetze der Länder **29** 88
- Analogieverbot **29** 30
- Bannbruch **29** 529 f.
- Begünstigung nach **31** 111
- Checkliste Auslandsbezug **29** 24
- Entdeckungsrisiko **29** 368
- Gefährdung Umsatzsteueraufkommen **29** 85
- Geldwäsche nach **31** 112
- Geltungsbereich, räumlicher **29** 18
- Geltungsbereich, zeitlicher **29** 25
- Nebenfolgen **29** 624 f.
- § 257 StGB
- § 261 StGB/Geldwäsche **29** 59
- § 264 StGB/Subventionsbetrug **29** 70
- § 369 Abs. 1 Nr. 1 AO **29** 35
- § 369 Abs. 1 Nr. 2 AO/Bannbruch **29** 39
- § 369 Abs. 1 Nr. 3 AO/Wertzeichenfälschung **29** 40
- § 369 Abs. 1 Nr. 4 AO/Begünstigung **29** 42
- § 369 Abs. 2 AO **29** 44
- §§ 148, 149 StGB/Wertzeichenfälschung **29** 79
- Rennwett-/Lotteriegesetz **29** 87
- Rückwirkungsverbot **29** 28
- Steuerhehlerei **29** 599 f.
- Strafgesetze, allgemeine **29** 17
- Tatbestände **29** 16, 34 ff.
- Tatbestandsbestimmtheit **29** 32
- Telefonüberwachung bei Geldwäscheverdacht **31** 113
- Territorialitätsprinzip **29** 18
- Verdacht infolge Außenprüfung **30** 513
- Verfall **29** 664
- Verhältnis zu Steuerordnungswidrigkeit **29** 15

- Verjährungsbeginn Teilnahme **29** 701
- Verjährungsunterbrechung **29** 703
Steuerstraftäter-Kartei, zentrale 1 91
Steuerstrafverfahren 30 1 ff.
- außerstrafrechtliche Konsequenzen **30** 489 f.
- Belehrungspflicht infolge Außenprüfung **30** 514, 521
- Belehrungspflichten **30** 88
- Berufsverbot **30** 494
- böswillige Verschleppung **29** 312
- Bundeszentralregister **30** 491
- Datenweitergabe **30** 101
- Ermittlungen bei/gegen Kreditinstitute **30** 559
- Ermittlungsbehörden **30** 156 f.
- Ermittlungsorgane **30** 196 f.
- Ermittlungsverfahren **30** 294 ff.
- federführende Ermittlungsbehörde **30** 156
- fehlende Empfängerbenennung **30** 442
- Finanzbehörde **30** 156
- fiskalische Interessen **30** 18, 51
- fiskalischer Zweck **30** 49
- Freiheit vom Zwang zur Selbstbelastung **30** 47, 53 f.
- gegen Bankkunden **30** 562
- Gewerbeuntersagung **30** 495
- Haftung **30** 482 f.
- Informationsgewinnung **29** 295
- Informationsweitergabe **30** 465 f.
- Kompetenzen Ermittlungsbehörden **30** 156
- Legalitätsprinzip **30** 320
- Mandantenberatung **30** 11
- Mitteilung Berufskammer **30** 498, 505
- Mitteilungspflicht im **30** 465 f.
- Mitteilungspflichten im grenzüberschreitenden Bargeldverkehr **30** 480
- Mitwirkungspflichten **30** 47, 53 f.
- Nachweis Treuhandverhältnisse **30** 435
- nemo- tenetur-Grundsatz **30** 48, 95
- § 393 Abs. 1 AO **30** 53 f.
- § 393 Abs. 2 Ao **30** 91 f.
- § 393 Abs. 3 AO **30** 46 f.
- § 400 AO **30** 155
- polizeiliches Führungszeugnis **30** 491
- Prozessmaximen **30** 38
- Prozessvoraussetzungen **30** 42
- Rechtsquellen **30** 27
- Schätzungen **29** 259 f., 268
- Selbstanzeige nach Einleitung/Bekanntgabe **29** 444 f.
- Selbstbezichtigung **30** 75
- Staatsanwaltschaft **30** 156
- Steuerdelinquenz **30** 23
- Steuergeheimnis **30** 97 f.
- Steuerschätzung **30** 414, 421
- Trennung Besteuerung-/Strafverfahren **30** 46
- Verfahrensgrundsätze **30** 35
- Verständigung **30** 445 f.
- Verteidigungsstrategien **30** 1 f.
- Verwendungsverbot **30** 91 f.
- Verwertung Geldwäschedaten **20** 184

magere Zahlen = Randnummern

Sachverzeichnis

– Zwangsmittelandrohungsverbot **30** 70
– Zwangsmittelverbot **30** 61
Steuerunehrlichkeit 11 45
Steuervergünstigung 29 184; **32** 5
– Subventionsbericht **32** 5
Steuervergütungsanspruch 29 949
– unzulässiger Erwerb **29** 944
Steuerverkürzung 29 165
– Buchführungspflichtverletzung **25** 159
– Fälligkeitssteuern **29** 175
– leichtfertige **29** 796 f.
– Nichtanmeldung von Waren **26** 140
– unrichtige Steueranmeldung **29** 176
– Veranlagungssteuern **29** 171
Steuerverkürzung, leichtfertige 29 796 f.; **31** 120
– Beteiligter **29** 807
– durch aktives Tun **29** 809
– durch Unterlassen **29** 810
– geringfügige Beschäftigung in Privathaushalten **29** 824
– in Wahrnehmung steuerlicher Angelegenheit **29** 801
– Kausalität **29** 812
– Konkurrenzen **29** 832
– Leichtfertigkeit **29** 814
– mehrfache **29** 837
– Organmitglieder **29** 802
– Rechtswidrigkeitzusammenhang **29** 812
– Selbstanzeige **29** 442, 825
– Stellungnahme Berufskammer **29** 838
– Steuerberatungs-/Wirtschaftsprüfungsgesellschaft **29** 802
– Strafklageverbrauch **29** 840
– Täter **29** 799
– Tathandlung **29** 808
– Übergang zu Steuerstrafverfahren **29** 839
– Verfolgungsverjährung **29** 841
– Verhältnis zu Steuerhinterziehung **29** 833
Steuerverkürzungsbekämpfungsgesetz 1 69
Steuervorteil 29 182
– Erlangung eines nicht gerechtfertigten **29** 177, 863
Steuerzeichen
– Fälschung **29** 80
– Nachmachen **29** 80
– Nichtverwendung von **29** 163
Steuerzeichenfälschung 29 40, 79; **31** 110
Stiftung
– Insolvenzantragspflicht **18** 24
– Pflichtabschlüsse **25** 73
Stillhaltefrist, Geldwäscheverdacht **20** 141
Stimmenthaltung, Strafbarkeit bei Gremienentscheidung **3** 50
Stimmrechtsveränderungspublizität, BAFin **22** 163, 167
stock watch, BAFin **22** 163
stopp-loss-order, Börsenpreis **22** 378
Störung, Ermittlungshandlung **7** 156
Strafantrag, Verhältnis zu Verjährung **6** 51
Strafanwendungsrecht 14 5

Strafanzeige 7 304
– Bumerang **11** 73
– gegen Mitarbeiter **8** 102
– Sanktionierung unternehmensinterner Aufklärung **10** 83
– Verteidigungsmittel **11** 67
– Warneffekt **11** 72
Strafaufhebungsgrund, Mandantenberatung **7** 181
Strafausschließungsgrund, Mandantenberatung **7** 181
Strafbarkeit
– Gegenstimme bei Gremienentscheidung **3** 44
– Stimmenthaltung bei Gremienentscheidung **3** 50
– Vermeidung **7** 15
Strafbarkeit, beiderseitige, Prinzip der **15** 167
Strafbefehl
– Beantragung durch Finanzbehörde **30** 155
– Verjährungsunterbrechung **6** 75; **29** 719
Strafbefehlsverfahren, Produkthaftung **4** 194
Strafbefreiungserklärungsgesetz (StraBEG) **30** 605 ff.
– Festsetzungsverjährung **30** 673
– Frist **30** 610
– Regelung **30** 609
– Sperrgründe **30** 633
– strafbefreiende Erklärung **30** 612, 617, 628
– Verfolgungsverjährung **30** 672
– Verwendungsbeschränkung **30** 674
– Vortaten **30** 612
– Zahlung als Einkommensteuer **30** 668
– Zahlung/-sfrist **30** 620
– Zweck **30** 606
Straferwartung, Steuerhinterziehung **29** 289
Straffreiheit, Mandantenberatung **7** 181
Strafklageverbrauch, europäischer **15** 189
Strafmilderung
– Steuerhinterziehung **29** 292
– Verfahrensverzögerung, rechtsstaatswidrige **29** 293
Strafmilderungsgrund, Mandantenberatung **7** 183
Strafprozessordnung, Neuerungen **1** 92
Strafrabatt, Verzicht auf beschlagnahmte Vermögenswerte **12** 398
Strafrahmen, Mandantenberatung **7** 190
Strafrahmenänderung 7 190
Strafrecht, Fremdrechtsanwendung **14** 24
Strafrecht, internationales
– europarechtliche Vorgaben **14** 7, 68 f.
– räumliche Geltung **14** 46
– rechts-/kriminalpolitische Tendenz **14** 8
– Schutzbereich **14** 29 f.
– völkerrechtliche Vorgaben **14** 7, 9, 68 f.
Strafrechtslehre, Wirtschaftsstrafrecht **11** 18
Strafrechtspflege, stellvertretende, Ausländer **14** 64
Straftat
– Gewerbsmäßigkeit **22** 713
– Verbandsgeldbuße **5** 15

Hagen   2155

Sachverzeichnis

fett gedruckte Zahlen = Paragrafen

Straftatbestand, Begriff nach Art. 54 SDÜ **15** 192
Straftatbestände, Mandantenberatung **7** 160
Strafvereitelung 7 338
– Anzeigepflichtverletzung bei Subventionsbetrug/-sverdacht **32** 125
– Insolvenzverwalter **18** 395
– Übernahme Geldstrafe **4** 202
Strafvereitelung im Amt 19 332
Strafverfahren
– Bankgeheimnis **21** 287
– Rechtsschutz gegen Beweissammlung im Ausland für **15** 130
– Selbstanzeige nach Einleitung/Bekanntgabe **29** 444 f.
– Verjährung **29** 675
– Vermeidung **7** 17
– Vorabentscheidungsverfahren **14** 100
– Wahrnehmung Mandanteninteressen **7** 18
Strafverfahren, ausländisches, Rechtsschutz gegen Beweissammlung für **15** 114
Strafverfahrenseinleitung, strafbefreiende Selbstanzeige **31** 97
Strafverfahrenseinstellung, Produkthaftung **4** 193
Strafverfahrenskosten, steuerliche Behandlung **29** 333
Strafverfahrensrecht 1 89
Strafverfolger, Wirtschaftsstrafrecht **11** 21
Strafverfolgung
– grenzüberschreitende Zusammenarbeit **15** 8
– öffentliches Interesse **23** 287
– sachwidrige Erschwerung **7** 348
Strafverfolgungsbehörde, Auftrag **7** 156
Strafverfolgungsbehörden, grenzüberschreitende Kooperation **15** 38
Strafverfolgungshandlung, Unterbrechung Verjährung **29** 703
Strafverfolgungsmaßnahme, Auftrag von Strafverfolgungsbehörde **7** 156
Strafverfolgungsmaßnahmen
– Grenzen **7** 154
– Mandantenberatung **7** 152
– Mandantenreaktion auf **7** 156
– Wahrscheinlichkeit **7** 153
Strafverfolgungsrisiko, Produkthaftung **4** 189
Strafverfolgungswahrscheinlichkeit, Produkthaftung **4** 191
Strafverschärfung, Steuerhinterziehung **29** 294
Strafverteidiger
– dienstleistender europäischer Rechtsanwalt **15** 23
– Einvernehmensanwalt **15** 24
– Europäische Union **15** 34
– grenzüberschreitende Kooperation **15** 38
– niedergelassener europäischer Rechtsanwalt **15** 20
Strafverteidiger, ausländischer, Mit-/Verteidiger **15** 19

Strafverteidigung
– Bankmanager **21** 6
– Geldwäscherisiko **20** 224
– Kartellverfahren **24** 43
– Korruptionsdelikt **19** 30
– Rechtshilfeverfahren **15** 128
Strafverteidigung, grenzüberschreitende 15 1 ff.
Strafverteidigungskosten, steuerliche Behandlung **29** 335
Strafzumessung
– Absicht fortgesetzter Begehung **16** 107
– Berücksichtigung Verfallsanordnung **12** 386
– besonders schwerer Fall **16** 105
– Betrug **16** 99 f.
– gewerbsmäßiger Betrug **16** 108
– lange Verfahrensdauer **16** 104
– Mandantenberatung **7** 187
– Mitverschulden des Opfers **16** 101
– Pflichtwidrigkeit **16** 100
– Schadenshöhe **16** 99, 106
– Schadenswiedergutmachung **16** 103
– Steuerhinterziehung **29** 283 f., 288
– Steuerverkürzung auf Zeit **29** 291
– strafmildernde Gründe **29** 292
– strafschärfende Gründe **29** 294
– Tagessatzanzahl **29** 289
– Tagessatzhöhe **29** 296
– wirtschaftliche Verhältnisse des Täters **16** 102
Strahlen, nichtionisierende, Schutz vor **28** 174
Straßburger Abkommen (IPC) 23 23
Strategieberatung
– Gutachter/n **11** 173
– Rechtsfragen **11** 187
– Sachfragen **11** 178
– Sachverständiger/-ngutachten **11** 173
– Umsetzung auf Leitungsebene **11** 208
– Umsetzung bei Mitarbeitern **11** 210
– Umsetzung nach außen **11** 215
– Umsetzung nach Innen **11** 207
– Unternehmenskrise **11** 133 f.
– Unternehmensvertreter **11** 147 f.
– Zeugenbeistand **11** 225
Strohmann
– Gewerbeuntersagung **29** 320
– Haftung Steuerhinterziehung **29** 317
Stromsteuer, Zollstrafrecht **31** 6, 7
Struktur, Halbleiterschutz **23** 243
Strukturfonds
– Kontrollregelungen **33** 29
– Unregelmäßigkeiten **33** 135
Strukturmissbrauch, Kartellordnungswidrigkeit **24** 239
Strukturpolitik, europäische 32 15
Strukturwandel, Subventionspolitik **32** 10
Studenten, Anwerbung/Vermittlung **27** 130
Stufenselbstanzeige 29 387

magere Zahlen = Randnummern **Sachverzeichnis**

Stundung
- Abzugsteuergefährdung **29** 895
- Sozialversicherungsbeiträge **18** 266
- Steuervorteil **29** 182
- Wechsel-/Scheckbetrug **21** 127

Submission, öffentliche Auftragsvergabe **24** 272

Submissionsabsprache 24 38; **24** 266 f.
- Aktenvermerkgebot **24** 201
- Angebotsabgabe **24** 295
- Ausgleichszahlungen **24** 268
- Ausschreibung **24** 289, 298
- Checkliste **24** 290, 437
- geschütztes Rechtsgut **24** 291
- Kartellordnungswidrigkeit **24** 266, 270
- Korruptionsbekämpfungsgesetz **24** 270
- Nullpreisbildung **24** 268
- Rechtwidrigkeit **24** 297
- sonstige Straftaten in Zusammenhang mit **24** 309
- Straftatbestand **24** 270
- Tatbestand **24** 294
- Täter **24** 292
- tätige Reue **24** 304
- Verhältnis zu Kartellordnungswidrigkeit **24** 307
- Verhältnis zu § 263 StGB **24** 306
- Vorsatz **24** 302

Submissionsbetrug 1 57, 64; **11** 40; **19** 253; **24** 279
- Checkliste **24** 436
- Eingehungsbetrug **24** 282
- Erfüllungsbetrug **24** 287
- Irrtum **24** 280
- Täuschung **24** 280
- Vermögensschaden **16** 71; **24** 281
- Vermögensverfügung **24** 280

Submissionskartell 24 3, 266 f.
- Kartellordnungswidrigkeit **24** 226
- sonstige Straftaten in Zusammenhang mit **24** 309

Subsidiaritätsklausel
- Bannbruch **29** 555
- Steuerordnungswidrigkeit **31** 117

Subsidiaritätsprinzip, Wirtschaftsstrafrecht **1** 108

Subsumtionsirrtum, Irrtum über Schutzbereich **14** 43

Subvention
- aus öffentlichen Mitteln **32** 41
- Begriff **32** 39 f.
- Gewährung ohne marktgemäße Gegenleistung **32** 42
- nach Bundes-/Landesrecht **32** 40
- nach EG-Recht **32** 47
- nicht wirtschaftlichen Zwecken dienende **32** 49
- Präventivberatung **8** 30
- Subventionsnehmer **32** 46
- Übersicht
- Wirtschaftsförderung **32** 45

Subventionsbeantragung, Pflichtverstöße bei **32** 57

Subventionsbericht 32 5

Subventionsbescheinigung, Gebrauchmachen durch unrichtige/unvollständige Angaben erlangte **32** 66

Subventionsbetrug 1 48; **16** 2; **29** 70; **32** 28 ff.
- Amtsträger, behördeninterne **32** 32
- Amtsträger, entscheidungsbefugter **32** 34
- Amtsträger, fremdnützig handelnder **32** 33
- Amtsträger, zwischengeschalteter **32** 32
- Anzeige-/Aufklärungspflichtverletzung
- Anzeigepflichten **1** 94
- bandenmäßiger **32** 72
- besonders schwerer **32** 68, 71, 86, 94
- dogmatische Einordnung **32** 29
- durch aktives Tun **32** 58
- durch Unterlassen **32** 64
- Einziehung **32** 113
- Gebrauchmachen durch unrichtige/unvollständige Angaben erlangte Subventionsbescheinigung **32** 66
- Gestaltungsmissbrauch **32** 60
- gewerbsmäßiger **32** 72
- grober Eigennutz **32** 86
- Herausgabe des Erlangten **32** 114
- historische Entwicklung **32** 1
- im Nachgang zu gewährter Subvention **32** 88
- In-Unkenntnis-Lassen Subventionsgeber **32** 90
- Konkurrenzen **16** 98; **32** 115
- Leichtfertigkeit **32** 99
- Mandantenberatung **32** 118, 126
- Missbrauch Amtsträgereigenschaft **32** 69
- Nebenfolgen **32** 111 f.
- nicht gerechtfertigte Subvention großen Ausmaßes **32** 86
- Offenbarungspflichtverletzung **32** 65
- Quersubventionierung **32** 78
- Rechtsquellen **32** 18
- Rückzahlung **32** 114
- Schadensersatz **11** 201
- Schein-/Umgehungshandlungen **32** 60
- Schutzbereich **14** 34
- Schutzgut **32** 28
- Sonderdelikt § 264 Abs. 1 Nr. 3 StGB **32** 31
- Statistik **32** 4
- Strafe **32** 108
- Strafzumessung **32** 109
- Subventionsbegriff **32** 39 f.
- subventionserhebliche Tatsache **32** 50
- subventionserhebliche Tatsachen **29** 73
- Subventionsgewährung **32** 4
- Tatbestand, objektiver **29** 70
- Tatbestand, subjektiver **29** 75
- Tatbestandsirrtum **32** 96
- Täterkreis **32** 30, 93
- Täterschaft bei § 264 Abs. 1 Nr. 4 StGB **32** 38
- Täterschaft, mittelbare **32** 36

Hagen 2157

Sachverzeichnis

fett gedruckte Zahlen = Paragrafen

- tätige Reue **29** 78; **32** 102
- Täuschung bei **16** 38
- unrichtige Angaben **32** 58
- unvollständige Angaben **32** 59
- Verbotsirrtum **32** 97
- Verjährung **6** 34
- Verlust der Amtsfähigkeit **32** 112
- Verstoß gegen Verwendungsbeschränkung **29** 76
- Verteidigungsstrategien **32** 118, 126
- Verwenden von Bescheinigungen **29** 77
- Verwendung, illegale **32** 80, 82
- Verwendung nachgemachter/verfälschter Belege **32** 86
- Verwendung, unökonomische **32** 80, 81
- Verwendungsbeschränkung **32** 73
- Vollendung
- Vorsatz **32** 95

Subventionsbetrugsverdacht, Anzeigepflicht der Behörden/Gerichte **32** 123
Subventionsdelikt
- EG-Recht **32** 21
- internationales **32** 27
- StGB **32** 18
- Subventionsgesetz **32** 18
- Verhältnis nationaler/gemeinschaftsrechtlicher Tatbestände **32** 26
- Verordnungen der EG **32** 23

Subventionsgeber, In-Unkenntnis-Lassen **32** 91
Subventionsgesetz 32 19
Subventionsgewährung 32 4
- EG **32** 8
- freiwillige Verhinderung **32** 103
- freiwilliges/ernsthaftes Bemühen um Nichtgewährung **32** 107
- politische Dimension **32** 10
- Statistisches Bundesamt **32** 7

Subventionsnehmer 32 46
Subventionspolitik
- europäische **32** 15
- nationale **32** 10

Surrogat
- Geldwäsche **20** 62
- Vermögensabschöpfung **12** 105

Syndikus, Zeugnisverweigerungsrecht **11** 140
Syndikusanwalt, Beschlagnahme beim **10** 55

Tabak, Freimenge **31** 71
Tabaksteuer
- Verbrauchssteuerhinterziehung **31** 99
- Zollstrafrecht **31** 6, 7

Tafelgeschäfte 21 93, 94
Tagessatz
- Arbeitsloser **29** 307
- Berechnung der Anzahl **29** 289
- Berechnung der Höhe **29** 296
- Einkommensschwacher **29** 307
- Existenzminimum **29** 307
- Kindergeld **29** 298
- Mietwert Eigennutzung **29** 298
- Naturalbezüge **29** 298
- Nettoeinkommen **29** 297
- nicht berufstätig Verheirateter **29** 306
- Schätzung der Bemessungsgrundlagen **29** 308
- Schulden **29** 303, 303
- Schuldzinsen **29** 304
- Sozialhilfeempfänger **29** 307
- Steuerrückstände **29** 303
- unbillige Härte **29** 303
- Unterhaltspflichten **29** 302
- Verringerung der Tagessatzhöhe **29** 305
- zumutbar erzielbares Einkommen **29** 300
- Zuwendungen **29** 298

Taktik 9 1 ff.
- Abhängigkeit von Verfahrensabschnitt **7** 151
- Ermittlungstaktik **7** 152
- Mandantenberatung **7** 137 f.
- nach Clausewitz **9** 34

Tanktourismus 31 72
Tarifierung, unrichtige, Zollhinterziehung **31** 83
Tat, fortgesetzte, Verjährungsbeginn **29** 700
Tatbegehung
- bandenmäßige **29** 585
- gewerbsmäßige **29** 573
- mit Schusswaffe **29** 577
- mit Waffe **29** 580
- mit Werkzeug **29** 581

Tatbestandsbestimmtheit, Gebot der **29** 32
Tatbestandsirrtum 2 58 f.
- Betrug **16** 87
- Irrtum über räumliche Geltung dt. Strafrechts **14** 66
- Irrtum über Schutzbereich **14** 43
- Kartellordnungswidrigkeit **24** 256
- Subventionsbetrug **32** 96

Tatbestandsmerkmale, normative 1 102
Tateinheit, Betrug **16** 94
Tatendecker 29 471
Tatentdeckung
- Kenntnis des Täters von **29** 475
- Person des Täters **29** 473
- Rechnen-Müssen **29** 476
- Selbstanzeige **29** 467
- strafbefreiende Selbstanzeige **31** 98
- strafbefreiender Erklärung **30** 641

Täter
- Abzugsteuergefährdung **29** 884
- Bankrottdelikt **18** 104 f.
- Bestechung/-lichkeit im geschäftlichen Verkehr **19** 208
- Bilanzdelikt **25** 75
- Geldwäsche **20** 38
- Steuergefährdung **29** 847
- Steuerhinterziehung **29** 231
- Subventionsbetrug **32** 30, 93

Täter hinter dem Täter 8 25
Täter, mittelbarer
- Handlungsort **14** 54
- Subventionsbetrug **32** 36

Sachverzeichnis

magere Zahlen = Randnummern

Täter-Opfer-Ausgleich
- Betrug 16 15
- Geständnis 16 17

Täterschaft
- Korruptionsdelikt 19 178
- Organisationsherrschaft 2 30
- Wirtschaftsstrafrecht 2 12; 3 1 ff.

Täterschaft, mittelbare
- Betrug 16 26
- Gremienentscheidung 3 19
- Verantwortlichkeit Produkthaftung 4 151

Tathandlung, Bestechung/-lichkeit im geschäftlichen Verkehr 19 232

Tätigkeitsaufnahme, selbständige, Verletzung Anzeigepflicht 27 147

Tätigkeitsverbot, Insolvenzstraftat 18 45

Tatmehrheit, Betrug 16 95

Tatortbesichtigung, Informationsbeschaffung 7 257

Tatprodukte, Einziehung 29 648

Tatsache, Täuschung über 16 28

Tatsache, subventionserhebliche 32 50
- Bezeichnung, ausdrückliche 32 54
- Bezeichnung nach § 2 SubvG 32 52
- Bezeichnung nach § 264 Abs. 8 Nr. 1 Fall 2 StGB 32 53
- Bezeichnung, unvollständige/unwirksame 32 56
- gesetzliche Abhängigkeit 32 55
- gesetzliche Bezeichnung 32 51

Tatsachen
- Abgabenmachen 29 116
- Abgrenzung zu Rechtsauffassung 29 118
- steuerliche Erheblichkeit 29 125

Tatsachen, subventionserhebliche 29 73

Tatsachenstoff
- Einwirken auf 7 274
- Prüfung 7 270
- Qualitätsveränderung 7 277
- Strukturierung 7 272

Tatsachenveränderung, Täuschung 16 32

Tatwerkzeuge, Einziehung 29 648

Tauschbörse, Urheberschutz 23 156

Täuschung
- Anfangsverdacht 22 408
- ausdrückliche 16 33
- Betrug 16 28 f.
- durch Unterlassen 16 40
- Eingehungsbetrug 18 249
- Einwirkung auf Vorstellung eines anderen 16 32
- konkludente 16 35
- künftiges Ereignis 16 28
- Marktmanipulation 22 363
- Objekt der 16 28
- sonstige 22 387
- tatsächliche Geschäfte als 22 396
- über bewertungserhebliche Umstände 22 385
- unwahre Erklärung 16 33
- verständiger Anleger 22 395

- Vorsatz 16 74
- Vortäuschung regelkonformen Verhaltens 22 401

Teambildung 8 77

Teilnahme
- Gläubigerbegünstigung 18 201
- Wirtschaftsstrafrecht 2 12; 3 1 ff.

Teilnahmewettbewerb, öffentliche Auftragsvergabe 24 276, 299

Teilnehmer, Haftung Steuerhinterziehung 29 317

Teilselbstanzeige 29 415

Teilverfall 12 401

Teilzahlung, Sozialversicherungsbeiträge 18 269

Telefongespräch
- Dokumentation Wertpapierhandel 22 257
- mit Polizei/Justiz 7 156
- unrichtige Information über Vermögensstand 25 187

Telefonsperre
- bei Durchsuchung 30 356
- Kartellverfahren 24 334

Telefonüberwachung
- Ermittlungsverfahren Steuerstrafsache 30 412
- Geldwäsche 20 173
- Geldwäsche/Steuerstraftat 31 113
- Verteidiger 7 336
- Zuständigkeit 20 176

Telekommunikationsaufzeichnung, Ermittlungsverfahren Außenwirtschaftsrecht 26 21

Telfonhandel, Aufzeichnung Gespräche 22 259

Terminbörse 22 137

Termingebühr 7 101

Terminhandel 22 137

Terminkontrakt, Terminhandel 22 137

Territorialitätsprinzip
- Inlandstaten 14 50
- internationales Steuerrecht 14 17
- internationales Wirtschaftsstrafrecht 14 14, 47
- Kartellrecht 24 25
- Steuerstraftat 29 18

Terrorismus, unionsrechtliche Vorgaben 14 83

Terrorismusbekämpfung, Außenwirtschaftsrecht 26 134

Testat, unrichtiges, Abschlussprüfung 25 315, 325

Tochterunternehmen, unrichtige Angaben bei Einbeziehung 25 140

Tonträgerpiraterie-Übereinkommen (TPÜ) 23 21

Top-Management
- Begrenzung der Produktverantwortung 4 244
- Produkthaftung 4 144

Total Quality Management 8 101

Totalembargo 26 120

Toto 18 155

Sachverzeichnis

fett gedruckte Zahlen = Paragrafen

Trade Law Treaty (TLT) **23** 22
Transformationstheorie **14** 86
Transit
– Handlungsort **14** 53
– Kriegswaffen **26** 189
Transithandel, Genehmigungspflichten **26** 48
Transparenz, Sockel **9** 30
Transportkosten, Zollwert **31** 78, 79
Treibstoff, Freigrenze **31** 71
Treubruch, Aufsichtsgremium **21** 231
Treubruchtatbestand, Untreue **17** 6
Treueverhältnis, Vermögensbetreuungspflicht **17** 35
Treuhandschaft, steuerstrafrechtliche Relevanz **30** 435
Treuhandverhältnis, Nachweis **30** 436
TRIPS-Übereinkommen **23** 23
Trockenfutter, VO gemeinsame Marktorganisation **33** 20
true and fair view, unrichtige Angaben **25** 139
Tschechische Republik, Strafverteidiger **15** 37
Tun, Gefährdungsdelikt **2** 10

Überlassung, Kriegswaffen **26** 187
Übernahme
– Geldstrafe/-auflage **17** 89
– Verfahrens-/Verteidigungskosten **17** 89
Übernahmeangebot, BAFin **22** 163
Überprüfungsermächtigung
– Ankündigung **33** 203
– OLAF **33** 150
– Prüfung der **33** 199
– Rüge vor Ort **33** 202
– unrechtmäßige **33** 201, 201
– Vorlage **33** 151, 199
Überprüfungsrechte
– EG **33** 6, 13, 144 f.
– EU-Richtlinien **33** 31
Überschuldung
– Begriff **18** 48
– Beseitigung **18** 67
– Feststellung **18** 51
– Fortführungsprognose **18** 55
– Insolvenzantragspflicht **18** 221
– Insolvenzgrund **18** 50
– Insolvenzverschleppung **18** 221
– Kreditinstitut **21** 274
– Prüfungsmethode **18** 54
– Täuschung über bewertungserhebliche Umstände **22** 385
– Überschuldungsstatus **18** 52
– Vermögensbilanz **18** 52
– verspätete Bilanzierung **18** 180
Überschuldungsstatus **18** 52
– Bewertungsprobleme **18** 56
– eigenkapitalersetzende Gesellschafterdarlehen **18** 62
– freie Rücklagen **18** 61
– Liquidationswert **18** 57
– Stammkapital **18** 61
– Unternehmenswert **18** 58
Übersetzung, Verfahrenserklärungen **15** 82

Übersicherung, Vermögensabschöpfung **12** 78
Übersicht
– Kundgabe/Weitergabe **25** 189
– unrichtige Information über Unternehmensverhältnisse **25** 180
– Vermögensgegenstand **22** 789
Überwachung, zollamtliche **26** 18
Überwachung, zollamtliche, Entziehung aus **31** 47
Überwachungsdelikt, Wirtschaftskriminalität **1** 35
Überwachungskamera, eigene Ermittlungen **11** 74
Überwachungsmaßnahmen, heimliche, Zahlungsmittelfälschung **21** 54
Überwachungspflicht, Aufsichtsrat **25** 79
Überwachungssystem
– KonTraG **8** 35
– Produkthaftung **4** 118
Überweisung
– Behandlung/Vorgaben GwG **20** 199
– unerlaubte **21** 103
– Verfügung des Berechtigten **21** 112
– Verfügung des Nichtberechtigten **21** 110
Überwindung, Unternehmenskrise **18** 209
Ubiquitätsprinzip, internationales Wirtschaftsstrafrecht **14** 15, 47
UMAG, Präventivberatung **8** 39
Umgehung, unerlaubter Eingriff in technische Schutzmaßnahmen **23** 175
Umgehungsgeschäfte, Verhinderung **33** 51
Umgehungshandlung, Subventionsbetrug **32** 60
Umgehungshandlungen **1** 105
Umlaufvermögen, unrichtige Angaben **25** 139
Umsatzaktivität, Erweckung falscher **22** 358
Umsatzsteuer
– Steuergefährdung **31** 128
– Steuerverkürzung **29** 175
– Steuerverkürzungsbekämpfungsgesetz **1** 69
– Verjährungsbeginn Steuerhinterziehung **29** 687, 696
– Zuwendung **19** 295
– Zuwendungsempfänger **19** 297
Umsatzsteueraufkommen, Gefährdung **29** 85
Umsatzsteuerausweis, unberechtigter nach § 14 c UStG **29** 273
Umsatzsteuerjahreserklärung, Steuerhinterziehung **29** 269
Umsatzsteuerjahreserklärung, unterlassene, nach Abgabe unrichtiger/unterlasser UStVA **29** 154
Umsatzsteuerkarussell **11** 46
– Strafzumessung **29** 293
Umsatzsteuersonderprüfung **30** 298
Umsatzsteuervoranmeldung
– Einreichung falscher **29** 111
– Nichtabgabe **29** 141
– Steuerhinterziehung **29** 269
– Unterlassen gebotener Berichtigung **29** 143
Umschlüsselungsverzeichnis **26** 223

2160 *Hagen*

Umstände, bewertungserhebliche
- Checkliste 22 587
- Marktmanipulation 22 363
- Täuschung über 22 385

Umwandlung
- unrichtige Angaben über 25 292
- vorsätzliche Verwendung unrichtiger Bilanz 25 68

Umwandlungsbericht, unrichtige Angaben 25 292

Umwandlungsprüfung, Publizitätsdelikt 25 226

Umwandlungsverfahren, Zollverfahren 31 30

Umweltauditsystem 8 59

Umweltbelange, Subventionspolitik 32 12

Umweltbilanz 25 35

Umweltdelikt 1 24
- Schätzung Verfallhöhe 12 391
- unionsrechtliche Vorgaben 14 84
- Vermögensabschöpfung 12 61

Umweltkriminalität 1 59
- 2.Gesetz zur Bekämpfung der 1 85

Umweltrecht, Schadensersatz 11 201

Umweltschutzbeauftragter 28 65

Umweltstrafrecht 28 1 ff.
- AbfG 28 230
- Anzeigepflicht 28 42
- Aufhebung Auflage 28 38
- Betriebsbeauftragter 28 65
- BImSchG 28 228
- ChemG 28 227
- Duldung, behördliche 28 32
- Erschütterungsschutz 28 171
- europäischer Einfluss 11 9
- europäisches 28 235
- Garantenstellung 28 62
- Gefährdung schutzbedürftiger Gebiete 28 217
- Gefahrgutbeförderungsgesetz 28 233
- Gefährliches Gut 28 95
- Genehmigung, behördliche 28 24
- Genehmigung, fehlerhafte 28 55
- Genehmigung, nachträgliche 28 37
- Genehmigung, rechtswidrige 28 27
- Genehmigungsaufhebung 28 38
- Genehmigungsfähigkeit 28 31
- Genehmigungsverstoß 28 40
- Gewässer 28 84
- Handeln ohne Genehmigung 28 98
- internationales 28 244
- kerntechnische Anlage 28 93
- KrWG 28 230
- Lärmschutz 28 171
- Lärmverursachung 28 165
- Luftverunreinigung 28 149
- Naturschutzrecht 28 232
- Nebenstrafrecht 28 222, 226
- nichtionisierende Strahlen 28 174
- Pflichtendelegation 28 71
- rechtfertigender Notstand 28 45
- rechtsmissbräuchliches Verhalten 28 98

- unerlaubter Umgang mit gefährlichen Abfällen 28 176
- unerlaubter Umgang mit gefährlichen Stoffen/Gütern 28 211
- unerlaubtes Betreiben von Anlagen 28 205
- unterlassene Rücknahme fehlerhafter Genehmigung 28 60
- unterlassenes Einschreiten 28 64
- Verantwortlichkeit Amtsträger 28 49
- Verantwortlichkeit des Betriebsinhabers 28 75
- Verantwortlichkeit des Mitarbeiters 28 75
- Verantwortlichkeit des Unternehmens 28 75
- Verantwortlichkeit im Unternehmen 28 65
- Verfall 28 107
- Verhältnis Kern-/Nebenstrafrecht 28 222
- Verjährung 6 41
- Verwaltungsakzessorietät 28 5
- verwaltungsrechtliche Pflicht 28 97

Umweltstraftat
- besonders schwere 28 100
- Bodenverunreinigung 28 136
- Gewässerverunreinigung 28 108
- Rechtsfolgen 28 99
- tätige Reue 28 103
- Vorsatz 28 99

Unbrauchbarmachung, Vermögensverschiebung 18 141, 149

Unerfahrene, Verleitung zu Börsenspekulationsgeschäft 22 650 f.

Unerfahrenheit
- Abgrenzung zu Erfahrenheit 22 660
- Begriff 22 656
- Mitteilungsinhalt zur Beseitigung der 22 670

Unerlaubte Verwertung, Urheberschutz 23 159

Unerreichbarkeit, Beweismittel 13 80

Unfallverhütung 1 25; 27 184

Unfallversicherungsvertrag, Identifizierungspflicht GwG 20 130

Ungarn, Strafverteidiger 15 37

Ungeeignetheit, Beweismittel 13 76

Unionsrecht, Vorabentscheidungsverfahren 14 100

Unkenntnis, leichtfertige, Insiderhandel 22 647

Unlauterer Wettbewerb, Gesetz gegen den unlauteren Wettbewerb (UWG) 23 26

Unrechtsbewusstsein, Wahrnehmung der Betroffenen 11 19

Unrechtskontinuität, BörsG/WpHG 22 347

Unrechtsvereinbarung
- Bestechung/-lichkeit im geschäftlichen Verkehr 19 224
- Korruptionsdelikt 19 155

Unregelmäßigkeiten
- Ausfuhrerstattung 33 99
- Befugnisse OLAF 33 138
- Begriff 33 49
- Europäische Gemeinschaft 33 132
- Haushaltsmittel der EG 33 132
- Kontrolle durch OLAF 33 53
- Verdacht/begründete Annahme 33 187

Sachverzeichnis

fett gedruckte Zahlen = Paragrafen

– Verjährung **33** 126
– Vollstreckungsverjährung **33** 126
UN-Suchtstoffübereinkommen,
 Vermögensabschöpfung **12** 320
Unterbrechung
– Außenprüfung **30** 513, 516
– Verfolgungsverjährung **29** 703
– Verjährung **6** 59 f.
Unterbringensbefehl,
 Verjährungsunterbrechung
 29 715
Unter-Einstandspreis-Verkauf,
 Kartellordnungswidrigkeit **24** 248
Unterfakturierung, Steuerhinterziehung **26** 140
Unterlagen, Kopieren von **7** 156
Unterlagenverwertung 23 108
– Tatbestand **23** 111
– Täter **23** 10
– Vorsatz **23** 114
Unterlassen
– Gefährdungsdelikt **2** 10
– Strafbarkeit bei Gremienentscheidung **3** 54
– Subventionsbetrug durch **32** 64
– Täuschung durch **16** 40
Unterlassungsdelikte 2 4
Unterlassungsort, Inlandstat **14** 53
Unternehmen
– Akteneinsicht als Dritter **10** 96
– Auftragssperre **10** 148
– Beschlagnahme bei Durchsuchung **10** 43
– Bestandsaufnahme Präventivberatung **8** 45
– Durchsuchungsablauf **10** 31
– Einführung anonymes Meldewesen **8** 83
– Einsetzung Betriebsbeauftragter **8** 82
– Einziehung **5** 50
– Haftung Kartellordnungswidrigkeit **24** 204
– Informationspflichten **25** 43
– Mitarbeiterschulung **8** 78
– Ombudsmann **8** 85
– Organisationsstrukturen **8** 72
– Präventivberatung **8** 1 ff.
– Risikoanalyse **8** 46
– Schattenstruktur **9** 10
– Täterschaft **5** 1 ff.
– Übernahme Geldbußen/-strafen **10** 136
– Übernahme Verteidigerkosten **10** 143
– Übernahme von Strafen **4** 200
– unternehmensinterne Aufklärung **10** 65
– Verbandsgeldbuße gegen **5** 5
– Verfallsanordnung **5** 45
– Verhaltensempfehlungen **8** 74
– Verlagerung von Spannungen **9** 10
– Zuständigkeitsverteilung **8** 73
Unternehmen, ausländisches, Geldbuße gegen
 5 11
Unternehmen, beherrschendes,
 Vermögensbetreuungspflicht **17** 67
Unternehmensabschluss, unrichtiger 25 31 ff.
Unternehmensanwalt 10 1 ff., 149
– Adhäsionsverfahren **10** 140
– Akteneinsicht **10** 85 f.
– Akteneinsicht Dritter **10** 100
– Auftragssperre **10** 148
– bei Verhaftung von Mitarbeitern **10** 62
– Beschlagnahme bei Durchsuchung **10** 43
– Beschlagnahmeverbot **10** 51
– Durchsuchung **10** 18
– Durchsuchung beim Beschuldigten **10** 25
– Durchsuchung beim Dritten **10** 27
– Einbeziehung Syndikusanwalt **10** 57
– Ermittlungsverfahren **10** 4
– Mehrfachverteidigung **10** 114
– Rückgewinnungshilfe für Unternehmen
 10 137
– Sanktionierung unternehmensinterner
 Aufklärung **10** 77
– Schutzschrift **10** 13
– Selbstanzeige **10** 16
– Sockelverteidigung **10** 109 f.
– unternehmensinterne Aufklärung **10** 65
– Unternehmensschriftsatz **10** 123
– Verbandsbuße **10** 132
– Verfall-/Rückgewinnungshilfe für Dritte
 10 134
– Vermögensabschöpfung **10** 134
– Verständigung **10** 129
– Vorbereitung Hauptverhandlung **10** 126
– wirtschaftliche Unternehmensinteressen
 10 127
– Zeugenbeistand **10** 119
Unternehmensbeendigung, außerhalb
 Insolvenzverfahren **18** 303
Unternehmensberater, Nachtatverhalten
 11 213
Unternehmensberatung
– Beendigung Dauerstraftat **11** 212
– Einziehung **11** 204
– mangelnde Koordination **11** 230
– Schadensersatz **11** 201
– Umsetzung der Strategie **11** 207, 215
– Verfall **11** 204
– Zeugenbeistand **11** 223
Unternehmensbestattung 18 307
– Bankrottstraftat **18** 311
– Entsorgungsentgelt **18** 308
– Insolvenzverschleppung **18** 310
– Untreue **18** 312
Unternehmensethik
– Checkliste **8** 117
– innerbetriebliche Umsetzung **8** 67
– Präventivberatung **8** 53
Unternehmensexterne Folgen,
 Mandantenberatung **7** 197, 204
Unternehmensfinanzierung,
 Finanzierungsgeschäft **21** 159
Unternehmensfortführung 18 345
Unternehmensführung
– Begrenzung der Produktverantwortung
 4 244
– Produkthaftung **4** 144
Unternehmensgeldbuße 1 87; **5** 39 f.; **31** 135
– Bonus-Regelung **5** 42

Sachverzeichnis

- Checkliste 24 434
- Höhe 31 137
- Kartellordnungswidrigkeit 24 209
- Produkthaftung 4 222
- selbständiges/verbundenes Verfahren 31 138
- Verjährung 31 138
- Zuständigkeit bei Anknüpfungstat 24 322

Unternehmensinhaber, Korruptionsdelikt 19 356

Unternehmensinsolvenz
- Statistik 18 5
- strafrechtliches Risiko des Beraters 18 385

Unternehmensinteresse
- Außeneinflüsse 11 194
- finanzielle Auswirkungen 11 197
- interne Effekte 11 195
- Unternehmensanwalt 10 127

Unternehmensinterne Folgen, Mandantenberatung 7 197, 199

Unternehmenskennzeichen, Markenschutz 23 184

Unternehmenskontrollen, Informationsbeschaffung 21 21

Unternehmenskriminalität 1 9

Unternehmenskrise
- Abstraktion von Individualinteressen 11 193
- Angreifer 11 51 f.
- Arten 11 29 f.
- Begleichung Gesellschafterforderung 18 200
- Begriff 18 284
- Beratung 11 1 ff.
- Beratungsschwerpunkte 18 283 ff.
- branchenbezogene 11 83
- Buchführungspflicht 25 153
- Buchführungsverstoß 18 163
- cash-pooling 18 314
- Diebstahl 11 33
- durch Internas 11 82
- durch Presseveröffentlichung 11 77
- eigenkapitalersetzendes Darlehen 18 322
- Eingehungsbetrug 18 245 f.
- Erfolgskrise 18 102
- gesonderte Feststellung 18 103
- in Folge von Prozessen 11 78
- initiatives Vorgehen 11 92
- Insolvenz 18 102
- Korruption 11 40
- Krisenerkenntnis 11 90
- Liquiditätskrise 18 102
- nach Eintritt der Insolvenz 18 324
- Publikationspflicht 11 194
- Schwarzlohnzahlung 18 256
- Staatsanwalt, missbrauchter 11 47
- Stadien/Indikatoren 18 102
- Steuerunehrlichkeit 11 45
- Strategieberatung 11 133 f.
- Überwindung 18 209
- Überwindung außerhalb Insolvenzverfahren 18 288
- Unternehmen als Ermittlungsobjekt 11 76
- Unternehmensvertreter 11 147 f.

- Unterschlagung 11 33
- Untreue 11 37
- Untreue, intellektuelle 11 44
- Vermögensverschiebung 18 135
- vermutete 11 89
- Verteidigungsmittel 11 64 f.
- Veruntreuen von Arbeitsentgelt 18 256 f.
- Vorenthalten von Arbeitsentgelt 18 256 f.
- Zeitpunkt des ersten Handelns 11 88

Unternehmensleitbild
- anonymes Meldewesen 8 83
- Checkliste 8 117
- Einsetzung Betriebsbeauftragter 8 82
- Formulierung 8 56
- Implementierung Kontrollsysteme 8 96
- Kontrolle 8 88
- Ombudsmann 8 85
- Orientierungsfunktion 8 63
- Personalauswahl/-überwachung 8 91
- Reputation 8 64
- Sanktion von Verstößen 8 102

Unternehmensneuausrichtung, Täuschung über bewertungserhebliche Umstände 22 385

Unternehmensrevision 8 97

Unternehmensrichtlinien, Umsetzung Unternehmensleitbild 8 67

Unternehmensschriftsatz 10 123

Unternehmensstellungnahme 11 236
- als strategisches Instrument 11 240

Unternehmensstrafbarkeit 15 215

Unternehmensstrafrecht 5 3

Unternehmensstrafrecht, faktisches 11 245

Unternehmenstäterschaft 5 1 ff.

Unternehmensverantwortung, Mandantenberatung 7 186

Unternehmensverhältnisse
- Begriff 25 98
- Informationspflicht 25 42
- unrichtige Information über 25 176
- unrichtige/verschleiernde Darstellung 25 64, 95
- Wesentlichkeitsgrundsatz 25 127

Unternehmensverkauf, laufende Strafverfahren 11 194

Unternehmensverteidiger
- abgestimmte Verfahrensbeendigung 11 241
- Hauptverhandlung 11 249
- Sockelverteidigung mit Individualverteidiger 11 220

Unternehmensvertreter 11 147 f.
- Abgrenzung zu Individualverteidiger 11 216
- Abstimmung mit Individualverteidiger 11 235
- Abstimmung mit Unternehmen 11 234
- Akteneinsicht 11 150
- Auftreten gegenüber Ermittlungsbehörden/Gerichten 11 233
- Ausübung Verfahrensrechte 11 237
- Beschlagnahme beim 11 152
- Einziehungsbeteiligter 11 153

Hagen

Sachverzeichnis

fett gedruckte Zahlen = Paragrafen

- Funktion **11** 149
- Haftung Kartellordnungswidrigkeit **24** 182
- Rechtsstellung **11** 150
- Stellung **11** 161
- Unternehmensstellungnahme **11** 236
- Verhalten gegenüber Individualverteidiger **11** 177
- Zeugnisverweigerungsrecht **11** 152
- Zusammenarbeit mit externen Rechtsberatern **11** 172
- Zusammenarbeit mit Individualverteidiger **11** 164
- Zusammenarbeit mit Kontrollebene **11** 166
- Zusammenarbeit mit Leitungsebene **11** 163
- Zusammenarbeit mit Mitarbeitern/Arbeitnehmern **11** 169
- Zusammenarbeit mit Rechtsabteilung **11** 168

Unternehmenswert
- Täuschung über **16** 30
- Überschuldungsstatus **18** 58

Unternehmenszusammenschluss, kartellrechtswidriges Verhalten bei **24** 117

Unternehmer
- Haftung Kartellordnungswidrigkeit **24** 186
- Identifizierungspflicht GwG **20** 124

Unternehmerische Entscheidung, safe harbour **17** 86

Unternehmerspiele, progressive Kundenwerbung **23** 74

Unternehmung des öffentlichen Rechts, Pflichtabschlüsse **25** 73

Unterscheidungskraft, Markenschutz **23** 183

Unterschlagung 11 33
- Schutzbereich **14** 31

Unterstützung, technische, Verstoß gegen Genehmigungspflicht **25** 103

Unterstützung, technische, Genehmigungspflichten **26** 49

Untersuchungen, OLAF **33** 57

Untersuchungsauftrag 7 201, 207

Untersuchungsausschuss, Mandantenberatung **7** 156

Untersuchungshaft
- Anrechnung **29** 312
- Beweiserhebungsverpflichtung **13** 9
- Dolmetscher zur Gesprächsüberwachung **15** 81
- Ermittlungsverfahren Außenwirtschaftsrecht **26** 21
- Korruptionsdelikt **19** 418

Untersuchungshandlung, ausländische, Verjährungsunterbrechung bei richterlichem Ersuchen **29** 722

Untersuchungspflichten, Händler **4** 183

Untreue 11 37; **17** 1 ff.
- Abgrenzung zu Bankrotthandlung **18** 134, 233
- bei vorläufiger Insolvenzverwaltung **18** 334
- cash-pooling **18** 315
- durch Kreditvergabe **21** 185

- Einwilligung in Vermögensschädigung **18** 241
- Entwicklung, historische **17** 1
- funktionaler Zusammenhang der Pflichtwidrigkeit **17** 52
- Haushaltsuntreue **17** 16, 106
- im Zusammenhang mit Insolvenz **18** 231 f.
- Insolvenzverwalter **18** 392
- kick-back **19** 280, 285
- Korruptionsdelikt **19** 269 f.
- Lastschriftreiterei **21** 118
- Missbrauchstatbestand **17** 6
- Pflichtverletzung **17** 40 f.
- Pflichtverletzung, gravierende **17** 43
- Pflichtwidrigkeit bei Kapitalgesellschaft **17** 56
- Pflichtwidrigkeit bei Personengesellschaft **17** 78
- Pflichtwidrigkeit im Konzern **17** 73
- Pflichtwidrigkeit Risikogeschäft **17** 83
- Pflichtwidrigkeitszusammenhang **17** 124
- Preisaufschlagsprovision **17** 91
- Rechtsgüterschutz **17** 3
- Schaden **17** 97 f.; **19** 282
- schadensgleiche konkrete Vermögensgefährdung **17** 111
- Schmiergeldzahlung **17** 91
- Schutzbereich **14** 31
- Schutzgut **17** 64
- schwarze Kasse **17** 123
- Sonderfonds **17** 123
- subjektiver Schadenseinschlag **17** 106
- Submissionsabsprache **24** 310
- Tatmehrheit mit Steuerhinterziehung **29** 255
- Tolerierung Wechsel-/Scheckbetrug **21** 135
- Treubruchtatbestand **17** 6
- Übernahme Geldstrafe **4** 204
- Übernahme Verfahrens-/Verteidigungskosten **17** 89
- Unmittelbarkeit Pflichtverletzung/Vermögensschaden **17** 126
- unordentliche Buchführung **17** 118
- Verjährung **6** 35
- Vermögensbetreuungspflicht **17** 10 f.; **19** 270
- Vermögensfürsorgepflicht **17** 10 f.
- Vermögensnachteil **17** 97 f.
- Vernachlässigung Organisationspflichten **4** 121
- Vorsatz **17** 127
- Zurechnung **17** 124

Untreue, intellektuelle 11 44

Unzulässigkeit, Beweiserhebung **13** 70

Urheberrecht 1 78
- EG **23** 14
- internationales **23** 21
- nationales **23** 29
- Verletzung **23** 136 f.

Urheberrechtsgesetz (UrhG) 23 30, 147 f.
- Produktpiratriegesetz (PrPG) **23** 141

Urheberrechtsverletzung
- Bekanntmachung der Verurteilung 23 282
- Checkliste 23 301
- Einziehung 23 276
- Grenzbeschlagnahme 23 279
- Strafverfolgung auf Antrag 23 271
- Strafverfolgung von Amts wegen 23 274
- Verfall 23 278
- Vernichtungsanspruch 23 277

Urheberschutz 23 147 f.
- Beginn/Ende 23 152
- europäischer 23 148
- Nutzungsrecht 23 162
- Persönlichkeitsrecht 23 154
- Schutzgegenstand 23 149
- Strafvorschriften 23 157 f.
- Umfang
- unerlaubter Eingriff in technische Schutzmaßnahmen 23 175
- unzulässige Signierung 23 169
- verwandte Schutzrechte 23 155, 171
- Verwertung, unerlaubte 23 159
- Verwertungsrecht 23 154
- Vorbereitung unerlaubter Eingriffe in technische Schutzmaßnahmen 23 176
- Werksbegriff 23 150

Urheberstrafrecht, Schutzbereich 14 37

Urkunden, Selbstleseverfahren 1 92

Urkundenbeweis, Beweisantrag 13 46

Urkundendelikt, Finanzierungsgeschäft 21 157

Urkundenfälschung
- bei Korruptionsdelikt 19 328
- Tateinheit mit Steuerhinterziehung 29 253

Urkundenstraftat, Schutzbereich 14 36

Ursprungsangaben, unrichtige, Zollhinterziehung 31 83

Ursprungsauskunft, verbindliche (VUA) 31 40

Ursprungsware, Ausfuhrerstattung 33 116

Ursprungszeugnis, falsches 29 844

Urteilsaufhebung, Verfolgungsverjährung 6 97

USA
- Geldwäschebekämpfung 20 6
- Unternehmensstrafbarkeit 15 216

Usancen 22 513

Venture Capital, Bankrotthandlung 18 151

Verabredung, Verleitung zum Verrat 23 121

Veranlagungssteuer
- Steuerverkürzung 29 171
- Verjährungsbeginn bei Steuerhinterziehung durch Unterlassen 29 691
- Verjährungsbeginn bei versuchter Steuerhinterziehung 29 698
- Verjährungsbeginn Steuerhinterziehung 29 684

Verantwortliche, namentlich nicht genannte, Durchsuchung 30 526

Verantwortlichkeit
- Begrenzung bei Produkthaftung 4 244 f.
- Dritter 4 171 f.
- externe Berater 4 165
- Führungskräfte 4 158
- Händler 4 177
- Mitarbeiter 4 163
- mittelbare Täterschaft 4 151
- Produkthaftung 4 143 f.
- Top-Management 4 144
- Werkbank, verlängerte 4 176
- Zulieferer 4 172

Verantwortlichkeit, strafrechtliche, Abschlussprüfer 22 794

Verantwortung, persönliche, Finanzierungsgeschäft 21 172

Verbandsbuße, Unternehmensanwalt 10 132

Verbandsgeldbuße 5 5
- Adressat 5 8
- ausländisches Unternehmen 5 11
- Bemessung 5 21 f., 24
- Bereicherung/-sabsicht 5 16
- Bußgeldrahmen 5 22
- Checkliste 5 6
- Ermessen, pflichtgemäßes 5 33
- GbR 5 8
- Klammerwirkung 5 29
- Ordnungswidrigkeit 5 15
- Produkthaftung 4 222
- Straftat 5 15
- Täter 5 12
- Unternehmensbezogenheit 5 17
- Verfahren 5 28
- Verjährung 5 36
- Zurechnung 5 20

Verbandskriminalität 1 9

Verbandsstrafbarkeit, Reformbedarf 1 114

Verbindlichkeiten, unrichtige Angaben 25 139

Verbindungsdaten, Aufbewahrung 22 173

Verbote und Beschränkungen (VuB), Zollrecht 31 58

Verbotsirrtum 2 58 f.
- Irrtum über räumliche Geltung dt. Strafrechts 14 66
- Irrtum über Schutzbereich 14 43
- Subventionsbetrug 32 97

Verbraucherinsolvenz 18 117; 18 211
- vereinfachtes Insolvenzverfahren 18 117

Verbraucherinsolvenzverfahren, Mitteilung in Zivilsachen (MiZi) 18 27

Verbraucherschutz
- Agrarstrukturpolitik 33 30
- Subventionspolitik 32 12

Verbrauchsteuer 29 909
- Verjährungsbeginn Steuerhinterziehung 29 687
- zollamtliche Überwachung 31 25
- Zollstrafrecht 31 6, 7

Verbrauchsteuergefährdung 29 908 f., 130
- Anwendungsbereich 29 909
- Geldbuße 29 919

Sachverzeichnis

fett gedruckte Zahlen = Paragrafen

- Konkurrenzen 29 921
- Selbstanzeige 29 920
- Tatbestand, objektiver 29 913, 918
- Täter 29 912
- Verjährung 29 922
Verbrauchsteuerhinterziehung 31 99
- als Vortat Steuerhehlerei 29 602
- Vorbereitungshandlung 31 130
Verbrechensbekämpfungsgesetz 1 58
Verbreitung, Begriff 23 166
Verbringenlassen, Begriff 29 540
Verbringung, ungenehmigte 26 90
- Förderung der 26 111
Verbringungsbeschränkung 29 542
Verbringungsverbote, Bannbruch 29 534
VerbringungsVO 23 15
Verbuchung, unrichtige 29 861
- Steuergefährdung 31 125
Verdacht
- Kontrolle Wirtschaftsteilnehmer 33 187
- Vermögensabschöpfung 12 4
Verdächtiger
- Durchsuchung beim 30 340
- Ergreifung bei Durchsuchung 30 345
Verdachtsanzeige
- Anzeigepflichtige 22 206
- Börsenspekulationsgeschäft Unerfahrener 22 672
- Finanzierungsgeschäft 22 203
- Form/Inhalt 22 209
- hausinterne 22 643
- Insiderhandel 22 640
- Ordnungswidrigkeit 22 217
- § 10 WpHG 22 203, 203
- Recht auf 22 215
Verdachtsanzeige Geldwäschegesetz, Informationsweitergabe/Mitteilungspflicht 30 477
Verdachtsdurchsuchung 10 26
Verdachtsmeldepflicht, Geldwäsche 20 14
Verdachtssperre, öffentliche Auftragsvergabe 19 382
Verdachtsstrafe 1 101
Verdienstmöglichkeit, unwahre Werbung 23 63
Verdieselung von Heizöl, Verbrauchssteuerhinterziehung 31 99
Veredelung, aktive, Zollverfahren 31 30
Veredelung, passive, Zollverfahren 31 30
Verein, rechtsfähiger, Täter Bankrottdelikt bei 18 108
Vereinbarung, wettbewerbswidrige 24 85
Vereinigung, kriminelle, Betrug 16 108
Vereinsabwickler, Insolvenzantragspflicht 18 24
Vereinsvorstand, Insolvenzantragspflicht 18 24
Vereinte Nationen, völkerrechtliche Vorgaben 14 71
Vereitelung, Geldwäsche 20 82
Verfahren, einheitliches, Verbandsgeldbuße 5 29

Verfahren, selbständiges, Verbandsgeldbuße 5 31
Verfahrensabgabe, Finanzbehörde an Staatsanwaltschaft 30 185
Verfahrensbeendigung, Mandantenberatung 7 162
Verfahrensbeendigung, abgestimmte 11 241
Verfahrensbeteiligung, vom Verfall Betroffener 12 365
Verfahrensdauer
- Strafzumessung 16 104
- Wirtschaftskriminalität 1 37
Verfahrensdauer, überlange, Verhältnis zu Verjährung 6 104
Verfahrenseinstellung
- Betrug 16 13
- Ermittlungsverfahren Kartellordnungswidrigkeit 24 358
- Geldwäsche 20 116
- Insolvenzverfahren 18 357
- Steuerordnungswidrigkeit 29 770
- von Amts wegen 6 9
Verfahrenseinstellung gegen Geldauflage, Steuerhinterziehung 29 309
Verfahrenserklärungen, Übersetzung 15 82
Verfahrensgebühr 7 101
Verfahrensgrundrechte, Mandantenberatung 7 159
Verfahrenshindernis, Mandantenberatung 7 181
Verfahrenskosten
- Insolvenzverfahren 18 337
- mutwillige/leichtfertige Anzeige 7 117
- Staatskasse 7 116
- Steuerhinterziehung 29 314
- Unterrichtung über 7 114
Verfahrenskostenübernahme, Untreue 17 89
Verfahrenslage, Einwirkung auf 7 286
Verfahrensleitung, im Ermittlungsverfahren 11 139
Verfahrenspatent 23 215
Verfahrensrechte, Ausübung durch Unternehmensvertreter 11 237
Verfahrensstellung
- Schranken der Verteidigung 7 335
- Veränderung Sachverständiger/Zeuge 7 336
Verfahrensverschleppung, böswillige 29 312
Verfahrensverzögerung, rechtsstaatswidrige, Strafmilderung 29 293
Verfall
- Absehen 12 364
- Ausschluss gem. § 73 Abs. 1 S. 2 StGB 12 395
- Berücksichtigung bei Strafzumessung 12 386
- Berücksichtigung von Steuern 12 376
- Bruttoprinzip 1 79
- doppelrelevante Sache 12 303
- drittbezogener 12 107 f.
- Dritteigentümerverfall 12 132
- Drittempfängerverfall 12 108
- Embargoverstoß 26 128

2166　　　　　Hagen

– Ermittlungsverfahren Außenwirtschaftsrecht 26 21
– Geldwäsche 20 111, 168
– Korruptionsdelikt 19 360
– Kriegswaffen 26 208
– Ordnungswidrigkeit 1 84
– Produkthaftung 4 218
– Rechtskraft 12 437
– Rechtsmittel 12 434
– Regress 12 446
– Schätzung Verfallhöhe 12 391
– selbständige Anordnung gem. §§ 76 a StGB, 440 ff. StPO 12 423
– Steuerordnungswidrigkeit 29 782
– Steuerstrafrecht 29 664
– Umweltstraftat 28 107
– Unternehmensberatung 11 204
– Urheber-/Schutzrechtsverletzung 23 278
– Verfahrensbeteiligung Betroffener 12 365
– Verhältnis zu steuerlichem Abzugsverbot 19 306
– Verhältnis zu Verjährung 6 108
– Vermögensabschöpfung 12 4 f.
– Vorrang Zurückgewinnungshilfe 12 223
– Zahlungsmittelfälschung 21 53
Verfall, einfacher, Anordnung 12 373
Verfall, erweiterter 1 80
– Anordnung 12 407
– Ausschluss gem. § 73 Abs. 1 S. 2 StGB 12 419
– Bestechung/-lichkeit im geschäftlichen Verkehr 19 239
– doppelte Abschöpfung 12 148
– drittbezogener 12 145
– Dritteigentümerverfall 12 152
– Geldwäsche 20 113
– Härteklausel 12 157
– Härteklausel gem. § 73 c StGB 12 422
– Korruptionsdelikt 19 193
– Subsidiarität 12 148
– Umfang 12 156
– Vermögensabschöpfung 12 14
Verfallsanordnung 5 45
– Härteklausel gem. § 73 c StGB 12 399
– nachträgliche 12 445
– Teilverfall 12 401
– vermutete deliktische Herkunft 12 411
– Vollstreckung 12 440
Verfallshilfe, Unternehmensanwalt 10 134
Verfälschen, Steuerzeichen 29 80
Verfassungsbeschwerde
– Vermögenssicherstellung 12 362
– willkürliche Nichtvorlage 14 101
Verfassungsgerichtliches Verfahren, Rechtsanwaltsgebühren 7 105
Verfolgungsbehörden, grenzüberschreitende Zusammenarbeit 15 8
Verfolgungsverbund 14 4
Verfolgungsverjährung 29 667 f.
– Abzugsteuergefährdung 29 906
– allgemeine 29 673

– Anwendungsbereich 29 670
– Ausfuhr-/Einfuhrabgabengefährdung 29 943
– bei Durchsuchungsanordnung namentlich nicht genannter Verantwortlicher 30 526
– leichtfertige Steuerverkürzung 29 841
– Rechtsfolgen 29 678
– Ruhen 29 724
– Steuergefährdung 29 880
– Steuerordnungswidrigkeit 29 746, 968
– Strafbefreiungserklärungsgesetz 30 672
– Verbrauchsteuergefährdung 29 922
– Verfahrenshindernis 29 675
– Verjährungsbeginn 29 680
– Verjährungsfrist 29 679
– Zweck 29 674
Verfolgungszuständigkeit, Kartellordnungswidrigkeit 24 317
Verfolgungszwang 11 47
Verfügungsrücknahme, Steuervorteil 29 182
Verfügungsverbot, Vermögensbeschlagnahme 12 163
Vergabe, freihändige 24 274, 299
Vergaberegister 10 148; 19 377
Vergabesperre 8 104; 24 398
– AEntG 27 144
– illegale Arbeitnehmerüberlassung 26 127
– Kartellrecht 24 51
– öffentliche Auftragsvergabe 19 380
– SchwarzArbG 27 161
Vergabeverfahren
– manipuliertes 19 253
– öffentliche Auftragsvergabe 24 275
Vergiftung, gemeingefährliche 4 33
Vergleich, Sozialversicherungsbeiträge 18 266
Vergleichsbetrieb, Schätzung 29 262
Vergünstigungen, Gemeinsamer Markt 33 22, 91
Vergütungsvereinbarung 7 107
– Angemessenheit 7 113
– Belehrung 7 110
– Form 7 111
– Umfang 7 112
– Zulässigkeit 7 108
Verhaftung, Einbeziehung Unternehmensanwalt 10 62
Verhalten, abgestimmtes, wettbewerbswidrige Verhaltensform 24 90
Verhalten, berufsbedingtes, Verteidigungsstrategie 3 98
Verhalten, berufstypisches, Begünstigung (§ 257 StGB) 29 55
Verhalten, rechtsmissbräuchliches, Umweltstrafrecht 28 98
Verhalten, sorgfaltspflichtwidriges, Produkthaftung 4 4
Verhaltensempfehlungen, Mitarbeiter 8 74
Verhaltensweisen, wettbewerbswidrige 24 85
Verhältnis, zivilrechtliche Haftung 7 361

Sachverzeichnis

fett gedruckte Zahlen = Paragrafen

Verhältnismäßigkeit
- Beschlagnahme **10** 50
- Durchsuchung **11** 119
- Einziehung **29** 657

Verhältnisse der Gesellschaft
- Begriff **22** 762
- Richtig-/Vollständigkeit der Darstellung **22** 761
- unrichtige Darstellung **22** 760, 771, 784
- unrichtige Wiedergabe **22** 764, 780
- Verschleierung **22** 771

Verhältnisse, rechtliche, Täuschung über **16** 31

Verhältnisse, wirtschaftliche, Strafzumessung **16** 102

Verhandlungsführung, missbräuchliche **7** 336

Verhandlungsunfähigkeit
- Verjährungsunterbrechung **6** 81
- Verjährungsunterbrechung bei vorläufiger Einstellung **29** 721

Verhandlungsverfahren, öffentliche Auftragsvergabe **24** 274

Verheimlichung
- § 283 Abs. 1 Nr. 8 StGB **18** 187
- Vermögen **18** 355
- Vermögensverschiebung **18** 141, 146

Verhinderung
- Haftsituation bei Durchsuchung **11** 128
- Vernehmung bei Durchsuchung **11** 124

Verjährung **6** 1 ff.
- Ablauf Verjährungsfrist **6** 44
- Abrechnungsbetrug **6** 32
- absolute **6** 96
- Auslieferung **6** 112
- Bankrottdelikt **6** 37
- Beginn **6** 20
- Beitragsvorenthaltung **6** 36
- Beseitigung der Rechtskraft **6** 97
- Bestechung **6** 38
- Beteiligung mehrerer **6** 27
- Betriebs-/Geschäftsgeheimnisverletzung **23** 269
- Betrug **6** 28
- Beweisregeln **6** 10
- Börsenpreismanipulation **22** 441
- Checkliste **6** 126
- Eingehungsbetrug **6** 29
- Ermittlungsverfahren **6** 127
- Fristen **6** 15
- Gründungsschwindel **6** 40
- Hauptverhandlung **6** 131
- in dubio pro reo **6** 14
- Insolvenzantragsdelikt **6** 40
- Kapitalanlagebetrug **6** 33
- Kartellordnungswidrigkeit **24** 176, 196, 212
- Konkurrenzen **6** 26
- Korruptionsdelikt **19** 194
- lex fori **6** 11
- mehrfache Tatbestandsverwirklichung **6** 26
- nachträgliche Strafandrohung **6** 13
- nachträgliche Verlängerung **6** 12
- presserechtliche **22** 443
- Produktstrafrecht **6** 42
- Rechtsmittelverfahren **6** 115
- Rechtsnatur **6** 3
- Ruhen **6** 46
- Schutzrechtsverletzung **23** 285
- Steuerhinterziehung **29** 257
- Steuerhinterziehung, schwere **29** 258, 360
- Steuerordnungswidrigkeit **31** 119
- Steuerstrafrecht **6** 43
- Subventionsbetrug **6** 34
- Umweltstrafrecht **6** 41
- Unterbrechung **6** 59 f.; **29** 703
- Untreue **6** 35
- Verbandsgeldbuße **5** 36
- Verhältnis zu Einziehung/Verfall **6** 108
- Verhältnis zu Strafantrag **6** 51
- Verhältnis zu überlanger Verfahrensdauer **6** 104
- Verstoß gegen EG-Kartellrecht **24** 79
- Verteidigungsstrategien in Hauptverhandlung **6** 131
- Vollstreckungsverjährung **6** 118
- Vortat/Nachtat **6** 107
- Wirkung **6** 102
- Wirtschaftsstraftat **6** 19
- Zollschuld **31** 57
- Zwischenverfahren **6** 130

s.a. Festsetzungsverjährung, Verfolgungsverjährung

Verjährungsbeginn
- fortgesetzte Tat **29** 700
- Nachtat **29** 702
- Steuerhinterziehung **29** 682 f.
- Steuerhinterziehung durch Unterlassen **29** 690
- Teilnahme Steuerstraftat **29** 701
- versuchte Steuerhinterziehung **29** 698

Verjährungsfrist **6** 15
- Beginn **6** 20
- Ende **6** 44
- Verfolgungsverjährung **29** 679
- Vollstreckungsverjährung **6** 119; **29** 733

Verjährungsunterbrechung **6** 59 f.
- Abwesenheit des Angeschuldigten **6** 80
- Anklageerhebung **6** 75
- Beschuldigtenvernehmung **6** 62
- Einleitung Ermittlungsverfahren **6** 62
- Eröffnung Hauptverfahren **6** 76
- Haftbefehl **6** 74
- offenkundige Mängel der Unterbrechungshandlung **6** 90
- Reichweite, persönliche **6** 83
- Reichweite, sachliche **6** 87
- richterliche Beschlagnahme-/Durchsuchungsanordnung **6** 72
- richterliche Untersuchung im Ausland **6** 81
- richterliche Vernehmung **6** 67
- Sachverständigenbeauftragung **6** 69
- Scheinmaßnahmen
- Strafbefehl **6** 75

magere Zahlen = Randnummern **Sachverzeichnis**

- Verhandlungsunfähigkeit 6 81
- Zeitpunkt der Unterbrechung 6 95

Verkauf unter Einstandspreis, Kartellordnungswidrigkeit 24 248

Verkaufsprospekt, unrichtige Angaben 25 273

Verkaufsprospektgesetz 22 42

Verkehr, geschäftlicher, Bestechung/-lichkeit im 19 201 f.

Verkehrsfähigkeit, Täuschung über 16 31

Verkehrskreise, Erfahrungssätze maßgeblich betroffener 4 127

Verknappung, Marktmanipulation 22 359

Verlängerung
- Vollstreckungsverjährung 6 124; 29 739

Verleiher, Arbeitnehmerüberlassung Ausländer 27 85

Verleitung zum Verrat 23 115
- Checkliste 23 116
- Tatbestand 23 118
- Täter 23 117
- Vorsatz 23 122

Verleitungsverbot
- Überwachung 22 679
- Verdachtsanzeige 22 672
- Vorsatz 22 678
- zu Börsenspekulationsgeschäft 22 650 f.

Verletzter
- Akteneinsicht 10 87
- Benachrichtigung bei Sicherstellung 12 242
- Herausgabe beweglicher Sachen an 12 290
- Zugriff auf staatlich sichergestelltes Vermögen 12 255
- Zurückgewinnungshilfe 12 226, 263

Verletzung, Buchführungspflicht 18 188

Verlustanzeige, Täuschung über bewertungserhebliche Umstände 22 385

Verlustgeschäft, Bankrotthandlung 18 150

Vermeidung
- OWi-/Strafverfahren 7 17
- OWi-Verfahren 7 17
- Strafbarkeit 7 15

Vermögen
- Begriff 16 55
- Schutzbereich 14 31
- schutzunwürdiges 17 34
- Verheimlichung 18 355

Vermögensabschöpfung 12 1 ff.
- Absehen 12 364
- Anfangsverdacht 12 4
- Anfechtung 12 434
- Anknüpfungstat 12 10
- Anknüpfungstat, verjährte 12 14
- ausgehendes Rechtshilfeersuchen 12 336
- Berechnungsmodelle 12 71
- Berücksichtigung von Steuern 12 376
- Bruttoprinzip 12 41 f., 48
- doppelrelevante Sache 12 303
- doppelte 12 148
- dringende Gründe 12 15
- drittbezogener Verfall 12 107 f.
- Dritteigentümerverfall 12 132
- Drittempfängerverfall 12 108 f.
- Eigentumsverhältnisse 12 25
- eingehendes Rechtshilfeersuchen 12 323
- Ersparnis von Aufwendungen 12 61
- erweiterter Verfall 12 145, 407 f.
- Finanzermittlungen 12 6
- Gebrauchs-/Nutzungsvorteil 12 62
- Gesamtschuldner 12 89
- Gewinnchance 12 37
- Härteklausel 12 72
- Härteklausel gem. § 73 c StGB 12 399
- Herkunftstat kein Verfahrensgegenstand 12 417
- internationale Rechtshilfe 12 320
- legaler Sockel/Tatanteil 12 55
- Maßnahmen 12 159 ff.
- mehrere Tatbeteiligte 12 89
- mittelbar erlangtes Etwas 12 99
- Mitverfügungsgewalt 12 89
- nachträgliche 12 445
- Nutzung 12 100
- Rechtsinhaberschaft 12 25
- Rechtskraft 12 437
- Rechtsmittel 12 434
- Regress 12 446
- Risikotragung Wertverlust 12 427
- Schätzung Verfallhöhe 12 391
- Selbstanzeige 12 84
- Sicherheitsabschlag 12 78
- Sicherstellung 12 72
- Sicherstellung im Interesse des Verletzten 12 217 f.
- Sicherstellung im staatlichen Interesse 12 159 f.
- Steuer(nach)forderung 12 81
- Surrogat 12 105
- Übersicherung 12 78
- Umweltdelikt 12 61
- unmittelbar erlangtes Etwas 12 30 f.
- Unternehmensanwalt 10 134
- Verfahrensbeteiligung Betroffener 12 365
- Verfall 12 4 f.
- Verfallserschwerung/-vereitelung 12 443
- Vermögensgegenstand des Beteiligten 12 29 f.
- Vermögensgegenstand, tauglicher 12 20 f.
- vermutete deliktische Herkunft 12 411
- Verständigung 12 396
- Verzicht 12 428
- Vollstreckung Verfallsanordnung 12 440
- Wertersatzverfall 12 62
- Ziel 12 2
- Zurückgewinnungshilfe 12 11, 217 ff.

Vermögensbeschlagnahme
- Geldwäsche 20 167
- nach § 290 StPO 12 161
- nach § 443 StPO 12 162
- nach §§ 111 b Abs. 1, 111 c StPO 12 164 f., 170
- Verfügungsverbot 12 163

Sachverzeichnis

fett gedruckte Zahlen = Paragrafen

Vermögensbetreuungspflicht 17 10 f.; **19** 270
- Aufsichtsorgan **17** 71
- Auftrag/Vereinbarung **19** 274
- Drittmittelzuwendung **17** 19
- Erheblichkeit **19** 278
- faktische Geschäftsführung **17** 35
- freiwillige Bindung **17** 24
- Gesellschafter **17** 67
- Kapitalgesellschaft **17** 56
- Konzern **17** 73
- Leistungsaustauschvertrag **17** 29
- öffentlich-rechtlicher Befugnisträger **17** 14
- Personengesellschaft **17** 78
- Pflichtverletzung **17** 40
- Pflichtverletzung, gravierende **17** 43
- tatsächliches Treueverhältnis **17** 35
- temporäre **17** 11
- vertragliche **17** 24
- wesentlicher Gegenstand der Rechtsbeziehung **19** 276

Vermögensbetreuungspflichtverletzung, Verhältnis zu unternehmerischem Handeln **17** 56

Vermögensbewertung 22 774

Vermögensbilanz, Überschuldung **18** 52

Vermögensermittlungsprinzipien 25 121

Vermögensfürsorgepflicht 17 10 f.

Vermögensgefährdung
- unordentliche Buchführung **17** 118
- Untreue **17** 111
- Vermögensschaden **16** 67

Vermögensgegenstand
- Sicherstellung im Interesse des Verletzten **12** 217 f.
- Sicherstellung im staatlichen Interesse **12** 159 f.
- Übersichten/Darstellungen **22** 789

Vermögensgegenstand, tauglicher 12 20 f.
- Bruttoprinzip **12** 41 f., 48
- des Beteiligten **12** 29
- drittbezogener Verfall **12** 107 f.
- Ersparnis von Aufwendungen **12** 61
- Gebrauchs-/Nutzungsvorteil **12** 62
- Gewinnchance **12** 37
- Härteklausel **12** 72
- immaterieller **12** 33
- legaler Sockel/Tatanteil **12** 55
- mehrere Tatbeteiligte **12** 89
- mittelbar erlangter **12** 99
- Nettoprinzip **12** 42
- Nutzung **12** 100
- preferred bidder **12** 38
- Sicherheitsabschlag **12** 78
- Steuer(nach)forderung **12** 81
- Surrogat **12** 105
- Übersicherung **12** 78
- Umfang des erlangten Etwas **12** 41 f., 61
- unmittelbar erlangter **12** 30 f., 36

Vermögenslosigkeit, Kapitalgesellschaft **18** 303

Vermögensminderung
- Betrug **16** 54

- unmittelbare **16** 58

Vermögensnachteil
- Abschreibung **21** 242
- Bereithaltung eigener Mittel zum Ausgleich **17** 103
- Bewertung Realsicherheit **21** 246
- Bewertung Rückzahlungsforderung **21** 244
- Bonitätsbeurteilung **21** 253
- Einzelwertberichtigung **21** 242
- Forderung **21** 251
- Gesamtsaldierung **17** 98
- Kreditvergabe **21** 236
- Personalsicherheit **21** 253
- schadensgleiche konkrete Gefährdung **17** 111
- subjektiver Schadenseinschlag **17** 106
- Untreue **17** 97 f.
- Zweckerklärung **21** 251

Vermögensschaden
- Ausschreibungsbetrug **16** 71
- Beitragsbetrug **16** 65
- Betrug **16** 61 f.
- Eingehungsbetrug **16** 70; **18** 251
- Erfüllungsbetrug **16** 72
- Gesamtsaldierung **16** 62
- kick-back-Zuwendung **19** 285
- Liquiditätsverlust **16** 69
- mangelnde Verwendbarkeit **16** 69
- nachträgliche Beseitigung **16** 63
- Rabatterschleichung **16** 65
- Risikogeschäft **16** 70
- Stundung **16** 65
- subjektiver Schadenseinschlag **16** 69
- Submissionsbetrug **16** 71
- Vermögensgefährdung **16** 67
- Warentermingeschäft **16** 70
- Wechsel-/Scheckbetrug **21** 135
- wirtschaftlicher **16** 64
- Zwang zu schädigenden Folgemaßnahmen **16** 69
- Zweckverfehlung **16** 69

Vermögensschädigung, Einwilligung **18** 241

Vermögenssicherstellung
- Beschwerde **12** 345
- grenzüberschreitende **15** 178

Vermögensstand, unrichtige Wiedergabe Verhältnisse der Gesellschaft **22** 766

Vermögensstrafe 1 81
- Geldwäsche **20** 114
- Produkthaftung **4** 216

Vermögensstrafrecht, Tun/Unterlassen **2** 7

Vermögensübertragung
- auf Auffang-/Sanierungsgesellschaft **18** 187
- zwischen Konzerngesellschaften **25** 102

Vermögensverfügung
- Betrug **16** 54 f.
- Dreiecksbetrug **16** 59
- Kausalität **16** 60
- mehraktige **16** 58
- Verfügungsbewusstsein **16** 57

magere Zahlen = Randnummern **Sachverzeichnis**

Vermögensverhältnisse, Mandantenberatung 7 156
Vermögensverschiebung
- Bankrotthandlung 18 135
- Beiseiteschaffen 18 144
- Beschädigen 18 149
- Eigentumsvorbehalt 18 138
- Gläubigerbegünstigung 18 193
- mit Rechten Dritter belastetes Vermögen 18 137
- Schuldnerbegünstigung 18 202
- stille Liquidation 18 305
- Tathandlungen 18 141
- Unbrauchbarmachen 18 149
- Verheimlichen 18 146
- Zerstören 18 149
Vermögensverwaltung, Abgrenzung private/gewerbsmäßige 22 715
Vermögenswert, Verzicht auf beschlagnahmten 12 398
Vermögenszuwachsrechnung 29 264
Vermutung, Beweisantrag 13 62
Vernehmung
- Beschuldigter 30 329
- Kartellverfahren 24 356
- Verhinderung bei Durchsuchung 11 124
- Zeuge 30 329
Vernehmung Auslandszeuge, Ablehnung 13 90
Vernehmung, richterliche
- Verjährungsunterbrechung 6 67; 29 712
Vernehmungsladung, Mandantenberatung 7 156
Vernehmungsmethode, Klärung verbotener 7 336
Vernichtung, Beweisunterlagen 7 156
Vernichtungsanspruch, Urheber-/Schutzrechtsverletzung 23 277
Veröffentlichung, Sanktionen Kapitalmarktsache 22 22
Veröffentlichungspflicht, Befreiung von 22 482
Verordnung, EG 23 9
Verpackung, Zollwert 31 78
Verpackungsverstoß, Verbrauchsteuergefährdung 29 915
Verpfändung, Gläubigerbegünstigung 18 199
Verpflichteter, Amtsträger 19 111
Verpflichtungszusage, kartellrechtliche 24 156
Verrat, Verleitung/Erbietung zum 23 115
Verrechnungsverbot, Verstoß gegen 25 93
Versandverfahren, Zollverfahren 31 30
Verschiebungsfälle, Drittempfängerverfall 12 124
Verschleiern, Verteidigungsstrategien 7 147
Verschleierung
- Auskunfts-/Informationsdelikt 25 202
- Geldwäsche 20 81
- § 283 Abs. 1 Nr. 8 StGB 18 187
- Verhältnisse der Gesellschaft 22 771
Verschleppung, böswillige 29 312

Verschleudern, § 283 Abs. 1 Nr. 8 StGB 18 187
Verschwiegenheitspflicht
- Bruch der 7 357
- unbefugte Offenbarung 21 286
- Wirtschaftsprüfer 22 808
Versetzung, Mitarbeiter 8 102
Versicherbarkeit, strafrechtlicher Produkthaftungsrisiken 4 211
Versicherung
- Rechtsanwaltsgebühren 7 119
- Zollwert 31 78
Versicherung an Eides Statt, falsche 18 355
Versicherungsakten, Informationsbeschaffung 7 250
Versicherungsbetrug 1 66; 16 2
- Täterschaft/Beihilfe 2 20
Versicherungsmissbrauch 1 66; 16 2
- Schutzbereich 14 31
Versicherungsunternehmen
- Identifizierungspflicht GwG 20 130
- Insolvenz 21 311
- Insolvenzdelikte 18 23
- interne Sicherungsmaßnahmen GwG 20 149, 217
- Pflichtabschlüsse 25 73
- Täter Bankrottdelikt bei 18 116
Versiegelung, EU-Kontrolleure/OLAF 33 168
Verspätungszuschlag, Steuerhinterziehung 29 165
Verständigung
- Beteiligte 30 456
- Beteiligung Ermittlungsbehörde 30 458
- Beweisantragsrecht 13 39
- kein offensichtlich unrichtiges Ergebnis 30 454
- Rechtswirkung 30 459
- Schwierigkeiten bei Sachverhaltsaufklärung 30 453
- Steuerstrafverfahren 30 445 f.
- Tatsachen, der Besteuerung zugrundeliegende 30 452, 463
- Unternehmensanwalt 10 129
- Unwirksamkeit 30 462
- Vermögensabschöpfung 12 396
- Wegfall 30 464
- Zulässigkeit 30 451
Verständigung, informelle, wettbewerbswidrige Verhaltensform 24 85
Verständigungslösung, Mandantenberatung 7 196
Versteigerung, Fundsache 12 294
Versuch 2 33
- Bankrotthandlung 18 207
- Bannbruch 29 547
- Betrug 16 90
- gewerbs-/bandenmäßige/gewaltsamer Schmuggel 29 592
- Insiderhandel 22 644
- Publizitätsdelikt 25 207
- Steuerhehlerei 29 619

Hagen 2171

Sachverzeichnis

fett gedruckte Zahlen = Paragrafen

- Steuerhinterziehung **29** 222
- Zahlungsmittelfälschung **21** 50
- Zollhinterziehung **31** 91

Versuch, untauglicher, Betrug 16 88

Verteidiger
- Ausschluss **7** 60; **7** 336, 336
- Ausschluss bei Zeugenschutz **7** 336
- Beschlagnahme beim **7** 336
- Beschränkung der Anzahl **7** 336
- Beschränkung Erklärungsrecht **7** 336
- Beschränkung Stellungnahmemöglichkeit **7** 336
- Haftungsausschluss **7** 363
- Telefonüberwachung **7** 336
- Verfahrensleitung bei Ermittlungsverfahren **11** 143
- Wortentzug **7** 336
- Zurückweisung **7** 336
- Zusammenarbeit zwischen Verteidigern **7** 262

Verteidigerbestellung 7 230
- Akteneinsichtsantrag bei **7** 234
- vor Verfahrenseinleitung **7** 231

Verteidigerkosten, Übernahme durch Unternehmen 10 143

Verteidigung
- Ermittlungsverfahren Zollstrafsache **31** 168, 171
- Kartellverfahren **24** 43
- Schranken **7** 335 f.
- Zollstrafsache **31** 145 f.

Verteidigungsaufgaben 7 14, 20

Verteidigungshandeln 7 23; **7** 215 f.
- Ablöseantrag **7** 303
- Amtshaftung **7** 306
- Angemessenheit **7** 221
- Angriff als beste Verteidigung **7** 301
- Auftrag **7** 217
- banken-/kreditrechtliche Fälle **21** 20
- Befangenheitsantrag **7** 303
- berufsrechtliche Sanktion **7** 360
- Bilanz-/Publizitätsdelikt **25** 21
- Bruch der Verschwiegenheitspflicht **7** 357
- Dienstaufsichtsbeschwerde **7** 302
- Einwirken auf Rechtsauslegung **7** 280
- Einwirken auf Tatsachenstoff **7** 270
- Einwirken auf Verfahrenslage **7** 286
- Erforderlichkeit **7** 219
- Geldwäsche **7** 350
- Gewerkschaftliche Arbeit **7** 297
- Grenzen **7** 25
- Grundkonzeption **7** 225
- Informationsbeschaffung **7** 226 f.
- Informationslage **7** 218
- Interessenabwägung Angriffsmittel **7** 310
- Kooperation zwischen Verteidigern **7** 262
- Medienarbeit **7** 283
- Mittelverfügbarkeit **7** 224
- Öffentlichkeitsarbeit **7** 293
- Politische Arbeit **7** 297
- Risiko **7** 219

- Sachverhaltsverfälschung **7** 343
- sachwidrige Erschwerung der Strafverfolgung **7** 348
- Schranken **7** 335 f.
- Selbstanzeige **7** 305
- selbstinitiierte Prüfungsverfahren **7** 305
- Strafanzeige **7** 304
- Strafvereitelung **7** 338
- Trübung Beweisquellen **7** 347
- verfahrensrechtlich Erlaubtes **7** 341
- zivilrechtliche Haftung **7** 361

Verteidigungskonzeption, Betrug 16 4 f.

Verteidigungskostenübernahme
- Kartellverfahren **24** 424
- Untreue **17** 89

Verteidigungslinien 9 53

Verteidigungsmittel 11 64
- Ermittlungen, eigene **11** 74
- Nebenstrafrecht **11** 69
- Strafanzeige **11** 67
- zivilrechtliche **11** 65

Verteidigungspraxis 7 1 ff.
- Abgrenzung **7** 5
- anwaltliche Tätigkeit **7** 6
- Bank- und Kreditwesen **21** 1 f.
- Bausteine **7** 4
- Begriff **7** 3
- Beratung zu außerstrafrechtlichen Wirkungen **7** 197 f.
- Beratungsfelder **7** 13
- Büroorganisation **7** 311
- Interessenklärung **7** 26 f.
- Mandantenberatung **7** 22
- Mandanteninteressen im außerstrafrechtlichen Verfahren **7** 19
- Mandantenschutz **7** 8
- Mandat **7** 66 f.
- Mandatsführung **7** 21
- Mandatsorganisation **7** 21
- OWi-/Strafverfahren **7** 17
- Tätigkeitsprofil Verteidiger **7** 10
- Teilaufgaben **7** 14
- unabhängige Interessenwahrnehmung **7** 20
- Vermeidung der Strafbarkeit **7** 15
- Vermeidung OWi-/Strafverfahren **7** 17
- Verteidigungsaufgaben **7** 14, 20
- Verteidigungshandeln **7** 23, 25, 215 f.
- Weisungsunabhängigkeit **7** 11
- Wiederherstellung des Rechts **7** 24

Verteidigungsrechte
- ausländische Ermittlungsverfahren **15** 61 f.
- EU-Kontrollmaßnahmen **33** 205
- Mandantenberatung **7** 159

Verteidigungsstrategien
- Abhängigkeit von Verfahrensabschnitt **7** 151
- Ablenken **7** 145
- Abschlussprüfung **25** 336
- Absprachen Produkthaftung **4** 239
- Abwarten/Handeln **9** 43
- aktive Abwehr **7** 142
- Amtsträgereigenschaft **19** 87

magere Zahlen = Randnummern   **Sachverzeichnis**

- Angriff als beste Verteidigung **7** 301
- Aufdeckung der Karten **9** 40
- Aufklären **7** 149
- Auftreten gegenüber Ermittlungsbehörden/Gerichten **11** 233
- Auskunfts-/Informationsdelikt **25** 175
- Auslandsbezug **15** 42 ff.
- Außendarstellung, unzulässige **25** 3
- Außenprüfung **30** 513 f.
- Außenwirtschaftsrecht **26** 31
- banken-/kreditrechtliche Fälle **21** 9, 14
- Beendigung Insolvenzverfahren **18** 356
- Beschlagnahme **30** 401
- beschuldigte Eheleute **30** 538
- Betrug **16** 1 ff.
- Beweisantrag Ermittlungsverfahren **13** 3
- Bilanzdelikte **25** 1 ff., 15
- drohende Hauptverhandlung **9** 73
- Durchsuchung **30** 401
- Durchsuchungsmappe **11** 105
- Eigenermittlungen im Ermittlungsverfahren
- Eigenverwaltung Insolvenzverfahren **18** 349
- Einzel-/Gruppenstrategie **9** 61 f.
- Ermittlungen bei/gegen Kreditinstitute **30** 548
- Ermittlungsverfahren Zollstrafsache **31** 145 f., 177
- EU-Kontrollmaßnahmen **33** 205
- Finanzierungsgeschäft **21** 146
- Friedensverhandlungen **9** 56
- Geldwäsche **20** 1 ff., 109, 194 f.
- Geldwäscheverdacht **20** 204
- Gemeinsamer Markt/Agrarmarktordnung **33** 227 f.
- geordneter Rückzug **9** 55
- grenzüberschreitende Verteidigung **15** 1 ff.
- Grundkonzeption **7** 225
- Gutachter/n **11** 173
- Hauptverfahren Zollstrafsache **31** 180
- Hauptverhandlung **9** 77
- Hürden/Klippen **9** 68
- illegale Arbeitnehmerüberlassung **27** 123
- in der Durchsuchung **11** 105
- initiatives Vorgehen **11** 92
- Insolvenzplanverfahren **18** 348
- Insolvenzstraftat **18** 121 ff.
- Insolvenzstraftaten **18** 283 ff.
- Insolvenzverfahren **18** 330
- irreparable Interessengegensätze **9** 65
- Kapitalmarktmandat **22** 18
- Kapitalmarktstrafrecht **22** 60
- Kartellverfahren **24** 40 f., 55, 402 f.
- Kooperation mit Insolvenzverwalter **18** 351
- Korruption **19** 1 ff.
- Korruptionsdelikt **19** 30
- Kräfteverteilung **9** 36
- Krisenerkenntnis **11** 90
- Krisenüberwindung außerhalb Insolvenzverfahren **18** 288
- Mandantenberatung **7** 135
- nach Clausewitz **9** 34
- nach Eintritt der Insolvenz **18** 324
- Nichteröffnung Insolvenzverfahren mangels Masse **18** 337
- Organisation **9** 1 ff.
- Prüfungsbericht **25** 336
- Publizitätsdelikte **25** 1 ff., 15
- Rechtshilfeverfahren **15** 112
- Regelinsolvenzverfahren **18** 344
- Registerdelikt **25** 256
- Restschuldbefreiungsverfahren **18** 360
- Rolle des Unternehmens **9** 75
- Sanierung **18** 345
- Schlachtfeld **9** 49
- Schweigen **7** 138
- Schweigerecht **9** 48
- Steuerstrafverfahren **30** 1 f.
- Steuerstrafverfahren gegen namentlich nicht genannte Verantwortliche **30** 526 f.
- Strafklageverbrauch nach Art. 54 SDÜ **15** 194
- strafrechtliches Risiko des Beraters bei Insolvenz **18** 385
- Strategieberatung Unternehmenskrise **11** 133 f.
- Subventionsbetrug **32** 118, 126
- Taktik **7** 137 f.; **9** 1 ff.
- Unternehmensbeendigung außerhalb Insolvenzverfahren **18** 303
- Unternehmensfortführung **18** 345
- Unternehmenskrise **18** 283
- Unternehmensvertreter **11** 147 f.
- Untreue **17** 1 ff., 134
- Verfahrensleitung bei Ermittlungsverfahren **11** 139
- Verjährung **6** 126
- Vermeidung von Wechselwirkungen **9** 43
- Verschleiern **7** 147
- Verständigung Steuerstrafverfahren **30** 445 f.
- Verteidigungshandeln **7** 215 f.
- Verteidigungslinien **9** 53
- Verteidigungspraxis **7** 1 ff.
- Verzögern **7** 140
- Vorbereitung Durchsuchung **11** 95
- Vorsatzverteidigung **2** 78
- Werbung, unzulässige **25** 3
- Wettbewerbsrecht **23** 32, 41
- Zollverfahren **31** 145 f.
- Zusammenarbeit mit Behörden bei Korruptionsermittlungen **19** 390 f.
- Zwischenverfahren Zollstrafsache **31** 179

Verträge, Rückdatierung **18** 159

Verträglichkeit, elektromagnetische **4** 124

Vertrauen, kaufmännisches, Verletzung des Anspruchs auf **22** 313, 328

Vertrauensprinzip, Organisationsverschulden **8** 28

Vertraulichkeit
- EU-Kontrollmaßnahmen **33** 221
- Schutz der **9** 25

Vertraulichkeit des Wortes 23 128

Hagen   2173

Sachverzeichnis

fett gedruckte Zahlen = Paragrafen

Vertreter, gesetzlicher, Haftung
  Kartellordnungswidrigkeit **24** 183
Vertreter, gewillkürter, Haftung
  Kartellordnungswidrigkeit **24** 183
Vertretung, Kosten **11** 198
Vertretungsfälle, Drittempfängerverfall **12** 114, 119
Vertretungsregelung, Kanzlei **7** 317
Vertriebspflichten, Händler **4** 179
Vertriebsstopp, vorläufiger, Produkthaftung **4** 5
Vertriebsvereinbarung, selektive, wettbewerbswidrige Verhaltensform **24** 88
Veruntreuung Arbeitsentgelt **18** 256 f.
– Konkurrenzen **18** 384
– Leistungsfähigkeit des Arbeitgebers **18** 270
– Rückstandsberechnung **18** 281
– Sanktionen **18** 376
– subjektiver Tatbestand **18** 278
– Täterkreis **18** 261
– Tathandlung **18** 265
Verurteilung, ausländische, Doppelbestrafung **15** 189
Vervielfältigung
– Begriff **23** 164
– zu privaten Zwecken **23** 156
Verwahrung, Geldwäsche **20** 87
Verwahrung, vorübergehende, zollrechtliche **31** 29
Verwaltungsaktakzessorietät, Begriff **28** 8
Verwaltungsjudikatsakzessorietät, Begriff **28** 12
Verwaltungsrechtsakzessorietät
– Begriff **28** 6
– Verhältnis zu Verwaltungsrechtsakzessorietät **28** 13
Verwaltungssanktionenrecht, europäisches **14** 79
Verwaltungsverfahren
– Auskunftserzwingung **7** 209
– kartellrechtliches **24** 36, 314
Verwaltungsvertragsakzessorietät, Begriff **28** 11
Verwarnung mit Strafvorbehalt
– Betrug **16** 22
– Steuerhinterziehung **29** 288
Verwechslungsgefahr, Markenschutz **23** 183, 206
Verwechslungsschutz, Marke **23** 205
Verwendung, Geldwäsche **20** 88
Verwendung eingezahlter Gelder, unrichtige Registerangaben **25** 262, 275
Verwendung, illegale, Subventionsbetrug **32** 80, 82
Verwendung, unökonomische, Subventionsbetrug **32** 80, 81
Verwendung, vorübergehende, Zollverfahren **31** 30
Verwendung, zweckwidrige, Identifikationsmerkmal **29** 957

Verwendungsbeschränkung
– Strafbefreiungserklärungsgesetz **30** 674
– Subventionsverwendung entgegen **32** 73
– Verstoß gegen **29** 76
Verwendungsverbot
– Beschränkung, personelle **30** 123
– Beschränkung, sachliche **30** 124
– Bestechungsgeld **30** 142 f.
– Checkliste **30** 104
– Geldwäscheverdacht **30** 154
– Informationen aus Insolvenzverfahren **18** 368
– Korruption **30** 142 f.
– nicht abzugsfähige Betriebsausgaben **30** 142 f.
– Rechtsfolge **30** 121
– Reichweite **30** 122
– Schmiergeld **30** 142 f.
– Steuerstrafverfahren **30** 91 f.
– Verhältnis zu § 31 b AO **30** 154
– Verhältnis zu § 4 Abs. 5 Ziff. 20 EStG **30** 142
– Wirkung **30** 134
Verwertung
– ausländisches Protokoll **15** 202
– Auslandsbeweise **15** 201
– außerhalb des Rechtshilfeverkehrs erlangte Beweismittel **15** 204
– kartellrechtliche Ermittlungen **24** 149
Verwertung, unbefugte
– fremde Geheimnisse **23** 130
– Geheimnisverschaffung **23** 101
– von Unterlagen **23** 108
Verwertung, unerlaubte
– Bagatellfälle **23** 165
– Checkliste **23** 160
– Einwilligung **23** 162
– öffentliche Wiedergabe **23** 168
– Urheberschutz **23** 159
– Verbreitung **23** 166
– Vervielfältigung **23** 164
Verwertungsrecht
– Erwerbszwecke **23** 156
– Gebrauchsmuster **23** 229
– Halbleiterschutz **23** 247
– Patent **23** 219
– private Vervielfältigung **23** 156
– Urheberschutz **23** 154
Verwertungsverbot
– Ermittlungsverfahren Insolvenzdelikt **18** 38
– Fernwirkung **15** 203
– Gemeinschuldnerbeschluss **18** 368
– Kartellverfahren **24** 352
– unzulässige Beweisgewinnung/Beschlagnahme **30** 395
Verzicht
– Anfechtung Vermögenseinziehung **12** 436
– Vermögensabschöpfung durch **12** 428
Verzinsung, Steuerhinterziehung **29** 319
Verzögern, Verteidigungsstrategien **7** 140
Verzollungsbescheinigung, Zahlung **33** 115

magere Zahlen = Randnummern   **Sachverzeichnis**

Videovernehmung, simultane 1 93
VIP-Loge
– steuerliche Behandlung 19 292
– strafrechtliche Behandlung 19 293
VO zur Konkretisierung des Verbots der Kurs- und Marktpreismanipulation 1 70
Völkerrecht
– internationales Steuerstrafrecht 14 9, 68 f., 71
– internationales Strafrecht 14 7, 68 f.
– internationales Wirtschaftsstrafrecht 14 9, 68 f., 71
– Schutzbereichserweiterung durch 14 40
Vollmacht, Wahlverteidigung 7 75
Vollständigkeitserklärung, Abschlussprüfung 25 221
Vollständigkeitsgebot, Verstoß gegen 25 93, 139
Vollstreckung
– Aufschub 29 736
– Bußgeldbescheid Kartellordnungswidrigkeit 24 395
– Mandantenberatung 7 195
– Verfallsanordnung 12 440
– Wertersatzanordnung 12 441
– Zurückgewinnungshilfe 12 221
Vollstreckungsaussetzung, Verfallserschwerung/-vereitelung 12 443
Vollstreckungseinstellung, einstweilige, Steuervorteil 29 182
Vollstreckungserinnerung 12 347
Vollstreckungsmandat, Anwaltshaftung 12 284
Vollstreckungsmaßnahme, Einwendung 12 350
Vollstreckungssicherstellung, Sicherungsbedürfnis 12 251
Vollstreckungssicherung
– Anfechtung 12 343 f.
– Beschlagnahme 12 246
– dinglicher Arrest 12 247 f.
Vollstreckungsvergünstigung, Steuervorteil 29 182
Vollstreckungsverjährung 6 118; 29 731 f.
– Beginn 29 732
– Ruhen 6 122; 29 735
– Unregelmäßigkeit 33 126
– Verjährungsfrist 6 119; 29 733
– Verlängerung 6 124; 29 739
Vollziehung
– Beschlagnahme 12 189
– dinglicher Arrest 12 206
Vollzug, Mandantenberatung 7 195
Vorabanfrage, Agrarmarktordnung 33 27
Vorabentscheidung EuGH, Formulierungsmuster 31 193
Vorabentscheidungsverfahren 14 100
– nach Art. 35 EUV 15 206
Vorauszahlungen, Unterlassen gebotener Berichtigung 29 148
Vorauszahlungsherabsetzung, Steuervorteil 29 182

Vorbereitung 2 33
– Betrug 16 90
– Durchsuchung 11 95
– Kennzeichenverletzung 23 208
Vorbereitungshandlung
– Verbrauchsteuerhinterziehung 31 130
– Zollhinterziehung 31 125
Vorbereitungshandlungen, Steuerhinterziehung 29 224
Vorbeugung, Börsenpreismanipulation 22 412
Vorenthaltung, Sozialversicherungsbeiträge 27 162
Vorenthaltung Arbeitsentgelt 18 256 f.
– Konkurrenzen 18 384
– Leistungsfähigkeit des Arbeitgebers 18 270
– Rückstandsberechnung 18 281
– Sanktionen 18 376
– subjektiver Tatbestand 18 278
– Täterkreis 18 261
– Tathandlung 18 265
Vorermittlungen, Staatsanwaltschaft wg. Insolvenzdelikt 18 29
Vorfeldtatbestand 1 98
Vorführungsbefehl, Verjährungsunterbrechung 29 715
Vor-Gesellschaft
– Buchführungspflicht 18 169
– Geldbuße gegen 5 8
– Insolvenzantragspflicht 18 218
Vorgespräch, Mandatsanbahnung 7 66
Vorgründungsgesellschaft, Geldbuße gegen 5 8
Vorjahreswerte, unrichtige Angaben 25 139
Vorlage, Überprüfungsermächtigung 33 151, 199
Vorlageberechtigung 14 101
Vorlagepflicht 14 101
Vornahmehandlung, erledigte, Rechtsschutz im Rechtshilfeverfahren 15 126
Vorprägung, Sachverständiger 13 18
Vorsatz 2 36
– Anstifter 16 77
– Bankrotthandlung 18 206
– Begriff 2 47
– Betrug 16 73 f., 73 f.
– Beweis 2 45
– Bilanzdelikt 25 81
– Gehilfe 16 77
– Geldwäsche 20 95
– Insolvenzverschleppung 18 230
– Korruptionsdelikt 19 182
– Produkthaftung 4 36, 83
– revisionsrechtliche Kontrolle 2 50
– Schädigung 16 75
– Täuschung 16 74
– Untreue 17 127
Vorsatz, bedingter 2 40
– Beihilfe 16 77
– Produkthaftung 4 85
– Rechtswidrigkeit der Bereicherung 16 86
Vorsatz, direkter 2 38
Vorsatzverteidigung 2 78

Hagen 2175

Sachverzeichnis

fett gedruckte Zahlen = Paragrafen

Vorschaltverfahren, Außenwirtschaftsrecht **26** 18
Vorschriftensammlung Bundesfinanzverwaltung (VSF) **31** 21
Vorschuss, Rechtsanwaltsgebühren **7** 106
Vorstand
- Berichtspflicht nach KonTraG **8** 34
- Bilanzdelikt **25** 75
- Bilanzerstellung **22** 792
- unrichtige Wiedergabe Verhältnisse der Gesellschaft **22** 769

Vorstand, mehrgliedriger, Bilanzdelikt **25** 77
Vorstandsbericht, unrichtige Information über Unternehmensverhältnisse **25** 185
Vorstandsmitglied
- Bilanzdelikt **25** 75
- Insolvenzverschleppung **18** 225
- Konsequenzen bei Steuerstrafverfahren **30** 510
- Schweigen zu unrichtigen Informationen **25** 199
- Täter Bankrottdelikt **18** 108
- Tätigkeitsverbot bei Insolvenzstraftat **18** 45
- Versicherung gegenüber Registergericht bez. des Nichtbestehens von Bestellungshindernissen **18** 47

Vorstandssitzungsprotokoll, Beschlagnahme **10** 48
Vorsteuerabzug, Steuervergünstigung **29** 184
Vorsteuerabzug, unberechtigter, Scheinrechnung **29** 274
Vorsubmission **24** 268
Vortat
- Geldwäsche **20** 39; **21** 60

Vortat, mitbestrafte, Steuerhinterziehung **29** 252
Vorteil
- Bestechung/Bestechlichkeit im geschäftlichen Verkehr **19** 219
- Korruptionsdelikt **19** 133

Vorteil, sozialadäquater, Bestechung/Bestechlichkeit im geschäftlichen Verkehr **19** 221
Vorteilsabschöpfung, Kartellordnungswidrigkeit **24** 386
Vorteilsannahme
- Genehmigung **19** 186
- Konkurrenzen **19** 197
- Verjährung **19** 194

Vorteilsentziehung, Sanktionsmaßnahme EG **33** 65
Vorteilsgewährung, Genehmigung **19** 186
Vorteilsnahme **19** 76 f.
- Abgrenzung strafbarer/-loser Verhaltensweise **19** 160
- Amtsträgereigenschaft **19** 83
- Beihilfe **19** 180
- Dienstausübung **19** 156
- Dienstpflichtverletzung **19** 174

- Drittmitteleinwerbung **19** 164
- Mittäterschaft **19** 178
- sozialadäquate Leistung **19** 161
- Täterschaft **19** 178
- Tathandlung **19** 150
- Unrechtsvereinbarung **19** 155
- Vorsatz **19** 182
- Vorteil **19** 133

Vortrag, unrichtige Information über Unternehmensverhältnisse **25** 197

Waffen
- Außenwirtschaftsrecht **26** 7
- Einfuhrverbot **26** 155
- Strafschärfungsgrund **29** 580

Waffenbesitzkarte, Versagung bei Steuerhinterziehung **29** 325
Waffenembargo **26** 122
Waffenschmuggel **26** 148
Wählbarkeit, Aberkennung **29** 627
Wahlfeststellung, Steuerhinterziehung **29** 248
Wahlkampfförderung, Korruptionsdelikt **19** 142
Wahlkampfspende, Einwerbung **19** 142, 169
Wahlrechte, Bilanzpolitik **25** 112
Wahlspende, Korruptionsdelikt **19** 146
Wahlverteidigung **7** 74
- Beiziehung Dolmetscher **15** 79
- Handakten **7** 82
- mehrere Verteidiger **7** 79
- Vollmacht **7** 75

Wahndelikt, Abgrenzung zu Betrug **16** 89
Wahrscheinlichkeit, Strafverfolgungsmaßnahme **7** 153
Währungspolitik, Ausnahme von Marktpreismanipulationsverbot **22** 485
Wahrunterstellung, Beweisantrag **13** 83
Wales
- Beschuldigtenrechte im Ermittlungsverfahren **15** 64
- Ermittlungsverfahren **15** 49
- Strafverteidiger **15** 37

Waren
- Einziehung **29** 644
- Entziehung aus zollamtlicher Überwachung **31** 47
- Freigrenze **31** 71
- Grenzübertritt ausschließlich zum Kauf zollpflichtiger W. **31** 72
- vorschriftswidriges grenzüberschreitendes Verbringen **31** 43

Warenbezeichnung, unrichtige, Steuerhinterziehung **26** 140
Warendifferenzgeschäft, Bankrotthandlung **18** 150, 152
Wareneinfuhr, Genehmigungspflichten **26** 77
Warenherkunft, Ausfuhrerstattung **33** 116
Warenkreditbetrug **18** 247
Warenmenge, unrichtige, Steuerhinterziehung **26** 140
Warenqualität, Ausfuhrerstattung **33** 118

magere Zahlen = Randnummern **Sachverzeichnis**

Warenrückgabe, Gläubigerbegünstigung 18 199
Warenterminbörse 22 137
Warentermingeschäft 18 152
Warentermin-Geschäft, Täuschung bei 16 37
Warentermingeschäft
– Vermögensschaden 16 70
Warenursprung, Ausfuhrerstattung 33 116
Warenverkehr, grenzüberschreitender 26 1
Warenverkehrsbescheinigung, falsche 29 844
Warneffekt, Strafanzeige 11 72
Warnhinweis, unterlassener, Kausalität 4 77
Warnpflicht, Produkthaftung 4 57
Warnung, unterlassene, Produkthaftung 4 8
wash sales
– Marktmanipulation 22 358
– Täuschung über 22 388, 397
Wasserversorgung, Gefährdung 28 101
Wechsel
– Begriff 21 47
– Nachmachen/Verfälschen/Verschaffen/Feilhalten/Gebrauchen 21 34
Wechselbetrug 21 119
– Irrtum 21 129
– Täuschung 21 121
– Untreue durch Tolerierung 21 135
– Vermögensschaden 21 131
– Vermögensverfügung 21 130
– Vorsatz 21 134
Wechselfälschung 1 73
Wechselgeschäft, Täuschung bei 16 37
Wechselstube, Geldwäscherisiko 20 240
Wechselwirkungen, Vermeidung von 9 43
Wehrbeschwerdeverfahren, Rechtsanwaltsgebühren 7 105
Weichenstellungen, Verteidigungsstrategien 9 83
Weihnachtsgeschenk 19 163
Wein
– Freimenge 31 71
– VO gemeinsame Marktorganisation 33 20, 24
Weinverschnitt, Produkthaftung 4 20
Weiße-Kragen-Kriminalität 1 8
Weiterbenutzung, Beschlagnahme 12 194
Welteinkommensprinzip, internationales Steuerrecht 14 18
Welthandelsorganisation (WTO) 31 20
Weltrechtsgrundsatz, Außenwirtschaftsrecht 26 89
Weltrechtsprinzip 14 47
Welturheberrechtsabkommen (WUA) 23 21
Werbeartikel, geringwertiger 19 161
Werbung
– Irreführungs-Richtlinie 23 13
– progressive Kundenwerbung 23 64
– Schwarzarbeit 27 153
Werbung, irreführende 23 61

Werbung, unwahre
– Begriff 23 59
– Checkliste 23 55, 299
– öffentliches Interesse 23 259
– Strafverfolgung 23 259
– Tatbestand 23 57
– Verjährung 23 261
– wissentlich 23 62
Werbung, unzulässige, Verteidigungsstrategien 25 3
Werbungskosten
– fehlende Empfängerbenennung 30 442
– Geldbußen/-strafen 29 332
– Strafverfahrenskosten 29 333
Werbungskostenabzug, unlauterer, Verteidigung beschuldigter Eheleute 30 538
Werk, urheberrechtlicher Begriff 23 150
Werkbank, verlängerte, Produkthaftung 4 176
Werktitel, Markenschutz 23 184
Werkvertrag
– Arbeitnehmerüberlassung 27 76
– Vermögensbetreuungspflicht 17 29
Werkzeug, Strafschärfungsgrund 29 581
Wertaufholungsgebot, unrichtige Angaben 25 139
Wertersatz
– Anordnung des Verfalls 12 373
– Einziehung 29 660
Wertersatzanordnung
– nachträgliche 12 445
– Vollstreckung 12 441
Wertersatzeinziehung, Dritteigentümerverfall 12 136
Wertersatzverfall 5 45
– Ratenzahlung 12 406
– Vermögensabschöpfung 12 62
Wertpapier
– ausländisches 21 35
– Begriff 21 38
– Fälschung/Nachahmung 21 34
– Finanzinstrument 22 695
  s.a. Zahlungsmittelfälschung
Wertpapier Service System (WSS) 22 248
Wertpapieraufsicht 22 157
– Aufbau 22 107
– BAFin 21 3; 22 162
Wertpapierdienstleister
– Überwachung Verleitungsverbot 22 679
– Zulassung BAFin 22 671
Wertpapierdienstleistungs-Prüfungsverordnung 22 718
Wertpapierdienstleistungsunternehmen
– Aufzeichnungspflicht 22 189
– Compliance 22 188
– Überwachung durch BAFin 22 717
Wertpapierdifferenzgeschäft, Bankrotthandlung 18 150, 152
Wertpapiere, Identifizierungspflicht GwG 20 128

Hagen

Sachverzeichnis

fett gedruckte Zahlen = Paragrafen

Wertpapierhandel
- Abgrenzung privater/gewerbsmäßiger **22** 715
- Aufsicht **22** 157
- Auskunftsersuchen gegen Beteiligte **22** 74
- Auswertung Telefongespräche **22** 261
- Bedeutung der Börsenplätze **22** 119
- Börsenzwang **22** 154
- computergestützter **22** 138 f.
- Dokumentation Telefongespräche **22** 257
- iceberg-Order **22** 419
- Informationspflicht des Vermittlers **22** 664
- Internet **22** 152
- Mandantenberatung **22** 65
- orderroutingsystem **22** 667
- OTC-Markt **22** 153
- Regulierung **22** 31, 413
- Täuschung über bewertungserhebliche Umstände **22** 385
- Wandel **22** 117

Wertpapierhandelsbank, Begriff **21** 3

Wertpapierhandelsgesetz 1 60
- Unrechtskontinuität **22** 347

Wertpapierhandelssysteme, computergestützte **22** 138 f.

Wertpapierhandelsunternehmen, Begriff **21** 3

Wertpapierkennnummer (WKN/ISIN) 22 243

Wertpapiermarkt
- Aufsichtssystem **22** 177
- deutscher **22** 122 f.
- Primärmarkt **22** 124
- Regulierungsentwicklungen **22** 52
- Sekundärmarkt **22** 126

Wertpapierverkaufsprospekt, BAFin **22** 163

Wertsachenverwahrung, Identifizierungspflicht GwG **20** 127

Wertungen, unrichtige Information über Unternehmensverhältnisse **25** 192

Werturteil, Täuschung über **16** 28

Wertverlust, Risikotragung **12** 427

Wertzeichen
- ausländisches **21** 35
- Fälschung/Nachmachung//In-Verkehr-Bringen/Verfälschung **21** 34
  s.a. Zahlungsmittelfälschung

Wertzeichen, amtliches, Begriff **21** 38

Wertzeichenfälschung 1 73; **29** 40, 79
- Versuch **29** 84

Wesentlichkeitsgrundsatz, Darstellung der Verhältnisse **25** 127

Wettbewerb
- Begriff **23** 1
- redlicher/fairer **19** 203

Wettbewerb, unlauterer, Gesetz gegen den unlauteren Wettbewerb (UWG) **23** 26

Wettbewerbsbeschränkende Wirkung 24 92

Wettbewerbsbeschränkung
- Ausnahme nach Art. 81 Abs. 3 EGV **24** 98
- Spürbarkeit der **24** 95

Wettbewerbsbevorzugung 19 224, 225
- unlautere **19** 228
- Waren-/Leistungsbezug **19** 231

Wettbewerbsrecht 23 1 ff.
- Akteneinsicht **23** 293
- Aufklärung des Mandanten **23** 35
- Auslegung **23** 11
- Beratungsschwerpunkte **23** 286 f.
- EG-Recht **23** 12 f.
- EG-Richtlinien **23** 9
- EG-Verordnungen **23** 9
- europäisches **23** 4 f.
- Gebrauchsmusterschutz **23** 224 f.
- Geheimnisverrat **23** 84
- Geheimnisverschaffung **23** 95
- Geschmacksmusterrecht **23** 17
- Geschmacksmusterschutz **23** 232 f.
- Halbleiterschutz **23** 18, 242 f.
- internationales **23** 20
- Kennzeichenverletzung **23** 198
- Klärung Interessenlage **23** 46
- Mandantenberatung **23** 35
- Mandatsaufnahme **23** 33
- Mandatsführung **23** 32 f.
- Markenrecht **23** 15, 22
- Markenschutz **23** 178 f.
- nationales **23** 25 f.
- Patentrecht **23** 16, 23
- Patentschutz **23** 214 f.
- Privatklagedelikt **23** 258
- progressive Kundenwerbung **23** 64
- Sachverständiger/-ngutachten **23** 298
- Sortenschutz **23** 19, 250 f.
- Urheberrecht **23** 14, 21
- Urheberschutz **23** 147 f.
- Verfahrensstellung des Geschädigten **23** 291
- Verhältnis nationales/EG-Recht **23** 7
- Verleitung/Erbietung zum Verrat **23** 115
- Verletzung Betriebs-/Geschäftsgeheimnis **23** 75 f.
- Verletzung gewerblicher Schutzrechte **23** 136 f.
- Verteidigungskonzeption **23** 32, 41
- Verwertung von Unterlagen **23** 108
- vorgreifliche Rechtsfragen **23** 295
- Werbung **23** 53 f.
- Werbung, unwahre **23** 54
- Zuständigkeiten **23** 258

Wettbewerbsverzerrung, Subventionspolitik **32** 13

Wettbewerbswidrige Absprachen 19 253

Wetteinsatz, Bankrotthandlung **18** 150, 155

Whistleblowing 22 643

white-collar-criminality 1 8

Widerspruch, Sachverständigengutachten/mündlicher Vortrags **13** 88

Wiederaufnahme, Verfolgungsverjährung **6** 97

Wiedereinsetzung, Verfolgungsverjährung **6** 97

Wiedereinsetzung in den vorherigen Stand, Steuervorteil **29** 182

magere Zahlen = Randnummern

Sachverzeichnis

Wiedergabe, öffentliche, unerlaubte
  Verwertung 23 168
Wiedergabe, unrichtige
– Verhältnisse der Gesellschaft 22 764, 780
– Vermögensstand 22 766
– Vorsatz 22 790
Wiedergutmachung, Sanktionierung
  unternehmensinterner Aufklärung 10 80
Wiederherstellung des Rechts 7 24
Wiederverwenden, Steuerzeichen 29 83
Wintergeld 32 41
Wirkung, außerstrafrechtliche,
  Mandantenberatung 7 197
Wirkung, wettbewerbsbeschränkende 24 92
Wirtschaft, gewerbliche, Subventionspolitik
  32 12
Wirtschaften, ordnungsgemäßes 18 143
Wirtschaftlich Berechtigter,
  Identifizierungspflicht GwG 20 134
Wirtschaftlichkeit, Kanzlei 7 320
Wirtschaftsdelinquenz 1 28
Wirtschafts-Identifikationsnummer,
  zweckwidrige Verwendung 29 957
Wirtschaftskontrolldienst, Spezialkompetenz
  11 4
Wirtschaftskriminalität
– Sanktionensystem 1 36
– Sog-/Spiralwirkung 1 31
– soziale Kontrolle 1 35
– Sozialschädlichkeit 1 32
– Verfahrensdauer 1 37
Wirtschaftsphase
– Checkliste Informationspflichten 25 44
– Checkliste Strafnormen 25 47
– unrichtige Registerangaben 25 248, 277
Wirtschaftspolitische Interessenarbeit 7 297
Wirtschaftsprüfer
– Berufsrecht 25 309
– berufsrechtliche Maßnahmen bei
  Steuerstrafverfahren 30 498, 504
– berufsrechtliche Sanktion
  Steuerhinterziehung 29 330
– berufsrechtliche Verfahren 25 313
– Geheimhaltungspflichtverletzung 25 243
– Identifizierungspflicht GwG 20 124, 218
– Meldepflicht Geldwäscheverdacht 20 142,
  218
– strafrechtliche Bedeutung Prüfungsbericht
  25 329
– Verantwortung 22 806
– Verhältnis Berichts-/Geheimhaltungspflicht
  25 246
– Verschwiegenheitspflicht 22 808
Wirtschaftsprüferkammer, Stellungnahme bei
  Steuerordnungswidrigkeit 29 838
Wirtschaftsreferent 11 28
– Gutachter/n 11 173
Wirtschaftsspionage 23 76
– für fremde Staaten 23 134
Wirtschaftsstrafkammer 1 90
– Zuständigkeit Finanzierungsgeschäft 21 148

Wirtschaftsstrafrecht 1 1 ff.
– Fremdrechtsanwendung 14 23, 25
– 1.WiKG 1 47
– 2.WiKG 1 50
– Abgabenordnung 1 46
– Absicht 2 37
– Anzeigepflichten 1 94
– Arbeitsschutz 1 25
– Begriff 1 4 f.
– Begriff, kriminologischer 1 8
– Begriff, rechtsdogmatischer 1 11
– Begriff, strafverfahrensrechtlicher 1 17
– beteiligte Behörden 11 4
– beteiligte europäische Behörden 11 7
– Blankettstrafgesetze 1 103
– Computerdelikte 1 26
– Entwicklung 1 38
– europarechtskonforme Auslegung 14 88
– Gefährdungsdelikte, abstrakte 1 98
– Gefährdungsvorsatz 2 51
– Generalprävention 1 111
– Gremienentscheidungen 3 1 ff.
– inter-/supra-/transnationale Dimension
  14 1 ff.
– kriminalpolitische Probleme 1 106
– Kriminologie 1 27
– Leichtfertigkeit 1 99
– Nebenstrafrecht 1 18
– Ordnungswidrigkeitenrecht 1 23
– Reformbedarf 1 113
– Rücktritt 2 34
– Scheinhandlungen 1 105
– Sonderdelikte 1 96
– Strafverfolger 11 21
– Subsidiaritätsprinzip 1 108
– Systematik 1 18
– Tatbestandsirrtum 2 58 f.
– Tatbestandsmerkmale, normative 1 102
– Täterschaft/Teilnahme 2 12; 3 1 ff.
– tätige Reue 2 34
– Umgehungshandlungen 1 105
– Umweltdelikte 1 24
– Unfallverhütung 1 25
– Unrechtsbewusstsein 11 19
– Unterlassungsdelikte 2 4
– Verbotsirrtum 2 58 f.
– Verdachtsstrafe 1 101
– Versuch 2 33
– völkerrechtskonforme Auslegung 14 86
– Vorbereitung 2 33
– Vorsatz 2 36
– Vorsatz, bedingter 2 40
– Vorsatz, direkter 2 38
– Wahrnehmung der Betroffenen 11 19
– Wahrnehmung der Öffentlichkeit 11 15
– Wahrnehmung der Strafrechtslehre 11 18

Wirtschaftsstrafrecht, europäisches, künftige
  Harmonisierung 14 85

Wirtschaftsstrafrecht, internationales
– Auswirkungsprinzip 14 15
– Checkliste 14 105

Hagen   2179

Sachverzeichnis

fett gedruckte Zahlen = Paragrafen

– europarechtliche Vorgaben **14** 9, 68 f., 77
– Gegenstand **14** 14
– Gerichtsbarkeit **14** 92
– Irrtum über Schutzbereich **14** 43
– Kompetenzkonflikte **14** 92
– Marktprinzip **14** 15
– Mindestharmonisierung **14** 10
– ne bis in idem **14** 94
– Personalitätsprinzip **14** 16, 47
– Prozessrecht **14** 91 f.
– räumliche Geltung **14** 5, 46 f.
– Schutzbereich **14** 29 f.
– Schutzbereichserweiterung **14** 38
– Schutzprinzip **14** 16
– Territorialitätsprinzip **14** 14, 47
– Verlagerung Auslegungszuständigkeit **14** 11
– völkerrechtliche Vorgaben **14** 9, 68 f., 71
– Vorfragen **14** 12
– Wechselwirkung mit Steuerstrafrecht **14** 20
Wirtschaftsstraftat, Verjährung **6** 19
Wirtschaftsteilnehmer, Betroffenheit aufgrund Verdacht/begründeter Annahme **33** 187
Wirtschaftsverein, Pflichtabschlüsse **25** 73
Wirtschaftsverwaltungsstrafrecht 1 39
Wissenschaftssubvention 32 49
Wissensmanagement, Kanzlei **7** 326
WM Datenservice 22 243
Wohlverhaltensperiode
– Gläubigerbegünstigung während **18** 364
– Restschuldbefreiung **18** 362
Wohnraumüberwachung
– Geldwäsche **20** 177
– Rechtsschutz **20** 182
Wohnsitzprinzip, internationales Steuerrecht **14** 17
Wohnungsbauförderung, Subvention **32** 48
World Customs Organisation (WCO) 31 20
World Trade Organisation (WTO) 31 20
Wort, Vertraulichkeit des **23** 128
Wortentzug, Verteidiger **7** 336
Wucher 1 49

Xetra 22 142
– Ad-hoc-Mitteilung **22** 429
– Börsenpreisermittlung **22** 383
Xetra Best 22 156

Zahlungsauflage, Übernahme durch Unternehmen **4** 200
Zahlungsaufschub, Steuervorteil **29** 182
Zahlungsempfängern, Nichtbenennung **29** 280
Zahlungserleichterung, Ruhen der Vollstreckungsverjährung **29** 737
Zahlungsfähigkeit, Täuschung über **16** 29
Zahlungsfrist, Nachentrichtung **29** 489
Zahlungskarten
– Auslesen **21** 34
– Begriff **21** 45
– Nachmachen/Verfälschen/Verschaffen/Feilhalten/Gebrauchen **21** 34
Zahlungskartenfälschung 1 73

Zahlungsmittel
– geschützte **21** 36
– Mangel an **18** 73
– Schutz vor falschen **21** 33 f.
Zahlungsmittel, unbare, Betrugs-/Fälschungsbekämpfung **1** 73
Zahlungsmittelfälschung 21 33 f.
– Anzeigepflicht **21** 54
– Einziehung/Verfall **21** 53
– Ermittlungsbefugnisse **21** 54
– Qualifikation **21** 52
– Strafmaß **21** 51
– Tathandlungen **21** 48
– Versuch/Vorbereitung **21** 50
– Vorsatz/Absicht **21** 49
Zahlungsstockung 18 76, 79
Zahlungsunfähigkeit
– Abgrenzung zu Zahlungsstockung **18** 76, 79
– Begleichung Geschäftsführer-/Gesellschafterforderung bei **18** 200
– Begriff **18** 68, 72
– betriebswirtschaftliche Feststellung **18** 89
– drohende **18** 94 f.
– Eingehungsbetrug **18** 71
– ernsthafte Einforderung von Verbindlichkeiten **18** 75, 78
– fällige Verbindlichkeiten **18** 78
– Feststellungsmethoden **18** 88
– Frist zur Insolvenzanmeldung **18** 84
– Insolvenzantragspflicht **18** 221
– Insolvenzgrund **18** 69
– Insolvenzverschleppung **18** 221
– Kreditinstitut **21** 274
– Mangel an Zahlungsmitteln **18** 73
– verspätete Bilanzierung **18** 180
– wirtschaftskriminalistische Methode **18** 91
– Zeitpunkt-/Zeitraumbetrachtung **18** 81
Zahlungsunfähigkeit, drohende
– Begriff **18** 94
– Feststellung **18** 99
– Insolvenzantragspflicht **18** 221
– Insolvenzgrund **18** 94
– verspätete Bilanzierung **18** 180
Zahlungsverkehr 21 30 ff.
Zauberdatei 30 306
Zeitraum, verfolgungsverjährter, Ermittlungen Fahndungsdienst **30** 241
Zeitungsannonce 30 297
Zentrale Fahndungsnachrichten (ZFN) 30 306
Zentrale Steuerstraftäter-Kartei 1 91
Zentralregister für unlautere Gewerbetreibende 1 91
Zentralstelle für Verdachtsanzeigen (FIU) 20 19, 189
Zerstörung, Vermögensverschiebung **18** 141, 149
Zertifizierung 8 59; **8** 101

Sachverzeichnis

magere Zahlen = Randnummern

Zeuge
- Beweisantrag **13** 44
- Pflichten bei Vernehmung im Ermittlungsverfahren **30** 329

Zeugenbeistand 11 223; **24** 347
- Herangehen an Mitarbeiter **11** 228
- Strategieberatung **11** 225
- Unternehmensanwalt **10** 119

Zeugenentlassung, vorzeitige **7** 336

Zeugenschutz 7 336

Zeugenvernehmung
- Ermittlungsverfahren Steuerstrafsache **30** 328
- Ermittlungsverfahren Zollstrafsache **31** 173
- früherer (Mit-)Beschuldigter **30** 331
- Kartellverfahren **24** 342
- Mandantenberatung **7** 156
- Rechtsschutz im Rechtshilfeverfahren **15** 125
- simultane Videovernehmung **1** 93
- Zeuge im Ausland **15** 197

Zeugnispflicht, Durchsuchungsanweisung **11** 101

Zeugnisverweigerungsrecht
- Kartellverfahren **24** 345
- Syndikus **11** 140
- Unternehmensvertreter **11** 152

Ziegenfleisch, VO gemeinsame Marktorganisation **33** 20

Ziegenhaar, Produkthaftung **4** 4

Zinsen, Steuerhinterziehung **29** 165

Zinspflicht, Sanktionsmaßnahme EG **33** 65

Zinsschein, Begriff **21** 43

Zinsvorteil, Dritteigentümerverfall **12** 138

Zinszuschuss, Subvention **32** 44

Zoll
- Begriff **31** 6
- Mitteilungspflichten im grenzüberschreitenden Bargeldverkehr **30** 480

Zollamtliche Überwachung 31 25
- Entziehung aus **31** 47
- Schutzzweck **31** 58

Zollanmeldung 31 29

Zollbehörde, Spezialkompetenz **11** 4

Zollerklärung, verfälschte Angaben bei **26** 143

Zollfahndung
- Aufgaben **30** 222 f.
- Organisation **30** 216

Zollfahndung (ZFA/HZA) 26 11

Zollfahndungsamt 31 151
- Rechtsschutz gegen **31** 165
- Zusammenarbeit **31** 167
- Zuständigkeit Ermittlungsverfahren Steuer-/Zollstraftat **31** 152

Zollfahndungsamt (ZFA) 26 11

Zollfahndungsdienst, Stellung im Ermittlungsverfahren **30** 202, 209

Zollhinterziehung 31 63 f.
- ausländische Abgaben **31** 85
- bandenmäßige **31** 105
- Durchschmuggel **31** 74
- Erscheinungsformen **31** 69
- Freimengen/-grenzen **31** 70
- gewaltsamer Schmuggel **31** 102, 104
- gewerbliche Waren **31** 88
- gewerbsmäßige **31** 102
- grob eigennützige **31** 101
- Handelswaren **31** 88
- im Reiseverkehr **31** 70, 86
- Mittäter **31** 66
- mittelbare **31** 66
- mittels besonderer Vorrichtung **31** 90
- Rücktritt vom Versuch **31** 92
- Schmuggelprivileg **31** 86
- Selbstanzeige **31** 93
- Strafverschärfung **31** 100
- unrichtige Tarifierung **31** 83
- unrichtige Ursprungsangaben **31** , 83
- unrichtige/-vollständige Angaben über Bemessungsgrundlagen **31** 76, 84
- unrichtige/-vollständige Angaben über Zollwert **31** 77
- Verbrauchssteuerhinterziehung **31** 99
- Versteck an schwer zugänglichen Stellen **31** 90
- versteckte Waren **31** 90
- Versuch **31** 91
- Vorbereitungshandlung **31** 125
- Vorsatz **31** 67

Zoll-Infocenter 31 40

Zollkodex, Durchführungsverordnung (ZK-DVO) **31** 19

Zollkodex (ZK) 31 19

Zollkriminalamt, Spezialkompetenz **11** 4

Zollkriminalamt (ZKA) 26 14

Zolllagerverfahren, Zollverfahren **31** 30

Zollnummer, Ausfuhrgenehmigung **26** 65

Zollordnungswidrigkeit 31 115
- Begriff **29** 744; **31** 5
- eingeschränkte Rechtskraft **31** 118
- Steuergefährdung **31** 125
- Subsidiaritätsklausel **31** 117
- Tatein-/Tatmehrheit mit Straftat **31** 116
- Verfolgungsverjährung **31** 119
- Zollverkürzung, leichtfertige **31** 120

Zollordnungswidrigkeitenrecht 31 5, 11

Zollrecht 31 15 f.
- Abgabenerhebung **31** 24
- Freimengen/-grenzen **31** 71
- Gemeinschaftszollrecht **31** 18
- Gestellung **31** 26
- internationales **31** 20
- internet-Adressen **31** 23
- nationales **31** 21
- Rechtsquellen **31** 15
- Sanktionen **31** 60
- summarische Anmeldung **31** 29
- Verbote und Beschränkungen (VuB) **31** 58

Sachverzeichnis

fett gedruckte Zahlen = Paragrafen

- vorübergehende Verwahrung **31** 29
- zollamtliche Überwachung **31** 25
- Zollanmeldung **31** 29
- **Zollrecht, europäisches 31** 18
- **Zollschuld 31** 24, **33** f.
- Einfuhrschmuggel **31** 43
- Entfall **31** 36
- Entstehung **31** 34 f., 42
- Entziehung aus zollamtlicher Überwachung **31** 47
- Erlassantrag **31** 56
- Erlöschen **31** 55
- Erstattungsantrag **31** 56
- Höhe **31** 37, 53
- Nichterfüllung von Pflichten **31** 50
- Präferenzregelungen **31** 39
- verbindliche Ursprungsauskunft **31** 40
- verbindliche Zolltarifauskunft **31** 40
- Verjährung **31** 57
- vorschriftswidriges grenzüberschreitendes Verbringen **31** 43
- **Zollsstrafverfahren**
- Einspruchsverfahren **31** 188
- Rechtsschutz **31** 188 f.
- **Zollstrafrecht 31** 1 ff.
- Begriff **31** 5
- Einfluss EG-Recht **31** 12
- Mandantenberatung **31** 1
- Rechtsentwicklung **31** 13
- Sanktionen **31** 60, 62 f.
- Verbrauchssteuer **31** 6, 7
- Verhältnis zu Strafrecht **31** 9, 14
- Zölle **31** 6
- Zollkodex **31** 12
- **Zollstrafsache**
- Beweiswürdigung **31** 183
- Formulierungsmuster Antrag auf Vorabentscheidung zum EuGH **31** 193
- Serientat **31** 185
- Verteidigung im Ermittlungsverfahren **31** 168, 171
- Verteidigungsstrategien Ermittlungsverfahren **31** 145 f., 177
- Verteidigungsstrategien Hauptverfahren **31** 180
- Verteidigungsstrategien Zwischenverfahren **31** 179
- Zuständigkeit Ermittlungsverfahren **31** 147
- **Zollstraftat 29** 34
- Abgabenhinterziehung **31** 63 f.
- Begriff **31** 5
- Begünstigung nach Steuerstraftat **31** 111
- Geldwäsche nach **31** 112
- Steuerhinterziehung **31** 63 f.
- Zollhinterziehung **31** 63 f.
- **Zollstrafverfahren**
- Aussetzung der Vollziehung **31** 191
- Finanzgerichtliches Verfahren **31** 191
- **Zolltarifauskunft, verbindliche (VZTA) 31** 40
- **Zolltechnische Prüfungs- und Lehranstalten (ZPLA)**

- Einreihungsgutachten **33** 43
- verbindliche Zolltarifauskunft **31** 40
- **Zollunion 31** 18
- **Zollverfahren 31** 29
- Arten **31** 30
- Verteidigungsstrategien **31** 145 f.
- **Zollverkürzung, leichtfertige 31** 120
- **Zollverordnung (ZollVO) 31** 21
- **Zollverwaltung**
- Befugnisse Ermittlungsverfahren **31** 153
- Ermittlungsverfahren **31** 146
- steuerrechtliches Ermittlungsverfahren **31** 155
- strafrechtliches Ermittlungsverfahren **31** 159
- **Zollverwaltungsgesetz (ZollVG) 31** 21
- **Zollwert 31** 37
- Begriff **31** 77
- Hinzurechnungen **31** 78
- Kostennachweis **31** 80
- Nichteinbeziehung **31** 79
- Transaktionspreis **31** 81
- unrichtige/-vollständige Angaben über **31** 77
- wirtschaftlich verbundene Handelspartner **31** 82
- **Zollzuschlag 26** 145
- **Zonenrandförderung,** Subvention **32** 48
- **Zucker,** VO gemeinsame Marktorganisation **33** 20
- **Zufallsfunde**
- bei Durchsuchung **30** 358
- Durchsuchung **10** 42; **11** 121
- **Zugangskontrolle,** unerlaubter Eingriff in technische Schutzmaßnahmen **23** 175
- **Zugangsrecht,** EU-Kontrolleure/OLAF **33** 157
- **Zugangsverweigerung,** Kartellordnungswidrigkeit **24** 240
- **Zugriff,** vermögenssichernder **12** 160
- Beschlagnahme nach §§ 111 b Abs. 1, 111 c StPO **12** 164 f., 170
- dinglicher Arrest nach §§ 111 b Abs. 2, 111 d StPO **12** 164 f., 170
- Zurückgewinnungshilfe **12** 167
- **Zuhörer,** Insiderinformation **22** 538, 567
- **Zulassungsbeschluss,** sofortige Beschwerde **12** 361
- **Zulassungsrichtlinie,** Umsetzung **21** 42
- **Zulassungsverfahren,** Zurückgewinnungshilfe **12** 258
- **Zulieferer,** Produkthaftung **4** 172
- **Zumutbarkeit,** Produktverantwortung **4** 131
- **Zurechnung**
- Eingehungsbetrug **18** 255
- Produkthaftung **4** 60 f.
- Untreue **17** 124
- **Zurechnung, horizontale,** Gremienentscheidung **3** 28
- **Zurechnung, vertikale,** Gremienentscheidung **3** 15
- **Zurückbehaltungsrecht,** Gläubigerbegünstigung **18** 199

magere Zahlen = Randnummern

Sachverzeichnis

Zurückgewinnungshilfe
- Antrag 12 262
- Anwaltshaftung 12 284
- Arrestgrund 12 251
- Aufrechterhaltung der Beschlagnahme 12 286
- aus der Tat erwachsener Anspruch 12 233
- Benachrichtigung des Verletzten 12 242
- Beschluss 12 265
- Drittempfängerverfall 12 116
- Geschädigter 12 229
- Glaubhaftmachung 12 264
- grenzüberschreitende Maßnahmen 12 337
- Herausgabe beweglicher Sachen 12 290
- qualifiziertes Sicherstellungsbedürfnis
- Rangfolge mehrerer Geschädigter 12 277
- Rechtsnachfolger 12 231
- Schadensersatz 12 285
- Verletztenzugriff auf staatlich sichergestelltes Vermögen 12 255
- Verletzter 12 226, 263
- Vermögensabschöpfung 12 11, 217 ff.
- vermögenssichernder Zugriff 12 167
- Vollstreckung 12 221
- Vorrang 12 223, 269
- zeitliche Abfolge Vollstreckung/Zulassung 12 275
- Zulassungsfolgen 12 268
- Zulassungsverfahren 12 258
- Zulassungsvoraussetzungen 12 261

Zurückweisung
- Fragen 7 336
- Verteidiger 7 336

Zusage, verbindliche, Steuervorteil 29 182

Zusammenarbeit, grenzüberschreitende 15 8

Zusammenarbeit, grenzüberschreitende
- Strafverfolgungsbehörden 15 38
- Strafverteidiger 15 38

Zusammenarbeit, polizeiliche, unionsrechtliche Vorgaben 14 83

Zusammenleben der Völker
- Gefährdung 26 101
- Störung 26 106

Zusammenveranlagung
- Angabenmachen 29 114
- Unterlassen gebotener Berichtigung 29 146
- Verteidigung beschuldigter Eheleute 30 538

Zuschätzung 30 432
- verdeckte Gewinnausschüttung 29 261

Zuschläge, Sanktion nach AusfuhrerstattungsVO 33 80

Zuschuss, verlorener, Subvention 32 44

Zuständigkeit, europäisches Kartellverfahren 24 128

Zuständigkeitsverteilung, Unternehmen 8 73

Zuwanderungsgesetz 27 34

Zuwender, steuerliche Behandlung bei Korruptionsdelikt 19 287

Zuwendung
- steuerstrafrechtliche Relevanz 19 286 f.
- Umsatzsteuer 19 295

Zuwendung, immaterielle, Korruptionsdelikt 19 137

Zuwendung, materielle, Korruptionsdelikt 19 135

Zuwendung, verbotene, steuerliches Abzugsverbot 19 287

Zuwendungsempfänger
- Korruptionsmandant 19 41
- steuerliche Behandlung 19 296

Zuwiderhandlung
- Ausländer gegen Auflagen 27 43
- gegen Auflage 29 875

Zwangsabfall 28 179

Zwangsbefugnisse, EU-Kontrolleure/OLAF 33 164

Zwangsgeld
- EU-Kontrolleure/OLAF 33 170
- Steuerhinterziehung 29 165

Zwangsmaßnahmen
- kartellrechtliche Ermittlungen 24 147
- Rechtsschutz im Herausgabeverfahren 15 121

Zwangsmittelandrohungsverbot, Steuerstrafverfahren 30 70

Zwangsmittelverbot, Steuerstrafverfahren 30 61

Zweckerklärung, Bewertung 21 251

Zweck-Mittel-Relation, Mandantenberatung 7 171

Zweigniederlassung, Kreditinstitut 21 272

Zweigstellen, Geldwäsche 20 161

Zweitbegutachtung, Sachverständigengutachten 7 258

Zwischenabschluss 25 40
- unrichtige/verschleiernde Darstellung Unternehmensverhältnisse 25 64

Zwischenberichtspflicht, Börsenunternehmen 22 747

Zwischenberichtsrichtlinie, Umsetzung 21 42

Zwischenerzeugnissteuer, Zollstrafrecht 31 6, 7

Zwischenstaatlichkeitsklausel 24 20

Zwischenverfahren
- Beweisantrag 13 20
- Kartellverfahren 24 368
- Verteidigungsstrategien Verjährung 6 130
- Zollstrafsache 31 179

Zypern, Strafverteidiger 15 37